［增订版］

［清］张玉书　陈廷敬等　编撰
王宏源　增订

社会科学文献出版社
SOCIAL SCIENCES ACADEMIC PRESS (CHINA)

僅以此書增訂部份之內容
獻給我的父親

王正寰 1933~1973

The revised and enlarged part of the
Kangxi-Plus Unicode Han Dictionary is
in memory of my father

WANG, Zhenghuan 1933-1973

At the campus of Tianjin University 天津大學 just after getting
the job offer from Beijing Jeep Factory 北京汽車製造廠 in 1961.

I have recently given myself to the study of the Chinese language and I can promise you that it's something quite different form either Greek or German. In speaking it, there is so much ambiguity that there are many words that can signify more than a thousand things, and at many times the only difference between one word and another is the way your pitch them high or low in four different tones. Thus when [the Chinese] are speaking to each other they write out the words they wish to say so that they can be sure to understand—for all the written letters are different from each other. As for these written letters you would not be able to believe them had you not both seen and used them, as I have done. They have as many letters as there are words and things, so that there are more than 70,000 of them, every one quite different and complex.

Matteo Ricci's letter to Martino de Fornari, Macau, February 13, 1583.

世上有多少語言能描述的萬物，就有多少中國文字。漢字超過了七萬個，而且都是奇形異狀。

—— 利瑪竇給弗納里的信，1583 年 2 月 13 日於澳門

前 言

　　《康熙字典（增訂版）》 Kangxi-Plus Unicode Han Dictionary 一書系採用超大漢字字符集條件下的計算語言學方法，在 2008 年出版的《康熙字典（修訂版）》基礎上增訂而成。該字典收字以 Unicode 正式發佈的國際通用東亞表意字符為準，共計 75974 字。編者以個人之力，焚膏繼晷，閱十寒暑而藏事，所謂「受無量苦，淂畢竟樂」，是也。

　　此書渾然「算」成，全賴以多項專利驅動的《瀚堂典藏》數據庫的發明、擴充和不斷完善。在此書出版之際，為進行是項計算任務，在含四字節編碼漢字字符條件下，經由精細加工完成的古典文獻素材的數字化加工之文字總量，已經超過 40 億字，圖文對應記錄條目近 0.5 億筆。作為一名「漢字迷」，在此平臺下「玩」漢字，快哉。本書附送《瀚堂典藏》古籍數據庫一次性試用賬號，有興趣的讀者可使用版權頁提供的用戶名和密碼，登錄 www.hytung.cn 試用。

　　此書是編者從紙質時代移民到數字時代的紀念品。與歷史上編纂的其他字書不同，《康熙字典（增訂版）》採用創新的方法，是第一部基於數學運算增訂完成的中文大型字典。雖然我們還可以認識大約五萬個 Unicode Han 編碼之外的字符，但是，「說有易，說無難」。至此書出版之時，我們尚遺留了 6042 個 Unicode Han 字符完全無法辨認。隨著 Unicode 編碼的不斷遞增，以及《瀚堂典藏》中收錄的資料日益擴充，這部字典也將有不斷增訂更新的機會。她的出版證明，在超大漢字字符集條件下的計算語言學方法，是一種有效、實用的發明。新的方法必將帶來新的學術，在數字時代裡，藉助技術的進步，人們能夠領略到前輩學者無法體會到的許多愉悅。

　　此書是編者致力於數字化整理歷史文獻的壓艙石。想要自信、從容地整理文獻，我們需要這塊壓艙石。以偏執狂的作風來處理細節，是《康熙字典（增訂版）》得以出版的前提。天下大道理少，要解決的小細節多。大學關心道理，小學關心細節，發揚小學、關注細節，可以讓人多些沉穩，少些浮躁。

　　此書的增訂工作完全是個人興趣所致。在其具體的規劃和長期的實施過程中，編者沒有與任何機構或個人針對《康熙字典》增訂編輯工作進行過合作或接受過資助，也沒有循由任何途徑取得過不對公眾開放的資料。《康熙字典（增訂版）》一定存在錯誤，增訂者在此懇請專家指正。存在的謬誤，概由編者負責。編者一介布衣，天天「算計」漢字，日日「猜謎」認字，興致十年未減，每日少則一二字，多則百字，投入十年時間，在《康熙字典》的收字基礎上，大體增加近三萬字，平均每天十字左右。Similar to the exploring and mapping of the Mammoth Cave National Park, an amazing underground network located in west-central Kentucky, the editing of this *Kangxi-Plus Unicode Han Dictionary* provides a chance to step into a part of the world we don't usually see and to challenge myself against the unknown. 好奇，僅此而已。

　　In 1902, William Butler Yeats wrote at the beginning of his book *The Celtic Twilight*（《凱爾特的薄暮》1902 年 W. B. Yeats 所寫的序言）：

I have added a few more chapters in the manner of the old ones, and would have added others, but one loses, as one grows older, something of the lightness of one's dreams; one begins to take life up in both hands, and to care more for the fruit than the flower, and that is no great loss perhaps.

奈何韶華流逝，夢想不復輕盈。昨日看花，今朝結果。

鳴謝

　　本書與其姊妹篇，2008 年出版的《康熙字典（修訂版）》，是密不可分的。謝壽光先生、王緋女士為這兩部字典的出版傾注了大量心力。冷溶先生對本人和是項工程也給予了很大的鼓勵，他的「書生報國在文章」的期許，一直是編者工作的動力。劉尚慈先生、馮蒸教授多年來對編者的工作提供了大量的建議與幫助；海震教授、王寶平教授、俞忠鑫教授、林景淵教授、陳啟發先生等人，以及妻子王心怡，對本書的具體字詞的編輯也提供過意見與幫助。在此，編者謹致謝忱。

　　北京時代瀚堂科技有限公司的同仁為本書的順利完成提供了重要的協助，他們是：邏輯運算：岳軍；排版：李雪靜；編輯：張亞靜；字模：張琳，以及多年前為本書的姊妹篇《康熙字典（修訂版）》的編撰出版提供過幫助的眾多同仁和朋友。另外，中關村留學生創業園王士琦主任和園區其他工作人員，以及北京海外學人中心等機構，對本人和瀚堂公司長期以來給予的關心和提供的扶持，編者在此一併致謝。

　　本書修訂和增訂之內容中，大量引用了專家學者的校勘與科研成果，編者在此表示由衷的欽佩、敬意和感謝。囿於篇幅，行文中僅列出學者姓名，絕大部分未標出處，還請諒解。最後，編者感謝家人、好友多年來的愛心、耐心和幫助。

收字說明

　　《康熙字典》原收字 47043 字，去除重後共計 46960 字。本次增訂新增 Unicode Han 字符計 29014 字，兩項合計共 75974 字。全書包括下表中標示的 Unicode 編碼段。與漢字相關的一些符號類 Unicode，諸如陰（--，U+268B）陽（—，U+268A）符號、太玄經符號（U+1D300- 1D356）、八卦符號（U+2630- 2637，）、算籌計數式（U+1D360- 1D371）、國語注音符號（U+3105-3129）和漢字結構描述符號（U+2FF0-2FFB）等，雖有編碼和字模，但作為符號，本字典沒有收錄。

Unicode Han	Unicode 編碼段	Unicode Han 字符數
SUZHOU NUMERALS	3021-3029	9
ADDITION SUZHOU NUMERALS	3038-303A	3
CJK UNIFIED IDEOGRAPH	4E00-9FA5	20902
CJK COMPATIBILITY IDEOGRAPH	F900-FA2D	302
CJK RADICAL REPEAT	2E80-2E99	26
CJK RADICAL CHOKE	2E9B-2EF3	89
KANGXI RADICAL	2F00-2FD5	214
CJK UNIFIED IDEOGRAPH	3400-4DB5	6582
CJK UNIFIED IDEOGRAPH B ZONE	20000-2A6D6（四字節）	42711
CJK COMPATIBILITY IDEOGRAPH	2F800-2FA1D（四字節）	542
CJK COMPATIBILITY IDEOGRAPH	FA30-FA6A	59
CJK STROK	31C0-31CF	16
CJK UNIFIED IDEOGRAPH	9FA6-9FBB	22
CJK COMPATIBILITY IDEOGRAPH	FA70-FAD9	106
CJK STROKE	31D0-31E3	20
CJK UNIFIED IDEOGRAPH C ZONE	2A700-2B734（四字節）	4149
CJK UNIFIED IDEOGRAPH D ZONE	2B740-2B81D（四字節）	222

　　Unicode 組織新增加的 E 區四字節字符，編碼段 U+2B820- U+2CEA1，共計 5762 字。其中含殷周金文用字 1410 字，字喃 1028 字。這部分 Unicode Han 字符對應的字模和文獻整理尚未完成，其全面整理和編輯工作，可俟 Unicode 機構發佈更多東亞字符編碼後一併整理研究出版。然而，下列 U+標記 E 區字符在《康熙字典（增訂版）》行文中有說明的必要：

　　傻，《字典》原字形作傻U+2B8CB，參見 09820 號字；變U+2C700，古文溲字，參見 28880、48443 號字；副U+2B99A，同蕾，毒之古文，參見 27189 號字；帝U+2BDC3，帚之譌字，參見 14872 號字；憻《字典》原作憧U+2BEC3，參見 09326 號字；殊U+2C194，同殊，參見 26797 號字；《康熙字典（修訂版）》44002 號字，即《字典·備考·辰集·歹部》殍U+2C195，【篇海類編】音願。按，此字或作殍，系粈字之譌，參見 15965 號字；匃U+2C1CC 古文厥字，參見 04940 號字；舵U+2C712，同舵，參見 48576 號字；僛，古文罱。罱字《字典》原作崗U+2BDA9，參見 01581 號字；殂，古文胛殊殍胅殂。殊字《字典》原作殊U+2C196，參見 26758 號字；箕，古文竝具笓箕笄曑夵竹臾嵒。異字《字典》原作異U+2C661，參見 42111 號字；蘧，《字典》原作邁U+2C7A4，參見 51261 號字；褪，俗褪U+2C4D0 字，參見 18247-1 號字；誅U+2B933，同 23756，參見 25759 號字。

編號與標記

　　《康熙字典（增訂版）》每個字頭設計有一個字頭區域，包括字頭、編號、讀音和筆畫數，並且採用幾處標記以區別原《康熙字典》收字字頭和新增字頭：原《康熙字典》收字字頭保留其原

始字形，編號放置於拼音之上；《康熙字典（修訂版）》原編號附於本書編號之後，以便兩書字頭關聯；新增字頭採用宋體字模，并在每字編號後標記該字 Unicode 編碼，其首字母標記「U」。《康熙字典（修訂版）》原《補遺》（40574~42366）、《備考》（42367~47043）依筆畫數插入正文內。

居 12975 43216
diān_5.8　搜眞玉鏡 音簞。鏖 五侯鯖字海 音顛。尼也。又音店 四聲篇海 居，霑簞。

尾 12976 u2AA0C
null_5.8　未詳。

局 12977 u21C48
jú_5.8　俗局 12939 龍龕 局，渠玉反。曹局也。又分也。可洪音義 碁局：上巨之反。下巨玉反 図 俗局 19079 可洪音義 緘局：下宜作局。古營反。外闑也。

拼音原則上採用第一項釋文對應的讀音。讀者可採用反切音，拼音僅供參考。讀音未詳則標註 null，表示空缺。由於需要同時支持漢語拼音和越南注音，注音中 a 用 a、g 用 g 代替。每個字的筆畫數置於拼音之後，兩段數字分別表示部內筆畫數和總筆畫數。由於篇幅壓縮的困局，對於正文中一些標點符號，採取能減則減的原則。例如「時亮切音尚」，「切音」二字不分，可以連讀；對行文中標註字符編號的情況，可以停頓。另外，在正文中使用的符號與標記列表說明如下：

鏖　瀚堂修訂標記。　　　　　　　　　　【韓】朝鮮用字

◆　參見渡部溫《〈康熙字典〉考異正誤》　【畫】漢字筆畫用字

◇　參見王力《〈康熙字典〉音讀訂誤》　　【部】部首專用字

△　《康熙字典》原書行文中空格　　　　　【方】方言用字

【簡】類推簡化字　　　　　　　　　　　　【閩】福建方言用字

【简】中國法定簡化字　　　　　　　　　　【粵】廣東方言用字

【喃】字喃　　　　　　　　　　　　　　　【壯】古壯字

【日】日本用字　　　　　　　　　　　　　【兼】同形兼容字

另外，在此書最後排版階段，發現幾處錯誤，涉及編號異動，特此說明：

蓮字原歸部編號有誤，撤銷一個字號 00160，增加一個字號 04624-1，置於 04624 字下。

鴽字原歸部編號有誤，撤銷一個字號 07146，增加一個字號 75070-1，置於 75070 字下。

闧字原歸部編號有誤，撤銷一個字號 07840，增加一個字號 51928-1，置於 51928 字下。

鷙字原歸部編號有誤，撤銷一個字號 12751，增加一個字號 45128-1，置於 45128 字下。

褲字原歸部編號有誤，撤銷一個字號 13188，增加一個字號 18247-1，置於 18247 字下。

歙字原筆畫數有誤，撤銷一個字號 31803，增加一個字號 31953-1，置於 31953 字下。

齫字原歸部編號有誤，撤銷一個字號 67787，增加一個字號 71688-1，置於 71688 字下。

王 宏 源

Harrison Hongyuan WANG

August 1st, 2013　初稿

December 31st, 2014

February 9th, 2015　修訂於瀚堂

子 集

＊ 一部 ＊

一 00001 00001 yī_0.1　古文弌 〔唐韻〕〔韻會〕於悉切〔集韻〕〔正韻〕益悉切，夶因入聲。〔說文〕惟初太始，道立於一。造分天地，化成萬物〔廣韻〕數之始也，物之極也〔易繫辭〕天一地二〔老子道德經〕道生一，一生二〔又〕〔廣韻〕同也〔禮·樂記〕禮樂刑政，其極一也〔史記·儒林傳〕韓生推詩之意，而爲內外傳數萬言，其語頗與齊魯閒殊，其歸一也〔又〕少也〔顏延之·庭誥文〕選書務一，不尚煩密〔何承天·答顏永嘉書〕竊願吾子舍兼而遵一也〔又〕〔增韻〕純也〔易繫辭〕天下之動貞夫一〔老子道德經〕天得一以清，地得一以寧，神得一以靈，谷得一以盈，萬物得一以生，侯王得一以爲天下正〔又〕均也〔唐書·薛平傳〕兵鎧完礪，徭賦均一〔又〕誠也〔中庸〕所以行之者，一也〔又〕正〔唐書·司馬承禎傳〕得陶隱居正一法，逮四世矣〔又〕一一〔韓非子·內儲篇〕南郭處士請爲齊宣王吹竽，宣王悅之，廩食以數百人。湣王立，好一一聽之，處士逃〔韓愈詩〕一一欲誰憐〔蘇軾詩〕好語似珠穿一一〔又〕〔星經〕天一星在紫微宮門外，太一星在天一南半度〔又〕太一，山名，卽終南山。一名太乙〔又〕三一〔前漢·郊祀志〕以太牢祀三一〔註〕天一、地一、泰一。泰一者，天地未分元氣也〔又〕尺一，詔版也〔後漢·陳蕃傳〕尺一選舉〔註〕版長尺一，以寫詔書〔又〕百一〔詩〕篇名，魏應璩著〔又〕姓。明一炫宗。又三字姓。北魏有一那婁氏，後改婁氏〔又〕一二三作壹貳叄〔大學〕壹是皆以修身爲本〔史記·禮書〕總一海內〔前漢·霍光傳〕作總壹〔六書故〕今惟財用出納之簿書用壹貳叄，以防姦易。𤫊又〔醫〕04352鼠75322｜00167

一 00002 u31D0 héng_0.1　畫橫。

ノ 00003 u31C0 tiǎo_0.1　畫提或挑。

一 00004 u2F00 yī_0.1　部一00001。

丁 00005 00002 dīng_1.2　古文个〔唐韻〕〔集韻〕〔韻會〕〔正韻〕夶當經切音玎。十幹名〔說文〕夏時萬物皆丁實。丁承丙，象人心〔六書正譌〕丁，蠆尾也，象形。凡造物必以金木爲丁附著之，因聲借爲丙丁字〔爾雅·釋天〕太歲在丁曰彊圉，月在丁曰圉〔禮·月令〕仲春之月上丁，命樂正習舞釋菜。又〔唐書·禮樂志〕仲春、仲秋，釋奠於文宣王，皆以上丁〔又〕五丁，力士〔蜀記〕秦惠王欲伐蜀，造石牛，置金其後。蜀人使五丁力士拖石成道，秦遂伐蜀〔杜甫詩〕論功超五丁〔又〕六丁，神名〔道書〕陽官六甲，陰官六丁。謂六甲中丁神也〔又〕〔爾雅·釋詁〕丁，當也〔註〕相當值〔詩·大雅〕寧丁我躬〔又〕民丁〔唐書·食貨志〕租庸調之法，以人丁爲本。又授田十畝，歲輸粟二斛，謂之租丁〔又〕〔莊子·養生主〕庖丁解牛〔杜甫詩〕畦丁負籠至〔宋

史·高宗紀〕團教峒丁槍杖手〔又〕罷廉州貢珠，縱蛋丁自便〔何異傳〕募山丁，捕首亂者〔唐璘傳〕團結漁業茶鹽舟夫蘆丁，悉備燎舟之具〔元史·博爾忽傳〕畬丁溪子〔橘錄〕金橘高不及尺許，結實繁多。園丁種之，以鬻於市〔又〕零丁，或作伶仃，失志貌〔晉書·李密傳〕零丁孤苦，至於成立〔又〕彼此相屬曰丁寧〔後漢·郎顗傳〕丁寧再三，留神於此。俗作叮嚀〔又〕丁寧，鉦也〔左傳·宣四年〕楚伯棼射王，汰輈及鼓跗，著於丁寧〔又〕丁東，聲也。凡玉珮、鐵馬聲皆曰丁當。當、東二音古通〔又〕丁水〔水經注〕泗水又東南流，丁溪水注之〔又〕〔爾雅·釋魚〕魚枕謂之丁〔註〕枕在魚頭骨中，形似篆書丁字〔又〕丁子，科斗也。初生如丁，有尾〔莊子·天下篇〕丁子有尾〔又〕肉丁，瘡名〔物類相感賦〕身上生肉丁，芝麻花擦之〔又〕烏丁，茶名。見〔本草〕〔又〕吉丁，蟲名〔本草註〕甲蟲也。背正綠，有翅在甲下。出嶺南、賓、澄諸州。人取帶之，令人喜好相愛，媚藥也〔又〕〔貫休詩〕蔛苞玉粉生香蔂，菌蔟紅丁出靜槎〔陸游詩〕滿貯醇醪漬黃甲，密封小甕餉紅丁。皆詩人象形借用也〔又〕姓。本姜姓，齊太公子伋爲丁公，因以命氏〔逸書·諡法述義〕不克曰丁〔又〕zhēng〔廣韻〕〔集韻〕〔韻會〕夶中莖切音朾。〔詩·小雅〕伐木丁丁〔註〕伐木聲相應也〔又〕〔韻會小補〕叶都郎切音當〔韓愈·贈張籍詩〕相見不復期，零落甘所丁。嬌兒未絕乳，念之不能忘△〔正字通〕〔唐書·張弘靖傳〕汝輩挽兩石弓，不如識一丁字。按〔續世說〕一丁作一个，因篆文个與丁相似。傳寫譌作丁。𤫊吉丁，蟲名。

丂 00006 00003 kǎo_1.2　〔唐韻〕〔集韻〕夶苦浩切音考〔說文〕氣欲舒出，𠃑上礙於一也〔又〕〔玉篇〕古文巧14626字。

𠀀 00007 00004 hē_1.2　〔玉篇〕〔集韻〕夶呵本字〔說文〕反丂也。讀若呵〔六書正譌〕氣舒也。丂之轉注〔精蘊〕氣出而易也。反丂見意。重之爲大笑聲，借謫怒聲，皆動於聲氣也。

七 00008 00005 qī_1.2　〔唐韻〕親吉切〔集韻〕〔韻會〕〔正韻〕戚悉切夶音桼。少陽數也〔說文〕陽之正也。从一，微陰从中衺出也〔書·舜典〕在璿璣玉衡，以齊七政〔註〕七政：日、月、五星也〔詩·唐風〕豈曰無衣七兮〔註〕侯伯七命，車服皆以七爲節〔又〕詞家以七名篇，雖八首，問對凡七。七者，問對之別名，始〔枚乘·七發〕，後〔傅毅·七激〕〔崔駰·七依〕〔曹植·七啓〕〔張協·七命〕，繼之者凡十餘家〔又〕三七，藥名〔本草綱目〕言葉左三右四，故名。一說本名山桼〔又〕姓。明七希賢〔又〕人名〔續仙傳〕殷七七，名文祥〔蘇軾詩〕安得道人殷七七，不論時節遣花開△〔正字通〕或通作柒桼漆。𤫊篆作𠤎00012〔又〕柒23818≒00177

上 00009 00006 shàng_1.2　〔集韻〕上00017古作丄。

下 00010 00007 xià_1.2　〔字彙補〕古文下00018字。

乚 00011 u20002 yǐ_1.2　或同乙00344或同𠃉04353

𠤎 00012 u20001 qī_1.2　七篆作𠤎

丆 00013 u4E06 lí_1.2　俗釐62704〔五音集韻〕里04868丆，此二字與釐義同，十毫也。俗用。

万 00014 00008
mò_2.3
廣韻 集韻 韻會 夶同萬 三字姓。西魏有柱國万紐于謹 廣韻 莫北切 集韻 密北切。万俟，複姓。俟音其。今讀木其。北齊特進万俟普。
鑾今簡 萬 50032

丈 00015 00009
zhàng_2.3
唐韻 直兩切 集韻 韻會 雉兩切 正韻 呈兩切，夶長上聲。十尺曰丈 前漢·律歷志 十分爲寸，十寸爲尺，十尺爲丈，十丈爲引。又 左傳·昭三十二年 以令役於諸侯，屬役賦丈 疏 屬聚丁役，課賦尺丈。又 哀元年 廣丈高倍 註 壘厚一丈，高二丈。又 禮·曲禮 若非飲食之客，則布席，席閒函丈 註 函，容也 長老之稱 易·師卦 師貞丈人吉。又朋友尊稱 長編 富鄭公稱范文正公曰范十二丈 釋氏所居曰方丈 杜甫詩 方丈渾連水 杜甫詩 百丈誰家上瀨船 註 百丈，牽船篾也 說文 从又持十。俗加點，非 正譌 丈借爲扶行之杖。老人持杖，故曰丈人。別作杖，通。鑾又丈 00036

三 00016 00010
sān_2.3
古文 弎 唐韻 集韻 韻會 夶蘇甘切，儳平聲。✦ 說文 三，天地人之道也。謂以陽之一合陰之二，次第重之，其數三也 老子道德經 一生二，二生三，三生萬物 史記·律書 數始於一，終於十，成於三。又 周禮·冬官考工記 凡兵無過三其身。又 左傳·昭七年 士文伯曰：政不可不慎，務三而已。一擇人，二因民，三從時。又 晉語 民生於三，事之如一 周語 人三爲衆，女三爲粲，獸三爲羣 姓。明三成志。又漢複姓。屈原之後有三閭氏，三飯寮之後有三飯氏，三州孝子之後有三州氏 sàn去聲 韻會 蘇暫切 論語 三思而後行 本作參 博雅 參，三也 周禮·冬官考工記 參分其股圍 前漢·刑法志 秦造參夷之誅。夶與三同 韻補 叶疏簪切音森 詩·召南 摽有梅，其實三兮。叶下今。鑾又仁 00831 夵 05111 纈 05148 叁 05114 川 00178 或 18831

上 00017 00011
shàng_2.3
古文 𠄞 二 廣韻 集韻 韻會 正韻 夶時亮切音尚。在上之上，對下之稱。崇也，尊也 易·乾文言 本乎天者親上 廣韻 君也。太上極尊之稱 蔡邕·獨斷 上者，尊位所在。但言上，不敢言尊號 上日 書·舜典 正月上日 註 孔氏曰：上日，朔日也。葉氏曰：上旬之日。曾氏曰：如上戊、上辛、上丁之類 姓。漢上雄，明上觀、上志。又上官，複姓 唐韻 時掌切 集韻 韻會 正韻 是掌切，夶常上聲。登也，升也，自下而上也 易·需卦 雲上于天 禮·曲禮 拾級聚足，連步以上 進也 前漢·東方朔傳 朔上三千奏牘 與尚通 詩·魏風 上慎旃哉 前漢·賈誼傳 上親、上齒、上賢、上貴。又 匡衡傳 治天下者審所上 韻補 叶辰羊切音常 楚辭·九懷 臨淵兮汪洋，顧林兮忽荒。修予兮袿衣，騎霓兮青上△ 說文 上，高也。指事。時掌切〇按字有動靜音，諸韻皆以上聲，是掌切，爲升上之上，屬動。去聲，時亮切，爲本在物上之上，屬靜。今詳 說文 上聲上字，高也，是指物而言，則本在物上之上亦作上聲矣。依諸韻分動靜音爲是。後傚此。鑾又海震曰：仩，音shàng，工尺譜中譜字「上」的高八度記音譜字 让 60674

下 00018 00012
xià_2.3
古文 丅 二 廣韻 胡雅切 集韻 韻會 正韻 亥雅切，夶遐上聲。在下之下，對上之稱 易·乾文言 本乎地者親下 說文 底也 玉篇 後也。又賤也 儀禮·士相見禮 始見于君，執摯，至下 鄭註 下謂君所 賈疏 不言所而言下者，凡臣視袷已下，故言下也 集韻 韻會 夶亥駕切，遐去聲 正韻 降也，自上而下也 易·屯卦 以貴下賤 詩序 君能下下 爾雅·釋詁 下，落也 邢疏 下者，自上而落也。草曰零，木曰落 去也 周禮·夏官·司士 歲登下其損益之數 韻補 叶後五切音戶 詩·召南 于以奠之，宗室牖下。與女叶 吳棫曰 毛詩 下字一十有七，陸德明皆此讀 陳第·古音考 與吳同 叶胡佐切音賀 曹丕·寡婦賦 風至今清厲，陰雲曀兮雨未下。伏枕兮忘寐，逮乎朝兮起坐。鑾又汻 27830

丌 00019 00013
jī_2.3
集韻 居之切音姬 說文 下基也，薦物之具。象形 集韻 其 02586 古作丌 姓。唐丌實、丌士能。

且 00020 00014
qiě_2.3
集韻 且 00042 古作且。

00021 u2B740
wǔ_2.3
俗五 00575

00026 u20004
null_2.3
未詳。

00022 u2A701
fá_2.3
殷周金文集成·17.10642·伐戈 丂。

00023 u2A700
děng_2.3
俗等 41895

00024 u20006
cái_2.3
俗才 19138

00025 u20005
hài_2.3
正字通 亥 00634 說文 古文篆作丂。

不 00027 00015
bù_3.4
古文 𠀎 𠔿 韻會 正韻 夶逋沒切，奔入聲。不然也，不可也，未也 禮記·曾子問 葬引至于堩，日有食之，則有變乎，且不乎 周禮·夏官 服不氏掌養猛獸而教擾之 註 服不，服之獸者 fú 廣韻 韻會 夶分物切。與弗同。今吳音皆然 fǒu 韻會 俯九切音缶。與可否之否通 說文 鳥飛上翔，不下來也。从一，一猶天也。象形 玉篇 甫負切 廣韻 甫救切，夶缶去聲。義同。fōu 廣韻 甫鳩切 集韻 韻會 正韻 方鳩切，夶音浮。夫不，鴺。亦作鳺鴀 爾雅·釋鳥 鴺其，鳺鴀 邢疏 陸璣云今小鳩也。一名鶏鴀。幽州人或謂鶏鴀，梁宋閒謂之佳，揚州人亦然 未定之辭也 陶潛詩 未知從今去，當復如此不 姓 晉書 汲郡人不準〇按 正字通 云不姓之不轉注古音音彪 fū 正韻 芳無切。與柎通。花萼跗也 詩·小雅 鄂不韡韡 鄭箋 承華者，鄂也。不當作柎。鄭樵曰：不象萼蔕形。與柎通 陸璣詩疏 柎作跗 束皙·補亡詩 白華絳跗 唐詩 紅萼青跗，皆因之 華不注，山名，在濟南城東北 左傳·成二年 晉卻克戰于鞌，齊師敗績。逐之，三周華不注 伏琛·齊記 引摯虞·畿服經 不與詩鄂不之不同 李白詩 茲山何峻秀，綵翠如芙蓉。蓋因華跗而比擬之。胡傳讀不如卜，非。又 古詩 日出東南隅行 使君謝羅敷，還可共載不。羅敷前致辭：使君亦何愚，使君自有婦，羅敷自有夫〇按愚當讀若吾，疑模切，與敷不夫叶，敷不夫本同模韻 正字通 不改音符，叶夫愚，非是 與丕同 書·大誥 爾丕克遠省。馬融作不 秦·詛楚文 不顯大神巫咸 秦·和鐘銘 不顯皇祖。夶與 詩·周頌 不

顯、不承同。不顯、不承猶書云不顯、不承也△正字通不字在入聲者，方音各殊，或讀逋入聲，或讀杯入聲司馬光·切韻圖定爲逋骨切，今北方讀如幫鋪切，雖入聲轉平，其義則一也。鼇又不00039図金石文字辨異·入聲·物韻·不引漢韓仁銘充00646幸拉（短）命。

与 00028 00016 yǔ_3.4 廣韻集韻正韻夶同與說文賜，予也。一勺爲与六書正譌寡則均，故从一勺。

丏 00029 00017 miǎn_3.4 廣韻集韻韻會夶彌殄切音眄說文不見也，徐曰左右壅蔽而不分也字彙避箭短牆也。象壅蔽之形図集韻彌兖切音緬。義同△从正而曳之。沔眄等字从此。

丐 00030 00018 gài_3.4 廣韻古太切集韻韻會正韻居太切夶音蓋。乞也，取也。又與也図集韻居曷切音葛。義同。鼇又匄04220匃04219匄04224曷04253

丑 00031 00019 chǒu_3.4 廣韻集韻韻會夶敕久切音杻。十二月辰名爾雅·釋天太歲在丑曰赤奮若淮南子·時則訓招搖指丑前漢·律歷志孳萌於丑,紐牙於丑図神名山海經女丑之尸△六書正譌手械也。从又，手也。有物以繫之，象形。因聲借爲子丑字，十二月之象也。又丑象子初生舉手。鼇又刃00041彐00413今丑亦醜62453簡化字。

且 00032 00020 qiě_3.4 玉篇古文且00042字。

丠 00033 00021 qiū_3.4 字彙補同丘道藏·洞靈經黃帝得常仙封鴻庖容丠。

瓦 00034 u2A702 null_3.4 未詳。

止 00035 u2000C qiū_3.4 俗丘00046益州太守高联脩周公禮殿記閔斯止虙。

丈 00036 u2000B zhàng_3.4 正字通丈00015俗加點作丈。

匠 00038 u2000B qiū_3.4 丘00046避孔丘諱。

不 00039 uF967 bù_3.4 兼不。

专 00040 u4E13 zhuān_3.4 简專12553

刃 00041 u4E12 chǒu_3.4 俗丑00031

朩 00037 u2000A cāo_3.4 方越諺朩，兆平聲。人、物由小漸大，在不大不小之間，如呼朩人、朩猪、朩狗是也△宏按，字亦作朩09987

且 00042 00022 qiě_4.5 古文且且廣韻集韻韻會淺野切正韻七野切夶音跙。借曰之辭論語且予之類是也図未定之辭禮·檀弓曾子曰：祖者，且也。且胡爲其不可以反宿図又也詩·小雅君子有酒，多且旨図此也詩·周頌匪且有且傳非獨此處有此稼穡之事也図姑且也詩·唐風且以喜樂図將也史記·項羽紀范增謂項莊曰：若屬且爲所虜図苟且也莊子·庚桑楚老子語南榮趎曰：與物且者，其身不容，焉能容人註且者，姑與物爲雷同，而志不在也図姓。宋且謹修，明且簡。俗誤讀苴図通作俎。薦牲具。祭祀、燕饗用之図jū集韻韻會正韻夶子余切音疽。說文薦也図同趄。行不進也易·夬卦其行次且。別作趄趄図多貌詩·大雅籩豆有且図蜘蛆亦

即且史記·龜筴傳騰蛇之神，而殆於即且図爾雅·釋天六月爲且郭註闕詁。或云一作焦月。六月盛熱，故曰焦図巴且，見司馬相如·賦史記作猈且，即巴焦。図語餘聲詩·鄭風士曰旣且朱傳音疽，語辭。與乃見狂且，其樂只且，匪我思且，椒聊且，曰父母且，諸且字皆語餘聲図cú集韻韻會正韻夶叢租切。與徂同，往也図韻會七序切，疽上聲。恭敬貌詩·周頌有萋有且△正字通說文且从几，足有二橫。一，地也，象藉於地形，音阻。阻、詛諸且爲聲，餘義皆假借。孫愐譌用子余切韻會馬韻且引說文義同俎，譌轉魚韻，爲孫切所蔽，音同疽，音義相矛盾。又俎本作且，且字借義旣廣，故別加半肉作俎以別之。鼇又旦22333図史記·項羽紀若屬且爲所鹵。徐慧：鹵，虜之誤。

丕 00043 00023 pī_4.5 廣韻敷悲切集韻韻會攀悲切正韻鋪悲切夶音胚。大也書·大禹謨嘉乃丕績図奉也前漢·郊祀志丕天之大律註奉天之大法也図姓。春秋晉大夫丕鄭。亦作平図同岯。山名。大邳山史記作伾國語作碩図元也書·金縢是有丕子之責于天史記以丕爲負索隱引鄭氏曰：丕讀作負○按廣韻玉篇諸書音切俱本音和，惟重脣、輕脣之音，多用交互，後學不考，遂成譌舛，如丕用敷悲切之類。是以敷母輕脣之音，切滂母重脣之字。宜從集韻諸書攀悲切爲是。鼇又平04539丕30662

世 00044 00024 shì_4.5 古文丗廣韻舒制切集韻韻會正韻始制切夶音勢。代也詩·大雅本支百世。又論語必世而後仁註三十年爲一世左傳·宣三年王孫滿曰：卜世三十，卜年七百，天所命也図維摩經大千世界註世謂同居天地之間，界謂各有彼此之別図姓。風俗通秦大夫世鈞。又與生同列子·天瑞篇亦如人自世至老，皮膚爪髮，隨世隨落註世與生同図韻補叶私列切音薛詩·大雅殷鑒不遠，在夏后之世。叶上撥。撥音撇晉書·樂志匡時拯俗，休功蓋世。宇宙旣康，九有有截△集韻書作世。鼇又世00385笹41870苁04515甘04545丗00064丗00045

丗 00045 00025 shì_4.5 集韻同世。鼇堯廟碑禀性乾元，丗丗廉約。

丘 00046 00026 qiū_4.5 古文坓廣韻去鳩切集韻韻會祛尤切正韻驅尤切夶音蚯。阜也，高也。四方高，中央下曰丘爾雅·釋丘非人爲之曰丘図前高後下曰旄丘博雅小陵曰丘図周禮·春官·大司樂凡樂，冬日至于地上之圜丘而奏之。夏日至于澤中之方丘而奏之疏土之高者曰丘。因高以事天，故於地上。因下以事地，故於澤中図地名。帝丘，本顓頊之墟，今澶州濮陽縣。又營丘、商丘、楚丘、靈丘、葵丘、咸丘、虎丘皆地名図三丘張衡·思玄賦過少昊之窮野兮，問三丘乎句芒註蓬萊、方丈、方壺，三者皆羣仙所居図前漢·刑法志四井爲邑，四邑爲丘。丘十六井也図春秋·成元年作丘甲胡傳益兵也。即丘出一甲，則一甸之中，共百人爲兵矣図聚也孔

安國·尚書序九州之志謂之九丘,言九州所有皆聚此書也⊠崇丘,亡詩篇名。言萬物得極其高大也⊠大也前漢·楚元王傳高祖微時,嘗與賓客過其丘嫂食註長嫂之稱⊠空也前漢·息夫躬傳寄居丘亭⊠丘里莊子·則陽篇少知問太公調曰:何謂丘里之言。曰丘里者,合十姓百名以爲風俗也⊠比丘魏書·釋老傳桑門爲息心,比丘爲行乞⊠姓。又左丘、龍丘、咸丘、虞丘、梁丘、母丘、陶丘、浮丘、麥丘、水丘、吾丘皆復姓⊠韻補叶祛其切音欺詩·衞風送子涉淇,至于頓丘。叶下媒期小雅楊園之道,猗于畝丘。叶下詩、之左傳·僖十五年史蘇占之曰:不利行師,敗於宗丘。叶上姬、旗⊠叶苦高切音尻楚辭·九懷玄鳥兮辭歸,飛翔兮靈丘。望谿兮蓊鬱,熊羆兮呴嘷⊠叶丘於切音區陳琳·大荒賦過不死之靈域兮,仍羽人之丹丘。惟民生之每每兮,佇盤桓以躊躕。古丘、區聲通顏師古曰古語丘、區04483二字音不別,今讀則異△集韻本作北。亦作坴。鍌康熙殿本原避孔子諱作丘00038道光本不避⊠丘00033北00047坴00112坴33965坵08434坴49128⊠丠00035,碑別字。

北 00047 00027
qiū_4.5　正字通同丘風俗通二人立一上。一者,地也。象形。

丙 00048 00028
bǐng_4.5　唐韻兵永切集韻韻會正韻補永切夶音炳。十幹名之一爾雅·釋天太歲在丙曰柔兆。月在丙曰修說文南方之位也。南方屬火,而丙丁適當其處,故有文明之象⊠周髀算經上天名青丙,下地曰青戊。⊠張衡·東京賦大丙弭節,風后陪乘註大丙,神名。⊠bìng集韻陂病切音柄。日名。鍌又呬05723

朿 00050 u2AA72
zǐ_4.5　同宋00284

引 00049 42367
yà_4.5　字彙補音思。鍌字彙補音思。音西之誤。按,西,丙之誤。丙,即兩字,音亞。引即俗亞字。亞俗亦作茲00601

共 00051 u20017
khênh_4.5　喃共共khênh-khạng,大模大樣,拖拉(指行動)。參見其00085

共 00052 u20016
khạng_4.5　喃共共。參見共00051

亙 00053 u20015
gèng_4.5　篇海類編互,同互00584

亥 00054 u20014
jué_4.5　同子11731廣韻亥,九勿切。無左臂也。

亐 00055 u20012
píng_4.5　正字通平15243篆作亐。

丙 00056 u20011
tiān_4.5　武后所造天字,似篆文天。

屯 00058 u2000F
null_4.5　未詳。

虫 00057 u20010
kuì_4.5　廣韻臾,上同(蕢)。今作虫。貴書皆從之。

丗 00059 u2000E
null_4.5　漢字構件。見菁、寒等字字通·卷上丗字類,文六。

丝 00060 u4E1D
sī_4.5　简絲44098

东 00061 u4E1C
dōng_4.5　简東23645

从 00062 u4E1B
cóng_4.5　简叢05323

业 00063 u4E1A
yè_4.5　简業24689

世 00064 u4E17
shì_4.5　俗世00044

丙 00065 00029
tiān_5.6　古文囙集韻他點切音忝。以舌鉤取也說文舌貌。从舌省,象形精蘊囙,从舌在口外,露舌甚舐物。人有持短長術以言鉤人者,孟子斥爲穿窬⊠玉篇唐韻集韻夶他念切,添去聲。義同○按囙字今通作餂。

丞 00066 00030
chéng_5.6　廣韻署陵切集韻韻會辰陵切夶音承玉篇繼也廣韻佐也正韻副貳也禮·文王世子虞夏、商、周有師保,有疑丞。又戰國策堯有九佐,舜有七友,禹有五丞,湯有三輔。又前漢·百官表丞相秦官,金印紫綬,掌丞天子,助理萬機註應劭曰:丞者,承也。相者,助也⊠前漢·淳于長傳扶丞左右,甚有甥舅之恩⊠宋史·天文志紫微垣西蕃七星,第七星爲上丞。東蕃八星,第八星爲少丞⊠與承通史記·張湯傳於是丞上指。今本或作承⊠shèng廣韻常證切,承去聲。縣名。在沂州,匡衡所居⊠韻補叶之郢切。與拯通揚雄·羽獵賦丞民於豐桑。鍌又丞13467承31033丞30804

丟 00067 00031
diū_5.6　篇海丁羞切揚子方言一去不還也。俗作丢,非。鍌揚子方言一去不還也。華學誠:當爲明代梅膺祚字彙一部丟,一去不還也。

兲 00068 00032
tiān_5.6　玉篇古文天09979字。

丽 00069 00033
lì_5.6　說文古文麗74418字。鍌又丽00074

丕 00070 00034
bù_5.6　玉篇古文不00027字。

坴 00071 00035
qiū_5.6　集韻丘本字說文北,土之高也,非人爲之。从北从一。一,地也。人居在北南,故从北⊠bò集韻補過切音播。關東謂塚大曰北。

夘 00072 u2B741
mǎo_5.6　同卯04725

巫 00075 u2001C
qiū_5.6　同丘00046見郎瑛七修類稿·事物類·古圖書⊠俗皿37079

囚 00073 u20020
jī_5.6　同箕15930古文箕

丽 00074 u2001E
lì_5.6　同丽00069古文麗

亚 00077 u4E9A
yà_5.6　简亞00599

㐂 00076 u3402
xǐ_5.6　草書喜06501字若「七十七」,故七十七歲生日亦稱「喜壽」。

丟 00078 u4E22
diū_5.6　越諺·越諺賸語·卷上丟00067丟:丟,丁羞切。丟血。去字上加一畫曰丟,一去不還,舉物擲棄也。出揚子方言上加一撇曰丟,拋撒也。越語「丟來丟去」字典認丟即丟,謂俗作丢,非者誤也。

両 00079 u4E21
liǎng_5.6　同兩02525

丣 00080 00036
yǒu_6.7　廣韻與久切集韻以九切夶音酉。闔戶爲丣,日入時也◆說文就也。八月黍成,可爲酎酒,象古文酉之形。古文酉从丣。丣爲春門,萬物已出。酉爲秋門,萬物已入。一,閉門象也六書正譌後人以此字類丣,故借酉字別之。酉,乃古酒字,象器中半水。既以酉字爲丣,復加水旁作酒字。凡酉、桺等字諧聲者皆從

卯，醴、醑等字會意者皆从酉，二字不可溷用。

兲 00081 00037 tiān_6.7 玉篇 古文天09979字。

屸 00082 00038 zǐ_6.7 海篇 音資。定也。

扸 00084 u2B742 suǒ_6.7 俗所19064

卅 00083 42368 xíng_6.7 海篇 音形。鋆敦煌·P.3315 尚書釋文 卅于：古刑03296字。法也。

其 00085 u2002B khè_6.7 喃 其其khèkhà：醉咧咧。

其 00086 u2002A khà_6.7 喃 其其。參見其00085

汲 00087 u20028 cụp_6.7 喃 从下及cập聲。同躪65394

巴 00088 u20027 ba_6.7 喃 次巴：第三图mbah 壮 巴淰：潑水。

夶 00089 u20024 bìng_6.7 同並00095 正字通 竝41513同夶。

疤 00090 u20023 null_6.7 未詳。

严 00092 u4E25 yán_6.7 简 嚴07804

丽 00091 u4E3D lì_6.7 简 麗74418又參見丽00238

两 00093 u4E24 liǎng_6.7 简 兩02525

罢 00094 u26271 bảy_6.7 喃 从七罷bāi省聲。俗罷04351△迸罢：十七。罢迸：七十。

並 00095 00039 bìng_7.8 集韻 竝，隸作並。鋆又夶10092夶00089
並02601位01720

囷 00096 00040 tiān_7.8 集韻因，古作囷 說文 讀若三年導服之導。一曰竹上皮，讀若沾。一曰讀若誓，彌字从此 正字通 按 說文 音讀舛誤，訓辭支離，當別詳定。

秂 00097 00041 píng_7.8 玉篇 古文平15243字。

囵 00098 00042 jī_7.8 字彙補 籀文箕字。

丧 00105 u4E27 sàng_7.8 简 喪06529 作事04049

電 00099 u2A703 zǐ_7.8 同剚03528亦 龍龕 電或作，事正，側吏反。電刄。

屵 00100 u20034 trụt_7.8 喃 从下下黜truất省聲△屵龥：滑落。

以 00101 u20033 rẻ_7.8 喃 同襬58067價呇：廉價。

多 00102 u20032 đứa_7.8 喃 傢伙。亦作多11805多09953

奀 00104 u20030 duō_7.8 龍龕奀，俗。音多09861錢大昕 十駕齋養新錄·宋時俗字 龍龕手鑑多收鄙俗之字，如奀為多。

奇 00107 u2A704 null_8.9 未詳。

爻 00103 u20031 mǒu_7.8 徐珂 清稗類鈔·經術類 俗字之訓詁 爻，音近某，假父也。

厏 00106 42369 yè_8.9 海篇 音夜。鋆古文夜。或从乇作。

電 00108 u2003B yuán_8.9 同黿75152亦作黿。見 類篇

夙 00109 u2003A jūn_8.9 俗畠06854唐武后君字。

昜 00111 u20035 null_8.9 未詳。

袄 00110 u20036 dié_8.9 或俗咥34878

奔 00113 u2A705 shēn_9.10 張亞初：金文深14300从井 殷周金文集成·8.4300-1·作冊夨令簋 令用奔展于皇王。

坵 00112 42370 qiū_9.10 字彙補 同丘。亦作北。鋆又㘳13570 㘲13582，古文嶽。

秣 00114 u2344E rơi_9.10 喃 从下来lai聲。散，离。

莪 00115 u20040 đời_9.10 喃 朝代，一生。

荟 00117 u2003E pēi_9.10 简 薈23146

夾 00116 u2003F xuôi_9.10 喃 从下，吹xuy聲。同㳲28433順，往下游走△夾聰：順耳。

赦 00118 u2003D lù_9.10 類篇 攱21397，勒沒切，箭射之矢謂之攱。或作攱。

處 00121 u20045 chù_10.11 俗處52157

豆 00119 00043 dòu_10.11 廣韻 集韻 夶徒口切音鋀。禮器也 轉注古音 石經毛詩 酌以大豆，以祈黃耇。今文作星斗之斗，非 周禮 作豆，蓋此字之譌 正譌 豑字从此。隸作鋀。鋆又鉪63902

瓰 00120 u2A706 null_10.11 殷周金文集成·4.1944·亞馱方鼎 亞馱每臣瓰。讀若捗。

斺 00122 u20044 luồn_10.11 喃 从下侖lồn聲。夤緣。

棗 00123 u20043 pū_10.11 亦作鏷26155鋶26667棗00128俗補40413 字彙補 棗，與鋪設之鋪同，見 集韻。宏按，集韻 未見。

者 00124 u20042 đứa_10.11 喃 同移00102

界 00125 u24C82 dưới_11.12 喃 从下界giới聲。下面△遑丕界坍：天上地下。

坉 00126 u21D22 nhòn_11.12 喃 从並屯đồn聲。

甩 00127 u21CA4 vả_11.12 喃 从且尾vĩ聲。而且，況且。

棗 00128 u2004B pū_11.12 同棗00123

爽 00129 u2004A shuǎng_11.12 俗爽32338 可洪音義 或爽：所兩反。明也，差也。

箘 00130 u20048 jūn_11.12 同箘05840 夙00109俗畠06854

楦 00131 u20047 null_11.12 未詳。

竝 00133 u24BED sánh_12.13 喃 从並生sinh聲△竝堆：配對，配偶，結緣。

龔 00134 u2004D null_12.13 未詳。

歪 00132 u20046 null_11.12 或俗歪26590

郿 00135 u2004C null_12.13 未詳。

遉 00137 u284D1 nghểnh_13.14 喃 从上迎nghênh聲△遉股：伸長頸子。

爾 00136 u2B743 ěr_13.14 俗爾32342見 宋元以來俗字譜

棃 00138 u235F1 lê_13.14 喃 从下梨lê聲。

賈 00139 u20052 jiǎ_13.14 四聲篇海 賈，假01523字。

帶 00140 u20051 dưới_13.14 喃 从下帶đai聲。亦作幠15834下面，低下。

嘼 00141 u20050 kǔn_13.14 唐·陸德明 經典釋文·卷第二十九·爾雅音義上·釋宮第五 嘼，本或作壺，苦本反。郭、呂並立屯反。或作韋。

準 00143 u2004E null_13.14 未詳。

疊 00142 u2004F kǔn_13.14 同壼00141字

海疊，同壼。字見 經籍舊音辨證

荅 00144 u25C0A thấp_14.15 喃 从下荅đáp聲。低，矮△荅勘：卑微。

登 00145 u24F38 đăng_14.15 喃 从上登đăng聲。上升△豋賒：獻上。

渃豋：水位上漲。

鳳 00146 u20058 zài_14.15 同鳳14602武后所造字。

甹 00147 u20054 sánh_14.15 喃 从並聘sánh省聲△甹跰：並肩而行。

欼 00148 u20053 null_14.15 不欲合文

壼 00149 u20044 kǔn_15.16 正字通俗壼

字○按正字通 收士部，今改入。璽 正字通 壼，俗壼字

又 廣碑別字引 唐崔載墓誌

畾 00150 42371 lěi_15.16 字彙補與畾同。

臉 00151 u2A707 null_15.16 未詳。

道 00152 u2005B null_15.16 未詳。

會 00153 u2005A cúi_15.16 喃 从下會hội聲。下俯。

諕 00154 u20059 chả_15.16 喃 从不詐trá聲。不太，不很。

奭 00155 u20057 shì_15.16 同奭10269

連 00156 u2856D trên_16.17 喃 从上連liên聲。上面△連鞯：上下 图略作辻60674△辻頭：頭上。

諴 00157 u2005D gǎm_16.17 喃 从並从咸。包羅，兼併。

踊 00158 u2005C yǒng_16.17 同踊58938

屁 00159 u20056 null_16.17 未詳。

嫌 00161 u2005F gǎm_17.18 喃 从並从兼。包括，含，兼。

畾 00162 42372 qiè_19.20 字彙補且去聲。

寵 00163 u21B08 xuống_21.22 喃 从下寵sủng聲△龐令：下令。別龐：下降。属龐：下垂。距龐：塞入。

◆ 丨部 ◆

丨 00164 00045 gǔn_0.1 正字通古本切，音袞。象數之縱也 說文 上下通也。引而上行讀若囟，引而下行讀若退。璽又 殷周金文集成·11.5589·魚棍尊魚丨。

丨 00165 u31D1 null_0.1 畫豎

丨 00167 u3021 yī_0.1 商碼一。商碼也稱蘇州碼子或草碼，主要使用在商業票據中。

丨 00166 u2F01 gǔn_0.1 部丨 00164

丩 00168 00046 jiū_1.2 集韻居尤切音鳩。延蔓也。瓜藤之屬，遇他物縈繞之，乃得上引。象牽連交繚形。叫收糾等字皆从此 图居虬切音樛。義同 图巨夭切音播。與糾糾通△或作弓。璽又丩00257 𠃉00378 𠃌00392 𠃑14628，俗。正作弓00397

卜 00169 00047 bǔ_1.2 玉篇古文卜04633字。

卜 00170 u20062 bǔ_1.2 古文卜04633

亠 00171 u3026 liù_1.2 商碼六。

丬 00172 u3022 jeo_1.2 韓同箸42235，筷子 图商碼二。

个 00173 00048 gè_2.3 廣韻 正韻古賀切 集韻居賀切，丛歌去

聲。枚也 儀禮·大射儀 司射入于次，搢三，挾一个。 图一人曰一个 左傳·昭三年 齊公孫竈卒。晏子曰：又弱一个焉 图物數 周禮·冬官考工記匠人 廟門容大扃七个 註 每个長三尺 图四面偏室 禮·月令 孟春，天子居青陽左个。季春，居右个 註 明堂旁舍也 图 禮·檀弓 有若曰：國君七个，遣車七乘。大夫五个，遣車五乘 註 个謂所包遣奠牲體臂臑也。折爲七段五段，以七乘五乘遣車載之 图通作介。獨也，偏也 莊子·養生主 是何人惡乎介也，天之生是使獨也 註 介謂刖一足者 史記·張耳陳餘傳 獨介居河北 註 介，特也。丛與个通 書·秦誓 若有一介臣 大學 作一个臣 左傳·襄八年 一介行李，即一个。又昭二十八年 君亦不使一个，辱在寡人。即一介，互通 图gàn 集韻古案切。與幹同。射侯舌也 周禮·冬官考工記 梓人爲侯，上兩个，與其身三。下兩个，半之 註 上个，最上幅也。射侯之制，上廣下陿，自棲鵠而上，以侯爲三分，身居中，兩个爲兩邊，其大小皆同。自鵠而下，則其身與上身同，而兩邊惟得其半，蓋下陿也。 图六書本義个，竹一枝也 史記·貨殖傳 竹竿萬个。从竹省半爲意 韓愈·合江亭詩 栽竹逾萬个。丛與簡同。

二 00177 u3027 qī_2.3 商碼七。

丫 00174 00049 yā_2.3 廣韻 集韻 正韻丛於加切音鴉。物之岐頭 六書統 丫，岐物之岚。象其岚又分形 同文備考 草木之枝，岐而上徹。璽又 71088鬟、70899環、70892妖，同丫 图 正字通 丫，从丷zhā从丨，篆作丫，俗作椏24437

川 00178 u3023 sān_2.3 商碼三。

牛 00175 00050 kuà_2.3 唐韻 集韻丛苦瓦切。牛字之譌 說文 跨步也。从反夊，中直畫，不出而左拽。牛載 丑集·夊部 字彙譌作牛，附丨部，非。

仐 00176 u3403 ma_2.3 韓與宁00272同。地名 图工具，鐵鎚也。图砧具 图裳也。上繫下垂曰仐。

中 00179 00051 zhōng_3.4 古文申串 唐韻陟弓切 集韻 韻會 正韻陟隆切丛音忠 書·大禹謨 允執厥中 周禮·地官·大司徒 以五禮防民僞，而教之中 左傳·成十三年 劉子曰：民受天地之中以生 图 左傳·文元年 舉正於中，民則不惑 註 舉中氣也 图司中，星名。在太微垣 周禮·春官·大宗伯 以槱燎祀司中、司命、飌師、雨師 图 前漢·律歷志 春爲陽中，萬物以生。秋爲陰中，萬物以成 图中央，四方之中也 書·召誥 王來紹上帝，自服于土中 註 洛爲天地之中 張衡·東京賦 宅中圖大 图正也 禮·儒行 儒有衣冠中 周禮·秋官·司刺 以此三法者求民情，斷民中，施上服、下服之罪 註 斷民罪，使輕重得中也 图心也 史記·韓安國傳 深中寬厚 图內也 易·坤卦 黃裳元吉，文在中也。又老子道德經 多言數窮，不如守中 图半也 列子·力命篇 得亦中，亡亦中 魏志·管輅傳 鼓一中 註 猶言鼓一半也。 图成也 禮·禮器 因名山升中于天 註 中猶成也。燔柴祭天，告以諸侯之成功也 图滿也 前漢·百官表 制中二千石 註 謂滿二千石也 索隱 漢制，九卿已上，秩一歲滿二千石 图穿也 周禮·冬官考工記 中其莖 註 謂穿之也。

囝盛算器禮·投壺主人奉矢，司射奉中註士鹿中，大夫兕中，刻木如兕、鹿而伏，背上立圓圈以盛算也。囝禮·深衣註衣有表者謂之中衣。與衷通囝俚語以不可爲不中蕭參·希通錄引左傳·成公二年無能爲役。杜預註：不中謂之役使囝禮·鄉飲酒義冬之爲言中也。中者，藏也囝姓。漢少府卿中京。又中行、中英、中梁、中壘、中野皆複姓囝zhòng廣韻集韻韻會丛陟仲切音妕。矢至的曰中史記·周本紀養由基去柳葉百步射之，百發百中囝著其中曰莊子·達生篇中身當心則爲病，猶醫書中風、中暑是也囝要也周禮·春官凡官府鄉州及都鄙之治中，受而藏之註謂治職簿書之要也囝應也禮·月令律中大簇註中猶應也囝合也左傳·定元年季孫曰：子家子亟言於我，未嘗不中吾志也。囝類篇正韻丛直衆切。與仲通禮·月令中呂，即仲呂。囝讀得周禮·地官師氏掌國中失之事註故書中爲得。陸德明云中，杜音得囝韻補叶陟良切，音張。師古曰古讀中爲章吳志·胡綜傳黃龍大牙賦四靈既布，黃龍處中。周制日月，是曰太常。△俗讀中酒之中爲去聲。中興之中爲平聲○按魏志·徐邈傳邈爲尚書郎，時禁酒，邈私飲沈醉，趙達問以曹事，曰中聖人。時謂酒清爲聖人，濁者爲賢人。蘇軾詩：公特未知其趣耳，臣今時復一中之。則中酒之中亦可讀平聲通鑑周宣王成中興之名。註：當也。杜詩：今朝漢社稷，新數中興年。則中興之中亦可讀去聲。鍪又申00188枈00557衶02568粦09871囝史記·韓安國傳深中寬厚。徐慧：深中隱厚。

孔 00180 00052
jǐ_3.4　唐韻几劇切集韻訖逆切丛音戟說文丮，持也，象手有所丮據也。讀若戟元包經丮之撝傳手之撝也○按說文玉篇丮、𠬞音義小別。𠬞，捕罪人也。从丮从幸。之入切。鍪又𠬞00423孔19145

丯 00181 00053
jiè_3.4　廣韻古拜切集韻居拜切丛音介說文丯，蔡也。象艸生散亂。凡丯之屬皆从丯○按說文丯與丰別。丯，相遮要害也，讀若害字彙誤以丯爲丰，移說文丰訓入丯註，非。鍪又全02521全02517

丰 00182 00054
fēng_3.4　古文丰註集韻符風切音馮。丰茸，草盛貌說文从生上下達也徐曰艸之生，上盛者，其下必深根也。毛氏曰：凡邦丰峰豐等字从此囝容色美好貌詩·鄭風子之丰兮△六書正譌俗作丰，上畫从丿者，非。鍪古文丰从二丰丮13248丰49062丰13350

丱 00183 u2A708
null_3.4　未詳。

亖 00185 u3028
bā_3.4　商碼八。

卪 00184 u20063
jié_3.4　俗卪04716可洪音義瓜卪：上爭巧反。下音節。亦作卩囝卪卪，亦作卪卪卪卪，象聲詞。拳擊聲。音未詳。見封神演義第十三回。

丱 00186 00055
guàn_4.5　廣韻集韻韻會正韻丛古患切音慣。同丱詩·齊風總角丱兮毛傳總角，聚兩髦也。丱，幼穉也朱傳丱，兩角貌囝廣韻呼瞏切韻會合猛切正韻胡猛切。丛同礦。互詳卜部卝04637字、石部礦39522字註○按

正韻上聲梗韻，礦亦作卝。去聲諫韻，卝亦作卝字彙卝爲總角之卝，卝爲銅錫礦之卝。卝、卝分而爲二，非。

丫 00187 u20065
guǎi_4.5　同丫48957，羊角開貌。

丣 00188 00056
zhōng_5.6　字彙補籀文中字。

卯 00189 u200E2
sì_5.6　同兕45388古文四。

串 00190 00057
guàn_6.7　廣韻集韻正韻丛古患切，與慣通。狎習也詩·大雅串夷載路毛傳串，習。夷，常也箋串、夷即混夷，西戎國名荀子·大略篇國法禁拾遺，惡民之串，以無分得也梁·簡文帝詩長蟆串翠眉謝惠連·秋懷詩聊用布親串註言賦詩布與親狎之人也囝chuàn正韻樞絹切音釧。物相連貫也。與穿讀去聲通。穿亦作串前漢·司馬遷傳貫穿經傳，即貫串，言博通經傳大義也。囝與券通，別作帣文字指歸支取貨物之契曰帣，今官司倉庫收帖曰串子囝正韻五換切音玩。義同。鍪又串00193囝賺57954正字通帣字之譌。

申 00191 00058
zhōng_6.7　玉篇古文中00179字。

丱 00192 u20068
null_6.7　未詳。

串 00193 uF905
chuàn_6.7　兼串。

丳 00194 00059
chǎn_7.8　廣韻集韻韻會楚限切正韻楚簡切丛音鏟。燔肉器韓愈·贈張籍詩試將詩義授，如以肉貫丳註言愈兒子侍籍，籍授兒詩，義有條貫也。鍪又𨏡06998

串 00195 00060
zhōng_7.8　玉篇古文中00179字。

卝 00196 u2006C
null_7.8　或釋作乖00317見菲伯段

汆 00199 00061
qí_8.9　廣韻巨支切音岐。參差也。

氽 00200 00062
shū_8.9　集韻叔05207古作𠈽。

呯 00201 u2A709
null_8.9　喃未詳。

怴 00197 u2006B
qiū_7.8　同怵17266集韻怴惆，袪尤切。戾也。或作惆。

怡 00203 u2006F
null_8.9　未詳。

种 00198 u2006A
nhǎm_7.8　喃从中，壬nhǎm聲。準，目的△种意：中意，合意。

临 00204 u4E34
lín_8.9　简臨48177

竚 00202 u219F2
giǔa_8.9　喃从中竚giǔ省聲。亦寫作竚00208△竚㞢：露天的。竚塘：途中。

丵 00205 00063
zhuó_9.10　集韻仕角切音浞。艸木叢生。象根株附麗丛出形。樸業僕叢字从此，借爲叢雜、煩瀆。或作丵囝廣韻蒲木切集韻步木切丛音僕。又集韻方六切音福。義丛同△上从四直。俗作业、丱，非。

菲 00206 00064
guāi_9.10　字彙補古文乖字。見急就章

棗 00207 00065
shì_9.10　字彙補與事同道藏洞靈經人舍本而棗末

曲 00209 u20073
null_10.11　豐字所从

竚 00208 u21A0C
giǔa_9.10　喃从中竚giǔ省聲。同竚00202△竚秋：中秋。

幽 00210 00066
guī_11.12 說文 古文龜75895字〇按 玉篇 書作龜 集韻 書作龜，今分見。

虫 00213 u25A9D
trong_13.14 喃 俗䖵00217

幮 00212 u20075
null_13.14 未詳。

帳 00211 u20075
giữa_11.12 喃 俗帳00216

崒 00214 u20078
suốt_14.15 喃 从串卒tốt聲。透，通，整個。

律 00215 u22580
suốt_15.16 喃 从串律luật聲。透，通，全部的。

帳 00216 u20079
giữa_17.18 喃 从中與dữ聲。中間，中央△帳夥：仲夏，盛夏△俗作帳00211亦作㐀00202㝉12168

龍 00217 u2A69A
trong_19.20 喃 从中龍long聲。中間，其中。俗作虫00213

磊 00218 u2007B
chuổi_21.22 喃 从串磊lối聲。貫。

丶部

丶 00219 00067
zhǔ_0.1 唐韻 知庾切 集韻 冢庾切丛音主。有所絕止，丶而識之也 図 六書正譌 古文主字。鐙中火丶也。象形。借爲主宰字。鑒 又點74930

丶 00220 u31D4
diǎn_0.1 畫點。

丶 00221 u2F02
zhǔ_0.1 部丶00219

㇏ 00222 u2A70A
null_1.2 未詳。

乀 00223 u4E37
zhā_1.2 側加切 正字 通丫，从乀从丨。篆作丫。俗作枒。

丷 00224 00068
yī_2.3 字彙 伊字，如草書下字。見 涅槃經 苑咸 詩 三點成伊猶有想，一觀知幻自忘筌。

凡 00225 00069
wán_2.3 廣韻 集韻 韻會 正韻 丛胡官切音完。彈丸也。凡物員轉者皆曰凡。元人著 丸經 言捶凡之制，有讓采、索窩、忘擅、成算諸名。又 莊子·徐無鬼 市南宜僚弄凡 前漢·尹賞傳 長安少年，羣輩相與爲探凡。得赤凡者斫武吏，黑凡者斫文吏，白凡者主治喪。賞收捕數百人，納虎穴 図 屑米麴搏以彈凡，炱炱噉之，曰牢凡。俗譌作九 束晳·餅賦 終日飽食，其牢九乎 歐陽修·歸田錄 不能辨其誤 陰氏·韻譜 收牢九，入上聲九韻，丛非。図 呂氏春秋 流沙之西，丹山之南，有鳳之凡 正字通凡者，鳥卵別名。象其圓形。讀若完 韻會 及 轉注古音 引此句，凡改音卵，附旱韻，非図 姓図 塞外有烏桓山。一作烏凡 魏志·烏丸傳 太祖引烏丸之衆，服從征討，而邊民得用安息図 通作垸 周禮·冬官考工記 冶氏爲殺矢，刃重三垸 淮南子·時則訓 圓而不垸 註 轉也 列子·黃帝篇 佝僂者承蜩，累五垸而不墜。丛與丸同△ 說文 凡，傾仄而轉者，从反仄 徐曰 仄者，一面敧而不可回。故仄而可反爲凡，凡可左可右也。鑒丸00227

九 00226 00070
wán_2.3 俗凡字。

丸 00227 2F801
wán_2.3 兼 丸00226

乂 00228 u4E49
chā_2.3 俗乂05154図 简義45829

丹 00229 00071
dān_3.4 古文肙肜同 唐韻 都寒切 集韻 韻會 多寒切丛音單。赤色丹砂也 書·禹貢 礪砥砮丹 山海經 丹以赤爲主，黑白皆丹之類 陶弘景曰 卽朱砂也 図 道家以烹鼎金石爲外丹，吐故納新爲內丹 黃庭經 九轉八瓊丹 註 八者：朱砂、雄黃、空青、硫黃、雲母、戎鹽、硝石、雌黃也 図 博物志 和氣相感，則陵出黑丹。仁主壽昌，民延壽命，天下太平 図 以朱色塗物曰丹 揚雄·解嘲 朱丹其轂 図 容美曰渥丹 詩·秦風 顏如渥丹 図 赤心無偽曰丹 謝朓詩 旣秉丹石心，寧流素絲涕 図 姓。漢丹玉，宋丹山，明丹衷 図 丹陽，郡名。漢武帝改鄣郡爲丹陽郡。晉武帝分立宣城、毗陵二郡。又州名。本赤翟地，元魏置汾州，後改丹州。又 崔豹·古今注 丹徼，南方徼色赤，故稱丹徼，爲南方之極也 図 丹丹，國名。見 南史 図 山海經 鳳凰產于丹穴。又竊丹，鳥名。爲九鳳之一 図 牡丹，花名 本草 一名鼠姑。又木丹，梔子花別名。紫丹，茈草別名 図 叶都懸切音顚 陸機·羅敷歌 南崖充羅幕，北渚盈軿軒。清川含藻景，高岸被華丹△ 說文 丹，巴、越赤石。外象丹井，中象丹形。青彤雘等字从此。鑒 又円02673形16443。篆作丹00235

丹 00230 uF95E
dān_3.4 兼丹。

为 00231 u4E3A
wéi_3.4 简爲32228

主 00232 00072
zhǔ_4.5 古文宔 唐韻 之庾切 集韻 韻會 正韻 腫庾切丛音麈。君也 董仲舒·賢良策 行高而恩厚，知明而意美。愛民而好士，可謂誼主矣 呂氏春秋 朝臣多賢，左右多忠，如此者，國日安，主日尊，天下服，此所謂吉主也 図 大夫之臣，稱其大夫曰主 左傳·昭二十八年 成鱄對魏舒曰：主之舉也，近文德矣 図 天子女曰公主。周制，天子嫁女，諸侯不自主婚，使諸侯同姓者主之，故謂之公主 図 賓之對也 禮·檀弓 賓爲賓焉，主爲主焉。又 左傳·僖三十年 燭之武見秦伯，曰：若舍鄭以爲東道主 註 鄭在秦之東也 図 宰也，守也，宗也 易·繫辭 樞機之發，榮辱之主也 図 神主，宗廟立以棲神，用栗木爲之 春秋傳 虞主用桑，練主用栗。又匵主 周禮·春官 司巫，掌羣巫之政令，祭祀則供匵主 註 主，神所依也。匵，盛主之器 図 禮·曲禮 居不主奧 疏 主猶坐也 図 晉語 陽子剛而主能 註 上也 図 姓。隋主胄，明主問禮。又主父，複姓。

井 00233 00073
jǐng_4.5 廣韻 集韻 韻會 正韻 丛同丼 說文 八家一井，象構韓形，丶、𧪒之象也 徐曰 韓，井垣也 周禮謂之井樹。古者以瓶𧪒汲。本作丼，省作井 図 姓図 dǎn 集韻 都感切音黕。投物井中聲。

汬 00234 00074
dān_4.5 玉篇 古文丹00229字。

丹 00235 u20081
dān_4.5 丹00229篆作丹。

麦 00239 u2A70B
null_7.8 未詳。

𡉉 00236 u20080
gān_4.5 俗甘35219 四庫全書·漢隸分韵 曰目：上王伐切，下𡉉字。

宔 00237 00075
zhōng_5.6 字彙補 古文終字 亢倉子·全道篇 禔平堯舜之間，其宔存乎千代之後。

丽
00238 00076
lì_7.8 ｜集韻｜麗74418古作丽。鏊又丽00091

举
00240 u4E3E
jǔ_8.9 ｜简｜舉48394

执
00241 u20083
null_9.10 未詳。

甕
00243 u20085
wèng_15.16 俗甕35181

膒
00242 00077
huān_12.13 ｜唐韻｜膒兜，
四凶名。卽謹兜｜古文尚書｜作鵬。

丿部

丿
00244 00078
piě_0.1 ｜廣韻｜普蔑切｜集韻｜匹蔑切𠀤音瞥｜說文｜右
戾也。象左引之形徐鍇曰其爲文舉首而申體也𡨥｜集
韻｜於兆切音殀。義同𡨥yì｜廣韻｜餘制切音曳。至也，至
地也。鏊又phět｜喃｜分鐘，突然𡨥气27679，新造字，氫
的最輕同位素。

乀
00245 00079
fú_0.1 ｜廣韻｜敷勿切音拂｜集韻｜分勿切音弗｜說文｜
左戾也，从反丿𡨥｜集韻｜力詰切音列。義同○按｜字彙｜丿
右戾謂左，乀左戾謂右，𡗶非。

丿
00246 00080
yì_0.1 ｜唐韻｜余制切｜集韻｜以制切𠀤音曳｜說文｜抴
也，明也。象抴引之形徐鍇曰象丿而不舉首｜玉篇｜抎身
貌。厦、身字𡗶从此。鏊今歸厂部。

乁
00247 00081
yí_0.1 ｜唐韻｜弋支切｜集韻｜余支切𠀤音移｜說文｜流
也。从反厂｜字彙｜闕乁不載｜正字通｜丿乀厂乁見｜說文｜。
趙古則定爲撆拂抴迻四字，魏校、吳元滿諸家各有解
詁，獨戴侗｜六書統｜釋曰：古今字傳未常用此文，凡書
方圓曲直、左右抴引，皆因其形勢之自然，初不成文，
豈有定名。按此說，四文與丨、同類，備偏旁畫母也，
故｜正韻｜𡗶削之。鏊又乁00252今歸乙部。

乀
00248 u31DD
null_0.1 ｜畫挑捺。

丿
00249 u31D3
null_0.1 ｜畫撇。

丿
00250 u31D2
null_0.1 ｜畫短撇。

乀
00251 u31CF
null_0.1 ｜畫捺。

乁
00252 u2F802
yí_0.1 兼乁00247

丿
00253 u2F03
piě_0.1 ｜部｜丿00244

乂
00254 00082
yì_1.2 ｜廣韻｜魚肺切｜集韻｜魚刈切𠀤音刈｜說文｜芟
草也｜爾雅·釋詁｜治也｜書·堯典｜有能俾乂。通作嬖𡨥賢才
之稱｜書·皐陶謨｜俊乂在官𡨥ài｜集韻｜牛蓋切音艾。懲創
也。或作㣻通作刈、艾。

屮
00255 00083
zuǒ_1.2 ｜唐韻｜左本字𡨥｜集韻｜有23361古作屮。

乃
00256 00084
nǎi_1.2 古文乃鹵圖弓｜唐韻｜奴亥切｜集韻｜韻會｜正
韻｜囊亥切，並耐上聲。語辭｜莊子·逍遙遊｜而後乃今培風
𡨥承上起下之辭｜爾雅·序疏｜若、乃者，因上起下語
𡨥繼事之辭｜書·堯典｜乃命羲和𡨥辭之難也｜公羊傳·宣
八年｜而者，何難也。乃者，何難也。曷爲或言而，或言
乃，乃難乎而也𡨥辭之緩也｜周禮·秋官·小司寇｜乃致事
註｜乃，緩辭𡨥語已辭｜韓愈·鬭雞聯句｜一噴一醒然，再
接再礪乃註｜註｜費誓礪乃鋒刃語也。又｜王褒詩｜茲焉舍
我去，契闊將無乃𡨥爾汝之稱｜書·大禹謨｜惟乃之休註｜
乃猶汝也𡨥某也｜禮·雜記｜祝稱卜葬虞，子孫曰：哀夫

曰乃註｜乃，某。卜葬其妻某氏𡨥彼也｜莊子·大宗師｜孟
孫氏人哭亦哭，是自其所以乃𡨥｜唐書·南蠻傳｜昔有人
見二羊鬭海岸，彊者則見，弱者入山，時人謂之來乃。
來乃者勝勢也𡨥地名｜元史·地理志｜新添葛蠻安撫司都
鎮馬乃等處𡨥果名｜桂海虞衡志｜特乃子，狀似榧而圓
長端正𡨥｜玉篇｜或作廼｜詩·大雅｜廼慰廼止，廼左廼右｜前
漢·項籍傳｜必欲烹廼公𡨥｜正韻｜依亥切，哀上聲｜字彙｜款
乃，棹船相應聲。黃山谷曰：款乃，湖中節歌聲｜正字通｜
款乃，本作欸乃。今行船搖櫓，夏軋軋似之｜柳宗元詩｜欸
乃一聲山水綠｜元結·湖南欸乃曲｜讀如矮、靄是也｜劉
蛻·湖中歌靄廼、｜劉言史·瀟湘詩｜曖廼、皆欸乃之譌。
○按欸，亞改切，應也。後人因｜柳集｜註有云一本作襖
靄，遂直音欸爲襖，乃爲靄，不知彼註自謂別本作襖靄，
非謂欸乃當音襖靄也｜正韻｜上聲解韻乃音靄，引柳詩欸
乃讀如襖靄，而上聲巧韻襖部不收款。去聲泰韻，乃音
愛，亦引柳詩欸乃讀如懊愛。而去聲效韻奧部不收款。
至若旱韻，收款音竵，絕不註明有襖、懊二音，此可證
款不音襖、懊，而欸之譌作款明矣。又乃有靄音，無愛
音｜正韻｜增音愛，非。又｜字彙｜｜正字通｜既明辨款不音襖，
欸譌作款，而｜字彙｜欠部款音襖，棹船相應聲｜正字通｜櫓
聲，自相矛盾，尤非。鏊乃子00546圖03238弓16069卤04678

夕
00257 00085
tiǎn_1.2 ｜說文｜古文殄26763字。鏊又jié｜補遺｜同形字
重出：｜字彙補｜居謁切音孑。屮丩，動貌○按音義與｜集
韻｜丩字同，當卽丩字之譌△亦作乚00533

乂
00258 00086
wǔ_1.2 ｜說文｜古文五00575字。

勹
00259 u2008A
rén_1.2 人00751字變體。

乀
00260 u20089
null_1.2 漢字構建。

乂
00262 u3024
sì_1.2 商碼四。

乂
00261 u4E44
chā_1.2 叉形標記𡨥日合計𡨥の字之省畫草書。

久
00263 00087
jiǔ_2.3 ｜唐韻｜｜正韻｜舉有切｜集韻｜韻會｜已有切𠀤音
九。暫之反也｜易·繫辭｜恆久也｜中庸｜不息則久｜註｜久，常
於中也｜老子·道德經｜天乃道，道乃久𡨥待也｜左傳·昭二
十四年｜士伯曰：寡君以爲盟主之故，是以久子𡨥｜說
文｜久，从後灸之，象人兩脛後有距也。引｜周禮｜久諸牆
以觀其橈○按今｜考工記·廬人｜作灸諸牆以眂其橈。註：
灸猶柱也｜釋文｜音救𡨥｜儀禮·士喪禮｜夏祝鬻餘飯，用二
鬲，于西牆下，冪用疏布久之｜註｜久讀爲灸｜疏｜灸，塞義，
謂直用麤布蓋鬲口以塞он也。鏊又歑64743久00264
𡨥久00268及00759，俗久𡨥夂，商碼九，久字的草體。

夂
00264 00088
jiǔ_2.3 ｜正字通｜俗久字。鏊｜正字通｜久字之訛。

乇
00265 00089
zhé_2.3 ｜集韻｜陟格切音磔｜說文｜艸葉从垂穗。上貫
一，下有根。象形𡨥｜玉篇｜竹戹切。義同𡨥｜六書正譌｜借
爲寄乇、委乇字樣｜別作侂、託，通。鏊｜正字通｜芼49000，
俗乇字。

乥
00267 42374
wàn_2.3 ｜字彙補｜內典萬字。

𫝄 00268 u2B744 jiǔ_2.3 俗久00263

么 00266 00090 yāo_2.3 韻會 俗幺字

𠂎 00269 u2008E zòu_2.3 同丂04717反丂。

𠂌 00270 u2008C chuí_2.3 同𠂌00542，古文垂 五經文字·卷中·戈部 我，從戈從𠂌。𠂌，古垂字。

𠂋 00271 u2008B null_2.3 漢字構件 說文 后，象人之形。段玉裁注，謂上體𠂋也。𠂋蓋人字横寫，不曰从人。而曰象人形者，以非立人也。

亇 00272 u4E87 ma_2.3 韓 人名、地名用字 又 鐵鎚。亦作丁00538 个00176

乊 00273 u4E4A yī_2.3 韓 人名用字

〩 00274 u3029 jiǔ_2.3 商碼九。

之 00275 00091 zhī_3.4 古文㞢 唐韻 正韻 止而切 集韻 韻會 眞而切丛音芝 說文 出也，象艸過屮枝莖益大有所之。一者，地也 玉篇 是也，適也，往也 禮·檀弓 延陵季子曰：若䰟氣則無不之也 又 於也 禮·大學 之其所親愛而辟焉 註 之，適也 朱傳 猶於也 又 語辭 書·金縢 禮亦宜之 禮·文王世子 秋冬亦如之 正字通 凡之字，或句中，或語尾，或層出，如 毛詩 我之懷矣，共武之服，及 女曰雞鳴 章知子之來之，六句九之字 常華 章左之左之，六句八之字，可以例推 又 此也 詩·周南 之子于歸 註 之子，是子也 又 變也 易傳 辭也者，各指其所之 孫奕·示兒編 之字訓變 左傳 遇觀之否，言觀變爲否也 又 至也 詩·鄘風 之死矢靡他 又 遺也 揚子法言 或問孔子，知其道之不用也，則載而惡乎之。曰：之後世君子 註 言行道者貴乎及身，乃載以遺後世 又 姓。出 姓苑 又 郝敬·讀書通 凡言之者，物有所指，事有所屬，地有所往，連屬之辭也。通作旃 詩·唐風 舍旃舍旃。又 魏風 上慎旃哉。丛與之同。通作至。往彼曰之，到此曰至，音義互通△ 周伯琦曰 古人因物制字。如之本芝草，乎本吁氣，焉本鳶，後人借爲助語。助語之用既多，反爲所奪，又制字以別之，乃有芝字、吁字、鳶字。鎣 又㞢13238亼60628水27762

𠀍 00276 42375 null_3.4 字彙補 唐武宗製。音義闕。

𠂒 00278 u20092 jiān_3.4 龍龕 生，居言反。

𠂑 00279 u20091 zòu_3.4 反丂。亦作丂04717𠂎00269丂𠂑，抑揚之形，隷作節奏。

𠂏 00280 u2008F nǎi_3.4 清·翟灝 通俗編·雜字 乃，直語類錄 鐘鼎文有乃字，謂乳也，俗呼乳為奶，實當為乃。

乌 00281 u4E4C wū_3.4 简 烏30849

𠂓 00277 u20093 yāo_3.4 俗幺15293

乍 00282 00092 zhà_4.5 唐韻 鉏駕切 集韻 正韻 助駕切，丛槎去聲 增韻 暫也，初也，忽也，猝也，甫然也 孟子 今人乍見孺子。又 荀悅·雜言 一俯一仰，乍進乍退 又 zuò 集韻 類篇 丛即各切。同作。三代鼎文款識，作皆書爲乍。鎣 又亾00778

乎 00283 00093 hū_4.5 古文虖 廣韻 戶吳切 集韻 韻會 正韻 洪孤切丛音湖 說文 兮，語之餘也。从兮，象聲上越揚之形 徐曰 凡名兮皆上句之餘聲 廣韻 極也 又 疑辭 詩·邶風 胡爲乎中露 戰國策 彈鋏歸來乎 又 呼聲。如 魯論 參乎、使乎之類 又 荒烏切。與呼同 詩·大雅 於乎小子 陸德明·音義 於音烏，乎音呼 吳越春秋 越王夫人歌曰：徊復翔兮游颺，去復反兮於乎。今經史於戲、於虖、嗚虖、嗚嘑、於乎相通，皆歎辭。

𠂔 00284 00094 zǐ_4.5 廣韻 祖史切 集韻 壯仕切丛音滓。止也。姊字第字丛从此〇按篆文此字宜从本。今作朿，或作𠂔，皆後人各以己意，變篆爲隷也。

乏 00285 00095 fá_4.5 古文𠀓 唐韻 房法切 集韻 韻會 扶法切，並音伐◇無也 孟子 空乏其身 禮·月令 季春，命有司振乏絕 註 暫無曰乏 又 匱也 左傳·成二年 韓厥曰：敢告不敏，攝官承乏 註 猶代匱也 又 廢也 莊子·天地篇 子往矣，無乏吾事 戰國策 不敢以乏國事 又 射者所蔽 周禮·春官 車僕大射共三乏 註 一名容，用皮爲之，王大射，張三侯，每侯有乏，使持旌告獲者，藉以蔽矢也 儀禮·鄉射禮 乏參侯道 疏 三分侯道△ 左傳·宣十五年 文反正爲乏 ◆說文 反止爲之，反正爲𠂜 徐鍇曰 尚書 惟正之供，反正不供，故曰乏 通志 正乃射侯，正以受矢，乏以藏矢，是相反也。鎣 乏篆作𠂜00292 又 說文反止爲之反正爲𠂜。反止為少 說文 少，蹈也，从反止。

𠂕 00286 00096 shǐ_4.5 集韻 矢38493古作𠂕。

𠂖 00287 00097 dì_4.5 集韻 弟16123古作𠂖。鎣 又𠂙00295

乒 00288 42376 jīn_4.5 海篇 音今

𠂜 00292 u2009C fá_4.5 篆文乏00285

𠂡 00289 u200A1 shāng_4.5 同凨03113宋·羅泌 路史·卷十·禪通紀·太昊紀上 （伏羲）後有風氏、佩氏、𠂡氏 古今圖書集成·字學總部彙考六·宋鄭樵通志·四 一代殊文圖：商貨商……復作𠂡 又 或亦同凮68533

𠂞 00290 u2009E hū_4.5 乎00283本字。

𠂝 00291 u2009D zhòng_4.5 俗眾37617使用中常在𠂝字的下部右側加點或加短橫畫，以免頭重腳輕 又 同𠂢04359見 漢語大字典.V.2.P.41

𠂛 00293 u2009B zhèng_4.5 或音正。亦指法符號 太古正音琴經·卷之三·字譜源流·左手指法 𠂛，泛止也，泛音止也。

𠂚 00294 u2009A qiáo_4.5 或俗喬06534

𠂙 00295 u20099 dì_4.5 𠂖00287或作𠂙，古文弟，象以繩纏柄形，會次弟意。

𠂘 00296 u20098 ě_4.5 厄04787本字。

𠂗 00297 u20097 zhōu_4.5 同𠩵00391古文州。

乐 00298 u4E50 lè_4.5 简 樂25140

𠂢 00299 00098 pài_5.6 廣韻 集韻 丛

派本字說文水之袤流別也。从反永徐鍇曰永，長流也，反則分派也周伯琦曰俗作派，非。𣁽又𠂢04809𠂢04804𠂢04810𠂢04803𠂢15378，並俗𠂢。

𠂔 00300 00099 qīn_5.6 玉篇丘林切◆說文讀若欽、崟，衆立也。又yín廣韻魚金切集韻魚音切𠀤音吟。義同又古文攀字揚雄·反騷𦇧既𠂔夫傳說兮，奚不信而遂行顏師古曰𠂔，古攀字，言既攀援傳說，何不信其所行，自見困而遂去也〇按正字通𠂔係从字重文。𠂔从衆音義俱同，此本字原本義之說，不知衆無欽音說文𠂔讀若欽、崟。衆，之仲切音切既殊，又𠂔訓衆立也，衆訓多也，从𠂔从目，亦未常卽以爲衆字玉篇廣韻皆因之，何得云魚音。一切孫氏之誤，至楊氏韻經云古文衆字，則又騎牆之見矣。又漢書註晉灼曰：𠂔，慕也。顏師古曰𠂔，古文攀字，此則未知所據正字通云漢書本作从，用古從字，譌作攀。恐亦未可深信。

㐆 00301 00100 yī_5.6 唐韻於機切集韻於希切𠀤音衣說文歸也。从反身徐鍇曰古人所謂反身修道，故曰歸也〇按同文舉要㐆，歸附也。今从人从衣聲，與依字音義皆同正譌本義別作依，倚也，與依字音同義異。諸家或分或合，未知所據又yǐn廣韻於謹切集韻倚謹切𠀤音隱戴氏·六書故轉身也詩·召南殷其靁，言雷聲轉展㐆地也周禮·冬官考工記殷畝而馳，謂衡轢隴畝之上也。皆當作㐆方以智·通雅㐆本隱也。加殳轉平聲，爲殷勤、殷色、殷國、殷姓。經傳及金石文無以㐆作依者，但古方言有依聲。齊、兗人呼殷如衣禮·中庸壹戎衣，註：衣讀爲殷，聲之譌也正字通據方、戴二說，㐆音義與隱通正韻收殷依隱，闕㐆不載，以㐆字音義未正故也，存戴、方說備考定。𣁽又㐆00311𠂤12919𠂤12920

𠂤 00302 00101 duī_5.6 廣韻集韻𠀤堆本字六書故阜作𠂤。𠂤，小𠂤也。故其文視𠂤而殺，別作堆雈埠。

𠂕 00303 00102 cóng_5.6 五音集韻藏宗切音悤。從也。

𠂖 00304 42377 shèn_5.6 海篇音慎

𠂗 00306 u200AD mǐ_5.6 說文𠂗，中象米。段玉裁注，謂𠂗也。𠂗即米字斜書之。

𠂘 00305 u2A70C null_5.6 未詳。

𠂙 00307 u200AB bèn_5.6 喃同𠂚00308

𠂚 00308 u200AA bèn_5.6 喃从乃卞biện聲。於是。

𠂛 00309 u200A9 shì_5.6 同氏27651

𠂜 00310 u200A6 yòng_5.6 用35323本字。

㐆 00311 u3406 yī_5.6 同㐆00301

乔 00312 u4E54 qiáo_5.6 简喬06534

乓 00313 u4E53 pāng_5.6 乒乓。

乒 00314 u4E52 pīng_5.6 乒乓00313

乖 00315 00103 guāi_6.7 正字通俗乖00317字。

乕 00316 u4E55 hǔ_6.7 俗虎52128

乖 00317 00104 guāi_7.8 古文𠧊𠦣唐韻古懷切集韻韻會正韻公懷切，𠀤怪平聲說文背呂也。象脅肋形玉篇戾也，異也，睽也，背也易·序卦傳家道窮必乖，故受之以睽。睽者，乖也左傳·昭三十年伍員曰：楚執政衆而乖。又貴州夷寨有乖西。𣁽又𠂆04580𠂆49227𠂆00196𠂆27766

𠂞 00318 00105 zǎo_7.8 字彙補古文棗24349字。

𠂟 00319 u200B6 xiàng_7.8 同象57191清·趙之謙六朝別字記𠂟，元𠂟元年。象古字又wū俗烏30849

𠂠 00320 00107 xìng_8.9 玉篇古文幸15253字。

𠂡 00321 u2A70D null_8.9 未詳。

𠂢 00322 u200B4 null_8.9 未詳。

乗 00323 u4E57 chéng_8.9 俗乘00324

乘 00324 00108 chéng_9.10 古文𠓷𠞦唐韻食陵切集韻韻會神陵切𠀤音繩廣韻駕也，登也易·乾卦時乘六龍以御天。又因也孟子不如乘勢老子道德經乘乘兮若無所歸又治也詩·豳風亟其乘屋又勝也周語乘人不義陵也又計也周禮·夏官·槀人乘其事，試其弓弩，以下上其食而誅賞又姓。漢煮棗侯乘昌又shèng廣韻韻會實證切集韻石證切，並音剩◇車也詩·小雅元戎十乘，以先啓行又物雙曰乘左傳·僖三十三年弦高以乘韋先牛十二犒師揚子方言雙鴈曰乘又物四數皆曰乘禮·少儀乘壺酒孟子發乘矢又乘丘，地名爾雅·釋地註乘丘，形似車乘也又草名爾雅·釋草望乘車註可爲索，長丈餘又韻會乘者，載也。取載事爲名孟子晉之乘〇按韻瑞引晉乘入平聲，誤。今宗譜曰家乘，義與史乘通又傳燈錄禪有淺深階級，一小乘，一大乘。頓悟自心無漏智，此心卽佛曰最上乘宋·沙門契嵩·原教篇五乘皆統之於三藏。一人乘，二天乘，三聲聞乘，四緣覺乘，五菩薩乘。後三乘導其徒出世也。前二乘以欲不可輒去，就其情而制之也。皆去聲又zhèng集韻諸應切音證。姓也△說文本作椉。𣁽又乗00323乘24279𠓷00682𠆳02548𠆳04703𠆳24465𠆳24509𠆳60135𠆳60283𠆳61920𠆳23895𠆳36681又揚子方言雙鴈曰乘。華學誠：宋本原文作飛鳥曰雙，鴈曰乘文選揚雄解嘲李善註引方言作飛鳥曰雙，四鴈曰乘。王念孫校改雙為隻，作飛鳥曰隻，鴈曰乘。周祖謨校作二飛鳥曰雙，四鴈曰乘字典斷句錯誤，將上屬之雙誤連於下文之首。

𠂣 00325 00109 chuí_9.10 玉篇古文垂08454字。屮木華葉𠂣也，象手下𠂣△俗用垂，乃邊垂也。𣁽又𠂣16154

𠂤 00326 00110 sī_9.10 集韻思17124古作𠂤。

𠂥 00327 u2A951 lài_9.10 喃从乃从奈。越·阮秉五千字譯國語·第八農（附田器）柰，𠂥。

𠂦 00329 u200BE huài_9.10 同坏08336亦作𠂦00335

𠂧 00330 u200BD wèi_9.10 同畏35502，𤰞35424本字。

𠂨 00331 u200BC diàn_9.10 同店19077

𠂩 00328 u2A70E qiào_9.10 簡𠂩07362

衷 00332 u200BB
zhōng_9.10 俗衷54117 干祿字書 衷衷，上俗下正。
図越·阮秉 五千字譯國語 衷trung，悉lòng。

乑 00333 00111
shŏu_10.11 玉篇 古文手19137字。

眉 00334 42378
méi_10.11 海篇 音眉。鋆疑眉字之譌。

阰 00335 u200C2
pī_10.11 亦作阰00329胚65534 集韻 岯13481，攀悲切。
山再成曰岯。一曰山一成。或作坏08428胚

乿 00336 u200C0
chuí_10.11 同乑00325 廣韻 乿，是為切，草木葉縣。

脈 00337 42379
yŭ_11.12 字彙補 同愈。鋆俗胍34884

数 00338 u25E70
lâu_11.12 喃 从久娄lâu聲△数奜：長期。閑数：長
久以來。

齫 00339 u200C3
zhuǎn_11.12 𫝀12602俗譌。

䣛 00340 u200C6
pēng_12.13 同䢍65691，古文砰 類篇 䣛，披耕切。砰
磅聲也。

㒭 00341 u200C5
mái_13.14 喃 从㢆省買mãi聲。廡△㒭茄：屋頂。蘿
㒭：筶。

畾 00342 u200C7
null_14.15 未詳 遼文匯·文秀·劉繼文墓誌 七帝相承
何所問，三畾孤瘞塔山陽。

巤 00343 u200C8
lù_22.23 亦作𡿛66044𡿜66007𡿝66045𡿕66039 說文
巤，籒文陸65689

• 乙部 •

乙 00344 00112
yǐ_0.1 唐韻 於筆切 集韻 億姞切䒼音靰。十幹名。
東方木行也 爾雅·釋天 太歲在乙曰旃蒙。月在乙曰橘 前
漢·律歷志 奮軋於乙 京房·易傳 乙，屈也 図凡讀書，以
筆志其止處曰乙 史記·東方朔傳 朔初上書，人主從上方
讀之，止，輒乙其處，讀三月乃盡 図唐試士式，塗幾字，
乙幾字。抹去譌字曰塗，字有遺脫，句其旁而增之曰乙
図太乙數 有君基太乙、五福太乙諸名 図前漢·藝文志
有 天乙 三篇 註 天乙謂湯，其言非殷時，皆假託也。
図姓。漢南郡太守乙世，前燕護軍乙逸，明乙瑄、乙山
図爾雅·釋魚 魚腸謂之乙 禮·內則 魚去乙 註 魚餒必自
腸始，形屈如乙字。一說魚腮骨，在目旁，如篆文乙，
食之鯁不可出，去之乃食 図茅亭客話 虎有威如乙字，
長三寸許，在脅兩旁皮下，取得佩之，臨官而能威眾。
無官佩之，無憎疾者 蘇軾詩 得如虎挾乙。鋆又乙，中
國傳統記譜法工尺譜譜字之一，相當於簡譜的7xi。其
高八度的譜字寫作「亿」，音yǐ 図乙00011或同乙。

乚 00345 00113
yà_0.1 唐韻 烏轄切 集韻 韻會 乙黠切，並音軋◇
說文 玄鳥也。齊魯謂之乚，取其鳴自呼 張融·答周顒書
道佛兩殊，非凱則乚。一作乣 図乚乚，難出之貌 陸機·文
賦 思乚乚其若抽。一本作軋軋△ 說文徐註 此與甲乙之
乙相類，其形舉首乞曲，與甲乙字少異 字彙 說文 燕乚
之乚，甲乙之乙，字異音異，隸文既通作乙。而燕乚字，

亦與甲乙字同音，故甲乙之乙，亦云燕鳥。鋆又馗72967

乙 00348 u31E0
null_0.1 畫橫弯鈎。

乚 00346 00114
yǐn_0.1 玉篇 古文
隱65989字 說文 象迟曲隱蔽形。鋆又乚00365

ㄋ 00347 u31E1
null_0.1 畫橫折折折鈎。

乙 00349 u31DE
null_0.1 畫橫折彎。

ㄥ 00350 u31DC
null_0.1 畫撇折。

く 00351 u31DB
null_0.1 畫撇點。

ㄴ 00352 u31D8
null_0.1 畫豎左折。

乚 00353 u31D7
null_0.1 畫豎折。

乛 00354 u31D6
null_0.1 畫橫鈎。

乛 00355 u31D5
zhé_0.1 畫橫折。又乛00367

乚 00356 u31CE
null_0.1 畫橫折折折。例字：凸。

乚 00357 u31CD
null_0.1 畫橫折彎。例字：沿。

乚 00358 u31CA
null_0.1 畫橫折提

ㄣ 00359 u31C9
null_0.1 畫豎折折鈎

乛 00361 u31C7
null_0.1 畫橫撇。例字：水。

ㄋ 00362 u31C6
null_0.1 畫橫折鈎

乚 00360 u31C8
null_0.1 畫橫折彎鈎

乛 00363 u31C5
null_0.1 畫橫折折。例字：凹。

乚 00364 u31C4
null_0.1 畫豎彎。例字：四。

乚 00365 u200D1
yǐn_0.1 乚00346篆作乚。

乚 00366 u200CE
dōu_0.1 六書精蘊 乚，當矦切。止之力也。西北
者，萬物之所終也。故取收住之意。後人不知乚義，多
借用兜02416 正字通 乚字六書不載，曲說害義，宜刪。

乛 00367 u200CD
zhé_0.1 畫橫折。

乙 00369 u200CB
gōng_0.1 說文 乙，古
文左05055△宏按，作厶05049く14558，誤。

亅 00368 u200CC
bǒ_0.1 籈42799字初文。明·魏校 六書精蘊 亅，布
火切。飀米亦康也。此自亅而反出。又夋埶而順。故象
反亅出物屮形，與蠆物相反。亅如覆形，亅以致用，因
用以名罷。亅屮則爲罞43153，布過切，加米亅中，字彌
覺酒矣 図同弓16077，古文及。

乙 00370 u2F04
yǐ_0.1 部乙00344亦作乛00373乚00372乀00371

乚 00371 u2E84
yǐ_0.1 部乙00370

乚 00372 u2E83
yǐ_0.1 部乙00370

一 00373 u2E82
yǐ_0.1 部乙00370

乀 00374 u4E5B
null_0.1 畫橫鈎。

乚 00375 u4E5A
háo_0.1 四聲篇海·乙部 俗字背篇：音毫。十絲也。
俗用字。又引 川篇 音魚 図 五侯鯖字海 音糺。孔乳礼
礼从乚。

乜 00376 00115
miē_1.2 廣韻 彌也切 集韻 母也切䒼音哶。眼乜
斜也 図西夏語以巫為廇乜。見 遼史 図姓。鋆乜姓的
乜音niè 図mat 粵 什麼。

九 00377 00116
jiǔ_1.2 唐韻 正韻 舉有切 集韻 韻會 己有切䒼音
久。數也 說文 陽之變也 易·乾文言 乾元用九，天下治

也列子·天瑞篇一變而爲七，七變而爲九，九變者究也图算法曰九九韓詩外傳齊桓公設庭燎待人，士不至。東野有以九九見者，曰：九九薄能耳，君猶禮之，況賢於九九者乎註若今九章算法图荊楚歲時記俗用冬至次日，數及九九八十一日爲寒盡图史記·騶衍傳中國之外，如赤縣神州者九图九之爲言多也公羊傳·僖九年葵丘之會，桓公震而矜之，叛者九國，言叛者衆，非實有九國也。宋趙鵬飛曰：會葵丘惟六國，會鹹、牡丘皆七國，會淮八國，猶漢紀謂叛者九起也图陽九，戹也。◆左思·吳都賦世際陽九註陽戹五，陰戹四，合爲九图姓。又複姓何氏姓苑岱縣人，姓九百，名里。又秦穆公時九方臯，一名歅。善相馬，見列子图隸書防詐譌，凡紀數，九借用玖陳絳曰洪容齋·五筆九作久，陽數九爲老，久義也。玖，黑色玉也。借作玖，非图qiú韻會渠尤切音仇。國名史記·殷本紀九侯註音仇图jiū集韻正韻丛居尤切音鳩。聚也論語九合諸侯莊子·天下篇禹親操橐耜，以九雜天下之川註九，讀糾。糾合錯雜，使川流貫穿注海也。九與鳩糾勼丛通。鋻借作玖非。玖，當作九图汃27826朹15920

儿 00378 00117 jiū_1.2 正字通俗丩字。

兤 00379 00118 kuì_1.2 字彙補古文會23314字。鋻張涌泉：巛14559字的俗訛字。

null 00380 u9FB4 _1.2 漢字構件。多系马字變體。

乞 00381 00119 qǐ_2.3 廣韻去訖切集韻韻會正韻欺訖切丛音艺。求也禮·內則五帝憲，三王有乞言史記·王翦傳將軍之乞貸，亦已甚矣後漢·李通傳以病上書乞身图釋典比丘者，華言乞士，謂內乞法資心，外乞食資身也。图姓。五代將乞力。又乞伏，複姓图qì集韻丘既切正韻去冀切丛音器。凡與人物亦曰乞前漢·朱買臣傳吏卒更乞匄之註音氣◇晉書·謝安傳謂甥羊曇曰：以墅乞汝△鄭樵·通志气，氣也。因聲借爲與人之乞，音氣。因與人之義，借爲求人之乞，此因借而借也。
鋻又乞04636

也 00382 00120 yě_2.3 古文艺唐韻羊者切集韻正韻以者切丛音野。語已辭說文徐註語之餘也。凡言也，則氣出口下而盡玉篇所以窮上成文也廣韻語助之終。柳宗元曰：決辭也图發語辭岑參詩也知鄉信日應疎图姓。明也伯先图劉攽曰詞人多以也字作夜音讀，杜甫詩青袍也自公，是也。又yǐ正韻養里切。同迆图六書正譌古文匜04358字。鋻又丗00385芒48981亡02559弋48958图說文也，女陰。象形。艺，秦刻石也字。羊者切。

兂 00383 u200D4 yǔn_2.3 俗允02345

㐀 00384 u200D3 yì_2.3 易22408停用二簡字，見二簡

丗 00385 u200D2 yě_2.3 同芒00410古文也。亦借爲注音符號，即也图俗世00044可洪音義世所：上尸制反。正作曲、世二

乁 00386 u3409 jeol_2.3 韓人名用字

形也切韻作世，避太宗諱，故闕。

乫 00387 u3408 dul_2.3 韓人名用字

卫 00389 u536B wèi_2.3 简衛54025

乥 00388 u3407 gul_2.3 韓人名用字图乾魚名。乥非，乾黃魚。

习 00390 u4E60 xí_2.3 简習46055

屲 00393 42380 gài_3.4 海篇同盖。
鋻同屵13291乞丐00030龍龕此26548屲，二音盖。

卪 00391 00121 zhōu_3.4 集韻州14565古作卪。

孔 00392 00122 jiū_3.4 篇海居幽切音鳩。目繚也。

糺 00394 42381 jiǔ_3.4 字彙補金有護衛糺軍，疑卽糺字。

尸 00395 u200DC shǐ_3.4 大字典同尸12907图直音篇尸，子肖切图二簡眉、嵋，简作尸。

弓 00396 u200DB null_3.4 尸弓，亦作尸尸弓弓弓，象聲詞，拳擊聲。

弓 00397 u200DA jiū_3.4 丩00168正作弓。

尢 00398 u200D9 guǐ_3.4 同㝌05159古文宄慧琳音義推究：下鳩宥反毛詩傳云究，深也說文窮也。從穴九聲。或作尢、宎、叐、窚，竝是古字。

null 00400 u200D7 _3.4 未詳。

厃 00399 u200D8 zhǐ_3.4 或俗厄04724

乞 00401 u2007E zòu_3.4 同丒00279亦作丩04717

艺 00402 u340B tol_3.4 韓人名用字图橡實也，橡子。

艺 00403 u340A sal_3.4 韓記音用字。

屮 00404 u5350 wàn_3.4 俗卍04525吉祥海雲相。金色、右旋為正。图納粹黨旗標記。紅底，白圓心，中黑色、左旋屮字。

书 00405 u4E66 shū_3.4 简書23285

乻 00406 u4E65 hol_3.4 韓地名用字

乤 00407 u4E64 hal_3.4 韓地名用字。乤浦，在咸鏡道。

乢 00408 u200D0 yí_4.5 類篇余支切音移。粵中猛種北史後魏主猗乢。

乢 00409 00124 lǐ_4.5 集韻禮40087古作乢。

芑 00410 00125 yě_4.5 類篇古文也00382字說文秦時刻石也字从此图亢倉子·兵道篇人之悅芑。

乳 00411 42382 wàn_4.5 字彙補萬字，如來智有吉祥文，卽此。

乢 00412 u2A710 null_4.5 未詳。

艺 00417 u4E67 dul_4.5 韓人名用字

屲 00413 u200E0 chǒu_4.5 俗丑00031碑別字

乭 00414 u340F ol_4.5 韓乭昌釘，一種釘子的名稱。

乮 00415 u340E geul_4.5 韓人名用字图馬梳。

乯 00416 u340D tteul_4.5 韓或浬00498俗省。

乱 00418 00126 shǐ_5.6 玉篇古文始10510字。鋻俗始。

乩 00419 00127 jī_5.6 集韻 正韻 扻堅奚切音雞 說文 卜以問疑也 通典 西國用羊卜，卜師謂之廝乩 △ 通雅 乩，當與卟同。

乥 00420 00128 huāng_5.6 字彙補 古文荒49379字。

乤 00421 00129 jǔ_5.6 字彙補 古文舉48394字。

乧 00422 u2A711 null_5.6 未詳。

飞 00424 u200E7 fēi_5.6 俗飛68862 偏 類碑別字 引 唐杜君妻崔素墓誌

乨 00425 u200E6 null_5.6 未詳。

乥 00423 u200E8 jǐ_5.6 乥00180本字

乬 00426 u3415 yul_5.6 韓 人名。李大乬。

乭 00427 u3414 gol_5.6 韓 古乙合文。人名用字。

乫 00428 u3413 gal_5.6 韓 人名用字。

乮 00429 u3412 sol_5.6 韓 地名用字。

乧 00430 u3411 dol_5.6 韓 人名用字。

乶 00431 u3410 nol_5.6 韓 人名用字。

丢 00432 u53BE dū_5.6 方 同㲉57183 雄縣新志·卷四·聞見俗錄 畫家之筆法，隨筆點染以成花葉，若甚不注意者謂之點丢。讀如篤，今讀如都，或轉為低憂切，俗以遺失為丢 太倉州志·卷六 擲物曰豁，又曰丢，當入聲 図 語氣詞 綴白裘·荊釵記·說親 成親之後，大盤大盒，吃弗盡丢來。図 新加坡飛68862簡字。

买 00433 u4E70 mǎi_5.6 简 買57618

乴 00435 u4E6E myol_5.6 韓 宗室名

乯 00434 u4E6F hol_5.6 韓 人名注音用字。

乭 00436 u4E6D dol_5.6 韓 人名、地名用字。

乬 00437 u4E6C geol_5.6 韓 地名用字 図 掛也。

乫 00438 u4E6B gal_5.6 韓 地名、人名用字。

乪 00439 u4E6A náng_5.6 粵 水之曲折者為乪。見清·鈕琇 觚賸·語字之異

乱 00440 00130 luàn_6.7 正字通 俗亂字。

乱 00441 00131 xié_6.7 集韻 奚結切音頁。乱毒，國名。

乿 00442 42383 xū_6.7 海篇 音虛。鎣 又 亯04677

乷 00443 u2A713 null_6.7 未詳。

乽 00444 u2A712 null_6.7 喃 未詳。

乣 00445 u200EC chóu_6.7 同㓞16183

乺 00448 u3418 zal_6.7 韓 人名用字

乵 00446 u200EA null_6.7 未詳。

乶 00450 u4E72 cal_6.7 韓 人名用字

乲 00447 u200E9 chín_6.7 喃 从九㐱chǎn聲 △ 乲哠：九重天。図 同㲦32043 △ 㪗㮾乲：成熟的果實。乲炡：熟透，過熟。乲迚：毫。

乮 00449 u3417 nol_6.7 韓 人名、地名用字。

乳 00451 00132 rǔ_7.8 唐韻 而主切 集韻 韻會 蘂主切 扻音擩 廣韻 柔也 図 澠也 白虎通 文王四乳，是謂至仁。又 禮·月令註 燕以施生時來，巢人堂宇孚乳 図 天乳，星名，在氐宿北 列星圖 天乳明則甘露降 図 馬乳，蒲萄子別名 本草圖經 子似馬乳 図 石鐘乳 桂海虞衡志 桂林宜融山洞穴中，凡石脈涌處，爲乳牀，融結下垂，其端輕薄中空，水乳且滴且凝，紋如蟬翼者勝 図 竹乳 開寶本草 竹乳者，其山洞徧生小竹，以竹津相滋，乳如竹狀，其性平 図 鐘四帶有乳 周禮·冬官考工記註 篆閒之枚也。聲之震動在此，以其乳可數，故曰枚 図 溪蠻叢笑 麻陽有銅鼓，江水中掘得，如大鐘，長箭三十六乳，重百餘勁 △ ◆ 說文 从孚从乙。乙者，玄鳥。人及鳥生子曰乳，獸曰產 ○ 按 荀子·榮辱篇 乳彘觸虎，乳狗不遠遊。則獸亦稱乳矣。鎣 又 囩08140 屄13069 胹47446 㿯35081 犭57332

㝈 00452 00133 xué_7.8 類篇 似絕切音蛣。拮也。

乲 00453 00134 yǎn_7.8 字彙補 以冉切音广。進也。

乨 00454 00135 shǐ_7.8 韻會 補古文始10510字。

乪 00455 u2A714 null_7.8 未詳。

乥 00457 u341B ul_7.8 韓 人名用字。

乫 00456 u200EE null_7.8 未詳。

乭 00459 u3419 dul_7.8 韓 人名用字。

乭 00458 u341A ol_7.8 韓 人名、地名用字 図 乭未，草名。

乶 00460 u4E77 sal_7.8 韓 人名、地名用字。

乶 00461 u4E76 bol_7.8 韓 人名、地名用字 図 牛乶，肉名。

乹 00462 00136 qián_8.9 集韻 俗乾字。

乸 00463 00137 qiú_8.9 集韻 類篇 扻渠尤切音仇。正也 揚子·太玄經 君子利用取嫛，謹於嫛乸，初貞後寧 註 女謂之嫛。乸，正也。男女道正，故室家安也。嫛音熙。

乴 00464 00138 jié_8.9 字彙補 與截同 漢度尚碑 乴彼海外。

乵 00465 00139 kuí_8.9 玉篇 古文馗69604字。

乻 00466 42384 luàn_8.9 篇海類編 同亂。

乽 00468 u2A715 null_8.9 喃 未詳。

乺 00467 42385 huáng_8.9 字彙補 音皇

乹 00469 u200F5 gān_8.9 同乹00462 俗乾00486

乿 00470 u200F4 yìn_8.9 同乤47050

乲 00471 u3420 yul_8.9 韓 地名用字

乷 00472 u341F bil_8.9 韓 人名用字。

乹 00473 u341E gil_8.9 韓 乹音板，一種板子。

乺 00474 u341D gul_8.9 韓 記音用字。

乭 00475 u4E7C jul_8.9 韓 人名、地名用字 図 銼刀 図 繩條。繩子。

乻 00476 u4E7B eol_8.9 韓 人名、地名用字。

乺 00477 u4E7A sol_8.9 韓 塗刷具。刷子 図 地名用字。

逎 00478 42386
jiù_9.10 字彙補音白。

䰀 00479 42387
tuó_9.10 字彙補徒多切音陀，出釋典呪語。

㙷 00481 2A717
null_9.10 未詳。　　乧 00480 42388
yì_9.10 篇海類編于
記切，音意◇貪也。又音乙。〇按卽乧字之譌。

畄 00482 2A716
null_9.10 未詳。　　瑩 00483 u200FB
null_9.10 未詳。

乱 00484 u200F9
luàn_9.10 俗書刊誤亂 00504 俗作乱、乱，竝非。

耄 00485 u4E7D
jal_9.10 韓封君名，宗室君號。

乾 00486 00140
qián_10.11 古文漧乹 唐韻 集韻 韻會 正韻 丛渠焉切
音虔 易 卦名 程頤曰 以形體謂之天，以性情謂之乾 本
義 乾，健也 釋名 乾，健也。健行不息 又 馬飾曰連乾
顧況詩 金鞍玉勒錦連乾 又 姓 又 州名。古雍州地，唐
置乾州 又 gān 唐韻 古寒切 集韻 韻會 正韻 居寒切 丛音
干。燥也 詩·王風 中谷有蓷，暵其乾矣 左傳·僖十五年 慶
鄭曰：張脈僨興，外彊中乾 又 乾侯，地名。言其水常竭
也。今廣平府成安縣卽其地 說文 䃅作郼 又 桑乾，河名。
卽濕水 水經注 濕水，出鴈門陰館縣東北，過代郡桑乾
縣南，又東過涿鹿縣北，又東南出山，過廣陽薊縣北。
又 乾沒 史記·張湯傳 始爲小吏乾沒 註 言掩取貨利，沒
爲已有，如水盡涸也 又 韻補 叶渠巾切音勤 邯鄲淳·受
命述 治詠儒墨，納策公卿。昧旦孜孜，夕惕乾乾。叶下
人◇ 又 叶經天切音堅 韓愈詩 讀讀新葉美，瓏瓏晚花
乾。靑天何寥寥，雨蝶飛翩翩◇ 註 乾花，色不潤也。
瑩 又 乾 00507 㪍 00519 氒 00509 靬 15266 乹 00462 乱 00469 乾 00503
斡 26663 陲 65749 牮 35833 又 三，乾卦。

乿 00487 00141
chí_10.11 集韻 治 27988 古作乿。

皂 00488 00142
sī_10.11 集韻 思 17124 古作皂。

乮 00489 00143
yǎng_10.11 類篇 鄔項切，央上聲 篇海 伴乮，很戾。

㙺 00490 00144
rú_10.11 集韻 同㐵　　碗 00492 u2A718
null_10.11 喃 未詳。

爾 00491 00145
guī_10.11 玉篇 古文龜 75895 字。

乿 00493 u20102
chí_10.11 同乿 00487 古文治。

尵 00494 u20101
kuí_10.11 直音篇 尵，同尵 69604 鍾尵，辟惡也 又 古
音騈字·平聲下·十一尤 莊尵；尵音求。九交之道也。字
從九從酋爲是。

羓 00495 u20100
vú_10.11 喃 從乳于vu聲。乳房，哺乳△亦作娻羓
㾝。

乳 00496 u200FF
luàn_10.11 古文字研究. V. 11. 1985. P. 55 羅福頤·臨
沂漢簡通假字表·六 亂，乳 災異占 故治而不亂。

處 00497 u3423
gol_10.11 韓 處所，田畓 又 人名用字。

浮 00498 u3422
tteul_10.11 韓 琴譜中之注音用字。

尵 00499 40574
dān_11.12 字彙補都寒切音丹。太上作。見 亳州老

君碑 又 qiú 其鳩切音求。義同。

䲸 00500 42389
shé_11.12 字彙補牀斜切，音蛇◇見 續高僧傳。
瑩 龍龕䲸，音蛇。又 舊藏作馳。在 續高僧傳 第七卷。

淑 00501 u2A71A
null_11.12 喃 未詳。　　乾 00503 u4E81
gān_11.12 同乾 00486

䣀 00502 u2A719
shòu_11.12 古文壽 09736

亂 00504 00146
luàn_12.13 古文 㜈 㜈 㜈 唐韻 郎段切 集韻 韻會 正
韻 盧玩切，丛變去聲。絭也 爾雅·釋詁 亂，治也 說文 從
乙。乙，治之也 玉篇 理也 書·臯陶謨 亂而敬 孔傳 有治
而能敬謹。又 盤庚 亂越我家 梓材 厥亂爲民 洛誥 四方
迪亂、亂爲四輔 立政 丕乃俾亂之類，皆訓治也。
又 不治也，凡事物不理皆曰亂 爾雅·釋訓 夢夢、訰訰，
亂也 書·周官 制治于未亂 周禮·地官 司虣掌憲市之禁
令，禁其鬥囂與其虣亂 又 兵寇也 又 事未定之時 禮·檀
弓 仲梁子曰：夫婦方亂 註 喪次，男女哭位，未成列也。
又 樂之卒章曰亂 論語 關雎之亂。又古賦末皆有亂，
總一賦之終，發其要指也 又 爾雅·釋水 正絕流曰亂 註
橫流而濟之也 書·禹貢 亂于河 詩·大雅 涉渭爲亂。
又 叶力敬切，交去聲 揚戲 李正方贊 不協不和，忘節言
亂。疾終惜始，實惟厥性。瑩 又 乿 00418 乱 00440 乳 00466
亂 00484 乩 00496 辝 04603 犂 04571 牮 32262 筆 19932 㪍 32298
敵 21754 㪍 32229 㪍 32251 㪍 32289 釗 62740

㵰 00505 00147
lín_12.13 集韻 里忍切，吝上聲。憂也 又 五音集韻
良忍切，獸名。似麇，身黃尾白。瑩 集韻 作㵰 48546，
俗亦作䴠 00513，并俗䴠 43382 聞䴠，亦作聞㵰 57294，獸名。

乧 00506 00148
yì_12.13 廣韻 集韻 丛乙冀切，伊去聲。貪也 揚子
方言 乧、㙺，貪也。荊汝江湘之閒，凡貪而不施者謂之
乧，或謂之㙺，或謂之㝵 又 左思·吳都賦 簡其華質，則
乧費錦績。料其虓勇，則雕悍狼戾 註 雕題國，其人斷
髮文身。乧費，錦文貌。瑩 又 乧 00480 又 揚子方言 乧㙺
貪也 荊汝江湘之間凡貪而不施者謂之乧或謂之㙺或謂
之㝵。華學誠：之間當作之郊，不施之後衍者字。

㪍 00507 00149
qián_12.13 字彙補 籀文乾字。瑩 籀文乾作㪍 00519　、

㪍 00509 u20104
qián_12.13 俗㪍 00507 籀文乾。

亂 00510 uF91B
luàn_12.13 兼亂。　　䔫 00508 u2A71B
vú_12.13 喃 從乳布bố
聲△哺䔫：哺乳△亦作㾝 00495

㲅 00511 00150
yè_13.14 集韻 逆怯切音業。引也。

㝵 00512 00151
luò_13.14 集韻 同酪。亦省作烙。

䴠 00513 00152
lín_13.14 五音集韻 與㵰同。瑩 俗㵰 57294

㸠 00514 u2373E
chưa_13.14 喃 同㸠 26046

㹒 00515 u221A1
nián_13.14 粵 乳房，奶。亦作胒 47272

䣀 00516 u20106
shòu_13.14 古文壽 09736

鐅 00517 u3425
seol_15.16 　韓 人名用字 圖 鐵網也。烤架。用以烤魚肉者。

雍 00518 00153
dòng_16.17 　集韻 與潼同。

甈 00519 u2010A
qián_18.19 　說文 乾00507，籀文乾。段氏改籀文作甈。
亦作甈00521

攣 00520 u3426
geol_18.19 　韓 記音用字。

甈 00521 00154
qián_19.20 　集韻 乾00486古作甈。

◆ 亅部 ◆

亅 00522 00155
jué_0.1 　廣韻 集韻 厾其月切音橜 說文 鉤逆者謂之亅。象形。凡亅之屬皆从亅。讀若橜。鋻 集韻 亅，鉤逆釳。

亅 00523 00156
jué_0.1 　唐韻 集韻 厾居月切音厥◆ 說文 鉤識也。从反亅。讀若捕鳥罬。

丿 00524 u31E2
null_0.1 　畫 撇鉤

乚 00525 u31DF
null_0.1 　畫 豎彎鉤

丨 00526 u31DA
null_0.1 　畫 豎鉤

乚 00527 u31D9
null_0.1 　畫 豎提。

乀 00528 u31C3
null_0.1 　畫 臥鉤

乁 00529 u31C2
null_0.1 　畫 斜鉤

乚 00530 u31C1
null_0.1 　畫 彎鉤。

亅 00531 u2F05
jué_0.1 　部 亅 00522

了 00532 00157
liǎo_1.2 　唐韻 盧鳥切 集韻 韻會 郎鳥切 正韻 盧皎切，厾聊上聲 增韻 決也 廣韻 慧也，曉解也 後漢·孔融傳 融年十二，聰慧。陳煒曰：小而了了，大未必奇。又 宋書·戴法興傳 彭城王覓一了了令史，得法興使爲之 圖 訖也，畢也 晉書·傅咸傳 天下大器，非可稍了，而相觀每事欲了，生子癡，了官事，官事未易了也 杜甫詩 俗宗夫如何。齊魯青未了 圖 揚子方言 了，快也。秦曰了 圖 秦吉了，鳥名 仇池筆記注 似鸚鵡，腦有肉冠，能言笑。鋻 後漢·孔融傳 融年十二，聰慧。陳煒曰：小而了了，大未必奇。徐慧：融年十歲，聰慧。陳煒曰：小而聰了，大未必奇。

屮 00533 00158
jié_1.2 　集韻 類篇 厾居謁切音訐。屮屮，動貌。从亅乚相向。鋻 又屮00168屮00257

了 00534 00159
nǎi_1.2 　玉篇 古文乃字。

丁 00535 00160
diāo_1.2 　廣韻 都了切 集韻 丁了切，厾音鳥。懸也。
鋻 又幻15305幻15303

了 00536 u31CC
null_1.2 　畫 橫撇彎鉤。例字：那。

了 00537 u31CB
null_1.2 　畫 橫折折撇。例字：建。

丁 00538 u20110
ma_1.2 　韓 工具也。大錘子。與宁00272个00176同。丁赤，一作磨致，麻致 六典條例·卷十·工典·繕工監·長木色·木物各種 大朴撻、小朴撻、尚方網巾骨、鍾閣打鍾木、造紙署砧杵木、闕內搗砧丁赤、旗竹、木道乃等造成之具。真緣木、旗竹及營役時支乃木、方丁赤之材。

了 00539 uF9BA
le_1.2 　兼了。

屮 00540 00161
jué_2.3 　類篇 居月切音厥。詳上屮00533字註。鋻 又屯13232

予 00541 00162
yǔ_3.4 　唐韻 余呂切 集韻 韻會 演女切 正韻 弋渚切厾音與。賜也 詩·小雅 君子來朝，何錫予之 周禮·春官 內史掌王八枋之灋，七曰予，八曰奪。通作與 圖 博雅 大予，樂名 註 漢明帝永平三年秋八月戊辰，改大樂爲大予樂 圖 yú 廣韻 弋諸切 正韻 羊諸切。厾與余同。我也 郭忠恕·佩觿集 予讀若余。本無余音，後人讀之也 顏師古·刊謬正俗 曲禮 予一人。鄭康成註：余、予古今字。因鄭此說，學者遂皆讀予爲余 爾雅 印、吾、台、予、朕、身、甫、余、言，我也。此則予之與余，但義訓我，非同字也 說文 予，相推予也。余，詞之舒也。各有意義，本非古今字別也。歷觀詩賦，予無余音。又 吳棫·韻補 予當讀與 詩 或敢侮予，將伯助予 楚辭 目眇眇兮愁予，何壽夭兮在予。皆無余音◇。鋻 又彳15298

牟 00542 00163
chuí_3.4 　說文 古文垂08454字。鋻 或即朵23540疑我从牟得聲 說文 我，从戈从牟。牟，或說古垂字。一曰古殺字 六書統·卷二·生植之意 牟（朵），丁果切。華葉厭重矢出之貌，从木末下垂以見意。

从 00543 00164
zhōu_3.4 　玉篇 古文州14565字。靈洞經 才行化於一从，委之从。

去 00544 00165
huàn_3.4 　說文 幻本字。今通作幻。

才 00545 u3427
dì_3.4 　日 俗第41825

孑 00546 00166
nǎi_5.6 　字彙補 籀文乃字 圖 大也。

牙 00547 42390
tīng_5.6 　字彙補 同判。

争 00548 u4E89
zhēng_5.6 　俗爭32191今簡化字。

釘 00549 00167
líng_6.7 　篇海類編 離呈切音靈 字類 撞釘也。

周 00550 00168
zhōu_6.7 　字彙補 古文周05622字。

扨 00551 u2A71C
null_6.7 　未詳。

承 00552 u20118
chéng_6.7 　俗承19239敦煌·S.238 金真玉光八景飛經 天魔承空發，萬精駭神庭。

事 00553 u4E8A
shì_6.7 　俗事00555 劉知遠諸宮調·君臣弟兄子母夫婦團圓弟十二 世間好事不堅牢，彩雲易散琉璃碎。

矛 00554 00169
xù_7.8 　集韻 象呂切 類篇 時與切厾音序 山海經 犲山有堪矛之魚，狀如夸父而彘尾。一曰魚子。俗謁作矛。

事 00555 00170
shì_7.8 　古文叓叓 唐韻 鉏吏切 集韻 韻會 仕吏切，並音士去聲。大曰政，小曰事 廣韻 使也，立也，由也 釋名 事，偉也。偉，立也。凡所立之功也 書·大禹謨 六府三事允治 圖 詩·小雅 三事大夫，莫肯夙夜 註 三事，三公也 圖 詩·大雅 三事就緒 註 三農之事也 圖 奉也 禮曲

[禮]年長以倍，則父事之[又]督也，治也[史記·曹參世家]卿大夫以下吏及賓客，見參不事事[又]zì[廣韻][類篇]汰側吏切。事刃，與倳01421剚同[又][韻補]叶逝支切音時[蔡邕詞]帝曰休哉，命公三事。乃耀柔嘉，是式百司◇[又]叶常御切音樹[易林]雖慍不去，復職內事◇。鑾又叓00207亊00553叏05204叜05233爭32209亊00099

事 00556 00171 zhēng_7.8 [玉篇]古文爭32191字。

㫖 00557 42391 zhōng_8.9 [字彙補]與中同。出[漢戚伯著碑]

㪿 00558 00172 tīng_10.11 [五音集韻]他丁切音汀。平議也。鑾又同訂55573[異體字字典]引[佛教難字字典]

豫 00559 00173 yù_11.12 [類篇]古文豫57251字[字彙補]譌作豨，非。

𪜝 00560 u2A71D geiz_11.12 [壯]預料

𠄜 00561 u2011C thờ_14.15 [喃]同𥚵39900从事蜍thừ省聲△𠄜祖先：祭拜祖先。

豫 00562 00174 yù_15.16 [字彙補]與豫同[廣雅]劮，豫也。

◈ 二部 ◈

二 00563 00175 èr_0.2 古文弍[唐韻][集韻][韻會][正韻]汰而至切音樲。地數之始，卽偶之兩畫而變之也[易繫辭]分而爲二，以象兩[左傳·定四年]衞侯將會，使祝佗從。佗曰：若又共二，徼大罪也[註]謂兼二職[荀子·議兵篇]權出於一者强，權出於二者弱[史記·韓信傳]功無二於天下[前漢·嚴助傳]詔曰：子在朕前之時，知略輻輳，以爲天下少雙，海內寡二[又]巽二，風神名[又]古貨布，文帝字。見[六書略]。二字上下畫均齊。上畫短者，乃古文上字也。今相仍上短下長作二字，非。鑾二00564二00566二00565二二00567，編碼不同[又]貳57613貮16058刂00172

二 00564 00176 shàng_0.2 [說文]古文上00017字[六書本義]横一以指其體，上短者指其物，物在體之上曰上，在下曰下。

二 00565 00177 xià_0.2 [六書本義]古文下00018字。

二 00566 u20120 èr_0.2 同二00563上下畫均齊。

二 00567 u2F06 èr_0.2 [部]二00563

亍 00568 00178 chù_1.3 ◆[廣韻][集韻]汰丑玉切音棟。小步也。左步爲彳，右步爲亍，合之則爲行字[又]稍停也[左思·魏都賦]喬雲翔龍，澤馬亍阜[顏延之·赭白馬賦]纖驪接趾，秀騏齊亍[又][廣韻]中句切音駐。義同。

于 00569 00179 yú_1.3 [唐韻]羽俱切[集韻][韻會][正韻]雲俱切汰音迂[爾雅·釋詁]于，曰也[又]往也[書·大誥]民獻有十夫，予翼以于[詩·小雅]王于出征[又][儀禮·士冠禮]宜之于假[註]于猶爲也。宜之見爲，大矣。又[聘禮]賄在聘于賄[註]于讀曰爲。言當視賓之禮，而爲之財也。又[司馬相如·長門賦敘]因于解悲愁之辭[又]未定之辭[公羊傳·僖二十八年]歸于者何。歸于者，罪未定也[又]行貌[韓愈·上宰相書]于于焉而來矣[又]于于，自足貌[莊子·應帝王]其臥徐徐，其覺于于[又]鐘口兩角之閒曰于[周禮·冬官考工記]鳧氏爲鐘，兩欒謂之銑，銑閒謂之于[又][前漢·元后傳]衣絳緣諸于[註]大掖衣也[又][唐書·元德秀傳]明皇命三百里內剌史、縣令以聲樂集，德秀惟樂工十人，聯袂歌[于蔿于][又]草名[爾雅·釋草]蒛，蔓于[註]生水中。一名軒于[司馬相如·子虛賦]菴閭軒于△◆又木名[爾雅·釋木]棧木，于木[註]僵木也。江東呼木觡[又]淳于，縣名。今密州安丘縣，古淳于國[又]姓。周武王第二子邘叔之後，以國爲氏，後因去邑爲于。又淳于、宣于、鮮于、多于、闞于，皆複姓。又三字姓。勿忸于，阿伏于。見[魏書·官氏志][又]助語辭[詩·召南]于沼于沚[朱傳]于，於也[周易][毛詩]於皆作于。于、於古通用[又]yū[集韻]邕俱切音紆。廣大貌[禮·檀弓]邾婁考公之喪，徐君使容居來弔含。有司曰：諸侯之來辱敝邑者，易則易，于則于，易于雜者，未之有也。又[文王世子]仲尼曰：周公抗世子法於伯禽，所以善成王也。聞之曰：爲人臣者，殺其身有益於君則爲之，况于其身以善其君乎。俱與迂通。鑾又亏00571

亏 00570 00180 yú_1.3 [說文]亏，於也。象氣之舒。从丂从一。一者，其氣平之也。今作于。鑾又[简]虧52339

亐 00571 u4E90 yú_1.3 [玉篇·亏部]亏，禹俱切。於也，曰也。于00569，同上。今文。

云 00572 00181 yún_2.4 [唐韻][集韻]王分切[韻會][正韻]于分切汰音雲[說文]山川氣也。象回轉形。後人加雨作雲，而以云爲云曰之云[正字通]與曰音別義同。凡經史，曰通作云[又]運也[管子·戒篇]天不動，四時云下而萬物化[註]云，運動貌[又]狎昵往復也[詩·小雅]昏姻孔云[朱傳]云，旋也[左傳·襄二十九年]晉不鄰矣，其誰云之[註]云猶旋，旋歸之也[又]語助[詩·小雅]伊誰云憎◆[史記·封禪書]秦文公獲若石云于陳倉北阪。又陸佃曰：云者，有應之言也。△[左傳·襄二十六年]子朱曰：朱也當御。三云叔向不應。[又]云云，衆語也[前漢·汲黯傳]上曰吾欲云云[註]猶言如此如此也[又]云云，山名[前漢·郊祀志]封大山，禪云云[註]云云，太山下小山[又]◆云爲[易繫辭]變化云爲[又]姓。漢云敞[又]與芸同[莊子·在宥篇]萬物云云[註]盛貌[老子]作芸芸[又]紛云，興作貌[呂覽·圜道篇]雲氣西行云云然。[前漢·司馬相如傳]威武紛云。俗作紜。

互 00573 00182 hù_2.4 [廣韻]胡誤切[韻會][正韻]胡故切汰音護。差也。又交互[周禮·天官]司會以參互考日成[又]鼈人掌取互物[註]龜鼈、蜃蚌，甲殼交合也[又][周禮·地官][牛人]凡祭祀，供其牛牲之互[註]互者，楅衡之屬，若今屠家縣肉格[又][周禮·秋官][野廬氏]凡道路之舟車轚互者，敘而行之[疏]謂水陸之道，舟車往來狹隘之所，更互如轚。[又][周禮·秋官]修閭氏掌比國中宿互欜者[註]宿，宿衞也。互謂行馬，所以障互，禁止人也[又][前漢·劉向傳]向上封事言：兄弟據重，宗族磐互[又][左思·吳都賦]長干延屬，飛甍舛互[註]棟宇交互也[又][後漢·蔡邕傳]初，朝議

以州郡相黨，乃制婚姻之家，及兩州人士，不得對相監臨，至是復有三互法註三互，謂婚姻之家及兩州人不得交互爲官△別作乑 北史·文苑傳序 彼此好尙，乑有異同。互、乑形相近，故變作乑，從互爲正。鑒又乓32582

亓 00574 00183
qí_2.4　集韻 其02586古作亓 図姓。唐亓志紹，宋亓贊明、亓宣、亓驥。

五 00575 00184
wǔ_2.4　古文 区乄 唐韻 韻會 疑古切 集韻 正韻 阮古切夶音午 增韻 中數也 易繫辭 天數五，地數五 書·武成 列爵惟五 詩·鄘風 良馬五之 図格五 後漢·梁冀傳 能挽滿、彈棊、格五、六博、蹴鞠、意錢之戲 註 行棊相塞謂之簺。簺有四采，簺、白、乘、五是也。至五卽格，不得行 図 辛氏·三秦記 城南韋杜，去天尺五 図 十五夜曰三五 謝靈運詩 期在三五夕 崔曙詩 杪冬正三五，日月遙相望 図姓。漢五京。又第五、五鹿，皆複姓。鑒 崔曙·早發交崖山還太室作 仲冬正三五，日月遙相望。仲一作杪 図昌16367 㐅00021 㠱16385 図 幺00579 吚05584

井 00576 00185
jǐng_2.4　唐韻 集韻 韻會 正韻 夶子郢切，精上聲。穴地出水曰井 釋名 井，清也 廣雅 深也 易 有井卦 世本 伯益作井 汲冢周書 黃帝作井 孟子 掘井九仞而不及泉 図 廣韻 田九百畝曰井，象九區之形 孟子 方里而井，井九百畝 図市井 玉篇 穿地取水，伯益造之，因井爲市也 師古曰 市交易之處，井共汲之所，因井成市，故名。図 南方宿名 史記·天官書 南宮朱鳥，東井爲水事 註 東井八星，主水衡也 図井井，經畫端整貌 荀子·儒效篇 井井兮其有條理也 図往來連屬貌 易·井卦 往來井井。図姓。漢有井丹 図藻名 風俗通 堂殿上作藻井，以象東井，藻以厭火 図綺井 左思·魏都賦 綺井列疏以懸蒂 註 屋板爲井形，飾以丹靑如綺也 図古文井與刑通用 左傳 有井伯，卽邢伯△說文 本作丼。

三 00577 00186
sì_2.4　說文 籀文四字 集韻 關東謂四數爲三。

区 00578 00187
wǔ_2.4　玉篇 古文五00575字。

幺 00579 u3025
wǔ_2.4　商碼五。

屾 00580 00188
suì_3.5　字彙補 古文歲字。見崔希裕·略古。鑒又逜13821

亘 00581 00189
xuān_4.6　集韻 韻會 荀緣切 正韻 息緣切夶音宣。說文 求亘也，揚布也 図與桓同。烏亘，外國名〇按亘本作回，與互字不同。互從二從舟，舟今作互。回從二從囘，囘卽回字，今從日作亘。又毛晃曰：紹興二年，禮部看詳姓氏，從水從亘，水名。從木從亘，木名。從木從亘者，皆定讀曰亘。若晉書亘彝、亘溫 書·禹貢 西傾因亘是來之類是也。鑒又回00582，本字 図 亘00593

回 00582 00190
xuān_4.6　說文 亘本字。從二從囘。囘，古文回。象回，回形，上下所求物也 徐鍇曰 回風、回轉，所以宣陰陽也。

亙 00583 00191
gèng_4.6　唐韻 古鄧切 集韻 韻會 正韻 居鄧切夶音

堩。極也，通也，徧也 說文 亙，竟也。象舟竟兩岸 增韻 延袤也 詩·大雅 亙之秬秠 図姓。漢廬江丞亙寬〇按說文 字本作㮓。亙卽㮓字古文，然今經史通作亙，無從木旁者，自當以亙字爲正。又亙從二從舟，今譌從日作亙，非。又 正字通 或從月。詳亙註。鑒又亘00603

亙 00584 00192
gèng_4.6　正字通 同亙。月弦也〇按 說文 木部：㮓，竟也。古文作㐬，從二從舟。二部，恆，常也。從心從舟在二之間。獨恆字古文作㐬，註：從月 詩·小雅 如月之恆。據此則去聲，亙從舟竟岸，本義也。平聲恆從心亙聲，訓常，本義也 詩 如月之恆，先儒以爲月上弦而就盈，取漸進之義，此借義也。讀去聲者亙字，加心轉平聲者恆字，形變音變，義因之而變，不相蒙也。謂恆從舟亦從月，兩存備考可也，必存亙廢亙 正字通 之誤也。欲存亙廢亙，遂謂 詩 如月之恆，恆當作亙，譌加心作恆。心部恆註，謂 詩 不當將亙字譌借恆，則誤甚矣。又 集韻 㮓字古文又作胘，則從舟又從月矣。存以備考。鑒又亙00581 胘23402 㮓24798 脧23403 互00053

杶 00585 00193
chún_4.6　集韻 純43834古作杶。

亘 00586 u2F803
xuān_4.6　同亘00582，亘00581本字。

㠯 00587 u20127
vài_4.6　喃同䩗00618△㠯㠯：兩三個。

及 00588 u20126
gộp_4.6　喃從二及cập聲。併，合△㫰吏：合併。

㐬 00589 u20125
null_4.6　亞㐬，商代方國名。

況 00590 00194
kuàng_5.7　廣韻 集韻 韻會 正韻 夶虛放切音貺。發語辭 詩·小雅 兄也永歎。從二從兄，與況字少異。図借作祝 漢·魯相謁孔廟碑 祝基作況其。鑒或作況00594俗從丷作況02874，通作況27995

些 00591 00195
xiē_5.7　廣韻 寫耶切 正韻 思遮切，夶寫平聲 廣韻 少也 集韻 或作尖 図suō 集韻 桑何切音娑。挽歌聲。図suò 韻會 蘇箇切，娑去聲。語辭也 楚辭·招魂 何爲四方些 註 沈存中·筆談 夔峽湖湘人，凡禁呪語末云娑婆訶，三合而爲些也 図同娑。邏些，吐蕃城名。又麼些、禿光些，皆蠻族。鑒又戠12675 図 明·張忻 重刊訂正篇海 些，或作尖、夗26595，亦作㸳12643

㐬 00592 00196
gèng_5.7　說文 古文恆17231字。

況 00594 uFA71
kuàng_5.7　同況00590

亘 00593 42392
xuān_5.7　篇海類編 思緣切音宣。求亘也〇按卽亘字之譌。

台 00596 u20129
hai_5.7　喃從二台thai聲△台辺：雙方。

亞 00597 u4E9C
yà_5.7　俗亞00599，見 宋元以來俗字譜

丞 00595 u2012A
null_5.7　未詳。

叄 00598 00197
qí_6.8　玉篇 古文齊75525字 說文 禾麥吐穗上平也 徐曰 生而齊者，莫如禾麥。二，地也，象形 図山名，勃叄山。見 山海經

亞 00599 00198
yà_6.8　唐韻 集韻 夶衣駕切，鴉去聲 說文 醜也。

象人局背之形囵爾雅·釋言亞，次也蜀志·諸葛亮傳
管、蕭之亞匹矣囵增韻少也廣韻就也囵姻亞，壻之
父曰姻，兩壻相謂曰亞詩·小雅瑣瑣姻亞，則無膴仕。
別作婭囵yà集韻正韻丛於加切音鴉前漢·東方朔傳
伊優亞者，辭未定也囵趙氏則曰物之岐者曰亞。俗作
丫、椏囵è正韻烏落切正譌與堊同，塗飾牆也。
囵與惡同史記·盧綰傳綰孫他人封亞谷侯漢書作惡谷
語林宋人有獲玉印，文曰周惡夫印。劉原父曰：漢條侯
印，古亞、惡二字通用囵與滹通。滹沱，禮·禮器作惡
池，秦·詛楚文作亞駝囵與稏通，稻也韻會稴稏通作
罷亞囵郝敬·讀書通壓通作亞杜甫·上巳宴集詩花蕊
亞枝紅。又入宅詩花亞欲移竹。丛與壓同△字彙正譌
云亞本涂飾字，餘皆借義。既爲借義所奪，小篆遂从土
作坙字，又从心作惡乎以別之。亞坙惡本一字秦·詛楚
文以亞駝代滹沱，則因聲借用明矣〇按字彙說是，但
俗既習用借義已久，姑載本義於後，以備一字原委云。
鋆又亚00077丝00601倅01354引00049亜00597

亟 00600 00199
丛jí_6.8　唐韻紀力切集韻韻會訖力切丛音棘。敏
也，疾也說文从人从口从又从二。二，天地也徐鍇曰承
天之時，因地之利，口謀之，手執之，時不可失，疾之
意也詩·大雅經始勿亟左傳·襄二十四年公孫之亟也
註急也。言鄭公孫宛射犬性急囵qì廣韻集韻丛去吏
切音唭。頻數也孟子亟問，亟餽鼎肉又仲尼亟稱於水
囵詐欺也揚子方言東齊海岱之間曰亟囵與棘通
詩·大雅匪棘其欲囵與革通禮·檀弓夫人之病革矣
囵與極通荀子·賦論反覆其極註極與亟同。鋆又
敀00614砭00611亟05421煈31004敤49878囵集韻亟，或作
蕎49518蔤50003囵華學誠：方言宋本原文：亟、憐、憮、
俺，愛也。東齊海岱之間曰亟。亟下郭註：詐欺也。詐
欺與方言本文愛訓完全不相合。戴震根據廣雅曹憲音
校改作欺革反。王念孫手校明本刪去也，認為當作詐
欺，意思是音詐欺之欺字典不能校正郭註而引作釋義
根據，大非。

㴻 00604 u2012C
zǎo_6.8　俗棗24349　語助也。鋆又龍龕丝，新藏作亞。

丞 00605 u2012B
null_6.8　未詳。

㐏 00602 u2012F
bản_6.8　喃同沐28011
从污省本bản聲。髒△㐏膊：腹黑色。

舟 00603 u2012D
gèng_6.8　同亙00583古文橵25206

囚 00606 00200
lǎo_7.9　玉篇古文老46292字。

冝 00607 00201
yí_7.9　玉篇弋之切。陽氣也。

劦 00608 u20133
kép_7.9　喃从二劫kiếp聲。

龟 00609 u20132
wǔ_7.9　義未詳。囵古
文聖46636字漢·桂陽太守周府君碑懿賢后兮發亜英。

區 00610 00202
shèng_8.10　字彙補古

壬壬 00613 u20136
nhăm_8.10　喃从五任nhậm聲△亠逆壬：二十五。

砭 00614 00203
jí_9.11　石鼓文吳人慭砭。鄭樵云即亟字。

亟亟 00611 u20138
jí_8.10　俗亟00600

阱 00612 u20137
qí_8.10　同夻05104

區亟 00617 u2013E
null_11.13　未詳。

瓯壬 00619 u2013C
năm_11.13　喃从五南nam聲。五。

壬壬 00620 00204
wéi_12.14　玉篇音圍。義無考。

㣻 00621 u2A71E
null_12.14　未詳。

埜 00623 u20140
yì_13.15　可洪音義龜埜：魚祭反。正作藝51581

覡 00615 u2013A
giếng_9.11　喃从井
見kiến聲。同洴27852△掏覡：挖井。

森 00616 u2013B
lăm_10.12　喃从五
林lâm聲△逆森：十五囵rằm時森：十五日。

排 00618 u2013D
vài_11.13　喃从二排
bài聲。幾個△菲韩：兩三天△菲罘：若干△亦作巴00587

埜 00622 u2A71F
null_13.15　未詳。

◆ 亠部 ◆

亠 00624 00205
tóu_0.2　字彙徒鉤切音頭。義闕。

亠 00625 u2F07
tóu_0.2　部·亠00624

亡 00626 00206
wáng_1.3　唐韻集韻韻
會丛武方切音忘。失也孟子樂酒無厭謂之亡註謂廢
時失事也家語楚人亡弓，楚人得之囵滅也莊子·田子
方楚王與凡君坐。少焉，楚左右曰：凡亡者三。凡君曰：
凡之亡也，不足以喪吾存囵周禮·春官·大宗伯以喪禮
哀死亡囵逃也大學舅犯曰：亡人無以爲寶。又前漢·韓
信傳蕭何聞信亡，自追之囵與忘同詩·邶風心之憂矣，
曷維其亡囵正韻同無詩·邶風何有何亡，黽勉求之毛
傳亡謂貧也△說文从入从乚徐曰乚音隱，隸作亡藝
苑雌黃古惟用亾字，秦時始以蕃蕪之蕪爲有亾之亾，
今又變林爲四點。鋆又亾00629亼00761匸04356

亢 00627 00207
gāng_2.4　唐韻古郎切集韻韻會正韻居郎切丛音
岡說文人頸也史記·婁敬傳搤其亢。又爾雅·釋鳥亢，
鳥嚨註亢即咽，俗作吭囵kàng玉篇苦浪切。星名爾
雅·釋天壽星，角亢也註列宿數起角亢，故曰壽史記·天
官書亢爲疏廟春秋·元命包亢，四星，爲廟庭，聽政之
所，其占明大，則輔臣忠，天下寧囵過也，愆也易·乾
卦亢龍有悔正義上九，亢陽之至，大而極盛，故曰亢
龍。又旱曰亢陽囵極也左傳·宣三年可以亢寵囵強也，
蔽也左傳·昭元年鄭太叔曰：吉不能亢身，焉能亢宗。
囵無所卑屈曰亢唐書·崔信明傳信明蹇亢，以門望自
負囵督亢、龍亢，俱地名囵姓。明亢思謙，臨汾人，
由翰林官至布政囵敵也揚雄·趙充國贊營平守節，屢
奏封章。料敵制勝，威謀靡亢囵同庚。亢倉子，莊子作
庚桑子。鋆又冘02760肮46990頏67972

亣 00628 00208
tà_2.4　唐韻他達切音闥說文長箋原本亣，佗蓋
切，與大字徒蓋切本作一字異傍，居上爲大，處下爲亣。
徐氏謬讀蓋爲盍，又改作佗達切，而歸之入聲，誤矣。

亾 00629 u20141
wáng_2.4　同亡00626

衤 00630 42393 jié_3.5 字彙補古折切，音結◇。

𪜡 00631 u2A721 null_3.5 未詳。

𪜠 00632 u2A720 kàng_3.5 古文抗19275

交 00633 00209 jiāo_4.6 古文这 廣韻古肴切 集韻 韻會 正韻居肴切𠀤音郊 小爾雅俱也 廣韻共也，合也 易·泰卦上下交而其志同也 又友也 易繫辭上交不諂，下交不瀆 禮·郊特牲爲人臣者無外交，不敢貳君也 又交交，鳥飛貌 詩·秦風交交黃鳥 又交加，參錯也 前漢·劉向傳章交公車 又州名，南越地，漢置交州 書·堯典申命羲叔宅南交 蔡傳南交，南方交趾地 又衣領也 揚子方言衿謂之交 又同蛟 前漢·高帝紀則見交龍於上 史記作蛟。又同鵁 司馬相如·上林賦交精旋目。卽鵁鶄。𡙇又跤58344胶23399

亥 00634 00210 hài_4.6 唐韻 正韻胡改切 集韻 韻會下改切𠀤音頦。辰名 爾雅·釋天太歲在亥曰大淵獻 前漢·律歷志該閡於亥 唐書·禮樂志吉亥祀先農 元史·祭祀志黑帝位亥 又姓。晉亥唐 又豕亥 家語或讀史云三豕渡河。子夏曰：己亥渡河，己譌爲三，亥譌爲豕。校之，果然 左傳·襄三十年史趙曰：亥有二首六身 註亥字，二畫在上，幷三六爲身，如算之六 又亥市 通雅 青箱雜記蜀有亥市，亥音皆，言如痎瘧，閒日一發也。諱痎，故云亥市 徐筠·水志荆吳俗，取寅申、巳亥日集於市。𡙇又亥00639亥00643布14745𤇾28254𢑚14804𠦃04524丏00025

亦 00635 00211 yì_4.6 古文亣 唐韻羊益切 集韻 韻會 正韻夷益切𠀤音睪。總也。又也。又旁及之詞 又姓。宋開禧進士亦尚節，明參將亦孔昭 又同奕 詩·周頌亦服爾耕 箋亦，大也 正義亦、奕義通△亦本作夾，象人左右兩腋形 說文夾與掖同 詩·衡門序誘掖其君 釋文石經作亦。亦，古掖字也，左右肘脅之閒曰掖。後从肉作腋。

𡙇又亽09870亣41473

亣 00636 00212 yì_4.6 字彙補古文亦字。註詳上。

𠅇 00638 u20147 máng_4.6 同芒49009

𫝅 00637 u2B745 null_4.6 日戶籍用字

𠅆 00639 u20146 hài_4.6 同亥00634亦作亥00643

𠅅 00640 u20145 mò_4.6 同末23527朱駿聲說文通訓定聲末，戴侗六書故引唐本从木从上，當作𣎳。本从木从下，當作朩。按：凡偏旁多从古文。上作二，下作二。罕有从篆文丄、丅者，異說不可從。

𠅄 00641 u20144 yì_4.6 古文亦00635正作亣00636

㐫 00642 u342B xiōng_4.6 亦作㐫03207俗凶03185

㐪 00643 u342A hài_4.6 同亥00634亦作亥00639

产 00644 u4EA7 chǎn_4.6 简産35279

亨 00645 00213 hēng_5.7 古文亯𩫏 廣韻 集韻 韻會 正韻太虛庚切音哼。通也 易·乾文言亨者，嘉之會也 又xiǎng 唐韻 集韻太許兩切。同享 易·大有公用亨于天子 又pēng 唐韻 正韻太普庚切。同烹 易·鼎卦大亨以養聖賢 詩·豳風七月亨葵及菽 周禮·秋官·小司寇凡禋祀五帝，實鑊水，納亨亦如之 註致牲也 又 韻補叶鋪郎切音鎊 詩·小雅或剝或亨，叶下將、𤕤〇按古惟亨字兼三義。後加一畫，作享獻之享，加四點作烹飪之烹，今皆通用。𡙇周禮·秋官·小司寇凡禋祀五帝，實鑊水，納烹亦如之。注：納烹，致牲也。

㐬 00646 00214 liú_5.7 字彙補與荒同 又 集韻力求切音留。與旒同。旌旗之旒也 廣雅天子十二旒至地，諸侯九旒至軫，大夫七旒至轂，士五旒至肩。後又或作斿游旈。𡙇又氺27760 又俗不00027 漢韓仁銘㐬幸扭（短）命 又 字彙補㐬，與荒同。見 漢隸釋。又甫鳩切音罦 集韻流也。

亩 00647 00215 nào_5.7 五音篇海奴教切音鬧。不靜也。

𠅢 00648 u2A722 null_5.7 喃未詳。

𠅋 00649 u2014B null_5.7 未詳。

𠅊 00650 u2014A null_5.7 未詳。

𠅉 00651 u20149 null_5.7 未詳。

亪 00652 u4EAA null_5.7 未詳。

亩 00653 u4EA9 mǔ_5.7 简畝35480

享 00654 00216 xiǎng_6.8 古文亯 唐韻 集韻 韻會 正韻太許兩切音響。獻也，祭也，歆也 禮·曲禮五官致貢曰享 孔安國曰奉上之謂享 又宴享 左傳·成十二年享以訓恭儉，宴以示慈惠 又同亨00645 𡙇又亯00666𩫏00674亯35471𦎫46640菁50209

京 00655 00217 jīng_6.8 唐韻舉卿切 集韻 韻會 正韻居卿切𠀤音驚。大也 揚子方言燕之北鄙，齊楚之郊，凡人大謂之京 又 爾雅·釋丘丘絕高曰京 廣雅四起曰京 又 蔡邕·獨斷天子所居曰京師。京，大也。師，衆也 公羊傳·桓九年天子之居，必以衆大之辭言之 又數名。十億爲兆，十兆爲京 又姓。漢京房，宋京鏜 又與原同 禮·檀弓趙文子曰：是全要領，以從先大夫于九京也 註九京，山名，在今絳州。晉大夫墓地在九京。京卽原字 又人名 後漢·銚期傳而更始將卓京 東觀漢紀京作原。古通用。又與鯨同 前漢·揚雄傳騎京魚 又與强同 山海經北方神名禺强 莊子註作禺京。𡙇又京00668䚕12558帠14837臮48201𢈌15530 又揚子方言燕之北齊楚之郊凡人之大謂之京。華學誠：宋本原文作：秦晉之間凡人之大謂之奘，或謂之壯。燕之北鄙齊楚之郊或曰京，或曰將。王引之於此條北下補鄙字與傳本 方言相同，但刪去凡人下之字則非是，謂之也當改作或曰。

亩 00656 00218 lǐn_6.8 說文㐭本字。从入从回，象屋形。中有戶牖，防蒸熱 六書略方曰倉，圜曰亩。上象其蓋。

㝖 00657 00219 yí_6.8 五音篇海延知切音移。花名。

𠅒 00658 u20152 mất_6.8 喃同𣧯00663失去。

𠅑 00659 u20151 null_6.8 未詳。

𠅐 00660 u20150 mất_6.8 喃同𣨖00662△𠅐命：死亡。

亍 00661 u2014F
kè_6.8 同亍12962古文克。

𠫓 00662 u2014E
mất_6.8 [喃]失也。从亡从失會意。亦作𠩺00660

杋 00663 u2014D
mất_6.8 [喃]同𠫓00662从亡末mất聲。亦作𪧭00658

亭 00664 u20220
tíng_7.9 [唐韻]特丁切[集韻][韻會][正韻]唐丁切夶音庭。[說文]民所安定也。◆[釋名]停也。道路所舍，人停集也[風俗通]亭，留也，行旅宿會之所館也[東觀漢紀]衞颯爲桂陽太守，鑿山通路，列亭置郵。又[前漢·趙充國傳]分屯要害，冰解漕下。繕鄕亭，浚溝渠[图]亭長[後漢·百官志]十里一亭，十亭一鄕。有亭長持更板以劾賊，索繩以執賊。亭長舊名負弩，改爲亭長，或爲亭父[揚子方言]楚東海之閒，亭父謂之亭公[图][前漢·平帝紀]因郵亭書以聞[註]郵亭，行書之舍，卽今驛遞[图]直也[史記·五帝紀]以征不亭[图]平也，均也[前漢·酷吏傳]張湯平亭疑法[淮南子·原道訓]味者，甘立而五味亭[图]亭亭，山名，在泰山下[史記·封禪書]黄帝封泰山，禪亭亭[图]亭亭，聳立貌[太公兵法]高山盤石，其上亭亭[图][黄庭經]九原之山何亭亭[註]猶心也[图]亭毒，化育也[老子道德經]亭之毒之[註]亭謂品其形，毒謂成其質[图]亭午[孫綽·遊天台山賦]義和亭午，游氣高褰[註]亭，至也。午，日中也。游氣，海氣也。褰，開也。言氣開見日也。一曰亭午卽直午之義[图][古今注]蜻蜓一名青亭，色青而大者是也[图]水止曰亭。與渟同[前漢·西域傳]其水亭居[图][韻補]叶徒陽切[班固·高祖泗水亭碑]寸木尺土，無埃斯亭。揚威斬蛇，金精摧傷。鑾又亭00680[图]揚子方言楚東海之閒亭父謂之亭公。華學誠：傳本[方言]楚上脫南字。又[前漢·趙充國傳]分屯要害。徐慧：分屯要害處。

亮 00665 00221
liàng_7.9 [廣韻][集韻]力讓切[韻會][正韻]力仗切夶音量。與諒同。信也[孟子]君子不亮，惡乎執[古詩十九首]君亮執高節，賤妾亦奚爲[图]明也[图]姓[图]liáng[集韻]呂張切音良[書·說命]亮陰，卽梁闇△[正字通]亮下从儿。改作几，非。鑾又亮00679亮02808亮09712

亯 00666 00222
hēng_7.9 [玉篇]古文亨00645字[图][集韻]古文烹字。○按亨、烹二字古通，故古文亦通用。

卤 00667 00223
yóu_7.9 [石鼓文]其來卤卤。辭作卣，鄭作逌，卽卤字也。

京 00668 00224
jīng_7.9 [正字通]俗原字○按京字[字彙]不載，韻書無考[正韻]十一先收原、遼，亦闕京[正字通]強增以爲京卽原字，不知京00655京古通假，不必別生枝節。鑾[正字通]原本字……京與京別，京與原同，後人不知京卽原字。又[增廣字學舉隅·卷二·古文字略]京，俗原字。

邑 00669 00225
kè_7.9 [玉篇]古文克02364字。

亵 00670 u20155
null_7.9 未詳。

亮 00672 uF977
liàng_7.9 參見亮00665

亱 00671 u4EB1
yè_7.9 俗夜09873[彙音寶鑑]亱，與夜同。

亳 00673 00226
bó_8.10 [唐韻]旁各切[集韻][韻會]白各切夶音泊。商湯所都。契封商湯始居亳，皇甫謐曰：梁國有三亳。南亳在穀熟。卽湯都。北亳在蒙，卽景亳。湯所受命地，偃師爲西亳，卽盤庚所徙[通雅]宋州穀熟縣，卽歸德之考城縣。考城今有亳城，有大蒙、小蒙。章本清云湯遷南亳，卽歸德府。亳一作薄[荀子·議兵篇]古者湯以薄[註]與亳同[前漢·地理志]山陽郡有薄縣[註]湯居亳[說文]亳，京兆杜陵亭名。則又一亳也。又[書·立政]三亳阪尹[傳]與皇甫說同。孔安國云亳人歸文王者三所，爲之立監，故爲三亳[图][廣韻]亳，國名。春秋陳地，漢爲沛之譙縣，晉爲南兗州，後周爲亳州。鑾又亳00691

亯 00674 00227
xiǎng_8.10 [集韻]亨古作亯，又烹30960古亦作亯。鑾古享00654字[图]烹31139

硬 00675 42394
qí_8.10 [五音篇海]音畦。

亭 00676 u2015D
háo_8.10 毫27365譌字。光緒刻本[花縣志·卷之二·賦役前]又派鹽課銀一分七釐二毫六絲八忽。

例 00677 u2015C
lè_8.10 [喃]从亠例[舍]聲。

宰 00678 u2015B
sī_8.10 古文總44488亦作㺇15316㝵15320

亮 00679 u20159
liàng_8.10 同亮00672

亭 00680 u20158
tíng_8.10 同亭00664

㐼 00681 00228
chéng_9.11 [集韻]乘00324古作㐼。

亯 00683 00230
xiǎng_9.11 [集韻]享00654古作亯。

亭 00684 00231
kè_9.11 [集韻]克02364古作亯。

㿆 00686 u2A723
null_9.11 未詳。

㐺 00682 00229
chéng_9.11 [集韻]同乘。

宵 00688 u20165
null_9.11 或俗曹。

㝵 00685 42395
miǎn_9.11 [搜眞玉鏡]音勉。鑾[字彙補]㝵，音義與勉同。

奕 00687 u20167
yì_9.11 或俗奕10114[名義]奕，余石反。盛皃。

恵 00689 u20164
huì_9.11 同惠17373，俗惠17631[漢隸分韻·卷六·去聲·惠惠]，州輔碑。又[佩文韻府·卷九十九上·藥·韻藻·增惠藥]項斯詩：病鄕多惠藥，鬼俗有符威[图]xi[字海]惠，姓。陝西西安、安康等地有此姓。

篋 00690 u20163
hàng_9.11 同篋09812

亳 00691 u20162
bó_9.11 同亳00673

㐱 00692 00232
shú_10.12 [正字通]同孰。

瓸 00693 00233
guō_10.12 [字彙補]古文聝46605字。

㽡 00694 00234
shēng_10.12 [集韻]勝04091古作㽡。

寇 00695 00235
bāo_10.12 [集韻]博毛切音褒。吳景帝第四子名[吳志]作寇[裎史]作陳王寇。鑾又竅41353

亮 00696 00236
yòu_10.12 [字彙補]魚救切音右。飛也。

萑 00697 u2A724
null_10.12 未詳。

𣎴 00699 u2016F
null_10.12 或俗赫。

亊 00698 u20172 kūn_10.12 同臾10145古文坤。

㐬 00700 u2016E null_10.12 未詳。

亮 00701 u2016D null_10.12 未詳。

宼 00702 u20168 bāo_10.12 同寇00695

亵 00703 u4EB5 xiè_10.12 简 褻54649

亶 00704 00237 dǎn_11.13 唐韻 多旱切 集韻 韻會 黨旱切 正韻 多簡切太音僤。信也 書·盤庚 誕告用亶 詩·小雅 是究是圖，亶其然乎 儀禮·士冠禮 醮辭曰：旨酒旣淸，嘉薦亶時 註 誠也 又 姓。東漢亶誦，善律曆 又 海外國名 韓愈·送鄭尚書序 夷亶之州 註 夷州、亶州太國名 又 zhān 集韻 張連切音饘。屯亶，難行不進貌 正譌 別作迍邅，非。又 與但同 詩·小雅 擇三有事，亶侯多藏 前漢·賈誼傳 非亶倒懸而已 揚雄傳 亶費精神於此 又 與襢、袒同 荀子·議兵篇 路亶者也 劉向·新序 路單，卽露袒 又 chán 集韻 時連切音蟬 山海經 有亶爰山 又 與翸同 揚雄·蜀都賦 堪巖亶翔。

亭 00705 u20180 guō_11.13 同章00710俗亭70847

亷 00706 u2017C mất_11.13 喃 从亡秩trật聲。失也。

亯 00707 u2017B quên_11.13 喃 从忘省涓quen聲。

亰 00708 u2017A zhí_11.13 同㮚24900古文直。

亳 00709 u20178 mào_11.13 六書正譌 耄，年九十曰耄。从老，高省聲 說文 作薹，多艸頭，無義。別作耄，非。

章 00710 u20177 guō_11.13 俗亭70847

孰 00711 u20176 shú_11.13 或俗孰。

亰 00714 u20173 quên_11.13 喃 从忘省員viên聲。遺忘。

襄 00715 u342E xiāng_11.13 廣漢和辭典·衣部 襄54669の略字。

廉 00716 u4EB7 lián_11.13 俗廉15646

亯 00717 u2017F yōng_12.14 俗亯48234 四聲篇海 亯，余頌切。用也。鼻知真香所食也。

亭 00712 u20175 null_11.13 未詳。

亶 00718 u2017E yuán_12.14 或俗黿75152

亭 00713 u20174 null_11.13 未詳。

亷 00719 00238 luǒ_13.15 篇海類編 力果切音臝。同蓏 又 字彙補 相承曰亷。

亮 00720 00239 suī_13.15 字彙補 古文衰54105字 亢倉子·道政篇 亮末之世。

奧 00721 42396 ào_13.15 字彙補 與奧同。

彝 00723 u20189 qì_13.15 同棄24325

亶 00722 u2A725 null_13.15 殷周金文集成·15.9575·鄭右亷方壺 奠右亶，盛季壺。

褒 00726 u20185 bāo_13.15 俗褒54518

齊 00724 u20188 qí_13.15 同齎75535 類篇 齊，前西切。好也。材也。又牋西切。又莊皆切。

賓 00727 u20184 bīn_13.15 或俗賓。

亶 00725 u20186 chún_13.15 龍龕 亶45873 或作，亶今。音純。熟也，厚也。

亮 00728 u20183 null_13.15 未詳。

奩 00729 00240 tài_14.16 石林燕語 唐時王起不識奩、昺二字。今考 列子，昺音丙，奩未見所出。存以備考。鎣 又奩00736奩00737𠫤56992

亶 00730 00241 yōng_14.16 集韻 庸15554古作亶。

亶 00731 40576 wéi_14.16 五音篇海 音圍。裹也。鎣 又亶54748

亶 00732 42397 xù_14.16 海篇 音旭。鎣 又 可洪音義 亶竄：上徒困反。逃也。隱也。正作遁61032遯遯三形也。

奧 00733 42398 ào_14.16 龍龕 音奧。出 六度集

亯 00734 42399 yōng_14.16 字彙補 余頌切音用。鼻知香也〇按卽亯48234字之譌。

褒 00735 u20198 yì_14.16 俗裔54335 碑別字新編 引 魏和邃墓誌

奩 00736 u20197 tài_14.16 阮元 經籍籑詁 泰28054，奩篆作泰 列子·周穆王 奩昺為右。

奩 00737 u20196 tài_14.16 奩門，亦作奩00736昺。

䙡 00738 u20194 nì_14.16 睨睨37807亦作䙡䙡。

亮 00739 u2018F shuāi_14.16 同亮00720古文衰54105

亶 00740 u2018D sởn_14.16 喃 未詳。

亸 00741 u4EB8 duǒ_14.16 简 嚲07800

亶 00742 42400 yōng_15.17 字彙補 余從切音容。常也，功也〇按卽亯字之譌。

亶 00743 42401 suō_16.18 五音篇海 音衰。

襄 00744 00242 xiāng_17.19 集韻 同襄。鎣 字彙補 見 五音集韻。

亶 00745 u2A726 null_17.19 未詳。

亹 00746 00243 wěi_19.21 廣韻 正韻 無匪切 集韻 韻會 武斐切太音尾。亹亹，不倦意 易·繫辭 成天下之亹亹 又 强勉也 詩·大雅 亹亹文王，令聞不已。又 禮·禮器 天時雨澤，君子達亹亹焉 又 mén 集韻 正韻 太謨奔切音門 詩·大雅 鳧鷖在亹 註 水流峽中，兩岸對出若門也 又 地名 前漢·地理志 金城浩亹縣 註 在臨洮府金州縣，以浩亹水得名△ 正字通 徐鉉曰：說文 無亹，當作娓。崔靈恩改易 詩 亹作娓，周伯琦亦从娓廢亹。皆臆說，不足信。鎣 又亹00749亹21955亹21954亹21952

亶 00747 u2019E shān_19.21 同羶45946明·湯顯祖 紫簫記·第三十二齣·邊思 香遍滿 茵香媚寢，浴罷團扇輕，雪體冰紈映。亶膩黓頹鬟，掠約斜簪整。

亶 00748 42402 wěi_22.24 搜眞玉鏡 音尾。

亹 00749 u201A0 wěi_26.28 俗亹00746 慧琳音義 亹亹，音尾 考聲 云美也。勉也。進也。從文從酉從爨省。轉注字也。斐亹：上妃尾反。下微匪反。

爨 00750 u201A1 cuàn_27.29 同爨32169

者，可以委仗囝與杖通 前漢·李尋傳 近臣已不足杖矣 註 杖通仗囝 集韻 韻會 雉兩切 正韻 呈兩切，丛長上聲。義同〇按兵杖、器仗之仗，上、去二聲通用，惟憑仗之仗無上聲。鏖又㠉31637

参 00794 00270
zhěn_3.5 說文 鬒本字，引 詩 参髪如雲〇按 詩 鄘風今作鬒。

付 00795 00271
fù_3.5 唐韻 集韻 韻會 丛方遇切音傅。畀也，授也 孔叢子·記義篇 孔子曰：若苟付，可付。則己，不勞而賢才不失矣囝 集韻 符遇切。同祔。祭名 周禮·春官 大祝言甸人：讀禱付練，祥掌國事 註 付當爲祔囝 姓△ 說文 从寸，持物對人 徐鉉曰：寸，手也。亦作仅。

仙 00796 00272
xiān_3.5 廣韻 集韻 相然切 正韻 蘇前切丛音鮮 釋名 老而不死曰仙。仙，遷也，遷入山也 揚雄曰 聖人不師仙囝 胎仙，鶴也 黃庭經 琴心三疊舞胎仙囝 輕舉貌 杜甫詩 行遲更覺仙囝 仙居、仙遊，俱縣名。又仙霞，嶺名囝 姓。宋仙源明，明仙時忠、仙克謹△亦作僊。鏖又僎02318企13294仚00906龕龕 僊02312僊01837僎02079三俗，僊02302或作，僊01991僊01887三（二）古文，音仙。僊，遷也。今作仙。

仚 00797 00273
xiān_3.5 廣韻 許焉切 集韻 韻會 正韻 虛延切丛音嘕。輕舉貌 鮑照·書勢 鳥仚魚躍△ 說文 人在山上也。與仚字不同。

仛 00798 00274
chà_3.5 集韻 丑亞切音詫。與姹同 說文 少女也 玉篇 驕逸也囝 duó 廣韻 徒落切 集韻 達各切丛音鐸。他也囝 tuō 集韻 闥各切。同侂，寄也。鏖又侂00897

仜 00799 00275
hóng_3.5 玉篇 胡東切 唐韻 戶工切 集韻 胡公切丛音紅 說文 大腹也。鏖又音gōng，工尺譜中譜字「工」的高八度記音譜字。

仝 00800 00276
tóng_3.5 廣韻 徒紅切 正字通 道書同字囝 姓。囝 人名。盧仝，唐人。關仝，宋人△从人从工，與全異。全音全，从入。

仞 00801 00277
rèn_3.5 廣韻 集韻 韻會 正韻 丛而振切音刃 孔安國曰 八尺曰仞 禮·祭義 築宮，仞有三尺 前漢·賈誼傳 鳳凰翔於千仞囝 度深曰仞 左傳·昭三十二年 仞溝洫。囝 與認通 列子·天瑞篇 天地萬物不相離，仞而有之，皆惑也 註 仞即認 淮南子·人閒訓 非其事者，勿仞也。仞人之事者，敗囝 與牣通，滿也 司馬相如·子虛賦 充仞其中囝 地名 左傳·文十六年 楚子貝自仞以伐庸 註 仞，入庸道△一作軔 孟子 掘井九軔△ 正字通 古以周尺八尺爲仞，中人之身，長八尺，兩臂尋之，亦八尺，兩足步之，亦八尺。度高深以仞，度短長以尋，度地以步 小爾雅 四尺曰仞。王肅從之。包咸、鄭玄謂：七尺曰仞 書爲山九仞 釋文仞，七尺也 應劭·漢書註 五尺六寸曰仞。顏師古非之曰：八尺曰仞，取人申臂之一尋也。顏說與孔安國同，顏以八尺爲仞，是也 說文 以仞爲申臂，

一尋，非。一尋，止六尺耳。或曰古尺短，周尺八尺，以今度之，一寸又減二分，應劭之說據漢尺也 莊子·庚桑楚 步仞之丘。註：七尺曰仞。亦非。鏖又仞00826

仟 00802 00278
qiān_3.5 廣韻 集韻 韻會 正韻 丛蒼先切音千。千人之長曰仟囝 漢志 仟佰之得 註 仟謂千錢，佰謂百錢。囝 草盛也 選詩 遠樹曖阡阡 李善註 作仟。仟與芊同。

仟 00803 00279
hàn_3.5 廣韻 集韻 丛同捍。鏖又仟00825，俗仟，同扞。

仡 00804 00280
yì_3.5 廣韻 韻會 正韻 丛魚乞切音忔。壯勇貌 博雅 仡仡，曁曁，武也 書·秦誓 仡仡勇夫 詩·大雅 崇墉仡仡 毛傳 仡仡，高大也 公羊傳·宣六年 祁彌明，國之力士也。仡然從乎趙盾而入囝 wù 集韻 正韻 丛五忽切音兀。動舟貌 揚子方言 偽謂之仡仡，不安也. 註 偽音俄，船動搖之貌也。鏖又仡00841囝 揚子方言 偽謂之仡仡不安也 註 偽言俄船動搖之貌也。華學誠：渡部溫校正所引 郭註 偽誤成譌，貌下脫去也字。

伏 00805 00281
dài_3.5 廣韻 集韻 丛徒蓋切音大 郭忠恕·佩觿集 海中地名。

仈 00806 00282
fán_3.5 廣韻 集韻 丛符咸切音凡 揚子方言 仈，輕也。楚人相輕薄謂之相仈囝 fàn 集韻 扶泛切音梵。義同。鏖 楚人相輕薄謂之相仈。華學誠：楚字後衍人而脫凡字囝 仈，音fán，工尺譜中譜字「凡」的高八度記音譜字。

仢 00807 00283
bó_3.5 集韻 韻會 丛弼角切音雹 爾雅·釋天 奔星爲仢約 郭註 流星也囝 廣韻 市若切 集韻 是若切丛音芍。義同囝 dí 集韻 亭歷切音狄 說文 約也〇按字書仢同約，有三義：一曰奔星，一曰橫木渡水，一曰約也，而音切各不同 字彙 正字通 皆失之。蓋訓流星者有二切，一雹音，一芍音。其音雹者，本 爾雅 奔星爲仢約。註：蒲握切音雹 正韻 弼角切。同 玉篇 則變用通廣門法，扶約切，亦得雹音 字彙 不知此，其用符約切，切母切韻與 玉篇 同。而音房，入聲，則與 爾雅 正韻 玉篇 異。蓋 字彙 不知 玉篇 之用通廣，仍以音和門法釋之，此其所以誤也。至彳 部仢 字彙 仍當薄，想亦疑於心久而改耳。其音芍者，本 廣韻 市若切，訓流星也 正字通 因之，註職略切音灼，以譏 字彙 薄、緒二音之非，不知職略切之與市若切，一隸禪母，一隸照母，如天淵之別。蓋 廣韻 十八藥 仢有二切。市若切音芍者，訓流星。之若切音斫者，訓橫木渡水 玉篇 之約切 正韻 字彙 職略切，俱與 廣韻 切同，皆訓橫木渡水，則其與奔星之音雹、芍者無涉，明矣。乃 正字通 專務鬭 字彙 而不知，誤認 廣韻 橫木之音爲奔星之音，此 正字通 所以誤也。又有音狄者，蓋本 說文 徒歷切，訓約也一條 玉篇 字彙 音切丛與 說文 同。而 正字通 則改从丁歷切音狄。不知丁隸端母，徒隸定母，陰陽清濁之迥異，丁歷切卽不音狄矣。此則 正字通 之誤也。至於訓奔星者，止有雹、芍二音 說

文之徒歷切，訓約者，與奔星無涉。而 字彙 正字通 之
音狄者，遺約也一解，而俱讒綴於奔星之後，曰義同。
是奔星之仢，亦可讀如狄，豈非 字彙 正字通 之皆誤者
乎。二書音切譌誤甚多，姑記其尤誤者於此。

代 00808 00284
dài_3.5　唐韻 徒耐切 集韻 韻會 待戴切 正韻 度耐
切 叻音岱。更也，替也 書·皐陶謨 天工人其代之 莊子·逍
遙遊 許由曰：庖人雖不治庖，尸祝不越俎而代之 又 世
也 家語 古之王者，易代改號，取法五行 又 不還曰代。
又 國名。趙之先有代國 前漢·地理志 代郡，秦置，莽曰
厭狄。有五原關、常山關。屬幽州 應劭曰 古代國。又州
名。漢代郡屬幽州，魏改爲州 又 姓。周代舉，明代賢
又 方書脈候有代 史記·倉公傳 齊侍御史成病頭痛。脈
法曰：代則絡脈有過，其代絕而脈賁者，病得之酒且內。
王叔和曰：來數而中止，不能自還，因而復動者名代。

令 00809 00285
lìng_3.5　集韻 正韻 叻力正切，伶去聲。律也，法也，
告戒也 書·囧命 發號施令，罔有不臧 禮·月令 命相布德
和令 周禮·秋官 士師掌士之八成，四曰犯邦令，五月撟
邦令 又 三令 前漢·宣帝紀 令有先後，有令甲、令乙、令
丙 又 縣令。漢法，縣萬戶以上爲令，以下爲長 又 時令，
月令，所以紀十二月之政 又 善也 詩·大雅 令聞令望 左
傳·成十年 忠爲令德，非其人猶不可，況不令乎 又 姓。
又 líng 集韻 郎丁切 正韻 離呈切 叻音零。厮役曰使 又
又 丁令，地名。見 前漢·張湯傳。或作丁零。又令狐，
亦地名 又 令狐，複姓 又 詩·齊風 盧令令 註 盧，田犬。
令令，犬頷下環聲 又 與鴒通 詩·小雅 脊令在原，兄弟
急難。卽鶺鴒鳥 又 令適，甓也。與瓴、瓶同 又 lìng 集
韻 郎定切音笭。令支，縣名。在遼西 又 lián 廣韻 力延
切 集韻 陵延切 叻音連。亦縣名 前漢·地理志 金城郡有
令居縣 又 集韻 盧景切 又 官署之長 △ 說文 載 卩部。從
人從卩。發號也。徐曰 卩卽集字，△而爲之節制。會意
鎣 又令 00832 龠 01884 龕 11875 又 五月撟邦令，五曰撟邦
令 又 lǐng 西文ream的漢譯，紙張的計量單位，一令為
二十刀 (quire)，一刀二十四張。

以 00810 00286
yǐ_3.5　古文 㠯 韻會 正韻 叻養里切，怡上聲。爲也
論語 視其所以 又 因也 詩·邶風 何其久也，必有以也 左
傳·昭十三年 我之不共，魯故之以 註 以魯故也 列子·周
穆王篇 宋人執而問其以 又 用也 論語 不使大臣怨乎不
以。又 左傳·僖二十六年 凡師，能左右之曰以 易·師卦 能
以衆正。又 詩·周頌 侯彊侯以 註 彊民有餘力來助者，
以開民轉移執事者 又 同已 孟子 無以則王乎 古以、
與聲相通 禮·燕禮 君曰：以我安 註 猶與也 魏書·李順傳
此年行師，當克以不 韓愈·剝啄行 凡今之人，急名以官
註 韓文與多作以 又 集韻 與似同 易·明夷 箕子以之。鄭
氏、荀氏皆作似。鎣 又目 14689 叺 05371

仉 00811 00287
wù_3.5　集韻 五忽切音兀。臲仉，不安 易·困卦 困
于臲卼。古文 易 作倪仉。

佮 00812 00288
gāo_3.5　字彙補 與高同。見 鄭樵·六書略

伩 00813 00289
pān_3.5　玉篇 俗攀字。

仦 00814 42404
chào_3.5　字彙補 乃巧切，音嫋 ◇ 說略 小兒也。
○按卽仚字之譌。

伌 00815 42405
zuò_3.5　字彙補 晉姜鼎作字。

仦 00816 42406
cháng_3.5　字彙補 與長同。

仐 00817 u2B746
jīn_3.5　俗今 00773 見 宋元以來俗字譜

伀 00819 u201B0
zhǎng_3.5　朝鮮本 龍龕 仉 00772 音掌。人姓也。仉，
俗通。今增 集韻 仉仉，一說从几者誤。

侌 00820 u201AD
yīn_3.5　古文陰 65672 說文 侌，亦古文霠 66593

伃 00821 u201AC
jié_3.5　俗子 11730　　**仺** 00818 u201B3
全，古文倉字。又 新撰字鏡·人部 cāng_3.5 彙音寶鑑
全，斤弑反，余启也，　　全，斤弑反，余启也，
開也 又 trùm 喃 王。从人从上會意 △ 翁仝：頭目。

伌 00822 u201AB
null_3.5　未詳。　　**伨** 00823 u3437
mà_3.5　简 傌 01684

仛 00824 u3436
huà_3.5　俗化 04313　　**仟** 00825 u3435
扑。又同儒 02124 字義總略·杜撰俗字 gǎn_3.5 俗仟 00803同
仟，儒。

仞 00826 u4EED
rèn_3.5　同仞 00801　　**们** 00827 u4EEC
mén_3.5　简 們 01385

仫 00828 u4EEB
mù_3.5　仫佬族。古稱狇 33083 猺。

仪 00829 u4EEA
yí_3.5　简 儀 02048　　**仐** 00832 uF9A8
líng_3.5　參見令 00809

仩 00830 u4EE9
shàng_3.5　傳統記譜法工尺譜中，採用加偏旁「亻」
的方法記錄高八度音，即：仩伬 chě 仜仈伏伍亿 yǐ，相
當於簡譜中高八度的 1 2 3 4 5 6 7

仮 00833 00290
fǎn_4.6　集韻 同反　　**仨** 00831 u4EE8
sā_3.5　方言 三個。使
用時不必接量詞「個」。又 緬 05148 夵 05111

仯 00834 00291
chào_4.6　廣韻 初教切，鈔去聲。驚悚貌 又 miǎo 集
韻 弭沼切音藐。焦仯，小貌。鎣 又仦 00814

仰 00835 00292
yǎng_4.6　唐韻 正韻 魚兩切 集韻 韻會 語兩切 叻音
㹂。舉首望也 易·繫辭 仰以觀于天文 詩·小雅 或棲遲偃
仰 又 心慕曰企仰 又 以尊命卑曰仰。今公家文移，上行
下用仰字 前漢·孝文帝紀 詔定三格禮儀體式，亦仰議之
註 仰議，猶言議於朝也 又 姓 又 yàng 集韻 正韻 叻魚
向切音軸。恃也。俟也，資也 戰國策 東周之民，可令一
仰西周 註 有望於上則仰 史記·平準書 衣食仰給縣官
又 áng 韻會 疑剛切冗音昂 周禮·地官 保氏軍旅之容 註 軍
旅之容，闖闖仰仰 釋文 五剛反。亦作卬 ○ 按 集韻 卬本
仰字省文。又 楚辭·卜居 寧昂昂若千里之駒乎 詩·大雅
顒顒卬卬 韓詩外傳 作盎盎，則與昂、盎叻通矣。古人
字多假借，未可盡从 又 周禮·春官·小宗伯 兆五帝於
四郊。五帝蒼曰靈威仰，青帝號也。鎣 又羅振鋆輯
碑別字 仰 01037 仰 16552 仰 01164 师 00908，仰 又 可洪音義
俪 01119視：上魚兩反。正作仰。

伶 00836 00293
qián_4.6　◆集韻其淹切音箝。伶侏，樂人 図jīng居
陵切音兢。大也，慎也。

伣 00837 00294
qiàn_4.6　集韻同欠 図cì 正韻七四切音刺。人名也
荀子註荆有伣飛，得寶劒於干越漢書註作兹非 呂覽
作次非。或曰作伣飛○按 正字通謂伣無次音，誤。

仲 00838 00295
zhòng_4.6　唐韻 集韻 韻會 正韻 夶直衆切，蟲去聲
釋名父之弟曰仲父。仲，中也，位在中也 禮·檀弓幼名
冠字，五十以伯仲 図樂叚爾雅·釋樂大簫謂之產，其
中謂之仲，小者謂之筊 図水經注魏明帝鑄銅人二，列
司馬門外，謂之翁仲 図姓。高辛氏才子仲堪之後。又
仲孫，複姓 図與中通。仲春亦曰中春，仲子亦曰中子 前
漢·外戚傳同產弟四人，曰子孟、中叔、子元、幼君。
鋆又㭰65503

伾 00839 00296
pǐ_4.6　廣韻匹婢切 集韻 韻會 正韻普弭切夶音
諀。離別之意 詩·王風有女仳離 図pí 集韻頻脂切音毗。
仳倠，醜也 王充·論衡衣儀仳脅。亦醜貌。鋆又 集韻仳，
必至切。及也。或作倂01490

夃 00840 00297
nào_4.6　玉篇同闊

伩 00841 00298
yì_4.6　集韻伩本字。

伲 00842 00299
ní_4.6　廣韻五稽切 集韻研奚切夶音倪。伶俜，
佯不知貌。

伵 00843 00300
wò_4.6　玉篇五活切音枂。地名。

伍 00844 00301
wǔ_4.6　廣韻 韻會疑古切 集韻 正韻阮古切夶音
五 玉篇偶敵也 図宋史·瀘州蠻傳范百祿作 文誓曰：
天子之德，雨暘覆護。三五噍類，請比涇作 正韻伍作
伍 図姓 図wù 集韻五故切音悟。同也。◆莊子·天下篇以
觭偶不仵之辭相應，以巨子爲聖人。

件 00845 00302
jiàn_4.6　唐韻其輦切 集韻 韻會 正韻巨展切，夶乾
上聲 說文分也 六書故物別也。又名件，條件。俗號物
數曰若干件△說文从牛。牛大，故可分。

优 00846 00303
dàn_4.6　集韻徒感切。同髧，髮垂貌 図正字通音
啖。止也。鋆又优01010

价 00847 00304
jiè_4.6　唐韻古拜切 集韻 韻會 正韻居拜切夶音
戒。善也。又大也 詩·大雅价人維藩 図佫价。與介同。
鋆又伤01007㑍01206今為價02039簡化字。

伏 00848 00305
yǎo_4.6　廣韻 集韻夶於兆切音夭。伏僑，不伸也
図尪弱貌。

伴 00849 00306
fēng_4.6　廣韻 集韻夶同丰 図篇海仙人名。
鋆或亦作倲01307仙人名，指張三丰 續道藏·皇明恩命
世錄·卷之三·書一再命尋訪張三伴。

仐 00850 00307
cāng_4.6　集韻倉01375古作仐。

任 00851 00308
rén_4.6　唐韻 集韻 韻會如林切 正韻如深切夶音
壬。誠篤也 詩·邶風仲氏任只 鄭箋以恩信相信曰任。又 周

禮·地官大司徒之職，以鄉三物，教萬民而賓興之。二
曰六行:孝友睦婣任恤 註任，信於友道 図廣韻堪也 王
粲·登樓賦情眷眷而懷歸兮，孰憂思之可任 註言誰堪
此憂思也 図當也 左傳·僖十五年衆怒難任 図負也，擔
也 詩·小雅我任我輦 禮·王制輕任，并。重任，分 註并，
己獨任之。分，析而二之 図姓。大任，文王之母。又薛
國之姓 左傳·隱十一年不敢與諸任齒 正義謝章薛舒呂
祝終泉畢過，此十國皆任姓也 図rèn 集韻 韻會 正韻夶
如鴆切，壬去聲。克也，用也。又所負也 論語仁以爲己
任 図事也 周禮·夏官施貢分職，以任邦國 註事以其力
之所堪 図與妊、姙同 史記·鄒陽傳註紂剖比干者，觀其
胎產。又 方書督脈屬陽，循脊而上至鼻。任脈屬陰，循
膈而上至咽。女子二十，任脈通，則有子 図書·舜典而
難任人 註言拒絕佞人。本作壬，與巧言孔壬之壬同。
譌作任。

任 00852 00309
wáng_4.6　◆字彙音王。急行也○按 集韻作往 字彙
譌。鋆 字彙有任字，雨方切。

份 00853 00310
bīn_4.6　玉篇 集韻夶古文彬16472字 說文份，文質
備也 徐鉉曰俗作斌，非。

伍 00854 00311
dī_4.6　俗低字。鋆 廣韻低，俗作伍 図俗抵19354
可洪音義相伍：丁礼反。捍。

仿 00855 00312
fǎng_4.6　集韻符方切。同彷。仿偟猶徘徊。亦作方
皇 史記·荆軻傳仿偟不能去 図集韻 韻會撫兩切 正韻
妃兩切，並芳上聲。仿佛，見不審貌 揚雄·甘泉賦仿佛
其若夢。別作彷彿、髣髴、方弗、放弗、倣佛、放忽、怳
欻，音義夶同。

伀 00856 00313
zhōng_4.6　玉篇 廣韻職容切 集韻諸容切夶音鍾 說
文志及衆也。从人从公。惟公則可衆 図與忡通。征伀，
懼也 吳志·周魴·誘曹休書卒奉大略，伀矇狼狽 揚子方
言潤沐、征伀，遑遽也 郭註潤沐，喘喏貌。征伀，卽怔
伀之聲。

企 00857 00314
qǐ_4.6　古文𨂯 唐韻 集韻 韻會去智切 正韻去冀
切，並音跂。舉踵望也 爾雅·釋鳥鳧雁醜，其足蹼，其
踵企 ◆揚子方言跟登、陷企，立也，東齊海岱、北燕之
郊，跪謂之跟登，委痿謂之陷企 前漢·高帝紀日夜企而
望歸 図qì 廣韻丘弭切 韻會遣尒切夶音跂。義同。
△从人从止，會意。止卽足也。鋆又㑴01500跮58846
𨁧58665仚00906𨄉58645𨂬02249

尬 00858 00315
gà_4.6　尬字之譌

佩 00859 00316
pèi_4.6　廣韻 集韻 韻
會夶博蓋切音貝。顛佩。今作沛。

仔 00860 00317
yú_4.6　唐韻以諸切 集韻羊諸切夶音余。俟01403
仔，婦官也。亦作妤 図大也 揚子方言凡大人，楚謂之
仔。鋆又伃00900

伄 00861 00318
diào_4.6　廣韻 集韻夶多嘯切音弔 玉篇伄儅，不常

也。鑒龍龕伅俗，伅正。

伅 dùn_4.6 00862 00319
集韻杜本切，豚上聲玉篇倨伅。

伆 wěn_4.6 00863 00320
廣韻集韻𠀤武粉切音吻揚子方言伆、
邈，離也。吳、越曰伆博雅斷也𠔜wù集韻文拂切，
文入聲。義同。

佚 yì_4.6 00864 00321
集韻同役𠔜揚子方言棄也。淮汝之閒謂
之佚。

伈 xǐn_4.6 00865 00322
廣韻韻會斯甚切集韻斯荏切，𠀤心上
聲。恐貌韓愈·祭鱷魚文伈伈俔俔，爲民吏羞𠔜qīn集
韻七鴆切，寑去聲。義同。

伉 kàng_4.6 00866 00323
唐韻苦浪切集韻韻會口浪切，𠀤康去
聲。伉儷，配耦也，敵也左傳·成十一年已不能庇其伉
儷疏伉儷者，言是相敵之匹耦𠔜與抗同莊子·漁父篇
萬乘之主，千乘之君，夫子未嘗不分庭伉禮𠔜淮南
子·齊俗訓伉行以違俗𠔜直也揚子法言事勝辭則伉
𠔜姓𠔜gāng集韻韻會𠀤居郎切音剛。正直貌。
𠔜叶苦郎切音康詩·大雅皐門有伉。與閌同傳高貌。
蔡邕·釋誨九河盈溢，非一匡之所防。帶甲百萬，非一勇
所伉△戴侗曰高伉之伉當作亢。與亢龍之亢同。

伊 yī_4.6 00867 00324
古文𠈊㑊唐韻於脂切集韻於夷切韻會
幺夷切𠀤音㖊。彼也詩·秦風所謂伊人，在水一方𠔜發
語辭詩·邶風伊余來墍。又小雅伊誰云從𠔜維也儀
禮·士冠禮嘉薦伊脯揚雄·河東賦伊年暮春，將瘗后土，
禮靈祇註師古曰伊，是也𠔜鬱伊不舒貌後漢·崔寔傳
智士鬱伊於下。與噫通𠔜吾伊，讀書聲黃庭堅詩北窗
讀書聲吾伊。俗作吚𠔜伊威，委黍也詩·豳風伊威在
室陸璣疏伊威，一名委黍，一名鼠婦，在壁根下，甕底、
土中生，如白魚者是也𠔜姓𠔜州名。本伊吾盧，地在
燉煌大磧外，唐初內附，置伊州𠔜水名山海經熊耳之
山，伊水出焉，南入于洛。與洢同𠔜周禮·秋官伊耆氏
註伊耆，古王者號。後王識伊耆氏之舊德，而以名官。
今姓有伊耆氏。鑒又㑊03490㑊03495，古文𠈊字之譌。

伋 jí_4.6 00868 00325
集韻韻會訖立切正韻居立切𠀤音急說
文人名。孔伋，字子思。漢有郭伋𠔜集韻極入切音及。
伋伋，虛詐貌。

㑊 ài_4.6 00869 00326
集韻烏懈切音隘。困也。當从厃。

伍 wǔ_4.6 00870 00327
唐韻韻會疑古切集韻正韻阮古切𠀤音
五周禮·小司徒五人爲伍。說文相參伍也。三相參爲參，
五相伍爲伍周禮·天官設其參，傅其伍註參謂卿三人，
伍謂大夫五人𠔜齊語五家爲軌，故五人爲伍，軌長帥
之。又孫子用兵之法，全軍爲上，破軍次之。全伍爲上，
破伍次之左傳·桓五年先偏後伍，伍承彌縫註司馬法
車戰，二十五乘爲偏，以車居前，以伍次之，承偏之隙
而彌縫闕漏也五家相保曰伍左傳·襄三十年子產使
盧井有伍，輿人誦之曰：取我田疇而伍之𠔜漢制有尺

籍伍符𠔜與衆雜處曰伍史記·司馬穰苴傳臣素卑賤，
君擢之間伍之中。又韓信傳信過樊將軍門，歎曰：生
乃與噲等伍𠔜前漢·律歷志陰陽相生，自黃鐘始，而
左旋，八八爲伍註孟康曰：從黃數辰至未得八，下生
林鐘，數未至寅得八，上生太簇。律上下相生，皆以此
爲率。伍，耦也。八八爲耦𠔜姓。鑒又伍，工尺譜中
譜字「五」的高八度記音譜字。

伎 jì_4.6 00871 00328
集韻韻會𠀤巨綺切音芰。伎
巧老子道德
經多人伎巧𠔜伎倆史記·馮驩傳無他伎能揚子法言
通天地而不通人曰伎又淳于越可謂伎矣註伎，才也
𠔜qí廣韻巨支切。與跂通，足多指也。又舒貌詩·小雅
鹿斯之奔，維足伎伎註宜疾而舒，留其羣也。鑒又
伎01048

从 zhòng_4.6 00872 00329
正字通衆本字六書本義从人，三成類爲
意。象形。

伏 fú_4.6 00873 00330
唐韻集韻韻會正韻𠀤房六切音服。偃也
禮·曲禮寢毋伏廣韻匿藏也書·大禹謨嘉言罔攸伏
詩·小雅潛雖伏矣史記·樂書羽者嫗伏，毛者孕鬻前
漢·趙廣漢傳發姦摘伏如神𠔜屈服左傳·隱十一年許
既伏其罪矣𠔜三伏史記·秦本紀秦德公二年，初伏註
六月三伏之節。始自秦德公。周時無伏釋名伏者，金
氣伏藏之日也。金畏火，故三伏皆庚。四氣代謝，皆以
相生。至立秋，以金代火，故庚日必伏註夏至後，三庚
爲初伏，第四庚爲中伏，立秋後，初庚爲末伏𠔜姓。
漢有伏勝、伏隆氏族博考伏、宓同出伏羲氏。漢伏生晉
書作宓生。又乞伏，外國姓𠔜fú廣韻集韻韻會正韻𠀤
扶富切，浮去聲。禽覆卵也古今注燕伏戊巳前漢·五行
志丞相府史家雄雞伏子𠔜bó集韻鼻墨切。與匐通史
記·范睢傳膝行蒲伏。鑒又伏00805𠔜前漢·五行志丞
相府史家雄雞伏子。徐慧：雌雞伏子。

伐 fá_4.6 00874 00331
唐韻集韻類篇韻會𠀤房越切音罰。征伐
詩·小雅薄伐玁狁周禮·夏官大司馬以九伐之灋正邦國
左傳·莊二十九年凡師，有鐘鼓曰伐，無曰侵𠔜小爾
雅伐，美也𠔜伐閱，與閥閱同史記·功臣侯表古者人
臣，功有五等。明其功曰伐，積日曰閱左傳·莊二十八
年且旌君伐註伐，功也𠔜自稱其功曰伐老子道德經
不自伐，故有功𠔜斫木也詩·周南伐其條枚𠔜考擊鐘
鼓也禮·郊特牲孔子曰：二日伐鼓，何居𠔜攻殺擊刺
也書·牧誓不愆于四伐、五伐、六伐、七伐，乃止齊焉註
少不下四五，多不過六七而齊，所以戒其貪殺也。
𠔜兵器詩·秦風蒙伐有苑註蒙雜文伐干也。亦作瞂。
𠔜星名周禮·冬官考工記熊旗六斿。以象伐也註熊
爲旗，師都之所建。伐屬白虎宿，與參連體而六星。
𠔜與垡同周禮·冬官考工記一耦之伐疏畎上高土謂之
伐𠔜叶扶廢切音吠徐幹·西征賦奉明辟之渥德，與游
軫而西伐。過宮邑以釋駕，觀帝居之舊制△伐字从人从
戈，成字亦从人从戈留青日札人坐臥則爲戍守，人立

行則爲征伐。鑿又丆00022

休 00875 00332
xiū_4.6 　唐韻 許尤切 集韻 韻會 正韻 虛尤切，丛朽平聲。美善也，慶也 書·太甲 實萬世無疆之休。又 周官 作德，心逸日休 詩·商頌 何天之休 又 宥也 書·呂刑 雖休勿休 註 宥之也。我雖以爲宥，爾惟勿宥 又 爾雅·釋訓 休儉也 疏 良士，顧禮節之儉也 詩·唐風 良士休休。又 休沐，言休假也。一曰下沐，一曰旬休。唐法旬休者，一月三旬，遇旬則休。沐，即十日一洗沐也 又 致仕曰休 又 休息 禮·月令 季秋之月，霜始降，則百工休 又 揚子方言 稱傀儡戲曰休，亦曰提休 又 地名。漢封楚元王子爲休侯。見 史記·年表 又 爾雅·釋木 休，無實李 註 一名趙李 又 蚤休，藥名 又 姓 又 休休，人名。見 五代史 又 xù 集韻 吁句切音煦。氣以溫之也 周禮·冬官考工記 弓人角之，本蠻於刉而休於氣 又 同咻 左傳·昭三年 民人痛疾，而或燠休之 註 燠休，痛念聲 又 叶匈于切音虛 吳志·胡綜·黃龍大牙賦 合契河洛，動與道俱。天贊人和，僉曰惟休 又△ 說文 休在木部，人依木則休 爾雅 庇蔭曰休，會止木庇息意○按今 爾雅·釋言 本作庇庥，蔭也。鑿又伏01008休01002 又 㷉30843 偏類碑別字·休 引魏司馬元興墓誌 又 揚子方言 稱傀儡戲休亦曰提休。華學誠： 正字通 休，方言稱傀儡戲曰休，亦曰提休 字典 釋義蓋採自 正字通 而誤以方言為 方言，並徑稱 揚子方言 又 爾雅 庇蔭。日都賀庭鍾 字典琢屑 蔭字當作廕。

伕 00876 00333
wǔ_4.6 　六書統 籒文侮。从人从攴，戲以攴擊人。與伕別。

仺 00877 00334
shī_4.6 　集韻 施22141古作仺。

㐲 00878 00335
xuán_4.6 　集韻 胡涓切，音懸◆ 說文 很也 六書故 今人以㐲恨不可解爲㐲。

㐵 00879 00336
jìn_4.6 　集韻 居焮切音靳。相也。

㐴 00880 00337
yíng_4.6 　集韻 魚莖切。同伛。急也。

伓 00881 00338
bēi_4.6 　集韻 晡枚切音桮。山名 又 pī 晡悲切。與伓同 又 pī 部鄙切音否。引 爾雅 一成坏。或从人。鑿又 可洪音義 伓帛：上知六反。正作竹也，簡也。上郭逫音者丕，非也 又 玉篇 作方鳩反，亦非也。

伩 00882 00339
nèi_4.6 　集韻 奴對切音內。人名。

伈 00883 00340
chén_4.6 　淮南子·說林訓 解捽者，不在於捌格，在於批伈 註 伈，音沉。推擊其要也。

伂 00884 00341
shēng_4.6 　◆揚子方言 出休爲伂 註 伂音升。

伝 00885 00342
gāng_4.6 　集韻 岡13451古作伝。鑿 俗信00998古作剛。

伕 00886 40577
fū_4.6 　篇海 音夫。女夫婿也。

伖 00887 40578
nú_4.6 　韻會 與帑同。鑿 又人名 叔伖父簋 弔伖父。

众 00888 40579
yín_4.6 　篇海類編 魚琴切音吟。眾立也。與乑異。俗書爲衆字，非。

优 00889 40580
yōu_4.6 　篇海類編 于求切音尤。五穀精，如人髮白也。鑿 今优為優02193簡化字。

伮 00892 u2A72B
niǔ_4.6 　俗紐43826

伣 00893 u2A72A
null_4.6 　未詳。

伌 00894 u2A729
hòu_4.6 　同伵00995

㐲 00896 u201D5
va_4.6 　喃 从人巴ba聲。那廟，那傢伙。

㐩 00897 u201D6
chà_4.6 　俗任00798

㐇 00898 u201D3
dī_4.6 　俗低00980

㐇 00899 u201D1
fù_4.6 　同父32301 馬王堆漢墓帛書·老子甲本·道經 自古及今，其名不去，以順衆㐇。

令 00890 42407
tāo_4.6 　字彙補 透刀切音叨。進趨也○按卽㐁字之譌。

弁 00891 42408
dǎn_4.6 　字彙補 東敢切音膽。石擊水之音。見宋人俗書。

伖 00895 u2A728
null_4.6 　未詳。

㐐 00900 u201D0
yú_4.6 　集韻 仔00860 㐐，演女切，大也，安也，或从与。

介 00901 u201CE
jiè_4.6 　亦作弁15927 類篇 昤，居拜切 說文 境也。或作介，亦書作界35421

尒 00902 u201CD
ěr_4.6 　同尒12623 廣碑別字·爾 尒，引 唐董文善墓誌 又 vói 喃 尒又：而且，並且。

从 00903 u201CC
hún_4.6 　同魂71473太平天国新造字，原字中有涉及「鬼」的，有「脫鬼成人」之俗，如塊改造為从等 太平天國文獻彙編·太平天國史料·原道救世歌 普天之下皆兄弟，靈从同是自天來。上帝視之皆赤子，人人自相殘甚惻哀。又張汝南 金陵省難紀略 謂天上無鬼，故魂改為从。

低 00904 u201CA
yín_4.6 　同乑00300朝鮮本 龍龕 低，徒從吟三音。

伙 00905 u201C9
null_4.6 　未詳。

仚 00906 u201C8
xiān_4.6 　同仙00796 龍龕 仚，正，古文。音仙。止也。止扵山曰仚。正從止。今從山 又 龍龕 仚企二俗，企00857正。

伨 00907 u201C7
chuán_4.6 　同傳01801 碑別字·傳 伨，仰。隋 甯贙碑 可洪音義 伨瞻：上牛兩反，止（正）作仰。瞻伨：音仰。

仰 00908 u201C6
yǎng_4.6 　俗仰00835 羅振鋆輯

伈 00909 u201C5
xìn_4.6 　同伯00791古文信。

㐄 00910 u201C3
gāo_4.6 　同仐00812

伯 00911 u201C2
gè_4.6 　廣漢和辭典 個01377の略字。

㐈 00912 u201C1
yǐn_4.6 　字學呼名能書㐈，穩墋切。

㐅 00913 u201C0
null_4.6 　未詳。

偽 00914 u201BF
wū_4.6 　簡偽01750

伀 00915 u201BE
liù_4.6 　工尺譜中譜字「六」的高八度記音譜字。

仫 00916 u201BD
null_4.6 　未詳。

伋 00918 u343F
gyeok_4.6 　韓 擊也。

㑀 00917 u3440
tài_4.6 　俗汰27857 可

洪音義法佚：音太，与汰同也，佚字悮也。

伔 00919 u343E
yuán_4.6　黃征：P.3666 燕子賦：雀兒自隱欺負，面孔終是攛伔。伔或即沉27882異體。

伓 00920 u343D
fēng_4.6　简佩01539

伫 00922 u4F2B
zhù_4.6　同佇00972

伔 00921 u4F2C
chě_4.6　工尺譜譜字之一。

伪 00923 u4F2A
wěi_4.6　简偽01658偽01923

伧 00926 u4F27
cāng_4.6　简傖01701

仅 00924 u4F29
xìn_4.6　信01274停用二简字。見二简　図yu　韓儒，士芝峰類說。法禁平時儒生騎馬，有禁，故仅生穿履徒步，罕有騎行云云。

伦 00927 u4F26
lún_4.6　简倫01412

伨 00925 u4F28
xùn_4.6　同徇16595亦作徇16546 集韻徇，使也。一曰徧示。或作侚01125伨。

伥 00928 u4F25
chāng_4.6　简倀01361

伤 00929 u4F24
shāng_4.6　简傷01811

伲 00930 u4F23
qiàn_4.6　简倪01253

伢 00931 u4F22
yá_4.6　方同玡32558

伡 00932 u4F21
chē_4.6　简俥01335

传 00933 u4F20
chuán_4.6　简傳01801

伟 00934 u4F1F
wěi_4.6　简偉01525

伞 00935 u4F1E
sǎn_4.6　简傘01703

伝 00936 u4F1D
yún_4.6　伝伝：行不休貌　図日同傳01801

伛 00938 u4F1B
yǔ_4.6　简傴01802

伜 00937 u4F1C
cuì_4.6　龍龕伜俗倅01369正，千內反，副也。又子沒反，兵，百人爲倅

会 00939 u4F1A
huì_4.6　简會23314

伙 00940 u4F19
huǒ_4.6　同夥09937

伭 00941 00343
xuán_5.7　俗伭字。鍐又俗伭字。

傓 00942 00344
nú_5.7　集韻農都切音孥。戮力也。又勁力也。

仛 00943 00345
zhú_5.7　廣韻集韻夶竹律切音怵。短貌。

伯 00944 00346
bó_5.7　唐韻集韻正韻夶博陌切音百　說文長也　釋名父之兄曰伯父。伯，把也。把持家政也　図兄曰伯　詩·小雅伯氏吹塤　図第三等爵曰伯。又周禮·春官大宗伯之職，以九儀之命，正邦國之位，九命作伯　註上公有功德者，加命爲二伯，得征五侯九伯者　疏公羊傳自陝以東，周公主之。陝以西，召公主之。是東西二伯也。言九伯者，九州有十八伯，各得九伯，故云九伯　図婦人目其夫曰伯　詩·衛風伯也執殳　図馬祖、天駟，房星之神曰伯　詩·小雅既伯既禱　註以吉日祭馬祖而禱之　図鳥名　左傳·昭十七年伯趙氏，司至者也　註伯趙，伯勞也　図姓。益之後。春秋時有伯宗、伯州犂　図同陌　史記·酷吏傳置伯格長　註言阡陌村落皆置長也　図bà正韻必駕切。同霸。五伯：齊桓、晉文、秦繆、宋襄、楚莊也。伯，叔伯長之義。後人恐與侯伯字溷，故借霸字別之　図叶壁益切音必　史記·敘傳維弃作稷，德盛西伯　図叶博故切音布　揚雄·解嘲子胥死而吳亡，種蠡存而越伯。五殺入而秦喜，樂毅出而燕懼。鍐又魋52233

估 00945 00347
gǔ_5.7　廣韻公戶切集韻果五切正韻公土切夶

音古。市稅。又論物貨也　唐書·陸長源傳高鹽價，賤帛估　五代史周太祖用兵西方，王章供饋軍旅，百官俸廩，皆取供軍之餘。不堪者命有司高估其價。估定，又增，謂之攩估。

佮 00946 00348
kuā_5.7　集韻正韻夶枯瓜切音誇。佮邪，離絕貌　図集韻不正也。鍐清·光緒崇明縣志·卷四·地理志·方言佮，音如哇。不正也。俗稱人口鼻不正曰佮子　元史有徽政使佮頭。

佫 00947 00349
fǎng_5.7　正字通籀文仿字。

你 00948 00350
nǐ_5.7　集韻乃倚切，音柅。汝也。通雅爾汝、而若，乃一聲之轉。爾又爲尒，尒又作你，俗書作你。鍐又集韻儜儞02176你，汝也　図怒17199怩32667您17465你01021傡02296

伲 00949 00351
nǐ_5.7　集韻你本字。

佘 00950 00352
xiè_5.7　集韻私列切，音泄。侈也。

伴 00951 00353
bàn_5.7　廣韻蒲管切，盤上聲。侶也，依也，陪也　図pàn廣韻集韻韻會正韻夶薄半切，盤去聲。義同。宋時有館伴使　図pàn集韻韻會正韻夶普半切音判　詩·大雅伴奐爾游矣　註伴奐，閒暇意　図韻補叶皮變切音卞　楚辭·九章衆駭遽以離心兮，又何以爲此伴也。同極而異路兮，又何以爲此援也。援音願。鍐又扶10068

佁 00952 00354
chù_5.7　集韻初六切音琡。憂也。

佀 00953 00355
xì_5.7　集韻火季切。同仚。

伶 00954 00356
líng_5.7　唐韻集韻韻會夶郎丁切音零。獨也　図弄也。伶人，弄臣也　図伶人，樂工也　図伶倫，古樂師，世掌樂官，故號樂官爲伶官　図唐樂府·序伯牙作水仙操　図使也。斯役，謂之使伶　図健伶，縣名，屬益州郡　図伶俐，黠慧也　図伶仃，與伶仃同。伶俜，與玲竮同　図lìng集韻郎定切音令。又力正切音令。義夶同。鍐又倫01472　図伶俐一作怜悧。

佃 00955 00357
zhòu_5.7　廣韻集韻夶同冑。

佝 00956 00358
ào_5.7　廣韻集韻夶同抝。鍐又揆20466

伸 00957 00359
shēn_5.7　唐韻失人切集韻韻會正韻升人切夶音身。舒也，理也　易繫辭引而伸之　図屈者使直也　莊子·刻意篇吹呴呼吸，吐故納新。熊經鳥伸，爲壽而已矣。図欠伸　禮·曲禮侍坐於君子。君子欠伸，撰杖屨，視日蚤暮，侍坐者請出矣　疏志疲則欠，體疲則伸也　図集韻通作信01274　図姓△毛氏曰古惟申字，後人以別之。

佝 00958 00360
qū_5.7　廣韻七余切集韻千余切夶音疽。拙也。

伺 00959 00361
sì_5.7　廣韻息吏切集韻韻會正韻相吏切，並音笥。偵候也。又察也　前漢·文三王傳左右弄口積，使上下不和，更相眄伺。又唐書·陸贄傳李楚琳挾兩端，有

所狙伺通司前漢·灌夫傳魏其與夫人益市牛酒,令門下候司,至日中,丞相不來sī廣韻息茲切集韻韻會新茲切达音司。義同△別作佀。鋆又覗55077觓27662

伻 00960 00362 pēng_5.7 廣韻普耕切集韻披耕切音抨。或集韻悲萌切正韻補耕切音絣爾雅·釋詁使也。又從也書·洛誥伻來,以圖及獻卜。又立政乃伻我有夏,式商受命註使周有此諸夏,用商所受之命也。

似 00961 00363 sì_5.7 古文𠃲唐韻詳里切集韻韻會象齒切正韻詳子切达音巳。肖也爾雅·釋草綸似綸,組似組,東海有之。帛似帛,布似布,華山有之疏以其所似,名其草也嗣也詩·周頌以似以續況也,奉也賈島詩今日把似君,誰有不平事正韻相吏切音寺。義同韻補叶養里切音以詩·大雅無曰余小子,召公是似。叶下祉賈誼·旱雲賦運清濁之澒洞兮,正重沓而达起。嵬隆崇以崔巍兮,時彷彿而有似。鋆又佀00965倪01595

伽 00962 00364 qié_5.7 廣韻集韻韻會求迦切正韻具牙切达音茄。伽藍,神名梵書那伽,龍也。竭伽,犀也。僧伽藍,衆園也。譯云園,取生植義,今浮屠所居是也。凡稱釋氏曰僧伽舊唐書·柳公綽傳精釋典瑜伽智度大論皆再鈔法苑珠林有瑜伽論南方草木狀尤,西域謂之乞力伽酉陽雜俎那伽花,狀如三脊,無葉,花色白,心黃,六瓣,出舶上本草覆盆子,一名畢楞伽伽那,象也。見駢雅摩伽,異獸名徐氏·賓遠賦獸則摩伽招賢頻伽,人面鳥也。見釋典。又舊唐書·憲宗紀元和十八年,訶陵國獻僧祇僮、頻伽鳥二枚與茄同揚雄·蜀都賦盛冬育筍,舊菜增伽章樵註伽、茄古字通。鋆又迦61109譯音字。音gā,伽馬射綫。又音jiā,伽利略。

伾 00963 00365 pī_5.7 唐韻敷悲切集韻韻會攀悲切达音胚說文有力也詩·魯頌以車伾伾衆也pí集韻貧悲切。義同。或作㚰大伾,山名書·禹貢東過洛汭,至于大伾蔡註今通利軍黎陽縣,臨河有山是也。陸氏作大岯哺枚切音杯。又鋪枚切音妚。又部鄙切音否。又普鄙切音啡。義达同。

佁 00964 00366 yì_5.7 廣韻集韻达以豉切音傷說文惰也。

佀 00965 00367 sì_5.7 集韻似本字姓。明佀鍾。

佁 00966 00368 yǐ_5.7 廣韻羊己切集韻養里切达音以。固滯貌。張楫曰:不前也ǎi集韻夷在切說文癡貌,讀若駿。呂氏春秋佁蹶之機。

征 00967 00369 zhēng_5.7 廣韻集韻达諸盈切音征。征伀,遽行貌。又懼也。

佃 00968 00370 tián_5.7 廣韻徒年切集韻韻會正韻亭年切达田。治田也。亦作田詩·齊風無田甫田註田謂耕治之也。通作畋書·多方畋爾田代耕農也。或曰佃當借甸,从人變體,象甸匃力耕形詩·小雅維禹甸之周禮·天官·甸師註郊外曰甸古卿車左傳·哀十七年註衷甸一轅,卿車說文作佃,云中也。徐鍇曰:古載物,大車雙轅,乘車一轅當中也。又田獵易繫辭以佃以漁。亦作畋diàn正韻蕩練切音電。義同。

佄 00969 00371 hán_5.7 集韻同酣

侎 00970 00372 mài_5.7 廣韻莫話切集韻莫敗切达音邁。樂名班固·東都賦傑休兜離禮·明堂位作昧周禮作韎。義同。鋆又𠐽01046正作侎01030

但 00971 00373 dàn_5.7 唐韻徒旱切韻會蕩旱切正韻徒亶切达音誕。徒也,凡也。又空也前漢·食貨志民欲祭祀喪紀,而無用者,錢府以所入工商之貢但賖之語辭。猶言特也,苐也。通作亶00704與誕通淮南子·說山訓媒但者,非學謾也,但成而生不信註但,詐也但馬,一名誕馬,散馬也宋書·江夏王義恭傳平乘誕馬,不過二程氏·演繁露誕馬猶徒馬。今外官儀從,有散馬前行,名坐馬。亦曰引馬,即但馬也遼史作韀馬集韻韻會徒案切正韻杜晏切达音憚。義同姓。漢西域都尉但欽、濟陰太守但巴,宋有進士但中庸音鉬。古不知吹人淮南子·說林訓使但吹竽,使氏厭竅,雖中節而不可聽註但讀鉬△說文但,裼也正譌偏脫衣袖也。借爲語辭。

佇 00972 00374 zhù_5.7 唐韻直呂切集韻韻會丈呂切达音宁爾雅·釋詁佇,久也說文佇,久立也詩·邶風瞻望弗及,佇立以泣屈原·離騷結幽蘭以延佇。鋆又苧41543 跲58805伫00922

佈 00973 00375 bù_5.7 廣韻集韻正韻达博故切音布。徧也。△通作布、拪。

侮 00974 00376 wǔ_5.7 集韻侮01199古作侮前漢·五行志慢侮之心生。

佉 00975 00377 qū_5.7 正韻丘於切,音去平聲。與祛同國名內典薄佉羅,即月支也人名法苑珠林造書,凡三人:長曰梵,其書右行。次書佉盧,其書左行。少者倉頡,其書下行qiā廣韻丘伽切集韻類篇去伽切,达恰平聲。姓也佉沙國,即疏勒也。見唐書·異域志。神名釋書佛說彌勒成佛經其先轉輪聖王,名儀佉。有四種兵,不以威武治四天下陀羅尼經佉佉註文殊眷屬又佉呬佉呬註普賢眷屬○按佉,梵音去佐切,見就形門。今不從,只以音和門,丘伽切,釋之爲是。鋆又呿06124

彼 00976 00378 bǐ_5.7 廣韻甫委切集韻韻會補靡切正韻補委切达音柀埤蒼邪也集韻彼義切,音詖。義同。

佋 00977 00379 shào_5.7 廣韻集韻市沼切韻會正韻市召切达音紹。介行也。通作紹sháo正韻時昭切音韶說文宗廟佋穆,父爲佋,南面。子爲穆,北面。今通作昭。鋆又佋14694

佌 00978 00380 cǐ_5.7 廣韻雌氏切集韻韻會达淺氏切音此爾

雅·釋訓 佁佁，小也 註 材器細陋也 詩·小雅 佁佁彼有屋
六書故 猶差差也。言其鱗比之意 又 xǐ 想氏切音徙。義
同 又 同佀 說文 引 詩 佁佁作佀佀。 鼇 又 佊16575 傻15335

位 00979 00381
wèi 5.7　 廣韻 于愧切 集韻 于累切 韻會 噓累切 正
韻 于位切夶音壝。 說文 列中庭之左右曰位 廣韻 正也
易·繫辭 聖人之大寶曰位 周禮·天官 惟王建國，辨方正
位 又 凡所坐立者，皆曰位 禮·曲禮 揖人必違其位 註 出
位而揖禮，以變爲敬也 又 所也 論語 君子思不出其位
朱註 范氏曰：物各得其所，而天下之理得矣 又 姓。明
位安 又 高麗人呼相似爲位。見 三國志 △本作伝。俗作
位。 鼇 又 垃39754

低 00980 00382
dī 5.7　　廣韻 都奚切 集韻 韻會 正韻 都黎切，夶底
平聲。高之反也，俛也，垂也 史記·孔子世家贊 低回留
之不能去。又 談藪 王元景大醉，楊彥遵曰：何太低昂。
荅曰：黍熟頭低，麥熟頭昂，黍麥俱有，所以低昂。
又 作氐 前漢·食貨志 封君皆氐首卬給 又 其賈氐賤減
平。俱同低。 鼇 徐慧：封君皆氐首仰給 佗01319 仸00941
仸00898 東魏 元顯墓誌 笙竽叫呧，旌蓋伍00854昂。

住 00981 00383
zhù 5.7　　廣韻 持遇切 集韻 韻會 厨遇切，並柱去
聲。止也，立也，居也 齊書·張融傳 融爲中書郎，未有
居止，權牽船於岸上住 又 姓。見 姓苑 又 與數同 列
子·黃帝篇 漚鳥之至者，百住而不止。

佐 00982 00384
zuò 5.7　 廣韻 則箇切 正韻 子賀切，夶左去聲。輔
也，貳也 周禮·天官 以佐王，均邦國 論語註 顏子，王佐
之才。又 史記·天官書 五星，天之五佐，見伏有時，盈
縮有度 又 zuǒ 集韻 子我切。義同。 鼇 又 祛39746

佑 00983 00385
yòu 5.7　 集韻 韻會 夶云九切音有。佐助也 又 集韻
正韻 夶與祐同 書·湯誥 上天孚佑下民〇按 說文 佐佑之
佑本作右，音有。今加人作佑，且音宥。而右止爲左右
手之右，不詳 說文 之義矣。

佒 00984 00386
yāng 5.7　 廣韻 一良切 集韻 於郎切夶音鴦。體不伸
也 又 yǎng 集韻 韻會 正韻 夶倚兩切，央上聲。義同。
〇按佒 廣韻 編入 唐韻，註：烏郎、一良二切 玉篇 同，
上、去二聲不收佒 正韻 養韻 收佒，平、去二聲不收佒 字
彙 有去闕平、上 正字通 有上闕平、去，夶非。

体 00985 00387
bèn 5.7　 廣韻 蒲本切 集韻 部本切，夶盆上聲。劣
也。又 麤貌。與笨同 通雅 輀車之夫曰体夫。唐懿宗咸
通十二年，葬同昌公主。賜酒、餅、餤四十橐駝，以飤
体夫 註 体，蒲本反。体夫，轝柩之夫△俗書四體之体，
省作体，誤。

佔 00986 00388
diān 5.7　 廣韻 集韻 夶丁兼切音髻。字書云佔侸，
輕薄也 又 集韻 正韻 夶與覘同 禮·學記 今之敎者，呻其
佔畢 註 佔，視也。畢，簡也。但吟諷所佔，視之簡牘，
不能通其藴奧也。呻吟，諷之聲也。與覘音義同。
又 佔佔，同沾沾 前漢·匈奴傳 令喋喋而佔佔 索隱曰

佔囁，耳語。 鼇 前漢·匈奴傳。徐慧： 史記

何 00987 00389
hé 5.7　 唐韻 胡歌切 集韻 韻會 正韻 寒歌切，夶賀
平聲。曷也，奚也，孰也，詰詞也 書·皋陶謨 禹曰何 詩·小
雅 夜如何其。又 誰何，詰問也。問之爲誰也 賈誼·過秦
論 陳利兵而誰何。註 銚曰：何，問也。言誰敢問。
又 未多時，曰無何，亦曰無幾何 史記·曹參傳 居無何，
使者果召參。又 前漢·袁盎傳 南方卑濕，君（絲）能日
飲，無（亡）何。說王毋反而已。如此幸得脫 註 無
何，言更無餘事也 又 南史·西域傳 西域呼帽爲突何。
又 古今樂錄 羊無夷、伊那何，皆曲調之遺聲 又 國名。
隋書 西域有何國 又 姓 又 婬何，漢女官名，秩比二千
石 又 hè 集韻 正韻 夶下可切，賀上聲。同荷。儋也，負
也 易·噬嗑 何校滅耳 詩·曹風 何戈與祋 小雅 何簑何笠
商頌 百祿是何 又 通訶 前漢·賈誼傳 大譴大何 註 譴，
責也。何，詰問也。 鼇 又 卾22296 又 賈誼·過秦論 陳利
兵而誰何。徐慧：出自 陳涉世家

佖 00988 00390
bì 5.7　 廣韻 毗必切 集韻 簿必切，並音邲。有威
儀也 詩·小雅 威儀佖佖 說文 作佖佖〇按 詩·賓筵 威儀
怭怭。註訓媟慢，承上旣醉而言，謂醉無儀也 說文 引 詩
訓威儀，與 詩 義反。此 說文 之誤，諸韻書仍之，夶非。
又 滿也 揚雄·羽獵賦 駢衍佖路。 鼇 又 傄01282

佗 00989 00391
tuō 5.7　 廣韻 託何切 集韻 韻會 正韻 湯何切，並音
拖。與他、它通 揚子法言 君子正而不佗 又 姓。漢佗羽
又 tuó 集韻 韻會 正韻 夶唐何切音駝。俗謂背負曰佗
又 委佗，雍容自得貌 詩·鄘風 委委佗佗 疏 委委，行之
美。佗佗，長之美 荀子·非十二子篇 弟佗其冠 又 楞嚴
經 殷勤請啟十方如來，得成菩提妙奢摩佗 註 楞嚴，大
定之名 又 tuò 韻會 正韻 夶吐臥切音唾。加也 詩·小雅
舍彼有罪，予之佗矣 ◇ 又 duò 集韻 徒可切音沱。被髮
也 史記·龜筴傳 醮酒佗髮 又 yí 正韻 延知切音怡 後
漢·任光邠彤贊 委佗還旅。與 詩 委佗、委蛇義同 ◇。

佘 00990 00392
shē 5.7　 集韻 時遮切音闍。姓也〇按古有佘無佘，
佘之轉韻爲禪遮切音蛇。姓也。楊愼曰：今人姓有此，
而妄寫作佘，此不通曉 說文 而自作聰明者。佘字從舍
省，舍與蛇近，則禪遮之切爲正音矣。五代、宋初人自
稱曰沙家，卽佘家之近聲，可證，而佘字從佘亦可知也。

余 00991 00393
yú 5.7　 唐韻 以諸切 集韻 韻會 羊諸切夶音餘 說
文 語之舒也 爾雅·釋詁 余，我也 又 釋天 四月爲余月
又 接余，荇菜也 又 前漢·匈奴傳 單于衣繡，褡、綺錦、
袷被各一，比余 註 比余，髮之飾也 又 姓。由余之後。
又 xú 集韻 詳於切音徐。余吾，水名，在朔方 又 tú 集韻
同都切音徒 史記·檮余，匈奴山名 又 yé 集韻 以遮切音邪。褎
余，蜀地名。一作褒斜 漢·陽厥碑 褒斜作褒余 又 叶演
女切音與 楚辭·九思 鵾雞列兮謹譁，雉雊鳴兮𣅳余。抱
昭華兮寶車，欲衒鬻兮莫取 又 與餘同 周禮·地官 委
人，凡其余聚以待頒賜 註 余同餘。 鼇 又 𠥽01964余01020

佚 00992 00394
yì_5.7
唐韻 夷質切 集韻 韻會 弋質切 夶音佾。安逸不勞也 孟子 四肢之於安佚也。同逸 又 隱遁也 孟子 遺佚而不怨 又 過失也 書·盤庚 惟予一人有佚罰 又 通作失 史記·韓非傳 非吾敢橫失，能盡之難也 前漢·五行志 魯夫人淫失於齊，卒殺桓公。夶與佚同 又 荀子·哀公篇 其馬將失。與逸同 又 姓。周佚之狐，鄭大夫 又 人名。史佚，周武王時太史，名佚 又 dié 韻會 徒結切音垤 揚子方言 佚，蕩緩也 前漢·揚雄傳 爲人簡易佚蕩 又 通迭，更也，遞也 史記·十二諸侯年表 四國佚興 又 與佾義同，行列也 揚雄·蜀都賦 其佚則接芬錯芳，襜褕纖延 △ 說文 从人失聲，佚民也。一曰佚忽也。

佛 00993 00395
fú_5.7
古文 佛 仏 唐韻 集韻 韻會 正韻 夶符勿切音咈 說文 見不諟也。又仿佛，亦作彷彿、髣髴 揚雄·甘泉賦 仿佛其若夢 班固 幽通賦 夢登山而迵眺，覿幽人之髣髴 漢書 作仿彿 又 捩也 禮·曲禮 獻鳥者佛其首，畜鳥則勿佛 註 恐鳥喙害人，爲小竹籠，以捩轉其首也。 又 逆也，戾也 禮·學記 其施之也悖，其求之也佛 揚子法言 荒乎淫，佛乎正。與拂同 又 輝粲貌 黃香·九宮賦 銀佛律以順游 又 三佛齊、佛郎機、柔佛，皆外國名。 又 佛桑，花名 又 姓。明佛正 又 佛佗。佛者，覺也，以覺悟群生也 又 bó 韻 正韻 夶蒲沒切音浡。興起貌 荀子·非十二子篇 佛然平世之俗起焉。與浡、勃通。 又 集韻 韻會 正韻 夶同弼 詩·周頌 佛時仔肩 毛傳 佛，大也 鄭箋 佛，輔也 △ 正字通 世傳漢明帝永平十年，佛法始入中國。非也。秦時沙門室利房等至，始皇以爲異，囚之。夜有金人，破戶而出。漢武帝時，霍去病過焉支山，得休屠王祭天金人以歸，帝置之甘泉宮。金人者，浮屠所祠，今佛像卽其遺法也。哀帝時，博士弟子秦使伊存，口授浮屠經，中土未之信。追明帝夜夢金人飛行殿庭，以問于朝。傅毅以佛對曰：天竺國有佛，卽神也。帝遣郎中蔡愔及秦景使天竺求之，得佛經四十二章、釋迦立像，倂與沙門攝摩騰、竺法蘭東還。以是考之，秦、西漢知有佛久矣，非自明帝始也。又古本 列子·周穆王篇，西極之國有化人，無西方聖人名曰佛之說，獨 仲尼篇 載孔子曰：西方之人有聖者。蓋假託孔子之語也 字彙 沿 正韻，改化人爲聖人，非。 鎏 又 fó 黽 48263 僴 02166 僻 02340 厶 05049

作 00994 00396
zuò_5.7
古文 胙 作 唐韻 則洛切 集韻 韻會 正韻 卽各切，夶臧入聲。興起也 易·乾卦 聖人作而萬物覩 書·堯典 平秩東作 又 振也 書·康誥 作新民 又 造也 禮·樂記 作者之謂聖 詩·鄘風 定之方中，作于楚宮 又 爲也 詩·鄭風 敝予又改作兮 又 始也 詩·魯頌 思馬斯作 又 坐作 周禮·夏官 大司馬教坐作、進退之節 又 將作，秦官名 前漢·百官表 秩二千石，掌宮室 又 作猶斲也 禮·內則 魚曰作之 註 謂削其鱗也 又 泊作，逸 書篇名 又 姓。漢涿郡太守作顯 又 與詛同。怨謗也 詩·大雅 侯作侯祝 又 集韻 韻會 正韻 夶子賀切音佐 後漢·廉范傳 廉叔度，來何暮。不禁火，民夜作。昔無襦，今五袴 韓愈詩 非閣復非船，

可居兼可過。君去問方橋，方橋如此作。今方音作，讀佐，俗用做。 鎏 又作 01144 又 正字通 作，本作作 01054

佝 00995 00397
hòu_5.7
廣韻 呼漏切 集韻 許候切 夶音吼。短極醜貌 又 kòu 集韻 丘候切音寇。義同 又 jū 集韻 類篇 夶與拘 19396 同。 鎏 同 怐 35933 又 佝 00894

佞 00996 00398
nìng_5.7
唐韻 集韻 韻會 正韻 夶乃定切音甯。才也。故自稱不才曰不佞 晉語 夷吾不佞 又 巧諂捷給也 論語 焉用佞 博物志 堯時有指佞草，佞人入朝，則屈而指之 又 韻補 叶奴經切音寧 夏侯湛·抵疑 猗摩容悅，出入崎傾。逐巧點妍，嘔喁辯佞 △ 說文 巧讇，高材也。从女信省 徐鉉曰 女子之信，近於佞也。 鎏 又 佷 17670 佞 01505 妄 10450 又 洪音義 嫉妬 10894：奴定反，諂也。正作 佞 01187

佟 00997 00399
tóng_5.7
廣韻 集韻 韻會 夶徒冬切音彤。姓也 燕錄 有遼東佟萬，以文章知名 又 人名 後漢·逸民傳 臺佟，字孝威 正字通 譌爲佟臺。 鎏 又 佟 16609 佟 02908

伝 00998 00400
gāng_5.7
古文奇字 剛 03529 古作伝 集韻 作伡。 鎏 俗譌作伫 00885

甪 00999 00401
jiǎ_5.7
說文 古文甲 35354 字。

佛 01000 00402
fú_5.7
字彙補 古文佛 00993 字。

釡 01001 00403
shī_5.7
字彙補 古文施 22141 字。

休 01002 40581
xiū_5.7
篇海 與休同。

灻 01003 40582
bō_5.7
五音集韻 同癹。

佀 01004 40583
xìn_5.7
海篇 音似。頭會也。 鎏 改併四聲篇海 引奚韻 佀，頭會也。或作 佪。

侂 01005 40584
tuō_5.7
字彙補 卽佗字。人名 宋史 有 韓侂胄傳

伭 01006 40585
xuān_5.7
海篇 音軒。輕也。 鎏 龍龕 伭介 00797，許延反。輕也。

价 01007 42409
jiè_5.7
字彙補 與价同。

佚 01009 42411
shī_5.7
海篇 音失

休 01008 42410
xiū_5.7
字彙補 虛呂切，音煦 ◇ 和煦也。見 玉篇 ○按和煦係休字義，从木不从朮 玉篇 無此字 字彙補 誤引。

伩 01010 42412
gǎn_5.7
海篇 音敢

厺 01011 42413
qù_5.7
篇韻 音去。

佲 01013 u2A733
mián_5.7
俗眠 37511 龍龕 佲，俗。莫賢反。

佘 01015 u2A731
yù_5.7
類篇 豫 57251，古作豫。或作余。

伝 01012 u2A734
null_5.7
未詳。

体 01016 u2A730
null_5.7
字見 禾休篇

伔 01014 u2A732
null_5.7
未詳。

伶 01017 u2A72F
líng_5.7
喃 从人，另lánh聲。亦作猕 02621 △ 軍伶：軍人。伶步：步兵。

佀 01019 u2A72D
null_5.7
未詳。

佀 01018 u2A72E
nì_5.7
字學呼名能

書染渗切：伹、睆圀名義伹，早、夙字。

余 01020 u2A72C
yú_5.7　俗余00991 四聲篇海 佘，以諸切。我也。

你 01021 u2F804
nǐ_5.7　同你01062 正字通 你00948，俗作你。

偓 01022 u201FD
tǒp_5.7　喃 从人匝táp聲。人群。

佡 01024 u201FB
null_5.7　或俗伷01114　仔 01023 u201FC hǔ_5.7　閩伔，他。

仔多，他們圀hùa 喃 从似省乎hò聲△仔蹺：隨聲附和。

伢 01025 u201FA
xiá_5.7　同狎33106 馬王堆漢墓帛書老子乙本 德經 毋伢其所居，毋猒其所生。

径 01026 u201F9
jìng_5.7　簡俓01252

伩 01027 u201F8
wèi_5.7　同位00979 敦煌・S.2832 願文等範本 相公祿伩與天地以六齊休，惠（慧）命等江山而共壽圀俗佐。

佳 01028 u201F7
xìng_5.7　古文姓10522 䜌鎛 保虘子佳圀shēng 方家佳，家什。

伵 01029 u201F6
huí_5.7　龍龕 伵俗，佪01066正。

休 01030 u201F1
mò_5.7　同休00970 玉篇 休，摩葛切。休健。事濟廣韻 休，莫撥切。休健，肥兒。又西夷樂名圀moiz 壯 你。

呇 01031 u201F0
nào_5.7　从人市。人在市中為鬧71298與市14789別。

呇 01032 u201EE
mìng_5.7　俗命05652 宋元以來俗字譜 引 古今雜劇 等。

呇 01033 u201ED
mìng_5.7　俗命 宋元以來俗字譜 引 古今雜劇 等。

叐 01034 u201EC
cháng_5.7　說文 叐，古文長64733

伻 01035 u201EB
null_5.7　未詳。　伻 01036 u201EA null_5.7　或同伻01035

仰 01037 u201E9
yǎng_5.7　羅振鋆輯 碑別字 仰，仰。魏路文助造象記 五音集韻 仰，魚兩切。偃仰也 說文 舉也。

仐 01038 u201E8
null_5.7　或同伞02583　攽 01039 u201E7 null_5.7　未詳。

佼 01041 u201E5
null_5.7　未詳。　伷 01040 u201E6 cuī_5.7　或同催01787

仲催父鼎 周白邊及中伷父伐南淮尸。

任 01042 u201E4
null_5.7　未詳。　仅 01044 u201E2 shāng_5.7　俗傷01811

伭 01043 u201E3
shī_5.7　同尸12907見 九店楚簡

伿 01045 u201E1
fó_5.7　或佛字。　杁 01046 u201E0 mài_5.7　同休00970

佅 01047 u201DF
gāi_5.7　龍龕 佅俗佭01101正。

伎 01048 u201DE
jì_5.7　俗伎00871　们 01049 u201DD gāng_5.7　同信00998

倲 01051 u3448
dòng_5.7　簡倲01420 喃 从人砭 bìm省聲。歹徒，狡猾者△伀搽：欺詐成性者，慣騙

臽 01052 u3447
zhòu_5.7　簡儦01667　倪 01053 u3446 kàng_5.7　俗伉00866

圀直音篇 倪，音泛，輕也，逞也，又音几圀同兄 我陵 君王子申豆 以祀皇祖，以會父倪。倪亦人名用字。漢私

印封泥有「程倪之印」，見 封泥彙編

作 01054 u3445
zuò_5.7　正字通 作00994，本作作。

佰 01055 u4F68
yùn_5.7　同孕11740　佰 01057 u4F66 null_5.7　未詳。

佧 01056 u4F67
kǎ_5.7　佧佤01059，佤族的別稱。

佥 01058 u4F65
qiān_5.7　簡僉01836　佣 01060 u4F63 yōng_5.7　同傭01789

佤 01059 u4F64
wǎ_5.7　佤族。舊稱為哈喇、佧佤。

佢 01061 u4F62
jù_5.7　或同巨，姓。佢利，見 古璽彙編。又讀若居 郭店楚墓竹簡・唐虞 舜佢於草茅之中。

你 01062 u4F60
nǐ_5.7　俗你00948亦作你01021

保 01063 00404
bǎo_6.8　集韻 同保。

佩 01064 00405
pèi_6.8　廣韻 集韻 韻會 蒲昧切 正韻 步昧切 夶音悖 釋名 佩，倍也。言其非一物，有陪貳也。一德佩，一事佩 詩・鄭風 知子之來之，雜佩以贈之 傳 雜佩者，珩璜、琚瑀、衝牙之類 左傳・閔二年 晉狐突曰：佩，衷之旗也 禮・玉藻 古之君子必佩玉，右徵角，左宮羽 又 天子佩白玉，公侯佩山玄玉，大夫佩水蒼玉，世子佩瑜玉，士佩瓀玫 又 凡帶必有佩玉，唯喪否 又 論語 去喪，無所不佩 又 白虎通 農夫佩耒耜，工匠佩斧，婦人佩鍼縷圀水縈紆謂之佩 水經注 鮑丘，水北佩謙澤，眇望無垠。又蘭渠川，水出自北山，帶佩衆溪，南流注于渭。△說文 大帶佩也。从人从凡从巾。佩必有巾，巾謂之飾 徐鉉曰 俗別作珮，非。鑾又佈01162圀S.388 正名要錄 佩珮：佩正，珮相承用作玉佩字。

佩 01065 00406
sù_6.8　廣韻 息逐切 集韻 息六切，並音蕭 玉篇 儵佩不伸○按佩見 廣韻・一屋，音夙 正字通 以為佩字之譌，非。

佪 01066 00407
huí_6.8　廣韻 戶恢切 集韻 胡限切 正韻 胡瑰切 夶音回。佪佪，卽徘徊 前漢・高后紀 佪佪往來。又 息夫躬 絕命辭 鷹隼橫厲，鷺佪佪今圀玉篇 佪佪，惛也。鑾又伵01029

佮 01067 00408
huàn_6.8　集韻 宦或作佮，亦省作佪。

佫 01068 00409
hè_6.8　廣韻 曷各切音鶴。姓也 集韻 佫或作佫，又與假徦輅格夶通

佬 01069 00410
liáo_6.8　玉篇 力彫切音遼。佬佬，大貌。鑾佬佬 大貌。佬佬，侾01225佬之誤。

佯 01070 00411
xiáng_6.8　字彙 胡江切音降。儴佯，不伏也。

做 01071 00412
shōu_6.8　集韻 尸周切音收。縣名，在長沙○按長沙有攸縣，無收音，疑譌。

佮 01072 00413
gé_6.8　集韻 葛合切音閤。合取也圀kè渴合切音 庴。姓也。

佯 01073 00414
yáng_6.8 廣韻與章切 集韻 韻會 余章切 正韻移章切达音羊。詐也淮南子·兵略訓此善爲詐者也 又 佯，給也 揚子方言 狂簻，自關而東周洛楚魏之閒謂之倚佯 又 通作陽。內不然，而外飾僞曰陽 六書故 亦借用詳。○按 史記 凡佯字，多作陽、詳。

佰 01074 00415
mò_6.8 廣韻 韻會 正韻达莫白切音● 說文 相什佰也 前漢·食貨志 仟佰之得 註 仟謂千錢，佰謂百錢。 又 bǎi 集韻博陌切音百。百人之長 又 通作陌 前漢·匡衡傳 南以閩佰爲界 註 佰者，田東西界。

仏 01075 00416
fǎ_6.8 玉篇 古文法28021字。

佪 01076 00417
huǐ_6.8 集韻虎猥切音賄。似佢，醜貌。

佲 01077 00418
mǐng_6.8 集韻母迴切，名上聲。與酩同。大醉也。亦作佲，通作茗。

佳 01078 00419
jiā_6.8 唐韻古膎切 集韻 韻會 居膎切达音街。美也，好也 世說 司馬徽畏謹，有以人物問者，每言輒佳。妻責徽無別，徽曰：如汝言，亦復佳。 鑒 又 可洪音義大往16603：音街，善也。

佄 01079 00420
sù_6.8 玉篇 古文夙09860字。

佚 01080 00421
yì_6.8 字彙夷益切音亦 素問 尺脈緩濇，謂之解佚。又病名，善食而瘦，謂之食佚。

佴 01081 00422
èr_6.8 唐韻 集韻达仍吏切音貳● 爾雅·釋言佴，貳也 註佴次，卽副貳 司馬遷·報任安書 李陵旣生降，頹其家聲，而僕又佴之蠶室，重爲天下觀笑 又 地名 金陵志 有佴墅村。又佴革竜，雲南地名 又 nài 廣韻奴代切 集韻乃代切达音耐。姓也。明萬曆進士佴祺。

佛 01082 00423
bìng_6.8 字彙同併

佸 01085 00426
huó_6.8 廣韻 集韻 韻會达戶括切音浯 說文會也。一曰佸。佸，力貌 又 詩·王風 不日不月，曷其有佸 註佸，至也 又 集韻苦活切音闊。又古活切音括。義达同。 鑒 又 佸01224

佶 01083 00424
jí_6.8 唐韻巨乙切 集韻 韻會 極乙切，並音姞。正也 又 壯健貌 詩·小雅 四牡旣佶，旣佶且閑。

佷 01084 00425
héng_6.8 ● 集韻胡登切音恆 後漢·蔡邕傳 董卓自佷用 又 佷山，縣名。屬廬江武陵郡，出藥草。 鑒 後漢·蔡邕傳 董卓自佷用。徐慧：然卓多自佷用。

佹 01086 00427
qióng_6.8 集韻 韻會达去仲切，穹去聲。小貌 張衡·思玄賦 怨高陽之相寓兮，佹顓頊而宅幽 註 相，視也。寓，居也。怨顓頊居此小陋之地。北稱幽。又屈也。別作窮。

佹 01087 00428
guǐ_6.8 廣韻過委切 集韻 韻會 古委切达音詭。重累也。一曰依也。又戾也 周禮·冬官考工記·察其菑蚤不齵 註菑爪不相佹也 又 欂佹，支柱也 司馬相如·上林賦 連卷欂佹，或作敂 又 佹詩 荀卿以避讒入楚，春申君以爲蘭陵令。春申君謝荀卿，荀卿去之趙。春申君又使人請卿，卿不還，遺春申君佹詩 註 陳佹異激切之辭，詳言天下不治之意 又 淮南子·齊俗訓 爭爲佹辯，久積而不訣 又 佹諸，人名。見 左傳·僖九年 又 guī 集韻 韻會达俱爲切音媯。幾似貌。 鑒 或敂。

佀 01088 00429
xǐ_6.8 集韻想氏切音徙。同佀 又 cǐ淺氏切音此。義同。

佺 01089 00430
quán_6.8 唐韻此緣切 集韻 逡緣切 正韻 且緣切达音銓 說文 偓佺，仙人名，堯時人。

佻 01090 00431
tiǎo_6.8 廣韻徒聊切 集韻 韻會 正韻田聊切达音條。獨行貌 又 爾雅·釋言佻，偷也 屈原·離騷 余猶惡其佻巧 又 行不耐勞苦貌 詩·小雅佻佻公子，行彼周行 又 竊取名● 周語佻天以爲己力 又 佻人，國名 河圖玉版 佻人，長三十丈五尺 又 tiǎo 集韻 韻會 正韻达徒了切，迢上聲。義同 又 yáo 正字通 餘招切音姚。緩也 荀子·王霸篇 佻其期日，而利其巧任，如是，則百工不楛矣。楊慎曰：佻與徭同 晏子春秋 景公爲露寢之臺，令使佻其日而不趣。欲上悅乎君而游民足乎食也。今均徭之法用徭字，欲其征役之緩也 又 ● 揚子方言佻、抗，縣也。趙魏之閒曰佻。又縣物於臺之上曰佻 又 zhào 字彙補 直紹切音肇 前漢·郊祀歌佻正嘉吉弘以昌。如淳讀。

佼 01091 00432
jiǎo_6.8 廣韻古卯切 集韻 吉巧切 韻會 正韻 古巧切达音攪。好也 詩·陳風佼人僚兮。陸氏作姣 揚子方言 自關而東，河濟之閒，凡好謂之佼 禮·月令 仲夏，養壯佼 註 壯，形體碩大。佼，形容佼好。擇此類養之，亦順長養之令 後漢·劉盆子傳 光武曰：卿所謂鐵中錚錚，庸中佼佼 王充·論衡 上世之人，侗長佼好，堅強老壽。又 健也 淮南子·覽冥訓 草木不搖而燕雀佼之 註 燕雀自以爲能佼健於鳳凰也 又 姓。漢佗彊，南北朝佼長生。 又 jiāo 廣韻古肴切。與郊同 史記·趙世家 宜爲上佼而今乃抵辜。 鑒 揚子方言自關而東河濟之間凡好謂之佼。華學誠：佼當作姣，凡好之後當補而輕者。

佽 01092 00433
cì_6.8 唐韻 集韻 韻會 正韻达七四切，音次。便利也 又 佽飛，卽佽非，古劍士，漢取爲武官名 前漢·宣帝紀 募佽飛射士 註 輕疾若飛也 又 比也 詩·小雅決拾旣佽 註 利也，謂相次，然後射 鄭箋 謂指相次比也。 又 助也 詩·唐風人無兄弟，胡不佽焉 又 代也，遞也，及也 集韻 通作次。亦作佽00837

佾 01093 00434
yì_6.8 古文俗 唐韻夷質切 集韻 韻會 正韻弋質切达音逸。舞行列也。行數，人數，縱橫皆同，故曰佾 左傳·隱五年 於是初獻六羽，始用六佾 △古但用佾，加人轉注。佾音翁。古今異讀。

使 01094 00435
shǐ_6.8 古文㑌㑊 唐韻疎士切 集韻 韻會 爽士切 正韻師止切达音史。令也，役也 豳風序 說以使民 禮·曲禮 六十曰耆，指使 註 指事使人也 管子·樞言篇 天以時使，地以材使，人以德使，鬼神以祥使，禽獸以力使。 又 shì 集韻疎吏切音駛。遣人聘問曰使 前漢·韓信傳 發

一乘之使，下咺尺之書。又 鬼谷子·抵巇篇 聖人者，天地之使也 淮南子·天文訓 四時者，天之吏也。日月者，天之使也 囝 謚法 治民克盡，嚴篤無私曰使△本作使 六書統 从人从事。令人治事也。鑒 又壴13695

佲 01095 00436
xíng_6.8　廣韻 戶經切 集韻 韻會 乎經切 正韻 奚經切，丛通形 禮·王制 刑者，佲也。佲者，成也。一成而不可變△中从开，當作佲，入八畫。

侁 01096 00437
shēn_6.8　唐韻 所臻切 集韻 韻會 正韻 疏臻切，丛通駪。馬羣行欲先也 囝 衆多貌 楚辭·招魂 豺狼從目，往來侁侁些 囝 姓 呂覽 有侁氏 囝 字彙補 商世侯國也 路史 諸侯爲亂者。或以爲莘，非。鑒 又侁16596姺16620衡54008

佗 01097 00438
tuō_6.8　集韻 仛本字。或亦作儶。鑒 又佗01005託55611

侃 01098 00439
kǎn_6.8　古文侃 唐韻 韻會 正韻 空旱切 集韻 可旱切，丛看上聲。剛直也 論語 侃侃如也 囝 kàn 正韻 袪幹切音看。義同。鑒 又僙侃，多智。

偘 01099 00440
kǎn_6.8　玉篇 古文侃01098字。

侄 01100 00441
zhí_6.8　廣韻 之日切 集韻 職日切丛音質。堅也。又癡也，侄伝不前也 囝 驕吾 大傳 謂之侄獸△俗誤以侄爲姪字。

侅 01101 00442
gāi_6.8　廣韻 苦哀切 集韻 丘哀切音開。又 廣韻 古哀切 集韻 柯開切音該 說文 奇侅，非常也 揚子方言 非常曰侅事 莊子·盜跖篇 侅溺於馮氣 楊慎曰 飲食之咽爲侅。馮當如馮河之馮，言富人積資如負重也 囝 與胲賅丛通，皆以兼該立義 囝 hài 正韻 胡改切音亥。義同。鑒 又俀01047 囝 揚子方言非常曰侅事。華學誠：傳本 方言 無此條。

來 01102 00443
lái_6.8　古文倈 廣韻 落哀切 集韻 韻會 正韻 郎才切，丛資平聲。至也，還也，及也 禮·曲禮 禮尚往來。往而不來，非禮也。來而不往，亦非禮也 囝 公羊傳·隱五年 公觀魚於棠，登來之也 註 登讀爲得，齊人謂求得爲登來 囝 玄孫之子曰來孫 囝 麥名 詩·周頌 貽我來牟 前漢·劉向傳 作飴我釐麰。亦作秾 囝 呼也 周禮·春官 大祝來，瞽令皋舞 囝 姓 囝 lài 集韻 洛代切音賚。撫其至曰來 孟子 放勳曰：勞之，來之。鑒 又来23630倈01374趚58429逨60939來01184

侇 01103 00444
yí_6.8　集韻 韻會 正韻 丛延脂切音夷。儕也，等也 囝 尸也 儀禮·士喪禮 士舉男女，奉尸侇于堂，幠用夷衾 註 侇之言屍也。夷衾，覆尸柩之衾也。

侈 01104 00445
chǐ_6.8　古文佁 唐韻 尺氏切 集韻 韻會 敞尒切丛音哆。奢也，泰也 六書故 好廣也 書·周官 祿不期侈。又 詩·小雅 哆兮侈兮 註 微張貌。又 周禮·冬官考工記·鳧氏 侈弇之所由興 疏 由鐘口侈弇，所興之聲，亦有栳有鬱

囝 作夛 張衡·西京賦 心夛體泰 囝 yí 字彙補 以支切音移 儀禮·少牢饋食禮 主婦被錫衣，夛袂 囝 chě 字彙補 昌者切音捘 公羊傳·僖二十六年 其言至巂弗及何？夛也 註 夛，昌爾反。又昌者反 囝 叶充豉切音郄 左思·魏都賦 繆默語之常倫，牽膠言之踰夛。飾華離以矜然，假倔彊而攘臂。

㤲 01105 00446
wāng_6.8　正韻 與尪同 荀子·王霸篇 賤之如㤲。

侉 01106 00447
kuā_6.8　同夸 書·畢命 驕淫矜侉 囝 集韻 安賀切，阿去聲。痛呼也。

侊 01107 00448
guāng_6.8　廣韻 古黃切 集韻 姑黃切丛音光。大也 越語 侊飯不及壺飧 註 侊飯，謂盛饌也。鑒 又晄22537炚30900

例 01108 00449
lì_6.8　唐韻 集韻 韻會 丛力制切音厲。比也，類也，槩也。又凡例 左傳·序 發凡以言例。後魏張吾貴集諸生，講 左傳 義例無窮，學者奇之 囝 liè 集韻 力糵切音列。遮也。鑒 又例01461

侌 01109 00450
yīn_6.8　玉篇 古文陰65739字。

侍 01110 00451
shì_6.8　唐韻 集韻 韻會 正韻 丛時吏切，音蒔 說文 承也 廣韻 近也，從也 六書故 陪側也 禮·曲禮 侍坐于先生 囝 常侍，漢時宦官名，後遂沿習爲士人官制，如唐高適稱高常侍，李愬稱李常侍是也 囝 史記·趙世家 公仲連進牛畜、荀欣、徐越。畜侍以仁義，欣侍以舉賢使能，越侍以節財儉用 註 侍猶勸也 囝 侍其，複姓。宋侍其良器。

侚 01111 00452
nǎ_6.8　字彙 奴下切，拿上聲。皮寬也。

侎 01112 00453
mǐ_6.8　廣韻 綿婢切音弭。同敉。亦作侎。撫也，愛也，安也 周禮·春官 小祝掌侎哉兵。

侏 01113 00454
zhū_6.8　廣韻 章俱切音朱。侏儒，容貌短小也 禮·王制 瘖聾、跛躃、斷者、侏儒、百工，各以其器食之 註 侏儒，短人也 囝 伶侏，古樂人名 囝 梁上短柱，亦曰侏儒 禮·明堂位 註 藻梲畫侏儒。俗作株橚，非。

侐 01114 00455
xù_6.8　唐韻 況逼切 集韻 韻會 忽域切，丛兄入聲。寂也，靜也 詩·魯頌 閟宮有侐 囝 xì 集韻 火季切音呬。義同。鑒 又伵00953洫02904誫65022閾65028

侑 01115 00456
yòu_6.8　唐韻 于救切 集韻 韻會 尤救切 正韻 爰救切丛音又。佐也，相也 周禮·天官·膳夫 以樂侑食。囝 侍食於所尊，亦曰侑食 禮·玉藻 凡侑食，不盡食。囝 爾雅·釋詁 醻、酢、侑，報也 郭註 此通謂相報答，不主於飲酒。又 文子·守弱篇 三皇五帝有勸戒之器，命曰侑卮。別作酭 囝 與姷通，耦也 囝 寬也 管子·法法篇 文有三侑，武無一赦。

侒 01116 00457
ān_6.8　唐韻 烏寒切 集韻 於寒切丛音安 說文 晏也。與安通。鑒 龍龕 侒或作侒。

伮 01117 00458 lù_6.8 〔集韻〕勒沒切音捽。伮魁，大貌。

侔 01118 00459 móu_6.8 〔唐韻〕莫浮切〔集韻〕〔韻會〕迷浮切〔正韻〕莫侯切夶音謀〔說文〕齊等也〔周禮·冬官考工記〕疏數必侔〔註〕侔猶均也。又凡爲輪，行澤者欲杼，行山者欲侔〔註〕侔，上下等也。又〔莊子·大宗師〕畸於人而侔於天〔又〕揚子方言侔莫，强也。北燕之外郊，言努力謂之侔莫〔又〕與蟊、蝥夶同。食苗蟲也。見〔漢·海廟碑〕。〔鍫〕又伴01281

佴 01119 00460 ér_6.8 〔集韻〕人之切音而。衆多貌。〔鍫〕亦俗仰00835

侖 01120 00461 lún_6.8 〔廣韻〕力迍切〔集韻〕盧昆切夶音論。敘也，从亼从冊而卷之，侖如也〔又〕昆侖山，與崑崙同。見〔漢志〕。又〔山海經〕有侖者之山〔又〕神名〔山海經〕槐江之山，槐鬼離侖居之〔註〕離侖，神名〔又〕凡物之圜渾者曰昆侖，圜而未剖散者曰渾淪△本作亼。〔鍫〕籀文作侖01994侖01726〔又〕仑00787

俿 01121 00462 lèi_6.8 〔玉篇〕力對切音儡。亞也。

侗 01122 00463 tōng_6.8 〔唐韻〕〔正韻〕他紅切〔集韻〕他東切夶音通。無知也〔書·顧命〕在後之侗，敬迓天威，嗣守文武大訓〔註〕愚也。成王自稱〔又〕tóng〔廣韻〕〔正韻〕夶徒紅切音同。未成器之人曰侗。倥侗，童蒙也。古作空同〔揚子法言〕倥侗顓蒙〔又〕tǒng〔集韻〕〔韻會〕吐孔切〔正韻〕他總切夶音桶。儱侗，直也，長大也〔又〕dòng〔集韻〕徒弄切音洞。誠愨也〔莊子·庚桑楚〕儵然而往，侗然而來。

侘 01123 00464 chà_6.8 〔集韻〕〔韻會〕夶丑亞切，音妊。侘傺，失志貌〔又〕誇也〔史記·韓安國傳〕卽欲以侘鄙縣。

侙 01124 00465 chì_6.8 〔唐韻〕恥力切〔集韻〕畜力切。夶同忕〔說文〕惕也〔齊語〕於其心侙然。

侚 01125 00466 xùn_6.8 〔唐韻〕辭閏切〔集韻〕徐閏切〔韻會〕松閏切。夶通殉〔書·伊訓〕侚于貨色〔禮·檀弓〕死者用生之器，不殆于用侚乎哉〔又〕與徇通〔前漢·五行志〕始皇大臣十二人，皆車裂以侚〔註〕侚，行示也。又疾也。與儁通。〔鍫〕又侚00925傻01697

供 01126 00467 gōng_6.8 〔廣韻〕九容切〔集韻〕〔韻會〕居容切夶音恭〔說文〕設也。一曰供給〔書·無逸〕文王不敢盤于游田，以庶邦惟正之供〔禮·檀弓〕杜蕢曰：賈，宰夫也。非刀匕是供〔左傳·僖四年〕敢不供給〔又〕姓。明供仲序，廣東人〔又〕gòng〔廣韻〕〔集韻〕〔韻會〕〔正韻〕夶居用切，音恭去聲。義同〔華嚴經〕諸供養中，法供最重〔又〕通作共02566

侜 01127 00468 zhōu_6.8 〔唐韻〕〔集韻〕〔韻會〕夶張流切音輈〔說文〕有廱蔽也。〔詩·陳風〕誰侜予美〔又〕與讑同。侜張猶誑張，誑也。

依 01128 00469 yī_6.8 〔廣韻〕〔集韻〕〔韻會〕〔正韻〕夶於希切音衣〔說文〕倚也。〔書·無逸〕知小人之依〔註〕言稼穡〔詩·小雅〕謀之不臧，則具是依〔又〕昔我往矣，楊柳依依〔又〕依稀，猶彷彿也〔劉禹錫詩〕宋臺梁館尚依稀〔又〕姓〔又〕yǐ〔集韻〕〔韻會〕夶隱豈切音倚〔詩·大雅〕京斯依〔又〕斧依，與扆通〔儀禮·覲禮〕天子設斧依于戶牖之間〔註〕依，如今綈素屏風也。有繡斧文，所以示威也〔又〕纏弦也〔儀禮·卽夕禮〕設依撻焉〔疏〕依，以韋依纏其弦，卽今時弓弢是也〔又〕〔儀禮·士虞禮〕佐食無事則出戶，負依南面〔註〕戶牖之間謂之依〔又〕喻也〔禮·學記〕不學博依，不能安〔詩〕〔疏〕謂依倚譬喻也〔又〕〔韻補〕叶烏皆切音挨〔曹植詩〕願爲西南風，長逝入君懷。君懷良不開，賤妾當何依。又〔白居易詩〕坐依桃葉妓〔自註〕依，烏皆反。

偬 01129 00470 nǎo_6.8 〔集韻〕乃老切音腦。姓也〔姓苑〕作傪。

俄 01130 00471 róng_6.8 〔廣韻〕如融切音戎。人身有三角〔正字通〕西戎，其類有六：僥夷、戎夷、老白、耆羌、鼻息、天剛。見〔毛詩註疏〕。不聞俄人身有三角者，獨〔山海經〕載袜戎〔郭璞贊〕云戎三其角，袜堅其眉。本作戎，改作俄，援證失實，夶非。

伽 01131 00472 rú_6.8 〔集韻〕人余切音如。均也〔又〕轉注古音遇〔韻〕伽，如庶切，引〔書〕柔遠能邇。〔註〕能猶伽也。孔穎達曰：欲安遠方，當先順你其近。

众 01132 00473 yú_6.8 〔六書統〕古文虞字。騶虞也。象白虎黑文〔同文備考〕众者，守山澤之吏。众象山澤險隘。

佇 01133 00474 zhù_6.8 〔字彙〕佇字之譌。

俻 01134 00475 bì_6.8 〔說文〕古文備01704字。

侜 01135 00476 jiàn_6.8 〔正字通〕同薦〔羅泌·路史〕子悲，求仙者之喪其欲也，故侜紳之學者，毋謂大謾，將有默而識之者。又曰：聖人作樂以應天，五聲謂之侜。宮肩信而侜意，徵肩禮而侜神，綠肩仁而侜鼀，商肩義而侜鬼，羽肩智而侜志。

侶 01136 00477 chǐ_6.8 〔集韻〕侈01104古作侶。

佥 01137 00478 jiǎn_6.8 〔集韻〕儉02066古作佥。

俋 01138 00479 yè_6.8 〔篇海〕羊列切〔淮南子·繆稱訓〕容貌顏色，理詘俋倨，徇知情僞矣〔又〕yì羊制切。義同。

尒 01139 00480 guāng_6.8 〔字彙補〕古文光02358字。

伀 01140 40586 yìng_6.8 〔說文〕·俕字註〕呂不韋曰：有侁氏以伊尹伀女。古文以爲訓字。臣鉉等曰：夅不成字，當从脎省。案勝字从脎聲，疑古者脎或音伀，以證切。〔鍫〕又作侁01156侁01157，同媵。

伔 01141 40587 shū_6.8 〔篇海類編〕式竹切音叔。人名。

侳 01142 40588 xiāo_6.8 〔海篇〕音囂。驕也。〔鍫〕侳从巠08292聲。

俿 01143 42414 zhì_6.8 〔篇海類編〕相咨切，音斯◇俿祁，地名〔又〕chí直離切音池。義同○按卽傂字之譌。

佐 01144 42415 zuò_6.8 〔字彙補〕同作。出道經。

俒 01146 u2B748
hún_6.8　字彙補見毘陵志·漢司農劉夫人碑。音義未詳。鍖或同伨，俗佷。

俊 01145 42416
null_6.8　字彙補見毘陵志。音義未詳。鍖或同伨，俗佷。

伨 01148 u2A73A
null_6.8　未詳。

侖 01147 u2B747
mìng_6.8　同令01033，俗命。

命 偏類碑別字引齊成世獸造象

俹 01149 u2A739
null_6.8　未詳。

俇 01151 u2A737
duǒ_6.8　裸54268譌字。

個 01152 u2A736
yīn_6.8　直音篇個，音因図方他們。

伫 01150 u2A738
null_6.8　未詳。

佰 01153 u2A735
null_6.8　殷周金文集成·8.4213·殷敔簋蓋展敔用棝，用佰首。讀若頋。

侮 01154 u2F805
wǔ_6.8　同侮01199。

俛 01155 u2025B
null_6.8　未詳。

佚 01156 u2022B
yìng_6.8　同佚01140。

俀 01157 u2022A
yìng_6.8　同佚01140。

傁 01158 u20227
yì_6.8　同傁01278古文役16550。

俖 01159 u20226
guǎ_6.8　同俖01554亦作俖01173集韻俖，古瓦切。俖俪，行兒。

佬 01160 u20223
lǎo_6.8　同老46292偏類碑別字引魏王偃墓誌銘

俛 01161 u20222
yuàn_6.8　集韻怨17141古作俛。

佩 01162 u20221
pèi_6.8　同佩01064。

侔 01163 u20220
null_6.8　未詳。

仰 01164 u2021F
yìn_6.8　字海仰，姓図俗仰00835羅振鋆輯碑別字仰，仰常岳等百人造象記

俪 01165 u2021E
null_6.8　未詳。

俋 01166 u2021D
null_6.8　未詳。

色 01167 u2021C
swz_6.8　壯色，哪。俍色：哪個，誰。

俞 01168 u2021B
yú_6.8　或同俞。

侳 01169 u2021A
guài_6.8　疑俗怪。

伐 01170 u20219
jiàn_6.8　同俴01345。

佳 01171 u20218
jiā_6.8　同佳六書統佳，古膎切。善也。从人圭聲。佳，或从人在上。

恒 01172 u20217
null_6.8　或同桓，姓氏。恒粍，見包山楚簡

個 01173 u20215
guǎ_6.8　同俖直音篇個01554音寡，行貌。俖，同上。

金 01174 u20214
shǐ_6.8　同舍04322，古文施。

倆 01175 u20213
liǎng_6.8　俗倆01370宋元以來俗字譜引目連記

余 01176 u20212
null_6.8　未詳。

仲 01177 u3456
null_6.8　未詳。

伮 01178 u3455
nú_6.8　同俊01145俗佐00887

伈 01179 u3454
xǔ_6.8　簡偵01565図俗命05652偏類碑別字引命過□世實等造象殘題名

俊 01180 u3453
jùn_6.8　俗俊01241見隋正議大夫伍道進墓誌

伯 01182 u3451
zán_6.8　同咱05782中文大辭典與喒06481同。

例 01183 uF9B5
lì_6.8　兼例。

來 01184 uF92D
lái_6.8　兼來。

侭 01185 u4FAD
jìn_6.8　簡儘02138

儂 01186 u4FAC
nóng_6.8　簡儂02052

侫 01187 u4FAB
nìng_6.8　俗侫00996

儕 01188 u4FAA
chái_6.8　簡儕02131

儈 01189 u4FA9
kuài_6.8　簡儈02065

僑 01190 u4FA8
qiáo_6.8　簡僑01906

側 01191 u4FA7
cè_6.8　簡側01585

偵 01192 u4FA6
zhēn_6.8　簡偵01586

僥 01193 u4FA5
jiǎo_6.8　簡僥01931

佮 01194 u4FA4
go_6.8　韓供辭，服罪之文図kǎo日国字の字典据会社の商標云工作之義。活動身體謂働，用腦思考謂侾。

侣 01195 u4FA3
lǚ_6.8　簡侶01214

偁 01196 u4FA2
chēng_6.8　偁01516譌字。

价 01197 u4FA1
jià_6.8　日價。

俠 01198 u4FA0
xiá_6.8　簡俠01273

侮 01199 00481
wǔ_7.9　古文侮伓怤唐韻文甫切集韻韻會罔甫切达音武。慢易也書·說命無啓寵納侮詩·大雅予曰有禦侮傳武臣折衝曰禦侮図揚子方言侮，賤稱也。秦晉之閒罵奴婢曰侮図集韻或作務詩·小雅外禦其務△亦作姆。鍖又侮01154侮01291図揚子方言侮賤稱也。華學誠：賤稱前脫奴婢二字。

侲 01200 00482
shēn_7.9　唐韻失人切集韻升人切达音申。神名。図妊身也図姓。鍖明·焦竑俗書刊誤婦人懷孕曰有侲，又曰侲艇。

侔 01201 00483
láo_7.9　集韻郎刀切音牢。大也。揚子方言註儜侔，羸大貌。

侯 01202 00484
hóu_7.9　古文厌廣韻戶鉤切集韻韻會正韻胡溝切，达後平聲爾雅·釋詁公、侯，君也。又五等爵之次曰侯書·禹貢五百里侯服孔氏曰侯，候也。斥候而服事。又史記·秦始皇紀倫侯註爵卑於列侯，無封邑者。倫，類也図侯，射布也。方十尺曰侯，四尺曰鵠儀禮·鄉射禮記天子熊侯，白質。諸侯麋侯，赤質。大夫布侯，畫以虎豹。士布侯，畫以鹿豕註此所謂獸侯也図美也詩·鄭風洵直且侯図發語辭。與惟、維同意爾雅·釋詁伊、維，侯也詩·小雅侯誰在矣。又大雅侯于周服図周禮·春官·肆師侯禳疏侯者，候迎善祥。禳者，禳去殃氣図姓。魏侯嬴。又屈侯、夏侯、柏侯、侯岡，俱複姓。又侯莫陳，三字姓図謚法執應八方曰侯図與今通。亦語辭史記·樂書高祖過沛，詩三侯之章索隱曰沛詩有三兮，故曰三侯詩。即大風歌。今、侯古韻通。図通作何呂覽·觀表篇今侯潦過而弗辭司馬相如·封禪頌君乎君乎，侯不邁哉註侯，何也△說文本作厌。从人从厂，象張布之狀，矢在其下。鄭司農曰：方十尺曰厌，四尺曰鵠〇按射侯，古作厌漢書多作厌。从矢，取射義，射之有厌，所以候中否，明工拙也。古者以射選賢，射中者獲封爵，故因謂之諸侯図蘇子瞻·新渠詩渠成如神，民始不知。問誰爲之，邦君趙侯。侯叶支韻。鍖又厌04807艖52272琺34350

俓 01203 00485
jiǒng_7.9　集韻同窘。亦作僒。

企 01204 00486
qì_7.9　玉篇古文企00857字。

㑃 01206 00488 jiè_7.9 集韻同价。
岌丑郫切音逑。役也 囝 tǐng 集韻他頂切。同俚。俚也。

㑅 01205 00487 chěng_7.9 集韻 類篇

俜 01207 00489 bīng_7.9 集韻兵02576古作俜。

侲 01208 00490 zhèn_7.9 集韻 韻會 正韻岌之刃切音震。童子也。張衡·東京賦侲子萬童 註薛綜曰：侲之言善也，善童，幼子也。後漢·禮儀志先臘一日，大儺。選中黃門子弟十歲以上，十二以下，百二十人爲侲子，皆赤幘皁製，執大鼗以逐疫 囝 挽歌亦用侲童 囝 揚子方言燕齊間謂養馬者爲侲 囝 zhēn 集韻 韻會 正韻岌之人切音眞。義同。鏊揚子方言燕齊間謂養馬者為侲。華學誠：侲宋本作帳 後漢書·文苑列傳虜傲侲李賢註引方言侲，養馬人也 玉篇引 方言字亦作侲。戴震以爲二字通 字典校改可採。但是 字典引文間字前脫之字，謂之誤作爲。

侹 01209 00491 dàn_7.9 字彙杜晏切音憚。大也 囝 徒亶切。義同。

㑀 01210 00492 suō_7.9 集韻桑何切音娑。行也。又舞不止貌。

座 01211 00493 cuò_7.9 廣韻則臥切，音挫 說文安也 淮南子·說山訓君子不入市，爲其侳廉也 註侳，辱也 囝 cuó 集韻臧戈切，挫平聲。亦安也。鏊又俚01717

俞 01212 00494 chǒu_7.9 字彙敕久切音丑。姓也△正字通俞卽敊10411字，變體作俞。鏊又劍03434

侵 01213 00495 qīn_7.9 唐韻 正韻七林切 集韻 韻會千尋切岌音駸 說文漸進也 囝 朘削也 春秋·胡傳聲罪緻討曰伐，潛師掠境曰侵。又 周禮·大司馬負固不服則侵之 囝 侵尋 史記·武帝紀天子始巡郡縣，侵尋於泰山 封禪書作浸尋 郊祀志作寖尋。義同 囝 歲凶 穀梁傳·襄二十四年五穀不登，謂之大侵 韓詩外傳一穀不升曰歉，二穀不升曰饑，三穀不升曰饉，四穀不升曰荒，五穀不升曰大侵 囝 姓 三輔決錄有侵恭 囝 qǐn 正韻七稔切音寢。貌不揚也 前漢·田蚡傳貌侵 註師古曰短小曰侵。亦作寖。鏊又㑴16640侵01669

侶 01214 00496 lǚ_7.9 唐韻力舉切 集韻 韻會 正韻兩舉切岌音旅。徒伴也 陸璣·草木疏麟不侶行。鏊又侶01195

侷 01215 00497 jú_7.9 廣韻渠玉切音局。侷促也。與局、跼岌通。

侸 01216 00498 shù_7.9 集韻殊遇切，讀若樹 說文立也 囝 dōu 廣韻 集韻岌當侯切，讀若兜。佔侸，極疲。一曰傻侸，下垂。或作侸，亦作尌。鏊又侸01533侸01965

侹 01217 00499 tǐng_7.9 集韻待鼎切 韻會他頂切 正韻徒鼎切，岌汀上聲 說文長貌。一曰著地，一曰代也 揚子方言陳楚之間謂之侹 囝 敬也 囝 平也 韓愈·答張徹詩石梁平侹侹，沙水光泠泠 囝 集韻 韻會 正韻岌他定切音聽。義同。

佚 01218 00500 dié_7.9 集韻的協切音耴。佚佚，小人貌。鏊佚佚，誤。集韻佚傻，輕佻兒 囝 佚傻，小人兒。

傁 01219 00501 shèn_7.9 廣韻 集韻岌時鴆切音甚。儑傁，頭向前。

偄 01222 00504 nán_7.9 俗男字。

倪 01220 00502 tuō_7.9 廣韻 集韻 正韻他括切 韻會他活切岌音脫。合也 揚子法言荀卿非數家之書倪也 註彈駁數家，倪合於教 囝 簡易也 淮南子·本經訓其行倪而順情 囝 輕也 魏志·王粲傳劉表以粲體弱通倪，不甚重也 蜀志·彭羕獄中與孔明書，頗以被酒倪失。岌與脫通。鏊又倪01292

倻 01223 00505 nuó_7.9 字彙奴何切音那。見釋典。

俉 01224 00506 huò_7.9 集韻同佸 㑊 bó_7.9 集韻薄沒切音孛 揚子方言强也，懟也。又很也。鏊又很也。華學誠：很訓並非來自 方言，而是源自 廣雅

俲 01225 00507 xiāo_7.9 集韻虛交切音哮。俲佬，大貌。

便 01226 00508 biàn_7.9 廣韻婢面切 集韻 韻會 正韻毗面切岌音卞。順也，利也，宜也 荀子·議兵篇汝所謂便者，不便之便也。所謂仁義者，大便之便也 前漢·趙充國傳留屯田十二便 囝 習也 禮·表記唯欲行之浮于名也，故自謂便人 註亦言其謙也。辟仁聖之名，云自便習於此事之人耳 囝 安也 前漢·武帝紀便殿火 註凡言便殿、便宮、便坐者，所以就便安也 囝 卽也，輒也 莊子·達生篇若乃夫沒人，則未嘗見舟而便操之也 囝 溲也 前漢·張安世傳郎有醉便殿上者，安世曰：何知非反水漿耶 囝 pián 集韻毗連切音楩 爾雅·釋訓便便，辨也 論語便便言 囝 韓詩便便，閒雅貌。又肥滿貌 後漢·邊韶傳邊孝先，腹便便 囝 便辟，足恭也 書·冏命便辟側媚。囝 姓。漢有少府便敬成 囝 通平15243 書·堯典平章百姓 史記·五帝紀作便△說文從更從人。人有不便，更之。鏊又傻01566 囝 前漢·趙充國傳留屯田十二便。徐慧：留屯田得十二便。又 前漢·張安世傳郎有醉便殿上者，安世曰：何知非反水漿耶。郎有醉小便殿上，安世曰：何以知其不反水漿耶。

俀 01227 00509 tuǐ_7.9 集韻吐猥切音腿。弱也 篇海舊音妥。

俵 01228 00510 bì_7.9 玉篇古文辟60541字。

俁 01229 00511 yǔ_7.9 廣韻虞矩切 集韻五矩切 韻會魚矩切岌音麌。容貌大也 詩·邶風碩人俁俁。鏊又俣01337俣01503俈01714俣01832

係 01230 00512 xì_7.9 集韻 韻會岌同繫 爾雅·釋詁係，繼也 疏係者，繫屬之繼 易·隨卦係小子，失丈夫 囝 左傳·僖二十五年秦人過析，隈入而係輿人，以圍商密，昏而傳焉 註係，縛也。又襄十八年獻子以朱絲係玉二穀 囝 與曳同 莊子·山木篇正緳係履而見魏王。鏊又溪28244

促 01231 00513 cù_7.9 唐韻七玉切 集韻 韻會趨玉切岌音趢。迫也，近也，密也 囝 局促，小貌 李白詩嗷嗷空城雀，身計何戚促 囝 剌促 晉書·潘岳傳閣道謠曰：和嶠剌促不得休 註受役於世也 囝 與趣同。

俄 01232 00514
é_7.9　唐韻五何切集韻韻會正韻牛何切𠀤音莪　說文頃也　廣韻俄頃,速也　關尹子·八籌篇鳥獸俄旬旬,俄逃逃　図與我同。傾貌　詩·小雅側弁之俄　前漢·揚雄傳鴻生鉅儒,俄軒冕,雜衣裳。又　世說新語山濤曰:嵇叔夜傀俄若玉山之將頹。

俓 01233 00515
chǐ_7.9　玉篇俗癡字。

佬 01234 00516
mǎng_7.9　玉篇集韻𠀤母項切音艨。佬儚,不媚也　図集韻莫江切音尨。義同。

俅 01235 00517
qiú_7.9　唐韻巨鳩切集韻韻會正韻渠尤切𠀤音求　說文冠飾貌　詩·周頌載弁俅俅　毛氏曰恭順貌　六書故詩人特以俅俅狀載弁之容,非冠飾　図人名　前漢·藝文志俅子三篇。鏊又類68130

徐 01236 00518
xú_7.9　玉篇集韻𠀤與徐同　図shū　集韻商居切音書。地名。通作舒。

徥 01237 00519
kuāng_7.9　集韻韻會求往切正韻具往切𠀤音迋。徥徥,遑邊貌　楚辭·九歎寪偓徥而南征　図guàng　集韻古況切音誑　說文遠行也。鏊又任00852佂01414徎01722征16627𢓜16776

倳 01238 00520
sù_7.9　廣韻桑谷切集韻蘇谷切𠀤音速。偶倳,頭動也。

俈 01239 00521
kù_7.9　集韻同嚳　史記·三代世表帝俈。

悟 01240 00522
wù_7.9　集韻五故切音悟。迎也　史記·天官書鬼哭若呼,其人逢悟化言　註逢悟,猶逢遷。化,同訛。

俊 01241 00523
jùn_7.9　唐韻子峻切集韻韻會正韻祖峻切𠀤音儁　說文材千人也　馬氏曰智過千人曰俊　北史蘇綽傳萬人之秀曰俊　禮·王制司徒論選士之秀者,而升之學,曰俊士。又　月令孟夏,命大尉贊桀俊,遂賢良　図與儁、峻𠀤通　書·堯典克明俊德　註俊同峻　図同峻　史記·宋世家引書·洪範俊民用章,作畯民　図通作駿　史記·屈原傳誹駿疑傑　図與㑺同　戰國策世無東郭俊、盧氏之狗　註又作逡。鏊又傶01775俊01180俊01883儁02051㑺01478

俋 01242 00524
yì_7.9　廣韻集韻韻會𠀤直立切,音蟄　字林勇壯貌　図耕人行貌　莊子·天地篇俋俋乎耕而不顧。

俊 01243 00525
jǐ_7.9　集韻逆及切音岌。俊俊,人衆貌。

備 01244 00526
fǔ_7.9　古文補　廣韻方矩切集韻韻會匪父切𠀤音甫　說文輔也　爾雅·釋詁比,俌也。與輔通。

俍 01245 00527
liáng_7.9　集韻韻會呂張切正韻龍張切𠀤音良　莊子·庚桑楚工乎天而俍乎人者,惟全人能之　図lǎng　廣韻盧黨切音朗。俍傷,長貌　図làng　集韻郎宕切音浪。良工也。

俎 01246 00528
zǔ_7.9　唐韻側呂切集韻壯所切𠀤音阻。祭享之器　詩·小雅爲俎孔碩　禮·明堂位周以房俎,有虞氏以椀俎,夏后氏以嶡俎　図折俎　左傳·宣十六年晉侯使士會平王室,定王享之。原襄公相禮。殽烝。王召士會曰:王享有體薦,宴有折俎。公當享,卿當宴,王室之禮也　註殽烝,升殽於俎也。體薦,半體,示儉也。折俎,體解節折,示惠也　図鼎俎　韓詩外傳伊尹負鼎俎、調五味而立爲相　図揚子方言俎,几也。西南蜀漢之郊曰杫,杫音賜　図刀俎　史記·項羽紀樊噲曰:如今人方爲刀俎,我爲魚肉　註俎,椹版也　図尊俎　後漢·馬融傳起謀於尊俎之閒　註尊,奠酒之罇。俎,載牲之器　図姓△說文俎在且部,禮也。从半肉在且旁。指事亦會意。非从人　字彙附人部,非。鏊揚子方言俎几也西南蜀漢之郊曰扗扗音賜。華學誠:王引之將兩扗字改作杫是對的,但是未能校正字典把郭註「音賜」當作方言正文引用的錯誤。

俾 01248 00530
bǐ_7.9　字彙同俾

俏 01247 00529
qiào_7.9　廣韻集韻韻會正韻𠀤七肖切音峭。似也,像也　列子·力命篇俏俏成者,俏成者也,初非成也。俏俏敗者,俏敗者也,初非敗也。故迷生於俏　図xiāo　集韻韻會𠀤思邀切音宵。俏然,反琴聲　莊子·讓王篇孔子俏然反琴而弦歌。或作削。義同　図好貌。俗謂婦容美好曰俏。

俐 01249 00531
lì_7.9　字彙力至切音利。今方言謂點慧曰伶俐　○按俐字諸書不載。鏊又㑰17528

俑 01250 00532
yǒng_7.9　集韻韻會正韻𠀤尹竦切音勇。從葬木偶　禮·檀弓孔子謂爲芻靈者,善爲俑者不仁　註芻靈,束草爲人形,以爲死者之從,略似人形。俑則設機發動,全似人,能踊躍也。今倡端不善曰作俑　図tōng　廣韻正韻𠀤他紅切音通　說文痛也。

俒 01251 00533
hùn_7.9　唐韻集韻𠀤胡困切音恩　說文完也　逸周書朕實不明,以俒伯父。一說與恩通。

俓 01252 00534
yíng_7.9　廣韻五莖切集韻魚莖切𠀤音娙。急也　図jìng　集韻古定切音徑。直也,堅也　史記·司馬相如傳俓峻赴險　図字彙同徑。鏊又伢00880俓01026

俔 01253 00535
qiàn_7.9　集韻韻會𠀤輕甸切音譴　說文譬諭也　詩·大雅俔天之妹　傳俔,磬也　韓詩作磬。磬,譬也　図xiàn　廣韻集韻韻會正韻𠀤胡典切,賢上聲　爾雅·釋言閒,俔也　註左傳謂之諜,卽今之細作也　図船上候風羽謂之綄,楚謂五兩　王維信畏說南風五兩輕。亦謂之俔　淮南子·齊俗訓譬若俔之見風,無須臾之閒定矣。一曰相竿　図與睍同　韓愈文伈伈俔俔。鏊又俔00930睍17413

浙 01254 00536
chì_7.9　◆集韻丑制切音跐。所以合版浙縫也。　図zhè　之列切音浙。刻也。

侙 01255 00537
tè_7.9　字彙胎德切音忒。儆侙也。

攸 01256 00538
yóu_7.9　字彙以周切音由。姓也。

佊 01257 00539
bì_7.9 廣韻傍禮切集韻部禮切夶音陛。佊俵，開腳行步也。

俕 01258 00540
sàn_7.9 玉篇先紺切廣韻集韻蘇紺切，夶颯去聲。偣俕，癡貌。

俖 01259 00541
lòng_7.9 字彙盧貢切音弄。戇愚也〇按俖字諸書無據，當即恦字之譌。

俟 01260 00542
yìng_7.9 唐韻集韻夶以證切音孕。送行也。古者諸侯取夫人，則同姓二國俟之，謂從嫁之男女也△六書正譌从人从火者，飲食所先。从卄者，奉承之義。此俟之事也，會意。凡媵䲡等字从此。俗作媵，非〇按說文俟，以證切，爲媵母之字。今字彙作形定切，爲匜母之字，蓋本之正韻而誤也。

俖 01261 00543
pěi_7.9 集韻普罪切，配上聲。不可也圀古文倍字。見秦·詛楚文

俗 01262 00544
sú_7.9 古文𡓟唐韻似足切集韻韻會正韻松玉切夶音續。習也。上所化曰風，下所習曰俗釋名俗，欲也，俗人所欲也禮·曲禮禮從宜，使從俗。又周禮·天官八則治都鄙，六曰禮俗，以馭其民圀不雅曰俗黃庭堅曰士俗不可醫。或問不俗之狀，庭堅曰：難言也。視其平居，無以異於人，臨大節而不可奪，此不俗人也△說文从人谷聲徐曰俗之言續也，轉相習也。鼉又俗01315 俗01298 裕16642

佡 01263 00545
jù_7.9 集韻竭戟切正韻渠戟切夶音劇玉篇倦也。與劬瘝䏍極劇字別義通。上兩合，與俗字兩開不同〇按說文有㥦無佡，引相如·子虛賦微㥦受屈賦本作微䏍。䏍，倦也，言微遮獸之倦者而取之也。䏍當作㦁，㥦與㦁同。俗即㥦之省文。

俘 01264 00546
fú_7.9 唐韻集韻韻會正韻夶芳無切音孚說文軍所獲也春秋·莊六年齊人來歸衛俘。三傳皆曰衛寶，杜預曰：俘，囚。疑經誤。一說俘，取也。與書俘厥寶玉同義。經以所取言之，傳以其物言之，非經誤也。又左傳·莊三十一年諸侯不相遺俘爾雅疏囚敵曰俘，伐執之曰取。

俙 01265 00547
xiē_7.9 廣韻集韻韻會夶香衣切音希說文訟面相是也長箋當是漢語，人自以爲直也圀xǐ依俙，猶言仿彿也圀儍俙。不明也李登·聲類儍俙，一作䫄䫆。儍俙不明，莫如雲也圀集韻韻會夶許豈切音鯑。義同。△本作俙。鼉俗作俙。

俚 01266 00548
lǐ_7.9 廣韻良士切集韻韻會兩耳切正韻良以切夶音李。說文俚，聊也。前漢·季布傳贊其畫無俚之至耳註晉灼曰：計畫無所聊賴圀鄙俗也前漢·司馬遷傳贊質而不俚司馬貞曰俚即鄙也圀野人歌曰俚圀博物志交州夷名曰俚子圀通作里詩·大雅云如何里註愛也。與偲同。

俛 01267 00549
fǔ_7.9 集韻同俯、頫周禮·冬官考工記·矢人前弱則俛前漢·鼂錯傳在俛仰之閒耳註師古曰俛卽俯。又賈誼·過秦論頫首史記作俛首，俯仰史記作頫仰。音義夶同圀miǎn集韻韻會夶美辨切音免。義同。圀與勉同禮·表記俛焉，日有孳孳註俛焉，勤勞貌。又陸機·文賦有無僶俛。

傶 01268 00550
pīng_7.9 集韻傍丁切音屛。俠也圀◆說文使也。△字彙同塀。鼉又傶02130

保 01269 00551
bǎo_7.9 古文寀㙥保廣韻集韻韻會補抱切正韻補道切音寶。安也周禮·天官以八統詔王馭萬民。五曰保庸註保庸，安有功者圀恃也，守也圀禮·月令四鄙入保註小城曰保。又都邑之城曰保圀任也周禮·地官·大司徒令五家爲比，使之相保註保猶任也圀全之也，佑也書·召誥天迪格保註格正夏命而保佑之。又詩·小雅天保定爾，亦孔之固圀說文養也增韻抱也書·周官立太師、太傅、太保禮·文王世子入則有保，出則有師前漢·宣帝紀嘗有阿保之功註阿，倚也。保，養也賈誼傳保者，保其身體圀史記·欒布傳窮困，質傭於齊，爲酒家保註酒家作保傭也圀姓呂氏春秋楚保申爲文王傅圀與褓、緥夶通。禮·月令保介之御閒註猶衣也。保即褓緥圀叶博古切音補易林東南其戶，風雨不處。燕婉仁人，父子相保。鼉又保01896 丯04512 埨08683 俼01063 褓01718 呆23557 猱33260 採19749 娬11128

俞 01270 00552
yú_7.9 俗俞字。

俩 01271 00553
běng_7.9 廣韻布梗切集韻百猛切，夶祊上聲。詐偽也。

俟 01272 00554
sì_7.9 唐韻集韻韻會夶牀史切音仕。待也禮·玉藻在官不俟屨，在外不俟車圀俟俟，衆多徐行貌詩·小雅儦儦俟俟註趨則儦儦，行則俟俟。言獸之多也圀姓風俗通有俟子圀qí集韻渠之切正韻渠宜切夶音奇。万俟，複姓圀後周書·異域傳高麗官第四等曰意俟奢圀叶于紀切音矣詩·鄘風人而無止，不死何俟。叶上齒。

俠 01273 00555
xiá_7.9 唐韻正韻夶胡頰切音協。任俠，相與信爲任，同是非曰俠前漢·季布傳任俠有名師古曰俠之言挾，以權力俠輔人也圀姓。韓相俠累圀與挾通前漢·叔孫通傳殿下郎中俠陛揚子法言滕、懽、樊、酈，曰俠介。夶與挾同圀jiā集韻古洽切。與夾通。傍也，夶也公羊傳·哀四年註滕、薛俠轂。又儀禮·士喪禮婦人俠牀東西周禮·冬官考工記註今時鐘乳，俠鼓與舞。夶與夾同△俗作俠，非。

信 01274 00556
xìn_7.9 古文伈訫唐韻息晉切集韻正韻思晉切夶音訊。愨也，不疑也，不差爽也易繫辭人之所助者，信也左傳·僖七年守命共時之謂信。又爾雅·釋地大蒙之人信註地氣使然也圀左傳·莊三年一宿爲舍，再宿爲信詩·豳風于女信處。又周頌有客信信註四宿也。圀符契曰信◆前漢·平帝紀漢律，諸乘傳者持尺五木轉信註兩行書繒帛，分持其一，出入關，合之乃得過。或

用木爲之　後漢·竇武傳 取棨信，閉諸禁門 註 棨，有衣戟也 圖 古人謂使者曰信。與訉通 史記·韓世家 陳軫說楚王發信臣，多其車，重其幣 司馬相如·諭巴蜀檄 故遣信，使曉諭百姓 圖 州名。唐置。信州，即今廣信府 圖 姓。信陵君無忌之後。又複姓 何氏姓苑 有信都、信平二氏 圖 shēn 集韻 正韻 丛升人切。與申同 易繫辭 往者，屈也。來者，信也 詩·邶風 于嗟洵兮，不我信兮 圖 同身 周禮·春官 侯執信圭，伯執躬圭 註 信圭，刻人形伸也。躬圭，刻人形屈也。鏊 又仪00924佰00909

傲 01275 00557 shùn_7.9　集韻 順67944古作傲。

刜 01276 00558 yī_7.9　字彙補 古文伊00867字。

伞 01277 00559 zǎi_7.9　集韻 宰12083古作伞。

俀 01278 00560 yì_7.9　韻會 古文役16550字。鏊亦作俀01158

佛 01279 40589 zhì_7.9　集韻 同陟。

俖 01280 40590 xǐ_7.9　字彙補 息里切，音洗◇俖足。

侔 01281 42417 móu_7.9　海篇 同侔　**俹** 01282 42418 bì_7.9　字彙補 普日切，音弼◇咸備也〇按即俹字之譌。

恒 01283 u2A742 null_7.9　未詳。　**䫁** 01284 u2A741 null_7.9　未詳。

偰 01285 u2A740 xuē_7.9　音靴。　**俋** 01286 u2A73F yàn_7.9　同宴12089

伅 01287 u2A73E null_7.9　喃未詳。　**侴** 01288 u2A73D null_7.9　未詳。

伴 01289 u2A73C null_7.9　未詳。　**倷** 01290 u2A73B nàn_7.9　方咱，咱們

侮 01291 uFA30 wǔ_7.9　兼侮01199　**倪** 01292 u2F806 tuō_7.9　兼倪01220

㑔 01293 u20260 trày_7.9　喃从人豸trãi聲。寨人（南越慶和省山區的苗人）。

佡 01294 u2025F xiên_7.9　喃从人杆（扞）聲。

仺 01295 u2025E nay_7.9　喃从今尼ni聲。今天。

㑍 01296 u2025D nghĩ_7.9　喃从人拤nghĩ聲。

㑌 01297 u2025C vãi_7.9　喃从人尾vĩ聲。亦作姒10702仕姒：尼姑。

俗 01298 u2025A sú_7.9　同俗01262明·馮夢龍 古今譚概·貪穢部·序 儻孔氏絕糧而死，還稱大聖人否？無怪乎世俗之營營矣。

卿 01324 u3461 qīng_7.9　俗卿04762　**侖** 01299 u20259 lún_7.9　侖01120本字

乱 01300 u20257 luò_7.9　簡㑠02081　**偯** 01301 u20255 shǐ_7.9　使01094本字

俰 01302 u20254 bīng_7.9　同侐01207古文兵。

金 01303 u20253 jīn_7.9　同金62775亦作釡62744金01468古文金。

龟 01304 u20252 lóng_7.9　集韻 龍75850古作龟。

佮 01306 u20250 null_7.9　未詳。　**侢** 01305 u20251 xiù_7.9　直音篇 侢，侢儅，行相待 類篇 作侢16636儅。

你 01308 u2024E nǐ_7.9　同你。

伜 01307 u2024F fēng_7.9　字海伜，同伴00849又 守宫盤 專伜三。專伜，讀若團篷。

侢 01309 u2024D xǐ_7.9　或侢01280譌字。

值 01312 u2024A zhí_7.9　俗值01405　**侕** 01310 u2024C yǔn_7.9　龍龕侕，俗於敏反。正作隕65816 圖 俗悁17378

㑑 01311 u2024B null_7.9　喃地名 大南一統志·卷十六·清化省·建置沿革 良政州：在省西一百三十里，東至玉勒州界，西至鎮蠻府岑泗縣蠻界，南至常春州界，北至廣化府錦水縣界，古哀牢地。陳曰浸㑑，亦曰愛獠。

佉 01313 u20249 null_7.9　或同休。見西周甲骨文。

侰 01314 u20248 xiā_7.9　同㑔01671　**俗** 01315 u20247 sú_7.9　同俗01262

㑆 01316 u20246 null_7.9　未詳。　**㑅** 01317 u20245 null_7.9　未詳。

倅 01318 u20244 bì_7.9　汗簡倅，辟60541出 義雲章

㑃 01319 u20243 dī_7.9　俗低00980　**㑂** 01320 u20242 tà_7.9　簡健02055

囜 01321 u20241 lǎn_7.9　俗罳45451漁網。

候 01322 u20240 hòu_7.9　俗候01394　**御** 01323 u3462 jué_7.9　同御01535

堅 01325 u3460 shù_7.9　同竪41580神名。或作㑏02112僭02188

便 01326 uF965 biàn_7.9　兼便。　**俭** 01327 u4FED jiǎn_7.9　簡儉02066

私 01328 u4FEC sī_7.9　方傢俬，同傢什。亦作家俬。

侎 01329 u4FEB lái_7.9　简俫01374　**俪** 01330 u4FEA lì_7.9　简儷02299

俩 01331 u4FE9 liǎ_7.9　简倆01370　**俨** 01332 u4FE8 yǎn_7.9　简儼02320

俦 01334 u4FE6 chóu_7.9　简儔02128　**志** 01333 u4FE7 zhì_7.9　日同嗜06745

伡 01335 u4FE4 jū_7.9　象棋紅方車59829寫作伡。

俤 01336 u4FE4 dì_7.9　越諺俤俤，貼近切，弟也 圖 日容貌 漢語大字典.V.2.P.202 弟弟面影，有似其兄，故从弟从人。凡彼此相似，皆用「俤」或「俤影」。梁啟超 中國歷史研究法·史跡之論次 例如封建制，以成周一代八百年間為起訖；既訖之後，猶二千餘年時時揚其死灰，若漢之七國，晉之八王，明之靖難，清之三藩，猶其俤影也。

修 01338 u4FE2 xiū_7.9　同修01339 集韻 修修，說文 飾也。古省。

俣 01337 u4FE3 yǔ_7.9　同俁01229　**修** 01339 00561 xiū_8.10　唐韻 息流切 集韻 韻會 正韻 思留切丛音羞。飾也。又飾也，葺理也 書·禹貢 六府孔修 圖 古之聞人曰前修 屈原·離騷 謇吾法夫前修兮，非世俗之所服 圖◆屈原·離騷 解佩纕以結言兮，吾令蹇修以爲理 註 蹇修，古良媒 圖 姓。漢屯騎校尉修炳 圖 長也 詩·小雅 四牡修廣 圖 與卣通 周禮·春官·鬯人 廟用修。鄭註：修讀爲卣。卣，中尊也。謂獻象之屬。以薦鬯則謂之卣，以薦酒則謂之修。鏊 又修16685修01338修16685䶢48288㣎16445

俯 01340 00562
fǔ_8.10　廣韻 方矩切 集韻 匪父切夶音府。俛也。禮·樂記 執其干戚，習其俯仰詘伸，容貌得莊焉 又 進俯退俯 註 曲也，不齊一也 禮·月令 季秋之月，蟄蟲咸俯在內，皆墐其戶 又 通府 荀子·非相篇 府然若渠堰，檃括之於巳也 註 府俯通 △ 韻會小補 古音流變，字亦隨異。如俯仰之俯，本作頫，或作俛，今皆作俯。而頫音兆，俛音免，不復音俯矣。

卹 01341 00563
huò_8.10　廣韻 集韻 夶胡臥切，和去聲。和也。

俱 01342 00564
jū_8.10　唐韻 舉朱切 集韻 韻會 恭于切夶音拘。皆也。孟子 父母俱存 又 偕也，具也。莊子·天運篇 道可載而與之俱也 史記·孔子世家 孔子適周，魯君與之一乘車、兩馬，一豎子俱 又 姓。南涼將軍俱延，唐江州監軍俱文珍。鍌 又俱01513積40540

傚 01343 00565
xiào_8.10　同傚。

俳 01344 00566
pái_8.10　唐韻 正韻 步皆切 集韻 韻會 蒲皆切夶音排。俳優，雜戲 史遊·急就篇 倡優俳笑，是優、俳一物而二名也 又 集韻 蒲枚切音裴。俳佪亦作徘徊 淮南子·本經訓 坐俳而歌謠。

俴 01345 00567
jiàn_8.10　廣韻 正韻 慈演切 集韻 韻會 在演切，夶音踐。淺也 詩·秦風 小戎俴收 註 小戎，兵車也。收，軫也，車前兩端橫木，以收斂所載。軫深四尺四寸，故曰俴 又 俴駟孔羣 註 駟馬皆以淺薄之金爲甲，欲馬易旋習也。鍌 又伐01170

俒 01346 00568
hūn_8.10　集韻 呼昆切音昏。闇也 揚子·太玄經 闉諸幽俒 又 hùn 呼困切，昏去聲。毳忘也。鍌 又惽12171

㑣 01347 00569
lán_8.10　集韻 盧含切音婪。㑣僋，駑鈍貌。鍌 俗㑣17595敦煌 P.2058 字寶 貪㑣。音藍。又 P.2717 字寶 貪婪。音藍。又惏。

俵 01348 00570
biào_8.10　廣韻 方廟切 集韻 彼廟切 正韻 悲廟切，並鑣去聲。俵散 六書故 分畀也。鍌 敦煌·Φ.252 維摩詰經講經文 施却多少金玉，俵却多少綾羅。如斯捨與眾人，實即論情不易 又 捬19816寶57882

偖 01349 00571
miáo_8.10　同媌。

傷 01350 00572
yì_8.10　唐韻 正韻 夶以豉切，音易 說文 輕也。古借易，轉去聲。義同。與傷別 又 說文 一曰交傷，與互市之易溷。

俶 01351 00573
chù_8.10　唐韻 集韻 夶昌六切音埱 爾雅·釋詁 俶，始也 書·胤征 俶擾天紀 詩·小雅 俶載南畝 儀禮·聘禮 燕與羞俶，獻無常數 註 始獻四時新物，無常數 又 爾雅·釋詁 俶，作也 公羊傳·隱九年 三月庚辰，大雨雪。何以書，記異也。何異爾，俶甚也 詩·大雅 有俶其城 又 整也 張衡·思玄賦 簡元辰而俶裝 又 善也 又 tì 集韻 正韻 夶他歷切。與倜同 廣雅 俶儻，卓異也 史記·魯仲連傳 好奇偉俶儻之畫策 司馬相如·子虛賦 俶儻瑰琦。

俷 01352 00574
fèi_8.10　集韻 父沸切音疿。敗也，背也 史記·三王世家 燕王策曰：無作怨，無俷德 註 索隱曰：勿使王背

德也。俷與俏背倍北悖夶通。

俸 01353 00575
fèng_8.10　廣韻 扶用切 集韻 韻會 房用切夶音幪。秩祿也 前漢·宣帝詔 今小吏勤事而俸薄，欲其無侵漁百姓，難矣。增其俸，百石以上什五 後漢·光武紀 詔增百官俸 宋太祖詔 吏員猥多，難以求治。俸祿鮮薄，未可責廉。與其冗員而重費，莫若省官而益俸。差減其員，舊俸月增給五十 長篇 賜韓世忠妻俸 △ 亦作奉 前漢·公孫弘傳 奉祿甚多。

偓 01354 00576
yà_8.10　集韻 衣駕切音亞。倚也 又 yā 於加切音丫。傲也。

俺 01355 00577
ǎn_8.10　廣韻 於驗切 集韻 於贍切夶音俺。我也。北人稱我曰俺 又 yàn 集韻 於劍切音媕。大也。

偹 01356 00578
bì_8.10　字彙 同備。

倜 01357 00579
zhōu_8.10　俗鬻字

俽 01358 00580
xīn_8.10　集韻 許斤切音欣。喜也 又 州名。本漢陽曲縣地名。隋置俽州，因欣口爲名。亦作忻。

俾 01359 00581
bǐ_8.10　唐韻 幷弭切 韻會 補弭切夶音牌 說文 益也。一曰俾門侍人 爾雅·釋詁 俾，使也 書·大禹謨 俾予從欲以治 詩·魯頌 俾爾昌而熾 又 廣韻 從也 書·武成 罔不率俾 又 爾雅·釋言 俾，職也 註 使共職也 又 bēi 集韻 賓彌切音卑。漢安定郡安俾縣 又 集韻 普米切。俾倪，邪視。或從目。通作睥睨 史記·信陵君傳 侯生下，見其客朱亥，俾倪，故久立與城上女牆。坤埤作僻倪，音通義別。鍌 又俾01498俾01490

倎 01360 00582
zhì_8.10　字彙 同倎 揚子·太玄經 車纍其倎，馬蹢其蹄，止貞 註 倎，輪也。輪纍蹄蹢，不可乘行，故止爲正。鍌 正字通 倎字之譌。

倀 01361 00583
chāng_8.10　廣韻 褚羊切音募 說文 狂也。一曰仆也。又 狂行不知所如也 禮·仲尼燕居 瞽者無相，倀倀乎其何之 又 倀鬼。虎齧人，人死，魂不敢他適，輒隸事虎，名曰倀 聽雨記談 人遇虎，衣帶自解，皆倀實於地。虎見人裸而後食之，皆倀所爲。倀可謂鬼之愚者也。又 cháng 集韻 仲良切音長。義同 又 chéng 除庚切音棖。獨立貌 又 zhèng 廣韻 集韻 夶豬孟切音趟 廣韻 倗倀，失道也 集韻 倀悙，疎率也。鍌 又倀00928

㑪 01362 00584
chí_8.10　字彙 陳知切音池。行也。鍌 俗㑪16669 又 可洪音義 蝎思㑪：下音智，正晉、溷二形。又郭氏音知 川音 音馳 江西音 作知利反。應和尚未詳，上悞。

傝 01363 00585
tà_8.10　廣韻 達合切音沓。傝傝，不任事也。

胤 01364 00586
yìn_8.10　俗胤字。

併 01365 00587
bìng_8.10　廣韻 同并 又 韻會 部迥切音並。相夶也 禮·祭義 行，肩而不併 註 老幼夶行，肩臂不得併 又 競也 前漢·賈誼傳 高皇帝與諸公併起 又 與公併倨 註 對敵相拒也 又 與屛棄之屛同 荀子·彊國篇 併己之私

欲，必以道。鍫又倂01446併01082

俏 01366 00588
jiù_8.10　集韻巨九切音臼。毀也。鍫又詬55930諮56153

傃 01367 00589
sù_8.10　集韻夙09860古作傃。

俏 01368 00590
yáo_8.10　唐韻胡茅切集韻何交切达音肴◆說文刺也。一曰痛聲又顏之推·家訓倉頡篇俏字訓詁云痛而謔也。音羽罪反，今北人痛則呼之聲類音于來反，今南人痛或呼。此二音隨其鄉俗，达可行也。

倅 01369 00591
cuì_8.10　集韻韻會达取內切音淬說文副也。又副車曰倅周禮戎僕掌王倅車之政又諸子、國子存遊倅，使之修德學道註遊倅，倅未仕者。又前漢·趙充國傳倅馬什之。又今郡倅稱半刺，猶半刺史之職也又zú集韻正韻达臧沒切音卒。百人爲倅周禮作卒。鍫又伜00937駤70137

倆 01370 00592
liǎng_8.10　集韻里養切音兩。伎倆，巧也。鍫又倆01331俩01175㑣16060

俱 01371 00593
jù_8.10　集韻遵遇切，音縐。促也。

刦 01372 00594
jié_8.10　同刧。見釋典。鍫可洪音義刦賓：上居業反，諸經皆作刧賓那Kapphina。

俛 01373 00595
wǎn_8.10　廣韻於阮切集韻委遠切达音宛。歡樂也又勸也。鍫玉篇歡也。胡吉宣：歡原譌勸，今正。

倈 01374 00596
lái_8.10　集韻同倈。鍫又倈01329

倉 01375 00597
cāng_8.10　古文仺唐韻七岡切集韻千岡切达音蒼說文穀藏也國策註圓曰囷，方曰倉詩·小雅乃求千斯倉禮·月令季秋，命冢宰舉五穀之要，藏帝籍之，收于神倉又官名周禮·地官倉人掌粟入之藏又倉卒，恩遽貌杜甫·送鄭虔詩倉皇已就長途往又姓。周倉葛。又與蒼通禮·月令駕倉龍前漢·蕭望之傳倉頭廬兒。又與臧通。五倉，五臟也前漢·谷永傳成帝曰：化色五倉之術，皆左道以欺妄又與滄通揚雄·甘泉賦東燭倉海又與桑通亢倉子亦作庚桑子又chàng集韻楚亮切，借作愴詩·大雅倉兄填兮。鍫又仓00785亃04419岌13472倉01436仐00818

傯 01376 00598
zǒng_8.10　字彙子弄切音粽。困貌○按傯卽傯字彙分爲二，非。

個 01377 00599
gè_8.10　字彙與个同鄭康成·儀禮註俗呼个爲個○按個爲後人增加。从个、箇互正。鍫又佮00911

倌 01378 00600
guān_8.10　廣韻集韻古丸切韻會正韻古歡切达音官。主駕者詩·鄘風命彼倌人，星言速駕註小臣也。又guàn集韻古患切，音慣。義同。

倍 01379 00601
bèi_8.10　古文佫集韻補妹切音背說文反也禮·緇衣信以結之，則民不倍淮南子·人閒訓單豹倍世離俗，嚴居谷飲又鄙俗也論語斯遠鄙倍矣又物財、人事加等曰倍易·說卦利市三倍詩·大雅如賈三倍書·周官夏商官倍，亦克用乂。又左傳·僖三十年燭之武曰：焉用亡鄭以倍鄰註益也。又越絕書計倪曰：以智論之，以決斷之，以道佐之，斷長續短，一歲再倍，其次一倍。又韓愈·韓滂墓誌滂讀書倍文，功力兼人註倍文，謂背本暗記也周禮註倍文曰諷，韓語本此又péi集韻韻會正韻达蒲枚切音裴賈子·容經篇諺曰：君子重襲，小人無由入。正人十倍，邪僻無由來又倍尾，山名，通作陪又倍阿，鬼名莊子·達生篇東北方之下者，倍阿鮭躍之林獻齋註屋中東方之鬼也。鍫又倍01465偣01723賏57530

供 01380 00602
tiǎn_8.10　集韻與塡同

倏 01381 00603
shū_8.10　廣韻集韻韻會正韻式竹切音叔。倏忽。又犬走疾也达下从犬。俗作倏，从火，非。鍫又倐01475倐58902儵21694㸜33336

倐 01382 00604
shū_8.10　俗倏字。

俿 01383 00605
lì_8.10　廣韻集韻达郎計切音麗。怒也。又很俿也达本作戾，俗作俿。

儔 01384 00606
dú_8.10　類篇徒沃切音毒。動也。

們 01385 00607
mèn_8.10　集韻莫困切音悶。們渾，肥滿貌又mén莫奔切音門。今塡詞家我們、俺們。鍫又㒰28758们00827

倒 01386 00608
dǎo_8.10　廣韻正韻都皓切集韻韻會覩老切，达刀上聲。仆也又絕倒，極笑也晉書·衛玠傳王澄有高名，每聞玠言，輒歎息絕倒又傾倒杜甫詩志士懷感傷，心胷已傾倒又潦倒北魏書·崔瞻傳魏天保以後重吏事，謂容止蘊藉者爲潦倒。瞻終不改又揚子方言大袴謂之倒頓註今䙝袴也又dào集韻韻會刀號切正韻都導切达音到詩·齊風顛之倒之，自公召之禮·喪大記小斂之衣，祭服不倒註死者所用衣多不盡著，有倒者，惟祭服尊其領，不倒也韓非子·難言篇至言忤于耳而倒于心，非賢聖莫能聽又叶都故切音妒焦氏易林衣裳顛倒，爲王來呼。呼，去聲。

倓 01387 00609
tán_8.10　唐韻集韻韻會徒甘切音談說文安也玉篇靜也，恬也。又安然不疑也荀子·仲尼篇倓然見管仲之能，足以託國也又tǎn集韻韻會达吐敢切，音毯義同又tàn集韻正韻达吐濫切。與賧同後漢·南蠻傳殺人者得以倓錢贖死註何承天·纂文云倓，蠻夷贖罪貨也。鍫又倒01675

倔 01388 00610
jué_8.10　廣韻衢物切集韻韻會正韻渠勿切达音崛。梗戾貌宋史·趙鼎傳鼎不附和議，檜曰：此老倔强猶昔。通作屈彊。鍫又輻67341

倕 01389 00611
chuí_8.10　廣韻集韻韻會是爲切音垂。重也又ruì正韻殊偽切音瑞。黃帝時巧人名。又唐虞共工名書·舜典作垂。鍫又倕01899

倖 01390 00612
xìng_8.10　廣韻胡耿切集韻韻會正韻下耿切达音幸。微倖、佞倖又叶虛陵切音興班固·弈旨博縣於投，

不專在行。優者有不遇，劣者有僥倖。蹺絜相凌，氣勢力爭。雖有雌雄，未足以爲平也◇。〇按倖，韻書皆讀上聲。惟正字通臆增去聲，今不从。鎣又俸16692

倗 péng_8.10 唐韻步崩切集韻蒲登切夶音朋說文輔也六書統委也，託也。朋同類，故可託図姓也。

偞 yè_8.10 同偞禮·玉藻惟水漿不祭，若祭，爲已偞卑註公食大夫禮賓祭醷漿，臣敬君之禮。此言水漿不祭，禮各有所施也。水漿非盛饌比，若祭之則大偞卑。已，大也。偞，厭也。謂厭降卑微，有所畏迫也。

倘 chǎng_8.10 集韻齒兩切正韻昌兩切夶音敞。忽止貌図集韻他朗切，湯上聲。義同図tǎng同儻莊子·在宥篇雲將見之，倘然止。鎣又同躺59742元·關漢卿狀元堂陳母教子·第三折兄弟爲你受了孩兒錦，母親着你躺着，要打你里（哩）。

候 hòu_8.10 唐韻胡遘切集韻下遘切夶音後。訪也。又伺望也前漢·張禹傳上臨候禹。又釋名候，護也，可護諸事也候人，道路迎送賓客之官詩·曹風彼候人兮，何戈與祋図斥候孫奕·示兒編斥候謂檢行險阻，伺候盜賊。俗作堠図氣候、證候△說文有倏無候。互見前倏01202字註。鎣又候01322

倚 yǐ_8.10 唐韻於綺切集韻巨綺切韻會正韻隱綺切夶音輢。因也老子道德經禍兮福所倚，福兮禍所伏。又左傳·昭五年蓮啓彊曰：設机而不倚，爵盈而不飲。図特也前漢·韓信傳百姓罷極怨望，容容無所倚。図偏也，側也禮·問喪居于倚廬図倚瑟，合曲也前漢·張釋之傳慎夫人倚瑟而歌。今塡詞家謂之倚聲。図姓。楚左史倚相之後図yī正韻於戲切，音漪去聲。義同図集韻與奇同荀子·修身篇倚魁之行註引揚子方言秦晉之間，凡全物而體不具謂之倚図莊子·天下篇南方有倚人焉，曰黃繚。音義同畸△六書故偏頗、依倚，聲義近而微不同。頗其於偏，倚力於依，察聲之廣陿輕重，義可知也。凡文各有義，以彼喻此，終不親切說文依、倚互相釋，此類甚多，蓋無所取之，取諸近似而已。鎣又倚01625図前漢·張釋之傳慎夫人倚瑟而歌。徐慧：使慎夫人鼓瑟，上自倚瑟而歌。

倛 qī_8.10 集韻丘其切音娸荀子·非相篇仲尼面如蒙倛註楊倞曰：方相也。其首蒙茸，故曰蒙倛韓愈曰四目爲方相，兩目爲倛。與顝、魌夶通。鎣又倛01968

倜 tì_8.10 唐韻集韻正韻夶他歷切音惕說文倜儻，不羈也図高舉貌荀子·君道篇倜然乃舉太公於州人而用之。鎣又倜16672

倝 gàn_8.10 集韻居案切音幹。日始出光倝倝也。本作倝，俗作㪃，別作翰〇按說文倝獨爲部集韻从卓从入，今字彙附入人部，非。鎣倝02248籀文倝図俗或作倝59845図玉篇敦21923，各汗切。

倞 jìng_8.10 集韻渠映切音競說文彊也図liàng集韻力讓切正韻力仗切夶音諒。遠也図jiàng禮·郊特牲祊之爲言倞也註倞猶索也。倞或爲諒図jiàng開元五經文字讀彊去聲，其亮切。强也詩·大雅秉心無倞又無倞維人。今俱作競。鎣又倞01814

借 jiè_8.10 廣韻集韻韻會正韻夶子夜切，嗟去聲。假也，貸也，助也，推獎也家語在貧如客，使其臣如借註言不有其身，如借使也前漢·文帝紀假借納用。図◦艸履曰不借釋名言賤易有，各自蓄之，不假借人也図設辭詩·大雅借曰未知，亦既抱子図與藉、耤通図與假通後漢·李充傳無所借倩註下音假図唐韻集韻韻會正韻夶資昔切音積。義同△本作偝，隷省作借，別作𥞶。

倠 huī_8.10 廣韻許維切集韻韻會呼維切夶音睢博雅倠倠，醜也◦淮南子·修務訓嫫母、倠倠楚辭·九歎倠倚倚於彌楹△亦作倠，別作倝。

倡 chāng_8.10 廣韻尺良切集韻韻會蚩良切正韻齒良切夶音昌。倡優，女樂春秋·元命包翼星爲樂庫，爲天倡，主俳倡。別作娼図倡狂莊子·山木篇倡狂妄行。亦作猖図chàng唐韻集韻正韻夶尺亮切音唱。倡和也詩·鄭風倡予和汝周禮·春官樂師凡軍大獻，教凱歌，遂倡之。又禮·樂記壹倡而三歎註倡，發歌句也。三歎，三人從歎之耳。夶與唱通。

倢 jié_8.10 廣韻集韻韻會正韻疾葉切，音捷。與捷通。斜出貌，利也，便也揚子方言宋楚之閒謂之倢。図集韻韻會卽涉切，音接。倢仔，漢婦官名。倢、婕通。鎣又倢01659倢01846図又與捷通斜出貌利也便也揚子方言宋楚之間謂之倢。華學誠：宋本原文爲（慧）秦謂之鰻，晉謂之㦛，宋楚之間謂之倢。倢字下郭註言便倢也字典根據郭璞註意引方言來證明倢與捷通，訓爲便，與方言本條釋義爲慧，根本不合。

倣 fǎng_8.10 廣韻分罔切韻會甫兩切正韻妃兩切夶音紡。倣也，依也。通作仿。亦作放前漢·貢禹傳亦相放效集韻亦作方，通作昉。

值 zhí_8.10 唐韻集韻韻會夶直吏切音治。說文措也。又遇也。又持也詩·陳風值其鷺羽註值，持也。以鷺羽爲翳，舞者所執，以指麾也図與直通史記·甯成傳無直甯成怒図物價曰值。或作直。鎣通作值01508又值01312

倥 kōng_8.10 廣韻正韻苦紅切集韻韻會枯公切夶音空。倥侗，無知也。與悾同図kǒng正韻康董切音孔。倥傯，事迫促也図kòng集韻韻會夶苦貢切音控。倥傯，困貌楚辭·九歎愁倥傯於山陸。

倦 juàn_8.10 廣韻渠卷切集韻正韻逵眷切，夶權去聲。懈也。疲也禮·儒行敎行而不倦図倨也淮南子·道

應訓盧敖游乎北海，見一士焉，方倦龜殼而食蛤梨註楚人謂倨爲倦△說文力部作券，人部作倦，音義同。宜合倦爲券字，重文不必分爲二。璽又勸04123勌04034図倦16684碑別字新編引周張滿澤妻郝氏墓誌。図集韻倦，或作券17605券01424券17607通作券03974

倧 01408 00630
zōng_8.10 廣韻作冬切音宗。上古神人。

倨 01409 00631
jù_8.10 唐韻韻會正韻丛居御切音據。倨傲不遜禮·曲禮遊毋倨呂氏春秋貴爲天子，而不驕倨図淮南子·覽冥訓臥倨倨，興眄眄註倨倨，臥無思慮也図矩之直者爲倨，折而衡者爲句。磬有倨句，戈亦有倨句。詳周禮·冬官考工記。又禮·樂記倨中矩，句中鉤註倨，微曲也図箕坐也前漢張耳傳高祖箕倨図倨牙，獸牙。倨，曲也爾雅·釋畜駁如馬，倨牙。疏：其牙倨曲。

倩 01410 00632
qiàn_8.10 廣韻韻會正韻丛倉甸切，千去聲。美好也說文男子之美稱，若草木之蔥蒨也。蕭望之，字長倩，東方朔，字曼倩。皆美也図詩·衞風巧笑倩兮傳好口輔也図qìng集韻韻會正韻丛七正切，清去聲揚子方言東齊之間，壻謂之倩図凡假代，及暫雇、使令亦曰倩陳琳·爲曹洪與魏文帝書怪乃輕其家丘，謂爲倩人。

倪 01411 00633
ní_8.10 集韻韻會丛研奚切音霓說文俾益也。図弱小之稱孟子反其旄倪図分也，際也，極際之謂也莊子·齊物論和之以天倪。又秋水篇河伯曰：若物之外，若物之內，惡至而倪貴賤，惡至而倪小大図端也韓愈·南海廟碑乾端坤倪，軒豁呈露図姓。漢仰寬史記作兒寬。兒、倪古通用図yá集韻韻會丛宜佳切音崖。水滸也莊子·大宗師反覆終始，不知端倪註端，山巔。倪，水滸図集韻與睨同莊子·馬蹄篇加之以衡軛，齊之以月題，而馬知介倪。馬之知而能至盜者，伯樂之罪也註介音戛。介倪猶睥睨。俾倪、僻倪丛同。又爾雅·釋魚龜左倪不類，右倪不若疏，庳也，不發聲也。左倪不類者，謂行時頭左邊庳下者，名類周禮西龜曰靁屬是也。右倪不若者，謂行時頭右邊庳下者，名若周禮北龜曰若屬是也。賈公彥說周禮以倪爲睥睨，則左倪、右倪，是左顧、右顧也。互見前俾01359字註図集韻與睨同易·困卦困于葛藟古文易作倪仉。璽又悅，俗倪。敦煌 Д х . 00211玄應音義殘片·卷三·放光般若經·第廿九卷俾倪：普米反，下五礼反廣雅俾倪，堞女牆也図玄應音義俾倪：又作較垸08809二形。

倫 01412 00634
lún_8.10 唐韻力迍切韻會正韻龍春切丛盧淪。常也書·洪範彝倫攸敘図類也禮·曲禮儗人必于其倫。図義也禮·祭統夫祭有十倫焉。又周禮·冬官考工記析幹必倫註順其理也図比也儀禮·即夕凡絞紟用布，如朝服禮·中庸毛猶有倫疏毛雖細物，猶有形體，可比也図等也前漢·甘延壽傳投石超距，絕於等倫。図擇也儀禮·少牢饋食禮雍人倫膚九，實于一鼎註擇其至美者図姓。伶倫之後。璽又伶00927倫01473倫01474

倬 01413 00635
zhuō_8.10 唐韻集韻韻會丛竹角切音桌。著也，大也詩·大雅倬彼雲漢。又大雅有倬其道傳倬，明貌。璽又偞01852

伀 01414 00636
wàng_8.10 ◦字彙同往

倭 01415 00637
wēi_8.10 玉篇唐韻丛於爲切，音逶說文順貌図倭遲，回遠貌詩·小雅周道倭遲。與逶迤、遐迤、委蛇、威遲、委移丛通図人名。魯宣公名倭図wō廣韻集韻韻會正韻丛烏禾切音渦前漢·地理志樂浪海中有倭人，分爲百餘國師古註魏略云倭在帶方東南大海中，依山島爲國。度海千里復有國，皆倭種図wǒ廣韻烏果切集韻鄔果切丛音娓。倭墮。璽又衡方碑褘隋在公。褘隋，倭遲。

倮 01416 00638
luǒ_8.10 集韻魯果切音蠃正韻赤體也禮·月令中央土，其蟲倮註人爲倮蟲之長図國名淮南子·說林訓西方之倮國，鳥獸弗辟，與爲一也。亦作蠃躶裸果蠃。図guǒ正韻古火切音果。璽倮，狹隘也。◦左思魏都賦風俗以蠃倮爲孋図huà集韻韻會正韻丛戶瓦切，華上聲。赤袒也。

㐺 01417 00639
sōng_8.10 ◦廣韻息恭切集韻思恭切，丛音鬆揚子方言隴右人名嬾曰㐺図揚子方言傱㐺，罵也玉篇燕之北郊曰傱㐺，謂形小可憎之貌。璽或作㑞図又揚子方言傱㐺罵也。華學誠：後一條原文云傱㐺，罵也。燕之北郊曰傱㐺郭註形小可憎之兒也。傱㐺聯綿語音成詞字典引方言解釋㐺字，非是。

倰 01418 00640
líng_8.10 廣韻魯登切集韻閭承切。丛與交通。越也◇欺倰也。借用陵、勊図lèng集韻郎鄧切正韻魯鄧切，丛稜去聲。倰蹬，疲貌。璽集韻倰勊04037欬26353，閭承切。侵尚也。或从力。亦作欬。又里孕切。長也。一曰倰憕，行疲。

倱 01419 00641
hùn_8.10 廣韻胡本切集韻韻會戶袞切丛音混。倱㑉，不開通貌図廣韻四凶之一玉篇帝鴻氏有不才子，天下之民謂之倱㑉左傳作混沌。

倲 01420 00642
dōng_8.10 廣韻德紅切集韻都籠切丛音東。儜倲，寧劣貌図dòng集韻多貢切音凍。懵倲，愚貌△韻譜本義加氵作倲，卽倲字。璽又倲01051

倳 01421 00643
zì_8.10 廣韻集韻丛側吏切。同剚。李奇曰：東方人以物插地中爲倳前漢·蒯通傳通說范陽令徐公曰：慈父孝子，不敢事刃於公之腹者，畏秦法也史記·張耳陳餘傳作倳刃図立事曰倳周禮·天官·大宰事典以任百官註猶倳也音義猶立也。

㑡 01422 00644
ǎn_8.10 集韻五敢切音顉。仰首貌。一曰好貌。

㑢 01423 00645
dào_8.10 字彙補古盜37176字。

倦 01424 00646
juàn_8.10 字彙補與倦同揚子方言殘傶，倦也註今江東呼極爲殘。

倴 01425 00647
bēn_8.10 字彙補博昆切音奔。那顏倴盞，元將名。

鎏又同笨41821明·馮惟敏南呂一枝花·日食救護站的站天生的心侪，看的看日射得睛昏。

侮 01426 00648 wǔ_8.10 字彙補微補切音武。三國人名。

傿 01427 40591 yàn_8.10 字彙補於慢切，音宴◇寧也。

僽 01428 40592 zhòu_8.10 海篇音縐。任身也。

傂 01429 40593 zhì_8.10 字彙補澄士切，音雉◇值也。

偢 01430 40594 zhǒng_8.10 海篇音種。水流貌。

偿 01431 40595 nǎo_8.10 海篇音惱。姓也。鎏又傠01129，並俗。

灸 01433 42420 rán_8.10 海篇同诽

傼 01432 42419 jiàn_8.10 字彙補古戰切，音建◇健行也○按即倢字之譌。

御 01435 42422 yù_8.10 海篇音御

倸 01434 42421 jì_8.10 字彙補其季切，音忌◇心動也○按即悸字之譌。

倉 01436 u2B749 cāng_8.10 倉01375正字通作倉。

傂 01437 u2A74A ndij_8.10 壯和，與，跟。

倸 01438 u2A749 null_8.10 未詳。

傍 01441 u2A746 null_8.10 未詳。

侵 01439 u2A748 caeuq_8.10 壯和，同，與。

偘 01440 u2A747 null_8.10 未詳。

侀 01445 uFA73 xíng_8.10 同侀01095

倣 01442 u2A745 null_8.10 喃未詳。

併 01446 u2F807 bìng_8.10 兼併01365

侉 01443 u2A744 null_8.10 喃未詳。

叙 01444 u2A743 null_8.10 未詳。

倵 01447 u20CD9 thay_8.10 喃从代台thai聲。代替，更換。

俁 01448 u202DF yǔ_8.10 同窳41282粗劣銀雀山漢墓竹簡·王兵官府毋長，器戒苦俁。

亂 01449 u202C3 yìn_8.10 字彙胤47166俗作亂。

侁 01450 u202A1 null_8.10 或讀羌，見甲骨文合集.9819侁㞢。

傍 01451 u202A0 null_8.10 未詳。

偬 01453 u2029E null_8.10 未詳。

倕 01452 u2029F thẳng_8.10 喃从人繩thẳng省聲。傢伙，小子。

偌 01455 u2029C nhố_8.10 喃从人女如đố聲△偌偌：眾多。

駈 01456 u2029B người_8.10 喃同得

㑥 01454 u2029D thay_8.10 喃同倵01447

得 01457 u2029A dé_8.10 俗得16656敦煌·Φ.096雙恩記求者千人得者希 又người喃同駈01456人。俸得：人影。

倌 01458 u20299 nghè_8.10 喃从人宜nghi聲。大臣。

偐 01459 u20298 qián_8.10 同掮20032

傁 01460 u20297 sǒu_8.10 俗傁01666漢無極山碑問耆傁，僉以爲寔神且名。

例 01461 u20296 lì_8.10 例01108本字

傍 01464 u20293 páng_8.10 傍01685本字

侵 01462 u20295 bì_8.10 集韻辟60541古作侵。

俭 01463 u20294 qì_8.10 同徛16663類篇俭，乞及切。俭集，人衆皃。

倍 01465 u20291 pěi_8.10 同倍01261古文倍01379六書故倍，蒲妹切。反北也。與北通。又上聲。兩之曰倍。

匋 01466 u20290 táo_8.10 方伙，群。又作淘陶蜪駒。清·袁于令西樓記·第十三齣·疑謎咋日趙伯將相公，領着宅上一匋大叔，說老爺教他来毁拆房屋 又人名用字。天津大公報.1930.May.3.Num.9619·⑪本市新聞皮毛牙稅開徵。商人劉匋菴、王憬生合辦，每年認繳稅洋十四萬元。

倠 01467 u2028E ái_8.10 客我。

倫 01472 u20288 líng_8.10 同伶00954古璽彙編·姓名私璽.3437□宜倫。

釜 01468 u2028D jīn_8.10 同金62775亦作釜62744古文金。

龟 01469 u2028B lóng_8.10 古文龍75850

食 01470 u2028A shí_8.10 古文食68885

勚 01471 u20289 mèi_8.10 方不會。亦作艙23341

倫 01473 u20287 lún_8.10 俗倫01412

倫 01474 u20286 lún_8.10 俗倫01412後周廣順二年馬君墓誌故新孰相几倫，奚能兌生死。

倏 01475 u20285 shū_8.10 俗倏01381朝鮮本龍龕倏，倏忽，疾也。

俭 01476 u20284 null_8.10 未詳。

㑍 01477 u20283 null_8.10 未詳。

俊 01478 u20282 jùn_8.10 俗俊01241名義傑，奇哲反。特立，才能，莫，俊。

偿 01479 u20281 nghè_8.10 喃俗儗02313官員。

偐 01480 u20280 null_8.10 未詳。

倣 01481 u2027F null_8.10 未詳。

侉 01482 u2027E null_8.10 未詳。

俞 01483 u2027D yú_8.10 同俞02528

佹 01484 u2027C null_8.10 未詳。

俵 01485 u2027B null_8.10 未詳。

偏 01486 u2027A null_8.10 未詳。

俫 01487 u20279 null_8.10 未詳。

倚 01488 u20278 chái_8.10 俗儕02131

俶 01489 u20277 null_8.10 未詳。

俾 01490 u20276 bǐ_8.10 俗俾01359可洪音義俾夫：上卑弭反 又bì集韻仳，必至切。及也。或作俾。

促 01491 u20275 null_8.10 未詳。

俩 01492 u20274 null_8.10 未詳。

邑 01493 u20272 null_8.10 未詳。

俓 01495 u20270 null_8.10 未詳。

傍 01494 u20271 páng_8.10 俗傍01685可洪音義傍臣：上蒲光反。又作傍 又phường喃从人房phòng聲。伙，幫派。

倛 01496 u2026F qī_8.10 俗悽17555敦煌·S.328伍子胥變文無端潁水滅人蹤，落淚悲嗟倍倛愴。

丧 01497 u462E sàng_8.10 俗喪06529

㑭 01499 u346C null_8.10 未詳。

俾 01498 u346D bì_8.10 同仳00839亦作俾01490朝鮮本龍龕俾，必至切，及也五音集韻仳俾，及也 又俗睥37802可洪音義俾倪堞：音牒 又俗頓68218可洪音義作俾：亦同上（頓，

普米反）也。又卑弭反，非。

俖 01500 u346B
niè_8.10　龍龕俖，俗，乃叶反。又舊藏作弃。在七佛神咒經 敦煌曲子詞·浪濤沙 俖取硯筒濃念筆，疊紙將來書兩行 図 玄應音義 郁企：邱豉反。經文作俖，非也。

𪨊 01501 u346A
chái_8.10　同儕02131

儸 01502 u3469
luó_8.10　简儸02301

俣 01503 u3468
yǔ_8.10　同俣01229

倫 01504 uF9D4
lún_8.10　兼倫

佞 01505 u503F
nìng_8.10　俗佞00996唐 佛說彌勒菩薩兜率天下生成佛經碑 深着五欲，嫉妬諂佞 干祿字書 佞佞，上俗下正。

倾 01506 u503E
qīng_8.10　简傾01820

舍 01507 u503D
shà_8.10　同唅06425

值 01508 u503C
zhí_8.10　參見值01405

债 01509 u503A
zhài_8.10　简債01804

俭 01510 u5039
jiǎn_8.10　日同儉02066

俫 01511 u5038
cǎi_8.10　國語辭典 俫，同睬37811見「俅01559俫」條。又 金瓶梅詞話·第七十四回 疎狂或薄情無奈，兩三夜不見你回來。問着他便撤頭不俫，不由入轉尋思權寧耐。他笑吟吟將被兒錦開，半掩過香羅待，我推綉鞋不去俫。你若是惱的人，慌只教氣得我害。

佴 01512 u5037
nǎi_8.10　方你。

俱 01513 u5036
jù_8.10　同俱01342

倂 01515 00650
yīng_9.11　俗英字。

倂 01514 00649
bìng_9.11　廣韻 集韻 韻會 𠀤蒲幸切，平上聲。或作併，俱也。羅列也。

偁 01516 00651
chēng_9.11　廣韻 稱本字 說文 揚也 爾雅·釋言 舉也。

偂 01517 00652
jiān_9.11　玉篇 篇海 𠀤則前切，音箋。偂進也。
図jiǎn 篇海類編 子淺切音翦。義同。

偃 01518 00653
yǎn_9.11　唐韻 韻會 於幰切 集韻 隱幰切，𠀤蔫上聲 說文 僵也，仆也 儀禮·鄉射禮 偃旌興而俟 淮南子·精神訓 牆之立，不若其偃也 図 服也，靡也，臥也 詩·小雅 或息偃在牀 書·武成 偃武修文 図 偃塞，困頓失志貌 左傳·哀六年 彼皆偃塞，將棄子之命 註 偃塞，驕傲也。図 與堰同，壅水也。◆ 周禮·天官·獻人註 梁，水偃也，偃水爲關空也。又偃豬，下溼之地 左傳·襄二十五年 規偃豬 正義曰 偃豬，謂偃水爲豬也。又厠 莊子·庚桑楚 觀室者周於寢廟，又適其偃焉 註 偃謂屏厠。屏厠則是偃溲 図 地名 春秋·僖元年 公敗邾師于偃 図 姓。晉偃籍 図 集韻 於殄切音蝘。義同。鋆又倞31921偃02021 図俗从女作嫚11078 図 名義 偃01854：扵獻反。倒，息，仰，仆狂。

偄 01519 00654
ruǎn_9.11　唐韻 正韻 𠀤奴亂切，澳去聲 說文 弱也。又 魯峻孟郁郭仲奇碑 儒作偄。鋆又愞17833懦18553 燸31894

傿 01520 00655
zhòng_9.11　集韻 朱用切音腫。僮傿，不遇貌。僮傿與龍鍾，隴種，躘踵通，皆狀其潦倒也 荀子·議兵篇 隴種而退 註 遺失貌，卽龍鍾 埤蒼 作躘踵 指南 作僮傿 北

史·李穆傳 宇文泰戰敗，敵兵追及，穆以鞭擊泰曰：籠東軍士，爾曹主安在。籠東猶隴種，言兵敗披靡也。字雖各別，音義相同 図 與憧同 易·咸卦 憧憧往來，京房本改作傿 図 同僮。◆ 漢張公神道碑 騂白鹿兮從仙僮。

偆 01521 00656
chǔn_9.11　廣韻 集韻 𠀤尺尹切音蠢。富也，厚也。鋆 春秋繁露 春之為言猶偆偆也，秋之為言猶湫湫也。偆偆，喜樂之貌。湫湫，憂悲之狀 正字通 偆，同賰57871 図借01963，本字。

僎 01522 00657
zhuàn_9.11　集韻 同僎。

假 01523 00658
jiǎ_9.11　廣韻 古雅切 集韻 韻會 舉下切𠀤音賈 詩·小雅 不遑假寐 註 不脫衣冠而寢 図 借也 禮·王制 大夫祭器不假 左傳·桓六年 申繻曰：取于物爲假 図 周禮·六書註 假借者，令、長之類是也 図 禮·曲禮 假爾泰龜有常，假爾泰筮有常 疏 假，因也 楚漢春秋 會稽假守殷通 註 假，謂兼攝也 図 爾雅·釋詁 假，大也 詩·大雅 假哉天命 儀禮·士冠禮 髦士攸宜，宜之于假 図 設辭 列子·楊朱篇 楊子曰：世固非一毛之所濟。禽子曰：假濟爲之乎 図 北假，地名。◆ 史記·秦始皇紀 使蒙恬渡取高闕、陶山、北假中 図 與嘉同。美也 詩·大雅 假樂君子 中庸作嘉 毛傳 假，嘉也 図xiá 集韻 韻會 正韻 𠀤何加切。與遐遇同 揚子法言 假言周於天地，贊於神明 註 假作遐 図jià 集韻 韻會 居迓切 正韻 居亞切𠀤音價。休沐也 晉書·王尼傳 護軍與尼長假 歐陽修·題跋 言旬休，皆休假也 図 集韻 正韻 𠀤與格同，至也 易·萃卦 王假有廟。又叶胡故切音互 宋玉·招魂 結撰至思，蘭芳假些。人有所極，同心賦些 図 叶古我切音果 陶潛·命子詩 既見其生，實欲其可。人亦有言，斯情無假 図 與鰕同 禮·禮運 是謂大假 纂言 假與鰕通。大假者，大其鰕詞也。鋆又段05239仮00833假01612賈00139

偈 01524 00659
jié_9.11　廣韻 渠列切 集韻 巨列切𠀤音傑。武也。又偈偈，用力貌 莊子·天道篇 偈偈乎揭仁義。又 揚子·太玄經 輔其折，廡其闕，其人暉且偈 図 武貌。與竭通。図 郅偈，竿也 揚雄·甘泉賦 夫何旟旐、郅偈之旖旎也。図ji 集韻 韻會 𠀤其例切音愒。息也 揚雄·甘泉賦 度三巒兮偈棠梨 師古曰 偈與憩通 図 偈句。釋氏詩詞也。図jié 正韻 奇熱切音揭。疾也 詩·檜風 匪車偈兮。叶上發、下怛 朱傳 偈，疾驅貌。

偉 01525 00660
wěi_9.11　唐韻 于鬼切 集韻 韻會 羽鬼切𠀤音韙 說文 奇也。徐曰 人材傀偉 增韻 大也 史記·陳平世家 張負既見之喪所。獨視偉平 韓詩外傳 仁者好偉，和者好粉 図 姓。漢光祿勳偉璋 図wèi 正韻 于貴切音胃 陸機·文賦 彼榛楛之勿翦，亦蒙榮於集翠。綴下里於白雪，吾亦濟夫所偉。鋆又伟00934俁01640

偊 01526 00661
yǔ_9.11　韻會 王矩切音羽。偊偊，獨行貌 前漢·東方朔傳 行步偊旅 註 曲躬貌。又 列子·楊朱篇 偊偊爾慎耳目之觀聽。通作踽。俗讀若舉。義同。

俜 01527 00662
bìng_9.11 集韻同俜
集韻胡昆切丛音魂 說文 人姓也。鋻 又俒01146

俒 01530 00665
hún_9.11 廣韻 戶昆切

俉 01528 00663
ruò_9.11 集韻人夜切，惹去聲。姓也。

偍 01529 00664
tí_9.11 字彙杜兮切正字通 徒奚切丛音題 荀
子·修身篇難進曰偍。又同媞。

偎 01531 00666
wēi_9.11 廣韻烏恢切集韻韻會烏回切正韻烏魁
切丛音煨。昵近也。列子·黃帝篇 不偎不愛，偓聖爲之臣
字林偎，仿佛見不審也 図山海經北海有國，名曰朝鮮、
天毒。其人水居，偎人愛人 註偎，亦愛也。

俴 01532 00667
chán_9.11 說文偃本字。亦作俴。鋻亦作潺28986

偅 01533 00668
shù_9.11 廣韻常句切集韻殊遇切丛音樹。立也。
或作偅尌踿。

偯 01534 00669
xùn_9.11 玉篇字書偯01125字。疾也。

偑 01535 00670
jué_9.11 唐韻集韻丛其虐切音噱 說文 徼偑，受屈
也司馬相如·子虛賦微調受詘。或作偑図jù集韻竭戟
切音劇。同劇。倦也。鋻 又偑01719 尰03123偑01323
図偑01873同偑01753集韻偑方言偑。或作偑俗01263
偑17757偑56967

偏 01536 00671
piān_9.11 唐韻芳連切集韻韻會正韻紕延切丛音
篇。頗也，側也書·洪範無黨無偏，王道平平 図中之兩
旁曰偏左傳·隱十一年鄭伯使許大夫百里，奉許叔以居
許東偏図屬也左傳·襄三年君子謂祁奚於是能舉善
矣，舉其偏不爲黨 図周禮·夏官疏五十人爲偏図司馬
法車戰，二十五乘爲偏。詳前伍00870字註 図偏枯 荀
子·非相篇禹跳湯偏註湯，半體枯 図姓。漢偏呂。見史
游·急就章図偏翩篇古通用易·泰卦翩翩不富以其鄰
陸德明作偏篇。古文作偏偏。

俔 01537 00672
qiān_9.11 集韻口減切音嗛。意不安也。

偐 01538 00673
yàn_9.11 廣韻五晏切集韻魚澗切丛音雁。偽物也。

偑 01539 00674
fēng_9.11 廣韻方戎切音風。地名。鋻 又佩00920

偒 01540 00675
tǎng_9.11 廣韻他朗切音倘。長貌図與蕩通揚子法
言魯仲連偒而不削，藺相如削而不偒註偒，古蕩字。
削，古制字。

偓 01541 00676
wò_9.11 唐韻於角切集韻韻會正韻乙角切丛音
握玉篇偓促，拘也図姓図偓佺，仙人名。

偔 01542 00677
è_9.11 廣韻五各切集韻逆各切丛音噩。多也。

偕 01543 00678
jiē_9.11 唐韻古諧切集韻韻會居諧切丛音皆 說
文 強也。一曰俱也。徐曰能同于人，是強有力也詩·小
雅偕偕士子，朝夕從事註強壯貌図叶舉里切音几
詩·魏風兄曰嗟予弟行役，夙夜必偕。叶下死，死音洗註
必偕，言與其儕同作止，不得自如也。

偖 01544 00679
chě_9.11 字彙音義同撦正字通撦省作偖。譌文。

偗 01545 00680
shěng_9.11 集韻所澋切，生上聲。直貌。又長貌。

偘 01546 00681
kǎn_9.11 廣韻集韻丛同侃唐書·薛延陀傳偘偘不
干虛譽。

偒 01547 00682
mào_9.11 集韻莫後切音茂。佝偒，鄙吝也。

偙 01548 00683
dì_9.11 廣韻都計切集韻丁計切丛音帝。偙儶，
困劣貌。鋻 或作偙01824図集韻偙，他計切。困劣也。

做 01549 00684
zuò_9.11 正字通俗作字彙租去聲。又音佐。不
知作本有去、入二音，分作00994做爲二，非。

俊 01550 00685
sǒu_9.11 集韻類篇與傁、叟丛同。

偅 01551 00686
chā_9.11 廣韻集韻丛側洽切音插。偅偅，小人貌。
鋻 又集韻偅，莊輒切。偅恬，點兒。一曰皮皺図偅傝。
參見傝01667図媎11034

停 01552 00687
tíng_9.11 唐韻特丁切集韻韻會正韻唐丁切丛音
廷。行中止也釋名停，定也。定於所在也王弼·易傳八
卦復位，六爻遷次，周而復始，上下不停図關尹子·八
籌篇草木俄苗苗，俄停停註停停，樸邃不長也△復古
編本作亭，後人又別作停。

偝 01553 00688
bèi_9.11 廣韻集韻丛蒲昧切音佩。棄也禮·坊記利
祿先死者，而後生者，則民不偝図禮投壺毋偝立註偝
立，不正鄉前也図荀子·非相篇鄉則不若，偝則謾之。
或作倍。亦作背。

偪 01554 00689
guǎ_9.11 廣韻集韻丛古瓦切音寡。偪偪，行貌。
△·別作偪。

偞 01555 00690
yè_9.11 ·廣韻與涉切集韻弋涉切丛音葉。輕也
図集韻一曰美容△亦作偀。鋻 又偀02036

偟 01556 00691
huáng_9.11 廣韻集韻正韻丛胡光切音黃。仿偟猶
徨營莊子·大宗師茫然傍偟乎塵垢之外図通遑爾
雅·釋言偟，暇也揚子法言忠臣孝子，偟乎不偟註言
忠孝之人，不暇問仙人無益之事也。

偠 01557 00692
yǎo_9.11 廣韻烏皎切集韻伊鳥切丛音杳。偠嬝，
細腰貌張衡·南都賦偠紹便娟註男女春遊之盛，多容
姿也。鋻 又嬝10964

偡 01558 00693
zhàn_9.11 集韻丈減切，讀若湛。偡然，齊整貌。

偢 01559 00694
qiào_9.11 集韻七肖切音峭。傻偢，不仁。鋻 又越
諺·越諺騰語·卷上偢保，揿察，人性不溫柔國語辭典偢
保：同瞅睬，如「那知他又大落落的全沒些偢保」，見醒
世姻緣傳。金·董解元西廂記諸宮調·卷三從自齋時，
等到日轉過，沒個人偢問，酪子裏忍餓。元·關漢卿竇
娥冤·第一折端的個有誰不偢，有誰偢。

候 01560 00695
hòu_9.11 集韻同候

偤 01562 00697
yóu_9.11 字彙以周切

音由。侍也。出文字辨疑○按偝字諸韻書俱不載。

偐 01561 00696
yān_9.11　字彙衣炎切音淹。淨也○按女部：婠，女志不淨。偐、婠義同。偐訓淨，非。

健 01563 00698
jiàn_9.11　廣韻集韻韻會正韻並渠建切，音鍵說文伉也。增韻强有力也。易·乾卦天行健，君子以自强不息図官健唐書·德宗紀張萬福曰：官健虛費衣糧，無所事註州兵給衣糧者，爲官健図健兒。天寶十四載，京師召募十萬，號天寶健兒図姓。宋遺民健武，邯鄲人図正韻巨展切音件廣韻難也，舉也。鋻又健16740

俆 01564 00699
tū_9.11　篇海他骨切音突。傗俆，不遜也。本作唐突。俗作傗俆，非。

偦 01565 00700
xǔ_9.11　玉篇思主切。姓也。鋻又偦01179正字通偦，偦字之譌。考姓譜，無偦字。

便 01566 00701
biàn_9.11　說文便本字。

偦 01567 00702
xǔ_9.11　集韻寫與切音諝。有才智者之稱図xū新於切音胥。疏也。鋻又偦01565

傐 01568 00703
huì_9.11　字彙古無此字。見楊升庵集。義與殨同正字通楊集本作瘣，瘣、殨音義同。譌作傐，非。

傸 01569 00704
zhā_9.11　篇海陟加切音吒。張也。

俖 01570 00705
tuō_9.11　類篇闥各切音託說文寄也。謂依止也。△與仛、侂𢿸同。

傤 01571 00706
cī_9.11　集韻又宜切音差。傤傮，不齊也揚雄·甘泉賦騈羅列布，鱗以雜沓兮。傤傮參差，魚頡而鳥䀨。図·司馬相如·上林賦傤池茈虒註茈音此，虒音思。亦作傂、傮。

傺 01572 00707
duō_9.11　集韻當何切音多。姓也。漢有傺宗○按漢書南山盜傮宗。傺乃傮之譌△亦作傮。

俊 01573 00708
yìng_9.11　集韻與媵同。

偩 01574 00709
fù_9.11　廣韻房久切集韻韻會扶缶切正韻房缶切並音阜禮·樂記禮樂偩天地之情鄭註偩猶依。象也図同負淮南子·詮言訓自偩而辭助註自偩，自恃也。

偪 01575 00710
bī_9.11　集韻與逼同。侵迫也禮雜記君子不偪上，不偪下図爲行縢之名釋名偪，所以自逼束。今謂之行縢，言以裹脚，可以跳騰輕便也禮·內則偪屨著綦註行縢也詩·小雅邪幅在下註幅，偪也。邪纏於足，所以束脛，在股下也。諸侯見天子、人子事父母，皆然図揚子方言腹滿曰偪註言敕偪也晉書·明帝紀阮孚告溫嶠內迫，卽謂偪也図廣韻集韻並方六切音福。偪陽，地名。見左傳·襄十年

偫 01576 00711
zhì_9.11　廣韻直里切集韻韻會丈里切，並音峙說文待也図同偫。具也周語單襄公曰：偫而畚挶揚雄·校

獵賦儲積共偫図與庤通詩·周頌庤乃錢鎛図通作峙、庤爾雅·釋詁峙具也書·費誓峙乃糧糧詩·大雅以峙其糧後漢·章帝紀無得設儲庤鋻又偫01904

偬 01577 00712
zǒng_9.11　廣韻作孔切·集韻韻會祖動切並音總。倥偬。俗作傯。

偭 01578 00713
miǎn_9.11　廣韻集韻並彌兗切音緬。向也。一曰偝也図背也屈原·離騷偭規矩而改錯揚子法言假則偭焉図與面通說文鄉也。引禮·少儀尊壺者偭其鼻○按禮·少儀今本作面。鋻又偭01755偭01967図偭典，或作脈47641腼、靦67072靦。

偮 01579 00714
jí_9.11　集韻側立切音戢。人衆貌。亦作緝。

偯 01580 00715
yǐ_9.11　廣韻於豈切集韻韻會隱豈切並音扆。哭餘聲禮·雜記童子哭不偯又閒傳大功之哭，三曲而偯鄭註聲餘從容也○按大功哀殺，故哭聲宛偯。童子未能成聲，直遂其哀而已。

偰 01581 00716
xiè_9.11　古文㐯廣韻正韻並先結切音屑說文高辛氏子，堯司徒，殷之先也。通借契図姓。元偰列箎，本回鶻人，後居溧陽，兄弟五人，俱登進士。明吏部尚書偰斯。

偱 01582 00717
xún_9.11　正字通須倫切音旬。述也。鋻龕𪾢同循16720

偲 01583 00718
sī_9.11　廣韻息茲切集韻韻會新茲切並音司。偲偲，相切責也。詳勉也図cāi集韻倉來切韻會倉才切並音猜說文彊力也。又多才力也図叶桑才切音鰓詩·齊風其人美且偲叶上鰓朱傳多鬚貌。

偳 01584 00719
duān_9.11　廣韻多丸切集韻多官切並音端。伭偳，小也。

側 01585 00720
cè_9.11　唐韻阻力切集韻韻會札色切並音㳄。旁也，傾也詩·召南在南山之側書·洪範無反無側註不偏邪也図卑隘也書·堯典明明揚側陋図叛黨曰反側後漢·光武紀使反側子自安図儀禮旣夕有司請祖期。曰：日側註側，昳也。謂將過中之時。與昃同図側注，冠名。鄘食其服以見沛公図側生，荔支名図與特通·儀禮·士冠禮側尊一甒醴註特設一尊醴也。又聘禮公側授宰玉。又側授客幣註謂君特授，不假相也図同仄史記·平準書公卿鑄鏞官赤側註赤側，錢名。鋻鑄鏞官赤側。鏞，鐘字之誤図側01191

偵 01586 00721
chēng_9.11　廣韻丑貞切集韻韻會癡貞切正韻丑成切並音檉。候也，探伺也杜預·左傳註諜者曰游偵，亦謂之閒諜後漢·清河孝王傳內使御者，偵伺得失循吏·任延傳止罷偵候戍卒△一作偵鶡冠子·王鈇篇偵諜足以相止註偵、偵同。鋻又偵01192

偶 01587 00722
ǒu_9.11　唐韻五口切韻會語口切並音耦。凡數雙曰偶，隻曰奇禮·郊特牲鼎俎奇而籩豆偶，陰陽之義

也。又 爾雅·釋詁 偶，合也 註 謂對合也。又胖合也 賈誼·五餌 言偶人無時 韓詩 言不失時，以偶爲胖合也。又 家語 聖人因時，以合偶男女 図 儕輩曰偶 前漢·黥布傳 率其曹偶，亡之江中 図 適然也 列子·楊朱篇 鄧析謂子產曰：鄭國之治，偶耳，非子之功矣 図 俑也。象人曰偶，木土像亦曰偶 史記·孟嘗君傳 木偶人謂土偶人。一作寓、禺 前漢·郊祀志 木寓龍 史記·封禪書 木禺龍。苽同偶。別作槶，非 図 姓。明洪武中，偶桓以辟薦爲崇安縣從事。鑋又偲18220 偲02108 調56369

俴 01588 00723
zhì_9.11 集韻 陟利切，音致 玉篇 會物也 揚子方言 牴、俴，會也。雍梁秦晉曰牴，凡會物謂之俴。

偸 01589 00724
tōu_9.11 廣韻 託侯切 集韻 韻會 正韻 他侯切，苁透平聲 說文 苟且也 左傳·昭十三年 子產曰：晉政多門，貳偷之不暇 図 禮·表記 安肆日偷 図 爾雅·釋言 佻也 廣韻 盜也 管子·形勢解 偷得利，而後有害，偷得樂，而後有憂者，聖人不爲也。又薄也 左傳·襄三十一年 趙孟之語偷 図 叶朱切音余 張衡·西京賦 敬慎威儀，示民不偷。我有嘉賓，其樂愉愉。聲教布濩，盈溢天區。鑋 張衡·西京賦：徐慧：東京賦

侲 01590 00725
bì_9.11 玉篇 古文辟60541字。

倣 01591 00726
tì_9.11 集韻 睼37980古作倣。

余 01592 00727
yīn_9.11 字彙補 古文陰65739字。

僺 01593 00728
bǎo_9.11 說文 古文保01269字。鑋又保01718

佢 01594 40596
qiā_9.11 篇海類編 音呿。峨佢，癡貌。

侣 01595 40597
sì_9.11 海篇 音肆。相似也。

復 01596 40598
fú_9.11 字彙補 方六切音福 字義總略 除也。史，復今年田租之半。今通作復。

倌 01597 40599
huàn_9.11 集韻 同宦

候 01598 40602
hòu_9.11 正韻 同候

俱 01599 40603
jú_9.11 廣韻 古闃切音臭。俱點也。

傄 01601 42424
sì_9.11 海篇 音寺。食也。

俹 01602 42425
yā_9.11 海篇 音鴉

係 01600 42423
rǎo_9.11 字彙補 同猱

偖 01603 42426
guò_9.11 海篇 音過。又音信。

命 01604 42428
mìng_9.11 字彙補 同命。

倫 01609 u2A755
null_9.11 喃 未詳。

倒 01605 42429
yù_9.11 字彙補 同御。

侴 01606 42430
sǎn_9.11 海篇 音散，蓋也〇按卽傘字之譌。

佗 01607 42431
shé_9.11 字彙補 音地。鑋 龍龕 佗，俗。音蛇。

您 01610 u2A754
null_9.11 未詳。

傳 01608 u2B74A
zhuàn_9.11 俗傳01801
敦煌俗字譜 引 中45.390.上-8

偆 01611 u2A753
null_9.11 未詳。

假 01612 u2A752
jiǎ_9.11 俗假01523

宋·邵浩 坡門酬唱集（文淵閣四庫本）·卷二十二·張文潛·用韻答蔡天啟 何時御史出霜臺，便假前騶辭棘戶。

偅 01613 u2A751
null_9.11 未詳。

偋 01614 u2A750
null_9.11 未詳。

俐 01615 u2A74F
null_9.11 人名 殷周金文集成·16.10361·國差罇 攻币（工師）俐鑄西墉寶罇四秉。

㧋 01616 u2A74E
null_9.11 喃未詳。

㳽 01617 u2A74D
hú_9.11 俗湖28877
可洪音義 㳽利：上 經音義 作湖，戶孤反。

借 01618 u2A74C
miáo_9.11 同媌10992高麗本 龍龕 借借01349，音猫。

㧫 01619 u2A74B
sieng_9.11 壮傷。

偺 01620 u2F808
zán_9.11 兼 偺01661

㑨 01621 u202306
quán_9.11 同㑨02538古文全。

偈 01623 u202E5
mawz_9.11 壮你 図 mày 喃汝輩，你△與㛢12726同。

倚 01625 u202E3
yǐ_9.11 俗倚01395

㑾 01622 u202E6
mu_9.11 喃从人謀mưu省聲。接生婆 図 moij 壮媒。

俊 01626 u202E2
sǒu_9.11 同傻01666

侄 01624 u202E4
zhì_9.11 清·王引之 經義述聞·弟十一 儉而好侄好直而俓，儉而好侄者，家大人曰侄，塞也。好塞之語不通。儉而好俓，本作為儉而侄。與好直而俓對文，謂為儉侄而不達於禮也。今本好字涉上句而衍，又脫一為字，據盧注云為儉太逼塞於下，則儉上有為字，而侄上無好字明矣。

偄 01627 u202E0
yuán_9.11 墨子·卷六·節用上第二十 有與侵就偄橐。孫詒讓間詁引畢沅云偄即援20125異文。

㑗 01628 u202DD
miǎo_9.11 同紗43844 類篇 㑗，彌沼切。微也。

㑚 01629 u202DA
xiā_9.11 同傄01671

側 01630 u202D9
null_9.11 鬼名 酉陽雜俎·卷之十四·諾臯記上 蚍鬼，名側石圭。

傶 01631 u202D8
wǎi_9.11 同嵔13906唐·韓愈等 征蜀聯句 投奇鬧碻礈，填湟傶偬偫。

倷 01632 u202D6
liàn_9.11 同倢01831 集韻 倷，郎甸切，雞未成也。

傛 01633 u202D5
qióng_9.11 龍龕 傛01695俗傛正，渠容反。傛伮，可憎之皃也。

㑝 01634 u202D3
jué_9.11 古文爵32278 說文通訓定聲 㑝，據㑝篆首象雀形，知㑝爲雀之古文。

倓 01635 u202D2
null_9.11 未詳。

偵 01636 u202CF
yún_9.11 同偵01681

偬 01637 u202CE
yìn_9.11 龍龕 偬俗億02126正。

俀 01638 u202CD
tuī_9.11 新撰字鏡 俀，邊退並同。

偒 01639 u202CC
null_9.11 未詳。

偉 01640 u202CB
wěi_9.11 俗偉01525

俑 01641 u202CA
null_9.11 未詳。

㑉 01642 u202C9
null_9.11 未詳。

偯 01643 u202C8
yì_9.11 文淵閣四庫本 龍龕 偯，俗。音亦 図 人名用字。周元偯，順德人，武科舉人。見光緒 廣州府志·卷

四十八·選舉表十七

㹈 01644 u202C7
lín_9.11　或俗鄰。

儭 01645 u202C6
chèn_9.11　简儭02224

匾 01646 u202C5
null_9.11　未詳。

倭 01647 u202C4
null_9.11　未詳。

儳 01648 u202C2
chán_9.11　简儳02261

龠 01649 u202C1
yuè_9.11　俗龠75951

儹 01650 u202C0
null_9.11　未詳。

㫰 01651 u202BF
null_9.11　未詳。

傒 01652 u202BE
kuí_9.11　說文傒，左右兩視。从人癸聲。段玉裁注：睽，目不相聽也。傒即睽37902之或字耳。

㫝 01653 u202BD
null_9.11　未詳。

㫜 01654 u202BC
null_9.11　未詳。

儠 01655 u3472
nán_9.11　俗男35363　龕佽01222備二俗，女咸反。
图伽儠，香名。清·屈大均廣東新語·卷二十六·香語·伽儠伽儠，雜出於海上諸山。凡香木之枝柯竅露者，木立死而本存者，氣性皆溫，故為大螳所穴。大螳所食石蜜，遺漬香中，歲久漸浸。木受石蜜，氣多凝而堅潤，則伽儠成图伽儠貌，島名。明·佚名指南正法·大明唐山並東西二洋山嶼水勢釣魚臺：打水十二托，灣頭相連，好拋舡。內灣是占城蜂頭港。山上烏木甚多。有礁出水，不可近。伽儠貌有三礁，水漲不見，遠水舡，打水十五托。丁未五更取羅灣頭图bèi俗備01704廣碑別字引魏俊儀男元周安墓誌

债 01657 u507E
fèn_9.11　简債01937

偿 01656 u507F
cháng_9.11　简償02177

偽 01658 u507D
wěi_9.11　同偽01923

㑇 01659 u507C
jié_9.11　同健01403

偻 01660 u507B
lóu_9.11　简僂01827

偺 01661 u507A
zán_9.11　同咱05782天津大公報.1902.Aug.19.Num.64附件·勸中國人合羣保國現在偺們中國實是壞的不成樣子了，不但比外國窮，並且還是比外國軟弱。

偷 01663 u5078
tōu_9.11　同偷01589

偹 01662 u5079
bèi_9.11　俗備01704
可洪音義偹滿：上皮秘反。具也，成也。

㥩 01664 u503B
yē_9.11　伽㥩，高麗古國名。

傀 01665 00729
guī_10.12　唐韻公回切集韻韻會正韻姑回切𠀤音瑰廣韻大貌荀子·性惡篇傀然獨立天地之間，而不畏图怪異周禮·春官·大司樂凡日月食，四鎮五嶽崩，大傀異栽去樂。又guǐ集韻韻會正韻𠀤古委切音宄。義同图kuǐ廣韻口猥切集韻正韻苦猥切，𠀤魁上聲。今為木偶戲曰傀儡通鑑段綸徵巧匠，楊思齊造傀儡。太宗怒曰：求巧匠以供國事，今先造戲具，豈百工相戒，毋作淫巧之意。乃削綸階图huī集韻呼乖切音虺莊子·列禦寇達生之情者傀〇按傀說文唐韻𠀤公回切音瑰玉篇古回切正韻姑回切，皆隸灰韻見母之字也字彙姑回切音規，不知回隸灰韻，規隸支韻，此字彙顧母而失子，誤也。至正字通則用枯回切音魁，不知魁本見母，枯、魁屬溪母，此子母俱失者也，不可不辨。鋆又愧18504图玉篇傄02226聲類傀字图說文傀，偉也。从人鬼聲周禮曰「大傀異」。瓃34804，傀或从玉裏

傁 01666 00730
sǒu_10.12　廣韻集韻正韻𠀤同叟揚子方言傁、艾，長老也，東齊魯衛之間，凡尊老謂之傁左傳·宣十二年趙傁在後，怒之使下註傁，老稱图人名。春秋齊大夫公孫傁。亦作俊。鋆又傁09820

傷 01667 00731
zhòu_10.12　集韻側救切◇焦竑俗用雜字任身備作曰傷，音縐。鋆又偫01428伫01052嬬11131图焦竑·俗用雜字。明·陳士元俗用雜字图zhòu廣韻傷，鋤祐切。妊身人也。又nà女洽切。倍傷。又zhū莊俱切篆文云：倍傷，小人兒。倍，側洽切。

侥 01668 00732
zhì_10.12　集韻韻會𠀤丈尒切音豸傺侥，不齊也图廣韻與虒同。侥祁，地名。亦作虒。鋆又傺01143傂01360

侵 01669 00733
qīn_10.12　字彙同侵集韻韻會正韻蘇故切𠀤音素。向也

傃 01670 00734
sù_10.12　廣韻桑故切集韻韻會正韻蘇故切𠀤音素。向也蕭子雲·歲暮直廬賦日臨圭而易落，景中桌而南傃蘇軾·放鶴亭記縱其所如，暮則傃東山而歸图循其常分曰傃。

㿦 01671 00735
xiā_10.12　廣韻集韻韻會𠀤呼八切，音瞎。傝㿦，健貌图無憚也韓愈·征蜀聯句塡隍俄傝㿦。鋆又㿦01629㿦01314

偕 01672 00736
xiè_10.12　集韻同偣其季切音偣。左右兩視。鋆又傒01652睽37902傒66095

傺 01674 00738
jì_10.12　廣韻集韻𠀤

傃 01673 00737
suò_10.12　篇海山戟切，音索。傄傃，惡也。

倓 01675 00739
tán_10.12　說文倓字重文作倓。安也。鋆又刀部剡字重出：韻會補與倓同。安也，靜也。按：說文倓，或从剡。

傅 01676 00740
fù_10.12　唐韻集韻韻會𠀤方遇切音付。師傅，官名。古者天子有太師、大傅、太保，為三公。傅，傅之德義也詩·大雅王命傅御，遷其私人箋傅御者，貳王治事，謂冢宰也禮·文王世子立太傅、少傅以養之。图同付史記·夏本紀興人徒以傅土註索隱曰：傅即付也，謂付功屬役之事图姓图fū正韻芳無切。同敷。陳也前漢·文帝紀傅納以言註師古曰傅讀曰敷，陳其言而納用之图fù集韻韻會𠀤符遇切音附。近也周禮·冬官考工記刺兵同强，舉圍欲重，重欲傅人，傅人則密註傅，近也。密，審也图至也詩·大雅鳳凰于飛，翙翙其羽，亦傅于天箋傅猶戾也图麗著也左傳·襄六年環城傅于堞。又僖十四年皮之不存，毛將安傅图傅別，手書也周禮·天官八成經邦治，四曰聽，稱責以傅別註稱責謂貸予，傅別謂券書也。聽訟責者，以券書決之。傅，傅著約束於文書。別，別為兩。兩家各得一也图著名籍，給公家徭役也前漢·高帝紀蕭何發關中老弱未傅者，悉詣軍註服虔曰：傅音附，師古曰傅，著也。言著名籍，給公家徭役也。未二十三為弱，過五十六為老。

囝同附。曲意黨同曰傅會囝草名 爾雅·釋草疏傅，一名橫目草，蔓延生囝叶方味切音廢 班固·西都賦悖諄故老，名儒師傅，講論乎六藝，稽合乎同異△ 說文相也，从人專聲。

傆 01677 00741
yuàn_10.12 唐韻魚怨切集韻虞怨切夶音願 說文點也。

偌 01678 00742
rǒng_10.12 集韻乳勇切音宂。衆也。通作茸，別作嵷、氄。

㮚 01679 00743
lì_10.12 字彙力質切音栗。廟主正字通古廟主木用栗，未有稱㮚爲廟主者篇海㮚本作栗，益信字彙註誤。

傉 01680 00744
nù_10.12 廣韻内沃切集韻奴沃切，並農入聲北史三字姓。有庫傉官氏。

傊 01681 00745
yǔn_10.12 字彙羽敏切音磒。優也○按六書無傊字。
鋆又傊01636

傔 01682 00746
qiàn_10.12 集韻去傔切，音嗛。傔傔，行相及也。
鋆又傔01432

講 01683 00747
jiǎng_10.12 廣韻集韻夶古項切音講玉篇傋偟，不媚囝xiǎng集韻虎項切音傾廣韻傋偟也囝集韻與怐同前漢·五行志不敬而傋，霿之所致也囝gòu集韻居候切音冓。亦訓無知荀子·儒效篇愚陋傋瞀。俗本荀子譌作溝。

傌 01684 00748
mà_10.12 廣韻集韻正韻夶罵本字前漢·賈誼傳髠剕笞傌之法註傌即罵囝玉篇齊大夫名。

傍 01685 00749
páng_10.12 唐韻步光切集韻韻會蒲光切。夶通旁說文近也廣韻側也囝姓。唐北地羌豪傍企本。囝bǎng集韻補朗切音綁。左右也賈子·保傅篇成王之生，仁者養之，孝者强之，四聖傍之囝bàng廣韻集韻韻會正韻夶蒲浪切音徬正韻倚也集韻亦近也。或作並、傍囝bēng正韻補耕切音絣詩·小雅四牡彭彭，王事傍傍◇朱傳傍傍然不得已也。鋆又傐01464傍01494

㑧 01686 00750
jí_10.12 唐韻秦悉切。與疾通說文妎也囝毒也。重文作嫉。義同。

傒 01687 00751
xì_10.12 集韻許旣切音欷。怒也。鋆又傃17968
𩂱69348𩃏63854

傎 01688 00752
diān_10.12 廣韻集韻夶同顚穀梁傳僖二十八年晉文公之行事爲已傎矣△或作傎。

儓 01689 00753
tài_10.12 玉篇他代切。同態說文態或从人作儓。

傏 01690 00754
táng_10.12 集韻韻會夶徒郎切音唐。傏傛，不遜也。
鋆又傋01805

傐 01691 00755
hào_10.12 篇海乎老切音皓。北方地名○按今直隸眞定府有鄗，即高邑。陝中有鎬、滈，夶無傐篇海不知何據。

傑 01692 00756
jié_10.12 唐韻渠列切集韻韻會正韻巨列切夶音桀淮南子·泰族訓知過萬人者謂之英，千人者謂之俊，百人者謂之豪，十人者謂之傑。又前漢·高祖紀子房、蕭何、韓信三者，皆人傑也囝說文傲也囝詩·周頌有厭其傑傳傑，苗之先長者囝叶其利切音暨曹植·學宮頌於鑠尼父，生民之傑。性與天成，該聖備藝。
鋆又傑02019傑01893

偟 01693 00757
mǐng_10.12 集韻母迥切。與酩同。大醉也。

傆 01694 00758
chǎn_10.12 集韻丑展切音搌。人形長貌。

傛 01695 00759
qióng_10.12 玉篇渠凶切音笻。揚子方言傛、怺，罵也，燕之北郊曰傛、怺△一作傛。鋆又傑01757傑01633

儇 01697 00761
xùn_10.12 集韻同伨。

傒 01696 00760
xī_10.12 廣韻胡雞切集韻韻會正韻弦雞切夶音奚。江右人曰傒南史·胡諧之傳是何傒狗。諧之，南昌人，故云囝人名左傳齊卿高傒囝集韻同繫淮南子·本經訓傒人之子女註傒與囚繫之繫同囝xì六書故户禮切。通傒。待也。一說傒、奚同，與傒別。鋆又傮56032

傓 01698 00762
shàn_10.12 唐韻集韻夶式戰切音扇說文熾盛也。引詩·小雅豔妻傓方處○按詩·小雅今作煽。通作扇。

傔 01699 00763
qiàn_10.12 集韻韻會正韻夶詰念切音歉說文從也類篇侍從也唐書·封常清傳奏傔從三十人通雅唐制，大使、副使皆有傔人，河西節度崔希逸襲破吐蕃於青海，會希逸傔人孫誨入奏事正字通傔即今承差也。鋆又傁71722

傕 01700 00764
jué_10.12 集韻訖岳切音角。姓也囝人名。後漢李傕。鋆又傕02245囝俗催。

傖 01701 00765
chéng_10.12 廣韻助庚切集韻韻會鋤庚切正韻士庚切夶音傖。鄙賤之稱也晉陽秋吳人謂中州人謂傖，陸機呼左思爲傖父。宋孝武比擬羣臣，目王玄謨爲老傖韓愈詩無端逐餞傖囝集韻千岡切音倉。傖囊，亂貌。鋆又伧00926猶33510犲33073

傗 01702 00766
chù_10.12 廣韻丑六切集韻敕六切夶音蓄。傗佩01065，不申也囝與畜同古三墳·歸藏易育教傗註聖人以教養六傗。

傘 01703 00767
sǎn_10.12 廣韻蘇旱切集韻顙旱切夶音散。禦雨蔽日，可以卷舒者。通作繖。亦作幰說文蓋也通雅繖，本因古之繖，升庵謂傘亦古文晉·輿服志功曹吏繖扇騎從傘。始見於南史王緬以笠傘覆面魏書·裴延儁傳山胡持白傘、白幰○按說文幓，旌旗之斿爾雅纁帛繖註：衆旒所著正幅爲繖。此即繖之原也囝地名遼史·太宗紀駐蹕於傘淀。鋆又傘00935伞00788繖01606傘01774傘02016幝10208五音集韻傘01877㐼10236，雨具。

備 01704 00768
bèi_10.12 古文俈 唐韻 集韻 韻會 丛平祕切，音精。成也周禮·春官·樂師凡樂成，則告備⊠咸也，副也書·周官官不必備，惟其人⊠先具以待用也書·說命惟事事，乃其有備，有備無患左傳·僖五年凡分至啓閉，必書雲物，爲備故也⊠足也易繫辭易之爲書也，廣大悉備⊠禮·祭統福者，備也。備者，百順之名也。無所不順者之謂備⊠盡也月令季秋之月，乃命冢宰，農事備收⊠長兵曰備左傳·昭二十一年用少莫如齊致死，齊致死莫如去備⊠搔也周禮·秋官·冥氏若得其獸，則獻其皮革齒須備註須直謂頤下須，備謂搔也。搔音爪⊠姓⊠叶蒲必切音弼詩·小雅禮儀既備，鐘鼓既戒。戒音吉。鑒又備01980備01866偹01356葡35341角35332 㸚35336葡35339备09783葡49598俻01662

䚮 01705 00769
sāo_10.12 唐韻 集韻 丛蘇遭切音騷 說文 驕也。

傚 01706 00770
xiào_10.12 廣韻胡教切集韻後教切正韻胡孝切丛音效。法也，傚也。通作效⊠韻補叶胡高切音豪詩·小雅君子是則是傚。叶上昭、下敖。鑒又傚01343

傛 01707 00771
róng_10.12 廣韻集韻韻會丛餘封切音容漢制傛華，婦官名。今通用容⊠傛傛，便習貌前漢·外戚傳·師古註傛傛猶奕奕⊠疾病不安曰傛傛⊠yǒng 集韻尹竦切音勇◆說文不安也。一曰華也。

傜 01708 00772
yáo_10.12 廣韻集韻韻會正韻丛餘招切音姚六書故傜，役也。亦作徭。又作繇方言傜，袞也。自山而西，凡物細大不純者謂之傜⊠姓。漢更始將傜偉⊠莫傜隋書·地理志長沙郡有夷蜒，名莫傜，自言其先祖有功，常免征役，故以爲名杜甫詩莫傜射鴈鳴桑弓。鑒又堡01730傝01807⊠龍龕傝02080正傜今。

傝 01709 00773
tàn_10.12 廣韻集韻丛他紺切，舾去聲。不自安也⊠廣韻託盍切集韻吐盍切丛音榻。傝𠎹，下材不肖之人。或作傝㝸、闒茸。俗作𣢠𣢧⊠玉篇傝偛，惡也。一曰不謹貌。

傞 01710 00774
suō_10.12 唐韻素何切集韻韻會正韻桑何切丛音娑說文醉舞貌詩·小雅屢舞傞傞。

傟 01711 00775
yǎng_10.12 集韻烏項切，音慃。戻也。

偮 01712 00776
jǐ_10.12 集韻節力切，音稷。小也。

傠 01713 00777
fá_10.12 集韻房越切，與伐同揚子·太玄經勇傛之傠，盜蒙決夬註無道爲傛，反義爲傠。無道反義，衆惡所歸，故宜決。

個 01714 00778
yǔ_10.12 正字通與俣同釋文引詩·邶風碩人俣俣，作個個楊慎·字說从俣爲正。

傆 01715 00779
tà_10.12 ◆揚子方言困胎傆逃也。音無考。鑒俗傝02055

傮 01716 00780
bǎo_10.12 集韻寶12465古作傮。

俥 01717 00781
cuò_10.12 說文座本字。

傃 01718 00782
bǎo_10.12 集韻古保字〇按說文本作保。

傴 01719 00783
jù_10.12 集韻竭戟切揚子方言殘、傴，傍也。

傰 01720 40600
pěng_10.12 篇海類編蒲孟切，彭上聲。俱也，丛也。又音丛。義同。鑒字彙補蒲諷切，彭上聲。

傽 01721 40601
píng_10.12 篇海類編與凭同。

傕 01722 40604
guàng_10.12 篇海類編與徉同。

倍 01723 40605
bèi_10.12 字彙補與倍同廣雅祆氣，旬始倍譎。

儔 01724 40606
shòu_10.12 海篇同壽字彙補太上作。見亳州老君碑

俷 01725 40607
bì_10.12 字彙補丛密切音弼樊宗師·絳守園記俷池豪渠。

侖 01726 40608
lún_10.12 字彙補籀文侖字。鑒又侖01994

傶 01727 40609
qī_10.12 海篇音戚。憂懼也。

傽 01728 42432
xià_10.12 字彙補同夏。

傽 01729 42433
xiàng_10.12 海篇音象。鑒俗像01902

堡 01730 42434
yáo_10.12 字彙補于潮切，音遙◇喜也〇按卽傜字之譌。

㹈 01731 42435
tè_10.12 字彙補同蟘。見楚相孫君碑

㒜 01732 42436
gòng_10.12 篇海大成音共。

傒 01733 42437
xī_10.12 海篇同傒

傱 01734 42438
sòng_10.12 字彙補心共切，音送◇遣也〇按字形本作送60960

傿 01735 42439
yáo_10.12 海篇音姚

儜 01736 42440
nòng_10.12 海篇音弄

01737 u2A75F
null_10.12 未詳。

01738 u2A75E
null_10.12 未詳。

01739 u2A75D
yìng_10.12 同儱02274

01740 u2A75C
null_10.12 喃未詳。

01741 u2A75B
null_10.12 未詳。

01742 u2A75A
null_10.12 未詳。

01744 u2A758
null_10.12 未詳。

01743 u2A759
kē_10.12 民國膠澳志依人度日曰傮傮。上音磕。下音跋。

01745 u2A757
null_10.12 未詳。

01747 u20328
phìa_10.12 喃从人匪phì聲。傽抴：我方。傽伴：友方。

01746 u2A756
null_10.12 未詳。

01751 u20324
qiān_10.12 同愆17844慧琳音義傿失：竭焉反考聲云傿，過也字書云傿字正從人從心开聲也。开音牽。經中多從人二天作傿，俗字也。或作詧愆，皆古字也。揭音羌蹇反。

拿 01748 u20327
nạ_10.12 喃从人拿nā聲。母親。

納 01749 u20326
nập_10.12 喃从人納nạp聲。

傿 01750 u20325
wū_10.12 方彎下。又傿夷國，古國名。

偄 01752 u20323 jiǒng_10.12 儞01907譌字 類篇 偄，拘負切。困也 漢書 偄若囚拘。蘇林讀。

微 01754 u2031D wēi_10.12 俗微16747

偮 01753 u20322 jí_10.12 集韻 偮，竭戟切 方言 僑也。或作㑲俗㑲㑲。

個 01755 u2031B miǎn_10.12 同偭01578

僬 01756 u20319 tiáo_10.12 同僬67296亦作鑒63305 十三經注疏 詩·小雅·采芑 路車有奭，簟茀魚服，鉤膺僬革。鄭玄箋：僬革，轡首垂也。

傔 01757 u20316 qióng_10.12 同保01695

倃 01758 u20314 null_10.12 未詳。

拿 01759 u20313 là_10.12 俗拿49879

做 01760 u20312 null_10.12 未詳。

鉋 01761 u20311 null_10.12 未詳。

儾 01762 u20310 null_10.12 未詳。

僢 01763 u2030F null_10.12 未詳。

偢 01764 u2030E null_10.12 未詳。

倰 01765 u2030D null_10.12 未詳。

傝 01766 u2030C sǒu_10.12 俗傁01666

㑲 01767 u2030B null_10.12 未詳。

㐺 01768 u2030A trai_10.12 喃 从巴來lai聲。同㑲35662男人。宏按，當歸己部。

羮 01769 u20309 bān_10.12 俗羮02638

郷 01770 u20307 null_10.12 未詳。

僗 01771 u20305 bēng_10.12 同㑲49778 僗僷，亦作僗徣16833僗僷16742，即宿留異文。

僷 01773 u20303 liú_10.12 僗僷，亦作僗

偃 01772 u20304 zhǎn_10.12 同展13026 正字通 屢，展本字 乾坤鑿度 象偃章流。註：偃，伸舒也。按：舒卽屢義，加亻亦誤。

傘 01774 u20302 sǎn_10.12 同傘01703

儁 01775 u347A jùn_10.12 同俊01241

㑷 01776 u3479 huì_10.12 俗會23314

傩 01777 u50A9 nuó_10.12 简儺02305

儲 01778 u50A8 chǔ_10.12 简储02234

傧 01779 u50A7 bīn_10.12 简儐02118

傦 01780 u50A6 gǔ_10.12 漢語大字典.V.2 傦，同骼17943 图cốt喃 从人骨cốt聲△婆傦：巫婆。

偬 01781 u50A5 tǎng_10.12 简儻02319

载 01782 u50A4 zài_10.12 简儎02115

傣 01783 u50A3 dǎi_10.12 傣族，中國少數民族，分佈於雲南。

傪 01784 00784 cān_11.13 韻會 正韻 丛倉含切音驂 說文 好貌。图人名。唐有陸傪。鑒又參16786

儡 01785 00785 lěi_11.13 集韻同儽

僻 01786 00786 bì_11.13 字彙同躃

催 01787 00787 cuī_11.13 唐韻 集韻 韻會 丛倉回切音崔。促也，迫也△本作趣，古有趣無催，催、促皆後人所增。催、趣同聲，實一字。鑒又催 图 汗簡 夅，催。見 義雲章

偫 01788 00788 chí_11.13 字彙同偫

傭 01789 00789 yóng_11.13 廣韻 集韻 韻會 丛餘封切音容 說文 均直也。今雇役於人受直也 後漢·夏馥傳 黨錮事起，馥變姓爲冶家傭 图chōng 廣韻 丑凶切 集韻 韻會 癡凶切丛音踵 爾雅·釋言 均也。疏 謂齊等也 詩·小雅 昊天不傭。又◆荀子·非相篇 近世而不傭。又 正名篇 色不及傭而可以養目 註 傭，作也，用也。鑒又傭01060繡44873膒47768

傮 01790 00790 zāo_11.13 唐韻 作曹切 集韻 臧曹切丛音遭 說文 終也 荀子·富國篇 傮然要時務民 揚子方言 一周曰一傮。俗作遭 图qiú 集韻 字秋切音酋。義同。或作殭。鑒又僧02326 图揚子方言一周曰一傮俗作遭。華學誠：明代張自烈 正字通·人部 傮，方言一周曰一傮，俗通用遭 字典 誤以方言為 方言，並徑稱 揚子方言

傌 01791 00791 mà_11.13 廣韻 集韻 韻會 丛莫八切，蠻入聲。傌傮，健貌。鑒又僆02168

傃 01792 00792 shù_11.13 廣韻 所律切 集韻 朔律切。丛同律。

傯 01793 00793 zǒng_11.13 集韻同傯

倗 01794 00794 péng_11.13 集韻 蒲登切。同朋 管子·幼官篇 練之以散羣傏署 註 傏猶曹也。劉績註：卽朋字 图姓 漢書 南山羣傏宗等數百人。图bèng 集韻 逋鄧切，崩去聲。人名 前漢·王子侯表 成煬侯傏。鑒又補50492侤01572侤01771佣01391 可洪音義 披蔘41618：上步河反，下或作蓡49778，音多。

從 01795 00795 sǒng_11.13 集韻 韻會 丛息勇切音竦。疾貌 揚雄·甘泉賦 風從從以扶轄 註 師古曰前進意 图 叶疾容切音從 玉篇 從從，走貌 前漢·郊祀歌 神之行，旌容容，騎沓沓，般從從。鑒又從16723從16757從16803

傿 01796 00796 zhē_11.13 廣韻 正奢切 集韻 之奢切丛音遮 玉篇 傿儸，健而不德也。

傲 01797 00797 ào_11.13 唐韻 五到切 集韻 牛到切 韻會 疑到切 正韻 魚到切，丛敖去聲。慢也，倨也 書·益稷 無若丹朱傲 禮·曲禮 傲不可長。又 荀子·勸學篇 不問而告謂之傲。△本作傲。或借敖、慠，通。鑒又慠18106慜18457

儷 01798 00798 lì_11.13 集韻同儷

僷 01800 00800 gài_11.13 廣韻 古代切 集韻 居代切丛音溉。假主也。鑒 名義 古戴反。主也 新撰字鏡 去(古)戴反。主也，王領之也。

𤳊 01799 00799 lüè_11.13 玉篇 力却切音略。神名。

傳 01801 00801 chuán_11.13 廣韻 直攣切 集韻 韻會 正韻 重緣切丛音椽。轉也 左傳·莊九年 公喪戎路，傳乘而歸 註 戎路，兵車。傳乘，乘他車 釋文 傳，直專反。又丁戀反。图 正韻 授也，續也，布也 周禮·夏官·訓方氏 誦四方之傳道 註 傳說往古之事也。讀平聲 图 禮·曲禮 七十曰老而傳 註 倦勤，傳家事于子也 图 禮·內則 父母舅姑之衣衾、簟席、枕几不傳 註 移也 图zhuàn 集韻 韻會 正韻 丛株戀切，專去聲。傳舍 釋名 傳，轉也。人所止息，而去後人復來。轉相傳，無常主也 史記·酈食其傳註 高陽傳舍 图 說文 遽也，驛遞曰傳 禮·玉藻 士曰傳遽之臣 註 驛傳車馬，所以供急遽之令，士職而給役使，故自稱如此。又古者以車駕馬，乘詣京師，謂之傳車。後又置驛騎，用單馬乘之，若今之遞馬。凡四馬高足爲置傳，四馬中足爲馳傳，四馬下足爲乘傳，一馬、二馬爲軺傳。漢律，諸當乘傳及發駕置傳者，皆持尺五寸木傳信，封

以御史大夫印章，其乘傳參封之。參，三也。有期會，絫封兩端，端各兩封，凡四封。乘置、馳傳，五封之，兩端各二，中央一輷傳，兩馬再封之，一馬一封，以馬駕輷車而乘傳，曰一封軺傳☒關傳周禮·地官·司關凡所達貨賄，則以節傳出之前漢·文帝紀註張晏曰：信也，若今過所。如淳曰：兩行書繒帛，分持其一，出入關，合之乃得過，謂之傳。師古曰刻木爲合符後漢·陳蕃傳投傳而去註符也。丁戀切釋名傳，轉也。轉移所在，執以爲信也☒zhuàn集韻韻會正韻朮柱戀切音瑑。訓也。賢人之書曰傳。又紀載事迹以傳於世亦曰傳，諸史列傳是也釋名傳，傳也。以傳示後人也☒續也孟子傳食於諸侯〇按諸字書傳本有直攣、知戀、直戀三切廣韻分析極細正韻因之。然歷考經史註疏，驛傳之傳，平、去二音可以互讀，至傳道、傳聞、傳授之傳，乃一定之平聲，紀載之傳，一定之去聲。此音之分動靜，不可易者也正字通專闢動靜字音之說，每於此等處，爲渾同之說以亂之，此斷斷不可从者。又按廣韻二仙，傳，直攣切音椽，又持戀、丁戀二切。三十三線，傳，直戀切，即持戀切。知戀切，即丁戀切。丁戀切蓋用交互門法，不如用音和知戀切爲安也。鏊又传00933傳01608伩00907㤉16802☒史記·酈食其傳註高陽傳舍。
徐慧：酈食其傳

偊 01802 00802
yǔ_11.13 唐韻於武切集韻韻會委羽切，朮紆上聲說文傻也。左傳·昭七年一命而僂，再命而傴，三命而俯，循牆而走禮·喪服制傴者不袒註袒露膊傴者可憎，故不露淮南子·齊俗訓傴者，使之塗註傴人塗地，因其俛也△俗讀若偶，別作瘟，朮非。鏊又伛00938尵15617

催 01803 00803
suī_11.13 篇海息維切音綏。偏也。

債 01804 00804
zhài_11.13 唐韻集韻韻會正韻朮側賣切說文負也。今俗負財曰債前漢·鼂錯傳賣田宅、鬻子孫，以償債谷永傳爲人起債，分利受謝☒通作責周禮·天官·小宰八成經邦治，四曰聽稱責戰國策馮諼爲孟嘗君收責於薛史記作收債前漢·高帝紀歲竟，兩家常折券棄責。讀如債。鏊又债01509

偿 01805 00805
táng_11.13 同傷

僥 01807 00807
yáo_11.13 玉篇正韻朮餘招切音姚說文喜也☒揚子方言自關而西，物大小不同謂之僥說文長箋方俗以彼比此曰僥。轉用燿。又彼此誑惑，曰兩邊僥。鏊自關以西物大小不同謂之僥。
華學誠：字典所引為說文，誤稱方言

傶 01806 00806
cù_11.13 廣韻將毒切集韻租毒切朮音槭。姓也。

儬 01809 00809
qué_11.13 篇海同瘸

儳 01808 00808
zhàn_11.13 篇海側嚴切，音占◇立侍也。鏊張涌泉：俗站☒俗漸29426廣碑別字引唐繁昌縣令馬志道墓誌

偅 01810 00810
zhuàng_11.13 篇海陟降切音戇。立貌。

傷 01811 00811
shāng_11.13 唐韻式羊切集韻韻會正韻尸羊切朮音商。痛也爾雅·釋詁傷，思也詩·周南維以不永傷小雅我心憂傷☒創也，損也書·說命若跣弗視地，厥足用傷☒毀傷也禮·緇衣心以體全，亦以體傷☒戕害也左傳·僖二十二年君子不重傷☒姓左傳傷省，宋人。☒諡法未家短折曰傷☒叶式亮切。同慯張衡·四愁詩路遠莫致倚惆悵，何爲懷憂心煩傷。鏊又伤00929儍02148㑾01044㯾70681

傝 01812 00812
niǎo_11.13 正字通俗裊字。鏊或俗象57191字龍龕傝，俗。徐兩反。与烏同。又音鳥☒直音篇丁了切。輕貌。

傸 01813 00813
chuǎng_11.13 廣韻初丈切集韻楚兩切朮音磢。惡也。

傹 01814 00814
jiāng_11.13 字彙同僵荀子·仲尼篇可吹而僙也註僙當爲僵，言可以氣吹之而僵仆也☒同競周禮·春官·鍾師註繁遏執僙也。

僜 01815 00815
chì_11.13 廣韻集韻韻會朮丑例切音慸。止也屈原·離騷忳鬱邑余侘傺兮註侘傺，失志貌。傺，住也，楚人謂住曰傺揚子方言傺，逗也註逗卽今住字。又楚辭·九辯然坎傺而沈藏註謂冬時物皆陷止潛藏☒chài玉篇救屬切音薑。義同。

傻 01816 00816
shǎ_11.13 廣韻沙瓦切集韻韻會數瓦切,朮沙上聲◇輕慧貌韻篓逸字傻音灑韻會傻俏，不仁。鏊又傻02077瘖36190

僕 01817 00817
hàn_11.13 玉篇呼旰切音漢。姓也。鏊姓觿僕，千家姓東莞族。胡吉宣：疑本爲漢廣韻漢，姓也姓苑云東莞人。

华 01818 00818
huá_11.13 說文華本字。隸作華，俗作花。

偉 01819 00819
zhāng_11.13 集韻同嫜☒偉偟，驚恐貌楚辭·九思遵偉偟兮驅林澤。通作慞。

傾 01820 00820
qīng_11.13 唐韻去營切集韻韻會正韻窺營切，並音卿◇說文側也。又伏也，敧也禮·曲禮傾則姦註視流則容側，必有不正之心存乎胷中，此君子所以慎也☒圮也，空也淮南子·天文訓天傾西北☒西傾，山名書·禹貢西傾因桓是來☒通作頃詩·周南不盈頃筐。鏊又倾01506頩29544

傿 01821 00821
yàn_11.13 唐韻集韻朮於建切音匽◇玉篇引爲價也☒yǎn集韻隱幰切。與鄢同。縣名前漢·地理志傿，屬陳留郡註同鄢☒國名記傿，邘姓。今襄之宜城，楚之鄢都。一曰郢☒yān集韻於虔切音焉。神仙名揚子·太玄賦納傿祿於江淮兮註二神仙名。

傂 01822 00822
zhí_11.13 字彙同執。見九經字樣正字通俗執字。

僬 01823 00823
zhào_11.13 集韻士絞切，巢上聲。僬僬，長貌。☒小也◇柳宗元·梓人傳偉僬宇而處焉。

俤 01824 00824 dì_11.13 廣韻都計切集韻丁計切𠀤音帝。俊也。

鋻又俤01548

偖 01825 00825 zhé_11.13 集韻陟革切音摘。無憚也又偖傺，惡也又展買切音𥩥。偖偖，行貌。

偰 01826 00826 xiè_11.13 唐韻集韻韻會正韻𠀤先結切音屑爾雅·釋言聲也疏言聲音偰偰然也玉篇小聲也。一曰偰偰，呻吟也又xī廣韻集韻𠀤息七切音悉。義同。

鋻又偰01672

僂 01827 00827 lóu_11.13 廣韻落侯切集韻韻會郎侯切正韻盧侯切𠀤音樓說文尫也六書故曲背也。別作瘻穀梁傳·成元年曹公子手僂淮南子·地形訓西方高土，其人面末僂，修頸卬行白虎通周公背僂莊子·達生篇痀僂承蜩又屈也荀子·儒效篇雖有聖人之知，未能僂指也。又曲薄曰聚僂莊子·達生篇聚僂之中則爲之註曲而可以聚物曰聚僂，畚筥之類是也又lòu集韻韻會𠀤郎豆切，樓去聲。僂佝，短醜貌又lǔ集韻韻會𠀤隴主切音縷。義同又僂句左傳·昭二十五年臧昭伯如晉，臧會竊其寶龜僂句註僂句，龜所出地名又lǔ韻會龍遇切，音屢。義同△集韻作瘻。鋻又僂01660𩩍59816僂02020

備 01828 00828 bì_11.13 集韻同備

僅 01830 00830 jǐn_11.13 唐韻集韻韻會渠吝切正韻具吝切𠀤音覲說文纔能也又少也，餘也。通作堇、廑。亦作廑禮·射義蓋廑有存者又劣也。

僄 01829 00829 piào_11.13 集韻韻會正韻𠀤匹妙切音剽說文輕也玉篇僄狡，輕迫也廣韻身輕便也荀子·修身篇怠慢僄棄，則炤之以禍災又piāo廣韻撫招切音飄。義同△正譌本作僄。㬴，火飛也，故从㬴，會輕意字彙僄从西从示，誤。鋻又僄02059僄02145僄16781僄16891獡33564

僆 01831 00831 liàn_11.13 集韻力展切音輦。雙生子也揚子方言秦晉之閒，謂之僆子又類篇力健切音蓮爾雅·釋畜未成雞，僆郭註今江東呼雞少者曰僆又集韻陵延切音連。義同。鋻又僆01632

偊 01832 00832 yǔ_11.13 類篇與俣同又集韻五矩切。傷貌揚子·太玄經偊偊，兌人遇雨。

僁 01859 u2B74B shù_11.13 簡僁02188

僇 01833 00833 lù_11.13 廣韻力竹切音六。辱也荀子·非相篇爲天下大僇又liù集韻力救切音溜•說文癡行僇僇也。一曰且也。

偵 01860 u2A764 null_11.13 未詳。

僈 01834 00834 màn_11.13 古文㵎集韻莫晏切音慢。舒遲也荀子·不苟篇君子寬而不僈。又修身篇由禮則治通，不由禮則勃亂提僈又同漫，污也荀子·榮辱篇污僈突盜，常危之術也楊倞註僈當作漫，水冒物謂之漫又與慢嫚漫通。

偋 01835 00835 bìng_11.13 唐韻毗正切韻會皮命切𠀤音病•說文僻寠也廣韻隱僻也又bǐng韻會必郢切。與屛通。除也，斥也，屛棄也荀子·榮辱篇恭儉者，偋五兵也。

僉 01836 00836 qiān_11.13 古文僉廣韻集韻韻會正韻𠀤千廉切音籤。皆也，咸也。衆共言之也書·堯典僉曰：於，鯀哉。又揚子方言自山而東，五國之郊曰僉又連枷亦曰僉，打穀具也△總要入部，僉从亼从吅，會意。合集衆口，詢謀相从之義。鋻又金01058僉01181

倚 01861 u2A763 null_11.13 未詳。

僊 01837 00837 xiān_11.13 集韻同仙又僊僊，舞貌詩·小雅屢舞僊僊註軒舉之狀莊子·在宥篇鴻蒙謂雲將曰：毒哉，僊僊乎歸矣。鋻又僊01991僊02117僊02312僊02302僊02318厤05028僊56608

傔 01838 00838 tàn_11.13 集韻他紺切，探去聲。傔㑺，癡貌。

儔 01839 00839 zhì_11.13 玉篇古文陟65614字。

僁 01840 00840 suī_11.13 集韻衰54105古作僁。

僕 01862 u2A762 null_11.13 未詳。

僯 01841 00841 qióng_11.13 字彙補與煢同揚子方言絓、攣、儜、介，特也。楚曰僯。

儆 01842 00842 yíng_11.13 集韻余陵切音蠅。理也。

僕 01863 u2A761 null_11.13 未詳。

僞 01843 00843 yì_11.13 荀子·儒效篇僞然若終身之虜，而不敢有他志，是俗儒者也楊倞註僞，字書無所見，蓋環繞囚拘之貌。鋻俗億。

儯 01864 u2A760 null_11.13 未詳。

傅 01844 00844 fù_11.13 揚子方言秦晉言非其事，謂之皮傅。音無考。鋻傅字之譌。

俄 01845 00845 yì_11.13 字彙補古文義字。白俄，八駿名穆天子傳右驂赤驥，而左白俄。

傆 01846 00846 jié_11.13 集韻同傑

倲 01847 00847 dōng_11.13 字彙補同倲

僸 01848 40610 měi_11.13 篇海類編母彼切，音美◇無也。

傛 01849 40611 yào_11.13 篇海類編五弔切，音耀◇倜傛，癡貌。

傂 01850 40612 dī_11.13 字彙補東基切，音低◇重貌。

傲 01851 40613 yí_11.13 字彙補余時切，音移◇彰也。

偟 01852 40614 zhuō_11.13 說文長篓倬本字。

僪 01853 42441 jiǎn_11.13 字彙補音蹇。

偉 01855 42443 null_11.13 字彙補音無考。見穆天子傳。鋻穆天子傳·卷四偉韶45363寿04149齫，㻩佩百隻。

僐 01857 42445 huì_11.13 海篇音會

傂 01858 42446 jī_11.13 海篇音饑涵虛子作。見道經。鋻从佛从同，會意。

傿 01854 42442 yǎn_11.13 字彙補音偃

㑶 01856 42444 kě_11.13 字彙補同可。

僧 01865 u2F80A sēng_11.13 俗僧01935

僃 01866 u2F809 bèi_11.13 同備01704

僎 01867 u204F4 quán_11.13 同僎02538古文全。

像 01868 u203B5 null_11.13 未詳。

傯 01873 u20360 jí_11.13 同傯01753

偦 01869 u20366
hèn_11.13 㖞 从人賢hièn聲。懦弱△偗偦：懦夫。

僡 01870 u20364
bụt_11.13 㖞 从人莩mụt聲。佛，菩薩。

俳 01871 u20363
bầy_11.13 㖞 俳儞：並肩。

傫 01872 u20361
xiù_11.13 同袖54187鄭傫。見戰國策·楚策二

條 01874 u2035E
tāo_11.13 同絛44066

傘 01877 u20358
sǎn_11.13 同傘01703

偝 01875 u2035C
dài_11.13 俗貸57619可洪音義偝借：上他得反。正作貸。又他代反。正作貸。又直貸反，惈也。轉偝：他得反。又徒得反。從人借物也。正作貸也。又音貸。借与人也。又直志反。或也非用，惈。

儤 01876 u20359
bǎo_11.13 同儤01716金文寶12465

鉤 01878 u20356
null_11.13 未詳。

傎 01880 u20354
null_11.13 未詳。

偆 01879 u20355
kūn_11.13 偆偏，或同崑崙。

偏 01881 u20353
lún_11.13 參見偏。

倰 01883 u20351
jùn_11.13 俗俊01241

個 01882 u20352
gè_11.13 或俗個01377金瓶梅詞話·第十五回忽見簾子外探頭舒腦，有幾個穿藍縷衣者謂之架兒，進來跪下，手裡拿着三四升瓜子兒：大節間，孝順大老爹。

豲 01884 u20350
lìng_11.13 令狐合文。字見敦煌吐魯番出土文書

傲 01885 u2034F
null_11.13 未詳。

儱 01886 u2034E
dài_11.13 俗貸57619新撰字鏡儱，吐戴反。借也。施也可洪音義借儱：上子昔反。下他得反。從人求物也。正作貪也。郭氏及玉篇作女利反，非△宏按，儱，俗膩。女利反。

傿 01887 u2034D
xiān_11.13 古文儹01837

偬 01888 u2034C
null_11.13 未詳。

倞 01889 u2034B
jiàng_11.13 同倞01988

倐 01890 u2034A
sù_11.13 姓氏。

傽 01891 u20349
qiān_11.13 俗牽32718龍龕傽，俗。音牽。明正德大名府志·古蹟志·臺宇歸鴈亭歐陽脩詩：初聞盛發與零落，皆有意思傽人懷。

儳 01892 u20348
chán_11.13 俗儳02261

傑 01893 u20347
jié_11.13 俗傑01692

衕 01894 u20346
null_11.13 未詳。

保 01896 u20342
bǎo_11.13 同保01593慧琳音義師保：古文㑜、㑈、保三形，同。

傻 01895 u20345
null_11.13 未詳。

働 01898 u50CD
dòng_11.13 日同文通考·國字働，活也，動也彙音寶鑑働，日本所作中文大辭典働，日本所製字，國人讀如勞動之動，義與動通。我國社會經濟學書多引用之，如勞動亦作勞働是。

儆 01897 u20341
null_11.13 未詳。

㲰 01899 00848
chuí_12.14 說文㲰本字

徼 01900 00849
bié_12.14 集韻蒲結切，音鳖。儌偒，衣服婆娑貌。通作徶徶、蹳躠、撇屑司馬相如·上林賦便姍撇屑史記作媥姺、儌偒張衡·南都賦蹳躠蹁躚。音義丛同。

僎 01901 00850
zhuàn_12.14 廣韻士免切集韻正韻雛免切丛音撰說文僎，具也增韻數也，整也图◆韻會雛戀切丛音篆。

義同图zūn廣韻子倫切韻會蹤倫切六書故僎，通作遵禮·少儀介爵、酢爵、僎爵皆居右註古文禮僎作遵，謂鄉人爲卿大夫，來觀禮者。又儀禮·鄉飲酒禮遵者降席註遵者，謂此鄉之人仕至大夫者，今來助主人樂賓，主人所榮而遵法者也。今文遵爲僎，或爲全△本作僎。

像 01902 00851
xiàng_12.14 唐韻徐兩切集韻韻會正韻似兩切丛音象。形象也，肖似也。又摹倣也易繫辭象也者，像此者也荀子·議兵篇像上之意。通作象。鋆又像01977傻01729像02159

儬 01903 00852
èr_12.14 集韻而至切。即貳字。副益也。

儨 01904 00853
zhì_12.14 集韻同儨

僐 01905 00854
shàn_12.14 唐韻常演切集韻上演切丛音善。說文本作僐。作姿也。鋆又僐02096

僑 01906 00855
qiáo_12.14 唐韻巨嬌切集韻渠嬌切丛音橋說文高也图旅寓曰僑居，六朝有僑置郡、縣。通作僑图姓。鋆又侨01190

僒 01907 00856
jiǒng_12.14 集韻韻會正韻丛巨隕切音窘。偪也賈誼·鵩賦僒若囚拘蘇林註謂人肩偪僒文選李善註僒，囚拘之貌五臣註僒，困也。愚者繫縛俗累，困如囚人拘束△韻會正韻丛通作窘。鋆又僒01752偋01203

儽 01908 00857
tuí_12.14 集韻韻會正韻丛徒回切音頹。順也莊子·外物篇儽然而道盡註郭象云儽然無矜，遺形自得，道乃盡也图說文嬾也。一曰長貌图tuí廣韻集韻丛吐猥切音腿。又huì集韻戶賄切音瘣。義丛同。

僦 01909 00858
jí_12.14 集韻卽入切音葺。人聚也。

儳 01910 00859
qú_12.14 集韻求於切音渠。呼彼之稱。通作渠。

僔 01911 00860
zǔn_12.14 廣韻茲損切集韻正韻祖本切，丛尊上聲◆說文聚也。引詩傅沓背憎○按今詩·小雅作噂。又周禮·秋官朝士族談者。註：噂，語也。噂、僔義通图廣韻衆也图恭敬也荀子·仲尼篇主尊貴之，則恭敬而僔图人名。徐陵第四子名僔。

僕 01912 00861
pú_12.14 古文㒒唐韻集韻韻會並蒲沃切，音菐。又廣韻蒲木切集韻步木切，並蓬入聲說文給事者禮·禮運仕于公曰臣，仕于家曰僕周禮·春官·車僕掌戎路、廣車、闕車、苹車、輕車之萃註車僕，主供副車者。僕猶御也，萃猶副也。謂供副車，以待乏用也。五車皆兵車也。又司僕，官名五代史·百官志唐龍朔中，改太保曰司馭，又改爲司僕。齊職儀衆僕之長曰太僕，掌輿馬。明制有太僕寺图御車曰僕論語冉有僕图僕隸，賤役左傳·僖二十四年秦伯送衞于晉三千人，實紀綱之僕图自謙之辭前漢·韋玄成傳自稱爲僕，卑辭也图辱也戰國策傳命僕官图徒也莊子·則陽篇仲尼曰：是聖人僕也註猶言聖人之徒也图僕僕，煩猥貌图附也詩·大雅君子萬年，景命有僕图隱也左傳·昭七年楚芋尹無宇曰：吾先君文王，作僕區之法，曰：盜所隱器，

與盜同罪註僕區刑書名。區，匿也，作爲隱匿亡人之
法叉虎僕，獸名博物志羽民國有獸，文似豹，名虎僕，
毛可爲筆叉僕纍，蝸牛也山海經青要之山，多僕纍、
蒲盧註僕纍，一名蚹贏。蒲盧，細腰蟲，蠮螉也叉姓。
漢僕朋，宋僕斗，南明僕淮叉pū集韻普木切音撲。羣
飛貌莊子·人閒世奄奄僕緣叉叶鼻墨切音匐柳宗
元·佩韋賦尼父戮齊而誅卯兮，本柔仁以作極。蘭竦顏
以誚秦兮，入降廉猶臣僕。鋆又僁02049媒11364

僖 xī_12.14　唐韻集韻𠀤許其切音歆說文樂也。與喜
通叉姓叉謚法小心畏忌曰僖，又剛克爲僖。又謚解
曰有過爲僖，伯禽十九世孫申謚僖漢志作釐。

僗 lào_12.14　集韻同勞叉郎到切音澇玉篇伴僗也。

僩 chǎng_12.14　廣韻正韻昌兩切集韻齒兩切𠀤音敞。
寬也。通作敞。

僙 guāng_12.14　廣韻古黃切集韻正韻姑黃切𠀤音光。
武貌。借作洸。義同。

僎 rǎn_12.14　玉篇如善切唐韻人善切集韻忍善切𠀤
音燃說文意膬也。徐曰膬脆易破也玉篇意急而懼。一
曰戁也六書故今人亦以和易無他者爲僎叉shàn玉篇
式善切集韻矢善切，𠀤扇上聲。義同。鋆又燃18311

僚 liáo_12.14　廣韻落蕭切集韻韻會憐蕭切正韻連條
切𠀤音聊。朋也，官僚也書·皋陶謨百僚師師。通作寮左
傳·文七年荀林父曰：同官爲寮叉姓。晉陽大夫僚安
叉左傳·昭七年隸臣僚，僚臣僕註僚，勞也，共勞事
也焦氏筆乘僚卽古牢字叉liǎo集韻朗鳥切音了。好貌
詩·陳風佼人僚兮陸氏曰亦作嫽。鋆又僇02100僚02207
遼61250遼61242

僛 qī_12.14　唐韻去其切集韻韻會丘其切𠀤音欺說
文醉舞貌詩·小雅屢舞僛僛註傾側狀。凡不能自正者，
皆謂之僛。通作攲。鋆又儙02260

僜 dèng_12.14　集韻正韻𠀤唐亙切音鄧。僜僜，不著事
叉行疲貌叉chēng廣韻集韻韻會𠀤丑升切音僜。義
同。鋆又蹬75309

僝 chán_12.14　廣韻昨閑切音屛玉篇僝僽，惡罵也。
叉juàn集韻子兗切，鐫上聲。見也書·堯典共工方鳩
僝功註方，且也。鳩，聚也。僝，見也。言共工鳩聚，
見其功也叉zhuàn集韻雛免切，音饌左思·魏都賦僝
拱木於山林註言魏具材木，宮室經始也。鋆又俊01532，
本字。或作僝18374

僞 wěi_12.14　唐韻集韻𠀤危睡切，危去聲說文詐也周
禮·地官大司徒之職，以五禮防萬民之僞，而教之中
書·周官作僞，心勞日拙左傳·襄三十年淑愼爾止，無
載爾僞叉wéi位悲切，讀作帷禮·喪大記素錦褚，加僞
荒叉集韻正韻𠀤與訛同周禮·春官·馮相氏註中夏，

辨秩南僞前漢·王莽傳以勸南僞註韋昭讀正字通書堯
典本作南訛，周禮註及漢書誤从僞轉注古音謂吪假借
作僞，泥△說文从人，爲聲徐曰僞者人爲之，非天眞
也，故人爲爲僞。鋆又僞00923偽01658

僟 jī_12.14　集韻渠希切音幾◆說文精謹也。又近也。
鋆繫傳曰：幾，近詞也，切也，故爲精詳玉篇居希切。
精詳也月令云：數將僟終也

僠 fán_12.14　字彙同番　**暩** yì_12.14　前漢·百官公
卿表暩作朕虞師古曰暩，古益字應劭曰暩，伯益也。
叉集韻籀文嗌字○按說文作暩，首上从屮，不連。

僡 huì_12.14　俗惠字　**僛** qī_12.14　集韻遣禮切
音啓。開衣領也。又佳僛，開脚行貌。

僢 chuàn_12.14　玉篇正韻𠀤同舛，相背也淮南子·說
山訓分流僢馳叉集韻樞絹切音釧禮·王制·雕題交趾
註浴同川，臥則僢疏首在外，而足相鄉內。又周禮·冬
官考工記·玉人兩圭五寸有邸註有邸，僢共本也疏亦
一玉俱成兩圭，足相對爲僢◆白虎通謂之舜者何，舜
猶僢僢也叉chǔn廣韻集韻𠀤尺尹切音蠢。義同。

僣 tiě_12.14　廣韻集韻𠀤他結切音鐵。僣俀，狡猾也佩
觿集俗以僣俀之僣爲踰僭之僭，非是。

僤 dàn_12.14　唐韻集韻韻會徒案切正韻杜晏切𠀤音
憚，篤也詩·大雅我生不辰，逢天僤怒毛傳厚也。陸氏
音都但反。亦作亶叉疾也周禮·冬官考工記句兵欲無
僤叉shàn韻會正韻𠀤上演切音善。婉僤，行動貌司
馬相如·上林賦象輿婉僤於西淸叉chǎn集韻齒善切
音闡。地名公羊傳·哀八年齊人取讙及僤左傳作闡。
叉chuān集韻稱延切，音燀。義同。

僥 xī_12.14　集韻同傷　**僥** jiāo_12.14　集韻韻會正
韻𠀤堅堯切音驍。僥也叉yáo唐韻五聊切音堯。僬僥，
短人，西南夷別名叉jiǎo集韻吉了切音矯。僥倖，求
利不止貌。鋆又僥01193僥16836

僦 jiù_12.14　唐韻正韻𠀤卽就切，酒去聲說文賃也淮
南子·氾論訓今夫僦載者，救一車之任，極一牛之力，
爲軸之折也△古用就，轉僦音，後又加人。从人，就，
會意。今僦、就音訓別。鋆又僦01966僦02017

僪 wǔ_12.14　廣韻集韻𠀤同憮。从憮爲正。

僧 sēng_12.14　廣韻蘇增切集韻思登切正韻思登切，
𠀤塞平聲。沙門也。梵音云僧伽，從浮屠敎者，或稱上
人。梵語僧伽邪三合音，俗取一字，名曰僧魏書·釋老
志其始修心，則依佛法僧之三歸，若君子之三畏也。
又禪宗記禪僧衣褐，講僧衣紅，瑜伽僧衣蔥白。瑜伽
僧者，今應赴僧也。又眞臘國呼僧爲苧菇，僧皆茹魚肉，
惟不飮酒，供佛亦用魚肉。僧用金銀轎，扛傘柄者，國
王有大政，亦咨訪之叉唐本草密陀僧，一名沒多僧，

出波斯國，形似黃龍齒而堅重。鋻又僧01865僧01976
囝王力：集韻僧字另有慈陵一切，注云僧倰，不寧也。

徚01936 00885
xiàn_12.14　廣韻集韻丛許鑑切音歔。逞貌。
鋻正字通徚16820，一曰傲字之譌。

僨01937 00886
fèn_12.14　廣韻集韻韻會正韻丛方問切音奮爾
雅•釋言僵也疏仰偃也左傳•隱三年鄭伯之車僨于濟。
又昭十三年叔向曰：牛雖瘠，僨于豚上，其畏不死。
囝覆敗也大學一言僨事△一作賁禮射義賁軍之將不
入囝左傳•僖十五年陰血周作，張脈僨興註僨，動也
囝bēn集韻逋昆切音奔。僨驕，不可禁之勢。
鋻又僨01657

憸01938 00887
qiān_12.14　廣韻俗憸字漢武帝•立齊王策文厥有憸
不臧註憸與愆同。

儀01939 00888
yàng_12.14　集韻弋亮切音漾。立動貌。

僩01940 00889
xiàn_12.14　廣韻集韻韻會丛下赧切，閑上聲說文
武貌詩•衛風瑟兮僩兮玉篇寬大也囝荀子•榮辱篇陋
者，俄且僩也註晉、魏閒謂猛為僩囝通擱唐書•王叔
文傳僩然以為天下無人囝同暅王充•論衡瑒璠，寶物
也。魯人用斂，姦人僩之囝jiǎn玉篇音簡。義同。
鋻又僩02031

儒01942 00891　　僪01941 00890
rú_12.14　集韻同儒　　jué_12.14　集韻古穴切
音玦。狂也。◆玉篇引甘泉宮賦捎夔魖而抶獝狂。本亦
作獝囝日旁氣呂氏春秋其日有鬭蝕，有倍僪，有暈珥

傓01943 00892
chǎng_12.14　集韻同惝。或作僓。

僫01944 00893
è_12.14　集韻俗惡字。鋻亦俗德字可洪音義廣
偲：音德，佛名。諸偲：音德。上偲：音德。大偲：同上。

僬01945 00894
jiāo_12.14　廣韻卽消切集韻慈焦切韻會正韻茲消
切丛音焦。僬僬，明察貌荀子•不苟篇誰能以己之僬僬，
受人之掝掝囝僬僥氏，長三尺韋昭曰西南夷別名。
囝jiào集韻韻會正韻丛子肖切音醮。趨走促數，不為
容止也禮•曲禮士蹌蹌，庶人僬僬註卑者體蹙。
囝jiào集韻子了切音剿。僬伎，驚竦。

傶01946 00895
sè_12.14　玉篇師入切音澀。不及也。

㑛01948 00897　　僭01947 00896
bó_12.14　集韻同僰　　jiàn_12.14　韻會正韻丛
子念切，音譖說文假廣韻僭也。又差也書•湯誥天
命弗僭詩•大雅不僭不賊囝zèn側禁切音譖詩•小雅亂
之初生，僭始既涵註僭始，不信之端也。由讒人以不
信之言始入，王涵容，不察真偽也囝qīn七林切音侵。
亂也詩•小雅以雅以南，以籥不僭。

僆01949 00898
sī_12.14　玉篇同厮。鋻名義僆，賤役。

儆01950 00899
zhòng_12.14　正字通俗衆字。

僮01951 00900
tóng_12.14　唐韻徒紅切集韻韻會徒東切丛音同說

文未冠也。又前漢•衛青傳註僮者，婢妾之總稱史記•貨
殖傳卓王孫家僮八百人前漢•張安世傳僮七百人，皆
有手技玉篇僮，幼迷荒者詩•鄭風狂僮之狂也且傳狂
行，僮昏所化也廣雅僮，癡也。今為童囝無知貌揚
子•太玄經物僮然未有知囝竦敬貌詩•召南被之僮僮，
夙夜在公囝縣名前漢•地理志徐、僮、取慮，三縣名，
屬臨淮郡囝姓。漢交趾刺史僮尹鄭樵•族略卽童姓。
或从人，以別其族△韻譜說文童，奴也。僮，幼也。
今文僮幼字作童，童僕字作僮，相承失也。

僯01952 00901
lǐn_12.14　集韻里忍切，鄰上聲。慚恥也。

僰01953 00902
bó_12.14　唐韻蒲北切集韻鼻墨切丛音匐王制屏
之遠方，西方曰僰註僰，偪也，使之偪寄於荒遠也。又
◆說文犍為蠻夷也田汝成•炎徼紀聞僰人在漢為犍為
郡，在唐為于矢部，蓋南詔東鄙也揚雄•長楊賦羌僰東
馳△說文作僰。从人棘聲。或作僰。鋻又僰18578僰02440
僰02464僰18561僰31759

僬01970 u2A76A　　佫01954 00903
null_12.14　喃未詳。　　zhá_12.14　廣韻集韻丛
竹洽切音劄。佫庭，忽觸人也。鋻龍龕庭，陟栗反。
佫庭。佫音陟甲反。宋•趙叔向肯綮錄罵人曰佫庭越諺
佫庭，音札至，堅固吳音奇字佫庭：音紮緻，牢固也。

僺01955 00904
qióng_12.14　玉篇古文榮31271字。

僷01956 00905
xià_12.14　玉篇古文夏09809字。

儔01957 00906
chóu_12.14　集韻儔02128古作儔。

僩01971 u2A769　　僦01958 40615
null_12.14　喃未詳。　　null_12.14　字彙補音義
未詳法帖釋文陳長沙王叔懷書：花之與僦。

傑01972 u2A768　　僓01959 40616
null_12.14　未詳。　　jué_12.14　字彙補居月
切音厥。禾稼仆也呂氏春秋見風則僓。

僸01973 u2A767　　僪01960 40617
null_12.14　未詳。　　tāng_12.14　琅邪代醉編
云僪字玉篇不載揚子法言魯仲連僪而不剟，藺相如
剟而不僪。卽古蕩字字彙補任臣按法言本作僪，从昜，
不从湯。豈古本或有異耶。存以俟考。

偼01974 u2A766　　憱01961 40618
null_12.14　未詳。　　qī_12.14　字彙補與慼
同。又偕為親戚之戚漢郭君碑貴憱肅承，莫不畏憚。

憸01962 40619
qiān_12.14　字彙補與憸同崔駰•司徒箴國度斯憸。

僐01963 40620
chǔn_12.14　說文長箋偆本字。

傘01964 40621
yú_12.14　說文二余也。讀與余同。又篇海類編同
餘鋻字彙補傘，弋諸切音余。身也，我也，語之舒也

僧01976 uFA31　　儱01965 40622
sēng_12.14　同僧01935　　dōu_12.14　集韻與侸同

儌01979 u203D0　　僦01966 42447
null_12.14　未詳。　　jiù_12.14　海篇音僦。賃
也○按卽僦字之譌。鋻又儌02017

個 01967 42448
miǎn_12.14 海篇 與価同。鑒或作個。

僛 01968 42449
qī_12.14 字彙補 與俙同○按卽傱字之譌。

惷 01969 42450
xīng_12.14 字彙補 老君碑興字。

儒 01975 u2A765
rú_12.14 俗儒02124 名義 儒，如俱反，柔。

備 01980 u203C6
bèi_12.14 俗備01704

像 01977 u2F80B
xiàng_12.14 同像01902

脩 01978 u21A87
chǔa_12.14 喃 从修宁trữ聲△折脩：修理。

儮 01981 u203B4
vài_12.14 喃 从人厤vài聲。

儞 01983 u203AB
chầu_12.14 喃 从人朝trào聲。朝拜△皽儞：入朝。

屢 01984 u203AA
lũ_12.14 喃 从人屢lũ聲。成群，人群。

綌 01986 u203A8
cấp_12.14 喃 从人給cấp聲△仉俗：小偷。

絜 01987 u203A7
null_12.14 未詳。

僜 01982 u203AC
đẳng_12.14 喃 从人
等đẳng聲。傩，人物△僜英雄：英雄人物。

強 01988 u203A6
jiàng_12.14 同犟32925亦作誩56820俗作傋01889

龠 01990 u203A4
yuè_12.14 俗儱75951

惷 01985 u203A9
bay_12.14 喃 从人悲bi
聲。你們（卑稱）△眾惷：汝等。

儞 01991 u203A3
xiān_12.14 同僊01837

僭 01989 u203A5
jiè_12.14 借01400本字

憬 01992 u203A0
jǐng_12.14 傛顝族，同景顝族。

惷 01993 u2039D
qiān_12.14 同傯01938俗惥17782

侖 01994 u2039A
lún_12.14 同亼01726籀文侖01120

儕 01996 u20397
chái_12.14 俗儕02131

粏 01995 u20399
lái_12.14 集韻 郎才
切。至也，勤也 四聲篇海 作粏24718，音來。

俸 01998 u20395
null_12.14 未詳。

傑 01997 u20396
jié_12.14 或俗傑01692

犇 01999 u20394
null_12.14 未詳。

閃 02000 u20393
yì_12.14 古文役16550

悶 02001 u20392
mèn_12.14 方 悶渾，糊塗 首都志·卷十四·方言 南京
方言：其不聰敏者，曰悶渾。

倩 02003 u20390
qiàn_12.14 俗茜50382 可洪音義 倩練：上七見反。

龠 02004 u2038F
null_12.14 未詳。

華 02002 u20391
huá_12.14 同華49794敦
煌·S.5439 季布歌 君且是准投俸（牆）宅，夜況無人請
說真。又 正統道藏·靈寶領教濟度金書·卷之六十八·大
獻謝恩醮儀·宣詞 伶俸振逸。符寶衛嚴。

彭 02005 u2038E
null_12.14 未詳。

龕 02006 u2038D
null_12.14 未詳。

僕 02007 u2038C
null_12.14 未詳。

傻 02008 u2038B
null_12.14 未詳。

儒 02010 u20389
null_12.14 未詳。

箖 02009 u2038A
saemq_12.14 壯 輩。
图xúm 喃 从人森chùm聲。聚集，圍攏。

諍 02011 u20388
null_12.14 未詳。

契 02012 u20387
null_12.14 未詳。

發 02013 u20386
fā_12.14 或同柫19219 龍龕 發，俗。音發 慧琳音義
抐19403字：上潘鉢反。梵語真言字也，或作儍也。

徼 02015 u20384
null_12.14 未詳。

得 02014 u20385
xún_12.14 俗尋16504 慧
琳音義 一尋：古文嫯，或作得 图caemz 壯 玩。

傘 02016 u20383
sǎn_12.14 俗傘01703日本國金剛寺藏 玄應眾經音義
傘盖：上先岸反。謂帛為盖，行路以自覆者也。

僦 02017 u20382
jiù_12.14 同僦01966俗僦01933

黑 02018 u20381
null_12.14 未詳。

奢 02022 u2037D
shē_12.14 佛經音譯用
字 可洪音義 朋奢：下尸遮反，新 婆沙 作防奢。唱嗜：
尸夜反。又 奢、佮、嗻 三字用同啥。

傑 02019 u20380
jié_12.14 俗傑01692

債 02023 u2037C
null_12.14 書法筆法用
字 古今圖書集成·字學典·第八十三卷·書法部彙考一·宋
陳思書苑菁華·翰林密論二十四條用筆法 丨，豎債法：
口訣云擫筆豎策挫鋒，上下緊直，嘗尚字中豎畫用。

僂 02020 u2037F
lóu_12.14 張涌泉：俗僂01827

偃 02021 u2037E
yǎn_12.14 俗偃01518 隸辨 引 殷阢碑陰

俶 02024 u2036D
gấp_12.14 喃 从倍及cập聲。加倍。

偒 02025 u20365
bợm_12.14 喃 从人貶biểm聲。歹徒。

筍 02026 u3490
null_12.14 未詳。

褰 02027 u348F
null_12.14 未詳。

俹 02028 u348E
sà_12.14 同僮02038

傫 02029 u348D
léi_12.14 同儽02328又 集韻 像，盧戈切。疲勞也。

僚 02030 uF9BB
liáo_12.14 兼僚

倜 02031 u50F4
xiàn_12.14 同倜01940

傈 02032 u50F3
sù_12.14 傈傈族。舊作猓猓33625

僱 02033 u50F1
gù_12.14 俗雇66114

僵 02034 00907
jiāng_13.15 唐韻 集韻
韻會 正韻 夶居良切音姜。仆也，偃也 莊子·則陽篇 推
而僵之。一作強，通作殭 图叶居戎切音躬 易林 小窗多
明，道里利通。仁賢君子，國安不僵。鑒又殭29948

僶 02035 00908
mǐn_13.15 廣韻 武盡切 集韻 正韻 弭盡切夶音泯。
勉也。◆陸機·文賦 在有無而僶勉 毛詩 作黽勉 嚴粲曰力
所不堪，心所不欲，而勉爲之，謂之曰僶。鑒又僶01452
裖40095褃39896勴04067

僷 02036 00909
yè_13.15 玉篇 與擛切 集韻 弋涉切夶音葉。輕麗貌
揚子方言 奕、僷，容也。自關而西，凡美容謂之奕，或
謂之僷。宋、衛曰僷，陳楚汝穎之間謂之奕 图 玉篇 擛
僷，不舒展貌。引 楚辭 衣襜僷以儲與兮。

僸 02037 00910
jìn_13.15 廣韻 集韻 韻會 夶居蔭切音禁。樂名 東都
賦 僸休 兜離，罔不具集。通作禁 周禮·鞮鞻氏 註：北
方曰禁 图 文字音義 仰頭貌 司馬相如·大人賦 僸侵尋
而高縱 潘岳·思遊賦 前湛湛而攝進兮，後僸僸而方馳。
鑒又嫨11459

傈 02038 00911
sà_13.15　集韻悉盍切，三入聲。傝傈，不謹貌韻譜省作㑚，非。鍌又儑02314

價 02039 00912
jià_13.15　唐韻古訝切集韻韻會正韻居迓切夶音駕說文物直也家語孔子爲政三月，鬻羔豚者不飾價後漢·張讓傳當差之官者，皆于西園諧價△古借用賈。賈音古，轉去聲。義同。

㑣 02040 00913
huì_13.15　集韻韻會夶戶賄切音瘣。貿物直。

偯 02041 00914
qiào_13.15　集韻七肖切音悄。僥俏，長貌。

僻 02042 00915
pì_13.15　廣韻芳辟切集韻匹辟切正韻匹亦切，並音霹。陋也。又偏僻，邪僻図正韻匹智切音譬。僻倪，與埤堄同。城上女牆也△正字通僻、辟通。辟借作避詩·魏風宛然左辟是也。僻通作辟，辟則爲天下僇，放辟邪侈，非辟之心無自而入是也。經傳避借僻者不多見說文僻，避也，引詩作左僻，一曰从旁牽也長箋謂詩不當作辟。夶非△本作僻，俗作㑆。鍌又王力：集韻僻字另有毗亦一切，注云便僻，舉止輕傷也。

嗇 02043 00916
sè_13.15　集韻同嗇図姓。

豊 02044 00917
fēng_13.15　正字通俗豊字。

愁 02045 00918
zhòu_13.15　廣韻鉏祐切集韻韻會鋤救切夶音驟。傉愁，惡言罥也図zhōu韻會側鳩切音鄒。愁貌。或作㑇。

僾 02046 00919
ài_13.15　古文㤅唐韻烏代切集韻韻會於代切夶音愛。仿佛貌禮·祭義祭之日入室，僾然必有見乎其位釋文音愛，微見貌図爾雅·釋言僾，唈也註嗚唈，短氣也荀子·禮論篇愅詭唈僾，而不能無時至焉図僾逮，玻璨類也。能照小物爲大物。見丘陵學山△俗作僾。鍌又㤥18514僾02116

傂 02047 00920
sì_13.15　集韻韻會正韻夶相吏切音笥。細碎也，無悃誠也史記·高祖紀贊救偨莫若以忠図廣韻式吏切音試。義同。

儀 02048 00921
yí_13.15　唐韻集韻魚羈切韻會疑羈切夶音宜。兩儀，天地也。又三儀，天地人也図容也詩·曹風其儀不忒。又威儀詩·邶風威儀棣棣，不可選也。又周禮·地官·保氏教國子以六儀：一祭祀，二賓客，三朝廷，四喪紀，五軍旅，六車馬之容。又春官·典命掌諸侯之五儀◆註公侯伯子男也。又秋官·司儀掌九儀之賓客、擯相之禮，以詔儀容、辭令、揖讓之節図唐禮部之長曰大儀図釋名宜也，得事宜也図由儀，笙詩序由儀，萬物之生，各得其宜也図象也，法也詩·大雅儀刑文王図爾雅·釋詁匹也疏詩·鄘風實維我儀図周語丹朱馮身以儀之通雅偶也。謂胖合也図度也詩·大雅我儀圖之図揚子方言來也。淮潁之間曰儀図儀栗，周邑名。見左傳·定七年図姓。秦大夫儀楚，漢儀長孺図通作擬前漢·外戚傳皆心儀霍將軍女註心儀即心擬。鍌又仪00781仪00829図正字通䣛41652，古儀字。舊本省作䣛41657，非図淮潁之間曰儀。華學誠：淮當作陳。

僕 02049 00922
pú_13.15　字彙僕本字図姓。漢有僕朋，封渾渠侯。

偖 02050 00923
zhuó_13.15　集韻陟略切音著。姓也。鍌五音集韻施也，安也。亦姓。慧琳音義推著：下張略反。正從草從者。或從人作偖，或從手作搉。

儁 02051 00924
jùn_13.15　集韻同俊左傳·莊十一年得儁曰克◆正義勝也。戰勝其師，獲得其雄儁者図異也左傳·昭十二年晉伯瑕曰：壺何爲焉，其以中儁也註言投壺中，不足爲儁異図卓特也世說王澄曰：兄似道，而神鋒太儁。△通作雋。

儂 02052 00925
nóng_13.15　廣韻集韻奴冬切正韻奴宗切夶音農。俗謂我爲儂韓愈詩鱷魚大于船，牙眼怖殺儂図◆渠儂，他也古樂府有懊儂歌六書故吳人謂人儂，卽人聲之轉。甌人呼若能図姓。宋儂智高図儂人，今雲南苗類，卽僰人、沙人種。鍌又儂01186

儃 02053 00926
chán_13.15　廣韻市連切集韻韻會時連切夶音蟬。態也。又儃佪，不進貌楚辭·九章欲儃佪以干傺図tǎn正韻徒亶切，壇上聲。儃儃，舒閒貌莊子·田子方儃儃然不趨図dàn集韻徒案切音憚。徒也，語辭。亦作但、亶図shàn時戰切音繕。傳與也揚子法言允哲堯儃舜之重註與禪同。

億 02054 00927
yì_13.15　廣韻於力切集韻韻會乙力切夶音臆。數名，十萬曰億。一說億數不定禮·內則降德于衆兆民疏算法，億之數有大小二法。小數以十爲等，十萬爲億，十億爲兆也。大數以萬爲等，萬至萬，是萬萬爲億也。図安也左傳·昭二十一年伶州鳩曰：心億則樂。又三十年盍姑憶吾鬼神図料度也左傳·襄二十五年不可億逞。又論語億則屢中図供億，謂供其匱乏，使之安也左傳·隱十一年寡人惟是一二父兄，不能供億図吳幼清云億，賭錢也。以意猜度，如漢人射覆之類，故曰億図與臆通前漢·平都侯相碑餘悲憑億。鍌又亿00760䑖52084

傝 02055 00928
tà_13.15　廣韻集韻夶他達切音闒。佅傝，肥貌。図逃也，叛也。鍌又佟01320僋01715傝16839达60651

儅 02056 00929
dāng_13.15　廣韻集韻夶都郎切音當。止也図tàng◆集韻他浪切，當去聲。佅儅△正字通俗當字。

傀 02057 00930
guī_13.15　集韻同傀

循 02058 00931
dùn_13.15　正字通同遁

儩 02059 00932
piào_13.15　正字通俗僄字。

儇 02060 00933
qióng_13.15　集韻同嬛。鍌又傏02146

儥 02061 00934
dú_13.15　廣韻集韻夶徒谷切音獨。儥儊，短醜貌図shú集韻殊玉切音蜀。動頭貌。

儉 02062 00935 jiǎn_13.15 俗僎字。

儆 02063 00936 jǐng_13.15 韻會舉影切音景。戒也書·大禹謨儆戒無虞春秋·宣十二年在軍,無日不討,軍實而申儆之。亦與警通囝jìng廣韻渠敬切集韻韻會渠映切丛音競。義同。

儇 02064 00937 xuān_13.15 廣韻許緣切集韻隳緣切丛音翾。慧利也揚子方言疾也詩·齊風揖我謂我儇兮荀子·非相篇鄉曲之儇子囝國名路史黃帝之宗有儇國。从嚾音。△本作懁,省作儇。

儈 02065 00938 kuài_13.15 唐韻集韻韻會正韻丛古外切音膾。牙儈,會合市人者。古借用會史記·貨殖傳·節駔會註駔馬儈也。會亦是儈。鋬又佮01189囝駔儈,亦作駔駟70462。

儉 02066 00939 jiǎn_13.15 古文㑄唐韻集韻韻會正韻丛巨險切,箝上聲說文約也禮·檀弓國奢示之以儉,國儉示之以禮。又王制祭,豐年不奢,凶年不儉左傳·莊二十四年儉,德之共也囝少也,歲歉也囝姓囝正韻巨驗切,箝去聲。義同囝與險同荀子·富國篇下疑俗儉註儉讀爲險。鋬又㑘01327俭01510

儌 02067 00940 yāng_13.15 玉篇烏江切,音胦。儌佭,不伏也。

儋 02068 00941 jiè_13.15 集韻舉蟹切音解。儌儋,豪强貌。

儊 02069 00942 chù_13.15 廣韻瘡據切,初去聲。不滑也。鋬又方儊儊叫:慌張地。閩語。儊溜:滑倒,溜走。冀魯。

過 02070 00943 kē_13.15 廣韻集韻丛苦禾切音科。美也。

儋 02071 00944 dān_13.15 唐韻集韻韻會丛都甘切音擔。負荷也囝儋耳,郡名前漢·武帝紀應劭註儋耳者,大耳種也。其渠率耳垂肩三寸。唐立儋州,後爲昌化郡。今儋州屬廣東瓊州府囝姓。周大夫儋翩囝人名。司馬遷疑太史儋卽老聃囝罃也揚子方言齊之東北,海岱之閒,罃謂之儋◆史記·貨殖傳漿千儋註一儋,兩罃也前漢·蒯通傳守儋石之祿揚雄傳家無儋石之儲註儋平聲通雅漢書一石爲石,再石爲儋,言人儋之也△通作擔。別作甔。鋬揚子方言齊之東北海岱之間罃謂之儋。華學誠:儋當作甔字典·午集上甔字下引方言不誤。

儌 02072 00945 jiǎo_13.15 廣韻古了切音繳玉篇儌,行也囝jiāo集韻堅堯切音澆。儌幸,覬非望也△毛氏曰儌倖,字本作僥,後人又以邊徼之徼爲儌倖之儌,相承亂已久矣。

儍 02073 00946 huà_13.15 字彙補古文化04313字。

儏 02074 00947 dì_13.15 字彙補古文地字。見乾坤鑿度〇按堹疑卽隉之譌文。

儮 02075 00948 yuē_13.15 集韻於靴切音䩚。㑊儮,癡貌。

儩 02076 00949 chēng_13.15 字彙補與偵同。

傻 02077 40623 shǎ_13.15 字彙補與傻同。

㑨 02078 40624 jiǎn_13.15 海篇古限切音柬。小束也。

㑩 02079 40625 líng_13.15 字彙補與零同通鑑楊軌西奔㑩海。

㑀 02080 40626 yáo_13.15 海篇音遙。使也。又喜也。

㑵 02081 40627 luò_13.15 廣韻魯過切音臝。㑵,弱也。

㑰 02082 40628 yù_13.15 集韻同籲

㒁 02083 42451 ǒu_13.15 字彙補同藕。

㑶 02084 42452 jù_13.15 字彙補求于切,音渠◇。鋬俗詎55789

㑲 02085 42453 cù_13.15 海篇同蹙

㑍 02086 u2A76F null_13.15 喃未詳。

㑇 02087 u2A76E tin_13.15 喃从信先tiên聲。消息△㑇㑼:喜訊。㑇舫:魚雁(書信)△亦作牋02454

㑼 02088 u2A76D null_13.15 未詳。

碎 02089 u2A76C null_13.15 喃未詳。

㑫 02090 u2A76B yǎn_13.15 俗儼02320

㒥 02091 u203E5 ngài_13.15 喃从人獃ngốc聲。老爺,大人,先生,閣下。

㒀 02092 u203E0 gā_13.15 喃从人跒khoè聲。那傢伙,那廝。

㒟 02093 u203DF bǎm_13.15 喃从人禀bẩm聲。

㒝 02095 u203DD null_13.15 未詳。

㒞 02094 u203DE dài_13.15 隸釋·故民吳仲山碑春秋舉儗,給與無已。洪适注:儗,貸57619字。

鼠 02098 u203D9 shǔ_13.15 俗鼠75313

㒜 02096 u203DC shàn_13.15 廣雅疏證·釋言僐,態也。僐01905之言善也說文僐,作姿態也。

愈 02097 u203DA yù_13.15 同癒36512武威漢代醫簡病立愈。

㒓 02099 u203D8 qiān_13.15 同僉56199籀文愆17782見說文

㒗 02100 u203D7 liáo_13.15 正字通僚01918本作傯。

㒕 02101 u203D6 qiāo_13.15 集韻蕭韻㒕,牽幺切。㒕倰,多智。

楼 02102 u203D5 xiào_13.15 方不要。休要二字合音。吳語。

傷 02103 u203D1 null_13.15 未詳。

㒄 02104 u203CF tàn_13.15 或俗歎26452

㒎 02105 u203CE null_13.15 未詳。

㒍 02106 u203CD null_13.15 未詳。

儧 02107 u203CC null_13.15 未詳。

偶 02108 u203CB ǒu_13.15 俗偶01587亦作傶18220可洪音義偶得:上五口反,不期而得也。正作偶囝龍龕偶,俗。愚雨反直音篇偶,元雨切。韓小荊:音羽的偶,爲佛經咒語音譯用字,無實義。

廉 02109 u203CA null_13.15 疑俗廉

愛 02116 u50FE ài_13.15 隱約、彷彿禮記·祭義祭之日,入室,僾然必有見乎其位。本作僾02046古作愛17403亦作僈18514囝唈僾,氣鬱積不順暢荀子·禮論祭者,志意思慕之情也,愊詭唈僾,而不能無時至焉囝僾俙,一作靉靆,不明。

榦 02110 u203C9 gàn_13.15 直音篇榦同榦24890

僰 02111 u203C5
kū_13.15　僰屼，亦作嶇屼，秃山貌。

㒘 02112 u3498
shù_13.15　同僋02188，神名 直音篇 㒘，音樹，㒘神也。

㒗 02113 u3497
tái_13.15　同儓02127

儗 02117 u50F2
xiān_13.15　同僊01837 四部叢刊初編集部 敬業堂詩集卷二十五·炎天氷雪集（起戊寅五月盡六月）·仙遊茅筆歌 群山海上來，絡繹趨九仙。儗翁此山住，示夢於幾先。

傪 02114 u510F
càn_13.15　漢語大字典.V.2 同燦31815

儎 02115 u510E
zài_13.15　彙音寶鑑 儎，舟車運物。同載60039

儐 02118 00950
bìn_14.16　唐韻 集韻 韻會 正韻 夶必刃切，賓去聲。導也，相也 禮·聘義 卿爲上儐，大夫爲承儐，士爲紹儐。又接賓以禮曰儐，接鬼神亦然。又 禮運 山川所以儐鬼神也 註 儐，禮鬼神，而祭山川也 石經 从手作擯，亦省作賓 又 進也 周禮·春官 王命諸侯則儐 又 陳也 詩·小雅 儐爾籩豆 又 廣韻 必鄰切 集韻 卑民切夶音賓。敬也。 又 同擯 戰國策·六國從親以儐秦 又 同薲。眉矉也 枚乘·菟園賦 儐笑連便。 又 又 儐01779 懯18520

綿 02119 00951
mián_14.16　集韻 彌延切音綿。綿綿，低貌。

儑 02120 00952
án_14.16　集韻 吾含切音玵。不慧也。又 儹言。 又 àn 廣韻 集韻 夶五紺切。不自安也 又 é 集韻 鄂合切音嗑。傝儑，不著事 又 與儑義同◆荀子·不苟篇 窮則棄而儑 註 儑也。 又 又 讝56784

窻 02121 00953
chuǎng_14.16　集韻 初講切，窗上聲。衆齊也。△字彙訓衆變，非。

儗 02122 00954
yí_14.16　集韻 魚其切，音疑。儗儗，狐狸聲。

傂 02123 00955
xiè_14.16　俗儹字

儱 02125 00957
zhěng_14.16　集韻 張梗切，音町。儱儱，形貌惡也。又海岱謂勇悍曰儱。

儒 02124 00956
rú_14.16　唐韻 人朱切 集韻 韻會 汝朱切夶音襦。學者之稱 揚子法言 通天地人曰儒 周禮·天官 四曰儒，以道得民 又 侏儒，短人也 又 侏儒，柱名，與株檽同 韓愈·進學解 榱桷侏儒 又 與偄同 隸釋·魯峻孟郁碑 儒作偄。 又 又 傳01942 仔00825 儒01975

儇 02126 00958
yìn_14.16　廣韻 集韻 韻會 夶於靳切音憖。依人也。 又 wěn 廣韻 集韻 夶烏本切音穩。義同。 又 又 隱01637

儓 02127 00959
tái_14.16　集韻 正韻 堂來切，夶音臺。陪儓，臣也 玉篇 輿，儓也 左傳·昭七年 僕臣臺。臺，與儓同 又 田儓，庸賤之稱 揚子方言 儓黯，農夫之醜稱也 又 tài 廣韻 他代切音貸。儓儗，癡貌△本作臺。 又 又 㒗02113 又 王力：集韻 儓字另有湯來一切，注云鈍劣皃。

儔 02128 00960
chóu_14.16　古文儔 唐韻 直由切 集韻 韻會 陳留切 正韻 除留切，夶音疇。衆也，等類也 梁元帝·懷舊序 臨水登山，命儔嘯侶 楚辭·王逸註 二人爲匹，四人爲儔。又通作疇 前漢·韓信傳 其疇十三人 又 誰也 揚子法言 儔

克爾。與疇同 又 dào 集韻 大到切。與翿同 說文 翳也 玉篇 隱蔽也 又 叶陳如切音除 韓愈·盧夫人墓誌銘 伊昔淑哲，或圖或書。嗟咨夫人，孰與爲儔。 又 儔01334 翿09765

僠 02129 00961
diào_14.16　篇海 徒了切，調上聲。獨立也。

傪 02130 00962
pīng_14.16　集韻 同竮

傶 02132 00964
qǔ_14.16　篇海 徂送切，從去聲。聚也。 又 娶11583 娶10814

儕 02131 00963
chái_14.16　唐韻 士皆切 集韻 韻會 牀皆切，夶音豺。等輩也 禮·樂記 先王之喜怒，皆得其儕焉 註 儕猶輩類 左傳·僖二十三年 晉鄭同儕。又 成二年 文王猶用衆，況吾儕乎 列子·湯問篇 長幼儕居 又 叶相稽切音齏。齊·王元長 賢衆歌 春山玉所府，檀林芳所棲。庵園無異轍，祇舒有同儕 又 叶仕之切音時 韓愈·猛虎行 猛虎雖云惡，亦各有匹儕。羣行深谷閒，百獸望風低。 又 又 侪01188 侪01501 侪01488 儕01996

儖 02133 00965
lán_14.16　廣韻 魯甘切 集韻 盧甘切夶音藍。儖儧，形惡貌〇按儖與儧音別，訓同，疑有誤。 正字通 以儖爲譌文，沿襲 篇海 前後矛盾，非臆說也。

儀 02134 00966
duì_14.16　唐韻 都隊切 集韻 都內切夶音對 說文 市也。或曰，互市必與人對，故从對人。俗讀若兌，因借用兌，非。 又 說文 儀，币也。从人對聲 名義 儀，币、遍。

攣 02135 00967
jiǎn_14.16　集韻 同僩

儥 02136 00968
yǔ_14.16　集韻 演女切音與。謹也，倚也。 又 熊加全：懇18528之異體。

儗 02137 00969
nǐ_14.16　廣韻 集韻 魚紀切 韻會 隅起切 正韻 養里切，夶疑上聲 說文 僭也。一曰相疑 又 比也。通擬 禮·曲禮 儗人必于其倫 又 通作疑 前漢·食貨志 遠方之能疑者，竝舉而爭起 註 疑讀曰擬 史記·蘇秦傳 疑於王者 荀子·儒效篇 無所儗怎 註 儗讀爲疑 又 通薿 詩·小雅 黍稷薿薿 前漢·食貨志 引 詩 作儗薿 又 yì 正韻 以智切音異。佁儗，固滯貌 又 hài 廣韻 海愛切 集韻 許代切，夶海去聲。儓儗，癡貌。

儘 02138 00970
jìn_14.16　字彙 同盡。 又 侭01185 尽12923

儙 02139 00971
qiàn_14.16　玉篇 去戰切音譴。儙開也。

儚 02140 00972
méng_14.16　集韻 韻會 彌登切，音瞢 爾雅·釋訓 儚、佪佪，惛也。 又 僧02233 懜18177 瞢48466 顭68481

儛 02141 00973
wǔ_14.16　集韻 同舞 莊子·在宥篇 鼓歌以儛之 楚辭·九歌 疛陵翔儛 註 山丘踴躍而歡喜也 又 朝儛，齊山名 又 儛衞 周禮·冬官考工記·矢人 夾而搖之 註 今人以指夾矢儛衞是也。儛衞謂挾搖聲，試矢者，以指撋箭鏃，去有聲，以徵其直也。

儜 02142 00974
níng_14.16　廣韻 女耕切 韻會 泥耕切夶音寗。困弱也 韓愈詩 始知樂名教，何用苦拘儜 又 唐書·劉禹錫傳 鼓吹裴回，其聲儃儜 註 相呼聲△ 集韻 通作嬣。

儝 02149 u2A773
null_14.16　喃 未詳。

儨 02143 00975
zhǎi_14.16　集韻 都買

切。同獵。豪強貌。後魏時語，莫儔儉。

秣 02150 u2A772
null_14.16 未詳。

臭往切，讀若詎。載器也。鋬集韻 儝，負戴器也。

儧 02144 40629
guǎng_14.16 篇海類編

催 02151 u2A771
null_14.16 喃未詳。

儔 02145 40630
piào_14.16 篇海類編 疋

昭切音飄。輕儔也。又疋妙切音票。義同。

傑 02146 40632
qióng_14.16 海篇 音瓊。待也。鋬新撰字鏡 傑，巨

榮反，持（特）也，逸也。儬02060，上作誤，此正作。

儘 02147 42454
jǐn_14.16 字彙補 印藪 有孔儘印。鋬或僅字。

鳱 02152 u2A770
null_14.16 未詳。

儫 02148 00996
háo_14.16 字彙補 音義

與豪同。字見前秦錄。鋬又可洪音義 儫破：書良反。

損也。正作傷01811也。按，補遺重出。

嬝 02153 u218BB
nǒ_14.16 喃從債女nǒa聲。亦作敗57551

棗 02154 u20407
zǎo_14.16 龍龕 棗，俗。音早，正作棗24349字。

儬 02155 u20405
nghè_14.16 喃從人瑲nghe聲。大臣。

儬 02156 u20404
null_14.16 儬兒鐘，青銅器名，見殷周金文集成.

1.183。郭沫若兩周金文辭大系圖錄考釋·儬兒鐘 儬字

舊或釋儔，或釋儬，均不確。古人名多奇字，不能識。

儳 02163 u203FC
null_14.16 未詳。

億 02157 u20403
shū_14.16 新修玉篇·心

部引餘文 億，式竹切，疾也，長也，同作僑58902字。

繇 02158 u20402
null_14.16 宋·洪遵泉志·外國品中·屋馱國梵書錢 載

「梵字錢」有「弦26605 亃狻繇」四字，云「文不可辨」。

儵 02164 u203FB
null_14.16 未詳。

儵 02159 u20401
méng_14.16 同蒙50347

图俗像01902 可洪音義 儵教：上似兩反。

儵 02160 u20400
yí_14.16 類篇 余支切。儵愉，動兒。通作歟26430

儳 02161 u203FF
fěi_14.16 墨子·天志中 吾有命，無廖儳務。孫詒讓

間詁：畢（沅）云此句非命上作無僇匪扁，非命中作

毋僇其務。孫星衍云當作無僇其務，言不僇力其事。高

亨新箋：當讀為匪，而訓為彼。

儬 02162 u203FE
zhài_14.16 同儳02309見越諺

儬 02165 u203FA
null_14.16 未詳。

彝 02167 u203F8
null_14.16 未詳。

儬 02166 u203F9
fó_14.16 同佛00993亦作僑02340

蟹 02168 u203F7
mà_14.16 僬01791謁字名義儬，亡八反。健。

儬 02169 u203F6
null_14.16 未詳。

傴 02170 u203F5
null_14.16 未詳。

儱 02171 u203F4
dì_14.16 廣雅 儱儱，憀也。集韻 作儱儱。

儩 02173 u203F2
thợ_14.16 喃從人署thợ聲。工匠，專家。

儬 02174 u203F1
null_14.16 未詳。

皸 02172 u203F3
giống_14.16 喃從似

重trọng聲△皸頡：逼真。皸饒：相似。

僂 02175 u203D2
null_14.16 同儔02241

儞 02176 u511E
nǐ_14.16 同你00948見

集韻 图廣漢和辭典 儞，爾の俗字。

償 02177 00976
cháng_15.17 廣韻 市羊切 集韻 辰羊切 丛音常。還所

值也。前漢·雋不疑傳 不疑爲郎，或誤持同舍郎金去，同

舍郎意不疑，不疑買金償之 图酬報 左傳·僖十五年 西

鄰責言，不可償也 图 shǎng 集韻 始兩切音賞。

又shàng 時亮切音尚。義丛同。鋬又償01656贖58087

儠 02178 00977
liè_15.17 唐韻 良涉切 集韻 韻會 正韻 力涉切 丛音

獵 說文 長壯儠儠也。引春秋傳 長儠者相之 徐曰 左傳

註：長鬣，多鬚也。許氏在杜註前，故義或與今註異。

图儠僮，惡貌也。

儠 02179 00978
biān_15.17 廣韻 布賢切，音邊。身不正也 图pián 集

韻 蒲眠切音骿。儠儠，舞容也。鋬集韻 儠02315儠，儠

躩，舞容。或省。通作蹁跰。

儠 02180 00979
miè_15.17 集韻 莫結切音蔑。儠偕，多詐。

儡 02181 00980
lěi_15.17 廣韻 落猥切 集韻 韻會 正韻 魯猥切 丛音

壘。傀儡，木偶戲 列子·殷湯篇 周穆王時巧人有偃師者，

爲木人，能歌舞，此傀儡之始也 通典 窟礧子，亦曰傀

儡。俗讀匯磊 图淮南子·俶眞訓 孔墨之弟子，以仁義

教導于世，不免于儡其身。又潘岳·西征賦 寮位儡其隆

替 註儡，敗壞貌 图木名 駢雅 思儡不腐，女貞不凋桂

海虞衡志 思儡木，生兩江州 图wěi 集韻 魚鬼切音鬼。

儡然，意不安定貌△說文 儡，讀若雷。相敗也 長箋 畾

當是厽異文，壁也，故從畾。相格鬥謂之對儡。通作對

厽。鋬又僵02287緟45152魋71693

儞 02182 00981
jié_15.17 集韻 子結切音節。傅儞。

儢 02183 00982
lǔ_15.17 廣韻 力舉切 集韻 韻會 正韻 兩舉切 丛音

呂。儢儢，不欲爲也 增韻 不勉强貌 荀子·非十二子篇 儢

儢然，離離然，學者之鬼也。鋬又儢02239嬚11604

儁 02184 00983
jùn_15.17 字彙 同儁。鋬又儁02206

儣 02185 00984
kuǎng_15.17 廣韻 苦廣切 集韻 苦晃切 丛音壙。儣

俍，不平也。鋬熊加全：疑儣俍爲懭悢之訛。

儤 02186 00985
bào_15.17 正韻 布校切音報。官吏連直也 唐志 新到

官府，併上直，謂之儤。儤直，一作豹直，亦曰伏豹，

取不出之義 見聞錄 御史舊例，初入臺陪，直比五日，

衆官皆出，此人獨留，曰豹直也 楊鉅·翰林舊規 有儤宿例，

即儤直也△正字通 今俗謂程外課作者爲懪 字彙 心部

懪與儤涵，誤也○按儤字惟正韻 始載。古有儤無懪。

鋬又儤02295儤16889儤16874 图字典琢屑 儤16879，漢制

併上者。按本集人部儤字下引唐志 上者二字作上直。

儥 02187 00986
yù_15.17 集韻 韻會 正韻 丛余六切音育 說文 賣也

周禮·地官·司市 以量度成賈而徵儥 疏 量以量穀粱之

等，度以度布絹之等。成，定也。徵召也。物賈定，則

召買者來，故云徵儥也 图dí 集韻 亭歷切音笛。義同 周

禮·司市釋文 音笛 字林 又他竺反○按儥字，從士從同

从貝，與賣字从四者不同。又周禮兼買賣二義註疏依文分訓甚碻，無足疑者爾雅亂兼訓治，在兼訓終，徂又訓存，肆訓故，又訓今，郭璞曰：此皆訓詁義，有反覆旁通，美惡不嫌同名。又臭兼香臭，慊兼足不足之類，一字兼二義，如陰陽、黑白，相反者甚多，何獨疑於儥字乎正字通謂賣買音義各別周禮儥字雜見，疑有脫誤。註疏牽合傅會字彙襲舛承譌，最眩後學。此皆不考於古，不善推類之過也，不可不辨。鎣又賣57811

𠑊 02188 00987 shù_15.17 集韻同豎。神名。又姓。

儦 02189 00988 biāo_15.17 唐韻甫嬌切集韻韻會悲嬌切𠀤音鑣說文行貌詩·齊風汶水滔滔，行人儦儦傳儦儦，衆貌。又禽獸多也詩·小雅儦儦俟俟傳趨則儦儦，行則俟俟○按廣韻儦，甫嬌切音標，用交互門法，以非母切幫母。下字今應用音和門，卑遙切爲是。鎣又儦16866

儧 02190 00989 zǎn_15.17 正韻作早切，賛上聲。聚也又zuǎn廣韻集韻韻會𠀤祖管切音纂。聚而計事也○按說文上从二先作儹。諸韻書沿俗作儧，非。

儨 02191 00990 zhì_15.17 篇海音質。正也○按集韻有懫無儨，儨註與懫同。疑卽懫字之譌。

儩 02192 00991 sì_15.17 廣韻集韻𠀤斯義切音賜。盡也唐書·李密傳賈潤甫諫密曰：稟取不節，敖庾之藏，有時而儩。粟竭人散，何仰而成功又潘岳·西征賦超長懷以遐念，若循環而無儩又維摩經鉢飯悉飽衆，會猶故不儩。

優 02193 00992 yōu_15.17 唐韻集韻韻會於求切正韻於尤切𠀤音憂爾雅·釋訓優優，和也詩·商頌敷政優優。言人君德政和樂也又優游，和柔也詩·大雅優游爾休矣又詩·大雅天之降罔，維其優矣傳渥也箋寬也又說文饒也又饒洽也詩·小雅既優既渥又有餘力也論語仕而優則學又勝也，對劣之稱又小爾雅優，多也又正韻調戲也左傳·襄六年宋華弱與樂轡，少相狎，長相優。又伊優，屈曲佞媚貌又倡優前漢·東方朔傳朔好詼諧，武帝以俳優畜之又左傳·襄二十八年陳氏鮑氏之圉人爲優正義優者，戲名也晉語有優施史記·滑稽傳有優孟、優旃。皆善爲優戲，而以優著名又姓又集韻烏侯切音謳前漢·東方朔傳伊優亞者，辭未定也。亞音鴉。又通作要，平聲禮·深衣要縫半下鄭註要或爲優。鎣又优00889優16868

僇 02194 00993 pāo_15.17 廣韻匹交切集韻披交切，音胞。又集韻丘交切，音敲揚子方言僇，盛也。陳宋之閒曰僇。○按僇字𠀤見廣韻集韻諸書正字通以爲俗字，非是。鎣又láo廣韻力嘲切，音顟。

𦋺 02195 00994 bǐ_15.17 廣韻甫委切集韻補靡切，𠀤陂上聲。停也。

𪝵 02204 u2A775 null_15.17 未詳。

𠍸 02196 00995 sù_15.17 正字通蘇谷切音速。𠍸佷，國名，卽肅愼也。

僈 02197 00997 mǎn_15.17 字彙補古文滿29345字。

𪝴 02205 u2A774 null_15.17 未詳。

僜 02198 00998 zhēng_15.17 集韻中莖切音朾。僜倗，不仁也。鎣集韻作僜02276

㒁 02199 01000 hùn_15.17 字彙胡困切，魂去聲。戲也○按㒁字玉篇廣韻集韻諸書皆不載，疑卽翫字之譌。

𠐲 02202 40635 bèi_15.17 篇海類編布妹切音輩。等輩也。

𪝶 02203 u2A776 null_15.17 殷周金文集成·6.3583·史𪝶簋史𪝶乍寶尊彝。

㒞 02206 u2F80C jùn_15.17 同儁02184

傮 02200 40633 null_15.17 字彙補方國之傮，言國之傮，乳國之傮。見元子。音未詳。

𠐚 02211 u2041A lì_15.17 俗儷02299

儭 02201 40634 chèn_15.17 篇海類編楚敬切，音襯◇與䞋同。鎣亦作𢕟28834字。

𠐘 02213 u20418 null_15.17 未詳。

𠐞 02208 u2041E lěi_15.17 俗儡02181 龍龕𠐞，俗。力梅反海篇直音𠐞，音磊又trǒi喃从人磊lỗi聲△𠐞踐：起來又chỗi𠐞趨。

𠐗 02214 u20417 null_15.17 未詳。

𠐝 02209 u2041D zhé_15.17 可洪音義𠐝罸：上知革反。正作謫56554也。

𠐟 02207 u2041F liáo_15.17 俗僚01918 廣碑別字引魏元愷墓誌

𠐛 02210 u2041B xuān_15.17 正字通儇02064，本作𠐛，省作儇。

𠐕 02216 u20415 lín_15.17 俗鄰62008

𠐙 02212 u20419 tóu_15.17 龕74730譌字

𠐔 02217 u20414 null_15.17 人名。張𠐔。見古璽彙編

𠐖 02215 u20416 liǎn_15.17 俗斂21800

𠐒 02219 u20412 yǎng_15.17 俗養69074 偏類碑別字引唐比丘惠略造象

𠐓 02218 u20413 null_15.17 未詳。

𠐑 02220 u20411 dì_15.17 同僀02171 集韻𠐑，丁計切博雅𠐑𠐑，懘也。一曰疾也。

𠐐 02221 u20410 jì_15.17 俗際65872 金石文字辨異引漢張遷碑

𠑆 02223 01001 hān_16.18 集韻同憨

㒟 02222 00999 niǎo_16.18 廣韻集韻韻會正韻𠀤同褭又便㒟，舞者㒟身若環也。一曰便㒟，細腰。或作嬝又宋宗室名。高宗時，士㒟判大宗正事，遣詣河南修奉陵寢。鎣又褭54771

儭 02224 01002 chèn_16.18 廣韻集韻正韻𠀤初覲切，與襯通。裏也。別作嚫又qīn集韻雌人切。與親通。父母稱。鎣又qìn廣韻七遴切。至也。又畏也又敦煌·S.6176箋注本切韻儭，儭施又倈01645窺12453

儮 02225 01003 lì_16.18 集韻狼狄切音歷。人名。鎣可洪音義儮然：上良擊反。正作歷。

𠑥 02226 01004 guī_16.18 廣韻公回切集韻姑回切𠀤音瑰說文傀，重文作瓌廣韻同瓌。傀，大貌又美也，盛也，偉也，怪異也。

儯 02227 01005 téng_16.18 玉篇徒登切音騰。倰儯，長貌。

㒊 02228 01006 xiè_16.18 廣韻胡介切正韻下戒切太音械。狹也揚雄·反騷何文肆而質㒊漢書作𩐨。亦作𩓢左思·魏都賦𩓢倮，卽㒊倮。鎣又㒊02123譮56876

儃 02229 01007 yì_16.18 集韻同億

㒑 02230 01008 wěi_16.18 廣韻韋委切集韻羽委切，並爲上聲。不安也。

儱 02231 01009 lǒng_16.18 廣韻力董切集韻魯孔切太音嚨。儱侗，未成器也又儱偅01520

儴 02232 01010 guī_16.18 集韻與傀、傀太同。別作傀。

𪝹 02240 u2A779 null_16.18 喃未詳。

儚 02233 01011 méng_16.18 集韻同儚。儚儚，昏也又類篇母亙切。同懜。不明也。

儲 02234 01012 chú_16.18 廣韻直魚切集韻韻會陳如切正韻長魚切太音除。偫也淮南子·主術訓十八年而有六年之積，二十七年而有九年之儲又副也南齊書太子曰東儲又儲胥，猶言御苑也張衡·西京賦既新作于迎風，加露寒與儲胥註武帝先作迎風館，後加露寒、儲胥二館。又儲與，卽容與淮南子·俶眞訓儲與扈冶。一作諸與揚雄·羽獵賦儲與乎大浦，聊浪乎宇內服虔曰儲與，相羊也。與，音餘。聊浪，放浪也又姓。鎣又储01778

儳 02235 01013 qiān_16.18 集韻愆17782古作儳。

儘 02236 40636 null_16.18 字彙補音未詳瀛州勝覽榜葛剌市用銀錢，曰儘伽。鎣瀛涯勝覽字彙補原誤。

儣 02237 40637 pín_16.18 字彙補及賓切音頻宋人饒德操詩大似儣伽餉遠空。鎣字彙補皮賓切。

𪝸 02241 u2A778 null_16.18 未詳。

儤 02238 42455 dào_16.18 字彙補都皓切，音道◇太上作。見亳州老君碑

儢 02239 42456 lǚ_16.18 海篇音呂。心不平也○按卽𢡖字之譌。

𪝷 02242 u2A777 null_16.18 未詳。

𠐷 02244 u20437 qiān_16.18 同愆17782

𠐸 02243 u20438 dôi_16.18 喃从餘省堆聲△𠐸𩏃：餘額，剩餘。

𠐯 02250 u2042F null_16.18 未詳。

𠐶 02245 u20436 jué_16.18 同傕01700文選·潘岳·西征賦顧請旋於𠐶汎，既獲許而中惕古音駢字續編𠐶汎，傕氾，李傕、郭氾也潘岳·西征賦

𠐴 02246 u20434 xuán_16.18 墨子·經上第四十利，所得而喜也。為，窮知而𠐴於欲也。畢云𠐴同懸18680

𠐲 02247 u20432 fú_16.18 集韻誖56027分物切。亂也。或作㤇𢡂𠐲。

𠐱 02248 u20431 gàn_16.18 說文𠐱，闕。段注：𠐱，㪔01398籀文。

𠐮 02251 u2042E null_16.18 未詳。

𠐰 02249 u20430 qì_16.18 或同企00857

𠐭 02252 u2042D null_16.18 未詳。

𠐫 02254 u2042B null_16.18 未詳。

𠐬 02253 u2042C đòi_16.18 喃从人頪đồi聲。與嬇11447同。

𠑂 02255 u2042A null_16.18 未詳。

𠐩 02256 u20429 chǎn_16.18 龍龕𠐩𠐩02297，丑犯反。立也。一曰癡也。二同。

㒋 02257 01014 jiǎn_17.19 廣韻九輦切集韻九件切太音蹇。偃㒋，傲慢也。或作僆，俗作㒋。鎣又𠏹65955

儠 02258 01015 lǐn_17.19 廣韻良鴆切，林上聲。儠㑣，頭向前也。

儡 02259 01016 guì_17.19 廣韻居胃切集韻歸謂切太音瞶。使也。又guī集韻居韋切音歸。義同。

㒌 02260 01017 qī_17.19 廣韻集韻太同倛又五音集韻同䫏。

儳 02261 01018 chán_17.19 廣韻士咸切集韻韻會鋤咸切太音讒說文儳，互不齊也又師次不整。◆左傳·僖二十二年宋公及楚人戰于泓。司馬子魚曰：聲盛致志，鼓儳可也註乘其陣未成列，急攻之也又疾也後漢·何進傳進驚馳，從儳道歸營又廣韻儖儳，惡貌又chàn集韻仕懺切韻會仕陷切太音𩐨。輕言也又禮·表記君子不以一日使其躬儳焉，如不終日註謂苟且不整肅也。鄭氏曰：可輕賤之貌又chàn集韻初鑒切音懺。亦不齊也。又雜言也禮·曲禮毋儳言又càn蒼鑒切。暫也。鎣又儳16883㑣01648㒉01892儳18689敦煌.P.2011王仁昫刊謬補缺切韻一儳，貪。

𪝼 02266 u2A77C null_17.19 未詳。

儴 02262 01019 ráng_17.19 集韻忍將切，壤平聲爾雅·釋詁儴、仍，因也註皆謂因緣。

𠑅 02265 40638 yóu_17.19 字彙補以周切音由。人名，應𠑅，昌國人，宋理宗時參知政事宋史新編有傳。

𪝻 02267 u2A77B null_17.19 喃未詳。

㒍 02263 01020 hōng_17.19 唐韻呼肱切音薨。惛也。鎣又𩔇68481𩖎68519𩖑68524

𪝺 02268 u2A77A null_17.19 未詳。

儵 02264 01021 shū_17.19 集韻倏本字楚辭·九歌儵而來兮忽而逝莊子·應帝王南海之帝爲儵，北海之帝爲忽，中央之帝爲混沌又青黑色說文青黑繒發白色。一曰儵儵，罹禍毒也△說文列𥍠部，俗誤借倏、倐，譌作倐。唐褚遂良作儵，以當倐字，讀若嵩，入聲，非是。鎣又𡣖11686𩿌74970

𠑊 02271 u2044A yǎn_17.19 俗𠑊02320

𠑋 02270 u2044B lộng_17.19 喃从傘弄lộng聲。亦作𢃄14926△丐𠑋：羅傘。

𠑌 02269 u2044C tuí_17.19 類篇儽，除邁切。遺也。敦煌·S.6204字寶肥𦝞㒓：烏懷反，丑乖反。柳建鈺：蓋㒓12885既訛作儽，俗以字不識，故取字形之半爲義。

𠑁 02279 u20441 null_17.19 未詳。

𠑈 02273 u20448 trộm_17.19 喃从人濫lạm聲。偷△亦作𠑈△𠑈𥆾：竊聞，私下聽說。

𠑉 02272 u20449 thói_17.19 喃从俗退thoái聲。風俗。

𠑇 02274 u20447 yìng_17.19 同佚01156亦作㑞01739見𠑇匜季良父簠。清·方濬益綴遺齋彝器款識考釋·卷八古無媵字，彝器銘止作朕或作賸。此从人作𠑇。

儳 02275 u20446
chǎn_17.19　廣韻 儳，丑犯切。儳行 海篇直音 儳02310，音諂。行儳也△正作儳02256

儴 02280 u20440
null_17.19　未詳。

镫 02276 u20445
zhēng_17.19　廣韻 镫，镫偁，不仁也。出 聲譜 △宏按 字典 譌作镫02198

儧 02277 u20444
xiè_17.19　集韻 儧，悉協切。俿儧，輕佻兒。

儭 02281 u34A3
null_17.19　未詳。

傶 02278 u20443
jí_17.19　纂72276譌字

儬 02282 u34A2
null_17.19　未詳。音醿。與獶33754同。鋬又儬02307儬02308

偡 02284 01023
chè_18.20　玉篇 尺涉切。與憳通 說文 心服也。

儶 02285 01024
huì_18.20　廣韻◆集韻 丛胡桂切音慧。俙儶 冈 集韻 玄圭切，音攜。提也。一曰離也。

儴 02286 01025
fēng_18.20　廣韻 敷空切音豐。促儴，仙人也。鋬又儴02044

儽 02287 01026
lěi_18.20　集韻 魯猥切音磊。極困也 冈 與儡同。

儮 02289 42457
wěi_18.20　字彙補 音韋。大風也○按卽飇字譌增。

饒 02290 42458
yáo_18.20　海篇 音堯

傫 02288 01027
piào_18.20　說文 儦本字

傾 02291 u2A77D
null_18.20　未詳。

齓 02292 u21FB5
ngôi_18.20　喃 从位，鬼ngôi聲△齓希：王位△亦作竞02293，省作鬼。

竞 02293 u20456
ngôi_18.20　喃 同齓02292王位。

語 02294 u20455
ngǔa_18.20　喃 从仰語ngữ聲△齔齮：仰臥。齮秪：仰面。齮胱：挺胸△或省作語。語秖：（伸手）索討。

傏 02295 u20454
bào_18.20　正字通 傊02186，本作傏。

儧 02298 u2044F
null_18.20　未詳。

儬 02296 u20453
nǐ_18.20　中文大辭典 同你01062元 • 佚名 重編百丈清規法旨 儬衆和尚每體著皇帝聖心，興隆三寶，好生遵守清規。

儳 02297 u20451
chǎn_18.20　類篇 儳，五感切。癲也。又丑減切。又丑犯切 冈 朝鮮本 龍龕 丑犯切。立也△亦作儳。俗作儳02275儳02310

儷 02299 01028
lí_19.21　廣韻 韻會 丛郎計切音麗。並也 淮南子 • 繆稱訓 與俗儷走，而内行無繩 冈 伉儷，偶也 左傳 • 成十一年 邵犫奪施氏婦。婦人曰：鳥獸猶不失儷，子將若何 又 已不能庇其伉儷而亡之。通作麗 冈 儀禮 • 士冠禮 主人酬賓，束帛儷皮 註 兩鹿皮也。古文儷爲離 冈 士昏禮 納徵曰：某有先人之禮，儷皮束帛，使某也，請納徵。冈 lí 集韻 鄰知切音離 說文 棃儷也 韻會 木枝條貌。鋬又儷01330俪01798儷02211儷02300

儷 02300 01029
lí_19.21　正字通 俗儷字。

儸 02301 01030
luó_19.21　廣韻 魯何切 集韻 良何切丛音羅 玉篇 傄01796儸，健而不德也 冈 幹辨能事之稱 五代史 • 劉銖傳 諸君可謂傁儸兒。鋬又伊01502

僊 02302 01031
xiān_19.21　說文 仙本字。

儹 02303 01032
zǎn_19.21　正字通 儹僔本字。

顚 02304 01033
diān_19.21　集韻 與傎、蹎丛同。蹎也 唐書 • 李石傳 晉君臣以怡曠致顚。

儺 02305 01034
nuó_19.21　古文廛 唐韻 諾何切 集韻 囊何切 正韻 奴何切丛音那。驅疫也 禮 • 月令 季春，命國難，九門磔攘，以畢春氣。仲秋，天子乃難，以達秋氣。季冬，命有司大難，旁磔，出土牛，以送寒氣 註 難與儺同 博物志 漢舊史，儺，立桃人、葦索、滄耳、虎等 通雅 漸耳，蓋滄耳也 冈 儺神。凡十二，皆使之追惡凶。詳見 後漢 • 禮儀志 冈 猗儺，柔順貌 詩 • 檜風 隰有萇楚，猗儺其枝 冈 小雅 隰桑有阿，其葉有難 註 盛貌 冈 nuǒ 集韻 乃可切音娜 詩 • 衛風 佩玉之儺 註 儺，行有度也 毛詩古音考 猗儺，音阿那 冈 與旎、那、娜丛通 楚辭 • 九辯 紛旖旎乎都房 宋玉 • 高唐賦 猗旎豐沛 張衡 • 南都賦 阿那蓊茸 陳思王 • 洛神賦 華容婀娜。音義丛同。鋬又儶01777儞06705儺68805鼇71662

儱 02306 01035
chòng_19.21　篇海 丑用切音銃。斜儱。

儮 02307 01036
néi_19.21　玉篇 奴回切音醿。偓也。

儮 02308 01037
néi_19.21　字彙補 泥堆切，内平聲。偓也○按音義與上儮字同。疑有誤。

儨 02309 42459
zhài_19.21　海篇 音寨。鋬 越諺 • 卷中 • 疾病 儨，音寨。痢疾之洞瀉者。又儧02162同儨。

儳 02310 42460
chǎn_19.21　海篇 音諂。鋬俗儳02275

儯 02311 u2A77E
null_19.21　未詳。

僊 02312 u20463
xiān_19.21　同僊01837

藝 02313 u20462
nghệ_19.21　喃 从人藝nghệ聲△翁藝：官吏。

儳 02314 u20460
sà_19.21　同儧02038清 • 艾衲居士 豆棚閒話 • 黨都司死梟生首 果然是個酒糟頭，沒儍儳的朋友。

邊 02315 u2045F
biān_19.21　同傻02179 廣韻 儍，布玄切，身不正也。

儸 02316 u2045D
null_19.21　未詳。

儳 02317 u2045C
null_19.21　未詳。

儳 02318 u34A8
xiān_19.21　兼 僊02302

黨 02319 01038
tǎng_20.22　唐韻 他朗切 集韻 韻會 坦朗切 正韻 他曩切，丛湯上聲。倜儻，卓異也 史記 • 司馬相如傳 俶儻瑰瑋 前漢 • 史丹傳 儻蕩不備 註 豁達也 冈 關尹子 • 一字篇 心儻儻，物迭迭 註 儻儻，猶偵偵 冈 或然之辭。儵忽不可期也 莊子 • 天地篇 儻乎若行而失道也 繕性篇 軒冕在身，非性命也。物之儻來，寄也 冈 莊子 • 天下篇 時恣縱而不儻 註 儻，苟也 冈 韻會 通作黨 前漢 • 董仲舒傳 黨可得見乎 揚雄傳 黨鬼神可也△本作儻。俗作倘。鋬又倜01781傑01943儻02056

儼 02320 01039
yǎn_20.22　古文嚴 廣韻 魚掩切 集韻 魚檢切 韻會 疑檢切，丛嚴上聲 說文 昂頭也。一曰好貌 冈 恭也 爾雅 • 釋詁 儼，敬也 禮 • 曲禮 儼若思 冈 與嚴通 前漢 • 匡衡傳 正

躬嚴恪。音義𡥸同儳 図 詩·陳風 有美一人，碩大且儳 傳
儳，矜莊貌 図 淮南子·本經訓 盤紆刻儳 註 刻儳，浮首、
虎頭之屬△ 韻會 琰韻儳通曬。鑑 又 俨01332 倡01546

儳02090 儵02271 孄11706

儳 02321 40639
jué_20.22　字彙補 與矍同 揚子·太玄經 燕食扁扁，其
志儳儳 註 或得或失，儳儳然也。

儴 02322 u20468
null_20.22　未詳。

勸 02323 u20467
null_20.22　未詳。

儵 02324 u20466
null_20.22　未詳。

儔 02326 u20464
zāo_20.22　儧01790本字。

籑 02325 u20465
null_20.22　未詳。

儢 02327 01040
xiāo_21.23　玉篇 許驕切
音嚻。傲也。鑑 正字通 俗嚻07857

儡 02328 01041
lěi_21.23　廣韻 集韻 𡥸盧對切音壘 說文 垂貌。一曰
懶懈也 図 病也 六書統 馮高眔立貌。鑑 又 集韻 像02029
倫追切 博雅 像像，疲也。一曰敗也。欺也。或作儽儶01785

儧 02329 01042
shàn_21.23　說文 偦本字。

儸 02330 01043
luǒ_21.23　正字通 與倮躶臝𡥸通 荀子·賦篇 有物于
此，儸儸兮其狀屢化如神 註 讀如倮，謂蠃也。鑑 又
儽18787

儨 02331 40640
cù_21.23　海篇音促。急迫也。

鑢 02332 u2046E
null_21.23　未詳。

饒 02334 u2046C
nhau_21.23　喃 从人
饒nhiêu聲。相互，交互△妖饒：相愛。貝儶：互相。

儬 02333 u2046D
null_21.23　未詳。

儴 02335 u21044
nàng_22.24　廣韻 集韻
韻會 𡥸奴浪切，囊去聲。緩也。鑑 龍龕 儴，緩也。明·顧
起元 客作贅語·論俗 物寬緩不帖帖者曰儴。明·張景 飛
丸記·第十六齣 看我面上，再儴他一儴 図 同囊，軟弱。
元·佚名 三國志平話·卷中 夫人煩惱，高聲罵：周瑜儴軟！
長沙太守之女，討虜將軍親妹，我今到來，更不相顧。
図 鼻塞。今作𪖩75524 西遊記·第七十六回 那怪聞說，
連忙跪下，口裏嗚嗚的答應。原來被行者揪著鼻子，捏
儴了，就如重傷風一般 図 纕45255 禳54948

龠 02336 42461
xīn_22.24　海篇音欣。鑑 或俗鑫。

鑢 02337 01045
xǐ_22.24　字彙補 古文錫63506字。鑑 又 鑢02338

鑢 02338 u20473
xǐ_23.25　同鑫02337古文錫。

鑶 02339 01046
qiān_24.26　字彙補 靑天切音千。水和鹽也 図 古文
僉01836字。見 崔希裕·略古

儚 02340 u20475
fó_27.29　字彙補 儚，道經佛字。西域哲人。

◆ 儿部 ◆

儿 02341 01047
rén_0.2　集韻 韻會 𡥸而鄰切音仁 說文 人也 玉篇
仁人也。孔子曰：人在下，故詰屈 戴侗·六書故 人、儿
非二字，特因所合而變其勢。合於左者，若伯若仲。合
於下者，若兒若兄 鄭樵·六書略 人象立人，儿象行人。

儿 02342 u2F09
ér_0.2　部 儿02341

兀 02344 uFA0C
wāng_1.3　同尢12763

兀 02343 01048
wù_1.3　唐韻 集韻 韻會 正韻 𡥸五忽切音机 說文
兀，高而上平也。从一在人上 図 刖足曰兀 莊子·德充符
魯有兀者叔山，踵見仲尼。仲尼曰：無趾，兀者也
図◆柳宗元·晉問篇 乘水潦之波，以入於河而流焉，盪
突硉兀 註 危石也 図 兀兀，不動貌 韓愈·進學解 常兀兀
以窮年 図 正韻 桌兀，不安也。亦作陒 易 困卦 于臲陒
図 姓 韻會 後魏改樂安王元覽爲兀氏 図 韻會 或作掘
莊子·齊物論 掘若槁木。鑑 又 仉00811兀02763

允 02345 01049
yǔn_2.4　古文㽙 唐韻 余準切 集韻 韻會 庾準切 𡥸
音尹 說文 允，信也。从㠯人 徐曰 㠯，仁人也，故爲信。
図 爾雅·釋詁 允，信也 疏 謂誠實不欺也。按 方言 云徐
魯之閒曰㠯 書·君奭 公曰：告汝朕允 図 玉篇 允，當
図 增韻 肯也 図 通作盾。中盾，官名 前漢·班固敘傳 數
遣中盾，請問近臣 註 師古曰盾讀曰允 図 yǔn 正韻 羽敏
切音隕。義同 図 yuán 集韻 余專切音鉛 前漢·地理志 金
城郡允吾 註 應劭曰：允吾，音鈆牙。鑑 又 仉00383允03087
㽷03086，並俗允 図 華學誠：字典 所引 方言，徐當作齊，
允信也在 方言 第一，同 疏引。

先 02346 01050
zhēn_2.4　正譌 古文簪42702字。

元 02347 01051
yuán_2.4　唐韻 集韻 韻會 𡥸愚袁切音原 精薀 天地
之大德，所以生生者也。元字从二从人，仁字从人从二。
在天爲元，在人爲仁，在人身則爲體之長 易·乾卦 元者，
善之長也 図 爾雅·釋詁 元，始也 図 廣韻 長也 図 大也
前漢·哀帝紀 夫基事之元命 註 師古曰更受天之大命。
図 首也 書·益稷 元首明哉 前漢·班固敘傳 上正元服 註
師古曰元，首也。故謂冠爲元服 図 本也 後漢·班固傳 元
元本本 図 百姓曰元元 戰國策 制海內，子元元 史記·文
帝本紀 以全天下元元之民 註 古者謂人云善人，因善爲
元，故云黎元。其言元元者，非一人也 図 公羊傳·隱元
年 元年者何，君之始年也 左傳註 凡人君卽位，欲其體
元以居正，故不言一年一月 羅泌·路史 元者，史氏之本
辭也。君卽位之一年稱元，古之史皆然 書 太甲元年，
維元祀 虞夏 有元祀之文，非春秋 始爲法也 図 氣也 公
羊傳註 變一爲元。元者，氣也 図 正月一日曰元日 書·舜
典 月正元日 註 朔日 図 謚法 行義悅民，始建國都，主
義行德，𡥸曰元 図 姓 韻會 左傳 衞大夫元咺 図 後魏孝
文拓拔氏爲元氏，望出河南。

兀 02348 01052
jì_2.4　玉篇 古文旡22290字。

兀 02349 01053
cháng_3.5　玉篇 集韻 𡥸古文長64733字 同文舉要 註
从上人 尚書 長字。

兄 02350 01054
xiōng_3.5　唐韻 許榮切 集韻 韻會 正韻 呼榮切，並
兄平聲 說文 長也◆通論 口儿爲兄。儿者，人在下，以兄
教其下也 精薀 从人从口，以弟未有知而誨之 爾雅·釋

親男子先生爲兄玉篇昆也詩·小雅凡今之人，莫如兄弟管子·心術篇善氣迎人，親於弟兄囝kuàng集韻韻會許放切正韻虛放切夶音貺前漢·尹翁歸傳尹翁歸，字子兄註師古曰兄讀况囝詩·大雅不殄心憂，倉兄塡兮註倉兄與愴怳同又職兄斯引註兄怳同囝與况同漢樊毅·華嶽廟碑君善必書，兄乃盛德註兄與况同管子·大匡篇召忽語管仲曰：雖得天下，吾不生也。吾不生也，兄與我齊國之政也囝說文况、既皆以兄得聲·白虎通兄，况也。兄况于父。今江南北猶呼兄爲况。◆囝huāng虛王切音荒詩·魏風陟彼岡兮，瞻望兄兮◇晉魯褒·錢神論親愛如兄，字曰孔方通雅謂兄爲况，本於荒音釋名兄，荒也。荒，大也。青、徐人稱兄曰荒囝正字通方音，讀若熏。義同。鑋又倪01053同兄。

充 02351 01055 chōng_3.5 唐韻昌終切集韻昌嵩切正韻昌中切，夶跉平聲說文長也，高也。从儿，育省聲徐曰云在人上也。云音突囝玉篇行也，滿也囝廣韻美也，備也。囝塞也詩·邶風褎如充耳註言黎侯寓衞，衞人如塞耳無聞也囝增韻實之也禮·王制充君之庖囝前漢·揚雄傳充庖廚而已註師古曰充，當也囝周禮·地官·充人註猶肥也，養牲而肥之也囝左傳·哀十一年事充政重註充者，緐役煩多也囝管子·內業篇凡食之道，大充，傷而形不藏註過飽也囝禮·檀弓充充如有窮註孝子心形屈屈，窮急之容也囝姓。漢充向，充申囝韻補叶昌王切，廠平聲道藏歌淵響啓靈扉，七門扇羽章。陽臺大洞野，幽逸芝英充。鑋通作㐬02353

兂 02352 42462 jǐ_3.5 集韻古无字〇按即兇字之譌。

充 02353 01056 chōng_4.6 正字通充字之譌。鑋又充03105克02366

兇 02354 01057 gǔ_4.6 唐韻公戶切集韻果戶切夶音古說文兂，从人，象左右蔽形總要有眼無精，中象鼻髑狀。小篆从目，諧鼓聲作瞽玉篇瓮蔽也。象左右皆蔽也。鑋又兇54965兇02363兇02375

兆 02355 01058 zhào_4.6 唐韻治小切集韻韻會直紹切夶音肇說文灼龜坼也周禮·春官·大卜掌三兆之法，一曰玉兆，二曰瓦兆，三曰原兆註兆者，灼龜發于火，其形可占者前漢·文帝紀兆得大橫註應劭曰：龜曰兆囝壇域、塋界皆以兆前漢·郊祀志謹按周官兆五帝于四郊註兆謂爲壇之塋域也孝經·喪親章卜其宅兆而安厝之註塋墓界域也囝朕兆老子道德經我則泊兮其未兆註意未作之時也囝數名韻會十萬爲億，十億爲兆京兆韻會兆者，衆數。言大衆所在也囝史記·曆書游兆執徐三年註游兆，景也。執徐，辰也。丙辰歲也。鑋又地08366珧08494邥04652旐04660宨12050碑別字新編·兆引魏梁州刺史元演墓誌

兇 02356 01059 xiōng_4.6 唐韻集韻正韻許容切韻會虛容切夶音胷說文擾恐也。从人在凶下左傳·僖二十八年曹人兇懼玉篇懼聲也囝增韻凶，通作兇唐詩除兇報千古。

囝集韻或作恟、怳囝xiōng唐韻正韻許拱切集韻韻會詡拱切，夶胷上聲。義同。鑋又克02390

先 02357 01060 xiān_4.6 唐韻正韻蘇前切集韻韻會蕭前切，夶霰平聲說文先，前進也。从人之徐曰之，往也，往在人上也。一曰始也，故也玉篇前也，早也孝經·感應章必有先也老子道德經象帝之先曰祖父已殁曰先司馬遷·報任安書太上不辱先，其次不辱身囝姓韻會晉大夫先軫囝韻會凡在前者謂之先，則平聲。先而導前與當後而先之，則去聲囝xiàn唐韻集韻韻會正韻夶先見切音霰增韻先之也正韻相導前後曰先後周禮·夏官·大司馬以先愷樂獻于社註先猶導也史記·酈食其傳沛公吾所願從游，莫爲我先囝先事而爲曰先易·乾卦先天而天弗違禮·月令先立春三日囝當後而前曰先左傳·文二年不先父食孟子·疾行先長者老子道德經先天地生囝廣韻娣姒曰先後前漢·郊祀志神君者，長陵女子。以乳死，見神于先後宛若註孟康曰：兄弟妻相謂先後。師古曰古謂之娣姒，今關中俗呼爲先後，吳楚呼之爲姒娣囝xiǎn韻會正韻夶蘇典切音跣越語句踐親爲夫差先馬韻會前漢太子、太傅、少傅屬官有先馬。後漢職如謁者，太子出，則當直者前驅導威儀也。或作洗。鑋又衒54008，同洗16596，先後之先囝祧39798

光 02358 01061 guāng_4.6 古文灮燐炗炗唐韻古黃切集韻韻會正韻姑黃切，夶廣平聲說文从火在人上。本作炗，今作光徐曰光明意也易·需卦有孚光亨程傳有孚，則能光明而亨通正韻輝光明耀，華彩也囝集韻太歲在辛曰重光囝諡法，能紹前業曰光囝姓廣韻田光後，秦末子孫避地，以光爲氏。晉有光逸囝guàng集韻古曠切，廣去聲。飾色也。或作穬。鑋又㶾30611眖30677㶟30680粦30873燐31842㷒31934㷫49324囝歐陽詹·歐陽行周文集·卷二·詠德上太原李尚書王褒晜22353德空知頌，身在三千最上頭。

兊 02359 01062 duì_4.6 廣韻徒外切，兌去聲玉篇說也韻會兊，今文作兌。

兂 02360 01063 tiān_4.6 字彙補同天。武后製。

兏 02361 01064 cháng_4.6 集韻長64733古作兏。

旡 02362 01065 jì_4.6 唐韻居未切音旣說文歙食气屰不得息曰旡。从反欠註隸變作无。

兇 02363 u2047C gǔ_4.6 同兇02354篇海兇，公戶切。瓮蔽也。从人。象左右皆蔽也。

克 02364 01066 kè_5.7 古文尅克克克克廣韻苦得切集韻韻會正韻乞得切夶音刻說文肩也徐曰肩，任也。任者，又負荷之名也。能勝此物，謂之克也易·大有公用享于天子，小人弗克囝玉篇勝也書·洪範沉潛剛克，高明柔克囝爾雅·釋言克，能也書·康誥克明峻德囝揚子法言勝己之私謂之克論語克己復禮爲仁囝春秋·隱元

年鄭伯克段于鄢[公羊傳]克之者何，殺之也[又][左傳·莊十一年]得儁曰克[又][忌刻][韻會]勝心也[左傳·僖九年]不忌不克[集韻]通作剋。[鋻]又[㐁00661][尅27827][㪻04689][㪻13001][㪻28063][㪻09719]

兌 02365 01067 duì_5.7 [唐韻]杜外切[集韻][韻會]徒外切，並音駾[說文]兌，說也[易·兌卦]兌亨利貞[釋名]兌，悅也。物得備足，皆喜悅也[又][韻會]穴也，直也[又][正韻]易兌爲澤。澤者，水中之鍾聚也[又][荀子·議兵篇]仁人之兵，兌則若莫邪之利鋒[註]兌猶聚也。與隊同[又][正韻]扡易也[唐·丁芝仙詩]十千兌得餘杭酒[又][集韻]俞芮切音睿[史記·天官書]三星，隨北端兌[漢書]兌作銳[又][集韻][韻會]扡吐外切音娧[詩·大雅]行道兌矣[毛傳]兌，成蹊也[註]兌，通也[又]duó◆[集韻]徒活切音奪[史記·趙世家]趙與燕易土，以龍兌與燕[又]yuè[正韻]魚厥切音月[禮·學記]兌命曰，與說同[韻會]悅也或作說，亦作兑。[鋻]又[兌02377][兖02359][兘05069][兙05079][又]≒，兌卦。

兗 02366 01068 chōng_5.7 [正字通]俗充字。

免 02367 01069 miǎn_5.7 [唐韻]亡辨切[集韻][韻會]美辨切扡音勉[玉篇]去也，止也，脫也[增韻]事不相及也[正譌]从兔而脫其足[前漢·賈誼傳]免起阡陌之中[註]師古曰免者，言免脫徭役也[又][廣韻]黜也[韻會]縱也[前漢·文帝紀]遂免丞相勃，遣就國[又]姓[韻會]衞大夫免餘[又]wǎn[集韻]武遠切音晚。娩也[又]wàn[集韻]無販切音萬。喪冠也[春秋傳]陳侯免，擁社。徐邈讀[又]wèn[正韻]文運切音問。同娩。生子也[又][喪禮]，去冠括髮也[通雅][禮記]云公儀仲子之喪，檀公免焉[註]免音問，別作絻[又][物之鮮者爲免][禮·內則]董莒粉楡免薨[註]免，新鮮者，薨，乾陳者。言董莒粉楡，或用新，或用舊。[鋻]又[免02373][免02374]

兔 02368 01070 tù_5.7 [正字通]俗兔字。

死 02369 01071 sǐ_5.7 [玉篇]古文死26710字。

镺 02370 01072 cháng_5.7 [字彙補]古文長64733字。

厏 02371 01073 cháng_5.7 [字彙補]同長。厏瓃，玉名。見[穆天子傳]

兂 02372 01074 zān_5.7 [字彙補]精三切音簪。首笄。

免 02373 uFA32 miǎn_5.7 同免02367

免 02374 u2F80E miǎn_5.7 兼免02373

兘 02375 u20482 gǔ_5.7 同兘02354亦作兘02363[廣韻]兘，壅蔽。

兙 02376 u20481 sǐ_5.7 [說文]兙，古文死如此。

兌 02377 u5151 duì_5.7 同兌02365

児 02378 u5150 ér_5.7 俗兒02379

兒 02379 01075 ér_6.8 古文兒[唐韻]汝移切[集韻][韻會][正韻]如支切，扡爾平聲[說文]孺子也。象形，小兒頭囟未合[又][韻會]男曰兒，女曰嬰[又][韻會]兒，倪也。人之始，如木有端倪也[又][倉頡篇]，嫛也。謂嬰兒嫛嫛然，幼弱之形也[又][韻會]姓[漢有兒寬][又]ní[唐韻]五稽切[集韻][韻會]研

奚切[正韻]五黎切扡音霓。姓也[前漢·藝文志]兒良一篇[註]師古曰六國時人也[兒寬傳]兒寬，千乘人也[又][韻會]弱小也。通作倪[孟子]反其旄倪。[鋻]又[儿02341][兒02378][児22367][児55025][兌02393][児36714]

兓 02380 01076 jīn_6.8 [唐韻]子心切[集韻]咨林切，扡浸平聲[說文]兓兓，銳意也[又][正譌]通用鏨。从二无諧聲，與兓別。[又]zàn[集韻]則旰切音贊。二人屈己以贊也。

兔 02381 01077 tù_6.8 [唐韻]湯故切[集韻][韻會][正韻]土故切，扡吐去聲[說文]獸名。象踞後其尾[禮·曲禮]兔曰明視[韻會]歐陽氏曰：兔从免字加一點。俗作兎，非。陸佃云兔，吐也。明月之精，視月而生，故曰明視。咀嚼者九竅而胎生，獨兔八竅，五月而吐子[王充·論衡]兔舐毫而孕，及其生子，從口而出[又][正韻]亦作菟[前漢·賈誼傳]搏畜菟[嚴延年傳][韓盧取菟]。[鋻]又[兔02389][兔02402][菟49671]

兕 02382 01078 sì_6.8 古文兕豖[唐韻]徐姊切[集韻][韻會]序姊切扡音兓[說文]狀如野牛而青。象形。本作兕[爾雅·釋獸]兕似牛[註]一角，青色，重千斤[疏]其皮堅厚，可制甲[交州記]角長三尺餘，形如馬鞭柄[儀禮·鄕射禮]大夫兕中，各以其物獲[註]兕，獸名◆[周禮·冬官考工記]兕甲六屬。[又]兕甲壽二百年[韻會]陸佃云兕善抵觸，故先王制罰爵以爲酒戒[詩·周南]我姑酌彼兕觥[傳]兕觥，角爵也。[鋻]又[兕02387][兖03119][兞27782][兠57200][兠57201][觥55424][觥55440][又]兕02383，同兕[呂氏春秋·精通]養由基射兕，中石，矢乃飲羽，誠乎兕也。

兕 02388 u2A77F null_6.8 未詳。

兕 02389 u2F80F tù_6.8 同兔02381

兕 02383 01079 sì_6.8 [字彙]與兕同

兕 02384 01080 wù_6.8 [韻會]五忽切音兀。俖亦作飢[易·困卦]于臲俖[博雅]不安也。

兕 02385 01081 sì_6.8 [玉篇]古文兕02382字。

兒 02386 01082 ér_6.8 [集韻]兒02379古作兒。

兗 02387 42463 sì_6.8 [字彙補]同兕。見漢碑。

兇 02390 u2048B xiōng_6.8 同兇02356見東朝鮮本[龍龕]

祘 02391 u20489 wāng_6.8 [遼·志延]景州陳公山觀雞寺碑銘並序延祘慵是癖，筆削無能。向南校注：祘一作狅12793周志鋒：祘，或爲狅33058字之譌。

兒 02393 u20487 ér_6.8 俗兒02379

売 02392 u20488 mài_6.8 或同壳09696

狅 02394 u34AC wāng_6.8 同狅12793

兖 02397 01084 yǎn_7.9 [唐韻][集韻][韻會]扡以轉切，沿上聲[說文]兖州之兖，九州之渥地也[書·禹貢]濟河惟兖州[春秋·元命包]五星爲兖州。兖，端也，信也[韻會]蓋取流水以名。後魏置南兖州於譙，置西兖州於定陶，隋改魯州，唐復兖州，宋襲慶府[又][韻會]姓也[集韻]通作沇。[鋻]又[兖02395]

兖 02395 u5156 yǎn_6.8 同兖02397

兒 02398 01085 yú_7.9 [字彙補]雲俱切音于[說文長箋]須兒之兒。从申从乙。今作臾，乃古

賁字。𡨴臾本字說文古賁字作臾23263

羌 02396 01083 qiāng_7.9 正字通羌本字。

兘 02399 01086 shǐ_7.9 字彙補古文始字。

㒸 02401 u2B74C yǔ_7.9 俗與48370

兗 02400 40641 null_7.9 字彙補元始上皇丈人法字堯。見三尊譜錄

兎 02402 u2A781 tù_7.9 俗兔02381偏類碑別字引齊高叡造寺碑可洪音義㕞兔：上直几反。正作㕞，下他故反，正兔也。

兆 02403 u2A780 null_7.9 喃未詳。

皃 02404 u2048E fú_7.9 俗鳧72918慧琳音義鳧鴈：鳧，伏趺反。似鴨而小謂之鳧也。

兙 02405 u5159 shíkè_7.9 民國新字典兙，法國衡名。特卡克蘭姆 Decagramme 之簡寫。一克之十倍也。

党 02406 01087 dǎng_8.10 集韻韻會太底朗切音黨韻府羣玉夏后氏之後。秦有將軍党耐虎。唐有党芬，党進。𡨴又黨74991簡化字。

兤 02407 01088 kūn_8.10 正字通同昆總要从二兄，會意計有功曰元次山結之弟季川，名融，次山作處規，季川曰：兤不復言，兤有意乎註兤者，兄之別稱。

尧 02408 u20496 yáo_8.10 正字通堯08938，俗省作尧。

𠒕 02409 u20495 null_8.10 未詳。

𠒔 02410 u20494 null_8.10 未詳。

𠒓 02411 u20493 null_8.10 未詳。

𠒒 02412 u20492 null_8.10 未詳。

𠒑 02413 u20491 null_8.10 未詳。

𠒐 02414 u20490 null_8.10 未詳。

兛 02415 u515B qiānkè_8.10 民國新字典兛，法國衡名。啓羅克蘭姆 Kilogramme 之簡寫。一克之千倍也。

兜 02416 01089 dōu_9.11 唐韻集韻韻會正韻太當侯切，鬬平聲說文兜鍪，首鎧也。从兜，从皃省。皃象人頭形也又韻會驩兜，四凶名尚書古文作鴅吺又與頭通山海經讙頭國註讙兜，堯臣也○按史記·年表宋景公頭曼漢書·古今人表作兜欒。𡨴又𡔈63817兠02433皃36816兜03164皃36778皃36815皃45537皃36832_|00366

𠒜 02417 u2049C yào_9.11 同𪚥12832俗𣌓12821

𠒛 02418 u2049B null_9.11 未詳。

𠒚 02419 u2049A null_9.11 未詳。

𠒙 02420 u20499 jīn_9.11 辭海𠒙，標準制公斤之略記。

𠒘 02421 u20498 liǎng_9.11 辭海𠒘，標準制公兩之略記，為公斤之十分之一，即法國衡之海克脫克蘭姆。

𠒗 02422 u20497 null_9.11 未詳。

㒮 02423 u34AE huī_9.11 俗𢑏57158

兞 02424 u515E háokè_9.11 民國新字典兞，法國衡名。密理克蘭姆 Milligramme 之簡寫。一克之千分之一也。

兝 02425 u515D fēn_9.11 民國新字典兝，法國衡名。特西克蘭姆 Decigramme 之簡寫。一克之十分之一也。

兟 02426 01090 shēn_10.12 唐韻集韻所臻切韻會疏臻切太音莘說文進也。从二先又玉篇兟兟，衆多貌六書本義與侁、駪同。

𠒣 02428 u204A3 null_10.12 未詳。

𠒢 02427 40642 wán_10.12 廣韻五丸切集韻五官切太音岏廣韻𠒢，𠒢集韻兔子也。

𠒠 02430 u204A0 null_10.12 未詳。

𠒡 02429 u204A1 null_10.12 未詳。

𠒞 02432 u2049E yuán_10.12 同黿75152見類篇

兠 02433 u5160 dōu_10.12 俗兜02416

𠒟 02431 u2049F null_10.12 未詳。

𠒦 02435 u204A6 rõ_11.13 喃从光呂lā聲。光亮。

𠒥 02436 u204A5 ràng_11.13 喃从光床sàng聲。同𤈿31020

𠒤 02437 u204A4 null_11.13 未詳。

𪞂 02434 u2A782 null_11.13 未詳。

兡 02438 u5161 liǎng_11.13 一百公克，hectogram，的舊譯辭海兡，法國衡之海克脫克蘭姆，舊略記為兡，日本作瓸35031，即克蘭姆之百倍，我國標準制稱公兩，略記為𠒘02421

兢 02439 01091 jīng_12.14 古文兢唐韻集韻韻會太居陵切音矜◆說文兢也徐曰兢，强也。一曰敬也又爾雅·釋訓兢兢，戒也玉篇戒慎也書·皋陶謨兢兢業業，一日二日萬幾註言當戒懼萬事之微前漢·外戚傳唯婚姻爲兢兢註戒懼也又正韻不自安貌又前漢·司馬相如傳入凌兢註師古曰寒涼戰栗處又韻會通作矜文選·韋孟詩矜矜先王註戒也又qíng集韻巨興切音殑。兢兢，堅彊貌。𡨴又兢06054

𠒰 02440 01092 bó_12.14 字彙補同㶿。見說文長箋

𠒧 02441 01093 liáng_12.14 字彙補同涼廣雅𠒧，䙪也。𡨴俗㓞22304

𠒨 02442 40643 jiān_12.14 字彙補音未詳論衡·卜筮篇武王伐紂，卜之而龜𠒨。𡨴漢語大字典·P275𠒨或同熸。

𠒭 02443 u204AD sī_12.14 辭海𠒭，標準制公絲之略記，為公分之千分之一，即法國衡之密理克蘭姆。

𠒬 02444 u204AC vặc_12.14 喃从光域vực省聲。明亮△𠒬𠒬：皎潔，明晃晃△亦作炠30793

𠒫 02445 u204AB míng_12.14 同明22399

𠒪 02446 u204AA null_12.14 未詳。

𠒩 02447 u204A9 null_12.14 未詳。

𠒮 02448 01094 niǎo_13.15 集韻同嬲

𠒯 02449 01095 pì_13.15 說文長箋同僻。

𠒱 02450 40644 lù_13.15 字彙補與先同。見楊氏韻寶

𪞅 02451 u2A785 null_13.15 喃未詳。

𪞄 02452 u2A784 null_13.15 未詳。

𪞃 02453 u2A783 null_13.15 未詳。

𠒷 02454 u204B7 tin_13.15 喃同𠒲02087

𠒵 02455 u204B5 liàn_13.15 或同煉31233集韻煉，郎甸切，光兒。

爕 02456 u204B4
null_13.15 未詳。

戩 02457 u204B2
qián_13.15 辭海戩，標準制公錢之略記，為公斤之十分之一，即法國衡之特卡克蘭姆。

䫒 02458 01096
rǎo_14.16 集韻日矯切音繞。遠也。

煇 02460 u204BD
huī_14.16 俗輝60141

㫔 02459 42464
fàn_14.16 字彙補丛介切，音敗◇。鏊俗㫔11417 海篇直音㫔，音販。

熀 02461 u204BC
huàng_14.16 篇海熀，音晃字。

禮 02462 u204BB
null_14.16 未詳。

櫃 02463 u204BA
tuí_14.16 俗爐12885

㷵 02464 u204B9
bó_14.16 俗㷳02440

㷳 02465 u204B3
null_14.16 未詳。

釐 02466 u5163
lí_14.16 民國新字典釐，法國衡名。生的克蘭姆 Centigramme 之簡寫。一克之百分之一也。

爌 02467 u204C7
rang_15.17 喃從光朗lǎng聲。天亮。亦作㷉02472

爅 02468 u204C5
vǎng_15.17 喃俗爀02483

爄 02469 u204C4
null_15.17 未詳。

耀 02470 u204C3
null_15.17 未詳。

㸃 02471 u204C2
null_15.17 未詳。

㷉 02472 u204C1
rang_15.17 喃從輝省樣dạng省聲。明亮。亦作爌31594 煬31589

㸀 02473 u204C0
trước_15.17 喃從先略lược聲。先，前△㸀㻒：首先△亦作翱03884 轑60360△翱03884 㓸，同轑60358 轑：前後。

熵 02474 u204BF
dí_15.17 集韻亭歷切。光兒 直音篇 音狄。光貌。

㷶 02475 01097
jīng_16.18 集韻兢02439古作㷶。

爐 02476 42465
huī_16.18 字彙補丁甘切，音丹◇。鏊俗輝60141

㺂 02477 u204C9
null_16.18 未詳。

爗 02479 u34AF
yè_16.18 俗爗31802

㷿 02478 u204C8
héng_16.18 辭海㷿，標準制公衡之略記，為公斤之十倍，即法國衡之邁里克蘭姆。

燦 02480 u2A786
null_17.19 未詳。

㸎 02481 u204CE
dūn_17.19 喃07500舊譯辭海㸎，標準制公鐓64211之略記。

輝 02482 u204CB
yì_17.19 集韻輝煠31806 暉23110，夷益切。光也。或從火從日。

燦 02483 u204D0
vǎng_18.20 喃從光榮vinh聲△燦䲿：明皓，皎潔。△俗作爅02468

㺄 02484 u204CF
dàn_18.20 重量單位quintal的舊譯辭海㺄，標準制公擔20874之略記，即法國衡之貴里特。

㸅 02485 u204CD
null_18.20 未詳。

爌 02486 01098
huǎng_19.21 集韻虎晃切音諞。火明也。鏊又爌02487

爌 02487 u2F810
huǎng_19.21 同爌02486

爄 02488 u204D2
null_19.21 未詳。

爐 02489 u204D1
rõ_19.21 喃從光魯lỗ聲。明白，清楚。

爐 02491 u204D3
huī_20.22 同爐64507

㘩 02490 u204D4
mǒng_20.22 喃同

霚66853从霓省夢聲。虹霓。亦作霥霿蠓。

䴵 02493 u204D5
null_21.23 未詳。

爛 02492 u204D6
làn_21.23 同爛32075 類篇爛爛，郎干切。光也。或从蘭。

㲎 02494 01099
fù_22.24 玉篇芳句切，急疾也。今作趏。

㹜 02495 42466
xiòng_22.24 字彙補香仲切音趀。

爛 02496 u204D8
null_22.24 未詳。

爛 02497 u204DA
làn_24.26 同爛32075 類篇爛02492 爛，郎干切。光也。或从蘭。

• 入部 •

入 02498 01100
rù_0.2 唐韻人執切集韻韻會日汁切正韻日執切，丛任入聲說文內也玉篇進也禮·少儀事君，量而後入 檀弓孟獻子禪比御而不入 註雖比次婦人之當御者，猶不入寢也 又春秋·隱二年莒人入向 定六年於越入吳 傳造其國都曰入，弗地曰入 註謂勝其國邑，不有其地。入者，逆而不順，非王命而入人國也 又廣韻納也，得也 增韻沒也 又楞嚴經六入謂六塵，即眼入色，耳入聲也 又教坊記每日常在天子左右爲長入。

入 02499 u2F0A
rù_0.2 部入02498

入 02500 01101
jí_1.3 正字通厶字之譌。本作厶00756 又日同隱。

亾 02501 01102
wáng_1.3 集韻韻會丛武方切。亡本字 說文从入从乚。隸作亡。鏊又凶00761

內 02502 01103
nèi_2.4 古文內 唐韻集韻韻會正韻丛奴對切，餒去聲 說文入也，从门、入，自外而入也 玉篇裏也 增韻中也 易·坤卦君子敬以直內，義以方外 又前漢·鼂錯傳先爲築室家，有一堂二內 註二房也 韻會房室曰內，天子宮禁曰內。漢制，天子內中曰行，內猶禁中也。唐有三內，皇城在長安西北隅，曰西內。東內曰大明宮，在西內之東。南內曰興慶宮，在東內之南 又五內，五中也 魏志·王浚傳註聞命驚愕，五內失守 又職內，官名 周禮·天官註職內，主入也。若今之泉所入，謂之少內 又河內，地名 周禮·夏官·職方氏河內曰冀州，其山鎮曰霍山 又rui 集韻正韻丛儒稅切。同汭，水相入也。或省文作內 又正韻同枘 周禮·冬官考工記註調其鑿，內而合之 又nà 正韻奴荅切。同納 孟子若已推而內之溝中。鏊又內02674內02506佄00882

仐 02504 01105
tāo_2.4 字彙補通刀切音叨。取也。

仐 02505 42467
jí_2.4 海篇音疾

从 02503 01104
liǎng_2.4 集韻里養切良上聲 說文二入也。兩字从此。

內 02506 u2F814
nèi_2.4 兼内02674正作内02502

仝 02507 01106
quán_3.5 唐韻疾緣切集韻從緣切丛同全 說文全本作仝 徐曰工所爲也，會意 正字通云字彙作古文全字。不知全字古文作仌。仝係仝本字，非古文全字也。○按與全異。全从人，此从入 又此字下正字通尚有仐

字，已入小部，重出，今刪。

仺 02508 01107 fá_3.5 字彙補古文乏00285字。

仝 02509 u34B1 mong_3.5 韓夢之俗字。

全 02510 01108 quán_4.6 古文仝 唐韻疾緣切 集韻 韻會 從緣切 正韻才緣切𠀤音泉 說文完也 玉篇具也。◆周禮·冬官考工記玉人之事，天子用全 註純用玉也 𡜆姓 韻會吳有大司馬全琮 𡜆 韻會州名。漢零陵郡，晉置全州。𨺯又仝 00800 仝02507 仝08268 𡜆仝02538或作仝，古文全，見玉篇

㣙 02511 01109 biān_4.6 類篇鞭67397古作㣙。

合 02512 01110 cái_4.6 字彙補古文財57541字。

夲 02513 01111 shǐ_4.6 集韻矢38493古作夲。

㣘 02514 42468 zhá_4.6 海篇音劄

仸 02515 42469 gōng_4.6 海篇音供。

夆 02517_4.6 亦作夆02521俗夅00181

全 02516 uFA72 quán_4.6 兼全02510

合 02519 01113 shī_5.7 篇海類編所追切，水平聲。宜也。𨺯同仺、仺，古文施。

兩 02518 01112 liǎng_5.7 玉篇古文兩02525字 說文从门从从 徐曰从，二入也。此本爲兩再之网。今經傳皆作兩。

曶 02520 01114 gǔ_5.7 佩觿辨證音骨。出也。

夅 02521 40645 jiè_5.7 海篇音介。草卷也。𨺯同夆02517，俗夅00181

兪 02522 42470 null_5.7 字彙補音未詳。見佩觿辨證

匔 02523 u204E8 vào_5.7 喃入也。从入，包聲△包匔：粘。阿匔：突入。

㣙 02524 u204E5 biān_5.7 同㣙02511古文鞭。

兩 02525 01115 liǎng_6.8 古文网 唐韻 正韻良獎切 集韻 韻會里養切，𠀤良上聲 說文再也 易繫辭兼三才而兩之 𡜆玉篇匹耦也 周禮·天官·大宰之職以九兩繫邦國之民 註兩猶耦也，所以協耦萬民，聯繫不散，有九事 𡜆韻會匹也 左傳·閔二年重錦三十兩 註三十匹也 𡜆車數曰兩 後漢·吳祐傳載之兼兩 註車有兩輪，故稱兩 𡜆玉篇二十四銖爲兩 𡜆雞林類事四十曰麻兩 𡜆史記·平準書更鑄四銖錢，其文爲半兩 𡜆南史·齊和帝紀百姓及朝士皆以方帛塡胸，名曰假兩 𡜆唐韻 集韻 韻會力讓切 正韻力仗切，𠀤良去聲 詩·召南百兩御之。𨺯又兩02527 兩00093両00079㒳49859㒳02421㒳02438㒳35031啢06428 𡜆可洪音義千㒳02727：力掌反。又莫官反，非。

兩 02527 uF978 liǎng_6.8 參見兩02525

㒲 02526 u204E9 nhúi_6.8 喃从入㒲匔聲。塞入△㒲匔：深入，穿透，鑽進。

兪 02528 01116 yú_7.9 唐韻羊朱切 集韻 韻會容朱切𠀤音臾 爾雅·釋言然也 疏然，應也 書·堯典帝曰兪 禮·內則男唯女兪 註皆應詞 前漢·郊祀歌星留兪 註師古曰答也。𡜆姓 韻會 唐書兪俊臣 𡜆chòu 唐韻 集韻𠀤丑救切，抽去聲 廣韻漢人姓 𡜆shù 集韻春遇切，輸去聲。隃或作兪 說文北陵，西隃鴈門是也 𡜆yóu 集韻 類篇𠀤夷周切音由。然也 𡜆yù 集韻勇主切 正韻偶許切𠀤音愈 集韻兪兪，容貌和恭也 正韻荀子·仲尼篇兪務兪遠 註：𠀤讀作愈 𡜆shū 集韻春朱切音輸。漢侯國名，欒布所封。一曰人名，莊子·駢拇篇兪兒，古之識味人。𡜆yù 韻會兪戍切，臾去聲。呴兪，色仁也。𨺯又俞01270 兪01483

㣜 02529 01117 qí_7.9 字彙補渠移切音奇。參差也○按海篇㣜字音箇，㣜字音奇 廣韻以㣜字音奇，無此字，疑必有誤。存考。𨺯又㣟41713㣟41719

㣝 02530 01118 biǎn_7.9 字彙補布犬切音扁。小也。

㣞 02531 u204EC lǎn_7.9 喃从入㣞聲。潛水。亦作洓28438

㣢 02534 u2A787 null_8.10 未詳。

㣢 02532 01119 lǎn_8.10 字彙補盧感切，音㜫○六書略悲愁貌。亦作㣢。

㣠 02533 01120 lǐn_8.10 篇海力稔切音廩。與㣠同。火舒也。

㣝 02536 u204EF chē_8.10 正字通·入部·㣝引海篇心鏡㣝，音車。

㣤 02537 01121 yù_9.11 字彙補古文遇61041字。

㣣 02535 u204F0 null_8.10 未詳。

㣜 02538 01122 quán_11.13 玉篇古文全02510字。𨺯亦作㣜01867㣜01621

㣦 02539 01123 biē_11.13 字彙補卑切切，音畢◇火也 𡜆chéng 神精切音乘。明也。𨺯字彙補㣦，神情切，朋也。又㣦02541

㣧 02540 01124 zhì_11.13 字彙補照細切，音制◇輝也。

㣦 02541 u204F7 chéng_11.13 同㣦02539

㣩 02543 u25A9E trong_12.14 喃从内竜long聲。裏邊，其中△㣩外：内外。

㣪 02542 01125 chéng_12.14 字彙補古文乘00324字。

㣫 02544 u204FB tron_12.14 喃同㣮02546△㣫院：完整。

㣬 02545 u204FA vô_12.14 喃从入無vô聲。

㣮 02546 u204F9 tron_12.14 喃从全㣮lòn聲△㓁㣮：保全，完成。△亦作㣫02544 𡜆lọn㣮㣮：完全的。

㣯 02547 u204FC xiē_14.16 粵楔子。楔入。

㣰 02548 01126 chéng_15.17 字彙補牀情切音乘。車乘也。

㣱 02549 u204FE null_16.18 未詳。

㣲 02550 42471 qín_18.20 海篇音琴。

• 八部 •

八 02552 u2F0B bā_0.2 部八02551

八 02551 01127 bā_0.2 唐韻博拔切 集韻 韻會 正韻布拔切𠀤音捌 說文別也。象分別相背之形 徐曰數之八，兩兩相背，是別也。少陰數，木數也

玉篇數也 又 bèi 集韻補內切音背 趙古則·六書本義 八，音背，分異也，象分開相八形，轉爲布拔切，少陰數也 又 八八 通雅 八八，外國語稱巴巴 唐書·李懷光傳 德宗，以懷光外孫燕八八爲後。 鑾 又亖，商碼八。

丷 02553 01128
bān_1.3 集韻 隸書扳19224字。

公 02554 01129
gōng_2.4 古文㕣 唐韻 正韻 古紅切 集韻 韻會 沽紅切𠀤音工 說文 平分也。从八从厶。八猶背也。厶音私 韓非曰 自營爲厶，背厶爲公 徐曰 會意 爾雅·釋言 無私也 書·周官 以公滅私，民其允懷 又 玉篇 方平也，正也，通也 又 禮·禮運 大道之行，天下爲公 註 公猶共也。又 爵名，五等之首曰公 書·微子之命 庸建爾于上公。又 三公，官名 韻會 周太師、太傅、太保爲三公。漢末大司馬、大司徒、大司空爲三公。東漢太尉、司徒、司空爲三公 又 官所曰公 詩·召南 退食自公 又 父曰公 列子·黃帝篇 家公執席 前漢·郊祀志 天子爲天下父，故曰鉅公 又 婦謂舅曰公 前漢·賈誼策 與公併倨 又 尊稱曰公 賈誼策 此六七公皆亡恙 又 相呼曰公 史記·毛遂傳 公等碌碌 又 事也。◆詩·召南 夙夜在公 註 夙夜在視濯埽饎爨之事 又 星名 隋書·天文志 七公七星，在招摇東，天之相也 又 姓 韻會 漢有公儉 又 謚法，立志及衆曰公 又 與功通 詩·小雅 以奏膚公 大雅 王公伊濯 又 zhōng 集韻 諸容切音鐘。同伀。夫之兄爲兄伀。一曰關中呼夫之父曰伀。或省作公。通作鍾。 鑾 又㕣05583㕣05351 𩨔52185𡚿10302

六 02555 01130
lù_2.4 唐韻 集韻 韻會 力竹切 正韻 盧谷切𠀤音陸 說文 易之數，陰變于六，正于八 玉篇 數也 增韻 三兩爲六，老陰數也 又 國名 左傳·文五年 楚人滅六 史記·黥布傳 布者，六人也 註 索隱 曰：地理志 廬江有六縣。蘇林曰：今爲六安也。 鑾 又六02562𡗝05084𠈚00915亠00171

兦 02556 01131
bié_2.4 玉篇 古文別03348字。

兮 02557 01132
xī_2.4 唐韻 胡雞切 集韻 韻會 正韻 弦雞切𠀤音奚。◆說文 語有所稽也。从丂、八，象氣越亏也 徐曰 爲有所稽考，未便言之也。言兮，則語當駐，駐則氣越亏也 增韻 歌辭也 又 通作猗 書·秦誓 斷斷猗，大學引作兮 莊子·大宗師 我猶爲人猗 又 與侯通 史記·樂書 高祖過沛，詩三侯之章 註 索隱 曰：沛詩有三兮，故曰三侯，即 大風歌 韻會 歐陽氏曰：俗作兮。

𠔀 02558 40646
biāo_2.4 五音篇海 必堯切，音標◇飛火也。

𠁥 02559 u20504
yě_2.4 俗芒00410古文也00382女陰。

𠔃 02560 u20503
xī_2.4 俗兮02557

六 02562 uF9D1
lù_2.4 參見六02555

卪 02561 u516F
jié_2.4 俗節42255

兯 02563 01133
è_3.5 字彙補 居陵切音矜。朽骨之餘也。 鑾 同户兯戸，古文歺26703

𠔆 02564 u20506
è_3.5 同兯02563古文歺26703

兰 02565 u5170
lán_3.5 简 蘭51865

共 02566 01134
gòng_4.6 古文𦉭 唐韻 集韻 韻會 正韻 𠤷渠用切，蛩去聲 說文 同也。从廿廾 徐曰 廿音入，二十共也，會意 玉篇 同也，衆也 廣韻 皆也 增韻 合也，公也 禮·王制 爵人于朝，與士共之 史記·張釋之傳 法者，所與天下共也 又 gōng 唐韻 九容切 集韻 韻會 居容切𠀤音恭 前漢·王褒傳 共惟春秋法，五始之要 註 服虔曰：共，敬也。師古曰共，讀曰恭 又 姓 氏族略 以國爲氏 又 地名 詩·大雅 侵阮徂共 韻會 阮國之地，在河內共城 又 gǒng 集韻 古勇切 正韻 居竦切，𠀤恭上聲 前漢·百官公卿表 垂作共工，利器用 註 應劭曰：垂，臣名也。爲共工，理百工之事。共讀曰龔 又 向也 論語 居其所而衆星共之 又 姓 前漢·匈奴傳 太守共友 註 師古曰共友，太守姓名也。共讀曰龔 又 gòng 集韻 正韻 𠀤居用切，恭去聲 左傳·僖四年 敢不共給 前漢·成帝紀 無共張繇役之勞 註 師古曰共音居用反，謂共具張設。又 律歷志 共養三德爲善〇按共給、共養，有平、去二音，音別義同，故 正韻 東、送二韻共、供兩存之。又 hóng 集韻 胡公切音洪。共池，地名 字彙 本作廾，象兩手合持之形。今作共。 鑾 又共02584𡔷67014㒶08602

关 02567 01135
xiào_4.6 集韻 笑41749古作关 前漢·谷永傳 罷歸倡優之关△ 正韻 亦作咲。 鑾 又关02575

𠔅 02568 01136
zhōng_4.6 字彙補 同中。 鑾 同𠁧09871，俗中。

兲 02569 01137
tiān_4.6 五音集韻 古文天09979字。

𠔇 02570 u2A788
null_4.6 字見 殷周金文集成·6.3219·𠔇父癸簋

𠈉 02572 u20509
zhuàn_4.6 同弄30616賴非 山東新出土古鉨印·私人名印 夏𠈉信印。

㢧 02571 u9FB9
juàn_4.6 廣韻 𢍏15974隸省作㢧。

并 02573 u5E76
bìng_4.6 同幷15252

兴 02574 u5174
xìng_4.6 简 興48384

关 02575 u5173
guān_4.6 简 關65310 又 字彙 关02567與笑同。亦作关

兵 02576 01138
bīng_5.7 古文㑘𠇲 唐韻 甫明切 集韻 韻會 晡明切 正韻 補明切，𠀤丙平聲 說文 械也 增韻 戎器也 世本 蚩尤以金作兵。兵有五，一弓，二殳，三矛，四戈，五戟。又 執兵器從戎者曰兵 禮·月令 命將帥選士厲兵 周禮·夏官 中秋，教治兵 廣韻 戎也 又 擊敵曰兵之 左傳·定十年 公會齊景公于夾谷，齊犁彌使萊人以兵劫公。孔子以公退，曰：士兵之 註 命士官擊萊人也 又 ◆禮·曲禮 死寇曰兵 註 言能捍國難爲寇所殺者，謂爲兵也。又 bāng 必良切音浜 詩·衛風 擊鼓其鏜，踴躍用兵。土國城漕，我獨南行◇ 史記·天官書 五星同色，天下偃兵，百姓寧昌 白虎通 武王望羊，是謂攝揚。盱目陳兵，天下富昌〇按兵古音必良切，自 魏·王粲·刀銘 相時陰陽，制兹利兵。始與淸、呈、形、靈爲韻 陳思王·孟冬篇 武官誡田，講旅統兵。與淸、停爲韻 贈丁儀王粲詩 皇佐揚天惠，四海無交兵。與淸、城、名、聲爲韻 明帝·苦寒行 雖有吳蜀寇，春秋足耀兵。與齡、纓爲韻 又 韻補 叶

犇謨切音遖道藏歌解帶天皇寢，停駕高上兵。玉眞啓角節，翊衞自相扶◇。鋆又兵04553俰01302戓05221屙13072兵16108兵16126屌12974兵30634

兵 02577 01139 cháng_5.7 玉篇古文長64733字。

㒫 02578 01140 jī_5.7 集韻箕42111古作㒫。

谷 02579 01141 jué_5.7 字彙補古若切音角。口上呵也。鋆俗各56960，口上阿。

貟 02580 01142 mào_5.7 字彙補同貌○按卽皃字譌文。

㒶 02581 01143 gōng_5.7 集韻公02554古作㒶。

㒵 02582 42472 xī_5.7 海篇音西 𠔁 02583 42473 qǐn_5.7 海篇欽上聲

共 02584 u2050F gòng_5.7 共02566本字說文共，同也。从廿、収。

㒷 02585 u34B7 xīng_5.7 俗書刊誤興48384俗作㒷，非逛二閘子弟書粉黛也知適雅㒷，紅裙却喜是遨遊。

其 02586 01144 qí_6.8 古文丌亓唐韻集韻韻會渠之切正韻渠宜切丛音碁韻會指物之辭易繫辭其旨遠，其辭文詩·大雅其在于今㕚助語辭書·西伯戡黎今王其如台詩·周南灼灼其華玉篇辭也㕚姓韻會漢陽阿侯其石㕚jī唐韻集韻韻會太居之切音姬韻會語辭書·微子若之何其詩·小雅夜如何其㕚人名史記·酈生傳酈生食其者，陳留高陽人也註正義曰：酈食其，三字三音，讀曆異幾前漢·楚元王傳高祖使審食其留侍太上皇註師古曰食音異，其音基㕚山名前漢·武帝紀四月，幸不其註其音基，山名廣韻在琅邪㕚地名韻會祝其，卽夾谷也㕚jì集韻韻會太居吏切音記韻會語已辭詩·檜風彼其之子。通作記禮·表記引詩彼記之子。㕚通已左傳·襄二十七年引詩彼己之子㕚韻會或作忌詩·鄭風叔善射忌。鋆又丼15967

具 02587 01145 jù_6.8 唐韻其遇切集韻韻會衢遇切正韻忌遇切丛音懼說文共置也廣韻備也，辦也，器具也儀禮·饋食禮東北面，告濯具前漢·劉澤傳田生子，請張卿臨，親修具註師古曰具，供具也荀子·王制篇具具而王，具具而霸註言具其所具也㕚與俱通詩·小雅則具是違詩詁俱也㕚姓左傳有具丙㕚詩·小雅爾牲則具註居律反，音橘。鋆又俱01513具37393昇37367具37463

典 02588 01146 diǎn_6.8 古文㒫唐韻集韻韻會正韻太多殄切，顚上聲說文典，五帝之書也。从冊在丌上，尊閣之也爾雅·釋言典，經也廣韻法也書·舜典愼徽五典註五典，五常也周禮·天官·大宰之職掌建邦之六典秋官·大司寇掌建邦之三典疏常經卽是法式㕚周語召公曰：瞽獻典註典，樂典也㕚典守，猶主也周禮·春官典同又典瑞戰國策我典主東地註典猶職典也㕚姓魏志有典韋㕚tiǎn集韻韻會正韻太徒典切音殄正韻堅潤貌周禮·冬官考工記是故輈欲頎典註頎讀爲懇。典，堅韌貌韻會一曰車轅束。鋆又典02597箅02636萁49895㒫04908箕02639

𠔉 02589 01147 jī_6.8 字彙補籒文箕字。

㒭 02590 42474 hài_6.8 五音篇海音害。

𠔆 02591 u20A56 gēng_6.8 正字通庚15419正譌𠔆，鐘虡也。象形。

𠔃 02592 u209E6 zī_6.8 俗茲49337 𠕁 02594 u264B9 sáu_8.10 喃从六老lão聲△𠕁𦒹：六年。次𠕁：第六。

单 02593 u5355 dān_6.8 简單06536 㒸 02595 01148 suì_7.9 唐韻集韻太徐醉切音燧玉篇今作遂增韻俗作㒸，非。

㒳 02596 01149 chǐ_7.9 篇海古文齒75554字。

典 02597 01150 diǎn_7.9 字彙補與典同。見漢羊竇道碑

㒵 02598 01151 yǔ_7.9 字彙補古文與48370字。見漢周憬碑

侖 02599 01152 lún_7.9 五音篇海音侖。思也。

𠔡 02600 01153 jǔ_7.9 字彙補同舉。見韻寶

並 02601 uFA70 bìng_7.9 同並00095 总 02602 u603B zǒng_7.9 俗總44810元總民局文書殘片.OR.8212.798总民局藥。見斯坦因第三次中亞考古所獲漢文文獻。今简

养 02603 u517B yǎng_7.9 简養69074 兹 02604 u5179 zī_7.9 同茲49337

兼 02605 01154 jiān_8.10 古文𥝩唐韻古甜切集韻韻會堅嫌切正韻古嫌切丛音縑◆說文并也。从手禾。兼持二禾也◆徐曰會意。秉持一禾，兼持二禾。可兼持者，莫若禾也易繫辭兼三才而兩之前漢·王莽傳縣宰缺者，數年守兼註師古曰不拜正官，令人守兼也㕚姓韻會衞公子兼之後。鋆前漢·王莽傳註令人守兼也。徐慧：權令人守兼也㕚兼02620兼02622

㒵 02606 01155 dōng_8.10 字彙補古文冬02849字。見說文長箋

弃 02607 01156 qì_8.10 字彙補與弃同。見漢景君碑

𠔏 02608 01157 jī_8.10 說文古文箕42111字。

眞 02609 u2F945 zhēn_8.10 同眞37507 𠔑 02613 u2051D jī_9.11 說文繫傳考異·卷二·第九箕42111部：𠔑，古文。今說文作籒文。

㒹 02610 u517A ppun_8.10 韓與㒹05930同。人名、地名用字。

㒼 02611 01158 kūn_9.11 集韻坤08416古作㒼。鋆又與02612㒼00698

𠔏 02612 u2F812 kūn_9.11 兼與02611古文坤。

兽 02614 u517D shòu_9.11 简獸33712 𠔥 02615 01159 null_10.12 字彙補音未詳五岳眞形圖中岳姓惲名𠔥。

㒽 02616 01160 duó_10.12 字彙補與奪同。見石鼓文。鋆石鼓文獻禽其不，具㒽倍迅。㒽，奪。

㒾 02617 01161 yào_10.12 字彙補弋灼切音藥。湯中汋。

㪰 02618 40647 kūn_10.12 字彙補 坤字。見歸藏易

㪱 02619 u2A789 null_10.12 未詳。

兼 02620 u2F91B jiān_10.12 俗兼02605

㪱 02621 u20526 lính_10.12 㖞同伶01017△㪱步: 步兵。

㪳 02623 u20524 null_10.12 合共合文。太平天国新造字。清洪秀全賜西洋番弟詔㪳世人大擔當。

㪵 02625 u20522 null_10.12 未詳。

㪲 02622 u20525 jiān_10.12 俗兼02605漢隸字源引廣漢屬國侯李翊碑

㪴 02624 gǒng_10.12 玉篇 鞏67262或作㪴。

02626 u20521 null_10.12 未詳。

甬 02631 u20B7B yōng_11.13 庸15554本字

冀 02627 01162 jì_11.13 韻會 冀或作兾 書·禹貢 兾州 玉篇 同冀。

㪨 02628 01163 lián_11.13 字彙補 力鹽切音廉。絕也。

02629 42475 null_11.13 字彙補 出道藏,音未詳。

02630 2A78A null_11.13 未詳。

畬 02635 u2052A shē_11.13 地名用字 廣東輿地圖說 山田言畬言畬,并音斜。

㐵 02632 u2052E gǒm_11.13 㖞从兼凡phàm聲。包括,兼併。

㐵 02633 u2052D tám_11.13 㖞从八参tham聲。八,第八。

02634 u2052B null_11.13 未詳。

㪸 02638 01164 bān_12.14 廣韻 布還切 集韻 逋還切丛音班。賤事之貌。鋆又㪸50207㪸01769

㪽 02636 u2052F diǎn_11.13 同㪿02639俗㪿

02641 u2A78B null_12.14 未詳。

兿 02637 u517F yì_11.13 俗藝51581

㪿 02639 01165 diǎn_12.14 字彙補 與典同。見漢祝睦碑·㪿律章

㪾 02640 40648 yì_12.14 字彙補 與異同。見漢楊著碑

02642 u2A78C null_13.15 殷周金文集成·11.5687·大御尊大御㪿

冀 02643 01166 jì_14.16 唐韻 九利切 集韻 韻會 几利切 正韻 吉器切丛音驥 說文 北方也。从北,異聲 徐曰 北方之州也 玉篇 北方州,故从北。爾雅·釋地 兩河間曰冀州 廣韻 九州名 晉書·地理志 冀州,其地有險有易,帝王所都。舜以南北闊大,分衛以西爲并州,燕以北爲幽州 又 欲也 左傳·僖三十三年 鄭有備矣,不可冀也 又姓 韻會 晉大夫冀芮 又 韻補 叶苟起切音已 楚辭·九辯 心搖悅而日㒳兮,然惆悵而無冀。鋆又兾02627冀50892冀02649

㐵 02644 u2A78D gǒm_14.16 㖞从兼从合△福祿㐵仁:福祿得兼。△亦作㐵02645㐵00157㐵00161㐵02632

㐵 02645 u215C4 gǒm_14.16 㖞从兼从多。包含,總括,兼併。

02646 u20535 null_14.16 未詳。

㪴 02647 u20534 jū_14.16 俗踞57808㪴或俗踞59025

㪵 02648 u20533 lián_14.16 俗廉15646

兾 02649 uFA75 jì_15.17 同冀02643

㪳 02650 01167 qī_16.18 字彙補 苦基切音欺。方相。

02651 u20537 null_16.18 未詳。

冄 02652 u5181 chǎn_16.18 简㪿07891

㪿 02653 01168 qí_17.19 玉篇 古文期23427字。

㪿 02654 01169 chén_17.19 字彙補 古文晨22640字。

㪺 02655 u2053A qiān_17.19 同顅 廣韻 㪺,苦咸切。㪺顤,長面。

顛 02656 01170 diān_18.20 正字通 俗顛字 揚雄·并州牧箴 太上曜德,其次曜兵,德兵俱顛,靡不悴荒。

顚 02657 01171 diān_18.20 廣韻 顛或作顚 唐書·李石傳 晉君臣以夷曠致顚覆。

◆ 冂部 ◆

冂 02658 01172 jiōng_0.2 集韻 涓熒切音扃 ◆說文 邑外謂之郊,郊外謂之野,野外謂之林,林外謂之冂。象遠界也 集韻 古作冋,象國邑也。今文从土作坰 圐 qīn 集韻 欽熒切音褧。遠也 冋 jiōng 集韻 戶茗切音迥。空也。

冂 02659 u2F0C jiōng_0.2 同冂02658部首專用字。亦作冂02661冂02660

冂 02660 u2E87 jiōng_0.2 部冂02659

冂 02661 u2E86 jiōng_0.2 部冂02659

冃 02662 01173 mào_1.3 唐韻 集韻 丛武道切,毛上聲 玉篇 重覆也 冋 唐韻 莫候切音茂。義同 總要 與月通。

冒 02663 01174 mào_2.4 唐韻 莫到切 集韻 莫報切丛音帽 ◆說文 小兒頭衣也 徐曰 今作冒 玉篇 或作帽 冋 集韻 莫候切音茂。覆也。

冄 02664 01175 rǎn_2.4 集韻 韻會 丛而琰切音染 ◆說文 毛冄冄也 徐曰 冄,弱也 冋 廣韻 冄冄,行貌 楚辭·九章 時亦冄冄而將至 韻會 又姓 冋 前漢·食貨志 元龜岠冄,長尺二寸 註 冄,龜甲緣也。

冋 02665 01176 rén_2.4 集韻 人00751古作冋。

冋 02666 01177 zhōng_2.4 字彙補 古終43975字。見說文長箋

冋 02667 u2626B rén_2.4 同冋02665古文人字。

冋 02668 u2626A rén_2.4 同冋02665直音篇 四古文人字。

冈 02669 u20540 wǎng_2.4 集韻 网45387,俗作冈 冋 俗冈45408敦煌·S.390法師氾嗣宗邈真讚并序行平等之心,高低冈間。

冈 02671 u5188 wǎng_2.4 同网45387 冋 简岡13451 冋 俗同05407 金石文字辨異 引東魏僧惠造像記

冇 02672 u5187 mǎo_2.4 方没有。

冈 02670 u2053F wǎng_2.4 冈02671譌字

内 02674 u5185 nèi_2.4 简内。

円 02673 u5186 yuán_2.4 同圓08178 冋 yen 日 同文通考·省文 円,圓也 冋 同丹00229

冉 02675 01178 rǎn_3.5 唐韻 集韻 正韻 丛而琰切音染 玉篇 毛冉

冉也，行也，進也，侵也△亦作冄。

冊 02676 01179
cè_3.5　集韻 韻會 測革切 正韻 恥革切丛音策。當作冊。今文皆作冊 図◆ 玉篇 古蚩切音琮。冊孔也。鎣又冊02689 図 字典琢屑 註末玉篇以下十一字錯入於此。按又玉篇古蚩切六字當接於部首冂02658字下說文註後。音琮冊孔也五字似應載入於四畫增字冏02692下音踪之後 字彙補 爲同乳，恐誤。

冏 02677 01180
jiōng_3.5　唐韻 集韻 丛古文坰08429字 図 唐韻 戶穎切 集韻 戶茗切丛音迥。空也。

再 02678 01181
zài_3.5　韻會 再俗作冄，非。鎣又冄02686

网 02679 01182
wǎng_3.5　玉篇 古文网45387字。

冏 02680 01183
niè_3.5　字彙補 女洽切音聶 升菴 韻寶 物低垂，从反凹。

冃 02681 u2054A
tǐng_3.5　同冄22328 類篇 冄，他頂切。空也。

内 02682 u20549
xué_3.5　字彙補 穴40999，又古作内。見 同文鐸

冈 02683 u20548
wǎng_3.5　同冏02679古文网。

冇 02684 u20547
null_3.5　方 堅實

冇 02685 u20546
kāng_3.5　闓同空41013

再 02686 u20545
zài_3.5　同冄02678俗再02690

册 02687 u518C
cè_3.5　同冊02688

冊 02688 u518A
cè_3.5　同冊02689

冊 02689 01184
cè_4.6　古文箣 唐韻 楚革切 集韻 韻會 測革切丛音柵 說文 符合也。諸侯進受於王者也。象其札，一長一短，中有二編之形 図 玉篇 立也，簡也 図 集韻 通作策 前漢·趙充國傳 全師保勝之冊 図 shàn 集韻 所晏切音訕。本作柵，省作冊，編竹木而爲落也。鎣又册02687 冊02688冊02694冏02699箣41902簡42152箣42151

再 02690 01185
zài_4.6　唐韻 集韻 韻會 丛作代切音載 說文 一舉而二也。从冓 徐曰 一言舉二也 玉篇 兩也 廣韻 重也，仍也 書·禹謨 朕言不再 禮·儒行 過言不再 註 知過則改，故不再也 左傳·僖五年 一之謂甚，其可再乎。鎣又再02695冄02678冄02686。

冎 02691 01186
guǎ_4.6　唐韻 集韻 韻會 丛古瓦切音寡 說文 剔人肉，置其骨也△ 集韻 亦作剮 韻會 或作另。

冏 02692 01187
zōng_4.6　字彙補 將松切音踪。鎣 海篇 同乳也。字典琢屑 冊02676字注：音琮。冊孔也。同乳，恐誤。
図 俗冏64930 宋元以來俗字譜 引 古今雜劇

内 02693 01188
guān_4.6　集韻 官12007古作内。鎣又屆11937

冊 02694 u2F816
cè_4.6　同冊02689

再 02695 u2F815
zài_4.6　同再02690

冏 02696 u2054F
wǎng_4.6　四聲篇海 冏，同网45408

冏 02698 01189
jiōng_5.7　篇海 古熒切音扄 木華·海賦 冏然鳥逝 註 光也。鎣冏08032之譌。

冏 02699 01190
cè_5.7　五音集韻 與冊同。

冏 02700 01191
dān_5.7　五音集韻 古文丹00229字。

冏 02701 01192
yǔ_5.7　玉篇 古文雨66395字。

冏 02702 42476
jiōng_5.7　吳韻 古詠切，音扄◇。

冏 02703 u2A78E
null_5.7　未詳。

固 02704 u20554
kěn_5.7　同冎46938古文肯。

肯 02705 u20553
qiāng_5.7　亦作肯13250青08276本字。

朵 02706 01193
zhǎo_6.8　玉篇 側狡切音爪。果木盛生朵 字彙 與朵字不同。朵从日，此从月 正字通 朵字之譌。

冒 02707 01194
mào_6.8　篇海 俗冒字。

角 02708 01195
chuò_6.8　玉篇 與劅同。

冏 02709 01196
yǔ_6.8　集韻 雨66395古作冏。

冏 02710 u2055A
mào_6.8　字海 同冒02714

冏 02712 u34BA
wǎng_6.8　同网45408

冏 02711 u20559
mào_6.8　冒02714譌字 類篇 同，莫報切 說文 蒙而前也。古作冏。

肉 02697 u2054E
ròu_4.6　肉46910本字。

冑 02713 01197
zhòu_7.9　唐韻 集韻 直祐切 韻會 正韻 直又切丛音宙 說文 兜鍪。从月，由聲 徐曰 介冑字从月，月音冒 詩·魯頌 公徒三萬，貝冑朱綅 韻會 或作鞪，亦作軸 荀子·議兵篇 冠軸帶劍△ 正韻 冑與胃子之胃不同。經典多混，傳寫譌也。鎣又鞾67532 図 冒02707 碑別字新編 引 魏元寧墓誌

冒 02714 01198
mào_7.9　古文冒冐 唐韻 莫到切 集韻 韻會 正韻 莫報切丛音耄 說文 冡而前也。从月目，以物自蒙而前謂冒冒，若目無所見也 前漢·翟方進傳 冒濁苟容 註 師古曰貪蔽也 食貨志 選舉陵夷。廉恥相冒 註 冒，蔽也。図 假稱曰冒 前漢·衛青傳 冒姓爲衛氏 註 冒謂假稱，若人首之有覆冒也 図 所以覆其首 前漢·雋不疑傳 著黃冒 図 玉篇 覆也，食巾也 図 與媚通 正韻 忌也 書·秦誓 冒嫉以惡之 図 通作瑁◆ 周禮·春官 天子執冒四寸，以朝諸侯 註 名玉，曰冒者，言德能覆天下也図mò 集韻 韻會 正韻 丛密北切音黙 增韻 貪也 左傳·昭三十一年 貪冒之民 図 犯也 前漢·衛青傳 直冒漢圍 図 單于名 史記·匈奴傳 及冒頓立，攻破月氏 図 mèi 集韻 正韻 丛莫佩切音妹 前漢·司馬相如傳 毒冒鼈黿 註 毒音代，冒音妹 韻會 龜屬。身似龜，首尾如鸚鵡，甲有文。鎣又冒02717冒02707网02710圌08199圗08181冏02711覔02724冒37488冐22615
図 食貨志 選舉陵夷。廉恥相冒 註 冒，蔽也。徐慧：師古曰：冒，蒙也。又 史記·匈奴傳 大宛傳

周 02715 01199
hài_7.9　字彙補 即害字。讀作咠 石鼓文 周不余反。鎣从丯 石鼓文 周（害，何）不余丯（友）図周05836，古文周。周05840，唐武后所製君字。

罡 02716 u2B74D gāng_7.9 同罔13451見龍龕

肉 02718 u2055C ròu_7.9 俗肉46910史晨後碑美酒美肉。

冒 02717 u2F8D2 mào_7.9 俗冒02714

冓 02719 01200 gòu_8.10 唐韻古候切集韻韻會正韻居候切太音遘說文交積材也。象對交之形又韻會數也。十秭曰冓又韻會邑名又中冓，宮中構結深密之處◆詩·鄘風中冓之言前漢·梁共王傳聽聞中冓之言註應劭曰：中冓，材構在堂中。顏曰：舍之交積材木，蓋閫內隱奧處。𡫏又冓27194

冔 02720 01201 nuǒ_8.10 集韻乃可切音娜。本作㑚玉篇㝛也。㝛，屋所容受也集韻類篇或又作㰙。

冔 02721 01202 xū_8.10 唐韻况于切集韻韻會匈于切太音吁玉篇覆也，殷之冕也儀禮·士冠禮周弁，殷冔，夏收註冔名出于幠。幠，覆也，言所以自覆飾也詩·大雅常服黼冔廣韻或作㝢又xǔ唐韻况羽切集韻韻會火羽切太音詡。義同韻會毛氏曰：从冃从吁。从日，誤。或作冔，亦誤。𡫏又冔45488

𠕋 02722 01203 cì_8.10 集韻次26219古作𠕋。

帖 02723 u2055F niǎn_8.10 類篇帖，乃玷切。劣也。

冒 02724 01204 mào_9.11 集韻莫報切音冒。觸也又mò密北切音墨。突前也。𡫏又冒55032冒02729寛12158冒22615又補遺·酉集·見部重出：冒，篇海類編莫北切音墨。突前。又莫卜切音目。義同。

冕 02725 01205 miǎn_9.11 唐韻亡辨切集韻韻會正韻美辨切太音免說文大夫以上冠也。邃延垂瑬紞纊。从冃，免聲。古黃帝初作冕◆徐曰冕，上加之也。長六寸，前狹圓，上廣方，朱綠塗之，前後邃延。斿其前，垂珠也，俯仰透迤，如水之流。纊紞，黃色也，以黃綿綴冕兩旁，下繫玉瑱，又謂之珥，細長而銳，若筆頭，以屬耳中，無作聰明，虛己以待人之意。冕之言俛也，後仰前俯，主於恭也禮·玉藻諸侯裨冕以朝禮器天子之冕朱綠藻，十有二旒，諸侯九，上大夫七，下大夫五，此以文爲貴也。又韻會或作絻荀子·禮論篇郊之麻絻集韻亦作㝃。又正韻禮記士玄端，諸侯玄端以祭，天子玄端而朝日於東門之外。端皆作冕又wǎn集韻武遠切音晚。冠有延，前俯也。𡫏又冕02730冕22881𡨮12200

晟 02726 01206 chéng_9.11 集韻時征切音成。飯匱也△字彙从冃。从日者去聲。𡫏又晟22629

㒼 02727 01207 mán_9.11 唐韻母官切集韻謨官切太音瞞說文平也。从廿。五行之數，二十分爲一辰。从㒳，平之義玉篇當也又miàn廣韻瓦穿孔狀又瞑見切音麪。義同。𡫏又㒼49859㒼49940

𠕾 02728 01208 null_9.11 字彙補音未詳。影神七名竈𠕾。見談薈

冒 02729 u2F9CA mào_9.11 俗冒02724

冕 02730 u2F8D3 miǎn_9.11 俗冕02725

𠕢 02731 u20562 jué_9.11 同𠕢41152古文爵32278

冟 02732 01209 qià_10.12 唐韻苦洽切集韻乞洽切太音恰。同帢。士服，狀如弁，缺四角廣韻又作㡊集韻又作㡊㡊㡊㡊帢。

冣 02733 01210 quān_10.12 唐韻丘員切集韻驅圓切太音棬玉篇小兒帽。𡫏俗作𦌀45550

冤 02734 01211 yuān_10.12 正韻縈圓切音鴛前漢·胡建傳吏稱冤，字从冃从兔，與冠冕字不同。冕下从免。𡫏正字通冤，冤字之譌正韻冤亦作寃、冤。冤註引史傳吏民稱冤，从冃从兔，與冠冕字不同，冕下从免。蓋未詳史傳冤譌作冕。冕、冤之別不獨在从免从兔。

𠕒 02735 01212 zhào_10.12 集韻都教切音罩。覆具也。

冡 02736 01213 shì_11.13 唐韻集韻太施智切，施去聲玉篇冡䍦，面衣又yì廣韻集韻太以豉切，移去聲。義同。𡫏又䍦45570

冡 02737 01214 yù_11.13 唐韻羊戍切集韻俞戍切太音裕。冡䍦。又shū集韻春朱切音輸博雅䍦冡謂之㡊帕又容朱切，裕平聲。義同。𡫏又冡45568冡22885

冥 02738 01215 jiǎo_11.13 字彙補古巧切音絞。詐也。

冪 02739 01216 jì_12.14 字彙補古文暨23043字。

𠕩 02740 u20569 bà_12.14 𠕩06738本字。

𠕭 02741 01217 hào_13.15 字彙補音未詳穆天子傳𠕭天之詩。𡫏祭公飲天子酒，歌𠕭天之詩周頌有昊天有成命

𠕬 02742 u2056C mào_13.15 同𠕬08199中文大辭典冒02714之古字。

冔 02744 01219 xū_14.16 廣韻同冔

𠕨 02743 01218 zhào_14.16 集韻𠕒本字。𡫏集韻𠕨𠕒02735，陟教切。覆具。或从到。

𠕽 02745 01220 shì_16.18 集韻古文㑚14864字又丞矢切音市。義同。𡫏玉篇𠕽，古文㑚14864又𠕽23346冔02720

𠕯 02746 u2056F fú_16.18 俗𠕯75136

𠕱 02747 u20571 null_18.20 未詳。

䍦 02748 01221 lí_20.22 唐韻呂支切集韻韻會鄰知切太音离韻會接䍦，白帽也又通作欐爾雅註睫欐，江東取白鷺頭翅背上長翰毛，以爲睫欐，名之曰白鷺縗又晉書·山簡傳作接䍦集韻或作䍦、㒧。

𠕲 02749 01222 yǔ_20.22 玉篇古文雨66395字。

◈ 冖部 ◈

冖 02750 01223 mì_0.2 唐韻集韻太莫狄切音覓說文覆也。从一下垂玉篇以巾覆物同文舉要象布幕下覆正字通今作冪，楷作冪。小篆从巾作幎。

⼌ 02751 u2F0D mì_0.2 同冖02750部首專用字。亦作⺈02752

ㄅ 02752 u2E88
mì_0.2　部 宀02751

冗 02753 01224
rǒng_2.4　篇海 同宂。

尤 02754 01225
yín_2.4　唐韻 餘針切 集韻 韻會 夷針切丛音淫◆說文 淫淫，行貌 前漢·揚雄傳 窮尤闞與 註 孟康曰：尤，行也 図 yóu 唐韻 以周切 集韻 韻會 夷周切 正韻 于求切 丛音由 前漢·馬援傳 尤豫未決 後漢·來歙傳 尤豫不決 註 狐疑也。鎣 又 坫16568

宅 02755 01226
dì_2.4　篇海 得立切，音的◇入也。

宂 02756 u2F817
rǒng_2.4　同冗02753

穴 02758 u34C1
wǎng_2.4　部 网45387

尢 02757 u20574
jiū_2.4　同勼04211 朝鮮本 龍龕 宄，音鳩 図 俗宄。

宀 02759 u34C0
bol_2.4　韓 富也。下貴，富貴。

冈 02760 01227
gāng_3.5　字彙補 與亢同。

夂 02761 u20578
suì_3.5　玉篇 夂，息累切。夂並頸 永樂大典殘卷·卷之一萬一千七十七 夂，息委切。韓道昭 五音類聚 息累切。夂並頸。

安 02762 u20577
ān_3.5　俗安11954 敦煌·S. 133 春秋左傳杜注 百姓絕望，社稷無主，將安用之？

兀 02763 u20576
wù_3.5　同兀02343

写 02765 u5199
xiě_3.5　简 寫12352

凵 02764 u519A
kǎn_3.5　粵 俗顠02842 蓋 中山方言記 凵盅，有盖的盅△亦作抲19442 図 hān 凵嗊吟，全部，統統。

夭 02766 01228
tiān_4.6　篇海 古文天09979字。

容 02767 01229
róng_4.6　說文長箋 古文容12095字。

汪 02769 42477
wāng_4.6　海篇 音汪，音幺◇目深也。鎣 同冤04231

冗 02768 01230
āo_4.6　字彙補 翁標切，音幺◇目深也。鎣 同冤04231

永 02771 u2057D
null_4.6　未詳。

冒 02770 u2057E
míng_4.6　龍龕 冒，冥02799正。莫瓶、莫定二反。幽暗冒昧也 六書統 冥，莫經切。許氏曰：幽也，冒，古省文。

穴 02772 u2057C
null_4.6　未詳。

农 02773 u519C
nóng_4.6　简 農60612

宏 02774 42478
liáo_5.7　海篇 音寮

冢 02775 u2A790
null_5.7　未詳。

宛 02776 u2A78F
null_5.7　未詳。

过 02778 u20581
guān_5.7　俗冠02787

宐 02777 u20583
yí_5.7　俗宜12011 六書故 冝，亦作宐。

宗 02779 u20580
zōng_5.7　俗宗12006

冝 02780 u519D
yí_5.7　俗宜12011

同 02781 01231
tóng_6.8　玉篇 徒籠切音同。圓蓋也。

罙 02782 01232
mí_6.8　唐韻 武移切 集韻 韻會 民卑切丛音彌 說文 周也。从网，米聲 徐曰 网即周布之意。今文作罙 廣韻 入也，周行也 詩·商頌 罙入其阻 韻會 深也，冒也。図 扞罙，國名，在大宛東 史記·大宛傳 東則扞罙、于寘 正韻 與罙字不同。罙音森，从穴从米。罙从宀从米。从木誤。鎣 罙，同朵 図 罙45442 罙45482

眤 02783 42479
mèng_6.8　字彙補 明静切，音孟◇。

宥 02785 u20585
yòu_6.8　俗宥12047

审 02784 u2A791
null_6.8　或同審41031

宦 02786 01233
shì_7.9　玉篇 詩亦切音適。飯堅柔調也。今作適。図◆說文 飯剛柔不調者 釋名 宦，不適也。

冠 02787 01234
guān_7.9　唐韻 集韻 韻會 古丸切 正韻 沽歡切丛音官 說文 絭也，所以絭髮。从宀，元。冠有法制，故从寸 徐曰 取其在首，故从元。古亦謂冠爲元服 白虎通 冠者，卷也。卷持其髮也 釋名 冠，貫也，所以貫韜髮也 後漢·輿服志 上古穴居野處，衣毛冒皮。後世聖人見鳥獸有冠角顁胡，遂制冠冕纓綏 図 姓 風俗通 古者鶡冠子之後 図 guàn 唐韻 集韻 韻會 正韻 丛古玩切，官去聲 禮·曲禮 二十曰弱冠 冠儀 冠者，禮之始也。故聖王重冠 白虎通 男子幼，娶必冠 韻會 男子二十加冠，曰冠 図 爲衆之首曰冠 前漢·魏相丙吉傳贊 高祖開基，蕭曹爲冠 史記·灌夫傳 夫名冠三軍 図 姓 韻會 列仙傳 有仙人冠先 図 叶局縣切音睊 蘇轍·燕山詩 丹子號無策，亦數游俠冠。玉帛非足云女子罹蹈踐。鎣 冠儀。冠義。又 冦03432 衫02800 帽14956 覒03147

宥 02788 42480
yǒu_7.9　海篇 音酉

彡 02789 u2248E
bay_7.9　喃 同祕02836

役 02790 u2058A
jiā_7.9　說文 役，古文叚05222

冥 02791 u20589
jūn_7.9　同宭10074古文軍。

冠 02792 u20587
xuǒng_7.9　喃 或宿00163俗省。

冥 02793 u20587
míng_7.9　俗冥02799

宼 02794 u34C2
kòu_7.9　俗寇12150

冡 02795 01235
méng_8.10　唐韻 正韻 莫紅切 集韻 韻會 謨蓬切丛音蒙 說文 覆也。从冃从豕 精蘊 幼學未通也。養之以正，作聖胚胎也。羣生蚩蚩，有物蔽覆，暗者當求明也 集韻 通作蒙。

冢 02796 01236
zhǒng_8.10　唐韻 正韻 知隴切 集韻 韻會 展勇切丛音塚 說文 高墳也 徐曰 地高起，若有所包也 釋名 冢，腫也。象山頂之高腫起 図 大也 周禮·天官 乃立天官冢宰 註 冢宰，大宰也 爾雅·釋詁 冢，大也 疏 冢者，封之大也 図 山頂也 爾雅·釋山 山頂，冢 疏 小雅山冢崒崩。毛傳，山頂曰冢 図 封土爲冢 玉篇 大社也 詩·大雅 乃立冢土 註 大社封之高于他社，故曰冢土也 図 墓之墳冢亦曰冢 周禮·春官 冢人 註 冢，封土爲丘壠，象冢而爲之 疏 山頂曰冢，故云象冢而爲之也 玉篇 鬼神舍也，高墳也 正韻 通作塚。鎣 又 冡02795 冢04258 塚08995 塚09078

取 02797 01237
jù_8.10　集韻 韻會 丛從遇切音聚 說文 冣，从宀从取。積也 徐曰 古以聚物之聚爲冣，上必有覆冒之也。今借作最，誤。

冤 02798 01238
yuān_8.10　唐韻 集韻 韻會 丛於袁切音鴛 說文 屈也。从兔从宀。兔在宀下，不得走，益屈折也 廣韻 枉曲也 史記·于定國傳 張釋之爲廷尉，天下無冤民。定國爲

廷尉,民自以不冤冤冤句縣韻會在曹州.句音劬正韻亦作寃.鍪又冤02734冤02802寃17582寃12121寃12166冤12120捥20424擩20357悗17581俗又从穴作冤41183,亦訛作窢41259寃41230

冥 02799 01239
míng_8.10 唐韻莫經切集韻韻會忙經切丛音銘.
•說文幽也.从日六,冖聲.日數十,十六日而月始虧,冖亦夜也爾雅·釋言幼也註幼稚者,冥昧也詩·小雅噆噆其冥前漢·五行志其廟獨冥註暗也玉篇窈也,夜也,草深也冤青冥,天也楚辭·九章據青冥而攄虹冤北冥,海也莊子·逍遙遊北冥有魚正韻通作溟冤玄冥,水神禮·月令其神玄冥註少皥氏子曰脩,曰熙,爲水官.冤mǐng集韻韻會丛母迥切,銘上聲詩·小雅無將大車,維塵冥冥.無思百憂,不出于頴朱註冥冥,昏晦也冤mìng集韻莫定切,銘去聲.義同冤mì集韻韻會正韻丛莫狄切音覓.覆也.以繩幎取禽獸之名周禮有冪氏,掌設弧張爲阱攫,以攻猛獸冤miàn集韻瞑見切音麫.冥眴,視不見.鍪又眊02770冥02793眞12122冥12129冥12181宼12160眧22549殟26923窨41066宼41227眞41215寊41299

宎 02800 01240
guān_8.10 字彙與冠同.冠有法制也.見釋典.

冠 02801 u2A792
null_8.10 未詳.

冤 02802 u2F818
yuān_8.10 同冤02798

冞 02803 u20592
null_8.10 未詳.

炟 02804 u20591
null_8.10 未詳.

富 02805 u20590
fù_8.10 俗富12189可洪音義慁冨:下方冨反.冤pú俗匐04271可洪音義瞻冨:蒲北反.正作匐.悞.

寄 02806 u2058F
jì_8.10 俗寄12144

叕 02807 u2058E
null_8.10 未詳.

宨 02808 u2058D
liàng_8.10 同亮00665

冠 02810 u51A6
kòu_8.10 俗寇12150

冞 02809 u51A7
lín_8.10 方花蕾冤哄.要冞嚇佢:得哄著他點.冤倒塌.冞咗落嚟,倒塌下來冤譯音用字.香港版大公報.1939.July.22 ②廣告先施庇冞頭水◇先施化粧品有限公司出品.

思 02811 01241
sī_9.11 字彙相咨切音思.姓也.

富 02812 01242
fù_9.11 正韻富亦作冨.鍪俗語同田為冨.無頭,富貴無盡頭.

食 02813 u2A793
shì_9.11 或同亘02786殷周金文集成·15.9602冟車父壺冟車父乍寶壺,永用享.

託 02814 01243
dù_10.12 唐韻當故切集韻韻會正韻都故切丛音妬說文奠酒爵也.从冖,託聲周書王三宿三祭三詫•徐曰奠,置也.言三進三祭三醊,置爵于地也.爵有冪,口冒之也今文尚書作咤長箋周書三咤,當作託集韻或作宅,詫冤zhà唐韻集韻丛陟駕切音詫.義同六書正譌今用吒,非.

冡 02815 01244
jiā_10.12 玉篇古文家12092字.

寴 02816 42481
qǐn_10.12 字彙補寴字之譌.

筻 02817 u2A794
null_10.12 未詳.

耽 02818 u20599
dān_10.12 俗耽46547

納 02819 u20598
nàp_10.12 喃从冖納nạp聲.蓋子△納筆:筆帽.

寫 02820 u20596
null_10.12 或同牢.見甲骨文

眞 02821 u20595
zhì_10.12 或同眞12285

眞 02822 01245
xuān_11.13 正字通宣字之譌石鼓文本作宣.見宀部.鍪石鼓文本作宣.

聊 02823 u2059B
lòu_11.13 同蒳12339俗郰.

宧 02824 01246
yān_12.14 正字通古文煙31257字.

寡 02825 u2A795
guǎ_12.14 俗寡12292六書正譌寡,古瓦切.少也.从宀,从頌.頌,分少之意也.俗作寡,从力,非.

愒 02826 u2059E
null_12.14 未詳.

寫 02828 u51A9
xiě_12.14 俗寫12352

裣 02827 u2059D
liàng_12.14 喃从彡令lệnh聲.同㵾68868翎翔.

奱 02829 01247
zhèn_13.15 字彙補知禁切音摅.掘地,示也.冤赤黑色.鍪又猋05121貎05144鷬25673

冪 02830 01248
mì_14.16 集韻韻會丛莫狄切音覓韻會本作冖.
•或作幎周禮冪人掌共巾冪註共巾可以覆物.祭祀以疏布巾冪八尊,以畫布巾冪冪六彝△正韻作冪,亦作冪,覆食巾.

琞 02831 01249
gǔ_14.16 正字通古文古05341字.

魊 02832 u205A1
null_14.16 未詳.

寵 02835 u205A5
chǒng_16.18 俗寵12454

徹 02833 u205A2
null_15.17 未詳.

悲 02836 u205A4
bay_16.18 喃从冠省悲bi聲.飛升△翎悲:翱翔,騫轟.

歍 02834 01250
yān_16.18 正字通籀文煙31257字.

鰢 02837 01251
yīn_18.20 正字通古文裡39931字.

蝨 02838 01252
mì_18.20 字彙補與蠶52802同.

禯 02839 u205A8
mòng_18.20 喃从冠省蒙mông聲.雞冠.

顚 02840 01253
diān_19.21 集韻多年切音顚.高遠也.鍪又巓12486

鑫 02841 u205AA
mì_20.22 同蝨02838

韅 02842 u205AB
gǎn_21.23 同韅04459集韻韻,古襌切.蓋也.

• 冫部 •

冫 02843 01254
bīng_0.2 唐韻筆陵切集韻韻會悲陵切,丛逼平聲說文凍也玉篇冬寒水結也韻會本作仌,今文作冰.仌字偏旁書作冫.

冫 02844 u2F0E
bīng_0.2 同冫02843部首專用字.亦作丶02845

丶 02845 u2E80
bīng_0.2 部冫02844

兀 02846 42482
jiū_1.3 海篇音馮.鍪同刁兀㐅,俗弓(丩)字彙補古鈎切音鳩,見篇海

汀 02847 01255
tīng_2.4 玉篇他丁切音汀 字彙冰貌。鋬熊加全：俗汀27774

冹 02848 u205AD
lēo_2.4 喃从仌了liễu聲。冷和淡之助語詞。

冬 02849 01256
dōng_3.5 古文舁各昦與暴 唐韻集韻韻會𠀤都宗切,篤平聲 說文四時盡也 禮·月令天氣上騰,地氣下降。天地不通,閉塞而成冬 樂記冬,藏也 前漢·律歷志冬,終也 白虎通冰霜,冬之候也 鶡冠子·環流篇斗柄北指,天下皆冬 図姓 韻會前燕有司馬冬壽。鋬又 奰10154冬02852角09782𠔆22489昦22488𡘜22437

太 02850 01257
tài_3.5 集韻他蓋切音汰 玉篇今作泰 說文大也,通也。或省作太。亦作大泰 易·泰卦天地交泰 図說文泰,滑也 図六書故冬,他達切音獺。冰凍滑仌也。俗作汰、澾 左傳伯棼射王汰輈。註:汰,過也,箭過車輢上也。

汎 02851 u2A796
fàn_3.5 俗汎27801

冬 02852 u2F81A
dōng_3.5 同冬02849

汜 02853 u205B0
dǎy_3.5 喃从仌已dǐ聲。

仡 02854 u205AF
ngắt_3.5 喃从仌乞khất聲。寒冷,極冷貌。

次 02855 u205AE
jiǔ_3.5 同汓27826

江 02856 u51AE
gāng_3.5 姓氏。

冰 02857 01258
bīng_4.6 古文仌 唐韻筆陵切 集韻韻會悲陵切,𠀤逼平聲 說文本作仌 徐曰今文冰 韓詩說冰者,窮谷陰氣所聚不洩,則結而爲伏陰 禮·月令孟冬,水始冰。仲冬,冰益壯。季冬,冰方盛。水澤腹堅,命取冰,冰以入 周禮·天官凌人共冰。秋,刷。冰室,冬藏春啟,夏頒冰 図爾雅·釋器冰,脂也 註莊子云肌膚若冰雪。冰雪,脂膏也 疏脂膏一名冰脂 図矢箭蓋曰冰 左傳·昭二十五年公徒釋甲執冰而踞 註冰,櫝丸蓋 疏盛弓者也。或云櫝丸是箭筩,其蓋可以取飲 図níng 集韻正韻𠀤魚陵切音凝。同凝 正韻古文冰作仌,凝作冰。後人以冰代仌,以凝代冰 図bìng 集韻讀去聲,逋孕切 唐書·韋思謙傳涕泗冰須 註謂涕著須而凝也 李商隱詩碧玉冰寒漿。鋬又冫02843水27757冰27949

冱 02858 01259
hù_4.6 唐韻胡誤切 集韻韻會正韻胡故切𠀤音護 玉篇寒也 廣韻寒凝也 張衡·西京賦涸陰冱寒 韻會通作沍。鋬又冹02859冴02873

冹 02859 01260
hù_4.6 玉篇冱俗作冹。

㲹 02862 42483
jiāng_4.6 海篇降平聲。鋬俗玒。

冹 02863 u2A79A
duó_4.6 同澤03037

冲 02860 01261
chōng_4.6 正韻同沖27905昌中切 韻會沖或省作冲。和也,深也 図稚也 書·金縢昔公勤勞王家,惟予冲人弗及知 註冲,幼也 図謚法幼小在位曰冲 図鋬冰聲 詩·豳風鋬冰冲冲 図垂貌 詩·小雅鞗革冲冲。鋬今衝54028簡化字。

冹 02864 u2A799
null_4.6 未詳。

決 02861 01262
jué_4.6 玉篇俗決字

冷 02865 u2A798
null_4.6 未詳。

冹 02866 u2A797
null_4.6 未詳。

沁 02867 u205B6
qìn_4.6 集韻浸02915沁,七鴆切。冷氣。或从心

冹 02868 u205B4
null_4.6 未詳。

匆 02869 u205B3
null_4.6 未詳。

汾 02870 u205B2
fén_4.6 俗汾27874

沃 02871 u34C7
wò_4.6 沃27880譌字

沦 02872 u34C6
lún_4.6 簡淪02962

冴 02873 u51B4
hù_4.6 同冱02859,俗冱02858可洪音義凝冴:音護。凍也。

況 02874 01263
kuàng_5.7 玉篇俗況字○按況本从水,亦从二作况。今从冫,當即况、況二字之譌。

冶 02875 01264
yě_5.7 唐韻羊者切 集韻韻會正韻以者切𠀤音野 說文消也。从仌,台聲 三蒼冶,銷也。遭熱卽流,遇冷卽合。與冰同志,故字从冰 正韻鎔也,銷也,鑄也 韻會爐鑄謂之冶。引 尸子蚩尤造九冶 図鑄匠曰冶 前漢·董仲舒傳金之在鎔,惟冶者之所鑄 図妖冶 說文女態 易繫辭冶容誨淫 正韻裝飾也 図姓 廣韻左傳衞大夫冶廑 図玉篇公冶,複姓 図江南有梅根冶 宋書·百官志江南有梅根及冶塘二冶 庾信·枯樹賦南陵以梅根作冶 孟浩然詩火熾梅根冶○按此皆晉時冶官所居。楊慎謂冶卽野字,非。鋬又瀶03074

冷 02876 01265
lěng_5.7 唐韻集韻魯打切 韻會正韻魯杏切,並音䍪 說文寒也。从仌,令聲 六書正譌別作泠,非。泠乃水名 南史·齊樂預傳人笑褚公,至今齒冷 增韻清甚也 図姓 廣韻前趙錄南徐州刺史冷道,字安義 図lǐng 唐韻力鼎切 集韻朗鼎切,𠀤靈上聲。淬冷,寒也 図líng 集韻韻會𠀤郎丁切音靈。冷澤。吳人謂冰曰冷澤。鋬又冷澤,亦作泠03041澤 図冷02895氻03072

泮 02877 01266
pàn_5.7 唐韻集韻韻會正韻𠀤普半切音判。冰釋也。通作泮 詩·邶風士如歸妻,迨冰未泮。

冹 02878 01267
fú_5.7 唐韻集韻韻會𠀤分物切音弗。寒也 說文詩一之日㲄冹 六書正譌㲄冹,俗用觱發,非 集韻風寒 図玉篇寒冰貌 図fā 唐韻集韻韻會正韻𠀤方伐切音髮。義同。

冹 02879 01268
bìng_5.7 玉篇彼孕切,冰上聲。飛聲。鋬胡吉宣：疑與砯38776同。

泂 02880 01269
jiǒng_5.7 唐韻古迥切 集韻畎迥切𠀤音炯 說文滄也。北燕謂淒曰泂 玉篇冷也 廣韻寒也 図xiòng 集韻戶茗切音迥。義同。鋬又洞02897洞02922

冹 02881 01270
chuàng_5.7 集韻滄02996古作伧。

冹 02882 01271
xiá_5.7 字彙補回虐切,音狹◇義同夾。鋬俗冹02916龍龕冹,胡甲反 図冹,俗,胡甲反。正作浹。

澤 02883 u2A79D
duó_5.7 簡澤03037

泊 02884 u2A79C
null_5.7 未詳。

油 02885 u2A79B
null_5.7 未詳。

㬝 02886 u205C1
null_5.7 未詳。

洈 02887 u205BF
ròng_5.7 喃 从仌用dụng聲。

沫 02888 u205BE
mát_5.7 喃 从冷省末mặt聲。涼爽△唭沫：冷笑。

炸 02889 u205BD
null_5.7 地名用字

枣 02890 u205BC
zǎo_5.7 俗棗24349

泪 02891 u205BB
lèi_5.7 泪28047譌字。楊宗義 難字大字典 泪，同泪。

沭 02892 u205BA
null_5.7 未詳。

冻 02893 u51BB
dòng_5.7 简凍02953

泯 02894 u51BA
mǐn_5.7 俗泯28053

冷 02895 uF92E
lěng_5.7 參見冷02876

活 02896 01272
huó_6.8 玉篇 胡括切音活 字彙 冰也。鋆俗活28200

洞 02897 01273
dòng_6.8 集韻 徒弄切音洞。冷也。鋆俗洞02880

洛 02898 01274
hé_6.8 唐韻 下各切 集韻 韻會 正韻 曷各切丛音涸玉篇洛澤，冰貌 楚辭·九思 冰凍兮洛澤 又luò 集韻 歷各切音落。義同。

洗 02899 01275
shěng_6.8 集韻 韻會 正韻 丛色拯切音殞。洗洗，寒貌。

洇 02900 01276
yīn_6.8 集韻 伊眞切音因。本作湮，寒貌。

洪 02901 01277
gǒng_6.8 集韻 巨勇切，共上聲。凝也。

浽 02902 01278
yí_6.8 篇海 同渿。鋆 正字通 同渿省。

冽 02903 01279
liè_6.8 唐韻 正韻 良薛切 集韻 力蘗切 韻會 力薛切丛音列玉篇 寒氣也 詩·小雅 有冽氿泉 又 韻會 通作烈 詩 二之日栗烈 又lì 集韻 力制切音例。義同 易·井卦 九五井冽寒泉食 王肅註 冽例也 漢·王襃 聖主得賢臣頌 虎嘯而谷風冽，龍興而致雲氣 馬融·笛賦 氣噴勃以布覆兮，乍跱蹠以狼戾。雷叩鍛之岌峇兮，正瀏溧以風冽。鋆又冽02929 瀏02963

滵 02904 01280
xù_6.8 正字通 洫、侐二字之譌〇按洫，田閒溝。侐，清淨也。譌作洫。無義。

洽 02905 01281
qià_6.8 字彙補 回涉切音挾。和也，霑也。鋆 王力：當云侯夾切，音洽28203

津 02906 01282
jiān_6.8 字彙補 宗占切音尖。進也。鋆建61046字俗訛 聿部 重出：篇海 子仙切音鐉。志也，息進也。

泾 02907 01283
chēng_6.8 字彙補 充生切，音鐺◇冷貌。鋆又淨02947

减 02909 u2A79E
null_6.8 未詳。鋆又鑒63305 又俗修01339

修 02908 01284
tāo_6.8 字彙補 天高切音叨。紒頭銅飾。

冹 02910 u205C7
chèn_6.8 或狋35839本字。

枣 02911 u205C0
zǎo_6.8 俗棗24349

泍 02912 u34CD
null_6.8 未詳。

净 02913 u51C0
jìng_6.8 同凈02947△亦 简 凈28601

汖 02914 01285
qiú_7.9 集韻 渠尤切音求 篇海 滲泳，手足凍貌。

浸 02915 01286
qīn_7.9 集韻 千尋切音侵。冷也 又qìn 七稔切，侵上聲。浸浸，寒貌 又qìn 七鴆切，侵去聲。冷氣。鋆又沁02867

浹 02916 01287
xié_7.9 唐韻 胡頰切 集韻 檄頰切丛音協。浹渫，凍相著也。鋆 可洪音義 㳿渫：上戶甲反，下直甲反，凍相著也。作㳿：戶甲反，見藏作㳿渫也。

涇 02917 01288
jìng_7.9 集韻 巨井切音痙 玉篇 寒也。

涊 02918 01289
niǎn_7.9 玉篇 奴典切，年上聲。湎涊，惡酒也。鋆 正字通 湎，湎28366字之譌。舊註湎涊，惡酒貌，非。六書有湎涊，無湎涊。

涜 02919 01290
jìng_7.9 集韻 其拯切，極上聲。涜洗，寒貌。

湢 02920 01291
bì_7.9 玉篇 毗意切◇涕也。鋆 湢28359誤字。

凍 02921 01292
sōu_7.9 字彙補 心奏切，音漱◇冷凍。鋆又漱03023

泂 02922 01293
jiǒng_7.9 字彙補 古丙切，扃上聲◇冷也。

𤳚 02923 01294
zhuāng_7.9 字彙補 古文莊49531字。

𣲷 02924 01295
jī_7.9 字彙補 從七切音寂。見 篇韻

涀 02925 u2B74E
null_7.9 未詳。

涂 02926 u2A7A1
shé_7.9 字海 姓。

冷 02927 u2A7A0
null_7.9 喃 未詳。

枣 02928 u2A79F
null_7.9 未詳。

冽 02929 u205D7
liè_7.9 正字通 冽02903隸作冽。

浴 02930 u205D6
null_7.9 未詳。

浚 02931 u205D5
jùn_7.9 或俗浚。

浬 02932 u205D4
lǐ_7.9 或俗浬。

涓 02933 u205D3
juān_7.9 或俗涓。

浦 02934 u205D2
pǔ_7.9 或同浦。

滕 02935 u205D1
téng_7.9 或俗滕。

浯 02936 u205D0
null_7.9 未詳。

涂 02937 u51C3
tú_7.9 姓。同涂28352

浼 02938 u51C2
měi_7.9 同浼28344

㳒 02939 01296
tiān_8.10 玉篇 他典切音腆。湎涊。鋆 湎28586字之譌。

凄 02940 01297
qī_8.10 唐韻 七稽切 集韻 韻會 千西切 正韻 此西切丛音妻玉篇 寒也 韻會 通作淒 詩 淒其以風。嚴氏曰：淒旁加二點，从仌，冰寒也。

淕 02941 01298
lù_8.10 集韻 力竹切音六。凝雨也。

涸 02942 01299
gù_8.10 唐韻 集韻 韻會 正韻 丛古慕切音顧。凝也，閉也。

滓 02943 01300
xìng_8.10 集韻 韻會 正韻 丛下頂切音悻。滓冷，寒也。

准 02944 01301
zhǔn_8.10 廣韻 集韻 丛俗準字 正字通 字林 準與准同 正韻 軫韻準、准二字丛存，當卽準字重文。鋆又集24981

涵 02945 01302
hán_8.10 集韻 胡南切音含 說文 寒也。

淞 02946 01303 sōng_8.10 唐韻息恭切 集韻 韻會 思恭切夶音鬆 字林凍洛也。寒氣結木如珠,見睍乃消。齊魯謂之霧淞 又sòng 集韻蘇弄切,鬆去聲 曾鞏·齊州冬夜詩 清香一榻罷觥燔,月淡千門霧淞寒 又 咏霧淞詩 園林初日淨無風,霧淞開花樹樹同。鑒霧淞,或作霧淞28583 霖雲66542霖霖

淨 02947 01304 chēng_8.10 唐韻楚耕切 集韻初耕切夶音琤。冷貌。鑒又净02913

涼 02948 01305 liáng_8.10 唐韻集韻韻會夶呂張切音良正韻涼,通作涼 韻會薄寒為涼 前漢·五行志 忨涼,冬殺也 註師古曰涼,薄也。鑒又凉02969

凊 02949 01306 qìng_8.10 唐韻集韻正韻夶七正切,清去聲 說文寒也 玉篇冷也 禮·曲禮凡為人子之禮,冬溫而夏凊 註溫以禦其寒,凊以致其涼。鑒又瀞66967 灛66961

淬 02950 01307 zuì_8.10 集韻祖對切音晬 博雅寒也 又cuì 集韻韻會夶取內切,音淬。義同。

凋 02951 01308 diāo_8.10 唐韻都聊切 集韻韻會正韻丁聊切夶音貂 說文半傷也 木華·海賦為凋為瘵 又 韻會通作彫 論語歲寒,然後知松柏之後彫 又 正韻通作雕 晉書·李重傳雕弊之迹 又 玉篇力盡貌。鑒又凋28562

凌 02952 01309 líng_8.10 唐韻力膺切 集韻韻會閭承切,夶音陵 廣韻冰凌 風俗通積冰曰凌 詩·豳風三之日納于凌陰 周禮·天官凌人註凌,冰室也 前漢·高帝紀 未央宮凌室 註師古曰凌室,藏冰之室 又 史記·秦始皇本紀陵水經地 註陵作凌,猶歷也 又 前漢·揚雄傳虎豹之凌遽 註師古曰凌,戰栗也 又lìng 集韻韻會夶里孕切,陵去聲。冰也。鑒又勝02997 塍23459 塍23464 又 前漢·高帝紀 徐慧：惠帝紀

凍 02953 01310 dòng_8.10 唐韻集韻韻會正韻夶多貢切,東去聲 說文冰也 禮·月令孟冬,地始凍。孟春,東風解凍 風俗通冰壯曰凍 又dōng 唐韻德紅切 集韻韻會都籠切夶音東。義同。鑒又冻02893 凍28532

涹 02954 01311 dié_8.10 字彙補定矞切音牒。冷也。

洐 02955 01312 qīng_8.10 字彙補古文清28628字。

淫 02956 01313 qǐng_8.10 字彙補孔丙切音頃。寒貌。

宗 null_8.10 u2A7A5 未詳。

涯 02960 u2A7A2 yá_8.10 俗涯28514 龍龕厓,五佳反。山邊也。或作涯字。

淰 02958 u2A7A4 nǎn_8.10 俗淰28617 新撰字鏡淰,乃感反。

虎 02959 u2A7A3 null_8.10 未詳。

淪 02962 u205E3 lún_8.10 俗淪28607 可洪音義淪噎：上力巡反。下於人反。正作淪湮也 五音集韻淪,沒也 尚書商其淪喪。徐功讀。

洷 02961 u205E4 váng_8.10 嗯从仌往vāng聲。

測 02963 u205E2 liè_8.10 正字通冽02903本作測。

深 02964 u205E1 cǎi_8.10 俗綵44334 敦煌P.2299 太子成道經賤妾深樓之上作一聖夢,夢見從天降下日輪

孟 02965 u205E0 null_8.10 未詳。

傀 02966 u205DF null_8.10 未詳。

淀 02967 u205DE null_8.10 未詳。

漆 02968 u34D2 chil_8.10 韓俗漆字。

凉 02969 uF979 liáng_8.10 兼凉。

凌 02970 uF955 líng_8.10 兼凌。

淦 02971 u51CE gàn_8.10 同淦28599姓。淦安,宋朝人 又 新淦縣,在江西。1957年改名新干縣 又 醇淦,化學名詞。

減 02972 01314 jiǎn_9.11 玉篇古斬切音減。俗減字。

滂 02973 01315 pìng_9.11 ◆玉篇匹孕切,砯去聲。飛聲。

馮 02974 01316 píng_9.11 韻會憑通作馮。引詩有馮有翼。

湮 02975 01317 yīn_9.11 集韻伊真切音因。寒貌。或作凐。

測 02976 01318 sī_9.11 玉篇古文澌03024字。鑒正字通澌字之譌。

湳 02977 01319 nán_9.11 玉篇奴含切音男 字彙冰也。

渫 02978 01320 dié_9.11 唐韻徒協切 集韻達協切夶音牒 玉篇浹渫也 廣韻浹渫,凍相著。

冲 02979 01321 luò_9.11 字彙補力獲切音硦。出吳志

滲 02980 u2B74F null_9.11 未詳。

亭 02981 u2A7A8 null_9.11 未詳。

渺 02982 u2A7A7 null_9.11 嗯未詳。

渭 02983 u2A7A6 null_9.11 未詳。

滋 02984 u205F0 tron_9.11 嗯从仌珍trân聲。

渌 02985 u205EF null_9.11 未詳。

等 02987 u205ED null_9.11 未詳。

湛 02986 u205EE zhàn_9.11 俗湛28887 碑別字新編引魏王僧墓誌

漏 02988 u205EC null_9.11 未詳。

渙 02989 u205EB null_9.11 未詳。

滾 02990 u205EA null_9.11 未詳。

湊 02991 u51D1 còu_9.11 俗湊28863今通

澄 02992 01322 yí_10.12 集韻韻會夶魚衣切音沂 博雅澌澄,霜雪也 楚辭·九思霜雪兮澌澄 又 韻會或作醴澄 又wéi 集韻吾回切音煨。義同。

藏 02993 01323 zāng_10.12 篇海俗藏字。

謝 02994 01324 xiè_10.12 集韻祠夜切音謝。凋也。

凓 02995 01325 lì_10.12 唐韻集韻韻會正韻夶力質切音栗 說文寒也。从仌,栗聲 玉篇凓冽,寒貌 廣韻寒風 韻會通作栗 詩二之日栗烈。鑒又凜03040

滄 02996 01326 chuàng_10.12 古文沧 唐韻初亮切 集韻韻會楚亮切 正韻楚浪切夶音創 說文寒也。从仌,倉聲 逸周書天地之間有滄熱,用其道者終無竭 前漢·枚乘傳欲湯之滄,一人吹之,百人揚之,無益也 列子·湯問篇日初出則滄

滄涼涼 図cāng 唐韻 集韻 丛千剛切音蒼。義同。一曰
水名。亦州名 図chēng 集韻楚庚切，音琤。冷貌。

䧘 02997 01327
líng_10.12 集韻閭承切音陵。與凌同。說文冰出也。
从仌朕聲 韻會今文作淩。鍌又䧘23459

溓 02998 01328
liǎn_10.12 集韻盧忝切音稴。薄冰也。

涵 02999 01329
hán_10.12 篇海胡南切音含。寒也。

溟 03000 01330
mǐng_10.12 ◆字彙補每粉切，名上聲◇寒貌。
鍌集韻溟，母井切。溟冷，寒皃。又母迥切。凍皃。
図俗作溟29509溟29464

滂 03001 01331
pāng_10.12 字彙補品雙切，音滂◇凍相著也。
鍌集韻滂，鋪郎切。滂溏，凍相箸皃。

溏 03002 01332
táng_10.12 字彙補定郎切音唐。凍相著也。
鍌集韻徒郎切。溏，滂溏，凍相箸皃。

滏 03003 u2A7AA
null_10.12 未詳。   淮 03004 u2A7A9 null_10.12 未詳。

冽 03005 u205F9
rét_10.12 喃鐂冽：饑寒。

潰 03006 u205F8
cóng_10.12 喃从仌貢cóng聲 図gongj壯 凍僵。

郎 03007 u205F7
null_10.12 未詳。   準 03009 u51D6 zhǔn_10.12 同準29067

滅 03008 u34D5
miè_10.12 俗減29141唐顏相墓誌孝由天造，毀將滅
性。

移 03010 01333
yí_11.13 唐韻弋支切集韻韻會余支切正韻延知
切丛音移坤仺冰室門名。鍌又泑02902移29365

堅 03011 01334
xuán_11.13 篇海胡涓切，音玄◇冷也。

臧 03012 01335
suò_11.13 集韻率摑切音摵。寒貌。

崔 03013 01336
cuī_11.13 集韻昨回切，罪平聲。漼澄，霜雪積聚貌
韻會漼或作漼。鍌集韻漼漼，徂回切。漼澄，雪霜積
聚皃。或从冫。

漻 03014 01337
liú_11.13 集韻力求切音留。漻冰，手足凍貌。

㶜 03015 01338
chuǎng_11.13 集韻楚兩切音愴。冷貌。

㫘 03016 01339
bì_11.13 唐韻卑吉切集韻韻會正韻壁吉切丛音
必說文風寒也。互詳五畫泌02878字註。鍌又飈68577
飀68781

暴 03018 01341
dōng_11.13 集韻冬02849古作暴。

漳 03020 u2A7AC
null_11.13 未詳。   㾚 03017 01340 sèn_11.13 集韻所禁切，
森去聲。寒貌。図cǎn 正字通七感切音慘。義同。

漱 03021 u2A7AB
null_11.13 未詳。   部 03019 42484 bù_11.13 字彙補音部。

勃 03022 u20603
dòng_11.13 喃从仌動dòng聲

漱 03023 u20602
sōu_11.13 集韻漱，先侯切。冷也。一曰冰氣。或作

凍02921

漸 03024 01342
sī_12.14 古文測 唐韻息移切集韻山宜切韻會相
支切正韻相咨切丛音斯 說文流冰也。从仌，斯聲。徐曰
冰解而流也。風俗通冰流曰漸，冰解曰泮 図xī 集韻韻
會正韻丛先齊切音嘶。義同 図sī 正韻息漬切，斯去聲。
義同。

潔 03025 01343
jié_12.14 玉篇公節切音潔。俗潔字。

俊 03026 01344
yìn_12.14 字彙補古文印04727字。

禽 03027 01345
qín_12.14 字彙補其吟切音禽。寒狀。鍌又潒03038

森 03028 01346
shěn_12.14 字彙補詩品切，森上聲◇寒貌。
鍌又湵03044

獬 03029 01347
hé_12.14 字彙補與瀚同。

澆 03030 u2A7AD
null_12.14 未詳。   漋 03031 u20613 null_12.14 未詳。

漂 03032 u20609
null_12.14 未詳。   潺 03033 u20608 chán_12.14 俗潺29636

可洪音義潺溪：下于拳、戶頑二反。

濃 03034 01348
nòng_13.15 集韻奴凍切，癑去聲。凍濃，寒貌。

鼎 03035 01349
tǐng_13.15 玉篇他領切音挺 字彙冰貌。鍌熊加全：
俗灛29895

彊 03036 01350
jiāng_13.15 集韻居良切音彊。凍凝也。

澤 03037 01351
duó_13.15 唐韻徒洛切集韻韻會正韻達各切丛音
鐸。冰結 図正韻直格切音宅。義同。鍌又沢02863
洋02883

濨 03038 01352
jìn_13.15 唐韻集韻韻會正韻丛渠飲切音噤。寒貌
玉篇寒極 韓愈·鬭雞聯句磔毛各濨痒 註寒戰貌 図xǐn
集韻羲錦切，歆上聲。義同。鍌又潒29873憭18429

凜 03039 01353
lǐn_13.15 唐韻力稔切集韻韻會正韻力錦切丛音
廩說文寒也。玉篇凜凜，寒也。韻會凄清也。集韻或作瘭。
鍌又凜03048澶03043蠭12510說文本作凜03067，从仌廩
聲。

凓 03040 01354
lì_13.15 正字通溧本字。

零 03041 u2A7AE
lěng_13.15 同冷02876 直音篇零，音令。零澤。

熙 03042 u20611
xǐ_13.15 俗熙03050   湵 03044 u2060F shěn_13.15 類篇滲
03028，所錦切。湵湵，寒兒。或从滲。

澶 03043 u20610
lǐn_13.15 俗凜03039   澮 03045 u2060E huì_13.15 地名用字。澮
水保、澮水鋪，見天一閣藏明嘉靖刻本 襄城縣志

熙 03046 uFA15
xǐ_13.15 同熙03050   凜 03047 uF954 lǐn_13.15 兼凜

凜 03048 u51DC
lǐn_13.15 同凜03039 篇海類編凜，俗作凜。

凝 03049 01355
níng_14.16 唐韻集韻正韻魚陵切韻會疑陵切，丛
籥平聲說文水堅也。本作冰。从水从仌徐曰俗作凝。

今文从俗·易·坤卦 履霜堅冰，陰始凝也 图 增韻 成也，定也 書·皋陶謨 庶績其凝 易·鼎卦 君子以正位凝命 註 嚴整貌 图 謝玄暉·鼓吹曲 凝笳翼高蓋 李註 徐聲引調謂之凝 图 ning 唐韻 牛餕切 集韻 韻會 牛孕切，丛甯去聲。止水也 图 叶魚力切。音甯 楚辭·大招 天白顥顥，寒凝凝只。 覓乎無往，盈北極只 註 凝凝，冰凍貌 图 韻會 或作疑 詩·大雅 靡所止疑 註 音屹。疑，讀如儀禮疑立之疑，定也。鎣 又瀿03073 奨13690 泋27946 凝30081

瀷 03050 01356
xī_14.16 字彙補 曉伊切，音熙◇和也。鎣 又熙03046
瀷03042瀷03052 㶡31792 瀷31784

濠 03051 u2A7AF
null_14.16 未詳。

瀷 03052 u20615
xī_14.16 同瀷03050

馮 03053 u20614
null_14.16 未詳。

瀞 03054 u20612
hé_14.16 漢語大字典.V.2 同瀨03069 字彙補 瀞，與瀨同△宏按，字彙補 無瀞有瀞，與瀨同。

濱 03055 01357
zhì_15.17 集韻 職日切音質。身寒貌。玉篇 寒身動貌。鎣 又瀆30136

暴 03056 01358
dōng_15.17 字彙補 古冬02849字。

凓 03057 01359
yǎn_15.17 字彙補 以剪切，音掩◇藏匿也。

盪 03058 42485
dàng_15.17 字彙補 與盪同。

瀲 03059 u2061C
null_15.17 未詳。

濂 03060 u2061B
null_15.17 未詳。

瀮 03061 u2061A
null_15.17 未詳。

濼 03062 u20619
luò_15.17 或俗濼30122

瀆 03063 u51DF
dú_15.17 同瀆30150 音歷。冽寒也。鎣 字彙 癘，亦作瀝。

懍 03066 01362
lì_16.18 集韻 狼狄切

瀨 03064 01360
lài_16.18 集韻 落蓋切音賴 說文 寒也。

隸 03065 01361
lì_16.18 玉篇 盧帝切，音隸 字彙 冰也。

凜 03067 u20621
lǐn_16.18 癛36532本字 說文 癛，寒也。从仌廩聲。

滾 03068 u20620
guài_16.18 四聲篇海 音恠。

灂 03069 01363
hé_17.19 篇海 下各切音鶴。煎鹽也。鎣 又灂03029 瀞03054 正字通 瀨，瀨30353字之譌 說文 涸，重文从鹵舟作灂。仌部無瀨。舊註音鶴，訓煎鹽，非。

爵 03070 01364
jiào_17.19 集韻 子肖切音醮。冰裂。

瀾 03071 u2A7B0
null_18.20 未詳。

凝 03072 01365
lěng_19.21 字彙補 同冷

瀲 03073 01366
yán_20.22 集韻 魚杴切音嚴。瀲凝，寒也 图 yàn魚窆切音驗。義同。鎣 又瀲30525

盪 03074 42486
yě_24.26 五音篇海 音冶。

◆ 几部 ◆

几 03075 01367
jī_0.2 唐韻 居履切 集韻 韻會 舉履切，丛飢上聲 說文 踞几也。徐曰 人所凭坐也 詩·大雅 或肆之筵，或授

之几 周禮·春官 五几：玉几、雕几、彤几、漆几、素几 劉歆·西京雜記 漢制，天子玉几，冬加綈錦其上，謂之綈几。凡公侯皆竹木几，冬則細繝爲橐以馮之 玉篇 案也。亦作机 左傳·昭五年 設机而不倚 图 几几，安重貌 詩·豳風 赤舄几几。鎣 又机39635几03077 图 扎19156，俗机 敦煌變文集·維摩詰經講經文 有心凭扎以呻吟，無力丈梨而教化。

几 03076 01368
shū_0.2 廣韻 市朱切 集韻 慵朱切丛音殳 說文 鳥之短羽飛几几然 韻會 有鉤挑者爲几案之几，不鉤挑者爲几，鳥短羽也 图 精薀 几，擊兵也。象建于兵車而不用，故其首有垂斿形。執之前驅赴敵，則加又爲殳。

几 03078 u2F0F
jǐ_0.2 部 几03075

几 03077 u20628
jī_0.2 同几03075 可洪音義 珮几：上步昧反。下居履反。

凡 03079 01369
fán_1.3 唐韻 集韻 韻會 正韻 丛符咸切音帆◆說文 最括也 玉篇 非一也 廣韻 常也，皆也 正韻 大概也。图 前漢·揚雄傳 請略舉凡 註 師古曰凡，大指也 杜預·左傳序 發凡以言例 图 玉篇 計數也 前漢·石奮傳 凡號奮爲萬石君 註 師古曰凡，最計也。總合其一門，計五人爲二千石，故號萬石君 图 最凡，諸凡之最目也 周禮·天官·司會 註 書謂簿書契，其最凡也 小宰疏 凡要亦是簿書，如今印契，其凡目所最處印之 图 輕微之稱 廣韻 凡，輕也 孟子 待文王而後興者，凡民也 图 國名。在濬州春秋·隱七年 天王使凡伯來聘 左傳·僖二十四年 凡蔣邢茅胙祭周公之胤也 图 姓 韻會 周公，凡伯之後 图 叶符箋切 崔駰·達旨 高樹廕陰，獨木不林。隨時之宜，道貴從凡 註 凡，常也。鎣 又几03081几03080邧61513 图 龍龕 呎05428，俗。音凡。季旭昇：呎為凡之異體。

几 03080 u51E3
fán_1.3 俗凡03079

几 03081 u51E2
fán_1.3 俗凡03079

兂 03082 01370
wú_2.4 字彙補 古文無31081字。

凨 03083 42487
shǐ_2.4 字彙補 少士切音始。

伵 03084 u20630
chù_2.4 俗處52157亦作伵03089

夃 03085 u2062F
róu_2.4 同内40161

兗 03086 u2062E
yǔn_2.4 俗允02345

允 03087 u2062D
yǔn_2.4 俗允02345

凨 03088 u2062C
cóng_2.4 同从00777

夃 03089 u2062B
chù_2.4 俗處52157

凤 03090 u51E4
fèng_2.4 简鳳72948

尻 03091 01371
jū_3.5 集韻 正韻 丛斤於切音居 說文 處也。从尸，得几而止也 玉篇 與居同 晉書·胡母謙傳 尻背東壁 正韻 古居字。尻从几案之几，與尻字不同。

処 03092 01372
chù_3.5 唐韻 昌與切 集韻 韻會 敞呂切丛音杵 說文 処，止也。从夂，得几而止 玉篇 與處同。

凨 03093 01373
zhěn_3.5 唐韻 章忍切 集韻 止忍切丛音軫 說文 新生羽而飛也 图 zhèn 集韻 之刃切，軫去聲。義同。鎣 說文 几shū部 图 四聲篇海 形16433 剧16432，二。章刃切

03094 01374
兓 tiān_3.5 字彙補 古文大字。鏊俗丙（天）字。

03095 01375
兂 yōu_3.5 字彙補 於鳩切音憂。風也。

03096 u20634
兝 shāng_3.5 同兝00289

03097 u51E7
兞 jīn_3.5 日 たこ，紙鳶，風箏。从巾从風省。

03098 01376
凤 sù_4.6 字彙補 同凤。

03099 01377
兤 fǒu_4.6 字彙補 古文否05472字。

03100 01378
兦 yǒng_4.6 集韻 與永27758同。

03101 01379
兙 jǐ_4.6 字彙補 古文兙22290字。海篇 飲食逆氣，不得息也。鏊又宄02352。

03102 42488
充 suò_4.6 五音篇海 蘇个切，娑去聲。鏊俗充字。

03103 42489
兛 wú_4.6 篇海 音旡。鏊兝，古旡字。旡、兝相混。

03104 u2A7B1
売 null_4.6 未詳。

03105 2F80D
充 chōng_4.6 兼充02353

03106 u20639
兡 null_4.6 未詳。

03107 u51EB
兣 fǔ_4.6 简兣72937

03108 u51EA
凪 zhǐ_4.6 日 同文通考·國字 凪，ナギ，風止也。

03109 u51E9
凩 mù_4.6 日 从木从風省。寒風，深秋木枯之時的風 同文通考·國字 凩，風落木也。

03110 u51E8
凨 fēng_4.6 俗風68533

03111 01380
凬 qū_5.7 集韻 曲勿切音屈。本作颫。或省作凬。

03112 01381
兂 mín_5.7 集韻 民27655古作兂。

03113 01382
凮 shāng_5.7 六書略 同商

03114 42490
兏 cháng_5.7 篇海 音長

03115 42491
兝 cóng_5.7 海篇 音從

03116 u2A7B2
凴 zhǎn_5.7 俗颭68581

03117 u20645
凥 sǎp_5.7 喃 从几立lập聲。榻。

03118 u20644
凨 fēng_5.7 俗風03125
兙 兝，古文。徐姊反。今作兒02382獸名。

03119 u20643
兝 sì_5.7 俗兒02385 龍

03120 u20640
兦 null_5.7 未詳。

03121 u2063F
兤 null_5.7 未詳。

03122 01383
凭 píng_6.8 唐韻 扶冰切 集韻 韻會 皮冰切 說文 依几也。从几从任 增韻 倚也 正韻 隱几也 山海經 西王母梯几而戴勝 註 梯几，凭几也 图bìng 唐韻 集韻 韻會 皮孕切 正韻 皮命切，夶憑去聲。義同。

03123 01384
剧 jù_6.8 唐韻 奇逆切 集韻 正韻 竭戟切夶音劇揚子方言 倦也 前漢·司馬相如傳·子虛賦 徼剧受詘 註 蘇林曰：剧音倦剧之剧。師古曰剧音與劇同 图作㞷 史記 徼㞷受詘。鏊又㞷12840㞷05099㞷05096瓯35038瓯56974瓯56984 图揚子方言 倦也。華學誠：剧當作㑥，倦當作僑。

03124 01385
兝 yè_6.8 五音篇海 古文夜09873字。

03125 01386
凨 fēng_6.8 玉篇 集韻 夶古文風68533字。

03126 01387
凯 yí_6.8 字彙補 古文始10510字。鏊楊寶忠：俗甌35009

03127 01388
凨 fēng_6.8 集韻 風68533古作凨。

03128 u2A0CE
兝 yǐ_6.8 字彙補 與以00810同。見 漢孔宙碑

03129 42492
兝 cóng_6.8 字彙補 子斗切音走。鏊同航。

03130 42493
兝 shū_6.8 篇海 音樞。又音殊。

03131 u2064D
兝 huǐ_6.8 俗兝52353

03132 u2064C
兝 null_6.8 未詳。

03134 u51EE
凮 fēng_6.8 彙音寶鑑 凮，古風68533字。

03133 u51EF
凯 kǎi_6.8 简凯03154

03135 01390
剧 jù_7.9 字彙 同剧

03136 01391
兝 bù_7.9 字彙補 古文不00027字。

03137 01392
兝 yè_7.9 五音篇海 古文夜09873字。

03138 01393
凤 fèng_8.10 集韻 凤57881古作凤。

03139 42494
兝 jiù_8.10 字彙補 古臼切，音救◇。

03140 42495
凰 wéi_8.10 字彙補 無迷切，音惟◇。

03141 u2A7B3
兝 null_8.10 未詳。

03142 u20656
凭 píng_8.10 同憑18266

03143 u20653
兝 null_8.10 未詳。

03144 01394
凰 huáng_9.11 唐韻 集韻 韻會 正韻 夶胡光切音黃 爾雅·釋鳥 鶠鳳，其雌皇 註 雞頭、蛇頸、燕頷、龜背、魚尾，五采色，高六尺許 山海經 丹穴之山有鳥焉，其狀如鶴，首文曰德，翼文曰順，背文曰義，膺文曰仁，腹文曰信。見則天下大安 韻會 雄曰鳳，雌曰凰。古詩：鳳兮鳳兮求其凰 图 集韻 或作鶠 晉書·武帝紀 起鶠儀殿于後 图 通作皇 書·益稷 鳳皇來儀 詩·小雅 鳳皇鳴矣。

03145 01395
凲 jué_9.11 集韻 爵32278古作凲。

03146 01396
凰 sù_9.11 字彙補 心足切，音蕭◇姓也。凰氏。見 廣韻。鏊又壘34024

03147 01397
凭 guān_9.11 字彙補 與冠同。

03148 42496
凴 huò_9.11 海篇 乎麥切音或。

03149 u2A7B4
凴 null_9.11 喃 未詳。

03151 u2065D
将 null_9.11 未詳。

03150 u27994
凭 ghế_9.11 喃 从几計kế聲。板凳。

03152 u2065C
執 zhí_9.11 俗執08794 隸辨 引 夏承碑

03153 u2065B
尋 xún_9.11 俗尋12564

03154 01398
凯 kǎi_10.12 唐韻 苦亥切 集韻 正韻 可亥切，夶同愷 玉篇 凱，樂也。或作愷 图 善也 史記·五帝本紀 高陽氏有才子八人，謂之八愷 图 正韻 和也。南風謂之凱風 詩·衛風 凱風自南 图 通作闓 史記·司馬相如傳 昆蟲凱澤 前漢·司馬相如傳 昆蟲闓澤 註 師古曰闓讀曰凱。文穎曰：

圞，欒也。𩱜又凱03133𣦛52231

兖 03155 01399 shēng_10.12 字彙古文勝字 正字通按 集韻勝古作兖。舊本譌作兖，非。

凧 03156 01400 gān_10.12 五音集韻與尶同。

兖 03157 01401 shuǎng_10.12 集韻爽32338古作兖。

兟 03158 01402 qú_10.12 字彙補古文蘧51855字。

凨 03159 42498 chū_10.12 字彙補充疏切，音初◇。

凨 03160 u20663 bǎy_10.12 喃同𪆵26198从机省罢bãi聲△凨𡿫：捕捉老虎的陷阱。

凨 03161 u20661 null_10.12 未詳。

凨 03162 42497 jiē_11.13 海篇音接。

凨 03163 u2A7B5 null_11.13 未詳。

凨 03164 u20667 dōu_11.13 同兜02416

凨 03165 u20666 qióng_11.13 同煢31271

凭 03166 u20665 píng_11.13 同憑18266

凳 03167 01403 dèng_12.14 唐韻都鄧切 集韻 韻會 正韻丁鄧切太音鐙 字林牀屬，或作橙 正韻几屬。𩱜又櫈25831

凴 03168 01404 píng_12.14 集韻同凭

凨 03169 u2066A qiào_12.14 俗𠘧07362

凨 03170 u20669 null_12.14 未詳。

凨 03171 u20668 null_12.14 未詳。

凱 03172 u2066B null_13.15 未詳。

凨 03174 u20670 null_14.16 未詳。

凨 03173 01405 zǐ_14.16 字彙補與子同。

凨 03175 u2066F kuí_14.16 俗夔09848 四部叢刊·三編集部·徐公釣磯文集·卷第三·賦·駕幸華清宮莫不龜冉祈年，凨龍奉職。

凨 03176 u2066E null_14.16 未詳。

凨 03177 u20671 null_15.17 未詳。

凨 03178 u20672 null_18.20 未詳。

凨 03179 u20673 null_19.21 或俗欒30473 新撰字鏡凨，瑜褊反。眷也，流字也。在水部。

◈ 凵部 ◈

凵 03180 01406 qiǎn_0.2 唐韻丘范切 集韻口范切，並音𠙴 說文張口也。象形 正字通魏校曰：凵，受物之器。象地體承載形，虛中者，當其无，有器之用也 又kàn 集韻苦紺切音勘。義同。𩱜又凵03182

𠙴 03181 01407 qū_0.2 集韻丘魚切音虛 說文𠙴盧，飯器。以柳爲之。象形 總要象仰盂斂口形。

凵 03182 u2F81D qiǎn_0.2 同凵03180

凵 03183 u2F10 qiǎn_0.2 部凵03180

𠙵 03184 01408 kǒu_1.3 玉篇古文口05332字。

凶 03185 01409 xiōng_2.4 古文𣦼 唐韻 正韻許容切 集韻 韻會虛容切太音胷 說文象地穿交陷其中 徐曰惡不可居。象地之塹也，惡可陷人也 爾雅·釋詁咎也 疏謂咎惡也 又 玉篇短折也 又與恟通 集韻憂懼 晉語敵入而凶 註凶猶凶凶，恐懼。亦作兇 說文擾恐也。𩱜俗作㐫03207㐫00642

𠙶 03186 01410 ǒu_2.4 唐韻烏后切 集韻於口切太音毆。山名。山在溧陽 楊慎·丹鉛錄𠙶山在宜興縣，漢𠙶亭侯，𠙶山即其地。今桐城有𠙶山，讀若偶，與溧陽宜興𠙶山同名異地。

𠙷 03187 01411 xìn_2.4 玉篇古文囟08011字。

𠙸 03188 01412 gān_2.4 集韻甘35219古作𠙸。

凷 03189 01413 kuài_3.5 唐韻苦對切 集韻苦會切，並音塊◇ 說文墣也。从土凵 集韻土也 前漢·律歷志野人舉凷而與之 蔡邕·釋誨九河盈溢，非一凷所能防 韻會今作塊 莊子·齊物論大塊噫氣 又作蕢 禮·禮運蕢桴而土鼓 註蕢讀爲凷，塥也 集韻或作墤 又 集韻苦怪切音蒯。義同。𩱜又凷03196

甾 03190 01414 zī_3.5 玉篇古文菑49746字 說文缶也，東楚名缶曰甾。象形也 正譌甾，竹器。象形。畚、虘、畤皆从此。

凸 03191 01415 tū_3.5 唐韻陀骨切 集韻陁没切，太豚入聲。出貌 杜甫詩雲灩心凸知難捧 杜牧詩酒凸觥心瀲灩光。又 通俗文肉凸曰瘤 又dié 唐韻 集韻 韻會太徒結切音迭。高也。𩱜又昰13331㧻19446𦀚15323又 可洪音義突41057宊41022：徒骨反。正作凸。

凹 03192 01416 wā_3.5 唐韻烏洽切 集韻 韻會乙洽切太音浥。低下也 東方朔·神異經大荒石湖，千里無凸凹，平滿無高下 江淹·青苔賦悲凹險兮，惟流水而馳騖 楊慎·丹鉛錄土窪曰凹，土高曰凸。古象形字 又āo 集韻於交切音坳。窊也。𩱜又坳08496

出 03193 01417 chū_3.5 唐韻赤律切 集韻 韻會 正韻尺律切，太春入聲 說文進也 廣韻見也，遠也 增韻出，入也，吐也，寫也 又生也 爾雅·釋訓男子謂姊妹之子爲出 左傳·成十三年康公，我之自出 註秦康公，晉外甥也 又 周禮·秋官·大司寇其不能改而出圜土者殺 註出謂越獄逃亡也 又 增韻斥也 正韻亦作黜、絀 又 唐韻 集韻 韻會尺類切 正韻蚩瑞切，太推去聲。自中而外也 又 正韻凡物自出，則入聲。非自出而出之，則去聲。然亦有互用者 又叶敕律切音黜 馬融·圍棊賦熒惑窘乏兮，無令詐出，深念遠慮兮勝乃可必 又 韻補叶側劣切音茁 曹植·卞后誄詳惟聖善，岐嶷秀出。德配姜嫄，不忝先哲 又叶赤知切音侈 穆天子傳·西王母謠白雲在天，丘陵自出。道里悠遠，山川閒之 又叶赤至切音熾 楚辭·九章竊快在其中心兮，揚厥憑而不竢。芳與澤其雜糅兮，羌芳華自中出 靈樞經男內女外，堅拒勿出。謹守勿內，是謂得氣。𩱜又岁13356 正字通出，俗从兩山作出13360非。

𠚏 03194 01418 zhèng_3.5 字彙補武后所製正字。

𠚐 03195 u2A7B6 zì_3.5 說文𠚐，此亦自48192字也。省自者，詞言之气，从鼻出，與口相助也。

凷 03196 u2067D kuài_3.5 同凷03189

𠚑 03197 u2067B wáng_3.5 古文王33789

击 03198 u51FB
jī_3.5 〔简〕擊20847

凷 03199 01419
zī_4.6 〔玉篇〕古文菑49746字。

㐀 03200 01420
gān_4.6 〔集韻〕甘35219古作㐀。

凿 03201 01421
zī_4.6 〔玉篇〕古文菑49746字。

凶 03202 40649
xìn_4.6 〔五音篇海〕音信。凶門也。今作顖。

凵 03203 42499
chǐ_4.6 〔海篇〕音里。〔鑒〕同㐀、凼，古文齒75554〔龍龕〕凶，音里。

囘 03204 42500
háo_4.6 〔五音篇海〕音毫。

凶 03205 42501
zhì_4.6 〔海篇〕音致。

凷 03206 u20682
fǒu_4.6 或俗缶45261

凶 03207 u34D9
xiōng_4.6 〔五音集韻〕凶03185，凶禍也。凶，同上。俗用。以其今時通用，故新增之。

屾 03208 40650
xiàn_5.7 〔搜眞玉鏡〕亨念切〔海篇〕閞也。〔鑒〕四聲篇海屾，亨念切〔凵〕間也。

困 03209 42502
bū_5.7 〔五音篇海〕音連。〔鑒〕亦作㐀13501〔龍龕〕困，音連。鄭賢章：困即連字。

凼 03210 42503
chàng_5.7 〔龍龕〕音暢。〔鑒〕同凶，疑凼字之譌。

㘴 03211 u20688
null_5.7 未詳。

兩 03212 u20687
huà_5.7 〔彙音寶鑑〕畫35548作畫。省聿作兩，猶畫省聿作画也。

函 03213 01422
hán_6.8 〔唐韻〕〔集韻〕〔韻會〕〔正韻〕夶胡男切音含◆〔說文〕舌也。又容也〔禮·曲禮〕席閒函丈〔凵〕〔前漢·禮樂志·郊祀歌〕函蒙祉福常若期〔註〕師古曰函，包也〔凵〕〔前漢·班固敘傳〕函之如海〔註〕讀與含同〔律歷志〕太極函三爲一〔禮樂志〕人函陰陽之氣〔凵〕〔玉篇〕鎧也〔周禮·冬官考工記〕燕非無函也，夫人而能爲函也〔凵〕hàn〔集韻〕戶感切音頷〔通俗文〕口上曰臄，口下曰函〔集韻〕或作械〔前漢·天文志〕太白開可械劍〔註〕謂可容一劍也〔凵〕xián〔唐韻〕〔集韻〕〔韻會〕胡讒切〔正韻〕胡嵒切夶音咸。匬也〔凵〕〔集韻〕或作椷，木名〔凵〕◆或作銜〔博雅〕介鎧也。通作函〔凵〕〔正字通〕書函也〔晉書·殷浩傳〕竟達空函〔凵〕姓〔廣韻〕漢有豫章太守函熙。〔凵〕漢複姓。漢末有黃門侍郎函治子覺〔凵〕函谷，關名。〔凵〕通作咸〔周禮·秋官〕伊耆氏共杖咸〔註〕咸讀爲函，以此藏杖也〔凵〕張有·復古編函又作圅，亦筆迹小異。別作凾，非。〔鑒〕又圅03226肣46972腤47669㔠48320

凼 03214 42504
chàng_6.8 〔搜眞玉鏡〕同凶。

㘶 03215 42505
yūn_6.8 〔搜眞玉鏡〕於云切。〔鑒〕同壹09723〔漢語大字典·P309〕同夎03224

㘷 03216 u2A7B7
null_6.8 〔喃〕未詳。

𠚋 03217 u2068B
zī_6.8 同甾35384

函 03218 01423
hán_7.9 〔韻會〕函別作凾，非。

畐 03219 01424
tú_7.9 〔篇海〕同圖。

函 03220 01425
chā_7.9 〔集韻〕測洽切音插。本作㔻〔說文〕舂去麥皮

也。从臼，干所以臿之△或作㔸、畬。

㚐 03221 u20690
mọc_7.9 〔喃〕从出木mộc聲。生長，長出△㚐蓮如蓊：雨後春笋。

㘹 03222 01426
chǐ_8.10 〔玉篇〕古文齒75554字。

㞸 03223 u2A7B8
null_8.10 〔喃〕未詳。

夒 03224 u20693
yūn_8.10 同壹09723

㚖 03226 40652
hán_9.11 〔龍龕〕同函〔同道藏·洞靈眞經〕㚖心巧應。〔鑒〕同豐匹。

囲 03225 40651
qū_9.11 〔字彙補〕與曲

㘺 03227 u20695
chǐ_9.11 〔六書故〕㘺，又作齒75554

㘸 03228 u20694
hé_9.11 同㘸08145〔玉篇·馬部〕㘸，胡閣切。會也。又〔玉篇·口部〕㘸，侯閣切。會也。

㘼 03229 01427
tāo_10.12 〔唐韻〕土刀切音叨。古器。〔鑒〕又㘼03247㘼03237匜04421㘼04458㘼32267與48426㘼03240圁03241

㚙 03230 u2AA15
roi_10.12 〔喃〕从出尾vī聲。發△㚙鯡：容光煥發。

㞝 03231 u2A7B9
null_10.12 未詳。

凿 03232 u51FF
záo_10.12 〔简〕鑿64693

㞢 03233 u2A7BB
null_11.13 〔喃〕未詳。

㞤 03234 u2A7BA
null_11.13 〔喃〕未詳。

㞥 03235 01428
jī_12.14 〔字彙補〕與笄同。

㚚 03236 u2069A
null_12.14 未詳。

㚛 03237 u2069C
tāo_13.15 同㘼03247籀文。又飯牛器〔龍龕〕㚛，古文。今作筥42397牛籃也。

㚜 03238 01429
nǎi_14.16 〔字彙補〕籀文乃00256字。

㚝 03239 42506
sì_14.16 〔五音篇海〕音寺。

㚞 03240 42507
tāo_15.17 〔字彙補〕他刀切音叨。古器。〔鑒〕俗㘼。亦作圁03241

圁 03241 u2069E
tāo_15.17 同㚞03240俗㘼03229

幽 03242 42508
yōu_16.18 〔龍龕〕音幽。〔鑒〕〔龍龕〕音齒。陳士元〔古俗字略〕幽15317，深隱。瀀幽並古。

㞦 03243 u2A7BC
null_16.18 〔喃〕未詳。

㞧 03245 u2A7BD
null_17.19 〔喃〕未詳。

㚟 03244 40653
yūn_17.19 〔字彙補〕卑民切音賨。鬱也。

㞨 03246 42509
biāo_18.20 〔搜眞玉鏡〕音彪

㘼 03247 u206A1
tāo_19.21 同㘼03229

㞩 03248 u206A2
ra_22.24 〔喃〕从出羅la聲。離開。俗省作㘼45579

• 刀部 •

刀 03249 01430
dāo_0.2 〔唐韻〕〔集韻〕〔韻會〕都勞切〔正韻〕都高切，夶到平聲〔說文〕兵也。象形徐曰象刀背與刃也〔釋名〕刀，到也。以斬伐到其所刀繫之也〔玉篇〕所以割也〔左傳·襄三十一年〕未能操刀而使割也〔凵〕錢名〔初學記〕黃帝採首山之銅，始鑄爲刀〔史記·平準書〕龜貝金錢刀布之幣興焉〔註〕

索隱曰：刀者，錢也。以其形如刀 前漢·食貨志 利於刀 註 如淳曰：名錢爲刀者，以其利於民也 圕 詩·衞風 誰 謂河廣，曾不容刀 朱註 小船曰刀 正韻 小船形如刀。

鋊 又03250 勹03252 圕 五侯鯖字海 釛62728，音刀。割 物具也。

刁 03250 01431
diāo_0.2 　唐韻 都聊切 集韻 韻會 正韻 丁聊切夶音 貂。古者軍有刁斗 前漢·李廣傳 不擊刁斗 註 孟康曰： 以銅作鐎，受一斗，晝炊飲食，夜擊持行 圕 刁刁，風欲 止微動貌 莊子·齊物論 而獨不見之調調之刁刁乎 郭象 註 調調、刁刁，搖動貌 圕 姓 史記·貨殖傳 齊俗賤奴虜， 而刁閒獨愛貴之 韻會 出渤海齊大夫豎刁之後 韻會 說 文 刀，兵也。都牢切，又丁聊切。本一字而二音，後人 作刁以別之而已。

刂 03251 01432
dāo_0.2 　韻會 刀，隸或作 刂。

勹 03252 u206A3
dāo_0.2 　篆文刀03249注音符號亦寫作勹。戉種本 辭海 勹，（甲）古刀字（乙）注音符號聲符之一。本都 勞切，即刀字。今讀如德，舌尖聲（讀時口略開張，舌 尖貼抵上齦，及聲息達舌與硬顎之間，舌仍復平常狀 態）。國語羅馬字母為 D。

刀 03253 u2F11
dāo_0.2 　同刀03249部首專用字。亦作 刂03254。

刂 03254 u2E89
dāo_0.2 　部 刀03253。

刃 03255 01433
rèn_1.3 　唐韻 集韻 韻會 正韻 夶而振切，忍去聲。 ◆說文 刀堅也。象刀有刃之形 徐曰 若合刀刃，皆別鑄 剛鐵，故从一 玉篇 刀刃也 莊子·養生主 臣之刀十九年 矣，所解數千牛，而刀刃若新發於硎 圕 韻會 刀加距爲 刃 字彙 俗作刄，非 圕 而鄰切音人 揚子·太玄經 旌旗緄 羅，太恨民也。兵衰衰，不血刃也。鋊 又刃03256 釛62767

刄 03256 u2F81E
rèn_1.3 　同刃03255 圕 俗兩02525字。

々 03257 u206A4
děng_1.3 　同等41895 圕 重文省略符號。

刅 03258 u5204
rèn_1.3 　同刃03255 圕 俗兩02525字。

刅 03259 01434
chuāng_2.4 　集韻 楚良切，音瘡 說文 傷也。从刀从 一 徐曰 一刃所傷。指事也 韻會 本作刅，或作創。

鋊 又刔03312刅04217

分 03260 01435
fēn_2.4 　唐韻 府文切 集韻 韻會 方文切夶音餴 說 文 別也。从八，刀以分別物也 易·繫辭 物以羣分 圕 增 韻 裂也，判也 廣韻 賦也，施也 增韻 與也 圕 玉篇 隔 也 圕 前漢·律歷志 一黍之廣爲一分。分者，自三微而 成著，可分別也 圕 半也 公羊傳·莊二年 師喪分焉 荀 子·仲尼篇 以齊之分，奉之而不足 圕 徧也 左傳·哀元年 熟食者分，而後敢食 圕 與紛通 荀子·儒效篇 分分乎其 有終始也 淮南子·繆稱訓 禍之生也分分 註 猶紛紛也。 圕 周禮·天官 以待國之匪頒 註 頒讀爲分 圕 fèn 唐韻 扶問切 集韻 韻會 符問切，夶汾去聲。名分也 禮 禮運 禮

達而分定 圕 均也，分劑也 禮·曲禮 分毋求多 圕 分位也 漢·諸葛亮·出師表 此臣所以報先帝，而忠陛下之職分 也 圕 fèn 集韻 方問切，餴去聲。均也 左傳·僖元年 救患 分災 圕 fèn 正韻 府吻切音粉 爾雅·釋器 律謂之分 註 分 音粉，律管可以分氣。

刁 03261 01436
diāo_2.4 　唐韻 都聊切 集韻 丁聊切夶音貂 博雅 斷 也。本作刟。或作剢 玉篇 斷取也。

叫 03262 01437
sì_2.4 　集韻 似00961古作叫。

刵 03263 01438
èr_2.4 　玉篇 而利切音二。削也。

刌 03264 01439
jiū_2.4 　集韻 居虯切音糾。大刀也。

切 03265 01440
qiè_2.4 　唐韻 集韻 韻會 正韻 夶千結切音竊 說文 刌也。从刀七聲 廣韻 割也，刻也。◆爾雅·釋器 骨謂之切 註 治骨器 禮·內則 聶而切之爲膾 圕 迫也，急也 禮·禮 器疏 祭祀之事，必以積漸敬慎，不敢偪切也 圕 愨實也 後漢·馮衍傳 明君不惡切愨之言 圕 揚雄·長楊賦 請略 舉凡，而客自覽其切 註 師古曰切，要也 圕 史記·扁鵲 傳 不待切脈 註 切，按也 圕 韻會 譏切也，剴切也 圕 韻 會 反切。一音展轉相呼謂之反，亦作翻，以子呼母，以 母呼子也。切，謂一韻之字相摩以成聲謂之切 圕 前 漢·外戚傳 切皆銅沓黃金塗 註 師古曰切，門限也。音千 結反 圕 qì 唐韻 集韻 韻會 正韻 夶七計切音砌。眾也。 圕 一切，大凡也 前漢·平帝紀 一切滿秩如眞 註 師古曰 一切者，權時之事，如以刀切物，苟取整齊，不顧長短 縱橫，故言一切 圕 韻補 砌或作切 張衡·西京賦 設切厓 隒。李善註：古字通 圕 叶音刺，與刺通 儀禮註 采時世 之詩爲樂歌，所以通情相風切也。鋊 又㓤17071切03285

刈 03266 01441
yì_2.4 　古文㓹 唐韻 魚肺切 集韻 魚刈切 韻會 疑 刈切 正韻 倪制切夶音义 說文 芟草也 徐曰 本作义，後 人又加刀爲刈 屈原·離騷 願竢時乎吾將刈 註 刈，穫也。 草曰刈，穀曰穫 圕 通艾 前漢·匈奴傳 艾，朝鮮之游 註 師 古艾讀曰刈。刈，絕也 玉篇 取也，殺也 圕 韻會 絕 也。鋊 又刈03270 㓹49143 荆03373 艾49030

刂 03267 01442
bō_2.4 　集韻 北角切，邦入聲。裂也。本作剝 說文 剝，重文作卜△集韻 亦作剛，或作㓤。

刅 03268 01443
cóng_2.4 　集韻 與從同。互見人部从00777字註 圕 字 彙補 古剝03536字。見 歸藏易

㓦 03269 40654
bō_2.4 　韻會 同卜

刈 03270 u206AB
yì_2.4 　俗刈03266

切 03271 uFA00
qiè_2.4 　兼切。

刉 03272 01444
jī_3.5 　字彙 同刉。

刓 03273 01445
gōng_3.5 　唐韻 正韻 古紅切 集韻 韻會 沽紅切夶音 公 博雅 銍謂之刓 廣韻 穫也 韻會 刈也。鋊 又功03288

刊 03274 01446
kān_3.5 　唐韻 苦寒切 集韻 韻會 正韻 丘寒切，夶看 平聲 說文 剟也。从刀干聲 廣韻 削也 圕 斫也 周禮·秋 官·柞氏 夏日至，令刊陽木而火之 註 謂斫去次地之皮

囝通枛 前漢·地理志 隨山栞木 註 師古曰栞，古刊字也 囝 韻補 叶丘虔切音愆 曹子建·怨歌行 周旦佐文武，金縢功不刊。推心輔王室，二叔反流言 囝 叶古案切音旰 揚雄·酈商銘 橫恥愧景，刎頸自獻。金紫褒表，萬世不刊。章樵讀 囝 刻也 晉書·孫綽傳 必須綽爲碑文，然後刊石焉 王儉·褚淵碑 刊玄石以表德 字彙 楊慎曰：劉歆·答揚雄 懸諸日月不刊之書，言不可削除也。今俗誤作刻梓之用。各處鄉試，序多云刊其文之佳者若干篇。張睿甫曰：刊字亦可用。刊其字外之餘木，而後字成，故刻字謂之刊，猶遷官而謂之除也。 鎣 又栞24332

刊 03275 01447
qiàn_3.5　玉篇 七見切。切也 韻會 刊，从干戈之干。刊，从干，與刊異。

刐 03276 01448
dí_3.5　集韻 丁歷切音的。斷也。

吃 03277 01449
jī_3.5　玉篇 魚乙切音劓。斷也。 鎣 正字通俗刉03292字。

刌 03278 01450
kūn_3.5　集韻 枯昆切音坤。斫木枝也 正字通 齊民要術 借作髡。

刌 03279 01451
cǔn_3.5　唐韻 倉本切 集韻 韻會 取本切 正韻 趨本切𠀤音忖 說文 切也。从刀寸聲 玉篇 切，斷也 儀禮·特牲饋食 刌肺三 前漢·元帝紀 自度曲，被歌聲，分刌節度 註 韋昭曰：刌，切也。謂能分切句絕，爲之節制也 囝 廣韻 細切也 增韻 割也，截也 囝 qiǎn 集韻 此演切音淺。義同。 鎣 又门03284忖19163

剋 03280 01452
kè_3.5　字彙補 音未詳 吳越春秋 越王謹上刣青天 王霸文紀 刣作刻。 鎣 俗刻。

刲 03281 01453
zhé_3.5　字彙補 知鐵切，音折◇以血塗刀也。

刕 03282 42510
zhōu_3.5　篇海 照收切音州。居也○按卽剝字之譌。

刟 03283 42511
jiǎn_3.5　字彙補 音棟。刃，吃語也○按卽刔字之譌。

刈 03284 42512
cǔn_3.5　字彙補 清困切音寸。斷也○按卽刌字之譌。

切 03285 u2F850
qiè_3.5　干祿字書 切切，上通下正 囝 俗功03911 廣碑別字 引 唐陪戎校尉太原王晶墓誌

扴 03286 u206B6
qià_3.5　同刔19158俗韌03299

幼 03287 u34DC
yòu_3.5　俗幼15301 可洪音義 年幼：伊謬反。少也。

功 03288 u34DB
gōng_3.5　同刌03273 囝 俗功03911

刎 03289 01454
wěn_4.6　唐韻 集韻 韻會 正韻𠀤武粉切音吻 說文 刎也 玉篇 割也 禮·檀弓 不至者刎其人 史記·張耳陳餘傳 兩人相與，爲刎頸交 韻會 或作㺃。 鎣 又別03300

刔 03290 01455
chǐ_4.6　篇海 音齒。割物。

刨 03291 01456
gōu_4.6　字彙 同刨，俗省。

刉 03292 01457
jī_4.6　古文氕 唐韻 居依切 集韻 韻會 居希切𠀤音機 廣韻 斷也切也，刲傷也。 周禮·秋官·士師 凡刉珥 註 釁禮之事用牲，毛者曰刉，羽者曰衈 囝 qí 唐韻 集韻 韻會 𠀤渠希切音祈。義同 囝 jì 集韻 韻會 𠀤其既切，祈去聲。義同 囝 kuì 唐韻 集韻 韻會 𠀤口對切音憒。刲也。一曰礪刀 囝 kuài 集韻 古外切音儈 說文 劃傷也。一曰斷也。一曰刀不利，於瓦石上刉之。 鎣 又幾53960㣺45939氕27680氞27692氜27701刐03272吃03277

剼 03293 01458
shàn_4.6　集韻 所鑒切，衫去聲。刐也 玉篇 刀剼。

刜 03294 01459
shà_4.6　集韻 所駕切，沙去聲。刺也。

刐 03295 01460
dǎn_4.6　玉篇 得旱切，丹上聲。割也 鎣 胡吉宣：應爲刐03309譌，聲隨形變。

刑 03296 01461
xíng_4.6　唐韻 戶經切 集韻 韻會 乎經切 正韻 奚經切𠀤音形◆說文 刭也。从刀开聲 囝 玉篇 罰總名也 易·豐卦 君子以折獄致刑 禮·王制 刑者，侀也。侀者，成也。一成而不可變 囝 爾雅·釋詁 常也，法也 疏 謂常法也 書·召誥 王位在德元，小民乃惟刑。用于天下，越王顯 註 王有首天下之德，民皆儀刑。用德于下，王德益顯也 詩·大雅 尚有典刑 朱傳 典刑，舊法也 囝 成也 禮·學記 教之不刑，其此之由乎 囝 禮·禮運 刑仁講讓 註 刑猶則也 囝 與鉶通 周禮·天官·內饔 羞脩刑膴 註 刑，羹器 史記·太史公自序 啜土刑 註 刑，以盛羹也 囝 玉篇 刑，同荊。 鎣 又型03479荆03390

荆 03297 01462
xíng_4.6　古文㓝 集韻 同刑◆說文 罰辠也，國之刑罰也。从井刀，刀守井，飲之人入井，陷于川，守之，割其情也 韻會 復古篇 云刑，从刀开聲，到也。荆，从刀井。刑，法也。今經史皆通作刑。 鎣 復古篇。復古編。 囝 荆03376

刁 03298 01463
diāo_4.6　篇海 音刁。以取禾穗也。

韌 03299 01464
qià_4.6　唐韻 恪八切 集韻 丘八切𠀤音劼 說文 巧韌。或作韧 囝 與契通 六書正譌 音器，約也。从刀丰聲。象刀刻畫竹木以記事者。別作契、栔，後人所加。 鎣 又韧03505刔03313刔19158刔03286 囝 四聲篇海 剖03411，口八切，與刔同。

划 03302 01467
huá_4.6　唐韻 戶花切 集韻 正韻 胡瓜切𠀤音華 廣韻 撥進船也 集韻 舟進竿謂之划 囝 正字通 方音，讀若話，俗呼小船爲划子 囝 guà 廣韻 集韻 𠀤古臥切，果去聲。鐮也 玉篇 刈剗也 囝 guǒ 廣韻 集韻 𠀤古火切音果。割也。 鎣 又擇20819找19238

剴 03303 01468
yà_4.6　篇海 同研

剕 03300 01465
bīn_4.6　集韻 紕民切音繽。分也 囝 悲巾切音彬。義同。

刓 03304 01469
wán_4.6　唐韻 五丸切 集韻 韻會 正韻 吾官切𠀤音岏 說文 剸也。从刀、元聲。一曰齊也 徐曰 印刓弊 前漢·韓信傳 刻印，刓忍不能予 註 蘇林曰：刓音刓角之刓，

與摶同。手弄角訛，不忍授 玉篇 削也 廣韻 圜，削也 六書故 削去廉隅也 楚辭·九章 刓方以爲圓 又 集韻 或作刓，亦作园 莊子·齊物論 五者园而幾向方矣 註 角泯鑠也 又 通作玩 前漢·酈食其傳 爲人刻印，玩而不能授 註 師古曰 韓信傳 作刓，此作玩，義各通。

刬 03305 01470 chǎn_4.6 篇海 同鏟

刉 03301 01466 jī_4.6 集韻 紀披切音羈。刀取物也 又 jǐ舉綺切。曲刀 玉篇 同剞。

刔 03306 01471 jué_4.6 集韻 古穴切音決 玉篇 剔也。

刣 03307 01472 zhōng_4.6 篇海 之容切音鍾。刮削物也。

刕 03308 01473 lí_4.6 唐韻 力脂切 集韻 良脂切丛音棃。姓也。出蜀刀逵之後，避難改爲刕字 又 六書故 刕又作剺，或作剓 又 集韻 憐題切音黎。義同。鑾又剓74824剓03853

刖 03309 01474 yuè_4.6 唐韻 集韻 韻會 丛魚厥切音月 說文 絕也。从刀月聲。本作跀，斷足也。从足，月聲 徐曰 足見斷爲跀，其刑名則刖也。今文但作刖 書·呂刑 刖足曰剕 前漢·刑法志 刖罪五百 又 wù 唐韻 集韻 韻會 正韻 丛五忽切音兀。斷足也 集韻 或作䟼。鑾又朊46944刖03295

列 03310 01475 liè_4.6 唐韻 正韻 良辥切 集韻 韻會 力櫱切丛音裂 說文 分解也 廣韻 行次也，位序也 前漢·韋玄成傳 恤我九列 註 九卿之位 顏延之·曲水詩序 婆娑于九列。又 軍伍 左傳·僖二十二年 不鼓不成列 又 布也，陳也 班固·西都賦 陛戟百重，周廬千列 又 周禮·地官·稻人 以列舍水 註 列者，塍其町畦，必使平坦，則水可止舍也。又 姓 廣韻 鄭有列禦寇 又 lì 集韻 力制切音例。比也。鑾又削03435㓠03409𠛱03535劽03327 又 孒11741 偏類碑別字·列 引 唐禹城縣令李庭訓墓誌

刖 03311 01476 yòng_4.6 字彙補 古文用35323字。

刅 03312 01477 chuāng_4.6 字彙補 同刅，傷也。

刦 03313 01478 qià_4.6 字彙補 余時切音怡。巧刦也。鑾俗㓶。

刈 03314 01479 yì_4.6 字彙補 古文刈03266字。

刧 03315 40655 jié_4.6 字彙補 與截同。

刟 03316 42513 gē_4.6 搜真玉鏡 音割。

𪟀 03317 u2A7C0 null_4.6 喃 未詳。

𪞿 03318 u2A7BF null_4.6 未詳。

𪞾 03319 u2A7BE null_4.6 未詳。

𠛋 03321 u206CB pá_4.6 方 挖，剜。

𠛌 03320 u206CC châm_4.6 喃 从刀冘đem聲。刺。

𠛉 03322 u206C9 qià_4.6 同刦03313 集韻 㓶03299或書作刦。

𠛈 03323 u206C8 fouj_4.6 壯 斧頭。

𠛇 03324 u206C7 null_4.6 未詳。

𠛆 03325 u206C6 wū_4.6 簡 㓷03656

𠛅 03326 u206C5 kōu_4.6 簡 剾03714

𠚵 03327 u206B5 jù_4.6 大字典 ㈠姓。今安徽省渦陽縣有此姓。㈡地名用字。今安徽省渦陽縣有𠚵莊、小𠚵莊。又 俗列03310 廣碑別字 引 唐大理寺評事封無遺墓誌

列 03328 uF99C liè_4.6 兼 列。

创 03329 u521B chuàng_4.6 簡 創03660

刚 03330 u521A gāng_4.6 簡 剛03529

则 03331 u5219 zé_4.6 簡 則03463

刘 03332 u5218 liú_4.6 簡 劉03802

刨 03333 01480 gōu_5.7 唐韻 古侯切 集韻 居侯切丛音鉤 說文 鎌也 廣韻 關西呼鎌爲刨。鑾又㓤03291

刜 03334 01481 fú_5.7 唐韻 集韻 韻會 正韻 丛敷勿切音拂 說文 擊也 玉篇 斫也 集韻 斷也 左傳·昭二十六年 苑子刜林雍，斷其足 白居易·劒詩 君勿矜我玉可切，君勿誇我鍾可刜。不如持取抉浮雲，無令漫漫蔽白日 又 唐韻 集韻 丛符勿切音佛。義同。

初 03335 01482 chū_5.7 古文𡔈 唐韻 集韻 丛楚居切，楚平聲 說文 始也。从刀衣，裁衣之始也 徐曰 禮之初，施衣以蔽形 書·禹謨 率百官若帝之初 蔡仲 愼厥初 又 禮·檀弓 夫魯有初 註 初謂故事 又 列子·天瑞篇 太初者，氣之始也 韓愈詩 賢愚同一初 韻會 又姓。鑾武后造初字，𡔈14676為正，𡕀14674𠆲03159𡕀26631𡔈05041𡔈09653𡔈64425𡔈丛譌 又 衩03419衸39677初39638礿39636

刞 03336 01483 qù_5.7 唐韻 集韻 丛七慮切音覷。耕土器。鑾又粗46404

刺 03337 01484 pī_5.7 集韻 攀糜切音披。刀析也，剝也 又 pí 蒲糜切音皮。義同 又 披義切，披去聲。義同。鑾又皺03367㓟36923皺26776 慧琳音義 刺解：上音皮。案，刺是剝去皮之義也。俗字也。

刕 03338 01485 zhōu_5.7 玉篇 集韻 丛古文州14565字。

制 03339 01486 zhì_5.7 玉篇 古文制03400字◆ 說文 从刀从未。未，物成，有滋味可裁斷也。會意。本作制，隸作制。

刟 03340 01487 diāo_5.7 集韻 丁聊切音貂 博雅 斷也。或作刁 玉篇 同刁。鑾又刮38650 又 龍龕 㓮03298俗，刟正。丁聊反。以取禾穗也。

删 03341 01488 shān_5.7 古文刪 唐韻 所姦切 集韻 韻會 正韻 師姦切丛音潸 說文 剟也。从刀冊。冊，書也。古以簡牘，故曰孔子刪 詩，言有所取捨也。會意 廣韻 又除削也 前漢·律歷志 刪其僞辭，取正義著於篇。鑾又刪03438 删03381𠛮61669𠛬12542

刡 03342 01489 mǐn_5.7 唐韻 武盡切 集韻 弭盡切丛音泯 玉篇 刡削 集韻 削也。

刢 03343 01490 líng_5.7 唐韻 集韻 丛郎丁切音靈。刀剖物。本作䨩，或作㓫。鑾又靈03900

刣 03344 01491 xián_5.7 唐韻 胡田切 集韻 胡千切丛音賢。自刎頸。

剐 03345 01492
guā_5.7
集韻姑華切音瓜玉篇割也。

剮 03346 01493
zhōng_5.7
篇海音鍾。刮削物也。

判 03347 01494
pàn_5.7
唐韻集韻韻會正韻𠀤普半切音泮說文分也。从刀，半聲玉篇分散也𠀤增韻半也周禮·地官·媒氏掌萬民之判註判，半也。得耦爲合，主合其半𠀤周禮·秋官·朝士凡有責者，有判書以治則聽註判，半分而合者，故書判爲辨𠀤前漢·翟方進傳天地判合註師古曰判之言片也𠀤斷也唐書·選舉志試身言書判𠀤韻會宰相出典州曰判𠀤通作牉字林牉，合其半，以成夫婦儀禮·喪服禮夫妻牉合𠀤通作泮史記·陸賈傳自天地剖泮。鎣唐書·選舉志。徐慧：出自宋史·選舉志

別 03348 01495
bié_5.7
古文冎唐韻方別切集韻韻會筆別切正韻必列切，𠀤鞭入聲說文分解也玉篇分別也增韻辨也禮·曲禮日月以告君，以厚其別也爾雅·釋山小山別，大山鮮疏謂小山與大山不相連屬者名鮮淮南子·齊俗訓宰庖之切割分別也晉·仲長敖·覈性賦同稟氣質，無有區別𠀤傅別，謂券書也周禮·天官·小宰八成，聽稱責以傅別註鄭曰：爲大手書，於一札中字別之𠀤唐韻集韻韻會皮列切正韻避列切，𠀤便入聲玉篇離也增韻解也，訣也江淹·別賦黯然銷魂者，惟別而已矣宋·謝惠連·夜集歎乖詩詩人詠踟躕，搔首歌離別梁荀濟·贈陰梁州詩已作金蘭契，何言雲雨別。鎣又別03380

刐03404

劼 03349 01496
jié_5.7
集韻韻會𠀤訖業切，音鈷。強取也增韻奪去也，剽掠也左思·吳都賦刳剔熊羆之室𠀤正韻禁持也荀子·修身篇刳之以師友𠀤韻會劫通作刳。

刧 03350 01497
jié_5.7
韻會刳俗作刧荀子·王制篇齊桓公刧於魯莊𠀤劫通作刧。

刨 03351 01498
páo_5.7
集韻蒲交切音胞。削也。鎣又鑤64585

刟 03352 01499
liǔ_5.7
集韻力九切音柳。割也。鎣胡吉宣：與劉03802同。

刕 03353 01500
diǎn_5.7
唐韻集韻𠀤多忝切音點。刀缺。一曰斫也𠀤diàn集韻都念切，點去聲說文缺也詩白圭之刕玉篇或作砧。

利 03354 01501
lì_5.7
古文秒唐韻集韻韻會力至切正韻力地切，並音荔。◆說文銛也。从刀，和然後利，从和省易利者，義之和也前漢·鼂錯傳兵不完利，與空手同𠀤廣韻吉也，宜也易·賁卦利有攸往𠀤私利也莊子·駢拇篇小人以身殉利𠀤禮·坊記先財而後禮，則民利註利猶貪也𠀤前漢·高帝紀徙齊楚大族五姓關中，與利田宅註師古曰利謂便好也𠀤周禮·冬官考工記軸有三理，三者以爲利也註利，滑密也𠀤州名韻會巴蜀地。晉西益州，梁改利州，爲中山相。𠀤姓韻會漢有利乾，爲中山相。

鎣又秒40224利03500

剓 03355 01502
chǐ_5.7
篇海初已切，音齒◇割物也。鎣又制03290

别 03356 01503
guāi_5.7
篇海類編公懷切音乖。斷也。鎣張青松：俗剴03803

剢 03357 01504
chuān_5.7
篇海類編丑全切，音川◇去皮也。

刔 03358 01505
jié_5.7
字彙補同刔。

剓 03359 01506
lí_5.7
字彙補力支切，音釐◇割也。

㓮 03360 01507
ruì_5.7
字彙補二位切，音芮◇摩也。

㓰 03361 01508
shuā_5.7
五音篇海生括切，音刷◇海篇割也。

剳 03362 01509
gē_5.7
字彙補古文割03645字。

㓯 03364 40657
lì_5.7
字彙補龍異切音利。行也。

剨 03366 u2A7C1
null_5.7
未詳。

刕 03363 40656
bǐng_5.7
字彙補布皿切音丙。鄭邑名穆天子傳天子北入于刕。

剳 03367 u2F81F
pī_5.7
兼劗03337

刐 03365 u2A7C2
chém_5.7
喃从刀占chiêm聲。砍，斬△刐藏：殺戮。猇刐：身首異處。

㓤 03368 u206E4
chém_5.7
喃同刐03365砍。

㓣 03369 u206E3
đứt_5.7
喃从刀坦đất省聲。割破，刺破。

㓢 03370 u206E2
gē_5.7
同剳03362古文割03645

㓡 03371 u206E1
bǐ_5.7
㓡剝，象聲詞。元白樸唐明皇秋夜梧桐雨·第四折滾繡球：誰望道秋雨如膏，向青翠條，碧玉梢，碎聲兒㓡剝，增百十倍歊和芭蕉。

㓠 03372 u206E0
wān_5.7
集韻剜㓠，鳥丸切。削也。亦省。

㓟 03373 u206DF
yì_5.7
同刈03266馬王堆漢墓帛書·老子乙本卷前古佚書·稱百姓斬木刏新而各取富焉。

夯 03374 u206DE
hāng_5.7
俗夯03964同夯09989衝頂，頂撞。元·鄭光祖醉思鄉王粲登樓·第四折喬牌兒：不由我肚兒裏氣夯，他有甚臉來俺門上。

利 03377 uF9DD
lì_5.7
兼利。

剉 03375 u206DD
chuàng_5.7 同剙03392

到 03378 u522D
jǐng_5.7
简到03459

荆 03376 u206DC
xíng_5.7
荆03297本字

划 03379 u522C
chǎn_5.7
简剗03523

別 03380 u522B
bié_5.7
俗別03348

删 03381 u5220
shān_5.7
同刪03341

刮 03382 01510
guā_6.8
唐韻古頒切集韻韻會古剎切正韻古滑切𠀤音鴰◆說文掊把也。一曰摩切廣韻刮，削周禮·冬官考工記刮摩之工。鎣又刮03484剮03746今亦颳68620簡化字。

剝 03383 01511
bō_6.8
集韻北角切，邦入聲。與剝、刐同。

剌 03384 01512
chì_6.8
篇海初栗切音剎。割聲。鎣剌03440字之訛集韻剌03694，或作剌。

剝 03385 01513
jiū_6.8　字彙居尤切音鳩。出罪也。鋆正字通糾43762字之譌。

铫 03386 01514
tiāo_6.8　集韻他彫切，跳平聲。剔也。又diāo丁聊切音貂博雅斷也。鋆又剻03502

刴 03387 01515
duǒ_6.8　篇海丁可切，多上聲。剁擆也。

刯 03388 01516
gēng_6.8　集韻居曾切，亙平聲。剖也。

到 03389 01517
dào_6.8　唐韻正韻都導切集韻韻會刀號切夶音倒爾雅·釋詁到，至也疏到者，自遠而至也詩·大雅靡國不到又姓韻會出彭城楚令尹屋到之後。鋆應歸至部。

刑 03390 01518
xíng_6.8　說文刑本字俓九切音否說文刀握也。又fǔ廣韻斐父切音撫。同刜。鋆廣韻作剠03446芳武切。

刱 03391 01519
fǒu_6.8　唐韻集韻夶

剙 03392 01520
chuàng_6.8　唐韻初亮切集韻韻會楚亮切正韻楚浪切夶音愴說文造法刱業也。从井，刅聲徐曰井，法也。刅音瘡廣韻初也。又通作創孟子創業垂統。又chuāng集韻初良切，愴平聲。傷也△本作刅，或作剏。鋆又剙03375剙03512刱03527

剈 03393 01521
yuān_6.8　集韻縈玄切音淵說文挑取也。一曰窐也，剜也。本作剈又yān集韻因蓮切音烟。義同。

刲 03394 01522
kuī_6.8　唐韻苦圭切集韻韻會傾畦切夶音奎說文刺也，割也易·歸妹士刲羊，無血禮·內則炮取豚若牂，刲之又guì集韻涓惠切音桂。義同集韻或作刲。鋆又搈20098刲08823

刳 03395 01523
kū_6.8　唐韻苦胡切集韻韻會正韻空胡切夶音枯◆說文判也易繫辭刳木爲舟又玉篇空物腸也，屠也前漢·王莽傳與巧屠共刳剝之註刳，剖也又kōu集韻墟侯切音摳。義同。鋆又閩65011刦03345剒03562又正字通剌03530，刳字之譌。舊註音枯，剖判屠破也，與刳義同。分二字，非。

剁 03396 01524
duò_6.8　唐韻集韻夶都唾切，多去聲玉篇斫也廣韻斫剌也。鋆又剁03452

剷 03397 01525
quán_6.8　集韻逡緣切音詮。削也。鋆又剶03668鄒61662

剫 03398 01526
luò_6.8　唐韻盧各切集韻韻會正韻歷各切夶音洛。剔也。鋆又斫22046

刵 03399 01527
ěr_6.8　唐韻集韻仍吏切正韻而至切夶音餌說文斷耳也，从刀耳書·康誥非汝封刵人，無或劓刵人又集韻牛芮切音劓。義同。鋆又耴46569聅03885

制 03400 01528
zhì_6.8　古文制劓杒刜唐韻集韻韻會正韻夶征例切音製說文裁也又增韻正也，御也，檢也，造也。又廣韻禁制也又前漢·高后紀太后臨朝稱制註師古曰天子之言曰制書，謂爲制度之命也又成法曰制左傳·隱元年今京不度，非制也又禮·曲禮士死制註制謂君命，士受命致死也又◆禮·禮器大廟之內敬矣，君親制祭註朝踐進血之時，君自斷制牲肝，洗于鬱鬯，祭神于室也又邑名左傳·隱元年制，嚴邑也又叶音哲崔駰·達旨陰陽始分，天地初制。皇綱云敘，帝紀乃設。又韻會浙或作制。江名，在東陽莊子·外物篇自制河以東。鋆又剬03544刜03604

制 03401 01529
é_6.8　正字通譌字〇按玉篇作制，古文制集韻韻會制古作制。此作制，譌。

刧 03402 01530
qià_6.8　唐韻苦洽切集韻乞洽切夶音恰。陷也。又玉篇古文割03645字。鋆又佨03416刦03501刧03362龍龕刦03539刦03681二俗，刧正，苦洽反。入也。

刷 03403 01531
shuā_6.8　唐韻集韻韻會正韻夶數滑切，涮入聲說文刮也爾雅·釋詁刷，清也註掃刷所以爲潔清周禮·天官·凌人夏，頒冰，掌事。秋，刷註刷，清也。秋涼，冰不用，可以清除其室前漢·武帝紀欲刷恥改行註師古曰刷，除也左思·吳都賦刷蕩漪瀾又顏延之·馬賦旦刷幽燕，晝林荊越註形容其迅疾也又博雅筲謂之刷。又增韻根刷，尋究也又唐韻集韻韻會正韻夶所劣切音啜。義同。鋆又剎03361馭05209馭21458

刜 03404 01532
bié_6.8　說文別本字。刐，分解也。隸作別。

券 03405 01533
quàn_6.8　唐韻去願切集韻韻會正韻區願切夶音勸說文契也。从刀，𠔇聲。以木牘爲要約之書，以刀剖之，屈曲犬牙釋家券，綣也，相約束纏綣爲限也史記·田敬仲世家蘇秦謂田軫曰：公常執左券，以責于秦、韓。又孟嘗君傳馮驩收責於薛，旣還，曰：臣合券焚之，市義而反韻會从刀，不从力。券，古卷字也。鋆券古卷字也。券，古倦字。

刹 03406 01534
chà_6.8　唐韻初鎋切集韻韻會初轄切正韻初戛切夶音剎玉篇刹，柱也增韻又僧寺又釋家上立柱，中藏舍利子，亦曰刹王中·頭陀寺碑列刹相望註列刹，佛塔也集韻或作刹。鋆正字通刹03540，刹字之譌篇海古文作刹03513，亦非又音shā，刹車。

刺 03407 01535
cì_6.8　唐韻集韻韻會夶七賜切，此去聲說文刺，直傷也。从刀朿爾雅·釋詁刺，殺也春秋·僖二十八年公子買戍衞，不卒戍刺之公羊傳刺之者何，殺之也又儀禮·士相見禮庶人，則曰刺草之臣註刺猶剗除之也又前漢·郊祀志刺六經中作王制註刺，采取之也又廣韻針刺。以針黹物曰刺又韻會棘芒也又釋名書姓名於奏白曰刺後漢·禰衡傳建安初，游洛下，始達潁川，陰懷一刺，旣而無所之，至刺字漫滅又詩·大雅天何以刺毛傳刺，責之也又周禮·秋官司刺掌三刺，一訊羣吏，二訊羣臣，三訊萬民註刺，訊決也又刺史，官名韻會漢武帝初置刺史，掌奉詔察州。成帝更名牧，

哀帝復爲刺史囝唐韻集韻韻會正韻丛七迹切音磧
穿也，傷也增韻刃之也孟子刺人而殺之囝針黹也史
記·貨殖傳刺繡文，不如倚市門囝偵伺也前漢·燕王旦
傳燕王旦遣幸臣之長安問禮儀，陰刺候朝廷事囝韻
會黜也囝撐也史記·陳平世家平乃刺船而去韓愈詩
峻瀨乍可刺囝刺刺，多言貌管子·心術篇爲能去刺刺
爲咢咢乎韓愈·送殷員外序丁寧顧婢子，語刺刺不能休
囝七計切音砌詩·魏風維是褊心，是以爲刺集韻俗作
刾韻會从束从刀。俗作刾，誤。刺音辣。鼇又刾03455

捄19696宋23709莿49714刾03449

刻 03408 01536 kè_6.8 古文剋 唐韻苦得切集韻韻會乞得切丛音克說文鏤也。从刀，亥聲。一曰痛也玉篇割也囝廣韻剝也囝韻會刻薄，慘覈也囝爾雅·釋器木謂之刻囝韻會刻，漏也。鍥漏箭，以候日晷爲刻，故因謂晷度曰刻囝害也書·微子我舊云刻子註我前日所言，適以害子囝爾雅·釋獸豕，其跡刻疏其跡名刻。鼇又

刘03280剢03412剢03436剠03427

剢 03409 01537 liè_6.8 玉篇同列說文列本作剢，隷作列。囝唐韻姊末切集韻子末切丛贊入聲。刾剢，葰濁。

剑 03410 01538 chuāng_6.8 正字通古文創03660字。

刮 03411 01539 qià_6.8 唐韻恪八切集韻韻會丘八切丛音劫。刮也韓愈詩敗面碎剥刮註顋面曰剥，刮面曰刮囝正韻訖點切音戛。義同。

剟 03412 01540 kè_6.8 字彙補與刻同。

剎 03413 01541 chà_6.8 字彙補同剎。

則 03414 01542 gēn_6.8 篇海類編古痕切音根。削也。

剗 03415 01543 zhēn_6.8 字彙補知巾切音珍。刀也。

伺 03416 01544 gē_6.8 集韻割03645古作佝。

界 03417 01545 fén_6.8 五音篇海符分切音焚。性也。

刪 03418 01546 shān_6.8 字彙補古文刪03341字。

刜 03419 42514 chū_6.8 字彙補與初同。

剕 03420 42515 lǚ_6.8 篇海類編盧骨切，音綠◇。

刵 03421 42516 xù_6.8 篇海類編音恤。鼇疑卬字之譌。

刞 03422 42517 jiù_6.8 搜眞玉鏡音白。

剚 03423 42518 jiǔ_6.8 龍龕古丘切音鳩。出罪也○按音義與刻同，疑譌。

洌 03424 u2A7C5 null_6.8 喃未詳。

刜 03425 u2A7C4 null_6.8 未詳。

刣 03426 u2A7C3 null_6.8 未詳。

刻 03427 u2F820 kè_6.8 同刻03408

劵 03428 u22EBA chia_6.8 喃从分支chi聲。分，判△劵分：分配。劵恘：吊唁。劵離：分離。

攽 03429 u22EB9 chia_6.8 喃同劵03428

刷 03430 u2070F đēo_6.8 喃从刀吊điếu聲。切，刮△刷錢，刷腽：扒錢。刷剛：刮削，搜刮。

制 03431 u2070E xiàn_6.8 粵制雞：閹過的雞。

冠 03432 u2070D guàn_6.8 可洪音義弱冠：古乱反。正作冠02787俗作冠，非囝俗寇12150可洪音義冠謙：上苦候反。人姓也。正作寇也。又官、貫二音，侯也。

名 03433 u2070C chuò_6.8 說文名，篆文㲋27222

剑 03436 u20707 chǒu_6.8 同剑01212

刻 kè_6.8 俗刻03408

削 03435 u2070A liè_6.8 同剢03409列03310本字。

刻 03437 u20705 jiāo_6.8 剪。元喬吉喬夢符小令·雙調·水仙子·怨風情描筆兒勾銷了傷春事，悶葫蘆刻斷線兒囝二簡剿，簡作刻。

删 03438 u20702 shān_6.8 刪03341本字。

剩 yí_6.8 龍龕剩，俗。音夷慧琳音義鵜鶘：上徒鷄反。下音胡。或作剃、剩爾雅云今剃胡好羣飛入水食魚，故曰洿澤，俗亦呼之為淘河鳥也毛詩云惟鵜在梁穀梁傳曰：洿澤鳥也。

剌 03440 u20700 chì_6.8 剌03694字或體。見集韻

虬 03441 u206FF qiú_6.8 俗虯52324偏類碑別字引魏高湛墓誌銘

剀 03442 u206FE jìn_6.8 簡劃03845

刧 03443 u206FD qià_6.8 或俗刮03411

荆 03444 u206FC jīng_6.8 俗荆49903敦煌P.2536春秋穀梁經傳荆人來聘。秋，荆代鄭。荆者，楚也。其曰荆州，舉之也可洪音義荆刺：上居迎反。荆蒜：上居莫反。下居力反。

卹 03446 u206FA fǒu_6.8 同刜03391廣韻胕，芳武切。弓弣中也。卹，上同說文又方九切。刀握也。

利 03445 u206FB suō_6.8 割。

刮 03447 u34E6 bāi_6.8 刮劃，亦作擺劃、擘畫，排也、策劃。元馬致遠邯鄲道省悟黄粱夢·第二折·後庭花他如何敢闖閨，我其實無刮劃。

剀 03448 u34E5 tāng_6.8 簡剴03822

刺 03449 uF9FF cì_6.8 兼刺。

剠 03450 u5246 luǒ_6.8 集韻斷22051，剠可切說文柯擊也。或作剠、剽。又剠，良何切。擊也。

剂 03451 u5242 jì_6.8 簡劑03830

剁 03452 u5241 duò_6.8 同剁03396

剀 03453 u5240 kǎi_6.8 簡剴03655

刿 03454 u523F guì_6.8 简剗03805

刺 03455 u523E cì_6.8 俗刺03407敦煌P.2032.V淨土寺食物等品入破曆麩拾碩，豆三碩，於吳家買刾柴兩車用。刾柴，指帶刺的柴薪。

刽 03456 u523D guì_6.8 简劊03803

刧 03457 u523C jié_6.8 同劫03947

剃 03458 01547 tì_7.9 唐韻集韻韻會正韻丛他計切音替。鬀髮

也 玉篇 除髮也。亦作鬎△ 集韻 本作鬎，或作剔。

剄 03459 01548
jǐng_7.9 唐韻 古挺切 集韻 韻會 古頂切，並經上聲 玉篇 以刀割頸也 史記 淮南王傳 令從者魏敬剄之 註 剄謂斷其首 又 jìng 集韻 吉定切，景去聲。義同 又 jīng 集韻 囊丁切，定去聲。義同。鋻 又剄03378

剅 03460 01549
lóu_7.9 唐韻 洛侯切音樓。小穿也 玉篇 小裂也。 又 dōu 唐韻 集韻 並當侯切音兜。義同 又 集韻 一曰割也。或作剅、鉤。鋻 又劃03707

刏 03461 01550
luó_7.9 唐韻 魯何切 集韻 良何切並音羅 玉篇 擊也。亦作斫 又 luǒ 唐韻 來可切 集韻 朗可切，並羅上聲。義同。鋻 又刏03450剅03859

刬 03462 01551
kuài_7.9 玉篇 口怪切音䯑。斷也 正字通 俗字。鋻 鄭珍 說文逸字 刏卽𠛬05219俗。又𠛬俗多作刂，如廁作刷之類是也。蔽俗作劆、剢，刪、剹亦𠛬之俗，又並譌刂 又 正字通 刬，俗字。舊注音快，斷也，與 說文 劊03803字義同。

則 03463 01552
zé_7.9 古文 𠟭剆劏劯剆 唐韻 正韻 子德切 集韻 韻會 卽德切，並增入聲 說文 則，等畫物也。從刀貝。貝，古之物貨也 徐曰 則，節也。取用有節，刀所以裁制之也 又 玉篇 法也 爾雅 · 釋詁 則，常也 疏 謂常禮法也 周禮 · 天官 · 冢宰 以八則治都鄙 鄭註 則，法也 又 增韻 凡制度品式皆曰則 書 · 說命 明哲實作則 又 天理不差曰則 易 · 乾卦 乃見天則 詩 · 大雅 順帝之則 又 法其可法者曰則 書 · 無逸 繼自今嗣王，則其無淫于觀，于逸，于遊，于田 註 戒成王效法文王也 詩 · 小雅 君子是則是傚。 又 周禮 五命賜則 註 地未成國之名 又 夷則，七月律名 前漢 · 律歷志 則，法也。言陽氣法度，而使陰氣正夷當傷之物 又 韻會 助辭，又然後之辭 論語 行有餘力，則以學文。鋻 又則03331

剬 03464 01553
duì_7.9 唐韻 集韻 韻會 並徒外切音兌。削也。

剈 03465 01554
yuān_7.9 古文 𠜱 集韻 縈玄切音淵 說文 挑取也。一曰窒也 玉篇 剈也 六書故 小割而深也 又 yuè 集韻 娟悅切，涓入聲。義同。或作剈。鋻 又剭03488剈03493

剉 03466 01555
cuò_7.9 唐韻 麤臥切 集韻 正韻 寸臥切 韻會 千臥切並音銼 說文 折傷也 玉篇 去芒角也。斫也 六書故 斬截也 又 集韻 cuò 祖臥切音挫。義同。鋻 又剉03692

削 03467 01556
xiāo_7.9 唐韻 正韻 息約切 集韻 思約切，並相入聲 說文 鞞也。從刀，肖聲。一曰析也 徐曰 今人音笑。刀之匣也 又 玉篇 刻治也 增韻 刮削也 詩 · 大雅 削屢馮馮 註 牆成而削治重復也 又 小侵也 書 · 君陳 無倚法以削 又 弱也 孟子 魯之削也滋甚 又 奪除也 禮 · 王制 君子削以地 又 器名 周禮 · 冬官考工記 築氏爲削，長尺博寸，合六而成規 註 今之書刀 疏 古者未有紙筆，則以削刻字。至漢，雖有紙筆，仍有書刀，是古之遺法也 又 xiào 集韻 仙妙切 正韻 蘇弔切並音笑。刀室也 前漢 · 貨殖傳 質

氏以洒削而鼎食 註 師古曰削謂刀劍室也。人有刀劍室惡者爲洒濯，令更新也 集韻 本作鞘，或作鞘、帩。
又 shào 集韻 韻會 正韻 忕所教切音稍 周禮 · 天官 家削之賦 註 二百里家削 疏 家削之賦者，謂二百里之內地名削，其中有大夫采地，謂之家，故名家削 集韻 本作郇，通作稍 又 qiào 集韻 七削切音哨。削格，所以施羅網也。

剺 03468 01557
lì_7.9 玉篇 力一切音栗。同剺。斷也，削也。鋻 又剺03491

劷 03469 01558
tì_7.9 集韻 剔03519古作劷。

剬 03470 01559
zhì_7.9 集韻 制03400古作剬。

剒 03471 01560
chā_7.9 篇海 音挿。卽剒字。

剨 03472 01561
luō_7.9 唐韻 郎括切 集韻 盧活切並音捋 博雅 削也。

剓 03473 01562
xī_7.9 字彙 同郪。鋻 俗郪61696

剚 03474 01563
qìn_7.9 集韻 七鳩切，侵去聲。尅也。鋻 正字通 剚，與錂63312通。

剋 03475 01564
kè_7.9 唐韻 苦得切 集韻 乞得切並音刻 爾雅 · 釋詁 剋，勝也 疏 謂得勝也 後漢 · 桓譚傳 何征不剋 又 廣韻 剋，已也 又 必也，急也 又 剋期，約定日期也 後漢 · 鍾離意傳 解徒桎梏，與剋期，俱至 又 讀書通 刻，通作剋 吳志 · 賀齊傳 謹以剋心，非但書紳 又 集韻 剋，殺也。鋻 又勊04033勊04004尅04686尅12548

剌 03476 01565
là_7.9 唐韻 盧達切 集韻 韻會 正韻 郎達切並音辢 說文 戾也。從束從刀。刀者，剌之也 徐曰 剌，乖違者莫若刀也 前漢 · 杜欽傳 無乖剌之心 又 武五子傳 李姬生燕剌王旦 註 師古曰諡法，暴戾無親曰剌 又 張衡 · 思玄賦 彎威弦之撥剌 註 張弓聲 又 李白詩 雙鰓呀呷鬐鬣張，跋剌銀盤欲飛去 註 魚躍聲△ 韻會 從約束之束，從刀。與剌字不同。鋻 從乘23742

前 03477 01566
qián_7.9 古文 歬𣥄 唐韻 昨先切 集韻 韻會 正韻 才先切，並音錢 增韻 前，後之對 又 進也 廣韻 先也。 又 禮 · 檀弓 我未之前聞也 註 猶故也 又 儀禮 · 特牲 祝前主人降 註 前猶導也 又 jiǎn 集韻 韻會 並子淺切，湔上聲 說文 齊斷也。俗作剪 又 正韻 淺黑色 周禮 · 春官 · 巾車 木路前樊，鵠纓 註 前讀爲緇翦之翦。淺黑也。 又 韻補 叶慈鄰切，淨平聲 劉向 · 九歎 陸魁堆以蔽視兮，雲冥冥而暗前。山峻高以無垠兮，遂曾閎而迫身。鋻 又剬03601前03492肯26567

剈 03478 01567
bù_7.9 集韻 博故切音布。截也 玉篇 裁刀也。

剄 03479 01568
xíng_7.9 集韻 荊03297古作剄。

剅 03480 01569
gān_7.9 集韻 姑南切音弇。刈禾具。

剌 03481 01570
cì_7.9 集韻 剌俗作剌 史記 · 封禪書 使博士諸生

刾 六經中作王制註刾作刺，謂采取之也。

削 03482 01571 xuān_7.9 ◆玉篇音喧。角毛。

剛 03483 01572 gāng_7.9 字彙古文剛字。鋻正字通剛字之譌。

刮 03484 01573 guā_7.9 正字通刮本字說文有刮無刮。

刿 03485 01574 gōng_7.9 正字通古文工14617字。鋻俗工。

俎 03486 01575 null_7.9 字彙補音未詳路史·國名記魯共王淖俎。

剈 03487 01576 yuān_7.9 玉篇集韻厹古文剈03465字字彙補作剈。鋻又字彙補剈，或作剈03393

剛 03488 01577 yuān_7.9 篇海類編與剈同△或作因。鋻俗剈03487篇海類編剈剈，二。烏玄切。古文。同剈03465剈又因肩切音煙。亦剈也。

朗 03489 01578 lǎng_7.9 字彙補盧黨切音朗。明也。淮南子·原道訓耳聽滔朗奇麗激拎之音。與剙字不同。

刏 03490 42519 yǐ_7.9 玉篇古文伊字○按伊字古文作𠜂，此誤。

軔 03491 42520 lì_7.9 篇海類編同軔。

前 03492 u2B750 qián_7.9 日俗前03477清·李漁肉蒲團（日本鈔本）·第二回和尚清晨起來，掃了門前的落葉，換了佛前的淨水。

剈 03493 u2A7C7 yuān_7.9 新撰字鏡剈剈，同。烏丸反。削也，挑也，割也新撰字鏡考異剈，玉篇剈03465，剈也。恐剈之謬。

剙 03494 u2A7C6 null_7.9 喃未詳。

制 03496 u2072F cạo_7.9 喃從刀告cáo聲。同剈03680刮 图gauq壯剉剪：剪刀。

剈 03495 u20730 yǐ_7.9 俗𠜂01276古文伊00867亦作剈。

剷 03497 u2072E húi_7.9 喃從刀悔hối省聲△剷𪐴：理髮。

扤 03498 u2072D đâm_7.9 喃從刀扤chẩm聲。刺，戮，捅。

剐 03499 u2072C đản_7.9 喃從刀但đản聲。同鉋63361△剐棵：伐木。

利 03500 u2072B lì_7.9 殷周金文集成5.2804·利鼎王客于般宮，井伯内右利，立中廷，北鄉。

刜 03501 u2072A qià_7.9 俗刜03402篇海類編苦洽切，音恰。入也。一作刜03539

坳 03502 u20729 tiāo_7.9 龍龕坳或作刜03386正，他凋反。剻剔也。

剺 03506 u20723 lí_7.9 文選·卷第九分剺單于，磔裂屬國。韋昭曰剺，割也，音如梨图raeh壯剺，利，鋒利。

刾 03507 u20722 null_7.9 未詳。

刻 03503 u20728 hé_7.9 干祿字書刻劾03986，上通下正直音篇胡得切。劾03986同。

剺 03508 u20721 null_7.9 未詳。篇嵒，曷合切。人名列子嵒嵒，周穆王車右。

嵒 03504 u20726 hé_7.9 同嵒05801類

剙 03509 u34EB null_7.9 未詳。

劼 03505 u20724 qià_7.9 同劼03299龍龕劼，古八反篇海類編劼，苦夏切。

剑 03510 u5251 jiàn_7.9 简劍03806

剐 03511 u5250 guǎ_7.9 简剐03607

刱 03512 u524F chuāng_7.9 俗剙03392

刹 03513 u524E chà_7.9 同刹03406

剒 03514 01579 cuò_8.10 唐韻集韻倉各切韻會清各切正韻七各切厹音錯。爾雅·釋器犀謂之剒註治樸之名疏治其樸，俱未成器也玉篇亦作錯。鋻又剒03764

批 03515 01580 pī_8.10 唐韻匹迷切集韻韻會篇迷切厹音批玉篇削也唐韻剫，斫△集韻或作剕图韻會剕，通作批杜甫詩竹批雙耳峻，風入四蹄輕图pì集韻匹計切，批去聲。割也。

劦 03516 01581 lí_8.10 集韻良脂切音棃。本作劦說文剺也，劃也玉篇同劦。

刡 03517 01582 yā_8.10 唐韻集韻厹於加切音丫图玉篇刡也廣韻剜也。一曰刡也。鋻又擨20780

删 03518 01583 bēng_8.10 集韻悲朋切音崩玉篇斫也。鋻正字通亦作牑22060

剔 03519 01584 tì_8.10 古文劦剔唐韻集韻韻會正韻厹他歷切音惕說文解也。從刀，易聲玉篇解骨也图韻會或作剔周禮·天官·内饔註割者，剔解肉也图shì集韻施隻切音釋。治也图tì他計切音剔。同剔。鋻又揚19909扬20280

剐 03520 01585 guǒ_8.10 集韻韻會正韻厹古火切音果玉篇割也唐文粹劉寬夫有剐竹論。鋻又划03302

剕 03521 01586 fèi_8.10 唐韻扶沸切集韻父沸切厹肥去聲玉篇刖也廣韻刖足也前漢·百官公卿表咎繇作士，正五刑註師古曰剕，去髕骨也。鋻又跰59026跰59394

剖 03522 01587 pōu_8.10 古文剖唐韻集韻韻會普后切正韻普厚切厹音掊說文判也。從刀音聲蒼頡篇拆也玉篇判也。中分爲剖廣韻破也前漢·高帝紀剖符封功臣左思·吳都賦剖巨蚌於回淵图fǔ唐韻方武切集韻斐父切厹音撫。義同。鋻又剖03570

剗 03523 01588 chǎn_8.10 唐韻初限切集韻韻會楚限切正韻楚簡切厹音鏟玉篇削也集韻平也戰國策剗而類，破吾家前漢·班固敘傳革剗五等，制立郡縣图zhǎn集韻側展切。刜也。蘇軾·牛戩畫詩王師本不戰，賊壘何足剗。笑指塵壁間，此是老牛戩图chàn韻會初諫切。攻也，平治也。本作剗，今文作剗韓愈詩活計以鋤剗。鋻又剗03693斯22065刜03379

剘 03524 01589 qí_8.10 篇海渠羈切音奇。克也，信也图割截也。

契 03525 01590 guā_8.10 玉篇公八切。齘契，刷刮也。鋻又jiá說文契，古黠切。齘契，刮也。從刃夬聲。一曰契，畫堅

也。王筠：此契一字之義。畫，當作劃 図 廣雅 戲也。図 契10162契10144，俗作。

匘 nǎo_8.10
03526 01591
唐韻 奴皓切 集韻 正韻 乃老切夶音腦。與腦同周禮·冬官考工記 弓人 夫角之本，蹙于匘，而休于氣 疏 言角之本近于匘，得和煦之氣于匘。

刱 chuāng_8.10
03527 01592
字彙 俗刅字。

剚 zì_8.10
03528 01593
唐韻 集韻 韻會 夶側吏切音裁。插刀也管子·輕重篇 春有以剚耕，夏有以剚耘図 正韻 置也。東方人以物挿地，皆爲剚図 通作倳 史記·張耳陳餘傳 莫敢倳刃公之腹中者 集韻 或作鏄，又作剚。鋆 又軎00099勒04042

剛 gāng_8.10
03529 01594
古文剛仜佢 唐韻 古郎切 集韻 韻會 正韻 居郎切夶音岡 說文 彊斷也。從刀，岡聲 增韻 堅也，勁也 易·乾卦 大哉乾乎，剛健中正 司馬光·潛虛 剛，天之道也図 作剛 史記·樂書 而民剛毅。鋆 又刚03330剛03625剛03633對12573橿24973鐉63886

剅 kū_8.10
03530 01595
篇海 苦姑切音枯。剖判屠破也。

剜 wān_8.10
03531 01596
唐韻 一丸切 集韻 韻會 烏丸切 正韻 烏歡切夶音剜 說文 削也 韓愈·和裴度假山詩 有洞若神剜，有巖類天劃△ 集韻 亦省作剜。鋆 又劋03684殁27098図 新撰字鏡 剜03562剜，同。烏丸反。削也，挑也，割也。

剬 duǎn_8.10
03532 01597
集韻 斷22114古作剬。

剞 jī_8.10
03533 01598
集韻 剞03830古作剞。

剧 jù_8.10
03534 01599
篇海 古闃切音臭。翻也。

剜 liè_8.10
03535 01600
集韻 列或作剜 玉篇 俗列字 潘岳·射雉賦 前剜重膺，夬截疊翮 註 言矢貫雉胷也。

剝 bō_8.10
03536 01601
古文刟 唐韻 集韻 韻會 夶北角切音駁 說文 裂也。從刀，彔聲 玉篇 削也 廣韻 落也，割也，傷害也 楚辭·九思 思怫鬱兮肝切剝図 增韻 褫也，脫也。図 卦名 易·剝卦 剝也，柔變剛也図 周禮·秋官·柞氏冬日至，令剝陰木而水之 註 謂斫去次地之皮図 殺牲體解之名 詩·小雅 或剝或亨図 禮·檀弓 喪不剝奠也與 註 剝者，不巾覆也。脯醢之奠不惡塵埃，故可無巾覆。図 pū 集韻 普木切 正韻 普卜切夶音璞。小擊也 詩·豳風 八月剝棗 註 擊也図 bǔ 音卜 魏·劉楨·魯都賦 毛羣隕殪，羽族殲剝。塡崎塞畎，不可勝錄 集韻 或作扑，亦作剝。鋆 又切03269剝03585劻03907切16911刔04643剢03575

剨 huō_8.10
03537 01602
唐韻 呼麥切 集韻 忽麥切夶轟入聲 廣韻 刀破也 集韻 本作劃。

剛 shé_8.10
03538 01603
集韻 食列切音舌。本作鞨，治皮也。或作碟。

剒 qià_8.10
03539 01604
字彙 苦洽切音恰。入也。鋆 俗剏03402

刹 chà_8.10
03540 01605
集韻 初轄切音薊。與刹同。

剞 jī_8.10
03541 01606
唐韻 居綺切 集韻 舉綺切，夶羈上聲 說文 剞劂，曲刀也。從刀，奇聲 前漢·揚雄傳 般倕棄其剞劂兮 楚辭·哀時命 握剞劂而不用兮，操規榘而無所施。図 韻會 剞，曲刀。劂，曲鑿図 集韻 韻會 夶居宜切音羈。義同。鋆 又剞03301劤22064

剹 zhuó_8.10
03542 01607
唐韻 陟劣切 集韻 韻會 株劣切夶音輟 說文 刊也。從刀，叕聲 商子·定分篇 有敢剟定法令者死。図 剌也 史記·張耳陳餘傳 吏治榜笞數千，剌剹，身無可擊者図 割也 前漢·賈誼傳 剹寢戶之簾 註 師古曰剹謂割取之也図 與掇通 前漢·王嘉傳 掇去宋弘 註 師古曰掇，讀曰剹。剹，削也図 duō 唐韻 丁活切 集韻 韻會 都活切 正韻 都括切夶音掇 郭璞·爾雅序 剹其瑕礫 疏 剹，削去其疵瑕瓦礫。剹音掇。

剗 jué_8.10
03543 01608
集韻 同剹。本作剹。

剬 zhì_8.10
03544 01609
篇海 征例切音制。斷也，正也△本作制。

剠 qíng_8.10
03545 01610
唐韻 集韻 正韻 夶渠京切音擎。同黥、剠。墨刑在面也図 liàng 集韻 力讓切音亮。鈔取也図 lüè 集韻 正韻 夶力灼切音略。奪取也。

剡 yǎn_8.10
03546 01611
唐韻 集韻 韻會 正韻 夶以冉切音琰 說文 銳利也。從刀，炎聲 易繫辭 剡木爲矢 前漢·賈誼傳 剡手以衝仇人之脅 註 剡，利也図 斬也 荀子·強國篇 安欲剡其脛図 玉篇 剡剡，光貌 屈原·離騷 皇剡剡其揚靈。図 剡剡，身起貌 禮·玉藻 弁行，剡剡起屨 註 急行欲速，身屨恒起也図 剡、覃音義同 詩·小雅 以我覃耜 張衡·東京賦 介駟閒以剡耜図 shàn 唐韻 集韻 韻會 夶時染切音冉。縣名，在會稽。鋆 或訛作剡03779

剮 diāo_8.10
03547 01612
集韻 丁聊切音貂。琢文也 玉篇 剮，琢也。

剧 lì_8.10
03548 01613
集韻 郎計切音麗 揚子方言 解也。鋆 華學誠：方言 云劙03896，解也。剧為劙訛俗字 字典 以剧為字頭，引 方言 釋之，而於劙字下卻未引，足見 字典 將 方言 劙譌成剧図 剾03670剧03891

剢 zhuó_8.10
03549 01614
唐韻 丁木切 集韻 都木切，並音縠。刀鉏也図 竹角切，音琢 正字通 同斲。見 六書故。與斀、斱通。鋆 又剢03357斳22107

剙 chuāng_8.10
03550 01615
集韻 創03660古作剙。

剬 zhì_8.10
03551 01616
說文長箋 古文制03400字。

剺 juàn_8.10
03552 01617
集韻 與眷同。

剢 yuān_8.10
03553 01618
韻會 古文淵28624字。

剺 lì_8.10
03554 01619
字彙補連二切，音麗◇割也。

剬 duǎn_8.10
03555 01620
集韻 斷22114古作剬。

剒 03556 40658 qià_8.10 字彙補 空削切音恰。入也。

跁 jiǔ_8.10 03557 40659 海篇 音久。出罪也。

剳 zhá_8.10 03558 40660 川篇 士鍇切。剳草刀。又直叶切。義同。図zhé 字彙補 澄哲切音轍。草名。

剠 qiā_8.10 03559 40661 川篇 口八切。剝剠也。

剬 null_8.10 03560 40662 字彙補 音未詳。鶡冠子 搜剬與旱。

劋 jiāo_8.10 03561 42521 五音篇海 音交。

剨 kū_8.10 03562 u2A7C9 同刳03395 可洪音義 剨解：上苦胡反。

剘 null_8.10 03563 u2A7C8 从刀者聲，地名 散氏盤 奉剘栟、陕陵剛栟。

剚 chā_8.10 03564 u20776 同剆03590 龍龕 剚，土洽反。川韻 云切聲 図 玉篇 初洽反，義同。明孫梅錫 琴心記·花朝舉觴（淨）槍戳還魂鹿，刀劍牽命羊，剚魚先用藥，捉狗乃燒湯。周志鋒：剚魚或同治魚，又作劗魚。

租刂 đứt_8.10 03565 u20757 喃 从刀怛 đắn聲。同刞03369

劼 tách_8.10 03566 u20756 喃 从刀昔tích聲。剖，掰，分。

昆刂 cùn_8.10 03567 u20755 喃 从刀昆con聲。刀昆刂：刀鈍。

劷 thái_8.10 03568 u20754 喃 从切省始thuỷ聲。割△剓聒：切肉。

例 xẻ_8.10 03569 u20753 喃 从割省侈xỉ聲△例脖：剖腹△亦作 劃03860

刮 pōu_8.10 03570 u20752 剖03522本字。

㓰 03571 u20750 huā_8.10 方剖

劍 03572 u2074F jiàn_8.10 同劍03806

㓎 bǐng_8.10 03573 u2074E 同㓞05801

剰 03574 u2074D null_8.10 未詳。

剝 03575 u2074C bō_8.10 同剝03585

剮 03576 u2074B null_8.10 未詳。

齐刂 null_8.10 03577 u2074A 未詳。

剒 03578 u20749 null_8.10 未詳。

刨 bào_8.10 03579 u20747 喃 从刀庖bào聲。刨，刮。

對刂 null_8.10 03580 u20746 未詳。

祄 03581 u25636 rẽ_8.10 喃 从分礼lễ聲。亦音trẽ△祄祄：離間，分裂。

剧 03583 u5267 jù_8.10 简劇03797

㓰 03582 u34F0 huá_8.10 同劃03758 國語辭典 劃（㓰），分開之謂，如言劃開。

阉刂 03584 u5266 yān_8.10 同閹65144

剥 03585 u5265 bō_8.10 同剝03536

剂 03586 u5264 jì_8.10 俗劑03830

剑 03587 u5263 jiàn_8.10 同劍03806

剽 03588 01621 zhé_9.11 集韻 直涉切音牒。本作牒，薄切肉也。図zhá 玉篇 仕鍇切，潺入聲。剳草刀。鋆又鍘，或。剳03558，俗。

剨 03589 01622 huò_9.11 唐韻 呼麥切，轟入聲，破聲也。又 集韻 韻會 正韻 霍虢切，諠入聲。義同。鋆又剨03537

剧 03590 01623 chā_9.11 集韻 測洽切音插。切聲。鋆又剳03471
剚 03564

剩 03591 01624 shèng_9.11 唐韻 食證切音乘。長也。玉篇 不啻也。高適·贈杜二拾遺詩 聽法還應難，尋經剩欲翻。鋆今部外十畫 図剩03754 賸57988 賸57915

剅 03592 01625 tóu_9.11 唐韻 度侯切 集韻 徒侯切丛音頭博雅 剫也。玉篇 剅也。鋆又剅03718

剢 03593 01626 cì_9.11 唐韻 於丙切 集韻 於境切丛音影。削也玉篇 剌也。鋆俗莿49714

剭 03594 01627 sōu_9.11 集韻 疎鳩切音搜。玉篇 刈也。鋆又剹03638

剻 03595 01628 qiāo_9.11 與鍬同 爾雅·釋器 剻謂之疀註 古鍬字 疏 方言 云燕之東北，朝鮮洌水之閒謂之剻。謂之鍬也。鋆華學誠：爾雅 郭璞註文作皆古鍬鍤字 字典 脫皆鍤二字 疏 引 方言 後云是皆謂今鍬也 字典 脫是皆二字。

剾 03596 01629 piān_9.11 集韻 紕延切音偏。削也 玉篇 鈞也。

剔 03597 01630 dī_9.11 唐韻 都奚切 集韻 都黎切丛音低 玉篇 剓也。廣韻 剓、剔，以刀解物 集韻 剓也。

剦 03598 01631 yān_9.11 集韻 於嚴切音醃。刑也。鋆正字通 剜，按：呂刑 割勢者謂之宮人 周禮 作奄人，說文 作閹65144，俗作剦，非。

剺 03599 01632 ruǎn_9.11 集韻 韻會 丛乳兗切音軟 玉篇 剌也。鋆又劗03824

剪 03600 01633 jiǎn_9.11 唐韻 即淺切 韻會 子淺切 正韻 子踐切，並煎上聲 玉篇 俗翦字。

劗 03601 01634 jiǎn_9.11 正字通 剪本字 說文 齊斷也。从刀，歬聲。本作歬，今作剪 図刀名 杜甫詩 焉得并州快剪刀 図前漢·韋賢傳 鬄茅作堂註 鬄，與剪同 図作劗 前漢·嚴助傳 劗髮文身之民 図通作揃 史記·蒙恬傳 周公自揃其爪，沉於河。

剷 03602 01635 chōng_9.11 唐韻 尺容切 集韻 昌容切丛音衝。本作剷博雅 刺也。

劇 03603 01636 duó_9.11 唐韻 徒落切 集韻 韻會 正韻 達各切丛音鐸 說文 判也。从刀，度聲 爾雅·釋器 木謂之劇註 治樸之名 疏 治其樸，俱未成器也 玉篇 治木也，分也。図通作度 左傳·隱十一年 山有木，工則度之 図dù 集韻 動五切音杜。閉也△本作廠。

剬 03604 01637 duān_9.11 唐韻 集韻 韻會 正韻 丛多官切音端 說文 斷齊也。从刀，耑聲 廣韻 同剬。細割也 增韻 整敕貌 揚子法言 魯仲連傷而不剬，藺相如而不傷註 傷，古蕩字。剬，古剸字 図裁制也。史記·顓頊紀 依鬼神以剬義註 剬有制義 淮南子·主術訓 人君揄策廟堂，剬有司。図zhuǎn 唐韻 旨兗切 集韻 主兗切丛音膞。義同。

劋 03605 01638
wū_9.11　唐韻 集韻 韻會 正韻 夶烏谷切音屋 廣韻
誅也 前漢·班固敘傳 底劋鼎臣 註 服虔曰:劋者,厚刑。
謂重誅也 又 wò 集韻 韻會 夶乙角切音
渥 博雅 刑也。鑒 又 飁75023

劌 03606 01639
kuī_9.11　唐韻 苦圭切 集韻 傾畦切 夶音奎 玉篇 同
刲。

剮 03607 01640
guǎ_9.11　唐韻 集韻 夶古瓦切音寡 玉篇 剔肉置骨
也 說文 作冎 廣韻 俗冎字 正字通 本作冎。鑒 又 剮03511
另05344

剾 03608 01641
è_9.11　集韻 逆各切音鄂 玉篇 刀劍刃也。鑒 又
剢03763 豁06527

刧 03609 01642
qiè_9.11　集韻 正韻 夶詰結切音挈。刻也。通作鍥。
晉書·虞溥傳 刧而舍之,朽木不知。

副 03610 01643
fù_9.11　唐韻 集韻 韻會 正韻 夶敷救切,否去聲。
貳也 前漢·功臣表 副在右司 廣韻 佐也,稱也 又 爾雅 釋
詁 審也 註 副者,次長之稱。審猶察也 又 后夫人首飾
詩·鄘風 副笄六珈 註 首飾也。編髮爲之 又 fù 韻會 芳遇
切音赴。義同 又 fù 唐韻 芳福切 集韻 韻會 芳六切夶音
覆。剖也,判也,裂也 又 bì 唐韻 芳逼切 集韻 韻會 拍逼
切,夶音堛 廣韻 析也 禮·曲禮 爲天子削瓜者,副之 註 既
削又四析之,乃橫斷之 又 作疈 周禮·春官 以疈辜祭四
方百物 註 疈,牲胷也 又 籀文作疈 六書故 劈副疈,實
一字。鑒 又 疈03887 揊20540 畐35707

劋 03611 01644
zhì_9.11　集韻 制03400古作劋。
剔 03612 01645
lù_9.11　集韻 剹04109古作剔。
衒 03613 01646
chǐ_9.11　字彙補 穿士切音齒。獸名。
剳 03614 01647
zàn_9.11　字彙補 音未詳 揚子·太玄經 晉剳跙 註 行
不進也。鑒 字典琢屑 剳03751字音慚,應是同字。

剜 03615 01648
wān_9.11　字彙補 於歡切,音灣◇刻削。
皣 03616 40664
chóu_9.11　龍龕 同疇

剌 03617 42522
chì_9.11　字彙補 所一
切,音瑟◇ 見 韻經。疑卽剌字之譌。

剤 03618 42523
kǎn_9.11　字彙補 音堪。鑒 改併四聲篇海 引 搜眞
玉鏡 音侃。

刐 03619 42524
yuán_9.11　金鏡 音無。鑒 字彙補 微扶切 改併四聲
篇海 引 搜眞玉鏡 五元切。

胙 03620 u2AC62
zuò_9.11　从刀胙聲。人名 邾友父鬲 黿友父朕(朕)
其子胙嫊寳鬲。

劓 03621 u2A7CD
lóng_9.11　黃德寬 古文字譜系疏證 劓,讀籠或箭,
量器 古璽彙編 姓名私璽 2226:鄖鄆卣劓。3327:卣劓 長
沙銅量 金劓。

劋 03622 u2A7CC
shù_9.11　俗尌12565 新撰字鏡 樹,時注反。立也。
惣木名也。劋,上字。

剨 03623 u2A7CB
gé_9.11　方 割 又 同勒。刻也。

募 03624 u2A7CA
ào_9.11　同昇10197 又 同寡12292 上博簡·二·從政
(甲)禮則募而為仁。

剛 03625 u2077E
gāng_9.11　正字通 剛03529,本作剛,九画。

剓 03626 u2077C
mǒ_9.11　喃 同剂03628

剗 03627 u2077B
chạm_9.11　喃 从刀湛đậm省聲。雕刻△剗篷:浮雕
又 碰撞,遇到△剗頭:碰面,交手。剗稇:邂逅 禮剗
稇:相親△亦从手作掅。掅撸:雕鏤。

剂 03628 u2077A
mǒ_9.11　喃 从刀某mǒ聲△剂燺:解剖。剂脿:切
腹。

刐 03629 u20779
jiè_9.11　方 分割,裁剪。

务 03630 u20778
wù_9.11　俗務04073

剛 03633 u20774
gāng_9.11　剛03625譌字

募 03631 u20777
bān_9.11　同募73026 字彙補 兵攀切,音班 篇韻 大
鳩。又 扶云切,音汾。義同 又 fú 可洪音義 募隖:上音
力。似鳧而小者也。正作募72928 又 或是鳧字。

刱 03632 u20775
chuāng_9.11　同刱03512俗刅03392

戗 03634 u20770
wēi_9.11　大字典 同危04728 唐·張懷瓘 六體書論 嶘
不至崩,戗不至失,此其大略也△宏按, 全唐文·卷四
百三十二 引作:險不至崩,跌不至失。

剟 03636 u2076E
suì_9.11　靜簋 王賜靜鞞剟。張亞初:讀若璲。

剭 03637 u2076D
null_9.11　未詳。

剺 03635 u2076F
lí_9.11　或俗剺03702

剜 03638 u2076C
sōu_9.11　類篇 疎鳩切。刘也△亦作剜03594

剣 03639 u2076B
mè_9.11　喃 从刀美mì聲。同磤39498

剣 03640 u5271
jiàn_9.11　同劍03806

剩 03641 u5270
shèng_9.11　俗剩03591

剭 03642 01649
yì_10.12　唐韻 集韻 夶牛例切。與劓同。

剭 03643 01650
suǒ_10.12　集韻 損果切音鎖。切也。一說斫直圜曰
剭。

劀 03644 01651
tū_10.12　集韻 他骨切音突。刺入貌。鑒 宋本 集韻
作劀,他本作劀03816

割 03645 01652
gē_10.12　古文 剏剁剑创 唐韻 古達切 集韻 韻會 正韻
居曷切夶音葛 說文 剝也。从刀,害聲 爾雅·釋詁 割,裂
也 疏 謂以刀裂之也 玉篇 截也 禮·樂記 食三老五更於大
學,天子袒而割牲 左傳·襄三十一年 未能操刀,而使割
也 又 前漢·揚雄傳 東方朔割名於細君 註 師古曰割,損
也 又 廣韻 害也 書·堯典 洪水方割 大誥 天降割于我家
又 分也 杜甫·望嶽詩 造物鍾神秀,陰陽割昏曉 註 言崑
崙山日月相隱避爲光明。割者,分也。鑒 又 刉03370

剛03547割03676衔54018

03646 01653 dá_10.12 集韻德合切音答。鉤也 玉篇劄，刨也。

03647 01654 zhuó_10.12 集韻竹角切音琢。斫也。斵或作剅。又dōu當侯切音兜。本作剅，小穿也。一曰割也。

03648 01655 cè_10.12 韻會策或作萴。

03649 01656 cuì_10.12 唐韻集韻丛此芮切音毳。小傷也 又ruì 集韻俞芮切音銳。芒也 又 玉篇籀文銳字。鑾又瘬36316

03650 01657 xī_10.12 唐韻先稽切音西。剩刷。

03651 01658 jiān_10.12 唐韻集韻丛居言切音犍。剔也 又qián集韻渠焉切音虔。削也。

03652 01659 shé_10.12 集韻士列切音辥。本作鞨，治皮也。△或作觻。

03653 01660 tī_10.12 集韻天黎切音梯。削也 又chǐ丑豸切音褫。義同。

03654 01661 jì_10.12 集韻節力切音稷。本作叜。叜叜，耜利也。

03655 01662 gāi_10.12 唐韻古哀切集韻韻會正韻柯開切丛音該。說文鐮也。从刀，豈聲。一曰摩也 又 玉篇切也，動也唐書·魏徵傳二百餘奏，無不剴切當帝心者 又ái 唐韻五來切集韻魚開切丛音皚。義同 又gài集韻居代切，該去聲。義同。鑾又剀03453

03656 01663 wū_10.12 集韻汪乎切音烏。除田草刀。鑾又剭03325

03657 01664 gāng_10.12 韻會剛或作剄 史記·樂書而民剄毅。

03658 01665 pì_10.12 唐韻匹詣切集韻匹計切，丛批去聲。割也 玉篇劊，斫也 又pī集韻篇迷切音批。本作剕，削也。

03659 01666 dā_10.12 唐韻都盍切集韻德盍切丛音皶 廣韻相著聲曰剔，鉤也。鑾又鎝63721，本字。

創 03660 01667 chuāng_10.12 古文戧刅刱 唐韻集韻韻會初良切正韻初莊切丛音瘡說文傷也。本作刅，或作創 徐曰此正刀創字。言刃所傷也前漢·曹參傳身被七十創 又 前漢·班固敘傳禮義是創註師古曰創，始造之，音初良反 又chuàng唐韻初亮切，瘡去聲。始也，造也孟子創業垂統 又傷也前漢·匈奴傳人民創艾戰鬬 又懲也書·益稷子創若時註禹自言懲丹朱之惡，不敢慢遊也 又qiāng集韻千羊切音鏘。瑲或作創。瑲瑲，玉聲 又 玉篇古文瘡36307字禮·曲禮頭有創，則沐。鑾又刱03297刅03312剏03712刨03329刱03375刱03392刱03512刱03527刱03632剙03735剙03765

03661 01668 lì_10.12 唐韻集韻丛力質切音栗 玉篇斷也，削也 集韻本作劚。鑾又剌03468轢60275

03662 01669 chā_10.12 唐韻初牙切集韻初加切丛音叉 玉篇劄剎 廣韻劄物 又chāi集韻初佳切音差。小稍。

03663 01670 zé_10.12 集韻則03463古作劕。

03664 01671 pǒu_10.12 字彙補古文剖03522字。

03665 01672 wěn_10.12 海篇古文吻05506字。

03666 01673 jiǔ_10.12 篇海類編姜酉切音九。出罪也。鑾又剢31094刹03385剛03557刭03423

03667 01675 jié_10.12 篇海去切切，音刦◇强取也。鑾龍龕蚓俗，刦03349刼二正。

03668 01676 chuān_10.12 字彙補充眠切，音川◇去木枝也。鑾今部外九畫 又 集韻剶刓03397，逡緣切。削也。或从全 又 四聲篇海刭03357，同剶。

03669 40663 jīng_10.12 字彙補音未詳國語盧由剻嬀韋昭註盧，嬀姓之國。剻嬀盧女爲夫人。鑾荆字之譌。

03670 40665 lì_10.12 海篇音利。割破也。鑾俗劙03548

03671 42525 què_10.12 搜眞玉鏡音却。

03672 42526 chì_10.12 字彙補穿則切，音冊◇割物也〇按卽剢字之譌。

03673 u2A7D0 null_10.12 喃未詳。

03674 u2A7CF null_10.12 未詳。

03675 u2A7CE jiān_10.12 簡劚03825

03680 u2079F cạo_10.12 喃从剃省高cao聲。同剞03496△剞髭：刮鬍子。

03676 u2F822 gē_10.12 同割03645

03682 u2079D liè_10.12 茢49314本字

03677 u207A2 bǎm_10.12 喃从刀班ban聲△剶胋：剁肉。

03678 u207A1 gọt_10.12 喃从削省骨cốt聲。刪。

03679 u207A0 chặt_10.12 喃从刀秩trật聲。砍伐。

03681 u2079E qià_10.12 同剳03539俗剳03402

03683 u2079B shàn_10.12 同騸70287明·馬歡瀛涯勝覽·蘇門嗒剌國雞無剧者 又thiến喃从刀扇phiến聲。亦作劁03776閹割。

03684 u2079A wān_10.12 篇海類編劉，音剜03531義同。

03685 u20799 lí_10.12 同剺03853

03686 u20796 gǒng_10.12 方同鞏41378今作拱。黄征：北方音gǒng，南方音gāng，鑽孔過也。

03687 u20795 róng_10.12 篇海類編劶，刃器。音戎。

03688 u20794 null_10.12 未詳。

03690 u20792 yān_10.12 同劖03584

03689 u20793 sù_10.12 或讀索，地名，見甲骨文。又明·顧清東江家藏集·卷十二·北游稿·分得鐵面送施聘之南巡前年按東關，邊圉方狡猾。聞聲已宵逝，况敢剢旄節。

03691 u20791 liú_10.12 俗劉03802廣碑別字引宋金紫光祿大夫檢校司空左衛將軍吳元載墓誌

03692 u20790 cuò_10.12 剉03466本字。見說文

剷 03693 01677
chǎn_11.13 正韻楚簡切音產 杜牧·原十六衛府兵內剷 正字通 與剗同 又與鏟、剗通 又chàn 正韻初諫切音鏟。義同。 鳌又剷03725 斲22065

剌 03694 01678
chì_11.13 唐韻初紀切 集韻測紀切夶音欹 博雅 割也 說文傷也 集韻或作劀、剺 又唐韻初栗切 集韻測乙切夶音謬。義同 又 集韻或作劈、剺。 鳌又刺03617 剌03672 靮03717 劀03775 集韻 又或作剎03440

刷 03695 01679
mó_11.13 篇海音摩。削也 正字通俗劘字 集韻劘或作劘。刀在麻下。

剘 03696 01680
cè_11.13 韻會策亦作剘 史記·龜筴傳諸靈數剘，莫知汝信。

剸 03697 01681
tuán_11.13 唐韻度官切 集韻 韻會徒官切夶音團 玉篇截也 禮·文王世子其刑罪則纖剸 又 韻會裁也 又 廣韻截木也 又zhuǎn 唐韻旨兗切 集韻主兗切 正韻止兗切，夶專上聲。義同 又zhuàn 唐韻 集韻之轉切 韻會之囀切，夶專去聲。斷也 廣韻細割切肉貌 又zhuān 集韻 韻韻會朱遄切 正韻朱緣切夶音專。與專同 韻會擅也。一曰幷合制領也 前漢·蕭何傳上以此剸屬任何關中事 註師古曰剸，讀與專同 荀子·榮辱篇信而不見敬者，好剸行也。 鳌又剸03604 斷69653

麿 03698 01682
mí_11.13 集韻忙皮切。同靡。分也 易·中孚吾與爾靡之。京房。從刀。 鳌 麻部重出：字彙同靡△宏按，集韻 靡麿剺03892 劘，分也 字彙同劘 正字通刀部劘，刷03695 劘並俗字。舊註同劘，誤與集韻同。從劘為正。

劉 03699 01683
lù_11.13 唐韻 集韻夶力竹切音六 玉篇削也 廣韻同戮 又jiū 集韻居尤切音樛。劉流，回轉貌。

崇刂 03700 01684
chóng_11.13 唐韻 集韻夶鋤弓切音崇 玉篇鋤屬。 又chòng 唐韻 集韻夶仕仲切，崇去聲。義同。

剹 03701 01685
lù_11.13 篇海古文戮18979字。

劦刂 03702 01686
lí_11.13 唐韻里之切 集韻陵之切，並音釐 玉篇剝也 又 集韻 韻會良脂切，音梨。義同 又 韻會通作黎 後漢·耿恭傳黎面流血 註即劦字 又 與黎通 淮南子·齊俗訓伐楩柟而剖黎之 集韻或作劦。 鳌又勠04059 劦03737 勞27083 劦04100 犁15988 夆21670 夆21720

犁刂 03703 01687
chì_11.13 唐韻初栗切 集韻楚律切夶音剎。與剌同 玉篇割斷 又shuài 唐韻所律切 集韻朔律切夶音率。義同。

勞 03704 01688
háo_11.13 集韻乎刀切音豪。通作豪。健也，彊也。 鳌 正字通勞，勞04111字之譌。

刪 03705 01689
kè_11.13 玉篇古文刻03408字。

剢 03706 01690
gùn_11.13 集韻古困切，袞去聲。削也。

劃 03707 01691
lóu_11.13 唐韻洛侯切 集韻郎侯切夶音樓 玉篇穿

也 又 唐韻盧侯切 集韻郎豆切，夶樓去聲。劃劃，細切也。 鳌又 正字通同剦03460

剔 03708 01692
xī_11.13 集韻先齊切音西 玉篇剌也。 鳌又剔03650

剕 03709 01693
fú_11.13 集韻房尤切音浮。鄉名，在右扶風。 鳌當作郻61932

剼 03710 01694
shān_11.13 集韻師銜切音衫 前漢·西域傳註剼，絕也。 鳌 正字通剼，譌字 漢·西域傳封郭欽為剼胡子。師古曰剼，絕也。字本作剗03804，與剗同，轉寫譌為剼。舊註音衫，訓刈，非。

剽 03711 01695
piáo_11.13 唐韻符消切 集韻 韻會毗霄切夶音瓢。 爾雅·釋樂大鍾謂之鏞，其中謂之剽 疏不大不小者名剽。孫炎曰：剽者，聲輕疾也。李巡云其中微小，故曰剽。 剽，小也 又piào 唐韻 集韻 韻會 正韻夶匹妙切，漂去聲 說文砭刺也。從刀，票聲 廣韻剽也 蒼頡篇截也。 又 集韻剽，刦也 史記·酷吏列傳攻剽為羣盜。 又 前漢·地理志自全晉時，已患其剽悍 註師古曰剽，急也，輕也。 又biāo 集韻卑遙切音標。識也 又piǎo 韻會匹沼切，漂上聲。末也 莊子·庚桑楚有長而無本剽者，宙也。 又biǎo 集韻俾小切，瓢上聲。末也。 鳌又剽03886 勡04112 劕12605 鏢64350 鏢64495 劕12577

剺刂 03712 01696
chuǎng_11.13 唐韻初兩切 集韻 韻會楚兩切夶音愴。皮傷也。 鳌又膅47661 正字通俗創03660字。

刐 03713 01697
xuě_11.13 集韻先活切音潯 玉篇削也。 鳌胡吉宣：字本止為雪66406 廣雅·釋詁三雪，除也。

區刂 03714 01698
kōu_11.13 唐韻恪侯切 集韻墟侯切夶音摳 博雅副、俞刂，剡也 又 唐韻 集韻夶烏侯切音謳。義同。 鳌又剾03326

勦 03715 01699
jiǎo_11.13 唐韻 集韻夶子小切，焦上聲。絕也 正韻從巢從刀，與勦字不同 又chāo 集韻初交切音抄。本作鈔• 說文叉取也 又chào 集韻楚教切，抄去聲。略取也。 鳌又劋03809 剗03804 殱26943 剼03710 刻03437 勦03834 劋03738 剿03773

劤 03716 01700
jìn_11.13 唐韻渠遴切 集韻渠斳切夶音僅 玉篇割也 又qìn 集韻丘近切，吃去聲。義同。

靭 03717 40666
chì_11.13 六書統與剌同。

劍 03718 40667
tóu_11.13 字彙補徒侯切音頭。與俞刂同 廣雅副劍也。

剪 03719 40668
jiǎn_11.13 字彙補同翦。

御刂 03720 40669
jìn_11.13 海篇音噤。制也。

劊 03721 40670
cuì_11.13 字彙補出灼切音察。斷也。 鳌又劊03768 龍龕郭氏毳、察二音。

孨刂 03722 u2A7D3
null_11.13 喃未詳。

旒刂 03723 u2A7D2
null_11.13 喃未詳。

穿 03724 u2A7D1
null_11.13 　未詳。

劗 03725 u2F823
chǎn_11.13 　同剗03693

裲 03726 u256A5
lāi_11.13 　喃从利礼lễ聲。盈利△鏺裲：分紅。

劉 03727 u207C1
liú_11.13 　或俗劉。

鴽 03728 u207C0
diāo_11.13 　同鵰72936 図đeo 喃同劋03731

殢 03729 u207BA
làn_11.13 　喃从列吝lận聲。道，層，依次。

剰 03730 u207B9
dứt_11.13 　喃从刀悉tạt聲。断。

鳥 03731 u207B8
đeo_11.13 　喃从削省鳥điểu聲。

劑 03733 u207B6
zhāi_11.13 　亦作摘20467弦樂指法之一。

罰 03734 u207B5
fá_11.13 　同罰22094

劃 03732 u207B7
huà_11.13 　說文解字義證劃03815，亦古文畫35548段玉裁改古文劃作劃。

剴 03736 u207B3
kuǎi_11.13 　俗劃50393

創 03735 u207B4
chuāng_11.13 　同創03660

劦 03737 u207B2
lí_11.13 　同劦03702

劋 03738 u527F
jiāo_11.13 　同劋03715

劊 03739 01701
cèng_12.14 　唐韻 集韻 丛七鄧切音蹭。割過傷也。

剺 03740 01702
liàng_12.14 　篇海 力攘切音亮。取也 図奪也。

劄 03741 01703
dēng_12.14 　篇海 都騰切音登。劉鉤

剹 03742 01704
lín_12.14 　集韻 離珍切音鄰。削也。鑿 玉篇 剹，力珍切。削也 図鄰43382字之譌 廣韻 剹，水在石間。

剹 03743 01705
jué_12.14 　唐韻 子悅切 集韻 韻會 租悅切丛音蕝 廣韻 斷物也 韻會 本作絕 集韻 或作攣。鑿俗从力作劵04141

剿 03744 01706
sù_12.14 　唐韻 相玉切 集韻 韻會 須玉切丛音粟。細切也。

剗 03745 01707
zǔn_12.14 　唐韻 茲損切 集韻 韻會 正韻 祖本切，並尊上聲 說文 減也 玉篇 斷也。

劀 03746 01708
guā_12.14 　唐韻 集韻 正韻 古滑切，關入聲 說文 刮去惡創肉也 周禮·天官 瘍醫剮殺之齊 註 刮去膿血 玉篇 割也 図 唐韻 古頒切音刮。義同。鑿又劀03833劀03772

劋 03747 01709
xiào_12.14 　集韻 先弔切音嘯。割也。

劁 03748 01710
qiáo_12.14 　唐韻 昨焦切 集韻 慈焦切丛音樵 博雅 斷也 玉篇 刈穫也 廣韻 刈草 図jiāo 唐韻 集韻 丛才笑切，樵去聲。義同。

厲 03749 01711
lì_12.14 　集韻 狼狄切音歷。本作劙，割也。

劋 03750 01712
zhào_12.14 　集韻 陟教切音罩 爾雅·釋詁 大也 釋文 音罩 図dào 集韻 刀號切音到 図 大到切音導。義丛同 図zhuó 竹角切音斲 爾雅·釋詁 疏 顧氏云都角切 說文 草大也 韓詩 云劋彼甫田○按 詩·小雅 本作倬 韓詩 改爲劋 篇海 以爲與罩同，則又迥非倬義矣 正字通 又入竹部，今存此刪彼。鑿又劋42097

劗 03751 01713
zàn_12.14 　唐韻 集韻 丛祖感切，慚上聲。縮朒貌 揚子·太玄經 瞢劗跙 玉篇 劗，剗也，刺也 図chán 集韻 鋤衙切音巉。義同。鑿又劗03752劗03614

劗 03752 01714
zàn_12.14 　篇海 同劗

劈 03753 01715
pō_12.14 　集韻 普活切音潑。兩刃，木柄，可以刈艸 玉篇 劈，刺。

剩 03754 01716
shèng_12.14 　篇海 同剩。

劈 03755 01717
piē_12.14 　集韻 匹蔑切音撇。削也。鑿俗从力作劈04120

劂 03756 01718
jué_12.14 　唐韻 集韻 韻會 正韻 丛居月切音厥 廣韻 刻刀 集韻 剞劂，刀也 楚辭·哀時命 握剞劂而不用。図guì 廣韻 居衛切 集韻 韻會 姑衛切丛音蹶。義同 前漢·揚雄傳 般倕棄其剞劂兮 註 應劭曰：劂，曲鑿也。師古曰居衛切 傅毅·琴賦 命離婁使布繩，施公輸之剞劂，遂彫琢而成器，揆神農之初制。鑿又劂03543，本字。

剶 03757 01719
zhǎn_12.14 　唐韻 集韻 丛旨善切，饘上聲 博雅 攻楬也 図zhàn 集韻 仕限切音棧 博雅 攻也，裁也 図chèn 初覲切音櫬。平治也。

劃 03758 01720
huá_12.14 　古文劃 唐韻 呼麥切 集韻 韻會 忽麥切，並轟入聲◆說文 錐刀曰劃 図 廣韻 劃，作事也 図 玉篇 以刀劃破物也 図huò 唐韻 集韻 丛胡麥切音獲。裂也 集韻 或作劃，亦作刉。鑿又划03302劃03582劃03732劃03826蕃66052 図 段改古文劃03815劃作劃劃。

劘 03759 01721
xī_12.14 　集韻 迄及切音翕。割也。鑿又創03771

劋 03760 01722
yào_12.14 　集韻 倪弔切，堯去聲 玉篇 削也。

剒 03761 01723
fǔ_12.14 　篇海 芳武切音撫。割草也。鑿又劸50400

剙 03762 01724
chōng_12.14 　唐韻 尺容切 集韻 昌容切丛音衝。剚，本作剙 博雅 刺也。

剭 03763 01725
è_12.14 　唐韻 五閣切音諤 說文 刀劍刃也。

剉 03764 01726
cuò_12.14 　正字通 剉本字。

創 03765 01727
chuāng_12.14 　集韻 同創。

罰 03766 01728
fá_12.14 　字彙補 同罰 龍龕 書作罰。

劓 03767 01729
mào_12.14 　字彙補 音未詳 三國志註 餘杭伍隆，劓殞侯、主簿任光。鑿俗鄍62003

剳 03768 01730
chá_12.14 　字彙補 出灼切，音察◇斷也。

剮 03769 01731
zé_12.14 　集韻 則03463古作剮。

剭 03770 01732
qǔ_12.14 　字彙補 靑主切音取。細斷也。

創 03771 01733
xī_12.14 　篇韻 與劘同。

劀 03772 01734
guā_12.14 　字彙補 古怛切音割。去惡肉。

剿 03773 01735
jiǎo_12.14 字彙補與剿同。

剬 03774 42527
qiān_12.14 字彙補將廉切音殲。刺也。○按卽劗字之譌。

剺 03775 u207F4
chì_12.14 俗剟03694 龍龕剺，初一反。割物聲也。

劃 03776 u207E4
thiǎn_12.14 喃从刀善thiện聲。閹割△劃雞：閹雞。馭劃：騸馬，去勢的馬 囝作劅03683

剢 03777 u207E3
jí_12.14 同刞03292見 淮南子·說山

尋 03778 u207E2
xún_12.14 同撏20660撏毛。

煍 03779 u207E1
shàn_12.14 俗剡03546 囝或欸26350譌字。

豳 03781 u207DE
nǎo_12.14 俗腦47547清·龔自珍 定盦文集·卷下·戒將歸文 樓人睫兮據人劂，尸神笑逆兮肝靈怒。

劍 03783 u207DB
null_12.14 未詳。

罰 03780 u207DF
fá_12.14 同罰45560

剢 03784 u207DA
null_12.14 未詳。

劥 03782 u207DD
jiè_12.14 王念孫 讀書雜志·淮南內篇第十一·齊俗 草劥：各本劥下有音出二字。莊（逵吉）曰太平御覽劥作芥，芥正字，劥奇字。念孫案：余謂劥者薊之壞字也，草薊卽草芥。

雲 03785 u207D9
null_12.14 未詳。

屬 03786 u3509
zhǔ_12.14 简屬03897

荊 03787 u3508
fèi_12.14 同剕03521

剢 03788 u34FF
lí_12.14 同剺03853

劄 03789 u5284
zhá_12.14 同劄42117 玉篇·竹部 劄，竹洽切。以針刺也 囝同札23529劄子，公文。信劄，書信。劄記，筆記。

劺 03790 01736
sè_13.15 集韻色櫛切音瑟。刺也。

劅 03791 01737
zhuó_13.15 集韻竹角切音斲 玉篇刑也 說文去陰之刑也。本作劅書·呂刑劓刵劅黥。

劊 03792 01738
zhān_13.15 集韻之廉切音詹。削也 正字通俗字。

零 03793 01739
líng_13.15 篇海郎定切音令。割也 囝líng力丁切音零。義同。鏊又剑03343霙03879

劙 03794 01740
lián_13.15 集韻離鹽切音廉。輕刺也。鏊 正字通 劙，鐮63852鐮64339並同 囝劙03876

劏 03795 01741
sè_13.15 集韻殺測切音嗇。刺也。

劋 03796 01742
qiè_13.15 唐韻集韻夶七接切音妾 玉篇接續也揚子方言秦晉續繩索謂之劋 囝yè唐韻魚怯切集韻逆怯切夶音業。義同。鏊秦晉續繩索謂之劋。華學誠：宋本原文：秦晉續折（木）謂之攔，繩索謂之劋字典率意節略引用而將續字冠於繩索之前，不辭。

劇 03797 01743
jù_13.15 唐韻奇逆切集韻韻會正韻竭戟切夶音屐 玉篇甚也 廣韻增也，艱也 王粲詠史詩人生各有志，終不爲此移。同知薤身劇，心亦有所施 註言三良殉秦穆，皆知死禍甚烈，不得不爲人用也 囝戲也 唐·杜牧·西江懷古詩魏帝縫囊眞戲劇 囝姓 史記游俠傳雒陽有劇

孟 囝縣名 集韻在北海。鏊又剧03583劇03817

劙 03798 01744
lì_13.15 集韻力質切音栗。削也。

劅 03799 01745
zhǎn_13.15 唐韻集韻夶旨善切，饘上聲 玉篇伐擊也 囝dǎn 集韻黨旱切音亶。割也 囝shàn 集韻式戰切音扇。本作鐉。

劁 03800 01746
cuì_13.15 集韻初芮切音篅。斷也。本作劁。切聲謂之劁 囝chuā 集韻叉刮切音篡。本作斬 博雅斷也。或作劁。

劈 03801 01747
pī_13.15 唐韻普擊切集韻韻會匹歷切夶音霹 說文破也。从刀，辟聲 玉篇裂破也 廣韻割也 集韻分也。鏊又劈60576㴾32458

劉 03802 01748
liú_13.15 古文鎦畱唐韻集韻韻會正韻力求切音畱 說文殺也書·盤庚重我民，無盡劉詩·周頌勝殷遏劉左傳·成十三年虔劉我邊陲 囝爾雅·釋詁劉，陳也 疏謂敷陳也 囝爾雅·釋詁劉，暴樂也 疏木枝葉稀疎不均爲暴樂詩·大雅捋采其劉毛傳劉，爆爍而希也 囝爾雅·釋木劉，劉杙 註劉子生山中 疏劉一名劉杙，其子可食 囝姓 韻會凡二十五望，夶自陶唐氏劉累之後。囝liǔ 集韻力九切，畱上聲。好也 囝lú 集韻龍珠切音鏤。殺也。漢禮，立秋有貙劉 囝同文備考作鎦。鏊又刘03332到03691對12586剆03352

劊 03803 01749
guì_13.15 唐韻集韻韻會夶古外切音膾 說文斷也。从刀會聲 囝guō 唐韻集韻夶古活切音括。義同。鏊龍龕劊03356劀03462，古怀反。斷也 囝剑03456

剿 03804 01750
jiǎo_13.15 唐韻集韻夶子了切音湫。絕也 囝集韻子小切，焦上聲 前漢·王莽傳征伐剿絕之矣 註剿，截也 囝zǎo 集韻子皓切音早 揚子方言獪也。秦晉之閒曰獪，楚謂之剿 正字通與剿同。鏊又剿03738剿03809剁03710

劌 03805 01751
guì_13.15 唐韻居衞切集韻韻會姑衞切夶音蹶 說文利傷也。从刀，歲聲 廣韻割也 禮·聘義君子比德于玉，廉而不劌，義也 囝人名 前漢·古今人表魯曹劌。鏊又剆03454歲26687

劍 03806 01752
jiàn_13.15 唐韻集韻韻會夶居欠切，檢去聲 玉篇籀文劍 說文人所帶兵也 釋名劍，檢也，所以防檢非常管子·地數篇葛盧之山，發而出水，金從之，蚩尤受而制之，以爲劍鎧矛戟 囝操劍殺人亦曰劍 潘岳·汧督馬敦誄序漢明帝時，有司馬叔持者，白日于市，手劍父讎。鏊又剑03510剑03587剑03572劔03640劔03851劍03823釼62800劍03843 囝 六書正譌劍，俗作釰62767非。

劓 03807 01753
zé_13.15 唐韻集韻夶古文則03463字。

劼 03808 01754
jié_13.15 集韻古屑切音結 說文楚人謂治魚也。从刀从臬。

剿 03809 01755 jiǎo_13.15 集韻 同剿　剴 03810 01756 jū_13.15 字彙補 古驅切，音居◇㧖也，酌也。鋻 又剴03862

劃 03811 01757 huō_13.15 玉篇 古文劃03758字。鋻 說文 劃03815古文畫。

劏 03812 u2A7D4 null_13.15 殷周金文集成·09.4484.劏伯簠劏白乍孟姬簠。

劒 03813 u207F9 rựa_13.15 喃 从刀預dự聲。砍柴刀△亦作鐼64394

劄 03814 u207F8 gắt_13.15 喃 从刀詰cật聲。刘，割。

劃 03815 u207F7 huá_13.15 劃03758古文。亦作劃03732

劖 03816 u207F6 tū_13.15 同劖03644　劇 03817 u207F5 jù_13.15 俗劇03797

劗 03818 u207F3 píng_13.15 正字通 劗15274篆作劗。

粤 03819 u207F2 vạc_13.15 喃 从刀粤việt聲。削。

劊 03820 u207E0 jiǎn_13.15 同翦46166 馬王堆漢墓帛書·十六经·正亂 劊其髮而建之天，名曰之（蚩）尤之署（旌）。

劉 03821 uF9C7 liú_13.15 兼 劉。　劍 03823 u528E jiàn_13.15 同劍03806

劏 03822 u528F tāng_13.15 方 宰殺。簡化作劏03448

劍 03824 01758 rú_14.16 集韻 汝朱切音儒。韋柔滑貌 周禮·冬官考工記 函人 革欲其柔滑，而腥脂之則需 註 故書需作劍。鄭司農云劍讀爲柔需之需。謂厚脂之，韋革柔需。図ruǎn 集韻 正韻 汱乳兗切音軟。刺也。

劆 03825 01759 jiān_14.16 唐韻 古銜切 集韻 居銜切，汱監平聲。朕切也図jiàn 唐韻 胡黤切 集韻 戶黤切汱音檻。利也。図làn 唐韻 集韻 汱盧瞰切音濫 廣雅 利刀也図jiàn 唐韻 格懺切 集韻 居懺切汱音監。利刀也図lán 玉篇 細切也。図lán 集韻 盧甘切，濫平聲。聚切也。鋻 又劆03675

劐 03826 01760 huò_14.16 唐韻 虛郭切 集韻 忽郭切汱音霍 玉篇 裂也図 集韻 黃郭切音鑊。本作䂦 說文 刈穀也。或作䅵図 集韻 胡麥切音獲。裂也。

剿 03827 01761 zòu_14.16 唐韻 才奏切 集韻 才候切汱音驟 玉篇 斷也，細切也図 集韻 將侯切音諏。斷也図 集韻 徂侯切，驟平聲 字林 細斷也図 集韻 此苟切，湊上聲。析薪也。

劋 03828 01762 chuā_14.16 唐韻 初刮切 集韻 汱刮切汱音籑。切聲謂之劋図cuī 集韻 初芮切音篡。斷也。亦作劋図chǎn 集韻 汱萬切音剗。斷也。或作劋。

剚 03829 01763 zé_14.16 玉篇 古文則03463字図 集韻 退60864古作剚。鋻古文敗當作敗57948

劑 03830 01764 jì_14.16 古文剂 唐韻 集韻 韻會 遵爲切汱音紫 說文 齊也。从刀，齊聲 爾雅·釋言 劑，翦齊也 疏 齊，截也 周禮·地官·司市 以質劑結信而止訟 註 質劑，謂兩書一札，而別之也。若今下手書，言保物要還矣 疏 質劑謂券書。恐民失信，有所違負，故爲券書結之，使有信也。大市以質，小市以劑，故知質劑是券書。漢時下手書，即今畫指券，與古質劑同也図 唐韻 在詣切 集韻 韻會 正韻 才詣切，汱齊去聲 廣韻 分劑図 藥劑 唐書·儒學傳 武爲救世砭劑図 通作齊 周禮·天官·食醫註 食有和齊，藥之類也 前漢·藝文志 百藥齊和 註 與劑同。鋻 又剂03451剂03586諝56366讀56814礩39509

劃 03831 01765 huán_14.16 唐韻 戶關切 集韻 胡關切汱音還 玉篇 地理志 樸劖縣，在武威。

劍 03832 01766 jiàn_14.16 說文 人所帶兵也。从刃，僉聲。籀文作劒。

剿 03834 01768 jiǎo_14.16 唐韻 子小切，焦上聲。絕也。同剿。

劋 03835 01769 jiǎo_14.16 玉篇 同剿　劀 03833 01767 guā_14.16 唐韻 古滑切，關入聲。本作劀 玉篇 去惡肉。俗剐字。鋻 又割03772

劓 03836 01770 yì_14.16 唐韻 集韻 魚器切 韻會 疑器切汱音膩 說文 刖鼻也 易·睽卦 其人天且劓図 玉篇 割也 書·盤庚 我乃劓殄滅之，無遺育図 集韻 韻會 牛例切 正韻 倪制切汱音㘊。義同。鋻 又剃03642鄡62077

剗 03837 01771 chǎn_14.16 集韻 汱萬切音剗。本作剗，斷也。

剻 03838 01772 xiǎn_14.16 集韻 呼典切音顯。削也。鋻 又鎐，或體。

劙 03839 01773 lí_14.16 唐韻 盧啓切音禮。刀刺 字彙 同劙。

劖 03840 01774 qiān_14.16 五音集韻 七廉切音籤。切割也。鋻 又劖03774図 正字通 劖03871，劖字之譌。

趙 03841 01775 zhào_14.16 集韻 直紹切音肇。刺也。鋻 又趙03847酉集中·走部 趙重出：集韻 直紹切音肇。與搯同。刺也。通作趙58377

剪 03842 01776 jiǎn_14.16 集韻 同椠　劍 03843 01777 jiàn_14.16 海篇 同劍

劚 03844 01778 zhuó_14.16 字彙補 知捉切音卓 廣雅 制劚，砍也。

劃 03845 u2A7D6 null_14.16 未詳。　箭 03846 u2A7D5 null_14.16 喃未詳。

趙 03847 u2F9D9 zhào_14.16 同趙03841　劏 03850 u2F9D9 qiāng_14.16 同槍24952 可洪音義 利劏：七羊反，郭氏音 作劏，同上。

曶 03848 u2080A cứng_14.16 喃 从剛亘cảng聲。堅硬。

頗 03849 u20800 bửa_14.16 喃 从剖省頗phở聲。劈開。

劍 03851 u5294 jiàn_14.16 同劍03806　劇 03854 01781 kuò_15.17 唐韻 苦郭切 集韻 闊鑊切汱音擴 博雅 解也。図guǎng 集韻 古晃切，光上聲。義同。鋻 又劀03870劀03899

劉 03852 01779 liè_15.17 唐韻 良涉切 集韻 力涉切汱音獵 玉篇 減削 廣韻 擇也。鋻 正作劉03863

劙 03853 01780 lí_15.17 唐韻 力脂切 集韻 良脂切，並音梨 玉篇 直破也。鋻 或刹03685剺03788，割図劦03308

劕 03855 01782
zhì_15.17 唐韻之日切集韻韻會正韻職日切𠀤音質廣韻劕劑，券也。最也韻會長曰劕，短曰劑 又通作質周禮·地官·質人凡賣儥者質劑焉 又集韻陟利切音致。物相贅也。

劚 03856 01783
lì_15.17 集韻力制切音厲。割也。灐又剺03859

劈 03857 01784
xiè_15.17 集韻私列切音薛。斷也 又集韻逆乙切音屹。義同。灐又薢04197薢03877

劉 03858 01785
róu_15.17 集韻而由切音柔。柔忍也。

剺 03859 01786
lì_15.17 唐韻郎擊切集韻狼狄切𠀤音歷玉篇劙開也 又luǒ集韻朗可切，羅上聲說文柯擊也。灐又
䣞62151劚03873

𠢚 03860 u2081A
xẻ_15.17 喃从刀齒xỉ聲。同㓢03569剖，割。

𠠙 03861 u20819
rìu_15.17 喃从刀寮liêu聲。斧，銻△亦作鉊、䥥32422

𠠘 03862 u20818
jū_15.17 同䣘03810

𠠗 03863 u20817
liè_15.17 玉篇劙，力涉切。滅，削廣韻劙，良涉切。削也。擇也。

𠠖 03864 u20816
gǒng_15.17 同𥨐41378

𠠔 03866 u20814
dú_15.17 同劅。

𠠕 03865 u20815
piāo_15.17 同飄68788馬王堆漢墓帛書·老子乙本·道經䕯風不冬朝，暴雨不冬日。

𠠓 03867 u20813
null_15.17 未詳。

𠠒 03868 u20812
mó_15.17 同劘03892
宋·顏延之陽給事誄獯虜間釁，劘剝司兗。

𠠑 03869 u20811
tét_15.17 喃从刀節tiết聲。(用絲線)切割(粿子等)。

劆 03870 01787
kuò_16.18 集韻闊穫切音廓。本作劆博雅解也。

劍 03871 01788
qiān_16.18 玉篇千廉切音僉。割也〇按五音集韻作劍。

劉 03872 01789
yīng_16.18 ◆集韻於莖切音罌。刋木也賈思勰曰山澤林木，大者劉殺之。灐後魏·賈思勰齊民要術·卷第一·耕田第一其林木大者劉殺之，葉死不扇，便任耕種。又卷第四·挿梨第三十七以刀微劉梨枝斜攕之際，剝去黑皮。拔去竹籤即插梨，令至劉處，木邊向木，皮還近皮六書故劉，烏莖切。剄絶木膚也。

劚 03873 01790
lì_16.18 集韻狼狄切音歷。割也。或省作劈。灐朝鮮本龍龕劚03856，力計切。割也。剓03554劚，二同。

劙 03874 01791
lí_16.18 韻會小補劙或作劙。

劅 03875 u20820
dú_16.18 玉篇徒木切。刀傷也類篇徒谷切。劒室△亦作劅。

劆 03876 u2081F
lián_16.18 直音篇劆03794，音廉。輕刺。劆，俗。

劕 03877 01792
chì_17.19 集韻測乙切音齸。本作剺博雅割也。△或作剌剌。

劉 03878 01793
tì_17.19 字彙古文剔03519字。

𠢊 03879 01794
líng_17.19 集韻郎丁切音靈。剖物。或作刢、刢。

劖 03880 01795
chán_17.19 唐韻鋤銜切集韻韻會鋤咸切𠀤音巉說文斷也。从刀、毚聲。一曰剽剑也徐曰劖，鑿也韓愈·酬司門盧汀詩若使乘酣騁雄怪，造化何以當鐫劖 又chǎn集韻士減切音巉。義同。灐又劖03888劖03882

劘 03881 01796
mǐ_17.19 字彙補與靡同九經考異易吾與爾靡之。京房作劘〇按集韻靡作劘，亦作劘，又作劘篇海作劘。

劖 03882 u20824
chán_17.19 俗劖03880

劕 03883 01797
xié_18.20 唐韻戶圭切集韻玄圭切𠀤音攜博雅削也玉篇滅也。

𠢩 03884 u20829
trước_18.20 喃同𧻸02473先，前。

𠢨 03885 u20828
ěr_18.20 同刵03399青柯亭本聊齋志異·卷十二·錦瑟婢曰：樂死不如苦生，君設想何左也。吾家無他務，惟淘河、糞除、飼犬、負尸，作不如程，則劓耳劓鼻、敲刖蹳趾，君能之乎。

𠢦 03887 u20826
pì_18.20 同䡟35728字彙補滂必切，音髮。切也。

𠢥 03888 u20825
chán_18.20 俗劖03880

𠢧 03886 u20827
piào_18.20 剽03711本字

劕 03889 01798
wān_19.21 集韻烏關切音彎。削也。灐熊加全：俗剜03531

劗 03890 01799
cuán_19.21 唐韻在丸切集韻徂丸切𠀤音巑玉篇鬋髮也。滅也，切也 又zuān唐韻借官切集韻祖官切𠀤音鑽。吳人謂髡髮爲劗 又jiǎn正韻子踐切音剪前漢·嚴助傳劗髮文身之民也註晉灼曰：淮南子云越人劗髮，劗與翦同 又讀書通通作攢韓非子·用人篇隨繩而斲，因攢而縫 又通作鑽左思·魏都賦鏤膚鑽髮。

劙 03891 01800
lì_19.21 唐韻集韻𠀤郎計切音麗方言解也廣韻同劙集韻或作劙。

劘 03892 01801
mó_19.21 唐韻莫婆切集韻韻會正韻眉波切𠀤音磨玉篇削也集韻分也 又增韻剴也，切也前漢·賈山傳贊自下劘上註孟康曰：劘謂剴切之也 又mí集韻韻會正韻𠀤忙皮切音靡。義同。灐又劘03695劘03868
劘03698劘03881

𠢭 03893 u2082D
chớm_19.21 喃从初僭tiếm聲△花劄妟：含苞待放。

𠢬 03894 u2082C
liǎn_19.21 俗蘞51836明·曹學佺蜀中廣記（文淵閣四庫本）·卷三武擔（儋）鎮都，刻削成劍。

劖 03895 01802
chǎn_21.23 集韻楚限切音鏟。劑也。

劙 03896 01803
lí_21.23 唐韻呂支切集韻韻會鄰知切𠀤音离玉篇分割也廣韻分破也韻會直破也博雅解也△集韻或作劙，亦作剺 又lì唐韻集韻韻會郎計切正韻力霽切𠀤音麗。義同 又lǐ集韻韻會𠀤里弟切，麗上聲。刀刺也。灐又劙03548劙53177劙03839劙03874劚03891蠡53756

劗03891

劗03897 01804
zhǔ_21.23 〔正字通〕同劖。鏊 又劗03786

劕03898 01805
dié_22.24 〔集韻〕達協切音疊。刺也。

劗03899 01806
kuò_24.26 〔集韻〕闊鑊切，音廓。解也〔玉篇〕籀文劇。

劗03900 01807
líng_24.26 〔篇海〕同剑。

◆ 力部 ◆

力03901 01808
lì_0.2 古文𠛬〔唐韻〕〔集韻〕〔韻會〕林直切，陵入聲〔說文〕筋也。象人筋之形〔徐曰〕象人筋，練其身，作力，勁健之形〔增韻〕筋，力氣所任也〔禮·聘義〕日幾中而後禮成，非强有力者不能行也〔又〕〔曲禮〕老者不以筋力爲禮〔又〕〔韻會〕凡精神所及處，皆曰力〔孟子〕聖人既竭目力焉，既竭耳力焉〔又〕〔韻會〕物所勝亦曰力〔家語〕善御馬者，均馬力〔杜甫·張旭草書詩〕溟漲與筆力〔又〕勤也〔書·盤庚〕若農服田力穡，乃亦有秋〔前漢·司馬遷傳〕力誦聖德〔註〕師古曰力，勤也〔又〕〔禮·坊記〕食時不力珍〔註〕力猶務也。〔又〕〔後漢·銚期傳〕身被三創，而戰方力〔註〕力，苦戰也。〔又〕病甚曰力〔唐書·汲黯傳〕臣犬馬病力〔又〕爲人役者曰力〔晉·陶潛·與子書〕遣此力，助汝薪水之勞〔又〕姓〔韻會〕黃帝佐力牧之後。鏊又息力，或稱石吶lè、咘shí吶、吶埠、新州府、新嘉坡，今稱新加坡〔又〕力03903成18820

力03902 u2F12
lì_0.2 〔部〕力03901

力03903 uF98A
lì_0.2 兼力。

𠚳03904 01809
yà_1.3 〔唐韻〕乙鎋切，音閘〔玉篇〕劜𠚳也。又〔集韻〕乙黠切，音軋。劜𠚳，屈強也。鏊〔集韻〕原作𠚳𠚳。

𠠳03905 01810
lì_1.3 〔字彙補〕古文力03901字。

劦03906 01811
jiū_2.4 〔集韻〕居尤切音樛。絕力也〔篇海〕大力也。

𠠵03907 01812
bó_2.4 〔字彙補〕刏字之譌。

𠠹03908 42528
lì_2.4 〔字彙補〕郎直切音力。

办03909 u529E
bàn_2.4 〔簡〕辦60561

劝03910 u529D
quàn_2.4 〔簡〕勸04196

功03911 01813
gōng_3.5 〔唐韻〕古紅切〔集韻〕〔韻會〕沽紅切𠀤音公〔說文〕以勞定國曰功。从力工聲〔廣韻〕功，績也〔書·禹謨〕九功惟敘〔又〕自以爲功曰功之〔史記·信陵君傳〕公子乃自驕而功之，竊爲公子不取也〔又〕功〔毛詩〕作公〔詩·小雅〕以奏膚公〔註〕功也〔又〕〔韻會〕大功，小功，喪服名。謂治布有精麤之分。或作紅〔史記〕〔漢書〕大功，小功，作大紅、小紅〔又〕〔廣韻〕漢複姓〔何氏姓苑〕漢營陵令成功恢，禹治水告成功後爲氏。鏊又功03288切03285紃43763紃43760

𠠺03912 01814
kū_3.5 〔集韻〕苦骨切音窟。𠠺𠠺，勞極貌△通作矻。

加03913 01815
jiā_3.5 〔唐韻〕古牙切〔集韻〕〔韻會〕〔正韻〕居牙切𠀤音家〔說文〕語相增加也。从力口〔徐曰〕會意〔爾雅·釋詁〕重也〔註〕重疊也〔玉篇〕益也〔論語〕又何加焉〔又〕〔廣韻〕上也，陵也〔論語〕吾亦欲無加諸人〔註〕陵也〔又〕〔增韻〕施也，著也〔禮·冠義〕醮於客位，三加彌尊，加有成也。

劥03914 01816
jiǎn_3.5 〔唐韻〕居偃切〔集韻〕紀偃切𠀤音寋〔玉篇〕難也，吃也。或作讓〔廣韻〕劥，吃語也〔又〕〔集韻〕力也。

团03915 01817
huò_3.5 〔玉篇〕戶臥切音和。牽船聲也。

𠠸03916 01818
hàng_3.5 〔字彙補〕下黨切音沆。信也△亦作𠠸。

伆03917 42529
mò_3.5 〔字彙補〕名白切，音默◇與仍異。

劼03918 u20838
lè_3.5 俗扐19151〔集韻〕劜，牆來切，壯也。

劢03919 u52A2
mài_3.5 〔簡〕勱04162

务03920 u52A1
wù_3.5 〔簡〕務04073

劣03921 01819
liè_4.6 〔唐韻〕〔正韻〕力輟切〔集韻〕〔韻會〕龍輟切𠀤音埒〔說文〕弱也。从力少〔徐曰〕會意〔廣韻〕鄙也，少也〔揚子·法言〕彼以其回，顏以其貞，顏其劣乎〔又〕劣，薄也。僅僅不足之辭〔宋書·劉懷貞傳〕子德願善御車。常立兩柱，使其中劣，通車軸。驅牛奔，從柱間直過〔集韻〕通作𠜵。鏊劣，僅僅〔臨淮王造像碑〕香甫燃而霧作，花劣飛而霰下〔又〕少12637〔枌〕23983〔岃〕13299

劥03922 01820
zhěn_4.6 〔集韻〕陟甚切，音戡〔玉篇〕用力也。

劤03923 01821
jìn_4.6 〔唐韻〕〔集韻〕𠀤居焮切，斤去聲〔埤蒼〕多力也〔又〕xīn〔集韻〕許斤切音欣〔又〕許謹切，欣上聲〔又〕歷德切音勒。義𠀤同。

劥03924 01822
jí_4.6 〔集韻〕極乙切音姞。有志力也〔正字通〕同劼。
鏊又劥03930

劥03925 01823
kēng_4.6 〔唐韻〕客庚切〔集韻〕丘庚切𠀤音坑〔玉篇〕劥也〔廣韻〕劥劥，人有力也。鏊又𠠾03937

劦03926 01824
xié_4.6 〔唐韻〕胡頰切〔集韻〕檄頰切𠀤音協〔說文〕同力也〔山海經〕惟號之山，其風若劦〔玉篇〕急也〔又〕liè〔集韻〕力協切音鬣。力不輟也。

劥03927 01825
guì_4.6 〔集韻〕居偽切，音庋〔集韻〕疲極也〔正韻〕弊也，力乏也〔魏志·蔣濟傳〕彫劥之民。鏊〔支部〕劥重出：〔集韻〕敆或作劥。按：今入力部。

劥03928 01826
zhǐ_4.6 〔字彙補〕諸氏切音只。功堅也。

劥03929 40671
hè_4.6 〔字彙補〕雄箇切音賀〔貨泉錄〕王審知鑄大鐵錢，俗謂之銑劥。鏊又劥03936

劥03930 u2F824
jí_4.6 同劥03924

劥03931 u20841
chì_4.6 亦作劥03952同救21514

劥03932 u2083F
null_4.6 未詳。

色03933 u2083E
null_4.6 未詳。

劥03934 u2083D
null_4.6 未詳。

劥03935 u2083C
null_4.6 未詳。

劥03939 u3514
null_4.6 未詳。

劥03936 u2083B
bǎn_4.6 清·翟灝〔通俗編〕板兒：好錢乃謂之老官板兒〔陶岳泉〕〔貨錄〕曰：閩王審知鑄大鐵錢，亦以開元通寶為文，五百文為貫，俗謂

之銈劢。今云老板者，似當為銈劢，以其亦五百為貫，相承其俗稱耳△宏按，[字彙補]作劢03929音賀。

劣 03940 uF99D　liè_4.6　兼劣。

刄 03937 u2083A　kēng_4.6　俗劥03925 龕刄劥，上客庚反。下苦淮反。刄劥，人有力也。

动 03941 u52A8　dòng_5.7　简勔04069

架 03938 u3516　gak_4.6　[韓]昌慶宮營建都監儀軌·實入·匠人所用 方甄架耳十八箇。

勑 03942 01827　fèi_5.7　[唐韻]扶沸切[集韻]父沸切，肰肥去聲[玉篇]勇壯也[集韻]武勇貌囡bèi[集韻]平祕切音備[博雅]挾也。一曰壯也△本作勦。鋆又勞03943

勞 03943 01828　bì_5.7　[玉篇]古文弼16247字。

助 03944 01829　zhù_5.7　[唐韻][集韻][韻會]肰牀據切，耡去聲[說文]左也。从力、且聲[廣韻]益也[易繫辭]天之所助者，順也。鋆又助46527默31304勖57535

努 03945 01830　nǔ_5.7　[唐韻][正韻]奴古切[集韻][韻會]暖五切肰音弩[方言]勉也[增韻]用力也[廣韻]努力也[李陵·與蘇武詩]努力崇明德囡nú[集韻]農都切，弩平聲。勠力也。鋆又伮00942囡[方言]勉也。華學誠：此條[字典]未稱揚子方言，而其内容見于[方言]第一：釗、薄，勉也。秦晉曰釗或曰薄。故其鄙語曰薄努，猶勉努也[方言]稱薄努、勉努，而未單言努字[字典]竄改劇甚。

旌 03946 01831　zuò_5.7　[唐韻]則个切[集韻]子賀切肰音佐[玉篇]助也，副也[集韻]手相佐助。

劫 03947 01832　jié_5.7　[唐韻]居怯切[集韻][韻會]訖業切肰音汲[說文]欲去以力脅止曰劫。一曰以力去曰劫[徐曰]會意[玉篇]强取也[正韻]奪也，勢脅也[禮·儒行]劫之以衆囡[韻會]劫劫猶汲汲也[韓文]人皆劫劫囡[傅毅·舞賦]形態和，神意協，從容得，志不劫[註]言雍容不相迫也囡浩劫，宮殿大階級也[杜甫·玉臺觀詩]浩劫因王造，平臺訪古遊△[韻會]通作刧。亦通作刦。鋆又怯17519刼01372刲03358刧03457刲03667

劬 03948 01833　qú_5.7　[唐韻]其俱切[集韻][韻會]權俱切肰音衢[說文]勞也[玉篇]劬勞，病也[詩·小雅]之子于征，劬勞于野[傳]病苦也。鋆俗作劬04026

劭 03949 01834　shào_5.7　[唐韻][正韻]寔照切[集韻][韻會]時照切，並音邵[說文]勉也。从力召聲[廣韻]自强也囡美也◆[揚子法言]董仲舒之才之劭[潘岳·楊武仲誄]雋聲清劭囡[前漢·成帝詔]先帝劭農[註]晉灼曰：勸勉也囡sháo[集韻]時饒切，邵平聲。義同囡qiáo[集韻][韻會][正韻]肰祁堯切，音翹[潘岳·河陽縣詩]誰謂晉京遠，室邇身實遼。誰謂邑宰輕，令名患不劭。

劮 03950 01835　yì_5.7　[集韻]弋質切音逸[博雅]劮，豫也。或作妷。

勴 03951 01836　pī_5.7　[字彙補]滂悲切，音披◇用力也。

劶 03952 01837　chì_5.7　[字彙補]徹七切，音敕◇天子劶也。

鋆劥或作劥03931同救。

劯 03953 01838　zhū_5.7　[字彙補]只如切音諸。强也。

劢 03954 01839　mò_5.7　[篇海類編]莫各切音漠。勤也。鋆俗勔04010 胡吉宣：字从兒聲，譌从白。

助 03957 u2A7D9　null_5.7　[喃]未詳。

男 03955 42530　yíng_5.7　[海篇]音榮。

鋆[海篇直音]音縈。正作幣15045

劬 03958 u2A7D8　null_5.7　未詳。

勀 03956 42531　hé_5.7　[海篇]音亥。推也。又音劾。義同○按即劾字之譌。

架 03959 u2A7D7　null_5.7　未詳。

架 03960 u20850　null_5.7　未詳。

劥 03961 u2084F　siêng_5.7　[喃]同勳04192从勤省生sinh聲。

劲 03963 u2084D　jìn_5.7　俗勁04005

劦 03962 u2084E　rán_5.7　[喃]从力旦đán聲△助飭：努力囡人名用字，見[侯馬盟書]

夯 03964 u2084A　hāng_5.7　同夯09989衝頂。元·鄭廷玉[冤家債主·第一折]怎做的自己錢無妨礙，兀的不氣夯破我這胸懷。

劼 03965 u20849　gǔ_5.7　[字海]同鼓

舅 03966 u20848　null_5.7　未詳。

劥 03967 u20847　null_5.7　未詳。

劲 03968 u20846　null_5.7　未詳。

劙 03969 u3518　chù_5.7　同黜74925

勞 03970 u52B4　láo_5.7　俗勞04092

勞 03971 u52B3　láo_5.7　简勞04092

勁 03972 u52B2　jìng_5.7　简勁04005

勵 03973 u52B1　lì_5.7　简勵04177

券 03974 01840　juàn_6.8　[唐韻]渠卷切[集韻][正韻]逵眷切，肰權去聲[說文]勞也[徐曰]今俗作倦[正字通]與契券之券異。券从刀，此从力。鋆[正字通]券，倦本字，疲也，與券異。券契之券从刀。本作劵。毛氏：劵，古倦字。徐鉉曰：今俗作倦。義同[說文]劵，勞也。倦，罷也。罷、勞義通。分為二，泥。

劻 03975 01841　kǒu_6.8　[集韻]去厚切音口。劻劻，用力貌。鋆又劢03988

劷 03976 01842　yǎng_6.8　[集韻]余章切音羊[玉篇]勸也。鋆俗勷04137

劸 03977 01843　wā_6.8　[集韻]於佳切音娃。逼也。鋆又伮04036

効 03978 01844　xiào_6.8　[唐韻]胡教切[集韻]後教切·[韻會]後學切[正韻]胡孝切肰音校[玉篇]俗效字[集韻]象也，功也[韻會]效驗也[前漢·蘇武傳]殺身自効△[正韻]古惟从文，無从力者。後人傳寫，承訛既久，相承用之。

劺 03979 01845　móu_6.8　[唐韻]莫浮切[集韻]迷浮切肰音謀[玉篇]勵也[廣韻]勉也[集韻]北燕之外，相勉努力謂之劺。

劻 03980 01846　kuāng_6.8　[唐韻]去王切[集韻][韻會][正韻]曲王切肰音匡[玉篇]劻勷，遽也[廣韻]劻勷，追貌△[集韻]劻或作㤮[篇海]或作俇。

劸 03981 01847　bēng_6.8　[集韻]晡横切音騯[玉篇]大也[集韻]大力也。或作㨜、勜囡pēng[集韻]披耕切音怦。大也。

劼 03982 01848 qià_6.8 唐韻恪八切集韻韻會丘八切，丛慳入聲說文慎也。从力吉聲書·酒誥汝劼毖殷獻臣註汝當用力戒謹殷之賢臣，使不湎于酒也 又 爾雅·釋詁劼，固也疏劼者，確固也 又 集韻訖黠切音戛博雅勤也。又 集韻喫吉切音詰。義同。鑾又㔾04002㾀35977 又 譌作劼04006四聲篇海劼，苦八切海篇直音劼，音恰。

劽 03983 01849 liè_6.8 集韻力蘖切音列。有力也。

㔳 03984 01850 zhuō_6.8 集韻側角切音捉。健也。

劸 03985 01851 duǐ_6.8 篇海都罪切，堆上聲。著力牽也。

劾 03986 01852 hài_6.8 唐韻胡槩切集韻戶代切韻會戶槩切丛音瀣說文法有罪也玉篇推劾也廣韻推窮罪人增韻按劾也六書故劾猶覈也，考劾其實也韻會鞫也後漢·范滂傳滂奏刺史權豪之黨二十餘人，尚書責滂所劾猥多。滂知意不行，投劾去註自投其劾狀而去 又 集韻勤力也。一曰勉也 又 hé唐韻正韻胡得切集韻韻會紇則切，丛恆入聲 又 集韻類篇韻會丛下改切，瀣上聲。義丛同。鑾又勮04178刻03412刻03503劾03994劾03956 又 kài廣韻苦戒切。勤力作也集韻劾，口戒切。勤力也。一曰勉也。或作劾04066

㔾 03990 u2A7DB null_6.8 未詳。

劮 03987 01853 yì_6.8 韻會與逸同

劶 03988 01854 kǒu_6.8 海篇音口。用力也〇按卽劶字之譌。

勚 03989 01855 yì_6.8 字彙補欲匹切，音亦◇動也。鑾又勚03993

劺 03991 u2A7DA sengz_6.8 壯㈠力；力氣；力量。㈡能力。㈢魄力。

劳 03992 u2F992 láo_6.8 俗勞04092

劤 03995 u2085B nhǎn_6.8 喃从力因nhân聲。以齒裂堅物△劤粇鈲：嗑瓜子。

勚 03993 u2085D yì_6.8 亦作勚03989勚04031㪘14598俗𡕗14564廣韻勚，魚乙切。又女涉切。動勚勚。

劾 03994 u2085C hé_6.8 亦作劾。俗劾03986篇海·卷十五·力部引川篇劾，音亥。又戶勒切。推劾也。

㔏 03997 u20859 null_6.8 未詳。

劥 03996 u2085A gǎng_6.8 喃从力亙cẳng聲△劥飭：努力。劥强：勉强。

㔍 03998 u20858 null_6.8 未詳。

㔐 03999 u20857 null_6.8 未詳。

㔑 04000 u20856 null_6.8 未詳。

劲 04001 u20855 jìn_6.8 俗勁04005

㔾 04002 u351B hal_6.8 韓姓。

势 04003 u52BF shì_6.8 简勢04113

勀 04004 01856 kè_7.9 唐韻苦得切集韻乞得切丛音克說文尤極也玉篇勀，勝也廣韻自彊。鑾又剋04033

勁 04005 01857 jìng_7.9 唐韻居正切集韻韻會堅正切，丛頸去聲說文强也。从力巠聲廣韻健也增韻堅也，遒也左傳·宣十二年中權後勁 又 正韻亦作繕禮·曲禮急繕其怒。鑾又劲03972到48273劲03963劲04001

勂 04006 01858 háo_7.9 集韻乎刀切，皓平聲。休謁也漢書告歸之田。或从力作勂。鑾又俗劼03982見篇海

勃 04007 01859 bó_7.9 唐韻韻會正韻蒲沒切集韻薄沒切丛音孛說文排也。从力、孛聲徐曰勃然興起，有所排擠也 又 玉篇卒也韻會勃卒旋放之貌 又 變色貌論語色勃如也 又 姓韻會梁武帝改豫章王姓勃氏 又 通作渤前漢·地理志薊南通齊趙勃碣之閒註師古曰勃，勃海也。鑾又㶿06636㪍04018敦21501颰68632焞30983

勄 04008 01860 mǐn_7.9 集韻敏21506古作勄。

勅 04009 01861 chì_7.9 集韻蓄力切音敕。誡也△本作勑，或作飭。鑾又示兒編敕21514字亦作勅字，此詔敕之字也。敕不若勅之從力則於行草書而美看，故古今寫敕字惟用從力之勅。

勆 04010 01862 mò_7.9 集韻墨角切音邈。勤也。鑾俗作劤03954

勼 04011 01863 jiū_7.9 集韻居虯切音樛。勁貌。鑾輕勁皃。或从走作赳58190

勑 04012 01864 lài_7.9 篇海俗勑字。

勢 04013 01865 cán_7.9 集韻財干切音殘。殺割也。鑾又㔋04050

勆 04014 01866 láng_7.9 集韻盧當切音郎玉篇有力也。

勇 04015 01867 yǒng_7.9 唐韻余隴切集韻韻會正韻尹竦切丛音涌說文氣也。一曰健也。从力甬聲玉篇果決也廣韻猛也增韻銳也，果敢也左傳·文二年共用之謂勇論語勇者不懼老子道德經慈故能勇，儉故能廣。鑾又勇04023㔋04016勇04025恿17376戫18858㦷18893

㔋 04016 01868 yǒng_7.9 集韻勇，本作㔋。

勉 04017 01869 miǎn_7.9 唐韻亡辨切集韻韻會正韻美辨切丛音免說文强也。从力、免聲廣韻勖也，勸也增韻勤也禮·表記使民有所勸勉愧恥，以行其言 又 通作免前漢·薛宣傳宣因移書勞免之 又 谷永傳閔免遁樂註師古曰閔免猶黽勉也。鑾又勉04056勔04067勉04118勉58976

㪍 04018 01870 bó_7.9 字彙補同勃。鑾碑別字㪍，勃魏高湛墓誌銘

㪷 04019 42532 gěng_7.9 海篇音便。鑾可洪音義㪷槩：上古杏反。正作梗24189下古代反，大略也。

㔕 04020 42533 shì_7.9 海篇音示

㔗 04021 42534 kè_7.9 海篇音刻。

㔘 04022 u2A7DC null_7.9 未詳。

勇 04023 uFA76 yǒng_7.9 同勇04015

勉 04024 uFA33 miǎn_7.9 兼勉04017

勇 04025 u2F825 yǒng_7.9 俗勇04015

㔙 04026 u2086A qú_7.9 可洪音義勤㔙：具愚反。正作劬03948

㔚 04027 u20869 null_7.9 未詳。

㔛 04028 u20868 null_7.9 未詳。

劢 04029 u20867
aenq_7.9　壯有計劃地節制⊠rǎn喃从力㕞liàn聲。
憋勁△劢蜓:(分娩時的)憋氣使力⊠rǎn劢跳:闊步
前進。劢餄:努力,加油。

勛 04032 u52CB
xūn_7.9　简勛04085

乖 04030 u20866
nián_7.9　同乖04552武
后造年字,从千千万万,取大周帝業千千萬萬年之意。

勊 04033 u52CA
kè_7.9　同勀04004

劮 04031 u20862
yì_7.9　同劮03993集
韻劮,魚乙切。動也。又逆乙切。

勌 04034 u1871
juān_8.10　集韻拘員切,眷平聲。勤力也⊠健貌。
⊠juàn廣韻渠卷切。同倦玉篇勞也前漢·嚴助傳士卒
罷勌註勌亦倦字莊子·應帝王學道不勌⊠quàn集韻
區願切音券說文勉也。勸或作勌。鑒又勧04123勌04082

勚 04035 u1872
yì_8.10　玉篇同勩

勘 04036 u1873
āi_8.10　篇海幺皆切
音挨。逼也。从佳,非隹△亦作勊。

勆 04037 u1874
líng_8.10　集韻閭承切音陵。侵尚也玉篇俗陵字,
侵也⊠lìng集韻里孕切,陵去聲。止馬也。鑒又勆74496

勍 04038 u1875
qíng_8.10　唐韻集韻韻會正韻丛渠京切音擎說文
彊也。左傳·僖二十二年勍敵之人。鑒又勍04075

劷 04039 u1876
lù_8.10　集韻力竹切音陸玉篇劤力,并力也篇海
同勠。

勔 04040 u1877
liǎng_8.10　唐韻良獎切集韻里養切丛音兩玉篇勔
勞也廣韻力拒也⊠集韻軆急貌。

勝 04041 u1878
bēng_8.10　集韻晡橫切音絣。本作抨。大力也。
⊠kēng肯登切,肯平聲。義同。

勣 04042 u1879
zì_8.10　篇海作勣。祖似切音子。爭役也。

勏 04043 u1880
pǒu_8.10　集韻薄口切,哀上聲。劥勏,用力。

勫 04044 u1881
kuāi_8.10　唐韻苦淮切集韻枯懷切,並音摧玉篇勫
也廣韻勫勫,人有力也集韻有力貌。

勪 04045 u1882
jué_8.10　篇海巨勿切音倔。足多力也。

勐 04046 u1883
měng_8.10　篇海莫杏切音猛。義同猛。勇勐也。
⊠嚴也。亦害也,惡也。

勑 04047 u1884
lài_8.10　唐韻落代切集韻正韻洛代切丛音萊說
文勞也廣韻同倈⊠chì集韻蓄力切音敕。誠也易·噬
嗑先王以明罰勑法⊠正韻誠也,正也,固也⊠通作
敕後漢·馬援傳效伯高不得,猶爲謹敕之士⊠正韻天
子制書曰勑△集韻或作勅、餄。

勖 04048 u1885
duàn_8.10　字彙補旦半切音鍛。決勖也。

勚 04049 40672
zì_8.10　篇海類編祖似切音子。爭役也。

勢 04050 40673
cán_8.10　篇海類編與殘同。

勏 04051 42535
juān_8.10　篇韻音涓。鑒疑勌字之譌。

槑 04052 42536
nǎo_8.10　字彙補乃老切音惱。

勓 04053 u2A7DF
null_8.10　未詳。

財 04054 u2A7DE
sai_8.10　壯男。備財:男人。

勣 04055 u2A7DD
jì_8.10　简勣04114

勉 04056 u2F826
miǎn_8.10　同勉04017

勞 04057 u208A7
khướt_8.10　喃从力却khước聲△勞瘃:力竭。

勞 04058 u20875
null_8.10　未詳。

勢 04059 u20874
lí_8.10　俗勢03516

勔 04060 u20873
miǎn_8.10　俗勔04067

勵 04061 u20872
null_8.10　未詳。

勢 04062 u351F
shì_8.10　俗勢04113

勩 04063 u52DA
yì_8.10　简勩04139

勯 04064 u1886
xiā_9.11　唐韻集韻丛許轄切音瞎玉篇勤力也廣
韻力作勯勯集韻勯勯,用力聲⊠hé集韻何葛切音曷
勤也。鑒胡吉宣:勤04087勯當爲一字。

勒 04065 u1887
lè_9.11　唐韻盧則切集韻韻會正韻歷德切,丛楞
入聲說文馬頭絡銜也。从革力聲。一說馬彎也,有銜
曰勒,無曰羈釋名絡也。絡其頭而引之玉篇馬鑣銜也
前漢·匈奴傳鞌勒一具⊠增韻抑也玉篇抑,勒也。
⊠刻也禮·月令孟冬,命工師效功,物勒工名,以考其
誠註刻名于器,以備考驗⊠廣韻石虎諱勒,呼馬勒
爲轡。鑒又扐20633鞓70716⊠靮67145剌03623,殷周金文
勒或从刃、从刀作,表示物勒工名。

勘 04066 u1888
kài_9.11　集韻口戒切,揩去聲。勤力也。一曰勉也。
鑒俗劾03986

勔 04067 u1889
miǎn_9.11　唐韻集韻韻會彌兗切正韻美辨切丛音
緬爾雅·釋詁勔勔,勉也揚子方言周鄭之閒,相勸勉
曰勔⊠mǐn集韻彌盡切音泯。義同⊠或作勖俛。
鑒又勔04060⊠揚子方言周鄭之閒相勸勉曰勔。華學
誠:宋本原文:剴、薄,勉也。自關而東周鄭之閒曰勔
剴。勉也下郭註相勸勉也字典把郭璞的註釋文字揉進
方言本文,而且割裂雙音詞勔剴而變成勔,以就所釋
勔字,大非。

勥 04068 u1890
zòng_9.11　集韻作弄切,總去聲。勸屬也。

動 04069 u1891
dòng_9.11　古文踵連唐韻正韻徒摠切集韻韻會杜
孔切,丛同上聲說文作也增韻動,靜之對易·坤卦六
二之動,直以方也書·說命感善以動,動惟厥時⊠廣
韻出也禮·月令仲春,蟄蟲咸動⊠搖也庾信·夢入內
堂詩日光釵焰動,窗影鏡花搖⊠dòng韻會正韻丛徒
弄切。同去聲易·繫辭雷以動之,風以散之韻會凡物
動,則上聲。彼不動而我動之,則去聲⊠dǒng集韻覩
孔切音董。振動,拜也,以兩手相擊而拜。今倭人拜以
兩手相擊,蓋古之遺法。鑒又働01898崠14001动03941
勭04145

勖 04070 u1892
xù_9.11　唐韻許玉切集韻韻會呼玉切丛音旭。說
文勉也。从力冒聲徐曰勉其事,冒犯而爲之書·牧誓勖

哉夫子 詩·邶風 以勖寡人。鎣 又 龍龕 勖04074 晑23294，二俗，許玉反。正作晑23313

04071 01893
晑 xù_9.11 篇海 勖或作晑，譌。

04072 01894
勘 kàn_9.11 唐韻 集韻 韻會 正韻 丛苦紺切，堪去聲 說文 校也。玉篇 覆定也 增韻 鞫囚也 又 kān 集韻 枯含切音堪。能也。

04073 01895
務 wù_9.11 唐韻 集韻 韻會 丛亡遇切音霧 說文 趣也。从力秋聲 徐曰 言趣赴此事也 爾雅·釋詁 務，彊也 註 事務以力勉彊 廣韻 事務也，專力也 易繫辭 夫易開物成務 又 姓 廣韻 列仙傳 有務光 又 wú 集韻 微夫切，霧平聲。務婁，邑名 又 máo 廣韻 謨袍切音毛。前高後下。又 mào 集韻 莫候切音茂。昏也 又 wǔ 正韻 罔古切音武。同侮 詩·小雅 兄弟鬩于牆，外禦其務 又 韻補 叶迷侯切音謀 劉楨·瓜賦 豐細異形，圓方殊務。揚暉發藻，九采雜糅。糅，平聲。鎣 又 務03630 务03920 汶27920 秾38415

04074 01896
勖 xù_9.11 海篇 與晑同。

04075 01897
勍 qíng_9.11 字彙補 與勍同。

04076 01898
勑 yì_9.11 字彙補 余亦切音曳。與勑同。鎣 字彙補 勑，與勑同。又 勑，余烈切音曳。劬也。

04077 01899
㪷 bīng_9.11 字彙補 古文兵02576字。

04078 42537
勯 táng_9.11 海篇 音暘。鎣 字彙補 同當切音唐。

04079 u2A7E0
劥 null_9.11 未詳。

04080 u20884
勤 qín_9.11 俗勤04115

04081 u20882
劦 null_9.11 未詳。

04082 u20881
㔂 juàn_9.11 同勌04034

04083 u20880
勤 null_9.11 未詳。

04084 uF952
勒 lēi_9.11 兼勒。

04085 01900
勛 xūn_10.12 說文 廣韻 丛古文勳04170字。鎣 又 勛04032 勳04183 勲04168

04086 01901
勴 qián_10.12 集韻 渠焉切音虔。負物也。鎣 又 勴04103

04087 01902
勮 xiá_10.12 唐韻 胡瞎切 集韻 下瞎切丛音轄 玉篇 用也。鎣 又 勮04064

04088 01903
勪 biē_10.12 唐韻 方結切 集韻 必結切，丛邊入聲 玉篇 大也 廣韻 大力之貌。鎣 又 勪04095

04089 01904
勷 hàn_10.12 集韻 下罕切，翰上聲。勤也。

04090 01905
勜 wěng_10.12 唐韻 集韻 丛烏孔切，翁上聲 玉篇 勜劜，屈強也 又 yǎng 集韻 鄔項切音鷂。勜傾，多力。鎣 又 頷68339 䤲00489

04091 01906
勝 shēng_10.12 古文 勝 尞 嬰 唐韻 識蒸切 集韻 韻會 書蒸切丛音升 說文 从力朕聲。本从舟，省作月。任也 廣韻 舉也 正韻 堪也 詩·小雅 既克有定，靡人弗勝 又 廣韻 漢複姓 何氏姓苑 有勝屠公，爲河東太守 又 shèng 唐韻 集韻 韻會 丛詩證切。升去聲 廣韻 勝，負之對 老

子 道德經 天道不爭而善勝 史記·魏世家 百戰百勝。又 加也，優過之也 周子通書 實勝善也，名勝恥也。又 婦人首飾 荊楚歲時記 人日剪綵爲花勝以相遺，或鏤金薄爲人勝 杜甫·人日詩 勝裏金花巧耐寒 又 州名 廣韻 春秋時戎狄地，戰國時晉趙地，漢雲中五原也。隋屬雲州，唐武德中改爲勝州。鎣 尭，尭字俗譌 又 胜47104

04092 01907
勞 láo_10.12 古文 勞 勞 唐韻 魯刀切 集韻 郎刀切丛音牢 說文 劇也。从力、熒省。用力者勞 爾雅·釋詁 勞，勤也 易·兑卦 悅以先民，民忘其勞 史記·文帝本紀 朕親郊祀上帝諸神，禮官議，毋諱以勞朕 又 事功曰勞 禮·儒行 先勞而後祿 註 猶事也 又 憂也 曹丕·與吳質書 未足解其勞結 註 謂憂心之結 又 姓 廣韻 後漢有琅邪勞丙。又 唐韻 集韻 韻會 正韻 丛郎到切，牢去聲 廣韻 勞，慰也 禮·曲禮 君勞之，則拜 韻會 勞者，敘其勤以答也。鎣 又 労03971 劳03992 傍01914 㑦27220 労03970 恾17441 慸18296 㷃32921 又 玄應音義 勞乎：力高反 爾雅 勞，勤也。謂力極也。經文作㑦27215 㷃27217二形，誤也。

04093 01908
舁 yú_10.12 五音集韻 居許切音舉。共輿貌。鎣 亦作舁22472，俗㿝48337

04094 01909
勩 yì_10.12 字彙補 余力切音曳。劬也。又 作勑。鎣 余力切。余烈切。

04096 42538
劷 lüè_10.12 海篇 音略。

04095 40674
勨 biē_10.12 字彙補 與勪同 唐書·敬羽傳 乃作巨枷，號勪尾榆。一本作勪。

04097 u2A7E2
劷 null_10.12 未詳。

04101 u2088F
券 juàn_10.12 券03974本字

04098 u2F827
勤 qín_10.12 俗勤04115

04100 u20890
劙 lí_10.12 俗劙03702

04099 u20891
勞 nhọc_10.12 喃 从力辱nhọc聲。累。亦作癆36346

04102 u2088E
舅 jiù_10.12 正字通 舅48361俗作舅。

04103 u2088D
勴 qián_10.12 同勴04086

04104 u2088B
旟 null_10.12 未詳。

04105 u2088A
勴 null_10.12 未詳。

04106 uF97F
勞 láo_10.12 兼勞。

04107 01910
募 mù_11.13 唐韻 集韻 韻會 正韻 丛莫故切音暮 說文 廣求也。从力，莫聲 廣韻 召也 增韻 招也 又 wù 集韻 亡遇切音務。以財使也。

04108 01911
勱 mò_11.13 集韻 末各切音莫。勌也。

04109 01912
勠 lù_11.13 古文 㪻 唐韻 集韻 韻會 力竹切 正韻 盧谷切丛音六 說文 并力也。从力、翏聲 玉篇 書曰：聿求元聖，與之勠力，陳力於人也 又 通作戮 前漢·高帝紀 戮力攻秦 又 liú 唐韻 集韻 力求切音留。義同 陸機·文賦 或情竭而多悔，或率意而寡尤。雖茲物之在我，非余力之所勠 又 liáo 集韻 韻會 丛憐蕭切音聊。義同 又 liù 集韻 韻會 丛力救切，留去聲。義同。鎣 又 勎04039 勠04130 勠04150 㻰34427 㻰23069

04110 01913
勴 ōu_11.13 集韻烏侯切音謳。足筋謂之勴。

04111 01914
勢 háo_11.13 唐韻胡刀切集韻乎刀切丛音豪說文健也。廣韻俊健集韻强也囷集韻牛刀切音敖。義同。
鍪俗作勢03704

04112 01915
勡 piào_11.13 唐韻集韻韻會正韻丛匹妙切音漂說文刼也。从力、票聲廣韻强取也囷韻會通剽前漢·賈誼傳剽吏而奪之金。鍪又勡04198

04113 01916
勢 shì_11.13 唐韻舒制切集韻韻會正韻始制切丛音世說文盛權力也孟子好善而忘勢囷廣韻形勢易·坤卦地勢坤囷增韻氣燄也書·君陳毋倚勢作威囷韻會外腎爲勢。宮刑,男子割勢。鍪又勢04003勢04062牰35268

04114 01917
勣 jì_11.13 集韻韻會丛則歷切音績玉篇功也集韻通作績。鍪又勣04055

04115 01918
勤 qín_11.13 古文瘽唐韻巨斤切集韻正韻渠巾切韻會渠斤切丛音芹。說文勞也。从力、堇聲爾雅疏勤者,勞力也書·武成王季其勤王家囷詩·豳風恩斯勤斯註勤,篤厚也左傳·僖三年楚人伐鄭,鄭伯欲成,孔叔不可。曰:齊方勤我,棄德不祥註勤我,言齊恤鄭難也前漢·司馬相如傳重賜文君侍者,通殷勤囷揚子法言民有三勤註勤,苦也囷通作廑前漢·揚雄傳其廑至矣註師古曰古勤字囷集韻渠之切音其。通作期。毛勤,老稱也。鍪又勤04098勤04126勦04080勤50839

04116 01919
勥 qiǎng_11.13 唐韻其兩切集韻巨兩切,丛强上聲說文迫也廣韻迫也,勉力也囷qiáng集韻渠良切音强。義同囷jiǎng集韻舉兩切音繦。勥勥,力拒也。鍪又勥04191

04117 01920
勦 jiāo_11.13 唐韻集韻韻會丛子小切音勦說文勞也。从力,巢聲春秋傳安用勦民囷cháo唐韻集韻韻會正韻丛鉏交切音巢。義同囷廣韻輕捷也韓愈詩稟生肖勦剛囷chāo集韻初交切音抄。義同。鍪又勦04169

04118 01921
勉 miǎn_11.13 字彙補音義同勉。

04119 01922
勩 dí_11.13 字彙補與敵同十六國春秋一曰縱勩,悔將何及。

04120 42539
勞 piě_11.13 海篇音敉。鍪俗勢03755五侯鯖字海·力部第三音撇。

04121 42540
勞 cóng_11.13 海篇音從

04122 42541
勧 zhá_11.13 字彙補炤則切,音札◇力也○按卽劄字之譌。

04123 42542
勧 juàn_11.13 海篇音眷。鍪可洪音義無勧:其卷反,疲也,猷也,懈也。正作勌也經律異相作勌字。

04124 u2B751
勢 shì_11.13 俗勢04113 隸辨引高彪碑

04125 u2A7E3
勴 null_11.13 殷周金文集成·5.2836·大克鼎勴克王服,出內(入)王令(命),多賜寶休,不(丕)顯天子。

04127 u2089F
勎 giúp_11.13 喃从助执chấp聲。佑。亦作勎04128

04126 uFA34
勤 qín_11.13 兼勤04115

04129 u2089D
勑 vâm_11.13 喃从力,曼man聲。大象,(像大象一樣)有力。

04130 u2089C
勠 lù_11.13 俗勠04109

04128 u2089E
勎 giúp_11.13 喃同勎04127

04131 u20898
勞 null_11.13 未詳。

04132 u52E7
勧 quàn_11.13 同勸04196

04133 01923
勢 lì_12.14 唐韻林直切音力方言趙魏閒呼棘曰勢。鍪方言趙魏間呼棘曰勢。華學誠:廣韻·職韻勢,趙魏間呼棘,出方言字典蓋本此。此爲見於廣韻的方言佚文,傳本方言並無此條字典應該直接引用廣韻

04134 01924
勞 zhá_12.14 集韻竹洽切音劄。勤力也。

04135 01925
勢 yǒu_12.14 集韻於尤切,憂上聲。勢粍,頓也。

04136 01926
勢 tiǎn_12.14 集韻徒典切,田上聲。勢,劣貌。

04137 01927
勢 yǎng_12.14 唐韻余兩切集韻以兩切丛音養說文緩緩也囷玉篇勉也囷集韻勴也囷xiàng唐韻徐兩切集韻似兩切丛音象。義同篇海或作勬。鍪胡吉宣:勢勅03976勅04179三字同。

04138 01928
勢 jué_12.14 唐韻集韻丛居月切音厥說文勞也囷集韻其月切音掘。義同△或作㦂。鍪又勴04148

04139 01929
勩 yì_12.14 唐韻餘制切集韻韻會正韻以制切丛音曳說文勞也廣韻苦也詩·小雅莫知我勩囷集韻韻會羊至切正韻以至切丛音異囷shì集韻神至切音示。義丛同集韻或作勩勩肆。鍪又勩04063

04140 01930
勴 jué_12.14 集韻極虐切音噱。本作蹻,舉足行高也。

04141 01931
勢 jué_12.14 唐韻子悅切集韻租悅切丛音蕝廣韻勢,斷物也囷xuè集韻翾劣切音旻。拽也。鍪正字通勢03743字之譌。

04142 01932
勢 fān_12.14 集韻方煩切音蕃。健也。

04143 01933
勢 bèi_12.14 集韻平祕切音備博雅挾也。一曰壯也。△或省作勪。鍪又蠹10308

04144 01934
勬 juàn_12.14 唐韻居倦切集韻古倦切丛音眷玉篇勤也廣韻强健也囷juān唐韻居員切集韻拘員切,丛平聲。義同。

04145 01935
勣 tóng_12.14 集韻徒東切音童。成人也囷dǒng杜孔切,童上聲。作也。

04146 01936
勣 zhěng_12.14 字彙補照井切音整。願也。見小爾雅

04147 01937
勝 shēng_12.14 字彙補古文勝04091字。

04148 40675
勴 jué_12.14 海篇同勢。

04149 null
勢 null_12.14 字彙補音未詳。見穆天子傳

04150 40677
勢 lù_12.14 海篇呂竹切音六。併力也。

04151 42543
尭 yǎo_12.14 海篇音咬。

04152 u2A7E5
null_12.14 未詳。

04155 u208AB
整 zhěng_12.14 俗整21791

04153 u2A7E4
null_12.14 㕠未詳。

04156 u208A8
寡 guǎ_12.14 俗寡12292

04154 u208AC
吕 lǚ_12.14 㕠从無从力會意。俗勴。累也。

04157 01938
勜 yǎng_13.15 篇海羊兩切音養。勉也。図xiàng徐兩切音象。義同。

04158 01939
勮 jù_13.15 唐韻集韻韻會丛其據切音遽說文務也廣韻勤務也図懅也，疾也図韻會人名。唐有王勮。図lǜ集韻良據切音慮。義同。

04159 01940
勯 dān_13.15 集韻多寒切音丹。力竭也呂覽烏獲引牛，尾絕，力勯，而牛不行。

04160 01941
勤 jìn_13.15 集韻巨禁切音噤。用力也。

04161 01942
勰 xié_13.15 唐韻正韻胡頰切集韻韻會檄頰切丛音協說文同思之和。从劦从思徐曰會意図韻會人名南史劉勰撰文心雕龍。鑾又勰18562

04162 01943
勱 mài_13.15 唐韻莫話切集韻韻會莫敗切丛音邁說文勉力也書·立政用勱相我國家図韻會通作邁左傳引書·皋陶邁種德。註勉也。鑾又劢03919

04163 01944
勊 kǎi_13.15 集韻口蟹切，音芐。勊努，疲也正字通與懈同。

04164 01945
勴 sè_13.15 集韻殺測切音色。助也。

04165 01946
勆 yǎng_13.15 字彙補以兩切音養。勉也。

04166 42544
勥 jìn_13.15 字彙補音禁。

04167 u2A7E6
null_13.15 㕠未詳。

04168 u52F2
勲 xūn_13.15 俗勳04170

04169 01947
勦 jiāo_14.16 正字通勤本字字彙古勦字，非。

04170 01948
勳 xūn_14.16 古文勛唐韻集韻韻會正韻丛許云切音熏說文能成王功也。从力，熏聲。當作勛，今作勳周禮·夏官·司勳王功曰勳註輔成王業，若周公也書·禹謨其克有勳図xùn集韻吁運切，薰去聲。義同。

04171 01949
勴 kùn_14.16 字彙補孔忖切音閫。門限也。

04172 u208B8
null_14.16 未詳。

04173 01950
勴 lǜ_15.17 廣韻良倨切集韻韻會正韻良據切丛音慮說文助也。本作勴，从力从非，慮聲。或作勴爾雅註勴，謂贊勉也。不以力助，以心助也△集韻或作勴。鑾正字通勴04188，勴字之譌。

04174 01951
勵 lèi_15.17 唐韻集韻丛盧對切，音纇玉篇推也。一曰懷也図léi集韻倫追切音畾。推也，勉也△或作勷。

04175 01952
勷 xìn_15.17 集韻思沈切音審。勷勶。鑾集韻勷，思沁切。勷勶，用力図勷12427

04176 01953
罷 bà_15.17 唐韻薄蟹切集韻部買切丛音罷廣韻勷努集韻疲也。一曰惡怒。

04177 01954
勵 lì_15.17 唐韻集韻韻會丛力制切音厲說文勉力也，从力厲聲玉篇勸也廣韻勸勉也後漢·祭彤傳璽書勉勵図韻會通作厲。有修飾振起意前漢·宣帝紀厲精更始。鑾又励03973勵04187

04178 01955
勷 kè_15.17 篇海珂伯切音客。勤作也。

04179 01956
勷 yǎng_15.17 集韻以兩切音養玉篇勸也。鑾俗勷04137

04180 01957
勶 zhé_15.17 集韻直列切音轍。本作撤。去也。通作徹說文發也正譌徹，通也。古文作勶図chè集韻敕列切音徹。義同。

04181 01958
絭 juàn_15.17 字彙補渠眷切音倦。靴縫也△亦作䋼、絭。

04182 01959
勴 lǜ_15.17 集韻良倨切音慮。助也。

04183 01960
勳 xūn_15.17 字彙補與勳同。出漢碑。

04184 40678
勵 lèi_15.17 篇海類編與勵同。

04185 42545
勴 lǜ_15.17 字彙補連呼切音盧。鑾疑勴04203字之譌。

04186 u208BD
勒 bì_15.17 俗筆42500龔自珍送欽差大臣侯官林公序公駐澳門，距廣州城遠，夷勒也。公以文臣孤入夷勒，其可乎。

04187 u97F7
勵 lì_15.17 兼勵

04188 01961
勴 lú_16.18 集韻龍都切音盧玉篇助也図lǜ集韻良據切音慮。本作勴。義同。

04189 01962
勥 qiáng_16.18 集韻渠良切音強說文迫也。本作勥。図jiǎng集韻巨兩切，強上聲。追也。鑾又勥04191

04190 01963
勞 láo_16.18 玉篇古文勞04092字。

04191 40679
勥 qiǎng_16.18 篇海類編與勥同。

04192 u24BFA
勳 siēng_16.18 㕠从勤生sinh聲。勤勉。亦作㘝05727

勂03961

04193 u208C2
諫 rưởn_16.18 㕠从力諫（練）luyện聲。伸，引。

04194 01964
勳 chān_17.19 集韻初銜切音欃。抄也。

04195 01965
勳 ráng_17.19 唐韻汝陽切集韻韻會如陽切正韻如羊切丛音禳玉篇走貌図勷03980勷。

04196 01966
勸 quàn_17.19 唐韻去願切集韻韻會區願切丛音券說文勉也。从力，雚聲廣韻獎勉也，助也，教也書·禹謨勸之以九歌，俾勿壞図悅從也論語舉善而教，不能則勸図戰國策荊王大悅，許救甚勸註勸，猶力也集韻或作勌。鑾又劝03910合併字學篇韻便覽勧，同勸。

𠣅 04197 u208C5 yì_17.19 俗㓷03857 類篇𠣅，逆乙切。斷也。

𠣆 04198 u208C6 piào_18.20 勡04112本字。

㔧 04199 01967 liǎn_19.21 集韻力展切音輦。狹㔧篇海劣貌也。

𪟧 04200 u2A7E7 nǎo_19.21 同嫐11190 直音篇嬲35636音裹。相戲擾。嬲，奴到切。

𠤆 04201 01968 wàn_21.23 字彙補武辦切，音萬◇姓也。鎣或作𪞐66828

𠤊 04202 01969 luán_21.23 集韻與攣同。

勴 04203 01970 lǜ_23.25 唐韻良倨切集韻良據切太音慮說文助也廣韻導也△集韻或作勴、勵。鎣又勴04204勴04182

勴 04204 01971 lǜ_32.34 海篇同勴。

◈ 勹部 ◈

⼓ 04206 u2F13 bāo_0.2 部勹04205

勹 04205 01972 bāo_0.2 唐韻集韻太布交切音苞說文裹也。勹，象曲形，有所包裹。

勺 04207 01973 zhuó_1.3 唐韻之灼切集韻韻會正韻職略切太音灼◈說文挹取也。象形，中有實◈徐曰按禮記一勺水之多,言少也 又 廣韻周公樂名儀禮·燕禮若舞則勺註勺頌篇告成大武之樂歌也前漢·禮樂志周公作勺，言能勺先祖之道也集韻或作汋 又 通作酌前漢·禮樂志·郊祀歌勺椒漿註師古曰勺，讀曰酌 又 唐韻市若切集韻寔若切韻會是若切正韻裳灼切太音芍周禮·冬官考工記梓人爲飲器,勺，一升註勺，尊升也儀禮·士冠禮勺觶角柶註勺，所以剩酒也△玉篇亦作杓 又 韻會長勺，魯地名。鎣又勺04209勺04208

勺 04208 uFA77 sháo_1.3 同勺04209

勺 04209 u52FA shuò_1.3 同勺04207

匀 04210 01974 yún_2.4 唐韻羊倫切集韻韻會俞倫切,並音昀說文少也。从勹从二。指事也。一曰均也玉篇齊也廣韻徧也杜甫·麗人行肌理細膩骨肉匀 又 jūn 集韻規倫切音君。與均同。鎣通作勻04218 又 匀04225匀04215㚬09883

勼 04211 01975 jiū_2.4 唐韻居求切集韻居尤切太音鳩說文聚也。从勹，九聲△或作九莊子·天下篇禹親自操橐耜，而九雜天下之川△玉篇今作鳩書·堯典共工方鳩僝功。鎣又𠘧02757

勿 04212 01976 wěn_2.4 唐韻集韻太武粉切音刎。覆也 又 bào 集韻薄皓切音抱。義同韻會捬或作勽，亦作抱 又 pào 集韻皮教切音泡。鳥伏卵。

勾 04213 01977 gōu_2.4 篇海古侯切音溝 又 gòu 古候切音遘。勾本作句。

勿 04214 01978 wù_2.4 唐韻集韻韻會正韻太文拂切音物說文勿，州里所建旗。象其柄，有三游，雜帛，幅半異，所以趣民，故遽稱勿勿△集韻或作㫚 又 通作物周禮·春官·司常九旗雜帛爲物 又 玉篇非也廣韻無也增韻毋也韻會莫也通志勿，州里之旗也。而爲勿不之勿，借同音，不借義論語非禮勿視朱註勿者，禁止之辭 又 韻會懇愛貌祭義勿勿諸其欲其饗之也註猶勉勉也。又 六書正譌事物之物，本只此字，後人加牛以別之。又 顏氏家訓篇書翰稱勿勿，不知所由。或妄言此匆匆之殘缺者。及考說文乃知忽遽者稱爲勿勿東觀餘論今俗勿中加點作匆，爲忽遽字，彌失眞矣 又 mò 正韻莫勃切音沒。掃塵也禮·曲禮郵勿驅，塵不出軌。

匀 04215 u208CC yún_2.4 俗匀04210亦作匀04225

匃 04216 u5302 gài_2.4 俗丐00030 可洪音義乞匃：音蓋 又 yùn 日氣韵。香気。松本愚山省文纂考匃，韻67888借作匃。

匁 04217 u5301 qián_2.4 四聲篇海匁，徂先切。與錢義同。俗用。參見㓷58696 又 刅03259，段氏改作匁，从刃从一。

勻 04218 u5300 yún_2.4 匀04210通作勻。

匄 04219 01979 gě_3.5 唐韻古達切集韻正韻居曷切太音葛玉篇乞也，行請也，取也集韻求也前漢·陳湯傳匄貸無節西域傳乞匄無所得 又 與也西域傳我匄若馬後漢·竇武傳載肴糧于道,匄施貧民 又 玉篇同丐廣韻集韻亦作丐唐書·杜甫傳贊殘膏賸馥，沾丐後人 又 gài 唐韻古泰切集韻丘蓋切韻會正韻居太切太音蓋。義同。

匃 04220 01980 gé_3.5 韻會匃亦作匄前漢·文帝紀匄以啟告朕註師古曰匃，亦乞也。

包 04221 01981 bāo_3.5 廣韻布交切集韻班交切太音苞說文包，象人裹妊。巳在中，象子未成形也。元氣起於子。子，人所生也。男左行三十，女右行二十，俱立於巳，爲夫婦。裹妊於巳。巳爲子，十月而生，男起巳至寅，女起巳至申，故男年始寅，女年始申也 又 容也易·泰卦九二，包荒，用馮河 又 裹也書·禹貢包匭菁茅禮·樂記倒載干戈，包以虎皮 又 前漢·班固敘傳包漢舉信註劉德曰：包，取也 又 通作苞。叢生也書·禹貢草木漸包。又 姓廣韻楚大夫申包胥之後。漢有大鴻臚包咸。又 山名山海經註吳縣南，太湖中包山下，有洞庭穴，號爲地脈 又 páo 集韻正韻太蒲交切音咆集韻匏亦作包 又 庖通作包易·姤卦包有魚繫辭古者包犧氏之王天下也 又 fú 韻補房尤切音浮。地名春秋公及莒人盟于包來左氏作孚通雅古呼包如孚。脬與胞，桴與枹，莩與苞，浮與抱之類，同原相因，故互通 又 叶補苟切，褒上聲，裹也詩·召南野有死麕，白茅包之。有女懷春，吉士誘之。鎣又包04227勹04205𠣾04232

𠣸 04222 01982 hàn_3.5 正字通古文翰字前漢·王莽傳𠣸翼已成○按王莽傳太無此字。

𠣹 04223 01983 yòu_3.5 玉篇古文幼15301字。

𠣺 04224 01984 guō_3.5 字彙補各末切音括廣雅求也。

匀 04225 40680
sháo_3.5 字彙補 照削切音勺。齊均平也。鑒或與
匀 yún 同 龍龕 勺俗匀正，羊巡反。齊等均平也。

匆 04226 u2F82A
cōng_3.5 俗囱08068今通作匆。

包 04227 u2F829
bāo_3.5 同包04221

匆 04229 u5306
cōng_3.5 同囱08068

匆 04228 u5307
cōng_3.5 俗囱08068今通作匆04229

匈 04230 01985
xiōng_4.6 唐韻 集韻 正韻 許容切 韻會 虛容切丛音
胸 說文 膺也，从勹凶聲 前漢·司馬相如傳 其於匈中，
曾不蔕芥 楚辭·哀時命 惟煩憒而盈匈 又 前漢·高帝紀
天下匈匈 註 匈匈，喧擾之意 又 正韻 匈匈，譁議之聲 荀
子·天論篇 君子不爲小人之匈匈也，而輟其行 又 xiòng
韻會 正韻丛許用切，胸去聲。義同。鑒又匈04246 又 彙
音寶鑑 匈04219，匈奴，夷名。

匂 04232 01987
bāo_4.6 篇海 音包。衣也。

会 04233 u208D3
null_4.6 未詳。

冘 04231 01986
āo_4.6 唐韻 於交切
音坳 玉篇 深目貌。鑒又完02768

匉 04234 01988
pēng_5.7 唐韻 普耕切音怦。匉訇，大聲。

㓐 04235 01989
chuí_5.7 玉篇 古文垂08454字。

匃 04236 40681
xuán_5.7 篇海類編 胡涓切，音玄。人名。

匀 04237 40682
yì_5.7 字彙補 音未詳 管子 三月解匀，弓弩無匡
轑者。鑒清·俞樾 諸子平議·卷六·管子 字書無匀字，疑
医字之誤。說文·匚部 医，盛弓弩矢器也。

匀 04238 42546
jūn_5.7 搜眞玉鏡 音均。出吳韻

匊 04239 01990
zhōu_6.8 集韻 之由切音周 說文 帀徧也。通作周。
俗作週，非是。

匀 04240 01991
xún_6.8 玉篇 集韻丛古文旬22325字。

匀 04241 01992
xún_6.8 篇海 同旬〇按古文旬字作匀，此譌。

匊 04242 01993
jū_6.8 古文臼 唐韻 集韻 韻會 正韻丛居六切音
菊 說文 在手曰匊 徐曰 手掬米，會意 玉篇 兩手也，滿
手也，手中也，物在手也 詩·唐風 椒聊之實，蕃衍盈匊 朱
子詩 從容出妙句，珠貝爛盈匊 又 韻會 一手曰匊 詩·小
雅 終朝采綠，不盈一匊 賈島詩 虬龍一匊波，洗蕩千萬
春 △ 集韻 或作掬。

匋 04243 01994
táo_6.8 唐韻 集韻 正韻丛徒刀切音桃 說文 瓦器
也。古者昆吾作匋。从缶，包省聲 玉篇 今作陶 又 yáo 正
字通 餘韶切音遙。與窰同。南山有漢武舊匋。

匌 04244 01995
kè_6.8 唐韻 口荅切 集韻 渴合切丛音溘 說文 帀
也 廣韻 周帀也 又 木華·海賦 磊匌匒而相豗 註 磊，大
石。匌匌，重疊也 又 菴匌，氣菴鬱也 杜甫·三川觀水漲
詩 菴匌川氣黃 又 gé 唐韻 古沓切 集韻 葛合切丛音鴿
又 hé 集韻 類篇丛曷閣切音部。義丛同 △ 玉篇 或作佮、
合 游原合奇字作匌。匌、合通。

胷 04245 u208DD
null_6.8 未詳。

匈 04246 u208DC
xiōng_6.8 俗匈04230朝
鮮本 龍龕 匈，音凶。匈奴也。匈，同音。

㧱 04247 u208DB
móc_6.8 喃 从鉤省木mộc聲。

軍 04248 01996
jūn_7.9 說文 軍本作軍。从包省，从車。軍，兵車
也。今文作軍。鑒又匀04254

匍 04249 01997
pú_7.9 唐韻 正韻 薄胡切 集韻 韻會 蓬哺切丛音
蒲 說文 手行也。从勹甫聲 玉篇 匍，匍04271伏也。手行
盡力也，顚蹶也 又 fú 集韻 馮無切音扶。義同 △ 集韻 或
作扶〇按此字下 正字通 尚有匍字，已入言部，重出，
今刪。

㪍 04250 01998
qūn_7.9 唐韻 集韻丛七倫切音皴 廣韻 同踆 玉篇
伏退也，止也 又 jūn 廣韻 集韻丛壯倫切。義同 △ 本書
作竣。

匱 04251 01999
kuì_7.9 玉篇 口怪切。太息也 △ 或作欯、喟。

匀 04252 02000
xún_7.9 五音集韻 古文旬22325字。

匃 04253 40683
gài_7.9 字彙補 與勾同。

軍 04254 u2F9DD
jūn_7.9 同軍04248

匌 04256 02001
è_8.10 篇海 烏合切，
諳入聲。匌匑，不奢侈也 正字通 謂字。

㪍 04255 u208E2
null_7.9 未詳。

匈 04257 02002
xún_8.10 廣韻 集韻丛
須倫切音荀 說文 驚辭也 又 集韻 類篇丛聳尹切音筍。
義同。或从心作惸。鑒又弇04266

豖 04258 02003
zhǒng_8.10 說文 豖本字。高墳也。从勹，豖聲 徐曰
地高起，若有所包也 正字通 廣川書跋 古豖作堌、匆。

匀 04259 02004
jūn_8.10 同軍。古文作匀 六書統 載人部，从人从芡。
軍容光彩也〇按此字下 正字通 尚有匀字，已入艸部，
重出，今刪。

匆 04260 02005
chú_8.10 字彙補 與芻同〇按 說文 芻，从勹从艸。
象包束艸之形。今改从小，無義。當是芻字譌文。

匇 04261 02006
yí_8.10 唐韻 古文宜12011字。

約 04262 02007
yuē_8.10 五音集韻 於角切。同約43783束也◇。

匈 04263 02008
qú_8.10 集韻 與胸23384同。

匈 04264 02009
shào_8.10 集韻 時召切音邵。倒懸鉤。

弇 04266 u208EC
xún_8.10 同匈04257

匐 04265 u208ED
bò_8.10 師匐55581
段，亦作司匐敦。郭沫若題曰 師匐段

匊 04267 02010
jú_9.11 篇海 渠六切，音局◇曲脊也 又 qǔ 丘六切
音麴。義同 正字通 匊字譌省。

匌 04268 02011
kuài_9.11 集韻 苦怪切，音塊。同蒯。艸也。鑒王力：
字當作匌。

匋 04269 02012
dū_9.11 玉篇 旦烏切，音都。伏行也。鑒胡吉宣：

疑與瘏36215同。疲瘏，匍匐而行也。

匏 04270 02013 páo_9.11 唐韻薄交切集韻韻會正韻蒲交切夶音庖說文瓠也。从夸，包聲。取其可包藏物也詩·邶風匏有苦葉註陸佃曰：短頸大腹曰匏陸璣詩疏匏葉少時可爲羹图可淹煮，至八月葉卽苦嚴粲·詩緝匏經霜葉枯落，乾之，腰以度水魯語苦匏不材於人，共濟而已。图爾雅翼匏在八音之一，笙十三簧，竽三十六簧，皆列管匏內，施簧管端图以爲飲器詩·大雅酌之用匏禮·郊特牲器用陶匏，以象天地之性图韻會匏瓜，星名。在河鼓東集韻或作瓟鏊又瓞48914匏04289

匐 04271 02014 pú_9.11 唐韻蒲北切集韻韻會鼻墨切正韻步黑切夶音葡說文伏地也。从勹，畐聲詩·大雅誕實匍匐註兒以手行也图盡力奔趨往也詩·邶風凡民有喪，匍匐救之箋盡力也图作服史記·范雎傳膝行蒲服前漢·霍光傳扶服叩頭图作伏前漢·韓信傳俛出袴下，蒲伏。图集韻步木切音僕。義夶△集韻或作匐鏊又畐02805图龍龕匍59298踑59262二俗。蒲北反。伏也，仆也。

匓 04272 02015 bèi_9.11 集韻補妹切韻會蒲妹切夶音背。人名，晉有匓督图晉紀石勒初名匓。

匃 04273 02016 kuài_9.11 海篇音快。太息也〇按卽匃字之譌。

复 04274 u208F4 fù_9.11 說文匐04291，重也。从勹復聲。匐，省彳。

勎 04275 u208F3 pào_9.11 集韻勎，披教切，起也。

匑 04276 u208F2 kuǎi_9.11 集韻蔽50064，苦怪切說文艸也。或作刪50393匐。刪亦姓图譌作匑04268

匑 04277 02017 gōng_10.12 唐韻居戎切韻會居雄切夶音弓玉篇匑匑，謹敬貌△韻會或作匑图qiōng唐韻去宮切音芎图qū玉篇集韻類篇夶丘六切音麴。義夶同△或作趜。鏊或作匑04294，从匀，同。

匒 04278 02018 è_10.12 唐韻烏合切集韻乙盍切，夶庵入聲玉篇匒綵，婦人頭花髻飾也集韻飾采謂之匒，或作蘁杜甫·麗人行頭上何所有，翠爲匒葉垂鬢脣。鏊又匒04300

匐 04279 02019 bó_10.12 唐韻蒲北切集韻鼻墨切夶音葡。同匐。图fù集韻符遇切音附。伏也。

匒 04280 02020 dá_10.12 集韻德合切音答玉篇匒匒，重疊貌。

匑 04281 u208F7 null_10.12 未詳。

匐 04283 02021 fù_11.13 集韻匐古作匐玉篇同匐。今文作復16716

匑 04284 02022 lǔ_11.13 唐韻郎古切集韻籠五切夶音魯玉篇匐也集韻匑匑，伏地。

匓 04282 u208F6 bit_10.12 喃从包別biết聲。捂，裏。

匒 04285 02023 yù_11.13 篇海依倨切音飫。飽也。祭祀曰厭匒。

匒 04286 02024 jiù_11.13 篇海居又切音救。飽也，厭也，謀也。

匒 04288 u208FC null_11.13 未詳。

勎 04287 02025 pào_11.13 字彙補比號。

切，音鮑◇木名也。鏊俗匏25430

匏 04289 u208FB páo_11.13 同匏04270

匓 04290 02026 jiù_12.14 玉篇同匓。

復 04291 02027 fù_12.14 集韻扶富切，音復說文重也玉篇今作復图fú集韻房六切音伏。義同图pú匹北切音曫也。鏊又匐04274匓04283匓04301復09829

匓 04292 02028 jiù_12.14 唐韻居祐切集韻居又切夶音救·說文飽也。民祭祀曰厭匓图yù集韻依據切音飫。義同。鏊又匓04290匒04286，並匓字之譌。

勎 04293 02029 rán_12.14 集韻日延切音然。犬肉。

匑 04294 u2090D gōng_12.14 同匑04277

匓 04295 u20901 null_12.14 未詳。

匒 04296 u20903 null_13.15 未詳。

停 04297 u203E6 đừng_13.15 喃从勿停đình聲。莫，別，不要。

匑 04298 02030 qū_14.16 唐韻驅菊切集韻丘六切夶音麴說文曲脊也图唐韻集韻夶渠竹切音鞠。義同。鏊又匓04267

匑 04299 02031 qiōng_14.16 集韻丘弓切音芎博雅謹敬也图qióng集韻渠弓切音窮。義同史記·魯世家匑匑如畏然註徐廣曰：匑匑，謹敬貌也。音窮△韻會匑或作匑集韻匑或作匑。

匒 04300 02032 è_14.16 字彙同匒。

復 04301 u20907 fù_14.16 匐04291本字

匒 04302 u20906 chǒ_14.16 喃从勿渚chǎ聲。毋。亦作舝04308

匒 04303 02033 fèng_15.17 五音集韻鳳72948古作匒。

匑 04304 02034 jué_15.17 字彙補古文絕44056字。

匑 04305 02035 qióng_15.17 玉篇巨弓切音窮。匑匑，謹敬貌。

匒 04306 02036 shī_18.20 字彙補同虱。

匑 04307 u2090D huān_18.20 玉篇匑，音州。又音歡。清·李調元奇字名·卷三·州名匑，州名，音歡。

匒 04308 u2090C chǒ_18.20 喃从勿諸chu聲。同舝04302

• 匕部 •

匕 04311 u2F14 bǐ_0.2 部匕04309

匕 04309 02037 bǐ_0.2 唐韻卑履切集韻韻會補履切正韻補委切夶音比說文匕，相與比敘也。亦所以取飯。一名柶玉篇匙也易·震卦不喪匕鬯詩·小雅有捄棘匕註以棘爲匕，所以載鼎肉，而升之于俎也三國志·劉先主傳先生方食，失匕箸。图匕首通俗文劍屬。其頭類匕，短而便用，故曰匕首。史記·吳世家專諸置匕首于炙魚中，以刺吳王僚刺客傳荊軻至秦，獻燕督亢地圖，圖窮而匕首見註荊軻懷數年之謀，而事不就者，尺八匕首不足恃也劉向·說苑尺八，短劍，頭似匕。鏊又匕04311杘23549

匕 04312 u2A7E8 null_1.3 未詳。

匕 04310 02038 huà_0.2 唐韻集韻韻

會 厷古文化04313字 图 集韻 牝32583古作匕。

化 04313 02039
huà_2.4 古文匕化傀 唐韻 正韻 呼霸切 集韻 韻會
火跨切，厷花去聲 說文 化，教行也 增韻 凡以道業誨人
謂之教。躬行于上，風動于下，謂之化 老子道德經 我
無爲，而民自化 图 以德化民曰化 禮·樂記 化民成俗
图 韻會 天地陰陽運行，自有而無，自無而有，萬物生
息則爲化 图 泛言改易，亦曰變化 易·繫辭 擬議以成
其變化 图 貨賄貿易曰化 書·益稷 懋遷有無化居 图 革物
曰化 周禮·春官·大宗伯 合天地之化 註 能生非類曰化
疏 鳩化爲鷹之等，皆身在而心化。若鼠化爲駕，雀化爲
蛤蜃之等，皆據身亦化，故云能生非類曰化也 图 正韻
告誥諭使人回心曰化 書·大誥 肆予大化，誘我友邦君
图 公羊傳·桓六年 化我也 註 行過無禮謂之化，齊人語
也 疏 哀六年傳云陳乞曰：常之母有魚菽之祭，願諸大
夫之化我也。亦是行過無禮之事 图 州名 韻會 漢屬合
浦郡，宋改化州 图 huā 正韻 呼瓜切音花 後漢·馮衍傳
與時變化 章懷太子註 音花 图 é 總要 化音吪，差錯也，
謬言也。从人匕，會意。小篆與匕混，故加言作訛 史記·天
官書 其人逢吾化言 鍫 又傀71470兔71484愚18380仳00824
仏00783 图 敦煌·S. 5579 臨曠（壙）文 然今亡者受（壽）
盡今生，形隨物花49074，體逐時遷，魂歸優（幽）路。

早 04314 02040
bǎo_2.4 唐韻 博抱切 集韻 補抱切厷音寶 說文 相
次也 正譌 从匕，比之省也。从十，十人相比會意。鴇字
从此 總要 十家爲早。今用保。鍫 又丰04512

左 04315 u352B
zuǒ_2.4 俗左14625 可洪音義 龙右：上子可反。

北 04316 02041
běi_3.5 古文蚩 唐韻 博墨切 集韻 韻會 必墨切 正
韻 必勒切，並崩入聲 說文 乖也。从二人相背 徐曰 乖者，
相背違也 史記·魯仲連傳 士無反北之心 玉篇 方名 史
記·天官書 北方水，太陰之精，主冬，曰壬癸 前漢·律歷
志 太陰者北方。北，伏也。陽氣伏于下，于時爲冬 图 廣
韻 奔也 史記·管仲傳 吾三戰三北 图 bèi 集韻 補妹切 韻
會 蒲妹切厷音背 集韻 違也 正韻 分異也 書·舜典 分北
三苗 註 分其頑梗，使背離也。鍫 又北04319，同北，同
形字 图 北04318，本字。

兂 04317 02042
cháng_3.5 集韻 長64733古作兂。

北 04318 u2F82B
běi_3.5 同北04316

北 04319 uF963
běi_3.5 兼北

吳 04320 u2A7E9
yí_4.6 同矣04325

㐌 04321 02043
yí_5.7 集韻 魚其切
音巍 說文 未定也 集韻 同匙，或作㐌 篇海 亦作埃

舍 04322 02044
shǐ_5.7 集韻 施22141古作舍。

㐌 04323 02045
yáng_5.7 字彙補 余香切音羊。暢也。

兆 04324 44033
zhì_5.7 海篇 同傻。鍫 原入 備考·辰集·比部

吳 04325 u20915
yí_5.7 同矣04329疑之象也 图 吳04320吳38500
图 俗賢57809

旨 04326 u20914
zhǐ_5.7 旨22319本字。

卓 04327 02046
zhuó_6.8 唐韻 竹角切音卓。高也 图 姓 玉篇 卓卓，
高貌也。今作卓。

羋 04328 u20916
null_6.8 未詳。

㐌 04329 02047
yí_7.9 集韻 同吷。

罃 說文 作矣04340 图 吳04325埃04330矼14716

埃 04330 02048
yǐ_7.9 玉篇 古文矣38495字。

叴 04331 02049
jiù_7.9 玉篇 集韻 厷古文厩04957字。

帛 04332 02050
zhuó_7.9 集韻 卓04549古作帛。

罕 04333 42547
mào_7.9 字彙補 名報切，音貌◇。

畀 04335 u2091B
zhēn_7.9 說文 古文真37571

帛 04336 02051
zhuó_8.10 玉篇 古文卓04549字。

旱 04337 02052
zhuó_8.10 字彙補 古文卓04549字。

耕 04338 u20921
null_8.10 未詳。

柴 04334 u2A7EA
null_7.9 或俗柴43228

嘗 04339 u20920
null_8.10 未詳。

矴 04340 u2091C
yí_8.10 矴04329本字
說文 矴，未定也。从匕吳聲。吳，古文矢字。

嶝 04341 02053
nǎo_9.11 唐韻 奴皓切 集韻 乃老切厷音惱 說文 嶝，
頭髓也。从匕。匕，相匕著也。巛象髮，囟象嶝形 廣韻
同腦△ 玉篇 亦作腦 集韻 或作刟、腦。厷詳腦47547字註。
鍫 又嵒14589屵13427嶝09048

匙 04342 02054
chí_9.11 唐韻 是支切 集韻 韻會 常支切，厷是平聲
說文 匕也。从匕，是聲 蔡襄茶錄 茶匙要擊拂有力。
图 鑰匙 黃庭經 玉匙金鑰常完堅 图 通作鍉 後漢·隗囂
傳 侍奉盤錯鍉，割牲而盟△ 集韻 或作椸，亦作提。
鍫 又笓41763匙14723

堤 04343 02055
chí_9.11 玉篇 與匙同。

毚 04344 02056
cì_10.12 集韻 次26219古作毚。

眞 04345 u20924
zhēn_10.12 同頁10203古文真。

堻 04346 u2A7EB
null_11.13 未詳。

鷈 04347 u20925
rú_11.13 同鷈04348

旱 04349 u20928
null_12.14 未詳。

鷈 04348 02057
rú_12.14 韻寶 同濡。
图 音軟。柔也。鍫 又鷈04347鷈41277

提 04350 u20927
thìa_12.14 喃 从匕提đề聲。羹匙，杓子。

罷 04351 u20929
bẩy_15.17 喃 从七罷bãi聲△次罷：第七△俗作
罜00094罜沒mốt：七十一。

醫 04352 02058
yī_16.18 字彙補 與一同 陳心叔·字略 一作醫。

◆ 匚部 ◆

匚 04353 02059
fāng_0.2 古文匸 唐韻 府良切 集韻 分房切厷音方 說
文 受物之器 肯榮錄 一斗曰匚 六書正譌 本古方字，借

爲受物器六書故匚，器之爲方者也図通作筐通雅匚
爲古筐図集韻放21402古作匚。鏊與匸04462xì字不同
図辶60636図鄭珍說文逸字·古文四聲韻乙00011乙
凵04354囷08061匚匸04424·陽韻引古「方」。按，上已引
「汸」字。此六文不相屬，蓋偶佗書，傳寫誤爲說文

04354 02060
凵 fāng_0.2　　集韻匚04353古作凵。

04355 u2F15
匚 fāng_0.2　　部匚04353

04356 u2092D
𠤭 pǐ_2.4　　俗匹04464可洪音義区偶：上普吉反。正
作匹図俗正26547偏類碑別字引魏義橋石象碑。
図俗亡可洪音義区後：上文方反。正作亡。

04357 02061
区 jiù_3.5　　玉篇渠救切。與柩同。棺也。正譌从匚，
久聲。

04358 02062
匜 yí_3.5　　古文也唐韻弋支切集韻韻會余支切正
韻延知切𠂔音移說文盥器。似羹魁，柄中有道，可以
注水禮·內則敦牟巵匜唐書·百官志盥則奉匜図集韻
類篇韻會演爾切正韻養里切𠂔音酏図集韻唐何切
音駝。義𠂔同図正譌也，古匜字，借爲助辭，羊者切。
助辭之用既多，故正義爲所奪，又加匚爲匜，以別之。
實一字也。鏊又匜04381鈵62773鉇62956

04359 02063
匝 zā_3.5　　增韻市俗作匝篇海亦作迊。

04360 02064
匠 jiàng_3.5　　精薀匠本字。聖人刱物，愚者與能。从工
从匚，出于規矩準繩，象方正之意。匚譌爲工之重文，
別作匠。工之致用，所重不在斤也。

04361 02065
㔶 hán_4.6　　集韻胡南切音含。受物器。

04362 02066
匞 bēi_4.6　　玉篇古文杯23643字。

04363 02067
匟 kàng_4.6　　篇海口浪切音抗。匟牀，坐牀也。

04364 02068
㔶 cóng_4.6　　集韻徂聰切音叢。盛米器也図quán從緣
切音全。奠也。

04365 02069
匠 jiàng_4.6　　唐韻集韻韻會正韻𠂔疾亮切，牆去聲說
文木工也。从匚从斤。斤，所作器也廣韻工匠孟子梓
匠輪輿図姓風俗通凡氏于事，巫卜陶匠是也。
鏊又匠04360

04366 02070
匡 kuāng_4.6　　唐韻去王切集韻韻會正韻曲王切𠂔音
劻說文飯器也，筥也。一曰正也論語一匡天下前漢·揚
雄傳匡雅頌図玉篇方正也爾雅·釋詁匡，方也詩·小
雅既匡既敕図救也書·盤庚不能胥匡以生孝經·事君
章匡救其惡図斜枉也周禮·冬官考工記輪輻敝，不匡
図廣韻輔助也前漢·宣帝紀以匡朕之不逮図地名韻
會陳留有匡城図姓風俗通匡，魯邑也。句須爲之宰，
其後氏焉。漢有匡衡図與恇同。恐也禮器年雖大，殺
衆不匡懼図與眶同。目匡史記·淮南王安傳涕滿匡
而橫流図wāng烏光切音汪。與尪通。廢疾也◆荀子·正

論篇偏巫跂匡大。鏊荀子正論篇偏巫跂匡大。荀子·正
論篇譬之是猶偏巫跛匡，大自以爲有知也。又前漢·宣
帝紀。徐慧：文帝紀図匡04394匡本字。也作匡04401匡
肘或作佢01105肘、胜47173肘図可洪音義佢脚：上丘狂
反，曲也。戾也。正作駆69958軖60015框三形也。

04367 02071
医 fǔ_4.6　　集韻簠42662古作医。

04368 02072
匢 hū_4.6　　集韻呼骨切音忽。與匫同說文古器也。
鏊又匭04408

04379 u2A7EE
囫 null_5.7　　未詳。

04369 40685
匲 null_4.6　　字彙補滑國，
後魏時謂之滑匲，西域國也。見文獻通考

04380 u2A7ED
匾 null_5.7　　未詳。

04370 u2A7EC
𦈻 null_4.6　　殷周金文集
成·18.11699·十七年春平侯劍冶匽戟（撻）齋（劑）。

04371 02073
医 fǔ_5.7　　正字通與医同。見古鐘鼎文。

04372 02074
匣 xiá_5.7　　唐韻胡甲切集韻韻會轄甲切正韻胡夾
切𠂔音狎說文匱也。从匚，甲聲廣韻箱匣也前漢·王
莽傳虎文衣廢，臧在室匣中者杜甫詩平生白羽扇，零
落蛟龍匣図韻會通作柙23825図jiǎ集韻古狎切音甲。
義同。鏊又柙24233筪41992

04373 02075
匧 shǎn_5.7　　集韻式撰切音㪪。同匶。筲也。一曰漉米
籔，一曰竹盤図xuán玉篇似沿切音旋。溁米奰也。

04374 02076
匥 xì_5.7　　集韻乙逆切音隙。物曲也。一曰曲受也。
鏊熊加全：俗匚04462

04375 02077
匤 qū_5.7　　唐韻丘玉切集韻區玉切𠂔音曲。匣也。

04376 02078
匥 biàn_5.7　　唐韻集韻韻會𠂔皮變切音卞博雅筥也
廣韻竹器図玉篇冠器。與𥬇通。

04377 02079
匰 yuè_5.7　　宣和書譜唐武后生改作匰。鏊張涌泉：
匰04472字草書之訛變字。

04378 42550
延 héng_5.7　　字彙補古文恆字○按卽延字之譌。

04381 u20937
匜 yí_5.7　　同匜04358

04382 u20936
𤲪 null_5.7　　未詳。

04383 02080
匘 yáo_6.8　　集韻餘招切音遙。同鞠，鼓也。

04384 02081
㘡 quán_6.8　　集韻從緣切音全。箕也。

04386 u5326
匦 guǐ_6.8　　簡匭04416

04385 u2093B
𠤻 bō_6.8　　同𥬔62650古
文播20717玉篇匤，布賀切。今作播。揚也。

04387 02082
䈲 tiáo_7.9　　唐韻徒聊切集韻田聊切𠂔音迢說文田
器也集韻或从皿作盌図diào集韻徒弔切音調。艸田
器。鏊又匢04409䈲04420俗作匢04475

04388 02083
囿 yóu_7.9　　字彙音義未詳。見周宣王石鼓文正字通
石鼓有鹵無囿。一曰鹵字之譌。

04389 02084
匧 qiè_7.9　　集韻詰叶切。與篋同◆說文医，藏也玉篇
緘也六書故藏衣筥。

04390 02085
匸
hán _7.9　玉篇 胡耽切音含。船沒底也。

04391 02086
匩
hán _7.9　篇海 與嵒同。

04392 02087
匨
zāng _7.9　說文 集韻 丛古文臧48169字 図 說文 集韻 丛古文藏51440字。

04393 02088
匰
bēi _7.9　篇海 籀文柸字 玉篇 作匰。

04394 02089
匡
kuāng _7.9　說文長箋 匡本字。

04395 02090
匑
qǐ _7.9　字彙補 枯詰切音乞。物曲也。

04396 02091
匷
jiù _7.9　說文長箋 同柩。

04397 40686
匬
tī _7.9　字彙補 與匬同，薄也。 法華經 鼻不匬匬。

04398 42551
匜
yě _7.9　海篇 音也。鏧又匜04479

04400 u20948
坎
khám _7.9　喃 从匚坎khảm聲。

04401 u20946
匤
kuāng _7.9　同匡04394匚04366本字。

04402 u20945
匥
null _7.9　未詳。

04399 u2A7EF
匣
xiá _7.9　俗匣04372 太平御覽·卷第八百二十二·資產部二·耕 趙書曰：東耕儀直殿中監，鋪席於侍臣之南，北面解匣，出御表，跽受黃門侍中。侍中釋劍，擎跽，以穎授尊。太常讚曰：皇帝親耕籍田，一推一反，三推三反。成禮，侍中跽取耒，以授侍郎，以授殿中監，監復韜匣。

04403 u20944
昰
shèn _7.9　正字通 甚，篆作昰。

04404 02092
匪
fěi _8.10　唐韻 集韻 韻會 府尾切 正韻 甫尾切，丛非上聲 說文 匪如籧 玉篇 竹器方曰匪 廣韻 器如竹篋。今从竹爲筐篚字 図 說文 一曰非也 易·屯卦 匪寇婚媾。図 周禮·冬官考工記 且其匪色 註 匪采貌也 図 fēi 集韻 正韻 丛芳微切音霏 禮·少儀 車馬之美，匪匪翼翼 註 行而有文也 図 集韻 同騑。騑騑，馬行不止貌 図 fēn 正韻 敷文切，音分◇ 周禮·天官·大宰 八曰匪頒之式 註 匪，分也，謂分賜羣臣也 地官·廩人 以待國之匪頒 註 匪讀爲分。鏧又繼44642

04408 02096
匦
hū _8.10　篇海 同匲 図

04405 02093
匧
bǐ _8.10　集韻 補弭切，卑上聲。籠也△ 玉篇 今作筥。

04406 02094
匰
hū _8.10　唐韻 集韻 丛呼骨切音忽 玉篇 古器也。△ 集韻 或作匢。鏧同匂，木箱 図 匂61071 匤04408 匢04368

04407 02095
匛
jī _8.10　篇海 居疑切。籀文箕字 玉篇 作匛。

04409 02097
匬
tiáo _8.10　字彙補 帮米切，音彼◇田器。鏧俗匬04387

04410 u2A7F0
匘
null _8.10　殷周金文集成·7.3826·耳侯簋 匘辞乙。

04411 u9FA8
雁
yàn _8.10　俗雁66098清·王昶 湖海詩傳·卷二十五·儲祕書·瀨江道中 匘叫一天霜，漁歸半帆月。

04412 u2094D
阿
ē _8.10　匛匨，亦作阿匨、阿合，阿諛奉承 四部叢刊初編集部·秋澗先生大全集·卷第六十一·碣銘·故卓行劉先生墓表 晚節知圓鑿方枘，不能與時匨匨。

04413 02098
囙
yù _9.11　集韻 勇主切音愈。同庾 說文 水漕倉也。一曰倉無屋者 図 姓。

04414 02099
匬
yǔ _9.11　集韻 勇主切音庾。同斞 說文 量也 玉篇 器，受十六斗 図 tóu 集韻 徒侯切音頭 說文 匬器也。

04415 02100
匯
huī _9.11　玉篇 集韻 丛古文幃15010字。

04416 02101
匭
guǐ _9.11　唐韻 居洧切 集韻 韻會 矩鮪切丛音宄 玉篇 匣也 書·禹貢 包匭菁茅 疏 匭，纏結也 唐書·百官志 武后垂拱二年，鑄銅匭四，列於朝堂 正字通 天寶中，以匭音與鬼同，改爲獻院。鏧又甗04386篇42555

04417 u2094F
匰
fú _9.11　篆隸考異 匐，俗。篆作幅15012方六切。布帛廣也。

04418 u532E
匮
kuì _9.11　简匮04434

04419 02102
匠
cāng _10.12　唐韻 七岡切 集韻 千岡切丛音倉 說文 古器也。

04420 02103
匲
diào _10.12　集韻 徒弔切音調。同筊◆ 說文 艸田器 論語 以杖荷筊△ 集韻 或作蓧，亦作匘、篠。

04421 02104
匰
tāo _10.12　集韻 作匰，土刀切音叨。與匐同，古器也。

04422 u20955
匔
kē _10.12　同匸04474清·嚴可均 全梁文·卷六十三·劉緩·照鏡賦 四面迴風若流水，句欄匔匨似城闉。

04423 u20954
匯
huì _10.12　俗匯04427

04424 u20953
匚
fāng _10.12　說文 匚，籀文匸04353

04425 02105
匭
guǐ _11.13　唐韻 玉篇 集韻 丛古文簋42555字。亦作匬。

04426 02106
異
yì _11.13　唐韻 與職切 集韻 逸職切丛音弋 說文 田器也 玉篇 大鼎也 集韻 或从翼，作匰。

04427 02107
匯
huì _11.13　唐韻 胡罪切 集韻 韻會 戶賄切 正韻 乎罪切，丛回上聲 說文 器也。从匚，淮聲。一曰回也 書·禹貢 東匯澤爲彭蠡 前漢·地理志 註 師古曰匯，廻也。言滄浪之水入江，又東廻而爲彭蠡澤也 図 kuāi 唐韻 苦淮切 集韻 枯懷切丛音励 義同 図 集韻 韻會 正韻 丛胡對切音潰。義同。鏧又汇27793滙29314匯04423滙29978

04428 02108
匭
dì _11.13　集韻 大計切音弟。刀鞞 篇海 刀櫑。

04429 u20957
匭
guǐ _11.13　同匭04425

04430 u3532
匭
guǐ _11.13　同匭04425古文簋42555

04431 02109
匯
quán _12.14　唐韻 此緣切 集韻 逡緣切丛音詮 廣韻 簿也 図 竹器名 図 qū 集韻 此與切音跛。義同。

04432 02110
匰
xuǎn _12.14　篇海 須兗切音選。器也。

04434 02112
匱
kuì _12.14　唐韻 集韻 韻會 求位切 正韻 具位切丛音匱 說文 匣也。从匚，貴聲 六書故 今通以藏器之大者爲匱，次爲匣，小爲匣 史記·太史公自序 紬史記石室金匱

之書韻會或作鐀,俗作櫃匸說文一曰乏也廣韻竭也詩·大雅孝子不匱匸與匱通前漢·王莽傳綱紀咸張,成在一匱匸姓廣韻何氏姓苑云今廬江人。鍥又匮04418鐀64464壃09502

04435 02113
匲 lián_12.14 集韻離鹽切音廉。同籢、匲。或作奩、匲。

04436 02114
匳 gòu_12.14 字彙補與彀同孟子變其彀率正韻作匳。

04437 u2A7F1
㧱 null_12.14 字見殷周金文集成·16.10583·匽侯載器

04433 02111
匵 dān_12.14 唐韻都寒切集韻韻會多寒切𠀤音丹玉篇宗廟盛主器也周禮·春官·司巫祭祀則共匵主註匵,器名。主,木主也。

04438 u2095B
奠 wéi_12.14 說文匵,古文帷14957

04439 02115
匳 lián_13.15 唐韻正韻力鹽切集韻韻會離鹽切𠀤音廉說文本作籢。鏡籢也。今作匲匸廣韻盛香器也△韻會俗作奩。

04440 02116
匶 è_13.15 集韻阿葛切音遏。大呼用力謂之匶。

04441 02117
匷 ǒu_13.15 字彙補吾口切音偶。瓦器。

04442 02118
醛 xuán_13.15 字彙補邪全切音旋。器也。

04443 u20961
匿 è_13.15 同匷07360

04444 u20960
戴 null_13.15 未詳。

04445 u2095F
匳 null_13.15 未詳。

04446 02119
匴 suàn_14.16 唐韻集韻𠀤蘇管切音算廣韻冠箱也儀·士冠禮爵弁、皮弁、緇布冠各一匴註匴,竹器名。今之冠箱也匸玉篇淿米藪匸shuàn集韻式撰切音算。同匴。義同。一曰竹盤。鍥說文匴,渌米籔也睡虎地秦簡·日書凡鬼恒持匴以入人室匸籑42516簋42618匞04373算42134匴04486

04448 02121
匳 biān_14.16 集韻卑眠切音邊。同籩說文竹豆也。

04450 u20967
匷 bēi_15.17 同匷04393音武。刀室。鍥楊寶忠:俗遼61207

04447 02120
匷 wǔ_14.16 集韻罔甫切音武。刀室。鍥楊寶忠:俗遼61207

04451 u20965
匴 null_16.18 未詳。

04449 02122
匵 dú_15.17 唐韻集韻韻會徒谷切正韻杜谷切𠀤音獨說文匵也廣韻函也前漢·五行志乃匵去之註師古曰匵,匱也匸韻會匵通作櫝前漢·楊王孫傳斂木爲匵註師古曰匵卽櫝字。

04452 u20964
醯 jiǎu_16.18 喃从匚酉dậu聲△匵占:隱藏。

04454 02124
匲 yì_18.20 集韻與職切音弋。鼎名。

04456 u2A7F2
顑 gǎn_18.20 俗匫04459

04453 02123
匷 jiù_18.20 唐韻集韻巨救切正韻巨又切𠀤音舊。籀文柩字周禮·春官·喪祝及朝,御匷,乃奠註謂將葬,朝于祖考之廟而行,則喪祝爲御匷也匸集韻或作𠘰。鍥亦作匷04461

04455 02125
匷 qú_18.20 轉注古音其余切音渠淮南子·說林訓古之所爲不可更,則推車至今無蟬匷註車類。

04457 u20969
匥 jī_18.20 同匵04407籀文箕42111

04458 u2096A
匷 tāo_20.22 同匸04421籀文。

04459 02126
匷 gǎn_24.26 唐韻集韻韻會正韻𠀤古禫切音感揚子·方言箱類廣韻又覆頭也增韻器蓋△集韻或作簮匸gòng唐韻集韻韻會正韻𠀤古送切音貢說文小杯也。从匚、贛聲△集韻或作槓。鍥又穎02842蕋51273箛37215匷04456,俗匷揚子方言箱類。華學誠:說文釋為小梧,義與此不同廣韻·感韻匷方言云箱類。又云覆頭也。此為見於廣韻的方言佚文,傳本方言並無此條字典應該直接引用廣韻

04460 u2096B
匷 biān_24.26 同匳04448籀文籩43078

04461 u2096C
匷 jiù_28.30 同匷04453籀文柩23846

◆匸部◆

04462 02127
匸 xì_0.2 唐韻胡禮切集韻戶禮切,𠀤奚上聲◆說文衺徯有所挾藏也。从乚,有一覆之精藴匸,受物之器也。匸,匾物也。匸與匚形近似而意相反。鍥又匚04374

04463 u2F16
匸 xì_0.2 部匸04462

04464 02128
匹 pǐ_2.4 唐韻譬吉切集韻韻會正韻僻吉切,𠀤繽入聲說文四丈也正譌四丈則八端,故从八从匸,象束帛形前漢·食貨志布帛廣二尺二寸爲幅,長四丈爲匹小爾雅倍兩謂之匹廣韻俗作疋匸偶也詩·大雅率由羣匹註成王循用羣臣之賢者,其行能匹偶己之心匸廣韻配也,合也,二也爾雅·釋詁匹,合也註謂對合也疏匹者,配合也詩·大雅作豐伊匹匸禮·緇衣惟君子能好其匹註匹謂知識朋友匸妃匹漢匡衡·政治疏匹妃之際,生民之始匸左傳·桓十年匹夫無罪註庶人夫妻相匹。其名既定,雖單亦匹,故通謂匹夫匹婦匸馬曰匹周禮·夏官註四匹爲乘匸藝文類聚馬光景一疋長,故曰疋正譌馬影四丈,亦借用匹,別用疋匸mù通作鶩,音木禮·曲禮庶人之摯匹。鍥又迋60665匚04356馿69814匸可洪音義千迊:普吉反。正作匹。疇迊:下普必反,偶也。正作匹。

04465 u2096D
刃 null_2.4 未詳。

04466 u533A
区 qū_2.4 简 區04483

04467 02129
匼 lòu_4.6 說文匼,側逃也。从匸,丙聲徐曰丙非聲。當从內會意。疑傳寫誤。

04468 02130
匼 dǐ_4.6 字彙補古文抵19354字。見秦·詛楚文

04469 02131
匼 lòu_5.7 集韻郎豆切音漏◆說文側逃也。一曰箕屬玉篇側匼也△亦作陋。鍥又匼04467洒60785

04470 02132
匼 hū_5.7 篇海呼骨切音忽。日出未甚明也。

04471 02133
医 yì_5.7 唐韻正韻於計切集韻韻會壹計切,𠀤音翳說文盛弓弩矢器。从匸,从矢亦聲齊語兵不解医。匸玉篇所以蔽矢也。或作翳。鍥今醫62504简化字。

匜 04472 02134 yuè_5.7 字彙補 與月同。武則天製。見 大周泰山 碑。鍂武后月字改作囝07995再改作匜，俗作屈04834 匚04377

函 04473 u20972 nǎi_5.7 同迺60815 惠琳音義 函如是：奴改反 爾雅 云函即乃字也 聲類 至也 說文 從西從乚，音隱。

匼 04474 02135 ǎn_6.8 韻會 正韻 夶鄔感切音闇。奄媚，迎合也 唐 書·蕭復傳 盧杞諂諛匼臣 囝 烏匼，巾名 杜甫·晚涼詩 晚 風爽烏匼，筋力蘇摧折。鍂又匼04422唈15445

臣 04475 40684 tiáo_6.8 龍龕 徒聊切，田器也。

光 04476 u20973 null_6.8 未詳。

匽 04477 02136 yǎn_7.9 唐韻 韻會 於幰切 集韻 隱幰切夶音偃 說 文 匿也。從匚，晏聲 廣韻 隱也 前漢·禮樂志·郊祀歌 興 文匽武 囝 周禮·天官·宮人 爲井匽 註 匽，路厠也。鄭康 成謂：匽豬，謂霤下池，受蓄水而流者 囝yàn 集韻 於 建切音堰。路厠也。鍂又穩38444

臦 04478 02137 gàn_7.9 集韻 同淦 **匜** 04479 u20975 yě_7.9 同匜04398

匬 04480 02138 tī_8.10 正字通 俗匜字。

匾 04481 02139 biǎn_9.11 唐韻 方典切 集韻 韻會 正韻 補典切，夶編 上聲 玉篇 匾，匜 廣韻 匾、匜，薄也 韻會 器之薄者曰匾 囝 不圓貌。通作扁。鍂又攇20598扎又作匾扎。

匿 04482 02140 nì_9.11 唐韻 正韻 女力切 集韻 韻會 昵力切夶音 慝 說文 亡也。從匚，若聲 爾雅·釋詁 匿，微也 註 微謂 逃藏也 廣韻 藏也，亡也，隱也 史記·留侯世家 良耳名 姓，亡匿下邳 曹參傳 見人有細過，務揜匿覆蓋之 灌 夫傳 迺匿其家 註 師古曰匿，避也 囝 玉篇 陰姦也。 囝 前漢·蘇武傳 賜武服匿 註 孟康曰：服匿如甖，小口、 大腹、方底，用受酒酪 囝tè 集韻 惕得切音忒。朔而見 月東方，曰側匿。鍂 曹參傳 見人有細過務揜匿覆蓋 之。徐慧：見人之有細過，專揜匿覆蓋之。

區 04483 02141 qū_9.11 唐韻 豈俱切 集韻 韻會 虧于切 正韻 丘于 切夶音驅◆ 說文 藏隱也。從品，在匚中。品，衆也 徐曰 凡言區者，皆有所藏也 荀子·大略篇 言之信者，在乎區 蓋之閒 註 區，藏物處 囝 前漢·揚雄傳 有田一廛，宅一 區 張敞傳 敞以耳目，發起賊主，名區處 註 師古曰區， 謂居止之所也 囝 韻會 區者，小室之名 前漢·胡建傳 穿 北軍壘，以爲賈區 註 師古曰區者，小屋之名，若今小 菴屋之類。故衛士之屋謂之區 囝 論語 區以別矣 朱註 區猶類也 韓愈·別趙子詩 人心未嘗同，不可一理區。 囝 爾雅·釋器 玉十謂之區 郭註 雙玉曰瑴，五瑴爲區 囝 區區，小貌 前漢·楚元王傳 豈爲區區之禮哉 註 師古 曰區區，謂小也 禮·樂志 河閒區區小國 囝qiū 集韻 韻 會 夶祛尤切音丘。域也 增韻 分也，阜也 韻會 曲禮，不 諱嫌名，謂宇與禹，丘與區。禹、宇二字，其音不別。 丘之與區，今讀則異。然尋古語，其聲亦同 陸士衡詩 普

厥丘宇 囝 晉閣名所載，若于區者，別爲丘字，則知丘 之與區，其音不別 囝ōu 集韻 韻會 正韻 夶烏侯切音甌。 量名。四豆爲區 左傳·昭三年 豆區釜鍾 囝 匜也 左傳·昭 七年 楚文王作僕區之法 註 僕，隱也。區，匜也 囝 姓 韻 會 古歐冶子之後 王莽傳 中郎區博 囝gōu 集韻 居侯切 音鈎。同句，曲也 韻會 句或作區 禮記 區萌達 註 屈生 曰區。疏：鈎曲而生。鍂囝区04466碢39345囝堀09189偏 類碑別字·區引 魏王法現造象 囝 前漢·胡建傳 穿北軍 壘，以爲賈區 註 師古曰區者，小屋之名，若今小菴屋 之類。故衛士之屋謂之區。徐慧：穿北軍壘垣以爲賈區。 註 師古曰：區者，小室之名，若今小菴屋之類耳。故衛 士之屋謂之區盧。

若 04484 uF9EB nì_9.11 兼匿。

匜 04485 02142 tī_10.12 唐韻 土雞切 集韻 天黎切夶音梯 玉篇 匜 匜，薄也 方言 物之薄者曰匜匜。鍂又匜04397匜04480 逖60980躰75483 囝 方言物之薄者曰匜匜。華學誠：傳本 方言 未見此條，不知 字典 何所據。

匵 04486 42548 suǎn_11.13 搜眞玉鏡 思管切。鍂俗匵。

匜 04487 u20977 ōu_12.14 俗甌35144

匜 04488 02143 tī_18.20 集韻 天黎切 音梯。臥也。一曰虎臥息。與麗同。

匜 04489 42549 móu_18.20 五音篇海 莫侯切。

匜 04490 02144 ōu_20.22 字彙補 音義與鏂同。

鷗 04491 u20979 ōu_20.22 或俗鷗。

十部

十 04492 02145 shí_0.2 唐韻 韻會 是執切 集韻 寔入切 正韻 寔執 切夶音拾 說文 十，數之具也。一爲東西，丨爲南北，則 四方中央具矣。易，數生于一，成于十 易·繫辭 天九地 十 前漢·韓安國傳 利不十者，不易業 囝 通作什 孟子 或 相什百 前漢·谷永傳 天所不饗，什倍於前 枚乘傳 此其 與秦地相什，而民相百 囝 韻會 今官文書借作拾 囝 陸 游·老學菴筆記 轉平聲，可讀爲諶。白樂天詩：綠浪東 西南北路，紅欄三百九十橋 宋文安公·宮詞 三十六所春 宮館，一一香風送管絃。龘以道詩：煩君一日殷勤意， 示我十年感遇詩。鍂又十，商碼十。

十 04493 u2F17 shí_0.2 部十04492 **十** 04494 u3038 shí_0.2 商碼十。

卂 04495 02146 xìn_1.3 唐韻 息晉切 集韻 思晉切夶音信 說文 疾 飛也。從飛而羽不見 玉篇 亦作迅。

千 04496 02147 qiān_1.3 唐韻 蒼先切 集韻 韻會 正韻 倉先切夶音 阡 說文 十百也 囝 廣韻 漢複姓。鍂又仟00802

廿 04497 02148 niàn_1.3 玉篇 如拾切。二十并也。今直爲二十字 廣 韻 廿，人執切音入。今作卄 集韻 韻會 夶作卄 說文 卄， 二十并也。古文省 徐曰 自古以來，書二十字，從省併

爲廿字也。

劦 04498 02149
lè_2.4　[唐韻]盧則切[集韻]歷德切𠀤音勒◆[說文]材十人也。从十，力聲[廣韻]功大。鋻俗作劦16907

卅 04499 02150
sà_2.4　[集韻][韻會]𠀤悉盍切音徿[說文]三十并也[廣韻]帀，三十也。今作卅，直爲三十字。鋻又卉04521 卅04506

卒 04500 02151
zú_2.4　[篇海]卒字之譌。鋻卒壽：九十大壽。

升 04501 02152
shēng_2.4　[唐韻]識蒸切[集韻][韻會]書蒸切𠀤音陞[說文]籥也。十合爲升[前漢·律歷志]升者，登合之量也。古升上徑一寸，下徑六分，其深八分。龠十爲合，合十爲升[图]成也[禮·樂記]男女無辨則亂升[图][廣韻]布八十縷爲升[禮·雜記]朝服十五升[图]卦名[易·升卦]升，元亨，用見大人，勿恤，南征吉[图]降之對也[書·畢命]道有升降[註]猶言有隆有汙也[图]登也，進也[詩·小雅]如日之升[易·坎象]天險不可升也[图][前漢·梅福傳]民有三年之儲曰升平。鋻又升48960外09859外09864斜21961昇05600

午 04502 02153
wǔ_2.4　[唐韻][集韻][韻會][正韻]𠀤疑古切音五[說文]啎也。五月陰氣午逆陽，冒地而出也[徐曰]五月陽極陰生。啎者，正衝之也[图][爾雅·釋天]太歲在午曰敦牂[淮南子·時則訓]斗五月指午[图][廣韻]交也[韻會]一縱一橫曰旁午，猶言交橫也[儀禮·特牲饋食]心舌皆去，本末，午割之[註]縱橫割也[禮·內則]男角女羈[註]午達曰羈◆[疏]度尺而午，令女剪髮，留其頂上，縱橫各一，相通達也[前漢·霍光傳]使者旁午[註]旁午，分布也[图]舛午，違背也。見[前漢·劉向傳][图][前漢·劉向傳]水旱飢蝝，䲥午𠀤起[註]猶雜沓也[图][段成式詩]良人爲漬木瓜水，遮却紅腮交午痕[图][韻會]馬屬午。晉姓司馬，因改司馬官爲典午。鋻又雓66119仐00788

廿 04503 02154
jí_2.4　[集韻]疾35925古作廿。

叶 04504 42552
shí_2.4　[海篇]音食

斗 04505 u2097C
null_2.4　未詳。

卅 04506 u303A
sà_2.4　同卅04499商碼三十。

卉 04507 02155
huì_3.5　[篇海]許偉切音咟。衆也。百艸總名[正字通]俗卉字。鋻本作芔49012

半 04508 02156
bàn_3.5　[唐韻][集韻][韻會]𠀤博漫切，般去聲[說文]物中分也。从八从牛。牛爲物大，可以分也[易·繫辭]思半矣[禮·學記]不善學者，師勤而功半[韓非子·內儲篇]疑也者，以爲可者半，不可者半[图]pàn[集韻][韻會][正韻]𠀤普半切音泮。大片也[前漢·李陵傳]令軍士人持二升精，一半冰[註]師古曰半，讀曰判。判，大片也。

本 04509 02157
jí_3.5　[說文]精里切，濟上聲◇止也。从木盛而一橫止之也。

夲 04510 02159
cù_3.5　[字彙補]倉沒切音撒。猝急也。

什 04511 42553
xī_3.5　[字彙補]心七切，音析◇與什不同。

半 04512 42554
bǎo_3.5　[海篇]古文保字〇按卽𠤯字之譌。

斗 04513 u20981
dǒu_3.5　[篇海類編]斗21957本作𣂑，通作斗。

卌 04514 u534C
xì_3.5　四十。亦作卌04554 卌04519

杏 04517 02161
shì_4.6　[篇海]世字

世 04515 02158
shì_4.6　[字彙補]同世

半 04518 02162
tāo_4.6　[玉篇]同夲

夲 04516 02160
pī_4.6　[廣韻]敷悲切[集韻]攀悲切𠀤音邳。同丕。大也[图]姓。

卌 04519 02163
xì_4.6　[唐韻]先立切[集韻]息入切，心入聲[字統]插糞杷[說文]數名。亦直爲四十字。鋻又卌04514卌04554

卅 04520 02164
sà_4.6　[廣韻][集韻]𠀤卅本字[說文]三十并也。今作卅，直爲三十字[韓愈·孔戣墓志]孔世卅八，吾見其孫，白而長身，寡笑與言[图]稗史滇人謂貝八十枚爲一卅。

卉 04521 02165
huì_4.6　古文芔[唐韻]許偉切[集韻][韻會]詡鬼切，𠀤諱上聲[說文]草之總名[詩·小雅]山有嘉卉[南史·徐勉傳]聚石移果，雜以花卉，以娛休沐，用託性靈[图][唐韻][集韻][韻會]𠀤許貴切音諱。義同△[韻會]復古編云古芔从三屮，今作卉，三十并也。鋻又卉04534卉04507薛50296

升 04522 02166
nián_4.6　[字彙補]與年同。見[韻會]註。

車 04523 02167
bì_4.6　[字彙補]北官切。同華。棄糞器名。

卆 04531 42559
jìng_4.6　[篇韻]音痙

升 04524 02168
hài_4.6　[字彙補]同亥

卍 04525 02169
wàn_4.6　[字彙補]內典萬字[苑咸詩]蓮花卍字總由天。鋻又卐00404

莽 04526 02170
bì_4.6　[字彙補]卜失切，音必◇出氣聲也。

夲 04527 42555
qìn_4.6　[字彙補]口刃切音劃。

式 04528 42556
hán_4.6　[字彙補]和南切音含。

伞 04532 u2098D
tāo_4.6　同夲09993

半 04529 42557
cuó_4.6　[海篇]音倭。又音矮。鋻[字彙補]才何切音矬。

卉 04534 u20984
huì_4.6　同卉04521

㐬 04530 42558
cì_4.6　[字彙補]音次

卉 04533 u20989
huò_4.6　[古今圖書集成字學典·第六卷·字學總部彙考六·宋鄭樵通志四·古今殊文圖]黃帝貨，貨作斤。帝嚳貨，貨作七。高陽貨，貨作斤。商貨，貨作折。

协 04535 u534F
xié_4.6　简協04550

华 04536 u534E
huá_4.6　简華49794

丗 04537 02171
shū_5.7　[玉篇]叔，俗作丗。

華 04538 02172
bì_5.7　[唐韻]畢吉切[集韻]壁吉切𠀤音必[說文]箕屬[玉篇]弃糞器也。鋻又車04523𡩁04561

卒 04539 02173
pī_5.7　[字彙補]與丕同[漢祝睦碑]卒訓其仁。

指 04540 42560
duī_5.7　[海篇]音堆。鋻俗堆。

卉 04542 u2A7F3
ngõ_5.7　[喃]同㐹19070巷弄。

岸 04543 u20996 null_5.7 未詳。

𫝒 04541 u2B752 null_5.7 日戶籍用字

𠦕 04544 u20995 gǒng_5.7 俗巩04546

𠦔 04545 u20994 shì_5.7 同世00044

巩 04546 02174 gǒng_6.8 集韻古勇切音拱。同巩說文㚘也集韻或从手作𢪘。或作巩廣韻作巩。恐鞏類𢀜从此。

卑 04547 02175 bēi_6.8 唐韻府移切集韻韻會賓彌切𢀜音碑說文賤也。執事者玉篇下也易繫辭天尊地卑㊇韻會鮮卑山，在柳州界㊇鮮卑，帶名楚辭·大招小腰秀頸，若鮮卑只註鮮卑，袞帶頭也。言腰支細小，頸鋭秀長，若以鮮卑帶約而束之也㊇姓廣韻蔡邕·胡太傅碑有太傅椽鴈門卑整㊇前漢·鄒陽傳封之於有卑註地名也。音鼻㊇bǐ音彼。與俾同荀子·宥坐篇卑民不迷㊇bì音陛。與庳同周禮·冬官考工記輪人爲蓋，上欲尊而宇欲卑。𡨄又卑04558卑04568𢁒12682畀15957

卒 04548 02176 zú_6.8 唐韻集韻韻會正韻𢀜臧沒切，尊入聲說文隸人給事者周禮·地官·小司徒乃會萬民之卒伍而用之。五人爲伍，五伍爲兩，四兩爲卒㊇zú唐韻子律切集韻韻會卽聿切正韻卽律切𢀜音崒爾雅·釋詁盡也疏終盡也詩·衛風畜我不卒㊇爾雅·釋言巳也禮·曲禮大夫死曰卒㊇cù唐韻集韻正韻倉沒切韻會蒼沒切，𢀜村入聲廣韻急也韻會匆遽之貌前漢·司馬遷傳卒卒無須臾之閒辛慶忌傳則亡以應卒註卒謂暴也㊇cuì與倅同，音翠。副貳也禮·燕義庶子，官職，諸侯，卿大夫，士之庶子之卒㊇集韻崒亦作卒。𡨄又卆04500卒54064仐04510逘61011𨓈60850倅01369𩣡70137㊇慧琳音義猝暴：村訥反周書云卒暴，急也考聲云倉忙也。或作踤59033，或單作卒韻英云忽也說文云犬從草中出逐人曰卒（猝），從犬卒聲也。

卓 04549 02177 zhuó_6.8 古文𠧟𠦝𠦜𠦟唐韻集韻韻會正韻𢀜竹角切音涿。說文高也。早匕爲卓。隸作卓揚子法言顏苦孔之卓註顏之苦亡它，惟苦孔子之道卓然高堅也㊇釋名超卓也。舉脚有所卓越也㊇姓後漢·卓茂傳卓茂字子康，南陽宛人也。𡨄又𠦝04327帛14883卓04565㊇廣韻桌24018，古文卓。

協 04550 02178 xié_6.8 古文叶唐韻正韻胡頰切集韻韻會檄頰切𢀜音挾說文衆之同和也。从劦，十聲書·堯典協和萬邦皐陶謨同寅協恭㊇爾雅·釋詁服也疏協者，和合而服也書·微子之命下民祇協晉書·虞溥傳崇尚道素，廣開學業，讚協時雍，光揚盛化㊇集韻與劦通山海經雞號之山，其風若劦。通作協㊇作汁周禮註卿士汁日張衡·西京賦五緯相汁。𡨄又协04535㤴04556𢣪17238𠦄04560叶05362㊇協應歸力部。

𠦐 04551 02179 zhī_6.8 玉篇古文支21310字。

𠦚 04552 02180 nián_6.8 字彙補與年同。武則天製。見大周泰山碑△唐史作𠦚。

𠦑 04553 02181 bīng_6.8 說文長箋同兵㊇作㑂。

卌 04554 02182 xì_6.8 字彙補四十併也。與卌同㊇古文庶字漢孔和碑庶作卌。

𠦒 04555 42561 guàn_6.8 字彙補古玩切音灌。雲南人諜訟，動曰𠦒賴之事，葢俗語也。𡨄又𠦒27216

㤴 04556 u2B753 xié_6.8 日俗協04550清·李漁肉蒲團（日本鈔本）·第十八回他有時睡在底下與男子幹事的時節，再不教男子一人著力，定要把自家的身子聳動起來㤴濟他。

卓 04557 u9FBA null_6.8 漢字構件

卑 04558 uFA35 bēi_6.8 兼卑04547

𠦤 04559 u216E4 nửa_6.8 喃从半女nửa聲△𠦤𫑳：半夜。

𠦢 04560 u209A2 xié_6.8 俗協04550

𠦡 04561 u209A1 xìng_6.8 字海同幸15253字見隋豆盧寔墓誌㊇龍龕幸卑二俗，華04538正，北官反。弃糞器名也。又姓。下又音畢。

𠦟 04563 u2099F wèi_6.8 俗䡟59850車軸耑。

𠦞 04564 u2099E null_6.8 未詳。

𠦠 04562 u209A0 null_6.8 未詳。

卖 04566 u5356 mài_6.8 简賣57812

𠦝 04565 u2099D zhuó_6.8 俗卓04549可洪音義卓然：上知角反，高也。正作卓。

南 04567 02183 nán_7.9 古文𡴀𡴁唐韻集韻韻會正韻𢀜那含切音男說文草木至南方，有枝任也徐曰南方主化育，故曰主枝任也前漢·律歷志太陽者，南方。南，任也。陽氣任養物，於時爲夏白虎通八月之律，謂之南呂何。南者，任也。言陽氣尚有任生薺麥也㊇樂名詩·小雅以雅以南韻會南亦雅樂名，猶九夏也，南、夏皆文明之方，故名南。周南、召南，亦樂名㊇姓韻會魯大夫南遺宋書·律志班左並馳，董南齊轡㊇雙南，金也范仲淹·金在鎔賦英華既發，雙南之價彌高。鼓鑄未停，百鍊之功可待㊇翻譯名義合掌作禮，曰和南淳化帖·衛夫人書衛和南。

𠦓 04568 u2F82D bēi_7.9 俗卑04547

𠦜 04570 42562 zhī_8.10 海篇音汁。

𠦊 04569 02184 jí_8.10 字彙補與集詞之𠦊同。

𠦉 04571 42563 luàn_8.10 海篇音亂。𡨄俗𠫿32262古文亂。

𪟴 04572 u2A7F4 qián_8.10 乾00486殘謁。

𠦩 04573 u209A9 mươi_8.10 喃从十枚mai聲。

𠦦 04574 u209A6 null_8.10 未詳。

𠦥 04575 u209A5 null_8.10 未詳。

𠦤 04576 u209A4 dān_8.10 日廣漢和辭典單06536の略字。

𠦫 04577 02185 jí_9.11 集韻卽入切音嚛說文𠦫𠦫，盛也。汝南名蠶盛曰𠦫㊇玉篇會聚也㊇chì集韻叱入切廣韻昌汁切，並音𢫫◇義同△廣韻作𠦫。

𠦬 04578 02186 hū_9.11 玉篇呼物切音㸎。疾也說文从夲卉聲。㊇huì玉篇呼貴切音諱。義同。

𠦮 04579 02187 jí_9.11 唐韻秦入切集韻籍入切𢀜音集說文詞

之集也。鑿又剕04569

乖 04580 02188
guāi_9.11 玉篇乖本字○按與古文手字異。手字古文作乖，有剔，此無剔。

𠦃 04581 u2A7F5
null_9.11 未詳。

䘚 04582 u2566A
rưởi_9.11 喃从半礼lễ聲△没𡗉䘚：一百五十。没兆䘚：一百五十萬 因rưởi 𠤆晗䘚：二時半。没𣅶䘚：一天半。

𠦄 04583 u209AF
gắn_9.11 喃从半艮cấn聲。

𠦅 04584 u209AE
jǔ_9.11 同舉48394 龍龕舉舉，居語反。二同 直音篇舉，音舉。

𠦆 04585 u209AD
fù_9.11 俗阜65437 廣碑別字 引唐 常德墓誌

博 04586 02189
bó_10.12 唐韻補各切 集韻 韻會 正韻 伯各切，並幫入聲 說文 大通也。从十、尃。尃，布也。亦聲 徐曰 十者，成數也 玉篇 廣也，通也 增韻 普也 荀子·修身篇 多聞曰博 因 韻會 貿易也。古琴曲有 不博金 因 六博，局戲 家語 君子不博，爲其兼行惡道故也 因 州名 韻會 春秋，齊之聊攝，隋爲博州 因 姓 韻會 古有博勞，善相馬。鑿又博04587愽17967𩎟70876

博 04587 u2F82E
bó_10.12 俗博04586

𠦇 04589 u209B3
nghìn_10.12 喃从千彥ngạn聲△𠦇𢬣：千里。𠦇秋：千秋。

𠦈 04588 u28492
mười_10.12 喃从十迈mại聲。亦作𨑮60731

𠦉 04590 u209B2
pāng_10.12 改併四聲篇海 引 搜真玉鏡 𠦉，普郎切 字彙補 𠦉，音滂。義闕。

𠦊 04591 u209B1
null_10.12 未詳。

𠦋 04592 u209B0
null_10.12 未詳。

𠦌 04593 02190
sǔn_11.13 正字通 俗榫字。

𠦍 04594 02191
jū_11.13 集韻 車59829古作𠦍。

𠦎 04595 02192
shī_11.13 玉篇 古文師14910字。

𠦏 04596 02193
gé_11.13 說文 古文革67138字。

𠦐 04597 02194
wò_11.13 字彙補 烏括切音斡。𠦐，轉也○按卽斡字之譌。

𠦑 04598 u2A7F6
null_11.13 喃未詳。

𠦒 04601 u209BA
rưởi_11.13 喃同䘚04582

𠦓 04599 u209BC
null_11.13 未詳。

𠦔 04600 u209BB
lưng_11.13 喃从半夌lăng聲△𠦔𡽫：半空中。𠦔澄：半路上。

𠦕 04602 u209B9
chục_11.13 喃同𨒒04615

𠦖 04604 u2A7F7
null_12.14 未詳。

𠦗 04603 u209B8
luàn_11.13 同𠦚04627古文亂。敦煌·P.3644 類書習字 𠦗葬𠧒吉。

𠦘 04605 u209BF
xừng_12.14 喃从升称xưng聲。聳起。

𠦙 04606 u209BE
null_12.14 未詳。

𠦛 04607 u209BD
null_12.14 未詳。

𠦜 04608 02195
zhū_13.15 集韻 章俱切音朱。鄉名。

𠦝 04609 42564
gàn_13.15 字彙補 古旱切音笴○按卽幹字之譌。

𠦞 04610 u2A7F9
null_13.15 殷周金文集成·8.4317·㝬簋 用𠦞保我家。

𠦟 04611 u2A7F8
null_13.15 喃未詳。

𠦠 04612 u209C3
pí_13.15 同脾47392

𠦡 04613 u209C2
null_13.15 未詳。

𠦢 04614 u209C1
null_13.15 未詳。

𠦣 04616 u2A7FA
null_15.17 未詳。

𨒒 04615 u2853F
chục_14.16 喃从十逐trục聲△𠚢𨒒：六十△亦省作逐。氽逐万：數十萬。

𠦤 04617 u209C8
dūn_15.17 同𠦬04621，古文敦。

𠦥 04618 u209C7
yú_15.17 朝鮮本 龍龕 音于。

𠦦 04619 u209C6
trọn_15.17 喃从卒巽rốn聲。竭盡。

𠦧 04620 u209C5
bà_15.17 同䶕02740亦作𠨎06738

𠦬 04621 02196
dūn_16.18 篇韻 古文敦21589字。鑿通作𠦤04617

𠦨 04624 u209CC
nhẩy_16.18 喃从升爾nhãi聲。跳舞。亦作躧△𠦨𢱜：舞蹈表演。

𠦩 04622 u2A7FB
null_16.18 未詳。

𠦪 04624-1 u285B2
lên_16.18 喃从升連liên聲。上，升，登上△渃𠦪：潮△俗省作蓮。

𠦫 04623 u209CD
nhú_16.18 喃从升需nhu聲。冒出，吐出，露出。

𠦭 04625 u209CB
zài_16.18 同𠧗14602武后所造載字。

𠦮 04626 u209CA
yáng_16.18 篆文陽65729字。

𠦚 04627 02197
luàn_17.19 集韻 亂00504古作𠦚。

𠦯 04628 u2A7FC
null_18.20 喃未詳。

𠦰 04629 02198
luàn_19.21 集韻 亂00504古作𠦰。

𠦱 04630 02199
shuài_19.21 韻會 古文率33781字。

𠦲 04631 u209D0
chōu_23.25 段改犨32962篆爲𠦲。

𠦳 04632 02200
rǎng_24.26 字彙補 與壤同△亦作𡒉48437

◈ 卜部 ◈

卜 04633 02201
bǔ_0.2 古文卜 廣韻 集韻 韻會 正韻 𠀤博木切音樸 說文 灼剥龜也。象灸龜之形。一曰象龜兆之縱橫也 周禮·春官·大卜註 問龜曰卜 禮·曲禮 龜爲卜，筴爲筮 詩·大雅 考卜維王，宅是鎬京，維龜正之 春秋·元命包 古司怪主卜 因 爾雅·釋詁 卜，予也 註 卜，賜予也 疏 予卽與也 詩·小雅 君曰卜爾，萬壽無疆 因 姓 韻會 孔子弟子卜商。鑿又𠂒00170

⺊ 04634 u2F18
bo_0.2 同卜04633部首專用字。亦作⺊04635

⺊ 04635 u2E8A
bo_0.2 部⺊04634

𠧒 04636 42565
qǐ_1.3 字彙補 丘吉切，音乞◇。

丱 04637 02202
guàn_2.4 唐韻 集韻 韻會 正韻 𠀤古患切音慣 廣韻

鬢角也，幼稚也集韻束髮貌詩·齊風總角廿分。或作
丱図說文古文礦39522字。

卞 04638 02203
biàn_2.4 廣韻集韻韻會皮變切正韻毗面切丛音
弁廣韻縣名括地志兗州泗水縣，本漢卞縣地図集韻
躁疾也左傳·定三年邾莊公卞急而好潔図玉篇法也
書·顧命臨君周邦，率循大卞註大法也図姓廣韻出濟
陰。本周曹叔振鐸之支子，封于卞，遂以建族図pán集
韻蒲官切音槃。同般爾雅·釋詁樂也△或作弁。

亐 04639 u2A7FD
ngờ_2.4 喃俗疑35788

卟 04640 02204
jī_3.5 唐韻古奚切集韻韻會堅奚切正韻堅溪
切丛音雞說文卜以問疑。从口卜廣韻問卜也集韻說
文引書卟疑。一曰考也図或作乩。通作稽韻會今文
尚書作稽疑。図qǐ集韻遣禮切音啓。卜問也。鋆又
口05340

占 04641 02205
zhān_3.5 唐韻職廉切集韻韻會正韻之廉切丛音
詹說文視兆問也。从卜口徐曰會意易繫辭以卜筮者，
尚其占図爾雅·釋言隱占也疏占者，視兆以知吉凶也。
必先隱度，故曰隱占也図玉篇候也揚子方言視也韻
會凡相候謂之占也図zhàn唐韻集韻韻會正
韻丛章豔切音沾廣韻固也韻會固有也增韻擅據也，
著位也前漢·宣帝紀流民自占八萬餘口王安石詩坐占
白鷗沙図韻會隱度其辭，口以授人，曰口占後漢·陳
遵傳遵常召善書吏於前，治私書謝親故，馮几口占書
數百封，親疏各有意図有也韓愈·進學解占小善者，
率以錄図顏延之·陶潛誄敬述靖節，式遵遺占註遺占，
即遺令也。

卢 04644 u5362
lú_3.5 简盧37246

卡 04642 02206
zá_3.5 字彙補從納
切音雜。楚屬關隘地方設兵立塘，謂之守卡。

虔 04647 40688
qián_4.6 釋典同虔

卡 04643 02207
bó_3.5 集韻與剝同

虎 04648 42566
chǔ_4.6 海篇音楮
陵切音矜。骨朽之餘〇按即歺字之譌。

龙 04645 42568
jīng_4.6 五音篇海居

卡 04646 40687
nòng_4.6 海篇同弄。鋆俗弄15937図日同袜54317

卡 04649 42567
kōng_4.6 字彙補苦紅切音空。鋆俗空41013會意。

卢 04650 42568
hé_4.6 字彙補弧阿切，音和◇。

庐 04651 42569
huì_5.7 龍龕音會。鋆古文會23314子部重出。

卣 04652 02209
zhào_5.7 唐韻之少切集韻之笑切丛音照玉篇
問也図shào唐韻寔照切集韻時照切，丛音召。
図sháo唐韻市昭切集韻時饒切丛音韶図集韻市沼
切音紹図tiáo田聊切音迢。義丛同。鋆說文卧，卜問。
从卜召聲△宏按，西周甲骨文有卧字。

卤 04653 02210
chǐ_5.7 唐韻集韻丛昌石切音尺廣韻姓也。

卣 04654 02211
yǒu_5.7 古文卤唐韻與九切集韻韻會以九丛

音酉玉篇中尊器也爾雅·釋器卣，器也註盛酒尊疏卣，
中尊也。孫炎云尊彝爲上，罍爲下，卣居中。郭云不大
不小，在罍彝之間詩·大雅秬鬯一卣図作脩周禮·春
官·鬯人廟用脩註鄭曰：脩讀曰卣図yóu唐韻以周切
集韻夷周切丛音由。義同。鋆又卤04666卤00096
図卣37186卣04663，並同卣。

庐 04655 02212
bó_5.7 字彙補邦則切音伯。地名。

卤 04656 02213
xī_5.7 字彙補同西。亦作卤。

卤 04657 02214
xī_5.7 唐韻籒文西字，即卤字省文。鋆又卤74239
簡化字。

尗 04658 u2A7FE
null_5.7 未詳。

兆 04660 02216
zhào_6.8 唐韻治小切
集韻直紹切丛音肇說文灼龜坼也。从卜兆玉篇同兆

卤 04659 02215
xī_6.8 集韻西54957古作卤。

卦 04661 02217
guà_6.8 唐韻集韻古賣切正韻古畫切丛音挂說
文筮也徐曰筮而畫之，三變而成畫，六畫而成卦玉篇
八卦也，兆也廣韻八卦者，八方之卦也。乾坎艮震巽
離坤兌易繫辭四象生八卦周禮·春官·大卜掌三易之
法，一曰連山，二曰歸藏，三曰周易。其經卦皆八，
其別皆六十四疏卦之爲言掛也，掛萬象於上也。
鋆又竺30630卺31453

卣 04662 02218
réng_6.8 古文卤集韻如蒸切音仍說文驚聲也玉
篇作卤，往也△通作迊。鋆說文解字繫傳卤，驚聲也。
从乃，西（卤）省聲。籒文卤，不省。或曰随往也。讀
若仍。臣鍇按：泰誓石文書乃字類此。而冰反。

卣 04663 02219
yóu_6.8 說文卣本字總要从乚。諸卣平聲。

卣 04664 02220
zhuān_6.8 集韻專12553古作卣。

卣 04665 02221
zhuān_6.8 玉篇古文專12553字韻寶作卣說文長箋
作享。

卣 04666 02222
yǒu_6.8 字彙補同卣。

庐 04667 02223
jìn_6.8 字彙補同近。亦作卥。

卤 04668 02224
nǎi_6.8 字彙補古文乃00256字。

祈 04669 02225
lì_6.8 玉篇古文麗74418字。

郤 04670 42570
jiù_6.8 字彙補咎字之譌十六國春秋使絚羅尚
曰：李驤與雄，以饑餓孤危日鬬爭相郤。按咎字从人从
各，各相違，故謂之咎。今从卜，非是。

卤 04671 u209E7
xī_6.8 古文西54957

卧 04672 02226
huì_7.9 玉篇古文悔17414字。外卦曰卧，內卦曰貞。
鋆字見小臣卧鼎

卣 04673 02227
tiáo_7.9 唐韻徒聊切集韻類篇田聊切丛音迢。草
木實垂，卤卤然也図diào多嘯切音弔。義同図韻會古

文卣04654字。鑒又鼺04710

厵04674 02228
bǎn_7.9　字彙補邦綰切音板。張目也。

敂04675 40689
jǐng_7.9　川篇音窔。窅也。

嗝04676 42571
héng_7.9　字彙補與衡同。

卣04677 42572
xū_7.9　龍龕音虛。鑒又卥00442

卥04678 u209F1
nǎi_7.9　同圖16207古文鹵04668

卨04680 u209EE
null_7.9　未詳。

卤04679 u209EF
chǐ_7.9　同奭74244

俗奭04685　字彙補川昔切，音尺篇韻獸也図héng俗

奭10202古文衡五侯鯖字海卤，同鹹04694

林04681 u209ED
null_7.9　未詳。

群04682 u209EC
null_7.9　未詳。

彪04683 02229
kè_8.10　集韻克02364古作彪。

卣04684 02230
yóu_8.10　古文鹵唐韻以周切集韻夷周切达音由說文氣行貌廣韻或作逌図前漢·韋賢傳萬國卣平註師古曰卣，古攸字。攸，所也。

奭04685 02231
chǐ_8.10　五音集韻昌石切音尺。獸也。

眾04686 02232
kè_8.10　字彙補與剋同。

噕04687 02233
yóu_8.10　集韻卣04684古作噕。

卽04688 u2A7FF
null_8.10　未詳。

彔04689 u209F9
kè_8.10　同彪04683

嵩04690 02234
xiè_9.11　字彙補與离同文選·司馬相如·子虛賦禹不能名，嵩不能計。

叟04691 02235
qián_9.11　字彙補同虔。

彔04692 02236
kè_9.11　集韻克02364古作彔。

臬04693 02237
sù_9.11　字彙補古文粟43271字△亦作槀、槀。

嵐04694 02238
héng_9.11　字彙補與衡同。

卨04695 42573
héng_9.11　五音篇海音衡。

夒04696 u209FE
qián_9.11　同叟04691俗虔52143

鼎04697 02239
zhēn_10.12　集韻貞57527古作鼎。

卤04698 02240
xiè_10.12　字林與离同。蟲名図人名図作离。鑒又嵩04690

匃04699 02241
wǒ_10.12　字彙補古文我18825字。

嵩04700 u20A04
xiè_10.12　俗离40170岑文本七廟議昔在商周，稷嵩始封。

卣04701 02242
réng_11.13　玉篇古文卤04662字。

离04702 02243
xiè_12.14　字彙補心拙切，音离◇卤實也。

黗04704 u2A800
kū_12.14　簡齺57914

槀04703 02244
chéng_12.14　海篇同乘

嬱04707 u20A09
null_13.15　未詳。

歡04706 42574
jué_13.15　五音篇海音角。

魁04708 u29CF4
què_16.18　喃从卦鬼quỷ聲。算卦，花招。

塊04709 u2B64C
què_16.18　喃同魁04708

卤04710 02246
tiáo_25.27　玉篇籀文卤字。

鼺04711 42575
suī_31.33　搜眞玉鏡音雖。

嶲04705 02245
xiè_13.15　字彙補同离

• 卩部 •

卩04712 02247
jié_0.2　玉篇古文節42255字說文作卩正譌卩象骨卩形。古符卩，所以示信，半在外，半在内，取象于骨卩，故又借爲符卩字。隸作節韻會卩與阝不同。阝音邑。鑒又卪04716弓

㔾04713 02248
jié_0.2　韻會凡从弓之字偏旁，作弓巴㔾卩。

卩04714 u2F19
jié_0.2　同卩04712部首專用字。亦作㔾04715

㔾04715 u2E8B
jié_0.2　部卩04714

卪04716 02249
jié_1.3　唐韻集韻韻會达子結切音節說文弓，瑞信也。象半分之形。隸作卩徐曰卩象半分之形，守國者其卩半在内，半在外。鑒又弓16074

叴04717 02250
zòu_1.3　玉篇子候切集韻類篇則候切达音奏說文卩也正譌从反卩作叴。卩、叴，抑揚之形。抑字从此。合符有二，與者執左，取者執右。古卩叴字如此。隸作節奏字。鑒反卩亦作乞00269弖00279

卬04718 02251
áng_2.4　唐韻五剛切集韻魚剛切韻會疑剛切，达諤平聲說文我也詩·邶風卬須我友爾雅註卬猶姎也疏女人稱我曰姎，由其語轉故曰卬図玉篇卬卬，君之德也詩·大雅顒顒卬卬図前漢·食貨志萬物卬貴註師古曰卬，物價起。音五剛反，亦讀曰仰図激厲也司馬相如·長門賦貫歷覽其中操兮，意慷慨而自卬図yǎng唐韻魚兩切集韻語兩切，並同仰。又正韻魚向切。恃也說文望也。欲有所庶及也玉篇待也，向也荀子·議兵篇上足卬，則下可用註古仰字。下託上曰卬。鑒說文姎，女人自偁，我也。从女央聲図邙61503㔾04721卬04723夘09855

卬04719 02252
jǐ_2.4　唐韻集韻达子禮切音濟正譌事之制也。與卯別。卩叴者，節奏也。人臣事君之義。會意。図qīng集韻丘京切音卿。義同正譌隸作卿。

卲04720 02253
zhuàn_2.4　字彙補仕轉切，船上聲。二卩也。巽字从此。鑒又卭04734弽04730

夘04722 u20A0F
null_2.4　未詳。

㔡04721 u20A10
yǎng_2.4　卬04718本字。

卭04723 02254
qióng_3.5　邛字之譌韻會毛氏曰：邛，从邑从工。

卮 zhī_3.5　[唐韻][集韻][韻會]夶章移切音支 [說文]圜器也。一名觛。所以節飲食 [玉篇]酒漿器也。受四升 [前漢·高帝紀]上置酒未央宮，奉玉卮，爲太上皇壽 [圖文中子·守弱篇]三皇五帝有觀戒之器，命曰侑卮 [註]敬器也 [莊子·寓言篇]卮言日出 [註]酒器滿則傾，空則仰，比之于言。因物隨變也 [圖史記·貨殖傳]巴蜀，地饒卮 [註]徐廣曰：音支，煙支也 [圖韻會]或作巵 [集韻]亦作觶觗 [圖qī 集韻]丘奇切音敧。器名也。卮言日出。李軌讀。◆又巵04733 厄04785 卮04788 㠱00399

卯 mǎo_3.5　古文非非戼戼 [唐韻][集韻][韻會][正韻]夶莫飽切音昴 [說文]冒也。二月，萬物冒地而出，象開門之形，故二月爲天門◆[徐曰]二月，陰不能制陽，冒而出也。天門，萬物畢出也 [圖廣韻]辰名 [爾雅·釋天]太歲在卯曰單閼 [晉書·樂志]卯，茂也。謂陽氣生而孳茂也 [韻會]俗作夘，非。◆又戼00072 戼00080 戼19055 非66981 卯04719 印04718 夘61527 戼61522

卬 yìn_3.5　俗印04727亦作邙61510 [可洪音義]卬：伊進反。[法卬]：因信反。

印 yìn_4.6　古文㓟 [唐韻]於刃切 [集韻][韻會]伊刃切 [正韻]衣刃切，夶因去聲 [說文]執政所持信也。从爪从卩。卩象相合之形。今文作卩，瑞信也。手爪以持印。會意 [廣韻]符，印也。印，信也，亦因也，封物相因付 [增韻]刻文合信也 [前漢·百官公卿表]二千石皆銀印，二百石以上皆銅印 [註]師古曰刻文云，某官之印 [圖姓][廣韻][左傳]鄭大夫印段，出自穆公子。印以王父字爲氏。◆又𡊛32185 仰01164 卬04726 邙61510

危 wēi_4.6　古文㡿 [唐韻]魚爲切 [集韻][韻會]虞爲切，夶僞平聲 [說文]在高而懼也。从厃，人在厓上，自卩止之也 [徐曰]孝經高而不危，制節謹度，故从卩 [玉篇]不安貌 [廣韻]疾也。隤也，不正也 [圖禮·儒行]有比黨而危之者 [註]危，欲毀害之也 [圖屋棟上][禮·喪大記]升自東榮，中屋履危 [疏]踐履屋棟高危處 [圖韻會]宿名。三星 [左傳·襄二十八年註]玄武之宿，虛危之星 [圖書·禹貢]三危旣宅 [韻會]三峗，山名。通作危。◆又馻03634 亝13302 㠼13304

邲 bì_4.6　[玉篇][集韻]夶古文弼16247字△[正字通]與邑部邲義別。

㔙 zhuàn_4.6　[說文]士戀切。二卩也。巽字从此 [玉篇]作㔏 [集韻]作㔏 [正字通]作選本字，非。

㕀 yì_4.6　[集韻]乙力切音億◆[說文]按也。从反印。隸作抑 [正譌]印者，外向而印之，反印爲内。自卩印之。轉註借爲反語辭。

㕁 jǐ_4.6　[字彙補]其利切，音忌◇。

卮 zhī_4.6　卮04724本字。

㕀 zhuàn_4.6　同㔙04730亦作㔏04720

卲 shào_5.7　[唐韻]寔照切 [集韻][韻會]時照切夶音劭 [說文]高也。从卩，召聲。年高德卲。从邑，誤 [揚子法言]種蠡不彊諫而山棲，賢不足卲也 [圖sháo 集韻]時饒切音韶。義同。

卽 jí_5.7　[玉篇]卽今作即 [𨐫]又卽04749

却 què_5.7　[唐韻]俗卻字。

卵 luǎn_5.7　[唐韻]盧管切 [集韻][韻會][正韻]魯管切，夶鸞上聲 [說文]凡物無乳者卵生。鳥卵中黃爲陰，外白爲陽。魂魄相待也 [禮·曲禮]士不取麛卵 [前漢·貨殖傳]蠏魚麢卵 [註]師古曰卵，鳥卵也 [圖左傳·哀十六年]子西曰：白公勝如卵，子翼而長之 [註]今撫育人曰卵翼，言如鳥孚卵也 [圖蘇軾詩]相逢卵色五湖天 [註]俗改卵色爲柳色，非 [圖kūn 音鯤。魚子也 [禮·内則]濡魚卵醬實蓼。◆又鵽 卝04781 卝04637 夘09867 卵32185 甲64867

卹 bì_5.7　[唐韻][集韻]夶兵媚切音祕 [說文]宰之也。

卣 yóu_5.7　俗卣35366 名義卣，餘同反。木更樏生。

卵 luǎn_5.7　[兼]卵。

邿 shì_6.8　◆[唐韻][集韻]夶施智切，施去聲。有大度也 [圖chì 唐韻][集韻]夶充豉切，豉去聲。義同。一曰慶也 [圖chǐ 集韻]敞尒切音炒。[圖zhì 支義切音寘。義夶同。◆又邿61676

卷 juàn_6.8　[唐韻]居倦切 [集韻][韻會]古倦切 [正韻]吉掾切夶音眷 [說文]㔪曲也 [書卷][揚子法言]一卷之書，必立之師 [增韻]可舒卷者曰卷。編次者曰帙 [圖juǎn 唐韻]居轉切 [集韻][韻會][正韻]古轉切，夶眷上聲 [廣韻]舒卷之卷 [韻會]或作捲 [圖卷耳，艸名◆[詩·周南]采采卷耳 [圖卷舌，星名 [前漢·劉向傳]客星見昴、卷之閒 [註]師古曰見於昴與卷舌之閒也 [圖quán 唐韻]巨員切 [韻會]逵員切夶音權 [集韻]曲也 [詩·大雅]有卷者阿 [圖中庸]一卷石之多 [註]猶區也 [圖韻會]大卷，黃帝樂名 [周禮·大司樂註]卷者，卷聚之義也 [圖通作惓 [前漢·賈捐之傳]敢昧死竭卷卷 [圖quān 集韻][韻會][正韻]夶驅圓切音棬 [集韻]縣名，在河南 [前漢·周勃傳]周勃，沛人，其先卷人也 [圖集韻]一曰冠武 [圖gǔn 正韻]古本切音袞 [禮·王制]三公一命卷 [註]卷者，卷聚之義也◆又卷04767 卷04750 龔66380 局12932 㢧16082 弓16090 蠢62661 夅10050 [圖可洪音義]絰弓16073：居勸反。有弓16068：居願反。正作弓16079古文卷。亦作𢎥16173

卸 xiè_6.8　[唐韻][正韻]司夜切 [集韻][韻會]四夜切，夶寫去聲 [說文]舍車解馬也 [圖增韻]脱衣解甲曰卸。舟人出載亦曰卸。◆又卸45264 𢂿61749

卹 xù_6.8　[正韻]雪律切音戍。與恤同。从卩。俗从阝，誤。憂也，愍也 [圖蘇骨切音窣 [禮·曲禮]以策彗卹勿 [註]搔摩也。◆又邺53902 衈57692 郋61850 郋62180

卻 què_6.8　[正韻]乞約切音却 [史記·天官書]兌而卑者卻。本卻字，後變爲却，又轉爲卻。

卺 04747 02272 jǐn_6.8 ｜唐韻｜居隱切｜集韻｜韻會｜几隱切达音謹｜正韻｜从丞从卩。俗作卺｜廣韻｜以瓢爲酒器。婚禮用之也｜儀禮·士昏禮｜四爵合卺｜註｜合卺，破匏也。鑒又敦煌. P. 2058｜字寶｜合卺61619：合謹。

卻 04748 u2A801 null_6.8 从卩合聲。人名｜殷周金文集成｜8.4197·卻篡康公右卻盨，賜戠衣、赤環芾。

即 04749 u2F82F jí_6.8 同即04736

卷 04750 u5DFB juàn_6.8 同卷04743

卻 04751 02273 què_7.9 ｜唐韻｜去約切｜集韻｜韻會｜正韻｜乞約切达羌入聲｜說文｜節欲也。从卩谷聲｜增韻｜止也，不受也｜孟子｜卻之爲不恭｜又｜廣韻｜退也｜前漢·袁盎傳｜引卻慎夫人坐｜註｜師古曰：卻謂退而卑之也｜又｜儀禮·士昏禮｜啓會，卻于敦南｜疏｜卻，仰也，謂仰於地△｜韻會｜俗作却｜又｜訛作卻。鑒又郤61613郤61722

危 04752 02274 wù_7.9 ｜集韻｜韻會｜正韻｜达五忽切音兀｜博雅｜危也｜易·困卦｜上九，困于葛藟，于臲卼｜韻會｜或作仉。古文｜易｜作倪仉｜又｜集韻｜或作扤魤｜又｜韻會｜通作杌｜書｜邦之杌陧｜又｜正韻｜兀亦作卼△｜廣韻｜作卼。鑒又魤12875｜明·方以智｜通雅｜卷六·釋詁·謰語｜臲卼，一作臬兀、槷鈃、蚏危、峱屼、捏扤、桅杌、倪仉，轉作杌桿、槷魤、嶭嵲、𡐍霓、硊矶。

御 04753 02275 yù_7.9 ｜字彙｜魚據切音御。理也，進也。見釋典。

郗 04754 02276 xī_7.9 ｜集韻｜香衣切音希。骨節間。

即 04755 02277 jí_7.9 古文卽｜唐韻｜子力切｜集韻｜韻會｜正韻｜節力切达音稷｜說文｜卽食也。一曰就也｜徐曰｜卽猶就也。就食也｜前漢·高帝紀｜使陸賈卽授璽綬｜註｜師古曰：卽，就也。｜玉篇｜今也｜又｜爾雅·釋詁｜卽，尼也｜註｜尼，近也｜疏｜卽今相近也｜又｜前漢·西南夷傳｜卽以爲不毛之地，無用之民｜註｜卽猶若也｜又｜卽卽，充實也｜前漢·禮樂志·安世房中歌｜磑磑卽卽，師象山則｜註｜積實之盛，類于山也｜又｜通作則｜前漢·王莽傳｜應聲滌地，則時成創｜註｜則時，猶卽時也｜又｜爇炬之爐曰卽｜管子·弟子職｜右手執燭，左手正櫛｜檀弓｜註｜櫛作卽｜又｜姓｜廣韻｜風俗通｜有單父令卽費｜又｜漢複姓，有卽墨成｜集韻｜隸作卽｜玉篇｜今作即。鑒又卽04759｜又｜郎｜碑別字新編｜引｜魏高貞碑

卽 04756 02278 yuàn_7.9 ｜集韻｜怨17141古作卽。

卼 04757 02279 wù_7.9 ｜廣韻｜與卼同。

卿 04758 u2A802 null_7.9 未詳。

卽 04759 u2F830 jí_7.9 同即04755

卽 04760 u20A1D yuàn_7.9 古文怨。

卿 04761 u20A1E qīng_8.10 俗卿04762

卿 04762 u537F qīng_8.10 同卿04764｜集韻｜逆各切音諤。口中上鄂也。與从邑作鄂者別。鑒又顎68296

卿 04764 02281 qīng_9.11 ｜唐韻｜去京切｜集韻｜韻會｜正韻｜丘京切，並慶平聲｜說文｜章也。从卯皀聲｜徐曰｜章，善明理也｜又｜嚮也。言爲人所歸嚮也｜禮·王制｜大國三卿，小國二卿｜儀禮疏｜諸侯兼官，但有三卿：司徒兼冢宰、司馬兼春官、司空兼秋官｜玉篇｜漢置正卿九：太常、光祿、太僕、衞尉、延尉、鴻臚、宗正、司農、少府｜晉書·百官志｜古者，天子諸侯皆名execeptfield執政大臣曰正卿，自周後，始有三公九卿之號｜又｜韻會｜秦漢以來，君呼臣以卿｜正韻｜君呼臣爲卿，蓋期之以卿也｜又｜韻會｜凡敵體相呼亦爲卿，蓋貴之也。隋唐以來，儕輩下已，則稱卿，故宋璟卿呼張易之｜又｜前漢·項籍傳｜號爲卿子冠軍｜註｜文穎曰：卿子，時人相褒尊之稱，猶言公子也｜又｜姓｜風俗通｜虞卿之後。鑒又卿04762卿04761卿09896鄉09907卿61804卿61859卿61917卿04766卿04765郷26907｜又｜前漢·項籍傳｜號爲卿子冠軍。徐慧｜史記·項羽紀

卿 04765 u2F832 qīng_9.11 同卿04762

卿 04766 u2F831 qīng_9.11 同卿04762 壯tráng聲△

卷 04767 02282 juàn_10.12 ｜集韻｜卷本字｜正譌｜卽曲也。借爲舒卷字。本平聲，俗作捲，非。

𪐡 04769 u20A21 trứng_10.12 ｜喃｜从卵省｜𪐡鸚：雞蛋。𪐡鮬：魚卵。

臮 04768 02283 jí_10.12 ｜字彙補｜子卽切音卽。久也。

郗 04770 02284 xī_11.13 ｜唐韻｜集韻｜正韻｜达息七切音悉｜說文｜脛頭卩也。从卩，黍聲｜徐曰｜今俗作膝。人之節也｜前漢·吳王濞傳｜頓首膝行｜又｜揚子方言｜矛骹細如鴈脛者，謂之鶴郗｜又｜絮襦謂之蔽郗｜又｜蠿郗，馬名｜前漢·王褒傳｜駕蠿郗｜註｜孟康曰：良馬低頭，口至郗，故曰蠿郗△｜集韻｜或作腳、膝。

餕 04771 02285 jùn_11.13 ｜字彙補｜子悶切，音峻◇危也。

𦮖 04772 40690 null_11.13 ｜字彙補｜音未詳｜太淸金液神氣經｜北嶽姓岊，名𦮖君。

豆 04773 40691 dòu_11.13 ｜玉篇｜與鐙同。

斜 04774 u5381 san_11.13 ｜韓｜地名用字。

卿 04775 02286 liáo_12.14 ｜集韻｜力昭切音遼。山名。鑒｜集韻｜作卿14127，力交切｜字彙補｜卿，力昭切音遼。

𦮺 04776 02287 xiān_16.18 ｜唐韻｜集韻｜达與奧同｜又｜正字通｜同遷｜前漢·律歷志｜周人𦮺其行序｜註｜鄧展曰：𦮺，去也。鑒又｜四部叢刊·三編經部｜班馬字類卷二｜卿04779｜漢書·地理志｜𦮺亦古遷字。卿04780｜漢書·律歷志｜周人𦮺其行序。古遷字。

郷 04777 42577 yōu_16.18 ｜龍龕｜音憂

𦮺 04779 u20A29 xiān_16.18 同𦮺04776

饒 04778 u20A2A nghèo_16.18 ｜喃｜从危堯nghiêu聲。窘急。

𦮺 04780 u20A28 xiān_16.18 同𦮺04776古遷字。

孿 04781 u20A2B luǎn_24.26 卵04738字繁體｜睡虎地秦墓竹簡·秦律·田律｜不夏月，毋敢夜草爲灰，取生荔、麛𪋵鷇｜國語·魯語上｜獸長麛麌，鳥翼轂卵。

◆ 厂部 ◆

厂 04782 02288 hǎn_0.2 唐韻呼旰切集韻虛旰切丛音漢說文山石之厓，巖人可居。象形集韻籀作斤六書本義厂，水厓高者。岸厈同图唐韻呼旱切集韻許旱切丛音罕。義同图yán◆集韻魚枕切音嚴、籀，或省作厂。鋆今亦廠15735簡化字。

厂 04783 u2F1A chǎng_0.2 同厂04782部首專用字。亦作厂04784

厂 04784 u2E81 chǎng_0.2 部厂04783

厄 04785 02289 zhī_2.4 篇海章移切音支。酒厄。鋆又厄04788正字通·厂部厄，厄字之譌。舊註音支。酒厄。重出。一曰厄字之譌，誤入此。

产 04786 02290 zhān_2.4 唐韻職廉切集韻之廉切丛音詹◆說文仰也。从人在厂上。一曰屋梠也。秦謂之桷，齊謂之产。图wěi集韻五委切音頠图集韻類篇丛之嚴切。義丛同。

厄 04788 u2F834 zhī_2.4 同厄04785

厄 04787 02291 è_2.4 唐韻集韻丛五果切音妮說文科厄，木節也。从卩从厂。會意廣韻木節。亦作厊图玉篇厄果也。無肉骨也图é集韻吾禾切音吪。同柂，木節曰柂图è玉篇廣韻集韻丛於革切。同厏郭忠恕·佩觿集有以科厄之厄爲困厇，其順非有如此者。鋆又厏19045厄00296厄14687厄04819

历 04789 u5386 lì_2.4 简曆23049歷26670

厅 04790 u5385 tīng_2.4 简廳15869

斤 04791 02292 jū_3.5 玉篇居六切音菊說文亦持也。从反刌。鋆又屇04823丏13249严71291

厇 04792 02293 zhé_3.5 集韻陟格切音磔。張也玉篇亦作磔。開厇也。

厈 04793 02294 hǎn_3.5 玉篇籀文厂字。鋆又庠15359

厌 04794 02295 cè_3.5 說文籀文仄00767字△或作厓、廁。

厙 04795 02296 yǔ_3.5 ◆字彙補與廊宇之宇字同。

厊 04796 02297 nǔ_3.5 集韻女10330古作厊。

厎 04797 02298 chén_3.5 字彙補與辰同道藏·洞靈眞經夫雞厎而作，負日任勞。

馬 04798 u2A803 mà_3.5 俗厲15640

屵 04800 u20A32 yuè_3.5 說文岸上見也。亦作屵類篇屵，以灼切。岸上見也。

厏 04799 u20A33 è_3.5 同厄00296廣韻厏，木節也。亦作厏。

历 04801 u5389 lì_3.5 简厲05005

岑 04802 02299 qín_4.6 玉篇古文吟05462字图集韻同崟。亦作碒哆岑說文山之岑，崟也图渠金切音琴。同庲說文石地也。

介 04803 02300 jiè_4.6 唐韻古拜切音誡。介到。

屏 04804 02301 qī_4.6 玉篇音溪。倒地。

厈 04805 02302 bàng_4.6 集韻部項切。周地名△通作玤。

厍 04806 02303 yǎ_4.6 唐韻五下切集韻語下切丛音雅。厇厍，不相合也。

厌 04807 02304 hóu_4.6 篇海古文侯字○按集韻作厌。

厎 04808 02305 chén_4.6 玉篇古文辰60605字。

厎 04809 02306 pài_4.6 字彙補符羈切，音近肥◇水邪流也。鋆俗辰00299

反 04810 02307 pài_4.6 海篇疋賣切音派。水分流也。

厍 04811 02308 chǐ_4.6 字彙補川隻切音尺。厈逐也。

厎 04812 02309 zhǐ_4.6 字彙補之是切，音智◇致也，均也，平也，聲也海篇同厎。

厎 04813 02310 zé_4.6 字彙補阻色切，音責◇陋也，傾側也。

厍 04814 42578 chì_4.6 海篇音亦。鋆厍，同庠、斥，俗廗15454音斥。

厎 04815 u20A3F zhǐ_4.6 金石文字辨異厎，漢唐扶頌厎宄群典隸辨云說文作厎04825从厂从氏。與砥同。碑變从氏。

庇 04816 u20A3D null_4.6 未詳。　　厍 04817 u20A3C null_4.6 未詳。

瓜 04818 u200AE chén_4.6 同辰60606辰本字。

厄 04819 u200AC è_4.6 同厄00296　　庫 04820 u538D shè_4.6 简庫04870

厌 04821 u538C yàn_4.6 简厭04980　　壓 04822 u538B yā_4.6 简壓09496

屇 04823 02311 jū_5.7 集韻拘玉切，音挶說文持也。从反丮。图gǔ古祿切音穀。義同。

厍 04824 02312 yā_5.7 玉篇古洽切音甲篇海大也。鋆胡吉宣：與庘15415同。

厎 04825 02313 zhǐ_5.7 唐韻職雉切集韻軫視切，並音指。平也，致也，柔石也。又唐韻諸市切音止。定也，厎柱也。◆說文柔石也。从厂，氏聲徐曰可以爲礪前漢·梅福傳爵祿，天下之厎石蕭望之傳厎厲鋒鍔註師古曰：厎，柔石。厲，旱石图說文致也書·旅獒西旅厎貢厥獒。图定也書·皋陶謨朕言惠可厎行图說文厎或從石作砥詩·小雅周道如砥图韻會通作底孟子引詩周道如底图或作者詩·周頌耆定爾功註致也。音指。與厎同。图dī集韻都黎切音低。至也图zhī陟利切音致。致也書·禹貢震澤厎定图dì丁計切音帝。義同图zhǐ正韻旨而切，音支◇前漢·梅福傳註師古曰厎，細石也，音之履反，又音秪。鋆又厔04812厎04815

厏 04826 02314 zhǎ_5.7 唐韻集韻丛側下切音鮓。厏厍，不相合也图集韻仕下切音槎。義同图zhǎi正字通蒀格切音摘。狹也。俗作窄。鋆又厓04852

厎 04827 02315 dǔ_5.7 唐韻當古切集韻董五切丛音覩玉篇美

石也 図hù 唐韻 侯五切 集韻 後五切 夶音戶。義同。鑿又隁34505

厬 04828 02316
lā_5.7　　唐韻 盧合切 集韻 落合切 夶音拉 說文 石聲也 集韻 本作厬。或作砬 図lì 集韻 力入切音立。義同。鑿又磿39392

厊 04829 02317
tóng_5.7　　篇海 徒冬切音佟。深屋也。鑿又庝15426

厎 04830 02318
kè_5.7　　集韻 乞業切音怯。厓也。或作庢 鑿俗 屆19072 龍龕 厎厊04984，口合反。閉戶聲也。二同。

屵 04831 02319
yuè_5.7　　六書略 弋灼切音藥。岸上出見貌。鑿 說文 作屵，岸上見也。亦作屵，訛作屵。屵與户13301 別類 篇屵，以灼切。岸上見也。

厇 04832 42579
zhù_5.7　　海篇 音注。　**屈** 04834 42581 jú_5.7　　海篇 音菊。
鑿 咼13249 厏04823 二字之譌。図 張涌泉：俗月字。

厑 04833 42580
cì_5.7　　海篇 音坎。鑿 或爲音次之誤。俗廁。

辰 04835 u2B755
chén_5.7　　敦煌俗字譜 辰60605 引 祕9.077.左8

厒 04836 u2A804
null_5.7　　未詳。　**厖** 04837 u20A47 máng_5.7　俗厖04864

厏 04838 u20A45
wà_5.7　　光緒嘉定縣志 • 卷九 • 學校志 • 廟學 翻厏大成殿。原按：厏疑冡34956之譌。

所 04839 u20A44
suǒ_5.7　　俗所19064　**庯** 04840 u200B0 hǔ_5.7　俗虎52128

厓 04841 u5391
yá_5.7　　漢語大字典.V.2 厓，同厓04844

庬 04842 u5390
páng_5.7　　简 龐75857俗龐75862

厔 04843 02320
kè_6.8　　集韻 渴合切音居。山左右有岸曰厔 爾雅 • 釋山 左右有岸，厔 疏 謂山兩邊有水，山與水爲岸，此山名厔 図qiè乞業切音怯。同厎。鑿又庢15451廥04993 庢04893廥04943居19102

厓 04844 02321
yá_6.8　　唐韻 五佳切 集韻 韻會 宜佳切 夶音崖 說文 山邊也。从厂，圭聲 韻會 或作崖，今山崖字皆作崖。図 爾雅 • 釋丘 望厓洒而高岸 疏 厓，水邊也 玉篇 或作厓 図 韻會 珠厓，郡名。漢武帝置。地居海中，厓岸出珠，故曰珠厓 前漢 • 武帝紀 珠崖亦作珠厓 図借作睚 前漢 • 孔光傳 厓皆莫不誅傷 註 師古曰厓音崖 図yí 集韻 魚羈切音宜。義同 揚雄 • 甘泉賦 樵蒸焜上，配藜四施。北燥幽都，南煬丹厓 図yà牛懈切音恄。同睚，目際也。一曰怒視△或作睚，瞋疲。鑿又厓04841

辰 04845 02322
yǐ_6.8　　集韻 韻會 夶隱豈切音扆 博雅 隱翳也 集韻 或作庡 図ǎi 唐韻 於改切 集韻 倚亥切，夶挨上聲。藏也。

厎 04846 02323
zhǐ_6.8　　集韻 旨22319古作厎。鑿 正字通厎，旨22319字之譌。

厔 04847 02324
zhì_6.8　　正韻 職日切音質。盩厔縣，在京兆。水曲曰盩，山曲曰厔，因以名焉。

厊 04848 02325
chì_6.8　　篇海 同斥。鑿 正字通厊，庍15454字之譌。舊註同斥，誤。

庝 04849 02326
xí_6.8　　字彙 古文席字〇按 集韻 席古作庝，此譌。

唘 04850 02327
kē_6.8　　集韻 渴合切。同唘。摩也。

辰 04851 02328
yīng_6.8　　字彙補 同應。唐武后製。見 大周泰山碑

厇 04852 02329
zhǎ_6.8　　篇海 側下切。不著也。鑿 海篇直音 音鮓。不着也。

庨 04853 02330
jiāo_6.8　　字彙補 古敲切音膠 禪林鉤玄 厎續鳳弦。

庬 04854 42582
shí_6.8　　海篇 音石　　**唘** 04856 u2A805 qià_6.8　　或釋硈38861
見 殷周金文集成 • 4.2491 • 唘舫鼎

屏 04855 u2A806
null_6.8　　未詳。　　**厚** 04859 u20A52 hòu_6.8　　俗厚04871

厽 04857 u20A55
sī_6.8　　漢語方言大詞典 厽氣：食物變質，有酸臭味。晉語 • 陝西北部 図 或作庲15477康熙 保德州志 • 卷三 • 風土 • 祥異 • 疫厲 明萬歷三十九年、四十年，疫厲甚行，大人小兒多患疹，俗號庲谷。

厷 04858 u20A53
tiāo_6.8　　同庖15456　　**厖** 04860 u20A51 páng_6.8　　或俗龐75862

厕 04862 u5395
cè_6.8　　简 厕04922　　**辰** 04861 u20A50 chén_6.8　　或俗辰60605

厎 04863 02331
yí_7.9　　唐韻 弋支切 集韻 余支切 夶音移 說文 歠也△集韻 或作欼。鑿又欨26293厥04964

厖 04864 02332
máng_7.9　　唐韻 集韻 韻會 夶莫江切音尨 說文 石大貌。从厂，龍聲。一曰厚也 玉篇 大也 爾雅 • 釋詁 有也 疏 左傳 民生敦厖，言人生聚豐厚大有也 図 姓 前漢 • 古今人表 厖圉 図 通作厖 前漢 • 司馬相如傳 湛恩厖洪。図 通作蒙 韻會 荀子引詩 爲下國駿蒙 左傳 厖茸，音蒙 図mǎng 集韻 母項切 韻會 母講切 夶音佬。義同 韻會 詩 爲下國駿厖 毛傳 讀如平聲，鄭箋音上聲。
鑿又厖04837

庤 04865 02333
tí_7.9　　集韻 田黎切音題 說文 唐庤，石也。或又作碑 図 玉篇 古文鍗63268字。

庲 04866 02334
xiá_7.9　　集韻 轄夾切音洽 說文 厬也 図 訖洽切音夾。鑿 字彙 庲，隘也。俗作狹33240 図 庲15481峽13683

厓 04867 02335
è_7.9　　集韻 牛何切音哦。同峨 說文 嵯峨也。或作峩。亦作我。

厘 04868 02336
chán_7.9　　篇海 直連切音纏。市廛也△俗作釐省，非。

庯 04869 02337
fū_7.9　　唐韻 集韻 夶芳無切音敷 • 說文 石閒見 図pū浦模切音鋪。石文見也。

庫 04870 02338
shè_7.9　　唐韻 始夜切 集韻 韻會 式夜切 夶音舍 廣韻 姓也。出 姓苑。今台括有之 韻會 後漢 • 竇融傳 金城太守厙鈞。今羌中有姓厙，音舍。云承鈞後。鑿又厙04820

厚 04871 02339
hòu_7.9 古文厔曑 唐韻 正韻 胡口切 集韻 韻會 很口切，夶候上聲 說文 山陵之厚也 玉篇 不薄也，重也。◆易·廣 博厚配天地 図 戰國策 非能厚勝之也 註 厚猶大也 図 增韻 醲也 図 廣韻 姓也。出姓苑 図 謚法 思慮不爽曰厚。鼇 古文曑，當作曑11916 図 厚04948 塂09018 厚04876 厚04935 厚04906 旱23279 旱22592 曑11820 厚04909 旱22368 砳38805

厝 04872 02340
yóu_7.9 玉篇 以周切音猶。簷槞也 図 子由切音揂。義同。鼇 正字通 厝15499字之譌。

厒 04873 02341
xí_7.9 玉篇 古文席14918字。

厇 04874 02342
měng_7.9 玉篇 古文猛33333字。

厉 04875 02343
fáng_7.9 字彙補 同房。見 漢校官之碑

厚 04876 02344
hòu_7.9 字彙補 同厚。

厔 04877 02345
chén_7.9 字彙補 古文辰60605字。

厐 04880 u2A80A
null_7.9 殷周金文集成·5.2774·帥佳鼎 厐商（賞）厥文母魯公孫用貞（鼎）。

厏 04878 02346
yuán_7.9 字彙補 魚全切◇同原。鼇 字彙補 厏，魚全切，音原。見 篇韻 図 朝鮮本 龍龕 厏，同原04903。俗。図 備考 重出：海篇 音原。

厑 04881 u2A809
null_7.9 喃未詳。

厔 04879 42583
guó_7.9 海篇 音域。鼇 古文國 龍龕 厔，古文，音國。

厖 04882 u2A808
null_7.9 未詳。

赤 04883 u2A807
null_7.9 未詳。

原 04885 u20A64
yuán_7.9 干祿字書 原原04903上俗下正。

厈 04886 u20A63
null_7.9 未詳。

厌 04884 u20A66
yí_7.9 同厎見 集韻

厑 04888 u20A61
zè_7.9 厑22417譌字 古今韻會舉要 厌，本作厑。

厅 04889 u539B
tīng_7.9 俗廳15869

庭 04887 u20A62
tíng_7.9 俗庭15498

厜 04890 02347
zuī_8.10 唐韻 姊規切 集韻 韻會 津垂切，夶音觜 說文 厜厜，山顛也 爾雅·釋山 崒者，厜厜 郭璞 註 謂峰頭巉巖 図 集韻 或作崒 図 chuí 集韻 是爲切音垂。義同。鼇 又厜04973 㾪36191

厝 04891 02348
cuò_8.10 唐韻 集韻 倉各切 韻會 清各切 正韻 七各切夶音錯 說文 厲石也。从厂，昔聲 詩曰：他山之石，可以爲厝 徐曰 今詩借作錯字 図 前漢·地理志 五方雜厝 註 晉灼曰：厝，古錯字 図 唐韻 集韻 正韻 夶倉故切音措 前漢·賈誼傳 夫抱火厝之積薪之下 註 厝，置也 集韻 同措。鼇 又厝04983 硳39269 庲15495 厠15610 庲15457 図 龍龕 㾪36162俗，正作厝。

厔 04892 02349
qín_8.10 唐韻 巨金切 集韻 渠金切夶音琴 說文 石地也 集韻 或作厊 図 qián 集韻 其淹切音箝。義同。図 巨禁切音衿。義同。鼇 又厊15371

厒 04893 02350
kè_8.10 唐韻 口答切音溘。山左右有岸。

厡 04894 02351
nǔ_8.10 玉篇 古文弩38774字。

厚 04895 02352
ài_8.10 集韻 牛代切音礙。石名 図 玉篇 張幕也 図 zhé 集韻 陟革切音摘。義同。

厚 04896 02353
zè_8.10 集韻 札色切音側。與仄同 玉篇 陋也。傾側也。

厕 04897 02354
cuì_8.10 玉篇 此芮切。地也。鼇 直音篇 庇同厠。

厣 04898 02355
yì_8.10 唐韻 五歷切 集韻 倪歷切夶音鷁 說文 石地惡也 図 ni 集韻 逆革切音蘺。碻厣，石地。

厀 04899 02356
tāi_8.10 集韻 蔡21835古作厀。

厞 04900 02357
fèi_8.10 唐韻 扶沸切 集韻 韻會 父沸切，夶肥去聲 說文 隱也 爾雅疏 幽隱也 儀禮特牲饋食 薦俎敦設于西北隅，几在南厞 註 厞，隱也。不知神之所在，而改饌爲幽闇，庶其饗之 図 玉篇 陋也 図 féi 集韻 韻會 正韻 夶符非切音肥。義同。鼇 又陫65662 㵒66984 庳66986

厚 04901 02358
zhūn_8.10 集韻 朱倫切音諄。同淳。漬也。

厴 04902 02359
duī_8.10 集韻 都回切音塠。堆或作厴。聚土也 玉篇 亦堆字。

原 04903 02360
yuán_8.10 古文厡邍愿 唐韻 集韻 韻會 夶愚袁切音元 說文 高平曰原，人所登 爾雅·釋地 大野曰平，廣平曰原 周禮·地官·大司徒 辨其山林、川澤、丘陵、墳衍、原隰之名物 禮·月令 孟夏，令野虞出行田原，爲天子勞農 図 前漢·食貨志 農漁商賈四者，衣食之原 董仲舒傳 道之大，原出於天 司馬相如傳 爾陜游原 註 孟康曰：原，本也 図 爾雅·釋言 原，再也 疏 重再也 易·比卦 原筮元永貞 朱傳 必再筮，自審有元善長永正固之德 禮·文王世子 命膳宰曰：末有原 註 末，勿也。謂所食之餘，不可再進也 前漢·禮樂志 以沛宮爲原廟 註 師古曰原，重也。言已立正廟，更重立也 図 韻會 推原也 易繫辭 原始要終 前漢·薛宣傳 原心定罪 註 師古曰原，謂尋其本也 管子·戒篇 春出，原農事之不本者，謂之遊 註 原，察也 図 宥罪曰原 晉書·潘岳傳 會詔原之 図 通作源 前漢·食貨志 猶塞川原爲潢洿也 註 師古曰原，謂水泉之本也 図 姓 廣韻 孔子弟子有原憲 前漢·趙廣漢傳 潁川大姓原、褚 註 原、褚，二姓也 図 州名 韻會 漢高平縣，魏爲鎮州，又改原州。鼇 又京00668 厏04878 原04885 羉05045 原04923 羉05046 邍61436

厚 04909 u2B757
hòu_8.10 同厚04871

盾 04904 02361
shǔn_8.10 字彙補 同盾

厙 04905 02362
cún_8.10 字彙補 古文存11746字。

厚 04906 02363
hòu_8.10 海篇 與厚同。山陵之厚也。亦作旱。

厭 04907 02364
shòu_8.10 集韻 璹34718古作厭。

興 04908 42585
diǎn_8.10 海篇 音典。鼇 古文典。

彔 04910 u2B756 lù_8.10 俗鹿74315

㕎 04911 u2A80E null_8.10 未詳。

㕑 04912 u2A80D dàng_8.10 从石長聲。或同碭。見作冊夨令簋

顷 04913 u2A80C qǐng_8.10 俗廎15674

直 04914 u2A80B null_8.10 未詳。

厡 04915 u20A76 biǎn_8.10 同扁04930亦作庳04919

厤 04916 u20A75 lì_8.10 俗厤04939名義厤，来的反。治。

厦 04917 u20A74 xià_8.10 俗廈15645

庳 04919 u20A72 biǎn_8.10 同扁04930亦作厡04915 又同庳15536希麟音義庳脚：上皮媚反周禮庳，猶短也。顧野王云卑，下也。從厂，從卑聲也。

虒 04918 u20A73 sī_8.10 俗虒52140

㕓 04920 02365 guì_9.11 集韻饋69455古作㕓△或作歸，通作餽，餉也。

㕖 04921 02366 sōu_9.11 集韻所九切音溲。限也 又蘇后切音叟。△或作廋。

厞 04929 42586 bì_9.11 海篇音必

厕 04922 02367 cè_9.11 古文䇲正韻初寺切。同廁說文清也 又閒也，雜也，次也。

厡 04923 02368 yuán_9.11 玉篇魚袁切。泉水也。今作源。

厀 04924 02369 lí_9.11 集韻陵之切音釐。坼也正譌从支从厂。厂，古厓字。厂之性坼，如有擊之者 又果熟有味亦坼，其璺甚微，故亦謂之㷰。从未聲，豪㷰字當从此 又chí 集韻氂，亦作㷰。通作治。澄之切音持。䜌又嫠21720

㕟 04925 02370 duàn_9.11 玉篇集韻丛古文段27023字。

厥 04926 02371 dào_9.11 玉篇古文盜字。䜌厥04934字之譌。

㕧 04927 02372 shù_9.11 集韻庶15550古作㕧。

厨 04928 40692 jué_9.11 字彙補居月切音厥。短也。姓也。

厓 04931 u2A810 null_9.11 未詳。

扁 04930 42587 biǎn_9.11 海篇音兵。䜌集韻扁厡04915，補典切。扁虒，薄皃。或从界。

叚 04932 u20A85 duàn_9.11 四聲篇海叚，徒乱切。古文段27023字。

厝 04933 u20A84 lì_9.11 同厲05005段玉裁說文解字注厝，旱石也。从厂，菫省聲 又俗㕑15596可洪音義神厝：音廟。又俗厝04891可洪音義稍厝：音廣（厝）。

厣 04937 u53A3 yǎn_9.11 简厴05034

厥 04934 u20A81 dào_9.11 玉篇厥，徒到切。古文盜37176△宏按，字典譌作厥04926

厚 04935 u20A80 hòu_9.11 同厚04948厚本字。

厥 04936 u20A7E zhòu_9.11 或同㾭36226收縮。

厢 04938 u53A2 xiāng_9.11 同廂15612通作厢。

厤 04939 02373 lì_10.12 玉篇古文曆23049字 又說文治也玉篇理也。亦作秝。䜌又厤04916曆05023

厥 04940 02375 jué_10.12 古文𠀠𠂤身身𨈘唐韻集韻韻會丛居月切音蕨說文發石也。从厂，欮聲玉篇短也爾雅·釋言其也周禮·地官·鄉大夫之職厥明註其也 又前漢·諸侯王表漢諸侯王厥角稽首註應劭曰：厥者，頓也。角者，額角也 又姓韻會京兆人，漢賜衡山王妾厥氏 又韻會九勿切音屈。突厥世居金山，工於鐵，作金山，狀如兜鍪。俗呼兜鍪爲突厥，因爲國號。䜌又厨04928㞕05020㞕04952

厦 04941 02376 shà_10.12 集韻所嫁切，沙去聲。旁屋也。或作庌韻會作廈監韻从厂，誤。

㽞 04951 42588 liú_10.12 海篇音留

㕅 04942 02377 sǒu_10.12 集韻所九切音溲。限也。或作㕖 又蘇后切音叟。義同玉篇老人也。䜌字彙㕅，與叟同，老人之稱。

㕇 04943 02378 kè_10.12 篇海㕇，亦作㕇。

㕈 04944 02379 è_10.12 唐韻苦盍切集韻乙盍切丛音始廣韻損也集韻山旁穴。

㕉 04945 02380 cuó_10.12 韻會才何切音醝。嵯亦作㕉。

厧 04946 02381 diān_10.12 唐韻都年切集韻多年切丛音顛廣韻顛塚集韻塚也。本作巔，省作厧玉篇亦作巔。

㞕 04952 42589 jué_10.12 海篇同厨

㡘 04947 02382 lián_10.12 六書正譌廉本字，稜也。从厂，石之稜隅也。

厚 04948 02383 hòu_10.12 字彙補厚本字。

㕋 04949 02384 shù_10.12 字彙補古文庶15550字。

㕌 04950 02385 yōu_10.12 字彙補古文憂18171字。

𪠒 04953 u2A812 null_10.12 殷周金文集成·18.11710·十八年相邦劍左伐器𪠒工師析論。

庵 04955 u20A8E null_10.12 未詳。

厚 04954 u2A811 bó_10.12 同搏20275 臣諫簋唯戎大出于軧，井（邢）侯厚戎。

厨 04956 u53A8 chú_10.12 俗廚15724

㕐 04957 02386 jiù_11.13 篇海居又切音救。馬舍也字彙俗廄字玉篇作廐。

厪 04958 02387 jǐn_11.13 唐韻渠遴切音僅。小屋 又前漢·鄒陽傳茅焦亦厪脫，死如毛氂耳註師古曰厪，少也。

厫 04959 02388 áo_11.13 字彙牛刀切音敖。倉厫正字通本作廒。

㕓 04960 02389 guì_11.13 集韻九芮切音劂。迫迮也。

㕔 04961 02390 kè_11.13 玉篇口合切，閉口聲 又音口。義同。䜌又㿸63030胡吉宣：由㞓19072而譌變者。

㕕 04962 02391 nǔ_11.13 集韻砮38774古作㕕。

㕖 04963 02392 yín_11.13 字彙魚今切音吟。與厰同。

㕗 04964 42590 yí_11.13 海篇音移。䜌俗㕗04863

㕑 04965 42591 chú_11.13 字彙補厨字之譌。

雁 04966 u2A815 null_11.13 未詳。

廏 04967 u2A814 jiù_11.13 同廄15678

廣 04968 u2A813 guǎng_11.13 俗廣15738

厰 04969 u20A98 yín_11.13 厱04975本字

歷 04970 u20A96 lì_11.13 俗歷26670

厱 04971 u20A95 lián_11.13 俗廉15646

厤 04972 u53AF lì_11.13 俗歷26670

厜 04973 02374 chuí_12.14 集韻是爲切音垂 說文厜䴢，山巔囗zuī津垂切音觜。義同。

屄 04974 02393 xǐ_12.14 唐韻胥里切集韻想止切夶音枲•說文石利也囗yǐ集韻養里切音以囗yì類篇逸織切音弋。義夶同。

厱 04975 02394 yín_12.14 唐韻魚金切集韻魚音切夶音吟說文崟也。一曰地名廣韻崟厱，山崖狀也囗tǎn唐韻集韻夶吐敢切音菼。山險囗kǎn唐韻集韻夶口敢切音頷。義同囗yǎn集韻魚枕切音嚴。同巖。嶺巖，險也囗hǎn虎覽切音喊。山險也囗五敢切音儼。山石貌。鋆又厰04963厰04969厰04990宷12414宷12382

厬 04976 02395 guǐ_12.14 唐韻居洧切集韻韻會矩鮪切正韻古委切夶音軌爾雅·釋水水醮曰厬註謂水醮盡疏凡水之盡，皆謂之厬。厬則竭涸之一名也△韻會一曰水厓，枯土也禮韻舊註泉側出，誤。鋆又沇28043漑28840溳29661

厭 04977 02396 shù_12.14 集韻庶15550古作厭。

厭 04978 02397 shù_12.14 篇海古庶字〇按卽厭字之譌。

寫 04979 02398 xiě_12.14 集韻洗野切音寫。仄也囗xiè四夜切音卸。傾也。鋆正字通寫12352字之譌。

厭 04980 02399 yè_12.14 唐韻於葉切集韻韻會益涉切夶屬入聲說文笮也。从厂，猒聲徐曰笮，鎮也。壓也。一曰伏也左傳·昭二十六年將以厭衆前漢·杜鄴傳折衝厭難註厭者，壓也。鎮壓寇難，使之銷靡也囗正韻順從貌荀子·儒效篇天下厭然猶一也囗增韻饜也。當也史記·高祖紀於是因東游以厭之囗合也周禮·春官·巾車王后厭翟註次其羽，使相迫也囗損也左傳·文二年及晉處父盟以厭之註厭猶損也囗儀禮·鄉飲酒禮賓厭介入門左註推手曰揖，引手曰厭疏引手曰厭者，以手向身引之囗廣韻惡夢也囗集韻厭次，地名囗集韻或作壓囗唐韻集韻韻會正韻夶於豔切，厭去聲集韻足也詩·周頌有厭其傑註厭，受氣足也前漢·王莽傳克厭上帝之心註厭，滿也囗韻會厭，斁也詩·葛覃服之無斁。註：厭也囗通作饜禮·曾子問孔子曰：有陰厭，有陽厭註厭是厭飫之義囗唐韻集韻於琰切正韻於檢切夶音掩荀子·解蔽篇厭目而視者，視一以爲兩囗正韻惡也論語天厭之囗廣韻厭，魅也。別作魘韓愈·游湘西寺詩怵惕夢成魘囗正韻與魘同。與掩藏之掩同音禮·大學見君子而后厭然註厭讀爲黶。黶，閉藏貌。囗集韻於鹽切音俺。同懕說文安也詩·小雅厭厭夜飲秦風厭厭良人註安靜也囗正韻同猒左傳·昭二十八

年屬厭而已囗杜預註言小人之腹飽猶知厭足囗集韻正韻怡乙甲切音押前漢·劉向傳抑厭遂退註師古曰厭，音乙甲反，謂不伸也囗荀子·儒效篇厭旦於牧之野註厭猶臨也。謂陳於將旦之先也囗正韻通作壓。囗集韻乙及切音邑。厭邑，濕意囗集韻鄔感切音暗。沈溺意莊子·齊物篇其厭也如緘。鋆又厌04821惉18323懕18600

厮 04981 02400 sī_12.14 唐韻息移切正韻相咨切夶音斯。同廝韻會廝，通作斯史記·蘇秦傳廝徒十萬前漢·陳餘傳有廝養卒註廝，取薪者也囗揚雄傳蹂屍輿廝註廝，破折也。音斯囗西域傳尚書廝留其衆註廝留，言其前後離廝，不相還及也。

廑 04982 02401 diàn_12.14 集韻堂練切音電。與奠同揚子·太玄經天地廑位。

厝 04983 02402 cuò_12.14 字彙補蒼各切。與錯同。

厴 04984 02403 kè_12.14 字彙補口合切音溘。閉門聲也。鋆俗㟄19072

嚴 04988 u2A817 null_12.14 喃未詳。

厬 04985 40693 fá_12.14 字彙補丘巨源·與袁粲書荷蘝塵末品外錄厬舊本作厱。

碨 04986 42592 wǒ_12.14 字彙補五果切音姽。

㕷 04987 u2A816 null_12.14 殷周金文集成·16.10174·兮甲盤敢不用令（命），則即井（刑）㕷伐。讀若撲。

厝 04993 u20AA6 kè_12.14 集韻厝04843厝，渴合切。山左右有岸曰厝。或从㕟。

厰 04990 u20AAC yín_12.14 同厱04975

厱 04991 u20AA9 chán_12.14 俗厱62098可洪音義厱肆：上直連反。正字厱也。

厱 04992 u20AA8 chán_12.14 正字通厱15728，俗作厱厱15817，非。

厡 04994 u20AA5 yuán_12.14 古文原04903△宏按，或同原04923

厱 04995 u20AA4 shù_12.14 俗厱04977古文庶正字通厱04978，厱04977譌字姓譜譌作厱，音署，尤非古今圖書集成·明倫彙編·氏族典·第四百六十一卷·厱姓厱姓部彙考厱姓：厱音恕，見姓苑。厱姓：厱音署，見直音

厗 04997 u20AA1 tú_12.14 厗13085蘇，或作厗厱。

厲 04998 u20AA0 lì_12.14 俗厲47865

厱 04996 u20AA2 qīn_12.14 同厱15733五音集韻厱，去金切。像車服以送死也。

厨 04999 u3551 chú_12.14 俗廚15724

厰 05000 u53B0 chǎng_12.14 俗廠15735

厜 05001 02404 wēi_13.15 唐韻魚爲切集韻虞爲切夶音危說文厜厜也爾雅·釋山崒者，厜厜疏崒者，謂山巔之末，其峯巉巖厜厜然者也囗集韻或作巇囗yí集韻魚羈切韻會正韻疑羈切夶音巍囗wéi集韻語韋切音巍。義夶同。

厫 05002 02405 áo_13.15　篇海 音敖。倉厫。

厎 05003 02406 zhī_13.15　唐韻 集韻 厺之石切音隻 說文 仄也 玉篇 陋也 图pǐ 集韻 匹歷切音霹。義同。

厱 05004 02407 qiān_13.15　唐韻 苦咸切 集韻 丘咸切,厺恰平聲。山崖空穴閒貌 图 唐韻 集韻 厺丘嚴切音欦 图kān 集韻 枯含切音龕。義厺同 图lán 盧甘切音藍 說文 厱諸,治玉石 图或作磏,省作礛 图yǎn 魚檢切音儼。厓岸危也。

厲 05005 02408 lì_13.15　唐韻 集韻 韻會 力制切 正韻 力霽切厺音例 說文 旱石也。從厂,蠆省聲徐曰旱石,巤悍石 玉篇 磨石也 詩·大雅 取厲取鍛 图磨也 左傳·成十六年 楙馬厲兵 荀子·性惡篇 鈍金必將待礱厲然後利 图 說文 嚴也 論語 聽其言也厲 图 廣韻 烈也,猛也 禮·表記 不厲而威 图 玉篇 危也 易·乾卦 厲无咎 爾雅·釋詁 厲,作也 註 穀梁傳曰:始厲樂矣 疏 興作也 方言 厲,卬爲也。甌越曰卬,吳曰厲 图 玉篇 虐也 孟子 厲民以自養也 图 玉篇 上也 詩·衛風 在彼淇厲 韻會 岸危處曰厲 图·詩·邶風 深則厲 註 以衣涉水,由帶以上曰厲 图 周禮·秋官·司厲 註 犯政爲惡曰厲 图 爾雅·釋天 月在戌曰厲 图 韻會 醜惡也 莊子·天地篇 厲之人夜半生子,恐其似己 图 史記·嚴安傳 民不夭厲 註 厲,病也 图 前漢·儒林傳 以厲賢才焉 註 師古曰厲,勸勉之也 图 息夫躬傳 鷹隼橫厲 註 師古曰厲,疾飛也 图 正韻 厲鬼 左傳·昭七年 子產曰:鬼有所歸,乃不爲厲 图 正韻 礱厲,帶重也 左傳·桓二年 鞶厲斿纓 姓 廣韻 漢有魏郡太守厲溫 图lài 集韻 正韻 厺落蓋切音賴 前漢·地理志 厲鄉,故厲國也 註 師古曰厲,讀曰賴 图 史記·范雎傳 漆身爲厲 註 厲,音賴。言以漆塗身,而生瘡爲病癩 图liè 韻會 力孽切 正韻 良薛切厺音列 韻會 嚴也。一曰裳垂飾 詩·小雅 心之憂矣,如或結之。今茲之正,胡然厲矣 左思·蜀都賦 巴姬彈絃,漢女擊節。起西音於促柱,歌江上之飀厲 註 飀厲,歌聲清越也 鋆 段氏厲53684改厲,厲改厏04933 图 厉04801 厲15809 图 史記·嚴安傳 徐慧: 漢書

厴 05006 02409 yáo_13.15　篇海 餘昭切音遙。座也。

厵 05007 02410 yuán_13.15　字彙補 古文原04903字。

厷 05008 42594 hóng_13.15　海篇 音洪。

厬 05009 42595 yuè_13.15　海篇 音月。鋆俗嵤。

厖 05010 u2A819 páng_13.15　俗龐75862

解 05011 u2A818 xiè_13.15　俗廨15769

厴 05012 u20AB8 rap_13.15　喃從厂枼diệp聲。(臨時)棚架。

厴 05013 u20AB5 null_13.15　未詳。

歷 05014 u20AB4 null_13.15　未詳。

厝 05015 u20AB3 hǔ_13.15　說文 厝,古文虎52128亦作厝74433虙15815

厪 05016 u20AB2 jǐn_13.15　同厪15763

厤 05017 u20AB1 lì_13.15　俗歷26670

厴 05018 02411 mí_14.16　集韻 狼狄切音歷。分也。鋆 正字通 麿74704字之譌。舊註訓同麼。改音歷,溷厤,誤。

磚 05019 02412 zhuàn_14.16　字彙補 音付。同𥐰。小厄也。鋆磚12602字之譌。

厥 05020 40694 jué_14.16　海篇 與厨同

厯 05021 u20ABE lì_14.16　俗歷26670

厯 05022 u20ABD null_14.16　未詳。

厤 05023 u2A81A lì_15.17　何琳儀 戰國古文字典 厤04939之繁文。

厴 05024 u20ABF lì_15.17　或作厴53684段玉裁 說文解字注 厴04933,旱石也。從厂,蠆省聲。厲,或不省。

厴 05025 u3553 chán_15.17　俗鄽62098

嚴 05026 u53B3 yán_15.17　同嚴07804可洪義 市厴:上神止反。下直連反。

厴 05027 42596 jué_16.18　海篇 音厥

厴 05028 42597 xiān_16.18　海篇 音仙。又音令。鋆又儕56608

厴 05029 u20AC6 dày_16.18　喃同䫴05030

厴 05030 u20AC5 dày_16.18　喃從厚苔đầy聲△桷䫴:厚顏。䫴功:刻苦。䫴疊偉霜:飽經風霜。

廬 05031 u20AC2 lú_16.18　俗廬15822

厴 05032 u20AC1 null_16.18　未詳。

厴 05033 u20AC0 null_16.18　未詳。

厴 05034 02413 yǎn_17.19　五音集韻 於琰切音厭。蟹腹下也。鋆又厬04937

嚴 05035 u2A81B yán_18.20　或同嚴。

廳 05036 u20AC7 tīng_18.20　俗廳15869

厴 05037 02414 diān_19.21　集韻 多年切音顚。塚也。△或省作厴。

廳 05038 u20ACA tīng_19.21　俗廳15869

蘇 05039 u20ACB sū_20.22　屠蘇,或作屠厴、廜穌。文淵閣本 御定千叟宴詩·卷二·計詩三百二十首 雲騎今叨寵遇珠,玉筵霜髮照厴穌。頻逢劍閣朝正使,問訊當年八陣圖。

厴 05040 02415 lì_21.23　字彙補 郎敵切音歷。刈也。鋆又厴27170

厴 05041 02416 chū_21.23　字義總略 與初同。

厴 05042 u20ACD xì_21.23　同厴13227

厴 05043 u20ACF rột_22.24　喃從歷卒tốt聲。

廳 05044 u3554 tīng_22.24　俗廳15869

厴 05045 02417 yuán_27.29　集韻 愚袁切音元 說文 水泉本也。從三泉,出厂下。後人但作原,而加水於其旁。今經傳源流、淵源,字皆作源矣 图 集韻 亦作原、源。一曰再也 图姓。亦州名。

厴 05046 02418 yuán_28.30　廣韻 同源。

厴 05047 u20AD1 biāo_30.32　容庚 善齋彝器圖錄·厴羌鐘 厴字 說文 所無,疑卽厴70548之繁文。

厴 05048 u20AD2 yuán_31.33　同厴05046俗源。

◆ 厶部 ◆

厶 05049 02419 sī_0.2　唐韻 息夷切 集韻 相咨切厺音私·說文 姦衺也。韓非曰:倉頡造字,自營爲厶 集韻 通作私。图mǒu 玉篇 亡后切音某。厶甲也 陸游·老學庵筆記 今

人書厶以爲俗 穀梁 二年，蔡侯、鄭伯會于鄧。范甯註云鄧，厶地 陸德明·釋文 不知其國，故云厶地 篇海 義同某。鋆又同仏00779敦煌·S.2106 維摩義記 樂常信厶，至廣行施。

厶 05050 u2F1B sī_0.2　部厶05049

厺 05051 02420 tū_1.3　唐韻 集韻 厹他骨切音突 說文 不順忽出，从倒子 精藴 凡孕胎，男背女向。臨產，腹痛，子轉，身首向下，始分兔也 又 廣韻 不孝之子 集韻 如不孝子突出，不容於內，即 易 突字 易·離卦 突如其來△ 集韻 或作厹。鋆又㐬00646

云 05052 02421 gōng_1.3　玉篇 古文肱46998字。

凸 05053 02422 jǔ_1.3　篇海 古文巨14627字。

厸 05054 42598 gōng_1.3　五音篇海 古弘切。

厷 05055 02423 gōng_2.4　廣韻 集韻 韻會 厹姑弘切。肱本字 說文 臂上也 前漢·王莽傳 刖刑元厷，考方行矩。日德元厷，考圓合規 註 晉灼曰：厷，圓也。厷，古肱字。

厺 05056 02424 huàn_2.4　集韻 幻15297古作厺。

厸 05057 02425 lín_2.4　集韻 鄰62008古作厸 前漢·班固敘傳 亦厸悳而助信。

厹 05058 02426 qiú_2.4　唐韻 巨鳩切音裘。同厹。三隅矛 詩秦風 厹矛鋈錞 又 廣韻 氣高也。鋆又㕛05389㕬05360㕛13313

内 40161

厺 05059 02427 rǒu_2.4　玉篇 同内。

厽 05060 42599 jiān_2.4　五音篇海 音尖。又音僭。

厺 05061 02428 qù_3.5　說文 去本字。从大厶聲。鋆又公05073

厺 10002

去 05062 02429 qù_3.5　唐韻 集韻 韻會 厹丘據切。墟去聲 說文 人相違也 廣韻 離也 增韻 來去，離去，去就之去 玉篇 行也 史記·莊助傳 汲黯招之不來，麾之不去 又 棄也 後漢·申屠剛傳 愚聞人所歸者，天所與。人所畔者，天所去也 又 qù 唐韻 羌舉切 集韻 韻會 口舉切 正韻 丘舉切，厹墟上聲 集韻 徹也 又 藏也 前漢·蘇武傳 掘野鼠，去草實而食之 註 去，收藏也 又 集韻 或作弆 前漢·陳遵傳 遵善書，與人尺牘，皆藏弆以爲榮 註 弆，亦藏也 又 qū 韻會 正韻 厹丘於切音墟。疾走 正字通 同驅 詩·小雅 鳥鼠攸去，君子攸芋 左傳·僖十五年 秦伯伐晉。卜之，曰：千乘三去，三去之餘，獲其雄狐。鋆又厺05061公05073

叝05139厺10002达60777

医 05063 02430 qióng_3.5　字彙補 古文穹41012字。

会 05064 42600 bǎi_3.5　海篇 音百。

㐬 05065 42601 dì_3.5　龍龕 音帝。鋆同㐬，古文帝。

厸 05066 u20ADD zhǎng_3.5　同㔾32175 直音篇 厸，碎金 音掌。云厸鞋。

牟 05067 u20ADA móu_3.5　干祿字書 牟牟32586上通下正 九經字樣 牟，牛鳴也。作牟，訛。

厼 05068 u53BC ěr_3.5　韓 與厼、爾同。古厼王，即百濟第八代古爾王。

兊 05069 02431 duì_4.6　篇海 同兌 正字通 譌字。

厽 05070 02432 lěi_4.6　唐韻 力委切 說文 絫坺土爲牆壁，象形。又 cān 玉篇 七貪切音驂 尚書 以爲參字。

厺 05071 02433 qù_4.6　字彙補 同去。見 漢三老袁君碑

厺 05073 42602 qù_4.6　字彙補 同去。見 集韻 ○按 集韻 無此字。

厽 05075 u20AE4 lín_4.6　俗厼05459 徒字。鋆 龍龕 矼03115，古文，音從 又 矼03129

去 05076 u20AE2 zhuān_4.6　俗專12553

厽 05072 02434 cóng_4.6　字彙補 古文

禸 05074 42603 yù_4.6　龍龕 音玉。

厺 05076 u20AE2 zhuān_4.6　俗專12553 鋆或亦作丙、禸05080，㐬33794變體。

帟 05077 u20AE1 bǎo_4.6　同呆05524古文保。

帝 05078 02435 dì_5.7　字彙補 古文帝14845字。鋆又㐬05065

兊 05079 u20AE8 duì_5.7　兊05069誤字 中文大辭典 兊，引 字彙補 定內切，音兌。銳也△宏按，字彙補 作兊05069

禸 05080 u20AE7 yù_5.7　或同丙10016

县 05081 u53BF xiàn_5.7　简 縣44695

東 05082 02436 zhuān_6.8　正字通 同專。

� 05083 02437 zhēng_6.8　集韻 爭32191古作㚏。

奥 05084 02438 lù_6.8　字彙補 與六同。

� 05085 02439 huá_6.8　字彙補 同華 石鼓文 㝓㝓雉兔。

幽 05086 02440 yōu_6.8　篇海類編 與幽同。

叕 05087 42604 lěi_6.8　龍龕 音累。鋆 字彙補 叕，音義與累同。

参 05088 u20AED cān_6.8　俗參05107

參 05089 u53C2 cān_6.8　简 參05107

叄 05090 u53C1 cān_6.8　简 叄05114

叅 05091 02441 cān_7.9　集韻 參05107古作叅。

娜 05094 u2A81C null_7.9　未詳。

帝 05095 u20AF8 qí_7.9　集韻 厽，或作斉75525㐬。

執 05096 u20AF7 jí_7.9　同㓁56974

抄 05098 u20AF4 null_7.9　未詳。

單 05100 02443 shàn_8.10　篇海 時戰切音善。姓也△亦作單。

單 05101 02444 nián_8.10　字彙補 古文年15244字。

桑 05102 02445 sù_8.10　字彙補 同素。鋆同㒼25843，見 父辛桑爵

盦 05093 42605 tān_7.9　川篇 音攤

參 05092 02442 zhāi_7.9　字彙補 同齋

參 05097 u20AF5 cān_7.9　俗參05107

剷 05099 u20AF2 jù_7.9　同㓁56974

𪠝 05103 u2A81D null_8.10 喃未詳。 𠫻 05105 u20AFB běn_8.10 同畚10140

𠫼 05104 u20AFC qí_8.10 正字通齊，或作𠫼。

𠫾 05106 02446 yòu_9.11 唐韻與久切集韻以九切𠀤音酉廣韻同誘說文相訹呼也玉篇訹，誘也△集韻或作誳𧫡玉篇或作羑。

參 05107 02447 cān_9.11 古文曑曑唐韻集韻韻會正韻𠀤倉含切音驂集韻謀度也，間厠也又玉篇相謁也廣韻參，承也，覲也又增韻干與也，參錯也又韻會三相參爲參，五相伍爲伍易繫辭參伍以變韻會左傳自參以上周禮設其參，皆謂三相參列也。後世參軍、參謀、參知政事，蓋取此義又星名前漢·天文志參爲白虎三星，直者是爲衡石註參三星者，白虎宿中東西直似稱衡又唐韻所今切集韻韻會正韻疏簪切𠀤音森說文商星也。本作曑，从晶㐱聲徐曰其上晶，與星同義也。今文作參。又韻會叢立貌束晳·補亡詩參參其穡論語立則見其參於前又姓廣韻祝融之後又人參，藥名。本作蓡。又cēn唐韻楚簪切集韻韻會初簪切𠀤音嵾廣韻同嵾。嵾嵯，不齊貌詩·周南參差荇菜又張衡·思玄賦長余佩之參參註長貌又sǎn唐韻集韻韻會正韻𠀤桑感切音糝。雜也韻會與糝同周禮·天官·司裘註大射，大侯九十，參七十，干五十又càn正韻七紺切音摻。曲名又參鼓亦作摻鼓又與叄通周禮·冬官考工記叄分去一。鋆又叅05088叄05089𠫭05097叅05112𠫱05115𣔳06685曑06939蔘51046

𪠞 05108 u2A81E null_9.11 喃未詳。 𠫾 05110 u20AFE đi_9.11 喃从去多đa聲。走△𠫾蹺：隨從。𠫾修：修行。𠫾瀓：去海边。

𥙒 05109 u25652 trẩy_9.11 喃从去礼lễ聲△𥙒会：外出例祭。

𠫽 05111 u20AFD sā_9.11 同仨00831清·蒲松齡蓬萊宴·第一回賓客密如麻，東𠫽𠫽，西𠫽𠫽，八百席一霎安排下。

叅 05112 u3558 cān_9.11 俗參05107 參 05113 uF96B cān_9.11 兼參。

叄 05114 u53C4 cān_9.11 同參05107又sān三00016大寫。敦煌·S.800論語叄分天下有其二，以服事殷。俗作叄05123叄05122簡化作叁05090

𠬁 05115 02448 cān_10.12 正韻倉含切音驂廣韻參俗作叅。

𠭁 05116 02449 fàn_10.12 字彙補奉飯切音飯。車也。

𠭂 05117 02450 chù_10.12 篇海俗畜字。

𠭃 05118 02451 fèn_10.12 海篇同叁 𠭄 05119 02452 jiǎ_10.12 篇海類編同斝。鋆又舛部𡕒，重出：篇海斝下切音賈。玉爵也正字通斝字之譌。按，今併入厶部

𠭅 05120 42606 yòu_10.12 篇海類編以九切音酉。相羑呼也字彙補同𠫾○按即𠫾字之譌。

𠬅 05122 u20B05 cān_10.12 同叄05114 𪠟 05121 u2A81F zhèn_10.12 簡𣂁02829

𠬄 05123 u20B04 cān_10.12 同叄05114 𦀿 05125 02453 guān_11.13 篇海類編公班切音關。織貫杼也。鋆又𦀿12718

𠬃 05124 u20B03 bỏ_10.12 喃同𠬕05147，俗省△𠬃戈：錯過。

𠭆 05126 02454 qì_11.13 字彙補與弃同。

𠭇 05127 02455 bǐ_11.13 篇海類編補委切音彼。羈客也。

𪠠 05129 u2A820 null_11.13 喃未詳。 𠭈 05128 42607 xīng_11.13 五音篇海音星。鋆又龍龕𠭈，古文年15244字。

𠬌 05130 u20B0C null_11.13 未詳。 𠬊 05131 u20B0A null_11.13 未詳。

𠬉 05132 u20B09 tránh_11.13 喃从去爭tranh聲。躲避，避免。

𠭉 05133 02456 qūn_12.14 唐韻集韻韻會正韻𠀤七倫切音皴。狡兔名戰國策東郭㕙，天下之狡兔也韓愈·毛穎傳居東郭者㕙又jùn唐韻子峻切集韻韻會祖峻切𠀤音俊。又quān韻會逡緣切正韻且緣切𠀤音詮。義𠀤同。鋆㕙05142譌字。

𠭊 05134 02457 jī_12.14 說文長箋同齎。

𠭋 05135 40695 héng_12.14 字彙補弧耕切，音恆◇。

𠬐 05136 u20B10 qí_12.14 正字通臍47991篆作𠬐。

𠬏 05137 u20B0F null_12.14 未詳。 叆 05138 u53C6 ài_12.14 简靉66895

𪠡 05140 u2A821 null_13.15 未詳。 𠭌 05139 02458 qù_13.15 字彙補同去

叇 05143 u53C7 dài_13.15 简靆66878 𠬒 05141 u20B12 cút_13.15 喃从去骨cốt聲。溜走，滾開△𠬒𣏟：隱遁，退避。

㕙 05142 u3559 qūn_13.15 廣韻㕙，七倫切。東郭㕙，古之狡兔也。又音俊。鄭珍說文新附考·卷四·兔部㕙，狡兔也。从兔，夋聲。七旬切。按，齊策云東郭逡60893者，海內之狡兔也。又云世無東郭俊。是古止作逡、俊。俊係正字，以狡兔善走輕俊名之。作逡叚借。俗改从兔字又作𠭉05133，譌。

𠭍 05144 02459 zhěn_14.16 海篇音枕。鍪也。

𠬗 05145 u20B17 null_15.17 未詳。 𠬖 05146 u20B16 bỏ_15.17 喃同𠬕05147

𠬕 05147 u20B15 bỏ_15.17 喃从去補bổ聲。投放，抛棄。亦作𠬖05146俗省作𠬃05124補△𠬃𠫾：割捨。補票：投票。

𠬙 05148 u20B19 sā_17.19 同仨00831蒲松齡增補幸雲曲·第十一回好丫頭笑嘻嘻，勸姐姐休撇急，我有一條絕妙的計。咱𠬙同到玉火巷，你可藏的嚴實實，俺𠬙上樓把你替。

𠬘 05149 u20B18 jī_17.19 同齏75547 𠬔 05150 u20B14 null_17.19 未詳。

𪠢 05151 u2A822 null_18.20 喃未詳。

• 又部 •

又 05152 02460
yòu_0.2　唐韻于救切 集韻 韻會 尤救切 正韻 爰救切夶音宥 說文手也。象形。三指者,手之刿多,略不過三也 韻會偏旁作ナ 図 廣韻又,猶更也。鎣又叹05372 尀12777尪 図邜,音又,義未詳。

又 05153 u2F1C
yòu_0.2　部又05152

叉 05154 02461
chā_1.3　唐韻初牙切 集韻 韻會 正韻初加切夶音差 說文手指相錯 玉篇指相交也 增韻俗呼拱手曰叉手 柳宗元詩入郡腰常折,逢人手盡叉 図 酉陽雜俎蘇都識匿國有夜叉城,城舊有野叉,其窟見在 唐書·酷吏傳監察御史李全交酷虐,號鬼面夜叉 図chāi 唐韻楚佳切 集韻初佳切 正韻初皆切夶音釵。義同 図 正韻婦人岐笄,同釵 図 正韻兩枝也。鎣義,俗叉字 図鉎63134

爪 05155 02462
zhǎo_2.4　唐韻 韻會夶古文爪32174字。說文手足甲也。象其甲指端生形〇按 正譌覆手曰爪,爪,手足甲形。分爪、叉爲二,太泥。

及 05156 02463
jí_2.4　古文弖遘 唐韻其立切 集韻 韻會極入切 正韻忌立切,夶琴入聲 說文逮也。從又從人徐曰及,捕人也。會意 廣韻至也 図 韻會旁及,覃被也 詩·大雅覃及鬼方 周頌燕及皇天 図 增韻連累也 左傳·隱六年長惡不悛,從自及也 図 兼與之辭 左傳·宣七年與謀曰及 図 後漢·黨錮傳張儉等八人爲八及,言能導人追宗也。鎣又迈60733及05170冂00368

友 05157 02464
yǒu_2.4　古文夵羿㝬䇅㝬 唐韻云久切 集韻 韻會 正韻云九切夶音有 說文同志爲友 禮·儒行儒有合志同方,營道同術,夶立則樂,相下不厭,久不相見,聞流言不信,其行本方立。義同而進,不同而退,其交友有如此者 図善于兄弟爲友 書·君陳惟孝友于兄弟。図凡氣類合同者皆曰友 司馬光·潛虛醜,友也。天地相友,萬彙以生。日月相友,羣倫以明。風雨相友,艸木以榮。君子相友,道德以成。鎣又友32994发05182羿49108

夵 05158 02465
yǒu_2.4　玉篇古文友05157字。說文從二手相交 徐曰二手相順也。夵有佐佑之義,故從二手。

夵 05159 02466
guǐ_2.4　玉篇 集韻夶古文宄11942字。

叐 05160 02467
mò_2.4　唐韻 集韻夶莫勃切音沒 說文入水有所取也。從又,在回下。回,淵水也 韻會沒本作叐,隸作叐,刀音冪。監本作叐字,誤 図mà 集韻莫八切音絔。義同。

夗 05161 02468
pān_2.4　玉篇普姦切。引也。

叐 05162 02469
fú_2.4　集韻房六切音伏 說文治也 正譌從又卪。卪,事之節也。又手,所以治事也。鎣叐爲服23376本字,亦作叐,譌作叞21387 図叐05183阢65451

双 05163 02470
shuāng_2.4　韻會雙,俗作双,非。鎣今雙簡化字

収 05164 02471
gǒng_2.4　玉篇居竦切 說文竦手也△亦作拱。

反 05165 02472
fǎn_2.4　古文反 唐韻府遠切 集韻 韻會甫遠切夶音返 說文覆也。從又、厂 詩·周頌福祿來反 註言福祿之來,反覆不厭也 図 前漢·陳勝傳使者五反 註師古曰反謂回還也 図fān 唐韻 集韻 韻會孚袁切 正韻孚艱切夶音幡 廣韻斷獄平反 韻會錄囚平反之,謂舉活罪人也 增韻理正幽枉也 前漢·食貨志杜周治之,獄少反者 註反,音幡 図通作翻 前漢·張安世傳反水漿 図bǎn 集韻 韻會夶部版切,音阪 集韻難也 詩·小雅威儀反反。沈重讀 図fàn 集韻方願切音販。難也 詩·小雅威儀反反。毛萇說一曰順習貌 図 正韻販亦作反 荀子·儒效篇積反貨而爲商賈 図fàn 集韻孚萬切音娩。覆也。鎣又仮00833

収 05166 02473
shōu_2.4　廣韻收俗作収。

及 05170 u2F836
jí_2.4　兼 及05156

尘 05167 02474
gōng_2.4　字彙補同厺。

取 05168 u2A824
null_2.4　族徽。見 殷周金文集成·11.5656·取父辛尊。又12.6496·子作父戊觶 子乍父戊彝,犬山取。

爻 05169 u2A823
yáo_2.4　俗爻32327 可洪音義 設爻:下(戶)交反。折爻:上之舌反。下戶交反。

乂 05171 u20B20
mốt_2.4　喃 没27900簡寫。一。

夬 05172 02475
guài_3.5　唐韻 集韻 韻會古邁切 說文分決也 易·夬彖夬,決也,剛決柔也 図jué 集韻 韻會夶古穴切音玦 集韻所以闓弦者 韻會 詩決拾既佽 註本作夬,今文作決。決拾,射韝,縱弦者曰決,拾箭者曰拾△ 集韻或作抉。

反 05173 02476
fǎn_3.5　集韻反05165古代反。

犮 05174 02477
bá_3.5　正字通犮字之譌〇按犮,從犬加丿 說文走犬貌。從犬而丿之,曳其足,則刺犮也。凡犮芨狨拔犮跋等字皆從此,無作犮者 字彙犮上皆丿,入又部,誤。

叟 05175 02478
tāo_3.5　唐韻土刀切 集韻他刀切夶音叨 說文滑也。一曰取也 図 舉要叟,同挑 図 廣韻腰鼓大頭名 集韻戎鼓大首謂之叟。鎣又叟05177叟13386

勾 05176 02479
bū_3.5　篇海奔模切音逋。相次之貌。

叟 05177 40696
tāo_3.5　海篇音叨。骨也 字彙補同叟。

収 05180 u20B27
shōu_3.5　俗收21377

匘 05178 42608
náo_3.5　海篇音鐃 字彙補碯砂之碯,亦作匘。鎣又淖28060

収 05179 u20B28
fú_3.5　同叐05162即服字。

羍 05181 u20B24
yì_3.5　簡翠37809

发 05182 u53D1
fà_3.5　簡髮70949
發36691 図 碑別字新編·友05157引 隋賈珉墓誌

叚 05183 02480
fú_4.6　玉篇扶目切。改治也。

叒 05184 02481
ruò_4.6　唐韻而灼切音若。榑桑,叒木•說文日初

出東方，暘谷所登榑桑，叒木也。徐曰叒亦木名。東方自然之神木。図精藴叒，順也，道相似也。古人發明，取友之義，从三又，會意，同心同德，而後可相與輔翼也。桑字从此，象眾手之形，非取其義。正譌二又爲友，三又爲叒，所助者多，故爲順也。會意。

叓 shǐ_4.6　正韻史05357古作叓。說文記事者也。从又，持中。中，正也。徐曰記事當主于中正也。

受 biào_4.6　玉篇平表切，瓢上聲。說文物落，上下相付也。从爪从又。玉篇今作㰏苄。集韻又作叜。図集韻婢小切。與摽通，落也。

叞 jùn_4.6　集韻甓35074古作叞。

叐 xǐ_4.6　字彙補先立切音颯。行也。鍪又叐05192。

尭 guài_4.6　字彙補與怪同。

叹 jié_4.6　字彙補子結切音節。理叹也。

育 yǒu_4.6　同有23361龍龕育，誤，舊藏作有字。

叓 shì_5.7　玉篇古文事00555字。鍪正字通叓05412本字。

叐 xǐ_4.6　俗叐05188　　**叐** xǐ_4.6　或作叐集韻希14784，香依切。寡也。望也。施也。亦姓。古作叐。

叝 null_5.7　殷周金文集成·12.6512·小臣單觶王後叝克商，在成師，周公賜小臣單貝十朋，用乍寶尊彝。讀若返。

叐 null_5.7　未詳。　　**叟** mò_5.7　叐05160本字說文叟，入水有所取也。从又在冂下。

叙 pí_5.7　字彙皮字，借作被音。周宣王石鼓文王云籀叝，叙淖淵文。

叜 null_5.7　未詳。　　**叙** shū_5.7　或同叙43163

叜 sǒu_5.7　六書正譌叟正字。人老，則以手掖之，故从又手也。夾即掖也。會意，與丈字同義。

叝 gào_5.7　字彙補古號切音告。謹告也。

叀 qīn_5.7　从又持帚。用爲漢字聲符。

叓 shì_5.7　俗叓05194同文通考·譌字叓，古事字。

叐 xǐ_6.8　集韻希古作叐。鍪集韻原作叐05193図俗繫44998安南一統志及嗣位，與家臣窀者詔郡公阮金錠謀誣太子蒸於毅祖宮人，以罪狀白皇上收捕叐獄。

叝 yǒu_6.8　玉篇古文友05157字。

叔 shū_6.8　古文尗㪁㪚唐韻集韻韻會正韻丛式竹切音菽。說文拾也。从又，尗聲。汝南謂收芋爲叔。徐曰收拾之也。詩·豳風九月叔苴。註拾也。図玉篇伯叔也。廣韻

季父也。釋名叔，少也。幼者稱也。図爾雅·釋親婦謂夫之弟曰叔。図玉篇同尗，豆也。前漢·昭帝紀得以叔粟當賦。註師古曰叔，豆也。図姓。韻會魯公子叔弓之後。漢光武破虜將軍叔壽。図集韻或作尗。玉篇俗作𣂪。図chù集韻昌六切，與俶同。說文善也。詩令終有俶。鍪又尗12528𣂲43163𣂱43186

叐 fèng_6.8　集韻奉10071古作叐。

叞 shuā_6.8　唐韻集韻並所劣切，栓入聲。同刷說文叞，拭也。廣韻掃也，清也。

叕 chuò_6.8　唐韻陟劣切音輟。聯也。玉篇連也。鍪正字通叕，綴44333本字。

取 qǔ_6.8　唐韻七庾切集韻韻會正韻此主切，丛娶上聲。說文捕取也。从又耳。玉篇資也，收也。廣韻受也。增韻索也。禮·儒行力行以待取。史記·魯仲連傳爲人排難解紛，而無取也。管子·白心篇道者，小取焉則小得福，大取焉則大得福。図韻會凡克敵不用師徒曰取。図前漢·王莽傳考論五經，定取禮。註師古曰取，讀曰娶。図qū集韻韻會正韻丛逡須切音趨。集韻取慮，縣名，在臨淮。図qiū集韻雌由切音秋。前漢·地理志陳留浚儀註師古曰取慮，縣名。音秋盧。取又音趨。図cǒu集韻韻會正韻丛此苟切音趣。杜甫·遭田父泥飲詩今年大作社，拾遺能住否。叫婦開大瓶，盆中爲吾取。感此氣揚揚，須知風化首。図正韻索也。詩·小雅如酌孔取。箋謂度所勝多少。図六書本義申通用伸，伸通取。訓索，取轉聲，與娶趣字同。図古文奇字朱謀㙔曰：古文取，疑當从与聲。人與而我取也。鍪又耴46515

叕 qiān_6.8　海篇音僉。殖酉切集韻韻會正韻是酉切丛音壽。　　**受** shòu_6.8　古文㪅唐韻殖酉切集韻韻會正韻是酉切丛音壽。說文相付也。玉篇得也。易·既濟實受其福。詩·大雅受天之祜。図承也。李適之·法觀禪師碑銘敻承最上，密受居多。図盛也。杜甫詩野航恰受兩三人。図容納也。論語君子不可以小知，而可大受也。図正字通神呪切，收去聲。詩·小雅投畀有北，有北不受。叶下昊，昊，許候切○按受字韻書無去聲△韻會毛氏曰：从爪从冖。俗或作受，非。受音胡到切，下从丈。鍪又㪅12563授22212

叐 bēn_6.8　字彙補與奔同。漢·景君碑隕涕叐哀。

叟 sǒu_6.8　或同叟05241　　**叞** null_6.8　殷周金文集成·12.6515·萬諆觶用享叞尹人。讀若抵。

柔 null_6.8　未詳。　　**叙** kuài_7.9　唐韻集韻並苦怪切音噲，太息也。又集韻口溉切。義同爾雅·釋詁叙，息也。註叙，氣息貌。図集韻丘媿切。同㗅，太息也。

变 biàn_6.8　簡變56875　　**叙** xù_7.9　正字通俗敍字○按敍本从攴从余。今作叙，从又，誤。

叐 bīng_7.9　集韻兵，籀文作叐。

叚 05222 02504
jiǎ_7.9　唐韻古馬切集韻舉下切丛音賈說文借
也集韻或作叚，通作假図xiá集韻何加切音瑕。姓也
春秋傳晉有叚嘉。通作瑕。鳌又叚05239彶02790假65782

叛 05223 02505
pàn_7.9　唐韻集韻韻會正韻丛薄半切音畔說文
半也。从半，反聲。徐曰離叛也。廣韻奔他國也図韻會通
作畔前漢·高帝紀漢王并關中，而齊梁畔之図集韻韻
會丛普半切音判。煥也。張衡·西京賦譬衆星之環極，叛
赫戲以煇煌註言宮觀臺榭周于正殿，猶衆星環拱，光
耀布散也図集韻或从火作叛。鳌又趦58438

夏 05224 02506
sǒu_7.9　唐韻集韻丛古文叜05241字說文老也。从
灾，又聲。灾者，衰惡也。廣韻老，夏集韻或作叜俊傻。

叒 05225 02507
ruò_7.9　精薀若本字。叒，然詞，猶云如是也。从
叒从口。借爲相反之詞，殊上事也図爲發語之詞，起
下文也。亦爲且然而未必之詞図借而爲汝，聲相通也。

昃 05226 02508
dé_7.9　正譌得本字。取也。从貝从又。以手持貝，
昃之意也。隸作得。

叝 05227 02509
jí_7.9　字彙補古號切音告。謹告也。鳌叝，級
（級）字之譌字彙補·又部叝05197，古號切音告。謹告
也字彙補·又部叝，古日切音急。役遽也。張亞靜：字
典誤。

夏 05229 42610
sì_7.9　海篇音寺

孞 05228 02510
jiāo_7.9　字彙補同孞

叚 05230 u2A82A
null_7.9　未詳。

叙 05231 u2A829
xù_7.9　俗敍21496金
石文字辨異·敍引北魏弔比干文

叝 05232 u20B47
mǔ_7.9　俗畝35480

叚 05236 u20B43
null_7.9　或俗叚。

叓 05233 u20B46
shì_7.9　說文叓，古文事00555集韻使01094古作叓
△宏按，使事吏三字同源。或作叜05245俗作叓13695

延 05234 u20B45
null_7.9　未詳。

叐 05235 u20B44
null_7.9　未詳。

叝 05237 u20AF3
jí_7.9　同彶16540急行也。

叚 05238 02511
wèi_8.10　篇海紆胃切音尉。義同，安也図火斗，
熨器図yù音鬱。義同。

叚 05239 02512
jiǎ_8.10　集韻叚或作叚。

叚 05240 02513
chǐ_8.10　篇海初紀切音翅。齧也。

叜 05241 02514
sǒu_8.10　古文夏唐韻集韻韻會正韻丛蘇后切音
藪說文老也図集韻韻會正韻丛疎鳩切音搜。叜叜，
淅米聲詩·大雅釋之叜叜，蒸之浮浮註釋，淅米也。叜
叜，聲也集韻或作潀，通作溲図sōu正韻先侯切，漱
平聲。尊老之稱劉琨·贈盧諶詩惟彼太公望，昔是渭濱
叜。鄧生何感激，千里來求図sāo集韻蘇遭切音騷。
同搜。搜搜，動貌。或省作叜。鳌又傁01460俊01626傻
01550傻01766傻01666傻09820傻36791厦04942叜05196叜41007
叜05248叜12127叜12108叜12118叜12157叜12154叜05215

叒 05242 02515
sāng_8.10　字彙補古文桑24023字。

叛 05247 u2A82B
null_8.10　未詳。

叚 05249 u20B53
null_8.10　未詳。

叜 05245 02518
shì_8.10　說文長箋古文事00555字。

叚 05246 u2A82C
gǎn_8.10　同敢21574古文敢。

叜 05248 u2F837
sǒu_8.10　俗叜05241第二次漢字簡化方案（草
案）·第二表·輪廓字保留原字的輪廓，省略其中部分筆
畫。用這个方法簡化的字與原字形相近。例如，叜叜臿，
分別剩餘叜叜臿，臼改曰，雖只減兩筆，但好寫多了。

叒 05250 u20B52
null_8.10　未詳。

延 05252 u20B50
yán_8.10　或俗延。

叚 05251 u20B51
null_8.10　未詳。

敊 05253 02519
zòu_9.11　字彙古文奏
字○按六書古文奏作叜，此譌。

叒 05243 02516
gēng_8.10　字彙補同更

叚 05244 02517
qǐ_8.10　字彙補同啓

叚 05254 02520
gǎn_9.11　說文敢21573本字。

戚 05255 02521
jǐng_9.11　玉篇才正切。坑戚也。穿地捕獸正字通同
穽。

叚 05262 u2F838
tún_9.11　同叚05264

叚 05256 02522
jǐng_9.11　字彙同戚。
鳌又叚05265正字通作叚05276並俗穽41033

叚 05257 02523
shēn_9.11　玉篇古文申35355字。

叒 05258 02524
ruò_9.11　字彙補籀文叒字。

叚 05259 02525
biàn_9.11　說文長箋弁本字。

叚 05265 u20B62
jǐng_9.11　俗穽41033

叚 05260 02526
shēn_9.11　說文申本字

叚 05261 02527
rǎn_9.11　字彙補而兖切音蹨。柔韋也。見釋典。

叚 05263 u20B64
trǔ_9.11　喃或跙58726俗譌△跙術：折返。

叚 05264 u20B63
tún_9.11　亦作叚05262集韻徒渾切說文小豕也。

叜 05266 u20B61
zòu_9.11　古文奏10107集韻皋13272或作叜。

叚 05267 u20B60
jùn_9.11　中文大辭典聲35074之籀文。

叚 05268 u20B5F
luàn_9.11　集韻亂32229古作叚。

叒 05269 u20B5E
ruò_9.11　同叒49868古文若49169

叚 05270 02528
zhuì_10.12　唐韻之芮切集韻朱芮切丛音贅說文楚
人謂卜問吉凶曰叚図sui集韻輸芮切音稅図shuài山
芮切，音啐。義丛同。

叚 05271 02529
bào_10.12　字彙蒲報切音暴。姓也。鳌亦作叚32249

叚 05272 02530
shòu_10.12　集韻受05212古作叚。

叒 05273 02531
sāng_10.12　字彙補籀文桑字。

叚 05274 u2A82E
rǒng_10.12　同搙20258地名搙先伯簋唯九月初吉，
叜先白自乍其寶簋。

05275 u2A82D 齟 trǒ_10.12 喃从返省阻trǒ聲。或作跋58726翻轉。
△亦音giǒ。齟術:歸來。齟命:輾轉。

05276 u20B6E 羿 jǐng_10.12 俗穽41033

05277 u20B6D 叟 null_10.12 未詳。

05278 u20B6C 鶏 jī_10.12 鶏72935譌字。俗雞66285

05279 u20B6B 叕 null_10.12 未詳。

05280 u20B6A 叟 null_10.12 未詳。

05281 u20B69 叟 null_10.12 未詳。

05282 u3560 隹 shuāng_10.12 俗雙66277

05283 02532 叝 zhā_11.13 集韻莊加切音查 說文取也。或从手作摣。

05284 02533 叝 lí_11.13 唐韻里之切 集韻陵之切丛音犛 說文引也。鏊又犛05291

05285 02534 叝 liú_11.13 字彙補同劉03802 路史·國名記 叝康公,邑在緱氏,世作劉繆。

05286 02535 叝 yáng_11.13 說文古文揚20076字。

05287 02536 叝 kāng_11.13 字彙補古文康15552字。石鼓文敕憂叝叝。

05289 02538 叝 shòu_11.13 字彙補古文壽09736字。

05290 42611 叝 biàn_11.13 海篇音變 陟劣切音輟。吳人呼短物也。△亦作㪍。鏊亦作㪍。㪍字左出右叕 图 仳00943 㪍05308 知38517 㪍38572

05288 02537 㪍 chuò_11.13 五音集韻...

05291 42612 叝 lí_11.13 字彙補犛字之譌。

05292 42614 叝 gài_11.13 字彙補音蓋。深堅意〇按即叡字之譌。

05293 u2A82F 叝 null_11.13 未詳。

05295 uFA0E 叟 shuāng_11.13 俗雙66277

05294 u20B7A 叝 null_11.13 穆天子傳·卷四乙亥,天子南征陽紆之東尾,乃遂絕戮胥之谷。戮胥,山名,音未詳。

05296 u53E0 叠 dié_11.13 疊35748通作叠。

05297 02539 叡 hè_12.14 唐韻呵各切 集韻黑各切丛音嗃 說文溝也 廣韻同壑。鏊正字通壑本字。

05298 40697 叝 tún_12.14 字彙補徒昆切音豚。草名 廣雅叝耳,馬莧也。

05299 40698 叝 ruò_12.14 字彙補人名 穆天子傳 巨蒐之叡曰觴天子于焚留之山。音未詳。鏊錢詹事云叡疑即若字。

05300 42613 叝 huò_12.14 海篇音豁。鏊龍龕豁谷,呼括反。豁達也,空也,大也。

05302 u20B82 叝 fú_12.14 俗叝75136 殷周金文集成·4.1807·集腋鼎集爵五。亦見 鑄客鼎、壽春鼎

05301 2A830 叝 null_12.14 ...

05303 u20B81 叝 shā_12.14 直音篇叝綱同殺27044

05304 u20B7E 鏭 sì_12.14 同鏭16406

05305 u20B7D 鏭 sì_12.14 同鏭16406 穆天子傳·卷三北遊于鏭子之澤。

05306 u20B7C 叝 jùn_12.14 中文大辭典叝35074之本字。

05307 02540 叝 bì_13.15 篇海卑亦切音壁。叝,法也。

05308 02541 㪍 zhuó_13.15 五音集韻職悅切音拙。倔㪍,短貌。

05309 42615 叝 fèi_13.15 字彙補音廢。賦斂也〇按即發字之譌。

05310 u20B85 叝 null_13.15 未詳。

05311 02542 叡 ruì_14.16 古文睿餝容 唐韻以芮切 集韻韻會俞芮切丛音銳 說文深明也,通也。从叔从目从谷省。从叔,取其穿也,从目取明也,从谷取響應不窮〇按 集韻叡古作睿,然今經傳通作睿,故註亦備載睿字下。鏊又叡05321 叡05317 叡05318 壑09610 叡21816 叡26698 叡26699 叡27149 叡21780

05312 02543 鏭 sì_14.16 集韻鏭16406古作鏭。鏊亦作鏭05304

05313 u2A831 叝 null_14.16 喃未詳。

05314 u20B8C 鏉 zhú_14.16 同鏉48400,亦作鏉05322 玉篇鏉,側律切。雞兒声。

05315 u20B8B 趣 qù_14.16 趣58431本字。

05316 u20B8A 鏉 dé_14.16 廣韻鏉,多則切,取也。

05317 u20B89 叡 ruì_14.16 俗叡05311

05318 u20B88 叡 ruì_14.16 俗叡05311

05319 02544 鏉 sōu_15.17 集韻搜古作鏉〇按玉篇作鏉。

05320 02545 叝 wú_15.17 通韻古文巫14638字。

05321 u20B8F 叡 ruì_15.17 同叡05311

05322 02546 鏉 zhú_16.18 唐韻側聿切音鏉 玉篇雞兒聲 廣韻雞兒出殼聲。鏊又鏉48400 鏉05314

05323 02547 叢 cóng_16.18 唐韻正韻徂紅切 集韻韻會徂聰切,丛族平聲 說文聚也。从丵取聲 書·無逸是叢于厥身 图 姓。南北朝滁州刺史叢鐇 图 臺名。在邯鄲 图 集韻或作藂 前漢·東方朔傳藂珍怪 图 作藂 前漢·息夫躬傳藂棘棧棧 註詩·葛覃註:灌木曰藂△韻會後人誤作蕞,或作蕀,二字皆非。毛氏曰:丵上从四直,兩長兩短。从卄非。鏊又从00062 欉26080

05324 02548 叝 jū_17.19 字彙補古文鞠67349字。

05325 u20B92 叝 xiāng_17.19 同韽41681 韽67916

05326 u20B94 叝 null_19.21 未詳。

05327 u20B93 變 biàn_19.21 俗變56875

05329 u20B96 叝 luán_21.23 同變10319

05328 02549 叝 yōu_20.22 字彙補同憂

05330 02550 叝 luàn_22.24 集韻亂00504古作變。

05331 02551 齉 zhāi_22.24 字彙補同齋 道藏·洞靈真經師位嚴于齉室。

丑 集

● 口部 ●

口 05332 02552
kǒu_0.3 古文凵曰 唐韻 苦后切 集韻 韻會 去厚切 正韻 苦厚切，夶寇上聲 說文 人所以言食也。象形 易·頤 卦 自求口實 書·大禹謨 唯口出好興戎 又 戶口 孟子 數 口之家 前漢·宣帝紀 膠東相成勞來不怠，流民自占八萬 餘口。又 李陵傳 捕得生口，言李陵教單于爲兵以備漢 軍 又 姓 唐韻 今同州有之 正字通 明弘治中宣府通判口 祿。又古口，複姓 正字通 漢有古口引 又 壺口，山名 書·禹貢 冀州旣載壺口 又 谷口，地名 史記·范睢傳 北有 甘泉、谷口 註 九嵕山中西謂之谷口 又 列口，縣名 前 漢·地理志 樂浪郡列口縣 又 史記·倉公傳 切其脉時，右 口氣急 註 右手寸口也。脉經從魚際至高骨，却行一寸，其中名曰寸口，其骨自高 **kǒng** 又 韻補 苦動切音孔 釋 名 口，空也。空上聲◇ 梁·法雲·三洲 歌 三洲斷江口，水從窈窕河傍流。

〇 05333 u31E3
null_0.3 畫環。

口 05334 u2F1D
kǒu_0.3 部 口05332

篇海 叫，吉兮、羌礼二切，叫問也。

叱 05335 02553
yǐ_1.4 集韻 億姞切音乙。叱叱，聲也。

曰 05336 02554
kǒu_1.4 字彙補 古文口05332字。

口 05337 02555
zhǐ_1.4 玉篇 古文旨22319字。

叫 05338 02556
yà_1.4 集韻 乙黠切音軋。鳥聲。

古 05341 02557
gǔ_2.5 古文鈷固 唐韻 集韻 公戶切 韻會 果五切 正韻 公土切，夶音鼓 爾雅·釋詁 古，故也 說文 从十、口。 識前言者也 徐鉉曰 十口所傳是前言也 玉篇 久也，始也 書·堯典 曰若稽古帝堯 詩·邶風 逝不古處 前漢·藝文志 世歷三古 孟康曰 伏羲上古，文王中古，孔子下古。 又 禮·祭義 以祀天地、山川、社稷、先古 註 先古，謂先 祖也 又 周禮·冬官考工記 輪已庳，則於馬終古登阤也 註 終古，猶言常也 又 賈古，縣名 前漢·地理志 益州郡 賈古縣 又 姓 廣韻 周太王從邠適岐，稱古公，其後氏焉。 漢有古初 蜀志 有廣漢功曹古牧，北魏有古弼 又 草名 爾雅·釋草 紅，蘢古 註 俗呼紅草爲蘢鼓，語轉耳 又 **gù** 集韻 古暮切音顧。亦作故。義同 劉向·九歎 興離騷之 微文兮，冀靈修之壹悟。還余車于南郢兮，復姓軌于初 古 又 **kū** 字彙補 溪姑切音枯。古成氏，複姓。漢廣漢太 守古成雲。後秦古成詵，以文章參樞密。

句 05342 02558
jù_2.5 唐韻 九遇切 集韻 韻會 俱遇切夶音屨。 玉篇 止也。言語章句也 類篇 詞絕也 詩·關雎疏 句古謂 之言。秦漢以來，衆儒各爲訓詁，乃有句稱。句必聯字 而言。句者，局也。聯字分疆，所以局言者也 又 僂句， 地名，龜所出也 左傳·昭二十五年 初，臧昭伯如晉，臧 會竊其寶龜僂句 又 禮·樂記 句中鉤 疏 謂大屈也。言音 聲大屈曲，感動人心，如中當於鉤也。又 周禮·冬官考 工記·廬人 句兵欲無彈 註 句兵，戈戟屬 釋文 句，俱具 反。又音鉤 又 史記·叔孫通傳 臚句 註 上傳語告下爲臚， 下告上爲句 又 高句驪，遼東國名，漢爲縣 前漢·地理志 元菟郡高句驪。又句容，縣名 地理志 丹陽郡句容縣。 又 **gòu** 廣韻 古候切 集韻 韻會 正韻 居候切夶音遘 廣 韻 句當 宋史·曹彬傳 江南句當公事回 又 姓 華陽國志 王平、句扶、張翼、廖化夶爲將。時人曰：前有王、句， 後有張、廖 又 類篇 拘也 與彀同 詩·大雅 敦弓旣句 釋 文 句 說文 作彀。張弓曰彀 又 **gōu** 唐韻 集韻 古侯切 韻 會 正韻 居侯切夶音溝。俗作勾 說文 曲也 禮·月令 句者 畢出 左傳·哀十七年 越子爲左右句卒 註 鉤伍相著，別 爲左右屯 前漢·趙充國傳 入鮮水北句廉上 註 句廉謂水 岸曲而有廉稜也 又 集韻 亦作區 禮·樂記 區萌達 註 屈 生曰區 釋文 區音勾，古侯反 又 句芒，春神 禮·月令 其 神句芒 又 句龍，社神 左傳·昭二十九年 共工氏有子， 曰句龍，爲后土 又 句繹，邾地 春秋·哀二年 盟于句繹。 又句瀆，齊地 左傳·襄十九年 執公子牙于句瀆之丘 前 漢·地理志 濟陰郡句陽縣 註 左傳 句瀆之丘也 又 宛句、 句章，夶縣名 前漢·地理志 會稽郡句章縣，濟陰郡宛句 縣 註 師古曰句音鉤 又 句吳 史記·吳世家 自號句吳 註 吳言句者，發聲也，猶言于越耳 又 五音集韻 亦姓 史 記·仲尼弟子傳 句井疆 註 正義曰：句作鉤 又 **qú** 廣韻 其 俱切 集韻 權俱切夶音衢。須句，地名 春秋·文七年 公 伐邾，取須句 音義 句，其俱反 又 句町，縣名 前漢·地 理志 牂牁郡句町縣 註 師古曰音劬挺 又 字彙補 與絢 同。履頭飾也 周禮·天官·屨人 青句 註 句當爲絢 前漢·王 莽傳 句履 註 師古曰其形岐頭 又 **jū** 集韻 恭于切音俱。 本作拘。或作佝，摯止也。又 史記·孝文紀 故楚相蘇意 爲將軍，軍句注 註 應劭曰：山險名也 索隱曰：句音俱。 包愷音鉤 又 與矩同，方也 莊子·田子方 履句履者知地 形 陸德明·音義句音矩。徐云其俱反。李云方也。 又 **jiǔ** 古有切音九 淮南子·地形訓 自東北至西北方，有 岐踵民、句嬰民 註 句，讀若九△ 說文 本作拘。 鼙 又购32438朐32450句05383

另 05343 02559
lìng_2.5 五音集韻 郎定切，音令◇ 分居也，割開也 〇按另字下从力，與另05344異。

另 05344 02560
guǎ_2.5 集韻 古瓦切音寡 玉篇 剔人肉，置其骨 集 韻 與冎、剮同。

叨 05345 02561
tāo_2.5 唐韻 土刀切 集韻 韻會 正韻 他刀切夶音 滔。同饕 說文 貪也 書·多方 叨懫日欽 莊子·漁父篇 好經 大事，變更易常，以挂功名，謂之叨 後漢·梁冀傳 貪叨

凶淫。又盧植傳橫叩天功，以爲己力揚子方言叩、悷，殘也。囝廣韻叩瀫正字通呇也。瀫也。

叩 05346 02562
kòu_2.5
集韻韻會正韻丛丘候切音寇玉篇叩，擊也禮學記叩之以小者，則小鳴。叩之以大者，則大鳴論語以杖叩其脛公羊傳僖十九年其用之社奈何，蓋叩其鼻以血社也史記秦始皇紀叩關而攻秦又集韻以手至首也正字通稽顙曰叩首前漢李陵傳叩頭自請囝韻會問也，發也論語我叩其兩端而竭焉疏叩，發動也囝kǒu廣韻正韻苦后切集韻韻會去厚切丛音口廣韻叩頭囝正韻問也。本作訂囝廣韻與扣同。亦擊也囝叶孔五切音苦韓愈元和聖德詩取之江中，柳脰械手。婦女纍纍，啼哭拜叩。手音暑◇
鑋又敄21452敄21429叩61504

只 05347 02563
zhǐ_2.5
唐韻正韻諸氏切集韻韻會掌氏切丛音紙說文語已詞也詩鄘風母也天只，不諒人只左傳襄二十七年諸侯歸晉之德只囝詩王風其樂只且箋言其自樂此而已。又小雅樂只君子箋只之言是也囝姓正字通明有只好仁囝zhī廣韻集韻章移切韻會支移切丛音支廣韻專辭囝zhī五音集韻之日切音質。本之爾切，無質音，今讀若質，俗音新增囝zhěn韻會小補章忍切音軫，引集韻云只通作軹莊子大宗師而奊來爲軹〇按集韻軹註丛無只通作軹之明文，雖字義相同，實非一字韻會小補非囝楊氏轉注古音引楚辭大招白日昭只。只讀作馨，語餘聲。本作軹，省作只〇按軹、只二字，諸韻書皆分載，音切各別，只丛無馨音。楊氏說非△集韻亦作旦。鑋又祝54217今衹、隻並簡化作只。

叫 05348 02564
jiào_2.5
唐韻正韻古弔切集韻韻會吉弔切丛音訆說文嘑也詩小雅或不知叫號釋文叫本又作嘂囝叫叫，遠聲也揚雄解難大語叫叫囝叫嘄，高舉貌司馬相如大人賦糾蓼叫嘄囝色叫塵史王德用召入兩府，有千薦舘職者。王曰：某武人，素不閱書，若奉薦則色叫矣。今人以事理不相當爲色叫，本此囝jiù集韻韻會丛古幼切音救集韻聲也莊子齊物論叫者，譹者，郭象讀前漢昌邑王傳遂叫然號囝△玉篇同嘂集韻或作噭、嗷△俗作呌，非。鑋又叫05370訆55575囝龍龕鼯06946吋05424叫三俗，噭07375正，古弔反，鳴也，遠聲也，亦喚也，與叫05380同囝直音篇呪同叫05377

召 05349 02565
zhào_2.5
唐韻直少切集韻韻會正韻直笑切，丛潮去聲說文評也王逸曰以手曰招，以言曰召書甘誓大戰于甘，乃召六卿詩齊風自公召之禮曲禮父召無諾唯而起囝shào廣韻正韻實照切集韻韻會時照切，丛同邵廣韻邑名詩召南甘棠，美召伯也箋召伯，姬姓，名奭，食邑于召囝姓廣韻召公之後前漢循吏傳召信臣，九江壽春人氏族博考春秋召與邵一氏，後分爲二，汝南、安陽之族皆从邵。
鑋干祿字書凸05381匂05382召，上俗中下正囝蠿37333

叭 05350 02566
pā_2.5
集韻普八切音汃。聲也囝pō五音集韻普

活切音鱍。口開也囝bà正字通讀若霸。喇叭，軍中吹器。俗呼號筒。見戚繼光新書號令篇。鑋又哈叭狗，亦名獅狙兒囝唈06352

兖 05351 02567
yǎn_2.5
古文容唐韻集韻韻會丛以轉切音抌說文山閒陷泥地。从口从水，敗貌。讀若沇州之沇。九州之渥地也，故以沇名焉。徐鍇曰口象山門。八半水，象土上有少水也韻會兖本作台，通作沇，今文作兖毛晃曰兖字，中从台。俗从公作兖，非。

叮 05352 02568
dīng_2.5
廣韻集韻正韻丛當經切音丁玉篇叮嚀，囑付也囝通作丁寧後漢郎顗傳丁寧再三留神於此。鑋又叮咚，或作玎琤。

可 05353 02569
kě_2.5
唐韻肯我切集韻韻會正韻口我切丛音坷說文肯也廣韻許可也韻會可者，否之對書堯典嚚訟可乎文中子事君篇達人哉，山濤也，多可而少怪。囝僅可，未足之辭論語子曰：可也簡囝禮內則擇于諸母與可者註諸母，衆妾也。可者，傅御之屬也。囝所也禮中庸體物而不可遺註體猶生也，可猶所也。不有所遺，言萬物無不以鬼神之氣生也囝姓正字通唐諫議大夫可中正，宋紹興進士可懋囝kè字彙補苦格切音克◆魏書吐谷渾傳可汗，此非後人事唐書突厥傳可汗猶單于也，妻曰可敦囝集韻歌26431古作可。又讀作何石鼓文其魚佳可風雅廣逸註佳可讀作惟何，古省文也。鑋又佛01856

台 05354 02570
yí_2.5
唐韻與之切集韻韻會盈之切丛音怡爾雅釋詁台，我也又予也書禹貢祇台德先湯誓非台小子，敢行稱亂囝說文悅也史記太史公自序唐堯遜位，虞舜不台囝揚子方言養也，晉、衞、燕、魏曰台。又失也，宋魯之閒曰台囝tāi唐韻土來切集韻韻會湯來切丛音胎廣韻三台星。亦作能周禮春官大宗伯司中註司中，三能三階也疏武陵太守星傳云三台，一名天柱。上台司命爲太尉，中台司中爲司徒，下台司祿爲司空史漢皆作三能囝姓北史有台氏囝天台，山名，在會稽囝州名韻會本漢冶縣，宋爲赤城郡，唐改台州。又春秋襄十二年莒人伐我東鄙，圍台註琅邪費縣南有台亭釋文台，敕才反，又音臺，一音翼之反，三音皆可讀囝tái集韻堂來切音臺。台背，大老也，通作鮐詩大雅黃耇台背箋台之言鮐也，大老則背有鮐文釋文台亦讀湯來反囝縣名前漢地理志元菟郡上殷台縣又樂浪郡蠶台縣囝集韻台谷，地名囝sī集韻祥吏切音寺。嗣古作台書舜典舜讓于德，弗嗣今文尚書作不台。鑋又昌05406囝龍龕彭16449古文台字囝台亦臺檯颱之簡化字。

叱 05355 02571
chì_2.5
唐韻集韻韻會正韻丛尺栗切音鴟說文訶也倉頡篇大訶爲叱禮曲禮尊客之前不叱狗左傳昭二十六年子囊帶從野洩，叱之公羊傳莊十一年手劍而叱之史記淮陰侯傳喑噁叱咤，千人皆廢囝集韻亦作嘛禮內則不嘛不指註嘛讀爲叱囝qì集韻韻會丛

戚悉切音七 集韻 聲也 莊子·齊物論 叱者吸者 註 若叱咄
聲 陸德明·音義 叱，昌實反，徐邈音七△ 毛晃曰 從口
從七。或從匕，誤。鑒 從七作叱 圖 字彙補 嗦，同叱。

叱 05356 02572
huà_2.5　集韻 火跨切音化。開口貌○按 正字通 同
叱，通作詑。無據。鑒 又叱05376

史 05357 02573
shǐ_2.5　古文叏 唐韻 疎士切 集韻 韻會 爽士切 正
韻 師止切夶音使 說文 記事者也 玉篇 掌書之官也 世本
黃帝始立史官，倉頡、沮誦居其職 書·立政 周公若曰：
太史司寇蘇公式敬爾繇獄，以長我王國 詩·小雅 既立
監，或佐之史 禮·曲禮 史載筆，士載言。又 玉藻 動則左
史書之，言則右史書之 圖 周禮·天官·宰夫 八職，五曰
府，掌官契以治藏。六曰史，掌官書以贊治○按 周禮 凡
官屬皆有府史 圖 周禮 天官女史掌王后之禮職 春官 大
史掌建邦之六典，小史掌邦國之志，內史掌王之八枋之
灋，外史掌書外令 圖 御史，長史，刺史，夶漢官名。
圖 太史，九河之一 爾雅·釋水 太史 疏 李巡云禹大使徒
衆通其水道，故曰太史 圖 姓 廣韻 周卿，史佚之後，出
建康。又 廣韻 漢複姓五氏：世本 衞有史朝朱駒 漢書·藝
文志 有青史氏著書，又有新豐令王史音，吳有東萊太
守太史慈，晉有東萊侯史光△ 說文 本作叏，從又持中，
中正也。

右 05358 02574
yòu_2.5　唐韻 于救切 集韻 韻會 尤救切 正韻 爰救
切夶音宥。與祐、佑通 說文 助也 爾雅·釋詁 右，導也，
勸也，亮也 書·益稷 予欲左右有民 註 左音佐 太甲 惟尹
躬克左右，厥辟宅師 詩·大雅 保右命爾，爕伐大商。
圖 左之對也 書·禹貢 夾右碣石入于河 禮·少儀 贊幣自
左，詔辭自右 註 立者尊右 圖 上也 前漢·公孫弘傳 守成
上文，遭遇右武 註 師古曰右亦上也。又 循吏傳 文翁以
爲右職 註 師古曰右職，縣中高職也 圖 強也 後漢·明帝
紀 無令豪右得固其利 圖 官名 周禮·夏官 司右，掌羣右
之政令 註 羣右、戎右、齊右、道右也 圖 姓 正字通 漢右
公弼，宋右嘉祥，明右巖。又 廣韻 漢複姓五氏 左傳 宋
樂大心爲右師，其後因官爲氏。漢有中郎右師譚，晉賈
華爲右行，因官爲氏。漢有御史中丞右行綽 何氏姓苑
右閭、右扈、右南等氏 圖 山名。獸名 山海經 長右之山
有獸，狀如禺而四耳，其名長右 圖 與侑通 周禮·春官·大
祝 以享右祭祀 註 右讀爲侑，勸也 圖 yǒu 廣韻 集韻 韻
會 正韻 夶云久切音有。義同○按 集韻 有上去二音，義
實相通 正韻 於上聲訓左、右手，去聲訓右助，二音分
二義，非 圖 叶以周切音由 詩·周頌 我將我享，維羊維
牛，維天其右之○按 唐韻正 音以。今從朱註△ 說文 本
作 ，從口從又 徐鍇曰 言不足以左，復手助之。

叺 05360 02577
qiú_2.5　玉篇 同峾　**峾** 05359 02576
qiú_2.5　唐韻 巨鳩切
集韻 韻會 正韻 渠尤切夶音求 說文 高氣也 圖 峾猶，縣
名 前漢·地理志 臨淮郡峾猶縣 正字通 漢峾猶，今之泗
州 圖 峾由，狄國也 戰國策 智伯欲伐峾由，遺之大鐘，載
以廣車，因隨入以兵 註 括地志 云并州孟縣外城，俗名

仇由 史記·樗里子傳 作仇猶 韓非子 作仇繇 呂覽 作瓜繇
正字通 今太原府孟縣有仇猶城，卽此 圖 三隅矛曰峾
詩·秦風 峾矛鋈錞 正韻 詩 厹矛，下從厶，與峾不同。
監本峾字云三隅矛，誤○按 廣韻 集韻 俱云峾、厹同 正
韻 强分爲二，泥。
鑒 又峾13313 叺05360 吼05390 峾05389

叵 05361 02578
pǒ_2.5　廣韻 集韻 韻會 正韻 夶普火切音頗 說文
不可也。從反可 後漢·呂布傳 大耳兒，最叵信 圖 正字
通 叵耐，不可耐也 圖 遂也 後漢·隗囂傳 帝知其終不爲
用，叵欲討之 註 叵，猶遂也。又 班超傳 超欲因此叵平
諸國 圖 叵羅，酒卮 北史·祖珽傳 神武宴僚屬，于坐失
金叵羅，竇太令飲酒者皆脫帽，于珽髻上得之。

叶 05362 02579
xié_2.5　玉篇 古文協04550字 後漢·律曆志 叶，時月
正日 圖 集韻 同叶 前漢·五行志 次四曰叶，用五紀 註 師
古曰叶讀曰叶 圖 正韻 同汁 張衡·西京賦 五緯相汁，以
旅于東井 註 汁、叶同。
鑒 又咇05906今叶為葉50079簡化字。

号 05363 02580
háo_2.5　廣韻 集韻 韻會 正韻 夶同號52200
司 05364 02581
sī_2.5　古文 嗣 唐韻 集韻 息茲切 韻會 新茲切夶
音思 說文 臣司事於外者 玉篇 主也 書·大禹謨 茲用不犯
于有司。又 高宗肜日 王司敬民。又 周官 欽乃攸司 禮·曲
禮 天子之五官，曰司徒、司馬、司空、司士、司寇，典
司五衆。天子之六府，曰司土、司水、司木、司草、司
器、司貨，典司六職 圖 州名 晉書·地理志 司州，漢司隸
校尉所部。魏氏置司州 圖 廣韻 姓也 左傳 鄭有司臣。
又 正字通 司徒、司馬、司空，皆複姓 圖 sì 集韻 韻會 正
韻 夶相吏切音笥。義同 前漢·敘傳 民具爾瞻，困于二司
註 師古曰司，先字反 王粲·酒賦 酒正膳夫，冢宰是司，
虔濯器用，敬滌蘊饎 圖 與伺通 前漢·高五王傳 魏勃常
早掃齊相舍人門外，舍人怪之，以爲物而司之，得勃。
又 灌夫傳 太后亦已使候司 圖 容齋隨筆 司有入聲。如
白居易詩：四十著緋軍司馬，男兒官職未蹉跎。一爲州
司馬，三見歲重陽。武元衡詩：惟有白鬚張司馬，不言
名利尚相從，是也○按司字有平、去二聲。白、武二詩
所用，當係去聲讀作入聲者，無據，不可從。鑒 又峒13531

另 05365 02582
bǎi_2.5　玉篇 音捭。別也○按另下從ㄅ，與另異 字
彙 混入另字，註云又補買切，非 正字通 不知別有另字，
駁 字彙 云另無擺音，亦誤。

旯 05366 02583
zhǐ_2.5　集韻 與只同。

各 05367 02584
yòu_2.5　說文 右本字。

各 05368 02585
wú_2.5　集韻 吾05509古作各。

吗 05369 02586
hàn_2.5　集韻 乎感切音頷。本作马 說文 马，嘾也。
草木之華，未發函然。

叫 05370 40699
jiào_2.5　說文 長筊 與叫同。

叺 05371 40700
shēn_2.5　龍龕音申。吟也。鎣亦俗以字。

吚 05372 42617
yǐ_2.5　龍龕音以。又川韻作又字。

凹 05373 42618
guǎ_2.5　搜眞玉鏡音寡。

叺 05374 42619
chǐ_2.5　五音篇海丑入切，音尺◇。
鎣又rù日草袋，盛五穀者囝hau3壯从入口聲。進入。

叐 05375 u2A832
shū_2.5　俗叐27015囝可洪音義戈叐：音殊。

叱 05376 u2F83A
chì_2.5　同叱05356

叫 05377 u2F839
jiào_2.5　同叫05348

叮 05378 u20BA9
raeux_2.5　壯 叮，(一)梳理。(二)躱，藏囝leuzsiz叮嗯：不得已囝léo嗨从口切liễu聲囝treú叮啁：吧唧吧唧（咀嚼聲），馬馬虎虎。

叽 05379 u20BA8
réng_2.5　同仍00776　馬王堆漢墓帛書·戰國縱橫家書·蘇秦自趙獻書於齊王章 寡人之叽功（攻）宋也，請於梁（梁）閉關於宋而不許 直音篇 吸叽，音仍。

叫 05380 u20BA7
jiào_2.5　俗叫05348叫嚷、號叫、叫囒，並見可洪音義。又劉知遠諸宮調君臣弟兄子母夫婦團圓弟十二一霄无寢，商量專意取三娘。復旦临衙，忽厅堦前声叫屈。

凸 05381 u20BA6
zhào_2.5　俗召05349囝jo韓 棗也。棗子。

召 05382 u20BA5
zhào_2.5　同召05349

句 05383 uF906
jù_2.5　兼句05342

召 05384 u53FE
liāo_2.5　地名用字。西貢召，在香港。

叽 05385 u53FD
jī_2.5　簡嘰07159幣，新加坡貨幣。

叻 05387 u53FB
lè_2.5　注音用字。叻喺：英文lacquer的音譯，大漆。

叼 05386 u53FC
diāo_2.5　用嘴衒物。亦作刁。

叿 05388 02587
hōng_3.6　廣韻呼東切集韻呼公切夶音烘玉篇呵也囝廣韻叿叿，市人聲也集韻或作哄囝集韻胡公切音洪。大聲也。本作訌。或作哞。

呇 05389 02588
yōu_3.6　篇海於求切音憂。小聲也正字通呇字之謁。鎣又呦05390

呦 05390 02589
yōu_3.6　篇海同呇

吇 05391 02590
miē_3.6　字彙與哶同。卽楚姓也史記·荀卿傳楚有尸子、長盧，阿之吇子焉註索隱曰：吇音芈別錄作芈子正義曰：藝文志云吇子十八篇○按漢書·藝文志今本作芈子。顏師古音弭，是芈、吇通也。俗本史記謁作呀，韻書皆不載吇字。

吁 05392 02591
xū_3.6　古文弓唐韻況于切集韻韻會匈于切夶音訏說文驚也玉篇疑怪之辭也廣韻嘆也書·堯典帝曰：吁嚚訟可乎詩·周南云何吁矣囝留吁，赤狄別種春秋·宣十六年晉人滅赤狄、甲氏及留吁。又省作于詩·周南于嗟麟兮召南于嗟乎騶虞囝集韻雲俱切音迂。義同囝xū集韻正韻夶休居切。與嘘同囝王充·論衡猪馬以气吁之囝yù廣韻集韻夶王遇切音芋。義同△說文本作吁。鎣又忏16931𭄂05339早05422囝籀43150簡化字。

吂 05393 02592
máng_3.6　廣韻莫郎切集韻謨郎切夶音茫玉篇使人問而不肯答曰吂廣韻不知也揚子方言沅澧之閒，使之而不肯答曰吂。註：今中國語亦然囝màng廣韻集韻莫浪切音漭廣韻老人不知○按諸韻書吂字止有平、去二音正字通增上聲，誤。鎣又咶06089囝龍龕盲05406俗，盲正。

吃 05394 02593
jí_3.6　唐韻集韻韻會夶居乞切，音訖說文言蹇難也史記·韓非傳非爲人口吃，不能道說，而善著書前漢·周昌傳爲人口吃唐史·拾遺焦遂口吃，對客不出一言，醉後輒酬答如注射，時人目爲酒吃囝與喫同新書·耳痺篇越王之窮，至乎吃山草囝qī集韻欺訖切音乞。吃吃，笑貌。鎣前漢·周昌傳爲人口吃。徐慧：冒爲人吃囝吃05474欽26233龍龕嚘07762吃05536俗，吃05580通，吃正囝可洪音義塞癏：上居辈反，下紀力反，吃也，訥也。正作謇謰也六度集作塞吃囝玄應音義謇吃：下古字欤26229，同。居乞反。氣重言也通俗文言不通利謂之塞吃。

各 05395 02594
gè_3.6　唐韻古洛切集韻剛鶴切韻會正韻葛鶴切夶音閣說文異辭也。从口从夂。夂者，有行而止之不相聽也書·湯誥各守爾典，以承天休囝屠各，北方種落名後漢·公孫瓚傳瓚續爲屠各所殺囝字彙補借作部落之落。見諸葛銅鐈囝字彙補引沈括·筆談云又借作洛石鼓文大車出各。

吅 05396 02595
xuān_3.6　唐韻集韻夶況袁切音萱說文驚嘑也，讀若讙徐鉉曰今俗別作喧，非玉篇噐也，與讙通廣韻喚聲囝集韻苟緣切音宣。義同囝集韻訟55651古作吅。囝字彙補與鄰同漢隸衡立碑孫根碑俱有吅字釋文卽鄰字吹景錄鄰ㅿ吅三字，一字也。

吆 05397 02596
yāo_3.6　五音集韻於宵切音腰。吆吆，聲也。鎣又吆05432

吥 05398 02597
bō_3.6　集韻與曝同。鎣正字通同曝省。

呀 05399 02598
zǐ_3.6　集韻祖似切音子。呀呀，鳥聲。

呙 05400 02599
guā_3.6　正字通咼字之謁。鎣又俗咼05411可洪音義戲呙：音咼。

合 05401 02600
hé_3.6　唐韻侯閤切集韻韻會曷閤切正韻胡閤切夶音盒◆說文合口也囝玉篇同也易·乾卦保合太和詩·小雅妻子好合囝配也詩·大雅天作之合前漢·貨殖傳藥麹鹽豉千合註師古曰藥麹以斤石稱之，輕重齊，則爲合。鹽豉以斗斛量之，多少等，亦爲合。合者，相配耦之言耳囝會也禮·王制不能五十里者，不合于天子註合，會也囝聚也論語始有曰：苟合矣註合，聚也囝答也左傳·宣二年旣合而來奔註合，答也。囝閉也前漢·兒寬傳封禪告成，合袪于天地神祇註李奇曰：袪，開散。合，閉也囝六合莊子·齊物論六合之外，聖人存而不論梁元帝·纂要天地四方曰六合。

黍名禮·曲禮黍曰薌合文中子·問易篇黄帝有合宮之聽合黎，地名書·禹貢導弱水至于合黎，餘波入于流沙州名廣韻秦爲巴郡，宋爲宕渠郡，後魏置合州，蓋涪、漢二水合流之處，因以名之。又參合，代地史記·韓王信傳入居參合。又鉅合在平原，合騎在高城，丛漢侯國。見史記·建元以來王子侯者年表。又重合縣屬勃海郡，合鄉縣屬東海郡。又合浦，郡名。丛見前漢·地理志廣韻器名正韻合子，盛物器廣韻姓也左傳宋大夫合左師子合，西域國名前漢·西域傳西夜國王，號子合王後漢·西域傳子合國，去疏勒千里。通閤戰國策意者臣愚而不閤於王心耶註閤、合同與部通史記·魏世家築雒陰合陽註部水之北。又高祖功臣侯表高祖兄仲廢爲合陽侯gě唐韻正韻古沓切集韻韻會葛合切丛音閤廣韻合，集也集韻兩龠爲合前漢·律歷志量者，龠合升斗斛也，所以量多少也。又合龠爲合，十合爲升註合龠，一作十龠。又合者，合龠之量也。鋻又龄52218酓08145敆21492臿08102

吳
05402 02601
huà_3.6　廣韻集韻韻會丛胡化切音華玉篇大聲也廣韻大口也。又字彙魚之大口者曰吳○按正韻·禡韻收吳05497字云同吳，非。鋻又呇10022

吉
05403 02602
jí_3.6　唐韻居質切集韻韻會正韻激質切丛音拮說文善也廣韻吉利也。書·大禹謨惠迪吉朔日曰吉詩·小雅二月初吉周禮·天官·大宰正月之吉州名韻會漢豫章地，隋置吉州姓廣韻出馮翊尹吉甫之後。漢有漢中太守吉恪集韻極乙切音佶。本作姞，姓也集韻謹也集韻韻會丛其吉切音咭。亦姓也詩·小雅彼君子女，謂之尹吉箋吉讀爲姞。尹氏、姞氏，周室昏姻之舊姓也○按釋文吉，毛讀如字。鄭讀爲姞，其吉反，又其乙反，三音皆可讀。鋻又吉05443俗作。

吊
05404 02603
diào_3.6　字彙俗弔字。鋻又帍14746

吘
05405 02604
dòu_3.6　字彙徒口切，豆上聲。叱也○按吘字諸韻書皆不載，止見篇海正字通斥爲俗字，是也。

呂
05406 02605
jǐ_3.6　廣韻居理切集韻茍起切丛音紀玉篇說也集韻言也集韻平也○按正字通云與台字音異義同，即台字之譌，非。

同
05407 02606
tóng_3.6　唐韻正韻徒紅切集韻韻會徒東切丛音桐說文合會也玉篇共也廣韻輩也易·同人天與火人，君子以類族辨物書·益稷敷同日奏罔功廣韻齊也書·舜典同律度量衡詩·小雅我馬既同聚也詩·小雅獸之所同傳同猶聚也和也禮·禮運是謂大同註猶和也，平也周禮·春官·大司樂六律六同註六律合陽聲者，六同合陰聲者。又典同掌六律六同之和註律以竹，同以銅。言助陽宣氣與之同也周禮·春官·大宗伯時見曰會，殷見曰同詩·小雅赤帝金舄，會同有繹周禮·地官·小司徒井牧其田野註司馬法曰：十成爲終，十終爲同。同方百里疏謂之爲同者，取象震雷百里所聞同，故名百里爲同也。又爵名書·顧命上宗奉同瑁註同，爵。瑁，圭也州名廣韻漢馮翊地，有九龍泉，泉有九源，同爲一流，因以名之韻會後魏以灃水攸同名州正韻通也莊子·在宥篇聞廣成子在于空同之上註呂吉甫曰：空同之上，無物而大通之處也。姓正字通唐有同谷盧仝詩仝不全，異不異，是謂大全而小異通作童列子·黄帝篇狀與我童者，近而愛之。狀與我異者，疎而畏之dòng釋文徒洞切音洞。與詷同禮·祭統鋪筵設同几，爲依神也註同之言詷也疏同之言詷也者，若單作同字，是齊同之同，非詷共之詷。若詷共之詷，則言旁作同。漢魏之時，字義如此，今則總爲一字。鋻又飍52219冈02671

品
05408 02607
pǐn_3.6　字彙匹錦切音品。丛也正字通品14573字省文，从口川○按字彙本篇海正字通本同文舉要，今兩存之。

呬
05409 02608
xǐ_3.6　唐韻馨伊切集韻韻會馨夷切丛音咦說文唸呬，呻也玉篇亦作屎詩·大雅民之方殿屎釋文殿屎說文作唸呬shī集韻升脂切音尸xì廣韻集韻虛器切，音齂。義丛同集韻或作㱧訵脤欷。
鋻又喥06566正字通呬05454，呬字之譌。

名
05410 02609
míng_3.6　唐韻武幷切集韻韻會彌幷切正韻眉兵切丛音詺說文自命也。从口从夕。夕者，冥也。冥不相見，故以口自名玉篇號也廣韻名字也春秋說題名，成也左傳·桓六年九月丁卯，子同生，公問名于申繻，對曰：名有五，有信、有義、有象、有假、有類自呼名也禮·曲禮父前子名，君前臣名呼人之名也禮·曲禮國君不名卿老世婦名譽也易·乾卦不易乎世，不成乎名春秋說題名，大也書·武成告于皇天后土，所過名山大川疏山川大乃有名，名、大互言之耳。名號也儀禮·士昏禮請問名疏問名，問姓氏也。名有二種，一是名字之名，一是名號之名。孔安國註尚書以舜爲名。鄭君目錄以曾子爲姓名，亦據子爲名，皆是名號爲名者也。今以姓氏爲名，亦名號之類周語有不貢則修名註名謂尊卑職貢之名號號令也周語言以信名註信，審也。名，號令也文字也儀禮·聘禮不及百名書于方註名，書文也，今謂之字疏名者，即今之文字也周禮·秋官·大行人諭書名註書名，書之字也，古曰名春秋解題名，功也周語勤百姓以爲己名註功也釋名名，明也。明實事，使分明也爾雅·釋訓目上爲名註眉眼之閒說文引詩·齊風作猗嗟瞷兮姓廣韻左傳楚大夫彭名之後。唐名初撰公侯政術十卷與命通史記·天官書免七命註免星有七名。又張耳傳亾命遊外黄註脱名逃籍也míng集韻忙經切音冥。與銘63126同。志也mìng集韻彌正切，洺去聲。與詺55931同。目諸物也。

后
05411 02610
hòu_3.6　唐韻集韻正韻胡口切韻會很口切丛音後·說文繼體君也。象人之形。施令以告四方，故厂之

从一口。發號者,君后也[書]仲虺之誥徯我后[易]泰卦后以財成天地之道[禮]檀弓夏后氏聖周[疏]夏言后者[白虎通]云以揖讓受于君,故稱后[又][禮]曲禮天子有后[疏]后,後也。言其後于天子,亦以廣後胤也[白虎通]商以前皆曰妃,周始立后。正嫡曰王后,秦漢曰皇后,漢祖母稱太皇太后,母稱皇太后[又]諸侯亦稱后[書]舜典班瑞于羣后[又]古者君稱臣亦曰后[書]舜典汝后稷播時百穀[疏]國語云稷爲天官,單名爲稷,尊而君之,稱爲后稷。又[畢命]三后協心[註]謂周公、君陳、畢公也[又][書]武成告于皇天后土[傳]后土,社也[左傳]昭二十九年土正曰后土[註]土爲羣物主,故稱后也。其祀句龍焉,在家則祀中霤,在野則爲社[正韻]后土,亦取厚載之義[又]姓[史記]仲尼弟子傳后處,字子里[前漢]儒林傳后倉,字近君[又]與後通[禮]曲禮再拜稽首而后對[又][廣韻]胡遘切[集韻]下遘切[韻會][正韻]胡茂切夶音候。義同。○又[石05400]金石文字辨異•后引東魏敬使君碑

吏 05412 02611 lì_3.6　[唐韻]力置切[集韻][韻會]良志切,夶犛去聲[說文]吏,治人者也。从一从史[徐鍇曰]吏之治人心,主於一,故从一[書]胤征天吏逸德,烈于猛火[禮]曲禮五官之長曰伯。是職方其擴于天子也,曰天子之吏[左傳]成二年王使委于三吏[註]三吏,三公也[又][韻會]府史之屬亦曰吏[周禮]天官•大宰八則,三曰廢置,以馭其吏[前漢]百官公卿表秩四百石至二百石,是爲長吏。百石以下,有斗食佐史之秩,是爲少吏[註]師古曰吏,理也。主理其縣內也[又]姓[正字通]漢宋宗,王莽時人。[又]shì[五音集韻]神至切音示。奉也,職事也,勞也。△[說文]本作吏。

吐 05413 02612 tǔ_3.6　[唐韻][正韻]他魯切[集韻][韻會]統五切夶音土[說文]寫也[玉篇]口吐也[詩]大雅柔則茹之,剛則吐之[左傳]僖六年若晉取虞而明德以薦馨香,神其吐之乎[史記]魯世家周公一飯三吐哺[又][增韻]出也,舒也[前漢]劉向傳發明詔,吐德音[唐書]房琯傳辭吐華暢[又]姓[正字通]隋將軍吐萬緒。又複姓。後魏有吐奚、吐難、吐萬氏[又]tù[廣韻]湯故切[集韻][韻會][正韻]土故切夶音兔[廣韻]歐也。

向 05414 02613 xiàng_3.6　[唐韻][集韻][韻會][正韻]夶許亮切音蹲[說文]北出牖也。从宀从口[註]牖所以通人氣,故从口[玉篇]窗也[詩]豳風塞向墐戶[傳]北出牖也[疏]士虞禮註云鄉、牖一名也。北爲寒之備,不塞而窗,故云北出牖也[廣韻]蹲與向通用[集韻]亦作蚎[正韻]亦作鄉[禮]明堂位刮楹達鄉○按[明堂位]註:鄉謂夾戶窗也。每室八窗,爲四達,則凡牖皆名鄉,不獨北出牖矣[又][廣韻]對也[戰國策]西向事秦[莊子]秋水篇望洋向若而嘆[又]或作蹲[易]說卦蹲明而治△亦作鄉[禮]明堂位南鄉而立[又][集韻]趣也[又][韻會]救也[又]昔也[莊子]寓言篇若向也俯,而今也仰△亦通鄉[論語]鄉也,吾見於夫子而問知[又]shàng[廣韻][集韻][韻會][正韻]夶式亮切音餉[廣韻]姓也[左傳]成五

年諸侯謀復會,宋公使向爲人辭以子靈之難[釋文]向,舒亮反[又][玉篇]地名[詩]小雅皇父孔聖,作都于向[註]向在東都畿內,今孟州河陽縣[左傳]隱十一年王與鄭人向[註]軹縣西有地名向上[襄十一年]諸侯會于北林師于向[註]在潁川長社縣東北[後漢]郡國志潁川郡有向鄉[又][集韻]國名[春秋]隱二年莒人入向[註]向,小國也,譙國龍亢縣東南有向城[史記]褚少孫補•三皇紀怡向申莒,皆姜姓之後,漢爲縣[前漢]地理志沛郡向縣[註]向,故國,姜姓,炎帝後[又]xiǎng[集韻][正韻]夶許兩切音響[集韻]人字[左傳]襄十一年晉侯使叔肸告于諸侯[註]叔肸,叔向也[釋文]向,許丈反[前漢]刑法志作叔蹲。顏師古:音許兩反[又][正韻]古文蹲07749字。○又[胴32461]商41125

吒 05415 02614 zhà_3.6　[唐韻][集韻][韻會]夶陟嫁切音奼[說文]噴也,叱怒也[廣韻]吒嘆[六書故]叱之稍徐也[又][正字通]梵書吒婆,此言障礙[又]zhā[玉篇]知加切[集韻]陟加切夶音夅。義同[集韻]或作咤○按[玉篇]平、去二音俱同咤05763[又]zhé[集韻]陟格切音笮。嘲也。○又[吷22365][吒05510]

吁 05416 02616 xū_3.6　[玉篇]古文吁05392字。

吉 05417 02617 yīng_3.6　[五音集韻]烏陵切音膺。吉吉也△[篇海]作吉,无也。○[篇海]吉字作口在上。

否 05418 02618 yāng_3.6　[五音集韻]烏郎切音鴦。本作咉05666鷹聲△[篇海]烏剛切。吉吉,應喚語話也。

吐 05419 02619 màng_3.6　[篇海]莫浪切音漭。問而不答。○或上字繁文[古璽彙編]•單字璽•5429吐[又]二簡嚷,簡作吐。

吠 05420 04701 dài_3.6　[五音集韻]徒蓋切音大。嘗吠也。○[字彙補]徒在切音代。

召 05421 40702 jí_3.6　[字彙補]與邔同。

旱 05422 40703 xū_3.6　[龍龕]同吁。

叫 05423 42620 chuān_3.6　[五音篇海]音川。○又[龍龕]嚆07256嗼07681叫,俗。音穿。

吙 05424 42621 jiào_3.6　[五音篇海]音嗷。

呓 05425 42622 wǔ_3.6　[五音篇海]音武。

旱 05426 42623 cí_3.6　[搜眞玉鏡]音慈。又音倪。○[篇海]作舌。

呀 05427 42624 rèn_3.6　[字彙補]人印切音刃。

叽 05428 42625 fàn_3.6　[五音篇海]音梵。

咃 05429 42626 yě_3.6　[五音篇海]音也。又音陀。○[龍龕]咃,俗。也陁誕三音可洪音義咃婆:上吐何反。

异 05430 42627 lòng_3.6　[搜眞玉鏡]音弄。

吰 05431 u2B758 null_3.6　未詳。

吆 05432 u2F83B yāo_3.6　同吆05397

收 05434 u20BC6 null_3.6　未詳。

吧 05433 u20BC7 rǐ_3.6　[喃]从口己(己)dǐ聲。同叺△[吧聰]:耳語。

吔 05435 u20BC5 dức_3.6 喃吔落：呼喊。

𠯁 05436 u20BC1 zú_3.6 俗足58638

𠮿 05437 u20BBF sa_3.6 方語氣助詞 又shān譯音用字。𠮿道尼格。見1891年冬季號格致彙編·泰西本草撮要·第一類·第二部·葶花植物（續秋季）又xôn喃从口山sơn聲。喧嘩。

𠮾 05438 u20BBE ǹ_3.6 同嗯06908 又ngọt喃同𪚮35226甜。

𠮻 05439 u20BBB jiǔ_3.6 符咒用字法海遺珠·卷三十四·雷門左右伐魔使苟畢二元帥法·響報符唵嘘𠮻𠮞葶攝。

𠮺 05440 u20BBA null_3.6 未詳。

𠮸 05442 u20BB8 null_3.6 未詳。

𠮹 05441 u20BB9 cái_3.6 字海方都，全。

𠮷 05443 u20BB7 jí_3.6 俗吉05403 又方同縫44777道光榆林府志·卷二十四·風俗志·方言𠮷，縫同，土開口也。

𠮶 05444 u20BB6 gě_3.6 簡嗰06907

𠮱 05445 u20BB1 xū_3.6 同諝02721篆隸考異諝，隸。篆作吁。許御切。殷之冠曰吁。

吏 05446 uF9DE lì_3.6 兼吏。

吗 05447 u5417 ma_3.6 简嗎06721

吕 05449 u5415 lǚ_3.6 同呂05516

吖 05448 u5416 yā_3.6 象聲字，喊。關漢卿劉夫人慶賞五侯宴·第五折雙調·新水令則聽的叫一聲「拏過那賤人來」，我見吖吖吖吖大驚小怪。

吓 05450 u5413 xià_3.6 简嚇07525

吘 05451 02620 ǒu_4.7 玉篇五苟切五音集韻五口切𠀤音耦玉篇和吘也。

吚 05452 02621 yǐ_4.7 廣韻烏弟切集韻杳禮切𠀤音詒廣韻可也，爾也集韻然也。

吙 05453 02622 xuē_4.7 集韻呼肥切類篇許茄切𠀤音靴玉篇呼氣集韻與嚽07368同。

吚 05454 02623 yī_4.7 集韻於夷切音伊。本作咿05809或省作吚又xì許四切音咥。呻也。

君 05455 02624 jūn_4.7 古文𠸏𠇍唐韻舉云切集韻韻會拘云切𠀤音軍◆說文尊也。从尹發號，故从口白虎通君者，羣也，羣下歸心也易·師卦大君有命書·大禹謨皇天眷命，奄有四海，爲天下君又凡有地者，皆曰君儀禮·子夏傳君，至尊也註天子、諸侯及卿大夫有地者皆曰君晉語三世仕家君之又夫人亦稱君詩·鄘風我以爲君傳君國小君箋夫人對君稱小君論語邦君之妻，邦人稱之曰君夫人。稱諸異邦曰寡小君，異邦人稱之亦曰君夫人又子稱父母曰君易·家人家人有嚴君焉，父母之謂也。又子孫稱先世皆曰君孔安國·尚書序先君孔子，生于周末又兄稱弟曰君杜牧·爲弟墓誌君諱顗。又妾稱夫曰君禮·內則君已食徹焉註此謂士大夫之妾也儀禮·喪服妾謂君註妾謂夫爲君者，不得體之加尊之也，雖士亦然疏以妻得體之得名爲夫，妾雖接見於夫，不得體敵，故加尊之，而名夫爲君又婦稱夫亦曰君古樂府十七爲君婦又夫稱婦曰細君前漢·東方朔傳歸遺細君，又何仁也又上稱下亦曰君史記·申屠嘉傳上曰：君勿言，吾私之又封號曰君史記·商君傳秦封之於商十五邑，號爲商君又婦人封號亦曰君史記·外戚世家尊皇太后母臧兒爲平原君又彼此通稱亦曰君史記·司馬穰苴傳百姓之命皆懸於君。君謂莊賈也。又張儀傳舍人曰：臣非知君，知君乃蘇君又隱士就聘者曰徵君後漢·逸民·韓康傳亭長以韓徵君當至又持節出使者曰使君後漢·寇恂傳非敢脅使君又謚法慶賞刑威曰君，從之成羣曰君又君子成德之稱易·乾卦君子終日乾乾論語不亦君子乎註君子，成德之名又姓正字通明有君助。鑾又凨05840又集韻君，古作商、艸、𠇍，唐武后作凨00130古俗字略君，人上也，商𠶷05851，古。

𠯗 05456 02625 chǒu_4.7 集韻敕九切音丑。聲也。

𠯘 05457 02626 pàng_4.7 集韻匹降切音胖。支聲。

𠯙 05458 02627 dǎn_4.7 集韻都感切音黕。鳥聲又五音集韻高聲。

吝 05459 02628 lìn_4.7 古文𠻗𠫩𡈫唐韻集韻韻會正韻𠀤良刃切音藺說文恨惜也易·屯卦君子幾，不如舍，往吝註夫君子之動，豈取恨辱哉。故不如舍往吝窮也。又繫辭悔吝者憂虞之象也又說文惜也易·說卦坤爲吝嗇書·仲虺之誥改過不吝註無所吝惜論語使驕且吝註吝，鄙嗇也又與遴通前漢·王莽傳性實遴嗇註師古曰遴讀與吝同△說文俗作悋廣韻俗作𢘝。又鄙吝之吝亦作㖁集韻或作咯、啱，又鄙吝之吝亦作㖆。鑾又𠻗05769㖁06047𧶄57750

𠫩 05460 02629 lìn_4.7 集韻吝05459古作𠫩前漢·魯恭王傳·晚節遴註師古曰遴與𠫩同，猶言貪嗇也。

吞 05461 02630 tūn_4.7 唐韻吐根切集韻韻會他根切𠀤音㖔說文咽也司馬相如·子虛賦吞若雲夢者八九又廣韻吞，滅也增韻并包也戰國策陰謀有吞天下之心又tiān廣韻他前切集韻他年切𠀤音天。姓也。漢有吞景雲又集韻咽也穀梁傳·隱三年註其所吞咽者，壤入於內釋文吞，敕恩反。又音天王筠詩桓桓信無敵，堂堂寧有前。九圻良易舉，八荒安足吞。鑾又吞05598又龍龕吴，古吞字又正字通唔05998，吞字之譌。

吟 05462 02631 yín_4.7 古文唫𡖅唐韻集韻韻會正韻𠀤魚音切音崟說文呻也廣韻歎也又增韻哦也，咏也，鳴也莊子·德充符倚樹而吟戰國策晝吟宵哭楚辭·漁父行吟澤畔荀子·不苟篇盗跖吟口註吟咏長在人口也後漢·梁冀傳口吟舌言註謂語吃不能明了又姓正字通唐嘉州刺史吟約又音含前漢·郊祀歌靈安留，吟青黃註服虔曰：吟音含〇按師古云服說非也。吟，歌誦也，青黃，四時之樂也。然服有此音，今存之又yǐn集韻牛錦切音僸揚雄·解嘲蔡澤雖噤吟而笑唐舉註師古曰噤吟，頷頤之貌。吟，魚錦反又yìn集韻宜禁切音噷。長咏也

韓愈·同宿聯句白鶴叫，相喑喑。或作吟吟，去聲。
音噤史記·淮陰侯傳雖有舜禹之智，吟而不言註吟，
巨蔭反qín音琴。亦見史記·淮陰侯傳索隱註△說文
或作唫、詒集韻亦作欽。鑒又哆07259

吠 fèi_4.7　唐韻扶廢切集韻韻會房廢切丛音茷說
文犬吠鳴也廣韻犬聲詩·召南無使尨也吠戰國策跖
之狗吠堯楚辭·九章邑犬羣吠兮，吠所怪也吠狗，
地名齊語以燕爲主，反其侵地柴夫、吠狗註燕之二邑
△集韻或作狒、狣。鑒吪05520，俗吠字說文通訓定聲
吠，字亦作吠作呸05637

吻 fǎng_4.7　集韻撫兩切音髣。如聞也○按正字通云
俗訪字。無據，不可從。鑒又放26254

吡 bǐ_4.7　廣韻毗必切集韻簿必切丛音芯玉篇鳴
吡吡類篇鳥聲廣韻亦作呹bǐ廣韻匹婢切集韻普
弭切丛音仳廣韻訾也莊子·列禦寇中德也者，有以自
好也，而吡其所不爲者也。

咈 rán_4.7　篇海與呻同。

呇 qín_4.7　集韻七焰切音沁玉篇犬吐也。亦作吣。
或作呺。鑒又㤹16955

吣 qín_4.7　玉篇同呇
阶 jiè_4.7　集韻居拜切
音戒。聲也gè居賀切音箇。義同。

呸 pōu_4.7　集韻普溝切音抙玉篇吸呸也。
呃 é_4.7　正字通謁字字彙音吉，聲也。誤○按卽
呿字之譌。鑒又吪05390

否 fǒu_4.7　古文㖚唐韻方九切集韻韻會正韻俯九
切丛音缶說文不也。徐鍇曰不可之意見於言，故從口
集韻口不許也書·益稷否則威之詩·周南害澣害否。又
小雅嘗其旨否集韻通作不pǐ廣韻符鄙切集韻韻
會部鄙切丛音痞玉篇閉不行也廣韻塞也，易卦名。
bǐ集韻韻會丛補美切音鄙集韻惡也正韻穢也
易·師卦初六，師出以律，否臧凶疏否爲破敗，臧爲有
功。又鼎卦初六，鼎顛趾，利出否註否，謂不善之物
也疏寫出否穢之物也詩·大雅未知臧否又邦國若否。
○按釋文書·益稷詩·烝民否字俱兼缶、鄙二音。
鑒又唔06125礐07757正字通吥同否。

吧 pā_4.7　廣韻普巴切集韻披巴切丛音葩廣韻吧
呀，大口貌廣韻伯加切集韻邦加切丛音巴。義同
bā廣韻吧呀，小兒忿爭。

吃 jí_4.7　字彙同吃○按吃字止見類篇，訓同吃集
韻所收字最多，而亦不載，當爲吃字之譌。

吨 tún_4.7　集韻徒渾切音屯玉篇吨吨，不了集韻吨
吨，言不明也tǔn廣韻他衮切集韻吐衮切丛音畽，
義同廣韻氣相衝也。鑒又頓07500簡化字。

咟 huò_4.7　篇海音獲。吐聲也○按咟字出川篇篇海
字彙本之正字通云咟字之譌，恐亦無據。

咶 guā_4.7　古文昏唐韻集韻丛古活切音括◆說文塞
口也，從口，氏省聲。氏音厥huá玉篇下刮切音頢。
塞也△廣韻亦書作舌。鑒亦書作舌。亦書作咶05400
龍龕咶或作，咶今正字通呫05483唔06013，並昏
字之譌。

呩 gōng_4.7　集韻沽紅切音公玉篇衆口也。
zhōng廣韻職容切集韻諸容切丛音鍾。義同。
集韻訟55651古作呩。

吩 pèn_4.7　集韻與噴同。

吪 é_4.7　唐韻五禾切集韻韻會正韻吾禾切丛音
囮說文動也詩·王風尚寐無吪傳吪，動也釋文吪，本
亦作訛。又小雅或寢或吪玉篇引詩作吪廣韻本作訛，
亦作譌小雅釋文韓詩作譌譌，覺也廣韻化也詩·豳
風周公東征，四國是吪傳吪，化也釋文吪，又作訛。
廣韻謬也huā集韻韻會丛乎瓜切音譁。口開也
△集韻或作䠄，偽。鑒龍龕喥俗，吪正。

佮 huà_4.7　六書畧古文化04313字揚子·太玄經閨上
九，陰陽啓佮，其變赤白註佮音化。

含 hán_4.7　唐韻集韻韻會正韻丛胡男切音涵說文
嗛也廣韻銜也莊子·馬蹄篇含哺而熙禮·月令羞以
含桃，先薦寢廟註含桃，櫻桃也釋文含，亦作函。一
說鶯鳥所含，故亦名鶯桃正韻包也，容也易·坤卦含
弘光大，品物咸亨。又文言含萬物而化光書·盤庚惟
爾含德後漢·梁鴻詩麥含含兮先秀註含含，麥盛貌
hàn廣韻集韻丛胡紺切，涵去聲廣韻本作琀集韻
通作唅禮·檀弓邾婁考公之喪，徐君使容居來弔含疏
含，以玉實口也春秋·文五年王使榮叔歸含註珠玉曰
含。含，口實也周禮·春官·典瑞小飯玉、含玉、贈玉註
含玉，柱左右顚及在口中者○按禮·檀弓釋文含，和闇
反春秋周禮釋文：含，戶暗反春秋亦作唅。
鑒又㕰05890固08107

呫 zhé_4.7　集韻陟列切音哲博雅塞也。

听 yǐn_4.7　唐韻宜引切集韻擬引切丛音齗說文笑
貌史記·司馬相如·上林賦亾是公听然而笑楊愼曰听，
古哂字廣韻口大貌集韻大口謂之听yǐn廣韻牛
謹切集韻語近切丛音齗。亦笑貌qín集韻口謹切音
䜶。又魚斤切音狋。又逆乙切音聇。義丛同yí魚其切
音疑。听嗌，口開貌yí魚衣切音沂。與䜐同。䜐嗌，
媿貌正字通俗借爲聽字省文。

吭 háng_4.7　廣韻胡郎切集韻韻會寒剛切丛音航玉
篇鳥嚨也廣韻鳥喉集韻咽也。或作亢爾雅·釋鳥亢，
鳥嚨註嚨謂喉嚨。亢卽咽hàng廣韻集韻韻會正

韻太下浪切音笝。義同左思·蜀都賦弄吭清渠註吭，胡浪反区正韻吞也集韻或作頏、肮区hàng廣韻胡朗切集韻戶朗切丛音沆。義同区廣韻聲也区kǎng集韻韻會丛口朗切音慷集韻咽也△集韻或作頏、亢。

呸 05486 02655 pǐ_4.7　集韻僻吉切音匹玉篇唾呸呸集韻呸呸，唾貌。鑒又呸05621

昆 05487 02656 shèn_4.7　玉篇古文甚35230字。

呟 05488 02657 juàn_4.7　唐韻韻會正韻集韻祖兗切，丛音儁說文欶也史記·吳起傳卒有病疽者，起爲呟之区shǔn玉篇食允切廣韻食尹切丛音盾廣韻舐也区chuǎn集韻豎兗切音歂。義同区yǎn以轉切音兖。嘰也。鑒又呁17345吮06091䑙48468区嚈06354，同文選·揚雄·長楊賦嚈鋋瘢者，金鏃淫夷衆數十萬人。如淳曰嚈，括也。

启 05489 02658 qǐ_4.7　唐韻康禮切集韻韻會遣禮切正韻祛禮切丛音棨說文開也。从戶从口玉篇書曰启明，本亦作啟区爾雅·釋天明星謂之启明註太白星也。晨見東方爲启明，昏見西方爲太白〇按詩·小雅作啟明。

听 05490 02659 hàn_4.7　玉篇胡感切音撼。嘾也△‧正字通吗字之譌〇按吗、听二字音義丛同，當爲重文正字通既以听爲吗字之譌，又以吗爲俗字，疑誤。

哛 05491 02660 āo_4.7　廣韻集韻丛於交切音坳玉篇婬聲区集韻哛咋，犬多聲。

呍 05492 02661 hóng_4.7　玉篇胡觥切廣韻戶萌切丛音宏廣韻嚅呍，鐘音集韻本作鈜。鏗鈜，鐘鼓聲。鑒又呍06096

哾 05493 02662 fǔ_4.7　廣韻方矩切集韻匪父切丛音府廣韻哾，咀嚼也方書藥之粗齊爲哾咀本草綱目註李杲曰：哾咀，古制也。古無刀，以口咬細，令如麻豆煎之。寇宗奭曰：哾咀有含味之意，如人以口齧咀。古方言哾咀此義重。蘇恭曰：哾咀，商量斟酌之也集韻或作哺区唐韻扶雨切集韻韻會奉甫切丛音釜。又集韻斐父切音撫。義丛同。鑒又哾05589碻38952

吱 05494 02663 zhī_4.7　集韻章移切音支。吱吱，聲也区qì廣韻集韻丛去智切音跂廣韻行喘息貌集韻本作跂区qǐ集韻遣爾切音企。義同。鑒又吱嚱，急行喘息貌。

呈 05495 02664 chéng_4.7　唐韻直貞切集韻馳貞切韻會馳成切丛音程說文平也。从口壬聲区玉篇解也区廣韻示也，見区正韻露也区姓正字通古今印藪有呈紳区與程通史記·秦始皇紀上至以衡石量書，日夜有呈，不中呈不得休息区zhèng廣韻集韻丛直正切音鄭廣韻自媒衒唐書·韋澳傳恐無呈身御史区chěng集韻丑郢切音騁。與逞同，通也。一曰快也。

吲 05496 02665 shěn_4.7　集韻矢忍切音矧。本作弞說文笑不壞顏曰弞。或作哂、吲晉書·王猛載記田千秋一言致相，匈奴吲之。

吳 05497 02666 wú_4.7　古文㕦咊唐韻午胡切集韻韻會正韻訛胡切丛音吾。國名史記·吳太伯世家太伯之奔荊蠻，自號句吳註宋衷曰：句吳，太伯始所居地名前漢·地理志會稽郡，秦置。高帝六年爲荊國，十二年更名吳△亦縣名前漢·地理志會稽郡吳縣区說文郡也後漢·郡國志吳郡，順帝分會稽置韻會吳郡、吳興、丹陽爲三吳正字通水經以吳興、吳郡、會稽爲三吳指掌圖以蘇、常、湖爲三吳，其說不同。又齊語西服沴沙西吳註雍州之地区天吳，水神也郭璞·山海經贊八頭十尾，人面虎身。龍據兩川，威無不震区說文姓也廣韻太伯之後，因以命氏区方言大也說文大言也詩·周頌不吳不敖傳吳，譁也。又魯頌不吳不揚說文註大言，故矢口以出聲。今寫詩者改吳作吳，又音乎化切，其謬甚矣釋文吳，舊如字。何承天云从口下大，故魚之大口者名吳，胡化反，此音恐驚俗也。按說文釋文俱云吳作吳讀，非。而玉篇廣韻集韻類篇韻會諸書，吳字亦皆無去聲一音，惟正韻收吳入禡韻詩朱註亦作去聲讀。未知孰是，存以備考区yú集韻元俱切音愚。虞52197古作吳釋名吳，虞也。太伯讓位而不就，歸封于此。虞其志也区與娛通詩·周頌不吳不敖疏正義曰：人自娛樂，必讙譁爲聲。故以娛爲譁也。定本娛作吳。鑒又吳05498㕦05605㕦05567狀35231

吳 05498 02667 wú_4.7　俗吳字吳志·薛綜傳無口爲天，有口爲吳正字通此借字形爲諧語，非吳字本義正韻吳字註亦作吳，非。

吵 05499 02668 miǎo_4.7　廣韻亡沼切集韻弭沼切丛音眇玉篇雄鳴正字通詩·邶風有鷺雄鳴。本作嚛。俗作吵〇按鷺、吵廣韻音切各異正字通强合爲一，非区chǎo廣韻初爪切集韻楚絞切丛音爝廣韻聲也区chāo集韻初交切音謙。人名。宋大夫吵区chào集韻楚教切音鈔。本作訬，輕也。鑒又吵06146

內 05500 02669 nà_4.7　唐韻集韻女滑切，音豽說文言之訥也玉篇下聲也，言不出口也廣韻言逆下也区nè廣韻內骨也集韻奴骨切丛音訥廣韻內口区ruò廣韻集韻丛如劣切音藝廣韻言遲聲集韻同呐区nuò集韻女劣切音笝。亦與呐同。鑒廣韻內骨也。當爲內骨切。

呐 05501 02670 nè_4.7　集韻正韻丛奴骨切。與訥同集韻或作詘玉篇遲鈍也集韻言難也禮·檀弓其言呐呐然，如不出諸其口前漢·李廣傳呐口少言註呐，亦訥字鮑宣傳呐鈍于辭区ruò集韻如劣切韻會正韻儒劣切丛音藝集韻言緩也。或書作內区nuò廣韻集韻丛女劣切音笝廣韻喑呐，聲不出集韻或書作內区nù集韻韻會丛女律切音柚。語不明〇按內、呐二字，音義略同。然玉篇廣韻內、呐俱分載，不言呐同內，惟集韻如劣、女劣二切，內、呐無異。鑒又嗩呐suǒnà。

吷 05502 02671 xuè_4.7　廣韻許劣切集韻韻會翾劣切丛音戛。玉篇小聲也莊子·則陽篇吹劍首者吷而已矣註司馬彪

曰：劍環頭小孔吹之唉然如風過也　囝廣韻飲也。　囝chuò唐韻昌悅切集韻姝悅切夶音啜說文本作歠。歠，飲也集韻或作歠、嚽，通作啜　囝xuè集韻正韻夶呼決切音血集韻與決同。疾貌　囝jué集韻古穴切音玦。鳥聲。

吸 05503 02672 xī_4.7

廣韻正韻許及切集韻韻會迄及切音翕說文內息也。从口及聲玉篇吸，引也正字通氣出爲吹，氣入爲吸楚辭·九章吸湛露之浮涼　囝司馬相如·上林賦瀺灂霣墜註皆林木鼓動之聲　囝人名史記·高祖紀令將軍王吸屯武關。又田橫傳使灌嬰破殺齊將田吸于千乘　囝廣韻同翕玉篇引詩·小雅載吸其舌。按今詩作翕。箋，猶引也　囝吸吸劉向·九歎雲吸吸以湫戾　囝六書故俗謂飲曰吸。鏧又噏07223吸05553

吹 05504 02673 chuī_4.7

唐韻正韻昌垂切集韻姝爲切韻會樞爲切夶音炊說文噓也玉篇出氣也莊子·逍遙遊野馬也，塵埃也，生物之以息相吹也詩·小雅鼓瑟吹笙　囝吹噓揚子方言吹，助也註吹噓，相佐助也　囝集韻亦作歗周禮·春官笙師掌教歗竽笙　囝同炊荀子·仲尼篇可炊而�僛也註炊與吹同。僛當爲僵。言可以氣吹之而僵仆。　囝chuì廣韻集韻韻會夶尺僞切音硾廣韻鼓吹也禮·月令上丁，命樂正入學習吹　又季冬：命樂師大合吹而罷爾雅·釋樂徒吹謂之和古今樂錄漢樂有鼓吹鐃歌十八曲。鏧又唰06532籥75958籥75967龡75966

哾 05505 02674 dōu_4.7

唐韻集韻夶丁侯切說文譀哾，多言也。从口，投省聲玉篇呵哾也廣韻輕出言也集韻或作吋　囝同兜韓愈·遠遊聯句開弓射鵰哾朱註史記鵰哾卽驒兜字古文尚書驒兜亦作鵰哾　囝rú集韻汝朱切音儒。本作嚅。囁哾，言也。或作咮。鏧直音篇喌05762，同哾　囝龍龕喃07639喃07971俗，哾正。

吻 05506 02675 wěn_4.7

古文唚別唐韻集韻韻會正韻夶武粉切音抆說文口邊也玉篇口吻釋名吻，免也。入之則碎，出則免也。又取扲刞漱唾所出，恆加扲拭，因以爲名也周禮·冬官考工記·梓人銳喙決吻註吻，口脤也前漢·東方朔傳吐脣吻△玉篇亦作脗集韻或作肳、吺。鏧又嗃06113詻05568呡05610唇06495字彙脗，與吻同，脤合無際貌。俗作胷。

吼 05507 02676 hǒu_4.7

廣韻呼后切集韻韻會正韻許后切夶音�玉篇牛鳴也增韻虓聲後漢·童恢傳一虎低頭閉目，狀如震懼，卽時殺之，其一視恢，鳴吼踊躍自奮梵書·大智論辟如獅子，百獸之王，爲小蟲吼則爲衆所笑玉篇亦作呴廣韻亦作呴　囝huò廣韻呼漏切集韻韻會正韻許候切夶音蔲廣韻聲也　囝集韻類篇厚怒聲。本作呴○按玉篇廣韻吼、呴分載，音義各別集韻類篇非。鏧又直音篇吼，許厚切，唬声。又厚怒也。吽，同上。又呼怎切。嗥06608，同上。呴，亦同上。又音厚。

吽 05508 02677 hǒu_4.7

字彙同吼　囝集韻於今切音陰玉篇牛鳴

也　囝óu集韻魚侯切音齵前漢·東方朔傳狋吽牙者，兩犬爭也註吽，五侯反　囝正字通梵呪多用吽字　囝叶職容切音鐘張昱·輦下曲守內番僧日念吽，御廚酒肉按時供。叶下重。鏧龍龕吽06040俗，呴05636吽二正　囝狗32655吒05602　囝吽hōng，梵文咒語「賀阿汙麽」四字之合讀，其義為諸天之總種子，乃佛教「六字真言」之一西遊記·第七回（佛祖）袖中只取出一張帖子，上有六個金字「唵嘛呢叭咪吽」，遞與阿儺，叫貼在那山頂上。

吾 05509 02678 wú_4.7

古文𠮩唐韻五乎切集韻韻會正韻訛胡切夶音梧說文我自稱也爾雅·釋詁吾，我也左傳·桓六年我張吾三軍，而被吾甲兵楚辭·九章註朱子曰：此篇多以余吾夶稱，詳其文意，余平而吾倨也。又廣韻御也。執金吾，官名前漢·百官公卿表中尉，秦官。武帝太初元年，更名執金吾註師古曰金吾，鳥名也，主辟不祥。天子出行，職主先導，以禦非常，故執此鳥之象以名官。又後漢·百官志執金吾掌宮外戒司非常水火之事，月三繞行宮外，及主兵器。吾猶禦也註應劭曰：執金革以禦非常　囝集韻棒名古今注金吾，車輻棒也。漢官執金吾，吾，止也，執金革禦非常也。以銅爲之，黃金塗兩末謂之金吾，御史大夫、司隷校尉亦得執焉。○按顏、應二說及古今注凡三義，各不相同，今夶存之　囝昆吾，國名詩·商頌昆吾夏桀　箋己姓　囝地名前漢·揚雄傳武帝廣開上林，南至宜春鼎湖，御宿昆吾註晉灼曰：昆吾，地名，有亭　囝鍾吾，國名。漢爲司吾縣左傳·昭二十七年公子燭庸奔鍾吾前漢·地理志東海郡司吾縣　囝番吾，番音蒲，卽漢蒲吾縣史記·蘇秦傳秦甲渡河，踰漳據番吾註徐廣曰：常山有蒲吾縣正義曰：疑當番吾公邑也　囝余吾、蠡吾、朱吾、已吾皆縣名前漢·地理志上黨郡余吾縣，涿郡蠡吾縣，日南郡朱吾縣後漢·郡國志陳留郡已吾縣　囝伊吾，地名後漢·西域傳伊吾，舊膏腴之地　囝余吾，水名前漢·匈奴傳北橋余吾註師古曰於余吾水上作橋　囝正字通伊吾，吟哦聲。亦作咿唔　囝姓廣韻漢有廣陵令吾扈。又複姓。五氏，徐吾以鄉爲氏。鍾吾、昆吾以國爲氏。由吾，由余之後。又古有肩吾子，隱者　囝正字通借爲支吾。與枝梧通。　囝yú集韻類篇丑居切音魚晉語暇豫之吾吾註吾讀如魚，吾吾，不敢自親之貌　囝山名史記·河渠書功無已時兮吾山平註徐廣曰：東郡東阿有魚山，或者是乎　囝yá廣韻五加切集韻牛加切夶音牙。允吾，縣名前漢·地理志金城郡允吾縣註應劭曰：允吾，音鉛牙　囝讀書通童通作吾管子·海王篇吾子食鹽二升少半註吾子，謂小男小女也正字通古本管子作童。鏧又峿16632遻61202𧥛52148

吷 05510 02679 xuè_4.7

玉篇火角切廣韻許角切集韻類篇黑角切夶音熇玉篇吷嚗，恚呼貌　囝廣韻怒聲也。鏧又俗呿05415可洪音義律吷：陟加反。又呼角反。惧　囝huaq壯同唶。講話。

告 gào_4.7 05511 02680

廣韻古到切集韻韻會正韻俱号切䚟音誥 說文牛觸人，角著橫木，所以告也。从口从牛 図玉篇語也廣韻報也。告上曰告，發下曰誥增韻啓也書·禹貢告厥成功詩·周南言告師氏図問也禮·王制八十月告存疏告謂問也。君每月使人致膳，告問存否図正韻命也易·泰卦上六自邑告命図玉篇請告也図韻會唐制，授官之符曰告身図休假曰告史記·汲黯傳黯多病，病且滿三月，上常賜告者數註如淳曰：杜欽所謂病滿賜告，詔恩也。或曰賜告得去官歸家，予告居官不視事後漢·陳忠傳光武絕告寧之典註告寧，休謁之名。吉曰告，凶曰寧。古者名吏休假曰告図韻會姓也図háo五音集韻胡刀切音豪集韻休謁也。或作勂図gāo集韻居勞切音高。白也図gù廣韻古沃切集韻韻會姑沃切䚟音梏易·蒙卦初筮告，再三瀆，瀆則不告詩·大雅令終有俶，公尸嘉告禮·曲禮夫為人子者，出必告，反必面爾雅·釋言告、謁，請也疏成二年左傳曰：晉與魯衛，兄弟也，來告曰：大國朝夕釋憾於敝邑之地〇按梏、谷二字，音切各異，各韻書告字俱音梏，惟正韻告，古祿切音谷。今經傳告字釋文、朱註皆讀谷。惟曲禮釋文作古毒反図kù集韻枯沃切音酷。吏休假也後漢·陳忠傳告寧之典。孟康讀図jū集韻正韻䚟居六切音菊禮·文王世子其刑罪，則纖剸，亦告于甸人註告讀為鞠。讀書用法曰鞠図xué集韻轄覺切音學。休謁也。図叶居候切音姤楚辭·九章道思作頌，聊以自救兮。憂心不遂，斯言誰告兮。鑿通作告05604図玉篇夎15973公到切。古文告。

呬 zā_4.7 05512 02681

廣韻子答切集韻韻會作答切䚟音帀玉篇魚食図風俗通入口曰呬集韻噍也洞冥記惟呬葉上垂露，因名垂露鴨△集韻或作咂、噈、唼、唪。鑿又嘛06272図可洪音義酥62320其：上子苔反，噍也，小歠也，嗚也。正作呬嗒07292歡26527喢06945四形也。

呀 xiā_4.7 05513 02682

唐韻許加切集韻韻會正韻虛加切䚟音岈說文張口貌韓愈·月蝕詩如口開呀呀図谽呀，谷空貌史記·司馬相如·上林賦谽呀豁閜註澗谷之形容也。呀，呼加反図玉篇大空貌班固·西都賦呀周池而成淵図yā廣韻五加切正韻牛加切䚟音牙廣韻吧呀韓愈·月蝕詩牙角何呀呀〇按韓愈·月蝕詩如口開呀呀，或改作齖齖，因避重韻也，不知唐韻九麻中呀字兩見，音義各別韓詩䚟非重韻集韻類篇刪五加切一音，非図叶虛何切音呵韓愈·東方朔雜事詩王母聞以笑，衛官助呀呀。不知萬萬人，生身埋泥沙◇沙叶音娑。鑿可洪音義疶瘕：上許牙反，下蘇奏反。又呀瘕：許牙反，下蘇豆反，上氣病甚曰呀，字從口図呻唖yà也作呻呀、呻軋，象聲詞。

吲 jùn_4.7 05514 02683

廣韻集韻䚟九峻切音韵玉篇吐也。図廣韻唁也。

呀 xiàn_4.7 05515 02684

正字通俗呀字。

呂 lǔ_4.7 05516 02685

唐韻力舉切集韻韻會正韻兩舉切䚟音旅說文脊骨也，象形。昔太嶽為禹心呂之臣，故封呂侯書·呂刑惟呂命命傳言呂侯見命為卿鄭語南有荊蠻申呂註申呂，姜姓後漢·郡國志汝南郡新蔡有大呂亭註故呂侯國図史記·高祖功臣侯者年表周呂侯，以呂后兄初起，以客從，入漢為侯註周及呂皆國名。濟陰有呂都縣。見前漢·地理志図縣名，屬楚國。亦見前漢·地理志図姓廣韻太嶽封呂侯，後因為氏図六呂，陰律也周禮·春官·大司樂奏黃鐘，歌大呂，奏姑洗，歌南呂，奏夷則，歌小呂註小呂一名中呂。又大師陰聲，大呂應鐘，南呂函鐘，小呂夾鐘前漢·律歷志陰六為呂，呂以旅陽宣氣。又大呂，旅也，言陰大旅助黃鐘宣氣而牙物也図鐘名戰國策大呂陳于元英，故鼎反乎磨室註大呂，齊鐘名晏子·諫篇景公泰呂成史記·平原君傳使趙重于九鼎大呂註正義曰：大呂，周廟大鐘図揚子·方言梌呂，長也，東齊曰梌，宋、魯曰呂図逸周書擊之以輕呂註劍名。鑿又呂05586吕05449瞀47651図正字通脜47289俗呂字。

呃 ài_4.7 05517 02686

廣韻烏界切音隘。不平聲図è玉篇於革切音忓。本作呃05606雞聲図正字通方書有呃逆症，氣逆上衝作聲也〇按呃字，去聲止見廣韻，入聲止見玉篇註中集韻類篇俱無呃字。鑿又呃05846詭55773

呮 bàn_4.7 05518 02687

廣韻集韻䚟博漫切音半廣韻呮嗲，失容也図集韻呮嗲，剛強貌図pàn集韻普半切音判。又薄半切音叛。義䚟同。

呇 gé_4.7 05519 02688

字彙補古得切，音格◇財多。

吤 yóu_4.7 05520 02689

五音集韻羽求切音尤玉篇犬吠也。

呅 méi_4.7 05521 02690

玉篇莫杯切音枚。呅呅也図wěn集韻武粉切。同吻05506

呭 jié_4.7 05522 02691

廣韻姊列切集韻子列切䚟音蠿玉篇呭鳴也廣韻鳴呭呭△集韻作吔。鑿集韻作呭玉篇作吔05571字彙補譌作吐05561

兂 huāng_4.7 05523 02692

篇海古文荒字。

呆 bǎo_4.7 05524 02693

篇海補道切。同保01269図mǒu莫厚切音母。古文某字。今俗以為癡獃字。誤也。鑿或作柔23557朵05077承11739

咅 lìn_4.7 05525 02694

篇海良刃切音藺。慳也。出搜眞玉鏡

呴 hōu_4.7 05527 02696

篇海火候切音齁。笑貌。

呧 dǐ_4.7 05528 02697

篇海同呧

咊 huá_4.7 05526 02695

篇海下刮切音頡。塞口也，出俗字背篇図yíng字彙補以陵切音盈。宋三館書有三咊嗽三卷，皆養鷹鶻之說。

呈 huáng_4.7 05530 02699

集韻坒13247古作呈図字彙補古文狂33056字△郭氏正誤呈，從王从口。與呈字異。

呧 05531 02700 dǐ_4.7 篇海同呧 音起◇明星也。按呧當與啓、启同。

杏 05529 02698 qǐ_4.7 篇海輕禮切，

嘛哩首級二顆 申報.1921.May.17.Num.17324·來函 嗎

咻呷商學兩界來函 图luq 壯欺騙 图rueg嘔吐。

咽 05532 02701 xiǒng_4.7 韻會小補 詡拱切音洶。本作詾。眾言也 荀子·解蔽篇 以爲咽咽〇按今本 荀子 作詾詾。

图字海lù 方喚豬聲。字見 中國地方戲曲集成·安徽省卷下 图lóc 喃从口六lục聲△哭吠：嚎唒大哭。

呼 05533 40704 yī_4.7 篇海類編 烏兮切，音衣◇呢也。

咈 05560 u20BFE tǒu_4.7 喃从口仇cừu聲。小猢猻（罵詞）。

呋 05534 40705 fū_4.7 五音篇海 與跌同。鋆 五侯鯖字海 呋 05692 音夫，正作呋 图今爲化學的譯音用字，也寫作酜。

吐 05561 u20BFD jié_4.7 同呲 05522 字彙補 則屑切，音節。吐鳴也。

旱 05535 40706 zhǐ_4.7 篇海類編 止基切，音知◇拈物。又音牟。

叮 05562 u20BFC dành_4.7 喃从口汀đừng聲。

吃 05536 40707 jí_4.7 五音篇海 同吃。

呦 05563 u20BFB yōu_4.7 玉篇 嘷，古侯切，幼嘷也 名義 呦，幽反，鳴相呼。

局 05537 42628 jù_4.7 海篇 音局。鋆 說文 句本字。

咶 05564 u20BFA null_4.7 鯀咶妊，或隸作蘇冶妊，周代女子名號。張亞初 殷周金文集成引得.16.10118 鯀咶妊乍虢妃魚母殷（盤），子子孫永寶用之 4.2526 鯀咶妊乍虢妃魚母滕（滕），子子孫永寶用。

呐 05538 42629 réng_4.7 龍龕 音仍 音沈。鋆 可洪音義 呐吟：上直林反，誤。

吭 05540 42631 chén_4.7 龍龕 長林切

呃 05539 42630 è_4.7 字彙補 五葛切，音遏◇

呐 05565 u20BF9 réng_4.7 俗訒 55574 敦煌·Dx00796+Dx01343+Dx01347+Dx01395 燕子賦 從今已後，別解祇承。人前並（背）地，莫更呐呐 图象聲詞。呐réng嘷，形容動作突然而迅速 图nhãng 喃从口仍nhưng聲。冗長△冗呐：拖延 图yoeng 壯撫養。

旺 05541 42632 guó_4.7 海篇 音忙去聲。又音國。鋆 同国 08041 图wǎng旺旺，象聲詞，狗叫聲。見楊宗義 難字大字典 图uống 喃喝。从口，汪省聲。

听 05566 u20BF8 tīng_4.7 俗聽 46859 劉知遠諸宮調·第十一·君臣弟兄子母夫婦團圓 將金冠霞帔依法取你來，你听祝付。

昌 05542 42633 pì_4.7 五音篇海 芳逼切。

吳 05567 u20BF5 wú_4.7 俗吳 05497

召 05568 u20BF3 hū_4.7 說文·曰部 召，籀文召 23271 图同吻 05506

咲 05543 42634 liǎng_4.7 五音篇海 音兩。

呮 05569 u20BED piàn_4.7 方 閒談。

哞 05576 u20BE5 cuì_4.7 俗啐 06230

哛 05544 42635 gē_4.7 搜眞玉鏡 音戈。

品 05570 u20BEE pǐn_4.7 俗品 05811 宋元以來俗字譜 引 古今雜劇

呰 05549 42647 sì_4.7 龍龕 音似。鋆 可洪音義 玩呰：音弄，正作咦 05950

吐 05571 u20BEC jié_4.7 同吐 05522 玉篇 吐，則屑切。鳴也。

吓 05545 42636 biàn_4.7 海篇 音汴。

吒 05572 u20BE9 zhā_4.7 呱吒，象聲詞，鳥鳴聲。元·喬吉 金錢記·第一折 紫燕兒畫簷外謾嘈雜，黃鶯兒柳梢上日呱吒。

呛 05550 u2A835 lún_4.7 簡 喻 06404

明 05546 42637 yuè_4.7 搜眞玉鏡 音月。鋆 古壯字字典 明yet，形容詞之後附加成份。

岔 05573 u20BE8 chà_4.7 俗岔 13397 圖畫劇報.1912.Num.8 三岔口：蓋叫天打店時之神氣。熊松泉畫。

咊 05547 42638 shí_4.7 五音篇海 音什。

吥 05548 42639 pō_4.7 五音篇海 普末切。又音市。鋆 又音市。

呙 05551 u2A834 null_4.7 未詳。

咥 05552 u2A833 chē_4.7 簡 喠 06042

丹 05574 u20BE7 null_4.7 未詳。

呭 05575 u20BE6 thét_4.7 喃从喚省切thiết聲。喊 图五千字譯國語 鴛，鴟呭。

吸 05553 u2F83D xǐ_4.7 兼 吸 05503 喃从口壬nhăm聲。旺呢，胡來△呐旺：胡說。媈旺：諮言。 图nhờm同嗓 07678 图nhăm同啉 06221錯誤。

咻 05577 u20BE4 null_4.7 甲骨文。見 花園莊東地甲骨

号 05554 u20C21 jīn_4.7 同号 05688 喃从口元nguyên聲△呃呃，亦作呃呃：耍賴，嬉皮笑臉。

呈 05578 u20BE3 zú_4.7 俗足 58638

咻 05579 u20BE2 null_4.7 未詳。

呇 05556 u20C02 ngoên_4.7 喃从口

吃 05580 u20BE1 jí_4.7 龍龕 吃通吃 05394正。

呞 05557 u20C01 gáy_4.7 喃从鳴省丐cái聲。同嘅。啼鳴。

呴 05581 u20BE0 huī_4.7 簡 嗎 07206

呗 05582 u20BDF xiàn_4.7 簡 呢 05976

呩 05558 u20C00 diào_4.7 阮元 經籍籑詁 呩，夏堪碑 官遼臨呩。呩作呩 图diếu 喃从口弔điếu聲△捒呩：誹謗。

哈 05584 u3576 ha_4.7 壯五 图西文譯音用字 申報·June.5.1875.第二頁 雜識二則：英太哈十日報云 图國語辭典 哈，感歎詞，表應諾。合訂本 辭海 哈，讀如墨，嘆詞，表憤怒或鄙斥時用之，讀時閉脣而逼迫其

呎 05559 u20BFF lù_4.7 龍龕 呎，俗。音六 图liū吃呎，西夏人姓 图譯音用字 申報.1877.Aug.16.Num.1629·④·刻接友人由臺到申備述臺灣勤撫生番 當陣斬獲番目龜呎芝、

聲入鼻腔，與作聲母之ㄇ音別。又ňg 大字典 同嗯。
图ň 方 代詞，你。

吝 05585 uF9ED 兼吝。
集韻 古作吝 同文鐸 古作吝。尤非 字海 音工。姓。

谷 05583 u20202 gōng_4.7 正字通 公，
集韻 古作谷 同文鐸 古作谷。尤非 字海 音工。姓。

呂 05586 uF980 lǚ_4.7 兼呂。

吹 05589 u545A fǔ_4.7 俗呹05493 可
洪音義 吹咀：上芳武反。下子禹反。拍砕也。亦作硴礦。

嗚 05587 u545C wū_4.7 简嗚06740

呛 05588 u545B qiāng_4.7 简嗆06707

呙 05590 u5459 kuā_4.7 同咼05803

员 05591 u5458 yuán_4.7 简員05948

呗 05592 u5457 bei_4.7 简唄06008

呖 05593 u5456 lì_4.7 简嚦07730

呕 05594 u5455 ǒu_4.7 简嘔06980

呔 05595 u5454 dāi_4.7 嘆詞。亦作吟
05539突然大聲呔喝，以引人注意。魯迅 故事新編·奔月
呔！羿仰天大喝一聲，看了片刻；然而月亮不理他。
图tài 粵 英文tyre的音譯，輪胎。

呓 05596 u5453 yì_4.7 简囈07895

呋 05597 u5452 fǔ_4.7 简嘸07181

吞 05598 u5451 tūn_4.7 俗吞05461

呐 05599 u5450 nà_4.7 同呐05501

吽 05602 u544B hǒu_4.7 中文大辭典 與吽05508同。

叫 05603 u544C jiào_4.7 俗叫05348

呏 05600 u544F shēng_4.7 英、美容量單
位加侖的舊譯名 图 容量單位夸特的舊譯名。

告 05604 u544A gào_4.7 告05511通作告。

吴 05605 u5449 wú_4.7 俗吳05497

呎 05601 u544E chǐ_4.7 新字典 呎，與
尺同。英尺也。英尺一，等於營造尺九寸五分二釐餘。

呃 05606 02702 è_5.8 廣韻 於革切。集韻 乙革切丛音屹 說文 喔
也 玉篇 雞聲。亦作呝 图 廣韻 呃喔，鳥聲 图ài 集韻 烏
懈切音隘。聲不平謂之呃。或作詫○按 集韻 呃與 廣韻
呝，義雖同而音各異 廣韻 呝在十六怪 集韻 呃在十五
卦，其實一字也。鋻 又呢05778

呞 05607 02703 shī_5.8 廣韻 書之切 集韻 申之切丛音詩 玉篇 牛
嚼也 廣韻 本作齝。吐而嚼也。亦作齝 图chī 集韻 韻會
丛超之切音癡。又 集韻 充之切音蚩。義丛同。

呟 05608 02704 juǎn_5.8 集韻 古泫切音畎。聲也。

呠 05609 02705 pěn_5.8 集韻 普本切音枡 玉篇 噴也。鋻 正字通
俗噴07323字。

呡 05610 02706 wěn_5.8 篇海 武粉切音抆。口呡也○按呡音義俱
同吻05506吻亦作唔，當即唔字省文。

呢 05611 02707 ní_5.8 廣韻 集韻 丛女夷切音尼 玉篇 呢喃，小聲
多言也。同𠹧 廣韻 言不了，呢喃也 图 呢喃，燕語也。
图nǐ 集韻 乃倚切音你。聲也 图 女履切音柅。本作訵。
言以示人。鋻 又呶05379䂔27316

吰 05612 02708 hóng_5.8 集韻 烏宏切音泓 玉篇 牛聲。

咟 05613 02709 huò_5.8 正字通 咟字之譌 海篇 音赫 字彙 胡了切，
爻上聲，丛非。鋻 又pā 國語辭典 咟，響聲。咟啦：謂
聲音不清脆。

哞 05614 02710 móu_5.8 集韻 同呣05675 鋻 又象聲詞。牛叫的聲
音。同哞05927

呤 05615 02711 líng_5.8 廣韻 集韻 丛郎丁切音靈 玉篇 嘖呤也。
图 廣韻 埤蒼 云呤呤，語也。

呻 05616 02712 rán_5.8 玉篇 而廉切 集韻 韻會 如占切丛音髯 玉
篇 呻呻，嚼貌 荀子·榮辱篇 呻呻而嚼 图 集韻 咁呻，自
安貌 图rǎn 集韻 韻會 丛而琰切音冉 集韻 嚼貌○按 玉
篇 廣韻 類篇 俱作呻 集韻 韻會 正韻 俱作咁 字彙 正字
通 音義 載咁字之下。今詳呻註，以 玉篇 廣韻 爲正也。
鋻 龍龕 咁呻05732二俗，呻或作。

呬 05617 02713 qì_5.8 集韻 力入切音立。呬呬，送舟聲也。
鋻 又啦06244，俗泣 龍龕 呬，俗。音泣 洪音義 涕呬：
上音提，下丘立反。正作啼泣也。又音帝，非也。

呦 05618 02714 yōu_5.8 廣韻 集韻 於虬切 韻會 幺虬切丛音幽 說
文 鹿鳴聲也 詩·小雅 呦呦鹿鳴 說文 或作㕮 玉篇 或作
㰹 图 集韻 於求切音憂。又於糾切，黝上聲。義丛同。
图yào 集韻 於教切音靿。教也。鋻 又㕭05947嗷06480
㰹06552 图 正字通 呦，呦字之譌。

呧 05619 02715 dǐ_5.8 唐韻 都禮切 集韻 典禮切丛音邸 說文 苛
也 玉篇 呵呧也。本作詆○按 廣韻 有詆無呧 图dī 唐韻
都黎切音低。又 集韻 田黎切音題。義丛同 图 篇海 或作
呧、咥。鋻 又呅05689𠹧05841 图 龍龕 呴06030俗，呧05625
或作，咥正。

昭 05620 02716 chāo_5.8 廣韻 敕宵切 集韻 癡消切丛音超 玉篇 埤
蒼曰：喉鳴 廣韻 鳴也。

哎 05621 02717 pǐ_5.8 篇海 音疋。唾哎也。與呸同。

周 05622 02718 zhōu_5.8 古文周叧 唐韻 職流切 集韻 韻會 之由切
丛音州 廣韻 徧也 易·繫辭 知周乎萬物 图 至也 書·泰誓
雖有周親，不如仁人 傳 周，至也 图 忠信也 書·太甲 自
周有終 傳 用忠信有終也 詩·小雅 行歸于周 論語 君子周
而不比 註 忠信爲周，阿黨爲比 图 終也 左傳·昭二十年
以周事子 註 周，猶竟也 图 說文 密也 管子·樞言篇 先
王貴當貴周。周者，不出于口，不見于色，一龍一蛇，
一日五化之謂周 註 深密不測，故周也 图 曲也 詩·唐風
生于道周 傳 周，曲也 图 詩·周南疏 周，代名，其地在
岐山之陽，漢屬扶風美陽縣 图 廣韻 備也 前漢·路溫舒
傳 鍛鍊而周内之 註 晉灼曰：精熟周悉，致之法中也。
图 廣韻 周市也 前漢·劉向傳 周回五里有餘 韻會 俗作
週，非 图 鳥名 爾雅·釋鳥 巂周 疏 今謂之子規。又 韓非
子·說林篇 鳥有周。周者重首而屈尾，將欲飲于河則必
顚，乃銜其羽而飲之。一作鵤 图 不周，山名，在崑崙 屈
原·離騷 路不周以左轉兮 图 風名 白虎通 西北曰不周

風。不周者，不交也，言陰氣未合化也図陽周、平周、定周，皆縣名前漢·地理志上郡陽周縣，西河郡平周縣，鬱林郡定周縣図姓廣韻本自周平王子，別封汝川，人謂之周家，因氏焉。又魏獻帝次兄普氏，後改爲周氏。又複姓。魏初徵士燉煌周生烈図與賙通論語君子周急不繼富孟子君之於岷也，固周之。鑒又匊04239周05704郮61773

际 05623 02719
shì_5.8　玉篇古文嗜06745字。

呪 05624 02720
zhòu_5.8　廣韻集韻韻會正韻丛職救切音霉廣韻呪詛也図戰國策許綰爲我呪後漢·王忳傳忳呪曰：有何枉狀關尹子·七釜篇有誦呪者図集韻通作祝書·無逸民否則厥心違怨，否則厥口詛祝詩·大雅侯作侯祝周禮·春官有詛祝△集韻或作詶，亦作詋。鑒通作咒05754

呴 05625 02721
qiū_5.8　集韻祛尤切音丘玉篇聲也。

呫 05626 02722
tiè_5.8　廣韻正韻他叶切集韻韻會託協切音帖玉篇嘗也。引穀梁傳·莊二十七年未嘗有呫血之盟〇按今本穀梁傳作歃血之盟図正韻小貌唐書·王叔文傳呫呫小人図chè集韻尺涉切音謵。義同図史記·魏其武安侯傳乃效女兒呫囁耳語註韋昭曰：呫囁，附耳小語聲也，呫，音蚩輒反図集韻一曰多言。或作唸図tiān集韻他兼切音添。嘗也図zhěn五音集韻張甚切音揕。義同。

呬 05627 02723
xì_5.8　唐韻集韻丛虛器切說文東夷謂息爲呬，引詩·大雅昆夷呬矣〇按詩本作昆夷駾矣，維其喙矣。傳喙息也說文改駾作呬，非張衡·思玄賦呬河林之蓁蓁註呬，息也。一作怬集韻或作嘻図xì集韻許四切音呬爾雅·釋詁呬，息也註施乾讀音呬揚子方言東齊曰呬註呬，許四反図chì廣韻丑利切集韻丑二切丛音屎廣韻本作呬，陰知也図líng集韻郎丁切音靈。衆聲也。鑒又呷05686訧55698眉12984

呭 05628 02724
yì_5.8　唐韻餘制切集韻以制切丛音曳玉篇呭呭，猶沓沓也說文多言也，引詩·大雅無然呭呭〇按詩今本及孟子丛作無然泄泄図廣韻呭，樂也図xiè集韻私列切音薛。樂也△集韻或作哤。

呮 05629 02725
qì_5.8　篇海去致切，音跂◇垂足坐也。鑒或俗跂58704正字通呮，踑字。舊註音氣，惡足坐也。按：從口與足非類。一曰軹字之譌。

呯 05630 02726
píng_5.8　集韻蒲兵切音平五音集韻呯呯。聲也。

呰 05631 02727
zǐ_5.8　唐韻將此切集韻韻會蔣氏切音紫說文苛也図玉篇口毀也正韻通作訾図爾雅·釋詁呰、已，此也註呰、已，皆方俗異語疏呰、已與此，皆音相近，故得爲此也図弱也史記·貨殖傳地勢饒食，無饑饉之患，以故呰窳註徐廣曰：呰窳，苟且惰嬾之謂也。應劭曰：呰，弱也図cí集韻才支切音疵。亦苛也。図瑕也前漢·敘傳闡尹之呰，穰我明德註呰與疵同集

韻或作啙図zǐ韻會卽移切音貲。此也図jī集韻資昔切音積。義同図xì思計切。與些同。語辭図suò四箇切，娑去聲。亦與些同。鑒正字通咙，俗啙字。

呱 05632 02728
gū_5.8　唐韻古胡切集韻韻會正韻攻乎切丛音姑說文小兒嗁聲書·益稷启呱呱而泣班固·幽通賦姁聆呱而剋石集韻或作嘑図yǎo集韻烏爪切音窅。義同。鑒又咪05854噁06695哌05855

呲 05633 02729
cí_5.8　集韻才支切音疵。嫌食也。本作饕。或作嘗図yí余支切音移。義同図cí牆之切音慈。無食也。鑒又方cī，斥責。如挨呲，呲嘚de図方zī，噴，射。

呅 05634 02730
mò_5.8　五音集韻莫撥切音末集韻黑光也。通作沫。鑒正字通呅即昧字之譌。

味 05635 02731
wèi_5.8　唐韻集韻韻會正韻丛無沸切音未說文滋味也玉篇五味，金辛、木酸、水鹹、火苦、土甘禮·王制五味異和図老子道德經味無味列子·天瑞篇有味者，有味味者後漢·郎顗傳含味經籍図五味，藥名抱朴子·僊藥篇移門子服五味子十六年，色如玉女本草綱目作茱図mài集韻莫拜切音鮇。飲食之味図mèi莫珮切音妹。器光澤也図縣名前漢·地理志益州郡味縣註孟康曰：味音昧図mò釋文亡émé反，音沫禮·檀弓瓦不成味註味當作沫。沫，嫮也〇按集韻類篇引禮·檀弓瓦不成味，作莫佩切。而釋文則止亡曷反一音。今兩存之。

呴 05636 02732
xū_5.8　集韻匈于切音訏玉篇噓吹之也集韻與嘔同老子道德經或呴或吹前漢·王褒傳呴噓呼吸如喬松註呴噓，皆開口出氣也図前漢·東方朔傳愉愉呴呴註呴呴，言語順也図戰國策呴籍叱咄，則徒隸之人至矣註呴，呵也。當从足図集韻呼侯切音齁。喉中聲。図俱侯切音鉤史記·匈奴傳立右賢王呴犂胡爲單于図廣韻呼后切集韻正韻許后切丛音吼廣韻與吼05507同。或作吽図郭璞·江賦溢流雷呴而電激註呴，噑也釋文呴，呼后反図集韻火羽切音詡。與欨同。或作煦，吹也図廣韻香句切集韻呼句切丛音昫廣韻吐沫莊子·天運篇魚相呴以濕音義呴，況付反。又況于反図集韻氣以溫之也。或作欨休咻図集韻居候切音遘。與雊同史記·殷本紀有飛雉登鼎耳而呴図叶市若切音杓王逸·九思雲濛濛兮雷儵爍，孤雛驚兮鳴呴呴。鑒又喝06055喎06381

呠 05637 02733
fá_5.8　集韻房越切音伐。本作瞂。或作戲，盾也戰國策革抉呠芮註呠，卽詩所謂蒙伐史記·蘇秦傳註索隱曰：呠與瞂同，謂楯也詩·秦風蒙伐有苑註伐或作瞂，中干也〇按呠伐瞂戲四字皆通。

呵 05638 02734
hē_5.8　廣韻集韻韻會正韻丛虎何切音頋玉篇責也，與訶同廣韻怒也周禮·地官·比長註鄉中無授，出鄉無節，過則呵問，繫之圜土，考辟之也史記·李廣傳霸陵尉醉呵止廣図通作苛前漢·王莽傳掊門僕射

苟問囩集韻博雅云呵呵，笑也。一曰氣出，亦作歌。囩❖韻會慢應聲，通作阿囩hé韻會寒歌切音河類篇譙問也。通作何史記·衞綰傳景帝立歲餘不譙呵綰註索隱曰：譙呵音誰何，猶借訪。一曰譙呵者，責讓也。囩hè集韻許箇切音調。噓氣也。一曰責也。鍌又喀06360己00007囩正字通啊05972俗呵字。

呶 05639 02735
náo_5.8　唐韻女交切集韻正韻尼交切韻會泥交切夶音鐃說文讙聲也廣韻喧呶詩·小雅賓旣醉止，載號載呶集韻或作詉囩集韻女加切音拏。嘮呶，諠也。囩唐韻正古音奴，當改入模韻詩載號載呶。叶下豆。豆，古音田故反，平去通叶王褒·僮約出入不得騎馬載車，跣坐大呶，下牀振頭，堊釣刈芻，結葦臘纑。頭，古音徒。

呷 05640 02736
xiā_5.8　唐韻正韻呼甲切集韻迄甲切夶音翣說文吸呷也長箋吸而飲曰呷。甲有斂藏義，故从甲廣韻喤呷，衆聲囩司馬相如·子虛賦噏呷萃蔡註衣裳張起之貌。

呸 05641 02737
pī_5.8　篇海音丕字彙相爭之聲。俗字。鍌又啡66985

咮 05642 02738
zhǔ_5.8　集韻冢庾切音拄玉篇口不正囩zhǔ集韻腫庾切音主。呼雞聲囩zhù朱戍切音注。喙也。或作咮○按集韻又作重主切，義訓停足，乃是跓字之譌，而冢庾之呿字，轉誤从足，皆傳刻之誤也。

屄 05643 02739
pí_5.8　集韻皮36920古作屄。

咉 05644 02740
yì_5.8　集韻弋質切音逸玉篇牛羊呞草貌集韻羊呞貌囩集韻疾也囩chì勑栗切音抶。聲也揚雄·甘泉賦薌咉肸以掍根兮，聲駍隱而歷鐘註師古曰風之動樹，聲響振起衆根合同駍隱，而盛歷入殿上之鐘也。薌，讀與響同。咉，丑乙反。

号 05645 02741
xiāo_5.8　廣韻許嬌切集韻韻會虛嬌切夶音囂廣韻号然，大貌集韻号然，虛大貌莊子·逍遙遊非不号然大也，吾爲其無用而掊之○按正字通云郭象古本作枵，今無考△集韻或作詨、号囩háo集韻正韻夶乎刀切音豪集韻風聲增韻叫呼怒聲莊子·齊物論大塊噫氣，其名爲風，是惟無作，作則萬竅怒号音義号，呼刀反集韻或作歗正字通作号，非囩hǒu集韻許后切音吼莊子萬竅怒号。徐邈讀囩hào集韻後到切音號。義同。鍌又号05646

号 05646 02742
xiāo_5.8　字彙卽号字。鍌正字通号，号05759字之譌。吅音暄，諠也。舊註号音囂，諠号之聲，義與吅同，音與吅反。又云此卽号字，不知号亦号、枵之譌也。

咗 05647 02743
zhǎ_5.8　集韻側洽切音眨玉篇豕食。

咟 05648 02744
pǒ_5.8　集韻普火切音叵。聲也。

呻 05649 02745
shēn_5.8　唐韻失人切集韻韻會正韻升人切夶音

申說文吟也禮·學記今之教者，呻其佔畢爾雅·釋訓殿屎，呻也莊子·列禦寇呻吟裘氏之地廣韻與訷、軘同。囩xīn集韻斯人切音辛。義同。鍌又瘔36079庤15508囩直音篇叭同呻。

呼 05650 02746
hū_5.8　古文吟戲唐韻荒烏切集韻韻會正韻荒胡切夶音虖說文外息也韻會出息爲呼，入息爲吸。囩廣韻喚也囩集韻嗚呼，歎辭書·五子之歌嗚呼曷歸囩通作乎詩·大雅於乎小子囩通作虖前漢·武帝紀嗚虖，何施而臻此與。亦作嘑囩姓廣韻列仙傳有仙人呼子先。又複姓前漢·匈奴傳呼衍氏註師古曰卽今鮮卑姓呼延者是也囩呼沱，水名戰國策南有呼沱、易水囩草名爾雅·釋草蓫薚，馬尾疏薍薩，一名夜呼。囩xiāo集韻虛交切音虓。與詨同。吳人謂叫呼爲詨。或作嘵嘮囩禮·檀弓曾子聞之，瞿然曰呼註呼，虛憊聲釋文音虛，吹氣聲也囩hù廣韻集韻正韻夶荒故切音戽廣韻本作嘑。號呼也詩·大雅式號式呼釋文呼，火胡反。又火故反禮·曲禮城上不呼釋文呼，火故反。囩hè集韻許箇切音調左傳·文元年江芉怒曰：呼，役夫註呼，發聲也釋文呼，好賀反囩xià集韻虛訝切音嚇。與罅45343同。裂也。鍌又戲18978獻26455評55760

呼 07449
àn_5.8　集韻魚旰切音岸聲也正字通六書統與唁同，誤。

命 05652 02748
mìng_5.8　唐韻集韻韻會正韻夶眉病切，鳴去聲說文使也書·堯典乃命羲和囩玉篇教令也書·大禹謨文命敷于四海傳言其外布文德教命說命王言惟作命易·泰卦自邑告命增韻大曰命，小曰令。上出爲命，下稟爲令囩爾雅·釋詁命，告也囩易·乾卦各正性命疏命者，人所稟受說卦窮理盡性，以至于命註命者，生之極左傳·成十三年民受天地之中以生，所謂命也，是以有動作禮義、威儀之則，以定命也疏雖受之天地，短長有本，順理則壽考，逆理則夭折，是以有動作禮義、威儀之法則，以定此命，言有法則命之長短得定，無法則夭折無恆也囩詩·周頌維天之命，於穆不已箋命，猶道也囩詩·周頌夙夜基命宥密傳命，信也疏信順天命囩周禮·春官·大祝作六辭，以通上下、親疏、遠近。一曰祠，二曰命論語爲命裨諶草創之疏命，謂政令盟會之辭也囩周禮·春官·大宗伯典命註命，謂遷秩羣臣之書囩星名周禮·春官·大宗伯司命註文昌第四星。囩周語襄王賜晉惠公命註命，瑞命。諸侯卽位，天子賜之命圭，以爲瑞節囩周語襄王賜晉文公命註命，命服也。諸侯七命，冕服七章囩前漢·張耳傳嘗亡命遊外黃註師古曰命者，名也。脫名籍而逃亡囩前漢·李陵傳射命中註師古曰所指名處，卽中之也囩廣韻計也囩廣韻召也○按朱子皆叶彌幷反，幷在庚韻，難與眞韻相叶，疑應作彌賓反囩禮·大學舉而不能先命也註命讀爲慢，聲之誤也釋文命音慢，武諫反。鍌又

弇01604 佘01033 俞01147 侖01032 侌01181

呾 05653 02749 dá_5.8　廣韻集韻𠀤當割切音怛　廣韻相呵　韓愈·張徹墓誌銘自申於闇明，莫之奪也，我銘以貞之，不肖者之呾也　又集韻相呼聲　又yà廣韻集韻𠀤乙鎋切音鶷　廣韻亦相呼聲　又tā集韻暳軋切音獺　呾噠，語不正也。

呿 05654 02750 qiā_5.8　廣韻丘伽切集韻去伽切𠀤音佉　玉篇張口貌集韻啓口謂之呿　莊子·秋水篇公孫龍口呿而不合　呂氏春秋君呿而不唫　又qū玉篇丘居切集韻丘於切𠀤音墟　又qù集韻丘據切音去。本作欪，義𠀤同。　又qiè廣韻去劫切集韻乞業切𠀤音怯　廣韻臥聲集韻臥息也　又集韻乙業切音裛。口開貌　𨂂又篇海呭06124唶06048音去。与呿義同　又正字通訛55798呿字之譌。

咀 05655 02751 jǔ_5.8　唐韻慈呂切集韻韻會在呂切𠀤音沮　說文含味也　廣韻咀嚼　管子·水地篇人水也，男女精氣合而水流形，三月如咀。咀者何，曰五味。五味者何，曰五藏　司馬相如·上林賦咀嚼菱藕　韓愈·進學解含英咀華　又廣韻集韻韻會正韻𠀤子與切音苴。咬咀，修藥也　又集韻咬咀，謂商量斟酌之。一曰含味也。

咁 05656 02752 qiǎ_5.8　集韻與嗛同。　𨂂又詌55785　又gom粵如此，這樣，很。

咂 05657 02753 zā_5.8　篇海子答切音帀。入口也。　𨂂龍龕咂俗，師正　又喕06066

咃 05658 02754 tuō_5.8　玉篇吐多切音他。出陀羅尼

咄 05659 02755 duō_5.8　唐韻集韻韻會正韻𠀤當沒切，敦入聲。　•說文相謂也　前漢·李陵傳立政曰：咄，少卿良苦　又廣韻呵也戰國策呴籍叱咄　前漢·東方朔傳朔笑之曰：咄　註師古曰咄，叱咄之聲　又泉名　寰宇記咄泉在淨戒寺北，人至泉旁，大叫大涌，小叫小涌，咄之則涌彌甚。　又韻會咄咄，驚怪聲也　後漢·嚴光傳帝即其臥所，撫光腹曰：咄咄子陵，不可相助爲理耶　晉書·殷浩傳但終日書空，作咄咄怪事四字而已　又增韻咄嗟，咨語也　晉書·石崇傳嘗爲客作豆粥，咄嗟便辦　又正字通或曰汾晉之間，尊者呼左右曰咄，左右必諾。司空圖作休沐記用之　又前漢·西域傳郁立師國王治內呬谷註咄，丁忽反　又集韻韻會正韻𠀤都括切音掇　玉篇叱也　又前漢·東方朔傳註鄧展曰：咄，音豹裘之豹　又按師古以鄧說爲非，然鄧有此音，今存之。　𨂂又嚽07531　又正字通咄，俗咄字。

呏 05660 02756 rě_5.8　廣韻人者切集韻爾者切𠀤音惹　廣韻應聲集韻本作喏　又正字通五大部直音佛母大孔雀明王經呏分示、惠二音。

杏 05661 02757 tòu_5.8　玉篇他豆切音透。唾也　說文相與語，唾而不受也　又pǒu集韻普后切音剖。義同。　𨂂又咅08033

咅 05662 02758 tòu_5.8　玉篇同杏　廣韻說文本作咅，隸變作音。　△集韻或作欥、㖒、㖨。　𨂂章炳麟新方言·卷一·釋詞第一說文音，相與語唾而不受也。天口切，今語如本音者，俗作哢06161，音轉如剖者，俗作吥。吥，通語也。

咆 05663 02759 páo_5.8　唐韻薄交切集韻韻會正韻蒲交切𠀤音庖　說文嘷也　玉篇咆哮也　廣韻咆哮，熊虎聲　淮南子·覽冥訓虎豹襲穴而不敢咆　又潘岳·西征賦出申威於河外，何猛氣之咆勃　註怒貌　又與烰通。烰然，一作咆烋　左思·魏都賦呑滅咆烋　又bào集韻皮教切音炰。獸呼　又叶蒲侯切音裒　劉楨·魯都賦晝藏宵行，俯仰哮咆　禽獸窟怖，失偶喪儔　△集韻或作嗃、嘮。　𨂂窅怖　正字通引作怖窅　又咆05900

咇 05664 02760 bié_5.8　廣韻集韻𠀤蒲結切音蟞　廣韻口香　玉篇芳香也　又廣韻語也　又bì廣韻毗必切集韻簿必切𠀤音邲。亦芳香也　司馬相如·上林賦晻薆咇茀　註師古曰皆芳香意也　釋文咇，步必反　又與苾通　史記·司馬相如傳作晻曖苾勃　字彙咇，與苾同　又廣韻言不了　集韻言不明　又廣韻與吡同，鳴咇咇也　又bì廣韻鄙密切集韻逼密切𠀤音筆　廣韻咇嘈多言　又bì集韻壁吉切音必。咇節，聲出貌。或作嗶　又bí集韻毗至切音鼻。咇咇，哀鳴也。

咈 05665 02761 fú_5.8　廣韻符弗切集韻韻會正韻符勿切𠀤音佛　說文違也　廣韻戾也　書·堯典帝曰吁咈哉　又大禹謨罔咈百姓，以從己之欲　又伊訓從諫弗咈　又微子咈其耇長舊有位人　又韻會正韻通作佛、拂　○按曲禮獻鳥者佛其首　學記其求之也佛　釋文云佛本又作拂，𠀤不云同咈　廣韻三字亦各分見，然其違戾之義實相同，當從韻會正韻。　又玉篇引易咈經于丘，今本易·頤卦作拂　又bì集韻薄宓切音弼。義同　又pèi字彙步昧切音倍　釋名彎咈也，牽引咈戾以制馬也　○按釋名解彎之義，非謂彎有咈音也　正字通駁之是。　𨂂龍龕咈05996俗，咈正。

咉 05666 02762 āng_5.8　廣韻烏郎切集韻於郎切𠀤音鴦　廣韻鷹聲　篇海作吂　又yāng集韻於良切音央。義同　又左思·魏都賦泉流迸集而咉咽　註咉音央。咉咽，流不通也　又ǎng廣韻烏朗切集韻倚朗切𠀤音坱　唐韻咉咉，咽悲也。

咊 05667 02763 hé_5.8　玉篇古文和05669字。

咋 05668 02764 zé_5.8　廣韻韻會側革切音責　集韻正韻側格切音迮。大聲　周禮·冬官考工記鳧氏爲鐘侈則柞　註柞讀爲咋咋然之咋，聲大外也　釋文咋，側百反　又正韻啜也　又zé廣韻鋤陌切集韻實窄切正韻士革切𠀤音賾　廣韻咮咋，多聲　又正韻嚙也　前漢·東方朔傳孤豚之咋虎　註師古曰咋，嚙也，仕客反　後漢·馬援傳萎腇咋舌　神異經咋嚙其汁　又zhà廣韻集韻韻會𠀤側駕切音詐　廣韻咋語聲　又集韻一曰暫也　又zhà集韻類篇𠀤助駕切音乍　左傳·定八年桓子咋謂林楚曰：而先皆季氏之良也　註咋，暫也　釋文咋，側駕反。又仕詐反。　𨂂龍龕

嗭06186咋06483俗，咋正囵zǎ方怎，怎麼。亦作唨06634

和 05669 02765

hé_5.8　古文咊龢廣韻正韻戶戈切集韻韻會胡戈切𠀤音禾廣韻順也，諧也，不堅不柔也書·堯典協和萬邦。又舜典律和聲易·乾卦保合太和中庸發而皆中節謂之和囵書·堯典乃命羲和註羲氏、和氏，主曆象授時之官囵詩·小雅和鸞雝雝傳在軾曰和，在鑣曰鸞疏和，亦鈴也，以其與鸞相應和，故載見曰和鈴央央是也廣韻本作鉌囵爾雅·釋樂大笙謂之巢，小笙謂之和註和，十三簧囵周禮·夏官·大司馬以旌爲左右之門註軍門曰和，今謂之壘，門立兩旌以爲之囵戰國策與秦交和而舍囵諡法不剛不柔曰和囵和夷，地名書·禹貢和夷底績囵雲和，地名周禮·春官·大司樂雲和之琴瑟囵廣韻州名，在淮南，漢屬九江郡，齊爲和州囵韻會西和州，秦蒙恬築長城始此，唐爲岷州，宋改西和州囵廣韻姓。本羲和之後，一云卞和之後，晉有和嶠囵正字通養和，今之靠背也。李泌采異木蟠枝以隱背，號曰養和。又松陵集皮日休以五物送魏不琢，有烏龍養和、桐廬養和囵hè廣韻集韻韻會正韻𠀤胡臥切，禾去聲廣韻聲相應和易·中孚鳴鶴在陰，其子和之囵爾雅·釋樂徒吹謂之和囵集韻調也禮·檀弓竽笙備而不和。又禮運五味六和十二食，還相爲質也註春多酸，夏多苦，秋多辛，冬多鹹，加以滑、甘，是謂六和。又禮器甘受和釋文，和，戶臥反周禮·天官內饔掌王及后世子膳羞之割烹煎和之事。𡎊又惒17600

龢52258咊05670咊05742古古俗字略和，戶戈切。順也。咊龢盉34354龢黍40274，並古囵北魏冠軍將軍夫人劉氏墓誌琴瑟調咊05670，彼耉（此）唱咊05742之情。

呆 05670 02766

hé_5.8　篇海音和。小兒啼。𡎊龍龕呆俗，咊或作，唎今。

哈 05671 02767

hāi_5.8　唐韻集韻韻會正韻𠀤呼來切音㿔說文蚩笑也左思·吳都賦東吳王孫囅然而哈註楚人謂相調笑曰哈囵tāi字彙湯來切音台。姓也正字通明弘治舉人哈左。見奇姓通。哈讀如字字彙音台，誤。

咎 05672 02768

jiù_5.8　唐韻其九切集韻韻會正韻巨九切𠀤音舅說文災也。从人从各。各者，相違也書·大禹謨天降之咎囵爾雅·釋詁咎，病也疏罪病也廣韻愆也，過也易·乾卦九三，君子終日乾乾，夕惕若厲，无咎詩·小雅寧適不來，微我有咎囵書·序殷始咎周傳咎，惡也。囵與咎通晉語宜咎註咎，或作咎，古字通用囵與舅通儀禮士昏禮註古文舅作咎荀子·臣道篇晉之咎犯左傳作舅犯囵唐韻正四十四有韻中之半，古與篠、小、巧、皓通，爲一韻書·大禹謨民棄不保，天降之咎易·小畜初九，復自道，何其咎。經傳子集如此用者甚多，非叶音咎也囵廣韻古勞切集韻韻會居勞切正韻姑勞切𠀤音高廣韻皋陶，舜臣名，古作咎繇前漢·百官公卿表咎繇作士書·序咎單作明居傳咎單，臣名〇按集韻類篇韻會正韻俱云咎姓也，誤囵國名左傳·僖二十三年狄人

伐廥咎如註赤狄別種陸德明·音義咎，古刀反囵叶𧽸許切切音巨三略强弱相虜，莫適禁禦，延及君臣，國受其咎囵叶又切音舊詩·小雅謀夫孔多，是用不集。發言盈庭，誰敢執其咎。集叶疾救反◇。〇按字彙正字通俱以去聲爲咎字正音。考玉篇廣韻集韻諸書，咎字𠀤無去聲一音字彙正字通皆誤。𡎊又咎04670瘔36139

咏 05673 02769

yǒng_5.8　唐韻集韻韻會正韻𠀤爲命切音泳說文本作詠，歌也前漢·東方朔傳彈琴其中，以咏先王之風禮·文王世子適饌省醴，養老之珍具，遂發咏焉註發咏謂以樂納之囵集韻或作永詩·魏風誰之永號釋文作咏。𡎊又咏05699

哄 05674 02770

hōng_5.8　類篇呼公切音烘。與䚶同，大聲荀子·解蔽篇以爲哄哄呂氏春秋功之難立也，其必由哄哄耶。故哄哄之中，不可不味也。中主以之哄哄也止善，賢主以之哄哄也立功囵集韻或作呼。𡎊又喤06215囵可洪音聲哄哄：許容反，眾語聲也。正作訩也囵宜作訇，呼宏反。大聲也長阿含作轟轟經音義以宏字替之。

晉 05675 02771

móu_5.8　說文古文謀56351字△集韻或書作哞。

咐 05676 02772

fú_5.8　字彙補奉蒲切，音符◇噓也囵淮南子·本經訓斟酌萬殊，旁薄眾宜，以相嘔咐醞釀而成育羣生。

出 05677 02773

chū_5.8　篇海類編音出。喚人聲。

哶 05678 02774

miě_5.8　字彙補羊甘切，音衹◇羊鳴。𡎊哶05987字之譌越諺嚂哶哶：嚂，母藹切。哶，蟹去聲。呼羊。

哗 05679 02775

hū_5.8　六書本義古文呼05650字。

呴 05680 02776

háo_5.8　篇海胡刀切音豪。熊虎聲也。

唎 05681 02777

è_5.8　篇海同咢05828

哯 05682 02778

null_5.8　字彙補音未詳。飛嚩哯，倭國地名。𡎊字典琢屑飛嚩哯。按，讀比羅度囵哵哯，粵語喇叭。

眎 05683 02779

shì_5.8　字彙補牀志切，音示◇好口腹也。

峀 05684 02780

gào_5.8　字彙補與郜同。國名。見路史·國名記

呼 05685 02781

è_5.8　字彙補影霍切，音惡◇相呵拒也。見字辨。與呼微異。𡎊又呼05834

咠 05686 02782

xì_5.8　說文長箋與呬同。

舍 05687 02783

fù_5.8　集韻复09807古作舍。

咢 05688 40708

jīn_5.8　海篇音金。伯也。𡎊又号05554

吻 05689 40709

dǐ_5.8　字彙補與呧同。

哇 05690 40710

wǎ_5.8　字彙補五寡切音瓦。人名宋史·熙寧七年，賜邦辟勿丁哇姓名曰趙徙義，蓋哇曰趙秉義，二人乃西族瞎征之後也。又結哇齪，亦人名。

吮 rǒng_5.8 [搜真玉鏡]音宂。05691 42640

呋 fū_5.8 [字彙補]呋字之譌。05692 42641

呎 jū_5.8 [五音篇海]音居。05693 42642

呗 bō_5.8 [龍龕]音波。又音倫。鑿[可洪音義]呗婆：05694 42643
上音波，又郭氏作婆、儋二音。

呔 dài_5.8 [龍龕]音代[字彙補]出釋典隨字函。05695 42644
鑿又dạy嘌教。

咔 lòng_5.8 [篇海類編]音弄，鳥鳴也〇按即咔字之譌。05696 42645

㕧 shù_5.8 [字彙補]同述。05697 42646

君 wáng_5.8 [字彙補]與王同。出[西江賦]05698 42648

咏 yǒng_5.8 [篇海]爲命切，歌也〇按即咏字之譌。05699 42649

㠸 hù_5.8 [簡]㠸07643 [字海]㠸，同啦06424 05701 u2A838

各 tòu_5.8 同否05661 05700 u2A839

客 null_5.8 [字見[殷周金05702 u2A837
文集成·7.3996]容庚：疑史之籀文。

坐 zuò_5.8 同坐08510俗坐05703 u2A836

周 zhōu_5.8 俗周05622[字義總略]周，从用口，俗。05704 u2F83F

唝 phởm_5.8 [嘌]从口犯phạm聲。05705 u20C4D

嘃 nhại_5.8 [嘌]从口式nhị聲。同喊。模仿對方的說話05706 u20C4C
或樣子以嘲笑。

啩 ru_5.8 [嘌]从口由do聲△啩琨：哄孩子睡。啩眹：05707 u20C4B
催眠，麻醉[圖]dỏ癲啩：瘋狂[圖]dẫu从口油dầu省聲。
△啩浪：縱然，即使[圖]rù衢啩：滯氣，不爽快[圖]譯音
用字[東西洋考每月統計傳]March. 1835·[史記]列國地方
總論]亞西亞東山有中國，南有安南、暹羅、老撾、緬甸、
務求啩列國等，兼南洋諸州。

吐 sē_5.8 [嘌]从口仕sĩ聲△吶吐：輕聲說話。05708 u20C4A

㕋 rịn_5.8 [嘌]从口多chẩn聲。滲出△㕋洑洙：出汗。05709 u20C49

㕈 thẻ_5.8 [嘌]从囁省矢thĩ聲。05710 u20C48

㕇 hoẹt_5.8 [嘌]从口穴huyệt聲△㕇㕇：妄言。05711 u20C47

㕆 yùn_5.8 [直音篇]呼，音孕[圖]dáng[嘌]大聲說話。05712 u20C46
㾕呼：咳嗽。

㕅 quai_5.8 [嘌]从口怪quái省聲。頦。05713 u20C45

品 miệng_5.8 [嘌]从口皿mãnh聲。嘴巴。05714 u20C44

㕃 nip_5.8 [粵]瘞。05715 u20C43

㕂 dat_5.8 [粵]隨意放置。又斥責。05716 u20C42

咮 wài_5.8 嘆詞。明·沈05718 u20C3B
璟[義俠記·戲叔咮]，夫妻說什麼冤家[圖]方]那，那個。

咝 shán_5.8 [粵]同諞56201欺騙。05717 u20C41

唾 tuō_5.8 俗拖19394清·范寅[越諺上·殺窩腸]殺殺窩05719 u20C39
腸，老鼠盤窠。大貓矇見，小貓來唾，吱吱吱（鼠聲）。

咽 yān_5.8 俗咽05807[宋元以來俗字譜]05720 u20C38

咭 shí_5.8 英制重量單位stone之漢譯。也譯為英05722 u20C34
石。1咭等於14磅，或6.35千克。

呐 bǐng_5.8 同丙00048梁啟超[申論種族革命與政治革05723 u20C33
命之得失]如「甲乙丙」之後恒有「呷叱呐」[圖]phĩnh
[嘌]从口丙bính聲。同喇06331哄騙，矇騙。

㕱 zhì_5.8 [簡]嘀07616 05724 u20C31

㕰 lơ_5.8 [嘌]俗嚧。从05721 u20C37
口盧lư聲。嚧咾，亦作玀獠：羞愧[圖]lơ吖㕰：啼囀。

峇 shēng_5.8 [粵]冚巴朗峇：總共[圖]seng[壯]多謝。05727 u20C2E

㕠 null_5.8 未詳。05725 u20C30

㕯 null_5.8 未詳。05729 u20C2C

吻 null_5.8 未詳。05726 u20C2F

春 null_5.8 未詳。05730 u20C2B

哑 null_5.8 道教咒符用字。見[道法會元·卷之二百二05731 u20C2A
十二·據一·正一吽神靈官火犀大仙考召祕法]

咡 rán_5.8 俗呻05616[圖]giong[嘌]咡呐：語調。05732 u20C29

屁 null_5.8 未詳。05733 u20C28

咿 myauq_5.8 [壯]輕浮。05728 u20C2D
[圖]méo[嘌]咿粬：顰眉。咿㕎：扭曲。

吐 guó_5.8 [字海]吐，同國08147 05734 u20C27

和 null_5.8 明·田汝成[炎徼紀聞·卷四·雲南]王自稱曰05735 u20C26
元，猶言朕也。稱其臣曰和，猶言卿也。

若 ruò_5.8 俗若49169 05736 u20C25

㕐 null_5.8 見甲骨文05738 u20C23
[洪音義]夜吽：音吽。羊鳴音[圖]佛經記音字[可洪音義]吽
吃：上普半反。

別 null_5.8 未詳。05737 u20C24

吽 miē_5.8 俗吽05770[可05739 u20C22

呬 jù_5.8 訶岠，正作訶岠，俗亦作呵呬。05740 u20C20

哥 chóu_5.8 同哥16371古文疇35723 05741 u20C1F

香 hé_5.8 同和05669，碑別字。亦作呆05670 05742 u357F

屳 sos_5.8 [韓]人名。屳金，見[古文書]05743 u357E

咤 tuō_5.8 [龍龕]咤啘二俗，音陁[可洪音義]嘔咤：徒05745 u549C
我反[圖]zhà[廣漢和辭典]咤，咤05763之俗字。

咛 níng_5.8 [簡]嚀07511 05746 u549D

咙 lóng_5.8 [簡]嚨07734 05748 u5499

㕽 sī_5.8 [簡]噝07324 05744 u549D

咚 dōng_5.8 象聲詞[四部05747 u549A
叢刊續編集部·吳騷合編·卷之三·雙調·夜思]譙樓鼓，剛
四咚，思君不來尊已空。

咥 xì_5.8 俗唏06021[可洪音義]泥咥：与唏同，許記反。05749 u5498

又郭逢音布図bù 龍龕咘，俗。音布。

咗 05750 u5497
zuǒ_5.8 　方助詞。同了図zuo嘿咗：勞動號子聲。

咖 05751 u5496
jiā_5.8 　龍龕咖，俗。加迦伽三音図gā咖咖，象聲詞。明·湯顯祖 牡丹亭·幽媾笑咖咖，吟哈哈，風月無加。亦譯音用字。咖喱図kā譯音用字。咖啡。

咕 05752 u5495
gū_5.8 　華英字錄咕，mutter△咕噥：小聲嘮叨。図咕嘟：水聲図象聲詞。清·石玉崑 忠烈俠義傳·卷九十八北俠提着藍驍，一鬆手，咕咚一聲，栽倒塵埃図gu嘀咕，亦作啾咕、叨咕：私語。

呱 05753 u5493
wǎ_5.8 　新字典呱，音瓦。人名。見 宋史 正字通噅字註：噅、呱等字，有音無義，有字無音，皆不足采錄。図晉代詞，哪。呱哎：誰。

呪 05754 u5492
zhòu_5.8 同呪05624

呬 05755 02784
xiàn_6.9 　集韻胡典切音峴。與睍05976同図形甸切音見。義同。鑒又咞05515

咟 05756 02785
huò_6.9 　玉篇與嚄同。

咠 05757 02786
qì_6.9 　古文磊 唐韻 集韻 韻會 正韻丛七入切音緝 說文聶語也丛玉篇咠咠，口舌聲也 廣韻咠咠，譖言也 說文引 詩咠咠幡幡○按今 詩·小雅本作緝緝翩翩図jí 廣韻子入切 集韻即入切丛音湒。義同 集韻或作唈図yì 集韻一入切音揖。義同。

咡 05758 02787
èr_6.9 　廣韻 集韻 韻會丛仍吏切音餌 廣韻口吻也 禮·曲禮 負劍辟咡詔之 註辟咡詔之，謂傾頭與語也。口旁曰咡 疏管子·弟子職 云食已，循咡覆手。謂弟子食訖，以手循覆於咡，故知是口旁也 釋文口耳之閒曰咡。又 少儀有問焉，則辟咡而對図ér 集韻人之切音而。與咡05830同。

咢 05759 02788
è_6.9 　廣韻五各切 集韻 韻會 正韻逆各切丛音愕 玉篇驚咢也 詩·大雅或歌或咢 爾雅·釋樂徒擊鼓謂之咢 疏孫炎云謂驚咢也図 韻會與諤譌 前漢·韋賢傳咢咢黃髮 註師古曰咢咢，直言也図 後漢·張衡·思玄賦冠咢咢其映蓋 註咢咢，冠高貌也。一作岋 文選作岊。図 正韻與鍔同 前漢·王褒傳越砥斂其咢 註刃旁曰咢△ 說文本作㖾。鑒又咢05868 蕚06371図 正字通咢05646咢字之譌。

吰 05760 02789
gōng_6.9 　玉篇古橫切音觥。能言也。

喩 05761 02790
yǔ_6.9 　集韻五矩切音噳 玉篇欲笑也。鑒 正字通與嚧07391通。熊加全：嚧之俗省字。

呣 05762 02791
dōu_6.9 　篇海多侯切音兜。輕言也。

咤 05763 02792
zhà_6.9 　廣韻 集韻 韻會丛陟嫁切音奼 玉篇與吒同。噴也，叱怒也 史記·淮陰侯傳項王喑噁叱咤 前漢·王吉傳口倦乎叱咤図 禮·曲禮毋咤食 疏謂於口舌中作聲，似嫌主人之食図悲也 蔡琰·悲憤詩怛咤糜肝肺。

図與詫通 孟子·顧鴻鴈麋鹿註其心以爲娛樂誇咤 後漢·王符傳轉相誇咤図 集韻或作啅06518図dù 集韻 韻會 正韻奼都故切音妒 書·顧命三祭三咤 傳三祭酒三奠爵 釋文咤音妒 集韻本作𧮫，或作宅、詫図zhā 廣韻 集韻丛陟加切音奓 玉篇與吒同 集韻或作啅図 廣韻達利咤，出釋典図tuō 集韻闥各切音託。奠爵也 書三咤，徐邈讀。或省作宅図按 書釋文咤，陟嫁反，又音妒，又音託，又豬夜反，凡重音四。一作宅，一作詫，凡重文三。鑒又吒05745

咥 05764 02793
xì_6.9 　廣韻 集韻 韻會丛許既切音欷 說文大笑也 詩·衞風兄弟不知，咥其笑矣 傳咥咥然笑也図 集韻 韻會丛虛器切音戲。義同 集韻或作唏図 集韻丑二切音㾑。義同。本作誒図zhì 類篇丛脂利切音至。齧也図zhì 集韻陟利切音致。止也 易·訟卦咥，惕中吉。馬融讀○按今本 易 訟有孚，窒惕中吉，作窒図chì 廣韻丑栗切 集韻敕栗切丛音抶 廣韻笑也 集韻或作欯図 玉篇虛吉切音欯。義同 集韻或作咭図dié 玉篇大結切 廣韻 集韻徒結切丛音姪 玉篇齧也 易·履卦履虎尾不咥人亨 集韻或作㗭齥齜図 集韻齧堅貌図 廣韻笑也図 廣韻 集韻丛丁結切音窒 廣韻蛇咥氏，蕃姓。図xī 集韻馨夷切音咦。大笑也図虛至切音僖。與欯同。欯欯，戲笑貌。或作改。鑒又喹06476

咦 05765 02794
yí_6.9 　廣韻以脂切，音夷 說文南陽謂大呼曰咦図 玉篇笑貌図xī 廣韻喜夷切 集韻馨夷切丛音屎。又chái 集韻直皆切音媂。義丛同。

咧 05766 02795
liè_6.9 　集韻力蘗切音列。咧咧，鳥聲。

哶 05767 02796
lè_6.9 　集韻勒沒切音踤。聲也。

咨 05768 02797
zī_6.9 　唐韻即夷切 集韻津夷切丛音資 說文謀事曰咨 爾雅·釋詁咨，謀也 書·舜典咨十有二牧 傳咨亦謀也 詩·小雅周爰咨諏 周語單子儆敬讓咨，以應成德図 爾雅·釋詁嗟、咨，㽊也 書·堯典帝曰:咨汝羲暨和 傳咨，嗟也。又 君牙小民惟曰怨咨図 揚子方言㤤怩㤤澀也，或謂之㗉咨図 爾雅·釋詁咨，此也 疏咨與茲同。図zì 集韻資四切音恣。歎聲 易·萃卦齎咨涕洟 註齎咨，嗟歎之辭 陸德明·音義咨音諮，又將利反。鑒又咨06058

啛 05769 02798
lìn_6.9 　正字通俗吝字。

咩 05770 02799
mǐ_6.9 　篇海迷爾切。同咩。羊鳴也図 釋典呪曰：睐咩。鑒又咩05739

咪 05771 02800
mǐ_6.9 　篇海同咩。鑒又佛教「六字真言」之一。亦作𡄣miē。

咫 05772 02801
zhǐ_6.9 　唐韻 正韻諸氏切 集韻 韻會掌氏切丛音紙 說文周制，寸尺咫尋，皆以人之體爲法。中婦人手長八寸，謂之咫，周尺也 左傳·僖九年天威不違顏咫尺 晉語文公學讀書於臼季，三日，曰：吾不能行也，咫聞

則多矣註咇，咇尺閞也魯語肅慎氏貢楛矢石砮，其長尺有咇囝楚語是知天咇，安知民則註咇言少也，言少知天道耳，何知治民之法囝酉陽雜俎書目有天咇。△集韻或作狋、阰。

咬 05773 02802

jiāo_6.9　廣韻古爻切集韻韻會正韻居肴切夶音交玉篇鳥聲也嵆康贈秀才入軍詩咬咬黃鳥集韻通作膠囝廣韻集韻正韻於交切韻會幺交切夶音坳廣韻淫聲集韻哇咬，淫聲也囝莊子·齊物論宎者咬者註咬，哀切聲囝jiāo集韻吉巧切音狡聲也囝yǎo五巧切齩。與齩同，齧骨也。或作齩、齧囝xiè許介切音齘風聲。鎣又咳06564齩75587

咭 05774 02803

xǐ_6.9　玉篇廣韻夶許吉切音欯玉篇笑貌囝jí廣韻巨吉切集韻其吉切夶音佶義同囝xǐ集韻火一切。本作欯博雅欯欯，喜也囝qià集韻丘八切音劼鼠聲。

咮 05775 02804

zhòu_6.9　廣韻集韻韻會夶陟救切音晝說文鳥口也玉篇與噣同詩·曹風維鵜在梁，不濡其咮傳咮，喙也左傳·哀二十六年已爲鳥而集於其上，咮加于南門囝星名爾雅·釋天咮謂之柳註咮，朱鳥之名左傳·襄九年古之火正，或食于心，或食于咮，以出內火囝集韻通作注周禮·冬官考工記·梓人以注鳴者囝韻會或作咪06496喙06216囝dòu廣韻集韻夶都豆切音鬥義同囝集韻韻會夶朱成切音注義同集韻本作吐韻會通作注囝zhū唐韻章俱切集韻韻會鍾輸切夶音朱義同。又廣韻譻咮，多言貌囝zhù廣韻中句切集韻株遇切夶音駐廣韻鳥聲囝rú集韻汝朱切音儒。與嚅同。嚅嚅，多言也。或作呶囝zhōu廣韻集韻韻會夶張流切音輈廣韻曲咮。

哷 05776 02805

yì_6.9　廣韻餘制切集韻以制切夶音曳集韻與呭05628同囝xiè集韻私列切音薛義同囝shì時制切音誓。與詍同。語多也。或作誱。

咮 05777 02806

dōu_6.9　玉篇丁侯切集韻當侯切夶音兜說文本作唟05505

呟 05778 02807

guǐ_6.9　◆篇海居委切音詭。呟詐也。鎣龍龕呟，俗。居委反。呟詐與直音篇呟詭55903同囝粵求。囝è俗咹05606可洪音義言呟：宜作啞、呝，二同。烏革反周易云笑聲也。又郭氏音詭，非也。

哷 05779 02808

shòu_6.9　集韻舒救切音狩。趁鳥聲。

咯 05780 02809

luò_6.9　集韻歷各切音酪。訟言也。或作詻。囝gē剛鶴切音各。雉聲。

哹 05781 02810

shù_6.9　集韻朔律切音率玉篇飲也囝玉篇史記曰：楚先有熊咷，是爲蚡冒○按史記·楚世家子熊咷立。徐廣曰：咷音舜索隱曰：玉篇咷在口部，其近代本字有从目者，故舜音，非也。據此，則熊咷應从口。

囝xún集韻須倫切音荀。與詢55879同。鎣又哊05997

咂 05782 02811

zā_6.9　篇海子葛切。俗稱自己爲咂囝中州音韻茲沙切。義同。鎣又偺01661偺01620，或作喒06481，同咂。見兒女英雄傳

呴 05783 02812

hǒu_6.9　唐韻呼后切集韻韻會正韻許后切夶音犼說文厚怒聲○按集韻同呴吽吼05507，非囝廣韻呼漏切集韻許候切夶音蔻義同囝廣韻恥辱大戴禮朾之銘曰：皇皇惟敬，口生呴註呴，恥也，呴詈也。囝hòu玉篇廣韻夶胡口切音厚玉篇吐也廣韻欲吐。△集韻本作詬。或作詢。

哓 05784 02813

xiào_6.9　集韻笑41749古作咲。或省作矣。

咳 05785 02814

hái_6.9　古文孩唐韻戶來切集韻正韻何開切夶音頦說文小兒笑也史記·扁鵲傳曾不可以告咳嬰之兒註咳嬰，言嬰兒初知笑者囝禮·內則父執子之右手，咳而名之疏謂以一手執子右手，一手承子之咳而名之集韻或作孩、噯囝gāi集韻柯開切音該史記·倉公傳受其脈書上下經、五色診、奇咳術註奇咳，言奇祕非常術也集解奇音羈，咳音該○按前漢·藝文志有五音奇胲用兵二十六卷淮南子·兵略訓刑德奇賌之數廣韻作奇侅，亦作奇賅。咳、胲、賌、侅、賅五字皆通囝與該同晏子·外篇頸尾咳於天地，然而澩澩不知六翮之所在囝玉篇苦代切音慨禮·內則不敢噦噫嚏咳釋文咳，苦愛反莊子·漁父篇幸聞咳唾之音前漢·宣元六王傳大王誠賜咳唾正韻音欬，亦作欬。鎣又瘶36317欶06851

哑 05786 02815

huī_6.9　集韻呼回切音灰。聲也。鎣柳建鈺：當爲驃馬叫聲擬聲字。清石玉崑忠烈俠義傳卷九十八北俠將身一轉，連背帶抗往地下一跳，右肘把馬跨一搗。那馬哑的一聲，往前一躥。北俠提着藍驍，一鬆手，咕咚一聲，栽倒塵埃。

哙 05787 02816

kuǎ_6.9　集韻苦瓦切音跨。言戾也。

哕 05788 02817

huài_6.9　廣韻集韻火夬切夶音矲廣韻鼻息博雅息也囝huá廣韻下刮切音頢義同集韻或作噧。囝huà集韻胡化切音夬。與話同。言也囝shì正韻善指切音視。與舐同管子·地數篇十口之家，十人咶鹽莊子·人間世咶其葉則口爛而爲傷荀子·疆國篇是猶伏而咶天後漢·皇后紀湯夢及天而咶之。

咷 05789 02818

táo_6.9　唐韻集韻韻會正韻夶徒刀切音濤說文楚謂兒泣不止曰嗷咷。又易·同人九五，同人先號咷而後笑囝tiào集韻他弔切音糶義同囝dí亭歷切音狄前漢·韓延壽傳歌者先居射室，望見延壽車，嗷咷楚歌註咷音滌濯之滌。

哯 05790 02819

shuō_6.9　篇海山劣切。小飲也。又嘗也囝shuì式芮切音稅。義同△字彙俗哾字。應从兊。鎣又嘩06938

咽 05791 02820
xìn_6.9　集韻訊55591古作咽。

夆 05792 02821
suō_6.9　集韻襄50453古作夆。

咸 05793 02822
xián_6.9　集韻韻會胡讒切正韻胡喦切夶音諴說文皆也玉篇悉也書·堯典庶績咸熙左傳·僖二十四年周公弔二叔之不咸註咸，同也魯語小賜不咸註咸，徧也莊子·知北遊周徧咸三者異名同實，其指一也史記·司馬相如傳上咸五，下登三註師古曰與五帝皆盛也図卦名易·咸卦象曰:咸，感也図易·雜卦咸，速也図爾雅釋丘左高曰咸丘図樂名周禮·春官·大司樂大咸註大咸，咸池堯樂也図地名史記·秦本紀孝公十二年，作爲咸陽図星名前漢·天文志咸漢星出西北図王充·論衡任氣卒咸，不揆於人図姓姓苑巫咸之後，今東海有之図jiān集韻居咸切音緘禮·喪大記凡封大夫士以咸註咸讀爲緘，今齊人謂棺束爲緘縄。咸或爲械釋文咸，一本作緘図jiǎn集韻古斬切音鹻。與減同。損也図一曰水名。詳水部減28800字註図姓前漢·酷吏傳咸宣，楊人也註咸音減省之減図jiàn集韻公陷切音顅。亦與減28800同図hàn音憾左傳·昭二十一年窕則不咸註不充滿人心釋文咸，本亦作感，戶暗反○按感同憾図叶餘針切音斟張衡·舞賦歌以詠志，舞以旌心。細則聲宛，大則不咸。鎣又猺獞，太平天国新造詞，專指咸豐，僅見於誅妖檄文，曰: 茲猺獞妖首於七月十有六日已經喪亡。

唖 05794 02823
è_6.9　廣韻烏葛切集韻阿葛切夶音遏玉篇吃也図廣韻小語図博雅止也図àn集韻於旰切音按。聲止也図ǎn喃吃。

呶 05795 02824
nì_6.9　廣韻宜戟切集韻仡戟切夶音逆玉篇歐唈也。鎣又嘧06690

咻 05796 02825
zhōu_6.9　集韻之由切音周。本作啁06463，呼雞聲。

味 05797 02826
zhōu_6.9　廣韻集韻夶之六切音粥玉篇或作啁，呼雞聲也図cù集韻子六切音鼀。本作噈06179，歔也。図yù類篇于六切音囿。行平易也図jì集韻前歷切音寂。本亦作噈06179，嘆也。

咚 05798 02827
lòng_6.9　玉篇力凍切音弄。言咚也。鎣又咔05696誅55913

咺 05799 02828
xuǎn_6.9　唐韻況晚切集韻韻會火遠切夶音烜揚子方言咺，痛也。凡哀泣而不止曰咺。燕之外鄙、朝鮮洌水之閒，小兒泣而不止曰咺図詩·衛風赫兮咺兮傳咺，威儀容止宣著也禮·大學作喧図集韻懽也図人名春秋隱元年天王使宰咺來歸惠公仲子之賵。又僖二十八年衛元咺出奔晉図集韻韻會夶許元切音萱集韻懽也図韻會懽也図列子·力命篇墨尿、單至、嘽咺、憋懯，四人相與遊於世註張湛曰: 咺，迂緩貌。殷敬順曰: 寬綽貌。

咻 05800 02829
xǔ_6.9　廣韻況羽切集韻韻會火羽切夶音詡玉篇噢咻，痛念之聲廣韻噢咻，病聲集韻或省作休図正韻讙也図xiū廣韻集韻韻會正韻夶虚尤切音休廣韻口病聲也集韻或作煦図孟子衆楚人咻之註咻之者，讙也図xiāo集韻虛交切音詨。與怓30843同図xù集韻類篇夶吁句切音煦。與呴05636同。

咼 05801 02830
bǐng_6.9　字彙補永切音丙列子·周穆王篇卨咼爲右註卨咼，音泰丙図hé字彙胡閣切音合列子註: 卨咼卽古齊合二字○按咼字諸書皆不載，僅見列子字彙二音，皆本列子註也。鎣卨咼。卨咼之誤。亦作詹禸09891蹇門03573集韻類篇作咼03504

唒 05802 02831
cǔn_6.9　集韻粗本切音偆。大口也。或作啍。鎣又俗嗒05974可洪音義唒吼: 上呼交反。正作哮。

咼 05803 02832
kuā_6.9　唐韻苦媧切集韻空媧切夶音跬說文口戾不正也廣韻同喎集韻或作咼図與和同淮南子·說山訓咼氏之璧図正字通音戈。姓也。南唐咼拯，宋咼輔，明咼文光。鎣又呙05590図字彙補局22485同咼。

哨 05804 02833
yè_6.9　廣韻於列切音焆玉篇怒也集韻怒气。図yuè集韻娟悅切音妜。義同。

㗊 05805 02834
rǎn_6.9　字彙而剡切音冉。口動貌也王延壽·王孫賦嚼唊㗊而囓呝○按㗊字諸書皆不載字彙引王延壽賦，其音義不知何據。鎣或同呥05657

哆 05806 02835
chī_6.9　玉篇丑知切音癡。笑也。

咽 05807 02836
yān_6.9　唐韻烏前切集韻韻會因蓮切正韻因肩切夶音燕說文嗌也玉篇咽喉也韻會醫經云咽者嚥水，喉者候氣戰國策頓子曰: 韓，天下之咽喉集韻或作胭哂脾図禮·深衣曲袷如矩以應方疏古者方領，似今擁咽図yuān集韻縈玄切韻會幺玄切正韻縈圓切夶音淵集韻本作灔，引詩鼞鼓灔灔。或作咽○按詩·商頌今本作淵図yīn集韻於巾切音駰詩·魯頌鼓咽咽傳咽咽，鼓節也集韻或作鼝灔鼝，亦書作灔六書故淵淵咽咽，其聲不同。淵淵狀鼓聲多而遠，咽咽聲近而。鎣味其聲，可以知其義図yàn廣韻於甸切集韻韻會正韻伊甸切夶音宴廣韻本作嚥，吞也孟子三咽然後耳有聞，目有見図yè廣韻烏結切集韻韻會一結切夶音噎廣韻哽咽集韻聲塞也漢·隴頭歌隴頭流水，鳴聲幽咽図塞也新序·雜事雲霞充咽，則奪日月之明図廣韻同噎07220。鎣又呬05720咽05883豷75284嗋07253哩06432哩07160屋13094

咾 05808 02837
lǎo_6.9　集韻魯皓切音老。聲也。

咿 05809 02838
yī_6.9　廣韻於脂切集韻於夷切韻會幺夷切夶音伊玉篇喔咿嚅呢，謂强笑㗛也楚辭·卜居將喔咿嚅呢，以事婦人乎韓詩外傳鳳凰之初起也翾翾，十步之雀喔咿而笑之△集韻或省作伊。鎣又哎05886怡17332

哀 05810 02839
āi 6.9

唐韻烏開切 集韻 韻會 正韻 於開切丛音埃 說文 閔也 玉篇 哀傷也 書·大誥 允蠢鰥寡哀哉 詩·豳風 哀我人斯 爾雅·釋訓 哀哀悽悽，懷報德也 詩·小雅 哀哀父母 囡 憐也，愛也 呂氏春秋 人主胡可以不務哀士 囡 莊子·德充符 衞有惡人焉，曰哀駘它 註 哀駘，醜貌。它，其名 囡 諡法 恭仁短折曰哀 囡 姓 風俗通 魯哀以後，因諡爲姓 前漢·王莽傳 梓潼人哀章 姓譜 宋有哀長吉 正字通 明嘉靖進士哀貞，上命改哀爲衷 囡 國名 後漢·南蠻傳 哀牢人皆穿鼻儋耳。

鎏又恓17787詼55969怀17305

品 05811 02840
pǐn 6.9

唐韻丕飲切 集韻 韻會 丕錦切 說文 衆庶也 廣韻 類也 易·乾卦 品物流形 疏 品類之物，流布成形 囡 書·舜典 五品不遜 疏 品爲品秩，一家之內，尊卑之差，即父母兄弟子是也 囡 增韻 物件曰品 書·禹貢 厥貢惟金三品 疏 鄭元以爲金三品者，銅三色也 易·巽卦 田獲三品 註 一曰乾豆，二曰賓客，三曰充君之庖 禮·禮器 薦不美多品。又 少儀 問品味曰：子亟食于某乎 疏 品味者，殽饌也 周禮·天官·膳夫 品嘗食 註 品者，每物皆嘗之，道尊者也 囡 韻會 品格也 禮·檀弓 品節斯斯之謂禮 疏 品階格也，節制斷也 囡 玉篇 齊也 周語 品其百籩。囡 同也 前漢·李尋傳 百里爲品 註 孟康曰：品，同也，言百里內數度同也 囡 玉篇 官品 周語 外官不過九品 註 九卿也 囡 廣韻 式也，法也 囡 廣韻 二口則生訟，三口乃能品量 囡 官名 正字通 唐宦官曰品官 囡 廣韻 姓也。出何氏姓苑 正字通 明有品嵒 囡 地名 左傳·文十六年 楚子乘馹，會師于臨品 囡 前漢·西域傳 戎盧國王治卑品城。鎏又品05570

唎 05812 02841
líng 6.9

廣韻 郎丁切音靈。衆鳥也。从三口 類篇 衆聲也。

哂 05813 02842
shěn 6.9

古文听 廣韻 式忍切 集韻 韻會 正韻 矢忍切丛音矧 玉篇 笑也 正韻 微笑。一曰大笑 論語 夫子哂之 集韻 本作弞。或作吲〇按 廣韻 弞哂分見，哂專訓笑，弞訓笑不壞顏，似微有別 集韻 合爲一，非。鎏又弞16155 詵55912 嘛07373 玄應音義 哂哂：失忍反 論語 夫子哂之。案：哂，小笑也。經文作哩06432 舊音烏鷄、呼鷄二反，非也 卷第十九·佛本行集經·第二十九卷 哂哂：又作吲05496，同。尸忍反。哂猶笑也 卷第二十·無明羅刹經·上卷 哂哂：尸忍反。哂哂，笑也。經文从口作嗷07389，非也。

哦 05814 02843
xù 6.9

廣韻 辛聿切 集韻 雪律切丛音恤 玉篇 吹口貌 廣韻 口鳴哦哦 集韻 聲也。或作欨 囡 shù 集韻 舂遇切音成。使犬聲。鎏又哦05893 囡 說文 嗾06935，使犬聲。

哃 05815 02844
tóng 6.9

玉篇 徒工切 廣韻 徒紅切 集韻 徒東切丛音同 玉篇 妄語也 廣韻 哃嘹，大言。

咺 05816 02845
qióng 6.9

集韻 去仲切音焪 玉篇 問罪 集韻 鞫訊也，通作誇 囡 qú 集韻 類篇 丛區玉切音曲。義同。

姍 05817 02846
sà 6.9

廣韻 集韻 丛桑割切音薩 玉篇 音變也。囡 shài 廣韻 所犗切 集韻 所邁切 喝姍，聲敗也。鎏又姍06281

哄 05818 02847
hòng 6.9

廣韻 集韻 丛胡貢切音鬨 廣韻 唱聲 集韻 本作嗊，衆聲 囡 集韻 類篇 丛呼公切音灯 集韻 本作叿05388 囡 gōng 集韻 居容切音恭。聲也。或作吽。

哅 05819 02848
hōng 6.9

集韻 同哅05674

哆 05820 02849
chǐ 6.9

廣韻 尺氏切 集韻 韻會 敞尒切丛音侈 說文 張口也 詩·小雅 哆兮侈兮，成是南箕 傳 哆，大貌。囡 集韻 衆意 囡 diě 集韻 丁寢切，爹上聲。魚口張貌。囡 chě 廣韻 昌氏切 集韻 齒者切丛音撦 廣韻 脣下垂貌 集韻 大貌。或作侈拸 囡 穀梁傳·僖四年 齊人者，齊侯也。其人之何也。於是哆然外齊侯也 註 哆然，衆有不服之心 疏 哆然，寬大之意 釋文 哆，昌者反。又昌氏反 囡 人名 史記·仲尼弟子傳 漆雕哆，字子斂 又 大宛傳 李哆爲校尉，制軍事 囡 duǒ 廣韻 丁可切 集韻 典可切丛音嚲 廣韻 語聲 囡 集韻 張口也 詩·小雅·哆兮 釋文 哆，亦讀昌可反 囡 chā 廣韻 敕加切 集韻 抽加切丛音侘 廣韻 張口也 囡 chě 集韻 昌遮切音車。大貌 囡 chì 廣韻 集韻 丛昌志切音熾 廣韻 哆聲 囡 duò 廣韻 丁佐切 集韻 丁賀切丛音跢 廣韻 語助聲 囡 集韻 緩脣也 囡 zhà 廣韻 集韻 丛陟駕切音吒 廣韻 哆吴，大口 集韻 亦張口貌。囡 chà 集韻 丑亞切音詫。義同 囡 叶敞呂切音杵 韓愈·元和聖德詩 紫焰噓呼，高靈下墮。羣星從坐，錯落侈哆。墮音吐。鎏又哆嗦duōsuō，顫抖。

肝 05821 02850
pì 6.9

字彙 匹智切音譬。喘聲。與噽同。鎏俗舼字。

哋 05822 02851
dǐ 6.9

篇海 丁奚切音低。城名也。

哇 05823 02852
wá 6.9

唐韻 集韻 於佳切 韻會 幺佳切丛音娃 說文 諂聲也 囡 廣韻 淫聲 揚子法言 或雅或鄭何也。曰：中正則雅，多哇則鄭 囡 吐也 孟子 出而哇之 註 出門而哇吐之 囡 集韻 或作蛙 前漢·王莽傳贊 紫色蛙聲 註 師古曰蛙者，樂之淫聲也 囡 guī 集韻 涓畦切音圭。謳歌也 囡 玉篇 諂聲也 囡 xiā 集韻 類篇 丛希佳切音膎。義同 囡 集韻 喉咽結塞貌 囡 huá 集韻 類篇 丛獲媧切音懷。亦喉結塞也 莊子·大宗師 屈服者，其嗌言若哇 註 氣不平暢也 囡 wā 集韻 烏媧切音蛙。亦淫聲 囡 wā 廣韻 集韻 韻會 正韻 丛烏瓜切音窊。義同 囡 韻會 小兒聲。囡 吐也 囡 huà 集韻 胡卦切音畫。亦喉結塞也。

哈 05824 02853
hà 6.9

廣韻 五合切 集韻 鄂合切丛音嗑 玉篇 魚多貌 囡 集韻 魚口貌 囡 shà 集韻 色洽切音喢 玉篇 以口歃飲 淮南子·氾論訓 嘗一哈水，而甘苦知矣 集韻 本作歃。或作歃 囡 姓 正字通 楊慎·希姓有哈永森 囡 hé 集韻 曷閤切音合。與齡同。或作嗑，齧聲也 囡 hē 呼合切音歃。與欱同，大歠也 囡 hé 集韻 類篇 丛葛合切音

閤。與齡同，食也 図 tà 託合切音榻。義同。

味 05825 02854
lěi_6.9 篇海類編魯猥切音壘。謂以言相遮。

哉 05826 02855
zāi_6.9 古文才 唐韻祖才切 集韻 韻會 正韻將來切 tài 音栽 說文言之閒也 註 論語 君子哉若人。是爲閒隔之辭也 爾雅·釋詁 哉，閒也 図 爾雅·釋詁 哉，始也 疏 哉者，古文作才 說文 云才，草木之初也，以聲近，借爲哉始之哉 書·伊訓 朕哉自亳。又 康誥 惟三月哉生魄。図 玉篇 語助 書·堯典 僉曰於鯀哉 図 韻會 柳宗元曰：疑辭也 書·益稷 禹曰：俞哉 註 口然而心不然之辭也。図 與材通 論語 無所取材 註 古字材、哉同 図 音載 書·武成 哉生明 釋文 徐音才載 図 詩·大雅 陳錫哉周 傳 哉，載也 疏 文王能布陳大利，以賜子孫。於是又載行周道，致有天下。哉與載古字通〇按 左傳·宣十五年 昭十年引詩 哉俱作載。又鄭箋云哉，始也。與毛傳異 △ 說文 本作裁。鐕又䋖15318哉18907 図 明·陳士元 古俗字略 㦲16043，語助辭。哉哉18854㦲16053並同上。

唷 05827 02856
yù_6.9 廣韻于六切，音囿 玉篇 吐也 廣韻 吐聲 図 集韻 乙六切音彧。義同。

啐 05828 02857
è_6.9 廣韻五割切 集韻 牙葛切 tài 音岸 玉篇 嘈嘈唷唷 集韻 聲也 廣韻 毀讀曰唷 集韻 或作噶、哜 図 zá 玉篇 才曷切 集韻 才達切 tài 音截。義同 集韻 本作噆。或作嚛哜哜 図 niè 集韻 語訐切音钀。語相訶拒也。図 huì 許貴切音諱。叱聲〇按 字彙 作唷，附五畫，非。今改正。

嵒 05829 02858
zhòng_6.9 㒶05831字之譌 正字通 誤增。

哊 05830 02859
ér_6.9 集韻 人之切音而。吻也。或作唲。

㒶 05831 02860
zhòng_6.9 集韻 眾37617古作㒶 篇海 三人爲㒶。

唧 05832 02861
jǐ_6.9 集韻 訖逆切音㦸。聲也。或作嘰 △ 字彙 作呬，非。鐕又喞05870

商 05833 02862
jūn_6.9 集韻 君古作商。

哖 05834 02863
è_6.9 廣韻 五割切 集韻 牙葛切 tài 音岸 玉篇 言相訶岠也 廣韻 哖哖嗰嗰，戒也。與啐同。或作咢 鐕亦作咢05685哖06001

咢 05835 02864
è_6.9 集韻 同哖 鐕又咢06026哖05885喬41522喬41521 図 㝐41098㝐05845，喬字之訛。

周 05836 02865
zhōu_6.9 集韻 周05622古作周。

㞷 05837 02866
jūn_6.9 字彙補 古文君05455字。

肙 05838 02867
yuān_6.9 集韻 縈玄切音淵。小蟲也。一曰空也。隸作肙〇按 正字通 咰字註云本作肙，與虫部蜎同，譌作肙。無據，不可从。

坐 05839 02868
zuò_6.9 字彙補 與坐同 孫叔敖碑 若冠章甫而坐

塗炭也。

冏 05840 02869
jūn_6.9 字彙補 唐武后所製君字。鐕从天、大、吉作岙06854，謂爲君乃天賜大吉，亦天下大吉之意。冏00130冏夾灷譌。

吚 05841 02870
dǐ_6.9 篇海 與呧同。

𠮉 05842 02871
nà_6.9 篇海 女洽切。動口也。

呁 05843 02872
yǔn_6.9 篇海 音暉。言也。

坠 05844 02873
jìn_6.9 字彙補 音未詳 呂氏春秋 君呿而不呤 註 閉口也。鐕王力：唫06170之誤。

㖏 05845 40711
è_6.9 五音篇海 五割切音辥。戒也，語相訶拒也。

㖏 05846 40712
ài_6.9 龍龕 音厄。㖏喱，高聲也 字彙補 與呃同。

呮 05847 42650
kē_6.9 搜眞玉鏡 枯託切，音闊 ◇ 字彙補 與呮不同。

呀 05848 42651
yì_6.9 搜眞玉鏡 烏計切，音懿 ◇。

吡 05849 42652
diè_6.9 五音篇海 地夜切，秦去聲 ◇ 出呪中。

扁 05850 42653
jǐ_6.9 字彙補 渠泣切音及。鐕疑扁字之譌 改併四聲篇海 引 搜眞玉鏡 古的切。

苟 05851 42654
jūn_6.9 字彙補 古屯切，音君 ◇。

哦 05852 42655
fá_6.9 江西隨函音伐。

羏 05853 42656
bāng_6.9 字彙補 音邦。出釋典。鐕疑㧥61550字之譌。

哌 05854 42657
gū_6.9 篇海 音孤。啼聲〇按卽呱字之譌。

哌 05855 42658
gū_6.9 篇海 音孤。啼聲〇按卽呱字之譌。

𡇂 05856 u2B759
null_6.9 未詳。

虍 05857 u2B29D
hū_6.9 从口虍聲 上博七·武王踐阼 帶上父曰：不智黃帝、尚琮、堯、鋘之道才虍。薏幾𦧝不可尋而睹虍。按，同乎00283

呣 05858 u2A843
mǎi_6.9 簡 喟07148

哞 05859 u2A842
mōu_6.9 俗哞05927

㤄 05860 u2A841
chòng_6.9 雲 㤄嗑子：聊天。

㤁 05861 u2A840
qiáo_6.9 簡 嘺07187

哟 05862 u2A83F
null_6.9 喃 未詳。

㤀 05863 u2A83E
null_6.9 或 呻05616譌字。

嗞 05864 u2A83D
dāng_6.9 同 噹07499

呐 05865 u2A83C
null_6.9 未詳。

咻 05866 u2A83B
liú_6.9 或同 㖽06843譯音用字 可洪音義 咻拏：上音留。下女加反。唐譯本作魯拏。

哫 05867 u2A83A
chiếp_6.9 喃 同嘰07055鳥鳴。

咢 05868 u2F840
è_6.9 同 粤06473

㕦 05872 u20CA7
thức_6.9 喃 从口式thức聲 △㕦咹：食物 図 dức㕦嘖：批評。

𠲫 05870 u20CAB jǐ_6.9 同㖒05832

𠲦 05873 u20CA6 róng_6.9 中國方言大詞典㖠去咯：該走了。閩語 㕛nhùng喃从口戎nhung聲△㖠讓：扭捏 㕛nhóng。同㑜18036企盼。

𠳜 05869 u20CDC mài_6.9 同𠵹06157俗嘜。

𠲨 05871 u20CA8 trễ_6.9 喃从口池trì聲△𠲨呶：任性。

𠳉 05896 u20C89 null_6.9 未詳。

𠲥 05874 u20CA5 lǐ_6.9 同𠻰07870龍龕㖢，俗。音礼慧琳音義𩐾禮多：上音畢。梵語，不切。唐云餓鬼總名也。經從口作㖢，為轉舌也。

𠲤 05875 u20CA4 nhở_6.9 喃从口汝nhữ聲。

𠲣 05876 u20CA3 tì_6.9 俗𡁜07621可洪音義不咖：許嚚反，鼻息也。歕嚏也。正作𪖐、呬二形也，應師以嚏字代之。嚏，丁計反，亦鼻氣也 㕛huýt喃从吹省血聲。

𠲢 05877 u20CA2 ríu_6.9 喃从口吊điếu聲△𠲢蝎：鳴囀。

𠲡 05878 u20CA1 hão_6.9 喃从口好háo聲。空，虛△𠲡玄：幻想。

𠲠 05879 u20CA0 thầu_6.9 喃从口收thu聲 㕛saeu壯餿。

𠲈 05897 u20C88 null_6.9 未詳。

𠲟 05880 u20C9F gạn_6.9 喃从口，件kiện聲△晦𠲟：盤詰。𠲟𠲟：盤問，追根究底。

𠲞 05881 u20C9E dàng_6.9 喃从口扛giăng聲△妙𠲞：溫順。

𠲝 05882 u20C9D dối_6.9 喃从嘘省對đối聲。俗𡃊07531△呐𠲝：撒謊。𠲝詐：詐騙。

𠲛 05883 u20C9B yān_6.9 俗咽05807可洪音義断𠲛：上魚斤反。正作斷也。下烏賢反。

𠲘 05884 u20C98 shàn_6.9 俗善06450漢張遷碑張良善用籌策。

𠲗 05885 u20C97 è_6.9 同𠯠05835

𠲖 05886 u20C96 yī_6.9 助詞 㕛e喃𠲖碍：害怕。𠲖押：躊躇。𠲖㥬：恐懼 㕛è𠲖古：拼命。咀𠲖𠲖：喘吁吁 㕛ới同𠹖06662△歪𠲖：天啊。感歎詞。

𠲕 05887 u20C95 chuáng_6.9 同㖡06106

𠲔 05888 u20C94 yī_6.9 嘆詞。又助詞 㕛nhiếc喃从口亦diệc聲△𠲔𠻴：斥責。𠲔抹：叱罵。

𠲓 05889 u20C93 hóng_6.9 同䜫67837大聲玉篇𠲓，胡公切。𠲓声也。

𠲒 05890 u20C92 hán_6.9 同含05482盧照鄰詩戎葵朝委露，齊棗夜𠲒霜。

𠲏 05891 u20C8F rěn_6.9 音忍。𠲏㖩，口動貌。參見㖩05805 㕛nhắm喃从口任nhậm聲。𠲏甲：品嘗。𠲏醞：下酒，就酒。㕛nhấm同𡂴07477△咻𠲏：喃喃自語。讀𠲏：默讀。㕛nhôm呐𠲏岩：說話下流，嘴髒。

𠲍 05892 u20C8D diū_6.9 方一點兒 㕛diu壯𠲍眯：透氣，呼吸。

𠲌 05893 u20C8C shù_6.9 集韻𠲌，舂遇切。使犬聲△宏按，與㖃05814異。

𠲋 05894 u20C8B zuǐ_6.9 集韻觜55374，祖委切。鴟舊頭上角觜。一曰觜觿，星名。或作㖃嘴嗺△宏按，作㖃06002，譌。

𠲊 05895 u20C8A xiè_6.9 亦作𠵤06044俗𠳒05962

𠲇 05898 u20C87 null_6.9 未詳。

𠲆 05899 u20C86 null_6.9 未詳。

𠲅 05900 u20C85 páo_6.9 龍龕𠲅俗，咆05663正。

𠲄 05901 u20C84 null_6.9 未詳。

𠲃 05902 u20C83 null_6.9 未詳。

𠲂 05903 u20C82 null_6.9 未詳。

𠲁 05904 u20C81 null_6.9 未詳。

𠲀 05905 u20C80 null_6.9 未詳。

𠱿 05906 u20C7F xié_6.9 同叶05362晉·夏侯淳笙賦或𠱿或吹，擪拈挹按 㕛yiep壯膽怯。

𠱽 05908 u20C7D null_6.9 未詳。

𠱾 05907 u20C7E chí_6.9 同持19512 1978年湖北隨縣曾侯乙墓出土青銅器習見「曾侯乙詐時甬冬」，讀「曾侯乙作持用終」㕛青銅銘文有「時伯」，張亞初讀「詩伯」㕛四聲篇海時，音待。

𠱻 05910 u20C7B null_6.9 未詳。

𠱼 05909 u20C7C kǎo_6.9 正統道藏·正乙部·高上神霄玉清真王紫書大法·卷之九·意九密咒：唵雷兵唵雷刀唵吽嗵𠱼絕攝。

𠱺 05911 u20C7A null_6.9 未詳。

𠱹 05912 u20C79 tuō_6.9 漢語方言大詞典軟𠹭咯𠱹：軟弱怯懦。江淮官話 㕛dag壯或音dak，動詞之後附加成份，見古壯字字典

𠱸 05913 u20C78 chén_6.9 譯音用字清實錄·高宗純皇帝實錄·卷之一千四百十五有嘆咭唎國夷人𠹭𡀔啞晚𡃓𠱸等來廣稟稱，該國王因前年大皇帝八旬萬壽，未及叩祝，今遣使臣嗎嘎𡅏呢進貢，由海道至天津赴京等語。

𠱷 05914 u20C77 míng_6.9 篇海𠱷，音銘 㕛mīng粵小。

𠱶 05915 u20C76 vổ_6.9 喃从口宇vũ聲△䶕𠱶：齙牙。

𠱵 05916 u20C75 null_6.9 未詳。

㖎 05917 u358E kaet_6.9 韓人名用字

㖍 05918 u358D duk_6.9 韓同𠻅21960人名用字 㕛蟾也。

㖌 05919 u358C gut_6.9 韓人名用字。

㖊 05921 u358A xún_6.9 簡𡃊07327

㖈 05923 u3588 diǎn_6.9 同老部者46303兼容字 㕛nom韓人名。者釗，見古文書

㖋 05920 u358B gaes_6.9 韓犬。人名用字。

㖉 05922 u3589 qǐ_6.9 佛經記音字龍龕㖉，俗。駈馳、丘尒二反。

咽 05924 uF99E yàn_6.9 兼咽。

骂 05925 u9A82 mà_6.9 简罵45584

哟 05926 u54DF yō_6.9 简喲06679

哙 05932 u54D9 kuài_6.9 简噲07390

哞 05927 u54DE mōu_6.9 象聲詞。牛叫的聲音。

哝 05928 u54DD nóng_6.9 简噥07351

哜 05929 u54DC jì_6.9 简嚌07539

哛 05930 u54DB ppun_6.9 韓人名 㕛只，僅僅。

哚 05931 u54DA
duǒ_6.9　吲哚，有機化合物indole的譯音。

哘 05933 u54D8
xíng_6.9　日 廣漢和辭典 さそう 图hangz 壯 欺侮
图 咒符用字。見 道法會元·卷之一百六十八·背五·上清
天蓬伏魔大法 图 甲骨文合集.21013 哘曰征雨。

哗 05934 u54D7
huá_6.9　简 嘩07147

哖 05935 u54D6
nián_6.9　地名用字。噍
吧哖，今臺灣臺南縣玉井鄉。民國四年，噍吧哖發生大
規模抗日起義，後被殘酷鎮壓，史稱噍吧哖事件。

哙 05936 u54D5
huì_6.9　简 噲07355

哗 05937 u54D4
bì_6.9　简 嗶06919

哓 05938 u54D3
xiāo_6.9　简 嘵07171

哒 05939 u54D2
dā_6.9　简 噠07336

哑 05940 u54D1
yǎ_6.9　简 啞06248

哐 05941 u54D0
kuāng_6.9　象聲詞。

哏 05942 u54CF
hěn_6.9　同很16597 老乞大 既這般時，價錢哏虧著
俺。只是一件、爛鈔不要，與俺好鈔 图 同狠33151 元·尚
仲賢 洞庭湖柳毅傳書·第一折 鵲踏枝 嗔忿忿映着胸脯，
惡哏哏堅着髭鬚 图gén 滑稽可笑。捧哏，逗哏。

响 05944 u54CD
xiǎng_6.9　简 響67910

哎 05943 u54CE
āi_6.9　(一)嘆詞。元·王
實甫 西廂記·第二本·第一折 哎，你個饞窮酸俫沒意兒，
賣弄你有家私，莫不圖謀你的東西到此。元·關漢卿 竇
娥冤·第三折 哎，只落得兩淚漣漣。(二)助詞。元·石君寶
魯大夫秋胡戲妻·第三折 普天樂：放下我這採桑籃。我
揀着這鮮桑樹。只見那濃陰冉冉。翠錦哎模糊。

啳 05945 02874
hào_7.10　集韻 後到切音號 玉篇 多言也 正字通 說
文 無啳字。一曰告字之譌○按字見 玉篇 正字通 非。

哩 05946 02875
niè_7.10　集韻 乃結切音涅 博雅 怒也。一曰訶也。
或作詍。鍌 又詽56078

啾 05947 02876
yōu_7.10　字彙 同呦 正字通 㕧字之譌○按哟字諸
書皆不載。鍌 㕧字之譌。當爲呦字之譌。

員 05948 02877
yuán_7.10　古文 云 唐韻 王權切 集韻 韻會 正韻 于權
切夶音圓 說文 物數也 徐鉉曰 古以貝爲貨，故數之。
图 玉篇 官數 史記·平原君傳 願君卽以遂備員而行矣
前漢·尹翁歸傳 責以員程 註 師古曰員，數也 图 正韻 周
也，幅員，亦作幅隕 詩·商頌 景員維河 傳 員，均也。與
幅隕同 图yún 廣韻 集韻 王分切 韻會 正韻 于分切夶音
雲 廣韻 益也 詩·小雅 無棄爾輔，員于爾輻 傳 員，益也
图 地名 前漢·匈奴傳 前將軍出塞千二百餘里，至烏員
图 通鄖 前漢·古今人表 員公辛 註 師古曰員讀曰鄖。亦
與云通 詩·鄭風 聊樂我員 釋文 員，本亦作云 商頌 景員
維河 箋 員古文作云 釋文 員，毛音圓，鄭音云。二音皆
可讀 图yún 集韻 于倫切 韻會 爲贇切夶音筠 集韻 人字
左傳襄二十六年 行人子員 图yùn 廣韻 集韻 韻會 王問
切 正韻 禹憫切夶音運 廣韻 姓也 前涼錄 有金城員敞。
唐有棣州刺史員半千 韻會 伍員，人名，後人慕之，爲
姓○按 左傳·昭二十年 伍員 釋文 本音云。楊慎曰：陸
龜蒙詩，賴得伍員騷思少，誤讀平聲。此說非也。員字

平、去二音皆可讀△ 玉篇 廣韻 作負。鍌 又员05591
鼎75231

哽 05949 02878
jìng_7.10　集韻 古定切音徑 字林 聲也。

哢 05950 02879
lòng_7.10　廣韻 集韻 韻會 正韻 夶盧貢切音弄 廣韻
鳥吟 左思·蜀都賦 雲飛水宿，哢吭清渠 柳宗元·乞巧文
喤哢飛走。鍌 又咔05696 哢05798 咔05545 詍55913 图 弄15937
通用。敦煌·P.3597 春日春風動（擬）春人飲春酒，春
鳥哢春聲。

喜 05951 02880
huì_7.10　集韻 誨56063古作喜。

唔 05952 02881
yǔn_7.10　玉篇 與暉同。

唗 05953 02882
tòu_7.10　廣韻 俗歟字。本作音05662 集韻 或作唔。

罞 05954 02883
wéi_7.10　篇海 羊委切，音唯◇呼鴨也。

哤 05955 02884
máng_7.10　唐韻 集韻 韻會 夶莫江切音尨◆說文 哤
異之言。一曰雜語 齊語 雜處則其言哤 註 哤，亂貌 小爾
雅 廣言雜言曰哤。

哥 05956 02885
gē_7.10　唐韻 古俄切 集韻 韻會 正韻 居何切夶音
珂 說文 聲也。从二可，古文以爲謌字 廣韻 古歌字 前
漢·藝文志 哥永言 唐書·劉禹錫傳 屈原作九哥 图 廣韻
今呼爲兄 韻會 潁川語小曰哥，今人以配姐字，爲兄弟
之稱 图 哥舒，複姓。鍌 俗作哥32215

哦 05957 02886
é_7.10　唐韻 五何切 集韻 韻會 正韻 牛何切夶音
俄 說文 吟也 图wǒ 集韻 語可切音我。義同△ 集韻 或作
誐。

挌 05958 02887
gé_7.10　唐韻 古百切 集韻 各額切夶音格 說文 枝
挌也 玉篇 枝柯也 集韻 一曰木枝橫者。

喀 05959 02888
lìn_7.10　說文 古文吝05459字。

唬 05960 02889
xià_7.10　集韻 虛訝切音罅。嚇07525字省文。

哨 05961 02890
shào_7.10　廣韻 集韻 韻會 正韻 夶七肖切音陗 玉篇
哨，小也 图 廣韻 壺口黶者名也 禮·投壺 某有枉矢哨壺
註 枉、哨，不正貌。謙辭 釋文 哨，七笑反，徐以救反。
图◆集韻 余救切音柚。義同 图 唐韻 集韻 韻會 夶才笑
切音噍 說文 不容也 图 韻會 多言也 揚子法言 禮義哨
哨 图 集韻 所教切音稍。與胼、臞、燋同 周禮·冬官考工
記·梓人 大胷燋後 註 燋讀爲哨，頥小也 釋文 哨音稍，
劉、李音與燋同，沈音蘇堯反 馬融·廣成頌 大匈哨後。
图 哨遍 樂府 曲名 图 正字通 凡屯戍防盜處名曰哨。
图 集韻 丑照切音眺。口不正也 图 廣韻 相邀切 集韻 韻
會 思邀切夶音宵。義同 图 集韻 韻會 夶蘇遭切音騷 揚
子方言 秦、晉之西鄙，自冀、隴而西，使犬曰哨。

啼 05963 02892
tí_7.10　集韻 同嗁。

喋 05962 02891
xiè_7.10　廣韻 集韻 夶
許戒切音忿 玉篇 喝喋也 图◆廣韻 與欼同，呰也○按
廣韻 欼同讅，怒聲。不云同喋，與 集韻 異。鍌 又喋喋，

或作喊喈06456譀讘、譀讘 囝哎06044 囝 龍龕哎05895俗，喊06557喊二正。許戒反。怒大聲。

哩 05964 02893
_7.10 玉篇力忌切音吏。出陀羅尼 正字通語餘聲 囝 正字通音里。元人詞曲，借爲助語 囝 正字通明制，冬至日，賜諸臣甜食一盒，凡七種，一松子海哩嚲。鄭以偉曰：嚲字諸書俱不載，今亦不識海哩嚲爲何物 ○按五音集韻又莫六切音目。楚人謂欺爲哩屎，乃噎字之譌。互詳嘿07195噎07645二字註。

呻 05965 02894
shēn_7.10 廣韻與呻同。

哪 05966 02895
nuó_7.10 集韻囊何切音儺。哪哪，儺人之聲。囝 nà乃箇切音奈。本作那，同哇，語助也 囝 niè 集韻 類篇 夶乃結切音涅。咄哪，人名。

啪 05967 02896
nóu_7.10 篇海類編奴侯切音羺。呪語也。

呶 05968 02897
zú_7.10 廣韻卽玉切 集韻縱玉切夶音足。呶訾，以言求媚也 楚辭·卜居呶訾慄斯 王逸註謂承顏色也。

呦 05969 02898
qiè_7.10 集韻乞業切音怯。呦呦，聲也 囝 jié 訖業切音劫。義同。

唲 05970 02899
miǎn_7.10 篇海音免。義闕○按字彙云同唖。無據 正字通云俗字。

咥 05971 02900
dié_7.10 廣韻丁悷切 集韻的協切夶音挃 玉篇咥咷，多言也。鼕 龍龕咥呶，二同。

啊 05972 02901
hé_7.10 集韻寒歌切音何。與訶同，衆聲。鼕又粵傲慢。啊頭：做事虎頭蛇尾的人。啊氣：吃生蒜時的氣味。

哭 05973 02902
kū_7.10 廣韻 集韻 韻會 夶空谷切音穀 說文哀聲也。从吅，獄省聲 徐鍇曰哭聲繁，故从二口。大聲曰哭，細聲有涕曰泣 玉篇哀之發聲 禮·檀弓歌于斯，哭于斯。鼕又嚴55013奰06629唄06045器07306 囝 干祿字書唳10094奰10121，上俗下正。

哮 05974 02903
xiāo_7.10 唐韻許交切 集韻 韻會 正韻虛交切夶音嘵 說文豕驚聲也 玉篇哮赫，大怒也 廣韻哮闞 風俗通引詩闞如哮虎○按詩·大雅今本作虓 集韻或作譹62310 囝 xiǎo 集韻孝狡切，然上聲。與嘵同，大呼也。囝 xiào 廣韻呼教切 集韻許教切夶音孝 廣韻嘄也。集韻呼也 囝 xuē 集韻黑角切音吒。與狗同，豕聲。鼕又哮22645獢57219哷05802嗷06960 正字通嗷06960，俗哮字 囝 龍龕豯11888，俗。呼交反，今作哮，闞也。

唥 05975 02904
nán_7.10 海篇同喃。說文不歐而吐也 玉篇不顧而吐也。囝 廣韻小兒歐乳也 囝 集韻形甸切音現。義同△或作呴。鼕又哯05582 正字通唌哯呴夶同。

哯 05976 02905
xiàn_7.10 唐韻 集韻夶乎典切音峴.

哰 05977 02906
láo_7.10 廣韻魯刀切 集韻郎刀切夶音勞 玉篇嘮哰、嗹嘍 集韻嘮哰謰謱，言語不解也 宋·穆修·殘春病

醒詩風簾窣窣燕哰哰 囝 廣韻嘮哰，撈捼 揚子方言嘮哰，拏也，東南周、晉之鄙曰嘮哰。嘮哰亦通語也 註平原人好嘮哰。

惡 05978 02907
jì_7.10 集韻渠記切音忌 玉篇喫惡 集韻食也。鼕譀作惢06120

哱 05979 02908
pò_7.10 廣韻 集韻夶普沒切音馞 廣韻吹氣聲。囝 正字通哱囉，軍器 戚繼光·新書·號令篇凡吹哱囉，是要衆兵起身，執器站立 囝 bó 集韻薄沒切音孛。聲也 囝 類篇亂也 囝 bèi 集韻 類篇夶補妹切音背。與誖同。亦亂也。或作悖，亦書作恧。

唛 05980 02909
jí_7.10 集韻逆及切音岌。唛唛，衆聲。

洁 05981 02910
yí_7.10 集韻魚衣切音沂。洁嗌，愧貌。或作听。鼕又洧29232

哲 05982 02911
zhé_7.10 古文嚞 唐韻 集韻 韻會 夶陟列切音蜇 爾雅·釋言哲，智也 書·舜典濬哲文明 說命知之曰明哲 洪範明作哲 揚子方言哲，知也。齊宋之閒謂之哲 前漢·于定國傳贊哀鰥哲獄 註師古曰知獄情也△說文或作悊 廣韻與喆同。鼕又哲06286坘08676悊06385嚞06848嚞09759

唽 05983 02912
zhā_7.10 廣韻 集韻 韻會夶陟鎋切音斯 廣韻嘲唽，鳥鳴也 楚辭·九辯鶗鴂喈唽而悲鳴 註喈唽，聲繁細貌 韻會或作嗻07205 叶去聲 唐韻正音制。亦作嘗06748。鼕又嚤06993 囝 正字通唽06197，唽字之譌。

咠 05984 02913
niè_7.10 篇海五結切。與齧75642同。

哴 05985 02914
liàng_7.10 廣韻 集韻夶力讓切音諒 玉篇啼極無聲，謂之哴哴也 集韻或作唴 囝 láng 廣韻魯當切 集韻盧當切夶音郎。義同。一曰兒啼不止 囝 廣韻哴吭，吹貌。

唰 05986 02915
bā_7.10 廣韻博拔切 集韻布拔切夶音八 玉篇唰，鳴也 廣韻唰唰，鳥聲。

哶 05987 02916
miě_7.10 玉篇莫者切 集韻母野切夶音乜 玉篇羊鳴也 囝 mǐ 集韻母婢切音弭。義同。本作羋 囝 miē 彌嗟切，乜平聲。莒哶，城名，在雲南。鼕又哶06073哶06068哶05678芈49438哶05770

咧 05988 02917
liè_7.10 廣韻力輟切 集韻龍輟切夶音劣 玉篇雞鳴也。

嗖 05989 02918
suī_7.10 玉篇素回切 集韻蘇回切夶音鰓 玉篇口哎也 集韻與唯06929同。

哣 05990 02919
pōu_7.10 集韻披尤切音飍 玉篇吹聲也 集韻喉中聲 囝 fóu 廣韻甫鳩切 集韻方鳩切夶音碼 廣韻吹氣 集韻吹聲 囝 fú 廣韻縛謀切 集韻房尤切夶音浮。義同。囝 póu 集韻普溝切音抙。義同。

哺 05991 02920
bǔ_7.10 唐韻 正韻薄故切 集韻 韻會蒲故切夶音捕 說文哺咀也 玉篇口中嚼食 廣韻食在口也 史記·魯

周公世家一飯三吐哺 爾雅·釋鳥 生哺鷇 註 鳥子須母食之 囜 bū 集韻 奔謨切音逋。與餔69126同 囜 fǔ 匪父切音甫。與哎05493同 囜 與柿通 後漢·方術傳 有風吹削哺 註 哺當作柿,孚廢反。

嶐 hóng_7.10 集韻 胡公切音洪 玉篇 嶐聲 集韻 本作虹。與吽同,大聲也。

嘪 hàn_7.10 篇海 胡旰切音汗。嘪睡也。

嗋 hēng_7.10 集韻 虛庚切音亨。嗋嗋,愚怯貌。

哽 gěng_7.10 唐韻 集韻 韻會 正韻 𠀤古杏切音梗 說文 本作嚘,語爲舌所介也 玉篇 語爲人所忿疑也 囜 韻會 咽塞也 後漢·明帝紀 祝哽在前○按 前漢·賈山傳 作祝鯁,鯁、哽通 囜 哽咽,悲塞也 莊子·外物篇 壅則哽,哽而不止則跈 正韻 與梗同 囜 yǐng 集韻 類篇 𠀤於杏切音礬。咽聲。

嘸 fú_7.10 篇海 音佛。戾也。鋚 正字通 同咈05665俗加人。

嘀 shuài_7.10 篇海 音率。飲酒貌 正字通 哅字之譌。

唒 tǔn_7.10 字彙 通懇切,吞上聲。癡貌 囜 tùn 中州音韻 他禁切,吞去聲◇唒撒也○按唒字諸書皆不載。故 正字通 云二音二訓,𠀤非。但以爲吞字之譌,亦無據。

哾 shuō_7.10 字彙 山劣切音說。嘗也 正字通 俗歠字 囜 shuì 字彙 式芮切音稅。義同○按哾字諸書不載,惟 篇海 哾字有山劣、式芮二切 字彙 云哾,俗哾字。當有據,今無考。

哿 gě_7.10 唐韻 古我切 集韻 韻會 賈我切 正韻 嘉我切𠀤音舸 說文 可也。从可加聲 詩·小雅 哿矣富人,哀此惸獨 又 哿矣能言 囜 玉篇 嘉也 囜 韻補 叶居何切音哥 揚子·太玄經 嘗首時鬌鬌,不獲其嘉,男子折笄,婦人易哿 註 珈假借作哿,婦人首飾也。嘉亦居何切。鋚又硞06284

嗄 è_7.10 唐韻 五葛切音櫱◆ 說文 本作音,語相訶歫也。从口歫辛。辛,惡聲也。讀若櫱 玉篇 廣韻 作咢 集韻 作𡂡、咢 類篇 作咢。鋚又咢05834咢05685 直音篇 呃05518同咢 囜 集韻 作咢咢,咢,同咢,當作咢,本字 集韻 咢咢 說文 語相訶歫也。口歫辛。辛,惡聲也。或作咢。亦書作咢。

嗷 zǔ_7.10 集韻 祖委切,音觜 玉篇 鳥喙也 集韻 與嘴同。或作嘴嘴觜 囜 sòu 集韻 先奏切音漱。吮也 囜 shù 輸玉切音束。吸也,吮也 囜 shuō 集韻 類篇 𠀤色角切音朔。義同。本作欶。或作嗽、嗍。鋚祖委切當作嗷05894

哟 yòu_7.10 篇海 音誘。哟,詇也○按哟當爲俗誘字。

喭 yàn_7.10 古文讞 唐韻 魚變切 集韻 魚戰切 韻會 疑戰切𠀤音彥 說文 弔生也 詩·邶風 歸唁衛侯 疏 正義曰:昭二十五年,齊侯唁公于野井 穀梁傳 曰:弔失國曰唁,此據失國言之。若對弔死曰弔,則弔生曰唁 小雅 云不入唁我 左傳 曰:齊人獲臧堅,齊侯使夙沙衛唁之。服虔曰:弔生曰唁,以生見獲,故唁之也 集韻 或作唁、嗲 囜 yǎn 集韻 牛偃切音甗。義同。鋚又呷06119

㖓 yǒng_7.10 集韻 尹竦切音勇。與嗜06718同。

嗉 gǔ_7.10 廣韻 集韻 𠀤古祿切音穀 廣韻 鳥鳴 集韻 雉鳴。又作唃。

唃 gǔ_7.10 集韻 同嗉。

唄 bài_7.10 廣韻 集韻 韻會 正韻 𠀤薄邁切音敗 玉篇 梵音聲 集韻 西域謂頌曰唄 法苑 西方之有唄,猶東國之有讚。讚者,從文以結章,唄者,短偈以流頌。比其事義,名異實同。鋚又唄05592嗽07556咈 囜 龍龕 啵啡俗,唄正。

哈 hán_7.10 唐韻 火含切 集韻 呼含切𠀤音峈 廣韻 哈呀 囜 集韻 博雅 唵也 前漢·王襃傳 羹藜哈糗 正字通 俗含字 囜 hàn 廣韻 集韻 韻會 正韻 𠀤胡紺切音憾 廣韻 哺哈 集韻 博雅 唵也。又 集韻 與玲、含通 荀子·禮論篇 飯以生稻,哈以槁骨 釋文 哈,戶暗反。

唆 suō_7.10 廣韻 集韻 韻會 蘇禾切 正韻 桑何切𠀤音梭 玉篇 嘀唆,小兒相應也 囜 正字通 俗云使唆。囜 shuà 集韻 數化切音傻。與誜56041同。枉也。

唇 zhēn_7.10 唐韻 側鄰切 集韻 之人切𠀤音眞 說文 驚也 廣韻 同哏 囜 chún 集韻 船倫切音脣。義同 囜 zhèn 之刃切音震。驚聲 字彙 俗作口脣字,非。鋚又顧68415唇06362 囜 正字通 唇06684,俗唇字。

咽 jùn_7.10 篇海 渠隕切。吐也○按卽咽字之譌。

嗬 huá_7.10 集韻 乎刮切音頢。與咶同。息也。囜 huài 火夬切音話。義同。

唈 è_7.10 廣韻 烏答切 集韻 韻會 正韻 遏合切𠀤音姶 爾雅·釋訓 僾唈也 註 嗚唈,短氣 疏 孫炎云心唈也。淮南子·覽冥訓 孟嘗爲之增欷歔唈,流涕狼戾不可止。囜 yì 廣韻 於汲切 集韻 韻會 乙及切𠀤音邑。義同 集韻 或省作邑 韻會 通作悒。

唉 hāi_7.10 集韻 呼來切音咍。歎也 囜 āi 唐韻 烏開切 集韻 韻會 於開切𠀤音哀 說文 譍也 廣韻 慢譍 莊子·知北遊 狂屈曰:唉,吾知之音義唉,烏來反。又烏在反。李音熙 囜 管子·桓公問 禹立諫鼓於朝而備訊唉 註 唉,驚問也 囜 xī 集韻 虛其切音僖。與誜同 說文 可惡之詞也 史記·項羽紀 亞父受玉斗,置之地,拔劍撞而破之,曰:唉,豎子不足與謀 註 索隱曰:唉,歎恨發聲之辭。音虛其反 囜 yī 集韻 於其切音醫。與欸26329同 囜 ǎi 倚亥切,哀上聲。義同 囜 āi 英皆切音挨。應聲 囜 yǐ 羽已切音矣。又於代切音愛。義𠀤同 囜 ǎi 廣韻 於駭切 集韻 倚駭

切丛音挨。義同图廣韻飽聲。鎣字海喉，同唉。

唊 06016 02945
jiá_7.10　唐韻古協切集韻吉協切丛音頰說文妄語也廣韻唊唊，多言也。亦作諜图xié音協。人名史記·朝鮮傳將軍王唊註如淳曰：唊，一音協图jiā集韻訖洽切音夾。多言也图qiǎn謙琰切音脥。猴煩藏食曰唊。

唋 06017 02946
tū_7.10　集韻通都切音珗玉篇吐也。

唌 06018 02947
xián_7.10　唐韻夕連切集韻徐連切丛音涎說文語唌歡也图廣韻徒干切集韻唐干切丛音壇。義同。图yán集韻夷然切音延。唌唌，讒急貌後漢·梁鴻傳咸先佞兮唌唌註唌音延，讒言捷惡之貌图dàn玉篇徒坦切集韻蕩旱切丛音但集韻與誕56026同。鎣字彙䏶，與唌同。

唍 06019 02948
huàn_7.10　玉篇胡板切集韻戶版切丛音睆玉篇小笑貌集韻本作莞，同覍字彙利作唍。

唎 06020 02949
lì_7.10　集韻力至切音利玉篇聲也。

唏 06021 02950
xǐ_7.10　唐韻虛豈切集韻韻會許豈切丛音豨說文笑也。从口，稀省聲图玉篇集韻丛許几切音喜。義同图揚子方言唏，痛也。凡哀而不泣曰唏，於方則楚言哀曰唏釋文，虛几反图揚子方言唏，聲也釋文虛几反图xī集韻香依切音希。與欷同。歔也史記·十二諸侯年表紂爲象箸而箕子唏註索隱曰：唏，歔聲。許既反。又音希，希亦聲餘。又扁鵲傳嘘唏服臆图集韻一曰嘘唏，懼貌图xì唐韻正韻丛許既切音餼。義同。見史記·十二諸侯年表索隱註图廣韻啼也图集韻虛器切音齂。與咥同，笑也图正韻啼也图集韻許利切音㾡。痛聲图xiè許介切音譮。與㾒同。臥息也。鎣又正字通誒56057俗唏字图咘05749

哄 06022 02951
hòng_7.10　廣韻胡孔切集韻戶孔切丛音澒玉篇鳥聲哄哄也。

唐 06023 02952
táng_7.10　古文啺歗暘唐韻集韻韻會正韻丛徒郎切音堂說文大言也。从口庚聲莊子·天下篇荒唐之言图史記·司馬相如·上林賦瑉玉旁唐註郭璞云旁唐，盤薄图國名玉篇堯稱唐者，蕩蕩道德至大之貌書·五子之歌惟彼陶唐，有此冀方疏韋昭云陶、唐皆國名，猶湯稱殷商也○按書傳皆言堯以唐侯升爲天子，不言封於陶唐。陶唐二字，或共爲地名，未必如昭言也。又詩·唐風疏唐者，成王母弟叔虞所封，其地帝堯夏禹所都之墟，漢曰太原郡图漢縣名前漢·地理志中山國唐縣註故堯國也，唐水在西詩·唐風疏皇甫謐曰：堯始封於唐，今中山唐縣是也。後徙晉陽，及爲天子，都平陽，於詩爲唐國，則唐國爲平陽也图魯地春秋·隱二年公及戎盟于唐註高平方輿縣北有武唐亭。又戰國策左濟右天唐註謂高唐前漢·地理志平原郡高唐註桑欽言漯水所出。又武帝紀南巡狩至於盛唐註韋昭曰：在南郡。又地理志會稽郡錢唐註武林水所出。又後漢·光武紀進屠

唐子鄉註唐子鄉有唐子山，在今唐州湖陽縣西南廣韻唐州，楚地。戰國時屬晉，後入於韓，秦屬南陽郡，後魏爲淮州，隋爲顯州，貞觀改爲唐州，因唐城山爲名。图姓廣韻唐堯之後，子孫氏焉史記·秦本紀孝文王立，尊唐八子爲唐太后。又屈原傳楚有宋玉、唐勒、景差之徒。又唐山，複姓前漢·禮樂志高祖唐山夫人图詩·陳風中唐有甓傳中，中庭也。唐，堂途也疏爾雅·釋宮云廟中路謂之唐，堂途謂之陳。李巡曰：唐，廟中路名。孫炎引詩中唐有甓。堂途，堂下至門之徑也。然則唐之與陳，廟庭之異名耳，其實一也。故云唐，堂途也周語陂唐汙庫，以鍾其美註唐，俗本作塘說文無塘字莊子·徐無鬼其求唐子也，而未始出域，有遺類矣註唐子者，堂途給使令之人，猶周禮云門子耳图草名詩·鄘風爰采唐矣傳唐蒙，菜名爾雅·釋草唐蒙，女蘿。女蘿，菟絲图弓名周禮·夏官·司弓矢唐弓，大弓，以授學射者。鎣又唐06067歗38589鄌61885唐15515

晉 06024 02953
líng_7.10　正字通鐘鼎文靈字。見古音獵要○按集韻靈古作晉，不云作晉。

香 06025 02954
wèn_7.10　正字通古文問06228字。

㖶 06026 02955
è_7.10　說文啐本字。

㞢 06027 02956
zāi_7.10　說文哉本字。

哲 06028 02957
hé_7.10　玉篇乎割切音曷。息也。

嗧 06029 02958
lìn_7.10　集韻同吝。俗作嗧。

哟 06030 02959
dǐ_7.10　篇海丁禮切。口也图音帝。義同。

唑 06031 02960
shì_7.10　篇海時制切。與噬同海鹽圖經海鹽潮發，若有漚泡在釜泣，土人以爲海唑。

哧 06032 02961
hē_7.10　集韻虎何切音訶。開口聲。

曹 06033 02962
qiǎn_7.10　廣韻驅演切音遣。小塊也。鎣又陝65634臠65761臠48360

舸 06034 02963
qià_7.10　五音集韻枯駕切音骼。欷聲。

啹 06035 02964
dì_7.10　字彙補丁計切音帝。鼻噴也。出普曜經。鎣俗啹05876

呬 06036 02965
sì_7.10　字彙補詞子切音似翻譯名義集佛經呬多，此云獅子。鎣又呬05549

哓 06037 40713
xiào_7.10　川篇華板切。同莞。小笑貌。鎣改併四聲篇海引川篇華校切。同唍06019，碑別字莞，見唐孔子廟堂碑

嚌 06038 40714
yín_7.10　韻會補與銮同。

哶 06039 40715
shēng_7.10　五音篇海同聲。

吽 06040 40716
hǒu_7.10　五音篇海音吼。牛鳴也。

唒 06041 40717 qiú_7.10 字彙補木由切，謬平聲◇苦唒，漢賊名。見後漢書·朱儁傳。鎏苦唒06567字彙補原作苦哂，注，一作唒 図資治通鑑釋文卷第六漢紀五十·通鑑卷五十八苦蝤：才由切。黃巾賊名九州春秋作唒。章懷注。図dẫu喃唒浪：即使。

唓 06042 40718 chē_7.10 字彙補知遮切，音車◇元曲瘦得采唓嗻。鎏又咋05552 図唓嗻zhē，守廟的門神。東唓西嗻。引申表示厲害。暢唓：極其厲害。

唇 06043 40719 zhēn_7.10 篇海類編之人切音真。驚也。俗作口脣字，誤。

咳 06044 42659 xiè_7.10 海篇音解。怒大聲。鎏俗喊05962

唉 06045 42660 kū_7.10 龍龕與哭同。

唛 06046 42661 lóu_7.10 龍龕落侯切音婁。喚鳥也字彙補嘍字之譌。

哆 06047 42662 lìn_7.10 字彙補與吝同。

唒 06048 42663 qù_7.10 龍龕與呿同。

唽 06049 42664 jiǔ_7.10 搜真玉鏡音糺。

號 06051 42666 háo_7.10 龍龕同号 啞 06050 42665 yà_7.10 龍龕音亞。又音啞。又音唳。鎏同啞。俗亞作引。

唭 06052 42667 jī_7.10 五音篇海與嘰同。

啕 06053 42668 xùn_7.10 韻會與訊同，出集韻〇按集韻本作啕字彙補誤。

哉 06054 42669 jīng_7.10 字彙補居陵切音兢。鎏俗兢。

唱 06055 42670 xǔ_7.10 字彙補與呴同。見廣韻〇按廣韻無此字字彙補譌。

吩 06056 u2A84E lánh_7.10 喃或同跉58802躲避。

㖆 06057 u2A84D null_7.10 喃未詳。 咨 06058 u2A84C zī_7.10 俗咨05768 偏類碑別字引魏司空穆紹墓誌

唅 06059 u2A84B yǎn_7.10 簡噞07333 哆 06060 u2A84A null_7.10 喃未詳。

呇 06061 u2A849 null_7.10 喃未詳。 啪 06062 u2A848 dàn_7.10 俗啗06238 名義啪，徒濫反。食，嗽新撰字鏡啖，達敢、達濫二反。食也，忽与也。嗽，上字。啪，上字。啗，上作。

㖷 06063 u2A847 nǐ_7.10 龍龕㖷，俗。音你図晉你，你們。

吟 06064 u2A846 null_7.10 喃未詳。 亞 06065 u2A845 null_7.10 未詳。

唖 06066 u2A844 zā_7.10 唖把湖，亦作唖把湖，在古臨戎縣。

唐 06067 u2F842 táng_7.10 同唐06023 㖐 06069 u220CA vua_7.10 喃从司布bố聲。皇帝。帝王。亦作希33948𤤰13008

哔 06068 u2F841 miě_7.10 同咩05987 㕷 06070 u20D25 ngoàm_7.10 喃从口沈ngẫm聲△巖呒：狼吞虎嚥，貪婪。

吣 06071 u20D24 vũm_7.10 喃从吐从心。

唅 06072 u20D20 biếng_7.10 喃从口㑌（命）mệnh聲。慵懶。

咩 06073 u20D1F miě_7.10 同咩05987 㖗 06074 u20D1E bàn_7.10 佛經記音字龍龕㖗，音伴。字出大藏音図bạn喃从口伴bạn聲。

咺 06075 u20D1D uông_7.10 喃从叫省汪uông聲△衣咺：大聲喊叫。

哎 06076 u20D1C kẽ_7.10 喃从口技kĩ聲。縫隙。

唠 06077 u20D1B gùng_7.10 喃从口穷cùng聲。

咋 06078 u20D1A toác_7.10 喃从口作tác聲。張開，洞開△咋霍：拓展。

吧 06079 u20D19 bở_7.10 喃从口把bã聲。

㖔 06080 u20D18 thổn_7.10 喃从口村thôn聲。村五千字譯國語·第二十六舉動咿喔，㖔嗃。

咄 06081 u20D17 dỗ_7.10 喃从哄省杜đỗ聲△咄停：誘惑。

啦 06082 u20D16 vọi_7.10 喃从口位vị聲。表徵。

吵 06083 u20D15 miǎo_7.10 粵抿嘴（表示輕蔑）図diễu喃从口妙diệu聲△吵喋：揶揄△亦音giễu 図dìu吵逸：平和。

呈 06084 u20D14 chéng_7.10 閩呈喙：爭吵。

㖂 06085 u20D13 đay_7.10 喃从口低đây聲△㖂嗲：抱怨。又đe恫嚇△㖂噎：裹脅。

哈 06086 u20D12 rểnh_7.10 喃从口伶rành聲。

唼 06087 u20D11 nở_7.10 喃从口妄nở聲△喔唼：啜泣。

咽 06088 u20D10 núc_7.10 喃从啜省忸nục聲△蝓咽花：蜜蜂吸吮花蜜。

哤 06089 u20D0F máng_7.10 同㝠05393龍龕哤，俗。莫郎反。図màng喃哤包：感覺不到。

㕭 06090 u20D0E ao_7.10 中國方言大詞典㕭，表示疑問的語氣，有時含「是不是」或「對不對」的意味。吳語。

㖞 06091 u20D0D shǔn_7.10 俗吮05488亦作㗃図nhắn喃从口忍nhẫn聲△㖞信：捎信。

㖥 06092 u20D0C nhanh_7.10 喃从口灵linh聲。

㘃 06093 u20D0B phào_7.10 喃从口抛phao聲。同㘃06657

㕰 06094 u20D0A rở_7.10 喃从口呂lữ聲。

㖠 06095 u20D09 ngoẻn_7.10 喃从口阮nguyễn聲。同吭05556

㖤 06096 u20D08 hóng_7.10 正字通呟05492俗作㖤。

㖞 06097 u20D07 bīn_7.10 㖞嗽：說唱。宋·柳永傳花枝唱新詞，改難令，總知顛倒。解刷扮，能㖞嗽，表裏都峭。

𠴆 06098 u20D06 tè_7.10 象聲詞。清蒲松齡聊齋俚曲集·禳妒咒·開場我只雄赳赳的闖進門，撲𠴆。內問云這是怎麼。笑云撲𠴆一聲，我就跑下了。內問云你就這麼怕老婆麼。（丑云）列位休笑，天下那一個不是怕老婆的呢。

𠴅 06099 u20D05 róng_7.10 俗容12095漢樊毅修華嶽碑泰氣𢋴𠴅。

𠴂 06100 u20D02 nǔ_7.10 篇海𠴂，音努 又 𠴂嘴；𠴂了𠴂嘴。

𠳿 06101 u20CFF wēi_7.10 𠳿呀：嘆詞，表示詫異、焦急 又 vã。喃从口尾vĩ聲。無聊△𠳚𠳿：無益的爭吵 又 vái。同𧝒40020供𠳿：拜佛。

𠳾 06102 u20CFE hǎn_7.10 漢語大字典·P634𠳾同喊06461 又 譯音用字續纂江寧府志·卷十四之十中·人物·正黃旗·馬甲惠茂：父噶爾𠳾佈，弟幼丁，母某，妹某 又 川𠳾黃：叫苦叫屈 又 魯打一𠳾：吃一驚 又 han壯應答。

𠳽 06103 u20CFD chéng_7.10 類篇除耕切。𠴊也。

𠳼 06104 u20CFC sòng_7.10 量詞，主觀響度單位，英文 sone 音譯。今譯為宋。一宋等於1000Hz、40dB聲音的主觀響度，又等於1000毫宋。一毫宋約相當於人耳剛能聽到的聲音的響度。

𠳺 06105 u20CFA lìn_7.10 同吝05459見集韻 又 lẩn喃从口吝lẫn聲△𠳺矧：愚蠢，健忘。又lờn吶𠳺：蔑視。

𠳹 06106 u20CF9 chuáng_7.10 同噇07209亦作𠯿05887元·王曄桃花女破法嫁周公第二折：他家事又富，女婿又生的俊，我特來與你家姐姐說這門親事。你姐姐到他家時，用不了、使不了、穿不了、着不了、𠳹不了、嚷不了，有得好哩。又佚名謝金吾詐拆清風府第三折：這早晚，衙內還在那里𠳹酒，如今也該睡了。又用為象聲詞，表示雨聲、射箭聲。元·張國賓合汗衫第三折：我拈弓在手，搭箭當弦，𠳹的一聲射去，正中大蟲。

𠳶 06107 u20CF6 tū_7.10 嘆詞。表示呵斥 又 漢語方言大詞典𠳶嚕串兒：原指珠子結扣散開、珠子脫落，引申為事情中途停頓，辦不成功。北京官話。

𠳳 06109 u20CF3 āi_7.10 嘆詞。用同喂。

𠳲 06110 u20CF2 xū_7.10 俗㝂02721

𠳵 06108 u20CF5 lín_7.10 同鄰62008中山王鼎𠳵邦難新，仇人才彷。讀作鄰邦難親，仇人在旁。

𠳮 06111 u20CEE qiáo_7.10 俗喬06534

𠳭 06112 u20CED kè_7.10 象聲詞 又 方說話不流利。打笨𠳭兒：說話時斷時續。囉𠳭：囉嗦。

𠳪 06113 u20CEA wěn_7.10 同吻05506明·虞摶醫學正傳·卷之一·醫學或問或曰：陰陽風雨即為寒熱風濕之疾，彼此固𠳪合矣。又1876年春季號格致彙編·格致略論.續第十一卷·論人之身體腦殼乃環形之骨，數塊相連而成，其相連之處如鋸齒，兩相𠳪接。

𠳧 06116 u20CE7 null_7.10 未詳。

𠳩 06114 u20CE9 bẻ_7.10 喃同啵06332

𠳦 06117 u20CE6 null_7.10 未詳。

𠳨 06115 u20CE8 hǎi_7.10 龍龕𠳨，俗。音海 又 象聲詞。同嘿 又 hỏi喃問。从口悔hối省聲。

𠳤 06118 u20CE4 bù_7.10 龍龕音步

𠳣 06119 u20CE3 yàn_7.10 古文唁06004

𠳢 06120 u20CE2 chì_7.10 俗叱05978

𠳡 06121 u20CE1 null_7.10 未詳。

𠳠 06122 u20CE0 zhàng_7.10 篇海𠳠，張、帳二音。

𠳟 06123 u20CDF lòng_7.10 或俗哢05950

𠳛 06126 u20CDB null_7.10 未詳。

𠳝 06125 u20CDD fǒu_7.10 龍龕𠳝，俗。音否 又 bựa喃从口否bĩ聲。同𠹆06809

𠳞 06124 u20CDE qū_7.10 可洪音義作𠳞：与佉同，又音却。又龍龕𠳞呿呿，音去。欠𠳞聲也。又音怯。臥聲也。

𠳚 06127 u20CDA ài_7.10 中國方言大詞典𠳚，用在句末表示疑問，相當於嗎。西南官話 又 cãi 喃从口改cải聲。爭辯。△𠳚㥶：口角，爭吵。咥𠳚：否認 又 gửi寄△𠳚書：寄信。𠳚咥：傳話，捎口信△或省作改。𩿊改：寄生。

𠳘 06128 u20CD8 nhú_7.10 喃从口攸du聲△吶𠳘汝：欲言又止。

𠳗 06129 u20CD7 xác_7.10 喃从口壳xác聲。

𠳕 06131 u20CD5 null_7.10 粵尋找。

𠳖 06130 u20CD6 dà_7.10 粵同撘20185

𠳔 06132 u20CD4 null_7.10 未詳。

𠳓 06133 u20CD3 cí_7.10 俗呲06191

𠳒 06134 u20CD2 lời_7.10 喃辭，話△𠳒囑：誓言。

𠳑 06135 u20CD1 ực_7.10 喃从口抑ức聲。與𠿸07819同△喃𠳑：痛飲。

㖞 06139 u359E kuā_7.10 简喎06470

𠲬 06138 u20CAC jī_7.10 清實錄·仁宗睿皇帝實錄·卷之一百五十六又諭：據吳熊光等奏，查明咯𠲬國來廣貿易情形一摺。咯𠲬國即俄羅斯國，向例祇准在恰克圖地方通市貿易，本有一定界限。

𠳐 06136 u20CD0 bāng_7.10 象聲詞 又 vâng喃聽話，同意。

𠳏 06137 u20CCF chě_7.10 方唠𠳏，亦作唠扯，聊天 又 粵嘆詞。

㖝 06140 u359D mal_7.10 韓人名、地名用字。

㖜 06141 u359C got_7.10 韓人名用字 又 勒子。

㖛 06142 u359B gos_7.10 韓㖛非，韁繩。

㖚 06143 u359A bus_7.10 韓人名用字。

唧 06145 u5527 jī_7.10 同喞06505

㖙 06144 u3599 gas_7.10 韓人名用字

唦 06146 u5526 shā_7.10 語氣詞。啊，呵。清·李調元雨村詞話·卷又如別詞中奚落、忔憎、唦、噉等字，皆俗俳語也，元人曲有之，皆不宜入詞 又 同啥。清·金埴不下帶編·卷五近有一歌：郇郇少婦向城來，笑指牌樓道鏡臺，為唦鏡臺能樣大 又 越諺·卷下·音義·重文疊韻囉囉唦唦：囉，勒何切，覼。唦，音梭，繁碎意。从越言釋 又 譯音用字可洪音義優唦：經音義作吵，弥小、初巧二反。應和尚

未詳。郭氏音沙。玄應音義優吵：蘇苔反。慧琳音義優沙：下所加反。梵語。

唤 06148 u5524
huàn_7.10 简唤06497

吟 06147 u5525
lēng_7.10 方囗𠷯吟，都

嘬 06149 u5523
zào_7.10 囉嘬，亦作囉啅06163，吵鬧。

嗩 06150 u5522
suǒ_7.10 简嗩06914

唡 06151 u5521
liǎng_7.10 简唡06428

嘮 06152 u5520
láo_7.10 简嘮07154

嘜 06157 u551B
mài_7.10 简嘜07143

嘦 06153 u551F
geos_7.10 韓 地名用字。嘦串嶺，見 新字典

嗊 06155 u551D
hǒng_7.10 简嗊06714

唞 06154 u551E
dǒu_7.10 方 歇；休息。

嘦 06156 u551C
kkeus_7.10 韓 地名人名用字 𡗉 末也。嘦世。

嗫 06158 u551A
qīn_7.10 同親55194親吻。清·袁于令 西樓記·集豔 抱住他嗫幾個嘴。清·雲遊道人 燈草和尚·第六回 只見那女子脫了全身衣服，只剎一個小小紅衫，褲子脫下，露出光光肥肥的家伙，騷騷憑李可白摟摟嗫嗫推倒在床沿上弄圯來了 𡗉 同嘬05467北方人稱牲畜嘔吐為嗫，也借指人亂說髒話 脂硯齋重評石頭記（庚辰本）·第七回 少胡說。那是醉漢嘴裏混嗫。你娘絆下蛋呢。又 第六十一回 你少滿嘴里混嗫。你娘絆下蛋呢。

啾 06159 u5519
dí_7.10 啾咭，同嘀06944咭。

啟 06160 u5518
qǐ_7.10 干祿字書 啟启，上通下正。

哫 06161 u5517
zǒu_7.10 龍龕 哫，俗。音走 𡗉 dōu 嘆詞。叱喝。明·沈璟 義俠記·第三十一齣·解夢 哫。又 來胡說。清·翟灝 通俗編·辭語：留青日札 今人叱人之去曰走，即此。按：集韻 走，亦音奏，正與叱人聲合。元人雜劇有云哫者，其實只當作走。

啞 06162 u5516
yǎ_7.10 俗啞06248見 宋元以來俗字譜

啅 06163 u5515
zào_7.10 囉啅，吵鬧。明·湯顯祖 邯鄲記·第三齣·度世 那先生被我們囉啅的去了，我們也去罷。又 牡丹亭·第八齣·勸農 近鄉之處，不許多人囉啅。

唔 06164 u5514
wù_7.10 呷唔，也作咿唔，吟哦聲。清·侯朝宗 贈季弟序 士不因時變通，守一卷之書，終其身呷唔呻吟，以為不失祖父之舊，亦何其固而不知所擇也 𡗉 馬王堆漢墓帛書·五行 求之弗得，唔昧思伏。唔昧，瘖瘝。

嘝 06165 02966
jì_8.11 玉篇 古文嘈07539字。

喵 06166 02967
guān_8.11 廣韻 古環切 集韻 姑還切𠀤音瘝 玉篇 本作關。關關，和鳴也 廣韻 二鳥和也 集韻 同喈。

嗖 06167 02968
shòu_8.11 廣韻 集韻𠀤承呪切音授 玉篇 口嗖也 集韻 口誨與也。𪩶 口嗖亦作口受，口頭接受 𡗉 詖56207

喔 06168 02969
wō_8.11 集韻 烏和切音倭 玉篇 小兒啼 𡗉 wěi 集韻 鄔毀切音委。聲也。

嗙 06169 02970
běng_8.11 集韻 韻會 補孔切 正韻 邊孔切𠀤音琫 玉篇 大聲也 集韻 大笑也 𡗉 唐韻 方蠓切 廣韻 正韻 邊孔切 集韻 韻會 補孔切，並音琫。又 廣韻 集韻 蒲蠓切，並音埲 說文 大笑也。讀若 詩 瓜瓞菶菶之菶 ○ 按 詩·大雅 今本作唪唪。傳云唪唪然多實也 說文 止訓大笑，無多實一義，多實似應从菶 說文 所引詩 當是古本也。𡗉 fěng 廣韻 扶隴切 集韻 韻會 父勇切，菶奉上聲 廣韻 口高貌，出 埤蒼 𡗉 集韻 一曰大笑。

唫 06170 02971
jìn_8.11 唐韻 韻會 巨錦切 集韻 渠飲切𠀤音噤 說文 口急也 𡗉 閉也 揚子·太玄經 萬物各唫 註 陰陽唫閉，故曰唫 黃帝·素問 呿唫之徵 註 呿，開口也。唫，閉口也。𡗉 yín 廣韻 魚金切 集韻 韻會 正韻 魚音切𠀤音吟。義同 𡗉 玉篇 古文吟05462字 前漢·息夫躬傳 秋風為我唫 𡗉 qīn 集韻 祛音切音欽。口急也 𡗉 同鋻 穀梁傳·僖三十三年 必於殽之巖唫之下 釋文 唫本作鋻。一音欽。𪩶 又吟05844 𡗉 龍龕 噙07257嗪07251二俗，奇飲反。

唬 06171 02972
xià_8.11 唐韻 呼訝切 集韻 虛訝切𠀤音嚇 說文 嗁聲也 𡗉 說文 一曰虎聲也 𡗉 xiāo 集韻 虛交切音哮。義同。本作虓，亦作猇 𡗉 háo 集韻 類篇 𠀤乎刀切音豪 集韻 本作號，呼也。或作嗥、號 𡗉 hǎo 集韻 下老切音皓。虎聲也 𡗉 guó 廣韻 古伯切 集韻 郭獲切𠀤音號。義同 𡗉 廣韻 鳥啼也。

嗦 06172 02973
nà_8.11 集韻 乃箇切音奈。本作那，語助也。或作哪。

唭 06173 02974
qì_8.11 廣韻 集韻𠀤去吏切音亟 玉篇 唭嚱，無聞見也 揚子·太玄經 唭嚱唫無辭 註 唭嚱，有聲而無辭也 𡗉 集韻 一曰給也。𪩶 又cuǐ 喃 从口其kì聲。笑。
△ 唭唭：笑聲。唭強：苦笑。唭情：媚笑。

售 06174 02975
shòu_8.11 唐韻 承臭切 集韻 韻會 正韻 承呪切𠀤音授 說文 賣去手也，从口雔省聲 廣韻 賣物出手 詩·邶風 賈用不售 戰國策 賣僕妾，售乎閭巷者，良僕妾也 𡗉 集韻 與讎同 詩·大雅 無言不讎 箋 教令之出如賣物，物善則其售買貴，物惡則其售買賤 前漢·宣帝紀 每買餅所從買家輒售讎 註 師古曰讎讀曰售 𡗉 shú 集韻 神六切音孰。價也 𡗉 chóu 韻會 時流切音酬 古樂府·隴頭水歌 將頓樓蘭膝，就解郅支裘。勿令如李牧，功多信不售。𪩶 龍龕 售66200古，集66117今，集66178正。

其 06175 02976
jī_8.11 篇海 古文箕42111字 正字通 說文 𠀠，讀若杞，長踞也。己，古文作己，因譌爲臼，列口部，非。

唯 06176 02977
wéi_8.11 廣韻 以追切 集韻 韻會 夷佳切𠀤音惟 玉篇 唯，獨也 集韻 專辭 易·乾卦 其唯聖人乎 詩·小雅 唯酒食是議 韻會 六經惟、維、唯三字皆通。作語辭 𡗉 縣名 前漢·地理志 益州郡來唯縣 𡗉 shuí 集韻 視佳切音垂。與誰同。何也 𡗉 wěi 唐韻 以水切 集韻 韻會 愈水切𠀤音薳 說文 諾也 禮·曲禮 必慎唯諾 釋文 唯，于癸反。徐，于比反。沈，以水反 𡗉 父召無諾，先生召無諾，

唯而起。又內則能言，男唯，女俞。戰國策范雎曰唯唯。又詩·齊風其魚唯唯，傳唯唯，出入不制也。箋唯唯，行相隨順之貌。釋文唯，維癸反。沈，養水反。韓詩作遺遺，言不能制也。

唰 06177 02978 shuā_8.11　玉篇集韻竝所劣切音刷玉篇鳥治毛衣也。又集韻數滑切。小嘗也。鑒又𠿬06178

𠿬 06178 02979 shuā_8.11　廣韻所劣切音刷。鳥理毛也○按廣韻有𠿬無唰玉篇集韻類篇有唰無𠿬，實卽一字，謬分爲二。

唞 06179 02980 jì_8.11　唐韻集韻竝前歷切音寂說文唞嘆也玉篇唞嘆而無聲，言安靖也。又cù廣韻集韻竝子六切音蹙。義同。又歎也又zhù集韻之六切音祝。唞唞，歎聲。又yù類篇于六切音呥。行平易也。或省作唞。

唱 06180 02981 chàng_8.11　古文𠲿　唐韻集韻韻會正韻竝尺亮切音唱說文導也玉篇禮記曰：一唱而三歎○按◆樂記今本作倡又廣韻發歌也廣韻亦作誯集韻亦作昌。

呢 06181 02982 ér_8.11　廣韻汝移切集韻韻會正韻如支切竝音兒廣韻曲從貌集韻嚅呢，强笑楚辭·卜居喔咿嚅呢註皆强笑之貌。嚅呢，一作儒兒又wā廣韻集韻於佳切韻會英佳切竝音娃玉篇呢喔，小兒語也廣韻喔呢，聲也荀子·富國篇拊循之，呢喔之。淮南子·要略篇攟摭呢鼺之郤也廣韻集韻書作䍃又āi集韻塢皆切音噯。義同。

唳 06182 02983 lì_8.11　廣韻練結切集韻韻會力結切竝音捩玉篇鳥鳴也廣韻嘍唳，鳥聲也又唐韻集韻韻會郎計切正韻力霽切竝音麗說文鶴鳴也晉書·陸機傳華亭鶴唳鮑照·舞鶴賦唳清響於丹墀又韻會嘹唳，雁聲。

喋 06183 02984 dié_8.11　正字通俗喋字。

唴 06184 02985 qiàng_8.11　唐韻丘尚切集韻丘亮切竝音𡃤說文秦、晉謂小兒泣不止曰唴廣韻唴哴，小兒啼也揚子·方言秦晉之閒，凡大人小兒泣而不止謂之唴。哭極音絕，亦謂之唴。鑒又唴06903

唵 06185 02986 ǎn_8.11　廣韻集韻韻會正韻竝烏感切音晻玉篇含也廣韻手進食也又正字通釋呪多用唵字。鑒又唵06874 𠴨06279

唶 06186 02987 jiè_8.11　廣韻集韻韻會正韻竝子夜切音借廣雅喈喈，鳴也又歎聲後漢·光武紀蘇伯阿遙望見春陵郭，唶曰：氣佳哉，鬱鬱蔥蔥然註唶，歎也又鹽鐵論鄙夫樂咋唶而怪韶濩註咋唶，里歌也。古有咄唶歌。又zé集韻助伯切音柞。唶唶，聲也又zé廣韻側伯切集韻韻會正韻側格切竝音窄廣韻本作諎，大聲也史記·信陵君傳晉鄙嚄唶宿將註唶，莊白反索隱曰：嚄唶，謂多詞句也正義曰：聲類云嚄，大笑。唶，大呼。又集韻聲也爾雅釋鳥行鳸唶唶疏唶唶，鳥聲貌釋文唶音責左傳·昭十七年九扈註行扈唶唶釋文唶，側百反。又子夜反。又助額反又jī集韻資昔切音積。歎聲。

喐 06187 02988 yù_8.11　集韻俞六切音育玉篇出聲也集韻同喅06452

唸 06188 02989 diàn_8.11　唐韻都見切集韻丁練切竝唸㕧說文呻也詩曰：民之方唸吚05409○按·詩·小雅今本作殿屎廣韻亦作㕧、殿集韻或亦作欦又廣韻集韻竝都念切音店。義同集韻本作殿，同欦。

唹 06189 02990 yū_8.11　廣韻央居切集韻衣虛切竝音於玉篇笑貌集韻博雅笑也又yǔ集韻歐許切音㪏。義同。

唈 06190 02991 yè_8.11　篇海音夜。見龍龕手鏡埤雅凡鳥朝鳴曰嘲，夜鳴曰唈禽經林鳥以朝嘲，水鳥以夜唈。

呰 06191 02992 cí_8.11　集韻才支切音疵玉篇嫌食也集韻本作餈。同呰又zī集韻將支切音貲又yí余支切音移。義竝同。鑒又䜪06696喕06133

唌 06192 02993 tiǎn_8.11　集韻他典切音腆。吐也。鑒同唌05976又同舔48499明·徐謙仁端錄·卷二：驗出痘夢常驚，攝體時熱，舌常唌，睛轉白，痘疹也。

啇 06193 02994 tòu_8.11　集韻同㖤

唻 06194 02995 lái_8.11　廣韻集韻竝賴諧切音癩玉篇歌聲也廣韻唱歌聲又集韻郎才切音來。聲也又廣韻來改切集韻里亥切竝音𩡧廣韻囉唻，歌聲又集韻落代切音賚。呼聲。

唼 06195 02996 zā_8.11　集韻作答切音帀玉篇楚辭·九辯云虞鷹鴈皆唼夫梁藻兮集韻本作啑。同唼、喢、啑又qiè集韻七接切音妾集韻本作𠲼。𠲼𠲼，譖言揚雄·廣離騷靈修既信椒蘭之唼佞兮註師古曰唼佞，譖言也又shà集韻色甲切音翣。與啑同司馬相如·上林賦唼喋菁藻註正義曰：唼，疏甲反。唼喋，鳥食之聲也又與喋通史記·魏豹傳贊喋血乘勝註徐廣曰：喋一作唼。

喸 06196 02997 xī_8.11　集韻先的切音錫。喸喸，鳥聲。或作晰。

晰 06197 02998 xí_8.11　集韻同喸

喃 06199 03000 hán_8.11　集韻胡南切音含。喃唒，怒聲。鑒又喃06648

唾 06200 03001 tuò_8.11　唐韻湯臥切集韻韻會正韻吐臥切竝音詑說文口液也禮·曲禮讓食不唾。又內則不敢唾洟左傳·僖三十三年不顧而唾△說文本作𡁢廣韻作涶。鑒又正字通哑06201，唾字之譌。

㗞 06198 02999 pēn_8.11　集韻同噴

哑 06201 03002 shè_8.11　篇海山涉切音攝。多言也○按卽哑字之譌。

㰦 06202 03003 ǒu_8.11　集韻於口切。同歐，吐也。或作欽嶇欤。

嗢 06203 03004 hū_8.11　集韻呼骨切音忽玉篇憂也集韻作嗢06233

喍 06204 03005 ái_8.11　廣韻五佳切集韻宜佳切竝音崖玉篇狗欲齧廣韻犬鬪集韻或作喍、犲。鑒又唲06786

啁 06205 03006 zhāo_8.11 唐韻集韻韻會正韻太陟交切音嘲◆說文啁嘐也又玉篇啁哳05983，鳥鳴也又集韻與嘲、謿通前漢·東方朔傳與枚皋、郭舍人俱在左右，詼啁而已註師古曰啁與謿同，音竹交反又dāo集韻都勞切音刀。嘐啁，語多又zhōu廣韻集韻太張流切音輈廣韻啁噍，鳥聲禮·三年問至于燕雀，猶有啁噍之頃焉，然後乃能去之又zōu集韻甾尤切音鄒。啁哳，鳥聲。又tiào集韻類篇太他弔切音糶。嘒也又diào集韻徒弔切音調。義同。通作調。

啒 06206 03007 hú_8.11 廣韻洪孤切集韻戶吳切太音壷玉篇牛頷垂也。與胡同廣韻同頶。

啒 06207 03008 jiǒng_8.11 廣韻渠隕切集韻巨隕切太音窘玉篇吐貌集韻欲吐貌〇按篇海七畫啒字，音義與此同，誤。

啒 06208 03009 nǒu_8.11 廣韻集韻太乃后切音𧵍廣韻吼，食物又集韻乳子也。本作𧵍，或作𧵍𧵍𧵍𧵍𧵍〇按廣韻𧵍吼𧵍三字各分見，義亦小異集韻合爲一。今兩存之。

嗒 06209 03010 tà_8.11 廣韻徒合切集韻達合切太音遝玉篇噂沓。或作嗒詩·小雅噂沓背憎釋文沓，本又作嗒△廣韻本作諮集韻或作譅、謎。

啋 06210 03011 xiáo_8.11 集韻何交切音肴。聲也。

啉 06211 03012 zā_8.11 集韻同咂

啌 06212 03013 dǒng_8.11 玉篇丁動切集韻覩動切太音董。多言也。

啬 06213 03014 sè_8.11 玉篇所戢切音澀。聑啬，口聲。瀚堂齦75640今作啃，音kěn，用牙齒咬。

啐 06214 03015 zào_8.11 篇海蘇到切音燥。羣鳥聲。

啘 06215 03016 wā_8.11 篇海於叙切。啘嘔，小兒言也〇按唲廣韻集韻類篇書作啘篇海因譌作啘正字通云俗啕字，非。

啄 06216 03017 zhuó_8.11 唐韻集韻韻會正韻太竹角切音涿說文鳥食也廣韻鳥啄也詩·小雅率場啄粟戰國策俛啄蚉虻而食之集韻通作噣韻會通作啅又剝啄韓愈·剝啄行剝剝啄啄，有客至門。我不出應，客去而嗔又dù廣韻丁木切集韻都木切太音瀫。義同集韻咮也易林鳧得出沒，喜笑自啄。毛羽悅澤，利以攻玉又廣韻啄木鳥又zhòu廣韻陟救切音晝。與咮、噣同韓詩外傳鳥之美羽句啄者，鳥畏之前漢·東方朔傳尻益高者，鶴俛啄也註師古曰啄音竹救反。

啅 06217 03018 zhuó_8.11 廣韻集韻太竹角切音涿玉篇衆口貌。又與啄通杜甫·曲江陪鄭南史飲詩雀啅江頭黃柳花又zhuó集韻仕角切音數。衆聲又zhào集韻類篇太陟教切音罩。啅啅，鳥聲。

商 06218 03019 shāng_8.11 古文𧶜𡺆𡺆𡺆𧶜𧶜𧶜𧶜唐韻式陽切集韻韻會正韻尸羊切太音觴說文从外知內也。从㕯，章省聲廣韻度也易·兌卦九四，商兌未寧註商，商量，裁制之謂也禮·曲禮稾魚曰商祭註商猶量也疏祭用乾魚，量度燥濕得中而用之也又玉篇五音，金音也禮·月令其音商註商數七十二，屬金者以其濁次宮，臣之象也。秋氣和，則商聲調前漢·律歷志商之爲言章也，物成孰可章度也白虎通商者，强也梁元帝·纂要秋曰素商，亦曰高商又說文行賈也易·復卦商旅不行周禮·天官·大宰九職，六曰商賈，阜通貨賄註行曰商，處曰賈廣韻本作賫。俗作商，非又集韻刻也詩·齊風·東方未明疏尚書緯謂刻爲商儀禮·士昏禮註鄭目錄云日入三商爲昏疏馬氏云日未出，日沒後，皆二刻半，云三商者，據整數言也正字通商，乃漏箭所刻之處。古以刻鐫爲商，所云商金、商銀是也。刻漏者，刻其痕以驗水也又廣韻張也。又降也。又常也又國名詩·商頌譜商者，契所封之地疏鄭以湯取契之所封以爲代號也，服虔、王肅則不然。襄九年左傳曰：閼伯居商丘，相土因之。服虔云相土，契之孫，居商丘，湯以爲號。又書·序王肅註亦云然。契之封商見於書傳史記中候，其文甚明。經典之言商者，皆單謂之商，未有稱商丘者。又相土之于殷室，非王迹所因，何當取其所居，以爲代號也又地名左傳·僖二十五年楚鬬克、屈禦寇，以申、息之師戍商密。又春秋·襄二十一年會于商任。又戰國策高商之戰又州名廣韻卽古商國後，魏置洛州，周爲商州，取商於地爲名戰國策衛鞅亡魏入秦，孝公以爲相，封之於商，號曰商君史記·張儀傳臣請獻商於之地六百里註商州有古商城，其西二百餘里有古於城又商陵，漢侯國，在臨淮，見史記·惠景閒侯者年表又姓史記·仲尼弟子傳商瞿、商澤又諡法昭功寧民曰商又與謪通荀子·儒效篇謪德而定次註謪與商同又zhāng集韻諸良切音章。度也書·費誓我商賚汝釋文商如字，徐音章。瀚堂又嘀07078凮03113鬲00289𧸘41677謪56553賫57945賣57979鄗61952

啇 06219 03020 dí_8.11 廣韻都歷切集韻丁歷切太音的廣韻本也。又shì集韻施隻切音釋。和也。

啈 06220 03021 hèng_8.11 集韻亨孟切音悙玉篇利害聲集韻與誶同。言也。一曰瞋語又è集韻類篇太牙葛切音嶭。與吚05828同又zá集韻才達切音𢧐。與囋07900同集韻或作啐。瀚堂哄騙。亦作咭啈。金·董解元西廂記諸宮調·卷三九百孩兒，休把人廝啈。又卷四負心的薄情姐姐，親曾和俺詩韻，分明寄着簡帖，誰知是咭啈又罕06296

啉 06221 03022 lán_8.11 廣韻集韻太盧含切音婪廣韻酒巡匝曰啉，出酒律集韻飲畢曰啉又集韻聒也廣韻亦書作㖫。

啊 06222 03023 è_8.11 集韻安賀切音侉。愛惡聲也。瀚堂又啦，了le啊a合音。

啋 06223 03024 xiāo_8.11 篇海許饒切音囂。諠也，大也，動也，不安靜也又xì篇海類編迄逆切音虩。義同又cāi倉來切音猜。語辭俗也。

啌 06224 03025
xiāng_8.11 廣韻許江切集韻虛江切𠀤音肛玉篇咄也 又 廣韻啌，瞋語。出聲譜 又 集韻嗽也 又 qiāng 集韻類篇𠀤枯江切音腔。本作㾤，喉㾤也。

㖧 06225 03026
hūn_8.11 玉篇古文吻05506字 又 集韻呼昆切音昏。㖧㖧，目所不見揚子法言著古昔之㖧㖧，傳千里之忞忞，莫如書。

啍 06226 03027
tūn_8.11 廣韻集韻𠀤他昆切音暾說文本作嘾，口氣也荀子·哀公篇無取口啍。口啍，誕也 又 詩·王風大車啍啍傳啍啍，重遲之貌陸德明·音義啍，他敦反。又 tún 唐韻集韻𠀤徒渾切音屯廣韻口氣 又 詩·王風·啍啍音義啍，徒孫反，徐邈讀 又 zhūn 集韻朱倫切音肫。同諄莊子·胠篋篇釋夫恬淡無爲，而悅夫啍啍之意註啍啍，多言者也 又 duǐ 集韻覩猥切音脮。謉言集韻或書作嗷。

唔 06227 03028
wù_8.11 唐韻集韻正韻𠀤五故切音誤說文逆也玉篇相觸也。與忤同集韻或作午、蘁 又 正韻逄也楚辭·九章重華不可唔兮。鑿又啎06363䢐58248

問 06228 03029
wèn_8.11 古文𦖞唐韻亡運切集韻韻會正韻文運切，𠀤聞去聲說文訊也書·仲虺之誥好問則裕詩·邶風問我諸姑，遂及伯姊 又 爾雅·釋言聘，問也儀禮·聘禮小聘曰問周禮·春官·大宗伯時聘曰問。又秋官·大行人閒問以諭諸侯之志又凡諸侯之邦交，歲相問也 又 正字通古謂遺曰問詩·鄭風雜佩以問之傳問，遺也禮·曲禮凡以苞苴簞笥問人者左傳·哀二十六年衛侯使以弓問子貢 又 訊罪曰問詩·魯頌淑問如臯陶註淑善問訊囚也 又 命也左傳·莊八年期戍，公問不至註問，命也 又 姓廣韻今襄州有之正字通明問智，成化貢士 又 正韻與聞同，聲問也詩·大雅宣昭義問又亦不隕厥問。鑿又问64906

唶 06229 03030
xì_8.11 篇海去逆切音隙。笑也正字通俗唶字。

啐 06230 03031
cuì_8.11 廣韻七內切集韻韻會取內切𠀤音倅說文驚也 又 增韻咄啐，嘑也 又 玉篇嘗也廣韻嘗入口禮·雜記衆賓兄弟，則皆啐之註啐，嘗也釋文啐，七內反儀禮·士冠禮啐醴 又 chuài 廣韻集韻𠀤倉夬切音嘬廣韻啗也禮·雜記·啐之釋文啐，又蒼快反，徐邈讀 又 suì 廣韻蘇內切集韻蘇對切𠀤音碎廣韻送酒聲集韻聲也 又 shuì 集韻輸芮切音稅。小歠 又 zuì 摧內切音晬。驚也 又 zuì 祖對切音晬。少飲酒也 又 zú 廣韻子聿切集韻韻會即聿切正韻即律切𠀤音卒玉篇吮聲廣韻啐嗶聲 又 zú 集韻昨律切音崒。嘈啐，衆聲也 又 è 五音集韻五割切音嶭。啐啐嗍嗍，戒也說文語相訶拒也。或作㖪、哷 又 zá 廣韻才割切集韻才達切𠀤音巀。與囋07900同。鑿又啛06380哖05576

唳 06231 03032
lù_8.11 集韻盧谷切音祿。笑也 又 鳥聲。

啑 06232 03033
shà_8.11 廣韻所甲切集韻韻會色甲切𠀤音翣。玉篇啑喋，鴨食也。亦作唼集韻啑喋，水鳥食魚貌。又 zā 集韻作答切音帀。與咂同左傳·僖二十八年盬其腦註啑也音義啑，子答反 又 集韻所答切音霎。又子洽切音眨。義𠀤同，𠀤見左傳·僖二十八年盬其腦音義 又 jié 集韻類篇𠀤卽涉切音接。多言也 又 史記·呂后紀始與高帝啑血盟註索隱曰：啑，使接反。或作唼。鑿又啑06605 又 正字通唼05647，俗啑字 又 可洪音義𡃤06562咤：上所甲反。

啒 06233 03034
hū_8.11 廣韻集韻𠀤呼骨切音忽廣韻憂貌集韻博雅啒啒，憂也。或作唿 又 gǔ 廣韻古忽切集韻吉忽切𠀤音骨。義同。

啓 06234 03035
qǐ_8.11 廣韻康禮切集韻韻會遣禮切正韻祛禮切𠀤音棨說文本作启，教也玉篇開發也書·堯典啓明傳啓，開也。又大甲啓廸後人 又 爾雅·釋言啓，跪也註跽也詩·小雅不遑啓處傳啓，跪。處，居也 又 廣韻別也。又刻也 又 詩·小雅元戎十乘，以先啓行註王氏曰：軍前曰啓，後曰殿。先軍行之前者，所謂選鋒也。又 啓事晉書·山濤傳濤爲吏部尚書，凡用人行政，皆先密啓，然後公奏，舉無失才，時稱山公啓事 又 字彙姓也 又 爾雅·釋畜前右足白，啓註左傳曰啓服疏昭二十九年衛侯來獻其乘馬，曰啓服。杜預曰：啓服，馬名是也 又 埤雅雨而晝晴曰啓 又 星名詩·小雅東有啓明 又 與启05489通。鑿又𠵍05244启05489𠷂06160啔06661啓06235啓06271䀈06305𢼊21406䂏39165闙65305啓06303𥟶54091

啔 06235 03036
qǐ_8.11 篇海同啓

啕 06236 03037
táo_8.11 廣韻集韻𠀤徒刀切音陶廣韻多言集韻本作詾。同詉，往來也。△一曰小兒未能正言也△一曰祝也。鑿又啕06300

啖 06237 03038
dàn_8.11 唐韻徒敢切集韻韻會杜覽切正韻徒覽切𠀤音淡說文噍啖也前漢·王吉傳吉婦取棗以啖吉。又 荀子·王霸篇不好循政，其所以有啖啖常欲人之有，是傷國註啖啖，幷吞貌玉篇同噉廣韻同啗集韻同餤嚪 又 廣韻集韻正韻徒濫切，音憺廣韻誑也 又 集韻噍也 又 與淡通史記·叔孫通傳呂后與陛下攻苦食啖註徐廣曰：啖，一作淡。如淳曰：食無菜茹爲啖 又 姓晉書·載記啖青，氐羌名將。又唐啖助，宋啖鱗。鑿龍龕㗖啖啗噉，徒敢反。啗食也。飲啗也。啗啖二俗，音同上。

啗 06238 03039
dàn_8.11 唐韻集韻韻會正韻𠀤徒濫切音憺說文食也廣韻噉也晉語主孟啗我戰國策膳啗之嗛于口韓非子·外儲說孔子先飯黍，而後啗桃宋玉·風賦啗齰嗽獲 又 以利餌人亦曰啗史記·高帝紀使酈生、陸賈往說秦將，啗以利。又廣韻徒敢切集韻杜覽切正韻徒覽切𠀤音淡。與啖同。鑿又啗06716㖗06062

啜 06239 03040
zhuō_8.11 篇海之劣切音拙。義闕 又 於劣切音噎，義闕。出黃帝八十一難經

㗶 06240 03041
bò_8.11 集韻步臥切，婆去聲。燕代謂喜言人惡爲㗶。

呰 06241 03042
zǐ_8.11 唐韻將此切集韻韻會蔣氏切丛音紫說文窳也玉篇呰窳，苟且也前漢·地理志呰窳偷生，而亡積聚註師古曰呰，短也。窳，弱也。言短力弱材，不能勤作。如淳曰：呰或作紫〇按史記·貨殖傳作呰窳。又揚子方言呰㜲短也，江湘之會謂之呰又jì集韻在禮切音薺。弱也，亦短也又cí集韻牋西切韻會祖稽切丛音齎。義同又cī集韻才支切音疵。與呰05631同又jī玉篇子亦切音積類篇此也。

啚 06242 03043
bǐ_8.11 古文𠾃唐韻方美切集韻韻會補美切丛音鄙說文嗇也，从口㐭。㐭，受也集韻通作鄙韻會俗以爲圖字，非。

啐 06243 03044
cuì_8.11 集韻取內切音倅。先嘗也。通作啐。

唈 06244 03045
qì_8.11 集韻乞及切音泣。唈唈，送舟聲也。鑾正字通唈，𠯗05617字之譌。五画𠯗訓送舟聲，俗从泣作唈。𠯗音立，唈音及，𠯗唈分切矛盾又送舟，从哭泣之泣作唈，非。

啜 06245 03046
zhuó_8.11 廣韻陟劣切集韻株劣切丛音輟玉篇泣貌詩·王風啜其泣矣音義啜，張劣反又廣韻言多不止集韻與諁同又chuò唐韻昌悅切集韻韻會姝悅切丛音歠說文嘗也爾雅·釋詁啜，茹也註啜者，拾食禮·檀弓啜菽飲水又說文一曰喙也又集韻泣也又chuò玉篇常悅切音歠。亦嘗也又cuì集韻充芮切音毳。又cuì廣韻嘗芮切集韻稱芮切丛音㗹又zhuì廣韻陟衛切集韻株衛切丛音綴。義丛同又chuì集韻韻會丛丑芮切音惙爾雅·釋詁茹也。施乾讀又ruì集韻俞芮切音睿。義同。郭璞讀。鑾爾雅·釋詁啜茹也。徐慧：釋言又饌69569噴07849啜28516又龍龕𠹽嚁嚁啜，昌悅反。正作歠26511

咊 06246 03047
hé_8.11 字彙戶戈切音和。順也。見釋典又篇海小兒啼也。

啾 06247 03048
jū_8.11 廣韻子于切集韻遵須切丛音諏廣韻𠽢啾，不廉也又sǒu集韻蘇后切音叟。與嗾06935同，使犬聲。

啞 06248 03049
è_8.11 廣韻烏格切集韻乙格切丛音餩說文笑也易·震卦笑言啞啞疏啞啞，笑語之聲也揚子法言或人啞爾笑曰：須以發策決科集韻或作諰又yuē集韻乙却切音約。義同又集韻類篇丛遏鄂切音惡。義同易林鳧雁啞啞，以水爲宅，雌雄相和，心志娛樂。宅，達各切又yǎ廣韻烏下切集韻正韻倚下切韻會幺下切，丛雅上聲◇玉篇不言也集韻瘖也戰國策豫讓吞炭爲啞，變其音廣韻同瘂、瘂又yā集韻正韻於加切韻會幺加切丛音鴉集韻啞嘔，小兒學言又淮南子·原道訓烏之啞啞前漢·王吉·射烏辭烏烏啞啞又yà集韻衣駕切音亞。聲也韓非子·難一篇師曠曰：啞，是非君人者之言也又集韻一曰鳥聲。鑾又啞05940啞06162㱦26436瘂36337龍龕啞，古文啞字。

咸 06249 03050
huò_8.11 廣韻呼麥切集韻忽麥切丛音讗揚子方言咸，聲也玉篇或作歘又廣韻大笑貌又guó集韻古獲切音幗。與嘓06977同又xù忽域切音洫。聲也。或作嗅又yù集韻類篇丛乙六切音郁。義同。或作㗋。鑾又嗅06542

喎 06250 03051
wā_8.11 廣韻集韻丛於佳切音娃。喎嘔，小兒言也△篇海譌作喎，非。

咃 06251 03052
tuō_8.11 字彙補通多切音他。呪語。

啅 06252 03053
dào_8.11 字彙補丁套切音到帝京景物略啅喇者，掐撥數唱雜劇之名。

哆 06253 03054
lìn_8.11 五音集韻古文吝05459字。

喿 06254 03055
chú_8.11 篇海類編同嚼。

啚 06255 03056
bǐ_8.11 集韻啚06242古作啚。

䴰 06256 03057
shī_8.11 字彙補古文師14910字。

周 06257 03058
chóu_8.11 集韻𩝘56881古作周。鑾又㥮17569𢝹18463

啉 06258 03059
lán_8.11 廣韻同啉06221

啈 06259 03060
hèng_8.11 集韻亨孟切。同啈06220

啣 06260 40720
diān_8.11 字彙補東念切音店輟耕錄院本題目有啣師娘

曟 06261 40721
qǐ_8.11 字彙補與杞同路史·國名記杞定姒國，商封之，古作曟。衛宏說。

唏 06262 40722
xī_8.11 海篇音希。和聲。

啒 06263 40723
gū_8.11 龍龕音孤。啼聲也。

唬 06264 40724
háo_8.11 五音篇海胡刀切音豪。熊虎聲也。

啿 06265 40725
dà_8.11 五音篇海音大。嘗也。

㗊 06266 40726
nàng_8.11 海篇囊去聲。寬罡也。

嘍 06267 40727
lǒu_8.11 五音篇海與嘍同。

角 06268 40728
diāo_8.11 字彙補音未詳。人名玉海孝經鄭氏註：乃咸平中，日本僧角然所獻。鑾角然，一作奝10168然。

喀 06269 40729
luò_8.11 海篇音洛。轉舌呼之。

嗑 06270 40730
kè_8.11 集韻與嗑同。

啓 06271 40731
qǐ_8.11 字彙補漢逢童碑啓字。

咂 06272 40732
zā_8.11 五音篇海子荅切音帀。入口也。

唅 06273 42671
null_8.11 字彙補音義未詳。見釋典。

㕷 06275 42673
pí_8.11 龍龕音皮

啩 06274 42672
xià_8.11 篇海類編同

赫。鼟 四聲篇海 呼嫁切。虎声 篇海類編 詳嚇07525

唦 06276 42674
zhāi_8.11　字彙補 與譺同。

唛 06277 42675
líng_8.11　龍龕 音陵

舙 06279 42677
ǎn_8.11　海篇 與唵同

喽 06278 42676
null_8.11　字彙補 音義未詳。出釋藏

哻 06280 42678
fěn_8.11　川篇 音粉

唰 06281 42679
sà_8.11　海篇 與㘡同

嗛 06282 42680
mí_8.11　龍龕 音弥

岢 06284 42682
gě_8.11　字彙補 同哿

唋 06283 42681
xiāo_8.11　五音篇海 與曉同。

戝 06285 42683
pò_8.11　海篇 音叵。鼟俗戝，古文破。

唔 06286 42684
zhé_8.11　龍龕 音哲。智廖〇按即哲字之譌。

嗚 06287 u2A85B
xiǎ_8.11　簡 嗚07378

喹 06288 u2A85A
null_8.11　喃 未詳。

唧 06289 u2A859
null_8.11　未詳。

觬 06290 u2A858
null_8.11　殷周金文集　成·18.11578·郊子劍 觬子之用。

唩 06292 u2A856
null_8.11　未詳。

唫 06291 u2A857
gyoemh_8.11　壯 耳語

唦 06293 u2A855
null_8.11　未詳。

唗 06295 u2A853
kūn_8.11　方 馬叫聲　图munx壯 唗，攍（嘴），用鼻子拱。

咿 06294 u2A854
la_8.11　喃 俗囉。从叫省羅la聲。

晕 06296 u2A852
hèng_8.11　同啈06220

浨 06297 u2A851
null_8.11　喃 未詳。

哃 06298 u2A850
null_8.11　未詳。

嗹 06299 u2A84F
lián_8.11　簡 嗹06928

嗃 06300 uFA79
táo_8.11　俗嗃06236

喝 06301 uFA78
hē_8.11　同喝06504

唧 06302 u2F844
xián_8.11　俗唧06427

啓 06303 u2F843
qǐ_8.11　兼啓06234

铭 06304 u253CD
tên_8.11　喃 从名惢tên省聲。名稱。

戓 06305 u20DB6
qǐ_8.11　同啓06234

嘬 06306 u20DAF
chụt_8.11　喃 从口拙chút聲△嘬嘬：接吻的聲音。

喜 06307 u20DAE
xǐ_8.11　俗喜06501

哷 06313 u20DA1
trối_8.11　喃 俗嘬07713

嗋 06308 u20DA6
mẹo_8.11　喃 从口庙miếu聲。智謀，訣竅。

啳 06309 u20DA5
khúng_8.11　喃 从口穹khum聲

嗿 06310 u20DA4
shàng_8.11　佛經記音字 龍龕 嗿，俗。音尚 图sượng 喃 从口尚chuộng聲。忸怩，羞澀。

啾 06311 u20DA3
môi_8.11　喃 从唇省枚mai聲△啾吃：唇 图mơi从吐省枚聲△啾蹾：吐出 图mai从口枚聲△啧啾：嘲諷。

咻 06312 u20DA2
rũ_8.11　喃 从嗌省油dầu聲△咻呧：竊竊私語。

唅 06314 u20DA0
zhǐ_8.11　音譯用字 图trẹ喃 从口治trị聲△略唅：象聲詞。指音調重濁，難以聽懂。

咔 06315 u20D9F
ép_8.11　喃 从口押áp聲。壓榨△咔樶：榨甘蔗。

唯 06316 u20D9E
nhính_8.11　喃 从口性tính聲。

啈 06317 u20D9D
sựa_8.11　喃 从口事sự聲。

唎 06318 u20D9C
chì_8.11　龍龕 唎，俗。昌制反。鄭賢章：唎疑爲噬字之俗 图chế喃 从口制chế聲△唎昭：調戲。

喉 06319 u20D9B
kiêng_8.11　喃 喉竹：猜忌。

啊 06320 u20D9A
a_8.11　喃 从口婀â聲。啊，呀。

罚 06322 u20D98
sắt_8.11　喃 从可列

味 06321 u20D99
bộp_8.11　喃 从口茉bú p聲△味味：叩擊聲。呐味：坦率而言。味捉：粗心。

嗔 06323 u20D97
zhí_8.11　龍龕 嗔，音值 图ciz 壯 嗔，如（果）；倘（若）；假（如）。图sực喃 从口直trực聲△嗔嗹：發洩。

唗 06324 u20D96
uổng_8.11　喃 从喝省枉uổng聲。飲。

咮 06325 u20D95
nhậu_8.11　喃 从口沼chiêu聲△哝咮：飲食△俗省作昭。

喹 06326 u20D94
quai_8.11　喃 群喹：扭曲，糾結。

唻 06327 u20D93
bảo_8.11　喃 唻吃：說來好笑之事。嘲唻：吟唱。图地名。唻口，見清·光緒 順天府志

咟 06328 u20D92
đắt_8.11　喃 从口怛đắn聲。

幽 06329 u20D91
u_8.11　喃 从口幽u聲。

呬 06330 u20D90
nghênh_8.11　喃 从口迎nghênh聲△呬昂：大搖大擺。

嗪 06331 u20D8F
phình_8.11　喃 从口秉bảnh聲。或作呐05723哄騙△嗪扶：甜言蜜語。

啵 06332 u20D8E
bẻ_8.11　喃 从鳴省彼bỉ聲。鳴叫聲。

啾 06333 u20D8D
chủm_8.11　喃 从口枕chẩm聲。

唭 06334 u20D8C
cặn_8.11　喃 从口近cận聲△唭叽：詳細。呺唭唭咹：教誨。

唶 06335 u20D8B
jiè_8.11　龍龕 唶，俗。音芥 图唶喱，咖喱的舊譯。申報·Apr. 2. 1936·本埠增刊·廣告 四馬路西段天蟾舞台隔壁唶喱飯店 图rịa喃 同啄06882啄。

啵 06336 u20D8A
bob_8.11　壯 啵，象聲詞。图phà喃 从吐省坡pha聲。呵氣△啵煨菓：吞雲吐霧。

哓 06337 u20D89
bằng_8.11　喃 从口凭bằng聲△哓蝇：盛氣凌人。

啒 06338 u20D88
sỗ_8.11　喃 从口社xã聲。放縱△呐啒：說話肆無忌憚。

詠 06339 u20D87
viếng_8.11　喃 从吊永vĩnh聲。弔喪，憑弔。

咟 06340 u20D86
mời_8.11　喃 从口迒mười聲。酬，請。

昭 06341 u20D85
trêu_8.11　喃 从口招chiêu聲。調戲△昭肝：激怒。

啊 06342 u20D84
gạ_8.11　喃 从口訶gã聲。

咇 06343 u20D83
ngoạm_8.11 㗱从口玩ngoạn聲。大口咬。

嗄 06344 u20D82
sủa_8.11 㗱从口效số聲。吠。

哰 06345 u20D81
nhử_8.11 㗱从口與dữ聲。誘惑。

嗮 06346 u20D80
thăm_8.11 㗱嗮07054俗省。探訪。

㗀 06347 u20D7F
pēi_8.11 粵英文 a pair 的音譯。

嗅 06348 u20D7E
huò_8.11 簡嘮07164

嗌 06350 u20D7C
mèng_8.11 嗌雅喇，孟加拉的舊譯囡mēng粵嗌雞：眼皮上的疤瘌。

咭 06349 u20D7D
ba_8.11 韓記音用字。咭唎塞人，pharisees。

嗂 06351 u20D7B
zōng_8.11 象聲詞。

啕 06353 u20D79
gāng_8.11 方吵鬧 揚州評話選·打焦俊 由此老太和焦俊三天一吵，五天一啕。

㗚 06352 u20D7A
bā_8.11 象聲詞。同叭05350

㗷 06354 u20D77
juàn_8.11 同吮05488 慧琳音義 飲吮：旋究反 集訓云吮，口嘣也 說文 吮，欶也。從口，允聲。論作㗷，非也。

㗵 06355 u20D76
jī_8.11 集韻 箕42111，古作㗵。

唱 06357 u20D6D
jí_8.11 同唱06453

啯 06356 u20D6F
guā_8.11 啯喇。象聲詞

啢 06358 u20D6B
āng_8.11 龍龕俗。五郎反囡方叫喊。

㗚 06359 u20D6A
níng_8.11 同㗝06771古文㗚

㗩 06360 u20D69
hē_8.11 俗呵05638龍龕㗩，俗。口臥反。漢·東方朔 神異經·東荒經 不妄言，㗩㗩然而笑，倉卒見之如癡囡quǒ㗱从叱省果quǎ聲△㗩嗒：斥責。

唇 06362 u20D67
zhēn_8.11 同唇06011責囡ngáy㗱俗嗒07482

哠 06361 u20D68
de_8.11 方呲哠，斥啥哠：打呼嚕。

舑 06363 u20D66
wù_8.11 說文解字注 舑，悟06227之或體。

啚 06364 u20D65
wù_8.11 集韻 悟17435，古作悪。籀作啚。

啇 06365 u20D64
null_8.11 商代地名。字見甲骨文。

哑 06366 u20D63
yà_8.11 咿哑，也作咿呀、咿軋，象聲詞。宋陸游 觀蔬圃 菘芥可菹芹可羹，晚風咿哑桔槔聲。宋張榘 摸魚兒·九日登平山和趙子固帥機 堪嗟處，渺沙鷗兼葭，咿哑雁聲起。

哧 06367 u20D5F
null_8.11 或同哧。

𠵞 06368 u20D5E
null_8.11 未詳。

呀 06369 u20D5D
nyaq_8.11 壯渣，渣滓。呀菱，甘蔗渣。

啯 06370 u20D5C
null_8.11 未詳。

号 06371 u20D5B
è_8.11 俗咢05759

啽 06372 u20D5A
àn_8.11 宋史·卷四百九十一·列傳第二百五十·外國七 七月，睡泥族首領你乜逋令男詣靈州，言族內七百餘帳為李繼遷劫略，首領啽逋一族奔往蕭關，你乜逋一族乞賜救助，詔賜以資糧 字海 啽，音暗。姓囡ái啽喋，同嚏06958喋。于淑健 敦煌佛典語詞和俗字研究 引大谷大學藏敦煌本 佛說字經抄 字來入宮，寶祇於床下啽喋吠之囡ngán㗱从口岸ngàn聲。厭，膩。

唙 06373 u20D59
null_8.11 未詳。

唘 06374 u20D58
ǹ_8.11 方嘆詞。表示應諾囡maenz壯方能夠囡myonx食言，翻動（眼睛）囡mồm㗱从嘴省門môn聲△唘品：語氣，口吻

号 06375 u20D57
null_8.11 未詳。

嗛 06376 u20D56
jiàn_8.11 勾踐劍 越王之子欤嗛。欤嗛，同句踐。囡zàn同瓚30472 玄應音義 澆瓚：下又作㵆30116嗛二形，同。子旦反 說文 瓚，相污灑也 史記 「五步之內以血瓚大王衣」作㵆，楊泉 物理論 云「恐不知味而唾嗛」作嗛。江南行此音。山東音湔，子悉反囡 可洪音義 唾嗛 經音義 作汍27767，廣濟藏 作汃27829，同。子悉反。又讚、箭二音。

哇 06377 u20D55
null_8.11 未詳。

啞 06378 u20D54
null_8.11 未詳。

卑 06379 u20D53
xuán_8.11 汗簡 卑，玄33777 華岳碑

啐 06380 u20D52
cuì_8.11 俗啐06230

喁 06381 u20D51
xū_8.11 同喁06055

㗖 06382 u20D50
mép_8.11 㗱从口怯khiếp聲。嘴角，邊緣。

啌 06384 u20D4E
null_8.11 未詳。

啐 06383 u20D4F
xạp_8.11 㗱从口匚hộp聲△啐啐：哝哝（豬咀嚼聲）。

哲 06385 u20D4D
zhé_8.11 俗哲05982見 可洪音義 叡哲。

喧 06386 u20D4C
ngid_8.11 壯一點點；很小。

善 06388 u20D4A
shàn_8.11 俗善06450

喧 06387 u20D4B
net_8.11 㗱喧07051俗省。△喧怒：威脅。

啾 06389 u20D49
háng_8.11 方招架。

味 06390 u20D48
null_8.11 未詳。

唏 06391 u20D47
qǐ_8.11 同誇56197

咀 06392 u20D46
null_8.11 未詳。

咙 06393 u20D45
huá_8.11 同文通考·省文 咙，嘩07147也。嘩與譁同。

呼 06394 u20D44
null_8.11 未詳。

唑 06395 u20CE5
null_8.11 未詳。

爭 06396 u20C9C
zhēng_8.11 呼嗲。參見嚓07697

唄 06397 u35B5
gé_8.11 唄㗱，亦名葛蘭，古國名，今印度西海岸之Kulam, Quilon。見明·費信 星槎勝覽

𠮴 06398 u35B4
wěn_8.11 同莿49482

㗃 06399 u35B3
yeos_8.11 韓人名用字

𠮲 06400 u35B2
null_8.11 韓未詳。

呇 06401 u35B1
yam_8.11 韓人名用字。囡水田（稻田等）之數量詞。地塊，丘囡bem蛇。

嗄 06406 u35AC
null_8.11 未詳。

㗀 06402 u35B0
ttong_8.11 韓同㘋06403

㘋 06403 u35AF
ttong_8.11 韓糞。人名用字。

㖭 06405 u35AD
tiǎn_8.11 同舓48499

㗄 06404 u35AE
lún_8.11 字海 同㘅。字見敦煌變文字義通釋·釋事為囡漢語大字典.V.2 㗄，哩㗄囉，嘆詞。用在詞曲中的襯字。

唃 06407 u5579
jú_8.11　方吷吸。唃奶 囡kkeo 韓唃億貞伊，鱸魚。

啷 06409 u5577
lāng_8.11　象聲詞。如噹啷、哐啷。

啶 06410 u5576
dìng_8.11　譯音用字

啸 06408 u5578
xiào_8.11　简嘯07158

啵 06411 u5575
bō_8.11　嗬啵，嘮叨。囡親吻。

啴 06412 u5574
chǎn_8.11　简嘽07192　淮南子啴朕哆嗎。高誘注：啴音權。

啳 06413 u5573
quán_8.11　同顴68527

啲 06414 u5572
dī_8.11　粵一些 囡啲哵：喇叭 囡同吔05849

啱 06415 u5571
yān_8.11　粵合適，剛好△好啱：很合得來。
囡nhàm 喃从口岩nham聲。

啰 06416 u5570
luō_8.11　简囉07897

啯 06417 u556F
guó_8.11　简喐06977

啮 06418 u556E
niè_8.11　简嚙07636

啭 06419 u556D
zhuàn_8.11　简囀07855

啬 06420 u556C
sè_8.11　简嗇06709

啩 06422 u5569
guà_8.11　粵語氣詞。相當於吧 囡quáy 喃从口卦quái聲。叨擾。

啪 06421 u556A
pā_8.11　象聲字。

啦 06424 u5566
la_8.11　助詞。了、啊二字的合音，兼有二字的作用。

啧 06423 u5567
zé_8.11　简嘖06984

啥 06425 u5565
shà_8.11　黄侃 說文段注小篆·二上·余，孟子舍皆取諸其宮中而用之。舍當訓何。本作余，今作啥，音轉為什麼 囡吵06146

啤 06426 u5564
bēi_8.11　龍龕俗。音卑。鄭賢章。諱56161換旁俗字。又痺36142類化俗字 囡可洪音義·第十二冊·中阿含經一部六十卷·第七卷喉啤：愽計反。塞也。正作悶、革二形。今中阿含經咳嗽、喝吐、喉啤 囡pí 啤酒，德文bier的音譯兼義譯，早期或譯為皮酒，也叫麥酒。

啣 06427 u5563
xián_8.11　同銜63131 復古編嗛06744，口有所銜也。从口兼。別作啣，非。戶監切。

啢 06428 u5562
liǎng_8.11　可洪音義 跋曰啢：下力掌反 囡yīngliǎng 英文ounce的舊譯，今譯為盎司。

啟 06429 u555F
qǐ_8.11　啓06234本字

喳 06432 03062
yān_9.12　玉篇同咽山海經楮山有木，名天樞，服之不喳 註喳，噎也。

喑 06430 u5528
zuǒ_8.11　粵同了 囡篇海喑，尼日切。

喝 06431 03061
táng_9.12　說文古文唐06023字。

啻 06433 03063
chì_9.12　唐韻集韻韻會 夶施智切音翅 說文語時不啻也。一曰諟也 正字通二義未詳 玉篇買賣云不啻也 六書故音猶止也，猶言何止。今吳方言凡已詞加一啻字，猶言不但也 書·秦誓不啻如自其口出 韻會或作翅 囡與適通 戰國策疑臣者不適三人 註適、啻同。囡集韻餘也 韻會過多也 囡dì 集韻丁計切音帝。高聲△一曰諟也。鋬又翄06788音41540啻06437

啼 06434 03064
tí_9.12　古文謕 說文同嗁 禮·喪大記主人啼 穀梁

傳·僖十年 麗姬下堂而啼。鋬又啼05963嗁06435渧28813

嗤 06435 03065
chí_9.12　廣韻是支切集韻常支切 夶音匙 廣韻鳥鳴 囡shí 集韻市之切音時。鳴也 囡tí 集韻類篇 夶田黎切音題。與嗁同 顏氏家訓子生咳嗤。鋬龍龕起俗，嗤正。

喑 06436 03066
ān_9.12　集韻吾含切音諳。寐聲 列子·周穆王篇眠中喑囈呻呼△或作寤。鋬又喑06760

意 06437 03067
yì_9.12　廣韻於力切 集韻乙力切 夶音億 玉篇快也 囡字彙古文意17803字。鋬又訲55693

嚼 06438 03068
jué_9.12　唐韻其虐切 集韻極虐切 夶音噱 說文大笑也 囡xì 廣韻綺戟切 集韻乞逆切 夶音隙。義同。△集韻或作臄篇海謔作嚼。

啾 06439 03069
jiū_9.12　唐韻正韻即由切 集韻韻會將由切 夶音遒 說文小兒聲也 廣韻啾唧，小聲 囡屈原·離騷鳴玉鸞之啾啾 註王逸云啾啾，鳴聲 囡集韻與噍07219通。或書作噍 囡qiú字秋切音酋。小聲 囡集韻類篇 夶莊交切音巢。小兒聲。或作㘈 楚辭·招隱士歲暮兮不自聊，螻蛄鳴兮啾啾。鋬又喭06567

啖 06440 03070
dàn_9.12　集韻徒感切音禫 前漢·郊祀歌羣生啿啿 註師古曰啿啿，豐厚之貌。

噱 06441 03071
jué_9.12　玉篇同噱

喁 06444 03074
yóng_9.12　唐韻集韻韻會正韻 夶魚容切音顒 說文魚口上見 廣韻噞喁 韓詩外傳水濁則魚喁 庾肩吾詩江潭作喍喁 囡史記·司馬相如傳延頸舉踵，喁喁然，皆爭歸義 註喁，五恭反，口向上也 囡集韻一曰聲也 囡yú 集韻韻會 夶元俱切音愚 集韻魚口出入 囡集韻一曰聲也 韻會聲相和 莊子·齊物論前者唱于，而隨者唱喁 音義喁，五恭反，徐又音愚 史記·日者傳公等喁喁者也，何知長者之道乎 囡ǒu 集韻語口切音偶。義同莊子音義 囡五斗反。囡五矩切音麌。噞喁，魚口聚貌。鋬又噣06559

喀 06442 03072
kè_9.12　廣韻苦格切 集韻乞格切 夶音客 廣韻吐聲 集韻與峆同，嘔也 列子·說符篇兩手據地而歐之，不出，喀喀然。鋬又峆53924峈14012

哦 06443 03073
hé_9.12　篇海下沒音紇。哦哩，出釋典。

哽 06445 03075
gěng_9.12　說文哽本字。

喂 06446 03076
wēi_9.12　玉篇於韋切音威。恐也。鋬又餧69331

喷 06447 03077
pén_9.12　集韻步奔切音盆 玉篇吐也 囡fèn 芳問切音噴。與溢同。水聲。鋬又噴07323溢37189

喖 06448 03078
chǔn_9.12　集韻尺尹切音蠢 玉篇吹喖也 集韻吹也。

喃 06449 03079
nán_9.12　廣韻女咸切 集韻尼咸切 夶音諵 玉篇呢喃 廣韻本作諵。詀諵也 集韻詀諵，語聲。或作妠。囡燕語呢05611喃 囡nán 集韻那含切音南。與諵同。諵諵，語也 囡nǎn 乃感切音湳。嗻喃，嘗也。鋬又哪05975

詶55686 又nôm喃南，俗。

善 06450 03080 shàn_9.12 古文譱善𦍒譱 廣韻常演切集韻韻會正韻上演切丛音蟺說文吉也玉篇大也廣韻良也，佳也書·湯誥天道福善禍淫又詩·鄘風女子善懷箋善，猶多也禮·文王世子嘗饌善，則世子亦能食註善謂多于前又禮·曲禮·入國不馳註馳，善躙人也疏善猶好也，車馳則好行刺人也又禮·王制註善士，謂命士也。又禮·學記相觀而善之謂摩疏善猶解也又禮·少儀問道藝，曰：子習于某乎，子善于某乎疏道難，故稱習。藝易，故稱善又前漢·西域傳鄯善國，本名樓蘭王。又與單通前漢·匈奴傳單于曰善于又廣韻姓也呂氏春秋善卷，堯師又韻會正韻丛時戰切音繕毛氏曰凡善惡之善則上聲，彼善而善之則去聲孟子王如善之是也〇按玉篇廣韻集韻類篇善字俱無去聲又正字通與人交讙曰友善史記·刺客傳田光曰：所善荊卿可使也又與膳通莊子·至樂篇具太牢以爲善△集韻或作嬗。鎣又善06388善06585善06584譱45957譱45982善56068譱56649善05884

唀 06451 03081 niú_9.12 集韻尼猷切，紐平聲。唀呢，小兒聲也。又ròu集韻類篇丛如又切音糅。惡言。

喅 06452 03082 yù_9.12 唐韻集韻丛余六切音育說文音聲喅喅然集韻或作唷又yì集韻域及切音煜。喅喅，衆聲。或作噊。

咠 06453 03083 jí_9.12 集韻卽入切音葺。與咠同。鎣又咠06357

喆 06454 03084 zhé_9.12 玉篇同哲前漢·敘傳聖喆之治後漢·皇后紀詳求淑喆又說文長箋喆，明也，故明日爲喆朝。俗譌作詰正字通此說迂泥。

喇 06455 03085 là_9.12 玉篇力葛切集韻郎達切丛音辣玉篇喝喇，言也集韻喝喇，言急。鎣又辣45847喇06667又虎喇，也作虎騾70232，良馬名。

喈 06456 03086 jiē_9.12 唐韻古諧切集韻韻會正韻居諧切丛音皆說文鳥鳴聲詩·周南黃鳥于飛，集于灌木，其鳴喈喈註喈喈，和聲之遠聞也又說文一曰鳳皇鳴聲詩·大雅雝雝喈喈爾雅·釋訓噰噰喈喈，民協服也註鳳皇應德鳴相和，百姓懷附興頌歌又詩·邶風北風其喈傳喈，疾貌又詩·小雅鼓鐘喈喈註喈喈，猶將將又xiè集韻許介切音譮。聲也。鎣又䫛68705

喚 06458 03088 guān_9.12 集韻同喧

嘄 06457 03087 jiào_9.12 集韻吉弔切音訆。與叫05348同。或作嗃。通作𠮦。

喉 06459 03089 hóu_9.12 唐韻集韻韻會正韻丛胡鉤切音侯說文咽也左傳·文十一年富父終甥摏其喉又詩·大雅出納王命，王之喉舌傳喉舌，冢宰也又古音餘喉載虞韻，音胡集韻或作𦙶。鎣又喉06539𦙶47627𠿕07453

嗬 06460 03090 hè_9.12 集韻下可切，荷上聲。慢膺聲。

喊 06461 03091 hǎn_9.12 廣韻呼豏切集韻火斬切丛音欿揚子方言喊聲也又xiàn集韻韻會丛下斬切音豏。或作㖤，怒聲又hǎn廣韻呼覽切集韻韻會正韻虎覽切丛音㘓廣韻聲也，與嚂同揚子法言狄牙能喊正字通揚子本作咸。咸，和味也。譌作喊又hǎn集韻虎感切音顑博雅可也又xiān集韻虛咸切音㰹。呵也又jiān居咸切音緘。與緘同監持意，口閉也又kàn苦濫切音闞。呵也。與喊、嚂同。鎣又嚂07844㖤06102

喋 06462 03092 dié_9.12 廣韻徒叶切集韻韻會達協切丛音牒玉篇便語也集韻多言也史記·匈奴傳嗟土室之人，顧無多辭令，喋喋而佔佔註喋喋，利口也。服虔曰：口舌爲喋。通作諜前漢·張釋之傳喋喋，利口〇按史記作諜諜又集韻血流貌前漢·文帝紀喋血註師古曰喋，大頰反，本字當作蹀。蹀謂履涉之耳〇按史記·文帝紀作啑血又dié廣韻正韻丁協切集韻的協切丛音跕廣韻血流貌集韻或作涉又zhá集韻韻會正韻丛直甲切音霅玉篇鴨唼食廣韻啑喋，鳧雁食也又qiè集韻去涉切音㾜。江南謂吃爲喋篇海譌作㗪。鎣又㗪07371

喌 06463 03093 zhōu_9.12 唐韻集韻丛之六切音祝說文呼鷄重言之。从吅州聲，讀若祝廣韻亦作咮又廣韻職流切集韻之由切丛音周。義同集韻或作州。

喋 06464 03094 móu_9.12 集韻同謀。或作呣05614𠯐。

喍 06465 03095 chái_9.12 集韻鉏佳切音柴玉篇啀喍也集韻喍啀，犬鬬貌。鎣啀喍又或作嘊喍、啀喍、睚䂏、齷齜。

嗋 06466 03096 niè_9.12 集韻魚列切音孽。本作讞，與讞、囐同。議罪也。

嘖 06467 03097 zé_9.12 正字通嘖字之譌六書口、頁二部無嘖字。

噴 06468 03098 rǔn_9.12 集韻乳尹切音蝡玉篇吮也。

喸 06469 03099 qián_9.12 字彙才先切音前。噎也又jiān將先切音煎。熟煎。

喎 06470 03100 kuā_9.12 玉篇同咼。鎣又喎06139

喏 06471 03101 rě_9.12 集韻尒者切音惹玉篇敬言字彙俗云唱喏又集韻應聲淮南子·道應訓子發曰：喏，不問其詞而遣之。又六書統古文諾56347字又suò玉篇俗酌切。義同△集韻或作㖿、嗩。鎣字海嗻，同喏清平山堂話本·簡帖和尚（王二）進前唱嗻奉茶又嚈，亦同喏敦煌變文集·漢將王陵變鍾離昧唱嚈出門。

啿 06472 03102 dài_9.12 廣韻徒亥切集韻蕩亥切丛音殆玉篇嚐啿廣韻言不止又tāi集韻湯來切音胎。義同。

咢 06473 03103 è_9.12 說文咢本字。

𠸄 06474 03104 xié_9.12 集韻徐嗟切音邪。聲也。鎣正字通同耶46529

嘟 06475 03105
yù_9.12　集韻乙六切音郁。與喊同聲也篇海喉聲。

喹 06476 03106
zhì_9.12　篇海陟栗切音窒。嚍也○按喹字義與咥同，音與喹同，疑卽二字之譌。

嗖 06477 03107
shòu_9.12　集韻所救切音瘦，與嗖同，驅鳥聲。图sù所六切音縮。笑聲也。

嗑 06478 03108
kè_9.12　集韻渴合切篇海口答切丛音溘。嚍也。△集韻書作嗑。

喑 06479 03109
yīn_9.12　唐韻集韻韻會於金切正韻於禽切丛音陰說文宋齊謂兒泣不止曰喑图六書故失聲不能言謂之喑文子·上篇臯陶喑而爲大理後漢·袁閎傳遂稱風疾，喑不能言風俗通義無聲響，徒喑喑而已图ān廣韻集韻韻會正韻丛烏含切音諳廣韻啼泣無聲图集韻一曰大呼图yīn集韻於錦切音飲莊子·知北遊自本觀之，生者喑醷物也註喑醷，聚氣貌音義喑音薩，郭音闇，李音飲，一音於感反图ān集韻韻會正韻丛鄔感切音晻图àn集韻烏紺切音暗。義丛同图yìn廣韻集韻韻會正韻丛於禁切音蔭廣韻聲也史記·淮陰侯傳項王喑噁叱咤，千人皆廢图集韻方言啼極無聲，齊宋之閒謂之喑。或作嚐。鎣敦煌·S.2499究竟大悲經·卷三心王自在嚐呃瞋，忿怒作恨伏諸魔图後漢·袁閎傳遂稱風疾，喑不能言。張亞靜：袁安傳

嗵 06480 03110
yōu_9.12　篇海音幽，鹿鳴也图咿嗵，吟聲。

喳 06481 03111
zǎn_9.12　集韻子感切音昝。喳喳，味也图zán字彙祖含切，昝平聲。俗云我也○按北音喳本讀上聲字彙誤。鎣又咱05782伯01182偺01661

嚗 06482 03112
zhú_9.12　集韻竹律切音怵。聲也。

喋 06483 03113
zé_9.12　篇海與咋同。

喓 06484 03114
yāo_9.12　廣韻於宵切集韻伊消切丛音腰詩·召南喓喓草蟲傳喓喓，聲也。

喔 06485 03115
wò_9.12　廣韻於角切集韻韻會正韻乙角切丛音渥說文雞聲也韓愈·送楊凝賀正旦詩天星牢落雞喔咿图廣韻喔咿05809，強顏貌图wū集韻烏谷切音屋。雄聲图楚辭·九思哀世兮睩睩，諓諓兮嗌喔。衆多兮阿媚，委靡兮成俗。

嗝 06486 03116
shī_9.12　集韻商支切音施。聲也图正字通俗字。今俗驅雞聲。讀若施。

喕 06487 03117
miǎn_9.12　玉篇彌演切音緬篇海不言也。鎣又晚05970

喡 06488 03118
lǜ_9.12　廣韻呂卹切集韻劣戍切丛音律玉篇鳴也△廣韻亦作哹集韻或作呼。

唴 06489 03119
hú_9.12　集韻洪孤切音胡。咽喉也揚子·太玄經爲嘏唴○按集韻類篇沃韻收嗋06972字，義與模韻唴同，

疑唴爲嗋字之譌。

喗 06490 03120
yǔn_9.12　唐韻牛殞切集韻牛尹切丛音輑說文大口也集韻口大齒醜貌图廣韻魚吻切集韻牛吻切丛音齳。義同集韻或作啳賈誼·新書以匈奴之饑，飯羹喗膬胈，喗潃多飲酒图zǔn集韻粗本切音鱒。義同。本作唃。

喘 06491 03121
chuǎn_9.12　唐韻昌沇切集韻韻會正韻尺兗切丛音舛說文疾息也廣韻喘息也史記·倉公傳令人喘，逆氣不能食前漢·王褒傳匈喘膚汗揚子方言譴喘，轉也集韻或作歂图正韻微言荀子·臣道篇喘而言图或作端荀子·勸學篇端而言註端讀爲喘。鎣又嚅07186喘07813

噩 06492 03122
è_9.12　廣韻五各切集韻逆各切丛音咢廣韻口中斷噩。與齶同集韻本作齶。或作腭。

嗓 06493 03123
shěng_9.12　集韻所澩切音眚玉篇緘口也集韻不言也。

咖 06494 03124
jiā_9.12　字彙居牙切音迦。咖諜，穢言○按集韻作迦。

嗯 06495 03125
wěn_9.12　集韻同吻呂氏春秋口嗯不言，以精相告。

喙 06496 03126
huì_9.12　唐韻集韻韻會丛許穢切音顪說文口也易·說卦傳艮爲黔喙之屬禮·少儀羞首者，進喙祭耳左傳·昭四年深目而豱喙爾雅·釋獸白馬黑喙，騧史記·匈奴傳跂行喙息蠕動之類註以喙而息也图詩·大雅混夷駾矣，維其喙矣傳喙，困也音義喙，許穢反，徐尺銳反图晉語卻獻子傷曰：余病喙註喙，短氣貌。图星名前漢·天文志柳爲鳥喙图草名爾雅·釋草·勃荕註一名石芸疏本草云石芸一名顧喙图本草芡實別名雁喙图戰國策人之饑，所以不食烏喙者，以爲雖偷充腹，而與死同患也註烏喙，烏頭別名图cuì集韻韻會丛充芮切音毳。又集韻呼惠切音嚖。義丛同图集韻丁候切音鬬。義同。本作喝。或作咮05775鎣又啄06583喙06579喙22888图字彙職救切音晝。

喚 06497 03127
huàn_9.12　唐韻呼貫切集韻韻會正韻呼玩切丛音煥說文呼也王褒·洞簫賦哮呷呟喚註大聲也图韓愈·贈同遊詩喚起窻全曙黃庭堅云喚起，禽名，聲如人，絡繹員轉清亮，偏於春曉鳴，江南謂之春喚復齋復錄予嘗讀唐顧渚山茶記曰：顧渚山中有鳥，如鵯鴿而色蒼，每至正二月作聲曰春起也，三四月云春去也，採茶人呼爲煥春鳥說文古通用奐玉篇本作嚾集韻亦作謹。鎣又嗅06148覍06784喦55105嚾07948嚾07932矏07944图字彙嗳同喚图可洪音義噭嗁07240：呼乱反，大聲也。正作嗁也。

嗳 06498 03128
huàn_9.12　廣韻火貫切集韻呼玩切音煥玉篇嗳呼图揚子方言嗳，悪也，秦、晉曰嗳，不欲鷹而強答之意也图揚子方言嗳，哀也註嗳，哀而悪也，音段。○按嗳無段音，疑誤图xuān廣韻況袁切集韻許元切

太音暄廣韻恐懼集韻愁也 又 集韻恚也 又 yuán 集韻于元切音袁。哀也 又 huì 虎猥切音賄。義同 又 hé 胡戈切音和。嚾喛，泣貌 又 xuǎn 火遠切，諼上聲。本作咺05799

㛹 06499 03129 pián_9.12 集韻毗連切音楩。巧言也。亦作辯。通作便。

㗄 06500 03130 mán_9.12 字彙俗謾字。鑾又㗄喻kūlüè，也作囫圇、窟窿、圓圈，今多作庫倫，蒙古語，指圈起來的地方。

喜 06501 03131 xǐ_9.12 古文憘歖歖 唐韻虛里切 集韻 韻會許已切 正韻許里切太音蟢 爾雅·釋詁喜，樂也 玉篇悅也 書·益稷股肱喜哉 易·否卦先否後喜 又 聞喜，縣名 又 姓 正字通元順帝時喜同，明正統中喜寧 又 xī◆ 集韻虛其切音僖。末喜，有施氏女名 晉語夏桀伐有施氏，有施人以妹喜女焉 又 楚辭·天問簡狄在臺嚳何宜，玄鳥致貽女何喜 註喜叶音羲 又 xì 集韻許記切。與憙同，好也 詩·小雅彤弓弨兮，受言載之。我有嘉賓，中心喜之 註載叶子利反，喜讀去聲 前漢·廣陵王傳何用爲樂心所喜，出入無悰爲樂亟 註韋昭曰：喜，許吏反。亟，丘吏反 又 chì 集韻 類篇太昌志切音熾。與饎69464同。鑾又喜06307喜09725喜06871憙17896 又 芑49004 宋元以來俗字譜引通俗小說 又 雙喜字作囍07889囍囍 又 㐂00076，文冠球曰：日本俗喜字 又 俗作㨙20748

㗅 06502 03132 hú_9.12 集韻 類篇太洪孤切音胡。㖤㗅，聲也 王褒·洞簫賦瞋㖤㗅以紆鬱 註㖤，顉頤也。㗅，咽下垂也。言氣之盛，㖤㗅類瞋怒也。

㖃 06503 03133 hòu_9.12 字彙胡口切音厚。吐也。

喝 06504 03134 ài_9.12 唐韻於介切 集韻乙芥切太音噫 說文㵣也 後漢·竇憲傳憲陰喝不得對 註陰喝，猶噎塞也。陰，於禁反。喝，一介反 又 後漢·張酺傳被矢貫咽，聲音流喝 註喝，一介反 廣蒼曰：聲之幽也 張正見·秋蟬喝柳詩長楊流喝盡 又 玉篇嘶聲也 王充·論衡兒生號啼之聲，鴻朗高暢者壽，嘶喝濕下者夭 又 yè 廣韻於犗切 集韻 正韻於邁切 韻會幺邁切太音餲 廣韻嘶聲 又 集韻饐聲 司馬相如·子虛賦榜人歌聲流喝 註徐廣曰：喝，烏邁反。又 kài 集韻丘蓋切 韻會苦蓋切太音磕 集韻與嗑同，聲也 又 hè 廣韻 集韻 韻會 正韻太許葛切音喝 廣韻本作㵣，訶也 戰國策恫疑虛喝 又 橫人日夜務以秦權恐喝諸侯，以求割地 集韻亦作嶱 又 hé 集韻何葛切音曷。呼也 又 一曰喉喝，怒聲。鑾又喝06580喝06301

唧 06505 03135 jī_9.12 廣韻資悉切 集韻 韻會 正韻子悉切太音堲 玉篇啾唧也 集韻啾唧，衆聲 又 jí 廣韻子力切 集韻 韻會 正韻節力切太音卽 廣韻唧，聲也 古木蘭詩唧唧復唧唧，木蘭當戶織 又 jié 集韻側瑟切音櫛。與嘰07616同。鑾又喞06506唧06145㴉28431㗊07585

喞 06506 03136 jī_9.12 篇海同唧

喟 06507 03137 kuì_9.12 古文嘳 唐韻 集韻 韻會 正韻太丘媿切音䕇 說文本作嘳，太息也 禮·禮運出游于觀之上，喟然而歎 廣韻同嘳 集韻或作叡 又 kuài 廣韻 集韻 韻會太苦怪切音蒯。義同 集韻亦作嘳、叡 又 huài 集韻呼怪切音𧮂。同嘳07167。鑾又匃04251匄04273嘳07750㕟26321敹21505𠟼03462

喠 06508 03138 zhǒng_9.12 廣韻之隴切 集韻主勇切太音腫 玉篇不能言 又 廣韻喠嗀，欲吐 又 集韻豎勇切音尰。又 cǒng 取勇切，樅上聲 又 chǒng 廣韻充隴切 集韻蠢勇切太音𩋉。義太同 又 廣韻氣急之貌 集韻急喘也。

嚃 06509 03139 tà_9.12 篇海他合切音塔。狗食貌。鑾俗嚺07517

𠷎 06510 03140 chóu_9.12 集韻陳留切音儔。同𪄀，雉名 爾雅·釋鳥南方曰𠷎 又 集韻時流切音讐 又 ní 女夷切音尼。義太同 又 集韻壽09736古作𠷎。

喡 06511 03141 wéi_9.12 集韻于非切音韋 玉篇失聲 集韻呼聲。又 wěi 集韻羽鬼切音偉。義同 又 wèi 于貴切音胃。小兒啼聲。

唼 06512 03142 shè_9.12 廣韻山輒切 集韻色輒切太音萐 玉篇多言也 又 chè 廣韻叱涉切 集韻尺涉切太音謵。與㗭05626同 又 shè 失涉切音攝。又敕涉切音鍤。義太同 又 shà 廣韻山洽切 集韻色洽切太音霎。小人言也 又 chā 廣韻楚洽切 集韻測洽切太音插。義同。鑾 正字通㗭，俗唼字。唼，與諜同。

嗝 06513 03143 gé_9.12 集韻各核切音隔。嗝嘀，雉鳴也。或作嗝。

㖁 06514 03144 xǔ_9.12 廣韻况羽切 集韻 韻會火羽切太音詡 廣韻呈示 又 集韻吹也。本作欨 前漢·中山靖王傳衆㖁漂山。或作㖁。又 正字通與煦同，溫潤之也 唐書·魏徵傳護民之勞，㖁之若子 又 正字通諂笑貌 柳宗元·與顧十郎書㖁㖁趄趄 又 前漢·中山靖王傳註師古曰㖁，吁句反 又 xū 集韻 韻會太匈于切音吁。義同 前漢·師古註又音許于反 王充·論衡風猶人之有吹㖁也 又 集韻一曰笑意。鑾又㖁31205𤇾30709

㗇 06515 03145 xiá_9.12 集韻何加切音遐。咽也 又 xiā 虛加切音蝦。義同 揚子·太玄經爲㗇咁，宋惟幹讀。

嗎 06516 03146 mán_9.12 篇海母官切音曼。欺也 字彙按此字當作𡅏，恐傳寫之譌。

喤 06517 03147 huáng_9.12 唐韻 集韻 韻會 正韻太胡光切音黃 說文小兒聲 詩·小雅其泣喤喤○按 釋文喤音橫，華彭反。又云呼彭反，聲也，不云音皇，故廣韻亦缺此一音，然叶韻自當讀皇 又 héng 廣韻戶盲切 集韻 韻會 正韻胡盲切太音橫。義同 又 詩·周頌鐘鼓喤喤 傳喤喤，和也○按 釋文喤，華彭反，徐音皇，又音宏，三音皆可讀。又 集韻諻也，怒也 又 詩·周頌喤喤厥聲○按 釋文喤，華盲反，又音橫，又音皇，三音皆可讀 又 hōng 廣韻虎橫切 集韻呼橫切太音諻 廣韻諻呷也 集韻諻也 又 通雅引喤，卽騶唱也。梁制，令僕、中丞各給威儀十人，武冠絳韝皆呼入殿，引喤至階，一人執儀囊不喤。

又huǎng 集韻 虎晃切音恍。喤呷，衆也。鎣又喤06768

喥 06518 03148
dù_9.12 玉篇 本作吒05415，同咤05763 又 集韻 都故切音妒。吒也 又duó 廣韻 徒落切 集韻 達各切𠀤音鐸 廣韻 口喥喥無度 集韻 言無度也。

喦 06519 03149
niè_9.12 唐韻 正韻 尼輒切 集韻 昵輒切𠀤音聶 說文 多言也，从品相連 春秋傳 次于喦北〇按 春秋·僖元年 齊師、宋師、曹伯次于聶北。三傳俱作聶 說文 作喦，或古本喦、聶通也 又niè 廣韻 而涉切 集韻 日涉切𠀤音顳。義同 集韻 本作讘。或作囁 又 玉篇 曳喦，爭言也。又yì 集韻 逆吸切音岌。地名 春秋 取宋師于喦〇按 春秋·哀十三年 鄭取宋師于喦，無釋文。十二年左傳釋文，喦，五咸反，𠀤不音入聲，然 集韻 當必有據，平聲一音，當入山部嵒13953字註 字彙 云喦與山部嵒字音巖者不同 正韻 引 古文尚書 用顧畏于民喦，孔氏書作碞，音巖，與山部嵒字混，非。鎣又喦06754㠋09035

喧 06520 03150
xuān_9.12 廣韻 況袁切 集韻 韻會 許元切𠀤音萱 玉篇 大語也 集韻 與吅同。或作讙 又 與咺同 漢武帝·悼李夫人賦 悲愁於邑，喧不可止兮 註 師古曰朝鮮之閒，謂小兒泣不止，名爲喧。音許遠反。鎣又讙07985

⿺丸咼 06521 03151
wěi_9.12 唐韻 於跪切 集韻 鄔毀切𠀤音委 說文 鷙鳥食已，吐其皮毛如丸。从丸咼聲，讀若骫 又huǐ 廣韻 許委切 集韻 虎委切𠀤音毀 又wō 集韻 烏禾切音倭。義𠀤同。

喨 06522 03152
liàng_9.12 集韻 與喨同。

喩 06523 03153
yù_9.12 廣韻 羊戍切 集韻 韻會 俞戍切𠀤音裕 玉篇 曉也 廣韻 本作諭。譬諭也，諫也 禮·文王世子 入則有保，出則有師，是以教喩而德成也。又 學記 可謂善喩矣 論語 君子喩於義，小人喩於利 史記·吳王濞傳 不敢自外，使喩其驩心 又 姓 廣韻 喩音樹，豫章人 又yú 集韻 容朱切音俞。嘔喩，和悅貌 前漢·王褒傳 嘔喩受之 又 集韻 一曰嘮喩，歌也。

⿰口亘 06524 03154
jìng_9.12 字彙 居慶切音敬。見釋典。鎣又 玄應音義·卷第二·大般涅槃經·第八卷·比聲二十五字 迦呿伽⿰口亘（其柯反）俄（魚賀反），舌根聲。凡五字，中第四字與第二字同而輕重微異。又 慧琳音義 ⿰口亘伽：上疑掕反。亦作殑26834，同。梵語。

⿰口癹 06525 03155
pō_9.12 廣韻 普活切音鏺 玉篇 妄說也 廣韻 讒⿰口癹，人言也。鎣又⿰口發07218

⿰口⿱皆日 06526 03156
zhāi_9.12 篇海 陟皆切音齋。惹也。

⿱㓞口 06527 03157
lüè_9.12 廣韻 離灼切 集韻 正韻 力灼切𠀤音略 爾雅·釋詁 利也 又 廣韻 人名。晉有褚⿱㓞口 玉篇 今作略。籀文作剠 廣韻 同䂮。

⿰殸只 06528 03158
xīn_9.12 玉篇 呼丁切 唐韻 呼形切𠀤音馨 說文 聲也。

喪 06529 03159
sàng_9.12 古文𡂤𡄹𠷔𡆧𡃐 廣韻 正韻 蘇浪切 集韻 韻會 四浪切，𠀤桑去聲 玉篇 亡也 又 正韻 失位也 論語 二三子何患於喪乎 註 喪，失位也 左傳·昭二十四年 昭公曰：喪人不佞 又sāng 廣韻 息郎切 集韻 韻會 正韻 蘇郎切𠀤音桑 正韻 持服曰喪 禮·檀弓 故孔氏之不喪出母，自子思始也 又 子夏喪其子，而喪其明 釋文 上喪字平聲，下喪字去聲 又 廣韻 喪，器也，今謂之柩 禮·曲禮 送喪不踰境 又 姓 廣韻 楚大夫喪左 說文 本作𡃐 廣韻 亦作㖇。鎣又丧01497丧00105㡞15701𡃐49898𧙘54483 又𡆧，亦作𡆧48419，古文。

䘮 06530 03160
sàng_9.12 廣韻 同喪

喫 06531 03161
chī_9.12 唐韻 正韻 苦擊切 集韻 韻會 詰歷切𠀤音燩 說文 食也 玉篇 啖，喫也 杜甫·絕句 梅熟許同朱老喫 又 正韻 飲也 杜甫·送李校書詩 對酒不能喫△ 廣韻 同噭 集韻 或作噭、嗷 正韻 亦作㱿 又kài 集韻 口賣切音𡡒。喫詬，力諍 又 口戒切音炫。義同。鎣又 正字通 㤈，俗喫字。嚅嘐𠀤俗喫字。又喫06582㱿27102噭07341，俗喫 可洪音義 還㱿：苦擊反。正作噭喫。喫噉：上苦擊反。

⿰口風 06532 03162
chuì_9.12 篇海 同吹 又 吹去聲。呼也。

㗊 06533 03163
jí_9.12 唐韻 阻立切 集韻 側立切𠀤音戢 說文 衆口也，从四口，讀若戢 又 集韻 測入切音㞙 又qì 訖立切音𠍳 又bì 北及切音鵖。義𠀤同 又 字彙補 古文雷字。見 七修類稿

喬 06534 03164
qiáo_9.12 唐韻 巨嬌切 集韻 韻會 渠嬌切𠀤音僑 說文 高而曲也，从夭从高省 爾雅·釋木 句如羽喬 註 樹枝曲卷，似鳥毛羽 又 下句曰朻，上句曰喬，如木楸曰喬 又 小枝上繚曰喬 書·禹貢 厥木惟喬 傳 喬，高也 詩·周南 南有喬木 傳 喬，上竦也 又 矛之上句曰喬 詩·鄭風 二矛重喬 傳 重喬，累荷也 箋 喬，矛矜，近上及室題所以縣毛羽 又 姓 後漢·光武紀 雲中太守喬扈 又 人名 戰國策 世世稱孤，而有喬松之壽 註 喬，王子喬。松，赤松。又 通橋 詩·周南·喬木釋文 亦作橋 又jiāo 廣韻 舉橋切 集韻 居妖切𠀤音驕 書·禹貢·惟喬釋文 喬，徐音驕。又 詩·鄭風·重喬釋文 喬，居橋反 又 與驕通 禮·樂記 齊音敖辟喬志 釋文 喬，音驕。本或作驕。又 表記 喬而野。又qiāo 集韻 丘祆切音蹺。喬詰，意不平 莊子·在宥篇 天下始喬詰卓鷙 釋文 喬，欽消反，或云去夭反，郭音矯，李音驕 又jiǎo 集韻 舉夭切音矯。又祛矯切音槁。義𠀤同 又jiào 渠廟切音轎。木枝上曲。鎣又喬06111乔00312 又乔10015 宋元以來俗字譜 引 金瓶梅 又乔00294㐘09999 或亦並俗喬字。

喭 06535 03165
yàn_9.12 古文㕣 廣韻 魚變切 集韻 魚戰切。𠀤同唁06004 又àn 廣韻 五旰切 集韻 正韻 魚旰切𠀤音岸。廣韻 弔失容 又 論語 由也喭 註 子路之行，失於畔喭。疏 舊註作昄喭。字書云昄喭，失容也 朱註 喭，粗俗也。又yǎn 集韻 語限切音眼。小笑貌。

單 06536 03166 dān_9.12 唐韻都寒切集韻韻會多寒切太音丹說文大也又書·洛誥乃單文祖德傳單，盡也詩·小雅俾爾單厚箋單，盡也禮·郊特牲惟爲社事單出里鄭語夏禹能單平水土晉語單善而內辱之又揚雄·甘泉賦單埢垣兮註單，周也又縣名前漢·地理志牂牁郡母單縣。又廣韻單複也正字通單者，複之對也杜甫詩歲暮衣裳單又玉篇一也，隻也詩·大雅其軍三單箋大國之制，三軍以其餘卒爲羨，單者無羨卒也禮·禮器鬼神之祭單席史記·信陵君傳今單車來代之後漢·耿恭傳以單兵固守孤城。又高彪傳家傳單寒又姓廣韻可單氏，後改爲單氏又tán集韻唐干切音壇。亦姓也。鄭有樂邑大夫單伯。通作檀又chán廣韻市連切集韻韻會時連切太音蟬廣韻單于前漢·匈奴傳單于者，廣大之貌也。言其象天，單于然也又爾雅·釋天太歲在卯曰單閼釋文單音蟬，又音丹，或音善又shàn廣韻韻會常演切集韻正韻上演切太音善玉篇大也又縣名前漢·地理志山陽郡單父縣註師古曰音善甫又姓廣韻單襄公之後史記·儒林傳桓生單次註單音善。單姓，次名。又人名書·序咎單作明居傳咎單，臣名，主土地之官註單音善又chǎn集韻齒善切音闡。與嘽07192同。又dǎn集韻黨旱切正韻多簡切太音狚集韻本作亶，多穀也。一曰誠也，厚也書·洛誥乃單文祖德釋文單音丹，又丁但反，信也詩·小雅俾爾單厚傳單，信也，或曰厚也釋文單，毛音都但反，鄭音丹。又周頌單厥心傳單，厚也釋文都但反又通亶史記·歷書端蒙單閼二年註單閼，一作亶安又dàn集韻徒案切音憚。與鄲同，鄲狐，邑名又zhàn集韻正韻太之膳切音戰。單至，輕發之貌又shàn集韻韻會太時戰切音繕。單父，邑名。△亦姓。鑾又单02593单12664單04576单05100

噴 06537 03167 bēn_9.12 海篇同噴〇按字彙作噴，附八畫，非。今改正。鑾可洪音義帝噴：音奔。郭氏作普悶反，非也。

喛 06538 03168 biàn_9.12 字彙陂驗切音窆。轉舌呼，又轉口〇按字彙附十畫，非。今改正。

喉 06539 03169 hóu_9.12 說文喉本字。

喭 06540 03170 yàn_9.12 集韻諺56341古作喭。

啾 06541 03171 jiū_9.12 說文啾本字。

嘼 06542 03172 xù_9.12 廣韻況逼切集韻忽域切太音洫廣韻聲也。鑾又嘼06635亦作㖅06249

喢 06543 03173 shà_9.12 集韻嗄06703古作喢。

㱾 06544 03174 jī_9.12 集韻箕42111古作㱾。

嗧 06545 03175 jí_9.12 字彙補古文苟49163字。

嘓 06546 03176 kuì_9.12 金石韻府古文喟06507字。

䶪 06547 03177 gū_9.12 五音集韻古胡切音孤。越王巫䶪祠，在雲陽又小兒病鬼。

喍 06548 03178 jiè_9.12 集韻同界。境也。鑾堺65762譌字四聲篇海喍，境也五音集韻畍堺喍介說文境也。亦書作界35421集韻作：畍堺堺介。

匙 06549 40733 shí_9.12 篇海類編是知切，音時◇鳥鳴。鑾又嗜06435

嚮 06550 40734 xiǎng_9.12 字彙補許講切，音享◇恐聲。

嘔 06551 40735 null_9.12 字彙補音未詳巢氏病源大腸虛而傷於寒，痢而用氣。嘔其氣不衝，則肛門脫出。

嗽 06552 40736 yōu_9.12 說文長箋與呦同。

喿 06553 40737 nuò_9.12 搜真玉鏡奴候切音糯字彙補羊鳴也。鑾字彙補農課切音糯四聲篇海喿，奴侯切。又年畜也。

鬲 06554 40738 gē_9.12 字彙補古多切，音戈◇土釜。鑾字海鬲（鬴）的訛字。

嘧 06555 40739 bō_9.12 五音篇海音鉢。咒神也。

喈 06556 40740 zhāi_9.12 字彙補之皆切，音榸◇。

㖅 06557 40741 xiè_9.12 龍龕許介切，音懈◇怒大聲。鑾同㖅05962

噊 06567 u2A867 qiú_9.12 同啾06439

㘈 06558 42685 nǜ_9.12 字彙補同恧

啳 06568 u2A866 null_9.12 喃未詳。

噰 06559 42686 yóng_9.12 龍龕與喁同

哄 06569 u2A865 null_9.12 喃未詳。

嘌 06560 42687 piāo_9.12 篇海與漂同

喰 06561 42688 sūn_9.12 龍龕音餐。又音孫。

嗻 06562 42689 shà_9.12 五音篇海與唼同。鑾又俗嚏07614可洪音義連嗻：丁計反。正作嚔06232

㖨 06570 u2A864 null_9.12 未詳。

喿 06563 42690 cè_9.12 龍龕與策同

喓 06564 42691 yǎo_9.12 搜真玉鏡同咬。

㖪 06565 u2A869 tàn_9.12 龍龕俗。他丹反。

㖸 06566 u2A868 xī_9.12 同吚05409爾雅殿屎，呻也。或作殿㖸。

喵 06571 u2A863 null_9.12 未詳。

㖿 06572 u2A862 null_9.12 未詳。

喰 06573 u2A861 shī_9.12 或同呞05607新撰字鏡喰，黍之反。牛細皃。牛哨也。牛乃尒介加牟。

嗅 06574 u2A860 null_9.12 未詳。

唆 06575 u2A85F null_9.12 未詳。

㗊 06578 u2A85C null_9.12 未詳。

喟 06576 u2A85E kuài_9.12 簡噴07167

㖾 06577 u2A85D angq_9.12 壯感謝。亦作仰。

喙 06579 uFA7A huì_9.12 同㖓06583喙06496字。

喝 06580 uFA36 ài_9.12 兼喝06504

喳 06581 u2F849 zhā_9.12 俗喳06678 清·洪昇長生殿·疑讖聽街市恁喳呼，偏冷落高陽酒徒。

喫 06582 u2F848
chī_9.12　俗喫06531 可洪音義 喫噉：上苦擊反。

啄 06583 u2F847
huì_9.12　直音篇 啄06496同啄。

善 06584 u2F846
shàn_9.12　俗善06450

善 06585 u2F845
shàn_9.12　兼 善06450

㳾 06586 u20E3E
mấp_9.12　喃 从口胈mấp聲。

㳽 06587 u20E3D
chìa_9.12　喃 从口迡chầy聲。

咖 06588 u20E3C
mời_9.12　喃 俗呡06340請。

噏 06589 u20E35
jiào_9.12　集韻 叫05348或作噏。

㟨 06590 u20E2C
xâm_9.12　喃 从嘬省侵xâm聲。私語△㟨吹：嘰咕。

嗾 06591 u20E2B
zòu_9.12　朱濯嗾，道教雷霆四箭符之一。見 道法會元 図 tâu 喃 从口奏tấu聲△嗾希：稟奏。嗾貝主：告狀 図 ráu 嗾錢：要錢。嗾錢受娛：哨老族。

咯 06592 u20E2A
luò_9.12　佛經記音字 龍龕 咯，音洛 可洪音義 曷咯：力各反 図 vặc 喃 从口洛rặc聲。破口大罵。

嗔 06593 u20E29
rên_9.12　喃 从口貞trinh聲。呻吟。

哩 06594 u20E28
láy_9.12　喃 从口俚lái聲△哩㖡哩吏：反復。

咯 06595 u20E27
khạc_9.12　喃 从口恪khác聲。咯，咳。

唔 06596 u20E26
kān_9.12　佛經記音字 龍龕 苦干切 図 khàn 喃 从口看khán聲△喱唔：嗓音粗啞 図 khan 乾渭△同唔㳶：田地渭乾。唔古：喉嚨發乾。唔喱：喉嚨沙啞 図 khen同呬△唔饎：稱讚。唔賞：嘉獎。

計 06597 u20E25
kể_9.12　喃 从口計kể聲。敘述，陳述。

哹 06599 u20E23
hòng_9.12　喃 从口紅hồng聲。

喢 06600 u20E22
phức_9.12　喃 从口福phúc省聲。率意，恣意。

咖 06601 u20E21
hực_9.12　喃 从口洫hực聲△嗷咖：憤慨。

嗶 06602 u20E20
ví_9.12　喃 从口彎bí聲。比喻，譬如。

㗁 06603 u20E1F
bui_9.12　喃 从只省盃bôi聲。㗁固：只有。

啗 06604 u20E1E
đúm_9.12　喃 喝啗：歡唱。

嘴 06605 u20E1D
jié_9.12　同嘴06232

㗤 06598 u20E24
dài_9.12　佛經記音字 龍龕 俗。侍、待二音 可洪音義 多㗤：徒海反。正作嚏07516 図 giãi 喃 从口待đãi聲。敘述，傾訴。

怣 06606 u20E1C
tên_9.12　喃 同銑06607名 図 den 壯 仙。

銑 06607 u20E1B
tên_9.12　喃 名也。从名怣tên省聲。亦作怣06606
銘06304

喃 06608 u20E1A
hǒu_9.12　同吼05507 直音篇 喃，同吼 図 cầu 喃 从口苟cầu聲△喃囔：叨嘮。

㳾 06609 u20E19
sống_9.12　喃 同輄35296 図 trống 同斨36982

㳿 06610 u20E18
tục_9.12　喃 从口俗tục聲。

暜 06611 u20E17
xưa_9.12　喃 从古初sơ聲△暚暜：昔日。暜念：古往今來。

㕺 06613 u20E15
dận_9.12　喃 从口胤dận聲。叮囑。

啼 06614 u20E14
niu_9.12　喃 从口芇nào聲。

咶 06615 u20E13
quát_9.12　喃 从口括quát聲△咶哰：訓斥，叱罵。

㗂 06616 u20E12
bảo_9.12　喃 从口保bảo聲△㗂囔：嘟囔，抱怨。

唷 06617 u20E11
shāo_9.12　粵 鬆軟。

㗕 06612 u20E16
yín_9.12　芛49494譌字

吟 06618 u20E10
null_9.12　未詳。

㗏 06619 u20E0F
gā_9.12　譯音用字 穆宗毅皇帝實錄•卷之二百七十六 據稱英國領事吉必勳、洋弁㗏噹，前在臺灣安平地方，違約滋事各案，經該署道黎兆棠查，係廩生許建勳、副將蕭瑞芳，為之主謀。

㗎 06620 u20E0E
ná_9.12　篇海 㗎，音拏 図 nā 粵 和，跟著。

嘆 06621 u20E0D
xiào_9.12　同笑41749敦煌•P.2981 昭公十八年傳 娶妻而美，三年不言不嘆。北魏 寇憑墓誌 美談嘆，善草隸 可洪音義 唅嘆：上户南反。下私妙反 図 mỉa 喃 从口美mỉ聲△嘆啾：諷刺，奚落。

嗒 06623 u20E0B
ga_9.12　韓 痛苦時所喊呼之聲，哀嗒。

喳 06624 u20E0A
null_9.12　未詳。

啄 06622 u20E0C
dal_9.12　韓 雞林類事 雞曰啄。音達。查字典，無此字，乃朝鮮土語。

喀 06625 u20E09
null_9.12　未詳。

瑝 06626 u20E08
null_9.12　未詳。

嗅 06627 u20E07
xùn_9.12　同嗅06631

咨 06628 u20E06
dàn_9.12　管子•第十一•山權數 相困撲而咨。王念孫 讀書雜志（王）引之曰：咨當為濸29858字之誤也。濸古贍58027字也。

夗 06629 u20E05
kū_9.12　同哭05973 四部叢刊•初編集部•小畜集•卷第十一•太宗皇帝挽三首•其二 舜化無偏黨，堯年欠老期。世間人自夗，天上事難知。

嘆 06630 u20E04
yīng_9.12　譯音用字，指英國，如嘆夷、嘆語。清•林則徐 覆奏曾望顏條陳封關海事宜疏 且查嘆咕唎在外國最稱強悍，諸夷中惟咪唎嘪及佛蘭西尚足與之抗衡。清•梁廷枏 粵道貢國說•卷六 嘆咭唎國說：嘉慶元年，嘆咭唎國恭進貢物：黃色大呢、醬色大呢、嗊哥囉大呢、新樣大呢各六版 図 inh 喃 从口英anh聲。喧噪△哭嘆：痛哭流涕。嘆聰：聒耳，刺耳 図 ình 嘆臁：飽脹，撐肚子 図 ên 㡌 嘆：自製。

嗅 06631 u20E03
xùn_9.12　同㗙07196 篆隸考異 嗅，俗。篆作湨28987 穌困切。含水噴物也 廣雅 漱湨也。

嘆 06632 u20E02
tū_9.12　同突41039 封神演義•第三回 乃是鐵嘴神鷹迎面嘆來△宏按，嘆字又用作象聲詞。亦為祕咒用字，見 道法會元 図 nuốt 喃 从口突đột聲。同辝07284

哌 06633 u20E01 pài _9.12 化學譯音用字。

唶 06634 u20DFF zǎ _9.12 方同咋05668怎,怎麼。

嗅 06635 u20DFE xù _9.12 同嗅06542

嗼 06636 u20DFA bó _9.12 同勃04007 可
洪音義 炮嗼:上蒲交反。下蒲沒反。

到 06638 u20DF7 null _9.12 未詳。

唰 06637 u20DF9 shuāng _9.12 同爽32338
馬王堆漢墓帛書·老子甲本釋文 五味使人之口唰,五音使人之耳聾 老子第十二章 作五音令人耳聾,五味令人口爽 图 新撰字鏡 唰,央魚反。笑魚。

嗢 06639 u20DF6 null _9.12 未詳。

唨 06640 u20DF5 null _9.12 未詳。

嗾 06641 u20DF4 haeuj _9.12 壯象;似(指面貌相似)。

唒 06643 u20DF2 null _9.12 未詳。

晷 06642 u20DF3 guǐ _9.12 直音篇 晷,音癸。以表度日。晷22714,同上。

嗜 06644 u20DF1 null _9.12 未詳。

晑 06645 u20DF0 tú _9.12 俗圖08194 可
洪音義 我富:音徒 图 miǎn同咺06487

喟 06646 u20DEF méi _9.12 譯音用字

嗹 06649 u20DEC jiàn _9.12 或同諫56318

嗻 06647 u20DEE nọc _9.12 喃从口毒độc聲。(動物的)毒液。

嗰 06648 u20DED hán _9.12 俗嗰06199 龍龕 嗰,俗。音函。

喪 06650 u20DEB sàng _9.12 或俗喪。

嗴 06652 u20DE9 null _9.12 未詳。

嗑 06651 u20DEA xiá _9.12 龍龕 嗑06723嗑,俗。式人、敕轄二反。
图 可洪音義 帝嗑:呼轄反 芬陁利經 作帝呵05638也。又應和尚作勑轄反,非也。嗑字出萇筠切韻。

嗝 06653 u20DE8 biǎn _9.12 直音篇 布典切 图 方 指人的下頜前突。

喊 06654 u20DE7 null _9.12 未詳。

咼 06655 u20DE6 miěng _9.12 喃从口勉miěn聲△唸㕭咼:吃一口。咼唸:吃的。凃咼:唾沫。

哼 06656 u20DE5 tíng _9.12 佛經記音字 龍龕 哼俗,音亭 無崖際總持法門經 以伏步為翼從,多樓泥竭哼法門。以多樓泥竭哼為翼從,遊空淨法門。以遊空淨為翼從,入步最勝法門 图 đành 喃 从口亭đình聲。姑且,奈何。

哧 06658 u20DE4 chī _9.12 正字通 嗤06767別作歡,俗作哧。

啣 06659 u20DE3 xián _9.12 同銜63131

咆 06657 u20DE4 phào _9.12 喃 从口胞bào聲。迅速短暫貌。呼的一下△咁咆咆:氣喘噓噓

呣 06660 u20DE1 null _9.12 未詳。

啓 06661 u20DE0 qǐ _9.12 俗啓06234

喭 06662 u35D2 ài _9.12 同唉06015嘆詞 图 方 喭老,同娭老:母親。

唄 06663 u35D1 bai _9.12 同唄06008語氣詞 图 bói 喃 从口拜bái聲。

嗑 06664 u35D0 kè _9.12 嗑06724本字。見 說文

哇 06665 u35CF wāi _9.12 嘆詞。同喂

㗎 06666 u35CE jià _9.12 粵 同嘎07492㗎06850,語氣詞,表示疑問。

喋佬,戲指日本人 图 譯音用字。喋啡,今作咖啡。

喇 06667 uF90B là _9.12 兼喇

啫 06668 u55BE kù _9.12 简嚳07801

嘍 06669 u55BD lou _9.12 简嘍06963

㗎 06672 u55BA xì _9.12 粵同係,是。

噎 06670 u55BC jié _9.12 盒、箱。詹天佑 新編華英工學字彙·D Detonating caps:銅噎,爆藥帽,響墩蓋。又噎鎗。民國 海南島志·第三章·第五節 武器:舊式噎鎗最多,幾於無家不有。舊式噎鎗一枝,可易牛一頭。手鎗可易牛三四頭。駁壳鎗可易牛六頭,或七八頭 图 譯音用字 大公報(香港)·Apr. 17. 1939. ⑥·本港新聞 新督憲府將設在馬加聖噎道,國家醫院招商拆卸。

喻 06671 u55BB yù _9.12 廣韻喻,同諭56321

喹 06673 u55B9 kuí _9.12 化學譯音用字。喹啉quinoline,一種有機化合物。

喷 06675 u55B7 pēn _9.12 简噴07323

嚞 06674 u55B8 pos _9.12 韓地名用字

喵 06676 u55B5 miāo _9.12 象聲詞。貓叫的聲音 图 meuq 壯 喵,(一)輕浮。(二)多嘴。妖內真咁喵:這個女人真多嘴。

喴 06677 u55B4 wēi _9.12 譯音用字 申報. 1873. June. 13 播喴洋行吊贜案。

喳 06678 u55B3 zhā _9.12 喳呼,喧嚷。又象聲詞。亦音chā。俗作喳06581

哟 06679 u55B2 yō _9.12 嘆詞 图 yo(一)語氣詞。(二)助詞。

喱 06680 u55B1 lí _9.12 英美制最小的重量單位grain之漢譯,今譯為格令。1格令等於0.0648克 图 譯音用字。如咖喱、啫喱 图 漢語方言大詞典 喱,粵語。(一)薄物放入縫中。(二)用刀來回割切。喱唏:戲弄人以取笑。

啫 06681 u556B shì _9.12 龍龕 啫俗,啫06745正 图 ja 韓 軍中鼓吹樂器名 图 trả 喃 還給 图 nhả 吐 图 giã 辭啫:辭別。

喪 06682 03179 sàng _10.13 說文 喪本字。从哭从亡〇按 字彙 作喪,附九畫,非,今改正。 鎣 字彙 喪,喪本字。喪,同喪。

哹 06683 03180 fú _10.13 字彙 縛謀切音浮。吹氣。

唟 06684 03181 zhēn _10.13 字彙 之人切音真。驚也。

喿 06685 03182 zào _10.13 唐韻 蘇到切 集韻 韻會 正韻 先到切 丛音瘙 說文 鳥羣鳴也。从品在木上 集韻 或作噪、喿。
图 qiāo 集韻 千遙切,燥平聲 玉篇 舌屬金作鐐 集韻 本作僛。或作魖斯銚㲈櫑。

啴 06686 03183 zhuī _10.13 五音集韻 陟佳切音追 玉篇 口滿貌。

嘆 06687 03184 qiān _10.13 廣韻 去乾切 集韻 丘虔切丛音愆 揚子方言 嘆,樂也註 嘆嘆,歡貌 集韻 或作喭 图 xiān 集韻 虛延切。同嗎06982

噢 06688 03185 yù _10.13 廣韻 於六切音郁。喉聲〇按 玉篇 集韻 別

作㘯。鋆又嘟06475

㲉 06689 03186
xuè_10.13 唐韻許角切集韻黑角切丛音吒集韻或作殻、殻說文歐皃。从口殸聲玉篇殻嘔吐皃左傳·哀二十五年褚師聲子犆而登席，公怒。辭曰：臣有疾，異於人，若見之，君將殻之又hù廣韻集韻丛呼木切音縠。義同五音集韻書作殸又hè集韻黑各切音壑。義同左傳釋文殻，又許各反△集韻或作殻。鋆集韻殻殻27104殻27074說文歐兒。引春秋傳君將殻之。或从欠。亦省又正字通殻27042殻字之譌又殸07022殻09727殸27092迦61229殻06902

嘰 06690 03187
nì_10.13 字彙宜戟切音逆。歐嘰，吐也正字通同呬。

嚏 06691 03188
tí_10.13 唐韻正韻杜兮切集韻韻會田黎切丛音題說文嚔也前漢·五行志夂人立而嚏後漢·梁冀傳作愁眉嚏妝△廣韻同嚔、啼集韻或作嚔、涕、諦又通作謕前漢·嚴助傳孤子謕嚏又叶田離切魏武帝·苦寒行樹木何蕭索，北風聲正悲。熊羆對我蹲，虎豹夾路嚏。△集韻通作啼。

㪿 06692 03189
duǎn_10.13 說文古文斷22114字。从㿝。㿝，古文更字周書㪿㪿倚無他技，古文作斷。今秦誓作斷。

嗂 06693 03190
yáo_10.13 廣韻集韻韻會正韻丛餘昭切音遙說文喜也廣韻樂也正韻禮記作猶〇按檀弓咏斯猶註，猶當爲搖，謂身動搖，不云同嗂。鋆又嗂06805嗂07344

㖛 06694 03191
xùn_10.13 集韻韻會正韻丛蘇困切音巽玉篇溢水也廣韻灒水也集韻噴水也廣韻本作潠韻會亦作㖛。

嗞 06696 03193
cí_10.13 字彙同嗞

㖞 06695 03192
wà_10.13 集韻烏化切音窊。小兒啼也。鋆正字通俗呱05632字。

嗃 06697 03194
hè_10.13 唐韻呼各切集韻韻會正韻黑各切丛音臛說文嗃嗃，嚴酷皃玉篇嗃嗃，嚴大之聲也廣韻嚴厲皃易·家人家人嗃嗃，悔厲吉又集韻聲也。一曰悅樂也又韻會苦熱之意又hù集韻呼酷切韻會火酷切丛音熇。悅樂也又xiāo廣韻許交切集韻正韻虛交切丛音虓廣韻嗃嘷聲集韻謷嗃，迅聲正韻叫呼聲莊子·則陽篇夫吹筦也，猶有嗃也註嗃，管聲又xiáo集韻孝狡切。與哮同。大呼也又xiào廣韻呼教切韻會正韻許教切丛音孝廣韻大譀也，同詨集韻或作謞詨。

嗑 06698 03195
àng_10.13 集韻於浪切音盎。聲也。或作謚、訣。

嗛 06699 03196
hàn_10.13 集韻戶感切音頷。本作頷，顉也。或作頜。

嗊 06700 03197
gōng_10.13 集韻居容切音恭。與哄05818同。

嗿 06701 03198
dān_10.13 集韻都含切音耽。聲也。

㗈 06702 03199
pī_10.13 類篇篇夷切音仳。叱聲集韻作諀。

嗄 06703 03200
shà_10.13 古文喔廣韻集韻韻會正韻丛所嫁切，沙

去聲玉篇聲破集韻聲變也老子道德經終日號而嗌，不嗄和之至也集韻或作歍又ài廣韻於犗切集韻正韻於邁切韻會幺邁切，並音餲廣韻聲敗集韻氣逆也。楚人謂啼極無聲爲嗄又yì集韻乙界切，噫去聲。亦氣逆也。或作喑。鋆正字通嗄，嗄字之譌。

嗅 06704 03201
xiù_10.13 廣韻集韻正韻丛許救切音珛集韻與齅同，以鼻就臭廣韻以鼻取氣論語三嗅而作莊子·人間世嗅之，則使人狂醒三日而不已韻會亦作臭又xiòng集韻香仲切音趨。義同。鋆又嗅06757齅75512

儺 06705 03202
nuó_10.13 廣韻諾何切集韻囊何切丛音那玉篇除疫也。與儺同集韻本作難，卻凶惡也又nàn集韻乃旦切，難去聲。義同。

嘗 06706 03203
cháng_10.13 正字通俗嘗字。

嗆 06707 03204
qiāng_10.13 集韻千羊切音鎗玉篇鳥食也又集韻一曰愚貌又chéng集韻鋤庚切音傖。嗆嗃，愚怯。鋆又因異物進入氣管，而引起噴出、猛烈咳嗽等動作。又qiàng煙氣或味道刺激鼻腔，使人覺不舒服。又嗆05588熗31524

嘴 06708 03205
gòu_10.13 玉篇古候切集韻居候切丛音遘玉篇喝嘴也又集韻與雊同，雉鳴。或作呴、鳴又gōu廣韻古侯切集韻居侯切丛音鉤廣韻唱嘴又集韻嘴咶，聲亂。一曰大聲。

嗇 06709 03206
sè_10.13 古文嗇嗇嗇嗇唐韻所力切集韻韻會殺測切丛音色說文本作嗇。愛濇也。从來从㐭。來者㐭而藏之，故田夫謂之嗇夫玉篇愛也，慳貪也易·說卦傳爲吝嗇左傳·襄二十六年嗇于禍註嗇，貪也又老子道德經治人事天莫如嗇註嗇者，有餘不盡用之意又史記·倉公傳脈嗇而不屬又官名書·胤征嗇夫馳註嗇夫，主幣之官詩·小雅·田畯至喜箋田畯，司嗇，今之嗇夫也史記·張釋之傳虎圈嗇夫註正義曰：掌虎圈百官表有鄉嗇夫，此其類也又與穡同儀禮·特牲饋食禮主人出寫嗇于房註嗇者，農力之成功前漢·成帝紀服田力嗇。鋆又僓02043嗇06420嗇06896嗇07226廧15810

嗈 06710 03207
yōng_10.13 廣韻集韻丛於容切音雍廣韻同噰07383

嘈 06711 03208
cǎo_10.13 廣韻采老切集韻采早切丛音草玉篇嘈嘍，無人貌集韻嘈嘍，寂靜也。

嗺 06712 03209
jí_10.13 廣韻秦悉切音疾玉篇嘁嗺集韻嘁嗺，聲也。

嗉 06713 03210
sù_10.13 廣韻桑故切集韻韻會正韻蘇故切丛音素爾雅·釋鳥亢鳥嗉，其粻嗉註嗉者，受食之處，別名嗉又星名前漢·天文志張嗉爲廚，主觸客。鋆又膆47660

嗊 06714 03211
hǒng_10.13 廣韻呼孔切集韻韻會虎孔切丛音懳玉篇囉嗊，歌曲也通雅囉嗊猶來羅雲溪友議元稹·贈劉采春曰：選詞能唱望夫歌，卽囉嗊曲也。又金陵有囉嗊

樓 囚 hòng 集韻 呼貢切，烘去聲。義同。鑒 又嗊06155

嘈 06715 03212
xié_10.13 玉篇 許劫切 集韻 韻會 迄業切丛音脅 玉篇 吸嘈也 集韻 合也，吸也 莊子·天運篇 予口張而不能嘈○按 類篇 作嚇，訛 囚 正韻 嘈赫，以口恐迫人。呵欠也。鑒 又 古今韻會舉要 嘈 說文 本作歙26416 囚 可洪音義 御嚇：上許刧反，下呼格反，相恐也。正作㦩17952也。上又音却，非也。

嗒 06716 03213
dàn_10.13 字彙 啗字之譌。

嗿 06717 03214
něng_10.13 集韻 奴等切，能上聲 玉篇 多言也。

嗒 06718 03215
yǒng_10.13 集韻 尹竦切音勇。喠嗒，欲吐。或作㖣。鑒 又嗒06878

嗌 06719 03216
yì_10.13 唐韻 集韻 韻會 正韻 丛伊昔切音益。說文 咽也。榖梁傳·昭十九年 歠飦粥，嗌不容粒 註 嗌，喉也 楚辭·大招 四酎并孰，不澀嗌只 史記·倉公傳 飲食下嗌 老子道德經 終日號而嗌不嗄 囚 集韻 乙革切音㗇。義同 莊子·大宗師 屈服者，其嗌言若哇 釋文 嗌，郭音厄 囚 wò 集韻 乙角切音渥。笑也 韓詩外傳 疾笑嗌嗌，威儀固陋 囚 ài 集韻 烏懈切音隘 揚子方言 嗌，噎也。秦晉或曰嗌，又曰噎 註 皆謂咽痛 囚 yì 集韻 壹計切音翳。與齸同。江東名咽爲齸。鑒 又㘦01922嗌07540 囚 正字通 歙同嗌。

嗍 06720 03217
shuò_10.13 集韻 色角切音朔。吮也。本作欶。或作嗽、㰱。

嗎 06721 03218
mà_10.13 字彙 俗罵字。鑒 又吗05447

嗏 06722 03219
chā_10.13 字彙 初加切音差。語辭 正字通 今曲調有之。六書無嗏。

嗑 06723 03220
xiá_10.13 集韻 下瞎切音轄 玉篇 大開口 囚 hài 集韻 類篇 丛下蓋切音害。義同 囚 集韻 一曰聲也。鑒 又嗑06651

嗑 06724 03221
kè_10.13 廣韻 古盍切 集韻 谷盍切，並音䪩 說文 多言也。从口盍聲，讀若甲 集韻 嗑嗑，語也。或作㗉 囚 hé 廣韻 胡臘切 集韻 韻會 轄臘切丛音盍 玉篇 噞嗑，卦名 易·序卦傳 嗑者，合也 囚 集韻 多言也。或作㗉、詥 囚 xiá 集韻 類篇 丛迄甲切音呷。嗑然笑聲 囚 類篇 吸呷也。鑒 本作嗑06664

嗒 06725 03222
tà_10.13 廣韻 吐盍切，音榻。嗒然忘懷也 集韻 託合切，音鎑。解體貌 莊子·齊物論 嗒然似喪其耦 囚 dā 廣韻 都合切 集韻 德合切丛音荅 玉篇 䑛也 廣韻 䑛嗒 △ 集韻 或省作荅。鑒 又喑07175㗳18054

嗓 06726 03223
sǎng_10.13 集韻 寫朗切 韻會 蘇朗切丛音顙 集韻 喉也 囚 正字通 俗以馬病鼻流涎曰嗓。鑒 又㗓07091

㗛 06727 03224
xiāo_10.13 正字通 俗㤭字。

嗖 06728 03225
sào_10.13 五音集韻 蘇到切音譟 玉篇 本作噪07363

嗅 06729 03226
chǒu_10.13 篇海 初九切。惡口也。

嗔 06730 03227
tián_10.13 廣韻 徒年切 集韻 韻會 正韻 亭年切丛音田 說文 盛氣也 玉篇 聲也。引詩 振旅嗔嗔○按今 詩·小雅 本作闐闐 囚 chēn 廣韻 昌眞切 集韻 韻會 正韻 稱人切丛音瞋 廣韻 本作瞋，怒也 集韻 本作謓，亦作㥲 韻會 嗔本音田，至唐聲尚如此，今俗則以爲瞋嫌字矣。

嗕 06731 03228
rù_10.13 廣韻 而蜀切 集韻 儒欲切丛音辱 玉篇 羌別種也 前漢·匈奴傳 匈奴前所得西嗕居左地者 註 孟康曰：嗕音辱，匈奴種也。又 馮奉世傳 羽林孤兒，及呼速絫嗕種 註 劉德曰：嗕音辱，羌別種也 囚 廣韻 嗢嗕，憐貌 囚 nù 集韻 奴沃切音傉 前漢·匈奴傳註 嗕，師古音奴獨反 囚 前漢·匈奴傳 未至嗕姑地 註 嗕，力穀反 囚 nòu 集韻 乃豆切音槈。羌別種 前漢·馮奉世傳釋文 嗕，又乃穀反。

噭 06732 03229
jiāo_10.13 廣韻 五弔切 集韻 倪弔切丛音顤 玉篇 叫也 揚子·太玄經 噭呱啞咋 囚 集韻 一叫切音窔。義同。鑒 俗噭。

嗊 06733 03230
hòng_10.13 集韻 胡貢切音閧 玉篇 嗊，市人 集韻 衆聲。或作哄。

嗝 06734 03231
gé_10.13 集韻 葛合切音閤。聲也。

嗖 06735 03232
sù_10.13 玉篇 所六切音縮。笑貌 囚 shòu 集韻 所救切音瘦。驅鳥聲。或作㗅。

喎 06736 03233
wā_10.13 廣韻 集韻 丛烏八切音穵 廣韻 飲聲。

嘆 06737 03234
jī_10.13 集韻 堅奚切音雞。嘆嘆，聲也。

牌 06738 03235
bǎi_10.13 集韻 補買切音擺 玉篇 別也 囚 bà 集韻 部買切，罷上聲 博雅 裂也。鑒 說文 作牌02740 龍龕 睥04620 俗，睥正。

嗙 06739 03236
bēng_10.13 唐韻 補盲切 集韻 晡横切丛音祊 說文 謌聲嗙喻也。司馬相如說，淮南宋蔡舞嗙喻也 囚 廣韻 喝聲 集韻 一曰叱也 囚 bàng 集韻 補曠切音謗。聲也。

嗚 06740 03237
wū_10.13 廣韻 哀都切 集韻 韻會 汪胡切丛音污 玉篇 嗚呼，歎辭也 書·五子之歌 嗚呼曷歸 集韻 亦作歈 囚 與烏通 史記·李斯傳 歌呼嗚嗚，快耳目者，眞秦之聲也。亦作烏烏 囚 wù 集韻 烏故切音惡。歎傷也 後漢·袁安傳 噫嗚流涕 釋文 嗚，一故反。鑒 又㕭05587

嗋 06741 03238
bó_10.13 唐韻 補各切 集韻 伯各切丛音博 說文 噍貌 廣韻 嗋噪，噍貌 集韻 本作餺，噍堅也。或作䠇。囚 pò 集韻 匹各切音粕。義同。鑒 又嗋07152䵢75835

嗐 06742 03239
chū_10.13 集韻 竊兪切音毿。叱聲 囚 nà 廣韻 女洽切 集韻 昵洽切丛音図 廣韻 㗳嗐，小人言薄相 篇海 或作嗼，非。鑒 又喢05842

嘡 06743 03240
táng_10.13 字彙徒郎切音唐。哃嘡，語不中也。又大言也。

嗛 06744 03241
qiǎn_10.13 廣韻集韻韻會正韻丛苦簟切音歉廣韻猿藏食處◆爾雅·釋獸寓鼠曰嗛註頰裏貯食處。寓謂獼猴之類，寄寓木上又正韻與歉同穀梁傳·襄二十四年一穀不升謂之嗛註不足貌釋文去簟反呂氏春秋天固有衰嗛廢伏又晉語嗛嗛之德註嗛嗛，猶小小也。口玷切。或作謙又xiàn集韻下忝切音鰜。鳥獸頰貯食。又xián唐韻戶監切集韻乎監切丛音銜說文口有所銜也史記·大宛傳昆莫生棄于野，鳥嗛肉蜚其上註嗛音銜集韻或作咁又與銜同，猶恨也史記·外戚世家景帝恚心嗛之而未發也註嗛音銜漢書作銜又管子·弟子職唯嗛之視，同嗛以齒註食盡曰嗛。齒，類也，謂食盡者，則以其所盡之類而進。劉績曰：齒，次序也，如菜肉同盡則先益菜後益肉也又qiān集韻正韻丛苦兼切。與謙同前漢·藝文志易之嗛嗛註師古曰嗛與謙同。又尹翁歸傳溫良嗛退莊子·齊物論大廉不嗛註至足者，物之去來，非我也，故無所容其嗛盈又qiè集韻詰叶切音慊。本作慊，足也莊子·盜跖篇口嗛于芻豢、醪醴之味荀子·非十二子篇嗛然而終日不言戰國策膳啗之嗛于口註嗛，愜也又齊桓公夜半不嗛註嗛，快也，苦劫反。一云言不善食，苦簟反史記·文帝紀天下人民，未有嗛志註不滿之意漢書作慼。

嗜 06745 03242
shì_10.13 古文哧唐韻常利切集韻韻會時利切丛音視說文嗜，欲喜之也書·五子之歌甘酒嗜音詩·小雅神嗜飲食，使君壽考△廣韻或作餚醏集韻或作膳、耆。鎣又㤭01333啫06681

嗋 06746 03243
bào_10.13 集韻巴校切音豹。誇也。

嘫 06747 03244
chǎn_10.13 集韻丑幰切。嘫嘘，癡貌。

嘶 06748 03245
zhá_10.13 集韻知戛切音斷。嘲嘶，鳥聲又叶音制唐韻正引潘岳·笙賦郁垺劫悟，泓宏融裔。哇咬嘲嘶，壹何察惠。鎣又正字通同哳05983俗加口。

嘎 06749 03246
xù_10.13 字彙許律切音獝。吹口嘎也。

嘐 06750 03247
qiè_10.13 篇海口結切音挈。嗽也。

嗢 06751 03248
yún_10.13 集韻王分切音雲博雅吐也又yǔn集韻羽粉切音抎。義同。

嗐 06752 03249
hái_10.13 集韻何開切音孩玉篇笑也集韻本作咳。小兒笑也。或作孩。

嗝 06753 03250
gé_10.13 廣韻古核切集韻各核切丛音隔玉篇雉鳴也集韻與嗶同又新語·資執篇窮澤之民，據犁嗝報之士，或懷不羈之才。

嗈 06754 03251
niè_10.13 正字通嗈字之譌。

嗒 06755 03252
chóu_10.13 集韻時流切音讎。地名又ōu篇海烏侯切音謳又òu集韻於候切，謳去聲。義丛同。或作㰶、䓿集韻書作嗒。鎣又㦰25818㦰25616

嗅 06757 03254
xiù_10.13 篇海同齅

嗞 06756 03253
zī_10.13 廣韻子之切集韻津之切丛音茲說文嗟也廣韻嗞嗟，憂聲也又集韻嗞听，笑也又一曰啼不止。

嗓 06758 03255
lì_10.13 廣韻集韻韻會正韻丛力質切音栗廣韻嘍嗓，言不了也集韻嘍嗓，拏也。

嗟 06759 03256
jiē_10.13 古文𨾏差廣韻集韻韻會正韻丛咨邪切音罝玉篇嗟歎也廣韻咨也集韻一曰痛惜也爾雅·釋詁嗟，𨾏也釋名嗟，佐也。言不足以盡意，故發此聲以自佐也書·甘誓王曰：嗟六事之人，予誓告汝詩·周南嗟我懷人。又齊風猗嗟昌兮疏猗是心內不平，嗟是口之喑咀，皆傷歎之聲禮·檀弓嗟，來食廣韻同䜭集韻本作䜭，亦書作謎又集韻遭哥切音䶒易·離卦不鼓缶而歌，則大耋之嗟音義王肅讀遭哥切阮籍·詠懷詩李公悲東門，蘇子狹三河。求仁自得仁，豈復歎咨嗟。又韻會補子夜切音借。同唶三蒼詁咄嗟，易度也。猶言呼吸之閒。字本作唶。古有咄唶歌世說石崇作豆粥，咄嗟而辦。鎣又䶒64762𨾏64854髬70964嗟06856䜭50871

喭 06760 03257
án_10.13 正字通喭字之譌。

嗠 06761 03258
luò_10.13 集韻歷各切音洛。本作酪。乳漿也。

謇 06762 03259
jiǎn_10.13 集韻九件切音蹇。本作譾。吃也。或作嚽謇譾謱。

嗡 06763 03260
wēng_10.13 玉篇烏紅切集韻烏公切丛音翁。嗡𠯝，牛聲又集韻蟲聲又wěng集韻類篇丛烏孔切音蓊。鬧聲。

嗢 06764 03261
wò_10.13 玉篇乙骨切唐韻烏沒切丛音搵說文咽也潘岳·笙賦援鳴笙而將吹，先嗢噦以理氣註咽中先噦而理氣也。一曰嗢噦，吐飲之貌又廣韻複姓後魏書有嗢盆氏。又三字姓，嗢石蘭氏又wā集韻烏八切音穵。義同。鎣又嗢06804

嗦 06765 03262
zuō_10.13 篇海祖郭切。鼠聲○按廣韻集韻有嗦無嗦，疑即嗦字之譌。

嗣 06766 03263
sì_10.13 古文台孠唐韻集韻韻會丛祥吏切音飼說文諸侯嗣國也。从冊从口司聲註徐鍇曰：冊必於廟，史讀其冊，故从口玉篇嗣，續也，繼也書·舜典舜讓于德，弗嗣大禹謨罰弗及嗣又詩·鄭風縱我不往，子寧不嗣音傳嗣，習也疏學習音樂又姓廣韻風俗通云衞嗣君後。鎣又龍龕嗣19123，舊藏作嗣07122，音寺。

嗤 06767 03264
chī_10.13 廣韻赤之切集韻韻會充之切丛音蚩。玉篇笑貌後漢·樊宏傳時人嗤之△廣韻俗作歎字彙譌省作嗤，附九畫，非，今改正。鎣又㖷06658㰻26230蚩53193又正字通㖷05806俗嗤字。

喤 06768 03265 huáng_10.13 說文喤本字。

觳 06769 03266 hù_10.13 五音集韻呼木切音穀。歐聲△集韻書作穀。

羣 06777 03274 qún_10.13 韻會同羣

嘆 06770 03267 xiào_10.13 廣韻俗笑字

誽 06771 03268 níng_10.13 玉篇古文嶷32344字。

嚲 06772 03269 wèi_10.13 集韻於避切音恚。恚聲。

喝 06773 03270 tà_10.13 集韻託盍切，音榻玉篇口動。

裔 06775 03272 shāng_10.13 玉篇古文商06218字。

舺 06776 03273 cú_10.13 字彙補古文殂字〇按古殂字作𣦵。

刞 06786 42694 ái_10.13 龍龕同喍

喋 06774 03271 pī_10.13 集韻篇夷切音紕。噤呃，口貌〇按字本从比字彙作噤，非。

韵 06778 03275 fǔ_10.13 集韻芳武切音撫。健也。與趣同。

喩 06790 u2A877 null_10.13 㖠未詳。

䀷 06779 40742 jiào_10.13 五音篇海居肖切，音叫〇䀷，喚也。

鑿 字彙補與㘄同。

嘤 06780 40743 huàn_10.13 五音篇海音喚字彙補使狗之聲。

㖂 06782 40745 zú_10.13 篇海類編子六切，音足◇㖢㖂，憂愁貌。

㖢 06783 40746 luò_10.13 搜眞玉鏡音洛。轉舌呼之。鑿又㖢06269

覓 06784 42692 huàn_10.13 五音篇海音喚。

删 06785 42693 pèn_10.13 搜眞玉鏡普問切。

唷 06792 u2A875 null_10.13 㖠未詳。

嗜 06781 40744 jì_10.13 五音篇海在詣切音嚌。嘗至齧也。鑿龍龕嗜俗，嚌07539正。

㖭 06787 42695 làng_10.13 字彙補力蕩切音浪。出釋典。

嚔 06788 42696 chì_10.13 五音篇海與畜同。

馿 06789 42697 mà_10.13 五音篇海同罵。

嵬 06791 u2A876 yuān_10.13 方成都方言，（用語言）設法弄來。

呪 06793 u2A874 null_10.13 㖠未詳。

咠 06794 u2A873 null_10.13 未詳。

㘈 06795 u2A872 null_10.13 未詳。

㖤 06796 u2A871 null_10.13 㖠未詳。

㘏 06798 u2A86F null_10.13 㖠未詳。

𨾛 06797 u2A870 null_10.13 殷周金文集成·18.11997·𨾛公鏃𨾛公口口之矢，顯之蚘。讀若啊。

嘣 06799 u2A86E null_10.13 未詳。

㘊 06803 u2A86A null_10.13 未詳。

㖇 06801 u2A86C null_10.13 未詳。

喤 06805 u2F84A yáo_10.13 同喺06693

哴 06800 u2A86D pèi_10.13 道教咒符用字。見道法會元·卷之二百二十二·據一·正一吽神靈官火犀大仙考召祕法

嘦 06802 u2A86B yuán_10.13 道教咒符用字。見道法會元·卷之一百九十六·混元一炁八卦洞神天醫五雷大法·入體祕咒

喔 06804 uFA7B wò_10.13 兼喔06764

㕵 06806 u20ED3 thòi_10.13 喃露出，外露。

㕮 06807 u20ED2 ngoạm_10.13 喃从口庵am聲。大口咬。

嘟 06808 u20ED1 null_10.13 未詳。

咭 06811 u20EC9 quát_10.13 喃同咭06615

喃 06809 u20ECB bựa_10.13 喃从口備bị省聲。

嘶 06810 u20ECA tuệch_10.13 喃从口席tịch聲。

嘢 06812 u20EC8 ớn_10.13 喃从口宴yến聲。厭膩。

𠳧 06813 u20EC7 dại_10.13 喃从呆曳dấy聲。癡愚，蠢笨。

㗖 06814 u20EC6 giận_10.13 喃同慄18215△㗖嘩：生氣。嚌㗖：激憤。

㖹 06815 u20EC5 bẹp_10.13 喃㖹嚓：貶低對手 图bom㖹錢：騙錢

㒵 06816 u20EC4 huảng_10.13 可洪音義㒵如：上呼廣反。經意是謊56435，火廣反。又或作誑、悅，二同。呼佳反。應和尚未詳慧琳音義㒵如幻：上荒晃反。正作恍。梵語也。

㗃 06817 u20EC3 han_10.13 喃从口軒hiên聲。問候。

嚠 06818 u20EC2 ngỏn_10.13 喃从嚼省嘗ngân聲。狼吞虎嚥。

翔 06819 u20EC1 gương_10.13 喃同觔07026从司羌khương聲。

噠 06820 u20EC0 dò_10.13 喃从口徒đò聲。探問，打聽。

嗥 06821 u20EBF ngoẻn_10.13 喃从口原nguyên聲。同吭05556

㗘 06822 u20EBE caw_10.13 壮㗙㗘：喘氣 图chau喃从口珠châu聲

㗝 06823 u20EBD shà_10.13 同唅06425

啾 06824 u20EBC xui_10.13 喃从口欻xôi聲。唆使△啾啜：煽動，慫恿。

啜 06825 u20EBB cốp_10.13 喃从口級cấp聲△啜啜：叩擊聲。亦作吸吸。

唯 06826 u20EBA qué_10.13 喃从口桂quế聲。

嘆 06827 u20EB9 ri_10.13 喃从口黃rì聲。如此，這樣。

喼 06828 u20EB8 tủm_10.13 喃从口浸tấm聲△喼喼：傻笑，嗤笑。图tởm同慄18042嘴喼：可怕。

呪 06829 u20EB7 chọc_10.13 喃从口祝chúc聲△呪嘺，亦作鍼呪：調戲。

嗰 06830 u20EB6 nớp_10.13 喃从口納nạp聲△嗰嗰：擔心。

哦 06831 u20EB5 chắc_10.13 喃从口戟giấc聲。

嗒 06832 u20EB4 hát_10.13 喃从口茖聲。歌唱，唱戲△或借用喝。歌喝：唱歌。

嘻 06833 u20EB3 ghê_10.13 喃从口稽ghê省聲。發怵，恐怖。

㖉 06834 u20EB2 chán_10.13 喃从口振chấn聲△㖉嘅：厭煩。

嗭 06835 u20EB1
húng_10.13　嘲从口恐kǔng聲。咳。

嗰 06836 u20EB0
xǎng_10.13　嘲从口称xưng聲。同囖07923

貺 06837 u20EAF
vòng_10.13　嘲从圓省亡vong聲。

嗽 06838 u20EAE
thè_10.13　嘲从口時thì聲。同嗒07566△嗽曬：凸出外面。

嗙 06839 u20EAD
bỗng_10.13　嘲吶嗙：無意中說出。

嗚 06840 u20EAC
qǐ_10.13　篇海嗚，音玘。

嗛 06841 u20EAB
null_10.13　未詳。

嗭 06843 u20EA9
liú_10.13　佛經記音字可洪音義迦嗭：音流。图同嗭05866

嗯 06842 u20EAA
qì_10.13　漢·嚴遵道德真經指歸翔風嗯嗯，醴泉涓涓，甘露漠漠，朱草榮榮图字海嗯，音氣，姓。

呢 06844 u20EA8
rǐ_10.13　嘲从吚省恥sǐ聲。

嘺 06845 u20EA7
dièu_10.13　嘲从口條đièu聲。嗉。

嗤 06846 u20EA6
chói_10.13　嘲从口借tá聲。震耳的聲音。

綏 06847 u20EA5
chiu_10.13　嘲同翜06880受。忍受。

晳 06848 u20EA4
zhé_10.13　同哲05982金石文字辨異引漢張平子碑

嗔 06865 u20E8D
chēn_10.13　同嗔06730

喇 06849 u20EA3
bō_10.13　龍龕喇，俗音剝图象聲詞。清圖畫日報·第七十三號·第八頁·營業寫真·賣蝦 鮮蝦喇喇跳，漁翁哈哈笑。

嚓 06850 u20EA2
jià_10.13　粵語氣詞。亦作喋06666嗬07492

嗺 06867 u20E8B
null_10.13　未詳。

嗖 06851 u20EA1
kài_10.13　可洪音義嗖癩：上苦愛反。下蘇奏反。正作欬26296癩也图字海同咳05785引妙行大師行狀碑隨佛宮庭，未嘗嗖唾。

嚨 06852 u20EA0
lóng_10.13　字海嚨，同囖07734雍熙樂府·五供養十七換頭有句話舌尖尖上挑著我去那喉嚨裏嚥。图lúng嘲俗囖△嚨縱：驚慌失措。

嗑 06868 u20E8A
null_10.13　未詳。

嗹 06853 u20E9F
kù_10.13　嗹嚕，地名清實錄·德宗景皇帝實錄·卷之四百七十八（庚午）聞晉昌仍在嗹嚕，意欲聯絡蒙古，以圖恢復，必致另生枝節，大局不可收拾图khò嘲嗒嗹嗹：呼呼大睡。

嗍 06869 u20E89
null_10.13　未詳。

雽 06854 u20E9E
jūn_10.13　唐武后所製君05455字，天大吉。俗作廈00130風05840夙00109

嘩 06870 u20E88
null_10.13　未詳。图方嗠怕：也許，恐怕。打嗠：模仿。

嗠 06855 u20E9D
gē_10.13　象聲詞。嗠嘓

喜 06871 u20E87
xǐ_10.13　俗喜06501元斑妻穆夫人墓誌 慨矣天長，嗟乎地久。

嗟 06856 u20E9C
jiē_10.13　俗嗟06759魏

嚃 06857 u20E9B
dào_10.13　五音集韻嚃，年九十也。或作嚃07796

岍 06858 u20E9A
bān_10.13　雜岍，或名雜班、雜扮，宋代雜劇之散段。

嗵 06859 u20E99
tuì_10.13　嘆詞，斥責聲。元·佚名凍蘇秦衣錦還鄉·第四折張千云：嗵！元帥的名諱，你怎敢輕道图thối嘲从口退thoái聲图doij壯嘔吐。

嗳 06860 u20E97
miē_10.13　佛教「六字真言」之一，亦作咪图英文海里sea mile的音譯。清·佚名大東溝戰事紀實 泊開仗時，與倭船相距四嗳，即號令開砲，以致相距太遠，不能中敵。原註：即八千碼之遙图同喵06676明·顧起元客座贅語·卷一·鳥獸呼音 呼貓曰嗳嗳。天津益世報.1929. Dec. 1. Num. 4872·⑭小朋友第二十期外國貓，腦袋小。嗳嗳叫，真正好。

嘸 06861 u20E96
mǔ_10.13　英畝舊稱。又讀yīngmǔ

嘹 06862 u20E95
liáo_10.13　嘹唳，同嘹唳。元·朱庭玉點絳唇·中秋月听江樓，笛三弄，一曲悠悠未終。裂石凌空聲嘹唳，似波心夜吼蒼龍图liú玄應音義咽瘤：力周反說文瘤，腫也廣雅瘤，病也。經文從口作嘹，非字也图liū唧嘹，亦作泖溜，伶俐。明·湯顯祖南柯記·就徵 聽他唧嘹螃蚏，絮的我無聊賴图trêu嘲从口留lưu聲。逗笑，逗趣。

嗑 06864 u20E91
xiào_10.13　玉篇俗笑41775字。

嗌 06873 u20E85
null_10.13　未詳。

嗆 06863 u20E92
xǐ_10.13　俗息17298東魏道瓊造像碑記 懼念傷蘭，斷嗆絕草。

唵 06874 u20E84
ǎn_10.13　同唵06185

嵬 06866 u20E8C
guǐ_10.13　佛經記音字

晢 06875 u20E83
null_10.13　未詳。

嗆 06872 u20E86
yīn_10.13　喑07031諨字

喪 06876 u20E82
null_10.13　未詳。

喔 06879 u20E7F
è_10.13　或同喔07502

嘞 06877 u20E81
null_10.13　未詳。

翜 06880 u20E7E
ciux_10.13　壯受。图chiu嘲同綏06847△翜鄧：忍受。易翜：心情好。

喈 06878 u20E80
yǒng_10.13　同喈06718海篇直音喈，音勇。欲吐也。

嗐 06881 u20E7D
gay_10.13　嘲从口荄gai聲△嗐咭：嚴厲。

嗻 06882 u20E7C
rǐa_10.13　嘲啄△嗻薶：嘮叨，責罵。

喉 06883 u20E7B
null_10.13　殷周金文集成·3. 682·伯家父簋白家父乍孟姜喉（媵）簋，其子孫永寶用。讀若咲。

哩 06884 u20E7A
null_10.13　未詳。

嗋 06885 u20E79
lún_10.13　譯音用字清實錄·宣宗成皇帝實錄·卷之三百二十七 林則徐等奏：嗖國躉船。現已盡行驅逐……至嘩嗋兵船，來自夷埠，雖名為護貨，亦難保無叵測情形图粵倉促。

喊 06886 u20E78
kǎn_10.13　粵同搩20257撤。

嗴 06887 u20E77
null_10.13　未詳。

嗙 06889 u20E75
ǒn_10.13　嘲嗙冷：厭惡

咞 06888 u20E76
null_10.13　未詳。

嗁 06891 u20E73
jié_10.13　明·程敏政篁墩文集·卷九十·林良二畫青山半壁垂藤陰，南陂水滿菰蒲深。非梟非鶩見雙鳥，上下嗁嗁鳴春音图粵嗁達達。稠乎乎的图cợt嘲嗁笑。体嗁：樂趣。嗁曬：調戲。

𠸴 06890 u20E74 quǎn_10.13 喃从口郡quận聲。同㗃07426

𠷮 06893 u20E6E zuǐ_10.13 俗嘴07168

𠷯 06892 u20E6F bẹ_10.13 喃吃𠷯:私語

𠷭 06894 u20E6D hē_10.13 俗訶55748 可洪音義 提𠷭：音呵。前卷作訶 又 譯音用字。

𠷫 06896 u20E6B sè_10.13 同嗇06709

𠷬 06895 u20E6C huò_10.13 㕡22307譌字

㗡 06897 u35E1 neus_10.13 韓 同㐦49697

㗠 06898 u35E0 biros_10.13 韓 複音字。同始，開始。

㗟 06899 u35DF jus_10.13 韓 人名用字。

㗞 06900 u35DE pò_10.13 龍龕 㗞，俗。音破 可洪音義 嘍㗞：上音婆。下音破 江西 音作步麼反。

㗝 06901 u35DD null_10.13 未詳。

㱿 06902 uFA0D hù_10.13 兼 㱿。

噯 06904 u55F3 āi_10.13 简 噯07377

嗴 06903 u55F4 qiàng_10.13 同唴06184

嗲 06905 u55F2 diǎ_10.13 形容聲音或姿態嬌媚造作。如：嗲聲嗲氣。

嗱 06906 u55F1 ná_10.13 方 喏。

嗯 06908 u55EF ń_10.13 嘆詞。表示疑問 又 ň表示出乎意外或不以為然 又 ǹ表示肯定。

嗰 06907 u55F0 gě_10.13 方 指示代詞，那。嗰个，嗰啲（那些）。

嗮 06909 u55EE sài_10.13 粵 語氣詞

嗬 06911 u55EC hē_10.13 嘆詞。表示驚訝。又象聲詞 可洪音義 唱嗬：乎何反。

嗭 06910 u55ED jis_10.13 韓 地名。嗭洞，今在平安道。

嗫 06912 u55EB niè_10.13 简 囁07856

嗪 06913 u55EA qín_10.13 譯音用字。哌嗪：piperazine的音譯名，抗腸蠕蟲藥。

嗩 06914 u55E9 suǒ_10.13 嗩吶：波斯語surnā的音譯，簧管樂器名。清·徐珂 清稗類鈔·音樂類 嗩吶，一作鎖拿，又名鎖喨，原名蘇爾奈，本回族所用，皆譯音也。

嗨 06915 u55E8 hāi_10.13 嘆詞。同咍05671嗐06723咳05785

嗧 06916 u55E7 jiālún_10.13 容量單位加侖的舊譯用字。

嗦 06917 u55E6 suō_10.13 吸吮 又 哆嗦：因寒冷或恐懼而身體發抖 三俠五義·第五回 也有怯官的，戰戰哆嗦不畫像樣的。竟有從容不迫，一揮而就的 又 囉嗦，亦作囉囌、囉唆。又 可洪音義 喃嗦：上女咸反，丁桑各反。鑠嗦：上尸斫反。下蘇郭反。

嗥 06918 u55E5 háo_10.13 嘷07176本字

㗊 06921 03278 chuài_11.14 篇海 同嘬

嗶 06919 03276 bì_11.14 集韻 同咇。鑾 又哔05937𠹌38827

㗂 06920 03277 jué_11.14 字彙 噱字之譌。鑾 新撰字鏡 噱，市暑反。喜咲不自勝也。

嗷 06922 03279 áo_11.14 唐韻 五牢切 集韻 韻會 正韻 牛刀切𠀤音敖 說文 衆口愁也 又 西京雜記 紛紜翔集，嘈嗷嗚啼。△玉篇 作嗸 韻會 通作嚻敖謷螯。

嗸 06923 03280 áo_11.14 集韻 同嗷 玉篇 衆口也 詩·小雅 鴻鴈于飛，哀鳴嗸嗸 釋文 嗸，又作嗷，聲也。

㗆 06924 03281 xīng_11.14 玉篇 古文星22454字 集韻 作𠱳。

嗊 06925 03282 hóng_11.14 廣韻 戶冬切 集韻 乎攻切𠀤音碚 玉篇 多言也 又 廣韻 歌也 又 dòng 廣韻 集韻 𠀤徒弄切音洞。義同 又 hōng 集韻 呼公切音烘。歌聲 又 dòng杜孔切音動。大歌謂之嗊 又 hòng 廣韻 集韻 𠀤乎宋切，碚去聲 廣韻 大聲 又 廣雅 歌也 又 集韻 類篇 𠀤胡貢切音鬨。義同。

嗹 06926 03283 lí_11.14 玉篇 力之切，音離◇言不止也。

嗺 06927 03284 jué_11.14 集韻 疾雀切音嚼 玉篇 本作嚼 集韻 同噍。

嗹 06928 03285 lián_11.14 集韻 陵延切音連 玉篇 嗹嘍，多言也 集韻 本作謰。鑾 又嗹06299

嗺 06929 03286 zuī_11.14 玉篇 子雖切 正韻 遵綏切𠀤音追 玉篇 撮口也 又 suī 廣韻 素回切 集韻 蘇回切𠀤音䫋 廣韻 嗺送歌 集韻 或作唆 又 集韻 促飲也 王仁裕詩 芳尊每命管絃嗺 趙翻·交趾事蹟 嗺酒逐歌 又 zuī 集韻 祖回切音摧，嗟也 又 一曰嗺頹，口動貌 又 zuǐ 集韻 祖猥切音摧。口醜也〇按 山部 內嶉字、口部 內嗺字，筆畫雖同，字形迥別。今諸韻書義音雜出，如此字係口旁加崔，而 正韻 於遵綏切內云山高貌，亦同崔 廣韻 子于切、集韻 遵須切，內云高貌。又 廣韻 遵誄切，內云山狀，應是嶉字，註不宜溷入，諸韻書疑誤。

嗑 06930 03287 hé_11.14 集韻 曷閤切音合。同齨。食也。或作哈。

嗻 06931 03288 zhè_11.14 唐韻 集韻 𠀤之夜切音蔗 說文 遮也。又 廣韻 多語之貌 又 zhù 集韻 章恕切音翥。語不要也。又 zhē 集韻 類篇 𠀤之奢切音遮。囉嗻，多言也。或作謶。

嗼 06932 03289 mò_11.14 唐韻 莫各切 集韻 末各切𠀤音莫 說文 啾嗼也 玉篇 靜也 爾雅·釋詁 嗼，安定也 疏 詩·皇矣 云求民之莫 鄭箋 云求民之定，嗼、莫音義同 呂氏春秋 饑馬盈廄，嗼然未見芻也 楚辭·哀時命 嗼啾默而無聲。又 廣韻 𪗝嗼也 又 廣韻 集韻 𠀤莫白切音陌 廣韻 詩 云盈盈一水閒，嗼嗼不得語〇按 文選·古詩 作脈脈。又 集韻 博雅 安也。鑾 又嚩06997

𥉂 06933 03290 mú_11.14 玉篇 謨56550古作暮。

嗽 06934 03291 sòu_11.14 廣韻 蘇奏切 集韻 韻會 正韻 先奏切𠀤音謏 玉篇 咳嗽也 周禮·天官·疾醫 冬時有嗽上氣疾 釋文 西豆反，亦作欶 廣韻 本作瘶 又 shòu 集韻 所救切音瘦。本作漱，盪口也 史記·倉公傳 日嗽三升 又 sù 五音集韻 桑谷切音速。吮也 又 shuò 廣韻 所角切 集韻 色角切𠀤音朔 廣韻 本作欶，口噏也 集韻 吮也。同嗍。鑾 又咳嗽或作咳嗽07126咳嘋07649瘶瘶36602 可洪音義 瘶瘶：上古

愛反，下蘇奏反，並俗。欬嗽06002：上苦愛反，下蘇奏反。正作欬瘶。嗽病：上速奏反，欬嗽病也。正作瘶、嗽二形。

嗾 sǒu_11.14 廣韻 集韻 韻會 正韻 蘇后切音叟 說文 使犬聲 玉篇 方言秦、晉、冀、隴謂使犬曰嗾 左傳·宣二年 公嗾夫獒焉 疏 服虔云嗾，嗾也 釋文 嗾，素口反。服本作嗾 廣韻 同嗾 又 sòu 唐韻 蘇奏切 集韻 韻會 正韻 先奏切夶音漱。或作族 又 còu 廣韻 倉奏切 集韻 千候切夶音湊。或作嗾 又 sòu 集韻 蘇臥切音膬 又 sōu 集韻 類篇 夶先侯切音搜。或作嗾、嗾 又 zú 集韻 作木切音鏃。或作嗾，義夶同。鏊 又嗾07649

嗿 tǎn_11.14 唐韻 集韻 韻會 正韻 夶他感切，音黵 說文 聲也 詩·周頌 有嗿其饁 傳 嗿，眾貌。

嗖 sǒu_11.14 集韻 與嗾同。

嗺 shuā_11.14 唐韻 集韻 夶所劣切音刷 說文 小歡也 又 chuài 集韻 楚快切音顡。義同 又 lǜ 廣韻 呂衈切 集韻 劣戌切夶音律 廣韻 與嘩同 集韻 或作嗺 又 sū 集韻 朔律切音率。聲也。又 shuì 山芮切音嗺 博雅 嘗也 集韻 或作嗺。鏊 正字通 嗺05781，譌字。舊註音率，飲酒貌。俗借作詢字。並非 說文 嗺讀若卒，小飲也。改从旬，非率音 又 龍龕 吮05790嗺，山劣、式芮二反。小飲也。又嘗也。

嗺 shēn_11.14 篇海 所金切音森。星名 又 cān 五音集韻 所耽切，音条◇今作参〇按即参字之譌。

嗝 dì_11.14 集韻 丁計切音帝。與嚔07621同。

嗋 kǎng_11.14 集韻 口朗切音慷。嗋，咳聲也。

嗤 chì_11.14 集韻 測乙切音察。叱聲也。

嗞 cù_11.14 廣韻 集韻 夶子六切音蹙 玉篇 嗞咨，慼也 集韻 忸怩也。或作嗞。

嘖 zé_11.14 字彙 側格切，音責◇卒聲。鏊 又 dí 咻同嘀。

嘁 zā_11.14 廣韻 子答切 集韻 作答切夶音币 廣韻 歃嘁 集韻 嘁咨，忸怩，慼也 正字通 同嘁。鏊 又嘁07842 又 直音篇 嘁嗷，同嘁。

嘂 jiào_11.14 唐韻 古弔切 集韻 吉弔切夶音嗷 說文 高聲也。一曰大呼也。从吅丩聲 公羊傳曰：昭公嘂然而哭〇按今 公羊傳昭二十五年 作嗷而哭 周禮春官·雞人 掌共雞牲，辨其物，夜嘑旦以嘂百官 又 爾雅·釋樂 大壎謂之嘂 疏 音大如叫呼聲△集韻 書作嘂。鏊 又詨45293

嘃 chōng_11.14 字彙 昌中切音充。食貌。

嘄 jiāo_11.14 唐韻 古堯切 集韻 堅堯切夶音驍 說文 聲嘄也 前漢·伍被傳 狂夫嘄謼於東崖 又 嘄陽，獸名 淮南子·氾論訓 山出嘄陽 揚雄·校獵賦 胥嘄陽 又 jiào 集韻 吉弔切。同叫05348 類篇 別作嘄。鏊 又嘄06732

嘗 líng_11.14 集韻 郎丁切音靈。耳聲。

嘅 kài_11.14 唐韻 苦蓋切 集韻 韻會 口漑切夶音慨。說文 嘆也 詩·王風 嘅其嘆矣 釋文 嘅，口愛反 又 與愾通 詩·曹風 愾我寤嘆 玉篇 引作嘅 又 集韻 韻會 正韻 夶丘蓋切音礚 又 kǎi 集韻 可亥切音愷。義夶同。

嘆 tàn_11.14 古文嘆 唐韻 集韻 夶他案切音炭 說文 吞歎也。一曰太息也。與歎同 又 tān 廣韻 集韻 他干切。正韻 他丹切夶音灘。義同 詩·王風 嘅其嘆矣，遇人之艱難矣 釋文 嘆，本亦作歎。吐丹反，協韻也。又 大雅 而無永嘆 釋文 歎，他安反，字或作嘆。鏊 又嘆07025叹05372 嘆07024

嘇 shān_11.14 集韻 師咸切音攕 玉篇 口肣嘇物也 集韻 啥嘇，物在口中 又 sǎn 集韻 桑感切音糝 又 sǎn 所斬切音摻。義夶同 又 càn 集韻 類篇 夶七紺切音謲。聲也。

嘓 kuò_11.14 廣韻 苦郭切 集韻 闊鑊切夶音廓。叩聲 廣韻 同嘓07213 又 guō 集韻 光鑊切音郭。嘘也。

嘽 luǒ_11.14 廣韻 來可切 集韻 郎可切夶音砢 廣韻 嘽哆，脣垂貌。

嘈 cáo_11.14 廣韻 昨勞切 集韻 財勞切夶音曹 玉篇 聲也 廣韻 喧嘈 集韻 廣雅 嘈囋，聲也 馬融·長笛賦 啾咋嘈砕。又 成公綏·嘯賦 嘈長引而慘亮 又 qiáo 集韻 慈焦切音樵。義同 又 zào 集韻 在到切音槽。喧也。或作譸。鏊 正字通 嘍，俗嘈字。

嘉 jiā_11.14 唐韻 古牙切 集韻 韻會 正韻 居牙切夶音加 爾雅·釋詁 嘉，美也 書·大禹謨 嘉乃丕績 易·乾卦 亨者，嘉之會也 周禮·春官·大宗伯 以嘉禮親萬民 註 嘉，善也 左傳·襄四年 鹿鳴 君所以嘉寡君也，敢不拜嘉 楚語 百嘉備舍 又 周禮·秋官·大司寇 以嘉石平罷民 註 嘉石，文石也，樹之外朝，欲使罷民思其文理以改悔 又 前漢·律歷志 準繩嘉量 註 張晏曰：準，水平。量知多少，故曰嘉 又 爾雅·釋詁 樂也 禮·禮運 交獻以嘉魂魄 註 嘉，樂也 又 或作假 詩·大雅 假樂君子 註 假，嘉也 禮·中庸 作嘉 又 史記·秦始皇紀 更名臘曰嘉平 又 縣名 前漢·地理志 河內郡獲嘉縣 又 韻會 州名。漢屬犍為郡，周置嘉州，宋改嘉興府 又 姓 左傳 周大夫嘉父 又 韻會 魚名，嘉魚，出丙穴 又 集韻 或作佳01078 又 xià 集韻 亥駕切 正韻 胡駕切夶音暇 集韻 美也。或作假。鏊 又瓃34752 又 想17101古文嘉。

嘮 láo_11.14 廣韻 魯刀切 集韻 郎刀切夶音牢 玉篇 嘮嘈，聲也 集韻 大聲 成公綏·嘯賦 眾音繁奏，若笳若簫。砏磤震隱，訇磕嘮嘈。鏊 又嘮39348

嘑 hū_11.14 集韻 同嘑。音曋。同嘑。或作狕，犬欲齧也 管子·戒篇 北郭有狗嘑嘑，且暮欲齧我猏。鏊 又嘑唻。參見唻06465

嘊 yá_11.14 集韻 宜佳切音崖

嘋 06960 03317
xiāo_11.14 篇海呼交切音哮。鬭也。

㗧 06961 03318
zhì_11.14 廣韻集韻丛陟栗切音窒博雅㗧咄也廣韻㗧咄吐呵也又dié廣韻集韻丛丁結切音瓞集韻㗧咄，語無節也。鑾龍龕嗔㗧二俗，㗧正。

嘌 06962 03319
piāo_11.14 廣韻撫招切正韻紕招切丛音飄詩·檜風匪車嘌兮傳嘌嘌，無節度也釋文嘌又作票，匹遙反。又biāo廣韻疾吹貌又集韻韻會丛卑遙切音標。疾也，聲也又piào集韻匹妙切音嫖。車行疾無節也又正字通廣韻讀如瓢程大昌·演繁露曰：今世歌曲皆古鄭、衛汎濫者，曰嘌唱。嘌音瓢〇按廣韻無瓢音正字通誤△說文本作嘌。

嘍 06963 03320
lǒu_11.14 廣韻郎斗切集韻朗口切丛音塿廣韻嗹嘍，煩貌又lóu廣韻落侯切集韻郎侯切丛音樓廣韻嘍唳，鳥聲△集韻本作謱。鑾又嘍06267㖶06046喽06669

嘠 06964 03321
jiá_11.14 廣韻古黠切集韻訖黠切丛音戛廣韻嘠嘠，鳥聲。鑾字海嘎同嘠。

嗽 06965 03322
sòu_11.14 字彙先候切音擻。使犬聲正字通俗嗾字。

嗼 06966 03323
yǎn_11.14 廣韻集韻丛以淺切音演玉篇大笑也。又yǐn廣韻余忍切集韻以忍切丛音引又唐韻予線切集韻延面切音衍。義丛同。

嘮 06967 03324
zhào_11.14 集韻仕教切，巢去聲。衆聲也。

嗹 06968 03325
xiē_11.14 廣韻火佳切集韻希佳切丛音欸玉篇笑貌集韻或作訁又ǎi集韻倚蟹切音矮。笑聲又xì集韻類篇丛許訖切音迄。義同。鑾又醫、磬的俗字可洪音義磬說：上烏兮反慧琳音義磬羅鉢：上噎鷄反，經名也，錄從口作磬，誤。

嗄 06969 03326
chuǎ_11.14 玉篇初瓦切集韻楚瓦切丛音硰玉篇惡口也集韻惡言。

嘏 06970 03327
jiǎ_11.14 唐韻古雅切集韻韻會正韻舉下切丛音賈爾雅·釋詁嘏，大也疏方言云凡物壯大謂之嘏又說文大遠也玉篇固也廣韻福也詩·大雅純嘏爾常矣箋予福曰嘏禮·禮運祝、嘏莫敢易其常古，是謂大假郊特牲嘏，長也，大也。

嘒 06971 03328
xì_11.14 廣韻先立切集韻息入切丛音靸玉篇忍寒聲廣韻嘒嘒，寒聲。鑾又佛經譯音用字可洪音義嘒波：上蘇急反。

嗀 06972 03329
gù_11.14 ◆集韻姑沃切音梏。嘏嗀，咽也〇按嗀與嗀06489義同音異，疑必有誤。

嘢 06973 03330
pī_11.14 類篇篇夷切。嘢呢，口貌〇按集韻本作嘢類篇作嘢，非。

嘐 06974 03331
xiāo_11.14 廣韻許交切集韻韻會正韻虛交切丛音虓說文誇語也集韻大也孟子其志嘐嘐然註志大言大也又集韻駭貌又jiāo唐韻古肴切集韻韻會正韻居肴切丛音交玉篇鷄鳴也廣韻詩云鷄鳴嘐嘐〇按今詩·鄭風作膠膠正韻亦作咬又pāo集韻披交切音泡。言不實而夸又蒲交切音庖。義同又láo郎刀切音醪。嘐啁，語多也又bào集韻巴校切音豹。嘐嘐，聲也。又miù眉救切。同謬。狂者之妄言也。鑾集韻嘐嘐07454，或从号。

嘑 06975 03332
hū_11.14 唐韻荒烏切集韻正韻荒胡切丛音呼說文唬也玉篇大聲廣韻口嘑周禮·春官·雞人夜嘑旦，以嘂百官釋文嘑，火吳反又集韻亦姓又與滹同史記·蘇秦傳南有嘑沱、易水集韻或作嚤又hù集韻正韻丛荒故切音戽。義同又孟子嘑爾而與之註嘑爾，咄啐之貌△集韻本作謼。或作呼。鑾又嚤07449

嘒 06976 03333
huì_11.14 唐韻集韻韻會丛呼惠切音嘒說文小聲也廣韻聲急詩·小雅鳴蜩嘒嘒傳嘒嘒，聲也。又和也又鸞聲嘒嘒傳嘒嘒，中節也。又商頌嘒嘒管聲傳嘒嘒然和也又詩·召南嘒彼小星傳嘒，微貌廣韻作嘒說文同嚖集韻同嚖。

嘓 06977 03334
guó_11.14 廣韻集韻丛古獲切音幗廣韻口嘓嘓煩也集韻亦作咸。鑾又啯06417

嚓 06978 03335
qiè_11.14 廣韻集韻丛千結切音切玉篇小語又集韻與諜同，正言也。亦作詧又chā集韻類篇丛初戛切音察。小聲又jì集韻子例切音祭玉篇小語。鑾正字通嚓，俗嚓字。

嗪 06979 03336
qǐn_11.14 玉篇丘引切，音螼。脣瘡。

嘔 06980 03337
ōu_11.14 廣韻集韻韻會正韻丛烏侯切音歐廣韻嘔，小兒語也荀子·富國篇呕嘔之又博雅嘔嘔，喜也又水名周禮·夏官·職方氏并州，其川曰虖池、嘔夷釋文嘔，烏侯反又與謳通前漢·朱買臣傳其妻亦負戴相隨，數止買臣，毋歌嘔道中又xū集韻韻會正韻丛匈于切音訏集韻悅言也正韻慈愛之聲史記·韓信傳言語嘔嘔漢書作姁姁集韻同呴又qū集韻虧于切音區。嘔夷，水名周禮·嘔夷釋文一音驅又shū集韻類篇丛春朱切音樞。怒聲又ǒu廣韻烏后切集韻韻會正韻於口切丛音歐廣韻與歐同，吐也左傳·哀二年簡子曰：吾伏弢嘔血，鼓音不衰釋文嘔，本又作㗫集韻或作㗫、歆、峪、欣又yù集韻韻會丛威遇切音嫗集韻和悅貌前漢·王褒傳嘔喩受之。應劭讀。鑾又呕05594又嘔07701同嘔。

嘵 06981 03338
tiǎo_11.14 集韻徒了切音窕。與誂55941同。

嘕 06982 03339
xiān_11.14 廣韻許延切集韻韻會正韻虛延切丛音仚玉篇嘕嘕，喜也博雅樂也廣韻笑貌楚辭·大招靨輔奇牙，宜笑嘕只集韻或作嘕又qiān集韻丘虔切音愆。與嘕06687同。

啖 06983 03340
tán_11.14 集韻徒甘切，音談。嘾啖，少味。

嘖 zé_11.14　唐韻 集韻 夶士革切音賾 說文 大呼也 廣韻 嘖嘖，叫也 又 與賾通 左傳·定四年 會同難嘖有煩言，莫之治也 註 嘖，至也 疏 易 云聖人有以見天下之賾，謂見其至深之處，賾亦深之義也。謂至于會時，有煩亂忿爭之言，無才辨者，莫之能治也 又 管子·桓公問 名曰嘖室之議 註 謂議論者言語讙嘖 荀子·君道篇 斗斛敦槩者，所以為嘖也 又 廣韻 集韻 韻會 夶仄革切音責 廣韻 大呼聲 又 集韻 嘖嘖，鳴也 爾雅·釋鳥 宵鳲嘖嘖 釋文 嘖，莊革反 又 韻會 爭言貌 左傳·定四年 釋文 嘖，士責反。一音責 △ 廣韻 或作讀。鍇 又嘖06423嘖06467

嘗 cháng_11.14　唐韻 市羊切 集韻 韻會 辰羊切夶音常 說文 口味之也。从旨尚聲 詩·小雅 嘗其旨否 前漢·郊祀志 百鬼迪嘗 註 師古曰嘗謂歆饗也 又 廣韻 試也 戰國策 疑則少嘗之 史記·越世家 請試嘗之。又 張耳陳餘傳 先嘗秦軍 又 廣韻 曾也 論語 嘗從事於斯矣 又 玉篇 祭也 爾雅·釋天 秋祭曰嘗 註 嘗新穀 詩·小雅 禴祠烝嘗 又 廣韻 姓也 風俗通 孟嘗君之後 玉篇 同嚐 集韻 或作嚐。鍇 前漢·郊祀志 百鬼迪嘗。徐慧：禮樂志 又 嘗23005嘗06706嘗12725嘗12663嚐07613 又 直音篇 醋62572同嘗。

噓 xū_11.14　唐韻 朽居切 集韻 韻會 正韻 休居切夶音虛 說文 吹也 玉篇 吹噓 聲類 出氣急曰吹，緩曰噓 正韻 蹙脣吐氣曰吹，虛口出氣曰噓。吹氣出於肺屬陰，故寒。噓氣出丹田屬陽，故溫 莊子·天運篇 孰噓吸是。又 徐無鬼 仰天而噓 集韻 亦作吁 ○按 正韻 云亦作呴煦欨。此三字夶匈于切，屬虞韻。噓屬魚韻，音切各異 正韻 非。又 xù 廣韻 集韻 韻會 正韻 夶許御切，虛去聲。義同。○按諸韻書夶作噓 字彙 正字通 作嘘。附十二畫，非，今改正。鍇 異體字字典·異體字研訂說明 葉鍵得：噓為嘘07331之異體。

嚆 zhā_11.14　廣韻 集韻 夶陟加切音奓 說文 厚脣貌。从多从尚 註 徐鍇曰：多即厚也 又 玉篇 緩口貌。又 chā 廣韻 敕加切 集韻 抽加切夶音侘。與 說文 義同。鍇 又奓09943

噴 fèn_11.14　五音集韻 方問切，分去聲。怒聲。

嶂 tú_11.14　集韻 同都切音徒。草名，生水中。

嗼 pó_11.14　字彙補 皮波切音婆。呪語。

壷 hú_11.14　六書本義 古文壺09714字。

嗇 sè_11.14　字彙補 古文嗇06709字。

噠 zhā_11.14　篇海類編 音扎。與嘲啞之啞同。

翌 fù_11.14　集韻 阜65437古作翌 △ 字彙補 作翌，非。

嗜 null_11.14　未詳。

噁 xǐ_11.14　字彙補 速迹切，音悉 ◇響聲 絃索辨譌 噁律律。

嚱 null_11.14　未詳。

噈 null_11.14　未詳。

聰 chǎn_11.14　字彙補 楚簡切，音產 ◇炙肉具也。

嗙 yì_11.14　字彙補 伊必切音乙。快也。

嘆 nín_11.14　川篇 尼近切，呼豕聲。

啡 bài_11.14　龍龕 同噠

噠 bài_11.14　龍龕 蒲養切，音稗 ◇梵唄也。鍇 龍龕 噠啡二俗，唄正。蒲芥反。

嚙 niè_11.14　五音篇海 同齧

醫 chuò_11.14　篇海類編 同啜

噁 null_11.14　唔未詳。

喋 lí_11.14　龍龕 力夷切，音離 ◇。鍇 朝鮮本 龍龕 俗。力夷切。嘌07098，同上。

賀 zhǐ_11.14　五音篇海 音紙，又石爾切。

噩 jiàng_11.14　龍龕 其養切。鍇 龍龕 其兩反。

嗳 null_11.14　唔未詳。

嚶 null_11.14　殷周金文集成·7.4009·毛伯簋 毛白嚶父乍仲姚寶毁。讀若噎。

嗘 dé_11.14　字彙補 音得。出釋典。

嗌 null_11.14　唔未詳。

嚅 wù_11.14　五音篇海 五故切，音誤。心了也 ○按卽悟字之譌。

嚹 null_11.14　唔未詳。

嚁 zhuàn_11.14　同囀07855

嚢 null_11.14　未詳。

嘺 lài_11.14　簡 嘺07698

嗰 cū_11.14　唔從舊從古，古古亦聲。同齟13224

磬 qìng_11.14　俗磬45341 可洪音義 磬盡：上苦定反，盡也，竭也。正作磬也 又 俗穀06689重訂直音篇·口部 磬，音熇，謳聲。又 殻部 磬，音伽 又 日 同控。

嚷 null_11.14　未詳。

嘆 tàn_11.14　兼嘆06951

嘆 tàn_11.14　同嘆06951

嗣 gương_11.14　唔從司姜khương聲。鏡 △爐嗣：照鏡子 又 giengz 壯 鏡。

䳎 vã_11.14　唔從呂尾vĩ聲。

蝦 null_11.14　未詳。

罿 chồng_11.14　唔從㕧省重trọng聲。丈夫 △媎罿：夫妻。

嘮 zào_11.14　張涌泉：嘮，俗噪。

喗 hỗn_11.14　唔從喘省混hỗn聲 △喗嚻：喘息。

嗂 yīn_11.14　篇海 嗂，音陰 靈寶玉鑑·卷三十六 密念玉清書梵音玉訣：唵嗕吥嗂咄咄嘓嗖。

嘢 nhã_11.14　唔從吐省假giả聲 △吶嘢：說話粗魯。嘢

噚 líng_11.14　字彙補 力惢切，音陵 ◇翻譯名義集 佛經居噚伽，此云李。

嘆 mò_11.14　說文 嘆作嘖。

濙：低俗。

嘻 07034 u20F58
hǎng_11.14 喃 从味向hướng聲△嘻嘻：嗆鼻，辣觫觫的。

睍 07035 u20F57
nhẳn_11.14 喃 从口眼nhẳn聲△嚦睍：怨詈，叨叨。
図nhờn賞玩。或省作眼△眼眵：悠然，漠然。

啄 07036 u20F56
giục_11.14 喃 从口逐trục聲。催促。

㨗 07037 u20F55
thẹp_11.14 喃 从口捷tiệp聲。邊角，零碎的。

嗽 07038 u20F54
thưa_11.14 喃說△嗽說：說明。

嚷 07039 u20F53
ngổn_11.14 喃嚷07581俗省。

頂 07040 u20F52
nhỉnh_11.14 喃 从口頂đỉnh聲。

㩿 07041 u20F51
xia_11.14 喃 从口敧xi聲。

魚 07042 u20F50
ngờ_11.14 喃 从口魚ngư聲。發呆，茫然。

啗 07043 u20F4F
hàm_11.14 喃越·阮秉 五千字譯國語 謗詛，啗吱。

涯 07044 u20F4E
nhai_11.14 喃 从口涯rượi聲。嚼，啃。

淫 07045 u20F4D
dầm_11.14 喃 从口淫dâm聲△啉淫：嘟囔。吶淫混：嘮叨。

嗑 07046 u20F4C
toét_11.14 喃 从口雪tuyệt聲△嗑嘎：嘴巴裂開。

喱 07047 u20F4B
nì_11.14 佛經記音字 可洪音義 唭喱：蒲介反，梵言婆師，此言讚歎，言唭匿者，疑訛也図nắc喃 从口匿nặc聲。打噎△喱哎：啜泣，欷歔図nắc喱宮咧買：讚不絕口。

嶓 07048 u20F4A
maenj_11.14 壯嶓，威嚇図mờn喃 从口敏mẫn聲。嫩。

嗕 07049 u20F49
shēn_11.14 道教記音字 道法會元·卷之二百四十八·宮四·地部金官如意潘將軍祕法 祕咒：唵咈哣喱唵嚽哪啉囉哏嚷咈唭咈嚱咭嚷嚽哪晒嗚嗕嚽嚯唸唵吽吽咩咩娑訶図thầm喃 从口深thâm聲。亦作嘾。喟喟私語。

嗾 07050 u20F48
thỉn_11.14 喃 从口淺thiển聲。

喤 07051 u20F47
nẹt_11.14 喃从嚇省浬nết聲△觗喤：脅迫。図nạt嚦喤：威脅△亦省作喤06387

呐 07052 u20F46
nuốt_11.14 喃从吞省訥dốt聲。亦作辥07284㖦06632

嗻 07053 u20F45
thùng_11.14 喃 从口舂thung聲。咚咚（鼓聲）。

探 07054 u20F44
thăm_11.14 喃 从口探thám聲。拜訪△詠探：訪問。△俗省作㕺06346

嚘 07055 u20F43
yì_11.14 嚘07895謁字図chiếp喃 从鳴省執聲。△嚘嚘：鳥鳴聲図chíp嚘佚：騙取図chẹp嚘晚：嘟囔。

嘽 07056 u20F42
đần_11.14 喃 从口彈đàn聲。呆笨。

噱 07057 u20F41
jué_11.14 俗嚎07386 可洪音義 嘔噱：上烏沒反。下

其約反図xờ喃 从口處xử聲△吶噱慮：說錯話兒。噱架：發呆，茫無目的。

嘔 07058 u20F40
ngáu_11.14 喃 从口偶ngẫu聲。同嘸07718

噁 07059 u20F3F
rận_11.14 喃 从口恡lẫn聲。

嵸 07060 u20F3E
sòng_11.14 喃 从口崇sùng聲△吶嵸：直言。図suồng鈤嵸：放浪，放誕。嵸㤞：下流，放縱△亦作閟64958

嗅 07061 u20F3D
mách_11.14 喃 从口覓mịch聲。告訐，告訴。

嘷 07062 u20F3C
bĩu_11.14 喃嘷喋：嘴唇歪曲。

喋 07063 u20F3B
jǐ_11.14 譯音用字。港腳嘷船。見 宣宗成皇帝實錄·卷之三百十九 △宏按，港腳船，指非東印度公司的印度船。

嬋 07064 u20F3A
dạn_11.14 喃 从口憚dạn聲。叮嚀。

嘶 07065 u20F39
gằn_11.14 喃 从口斯gằn聲。不均勻的聲音，雜音。

喁 07066 u20F38
ẻn_11.14 喃 从口偃ẻnh聲。

哉 07067 u20F37
thay_11.14 喃 从哉台thai聲。啊，呀。助詞。

嗽 07068 u20F36
nín_11.14 喃 从口赧nấn聲△嗽吶：沉默。

嚀 07069 u20F35
dành_11.14 喃同叮05562

頃 07070 u20F34
khoạch_11.14 喃 从口頃khoảnh聲。

乾 07071 u20F33
cần_11.14 喃 从口乾kiền聲△核乾：盆栽。

唯 07072 u20F32
deiq_11.14 壯喀唯：啰嗦図nhôi喃 从口堆đôi聲。△曲唯：傾訴。

嗅 07073 u20F31
lěi_11.14 黃征：俗累43947敦研279 小品般若波羅蜜經 卷第九：摩訶般若波羅蜜·屬嗅品第二十四。図mò俗默74908 可洪音義 嗅時：莫黑反，靜也。正作默、嘿二形。又郭氏作力戈反，非也図粵同礧48524図字海同呢05611

嗖 07074 u20F30
gěng_11.14 道教密咒用字。見 道法會元·卷之二百五十五·殿三·地祇溫元帥大法

喖 07075 u20F2F
hớ_11.14 喃 从口許hứa聲 五千字譯國語·第二十六舉動咈，喖。

嗊 07076 u20F2E
guǐ_11.14 粵懇求。諺 人怕嗊，米怕篩。

唓 07077 u20F2D
bō_11.14 粵象聲詞，汽車喇叭聲，相當於嘟。

啇 07078 u20F2C
shāng_11.14 俗商06218 金瓶梅詞話·第八十四回話說一日，吳月娘請將吳大舅來啇議，要往泰安州頂上與娘娘進香，西門慶病之時許的願心。

啣 07079 u20F2B
xián_11.14 俗銜63131

㼿 07080 u20F2A
yí_11.14 譯音用字龍龕㼿，俗。音移図姓。見 字海

𠼩 07081 u20F29 lún_11.14 同圇08137嗢𠼩，整個兒吞下。敦煌P.2653.1-P.2653.3 鷰子賦一首 遂乃嗢𠼩本典，徒沙門辯，言司上下，說公白健。

𠼨 07082 u20F28 jiào_11.14 同嘂06946

𠼦 07084 u20F26 màn_11.14 同嘕07350 龍龕 𠼦嗼二俗，莫干、莫半二反。正作謾56595欺也。図 mướn 喃 从口曼mạn聲。借。△𠼦茄：租房。

𠼧 07083 u20F27 yán_11.14 同嵒13953 四部叢刊初編集部·梁江文通集·卷第二·賦·翡翠賦 石錦質而入海，雲綺色而出天。峰炎𠼧而蔽日，樹靜暝而臨泉。

𠼥 07085 u20F25 jué_11.14 同噱06920俗噱07386方孝孺 贈趙教論序 凡以記誦自多者，曾不滿乎一𠼥矣。

𠼤 07086 u20F24 jiān_11.14 譯音用字。咪唎𠼤。

𠼟 07088 u20F1F lüè_11.14 嗼𠼟。參見嗼06500

𠼞 07089 u20F1E ā_11.14 氨27712Ammonia舊譯。

𠼛 07090 u20F1B fù_11.14 同嘼06994 字彙補 𠼛，古阜字。

𠼡 07087 u20F21 chóu_11.14 同嚋07233

𠼙 07091 u20F19 sǎng_11.14 俗嗓06726 明·湯顯祖 邯鄲記·第八齣驕宴 妓女們琵琶過手曲過𠼙，家常飯到只伸掌 図 龍龕 𠼙，俗。音爽。

𠼗 07092 u20F17 zàn_11.14 同囋07900譏笑。元·喬吉 喬夢符小令·朝天子·賦所感 冷諢先𠼗，呆科先探，小心兒真箇敢。

𠼔 07094 u20F14 null_11.14 未詳。

𠼖 07093 u20F16 lán_11.14 胡亂喊叫。明·湯顯祖 邯鄲記·第二十五齣·召還·紅衲襖 打你個老頭皮不向我門下參，打你個硬散兒不向我庭下跕，打你個蠢流民儘着𠼖，打你個暗通番該萬斬。

𠼓 07095 u20F13 guī_11.14 同𠿭75910

𠼒 07096 u20F12 bwnh_11.14 壯 糞；肥料。亦作耚。

𠼑 07097 u20F11 null_11.14 未詳。

𠼐 07098 u20F10 lí_11.14 篇海 嚟07005 𠼐，力夷切 可洪音義 𠼐吽：上力兮反。下牛鳴音。

𠼏 07099 u20F0F null_11.14 未詳。

𠼎 07100 u20F0E null_11.14 未詳。

𠼍 07101 u20F0D jiào_11.14 同噭07375

𠼌 07102 u20F0C null_11.14 未詳。

𠼋 07103 u20F0B null_11.14 未詳。

𠼊 07104 u20F0A null_11.14 未詳。

𠼈 07106 u20F08 null_11.14 未詳。

𠼉 07105 u20F09 chún_11.14 俗脣47304 碑別字新編 引 魏司空穆泰墓誌

𠼇 07107 u20F07 lòu_11.14 或俗漏29367 龍龕 𠼇，俗。音漏。

𠼆 07108 u20F06 zhuó_11.14 俗窋07384 新撰字鏡 𠼆，竹滑反。口滿食。

𠼅 07109 u20F05 yǎn_11.14 俗罨45523

𠼄 07110 u20F04 null_11.14 未詳。

𠼂 07112 u20F02 null_11.14 未詳。

𠼃 07111 u20F03 zàn_11.14 俗暫22969 可洪音義 𠼃住：上昨濫反。正作暫蹔二形也。

𠼁 07113 u20F01 null_11.14 未詳。

𠼀 07114 u20F00 null_11.14 未詳。

𠻿 07115 u20EFF null_11.14 未詳。

𠻾 07116 u20EFE null_11.14 未詳。

𠻽 07117 u20EFD mồi_11.14 喃 从口梅mai聲。

𠻼 07118 u20EFC nhậu_11.14 喃 从口荳đậu聲△𠻼醽：喝酒。

𠻻 07119 u20EFB baeq_11.14 壯 若何，怎樣。

𠻺 07120 u20EFA null_11.14 未詳。

𠻷 07123 u20EF7 hẹn_11.14 喃 从口現hiện聲△棟𠻷：依約。𠻷𠻴：約會。

𠻹 07121 u20EF9 null_11.14 未詳。

𠻵 07124 u20EF5 mắng_11.14 喃 从口莽mãng聲△吡𠻵：叱罵 図 mảng整𠻵：怠慢。

𠻸 07122 u20EF8 sì_11.14 俗嗣06766 偏類碑別字 引 唐于孝顯碑

𠻴 07125 u20EF4 lǎng_11.14 龍龕 音朗 図 譯音用字。清·梁廷枏 粵道貢國說·卷五·嘆咭唎國一·附兩夷稟 又，片奏稱：再，臣等傳見大班啵𠻴時，據稱伊國夷官啤吖吐總管公班衙等，尚有寄送總督長大人、監督蘇大人禮物二分等語 図 方 𠻴個：怎麼。

𠻳 07126 u20EF3 zuō_11.14 直音篇 𠻳，同嗅07380 図 俗嗽06934

𠻲 07127 u20EF2 shì_11.14 同螫53260 可洪音義 蝮𠻲：下尸隻、呼各二反。

㗰 07128 u35F0 cóng_11.14 地名用字。㗰口社，見乾隆 郯城縣志。図 譯音用字。㗰劇：一種越南傳統戲劇。今亦稱從劇。

㗯 07129 u35EF jas_11.14 韓 矮小。亦作耇46323人名用字。

夀 07131 u5900 shòu_11.14 俗壽09736

㗮 07130 u35EE myeong_11.14 韓 未詳 大華嚴首座圓通兩重大師均如傳並序 巘峯㗮（名庚切）賀之一十萬偈，復興於身篤。

噑 07132 u5651 háo_11.14 同嗥06918

嘨 07133 u5628 xiào_11.14 同嘯07158

嘧 07134 u5627 mì_11.14 嘧啶，pyrimidine。

嘥 07136 u5625 sāi_11.14 粵 浪費。又語氣詞。真的，完全。

嘤 07137 u5624 yīng_11.14 简 嚶07807

嘦 07135 u5626 jiào_11.14 胡懷琛 簡易字說·第七章·簡易字的提倡者 嘦，只要。

嘣 07138 u5623 bēng_11.14 象聲詞。咯嘣。

嘢 07139 u5622 yě_11.14 方 貨物。又語氣詞。

嘡 07140 u5621 tāng_11.14 同鏜64058鑼聲。

嘞 07141 u561E lè_11.14 龍龕 嘞，俗。音勒 図 lei語氣詞。㈠語氣的完結。㈡催促或勸止 図 lē 方 嘞嘞，說。

嘝 07142 u561D hú_11.14 英容量單位bushel的舊譯。今音譯作蒲式耳。

嘛 07144 u561B má_11.14 助詞。又喇嘛，藏語Blama的音譯。

嗵 07145 u55F5 tōng_11.14 象聲詞。

嘜 07143 u561C mài_11.14 嘜頭,英文 mark的音譯,即商標。亦作嘜頭。

嘩 07147 03354 huá_12.15 集韻同譁。鑾又吪05934㕶06393

嗤 07148 03355 mǎi_12.15 廣韻莫蟹切集韻母蟹切丛音買集韻嗤嗤,羊鳴。鑾又哶05858

嘫 07149 03356 nán_12.15 廣韻女閑切集韻尼鰥切丛音屵說文語聲也集韻噮嘫語聲又rán唐韻集韻丛如延切音然。義同又集韻一曰膺也。

噦 07151 03358 huì_12.15 集韻同嘒切集韻韻會楚快切正韻楚邁切丛音鱠玉篇一舉盡攬也禮·曲禮無噦炙又鄙也孟子蠅、蚋姑噦之註噦,相共食之也集韻或作嘵歡歠。鑾又喊06921

嗺 07150 03357 chuài_12.15 廣韻楚夬

嗼 07152 03359 bó_12.15 正字通俗嗼字。

嘭 07153 03360 péng_12.15 集韻蒲庚切音彭。聲也。

嘮 07154 03361 chāo_12.15 廣韻敕交切集韻丑交切丛音鈔說文嘮呶,讙也又玉篇丑加切音侘。義同又xiāo集韻虛交切音哮。同詨55894又láo郎刀切音勞。同謘55662鑾又嘮06152又lào方聊天又正字通哗05977俗嘮字。

噤 07155 03362 zhǎ_12.15 集韻側洽切音眨。噍聲也。

喋 07156 03363 jí_12.15 唐韻子入切集韻卽入切丛音濮說文噍也廣韻嗼喋,噍貌又集韻一曰歊也。鑾又雜66265

嘰 07157 03364 jǐ_12.15 集韻訖逆切音戟。本作唭,聲也。

嘯 07158 03365 xiāo_12.15 唐韻正韻蘇弔切集韻韻會先弔切丛音爤說文吹聲也詩·召南其嘯也歌箋嘯,蹙口而出聲。又小雅嘯歌傷懷司馬相如·上林賦長嘯哀鳴拾遺記前漢西方有因霄之國,人皆善嘯。丈夫嘯聞百里,婦人嘯聞五十里世說新語蘇門山中忽有眞人,阮籍往觀,對之長嘯。良久,乃笑曰:可更作。籍復嘯。意盡,退,還半嶺許,聞上嗒然有聲,如數部鼓吹,林谷傳響,顧看,乃向人嘯也又sù集韻息六切音肅。吹氣若歌詩·王風有女仳離,條其歗矣釋文歗,本亦作嘯。又chì集韻正韻丛尺栗切。與叱05356同禮·內則不嘯不指。鑾嘯字十六畫又嘨07133嘯06408

嘰 07159 03366 jī_12.15 唐韻居衣切集韻韻會居希切丛音機。說文小食也又玉篇嘰,唏也。紂爲象箸,而箕子嘰。史記·十二諸侯年表作唏淮南子·繆稱訓號而哭,嘰而哀,而知聲動矣又廣韻口醆又qí集韻渠希切音祈。司馬相如·大人賦噍咀芝英兮,嘰瓊華註徐廣曰:嘰音祈,小食也又jì集韻巨至切音曁。義同。鑾又叽05385又正字通經傳本作嘰,改作機,非。

嚅 07160 03367 yān_12.15 正字通俗咽字。

嘱 07161 03368 zhǔ_12.15 字彙同囑

嚌 07165 03372 yīn_12.15 篇海音飲。義

闕○按字彙音蔭,音義同嚌,當爲嚌字之譌。

喊 07162 03369 xiàn_12.15 集韻下斬切音嗛。怒聲,亦作喊。

嗟 07163 03370 dié_12.15 集韻徒結切音姪。與咥05764同。

嚄 07164 03371 huò_12.15 玉篇集韻丛胡麥切音獲。嚄嘖,叫也。或作咟05756鑾又嗢06348咟05613嘖07543

嘲 07166 03373 cháo_12.15 唐韻集韻韻會正韻丛陟交切音謿說文謔也玉篇言相調也前漢·揚雄傳執蝘蜓而嘲龜龍。△說文通作啁集韻或作謿。

嘳 07167 03374 kuài_12.15 廣韻集韻丛苦怪切音蒯說文本作嘳,太息也晏子·雜篇嘳然而歎集韻或作歓又廣韻譏他人也又huài集韻呼怪切音諣字林息憐也揚子方言嘳,憐也,沅澧之原,凡言相憐哀謂之嘳集韻或作㗇又kuì廣韻集韻正韻丛丘媿切音臾廣韻與喟06507同。鑾又嘳06576

嘴 07168 03375 zuǐ_12.15 集韻祖委切音觜。本作觜。與喍06002嘴同。鑾又咀05655嘴07369嚌07510嘈07553嘴07629

嗶 07169 03376 bǐ_12.15 集韻逼密切音筆。鳴也。

嗒 07170 03377 ān_12.15 集韻烏甘切,黯平聲。嗒噞06983也。

嘵 07171 03378 xiāo_12.15 唐韻許幺切集韻韻會馨幺切丛音膮說文懼也詩·幽風予維音嘵嘵傳嘵嘵,懼也爾雅·釋訓作憢憢。鑾又嘵05938嘵06283

嘏 07173 03380 xiā_12.15 集韻虛加切音煆玉篇口嘏嘏也又集韻與谺同,谷中大空貌。或作岈礒礒嘏07378又xiǎ集韻許下切。與嘪同△玉篇譌作啁,非。鑾玉篇嘏,火牙、許下二切。口嘏嘏。按玉篇未見啁字。

嗤 07174 03381 ní_12.15 集韻同呢。

嘶 07172 03379 sī_12.15 廣韻先稽切集韻正韻先齊切丛音西玉篇嚌也又玉篇馬鳴也。又前漢·王莽傳大聲而嘶。註師古曰嘶,聲破也。又禮·內則鳥皫色而沙鳴鬱註沙猶嘶也○按周禮·天官·內饔註作澌韻會有澌無嘶。鑾又誓56660

嗒 07175 03382 tǎ_12.15 篇海同嗒。

嘷 07176 03383 háo_12.15 唐韻集韻正韻丛乎刀切音豪說文本作嘷,咆也廣韻熊虎聲左傳襄十四年豺狼所嘷戰國策咒虎嘷之聲若雷霆又通作皋周禮·春官·大祝來瞽令皋舞註皋讀爲卒嘷呼之嘷又與號同莊子·庚桑楚兒子終日嘷而嗌不嗄,和之至也司馬相如·子虛賦左烏嘷之雕弓又叶胡鉤切音侯。楚辭·招隱士猨狖羣嘷兮虎豹嘷,攀援桂枝兮聊淹留。說文譚長說,从犬作㹱集韻或作㹖。鑾又嗥06264㹱33483㹖33574嘷06918嘷07235皿05680嘷07387

嗁 07177 03384 dī_12.15 篇海都奚切音低。城名。亦作嗁、嗁。

嗁 07178 03385 dī_12.15 篇海同嗁。

嗁 07179 03386 dī_12.15 篇海同嗁。

噋
07180 03387
dī_12.15　字彙都黎切音低。小語。

嘸
07181 03388
fǔ_12.15　集韻斐父切音撫 前漢·韓信傳諸將皆嘸然,陽應曰諾 註孟康曰:嘸音撫,不精明也 又wǔ 集韻罔甫切音武。義同。鋆同憮,驚愕 又吭05597

嘹
07182 03389
liáo_12.15　廣韻落蕭切 集韻韻會憐蕭切 正韻連條切达音聊 玉篇嘹喨 廣韻嘹喨,聞遠聲 集韻嘹喨,鳴也。一曰嗷夜也 又liào 廣韻集韻韻會 正韻力弔切音料。義同 又廣韻病呼。鋆又嘹亮,或作嘹喨、嚠06862喨、瀏亮。

噭
07183 03390
jiǎn_12.15　集韻同謇。

嘭
07185 03392
pán_12.15　字彙同嘫。

嶠
07187 03394
qiáo_12.15　玉篇渠堯切 廣韻渠遙切 集韻劬堯切达音翹 玉篇埤蒼云不知是誰也 廣韻不知 又集韻渠嬌切音喬。義同 又qiāo 丘袄切音蹺 博雅誺也 又qiào 集韻類篇达丘召切音趬。口不正。鋆又㖞05861

嚙
07184 03391
pán_12.15　篇海蒲官切音盤。以言難人。鋆又嘫07618

嘼
07186 03393
chuǎn_12.15　字彙同喘。

嘻
07188 03395
xī_12.15　廣韻許其切 集韻韻會虛其切达音熙。玉篇嘻嘻,和樂聲 易·家人婦子嘻嘻,終吝 詩·周頌噫嘻成王傳噫,歎也。嘻,和也 箋噫嘻,有所多大之聲也 疏謂作者有所哀多美大,而爲聲以嘆之 揚雄·河東賦嘻嘻旭旭 註師古曰自得之貌也 又集韻救也 詩疏成湯見四面羅者曰:嘻,盡之矣。噫、嘻,皆是歎聲,爲歎以救之 又禮·檀弓夫子曰:嘻,其甚也 註嘻,痛恨之聲 釋文嘻,許其反 公羊傳·僖元年慶父聞之曰:嘻 註嘻,發痛語首之聲 又左傳·定八年從者曰:嘻,速駕 註嘻,懼聲 又史記·藺相如傳秦王與羣臣相視而嘻 註嘻,驚而怒之辭也 又史記·魏其武安侯傳夫怒,因嘻笑曰:將軍,貴人也 又yī 集韻於其切音醫。與噫同 禮·檀弓釋文嘻,又於其反 又xì 集韻許記切音憙。笑也。或作嘻。

唴
07189 03396
yán_12.15　廣韻五閑切 集韻牛閑切达音訮 玉篇書作唴。犬相唴也 集韻與獮、獂通 又玉篇爭訟之辭也。△集韻本作斷。

噊
07190 03397
yù_12.15　集韻紆勿切音鬱。喉中鳴。或作嚛 類篇書作噎,非。

嘼
07191 03398
chù_12.15　玉篇古文畜35479字 說文牋也,象耳、頭、足厶地之形 玉篇六畜養之曰牲,用之曰嘼 揚子方言嘼之初生,謂之鼻。又陳、楚之閒,凡人、嘼乳而雙產,謂之釐孳〇按周禮·天官·獸醫 註疏:在山曰嘼,在家曰畜。則嘼、畜二字,又微有別。鋆又直音篇䁴40179同嘼。

嘽
07192 03399
tān_12.15　唐韻集韻韻會他干切 正韻他丹切达音灘 說文喘息也 廣韻馬喘 詩·小雅嘽嘽駱馬 傳嘽嘽,喘息之貌 釋文嘽,他丹反 又詩·小雅戎車嘽嘽 傳嘽嘽,衆也 又說文喜也 詩·大雅徒御嘽嘽 傳嘽嘽,喜樂

也 箋車徒之行,嘽嘽安舒,言得禮也 又詩·大雅王旅嘽嘽 傳嘽嘽然盛也 箋嘽嘽,閒暇有餘力之貌 疏嘽嘽,閒暇之貌。由軍盛所以嘽嘽然,故云盛也 又chān 集韻稱延切音燀。嘽咺,迂緩貌 列子·力命篇墨尿、單至、嘽咺、憋憿四人相與遊于世 又揚子方言凡怒而噎噫,南楚、江湘之閒謂之嘽咺 又tuō 集韻湯何切音他。嘽嘽,衆也 又一曰嘽咺,泣貌 又dǎn 集韻黨旱切音亶。慄也 又tǎn 儻旱切音坦。嘽㖖,聲舒緩也 王褒洞簫賦嘽㖖逸豫戒其失 又chǎn 廣韻昌善切 集韻韻會 正韻齒善切达音闡 禮·樂記其樂心感者,其聲嘽以緩 註嘽,寬綽貌 集韻或作嘽 又dàn 集韻徒案切音憚。嘽嘽,喜樂盛也。鋆又嘽06412

嘾
07193 03400
dàn_12.15　唐韻集韻韻會 正韻达徒感切音襌 說文本作嘾。含深也。从口覃聲 玉篇引莊子大甘而嘾 又tán 集韻徒南切音覃。貪也。

㖤
07194 03401
chuài_12.15　廣韻楚夬切 集韻楚快切达音鸏 玉篇本作歠,齧也 集韻與嚽同 又chuò 五音集韻昌悅切音啜。飲也 集韻同歠。或作歠、㕭。

嘿
07195 03402
mò_12.15　廣韻莫北切 集韻韻會 正韻密北切达音墨 玉篇與默74908同 戰國策政獨安可嘿然而止乎 史記荊軻傳荊軻嘿而逃去 又mù 集韻莫六切音目。楚人謂欺曰嘿屎〇按嘿屎,猶也 集韻嘿謤作嘿,屎謤作屎 五音集韻嘿07645又謤作哩,达非 又hēi 集韻迄得切音黑。與默同。欨也。

噀
07196 03403
xùn_12.15　韻會 正韻达蘇困切音巽 韻會本作僎,噴水也 後漢·欒巴傳註神仙傳曰:巴爲尚書,正朝大會,巴獨後到,飲酒西南噀之。鋆古今韻會舉要作㔟 集韻或作㗫 又噢06627嗅06631

噁
07197 03404
wù_12.15　廣韻烏路切 集韻烏故切达音惡 廣韻噁噁,怒貌 又è 集韻遏鄂切音堊。噁噁,鳥聲 又wò 屋郭切音腥。義同。鋆又惡17372

噂
07198 03405
zǔn_12.15　唐韻子損切 集韻韻會 正韻祖本切,並音撙 說文聚語也 詩·小雅噂沓背憎 傳噂猶噂噂,沓猶沓沓 箋噂噂沓沓,相對談語,背則相憎也 廣韻同譐。

嶓
07199 03406
fān_12.15　集韻孚袁切音翻。聲也 又fán符袁切音煩。義同。

𡃆
07200 03407
zā_12.15　字彙宗滑切音捽。見釋典。

嘵
07201 03408
xiāo_12.15　集韻嘼07857古作嘵。

㗩
07202 03409
qì_12.15　正字通俗喫字。

嚓
07203 03410
chá_12.15　字彙初戛切音察。細言 又jì子計切,音祭 ◇義同。

𡅜
07204 03411
yín_12.15　玉篇古文囂07638字 △集韻書作𡅜。

嚞
07205 03412
zhé_12.15　字彙之列切,音哲 ◇嘲㗩 又zhá側八切

音札。義同。鎣又哳05983

嗎 07206 03413
huī_12.15 廣韻許爲切集韻吁爲切太音麾玉篇口不正也廣韻口不言正又廣雅醜也淮南子·修務訓啳睽哆嗎，籧篨戚施又集韻一曰誚謂之嗎又kuī驅爲切音虧。義同。鎣又吹05581㕱07245

噈 07207 03414
xù_12.15 廣韻集韻太許勿切音欻玉篇氣也。又集韻呵噈，不明也。

噆 07208 03415
cǎn_12.15 唐韻集韻太七感切音慘說文嗛也玉篇銜也莊子·天運篇蚊虻噆膚，則通昔不寐矣淮南子·覽冥訓噆味含甘又zǎn集韻子感切音昝又zā唐韻子荅切集韻作荅切太音帀。義太同又集韻一曰齧脣。鎣又噆07772嗒07292

噇 07209 03416
chuáng_12.15 廣韻宅江切集韻傳江切太音幢。玉篇喫貌集韻本作饞，食無廉也。鎣又咗05887咮06106，同噇。

噈 07210 03417
cù_12.15 廣韻集韻太子六切音蹙玉篇嗚噈也。廣韻歇噈，口相就也又zā集韻作荅切音帀。本作咂又zú七六切音鼀。又就六切音摵。義太同又hé曷閤切音合。柔也。鎣又歃26527

噉 07211 03418
dàn_12.15 集韻同啖06237後漢·安帝紀更相噉食。

噊 07212 03419
yù_12.15 唐韻余律切集韻允律切太音聿爾雅·釋詁噊，危也。又廣韻烏鳴又shù廣韻集韻太食律切音術廣韻危也。

噋 07213 03420
tūn_12.15 廣韻集韻太他昆切音暾玉篇同哼06226集韻本作噂又tún集韻徒渾切音屯。義同又kuò廣韻苦郭切音廓。噋噋，聲也。亦作啷。

噝 07214 03421
sè_12.15 集韻色入切音澀。口不能言也。通作歰。

噖 07215 03422
níng_12.15 正字通㲨32344字之譌。

噌 07216 03423
chēng_12.15 廣韻楚耕切集韻初耕切太音琤玉篇噌吰，市人聲又chéng集韻鋤耕切音崢。義同。又cēng慈陵切音繒。泓噌，空嚣意晉書·王沈傳·釋時論空嚣者，以泓噌爲雅量。鎣噌吰，也作繒57023竑。又哼06103又直音篇噲07390，音撐，噲吰。又音曾。

噔 07218 03425
pō_12.15 字彙同嗳

噴 07217 03424
pèn_12.15 字彙同噴。鎣正字通俗噴字。梵藏尊勝陀羅尼咒首句云唵噴嚧莎訶，闕音切。舊註同噴，誤。

噍 07219 03426
jiào_12.15 唐韻集韻韻會才笑切正韻在笑切太音誚說文齧也玉篇嚼也前漢·高帝紀襄城無噍類註如淳曰：噍，祚笑反，無復有活而噍食者也荀子·榮辱篇亦呥呥而噍，鄉鄉而飽已矣王充·論衡口齒以噍食集韻或作嚼又集韻子肖切音醮。義同禮·少儀數噍毋爲口容○按釋文噍又作嚼，子笑反，又在笑反，二音皆可讀又jiāo廣韻即消切集韻韻會正韻茲消切太音焦廣韻啁噍，聲也集韻鳥聲又禮·樂記其哀心感者，其聲噍以殺註噍，踧也釋文噍，子遙反，謂急也又qiáo集韻慈焦切音樵。義同禮·樂記·噍殺釋文徐在堯反，沈子堯反○按釋文凡三音，獨沈音子堯反，諸韻皆不收又jiū集韻將由切音遒。燕雀聲禮·三年問至于燕雀，猶有啁噍之頃焉，然後乃能去之釋文噍，子流反集韻通作啾又jué集韻疾雀切音皭。本作嚼07843

噎 07220 03427
yē_12.15 唐韻烏結切集韻韻會一結切太音咽說文飯窒也廣韻食塞詩·王風中心如噎傳噎，憂不能息疏噎者，咽喉蔽塞之名後漢·禮儀志鳩者，不噎之鳥也廣韻或作咽集韻或作餲、饐又yī集韻益悉切音一。義同。或作㱦又yì壹計切音翳。咽痛揚子方言㾜、嗌，噎也註皆謂咽痛也。音翳又ài類篇乙界切音噫。與嗄06703同。鎣又餲69277

嘷 07221 03428
gū_12.15 集韻同呱

嗻 07222 03429
zhé_12.15 篇海直列切音轍。語不正貌又chè丑列切音屮。義同。

噏 07223 03430
xī_12.15 廣韻正韻許及切集韻韻會迄及切太音翕廣韻與吸同揚雄·甘泉賦噏清雲之流瑕司馬相如·子虛賦噏呷萃蔡又與翕通前漢·司馬相如傳汨淢翕習以永逝史記作噏又集韻與傛同。斂也老子道德經將欲噏之，必固張之。通作歙。

噐 07224 03431
qì_12.15 玉篇俗器07359字正字通噐始於工，工制之而後人用之，故从工。

嘰 07225 03432
yì_12.15 正字通同囈07895 鎣或嘞07055吼05867

嗇 07226 03433
sè_12.15 說文嗇本字。

商 07227 03434
shāng_12.15 集韻商06218古作啇。

譱 07228 03435
shàn_12.15 字彙補古文善06450字。

嘄 07229 03436
yāo_12.15 字彙補古文要54967字。

嚟 07230 03437
lí_12.15 字彙補龍其切音梨。見佛經眞言

嚪 07231 03438
dōu_12.15 字彙補丁扎切音兜。見釋典。

噜 07232 03439
yóu_12.15 字彙補同游漢相孫君碑優噜樂業。

噣 07233 03440
chóu_12.15 唐韻直由切集韻陳留切太音儔說文誰也。从口㕡，又聲集韻通作疇、㕡又字彙補古文疇字鄭康成·古易註噣離祉又集韻時流切音讎。本作詶55923 鎣又㖲05289又直音篇㕡㕡07087同㕡06510

噬 07234 03441
tuò_12.15 說文唾本字。

嘷 07235 03442
háo_12.15 說文嗥本字。

嘴 07236 03443
zuǐ_12.15 集韻祖委切。同觜。詳唻06002字註。

嗹 07237 03444
lián_12.15 集韻靈年切音蓮。與謰48525同。

嚗 07238 03445
pò_12.15 集韻匹各切音粕。聲也。

唤
huàn_12.15 篇海類編 呼貫切音喚。呼喚。

壼
kǔn_12.15 字彙補 與壼同 蘇子由 類篇敘 壼之在口，無之在林，凡變古而失其眞者，皆從古也。

嚜
mǎi_12.15 五音篇海 音買。嚜也。

嘟
dū_12.15 龍龕 音都 字彙補 美詞。

餙
chēng_12.15 字彙補 楚生切音傖。金聲也。

唇
huī_12.15 海篇 同嚾。

鐙
dēng_12.15 字彙補 得滕切音登。人名 五代史 楊光遠，父曰阿噔啜。

聆
líng_12.15 海篇 力丁切音零。耳聲也。

餡
xiān_12.15 搜眞玉鏡 音仙。

噭
xiāo_12.15 五音篇海 與嚻同。

喝
là_12.15 龍龕 音臘

尌
shù_12.15 龍龕 音樹

嗫
jìn_12.15 字彙補 與噤同。鏖又舂07254

顉
xū_12.15 龍龕 音須

鏖
yān_12.15 海篇 同喡。

吞
jìn_12.15 五音篇海 音妗。鏖同嗫07251

嚎
yuàn_12.15 五音篇海 與噮同。

噭
jìn_12.15 五音篇海 其飲切，音近◇。鏖或同唅06170

悲
bēi_12.15 龍龕 同悲。

窏
chuān_12.15 龍龕 音穿

琴
yín_12.15 五音篇海 音琴 字學指南 與吟同。

檔
xiáng_12.15 閩 相同。檔匀，同輩。

嗺
jié_12.15 龍龕 俗。音結。

嘾
lán_12.15 簡 嚒07803

嗊
jià_12.15 同嘖07492

嗺
yuàn_12.15 新撰字鏡 抣縣反。餶69110字。

嘈
null_12.15 未詳。

揪
null_12.15 未詳。

殿
sau_12.15 嘾 同斳11416以後。

嗻
null_12.15 嘾未詳。

喔
null_12.15 未詳。

輯
chòng_12.15 嘾 从同重trọng聲。

嗢
ǒn_12.15 嘾 从口溫ǒn聲。嘈雜，聒噪。

噜
lù_12.15 譯音用字 可洪音義 略計：上盧故反。嘾 rố 嘾 从口路lộ聲△唭略：闊堂大笑。又 trò略嘈：談笑。ᵓ略：開玩笑。

嗯
ngâu_12.15 嘾 从口寓ngu聲。吵鬧，嚷嚷。

嗺
môi_12.15 嘾 从唇省媒môi聲。嘴唇△嗼嗺：撇嘴。

嘱
xép_12.15 嘾 从口插chấp聲。

嘅
khê_12.15 嘾 从口欺khi聲△嘅呵：呶呶唧唧。ᵓ khì 唭嘅：開懷大笑。

嗺
sáo_12.15 嘾 从口稍sảo聲。套話，口頭禪。

頃
xiàng_12.15 篇海 頃，音項。

噮
nhấp_12.15 嘾 从口濕thấp聲。蘸，潤。

喡
nhon_12.15 嘾 从口閏nhuận聲△喡喡：靈活。ᵓ nhún 吶喡：嘈雜 ᵓ nhún 吶喡：講話謙虛。

嚁
toẹt_12.15 嘾 从口絕tuyệt聲。裂開，破開。

湛
giam_12.15 嘾 从口湛trạm聲△嚁嗨：探查。

嗺
shàn_12.15 龍龕 嗺，俗。音善。

辤
nuốt_12.15 嘾 从吞卒tốt聲。

嗺
sêu_12.15 嘾 从口超siêu聲。賀年禮物。

嘷
jǐng_12.15 道教咒符用字 道法會元·卷之九十五·都三·雷霆飛捷使者大法 九州罡：吩吼吭哇嘷唳唉嘷嚄。

嗺
null_12.15 未詳。

嘷
bauq_12.15 壯 奏報，報訊 ᵓ váo 嘾 从口報báo聲。△榮嘷：趾高氣揚。

嘣
bāng_12.15 方 口嘣呤，都。

哥
gē_12.15 大道君名 上清大洞真經·卷之四 其聖曰哥，其真曰靈。兆能知之，乃開金門。

嗺
hui_12.15 粵 同咔05828

嗺
qiān_12.15 同鵮73453 元·賈仲名 荊楚臣重對玉梳·第一折 那里怕千人罵萬人嗺？則願的臭死尸骸蛆亂蚡，折莫狼拖狗拽，鴉嗺鵲啄，休想我繫一條麻布孝腰裙。

嗺
daengq_12.15 壯 邀請，囑咐。

嗺
null_12.15 未詳。

嗺
yuè_12.15 方 嘔吐。清·蒲松齡 聊齋俚曲集·富貴神仙·第六回 潑婦罵門 兩個解子放倒頭就似泥塊一樣，臭殺人那一個嗺了一牀 ᵓ 擬音字 道法會元·卷之一百九十五·混元一炁八卦混神天醫五雷大法·役使劉帥祕咒 嚕咭喇嗺嗺。

嗺
null_12.15 未詳。

嗺
zā_12.15 龍龕 嗺07208 正嗺今，子合反。蚤虫嗺人也。又才故反。

嗺
null_12.15 未詳。

嗺
null_12.15 未詳。

嗺
null_12.15 未詳。

嘖
huáng_12.15 象聲詞 琵琶記·第三十四齣·寺中遺像 木魚亂敲逼逼剝剝，海螺響處嘖嘖嘖嘖 ᵓ ngoàng 嘾 从口黄hoàng聲。

嗺
fèi_12.15 譯音用字 申報·1875 Dec. 22. Num. 1123·廣告告白：美國於明年為定鼎百年之期，特於嗺哩咄地方舉行賽物公會。中國總理衙門經派總稅務司赫公督辦中國送物赴會等事。

嚘 07304 u20F98
null_12.15　未詳。

嚃 07303 u20F99
fù_12.15　佛經記音字

嗀 07305 u20F97
hàn_12.15　同嗀07505見 類篇

嚣 07306 u20F96
kū_12.15　俗哭05973 可洪音義 嗁嚣：苦屋反。正作哭 区俗器07359 金石文字辨異 引北魏刁遵墓誌

喙 07307 u20F95
đòi_12.15　喃从口隊đội聲△喙嬪：討債 区giỏi喙嚖：生氣

嗲 07308 u20F94
thuê_12.15　喃从口稅thuế聲。

嘮 07309 u20F93
trều_12.15　喃从口詔chiếu聲。可笑，滑稽△呐嘮：奇談。

嗩 07310 u20F92
yǎ_12.15　譯音用字。清·梁廷枏 粵道貢國說 卷六 嘆咭唎國二九年十二月，嘆咭唎國王嗩咱具表文、方物，由該貿易商船恭齎至粵，稟請總督代為奏進 区nhả 喃从吐省雅nhã聲△嗩玉嘖珠：嘖珠吐玉（喻文章珠圓玉潤）。

嚙 07311 u20F91
xián_12.15　正字通嚙，俗衘63131字 正統道藏·太平部·金·馬鈺·洞玄金玉集·卷之八·贈文登馬彥高 將進酒，鳳嚙盃，香山會上惜芳時。

嚨 07312 u20F90
lóng_12.15　譯音用字 清實錄·文宗顯皇帝實錄·卷之三百九 然嘈嚕嘶嘶與咘嘲咘嚨，狼狽為奸，其情兇狡，所言添兵，及登岸攻我礮臺之後，亦不可不防 区象聲詞。嚨嚨，同隆隆。

嗜 07313 u20F8F
shē_12.15　佛經音譯用字 龍龕嗜，俗。音奢。

㪐 07314 u20F8E
sǎn_12.15　記音用字。明·湯顯祖 牡丹亭還魂記·第四十七齣 （占）他這話到明，哈嘛兀該毛克喇，要娘娘有毛的所在。（淨作惱科）氣也，氣也，這臊子好大膽，快取鎗來 区清實錄·文宗顯皇帝實錄·卷之二百三十二 前據葉名琛奏，新來夷酋，往㪐吖嗹地方，尋吆唥商議，尚未到粵。

嘰 07315 u20F8D
qì_12.15　記音用字 龍龕嘰，俗。口夷反 法海遺珠·卷二十二·離一·五雷總攝·五雷祕諱召呪 唵嘰吰曳薩嚩訶。

嗻 07316 u20E72
chǔ_12.15　喃从口渚chǎ聲。

嘚 07318 u20E70
bèm_12.15　喃嘚濂：猥褻。

嗮 07319 u35FA
sà_12.15　同嗮07358 名義 嗮，先撒反。醜。

嚙 07321 u35F8
xián_12.15　同嚙07311俗衘

嘖 07322 u35F7
sǎi_12.15　简嘖07836 喋 07317 u20E71
qú_12.15　篇海喋，音渠 区khừ 喃从口渠cừ聲。△喋喋：呻吟聲。

嗺 07324 u565D
sī_12.15　象聲詞。陳侯因齊敦 其嗺因齊揚皇考。

嚕 07325 u565C
lǔ_12.15　简嚕07622 嚖 07320 u35F9
wéi_12.15　古文惟17630

嚙 07326 u565B
niè_12.15　俗嚙07636 喩 07327 u565A
xún_12.15　英文 fathom 的舊譯，也譯作拓，等於六呎（英尺），表示伸展開雙臂的長度。古人云舒肘知尋12564

嚙 07328 u5659
qín_12.15　民國 新字典 嚙，俗字。讀如禽。口含物也 区漢語方言大詞典 嚙喤木：啄木鳥。東北官話。区gầm 喃从口禽cầm聲。吼叫，咆哮。

嚗 07329 u5658
juē_12.15　同撅20645嚗嘴。

嘘 07331 u5653
xū_12.15　同嘘06986 噗 07330 u5657
pū_12.15　象聲詞。噗哧，亦作噗嗤，形容突然發出的笑聲 区方 噗唃噔兒：喇叭形玻璃玩具，引申指人身體羸弱。

嘎 07332 u5620
gā_12.15　同嘎06964 噠 07336 03449
dá_13.16　集韻當割切音妲。嚓噠，西夷國名 北史·魏肅宗紀 神龜二年，吐谷渾、宕昌、嚓噠等國竝遣使朝貢 区集韻 陁葛切音達。義同 区chá宅軋切。坦噠，語不正。鍪又噠05939

噞 07333 03446
yǎn_13.16　唐韻 集韻 正韻 魚檢切 韻會 疑檢切丛音顉 說文 噞喁，魚口上見也 廣韻 魚口上下貌 淮南子·主術訓 水濁則魚噞 王充·論衡 君口垂不噞，所言莒也。区yán 集韻 正韻 丛牛廉切音鐮。義同 集韻 或作鰜。区yàn 廣韻 集韻 丛魚窆切音驗。義同 左思·魏都賦 抗旍則威噞秋霜 釋文 噞音驗。鍪又唅06059噞07829

噦 07334 03447
xiè_13.16　集韻 下解切音邂。與謑同。怒聲也。

噟 07335 03448
yìng_13.16　集韻 與膺同。或作嚶。

啾 07337 03450
jiū_13.16　廣韻 側鳩切 集韻 甾尤切丛音鄒 廣韻 小兒聲 集韻 嬰兒啼也 区集韻 莊交切音鐎。與啾06439同。

噡 07338 03451
zhān_13.16　唐韻 職廉切 集韻 韻會 正韻 之廉切丛音詹 廣韻 噡，言語也 集韻 多言 荀子·非相篇 口舌之均，噡唯則節 集韻 本作譫 区dān 集韻 都甘切音儋。噡噡，煩語。

喎 07339 03452
gē_13.16　廣韻 集韻 丛古禾切音戈 集韻 喎唆，小兒相應之聲 区hé 廣韻 戶戈切 集韻 胡戈切丛音禾。義同。

罄 07340 03453
jì_13.16　集韻 吉詣切音計。聲也 区kè克革切音罄。義同。

啜 07341 03454
chī_13.16　廣韻 苦擊切。同喫06531 集韻 別作嚙。

噢 07342 03455
yù_13.16　廣韻 於六切 集韻 乙六切丛音郁 玉篇 噢咻，內悲也 区yǔ 廣韻 於武切 集韻 韻會 委羽切丛音傴 廣韻 噢咻，病聲 正韻 同嫗 区qǔ 集韻 顆羽切音踽。又於九切音懮。義丛同 区yù噢威遇切音嫗。本作煦31805 鍪噢咻又作噢伊、嘔咻 直音篇 嶼05339同噢。

嘒 07343 03456
yuè_13.16　集韻 王伐切音越 玉篇 本作粵。辭也。

嗂 07344 03457
yáo_13.16　篇海 音搖。喜樂也 正字通 俗喓字。

嗲 07345 03458
diàn_13.16　廣韻 都甸切 集韻 丁練切丛音殿。嗲尿，呻也 玉篇 本作唸06188 区集韻 堂練切音電。義同。

【嗠】07346 03459
zhòu_13.16 廣韻 集韻 韻會 丛陟救切音晝 說文 喙也 廣韻 鳥口 史記·楚世家 射嗠鳥于東海 註 索隱曰:嗠音晝,謂大鳥之有鉤喙者,以比齊也 玉篇 引詩 不濡其嗠。亦作咮〇按今 詩·曹風 作咮 集韻 或作注 図 星名 詩·召南·小星傳 三心五嗠 釋文 嗠,張救反。又都豆反 爾雅 云嗠謂之柳〇按今 爾雅·釋天 本作咮 図dòu 廣韻 都豆切 集韻 丁候切丛音鬬。義同 廣韻 或作咮 集韻 或作喙、注 図zhú 廣韻 之欲切 集韻 朱欲切丛音燭 廣韻 嗠鵃,鳥名 図zhuó 廣韻 集韻 韻會 丛竹角切音啄 廣韻 鳥生子能自食也 爾雅·釋鳥 生嗠雛 註 能自食 釋文 嗠,竹角反 戰國策 黃雀因是以俯嗠白粒 集韻 本作啄。図dú 集韻 徒谷切音讀。畢星別名。

【噤】07347 03460
jìn_13.16 唐韻 集韻 韻會 丛巨禁切音濂 說文 口閉也,從口禁聲 史記·日者傳 悵然噤口不能言。又 鼂錯傳 噤口不敢復言 潘岳·汧督馬敦誄 若乃下吏之肆其噤害,則皆妒之徒也 註 噤害,口不言而心害之也 集韻 或作麟 図 韻會 或作齡。引 韓愈·同宿聯句 巧手千皆齡〇按齡,牛舌病也,與噤音同義別 韻 誤 図 廣韻 集韻 丛渠飲切音顲。義同 廣韻 寒而口閉。

【嗢】07348 03461
huā_13.16 玉篇 虎佳切 廣韻 火媧切 集韻 火鼃切丛音蟠 玉篇 口戾貌 廣韻 口偏△ 廣韻 集韻 丛書作嗢07541

【嚖】07349 03462
jiān_13.16 玉篇 子延切音煎。嚖嚖也。

【嘤】07350 03463
màn_13.16 字彙 莫半切音謾。敗也 正字通 俗謾字。

【噥】07351 03464
nóng_13.16 廣韻 集韻 丛奴冬切音農 玉篇 多言不中也 図náng 廣韻 女江切 集韻 濃江切音聰 廣韻 噥,嗔語。出 字林 図 呂氏春秋 甘而不噥 玉篇 引作喉。謂食甘也 図 集韻 一曰語不明△或作噵。鎏 又哝05928

【嗭】07352 03465
hán_13.16 玉篇 許含切音嶺。吼也 図gǎn 集韻 古禪切音感。鳥聲 図ǎn 五感切音頷。可也 図hǎn 苦濫切音闞。與喊06461同。

【嘷】07353 03466
yè_13.16 集韻 逆怯切音業。口動貌 廣韻 書作嚇07548

【嚮】07354 03467
xiàng_13.16 玉篇 許丈切 集韻 許兩切丛音享 玉篇 應聲 集韻 本作響。

【噦】07355 03468
yuè_13.16 唐韻 集韻 韻會 丛於月切音黦 說文 气悟也 玉篇 逆氣也 禮·內則 不敢噦噫嚏咳 正字通 方書,物無聲曰吐,有聲無物曰噦,有物有聲曰嘔 集韻 或作歲 図 廣韻 集韻 韻會 丛乙劣切音懲。義同 図hui 廣韻 呼會切 集韻 韻會 呼外切丛音翽 玉篇 鳥鳴也 詩·小雅 鸞聲噦噦 傳 噦噦,徐行有節也 釋文 呼會反 集韻 本作鐬,同鐬 図 詩·小雅 噦噦其冥 箋 噦噦,猶煴煴也,寬明之貌 図hui 集韻 韻會 丛呼惠切音嘒 詩·小雅 鸞聲噦噦。徐邈讀 図yuē 集韻 韻會 丛許穢切音喙。與顪同。頤下毛。一曰頰也。鎏 又哕05936

【嗫】07356 03469
yè_13.16 玉篇 同喝 集韻 亦作嗑。

【嗋】07357 03470
xiè_13.16 唐韻 訶介切 集韻 許介切丛音論◆說文 高气多言也。從口,蓋省聲 春秋傳 曰:嗋言 図 廣韻 集韻 丛他達切音闥。義同 図xì 集韻 許倚切音𤾆。氣聲。図 一曰多言△韻 亦作嗋。鎏 又譾56727

【嗄】07358 03471
sà_13.16 廣韻 私盍切 集韻 悉盍切音偛 玉篇 嗄嗄,醜也 図 廣韻 嗄嗄,食貌。鎏 又嗹07319

【器】07359 03472
qì_13.16 古文𥃲 唐韻 集韻 韻會 正韻 丛去冀切。說文 衆器之口,犬所以守之 廣韻 器皿 易·繫辭 形乃謂之器 註 成形曰器 書·舜典 如五器 註 器謂圭璧 図 禮·王制 瘖、聾、跛躄、斷者、侏儒、百工,各以其器食之。註 器,能也 論語 及其使人也,器之 疏 度人才器而官之 図 論語 管仲之器小哉 註 言其度量小也 図 姓。見 姓苑 図 叶欺迄切音乞 曹植·黃帝三鼎贊 鼎質文精,古之神器。黃帝是鑄,以像太乙△集韻 或作𥃲 玉篇 俗作噐。鎏 又器07306器07419籍43025

【噩】07360 03473
è_13.16 廣韻 五各切 集韻 魚各切 韻會 正韻 逆各切丛音鄂 玉篇 驚也 周禮·春官·占夢 六夢,二曰噩夢 註 杜子春云噩,當爲驚愕之愕,謂驚愕而夢 釋文 噩、愕同 図 韻會 嚴肅貌 揚子法言 周書噩噩爾 図 爾雅·釋天 太歲在酉曰作噩 前漢·天文志 別作作詻 廣韻 亦作咢 集韻 籀作詻。通作鄂。鎏 又𠴫04443

【嘳】07361 03474
huì_13.16 集韻 許穢切音喙。本作殨 博雅 殨殰,極也。或作瘣。

【嘺】07362 03475
qiào_13.16 廣韻 集韻 丛丘召切音趬 玉篇 嘺䫓,不安也 図jiào 集韻 嬌廟切,驕去聲。義同 図 詰弔切音竅。高也。鎏 又㖡00328嘺07608嘺12894嘺 正字通 嘺07475 㘗12887㖡70822爲嘺字之譌變。

【噪】07363 03476
zào_13.16 廣韻 蘇到切 集韻 先到切丛音燥 玉篇 呼噪也 拾遺記 魯僖公有白鴉,遶煙而噪 玉篇 同譟 廣韻 同譟 集韻 本作喿。鎏 又嗌07029蝶53593 龍龕 㗭06214俗,噪正。

【噫】07364 03477
yī_13.16 古文𤺋 廣韻 集韻 韻會 丛於其切音醫 玉篇 痛傷之聲也 廣韻 恨聲 集韻 亦歎聲 禮·檀弓 噫 註 不寤之聲 釋文 噫,本又作意,於其反 後漢·梁鴻傳 作五噫之歌 詩·周頌 噫嘻成王 傳 噫,歎也 集韻 或作意嘻譆懿譩 図yī 集韻 於希切音衣。本作悠,哀痛聲。與俿、譩同 図yì 集韻 隱已切音譩。義同 図ài 唐韻 於介切 集韻 韻會 乙介切,並音餲 說文 飽食息也 廣韻 噫氣 禮·內則 不敢噦噫嚏咳 釋文 噫,於界反 莊子·齊物論 大塊噫氣 釋文 噫,乙戒反,一音蔭 集韻 或作欬。通作餩。図yì 集韻 於記切音意。痛聲。或作譩 図yì 乙力切音億。語辭。通作億抑。鎏 俗亦作俿17583㦣18464亦𤺋字之譌。図 正字通 讆67909俗噫字。

【噬】07365 03478
shì_13.16 唐韻 集韻 韻會 丛時制切音誓 說文 啗也。喙也 玉篇 齧噬也 易 曰:頤中有物曰噬嗑 左傳·莊六年

若不早圖，後君噬齊揚子方言噬，食也又詩·唐風彼君子兮，噬肯適我傳噬，逮也釋文噬，市世反韓詩作逝。逝，及也揚子方言噬，逮也。北燕曰噬又揚子方言憂也又yì集韻以制切音曳。齧也。

㗛 07366 03479
biāo_13.16 篇海彼休切音彪。虎迒也。鎏又嘟16508

𡃏 07367 03480
sè_13.16 集韻色櫛切音瑟。叱聲。

𡅛 07368 03481
xuē_13.16 廣韻許肥切集韻呼肥切㕞音靴廣韻道經疏云吐氣聲也集韻或作吙。

𡃤 07369 03482
zuǐ_13.16 篇海祖委切。同觜。鳥喙也正字通俗策字。

𡃢 07370 03483
páo_13.16 集韻蒲交切音庖。與咆05663同。

𡃝 07371 03484
dié_13.16 正字通俗喋字。

𡄔 07372 03485
lǔ_13.16 集韻籠五切音魯。𡄔𡄔，吳俗呼猪聲。

𡃧 07373 03486
huà_13.16 集韻戶瓦切音踝。甖大口曰𡃧。或省作甈。鎏正字通𡃧，甈35055字之譌。

𡃽 07374 03487
chū_13.16 廣韻集韻㕞楚居切音初廣韻呵叱人也。

噭 07375 03488
jiào_13.16 唐韻正韻古弔切集韻韻會吉弔切㕞音叫說文吼也。一曰噭呼也廣韻噭噭，深聲禮·曲禮毋噭應註噭，號呼之聲也疏噭謂聲響高急，如叫之號呼也又揚子方言啼極無聲，楚謂之噭咷前漢·韓延壽傳噭咷楚歌又公羊傳·昭二十四年昭公于是噭然而哭註噭，哭聲又qiào集韻詰弔切音竅。口也前漢·貨殖傳馬蹏噭千註師古曰噭，口也。蹄與口共千，則爲馬二百也音義噭，江弔反。又口弔反又chī集韻詰歷切。與喫06531同又jì吉歷切音激。聲之激也史記·樂書噍噭之聲興而士奮又公羊傳·噭然釋文噭，古弔反，一音古狄反，二音皆可讀。

噮 07376 03489
yuàn_13.16 廣韻烏縣切集韻縈絹切㕞音餶玉篇呂氏春秋云伊尹曰：甘而不噮謂食甘○按今呂氏春秋作甘而不噥廣韻噮，甘不厭也集韻噮，噮食，甘甚也呂氏春秋不噮而香。鎏又嚶07255

噯 07377 03490
ǎi_13.16 玉篇烏蓋切集韻於蓋切㕞音藹玉篇噯氣也。鎏又嗳06904

𡅆 07378 03491
xiǎ_13.16 廣韻集韻㕞許下切音閜玉篇笑也集韻或作㗿又hě集韻許我切音㰤。與欱同。大笑又xià廣韻呼訝切集韻虛訝切㕞音罅廣韻詬𡅆，責怒又xiā集韻虛加切音煆。與谺同。谽谺，谷中大空貌。或作岈𡅆𡅆𡅆。鎏又啊06287敦煌. P. 3906碎金笑𡅆𡅆：呼架反。

𡃶 07379 03492
shǎn_13.16 五音集韻式善切音儽。視面色變也。鎏正字通𡃶，俗嘾字。

𡄌 07380 03493
zuō_13.16 廣韻集韻㕞祖郭切玉篇𡄌𡄌，聲也廣韻鳴𡄌𡄌。亦作嗽又zuò廣韻則落切集韻即各切㕞音作廣韻强𡄌。鎏又嗅06765嗽07126

𡂈 07381 03494
wò_13.16 廣韻於角切集韻乙角切㕞音渥玉篇誇聲也。

𡃁 07382 03495
jí_13.16 廣韻阻立切集韻側立切㕞音戢玉篇喻也。鎏正字通囅，同𡃁。

噰 07383 03496
yōng_13.16 廣韻集韻㕞於容切音雍廣韻鳥聲。與嗈同爾雅·釋詁關關噰噰，聲音和也註鳥鳴相和疏詩·匏有苦葉云噰噰鳴雁爾雅·釋訓噰噰喈喈，民協服也疏大雅·卷阿云雝雝喈喈又樂聲爾雅·釋言肅噰，聲也疏肅噰和鳴周頌·有瞽文也○按三詩今本皆作雝又yǒng集韻委勇切音擁。氣咽塞也。鎏正字通嚈，噰本字。

𥨷 07384 03497
zhuó_13.16 唐韻丁滑切集韻張滑切㕞音窡說文口滿食也。鎏穴部重出，已刪又䆿07108，俗。

𡃔 07385 03498
xiàn_13.16 篇海與涎同又去聲。與羨同。

噱 07386 03499
jué_13.16 唐韻其虐切集韻韻會正韻極虐切㕞音醵說文大笑也廣韻嗢噱，笑不止前漢·敘傳談笑大噱。註師古曰大噱，笑聲也又揚雄·校獵賦遙噱虖紘中。註師古曰口內之上下名爲噱，言禽獸奔走倦極，皆遙張噱吐舌於紘罔之中也。鎏又噓07057嚛07085㖦06920噓06441又正字通𡅝07628，俗噱字。

𡁲 07387 03500
yì_13.16 廣韻羊益切集韻夷益切㕞音繹廣韻𡁲川。鎏又龍龕𡁲，音亳。鄭賢章：俗嗶07176

𡅏 07388 03501
cí_13.16 集韻牆之切音慈。𠿒𡅏，愧貌。

噫 07389 03502
yì_13.16 篇海烏兮切音翳。聲也。

噲 07390 03503
kuài_13.16 唐韻集韻韻會正韻㕞苦夬切音快說文咽也又詩·小雅噲噲其正箋噲噲，猶快快也，寬明之貌又說文一曰𡁧噲也又姓廣韻孝子傳有噲參，鵠銜珠與之又wài集韻烏快切音黯。小咽又guài集韻古邁切音夬。人名。燕王噲又kuài古外切音膾。地名史記魏敗趙於噲。通作澮○按史記·趙世家魏敗我澮。本作澮。水名也集韻从口，未知何據又kuò入聲，古活切音括。腄噲，顏色剝錯也。王叔之曰：盈虛不常貌莊子·讓王篇曾子居衞，緼袍無裏，顏色腫噲，手足胼胝。鎏又噲05932

噳 07391 03504
yǔ_13.16 唐韻韻會魚矩切集韻五矩切㕞音俁。說文麋鹿羣口相聚貌詩·大雅麀鹿噳噳傳噳噳然衆也。亦作麌又廣韻噳噳，笑貌△集韻或作麌、麜。鎏俗省作哭05761

噴 07392 03505
pēn_13.16 廣韻集韻韻會正韻㕞普悶切音湓說文叱也玉篇鼓鼻也廣韻吐氣戰國策俛而噴，仰而鳴莊子·秋水篇噴則大者如珠，小者如霧，雜而下者，不可勝數也韓詩外傳疾言噴噴，口沸目赤廣韻與歕同集

韻或作唫吟 囡 廣韻普魂切 集韻 韻會 正韻鋪魂切 夶 音歕。義同 廣韻本作瀵。撰也 囡fèn 集韻芳問切音忿 吹聲 囡方問切音奮 吡也△ 字彙 作噴，附十二畫，非。今改正。鑿又 咮05609 嘈06537 噴06675 嘈07217 正字通 嗑06447，俗噴字。

嗷 07393 03506
guó_13.16　玉篇古或切音國。口聲也。

嘈 07394 03507
kuì_13.16　說文喟本字。

壨 07395 03508
yín_13.16　集韻嚚07638古作壨。

霝 07396 03509
shāng_13.16　集韻商06218古作霝。

導 07397 03510
dào_13.16　集韻杜皓切音稻。通作道。或作遒。

嘩 07398 03511
null_13.16　音未詳。明制冬至日，賜諸臣松子海哩05964嘩。

崙 07399 40757
null_13.16　字彙補音未詳。明鉛山王緒崙。見諡法纂

嶜 07400 40758
jǐ_13.16　字彙補居倚切，音几◇立不正也。

噴 07401 40759
zhì_13.16　龍龕音質。野人之言。

嚟 07402 40760
xié_13.16　龍龕虛業切，音胘◇口嚇也。

噶 07403 42721
gé_13.16　字彙補古渴切音葛。

璺 07404 42722
líng_13.16　五音篇海同靈。

嘯 07405 42724
zhōu_13.16　五音篇海陟流切，音周◇。

嗘 07406 42725
shī_13.16　字彙補審支切，音詩◇出摩訶止觀

嗓 07407 42726
zhù_13.16　龍龕同佇。

缽 07408 42727
bō_13.16　龍龕音鉢。

戳 07411 42730
jí_13.16　川篇同戳。

遒 07409 42728
dào_13.16　集韻同導。

歆 07410 42729
xīn_13.16　五音篇海許淫切。

嗷 07414 2A892
shù_13.16　簡嗷07649

嚀 07412 u2A894
null_13.16　殷周金文集成·9.4536·伯嚀父簠白嚀父乍簿（饙）簠。

頜 07413 u2A893
null_13.16　殷周金文集成·4.2037·頜鼎頜乍父庚彝。

嚇 07416 u2A890
lài_13.16　簡嚇07738

哩 07418 u2A88E
quai_13.16　喃同哇05713

舓 07417 u2A88F
trè_13.16　喃从唇池trì聲。撅嘴。亦作呭05871

器 07419 uFA38
qì_13.16　兼器07359

嚶 07420 u2103C
yīng_13.16　兼嚶07452

錫 07421 u2103B
null_13.16　未詳。

嶈 07424 u21035
khoác_13.16　喃从口誇khoa聲△嶈落、呐嶈：誇口，吹牛。

嘴 07422 u21037
rộn_13.16　喃从口遁trốn聲△嘴棹：焦躁。

嘮 07423 u21036
ngòn_13.16　喃从口源nguồn聲△嘮吼：美味。

嗚 07425 u21034
ủa_13.16　喃从口搗ô聲。啊呀（驚歎詞）。

嗒 07415 u2A891
null_13.16　未詳。

啡 07426 u21033
quẩn_13.16　喃从口群quẩn聲△啡啡：生氣△亦作啩06890

噫 07427 u21032
cay_13.16　喃从味省該cai聲。辣。

嚎 07428 u21031
háo_13.16　俗號52200維大唐相州林慮縣故處士張君墓誌銘并序豈為山枯玉碎，水咽鳴珠，子女嚎咷，孫姪哽咽 囡喃从口號hiệu聲△呼嚎：呼籲。

嗺 07429 u21030
thôi_13.16　喃从口催thôi聲△嗺嗌：死氣沉沉

囀 07430 u2102F
chuyện_13.16　喃从口傳truyện聲△略囀：談笑。呐囀：談論。摂囀：挑撥是非。呀囀羉：叨嘮責難。

嚢 07431 u2102E
nếu_13.16　喃从口曩nẽo聲。倘若，假使。

嘻 07432 u2102D
cậu_13.16　喃从口舅cậu聲△嘻嚅：嘀咕，叨嘮。

嶊 07433 u2102C
tủi_13.16　喃从嘆省碎toái聲。哀歎△嶊虎：慚愧。

嚟 07434 u2102B
bẩm_13.16　喃从口稟bẩm聲。忍受。

誹 07435 u2102A
vời_13.16　喃从召排bài聲△希誹：皇上召見。

嚟 07436 u21029
lạc_13.16　喃从口落lạc聲。

嘸 07437 u21028
bổ_13.16　喃从口補bổ聲。

喂 07438 u21027
oái_13.16　喃从叫畏uý聲。

啘 07439 u21025
phà_13.16　喃从吐省葩ba聲。同啵06336

籌 07440 u21024
dù_13.16　喃从口籌trù聲。亦音đụ。

嘞 07441 u21023
cằn_13.16　喃从口勤cằn聲△嘞嗰：叨叨，嫌怨。

嵩 07442 u21022
tuông_13.16　喃从口嵩tung聲。穿透，突入。

溺 07443 u21021
nich_13.16　喃从吞省溺nịch聲△溺涾：塞滿。

啤 07444 u21020
bịa_13.16　喃嘴達：捏造。

嚟 07445 u2101F
null_13.16　未詳。

嚙 07446 u2101E
null_13.16　未詳。

嗯 07447 u2101D
null_13.16　未詳。

嘩 07448 u2101C
nòng_13.16　俗弄15937 成.96目連變文身往虛空嘩日月，傍遊世界遍娑婆。

嚄 07449 u2101B
hū_13.16　俗嚄06975漢樊敏碑歔嚄悢哉。又 可洪音義 吶嚄：下呼嫁、火乎二反。

嘫 07450 u2101A
xùn_13.16　訊55591字初文。

嚳 07451 u21019
kū_13.16　方象聲詞。明·陳士元古俗字略嚳，誇語也。嚓，同。

弸 07454 u21012
xiāo_13.16　同嘐06974

嚶 07452 u21018
yīng_13.16　類篇嚶，於丁切。嚶嚶，獸聲。按，作嚶07528，譌。柳建鈺：嚶07807異體字。

嚎 07453 u21015
hóu_13.16　俗喉06459見字海

嚟 07455 u2100F
null_13.16　未詳。

嚟 07456 u2100E
null_13.16　未詳。

嘮 07457 u2100D
null_13.16　未詳。

嚨 07458 u2100C
null_13.16　未詳。

嚟 07459 u2100B
null_13.16　未詳。

嚟 07460 u2100A
null_13.16　未詳。

疊 07461 u21009
dié_13.16　俗叠05296

嚟 07462 u21008
null_13.16　未詳。

嚧 07463 u21007 dǒng_13.16 貴嚧嘴：撅嘴 图象聲詞。叮嚧，同叮咚。

歞 07464 u21006 pǐ_13.16 彙音寶鑑歞，同歖07748

嘖 07465 u21005 null_13.16 未詳。

嘄 07467 u21003 null_13.16 未詳。

噈 07466 u21004 hú_13.16 俗壺09722 可洪音義 唾噈：音胡。

嘺 07468 u21002 léi_13.16 方打嘺嘺：吆牛號子 图lôi 喃从口雷lôi 聲△嘺沕：搭話，套交情。

嗇 07469 u21001 null_13.16 未詳。

嚀 07470 u21000 bǎm_13.16 喃从唇省 稟bǎm聲△嚀晚：抿嘴 图bôm同呫。嚀畷：咀嚼貌。

嚱 07471 u20fff yì_13.16 譯音用字。民國 宣統番禺縣續志·卷三·建 置志一耆定砲臺、永康砲臺。以上兩砲臺在北門外，道光二十一年，三元里義民困洋人嚱啡於此。咸豐七年燬，同治三年修復 图ngừi 喃从嗅省義ngãi聲。

嘴 07472 u20ffe null_13.16 未詳。

嗣 07473 u20ffd fǔ_13.16 俗嗣71362

嗁 07474 u20ffc null_13.16 未詳。

嚲 07475 u20ffb qiào_13.16 俗嚲07362

嘺 07476 u20ffa zàng_13.16 國語辭典嘺，狗呻吟之聲 漢語方言大詞典嘺，語氣不平和。北京官話。

嘖 07477 u20ff9 nhẩm_13.16 喃从口賃nhẩm聲。與咺05891同。

噩 07478 u20ff8 è_13.16 譯音用字 清實錄·宣宗成皇帝實錄·卷之四百十五有咈嘺哂夷使喇嘺呢來信，代為薦引 图ngạt 喃从口萼ngạc聲。窒塞。

嘮 07479 u20ff7 nháu_13.16 喃从口鬧náo聲△嘮嘮：嘀咕，喃喃自語 图nháo 瞷嘮：喧囂，騷亂。

嗹 07480 u20ff6 choán_13.16 喃从口準chuẩn聲。佔據。

嚶 07481 u20ff5 khẩn_13.16 喃从口狠côn聲△嚶嚶：一味不變。

嗰 07482 u20ff4 ngáy_13.16 喃从口碍ngai聲。打呼嚕△或从鼻作 魕75509从眠作魕38246省作嗰06361

嗛 07483 u20ff3 lián_13.16 龍龕嗛，俗。力古反 四聲篇海 力占切 海篇直音 音廉 图lém 喃从口廉liêm聲△嗛領：靈巧。

呾 07484 u20ff2 đắt_13.16 喃从售怛đắn省聲△半呾：高價出售，旺銷△亦省作坦。坦行：暢銷。

嘈 07485 u20ff1 nhạo_13.16 喃从口道đạo聲△喇嘈：嘲笑。

嗽 07486 u20ff0 sứt_13.16 喃从口飭sức聲。缺口，崩缺。

嗽 07488 u20fee yǐn_13.16 俗嚙07508 龍龕嚙嗽，二俗。音飲。

嗎 07489 u20fed null_13.16 未詳。

嗁 07487 u20fef ngùi_13.16 喃从口鬼ngôi聲△裴嗁，抑鬱。嗁嗁：悒悒。

嚛 07490 u20fec null_13.16 未詳。

嘖 07492 u20fea jià_13.16 粵語氣詞。亦作喋06666嗉06850 图jiǎ 字海嘖，姓。

嘬 07491 u20feb shào_13.16 粵襤褸，低劣的。

喘 07493 u20fe9 ruì_13.16 喘國、喘典，國名，今作瑞典。

嘚 07494 u3604 lēng_13.16 可洪音義嘚迦：上郎鄧反 直音篇 勒登切 图象聲詞。

噃 07495 u3603 nuò_13.16 字海噃，同喏06471引 清平山堂話本·簡帖和尚（王二）進前唱噃奉茶 图rẻ 譯音用字。清·梁廷柟 粵道貢國說·卷三荷蘭國 十三年，荷蘭貢使嗶嚦哦悅嘚哈哇噃等到京。

嚇 07496 u567c pǐ_13.16 象聲詞 图龍龕嚇，俗。音擘 内經難字音義 靈樞經筋第十三 嚇，普擊切。按，字書無嚇字 莊子·田子方篇 口辟焉而不能言 釋文 引司馬注：辟，卷不開也。義相近 甲乙經 作僻。

嗮 07497 u567b sāi_13.16 新撰字鏡·連字部百七 嗮吃：言語不正直 图方吃飯 图化工譯音用字。

嘶 07498 u567a xīn_13.16 譯音用字。1891年夏季號 格致彙編·泰西本草撮要 嗬囉嘶得 图日童話，故事。民國 新字典 嘶，日本字。讀如哈那希。話也。

噹 07499 u5679 dāng_13.16 象聲詞。簡化作当12632，或作唥05864

噸 07500 u5678 dūn_13.16 重量單位。為英語ton的音譯。舊譯戀、鐓。簡化字借用吨05475字。

嚏 07501 03512 yè_14.17 集韻乙芥切音噎。與喝06504同 图ài於邁切音餲。本作喝。同嚘 图ài 集韻類篇 太於蓋切音藹。嘖也 图hè許葛切音喝。與噈07356同。

噁 07502 03513 è_14.17 廣韻五合切 集韻鄂合切太音顎 集韻噁噁，眾聲。鏖又噁06879

歞 07504 03515 pǐ_14.17 集韻普鄙切音秠。本作歖07748

嗽 07505 03516 hàn_14.17 集韻戶感切音頷。聲也 類篇 書作嗽。

嗽 07506 03517 kài_14.17 集韻丘蓋切音礚。聲也。或作喝 图於邁切音隘。本作喝06504 集韻書作嗽。

喔 07507 03518 chí_14.17 字彙同喔

嘍 07503 03514 lǚ_14.17 廣韻良遇切 集韻龍遇切太音屢 廣韻嘍嘍，吳人呼狗。方言也。

嚍 07508 03519 yīn_14.17 集韻同喑。鏖又嗘07165嗽07488

嘖 07509 03520 zé_14.17 集韻士革切音嘖。本作賾，幽深難見也。通作嘖。

嘴 07510 03521 zuǐ_14.17 廣韻遵誄切 集韻祖誄切太音濢 廣韻鳥嘴 集韻鳥喙 图一曰鳥聲。

嚀 07511 03522 níng_14.17 廣韻奴丁切 集韻韻會 囊丁切太音寧 集韻叮嚀，囑辭。通作寧。鏖又吁05746

嚁 07512 03523 dí_14.17 集韻亭歷切音狄。聲也 成公綏·嘯賦 音要妙而流響，聲激嚁而清厲 註激嚁，聲速也。

嚵 07514 03525 yù_14.17 集韻同嚕07190

嘞 07515 03526 xián_14.17 篇海同銜會丛盧畎切音濫玉篇貪也廣韻食貌淮南子·齊俗訓芻豢黍粱，荊吳芬馨，以嘞其口 又 kàn 廣韻集韻丛苦濫切音闞廣韻呵也集韻與喊同 又 hǎn 呼覽切集韻韻會虎覽切丛音喊聲也。亦與喊同戰國策橫人嘞口利機 註 嘞，聲也，言聲說所利之事 又 lán 集韻盧甘切音藍。與憳同。貪貌。 鋻 又 嘞07844嘞07905

嘇 07516 03527 tǎi_14.17 廣韻他亥切集韻坦亥切丛音儓玉篇嘇唈，言不止集韻言舛也 又 tái 集韻堂來切音臺。義同。

嚃 07517 03528 tà_14.17 廣韻他合切集韻韻會正韻託合切丛音踏廣韻歃也集韻大歃也禮·曲禮無嚃羹 註 爲不嚼菜疏人若不嚼菜，含而歃吞之，其欲速而多，又有聲，不敬，傷廉也 又 tuì 集韻吐內切音退。義同。 鋻 又 嚃07830嘆07890 又 名義嘆06509，他市反。歃。

嚄 07518 03529 huò_14.17 廣韻胡伯切集韻胡陌切丛音濩廣韻大喚集韻一曰嚄唶06186，多言史記·信陵君傳晉鄙嚄唶宿將 又 史記·外戚世家武帝下車泣曰：嚄，大姊何藏之深也 註 索隱曰：蓋恠之辭耳正義曰：嚄責失聲驚愕貌 又 wò 集韻屋虢切音攫。驚悼聲 又 wō 屋郭切音膜。同饃。無味也。 鋻 又 嘴07847 又 正字通嚄07853，嚄字之譌。

嚅 07519 03530 chán_14.17 正字通俗嚵字。

嚁 07520 03531 luò_14.17 廣韻呂角切集韻力角切丛音犖廣韻俗嚜字。啈嚁，有才辯。

嚅 07521 03532 rú_14.17 廣韻人朱切集韻韻會汝朱切丛音儒。玉篇嚅嚅，多言也 又 正字通嚅嚅，欲言復縮也韓愈送李愿序口將言而嚅嚅集韻或作吺、味。

嚟 07522 03533 chuò_14.17 篇海昌約切音綽。轉舌呼。

嘩 07523 03534 fàn_14.17 集韻孚萬切音嬔。博雅吐也集韻或作䫲。通作疢。

嘵 07524 03535 xiāo_14.17 集韻虛交切音虓。同詨。叫呼也莊子·在宥篇焉知曾史之不爲桀跖嚆矢也 註 嚆矢，矢之鳴者。

嚇 07525 03536 xià_14.17 唐韻呼訝切集韻虛訝切丛音罅集韻亦作赫詩·大雅反予來赫箋口拒人謂之赫釋文赫亦作嚇，鄭：許嫁反莊子·秋水篇鴟得腐鼠，鵷雛過之，仰而視之曰：嚇 註 司馬云怒其聲，恐其奪己也釋文嚇，許嫁反集韻亦作咊 又 廣韻笑聲 又 hè 廣韻呼格切集韻郝格切丛音赫。義同詩·大雅釋文毛音許白反莊子·秋水篇釋文又許伯反 又 廣韻怒也集韻通作赫。或作荂、奭。 鋻 又 咈06274吓05450

嚌 07526 03537 róng_14.17 玉篇于兄切音榮。嗁嚌也。 鋻 呼嚶07697，或作呼嚌。

嚍 07527 03538 zhì_14.17 集韻陟立切音縶玉篇鳴聲也集韻嚍嚍，鳴也廣韻作嘖。

嚶 07528 03539 yīng_14.17 集韻於迸切音甖。嚶嚶，獸聲○按集韻類篇書作嚶。 鋻 又 嚶07420

嚘 07529 03540 yà_14.17 集韻益涉切音壓魏書·明帝紀神龜二年，吐谷渾、宕昌、嚘噠等國遣使來貢。 鋻 參見嚘07336

嚚 07530 03541 wěn_14.17 廣韻集韻丛烏本切音穩廣韻嚚嘩，小口 正字通 說文嘩訓大口廣韻合嚚、嘩，丛訓小口，非。

嚙 07531 03542 duó_14.17 集韻同咄。 鋻 又 附05882

嚊 07532 03543 pì_14.17 廣韻集韻丛匹備切音濞玉篇喘息聲。 又 xì 集韻虛器切音欷。與呬05627同。又 揚雄·校獵賦飛廉、雲師，吸嚊瀟洒 註 師古曰吸嚊，開張也。瀟洒，聚斂也。嚊，許冀反。

嚔 07533 03544 wā_14.17 集韻烏八切音穵玉篇嚔聲集韻本作欼。咽中息不利也。

嚄 07534 03545 yì_14.17 唐韻魚力切集韻鄂力切丛音薿說文小兒有知也廣韻詩克岐克嚄○按今詩·大雅作嶷集韻或作嶷嶷嶷 又 nǐ 集韻偶起切音擬。聲也 又 nì 廣韻集韻丛魚記切音嚄。義同 又 廣韻唭嚄，無聞見也。 又 集韻一曰給也 又 一曰笑貌。

嚋 07535 03546 chóu_14.17 集韻除留切音儔玉篇誰也 又 集韻與嚋同。詞也。或作嚋、譸 又 zhōu 集韻張流切音輖玉篇嚋，張誑也集韻與譸同。

嚜 07536 03547 kài_14.17 嗷字之譌。

嚌 07539 03550 jì_14.17 古文唅唐韻在詣切集韻韻會正韻才詣切丛音劑說文嘗也書·顧命太保受同祭嚌傳太保旣拜而祭，旣祭受福，嚌至齒，則王亦至齒禮·雜記小祥之祭，主人之酢也，嚌之。 又 qí 集韻前西切音齊。鳥哀聲 又 jiē 居諧切音皆。嚌嚌，衆聲班彪·北征賦鴈雕鵬以羣翔兮，鵾雞鳴以嚌嚌。游子悲其故鄉兮，心愴恨以傷懷 又 zhāi 集韻莊皆切音齋。嚌喔，笑貌。 鋻 又 哜05929嗜06781齏75821

嚘 07537 03548 yú_14.17 集韻羊諸切音余。嘘嚘，引重勸力者歌。

嚜 07538 03549 méng_14.17 集韻謨蓬切音蒙。本作蒙。言不明也。

嚛 07540 03551 yì_14.17 玉篇籀文嗌字說文作嗌。 鋻 說文作嗌。蒜首上从廿。

嘕 07541 03552 huā_14.17 廣韻嗬07348字。

嘰 07542 03553 qì_14.17 集韻同喫。嘰嘰，多言廣韻別作嘚。 鋻 又 讕56805

嚦 07544 03555 liè_14.17 集韻力協切音魘。嚦呶，多言

嚙 07543 03554 jìn_14.17 集韻卽忍切音櫼。憤也揚子法言面相之辭相適，捨中心之所欲，通諸人之嚙嚙者，莫如言。 鋻 正字通嘴07164，俗譌作嚙。

嘖 07545 03556 jīng_14.17 字彙補子青切，音精◇出釋典。

嚎 07546 03557 háo_14.17 字彙補壷高切音豪。見絃索辨譌

嘬 07547 03558
zá_14.17 字彙補 從納切音雜。嘬喋，猶深算也。
淮南子·覽冥訓 至虛無純一，而不嘬喋苟事也。

喋 07548 03559
yè_14.17 廣韻 喋本字。鑿 又歠26498

嗗 07549 40761
yú_14.17 篇海類編 音余。水名。

噉 07550 40762
dàn_14.17 龍龕 徒敢切。食噉也。

𪜪 07551 42731
yùn_14.17 字彙補 與韻同。

嗺 07552 42732
jí_14.17 字彙補 音緝。出釋藏 孔雀經

嘴 07553 42733
zuǐ_14.17 龍龕 同嘴

囃 07559 u2B75C
cà_14.17 同囃07859

嘲 07554 42734
jì_14.17 搜眞玉鏡 音計。

嘟 07555 42735
duì_14.17 五音篇海 同對。

啡 07556 42736
bài_14.17 搜眞玉鏡 同啡。

噟 07557 42737
yín_14.17 字彙補 與嚚同。

喊 07558 42738
zāng_14.17 字彙補 子蒼切音臧。見釋典。

嚶 07561 u2A897
null_14.17 未詳。

喇 07560 u2A898
rat_14.17 壯 古壯字字典（初稿）動詞後綴△徒獁哂喇喇：馬兒不停地嘶叫

噁 07562 u2A896
ǒn_14.17 簡 噁07912

嚾 07563 u2A895
chuò_14.17 簡 嚾07849

嚌 07564 u2108E
lóc_14.17 喃 从口綠lục聲。同吰05559

嗌 07565 u2108D
eng_14.17 喃 豬叫聲

嗜 07566 u21089
shì_14.17 可洪音義 布嗜：音誓。囉嗜：時世反。鄭賢章。佛經中呪語譯音字。図thè 喃 从口誓 thề 聲。伸出，凸出△嗜裩：吐舌頭。

噗 07567 u21088
pū_14.17 液體煮沸溢出。亦作潽29642 図vọc 喃 从口僕bộc聲△噗拍：輕微，淡忘。

嬰 07568 u21087
mớm_14.17 喃 从二口㝠màm聲△亦作嚶。

嚠 07569 u21086
rệu_14.17 喃 从口榴lựu聲。

嘜 07570 u21085
mõm_14.17 喃 从口崾mồm聲△嘜猍：犬的口。

嚬 07571 u21084
phở_14.17 喃 从口頗phở聲。

魂 07572 u21083
hún_14.17 喃 从口魂hồn聲△瞞魂：嬉鬧。

唔 07573 u21082
ngõ_14.17 喃 从口語ngữ聲△播唔：愕然。

嚟 07574 u21081
xổng_14.17 喃 从口慂đồng聲。脱口而出△呐嚟：說漏了嘴。

嗃 07575 u21080
khào_14.17 喃 从口槁cau聲。

嘈 07576 u2107F
sô_14.17 喃 从口蒭sô聲。粗。

嗿 07577 u2107E
thốt_14.17 喃 从口說thuyết聲。

嗻 07578 u2107D
cha_14.17 喃 从口樣chà聲。

嘀 07580 u2107B
null_14.17 粵 痛打。

嘌 07579 u2107C
phều_14.17 喃 从口

漂phều聲△嘌嘪：（說話時的）噓噓聲。

嗨 07582 u21079
dỗ_14.17 喃 同吜06081 嗨撫：誘惑。又rủ嗨黎：引誘。

嚎 07583 u21078
null_14.17 未詳。

嗊 07581 u2107A
ngổn_14.17 喃 从口滾cuỗn聲。大嚼，狼吞虎嚥△嗊漭：饕餮。

嘴 07584 u21077
null_14.17 未詳。

喊 07585 u21076
jié_14.17 同喊06505 六書故唧，子悉切。唧唧，竊語聲。亦歎聲也。別作嘖、喊。

嗫 07586 u21075
jǐn_14.17 佛經譯音用字可洪音義 嗫陁：上居忍反。

嚩 07587 u21074
tuán_14.17 字海 拼湊，揉合。宋·羅燁醉翁談錄·小說開辟 衹憑三寸舌，褒貶是非。略嚩萬餘言，講論古今。

嚔 07589 u21072
tì_14.17 同嚏07621

戰 07588 u21073
zhàn_14.17 同戰19000漢武都太守李翕天井道碑 過之戰戰，目為大憾。

嚕 07591 u2106F
null_14.17 未詳。

嘻 07590 u21071
xī_14.17 龍龕手鑑 許之切可洪音義 嘻怡：上喜之反。下以之反。又嘻嘻，嘆詞。表示不以為然古尊宿語錄 飯籮裹坐却受餓，和泥合水與麼過。上士聞之嘻嘻，下士聞之肯可。

嚞 07592 u2106E
wõ_14.17 嚞咧：元曲中的襯字，無實義。

疊 07594 u21065
tuó_14.17 俗疊75208

嘖 07593 u21066
zé_14.17 嘖07809譌字

嚼 07595 u21064
cạc_14.17 喃 从口鳴省閣聲。

嚤 07596 u21063
null_14.17 未詳。或同嚤07770

嚪 07597 u21062
null_14.17 未詳。

嚙 07598 u21061
null_14.17 未詳。

嚘 07599 u21060
nuò_14.17 同喏06471敦煌變文集·漢將王陵變 鍾離昧唱嚘出門図ẻr譯音用字清實錄·高宗純皇帝實錄·卷之一千四百三十四 庚午，上御萬樹園大幄次，喫咭唎國正使嗎嘎嚘呢，副使嘶嘈唻等入覲。

嚬 07600 u2105F
bīn_14.17 字見法海遺珠·卷二十九·召將密咒

嗷 07601 u2105E
xào_14.17 喃 从口敲xao聲。吵鬧△嗷嗷：喧騒。

嗳 07602 u2105D
xīn_14.17 同嗳07758図hắng 喃 痒嗳：咳嗽。

喬 07608 u21057
qiào_14.17 同嫶07362

禍 07603 u2105C
họe_14.17 喃 从口禍hoạ聲△橫禍：蠻橫。又doạ恐嚇。

嗽 07604 u2105B
nôn_14.17 喃 从吐省嗽non聲。

嘆 07605 u2105A
hớn_14.17 喃 从口漢hán聲。

嘅 07606 u21059
kháy_14.17 喃 呐嘅：委婉責難。

嘽 07609 u360E
hǎn_14.17 简 嘽07924

單 07607 u21058
bì_14.17 漢語大字典 補遺 單，同蹕59244南朝·梁·江淹 齊太祖高皇帝誄 御房清淒，神路冥謐。昭徒肅蘰，幽衹竦單。攀光灑動，臨泉澍泗。按，全梁文引此文單作蹕，動作憚。

嚓 07610 u5693
chá_14.17 可洪音義 嚓了：音察。

嚜 07611 u5692
mó_14.17 同嚜74701

嚏 07614 u568F
tì_14.17 同嚏07621

嘷 07612 u5691
xūn_14.17 道法會元·卷之一百五十九·上清天蓬伏
魔大法 天蓬祕呪：唵嘷哼嘷哼敕煞攝。

嚐 07613 03560
cháng_14.17 同嘗06985 可洪音義 嚐啜：上是良反。

𠲿 07615 03560
liè_15.18 廣韻 良涉切 集韻 力涉切𠀤音獵 玉篇 齧
骨聲 廣韻 齧聲。鼝 正字通 嘁，俗𠲿字。

嘴 07616 03561
zhì_15.18 廣韻 阻瑟切 集韻 仄瑟切𠀤音櫛 玉篇 呎
嘴也 集韻 呎嘴，聲出貌 王褒·洞簫賦 啾呎嘴而將吟。
集韻 或作唧 又jí 集韻 子悉切音堲。呎嘴，言多也。
鼝 又咭05724嘁07585

鑑 07618 03563
pán_15.18 篇海 同嗌

噴 07619 03564
zhì_15.18 唐韻 之日切 集韻 職日切𠀤音質 說文 野
人之言也 集韻 或作讀。鼝 龍龕噴俗，噴正。

嗌 07620 03565
shì_15.18 集韻 施隻切音釋。嗌也。鼝 又 正字通 俗
謫56554字。

嚏 07621 03566
tì_15.18 唐韻 都計切 集韻 韻會 正韻 丁計切𠀤音
帝。說文 悟解氣也 玉篇 噴鼻也 詩·邶風 願言則嚏 傳
嚏，跲也 箋 今俗人嚏云人道我，此古之遺語也 禮·月令
民多鼽嚏 集韻 或作嚔 詩釋文 一作嚏。又zhì 集韻 陟利
切音致。本作窒。礙不行也○按 詩釋文 又嚏，竹利反，又
丁四反，又豬吏反，或竹季反，鄭衆都麗反，凡五音，
韻書止收二音。鼝 又嚔07589嗋66035䏑75479𦧞75476鼽
75491齂75496齅75520又一切音經義 不嚏06232：丁計反 蒼
頡篇 云噴鼻也。經文作㘈05876非也 又 正字通 嚔07851，
俗嚏字 又 可洪音義 亦嚏06562：丁計反。正作嚏07614

嚕 07622 03567
lǔ_15.18 玉篇 力覩切 集韻 籠五切𠀤音魯 玉篇 語
也 又 類篇 詻也 又 正字通 吐嚕，猶可惜也 元·梁王女
阿檻詩 吐嚕吐嚕叚阿奴。鼝 又嚕07325

嗏 07624 03569
zā_15.18 篇海 同喊
音煜。與啞06452同 又xī迄及切音吸。嗏囇，衆聲疾貌 王
褒·洞簫賦 嗏囇嘩㴦，跳然復出。

嗕 07623 03568
yì_15.18 集韻 域及切

嘾 07625 03570
xián_15.18 廣韻 胡田切 集韻 胡千切𠀤音賢 玉篇 難
也 又 集韻 聲也 又 集韻 同礥39514

嘜 07626 03571
lǎo_15.18 廣韻 盧皓切 集韻 魯皓切𠀤音老 玉篇 草
嘜 廣韻 嘽嘜，無人 集韻 嘽嘜，寂靜。鼝 玉篇 嘜，嘽
嘜。又嘽，嘽嘜，無人皃。

嘑 07627 03572
lài_15.18 廣韻 集韻 𠀤落蓋切音賴 玉篇 聲也。同
嘛。又tà 集韻 他達切音闥。與嘑07357同。

嘞 07628 03573
jù_15.18 廣韻 奇逆切 集韻 竭戟切𠀤音劇 廣韻 戲
嘞 集韻 唈嘞，笑不止。

嘴 07629 03574
wěi_15.18 字彙 烏賄切，音委◇相欲伏也 又 子委切
音嘴。義同。

嚖 07630 03575
huì_15.18 唐韻 集韻 𠀤呼惠切音嘒 說文 同嘒06976

嘰 07631 03576
jí_15.18 廣韻 資悉切 集韻 子悉切𠀤音堲 玉篇 蟲
鳴也 又 廣韻 鼠聲。

嚗 07632 03577
bó_15.18 廣韻 集韻 韻會 𠀤北角切音剝 玉篇 怒聲
集韻 或作吥 又 莊子·知北遊 神農隱几，擁杖而起，嚗
然放杖而笑 釋文 嚗音剝，又孚邈反。又孚貌反 註 李頤
曰：嚗，放杖聲○按 增韻 云笑聲，非 又pú 集韻 匹角切
音璞。聲也。或作嘈 又pào 拔教切音砲。嚗然聲也。
又bào 薄報切音暴。嚗桌，多聲。鼝 又礴39542礴39578

嚰 07633 03578
páo_15.18 集韻 蒲褒切音袍 玉篇 鳴也 又 蒲交切音
庖。與咆05663同。

嚥 07634 03579
chí_15.18 字彙 陳知切，音遲◇緩慢語音。鼝 又
嚥07507

嚘 07635 03580
yōu_15.18 唐韻 集韻 𠀤於求切音憂 說文 語未定貌
正字通 漢書·東方朔傳 咿嚘啞者，辭未定也○按 漢書
本作伊優亞 又 廣韻 歐嚘，歎也。亦作咿嚘 韓愈·赴江
陵途中寄三學士詩 佇立久咿嚘 又 玉篇 老子曰：終日
號而嗌不嚘。嚘，氣逆也○按 今本 老子 作嗄 又 集韻 或
作歋○按◆廣韻 嚘訓歐嚘，歋訓氣逆，音同義別 集韻 因
玉篇 嚘訓氣逆，故合爲一。鼝 正字通 咻，同嚘。

嚙 07636 03581
yǎo_15.18 集韻 五巧切。與齩齟咬𠀤同。齧骨也。
鼝 又嗃06418嚙07326

嚶 07637 03582
yǐng_15.18 集韻 烏猛切音瞥。犬聲。

嚚 07638 03583
yín_15.18 古文 㘴嚚㘴㘴 唐韻 語巾切 集韻 正韻 魚
巾切 韻會 疑巾切𠀤音銀 說文 語聲 又 玉篇 愚也 書·堯
典 父頑母嚚 左傳·僖二十四年 口不道忠信之言爲嚚 前
漢·昌邑王傳 書作嚚 又 人名 晉語 召史嚚占之 註 史嚚，
虢太史 又yán 集韻 牛閑切音訮。語聲。鼝 又嚚56300
嘡07557鼺66339 又 直音篇 㘴07229㘴09641同嚚

嘡 07639 03584
tóu_15.18 篇海 徒侯切音頭。多言也。鼝 又嘡07971

嚽 07640 03585
chuò_15.18 篇海 昌悅切音啜。口不正也。

嚼 07641 03586
dòu_15.18 集韻 大透切音豆。本作讀。誦書也。

嚘 07642 03587
yì_15.18 字彙 同嗌

㗅 07643 03588
hù_15.18 唐韻 火沃切
集韻 呼酷切𠀤音熇 說文 食辛，㗅也 廣韻 食新也○按
新疑辛字之譌 又 玉篇 大啜曰㗅。伊尹曰：酸而不㗅
○按 呂氏春秋 今本作酸而不酷 又 廣韻 集韻 𠀤呼木
切音膇。義同 又hè 集韻 黑各切音壑。亦食辛也。
鼝 又哊05701醶62598

匏 07644 03589
bào_15.18 廣韻 薄巧切 集韻 韻會 部巧切𠀤音鮑。
◆玉篇 匏，耕也 廣韻 㿜地。鼝 玉篇 殘卷 匏，部巧反。
埤蒼 堀地也 字書 銑62812字也。

嚜 07645 03590
mèi_15.18 集韻 密二切音寐 玉篇 詐言也 揚子方言

噎屎，獪也。江、湘之間，凡小兒多詐而獪，或謂之噎屎○按集韻·屋韻莫六切。嘿屎，欺也。應卽噎屎之譌。五音集韻譌作哩，尤非⊠mèi廣韻集韻㕣明祕切音媚。又集韻莫佩切音妹⊠mò密北切音墨。義㕣同。⊠史記·賈誼傳·弔屈原賦于嗟嘿嘿兮，生之無故註應劭曰：嘿嘿，不自得之意。璽又嘿頭，英文mark的音譯，是一種商業標識，也翻譯為嘜mài頭，簡化作唛06157头。

嘵 07646 03591
hōng_15.18 廣韻虎橫切集韻呼橫切㕣音諻玉篇嘵嘖聲廣韻鼓鐘聲。璽玉篇嘵，火橫切，嘵嘖聲名義嘵，火橫反，嘖聲兒也。

噪 07650 03595
jiāo_15.18 類篇同噭

噧 07651 03596
zhì_15.18 廣韻陟立切音縶。噧噧，鳴也集韻書作喍。

囍 07647 03592
zhé_15.18 玉篇古文哲05982字。

嚓 07648 03593
qiè_15.18 篇海音切。小語也正字通俗嚓字。

嗽 07649 03594
shù_15.18 集韻雙遇切音數。使犬聲。璽又嗽07414

嚟 07652 03597
lí_15.18 字彙補隆基切，音梨◇瀛涯勝覽占城國，呼國王爲芳嚟馬哈札剌。

噩 07653 03598
sàng_15.18 玉篇古文喪06529字。

嘆 07654 03599
tàn_15.18 六書本義古文嘆06951字。

𠾷 07655 03600
shāng_15.18 集韻商06218古作𠾷。璽又𠾷07810

𠾷07906

𠾶 07656 03601
sàng_15.18 集韻喪06529古作𠾶。

𡔴 07657 03602
yín_15.18 同罵前漢·昌邑王傳𡔴頑，放廢之人。

嚤 07658 03603
liè_15.18 廣韻盧協切音㔠。嚤呶，多言集韻別作嚦。

㘄 07659 40763
lùn_15.18 龍龕蘆困切音論。轉舌呼。

嚹 07660 40764
null_15.18 字彙補音未詳。有以法製青皮杏仁等物，至酒闌分俵得錢，謂之撒嚹。

㘄 07661 42740
jí_15.18 字彙補音緝。見孔雀經。璽又嚹07552

嚇 07662 42741
xiè_15.18 海篇音寫字彙補出孔雀經

嚴 07663 u2B7D
yán_15.18 俗嚴07804

嗕 07664 u2A8A0
lán_15.18 簡嗕07945

㢙 07665 u2A89E
null_15.18 未詳。

㢙 07666 u2A89D
ndwk_15.18 壯非常。

㢙 07667 u2A89C
null_15.18 喃未詳。

㢙 07668 u2A89B
null_15.18 未詳。

㢙 07669 u2A89A
null_15.18 未詳。

㢙 07670 u2A899
gé_15.18 同嗝06753

㣼 07671 u21AE1
sao_15.18 喃从問睪sao省聲。何以，為何。

嗽 07672 u210F0
xì_15.18 同嗽07794五音集韻嗽，香義切。聲也。

囊 07673 u210DF
náng_15.18 或俗囊。

噫 07675 u210DB
ngơi_15.18 喃俗噫07937

㘅 07674 u210DC
xạc_15.18 喃从口碏xạc聲。

嚦 07676 u210DA
rền_15.18 喃从口廛trền聲。（聲音）裊裊不絕。
△嚦吰：哀歡，悲鳴⊠五千字譯國語猥獝，獸嚦。班鳩，猞嚦。

嘛 07677 u210D9
mút_15.18 喃从口蔑miệt聲△嘛抐：嘛指頭。

嗿 07678 u210D8
nhồm_15.18 喃从口談đàm聲△嗿喈：嚼食粗魯貌，貪婪。

嘆 07679 u210D7
mua_15.18 喃从口模mô聲。

嚧 07680 u210D6
lựa_15.18 喃从口慮lự聲△嚧哇吶：字掛句酌，婉言。

喈 07681 u210D5
chuān_15.18 同叫05423⊠gùng喃从口窮cùng聲。
△哢喈：詰問。

嘍 07682 u210D4
trêu_15.18 喃从口撩lêu聲。挑逗。

嚜 07683 u210D3
bō_15.18 漢語方言大詞典嚜，麼；嗎（表示疑問）。贛語⊠bựa喃从口播vá聲。

嘆 07684 u210D2
bốc_15.18 喃从口撲vục聲。

嘖 07685 u210D1
thánh_15.18 喃琴聲⊠xin請求。

嘽 07686 u210D0
dặn_15.18 喃同嘽07064

嘽 07687 u210CF
duò_15.18 佛經記音字龍龕嘽，俗。徒果反⊠dọạ喃嗷嘽：恫嚇。

噗 07688 u210CE
fán_15.18 可洪音義噗茈：上音樊⊠phàn喃从口樊phàn聲△噗難：抱怨。

嘅 07689 u210CD
chém_15.18 喃从口劍kiếm聲△嘅吒：詛咒。嘈嘅：恐懼。

嚘 07690 u210CC
nhặng_15.18 喃从口膅nhạn聲。譁然。

嚵 07691 u210CB
tròn_15.18 喃同嚵57970俗嚵08242

嘈 07692 u210CA
khê_15.18 喃从口稽ghê聲。低聲說話⊠ghê省作嘈06833稽。嘈嘅：稽愒：可怕。

嘏 07693 u210C9
jià_15.18 粵句尾助詞。

嘩 07694 u210C8
gè_15.18 粵圈兒。又圍，繞。

嚌 07695 u210C7
bì_15.18 粵壞。嚌家伙：糟糕。

嚌 07696 u210C6
cēng_15.18 金屬撞擊聲。

嚶 07697 u210C5
yíng_15.18 呼嚶，形容蟬鳴哀婉。晉·陸雲寒蟬賦體貞精之淑質，吐呼嚶之哀聲。文淵閣四庫全書本藝文類聚作：體貞粹之淑質，吐呼嗺07526之哀聲。

嘍 07698 u210C4
lài_15.18 嘆詞。表示驚訝。哼嘍。又象聲詞。多形容小動物的叫聲西遊記·第八十四回他又搖身一變，變作個老鼠，嘍嘍哇哇的叫了兩聲。

嘚 07699 u210C1
null_15.18 未詳。

嗷 07700 u210C0
null_15.18 未詳。

聶 07702 u210BE
null_15.18 未詳。

噢 07701 u210BF
ōu_15.18 同嘔06980 可
洪音義·第十四冊·正法念處經·卷六十五 噢吐：上惡口
反。原經文：若塞生藏，不能噢吐，亦不能噎。又噢亦
用為象聲詞，音ōu；句末語氣詞，音ou。

曡 07703 u210BD
null_15.18 未詳。

嘬 07704 u210BC
null_15.18 未詳。

嚷 07705 u210BB
qìng_15.18 記音用字。見 道法會元·卷之一百五十
九·京四·上清天蓬伏魔大法·三十六字秘呪

嚘 07706 u210BA
yǎng_15.18 俗養69074 慧琳音義 畜生：上丑六反。六
畜也。又許救反。嚘也 図 俗癢36611清·計六奇 明季南
略·卷之十二·粵紀·張獻忠亂蜀本末 乙酉春，奪取井研
縣。內閣大學士陳演女為皇后，問左右以封皇后之禮；
偽禮部具儀注進。獻忠見其禮數繁多，怒曰：『皇后何
必儀注！只要唶老子毬頭硬，嚘得他快活，便是一塊皇
后矣，要許多儀注何用。

嘲 07708 u210B8
null_15.18 未詳。

嗹 07707 u210B9
shěn_15.18 明·孫志宏
簡明醫轂·卷之五·唇證 唇緊、撮口難開、飲食難進者，
名曰緊唇，又曰嗹唇，失治則死△宏按，嗹唇，本草綱
目 作瀋唇 図 thòm 啖 从口審 thầm聲 図 saemj 壯 審訊
図 soemx（象豬食淅一樣）大吃大嚼。

嚗 07709 u210B7
khoǎn_15.18 啖 从口寬khoan聲。

暦 07710 u210B6
jié_15.18 類篇 碣39135居謁切。碣石，山名。古作暦

嚌 07711 u210B5
nhành_15.18 啖 从口影ảnh聲△嚌呹：朱唇微啟。

嚋 07712 u210B4
null_15.18 未詳。

嚇 07713 u210B3
trói_15.18 啖 从口磊lỗi
聲△疔嚇莪：痛得要死△俗省作呀。

儞 07714 u210B2
rày_15.18 啖 从咥例lè聲。

嘟 07715 u210B1
dǎng_15.18 啖 五千字譯國語 嘟唆，嗅嘟。

嚮 07716 u210B0
rǎn_15.18 啖 从口
鄰lân聲。諭△嘟保：勸誡，叮囑。嘟呋：教誡，告誡。

翶 07717 u210AF
rǎng_15.18 啖 从齊朗lāng聲。

嚃 07718 u210AE
ngau_15.18 啖 从口耦ngẫu聲△嚃嚃：嚼物聲。

噓 07719 u210AD
zhē_15.18 同嚧07722

嘟 07720 u210AC
null_15.18 未詳。

嚬 07721 u210AB
péng_15.18 象聲詞。

嚧 07722 u210AA
zhē_15.18 吱嚧，也作吱噓07719，急行喘息貌。明·湯
顯祖 紫釵記·墮釵燈影 是何衙舍，美嬌娃走得吱嚧。

逳 07723 u360F
dos_15.18 韓 人名用字 図 斧也。

嘙 07724 u56A4
mó_15.18 佛經記音字 龍龕 嘙，俗。音摩 可洪音義 口
嘙：音摩，出 郭氏音 図 方 慢。佢行得好嘙。見 廣州話
方言詞典

嚻 07725 u56A3
xiāo_15.18 简 嚻07857
宋元以來俗字譜 引 嶺南逸事

囊 07726 u56A2
náng_15.18 俗囊07899

嗨 07727 u56A1
hái_15.18 方 澀。條脷嗨，舌頭很澀 図 xié嗨裡，那裡。

嚠 07728 u56A0
liú_15.18 中文大字典 嚠，同瀏30166出處未詳。

嚥 07729 03604
yàn_16.19 廣韻 於甸切 集韻 韻會 正韻 伊甸切丛音
宴 玉篇 吞也。亦作咽 譚子·化書 聞珍羞之名，則妄有
所嚥。鐾 又嚥66022

嚦 07730 03605
lì_16.19 集韻 郎狄切音歷。嚦嚦，聲也。鐾 又
呖05593

嚧 07731 03606
pào_16.19 集韻 披教切音炮 玉篇 唎也 集韻 大聲。

嚧 07732 03607
lú_16.19 廣韻 落胡切 集韻 龍都切丛音盧。嚧嚧，
呼豬聲 図 一曰呼嚧，笑也 図 釋典 阿伽嚧，華言沈香
鐾 又咘05721嚧07372猺33229

嚟 07733 03608
lì_16.19 字彙 郎計切音麗。呪語。鐾 又囇07894

嚨 07734 03609
lóng_16.19 唐韻 盧紅切 集韻 韻會 盧東切丛音籠 說
文 喉也。爾雅·釋鳥 亢，鳥嚨 註 謂喉嚨 後漢·五行志·童
謠 吏買馬，君買車，請爲諸君鼓嚨胡。鐾 又咙05748
嚨06852

龘 07735 03610
lóng_16.19 唐韻 盧紅切 集韻 盧東切丛音籠 廣韻 大
聲。

嚔 07736 03611
xì_16.19 集韻 許記切音憙。聲也。

戵 07737 03612
zhàn_16.19 集韻 與戰19000同 類篇 以戈擊罍，故作
戵。

嚪 07738 03613
lài_16.19 集韻 落蓋切。同嚜07627 鐾 又嚜07416

嚩 07739 03614
fù_16.19 海篇 音縛。呪語 正字通 嚩字見梵書者非
一 金剛經 呪語有嚩字 雨寶陀羅尼心眞言 云唵嚩素馱
嚙娑嚩賀 延命陀羅尼 呪云吽吽尸棄薩嚩賀，皆有字無
音 孔雀明王經 五大部直音云嚩文何無可肥麼無鉢文，
賀五切。

嚟 07740 03615
tūn_16.19 說文 啍本字。

嚪 07741 03616
lìn_16.19 集韻 良刃切音吝。鳥聲。

嚪 07742 03617
dàn_16.19 集韻 杜覽切。與啖06237同 図 徒濫切。與
啗06238同 史記·樂毅傳 令趙嚪秦以伐齊之利 註 嚪，進
說之意。

嚱 07744 03619
xī_16.19 集韻 同嘻
音虛。聲也。鐾 又同歔26472

嗽 07743 03618
xū_16.19 字彙 休居切

嚫 07745 03620
chèn_16.19 廣韻 初覲切音櫬 玉篇 施也 隋煬帝·法
諱奉智者書 弟子一日恭嚫。鐾 又覾58090

嚬 07746 03621
pín_16.19 廣韻 符眞切 集韻 韻會 正韻 毗賓切丛音
頻 正字通 眉蹙貌 通鑑 韓昭侯曰：明主愛一嚬一笑。
王筠詩 斂笑動微嚬 図 正字通 通作顰 駱賓王詩 妝鏡
菱花暗，愁眉柳葉顰 図 通作矉 莊子·天運篇 西施病心
而矉 註 蹙額曰矉 李白詩 蛾眉不可妒，況乃效其矉。
図 借作頻 孟子 已頻顣曰 王充·論衡 薄酒酸苦，實主頻

蹙○按 正字通 云噸與言部響別，未聞訓噸爲笑者，信如舊註，則一噸一笑，猶言一笑一笑也，於義難解。各韻書以爲笑貌，俱誤。

嚌 07747 03622
guī_16.19 集韻 姑回切音傀 玉篇 呼也。

嚭 07748 03623
pǐ_16.19 唐韻 匹鄙切 集韻 韻會 普鄙切夶音秠。 說文 大也 又 人名 左傳 吳太宰嚭 集韻 或作㔻，亦作噽 楚辭·九思 忌嚭嚭専令邲吳虛。 鏊 又 㔻07777 䚦07464

嚮 07749 03624
xiàng_16.19 古文向 𡿧𡫍 廣韻 集韻 夶許亮切音䦷 集韻 面也，對也 書·盤庚 若火之燎于原，不可嚮邇 傳 火炎不可嚮近。又 洛誥 伻嚮即有僚 傳 當使臣下各嚮就有官易·隨卦 君子以嚮晦入宴息 又 書·洪範 嚮用五福 傳 言天所以嚮勸人用五福 又 前漢·丙吉傳 嚮使丞相不先聞馭吏言，何見勞勉之有 又 xiǎng 廣韻 集韻 許兩切音響 廣韻 爾雅 兩階閒謂之嚮○按今 爾雅·釋宮 作鄉。 又 書·洪範 嚮用五福釋文 嚮，許亮反，又許兩反，二音皆可讀 又 史記·游俠傳 何知仁義，已嚮其利者爲有德 註 索隱曰：嚮者，享受也 又 與響同 易繫辭 其受命也如嚮 莊子·養生主 砉然嚮然 前漢·賈山傳 天下嚮應。 又 與饗同 前漢·宣帝紀 上帝嘉嚮 註 師古曰，讀曰饗 集韻 本作鄉。

嘳 07750 03625
kuài_16.19 說文 嘳本字。

嚳 07753 03628
kě_16.19 集韻 同歌 嚴 07751 03626 yán_16.19 說文 嚴本字

嚮 07752 03627
shāng_16.19 集韻 商06218古作嚮。

嚋 07754 03629
zhōu_16.19 字彙補 古文讀56792字。

𠽉 07755 03630
táng_16.19 集韻 唐06023古作𠽉。

𪝯 07756 40765
lí_16.19 川篇 力擒切。喚犬聲也。

䜁 07757 40766
fǒu_16.19 字彙補 與否同 說文 相與語，唾而不受也。

𪓊 07762 42747
jí_16.19 龍龕 同吃 㗊 07758 42739 xīn_16.19 龍龕 呵朋切。 鏊 佛經譯音用字 可洪音義 設咄嗷：上尸列反，中都骨反，下力尹反，亦云設都嚕，此云怨。尼嗅07602：蜎蠅反 字彙補 嗅，呵名切音欣，義未詳。

嚌 07765 u2A89F
null_16.19 未詳。 噪 07759 42742 qǐng_16.19 五音篇海 口頂切音磬。鏊 可洪音義 噪咳：上苦頂反，下苦愛反。正作欬。上音磬，通呼。下又音孩，非。

㿺 07760 42743
xuè_16.19 五音篇海 與謔同。

鷌 07761 42746
zuǐ_16.19 龍龕 音雌。鏊 可洪音義 鳥鷌：子墨、子危二反，鳥口也。正作觜、柴二形也。

馨 07763 42748
xīn_16.19 字彙補 與馨同。

㖃 07764 u2A8A1
gáo_16.19 喃从喬告cáo聲。

㗰 07766 u21CF0
cū_16.19 喃从古屢lū聲。老，舊。亦作𪕈48452

壅 07767 u21110
úng_16.19 喃从口壅ûng聲。

嘼 07774 u21105
tú_16.19 或俗圖。 憾 07768 u2110F hǎm_16.19 喃从口，憾hám聲△憾嘘：哼。鼻音，表示不滿或不屑。

嘈 07775 u21104
null_16.19 未詳。 錦 07769 u2110E gǎm_16.19 喃从口，錦cẩm聲。啃，嗑△㹠嚙䩞：鼠嚙門。㹠嚙䯽：狗啃骨頭△亦作噤07922 又 ngẫm同㦖18695尋思。

嚅 07770 u2110D
rúc_16.19 喃从嘴省篤đốc聲。

𪋻 07771 u2110C
jié_16.19 同䳯07710古文碣。

嘈 07772 u2110B
zǎn_16.19 同嘈07208，含，叮 國語辭典 嘈，(一)㗲。(二)銜，如「蚊虻嘈膚，則通昔不寐矣」，見 莊子

嘻 07773 u2110A
xué_16.19 譯音用字 清實錄·文宗顯皇帝實錄·卷之三百十九 俄夷使臣唱嘞嘻，行抵上海，極力慫慂嘆唏 又 方 嘆詞，表示驚訝或否定。

嘻 07776 u21103
null_16.19 同嘻07704未詳。

㔻 07778 u21102
pǐ_16.19 俗嚭07748 名義 㔻，普鄙反。大。嚭，上字。

嘕 07778 u21101
lúm_16.19 喃从口廪lầm聲。微凹貌。

蹑 07779 u21100
lạ_16.19 喃同蹀35713

嚜 07780 u210FF
thớt_16.19 喃从口撻thất聲△嘆嚜：偽善。

噗 07781 u210FE
phắc_16.19 喃从口樸phác聲△淹噗：寂靜。

嚅 07782 u210FD
nhô_16.19 喃从口儒nho聲△呐呢嚅：大吵大鬧。

噍 07783 u210FC
thèo_16.19 喃从口樵tiều聲△噍叮：播弄是非。

嘡 07784 u210FB
đảng_16.19 喃从口蓳đảng聲。苦。

嘵 07785 u210FA
nhếu_16.19 喃从口遶nhiễu聲△嘵嘣：邋遢，潦草。

嚫 07786 u210F9
chén_16.19 喃同䃳39564盃，觴。

嚯 07787 u210F6
xǐ_16.19 粵喜愛。 嚯 07788 u210F5 yōng_16.19 粵埋。推。嚯卒：拱卒(象棋用語)。

嘀 07789 u210F4
chú_16.19 粵氣味。 𪕆 07790 u210F2 null_16.19 未詳。

嚎 07791 u210F1
tà_16.19 同嚺07830俗嚃07517

𤳈 07792 u3612
ssi_16.19 韓種子。人名用字。

嘦 07793 u56B0
mó_16.19 注音用字 又 方 个嘦，原來。

嚱 07794 03631
xǐ_17.20 集韻 虛宜切音犧 玉篇 吹嚱，口聲。 又 集韻 同嚱，歎辭 又 xì 廣韻 集韻 夶香義切音戲。 集韻 嚱嚱，聲也。鏊 又 嚱07672

嚥 07795 03632
jiān_17.20 廣韻 子廉切 集韻 將廉切夶音尖 玉篇 嚥啖，不廉也 又 jiàn 廣韻 集韻 夶子豔切音僭。義同。

耋 07796 03633
dào_17.20 廣韻 徒到切 集韻 大到切夶音導 玉篇 年九十曰耋。又 集韻 本作叜 博雅 老也。七十曰叜 廣韻 本

作嚭。鎣 直音篇 馨同聲39566

嚃 07797 03634
jiǎn_17.20 篇海 居件切音蹇。吃也。正字通 謇、嘰朹同。俗加足，非。

嚄 07798 03635
qìng_17.20 篇海 詰定切音磬。長聲。

嚱 07799 03636
xiè_17.20 集韻 悉協切音燮。壞聲。

韡 07800 03637
duǒ_17.20 廣韻 正韻 丁可切 集韻 韻會 典可切朹音癉 玉篇 本作韡，廣也。又 廣韻 垂下貌 岑參詩 柳韡鶯嬌花復殷 图 集韻 一曰厚也。鎣 又韡00741韡59786

嚳 07801 03638
kù_17.20 唐韻 苦沃切 集韻 韻會 枯沃切朹音酷。說文 急告之甚也 图 史記·五帝紀 帝嚳高辛者，黃帝之曾孫也 集韻 亦作俈 史記·三代世表 帝俈，黃帝曾孫。鎣 又嚳06668 图 正字通 嚳，嚳字之譌。

嚶 07802 03639
yìng_17.20 集韻 同膺。

嚹 07803 03640
lán_17.20 廣韻 落干切 集韻 郎干切朹音闌 廣韻 嚹呻05977 僭㧎 語不可解。集韻 通作蘭 類篇 或作嘛 图 lǎn 集韻 魯旱切音嬾。與謪同。誣言也。或作謪。鎣 又嘛07262

嚴 07804 03641
yán_17.20 古文嚴 唐韻 語杴切 集韻 魚杴切 韻會 疑杴切朹音籤 說文 本作嚴。敎命急也。又 爾雅·釋詁 嚴，敬也 書·皐陶謨 日嚴祇敬六德 图 玉篇 威也 禮·祭義 嚴威儼恪 疏 嚴謂嚴肅 图 尊也 禮·大傳 收族故宗廟嚴 註 嚴猶尊也 史記·游俠傳 諸公以故嚴重之 图 廣韻 嚴，毅也 图 前漢·史丹傳 聲中嚴鼓之節 註 李奇曰：莊嚴之鼓節也 图 韻會 戒也。昏鼓曰夜嚴 图 正字通 寒氣凜冽曰嚴 李白詩 霜朽楚關木，始知殺氣嚴 图 正字通 敵將至，設備曰戒嚴。敵退，弛備曰解嚴 图 姓 戰國策 嚴遂政議直指，舉韓傀之過 正字通 漢明帝諱莊，改莊助爲嚴助，莊光爲嚴光 图 史記·封禪書 諸布諸嚴諸逑之屬，百有餘祠 图 嚴道，縣名 史記·鄧通傳 賜鄧通蜀嚴道銅山 图 韻會 州名。隋睦州，宋改嚴州 图 前漢·元帝紀 嚴篪池田 註 晉灼曰：嚴篪，射苑也 图 國名 後漢·西域傳 嚴國在奄蔡北，屬康居 图 正字通 樹名 一統志 瓊州有嚴樹，擣皮葉浸水，和以釀，數日成酒，能醉人 图 與莊同 周禮·秋官·小司寇註 鍼嚴子爲坐 釋文 嚴，音莊 左傳 作莊。案，漢明帝名莊，改爲嚴 後漢·陳紀傳 不復辦嚴時之郡 註 嚴讀曰裝 風俗通 汝南應融義高，聞之驚愕，卽嚴便出 ○按 詩·商頌 下民有嚴。朱子叶剡剛反，與下遑叶。古嚴與莊本同音，故漢避明帝諱，改嚴爲莊，似不必別增叶音也 图 yán 集韻 魚衘切。嚴14530字省文。图 yǎn 五音集韻 五犯切。與儼同 詩·大雅 有嚴天子 傳 嚴然而威 釋文 嚴，毛讀魚檢反，鄭如字 書·無逸 嚴恭寅畏 釋文 作儼 ○按 皐陶謨釋文 亦云又魚檢反 荀子·儒效篇 嚴嚴兮其能敬己也 註 嚴或作儼 图 yàn 集韻 魚窆切音驗。酷也。鎣 又严00092嚴05026嚴07663嚴07866嚴07904嚴07913嚴07933嚴07966嚴55013

嚾 07805 03642
bō_17.20 集韻 同嚗

嚫 07809 03646
zé_17.20 字彙補 古文

蹟字 漢·祝睦碑 探嚫窮神，無物不辨。

嚵 07806 03643
chán_17.20 俗嚵字。鎣 又嚵07519

嚶 07807 03644
yīng_17.20 唐韻 烏莖切 集韻 於莖切 韻會 幺莖切朹音櫻 說文 鳥鳴也 詩·小雅 鳥鳴嚶嚶 爾雅·釋訓 嚶嚶，相切直也 註 嚶嚶，兩鳥鳴，以喩朋友切磋相正 图 集韻 通作謍 張衡·思玄賦 鳴玉鸞之謍謍。鎣 又嚶07137

嚺 07808 03645
yǐ_17.20 篇海 魚錡切。與齮同。齧也。

嚷 07810 03647
shāng_17.20 集韻 商06218古作嚷。

嚸 07811 03648
qí_17.20 字彙補 古文器07359字。

嚹 07812 42744
mí_17.20 字彙補 名離切，音迷◇呪語。

嚼 07813 42745
chuǎn_17.20 五音篇海 同喘。

嚽 07814 42749
shē_17.20 龍龕 音闍。

嚂 07815 u2A8A4
null_17.20 喃 未詳

嚁 07816 u2A8A3
null_17.20 喃 未詳。

嚃 07817 u2A8A2
null_17.20 未詳。

嚄 07818 u21130
tốt_17.20 喃 从善卒tốt聲。良好。

嚅 07819 u2112F
ức_17.20 喃 从口臆ức聲。狂飲△嚅嚅：一飲而盡。

嚆 07820 u2112E
rèn_17.20 喃 从口鍊luyện聲。

嚇 07821 u2112D
thủng_17.20 喃 从口聳tủng聲。洞穿，透徹。

嚈 07822 u2112C
hùn_17.20 喃 从合魂hồn聲△龕本：集資。

嚉 07823 u2112B
khem_17.20 喃 从口謙khiêm聲。禁忌。

嚊 07824 u2112A
toe_17.20 喃 从口雖tuy聲△嚊嘻：張開大嘴。

嚋 07825 u21129
khẩn_17.20 喃 从口懇khẩn聲。祝△嚋呋：祈禱。

嚌 07826 u21128
nôn_17.20 喃 从口嫩non聲。志忘。

嚍 07827 u21127
dảng_17.20 喃 从口講giảng聲。

嚎 07829 u21125
yǎn_17.20 同嗷07333張居正 賀雲溪翁汪老先生八十壽·序 夫馳思於千里，不若跬步之必至；嗷喎於豢豹，不若糲糒之充腹也 图 liếm 喃 从口歛liếm聲。

嚏 07830 u21124
tà_17.20 俗嚏07517

嚐 07828 u21126
lín_17.20 朝鮮本 龍龕 音臨 图 lom 喃 从口臨lâm聲。

嚑 07831 u21121
chay_17.20 喃 咹嚑：吃齋飯。

嚒 07832 u2111F
há_17.20 粤 嘆詞。

嚓 07834 u2111D
xỉ_17.20 俗囍07889

嚔 07836 u3614
sǎi_17.20 喫△也用為象聲詞，如：唉嚔。

嚕 07837 u56B9
la_17.20 粤 同啦。亦作嚕07876

嚖 07833 u2111E
tuó_17.20 俗鼉75208

嚗 07835 u2111C
náng_17.20 俗囊07899

嚘 07839 u56B7
rǎng_17.20 喊叫。

嚙 07838 u56B8
diǎn_17.20 大字典 同點

嚚 07842 03650
zú_18.21 集韻 同囈

嚛 07841 03649
xiāo_18.21 字彙 同嚣 爾

雅·釋言嘦,閑也註嘦然,閑暇貌圀尚書序仲丁遷于嘦傳地名圀前漢·五行志莫嘦必敗註師古曰楚官名左傳·桓十六年作敖〇按嘦爲嚻07857字重文,惟廣韻作嘦字書皆作嚻。今將經傳作嘦者列於此。

嚼 07843 03651
jué_18.21 唐韻才爵切集韻韻會正韻疾爵切夶音嚼說文本作噍,齧也玉篇噬嚼也後漢·五行志嚼復嚼者,京都飲酒相強之辭也。集韻或作噍圀jiào唐韻集韻才肖切正韻在笑切夶音誚。同噍07219圀jiāo集韻子肖切音醮。義同。鑒又齣75838嚼07964

嚂 07844 03652
làn_18.21 篇海同啉

嚅 07845 03653
rú_18.21 集韻人余切音如。獸名,鼻赤毛青,食虎豹。

嚃 07846 03654
sà_18.21 集韻桑葛切音薩。嚃王,西戎族名。

嚄 07847 03655
huò_18.21 廣韻胡伯切集韻胡陌切夶音嚄廣韻嚄嘖,誇貌集韻一曰言壯貌圀一曰數相怒圀yù集韻零白切玉篇自是貌圀玉篇言疾貌圀huà集韻戶瓦切音踝。義同△集韻本作謋。

嚘 07848 03656
yī_18.21 集韻於其切音醫。嚘嘘,開口笑也。

嚍 07849 03657
chuò_18.21 正字通啜、歠夶同荀子·富國篇嚍菽飲水註嚍與啜同。鑒又嚍07563

嚙 07850 03658
yán_18.21 集韻牛姦切音顏。嚙嚙,爭貌。

嚑 07851 03659
dì_18.21 篇海丁計切音帝。噴鼻氣圀shà所甲切音翣。義同。

嚾 07852 03660
huàn_18.21 廣韻火貫切集韻呼玩切夶音渙玉篇與喚同大戴禮咀嚾者,九竅而胎生集韻或作謹圀tuán集韻吐玩切音彖。召呼圀huān集韻正韻夶呼官切音歡。與嚻同。呼也正韻喧嚻貌荀子·非十二子篇世俗之溝猶瞀儒,嚾嚾然不知其所非也後漢·禮儀志因作方相與十二獸舞嚾呼。

嚖 07853 03661
huò_18.21 篇海胡白切音嚄。誇也。鑒張涌泉漢語俗字叢考嚖,嚄07847之俗譌。

嚗 07854 03662
dī_18.21 篇海都奚切音低。城名。鑒龍龕嗁喝嚛嚛四俗,嚀正。

囀 07855 03663
zhuàn_18.21 廣韻知戀切集韻正韻株戀切,夶轉去聲玉篇鳥鳴廣韻鳥吟庾信·春賦新年鳥聲千種囀。圀廣韻韻也集韻聲囀。鑒又嗦06419啭07010

囁 07856 03664
zhé_18.21 廣韻之涉切集韻質涉切夶音讋玉篇口無節也圀廣韻口動也圀玉篇私罵也圀niè廣韻而涉切集韻日涉切夶音躡玉篇囁嗫,多言也廣韻口動圀呫05626囁△集韻本作讘,同嚪。鑒又嗫06912圀正字通呭,同囁。

嚻 07857 03665
xiāo_18.21 古文嚻唐韻許嬌切集韻韻會虛嬌切。正韻吁嬌切夶音枵說文聲也,气出頭上。从朋从頁。

頁,首也玉篇喧謹也集韻聲也左傳·昭三年湫隘嚻塵釋文嚻,許嬌反,一音五高反詩·小雅選徒嚻嚻傳嚻嚻,聲也釋文嚻,五刀反,亦許驕反圀孟子人知之亦嚻嚻,人不知亦嚻嚻註嚻嚻,自得無欲之貌圀人名。史記·黃帝紀嫘祖生二子,其一曰玄嚻,是爲青陽。圀áo集韻韻會正韻牛刀切音敖。義同周禮·秋官銜枚氏掌司嚻註察嚻謹者釋文嚻,五羔反圀詩·小雅讒口嚻嚻箋嚻嚻,眾多貌釋文五刀反,韓詩作聱聱前漢·董仲舒傳此民之所以嚻嚻苦不足也註師古曰與聱同圀詩·小雅我卽爾謀,聽我嚻嚻傳嚻嚻,猶聱聱也釋文,五刀反圀字彙山凹之地曰嚻梁宣帝·七山寺賦神嚻岊岊而特立圀鳥名山海經梁渠之山有鳥,狀如夸父,四翼一目,犬尾,名曰嚻圀獸名山海經翰次之山有獸,狀如禺,長臂善投,名曰嚻圀水名山海經嶓冢之山,嚻水出焉圀山名山海經北嚻之山無石,其陽多碧,其陰多玉圀集韻地名。通作嗷、敖。詳前嘦07841字註〇按經傳釋文嚻多讀敖,惟小雅·車攻及左傳·昭三年釋文兼敖、枵二音。鑒又嚣07725僥02327嚻07977圀龍龕嗷07249唉06223俗,嚣70882買呺05645通,嘦正。

嚽 07858 03666
yōng_18.21 篇海於容切音邕。鳥聲〇按嚽當同喁、噰。

囃 07859 03667
cà_18.21 廣韻倉雜切集韻七合切夶音礏玉篇助舞聲。鑒又囃07559

囒 07860 03668
luàn_18.21 六書統盧玩切音亂。言語煩亂。从朋从䜌省。

嘌 07861 03669
piāo_18.21 說文嘌本字,疾也。引詩匪車嘌兮。〇按今詩·檜風作嘌。

懿 07862 03670
yì_18.21 五音集韻乙冀切音意。痛聲。

嚌 07863 40768
zhāi_18.21 海篇音齊。獄名也。鑒音齊。音齋之誤。龍龕作嚌07882,陜皆反圀俗齏75821

嘾 07864 42750
tán_18.21 字彙補徒藍切音談。出梵書。

嚸 07865 u21163
null_18.21 未詳。

唳 07870 u2114F
lǐ_18.21 亦作吚05874

嚴 07866 u21154
yán_18.21 同嚴07913古文嚴。亦作儼07904

嚘 07867 u21152
nhéo_18.21 喃从口擾nhiễu聲。

嚬 07868 u21151
ngong_18.21 喃从口顒ngóng聲。語言蹇澀,啞巴。

嚿 07869 u21150
lành_18.21 喃善良。亦作嗋45910

嚕 07871 u2114E
tróm_18.21 喃从口簪trâm聲。嚕△嚕呫:慢慢咀嚼。

嚁 07872 u2114D
nhéo_18.21 喃从口繞nhiễu聲△吶嚁嚁:拗口令。

嚕 07873 u2114C
giǒn_18.21 喃从口簡giản聲△吶嚕:打諢。

嚢 07874 u2114B
hụm_18.21 喃从口檻hạm聲△嚢醋:酒一口。

嚪 07875 u21149 dǎng_18.21 嚪从口簡giàn聲。

嚩 07876 u21148 la_18.21 粵同嚩07837啦，了。

嚫 07877 u21147 cóng_18.21 嘁口出聲。見 搜神記

嚬 07878 u21146 zāng_18.21 記音用字 皇明經世文編·卷之四百六十四·王司馬奏疏二·疏·備陳撫歎事宜疏（撫歎事宜）先是喇麻僧土三吉叭嚬及通官朱梅等，每言宰賽，必圖報怨 又 方 象聲詞。狗叫聲。

嚩 07879 u21145 é_18.21 記音用字 清實錄·文宗顯皇帝實錄·卷之三百二十三 嗅酋嚬嚬唅既投遞照會，雖語多要挾，然並非專意主戰，亦可概見。

嚩 07880 u21143 páng_18.21 聲音雜亂。或同嗙。明·徐復祚 投梭記·恣剉 軍擾攘，聲沸嚩，亂我心旌風搖颺 又 嚩咩，族名 宋史·卷二百九十·列傳第四十九 （狄青）破金湯城，略宥州，居嚩咩、歲香、毛奴、尚羅、慶七、家口等族，燔積聚數萬，收其帳二千三百，生口五千七百。

嚩 07881 u21142 bó_18.21 嚩鵒，斑鳩鳴叫聲 太平廣記·卷二百六十二引 笑林 又 覩林中鳩鳴云嚩鵒嚩鵒。

嚩 07882 u21141 zhāi_18.21 同嚩07863 龍龕 嚩，俗：陟皆反。又獄名也。

彎 07883 u21140 _18.21 未詳。

襄 07884 u2113F null_18.21 未詳。

嚩 07885 u2113E ghín_18.21 嚪从口从謹。謹慎。

嚩 07886 u2113D null_18.21 未詳。

嚩 07887 u2113C xī_18.21 同嚩07893 法海遺珠·卷六·三宮內旨·風雷雨晴雲祕用 雲嚩，音吸，祖炁腎宮起 又 字海 嚩，同虩 警世通言·旌陽宮鐵樹鎮妖 虺虺嚩嚩可畏，轟轟劃劃初聞。

囍 07889 u56CD xǐ_18.21 同喜06501雙喜。亦作囍07834囍09763

嚩 07890 u56BA tà_18.21 同嚩07517

囖 07888 u3617 qū_18.21 漢語方言大詞典 囖囖話：悄悄話△叫囖子：哨子△叫囖囖：蟋蟀

嚩 07891 03671 chǎn_19.22 集韻 丑展切音蔵。嚩然，笑貌 又 chè 類篇 敕列切音徹。義同。○按嚩、嚩二字，諸韻書音義大同小異，應即一字，謏分爲二。鋆 又 嚩02652

嚩 07892 03672 chài_19.22 集韻 丑邁切音蠆。人名 公羊傳·襄十四年 鄭公孫嚩 釋文 嚩，敕邁反 左傳 榖梁傳 丛作蠆。鋆 又 蠆53768

嚩 07894 03674 lì_19.22 字彙同嚩

蘴 07895 03675 yì_19.22 廣韻 魚祭切 集韻 倪祭切 正韻 倪制切 丛音藝 玉篇 笑嚩也。又 玉篇 睡語 集韻 床聲 列子·周穆王篇 眠中啽嚩呻呼 楊慎 丹鉛錄 作唵嗽 拾遺記 吳呂蒙嚩語通 周易 △廣韻 同癮、德韻會 書作嚩。鋆 又 呹05596譩56937

嚩 07893 03673 xī_19.22 篇海 同虩。出道書。

嚩 07896 03676 là_19.22 篇海 盧盍切，音臘 字彙 齧骨聲也。見釋藏。

囉 07897 03677 luó_19.22 廣韻 魯何切 集韻 韻會 良何切 正韻 郎何切 丛音羅 廣韻 囉，歌詞 集韻 歌助聲 王褒·洞簫賦 行錯鉦以鯈囉 註 鯈囉，聲迭蕩相雜貌 又 廣韻 嘍囉也。 又 一曰小兒語也 又 luō 集韻 利遮切音儸。囉嗻，多言。 又 luǒ 朗可切音砢。聲也 又 luò 郎佐切音邏。歌也。鋆 又 啰06416囉07989 又 囉嗻，也作嚕嗻、囉嗦、囉唆，多言不止 綴白裘·十一集·三卷·亂彈腔·擋馬·急口令 笑呵呵，笑呵呵，一心要做一個打喇哥。好不囉嗻。

嚪 07898 03678 yùn_19.22 字彙 禹愠切音韻。鳥鳴。

囊 07899 03679 náng_19.22 古文橐 唐韻 集韻 韻會 正韻 丛奴當切音瀼 說文 橐也。从橐省，襄省聲 詩·大雅 于橐于囊 傳 小曰橐，大曰囊 集韻 一曰有底曰囊，無底曰橐 又 史記·量錯傳 太子家號曰智囊 又 宋玉·風賦 盛怒於土囊之口 註 土囊，大穴也 又 莊子·在宥篇 乃始臠卷倉囊而亂天下也 註 倉囊，猶搶攘 又 姓 春秋·定四年 楚囊瓦出奔鄭 又 ◆正字通 六朝人作隱囊，柔軟可倚 王維詩 不學城東遊俠兒，隱囊紗帽坐彈碁 又 米囊，楊花別名。見 容齋隨筆 又 漢官儀 凡表章皆卑囊封事 又 晉書·郭璞傳 郭公者精卜筮，出青囊中書九卷授郭璞。又地理書有 青囊經。鋆 倉囊或作狼囊、戕囊 又 栽54542橐26171橐26183橐26193囊07726囊07835

嚪 07900 03680 zá_19.22 集韻 才達切音巀 博雅 嘈嚪，聲也 陸機·文賦 務嘈嚪而妖冶 註 埤蒼曰：嘈嚪，聲貌。嚪與嚪、啈同 集韻 或作嚪咭啈啐 又 廣韻 嘈嚪，鼓聲 又 北魏書·西域傳 波斯國人號王曰醫囋 又 zá 集韻 子末切音拶。聲多也 又 zàn 類篇 才贊切音囋。譏也 又 集韻 書作嚪 又 cān 集韻 千安切。同餐。吞也 又 正韻 與賛讚同。荀子·勸學篇 問一而告二，謂之囋 註 囋即讚字，謂以言強讚助之 又 zàn 類篇 在坦切音囋。嘲也 又○按各韻書或作嚪、嚪，皆重文。鋆 又 嘶07092

嚪 07901 03681 yín_19.22 說文 古文嚚07638字。

嚪 07902 03682 chán_19.22 唐韻 士咸切 集韻 鋤咸切 丛音讒 說文 小哷也 又 一曰喙也 又 襄嚪，漢侯國 史記·建元以來王子侯者年表 襄嚪 註 韋昭曰：嚪，仕咸反。又仕愍反。又 chān 集韻 初銜切音攙。讒言也 又 jiàn 廣韻 慈染切 集韻 疾染切 丛音漸 廣韻 小食 博雅 嘗也 又 zhàn 集韻 士減切音瀺。小飲 又 chàn 廣韻 楚鑒切 集韻 又鑑切 丛音懺 廣韻 試人食 集韻 嘗食○按 說文 廣韻 本作嚪 玉篇 書作嚪 類篇 書作嘸。筆畫微異，皆爲重文。

嚪 07903 03683 bào_19.22 集韻 同譟。

嚪 07904 03684 yǎn_19.22 集韻 儼02320古作嚪。

嚪 07905 03685 làn_19.22 類篇 同嚪。

嚪 07906 03686 shāng_19.22 集韻 商06218古作嚪。

嚪 07907 40767 guān_19.22 篇海類編 古還切音關。嚪嚪，鳥和鳴聲。

酪 07908 40769
è_19.22 字彙補 同諤 楊慎·奇字韻 史記 故本一士
之酪。酪，今作諤。又籀文噩字。

嚇 07910 u2B75E
null_19.22 未詳。

囍 07909 42751
jiān_19.22 字彙補 同囍

呍 07911 u2A8A5
null_19.22 未詳。

嚫 07912 u2116F
ǒn_19.22 喃 从口穩ǔn
聲。細語，耳語△嚫嬈：惡訕，造謠。

嚴 07913 u2116E
yán_19.22 說文 嚴，嚴，古文。

嚷 07914 u2116C
hoai_19.22 喃 从口懷hoài聲。

嶠 07915 u2116B
ghẹo_19.22 喃 从口轎kiệu聲。挑逗，逗樂。

嚥 07916 u2116A
nguyền_19.22 喃 嚥噜：詛咒。

罄 07920 u21166
gāo_19.22 同罄75283

嚜 07917 u21169
dèm_19.22 喃 从口
艷diêm聲△吶嚜：讒言 図 dẽm吶嚜：吹捧。

嚼 07918 u21168
thèm_19.22 喃 从口簷thìêm聲。嗜，饞△亦作嚼，
蟾thìêm省聲△嚼渴：渴望。

囉 07919 u21167
nǎn_19.22 龍龕 囉，俗。奴丹、奴旦二反。

嚯 07921 u21165
dié_19.22 嚯窨，也作嚯窨、嚯暗、攧窨、迭嚜、跌
窨、迭窨、鐵窨，隱忍不語。明·高明 琵琶記·第三十齣·瞷
詢衷情·江頭金桂 我怪得你終朝嚯暗，只道你緣何愁悶
深。教咱猜着啞謎，為你沉吟 図 譯音用字 清實錄·宣宗
成皇帝實錄·卷之四百六十七 現據探事者密稟，吱酋以
香港兵餉，半載以來，無可支發，特向其富商嚯呦，借
銀七萬二千兩，一分生息。

嚄 07922 u21162
gǎm_19.22 喃 从口襟khâm聲。同嚁07769

繩 07923 u21160
xǎng_19.22 喃 从口繩thằng聲。胡言亂語。

彎 07925 u3618
pèi_19.22 同彎60463

嘓 07924 u361A
hǎn_19.22 同嘓71313唐
李白 大獵賦 越崢嶸，獵莽蒼。喑嗚哮嘓，風馳電往。王
琦注：嘓，音喊。哮嘓，虎叫聲。唐·柳宗元 三戒·黔之
驢（虎）因跳踉大嘓，斷其喉，盡其肉，乃去 図 嘓07609

嘈 07926 u56CE
zēng_19.22 日 嘈嗺，郡名 倭名類聚鈔·卷五·國郡部
十二·西海郡第六十七 嘈嗺，曾於。

囄 07927 u56C4
lí_19.22 佛經記音字 龍龕 囄，俗。音離。

嚽 07928 u21187
yán_20.23 唐韻 五銜切 集韻 魚銜切 丛音巖 說文 呷
也 集韻 或作囃 図 nián 集韻 牛廉切 音鼸 図 ni 玉篇 宜
戟切音逆。義丛同。

囍 07929 03688
jiān_20.23 廣韻 古文艱48898字 周禮·地官·遺人 恤民
之囍阨 前漢·異姓諸侯王表 以德若彼，用力如此，其囍
難也。

噆 07930 03689
zá_20.23 廣韻 才割切 集韻 才達切 丛音戳 玉篇 本
作咋05828 廣韻 本作嘈07900 張衡·東京賦 奏嚴鼓之嘈噆
図 北周書·異域傳 噆噠國，在于闐西 図 è 集韻 牙葛切
音齘 玉篇 本作咋05828 図 niè 集韻 魚列切音孽。本作瀫。

議罪也。同讞、嘩 図 玉篇 古文喑06004字。

籲 07932 03691
huàn_20.23 集韻 與喚同。或作嚾。

嚴 07933 40770
yán_20.23 說文長箋 同嚴。

囏 07934 42752
jiǎn_20.23 龍龕 同寋

嘈 07931 03690
cáo_20.23 說文 嘈本字

嚜 07935 42753
shì_20.23 龍龕 音十。嚛 俗釋 龍龕 音釋。

囍 07936 u21178
jiān_20.23 同囍07929古文艱。

嚱 07937 u21177
ngợi_20.23 喃 从口議nghị聲△暚嚱：稱讚，表揚。
△俗省作嚱07675

勸 07938 u21173
khuyên_20.23 喃 从口从勸，勸khuyến亦聲。勸告。

嘑 07939 u21172
niè_20.23 佛經譯音用字 可洪音義 嘑幡：上魚竭反。

嗦 07940 u56CC
sū_20.23 囉嗦，亦作囉嗦、囉嗦，指說話叨絮不休，
或事情繁雜瑣碎。

囅 07941 03692
zhān_21.24 篇海 諸延切音氈。難言也。

囑 07942 03693
zhǔ_21.24 廣韻 之欲切 集韻 朱欲切 丛音燭 玉篇 付
囑也 廣韻 託也 字彙 俗作嘱。

嘰 07943 03694
jí_21.24 集韻 仕戢切音霵。嘮嘰，眾聲疾貌。

嚾 07944 03695
huān_21.24 唐韻 集韻 丛呼官切音讙 說文 呼也。从
吅萈聲 集韻 或作嚾 図 hàn 類篇 虛旰切音漢。義同。
図 huàn 玉篇 荒貫切音渙。與喚同 図 博雅 鳴也。
△ 集韻 或作嚳 廣韻 書作嚾。

囒 07945 03696
lán_21.24 玉篇 呂干切音蘭。與嘌07803同。嚛 又
嚅07664

囓 07946 03697
niè_21.24 字彙 同齧。噬也 後漢·孔融傳 猶昆蟲之相
齧。

嚾 07948 03699
huān_21.24 廣韻 嚳書作嚾。

嚴 07949 03700
yán_21.24 玉篇 廣韻 集韻 丛古文嚴07804字。

嚜 07951 40771
wàn_21.24 字彙補 微飯切音萬。轉舌呼。

嚒 07952 u2A8A6
null_21.24 未詳。

囀 07947 03698
fàn_21.24 集韻 與囀同

囁 07953 u21184
nhép_21.24 喃 从口攝nhép聲。

囍 07954 u21183
null_21.24 未詳。

嚪 07950 03701
dàn_21.24 說文 嘾本字

嚵 07955 u21182
xǒn_21.24 喃 从口蠢xuẩn聲。

囄 07957 u21180
hōng_21.24 記音用字
饒nhiêu聲△嘍囄：嘟囄。囄囄：象聲詞，指邊吃邊說話
的聲音 図 nhàu 喧囄：嘀嘀咕咕 図 nhao同嘵。鬧哄哄

囃 07956 u21181
nhàu_21.24 喃 从口

囉 07958 03702
luǒ_22.25 篇海 勒可切音椤 字彙 裂也。見釋典 正字
通 經呪本作囉。訓裂，當作攞。

嚪 07959 03703
kān_22.25　篇海 與嵌同。嚪囒，山也 図 字彙補 音堪。
蠻曲名。唐韋臯進蠻中樂曲十一嚪聰綱摩。

韆 07960 40772
tiǎn_22.25　集韻 與觍同。

龘 07961 u2A8A7
tīng_22.25　龍龕 俗，他定反。鄭賢章：佛經記音字。

嚧 07962 u2118D
sǎc_22.25　喃 从口蔌sốc聲。同嚧07967

嚌 07963 u2118C
kêu_22.25　喃 从口驕kiêu聲。呼，喊△鐘嚌：鐘鳴。
嚌救：呼救。嚌囉：喊叫。

嚼 07964 u2118B
jué_22.25　俗嚼07843

刀黨 07965 u2118A
null_22.25　未詳。

嚴 07966 u21189
yán_22.25　同嚴07913古文嚴。

嚥 07967 u21188
sǎc_22.25　喃 从啥省篫sạt聲。亦作嚧07962△嚥劃：
吐血。嚥唏醋：酒氣刺鼻。

鑲 07968 u21187
null_22.25　未詳。

囕 07969 u56D5
ram_22.25　韓噬，咬㪯
事要覽囕死人湊死人，並恤典祖各一石。

囔 07970 u56D4
nāng_22.25　明·顧起元 客座贅語·卷一·方言 言之多
而躁曰喳哇，曰激聒，曰瑣碎，曰嘈嘈（下音匝。一作
唝），曰囔咄，曰哗叨，曰口的達，曰絮聒 図 nang嘟囔。

嘴 07971 03704
tóu_23.26　篇海 與嘶同。

齹 07972 03705
jiān_23.26　籀文齦字。

嚴 07973 03706
yán_23.26　廣韻 五銜切
集韻 魚銜切达音巖 廣韻 呻吟 集韻 與嚴同。

讎 07974 03707
chóu_23.26　五音集韻 雔66224俗作讎。雙鳥也。
鑿渡部溫：正字通 雠字之譌。

齨 07975 03708
jiān_23.26　集韻 齦48898古作齨。

嚻 07976 03709
zhōu_23.26　集韻 譸56792古作嚻。

嚻 07977 42754
xiāo_23.26　五音篇海 音嚣。鑿 字彙補 嚻，同嚣07857

顥 07978 u21198
hěn_23.26　喃 从喘省顯hiển聲△喂顥：喘息。

囉 07979 u21197
lạ_23.26　喃 从口邏lạ聲△囉品：別有風味。

嚧 07980 u21196
trǒm_23.26　喃 从口蘸trám聲。

戀 07981 u21195
liàn_23.26　留戀四部叢刊·續編集部·雍熙樂府·卷之
三·正宮·端正好 道和對嬋娟，對嬋娟休索苦縈牽，恰
開筵教俺教俺自咕噥，教俺教俺成嗟怨。

嚧 07982 u2119E
giấu_24.27　喃 从口鬪đấu聲。

嚧 07983 u2119A
gù_24.27　喃 从口衢cù聲△叫嚧嚧：（雄性鳥禽接
近雌性時）咕咕叫。

讒 07984 u21199
giềm_24.27　喃 从口讒sàm聲。同嚟07917讒言。

譞 07985 42755
xuān_25.28　搜真玉鏡 與喧同。

嚧 07986 u2119D
null_25.28　字海 嚧，辯解。元·王曄（雙調）慶東原·黃
肇退狀 于燕飛……喫不過雙生強嚧，當不過馮魁鬪論。

嚧 07987 u2119C
null_25.28　未詳。

囍 07988 u2119B
null_25.28　未詳。

囉 07989 u56D6
luó_25.28　同囉07897

齦 07990 u2119F
kěn_28.31　同齦75640

◦ 口部 ◦

口 07992 u2F1E
wéi_0.3　部口07991

口 07991 03710
wéi_0.3　玉篇 古文圍
08160字 說文 回也，象回帀之形也 図 字彙 古文國08147
字 商子·弱民篇 民弱口强，口强民弱，有道之口，務在
弱民。古國字皆作口，蓋倉頡所制也 図 字彙 古作方圓
之方〇按此說無考証 正字通 駁之，是。

囜 07993 03711
rì_1.4　集韻 入質切。同日 說文 實也。太陽之精
不虧。从口一，象形。唐武后作囜。

屼 07994 03712
qǐ_1.4　字彙補 古文起58207字。

屼 07995 u211A2
yuè_1.4　同月23358唐武后作。

囘 07996 03713
huí_2.5　說文 回本字◦徐鍇曰中象旋轉之形。

曰 07997 03714
yīn_2.5　正字通 俗因字。

囜 07998 03715
nì_2.5　唐韻 集韻 达昵立切音孬 說文 私取物縮
藏之。从口从又 図 niè 唐韻 女洽切 集韻 昵洽切达音
臡。義同△或作囜、囜。鑿 又 図45451 曰08005 図08020
囜08021 囜08000 図08057 搵19694

囚 07999 03716
qiú_2.5　唐韻 似由切 集韻 韻會 徐由切达音道。
說文 繋也。从人在口中 爾雅·釋言 拘也 風俗通 道也。
辭窮情得，以罪誅道也 周禮·秋官·掌囚註 囚，拘也。主
拘繋當刑殺者。又 掌囚 掌守盜賊。凡囚者，上罪梏拳
而桎，中罪桎梏，下罪梏 註 拳者，兩手共一木也。中罪
不拳，手足各一木。下罪又去桎 図 罪人也 禮·月令 挺
重囚，益其食 註 挺，拔出之意。重囚禁繋嚴密，故特加
寬，益其食也 図 獄辭亦曰囚 書·康誥 不蔽要囚 註 要囚，
獄詞之要者。蔽，斷也，爲囚求生道也 図 詩·魯頌 在泮
獻囚 註 囚，所鹵獲者 図 叶似魚切音徐 王逸·九思 白龍
兮見射，靈龜兮執拘。仲尼兮困陀，鄒衍兮幽囚。

囜 08000 03717
dí_2.5　字彙 得立切，音近的。動也〇按此字非囚
之誤，即囜之譌 字彙 音義殊無考據。且 說文 有囜無囜
正字通 云 元包經 囜，取也。與囜義相近，入乃又之訛，
其說近是。鑿 慧琳音義 囜普：上喃甲反。梵語雖不求
字義，恐讀者疑誤錯音，今故重明之押。囜，口小端正
兒也。亦音拏甲反。經本有作囂，非也，錯用字也。

四 08001 08718
sì_2.5　古文亖 唐韻 集韻 达息利切音泗 說文 口，
四方也。八，別也。口中八，象四分之形 図 玉篇 陰數
次三也 正韻 倍二爲四 易繫辭 天一地二，天三地四，天
五地六，天七地八，天九地十，五位相得而各有合 又 兩
儀生四象，四象生八卦 図 姓 正字通 宋有四象，慶元閒
知汀州府 図 正字通 今官司文移變四作肆，防詐謀竄
易，非四之本義也 図 xì 集韻 息七切音悉。關中謂四數
爲悉〇按 正字通 云平聲音司，引 樂譜 四五讀司烏，不

知此特口變易，非四有司音也正字通誤。鍙又卭00189
咒45403三00577西08003囜08007乄00262囜皿37079碑別字
新編·四引魏建興郡端氏縣水碓昇合村邑子造象

囜 08002 40773
nín_2.5　篇海類編尼鄰切音紉。賢也。

西 08003 42756
sì_2.5　字彙補與四同。

囝 08004 42757
jiù_2.5　篇海音舅　囚 08006 42759
yuè_2.5　龍龕音悅。

目 08005 42758
nǎn_2.5　搜眞玉鏡南上聲。

囜 08007 u9FB1
xìn_2.5　隸辨囟，亦作囜，或省作囜囜sì俗四08001
金石文字辨異引漢元初三公山碑

囝 08008 03719
jiǎn_3.6　集韻九件切音蹇。閩人呼兒曰囝正字通
閩音讀若宰青箱雜記唐取閩子爲宦官，顧況有哀囝詩。
又有囝別郎罷，郎罷別囝詩，以寓諷。郎罷，閩人呼父
也囚yuè集韻魚厥切音刖。與月同。唐武后作。
鍙又閂64896

四 08009 03720
chuāng_3.6　玉篇古文窗41148字字彙从口从小，凡
曾、會等字皆从此，與困字不同。

回 08010 03721
huí_3.6　唐韻戶恢切集韻韻會正韻胡隈切达音
洄。說文从口，中象回轉之形徐鍇曰渾天之氣，天地
相承。天周地外，陰陽五行，回轉其中也囚說文邪也，
曲也詩·小雅淑人君子，其德不回禮·禮器禮釋回，增
美質，措則正，施則行囚正韻返也。後漢·蔡邕傳回途
要至，俯仰取容囚廣韻違也詩·大雅求福不回又徐方
不回註回猶違也，言不違命也囚詩·大雅昭回于天註
昭，明。回，旋也囚屈也後漢·盧植傳可加赦恕申宥回
枉又抗議不回囚徘回說文徘徊，本作裵回。寬衣之，
取其裵回之狀衡·思玄賦馬倚輈而徘回註言踟蹰不
進也囚低回，紆衍貌史記·孔子世家贊適魯觀仲尼車
服禮器，余低回留之，不能去前漢·揚雄傳大道低回。
囚姓韻會古賢者方回之後正字通明宣德中御史回續
囚地名後漢·郡國志右扶風有回城，名曰回中囚通作
迴荀子·儒效篇圖迴天下於掌上囚通作廻史記·鄒陽
傳墨子廻車囚正字通回囘，國名。西域大食國種也。
明丘濬曰：國在玉門關外萬里，陳、隋間入中國。金、
元以後，蔓延滋甚，所至輒相親守其所謂教門者尤篤，
今在在有之囚集韻韻會达戶賄切音悔。繞也。左傳·襄
十八年右回梅山。徐邈讀上聲囚huí集韻韻會达胡對
切音繢前漢·趙充國傳回遠千里註回謂路迂回也，音
胡悔反囚畏避也前漢·王溫舒傳即有避回註謂不盡
意，捕擊盜賊。又蓋寬饒傳刺舉無所回避註回达讀若
諱△俗作囬。鍙又囘07996囘08081狪33205

囟 08011 03722
xin_3.6　古文出腪顖顊廣韻息晉切集韻思晉切
达音信說文頭會腦蓋也。象形魏校曰頂門也。子在母
胎，諸竅尚閉，唯臍內氣，囟爲之通氣，骨獨未合。既
生，則竅開，口鼻內氣，囟乃漸合，陰
陽升降之道也方書頂中央旋毛中爲百會，百會前一寸

半爲前頂，百會前三寸即囟門囟xīn集韻息忍切，信
上聲囚sì息利切音四。義达同。鍙又囟48313囟08007
顬68365顦68413顏68066顑68103龍龕囟03202，音信。囟門
也，古文。今作顖字四聲篇海囵02578或作顖膟。顖，音
顬。義同。

目 08012 03723
liáng_3.6　五音集韻古文良48889字。

因 08013 03724
yīn_3.6　古文炅唐韻於眞切集韻韻會正韻伊眞
切达音姻說文从口、大。會意徐鍇曰能大者，衆圍就
之也囚仍也，襲也論語殷因於夏禮孟子爲高必因丘
陵，爲下必因川澤書·堯典日永星火，以正仲夏，厥民
因註析而又析也禮·禮器因天事天，因地事地，因名
山升中于天，因吉土以享帝于郊囚依也論語因不失
其親，亦可宗也囚托也孟子時子因陳子而以告孟子
囚由也鄒陽·上梁王書夜光之璧，以暗投人於道，莫不
按劍相眄者，無因至前也囚緣也傳燈錄欲知前世因，
今生受者是。欲知後世因，今生作者是囚姓左傳·定二
年遂人四族，有因氏正字通明有因禮、因絅囚六書
正譌借爲昏姻之姻，言女有所因△集韻或作捆。
鍙又曰07997囯08025囚囲08018漢隸字源·平聲·因引
孫叔敖碑囚囝08053碑別字新編·因引隋郭休墓誌。
囚龘08233，古文因。

囚 08014 03725
yāo_3.6　正字通伊宵切音妖酉陽雜俎神名。人影
九重，第七重曰竈囚。鍙又囵08101

冊 08015 03726
chuāng_3.6　川篇音窗。孔穴也。鍙又金石文字辨
異引漢王君平鄉道碑回冊壙口隸續云冊即曲23262

囝 08016 03727
niè_3.6　集韻與囟同。鍙又nān方小孩。女孩。
亦作囻08133清·王有光吳下諺聯·卷三娘好囝好，秧好
稻好。

囘 08017 40774
hū_3.6　六書略音忽。出气詞也。

田 08018 42760
chěn_3.6　五音篇海音墋。鍙俗塲09216方砂土入口
囚可洪音義爲田：扴眞反。託也。正作因08013

団 08019 42761
qiú_3.6　龍龕音囚。鍙今團08175糰43679之簡化字。

匇 08020 42762
nǎn_3.6　川篇音聸。鍙改併四聲篇海引川篇女
減切。

凸 08021 42763
nǎn_3.6　搜眞玉鏡同囘。

凹 08022 42764
lǐ_3.6　搜眞玉鏡音陧。

甩 08023 42765
dùn_3.6　奚韻同囮　　万 08024 u211AD
null_3.6　　未詳。

工 08025 u211AC
yīn_3.6　俗因08013字見漢衡方碑

巾 08026 u211AB
bì_3.6　民國時期國幣二字簡寫替代字。

卅 08027 u361F
chuāng_3.6　同囵08035亦作冊08015

寸 08028 u56E3
tuán_3.6　日同團08196見日本常用漢字表

囤 dùn_4.7 廣韻徒損切集韻韻會杜本切◇說文本作笔，篅也。篅判竹圜以盛穀也。徐鍇曰：今俗言倉篅玉篇小廩也六書故囤，困類囶tún集韻徒渾切音屯。義同○按集韻音屯字彙即以爲俗屯字，非。鏊字彙簡41963，俗囤字。

囥 kàng_4.7 集韻口浪切音亢。藏也。鏊又方放。

困 yuān_4.7 玉篇古文淵字元包經物萌於困。又郭璞·江賦潢漾困泫註深廣之貌。

囧 jiǒng_4.7 唐韻集韻韻會夶俱永切音憬◆說文窗牖麗廔闓明，象形凡伯囧，人名。周太僕。正本作囧，俗訛作囧。見書·囧命囶與炯同韓愈詩蟲鳴室幽幽，月吐窻囧囧註囧囧，猶炯炯也。鏊又囧08049囶可洪音義囶08052然：上俱永反。

困 pǒu_4.7 玉篇匹玄切，音篇◇唾聲也。鏊胡吉宣：訛字。唾聲，字應从口。熊加全：俗杏05661

囩 yún_4.7 集韻王分切音雲說文回也。从囗云聲。田十二頃也囶yuán集韻爲元切音袁。又廣韻爲贇切音筼。義夶同。鏊同圓，見信陽簡

囪 chuāng_4.7 廣韻楚江切集韻初江切夶音牕說文在牆曰牖，在屋曰囪集韻俗作窻囶cōng廣韻倉紅切集韻麤叢切夶音聰。竈突也集韻通孔也。鄭康成曰：窻助戶爲明。或作牎窗囪。鏊又囱08027田08015囧08009牕32497

囫 hū_4.7 字彙呼骨切音忽俗書刊誤物完曰囫圇。與渾侖同義。

囬 niè_4.7 玉篇女洽切音孃。手動也集韻與囶07998同。

囬 huí_4.7 正字通俗回字。又鄞本監韻回作囬，非。囬乃古面字也。

园 wán_4.7 唐韻五丸切集韻正韻五官切夶音岏。與刓同正韻圭角泯鑠也莊子·齊物論五者園而幾向方矣△集韻同團。或作抏。鏊又俗字京本通俗小說·碾玉觀音黃鸝啼得春歸去，無限園林轉首空。又：這塊玉，上尖下园，好做一个摩侯羅兒△今園08177簡化字。

囮 é_4.7 廣韻集韻五禾切韻會正韻吾禾切夶音訛◆說文譯也。率鳥者，繫生鳥以來之，名曰囮徐鍇曰譯者，傳四夷及鳥獸之語。囮者，誘禽鳥也，即今鳥媒也囶化也元包經羣類囮育，庶物牲植註囮與吪同。化也囶yóu廣韻以周切音猷囶yǒu集韻以九切音槱。義夶同。鏊說文䳠08236，囮或从繇。段氏改重文作䳡08240囶鳳08200䳠08229䳠08226䳠08235

囯 guó_4.7 正字通俗國字。

困 kùn_4.7 古文朱唐韻集韻韻會正韻夶苦悶切，坤去聲說文故廬也。从木，在口中徐鍇曰舊所居廬，故其木久而困獘也。六書本義木在口中，木不得申也，借爲窮困、病困之義囶卦名易·困卦象曰：澤無水困，君子以致命遂志。又序卦升而不已則困囶廣韻窮也，苦也書·大禹謨不廢困窮禮·中庸事前定則不困。又史記·范雎蔡澤傳二子不困阸，惡能激乎囶瘁也，倦極力乏也後漢·耿純傳世祖至營，勞純曰：昨夜困乎囶憂愁也書·盤庚汝不憂朕心之攸困囶亂也論語不爲酒困註言不爲酒所困而及亂也囶不通也禮·中庸或困而知之論語困而學之，又其次也註謂有所不通也。囶孟子困於心，衡於慮，而後作註事勢窮蹙，以至困於心，衡於慮，然後奮發而興起也囶爲人所陷亦曰困左傳·宣十二年困獸猶鬭，況國相乎。鏊又睏37754粈13401

出 kǔn_4.7 正字通與齫同。別作閫、梱。

囷 mú_4.7 正字通與模同。見漢碑。鏊童子逢盛碑書畫規柜（矩），制中囷椾。

囘 hū_4.7 集韻呼骨切，音忽。與曶同。

囙 rì_4.7 玉篇古文日22312字。

囙 hū_4.7 字彙補籀文曶字。

囲 tōng_4.7 篇海類編他紅切音通。策也。

囧 jiǒng_4.7 龍龕居永切音憬。光也。鏊龍龕囧俗。囧08052囧02698囧08032三今。

回 miàn_4.7 五音篇海音面。鏊又圓08114直67021，面本字。甲骨文面字作圓08081囶日部重出：字彙補方牽切。出大宗地元文本論，義闕。

巴 yì_4.7 古音略即邑字，與國同義。

公 jiǒng_4.7 龍龕同囧

囚 yīn_4.7 龍龕音因。鏊俗因囶可洪音義因緣：上扵人反。又一真反。

囙 rì_4.7 五音篇海同日○按與囙字不同。

民 guó_4.7 龍龕同國

囲 yuān_4.7 龍龕同淵

囶 yóu_4.7 搜眞玉鏡音尤。

网 niè_4.7 搜眞玉鏡同囶。

囶 yuè_4.7 龍龕音悅

文 null_4.7 未詳。

玄 guó_4.7 俗國08147

方 guó_4.7 明·郎瑛七修類稿·卷之三十九·詩文類武后制字國08147作圀。亦有作囻者囶鳌室樓觀道德經碑大囝霖隅。讀作：大方無隅囶vuông喃从囗省从方。會意△囝域：四四方方。

手 null_4.7 未詳。

予 null_4.7 未詳。

仑 lún_4.7 简圙08137

韦 wéi_4.7 简圍08160

囟 08067 u56F3
tú_4.7　同圖08194見日本 常用漢字表

囱 08068 u56F1
chuāng_4.7 同囱08035　　　回 08071 03748
hū_5.8　字彙 呼骨切
音忽。與笏41746同。公及大夫士所搢書所忽忘，故名。

国 08069 03746
guó_5.8　玉篇 古文國08147字。

国 08070 03747
dàng_5.8　唐韻 集韻 正韻 达徒浪切音宕。碎石聲也。
集韻 與囥08144同 囩 玉篇 古文橐25366字。

囚 08072 03749
bǐ_5.8　廣韻 彼側切 集韻 筆力切达音逼。閉也。
璽 龍龕 困俗，囥正 囩 玉篇 彼力切。姓也。

囿 08073 03750
bǔ_5.8　集韻 與圃08116同。種菜地也。

囲 08074 03751
xiá_5.8　集韻 枑23825古作囲。

困 08075 03752
qūn_5.8　唐韻 去倫切 集韻 韻會 正韻 區倫切达音
箘 說文 廩之圜者。从禾，在囗中。圓謂之囷，方謂之京
周禮·冬官考工記·匠人 囷窌倉城 註 地上爲之，圓曰囷，
方曰倉，穿地曰窌 詩·魏風 不稼不穡，胡取禾三百囷兮
註 圓廩也。又 吳語 市無赤米，而囷鹿空虛 註 先儒以爲
圓曰囷，方曰鹿。鹿善聚，亦善散，故囷亦謂之鹿。 囩 輪囷，屈曲盤戾貌 前漢·鄒陽傳 蟠木根柢，輪囷離奇，
爲萬乘器，以左右先爲之容也 左思·吳都賦 重葩掩葉，
輪囷虬蟠。 註 謂木如龍之盤屈也 囩 星名 石氏星經 天
囷十二星，主倉廩之屬 囩 jùn 集韻 韻會 正韻 达巨隕切
音窘。義同。 璽 又 廥15484

国 08076 03753
rì_5.8　字彙 古文日字〇按卽囩字之譌。

囹 08077 03754
líng_5.8　唐韻 集韻 韻會 达郎丁切音靈 說文 獄也。
从囗令聲 徐鍇曰 圄者，檻也，檻檻之名 禮·月令仲春，
命有司省囹圄 疏 牢也。秦曰囹圄。 璽 又 囹08091 圉08182

固 08078 03755
gù_5.8　古文 忈 唐韻 集韻 韻會 正韻 达古慕切音
顧 說文 四塞也。从囗古聲 徐鍇曰 淮南子謂九州之險，
爲九州之塞也 禮·禮運 城郭溝池以爲固 周禮·夏官·掌固
掌修城郭、溝池、樹渠之固 註 掌國所依阻者。城郭已
下數事，皆是牢固之事也 孟子 固國不以山谿之險。
囩 唐韻 堅也 論語 學則不固 詩·魯頌 式固爾猷，淮夷卒
獲 禮·曲禮 將適舍求無固 註 就舍不能無求於主人，執
所欲，而必得之，非爲客之義 囩 廣韻 再辭也 書·大禹
謨 禹拜稽首，固辭 禮·投壺 敢固以請 註 固之言如故也，
如故者，重辭也 囩 執一不通也 論語 非敢爲佞也，疾固
也 孟子 固哉，高叟之爲詩也 囩 鄙陋也 禮·曲禮 輟朝而
顧君子謂之固 註 謂鄙野不達禮也。又 哀公問 公曰：寡
人固不固焉得聞此言 註 固，陋也 囩 本然之詞 孟子 天
下固畏齊之强也 又 固所願也 囩 已然之詞 孟子 夫世
祿，滕固行之矣。又 屈原·離騷 自前世而固然 囩 常然
之詞 孟子 若固有之 囩 固守也 論語 君子固窮 囩 姓 說
苑 有固乘。又 僕固，複姓。唐有僕固懷恩 囩 固始，漢
侯國名。成固，縣名。固陵，聚名 後漢·郡國志 固始國，
屬豫州汝南郡。成固，屬益州漢中郡。固陵，豫州陳

國陽夏縣 囩 與鋼通 禮·月令 季冬，行春令，國多固疾 註
謂久疾不瘳也。

圁 08079 40778
zhēn_5.8　川篇 音眞。光也。

囦 08080 42776
yuān_5.8　篇海類編 同困。

圁 08081 42777
huí_5.8　篇海 同回　　　囸 08082 42778
guó_5.8　龍龕 同國。

圁 08084 42780
tāi_5.8　搜眞玉鏡 同胎。

丕 08085 u2A8A
null_5.8　未詳。　　　困 08083 42779
yuān_5.8　字彙補 同困。

本 08086 u211D0
null_5.8　未詳。　　　历 08087 u211CF
guó_5.8　同囵08061

囝 08088 u56FE
tú_5.8　简 圖08194　　　民 08090 u56FB
guó_5.8　龍龕 囵俗，正
作國 魏三級浮圖頌 布錦千城，散綺萬囵 △宏按，囵字
民國初期多用。上海 申報 1912年1月1日專電：中華民
囵臨時大總統孫文今日履任。

玉 08089 u56FD
guó_5.8　简 國08147　　　令 08091 uF9A9
líng_5.8　同囹08077

囮 08092 03756
wěng_6.9　字彙 翁上聲。圓穴也。

囷 08093 03757
mí_6.9　玉篇 莫分切音迷。地名。 璽 困或同囷，
古文播。

囯 08094 03758
zhì_6.9　玉篇 陟栗切音挃。下入也 囩 dié 廣韻
集韻 达丁結切音迭。義同。

囿 08095 03759
yòu_6.9　唐韻 于救切 集韻 韻會 尤救切 正韻 爰救
切达音右◆ 說文 从囗有聲。苑有垣也。一曰禽獸有囿
詩·大雅 王在靈囿 疏 囿者，築牆爲界域，而禽獸在其中
也 周禮·地官·囿人 掌囿游之獸禁 註 古謂之囿，漢謂之
苑 孟子 文王之囿 註 古者四時之田，皆於農隙以講武
事。不欲馳騖於稼穡場圃之中，故度閒曠之地以爲囿
初學記 囿猶有也。有藩曰園，有牆曰囿 囩 九囿通鑑外
紀 人皇氏，依山川土地之勢，財度爲九州，謂之九囿。
囩 司馬相如·封禪文 遙集乎文雅之囿，翱翔乎禮樂之
場 囩 左思·魏都賦 聊爲吾子，復玩德音，以釋二客，競
於辨囿也 囩 識不通廣曰囿。猶拘墟也 尸子·廣擇篇 列
子貴虛，揚子貴別，囿其學之相，非也，皆arg於私也。
囩 yǒu 集韻 于九切音有。義同 囩 yù 唐韻 于六切音唷
詩·大雅 王在靈囿，麀鹿攸伏。又 劉向·九歎 莞芎棄於
澤洲兮，飂蠡橐於筐簏。麒麟奔於九皋兮，熊羆羣而逸
囿。 璽 又 圍08241 囩 龍龕 蟲52070 蟲52124，二，音又。同
囿，園囿也。

囵 08096 03760
lóu_6.9　六書統 古文婁10832字。

國 08097 03761
guó_6.9　字彙 古文國字 崔亭伯·樽銘 云萬囵咸懽
〇按 正字通 云 樽銘 本作囵，囵乃囵字之訛也。

囹 08098 03762
guó_6.9　玉篇 古文國08147字。唐武后所作 正字通
唐武后時，有言國中或者惑也，請以武鎮之，又有言武
在口中，與困何異，復改爲囷。 璽 八方土地。

圁 08099 03763
zhēn_6.9 字彙補 知捱切音眞。宋時取士編號之字
也 名臣奏議 司馬光論圁、毡兩號所對策辭理俱高。

冘 08100 03764
rì_6.9 奚韻 同回

㘯 08101 03765
yāo_6.9 海篇 同囚。

囷 08102 42781
hé_6.9 龍龕 音合

囨 08107 42786
hán_6.9 川篇 音含

囻 08103 42782
jī_6.9 搜眞玉鏡 音機。

囸 08104 42783
sòng_6.9 搜眞玉鏡 音宋。

囶 08105 42784
kuā_6.9 五音篇海 音誇。

卤 08106 42785
zhí_6.9 風雅逸編 同直。

囯 08108 u2A8AA
null_6.9 或俗函字

朶 08109 u211D9
duò_6.9 粵 圓潤。

囩 08110 03766
zhé_7.10 唐韻 陟革切，音責◇囩囩，硬貌。

囼 08111 03767
mù_7.10 玉篇 古文目37343字。

圎 08112 03768
xuán_7.10 廣韻 辭沿切音旋。規也 囨yuán 唐韻 火
玄切 集韻 縈緣切丛音娟。義同 囨xuán 集韻 旬宣切。
與圓同〇按此字與圓員圜三字丛同 說文 圎，規也。規
卽象天體之圜也，圜卽今圓字也，員卽方圓之圓也。音
分義同，互詳各註 囨xuàn 集韻 隨戀切音鏇。義同。

圔 08113 03769
yín_7.10 唐韻 語巾切音銀。又 集韻 魚斤切音猌。
水名 前漢·地理志 在幷州西河郡 水經注 河水南過圔陽
縣東，圔水出上郡白土縣圔谷，逕其縣南，又東逕圔陰
縣，南流注於河。圔陰，漢惠帝五年置，王莽改方陰 後
漢·郡國志 作圓陽。

圙 08114 03770
miàn_7.10 字彙 面本字，俗作面，非〇按 說文 本作
面。

圂 08115 03771
hùn_7.10 唐韻 集韻 丛胡困切音溷 說文 厠也。从豕
在口中也。會意 囨huàn 集韻 正韻 丛胡慣切。與豢同。
• 禮·少儀 君子不食圂腴 註 謂犬豕之屬，食米穀者也。

圃 08116 03772
bǔ_7.10 唐韻 博古切 集韻 彼五切丛音補 說文 種
菜曰圃 周禮·天官·大宰 九職，二曰圃圃，毓草木 註 樹
果蓏曰圃，園其樊也。又 地官·場人 掌國之場圃，而樹
之果蓏。珍異之物，以時斂而藏之 疏 場圃連言同地耳。
春夏爲圃，秋冬爲場 地官·閭師 任圃以樹事貢草
木 疏 任，使也。圃圃毓草木，故還使貢草木也 囨周
禮·夏官·職方氏 河南曰豫州，其澤藪曰圃田 註 圃田在
中牟 後漢·郡國志 中牟縣有圃田澤〇按圃田，卽 詩 所
謂甫草是也，在周東都畿內，後爲鄭地 囨 藉圃、蒲圃，
丛地名 左傳·哀十七年 衞侯爲虎，幄于藉圃。又 襄四年
季孫樹六檟于蒲圃東門之外 囨 何晏·景福殿賦 建以永
寧、安昌、臨圃 註 皆殿名也 囨 縣圃，山名 楚辭·天問 崑
崙縣圃，其尻安在。又 揚雄·甘泉賦 配帝居之縣圃兮，
象太乙之威神 註 縣圃卽在崑崙山，天帝所居。亦作玄圃
穆天子傳 銘迹於玄圃之上，以詔後世 庾信·馬射賦 周
王玄圃之前，猶驂八駿 囨bù 唐韻 集韻 丛博故切音布

屈原·離騷 朝發軔於蒼梧兮，夕余至乎懸圃。欲少留此
靈瑣兮，日忽忽其將暮△ 集韻 或省作甫。別作囿。
鎜 又團08175

圄 08117 03773
yǔ_7.10 唐韻 魚呂切 集韻 偶舉切 韻會 正韻 偶許
切丛音語。獄名 說文 守之也 禮·月令 省圄圉 註 圉，止
也。所以止罪人出入於舍 初學記 圄，領也。圉，禦也。
言領錄囚徒禁禦也。一曰圄，令也。圄，悟也。令罪人
入其中，自悔悟也 左傳·宣四年 圄伯嬴于轑陽而殺之
囨 與圉同 說文 圄圉作圉圉，所以拘罪人也 書·禹貢 西
傾朱圉 前漢·地理志 作朱圄。又 東方朔傳 圄圄空虛。

圅 08118 03774
hán_7.10 唐韻 集韻 丛胡男切音含 說文 圅03213本
字 囨hàn 集韻 戶感切音頷。口上曰臄，口下曰圅。或
作脂。

崮 08120 03776
bǐng_7.10 字彙補 皿切音丙 穆天子傳 崮崮爲右
〇按崮崮與泰崮同，古之善御者也。

圌 08121 42787
tú_7.10 篇韻 音從。鎜同圖。

圎 08122 42788
lóu_7.10 搜眞玉鏡 音婁。鎜同圓，古文婁。

圐 08123 42789
tōu_7.10 搜眞玉鏡 音偷。

圙 08124 42790
jiào_7.10 篇海 同窖。

固 08119 03775
gǔ_7.10 字彙補 古文
古05341字。鎜 四聲篇海 音古。古文。

圍 08125 42791
wéi_7.10 搜眞玉鏡 音圍。

圖 08126 42792
gāng_7.10 五音篇海 音因。又音剛。

圙 08127 42793
quán_7.10 五音篇海 音全。

圏 08128 42794
tú_7.10 搜眞玉鏡 音途。

圚 08129 u2A8AB
null_7.10 或俗圍字。

哥 08130 u2629B
tư_7.10 喃 从四司ti聲△我哥：十字路。

罙 08131 u2629A
bốn_7.10 喃 从四本bản聲。四，第四△罙皮：四方
囨bón施肥△罙曠：田地上肥。

圂 08132 u211EF
hùn_7.10 同混28627 馬王堆漢墓帛書·老子甲本·道
經 三者不可至計，故圂而為一。

圐 08133 u211E8
nān_7.10 方同圙08016圙大細：女兒。上海 海上奇
書·1892. Num. 3·花也憐儂·海上花列傳·第六回 養圐魚戲
言征善教，管老鴇奇事反情常。

圙 08134 u211E5
null_7.10 未詳。

圌 08136 03777
zhuǎn_8.11 廣韻 旨兗
切 集韻 主兗切丛音膞。囚刑，鋼人出也。

圎 08135 u5706
yuán_7.10 简圎08178
音倫。圎08036圎也。鎜又圙08065喃06404吆05550喃07081

圙 08137 03778
lún_8.11 字彙 龍春切
音倫。圎08036圎也。鎜又圙08065喃06404吆05550喃07081

圈 08138 03779
quān_8.11 集韻 驅圓切，音騣。與棬同。屈木所爲，
卮匜之屬。或作棬益盞 囨quán 集韻 去爰切，綣平聲。
又逵員切音權。義丛同 囨juàn 唐韻 其卷切 正韻 逵眷

切㘀音倦說文養畜之閑也玉篇牢也圀juǎn唐韻集韻㘀渠篆切，倦上聲。又集韻窘遠切音卷。義㘀同。圀姓。漢有圈稱，撰陳留風俗傳避難改姓卷圀juàn唐韻巨万切集韻韻會具願切，㘀聲去聲。與圈同。地名公羊傳文十一年楚子伐圈註求阮反，一音卷字林白萬反圀quǎn集韻正韻㘀去遠切音綣禮玉藻圈豚行不舉足註圈，轉也。謂徐趨曳轉，循地而行也。釋文圈，去阮反。又舉遠反。鍌又櫚25260圈08156

圄 08139 03780
què_8.11 唐韻克角切音確。鞭聲。鍌又圄08190玉篇圄，苦角切。鞭聲。

圙 08140 03781
nǎi_8.11 集韻嬭11552古作圙。

圇 08141 03782
hóng_8.11 玉篇烏宏切音泓。空也。

圉 08142 03783
yǔ_8.11 唐韻魚巨切集韻偶舉切韻會魚許切。正韻偶許切㘀音語說文圉人，掌馬者周禮夏官校人乘馬，一師四圉註四匹爲乘，養馬爲圉，乘馬分爲四圉，則圉師一人掌之。又圉師掌教圉人養馬。又圉人掌養馬芻牧之事，以役圉師註役者，圉師使令焉。圀爾雅釋詁垂也註守備在外垂也詩大雅多我覯痻孔棘我圉左傳隱十一年亦聊以固我圉。又僖二十八年不有行者，誰扞牧圉圀月名爾雅釋天月在丁曰圉圀孟子始舍之圉圉焉註圉圉，困而未舒之貌。圀姓左傳哀十六年楚圉公陽穴宮，負王以如昭夫人之宮圀圉門，周王城門周語王自圉門入圀圉陽，地名左傳昭二十四年楚王以舟師略吳疆，至圉陽而還。圀朱圉，山名書禹貢西傾朱圉前漢地理志註山在冀縣南梧中聚圀邑名後漢郡國志圉屬豫州陳留郡。又洛陽有圉鄉圀與圄08117同圀與敔通。樂器詩周頌鼗磬柷圉書益稷作柷敔圀諡法威德剛武曰圉。圀yù正韻魚據切音御。止也，捍也莊子繕性篇其來不可圉註與禦同管子大匡篇吾參圉之，安能圉我。又前漢賈誼傳序設建屏藩，以守强圉。吳楚合從，賴誼之慮。鍌又圉08203

圊 08143 03784
tú_8.11 玉篇古文圖08194字。

圓 08144 03785
dàng_8.11 集韻大浪切音宕。砰圓，石聲。或作圁。

圅 08145 03786
hé_8.11 集韻曷閤切音合。會也。與邰同。鍌又直音篇圅03228圅08102，並同圅。

圊 08146 03787
qīng_8.11 唐韻七情切集韻親盈切㘀音清◆說文厠清也徐鍇曰厠古謂之清者，言污穢常當清除也◆博雅圂厠也◆釋名雜也，言人雜厠其上也圀集韻倉經切音靑。義同。

國 08147 03788
guó_8.11 古文囗圀圀或㦎唐韻古或切集韻骨或切，並肱入聲說文邦也周禮夏官量人掌建國之法，以分國爲九州。又冬官考工記匠人營國旁三門，國中九經、九緯，經涂九軌，左祖右社，面朝後市禮王制五

國以爲屬，十國以爲連，二十國以爲卒，二百一十國以爲州孟子大國地方百里，次國地方七十里，小國地方五十里圀周禮地官掌節山國用虎節，土國用人節，澤國用龍節註山國多山者，土國平地也，澤國多水者圀滅人之國曰勝國左傳註勝國者，絕其社稷，有其土地也圀九州之外曰外國。亦曰絕國後漢班超傳君侯在外國三十餘年又遠處絕國圀兩國相距曰敵國孟子敵國不相征也圀外國來附者曰屬國李陵答蘇武書聞子之歸位不過典屬國註典，掌也。卽掌屬國之事者。圀城郭國、行國宋程大昌備北邊對漢西域諸國，有城郭，有行國。城郭國，築城爲守者。行國不立城，以馬上爲國也圀姓姓苑太公之後。齊有國氏，世爲上卿，宋有國卿。鍌又圀08087囻08061囶08089吰05734圀08082圀08097毊34199墨34249圀漢語大字典P714囼08046同國。圀龍龕囻08090圀囻08055圀08082圀08041五俗，古或反。邦國也。正作國字圀字彙補惐18886音義與國同。圀吪05541，同國08041圀囗05336國字省寫名義郡，求偗反。官，囗。

圀 08148 03789
tài_8.11 字彙補通奈切音泰。人名。見圗08120字註。

圀 08149 03796
qū_8.11 篇海音屈。平聲。困倉也。

圀 08150 42795
yuè_8.11 字彙補道書月字。

圀 08151 42796
guāi_8.11 五音篇海音乖。

圀 08152 42797
yù_8.11 搜眞玉鏡音菀。

圀 08153 u2A8AD
null_8.11 未詳。

圀 08156 u570F
quān_8.11 同圈08138

圀 08154 u2A8AC
kūn_8.11 粗而圓。宋賈似道促織經卷之下論色紅麻頭：紅麻秉性敵剛強，赤項紅班腳圓長圀kún成都話方言詞典圓，完整的，整個兒的。

卒 08155 u211FB
nhốt_8.11 喃从囗省卒tốt聲△囷吏：囚禁。

圀 08157 03790
yà_9.12 唐韻集韻㘀乙轄切音碻。駞駝聲韓愈詩椎肥牛呼牟，載實駝鳴圀訓義牛之聲曰牟，駝之鳴曰圀。

圀 08158 03791
chuán_9.12 唐韻市緣切集韻淳沿切㘀音遄。與篅同◆說文判竹圜以盛穀也圀chuí唐韻集韻㘀是爲切音垂集韻山名，在吳郡○按今靖江有圀、福二山，卽其地也。又正字通竇圀山，在綿州。

圀 08159 03792
yān_9.12 集韻因蓮切，音烟說文火氣也。同爋，籀文烟字。亦作室。

圍 08160 03793
wéi_9.12 古文囗唐韻羽非切集韻于非切㘀音韋說文守也。又繞也易繫辭範圍天地之化而不過註周備也。範，如金之有模範。圍，匡郭也圀詩商頌帝命式于九圍註分天下爲九處，若規圍然圀環也周禮夏官環人註環猶圍也，主圍賓客，任器爲之守衛圀遮取禽獸禮曲禮國君春田不圍澤註春育之時，不合圍盡

收之也。又王制天子不合圍註言不四面圍之也。
囷環繞攻城春秋·提要註環其城邑曰圍。又周禮·春
官·大宗伯以禬禮哀圍敗註謂其國見圍入，而國被禍
敗也，喪失財物，則同盟之國會合財貨歸之，以更其所
喪也囷韻會五寸曰圍，又一抱曰圍莊子·人間世樂，
社樹，其大蔽牛，絜之百圍，散木也無所用，故壽。
囷縣名後漢·郡國志圍縣，屬涼州武威郡囷與韋通前
漢·成帝紀大風拔木，十章以上囷與衛通管子·地員篇
山藜葦芒，羣藥安聚，以圍羣殃註圍同衛囷wèi唐韻
集韻于貴切音謂。繞也。鎣又囲08066囲08048
囷崛圍，亦作崛嵲14277，山名。

圔 08161 03794
mào_9.12　　字彙補古文冒02714字。

剜 08162 03795
wān_9.12　　五音篇海烏還切音灣字彙補水曲貌。

圈 08163 40779
quān_9.12　　龍龕去員切音圈。禾圈也。

跀 08164 42798
jué_9.12　　五音篇海音玃。

圖 08166 42800
tú_9.12　　龍龕同圖

瓡 08165 42799
jué_9.12　　字彙補同瓡

罳 08167 42801
ōu_9.12　　篇韻音歐。

重 08168 u21208
chuǎng_9.12　　喃从口
重trọng聲。廄，圈。亦作圖08220圙08208

圖 08169 u21204
tú_9.12　　俗圖08194

圖 08170 u21203
yuán_9.12　　或俗園08177

袤 08171 u21202
yuán_9.12　　俗園08177

圌 08172 u21201
null_9.12　　未詳。

罖 08173 u5710
kū_9.12　　同嘮06500

團 08175 03797
fù_10.13　　集韻符遇切
音附。樹蔬曰團正字通俗圃字。

圓 08174 u570E
yuán_9.12　　同圓08178

馽 08176 03798
zhì_10.13　　玉篇陟立切
音縶。从馬，在口中。亦羈縶之意。

園 08177 03799
yuán_10.13　　唐韻羽元切集韻于切丗音袁說文
所以樹果也初學記有藩曰園易·賁卦賁于丘園，束帛
戔戔詩·鄭風將仲子兮，無踰我園註園者，圃之樊，其
內可樹木也。又周禮·地官·載師以場圃任園地註圃，
種果蓏之屬。季秋，於其中爲場。樊圃謂之園，任者取
正於是也又園廛二十而一註廛無穀，園少利，故僅二
十而稅一也囷歷代帝王陵寢曰園。漢制，園陵有令，
文帝陵爲文園司馬相如傳爲文園令。又唐書·李晟傳
臣已肅清宮禁，祇謁寢園囷桃園，地名前漢·地理志全
鳩里，其西名桃園，卽古之桃林也潘岳·西征賦問休牛
之故林，感微名於桃園囷祇園梵書須達多長者，建精
舍，請佛住，凡千二百區，謂之祇樹園。又東園公，商
山四皓之一〇按史失其姓名字彙以園公爲姓，非。
鎣又园08039圍08217蘭51215圍08171壝09471囷司馬相如
傳爲文園令。徐慧：史記·司馬相如列傳相如拜爲孝文
園令。

圓 08178 03800
yuán_10.13　　唐韻王權切集韻韻會正韻于權切丗
音員。與圜同。方之對也說文圜，全也韻會古方圓之
圓皆作圜，今皆作圓易·繫辭蓍之德圓而神，卦之德方

以智管子·心術篇能大圓者，體乎大方韓非子·飾邪篇
左手畫圓，右手畫方，不能兩全郭璞·江賦圓淵九迴而
懸騰註峽江深急，激岸石而成圓流也元結·惡圓論歌
寧方爲皂，不圓爲卿。寧方爲汙辱，不圓爲顯榮。
囷圓夢，占夢以決吉凶也秦再思·紀異錄長安興義寺
有圓夢堂，禪師智滿圓夢獲驗，堂因以名囷與員同孟
子規矩，方員之至也詩·商頌景員維河說文長箋員當
作圓，言周景山皆大河也囷與卵同山海經丹山之陽，
有鳳之圓緯略圓，古卵字正字通經本作丸，緯略因聲
近，譌爲圓囷yùn集韻王問切音運。義同。鎣又圓08174
圜08112円02673囷园08039宋元以來俗字譜·圓引通俗小
說等囷囵08034，同圓。見信陽簡囷二簡字「元旦」，
同「圓08135蛋」。

圔 08179 03801
yà_10.13　　唐韻烏洽切集韻乙洽切丗音汹。圔宨，
聲下貌。又馬融·長笛賦窊圔實被註皆言其聲之下也
囷è玉篇烏合切音罨。義同。鎣又圔08231

壼 08180 03802
kǔn_10.13　　唐韻集韻丗苦本切音閫說文从口，象宮
垣道上之形爾雅·釋宮宮中閩謂之壼。或作壸囷qūn
唐韻去倫切集韻區倫切丗音囷。義同。

圕 08181 03803
mào_10.13　　集韻莫報切音冒。覆也，食巾也。

霝 08182 03804
líng_10.13　　五音集韻古文零66447字。鎣直音篇圝，
同圐08077亦與零同。

鳥 08183 03805
rì_10.13　　字彙補籀文日字。陽之精也。

氣 08184 03806
xìn_10.13　　篇海音釁。氣惡也。

圖 08185 42802
dá_10.13　　五音篇海音荅。

國 08186 42803
guó_10.13　　龍龕與國同。

圓 08187 42804
yuàn_10.13　　篇韻音苑

歰 08188 42805
yuān_10.13　　龍龕音鴛

欒 08189 u2A8AE
luán_10.13　　簡圝08245

圐 08190 u21214
què_10.13　　同圖08139朝
鮮本龍龕圖，苦角切。革聲。圖，鞭聲也。今增。

圕 08191 u5715
tú_10.13　　辭海圖書館三字之簡寫北平市市立第一
普遍圖書館館刊.1931. V. 1. Num. 1普通圕在今日之地位。

淵 08192 03807
wān_11.14　　集韻烏關切音彎郭璞·江賦涒渆圛灛註
水勢迴旋之貌。鎣又圛08211

圏 08193 03808
juàn_11.14　　玉篇巨萬切集韻具願切，丗羣去聲。與
圈同。邑名也囷集韻逵眷切音倦。義同。

圖 08194 03809
tú_11.14　　古文圗圖唐韻集韻韻會正韻丗同都切
音徒◆說文畫計難也。从口啚。啚，難意也徐鍇曰圖畫
必先規畫之也，故从口。啚者吝嗇鄙難之意也囷爾雅·釋
詁謀也書·太甲慎廼儉德，惟懷永圖。又君牙思其艱，
以圖其易，民乃寧。又周禮·秋官·大行人春朝諸侯而圖
天子之事註王者春見諸侯，則圖其事之可否也。
囷度也詩·小雅是究是圖，亶其然乎論語不圖爲樂之

至於斯也囗除治也 左傳·隱元年 無使滋蔓。蔓，難圖
也囗計也 周禮·秋官·小司寇 孟冬祀司民，獻民數于王，
王拜受之，以圖國用，而進退之囗河圖 易繫辭 河出圖，
洛出書，聖人則之 孔安國曰 河圖者，伏羲氏王，龍馬
出河，遂則其文以畫八卦 通鑑 漢光武帝讀 河圖會昌符
曰：赤劉之九會命岱宗 春秋緯 河圖有九篇囗版圖 周
禮·天官·宮正 爲之版以待 釋文 版，名籍。圖，地圖也。
又 地官·大司徒 以天下土地之圖，周知九州之地域廣輪
之數。又 夏官·職方氏 掌天下之圖，以掌天下之地 註 圖
若今司空郡國輿地圖也 史記·鄭侯世家 沛公至咸陽，蕭
何獨先入，收秦丞相御史律令圖書，具知天下阸塞戶口
多少強弱處囗圖讖，占驗之書也 後漢·光武紀 李通以
圖讖說帝 又 中元元年，宣布圖讖於天下囗圖象 周
禮·秋官·司約 小約劑書于丹圖 註 小約劑萬民約也。丹
圖，雕器籩筐之屬有圖象者也 何晏·景福殿賦 圖象，古
昔以當箴規 王延壽·魯靈光殿賦 圖畫天地，品類羣生
囗浮圖，佛教也。又寺塔亦曰浮圖。杜甫有 和高適登
慈恩寺浮圖 詩 又 王君玉·國老談苑 李允則守雄州，出
庫錢建浮圖。監司劾奏，眞宗使密諭之。允則曰：非留
心釋氏，實爲邊地起望樓耳 韓愈·王仲舒墓誌 禁僧道，
不得於境內立浮圖，以其誑丐漁利，奪編氓之產也 易
林 爲隸所圖，與衆庶伍。鑒 又 喦06645圖08206圖08207
图08088惹17859甽03219圖53925圝08191囝08067囗朝鮮本
龍龕 圖，音徒。與喦同 釋名 云謀計議度也。圖，古。
今增。圖08169圖08195圎08166，三俗。

圖 08195 03810
tú_11.14　正字通俗圖字。

團 08196 03811
tuán_11.14　唐韻 度官切 集韻 韻會 正韻 徒官切夶音
摶 說文 圓也 班婕妤詩 裁爲合歡扇，團團似明月 張
衡·思玄賦 志團團以應懸兮，誠心固其如結囗黃團，
瓜蔓名 韓愈·城南聯句 紅皺曬檐瓦，黃團繫門衡。
囗通作摶 周禮·冬官考工記·梓人 小首而長，摶身而鴻
註 摶，徒丸反。圓也囗通作專 周禮·地官·大司徒 其民
專而長 註 專，圓也。徒丸反 前漢·五行志 蜕再重赤而
專。又 宋玉·九辯 意專專之不可化兮。卽團團也。
囗通作敦 詩·豳風 有敦瓜苦 疏 蔓生專專然。音團。
囗通作顓 賈捐之·棄珠崖議 顓顓獨居一海之中 註 顓
顓，圓貌囗通作慱 詩·檜風 勞心慱慱兮 傳 言憂思團結
不解。與團同囗與园08039同囗chuán 集韻 淳沿切音
輇。義同。亦作摶囗shuàn 豎克切音踹。與摶同。載柩
車也。鑒 又 団08028団08019

圖 08197 03812
tú_11.14　集韻 圖08194古作圖。

圕 08198 03813
mò_11.14　玉篇 末各切音莫。義闕。

圖 08199 03814
mào_11.14　集韻 冒02714古作圖。鑒 或作圖02742
圖08181圖08161

鴫 08200 03815
é_11.14　與囮同。見 說文先訓

睴 08201 03816
zuì_11.14　字彙補古文罪45528字。

圍 08202 42806
zhāng_11.14　篇海 音章。

盝 08203 42807
wǔ_11.14　五音集韻 無距切。鑒 又圍08142圍08117

睴 08204 42808
kàn_11.14　字彙補 與看同，矅仙作。

圀 08205 u2A8AF
null_11.14　从口寬聲 齊侯盤 齊侯乍媵寬圀孟姜盥
般。圀，人名囗 齊陶文有圀寶。圀，姓氏。

圖 08207 u2F84B
tú_11.14　同圖08194

圖 08206 u2F84D
tú_11.14　同圖08195俗圖

終 08208 u21221
chuǒng_11.14　喃 从口終chung聲△圙牸：牛欄。

彰 08209 u2121D
mǎn_11.14　同圙08223，古文滿。

圙 08212 u5719
lüè_11.14　同喻07088圙圖。參見嘮06500

圖 08210 u2121C
null_11.14　未詳。

圓 08213 03817
huì_12.15　玉篇 胡對切
音圚。門闠也。鑒 胡吉宣：卽闠65341字。

淵 08211 u2121B
wān_11.14　簡 圖08192

圓 08215 03819
xuān_12.15　唐韻 須緣
切 集韻 荀緣切夶音宣。面圓也。或作顅輐

圖 08214 03818
jūn_12.15　集韻 與圖同。鑒 又圝08239

圍 08216 42809
yù_12.15　五音篇海 音玉。鑒 王（玉）字陰刻。

崫 08217 42810
yuán_12.15　五音篇海 同圓。

寬 08218 42811
rǎo_12.15　篇海 音繞。

圖 08219 42812
gǔn_12.15　字彙補 音袞。

童 08220 u21229
chuǒng_12.15　喃 从口鐘chuông省聲△圙鵰：雞舍。

圛 08221 03820
yì_13.16　唐韻 羊益切 集韻 韻會 正韻 夷益切夶音
睪◆ 說文 回行也。引逸周書 圛圛升雲，半有半無 徐鍇
曰 洪範卜五，曰雨，曰霽，曰蒙，曰圛，曰克。圛者，
象氣絡繹不連也。半有半無，卽 史·龜筴傳 所謂雨不雨，
霽不霽，氣不聯屬之說也今文尚書作驛。

圜 08222 03821
yuán_13.16　唐韻 王權切 集韻 于權切。夶與圓同。
說文 天體也，全也，周也 易 說卦 乾爲天，爲圜 周禮·冬
官考工記 輿人爲車，圜者中規，方者中矩 又 規之以眡
其圜也 禮·深衣 袂圜以應規，曲袷如矩以應方囗 前
漢·梅福傳 高祖從諫如轉圜 註 與圓同囗 周禮·春官·大
司樂 圜鐘，爲宮 註 圜鐘，夾鐘也又◆ 周禮·春官·大司
樂 冬日至于地上之圜丘，夏日至于澤中之方丘 註 因高
以事天，故於地上取自然之丘，圜者應天圜也。因下以
事地，故於澤中取方丘，水中不可以設祭，故亦取自然
之方丘，象地方故也囗圜法，錢也 前漢·食貨志 齊太
公爲周立九府圜法囗 周禮·地官·比長 唯圜土內之 註
圜土，獄城也。獄必圜者，規主仁，以仁心求其情，古
之治獄，閔於出之囗 又◆ 司圜掌收教罷民，凡害人者，弗
使冠飾，而加明刑焉，任以事，而收教之 疏 收教者，
謂人圜土見收使困苦改悔囗huán 唐韻 戶關切 集韻
韻會 正韻 胡關切夶音還。繞也，圍也 賈誼·治安策 勠
一親戚，天下圜視而起 註 驚視也 後漢·儒林列傳 饗
射禮畢，帝正坐自講，諸儒執經問難於前，冠帶縉紳之

人，圜橋門而觀聽者蓋億萬計 図 圜陽，縣名。見前
圖08113字註。

08224 u2A8B0
歐 null_13.16　喃未詳。

08223 03822
圝 mǎn_13.16　字彙補 古文
滿29345字。鑒影，古文馬。亦作圝08209

08225 u2122C
傳 null_13.16　未詳。

08227 u21225
圚 null_13.16　未詳。

08226 u2122B
鯀 yóu_13.16　同08229 龍龕 圝俗，圝08236正。

08228 03823
獄 yù_14.17　玉篇 古文獄33513字。

08229 42813
鼺 yóu_14.17　篇海 音由〇按即圝字之譌。鑒又圝08226

08230 42814
貟 biǎn_14.17　字彙補 布選切，音扁◇見 南粵志
鑒同扁19075，見越諺

08231 42815
圖 yà_14.17　篇海類編 與圖同。

08232 42816
語 yóu_14.17　五音篇海 音由。

08235 42818
圝 rǔ_16.19　字彙補 音汝。鑒又 四聲篇海 圝，与縣44695
同。翀添 図 新撰字鏡 囧08040，五戈反，平。圝，上字。

08233 42817
顲 yīn_15.18　金鏡 音因。博雅 束也 図 qǔn 集韻 苦殞切，音僒。又丘粉切，音
趣。義丛同 図 kǔn·苦本切，音閫。與圝同。成就也。或
作褌。亦作稇。鑒又纔45182

08234 03824
圞 jūn_16.19　集韻 俱倫切
音麕

08236 03825
圝 yóu_17.20　唐韻 以周切 集韻 夷周切丛音猷。與囧同。
鑒又圝08226圝08229

08237 42819
環 yóu_17.20　搜眞玉鏡 音由。

08238 42820
囦囦 léi_17.20　龍龕 音雷。鑒同畾 古俗字略 古文雷。

08239 u21237
厴 jūn_17.20　同圝08214

08241 03827
圝 yóu_18.21　廣韻 籀文
囿08095字。从田中四木，象形也。

08240 03826
圝 é_18.21　正字通 同囮〇按此即圝字變文。

08242 u2123A
圝 tròn_18.21　喃 从圜侖lòn聲△俗作𱁬57970韻07691
旛22245

08243 03828
圝 luán_19.22　唐韻 落官切 集韻 盧丸切 正韻 盧官切丛
音鑾 說文 團圝，圜也 孟郊詩 可惜大雅志，意比小團圝
梵書 大家團圝頭，共說無生話。鑒圝08245圝08244，同。
團圝，也作團欒、團圝 図 圝08189

08244 u2123B
圝 luán_23.26　同圝08243

08245 u571E
圝 luán_23.26　同土08243

• 土部 •

08246 03829
土 tǔ_0.3　唐韻 正韻 他魯切 集韻 韻會 統五切，丛吐
上聲。五行之一 • 說文 地之吐生物者也。二，象地之下、
地之中。丨，物出形也 易·象傳 百穀草木麗乎土 書·禹
貢 冀州厥土惟白壤，兗州厥土黑墳，青州厥土白墳，
徐州厥土赤埴墳，揚州、荊州厥土惟塗泥，豫州厥土惟
壤下土墳壚，梁州厥土青黎，雍州厥土惟黃壤 図 書·禹

貢 徐州厥貢惟土五色 註 諸侯受命，各錫以方色土，建
大社于國中，一曰冢土 詩·大雅 乃立冢土 図 后土，取
厚載之義。共工氏子句龍爲后土，位在中央，主於四季
各十八日 禮·月令 中央土，其日戊己，其帝黃帝，其神
后土 周禮·冬官考工記 土以黃，其象方 図 星土，星所
主土 周禮·春官 保章氏以星土辨九州之地 図 度也。土
圭08277之土訓度 図 業也。皇極經世 獨夫以百畝爲土，
大夫以百里爲土，諸侯以四境爲土，天子以九州爲土，
仲尼以萬世爲土 図 • 星名。一曰鎮星 漢書 作塡09088
図 地名 春秋·僖二十八年 公會晉侯、齊侯、宋公、蔡侯、
鄭伯、衞子、莒子，盟于踐土 註 鄭地 図 姓。句龍爲后
土，子孫爲氏 図 dù 廣韻 正韻 徒古切 集韻 韻會 動五切
丛音杜 揚子方言 東齊謂根曰土，非專指桑根白皮 郭璞
註 方言引詩作桑土，非 図 dù 集韻 韻會 正韻 丛董五
切音覩。圜土，獄城也 周禮·秋官 以圜土聚教罷民 図 介
之推龍蛇歌 五蛇從之，周流天下。龍反其淵，安其壤土。
下音戶，戶土俱在姥韻 字彙 作叶音，非。又chǎ 集韻 丑
下切音姹。土苴，不眞物。一曰查滓、糞草、糟粕之類。
図 tú 字彙補 同都切音徒。土門，北方之族。門音瞞。
見 周書·異域傳。鑒又土08251圡08252 図 士09683 金石文
字辨異·土 引 北齊劉碑造像銘 図 字典琢屑 謂根曰土。
今 方言 本作杜。又郭註桑杜之杜此舊作土。今俱從正。

08247 u2F1F
土 tǔ_0.3　部 土08246

08248 03830
圠 yà_1.4　廣韻 烏黠切
集韻 韻會 正韻 乙黠切丛音軋 六書故 土氣凝也 揚子方
言 塊圠，不測也 賈誼·鵩賦 大鈞播物，塊圠無垠 註 塊
圠，冲融無迹也 史記 鈞作專，播作槃 漢書 塊圠作塊軋
揚雄·甘泉賦 作軮軋 應劭曰 其氣塊圠，非有限齊也。
又 • 淮南·招隱士 塊兮圠山曲嵑 註 嵑亦曲也〇按諸韻
書訓圠爲山曲，誤。鑒又屹13289

08249 03831
壬 tǐng_1.4　唐韻 他鼎切 集韻 丑郢切丛音挺 說文 善
也。从人士。士，事也。一曰象物出地挺生 徐鉉曰 人在
土上圼然而立也。凡聽廷望之類皆从此 図 tíng 集韻 唐
丁切音廷。莖也。一曰屋梁 図 集韻 微16812古作壬△ 正
譌 圼然出也。从人圼然立土上，會意〇按 說文 別立壬
部 字彙 正字通 从其後說象物出地挺生。及徐氏與 六
書正譌 俱收入土部，因之。鑒又至09686

08250 40780
壬 yì_1.4　龍龕 於劓切。埋也。

08251 u2123D
圡 tǔ_1.4　同土08246 干祿字書 土圡，上通下正。

08252 u5721
圡 tǔ_1.4　同土08246

08253 03832
圢 tǐng_2.5　古文墲 廣韻 集韻 丛他頂切音珽。平也。
一曰田踐處 図 tiǎn 他典切音腆。坦也。

08254 03833
圣 kū_2.5　廣韻 集韻 丛苦骨切音窟 說文 汝潁間謂
致力於地曰圣 揚子方言 圣圣，致力無餘功貌〇按从土
从又。會手把土義。亦作𡊏 字彙 古壞切音怪，非。又 同
文舉要 入又部，訓居也，循也。今作在，合在、圣爲一

字，因俗怪字作㤲而誤。

坅 08255 03834
zhēn_2.5　玉篇之深切。圹鄩，古國名 正字通 坅08402
字省。璧 又坅08341

圽 08256 03835
qín_2.5　集韻 渠巾切音堇。土壁也。璧 亦作㘣08266

㘭 08257 03836
pǔ_2.5　集韻 匹角切音璞。塊也。淮南子·說林訓 土
勝水，非一㘭塞江。一作璞 図 pū 普木切音支。義同。

兂 08258 40781
lù_2.5　字彙補 力谷切，音陸◇ 雜字韻寶 地蕈曰
菌兂。璧 又㙂02450光13346

圱 08259 42821
kū_2.5　龍龕 同圣。璧 同圣 図 同在。

圿 08260 u2A8B2
null_2.5　未詳。

卡 08261 u2A8B1
thư_2.5　喃 俗書23285

圤 08262 u21247
kuài_2.5　太平天国新造字，同塊09052

圭 08263 u21246
lá_2.5　方 圭圭，角落。源自蒙古語「格勒」。亦
作喀喇、圪塔、旮旯、旭旮。

圭 08264 u21245
gā_2.5　方 圭圭。參見圭08263

圹 08265 u21243
yǎn_2.5　朱駿聲 說文通訓定聲 广15345，字亦作圹
廣雅·釋詁·二 圹，尻也。王念孫疏證：字書無圹字，疑
是广、土二字之合訛也。

坖 08266 u21242
qín_2.5　同圽08256 図 tǐng 同壬08249 図 lih 壯 畬地。

圳 08267 u21241
null_2.5　地名用字 道光高要縣志·卷三·輿地略
一·都鄙 長圳村，赤墈一圖。大圳村，古耶甲圖。

坙 08268 u21240
quán_2.5　俗全02510

压 08269 u5727
yā_2.5　日 同壓09496

圦 08270 u5726
rù_2.5　日 廣漢和辭典 圦，いり。樋の口。水門。

在 08271 03837
zài_3.6　唐韻 昨宰切 集韻 韻會 正韻 盡亥切，並裁
上聲 爾雅·釋訓 居也 易·乾傳 在下位而不憂 図 察也
書·舜典 在璿璣玉衡，以齊七政 禮·文王世子 食上必在
視寒煖之節 図 存也 論語 父母在 図 行在也 前漢·武帝
紀 徵詣行在 蔡邕·獨斷 天子以四海爲家，謂所居爲行
在所 図 姓。晉汝南太守在育 図 脾神曰常在，見 黃庭
經 図 昨代切，裁去聲。義同△从土从才。本作圵，今作
在 正字通 在，本昨代切，舊本泥韻書才上聲訓居，
次轉去聲訓所。不知所即居，非上聲者訓居，去聲者訓
所也◇按在有上、去二聲。字書韻書皆然 禮韻 原許通
押 字彙 分訓，似泥 正字通 不从上，轉去，亦非。
璧 又圵08305，本字 図 圵19166圵08399 圶41538 圸18875

圩 08272 03838
yú_3.6　字彙 雲俱切音于。岸也 史記·孔子世家 孔
子生而圩頂，故名曰丘 司馬貞曰 窊也。江淮間水高于田，
築隄而扞水曰圩。

圪 08273 03839
yì_3.6　廣韻 魚乞切 集韻 逆乙切，並音仡 說文 牆
高皃 図 yì 廣韻 魚迄切 集韻 魚乞切，並音仡。高土也。
璧 又圪08340

托 08274 03840
ào_3.6　集韻 墺09405古作托。

圬 08275 03841
wū_3.6　廣韻 哀都切 集韻 韻會 正韻 汪胡切，並同
杇。泥鏝也 左傳·襄三十一年 圬人以時塓館宮室。

青 08276 03842
qiāng_3.6　字彙 區羊切音羌。幬帳之象 図 què 乞約
切音却。義同△ 正字通 按 說文 冂部，孫愐苦江切，从
冂。屮，其飾也。屮即之字。隸作橦，俗作幢 字彙 不考，
附入土部，增音却，並非。璧 又肯13250肯02705

圭 08277 03843
guī_3.6　古文珪 唐韻 古攜切 集韻 韻會 涓畦切並
音閨 說文 瑞玉也。上圜下方，圭以封諸侯，故从重土
書·禹貢 禹錫玄圭 詩·大雅 錫爾介圭 周禮·春官·典瑞 王
執鎮圭，公執桓圭，侯執信圭，伯執躬圭 図 周禮·春官
土圭 以致四時日月，封國則以土地 註 土，猶度也。土
圭，測日景之圭 図 量名 前漢·律歷志 量多少者，不失
圭撮 註 六十四黍爲圭。又 後漢·輿服志 凡合單紡爲一
系，四系爲一扶，五扶爲一首，五首爲一文，文采淳爲
一圭 図 丸散之刀圭，准如梧桐子大，十分方寸匕之一，
方寸匕者作匕正方一寸，抄散不落爲度。見 本草綱
目·序例 図 與閨同 禮·儒行 蓽門圭窬。璧 又璜34451

圮 08278 03844
pǐ_3.6　廣韻 符鄙切 集韻 韻會 部鄙切並音否。
說文 毀也 書·堯典 方命圮族。璧 又圮08372醅62527

圯 08279 03845
yí_3.6　廣韻 與之切 集韻 盈之切並音詒。橋也。
說文 東楚謂橋爲圯 前漢·張良傳 良嘗間從容遊下邳，
圯上遇一老父，授以書◇按 漢書 註：應劭从水，詳里
切，圯水之上也。張泯改从土，作頤音。宋祁公舊本从
水，泯說非也。今胡旦作 圯橋贊，字亦從水，若从土，
則應从 說文 謂橋爲圯之訓 李白詩 我來圯橋上。是謂我
來橋橋上矣。自宜以應說爲是△圯从人己之己，圯08301
上从已矣之已，二字有別。

地 08280 03846
dì_3.6　古文坔埅墬隆嶳 廣韻 徒四切 集韻 韻會
徒二切 正韻 徒利切 說文 元氣初分，重濁陰爲地，萬物
所陳列也 白虎通 地者，易也。言養萬物懷任交易變化
也 釋名 地，底也，其體底下，載萬物也 易·說卦傳 坤爲
地 內經 岐伯曰：地爲人之下，太虛之中。黃帝曰：馮乎。
曰：大氣舉之 周禮·地官·土訓 掌道地圖，以詔地事，道
地慝以辨地物，而原其生以詔地求 博物志 地以名山爲
輔佐，石爲之骨，川爲之脈，艸木爲之毛，土爲之肉。
図 第也，但也 前漢·丙吉傳 西曹地忍之 図 叶徒何切音
沱 屈原·橘頌 閉目自慎，終不失過兮。秉德無私，參天
地兮 揚雄·羽獵賦 鳥不及飛，獸不得過，軍驚師駭，刮
野埽地◇按吳棫收地入箇韻，音隋，則過可如字讀，沱
隋亦平去閒耳。本作坔。璧 又坔08831 墬09110 埊09440
墍09571 墅09579 堲75057 壐30568 坔16611 墬09359 図 集韻 地，
或作坔08344 図 敦煌 S. 2967 究竟大悲經·卷四 我若誦棄
惡從善局教經文，乘空而至，住彼國王殿前，變作人像，
端坐空中，去坔08663一千尺，出大音聲而說經法。

壬 08281 03847
qiān_3.6　廣韻 集韻 並倉先切音千 倉頡篇 三里田

爲升 図 集韻 俗01262古作升。鑾又圩08282

圩 08282 03848
qiān_3.6　集韻音千。同升。

坙 08283 03849
jī_3.6　同文備考同基。見鐘鼎文。

圳 08284 03850
chóu_3.6　字彙補市流切音酬。江楚閒田畔水溝謂之圳。

圴 08285 03851
zhuó_3.6　集韻職略切音勺。土跡也。鑾又俗均08322可洪音義平均：吉巡反。悮。

圵 08286 03852
dàng_3.6　海篇音蕩。高田，與南北字不同。

夻 08287 03853
qià_3.6　篇海類編苦洽切音恰。地名。

扛 08288 42822
jú_3.6　篇海類編音局。

圭 08289 42823
chūn_3.6　篇韻音春

坥 08290 42824
tún_3.6　川篇同坉

圹 08291 u2A8B7
nung_3.6　喃从土亡vong聲。

夲 08292 u2A8B6
xiāo_3.6　姓氏。訟羅廥威之夲者、夲圻、夲佨，並見包山楚簡 図音鐃。楚銅貝銘文「夲朱」，釋「多銖」。

圿 08293 u2A8B5
gǒng_3.6　俗巩14637新撰字鏡圿，記奉反，抱也。拏字 図備急千金要方·攷異·卷第十七肺藏脈論第一：其圿然獨在。諸本無其字，圿作杌。

夅 08295 u2A8B3
null_3.6　未詳。

圷 08294 u2A8B4
dàng_3.6　俗圵08286字學三正·第四冊·體音並異誤用字圵，堂。高田。非南北字字學呼名能書圵，堆浪切図aet壯圵，方堵塞。

坽 08296 u21256
cong_3.6　喃从土弓cung聲△坽洺：水缸。

圮 08301 u2124F
yí_3.6　同圯08279

坃 08297 u21255
hòn_3.6　喃从塊省丸hòan聲△坃砀：石塊。坃坦：土塊。

坙 08298 u21254
sè_3.6　俗澀29649宋·鄭樵通志·會意第三下坙，色入切。不滑也。或作澀、澁。

夋 08299 u21253
āi_3.6　集韻毒27185，於開切。人無行。或作夋。

圦 08300 u21251
dá_3.6　方次，趲，排，行。民國雙林鎮志·卷十三·農事下秋必界以繩，謂之秧界繩，每一界為一圦，圦廣約三尺，種秧六棵，層層相次。

圽 08302 u2124D
zuī_3.6　同胺47309字見郭店楚簡·老子（甲本）

圿 08303 u2124C
jiǔ_3.6　五侯鯖字海圿，音玖。

圾 08304 u2124B
null_3.6　未詳。

圸 08308 u5738
shān_3.6　日地名用字

扗 08305 u21248
zài_3.6　在08271本字。亦作扗19166

場 08306 u573A
chǎng_3.6　简場08944

圹 08307 u5739
kuàng_3.6　简壙09545

圷 08309 u5737
xià_3.6　日低地。地名用字 図姓。

圻 08310 03854
qí_4.7　廣韻 集韻 韻會 夶渠希切音祈。界也，王畿千里爲圻左傳·昭二十一年天子之地一圻 図圻父司馬，掌封畿之兵甲書·酒誥圻父薄違註薄，迫也，迫逐違命者也 図與垠通。地埒岸也淮南子·俶眞訓四達無竟，通于無圻周禮·春官·典瑞疏璩有圻鄂上起，若篆之文也。

埕 08311 03855
niè_4.7　廣韻 集韻 夶同埕08635

圽 08312 03856
mò_4.7　集韻 韻會 正韻 夶同歿史記·王翦贊偷合取容，以致圽身〇按韻書夶同歿，惟類篇訓埋，分圽、歿爲二。

圾 08313 03857
jí_4.7　集韻 韻會 夶同岌。危也，莊子·天地篇殆哉，圾乎天下註圾、岌同。言爲天下之危也 図è 集韻鄂合切音噩。義同。鑾又玼33875字之譌。

坼 08314 03858
jiá_4.7　廣韻古黠切 集韻 韻會 正韻訖黠切夶音戛。積垢也山海經錢來之山多洗石註石可以去垢坼韓愈·征蜀聯句蹋翻聚林嶺，斗起成埃坼。

址 08315 03859
zhǐ_4.7　廣韻 集韻 正韻夶諸市切音止。基也劉兼·長春節詩太平基址千年永，混一車書萬古存△與阯同。

坻 08316 03860
zhǐ_4.7　廣韻 正韻諸氏切 集韻 韻會掌氏切夶音紙說文箸也△正字通坻本作坁08443有平、去二聲，兼隴坻、小渚、箸止三義。

坂 08317 03861
fǎn_4.7　◆廣韻 集韻 韻會夶甫遠切音反。坡坂也。一曰澤障。一曰山脅前漢·文帝紀帝從灞陵，欲西馳下峻坂，爰盎諫，乃止 図地名。蒲坂，在蒲城東帝王世紀舜都蒲坂。又西域傳罽賓道歷大小頭痛之山，赤土身熱之坂 図bǎn 集韻補綰切，拔上聲。義同 図叶俾緬切音褊孫綽·三月三日詩縹萍漫流，綠柳蔭坂。羽從風飄，鱗隨浪轉 図叶苦椽切音絹蘇轍·閒燕亭詩諸峰宿霧收，草木朝陽絢。盤盤雲出山，瀏瀏泉亦坂△集韻與岅、阪同。或作阹。

坃 08318 03862
xuān_4.7　玉篇古文壎09486字。

役 08319 03863
yì_4.7　廣韻 集韻 韻會夶營隻切音役說文陶竈窻也 図tóu 廣韻度侯切音頭。義同△六書故作垎。鑾又炈30656

坅 08320 03864
qǐn_4.7　廣韻 集韻夶丘甚切，欽上聲埤蒼坎也。儀禮·既夕甸人築坅坎註穿坎之名一曰坅 図yīn 集韻牛錦切音岑。又zǎn子感切音昝。義夶同。

坆 08321 03865
mù_4.7　字彙古梅字正字通土木殊類作梅，非。一曰俗墳字。鑾又坆08378龍龕坆，古文。音梅。楊寶忠：俗牧32614

均 08322 03866
jūn_4.7　唐韻居勻切 集韻 韻會 正韻規倫切夶音鈞說文平也詩·小雅大夫不均周禮·地官·大司徒以土均之法，均齊天下之政春官軍禮有五，二曰大均之禮，恤衆也 図調也詩·小雅六轡既均 図徧也易·說卦坤爲

均莊子·寓言篇萬物皆種也。以不同形相禪，始卒若環，莫得其倫，是謂天均 又天子設四代之學，曰成均，見禮·文王世子註 又造瓦之具，旋轉者也。董仲舒曰：泥之在均，惟甄者之所爲 又樂器禮·樂記樂所以立均。尚書疏堂上之樂，皆受笙均。堂下之樂，皆受磬均。後漢·律歷志冬夏至，陳八音，聽五均註均，長七尺，繫以絲，以節樂音 又均服，戎服也左傳·僖五年均服振振。亦作袀 又地名。均，古麇國，在襄陽唐書·中宗紀嗣聖元年，太后遷帝房州。又遷于均 又yùn集韻王問切正韻禹慍切太音韻說文先訓古無韻字，均卽韻也 又yán與專切音沿史記·夏本紀均江海，通淮泗鄭元曰均讀沿 又叶古頑切音鰥韓愈·孟郊失子詩問天生下人，薄厚胡不均。天曰天地人，由來不相關 又通作鈞書·泰誓厥罪惟鈞 又或作旬禮·內則旬而見周禮·地官·均人公旬用三日註均古通旬。別作坔。考又抣19326 又均08285偏類碑別字引隋孔河陽都尉墓誌 又均08367俗可洪音義均庶：上吉旬反。下尸去反辯正論作均庶。

扗 08323 03867 fēng_4.7 玉篇古文封12537字。

㘧 08324 03868 xù_4.7 集韻同序。東西牆也。序、㘧同。考正字通同塼08651省。

坖 08325 03869 jì_4.7 集韻墍09218古作坖。

坈 08326 03870 rǒng_4.7 集韻乳勇切音宂。地名 又韻補與坑同。考與坑08489同。玉篇坑08489，地名 又龍龕坑城08526，而勇反。二同。

⿰土内 08327 03871 kuài_4.7 集韻苦對切音塊釋名深也，靜也 又niè廣韻奴協切音捻。義同。

坉 08328 03872 tún_4.7 廣韻集韻太徒渾切音屯◆玉篇水不通不可別流。一曰草土塡水曰坉。一曰田隴。今西北莊家曰坉子 又dùn廣韻徒損切音沌。亦塡塞也。考又㞷08390 圵08290㞜13424

坊 08329 03873 fāng_4.7 唐韻府良切集韻韻會分房切太音方。邑里之名演義坊，方也，言人所在之里爲坊。漢宮有九子坊 又宮僚備要太子宮曰春坊唐書·高宗紀改門下坊爲左春坊，改典書爲右春坊 又僧寺曰寶坊宋之問·登嚴莊寺閣詩閏月再重陽，仙輿歷寶坊 又地名。漢馮翊地，唐立坊州 又姓。見統譜 又fáng廣韻集韻正韻太符方切音房。障也，隄也禮·郊特牲祭坊與水庸事也註坊祭爲八蜡之一經解以舊坊爲無所用，而壞之者，必有水敗坊記君子之道，譬則坊與，坊民之所不足者也，君子禮以坊德，刑以坊淫，命以坊欲 又fàng集韻甫妄切音放。堤也 又符訪切，房去聲春秋序聖人包周身之坊。或作防○按坊、防字義雖同，音切應別正字通合方、房二音爲一，幷闕去聲者，非。

坋 08330 03874 fèn_4.7 唐韻正韻房吻切集韻韻會父吻切太音憤說文塵也。一曰大防 又拌也前漢·貨殖傳胃脯註以末椒薑坋之 又廣韻集韻太扶問切音分。義同 又集韻方問切音奮。與坌、拚同。考正字通坋，同坌08331

坌 08331 03875 bèn_4.7 廣韻集韻韻會太蒲悶切音坌。塵也，聚也，太也司馬相如·哀秦二世賦登陂陀之長坂，坌入曾宮之嵯峨後漢·禰衡傳飛詞騁辯，溢氣坌涌唐書·儒學傳坌集京師 又pèn集韻普悶切正韻步悶切太音歕。義同。考又坌10446 又正字通弅15938，與坌、坋08330通。本作坌。

坍 08332 03876 tān_4.7 ◆廣韻他酣切集韻他甘切，並音甜◇水打岸也。一曰崩坍△或作坤、坩。考廣韻坤，他酣切。水衝岸壞集韻坍，他甘切。水壞岸也。或作涆27918 又灘09658沖28022坍08471拼19310

坒 08333 03877 bì_4.7 正字通同坒左思·吳都賦工賈駢坒○按六書略坒註引說文坒註，引太玄經陰陽坒參，不知經本作比。分坒、坒爲二，誤。

坎 08334 03878 kǎn_4.7 唐韻集韻韻會正韻太苦感切音欿說文陷也，險也。又穴也易卦名象傳習坎，重險也說卦坎爲水 又穿穴以葬禮·檀弓其坎深不至于泉 又穿地以祭禮·祭義祭月于坎祭法相近，于坎壇，祭寒暑也註相近當作祖迎 又擊物聲詩·陳風坎其擊鼓，坎其擊缶。又用力聲詩·魏風坎坎伐檀兮 又爾雅·釋言坎律，銓也註坎卦主法律，所以銓量輕重 又小罍謂之坎。又星名星經九坎九星，在牛星南，主溝渠、水泉。又地名左傳·僖二十四年王遂出及坎欿註周地 又姓。宋附庸有坎氏。見統譜 又kàn集韻苦紺切音勘。險岸也△通埳。別作轗輡軩。考正字通峆，俗坎字。又☵，坎卦。

⿱之土 08335 03879 fēng_4.7 集韻封12537古作⿱之土△說文从之在土上，與中部㞢字別。

坏 08336 03880 pī_4.7 廣韻芳杯切集韻韻會鋪枚切正韻鋪杯切太音胚◆爾雅·釋山山再成曰坏，一曰山一成 又山名吳會志大坏、小坏山在洮湖中，溧陽、宜興之界，二山相望，水環若浮，故名 又陶瓦未燒曰坏後漢·崔駰傳坏冶一陶，羣生得理 又péi集韻韻會正韻太蒲枚切音裴。以土封罅隙也◆禮·月令仲秋，蟄蟲坏戶。孟冬，命有司坏城郭 又屋後牆淮南子·齊俗訓魯君欲相顏闔，使人以幣先焉，闔鑿阫而遁揚雄·解嘲作坏 又神名莊子·大宗師堪坏得之，以襲崑崙。通作阫。考又伾00335 䤆65534坯08428䂳34971 又集韻坏，鋪枚切爾雅山一成。或作伾00963岯13481䣦00329 又直音篇至08473同坏。又坏今為壞09586簡化字。

坐 08337 03881 zuò_4.7 古文坙唐韻集韻韻會正韻太徂臥切音座。行之對也禮·曲禮坐如尸又虛坐盡後，食坐盡前。又便坐，別坐之處◆前漢·文翁傳在便坐受事 又後漢·宣秉傳秉修高節，光武特拜御史中丞，詔與司隸校尉、中書令同專席而坐，京師謂之三獨坐 又猶守也左

傳・桓十二年 楚伐絞，軍其南門。絞人爭出，驅楚役徒于山中。楚人坐其北門，而覆諸山下，大敗之 図 古者謂跪爲坐 禮・曲禮 先生琴瑟書策在前，坐而遷之 註 坐，跪也 図 律 有罪坐 前漢・文帝紀 除收帑相坐律令。図 罪人對理曰坐 左傳・僖二十八年 鍼莊子爲坐。図 釋氏大坐曰跏趺 蓮華經 結跏趺坐 図 與座通 前漢・梅福傳 當戶牖之法坐 註 正座也 図 姓。見 姓苑。図 集韻 徂果切音脞。義同◇。○按坐有上、去二音，字、韻諸書訓註皆същ，惟 轉注古音 坐註引 史記・高帝紀 遂坐上坐 正義 云前坐字，在果反，後坐字，在臥反 字彙 行坐之坐讀上聲，非 正字通 謂坐字在上聲者，叶音也，亦非△本作坙 說文 从土，从畱省，土所止也。隸作坐。鑾又坙08599坐08398坐08600坒05839坐05703坐08350 図 干祿字書 坐08510坐坙08598上俗中下正。

坑 08338 03882
kēng_4.7　廣韻 正韻 客庚切 集韻 韻會 丘庚切。坑同阬 爾雅・釋詁 虛也 增韻 陷也 尚書序 焚書坑儒 史記・項羽紀 羽詐坑秦降卒三十萬 図 陂塹也 揚雄・羽獵賦 跇巒坑，超唐陂 図 姓。見 姓苑。鑾又坑08466填08686坢08633

坒 08339 03883
bì_4.7　廣韻 集韻 坒毘至切音鼻 說文 地相次坒也 図 配合也。一曰比肩也 図 人名。衛夫人貞子，名坒 図 與陛通 賈誼・治安策 人君如堂，羣臣如坒。一作陛。鑾又坒08333

坧 08340 03884
nì_4.7　說文 坧本字。

坥 08341 03885
zhēn_4.7　正字通 與坅斟坅同。古國名 後漢・郡國志 北海國平壽有坅城，或作坥。鑾又坥08402

坙 08342 03886
xíng_4.7　六書統 古文型08520字。

坙 08343 03887
jǐ_4.7　集韻 基08797古作坙。

坔 08344 03888
dì_4.7　集韻 與地同。鑾又 胡懷琛・簡易字說 坔，讀作漫，意思也就是漫，謂水流土上為坔；汞，讀作鑽字的去聲，謂水入土中為汞。並陜西臨潼俗字。清黃叔璥 臺海使槎錄・習俗 大武郡數處平地湧泉，浸溢數里，土人謂之坔水。坔，土音濫。

毛 08345 03889
hào_4.7　字彙補 同耗 家語 毛土之人醜 註 鹵瀉曰毛。一曰土之鬭疏也。

坙 08346 03890
jīng_4.7　韻會 古文經44208字。鑾同坙08369，坙14571字之譌 集韻 經，古作絰坙。

坙 08347 03891
jǐ_4.7　集韻 忌16921古作坙。

坅 08348 40782
tài_4.7　篇海類編 徒蓋切音大。浙澗也○按即汏字之譌。

坰 08349 40783
yì_4.7　篇海類編 於力切音抑。地名。鑾 集韻 作坰08464乙力切。邑名。

坙 08350 40784
zuò_4.7　五音篇海 祖臥切音坐。被罪也。

挺 08351 40785
bǎn_4.7　篇海類編 音反。坂也。鑾俗坂08317

坥 08352 42825
rì_4.7　篇海類編 音日。

块 08353 42826
yué_4.7　篇海類編 音月。鑾 龍龕 於決反。

坱 08354 42827
bào_4.7　川篇 音暴。

坴 08357 42830
lú_4.7　搜眞玉鏡 音戶。鑾俗墟09582 宋元以來俗字譜 引 太平樂府

坦 08355 42828
chí_4.7　龍龕 音池。又音提。

坣 08356 42829
jūn_4.7　篇海類編 與均同。

坴 08359 42832
chí_4.7　篇海類編 同坻。

坽 08360 42833
chí_4.7　篇海類編 同坻。

坦 08362 42835
chí_4.7　龍龕 同坻。

坤 08358 42831
tān_4.7　字彙補 同坤

均 08363 42836
chí_4.7　龍龕 同坻。

坢 08361 42834
jīng_4.7　篇海類編 才性切音淨。坑坢○按即阱字之譌。

坙 08364 42837
gāng_4.7　五音篇海 同冈。鑾冈，冈。

坴 08365 42838
shì_4.7　龍龕 音世。

均 08367 42840
ào_4.7　五音篇海 藏經佛字。鑾 龍龕 均，舊藏作坳。

坴 08366 42839
zhào_4.7　五音篇海 同兆。

坴 08368 42841
jié_4.7　篇海類編 音節。高山貌○按即峍字之譌。

坙 08370 u2A8C2
null_4.7　未詳。

坙 08369 42842
jīng_4.7　篇海類編 古靈切音經。直波曰坙○按即坙字之譌。

坢 08371 u2A8C1
null_4.7　未詳。

坴 08374 u2A8BE
null_4.7　或同灶30614俗竈 図 方 灰坴：燒石灰的窯。

坴 08373 u2A8BF
null_4.7　未詳。

坬 08376 u2A8BC
huà_4.7　地名用字。

坢 08372 u2A8C0
pǐ_4.7　俗圮08278 可洪音義 坢絕：上皮美反，毀也，覆也。又音怡。並正作圮。敦煌・S.5685 譬喻品難字 墻壁坢坼 図 泥坢，同泥巴。明・李贄 李溫陵集 只這一塊泥坢，塑佛成佛，塑菩薩成菩薩，塑尊者成尊者。

坢 08378 u2A8BA
mù_4.7　同坶08321

坴 08375 u2A8BD
fēng_4.7　殷周金文集成・16.10154 魯小嗣宼盤 魯少嗣宼坴孫𢓊。讀若封。

坢 08379 u2A8B9
null_4.7　未詳。

坢 08377 u2A8BB
null_4.7　古文字譜系疏證 从土，月聲。人名。秦印：魏坢。

坢 08381 u2127F
moek_4.7　壯坢，埋 図 正字通 杜23595 六書統 杜鍾鼎文作坢。篆作坢。按，土在左在右一也，無意義，从杜為正。

坢 08380 u2A8B8
mú_4.7　簡墲09329

坴 08383 u2127D
lóc_4.7　喃 从土六lục聲△坢蛤：磕磕（木魚或梆子聲），踽踽而行。

坢 08382 u2127E
tum_4.7　喃 从土心tâm聲。甕 図 dum 壯泥巴。

坴 08384 u2127C
dēng_4.7　坴徒，同登36690徒，楚國官職名，見 曾侯乙墓 戰國竹簡。

坲 08385 u2127B
suì_4.7　俗埣08770

耒 08386 u2127A
yuán_4.7　俗袁54128
廣碑別字 引 魏敬史君碑陰 图zuàn 胡懷琛 簡易字說
耒，讀作鑽字的去聲，謂水入土中為耒字。

祉 08387 u21279
shè_4.7　集韻 社39641古作祉、祧。

坕 08388 u21270
zhì_4.7　玉篇 至48265，之異切。極也。通也。善也。
達也。大也。到也。坕，古文。

坯 08389 u2126F
mǔ_4.7　同牡32593鳳凰山一六七號漢墓遺策·簡
二 驪坯馬二匹，齒六歲。

坣 08390 u2126B
tún_4.7　同坉08328地名用字。商務印書館 中國新
興圖·附錄·貴州省 三合縣：原名三腳坣州，同。民國三
年二月增設。

圻 08391 u21268
jī_4.7　同至08343古文基 馬王堆漢墓帛書·老子
乙本·德經 故必貴以賤為本，必高矣而以下為圻。

坩 08392 u21267
null_4.7　未詳。

坞 08393 u21266
wù_4.7　中國方言大
詞典 坞，四面高而中央低的山地，多用於地名。徽語。
吳語 图ngō 喃从土午ngo聲。同圲19070，甬道。

坤 08394 u21265
chōng_4.7　楊宗義 難字大字典 坤，夾在兩山之間的
地帶 图cung 壯 肚大口小的罐子。

坙 08395 u21264
jīng_4.7　俗坙 新撰字鏡 坙坙，二形同。古遟反。

杢 08396 u21263
gēn_4.7　同根23997亦作耒23600耒23622 六書統 杢，
古痕切。木株也。从木从土。木在土者，根也△甲骨文
合集.H.9555杢不其坙 图同社。見 清華簡·程寤

坚 08397 u21262
jiān_4.7　字學三正 堅08810俗作坚。

坐 08398 u21261
zuò_4.7　同坐08510俗坐。

圷 08399 u21260
zài_4.7　同在08271見 異體字字典.a00743-006

壯 08400 u2125F
zhuàng_4.7　俗壯09691
地名。長垯，見 曾侯乙墓（竹簡）

坈 08401 u2125E
hóng_4.7　或同坾56969，

坅 08402 u3630
zhēn_4.7　同斟21996

圾 08404 u362E
yì_4.7　日 同墿09412

坊 08403 u362F
chǎng_4.7　字海 坊，同場。見 重編國語辭典

坳 08405 u362D
āo_4.7　同坳08432

墜 08406 u5760
zhuì_4.7　简墜09295

坟 08407 u575F
fén_4.7　简墳09331

坞 08408 u575E
wù_4.7　简塢09090

坝 08409 u575D
bà_4.7　简壩09667參見垻08646

坜 08410 u575C
lì_4.7　简壢09595

坛 08411 u575B
tán_4.7　同壇09429

坚 08412 u575A
jiān_4.7　简堅08810
會 滂禾切 正韻 普禾切，丛破平聲 說文 阪也。
滇俗稱山
嶺曰長坡，其峻崅高峻者曰相見坡 唐書·翰林志 德宗移
學士院於金鑾坡 图飛坡 朝野僉載 晉元帝永昌中，秦
州敷水店西坡，白日飛四五里，直塞赤水坡上，桑畦麥
隴，依然不動 图bì 集韻 彼義切音賁。義同。鏖 集韻 坡
或作岥岵 图 正字通 岂，同岵。

坡 08413 03892
pō_5.8　唐韻 集韻 韻

坢 08414 03893
pàn_5.8　廣韻 集韻 丛普伴切，潘上聲。平坦也。
或曰發地也 图pàn 集韻 薄半切音畔。坋也。

坣 08415 03894
táng_5.8　玉篇 古文堂08807字。

坤 08416 03895
kūn_5.8　古文〈〈〈 與 廣韻 苦昆切 集韻 韻會 正韻 枯
昆切丛音髡。地也 釋名 順也，上順乾也 易 卦名 象傳 地
勢坤 說卦 坤為地 图叶巨員切音拳 桓君山·仙賦 氾氾
濫濫，隨天轉旋。容容無爲，壽極乾坤 蘇軾·服胡麻賦 至
陽赫赫，發自坤兮。至陰肅肅，躋于乾兮 說文 从土
从申。土位在申，古作〈〈〈，象坤畫六斷也△別作與奭魊
賓。鏖又堃08808，同坤 图〈〈〈14567奭00698奭10145 图 ☷，
坤卦。

坥 08417 03896
qū_5.8　廣韻 七余切 集韻 千余切丛音疽 說文 益
州部謂蟥場曰坥 图qù 廣韻 集韻 丛七慮切音覻。義同。

坦 08418 03897
tǎn_5.8　廣韻 正韻 它但切 集韻 韻會 儻旱切，丛灘
上聲 說文 寬也，平也 易·履卦 履道坦坦 图姓。宋有坦
中庸△亦作憻。又通壇09429 鏖又 龍龕 憻18424，俗。他
但反 音義 作坦。

坧 08419 03898
zhí_5.8　集韻 之石切。同墌。基址也。

坨 08420 03899
yí_5.8　集韻 余支切音移。地名△ 正字通 陀字之
譌。汜云地名，無稽。

坩 08421 03900
gān_5.8　廣韻 正韻 苦甘切 集韻 楛甘切丛音甀。土
器 图坩甊受五升甀，謝元寄妻煮一坩，陶侃遺母坩鮺
图 石名。婆利國有石曰坩貝羅，見 南史·異域傳 鏖 正
字通 坩亦作瓶 图 龍龕 瓶或作，坬正。

坍 08423 03902
tān_5.8　字彙 古坍字。引楊慎曰：水衝岸壞曰坍。
正字通 乃坍字之譌。鏖又汧27918

坫 08424 03903
diàn_5.8　唐韻 集韻 韻會 正韻 丛都念切音店。反爵
之具，以土爲之，在兩楹間 禮·明堂位 反坫出尊 註 獻
酬畢，反爵于其上，惟兩君好會有坫，管氏亦反坫，故
孔子譏之 图屏也，障也，所以亢物也 禮·明堂位 崇坫
康圭 图房中之坫 禮·內則 士于坫一 註 士卑不得作閣，
但于室中爲土坫以度食 图堂隅之坫。爾雅·釋宮 塊謂
之坫 註 堂角也。一名塊 通雅 凡垒土甓成臺可庋物者，
皆謂之坫 沈括·筆談 引 汲冢周書 四阿反坫。註：外向
室也 图zhēn 廣韻 集韻 丛知林切音砧。權安厝攢塗，
謂之坫 图 諸經訓義 坫，古文與店通。鏖坫08497譌。

坬 08425 03904
guà_5.8　集韻 古罵切音詿。土陲也。

坭 08426 03905
nǐ_5.8　字彙 乃里切音你。地名，無考 六書統 屖
音泥，水和土也。泥、屖通。

坮 08427 03906
tái_5.8　同臺。

坪 08422 03901
píng_5.8　廣韻 符兵切
集韻 韻會 蒲兵切 正韻 蒲明切丛音平。平也。亦作坓
图bìng 集韻 皮命切音病。義同。

坯 08428 03907 pī_5.8 集韻攀悲切音丕。山再成又pēi貧悲切音邳。與坏同。鎣集韻岯13481，攀悲切。山再成曰岯。一曰山一成。或作坯、䪹00335又慧琳音義杯器：配盃反考聲云：瓦器未燒者也。或作砙38738也。

坰 08429 03908 jiōng_5.8 古文冋唐韻古螢切集韻韻會正韻涓熒切太音扃爾雅·釋地林外謂之坰詩·魯頌在坰之野。左思·吳都賦目龍川而帶坰又地名◆尚書序湯歸自夏，至于大坰疏大坰，未詳所在，當在定陶向亳之閒正字通大坰作大行，非又叶葵營切音瓊謝靈運·初去郡詩理櫂遄還期，遵渚騖修坰。叶上迎平下明英◇鎣又冂02658𡸁13903埛08749垧08569又正字通冋，俗冋02677字。

坱 08430 03909 yǎng_5.8 廣韻烏朗切集韻韻會倚朗切正韻於黨切太音泱說文塵埃也司馬相如·上林賦過於坱漭之野正蒙·太和篇氣坱然太虛又yāng集韻於郎切，盎平聲。義同又坱圠08248

坲 08431 03910 fú_5.8 廣韻集韻韻會正韻太符勿切音佛。坲𡋯，塵起貌韓愈·酬鄭相公詩牙纛前坌坲又bié集韻蒲結切音蹩。義同。

坳 08432 03911 āo_5.8 廣韻集韻韻會正韻太於交切音凹。窊下也莊子·逍遙遊覆杯水于坳堂之上，則芥爲之舟又ào集韻於教切音拗。義同。鎣又㘭08405垇08515𡋟08692又龍龕均08367舊藏作坳。

坴 08433 03912 lù_5.8 廣韻集韻太力竹切音六。土塊坴坴也。一曰高塏爲坴前漢·郊祀志河溢皋坴又坴梁，越地史記·秦本紀秦使賈人贅壻伐南越，略取坴梁之地△陸本作坴。小篆加阜作陸。

坵 08434 03913 qiū_5.8 正字通俗丘字。鎣又𡊣00112

坭 08435 03914 jū_5.8 廣韻集韻韻會正韻太居六切。同阮。曲岸水外又與鞫67390通。

坶 08436 03915 mù_5.8 集韻同牧說文朝歌南七十里地，武王與紂戰于坶野。鎣又墲08650

坷 08437 03916 kě_5.8 廣韻枯我切集韻韻會正韻口我切太音可◆說文坎坷也。凡人行不利曰坎坷。坷一作軻。又亭名。梁國寧陵有坷亭又kè廣韻集韻太口箇切音軻揚雄·河東賦濊南巢之坎坷兮註口賀反。

坌 08438 03917 fèn_5.8 廣韻集韻韻會正韻太方問切音奮說文掃除也。與糞𡊄𡑞坋𡓐𡑦坴同△或作拚𢷾𡒄，亦作坌。鎣又𡑞26111𢿡21863集韻坌，方問切說文埽除也。或作𡑧拚撲21009坋壎𡒄𡓐又坌，方文切。坌，掃除也。或从糞作壎09638或作𡑞08830拚𢷾糞。古作𡊅05118

坋 08439 03918 fèn_5.8 同坌。

坹 08441 03920 xuè_5.8 廣韻集韻太胡決切音穴。空深貌又呼決切音血博雅深也六書統空也，窒也。空，古文塞字正字通義同穴。

㚅 08440 03919 gòu_5.8 玉篇與垢同。別作夠。

坺 08442 03921 fá_5.8 廣韻集韻韻會正韻太房越切音伐。地名又bá蒲撥切音跋說文治也。一曰臿土謂之坺又bó集韻北末切音茇。發土也周語王耕一坺。亦作墢。

坻 08443 03922 chí_5.8 唐韻直尼切集韻韻會陳尼切太音墀爾雅·釋水小渚曰沚，小沚曰坻詩·秦風宛在水中坻。又水中高地也詩·小雅曾孫之庾，如坻如京左傳·昭十二年晉侯以齊侯宴，中行穆子相，投壺。晉侯先，穆子曰：有酒如淮，有肉如坻又zhǐ廣韻正韻諸氏切集韻韻會掌氏切太音紙。止也左傳·昭二十九年蔡墨論養龍官曰：官宿其業，其物乃至，若泯棄之，物乃坻伏。又場也揚子方言梁、宋之閒，蚍蜉、犁鼠之場謂之坻又dǐ廣韻正韻都禮切集韻典禮切太音䢋。隴阪。秦人謂坂曰坻張衡·西京賦坂坻巀嶭而成巘△或作坛、㙸。鎣又𢪙30881坘08359垺08505墌08828岻13382祗39682又龍龕埛08689坧08362坸08363坛埯垺08446六俗，坛08360通，坵08434玉篇云小渚也集韻坻，陳尼切說文小陼。引詩宛在水中坻。或作汦27835渚29079坛08444泜27980

坛 08444 03923 chí_5.8 集韻同坻

㙸 08445 03924 chí_5.8 篇海與坻同

垺 08446 03925 chí_5.8 篇海坻亦作垺正字通垺即㙸字之譌。鎣又垺08505

坺 08447 03926 mò_5.8 廣韻莫撥切集韻莫跋切太音末。塵壤也正字通通塻。

坼 08448 03927 chè_5.8 唐韻丑格切集韻韻會正韻恥格切，太同㡿。裂也禮·月令仲冬，地始坼後漢·安帝紀日南地坼，長百餘里晉史·天文志惠帝中，張華爲司空，三台星坼又植物房初開也易·解·彖傳雷雨作而百果草木皆甲坼又坼副，難產也詩·大雅先生如達，不坼不副註言姜嫄生后稷之易也◆史記·楚世家陸終妻女嬇生子六人，坼剖而產又龜坼周禮·春官史占墨，卜人占坼。今江淮閒天旱田裂亦曰龜坼又或作宅揚雄·蜀都賦百果甲宅說文本作㾱九經字樣坼㾱拆太同。鎣又𡍮08829㡿22040㳎10552𦟝32496又直音篇炘30763，與坼同。烢30874，同炘。

坽 08449 03928 líng_5.8 集韻郎丁切音靈。峻岸也。

坾 08450 03929 zhù_5.8 廣韻正韻直呂切集韻韻會丈呂切，太音宁。積塵也。鎣又坾08571又廣韻直呂切無坾字集韻又展呂切。

坿 08451 03930 fú_5.8 廣韻防無切集韻馮無切太音扶。白石英也司馬相如·子虛賦雌黃白坿又fū集韻芳無切音敷。編木以渡。一曰庶人乘泭，或作坿又fù廣韻集韻韻會太符遇切音祔說文益也。與附通。鎣又砌38763

垀 08452 03931 hū_5.8 集韻荒胡切音呼。埒也又地名前漢·地理志鴈門郡有垀縣又淮南子·要略訓嬴垀有無之精註

嬴，繞也。埒，靡煩也。言旋繞煩瑣，皆有無之精諦也。

埃 08453 03932 zhì_5.8 集韻直几切音雉。城三堵也 又 揚子·太玄經 閑黃埃，席金策 註 宗廟中有黃埃、金策，埃或作坅。◆左傳 作雉。

垂 08454 03933 chuí_5.8 古文 埀才乑㻍 唐韻 集韻 𠀤是爲切音甀。自上縋下 易·大傳 黃帝、堯、舜垂衣裳而天下治 詩·小雅 垂帶而厲 又 布也 後漢·鄧禹傳 垂功名於竹帛 又 同陲。堂之盡處近階者 書·顧命 一人冕執戣，立于東垂。一人冕執瞿，立于西垂 史記·袁盎傳 臣聞千金之子，坐不垂堂 又 邊垂 左傳·成十三年 虔劉我邊垂 前漢·谷永傳 方今四垂宴然 又 地名 春秋·隱八年 宋公、衞侯遇于垂 註 垂，衞地，濟陰句陽縣東北有垂亭 宣八年 仲遂卒于垂 註 齊地 又 zhuì 集韻 馳僞切音縋。鄉名。在蘄縣 又 集韻 樹僞切 正韻 殊僞切𠀤音瑞 書·舜典 垂共工。陸德明讀 又 將及也。杜甫有 垂老別 詩。䨻 又于00270 㻍16154埀08652垂13599𡍮13688𡍯13867𠂹00336𡍻17716 又 直音篇 𡍮04580同垂 又 古文四聲韻 𡍧08588 王存乂切韻

圯 08455 03934 yí_5.8 正字通 同圮。

𡉵 08456 03935 fēng_5.8 正字通 與封同 六書正譌 聚土爲封。从又。又，手也○按𡉵本五畫 字類 正字通 誤入六畫，今改正。

𡊀 08457 03936 qiū_5.8 集韻 丘00046古作𡊀。

垈 08458 03937 dài_5.8 集韻 汏27802古作垈。

坆 08459 03938 shù_5.8 集韻 食律切音術。高也。

𡉢 08460 03939 zuò_5.8 集韻 坐本字。

𡉮 08461 03940 zhì_5.8 集韻 至48265古作𡉮。

𡊆 08462 40786 ní_5.8 五音集韻 俗泥字。

垞 08463 40787 tuó_5.8 篇海類編 徒禾切，音陀◇飛磚戲。亦作堶。

𡊅 08465 42843 qiū_5.8 篇海類編 同丘。

坈 08466 42844 kēng_5.8 龍龕 同坑

𡊌 08464 40788 yì_5.8 搜真玉鏡 音億。地名。䨻 集韻 乙力切。邑名 類篇 作㘈08349

埔 08467 42846 bèng_5.8 篇海類編 同堋。

垥 08468 42847 áo_5.8 龍龕 音敖。䨻 又墽09283

坥 08469 42848 pō_5.8 搜真玉鏡 音潑。

𡊔 08470 42849 gòu_5.8 龍龕 同垢

𡊙 08473 42852 pǐ_5.8 龍龕 音丕。

𡋀 08471 42850 tān_5.8 搜真玉鏡 他甘切。䨻 俗坍。

𡊚 08472 42851 píng_5.8 篇海類編 同坪。

坭 08474 u2A8CA null_5.8 未詳。

垬 08475 u2A8C9 yin_5.8 壯 路。

坮 08476 u2A8C8 yàn_5.8 二簡 堰08940簡作坮。

𪣇 08477 u2A8C7 null_5.8 未詳。

垙 08478 u2A8C6 dōng_5.8 簡 埬08781

𪣅 08479 u2A8C5 null_5.8 喃 未詳。

𪣄 08480 u2A8C4 àn_5.8 同岸13494

𪣃 08481 u2A8C3 null_5.8 未詳。

𡉱 08484 u212B1 chậu_5.8 喃 俗坧09000

𡊳 08482 u212B3 sành_5.8 喃 从土生sinh聲。瓦器。

𡊲 08483 u212B2 chõ_5.8 喃 从土主chúa聲△丐坧：蒸鍋，砂鍋。又chỏ坧𤭝：肘 又 chồ坧消：廁所 又 chỗ从場省主聲。△坧於：住處。坧伴彼：朋友關係。

𡊰 08485 u212B0 đền_5.8 喃 从填省田điền聲 大南一統志·卷一·忠節功臣廟 （明命）七年，坮塞水道，改建廟于其右。又 坮蒲：補償。坮賠：報恩 又 dien 壯 地。

𡊯 08486 u212AF biàn_5.8 集韻 𡊴08439皮變切。平土也。或書作𡊯 又 龍龕 𡊯壞二俗，坌今，坋08330正，蒲悶反。塵也。又扶悶反。地也。又房粉反。

𡊮 08487 u212AE yuán_5.8 袁54128，集韻 俗作𡊮。

𡊭 08488 u212AD mì_5.8 同密12146 龍龕 𡊭，音密。

𡊫 08489 u212AB rǒng_5.8 同坈08326

𡊪 08490 u212AA yáo_5.8 俗堯08938

𡊩 08491 u212A9 null_5.8 未詳。

𡊨 08492 u212A8 tán_5.8 俗壜09584 元·尚仲賢 單鞭奪槊·第四折 徐茂公云單雄信大敗虧輸，俺尉遲恭贏了也。探子，無甚事，賞你一雙羊，兩坛酒，一個月不打差，你回營中去罷 又 俗壇09429，草書楷化。明·徐復祚 投梭記·第十七齣·約社 仙坛淨玉京近也。都收入竹几吟毫△今簡化字並作坛。

𡊧 08493 u212A7 yǒu_5.8 同𡋬08562亦作𡊧 集韻 𡊧，於九切。邑名。

𡊥 08494 u212A5 zhào_5.8 明·焦竑 俗書刊誤 兆，俗作𡊥，非。

𡊡 08495 u212A1 zhóu_5.8 龍龕手鑑 坳，音軸△宏按，俗軸59975敦煌·P.6997 普賢菩薩說證明經 彌勒遣大力菩薩並共無量力菩薩，手捻地坳，頭戴地柱。

𡊠 08496 u212A0 yā_5.8 俗押19362 可洪音義 推坪：上都廻反。下烏甲反 又 俗凹03192 可洪音義 不坪：烏甲反。下也，窊也。正作凹、圔08179 又 龍龕 古洽切，音甲。土坪。又 nháp 喃 从土甲giáp聲。粗糙。

𡊜 08497 u2129C diàn_5.8 坫08424譌字 墨子·備城門 百步一木樓，樓廣前面九尺，高七尺，樓物居坫。

𡊙 08499 u21299 jiān_5.8 俗堅08810

𡊚 08498 u2129A pò_5.8 拍19385譌字

𡊓 08505 u21293 chí_5.8 同坻08446

𡊘 08500 u21298 yè_5.8 或俗嶫14374

𡊖 08502 u21296 boenq_5.8 壯 坋，方 塵埃。墒坋：塵土。

𡊕 08503 u21295 null_5.8 未詳。

𡊗 08501 u21297 qié_5.8 或同𡇀13489

𡊒 08506 u21292 xǐ_5.8 同𡊑08507

𡊔 08504 u21294 shì_5.8 古文市14741

𡊑 08507 u21291 xǐ_5.8 同鉨62992 又 人名 明英宗睿皇帝實錄 辛

亥詔，擇南陽地四所，為唐王世子芝埗、次子芝址、女上蔡郡主、姪芝埗第宅，徙官軍民校五十六家。

坿 08509 u3635
bù_5.8　　地名用字。茶坿，在福建省。

坐 08510 u3634
zuò_5.8　　俗坐08337

坰 08508 u21290
null_5.8　　王竹溪[新部首大字典·備考·土部]坰，可能是坰08515字。

塋 08511 u8314
yíng_5.8　　[简]塋09053

垊 08512 u578A
máng_5.8　　俗氓27659 [可洪]音義 垊俗：上莫耕反。正作氓也。

垉 08513 u5789
páo_5.8　　[龍龕]垉，步交反[直音篇]垉，音袍。

岱 08514 u5788
dài_5.8　　地名用字[元史·志·卷六十四·志第十六·河渠一]落岱村西衝圮一處，計三千七百三十三工。[又][日]沼澤[又]dae[韓]家岱，宅廛。

坳 08515 u5787
āo_5.8　　同坳08432 [又]wā山坳，即山窪。

垆 08516 u5786
lú_5.8　　[简]壚09582

垅 08517 u5785
lǒng_5.8　　[简]壠09588

垄 08518 u5784
lǒng_5.8　　[简]壟09587

垃 08519 u5783
lā_5.8　　垃圾[龍龕手鑑]垃，郎合反[直音篇]垃，即合切[又][方]坷垃kēla：土塊。

型 08520 03941
xíng_6.9　　古文㓨[廣韻]戶經切[集韻][韻會]乎經切[正韻]奚經切㛗音刑。模也。凡鑄式，以土曰型，木曰模，金曰範△本作型。[鋻][說文]本字作型08737又型08721垄08688[又][正字通]型03479同型。

垌 08521 03942
tǒng_6.9　　[玉篇]拖孔切音桶。缶垌也[又]姓。宋有垌夫，嘉定間進士，漢川人。

垍 08522 03943
jì_6.9　　[廣韻]其冀切[集韻]巨至切㛗音泊[說文]堅土也。一曰陶器。

垎 08523 03944
hé_6.9　　[廣韻]胡格切[集韻]轄格切㛗音格◆[說文]水乾也。一曰堅也[又][廣雅]垎索，狂也。

垥 08524 03945
luò_6.9　　[集韻]勒沒切音啤。垜垥也。

垠 08525 03946
yín_6.9　　[集韻]垠08545古作垠。

垗 08526 03947
rǒng_6.9　　[集韻]乳勇切音宂[玉篇]地名[鋻]坑08326同。

垐 08527 03948
cí_6.9　　古文塈[廣韻]疾資切[集韻]才資切㛗音茨[說文]以土增大道上。古作塈。

垳 08528 03949
chǐ_6.9　　[廣韻]尺氏切[集韻]敞爾切㛗音哆[說文]恃也。謂恃土地[字彙]治土也。

垒 08529 03950
lěi_6.9　　[廣韻]力委切。與累通[說文]垒，壁也。積塹爲牆壁也[鋻][又]㙳09035

垓 08530 03951
gāi_6.9　　[廣韻]古哀切[集韻][韻會][正韻]柯開切㛗音該◆[說文]兼垓八極地也。引春秋國語天子居九垓之田[封禪書]上暢九垓[又][數名][風俗通]十億曰兆，十兆曰京，十京曰垓[又][界也，守也[揚雄·箴]重限累垓，以防暴卒。[又]jiē[集韻]居諧切音皆。級也，重也[史記·封禪書]大乙

壇三垓[北齊·大禘歌]三垓上列，四陛旁升[又][地名][史記·項羽紀]漢王圍項羽于垓下[註]垓，堤名，在沛縣。一曰聚邑名[正義]垓是高岡，其聚邑及堤在垓之側，故曰垓。[鋻][又]塏08689畡35507

堙 08531 03952
yīn_6.9　　古文𡐦𡑏[廣韻]於眞切[集韻][正韻]伊眞切㛗音因[說文]塞也，抑水使西流也。水性東，以土石障之从西[又]shù[玉篇]時注切音樹[又]dòu徒候切音豆。義㛗同△[類篇]堙𡊷屬壾㛗同。[鋻][又]卓08685△與壾08617別。

屋 08532 03953
hòu_6.9　　[集韻]厚04871古作屋[又]姓[印藪]漢屋文。△[玉篇]又作至。

垍 08533 03954
duī_6.9　　[正字通]堆本字。

垗 08534 03955
zhào_6.9　　[廣韻]治小切[集韻][韻會]直紹切，並音兆。◆[說文]畔也，爲四時界，祭其中[又]祭名[周禮·春官·小宗伯]垗五帝于四郊，垗山川丘陵墳衍[又]窀㝛爲宅垗[孝經]卜其宅垗，而安厝之。通作兆。凡塋界皆曰垗。[又][集韻]徒了切音窕。義同。[鋻]又眺35514

垘 08535 03956
fú_6.9　　[廣韻][集韻]蒲北切音蔔。又[集韻][韻會][正韻]房六切音服。義同。土壅曰垘[史記·天官書]川塞谿垘[孟康註]崩也。[蘇林曰:流也[又][集韻]鼻墨切音蔔。義同。[鋻]又[新撰字鏡]塝09320垘，二同。補屋、府福二反。迴渡也。渡29675同。

垙 08536 03957
guāng_6.9　　[廣韻]古黃切[集韻][韻會][正韻]姑黃切㛗音光。陌也△或作𡐶、𡇬。[鋻]又眬35510

垚 08537 03958
jié_6.9　　[集韻]桀24005古作垚。

垚 08538 03959
yáo_6.9　　[廣韻]五聊切[集韻][韻會]倪幺切，㛗同堯。从三土積纍而上。象高形。

垛 08539 03960
duǒ_6.9　　[唐韻]徒果切[集韻][韻會]杜果切，並音笮。又[集韻]都果切音朶。義同[說文]堂塾也◆[玉篇]射垛也。[唐六典]武舉制有長垛、馬射[又]吳方言，左右个爲垛頭[又]山名。射垛山，在井陘東南。秦王翦伐趙，立射垛于此，因名。俗讀如安朶。[鋻][又]陪65533陏65564陏65565粱23901[又][可洪]音義]寶璨34415：徒果反，堆璨也，積也。正作垛08540垛種三形正。垤08718基：上徒果反，土塔也。正作垛垤08791二形，又音朶。

墢 08540 03961
duǒ_6.9　　[字彙]同垛

㙙 08541 03962
guǐ_6.9　　[廣韻]過委切[集韻][正韻]古委切[韻會]矩委切，並音詭。又[集韻]苦委切音觤。義同[說文]毀也。垣墉圯壞，皆曰㙙[詩·衛風]乘彼垝垣[又]guì[集韻]居僞切音嬀。坫也[爾雅·釋宮]垝謂之坫△或作陒。[鋻]又挽19536隓65630

垞 08542 03963
chá_6.9　　[集韻]直加切。同隑。小丘名[揚子方言]宀人呼實城中曰垞[又]地名。垞城，在徐州北[輿地志]垞古嵩國。城西南有嵩侯廟○按[玉篇]古文宅作宆，王維詩有南垞、北垞，註入聲，俗讀若茶，疑卽一字譌分。

垩 08543 03964 hàn_6.9 字彙 籀文洋字。見周宣王石鼓文郭註。○按石鼓文垩垩趨趨，釋作瀚，古借汗字彙譌作汙，非，今改正。

垟 08544 03965 yáng_6.9 廣韻 與章切 集韻 余章切𠀤音洋。土精也 易·說 泰山失金雞，西嶽失玉垟 又 土怪也 史記·孔子世家 季桓子穿井，獲一土缶，其中有羊，問于仲尼。曰：以丘所聞，土之怪則羵垟也△或作羊。

垠 08545 03966 yín_6.9 古文 墪垽整 唐韻 語巾切 集韻 魚巾切。韻會 疑巾切𠀤音銀。地垺也，岸也 爾雅·釋地 九天之際曰九垠 楚辭·遠遊 逴絕垠乎寒門 註 北極之門 淮南子·天文訓 氣有漢垠 揚雄·甘泉賦 漂龍淵而還九垠兮，窺地底而上回。又天闕決兮地垠開 又 yín 集韻 魚斤切 韻會 疑斤切𠀤音虒。義同 又 與圻08310通 又 集韻 五斤切音痕 博雅 厓也。亦作圻◇ 又 gèn 古恨切音艮。土有起跡 又 通作銀，界限也△从土从艮。艮，止也，止于其所也。鑾 又堄08672峎13832 又 㷊31481整09376亦古文垠 又 集韻 垠圻垽，五根切 博雅 厓也。或从斤。古作垽。亦書作垦08565

垡 08546 03967 fá_6.9 廣韻 集韻 韻會 𠀤房越切音伐。耕起土也 韓愈詩 予期拜恩後，謝病老耕垡△或作墢坺，通作伐坺。

垢 08547 03968 gòu_6.9 唐韻 古厚切 集韻 韻會 正韻 舉后切𠀤音苟。塵滓也 左傳·宣十五年 國君含垢，天之道也 韓非子·大體篇 不洗垢而察難知 莊子·大宗師 仿徨乎塵垢之外 又 國名 華嚴經 國名無垢，琉璃爲地 又 kòu 集韻 丘候切音寇。解垢，詭曲之辭。鑾 又垢34058坸08440茩08470

垣 08548 03969 yuán_6.9 古文 𩫖 唐韻 雨元切 集韻 韻會 于元切𠀤音袁。卑曰垣，高曰墉，牆也 釋名 垣，援也。人所依阻，以爲援衞也 詩·大雅 大師維垣 左傳·襄三十一年 子產盡壞其館之垣，而納車馬焉 又 星。有上中下三垣 史記·天官書 上垣太微宮垣十星，東垣北上相，名左掖門，西垣北上將，名右掖門 唐書·權德輿傳 左右掖垣，承天子誥命，中垣紫微宮垣十五星，左右掖與太微垣同 湘山野錄 藝祖居潛日，爲趙普飲，居席左。陳摶怒曰：紫微垣一小星，居上次，可乎。斥之，使居帝右。下垣天市宮垣二十二星 癸辛雜志 揚州分野，正值天市垣，所以人多好市 又 古邑名 一統志 垣即周召分陝處，宋改曰垣曲。又東垣，秦縣 史記·高帝紀 代相陳豨反，帝親征，豨將以東垣降，因改曰眞定 又 玉名 騈雅 嬰垣，美玉。山海經 羭次之山，其陽多嬰垣之玉 又 姓。漢西河太守垣恭 又 huán 集韻 胡官切音桓。義同。亦作窅 又 易林 噂噂所言，莫如我垣。歡嘉堅固，可以長安○按言、垣本元韻，安字宜叶音鴛 正字通 垣改音延，安音煙，則言字錯入先韻矣。鑾 又𩫖71357

垤 08549 03970 dié_6.9 廣韻 集韻 𠀤徒結切音迭。土之高也 孟子 泰山之於丘垤 又 zhí 廣韻 地一切 韻會 直質切，並音姪◇蟻封也 詩·豳風 鸛鳴于垤，婦嘆于室 陸佃曰 蟻場謂之坻，亦謂之垤。从至。以螘之微而能爲垤，用其至也。鑾 廣韻地一切。集韻 地一切。

垘 08550 03971 ài_6.9 集韻 同艾。草名。

垥 08551 03972 xié_6.9 篇海類編 虛業切音脅。堤水。

垌 08552 03973 liè_6.9 集韻 力蘖切音列。塍也。鑾 又埒08978

垨 08553 03974 qióng_6.9 集韻 渠容切音蛩。水石之島曰垨。

垪 08554 03975 fēng_6.9 集韻 封12537古作垪。

垞 08555 03976 zhái_6.9 說文長箋 與宅同。又作庑、宨。

垐 08556 03977 zuò_6.9 字彙補 古文坐08337字。

垔 08557 40789 yóu_6.9 川篇 音由。冗也。

垞 08558 40790 chā_6.9 川篇 初洽切音插。遂也。

垒 08559 40791 dé_6.9 川篇 音得。土也。

垕 08560 40792 yù_6.9 篇海類編 羊茹切音預。高土貌。

垔 08561 40793 yīn_6.9 川篇 音因。地名。

垇 08562 40794 yǒu_6.9 字彙補 於九切音颵 六書略 邑名。鑾 集韻 作坳08493

垖 08563 42845 cí_6.9 篇海類編 與垐同。

垗 08564 42853 tái_6.9 字彙補 與臺同。見集韻註○按集韻註本作坮 字彙補 誤。

垦 08565 42854 yín_6.9 篇海類編 同垠。

垘 08566 42855 fá_6.9 篇海類編 同垡。

垔 08567 42856 yīn_6.9 篇海類編 同堙。鑾 堙08621同堙08905

垚 08568 42857 hú_6.9 五音篇海 藏經胡字。

垑 08570 42859 chǐ_6.9 龍龕 同垑。

垧 08569 42858 xiǎng_6.9 龍龕 同晌。鑾 又 干祿字書 垧坰08429上俗下正。

垛 08572 42861 bǎo_6.9 篇海 同堢。

垨 08571 42860 shǒu_6.9 五音篇海 同守。鑾 又 龍龕 垨誤，垨08450正。

垐 08573 42862 jì_6.9 龍龕 音計

垚 08574 u2B754 yáo_6.9 俗堯08938

𪣓 08575 u2A8D3 null_6.9 未詳。

𪣒 08576 u2A8D2 hún_6.9 簡 埋08906

𪣑 08577 u2A8D1 nóng_6.9 地名。垴下村，在無錫。

𪣐 08578 u2A8D0 null_6.9 未詳。

𪢏 08579 u2A8CF cu_6.9 壯 洲。

𪣎 08580 u2A8CE null_6.9 未詳。

𪣍 08581 u2A8CD null_6.9 未詳。

𪣌 08582 u2A8CC null_6.9 未詳。

𪣋 08583 u2A8CB null_6.9 未詳。

垳 08584 u212E6 vách_6.9 喃 从壁省百vầu聲△垳墻：牆壁。

坺 08585 u212E5 cát_6.9　喃从土吉cát聲。沙土。

坅 08586 u212E4 jìn_6.9　簡壃09541

圭 08587 u212E3 guī_6.9　或珪34013之壞字。亦人名用字圖同窐，地名用字。

垂 08588 u212E2 chuí_6.9　同垂08454 圖俗幽15317

袁 08589 u212E1 yuán_6.9　俗袁54128 廣韻 類篇 作表。

垎 08590 u212DF gào_6.9　方越諺・卷中・地部 垎哩：垎，高傲切。山坳岡脊有通路者。又 卷上・頭字之諺第十三 塳垎頭：事有起伏阻滯 圖 古陶文彙編.3.360 楚臺衛口里垎。

坰 08591 u212D9 huí_6.9　闓陶瓷。亦作硘38927

坴 08592 u212D7 cǒi_6.9　簡墥09474

坓 08593 u212D6 null_6.9　未詳。

塒 08595 u212D4 null_6.9　未詳。

坁 08594 u212D5 null_6.9　人名用字。何琳儀 戰國古文字典 疑均之繁文。

坶 08596 u212D3 yǒu_6.9　俗坳08493

坥 08597 u212D2 null_6.9　未詳。

坐 08598 u212D1 zuò_6.9　干祿字書 坐坐坐：上俗，中、下正。

坐 08599 u212D0 zuò_6.9　同坐08598

坐 08600 u212CF zuò_6.9　俗坐08337

垃 08601 u212CE lǎo_6.9　晉 圪垃：土炕。

共 08602 u212CD gòng_6.9　共02566之繁文 犢共卑戈 牽坴毛戈。圖jīng俗莖49548 可洪音義 藋根坴：上五口反。下戶耕反 圖shì俗篕41998 可洪音義 卜坴：音晢，薈曰坴也。正作篕41998也 圖坴08342譌字。續古逸叢書本 龍龕手鑑 垪坴，才性反。坑垪也。

坽 08603 u212CC null_6.9　未詳。

坣 08604 u212CB null_6.9　未詳。

坣 08605 u212CA null_6.9　未詳。

圬 08606 u212C9 wā_6.9　俗挖19564

坙 08607 u212C8 yìn_6.9　同堊08648

窐 08610 u212C5 ǎn_6.9　或同垵08623

埊 08611 u212C4 quán_6.9　人名 清史稿・志・卷四十・志十五・災異志一 （道光）三十年三月，應城縣民宋爽先妻張氏一產三男，黃陂縣民李允埊妻劉氏一產三男。

坌 08608 u212C7 null_6.9　未詳。

坺 08612 u212C3 lǒi_6.9　喃从塘省 耒lǒi聲。凸△塘坺墥：崎嶇的道路。

坌 08609 u212C6 null_6.9　喃从基省 年nên聲△坽穎：基石，基礎 △亦作壤09673

坷 08614 u212C1 niêu_6.9　喃从土令（鬧）náo聲△垰𡎅：小砂鍋。

坥 08620 u363C null_6.9　未詳。

圯 08615 u212C0 rẩy_6.9　喃同墻09646

坈 08616 u212BF chōng_6.9　地名、人名用字 篇海 坈，音充。

坴 08617 u212B9 shù_6.9　音樹。立也。从兩。與坙08531別。

坿 08618 u363E yǔ_6.9　人名 清實錄・文宗顯皇帝實錄・卷之三百四 朝鮮國使臣李坿等三人，於午門外瞻覲。

𢦏 08619 u363D zāi_6.9　明・焦竑 俗書刊誤 𢦏24002，俗作𢦏，非。

圼 08621 u363B yīn_6.9　同垔08905

垲 08626 u57B2 kǎi_6.9　简塏09059

垵 08623 u57B5 ǎn_6.9　闓山坳。坶困：山谷 圖同垵08784小土坑。挖小土坑點種 圖anq壯（石）板。

垳 08625 u57B3 xíng_6.9　日 廣漢和辭典 埼玉県南埼玉郡の地名。

垱 08627 u57B1 dàng_6.9　简墥09481

城 08622 u57CE chéng_6.9 參見城08668

垴 08624 u57B4 nǎo_6.9　方小山頭。

埄 08628 u57B0 nòng_6.9　俗弄15937 可 洪音義 不垄：音孟。韓小荊：對應經文「心樂出而不弄不動」，埄為挵字俗訛。音孟，誤 圖kǎ 日 同垰13632

垮 08629 u57AE kuǎ_6.9　倒塌。

垭 08630 u57AD yà_6.9　简埡08767

垬 08631 u57AC hóng_6.9　集韻 垬，胡公切，埪也。

垫 08632 u57AB diàn_6.9　简墊09215

垪 08633 u57AA kēng_6.9　俗坑08338 可 洪音義 作垪：苦庚反。正作坑、砊38956也 龍龕 垪，音坑08326 圖俗牆32418 漢語大字典.V.2.P.474 垪，同牆 圖俗缾45299 可 洪音義 垪形：上音瓶，正作缾。

圣 08634 u57A9 shèng_6.9　同文通考・省文 圣，聖46636也。又 宋元以來俗字譜 引 古今雜劇 等 圖简玺08815

埕 08635 03978 niè_7.10　廣韻 奴結切 集韻 乃結切丛音涅。塞也，下也。鑾 又呈08311埕08902

埣 08636 03979 xīng_7.10　廣韻 息營切 集韻 韻會 正韻 思營切丛音騂 說文 黑剛土也。與埣同。

埌 08637 03980 xiàn_7.10　廣韻 集韻 丛胡典切音現。泥塗。又大坂 圖jiǎn 廣韻 古典切 集韻 吉典切丛音繭。塗也。

垸 08638 03981 wán_7.10　廣韻 集韻 丛胡官切音完 說文 以黍和灰而鬃也。一曰補垸 周禮・冬官考工記 冶氏爲殺矢，刃長寸，圍寸，鋌十之，重三垸 註 垸，量名。讀爲丸 疏 其垸，是稱量之名，非斛量之號 圖huàn 集韻 胡玩切音換。義同。鑾 龍龕 垸或作，浣正。

垿 08639 03982 liù_7.10　古文畞 廣韻 集韻 丛力救切音溜。耕地起土。一曰壠也 圖jiù 集韻 居又切音究。耕壠中。

垻 08640 03983 bèi_7.10　集韻 博蓋切音貝。姓也 正字通 按 姓苑 無此姓 萬姓統譜 作坐。

琷 08641 03984 ào_7.10　玉篇 古文墺09405字。

埄 08642 03985 bāng_7.10　廣韻 博江切 集韻 悲江切丛音邦。土精也 宋小說 徐廷評監盧州酒稅，河次得一物，如小兒掌無指，懼而貍之。或曰此 白澤圖 所謂埄也，食之多力。鑾 又挷19665

垺 08643 03986 bó_7.10　廣韻 韻會 丛蒲沒切音孛 博雅 塵也。一曰塵起貌△或作坺。

垺 08644 03987 fū_7.10　集韻 芳無切音孚 說文 郭也，同郛。亦作垺 圖 釋名 山上有水曰垺。垺，脫也，脫而下流也。

又póu蒲侯切音裒。大也，盛也莊子·秋水篇精，小之微也，垺，大之殷也 又pǒu薄口切。同㟝。或作垺。

⿰圥圥 08645 03988 yáo_7.10 玉篇古文堯08938字。

垻 08646 03989 bèi_7.10 集韻博蓋切音貝。障水堰也。今人謂堰埭曰垻 又bà廣韻集韻𠀤必駕切音霸。蜀人謂平川曰垻黃庭堅詩君家冰茄白銀色，殊勝垻裏紫彭亨△一作灞礴。

垼 08647 03990 yì_7.10 六書故同坄禮·喪大記甸人爲垼于西牆下註甸人取西牆土爲塊竈。

垽 08648 03991 yìn_7.10 廣韻魚僅切韻會疑僅切，𠀤銀去聲。滓也 又廣韻吾靳切集韻語靳切韻會五靳切𠀤音憖爾雅·釋器澱謂之垽。

鑾又垽08607 又龍龕㴉28665，舊藏作垽。

垾 08649 03992 hàn_7.10 廣韻集韻韻會侯旰切正韻侯幹切𠀤音翰。小隄也六書本義岸俗作垾。

⿰土每 08650 03993 méi_7.10 集韻謨杯切音枚。塵也。同塺 又mù廣韻集韻𠀤莫六切音目。地名。殷近郊地古文尚書作坶說文作坶。通作牧。

埀 08652 03995 chuí_7.10 俗垂字。

垿 08651 03994 xù_7.10 集韻象呂切。同序博雅反坫謂之垿。鑾又㘰08324

埁 08653 03996 qín_7.10 集韻才淫切音𡎦。土也。一曰岑字之譌。

埂 08654 03997 gēng_7.10 廣韻古行切集韻居行切𠀤音庚說文秦謂坑爲埂 又gěng◆廣韻集韻類篇𠀤古杏切音綆倉頡篇小坑也。鑾又𡐨08967

埃 08655 03998 āi_7.10 唐韻集韻韻會正韻𠀤於開切音哀說文塵也。凡風起而揚沙皆曰埃前漢·景十三王傳杳冥書昏，塵埃抪覆後漢·逸民傳蟬脫囂埃之中 又叶於支切音醫楚辭·漁父安能以皓皓之白，而蒙世俗之塵埃乎。與上衣叶◇朱子註塵埃，史作溫蠖。溫蠖猶惛憒。若从史則白叶蒲各切，蠖于郭切，二字自叶。

鑾又可洪音義塵𡏂17506：同上（埃）。或作𡏂30974，音哀 又後漢·逸民傳蟬脫囂埃之中。徐慧：蟬蛻。

埄 08656 03999 bèng_7.10 字彙蒲幪切。同塳。塵起貌。鑾又直音篇埄，音峰。壞也 又𡎼09567埄09182

埅 08657 04000 fáng_7.10 集韻同防呂氏春秋季春之月，命有司修利隄埅。一作防 又字彙補古文地字亢倉子·臣道篇埅生反物。又全道篇靖者，道之埅。

⿰土弄 08658 04001 lòng_7.10 集韻盧貢切音弄。穿穴也。

埆 08659 04002 què_7.10 廣韻苦角切集韻韻會克角切𠀤音㱿集韻同㱿爾雅·釋山疏山多大石也 又墝埆，不平也。一曰瘠薄也史記·三王世家燕地墝埆 又jué集韻韻會𠀤訖岳切音角。獄也。引詩·行露註：獄，埆也正字通按埆爲獄，周制無此名。一說說文埍訓女牢，埆卽埍之譌。鑾又墽埆13742，亦作磽确38966，同墝埆，貧瘠。

埇 08660 04003 yǒng_7.10 廣韻余隴切集韻韻會正韻尹竦切𠀤音勇。道上加土。與甬道甬同 又地名，在淮泗閒。

埈 08661 04004 jùn_7.10 廣韻集韻𠀤同陖

埉 08662 04005 jiá_7.10 集韻訖洽切音夾。水旁地正字通與陜陝陿通。

埊 08663 04006 dì_7.10 玉篇古地08280字前漢·趙充國傳令不得歸肥饒之埊○按類篇謂唐武后作埊，非。鑾張猛龍碑即蔭經行之埊。

埋 08664 04007 mái_7.10 唐韻莫皆切集韻韻會正韻謨皆切𠀤音霾◆釋名葬不如禮曰埋。痗也，趨使痗腐而已 又藏也左傳·昭十三年埋璧于太室之庭後漢·張綱傳漢安元年，遣八使循行風俗，綱獨埋其車輪于洛陽亭△說文本作薶。俗作埋周禮省作貍。

埌 08665 04008 làng_7.10 集韻韻會正韻𠀤郎宕切音浪博雅壙埌，冢也揚子方言秦晉謂冢曰埌 又壙埌，原野逈貌莊子·應帝王遊無何有之鄉，以處壙埌之野。

⿱亞土 08666 04009 zuò_7.10 玉篇同坐。

埍 08667 04010 xuàn_7.10 廣韻集韻𠀤胡畎切音泫說文徒隸所居也 又集韻一曰女牢 又一曰亭部 又juǎn廣韻姑泫切集韻類篇古泫切𠀤音畎。義同。

城 08668 04011 chéng_7.10 唐韻是征切集韻韻會正韻時征切𠀤音成。內曰城，外曰郭釋名城，成也。一成而不可毀也古今注盛也，盛受國都也淮南子·原道訓夏鯀作三仞之城。一曰黃帝始立城邑以居白虎通天子曰崇城史記·始皇本紀帝築萬里長城前漢·元帝紀帝初築長安城，城南爲南斗形，城北爲北斗形，因名斗城 又諸侯僭侈，建城踰制，謂之產城，若生子長大之義司馬法曰攻城者，攻其所產 又唐·李肇·國史補元日、冬至，大朝會，百官已集，宰相後至，列燭多至數百炬，謂之火城王禹偁·待漏院記北闕向曙，東方未明。相君啓行，煌煌火城 又層城淮南子·地形訓掘崑崙墟以下地，中有層城九重孫綽·天台賦荀台嶺之可攀，亦何羡于層城 又官名左傳·文十六年公子蕩爲司城註宋桓公以武公諱司空改司城。又宮名前漢·班倢伃傳倢伃居增城舍 又山名。析城，在河東濩縣西書·禹貢底柱析城。又赤城山，在會稽東南孫綽·天台賦赤城霞起以建標。又墓地曰佳城博物志夏侯嬰死，送葬至東都門外，馬跼地悲鳴，掘之，得石槨，銘曰：佳城鬱鬱，三千年見白日。吁嗟滕公，居此室 又姓。城渾。又司城，複姓。

鑾通作城08622 又𨤼70869

埏 08669 04012 yán_7.10 唐韻以然切集韻韻會正韻夷然切，並音延。地際也。又集韻韻會時連切。義同。八埏，地之八

際図墓道 後漢·陳蕃傳 民趙宣葬親而不閉隧埏。亦作
羨図shān 廣韻 式連切 集韻 韻會 正韻 尸連切丛音羶。
水和土也。鋬又壥09371 埏08744

埐 08670 04013
jīn_7.10 廣韻 子心切 集韻 咨林切丛音祲。說文
埐，地也図qín 廣韻 昨淫切 集韻 才淫切，丛音鱏。地
名。鋬又壥09094

埒 08671 04014
liè_7.10 唐韻 正韻 力輟切 集韻 韻會 龍輟切丛音
劣 說文 庳垣也 世說 晉王濟有馬埒，謂于外作短垣繞之
図 爾雅·釋山 山上有水，埒 疏 謂山巓之上有停泉名埒。
又 釋丘 水潦所還，埒丘 註 謂丘邊有界埒，水環繞之。
埒，小堤也 列子·湯問篇 終北之山名壺領，頂有口，有
水涌出，名曰神瀵，一源分爲四埒図 畫界分程曰埒 淮
南子·原道訓 聰明不損而知八紘九野之形埒図 等也 晉
語 叔向、子產、晏嬰之才相等埒 史記·貨殖傳 程鄭山東
遷虜，富埒卓氏△俗作埓，非。鋬 正字通 畷，俗埒字。

垠 08672 04015
yín_7.10 說文 垠本字。

坡 08673 04016
pō_7.10 集韻 與峻同。鋬 或同陂65528，坡 字彙補
坚 集韻 與峻同。按 集韻 陵，須閏切 說文 高也。或作峻
墜嶠 字彙補 坚，或墜的誤字。

墍 08674 04017
jī_7.10 字彙補 同基。見 漢劉修碑

埠 08675 04018
hán_7.10 字彙補 回蘭切音韓 字義總略 姓也。元草
書韓字。

坒 08682 40796
bì_7.10 集韻 同陛 **埑** 08676 04019
zhé_7.10 字彙補 同哲
鶡冠子·王鈇篇 鉤于內哲 註 或作坒。

坺 08677 04020
shā_7.10 字彙補 同沙。見 漢三老袁君碑

垳 08678 04021
duì_7.10 集韻 徒外切音兌。牆墮也。

坰 08680 04023
ào_7.10 玉篇 古文壞09405字。

坽 08681 40795
kuí_7.10 五音篇海 口圭切音奎。星名。

堢 08683 40797
bǎo_7.10 篇海類編 同保。

塽 08686 42864
kēng_7.10 龍龕 同坑 **垗** 08679 04022
bēng_7.10 集韻 晡橫切
音浜。冢口穴。鋬 廣韻 或作掤19805，非。

堊 08684 40798
è_7.10 五音篇海 音堊。白土也。

堀 08687 42865
chí_7.10 龍龕 音坻 **壺** 08685 42863
yīn_7.10 字彙補 烏欣
切，音垔◇塞也○按卽垔字之譌。

峒 08689 42867
gāi_7.10 龍龕 同垓 **坓** 08688 42866
xíng_7.10 五音篇海 音
刑。鑄鐵模也○按卽型字之譌。鋬 又型08721

坥 08690 42868
yuàn_7.10 龍龕 同院 **坥** 08691 42869
gāng_7.10 龍龕 同堽

坳 08692 42870
ào_7.10 篇海類編 音腰。鋬 字彙補 坳，與坳同。

堁 08693 42871
duò_7.10 川篇 音惰 **埗** 08694 42872
duī_7.10 龍龕 同堆

塭 08695 42873
xīn_7.10 龍龕 音弘。鋬 龍龕 音新。

垬 08696 u2A8E5
wǔ_7.10 直音篇 垬，音武。

垎 08697 u2A8E3
null_7.10 未詳。 **坆** 08698 u2A8E2
null_7.10 未詳。

埪 08699 u2A8E1
null_7.10 未詳。 **塔** 08700 u2A8E0
null_7.10 喃 未詳。

坯 08701 u2A8DF
null_7.10 未詳。 **垞** 08702 u2A8DE
null_7.10 未詳。

坉 08703 u2A8DD
zào_7.10 方 山坳。 **埼** 08704 u2A8DC
null_7.10 未詳。

圳 08705 u2A8DB
null_7.10 四部叢刊·三編子部·通玄真經·卷第六·上
德 老子曰：鳴鐸以聲自毀，膏燭以明自煎，虎豹之文來
圳，猨狖之捷來格△宏按，他本圳作射。

埞 08706 u2A8DA
yàn_7.10 同堰08940 殼殼蓋 用大菏于五邑守埞。

埞 08707 u2A8D9
dī_7.10 俗堤08925 **埄** 08708 u2A8D8
null_7.10 未詳。

屖 08709 u2A8D7
zhèn_7.10 同振19655 吳王光編鐘殘片 屖鳴叔鼐。

墊 08710 u2A8D6
null_7.10 未詳。 **坥** 08713 u21323
bāi_7.10 喃 俗壩09570

坑 08711 u2A8D5
gwx_7.10 壯 坵坑：後退

垮 08712 u2A8D4
null_7.10 未詳。 **坶** 08714 u21322
haem_7.10 壯 埋。
図hàm_喃 从壥省含hàm聲。△坶塸：壥溝。

埞 08715 u21321
tǐ_7.10 同梯24221 墨子·經說下 是埞，挈且挈則行
図bệ_喃 从土弟đệ聲。底座。

坻 08716 u21320
đáy_7.10 喃 从土低đây聲。底。

堅 08717 u2131B
null_7.10 未詳。 **埊** 08718 u2131A
chán_7.10 龍龕 埊俗壥
09097今，士連、尺山二反。壥門聚，在睢陽也図duǒ俗
垜08539 可洪音義 土埊：徒果反。正作垜也。

埏 08724 u2130E
null_7.10 未詳。 **垹** 08719 u21318
tú_7.10 同涂28352 墨
子·卷六·節葬下 輿馬女樂皆具，曰必捶垹。畢沅：垹當
為涂 說文 玉篇 無垹字。言築涂使堅。

坺 08725 u2130D
null_7.10 未詳。 **埫** 08720 u21314
qiào_7.10 玄應音義 峻
峭：又作陗，或作埫，同。且笑反。

型 08721 u21311
xíng_7.10 同坓08688 俗型08520

坫 08722 u21310
diàn_7.10 俗坫08880 **埲** 08723 u2130F
shēn_7.10 古璽彙編·姓
名私璽.1482 畋埲。按，或勢字。

堅 08726 u2130C
null_7.10 未詳。 **球** 08727 u2130B
null_7.10 未詳。

垩 08728 u2130A
null_7.10 未詳。 **坰** 08730 u21308
null_7.10 未詳。

垮 08729 u21309
null_7.10 琜34104字殘訛。

坁 08731 u21307
qì_7.10 俗砌38697 **垙** 08735 u21303
gào_7.10 漢語方言大
詞典 垙，(一)施(肥)。吳語。(二)遍。量詞。江淮官話。

奎 08732 u21306
yú_7.10 中文大辭典 畬35549之俗字。

墢 08733 u21305 baed_7.10 壯佛像，龕神臺。亦作林23883

埬 08734 u21304 null_7.10 地名用字。東埬，在浙江景寧縣。

埲 08736 u21302 bèn_7.10 直音篇湓28296，音坌。水出貌。坌，同上。

𡌁 08737 u21301 xíng_7.10 型08520本字。見說文

𡌀 08738 u21300 bết_7.10 喃从土別biết聲。沾污。

𡋾 08740 u212FE null_7.10 未詳。

𡋿 08739 u212FF lở_7.10 喃从壞省呂lữ聲△墻坧：殘垣 又 trã从土呂lã聲。砂鍋。

𡋽 08741 u212FD null_7.10 未詳。

𡋼 08742 u212FC null_7.10 未詳。

𡋻 08743 u212FB null_7.10 未詳。

𡋺 08744 u212FA yán_7.10 俗埏08669

𡋹 08745 u212F9 hè_7.10 俗壑09493 廣碑別字 引 明司子忠淑人王氏墓誌

垳 08746 u3646 null_7.10 未詳。

垐 08748 u5832 jì_7.10 同塈08942

㙏 08747 uFA0F null_7.10 鱸㙏，人名。見包山楚簡

埛 08749 u57DB jiōng_7.10 同坰08429 可洪音義 埛上：上古營反。

埚 08750 u57DA guō_7.10 简堝08913

埙 08751 u57D9 xūn_7.10 简塤09093

埘 08752 u57D8 shí_7.10 简塒09062

埔 08755 u57D4 pǔ_7.10 地名用字。黄埔、埔里 又 bù大埔縣，在廣東。

埗 08753 u57D7 bù_7.10 方 同埠08764埗頭：碼頭。抵埗：抵達。

埕 08754 u57D5 chéng_7.10 通雅 甇，大甕，今俗曰埕。元·李文蔚 燕青博魚·第二折 隔壁三家醉，開埕十里香。

埓 08756 u57D3 liè_7.10 正字通 埒08671，俗作埓，非。

垯 08757 u57AF da_7.10 简墶09403

埜 08758 04024 yě_8.11 集韻 野62681 古作埜 史記·司馬相如傳 膏液潤埜草而不辭 又 姓。明正統中南昌千戶埜佑，固安人。

埫 08759 04025 fèi_8.11 廣韻 扶沸切 集韻 父沸切音屝。塵也。又 集韻 府尾切。義同。鎣又㙅66989𡍮66982又 新撰字鏡 㙅10167，扶畏、浦鬼二反。埫字。塵也。

埞 08761 04027 chí_8.11 字彙 同堤

埝 08760 04026 diàn_8.11 廣韻 集韻 太都念切音店 說文 下也。引 春秋傳 墊或作埝 又 niè 廣韻 奴協切 集韻 韻會 諾叶切太音攝。益也。又陷也。

域 08762 04028 yù_8.11 古文𡋫𨹹𢦥 唐韻 雨逼切 集韻 韻會 正韻 越逼切太音棫。邦也。區域也，界局也 古氣墳 歸止居域 詩·商頌 肇域彼四海 周禮·地官·大司徒 以天下土地之圖，周知九州之地域廣輪之數 又 宇內曰域中 莊子·秋水篇 汎汎乎若四方之無窮，無所畛域 淮南子·俶眞訓 至德之世，甘瞑于溷澖之域 又 外國曰絕域 前漢·武帝紀 詔州郡察吏民，有可爲將相，使絕域者 又 墓限曰域。周禮·春官·冢人 掌公墓之地，辨其兆域 又 集韻 乙六切音郁 謝惠連·雪賦 雪宮建于東國，雪山峙于西域。叶下竹△別作蜮，見 佩觽。彧與或不同。彧音耊，从戈从口从壬。此从或从土。鎣又減29772

埱 08763 04029 chù_8.11 集韻 丑玉切音踀。牛馬所蹈處 又 rǔ儒欲切音辱。義同。鎣又埱09268

埠 08764 04030 bù_8.11 正字通 同步。舶船埠頭◆通雅 埠頭，水瀕也。又籠貨物積販商泊之所。鎣又埗08753

埱 08765 04031 yù_8.11 集韻 同淤。濁泥也。

埗 08766 04032 xià_8.11 集韻 虛訝切音罅。地名，在晉。

埡 08767 04033 wǔ_8.11 集韻 於五切音鄔，小障也。一曰庳城也。又 wù烏故切音洿。野聚也△本作隖。或作塢 埤蒼 作碢 舉要 堊同埡。鎣又yà 方 山埡。亦作崕13864嵒13863 峊13887埡08630 又 元·虞集 平章政事張公墓誌銘 獨南峊西坑之寨尤險固。

埂 08769 04035 tiǎn_8.11 集韻 同腆

埢 08768 04034 juǎn_8.11 唐韻 居轉切 集韻 古轉切太音卷。冢土也 又 juàn 集韻 古倦切音眷。限曲也 又 quán驅圓切音拳。圓牆也 又 luán逵員切，音孌。埢垣，曲牆也 揚雄·甘泉賦 登降峛崺，單埢垣兮 註 單，音蟬。單，大貌。埢，垣圜曲貌。

埣 08770 04036 suì_8.11 集韻 蘇對切音碎。土不黏者 又 sù蘇骨切音窣。土頹落也。鎣又埣08385

埤 08771 04037 pí_8.11 廣韻 符支切 集韻 韻會 頻彌切太音陴。附也，增也，厚也 詩·邶風 政事一埤益我 又 高曰垣，低曰埤，皆牆也 杜甫詩 掖垣竹埤梧十尋 又 bì 集韻 部靡切，被上聲。下濕也 晉語 松柏不生埤 司馬相如·子虛賦 其埤濕則生藏莨蒹葭 又 pǐ 集韻 韻會 部弭切 正韻 部比切太音婢。田百畝謂之埤 又 pì 集韻 匹計切音睥。埤堄，女牆也。與陴擗俾同。鎣又埤08779堺08885壀09241堺08884 又 埤堄，亦作陴院、僻倪、轉倪、敀堄、擗堄、辟堄。

埥 08772 04038 qīng_8.11 玉篇 七盈切。青精土也 正字通 同埩。

埦 08773 04039 wǎn_8.11 集韻 鄔管切，音盌。與盌瓮椀同。

埧 08774 04040 bà_8.11 字彙 忌遇切音具。堤塘△正字通 譌字。按堤塘無埧名。鎣俗壩09667

埨 08775 04041 lǔn_8.11 集韻 縷尹切，淪上聲。壟土也 又 lùn盧困切音論。坎陷也。

埩 08776 04042 zhēng_8.11 廣韻 側莖切 集韻 甾莖切太音爭。理也，治也 又 chéng 廣韻 士耕切 集韻 鋤耕切太音崢。魯城北門池。鎣又埥08772

埪 08777 04043 kōng_8.11 廣韻 苦紅切 集韻 枯公切太音空。龕謂之埪。

埫 08778 04044 chǒng_8.11 廣韻 丑隴切 集韻 丑勇切太音寵。埫𡍬，不安貌。

坒 08779 04045
pí_8.11 同埤。

塔 08780 04046
tà_8.11 集韻託合切音塔。物墮聲 又達合切音沓。累土也。 鋻又鑬64669

埬 08781 04047
dōng_8.11 廣韻德紅切集韻都籠切夶音東。上埬，地名。與堥別。鋻又垜08478

埭 08782 04048
dài_8.11 唐韻徒耐切集韻韻會待戴切正韻度耐切夶音代。以土堰水也。往來舟舶征榷之所，兩岸樹轉軸，遇舟過，以綆繫舟尾，或以人，或以牛，推軸輓之而前晉中興書以牛車牽埭，取其稅。又謝元堰呂梁埭通漕 又地名。石埭，在池州東南寰宇記貴池之源有兩石，橫亘溪上如埭，因名△埭通作硾。俗作埭。鋻又埭09306

埮 08783 04049
tàn_8.11 集韻吐濫切音俶。壛埮，地平而長。 又tán正字通徒甘切音談。甀屬。俗作壜。

埯 08784 04050
yǎn_8.11 廣韻集韻衣檢切韻會倚广切正韻於檢切夶音掩。土覆物也。坑合之窊 又集韻韻會夶鄔感切音黯。小阬也△本作奄。或加土。鋻又埯08623

埰 08785 04051
cài_8.11 廣韻集韻夶倉代切音菜。采地也。 又cǎi集韻此宰切音採揚子方言冢，或謂之埰郭璞註古者卿大夫有采地，死葬之，因名正字通采官也。因官食地，故曰采地。

塲 08786 04052
zhàng_8.11 集韻同場。祭神道也。一曰田不耕。一曰治穀田也 又集韻韻會夶知亮切音帳。沙塲起也。

埱 08787 04053
chù_8.11 廣韻集韻夶昌六切，音俶說文氣出土。一曰始也。與俶同。

埲 08788 04054
běng_8.11 廣韻集韻夶蒲蠓切音菶。塵起貌。 又bèng集韻補孔切音琫。義同。鋻又埄08656

埳 08789 04055
kǎn_8.11 玉篇同坎莊子·秋水篇埳井之蛙。鋻又塪09177

埴 08790 04056
zhí_8.11 廣韻常職切集韻韻會正韻丞職切夶音寔說文黏土也書·禹貢厥土赤埴墳 又陶旊之工謂之摶埴周禮·冬官考工記摶埴之工莊子·馬蹄篇陶者曰：我善爲埴 又瞽者以杖摘地而後行，謂之摘埴揚子·修身篇摘埴索塗，冥行而已。或作埴、堲 又類篇質力切。埴、堲同。鋻又埴08849墌09347戠19008戴18992 又龍龕埴皐二俗，埴正。

埵 08791 04057
duǒ_8.11 集韻都果切音朵說文堅土也。从垂。鋻又埵09372 又敦煌．Φ096.雙恩記薩埵，勇猛義。

绖 08792 04058
guài_8.11 集韻古壞切音怪。大也。鋻又銤31095 絓09909 又直音篇绖09912同绖。

埶 08793 04059
yì_8.11 唐韻魚祭切集韻韻會正韻倪制切，夶同藝51581說文種也 又六埶、才埶 又廣韻集韻韻會夶始制切音世。與勢同•禮·禮運刑仁講讓，示民有常，如有不由此者，在埶者去衆以爲殃註在埶，居尊位也。去謂不由禮而去仁讓及上著義考信著過五事也前漢·高帝紀秦得百二地執便利。鋻又埶09015藝09398 蓺50647

執 08794 04060
zhí_8.11 唐韻集韻韻會之入切正韻質入切夶音汁。守也，持也書·大禹謨允執厥中 又處也禮·樂記師乙曰：請誦其所聞，吾子自執焉 又塞也左傳·僖二十八年子玉使伯棼請戰曰：非敢必有功也，願以閒執讒慝之口 又父之友曰執友禮·曲禮見父之執，不問不敢對後漢·馬援傳援爲梁松父執，松貴拜援牀下，援不之答 又捕也禮·檀弓肆諸市朝，而妻妾執孟子執之而已。 又姓。又執失代，三字姓 又與埶同前漢·朱博傳豪强執服註謂畏威懾服也△本作埶，省作執。亦作瓲。鋻又僟01822执19210埶45816軴10219埶03152 又集韻執，古作秇40214△宏按，秇當同秄40227，亦埶08793古文。

場 08795 04061
yì_8.11 唐韻羊益切集韻韻會正韻夷益切夶音亦。說文田畔也。大界曰疆，小界曰場詩·小雅疆場翼翼前漢·食貨志瓜瓠果蓏，殖于疆場 又邊境也左傳·成十三年鄭人怒君之疆場△場从易，與場別。

培 08796 04062
péi_8.11 廣韻薄回切集韻韻會正韻蒲枚切夶音裴說文培敦，土田山川也。一曰益也，養也中庸栽者培之 又bèi集韻薄亥切音倍。重也莊子·逍遙遊而後乃今培風。一曰鼻墨切音蔔 又揚子方言晉楚之間，冢謂之培 又pǒu廣韻集韻夶薄口切音瓿。小阜也晉語趙簡子使尹鐸爲晉陽，曰必墮其壘培 又péi集韻鋪枚切。同瓿，瓦未燒者 又péi蒲來切音培。封埴也 又fú房尤切音浮。人名。魯有申培公。鋻又嶏13796嵃14006埠08644埁08819

基 08797 04063
jī_8.11 古文至唐韻集韻韻會居之切音姬揚子方言基，據也。在下，物所依據也詩·大雅止基廼理潘岳·藉田賦結崇基之靈趾 又田器孟子雖有鎡基 又門塾之址詩·周頌自堂徂基 又樂名孝經緯伏犧之樂曰立基 又山名山海經賣爰山東三百里曰基山。 又集韻渠之切。與朞通咸陽靈臺碑承祠基年，鮪魚復生。鋻又方言基據也。徐慧釋名 又坖08391至08283皐08674 又龍龕跴58992跴59259二俗，居之反。正作基。本也。

坮 08798 04064
tái_8.11 集韻臺48291古作坮。

臺 08799 04065
tái_8.11 集韻同臺，省。

埻 08800 04066
zhǔn_8.11 廣韻集韻韻會正韻夶之尹切音準。射的周禮或作準 又zhùn集韻韻會正韻夶朱閏切音稕。壘土也 又duò集韻徒臥切音憜。亦曰射埻 又duī•都回切音堆。攢埴所覆。又guō光鑊切音郭。流沙中有埻端國。見山海經。鋻又墇09555壿09590壿09597

埼 08801 04067
qí_8.11 廣韻集韻渠羈切正韻渠宜切夶音奇。曲岸頭也司馬相如·上林賦觸埼穿石，激埼堆 又集韻渠希切音祈。或作碕崎隑。鋻又鯖72267

埽 08802 04068

sǎo_8.11　唐韻 集韻 韻會 正韻 夶蘇老切音嫂 說文棄也。从帚，以帚却土也 図sào 廣韻蘇到切 集韻 韻會 正韻先到切夶音噪 周禮·地官·閽人 掌埽門庭 禮·少儀汜埽曰埽，埽席前曰拚 註汜埽，席埽也。拚，除穢也。図隄岸曰埽。竹木爲枋，柳實其中，和土以捍水，今黃河之役用之。鼇 周禮·地官·閽人 掌埽門庭。黃雲眉：地官乃天官之誤 図 正字通 掃19866本字。

聚 08803 04069

jù_8.11　廣韻才句切 集韻 韻會 从遇切 正韻族遇切夶音聚。說文土積也。从聚省 廣韻埪也 鼇又塞09495

埿 08804 04070

ní_8.11　廣韻奴低切 集韻 韻會 年題切夶音泥。塗也 図ni 廣韻奴計切 集韻 乃計切夶音嬭。泥也 図bàn 廣韻蒲鑑切。同淖。淖也。鼇又堰08977 関65388 図 可洪音義蘇埿：奴禮反，智也。正作閖64976坭08426二形也，侍者名也，大悲和尚涅槃經要作坭字，是也。渥28811濕：上奴兮反。正作埿。

堀 08805 04071

kū_8.11　廣韻 集韻 正韻 夶苦骨切。同窟。孔穴也 左傳·昭二十七年 吳公子光伏甲于堀室而享王 前漢·鄒陽傳 伏死堀穴巖藪之中 図jué 廣韻具物切 集韻 韻會 正韻渠勿切夶音倔。突也 宋玉·風賦 堀堁揚塵〇按堀對揚言，堁對塵言。諸家訓堀、堁爲塵，座誤。鼇篆作堀09454堁09431 說文堀，突也。堁，兔堀也。段注：堀，突也。从土屈聲 図堀，或同。

堁 08806 04072

kě_8.11　廣韻 集韻 韻會 正韻 夶苦果切音顆。塵起貌 淮南子·主術訓 揚塺而弭塵 図kè 集韻 苦臥切音課。堀堁，塵起貌。一曰阜也 博雅 堁塵也 図kuài 正韻窺對切音塊。義同。一曰草器。

堂 08807 04073

táng_8.11　古文坣臺 唐韻 廣韻 集韻 韻會 正韻 夶徒郎切音唐 說文殿也。正寢曰堂 釋名 高顯貌 演義 當也，謂當正向陽之宇也 詩·豳風 躋彼公堂 図明堂，王者朝諸侯之宮 禮·明堂位 明堂也者，明諸侯之尊卑也 前漢·郊祀志 武帝元封元年，濟南人公玉帶上黃帝時明堂圖 図堂室 爾雅·釋宮 古者有堂，自半已前虛之，謂之堂，半已後實之，謂之室 図官署 漢官儀 黃門有畫堂之署，中書省玉堂 揚雄·解嘲 歷金門，上玉堂。今翰林院亦曰玉堂 唐書·百官志 初，三省議事于門下之政事堂，其後裴炎遷于中書省 図戶部有考堂，天下歲會計處 図吳郡國志 郡太守堂，乃春申君子假君之故宅，數失火，以雌黃塗之乃止，故郡治曰黃堂 呂氏春秋 宓子賤鳴琴而單父治，故縣治曰琴堂 図堂堂，盛也，正也 論語 堂堂乎張也 淮南子·兵略訓 堂堂之陣 図衆笑曰哄堂 因話錄 御史有臺院、殿院、察院，一人知雜事，名雜端。公堂會食皆絕笑，左右不可忍，雜端笑而三堂皆笑，遂謂哄堂 図佛堂曰膴堂 釋氏要覽 毗舍離爲佛作堂，形如鴈字，因名 図巫祭 周禮·春官 男巫冬堂，贈無方無算 註冬歲之窮，設祭于堂，贈送萬鬼也 図地名 詩·鄘風 望楚與堂 註楚，楚丘。堂，丘之旁邑 図山之寬平處曰堂 詩·秦風 終南何有，有紀有堂 図姓 韓詩外傳 堂衣若扣

孔子之門。又複姓。漢儒高堂生，唐貞觀詔從祀。鼇又陞65871 図 第二次漢字簡化方案（草案）·第一表·可作簡化偏旁的簡化字 堂，簡作坣。可類推簡化的字：蟑 第二表·同音代替字 鏜喹膛，簡作坣。

堃 08808 04074

kūn_8.11　字彙同坤 図宋將馬堃 字彙 作馮堃，非。鼇又埅08897

塊 08809 04075

yì_8.11　廣韻五計切 集韻 韻會 研計切 正韻倪計切夶音詣。埤堄，女牆也。開箭眼以窺望城下，因名。亦作僻倪。或作睥睨 図ní 集韻 吾禮切，音睨。義同。鼇又阢65706

堅 08810 04076

jiān_8.11　廣韻古賢切 集韻 韻會 正韻經天切夶音肩。實也，固也，勁也 詩·大雅 實堅實好 禮·月令 季冬之月，水澤腹堅 図將在中軍曰中堅 後漢·光武紀 衝其中堅 図姓。見 姓苑 図 諡法 彰義掩過曰堅。鼇又堅08412坚08397䂻48166

堆 08811 04077

duī_8.11　唐韻 集韻 韻會 正韻 夶都回切，對平聲。聚土也 楚辭·九歎 陵魁堆以蔽視兮 図舍也 戰國策 鍾期堆琴 註猶 論語 舍瑟也 図地名 前漢·地理志 蜀守李冰，鑿離堆以息水患。堆，一作隹。又灎澦堆，在蜀夔州 杜甫詩 故馮錦水將雙淚，好過星塘灎澦堆 図鳥名。驪山有鳥，名阿濫堆。唐玄宗御玉笛，以其聲翻爲曲 張祐詩 至今風俗驪山下，村笛猶吹阿濫堆 図灰堆 金坡遺事 吳俗，除夜將曉，婢僕持杖擊糞壤，致詞祈利市，謂之打灰堆 △史記 作碓 漢書 作皁。俗作塠 鼇 埀13722堇56546厴15528厴04902坥08455㤰04540塤08533埪08694嵝13820崋14125泹28166 図 正字通 堆，俗作塠，譌作塴09492

堇 08812 04078

qín_8.11　唐韻巨斤切 集韻 韻會 渠斤切夶音勤 說文黏土也。徐曰黃土乃黏 五代史 劉守光圍滄州，城中雜食堇塊 図時也 管子·五行篇 修槩水土，以待乎天堇。亦作墐 図jǐn 集韻 渠吝切音觀。塗也 図與僅、廑通 博雅 堇，少也 前漢·地理志 豫章出黃金，然堇堇物之所有 図jìn 集韻 居焮切音靳。國名。堇子國，在寧波奉化縣東，境內有赤堇山 越絕書 薛燭與越王說劍赤堇之山破而出錫，即今鄞也。又堇陰，地名，在晉〇按烏頭堇茶之堇49787从艸 字彙 附此，非△ 毛氏·韻增 从廿不从卄，監本下从二畫，亦誤。鼇 說文 菫09390菜49365皆古文堇。段氏改古文菜作藿09223 図墓09092蓳62696蘆51031

堈 08813 04079

gāng_8.11　廣韻古郎切 集韻 韻會 正韻居郎切夶音剛。甖也。亦作瓺 図地名。大堈路，在嘉興海鹽縣南，秦始皇東巡馳道也。王安石有 大堈路 詩。

堉 08814 04080

yù_8.11　廣韻 集韻 韻會 夶余六切音育。地之肥也。以其能生長萬物，故从育从土。鼇又琇34267

堊 08815 04081

è_8.11　廣韻烏各切 集韻 韻會 正韻過各切夶音惡。色土也 山海經 大次之山，其陽多堊 又 蔥聾之山，其中大谷，多白堊，黑青黃堊 司馬相如·子虛賦 其土則

丹青赭堊 🖾 爾雅·釋宮 牆謂之堊 釋名 堊者，亞也，次也。先泥之，次以白灰飾之也 周禮·春官 守祧若將祭祀，其祧則守祧黝堊 註 黝堊其桃，使新潔也 🖾 不塗堊亦曰堊 禮·雜記 三年之喪，廬堊室之中 註 堊室，壘墼爲之，不塗堊也 🖾 塺泥亦曰堊 莊子·徐無鬼 郢人堊漫其鼻端若蠅翼，使匠石斲之，匠石運斤成風，盡堊而鼻不傷 🖾 wù 集韻 韻會 正韻 丛烏故切音污。義同 △ 正譌 象圬者，縱橫塗飾之形。凡塗飾皆言堊。鑒 又堊34184 堊08634

堋 08816 04082
bèng_8.11 廣韻 方隥切 集韻 正韻 逋鄧切，並崩去聲 說文 喪葬下土也 左傳·昭十二年 鄭簡公葬司墓之室有當道者，毀之則朝而堋，弗毀則日中而堋 🖾 péng 集韻 蒲登切音朋。射埒也 庾信詩 轉箭初調筈，橫弓先望堋 🖾 甕水灌漑曰堋 🖾 pēng 披朋切音弸。振動貌。🖾 pīng 披冰切音砯。削牆土隰聲 △ 別作𡑍、塴。鑒 又胡35340 🖾 龍龕 堋09242坊08467二俗，堋正。

堌 08817 04083
gù_8.11 正字通 公悟切音固。地名。黃堌，在單縣。明萬曆丙申，黃堌河沒，由賈魯河故道出符離等處，蓋即元人所開也 🖾 堌匄，古冢也 山東考古錄 曹縣有冉堌，乃穰侯魏冉冢，今以爲仲弓云。鑒 黃堌河沒。黃堌河淩。

𡑘 08818 04084
duó_8.11 正字通 都脫切音掇。人名。王𡑘，同蜀守李冰穿二江者。鑒 又塴08889

培 08819 04085
péi_8.11 說文 培本字。

埜 08820 04086
yě_8.11 集韻 以者切音也。泥淖也。

𡑡 08821 04087
ní_8.11 五音集韻 俗泥28040字。

墷 08822 04088
ào_8.11 集韻 墺09405古作墷。

坷 08823 04089
guī_8.11 字彙補 古迷切，音基 ◇裂也。鑒 廣雅 剈，坷也。王念孫·疏證 坷亦判03394字。玉篇 廣韻 並音圭，云小裂也。

堅 08824 04090
yù_8.11 佩觿集 與域同。戈部或字異。或音臿，從戈從口從壬。此從或從土，音械。鑒 佩觿 堅堅：上于逼翻。與域同。下居墨翻。即邦堅字。與國同。

埴 08826 40799
zhí_8.11 五音篇海 常職切，音十 ◇瓦器也。

塊 08827 40800
yì_8.11 龍龕 魚乞切音屹。高土貌。

坻 08828 42874
chí_8.11 篇海類編 與坻同。

墿 08829 42875
chè_8.11 五音篇海 同坼。

墳 08830 42876
fèn_8.11 五音篇海 音分。掃墳也。

鹵 08832 42878
hú_8.11 龍龕 音胡 同。人名。宋謝𡎸，壽和太后之姪，封節度使。

垖 08825 40091
shí_8.11 字彙補 與埴同。

𡎰 08833 42879
nǎo_8.11 龍龕 音惱

坔 08831 42877
dì_8.11 龍龕 古地字

○按 玉篇 古文地字本作坔 龍龕 誤。

𡣏 08834 u2A8F1
null_8.11 喃 未詳。

𡣯 08836 u2A8EF
null_8.11 未詳。

塗 08838 u2A8ED
null_8.11 未詳。字譯 國語·第十三宮室棟字 塗，坭。

𡣫 08840 u2A8EB
null_8.11 未詳。

𡣩 08842 u2A8E9
null_8.11 未詳。

𡣧 08844 u2A8E7
null_8.11 未詳。

𡣤 08846 u2A8E4
cuò_8.11 讀屑。姓 古璽彙編·姓名私璽 2568：𡣤閒。

型 08847 u2F855
xíng_8.11 型本字。

𡣓 08849 u2F853
zhí_8.11 同垍08790

𡤣 08850 u21363
běn_8.11 喃 俗壜09678埠頭 △ 壜渡：渡口。

𡥢 08851 u21362
gò_8.11 喃 從土孤cô聲。崗，土坡，塸。

𡥟 08852 u2135F
xǔ_8.11 喃 俗壜09568土。

𡥞 08853 u2135E
thềm_8.11 喃 從土添thiêm省聲。堦。亦作壜。

𡥝 08854 u2135D
nùi_8.11 喃 從土芮nối聲。

𡥛 08856 u2135B
null_8.11 從土呈聲。人名。張埕，見 湖南博物館藏 古璽印集

𡥚 08857 u2135A
lâm_8.11 喃 從土林lâm聲。泥 🖾 lumx 壯 培土，掩埋。

𡥙 08858 u21359
vồng_8.11 喃 同壠09466

𡥘 08859 u21358
ché_8.11 喃 從土制chế聲。瓶。

𡥗 08860 u21357
nǎo_8.11 俗塪09048

𡥕 08862 u21355
dié_8.11 俗堞08914 可洪音義 半堞：音牒，女牆也。

𡥒 08863 u21352
táo_8.11 可洪音義 墑家：上徒刀反。正作陶65686

𡤯 08864 u2134F
yīn_8.11 篇海類編 同堲08531

𡤮 08865 u2134E
zhé_8.11 龍龕 埠俗。正作磔39252

𡤬 08866 u2134C
chǎn_8.11 龍龕 堘，初限反 長沙子彈庫戰國楚帛書研究乙篇 天堘是各。或釋踐。或亦同陵字。

堺 08835 u2A8F0
null_8.11 喃 未詳。

𡣰 08837 u2A8EE
lề_8.11 越·阮秉 五千字譯國語 壜，坭。

𡣬 08839 u2A8EC
guān_8.11 集韻 棺24405，說文 關也。所以掩尸。古作𣐈。俗作𡣬，非是。

𡣪 08841 u2A8EA
null_8.11 未詳。

𡣨 08843 u2A8E8
null_8.11 未詳。

𡣦 08845 u2A8E6
null_8.11 未詳。

𡡕 08848 u2F854
tù_8.11 亦作塊08899 越諺·卷中·地部 塊頭：橋起級、牆昂頭處也。

𡍜 08855 u2135C
mùn_8.11 喃 從垃省門môn聲 △ 𡍜鋸：鋸屑。𡍜落：碎屑。

𡥠 08861 u21356
dài_8.11 集韻 埭08782 碌埭，待戴切。壅水也。或從石。亦作埭。

𡤰 08867 u2134B
bèn_8.11 俗笨41821金·董解元 西廂記諸宮調·卷四·雙調·文如錦 使了千百貫現錢，下了五七年塴功。🖾 vun 喃 堆，積。越·阮秉 五千字譯國語 栽培，檞塴。

塨 08868 u21349 null_8.11 未詳。

埠 08869 u21348 null_8.11 未詳。

埠 08870 u21347 null_8.11 未詳。

塔 08871 u21346 null_8.11 未詳。

塋 08872 u21345 null_8.11 未詳。

㨪 08873 u21344 jū_8.11 見 㨪鼎

陸 08874 u21343 null_8.11 未詳。

壬 08875 u21342 null_8.11 未詳。

㙂 08876 u21341 null_8.11 未詳。

塄 08877 u21340 fáng_8.11 字海 同妨

10424，引 伍子胥變文 美女無窮，豈塄大道。

堙 08879 u2133E null_8.11 未詳。

㙏 08878 u2133F ghènh_8.11 喃 从土京 kinh 聲。壺 図 同碠39109 五千字譯國語 磧礚，㙏砑。

坫 08880 u2133D diàn_8.11 音店，地名用字。俗作坫。

𡎊 08881 u2133C qí_8.11 六書故 岐13390，岐山，一在今鳳翔府岐山縣、天興縣，禹貢 所謂導岍及岐是也。或作郂、𡎊。

塛 08882 u2133B null_8.11 未詳。

㙇 08886 u21337 kū_8.11 或同堀08805

塩 08883 u2133A null_8.11 未詳。

㙈 08888 u21335 zǐ_8.11 同㛋47123

埤 08884 u21339 pí_8.11 同埤08779俗埤08771

㙉 08885 u21338 pí_8.11 俗埤08771亦作埤08884

址 08887 u21336 bàn_8.11 粵 泥址，亦作泥淰28918：爛泥，稀泥。

塠 08887 duō_8.11 同塈08818又地名用字。塘塠，在廣東省。

塻 08890 u364C null_8.11 未詳。

琪 08891 u364B qí_8.11 俗旗22243 可洪音義 牙琪：音其，正作旗。刻牙爲飾，故以名之。

琛 08892 u5814 chēn_8.11 琛34170之殘俗。

㙓 08893 u5813 àn_8.11 俗岸13494 龍龕 音岸。

㙔 08894 u5812 kūn_8.11 俗蚰52616 可洪音義 㙔虫：上者昆，正作蜫52827

埃 08896 u5810 ái_8.11 俗挋19836，延緩 四部叢刊初編集部·朝野新聲太平樂府·卷之八套數三·中呂類·粉蝶兒·王仲元·迎仙客 這翠眉兒攀刺，埃這等相思會。

埅 08897 u580F kūn_8.11 俗堃08808一說同防字。

埈 08898 u580E lèng_8.11 地名用字

堑 08895 u5811 qiàn_8.11 简 塹09190

塊 08899 u580D tù_8.11 同壊08848橋畔。

𡏶 08900 u57D6 huā_8.11 日 地名用字。𡏶渡，在青森縣陸奧。

埃 08901 04092 tū_9.12 廣韻 陀骨切 集韻 陀沒切 丛音突。竈窻謂之埃 漢書 作突。鍪 或做㟂、煫、炕。溫埃，煖埃。

埕 08902 04093 niè_9.12 廣韻 同㙺 埕 08903 04094 chéng_9.12 集韻 神陵切音乘。稻田畦也。眭埕朕丛同。

堨 08904 04095 zhài_9.12 集韻 仕懈切。同砦。藩落也 正字通 俗柴字。柴卽寨本字。

堙 08905 04096 yīn_9.12 類篇 同㙂，塞也 左傳·襄六年 晏弱城東陽而遂圍萊。甲寅，堙之環城，傅于堞 図 土山也 公羊傳·宣十五年 子反乘堙而窺宋城 図 距堙，登城之具也 孫武子·攻城篇 攻城之法，修櫓轒輼，具器械，三月而後成距堙 註 謂踊土稍高而前以傅其城也 図 叶烏前切音湮 陸機·弔蔡邕文 彼洪川之方割，豈一壧之所堙。故尼父之惠訓，智必愚而後賢 図 與陻65727通。

㡌 08906 04097 hún_9.12 正字通 與韗08907同。鍪又埿08576

韗 08907 04098 hún_9.12 唐韻 戶昆切 韻會 胡昆切丛音魂 說文 土也 図 里名，洛陽有大韗里 図 huán 廣韻 戶關切 集韻 胡關切丛音還。義同。鍪又㡌08906俗作韠60113㙺59989 図 集韻 韗，丘媿切。里名，在洛陽。

堛 08908 04099 pì_9.12 唐韻 芳逼切 集韻 韻會 拍逼切，並音堛。說文 凷也 図 集韻 韻會 丛筆力切音愊。義同。鍪又堛35707

坺 08909 04100 bó_9.12 集韻 同垡

堵 08910 04101 dù_9.12 廣韻 集韻 丛動五切音杜。填也，塞也△ 玉篇 或作敗。鍪又敗21627

堜 08911 04102 liàn_9.12 廣韻 集韻 丛郎甸切音練。堜塘，墟名，在吳都。一曰在博平。鍪 龍龕 堜俗，堜正。

𡎃 08912 04103 chè_9.12 集韻 同坼

堝 08913 04104 guō_9.12 廣韻 集韻 丛古禾切音戈。甘堝，所以烹煉金銀。鍪又堝08750

堞 08914 04105 dié_9.12 廣韻 徒協切 集韻 韻會 達協切丛音牒。城上女牆 左傳·襄二十七年 盧蒲嫳攻崔氏，崔氏堞其宮而守之 左思·魏都賦 崇墉溽洫，嬰堞帶涘 図 tiē 集韻 託協切音帖。義同△ 說文 作堞。或作堞、堞。鍪又堞38595

城 08915 04106 wēi_9.12 玉篇 於歸切音威。決塘也。

堨 08916 04107 qì_9.12 廣韻 初戟切 集韻 韻會 測入切丛音厠。堨塛重累土也。鍪 字海 堨同堨。字見 字彙補

㙩 08917 04108 cè_9.12 唐韻 初力切 集韻 韻會 察色切丛音測 說文 遏遮也 図 充塞 梵書·正法念經 㙩滿充徧。

塚 08918 04109 zhuàn_9.12 廣韻 持兗切 集韻 柱兗切丛音篆。耕合也。一曰耕土卷也。

堠 08919 04110 hòu_9.12 廣韻 胡遘切 集韻 下遘切 韻會 正韻 胡茂切丛音后。土堡也 図 封土爲壇，以記里也。五里隻堠，十里雙堠 韓愈·路傍堠詩 堆堆路傍堠，一雙復一隻。△通作候。鍪 集韻 作堠09021

堡 08920 04111 bǎo_9.12 廣韻 博抱切 集韻 韻會 補抱切丛音保。堡障，小城也 唐書·哥舒翰傳 拔連城堡。堡轉音普△亦作保。又作堢、葆。鍪又堢08572埰08683宖12215

堢 08921 04112 bǎo_9.12 同堡。

塯 08922 04113 fù_9.12 廣韻 芳福切 集韻 芳六切，並音覆。同復 說文 地室也，引 詩 陶塯陶穴。或從土。又 集韻 方六切音蝮。義同 図 fú 房六切音

伏 博雅 窟也。鑿 又 墢09320覆09349

堣 08923 04114
yú_9.12　廣韻 集韻 丠元俱切音虞。同嵎 說文 堣夷，在冀州暘谷。引 書 宅嵎夷，作堣。

睦 08924 04115
mù_9.12　字彙 古文睦37803字。

堤 08925 04116
chí_9.12　廣韻 是支切 集韻 常支切丠音匙。堤封頃畝 漢書 作提 顏師古曰 提封者，大舉其封疆也 又 dī 廣韻 都奚切 集韻 韻會 正韻 都黎切丠音氐。防也 又 物之下安者曰堤 淮南子・銓言訓 瓶甌有堤 又 yí 集韻 勻規切音畦。沐堤，郡名 又 地名。鯀堤，在直隸清河縣西，相傳鯀治水所築，側有廉頗墓。又大堤，在襄陽，宋隋王誕爲襄陽郡，聞諸女歌，因作 大堤 詞 韓愈・送李遜赴襄陽詩 風流峴首客，花豔大堤倡 又 dǐ 廣韻 都禮切 集韻 韻會 正韻 典禮切丠音底。滯也。築土遏水曰堤。亦作底，劉兆曰：緣邊也。丠與隄通 △ 正韻 堤本上聲，無平聲。後人相沿作平聲用。鑿 又 埞08761堤09351

堥 08926 04117
móu_9.12　廣韻 莫浮切 集韻 迷浮切丠音謀。堆堥，小隴也 又 瓦器 禮・內則 敦牟卮匜 註 牟，讀曰堥。又 瓦合也 周禮・天官 瘍醫凡療瘍，以五毒攻之 註 五毒之藥，合黃堥置石膽、丹砂、雄黃、礜石、慈石其中，燒三日夜，煙上，著以雞羽埽取，以治瘍 楊億・筆記 楊嵎因鄭玄黃堥五毒藥愈煩瘍 又 wú 集韻 微夫切音無。與瓦器義同。

堦 08927 04118
jiē_9.12　集韻 同階65759

埵 08928 04119
duǒ_9.12　廣韻 丁果切 集韻 都果切丠音朵。動也。一曰垂貌 易 觀我埵頤。京房讀〇按 易・頤卦 今作朵 字彙補 作朵字古文 △ 正字通 埵無垂義 爾雅・釋宮 埭謂之坫 郭璞註 在堂隅。坫，埵也〇按坫埵，亦垂而下。

堧 08929 04120
ruán_9.12　廣韻 而緣切 集韻 韻會 正韻 而宣切。丠同壖。韋昭曰：河邊地。張晏曰：城旁地。一曰城下田。又 廟外垣內游地 前漢・申屠嘉傳 鼂錯穿太上皇廟堧垣 師古曰 堧者，外垣之內，內垣之外 又 nuò 廣韻 乃臥切 集韻 奴臥切丠音愞。沙土也 又 nuàn 集韻 奴亂切音饌。水濱地。亦作壖㙄壖09499 鑿 又 壖09344

堨 08930 04121
è_9.12　唐韻 烏葛切 集韻 韻會 正韻 阿葛切丠音遏 說文 壁閒隙也 又 雍堨，以土障水也 魏志 劉馥治吳塘諸堨，以漑稻田 又 石堨，在長安昆明池 括地志 豐、鎬二水已堨入昆明池 水經注 交水西至石堨 又 ài 集韻 於蓋切音藹。青土謂之堨 又 jié 正韻 巨列切音傑 唐書・張守珪傳 渠堨爲寇毀。

堩 08931 04122
gèng_9.12　廣韻 集韻 韻會 丠居鄧切音亙 博雅 道也 禮・曾子問 葬引至于堩。又 儀禮・既夕 唯君命止匶于堩。鑿 又 垣09036

堪 08932 04123
kān_9.12　唐韻 口含切 集韻 韻會 枯含切 正韻 苦含切丠音戡 說文 勝也 又 任也，可也 家語 子貢曰：吳王

爲人猛暴，羣臣不堪 羊祜・讓開府表 臣有何功，可以堪之 又 堪輿，天地總名 范浚・心箴 茫茫堪輿，俯仰無垠。又 孟康曰 堪輿，神名，造輿宅書者 又 山形奇怪也 揚雄・蜀都賦 堪當隱倚 又 姓 風俗通 八元仲堪之後 又 ◆ 說文 地突也 徐鍇註 地穴中出也，據此與龕同 又 chěn 集韻 楚錦切音墋。土也。一曰不清澄 △ 通作勘戡或。別作龕 正字通 經傳錯互者，因聲近而譌。鑿 又 墈09213 碑別字新編 引 隋諸葛昆造象記

堫 08933 04124
zōng_9.12　廣韻 子紅切 集韻 韻會 祖叢切丠音椶。說文 穜也。一曰內其中也。一曰不耕而種。或作稷。又 chuāng 廣韻 楚江切 集韻 初江切丠音囱。義同。鑿 又 墭09455稷46477

墾 08934 04125
kěn_9.12　正字通 俗墾字。

堬 08935 04126
yú_9.12　廣韻 羊朱切 集韻 韻會 容朱切丠音兪。冢也 揚子方言 秦晉之閒，冢謂之堬。凡墳堬培塿垗垠塋壟，皆冢別名。鑿 張亞靜：垠，堽字之譌。

堭 08936 04127
huáng_9.12　廣韻 集韻 韻會 正韻 丠胡光切音皇 博雅 堂堭，殿也 左傳 漢書 丠省作皇 又 與隍通。城下池也 子夏・易傳 城復于堭。鑿 又 墺09334

堮 08937 04128
è_9.12　廣韻 五各切 集韻 韻會 正韻 逆各切丠音咢。圻堮，厓岸也 六書故 土之厓級也 △ 亦作堮壄鍔。

堯 08938 04129
yáo_9.12　古文 垚 廣韻 五聊切 集韻 倪幺切丠音僥 說文 高也。从垚，在兀上。高遠也 白虎通 堯猶嶢嶢。嶢嶢，至高貌。古唐帝 書・堯典 曰若稽古帝堯 又 姓。魏堯暄，上黨人，以武功著 又 諡法 翼善傳聖，善行德義，皆曰堯 又 人名 前漢・高帝紀 帝擢趙堯爲御史大夫，曰 無以易堯 宋史 陳堯叟、堯咨、堯佐兄弟皆有聲，世謂陳氏三堯 又 山名 山海經 美山東北百里曰大堯山，今直隸眞定唐山縣，亦名堯山，以堯始封得名 △ 或作僥。本作垚，小篆加兀作堯。兀，會高意。一曰从三土積累而上，象高形。鑿 又 尧12789堯02408堯08574堯12817堯08490 又 前漢・高帝紀 云云。徐慧：漢書・張周趙任申屠傳第十二 高祖持御史大夫印弄之，曰：誰可以為御史大夫者？孰視堯曰：無以易堯。遂拜堯為御史大夫。

垂 08939 04130
chuí_9.12　集韻 垂08454古作垂。

堰 08940 04131
yàn_9.12　唐韻 集韻 韻會 於建切音郾。又 於扇切音堰。義同。雍水爲埭曰堰 楊佺期・洛陽記 千金堰在洛陽城西，堰上有穀水塢 沈約・三月三日詩 東出千金堰。又 石闉堰在石堨。詳前堨08930字註 又 廣韻 集韻 韻會 於建切 正韻 伊甸切丠音躽。義同。鑿 又 堰09234隁65735 隁65863坘08476堰08706堰09125堰09029

報 08941 04132
bào_9.12　唐韻 博耗切 集韻 韻會 博號切，丠保去聲。復也，酬也，答也 詩・鄭風 投我以木瓜，報之以瓊琚 禮・郊特牲 報本反始 註 謝其恩之謂報，歸其功之謂

反 史記·范睢傳 睚眥之怨必報 〇告也 史記·吳王傳 無文書，口報 天寶遺事 新進士及第，以泥金書帖子，附家書中，用報登科之喜 〇猶合也 禮·喪服小記 下殤小功帶澡麻不絕本，詘而反以報之 〇論囚曰報 前漢·張湯傳 爰書論訊鞫報 〇下娉上曰報 左傳·宣三年 鄭文公報鄭子之妃曰陳媯 註 鄭子，文公叔父子儀也 漢律 娉季父之妻曰報 〇與赴通 禮·喪服小記 報葬者報虞 註 報讀爲赴，急疾之義。虞以安神，不可緩也△本作報。〇論訊鞫報。訊鞫論報之誤 〇报19324報09131趞61214遵61240

圣 jì_9.12
廣韻 集韻 𡎸古文坴08527字 〇 廣韻 資悉切 集韻 正韻 子悉切，並音唧 廣韻 夏后氏圣周燒土葬也 集韻 疾也 書·舜典 朕圣讒說殄行 註 圣，疾也 〇 廣韻 子力切 集韻 節力切，並音即 廣韻 風圣 集韻 燒土周棺也。火熟曰圣 禮·檀弓 夏后氏圣周 註 圣者，冶土爲塼，而四周于棺之坎也 〇火之餘燼曰圣 管子·弟子職 左手秉燭，右手折圣 〇 廣韻 秦寸切 集韻 疾力切，並音捆。疾也。〇 又些08563聖08748

堳 méi_9.12
集韻 旻悲切音眉。壇埒也。

場 cháng_9.12
唐韻 直良切 集韻 韻會 正韻 仲良切 𡘋音長 說文 祭神道也 師古曰 築土爲壇，除地爲場 〇收禾圃曰場 詩·豳風 九月築場圃 周禮·地官 場人掌國之場圃，而樹之果蓏 〇校士曰文場 班固 答賓戲 婆娑乎術藝之場 沈佺期詩 累年同畫省，四海接文場 〇戰爭之地曰戰場 李華有 弔古戰場文 〇釋氏開堂設戒曰選佛場 傳燈錄 丹霞將應舉，道遇一禪客，曰：選官何如選佛。霞曰：選佛當往何所。客曰：江西馬大師出世，此選佛場也 〇shāng 集韻 尸羊切音商。◦揚子方言 蚍蜉、犁鼠之場謂之坻場，一曰浮壤。△場與場別。或作𪰛、暘。俗作塲。〇 又場08306坊08403

堵 dǔ_9.12
唐韻 當古切 集韻 韻會 正韻 董五切 𡘋音賭 說文 垣也。一丈爲板，五板爲堵 詩·小雅 百堵皆作 韓詩外傳 原憲居環堵之室，茨以蓬蒿 〇懸鐘磬之名 周禮·春官 小胥半爲堵，全爲肆 註 凡編鐘編磬，各十六枚，半懸之在一虡謂之堵，全陳之在一虡謂之肆 〇相安曰安堵 史記·高帝記 上入關，約法三章，吏民皆安堵如故 〇畜積之象 莊子·盜跖篇 欲富就利，故滿若堵 〇方語，若箇、這箇、兀的曰阿堵 晉書·王衍傳 衍口未嘗言錢字，婦令婢以錢繞牀下，不得行，衍晨起呼婢曰：舉卻阿堵中物 〇姓 左傳 鄭有堵叔 〇zhě 廣韻 章也切 集韻 止野切𡘋音者。縣名 史記·張釋之傳 釋之，堵縣人。亦姓 左傳 鄭堵女父堵狗 〇山名 山海經 苦山東曰堵山，神天愚居之 〇水名 水經注 堵水，出堵陽北山南源逕小堵鄉 後漢·光武紀 岑彭爲征南大將軍，討鄧奉于堵鄉 〇dū 集韻 東徒切。同闍。城門臺也 〇shé 時遮切，音佘 爾雅·釋宮 闍謂之臺。闍，或从土。〇 又闍70875 〇 新撰字鏡 𡎸09020堵𥩈11898，三同。上垣也。築墻也。

堶 08946 04137
tuó_9.12
廣韻 徒和切 集韻 徒禾切𡘋音砣。飛塼，戲也。宋世寒食有飛堶之戲 梅堯臣·禁煙詩 窈窕踏歌相把袂，輕浮賭勝各飛堶〇按堶字，諸韻書𡘋未收入上聲 字彙 正字通 俱作砣音，以平聲叶，非△亦作至。別作瓳。〇 又砣38754碢39134 〇 正字通瓻，與堶通。

垔 08947 04138
yīn_9.12
說文 篆文垔字 〇 六書統 古煙字。象煙从突囪中出，會意。

堷 08948 04139
ǎn_9.12
正字通 烏感切，音諳◇壙中埋藏處 管子·侈靡篇 瘞堷，所以使貧民也。〇 瘞堷。巨瘞堷。〇 正字通 烏感切，諳上聲。

壨 08949 04140
yǔ_9.12
正字通 同宇。屋邊也。見鐘鼎文。〇 同禹 郭店楚墓竹簡·成之 大壨曰 〇 㙁09039

墢 08950 04141
fá_9.12
集韻 與坺同 周語 王耕一墢 韋昭曰 一耜之墢也，王無偶，以一耜耕△亦作墢。

墏 08951 04142
zāng_9.12
字彙 同壥 同文備考 收藏也。从土，以天地萬物藏於下，歸根復命之意，轉去聲，人之五藏，主受意。又从艸作藏 徐鉉曰 後人所加，今用爲蔽藏字。一曰俗字。

颷 08952 04143
fēng_9.12
廣韻 房戎切 集韻 符風切𡘋音馮。蟲室曰颷，字本九畫 字彙 正字通 誤入十畫。今改正。

埋 08953 04144
zhòng_9.12
集韻 竹用切音湩。池塘塍埂也。

堨 08954 04145
dā_9.12
集韻 德盍切音搨。地之區處也。

堺 08955 04146
jiè_9.12
集韻 同界。

㙒 08956 04147
yě_9.12
篇海 同野。

𡐛 08957 04148
jì_9.12
字彙補 古文堅09218字。

堻 08958 04149
jīn_9.12
集韻 資辛切音蓁。潤澤也。

壥 08959 04150
zhòng_9.12
六書本義 古文重62678字。

壴 08960 04151
xing_9.12
篇海 何鄧切，音幸◇地名，在祁陽。 〇fēng 夫松切音封。義同。

墜 08961 04152
jùn_9.12
集韻 須閏切音浚。高也，險也。峻陵嶲𡘋同。

墊 08962 04153
zhì_9.12
集韻 直利切音緻。墊也。

堽 08963 04154
gāng_9.12
字彙補 同岡 陸雲·答車茂書 結罝繞堽，布網彌山。〇 又堈08691

壼 08964 40801
kuí_9.12
龍龕 渠追切音逵。土也。

塀 08965 40802
méi_9.12
龍龕 音梅。地名。

壆 08966 40803
null_9.12
字彙補 音未詳 五嶽眞形圖 西嶽，姓姜，名壆。

塄 08967 40804
gěng_9.12
篇海類編 埂本字。

塇 08968 40805
hào_9.12
篇海類編 胡老切，音號◇土釜。

08969 40806
墲 wèng_9.12 [龍龕]烏貢切音瓮。牆也。

08970 40808
埴 zhá_9.12 [奚韻]側甲切。不淨貌。

08971 40809
坥 zhuǎ_9.12 [五音集韻]菹瓦切。蛆蛆,好貌。

08972 40807
埠 hán_9.12 [五音集韻]俗韓字[図][字彙補]人名。朱謀埠,著[易象通][遂古記][水經注箋][諸書][図]wěi[篇海類編]于鬼切,韋上聲。埠,堚也。

08973 42880
塶 chūn_9.12 [五音篇海]同踳。

08974 42881
堉 kuài_9.12 [篇海類編]同塊。

08975 42882
城 kǎn_9.12 [篇海類編]音咸。又音勘。城坎。[鑒]又
碱39210

08976 42883
埘 fēng_9.12 [五音篇海]音封。

08977 42884
堰 ní_9.12 [篇海類編]音藥。[鑒]俗泥[字彙補]於谷切
[可洪音義]害堰:奴兮反,山名也。郭氏音幄,非。

08978 42885
埒 liè_9.12 [篇海類編]同埒。

08979 42886
壥 kuò_9.12 [搜真玉鏡]音括。

08980 42887
壢 zhì_9.12 [搜真玉鏡]音持。[鑒]俗壢09145

08981 42888
埴 yǐ_9.12 [五音篇海]舊藏作蟻字,在[三法度論]內。

08983 u2A8FD
null_9.12 [嗬]未詳。

08982 u2B75F
壇 chán_9.12 [日]俗廛15728

08984 u2A8FC
null_9.12 未詳。

08985 u2A8FB
塿 lǒu_9.12 [簡]壌09198

08986 u2A8FA
null_9.12 未詳。

08987 u2A8F9
null_9.12 未詳。

08988 u2A8F8
null_9.12 同壑08990

08989 u2A8F7
埃 vueng_9.12 [壯方](向)

08990 u2A8F6
壑 null_9.12 未詳。

08991 u2A8F5
堉 null_9.12 未詳。

08994 u2A8F2
塩 null_9.12 未詳。

08995 uFA7C
塚 zhǒng_9.12 同塚09075敦
煌P.2553[王昭君變文]漢使吊訖,當即使廻。行至蕃漢
界頭,遂見明妃之塚。青塚窣遼,多經歲月。

08996 u213AD
垅 thống_9.12 [嗬]从土統thống聲。甕。

08992 u2A8F4
坂 null_9.12 未詳。

08997 u213A6
𡖦 ngồi_9.12 [嗬]从坐,
外ngoại聲。亦作坒08998坒09001雙09625

08993 u2A8F3
埛 null_9.12 未詳。

08998 u213A5
坒 ngồi_9.12 [嗬]同坒09001

08999 u213A4
埙 mẻ_9.12 [嗬]从堆省美mǐ聲。

09000 u213A3
塎 chậu_9.12 [嗬]从土昭chiêu聲。盆。俗省作垻08484

09001 u213A2
坒 ngồi_9.12 [嗬]同坒08998从坐外ngoại聲。

09002 u213A1
塻 mỏ_9.12 [嗬]从土某mỗ聲。礦。

09003 u213A0
塀 giềng_9.12 [嗬]从土盈dềnh聲。△廊塀:隔壁。

09004 u2139F
塃 hang_9.12 [嗬]从土香hương聲。坑。

09005 u2139E
塡 đỉnh_9.12 同鼎75220[公廚右官鼎]公朱右自,君考子
填,來[図]triêng[嗬]从土貞trinh聲。

09006 u2139D
堏 côi_9.12 [嗬]从土癸quý聲。域,境,界。

09007 u2139C
塮 nấm_9.12 [嗬]从堆省南nam聲。土堆,墳塚。

09008 u2139B
塩 bùn_9.12 [嗬]从土盆bồn聲。△坦塩:泥土。

09009 u2139A
塥 biăn_9.12 [漢語方言大詞典]山坡。多用於地名。閩
語[図]piăn[方][大字典]長條形的底平地。

09010 u21399
壑 hè_9.12 俗壑09493天一閣藏明弘治刻本[重修保定
志·新編保定志卷第二十三·詩文·高陽八景·四明張湜龍
化源沇]:一壑龍幻開,湛然清見底。

09011 u21398
埦 yīng_9.12 瑛34310譌字。

09012 u21396
塤 xūn_9.12 同塤09093[図][可洪音義]擢塤:上音濁。下
音余庶反。正作預67974也[図][可洪音義]坅力:芋宣反。
弃也。正作捐19712又音喧。樂器也。非。

09013 u21393
焃 hè_9.12 俗赫58142[可洪音義]輝焃:上許韋反。下
呼挌反。

09014 u21391
垾 àn_9.12 [龍龕]垾,音岸。垾,同上音。今增。

09016 u2138F
塥 niè_9.12 俗埭09086

09015 u21390
埶 yì_9.12 埶08793本字

09017 u2138E
堨 ài_9.12 [六書故]壒09494省作堨。

09018 u2138B
塼 guō_9.12 俗塼08800[墨子·備穴]戶為環,壘石外塼,
高七尺。畢沅注:塼即厚字。孫詒讓間詁:外厚義難通。
塼疑塼字之誤。

09019 u2138A
堕 fàn_9.12 同範42265清·黃生[字詁·樵塵]今小兒以碎
盌底(方音督)為堕,搏土成餅,即此戲也。

09020 u21388
扯 dù_9.12 宋·吳縝[新唐書糾謬·卷第二十·二十曰字
書非是·不經字]:[安金藏傳]云桑扯紩之。今案,扯字韻
書所未見疑當作敨37004[図]dǔ俗堵08945

09021 u21387
堠 hòu_9.12 同堠08919[集韻]堠,下遘切。記里堡。

09023 u21385
炭 tàn_9.12 俗炭30744

09022 u21386
墩 dūn_9.12 [閩]俗墩09314

09025 u21383
null_9.12 未詳。

09027 u21381
墦 hú_9.12 宋·婁機[漢隸
字源]墦,孟郁修堯廟碑坐致墦瑚石闕。借墦瑚為璠瑚。

09024 u21384
壹 yī_9.12 壹09721碑別字。

09026 u21382
null_9.12 未詳。

09030 u2137E
塌 null_9.12 未詳。

09028 u21380
壺 xiá_9.12 朝鮮本[龍龕]壺,音鐸。

09029 u2137F
塝 yàn_9.12 俗堰08940[新撰字鏡]塝,扵遠反。

09031 u2137D
null_9.12 未詳。

09032 u2137C
塗 tú_9.12 俗塗09071
越·阮秉[五千字譯國語]塗炭,淋嘆。

09033 u2137A
壵 zhòng_9.12 同重08959古文重。

坝 09034 u21379 bà_9.12 俗壩09667亦地名用字清實錄·高宗純皇帝實錄·卷之五百九十七甘肅總督楊應琚奏：甘肅靖遠縣城，建設黄河南岸，向於西北近河處，築石坝以資保護。近年河流南徙，直逼縣城，西北石坝，漂沒無存，形勢頗險。請於向設石坝處，建築挑水壩座，並於大溜北首，開挖引河，以殺水勢 又baih壯方。邊。面。

垣 09036 u21377 gèng_9.12 兼垣08931

㙞 09035 u21378 niè_9.12 同嵲06519直音篇㙞，而涉切。多語 又lěi俗垒08529

塀 09037 u3658 yāo_9.12 地名。寨子塀，在山西省蒲縣 又或俗腰。天一閣藏明正德元年刻本汝州志·卷之八·汝州文·仁義渠始末記弘治辛亥，清江彭公以兵部員外郎謫守本州，嘗因公務臨河塀，度其水勢，髙於州東各保地方，乃教民鑿渠築堰，引水北注，以藝秔稻。

堛 09038 u3657 wēi_9.12 龍龕堛，烏廻反可洪音義堛壘：上於鬼反。下力水反。眾石皃也。亦作碨磊。又上烏悔反。下郎悔反管子·輕重乙山間堛壏之壤。

堣 09039 u3656 yǔ_9.12 又作禹08949，同禹叔夷鐘處堣之堵。

塈 09040 u5848 jì_9.12 同塈09218

塇 09041 u5847 xuān_9.12 方鬆軟。

塆 09042 u5846 wān_9.12 简壪09677

塄 09044 u5844 léng_9.12 方地塄。

塅 09043 u5845 duàn_9.12 方一段平地。多用於地名。

港 09045 u5842 xiàng_9.12 龍龕港，胡降反。又jiǎng民國牟平縣志·方言塂，邱陵曰港，亦曰塂，土字。

垒 09046 u5841 lěi_9.12 俗壘09544

堖 09048 u5816 nǎo_9.12 俗㛴04341

塀 09047 u5840 píng_9.12 龍龕必郢反同文通考·譌字塀，屏也。

堕 09049 u5815 duò_9.12 简墮09324

塉 09050 04155 jí_10.13 廣韻集韻太秦昔切音籍。薄土 又山塉岡。

壟 09051 04156 lǒng_10.13 廣韻力踵切集韻魯勇切太音隴說文塗也 又mèng集韻蒙弄切音㙩 又lòng良用切音櫳。義太同。瀹又壠09655

塊 09052 04157 kuài_10.13 唐韻苦對切集韻韻會苦潰切（今本集韻誤作苦會切），並音瘣。又集韻苦怪切音蒯。義同說文墣也博物志徐州人謂塵土爲蓬塊左傳·僖二十三年晉公子重耳出亡，過衛，衛不爲禮，出于五鹿。乞食於野人，野人與之塊 又儀禮·喪服凡喪居，倚廬，寢苫，枕塊 又造物之名曰大塊莊子·大宗師大塊載我以形，勞我以生郭璞·江賦煥大塊之流形 又壘塊，胷中不平也世說晉阮籍胷中壘塊，故須酒澆之 又銜塊，請罪也唐書·玄宗紀天寶末，安祿山反，帝欲禪位太子。楊貴妃銜塊請死，帝意沮，乃止 又孑也。一曰楚人謂我曰塊楚辭·九辯塊獨守此無澤兮，仰浮雲而永歎陸機·文賦塊孤立而特峙，非常音之所緯 又類篇苦會切音檜。義同 又與蕢通。互見凷03189字註。瀹又块08353圦08262堳08974𡏤09343𡑥09553 又集韻塊或作凷09309凷03196 又字典豕屑唐書·楊貴妃傳含塊。此作玄宗紀

塋 09053 04158 yíng_10.13 廣韻余傾切集韻韻會維傾切太音營說文墓也博雅塋域，葬地也。瀹又茔08511

堷 09054 04159 xīng_10.13 廣韻息營切集韻韻會正韻思營切太音騂說文赤剛土也△本作垟。亦作垶。

塌 09055 04160 tā_10.13 集韻韻會太託盍切音傝。地低下也王盤·農書初耕曰塌 又集韻敵盍切音䈎。墮也陳琳·討曹操檄垂頭塌翼 又魏志鮮卑名塌頓 又玉篇古文㒓09635字△㬊从冃非从曰同文備考塌牀著地而安也。从土，㬊聲，近地之意。瀹又㙮65811

塍 09056 04161 chéng_10.13 集韻同塖班固·西都賦溝塍刻鏤。瀹又堘09068𡍵09149䑆23466䑋35688䑌35724 又龍龕塍35626塍35657，音乘。二同 又直音篇𦩕48744同塍。

塮 09057 04162 xiè_10.13 集韻先結切音屑。細塵也 又sù蘇骨切音窣。義同。瀹正字通塮，俗字。細塵。通作屑。當从屑音，舊註改音速，非。

塎 09058 04163 yǒng_10.13 廣韻余隴切集韻尹竦切太音甬。㙊塎，不安貌。

塏 09059 04164 kǎi_10.13 廣韻苦亥切集韻韻會正韻可亥切太音愷說文高燥地左傳·昭三年景公欲更晏子之宅，請更諸爽塏者張衡·西京賦處甘泉之爽塏。瀹又垲08626豈09114

塐 09060 04165 sù_10.13 廣韻桑故切集韻韻會正韻蘇故切太音素。埏土象物也。今俗揑土肖鬼神象貌曰塐△通作素。亦作塑。

塑 09061 04166 sù_10.13 同塐宋謝顯道曰明道如泥塑人及接人渾是一團和氣。

塒 09062 04167 shí_10.13 廣韻集韻韻會市之切正韻辰之切太音時。鑿垣爲雞作棲曰塒詩·王風君子于役，雞棲于塒。瀹又埘08752䏡20370 又閩天塒，青苔。

塓 09063 04168 mì_10.13 廣韻集韻韻會正韻太莫狄切音覓說文塗也左傳塓館。見前坾08275字註。

𡒄 09064 04169 guài_10.13 玉篇古文壞09586字。

塔 09065 04170 tǎ_10.13 廣韻吐盍切音榻，浮圖也。又集韻託合切，墮物聲。又集韻達合切（寫作墖）。累土也◇說文西域浮屠也。或七級、九級，至十三級而止。其五級者，俗謂之錐子。唐太宗貞觀三年，長安宮城南建大慈恩寺，造甎浮圖，藏釋元奘所取西域佛經，名鴈塔。梵本謂之鴈塔者，昔有伽藍，依小乘食三淨食。三淨食者，鴈犢鹿也。一日見鴈飛，輒曰：衆僧闕供摩訶薩埵宜知。摩訶薩埵，梵言好施也。一鴈應聲而墮。衆曰：此鴈垂戒，宜旌彼德，因建塔瘞鴈，鴈塔之名因此。唐韋肇及

第,偶題名慈恩寺鴈塔,後遂爲故事 後魏·常山義七級碑 梵言僧婆,華言鴈。梵言窣堵波,華言塔也 图 字苑 佛堂也 魏·釋老志 募建宮宇曰塔,近稱刹宇謂之塔院 图 姓。見 統譜 △一作墖。鋻 又 墭70833塔09399嵍14112塔34447 图 墶09403同塔。墶09379俗墶。垯08757簡化字。

埿 09066 04171
wěng_10.13 廣韻 集韻 韻會 正韻 烏孔切音蓊 說文 塵起貌 图 風聲 宋玉·風賦 庶人之風,埿然起于窮巷之閒。

堘 09068 04173
chéng_10.13 集韻 同塍 博 09070 04175
bǔ_10.13 集韻 彼五切音補,人名。衞有石博 △與博別。

墀 09067 04172
chí_10.13 廣韻 集韻 夶同墀。

墾 09069 04174
yīn_10.13 玉篇 古文堙08531字。

塗 09071 04176
tú_10.13 廣韻 集韻 韻會 正韻 同都切音徒。泥也 書·禹貢 塗泥。見土08246字註 图 爾雅·釋詁 路旅,塗也 張衡·西京賦 參塗夷庭 註 參塗,郭門之三道 潘岳·藉田賦 啓四塗之廣阡 图 杜也,杜塞孔穴也 書·梓材 惟其塗墍茨 詩·小雅 如塗塗附 图 污也。莊子·讓王篇 夷齊曰:周以塗吾身,不如避之以潔吾行 图 厚貌 楚辭·九歎 白露紛以塗塗 謝朓·酬王晉詩 塗塗露晚晞 图 禮·檀弓 菆塗龍輴以椁 图 塗車,明器也 禮·檀弓 塗車芻靈,自古有之 图 ◆糊塗,不分曉也 宋史·呂端傳 太宗欲相端,或言端爲人糊塗。帝曰:端小事糊塗,大事不糊塗。 图 ◆塗乙,改竄也 隋·百官志 給事中掌侍左右分判省事,詔敕有不便者,塗竄奏還,謂之塗歸 李義山·韓碑詩 點竄堯典舜典字,塗改清廟生民詩 图 塗山,國名。在壽春界巢縣東北 書·益稷 娶于塗山 連山易 禹娶塗山氏女,名攸 史記·夏本紀 禹會諸侯塗山,今山前有禹會村 蘇軾·有禹會村詩 俗謂塗山在會稽、渝州、濠州、當塗、九江及三巴之江州,夶非 图 山名 山海經 天帝山之西南曰皋塗之山 图 三塗,太行、轘轅、崤澠也 馬融·廣成頌 右彎三塗,左槩嵩嶽。彎,視也 图 姓。見 統譜 图dù 集韻 徒故切音渡 張衡·思玄賦 雲師豋以交集兮,凍雨沛其灑塗。蟻珥輿而樹舳兮 攎摩龍以服路。 图chá 廣韻 宅加切 集韻 直加切夶音茶。沮洳也。一曰飾也。◆ 前漢·東方朔傳 諧語曰:老柏塗 柳宗元詩 善幻迷冰火,齊諧笑柏塗。東門牛屨飯,中散蝨空爬。鋻 又 滏28968塗37227,俗塗。文淵閣四庫本 類篇 峈,母伴切。血塗也。

臺 09072 04177
tái_10.13 字彙 古臺字 正字通 籀文堂从高,省作臺。臺,卽臺之譌,非古文。鋻 北魏 元彧墓誌 池臺寂寂,宮館沉沉。或作堂09167,俗臺字。

塘 09073 04178
táng_10.13 廣韻 集韻 韻會 正韻 夶徒郎切音唐。潴也。築土遏水曰塘 吳越春秋 夫差姑蘇臺東,丹湖萬頃,內有金銀塘 图 錢塘志 曹華信立防海塘,募致土石一斛與錢一千,來者如雲。乃曰:不復需土,皆棄而去。塘成,因名錢塘,在兾州東 方輿勝覽 瞿塘,古西

陵峽,乃三峽之門 杜甫詩 衆水會培萬,瞿塘第一門。△通作唐。鋻 又 隉65804

塙 09074 04179
què_10.13 廣韻 集韻 夶克角切音埆。土高也。一曰土堅不可拔也 图qiāo 集韻 丘交切音敲。磽也。墩壃墢夶同。鋻 又 墧09312歡26518璔34465

塚 09075 04180
zhǒng_10.13 正字通 冢,俗作塚。

壈 09076 04181
lì_10.13 廣韻 集韻 夶力質切音栗。塞也。

堨 09077 04182
nuò_10.13 集韻 昵格切音搦。水土和也。

塳 09078 04183
péng_10.13 集韻 同蓬。與塚別。

塨 09079 04184
gòng_10.13 集韻 古送切音貢。地名 △或作塂。

塝 09080 04185
bàng_10.13 集韻 蒲浪切音傍。地畔也。◆吳楚閒方語土之平阜曰塝,溝塍之畦畔處亦曰塝。

塞 09082 04187
sè_10.13 廣韻 蘇則切 集韻 韻會 正韻 悉則切夶音塞。塡也,隔也 禮·月令 孟冬,天地不通,閉塞成冬 又 謹關梁塞徯徑,季春開通道路,無有障塞 图 充也,滿也 書·舜典 溫恭允塞 詩·邶風 秉心塞淵 图 國之阨險曰塞 史記·蘇秦傳 秦四塞之國,披山帶渭 後漢·杜篤傳 城池百尺,扼塞要害 图 月在辛曰塞,見 爾雅·釋天 图 塞塞,不安貌,見 博雅 图 伊蒲塞,卽優婆塞 後漢·楚王英傳 以助伊蒲塞桑門之饌 图sài 廣韻 集韻 韻會 正韻 夶先代切音賽。邊界也 禮·月令 孟冬,備邊境,完要塞 图 九塞 淮南子·地形訓 九塞:太汾、滙阨、荆阮、方城、殽阪、井陘、令疵、句注、居庸 註 太汾在晉,滙阨、殽阪皆在弘農郡,荆阮、方城皆在楚,井陘在常山,令疵在遼西,句注在鴈門陰館,居庸在上谷阻陽之東 图 紫塞 古今注 秦築長城,土色皆紫,因名 图 博塞,戲具也 莊子·駢拇篇 問穀何事,則博塞以遊 图 姓 图 與賽同 前漢·郊祀志 冬塞禱祠 △本作塞。亦作塞。鋻 又 量48390窒12301寋12436塞14053窂41014壘09558撱20941 图 後漢·楚王英傳 以助伊蒲塞桑門之饌。徐慧:之盛饌。

塟 09083 04188
zàng_10.13 正字通 俗葬字。

塮 09084 04189
xié_10.13 集韻 迄業切音脅。堤也 图 玉篇 堤水也。

瘞 09085 04190
yì_10.13 集韻 與瘞同。

塠 09081 04186
zhài_10.13 俗砦字。 嵲 09086 04191
niè_10.13 集韻 逆乙切音臬。小山也。鋻 又 塊09138塊09016

塠 09087 04192
duī_10.13 集韻 都回切音堆。落也 图cuī 倉回切音崔。隤也 △亦作壝。或曰同堆。

塡 09088 04193
tián_10.13 古文窴 廣韻 徒年切 集韻 韻會 正韻 亭年切夶音田 說文 塞也。从穴,眞聲。亦从土 博物志 炎帝女溺死東海中,化爲鳥,曰精衞。常取西山之木石,以塡東海 白氏六帖 鳥衞木而塡海 图 順也 班固·東都賦 塡流泉而爲沼 图 鼓聲 孟子 塡然鼓之 楚辭·九歌 雷塡

填兮雨冥冥⊠人名。大填，黃帝師。見 前漢·古今人物表 ⊠zhēn知鄰切音珍。義同。一曰定也⊠chén 集韻 韻會 遲鄰切音陳。久也 詩·大雅 孔填不寧 又 倉兄填兮⊠tiǎn徒偃切，音殄。填填，厚重貌 莊子·馬蹄篇 至德之世，其行填填⊠tiǎn徒典切音腆。盡也，病也 詩·小雅 哀我填寡⊠zhèn陟刃切。同鎮，定也 前漢·高帝紀 填國家吾不如蕭何⊠ 天文志 填星日中央季夏土⊠diàn堂練切音電 禮·檀弓 主人既祖填池 註 填池讀爲奠徹。⊠同寘 前漢·貢禹傳 武帝時，又多取好女以填後宮。⊠同正 淮南子·兵略訓 不擊填填之旗。

09089 04194
塙 kū _10.13 字彙 苦谷切音哭。土塙也。鋻又毃27072 毃27093

09090 04195
塢 wǔ _10.13 廣韻 正韻 安古切 集韻 韻會 於五切 夶音鄔。同陭。小障也。一曰庫城 服虔·通俗文 營居爲塢 戴延·西征記 蠡城以南有金門塢 後漢·安帝紀 元初元年，遣兵屯河內，衝要皆作塢壁 後漢·董卓傳 築塢于郿，號萬歲塢⊠山阿，唐王維別墅，在輞川，有辛夷塢。又村落 杜甫詩 前有毒蛇後猛虎，谿行盡日無村塢⊠wù 集韻 烏故切音污。野聚也△本作隖。別作碼、垶。
鋻又坞08408嶋14055鵭65828

09091 04196
埕 zhèng _10.13 玉篇 丈井切音程。通也。一曰六書無埕。鋻又涅28313

09092 04197
墓 qín _10.13 玉篇 與堇同。

09093 04198
塤 xūn _10.13 集韻 同壎。鋻又埙08751塤09012

09094 04199
墐 jīn _10.13 說文 墐本字。

09095 04200
塥 gé _10.13 正字通 各額切，音革◇ 管子·地員篇 沙土之次曰五塥。五塥之狀，纍然如僕累 註 僕，附也。言其地附而重累也。

09096 04201
堅 zhù _10.13 廣韻 側六切音縬。塞也。鋻明 李實 蜀語 鼻塞曰堅⊠ 宋惠洪·禪林僧寶傳·卷十五 弛擔說偈曰：今朝六月六，谷泉被氣堅，不是上天堂，便是入地獄⊠ 名義 堅，時柳反。久也。壽09736字也。

09097 04202
塼 chán _10.13 集韻 昨閑切音屏。坤蒼 塼門聚，在睢陽。鋻又坅08718

09098 04203
墬 zhèn _10.13 字彙補 與陣同。見 華山嶽廟碑 及石經。

09099 04204
塾 gāi _10.13 字彙補 與隑同。見 轉注古音

09100 04205
塨 fú _10.13 集韻 郛61711古作塨。

09101 04206
塴 bèng _10.13 集韻 逋鄧切音埄。蜀郡謂塘曰塴。

09102 04207
墼 ní _10.13 集韻 年題切音泥。受水丘也。

09103 04208
堲 zhí _10.13 集韻 直立切音蟄 博雅 益也。一曰下入貌。
鋻 直音篇 堲同塱09484

09105 04210
壥 chán _10.13 集韻 同廛

09106 04211
墿 yì _10.13 韻會 同壇

09104 04209
壥 huì _10.13 集韻 胡對切音潰。地形回屈。

09107 40810
塠 duī _10.13 字彙補 都回切音堆 六書略 坐貌。

09108 40811
墲 fū _10.13 五音篇海 芳無切，郭也。

09109 40812
墆 zhé _10.13 篇海類編 陟格切，音磔◇張開也。
鋻又墶09339

09116 u2A90C
null _10.13 未詳。

09110 42889
墬 dì _10.13 字彙補 同地

09111 42890
埲 duō _10.13 五音篇海 同多。

09112 42891
埖 xī _10.13 篇海類編 音奚。

09117 u2A90B
null _10.13 未詳。

09113 42892
壒 ài _10.13 篇海類編 烏戒切，音隘◇險隘○按俗隘字之譌。

09114 42893
墤 kǎi _10.13 字彙補 與墤同。

09115 u2A90D
壨 lèu _10.13 喃 茅屋△壨字：梵刹。

09118 u2A90A
null _10.13 未詳。

09119 u2A909
null _10.13 未詳。

09120 u2A908
null _10.13 未詳。

09121 u2A907
null _10.13 未詳。

09122 u2A906
null _10.13 未詳。

09123 u2A905
null _10.13 未詳。

09124 u2A904
bāi _10.13 喃 俗壒09570△壒垰：沙灘。

09125 u2A903
yàn _10.13 俗壒08940 可洪音義 高壒：扵彥反。

09126 u2A902
null _10.13 未詳。

09127 u2A901
null _10.13 未詳。

09128 u2A900
wàng _10.13 俗望23411

09129 u2A8FF
null _10.13 未詳。

09130 u2A8FE
null _10.13 喃 未詳。

09132 u213EC
塗 liú _10.13 俗墶34409
四聲篇海 音流 古音駢字續編 冤塗，冤旒。

09131 u2F857
報 bào _10.13 同報08941

09134 u213E7
培 bụi _10.13 喃 从土省倍bội聲。塵土⊠vùi从埋省倍bội聲△培垉：填補。

09133 u213E8
null _10.13 未詳。

09135 u213E6
壉 xây _10.13 喃 从土，差sai聲。堆砌△壉壣：興建。壉塔：建樹。

09136 u213E5
壂 trét _10.13 喃 从土哲triết聲。填縫，塗抹。

09137 u213E4
壆 ngạch _10.13 喃 从土逆nghịch聲。門檻△陶壆：下挖門坎入室偷盜。

09138 u213E3
壈 yì _10.13 或同墥09086 五音集韻 墥，魚乙切。小山也。

09139 u213E1
壇 luống _10.13 喃 同壠△乂壇蘿：一壠蕃薯。

09140 u213E0
壎 hông _10.13 喃 从土胸hông聲。同瓹35103

09141 u213DF
壃 yáo _10.13 俗窯41111唐 呂岩 壃頭坯歌 壃頭坯，隨雨破，祇是未曾經水火⊠dūm 喃 从土峀dao聲。

09143 u213DD
壗 zhé _10.13 俗礫39252 直音篇 塿，音賫。礫。同。張也。

開也。塽，同上 図jié俗樬24887

09144 u213DC
㟜yì_10.13 俗㪩74501 洪音義 没㟜：古侯反。正作溝 図 方 指丘陵。民國 牟平 縣志·方言 㟜，邱陵曰塽jiǎng。亦曰㟜。土字。

09142 u213DE
塝gōu_10.13 俗溝29077 可

09145 u213DA
塪zhì_10.13 同陃65460山崩 篇海類編 丈几切。落也。

09146 u213D9
墤fèn_10.13 同糞43556 類篇 方問切。埽除也。或作墤。

09147 u213D8
塰xià_10.13 越諺·卷中·地部 塰溝。塰，杭下切。高田出泥之窊垗 図hè 喃同塶09394

09148 u213D6
塧ài_10.13 同塧09017

09149 u213D5
㙞chéng_10.13 同塍09056

09150 u213D4
㙓null_10.13 未詳。

09151 u213D3
㙟null_10.13 未詳。

09152 u213D2
㙠gēn_10.13 地名用字。見清道光 佛山忠義鄉志

09153 u213D1
㙣null_10.13 未詳。

09154 u213D0
㙡null_10.13 未詳。

09155 u213CF
塨gōng_10.13 五侯鯖字海 音恭。

09156 u213CE
㙢null_10.13 未詳。

09157 u213CD
塪null_10.13 未詳。

09159 u213CB
塻pǔ_10.13 地名用字 煞：上都廻反。撲也。正作㙛15539 㙛19889二形。

09158 u213CC
塼duī_10.13 可洪音義 㙛

09160 u213CA
㙊jiǎn_10.13 同㘤74304 清實錄·高宗純皇帝實錄·卷之二十七 又奏：請豁冀州、衡水等縣，鹽㙊地畝額賦。

09161 u213C9
㙉null_10.13 未詳。

09165 u213C4
㙥null_10.13 未詳。

09162 u213C8
㙈zhěng_10.13 俗拯19484 中文大辭典 與拯同。

09163 u213C6
㙇null_10.13 簡㙇09577

09164 u213C5
㙅láng_10.13 地名用字 廣東輿地圖說·卷一·廣州府 又七里，吳九㙅，迤邐而北。

09166 u365F
㙟lǎng_10.13 方 江湖邊低窪地。

09167 u365C
臺tái_10.13 俗臺48291亦作臺09072北魏 元譿墓誌 陳衣虛席，奠就空臺，九京徒想，邈矣悠哉。

09168 uFA10
塚zhǒng_10.13 兼塚

09169 uF96C
塞sāi_10.13 兼塞

09170 u5871
塱lǎng_10.13 同塱09166

09171 u5870
塼hǎi_10.13 日 地名用字

09172 u586F
塯liù_10.13 同塯09294

09173 u586E
塽xiè_10.13 方 豬、羊等家畜圈里糞便積漚而成的肥料。

09174 u586D
塭wēn_10.13 地名用字。清 陳文達 鳳山縣志·卷之二·規制志·水利 至夫就海濱築岸以資採捕，謂之塭 図俗鹽74307 可洪音義 之塭：音闒，正作盍鹽二形。

09176 u586B
填tián_10.13 參見塡09088

09175 u586C
塬yuán_10.13 地勢平坦，邊緣陡峭之階地。亦地名用字。

09177 u586A
塪kǎn_10.13 龍龕 塪俗，埳08789正。

09178 u5869
塩yán_10.13 玉篇 塩，同鹽74307

09179 u5868
塛gōng_10.13 人名用字。李塛，清代學者，字剛主，蠡縣人。

09180 u5843
塳kuàng_10.13 同礦39522清·林則徐 查勘礦廠情形試行開採摺 若土石夾雜，則謂之鬆塳，旋開旋廢，易虧工本。

09181 04212
塲cháng_11.14 集韻 同場。塲 又暢35627 図 集韻 塲，或作暘。

09182 04213
塳péng_11.14 字彙 蒲紅切音蓬。塵隨風起。一曰俗塳字。塳 又塚09078

09183 04214
塴bèng_11.14 集韻 同堋 図 地名。渵塴江，在成都。水經注 江水由渵塴江入郫江、撿江以行舟。

09184 04215
塵chén_11.14 古文 靐壥尘 唐韻 直珍切 集韻 韻會 正韻 池鄰切夶音陳。埃也。爾雅·釋詁 久也。謂塵垢稽久也。詩·小雅 無將大車，祇自塵兮 後漢·班固傳 風伯清塵 拾遺記 石虎起樓四十丈，異香爲屑，風起則揚之，名芳塵 嶺南表異錄 犀角爲簪梳，塵不著髮，名辟塵犀 図 淫視爲遊塵，見 穀梁·序疏 図 明窗塵，丹砂，藥名 李白·草創大還詩 髣髴明窗塵 梵書·圓覺經 根塵虛妄 註 根塵，六根之塵，謂眼耳鼻舌心意。又 列仙傳 麻姑謂王方平曰：見東海三變爲桑田，今將行復揚塵乎 図 姓。見 統譜。塵 又塷09547 靐09682 敚21803 壥51072 塹09377 集韻 廛74489，說文 鹿行揚土也。或省（作塵）。籀作麤09680 古作靐壥。俗作尘，非是。

09185 04216
塷lù_11.14 集韻 盧谷切音祿。地名，梁有塷口城。一說本作鹿。

09186 04217
塿lǔ_11.14 集韻 籠五切。同鹵。西方鹹地也△鹵或从土，或別作壖。

09187 04218
塸jiāo_11.14 玉篇 計堯切音澆。伏土爲卵也。

09188 04219
堅yī_11.14 廣韻 烏兮切 集韻 韻會 煙奚切夶音緊。塵埃也 図yì 廣韻 正韻 於計切 集韻 韻會 研計切夶音翳。義同。

09189 04220
塸ǒu_11.14 廣韻 烏后切 集韻 於口切夶音毆。沙堆。一曰墓也 図ōu 集韻 烏侯切音歐。聚沙曰塸。

09190 04221
塹qiàn_11.14 唐韻 集韻 韻會 正韻 夶七豔切音槧 說文 坑也 図 遶城水也 史記·秦紀 塹山堙谷，千八百里。△一作壍 史記·秦紀 壍河旁 高祖本紀 深壍而守 図 作壍 司馬相如傳 隤牆填壍。塹 又塹08895 壍14147

09191 04222
堫zōng_11.14 字彙 咨容切音蹤。土菌也。高腳繖頭。俗謂之雞堫。出滇南。

09192 04223
塺méi_11.14 廣韻 莫杯切 集韻 韻會 正韻 謨杯切夶音枚。塵也 楚辭·九懷 霾土忽兮塺塺。一作堳 図mò 廣韻 謨臥切 集韻 正韻 莫臥切夶音磨 楚辭·九歎 愈氛霧其如塺。

09193 04224
塻mò_11.14 廣韻 模各切 集韻 韻會 正韻 末各切夶音

莫。舍墁也。亦塵墁也。

墁 09194 04225 mán_11.14 廣韻母官切集韻謨官切𠀤音瞞。土覆也。一曰鐵杇△亦作墁。

塼 09195 04226 tuán_11.14 集韻徒官切。同團說文圜也周禮作專莊子作园太玄作塼 又 zhuān朱遄切音專。燒墼也。同甎古史考烏曹始作甎 又 chuán淳沿切音遄。紡塼也。

塽 09196 04227 shuǎng_11.14 字彙音爽。地高明處。鑾集韻作塽09463

塾 09197 04228 shú_11.14 廣韻殊六切，音孰。又集韻韻會神六切。義同說文門側堂也禮·學記古之教者，黨有庠，家有塾儀禮·冠禮具饌于西塾 又 三輔黃圖未央宮外有塾門古今注塾之爲言熟也。臣朝君，至塾門，更詳熟所應對之事 又 前漢·食貨志春將出民，里胥平旦坐于右塾，鄰長坐于左塾 又 疾也山海經首山之陰曰机谷，多䳋鳥，其狀如梟而三目，食之巳塾。䳋音地。鑾又𩫱09661鬫65309𨷑65392

塿 09198 04229 lǒu_11.14 廣韻正韻郎斗切集韻韻會郎口切𠀤音簍。小阜也。又揚子方言小冢謂之塿 又 通作嶁，有平、上二聲。鑾又𡻤08985

墀 09199 04230 chí_11.14 唐韻直尼切集韻韻會陳尼切𠀤音蚳說文涂地也。禮，天子赤墀徐曰階上地也。漢制，靑瑣丹墀典職曰以丹漆地，故曰丹墀。砌以玉石曰玉墀楊巨源詩無因隨百獸，率舞在丹墀前漢·梅福傳願登文石之殿，陟赤墀之途漢武·落葉哀蟬曲玉墀兮生塵。又後庭元墀釦砌 又 國名西京雜記因墀國有解形之人 又 與墀同。鑾又𢽿21136墀09534

墁 09200 04231 màn_11.14 同墁 又 廣韻集韻韻會正韻𠀤莫半切音縵。牆壁之飾也孟子毀瓦畫墁。鑾又塓09433

墂 09201 04232 biāo_11.14 集韻卑遙切音杓。封土爲識。當作標。

巢 09202 04233 cháo_11.14 廣韻鉏交切集韻鋤交切，並音巢。又集韻莊交切音䝋。義同。巢陽，地名，在東昌聊城縣西南，傍有巢父墓。

墩 09203 04234 bài_11.14 集韻薄賣切，音敗◇小堤也。鑾集韻薄邁切。堤也玉篇小堤也。

境 09204 04235 jìng_11.14 唐韻正韻居影切集韻韻會舉影切𠀤音景說文疆也。一曰竟也，疆土至此而竟也魯語外臣之言不越境史記·諸侯王表諸侯比境註地相接次也前漢·地理志開地斥境△通作竟。

墄 09205 04236 cè_11.14 廣韻韻會倉則切集韻七則切，並蹭入聲李善曰限也。謂階齒也三輔黃圖未央前殿，左墄右平註殿階九級，中分左右，左有齒人行之，右則平之。

墇 09206 04237 zhàng_11.14 廣韻集韻𠀤知亮切音漲。沙墳起貌。鑾集韻或省作𡍤。

墅 09207 04238 shù_11.14 廣韻辰與切集韻韻會上與切正韻承與切，𠀤署上聲。田廬也。又圃墅晉書·謝安傳與兄子元圍棊賭別墅 又 別館唐書·裴休傳與兄弟隱家墅，講經著書 又 許墅，地名，在蘇州城西圖經秦始皇求吳王劍，白虎蹲于丘上，逐之，西走至此，裂爲池，因名曰虎谬。吳越時避镠音，改許墅 又 yě集韻以者切音野說文郊外也毛氏韻增野，古墅字。後人以其借爲郊野字，復加土于下以別之正字通毛說似而非。野本郊野朴野，古無墅地墅名，後人家廬外立別墅，因借郊野之野，加土轉聲作墅。鑾又𡐨31539

墳 09208 04239 fèn_11.14 廣韻集韻𠀤方問切音糞。埽除也△亦作㙍。

墆 09209 04240 dié_11.14 廣韻集韻𠀤徒結切音垤。貯也，止也前漢·食貨志富商賈墆財役貧左思·蜀都賦賈貿墆鬻，舛錯縱橫 又 廣韻特計切集韻大計切。並音第。又集韻丁計切音帝。義同。陰翳貌楚辭·九歎舉霓旌之墆翳。又 高貌張衡·西京賦直墆霓以高居。

墉 09210 04241 xià_11.14 正字通與罅、隙𠀤同。

墇 09211 04242 zhāng_11.14 廣韻集韻韻會諸良切正韻止良切𠀤音章。壅也，隔也，塞也 又 zhàng廣韻集韻正韻𠀤之亮切音幛。與鄣、瘴同。

㙓 09212 04243 luó_11.14 集韻盧戈切音羅。盛土草器也。

墈 09213 04244 kàn_11.14 廣韻集韻韻會𠀤苦紺切音戡。險岸也。俗謂土突起立者爲墈。

墉 09214 04245 yōng_11.14 古文𩫖𩫏廣韻集韻韻會𠀤餘封切音容禮·王制註小城曰墉易·同人乘其墉詩·大雅以伐崇墉 又 築土壘壁曰墉釋名墉，容也，所以隱蔽形容也儀禮·士喪禮堂中北牆謂之墉禮·郊特牲君南向于北墉下 又 仙宮武帝內傳我墉宮玉女王子登也 又 叶余章切音羊道藏歌玉臺敷朱霄，綠霞高元墉。體矯萬津波，神生攝十方△與庸通。一作𨻾、牗。鑾又𤓰32405𤲉34549 又 正字通𩫖35348，同墉。

墊 09215 04246 diàn_11.14 唐韻集韻韻會正韻𠀤都念切音店說文下也，溺也書·益稷下民昏墊。或作埝 又 dié廣韻徒協切集韻達協切𠀤音牒。水名◆北史·外奚傳吐谷渾君長阿豺，登其國西疆山，觀墊江源，問羣臣，長史曾和對曰：水經仇池，過晉壽，出宕渠，始名墊江 又 縣名，屬四川重慶府忠州南史補漢之墊江，今之合州也。隋煬帝改合州爲涪陵，而移墊江之名於忠州△集韻的協切音輒。地下也。鑾又垫08632㙍19616𡑴35057

墋 09216 04247 chěn_11.14 廣韻初朕切集韻韻會正韻楚錦切𠀤音磣。沙土也沈約·郊居賦寧方割于下土，廓重氛于上墋 又 混沌不清澄貌陸機·漢功臣贊茫茫宇宙，上墋下黷△凡慘黷，𠀤當作墋黷，見英華辨証。鑾又𡒄09368

墌 09217 04248
zhí_11.14 廣韻 集韻 韻會 正韻 忐之石切音隻。基址也 又 地名 唐書·太宗紀 攻薛仁杲于高墌城 又 zhuó 廣韻 之若切 集韻 職略切。忐同坧。築土爲基曰墌。

墍 09218 04249
jì_11.14 古文 坖墍 廣韻 其冀切 集韻 巨至切，忐音洎 說文 仰涂也。塗 09071 墍 又 取也 詩·召南 頃筐墍之。又 息也 詩·邶風 伊余來墍 大雅 民之攸墍 又 xì 廣韻 集韻 忐許既切音欯。義同。又 塈 又 塈 09508 墍 09040 至 08325 坖 08957 墍 09219

墍 09219 04250
jì_11.14 同墍。

墎 09220 04251
guō_11.14 集韻 光鑊切音郭 說文 度也。凡民之所度居也。

墏 09221 04252
qiǎng_11.14 廣韻 七兩切 集韻 此兩切忐音搶。基也，將平土以成之。

墐 09222 04253
jìn_11.14 同堇 08812 又 廣韻 渠遴切 集韻 韻會 渠吝切 正韻 具吝切忐音覲。塗也 詩·豳風 塞向墐戶 禮·月令 季秋，蟄蟲咸俯在内，皆墐其戶 又 瘞蓻 詩·小雅 行有死人，尚或墐之 又 溝上道也 周語 陸阜陵墐。又 塮 又 墐 09528 穜 40731

墐 09223 04254
qín_11.14 堇本字。又 亦作蓳 62696 蓳 50749 墓 09092

墑 09224 04255
dì_11.14 廣韻 都歷切 集韻 丁歷切忐音滴。階謂之墑 又 與的通，射的也。

墑 09225 04256
shāng_11.14 字彙 尸羊切音商。新耕土也。一曰墑字之譌。

墓 09226 04257
mù_11.14 廣韻 集韻 韻會 正韻 忐莫故切音暮 說文 丘也 鄭玄曰 冢塋之地，孝子所思慕之處 禮·檀弓 古不修墓。又 易墓非古也 王制 墓地不請 周禮·春官 墓大夫掌凡邦墓之地域，爲之圖，令國民族葬。凡爭墓地，聽其獄訟，帥其屬而巡墓屬 註 墓厲，謂塋限遮列之處。庶人不封不樹，故不言冢而云墓 又 揚子方言 凡葬無墳謂之墓，有墳謂之壟。故 檀弓 云墓而不墳。又 平曰墓、封曰冢、高曰墳 又 北谷曰墓 史記·封禪書 西方神明之墓 又 mú 集韻 蒙晡切音模 前漢·班固敘傳 陵不崇墓 註 墓音模。

墅 09227 04258
yín_11.14 篿乘 古垠 08545 字。

堆 09228 04259
cuī_11.14 集韻 徂回切音崔。丘也。堆堆，土聚貌。

墭 09229 04260
liè_11.14 集韻 力協切音劦。堅土也。

墳 09230 04261
fén_11.14 字彙補 古文墳 09331 字。

墫 09231 04262
xún_11.14 集韻 徐心切音尋。地名。又 塝 09369

墊 09232 04263
zhì_11.14 集韻 憤 18602 古作墊。

墤 09233 04264
gùn_11.14 集韻 古困切，音論。土貌。

墹 09234 40813
yàn_11.14 字彙補 與堰同。漢王景有墹流法。

墷 09235 40814
yè_11.14 篇海類編 戈涉切音葉。埠墷。又 戈涉切。又 四聲篇海 墷，筍輒切。埠墷。

墺 09236 40815
qiàn_11.14 篇海類編 與塹同 史記·司馬相如傳 隤牆填墺 前漢·陳湯傳 穿墺。

甍 09237 40816
zhì_11.14 字彙補 音未詳。見 穆天子傳。又 同瑂。

墢 09238 40817
fú_11.14 搜眞玉鏡 音弗。炙也。

墖 09239 40818
tǎ_11.14 字彙補 帝京景物略 與塔同。

壒 09240 42895
tái_11.14 龍龕 同臺。又 龍龕 作壒 09397

墀 09241 42896
pí_11.14 五音篇海 同坤。

堋 09242 42897
bèng_11.14 篇海 同堋。

壇 09243 u2B760
tán_11.14 俗壇 09429

墿 09244 u2A918
null_11.14 喃 未詳

墏 09245 u2A917
liào_11.14 圪墏，地名，在山西省。

壀 09246 u2A916
null_11.14 未詳。

壂 09247 u2A915
null_11.14 未詳。

壆 09248 u2A914
null_11.14 未詳。

墩 09249 u2A913
vôi_11.14 喃 五千字譯 國語·第二十六 舉動 仿惶，墩迷。

壈 09250 u2A912
null_11.14 未詳。

堿 09251 u2A911
null_11.14 未詳。

墲 09252 u2A910
null_11.14 未詳。

堪 09253 u2A90F
null_11.14 殷周金文集成·15.9456 裘衛盉 衛小子墶逆者（諸）其鄉（饗）。

壨 09256 u23112
ǒ_11.14 喃 从在於u'聲 △壨琵：生活。

塢 09257 u2141A
ngừa_11.14 喃 从土魚ngu聲。

塀 09258 u21419
đất_11.14 喃 从土得đắc聲。土壤。

壉 09254 u2A90E
null_11.14 未詳。

埌 09259 u21418
nứt_11.14 喃 从土，涅niết聲△坦埌：乾旱龜裂的土地。

塀 09255 uFA39
píng_11.14 同塀 09047

壈 09260 u21417
hốc_11.14 喃 从坑省 斛hốc聲△壈硌：石洞。豁壈：洞穴。

壓 09261 u21416
jiàn_11.14 同壓 09490 堅土 駢雅訓纂·卷五下·訓纂十一 釋地 中土曰五忐，其次五壚，次五壓，次五剽，次五沙，次五塥。纑土之次曰五壈，五壓之狀芬焉若糠以肥。注：謂其地色黃而虛。壈音藥，此作壓，未詳。

墲 09262 u21414
yín_11.14 同璜 34519 廣韻 墲，翼真切。墲場。

塘 09263 u21413
kāng_11.14 湖北地名用字 清實錄·仁宗睿皇帝實錄·卷之七十三 諭軍機大臣等：徐添德股匪，在盛家塘淌渡時，遊擊富慶、知縣孫光先，俱在穀城城内，並未堵截賊匪。

壕 09264 u21412
háo_11.14 俗壕 09498 民國九年石印本 解縣志·卷之十中·選舉表 姓名：柳青暹。住址：第一區上城壕。選舉年月：光緒十五年。姓名：李子榮。行號：仁庵。住址：第一區下城壕。選舉年月：民國二年。附記：省立

第二師校 区hào俗垚08345宋·曾慥《類說·卷三十八·孔子家語·土食》垚土之人醜。垚土，《家語·執轡》作垚土。

畲 09265 u21411
mù_11.14 《說文》睦，古文畲08924段改作畲，从古文目。

㒇 09266 u2140F
duǒ_11.14 倭㒇，亦作倭墮、鬌髼，髮式。

塚 09268 u2140C
chù_11.14 同塚08763《龍龕》坶，丑足反。土也。

墼 09270 u2140A
jī_11.14 俗墼09407《篇海類編》墼，塼壞別名。

塩 09271 u21408
null_11.14 未詳。 **墍** 09267 u2140D hè_11.14 俗墍09493《慧琳音義》塂墍：呼各反。亦作墍。經作墍，俗字。

塿 09272 u21407
lún_11.14 或同塿。 **塪** 09269 u2140B zāo_11.14 《越諺·卷中·地部》埃塪：哀糟。埽除穢濁之物。垃圾：粒率。埃塪中粒塊区《方》屄屎塪塪：什麼也沒有。

塷 09273 u21406
null_11.14 未詳。 **塼** 09274 u21405 null_11.14 未詳。

塼 09275 u21404
null_11.14 未詳。 **塷** 09276 u21403 null_11.14 未詳。

墍 09277 u21402
null_11.14 未詳。 **增** 09278 u21401 null_11.14 未詳。

塷 09279 u21400
dàng_11.14 俗璗09367 **塷** 09280 u213FF null_11.14 未詳。

塷 09281 u213FE
null_11.14 未詳。 **塻** 09282 u213FD dàp_11.14 《喃》从埋省，習tập聲△培增：填埋区đáp增散：粉碎。

墩 09283 u213FC
áo_11.14 《龍龕》墩、垰08468，五高反。

塷 09284 u213FB
gāo_11.14 塷壤，同皋壤，濕地。清·周家楣《順天府志·卷二十一地理志三·城池》（通州城）前有連城，後有塷壤。

塷 09285 u213FA
lòu_11.14 民國《海南島志·第十六章鹽業·第三節鹽之種類及其製法（二）鹽塷：鹽塷係以滲漏鹵水者，方形，高約三尺，深約二尺，四邊砌石，底架竹木，上鋪竹筏或茅草，以盛鹹砂，場旁鑿一小池，通寶于塷底。

陵 09286 u213F9
líng_11.14 古陵65685字《陳純釜》处茲皮（安）陵。又古《璽彙編·姓名私璽》.1128高陵。

塷 09288 u589B
wèi_11.14 地名用字。 **梁** 09289 u589A liáng_11.14 中國西北地區黃土堆積形成的地貌，亦稱黃土梁。

垄 09287 u3666
xié_11.14 地名用字。麥垄，今作麥斜，在江西省。

塸 09291 u5898
qián_11.14 《閩》邊，沿。田塸、海塸。

增 09292 u5897
zēng_11.14 俗增09298 **墙** 09290 u5899 qiáng_11.14 《簡》墙09406

墼 09293 04265
biē_12.15 《廣韻》并列切《集韻》必列切丛音憋。大阜名《倉頡篇》墼阜在左馮翊，沔陽縣北。

塷 09294 04266
liù_12.15 《廣韻》《集韻》《韻會》《正韻》丛力救切音溜。盛飯瓦器也。堯舜飯土塷。見《韓子》

墜 09295 04267
zhuì_12.15 《唐韻》《集韻》《韻會》《正韻》丛直類切，音懟《說文》侈也。《爾雅·釋詁》落也。《論語》未墜於地《韓詩外傳》星墜木鳴，國人皆恐区zhú《集韻》直律切音术。義同。礊隊隧墜古通，經史皆互見。鋆又坠08406《隊65967《礊39437《餘65769

墝 09296 04268
qiāo_12.15 《廣韻》口交切《集韻》《韻會》丘交切丛音敲。瘠土也。薄田曰墝《淮南子·原道訓》舜耕歷山，田者爭處墝埆，以肥饒相讓区qiào《集韻》《韻會》丛口教切音巧。土不平也△磽墝墩同。

墝 09297 04269
qí_12.15 同圻。一作畿。

增 09298 04270
zēng_12.15 《唐韻》作滕切《集韻》《韻會》咨騰切《正韻》咨登切丛音曾《說文》益也。一曰重也《詩·小雅》如川之方至，以莫不增《史記·黃霸傳》戶口歲增区眾也《詩·魯頌》烝徒增增区與層通。增城08622，漢宮。揚雄《甘泉賦》增宮參差区與曾通区◇《廣韻》《集韻》《韻會》子鄧切，曾去聲。剩也。賸也。又《正韻》子孕切音甑。禧也。鋆又增09292《增20657

塷 09299 04271
ào_12.15 同墺。 **墺** 09300 04272 liào_12.15 《廣韻》《集韻》《韻會》力照切，音燎《說文》周垣也。註引《西都賦》墺以周垣区liáo《廣韻》落蕭切《集韻》《韻會》憐蕭切丛音聊。義同。

墟 09301 04273
xū_12.15 《唐韻》去魚切《集韻》《韻會》《正韻》丘於切丛音虛《說文》大丘也《禮·檀弓》墟墓之間，未施哀于民而民哀区故城帝王世紀瞍妻握登生舜于姚墟，故得姓姚氏《左傳·昭七年》謝息請桃《註》魯卞縣東南有桃墟，世謂之陶墟，相傳舜所陶處《竹書紀年》盤庚自奄遷朝歌，遂曰殷墟区大壑《列子·湯問篇》渤海之東有大壑焉，名曰歸墟《木華·海賦》南瀲朱厓，北灑天墟区商賈貨物輻湊處，古謂之務，今謂之集，又謂之墟。

墠 09302 04274
shàn_12.15 《廣韻》常演切《集韻》《韻會》《正韻》上演切丛音善《說文》野土也。一曰除地。祭處築土爲墠，除地爲墠《書·金縢》爲三壇同墠《禮·祭法》王立七廟、一壇、一墠。又遠廟爲桃，有二桃。去桃爲壇，去壇爲墠，去墠曰鬼区《集韻》《韻會》丛時戰切音膳。義同区tān《集韻》他干切音灘。寬也区與壇通。鋆又砃38795区《龍龕》增09241俗，墠正。

壒 09303 04275
yì_12.15 《廣韻》《正韻》於計切《集韻》壹計切《韻會》於詣切丛音曀◆《說文》天陰塵也区《集韻》乙冀切，音懿。陰晦也。鋆又壑09106

墥 09306 04278
dài_12.15 俗埭字。 **墰** 09305 04277 shàn_12.15 《廣韻》常演切《集韻》上演切丛音善《六書故》白埴土也。一曰周禮《爾雅》山海經丛作堊。俗作墡，不宜分爲二字。鋆又礐39361

隗 09304 04276
kuí_12.15 《廣韻》苦圭切音奎。盾之握也。

壌 09307 04279
fá_12.15 《正字通》同坺。鋆又墢08950

墣 09308 04280
pū_12.15 同圤《說文》塊也《楚語》楚靈王出亡，涓人疇枕之以墣。鋆又墣09461墣09488墣09601

墤 09309 04281
kuài_12.15 同塊。

墥 09310 04282
dǒng_12.15 集韻覩動切音董 說文 壔墥，封埒也 又 tǒng 吐孔切音侗。義同。又 tuǎn 土緩切。同疃。禽獸所踐處。睡暖蹯叐同。

墧 09312 04284
què_12.15 同塙。

墦 09311 04283
fān_12.15 廣韻附袁切 集韻 韻會 符袁切，叐音煩 博雅 墦堁，冢也 孟子 東郭墦閒之祭者 又 pān 集韻 鋪官切音潘。義同。

墨 09313 04285
mò_12.15 唐韻 莫北切 集韻 韻會 正韻 密北切叐音默 說文 書墨也 西京雜記 漢尚書令僕丞郎，月給隃糜墨。魏晉閒以桼燒烟和松煤爲之。唐初高麗歲貢松烟墨。宋熙寧閒，張遇供御墨，始用油烟入麝，謂之龍劑 李堅・墨評 古有李廷珪墨爲第一，張遇次之，兗州陳朗墨又次之 又 禮・玉藻 卜人定龜，史定墨 註 凡卜，必以墨畫龜乃鑽之，觀所坼以占吉凶 又 度名 小爾雅 五尺爲墨，倍墨爲丈 周語 不過墨丈尋常之閒 又 五刑之一，鑿其額，涅以墨書 書・伊訓 臣下不匡其刑墨。又 哀容 孟子 歠粥面深墨 又 氣色下也 左傳・哀十三年 晉定公、吳夫差會于黃池。司馬寅曰：肉食者無墨。又 闇昧也 劉向・新序 師曠對晉平公曰：國有墨墨而危者，未之有也 又 墨灰 西京雜記 武帝鑿昆明池，悉灰墨，無復塕土。西域人曰：大刼將盡，則有刼燒。灰墨，其餘燼也 又 與默通 史記・商君傳 武王諤諤以興，紂墨墨以亡 前漢・竇嬰傳 嬰墨墨不得志 又 太史公論六家之要旨，墨家儉而難遵，然其彊本節用，不可廢也。六家：陰陽、儒、墨、名、法、道也 又 地名。卽墨，故齊地 史記・齊世家 樂毅下齊七十餘城，惟卽墨不下。今卽墨乃漢之不其縣。又 墨山，在卽墨東北，墨水發源于此 前漢・郊祀志 帝以方士言祀太室于卽墨，卽此山也，一在衛輝縣西北 九州要記 墨子居墨山，採茯苓餌之，五百歲不死 又 姑墨，國名。南與于闐接，又康居國有附墨城。叐見 前漢・西域傳 又 姓。禹師墨如。見 王符・潛夫論 周墨翟，明墨麟 姓纂 墨氏卽墨胎氏，孤竹君後。又 老馬腹中有物曰墨，猶狗寶也，見 本草綱目 又 méi 集韻 旻悲切音眉。墨屎，默詐貌。又軟弱貌 又 mèi 集韻 莫佩切音昧。諡法，貪以敗官，讒言敗善，叐曰墨。鑒 又墨 09358 點 74901 又 史記・商君傳 武王諤諤以興，紂墨墨以亡。徐慧：武王諤諤以昌，殷紂墨墨以亡。

墩 09314 04286
dūn_12.15 廣韻 集韻 韻會 正韻 叐都昆切音敦。平地有堆曰墩。謝公墩，在冶城北 李白詩 冶城訪遺跡，猶有謝公墩。鑒 又墪 09315 堷 09022 墩 09662 又 二簡・第二表・同音代替字 墩礅蹾撴，簡作敦。

墪 09315 04287
dūn_12.15 同墩。

墫 09316 04288
zūn_12.15 正字通 與樽同。按通雅曰：說文 墫从士，乃許氏臆說。自監本 爾雅、王氏 詩考、陳氏 九經考異 叐从土。唐宋人有用墫罇者，細推墫亦樽之譌，从土無謂，況从士乎。據 通雅 則 字彙 註从土，與从士不同，失考正。鑒 又蹲 59373

墜 09317 04289
dì_12.15 正字通 籀文地字 前漢・郊祀志 周官天墜之祀。鑒 又墬 09359 墬 09543 墬 09627

蕢 09319 04291
fèn_12.15 集韻同糞 市政切 集韻 時正切叐音盛。盛物器。與盛通。

盛 09318 04290
shèng_12.15 唐韻 韻會 市政切 集韻 時正切叐音盛。盛物器。與盛通。

墣 09320 04292
fù_12.15 字彙 同墣，穴地以居。古作復 詩・大雅 陶復是也 △ 亦作覆。鑒 又坋 08535

堨 09321 04293
qiè_12.15 廣韻 丘竭切 集韻 丘傑切，叐音朅。界也 又 集韻 詰結切音絜。義同。

堲 09322 04294
jí_12.15 廣韻 子入切 集韻 卽入切叐音喋。泉出于上。鑒 類篇 作堞 25283

墢 09323 04295
sà_12.15 集韻 悉盍切，音佮。墢墢，土墮聲。鑒 又墢 09459

墮 09324 04296
duò_12.15 廣韻 徒果切 集韻 杜果切音惰。毀也，落也。又 廣韻 他果切 集韻 吐火切。叐同墮 說文 作陸。敗城阜曰陸。亦作隆 春秋 墮郈、墮郕、墮費 賈誼・過秦論 墮名城 史記・高祖紀 士卒墮指 又 釋氏團墮，言食墮在缽中也。梵言儐茶波。一曰濱茶夜。華言團，團者食團，謂行乞食也 又 與惰通 禮・月令 季秋，行春令，民氣解墮 韓非子・五蠹篇 侈而墮者貧 史記・司馬相如傳 不敢墮 註 墮，叐同惰 又 huī 廣韻 許規切 集韻 韻會 翾規切叐音孈。義同 又 duǒ 廣韻 他果切音垛。倭墮，髻也。鑒 又隋 65938 陊 65554 陸 65808 隓 13974 墮 09613 墮 09444 隓 65963 蘑 41643 又 龍龕 墮 09326 墮 09549 墮 09049 三俗，墮今。又 倭墮 09266 倭墮，同倭墮，亦作鬌髻。

嫷 09325 04297
duò_12.15 同墮 前漢・刑法志 周道衰，法度嫷。

憜 09326 04298
duò_12.15 同墮 史記・高祖紀 漢王急推墮二子 賈誼傳 梁王憜馬。鑒 史記・高祖紀。徐慧：前漢・高帝紀。

壇 09327 04299
tán_12.15 廣韻 徒含切 集韻 徒南切叐音覃。地名。又 甌屬，同壜。鑒 亦作墰 09404

墱 09328 04300
dèng_12.15 廣韻 都鄧切 集韻 韻會 正韻 丁鄧切叐音嶝。小阪也。飛陛謂之墱，閣道也 張衡・西京賦 墱道邐倚以正東 又 小坎水分派也 左思・魏都賦 墱流十二，同源異口 李善曰：鄴下有十二墱，天井優在城西南，分爲十二 又 dēng 集韻 都騰切音登。墱墱，築牆聲 △ 墱與隥通。

墲 09329 04301
mú_12.15 廣韻 莫胡切 集韻 蒙晡切叐音模。規度墓地。揚子方言 所以墓謂之墲 註 謂規度墓地，漢書 初陵之墲是也 又 wú 集韻 微夫切音無。冢地也 又 pū 滂模切音鋪 又 wǔ 罔甫切音武。叐墓域。鑒 又坞 08380

墾 09330 04302
yín_12.15 玉篇 古文垠 08545 字 淮南子・俶眞訓 蘆苻之原，通于無墾。

墳 09331 04303
fén_12.15 古文墳 唐韻 集韻 韻會 正韻 叐符分切音汾 說文 墓也 禮・檀弓 古者墓而不墳 註 土之高者曰墳 衡山志 楚靈王之世，衡山崩，而祝融之墳壞，中有營丘九頭圖 張衡・思玄賦 睹有黎之圮墳 註 有黎，祝融也。

囜水涯曰墳，大防也，所以扦水詩傳辛受無道，商人慕文王而歸之，賦汝墳囜。白虎通三墳，分也。論三才之分，天地人之始也孔安國·尚書序伏犧、神農、黃帝之書，謂之三墳，言大道也左傳·昭十二年左史倚相，是能讀三墳、五典、八索、九丘囜大也周禮·秋官又炬氏共墳燭囜與蕡同魯語土之怪曰墳羊囜fèn廣韻正韻房吻切集韻韻會父吻切𡎀音憤。土膏肥也書·禹貢白墳、黑墳、赤埴墳。見土08246字註囜bèn集韻部本切音笨。土沸起也左傳·僖四年公祭地，地墳。𡎀本作墳09452囜坋08407圿08321蕡14259隫65962

墲 09332 04304
yě_12.15 玉篇古文野62681字楚辭·九歌天時懟兮威靈怒，嚴殺盡兮棄原墲。墲叶上馬、鼓。馬音母。

鑿 04305
shùn_12.15 集韻玉篇𡎀古文舜48541字。

㙝 04306
huáng_12.15◆集韻同埠。殿也，基也。

墏 04307
chén_12.15 集韻塵09184古作墏。

墒 04308
zǐ_12.15 字彙補古文子字。見扶風縣夫子廟碑，唐程浩撰。

鑿 40819
ǎi_12.15 搜眞玉鏡於駭切。屋舍也，止也。𡎀又越諺·卷上·借喻之諺第五泥鑿跌倒泥鑿儻傳燈錄。泥裏倒，泥裏起。

墬 40820
zhì_12.15 川篇陟記切，音智◇踊也。

㙈 40821
zhé_12.15 篇海類編陟格切，音磔◇張也，開也。

㙔 40822
kū_12.15 篇海類編苦骨切音窟。突也。𡎀俗窋57914

墝 40823
jiào_12.15 篇海類編音教。地屋。

墺 40824
lín_12.15 篇海類編力珍切，音林◇菜畦。

齒 42898
kuài_12.15 篇韻同塊

壃 09345 42900
jiāng_12.15 篇海類編音良。又音亮。𡎀可洪音義之壃：居良反，界也，境也。正作疆、壃09421二形。郭氏音量，非。

墇 09346 42901
è_12.15 篇海類編同埡。

墌 09347 42902
zhí_12.15 篇海類編同墌。

壖 09344 42899
ruán_12.15 篇海同壖

壋 09348 42903
dǎo_12.15 篇海與墻同

覆 09349 42904
fù_12.15 篇海類編同堛。

壜 09350 42905
tán_12.15 篇海類編同壜。

壈 09351 42906
dǐ_12.15 五音篇海同堤。

塦 09354 u2A91C
null_12.15 未詳。

陽 09353 u2A91D
cháng_12.15 殷周金文集成·17.11156·平場高馬里戈平陽高馬里鉞。張亞初讀

壒 09355 u2A91B
null_12.15 未詳。

壢 09352 u2A91E
chí_12.15 軍壢，即軍持19512可洪音義軍壢：直尸反，雙口淨瓶也翻譯名義集·集七·犍椎道具篇第六十軍遲：此云瓶寄歸傳云軍

持有二，若甆瓦者是淨用，若銅鐵者是觸用西域記云捃稚迦即澡瓶也，舊云軍持，訛略也。

墣 09356 u2A91A
lín_12.15 簡墺09619

壌 09357 u2A919
null_12.15 未詳。

墨 09358 uFA3A
mò_12.15 兼墨09313

壌 09361 u21457
thoai_12.15 喃从土催thòi聲△壌壌：微微傾斜（的土坡）。

墜 09359 u2F858
dì_12.15 同墜09317玉篇墬，籀文地字。

㙙 09360 u2145D
sân_12.15 喃俗㙙09559庭院。

塠 09362 u21456
đôi_12.15 喃从土隊đôi聲。丘陵，山崗。

㙕 09363 u21455
null_12.15 未詳。

壸 09364 u21454
kūn_12.15 或同堃08808

壌 09365 u21453
giụm_12.15 喃壌吏：迎合囜giùm⿱宀壌：代辦。囜rùm从塩省森chùm聲△埳壌：岩鹽。

墈 09366 u21452
kān_12.15 羅翽雲客方言地之高邊俗呼墈。章太炎認為墈本是堪，堪为地突，故引申为高邊之稱。故墈，高邊也囜字海墈，同坎08334用作地名。

塴 09368 u21450
chěn_12.15 直音篇塴同墋09216

壎 09369 u2144E
xūn_12.15 同壎09231

壂 09367 u21451
dàng_12.15 同盪37267四部叢刊·初編集部·梁江文通集·卷第二·賦·江上之山賦亂曰：折芙蓉兮蔽日，冀以壂夫憂心。

塄 09370 u2144D
láo_12.15 方圪塄，角落。

埏 09371 u2144B
yán_12.15 同埏08669馬王堆漢墓帛書·老子乙本·道經埏埴而為器，當其無有，埴器之用也。埏埴，今本老子·第十一章作埏埴。

鵻 09373 u21448
duì_12.15 同鵻14262

埵 09372 u2144A
duǒ_12.15 埵08791本字

壓 09374 u21445
yā_12.15 同壓09496

塵 09377 u21441
chén_12.15 同塵09184馬王堆漢墓帛書·老子甲本·德經塞其悶……同其塵。

墇 09375 u21444
zhǎng_12.15 地名用字。五股墇，在陝西省。

垠 09376 u21443
yín_12.15 同垠09330四聲篇海垠，古文垠字。

壄 09378 u21440
yě_12.15 同壄09424囜篇海墅09207壄，以者切。郊牧之外。又石預切。村壄也。

墶 09379 u2143F
dā_12.15 俗墶09403

壏 09380 u2143D
dié_12.15 同堞09420龍龕壏垜08862二正，徒茶反，城上垣也，即女墻也。

鑿 09381 u2143C
shùn_12.15 同鑿09333古文舜48541

塿 09382 u2143B
null_12.15 未詳。

墖 09383 u2143A
null_12.15 未詳。

壒 09384 u21439
null_12.15 未詳。

壙 09385 u21438
null_12.15 未詳。

壓 09386 u21437
null_12.15 未詳。

壀 09387 u21436
null_12.15 未詳。

壷 09388 u21435
null_12.15 未詳。

壇 09389 u21434
null_12.15 未詳。

堇 09390 u21433
qín_12.15 同墐09223說文堇、𦰶皆古文堇08812

蹁 09392 u21431
pián_12.15 類篇蒲眠切。縣名。在郎邪。

歷 09393 u21430
lì_12.15 類篇壢09595歷，狼狄切。坑也。或省。

壥 09394 u2142F
hè_12.15 喃从土厦hè聲。廊下，便道。

塲 09395 u2142E
ve_12.15 喃从土爲vay聲。瓶墳。

塸 09396 u2142D
null_12.15 未詳。

㙣 09391 u21432
xié_12.15 壘54981本字

壒 09397 u2142C
tái_12.15 同壗09240俗臺。見龍龕

藝 09398 u366F
yì_12.15 同藝51581類篇埶或作藝。

塔 09399 u366E
dā_12.15 俗塔09065廣碑別字引隋潞州舍利塔下銘

壚 09400 u366D
jué_12.15 俗橛25389可洪音義壚上：上其月反，從木。

堋 09401 u58B9
jiān_12.15 日崖側。亦地名用字。

堵 09402 u58B8
chú_12.15 漢語大字典.V.2堵，同踳59448

達 09403 u58B6
da_12.15 圪壁，同疙瘩圖方地方。這壁，這裡。

壜 09404 u58B0
tán_12.15 同壜09584亦作壜09327

墻 09406 04310
qiáng_13.16 俗牆字。

塢 09405 04309
ào_13.16 古文坞埮扡垮廣韻烏到切集韻韻會正韻於到切夶音奧。四方土可居也。又水厓曰塢圖yù廣韻於六切集韻乙六切夶音郁。義同△書·禹貢作隩前漢·地理志作奧。鍪又塢09458峿13555塢09299隩隩并从奧。或从山作嶼、䧐、否。

墼 09407 04311
jī_13.16 廣韻古歷切集韻韻會吉歷切夶音激。◆說文瓴適也。一曰土墼，未燒塼坯。本作墼09464。鍪又墼09551墼35178墼09270墼35137墼75245

璲 09408 04312
suì_13.16 同隧。

墧 09411 04315
wō_13.16 正字通同窩

墩 09409 04313
qiāo_13.16 與墝同淮南子·地形訓察水陸肥墝高下之宜。又韓以墩民險，介于大國之閒。鍪又墝09489

墾 09410 04314
kěn_13.16 廣韻康很切集韻韻會口很切夶音懇。力治也。一曰開田用力反土也圖傷也，如鉏墾之傷物也。◆周禮·冬官考工記·旅人陶旅之事，髻墾薛暴不入市註旅人，摶埴之工。髻，薄也。墾，傷也。薛，破裂也。暴，暴起也。皆器之不任用者，故不令其入市圖叶苦泫切音犬蘇軾·垂雲亭詩我詩久不作，荒澀旋鉏墾。從君覓佳句，咀嚼廢朝飯。飯音卞上聲。鍪又垦08565墾08934墾09612

墿 09412 04316
yì_13.16 廣韻羊益切集韻正韻夷益切夶音亦博雅軌道也圖tú集韻井都切音徒爾雅·釋詁路旅墿也。墿或作繹圖dù徒故切音度。道也。鍪又圻08404

墀 09413 04317
pí_13.16 同坒。

墭 09415 04319
shí_13.16 籀文同埴成公綏·天地賦海岱赤墭，華梁青黎。

蟹 09414 04318
xiè_13.16 集韻下買切音解。地名。

壕 09416 04320
hào_13.16 廣韻胡到切集韻後到切夶音號說文土

釜也。鍪直音篇墟08968同鼃

壁 09417 04321
bì_13.16 唐韻北激切集韻韻會正韻必歷切夶音縶說文垣也釋名辟也，辟禦風寒也孔安國·尚書序秦始皇焚書，我先人用藏其家書于屋壁水衡記張僧繇于金陵安樂寺畫四龍于壁，不點睛，每曰點之即飛去。人以爲誕，因點其一，須臾雷電破壁，一龍乘雲上天。圖軍壘前漢·高帝紀帝晨馳入韓信、張耳壁，奪之軍周亞夫傳吳楚反，亞夫救梁，引兵走昌邑，堅壁而守。圖星名。二十八宿之一晉書·天文志東壁二星主文籍，天下圖書之府圖地名。壁州，在三巴，本漢宕渠地，唐高祖武德初置壁州節度使，鄭畋有記圖赤壁，在蒲圻荊州記蒲圻縣沿江南岸百里，名赤壁，昔周瑜破曹操處。黃州赤壁乃赤鼻山水經注江水左逕赤鼻山下爲赤鼻磯蘇軾·赤壁前賦及長短句：人道是三國周郎赤壁，蓋傳疑也圖凡石厓之峭削皆曰壁馬岌·石壁銘青壁千尋江淹詩緬映石壁素神仙傳帛和入西城山，王公令熟視石壁。二年，漸覺有文字，三年，得神丹方及五嶽圖。鍪又辟60570壁60579圖赤嶹14399今作赤壁。

塐 09418 04322
diàn_13.16 廣韻集韻夶堂練切音殿博雅堂埕，塐也。一曰堂基也六書統涬埕也。从土从殿。後也，澂而在後也。

環 09419 04323
huán_13.16 集韻胡關切。同環。環堵，謂面一堵牆也。

堞 09420 04324
dié_13.16 同堞。

壃 09421 04325
jiāng_13.16 同疆史記·晉世家出壃乃免△本作畺，亦作畕。

壙 09422 04326
kū_13.16 正字通與窟壏堀同。

羸 09423 04327
luǒ_13.16 玉篇古文裸54427字正字通譌字說文从衣，非从土○按字本玉篇字彙亦非無據。

壄 09424 04328
yě_13.16 正字通壄字之譌。

壅 09425 04329
yòng_13.16 廣韻集韻韻會正韻夶於用切，雍去聲。塞也史記·秦本紀河決不可復壅。一曰加土封也，培也。大江南道方語，凡培覆根土澆灌花草夶曰壅圖草名。芰實一名雞壅，見本草圖yōng於容切音邕。與雍通周禮·雍氏漢書·溝洫志壅皆作雍圖yǒng集韻韻會委勇切正韻伊竦切夶音擁。義同。鍪又雝66292壅09426壅09634

壅 09426 04330
yòng_13.16 同壅。

壏 09427 04331
kǎn_13.16 正字通同轗本作坎宋·穆修詩壏坷亦多迤。別又作城。

壆 09428 04332
jué_13.16 集韻訖岳切音覺。器之壘圻圖xué轄角切音學。土堅也。或曰山多大石，應从碻、礐。

壇 09429 04333
tán_13.16 廣韻集韻韻會唐干切正韻唐闌切夶音彈◆說文祭場也。壇之言坦也。一曰封土爲壇禮祭義燔柴于泰壇祭天也祭法去桃爲壇註遠廟八世祖則遷于壇，有禱則祭。互詳墠09302字註史記·文帝紀其廣增諸

祀壇場 图 楚人謂中庭曰壇,見 荊楚風俗通 图 盟誓則立壇 禮·雜記 孔子出魯東門,過故杏壇,曰:茲臧文仲誓盟之壇也。睹物思人,命琴而歌 图 國君朝會亦設壇 左傳·襄二十八年 鄭伯如楚,舍不爲壇。子產曰:大適小則爲壇,小適大苟舍而已,焉用作壇 图 特拜將相亦設壇 前漢·高帝紀 上設壇具禮,拜韓信爲大將,一軍皆驚 唐書·裴度傳 度拜相,詔四登師壇 图 雞壇,友會也 北戶錄 越人每相交,作壇,祭以白犬、丹雞 图 瑤壇,仙境也 張協·七命 眷椒庭于瑤壇 图 tǎn 集韻 儻旱切音儃 周禮·夏官·大司馬 九伐之法。一曰暴內陵外則壇之 鄭註 出其君,置空壇之地 图 dàn 集韻 韻會 徒案切 正韻 杜晏切竝音但。壇曼,寬廣貌 史記·司馬相如傳 壇以陸離 子虛賦 案衍壇曼 图 shàn 集韻 正韻 竝時戰切音繕。除地也 图 集韻 上演切音善。野土也 楚辭·九章 鸞鳥鳳凰,日以遠兮。燕雀烏鵲,巢堂壇兮。鐕 又坛08411 坅08492壇09243 图 字典琢屑 裴度傳 云云。按,新本唐書無此文 唐書 新舊異文所引不同。

壈 09430 04334
chàn_13.16 集韻 昌豔切音襜。蔽也 图 zhàn 章豔切音占。義同。

堀 09431 04335
kū_13.16 說文 壙本字。兔堀也。鐕 又堀09454

壈 09432 04336
lǎn_13.16 廣韻 集韻 韻會 正韻 竝盧感切音壈。坎壈,不得志也 楚辭·九辯 坎壈兮貧士失職而志不平。△一作廩。鐕 又壙09596 图 洪武正韻 壈,盧感切。坎壈,屯蹇不得志也。俗作壈。

塲 09433 04337
mán_13.16 集韻 同墁。塗地。

𡋘 09434 04338
huá_13.16 集韻 戶八切音滑 說文 囚突出也。

壉 09435 04339
jù_13.16 集韻 其據切音遽。地名。

壜 09436 04340
tái_13.16 字彙補 古文臺48291字。

臺 09437 04341
táng_13.16 玉篇 古文堂08807字。

鐕 09438 40825
jiǎng_13.16 篇海類編 子兩切,音蔣◇塞也。

壨 09439 40826
yè_13.16 字彙補 與壡同。壡村,地名。見 黃淳父集

壥 09443 42909
tián_13.16 龍龕 同壥。

堅 09440 40827
dì_13.16 篇海類編 徒回切音頹。土地也。又 字彙補 篆文地字。

壔 09441 40828
dǎo_13.16 字彙補 音島。堡也。

壌 09442 42907
huǐ_13.16 字彙補 俗毀字。

壝 09445 u2A925
null_13.16 未詳。

墮 09444 u2B761
duò_13.16 俗墮09324

壢 09447 u2A923
null_13.16 未詳。

壕 09446 u2A924
null_13.16 音未詳 大南一統志·卷十七·清化 壕市,在聯珠社。

壜 09449 u2A922
null_13.16 未詳。

墋 09448 u2A922
chěn_13.16 音磣39307 图 sauj 壮 (土地)乾燥 图 古今圖書集成·明倫彙編·閨媛典·第一百四十三

卷·閨節部部列傳二十五·傅金妻艾氏 卒年九十餘,冰壈如一日。冰壈,冰操之壞字 图 正統道藏·玄天上帝啟聖錄·卷之五·流五 鄭箭滅龜北京大名府,天聖二年八月十四日,黃河壈口壖口頓破,壈水打壞,軍民卒難。

壖 09450 u2A920
ndoi_13.16 壮 土山;岭 图 大南一統志·卷五·廣南省·津渡 水秀渡:在水秀社。俗名艑壖。

壚 09451 u2A91F
null_13.16 未詳。

墳 09452 uFA7D
fén_13.16 墳09331本字

㼳 09453 u9FB3
null_13.16 未詳。或籀文奎08433

堀 09454 u21488
kū_13.16 同堀09431篆文堀08805

壡 09455 u21487
zōng_13.16 同墢08933清·張道 定鄉小識·卷七·桑調元·定山 誰肯耕壡白雲裏,阿邱便已隔塵寰。

牆 09456 u21485
qiáng_13.16 俗牆32418 龍龕 牆,俗。疾良反 可洪音義 垣牆:上于元反。下自羊反。

壈 09457 u21484
lǎn_13.16 洪武正韻 壈09432,盧感切。坎壈,屯蹇不得志也。俗作壈 图 bậm 喃 培壈,塵埃。

墺 09458 u21483
ào_13.16 同墺09405

壸 09461 u2147F
pū_13.16 龍龕 壸俗墣09308正。普木、疋角二反。土塊也。

壈 09459 u21481
sà_13.16 同墢09323 五音集韻 壈,蘇合切。壈壈,土墮貌 图 越諺 屋壈頭。中(音)颯 图 民國十九年鉛印本 嘉定縣續志·卷五·風土志·方言·實詞 壈,俗謂落也。如物從手落,謂之壈下來,讀若騰入聲。

壨 09460 u21480
zhòng_13.16 古文重62678見 集韻

壈 09462 u2147E
yú_13.16 墨子·備蛾傳第六十三 二十步一殺,有壈。畢沅: 方言 云爨虞52197,望也。郭璞注云今云烽火是也。此從土,俗寫耳。說文 玉篇 無此字。孫詒讓間詁:當作虜,畢說非是。

壤 09473 u2146E
null_13.16 未詳。

壎 09463 u2147D
shuǎng_13.16 同塽09196 集韻 壎,所兩切。地高明處。通作爽。

壈 09465 u2147B
zhuì_13.16 同壈24964

壈 09464 u2147C
jī_13.16 壈09407本字

壈 09466 u21475
vồng_13.16 喃 从壈省蘴bông聲 图 vung 丏壈:蓋。

壈 09467 u21474
đền_13.16 喃 从土殿điện聲。同坤08485

壈 09469 u21472
gốm_13.16 喃 圖壈:陶器。

壈 09471 u21470
vườn_13.16 喃 从土从園,園viên亦聲。園圃,園林 △壈百草:植物園。壈百獸:動物園。

壈 09472 u2146F
liǎn_13.16 方 光緒 米脂縣誌 壈,背山面水之村舍也。又壈畔:院子外面的邊沿 图 giemx 壮 檻。壈閂:門檻。

壈 09475 u2146C
null_13.16 未詳。

壈 09468 u21473
cồn_13.16 喃 同壈09470

壈 09476 u2146B
null_13.16 未詳。

壈 09470 u21471
cồn_13.16 喃 沙洲,堆,

陵，墟△堺垰：砂丘△亦作壋09468

増 09474 u2146D
cối_13.16　喃从土會hội聲。春臼。

塌 09477 u2146A
cát_13.16　喃从土葛cát聲。砂。

壌 09478 u21469
nẽo_13.16　喃从土裊nẽo聲△壌塘：道路。壌餘：遠道。

墩 09479 u21468
null_13.16　未詳。

壌 09480 u58CC
răng_13.16　俗壤09620 碑別字新編引隋曹海凝墓誌

㙃 09481 u58CB
dàng_13.16　同凼27795

壞 09482 u58CA
huài_13.16　俗壞09586

塹 09483 04342
qiàn_14.17　同壍。

塯 09484 04343
chì_14.17　集韻敕立切音炵 說文下入也 圀zhí直立切音蟄 博雅益也。一曰累土 圀zhí直涉切音傑。墊也。圀zhě直業切，讀入聲。田實也 賈思勰曰秋田塯實。鎣又裸40048墫09103 直音篇塯同墤。

臧 09485 04344
zāng_14.17　籀文臧字。鎣俗臧09527 圀臣部重出：類篇籀文臧字。

壎 09486 04345
xuān_14.17　古文坑壎 唐韻況袁切 集韻韻會許元切 丛音暄。樂器也。燒土爲之，銳上平底，形似稱錘 白虎通壎之言熏也。陽氣于黃泉之下，熏烝而萌也 詩·小雅伯氏吹壎。亦作塤 爾雅·釋樂大塤謂之嘂。嘂，音叫 孫炎曰音大如叫呼聲 前漢·律歷志八音，土曰塤 禮圖塤大如鵝卵者曰雅塤，如雞卵者曰頌塤〇按塤乃土器，不堅之物，故時俗指人慣弄虛澆者曰弄塤 宋景祐·樂記今大塤八孔，上一，前五，後二，糅飾其上 圀xūn 集韻許云切音熏。義同 圀xùn吁運切音訓。盂也△集韻與塤同。鎣又㙎31878 圀玉篇壎，呼圍切。樂器。燒土為之。有六孔。塤09012，同上。

塿 09487 04346
yù_14.17　廣韻集韻丛羊洳切音預。高平陸也。

墣 09488 04347
pú_14.17　俗墣字。

墽 09489 04348
qiāo_14.17　正字通同墩。

壏 09490 04349
jiàn_14.17　廣韻胡黤切 集韻戶覽切丛音檻。堅土也 管子·地員篇纑土之次曰五壏，五壏之狀，芬焉若糠以肥 註地色黃而虛 圀làn 集韻盧瞰切音濫。壏埮，地平而長△通作壏。鎣又墶09261

璽 09491 04350
xǐ_14.17　◆說文同璽34723璽所以主土，故从土 小篆从玉 圀人名。稷之弟曰台璽，台璽生叔均，見 山海經 又 路史·同姓名辨視叔均而思稷子，則叔均爲稷之子。今云稷弟，疑有誤。鎣又圿、坼，同鈐。俞守圿，見 古璽彙編

墪 09492 04351
duī_14.17　集韻去演切音遣。小坮也。鎣俗堆08811

壑 09493 04352
hè_14.17　廣韻呵各切 集韻韻會正韻黑各切丛音臛。雘。溝也，坑也，谷也，虛也 詩·大雅實埔實壑 張衡·西京賦豯壑錯繆而盤紆 圀海曰大壑，一曰巨壑 莊子·天地篇大壑之爲物也，注焉而不滿，酌焉而不竭 圀山海經有壑山 又西海流沙中有國，名壑市 圀huò 集韻黃

郭切音瀖。郝格切音赫。義丛同△俗作壑，非。鎣又歊56985 叡05297 壑14066 谷57008 壑57022 壑09644 坙08745 壑09010 圀直音篇 巒09679同壑。

壒 09494 04353
ài_14.17　廣韻集韻正韻丛於蓋切音藹。塵也 班固·西都賦軼埃壒之混濁 韓愈·秋雨聯句幽泥化輕壒 圀不壒水 丹陽志秣陵蔣山有八功德水，一清、二泠、三香、四柔、五甘、六淨、七不壒、八蠲痾 圀kài 集韻丘蓋切音嘅。義同△六書故省作堨，俗作壒。鎣又壒09148

聚 09495 04354
jù_14.17　同壑。鎣集韻壑聚，從遇切 說文土積也。或不省。

壓 09496 04355
yā_14.17　廣韻烏甲切 集韻韻會正韻乙甲切丛音鴨◆說文壞也，笮也，塞補也。一曰鎮壓 唐書·柳仲郢傳仲郢爲京兆尹，政號嚴明。爲河南尹，以寬惠爲政，或言不類京師時。仲郢曰：輦轂之下，彈壓爲先。郡邑之治，惠愛爲本 圀yè 集韻益涉切音魘。伏也，合也 圀niè諾協切音納。一指按也 圀yàn於豔切。通作厭。足也，疾惡也 前漢·叔孫通傳朕甚壓苦之△或作厭、魘。鎣又压04822圧08269鞥09526壓09374

壔 09497 04356
dǎo_14.17　廣韻都皓切 集韻都老切丛音島 說文堡也。一曰高土 集韻本作壔 正字通與崏島隝通。鎣又塙09441

壕 09498 04357
háo_14.17　廣韻集韻正韻丛胡刀切音豪。城下池也 柳宗元詩鴈鳴寒雨下空壕 圀地名 一統志石壕鎮，在今陝州陝縣城東。杜甫有 石壕吏 詩。鎣又濠30007 壕09264 圀正字通隍障丛俗壕字。

壖 09499 04358
ruán_14.17　正字通與堧同 前漢·食貨志田其宮壖地 圀岸邊地 史記·河渠書故盡河壖地 圀牆外短垣 前漢·臨江王榮傳侵廟壖爲宮。鎣又堧09344

壚 09500 04359
tú_14.17　字彙補同途 漢·犍爲楊君頌壚路齰難。

壌 09501 04360
méng_14.17　集韻謨中切，音蕄。澤名。

壝 09502 04361
kuí_14.17　類篇於龜切。九達道也 圀guì求位切音匱。累土也。亦同匱◆後漢·律歷志爲山而不終，踰乎一壝。

壏 09503 04362
liè_14.17　集韻力涉切音獵。土貌。鎣正作壙09561

壍 09504 04363
zhì_14.17　集韻憤18602古作壍。亦作壐。

巇 09505 04364
null_14.17　字彙補音未詳 太清金液神氣經北嶽姓巇。鎣名礜君。

壄 09506 04365
shú_14.17　集韻熟31537古作壄 圀牲體 廣雅胝臉壄也。

壈 09514 u2A92B
null_14.17　未詳。

墾 09507 04366
hǎn_14.17　篇海類編呼覽切音喊。地土之堅也。鎣又壍37302

壓 09508 40829
gài_14.17　篇海類編居大切音蓋。仰塗也。與墍通。

壠 09509 40830
mèng_14.17　篇海類編莫弄切，音夢◇芸穀也。

嘶 09510 42908
tiǎn_14.17　五音篇海他典切。壛俗壋。

城 09511 42910
zāng_14.17　字彙補同壛。

壗 09512 42911
bìn_14.17　篇海類編同殯。

壛 09513 42912
tái_14.17　龍龕徒來切音臺。見江西隨函

壥 09515 u2A92A
null_14.17　未詳。

壥 09517 u2A928
bí_14.17　地名用字。
明·周復俊全蜀藝文志·卷五十二·宋王象之輿地紀勝碑目有沙壥渡碑🖼元亨療馬集·卷四七十二症病形圖論歌治法·馬患垂縷不收第三十八 五臟論曰：垂縷不收壬癸敗，壥胯拖腰腎水虧△宏按，疑塌字之譌。

壥 09518 u2A927
yǔ_14.17　地名用字。或同嶼。清·黃叔璥臺海使槎錄·卷二從汕門出洋哨巡，由西壥頭外收入內垵寄泊，回媽祖宮澳。又清·王昶湖海詩傳·卷十四錢載茸壥城丙舍。原註：壥，至元嘉禾志作于。

蟾 09520 u214AE
sưởng_14.17　喃从土暢sưởng聲△壛稱：秋田。

壛 09521 u214AD
nhêu_14.17　喃从土僚liêu聲。小砂鍋。

壛 09522 u214AC
ghè_14.17　喃从土箕kia聲。瓶，甕。

壛 09523 u214AB
cấu_14.17　喃从土構cấu聲。

蝓 09524 u214AA
êch_14.17　喃从坐益ích聲△𥗥蝓𡎚：席地而坐。

壥 09516 u2A929
null_14.17　未詳。

糕 09525 u214A9
gāo_14.17　俗糕25866唐李大亮昭慶令王璠清德頌碑土多剽悍，人尚糕鞭。

壥 09526 u214A6
yā_14.17　同壓09496亦作壓09374

壥 09519 u2A926
null_14.17　未詳。

壥 09527 u214A5
zāng_14.17　說文籀文
臧48169亦作𧗅19014譌作壥09485

壥 09530 u2149F
null_14.17　未詳。

壥 09529 u214A0
null_14.17　未詳。

壥 09531 u2149E
null_14.17　未詳。

壥 09528 u214A3
jìn_14.17　堇09222本字

壥 09532 u2149D
null_14.17　未詳。

壥 09533 u2149C
qiáng_14.17　俗墻09406

壥 09535 u2149A
null_14.17　未詳。

壥 09534 u2149B
chí_14.17　墀09199俗譌

壥 09537 u21498
đào_14.17　喃从土陶đào聲△壥坦：挖土。壥薯：刨紅薯△亦省作陶。陶洪：掘井。

壥 09538 u21497
muenz_14.17　壯埋：盖。亦作壥、满。

壥 09536 u21499
null_14.17　未詳。

壥 09539 u21495
null_14.17　未詳。

壥 09540 u21494
trạc_14.17　喃从土翟trác聲。

壥 09541 u58D7
jìn_14.17　日斜坡。地名用字。

壥 09542 04367
chán_15.18　俗廛字。

壥 09543 04368
dì_15.18　同隥。

壘 09544 04369
lěi_15.18　廣韻力軌切集韻韻會魯水切丛音藟說文軍壁也禮·曲禮四郊多壘，卿大夫之辱也周禮·夏官量人掌營軍之壘舍，量其市朝州涂軍社之所里🖼星名史記·天官書虛南衆星曰羽林天軍，軍西爲壘🖼官名前漢·百官公卿表武帝平南越，内增七校，中壘其一也🖼姓。後趙壘澄，晉梓潼太守壘錫🖼guī集韻𥳑斐切。山貌🖼léi倫追切音纍。畏壘，山名莊子·庚桑楚北居畏壘之山。又玉壘山，在灌縣西，唐貞觀閒設關于其下岑參詩玉壘天晴望，諸峰盡覺低🖼重也。一曰壯貌前漢·鮑宣傳魁壘之士🖼冢相次也張載·七哀北邙何壘壘🖼與累同荀子·大略篇不憂其係壘也🖼與礌同前漢·李陵傳下壘石🖼lǔ廣韻呂郅切集韻韻會列戌切丛音律。鬱壘，神名風俗通上古有神荼、鬱壘兄弟二人，在東海度朔山桃樹下，簡閱百鬼，其不循理者，持以葦索，執以飼虎張衡·東京賦度朔作梗，守以鬱壘。神荼副焉，對操索葦。臘祭夕桃符之制由此。神荼，音伸舒。壘又壘09554壘09663晶35652壘08529壘09046

壥 09545 04370
kuǎng_15.18　集韻韻會丛苦晃切音懭。竁也，墓穴也禮·檀弓弔于葬者必執引，若從柩及壥皆執紼。🖼壥埌，原野空廓貌賈誼·新書天下壥壥，一人有之。🖼kuàng廣韻集韻韻會正韻丛苦謗切。義同。廣屬麼曠壥古通。壥又圹08307壙34794

壥 09546 04371
dí_15.18　集韻亭歷切音狄。壥也。

壥 09547 04372
chén_15.18　字彙補同塵。

壥 09548 04373
mián_15.18　集韻民堅切音眠。所以平地也。

壥 09549 04831
duò_15.18　篇海類編徒果切音縣。落也。壥字彙補壥，或作壥。

壥 09551 42913
jī_15.18　龍龕同壓

壥 09550 04832
fèi_15.18　五音集韻芳肺切，音廢◇坡也。

壥 09552 42914
xī_15.18　字彙補同壥

壥 09553 42915
kuài_15.18　篇海類編同由。

壥 09554 42917
lěi_15.18　篇海類編同壘。

壥 09555 u2A92F
guō_15.18　同壥09597

壥 09556 u2A92E
null_15.18　未詳。

壥 09557 u2A92D
null_15.18　未詳。

壥 09559 u214CF
sân_15.18　喃从土鄰lân聲。庭院，場地△壥迥：遊樂場△省作墋09360

壥 09558 u2A92C
sè_15.18　俗塞09082直音篇壥，音澀。

壥 09560 u214CE
vại_15.18　喃从土衛vê聲。缸。

壥 09561 u214CD
liè_15.18　類篇壥，力涉切。土兒龍龕作壥09503

壥 09562 u214CC
null_15.18　未詳。

壥 09566 u214C5
ấm_15.18　喃从土蔭ấm聲。水壺△或从金作鑤64552，从瓦作暗35104

壥 09563 u214C8
ghè_15.18　喃从土稽ghê聲。

壥 09564 u214C7
chỗ_15.18　喃从場省魯lỗ聲。

坒 09565 u214C6 xếp_15.18 喃从坐笠lợp聲。趴坐，癱坐。

壄 09567 u214C4 fēng_15.18 朝鮮本龍龕壄，音峯。㙀08656，壞也。
圝vùng 喃从域省蓬bồng聲。

塀 09573 u214BA null_15.18 未詳。

塿 09568 u214C3 lỗi_15.18 喃从土磊lỗi聲△塘塿：道，路線。塿㧯：道路。塿燩：近道圝xủi土△塿坦：掘土。塿培：撣塵土。

墱 09569 u214C2 đựng_15.18 喃从土鄧đặng聲。盛，貯。

壣 09570 u214C1 bãi_15.18 喃从土罷bãi聲。灘地，場地△壣瀷：海濱△俗作壣09124坢08713

壄 09571 u214BF dì_15.18 同堅09110古文地。

墳 09572 u214BB chật_15.18 喃从土質chất聲。堆，垛。

壤 09574 u214B9 null_15.18 未詳。

墇 09575 u214B8 null_15.18 未詳。

壥 09576 u214B7 null_15.18 未詳。

境 09578 u214B5 null_15.18 未詳。

壤 09577 u214B6 null_15.18 佩文韻府·卷三十四下·㠮 剡㠮：甘泉賦登降剡㠮，單壤垣兮。按，壤他本作墑圝埫09163

墬 09579 u214B4 dì_15.18 俗墢09571古文地。亦作隆、堅。

壞 09580 u367D null_15.18 未詳。

罍 09581 uF94A lỗi_15.18 兼壘。

壜 09584 04376 tán_16.19 同壜。

壚 09582 04374 lú_16.19 廣韻落胡切集韻韻會龍都切丛音盧說文黑剛土也書·禹貢豫州下土墳壚周禮·地官·草人埴壚用豕註以埴爲黏，以壚爲疏呂覽凡耕之道，必始于壚，爲寡澤而後枯圝黃壚，黃泉也淮南子·兵略訓蟠乎黃壚之下曹植·責躬詩抱罪黃壚圝酒壚史記·司馬相如傳令文君當壚世說王戎過黃公酒壚，謂客曰：吾與叔夜、嗣宗酣飲此壚，自嵇阮亡後，視此雖近，邈若山河圝lú集韻凌如切音閭義同。鑪又垆08516圷08357爐18692

壛 09583 04375 yán_16.19 廣韻集韻丛余廉切。同檐楚辭·大招曲屋步壛註曲屋，周閣也。步壛，長砌也。

墷 09585 04377 wěi_16.19 廣韻以水切集韻韻會愈水切丛音唯。土圬也圝集韻欲鬼切。起土爲圬。一曰壇邊低垣圍繞者爲墷周禮·地官封人掌設王之社壝潘岳·藉田賦封人墷宮註委土起墻壝以爲宮也圝wèi集韻以醉切音篲圝wéi廣韻以追切集韻韻會夷隹切丛音惟。義丛同。

壞 09586 04378 guài_16.19 古文圿廣韻集韻韻會正韻丛古壞切音怪。毀也圝huài胡怪切音鐪。自毀也毛氏·韻增凡物不自敗而毀之則古壞切，如魯恭王壞孔子宅之類是也。物自敗則胡怪切，如春秋傳魯城門壞之類是也。圝huái集韻乎乖切音懷。壞隤，山名圝huì胡罪切音瑰詩·小雅譬彼壞木，疾用無枝。鑪又㽫35961坏08336壊09482斁21854敤21534圝坏08428宋元以來俗字譜引通俗小說等圝正字通攘21121同壞圝龍龕欵21585俗，斁21843正。

壟 04379 lǒng_16.19 廣韻力踵切集韻韻會魯勇切丛音隴。冢也揚子方言秦晉之間，冢謂之壟禮·曲禮適墓不登壟圝田中高處史記·陳涉世家輟耕而之壟上。圝lóng集韻盧東切音籠東方朔·七諫修往古以行恩兮，封比干之丘壟。與下同字叶△亦作龍。通作隴。鑪又垄08518壠09588墵09139圝龍龕䮹14458，新藏作壟

壠 04380 lǒng_16.19 說文壟本字。

壏 04381 è_16.19 正字通同堮。

壿 04382 zhǔn_16.19 說文墫本字。墫端，流沙中，國名。

壡 04383 ruì_16.19 玉篇古文叡05311字。明冲敬太子載壡。

壩 04384 lài_16.19 字彙補落代切，音賴◇博雅益也。

壆 04385 què_16.19 集韻克角切音覺爾雅·釋山山多大石，礐也。鑪同㟪14302礐39455确，今埆字。

墾 04386 yīn_16.19 字彙補古文堙08531字

壢 04387 lì_16.19 五音集韻郎擊切音歷。坑也。鑪又坜08410壢09393

壥 04388 lǎn_16.19 篇海類編與壈同。

壥 40833 guō_16.19 篇海類編同堮。

壥 42916 jiāo_16.19 搜眞玉鏡詰要切。又詰腰切。

壥 42918 huò_16.19 篇海類編音霍。

壥 42919 pú_16.19 龍龕同墣。

壥 40834 kuài_16.19 篇海墤本字

壥 u2A930 null_16.19 未詳。

壥 u2F859 kuài_16.19 同壥09598

壥 u214E5 chén_16.19 喃从土戰chiến聲。

壥 u214E2 chễm_16.19 喃从坐焰diễm聲△壥治：正襟危坐

壥 u214E1 rãnh_16.19 喃从土穎đính聲。水道，渠。

壥 u214E0 thó_16.19 喃从土錯thó聲△坦壥：粘土。

壥 u214DF chĩnh_16.19 喃从土整chỉnh聲。長形之埕。

壥 u214DE đốc_16.19 喃从土篤đốc聲。

壥 u214DD ruì_16.19 俗叡05311

壥 u214DC qiáng_16.19 俗牆32418

壥 u214DA kěn_16.19 文選·木華·海賦啟龍門之岝嶺，壥陵巒而嶄巖。李善注廣雅曰壥，治也。壥與墾09410音義同。

壥 u214D7 duò_16.19 同墮09324亦作墮09444

壥 u214D5 null_16.19 未詳。

壥 u214C0 null_16.19 人名用字。字海音未詳。見清臨安府張君墓志

壥 uF942 lǒng_16.19 兼壟。

壥 u367F null_16.19 或俗璣34808

壥 04389 xī_17.20 廣韻許羈切集韻虛宜切丛音羲。毀也。

一曰犥字之譌 図kuī 廣韻 驅爲切音虧。義同。鼇又
隴66027

壣 09619 04390
lín_17.20 廣韻 力珍切 集韻 離珍切夶音鄰。蔬田曰
壣宋·穆修·秋浦詩 荷芰卷生渚，蕪菁秀出壣。鼇又龍
龕 壣09342俗壣正，力珎反，菜畦也 図墝09356

壤 09620 04391
răng_17.20 古文壌 廣韻 如兩切 集韻 汝兩切夶音穰
說文 柔土也。無塊曰壤。又物自生則言土，人耕種則言
壤書·禹貢 咸則三壤 周禮·地官·大司徒 辨十有二壤之
物，知其種，以教稼穡樹藝 図壤奠，壤土所出奠贄也
書·康王之誥 一二臣衞，敢執壤奠 ◆揚子方言 梁益之
間，所愛諱其肥盛曰壤。壤子猶愛子也 鄒陽·上吳王書
壤子王梁 図富足也。與穰同 列子·天瑞篇 一年而給，
二年而足，三年大壤 図傷也 穀梁傳·隱三年 日有食之，
吐者外壤，食者內壤 図紛錯貌 史記·貨殖傳 天下壤壤，
皆爲利往 図蓋壤，天地也 韓愈詩 威風挾惠氣，蓋壤兩
劀拂 図煩壤，糞埽之餘積也 莊子·達生篇 煩壤之內，
雷霆居之 図蟻壤，泉穴也 戰國策 齊桓公伐孤竹，山中
無水。隰朋曰：去蟻壤寸有水。掘之，果得水 図擊壤，
古戲也 史記·五帝紀 帝遊康衢，老人擊壤而歌于路。
図地名 春秋·宣七年 公會晉侯、宋公、衞侯、鄭伯、曹
伯于黑壤註晉地 左傳·隱十一年 公之爲公子也，與鄭
人戰于狐壤註鄭地 史記·秦本紀 甘茂伐韓宜陽，五月
不拔，樗里子譖之，王欲罷兵。茂曰：息壤在彼。王曰：
有之。悉起兵拔之。一曰息壤，坌土也 路史 息生之土，
長而不窮。柳宗元有 永州龍興寺息壤記 図姓 史記·仲
尼弟子列傳 壤駟赤，字子徒，秦人 図ráng◆集韻 如陽
切音勷。肥土也 急就章 墼絫廥廩庫東廂，屏廁溷渾糞
土壤。鼇字典琢屑 急就章 清溷。此作溷渾，恐誤。
図壌27009 壧04632壤09480

壌 09621 04392
zhàn_17.20 廣韻 鋤減切 集韻 士減切夶音瀺。兆名
也。壇域、塋界皆曰兆。

墣 09622 40835
xǐ_17.20 五音集韻 同墣。

墏 09623 u2A931
jiān_17.20 甲骨文墏48898字。

壣 09624 u214EF
chum_17.20 喃从土鍾chung聲。甕。

壣 09625 u214EE
ngòi_17.20 喃从坐鬼ngôi聲。

壐 09626 u214ED
mǐ_17.20 同彌16317 類篇 墏，母婢切。弛弓。又想氏
切。

壣 09627 u214EC
dì_17.20 同墜09317

壠 09628 u214EB
null_17.20 未詳。

壣 09629 u214EA
null_17.20 未詳。

壣 09630 u214E9
null_17.20 未詳。

壣 09631 u214E8
null_17.20 未詳。

壣 09632 u214E7
null_17.20 未詳。

壥 09633 u58E5
chán_17.20 俗壥15728亦作壥09542

壣 09634 04393
yòng_18.21 與壅同。

壣 09635 04394
tà_18.21 古文塌 廣韻

杜盍切 集韻 敵盍切，並音蹋。墮也。一曰地下也。

墌 09636 04395
zhé_18.21 集韻 質涉切。同甎。盎屬，或从土。

壎 09637 04396
xuān_18.21 玉篇 古文壎09486字。

壣 09638 04397
fèn_18.21 集韻 與坋同。

壣 09639 04398
yín_18.21 正字通 古文寅12145字。

壣 09640 04399
yín_18.21 字彙補 古文圁07638字。

圼 09641 40837
yín_18.21 五音篇海 語中切，愚也。鼇同圁07638
語中切。語巾切之誤。

敪 09642 40838
áo_18.21 字彙補 音義未詳。見 石鼓文 。鼇字彙補
敪 說文長箋 曰石鼓文所旉敪敪。釋作憂，或作夓，並
未詳定。黃德寬 古文字譜系疏證 石鼓「旉敪」，讀「游
敖」 詩·齊風·載驅 「齊子游敖」亦作「遊遨」 漢書·孝
文帝記 「千里遊遨」亦作「遊驁」 呂覽·察今 「王者
乘之遊驁」。

壘 09643 04839
dié_18.21 篇海類編 徒葉切音牒。城上垣。

壣 09644 42920
hè_18.21 奚韻 同壑。

壣 09645 u261C7
nhão_18.21 喃从土繞nhiễu聲。黏，軟。

壣 09646 u214FE
rẫy_18.21 喃从地省禮lễ聲。

壣 09647 u214FD
null_18.21 未詳。

壣 09648 u214FB
null_18.21 未詳。

壣 09649 u214F9
null_18.21 未詳。

壣 09650 u214F8
lì_18.21 同壢26695

壣 09651 04400
sè_19.22 正字通 塞本字。

壣 09652 40836
lèi_19.22 篇海類編 力遂切音類。塊土貌。

壣 09653 40840
chū_19.22 字彙補 武則天所製，初字。

壣 09654 u21509
lí_19.22 集韻 麗51982 說文 草木相附麗土而生。
引 易 百穀草木麗於地。或作壣。

壣 09656 u21505
zhòng_19.22 古文重62678見 集韻

壣 09657 u21504
null_19.22 未詳。

壣 09655 u21506
lǒng_19.22 制言半月刊.
Num. 28. Nov. 1936:宋為霖 說文漢讀與廣韻韻部對比舉
證：說文 壣，讀若隴。按，說文 作壣09051

壣 09659 u214FA
null_19.22 未詳。

壣 09658 u21503
tān_19.22 俗坍08332
元·孟漢卿 張孔目智勘魔合羅 第一折 是這屋宇壣塌了，
所以這般漏 図nặn 喃从土難nan聲。捏塑，塑造。

壣 09660 04401
yán_20.23 廣韻 五銜切 集韻 魚銜切夶音巖。地穴也
漢·郊祀歌 壣處傾聽。

壣 09661 04402
shú_20.23 正字通 塾本字。

壣 09662 04403
dūn_20.23 說文 墩本字。

壣 09663 04404
léi_20.23 六書統 魯回切，雷出地也。一曰古壘字。

壣 09664 u2150E
huán_20.23　瓛34854字殘訛。

壤 09665 u2150D
chậu_20.23　[嘺]从土寶đậu聲。盆。

壥 09666 u2150C
zhòng_20.23　古文重62678見[集韻]

壩 09667 04405
bà_21.24　[集韻]必駕切音霸。堰也。[璧]又坝08409
礦39612坝09034[図][直音篇]垻08646同壩[図][字學三正][體]
製上·時俗杜撰字俗作垻08774

壨 09668 04406
yòng_21.24　[正字通]與壅壖疃丛同[劉向·九歎]聲哀哀
而懷高丘兮，心愁愁而思舊邦。願承閒而自恃兮，徑淫
暗而道壨[註]邦叶府容切。

壷 09669 04407
qiào_21.24　[集韻]丘召切音嘺。高也。

壜 09670 40841
lí_21.24　[字彙補]力奇切音離。草木附地生也。

壟 09671 40842
gòng_21.24　[字彙補]古送切音貢。地名。[璧]又塓09079

壣 09672 u21514
làn_21.24　[嘺]从土蘭lan聲△壣壣：平坦貌。

壤 09673 u21512
nèn_21.24　[嘺]从土曩nán聲。基，底△壤塘：路基。

壥 09675 u21510
null_21.24　未詳。　**壥** 09674 u21511
lōm_21.24　[嘺]从土
覽lām聲。凹△垺壥：凸凹，坎坷。壜壥：道路崎嶇。

壤 09676 04408
nàng_22.25　[廣韻]奴浪切[集韻]乃浪切丛音灢。塊壤，
塵也。一曰土窟。

壪 09677 u58EA
wān_22.25　山坳。多用為地名[図]俗彎16351[天下郡國]
[利病書·第二千七百九十七冊]山如船形者，內有壪凹蛇
形者，中起高隴，如兩傍牽量，便是作弊，必湏當心直
量，中闊處橫量，以梭形準之，方為無弊。

壣 09678 u21516
bèn_23.26　[嘺]从埠省變bén聲△坡壣：岸邊碼頭。
△或作礦39620俗作埪08850

壥 09679 40843
hè_26.29　[篇海類編]呼各切音鶴。谷也，丘墟也，溝
坑也。

壥 09680 u21518
chén_27.30　籀文壥09184見[說文]

壥 09681 40844
cū_33.36　[五音集韻]同麤。

壥 09682 04409
chén_36.39　[籀文][塵]字。[璧][說文]籀文壥作壥09680

•士部•

士 09684 u2F20
shì_0.3　部士09683　**士** 09683 04410
shì_0.3　[廣韻][集韻][韻]
[會]丛鉏里切音仕。四民士爲首[詩·大雅]譽髦斯士[禮·王]
[制]命鄉論秀士，升之司徒，曰選士。司徒論選士之秀者，
升之學，曰俊士。升於司徒者，不征於鄉，升於學者，
不征於司徒，曰造士。大樂正論造士之秀者，升之司馬，
曰進士[図]官總名[書·立政]庶常吉士[禮·王制]天子之元
士，諸侯之上士、中士、下士[図]孔安國曰士，理官也，
欲得其曲直之理也[書·舜典]帝曰:皋陶，汝作士。[左傳僖]
[二十八年]士榮爲大士[図]漢制，嘗爵爲公侯奪免者曰公

士[図][前漢·鄒陽傳]武力鼎士[註]能舉鼎者[図][前漢·李尋]
[傳]拔擢天士[註]能知天道者[図][後漢·李業傳]王莽以業
爲酒士[註]時官酤酒，故置酒士[図]侍從之士[通鑑]唐杜
如晦等十八學士，時謂之登瀛州[図]士卒[左傳·丘甲註]
革車一乘，甲士三人，步卒七十二人[家語]孔子之宋，
匡人以甲士圍之[図]男子通稱[詩·周頌]有依其士[図]女
之有士行者曰女士[詩·大雅]釐爾女士[管子·牧民篇]
有士經[註]士，事也。經，常也[図][梵書]釋子勤佛行者曰
德士、無上士◆俗壞神像曰木居士[韓愈詩]偶然題作
木居士，便有無窮求福人[図][山海經]大荒西有國，名淑
士[図]士鄉[後漢·鄭玄傳]昔齊置士鄉[註]管仲相桓公，制
國爲二十一鄉，工商之鄉六，士鄉十五[図]縣名，勇士
縣，屬天水郡，見[後漢·西羌傳][図]姓。陶唐之苗裔，士
蔿之後爲士氏。見[統譜][図]複姓。漢士孫瑞，扶風人。
[図]與事通[書·康誥]見士于周[註]悉來赴役也[詩·豳風]勿
士行枚[註]自今可勿爲行陳銜枚之事△[說文]士，事也。
數始于一，終于十，从一从十△[集韻]本作圡。又與仕
通。[璧]圡，俗[漢隸字源]引[唐公房碑陰]

壬 09685 04411
rén_1.4　[廣韻][集韻][韻會]如林切[正韻]如深切丛音
任[說文]壬位，北方也[爾雅·釋歲]太歲在壬曰玄黓，月
在壬曰終[淮南子·時則訓]戌在壬曰玄黓[史記·律書]壬之
爲言任也。言陽氣任養萬物于下也[前漢·律歷志]懷妊于
壬[抱朴子·雜應卷]立夏，佩六壬、六癸之符[図]大六壬
數，近世尚之[図][爾雅·釋訓]佞也[書·皋陶謨]巧言令色孔
壬[図]大也[詩·小雅]百禮既至，有壬有林[図]與任同。負
也○按本義先有壬癸之壬，借爲負壬、懷壬字。又从人
作任，从女作妊，以別之。[璧]玄黓，俗黓[図]壬[金石文
字辨異·壬]引[漢孔廟置守廟百石孔龢碑]

圣 09686 40845
tǐng_2.5　[字彙補]他鼎切音挺。人在土上，圣然而立
也[字彙]圣字从爪从圣。

壵 09687 u58ED
san_2.5　[韓]人名地名用字。

壯 09690 u58EE
zhuàng_3.6　同壯09691　**壵** 09688 42921
yáo_3.6　[字彙補]音堯

壯 09689 u2F851
zhuàng_3.6　俗壯09691[図]敦煌俗字牡32593作壯。

壯 09691 04412
zhuàng_4.7　[廣韻][集韻][韻會]丛側亮切，莊去聲[說文]
大也。又彊也，盛也[爾雅·釋天]八月爲壯[易·卦名]震上
乾下，大壯[禮·曲禮]三十曰壯[月令]仲冬之月，冰始壯。
[図][史記·趙后傳]額上有壯髮[師古曰]俗呼圭頭是也。
[図][前漢·食貨志]貝有五種，一曰壯貝[図]傷也[郭璞曰]淮
南呼壯爲傷[図]醫用艾灸，一灼謂之壯[図]zhuāng側羊
切音莊。亦姓[晉語]趙簡子問賢人，得壯馳茲[図]伏滔·望
濤賦]宏濤於是鬱起，重流於是電驤。起沙渟而迅邁，
觸橫門而克壯△俗从土作壯，省作壯，丛非。[璧]又
壯09690吉09702壻69797扗19199弙16111牑32392[図]扗19166
偏類碑別字·壯]引[魏長平縣男元液墓誌]。牡32593，引[隋
張貴男墓誌銘]

声 / 声 / 呈

09692 04413 qìng_4.7 六書正譌古文磬39323字。

09693 04414 qìng_4.7 字彙同声正字通俗聲字。

09694 42922 wǎng_4.7 字彙補與妄仝。鎣與罔45408仝。俗作
呈33827 字彙補室，微彷切音妄玉篇誣也。

壳 09695 u2F85A qiào_4.7 兼壳09698
売 09696 u58F2 mài_4.7 日同賣57812

壹 09697 u58F1 yī_4.7 日同壹09721

壳 09698 40846 qiào_5.8 字彙補殼字省文馮仲好集序人之所以
有生者，歔軀壳也。鎣又壳09695

坒 09699 u2151F píng_5.8 集韻凭03122，或書作坒。

壴 09700 04415 zhù_6.9 廣韻中句切集韻株遇切，並音駐。陳樂
也。又集韻冢庾切音拄。義同。又借作竪立之竪。見韻
寶△正字通豈字之譌說文豈，陳樂立而上見也。从
屮从豆。附士部，非。

㞿 09702 42923 zhuàng_6.9 字彙補同壯。見藏經字義

夾 09704 u21521 null_6.9 未詳。
輟耕錄元後宮有方毒玉虹亭。

毒 09701 40847 hú_6.9 字彙補同壺

刮 09705 u21520 null_6.9 未詳。
傾也。从矢吉聲，讀若子。俗作真09706糞61220

矞 09703 u21522 jié_6.9 說文矞，頭

奨 09706 04416 jié_7.10 集韻吉屑切音結。頭傾也△正字通奨字
之譌。从矢吉聲字彙裏附士部，奨附大部，俱兩誤。

嗇 09707 04417 suō_7.10 轉注古音古文蓑50453字。

壺 09708 40848 hú_7.10 字彙補與壺同。見漢韓勑碑

恙 09709 40849 xiū_7.10 字彙補心周切音羞。恥也。

喃 09711 u2A932 null_7.10 喃未詳。

竜 09710 42924 wā_7.10 龍龕烏瓜切

亮 09712 u21527 liàng_7.10 同亮00665

壺 09713 u58F6 hú_7.10 简壺09722

壺 09714 04418 hú_8.11 古文萬廣韻戶吳切集韻韻會正韻洪孤
切达音胡。夏商曰尊彝，周制用壺，有方圓之異儀禮·燕
禮卿大夫用方，直方爲義也。士旅食用圜，順命爲宜也
左傳·昭十五年晉荀躒如周葬穆后，除喪以文伯宴，樽
以魯壺図官名周禮·夏官挈壺氏掌挈壺以令軍井，凡
軍事，懸壺以序聚橤図禮·投壺註諸侯卿大夫士皆用
之図唾壺晉書·王敦傳敦酒後輒詠魏武樂府，以如意
擊唾壺爲節図壺蘆，瓜屬，俗作葫詩·豳風八月斷壺鶡
冠子·學問篇一壺千金図地名。壺關，在上黨，古黎侯
國前漢·武五子傳壺關三老茂上書。又壺頭，在崇陽縣
北後漢·馬援傳援征五溪蠻至下雋，卒于壺頭，即此
禮·檀弓戰于臺駘註臺當作壺図山名。壺口山，在河
東猗氏書·禹貢既載壺口。又三壺王子年·拾遺記東海
中三山，一方壺，則方丈也，二蓬壺，則蓬萊也，三瀛
壺，則瀛州也図姓。晉大夫采邑，因爲氏，見統譜。

又壺丘，複姓△說文昆吾圜器也徐曰昆吾，紂臣，作
瓦器。鎣通作壺09722図噎07466壹10249壺09718壴09708
毐09701壺09713壺09731壴09739壴16421盉37130壺09734

蠹 09715 42925 zài_8.11 龍龕同載。鎣載，戴字之誤。

臺 09716 42926 shù_8.11 五音篇海音樹。

壼 09717 42927 yūn_8.11 五音篇海同壼。

壺 09718 u2F85B hú_8.11 同壺09714
壺 09720 u58F8 kǔn_8.11 简壺09728

菲 09719 u2152D kè_8.11 桌04692之譌直音篇菲，苦各切。

壹 09721 04419 yī_9.12 古文壹壹壹壼廣韻於悉切集韻韻會正
韻益悉切达音一。專一也孟子志壹則動氣，氣壹則動
志左傳·昭二十年若琴瑟之專壹，誰能聽之図合也前
漢·董仲舒傳有所統壹，爲羣儒首。又元后傳莽既外壹
羣臣，令稱己功德図誠也，醇也禮·緇衣從容有常，以
齊其民，則民德壹史記·曹參世家載其清淨，民以寧壹
図增韻閉塞也管子·權修篇臣下賦斂競得，使民偷壹
図與一同周禮·天官公之士壹命図姓。漢壹元。見印
藪。又三字姓。後魏壹斗眷氏図yīn類編於真切音慇。
與紬、氤达通。鎣又壹09723壹09697壼09717壹09741壹09761
壹10165壼09757壴03244壼09024壼09752壺09753。

壺 09722 04420 hú_9.12 同壺09714與壺09728別。

壺 09723 04421 yūn_9.12 廣韻集韻达於云切音氳。鬱也。壹壺，
氣不得伸也。一曰元氣交密。通作緼図yùn集韻紆問
切音慍。委隨切音惲。義达同。鎣又壺09754壼09762
壺09753固03215虔03224壹。

壻 09724 04422 xù_9.12 廣韻蘇計切集韻韻會正韻思計切达音
細。女之夫曰壻，妻謂夫亦曰壻左傳·文八年晉侯使解
揚歸匡、戚之田于衛，且復致公壻池之封註公壻，晉
君壻。池，其名爾雅·釋親江東呼同門爲僚壻，兩壻相
稱爲亞壻。又家貧出贅妻家曰贅壻史記·滑稽傳淳于
髡，齊之贅壻。又孟康曰西方謂亡女壻曰丘壻。丘，空
也図公壻，楚地名左傳·定二年戰于公壻之谿図鄉名。
壻鄉，在漢中城固縣華陽國志唐公房成仙之日，其壻
未還，約此川爲居，因名其鄉曰壻鄉，水曰壻水△說文
从士，胥聲，或从女作婿，義通徐曰胥有才智之稱。又
長也，壻者，女之長也。別作俏智聟壻。

喜 09725 40850 xǐ_9.12 字彙補與喜同。見孫叔敖碑

埥 09726 42928 xù_9.12 篇海類編同壻。

嗀 09727 u2152E hù_9.12 俗嗀06689篇海類編嗀，詳嗀。

壼 09728 04423 kǔn_10.13 廣韻集韻韻會达苦本切音悃◆爾雅·釋
宮宮中衖謂之壼註衖，閤道門詩·大雅室家之壼。
図kùn正韻音困。義同。鎣又壼07241田08043壴08180壼
00141壼00142閫65142壺09720図字彙壹00149壼09735同壺。

尵 09729 04424
xià_10.13　海篇 古文夏09809字。

靊 09731 42929
hú_10.13　篇海類編 同壺 字彙補 作壷。

壛 09732 42930
yù_10.13　五音篇海 音育。

壽 09733 u2A933
shòu_10.13 俗壽09736

壼 09734 u21532
hú_10.13　龍龕 壺09714今，壼正。

兓 09730 40851
gòu_10.13　集韻 與彀同

壼 09735 04425
kǔn_11.14　同壺。

壽 09740 u2153A
shòu_11.14 俗壽09736

壽 09736 04426
shòu_11.14　古文 嚮耉畽匎 唐韻 集韻 夶承咒切音綬 說文 久也。凡年齒皆曰壽 書·君奭 天壽平格 詩·大雅 作召公考，天子萬壽 左傳·僖三十二年 爾何知，中壽 註 上壽百二十歲，中壽百歲，下壽八十 董子·繁露 壽者，酬也。壽有短長，由養有得失 前漢·王吉傳 心有堯舜之志，則體有松喬之壽 匎 以金帛贈人曰壽 史記·刺客傳 嚴仲子奉黃金百鎰，爲聶政母壽 匎 星名 爾雅·釋天 壽星，角亢也 註 數起角亢，列宿之長，故曰壽 匎 地名。平壽，衞下邑 左傳·昭二十年 衞侯在平壽，壽州，古淮南，春秋吳楚陳蔡之地，戰國併于楚，考烈王遷此，曰郢都。靈壽，古中山邑 史記·魏世家 樂羊拔中山，文侯封之靈壽 匎 漢壽，亭名，在蜀嚴道。曹操以關羽爲漢壽亭侯 匎 山名 史記·五帝紀 舜作什器于壽山。又壽山在福州侯官縣，產文石，可爲印章，五色具備，惟艾綠色者少 宋·黃幹詩 石爲文多招斧鑿。又水名。壽水，在太原壽陽縣，其源有二，一出要羅村，一出頡訖村，合流入于洞渦河 匎 木名。靈壽木，可爲杖 山海經 靈壽實華 呂氏春秋 壽木之華 匎 姓。吳王壽夢之後。又常壽，複姓 匎 廣韻 殖酉切 集韻 韻會 正韻 是酉切，夶讎上聲 詩·豳風 爲此春酒，以介眉壽〇按酒壽俱有韻，朱子作叶音，非 正字通 受、授皆有上、去二音，諸韻書分載有、宥二韻，壽字亦然，非。壽讀若受，專屬上聲，讀若授，專屬去聲也。鑿 又寿12524 壽09740 俦01724 壽12601 壽09745 壽12526 夀09733 壽07131 壽52312 埊09096 祷39827 集韻 壽，古作壽32297 匎 䚮00516 䚮00502 醻36840 並古文壽 匎 前漢·王吉傳 則體有松喬之壽。徐慧：松喬，喬松之誤。

尪 09737 04427
mǎng_11.14　類篇 母朗切音莽。孫休第三子名尪，見 三國·吳志 △ 篇韻 作壾 字彙 作尪，音祿，夶誤。

蠠 09738 40852
wā_11.14　字彙補 與蛙同。見 楊慎·韻經

壼 09739 42931
hú_11.14　字彙補 與壺同。

壼 09741 u21539
yī_11.14　同壹09721 碑別字新編 引 隋馬稺墓誌

壺 09742 u21538
yì_11.14　玉函山房輯佚書·古文官書 壺26967古文壺，同。於計反。謂一發而死曰壹。

壿 09743 04428
cūn_12.15　集韻 七倫切音逡 爾雅·釋訓 喜也 說文 舞也。引 詩 壿壿舞我〇按 詩·小雅 今作蹲 匎 cǔn 韻會 粗本切音僔。義同。鑿 又踆41639

壼 09744 04429
tái_12.15　字彙補 同臺 史記孔子弟子列傳 澹臺滅明。

壽 09745 u2153D
shòu_12.15 俗壽09736

寕 09746 u3684
zhì_12.15 同寙35787

壼 09747 04430
yī_13.16　字彙補 古文壹09721字。見 字略

壼 09748 04431
yī_13.16　字彙補 古文壹09721字。見 字略

廥 09749 u21540
zài_13.16 同廥14602武后所造載60039字。

稕 09750 u2153F
trǎu_13.16 喃 同稴40611穀糠。

堯 09751 42932
zhān_14.17　五音篇海 音占。

壼 09752 u21544
yī_14.17 同壺09762古文壹。

壼 09754 u21542
yūn_14.17 同壺09723

壼 09753 u21543
yūn_14.17　篇海類編 篆文，同壺09723 匎 yī壹09721碑別字。

壼 09755 04432
huán_15.18　字彙 胡關切音還。邑名 正字通 按寰州爲河東化外地。六書無寰字，譌作寰者，非。

壼 09757 42934
yūn_15.18　龍龕 於君切。又音壺。又音因。又音惲。

廥 09758 u2154A
null_15.18 未詳。

嚞 09756 42933
āng_15.18　龍龕 於旁切

嚞 09759 u21547
zhé_15.18 俗哲05982漢 郭旻碑 既明且嚞。

贔 09760 04433
yī_16.19　字彙補 古文壹09721字。見 韻會小補

壼 09761 40853
yī_16.19　字彙補 與壹同。出漢 祝睦碑 鑿 祝睦碑 原作壼。

壼 09762 04434
yī_17.20　字彙補 古文壹09721字。

囍 09763 u21553
xǐ_18.21 同囍07889雙喜。

桑 09764 40854
sǎng_19.22　集韻 與木部桑字同。

翿 09765 42935
dào_19.22　字學指南 與翿同。

翿 09766 42936
chóu_19.22　篇海類編 音紬。

蠱 09767 u2A934
null_19.22 未詳。

◆ 夊部 ◆

夊 09768 04435
zhǐ_0.3　集韻 陟移切音撚◆ 說文 从後至也。象人兩脛後有推致之者〇按與夊字不同，夊右畫長出于外，夊右畫短縮于中 匎 集韻 古文終43975字。

夸 09769 04436
kuà_0.3　廣韻 苦化切 集韻 枯化切夶音胯 說文 跨步也。兩股閒曰夸。跨胯骻通 △ 从反夊，骻字从此。鑿 牛，夸字之譌。舛chuǎn 从夊夸相背。

夊 09770 u2F21
zhǐ_0.3　部夊09768

夃 09771 04437
gū_1.4　廣韻 古呼切 集韻 韻會 正韻 攻乎切夶音沽◆ 說文 秦人市買多得爲夃 周伯溫曰 今用沽，非。沽乃水名。从夃从夊 徐曰 盈字从此 匎 gū 廣韻 公戶切 集韻 韻會 果五切夶音古。義同。鑿 夃亦古文沽27990 匎 夃09773 夥09875

夃 09773 u21554
gū_2.5 同夃09771

亝 09772 42937
qí_2.5　字彙補 同齊

处 09774 u5904
chù_2.5 | 简 處52157

夆 09775 04438
xiáng_3.6 | 玉篇 集韻 夅古文降65560字。

夆 09776 04439
xué_3.6 | 篇海 同學。 鋆 又夆21389

夆 09777 42938
féng_3.6 | 篇海類編 同夆。

夆 09778 04440
féng_4.7 | 廣韻 集韻 韻會 夆符容切音逢 說文 牾也
徐曰相逆牾也 図 牽挽 爾雅·釋訓 粤夆掣曳也。一曰又
與逢通，遇也。又江韻，音厖，厚也。亦姓△从丰，三
畫皆平。鋆又夆09781夆09777

夆 09779 04441
hài_4.7 | 廣韻 胡蓋切 集韻 下蓋切夆音害。相遮要
害也図亭名，南陽新野有夆亭。一曰古拜切，讀若界。
図jié 集韻 吉列切音子。義同△从半，三畫皆敆。鋆 又
五侯鯖字海 夆19196，音害。相遮要害也。又亭名，新野
有夆亭。字從手。

夆 09780 42939
láo_4.7 | 字彙補 同牢。从冬从牛，與夆字不同。

夆 09781 u2F85C
féng_4.7 | 同夆09778

备 09783 u5907
bèi_5.8 | 简 備01704

脊 09782 u21559
dōng_4.7 | 直音篇 古文冬02849字。

夆 09784 04442
lóng_6.9 | 廣韻 力中切音隆。多夆禮天。

夆 09785 42940
zhāi_6.9 | 字彙補 同齋。

变 09786 u5909
biàn_6.9 | 俗書刊誤 變56875俗作变，非。

覓 09787 04443
jué_7.10 | 字彙補 同覺。

夆 09788 04444
huáng_8.11 | 集韻 黃74743古作夆。

留 09789 04445
qū_8.11 | 集韻 屈12965古作留。

處 09790 u2065A
chù_8.11 | 俗處52157

畬 09792 u2A935
null_17.20 未詳。

夆 09791 04446
xǐ_10.13 | 集韻 徙16661古作夆。

◆ 攵部 ◆

夊 09793 04447
suī_0.3 | 廣韻 息遺切音綏，行遲貌。又 集韻 双佳
切音衰。山垂切音韉。義並同◆ 說文 夊夊，象人兩脛有
所躧也 精蘊 安行也 図chuī 廣韻 楚危切 集韻 初危切，
並揣平聲。義同 図 玉篇 古文綏44202字。

夊 09794 2F22
suī_0.3 | 部夊09793

麦 09796 40855
yāo_3.6 | 字彙補 與夭
同 漢·司隸校尉楊君頌 稼苗夆夌。鋆又俗麦 可洪音義
得麦：莫隔反。芒穀也。正作麥。大麥曰麳，小麥曰麰也。

夆 09795 04448
pú_3.6 | 集韻 夊12959古作夆。

夋 09797 04449
qūn_4.7 | 廣韻 集韻 夆七倫切音逡◆ 說文 行夋夋也
図jùn 子峻切音俊 綱目冠編 帝佶一名夋。鋆 字彙補
夋，又與俊同。

夆 09799 u21561
pú_4.7 | 俗夆12959

夆 09798 04450
pú_4.7 | 字彙 音僕。夆
夆，行貌○按 說文·尸部 屟，行屟屟也。讀若僕，譌作
夆，非 廣韻 作夆，亦疑誤。鋆 又夙09857

夌 09800 04451
líng_5.8 | 玉篇 古文陵65685字 說文 越也。从夊从夌，
高也。一曰夌徎也 徐曰 夌徎，漸卑也也 史記 泰山之高
跂牂牧其上，夌徎故也。鋆 又麦74491越58420

長 09802 04453
cháng_5.8 | 字彙補 古文長64733字。

夏 09803 u21565
xuè_5.8 | 同夏37422

夒 09801 04452
miǎn_5.8 | 廣韻 明忝切
集韻 美忝切，夆夌上聲 說文 壙蓋也 図 廣韻 亡范切。
又 集韻 莫坎切。義同 図 馬首飾。與鍪同 晉書·輿服志 金
夒而方錂△別作夒。俗作夒。鋆 又夒09811

奏 09804 u21564
null_5.8 | 未詳。

夏 09805 04454
fù_6.9 | 古文昌 廣韻
集韻 夆房六切音伏 說文 行故道也。

夒 09806 04455
zōng_6.9 | 廣韻 子紅切 集韻 韻會 祖叢切夆音椶 說
文 斂足也。鵻鶏醜，其飛也夒 爾雅 作翪 疏：不能翻
翔遠飛，但竦翅上下而已 図◆國名。三朡 史記 作夒
図zòng 作弄切音糭。義同。別作翪。鋆 又夒09826
図 古國名，亦作朡23498艐48731陵65734

复 09807 u590D
fù_6.9 | 简 復16716複54496覆55007答覆、反覆的覆簡
化作复。覆蓋、顛覆仍用覆。

夎 09808 04456
cuò_7.10 | 廣韻 則臥切 集韻 祖臥切夆音挫。拜失容
也。一曰跪不至地，若 曲禮 介者不拜，爲其拜而夎拜，
是也 図zhà 集韻 側駕切音詐。義同 図 古今附錄 今人
衣服張起曰夎。鋆 又蹉58918

夏 09809 04457
xià_7.10 | 古文 疍 夐 昰 憂 唐韻 正韻 胡駕切 集韻 韻
會 亥駕切夆音暇。四時，二曰夏 釋名 夏，假也。寬假
萬物，使生長也 前漢·魏相傳 南方之神炎帝，秉禮執衡
司夏 図xià 廣韻 胡雅切 集韻 韻會 正韻 亥雅切夆音下。
中國曰華夏 書·康誥 用肇造我區夏 詩·周頌 肆于時夏
図 國號。禹受舜禪，易虞爲夏 図 國名 史記·大宛傳 大
夏，在大宛西南二千餘里 晉史 赫連勃勃 宋史 李元昊，
夆僭國號曰夏，屬今寧夏 図 澤名 書·禹貢 雷夏既澤。
図 大夏禹樂名 周禮·春官 大司樂舞 大夏 以祭山川。鍾
師掌金奏，凡樂事，以鐘鼓奏九夏 杜子春曰 王出入奏
王夏，尸出入奏肆夏，牲出入奏昭夏，賓客至奏納夏，
臣有功奏章夏，夫人祭奏齊夏，族人侍奏族夏，客醉而
出奏祴夏，公出入奏驁夏。齊音齋，祴音陔，驁音遨。
○按九夏有聲無辭，註疏以 雅 頌 諸篇強分配之，非。
図 大屋曰夏 宋玉·招魂 冬有突夏 図 大俎曰夏 詩·秦風
於我乎，夏屋渠渠 禮·檀弓 見若覆夏屋者矣 註 大俎，
一名大房，半體之俎，足下有跗，如堂房也 図 五色曰
夏 書·禹貢 羽畎夏翟 註 羽畎，羽山之谷。夏翟，雉具五
色中旌旄之飾◆ 周禮·春官·染人之職 秋染夏服車五乘，
孤乘夏篆，卿乘夏縵，蓋取諸此 図jiǎ 集韻 舉下切音賈。
地名。負夏，衛地 禮·檀弓 曾子弔于負夏。又陽夏，在
開封 史記·高祖紀 追項王至陽夏 図 木名 禮·學記 夏、

楚二物，收其威也　註　夏，榎也。楚，荆也　詩·大雅　不長夏以革　王博士云　夏用木，革用皮，皆鞭扑之刑　△　春秋·釋例　除春夏之夏，餘皆戶雅切　正字通　按古先有四時之夏，餘義皆假借○按　正字通　此字下有叟字，重田部，今刪。　鼜　又夏09810　傻01728　夓09837　夔09842　眴23131　蠇35789　夒59114　嚜68567　艖52288　図　字彙補　叟矗，同夏。

夏 09810 40856
qián_7.10　字彙補　其年切，音虔◇見　玉堂漫筆　又　瑯邪代醉編　揚州漕河東岸有墓道，題曰夏國公，蓋鎮遠侯顧公之賜葬也。據此，則夏亦夏字。

夗 09811 u21566
wǎn_7.10　俗夒09814　図　俗飭68945　可洪音義　整夒：上之領反。下楚力反。

旇 09812 04458
hàng_8.11　廣韻　胡朗切音沆　說文　直項莽夌貌。　鼜　又夌00690　可洪音義　鞹鞁：下戶朗反，剛强夗也。又直項夗也。正作行、旇09816二形。

夏 09813 04459
fù_8.11　玉篇　與夏同。今通作復。

夒 09814 04460
miǎn_8.11　集韻　與夋同。

夏 09815 04461
chóu_8.11　集韻　時流切音讎。耕田器名。

夒 09817 u2156B
miǎn_8.11　俗夋09801　廣韻　夋，腦蓋也。俗作夒。

夆 09818 40858
lín_9.12　字彙補　同郯。見　漢北海相景君碑

夏 09819 42942
xià_9.12　川篇　音夏

旇 09816 42941
hàng_8.11　字彙補　同夌

傻 09820 42943
sǒu_9.12　字彙補　音叟。　鼜　同傻36791，俗俊01626

夌 09821 04462
líng_10.13　廣韻　力膺切音陵。去也。

夒 09822 40857
yāo_10.13　說文長箋　與要同。

慶 09823 40855
jiàn_10.13　字彙補　即薦切　漢張公神碑　歲聿再慶。

夌 09824 u2A936
null_10.13　未詳。　○　夐 09825 u21571　xiòng_10.13　俗敻21717

夒 09826 u21570
zōng_10.13　俗夒09806

敻 09827 04463
xuàn_11.14　字彙　呼眩切音絢　說文　營求也　図xiòng　呼正切，音敻◇姓也　図jiōng　戶円切。與迥同　司馬相如·上林賦　儵敻遠去　△　正字通　敻字之譌。　鼜　又夒32264

夒 09828 04464
shēng_11.14　字彙補　古文勝字○按　玉篇　本作夒

夏 09829 42944
fù_11.14　字彙補　與復同。

夒 09830 u21575
hè_11.14　喃　从夏兮hè聲。夏天。

夐 09831 u21573
xiòng_11.14　俗敻21717　夒 09832 04465　jùn_12.15　集韻　祖峻切音俊。獵之韋袴。韋，柔皮也。　鼜　類篇　作夒50586

敻 09833 u21577
xiòng_12.15　俗敻21717見　干祿字書

鬏 09834 40860
yù_13.16　參同契　明君鬏時。今作御。

夔 09836 u21578
kuí_13.16　俗夔09848　夒 09835 42945　yāo_13.16　奇字韻　同要

夒 09837 40861
xià_14.17　石鼓文　夏字。

夒 09838 04466
hūn_15.18　字彙　籀文婚字　正字通　夒字之譌。

夒 09839 04467
hūn_15.18　長箋　籀文婚字。

夒 09840 04468
xià_15.18　字彙補　古文夏09809字。

夔 09841 40862
kuí_15.18　字彙補　與夔同。見漢碑。

夒 09842 u5913
xià_15.18　同夒09837。夏09809本字。譌作夒09840　六書故　夒，舞也。冖象舞者手容，夊象舞者足容。

夒 09843 u5911
xiè_15.18　俗夒31828　夒 09845 u21580　hūn_16.19　古文婚10866

夒 09844 04469
náo_16.19　廣韻　集韻　灻猱本字　說文　貪獸也。一曰母猴，似人。从頁，巳、止象手，夊象足，省作猱。

鞠 09846 42946
jū_17.20　字彙補　與鞠同。　鼜　或作夒09847

鞠 09847 u21581
jū_17.20　同鞠09846亦作夒。古文鞠。

夔 09849 04470
kuí_20.23　唐韻　渠追切　集韻　韻會　渠龜切灻音逵　說文　神魖也。如龍，一足　魯語　木石之怪曰夔　図　敬懼貌　書·大禹謨　夔夔齊慄　図　舜臣，名夔，典樂之官　図　國名　春秋·僖二十六年　楚人滅夔，以夔子歸。　鼜　通作夒09848　図　夒09841　薻03175　夒51541　夒09836　夒51921　夒51886　夒21836　夒21825　夒26673　夒21850　夒51720　夒51925　夒51920　夒71704　夒71705

夔 09848 u5914
kuí_18.21　同夔09849　夒 09850 42947　xià_27.30　海篇　音夏。

◆ 夕部 ◆

夕 09851 04471
xī_0.3　唐韻　集韻　韻會　正韻　灻祥易切音席。晨之對，暮也　尚書大傳　歲之夕，月之夕，日之夕，謂臘爲歲夕，晦爲月夕，日入爲日夕也　詩·小雅　以永今夕。　図　朝見曰朝，夕見曰夕　晉語　平公射鴳不死，使豎襄搏之，失。公怒，將殺之，叔向聞之夕　註　夕見于朝以諫也。　図　七夕　齊諧記　桂陽武丁有仙道，謂弟曰：七月七夕，織女當渡河暫詣牽牛　荆楚歲時記　七夕，婦女結綵樓，陳瓜果庭中，穿七孔針以乞巧。柳宗元有　乞巧文。　図　官名。夕郎，漢制，給事黃門之職　図　地名　左傳·莊十九年　楚子卒，鬻拳葬諸夕室　図　山名　山海經　渾夕之山。又曹夕之山　図　姓。望出巴郡。見　統譜　図　斜也　呂覽　正坐于夕室，謂室斜而正其坐也。又與昔通　莊子·天運篇　通昔不寐　△　說文　从月半見　徐曰　月字之半，月初生則暮見西方，故半月爲夕。　鼜　婦女結綵樓。　龜頭音釋　本作：婦女結綵纊。是　図　夕09852

夕 09852 u2F23
xī_0.3　部　夕09851

外 09853 04472
wài_2.5　古文外　廣韻　集韻　五會切　韻會　魚會切。內之對，表也　易·坤卦文言　義以方外　家人·象傳　男正位乎外　禮·祭義　禮也者，動於外者也　莊子·齊物論　六合之外，聖人存而不論　列子·仲尼篇　遠在八荒之外　図　疏斥也

易·泰卦彖傳內君子而外小人前漢·霍光傳盡外我家又度外，置之也後漢·光武紀暫置此兩子于度外。又方外，散人也淮南子·道應訓吾與汗漫期于九垓之外又wò集韻五活切音杌黃庭經洞得視見無內外，存嗽五牙不飢渴，神華執巾六丁謁△說文外，遠也。卜尚平旦，今若夕卜，于事外矣。會意。鑾又夘09855

夗 09854 04473 yuàn_2.5 廣韻集韻丛於阮切音苑。臥轉貌又wǎn集韻烏勉切音宛揚子方言夗，專篿也△說文作夘。从夕从卩，臥有卩也。鑾又夘09855夗09858

夘 09855 04474 yuàn_2.5 正字通同夗字彙作古文外字，失考。鑾古文外作外。或亦卯、夘等字之俗。

夘 09856 04475 wài_2.5 玉篇古文外09853字。

夙 09857 40863 pú_2.5 字彙補同奚。與夙不同。

夗 09858 u21585 yuān_2.5 俗鴛73105亦作夗宋元以來俗字譜·鴛夗，引通俗小說古今雜劇嬌紅記

外 09859 u3688 shēng_2.5 俗升04501

夙 09860 04476 sù_3.6 古文佤㑛殐廣韻息逐切集韻韻會息六切丛音宿說文早敬也。書·舜典夙夜惟寅詩·大雅祈年孔夙又姓。魯大夫季孫夙之後。又夙沙，複姓。鑾又凨03098殐09869又夙09857金石文字辨異·夙引北魏司馬元興墓誌銘

多 09861 04477 duō_3.6 古文夛㚇廣韻正韻得何切集韻韻會當何切，並觶平聲爾雅·釋詁衆也詩·小雅謀夫孔多增韻不少也易·謙卦·象傳君子以裒多益寡禮·表記取數多者，仁也又勝也禮·檀弓曾子曰：多矣乎，予出祖者註曾子聞子游喪事有進無退之言，以爲勝于己之所說出祖也史記·高帝紀臣之業所就，孰與仲多又刻求也左傳·僖七年後之人將求多于汝，汝必不免又稱美也前漢·袁盎傳諸公聞之皆多盎後漢·馮異傳諸將皆言願屬大樹將軍，帝以此多之又戰功曰多，見周禮·夏官·司勳又荒俗呼父爲阿多唐書·德宗紀正元六年，回紇可汗謝其次相曰：惟仰食于阿多又姓。漢多軍、多卯，宋多岳又梵語吃栗多，華言賤人。底栗多，華言畜生。又樹名。貝多樹，出摩伽陀國，長六、七丈，冬不凋，見酉陽雜俎。又南印建那補羅國北有多羅樹株三十餘里，其葉長廣，其色光潤，諸國書寫采用之。見西域記又叶都牢切音刀蘇轍·巫山廟詩歸來無恙無以報，山下麥熟可作醪。神君尊貴豈待我，再拜長跪神所多。又詩·魯頌享以騂犧，是饗是宜，降福既多正字通朱傳：犧，虛宜、虛何二反。宜，牛奇、牛多二反。多，章移、當何二反字彙專叶音趨，不知詩有二反也〇按朱子意，若从上虛宜切之犧，牛奇切之宜，則當何切之多，宜叶章移切音貲。若从下多字叶，則犧叶虛何切音呵。宜叶牛多切音哦。一在支韻、止攝，一在歌韻、果攝字彙叶逡須切音趨，錯入虞韻、遇攝正字通譏字彙不知二反，殊不知其錯入虞韻，并不知一反也△說文多，重也，从重夕。夕者，相繹也，故爲多。重夕爲多，重日爲疊。鑾又多09866𡖅00104𡒚09111𧮪09919𦒎14667彐16367夛09868

夛 09862 04478 duō_3.6 玉篇古文多09861字。

㚇 09863 04479 duō_3.6 集韻多09861古作㚇。

外 09864 u2B762 shēng_3.6 俗升04501

𡖍 09865 u2A937 mián_3.6 同𢆯14767

夘 09867 u21589 yuàn_3.6 同夗09854又俗卵04738

夛 09868 u591B duō_3.6 俗多09861宋元以來俗字譜引嬌紅記等。

多 09866 u2F85D duō_3.6 兼多09861

夂 09870 04481 yì_4.7 字彙補蜀夾江江縣酒官碑，南由市入爲闍，北抵湖出爲夂。楊慎曰：夂，即古亦字吹景錄亦，古掖字。通闍，即掖門也。

殐 09869 04480 sù_4.7 夙本字。

𡖒 09871 42948 zhōng_4.7 五音篇海音巾。鑾音中，同𠁩02568，俗中。

𡖓 09872 u2B763 chuǎn_4.7 俗舛48539或同外09864俗升。

夜 09873 04482 yè_5.8 古文㚊夗㱠唐韻羊謝切集韻韻會寅謝切正韻寅射切，丛耶去聲。日入爲夜，與晝對夏小正時有養夜註猶言永夜也周禮·秋官·司寤氏以星分夜，以詔夜士夜禁衞宏·漢舊儀晝漏盡，夜漏起，省中黃門持五夜註晝有朝禺中晡夕，夜有甲乙丙丁戊。漢制，金吾掌宮外，戒非常，惟元夜弛禁，前後各一日，謂之放夜又宣夜，窺天之器蔡邕·釋誨言天體者有三，一曰周髀、二曰宣夜、三曰渾天又夜明，祭月之坎禮·祭法夜明，祭月也又武宿夜，武舞曲名禮·祭統舞莫重於武宿夜。又子夜，晉曲名樂府解題晉女子名子夜者造此聲，其聲甚哀又國名。西夜，去長安萬三百五十里，見前漢·西域傳又夜郎，在播州。見蜀記又史記·夏本紀桀鑿池爲夜宮又使夜，漢宮官名，見外戚傳。又不夜，城名，在西夏杜甫詩無風雲出塞，不夜月臨關邵氏聞見錄無風塞，不夜城，西夏有其地，王韶經略西邊至其處齊地記齊有不夜城，古者有日夜照于東境，萊子立此城，以不夜爲名又墓穴曰夜臺，一曰長夜古詩築此長夜室又嘉夜，草名前漢·禮樂志·郊祀歌俠嘉夜，茝蘭芳註俠挾同。嘉夜，芳草也楊慎·轉注作液，非又姓。見通志又yì集韻夷益切音亦。東海縣名△說文夜舍也，天下休舍也。从夕，夾省聲，亦作㚊。鑾又亱00671

㚏 09875 04484 gū_5.8 夃字之譌

㚆 09874 04483 qíng_5.8 說文同晴。雨而夜除星見也徐鉉曰今俗作晴，非正字通按晴者，霽之通稱，晝夜皆然。諸家泥从夕从星，專訓夜霽，非。或作暒前漢·天文志天暒而景星見又集韻甾莖切音爭。義同。鑾又龍龕甠35267俗，殅正。

㚊 09876 04485 yè_5.8 集韻夜09873古作㚊。

𡖖 09877 u2A938 null_5.8 喃未詳。

㚈 09881 42949 diě_6.9 字彙補音哆

劺 09879 u2158E
zhāo_5.8　改併四聲篇海引搜真玉鏡陟聊切篇海類編·通用類·多部劺，奢劺直音篇劺，音遮。奢劺正字通劺，音昭。又音遮。奢劺也。

夠 09880 40864
gǒu_6.9　字彙補古偶切音苟。句也。

孕 09878 u2158F
null_5.8　未詳。

夠 09883 04486
yún_7.10　廣韻羊倫切集韻俞倫切夶音昀。周也。△本作勻。

殊 09882 u2A939
null_6.9　未詳。

夗 09884 04487
dān_7.10　廣韻丁含切集韻都含切夶音妉。多也。又dǎn都感切音黕。又dàn丁紺切音馾。義夗同。鍫又夗09903

夗 09885 04488
nuó_7.10　廣韻諾何切集韻囊何切夶同那。多也。亦作夈。鍫又夈09898夈09913夈09915

夠 09887 40865
gòu_7.10　字彙補古舟切，音勾◇多也。

駕 09890 u2A93A
null_7.10　喃未詳。

㳻 09886 04489
sù_7.10　說文夙本字，从夘从夕。夘，音戟。持也，持事雖夕不休也。夕者，持明日之事也○按字彙補書作夙，非是。

喬 09891 u2159B
hé_7.10　同喬05801

夠 09888 42950
zhī_7.10　字彙補同夊

夠 09892 u2159A
dēng_7.10　俗登57059

㡊 09889 42951
dié_7.10　五音篇海丁夜切字彙補此梵音切身也。見藏經。

夊 09893 u21599
zhī_7.10　同夊21328

夆 09894 u21598
mài_7.10　或俗麥74490

夊 09895 u21597
wū_7.10　同鴰32848古文烏30849

夵 09897 u591E
oes_7.10　韓外，外面。又地名用字。

卿 09896 u21596
qīng_7.10　俗卿04762

夈 09898 04490
nuó_8.11　俗夗字。

夠 09899 04491
gòu_8.11　廣韻古候切集韻居候切夶音遘。聚也，多也左思·魏都賦繁富夠夠，非可單究又kōu廣韻恪候切集韻墟侯切夶音摳。義同。

夠 09900 04492
gòu_8.11　同夠。鍫又夠09887

夈 09901 04493
chān_8.11　集韻處占切音襜。夈夈，多也。

夊 09903 40866
rǒng_8.11　字彙補而隴切音宂。衆多也。

夠 09904 40867
yīn_8.11　字彙補於欣切，音因◇元㱜。

夠 09905 40868
chān_8.11　字彙補昌占切音襜。多也。

夈 09906 u2A93B
null_8.11　喃未詳。

卿 09907 u215A5
qīng_8.11　俗卿04762

夈 09902 04494
chī_8.11　集韻與螭同

夊 09909 u215A0
guài_8.11　俗夊08792龍龕夊，或作。夈，大石。夊，音恠。大皃也。三。

够 09908 u215A1
nhóm_8.11　喃从夥省占chiêm聲。

夊 09910 04495
qì_9.12　集韻馨致切音棄。博雅夊夊，多也又去吏切音亟。義同。或从其。

夊 09911 04496
gāi_9.12　集韻柯開切音該。多也。又kāi丘哀切音開。義同。鍫又夈10110

雊 09912 40869
guài_9.12　字彙補古賣切，音怪◇大也。鍫又夊09909

夈 09913 40870
nuó_9.12　字彙補諾何切音郍。多夈也。

夈 09914 40871
shēn_9.12　字彙補所臻切音莘。多也。

夈 09915 40872
nuó_9.12　字彙補乃何切音那。多也。

夈 09916 42952
xiè_9.12　五音篇海音謝。

夥 09919 42955
duō_9.12　海篇同多

夈 09917 42953
zhì_9.12　字彙補音至

夈 09920 42956
yí_9.12　字彙補與移同。鍫同迻。

鄉 09922 u2A93C
null_9.12　或俗鄉。

夈 09918 42954
huī_9.12　字彙補音恢。

夊 09923 u215AE
null_9.12　未詳。

夈 09921 42957
wài_9.12　字彙補余怪切，音外◇夈夈，姊妹之子也。鍫又夈09924

夈 09924 u215A6
wài_9.12　同夈09921

夊 09925 04497
sù_10.13　字彙桑谷切音速。夊夊，多也正字通俗字，無確據。

夊 09926 40873
wǒ_10.13　字彙補烏果切，音朵◇多也。

夊 09927 40874
chǐ_10.13　字彙補川止切，音侈◇頗也。

夊 09928 40875
yí_10.13　五音篇海音夷。籀文。恭也。

店 09929 u215B5
đêm_10.13　喃从夜店điểm省聲。夜晚。

夈 09930 u215B1
bộn_10.13　喃从多伴bạn聲。雜亂。

夢 09931 04498
mèng_11.14　唐韻集韻韻會夶莫鳳切，瞢去聲。覺之對，寐中所見事形也書·說命夢帝賚予良弼詩·小雅乃占我夢周禮·春官·占夢以日月星辰占六夢之吉凶，一正夢、二噩夢、三思夢、四寤夢、五喜夢、六懼夢又大卜掌三夢之法，一致夢、二觭夢、註奇怪之夢、三咸陟註升也，進也，無思慮而有其夢。一作咸夢莊子·齊物論昔者莊周夢爲蝴蝶，栩栩然胡蝶也。俄然覺，則蘧蘧然周也張子正蒙夢形閉而氣專于內，夢所以緣舊行習心，飢夢取，飽夢與又澤名書·禹貢雲土夢作乂司馬相如·子虛賦楚有七澤，一曰雲夢。雲夢者，方九百里○按左傳漢書雲夢夶平、去二音又水名。夢水，在袁州宜春縣東寰宇記昔鍾儀欲相此立縣，夜乞夢，果符所祝，因名縣曰夢縣，水曰夢水又姓。見統譜。又méng廣韻莫中切集韻韻會謨中切，並音瞢潘岳·哀永逝文既遇目兮無兆，曾寤寐兮弗夢。爰顧瞻兮家道，長寄心兮爾躬又méng集韻彌登切音萌詩·齊風甘與子同夢△說文夢，不明也。从夕，瞢省聲。鍫又夢09945梦24211夢09932㝱12476㝱50201㝱51627夕02509

夢 09932 04499
mèng_11.14　俗夢字。

莫 09933 04500
mò_11.14　廣韻集韻夶莫白切音陌。同莫說文宋也。一曰靜也。與莫通。

夤 09934 04501
yín_11.14　廣韻翼眞切集韻韻會夷眞切夶音寅說文恭也，敬惕也又進也，緣連也宋·穆修·會遇詩介立

傍無援，陰排密有夤。方語，因賄干進曰夤緣 又遠也 淮南子·地形訓 九州之外，乃有八夤。一作殥 又腰絡也 易·艮卦 列其夤 又 廣韻 正韻 以脂切 集韻 韻會 延脂切 𠀤音夷。敬也，遠也△亦作寅夤夤〇按夤字訓義 說文 及諸字書皆然 正字通 强辨其非，不可從。䜌又彊16289 朋46985膑47751胂47059

𡗗 09935 04502 yín_11.14 字彙 同夤。籀文 正字通 譌字。

𡖿 09936 04503 diāo_11.14 廣韻 都聊切 集韻 丁聊切𠀤音刁。大也，多也。䜌 集韻 𡖿奝，亦从大。

夥 09937 04504 huǒ_11.14 廣韻 胡火切 集韻 戶果切 韻會 合果切 正韻 胡果切𠀤音禍。多也 張衡·西京賦 炙炰夥。或作綶 揚子方言 凡物盛而多，齊、宋之郊謂之夥。今吳音謂多曰夥，問幾何曰幾夥。又俗謂同本合謀曰夥計 又 集韻 韻會 正韻 𠀤戶買切音夥 史記·陳涉世家 夥頤，涉之爲王沈沈者。楚人謂多爲夥，故天下傳之 註 沈沈，宮室深邃貌。䜌又伙00940𡖶09949 又 夥，驚嘆詞，同嗬hē。劉淇 助字辨略·卷三 夥，驚嘆辭也 漢書·陳勝傳 入宮，見殿屋帷帳，客曰：夥，涉之為王沈沈者。

綶 09938 04505 huǒ_11.14 說文 同夥 𡖷 09939 40876 qī_11.14 字彙補 去其切音欺 廣雅 楚人云多也。䜌又𡖵09910 又 廣韻 作鵋。

𡖸 09940 40877 zhí_11.14 字彙補 常職切音十。多也。䜌 集韻 作𡖻09947

𡖹 09941 42958 miè_11.14 五音篇海 名夜切。䜌又㱜26854切音字。

𡖺 09942 42959 biè_11.14 五音篇海 并夜切。

𡖼 09943 42960 zhā_11.14 字彙補 與𡗈同。

𪤽 09944 u2A93D null_11.14 喃 未詳。 夢 09945 u2F85E mèng_11.14 兼 夢09931

𡖼 09946 u215BC sánh_11.14 喃 同𨁪00133

𡖻 09947 u215BB zhí_11.14 集韻 承職切。多也△宏按，俗作𡖸09940

𡖸 09948 u215B8 yín_11.14 籀文夤09934見 說文。亦作𡗗09935寅09928

𪤾 09952 u2A93E null_12.15 喃 未詳。 𡖶 09949 04506 huǒ_12.15 俗夥字。

𡖽 09950 40879 chěn_12.15 字彙補 丑甚切音踸。多貌。

𡖾 09951 40880 gōu_12.15 字彙補 古侯切音鉤。多也。

𡗀 09953 u215C0 tú_12.15 注音用字。乩𡗀慶。參見乩36709

𡗁 09954 42961 diè_13.16 五音篇海 同𡗃。

𡗂 09955 42962 biè_13.16 字彙補 與𡖺同。

𪤿 09956 u2A93F null_13.16 喃 未詳。 𡗅 09957 u215C5 vê_13.16 喃 从𡖿省迷mê聲。至，歸△𡗅茄：回家。𡗅𡗆：垂暮，歸天。

𡗃 09958 u215C3 wū_13.16 同𦒁32848古文烏30849

𡗂 09959 u215C2 sai_13.16 喃 从多差sai聲。繁茂，蕃息。

𡗄 09960 04507 lǒu_14.17 字彙 力口切音簍。多也。

𡗆 09961 40881 zī_14.17 字彙補 宗知切音緇。多貌。

𡗃 09962 42963 diè_14.17 五音篇海 亭夜切。又丁夜切。

𡗇 09963 u215C7 liè_14.17 𡗇犬，同獵33705犬。五代·馬縞 中華古今注·卷下·𡗇犬 周成王時，渠搜國獻𡗇犬，能飛食虎豹。

𡗈 09964 04508 kuǐ_15.18 廣韻 口猥切音傀。𡗈𡗈，多貌。

𡗊 09965 u215CA nhiều_15.18 喃 从多饒nhiêu省聲△𡗊錢：富有，昂貴△亦作𡗉09966

𡗉 09966 u215C9 nhiều_15.18 喃 同𡗊09965△𡗉歲：上了年紀。

𡗋 09967 40882 yōng_16.19 字彙補 烏中切音邕。多貌。

𡗋 09968 u215CB lắm_16.19 喃 从多稟bẩm聲△㦖𡗋：很漂亮。𡗋𡗋饒招：多子滿孫△亦作𡗌35256

𡗌 09969 42964 dǎng_17.20 字彙補 音黨。

𥶂 09970 u25D82 gây_17.20 喃 从多箕kia聲。

𡗎 09971 u215CE tụm_18.21 喃 从多暫tạm聲。聚攏，靠攏。

𪥀 09972 u2A940 lắm_19.22 喃 同𡗋09968

𡗏 09973 42965 xiǎn_23.26 字彙補 火冉切音險。

𡗐 09974 42966 tài_24.27 字彙補 同太。

𡗑 09975 42967 rǒu_28.31 字彙補 音蹂。䜌 改併四聲篇海 引 川篇 而九切。

◈ 大部 ◈

大 09976 04509 dà_0.3 古文𠆣 唐韻 集韻 韻會 徒蓋切 正韻 度柰切𠀤音汏。小之對 易·乾卦 大哉乾元 老子道德經 域中有四大，道大，天大，地大，王亦大 莊子·天地篇 不同同之謂大 則陽篇 天地者，形之大。陰陽者，氣之大。又初也 禮·文王世子 天子視學，大昕鼓徵 註 日初明，擊鼓徵召學士，使早至也 又徧也 禮·郊特牲 大報天而主日 又肥美也 儀禮·公食大夫禮 士羞庶羞皆有大，贊者辨取庶羞之大，以授賓 註 大，以肥美者特爲臠，所以祭也 又過也 戰國策 無大大王 又長也 爾雅·釋器 珪大尺二寸謂之玠 疏 大，長也 又都大，官名。宋制有兩都大，一提舉茶馬，一提點坑冶鑄錢與提刑序官。又措大，士也 書言故事 窮措大，眼孔小，與錢十萬貫，塞破屋子矣 又唐大，弓名，見 周禮·夏官 又四大，地、水、火、風也，見 梵書·圓覺經 又姓。大廷氏之後，見 風俗通 又tài 集韻 韻會 正韻 𠀤他蓋切音忲 易 大和、大極 書 詩 大王、大師 禮 大羹、大牢。𠀤音泰 又tuó 廣韻 集韻 韻會 𠀤唐佐切音馱 杜甫·天狗賦 不愛力以許人兮，能絕目以爲大 又tuò 集韻 韻會 正韻 𠀤吐臥切音拕。猛

也,甚也。禮·童子不衣裘裳註鄭康成爲大溫也。徐邈大音唾△正字通楊慎曰:大,無音一駕切者,韻書二十二禡不收。考淮南子宋康王世,有雀生鷐。占曰:小而生大,必霸天下。大叶下,古亦有一駕切之音△說文天大,地大,人亦大。象人形徐曰本古文大字。一曰他達切,經史大太泰通。鏊杜甫·天狗賦能絕目以爲大。能絕等以爲大〔圖〕亣00628,籀文大,他達切。

夨 09977 04510 zè_0.3　集韻乃結切音涅。頭傾也。鏊集韻夨,札色切〔圖〕夵09997

大 09978 u2F24 dà_0.3　部大09976

天 09979 04511 tiān_1.4　古文兲吞兲
莫天 唐韻正韻他前切集韻韻會他年切,丛腆平聲說文顚也。至高無上,從一、大。白虎通鎭也,居高理下,爲人鎭也易·說卦乾爲天禮·禮運天秉陽,垂日星。荀子曰:天無實形,地之上至虛者皆天也。邵子曰:自然之外別無天程子遺書天之蒼蒼,豈是天之形。視下亦復如是張子正蒙天左旋,處其中者順之,少遲則反右矣朱子語類離騷有九天之說,諸家妄解云有九天。據某觀之,只是九重。蓋天運行有許多重數,裏面重數較軟,在外則漸硬,想到第九重成硬殼相似,那裏轉得愈緊矣〇按天形如卵白。細察卵白,其中之網縕融密處確有七重,第八重白膜稍硬,最後九重便成硬殼。可見朱子體象造化之妙。今西洋曆說,天一層緩似一層,此七政退旋,所以有遲速。見星名爾雅·釋天天根氐也周語天根見而水涸〔圖〕古帝號。葛天氏,見疏仡紀〔圖〕神名山海經形天與帝爭神,帝斷其首,乃以乳爲目,臍爲口,操干戚以舞。形一作刑陶潛詩刑天舞干戚,猛志故常在。或作獸名,非〔圖〕地名蜀地志蜀卭僰山後四野無晴日,曰漏天杜甫詩地近漏天終歲雨〔圖〕山名九州要記涼州古武城有天山,黃帝受金液神丹于此。一曰在伊州註天山,即祁連山〔圖〕天樂名。鈞天廣樂,見史記·趙世家〔圖〕署名唐六典內閣惟祕書閣宏壯曰木天。今翰林院稱木天署〔圖〕景天,草名陶弘景曰以盆盛,置屋上,辟火灾〔圖〕髠刑易·睽象其人天且劓〔圖〕姓。漢長社令天高。見姓苑〇按先韻,古與眞文通,故天字皆從鐵因反。考之經史皆然,惟易六位時成,時乘六龍以御天,與庚、青迪耳正字通謂,至尊莫如天,天以下又莫如君父。字音必不可僭易改叶,所論頗正大。鏊又丙00056元02360莧49333覎66942觍66964瀼30443䪴66968祅16558㞃10042〔圖〕龍龕虒03094,古文,音天。

太 09980 04512 tài_1.4　集韻他蓋切音汰。與大、泰丛同說文滑也。一曰大也,通也〇按經史太字俱作大,如大極、大初、大素、大室、大玄、大廟、大學及官名大師、大宰之類。又作泰,如泰卦、泰壇、泰誓、泰春、泰夏、泰秋、泰冬之類。范子撰後漢書父名泰,避家諱,改從太。毛氏韻增經史古太字無點,後人加點以別小大之大,非字彙引之,失考〔圖〕姓。文王四友太顚之後。見統譜〔圖〕集韻他達切音獺。太末,漢縣名。在會稽西南。△亦作夳02850鏊又麤09974猋10214〔圖〕龍龕㶊10115俗

臸09994大09985,皆音太。

夫 09981 04513 fū_1.4　唐韻甫無切集韻韻會風無切丛音膚。男子通稱禮·郊特牲夫也者,以知帥人者也詩註夫有傳相之德,而可倚仗,謂之丈夫〔圖〕男女旣配曰夫婦易·家人夫夫婦婦〔圖〕先生長者曰夫子,妻稱夫亦曰夫子。〔圖〕禮·曲禮天子有后,有夫人〔圖〕妾曰如夫人左傳·僖十七年齊侯好內,多內寵,內嬖,如夫人者六人。〔圖〕官名禮·王制·大夫註大夫者,扶進人者也〔圖〕周禮·地官十夫有溝,百夫有洫,千夫有澮,萬夫有川〔圖〕十六以上不成丁,曰餘夫〔圖〕販夫周禮·地官夕時而市,販夫、販婦爲主白樂天詩樓暗攢倡婦,堤喧嘍販夫。〔圖〕執御行役曰僕夫詩·小雅召彼僕夫,謂之載矣〔圖〕以我稱人曰夫夫禮·檀弓曾子指子游而示人曰:夫夫也,爲習于禮者〔圖〕人名。黔夫,齊威王疆場四臣之一〔圖〕國名。丈夫國,在維鳥北,見山海經〔圖〕邑名。柴夫,屬燕,見齊語〔圖〕山名。夫夫山,在風伯山之東,見山海經〇按續通考引此作大夫〔圖〕武夫,石之次玉者前漢·董仲舒傳五霸比于三王,猶武夫之于美玉。別作玞、砆〔圖〕數名前漢·食貨志六尺爲步,步百爲畮,畮百爲夫〔圖〕姓。又息夫,複姓又fú廣韻防無切集韻韻會馮無切正韻逢夫切丛音扶。語端辭論語夫仁者。〔圖〕語已辭論語如斯夫〔圖〕有所指之辭論語夫二三子也〔圖〕草名爾雅·釋草杜夫搖車註蔓生,細葉,紫花,可食,俗呼爲翹搖車〔圖〕叶縛謀切音浮陳琳詩仲尼以聖德,行聘徧周流。遭斥㾕陳蔡,歸之命也夫。

史 09983 04515 guài_1.4　俗夬字。

夬 09982 04514 guài_1.4　廣韻集韻韻會丛古邁切音噲說文分決也易·說卦夬上乾下兌象傳夬,決也。剛決柔也〔圖〕jué集韻古穴切音玦。所以闓弦者△通作支正字通字彙支見子集又部,此重出,應刪〇按說文夬从又,入又部,但今經文夬从大,宜入大部,只可刪又部支字訓註。鏊又史09983

夭 09984 04516 yāo_1.4　廣韻於嬌切集韻韻會於喬切丛音妖。色愉貌論語夭夭如也〔圖〕草盛貌書·禹貢厥草惟夭。〔圖〕少好貌詩·周南桃之夭夭〔圖〕災也詩·小雅天夭是椓〔圖〕閼夭,人名,文王四友之一,武十亂之一〔圖〕栢夭,馬名,見列子〔圖〕ǎo廣韻集韻韻會正韻丛烏皓切音襖。未壯也禮·月令孟春,毋殺胎夭王制不殺胎,不殀夭註未生者曰胎,方生者曰夭〔圖〕yǎo廣韻集韻韻會於兆切正韻伊鳥切。夭同妖說文屈也徐曰夭矯其頭頸也。一曰短折也博雅不盡天年謂之夭〔圖〕集韻烏酷切音沃山海經軒轅國有諸夭之野〔圖〕wāi苦緺切音歪白樂天詩錢塘蘇小小,人道最夭斜自註夭音歪,收入九佳△別作芺夒关。鏊又麦09796屍12927

太 09985 04517 lì_1.4　說文立本字。一在大下曰立。鏊又同太09980

夲 09986 u2A941 null_1.4　未詳。

夲 09987 u215D4 cāo_1.4　同夲00037

央 09988 04518
yāng_2.5 廣韻 集韻 韻會 正韻 夶於良切音秧。中也 詩·秦風 宛在水中央 淮南子·天文訓 中央爲都 地形訓 中央四達，風氣之所通，雨露之所會也 図 半也 詩·小雅 夜如何其，夜未央 上官儀詩 明月樓中夜未央 図 盡也 漢武帝·李夫人賦 惜蕃華之未央 図 廣也 司馬相如·長門賦 覽曲臺之央央 図 未央，漢宮名，在長安 図 yīng 於京切音英。旗斿貌 詩·小雅 旂旐央央 図 鮮明貌 詩·小雅 白旆央央 △ 說文 从大，在冂之內 徐曰 从大，取其正中，會意。

夯 09989 04519
hāng_2.5 字彙 呼講切，近壑上聲 ◇ 人用力以肩舉物 禪林寶訓 黃龍南和尚曰：昔日文悅遊湖南，見袀子擔籠行脚者。悅呵曰：自家閫閾中物，不肯放下，反累及他人擔夯。一曰北音讀如抗。鑒 又扐19448夯03964 夯03374 図 同笨41821 脂硯齋重評石頭記（庚辰本）·第六十七回 夯雀兒先飛。

夬 09990 04520
yì_2.5 說文 亦00635本字。人之臂夬也。从大，象兩夬之形 徐鉉曰 別作腋47426，非〇按經傳通作腋，借爲扶夬之夬，與掖19890通。又借語助爲旁及之辭，與亦同。

夰 09991 04521
gǎo_2.5 廣韻 集韻 夶古老切音杲 ◆ 說文 放也。从大而八分也。

失 09992 04522
shī_2.5 廣韻 集韻 韻會 正韻 夶式質切音室。得之反 說文 縱也。一曰錯也，過也，遺也 書·泰誓 時哉弗可失 杜詩 雖乏諫諍資，恐君有遺失 図 yì 集韻 韻會 正韻 夶弋質切。與逸同 莊子·應帝王 自失而走 荀子·哀公篇 其馬將失 六書本義 與佚、軼通 図 正韻 式至切，尸去聲 應貞·華林園集詩 示武恐荒，過亦爲失。凡厥羣后，無懈于位。鑒 又乇19144

夲 09993 04523
tāo_2.5 廣韻 土刀切 集韻 韻會 正韻 他刀切夶音叨 說文 進趣也。从大十，大十猶兼十大也 徐曰 大奄有之義，會意。又往來見貌 △ 亦作夲。與本字別。鑒 又今00890 図 正字通 夲04518俗夲字。一作夲04532 図 原本玉篇殘卷 設55813，他勞反 埤蒼 詢字 字書 設詢，往來言。一曰：視也。設健，往來見兒，爲夲字。

太 09994 04524
tài_2.5 字彙補 古文泰字 說文 長箋 天地交泰，故从二大。

夵 09995 42968
nào_2.5 篇韻 嫋去聲。鑒 同夒，俗鬧 可洪音義 夵藜：上女貞反。喧夵：女孝反，不靜也。

初 09996 u2A942
qiē_2.5 或同切。

夭 09997 u215DB
zè_2.5 夨09977譌字。

夵 09998 u215D9
bāo_2.5 从天勹聲，音包。義未詳。

夵 09999 u215D8
qiáo_2.5 同喬00294或俗喬06534

夫 10000 u215D7
fèng_2.5 同夆05208

夵 10001 u215D6
mèng_2.5 五音集韻 孟11770，莫更切。夵，古文。按，明刻本或作夵，俗孟。

夵 10002 u368E
qù_2.5 去篆作夵。亦作厺05061

夵头 10003 u5934
tóu_2.5 简 頭68141

夵 10004 04525
gǎo_3.6 夵字之譌。

夵 10005 04526
yǎn_3.6 廣韻 集韻 夶以冉切音琰。物上大下小也 図 tāo 集韻 他刀切音叨。進也。

夵 10006 04527
bǐ_3.6 集韻 比27212古作夵。

夷 10007 04528
yí_3.6 古文尼 唐韻 廣韻 以脂切音姨。平也，易也 詩·周頌 彼徂矣岐，有夷之行 図 大也 詩·周頌 降福孔夷 図 安也，悅也 詩·鄭風 既見君子，云胡不夷 図 等也 儕也 禮·曲禮 在醜夷不爭 史記·張良傳 諸將陛下等夷 図 陳也 禮·喪大記 男女奉尸夷於堂 周禮·天官 凌人 大喪共夷槃冰，牀曰夷牀，衾曰夷衾，皆依尸爲言。図 夷俟，展足箕坐也 論語 原壤夷俟 図 誅滅也 前漢·刑法志 戰國時，秦用商鞅連相坐之法，造參夷之誅。図 傷也 易·序卦 故受之以明夷 図 芟也 周禮·秋官 薙氏 掌殺草，夏日至而夷之 図 陵夷，言凡事始盛終衰，其頹替如丘陵漸平也 前漢·成帝紀 帝王之道，曰以陵夷 図 地名 左傳·隱元年 紀人伐夷 註 國在城陽莊武縣。◆ 莊十六年 晉武公伐夷 註 采地 僖二十三年 楚伐陳，遂取焦、夷 註 焦，譙縣，夷，城父，夶陳地 図 要服 書·禹貢 五百里要服，三百里夷 図 嵎夷，東表之地，在今登州 書·堯典 宅嵎夷 図 馮夷，河伯也 莊子·大宗師 馮夷得之，以遊大川 郭璞·江賦 冰夷倚浪 穆天子傳 河伯無夷之所都居 註 冰夷，無夷，夶卽馮夷。又 淮南子·原道訓 馮夷，泰丙之御也 註 二人名，古之能御陰陽者 容齋隨筆 此別是一馮夷 図 ◆ 女夷，風神名 淮南子·天文訓 女夷鼓吹，以司天和 図 山名。武夷，在今崇安，有十二峰九曲之勝。相傳籛鏗之子，長曰武，次曰夷，隱此得道，故名 図 水名。夷水，出襄陽及康狼二山之間 水經 漢水過宜城，夷水注之 図 鴟夷，酒器 揚雄·酒箴 鴟夷滑稽，腹大如壺 吳越春秋 吳王取子胥尸，盛以鴟夷而投之江 史記·貨殖傳 范蠡變名易姓，爲鴟夷子皮 図 辛夷，花名 楚辭·九歌 辛夷楣兮藥房。又留夷，香草 屈原·離騷 畦留夷與揭車 図 謚法 克毅秉政，安心好靜，夶曰夷。図 姓。周齊大夫夷仲年之後，見 統譜 図 人名。伯夷，舜秩宗之官。又孤竹君之長子曰伯夷 図 優婆夷 梵書 翻譯名義 男曰優婆塞，女曰優婆夷，所云清淨男女也 図 與彝同 孟子 詩 云民之秉夷 詩 本作彝 △ 本作彛。一曰古遲、夷通。鑒 又兔09928夸10008狹33152尼12933夷16114

夷 10008 04529
yí_3.6 ◆ 說文 夷本字，平也。从大从弓。東方之人也。

夸 10009 04530
kuā_3.6 廣韻 苦瓜切 集韻 韻會 正韻 枯瓜切夶音誇。大也 爾雅·釋言 夸毗，體柔也 詩·大雅 無爲夸毗。図 謚法 華言無實曰夸 図 kuǎ 苦瓦切音恗。夸奓，自大也。前漢·諸侯王表 夸州兼郡 楊僕傳 懷銀黃夸鄉里。図 姓 図 qū 集韻 虧于切音區。奢也 図 xū 集韻 匈于切

音吁。美貌又qù集韻區遇切音煦。巍也。左思·吳都賦橫塘查下，邑屋隆夸。長干延屬，飛甍舛互△說文从大亏聲。亦作夻、夽。鑒又夻10037夸10096

奚10010 04531
xī_3.6 廣韻胡雞切集韻弦雞切丛音奚。獸跡也又邑名。

夰10011 04532
jiè_3.6 字彙補音義與介同漢祝睦碑夰然清皓。

肉10012 04533
nèi_3.6 集韻内02502古作肉。

靑10013 04534
qīng_3.6 集韻靑66935古作夳。

夳10015 40883
guì_3.6 字彙補古惠切音桂。姓也。

夵10017 42970
tǎo_3.6 篇海類編與套同。

奉10018 u2A943
null_3.6 未詳。

夻10014 04535
kuā_3.6 集韻與夸同。

季10019 u215E3
null_3.6 未詳。

丙10016 42969
yù_3.6 字彙補音玉。

夼10021 u593C
kuǎng_3.6 方洼地。

灵10020 u3691
líng_3.6 俗靈66880同文通考·譌字灵，灵也。灵，俗靈字。

吞10022 u593B
xìng_3.6 俗杏23579可洪音義若吞：胡耿反又hwa韓同吳05402，魚之大口者。吞魚，即鱈魚。

夲10023 u593A
duó_3.6 簡奪10254

夾10024 u5939
jiā_3.6 簡夾10027

夽10025 04536
yǔn_4.7 廣韻魚吻切集韻牛吻切丛音輑說文大也。一曰高也又元包經傳觀其辭，則夽然而不及。

奄10026 04537
chún_4.7 廣韻集韻丛常倫切音淳說文大也。

夾10027 04538
jiā_4.7 廣韻集韻正韻古狎切韻會訖洽切丛音甲。左右持也。◆書·多方爾曷不夾介，又我周王左傳·僖二十六年夾輔成王又近也。書·梓材懷爲夾註懷爲近也又兼也又呂溫·狄仁傑碑潛授五龍，夾日以飛。又梵夾通鑑唐懿宗於禁中設講，自唱經，手錄梵夾。又鉗夾，巧言膠固也柳宗元·乞巧文膠如鉗夾又jiá集韻韻會吉協切正韻古協切丛音頰。傍也，把也。夾弓，見周禮·夏官註。往體多，來體寡曰夾又劒夾陶弘景·刀劒錄商孔甲採牛首山鐵，鑄一劒，銘曰夾。又xié集韻檄頰切音協說文傅也又姓前漢藝文志有夾氏春秋又同狹後漢·東夷傳東沃沮，其地東西夾，南北長△六書正譌从二人，从夾省。二人對輔于肘夾之下，會夾意。鑒又夾10024

夵10028 04539
jiè_4.7 集韻古拜切，丛音戒說文大也。鑒集韻古拜切。居拜切之誤又夰10011夼10043

夾10029 04540
shǎn_4.7 廣韻集韻丛失冉切音閃說文盜竊懷物也又shì集韻施隻切音釋。義同△陝字从此。从夾，有所持，从二入。與夾从人別。鑒又燅10233

夿10030 04541
pā_4.7 集韻披巴切音妑。大也。

奀10031 04542
lǎi_4.7 字彙力改切，來上聲。小船梢木△正字

通俗字。鑒又deung韓大等，用於官職名。

夲10032 04543
běn_4.7 字彙補音未詳廣韻木夲，榦也。鑒本23528字之譌。

查10033 04544
dī_4.7 字彙補音義同夻。人名。見安南志

夭10034 42971
ēn_4.7 搜眞玉鏡尺止切。鑒又音茫字彙補力得切音勒。人瘦弱。

夭10035 42972
xī_4.7 搜眞玉鏡音兮。

夼10036 42973
kū_4.7 龍龕音枯。

夲10037 42974
kuā_4.7 日月燈夸字。

奎10038 42976
dī_4.7 篇海類編音低。大也○按即夳字之譌。

夵10039 u2A946
null_4.7 未詳。

戉10040 u2A945
null_4.7 殷周金文集成·10.4991.戉父癸卣戉父癸。族徽。讀若戒。

夋10041 u2A944
null_4.7 未詳。

夼10043 u215F2
jiè_4.7 同夰10011俗介00774龍龕夼俗夵10028正，音界。

歪10042 u215F6
trời_4.7 喃上天。歪高坦襲：天高坦闊。

夵10045 u215EF
baenz_4.7 壯貧（夵），可以，好像。

奀10046 u215EE
null_4.7 未詳。

夵10044 u215F1
zǒu_4.7 龍龕夵，子侯反。疾趨曰夵。又祖苟反。今作走58184

夵10047 u215ED
zǎo_4.7 俗棗24349

夵10048 u215EC
null_4.7 未詳。

夵10049 u215EB
null_4.7 未詳。

夵10050 u215EA
juàn_4.7 或俗卷。

夵10051 u215E9
yán_4.7 俗炎30665廣碑別字引齊比丘尼慧造像

免10052 u5942
huàn_4.7 同奐10108

夵10054 u2AD6A
tài_4.7 同泰28054龍龕夵，俗。音來△宏按，朝鮮本龍龕音太。五侯鯖字海夵，音泰。安也。甚也。又同湊29136字彙補大部夵，坡雙切，音湊。見海篇△宏按，字彙補·水部另收夵字，謂：字學指南與湊同。沛也。渥也。

夵10053 u5941
lián_4.7 簡奩10251

夵10055 04545
wā_5.8 集韻烏瓜切音窊說文大也。鑒正字通夵，夵字之譌。

夵10056 04546
zhà_5.8 集韻仕下切，查上聲。夸大也△通作夸。

奔10057 04547
fàn_5.8 集韻孚萬切音酓。上大也。或曰一宿酒也。

套10058 04548
dī_5.8 廣韻集韻韻會丛都兮切音低。大也。又dǐ集韻典禮切音邸又dì丁計切音帝。義丛同。鑒又查10033夼10038套10080委27667

奄10059 04549
yǎn_5.8 廣韻集韻韻會衣檢切正韻於檢切，並音掩說文覆也，大有餘也。从大申。申，展也。一曰忽也，遽也又書·立政奄甸萬姓詩·周頌奄有四方又人名詩·秦風子車奄息又yān正韻衣廉切，音淹。久觀也詩·周頌奄觀銍艾又久留也漢·更定郊祀樂歌神奄留，臨須搖註奄讀淹。須搖，須臾也。又神夕奄虞蓋孔享。又國名。東諸侯助紂爲虐者書·多方王來自奄又奄里

在魯城東，卽曲阜舊城址 通志 謂之商奄里 又 集韻 於瞻切 正韻 於豔切𠀤音𢡾。精氣閉藏也 周禮·春官 奄人。劉昌宗讀。鑾 又奄10091奄10173奄10160

笅 10060 04550 jūn_5.8 字彙 古文軍字〇按 集韻 古文本作𡘍。

奅 10061 04551 pào_5.8 廣韻 匹貌切 集韻 披教切𠀤音炮。起釀也，亦大也 揚子方言 以大言冒人曰奅 又 礮石也 韓愈·征蜀聯句 投奅鬧硿礐 註 奅聲如石崩也 又 侯國名 前漢·武功臣表 公孫賀以將軍出塞得王，封南奅侯 史記·衛青傳 作窌。鑾 又奅10161

奰 10063 04553 bì_5.8 集韻 薄宓切，音弼 說文 大也 又 fú 集韻 分物切音弗△fó 類編 符勿切音佛。義𠀤同△亦作𡚁、䶵

䶵 10064 04554 bì_5.8 同奰。

㚔 10062 04552 niè_5.8 廣韻 集韻 𠀤尼輒切音聶 說文 所以驚人也。一曰俗以盜不止爲㚔。或曰㤝終也。又曰：犯罪不止也 又 玉篇 古文幸15253字

奆 10065 04555 juǎn_5.8 玉篇 求阮切音捲。甚大也 又 人名 七修類稿 明初張輔平安南，禽黎季犛及子奆犛。犛疑譌作犛。

臭 10066 04556 gǎo_5.8 廣韻 集韻 𠀤古老切音杲◆大白澤也。
又 shì 集韻 施隻切音釋。義同 又 zhé 直格切音宅。
說文 光潤也。又 玉篇 古文澤29823字△一作𡘊。又作𡗨。
鑾 白澤、白𤢫 又 𡘊04685㚖36726臯36766

奇 10067 04557 qié_5.8 廣韻 集韻 𠀤才邪切，藉平聲。大口貌。
又 xié 徐嗟切音邪。奇奇，大貌。鑾 龍龕 奇俗，奇正

扶 10068 04558 bàn_5.8 集韻 部滿切音伴。𠀤行也。輦字从此 六書本義 侶也。鑾 古文伴00951毛遠明：永壽三年 許卒史安國祠堂碑 子無隨沒，壽生無扶死之臣。

奇 10069 04559 qí_5.8 廣韻 集韻 韻會 渠羈切 正韻 渠宜切𠀤音琦。異也 莊子·北遊篇 萬物一也，臭腐化爲神奇，神奇復化爲臭腐 仙經 人有三奇，精氣神也 又 祕也 史記·陳平傳 平凡六出奇計，其奇祕，世莫得聞 又 姓 又 天神名 淮南子·地形訓 窮奇廣莫，風之所生也。又四凶之一 史記·五帝紀 少皥氏有不才子，天下謂之窮奇 註 窮奇，卽共工氏 又 獸名 司馬相如·上林賦 窮奇象犀 註 狀如牛，蝟毛，音如嘷狗，食人 又 江神謂之奇相 江記 帝女也。卒爲江神 又 與琦通 又 jī 廣韻 集韻 韻會 𠀤居宜切音羈。一者，奇也。陽奇而陰偶 易繫辭 陽卦奇，亦零數也 又 歸奇于扐以象閏 又 隻也 禮·投壺 一算爲奇。
又 餘夫也 韓非子·十過篇 遺有奇人者，使治城郭。
又 數奇，不偶也 史記·李廣傳 大將軍陰受上誡，以爲李廣老，數奇，毋令獨當單于 又 奇擇，一拜也 周禮·春官 大祝辨九擇，七曰奇擇 又 奇車，奇邪不正之車 禮·曲禮 國君不乘奇車 又 奇衺，詭異也 周禮·地官 比長有辠，奇衺則相及 又 yǐ 集韻 韻會 正韻 𠀤隱綺切。與倚通。依倚也 前漢·鄒陽傳 輪囷離奇 又 ǎi 字彙補 倚蟹切。同矮，短人也 後漢·五行志 童謠：見一奇人，言欲上天。△ 說文 从大从可。俗作竒，非。鑾 史記·李廣傳 毋令獨當單于。徐慧：毋令當單于。

奈 10070 04560 nài_5.8 同柰23855

奉 10071 04561 fèng_5.8 古文𠦂𢪍 唐韻 扶隴切 集韻 韻會 父勇切𠀤音唪 說文 承也 禮·曲禮 長者與之提攜，則兩手奉長者之手 又 與也，獻也 史記·藺相如傳 奉璧西入秦 又 集韻 房用切音俸。養也，秩祿也 史記·蕭何世家 高祖以吏繇咸陽，吏皆送奉錢三，何獨以五 前漢·宣帝紀 帝詔小吏，勤事而奉祿薄，其益百石以下奉十五。別作俸 又 姓。漢馬軍使奉揮，明奉科。鑾 又𡗗10000 又 古文𢪍或作𢆉26930

奊 10072 04562 xiè_5.8 廣韻 集韻 𠀤許戒切音譮。瞋大聲 又 集韻 淺氏切音此。義同。或作𡗾。

奊 10073 04563 xié_5.8 廣韻 集韻 正韻 胡結切◆韻會 奚結切𠀤音頡。頭衺骫也。一曰無志分 賈誼·治安策 奊詬亡節。
又 liè 集韻 力結切音捩。奊奊，頭衺態。一曰多節目也。
又 人名。齊有慶奊 又 pí 扶畦切音眭。傾頭作態。
又 kuí 渠鼀切音逵 博雅 眷奊，顧也。別又作𡘆。
鑾 又𡘙61072𡚆10119集66115 正字通 集66104奊字之譌。

𡘍 10074 04564 jūn_5.8 集韻 軍59841古作𡘍。

𡗝 10075 04565 wú_5.8 玉篇 古文吳05497字。

𡗞 10076 04566 wú_5.8 集韻 吳05497古作𡗞。

𡚁 10077 40884 fú_5.8 集韻 與奰同。

奟 10078 40885 gǎng_5.8 篇海類編 古朗切，剛上聲。鹽澤也。又音本。鑾 又畂35408䡆74246䡆74250奟10093 又 奮10287簡化字

𡗾 10079 40886 xiè_5.8 篇海類編 與奊同。

𡘋 10080 42977 dī_5.8 篇海類編 同𡚩。

𡘌 10082 42979 pán_5.8 海篇 音盤

𡘊 10081 42978 zé_5.8 字彙補 與澤同。見 集韻〇按 集韻 無此字，應卽臭字之譌。

𡘀 10083 42980 tǎo_5.8 字彙補 同套。鑾 字彙補 與套同。

𡘁 10084 42981 jiā_5.8 龍龕 音加

𡘊 10085 u2A94C gǎo_5.8 同臭10066

𪥊 10087 u2A94A null_5.8 殷周金文集成·2.412·匕辛鐃 沬秋伊辛。

𪥉 10088 u2A949 null_5.8 喃 未詳。

𪥋 10086 u2A94B mal_5.8 韓 俗柰23755

𪥈 10089 u2A948 null_5.8 未詳。

奄 10091 uFA7E yǎn_5.8 同奄10059

𡘋 10092 u2160B bìng_5.8 同𠀤00089

𡘈 10094 u21608 kū_5.8 同哭05973

𡘊 10093 u2160A gǎng_5.8 四聲篇海 同奟10078 又 俗畚35474

𪥇 10090 u2A947 null_5.8 未詳。

𡘇 10095 u21607 jiè_5.8 殷周金文集成·5.2813·師奎父鼎 王各于大室，𤔲馬井伯右（佑）師奎父。郭沫若：玠33843之古文。

𡘆 10096 u21606 kuā_5.8 正字通 夸10009，俗作夸。

𡘁 10097 u21601 null_5.8 未詳。

𡘀 10098 u21600 null_5.8 未詳。

奈 10099 uF90C
nài_5.8　同奈23855

奌 10101 u594C
diǎn_5.8　俗點74932

养 10100 u594D
yǎng_5.8　俗書刊誤 養69074，俗作養养，並非。

查 10102 04567
huán_6.9　集韻胡官切音桓 說文 奢査也。一曰大也。或曰大口貌 囜 hán 河干切音寒。又 yuǎn 雨阮切音遠。又 xuǎn 火遠切音煖。義夶同△本作査。

奎 10103 04568
kuí_6.9　廣韻苦圭切 集韻 韻會 傾畦切夶音睽 說文 兩髀之閒 囜 星名，二十八宿之一 天文志 西方十六星象兩髀，故亦曰奎 禮·月令 中春，日在奎，季夏，旦奎中 宋史·天文志 太祖乾德五年丁卯，五星聚奎 孝經援神契 奎主文昌 春秋合誠圖 奎主武庫 前漢·天文志 奎曰封豨，主溝瀆 後漢·蘇竟傳 奎爲毒螫，主庫兵 囜 kuǐ 集韻苦委切音跪。奎踽，舉足行貌 囜 犬縈切音趌。與踓同。鎠又狀08681畫52582

汰 10104 04569
gū_6.9　集韻攻乎切音孤。大貌。

奻 10105 04570
niǎo_6.9　字彙乃了切音嬝。軟美貌。

奆 10106 04571
kōng_6.9　集韻口鷲切音硿。大也。

奏 10107 04572
zòu_6.9　古文夌屢韀敚 廣韻 集韻 韻會 正韻夶則候切，諏去聲。進也，薦也 書·舜典 敷奏以言 詩·小雅 以奏膚公 囜 樂一更端曰奏，故九成謂之九奏 周禮·春官 九奏乃終，謂之九成 詩·小雅 樂具入奏 禮·樂記 節奏合以成文 註 節謂曲節，奏謂動作 漢書作族 嚴安傳 調五聲，使有節族 囜 簡類 晉法 召王公以一尺奏，王公以下用一尺版 囜 人臣言章疏曰奏 前漢·汲黯傳 上嘗坐武帳，黯前奏事 囜 與腠通 儀禮·公食大夫禮 載體進奏 註 奏，謂牲體皮膚之理也 囜 與輳、湊通 前漢·成帝紀 帝帥羣臣，横大河，奏汾陰△•本作奉 說文 从屮，从収从中。屮，上進之義。今通作奏。鎠又奉10166 勹00279 🄳00401 勽00269 吀04717牧05253屛13191囼13191 叕05266

奐 10108 04573
huàn_6.9　廣韻呼貫切 集韻 韻會 正韻呼玩切夶音渙。大也 囜 暇豫貌 詩·大雅 伴奐爾游矣 囜 文采粲明貌 禮·檀弓 美哉奐焉 囜 姓。明永樂閒舉人奐忠，景泰閒知縣奐進△•本作奐。从廾，从夐省聲。鎠又奐10052 夐21325 奂10127

契 10109 04574
qì_6.9　廣韻苦計切 集韻 韻會 詰計切 正韻去計切夶音契。約也 易繫辭 上古結繩而治，後世聖人易之以書契 禮·曲禮 獻粟者執右契 註 兩書一契，同而別之 囜 合也 周禮·天官 宰夫掌官契以治藏 前漢·高帝紀 帝與功臣，剖符作誓，丹書鐵契 唐書·玄宗紀 木契銅魚起兵 囜 神合也 神仙傳 魏伯陽作 參同契 二卷 囜 憂苦 詩·小雅 契契寤歎 囜 灼龜具 詩·大雅 爰契我龜 註 契，所以然火而灼之者也 囜 怯也 周禮·冬官考工記 輈人馬不契需 註 契，怯。需，懦也 囜 姓。見姓苑 囜 xiè 廣韻 集韻 韻會 私列切 正韻 先結切。夶同卨，高辛氏子，舜五臣之一，商之祖也 書·舜典 帝曰：契，汝作司徒。別作偰、卨 囜 qiè 廣韻苦結切 集韻 韻會 正韻 詰結切。夶同挈，勤苦也 詩·邶風 死生契闊 囜 疎闊也 前漢·范丹傳 行路急卒，非陳契闊之所 囜 刻也 呂覽 契舟求劍。與鍥通 囜 絕也，缺也 司馬相如·封禪文 陛下謙讓而弗發，契三神之歡 註 三神，上帝、泰山、梁父 前漢·毋將隆傳 契國威器 囜 qì 集韻欺訖切音乞。契丹，國號。宋爲南朝，契丹北朝，後改號遼 囜 jiá 訖黠切音拮。戲也△从丯从刀从大。俗作契，非。鎠又挈12539邦15966韏15992㓞10132 囜 前漢·范丹傳 行路急卒。徐慧：後漢·范冉傳 行路倉卒。

夵 10110 04575
kāi_6.9　集韻丘哀切音開。大貌。鎠又 玉篇 奓09911，口才切。多也。大也。亦作夵 囜 奓10213

奓 10111 04576
xì_6.9　集韻顯計切音殢。盛也，肥大也 囜 xiè 顯結切音絜。義同。鎠正作奓10131俗又作奆10182殢一音歊 囜 正字通查，奢字之譌。

奓 10112 04577
zhā_6.9　廣韻 集韻 韻會夶陟加切音吒。張也，開也 莊子·知北遊 神農隱几闔戶晝瞑，婀荷目奓戶而入 成公綏·天地賦 何陰陽之難測，偉二儀之奓闊 囜 奓言，猶夸言也 唐書·陸贄傳 奓言無驗 囜 shē 集韻詩車切音賒。侈也 秦·詛楚文 宣奓競從 註 宣，籀文宣 張衡·西京賦 馮虛公子，心奓體泰 囜 zhà 集韻 韻會夶陟駕切音姹。義同 囜 chǐ 集韻敞尒切。同侈 囜 chè 充夜切音庫。夶與侈義同。

奔 10113 04578
bēn_6.9　古文犇 唐韻博昆切 集韻 韻會 正韻逋昆切，夶本平聲 說文 走也 爾雅·釋宮 堂上謂之行，堂下謂之步，門外謂之趨，中庭謂之走，大路謂之奔。一曰趨事恐後曰奔 詩·周頌 駿奔走在廟 囜 嫁娶而禮不備亦曰奔 周禮·地官·媒氏 仲春之月，令會男女，奔者不禁。謂不必六禮備，非淫奔也 囜 凡物皆言奔 詩·鄘風 鶉之奔奔 小雅 鹿斯之奔 石鼓文 霝雨奔樹 韓愈·秋懷詩 鳴聲若有意，顚倒相追奔。空堂黃昏暮，我坐默不言○按奔、言俱十三元韻 正字通 沿 字彙 之誤，奔叶音邊，豈以言在一先韻耶 囜 姓。石晉將奔洪進 囜 fèn 集韻 韻會夶方問切，音糞。覆敗也 李陵·與蘇武書 斬將搴旗，追奔逐北 囜 bèn 廣韻甫悶切 集韻 韻會補悶切 正韻逋悶切，夶本去聲。急赴也 釋名 奔，變也。有急變，奔赴之也 增韻 奔走，湊集也 囜 叶於夷切音依 崔亭伯·七依 乃命長秋使驅騶，夷羿作虞人。騰句喙以追飛，騁韓盧以逐奔◇△ 說文 从夭，賁省聲，入夭部。俗省作奔。鎠石鼓文霝雨奔樹。當作霝雨奔橪 囜 奔10134奔15961 㱗05213奔40269𧻟58600鑫26700𧼥58622趩58718蹌59005蹾59204逩60940騎70096騕70451夲10043

奕 10114 04579
yì_6.9　唐韻羊益切 集韻 韻會 正韻夷益切夶音亦。大也 詩·大雅 奕奕梁山，維禹甸之 囜 次序也 詩·商頌 萬舞有奕 囜 美也 詩·魯頌 新廟奕奕 揚子方言 奕，僺容也。自關以西，凡美容謂之奕，或謂之僺 囜 爾雅·釋訓 奕奕，憂也 詩·小雅 未見君子，憂心奕奕 囜 增韻 奕葉，累世也。烏奕，蟬聯不絕也。•班固·典引 發祥流慶，

烏奕乎千載 ⊠ 圍碁曰奕。奕者，落奕之義 孟子 奕秋，通國之善奕者也 ⊠ 遊奕，神名 翰府名談 陳堯咨泊三山磯，有叟曰：午日午後，舟行必覆。堯咨聽其言，是日行舟者盡溺。復見前叟，曰：某，江之遊奕將也。公位極人臣，故奉告 ⊠ 雲笈七籤 四梵天元始曰常融天、玉降天、梵度天、賈奕天 註 賈奕 酉陽雜俎 作覆奕 ○ 按 說文 奕在亣部，从大 六書統 改大作廾 字彙 分見。自應以 說文 爲正。鋆 又弈15960弅15943弈15953

10115 42982
焱 tài_6.9 篇海類編 音太。鋆 俗太09980

10116 42983
姦 cū_6.9 龍龕 千奴切。鋆 同爽10123俗姦10763

10117 42986
奊 xī_6.9 字彙補 音希。見釋典。

10118 u2A94F
奊 null_6.9 字見 殷周金文集成·10.4890·奊且乙卣

10120 u2A94D
奄 yǎn_6.9 俗奄10059

10119 u2A94E
奊 xié_6.9 俗奊10073

10124 u21617
奊 null_6.9 未詳。

10123 u21618
爽 cū_6.9 俗姦10763

10121 u2161C
哭 kū_6.9 俗哭05973 龍龕 咦俗，奥正，空谷反。哀哭也。又 廣碑別字 引 隋曹海凝墓誌

10122 u2161A
衾 qīn_6.9 集韻 衾54124，袪音切 說文 大被也。或書作衾 ⊠ kuān俗寬12354 龍龕 寬古衾今，音寬。

10126 u21615
奏 null_6.9 未詳。

10127 u21614
奐 huàn_6.9 俗奐10108

10125 u21616
爽 shuǎng_6.9 俗爽32338 羅振鋆輯 碑別字 引 唐段沙彌造象記。又日本鈔本 肉蒲團·第十回 只是旁邊有个打混的又，你兩个説（就）幹不奕利。不若回到家裡去睡，做个天下人間方便弟一罷了

10129 u21612
奮 null_6.9 未詳。

10128 u21613
矦 hóu_6.9 俗矦38502

10130 u21611
臾 null_6.9 未詳。

10134 uFA7F
奔 bēn_6.9 參見奔10113

10131 u369B
奞 xī_6.9 同奞10111明·楊慎 秋林伐山·卷五·沐繼軒荔枝詩引沐璘 詠臨安荔枝 勁雛赤膚脱，肥奞瓊穰凸。

10132 uF909
契 qì_6.9 兼契。

10133 u5956
奬 jiǎng_6.9 简 獎33531

10135 04580
套 tào_7.10 廣韻 他晧切 集韻 土晧切，丛音討。與套同。長大也 ⊠ 集韻 叨號切，韜去聲。凡物重沓者爲套，今之沓杯曰套杯，方語不受人籠絡者曰不落套。簡略時趨者曰脱套 ⊠ 地曲。後唐與梁人戰于胡蘆套。又河套，本内地，詳 明一統志 ○ 按 字彙 誤分套、套爲二 正字通 註訓八畫套，今多从套，移于此。鋆 又奘10017奘10083

10136 04581
棄 jiǎn_7.10 字彙 胡本切音混。大束也 正字通 槑字之譌。

10137 04582
奘 zàng_7.10 廣韻 徂朗切 集韻 才朗切 正韻 在黨切，丛藏上聲。駔大也 揚子方言 秦晉閒人大謂之奘，或謂之壯 ⊠ 集韻 韻會 正韻 丛才浪切，音臧。唐貞觀開，三藏法師玄奘譯 心經。鋆 又弉15980奘10192

10138 04583
奣 běn_7.10 奔字之譌。

10139 04584
奚 xī_7.10 廣韻 胡雞切 集韻 韻會 正韻 弦雞切，丛音兮。隸役也 周禮·天官 酒人奚三百人 · 註 奚，猶今官婢。通作娙、傒 唐書·李賀傳 賀小奚奴背古錦囊，遇所得詩，投囊中 ⊠ 地名 春秋·桓十七年 及齊師戰于奚 註 魯地 ⊠ 山名。大奚山，在廣州，距佛堂門海三百里，潮汐相通，見 南粤志 ⊠ 驒奚，駿馬名 前漢·匈奴傳 駒騄驒奚 註 驒，音顛，生七日而超其母 ⊠ 羊奚，草名 本草綱目 羊奚比乎石筍子 ⊠ 疑問辭 論語 子奚不爲政 孟子 奚不去也 ⊠ 姓。夏車正奚仲，北魏奚牧 △ 說文 奚，大腹也，从大，𦃇省聲 正字通 說文 專說大腹，非是。鋆 又奚，俗奚。

10140 04585
畚 běn_7.10 廣韻 布忖切 集韻 韻會 補袞切 正韻 布袞切，丛本音。盛土器，以草索爲之 揚子方言 䈱也。江淮、南楚之閒謂之甾，沅湘之閒謂之畚，趙魏之閒謂之䈱，齊東謂之桿 周禮·夏官 挈壺氏掌畚奋以令糧 註 畚，盛糧之器，挈以表之，使軍中知取糧處 左傳·宣三年 晉靈公不君，宰夫胹熊蹯，不熟，殺之，實諸畚 晉書·王猛傳 少以織畚鬻畚爲業 △ 本作畚、畚。別作畚，譌作奋。

10141 04586
奫 huán_7.10 查本字。

10144 40889
奲 guā_7.10 字彙補 孤入切音急。戲也。鋆 俗契03525 字彙補 原作奲10162

10142 04587
奝 láo_7.10 集韻 牢32594古作奝。

10143 40888
奝 juàn_7.10 搜眞玉鏡 求玩切。大也。

10145 42984
奰 kūn_7.10 焦氏·筆乘 奰卽坤字 ○ 按卽奰字之譌。註詳八部。鋆 又奰00698

10146 42985
奩 wěn_7.10 搜眞玉鏡 與穩同。

10147 u2B764
奏 zòu_7.10 俗奏10107

10148 u2A952
奠 null_7.10 未詳。

10149 u2A950
奢 null_7.10 未詳。

10150 u21633
奩 null_7.10 未詳。

10156 u21628
奲 xì_7.10 俗奲10204

10151 u2162F
奲 lǒn_7.10 喃从大各lân聲。亦作𡘓14653 蘇欽：巨大。

10152 u2162E
奲 mǎt_7.10 喃从失末mǎt聲 △ 秩歇：完全失去。

10153 u2162D
奲 zhé_7.10 人名用字。清·查繼佐 罪惟錄·紀九·憲宗純皇帝 二月，朝鮮國王李晄卒，封其從子奲為王。又 紀十·孝宗敬皇帝 賜朝鮮國王李奲謚曰康靖。

10154 u2162C
奲 dōng_7.10 同奲02606，古文冬字。

10155 u2162A
奲 māng_7.10 方 壯實，高大

10158 u21626
奲 null_7.10 未詳。

10157 u21627
奲 qiá_7.10 方 跨步 廣東輿地圖說 錄例 粤地俗字最夥，若大步為奲 ⊠ 譯音用字。清·徐珂 清稗類鈔·方言類 黔苗方言鷄為奲。

10159 u21625
奲 null_7.10 未詳。

10161 u21623
奲 pào_7.10 徐承慶 說文解字注匡謬 奲10061段氏改作奲。徐按，从卯不誤。

10160 u21624
奄 yǎn_7.10 字鑑 奄10059，俗作奄。

契 10162 u21622
guā_7.10 字彙補孤入切，音急廣雅戲也△宏按，廣雅作契03525字典誤引作契10144

奆 10164 04589
bié_8.11 集韻必結切音珌。大也。

壺 10165 04590
yī_8.11 正字通壹，漢隸作壷字彙譌作壺，非。

奏 10166 04591
zòu_8.11 字彙同奏

奛 10163 04588
huǎng_8.11 字彙虛晃切音汻。開明也。一曰奛10201字之譌。

奜 10167 04592
fěi_8.11 廣韻敷尾切韻會撫尾切太音斐。大也。又fèi集韻父沸切音費。義同又fēi廣韻甫微切集韻匪微切太音非。姓也春秋傳晉有奜豹○按字彙犬部譌作猆。姓也。音訓太同。當卽此字之譌。鑾又犇66982猆33293又名義奜，扶界（鬼）反。辈08759塵。

奝 10168 04593
diāo_8.11 集韻丁聊切音刁。大也，多也又人名。宋咸平中，日本僧奝然，以鄭元註孝經來獻。

奞 10169 04594
xùn_8.11 廣韻私閏切◆集韻須閏切。太與卂通。鳥張毛羽自奮也。又廣韻息遺、宣隹切音綏，又集韻呼維切音維，義並同△通作奮。

套 10171 04596
tào_8.11 正字通與套同字彙誤分爲二。

奟 10172 04597
jiǎn_8.11 集韻吉典切音規。小束也又七畫奟字彙古本切音衮，大束也。一曰太棄字之譌。

奄 10173 04598
yǎn_8.11 奄本字。

奫 10170 04595
yù_8.11 集韻越逼切音域。大力貌又xù忽域切音洫博雅方也。一曰大也。

執 10174 04599
zhí_8.11 同執。鑾又執10219

奣 10175 04600
kēng_8.11 集韻肯登切。同勈。倰奣，彊大貌。又bēng晡橫切音閍。大力也。

奥 10176 04601
héng_8.11 玉篇古文衡54037字。

爽 10177 04602
sè_8.11 集韻瑟34316古作爽。

奎 10178 04603
kuī_8.11 字彙補苦圭切，音窺◇佩觿集星名。今通作奎。與奞字不同，此从佳人之佳，宜辨。鑾又奞66144

奎 10179 40887
null_8.11 字彙補音未詳三尊譜錄金明七眞法姓奎。鑾亦作奎10220

奭 10180 40890
mó_8.11 篇海類編莫胡切音模。法也，刑也，規也。

森 10181 40891
sēn_8.11 篇海類編疏簪切音森。恐怖也又sěn所錦切，參上聲。義同。

奞 10182 40892
xì_8.11 五音篇海許慧切。肥貌。鑾同奞10131奞10111

奍 10183 40893
quán_8.11 字彙補其元切，音拳◇人卷。

𪥕 10184 u2A955
null_8.11 未詳。

𪥔 10185 u2A954
null_8.11 喃未詳。

𪥓 10186 u2A953
null_8.11 未詳。

𡙂 10188 u21642
běn_8.11 集韻畚35602，說文餅屬，蒲器也，所以盛種。或作畚。

𡙆 10187 u21646
null_8.11 未詳。

𡙁 10189 u21641
shuǎng_8.11 俗爽32338宋元以來俗字譜引太平樂府

𡘿 10191 u2163F
null_8.11 未詳。

𡙀 10190 u21640
biē_8.11 集韻奊，必結切，𤠯奊，行不正△宏按，俗作奊10234𡚎30177

𡘾 10192 u2163E
zàng_8.11 同奘10137五音集韻奘，說文日月駔大。

𡘽 10193 u2163D
fén_8.11 俗焚31069又俗樊25155可洪音義焚蛾：上扶文反。焚英：上音煩。正作樊。

奢 10194 u5962
shē_8.11 參見奢10199

奠 10195 04604
diàn_9.12 廣韻集韻韻會太堂練切音電。定也書·禹貢奠高山大川盤庚奠厥攸居周禮·天官·職幣辨其物而奠其錄註謂別其物色，而定其錄籍也又薦也，頓爵神前也禮·文王世子凡學，春官釋奠於先師，秋冬亦如之又置也禮·內則奠之而後取之註男女授器必以篚，若無篚，則授者置諸地，受者亦就地以取之又dìng集韻徒徑切音定周禮·春官小史掌邦國之志，奠繫世，辨昭穆又tíng韻會唐丁切音亭周禮·冬官考工記·匠人凡行奠水，磬折以參伍註奠水，渟水也△說文从酋。酋，酒也，下其丌也。鑾又㔟04982

奥 10196 04605
chuò_9.12 廣韻丑略切集韻勑略切，太音㲋說文獸也，似兔，青色而大又人名左傳有石奥。

奡 10197 04606
ào_9.12 廣韻五到切集韻正韻魚到切韻會疑到切太音傲說文慢也。與傲通又矯健貌韓愈·薦士詩橫空盤硬語，妥帖力排奡。又人名。寒浞子，多力，能陸地行舟論語奡盪舟△總要从百从夰。夰，取高卬義。俗作奡，非。鑾又奡03624

缺 10198 04607
quē_9.12 同缺張九齡·選舉疏每一官缺，以不次用之唐書·李嗣眞傳太常缺黃鍾又毀也，玷也江淹·上建平王書坐貽謗缺。

奢 10199 04608
shē_9.12 廣韻式車切集韻韻會詩車切正韻詩遮切太音賒說文張也司馬相如·子虛賦盛推雲夢以爲高奢又侈也毛詩序蜉蝣之詩，刺奢也杜牧之·阿房宮賦秦愛紛奢又美人名荀子·賦篇閭娵子奢，莫之媒也。又世謂壻曰阿奢通鑑竇懷貞再娶韋后乳媼爲妻，奏請，輒自署皇后阿奢不慙又西竺譽人曰蘭奢朱子語錄王導爲相，只周旋人過一生，嘗坐客二十許人，逐一稱讃，獨不及西僧，徐謂僧曰蘭奢又姓。奢比，黃帝七輔之一路史奢比辨乎東，以爲土師三才圖會作奢北國名記有奢北國又陸機·感丘賦或披褐以敦儉兮，或侯服以崇奢。或延祚于黃耇兮，或喪志于札瘥○按奢、瘥俱六麻韻，亦在歌韻正字通沿字彙之誤，將奢轉入歌韻，謬又神名山海經奢比之尸在其北又或作奓10112又shé食遮切音蛇。茴姓。明萬曆間有奢崇明、奢進。鑾通作奢10194又偖02022啫07313慞18258

報 10200 04609
bào_9.12 正字通 報本字。

奫 10201 04610
yǐng_9.12 廣韻 集韻 夶烏猛切音礐 六書略 明也。一曰六合清明也 図guǎng 集韻 古猛切音懭。義同 図 字彙補 橋名,在蘇州崑山縣。元末方國珍趙奫子橋,與張士誠戰 図 三尊譜錄 元始上皇丈人法諱奫。

奧 10202 04611
héng_9.12 玉篇 古文衡54037字。鑋 又奧10176

臾 10203 04612
zhēn_9.12 玉篇 古文真37507字。

奡 10204 04613
xì_9.12 集韻 迄力切音欻 博雅 奡奡,肥也。鑋从夂,與夐37685図10221別。俗作夏10156

奮 10205 04614
pàn_9.12 集韻 普伴切音坢。面大曰奮 図tǎi 字彙補 胎上聲 菽園雜記 南人罵北人為奮子。

奯 10206 40894
jué_9.12 字彙補 古月切。與奰同,兔子。

奩 10207 40895
lián_9.12 海篇 音連。盛香器也。

奰 10208 40896
sǎn_9.12 龍龕 音傘。蓋也。

奞 10209 40897
null_9.12 字彙補 音未詳 三尊譜錄 太上眞皇法姓奞。

奰 10210 40898
zài_9.12 字彙補 武則天所製載字。

奰 10211 42987
wèi_9.12 五音篇海 音胃。

奺 10212 42988
jiǎo_9.12 字彙補 與皎同。鑋又俗渺28835清·趙之謙 六朝別字記 奺,見 龍龕手鑑,此當為渺渺字。

奓 10213 42989
kāi_9.12 五音篇海 音開。鑋奓10110字之譌。

奣 10214 42990
tiān_9.12 海篇 音天。鑋或俗太09980

奰 10215 42991
zhǐ_9.12 字彙補 知雉切,智上聲◇出釋藏 疑字函

奻 10216 u2A958
null_9.12 大南一統志·卷九·平定省·橋梁 富農橋:凡二。一號橋瀂奻長三十尺。

奰 10217 u2A957
null_9.12 未詳。

奰 10218 u2A956
null_9.12 或俗粿48178

奰 10219 u21655
zhí_9.12 執10174本字。見 說文

奰 10220 u21654
null_9.12 同奎10179

奰 10221 u21650
quán_9.12 同夐37685

奰 10222 u2164F
héng_9.12 字彙補 古文衡54037字。見 說文長箋 図 集韻 亦作奧10176

奰 10223 u2164D
null_9.12 未詳。

奰 10224 u2164C
tài_9.12 同泰28054亦作蔡10243

奧 10225 u5965
ào_9.12 俗奧10229

奰 10226 04615
xiāo_10.13 集韻 馨幺切音嘵 博雅 大也。一曰香也,肥也,豕肉羹,音義同獟。図qiāo牽幺切音蹺。又丘祆切音趫。義夶同。

奰 10227 04616
zī_10.13 字彙補 津私切,音茲◇大也。鑋大也,不正之誤。玉篇 作奰10247,不正。

奰 10228 04617
wù_10.13 字彙 亡遇切音務。大也図事也。

奧 10229 04618
ào_10.13 唐韻 烏到切 集韻 韻會 正韻 於到切夶音墺。室西南隅,人所安息也 禮·曲禮 為人子者,居不主奧 禮運 人情以為田,故人以為奧也 図 五祀之祭 饒雙峰曰五祀,先設主席,而祭于其所,親之也。後迎尸而祭于奧,尊之也 図 官職 東觀漢記 桓帝時,初置祕書監宜掌祕奧 図 積聚 周語 野無奧草 図 烹和也 荀子·大略篇 泔之傷人,不若奧之 図 山名 山海經 丑陽之東三百里曰奧山,奧水出焉 図cuàn七亂切音竄。㸑神也 禮·禮器 奧者,老婦之祭也 註 奧,當作㸑,祭至尸食竟而祭㸑神,其神則先炊也,故謂之老婦 図yù 正韻 乙六切音郁。隈也。水內曰奧。與澳、隩通 図 與燠同 詩·小雅 日月方奧 前漢·五行志 厥咎常奧△从宀从釆。俗作奧,非 正字通 字彙 廾部奡,音訓重出,今併于此。鑋 說文 奧从宀釆聲。㝛,从宀从釆図奧00721 奰12307 奰12394 奰41391

奪 10230 04619
duó_10.13 說文 奪本字。

奰 10231 04620
wéi_10.13 韻會 古文韋67619字。

奰 10232 40899
yūn_10.13 龍龕 於倫切。泉水。又水勢也。鑋俗奰10255

奰 10233 40900
shǎn_10.13 五音集韻 賞職切音識。竊盜挾藏謂之奰。鑋 集韻 夾或作奰。

奰 10234 40902
biē_10.13 字彙補 朋舌切音別。行不正也。

奰 10235 42992
kuān_10.13 五音篇海 音寬。鑋 龍龕 奰古衮10122今。

奰 10237 u2A95B
yǎn_10.13 俗奰75863

奰 10236 42993
sǎn_10.13 韻會 與傘同

奰 10238 u2A95A
null_10.13 未詳。

奰 10239 u2A959
null_10.13 未詳。

奰 10240 u254F9
lǒi_10.13 喃 从失夆lòi聲。差錯△奰睨:失約。

奰 10241 u21667
mường_10.13 喃 越北之芒族人。

奰 10242 u21666
sồ_10.13 喃 从大叕so聲△奰狅:肥大。

奰 10243 u21665
tài_10.13 同泰28054

奰 10244 u21663
jié_10.13 越諺卷中·名物·形 奰,(音)結。肥而堅曰奰實。

奰 10245 u21662
null_10.13 未詳。

奰 10246 u21661
gēng_10.13 同羹45862俗羹 敦煌變文集·父母恩重經講經文 甘羹不飡。

奰 10247 u21660
zī_10.13 同奰10227 玉篇 奰,音茲。不正。

奰 10248 u2165F
chuò_10.13 同奰33404俗龜。

奰 10249 u2165E
hú_10.13 同壺09722 慧琳音義 投奰:扈吳反。器名也 文字典說 云受一斗五升,高一尺二寸,此投奰器也。其法具 禮記 疏文。案奰有多種,並腹大而頸小口圓。大者腹方,受一斛,酒奰也。又有水奰、唾奰等是也 說文 云昆吾圓器也。象形字。

奰 10250 u5968
jiǎng_10.13 俗奬33531 宋元以來俗字譜

奰 10251 04621
lián_11.14 唐韻 正韻 力鹽切 集韻 韻會 離鹽切夶音

簾。藏香之器。一曰鏡匣 後漢·皇后紀 帝視太后鏡奩中物。今俗以嫁女之具曰妝奩△ 說文 作籢，通作匲。別作匲帤奩。奩 又佥10053 庿15741 盧15791 灰15374 檿25736 毇27165 籢43072 遼61074 遠61420 奎10298

奯 10252 04622
dòu_11.14 字彙 多漚切音斣。取也。一曰奯字之譌。

契 10253 04623
zuǐ_11.14 字彙 子隨切，醉平聲◇大也。奯 熊加全：疑俗夔11257

獃 10260 u2A5E
null_11.14 喃 未詳。

奪 10254 04624
duó_11.14 古文 棄敓 唐韻 集韻 韻會 正韻 夶徒活切音敚。彊取也 前漢·食貨志 大賈富家，不得豪奪吾民 景帝紀 漁奪百姓 文中子·王道篇 輕施者必好奪 图 鎸削祿、階亦曰奪 論語 奪伯氏騈邑三百 图 狹路也 禮·檀弓 齊莊公襲莒于奪〇按 左傳·襄二十三年 齊侯襲莒，杞殖華還載甲夜入且于之隧。杜註：且于，莒邑。隧，狹路。鄭元引之證經云隧、奪聲相近。又云或作兌，據此則奪非地名。敓，古奪字，兌卽敓之省文。陳澔失考，誤音兌，字書因之訓地名，夶非。奯 又敚21512 敓21550 敓21462 夐02616 夺10023 夐10230 奯10252 图 前漢·食貨志 大賈富家。徐慧：大賈畜家。

斎 10255 04625
yūn_11.14 廣韻 於倫切 集韻 紆倫切夶音贇。斎㳎，水深廣貌 左思·吳都賦 泓澄斎㳎 元結·樂歌 聖德至深兮，斎斎如淵。奯 又渝29474 斎10232

奰 10261 u2A95D
null_11.14 未詳。

奯 10256 04626
zhì_11.14 廣韻 直一切 集韻 直質切。夶與戜同 說文 大也。一曰盛也 图 dié 集韻 徒結切音姪。義同。奯 音侄。音姪之誤 图 戜18942

奬 10257 04627
jiǎng_11.14 廣韻 卽兩切 集韻 韻會 子兩切夶音槳。助也，勸勉也，褒美也 左傳·襄十一年 同好惡獎王室 論語註 誘掖獎勸，以成其事 杜甫詩 塢竟疎闊，平昔濫推獎〇按 說文 㹤列犬部，㹤犬屬之也。本作獎，隸省作奬 字彙 泥 說文 㹤犬之訓，幷部收奬，以獎爲俗書，失考正。趙宧光 長箋 獎屬乃㹤犬之訓，俗通作褒獎，美辭。仕宦以爲課最之號，此不通字學之大也。說似泥。

奄 10258 40901
yǎn_11.14 字彙補 余險切音掩。小國君名。

畬 10259 42994
běn_11.14 字彙補 畚字之譌。

攓 10266 u21671
null_11.14 未詳。

奝 10262 u2A95C
null_11.14 殷周金文集成·18.11566·中央勇矛 毋又（有）中央，勇奝生安空。

䎲 10263 u21675
nhờn_11.14 喃 从大眼 nhãn 聲 图 lớn 同奆10313

竟 10264 u21674
cành_11.14 喃 从大竟 cánh 聲。

鞠 10265 u21673
jú_11.14 說文 鞠，撮也。从手，籟省聲 集韻 鞠，居六切 說文 撮也。或作籟42905

奱 10267 u21670
null_11.14 未詳。

㙯 10268 u2166F
null_11.14 未詳。

奭 10269 04628
shì_12.15 古文 奭 唐韻 集韻 韻會 正韻 夶施隻切音釋。盛也。又赤貌 詩·小雅 路車有奭 又 韐有奭。或作

迤逆切音虩 图 怒也 前漢·竇嬰傳 嬰謝病，高遂說嬰曰：有如兩宮奭將軍，則妻子無類矣。俗本譌作奭 图 人名。燕召公奭，武王十亂之一。又驪奭 史記·荀卿傳 齊人頌曰：雕龍奭 图 姓。漢北海太守奭偉，避ից帝諱，改姓盛 图 集韻 黑各切音郝。義同△別作奭奭萘。奭 又奭37918

屩 10270 04629
yàn_12.15 集韻 於建切音傿。大貌。一曰拳勇字。图 xiān 虛延切音嫣。義同 图 正譌 與醜同。嫣、顚字从此〇按 屩無深義 正字通 紛引諸家註釋，似贅。奯 屩表示目光的流動，从大表示人形 图 奰10290 奰31885

棄 10271 04630
duó_12.15 字彙補 古文奪字 山海經 其音如棄百聲 郭註 棄，百物名。

奉 10272 04631
zòu_12.15 字彙補 古文奏10107字。

馱 10273 04632
zài_12.15 字彙補 古文載60039字。見 石鼓文

棽 10274 04633
wú_12.15 字彙補 同無 鶡冠子·世兵篇 块軋棽垠。

奐 10275 40904
kuǎi_12.15 篇海 音咼。不正也。奯 字彙補 苦乖切。

囊 10276 42995
gǔn_12.15 字彙補 橐字之譌。

弸 10277 42996
biè_12.15 字彙補 與弻同。

墜 10278 u2A961
null_12.15 未詳。

埂 10279 u2A95F
null_12.15 未詳。

戟 10280 u21684
kếch_12.15 喃 从大戟 kích 聲。粗大，巨大。

鈍 10281 u21683
xộn_12.15 喃 从大鈍 nhọn 聲△ 鈵鈍：大魚。

獎 10282 u21681
bì_12.15 俗字 可洪音義 闍獎：必祭反。正作蔽。力獎：步祭反。困也。正作弊。

套 10283 u2167F
shòu_12.15 龍龕 套，音受 字海 地名用字。江西省彭澤縣有陳君套汛，又名北風套。

㦾 10284 u2167E
null_12.15 未詳。

弻 10286 u2167C
biè_12.15 同弸10277

戾 10285 u2167D
lì_12.15 類篇 戾，狼狄切。戾落，大也。

奮 10287 04634
fèn_13.16 廣韻 集韻 韻會 正韻 夶方問切音債 說文 翬也 爾雅·釋鳥 雄絕有力，奮 釋畜 羊絕有力，奮 釋蟲 螽醜奮，鳥張羽 奮，奞也 詩·邶風 不能奮飛 史記·樂書 羽翮奮，角觡生 图 震動也 易·豫·象 雷出地奮 图 揚也 禮·樂記 奮至德之光 图 振去塵也 禮·曲禮 僕展軨效駕，奮衣由右上 图 姓 左傳 楚有司馬奮揚 图 叶普弊切音片 孫楚·韓信贊 秦失其鹿，英雄交戰。遘凟明主，超然虎奮△从奞在田上。俗作奮，非。奯 又奮10078 图 名義 奮37247，甫愠反。明，動，帳（振），舒。

奯 10288 04635
huò_13.16 廣韻 集韻 夶呼括切音豁。空大也。图 目動也 元包經 豐睛之奯。奯 又奯10306

奯 10289 04636
quē_13.16 與奯同。

屩 10290 04637
yàn_13.16 說文 乙獻切，讀若傿。屩本字。

冀
wéi_13.16 字彙補 古文韋67619字。

瑟
sè_13.16 集韻 瑟34316古作璱。

憮 10295 42998
mó_13.16 韻會 同模

蘁 10293 04640
huān_13.16 集韻 呼官切音歡 揚子方言 始也，化也。鑒 廣雅 作萑10317 類篇 萑，或作萑51875 集韻 萑，或作萑66338

瑔
hào_13.16 篇海 同結。鑒 同皓36785或亦同瓅10212 直音篇 瓅，音皎。又音結 四聲篇海 瓅，結、皓二音。元·鄭采題復古秋山對月圖 天瓅瓅兮月關關。

羘 10296 u2B765
yǎng_13.16 同養69074見 醫心方

壟 10298 u2168D
lián_13.16 龍龕 壟俗，音廉，正作壥04439

藜 10299 u2168B
yí_13.16 俗藜16412

嫲 10297 u2168E
la_13.16 喃 俗囉10329

蕤 10300 04641
sàng_14.17 字彙補 古文喪06529字。

顫 10301 04642
shì_14.17 集韻 爽10269古作顫。

蠚 10302 40903
gōng_14.17 字彙補 古東切音公。無私也。

蕘 10303 42999
méng_14.17 五音篇海 音萌。

歸 10304 u21696
guī_14.17 字彙 歸26686俗作歸。

奮 10307 u21692
fèn_14.17 俗奮10287

稬 10305 u21695
yǒng_14.17 燆31232譌字 全唐詩·卷七六一·詹敦仁·復留侯從效問南漢劉巖改名龑字音義 龑嵒熏畀僻，詎岊竅奬異。

蕧 10306 u21693
huò_14.17 俗蕧10288 玉篇 蕧，許活切。空也。大目也。

奰 10308 04643
bèi_15.18 廣韻 集韻 韻會 丛平祕切音備 說文 壯大也。一曰迫也。囝 怒也，不醉而怒謂之奰 詩·大雅 內奰于中國，覃及鬼方 註 自近及遠，無不怨怒也△本作奰，从三目、三大，今省作奰。鑒 又奰58103奰35714奰33716

蠹 10309 04644
lěi_15.18 集韻 魯猥切音磊。大也。

燲 10311 u2A962
null_15.18 未詳。

奰 10310 40905
null_15.18 字彙補 音未詳 金液神氣經 中嶽，姓憚，名奰君。

蟠 10314 u21698
null_16.19 未詳。

蘁 10312 43000
dì_16.19 搜眞玉鏡 音帶。鑒 改併四聲篇海 引 搜眞玉鏡 音帝。

蘱 10313 u2169A
lǒn_16.19 喃 同蘱14677大△蘱肝：大膽。

蠹 10315 40906
bǐng_17.20 五音篇海 音丙。南方也。

蘠 10316 u2A963
null_17.20 未詳。

蘁 10317 u2169C
huān_17.20 同蘁10293

蘁 10318 u2169D
jué_18.21 蘁10322省。俗蘁38308 名義 蘁，九縛反。健兒 囝 cò 喃 从大瞿cò聲。凸起。

變 10319 40907
luán_19.22 篇海類編 閭員切，音聯◇攀也。亦作變。鑒 亦作變。

蕐 10320 43001
wā_19.22 搜眞玉鏡 烏刮切。

蘁 10321 u2169E
null_19.22 未詳。

蘁 10323 u216A2
to_20.23 喃 同蘇10324

蘁 10322 04645
jué_20.23 正字通 瞿字之譌 字彙 音義與目部瞿同。附大部，非。鑒 又蘁10318

蘇 10324 u216A3
to_20.23 喃 从大蘇to聲。大，粗。

爨 10326 u216A3
cuàn_21.24 俗爨32169

奰奰 10325 u216A4
bèi_21.24 奰10308本字

蠚 10327 04646
chě_22.25 廣韻 昌也切 集韻 韻會 齒者切 正韻 昌者切丛音撦。寬大也 囝 紀元之號。夏國諒祚改元蘁都。囝 duǒ 集韻 典可切音妳。富蘁蘁貌 囝 chǎn 齒善切音闡。義同△俗作蘁，非。

奰藏 10328 u216A5
null_24.27 同蘁72888

蘁 10329 u26349
la_26.29 喃 从奇羅la聲。奇異△亦作邏、騎35713俗作騎10297

◆ 女部 ◆

女 10330 04647
nǚ_0.3 古文 屵 唐韻 正韻 尼呂切 集韻 韻會 碾與切，丛茹上聲。博雅 女，如也。言如男子之教，人之陽曰男，陰曰女 易繫辭 坤道成女 詩·小雅 乃生女子，載寢之地，載衣之裼，載弄之瓦 禮·內則 女子生，設帨於門右 淮南子·地形訓 土地各以類生，澤氣生女 囝 已嫁曰婦，未字曰女 禮·曾子問 嫁女之家，三夜不息燭，思相離也 囝 星名。須女四星，主布帛，爲珍寶藏，一名婺女。十二月旦在北，二月旦中。又織女三星，天女也，主苽果絲帛，丛見 星經 囝 水名 山海經 嶧皋之山，其水出焉，東流注于激女之水 囝 玄女，九天妃也。黃帝與蚩尤戰，不勝，歸太山，遇一婦人，曰：吾所謂玄女者。見 玄女戰法 囝 金女，西王母也，厥姓緱氏，見 集仙錄 囝 青女，霜神也，至秋三月地氣下藏，青女乃出，以降霜雪，見 淮南子·天文訓 囝 妊女，丹汞也。河上妊女，得火制飛，見 參同契 囝 國名。女子國，在巫咸北 郭璞圖贊 女子之國，浴于黃水。乃娠乃字，生男則死。又東女國，女主號賓就。見 唐書·西域傳 又扶桑東千里有女國，其人容貌端正，身體有毛，見 通考 囝 姓。湯賢臣女鳩、女房，漢賢良女敦，晉大夫女叔寬 囝 梵言阿摩，此言女、言母。蘇弗室利，此言善女 囝 鸚鵑名雪衣女，見 漢武外傳。鵲名神女，見 古今注。蜆名繼女，見 爾雅·釋蟲。螟蛉名戎女，見 毛詩註疏 囝 rǔ 集韻 韻會 丛忍與切。同汝，對我之稱 囝 nǜ 廣韻 集韻 韻會 丛尼據切，茹去聲。以女妻人曰女 書·堯典 女于時。鑒 又妾10341 囝 女10332，同女，同形字。

女 10331 u2F25
nǚ_0.3 部 女10330

女 10332 uF981
nǚ_0.3 兼 女。

妛 10333 u216A6
đi_1.4 喃 妓女，風騷，猥狎 囝 她10659娾10917

妣 10334 04648
bǐ_2.5 籀文妣字

妣 10335 04649
chì_2.5 集韻 尺栗切音叱。女不謹也。與妣別。鑒 又妣10340

奴 10336 04650
nú_2.5 古文 伮 廣韻 乃都切 集韻 韻會 正韻 農都切丛音孥 說文 奴婢，古之罪人 周禮·秋官·司厲 男子入

于罪隸，女子入于舂藁。凡有爵者與七十者、未齓者皆不爲奴前漢·衞青傳人奴之生，得無笞罵足矣，安望封侯乎圖地名。雍奴，漢縣，屬漁陽郡。建武二年，封寇恂爲雍奴侯。見後漢書圖澤名。四面有水曰雍，不流曰奴。見水經注圖姓。盧奴之後。見統譜圖念奴，官妓名元稹·連昌宮詞力士傳呼覓念奴圖梵言馱索迦，華言奴圖飛奴，鴿也。張九齡家養羣鴿，每與親知書信，繫鴿尾上，依所教投之圖燭奴，燭檠也。申王以檀木刻童子執畫燭，名曰燭奴。見天寶遺事圖酪奴，與茗爲奴。齊王肅品題食物，惟酪不中與茗爲奴，見洛陽伽藍記圖木奴，柑橘號杜甫詩方同楚客憐鄉樹，不學荊州利木奴。見玉堂閑話圖竹奴、青奴，世所稱竹夫人，所以憩臂休膝者，見黃庭堅集圖錫奴，溫足餠也。荔枝奴，龍眼也。狸奴，獺也。夶見玉堂閑話圖nù類篇奴故切音笯。亦賤稱也。鼇龍龕僅00768古文奴字。圖見後漢書。徐慧：見後漢書·寇恂傳

妠 10337 04651
nú_2.5 玉篇古文奴10336字圖集韻傉01199古作妠。

奵 10338 04652
dīng_2.5 集韻當經切音丁。女名。一曰娂奵。面平也圖tiǎn他典切音腆。嬝奵，好貌圖dǐng廣韻集韻夶都挺切音頂。娂奵，自持貌。

奺 10339 40908
bā_2.5 篇海類編音八。娃奺也。

奼 10340 u2F860
chì_2.5 同妣10335

奶 10345 u5976
nǎi_2.5 同嬭11552

奻 10341 u216AC
nǔ_2.5 見井人妄鐘。卽女字。

奿 10342 u216AB
jǐ_2.5 簡嬏11448

妢 10343 u216AA
bǎn_2.5 同忬10356俗甌34968牝瓦（仰瓦），受覆瓦之流。

妛 10344 u216A9
yào_2.5 要54967簡體，曾用於新加坡。

奷 10346 04653
qiān_3.6 集韻蒼先切音千。女字。一曰奷字之譌。

奸 10347 04654
gān_3.6 唐韻古寒切集韻韻會居寒切夶音干說文犯也增韻犯非禮也玉篇亂也左傳·成十三年奸絕我好前漢·溝洫志使神人各得其所，而不相奸圖jiān集韻居顏切音菅。私也，僞也圖與干通莊子·天運篇以奸者七十二君史記·齊世家尚以漁釣奸周圖讀若堅史記·龜筴傳寒氣不和，賊氣相奷。同歲異節，其時使然◇。鼇又奷10588圖字彙補葵11062，音義與奸同。圖徐慧：史記·齊太公世家以魚釣奸周西伯。

她 10348 04655
zuǒ_3.6 玉篇古文姐字說文蜀謂母曰姐。淮南謂之社。亦作她。或作婼圖子我切音左博雅嬋母也。圖chí陳知切音馳。女字△六書故姐古文或从也聲作她，或从者聲作婼。鼇博雅她嬋母也。

妜 10349 04656
jiǎo_3.6 玉篇古文姣10584字。

攽 10350 04657
jiù_3.6 廣韻舉有切集韻己有切夶音久說文女字。一曰嫠婦守貞不移也△一作妜。鼇又妜10381

妠 10351 04658
nuán_3.6 廣韻奴還切集韻尼還切說文訟也。圖nuàn女患切。諠訟也。鼇又媆11269

妊 10352 04659
chà_3.6 廣韻丑下切集韻韻會正韻丑啞切，夶詫上聲說文少女也。河上妊女10330圖dù廣韻當故切集韻韻會正韻都故切夶音妒。美女也圖zhà陟嫁切音吒。義同。鼇又姹10617奼10567圖龍龕侂00897誤侂00798正。

姒 10353 04660
yì_3.6 廣韻與職切集韻韻會逸職切夶音杙。婦官也後周·皇后紀皇后率六宮三妃三姒，祭先蠶西陵氏神△通作弋。漢武鉤弋夫人。鼇直音篇妶10447姒，音弋，婦官。

好 10354 04661
hǎo_3.6 古文孖奻瓔唐韻呼晧切集韻韻會正韻許晧切，夶蒿上聲。美也，善也詩·鄭風琴瑟在御，莫不靜好圖相善也詩·衞風永以爲好也圖好會也周禮·春官瑑圭以結好左傳·文十二年藉寡君之命，結二國之好圖人名。張好好，年十三，姣麗善歌，杜牧置樂籍中。見唐書·杜牧傳圖曲名。武夷君于山頂會鄉族，仙樂競奏，唱人閒好。見武夷山志圖hào廣韻呼到切集韻韻會正韻虛到切夶音耗說文愛而不釋也。女子之性柔而滯，有所好，則愛而不釋，故於文，女子爲好詩·唐風中心好之圖孔也周禮·冬官考工記璧羨尺度，好三寸，以爲度註羨，徑也。璧羨，以起度也。好，璧孔也圖姓。見纂文。鼇又瓔34861孖11747孖11782玖16366圖奻碑別字新編·好引魏元禮之墓誌

姍 10355 04662
xiān_3.6 集韻相然切音先。女字。

忬 10356 04663
fàn_3.6 類篇孚萬切，翻去聲六書統女之慧而員。从女、丸，言機如丸也。鼇又妢10343俗甌34968圖奻10369

改 10357 04664
jǐ_3.6 廣韻居里切集韻苟起切夶音紀。女字。

姤 10358 04665
hù_3.6 集韻同嬉。

妁 10359 04666
zhuó_3.6 廣韻之若切集韻韻會正韻職略切夶音灼說文媒也。圖shuò集韻實若切音杓。酌也，斟酌二姓也圖姓。

姧 10360 04667
jiān_3.6 字彙雲俱切音于。人以禮交也。一曰取義不當，譌字也。鼇俗奸。

如 10361 04668
rú_3.6 唐韻人諸切集韻韻會正韻人余切夶音駕說文从隨也。一曰若也，同也書·舜典如五器，如岱禮，如初。又然也易·離卦突如其來如前漢·揚雄傳雄家產不過十金，晏如也圖往也，至也。公如棠，如齊見左傳劉伶·酒德頌幕天席地，縱意所如圖月名爾雅·釋歲二月爲如圖語助辭論語恂恂如也孟子·雛虞如也，皥皥如也圖凉如。縣名前漢·郊祀志上遂北巡朔方，還，釋兵凉如圖肥如，古國名，在遼西郡應劭曰肥子奔燕，燕封于此圖姓。如羅氏，改爲如氏，見統譜圖本覺爲如，今覺爲來，見道院集圖眞如，有變易性相，如如常住不遷，夶見禪燈錄圖孁如，獸名。瞿

如，鳥名。厷見山海經 又通作而前漢·五行志引左傳星隕如雨註如，而也，星隕而且雨 又rù廣韻人恕切集韻韻會如倨切厷音茹東方朔·七諫忽容容其安之兮，超荒忽其焉如。苦衆人之難信兮，願離羣而遠舉註舉去聲 又nuò集韻類篇厷乃箇切音那。亦若也。

妃 10362 04669 fēi_3.6 廣韻芳非切集韻韻會正韻芳微切厷音霏說文匹也總要女與已身儔也。古嬪御之貴，次于后者曰妃禮·檀弓舜葬於蒼梧之野，蓋三妃未之從也。又太子之嫡室亦曰妃 又天妃，水神司馬光曰水陰類，其神當爲女子 又湘妃，竹名。其斑如淚痕，出古辟者佳，出陶虛山中次之，見竹譜 又集韻盈之切音怡。與姬同。衆妾總稱 又pèi廣韻集韻韻會正韻厷滂佩切音配禮·曲禮天子之妃曰后註妃，配也衛風·氓詩序喪其妃耦史記·呂太后本紀高祖微時妃。厷與配同△或作嬰。別作婴 又與斐10858通。鑾又㛒10781妃10380

妄 10363 04670 wàng_3.6 廣韻集韻韻會正韻厷巫放切音望說文亂也增韻誕也，罔也禮·儒行今之命儒也妄易·卦名上乾下震，无妄象天下雷行，物與无妄程傳動以天，故无妄 又圓覺經認妄爲眞，雖眞亦妄 又猶凡也前漢·李廣傳諸妄校尉以下，材能不及中，以軍功侯者數十人 又wáng集韻武方切音亡。無也。鑾又㞷10375

奷 10364 04671 hóng_3.6 集韻胡公切音紅。女字。一作娂。

奺 10365 04672 jī_3.6 同文備考古姬10599字。

奵 10366 04673 yǎn_3.6 集韻魚檢切音顩。婦人齊整貌。通作嬐。一曰敏疾也。

奺 10367 40909 jiǔ_3.6 篇海類編音久。女字。

妏 10368 40910 zhàng_3.6 篇海類編直亮切音仗。女字。

妀 10369 40911 fàn_3.6 說文長箋與𡚻10356同。

妖 10370 40912 dà_3.6 字彙補同柰切音大。姊稱也。

𡛔 10371 43002 dì_3.6 搜眞玉鏡音的。

𪥥 10372 u2A965 null_3.6 未詳。

妟 10373 u2A964 nij_3.6 壯妟，上面。

𡚸 10374 u216B8 yǎo_3.6 方妻子。

㚻 10375 u216B6 wàng_3.6 同妄10363

𡚵 10376 u216B5 xì_3.6 字見妫罍。器藏日本神戶白鶴美術館。

𡚴 10377 u216B4 ān_3.6 俗安11954碑別字。

𡚳 10378 u216B3 null_3.6 未詳。

𡚰 10381 u216B0 jiǔ_3.6 同奺10350

𡚲 10379 u216B2 ě_3.6 俗娿10426原本玉篇殘卷欹，古華反字書欹，欹飲，猶媧𡚲也。媧𡚲，今本作欹妮。

𡚱 10380 u216B1 fēi_3.6 俗妃10362漢隸字源引先生郭輔碑 又yí集韻姬10599，盈之切。衆妾總稱。或作妃㛀。

㚨 10382 u36A8 shēn_3.6 集韻疏臻切。女字。

妈 10383 u5988 mā_3.6 简媽11154

妇 10384 u5987 fù_3.6 简婦10880

妆 10385 u5986 zhuāng_3.6 简妝10410

妉 10386 04674 dān_4.7 廣韻丁含切集韻韻會正韻都含切厷音眈爾雅·釋詁妉，樂也△本作媅。亦作湛、愖。

妊 10387 04675 rèn_4.7 廣韻汝鴆切音任說文身懷孕也 又rén集韻韻會如林切正韻如深切厷音壬。義同△別作姙。鑾又妊10644𡜵59694

妋 10388 04676 fū_4.7 廣韻甫無切集韻風無切厷音玞。貪也。一曰女貌 又yōu廣韻類編厷於求切音憂同文舉要恨也，鼻目閒恨也。

妌 10389 04677 jìng_4.7 類編疾政切音穽說文靜也。女德不妄動也。

妍 10390 04678 yán_4.7 字彙同姸。鑾又蔺50662

妎 10391 04679 hài_4.7 廣韻胡蓋切集韻下蓋切，並音害說文妒也。或作嫴 又xiè集韻下介切音械。義同路史太古之民，與物相友，人無妎物之心 又jiè集韻居拜切音戒。女字 又xì胡計切音系爾雅·釋言苛，妎也。一曰覆也楚語弭其百苛，妎其讒慝。鑾又妎10758妎10433 又胡吉宣：紒43832與妎同切韻妎，心不了。胡計反。

姌 10392 04680 rǎn_4.7 廣韻而琰切音冉。長好貌△本作娚。鑾又姌10445

妏 10393 04681 wén_4.7 集韻無分切音文。女字 又wèn文運切音問。生也。或从免。

妞 10394 04682 hào_4.7 集韻虛到切音秏。虛厲也。與魹同。

妐 10395 04683 zhōng_4.7 廣韻職容切集韻諸容切厷音鍾。夫之兄也 又關中呼夫之父曰妐呂覽姑妐知之，曰：爲我婦而有外心，不可畜。

妑 10396 04684 bā_4.7 集韻邦家切音巴。女名。一曰妑頭，女兒雙髻也 又pā廣韻普巴切類編披巴切厷音葩。女字。

妒 10397 04685 dù_4.7 廣韻當故切集韻韻會正韻都故切。厷同妬說文婦妒夫也詩註以色曰妒，以行曰忌史記·鄒陽傳女無美惡，入宮見妒山海經亶爰之山，有獸曰類，自爲牝牡，食者不妒。又鶬鶊爲膳，可療妒 又凡娼嫉皆曰妒史記·項羽紀嫉妒吾躬列子·說符篇爵高者人妒之 又梵言伊黎沙掌挐，此言妒 又叶當古切音覩屈原·離騷時曖曖其將罷兮，結幽蘭以延佇。世混濁而不分兮，好蔽美而嫉妒。鑾龍龕姤10585俗，妬通，妒正。又妬10558砳38906妬10755

妓 10398 04686 jì_4.7 唐韻渠綺切集韻正韻巨綺切正韻奇几切，厷音伎。女樂也。洪涯妓，三皇時人，娼家托始。見萬物原始。一曰古未有妓，至漢武始置營妓，以待軍士之無妻室者，見漢武外史 又jī廣韻集韻厷居宜切

音羇。妓娑，女容 又 妓女，萱草別名。又千心妓，地膚草別名。𠀤見 本草綱目。鋆 說文 妓，婦人小物也。又 㚢10621妓10439攱10452

妔 10399 04687 kēng_4.7 廣韻 客庚切 集韻 丘庚切𠀤音坑。美女也 又 háng 集韻 寒剛切音杭。女字。一曰女性急戾。與伉通。

妕 10400 04688 zhòng_4.7 集韻 陟仲切音中。女字。

妖 10401 04689 yāo_4.7 唐韻 於嬌切 集韻 於喬切𠀤音夭。豔也，媚也。一曰異也，孽也 左傳·莊十四年 人棄常則妖興。前漢·五行志 殺不以時，有草妖。又妄聞之氣發于音聲，有鼓妖。雲風𠀤起而杳冥爲夜妖。言之不文是謂不艾，時則有詩妖△◆說文 媄，巧也。一曰女子笑貌。从女芺聲。鋆 又 娭10655 又 龍龕 䴝11575𡢁11574䴝11494三俗。

妗 10402 04690 chān_4.7 廣韻 集韻 𠀤處占切音襜。妗妗，善笑貌 又 集韻 馨兼切，音薟。義同 又 xiān 廣韻 許兼切，音馦 集韻 虛咸切，音欦。美也。一曰女輕薄貌 又 jìn 集韻 巨禁切音齡。俗謂舅母曰妗。鋆 又 嬐11510㰝26379

妘 10403 04691 yún_4.7 古文𡢉 廣韻 集韻 正韻 𠀤于分切音云 說文 祝融之後，姓也 韋昭曰 陸終第四子求言爲妘姓，封于檜，今新鄭。鋆 又 妜10429㚼11039嫃11183㜻11616

妙 10404 04692 miào_4.7 廣韻 集韻 正韻 𠀤彌笑切音廟。神妙也 易·說卦 神也者，妙萬物而爲言者也 老子道德經 衆妙之門 莊子·寓言篇 自吾聞子之言，九年而大妙 劉劭·人物志 尤妙之人，含精于內，外無飾姿 又 少年也 杜甫詩 明公獨妙年 又 纖媚也 前漢·李夫人傳 妙麗善舞 又 姓。見 姓苑 又 miǎo 集韻 弭沼切。與眇通。嫽妙，女貌 漢·三老袁君碑 朕以妙身，襲表繼業△別作玅、竗。鋆 又 diu 喃 溫柔。

姁 10405 04693 sà_4.7 集韻 悉合切音霅。嫜姁，女字。一曰容也。

妚 10406 04694 pēi_4.7 同胚。鋆 又 丫環34674，俗作丫妚。

妔 10407 04695 chí_4.7 同㚣。

𡛥 10408 04696 chī_4.7 集韻 同媸。

妜 10409 04697 jué_4.7 集韻 古穴切音玦。美貌 又 yuē 一決切音抉◆鼻目閒貌 又 yuè 娟悅切音抉。義同。一曰憂妒也。鋆 一曰憂妒也。一曰怒也。憂也 又 新撰字鏡 妜，汁（污）尤反。鼻目閒恨也，憂也，媚也。

妝 10410 04698 zhuāng_4.7 廣韻 集韻 側羊切 正韻 側霜切𠀤音莊 說文 飾也 司馬相如·上林賦 靚妝刻飾 後漢·梁冀傳 冀妻孫壽，美而善爲疾態，作愁眉啼妝 天寶遺事 妃嬪施粉于兩頰，號淚妝。識者以爲不祥 通鑑 周天元帝禁天下婦女施粉黛，皆黃眉黑妝△从女，牀省聲。俗作粧、娤。鋆 又 妆10385牧32600娤10903妝32432 又 正字通 妝，俗作粧妝10790妝裝54350 又 增廣字學舉隅·卷四·誤用字 粧43167俗作妝字用，非 又 集韻 妝，或作糚43543粚43368

𡚸 10411 04699 hǎo_4.7 廣韻 集韻 𠀤古文好10354字。鋆 又 㛇01212 妞10412

妞 10412 04700 niǔ_4.7 集韻 同𡚸 又 女久切音紐。人姓也。高麗有之。鋆 龍龕 㚬俗妞正。

妟 10413 04701 yàn_4.7 集韻 於諫切。同晏 說文 安也。

妠 10414 04702 nà_4.7 廣韻 奴荅切 集韻 諾荅切𠀤音納。娶也。一曰聚物。一曰小兒肥貌 韓愈詩 巴豔收婠妠 又 nàn 集韻 奴𥝮切音腩。取也，入也 又 nán 乃甘切音䶌。義同。又 女名。後漢順烈皇后名妠。鋆 又 婻10733

妡 10415 04703 xīn_4.7 廣韻 集韻 𠀤許斤切音欣。女字。

妢 10416 04704 fén_4.7 廣韻 集韻 正韻 𠀤符分切音汾。妢胡國，在楚，出美笴 周禮·冬官考工記 妢胡之笴。

妣 10417 04705 bǐ_4.7 廣韻 卑履切 集韻 韻會 補履切𠀤音比 爾雅·釋親 父爲考，母爲妣 鄭註 妣之爲言媲也，媲于考也 說文 歿母也 禮·曲禮 生曰父母，死曰考妣◆儀禮·配食 妣配考同位，不別設位也○按謝氏曰：易 曰有子考无咎 書 言事厥考之類，蓋考妣古者通稱，皆非死而後稱也 又 bì 集韻 必至切音庇。母名。鋆 又 㚰10334

妤 10418 04706 yú_4.7 廣韻 以諸切 集韻 羊諸切 正韻 雲居切𠀤音余。婕妤，女官 師古曰 婕，言接幸于上。妤，美稱 史記·外戚世家 褚先生曰：婕妤，秩比列侯。通作倢仔。

妁 10419 04707 jūn_4.7 集韻 規倫切音均。女始妝。鋆 集韻 平聲諄韻規倫切：妁，女始粧 正字通 妁，姰10603字之譌。

妥 10420 04708 tuǒ_4.7 廣韻 他果切 集韻 正韻 吐火切𠀤音㛗。安也 詩·小雅 以妥以侑 唐書·循吏傳 民去愁歎而就安妥 韓愈·薦士詩 妥帖力排奡。今方言，工穩成就皆曰妥帖。又 與墮通 漁隱叢話 西北方言以墮爲妥 杜甫詩 花妥鶯捎蝶△別作綏、㞿。鋆 又 妥10431㚾10540

妦 10421 04709 fēng_4.7 廣韻 集韻 𠀤敷容切音丰 揚子方言 凡好而輕者，趙魏燕代之閒曰妦△或作㛔。鋆 又 㛔10646

妧 10422 04710 wán_4.7 廣韻 集韻 正韻 𠀤五換切音玩 字林 好貌。鋆 新撰字鏡 妧，五館反。玩33854字。

殳 10423 04711 shū_4.7 集韻 同姝 說文 姝、殳音義同。

妨 10424 04712 fáng_4.7 廣韻 集韻 敷方切 正韻 敷房切𠀤音芳 說文 害也。一曰礙也 隋書·太子勇傳 數被讒毀，歎曰：我大覺身妨 又 fàng 敷亮切音訪 韓愈·岳陽樓別竇司直詩 軒然大波起，宇宙隘而妨。巍峩拔嵩華，騰躍較健壯。鋆 又 塄08877 又 集韻 妨，或作彷16545㤃16984

妉 10425 40913 yóu_4.7 篇海類編 于求切音尤。女字。

妮 10426 40914 nuǒ_4.7 字彙補 㛂字之譌。鋆 又 㛂10685

𡚼 10427 40915 bì_4.7 篇海類編 兵媚切音祕。女字。

妼 10428 40916 pǐ_4.7 篇海類編 譬吉切音匹。女字。

妾 10429 43003 yú_4.7 篇海類編 同妤。

妉 10430 43004 dān_4.7 五音篇海 同妠。

妥 10431 43005 tuǒ_4.7 龍龕 同妥

娑 10432 43006 càn_4.7 龍龕 與娑同

妎 10433 43007 xiè_4.7 五音篇海 同姷。

委 10434 43008 yè_4.7 金鏡 音謁

妠 10438 u2A96A null_4.7 殷周金文集成·3.634·郳妠鼎 郳妠乍尊鼎。或嬬11500字之省。

妧 10436 u2A96C yǔn_4.7 潘悟雲編譯高本漢 漢文典 犹33055異體。

姒 10437 u2A96B shuāng_4.7 簡嫏11679 俗嫦11657新刊 死生交范 張雞黍·第四折 八煞 做娘的守高節，一世兒孤姒。

娔 10435 43766 bèi_4.7 簡娍10748

妓 10439 u2A969 jì_4.7 俗妓10398 可 洪音義 嬉妓：上喜記反。下其綺反。倡妓：上尺羊反。下巨綺反 人名 仲師父鼎 中師父乍季妓始寶尊鼎。

址 10441 u2A967 null_4.7 殷周金文集成·16.10029·寢址盤 帝址。

姐 10440 u2A968 null_4.7 未詳。

妎 10444 u216D4 gái_4.7 喃 从女丐 cái聲。女人△妎貞：童女。妎店：娼婦。妎江湖：歌妓。

妷 10443 u216D5 dah_4.7 壯 老大 daiq外婆 dai岳母。

姐 10442 u2A966 null_4.7 未詳。

姌 10445 u216D3 rǎn_4.7 俗姌10511 佩文韻府 姌嫋：司馬相如 上林賦 柔橈嬽嬽，嫵媚姌嫋。傅毅 舞賦 蜲蛇姌嫋。注，姌嫋，長貌。

娈 10446 u216D1 bèn_4.7 漢·董仲舒 春秋繁露·卷十三·人副天數第五十六 是故人之身，首妎而員，象天容也。原註：妎音分 大字典 引王心湛校勘：妎當作坌08331，墳起之意。

娀 10447 u216CF yì_4.7 同妷10353

姥 10448 u216CB null_4.7 未詳。

妍 10449 u216CA null_4.7 未詳。

妄 10450 u216C9 nìng_4.7 同佞00996

姍 10451 u216C8 null_4.7 未詳。

妓 10452 u216C7 jì_4.7 同妓10439

姥 10453 u216C6 null_4.7 未詳。

姛 10454 u216C5 gāi_4.7 可洪音義 姛 兆：上古哀反。正作姟10579也。

妅 10455 u216C4 null_4.7 未詳。

妫 10456 u216C3 null_4.7 未詳。

妠 10457 u216C2 null_4.7 未詳。

妁 10458 u216C1 null_4.7 未詳。

娇 10459 u216C0 jiǎo_4.7 俗狡33154 可洪音義 奸妓：上古顏反。下古巧反 bō俗妓10468 龍龕 妓，蒲末反。鬼婦所居之處天不雨也 youx 壯 女友，女情人。

妡 10460 u216BF xīn_4.7 从女心聲。甲骨文有帚妡，即婦妡，人名。

嫺 10461 u36E0 xián_4.7 簡嫺11421

颯 10462 u36AF xún_4.7 簡颯11051

妫 10463 u59AB guī_4.7 簡媯11125

嫗 10464 u59AA yù_4.7 簡嫗11242

妩 10465 u59A9 wǔ_4.7 簡嫵11353

坯 10466 04713 pēi_5.8 篇海 同胚。

妒 10467 04714 dù_5.8 集韻 同妒。釋名·釋疾病 乳癰曰妒。妒，褚也。氣積褚不通至腫潰也△亦作疣35824

妭 10468 05.8 bá_5.8 唐韻 集韻 妭蒲撥切音跋 說文 美婦也。 與魃通 文字指歸 女妭禿無髮，所居處天不雨 bō 集韻 北末切音撥。羌人謂婦曰妭。 又妓10459

妮 10469 04716 ní_5.8 廣韻 集韻 韻會 妮女夷切音尼 六書故 今人呼婢曰妮。

妖 10470 04717 yǎo_5.8 集韻 伊鳥切音杳。妖孃，美貌。與傇婹嬈同。一曰妖嫋，不順也。

妯 10471 04718 zhóu_5.8 廣韻 正韻 直六切 集韻 韻會 佇六切妯音逐 廣雅 兄弟之妻相呼曰妯娌，揚子方言 作築里 lù 集韻 盧谷切音祿 爾雅·釋詁 動也 dú徒沃切。同儵。又陳留切音儔。義妯同 dí亭歷切音妯 揚子方言 人不靜曰妯，秦晉曰搴，齊宋曰妯 chōu丑鳩切音抽。心動也 詩·小雅 憂心且妯。又婤10842

妁 10472 04719 zhuó_5.8 集韻 陟略切音勺。靜也。一曰靜妁，婦貌。

妱 10473 04720 zhāo_5.8 集韻 之遙切音招。女字。

妲 10474 04721 dá_5.8 廣韻 集韻 韻會 妲當割切音怛。妲己，紂妃 晉語 殷辛伐有蘇，有蘇氏以妲己女焉 dàn 廣韻 得案切音旦。義同。

妳 10475 04722 nǎi_5.8 正字通 俗嬭字。又唐人呼晝睡爲黃妳。

婉 10476 04723 yuǎn_5.8 集韻 委遠切音苑 說文 婉也 尸山有獸，狀如麋而魚目，名曰婉，見 山海經 yuān於袁切音鴛 yuàn紆願切音怨。義妸同△與婉婉通。

妩 10477 04724 hú_5.8 同嫵。

妸 10482 04729 ē_5.8 說文 婴本字

妵 10478 04725 tǒu_5.8 廣韻 天口切 集韻 韻會 正韻他口切妵音黈。好貌 人名 左傳·昭二十一年 華妵居于公里。

妶 10479 04726 xuán_5.8 集韻 同嫙 胡涓切，音玄。女名。

妷 10480 04727 yì_5.8 集韻 同姪 弋質切音逸 博雅 妷婸也。妷同妷。一曰淫妷也。妷婸也。當作：妷、婸、婬也。

姤 10481 04728 qiū_5.8 唐韻 去鳩切音丘。女字。

妹 10483 04730 mèi_5.8 廣韻 集韻 韻會 正韻 妹莫佩切音昧 說文 女弟也 詩·大雅 俔天之妹 衛風 東宮之妹 同母異父曰外妹 左傳·成十一年 聲伯嫁其外妹于施孝叔。 易·說卦 上震下兌，歸妹 雜卦 歸妹，女之終也 集韻 莫貝切音眛。義同 地名 書·酒誥 明大命于妹邦。 國名 汲冢周書 姑妹珍 註 姑妹國，後屬越。

妹 10484 04731 mò_5.8 廣韻 莫撥切 集韻 正韻 莫葛切妹音末 莊子·天道篇 鼠壤有餘蔬，而棄妹不仁 註 謂末學不誘納而棄之。玩上下文宜作妹 林雲銘·莊子因 棄妹諸解俱未妥，大約是食有餘，而棄其妹于不養，是謂不仁。此解

爲正囡桀妻妹嬉，通作妹嬉。按路史註：妹以妹妹目之，似宜从妹。

妻 10485 04732
qī_5.8　古文妻娿 廣韻七稽切 集韻 韻會 正韻千西切丛音凄。說文妻，與己齊者也 詩·邶風士如歸妻，迨冰未泮囡令斯，令善之妻 詩·魯頌令妻壽母囡妻曰鄉里 南史·張彪傳呼妻曰：我不忍令鄉里落他處 姚寬曰猶會稽人言家里囡梵書·蓮經註佛有妻，名耶須。囡cī 集韻千咨切，次平聲。義同囡qī七計切音砌。以女嫁人曰妻之 論語以其子妻之。一曰妻者，判合也。夫者，天也。故於字夫正而妻偏。鎣又娿10648妻10828娿10795妻10938

妼 10486 04733
bì_5.8　集韻毗至切音坒。女有容儀也囡廣韻毗必切 集韻薄必切丛音邲。義同。

妽 10487 04734
nǎo_5.8　字彙同媹。一曰嫍字之譌。鎣徐文靖·管城碩記·卷之二十三·正字通三妽，注云嫍字之譌。嫍無出音。舊注音嫍。誤。按：齊侯鎛鐘銘：不顯穆公之孫，其配襲公之妽。薛尚功曰：妽，字書無。從出，恐是妸字。妸音乏，女好貌。是妽非嫍譌也。

妽 10488 04735
shēn_5.8　集韻升人切音申。女字。

妷 10489 04736
dī_5.8　集韻都黎切音氐。女字。

妸 10490 04737
càn_5.8　同娿。鎣又妸10432妸10541孍11894

姑 10491 04738
chān_5.8　集韻處占切音苫 說文小弱也。一曰女輕薄善走。一曰多技藝囡chè 廣韻 集韻丛尺涉切音謵。義同。

妾 10492 04739
qiè_5.8　廣韻 集韻 韻會 正韻丛七接切音踥。接也。得接于君子者也 禮·曲禮買妾，不知其姓，則卜之 前漢·五行志處妾遇之而孕 註處妾，童女也囡國名 山海經雨師妾在其北 楊慎曰雨師妾如姮娥、織女之類，非。下文元股國在雨師妾北，可証囡姓。漢妾脣、妾志，見 印藪△說文从辛从女。辛音愆。鎣又字彙補婷10724孫彊集與妾字同。

妸 10494 04741
ē_5.8　同娿。

娿 10493 04740
ē_5.8　唐韻 集韻丛於何切音阿 說文女師也 杜林說加教于女也囡gē 廣韻古俄切 集韻居何切丛音歌。義同。鎣又妸10494

妺 10495 04742
hé_5.8　集韻胡戈切音和。女字。一曰雅容。

姁 10496 04743
xū_5.8　廣韻況于切 集韻 韻會匈于切丛音吁。姁媮，美貌 前漢·高后紀註后名雉，字娥姁囡jù 集韻權俱切音劬。姁姁，和好貌囡xǔ 廣韻況羽切 集韻火羽切丛音栩。佚樂也 呂覽燕雀處堂，子母姁姁然相樂也囡xù 廣韻香句切 集韻吁句切丛音煦。嫗也 史記·淮陰侯傳項王言語姁姁囡qù 集韻區遇切音韻。河南謂婦曰姁△嫗姁欨煦嘔丛通。

妭 10497 04744
fǎ_5.8　廣韻房法切 集韻扶法切丛音乏 說文婦

人貌囡 集韻弗乏切音法 博雅好也。

娗 10498 04745
zhēng_5.8　廣韻 集韻丛諸盈切音征。女字。囡zhèng 集韻之盛切音政。義同。一曰女容端莊。

姄 10499 04746
mín_5.8　集韻眉貧切音珉。女字。

姇 10500 04747
bù_5.8　集韻普故切音怖。美女也。

姅 10501 04748
bàn_5.8　廣韻 集韻丛博漫切音半 說文婦人污也 漢律姅變不得侍祠，古者嬪婦以敘御夫君，有月事者，以丹注面。或曰傷孕，非。

姰 10502 04749
dōng_5.8　集韻都宗切音冬。女字。

姆 10503 04750
mǔ_5.8　廣韻 集韻 韻會 正韻丛莫補切。同姥。女師也。婦人五十無子，出不復嫁，以婦道教人者。囡弟妻謂夫之嫂曰姆 呂祖謙·紫薇雜記呂氏母母，受嬪房婢拜，嬪見母母房婢拜卽答。今俗兄婦呼弟妻爲嬪嬪，弟妻呼兄嫂爲姆姆，卽母母也囡mào 集韻莫候切音茂 禮·內則妻將生子，及月辰居側室，夫使人日再問之，作而自問之，妻不敢見，使姆衣服而對△別作母姆。

姒 10504 04751
sì_5.8　集韻姒10521古作姒。

娃 10505 04752
fū_5.8　廣韻 集韻丛芳無切音孚。美也囡fù 集韻方遇切音付。義同。一曰悅也囡fú 房尤切音浮。玉有采色△通作玗。

姍 10506 04753
nǎi_5.8　集韻與嬭同。

姈 10507 04754
líng_5.8　廣韻 集韻丛郎丁切音靈。女字。一曰女巧慧也。

姊 10508 04755
zǐ_5.8　廣韻將几切 集韻 韻會蔣兄切。同姊 爾雅·釋親男子謂女子先生爲姊 釋名姊，積也，猶日始出，積時多而明也 詩·邶風遂及伯姊囡北齊太子稚生母爲姊姊。至宋則呼嫡母爲大姊姊，妻之于嫡母亦然。宋高宗母韋后，稱徽宗后爲大姊姊。語見 后妃本傳。鎣俗姊龕姊，女兄也囡 爾雅先生爲姊，後生爲妹。

姊 10509 04756
zǐ_5.8　同姊。鎣又姊10551妣10556

始 10510 04757
shǐ_5.8　古文乿乿祏凯 廣韻 正韻詩止切 集韻 韻會首止切丛音姞。初也 易·乾卦大哉乾元，萬物資始 毛詩序是爲四始 註風、二雅、頌 前漢·鮑宣傳日食于三始 註元日爲歲之朝，月之朝，日之朝。始，猶朝也 王褒·聖主得賢臣頌春秋法五始之要 註元者，氣之始。春者，四時之始。王者，受命之始。正月者，政教之始。公卽位者，一國之始囡七始 華始丛樂名 孟康曰七始天地人四時之始 華始萬物英華之始 漢·安世房中歌七始 華始，蕭倡和聲囡旬始，星名 前漢·天文志旬始，出于北斗傍 司馬相如·大人賦垂旬始以爲幓囡山名 山海經東始之山多蒼玉囡州名。屬廣漢郡，魏改始州。宋改隆慶府爲始州囡shì式吏切音試 毛晃曰本始之始

上聲易資始、大始之類是也。方始爲之始，去聲禮·月令桃始華、蟬始鳴之類是也。鎣又姶10687

姌 10511 04758 rǎn_5.8 同姩。

姘 10512 04759 pín_5.8 字彙毗賓切音貧。妾也。鎣五侯鯖字海妾姘也。又音卞。

姗 10513 04760 shān_5.8 古文㛂廣韻蘇干切集韻相干切，並音珊。好也。一曰誹也前漢·異姓諸侯王表秦自任私智，姗笑三代又shàn集韻師姦切音刪。又所晏切音訕。義太同又pān鋪官切音潘。醜也又xiān籥前切音先。姗姗，行貌前漢·外戚傳立而望之，偏何姗姗其來遲又sà桑葛切音薩。婦人衣曳地貌司馬相如·上林賦便姗嫳屑。鎣又姍10571㛪10662

姎 10514 04761 yāng_5.8 廣韻集韻太於郎切音鴦◆說文女人自稱我也又yǎng集韻倚朗切音坱又yàng於浪切音盎。義太同又姎轉爲卬後漢·南蠻傳名渠帥曰精夫，相呼爲姎徒。姎、卬字別，音通。

姏 10515 04762 mán_5.8 廣韻武酣切集韻謨甘切太音䈂。老女自稱晉書·武十三王傳姏姆尼僧，尤爲親暱字彙婦之老者，能以甘言悅人，故從甘。俗呼姏婆是也又màn集韻莫紺切，䈂去聲。義同。

姐 10516 04763 jiě_5.8 古文她㜆唐韻茲也切集韻韻會正韻子野切，並嗟上聲說文蜀人呼母曰姐。今俗弟呼女兄曰姐。一曰慢也又zū集韻臻魚切音葅。嫭姐，女態。又zǐ蔣氏切音紫。彡姐，西羌地名前漢·馮奉世傳元帝永光二年，隴西羌彡姐旁種反註姐，音紫。今西羌尚有彡姐之姓集韻作慈野切音担。又蕩姐亦羌屬揚雄·諫書籍蕩姐之場又jù集韻將豫切音怚說文驕也嵇康·幽憤詩恃愛肆姐，不訓不師。○按彡姐、肆姐太見史集正字通何所考而云譌。鎣又媎10995

娍 10517 04764 yuè_5.8 唐韻廣韻◆集韻太王伐切音越說文娍，輕也。

姑 10518 04765 gū_5.8 廣韻古胡切集韻韻會正韻攻乎切太音孤爾雅·釋親婦稱夫之母曰姑，父之姊妹亦曰姑。王父之姊妹曰王姑詩·邶風問我諸姑又婦謂夫之女妹曰小姑新婦詩未諳姑食性，先遣小姑嘗又禮·檀弓細人之愛人以姑息註姑，且也。息，休也○按尸子曰：紂棄黎老之言，用姑息之語。註：姑，婦女也。息，小兒也。又且也書·酒誥姑惟教之又星名歲時記黃姑，牽牛星，一曰河鼓也又國名左傳·昭九年及武王克商，蒲姑、商奄，吾東土也。杜預註曰：樂安博昌縣北有蒲姑城。又尚書序周公告召公作將蒲姑。又有亳姑，太亡。又山名。麻姑，在建昌南城縣西南。道書，三十六洞天之一，顏眞卿有麻姑壇記。李覯有麻姑山賦。又從姑山，在縣東南，以山次于麻姑因名又姓。姑浮，越大夫又作姑，邪道所出也後漢·王莽傳三萬餘人南出棗街作姑又三姑，三尸也酉陽雜俎人有三尸，上尸淸姑，中尸白姑，下尸血姑又祀姑，幡名吳語吳王與晉爭長，乃戒夜中官師擁鐸建祀姑又金僕姑，矢名左傳·莊十一年公以金僕姑射南宮長萬又鼠姑，牡丹名。見本草綱目

姛 10519 04766 sī_5.8 集韻新慈切音思。女字。鎣又媤11032

姑 10520 04767 qiā_5.8 集韻去伽切音呿。女字。

姒 10521 04768 sì_5.8 古文娟廣韻詳里切集韻韻會象齒切正韻詳子切太音似。長婦爲姒，介婦爲娣，兄弟之妻相謂皆曰姒◆爾雅·釋親女子同出，先生爲姒，後生爲娣。又長婦謂稚婦爲娣婦，稚婦謂長婦爲姒婦又太姒，文王妃，有莘氏女詩·大雅大姒嗣徽音。又褒姒，周幽王后小雅赫赫宗周，褒姒威之註姒，姓也。禹之後。又漢姒豐明、姒庸道、姒昂又張衡·東京賦宓妃攸館，神用挺紀。龍圖授羲，龜書畀姒○按紀姒以俱四紙韻字彙姒作叶音以，非又姒有上、去二聲，韻書闕去聲。本作娟。鎣又娰10761

姓 10522 04769 xìng_5.8 古文𤯓𤯔唐韻集韻韻會正韻太息正切音性說文人所生也左傳·隱八年天子建德因生以賜姓又孫謂之子姓詩·周南振振公姓楚語率其子姓，從其時享又晐姓，備庶媵也吳語一介嫡女執箕箒，以晐姓于王宮又百姓，民庶也書·堯典平章百姓。又百官族姓酒誥越百姓里居又◆生子曰姓左傳·昭四年庚宗之婦人獻以雉。問其姓，對曰：余子長矣，能奉雉而從我矣又姓前漢·食貨志臨菑人姓偉，貲五千萬註姓，姓也。偉，其名又推律定姓。京房本姓李，推律定姓爲京氏又筮易得姓，陸羽不知所生，自筮得蹇之漸，乃姓陸，名羽，字鴻漸又shēng集韻師庚切音生。人名春秋·哀四年蔡殺其大夫公孫姓△鄭曉曰姓字从女生。上古八大姓，姜姬嬀姒嬴姞姚妘，皆从女。鎣酒誥越百姓里居。王國維：里居，里君之誤又㚘01028㸪35264𤯓35297又正字通䲼35267舊註同姓。

姕 10523 04770 pī_5.8 集韻攀糜切音披。女字△或作帔。

姉 10524 04771 mǎo_5.8 集韻莫飽切音卯博雅好也。或作媌。鎣又妕10647㚭10663

委 10525 04772 wěi_5.8 廣韻於詭切集韻韻會鄔毀切太音骫。任也，屬也莊子·知北遊生非汝有，是天地之委和也。性命非汝有，是天地之委順也。子孫非汝有，是天地之委蛻也左傳·昭元年徐吾犯之妹美，公孫黑强委禽焉。又頓也唐書·杜暹能傳書詔雲委蘇頲傳詔書塡委。又棄置也孟子委而去之。又本曰原，末曰委禮·學記或原也，或委也又端委，禮衣左傳·昭元年劉子謂趙孟曰：吾與子弁冕端委又宛委，山名，在會稽東南汲冢周書禹登宛委山，發金簡之書，得通水之理又姓風俗通太原太守委進又wèi集韻於僞切音萎。委積，牢米薪芻之總名。少曰委，多曰積，委積以待施惠又籠貨物之府。漢少府有屬官，郡置轉輸，開委府于京師，以籠貨物又wēi廣韻於爲切集韻邕危切太音逶。雍容自

得之貌詩·召南委蛇委蛇鄘風委委佗佗△說文委，隨也。从女从禾徐鉉曰曲也。从禾垂穗委曲之貌。

娙 10526 04773 yìng_5.8 正字通俗孕字。

姕 10527 04774 zī_5.8 廣韻即移切集韻將支切，並音貲◆說文婦人小物也 又 cí廣韻此移切集韻七支切太音雌。姕妓，婦人不媚貌 又 cī集韻才支切音疵。又仕知切音鶿。又津私切音咨。義太同 又 cǐ淺氏切音此。舞也。一曰婦人貌。

姶 10528 04775 yǎn_5.8 集韻語蹇切音齞◆博雅婍，齊也。一曰容好貌。

姖 10529 04776 jù_5.8 字彙補臼許切音巨山海經金門之山有人，名曰黃姖之尸 又 吳姖，山名盧柟·放招賦吳姖晻昧，日月所翳。

要 10530 04777 jī_5.8 字彙補居希切音飢楊氏·正韻箋律有要姦罪條，將男作女。

姘 10531 40917 pēng_5.8 篇海類編匹耕切，音烹◇急也。鎣胡吉宣：急也者，通作怦17138

姺 10532 40918 guā_5.8 篇海類編古華切音瓜。女名。

娎 10533 40919 qiǎo_5.8 篇海類編苦絞切音巧。女字。

婁 10534 40920 yè_5.8 龍龕音曳。衣也。

姻 10535 40921 hào_5.8 龍龕呼老切。人姓也。

娴 10536 40922 nǎi_5.8 龍龕奴買切。乳也。

姑 10537 40923 null_5.8 字彙補音未詳。鳥名騈雅獨姑，隼屬也。

妧 10538 40924 xiōng_5.8 川篇音兄。嬉也。

娄 10539 40925 fàn_5.8 川篇疋万切。生多也。

㛑 10541 43010 càn_5.8 龍龕同粲

妥 10540 43009 tuǒ_5.8 搜眞玉鏡工火切。鎣四聲篇海土火切直音篇同妥10420

媟 10542 43011 xiè_5.8 五音篇海音泄。

𪥰 10543 u2A970 níng_5.8 簡嬣11536

𪥯 10544 u2A96F null_5.8 喃未詳。

𪥮 10545 u2A96E null_5.8 未詳。

𪥭 10546 u2A96D null_5.8 未詳。

𡋼 10547 u216FC null_5.8 未詳。

𡛻 10548 u216FB null_5.8 未詳。

𡛺 10549 u216FA null_5.8 未詳。

𡛸 10550 u216F8 yīn_5.8 俗姻10619

𡛲 10554 u216F2 null_5.8 未詳。

𡛷 10551 u216F7 zǐ_5.8 同姊10509廣韻姊，爾雅曰：男子謂女子先生為姊。將几切。

𡛴 10552 u216F4 chè_5.8 俗坼08448可洪音義姤裂：上丑格反。

𡛱 10555 u216F1 null_5.8 未詳。

𡛳 10553 u216F3 bái_5.8 从女白聲。人名郳伯鬲郳姶□母鑄其羞鬲。

𡛯 10557 u216EF null_5.8 未詳。

𡛬 10560 u216EC null_5.8 未詳。

𡛰 10556 u216F0 zǐ_5.8 俗姊10509宋元以來俗字譜引嶺南逸事

𡛮 10558 u216EE dù_5.8 俗妒10397見敦煌俗字譜

𡛫 10561 u216EB xù_5.8 何琳儀：婿10974省簡。

𡛩 10563 u216E9 null_5.8 未詳。

𡛭 10559 u216ED nǎi_5.8 可洪音義以㚷：女買反。乳也。正作嬭11552妳二形。

𡛪 10562 u216EA máng_5.8 同娏10658俗娏10696

𡛨 10564 u216E8 null_5.8 未詳。

𡛦 10566 u216E6 bǐng_5.8 直音篇音丙

𡛧 10565 u216E7 null_5.8 未詳。

𡛥 10567 u216E5 chà_5.8 俗奼10352

𡛣 10568 u216E3 nuǒ_5.8 同娿10581玉篇乃果、五果二切。委皃也。

㛀 10569 u36C0 chú_5.8 同媰11131

姍 10571 u59D7 shān_5.8 同姗10513

㚿 10570 u36BF páo_5.8 炮媧，亦作庖媧，即女媧。宋·羅泌路史·後紀二·女皇氏女皇氏炮媧，雲姓。

姘 10572 04778 pēng_6.9 集韻嬪11592古作姘。鎣字彙俗姘10815字。

姙 10573 04779 rèn_6.9 正字通同妊後漢·伏后紀以貴人有姙。又 作任前漢·趙倢伃傳任十四月迺生。

姚 10574 04780 yáo_6.9 廣韻集韻韻會正韻太餘昭切音遙。舜後也左傳·哀元年少康逃奔有虞，虞思妻之以二姚。又 美好貌荀子·非相篇美麗姚冶 又 州名。古滇池國，唐置姚州，今姚安府 又 與遙同前漢·禮樂志雜變太會，雅聲遠姚 又 與繇通說苑·指武美哉德乎，姚姚者乎。又 táo集韻徒刀切。同桃春秋傳周有頹叔姚子 又 tiào◆他弔切。同窕春秋傳楚師輕姚 又 yào弋笑切音燿。票姚，勁疾貌。漢以名兵官前漢·霍去病傳去病爲票姚校尉史記作剽姚荀悅·漢紀作票鷂○按唐人詩用票姚率作平聲。且改票作嫖，尤屬舛謬正字通因李、杜詩改入平聲，非。鎣又姚10660鄢61674

姛 10575 04781 tǒng_6.9 集韻吐孔切音侗說文直項貌 又 dòng徒弄切音洞。項端也。本作敂。鎣又㖦68089

姜 10576 04782 jiāng_6.9 廣韻集韻韻會太居良切音疆。神農居姜水，以爲姓，其後爲齊甫申呂紀許向芮 又 不姜，水名山海經不姜之水，黑水窮焉柳宗元·天對盈盈黑水，窮于不姜。鎣又字彙補姢，音義與姜同。

姝 10577 04783 shū_6.9 廣韻昌朱切集韻韻會春朱切太音樞。美好也。女之美者曰姝詩·邶風靜女其姝。又士之美者亦曰姝鄘風彼姝者子 又 柔懦也莊子·徐無鬼暖暖姝姝註暖音暄。俗作嗳姝，非 又 粉飾也揚子·太玄經粉其題頩，雨其渥須，視無姝註不粉飾其心而施其面，猶姝姝之子遇雨，則視無好也 又 zhū集韻追輸切音株。好貌。亦作殳、袾。

姞 jí 10578 04784
廣韻巨乙切集韻韻會極乙切𠀤音佶。姓也。又字詩·大雅爲韓姞相攸，莫如韓樂左傳·宣三年鄭文公賤妾曰燕姞，夢天使與已蘭，曰：余爲伯儵，余而祖也。石癸曰：吾聞姞，吉人，后稷之元妃也註燕姞，南燕姓晉語黃帝之子，得姓者十四人，姞，其一也鐘鼎文作姞。或作吉㖒郅。

姟 gāi 10579 04785
集韻柯開切音該。十兆曰經，十經曰姟。鋻又孩11797妎10454

娟 juān 10583 04789
同娟。

婸 shàng 10580 04786
集韻式亮切音餉。女字㊟xiàng許亮切音珦。義同。

娿 ě 10581 04787
廣韻集韻𠀤五果切，訛上聲。媕娿，美貌。韓愈·元和聖德詩日君月妃，煥赫媕娿註煥赫謂日，媕娿謂月，言日月光媚也㊟弱也揚子·太玄經曹曹之離，不宜煢且娿註曹曹猶薆薆，離爲日，煢爲月，君薆然若日之將出，不宜煢然若月之將毀㊟集韻努果切音厄。亦好貌△从厂从卩。凡从卩者，皆作巴，或作巳。俗作婀，非。鋻又娿10568

姡 huó 10582 04788
廣韻集韻𠀤戶栝切。詐也，靦也揚子方言獪或曰姡。今建平郡人呼狡爲姡㊟guā唐韻古活切音括。同婠。面醜也㊟huá乎刮切音頢。義同。

姣 jiāo 10584 04790
古文㚣廣韻韻會正韻古巧切集韻吉巧切𠀤音狡。美也，媚也史記·蘇秦傳前有樓閣軒轅，後有長姣美人㊟與狡通後漢·劉盆子傳卿所謂鐵中錚錚，傭中姣姣者也。一作佼㊟xiáo廣韻胡茅切集韻正韻何交切𠀤音肴。淫也左傳·襄九年穆姜曰：棄位而姣，不可謂貞。一曰姣字讀㊟xiào集韻後教切音效。義同。亦姓△佼妖通。鋻又婆10898

姤 gòu 10585 04791
廣韻集韻韻會正韻𠀤古候切音構說文偶也㊟易·卦名乾上巽下姤象傳姤，遇也。柔遇剛也。一曰好也管子·地員篇其人巤姤㊟hòu集韻很口切厚。義同。

姆 mǔ 10586 04792
同姆㊟山名。天姆山，在紹興新昌縣東，道家稱爲第十六福地，石壁上有科斗字，高不可識謝靈運詩暝投剡中宿，明登天姆岑。高高入雲霓，還期何可尋△與母同。諸韻書分母、姆爲二。

姦 jiān 10587 04793
古文𡚢廣韻古顏切集韻韻會正韻居顏切𠀤音菅說文私也。一曰詐也，淫也書·舜典寇賊姦宄註劫人曰寇，殺人曰賊，在外曰姦，在內曰宄禮·樂記政以一其行，刑以防其姦管子·君臣篇止詐拘姦，厚國之道也張衡·西京賦禁禦不若，以知神姦。魑魅罔兩，莫能逢旃。刪天韻本通字彙叶音堅，非㊟高麗用中國書，獨以姦爲好字，好爲姦字。見正字通。鋻又奸10588晏10760悬17627

奸 jiān 10588 04794
同姦。

婟 hù 10589 04795
廣韻侯古切集韻後五切𠀤音戶說文婟嫪，貪也㊟hù集韻胡故切音姻㊟wù烏故切音塢。義𠀤同。鋻又妬10649妒11000

㛃 jié 10590 04796
集韻吉屑切音結。艾㛃，淸也。與潔通。

姨 yí 10591 04797
廣韻以脂切集韻韻會延脂切𠀤音夷。母之姊妹爲姨。又爾雅妻之姊妹同出爲姨詩·衛風邢侯之姨左傳·莊十年息嬀過蔡，蔡侯曰：吾姨也，止而見之㊟母同堂之姊妹曰堂姨朝野僉載狄仁傑爲相，候問盧氏堂姨。仁傑曰：表弟有何願。盧曰：老姨止一子，不欲令事女主。又十八姨，風神也傳異記崔元微月夜於苑中見諸女伴，皆殊色，煩元微每歲旦作一幡，上圖日月五星，求封家十八姨相庇。崔如其言，後風疾花飛，而苑中花不動。

妷 yī 10592 04798
廣韻集韻𠀤於希切音衣說文女字。

姅 rǔ 10593 04799
字彙而煑切音汝。魚敗也。

娚 niàn 10594 04800
集韻乃見切音燃。美女㊟nián寧顚切音年。女字。鋻又嫟10811

姪 dié 10595 04801
唐韻集韻韻會徒結切音咥。兄弟之女也。古之貴者，嫁女必以姪娣從。釋名姑謂兄弟之女曰姪。姪，迭也。更迭進御也春秋傳姪其從姑㊟兄之子聞見錄宋眞宗過洛，幸呂蒙正第，問諸子孰可用。對曰：臣諸子皆豚犬，有姪夷簡，宰相才也㊟妻兄弟之子妻稱之亦曰姪唐書·狄仁傑傳仁傑諫武后曰：姑姪與母子孰親㊟zhí廣韻直一切集韻韻會正韻直質切𠀤音秩。義同㊟與娃通漢郭究碑耆姪士女㊟山海經堯麗山有獸如狐，九尾九首，虎爪，名曰蠱姪，是食人。△或作妷。俗作侄，非。鋻又嬭11723嫭11849姪10785

娷 xiè 10596 04802
集韻同媟。

㛲 zhěn 10598 04804
集韻止忍切音軫。愼也。鋻字彙作娠11168亦俗姬10599

娌 lǚ 10597 04803
集韻同娌。

姬 jī 10599 04805
古文㚶唐韻集韻韻會𠀤居之切音基說文黃帝居姬水，以姬爲氏，周人嗣其姓左傳·昭二十八年武王克商，光有天下，兄弟之國者，十有五人。姬姓之國者，四十人㊟yí廣韻與之切集韻盈之切𠀤音怡。婦人美稱。一曰王妻別名。一曰衆妾總稱師古曰姬本周姓，其女貴於列國之女，所以婦人美號皆稱姬劉安世曰政和中，大臣不學，以郡主爲宗姬。姬，周姓，漢初取爲嬪嬙之號已可笑，今乃以嬪嬙名其女，尤非㊟jū九魚切。同居列子·黃帝篇姬將告女註姬作居。鋻又姬10776㊟10529偏類碑別字·姬引唐王仲建墓誌銘。姬10598，引魏司馬景和妻墓誌銘㊟集韻姬或作妃10380姞10504

孿 xiàn 10600 04806
廣韻許欠切集韻虛欠切𠀤音㠹。好貌。

姮 héng 10601 04807
廣韻集韻𠀤胡登切音恆。女字㊟姮娥，俗作嫦娥。

姯 guāng 10602 04808
廣韻古黃切集韻姑黃切𠀤音光。女字。一曰女色姯麗也。

姰 xūn_6.9　廣韻相倫切集韻須倫切夶音荀博雅狂也𦉪熒絹切音縣𦉪xuàn翾縣切音絢。義夶同。一曰女妝𦉪xún集韻松倫切音旬長箋旬，十日也。猶言女初來也，故从旬𦉪jūn規倫切音鈞說文鈞適也，男女併也𦉪xīn字彙音新，縣名。無稽，蓋因廣韻本註又音縣而誤。璽又媰11162姁10419

姱 kuā_6.9　廣韻苦瓜切集韻韻會正韻枯瓜切夶音誇。好也。與夸通。姱，修美行也屈原·離騷苟余情其信姱又紛獨有此姱節𦉪xū集韻匈于切音吁。美貌。𦉪qū虧于切音區。奢也。璽又姱10940

姲 yàn_6.9　集韻於諫切音晏。女字。

姳 mǐng_6.9　廣韻莫迥切集韻母迥切夶音茗。好也。璽又佲，亦作俽𦉪正字通姳與佲通。

媀 yuè_6.9　◆字彙同嬳。璽又日同蠮。

娿 liè_6.9　廣韻良辥切集韻力蘖切夶音列。美也。璽名義娿，力媒反。或烈30839字。業，餘，威，美。

姌 èr_6.9　廣韻集韻夶仍吏切說文女號。一曰女字也。璽又俗耶（爺32323）。敦煌·P. 2418父母恩重經講經文既得這身成長了，大須孝順阿姌娘。

姵 pèi_6.9　集韻蒲蓋切音斾。女名𦉪蒲昧切音佩。義同。

姶 è_6.9　古文媈廣韻烏合切集韻韻會正韻遏合切夶音罨。美好也𦉪女名左傳·昭七年衞襄公夫人姜氏無子，嬖人婤姶生子曰元𦉪姓𦉪yà集韻乙洽切。與渰同。女巧也。璽又胎47188

姼 xíng_6.9　字彙戶經切音刑。女長貌。

妻 qī_6.9　集韻妻10485古作妻。

妽 gān_6.9　同㛤。

姷 yòu_6.9　廣韻于救切集韻尤救切夶音宥。◆說文耦也。

妍 yán_6.9　廣韻五堅切集韻韻會倪堅切夶音研。媚也，麗也，美好也揚子方言自關以西謂好曰妍韓愈·送李愿歸盤谷序爭妍而取憐釋名妍，研也。研精於事宜，則無蚩謬也吳越春秋妍營種之術△正字通說文研有五訓，惟技也，慧也，近理。曰不省錄事，曰難侵，曰安也，皆非本義。璽研有五訓。妍有五訓。

姹 chà_6.9　字彙同奼讀書通侘、詫通六書統姹、奼古通司馬相如·子虛賦過姹烏有先生。

姺 xǐ_6.9　廣韻所臻切集韻韻會正韻疏臻切夶音莘。國名左傳·昭元年商有姺、邳𦉪xǐ集韻小禮切音洗。又鎖本切音損𦉪xiǎn蘇典切音銑。夶古國名𦉪xiān蕭前切音先。行貌。與姍同司馬相如·上林賦媥姺㣥僷。璽又㜝11563嫇11474𦉪集韻姺郱，國名。或从邑。

姻 yīn_6.9　廣韻於眞切集韻韻會正韻伊眞切夶音因說文壻家也白虎通婦人因人而成，故曰姻禮·昏義疏壻曰婚，妻曰姻，壻以昏時而來，女因之而去。𦉪妻父曰婚，壻父曰姻。今男女之家皆曰姻△或作婣。別作眤。璽又姻10550敔10642姻婣，連姻。

娝 fǒu_6.9　廣韻方九切集韻俯九切夶音缶。好色貌。一曰女儀也𦉪bāo集韻鋪來切音坏𦉪bāo班交切音包。義夶同。

姼 chí_6.9　廣韻是支切集韻常支切夶音匙。◆揚子方言南楚謂父考曰父姼，母妣曰母姼郭註古者通以考妣為生存之稱𦉪shi廣韻承紙切集韻上紙切夶音是。𦉪duǒ典可切音觰。義夶同𦉪chī集韻侈支切音眵。美女。一曰姑姼，輕薄貌𦉪chǐ敞尒切音侈。義同。𦉪jì巨綺切。同妓說文婦人小物也𦉪tí田黎切。同媞。安也。一曰美好前漢·西域敘傳姼姼公主，乃女烏孫。璽字典琢屑所引前漢·西域敘傳是即班固叙傳之文。𦉪妭10407𦉪龍龕妭10499俗，妭10489姼二正。

媿 guǐ_6.9　廣韻過委切集韻古委切夶音詭說文閑體行媿媿也宋玉·神女賦既媿嫿於幽靜𦉪wěi集韻五委切音頠博雅好也。

姾 quán_6.9　集韻逡緣切音詮。女字𦉪quān從緣切音全。義同。

妅 hóng_6.9　集韻同虹

妦 máng_6.9　集韻謨郎切音芒。女字𦉪huāng呼光切音荒。義同。

姿 zī_6.9　廣韻卽夷切集韻韻會正韻津私切夶音咨說文態也唐書·太宗紀太宗生四歲，有書生見之，曰：龍鳳之姿後魏·宋弁傳聲姿清亮𦉪zī集韻資四切音恣。媚也韓愈詩妻之俗書媿姿媚△歐陽氏曰性姿，天姿，與資義同。璽字彙斐同姿。

娀 sōng_6.9　廣韻息弓切集韻韻會思融切正韻息中切夶音嵩。有娀氏女簡狄，帝嚳次妃，契之母也詩·商頌有娀方將，帝立子生商。璽又娍11037

威 wēi_6.9　古文𢟶㞷唐韻集韻韻會夶於非切音蜲。尊嚴也易·大有威如之吉書·洪範惟辟作威周禮·天官刑賞以馭其威吳語夫固知君王之蓋威以好勝也𦉪諡法猛以剛果，彊義執政，夶曰威𦉪婦稱姑為威姑，猶子稱父為嚴君說文威，姑也，引漢律婦告威姑正字通按漢律威、姑二字宜連讀，信如說文訓似告姑姑，豈成文理。又南威，美人名𦉪虎脅兩旁及尾端有骨如乙，名虎威，見酉陽雜俎𦉪伊威，蟲名爾雅·釋蟲作蟔蛜詩·豳風伊威在室𦉪與畏通莊子·漁父篇未嘗見夫子遇人如此其威也註威、畏義同。

媠 duǒ_6.9　集韻都果切音朶說文量也。一曰女容如花朶之垂，言美好也。璽又婑10676

娃 10630 04836
wá_6.9 廣韻 集韻 韻會 烏佳切音洼。美女也 揚雄·反騷 資娵娃之美髢 図 館娃，吳宮名。梁天監中，即故阯建秀峰寺 白居易詩 館娃宮畔千年寺，水闊雲多客到稀 図 鳥名 山海經 發鳩山有鳥，曰女娃 図 wā 正韻 烏瓜切音蛙。義与同 図 叶渠之切音基 江淹·空青賦 楚之夏姬，越之西施。趙妃燕后，秦娥吳娃 図 說文 娃，圓深目貌。一曰吳楚之閒謂好曰娃 正字通 按 說文 誤以訓眭者訓娃 方言 娃，美也，訓好爲正。

婁 10631 04837
qī_6.9 玉篇 古文妻10485字。

姕 10632 04838
zì_6.9 集韻 疾二切音自。妒也△本作嫉。或从自。

奪 10633 04839
duó_6.9 字彙補 古文奪10254字。見 洞靈經

娊 10634 40926
duī_6.9 篇海類編 都回切音堆。女字。鎏又娊11187

婎 10635 40927
huì_6.9 篇海類編 呼對切，音諱◇女名。又好也。

婐 10636 40928
xì_6.9 篇海類編 思計切音細。女字。

婇 10637 40929
xiū_6.9 篇海類編 許尤切音休。女字。

妀 10638 40930
jí_6.9 字彙補 疑與妀同 考古圖·寅簋銘 叔邦父叔妀 皇霸文紀 一作姞。

嫼 10639 40931
nǎo_6.9 篇海類編 奴皓切音惱。懊嫼。鎏又嫇10645
偬10902

婦 10640 40932
rǎn_6.9 川篇 音冉。好貌。

姒 10641 40933
yī_6.9 篇海類編 于脂切，音伊◇女字。

敳 10642 40934
yīn_6.9 字彙補 卽姻字 秦·詛楚文 絆目敳敳。

孺 10643 43012
rú_6.9 篇海類編 音如。

婏 10644 43013
rèn_6.9 篇海類編 同妊。

嫇 10645 43014
nǎo_6.9 龍龕 同嫼
鎏 或同婞 字彙補 婞，音義與姜同。

婳 10646 43015
fēng_6.9 龍龕 同妦。

姖 10647 43016
mǎo_6.9 川篇 音卯。又音柳。鎏 俗妁10524

姕 10648 43017
qī_6.9 龍龕 同妻

婖 10649 43018
hù_6.9 篇海類編 同妭。

暉 10650 u2B768
huī_6.9 簡 婵10988

姪 10651 u2B767
shù_6.9 簡 媋11184

翊 10652 u2A975
null_6.9 未詳。

嬫 10653 u2A974
null_6.9 未詳。

婦 10654 u2A973
null_6.9 未詳。

嬈 10655 u2A972
yāo_6.9 同妖10401

姝 10656 u2A971
null_6.9 未詳。

娛 10657 u2F863
yú_6.9 娛10712正作娛。

妮 10658 u2F861
máng_6.9 俗媥10696女神名。

姍 10662 u2171C
shān_6.9 姍10513本字。見 說文

娚 10663 u21719
mǎo_6.9 俗姍10524

始 10665 u21717
shǐ_6.9 或俗始。

婄 10666 u21716
zhǐ_6.9 見甲骨文。

妺 10668 u21714
null_6.9 未詳。

娿 10669 u21713
null_6.9 帚娿。見甲骨文。

晏 10671 u21711
yàn_6.9 俗晏22558

𤕎 10661 u2171D
dòng_6.9 說文 直項兒。从女同聲 集韻 或从頁作頢68089亦書作姛10575

媸 10664 u21718
cū_6.9 或同嫮10764

婿 10667 u21715
null_6.9 未詳。

妤 10670 u21712
null_6.9 未詳。

娍 10672 u21710
null_6.9 从女戍聲。人名 甲骨文合集·22246 勾㠯娍。

嫅 10673 u2170F
zǎn_6.9 集韻 子末切。婢也 五侯鯖字海 音撮。婢也。

婂 10674 u36CC
niàn_6.9 或同婰10594

姣 10675 u36CB
nǎi_6.9 同嫻11552亦作妳10506

姻 10677 u36C9
xǐ_6.9 人名。見甲骨文。

姱 10678 u36C8
kǎo_6.9 女字。

婰 10676 u36CA
duǒ_6.9 同婑10628

姓 10679 u36C7
null_6.9 未詳。

娈 10680 u5A08
luán_6.9 簡 變11698

娇 10681 u5A07
jiāo_6.9 簡 嬌11389

娆 10682 u5A06
ráo_6.9 簡 嬈11384

娅 10683 u5A05
yà_6.9 簡 婭10888

娄 10684 u5A04
lóu_6.9 簡 婁10832

妸 10685 04840
wǒ_7.10 俗妸字。

婡 10686 04841
qiè_7.10 廣韻 苦協切 集韻 韻會 詰叶切妾音篋。◆ 說文 得志妾妾 図 xiè 集韻 呼帖切音欦。妾息也。一曰少氣也 図 卽協切音浹。義同。鎏又嫉11003

姏 10687 04842
lǔ_7.10 集韻 兩擧切音呂。醜貌。鎏又娧10597 図 俗始10510 金石文字辨異 引 漢戚伯著碑

娉 10688 04843
pìn_7.10 唐韻 集韻 匹正切。同聘 說文 娉，問也。聘，訪也。雖女耳分部，義通 図 正韻 彼耕切音浜。娉婷，美貌。鎏又娉11119娉10931

娔 10689 04844
xiàn_7.10 集韻 胡典切音峴。女字。鎏楊寶忠：其正字當作嫘11257，訛作嫘11274，省作娔。

娋 10690 04845
shāo_7.10 廣韻 所交切 集韻 師交切妾音梢 博雅 孟娊也 図 shào 所教切音稍。人侵侮也 図 xuē 集韻 息約切音削。七約切音硝。義妾同△或作嫛。

姝 10691 04846
qiú_7.10 集韻 渠尤切音求。匹也。字也。鎏 集韻 妹，女字。

娍 10692 04847
zhé_7.10 集韻 陟涉切音輒。娍婟，女不善貌。

娌 10693 04848
lǐ_7.10 廣韻 良己切 集韻 兩耳切妾音里。妯10471娌。

娍 10694 04849
chéng_7.10 集韻 時征切音成。女名 図 shèng 時正切音盛。長好貌。一曰美也。鎏又嬔11301 名義 娍，時政反。或盛37169

娎 10695 04850　xiè_7.10　集韻 許列切，嫣入聲。說文 娏也。玉篇 喜也。△亦作妎。

娏 10696 04851　máng_7.10　廣韻 集韻 𡏡莫江切音厖。坤倉 神女名。鋆 又娏10658娏10562女神名。

婒 10697 04852　fū_7.10　集韻 芳無切音孚。女字。與嬎、姇同。图fú房尤切音浮。義同。

嫂 10698 04853　sào_7.10　同嫂。酈炎·遺令書 加供養謝嫂。王羲之書 亦作婙。

娑 10699 04854　suō_7.10　廣韻 素何切 集韻 韻會 正韻 桑何切𡏡音抄。說文 舞也。詩·陳風 子仲之子，婆娑其下。图蹩躠貌。杜甫詩 方知不才者，生長漫婆娑。图衣揚貌。張衡·思玄賦 修初服之婆娑。图安坐也。黃庭經 金鈴朱帶坐婆娑。图琴聲委曲也。嵇康·琴賦 紆餘婆娑。图suǒ廣韻 蘇可切 集韻 韻會 想可切 正韻 素可切𡏡音縒。馺娑，漢殿名 班固·西都賦 經駘盪而出馺娑。三輔黃圖 馺娑，馬迅疾貌。借爲宮名 图suò正韻 蘇箇切音些。邏娑，吐蕃都城名 唐書·薛仁貴傳 爲邏娑道行軍總管。杜甫詩 和親邏娑城 图梵書·阿彌陀經 有婆娑國土。釋云梵言婆娑。華言堪忍。△娑或作逤。通作些。鋆又娹37183。

婁 10700 04855　lǚ_7.10　玉篇 古文婁10832字。

姆 10701 04856　mǔ_7.10　集韻 同姆。女師也 图與侮同 前漢·張良傳 上所不能致者四人皆以上人嫚姆士，故逃匿山中。

娓 10702 04857　wěi_7.10　廣韻 無匪切 集韻 韻會 武斐切𡏡音尾。說文 順也。一曰美也 图huǐ 集韻 翊鬼切音虺 图méi旻悲切音眉 图mèi明祕切音媚。義𡏡同。

娩 10703 04858　kè_7.10　同婠。

粲 10704 04859　càn_7.10　廣韻 集韻 韻會 正韻 𡏡蒼按切音燦。美也。詩·唐風 今夕何夕，見此粲者。傳 三女爲粲，一妻二妾也。粲、粲通 詩 作粲。

娮 10705 04860　dòu_7.10　廣韻 田候切 集韻 丁候切𡏡音鬥。嫗娮，語帖也。△媼詛詛通。

婥 10706 04861　chuò_7.10　說文 姓本字。鋆 又婥11569嫿11711𡭖59196妻10791图龍龕 婥11192俗妵正。

娖 10707 04862　chuò_7.10　廣韻 集韻 韻會 正韻 𡏡測角切音齪。說文 謹也。史記·申屠嘉傳 自嘉死後，爲丞相者，皆娖娖廉謹，備員而已漢書 作踧。別作妵、齪 图稱娖，守捉也。軍校名 後漢·中山王焉傳 顯宗報曰：今五國，各官騎百人，稱娖唐志 守捉將千人。捉、娖同 图集韻 又足切音蹀。媘也。鋆 又婥11569𡭖59196。

娗 10708 04863　tíng_7.10　廣韻 特丁切 集韻 韻會 唐丁切𡏡音庭博雅 娗娗，容也。图tǐng廣韻 正韻 徒鼎切 集韻 韻會 待鼎切𡏡音挺。說文 女出病也。一△一曰長好貌。或曰慢也。图tiǎn 集韻 韻會 正韻 𡏡徒典切音殄。眠娗，不開通貌。列子·力命篇 眠娗諈諉 图tiǎn 集韻 他典切音腆揚子方

言 欺嫚語也。一曰儇劣。

娘 10709 04864　niáng_7.10　唐韻 女良切 集韻 韻會 尼良切。𡏡同孃。少女之號 唐書·平陽公主傳 高祖女，柴紹妻。高祖起兵，主與紹得數百人以應，帝定京師，號娘子軍图馬頭娘，蜀女，化爲蠶，見圖經图雪衣娘，鸚鵡名，見開元遺事图雪面娘，馬名 李肇·國史補 八百哥、雪面娘、窣地嬌、銜蟬奴，皆魏王繼笈馬名图紅姑娘，野果名，見徐一夔·元故宮記图嫵媚娘，唐樂府曲名图通作孃。後世稱母后曰孃孃 蘇軾·龍川雜志 仁宗謂劉氏爲大孃孃，楊氏爲小孃孃 图俗稱父曰爺，母曰娘。亦作耶孃 古樂府 不聞耶孃喚女聲，但聞黃河流水鳴濺濺 杜甫·兵車行 耶孃妻子走相送，塵埃不見咸陽橋。

娙 10710 04865　yíng_7.10　廣韻 五莖切 集韻 魚莖切𡏡音硻。說文 長好貌。一曰女身長謂之娙图kēng 集韻 丘耕切音鏗。又五刑切，睊平聲。義𡏡同 图xíng廣韻 戶經切 集韻 韻會 乎經切 正韻 奚經切𡏡音形。漢女官名。武帝幸邢夫人，號娙娥。鋆 直音篇 姍同娙。

嫌 10711 04866　nán_7.10　集韻 尼咸切，音淰。語聲。或作喃。束皙作娂。

娛 10712 04867　yú_7.10　廣韻 集韻 韻會 元俱切 正韻 牛俱切𡏡音虞。說文 樂也。張衡·西京賦 窮歡極娛图wù 集韻 五故切音悟。義同△虞、愚通。鋆 又娛10657娱10808娛10809惧17522。

婍 10713 04868　chī_7.10　集韻 抽遲切音絺。女字 图xī香依切音希。義同。

愢 10714 04869　jì_7.10　集韻 渠記切音忌。怒也。鋆俗忌。

妦 10715 04870　fēng_7.10　集韻 同妦。

娜 10716 04871　nuǒ_7.10　唐韻 奴可切 集韻 乃可切，𡏡那上聲。婀娜，美貌。亦作嫋娜李白詩 花腰呈嫋娜图舒遲貌。亦作阿那图柔而長也 杜甫詩 連笮動嫋娜註 笮以竹索爲橋渡水。亦作裊那。義同。图集韻 囊何切音那。女字。鋆 又娜11061。

婩 10717 04872　è_7.10　集韻 始10611古作姶。

娑 10718 04873　suō_7.10　集韻 蘇禾切音梭。女字。

姓 10719 04874　gào_7.10　集韻 居号切音誥。女名。

娝 10720 04875　bǐ_7.10　集韻 補美切音鄙。姓也。图fū芳無切音敷。不肖也。图pōu普溝切音紑。義同。

娑 10721 04876　suō_7.10　廣韻 集韻 𡏡素禾切音莎。女字 穆天子傳 盛姬之喪，叔娑爲主寰宇記 沙麓在元城縣東，亦名女娑丘。時穆王東征至此，喪盛姬，其女叔娑過之思哭，因名图qiē醋加切，音叉◇紗疾也。图cuō 集韻 邨戈切音筮图cuó祖禾切音矬。義𡏡同 图zuō臧戈切音侳。少也。美也。图cuò祖臥切音挫。輕也。△長箋 女不雜坐从女坐，示戒也。鋆又娺11222朱駿聲 說文通訓定聲 輕

薄之意。字亦作㜻61212

娞 něi_7.10　廣韻奴罪切集韻弩罪切𠀤音餒。娞媖，妍也。或从委図sui集韻宣佳切音䜌。安也。通作綏。 10722 04877

婆 pò_7.10　◆廣韻集韻𠀤普没切音哱。乳母字。一曰娝婆，女肥貌。 10723 04878

婷 xīn_7.10　集韻斯人切音辛。女字。鍫又敕60528 10724 04879

娹 tǒng_7.10　集韻吐孔切音侗。女字図尹竦切，音勇。女名。一曰齊貌。 10725 04880

娟 juān_7.10　廣韻於緣切集韻韻會縈緣切正韻縈圓切𠀤音蜎。嬋娟，美好貌孟郊詩蔦蔓轉嬌玉，菱荇咸嬋娟図連娟，纖弱貌漢武帝·悼李夫人賦美連娟以修嫮図聯娟，微曲貌宋玉·神女賦眉聯娟以蛾揚図便娟，輕貌謝靈運·雪賦初便娟於廊廡，末縈盈于帷席。図娟娟，幽遠貌杜甫詩風含翠篠娟娟淨図女名樂府解題周女娟，趙簡子夫人，河津吏之女。又麗娟，漢宮人，善唱回風曲図yuān集韻縈元切音淵。女字。図juān正韻規淵切音涓。媚也。又美好貌△通作嬛。或作嬽。鍫又娟10583 10726 04881

娠 shēn_7.10　廣韻失人切集韻韻會正韻升人切𠀤音申。說文女妊身動也。左傳·哀元年后緡方娠図zhèn集韻之刃切音震。義同。通作身図zhēn正韻之人切音眞。揚子方言燕齊之閒，養馬者及官婢女斯通謂之娠，亦曰侲。鍫又娬10728晏10784 10727 04882

姃 shēn_7.10　字彙同娠。職吏切音志。有莘氏女，鮌娶之，謂之女姃。本作志。 10728 04883

𡝫 zhì_7.10　廣韻集韻𠀤 10730 04885

婑 yóu_7.10　集韻夷周切音由。女字。 10729 04884

姶 hán_7.10　集韻胡南切音含。女字。 10732 04887

姎 nà_7.10　同妠。 10733 04888

娵 cù_7.10　集韻余救切音岫。醜也。鍫正字通同敽10963𧩂省說文有敽無娵。舊註義與說文敽訓同。改云九、余救二切，誤。 10731 04886

娣 dì_7.10　廣韻特計切集韻韻會正韻大計切𠀤音第。女弟也六書故古之嫁女者，以姪娣從，自適而下，凡謂之娣図廣韻徒禮切集韻韻會正韻待禮切𠀤音弟。娣姒，姒娌也。兄之妻曰姒10521婦，弟之妻曰娣婦。 10734 04889

妝 zhuāng_7.10　集韻同妝。 10735 04890

娥 é_7.10　唐韻五何切集韻正韻牛何切𠀤音蛾。好也揚子方言秦謂好曰娥図星娥，帝少昊后。娥皇，堯女舜妻。見史記図嫦娥，羿妻。◆後漢·天文志嫦娥竊羿不死藥，奔月，及之爲蟾蜍図夸娥，天女也。見列子·湯問篇図韓娥，歌妓也博物志韓娥之齊，粥歌假食，旣去，餘響繞梁三日図姓。見姓苑。鍫又褹39819褹54329 10736 04891

嬪 pín_7.10　同嬪。 10737 04892

娧 tuì_7.10　廣韻他外切 10738 04893

集韻韻會吐外切𠀤音蛻。舒遲貌。一曰喜也。鍫又娧10775図龍龕娧，脫、兌二音。婉娧，媚也。又音問，生也。又芳萬反，覤66828也。又音万，姓也。亦古萬字。

婵 mǎn_7.10　集韻母版切音矕。傲慢也図xiàn下晏切音䶎字林嫚也。 10739 04894

娜 pū_7.10　集韻滂模切音鋪。女字。 10740 04895

婉 wǎn_7.10　廣韻無遠切集韻韻會武遠切𠀤音晚。媚也，順也禮·內則女子十年不出，姆教婉娩聽從。図wèn廣韻亡運切集韻韻會正韻文運切𠀤音問。女字。一曰生也図miǎn正韻美辯切音免。義同。鍫又嫚10969挽11817 10741 04896

娪 wú_7.10　廣韻五乎切集韻韻會訛胡切𠀤音吾図坿倉美女也図yú集韻牛居切音魚揚子方言吳人謂女曰娪図wù五故切音誤釋名靑、徐州呼女曰娪。娪，忤也。女始生，人意不喜，忤忤然也。 10742 04897

娫 yán_7.10　廣韻以然切集韻夷然切𠀤音延。女字。一曰美好貌。 10743 04898

娬 wǔ_7.10　集韻同嫵 10744 04899　**娿** huó_7.10　集韻同姡 10745 04900

娭 xī_7.10　古文毐廣韻許其切集韻虛其切𠀤音熙。婦人賤稱図戲也漢·安世房中歌神來燕娭図āi集韻於開切音哀。婢也。図ǎi倚亥切音唉。義同△六書故娭嫛嬉䜴通。 10746 04901

婠 yán_7.10　集韻魚軒切音言。女字。鍫又訮55620 10747 04902

姼 bèi_7.10　集韻博蓋切音貝。女名。鍫又姵10435 10748 04903

嬪 pín_7.10　玉篇古文嬪11547字集韻作姘。鍫玉篇亦作婄五音集韻作婄 10749 04904

娄 lǚ_7.10　集韻屢13144古作婁。 10750 04905

㛠 chá_7.10　篇海類編直牙切音茶。美貌。鍫玉篇作㛝10782 10751 40935

娳 lòng_7.10　五音篇海力貢切，女字。 10752 40936

娙 chéng_7.10　篇海類編直貞切音呈。女名。 10753 40937

媱 yáo_7.10　奚韻余消切，美貌。 10754 40938

妒 dù_7.10　川篇當故切。嫉妒也。 10755 40939

娃 wāng_7.10　篇海類編烏光切音汪。女字。 10756 40940

嫋 niǎo_7.10　龍龕奴了切。又女悉切。 10757 43019

婿 xiè_7.10　篇海類編同妜 10759 43021

晏 jiān_7.10　龍龕同奸 10760 43022　**琢** xiè_7.10　字彙補音怯。 10758 43020

心不平也○按海篇作妜。鍫俗姧10391

姒 sì_7.10　篇海類編同姒。 10761 43023

10762 43024 suī_7.10 [海篇]音雖

10763 43025 cū_7.10 [搜眞玉鏡]音麁。鑫 又嫩10764嫩11067

10764 43026 cū_7.10 [五音篇海]音觸。又音麁。

10765 43027 niǎo_7.10 [龍龕]寧了切

10766 u2B76B lái_7.10 [簡]㛡10875

10767 u2B76A gòng_7.10 [簡]㛑11151

10768 u2B769 chóu_7.10 [簡]㛆11542

10769 u2A97A null_7.10 未詳。

10770 u2A979 null_7.10 未詳。[漢語方言大詞典]孬，不好。吳語。浙江紹興。

10771 u2A978 āo_7.10 [方]同嫐11818

10772 u2A977 null_7.10 [喃]未詳。

10773 u2A976 null_7.10 未詳。

10774 uFA80 bì_7.10 俗婢10876

10775 u2F864 tuì_7.10 同娧10738

10776 u2F862 jī_7.10 同姬10599

10777 u21758 lù_7.10 俗媘10827

10778 u21757 null_7.10 [新撰字鏡]古奈弥。又古奈美。

10779 u21755 và_7.10 [喃]从女叭ba聲。

10780 u21754 kép_7.10 [喃]从妓省劫kiếp聲△㜇喝：演員。

10781 u21751 fēi_7.10 [集韻]妃10362，芳微切[說文]匹也。一曰嘉偶曰妃。或作㜇。

10782 u21750 chá_7.10 亦作㛒10751 [玉篇]直牙切。美也。又[類篇]婭，於加切。婭㛒，態也。又倚下切。婭姹10617，作姿。又[玉篇]㛒12075，恥價切。㝩㛒，嬌態兒。又宅加切。

10783 u2174F pín_7.10 [集韻]嬪11547，古作㛏。又[玉篇]古文嬪。又敦煌·P.3315尚書釋文㛏，本又作姘。皆古嬪字。毗眞反。婦也△[四聲篇海]作㛏10749

10785 u21747 yín_7.10 [可洪音義]婬欲：上羊林反。正作婬10887

10786 u21746 null_7.10 未詳。

10784 u2174C zhèn_7.10 [集韻]娠，之刃切。妊也。或書作㜇。通作震。

10788 u21744 null_7.10 未詳。

10787 u21745 null_7.10 未詳。

10789 u21743 bù_7.10 [漢語方言大詞典]㜃㜃囝：男孩子。㜃㜃㜀㜃：兒女們。閩語。廣東海康。[方]bua[喃]寡㜃：寡婦。

10791 u21741 chuò_7.10 同㛱10706

10790 u21742 zhuāng_7.10 俗妝10410

10792 u21740 null_7.10 未詳。

10794 u2173E null_7.10 未詳。

10793 u2173F mǔ_7.10 閩查㛿，亦作查某，女人。粗俗用語。

10795 u2173D qī_7.10 古文妻10485正作妻、㛠。

10796 u2173C null_7.10 未詳。

10797 u2173B null_7.10 未詳。

10798 u2173A null_7.10 未詳。

10799 u21739 wù_7.10 同㜦10965

10800 u36E4 lí_7.10 [簡]孋11697

10801 u36E3 yú_7.10 [簡]娛11183

10802 u36E2 null_7.10 未詳。

10803 u36E1 wán_7.10 [古音骿字續]編 傅捖19720，[淮南子]傅捖，[路史]二同搏捖。

10804 u36DF huàn_7.10 同嫆11116

10805 u5A34 xián_7.10 [簡]嫻11362

10806 u5A33 lì_7.10 譯音用字。東京日日新聞社半月刊[華文大阪每日]. 1939. V. 3. Num. 6. P. 43 波拉·內布娳勝訴。

10807 u5A32 wā_7.10 [簡]媧11036

10808 u5A31 yú_7.10 同娛10712

10809 u5A2F yú_7.10 俗娛10712

10810 04906 fēi_8.11 [集韻]同妃

10811 04907 niàn_8.11 [集韻]同姩

10812 04908 tà_8.11 [廣韻]他合切[集韻]託合切丛音錔[說文]㑥伏也。一曰服意 [又][集韻]達合切音沓。義同。

10813 04909 jū_8.11 [廣韻]子于切[集韻][韻會]遵須切丛音諏。娵訾，星次名[爾雅·釋天]娵訾之口，營室東壁也[註]自尾十六度至奎四度爲娵訾，衛之分野，屬并州[又]娵訾，帝嚳妃，生摯。見[前漢·古今人表][又]閭娵，魏之美人[東方朔·七諫]謂閭娵爲醜惡。一曰明娵[又]蠻謂謂魚爲娵隅[郝隆·南蠻參軍詩]娵隅躍清池[又]zōu[集韻]甾尤切音鄒。女名[又]cǒu此苟切，音掫。美女也。

10814 04910 qǔ_8.11 [廣韻]七句切[集韻][韻會]逡遇切丛音趣[說文]娶婦也[胡安定·家訓]嫁女須勝吾家，則女之事人必戒。娶婦須不若吾家，則事舅姑必謹[又]xū[集韻]新於切音胥。商娶，媒也[又]xū[詢趨切音須[荀卿·佹詩]閭娶、子奢，莫之媒也。或作嫨。一作雙雛切音餒[又]jū遵須切音諏。人名。烏孫王岑娶。經史內通作取。鑫 又嫨11583

10815 04911 pēng_8.11 [廣韻]普耕切[集韻]披耕切丛音怦[說文]除也[倉頡篇]男女私合曰姘[漢律]與妻婢姦曰姘。又齋與女交罰金四兩，曰姘[又]pīn[集韻]滂丁切音甹。義同。鑫 又姘10572姘10512

10816 04912 zhuì_8.11 [廣韻][集韻]丛竹恚切音諈[說文]諈諉，累也[註]以事相屬也[又]姓[又]人名·[前漢·藝文志]兵家有婎一篇[又]shuì[集韻]樹偽切音瑞。女字[又]chuí馳偽切音腄[又]chuí是爲切音垂。義丛同。

10817 04913 qī_8.11 [廣韻]去其切[集韻][韻會]丘其切丛音欺[說文]姓也。一曰醜也。漢枚皋作賦詆娸東方朔。又自詆娸其文[前漢·敘傳]安昌貨殖，朱雲作娸[註]朱雲廷言欲斬張禹，是爲醜惡之娸。

10819 04915 mí_8.11 同孆

10818 04914 xián_8.11 [唐韻]胡田切[集韻]胡千切丛音賢。有守也〇按[字彙]書作婘，非，今改正。鑫 又妶10479[又]備考重出：[字彙補]與婆同。

10820 04916 mí_8.11 同婆。

10821 04917 zhuó_8.11 [廣韻]丁滑切[集韻]張滑切丛音窡[說文]疾病也。一曰婠娺，好貌[又]zhuī[廣韻]陟誰切[集韻]中葵切丛音追。義同。疾病。

10822 04918 tiè_8.11 媟字之譌。

10823 04919 dōng_8.11 [集韻]都籠切音東。國名[又]dòng多貢切音凍。女字。

10824 04920 chāng_8.11 俗倡字。

10828 04924 qī_8.11 姕字之譌。

婡 10825 04921 lǎn_8.11 集韻盧感切音壈。好貌。

媏 10826 04922 mǎn_8.11 ◆集韻母敢切音餢。鄉名，在山西猗氏縣。

娽 10827 04923 lù_8.11 廣韻集韻𠀤盧谷切音祿說文隨從也埤蒼顓頊妃名又廣韻力玉切集韻龍玉切𠀤音菉。錄錄、碌碌、鹿鹿、娽娽，音義𠀤通。鋈又娽10777

娾 10829 04925 ǎi_8.11 廣韻五駭切集韻語駭切𠀤音騃。喜悅也又yá集韻宜佳切音厓。醜也。

娿 10830 04926 ē_8.11 廣韻集韻韻會正韻𠀤於何切音阿。媕娿，不決也韓愈·石鼓歌詎肯感激徒媕娿又ě廣韻正韻烏可切集韻韻會倚可切𠀤音旖。娿娜，弱態貌。亦姓。

婀 10831 04927 ē_8.11 同娿。鋈又婀10482

婁 10832 04928 lǚ_8.11 古文𡞋𡟿𡡒集韻韻會𠀤隴主切音縷。卷婁，形神交役也◆莊子·徐無鬼舜舉童土之地，齒長明衰，不得休歸，所謂卷婁者也又繫馬曰維，繫牛曰婁。牛馬維婁，見公羊又lǚ集韻龍遇切。同屢。煩數也前漢·公孫弘傳上方興功業。婁舉賢良。又元帝紀百姓婁遭凶咎又léi集韻倫爲切音羸。埶婁，地名。在西羌。又lóu廣韻洛侯切集韻韻會郎侯切正韻盧侯切𠀤音樓。星名禮·月令季冬之月，日在婺女、昏婁中淮南子·天文訓二月建奎婁又地名春秋·隱四年莒人伐杞，取牟婁。又僖十八年衞侯師于訾婁又江名史記正義江東北下三百餘里，入海曰婁江，今松江屬有婁縣又人名。離婁，古之明目者楚辭·九章離婁微睇兮，瞽以爲無明。又黔婁，齊隱士，有黔婁子四篇又姓。漢婁敬，高祖賜姓劉。唐婁師德又獸名韓詩外傳北方有獸，名曰婁，更食而更視。又同豭左傳·定十四年旣定爾婁豬又lǘ集韻龍珠切正韻淩如切𠀤音慺。曳也詩·唐風子有衣裳，弗曳弗婁又鏤刻貌何晏·景福殿賦繚以藻井，編以綷疏。紅葩𩋾韘，丹綺離婁註離婁，鏤刻分明也。又愚也，昧也蘇氏演義時人以無分別者爲邾婁不辨。邾婁，小國。微小之人不能分別也六書故春秋邾國，號邾婁又lǒu集韻朗口切正韻朗斗切。𠀤同塿。小阜也左傳·襄二十四年子太叔曰：部婁無松柏。鋈又嬰，亦古文婁。婁，母中女。女生女，屢屢不絕也又婁10833 娄婁27203嫂11291𡡒。𡟿搜眞玉鏡作𡟿，古文婁。

婁 10833 04929 lǚ_8.11 俗婁字。

媟 10839 04935 xiè_8.11 同媟。

婂 10834 04930 mián_8.11 集韻彌延切音綿。女字。本作嫋。

婃 10835 04931 cóng_8.11 集韻徂宗切，音琮。女字。

婄 10836 04932 pǒu_8.11 廣韻蒲口切集韻薄口切，並音部。又廣韻集韻普后切，並音剖。婄㜌，婦人肥貌。一曰不才。

婅 10837 04933 jū_8.11 集韻居六切音匊。女名。

婆 10838 04934 pó_8.11 廣韻薄波切集韻蒲波切韻會正韻蒲禾切𠀤音皤說文奢也。一曰老母稱。方俗稱舅姑曰公婆。又廣西猺俗男子老者，一寨呼之曰婆，其老婦則呼之曰公又黃婆，脾神也。養生家以脾能母養餘臟，名曰黃婆又孟婆，風神也楊愼曰孟婆，宋汴京勾攔語，謂風也又鞞婆，琵琶名，見搜神記又梵言耆婆，華言長壽天神。梵言貧婆，華言叢林◆梵言優婆塞，華言善士。𠀤見祖庭事苑又國名。闍婆國，卽瓜哇國，元遣史弼征之，封爲瓜哇國王又城名。蓬婆城，在吐蕃杜甫詩已收滴博雲間戍，更奪蓬婆雪外城△說文作媻。鋈又漊11186𡢃11571𡛷11064㜑。

婇 10840 04936 cǎi_8.11 集韻此宰切音采。女字又cài倉代切音菜。義同。鋈又可洪音義婇女：上倉改反。正作綵44334又婇女：上倉改反，事也，事君之女也。正作采採二形又擇也。又採擇眾女以填宮，因以名之，書無此字。

婏 10841 04937 qiǎng_8.11 字彙丘仰切，羌上聲。亂貌正字通譌字。鋈又㛨11207

婤 10842 04938 zhóu_8.11 集韻同妯。兄弟婦相呼爲妯娌。或从育。

婈 10843 04939 líng_8.11 集韻閭承切音夌。女字。

婉 10844 04940 wǎn_8.11 廣韻正韻於阮切集韻韻會委遠切𠀤音宛說文順也左傳·昭三十一年春秋之稱婉而辨。又婉婉，龍飛貌屈原·離騷駕八龍之婉婉又wǎn集韻鄔管切音盌。美也詩·邶風燕婉之求。徐邈讀又㛄、婉𠀤通。鋈又𡝩55749𡝣56215

婊 10845 04941 biǎo_8.11 集韻彼小切音表。女字又俗呼倡家爲婊子。

婋 10846 04942 xiāo_8.11 集韻虛交切音虓玉篇女心俊慧也。鋈又㚠11057

㛘 10847 04943 nǒu_8.11 廣韻集韻𠀤乃后切音穀。㛘㛀，女肥貌。一曰乳也。

婌 10848 04944 shú_8.11 廣韻殊六切集韻韻會市六切𠀤音淑。後宮女官名。

婍 10849 04945 qǐ_8.11 集韻去倚切音綺博雅好也。

婎 10850 04946 huī_8.11 廣韻許維切集韻呼維切𠀤音睢◆說文姿婎，姿也。一曰醜也又huì廣韻香季切集韻香萃切，𠀤睢去聲。醜也又bì集韻必至切音畀。義同又huǐ虎癸切音𣉻。恣婎，自縱貌。與㒞同。鋈又㡯15651㢈15743㢈15782

婏 10851 04947 fàn_8.11 廣韻芳萬切集韻韻會孚萬切𠀤音飯說文兔子也◆一曰娩，疾也爾雅·釋獸作嬎11463 鋈又𪁺11724

婐 10852 04948 wǒ_8.11 廣韻集韻韻會正韻𠀤烏果切音㚔。婐妮，身弱好貌古樂府珠佩婐妮戲金闕又集韻女侍也。與孟子二女果之果通△別作倮。鋈又婑10853

娞 ruí_8.11 10853 04949　集韻儒佳切音綏。美貌 図鄔果切。同媒。美也 列子·楊朱篇 公孫穆好色，擇稚齒娞媠者△與媱通。

婒 tán_8.11 10854 04950　集韻徒甘切音談。女字。

娭 xì_8.11 10855 04951　集韻許罽切音憩。兇也，恣也。

娿 lǚ_8.11 10856 04952　集韻娿10832古作娿。

娤 yāo_8.11 10857 04953　說文妖本字。亦通夭。

斐 fēi_8.11 10858 04954　廣韻芳非切 集韻芳微切，並音霏。又 集韻符非切。義同。說文斐斐，往來貌•揚雄·反騷昔仲尼之去魯兮，斐斐遲遲而周邁 左思·蜀都賦娉江斐與神遊 註江斐，神女也。遊于江濱，鄭交甫遇而挑之，斐解佩以贈。鑾又婔10859

婔 wéi_8.11 10859 04955　廣韻雨非切，音幃。江婔，神女 図 集韻斐，芳微切 說文往來斐斐兒。一曰醜兒 列仙傳江斐二女。或書作婔。

婕 jié_8.11 10860 04956　廣韻卽葉切 集韻 韻會 正韻卽涉切丛音接。婕好，婦官 張衡·西京賦增昭儀于婕好 図qiè 集韻七接切音妾。又疾葉切音捷。丛美貌 漢書作倢伃。義詳好10418字註。鑾又婕11129婕11112婕11347

婖 tiān_8.11 10861 04957　集韻他兼切音添。女字 図tiǎn他點切音忝。女視䁘貌。

婗 ní_8.11 10862 04958　廣韻五稽切 集韻研奚切丛音倪•說文嬰也。嬰婗，人始生也 釋名婗其啼聲。一曰婦人惡貌。図nǐ 集韻吾禮切音婗。媞婗，嫵媚貌。一曰疑不決。

婘 quán_8.11 10863 04959　廣韻巨員切 集韻 韻會 正韻逵員切丛音權 博雅好也。與嬛、嬋同 図juàn 廣韻 集韻丛古倦切。同眷 前漢·樊噲傳誅諸呂婘屬。鑾又嬛11491

媕 yàn_8.11 10864 04960　廣韻於劍切音俺。又 集韻於瞻切音愴。義同 說文誣挐也△玉篇婢也 図yān 集韻衣廉切音淹。女貌。鑾又em喃妹妹。又im安靜。

婧 jìng_8.11 10865 04961　正字通俗婧字。

婚 hūn_8.11 10866 04962　廣韻 集韻 韻會 正韻丛呼昆切音昏。婚，姻嫁也 爾雅·釋親婦之黨爲婚兄弟，婿之黨爲姻兄弟 易·屯卦求婚媾 図婚嫁之婚親曰連婚 前漢·王商傳大將軍鳳連婚楊彤 図凡嫁娶斂財曰賣婚 史通山東士人尚閥閱，嫁娶必多取貲，人謂之賣婚△經史通作昏22400 鑾又憂09838憂09839憂09845憂32286啟10867婚10970 図婣宋元以來俗字譜 引金瓶梅

啟 hūn_8.11 10867 04963　字彙同婚音慳 說文美也 図jǐn頸忍切音緊。女字。

婄 jīng_8.11 10868 04964　集韻居卿切音京。女字。

媊 diàn_8.11 10870 04966　集韻堂練切音殿。女字。

娙 qiān_8.11 10869 04965　集韻丘閑切

婞 xìng_8.11 10871 04967　廣韻胡頂切 集韻 正韻下頂切。丛同悻 說文很也 屈原·離騷鮌婞直以亡身 図 集韻下耿切。同倖。一曰親也。一作婞。鑾五音集韻婞，微徉也。一曰親也。通作幸、倖。

媩 hù_8.11 10872 04968　廣韻胡誤切 集韻胡故切丛音護。婤嫇，戀惜也 図鳥名 爾雅·釋鳥註鴳一名媩澤 図gù 集韻古慕切音顧。義同 図hù後五切音戶。好也。

婠 wān_8.11 10873 04969　廣韻一丸切 集韻烏丸切丛音剜 說文體德好也 図guàn 廣韻 集韻丛古玩切音貫。好貌 図wà 集韻烏八切音穵。又乎刮切音婠。義丛同。

婆 chān_8.11 10874 04970　廣韻丑廉切 集韻癡廉切丛音覘 說文妗也。一曰婆妗，喜笑貌 図shān 集韻詩廉切音苫。又火占切，音襜。義丛同。

娒 lái_8.11 10875 04971　集韻郎才切音來。女字 図lài落蓋切音賴。好貌。鑾又媡10766

婢 bì_8.11 10876 04972　廣韻便俾切 集韻 韻會部弭切丛音庳 說文女之卑者 禮·曲禮自世婦以下皆稱曰婢子 図夫人負罪而有所請，亦曰婢子 左傳·僖十五年穆姬曰：晉君朝以入，則婢子夕以死。又二十二年嬴氏對太子圉曰：寡君使婢子侍執巾櫛 図有罪而沒入于官曰官婢 前漢·刑法志太倉令淳于公罪當刑，小女緹縈上書，願沒入爲官婢，以贖父 図•小魚曰魚婢，見 爾雅·釋魚。図金鳳花，別名菊婢，見 草木譜 図婢曰上清 司馬光·考異引柳珵 上清傳竇參初敗，屬上清，定爲宮婢。一曰上清或婢本名 正字通當時通稱婢爲上清。鑾又婢10774

嫺 yīn_8.11 10877 04973　集韻同姻

婤 chōu_8.11 10878 04974　廣韻 集韻丛丑鳩切音抽。好貌 図zhōu 廣韻職流切 集韻之由切丛音周 說文女字。又嬰人婤姶10611 図chóu 集韻陳留切音儔。義同 図diāo丁聊切音貂。女名。

婥 chuò_8.11 10879 04975　廣韻昌約切 集韻 韻會 正韻尺約切丛音綽。婥約，美貌 図dí 集韻亭歷切音狄 說文女病也。図nào女教切音淖。義同△與婥、綽通

婦 fù_8.11 10880 04976　古文𡜏 唐韻房九切 集韻 韻會扶缶切 正韻房缶切丛音阜 說文服也 爾雅·釋親子之妻爲婦。又女子已嫁曰婦。婦之言服也，服事於夫也 禮·昏義婦人先嫁三月，教以婦德、婦言、婦容、婦功。又 郊特牲婦人，從人者也。幼從父兄，嫁從夫，夫死從子 図家婦、長婦、介婦，衆婦也。見 內則 図嬪婦，化治絲枲。見 周禮·天官 図世婦，后宮官，所謂二十七世婦也 図屬婦，婦之窮獨當聯屬者•書·梓材至于屬婦 図嫠婦，寡婦也 蘇軾·赤壁賦泣孤舟之嫠婦 図好貌 荀子·樂論篇其容婦 図物類之陰者亦曰婦 埤雅鵓鳩陰則屏逐其婦，晴則呼之 図 韻府蟋蟀一名吟蛩，濟南呼爲嬾婦 図江中有魚名白旂，其脂可然，用之照歌舞則明，照紡績則昏，世謂嬾婦所化 図鷦鷯名巧婦，赤斑蜘蛛名絡絲婦。丛

見本草綱目 又 梵言婆利耶，華言婦△通作負。別作媍。
鑾又妇10384婦10915敀21596

婧 10881 04977
jìng_8.11 廣韻集韻太疾政切音淨。女貞也。一曰竦立 又 纖弱貌張衡·思玄賦舒眇婧之纖腰 又 qiàn 集韻韻會正韻太七正切音倩 又 jìng太疾郢切音靜。義太同 又 jìng集韻子正切，精去聲。有才品也。一曰婧婧，健貌 又 績領切音井。咨盈切音精。義太同。

婨 10882 04978
lún_8.11 集韻盧昆切音論。女名。

婩 10883 04979
àn_8.11 集韻魚旰切音岸博雅好也。一曰婦人齊整貌 又 yàn魚變切音彥。義同揚子方言婩嫧，鮮也。又 nüè逆約切，音虐。婩斫，不解悟貌。鑾直音篇妒同婩。

婪 10884 04980
lán_8.11 廣韻集韻韻會正韻太盧含切音嵐說文貪也杜林卜者黨相詐驗爲婪韓愈·順宗實錄韋執誼性貪婪詭賊 又 lǎn集韻盧感切音窞。義同。一曰不謹也。

婫 10885 04981
kūn_8.11 集韻公渾切音昆。女字 又 hùn戶衮切音混通鑑·梁敬帝太平元年人人以荷葉裹飯，婫以鴨肉數臠註江東人以物蒙頭曰婫。

婸 10886 04982
xī_8.11 集韻先的切音錫。女名。

婬 10887 04983
yín_8.11 廣韻餘針切集韻韻會正韻夷針切太音淫◆說文私逸也揚子方言婬，遊也。江沅之間謂戲爲婬△通作淫。鑾又㜣34039妊10785

婭 10888 04984
yà_8.11 廣韻集韻韻會正韻太依嫁切音稏。◆爾雅·釋親兩壻相謂曰婭，言相亞次也△通作亞。鑾又娅10683

婖 10889 04985
lù_8.11 廣韻集韻太力竹切音六。女字。

婮 10890 04986
jū_8.11 集韻斤於切音居。女字。

婯 10891 04987
lì_8.11 正字通同麗。見王充·論衡

婰 10892 04988
diǎn_8.11 集韻多殄切音典。女名。

婼 10893 04989
xī_8.11 字彙補思積切音昔。女字。

婱 10894 40941
xiè_8.11 篇海類編悉協切音燮。治也。

婲 10895 40942
miè_8.11 川篇亡業切。神女也。

婧 10896 40943
kěng_8.11 字彙補苦等切音肯菽園雜記杭人謂子幼者曰婧。鑾字彙補其緪切。

婟 10897 40945
hù_8.11 篇海類編胡故切，音戶◇美好。

婬 10898 40944
xiáo_8.11 篇海類編何交切音爻。姣婬也。鑾爻部重出：集韻同姣。

婄 10900 43029
pìn_8.11 字彙補與聘同。

娸 10901 43030
qī_8.11 篇海類編同娸。

媿 10902 43032
nǎo_8.11 龍龕同嫋

婁 10899 43028
lóu_8.11 五音篇海同婁。出玉篇〇按玉篇本作婁篇海譌。

婆 10903 43033
zhuāng_8.11 字彙補同妝。

媼 10904 u2A985
nǎo_8.11 同嫋10984

媗 10905 u2A984
null_8.11 未詳。

媌 10906 u2A983
null_8.11 未詳。

媉 10907 u2A982
null_8.11 未詳。

娉 10908 u2A981
null_8.11 未詳。

婞 10909 u2A980
fāng_8.11 女字。

媖 10910 u2A97F
dú_8.11 簡嬻11607

媥 10911 u2A97E
null_8.11 喃未詳。

娘 10912 u2A97D
cháng_8.11 女字。

婕 10913 u2A97C
qī_8.11 俗妻10485龍龕婕，俗。音妻。

婲 10914 u2A97B
null_8.11 喃未詳。

婦 10915 u2F866
fù_8.11 同婦10880

婞 10916 u21797
bóng_8.11 喃从女俸bổng省聲。陰魂。

娓 10917 u21796
đĩ_8.11 喃从妓省底để聲△娓妓：妓女。

婒 10918 u21795
vợ_8.11 喃从女备bị聲。同㜲11506妻子。

敀 10919 u21792
fù_8.11 古文婦詛楚文刑戮孕敀。譌作敀21596

婇 10920 u2178F
nài_8.11 類篇婇，乃帶切。女字集韻作嫊11041

婳 10921 u2178E
mián_8.11 同媔11005

婕 10922 u2178D
zhuān_8.11 俗嫥11261

婗 10923 u2178C
yì_8.11 同婗11044類篇婗，研計切。姥也。

婸 10924 u2178B
cān_8.11 簡嫪11253

婚 10925 u2178A
null_8.11 未詳。

婽 10926 u21789
null_8.11 未詳。

婀 10927 u21788
null_8.11 未詳。

婣 10928 u21787
péng_8.11 从女朋聲。金文族徽，見亞佩婣鐃

婘 10929 u21786
shè_8.11 疑女字。

婑 10930 u21785
null_8.11 或同婑10960

婠 10932 u21783
null_8.11 未詳。

娉 10931 u21784
pìn_8.11 或俗娉10688

婧 10933 u21782
null_8.11 未詳。

婖 10934 u21781
null_8.11 未詳。

婟 10935 u21780
null_8.11 未詳。

婘 10936 u2177F
null_8.11 未詳。

婔 10937 u2177E
null_8.11 或俗婔。

婁 10938 u2177D
qī_8.11 俗妻10485

屡 10939 u2177C
lǚ_8.11 或同屢。

婎 10940 u2177B
kuā_8.11 同姱10604

婌 10941 u2177A
null_8.11 未詳。

婦 10942 u21779
null_8.11 未詳。

婉 10943 u21778
null_8.11 未詳。

婓 10944 u21777
null_8.11 未詳。

婆 10945 u21776
null_8.11 未詳。

婗 10947 u21774
null_8.11 未詳。

婞 10946 u21775
cuì_8.11 嫶婞，亦作顦顇68240憔悴。

婝 10948 u21773
null_8.11 未詳。

婂 10949 u21771
null_8.11 未詳。

婡 10950 u21770
null_8.11 未詳。

婦 10951 u2176F
null_8.11 未詳。

婠 10952 u2176E
null_8.11 未詳。

婈 10954 u2176C
null_8.11 未詳。

娟 10953 u2176D
mào_8.11 俗媌11030 龍龕娟，冒、寐二音。夫妬婦也。

婶 10955 u5A76
shěn_8.11 简嬸11599

嬋 10956 u5A75
chán_8.11 简嬋11388

嬰 10957 u5A74
yīng_8.11 简嬰11556

姍 10958 u5A73
huà_8.11 简嬧11370

姹 10959 u5A72
huā_8.11 日漂亮打扮 和字正俗通 和制一 人品 姹，ダテ 図同嬅。女子容貌美麗。

婆 10960 u5A71
xián_8.11 同娹10818 字彙胡田切，音賢。婦人守志。

婷 10961 04990
tíng_9.12 集韻同姃。娉婷，美好貌 杜甫詩 不嫁惜娉婷 陳無已詩 當年不嫁惜娉婷，傅粉施朱學後生。不惜捲簾通一顧，怕君著眼未分明。

媓 10962 04991
dàng_9.12 廣韻徒朗切 集韻待朗切 丛音蕩 說文放也。一曰淫戲 図前漢·西南夷傳 夸人自稱曰媓 揚子方言 巴濮之人自呼阿媓 図yáng 集韻余章切音陽。女字 △別作姎。通作慯惕傷。鑒又懭18425

敵 10963 04992
jiù_9.12 廣韻 集韻 丛卽就切音僦。醜老嫗貌。図cù 集韻七六切音蹙。義同 図六書統 嫗也。鑒又嬶11043 嬲10731

嫇 10964 04993
yǎo_9.12 廣韻烏皎切 集韻伊鳥切丛音杳。嫇嫇，弱貌。鑒嬶11396 嫇，同嫇嫇 図嫇11212

婺 10965 04994
wù_9.12 廣韻 集韻 韻會丛亡遇切音務 說文不繇也 図星名，玄枵之次 星經須女四星，一名婺女10330 前漢·谷永傳日食婺女之分 左思·吳都賦婺女寄其野。図州名。隋唐置婺州 図móu 集韻迷浮切音謀。美貌 図mù莫卜切音木。義同。鑒又婺11137 嫛10799

嬭 10966 04995
nàn_9.12 集韻奴紺切，南去聲，美貌。又小肥。

嫂 10967 04996
sǎo_9.12 廣韻 集韻 韻會 正韻丛蘇老切音埽。兄之妻 後漢·馬援傳援敬事寡嫂，不冠不入廬 図丘嫂，丘，大也，長嫂稱 前漢·高帝紀高祖微時過丘嫂 楚元王傳時時賓客過其丘嫂食△別作嫂娞。

婼 10968 04997
chuò_9.12 廣韻昌約切 集韻 韻會尺約切丛音綽 說文不順也 図集韻人奢切，惹平聲。義同 図集韻敕略切音逴。魯大夫叔孫婼 図廣韻 集韻 韻會 正韻丛如支切音兒。婼羌，西域三十六國之一 前漢·西域傳婼羌，國王號去胡來王 前漢·趙充國傳將婼月氏兵四千人。

嫥 10969 04998
zhuàn_9.12 字彙追萬切，音囀◇揚子方言抱嫥，耦也 図miǎn亡辨切音免。與娩同。

婚 10970 04999
hūn_9.12 同婚。

媦 10972 05001
wéi_9.12 集韻烏回切音隈。女字 図wěi鄔賄切音碨。媦媗，奸也。

嫁 10971 05000
jiǎ_9.12 廣韻古馬切 集韻舉下切丛音假。好也。

媮 10973 05002
yú_9.12 廣韻羊朱切 集韻 韻會容朱切丛音俞。◆說文薄也。一曰靡也 楚辭·卜居將從俗富貴以媮生乎 左傳·襄三十年晉未可媮也 図樂也。與愉通 呂氏春秋

齊威王鼓瑟。騶忌子曰：攫而深，醇而嬮者，政令也。図叶餘昭切音遙 韋孟·諷諫詩務彼鳥獸，忽此稼苗。烝民以匱，我王以嬮 図tōu 廣韻託侯切 集韻 韻會 正韻他侯切 丛音偷 晉語嬮居幸生 賈山·至言嬮合取容 図巧黠也 左傳·文十七年齊君之語嬮。鑒又嬮11126

媠 10974 05003
xù_9.12 集韻同壻。鑒又媚11298 姬10561 聟46582 聟46630 聟46678 聟46690 図增廣字學舉隅·卷二·古文字略 埘09726亦同婿。

嬩 10975 05004
yú_9.12 集韻元俱切音虞。女字 図ǒu語口切音偶 図yóng魚容切音顒。義丛同 図yù元具切音遇。女妒男曰嬩。

婟 10976 05005
fǎ_9.12 䰎字之譌

嬒 10977 05006
wēi_9.12 廣韻 集韻 丛於非切音威。美盛貌 図wěi 集韻羽鬼切音偉。義同。図wéi于非切音圍 說文不悅貌。

頢 10978 05007
fǎ_9.12 字彙同髮。一曰譌字。

媂 10979 05008
tí_9.12 集韻田黎切音題。女字 図dì丁計切音帝。圊室神名。一曰點媂，女貌。

嫛 10980 05009
yì_9.12 廣韻餘制切 集韻以制切丛音曳。婦人病胎 図zhì 集韻征例切音制。義同。鑒又𢆶17805

媃 10981 05010
róu_9.12 集韻而由切音柔。女名。一曰女媚貌。

媄 10982 05011
měi_9.12 廣韻無鄙切 集韻母鄙切丛音美 說文色美也 六書故娓又作媄，音義同。鑒又嬺11493

媅 10983 05012
dān_9.12 同妉。鑒又妉10430

嫐 10984 05013
nǎo_9.12 廣韻奴皓切 集韻乃老切丛音堖 ◆說文有所恨痛也。一曰相嫐亂也。今汝南人有恨曰嫐。通作惱 嫐惱。鑒又嫇10904 妠10487 姛10645 㺍10902 㺯11400 㺸11573 㺭11395 惚32782 図集韻㥒，與嫐同。

媬 10985 05014
chēng_9.12 集韻蚩承切音稱。女字。

媆 10986 05015
nèn_9.12 廣韻 集韻 正韻丛奴困切。同嫩。弱也。一曰少好貌 図集韻乳兖切音軟 說文好貌。

嬐 10987 05016
qīn_9.12 集韻同親。

頫 10994 05023
fù_9.12 同婦。

媈 10988 05017
huī_9.12 集韻吁韋切音暉。女字 図hún胡昆切音魂 図wén吾昆切音僤。義丛同。鑒又頫10650

媢 10989 05018
wū_9.12 集韻烏谷切音屋。博雅好也 図wò乙角切音握。義同。一曰媢媢，容也。

嫧 10990 05019
qián_9.12 廣韻昨先切 集韻 韻會 正韻才先切丛音前。女嫧，星名 星經太白上公妻女嫧，居南斗，食屬鬼，天下祭之，曰明星 図jiān 集韻子仙切音煎 図zī將支切音貲 図zī津私切音咨 図jiàn子淺切音翦 図jiàn子賤切音箭。義丛同。鑒字彙補嫧11204，嫧本字 正字通嫧本作嫧11429

婻 chūn_9.12 集韻樞倫切音春。女字。一曰女美也。
囡shūn式勻切，舜平聲。義夶同。

媌 miáo_9.12 廣韻莫交切集韻謨交切夶音茅。說文目裏好也揚子方言凡好而輕者謂之娥，關東河濟之閒謂之媌註今關西人亦呼美好為媌，閩人謂妓女為媌。囡mǎo集韻莫飽切。同婩。又miào眉敎切。同偌。又mù謨沐切音木。義夶同。鼍又借01618囡媌嫽，同苗條。

媏 shěng_9.12 廣韻集韻夶所景切音省。減也。

婃 jū_9.12 字彙同姐。羌人呼母為婃。

媏 duān_9.12 集韻多官切音端。女字。鼍可洪音義端正：上都官反，正也，直也。正作端41603

媏 tàn_9.12 集韻他案切音炭。媏嫿，無儀適貌。

婆 pàn_9.12 集韻薄半切音畔。義同媏。

媐 yí_9.12 廣韻與之切集韻盈之切夶音飴說文悅樂也。囡xī廣韻許其切集韻虛其切夶音僖。義同。囡與妃通揚子·太玄經君子利用取婏，謹于婏执，初貞後寧註女謂之婏。婏同妃，执同逑。鼍又婏11156嬟11512

婄 hù_9.12 正字通妥字之譌。

婔 zhòng_9.12 集韻柱勇切音重。女字。

媒 méi_9.12 廣韻莫杯切集韻韻會謨杯切夶音枚說文謀也。謀合二姓，以成昏嫿由路史女媧佐大昊禱于神，祈爲女婦，正姓姒，職昏因，是曰神媒詩·衛風匪我愆期，子無良媒禮·曲禮男女非有行媒，不相知名。◆周禮·地官媒氏掌萬民之判囡凡相因而至亦曰媒文中子·魏相篇聞謗而怒者，讒之囮也。見譽而喜者，佞之媒也囡龍媒，駿馬也前漢·禮樂志天馬徠，龍之媒杜甫詩有能市駿骨，莫恨少龍媒囡齊人名麴餅曰媒前漢·司馬遷傳媒糵其短孟康曰媒，酒酵也。糵，麴也。謂釀成其罪也囡mèi集韻正韻夶莫佩切音妹。媒媒，即昧昧也莊子·知北遊媒媒晦晦，無心而不可與謀。囡méng集韻彌登切音瞢。義同囡mèi莫貝切音昧。貪也。鼍又媒子，亦作鶒73625子，鳥媒文選·潘安仁·射雉賦序聊以講肄之餘暇，而習媒翳之事。徐爰注：媒者，少養雉子，至長狎人，能招引野雉，因名曰媒。清·李汝珍鏡花緣·第九回此時在那里守着死獄慟哭，想來又是獵戶下的鶒子。

姷 qiè_9.12 正字通與妾同。

媓 huáng_9.12 廣韻集韻夶胡光切音皇。女媓，堯妃。揚子方言南楚母謂之媓。

媔 mián_9.12 集韻彌延切音綿。目美貌楚辭·大招青色直眉，美目媔只囡miǎn彌兗切音緬。妒也。鼍又姏10921

媿 kè_9.12 廣韻苦得切集韻乞得切夶音克。老女卑賤謂之媿。鼍又娒10703

婓 jī_9.12 集韻堅奚切音雞。女字。

嫭 shù_9.12 嫭字之譌。鼍字彙嫭，殊遇反，音恕。與嫭11546同。女字。

媵 yǎn_9.12 廣韻集韻夶衣檢切音掩說文女有心媵媵也囡集韻於琰切音魘。義同囡ān廣韻集韻夶烏含切音諳。媵嬰，不決也囡è集韻遏合切音姶。女名。鼍又嬿11280

媖 yīng_9.12 廣韻集韻夶於驚切音英。女人美稱。通作英。

媗 xuān_9.12 集韻許元切音喧。女字。囡xuǎn集韻荀緣切音宣囡xuǎn火遠切音咺。義夶同。

嫘 xiàn_9.12 廣韻集韻夶下斬切音減。健貌。

媘 jiē_9.12 集韻居諧切音皆。女字。

媙 wēi_9.12 字彙於非切音威。美女貌。一曰俗字。

嫥 zhuān_9.12 同嬽。鼍又婙10922

媚 mèi_9.12 古文嬅廣韻集韻韻會正韻夶明祕切音郿說文說也。又諂也，諂也，蠱也書·冏命便辟側媚史記·佞幸傳非獨女以色媚，士宦亦有之吳志·虞翻曰：自恨骨體不媚囡愛也，親順也詩·大雅媚兹一人唐書·魏徵傳太宗曰：人言魏徵舉動疎慢，我見其嫵媚囡地名左傳·定九年齊侯致禚、媚、杏于衛註三邑皆齊西界。囡叶武悲切音眉韓愈·永貞行狐鳴梟噪爭署置，睗睒跳踉相嫵媚註睗睒，獸狂視貌。時順宗病瘖，王伾、王叔文用事。憲宗立，改元永貞△本作媕。鼍俗作媔11217囡史記·佞幸傳非獨女以色媚，士宦亦有之。徐慧：而仕宦亦有之。

媕 hóu_9.12 集韻胡溝切音侯。女字。鼍又媕11090

婞 qióng_9.12 正字通與悙同。

媛 yuàn_9.12 廣韻集韻韻會夶于眷切音院◆說文美也。人所援也孫炎曰君子之援助詩·鄘風邦之媛也後漢·宦者傳嬙媛，侍兒囡集韻于願切音瑗。義同。囡yuán廣韻雨元切集韻韻會夶于元切夶音袁。嬋媛，牽引貌楚辭·哀郢心嬋媛而傷懷兮，眇不知其所蹠張衡·南都賦結根竦本，垂條嬋媛註嬋媛，引也。

媥 pián_9.12 廣韻房連切集韻毗連切夶音楩。媥娟，美貌。

媉 zōng_9.12 集韻祖叢切音變。女字。

娍 zhēn_9.12 集韻知盈切音貞。女字。

媕 ān_9.12 集韻烏含切音諳。女志不淨也焦竑·俗用

雜字物不淨曰嫱臟。鑒焦竑·俗用雜字。明·陳士元俗用雜字

嫪 qiū_9.12　集韻雌由切音秋。女字。 11024 05053

媞 tí_9.12　廣韻正韻杜奚切集韻韻會田黎切夶音題爾雅·釋訓媞媞，安也。一曰美好東方朔·七諫西施媞媞而不得見図zhǐ集韻章移切音支図chí常支切音匙。義夶同図shì廣韻承紙切集韻上紙切夶是是◆說文媞諦，一曰姅黠。一曰江淮閒謂母曰媞図dì集韻待禮切音弟。草子名爾雅蔄，侯莎，其實媞。註引夏小正曰媞者，其實図dài集韻得懈切揚子方言姣媞，欺嫚也図zhài陟嫁切音吒。義同。鑒又妒10621齹51071 11025 05054

婟 kuā_9.12　集韻空媧切音跨。女婟也。跨婟，美貌。鑒跨婟美貌。姱婟女兒之誤図正字通媾11135字之譌。 11026 05055

媟 xiè_9.12　唐韻集韻韻會私列切正韻先列切夶音薛說文嬻也。一曰狎也，慢也前漢·五行志蜺虹窺貫而外專，夫妻不嚴，茲謂之媟枚乘傳其子臯爲賦，好嫚戲，以故得媟嬻貴幸後漢·爰延傳上下媟嬻，有虧尊嚴賈山·至言古者大臣不媟△嗜褻洩古通。鑒又嫌10839嬻11661嬻11515 11027 05056

媠 tuǒ_9.12　廣韻他果切集韻韻會正韻吐火切夶音妥揚子方言豔美也図tuò集韻吐臥切音唾。吳楚衡淮之閒謂好曰娃，南楚之外曰媠，故吳有館娃之宮，漆媠之室前漢·谷永傳車馬媠游之具図nuò奴臥切音懦。義同図nuǒ努果切。同姄図duǒ杜果切，音嬌說文不敬也図duò廣韻集韻夶徒臥切。與惰同前漢·外戚傳李夫人曰：妾不敢以燕媠見帝。又龔勝傳媠嫚亡狀。△說文作嬕。今省作媠。 11028 05057

媡 liàn_9.12　集韻郎甸切音練。女字。 11029 05058

媢 mào_9.12　廣韻莫到切集韻韻會正韻莫報切夶音冒。忌嫉也大學媢嫉以惡之書·秦誓作冒王充·論衡妒夫媢婦。一曰怒也，不相視也史記·五宗世家憲王病甚，王后以妒媢不常侍病図集韻武道切音姥。蜜二切音寐。謨沐切音瞀。又正韻莫佩切音妹。蜜北切音墨。義夶同。鑒又娼10953 11030 05059

媏 gān_9.12　廣韻集韻夶而琰切。同婒說文諟也。一曰媞也図集韻沽三切音甘。義同。 11031 05060

媤 sī_9.12　集韻同媤。鑒又韓夫家，婆家。 11032 05061

媥 piān_9.12　廣韻芳連切集韻紕延切夶音篇說文輕貌司馬相如·上林賦媥姺徼循。一作便娟。鑒嫖娟。 11033 05062

媶 chā_9.12　廣韻楚洽切集韻測洽切夶音插說文疾言失次也図chè集韻丑甿切、救涉切，並音牒。義夶同図shà實洽切音萐。女貌。鑒又婑11056婳11158倄01551 11034 05063

媦 wèi_9.12　廣韻集韻韻會夶于貴切音胃說文楚人謂女弟曰媦唐書·宗室傳同安公主，高祖同母媦也。媦妹轉音。義同。鑒又媦11490 11035 05064

媧 wā_9.12　廣韻古蛙切集韻公蛙切夶音蝸說文古神聖女，化萬物者也図女媧始制笙簧禮·明堂位女媧之笙簧史記·五帝紀女媧煉五色石補天図女媧山，在郎陽竹山縣西，相傳煉石補天處王象之詩女媧山下少人行，澗谷雲深一鳥鳴図廣韻古華切集韻姑華切夶音瓜。義同。亦姓図正字通方音或讀作蛙。又作窩。義夶同。鑒又娲10807嬀11469図女媧或作媧媧，亦作庖媧。 11036 05065

娀 sōng_9.12　字彙補古文娀10626字。 11037 05066

媟 shān_9.12　六書統古文姍10513字。 11038 05067

姾 yún_9.12　字彙補同妘考古圖有姾氏鼎。 11039 05068

媍 fú_9.12　集韻房六切音伏。女字。 11040 05069

嫃 nài_9.12　集韻乃帶切音奈。女名。 11041 05070

媗 tiě_9.12　字彙補他結切音鐵。貪食也。見釋藏成實論。鑒又娗10822 11042 05071

媨 cù_9.12　集韻子六切音蹙博雅好也図yǒu以九切音酉。醜也。斂、媨訓義互見。 11043 05072

媀 yì_9.12　集韻研計切音詣。姥也。鑒類篇作婒10923 11044 05073

媟 kǔ_9.12　篇海類編孔五切音苦。乃媟姈也。 11045 40946

嫁 suì_9.12　篇海類編徐醉切音遂。女名。 11046 40947

媨 xiū_9.12　篇海類編息遊切音修。女字。 11047 40948

姎 hú_9.12　篇海類編戶吳切音胡。女名。鑒集韻妽，女字，或从乎。 11048 40949

嫆 cōng_9.12　篇海類編倉紅切音聰。女名。 11049 40950

媚 jiāo_9.12　篇海類編堅堯切，音嬌◇女名。 11050 40951

颰 xún_9.12　字彙補音尋。姓也。見千家姓。鑒字彙補按，疑與颭68557為一字図颬10462 11051 40952

嫛 fēng_9.12　篇海類編方容切音封。女名。 11052 40953

嫭 qú_9.12　篇海類編求於切音渠。女名。 11053 40954

媱 liàn_9.12　篇海類編龍眷切音戀。從也。 11054 40955

婞 xìng_9.12　龍龕胡頂切。很也。 11055 40956

嬐 shà_9.12　五音篇海士洽切。昳嬐，戲謔也。 11056 40957

嫰 xiāo_9.12　篇海類編火交切，音嚻◇先女之稱。鑒又娆10846 11057 40958

娀 xián_9.12　篇海類編胡岩切音咸。女不淨。 11058 40959

媵 11059 40960 lián_9.12 篇海類編 音戀。從也。

嫗 11060 40961 qǔ_9.12 字彙補 丘矩切，區上聲 漢·趙壹·刺世疾邪賦 嫗媮名埶，撫拍豪強 註 嫗媮，猶傴僂也。

娜 11061 43034 nuó_9.12 篇海類編 與娜同。

奷 11062 43035 jiān_9.12 搜真玉鏡 革閑切。鑿同奸。

媵 11063 43036 yìng_9.12 搜真玉鏡 音孕。

婆 11064 43037 pó_9.12 字彙補 與婆同。見釋典。鑿 又 嫈 11571

妶 11065 43038 yù_9.12 龍龕 舊藏作欲字。

嬇 11069 u2B76C kuì_9.12 簡嬇 11383

媗 11066 43039 xuán_9.12 川篇 音全。

鑿 改併四聲篇海 引 川篇 音旋。義同。

嫶 11067 43040 chù_9.12 龍龕 音麓。又音觸。

嫋 11068 43041 niǎo_9.12 篇海類編 音裊。又音匿。

燉 11070 u2A990 null_9.12 字見 殷周金文集成·03.1488·齒燉鼎

嫷 11072 u2A98E null_9.12 喃 未詳。

婉 11071 u2A98F null_9.12 新撰字鏡 以之、以為二反。妃也。支佐支。

娧 11073 u2A98D quàng_9.12 喃 从妾光 quang 聲。

媛 11074 u2A98C null_9.12 未詳。

嫀 11075 u2A98B null_9.12 未詳。

嫴 11076 u2A98A null_9.12 未詳。

嫩 11077 u2A989 null_9.12 未詳。

嬮 11078 u2A988 yǎn_9.12 俗偃 01518

尌 11079 u2A987 null_9.12 未詳。

妷 11080 u2A986 null_9.12 喃 未詳。

嫂 11081 u2F867 sǎo_9.12 同嫂 11167

嫘 11082 u21823 cưới_9.12 喃 从娶省既 kỳ 聲△ 嫘嫲：娶妻。嫘嗨：結婚。坫嫘：婚禮。

娘 11083 u217E7 láng_9.12 俗娘 11189

媛 11084 u217DC null_9.12 字見甲骨文。

嫓 11085 u217DB null_9.12 未詳。

嫱 11086 u217DA null_9.12 未詳。

婬 11087 u217D9 null_9.12 未詳。

娾 11089 u217D3 āi_9.12 翁輝東 潮汕方言·釋親 俗稱母為娾。音愛，下平聲。

婁 11088 u217D5 shī_9.12 類篇 婁，商支切。女字。

媱 11090 u217D1 hóu_9.12 同嫭 11017 類篇 媱，胡溝切。女字。

姻 11091 u217CF null_9.12 未詳。明·湯顯祖 紫簫記·納聘 漿水令 憶年時紅鬆翠窄，正初婚膩腋雲姻。

娃 11092 u217CE chǐ_9.12 俗娃 11144

婺 11094 u217CB lí_9.12 字海 婺，同嫠 11254 明·申時行 思政軒箴 四海悍婺，政是用康。

婰 11093 u217CD gē_9.12 婰姥，即仡佬。清·徐珂 清稗類鈔·種族類 婰姥橫暴 婰姥風俗言語，自為一種，與他苗大異。

揪 11095 u217CA qiū_9.12 或女字。

婗 11096 u217C9 ní_9.12 或俗婗 10862

婚 11097 u217C8 null_9.12 未詳。

媼 11099 u217C6 null_9.12 未詳。

嫁 11098 u217C7 yuán_9.12 列朝詩集·甲集第十五·王征士彝·露筋娘子詩 亂賊所稟性，狐媚最便嫁。

嫋 11100 u217C5 yuē_9.12 或女字。

婉 11102 u217C3 yuàn_9.12 或女字。

煜 11101 u217C4 yù_9.12 俗煜 31261 明·盧柟 蠛蠓集·卷五·樂府·丁督護歌 二十長子孫，雪煜滿高門。

嫟 11103 u217C2 null_9.12 未詳。

娖 11104 u217C1 zuò_9.12 或同做。

嫍 11105 u217C0 null_9.12 未詳。

婳 11106 u217BF null_9.12 未詳。

嫂 11107 u217BE ruǎn_9.12 直音篇 嫂同嫩 11265

嫩 11108 u217BD null_9.12 未詳。

嫄 11109 u217BC yuán_9.12 嫄 11170 譌字。

婎 11110 u217BB null_9.12

聖 11111 u217BA null_9.12 未詳。

婕 11112 u217B9 jié_9.12 俗婕 10860

嫻 11113 u217B8 null_9.12 未詳。

嫰 11114 u217B7 null_9.12 未詳。

嫊 11115 u217B6 null_9.12

嫟 11116 u217B5 huàn_9.12 女字 台州府志·卷一百三十一·列女傳六·才淑 朱觀謨妻曹氏，名嫟嫣，字燦然，天台人。

嫷 11117 u217B4 null_9.12 未詳。

媟 11118 u217B3 null_9.12 未詳。

娉 11119 u217B2 pīng_9.12 俗娉 10688

嫂 11120 u217B1 lǚ_9.12 簡嬇 11345

嫝 11121 u217B0 zī_9.12 人名 婦嫝瓿 婦嫝 包山楚簡 取丌妾嫝。

嫝 11122 u3701 chá_9.12 閩 漢語方言大詞典 嫝某：女人。嫝某囝：女兒，女孩。嫝某嫺：使女，丫鬟。嫝某館：妓院。

姗 11123 u3700 shuāng_9.12 偏類碑別字 孀 11657 引 魏任城王元彝墓誌

嫮 11124 u36FF zhì_9.12 簡嫮 11326

媯 11125 u5AAF guī_9.12 同媯 11371

媮 11126 u5AAE yú_9.12 同媮 10973

婿 11127 u5AAD xū_9.12 同壻 11374

婕 11129 u5AAB jié_9.12 同婕 10860

媬 11128 u5AAC bǎo_9.12 保姆。柳宗元 亡妻弘農楊氏誌 就問其故，媬傳以告 図 天津 益世報. Sep. 29. 1948. Num. 70739·社會服務版廣告 徵媬姆。

媼 11130 u5AAA ǎo_9.12 同媼 11152 今 简

嬵 11131 05074 chú_10.13 廣韻 仕于切 集韻 韻會 崇芻切 丛音雛。嬵婦也 清河王誅 惠于嬵孀 図 chú 集韻 窻俞切音趨。女名 図 嵒尤切音鄒。義同 図 qù 逡遇切音娶。姓也 図 zhòu 側救切音皺。好貌 図 zhù 仄遇切。同孎。婦人妊娠也。図 鉏救切。同儔。義同。鑿 又 始 10569

嬬 11132 05075 xù_10.13 廣韻 許竹切 集韻 許六切，並音蓄。媚也。又 廣韻 丑六切 集韻 敕六切，並音畜。義同。鑿 龍龕 妶 10479 俗，嬬正。

嬈 11133 05076 yáo_10.13 廣韻 集韻 丛餘招切音瑤 說文 曲肩行貌。一曰戲也，美好也 図 山名。姑嬈山，在帝臺東。帝女死，

化爲蓍草，服之媚于人。見 山海經

媝 mì_10.13　集韻 彌計切音謎。吳俗呼母曰媝。
鋆又孊11580

嬄 huì_10.13　廣韻 集韻 丛於避切音恚 說文 不悅也。
囡zhuì 廣韻 時髓切音菙。義同囡yè 集韻 益涉切音壓。
嬈嬄，女態。鋆又婕11026

媲 pì_10.13　廣韻 匹詣切集韻 匹計切丛音淠 說文 妃
也囡pǐ 集韻 匹寐切音屁。義同囡bǐ 邊迷切音鎞。嬰媲，
小貌囡pí頻脂切音毗。女字。鋆又媲11209媲11234
蹝59173

嫀 mù_10.13　集韻 莫卜切音木。美貌。鋆 正字通 嫀，
婺10965字之譌。

媳 xí_10.13　字彙 思積切音昔。俗謂子婦曰媳△通作息。

嬽 yuán_10.13　集韻 于元切音袁。女名。

媵 yìng_10.13　廣韻 集韻 韻會 正韻 丛以證切音孕 說文
送也釋文 古者同姓媵夫人，則同姓二國媵之釋名 三品
曰姬，五品曰媵左傳·成八年 凡諸侯嫁女，同姓媵
之囡飲爵亦曰媵儀禮·燕禮主人媵爵于賓註 先飲一爵，
後一爵從之也囡凡送皆曰媵 楚辭·九歌 波滔滔兮來
迎，魚鱗鱗兮媵予囡寄物爲媵。本作媵揚子方言 媵，
寄也。从月，俗从月，非△一作俀。鋆又媵11237侔01260
侅01157侁01156儳02274傝01739囡字彙補 婇11063同媵。

媶 róng_10.13　集韻 如容切音茸。娃媶，美貌。

嫛 shǎn_10.13　集韻 失冉切音陝 說文 不媚前卻嫛嫛
也。鋆又陜65847嫛11484囡清·翟灝 通俗編 陜65847吹景
集·(俗語有所祖)俗謂人來而避曰閃64879說文 云：嫛，
不媚前卻嫛嫛也。失冉切。則閃當作嫛。

嫭 rù_10.13　廣韻 而蜀切集韻 儒欲切丛音辱。懈怠也
囡rǔ集韻 女足切音傉。義同。

媸 chī_10.13　廣韻 赤之切集韻 韻會 正韻 充之切丛音
嗤博雅 醜也，淫也，癡也△亦作蚩 陸機·文賦 妍蚩好
惡○按毛氏 韻增 分媸、蚩爲二，非。鋆又妛10408妍蚩
或作妍媸11092

媹 liú_10.13　集韻 力求切音留。女字。

嬅 yōng_10.13　集韻 於容切音邕。女貌。

媺 měi_10.13　廣韻 集韻 韻會 丛母鄙切。同美，善也周
禮·地官·大司徒 以本俗六安萬民。一曰媺宮室。又師氏
掌以媺詔王。又冬官考工記 輈人軸有三理，一者以爲
媺也註 三理，選材之道。媺者，其材欲美而無惡也△六
書統媺，重文作媺。从女从散。散，少也。一曰少女也。

媻 pán_10.13　廣韻 薄官切集韻 韻會 正韻 蒲官切丛音
槃博雅 媻媻，往來貌囡同婆 說文 奢也博雅 老媻也。

媕 bàn_10.13　集韻 薄半切音畔。與奢義同。

媟 xiè_10.13　集韻 先結切音屑。小貌囡瑣也。鋆熊加
全：屑13020字之俗。

娳 shī_10.13　集韻 霜夷切音師。女巫也。鋆又嬰11196

媆 gòng_10.13　集韻 古送切音貢。女字。鋆又娿10767

媼 ǎo_10.13　廣韻 集韻 韻會 正韻 丛烏皓切音襖 說文
女老稱前漢·高帝紀 高祖常從王媼、武負貰酒，此兩家
常折券棄責囡 母之別稱史記·趙世家 左師觸龍說太后
曰：媼之愛燕后，賢于長安君 前漢·外戚傳 地節三年，
求得外祖母王媼囡地神曰媼。張晏曰：坤爲母，故稱
媼前漢·郊祀歌 媼神蕃釐。又安世歌 后土富媼囡yǔn
集韻 委隕切音隕。女字囡yùn集韻 紆問切音醞。又yūn於云
切音熅。義丛同囡wò烏沒切，溫
入聲。媼妠，小兒肥也。鋆又媼11130

媙 miè_10.13　與滅通。絕也，盡也 老子道德經 五色令
人目盲皆媙囡與搣通。按，摩也 莊子·外物篇 皆媙
可以休老註 以兩手按目之四眥，令眼神光明。按媙皺
紋，可以沐浴老容○按媙字 廣韻 玉篇 集韻 類編 韻會
丛不收。其見於古者，丛與滅字義同，則應即是滅字 正
韻作呼決切音血，恐非。

媜 chái_10.13　集韻 直皆切音哎。娃媜，嫵媚貌。

嫛 yǐ_10.13　俗嬰字。　　**媽** mǔ_10.13　廣韻 莫補切
集韻 滿補切丛音姥 博雅 母也。一曰牝馬囡mā俗讀若
馬平聲。稱母曰媽。鋆又妈10383

媔 chā_10.13　字彙 同媔　　**媛** zhǎn_10.13　廣韻 知演
切集韻 知輦切丛音展。媛奵，好貌。

媼 ēn_10.13　集韻 烏痕切音恩。女字。

嬽 yuān_10.13　廣韻 集韻 丛於袁切音鴛◆說文 宴嬽也。
一曰嬽，媚美也囡yuàn 集韻 紆願切音怨。義同。
鋆 正字通 嫛10476媛10844嬽同。

媾 gòu_10.13　廣韻 古候切集韻 韻會 正韻 居候切丛音
遘說文 重昏也左傳·隱十一年 惟我鄭國之有請謁焉，
如舊昏媾註 婦之父曰昏，重昏曰媾囡寵也 詩·曹風 彼
其之子，不遂其媾囡合也。與易 男女構精之構同李白
詩造化合元符，交媾騰精魄囡 和好也 史記·虞卿傳 樓
昌曰：不如發重使爲媾戰國策 作講。

媢 xún_10.13 媔字之譌　　**嫀** qín_10.13　類編 慈鄰切
音秦。女字囡shēn疏鄰切，音申◇義同。

媷 yì_10.13　集韻 伊昔切音益。女字。

媿 kuì_10.13　廣韻 俱位切集韻 韻會 基位切。丛同愧
17924或作詭、聭囡集韻 醜62453古作媿。鋆又聭46755

嫁 jià_10.13　廣韻 古訝切集韻 韻會 居迓切正韻 居亞

切丛音駕◆說文 女適人也。一曰家也，故婦人謂嫁曰歸揚子方言 自家而出謂之嫁 禮·內則 女子二十而嫁 曲禮 女子許嫁纓 註 繫以纓，示有所繫屬也 周禮·地官·媒氏 禁夫嫁殤者。訂義：謂以死者求夫也 区 往出 列子·天瑞篇 列子居鄭圃四十年，人無識者，將嫁于衞 区 推惡于人曰嫁 史記·趙世家 平陽君豹曰：是欲嫁禍于趙也。

嫂 sǎo_10.13 唐韻 集韻 韻會 丛蘇老切音掃 說文 兄妻也，與嫂同 区 釋名 嫂，叟也。人及物老皆縮小于舊也。鋥又 婑10698 媲11081

嫃 zhēn_10.13 集韻 之人切音眞。女字。鋥又zhěn 字彙 嫃，止忍切，音軫。慎也。熊加全：姬10598字之俗。

嫅 xiè_10.13 集韻 同姒〇按 說文 有姕無嫅 沵源 以爲俗字。今从 集韻

嫄 yuán_10.13 唐韻 集韻 韻會 丛愚袁切音元 說文 邰國女，周棄母家也 詩·魯頌 赫赫姜嫄 区 yūn魚倫切音輴 詩·大雅 厥初生民，時維姜嫄〇〇按元原嫄俱十三元韻，例可通轉 正字通 謂朱子音叶偶誤，非。鋥 說文 邰國女周棄母家也。說文 台國之女，周棄母字也 区 嫄11109

嫆 jiē_10.13 集韻 咨邪切音嗟。女字 区 suǒ想可切音縒。女貌。

嫆 róng_10.13 集韻 餘封切音容。女字。

嫇 míng_10.13 廣韻 莫經切 集韻 忙經切丛音冥◆說文 嫈嫇也 区 méng 集韻 謨耕切 韻會 謨盲切丛音萌。嫈嫇，幼婦也 韓愈·城南聯句 彩伴颭嫈嫇 区 明淨貌 王逸·九思 蘅芷彫兮瑩嫇。一曰嫇嫇，小人貌 区 mǐng 廣韻 莫迥切 集韻 母迥切丛音茗。嫇奵，自持也。一曰面平貌。鋥又嬩11404

嫈 yīng_10.13 唐韻 集韻 烏莖切 韻會 幺莖切丛音嚶 說文 小心態也 博雅 好也。一曰嫈嫇，幼婦也。又嫈媚，下里婦人貌 区 女名 史記·刺客傳 聶政姊嫈 漢雜事祕辛 梁商女嫈桓帝后 区 yíng 廣韻 於營切 集韻 娟營切丛音縈。又yìng 廣韻 鷖迸切音癭 集韻 於迸切音甖。又於郎切音盎平聲。又玄扃切音螢。又於丁切音嫈 区 yīng烏熒切音澄。丛好也，態也 区 yìng縈定切音瑩。縹嫈，漢侯國名 史記·東越傳 封橫海校尉福爲縹嫈侯。一曰娟營切 区 xīng火螢切，睲平聲。女人潔清貌。鋥又嫈 11325熒11617

嫉 jí_10.13 廣韻 秦悉切 集韻 韻會 正韻 昨悉切丛音蒺 說文 妒也 屈原·離騷註 害色曰妒，害賢曰嫉 史記·外戚傳 褚先生曰：傳曰：女無美惡，入室見妒，士無賢不肖，入朝見嫉 尢倉子·用道篇 同道者相愛，同藝者相嫉 区 zi 集韻 疾二切音自。義同△亦作姈。通作疾。或作悷、痵。鋥又悷17939

嫍 dòu_10.13 同妵。

嫐 sù_10.13 集韻 蘇故切音素。女字。

嫋 niǎo_10.13 廣韻 奴鳥切 集韻 韻會 正韻 乃了切丛音裊。風動貌 楚辭·九歌 嫋嫋兮秋風 区 弱弱貌 鮑照詩 嫋嫋柳垂條 区 悠揚貌 蘇軾·赤壁賦 餘音嫋嫋 六書故 與裊通。俗作嬝 区 ruò 集韻 韻會 日灼切 正韻 如灼切丛音弱。長貌 司馬相如·上林賦 斌媚嫋嫋 区 nuò 集韻 昵格切音諾。又nì乃歷切音溺。義丛同。

嫏 táng_10.13 集韻 徒郎切。同螳。女字。

嫔 xǐ_10.13 唐韻 弦雞切音奚。女隸也。今通作奚。区 xi 集韻 胡計切音系。怯也。一曰妒也。

嫌 xián_10.13 廣韻 戶兼切 集韻 韻會 賢兼切 正韻 胡兼切，丛協平聲 說文 不平於心也。一曰疑也 禮·曲禮 禮者，所以定親疏，決嫌疑也 又 禮不諱嫌名 後漢·馮異傳 帝曰：將軍何嫌何疑，而有懼意 唐書·尉遲敬德傳 秦王謂尉遲敬德曰：丈夫意氣相期，勿以小嫌介意△集韻 或作慊。鋥又嫌31615嫌11442怵17347

嫗 yún_10.13 正字通 籀文妘字。見 六書統。鋥又娛10801

嫙 shù_10.13 集韻 殊遇切音樹。女名 字彙 九畫，作壌，非。鋥又媪10651

嫤 tāo_10.13 篇海類編 土刀切音叨。女字 区 yǎo以沼切音偠。義同。

嫛 pó_10.13 字彙補 同婆 楞嚴經 犍闥嫛城。鋥 清平山堂話本·西湖三塔記 宣讚見門前一頂四人轎擡着一箇嫛嫛。

嫜 duī_10.13 集韻 都回切音堆。女字。本作姼。

嫝 páng_10.13 集韻 蒲光切音旁。女名 区 bàng 字彙補 補曠切音謗。妨嫝也。

嫞 láng_10.13 字彙補 盧當切音郎。玉京嫞嬛，天帝藏書處，張華夢游之。鋥又嫞11083

嫰 nǎo_10.13 玉篇 奴好切。嬈嫰也。鋥 龍龕 嫰 玉篇 音惱。戲弄，擾嫰也 区 俗。女甲、七列二反 区 𡢾02448 嫯11559 嫯11574 嫯11494 嫯11575 姷10757 姷10765 嫩11068 嫩11067 姷10764 姦10763 姦10116 㸇10123 奵10105 直音篇 嫯35636 音裹。相戲擾。嫯18563同上。嫯04200奴到切 正字通 媥10711嫰字之譌。

嫟 yì_10.13 集韻 研計切音詣。姥也。

嫠 chuò_10.13 篇海類編 初角切音戳。恭謹貌。

嫺 11193 40963
guān_10.13 篇海類編 姑還切音關。女名。

嫭 11194 40964
huī_10.13 篇海類編 許規切音觿。似嫭，醜貌。

嫠 11195 43042
lí_10.13 字彙補 與孋同。

孆 11196 43043
shī_10.13 五音篇海 同姍。

嬠 11197 u2A996
null_10.13 未詳。

嫤 11198 2A995
null_10.13 未詳。

嬙 11199 u2A994
null_10.13 未詳。

嫬 11201 u2A992
null_10.13 未詳。

娍 11200 u2A993
mìn_10.13 喃 从女眠miên聲。

嬖 11202 u2A991
null_10.13 未詳。

媞 11203 u21815
null_10.13 未詳。

嫻 11204 u21814
qián_10.13 同嫺11429 嫺本字。

嬋 11205 u21810
chán_10.13 四部叢刊·初編集部·楚辭·九歎章句第十六 云余肇祖于高陽兮，惟楚懷之嬋連。王逸注：嬋一作孎11388補曰嬋連，猶牽連也。

嬠 11206 u2180F
null_10.13 或地名，見 甲骨文合集

嬈 11207 u2180E
qiǎng_10.13 嫸10841譌字 字彙 嬈，丘仰切，羌上聲。亂貌 中華大字典 嬈，亂貌。見 字彙

孌 11208 u2180D
fiào_10.13 方 勿要。

媲 11209 u2180C
pì_10.13 同媲11136

孋 11211 u21809
lí_10.13 同孷11254

嬥 11210 u2180A
tiáo_10.13 嫋嬥，即苗條。明·陳士元 俗用雜字 物細小曰嫋嬥。

嫵 11212 u21807
yǎo_10.13 俗嫵11396 龍龕 嫵俗，嫚正。

毊 11213 u21806
kòu_10.13 同毂11176 図 同散37966 廣韻 毊，毊瞀，無暇。

婆 11214 u21805
null_10.13 未詳。嫵：烏古反 図 四聲篇海 音怡17132

嫵 11215 u21804
wǔ_10.13 可洪音義 莫

嫠 11216 u21803
null_10.13 未詳。媚，明秘切。嫵媚也。今增。

嬇 11217 u21802
mèi_10.13 朝鮮本 龍龕 嬇，俗。

蟮 11218 u21801
null_10.13 未詳。

嫡 11219 u21800
dí_10.13 可洪音義 嫡兄：上丁歷反。正也。君也。正作嫡11255

籅 11220 u217FF
null_10.13 未詳。

嫙 11221 u217FE
null_10.13 未詳。

婭 11222 u217FD
qiē_10.13 娖10721本字 說文 娖，詨疾也。从女㾟聲。

嫁 11223 u217FC
null_10.13 未詳。

媌 11224 u217FB
null_10.13 未詳。

嫚 11225 u217FA
null_10.13 未詳。

嬒 11227 u217F8
null_10.13 未詳。

嫩 11226 u217F9
zhì_10.13 標嫩。亦作標緻。

嫭 11228 u217F7
hào_10.13 同嫭11238

嫯 11229 u217F6
null_10.13 未詳。

姆 11230 u217F5
null_10.13 未詳。

嫄 11231 u3714
null_10.13 未詳。

嗒 11232 u3713
dá_10.13 女貌 集韻 德合切，嗒姶，女皃 廣韻 嗒，都合切。面嗒始皃 直音篇 嗒，音荅，面嗒嗒也。

嬪 11233 u5AD4
pín_10.13 简 嬪11547

媲 11234 u5AD3
pì_10.13 同媲11136

嬡 11235 u5AD2
ài_10.13 简 嬡11535

雯 11236 u5AD1
báo_10.13 方 不要。

媵 11237 u2F986
yìng_10.13 參見 媵11140

嫭 11238 05135
hào_11.14 集韻 後到切音号。女名。嫭 又嫭11228

嫕 11239 05136
yì_11.14 廣韻 正韻 於計切 集韻 壹計切 丛音瘞。婉嫕，順從也 宋玉·神女賦 澹清靜其愔嫕△或作瘞 前漢·外戚傳 婉瘞有節操。 图 又婼11247

嫷 11240 05137
zhì_11.14 俗嫷字。

嫖 11240 05137
piāo_11.14 廣韻 撫招切 集韻 紕招切 丛音鏢 說文 輕也。亦作僄 図 piào 集韻 匹妙切音勡。又 piáo 毗召切音驃。義丛同 図 俗謂邪淫曰嫖，讀若瓢 漢廣王·望鄉歌 背尊章嫖以忽 図 biāo 集韻 卑遙切音猋。女字 図 嫖姚10574 图 又孂11684 闕65316

嫗 11242 05139
yù_11.14 廣韻 衣遇切 集韻 韻會 威遇切 正韻 依句切 丛音饇 說文 母也 前漢·嚴延年傳 延年兄弟五人皆大官，母號萬石嫗 図 yǔ 集韻 韻會 丛委羽切音傴 禮·樂記 煦嫗覆育萬物 註 天以氣煦之，地以形嫗之。亦訓老母 図 kōu 集韻 墟侯切音摳。人名。陳有夏嫗夫。通作彄。 図 山名 山海經 嫗山，其上多美玉，其下多金 図 居侯切音鉤。義同。 图 又姁10464 殟26954

纍 11243 05140
léi_11.14 廣韻 力追切 集韻 倫追切 丛音纍。姓也 史記·五帝紀 黃帝娶西陵之女爲正妃，是爲纍祖。一曰魯回切音雷 図 lèi 集韻 力僞切音累。義同。 图 又孂11714

嫙 11244 05141
xuán_11.14 廣韻 似宣切 集韻 旬宣切 丛音旋。好貌 図 xuàn 集韻 隨戀切音漩。美謂之嫙。 图 龍龕 娹11294俗，嫙正 図 暶22985 睻38045

嫚 11245 05142
màn_11.14 廣韻 謨晏切 集韻 韻會 正韻 莫晏切 丛音慢 說文 侮易也 左傳·昭二十年 其言僭嫚于鬼神 図 增韻 濊污也 前漢·呂后紀 單于爲書嫚呂太后 図 miàn 彌箭切音面 韋孟·諷諫詩 致冰匪霜，致墜匪嫚。瞻惟我王，時靡不練◇△別作嫚。 图 呂后紀 高后紀 図 孂11339

媹 11246 05144
tōng_11.14 集韻 他東切音通。女字。

婗 11247 05145
yī_11.14 廣韻 烏兮切 集韻 煙奚切 丛音鷖 說文 婗也 釋名 人始生曰嬰婗。婗，是也，言是人也。婗，其啼聲。一曰婦人惡貌 図 集韻 於夷切音伊。義同 図 壹計切。同嫕。順從也。 图 龍龕 嫕或作，婗正。

嫪 11248 05146
cáo_11.14 集韻 財勞切音曹 廣雅 好也。

嫜 11249 05147
zhāng_11.14 廣韻 集韻 韻會 諸良切 正韻 止良切 丛音章。夫之父母也 杜甫·新婚別 妾身未分明，何以拜姑嫜。通作章 図 夫之兄曰兄嫜。或作偉。

嫝 11250 05148
kāng_11.14 集韻 丘岡切音康。女字。一曰安也。

嫞 11251 05149
yōng_11.14 集韻 常容切音鱅。女字 図 癱凶切音傭。義同。一曰與傭通。嫞女也。

嬺 nì_11.14 [集韻]昵力切音匿。女字。一曰淫嬺也。凡相狎近者謂之嬺△與暱通。別作㜷。[鑒]又嬺11600

嬠 cǎn_11.14 [廣韻][集韻]𡢳七感切音慘[說文]婪也。或作婘[又]cān[集韻]倉含切音參。義同[又]cǎn[廣韻]七合切[集韻]錯合切𡢳音趁。義同[又]sēn[集韻]疏簪切音森。淫也。[鑒]又嬠嬠11564

嫠 lí_11.14 [廣韻]里之切[集韻][韻會]陵之切𡢳音釐[說文]婦無夫也[左傳·襄二十五年]嫠也何害。又[昭二十四年]嫠不恤其緯[又][集韻]良脂切音梨。義同[又]或作釐[小爾雅]寡婦曰釐。[鑒]又嫠11211嫠11094

嫡 dí_11.14 [廣韻]都歷切[集韻][韻會][正韻]丁歷切𡢳音的[增韻]正室曰嫡,正室所生之子曰嫡子。一曰嫡,敵也,言無與敵也[左傳·閔二年]內寵𡢳后,嬖子配嫡,亂之本也[又]嫡母曰民母。見[前漢·衞青傳註]。通作適,別作的[又]zhé[集韻]陟革切音摘。嬌也[又]zhí竹益切音謫。嫡嫡,女審諦貌。[鑒]又嫡11425嫡11219

嬈 chá_11.14 [集韻]鉏加切音查。女名[又]qù七慮切音覷[博雅]妒也[又]jù將豫切音怚[說文]嬌也。又遵遇切音侳。義同。

娷 zuǐ_11.14 [廣韻]姊宜切[集韻]津垂切𡢳音觜。盈姿貌[又][廣韻][集韻]𡢳聚惟切音厜。細腰也[又][集韻]勻規切音畦。又才規切音蕲。義𡢳同[又][廣韻]求癸切[集韻]巨癸切𡢳音揆。小也。秦人謂細腰曰娷[又]胡典切音峴。義同[又][集韻]均窺切音規。義同。一曰婦人審諦貌[又]規恚切音睡[博雅]好也。[鑒]又娷11274嬰11538嬈10253娷10689

嫣 yān_11.14 [廣韻][集韻]𡢳於乾切音鄢。美貌[又]巧笑態也[宋玉·登徒子好色賦]嫣然一笑[揚雄·反騷]有周氏之蟬嫣[又]xiān[集韻]虛延切音嗎。好貌。一曰長也[又]yǎn隱幰切音暖。又於騫切音訐。義𡢳同[又]人名[史記·李廣傳]天子日與韓嫣戲。

嫤 jìn_11.14 [集韻]渠吝切音僅。女字。一曰好貌。

嫓 bì_11.14 [廣韻]卑吉切[集韻]壁吉切𡢳音必[博雅]母也。

嫥 zhuān_11.14 [廣韻]職緣切[集韻]朱遄切𡢳音專◆[說文]壹也。一曰嫥嫥,即專義。一曰可愛貌[淮南子·俶眞訓]提挈陰陽,嫥捖剛柔[註]嫥捖音專桓,和調族類也[又]tuán[集韻]徒官切音團[玉篇]嬾也。[鑒]又婒10922婒11015

嫦 héng_11.14 [正字通]與姮同。俗讀若常。

嫧 zé_11.14 [廣韻][集韻]𡢳側革切音責[說文]齊也。一曰嫧姝,齊謹也[又]qì[集韻]七迹切音㱦。義同[又]cè測革切音策[博雅]好也。一曰婷嫧,鮮好貌。或作嫧。

嫨 hān_11.14 [集韻]虛干切音頇。老嫗貌。一曰怒也。[又]rǎn忍善切音蹨。敬也△通作戁。

嫩 nèn_11.14 [字彙]與媆同[杜甫詩]紅入桃花嫩[正字通]俗媆字。[鑒]又媆11107媆35287媆35298媆47878[又][龍龕]嫩11273俗,嫩11350今。

嫗 lù_11.14 [集韻]盧谷切音鹿。女字。

嫪 lào_11.14 [唐韻][集韻][韻會][正韻]𡢳郎到切音澇[說文]嫪也。嫪嫪,戀惜也[韓愈詩]感物增戀嫪[又]倡伎謂游墮曰嫪嫪[史記·呂不韋傳]求大陰人嫪毐為舍人[索隱]士罵淫曰嫪毐。一曰嫪,姓也[孔叢子·論勢篇]子順謂魏王曰:今秦四境之內,執政以下固曰與嫪氏乎,與呂氏乎。蓋大陰人嫪姓無行,故曰嫪毐[又]láo[廣韻]魯刀切[集韻]郎刀切𡢳音勞。嫪婷妒也。[鑒]又愡17441,俗。

嫞 sù_11.14 [字彙]所六切音縮。春人無稽。

嬬 nuán_11.14 俗奻字。

嫫 mò_11.14 [說文]嫫本字。嫫母,都醜也。一曰都醜,大醜也[楚辭·九章]嫫母姣而自好[又][廣韻][集韻]𡢳莫白切音陌。靜也。

嫫 mó_11.14 [廣韻]莫胡切[韻會]蒙晡切𡢳音模。嫫母,黃帝第四妃,見[史記·五帝紀索隱註]△[說文]本作嫫。

嫩 nèn_11.14 俗媆字。

嫬 zhē_11.14 [集韻]之奢切音遮。女字[又]shù商署切音恕。義同。

嫢 guī_11.14 嫢字之譌[說文]有嫢無嫢。

嫭 fú_11.14 [集韻]馮無切音扶。女字。

嫭 hù_11.14 [廣韻]胡誤切[集韻][韻會][正韻]胡故切𡢳音護。美好也[前漢·郊祀歌]衆嫭𡢳,綽奇麗[張衡·思玄賦]咨妒嫭之難𡢳兮,想依韓以流亡[註]韓終獲仙道者△[楊慎·奇字韻]滇僰謂好曰嫭扒△通作嫭。或作妒。[鑒]又嫭11481[又][正字通]妒,俗字。或曰同嫭[又][龍龕]婷俗,婷正。

嬈 ào_11.14 同嫠。

嫭 hù_11.14 [集韻]同嫭[張衡·七辨]西施之徒,咨容修嫭[又]誇妊也[前漢·韓安國傳]梁王父兄皆為天子,王所見者大,車騎皆帝所賜,卽以嫭鄙小縣[註]言以此夸妊邊鄙也△[集韻]省作妒。

嫯 ào_11.14 [廣韻]五到切[集韻]魚到切𡢳音奡[說文]侮易也△與敖傲通。[鑒]又嬈11279

嬈 ǎn_11.14 [廣韻][集韻]𡢳五感切音頷[說文]含怒也。一曰難知[又]重頤謂之嬈[韓詩]碩大且嬈[又]hǎn[廣韻]胡感切[集韻]戶感切,𡢳撼上聲。惡性也[又]àn[集韻]鄔感切,音黯[又]yǎn魚檢切音广。𡢳含怒意[又]yān於鹽切音懕。美也[又]yǎn衣檢切音掩。義同[又]ān烏含切音諳。女有心嬈。嬈通作媕。[鑒][篇海類編]嬈62614,亦作嬈。

嫭 zhǔ_11.14 俗嫭字。

嫳 cán_11.14 [集韻]財甘切音慙。女名[又]七豔切音壍。嫯嫳,美貌。

嫜 táng_11.14 [集韻]同嫦

嫮 qián_11.14 [說文]嫮本字

甘氏星經 太白上公妻曰女嬬。

戮 11285 05183
lù 11.14　字彙補 古文戮字 汲冢周書 將實而大戮，及王子子治。鏊當从支作數21735 囚 汲冢周書。字彙補 原作 汲冢·師春。未詳。

嬵 11286 40965
bēng 11.14　篇海類編 博盲切，音崩◇謹也。

嶉 11287 40966
cuī 11.14　篇海類編 倉回切音崔。女字。

嵷 11288 40967
cōng 11.14　五音篇海 七容切。女字。

麿 11289 40968
mó 11.14　篇海類編 眉波切音摩。麿尼。鏊尼姑。

媹 11290 40969
cháo 11.14　篇海類編 鋤交切音巢。女字。

婁 11291 40970
lóu 11.14　篇海類編 籀文婁字。

嫱 11292 40971
qiáng 11.14　篇海類編 渠良切音强。女字。鏊又 嫱11454

嬑 11293 40972
yì 11.14　篇海類編 於計切，音意◇嫚嬑，柔順也。

嬫 11294 40973
xuán 11.14　龍龕 似全切。好貌。鏊俗嬾11244

嬱 11297 43044
xǐ 11.14　篇海類編 音悉。俗用。

婿 11298 43045
xù 11.14　奚韻同婿 主切。女字。人惡稱也。又力侯切。義同。鏊 龍龕 嫂，力圭反。女人之惡稱也 囚 嫂11120

嫁 11295 40974
lǚ 11.14　五音篇海 力主切。女字。人惡稱也。又力侯切。義同。

嫟 11299 43046
nì 11.14　龍龕同嫟 於切音渠。女字。鏊 集韻 媒媒，或省。

媒 11296 40977
qú 11.14　篇海類編 求

嬥 11300 43047
tiǎo 11.14　篇海類編 同窕。

null 11305 2A9E
11.14　未詳。

嬕 11301 43048
chéng 11.14　龍龕 同盛

嫳 11302 43049
piè 11.14　篇海類編 同嫳

嫈 11303 2B76D
yīng 11.14　簡 嫈11669

null 11304 u2A99F
11.14　喃 未詳。

null 11306 u2A99D
11.14　殷周金文集成·6.3490·嬔簋 白至乍嬔段。

null 11307 u2A99C
11.14　喃未詳。

null 11308 u2A99B
11.14　未詳。

null 11309 u2A99A
11.14　喃未詳。

null 11310 u2A999
11.14　未詳。

null 11312 u2A997
11.14　未詳。

null 11311 u2A998
11.14　殷周金文集成·3.885·何嬥皮甗 何嬥皮乍寶彝。

嬈 11313 2F869
yáo 11.14　同嬈11384

嫰 11314 u21860
chè 11.14　女字。

嫸 11315 u21847
cái 11.14　喃 从女盖cái聲。雌性，母親。

媶 11317 u21845
leo 11.14　喃 五千字譯國語 鶯，媶 囚 đeo同胴47244

嫞 11318 u21844
huāng 11.14　可洪音義 尬嫞：上都含反。下呼光反。正作姃荒也。韓小荊：嫞，荒淫之荒的增旁字。

婘 11319 u21840
juàn 11.14　同眷37607 劉知遠諸宮調·知遠充軍三娘 剪髮生少主 五百年前姻婘相會。

嬝 11320 u2183F
niǎo 11.14　嬝嬝，同嫋嫋、裊裊，搖曳貌。

嬮 11321 u2183E
měi 11.14　同嫵11147

嫻 11316 u21846
mìn 11.14　喃俗娓11200

嫲 11322 u2183D
mí 11.14　集韻 嫲搣20525，緜批切。批也。或从手。

嫂 11323 u2183C
sōu 11.14　類篇 先侯切。女字 廣韻 速侯切。

嫶 11324 u2183B
null 11.14　未詳。

嫈 11325 u2183A
yīng 11.14　俗嫈11174

嬂 11326 u21839
zhì 11.14　蒂嬂，歡，嬌，刁。元·宋方壹 一枝花·蚊蟲 聚朋黨成羣隊，逞輕狂撒蒂嬂 雍熙樂府 作殢滯。

null 11327 u21836
11.14　未詳。

媲 11329 u21834
null 11.14　或媲字之譌

嫵 11328 u21835
yú 11.14　从女魚聲。人名，字見 甲骨文合集. 3096

null 11330 u21833
11.14　未詳。

null 11331 u21832
11.14　未詳。

null 11332 u21831
11.14　未詳。

null 11333 u21830
11.14　未詳。

null 11334 u2182F
11.14　未詳。

null 11335 u2182E
11.14　未詳。

null 11336 u2182D
11.14　未詳。

null 11337 u2182C
11.14　未詳。

null 11338 u2182B
11.14　未詳。

嫚 11339 u2182A
màn 11.14　越諺·卷中·人類·不齒人 嫚嫚：墮貧之妻 囚 mǒn 喃 从女滿mān省聲△孌嫚：鮮嫩，年輕。姆嫚嫚：小姑娘。

null 11340 u21829
11.14　未詳。

嫷 11341 u21828
dì 11.14　或同娣10734

嫑 11342 u21827
qī 11.14　同嫯11423

嫀 11343 u21826
zhì 11.14　說文 摯20517 字，段玉裁改為嫀，从女執聲。嫀，本字。

嬠 11344 u21842
yàng 11.14　同嬠11394

嬏 11347 u3715
lián 11.14　集韻 嬏，陵延切。嬏娟，眉細長兒 囚 姻親 資治通鑑·卷一四〇·齊紀六·明帝建武三年 所結姻嬏，莫非清望。胡三省·注：史記南越傳：呂嘉宗氏兄弟及蒼梧秦王有連。漢書音義曰：連，親婚也。史記索隱曰：有連者，皆親姻也。後人因以姻連之連其旁加女，遂為嬏字 囚 俗婕10860 可洪音義 嬏妤：上音接。下音余。少官。

嫁 11345 u3722
lǚ 11.14　同嫁11295

嬤 11348 u5AF2
mó 11.14　方 祖母，婆婆 宋詩鈔·江湖長翁詩鈔·陳造·房陵十首 跨牛待得夕陽回，在處諸嬤笑口開 囚 引申為雌性。民國 赤溪縣志·卷二·輿地志第一之下·方言 凡禽之牝者皆曰嬤。

null 11346 u371F
11.14　未詳。

嬙 11349 u5AF1
qiáng 11.14　簡 嬙11471

嫩 11350 u5AF0
ruǎn 11.14　同嫩11265 俗媆10986 可洪音義 作嫩：奴困反。

嫳 11351 05184
piè 12.15　廣韻 普薆切 集韻 韻會 正韻 匹薆切丛音瞥 說文 易使怒也。一曰輕薄貌 囚 人名 左傳 齊臣盧蒲嫳 囚 bié 集韻 蒲結切音蹩 博雅 怒也。或作嫩 囚 bié便滅切音嫳。輕也。

嫭 11352 05185
gū 12.15　廣韻 古胡切 集韻 攻乎切丛音孤 說文 保任也 六書統 古者婦人罪輕不入獄，保任以待罪 博雅 嫭

媮，苟且也。鑾龍龕䜹或作，嫜今。

嫵 11353 05186
wǔ_12.15 廣韻文甫切集韻韻會罔甫切。𠀤同娬說文媚也司馬相如·上林賦嫵媚孅弱。通娬史記·相如傳作娬媚。鑾又妩10465嫵11539

㛂 11354 05187
shāo_12.15 集韻師交切音梢博雅孟姊也。同娋。

嬈 11355 05188
rán_12.15 廣韻集韻𠀤如延切音然說文姓也。蒼梧有嬈氏又shǎn廣韻式善切集韻失善切𠀤音儯。女姿態貌。亦姓又niàn廣韻奴電切集韻乃見切𠀤音晛。又rǎn集韻忍善切音蹨。義𠀤同。

嬋 11356 05189
niǎn_12.15 廣韻集韻𠀤乃玷切音淰說文下志貪頑也又shèn廣韻集韻𠀤式荏切音審。又集韻式禁切音諗。義𠀤同又tán集韻徒南切音覃。又dàn徒感切音禫。𠀤女名又tiǎn他點切音忝。婦人細長貌。鑾又嬻11717

嫶 11357 05190
qiáo_12.15 集韻慈焦切正韻慈消切。𠀤同憔前漢·外戚傳嫶妍太息註晉灼曰：三輔謂憂愁面省瘦曰嫶冥，嫶妍猶嫶冥也又jiāo集韻茲消切音焦。女字。△顦癄醮焦蕉𠀤通。

嫷 11358 05191
tuǒ_12.15 說文媠本字又不嚴飭曰燕嫷前漢·張敞傳贊然被輕嫷之名註嫷與惰同。

嫸 11359 05192
zhǎn_12.15 廣韻集韻類篇𠀤旨善切音瞻◆說文好枝格人語也。一曰靳也。

嫹 11360 05193
máo_12.15 字彙莫交切音茅。美好貌又mǎo莫巧切音卯。義同正字通切聲不諧，義訓無據，沿篇海而誤。

嫺 11361 05194
xián_12.15 廣韻戶閒切集韻韻會正韻何閒切𠀤音閑◆說文雅也前漢·司馬相如傳從車騎雍容嫺雅。又上林賦妖冶嫺都又習也史記·屈原傳屈原嫺于辭令。通作閒又胡田切音賢曹丕·登臺賦登高臺以騁望，好靈雀之麗嫺。飛閣崛其特起，層樓儼以承天○按刪、天本轉韻字彙作叶音，非。鑾又嫻11421

嫻 11362 05195
xián_12.15 同嫺。鑾又娴10805又直音篇嫻同嫺。

嫼 11363 05196
mò_12.15 唐韻呼北切說文怒皃。又廣韻烏黠切集韻乙黠切音揠玉篇莫勒切集韻密北切音墨。義並同說文怒也。與嬳同。

嫽 11364 05197
bǔ_12.15 廣韻集韻𠀤博木切音卜。昌意妻史作昌僕。或作女樞又pú集韻蒲沃切音僕。義同又fú方六切音福。女字。鑾玉篇方木切。昌意妻。胡吉宣：昌意妻者，切韻同大戴記·帝繫篇昌意娶於蜀山氏，蜀山氏之子謂之昌濮氏，產顓頊，字作濮30031史記·五帝本紀昌意降居若水，娶蜀山氏女，曰昌僕，生高陽，字作僕01912

嫾 11365 05198
zēng_12.15 集韻咨騰切音增。女字。

嘶 11366 05199
sī_12.15 集韻相支切音斯。女字。

嬍 11367 05200
mái_12.15 集韻莫佳切音膭。意黠也。

嫽 11368 05201
liáo_12.15 廣韻落蕭切集韻憐蕭切𠀤音聊說文女字。一曰相嫽戲也又liǎo廣韻力小切集韻朗鳥切𠀤音繚。好貌。一曰戲也又liào廣韻韻會正韻𠀤力弔切音料揚子方言青徐之閒謂好爲嫽又女名前漢·西域傳馮夫人嫽，漢宮人也，善史書，乘錦車，持節和戎而歸又北人呼外祖母爲嫽嫽。一曰盧晧切音老◆與媱通。鑾本作嫽11509

嫾 11369 05202
lián_12.15 集韻靈年切音憐。女字。

嫿 11370 05203
huà_12.15 廣韻集韻韻會𠀤胡麥切音畫說文靜好也宋玉·神女賦既姽嫿于幽靜兮，又婆娑于人閒嵇康·琴賦輕行浮彈，明嫿瞭惠又矜恃貌左思·魏都賦風俗以韰惈爲嫿註韰，狹也。惈，勇也又奔馳貌馬融·廣成頌徽嫿霍奕，別騖分奔又huò集韻忽麥切音儘18276鑾又婳10958

嬀 11371 05204
guī_12.15 廣韻集韻韻會正韻𠀤居爲切音潙。水名。在河中河東縣書·堯典釐降二女于嬀汭又姓氏族博考陳，嬀姓也左傳·隱八年鄭公子忽如陳逆婦嬀。又漢尚書郎嬀皓，三國吳嬀覽又州名。唐貞觀閒，改北燕州爲嬀州又集韻居僞切音媿揚子方言嬀娗，僈也註爛僈，健狡也。鑾又媯11125妫10463

嬁 11372 05205
dēng_12.15 集韻都騰切音登。美女貌。

嬂 11373 05206
zhí_12.15 集韻質力切音職。女字。

嬃 11374 05207
xū_12.15 廣韻錫俞切集韻韻會詢趨切𠀤音須說文女字也又楚人謂姊曰嬃屈原·離騷女嬃之嬋媛註女嬃，屈平姊。又呂嬃，漢高后女弟，樊噲妻，封臨光侯。鑾又嬃11127嬃68100嬃11375

嬠 11376 05209
zuì_12.15 集韻祖外切音最。女字。

嬄 11377 05210
yī_12.15 集韻益悉切音壹。嬄嫛，婦人貌。

嬮 11378 05211
yuē_12.15 廣韻集韻𠀤於月切音𩏂。同嬄又jué集韻居月切音厥。義同又嬮媘，肥也。鑾又𡞸10607嫵11405

嬃 11375 05208
xū_12.15 同嬃。

嬜 11379 05212
zān_12.15 集韻祖含切音撍。女字又cán徂含切音蠶。義同又cān七感切。同嫪。婪也。鑾正字通嬜，嫪11253字之譌。

嬅 11380 05213
huà_12.15 集韻胡化切音樺。女名。一曰女容俊麗。與華同。

嬆 11381 05214
xún_12.15 集韻徐心切音尋。女名。

嬆 11382 05215
xī_12.15 廣韻許及切集韻迄及切𠀤音吸。女性淨也。

嬇 11383 05216
kuì_12.15 廣韻 集韻 丛胡對切音潰。女字 図kuǎi
廣韻 集韻 丛苦怪切音蒯。女嬇，鬼方氏妹 史記·楚世
家 陸終之妻 大戴禮 作女隤。鏊嬇11069

嬈 11384 05217
ráo_12.15 集韻 韻會 正韻 丛如招切音饒。嬌嬈，妍
媚貌 杜甫詩 佳人屢出董嬌嬈 図niǎo 廣韻 奴鳥切 集韻
韻會 正韻 乃了切丛音裊 說文 苛也，擾戲弄也 淮南
子·俶真訓 傷死者，其鬼嬈 図rǎo 廣韻 而沼切 集韻 韻
會 正韻 爾紹切丛音擾 前漢·鼂錯傳 除苛解嬈 図yǎo 集
韻 伊鳥切音杳。嬈嬲，美貌。或作嫋嫐 王褒·洞簫賦 優
嬈嬈以婆娑 註 嬈嬈，柔弱也。婆婆，分散也 図niáo 裊
聊切，溺平聲。煩也，心不欲也 図xiāo 馨叫切音歊。不
仁也 図nào 女教切音淖。義同。鏊 又嬈10682嬈11313

嬾 11385 05218
luàn_12.15 集韻 盧玩切音亂。說文 煩也。或作嫩
通作亂。一曰同變，順也。

嬉 11386 05219
xī_12.15 廣韻 許其切 集韻 韻會 虛其切丛音僖 博
雅 戲也 增韻 美也，游也 史記·孔子世家 嬉戲常陳俎豆
前漢·文帝紀 七八十翁，嬉戲如小兒狀 張協·七命 乘鷁
舟兮爲水嬉 図xǐ 集韻 韻會 許己切 正韻 許里切丛音喜
白居易·雜興詩 澹灩九折池，縈回十餘里。四月芰荷發，
越王日遊嬉 図妹10483嬉，夏桀妃 図xì 廣韻 集韻 韻會
許記切 正韻 許意切丛音憙。美姿顏也。鏊 慧琳音義 嬉
遊：又作傆01913，同，虛之反 說文 嬉，戲也。戲笑也。
經文作繶44939，非也。

娈 11387 05220
yàn_12.15 同嬿。鏊 正字通 俗省。

嬋 11388 05221
chán_12.15 唐韻 市連切 集韻 韻會 時連切丛音禪
說文 嬋娟，態也 図 凡物有色態曰嬋娟 左思·吳都賦 檀
欒嬋娟，玉潤碧鮮 註 言竹色美盛也 孟浩然詞 花嬋娟，
沃春泉。竹嬋娟，籠曉烟。雪嬋娟，不長妍。月嬋娟，
真可憐 図 嬋連，親族也 劉向·九歎 惟楚懷之嬋連。互
見娟10726媛11019二字註 △ 六書故 亦作嬗。鏊 又嬋10956
嬋11205

嬌 11389 05222
jiāo_12.15 廣韻 舉喬切 集韻 韻會 居妖切丛音驕 說
文 態也 增韻 妖嬈也。又女名。禹娶塗山氏之女，曰女
嬌 漢武故事 若得阿嬌，當以金屋貯之 図 酒名 輟耕錄
段繼昌好飲，以錢遺之者，盡送酒家。名酒曰黃嬌，蓋
關中以兒女爲阿嬌，故況之 図qiáo 集韻 渠嬌切音喬。
女字 図jiào 舉天切音矯。義同。鏊 又娇10681

摯 11390 05223
zhì_12.15 集韻 脂利切。同贄 說文 至也。引 書 大命
不摯。今 書 作摯 図zhí 集韻 之入切音執。義同。鏊 又
變11612摯11343

嫩 11391 05224
měi_12.15 韻寶 同美。或作媺。

嫷 11392 05225
duò_12.15 字彙補 同惰 図 鳥名 爾雅·釋鳥註 鸛鵯一
名嫷羿 疏 嫷，古以爲懈惰字。

嬑 11393 05226
mèi_12.15 六書統 古文媚11016字。

嬢 11394 05143
yàng_12.15 字彙 余亮切音樣。女字。鏊 又嬩11344

嫐 11395 04975
nǎo_12.15 龍龕 音惱。相嫐，亂也。

嬝 11396 04976
yǎo_12.15 龍龕 烏皎切。嬝嬢，細弱也。鏊 又嬝11212
図 嫋嬢，同嬝嬢。

嬣 11397 04978
dàng_12.15 篇海類編 徒朗切音蕩。嫠也。戲也。

嬬 11398 04979
rú_12.15 篇海類編 同嬬。

嬽 11399 04980
yuān_12.15 龍龕 於緣切。蛾眉也。

嬈 11400 04981
nǎo_12.15 篇海類編 同嫐。

嫠 11401 04982
lì_12.15 荻林伐山 與麗同。引 論衡 形嫠骨蘭，皮
媚色稱〇按今 論衡 作形佳骨媚。

嬏 11402 04983
fān_12.15 篇海類編 孚難切音翻。女字也。又普官切
音潘。又附袁切音煩。義丛同。

嬤 11403 04984
mǒ_12.15 五音篇海 莫可切。母之異名。鏊 又嬤15785

嬟 11404 04992
méng_12.15 龍龕 莫耕切音萌。好貌。鏊 又嬟11445

嬥 11405 43050
yuē_12.15 篇海類編 同嬥。

婬 11413 u2A9A2
null_12.15 未詳。

嬦 11407 43052
hàn_12.15 篇海類編 同嬧。

嬩 11408 43056
máng_12.15 龍龕 同嬩。鏊 朝鮮本 龍龕 嬩，呼光切。
嬩，今增。嫄10624，音同上。又莫朗切 說文 女字。

嬾 11409 u2B76E
lǎn_12.15 簡 嬾11665

嬢 11411 u2A9A4
null_12.15 殷周金文集成·12.7172.婦嬢半觚 婦嬢（。

婬 11415 u2A9A0
null_12.15 未詳。

嬓 11414 u2A9A1
zǎo_12.15 从女棗聲。人名 殷周金文集成·15.9688.
杞伯每刃壺 杞伯每刂乍龜嬓寶壺。

嬣 11416 u21890
sau_12.15 俗嫂16872以後，終。

嬪 11418 u2188D
null_12.15 未詳。

嬯 11419 u21885
null_12.15 未詳。

嬧 11420 u21884
null_12.15 未詳。

嬙 11421 u21883
xián_12.15 同嬙11361

嬼 11423 u21881
qī_12.15 同期23427見 不嬼篇。亦作嬼11342

嫘 11427 u2187C
lóu_12.15 同嫘11291籀文嫘10832从人中女，臼聲。

嬱 11428 u2187B
null_12.15 未詳。

嬕 11406 43051
miǎo_12.15 龍龕 彌小
切。鏊 覃曉航：嬕，音miú。从女淼聲。女子淫蕩。

嬝 11410 u2A9A5
null_12.15 未詳。

嬧 11412 u2A9A3
null_12.15 殷周金文集
成·14.9062.嬧父癸爵 嬧乍父癸尊彝。

嫨 11417 u2188E
fàn_12.15 同嬔11456
說文 嫨，生子齊均也。从女从生兔。

嫟 11422 u21882
zhì_12.15 嬯11343本字。

嬮 11424 u21880
zhuàn_12.15 集韻 嬮，
雛戀切。女字 図 後漢·馮衍傳 嬮子反於彭城兮，爵管仲
於夷儀。李賢注：東觀記 作謢字。此雖作嬮，蓋亦謢刺

之意也。錢大昕：媄當為饌 說文通訓定聲 姍，誹也。从女刪省聲。與訕聲同 漢書·異姓諸侯王表 奏自任私智姍笑三代。字亦作媄。見 後漢·馮衍傳 注 東觀記 作譏。

嫫 11430 u21877
null_12.15 未詳。

嫔 11431 u21876
null_12.15 未詳。

嫩 11432 u21875
null_12.15 未詳。

嫠 11433 u21874
null_12.15 未詳。

嫡 11435 u21872
null_12.15 未詳。

嫣 11437 u21870
null_12.15 未詳。

嫤 11439 u2186E
pín_12.15 俗嫔11547

嫦 11441 u2186C
dūn_12.15 女字。

嫧 11444 u21869
fù_12.15 女字。

嫪 11445 u21868
méng_12.15 同嫇11404

嫫 11446 u21867
dì_12.15 嘴 从女智trí聲。姨。

嫲 11447 u21866
đòi_12.15 嘴 从女隊đôi聲。婢女。

嫰 11449 u21863
jú_12.15 女字。

嫮 11451 u21861
jǐng_12.15 女字。

嫵 11453 u2185D
pǔ_12.15 女字。

嫌：上居依反。正作譏56663悮。

嫱 11454 u21824
qiáng_12.15 類篇 嫛11292，或書作嫱。

嬁 11455 u3728
nái_12.15 集韻 尼皆切。美也。

嫀 11456 u5B0E
fàn_12.15 同嬔11417 又 fù兔子。嫀11463譌字。

嫡 11425 u2187F
dí_12.15 嫡11255本字

嫜 11426 u2187E
mèi_12.15 媚11016本字

嫡 11429 u21878
qián_12.15 嫡10990本字

嫌 11434 u21873
yǎ_12.15 女字。

嫌 11436 u21871
qín_12.15 女字。

嫪 11438 u2186F
null_12.15 未詳。

嫞 11440 u2186D
null_12.15 未詳。

嫌 11443 u2186B
xián_12.15 俗嫌11182

嬈 11443 u2186A
shēn_12.15 或俗娠10727

嫢 11457 05227
zhú_13.16 集韻 竹律切，音窋。面短貌△本作𡧱。亦作𡧱。𡧱 网部重出：𡧱，廣韻 竹律切音绌。面短貌。

奥 11458 05228
ào_13.16 集韻 於到切音奧。妒也。

嬈 11459 05229
xiān_13.16 集韻 思廉切音暹 說文 敏疾也 司馬相如·大人賦 嬈侵潯而高縱兮，紛鴻涌而上屬 又 yǐn牛錦切音鈴。仰頭也。本作𢫫 又 yǎn 廣韻 集韻 达魚檢切音嶮。嬈然，齊也。

嬄 11460 05230
yì_13.16 集韻 於記切音意。女字。

嬒 11461 05231
huì_13.16 集韻 烏外切音憹 說文 女黑色也 揚子方言 嬒，可憎也 又 wò烏括切音斡。義同 又 嬒嬒，獸名。其狀如禺，文身善笑。一作幽頞。見 山海經

嬓 11462 05232
jiào_13.16 集韻 吉弔切音叫。人名 史記·田單傳贊 莒人求滒王世子法章，得之太史嬓之家 田齊世家註 敫、嬓同。

嫀 11463 05233
fàn_13.16 同嬔。息也。一曰鳥伏乍出 爾雅·釋獸 兔

子，嫀 王充·論衡 兔舐毫而孕，生子从口而出，其子名嫀 又 集韻 孚袁切音翻 又 fù芳遇切音赴。義达同。

嬆 又嫀11456嬔11725

嬕 11464 05234
shì_13.16 字彙 施隻切音釋。女名。

嬖 11465 05235
bì_13.16 廣韻 博計切 集韻 韻會 必計切达音閉◆說文 便辟也。愛也 增韻 便幸，左右近習者也 春秋傳 賤而得幸曰嬖 左傳·昭九年 飲外嬖嬖叔 又 官名 左傳·昭七年 宣子爲子產之敏也，使從嬖大夫 註 下大夫也 又 集韻 卑義切音臂。義同。

嬗 11466 05236
shàn_13.16 集韻 同禪 史記·秦楚之際月表 五年之間，號令三嬗 又 tān 廣韻 集韻 达他干切音灘。緩也，婢也 又 tǎn 廣韻 多旱切 集韻 黨旱切达音亶。又 tǎn 集韻 儻旱切音坦。又 dàn 蕩旱切达音但。義达同 又 shàn上演切。同善 說文 吉也 又 與禪通◆賈誼·服賦 斡流而遷，或推而還。形氣轉續，變化而嬗。

嬘 11467 05237
suì_13.16 集韻 徐醉切音遂。女字。亦作嫁。

嬇 11468 05238
jǔ_13.16 字彙 子呂切音咀。姓也，見 統譜

嬌 11469 05239
guā_13.16 說文 籀文媧字。

嬴 11470 05240
yíng_13.16 字彙 嬴字○按字本作嬴11562詳十四畫。

嬙 11471 05241
qiáng_13.16 唐韻 在良切 集韻 慈良切达音牆。嬪嬙，婦官名 晉語 備嬪嬙焉 杜牧之·阿房宮賦 妃嬪媵嬙 又 女名。毛嬙，古美女。又 王嬙，漢元帝宮人 樂府解題 嬙，齊國王穰女，漢元帝宮人，後遣嫁呼韓邪單于爲閼氏，號昭君 又 xiáng 集韻 徐羊切音詳。女字 又 sè殺測切音色。義同。嬆 又 嬙11349嬙11610

毀 11472 05242
huǐ_13.16 廣韻 許委切 集韻 虎委切达音毀◆說文 惡也。與毀譽之毀近。一曰人貌。

嬚 11473 05243
lián_13.16 廣韻 力鹽切 集韻 離鹽切达音廉。女字。一曰清美也 又 liǎn 廣韻 良冉切 集韻 力冉切达音斂。女名。嬆 女名。女字。

嬝 11474 05244
shēn_13.16 正字通 同嫀。

嬛 11475 05245
qióng_13.16 正字通 與嫏同。亦通惸。嬆xuān 廣韻 嬛，許緣切。便嬛，輕麗兒。又 音娟、音瓊 又 集韻 嬛，胡關切，女字。又 旬宣切。續也。一曰輕舉。又 縈緣切。便嬛，輕麗。

契 11476 05246
qì_13.16 廣韻 苦計切 集韻 詰計切达音契 說文 難也 又 kài 廣韻 苦賣切 集韻 口賣切，达同㦧，亦作嫛。義同 又 kǎi 廣韻 苦蟹切 集韻 口蟹切达音芛。意難也。

嬝 11477 05247
yāo_13.16 集韻 要54967古作嬝。

嬝 11492 43054
yǎo_13.16 龍龕 同窈

契 11478 05248
xīn_13.16 廣韻 許金切 集韻 虛金切达音歆。愛也 又 ān 廣韻 集韻 达烏含切音諳。又 tán 集韻 徒南切音罩。義达同。一曰貪也 又 hān

廣韻 呼談切音蚶。貪婪也。

孕 11479 05249
yùn_13.16 集韻 以證切。同孕 說文 懷子也 揚子·太玄經 沈首，鵰鷹高翔，沈其腹，好孕惡粥 註 孕，懷。粥，出也。貪利之人，高志穢行，好懷利而惡出。孕麗同。
囡 yíng 余陵切。同蠅 說文 蟲之大腹者。

娲 11480 05250
niǎo_13.16 同嫋。鎣 又袅54861

嫭 11481 05251
hù_13.16 字彙補 同嫭 揚子·太玄經 嫭大衆多。

嫚 11482 05252
màn_13.16 字彙補 莫晏切音嫚 潛夫論 嫚姓鄧優。

孌 11483 05253
luán_13.16 字彙補 古文孌11698字。

婇 11484 40985
chè_13.16 篇海類編 丑陟切，音徹◇女態。又媚也。鎣 四聲篇海 婇，充涉切。女態也 類篇 作陵65964

嬞 11485 40986
dǒng_13.16 篇海類編 多動切音董。女名。

嫟 11486 40987
nì_13.16 篇海類編 尼立切，音溺◇婦貌。

婒 11488 40989
cān_13.16 龍龕 青含切。婪也。

娑 11489 40990
sōu_13.16 篇海類編 先侯切，音搜◇女字。

嫻 11491 43053
quán_13.16 篇海類編 同嫭。

嫹 11497 u2A9A
null_13.16 未詳。

䋻 11487 40988
yì_13.16 篇海類編 宜寄切音義。女字。又音以。婍䋻，好貌。

嬂 11493 43055
měi_13.16 五音篇海 與媄同。

嬈 11494 43057
yāo_13.16 五音篇海 音妖。

嬪 11495 43058
zé_13.16 篇海類編 同嫧。

嫛 11496 43059
huǐ_13.16 篇海類編 同嫛。

嫋 11501 u2A9A6
null_13.16 未詳。

媦 11490 40991
wèi_13.16 說文 媚本字

嬢 11498 u2A9A9
měi_13.16 俗嬢11147同美45729

嫆 11499 u2A9A8
null_13.16 新撰字鏡 女獨。出自 小學篇

嫊 11500 u2A9A7
null_13.16 殷周金文集成·3.698·杜伯鬲 杜伯乍叔发嫊尊鬲。又9.4684·杜嫊莫簠口公乍杜嫊鑄鋪。字亦見6.3737·豐嫊簋。或省作姕10438，讀若祁。

嫋 11502 u218C4
niu_13.16 喃 从女溺nich聲。

嬢 11503 u218BF
null_13.16 未詳

媟 11504 u218BE
null_13.16 未詳。

嬬 11505 u218BD
sui_13.16 喃 嬬家：姻婭，姻親。

歟 11507 u218BA
null_13.16 未詳。

嫭 11506 u218BC
vợ_13.16 喃 从女葡bồ聲。妻子△嫭理：側室。嫭惆：小妾△亦作婠10918

嫳 11508 u218B7
zhuó_13.16 同嫛41315

嫽 11509 u218B4
liáo_13.16 嫽11368本字。

嬨 11510 u218B3
jìn_13.16 河南府志·卷二十六·禮俗志 舅母謂之妗10402 通雅 巨今切。亦作嬨。

嫲 11511 u218B1
piāo_13.16 或誤作嫲 玉篇 嫲，匹遙切。漢公主名。

嫛 11512 u218B0
yí_13.16 龍龕 嫛俗，嫛10999今。

孌 11513 u218AE
null_13.16 未詳。

嫬 11514 u218AD
null_13.16 未詳。

嬳 11515 u218AC
xiè_13.16 直音篇 嬳同媟11027

嬨 11516 u218AB
null_13.16 未詳。

嫞 11517 u218AA
null_13.16 未詳。

嬩 11518 u218A9
null_13.16 未詳。

娌 11519 u218A8
null_13.16 未詳。

嬬 11520 u218A7
null_13.16 未詳。

塵 11521 u218A6
null_13.16 未詳。

嫌 11522 u218A5
null_13.16 未詳。

媧 11523 u218A4
null_13.16 未詳。

嫭 11525 u218A2
null_13.16 未詳。

嬴 11524 u218A3
yíng_13.16 嬴11562譌字

嬳 11526 u218A1
null_13.16 未詳。

嫱 11527 u218A0
wā_13.16 俗媧11036

嫊 11528 u2189F
null_13.16 未詳。

嬰 11529 u2189E
null_13.16 未詳。

嫩 11530 u2189D
null_13.16 未詳。

孃 11534 u5B22
niáng_13.16 俗孃11664

嬞 11531 u372D
dāng_13.16 蟷孃，俗作嬞孃，即螳螂 囡 女字。

嬗 11532 u372C
tān_13.16 同貪57564 龍龕 嬗，音貪。

嬴 11533 u5B34
yíng_13.16 嬴11562通作嬴。

嬡 11535 u5B2A
ài_13.16 令嬡，亦作令愛：對別人女兒的尊稱 囡 方 母親。後嬡：後母。嬡婆：外祖母。

嬣 11536 05254
níng_14.17 廣韻 女耕切 集韻 尼耕切夳音儜。體也。姘嬣，女劣貌。一曰女態舒徐也 囡 níng 集韻 囊丁切音寧。女字。

嬤 11537 05255
mǒ_14.17 字彙 忙果切音麼。俗呼母為嬤嬤△俗字。嬤乃媽麼之轉音。鎣 又嬤11595嬤11581

嫢 11538 05256
guī_14.17 正字通 婁字之譌。

嫵 11539 05257
wǔ_14.17 正字通 俗嫵字。

嬩 11540 05258
yì_14.17 集韻 與瘱同。

嬥 11541 05259
tiáo_14.17 廣韻 集韻 韻會 正韻 夳徒了切音窕 說文 直好貌。一曰嬈也。又嬥嬥，往來貌 韓詩外傳 嬥歌，蠻人歌也 囡 diào 廣韻 韻會 正韻 夳徒弔切音調。嬥嬈，不仁也 囡 tiāo 集韻 他彫切音桃。往來貌 囡 tiáo 田聊切音迢。義同。一曰細腰 囡 zhuó 直角切音濁。好也 囡 dí 他歷切音狄。義同。鎣 可洪音義 嬥曲：上徒了反，韓詩云嬥歌，巴人歌也。又滌蘿濁三音，未仁也 龍龕 嬥，徒聊反，細腰皃。又徒了、徒吊二反。嬥嬥，徃來皃。又巴人歌也。又音濁，直好皃 囡 集韻 嬥11683，烏侯切，巴人歌。又權俱切，蠻夷歌，一曰女字。楊寶忠：嬥，嬥字俗訛。

嬦 11542 05260
chóu_14.17 集韻 陳留切音儔。女字 囡 shòu 承呪切音授。義同。鎣 又嬦10768

嬈 jìn_14.17 [集韻]在忍切音盡。女字。

嬨 cí_14.17 ◆[集韻]牆之切音慈。女字。一曰女性寬順。又婓閣。鼇又嬨11597

嬩 yú_14.17 [廣韻]以諸切[集韻]羊諸切丛音余。女字。囝yǔ[集韻]演女切音與。義同。

嬱 shù_14.17 [集韻]常恕切音署。女字。鼇又婼11008

嬪 pín_14.17 古文嫔嬪姘嬪嬪[唐韻]符眞切[集韻][韻會][正韻]毗賓切丛音頻。[爾雅·釋親]婦也。[說文]服也。[書·堯典]嬪于虞。[詩·大雅]來嫁于周，曰嬪于京。囝[禮·曲禮]生曰妻，死曰嬪。[註]嬪，婦人美稱。妻死，其夫以美號名之，故稱嬪。囝妃嬪，婦官也。[禮·昏義]古者天子后立六宮、三夫人、九嬪、二十七世婦、八十一御妻，掌婦學之法，以教九御，各率其屬，而以時御敘于王所。[正字通][禮記]九嬪無昭容等號。[字彙]九嬪下以昭容、昭儀、昭媛、修容、修儀、修媛、充容、充儀、充媛接連上文，誤。囝仙女號。鬱嬪，九華眞人，見[列仙傳]囝嬪然，多貌[前漢·王莽傳]收復絕屬，存亡續廢，得比肩首，復爲人者，嬪然成行。鼇又娘10737嫔11233嬪59815

嬫 róng_14.17 [集韻]于平切音榮。女字。

嬬 xū_14.17 [集韻]詢趨切音須。[說文]弱也。一曰下妻[易·歸妹]歸妹以須[吳澄曰]苟、陸作嬬囝rú[廣韻]人朱切[集韻]汝朱切丛音襦。[博雅]妻謂之嬬。一曰妾名囝nòu[集韻]乃豆切音槈。女字。鼇又嬬11398

嬓 làn_14.17 [廣韻][集韻]丛盧瞰切。同濫[說文]過差也。一曰貪也。或作嬎囝lán[集韻]盧甘切音藍。女字。

嬹 wēi_14.17 [集韻]烏回切音隈。低風謂之嬹。本作飈。

嬭 nǎi_14.17 古文囜[廣韻]奴蟹切[集韻]女蟹切丛音疓。乳也。或作妳囝[風土歲時記]唐人呼晝睡爲黃嬭。一作妳囝nǐ[廣韻]奴禮切音禰[博雅]母也。楚人呼母曰嬭。囝ěr[廣韻]兒氏切[集韻]忍氏切丛音尒。姊謂之嬭囝nì[集韻]乃計切，泥去聲。女名。鼇又奶10345妳10506嬭11678乃00280嬭11688囝龍龕姍10536俗，嬭今。

嬮 yān_14.17 [廣韻]一鹽切[集韻]於鹽切丛音饜[說文]好也。一曰和靜也囝yàn於豔切丛音厭。嬮嫑，美貌囝yè[廣韻]於葉切[集韻]益涉切丛音魘[博雅]好也。又靚嫑。

嬍 hàn_14.17 [廣韻]胡感切音頷。嬍害，惡性也△嬍應作嬍。鼇又嬭11576嬍11407

嬯 tái_14.17 [廣韻]徒哀切[集韻]堂來切丛音臺[說文]遲鈍也，闒嬯亦如之長篓闒嬯，浙省方言曰阿帶，愚戇貌。阿入聲，帶平聲。一曰阿獃囝◆[集韻]湯來切。同儓。倍儓，隸也。

嬰 yīng_14.17 [廣韻]於盈切[集韻]伊盈切丛音纓[釋名]人始生曰嬰兒。臂前曰嬰，抱之嬰前，乳養之，故曰嬰。一曰女曰嬰，男曰孩囝[六書故]女首飾也。嬰，所以飾也[荀子·富國篇]處女嬰寶珠。別作瓔囝加也[賈誼·治安策]嬰之以芒刃囝觸也[韓非子·說難]龍喉下逆鱗，嬰之則殺人囝繞也[後漢·卓茂傳]嬰城者相望囝縈也，絆也[陸機詩]世網嬰吾身[張九齡詩]形隨世網嬰囝山名[隋圖經]嬰山，并州之主山。又[山海經]金星之山，多天嬰，其狀如龍骨囝九嬰，水火之怪[淮南子·本經訓]堯使羿殺九嬰于凶水之上囝盂也。與罌通[穆天子傳]黃金之嬰之屬囝姓。晉季膺之後。別作賏囝[集韻]於慶切音映。關中謂孩子曰嬰囝yìng於正切音郢。嬰纍，小弱。一曰絆也。鼇又嬰10957囝可洪音義嬰11669兒：上於盈反囝[正字通]攖11924，俗嬰字囝顆48447同嬰[字彙補]顆，於盈切音嬰。顆兒也。

嫖 piāo_14.17 [集韻]紕招切音杓。女字。一曰漢公主名。鼇嫖字之訛[玉篇]嫖，匹遙切，漢公主名[集韻]嫖，女字。

嬱 qiàn_14.17 [字彙]同嬱

嬳 yuè_14.17 [廣韻]憂縛切[集韻]鬱縛切。丛同嬳。作姿態也[揚子·方言]江南謂之娏，山東謂之嬳囝wò[集韻]屋郭切音雘。義同囝hù胡故切音護。惜也。鼇又嬳11541嬳11683

嫋 niǎo_14.17 [廣韻]奴鳥切音嬈。戲相擾也[嵆康·與山濤書]足下若嫋之不置[王安石詩]嫋汝以一句，西歸瘦如臘囝又細浪嫋雪之娉婷囝nǎo[集韻]乃老切音腦。義同。鼇又嬲02448嫋18563嫋35636

嬱 zhǎn_14.17 同嬱。

嬴 yíng_14.17 [廣韻]以成切[集韻][韻會]怡成切[正韻]餘輕切丛音盈[說文]帝少皞氏之姓囝秦祖柏翳，卽伯益，爲舜主畜，畜多息，賜姓嬴。囝黔嬴，造化神名[楚辭·遠遊]召黔嬴而見之兮，爲余先乎平路囝更嬴，古善射者[左思·魏都賦]控弦簡發，妙擬更嬴囝嬴女，名弄玉，秦穆公女[列仙傳]嬴女好簫，蕭史善吹簫，穆公以弄玉配之囝齊地名[左傳·哀十五年]公孫宿以其兵入于嬴囝解也[禮·月令]天地始肅，不可以嬴囝滿也，餘也，與盈通[爾雅·釋天]春爲發生，夏爲長嬴[史記·天官書]歲星嬴縮囝端也[史記·趙世家]命乎命乎，曾莫我嬴[註]言命當貴盛，人莫知其端也。囝地名也。◆[周語]反及嬴內，布憲施舍於百姓。註:嬴內，地名。鼇又嬴通作羸11533囝蠃11524嬴11470嬴11630

嫀 shēn_14.17 [廣韻]所臻切[集韻][韻會]疏臻切丛音莘。有嫀，國名。鯀妃有嫀氏女，生禹，名女志。一名修已。囝有嫀，湯妃，生太丁，丛見[前漢書·古今人表]。或作姺。鼇又[玉篇]嫀嫀二同。

嬠 cān_14.17 [字彙補]七含切音參。貪也。

嬵 mián_14.17 [字彙補]彌延切音綿。女字。鼇又婂10834

嬜 táo_14.17 [篇海類編]同姚。

嬉 xī_14.17 [集韻]虛其切音熙[說文]悅樂也。一曰婦人賤稱。

嬪 11568 05286 pín_14.17 集韻嬪11547古作嬪。

嬢 11569 05287 chuò_14.17 集韻同娖。

𡡓 11570 46033 dòng_14.17 龍龕音會。鑿龍龕𡡓，俗。奴回、奴寂二反 又鄧福祿：𡡓，湩字俗訛 又當入女部。

𡢽 11571 40993 pó_14.17 字彙補佛經婆字。鑿又婆11064

𡢿 11576 43064 hàn_14.17 龍龕同㜥

嬐 11572 43060 xián_14.17 字彙補音義未詳。見釋藏中峯語錄。鑿疑俗嫌字。

𡣃 11573 43061 nǎo_14.17 篇海類編同惱。

𡣅 11574 43062 yāo_14.17 篇海類編伊堯切，音妖◇。

𡣆 11575 43063 yāo_14.17 篇海類編同嬰。

𡣇 11577 u2A9AB null_14.17 未詳。

嫸 11578 u218E8 cưới_14.17 喃同娨11082

嫚 11579 u218E7 mái_14.17 喃从女賣mái聲△鶗嫚：母雞。

嬭 11580 u218E6 null_14.17 清·梁章鉅稱謂錄·方言稱母吳俗呼母曰嬭11134又曰嬭。

嬤 11581 u218E5 mǒ_14.17 正字通嬷11537，篇海別作嬷，非。

嫺 11582 u218DF null_14.17 未詳。

嫛 11583 u218DE qǔ_14.17 俗娶10814可洪音義嫛我：上七句反。正作娶，又或作傋02132，才遇反，聚也，聚共也，會也。諸經中有作聚，作聚妻是也。又娉嫛：上疋聖反。下七句反。正作娶。

嬕 11584 u218DD null_14.17 未詳。

嫩 11585 u218DC null_14.17 未詳。

嬔 11586 u218DB null_14.17 未詳。

嬇 11587 u218DA null_14.17 未詳。

嫸 11588 u218D9 null_14.17 未詳。

嬫 11589 u218D8 null_14.17 未詳。

嬉 11590 u218D7 jiā_14.17 从女嘉聲。金文，人名，見嬉卣

嬛 11591 u218D6 null_14.17 未詳。

嬪 11592 u218D5 pín_14.17 俗嬪11547

嬒 11593 u218D4 hàn_14.17 同㜥11554廣韻㜥，㜥害，惡性也。

嬻 11594 u218D3 null_14.17 未詳。

嬷 11595 u5B37 mǒ_14.17 同嬷11537

嬨 11597 uFA81 cí_14.17 參見嬨11544

嬶 11596 u5B36 bí_14.17 日老婆。俗語大字典·國字賤しき人が妻を呼びて言う語。……夫に対して鼻息の荒き女房の義。

嬶 11598 05288 shì_15.18 同適元包經隨女有嫡註出而從夫也。

嬸 11599 05289 shěn_15.18 廣韻集韻韻會正韻太式荏切音審。俗呼叔母曰嬸。又呼夫之弟婦亦曰嬸。鑿又婶10955

嬺 11600 05291 nì_15.18 同嫟宋玉·神女賦澹清靜其愔嫕 又女名列女傳梁有婦人嬺。

嬫 11601 05292 yuè_15.18 廣韻以灼切集韻弋灼切太音藥。美貌 又shuò廣韻書藥切集韻式灼切太音鑠。義同。

嬻 11602 05293 mò_15.18 同嫼。

嬛 11603 05294 yuān_15.18 廣韻於緣切集韻正韻縈緣切太音娟說文好也。一曰蛾眉貌鐘鼎文睘乃顯字，加女爲嬛，以二目斜視也 又柔屈貌司馬相如·上林賦柔撓嬛嬛 又yuān廣韻迂權切集韻紆權切太音潫。義同。又好也，蛾眉也 又yuán集韻縈元切音淵。嬛嬛，美容貌 又wān逶關切音灣。媚也。又於袁切音鴛。嬛姍，美也。鑿又嬛11628

嬨 11604 05295 lǚ_15.18 集韻兩舉切。同僂，嬨嬨，心不欲爲也。

嬠 11605 05296 cài_15.18 集韻七蓋切音蔡。女字。

孅 11606 05297 jié_15.18 集韻子列切音蠽。好也。

嬻 11607 05298 dú_15.18 唐韻集韻太徒谷切音獨說文媟嬻也周語陳侯棄其伉儷，而淫于夏氏，不亦嬻姓矣乎△別作嬻。鑿又遭61407嬻10910

嬂 11608 05299 zhì_15.18 集韻職日切音質。女字。

嬼 11609 05300 liǔ_15.18 廣韻集韻太力久切音柳。嫠婦也 又liù力救切音溜埤蒼妖也 又liú集韻力求切音留。美也。

嬙 11610 05301 qiáng_15.18 集韻同嬙。

嬛 11611 05302 qióng_15.18 說文嬛本字。

𡤉 11612 40994 zhì_15.18 說文𡤉本字。

𡣶 11613 43065 fū_15.18 篇海類編同姇。

𡣷 11614 43066 huì_15.18 字彙補同嬇。

𡣸 11615 43067 xiè_15.18 篇海類編音屑。

𡣹 11616 43071 yún_15.18 籀文同妘。鑿鼎部重出：正字通籀文妘字。

𡣺 11618 u2A9AE null_15.18 未詳。

𡣻 11617 u2A9AF yīng_15.18 嫈11174娸，亦作𡣻娸，見新撰字鏡·卷第十二·連字第百五十九

𡣼 11619 u2A9AD null_15.18 喃未詳。

𡣽 11620 u2A9AC xián_15.18 或同賢57809

嫾 11621 u218FB sen_15.18 喃从女蓮sen聲△昆嫾：丫鬟。

嬁 11622 u218FA null_15.18 未詳。

嬂 11623 u218F6 zàn_15.18 同嬂11694

嬃 11624 u218F5 null_15.18 未詳。

嬄 11625 u218F4 null_15.18 未詳。

孅 11626 u218F3 xiān_15.18 俗孅11666

嬛 11628 u5B3D yuān_15.18 嬛11603本字

嫽 11627 u218F2 null_15.18 未詳。

嬹 11629 05290 xìng_16.19 廣韻集韻太許應切，興去聲說文悅也 又xīng集韻虛陵切音興。義同。一曰女字。鑿漢書侯嬹。嬹，嬹（嫖）字之誤

嬴 11630 05303 yíng_16.19 正字通俗嬴字。

𡤊 11643 43068 yàn_16.19 餘文同嬿

嬢 11632 05305 huái_16.19 廣韻戶乖切集韻乎乖切太音懷。安和也。

嬮 11631 05304 yán_16.19 集韻余廉切音閻。女字。

孍 11644 u2A9B1
null_16.19 未詳。

嬾 11633 05306
lǎn_16.19 唐韻洛旱切。怠也。一曰臥也。女性多怠，故从女〇按與懶同 囝 讀平聲 蘇軾·次毛滂詩 芋火對嬾殘 註 嬾，讀若闌。鋆又 懶18243嬾11647嬾11646嬾11665 囝 正字通 嬾嬾茲俗嬾字 囝 直音篇 懶懶18712慄並與嬾同。

嫹 11634 05307
xiāo_16.19 集韻先彫切音蕭。女字。

嬿 11635 05308
yàn_16.19 廣韻 集韻 茲伊甸切，音宴。美也 囝 yǎn 集韻 於殄切音蝘。嬿婉，安順貌 囝 yān 因連切音烟。女字。通作燕。鋆又 嫇11387嫯11643

嬸 11636 05309
méng_16.19 正字通俗嘗字

嫠 11637 05310
xiāng_16.19 字彙補 古文襄54669字。

孎 11638 05311
yún_16.19 集韻 妘10403古作孎。

孈 11639 05312
pín_16.19 集韻 嬪11547古作孈。

嬼 11640 40995
xiè_16.19 篇海類編 下戒切，音械。女字。

孃 11641 40996
niǎo_16.19 篇海類編 奴了切音裊。腰孃。

嬔 11642 40997
lì_16.19 篇海類編 郎狄切，音歷。女字。

嬾 11646 u2F86B
lǎn_16.19 同嬾11633

嬧 11645 u2A9B0
null_16.19 殷周金文集成·5.2578·嬧作庚鼎嬧乍父庚鼏。

頮 11648 u2190D
null_16.19 未詳。

嬾 11647 u2F86A
lǎn_16.19 同嬾11633

孻 11651 u21907
null_16.19 未詳。

潊 11649 u2190A
chǔ_16.19 喃 从妊 潊chā聲△脒潊：孕育△亦作潊11912

嬪 11650 u21909
pín_16.19 玉篇 嬪，白民切。嬪眉也。本作嫧68502

嬔 11652 u21906
null_16.19 未詳。

嬾 11653 u21905
null_16.19 未詳。

嬠 11654 u21904
null_16.19 未詳。

嬻 11655 u21903
null_16.19 未詳。

嬊 11656 u21902
null_16.19 未詳。

孀 11657 05313
shuāng_17.20 廣韻色莊切 集韻 韻會 正韻 師莊切茲音霜。嫠婦曰孀 崔瑗·湽河王誄 惠于嫠孀 囝 shuàng 集韻 色壯切，霜去聲。義同。鋆又 嫀11123 奴10437，並俗作。

嬻 11658 05314
fàn_17.20 集韻孚萬切音娩。匹耦也 字彙 作姡，一曰兔子，茲非。鋆又 孈11677

霝 11659 05315
líng_17.20 廣韻 集韻 茲郎丁切音靈 說文 女字。鋆 龍龕霝正，雴俗。

嬰 11660 05316
mí_17.20 廣韻 武移切 集韻 民卑切。茲同婆。齊人呼母曰嬰，李賀稱母曰阿嬰 囝 集韻 緜批切音迷。義同 囝 xiǎn 息淺切音獮。女字。鋆又 婆10819

嬟 11661 05317
xiè_17.20 正字通俗媟字。

嬌 11662 05318
jiāo_17.20 唐韻 居夭切 集韻 舉夭切茲音嬌 說文 姝身貌 囝 guǐ 集韻 矩鮪切音簋。又 kǒu 苦糺切，謳上聲。

又 jiǎn 兼忝切音鰜。義茲同 囝 gé 訖得切音輆。束也。鋆又 瀘30380簍42967

孽 11663 05319
niè_17.20 正字通俗孼字，凡孽子婢妾，皆謂之孽 囝 妖孽 說文 衣服草木歌謠之怪謂之妖。禽獸蟲蝗之怪，謂之孽。亦作蠥。

孃 11664 05320
ráng_17.20 唐韻汝陽切 集韻 如陽切茲音穰 說文 煩擾也。一曰肥大也 囝 náng 集韻 奴當切音囊。又 rǎng 汝兩切音壤。義茲同 囝 ◆同娘 古樂府 不聞耶孃哭子聲。鋆又 嬢11534

嬾 11665 05321
lǎn_17.20 集韻 同嬾。鋆又 嬾11409

孅 11666 05322
xiān_17.20 唐韻 息廉切 集韻 韻會 正韻 思廉切茲音鐵 說文 銳細也。與纖通 前漢·食貨志 古之治天下，至孅至悉 王吉傳 孅介有不具者。又弱也 司馬相如·上林賦 嫵媚孅弱 囝 人名。孅阿，古善御者 司馬相如·子虛賦 孅阿爲御 囝 qiān 集韻 千廉切，音籤。孅趨，巧佞也 史記·日者傳 季主曰：公所謂賢者皆可羞，卑疵而前，孅趨而言。鋆又 孅11626孅11702

嬱 11667 40998
yī_17.20 篇海類編 烏奚切，音鷖。人始生曰嬱。

嬳 11668 40999
zhù_17.20 川篇 之六切。美女也。

嫛 11669 43069
yīng_17.20 篇海類編 與嬰同。鋆又 嬰11303

孆 11671 u21915
xiá_17.20 未詳。

嬙 11670 u2A9B2
mǒi_17.20 喃 同孻11673

嫱 11675 u21911
null_17.20 未詳。

貽 11672 u21914
mǒi_17.20 喃 同孻11673

孃 11676 u21910
null_17.20 未詳。

孻 11673 u21913
mǒi_17.20 喃 从始 買mǎi聲。初，剛剛△薛孻：新年△亦作嬙11670貽11672

孂 11677 u3736
wǎn_17.20 同嬽11658

嬱 11674 u21912
qiān_17.20 同攑21167 集韻 嬱，丘虔切。舉也。或作揭20108

嫘 11678 05323
nǎi_18.21 正字通俗嬭字。

孇 11679 05324
shuāng_18.21 集韻疎江切音雙。女字。鋆又 奴10437

孈 11680 05325
yǐ_18.21 唐韻 移尒切 集韻 演尒切茲音酏 說文 愚贛多態 囝 北方神名 王逸·九思 回揭兮北逝，遇神孈兮宴娭 囝 wěi 廣韻 以水切 集韻 愈水切茲音唯。又 胡卦切音畫 囝 huì 呼恚切音毀。義茲同。一曰過也 囝 shuǐ 集韻 韻 山垂切音鵗。又 suī 翾規切音睢。又 wěi 尹捶切音蘳。又 wěi 羽委切音蔿。義茲同。鋆又 孈11614

嬲 11681 05326
niè_18.21 集韻昵洽切音腀。嬲嬲，美貌。

嬾 11691 u2191D
null_18.21 未詳。

孉 11682 05327
quán_18.21 集韻同婘。

嬹 11693 05331
quán_19.22 集韻同婘。

孅 11683 05328
qú_18.21 集韻權俱切音劬。孅峒歌 囝 ōu 烏侯切音謳。巴人歌。鋆 龍龕孅俗孃11708孃11560二今，玉縛反，作姿也 可洪音義 妖孅：上扵憍反，下扵鑊反，作姿兒也。正作嬈嬈。

孁 11684 05329
biāo_18.21 說文 嫖本字。

嫥 11685 05330
zhuǎn_18.21 篇海類編 止兗切音囀。女名。

孊 11686 43070
shū_18.21 篇海類編 同㛼。

嬟 11688 u2A9B3
mǐ_18.21 姓。讀羋45721或讀嫃11552 殷周金文集成·9.4598·曾侯臣 曾侯乍弔姬、邙嬟媵器噐彝

㛼 11689 u21920
rě_18.21 嫶从女禮㐌聲。女婿。

㜯 11690 u2191F
giǒi_18.21 嫶从好磊㐌聲△嚢江：巧妙。

嫡 11687 u2A9B4
null_18.21 未詳。

孆 11694 05332
zàn_19.22 唐韻 集韻 仄則旰切音贊 說文 白好也。 鎣 又嫃11623

嫛 11692 u2191C
yì_18.21 俗嬟18743 集韻 母被切仄音靡。女字。漢許皇后姊嬟 囡 修嬟，婦官名。漢廣川王幸姬望卿爲修嬟夫人，主繪帛。

孇 11696 05334
mǐ_19.22 廣韻 文被切

孋 11695 05333
luó_19.22 集韻 良何切音羅。女字。

孋 11697 05335
lí_19.22 廣韻 呂支切 集韻 韻會 鄰知切仄音離。戎國名。孋戎，在京兆新豐縣，其君姬姓 史記·晉世家 獻公所獲孋戎之女曰孋姬 左傳·晉語 通作驪 囡 姓。漢淮南相孋仲仁 囡 li 集韻 郎計切音麗。美也。 鎣 又嫋10800 嫛11195

孅 11702 u2192A
xiān_19.22 俗孅11666 集韻 力兗切 集韻 韻會 力轉切 正韻 盧轉切仄音臠。婉孿，美好貌 詩·曹風 婉兮孿兮。又從女 囡 順也，慕也 詩·小雅 思孿季女逝兮 囡 luàn 廣韻 力眷切 集韻 韻會 正韻 龍眷切仄音戀。義同。別作嬖 囡 luán 集韻 盧丸切音鸞。女字 囡 mán 謨還切音孿。義同。 鎣 又嬰32285 娈10680 孅11699 囡 集韻 孏11385，或作變變，亦書作繨11703

孿 11698 05336
luán_19.22 古文變 唐韻

嬕 11699 05337
luǎn_19.22 五音集韻 同變。

孃 11700 05338
shuò_19.22 字彙補 與鑠同 漢郭亮碑 於孃我君。

孄 11701 41002
yàn_19.22 字彙補 與艷同。見 張九成·橫浦集。 鎣 字彙補 本作嬿11726，同。

繨 11703 u21928
luán_19.22 同變11698見 集韻。亦作孿。

嬩 11704 u21927
bǎo_19.22 女字。

蘂 11705 u21926
yì_19.22 女字。

孏 11706 05339
yán_20.23 集韻 魚枕切音嚴。女字 囡 yǎn 魚檢切音儼。莊也，靜也。 鎣 正字通 俗儼02320字。

嬩 11708 05341
yù_20.23 集韻 同嫄。一曰惜也。

嫮 11709 u2A9B5
null_20.23 未詳。

嫯 11707 05340
qiā_20.23 廣韻 苦加切 集韻 丘加切仄音吖。嫯嫯，女作姿態也。嫯音鴉。

孅 11710 u2192D
null_20.23 明·佚名 鳴鳳記·第十二齣·桑林奇遇 步步嬌 莫不是荊釵節婦投江上，莫不是塞上寒衣孅。

嫬 11711 05342
zhú_21.24 集韻 朱欲切音燭 說文 謹也 囡 shǔ 殊玉

切音蜀。女字 囡 zhú 珠玉切音玃。嫡玃，女謹順貌。 囡 chuò 測角切音齪。義同。一曰善也。與㜾嬟㜺妮通。 囡 zhuó 廣韻 集韻 汰竹角切音琢。義同。 鎣 又嫃11281

孂 11713 05344
zhǎn_21.24 正字通 嫸本字。

孉 11714 05345
léi_21.24 集韻 同㜺。 鎣 又 備考 重出：篇海類編 音雷。又音累。

孎 11718 u21930
null_21.24 未詳。

孏 11712 05343
lǎn_21.24 集韻 同嬾 後漢·王丹傳 每歲農時，丹載酒肴於田閒候，勤者勞之，其墯孏者恥不致丹，皆兼功自屬。

孎 11715 43073
làn_21.24 篇海類編 同㜻。 鎣 俗嬢11550 篇海類編 郎紺切音濫。貪也。失禮也。過差也。通作濫。

嫚 11716 u21933
miǎn_21.24 俗挽11817 龍龕 嫚，俗。芳遇反。正作娩10969字。又孊嫚，二俗，娩，正，芳遇反。兔子曰嫚11456又芳萬反。鳥伏卵出也 囡 作孌11724

孎 11721 u21934
null_22.25 未詳。

孠 11717 u21932
niǎn_21.24 嬧11356本字

孎 11719 41000
wān_22.25 篇海類編 烏關切音灣。女字。

孏 11720 u21935
yì_22.25 俗嫛18743

孌 11722 05346
luán_23.26 集韻 同孿。

孋 11727 u21937
null_24.27 未詳。

孇 11723 05347
dié_23.26 集韻 同姪。

孏 11728 u2193B
null_30.33 未詳。

嫚 11724 41001
fù_24.27 龍龕 芳遇切。兔子。又芳万切。鳥伏卵也。 鎣 龍龕 作孌11716

嫚 11725 43074
fàn_24.27 篇海類編 同嫚。

嬿 11726 u21938
yàn_24.27 字彙補 與豔57146同。見張九成 橫浦集

寅集

◆子部◆

子 11729 05348 zǐ_0.3 古文学𢀈𢀉墧𢀋唐韻卽里切集韻韻會正韻祖似切𠀤音梓◆說文十一月陽氣動，萬物滋入以爲稱徐鍇曰十一月夜半，陽氣所起。人承陽，故以爲稱又廣韻息也增韻嗣也易·序卦傳有男女然後有夫婦，有夫婦然後有父子白虎通王者父天母地曰天子，天子之子曰元子書·顧命用敬保元子釗。又儀禮·喪服諸侯之子稱公子。又凡適長子曰冢子，卽宗子也。其適夫人之次子或衆妾之子曰別子，亦曰支子禮·曲禮支子不祭，祭必告於宗子又男子之通稱顏師古曰子者，人之嘉稱。故凡成德謂之君子王肅曰子者，有德有爵之通稱又自世婦以下自稱曰婢子。見禮記·曲禮。又卿之妻曰內子儀禮·有司徹註內子不薦籩又禮·檀弓兄弟之子，猶子也又前漢·嚴助傳註令子出就婦家爲贅壻，曰贅子又人君愛養百姓曰子又辰名爾雅·釋天太歲在子曰困敦前漢·律歷志孳萌於子又禮·王制公侯伯子男，凡五等疏子者，奉恩宣德又左庶子、中庶子，官名又國名括地志子城，在渭州華城縣又長子，縣名。周史辛甲所封，後爲趙邑，屬上黨又姓史記·殷本紀契母吞鳦子而生，故曰子氏。又複姓左傳鄭大夫子人氏，魯大夫子服氏、子家氏又子細，猶分別北史·源思禮傳爲政當舉大綱，何必太子細也正字通子讀若薺，方語別也。俗作仔細又去聲，才四切中庸子，庶民也。徐邈讀又與慈通禮·樂記易直子諒之心油然生矣韓詩外傳子諒作慈良又叶子德切音則詩·豳風旣取我子，無毀我室楊慎·古音叢目與朱傳同。鑾子11733𢀈14606𢀉03173𡥈14586𡦆67819𧆸52169

孑 11730 05349 jié_0.3 廣韻居列切集韻韻會吉列切𠀤音結說文人無右臂形玉篇單也，餘也，後也，短也集韻健也詩·大雅靡有孑遺。言周之民無復有遺者又孑孑，特出貌詩·鄘風孑孑干旄又戟也周禮·夏官·大司馬司戈盾註戈有旁出者爲句孑左傳·莊四年楚武王荆尸，授師孑焉以伐隨揚子方言凡戟而無刃謂之孑。俗作釨62758又孑孓，水中赤蟲。游水際，遇人則沈。俗呼沙蟲，一名蜎蠉淮南子·說林訓孑孓爲䖴註倒跂蟲也，化爲䖴。䖴卽蚊也又姓。見奇姓通又集韻激質切音吉。義同。鑾又孒11732又龍龕㐴00821亇00780仔00789，俗。居列反。正作孑。單仔。又无右臂也。

子 11733 u2F26 zǐ_0.3 部子11729

孓 11731 05350 jué_0.3 唐韻集韻𠀤居月切音厥說文無左臂形博雅孑孓，短也又gǒng廣韻居竦切音拱。孑孓，井中小蟲又廣韻集韻𠀤九勿切音綳。義同○按字彙作孓，非。今改正。鑾又𡤼00054

𡥋 11734 u5B53 jué_0.3 同孓11731

𢄼 11732 u2193C jié_0.3 孑11730本字說文孑，無又臂也。从了。乚，象形。

孔 11735 05351 kǒng_1.4 古文𠃜唐韻正韻康董切集韻韻會苦動切，𠀤空上聲說文通也。从乙从子。乙，請子之候鳥也。乙至而得子，嘉美之也。故古人名嘉，字子孔又甚也詩·小雅德音孔昭書·禹貢九江孔殷註殷，正也。言水道甚得其正也又穴也爾雅·釋詁孔，閒也疏謂閒隙也周禮·冬官考工記·函人眡其鑽空而窓史記·舜本紀爲匿空旁出註空卽孔又空也。通也老子道德經孔德之容，惟道是從註謂空虛能容也又揚子·太玄經孔道夷如註孔道，通道也又鳥名山海經南方多孔鳥又姓廣韻殷湯之後，本自帝嚳妃簡狄吞乙卵而生契，賜姓子氏。至成湯，以其祖吞乙卵而生，故名履，字太乙。後代以子加乙，始爲孔氏。至宋孔父嘉遭華父督之難，其子奔魯，故孔子生於魯。

𡤿 11736 43075 shǔ_1.4 搜眞玉鏡音署。

𡥀 11737 05352 sūn_2.5 字彙古文孫。引崔後渠曰：人者，仁也。仁之立文从二人，猶孨之从二子也正字通孫非止二其子，譌字。

孙 11738 05353 kǒng_2.5 集韻孔11735古作孙又chèng玉篇丑證切。川也訂正篇海訓川。又音孔韻會孙亦收入孔註，疑孔改从人之誤。

孚 11739 05354 bǎo_2.5 玉篇古保01269字六書故孚爲保之正文。嬰兒衣也。象子在裙襦中總要从子，旁指左右扶持狀。今作保，別作褓、緥。

孕 11740 05355 yùn_2.5 古文䏋唐韻集韻韻會正韻𠀤以證切音賸說文懷子也易·漸卦婦孕不育史記·周本紀姜嫄見巨人跡，欲踐之，踐之而身動如孕又禮·郊特牲牲孕弗食註孕，妊子也樂記羽者嫗伏，毛者孕育又通作蠅。管子·四時篇春蠅育，夏長養△集韻或作孕。亦作䗬。鑾又𡜔10526𡰪12926𨈂37058𩢸37060𨈟59690𡱊13004又漢語大字典.V.2.P.171㑋，同孕。

孙 11741 43076 yì_2.5 五音篇海音義。

存 11742 u21942 cún_2.5 俗存11746漢隸字源引孟郁脩堯廟碑

孛 11743 05356 zǐ_3.6 集韻子11729古作孛。

孖 11744 05357 zī_3.6 廣韻子之切集韻類篇津之切𠀤音兹玉篇雙生子也。亦作滋，蕃長也又廣韻集韻𠀤疾置切音字。義同。鑾又孶20223

字 11745 05358 zì_3.6 古文𡦁𡧐唐韻集韻韻會𠀤疾置切音牸說文乳也。又愛也書·康誥父不能字厥子，乃疾厥子周禮·地官鄭註小國貢輕，字之也左傳·成四年楚雖大，

非吾族也，其肯字我乎 又 文字。字者，孳也，六義相生無窮也。黃帝臣沮誦、倉頡體卦畫摹鳥跡，引伸觸類，文字之形始立 周禮·春官·外史 掌達書名于四方。註：古曰名，今曰字。疏：滋益而多，故更稱曰字 又 名字 禮·曲禮 男子二十冠而字 儀禮·士冠禮 冠而字之，敬其名也。君父之前稱名，他人則稱字也 又 女子許嫁，笄而字 註 亦成人之道也 又 女許嫁曰字 易·屯卦 女子貞不字，十年乃字 又 畜之牝者能孕字，故謂牝曰字 史記·平準書 乘字牝者，儐而不得聚會。亦作牸 又 姓。正字通 宋廉州判官字謂。𡥈又㝊13347

存 11746 05359 cún_3.6 古文𢀨 唐韻 集韻 韻會 正韻 太徂尊切音蹲 爾雅·釋詁 存，在也，察也 疏 書舜典，在璿璣玉衡，以齊七政。存即在也 易繫辭 成性存存 孟子 操則存，舍則亡 禮·祭義 致愛則存 註 孝子致極愛親之心，則若親之存也 又 說文 恤問也 禮·王制 八十月告存 集說 告猶問也。君每月使人致膳，告問存否也。又 月令 養幼少，存諸孤 又 省也 周禮·春官 大喪存奠彝 註 欲見其所奠彝朝夕存省之意也△◆說文 从子才聲。俗作存。

𡥈又𡦃11742𢩵11749

孜 11747 05360 hǎo_3.6 字彙補 與好10354同。引 石鼓文 遹車既孜。

孖 11748 43077 zǐ_3.6 搜眞玉鏡 音子。

抙 11749 u21945 cún_3.6 存11746本字 又 俗抙19270 可洪音義 抙氣：上直与、神与二反。除也。抙渫：先結反。

𡦄 11750 u21944 cí_3.6 同孶05426

孙 11751 u5B59 sūn_3.6 简 孫11816

𡥼 11752 05361 hǎo_4.7 玉篇 古文好10354字。

孚 11753 05362 fú_4.7 古文𤓬 唐韻 集韻 韻會 正韻 太芳無切音敷 說文 卵孚也。一曰信也 徐鍇曰 鳥之乳卵皆如其期，不失信也 詩·大雅 成王之孚 註 成王者之信於天下也 書·呂刑 獄成而孚。又 禮·聘義 孚尹旁達，信也 馬氏曰 玉之爲物，孚尹於中而旁達於外，所以爲信 又 集韻 玉采也 又 孚甲 禮·月令鄭註 其日甲乙，萬物皆解孚甲，自抽軋而出 又 中孚 易 卦名 又 fù去聲 集韻 芳遇切音赴。育也 揚子方言 雞伏卵而未孚。或作孵。𡥈又孵32216

孛 11754 05363 bèi_4.7 唐韻 蒲妹切 廣韻 集韻 韻會 蒲昧切 正韻 步昧切太音佩◆說文 㝹也，从宋，艸木盛長宋宋然。別作浡，方未切 又 人色變也，从子 徐曰 人色孛然壯盛，似草木之茂，引 論語 色孛如也。今作勃，薄沒切。又 彗星也 公羊傳·昭十七年 冬，有星孛入于大辰。孛，彗星也 左傳·昭十七年 申須曰：彗，所以除舊布新也。△或作茀，敷勿切 穀梁傳 孛之爲言猶茀也，隱蔽不見也 又 姓〇按孛字 廣韻 有蒲昧、蒲沒二切 集韻 有方未、蒲昧、薄沒、敷勿四切。訓義錯出。今依 廣韻 韻會 以蒲昧切爲正音，而以各音分註於每條下 又 正譌 借爲違悖字。𡥈又𡥆11755𡦁11801 又 字典琢屑 左傳 有星孛。此贅入字。申須此作申繻。傳作春秋。

𡥆 11755 05364 bèi_4.7 集韻 孛本字。

孜 11756 05365 zī_4.7 唐韻 子之切 集韻 韻會 津之切太音茲 說文 汲汲也。一曰力篤愛也，勤也 書·益稷 予思日孜孜。又 君陳 惟日孜孜，無敢逸豫△經傳通作孳。

孝 11757 05366 xiào_4.7 唐韻 呼教切 集韻 韻會 正韻 許教切，太哮去聲 說文 善事父母者。从老省，从子，子承老也 孝經 夫孝，天之經也，地之義也，民之行也 書·堯典 克諧以孝 禮·祭統 孝者，畜也。順於道不逆於倫之謂畜。又 祭義 曾子曰：居處不莊非孝，事君不忠非孝，涖官不敬非孝，朋友不信非孝，戰陳無勇非孝。五者不遂，烖及於親，敢不敬乎 又 謚法 五宗安之，慈惠愛親，秉德不回，協時肇享，大慮行節，太曰孝 又 姓 風俗通 秦孝公後。

𡥈又𡥊11760𡥉11758𡥌11762𦒸68961𡥃21389

𡥉 11758 05367 jiāo_4.7 唐韻 古肴切 集韻 類篇 居肴切太音交 說文 放也。謂放效也 又 jiào 玉篇 公孝切 廣韻 古孝切 集韻 居效切太音教。義同△說文 𡥉在子部，从爻聲。戴侗謂：𡥉，人子之達道也，非但事老。隸書既興，爻與老譌，故分爲二字 正字通 因之，以𡥉與孝同，遂謂專訓倣效爲誤〇按 易繫辭傳 爻也者，效天下之動者也。又曰爻也者，效此者也。𡥉既从爻，自當專訓效。今仍依 說文 古肴切，訓放效爲是。𡥈又𡥌05228

孙 11759 05368 hái_4.7 集韻 與孩同。𡥈又俗孤11776 偏類碑別字 引 魏城陽王元鸞墓誌

𡥊 11760 05369 jiào_4.7 字彙補 加孝切音教。引 佩觿集 𡥊，導也。與孝、𡥉不同。

𡥌 11762 41003 xiào_4.7 川篇 火挍切。𡥌，養也。𡥈同孝。

𡥋 11763 43079 xìn_4.7 搜眞玉鏡 音信。

𪧹 11764 u2A9B9 null_4.7 未詳。

孖 11761 05370 xù_4.7 集韻 象呂切音敘 山海經 狧山有堪孖之魚，狀如夸父而彘尾。一曰魚子〇按即孖字譌文。註詳亅部。

𪧶 11767 u2A9B6 null_4.7 未詳。

𪧸 11765 u2A9B8 lug_4.7 壯 方 兒女。

𪧷 11766 u2A9B7 null_4.7 字見 殷周金文集成·11.6302·孖父辛觶

𡥌 11768 u2194C nhắt_4.7 喃 从子日nhật聲。小，細。

𡥊 11769 u2194A null_4.7 未詳。

孟 11770 05371 mèng_5.8 唐韻 集韻 韻會 正韻 太莫更切，𥁕去聲 說文 長也 禮緯 嫡長曰伯，庶長曰孟 書·康誥 王若曰：孟侯，朕其弟，小子封 書傳 天子之子，年十八，稱孟侯。又女子之兄亦曰孟 又 玉篇 始也，四時之首月曰孟月 前漢·李尋傳 寅孟之月。又 廣韻 勉也 班固·幽通賦 盍孟晉以迨羣，辰倏忽其不再 註 孟晉，勉進也 又 大也 管子·任法篇 高言孟行，以過其情 又 州名。漢河內郡，即古孟津，唐置孟州。又 書·禹貢 被孟豬 爾雅 作孟諸 周禮 作望諸 鄭註 澤藪曰望諸，即孟豬也 又 姓。魯仲孫氏爲三桓之孟，故曰

孟 図mǎng 集韻母朗切音莽。無趣舍之謂 図màng莫浪切，茻去聲。不精要貌莊子·齊物論孟浪之言。
鎣又吴10001柔23614孟37138孟37158嗑06350

11771 05372
嗣 sì_5.8 玉篇古文嗣06766字。

11772 05373
孡 tāi_5.8 廣韻土來切集韻湯來切茻音胎。婦孕也。亦作胎。

11773 05374
孜 cí_5.8 集韻七支切音雌。小腸也図zǐ祖似切音子。縣名，在犍爲。

11774 05375
孢 bāo_5.8 玉篇平巧切正字通部巧切，茻庖上聲。孕也。鎣胡吉宣：胞47106之俗字。

11775 05376
季 jì_5.8 古文𡥊孛𡥀𡥵唐韻集韻韻會茻居悸切，音頯說文少稱也玉篇稚也左傳·文十八年高辛氏有才子八人，以伯仲叔季爲序図物之穉者亦曰季周禮·地官·山虞凡服耜斬季材疏服與耜宜用欜材，尚柔忍也図細也，小稱也管子·乘馬篇季絹三十三。又儀禮·特牲饋食掛於季指註季指，小指也。又廣韻末也，凡四時之末月曰季月，末世曰季世左傳·昭三年叔向問晏子曰：齊其何如。晏子曰：此季世也。叔向曰：然。雖吾公室，亦季世也。姓。魯大夫季友，漢季布△說文从子从稚省，稚亦聲。鎣又𥝢52257

11776 05377
孤 gū_5.8 唐韻古乎切集韻韻會正韻攻乎切茻音姑說文無父也釋名孤，顧也，顧望無所瞻見也禮·曲禮君子已孤不更名。又窮民之一曰孤禮·月令養幼少，存諸孤図王侯謙稱禮·玉藻凡自稱小國之君曰孤曲禮諸侯與民言，自稱曰寡人。其在凶服，曰適子孤。図官名，三公之次也書·周官立少師、少傅、少保曰三孤，貳公弘化註三孤，雖三公之副貳，非其官屬，故曰孤図凡子處亦曰孤禮·學記獨學而無友，則孤陋而寡聞図玉篇特也書·禹貢嶧陽孤桐註特生之桐也。図集韻負也李陵·答蘇武書陵雖孤恩，漢亦負德毛曰凡孤負之孤當作辜。俗作辜，非図獨孤，複姓△徐鉉曰于文字瓜爲孤，瓜，聲也。子不見父，則泣呱呱也。會意。鎣又𡥱48170𡥓11813𤕲11759

11777 05378
孥 nú_5.8 唐韻乃都切集韻韻會正韻農都切茻音奴玉篇子也書·甘誓予則孥戮汝註罪茻及其子也。図通作帑詩·小雅樂爾妻帑左傳·文七年先蔑奔秦，荀伯盡送其帑及其器用財賄於秦図鳥尾也左傳·襄二十八年以害鳥帑杜註鳥尾曰帑正義者，細弱之名。於人則妻子爲帑，於鳥則尾亦曰帑，故俱以帑爲言也。図nǔ集韻暖五切音弩。子也図nù奴故切音怒。妻子也正字通說文分孥、帑爲二。今帑藏之帑音儻，俗讀妻孥如弩、怒二音，非。

11778 05379
㞷 bèi_5.8 字彙同悖亢倉子古字〇按四畫㞷亦借爲違悖字。本从㞷，今尖下增畫作㞷，非。

11779 05380
𡥓 shǐ_5.8 集韻使01094，古作𡥓。

11780 05381
孀 shuàng_5.8 五音集韻與截同。

11781 41004
孛 bó_5.8 字彙補勃字之誤。

11782 41005
𡥡 hào_5.8 六書精蘊與喜好之好同。

11783 43080
孕 yùn_5.8 龍龕同孕

11784 u2A9BA
珀 null_5.8 未詳。

11785 u2195A
㖤 gā_5.8 喃从子可kʰà聲。同䶃35568△㖤意：他。

11786 u21959
㖤 cháu_5.8 喃从孫省詔chiếu省聲△琨孖：子孫。

11787 u21953
孿 chuā_5.8 同㐬30705閩孿姑，亦作孿歔：娶妻。

11788 u21956
null_5.8 未詳

11789 u21955
孖 null_5.8 未詳

11790 u21954
null_5.8 未詳

11791 u21953
null_5.8 未詳。同毒27186

11792 u21952
籽 null_5.8 未詳

11794 u5B66
学 xué_5.8 簡學11895
V.2 孿，同孺11909図niū中國方言大詞典孿，（一）形容小。閩語。浙江南部。（二）用在名詞詞尾「仔」的後面，起強調作用。閩語。廣東潮州。又阿孿：小名，乳名，吳語。浙江溫州。鼎仔孿：小鍋子。閩語。浙江南部。

11793 u5B67
孿 rú_5.8 漢語大字典.

11795 05382
珠 shū_6.9 海篇與殊同。

11796 05383
孨 zhuǎn_6.9 廣韻旨兖切集韻主兖切茻音剬說文謹也，从三子廣韻孱露可憐也図yuǎn集韻以轉切，緣上聲正字通據史漢，吾王，孱王也。韋昭曰：孱，仁謹貌方言冀州人謂懦弱曰孱。孨當與孱通。又六書統孖與進同義。朱謀㙔曰：羣兒聚孖爭先，因其弱而不前者，借爲孱弱字図zhuàn廣韻莊眷切集韻雛戀切，並音饌◇義同。鎣集韻孖，昵立切，聚兒，或作㿝。

11797 05384
孩 hái_6.9 廣韻戶來切集韻韻會正韻何開切，茻亥平聲說文小兒笑也。本作咳，从口亥聲玉篇幼稚也孟子孩提之童註小兒知孩笑可提抱者図頜下曰孩禮·內則三月之末，父執子右手，孩而名之図蟲類亦曰孩禮·月令無殺孩蟲註言蟲始生如孩也。鎣又㜾11759噯06752頦67937可洪音義嬰㜾10579：戶來反。正作孩。又古來反，非。嬰㜾47177：上於盈反，下戶哀反，小兒也。正作孩也。又音該，非也。

11798 05385
字 zǐ_6.9 集韻字11745古作字。

11799 05386
孯 xuān_6.9 玉篇居先切。孤獨也。又敬拜也。又qióng音瓊。義同〇按敬拜無義，與集韻媗或作孯，訓貪色，俱不可从△正字通媗悍嫒茻通。鎣又駽16171

11800 05387
孳 zī_6.9 韻會小補古孳11858字。

11801 05388
孛 bèi_6.9 字彙補與字同図jì古文季11775字。

11802 41006
㞷 nǐ_6.9 篇海類編魚紀切音擬。盛也図jìn卽刃切音進。亦作㞷。鎣又㿝11864晉11868

11803 41007
珴 null_6.9 字彙補音未詳，謂割鈲草也。

拏 11804 u2A9BB
null_6.9　未詳。

孲 11805 u21965
đứa_6.9　喃傢伙。

誅 11806 u21964
nòi_6.9　喃後代。

孤 11808 u21962
null_6.9　未詳。

亯 11807 u21963
zhuān_6.9　同亯04665古文更。

孮 11809 u21961
null_6.9　未詳。

孤 11810 u21960
null_6.9　未詳。

覉 11811 u2195F
null_6.9　未詳。

孿 11812 u5B6A
luán_6.9　简孪11931

晉 11813 05389
nǐ_7.10　說文晉，籀文睿11864一曰奇字晉。子孙切。鍹又殷周金文集成·10.5271·亞毇父丁卣亞毇窒晉竹丁父。晉竹，孤竹，古國名。

孡 11814 05390
tǐ_7.10　玉篇集韻忕土禮切音體。小兒也。

狾 11815 05391
zhè_7.10　集韻之列切音浙。螶蟲子也玉篇蝗也。囜zhì廣韻集韻忕征例切音制。蝗子也○按說文蝗，螽也。螶蟲食穀葉者。蝗、螶皆食苗蟲。今集韻音義分列，而玉篇之列切又从與集韻義互錯，似亦不必太泥。鍹又蘜53173蟄53449

孫 11816 05392
sūn_7.10　唐韻集韻思袞切韻會正韻蘇昆切忕音飧說文子之子也。从子从系。系，續也，言順續先祖之後◆爾雅·釋親子之子爲孫，孫之子爲曾孫朱子曰曾，重也，自曾孫以至於無窮，皆得稱之也囜凡臨祭祀，內事曰孝孫，外事曰曾孫詩·小雅神保是饗，孝孫有慶書·武成告於皇天后土、所過名山大川，曰：惟有道曾孫周王發囜物再生曰孫周禮·春官·大司樂孫竹之管註竹枝根之末生者番禺志稻再生曰稻孫囜纖女曰天孫前漢·天文志纖女，天帝孫也囜博物志岱嶽亦名天孫囜青海旁馬多龍種，曰龍孫。又矢名晉語申孫之矢囜烏孫，西戎國名囜姓。又公孫，長孫，王孫，俱複姓廣韻衞公子惠孫曾耳之後，因氏焉囜集韻蘇困切音巽。與遜同論語孫以出之禮·學記入學鼓篋，孫其業也註猶恭順也囜遁也春秋·莊元年三月，夫人孫于齊閔二年九月，夫人姜氏孫于邾。鍹又手11737孙11751

娩 11817 05393
miǎn_7.10　廣韻無遠切集韻武遠切，並音晚。又廣韻亡辨切集韻韻會正韻美辨切，並音勉。義同說文生子免身也。从子免徐鍇曰會意囜正譌芳萬切音販韻會正韻忕文運切音問正字通娩無販問二音○按諸家註，娩，美辨切，產子也。娩，方諫切音販者，以娩與娩通也。又韻會正韻俱載問韻，註生子也，與娩、免同。二音應忕存。鍹又娩11417婏10851娩10969嬔11716嬔11463

孬 11818 05394
nāo_7.10　正字通呼怪切，歪去聲。不好也范成大桂海雜志土俗字：冕音矮，不長也。夭音動，人瘦弱也。孬音臘，人不能舉足也。孬與夭、夭諸文同。范所謂俗字，皆六書所不收。鍹又孬10771

㐰 11819 05395
xìn_7.10　字彙補音義與信同。

㝐 11820 41008
pú_7.10　字彙補蒲木切音僕。行貌。

孵 11822 u2196D
fū_7.10　集韻孵11865孵，或从冖。

犁 11823 u2196C
null_7.10　未詳。

㝡 11821 41009
fū_7.10　字彙補芳夫切音敷。卵化也。鍹孵11822譌字。

舒 11824 u2196B
null_7.10　未詳。

屘 11825 u5C58
mān_7.10　方老幺，幺子。亦作嫚31500屘11907㝅13047㝅27263

㝐 11826 u5B6D
miē_7.10　粤摸些切。背。亦作㝀57553㝐帶：背帶。

㝗 11827 05396
cóng_8.11　廣韻藏宗切集韻徂宗切忕音琮。子孫隆盛也。

㝘 11828 05397
qiān_8.11　字彙苦閑切音慳。固也正字通說文·手部㝘訓固，無㝘字。疑卽手之譌。鍹疑卽手之譌。正字通㝘，舊註苦閑切音謙。固也。按說文·手部㝘19887訓固，無㝘。子卽手之譌。舊本誤與篇海同囜㝘19887㝘11869㝘11914

孰 11829 05398
shú_8.11　唐韻殊六切集韻韻會正韻神六切，並音淑◇說文食飪也。本作𤔏，隷作孰。生之反也禮·禮運腥其俎，孰其殽特牲饋食禮註：祭祀自孰始囜歲稔也禮·樂記德盛而教尊，五穀時孰前漢·食貨志大孰則上糴三而舍一，中孰則糴一，使民足足。互見火部熟31537字註囜爾雅·釋訓孰，誰也楚辭·天問圜則九重，孰營度之莊子·天運篇孰主張是，孰維綱是史記·藺相如傳公之視廉將軍，孰與秦王囜正韻何也論語是可忍也，孰不可忍也囜正字通審也漢武策賢良制其孰之復之○按說文生孰字本但作孰，後人加火以別生熟之熟，而孰但爲誰孰字矣。鍹又𪓌00692㝅70818

㝙 11830 05404
yā_8.11　集韻類篇忕於家切音鴉。赤子也集韻又曰：吳人謂赤子曰㝙㝙。

桒 11832 u2A9BE
null_8.11　族徽。見殷周金文集成·02.377·桒鐃等。

衲 11834 u2A9BC
null_8.11　喃未詳。

㝚 11833 u2A9BD
zhào_8.11　氏族名。讀若肇殷周金文集成·7.3750·㝚獻駒簋㝚見駒，用乍父乙尊彝，羊俈。

孺 11831 43081
jǔ_8.11　龍龕居語切

㝛 11835 u2197E
null_8.11　未詳。明末農民起義史料·兵部題爲塘報「湖廣等處」賊情事隨將活賊陸掌家并取「一盞燈」，當經梟示訖，餘九名小喜㝛等發縣再審酌釋之。

㝶 11836 u21975
con_8.11　喃兒女，孩子△㝶蜽：蝙蝠。

㝴 11837 u21974
nít_8.11　喃从子涅niết省聲△㝴㝶：孩子。

冠 11838 u21972
null_8.11　未詳。

椆 11839 u21971
null_8.11　未詳。

殖 11840 u21970
null_8.11　未詳。

孿 11842 u2196E
null_8.11　未詳。

㝯 11841 u2196F
qióng_8.11　俗惸17749名義嫈，仇營反。單，獨。

孺 11843 05399
jù_9.12　玉篇集韻忕曰許切，音矩◇孤也△正字通謂踽字之譌，引詩·唐風獨行踽踽。獨行亦孤意。無考據，不可从。鍹胡吉宣：孺與踽同足部踽，獨行皃。

孤、獨義近，字蓋涉孤而變易从子，子或當爲子，子者孤獨也。又 正字通 㧓，踽，或作偁01526 囡 rú 漢語大字典 同孺11909

屖 xī_9.12 字彙 古犀字。與棲同。引 揚雄·蜀都賦 幷石石屖，斫岑倚從○按 說文 犀从尾牛聲，徼外獸。犀从尸辛聲，犀遲也。亦作棲遲。犀既同棲，自當从屖舊註。古犀字，疑即犀字之譌。

屖 chán_9.12 廣韻 士連切 集韻 韻會 正韻 鋤連切 丛音潺◆ 說文 迮也，从孨在尸下。一曰呻吟也 玉篇 弱也 廣韻 劣也 史記·張耳傳 趙相貫高曰：吾王，屖王也 註 孟康曰：冀州人謂懦弱爲屖 囡 集韻 昨閑切。窄也 囡 jiān 子仙切音煎。窘也，屖廛也。今俗有屖廛語 囡 zhàn 玉篇 集韻 丛士限切音棧。屖陵，古地名 前漢·地理志 在武陵郡 囡 與巉通 司馬相如·大人賦 放散畔驤以屖顏 註 屖顏，即巉巖 蘇軾詩 攝衣步屖顏 註 山額曰顏。鑾 又瘥36259

屖 yùn_9.12 玉篇 尾孕切。出釋典△ 字彙 眉病切音命。初孕也。鑾 又屘13110切身字。元刊本 玉篇 尾孕切。初孕也。

毻 chún_9.12 集韻 純43834古作㹞。

㭈 quē_9.12 集韻 類篇 丛傾雪切音缺 說文 缺也。古者城闕其南方謂之㭈。从毇，缺省 囡 集韻 一決切音抉。義同。鑾 又鑿67585歊67571歊70859

㛐 zhí_9.12 字彙補 與姪同。見 藏經字義。鑾 从兄出子會意。

豩 xù_9.12 43084 五音篇海 辭呂切。

豩 null_9.12 u2A9BF 未詳。

頒 lǎng_9.12 43082 搜真玉鏡 音朗。鑾 字彙補 䪴，音義與朗同。

豩 null_9.12 u2197C 未詳。

種 zhòng_9.12 43083 海篇 音仲。

孖 chǔ_9.12 u21982 哾孖㖽，亦作㖽喃，即字喃。

㜝 lí_9.12 u2197D 集韻 孷11877㜝，陵之切 方言 陳、楚之間，凡人乳而雙產，謂之㜝孷。或省。

孖 zī_9.12 u5B73 參見孳11862

㖽 jiū_9.12 u2197B 孷20105譌字

㜁 qióng_9.12 05407 集韻 類篇 丛葵營切音瓊。獨也 正字通 即俗惸字○按 字彙 訓好與 說文 嫈註溷，非。

孚 fú_10.13 05408 玉篇 扶留切音浮。多也。

孶 chú_10.13 05409 集韻 類篇 丛仄遇切 說文 婦人孕身也。本作嫋。

孳 zī_10.13 05410 古文㜽 唐韻 集韻 子之切 韻會 津之切 丛音茲 說文 汲汲，生也。从子茲聲 廣韻 孳，息也。又與孜同 孟子 孳孳爲善者 禮·表記 俛焉日有孳孳 囡 zī 廣

韻 集韻 韻會 丛疾置切音字。乳化也 書·堯典 鳥獸孳尾 註 乳化曰孳，交接曰尾。鑾 又孿14616䪍45256籫15344

彀 gòu_10.13 05411 唐韻 集韻 韻會 正韻 丛居候切音遘 說文 乳也。从子彀聲◆ 徐鍇曰：楚人謂乳曰彀，故名子文曰彀於菟。通作穀 囡 彀，穀也，謂恂彀無知識也 囡 玉篇 奴豆切 集韻 乃后切丛音槈。義同。鑾 又𣪊09730彀27138彀20062彀24861

㜭 nǐ_10.13 05412 玉篇 牛起切 集韻 偶起切 類篇 魚紀切丛音擬 說文 盛貌 玉篇 又眾多貌 王延壽·魯靈光殿賦 芝栭攢羅以戢㜭 杜甫·朝享大清宮賦 羅詭異以戢㜭 囡 入聲 集韻 韻會 弋入切，音熠。義同△ 集韻 籀作㜭，或作㜱。鑾 又晉11868 囡 集韻 孨11796，昵立切。聚皃。或作㜭。

㜼 bìn_10.13 41010 字彙補 卑孕切，音儐◇此梵音切身字也。

孤 xì_10.13 41011 篇海類編 許意切，音餼◇息也。鑾 龍龕 孤俗，許既反。正作㱜18120息也。

孿 qiān_10.13 43085 篇海類編 同堅。

孿 qí_10.13 43086 龍龕 音齊

孵 fū_10.13 05413 集韻 芳無切音孚。孵化也。陸績曰：自孵而觳 囡 fù 集韻 芳遇切音赴。育也△或作㕠。鑾 又㕫11822孵字今部外十一畫。

䡅 jì_10.13 43088 龍龕 音既

孖 nǐ_10.13 u21990 null_10.13 未詳。

㜖 nǎi_10.13 43087 字彙補 同㜯。

孖 null_10.13 u21989 未詳。

㪲 lìng_10.13 u21988 俗㪲01884

孖 null_10.13 u21987 null_10.13 未詳。

孷 lí_11.14 05414 廣韻 里之切 集韻 類篇 陵之切丛音釐 玉篇 孷孖，雙生也 揚子方言 陳楚閒凡人曶乳而雙產曰孷孷 囡 集韻 良志切音吏。義同○按 方言 雙生子本作釐孿。釐，離也，孿而分生也，俗作孷 正字通 曰：雙生有孿、孷二文。女部嫠爲寡婦，孷蓋獨子也，與孤字殊義通。說亦是。鑾 又孿11855

孖 guī_11.14 05415 字彙補 與槼同。見 蘇轍·類編敘

孖 ér_11.14 41013 搜真玉鏡 音而。注也。

孖 dèng_11.14 43089 字彙補 帝孕切。出釋典神咒中。

孖 yīng_11.14 u2A9C0 簡㜺11924 null_11.14 u21996 未詳。

孖 null_11.14 u21993 未詳。

孖 null_11.14 u21992 null_11.14 未詳。

孺 rú_12.15 05417 同孺

孖 rú_12.15 05416 玉篇 俗孺字

孖 null_12.15 05418 字彙補 音未詳 談薈 東岳姓孿。鑾 東岳姓成名孿。孿或同嫠。

孖 xiāo_12.15 41014 篇海類編 呼交切，音嚻◇哮喊也。

孖 tóng_12.15 43090 篇海類編 音童。

𡦹 11890 43091
shú_12.15 字彙補音孰。

𡦚 11892 u2199A
null_12.15 或辣譌字

𫝯 11891 u2B76F
xué_12.15 俗學11895 碑別字新編引魏王誦妻元貴妃墓誌

㝆 11893 u3746
null_12.15 未詳。

孹 11894 05419
càn_13.16 玉篇音粲。二女也△正字通按女部有婜，俗譌作粲，改作孹。

學 11895 05420
xué_13.16 唐韻胡覺切集韻韻會正韻轄覺切太音鷽說文覺悟也。本作斅，篆作學增韻受教傳業曰學。朱子曰：學之爲言效也詩·周頌日就月將，學有緝熙于光明書·說命王，人求多聞，時惟建事，學于古訓，乃有獲禮·學記君子之於學也，藏焉，修焉，息焉，游焉。夫然，故安其學而親其師，樂其友而信其道 又 學校，庠序總名禮·王制天子命之教，然後爲學。小學在公宮南之左，大學在郊，天子曰辟雍，諸侯曰頖宮 又 姓。見姓苑 又 叶許旣切音戲前漢·匡張孔馬敘傳樂安裒裒，古之文學。叶下司，司音細◇△正字通與斆21855別○按書·說命惟斆學半。學與斆別。諸家泥經傳，斆或作學，合學斆爲一，非。今斆音效，而學校字但作學。鎣又学11794斈21891斈09776孛21885斈21389𫝯11891敩21616敩21601斆21844㰒18701㰒17510

𩫖 11896 05421
pí_13.16 集韻類篇太頻彌切音皮。城上女牆，於其孔中俾倪非常也。周伯溫曰：古書多作俾倪，隸作陴院，俗作埤堄。

𥡴 11897 05422
jì_13.16 玉篇古文季11775字。

𩫃 11898 05423
dǔ_13.16 集韻類篇太董五切，都上聲。垣也。五版爲一堵。本作䧢。

𡦾 11899 05424
zhòng_13.16 集韻類篇太竹用切音種。乳汁也。亦作湩。

𧇹 11900 41015
dǎn_13.16 字彙補都敢切音膽。義未詳。出釋典。

𩫤 11901 43092
chún_13.16 字彙補同鶉。出釋典。

𡦿 11902 43093
niè_13.16 對韻音訓同孽。

𡧃 11903 43094
bò_13.16 篇海類編同擘。

𡦧 11905 u219A7
rốt_13.16 喃从季卒tốt聲△𡥵𡦧：最後的。

𡦦 11906 u219A6
shú_13.16 俗熟31537

𪧁 11904 u2A9C1
null_13.16 未詳。

𡦥 11907 u219A5
mān_13.16 同㞢11825

𡦤 11908 u219A4
null_13.16 未詳。

孺 11909 05425
rú_14.17 唐韻集韻韻會正韻太而遇切音茹說文乳子也。从子需聲。一曰輸也，輸尚小也。徐引史孺子可教六書故子幼弱也詩·小雅和樂且孺註親慕意，言兄弟歡洽如小兒慕父母也。又禮記·檀弓有子與子游立，見孺子慕者，有子曰：情在於斯，其是也夫 又 爾雅·釋言孺，屬也禮·曲禮大夫曰孺人註大夫之妻曰孺，言屬於夫，不敢自專也 又 玉篇集韻汝朱切類篇而朱切太音儒。義同。或作㹘、㜻。又姓。鎣又孥11793

孻 11910 05426
nái_14.17 字彙補泥台切，奈平聲寂園雜記廣東謂老人所生幼子曰孻。鎣寂園雜記。菽園雜記·卷十二廣東有孻字，音奈平聲，老年所生幼子 又 㝈11871

𡱝 11911 05427
hòu_14.17 韻會古文厚04871字。

𤁛 11912 u2405B
chửa_14.17 喃从孕渚chã聲。同𡤓11649懷孕。

𪧃 11913 u2A9C3
null_14.17 未詳。

𪧂 11914 u2A9C2
qiān_14.17 同孯11828

𡧀 11915 43095
jí_15.18 餘文音笈。

𡦬 11916 u219AC
hòu_15.18 同𡱝11911古文厚。

𡦫 11917 u219AB
chắt_15.18 喃从子質chất聲。曾孫△招𡦫：後裔。

孼 11918 05428
niè_16.19 唐韻集韻韻會正韻太魚列切音闑說文庶子也玉篇憂也史記·商君傳商君者，衛之庶孼公子也禮·玉藻公子曰臣孼註公侯衆子也 又 通論妾隸之子曰孼，孼之言櫱也。有罪之女沒入於公，得幸而有所生，若木旣伐而生枿，故於文从子辥爲孼。孼，辠也。又 爾雅·釋訓孼孼，戴也詩·衛風庶姜孼孼傳孼孼，盛飾也 又 孼與蠥通前漢·賈誼傳庶人孼妾緣其履。又 借爲妖孼之孼左傳·昭十年蘊利生孼註蘊，畜也。孼，妖害也。又前漢·五行志蟲豸之妖謂之孼 又 糱从米，麯糱也，與孼、蠥義別。俗譌以媒糱之糱與孼同，非是。鎣史記·商君傳衛之庶孼公子也。徐慧：衛之諸庶孼公子也 又 𡿿11902𡦯14466𡦯11920孽51885孽11923蘖51302蘗51350 又 龍龕蘖51222，音同蘗。与孼同。

𡦰 11919 u219B0
null_16.19 未詳。

𡦯 11920 u219AF
niè_16.19 俗孽11923

𡦭 11922 u219AD
jiào_16.19 同𧇍11925

𡦮 11921 u219AE
nhắng_16.19 喃从子登đắng聲△繩𡦮：沒規矩的崽孩。

孽 11923 05429
niè_17.20 正字通俗孼字。

孾 11924 05430
yīng_17.20 玉篇音纓。孩也。鎣四部叢刊·三編經部·復古編·卷上·下平聲嬰，頸飾 又 女曰嬰，男曰兒。从女賏。別作孾㜲21172，竝非。於盈切 又 㜲11881

𧇍 11925 05431
jiào_17.20 廣韻集韻類篇太古孝切音教說文解廌觸不直者，於人如有所教，故从廌从教省正字通天𧇍，獸名。形似狐，赤白色，尾大，有君臣、父子、昆弟之別。見獸必教之，曉則鳴號高峰之上。見贊寧·物類志。或書作𤢀。鎣又𧇍74390𡦲11930𡦭11922𡦴11928

𡦶 11926 u219B6
côi_17.20 喃从孤魁khôi聲△𡦶𡦶：孤兒。

𡦵 11927 u219B5
jiào_17.20 同𧇍11925

𡦳 11929 u219B3
jiào_17.20 同𧇍11925

𡦴 11928 u219B4
jiào_17.20 𡦭11922本字集韻𡦭，居效切。獸名說文解廌屬。又𡦭，許教切。獸名。解廌屬。或書作𧇍。

𡦲 11930 u219B2
jiào_17.20 同𧇍11925

孿 11931 05432
shuàn_19.22 唐韻生患切集韻數患切太音涮說文一乳兩子也玉篇變也。又雙產也揚子方言陳楚閒，凡人嘼乳而雙產謂之釐孿，

秦晉閒謂之健子，自關而東謂之孿囡luán 玉篇 廣韻
夳力員切，戀平聲。義同。鼟又孪11812孿11933册35636

鼟 11932 43096
cóng_19.22 龍龕音從。又音糺。

鑸子 11934 u219B8
null_24.27 未詳。

孿子 11933 05433
luán_22.25 廣韻同孿
囡 集韻數眷切音籥。義同。或作**㝈**。

◆ 宀部 ◆

宀 11935 05434
mián_0.3 廣韻武延切 集韻 彌延切夳音綿 說文交
覆深屋也 田藝衡曰古者穴居野處，未有宮室，先有宀
而後有穴。宀，當象上阜高凸，其下有冂可藏身之形，
故穴字从此。室家宮宁之制，皆因之。

宀 11936 u2F27
mián_0.3 部 宀 11935

宀 11938 u3749
zhù_1.4 简宁11939

宀 11937 u219B9
guān_1.4 同内02693古文官12007參見官12066

宁 11939 05435
zhù_2.5 唐韻 廣韻直呂切，音佇 爾雅·釋宮門屏
之閒謂之宁 禮·曲禮天子當宁而立 註門内屏外，人君
視朝所宁立處囡 集韻通作著 詩·齊風俟我於宁乎而。
今作著囡 廣韻直魚切 集韻 韻會 正韻陳如切夳音除。
義同囡 集韻丈呂切 說文宁，辨積物也。象上隆四周之
形○按積物與 爾雅正意相背●韻會六麌分註。鼟簡化
作宁11938宁亦寧12302之簡化字。

宂 11940 05436
rǒng_2.5 唐韻 正韻而隴切 集韻 韻會乳勇切，並茸
上聲 說文散也。从宀，人在屋下，無田事也。古設官分
職，有宂員備使令 周禮·地官槀人掌共外内朝宂食者之
食 註謂外内朝上直諸吏，謂之宂吏，亦曰散吏 續漢志
有宂從僕射 註散從也囡 增韻雜也，剩也，忙也。今無
事備員曰宂官。蘇軾曰：爲政在去三宂，曰宂官、宂兵、
宂費囡民無定居曰宂 後漢·光武詔流冗道路，朕甚愍
之囡 集韻戎用切。義同囡 正字通俗从几作宂。或作
冗，夳非。鼟又冗02756宂02754冗11944内41000

它 11941 05437
tā_2.5 玉篇古文佗字。佗，蛇也 說文虫也。本
作它，从虫而長。上古艸居慮它，故相問無它乎囡 玉
篇非也，異也 正字通與佗他同 易·比卦終來有它，吉
禮·檀弓或敢有它志，以辱君義。又 揚子法言適堯、舜、
文王爲正道，非堯、舜、文王爲它道，君子正而不它。
囡 正譌它，虫之大者。象宛曲巫尾形。今文加虫作蛇，
食遮切與托何切二音通用。

宄 11942 05438
guǐ_2.5 古文宼宼宼 唐韻居洧切 集韻 韻會矩鮪
切夳音軌 說文姦也 周禮·秋官·司刑註由内爲姦，起外
爲宄 書·舜典寇賊姦宄。又通軌 史記寇賊姦軌。鼟又
宼00398宄11964恚17004宄41004

宀攵 11943 05439
shǒu_2.5 正字通同守六書故守从又。

宂 11944 41016
rǒng_2.5 川篇而勇切。長毛。鼟俗宂11940囡 新加
坡家12092简字。

宊 11945 43097
null_2.5 字彙補唐武宗製刃、宊二字，以試王起。
音義俱闕。

宁 11946 43098
liǎo_2.5 搜眞玉鏡音了。

宀它 11947 43099
bīn_2.5 川篇音賓。鼟疑寄字之譌。

宅 11948 05440
zhái_3.6 古文宅仛 唐韻場伯切 集韻 韻會 正韻直
格切夳音澤 說文宅，所托也 爾雅·釋言居也 疏謂居處
也 釋名宅，擇也，擇吉處而營之也 書·禹貢四隩既宅 召
誥太保朝至于洛卜宅。又 周禮·地官·大司徒辨十有二
土之名物，以相民宅而知其利害囡所居之位亦曰宅
書·舜典使宅百揆。又 立政克用三宅三俊 註宅以位言，
俊以德言。三宅，謂居常伯、常任、準人之位之者。又 禮·郊
特牲土反其宅囡定宅 書·康誥亦惟助王宅天命 註安
定天命也囡宅兆亦曰宅 禮·雜記大夫卜宅與葬日△集
韻或作度。鼟又垞08555宅12028垞08542

灾 11949 05441
jiù_3.6 唐韻 集韻 類篇夳居又切音救 說文貧病
也。引 詩煢煢在灾 詩本作疚。疚、灾通 玉篇疾，灾也
正字通一曰灾，久居也囡 廣韻與久切 集韻 類篇以九
切夳音羑。義同。鼟又疚15358

穹 11950 05442
qióng_3.6 正字通同穹。謂省 字彙音穹。穹窿，天
形。穹、穹誤分爲二。經史通作穹，無書作穹者。

宇 11951 05443
yǔ_3.6 古文宁 唐韻 集韻王矩切 等韻于矩切夳
音禹 說文宇，屋邊也 釋名宇，羽也，如鳥羽翼，自覆
蔽也 易·繫辭上棟下宇，以待風雨 詩·豳風八月在宇 註
宇，簷下也 大雅聿來胥宇囡 廣韻大也 玉篇方也，四
方上下也 尸子曰：天地四方曰宇 史記·秦本紀包舉宇
内囡 孔穎達·正義于屋則簷邊爲宇，于國則四垂爲宇
周語先王規方千里以爲甸服，其餘以均分公侯伯子男，
使各有寧宇囡隤下曰宇 周禮·冬官考工記輪人爲蓋，
上欲尊而宇欲卑囡籀文作寓 張衡·東京賦德寓天覆。
△集韻亦作序、庽。鼟又庌15367㝢04795㝢08949㝢11965
㝢11957㝢11959囡北魏 元略墓誌世宇41015方塵，墳堂彌
寂。

㝩 11952 05444
wǎng_3.6 玉篇古文罔45408字。元包經惟尒衆，㝩
不順。

守 11953 05445
shǒu_3.6 古文守寽 唐韻書九切 集韻 韻會 正韻始
九切夳音首●說文守，守官也。从宀，官府也。从寸，
法度也 玉篇收也，視也，護也 易·繫辭何以守位，曰仁 周
禮·天官獸人掌時田，則守罟 註防獸觸攫也囡 廣韻主
守也 左傳·昭二十年晏子云山林之木，衡鹿守之。澤之
萑蒲，舟鮫守之。藪之薪蒸，虞候守之。海之鹽蜃，祈
望守之。衡鹿等皆官名囡 增韻攻守也 易·坎卦王公設
險，以守其國 史記·留侯世家阻三面而守囡shòu 唐韻
廣韻 集韻 韻會 正韻夳舒救切音獸 增韻守之也，所守
也，爲之守也。天子巡諸侯所守曰巡守，諸侯爲天子守
土亦曰守。漢置郡太守囡姓 正字通宋守恭，與蘇軾爲

詩友。鎣又圩08571文11943

安 11954 05446 ān
唐韻 集韻 韻會 正韻 夶於寒切,案平聲 說文 靜也,从女,在宀下 廣韻 徐也,止也 書·堯典 欽明文思安安 註 安安,自然性之也 益稷 安汝止 註 謂止於至善也 図 寧也,定也 書·皋陶謨 在知人,在安民 齊語 其心安焉,不見異物而遷焉 図 危之對也 前漢·賈誼傳 置之安處則安,置之危處則危 図 佚樂也 禮·表記 君子莊敬日强,安肆日偸 左傳·僖二十三年 懷與安實敗名。図 諡法 和好不爭曰安 図 何也 禮·檀弓 吾未安仰 楚辭·天問 九天之際,安放安屬 図 與焉同 正字通 安之於焉,猶何之於曷,音別義通 図 姓 風俗通 漢太守安成。唐安金藏。又安期,安平,俱複姓 図 州名,春秋時郳國,漢屬江夏郡,宋改爲安州。鎣又俀01116妟10377安02762

宊 11955 05447 tū
字彙補 古文突字。引 乾坤鑿度 下宊濟河沱。

宔 11956 05448 zhōng
海篇 古文終43975字。

宇 11957 43100 yǔ
篇海類編 與宇同。

宅 11958 43101 miàn
篇海類編 莫見切,音面◇冥合也○按音義即宀字之譌。

完 11960 u219C9 wù
同完11973 參見髡70894

宔 11961 u219C7 null 未詳。
亐 11959 u2F86C yǔ 字11951本字
穴 11962 u219C6 null 未詳。
宑 11963 u219C5 jiè 或同弁15927
宂 11966 u219C2 null 未詳。
宄 11964 u219C4 guǐ 字學三正·第
一册·俗書加畫者:上宄11942俗作宄。

宀 11967 u219C1 null 未詳。
它 11968 u219C0 null 殷周金文集成·16.10154 魯小嗣寇盤 魯少嗣寇坪孫它。讀若庖。

宇 11965 u219C3 yǔ
俗字11951 敦煌·S.238 金真玉光八景飛經 華香散玉宇,烟氣徹玉京。

寫 11969 u374D xiě
俗寫12352 廣漢和辭典 写,寫の略字。

宅 11970 uFA04 zhái
兼宅。

宊 11971 05449 tū
廣韻 集韻 夶他骨切,吞入聲。出見貌 揚子方言 江湘閒謂卒相見曰宊。一曰出貌 集韻 本作図 jiā 正字通 俗家字 六書統 家或作宊。从宀从犬。犬篆與豕同義。

宋 11972 05450 sòng
唐韻 韻會 蘇統切 集韻 蘇綜切,並鬆上聲 說文 居也。从宀从木,徐曰木所以成室以居人也。図 國名,微子所封地,即閼伯之商丘 左傳·昭十七年 宋,大辰之虛 図 州名,隋置,宋爲應天府,今河南歸德府是也。又姓。鎣又唉06104

完 11973 05451 wán
唐韻 韻會 韻會 正韻 夶胡官切音桓 說文 全也 論語 苟完矣 莊子·天地篇 不以物挫志之謂完。又 戰國策 不如伐蜀之完也 図 玉篇 保守也 史記·蔡澤傳 子胥智而不能完吳 図 繕也 詩·大雅 溥彼韓城,燕師所完。又 左傳·隱元年 大叔完聚 註 謂完城郭也 図 堅好也 周禮·冬官考工記 輪敝三材不失職謂之完 註 謂輪雖敝盡而轂輻與牙不動也 図wù 集韻 五忽切音兀。去髮刑 字彙補 音禿,引 漢書 完爲城旦。見 古音叢目 讀 図 說文 古文寬12354字。

穷 11974 05452 pín
集韻 貧57561古作穷。

介 11975 05453 jiè
廣韻 集韻 夶古拜切音戒 博雅 獨也 揚子方言 特也,獸無偶曰介。鎣字亦作介00774 廣韻 介,獨居。

宆 11976 05454 róng
玉篇 古文容12095字。

宄 11977 05455 guǐ
玉篇 古文宄11942字。

宍 11978 05456 ròu
集韻 肉古作宍 通雅 本作宍 淮南子·原道訓 欲宍之心亡於中,則饑虎可尾 註 欲宍,自戀其軀也。宍,古肉字○按 太玄 數五五爲土,爲食,爲宍 吳越春秋 載 古孝子·彈歌 斷竹,續竹,飛土,逐宍。从宀从六。鎣淮南子原道訓欲宍之心亡於中。劉尚慈:據 諸子集成 淮南鴻烈集解 宍作害。作害文從字順。

宎 11979 05457 yǎo
集韻 韻會 正韻 夶伊鳥切音杳。室東南隅也。亦作宎 莊子·徐無鬼 鶂生於宎 図 竅聲 莊子·齊物論 宎者,咬者 図yāo 伊堯切音幺。義同。

宏 11980 05458 hóng
唐韻 戶萌切 集韻 韻會 乎萌切夶音峵 說文 屋深響也 玉篇 大也 增韻 廣也 書·盤庚 用宏茲賁 註 宏賁皆大也,謂宏大此大業也 図 周禮·冬官考工記 梓人爲筍虡,羸屬,大聲而宏,則於鐘宜 図 宏宏 集異記 山玄卿撰 蒼龍宮新溪銘 云新宮宏宏,崇軒轣轆 図 宏父,官名H 書·酒誥 宏父定辟 註 事官司空也,主制其疆界,以定法也 図 岳珂·追感詩 心術念堯運,規模紹漢宏。図 正字通 宏與紘、閎、洪通 前漢·司馬相如傳 崇論吰議 史記 作閎 揚雄傳 閎言崇議。又 華陽國志 文學聘士洛下宏,字長公,閬中人 漢書 作閎。夶與洪、宏同。鎣龍龕宏41037俗。

旁 11981 05459 páng
玉篇 古文旁22157字。

宀 11982 05460 miàn
唐韻 莫甸切 集韻 眠見切,並音麪 說文 冥也。鎣又宀11958豟41041 図 正字通 宀,俗作宀11984。

宜 11983 05461 yí
集韻 宜本字 說文 所安也。

宾 11984 05462 bīn
五音集韻 古文賓57756字。鎣又宀11982

𡧖 11985 05463 wáng
字彙補 古文罔45408字。

穽 11986 05464 jǐng
玉篇 積省切音井。舍井也。

宧 11987 41017 zhūn
川篇 音迪。棺貌。

寏 11988 43102 shǒu
篇海類編 胡交切。鎣字彙補宊,亦作宊
文11943

宋 11989 43103 shū
五音篇海 音殳。

岁 11990 43104
miǎn_4.7 龍龕 音久。又音麵。鼇 疑宵字之譌。

穼 11991 u2A9C7
chuáng_4.7 或釋牀32360見 穼丸鼎

宨 11992 u2A9C6
null_4.7 未詳。　宧 11993 u2A9C5 null_4.7 未詳。

肎 11994 u219D3
kěn_4.7 俗肯46995亦作肎46921

宎 11995 u219D1
shí_4.7 俗實12300　宍 11996 u219D0 ròu_4.7 俗宍11978亦作宗12023古文肉。北魏 孫遼浮圖銘 禁酒斷宍。

宎 11997 u374E
dìng_4.7 俗定12009北魏 元壽安墓誌 内宎不戰之謀，外有必勝之策 図 俗宊41067 可洪音義 因宎:方驗反。正作宎。

宓 11998 05465
mì_5.8 唐韻 美畢切 集韻 韻會 正韻 覓畢切夶音蜜 說文 安也 玉篇 止也，靜也，默也 埤蒼 祕，宓也 顏師古曰 宓汩，去疾也 図 人名 三國志 秦宓 図 fú房六切 孟康·漢書古文註 宓，今伏字。皇甫謐云伏羲 或謂之宓羲。考諸經史緯侯無宓羲之號，必後世傳寫誤以虑爲宓。孔子弟子虑不齊，後人云濟南伏生，即子賤之後，是知虑與伏古字通用，後誤以爲宓也 図 集韻 宓或作窚、宾。

宋 11999 05466
bǎo_5.8 集韻 類篇 夶博抱切，褒上聲◆ 說文 藏也，引 周書 陳宋赤刀 正字通 按 書·顧命 本作寶。宋、寶音義通。鼇 又宛12051廥15601宋12087廏15626廥15576

宐 12000 05467
wà_5.8 玉篇 五化切，瓦去聲。泥宐，屋也△本作瓬，俗作瓬。鼇 又瓦34956，施瓦於屋。

宨 12001 05468
jì_5.8 玉篇 同宋、寂 楚辭·遠遊 野宨漠其無人。

宔 12002 05469
zhǔ_5.8 唐韻 集韻 韻會 正韻 夶腫庾切音主 說文 宗廟宔祐也。从宀主聲 徐曰 以石爲藏主之檳也。一曰神主 左傳 許公爲反祐主。本作宔。通作主。

宕 12003 05470
dàng_5.8 廣韻 徒浪切 集韻 韻會 大浪切夶音盪 說文 過也。一曰洞屋，从宀碭省聲 穀梁傳·文十一年 長翟兄弟三人佚宕中國 図 州名。秦漢諸羌地，後魏內附，周置宕州。陝西化外汝南項有宕鄉。又 集韻 采石工謂之宕戶 図 正字通 與蕩通。鼇 又窂41086雪66461

宏 12004 05471
hóng_5.8 廣韻 戶萌切 集韻 乎萌切 正韻 胡萌切夶音宏 說文 屋響也 玉篇 安也〇按 說文 宏，屋深響也。宏，屋響也。諸家訓宏，音義俱同宏。惟 玉篇 訓安。一曰屋響。宏、宏分二音，泥。鼇 又霠66569雹66444 図 集韻 宏宏41065，于萌切。屋響也。或从穴。又烏宏切。幽深皃。

窌 12005 05472
pào_5.8 字彙 披教切音砲。醉起 正字通 窌字之譌〇按 玉篇 類篇 宀部俱不收窌。穴部窌披教切，訓害，與窌義別音同。疑从窌譌。

宗 12006 05473
zōng_5.8 唐韻 作冬切 集韻 韻會 祖賨切 正韻 祖冬切，夶音偬 說文 尊祖廟也 白虎通 宗者何，宗有尊也，爲先祖主者也，宗人之所尊也 邢昺曰 宗者，本也。廟號不遷，最尊者祖，次曰宗，通稱曰宗廟 禮·祭法 有虞氏祖顓頊而宗堯，夏后氏祖顓頊而宗禹，殷人祖契而宗湯，周人祖文王而宗武王 賈誼曰 祖有功，宗有德也 図 流派所出爲宗 禮·喪服小記 別子爲祖，繼別爲宗，繼禰爲小宗 程頤曰 凡言宗者以主祭祀爲言，人宗於此而祭祀也 図 同姓曰宗 詩·大雅 宗子維城 註 同姓也。 図 書·舜典 禋于六宗 註 謂所尊祭者，其祀有六，寒暑日月星水旱也。賈逵曰 天宗三，日月星。地宗三，河海岱。司馬彪曰 天宗日月星辰寒暑之屬，地宗社稷五祀之屬 図 秩宗，官名 書·舜典 咨伯，汝作秩宗 註 主郊廟之官，掌敍鬼神尊卑，故曰秩宗 周禮謂之宗伯。又曰祝宗 図 周禮·春官·大宗伯 實禮親邦國，春見曰朝，夏見曰宗 図 瞽宗，殷學名 図 人物所歸往亦曰宗 書·禹貢 江漢朝宗于海 註 言百川以海爲宗也 史記·孔子世家 孔子以布衣傳十餘世，學者宗之 図 姓△ 說文 从宀从示 徐曰 宗廟，神祇所居。示，古祇字。鼇 又宗02779 図 史記·孔子世家 孔子以布衣傳十餘世。徐慧:孔子布衣傳十餘世。

官 12007 05474
guān_5.8 古文𠅂 唐韻 古丸切 集韻 韻會 正韻 沽歡切夶音觀 說文 吏事君也 玉篇 宦也 論語撰考 黃帝受地形，象天文，以制官 周禮·天官疏 上古以雲鳥紀官。六官之號見於唐、虞。堯育重、黎之後，羲氏、和氏之子，使掌舊職天地之官。其時官名蓋曰稷曰司徒，是天官稷也，地官司徒也。又分命仲叔，使掌四時之官，春爲秩宗，夏爲司馬，秋爲士，冬爲共工。共工，冬官也。合稷與司徒，是六官之名見也。夏之官百有二十，公卿大夫元士具列其數。殷之官二百四十，至周三百六十而大備，故曰設官分職以爲民極 図 增韻 職也，使也，公也 書·咸有一德 任官惟賢材 禮·王制 論定然後官之。又◆ 周禮·春官·大宗伯 六命賜官 註 謂自置其臣屬，治家邑也 図 朝廷治事處曰官 禮·玉藻 在官不俟屨 註 趨君命也。◆ 前漢·賈誼傳 學者所學之官也 図 事也 禮·樂記 禮樂明備，天地官矣 疏 官猶事也，謂各得其事也 図 身有五官 孟子 耳目之官不思而蔽於物 又 心之官則思，思則得之 図 姓。又複姓。三氏:晉王官氏，魯亓官氏，楚上官氏 図 與管通，宋元邊徼所司曰掌管，今爲土司長官△ 說文 从宀从𠂤。𠂤猶衆也，與師同意。鼇 又𡥉11937官12066

宙 12008 05475
zhòu_5.8 唐韻 韻會 正韻 直又切 集韻 直祐切夶音冑 說文 舟輿所極覆也。下覆爲宇，上奠爲宙 淮南子·齊俗訓 往古來今謂之宙，四方上下謂之宇 図 玉篇 居也 徐鉉曰 凡天地之居萬物，猶居室之遷貿而不覺。鼇 又宙 碑別字新編·宙 引 齊李清為李希宗造象

定 12009 05476
dìng_5.8 古文㝎 唐韻 集韻 韻會 正韻 夶徒徑切，庭去聲 說文 安也 增韻 靜也，正也，凝也，決也 易·說卦 天地定位 書·堯典 以閏月定四時成歲 禹貢 震澤底定。又 禮·王制 論進士之賢者，以告於王，而定其論 註 謂各署其所長也 図 止也 書·洛誥 公定，予往已 註 成王欲周公

止洛，自歸往宗周也又儀禮·鄉飲酒禮羹定註定猶熟也疏熟卽止，故以定言之又謚法純行不差，安民法古，丛曰定又州名。漢中山郡，唐改定州，以安定天下爲名又丘名爾雅·釋丘左澤，定丘又廣韻集韻韻會正韻丛丁定切音訂。營室星也詩·鄘風定之方中，作于楚宮註定星昏而正中，於是時可以營制宮室，故謂之營室。孫炎曰：定，正也。一曰定謂之耨又詩·周南麟之定註定，額也又禮·禮器羹定詔於堂註羹，肉湆。定，熟肉又爾雅·釋器斪斸謂之定郭註鋤屬也又韻會古通正。亦作奠。引周禮瞽矇世奠繫，奠讀爲定，謂帝繫諸侯世本之屬。鎣爾雅·釋丘左澤曰定爾雅·釋丘左澤，定丘又掟19900𡧪11997宔12014

宛 12010 05477 wǎn_5.8 古文𡨋唐韻正韻於阮切韻會委遠切丛音琬說文屈草自覆也又宛然，猶依然詩·秦風宛在水中央註宛然，坐見貌魏風好人提提，宛然左辟註宛然，讓之貌又丘名爾雅·釋丘宛中，宛丘又丘上有丘爲宛丘註宛謂中央隆高又yuān平聲玉篇集韻類篇丛於袁切音鴛。大宛，西域國名，去長安萬二千五百里又縣名一統志宛，本申伯國，春秋時屬晉，戰國爲韓宛邑，秦爲宛縣，漢因之，明屬南陽府又姓左傳鄭大夫宛射犬，楚大夫宛春又yuàn去聲，於願切音苑。小也詩·小雅宛彼鳴鳩註宛，小貌又yù入聲，紆勿切音鬱史記·倉公傳寒濕氣宛。與苑、鬱通。鎣又鴛69846

宜 12011 05478 yí_5.8 古文𡧯𡨊㝖唐韻集韻魚羈切韻會疑羈切丛音儀說文所安也增韻適理也易·泰卦后以財成天地之道，輔相天地之宜禮·王制齊其政，不易其宜。又左傳·成二年先王疆理天下，物土之宜註職方氏所謂青州宜稻粱，雍州宜黍稷之類是也又詩·周南宜其室家傳宜者，和順之意又爾雅·釋詁宜，事也詩·大雅公尸來燕來宜毛傳宜其事也又玉篇當也，合當然也禮·樂記武之遲久，不亦宜乎又祭名書·泰誓類于上帝，宜于冢土註祭社曰宜。冢，土社也禮·王制宜乎社註引爾雅起大事，動大衆，必先有事乎社，令誅罰得宜。又州名。古百越地，唐置粵州，改宜州又姓正字通元宜桂可，博通經史又通作儀前漢·地理志伯益能儀百物。儀讀與宜同○按音學五書宜，古音魚何反。宜字詩凡九見易一見儀禮一見楚辭一見，丛同。後人誤入五支韻，據此，則又非但叶音矣△集韻宐，隸作宜。鎣又冡12054冝02780宐02777𡧧12022

㝉 12012 05479 jū_5.8 字彙補古居12960字說文·先訓古文居處之居从宀。今之居乃倨也。

穷 12013 05480 jiā_5.8 集韻家12092古作穷。

㝎 12014 43105 dìng_5.8 五音篇海音定。

𡧩 12015 43106 hū_5.8 搜眞玉鏡音忽。

㝑 12016 43107 jì_5.8 字彙補與寂同。見漢張納碑。通作家。

宙 12017 43108 zhú_5.8 篇海類編竹律切，音朮◇。鎣俗宙41077

宊 12018 43109 héng_5.8 龍龕音衡

宕 12019 43110 gǎi_5.8 搜眞玉鏡古海切。鎣陝西新出土古代璽印田宕私印。或釋宏。

𪧉 12020 u2A9C9 null_5.8 見殷周金文集成·17.10651·参戈

𪧈 12021 u2A9C8 null_5.8 未詳。

𡧧 12022 u219E7 yí_5.8 同宜12011

𡧢 12023 u219E2 ròu_5.8 俗宍11978亦作宍11996古文肉。

𡧠 12024 u219E0 zhì_5.8 俗寘12243

𡧟 12025 u219DF null_5.8 未詳。

𡧞 12026 u219DE null_5.8 未詳。

𡧝 12027 u219DD null_5.8 未詳。

𡧜 12028 u219DC zhái_5.8 集韻宅11948，直格切說文所託也。古作𡧜、厇。或作度△玉篇作宪12037

𡧛 12029 u219DB fǔ_5.8 同府15424弗奴父鼎弗奴父乍孟姒𡧛賸貞（賸鼎）。亦讀作附曾侯乙鐘𡧛於索宮之顛。

実 12032 u5B9F shí_5.8 俗實12300明刊本四部叢刊·初編集部·青陽先生文集·卷二·碑·慈利州天門書院碑名存実廢。

宝 12034 u5B9D bǎo_5.8 同寶12452亦简

审 12030 u5BA1 shěn_5.8 简審12348

㝗 12035 05481 guāi_6.9 玉篇吉娃切五音集韻古蛙切，並音乖◇㝗，樓也。

宠 12031 u5BA0 chǒng_5.8 简寵12454

㝓 12036 05482 kè_6.9 玉篇口合切集韻類篇渴合切丛音䃱。合也。鎣俗容41112

实 12033 u5B9E shí_5.8 简實12300

宪 12037 05483 zhái_6.9 玉篇古文宅11948字。亦作厇又五音集韻古文度15461字。

客 12038 05484 kè_6.9 唐韻苦格切集韻韻會正韻乞格切，丛坑入聲說文寄也。从宀各聲又廣韻賓客周禮·秋官大行人掌大賓之禮，及大客之儀註大賓爲五等諸侯，大客卽其孤卿。又司儀諸公相爲賓，諸公之臣相爲國客。又主客禮·郊特牲天子無客禮，莫敢爲主焉又左傳·僖二十四年宋，先代之後也，於周爲客又凡自外至者皆曰客易·需卦有不速之客三人來，敬之終吉又外寇亦曰客易·繫辭重門擊柝，以待暴客又姓正字通漢客孫，廣德人又楚辭·哀郢順風波以從流兮，焉洋洋而爲客。凌陽侯之氾濫兮，忽翱翔之焉薄。鎣徐慧：出自楚辭·涉江又客12164

𡨀 12039 05485 guǐ_6.9 玉篇古文宄11942字。

宺 12040 05486 huǎng_6.9 廣韻呼晃切集韻虎晃切丛音恍。宺，宧也。一曰廣也又huàng集韻呼浪切，恍去聲。義同。又huāng呼光切音荒博雅居也△通作宺。

𡨃 12041 05487 guǐ_6.9 集韻類篇丛古委切，音詭。毀也又集韻通也又guì玉篇居僞切音賵。義同。鎣又庪15463

宣 12042 05488 xuān_6.9 古文𡩜唐韻須緣切集韻韻會荀緣切正

韻息緣切丛音瑄 說文 天子宣室也。从宀亘聲 徐鉉曰 从回，風回轉，所以宣陰陽也 又 爾雅·釋言 徧也 詩·大雅 既順廼宣 註 順，安。宣，徧也 又 左傳賈註 通也 詩·周頌 宣哲維人 註 宣，通。哲，智也 又 布也，散也 書·皋陶謨 日宣三德 禮·月令 季秋，會天地之藏，無有宣出 註 物皆收斂，無有宣露出散也 又 增韻 召也 包佶詩 隔屏初聽玉音宣 又 爾雅·釋言 緩也 又 盡也，明也，示也 周語 爲川者決之使導，爲民者宣之使言。又 左傳·成十三年 是用宣之，以懲不壹 又 詔書別錄 唐故事，中書舍人掌詔誥，皆寫兩本。一爲底，一爲宣，在中書可檢覆謂之正宣 又 諡法 善問周達曰宣。一曰聖善周聞曰宣。又 周禮·冬官考工記 車人之事，半矩謂之宣 又 爾雅·釋器 璧大六寸謂之宣 郭璞註 漢書瑄玉是也。瑄、宣同。又 州名。吳宣城郡，唐改宣州 又 姓 正字通 東漢人宣秉 又 頭髮皓落也 易·說卦 巽爲宣髮 註 髮早白也。今文譌作寡髮 釋文 寡本作宣△ 集韻 本作宣。鼇 又 宧12335 寘02822

宦 12043 05489
yǎo_6.9 說文 安本字

宎 12044 05490
yǎo_6.9 唐韻 烏皎切 集韻 韻會 正韻 伊鳥切丛音杳 說文 室東南隅也 爾雅·釋宮 室東南隅謂之宎 士喪禮 堀室聚諸宎 荀子·非十二子篇 奧宎之間 又 玉篇 戶樞聲也 又 yào 集韻 韻會 正韻 丛一叫切，杳去聲。幽深也 廣韻 隱暗處△ 正字通 本作宎，俗作窔，或作宎11979△ 說文 本作宦。从宀旲聲。

宋 12045 05491
jì_6.9 說文 同寂。無人聲也。別作誺 集韻 或作諔、淑。

室 12046 05492
shì_6.9 唐韻 集韻 韻會 正韻 丛式質切音失 說文 實也。从宀从至。至，所止也 孔穎達曰 宮室通名。因其四面宆隆曰宮，因其財物充實曰室。室之言實也 易繫辭 上古穴居而野處，後世聖人易之以宮室 書·蔡仲之命 以蕃王室 詩·豳風 曰爲改歲，入此室處。又 周禮·地官 註 城郭之宅曰室 又 宗廟曰世室 周禮考工記 夏后氏世室，殷人重屋，周人明堂 註 世室，宗廟也 又 夫以婦爲室 禮·曲禮 三十曰壯，有室 又 營室，星名 朱子·詩傳 此星昏而正中，夏正十月也，是時可以營制宮室，故謂之營室 又 山名 史記·封禪書註 嵩高山有大室、少室二山，以山有石室，故名 又 壙穴 詩·唐風 百歲之後，歸于其室 又 姓 正字通 宋衞將軍室种 又 集韻 韻會 式吏切 韻 式至切，並音試◇ 集韻 居也 左思·魏都賦 窺玉策於金縢，按圖錄於石室。考曆數之所在，察五德之所蒞。又 叶書藥切音爍 焦氏易林 歲暮華落，陽入陰室。萬物伏匿，藏不可得。得音鐸。鼇 又 窒12374

宥 12047 05493
yòu_6.9 唐韻 于救切 集韻 韻會 尤救切 正韻 爰救切丛音又 說文 寬也 徐鉉曰 寬之而已，未全放也 易·解卦 君子以赦過宥罪。又 周禮·秋官 司刺掌三刺三宥之法，一宥曰不識，再宥曰過失，三宥曰遺忘 又 書·大禹謨 宥過無大 註 謂不識而誤犯，雖大必赦宥也 君陳 狃

于姦宄，敗常亂俗，三細不宥 註 犯此三者，雖小罪不可宥也 又 宏深也 詩·周頌 夙夜基命宥密 註 言其夙夜積德，以承藉天命者，宏深而靜密也 又 助也 左傳·僖二十五年 晉侯朝於王，王饗醴，命之宥 註 又加之以幣帛，以助歡也 又 以樂勸食也。與侑同 周禮·春官·大司樂 王大食，三宥，皆令奏鐘鼓 又 姓 又 通作侑 禮·王制 王三又，然後制刑。鼇 又 宥41106 宥02785

宦 12048 05494
huàn_6.9 唐韻 集韻 韻會 正韻 丛胡慣切音患 說文 仕也 禮·曲禮 宦學事師，非禮不親 註 仕與學皆有師，師所以明道也 左傳·宣二年 晉成公卽位，乃宦卿之適子，而爲之田，以爲公族 又 左傳·宣二年 宦三年矣 註 宦，學也，學職事爲官也 又 凡事人者皆曰宦 越語 勾踐卑事夫差，宦士三百人于吳 左傳·僖十七年 子圉西質，妾爲宦女焉 註 妾，晉惠公女名。宦謂宦事於秦爲妾也 又 奄宦，中官也 宋史·宦者傳 太宗不欲除王繼恩宣徽使，曰：朕讀前代史，不欲令宦官預政。宣徽使，執政之漸，止可授以他官 又 姓。鼇 又 佲01067 俒01597 宦41119

宧 12049 05495
yí_6.9 唐韻 與之切 集韻 韻會 盈之切丛音怡 說文 養也。室之東北隅，食所居 爾雅·釋宮 室東北隅謂之宧 李巡注 東北，陽氣始起，育養萬物，故曰宧。宧者，養也。又曰日光所漏入之處。孫氏云日側之明，是宧明也。鼇 又 窋41220 窫41228 宧41177

宨 12050 05496
tiǎo_6.9 集韻 土了切音朓。肆也，輕宨放肆也。又 正字通 一說宨、宨宨切同。引 詩傳 窈窕，幽閒貞靜意 字彙 專訓輕宨，非○按諸韻書止 集韻 有宨字 詩·周南 窈窕本从穴 爾雅·釋言 宨，肆也。註：輕宨者，好放肆也。亦从穴 正字通 所引音義丛與宨同，恐卽宨字之譌。

宝 12051 05497
bǎo_6.9 正字通 同宋。見 六書故

寍 12052 05498
níng_6.9 正字通 與寧同 石鼓文 天子永寍。釋作寍。

宝 12053 05499
hài_6.9 字彙補 害字省文。

宧 12054 05500
yí_6.9 唐韻 與宜同 字彙補 疑卽宧字之譌。鼇 又 備考 重出：餘文與宜同。

宾 12055 43111
bīn_6.9 龍龕 音賓

宕 12056 43112
ruò_6.9 龍龕 同若。

宋 12057 43113
shǐ_6.9 龍龕 音屎

宪 12058 43115
xiòng_6.9 搜真玉鏡 香重切。又莫報切。又呼困切。鼇 又 憲18325簡化字。

宙 12059 43116
dài_6.9 五音篇海 音怠。

宋 12060 u2A9CC
shí_6.9 同宋12087

宬 12061 u2A9CB
null_6.9 殷周金文集成·10.5367·宬作母乙卣 王賜宬貝朋，用乍母乙彝。

㧊 12062 u2A9CA
null_6.9 未詳。

宝 12064 u219FE
níng_6.9 俗寧12302 古俗字略寧，奴丁切。安也。宝宝，並古。寧，俗。

宬 12063 u219FF
chéng_6.9 俗成12074亦作宬12233

宂 12065 u219FD
huǎng_6.9 同宪12040 類篇 宪，呼光切 博雅 居也。又擧朗切。又虎晃切。廣也。又呼浪切。文一。重音三。

官 12066 u219FA
guān_6.9 同官12007 類篇 官瓜，古丸切。吏事君也。从宀从自。自，猶衆也。古作瓜。

容 12069 u219F6
róng_6.9 俗容12095 宋元以來俗字譜 引 古今雜劇 亦作宕12125

宰 12070 u219F5
null_6.9 未詳。

客 12067 u219F8
mì_6.9 或俗密12146

宆 12071 u219F4
null_6.9 未詳。

牽 12068 u219F7
qiān_6.9 或俗牽32718

西 12072 u219F3
sài_6.9 二簡賽，簡作西。

宮 12073 u5BAB
gōng_6.9 同宮12079今 簡

宬 12074 05501
chéng_7.10 唐韻 是征切 集韻 時征切夶音成 說文 屋所容受也 字彙補 藏書之室也，明大內有皇史宬，貯列聖御筆、實錄、祕典。亦或作宬。鋻又宬12233宬12063 圂 龍龕 宬41153音成。屋容受也。正作宬。

宋 12075 05502
chá_7.10 廣韻 宅加切 集韻 直加切夶音茶 玉篇 宧宋，嬌態貌 集韻 宧宋，不正也 圂 玉篇 恥價切。義同。鋻又嬰11707

良 12076 05503
láng_7.10 玉篇 魯堂切 廣韻 魯當切 集韻 盧當切夶音郎 說文 康也 玉篇 屋康宬也 圂 lǎng 廣韻 盧黨切 集韻 類篇 里黨切夶音朗。空虛也 玉篇 力蕩切音浪。義同。鋻又宬41142宬15485

宋 12077 05504
jì_7.10 正字通 寂字之譌 字彙 音訓與寂同。

宭 12078 05505
qún_7.10 玉篇 仇文切 唐韻 韻會 渠云切 集韻 衢云切夶音羣 說文 羣居也，與羣通 圂 廣韻 擧云切 集韻 拘云切夶音君。義同。

宮 12079 05506
gōng_7.10 唐韻 居戎切 集韻 韻會 居雄切 正韻 居中切夶音弓 說文 室也。从宀，躬省聲 白虎通 黃帝作宮室，以避寒暑。宮之言中也 釋名 宮，穹也。屋垣上穹隆然也 詩 • 大雅 雝雝在宮 周禮 • 內宰六宮註 婦人稱寢曰宮。宮者，隱蔽之言，天子謂之六寢 圂 禮 • 儒行 儒有一畝之宮 註 宮，牆垣也 儀禮 • 士昏禮 母戒女曰：夙夜無違宮事。古者貴賤所居皆得稱宮室，秦始定爲至尊所居之稱 圂 宗廟亦曰宮 詩 • 召南 于以用之，公侯之宮 孔氏 曰 可以奉祭祀曰事祭，必於宗廟曰宮，互見其義也。圂 學名 禮 • 曲禮 諸侯曰頖宮 註 謂半於天子之宮也。圂 官名 周禮 • 天官 官正掌王宮之戒令糾禁 圂 五音中聲曰宮 前漢 • 律歷志 宮，中也。居中央，暢四方，倡始施生，爲四聲綱 史記 • 樂書 宮，土。音聲出於脾，合口而通之，其性圓而居中。五聲、六律、十二管還相爲宮也 註 宮爲君主之義，當其爲宮，五聲皆備 圂 腐刑曰宮書 呂刑 宮辟 註 宮，淫刑，次死之刑也 禮 • 文王世子 公族無宮刑，不翦其類也 圂 環也 爾雅 • 釋山 大山宮，小山霍 註 宮，謂圍繞之 禮記 曰君爲廬宮之是也 圂 周

禮 • 春官 • 小胥 正樂縣之位，天子宮縣 註 宮縣，四面縣也 圂 姓 左傳 虞宮之奇，戰國宮佗。又北宮、南宮，俱複姓 圂 守宮，木名 爾雅 • 釋木 守宮，槐 圂 守宮，蜥蜴名。別作蝪。鋻又宮12073

寤 12080 05507
wù_7.10 玉篇 五故切 說文 同寤。寐覺也。

寠 12081 05508
xiāo_7.10 廣韻 許交切 集韻 虛交切夶音虓。氣上蒸也△ 集韻 或从穴，亦與寥同。鋻从穴作寥41151

寅 12082 05509
yín_7.10 等韻 五束切音朋。和也。鋻俗閻。

宰 12083 05510
zǎi_7.10 古文 宰宰宰 唐韻 作亥切 集韻 韻會 正韻 子亥切，夶哉上聲 說文 官稱 玉篇 治也 增韻 主也 周禮 • 天官 立天官冢宰，使帥其屬掌邦治 註 冢，大也。又大宰，掌建邦之六典，以佐王治邦國 註 大宰，治官之長，兼總六官也。大宰之副貳曰小宰。又有宰夫之職，掌治朝之法 鄭註 宰夫，主諸臣萬民之復逆，故詩人重之曰家伯維宰 圂 周禮 • 地官 有里宰，掌比其邑之衆寡與其六畜、兵器 圂 家臣之長曰宰 詩 • 小雅 諸宰君婦 註 諸宰，家宰也 圂 廣韻 制也 正字通 爲事物主也 史記 • 禮書 宰制萬物，役使羣動 荀子 • 正名篇 心者，道之工宰也。圂 屠也，烹也。主膳羞者曰膳宰，亦曰庖宰 前漢 • 陳平傳 里中社，平爲宰。平曰：使平得宰天下，亦如此肉 顏師古註 主切割肉也。又姓。周大夫宰孔之後，以官爲氏，周宰咺，漢宰直。又宰父，複姓 圂 說文 宰，辠人在屋下執事者。从宀从辛。辛，辠也〇按 周官 大小邑宰，皆由賢能升進。从辛訓辠，泥不可从。

宋 12084 05511
qiú_7.10 廣韻 巨鳩切 集韻 渠尤切夶音求 玉篇 宋也，與求同 集韻 搜室也。

窄 12085 05512
zhà_7.10 集韻 助駕切音乍。寬也。一曰實也。

寒 12086 05513
xià_7.10 唐韻 火訝切 集韻 虛訝切夶音罅 說文 堨也 玉篇 寒，隙也△ 正字通 按六書寒同塞，从宀从廾。廾，音展。从刈，象兩手捧塞形。室也。篆作寋，今作塞，與罅音義別。鋻又塞12301塞12474窸12435寒即 說文 窸12463字，室也 圂 說文 堨09210，塙也。

寔 12087 05514
shí_7.10 玉篇 古文寔12300字 圂 擧要从呆。鋻又寔14429宋11999宋12060 玉篇 寔，食質切。古實字。又補道切。藏也。或作賫57875

害 12088 05515
hài_7.10 唐韻 何蓋切 集韻 正韻 下蓋切 韻會 合蓋切，並音嗐 說文 傷也。从宀从口。言从家起也。丯聲 徐曰 禍嘗起於家，生於忽微，故害从宀 增韻 利，害之對。又殘也，禍也 易 • 謙卦 鬼神害盈而福謙 繫辭 損以遠害，益以興利。又 周語 先王非務武也，勤恤民隱而除其害也 圂 妨也 左傳 • 桓六年 謂其三時不害而民和年豐也 圂 要害 戰國策 秦之號令、賞罰、地形、利害，天下弗如也 史記 • 秦始皇本紀 北收要害之郡 圂 忌也 史記 • 燕世家 燕昭王使樂毅約趙、楚伐齊，諸侯害齊湣王驕暴，

皆許之 註 害，猶言患之也。又 屈原列傳 上官大夫與之
同列爭寵，而心害其能 図 hé 集韻 類篇 丛何割切音曷。
何也 爾雅·釋言 盍也 註 盍，何不也。或作害，與曷、盍
通 詩·周南 害澣害否 註 害，何也 書·大誥 王害不違卜 註
害作曷△俗作害。鏊 又周02715宮12053亥30865 図 害12104
偏類碑別字·害字 引 魏東阿縣公元順墓誌 可洪音義 害
韜：上胡蓋反。

宴 12089 05516
yàn_7.10　唐韻 於甸切 集韻 韻會 正韻 伊甸切丛音
燕 說文 安也。从宀晏聲 爾雅·釋訓 宴宴，居息也 易·隨
卦 君子以嚮晦入宴息 詩·衞風 總角之宴，言笑晏晏 註
言總角之時，與爾宴樂言笑也 図 宴饗。古者饗爲盛禮，
或饗而不宴，或宴而不饗 左傳·宣十六年 王饗有體薦，
宴有折俎 註 饗則半解其體而薦之，宴則體解節折，升
之於俎，使皆可食，所以示慈惠也 図 集韻 通作燕 詩·小
雅 以燕樂嘉賓之心 註 燕，安也 図 叶於旰切音案 班
固·西都賦 殊形詭制，每各異觀。乘茵步輦，惟所息宴。
觀，去聲。鏊 又鄂侯馭方鼎 王休俀01286乃射 正字通
宴，籀文篆作俀 字林曰 九經字樣 作宴12269按：从晏加
宀無義，不必從 図 字典琢屑 西都賦惟此息宴 後漢書
文選 丛作唯所息宴。

宛 12090 05517
jú_7.10　集韻 衢錄切音局。不敢伸也△ 正字通 局、
跼通。

宵 12091 05518
xiāo_7.10　古文晴 唐韻 相邀切 集韻 韻會 思邀切 正
韻 先彫切丛音消 說文 夜也。从宀，宀下冥也。肖聲 書·堯
典 宵中星虛，以殷仲秋 註 陽氣消也 詩·召南 肅肅宵征
周禮·秋官·司寤氏 禁宵行者 註 宵，定昏也 図 莊子 註 不
由明坦之路曰宵 図 小也 禮·學記 宵雅肄三 註 宵之言
小也，習 小雅 之三 図 宵行，蟲名。如蠶，夜行，喉下
有光如螢 詩·豳風 熠燿宵行 図 與綃通 儀禮·士昏禮 姆
纚笄宵衣 鄭 註 宵，讀如素衣朱綃之綃。

家 12092 05519
jiā_7.10　古文冢宷冗 唐韻 古牙切 集韻 韻會 正韻
居牙切丛音加 說文 居也 爾雅·戶牖之閒謂之扆，其
內謂之家 詩·周南 宜其室家 註 家謂一門之內 図 婦謂
夫曰家 孟子 女子生而願爲之有家 図 一夫受田百畝曰
夫家 周禮·地官 上地家七人，中地家六人，下地家五人
註 有夫有婦，然後爲家 図 大夫之邑曰家，仕於大夫者
曰家臣 左傳·襄二十九年 大夫皆富，政將在家 図 天家，
天子之稱 蔡邕·獨斷 天子無外，以天下爲家 図 居其地
曰家。史記·陸賈傳 以好時田地善，往家焉 図 著述家 前
漢·武帝紀 表章六經，罷黜百家。又 太史公自序 成一家
之言 図 家人 易 卦名 図 姓。漢劇令家羨，宋家鉉翁
図 與姑同。大家，女之尊稱。漢曹世叔之妻班昭稱大
家，卽超妹△ 說文 从宀，豭省聲。周伯溫曰：豭居之圈
曰家，故从宀从豕。後人借爲室家之家○按 六書故 作
宀下伋，人所合也。从伋，三人聚宀下，家之義也。伋
古族字，伋譌爲豕 說文 謂从豭省，無義。鏊 又冢57212
家12209家12221家12270宂11944 図 正字通 宷12188，卽家篆

文之譌 図 字典琢屑 史記 往家焉三字，今本作可以家
焉四字 図 前漢·武帝紀 表章六經，罷黜百家。徐慧：罷
黜百家，表章六經。

宷 12093 05520
shěn_7.10　玉篇 古文審12348字 說文 悉也，知宷提
也。从宀从釆 徐曰 宀，覆也。釆，別也。包覆而深，別
之曰宷。篆作審12348△ 正字通 與寮宷之宷別。釆，从
爪从木。宷，从宀从釆。釆音便。辨同。會意。

宸 12094 05521
chén_7.10　唐韻 植鄰切 集韻 韻會 正韻 丞眞切丛音
辰 說文 屋宇也。賈逵曰：室之奧者。後人稱帝居曰宸 增
韻 帝居北宸宮，故从宀从辰。亦曰楓宸。帝居高廣，惟
楓修大可搆也 越語 君若不忘周室，而爲敝邑宸宇，亦
寡人之願也△ 正字通 本作宸 六書故 又作梻，引 揚雄
賦 枎揚梻 註：服虔曰：梻，中央也。梻，屋梠也○按宸取
北辰義，今人言宸極，與汎言屋梠別，宸、梻合爲一，
非。鏊 又宸41167辰13021辰15520榐25164，屋端。

容 12095 05522
róng_7.10　古文公 廣韻 集韻 韻會 丛餘封切，音溶 說
文 盛也。从宀从谷 徐鉉曰 屋與谷皆所以盛受也 增韻
受也。包函也 易·師卦 君子以容民畜衆 書·君陳 必有忍
其乃有濟，有容德乃大 註 謂包之也。又 唐書·狄仁傑傳
婁公盛德爲所包容久矣 儀 容也 禮·冠義 禮義之始，
在於正容體 射義 試之於射宮，其容比於禮，其節比於
樂。又 玉藻 君子之容舒遲，見所尊者齋遬。足容重，手
容恭，目容端，口容止，聲容靜，頭容直，氣容肅，立
容德，色容莊 図 從容，安也 書·君陳 從容以和 中庸 從
容中道聖人也 図 爾雅·釋器 容謂之防 郭璞 註 形如今牀
頭小曲屏風，唱射者所以自防隱也，所以容身防矢也
図 禮官曰容 禮·樂記 使之行商容而復其位 註 容謂禮樂
之官。使之檢視殷家禮樂之官而復其位 前漢·儒林傳 徐
生善爲容。是善禮樂者謂之容也 図 飛揚貌 楚辭·九章
紛容容之無經兮 図 禮·內則 佩容臭 註 香物也。助爲形
容之飾，猶後世香囊也 図 紗之輕者曰輕容 唐苑類 輕
容，無花薄紗也 図 州名。古象郡地，唐置容州 図 姓。
八凱仲容之後 禮記 有徐大夫容居。又慕容，複姓。
図 yǒng 集韻 尹竦切。與惥憃之憃同，勸也 図 正字通
余壟切音涌 前漢·郊祀歌 神之行，旌容容 図 與頌通 說
文 貌也。从頁，公聲 徐 曰 此儀容字。歌頌者美盛德之
形容，故通作頌。後人因以爲歌頌字 前漢·惠帝紀 有罪
當盜械者皆頌繫 顏師古 註 古頌與容同 刑法志 頌謂
寬容之，不桎梏也 図 叶與章切音陽 韓愈·獨孤申叔哀
辭 如聞其聲，如見其容。嗚呼遠矣，何日而忘。
鏊 又宆11976彣16500容12069容12125香06099彣16493
図 從容，亦作縱緰44719、聰瞛46766 図 正字通 瑢64823，
舊注音容，飾也。本作容，加壴，非。

宧 12096 05523
yí_7.10　玉篇 古文宧11983字。鏊 又宜12011

宣 12098 05525
xuān_7.10　說文 宣本字

宦 12097 05524
xiǎng_7.10　字彙 古響
字○按 集韻 響，古作宦。當卽宦字之譌。

宲 12099 05526
háo_7.10　字彙補古文亳27365字。

寅 12100 05527
yín_7.10　集韻寅12145古作寅。

䖵 12101 05528
qián_7.10　字彙補與虔通。敬也。

寑 12102 41018
qǐn_7.10　龍龕籀文寢字。

宺 12103 41019
huǎng_7.10　川篇火廣切。廣也。

害 12104 41020
wù_7.10　龍龕音悟。寢覺有言。鏊又俗窹41147
可洪音義寤害：古孝反。正作窹。

坔 12105 41021
wěn_7.10　篇海類編烏本切音穩。坐也。

峯 12106 43117
fēng_7.10　龍龕音峯。　　宊 12107 43118
lì_7.10　龍龕同栗。

㝖 12108 43119
sōu_7.10　五音篇海籀文㝹字。

㝳 12109 43120
fén_7.10　搜眞玉鏡芳本切。鏊可洪音義㝳挨：上
音官。下音族。鄧福祿：俗冠。

宭 12110 43121
zào_7.10　搜眞玉鏡音造。

宰 12111 43122
zǎi_7.10　餘文同宰。　　寁 12112 43123
yán_7.10　龍龕音延。

宿 12113 u2A9D0
sù_7.10　俗宿12136字鑑㝛，俗作宿。

囪 12114 u2A9CF
null_7.10　未詳。　　寏 12121 u2A18
yuān_7.10　俗冤02798

定 12115 u2A9CE
zú_7.10　直音篇定，音足。

冦 12116 u2A9CD
null_7.10　或俗寇。　　寏 12117 u21A21
huán_7.10　俗寏12193

㝹 12118 u21A1D
sōu_7.10　同㝹12154　　寐 12119 u21A1C
jì_7.10　俗寂12141

冤 12120 u21A1A
yuān_7.10　可洪音義冤死：上扵元反，枉也。正作
窓17582冤。呼冤：扵元反，曲也。正作冤，從宀篇海類
編冤12143，从免有點。俗作冤，譌。

冥 12122 u21A15
míng_7.10　俗冥02799亦作寃12129

寅 12123 u21A12
yín_7.10　同寅12100俗寅。

寈 12124 u21A11
null_7.10　未詳。　　㝵 12127 u21A0E
sǒu_7.10　同㝹05224

容 12125 u21A10
róng_7.10　俗容12095漢隸字源引張平子碑

宭 12126 u21A0F
jūn_7.10　俗㝷10074古文軍。

瓨 12128 u21A0D
gāng_7.10　同瓨34972　　冥 12129 u21A0B
míng_7.10　俗冥02799

賓 12130 u5BBE
bīn_7.10　简賓57756　　寬 12131 u5BBD
kuān_7.10　简寬12354

寇 12132 u5BBC
kòu_7.10　俗寇12150　　密 12133 u5BBB
mì_7.10　俗密12146

㝵 12134 05529
jū_8.11　廣韻九魚切集韻韻會正韻斤於切𠀤音
居博雅㝵，賺賣也。一曰貯也。本作㝵，或作㝵玉篇㝵，
舍也。韻會貯也△正字通與居同。

寠 12135 05530
yù_8.11　等韻衣遇切音嫗。假寐也△正字通寐字
之譌。

宿 12136 05531
sù_8.11　古文㝛夙廣韻息逐切集韻韻會息六切
𠀤音夙說文止也玉篇夜止也，住也詩周頌有客宿宿，
有客信信註一宿曰宿，再宿曰信周禮地官三十里有
宿，宿有路室図星宿，各止其所，故名宿。二十八宿，
亦名二十八次。次，舍也釋名宿，宿也。言星各止住其
所也図增韻安也，守也左傳昭二十九年官宿其業註
宿，安也。又周禮宮正註諸吏直宿，謂職王宮之守衞
者図廣韻素也史記信陵傳晉鄙嚄唶宿將。又莊子列
傳雖當世宿學，不能自解免也図國名春秋隱二年及
宋人盟于宿図邑名史記衞世家孫林父、甯殖謀逐獻
公，怒，如宿。又鄗瞋為宿図史記吳世家將舍於宿左
傳作戚，字別義同図姓風俗通漢鴈門太守宿祥。明正
德中蜀人宿進図通作夙，早也周禮春官世婦掌女宮
之宿戒註宿戒，當給事，謂豫告之齊戒也図與肅同
禮祭統先期旬有一日，宮宰宿夫人註宿讀為肅，戒也。
又儀禮宿尸註宿與曲禮主人肅客入之肅同図去聲
廣韻集韻韻會正韻𠀤息救切音秀。列星也〇按史記
漢書二十八宿正義音息袖反，又音夙左思吳都賦窮
飛鳥之棲宿。註亦音秀，是星宿之宿，與棲宿之宿古皆
通同。鏊又寙12366宿12113図碼39335砂，亦作縮砂、宿
砂，草藥名。

宿 12137 05532
sù_8.11　玉篇古文宿12136字〇按說文宿本作宿，
从宀佰聲。則宿乃宿本字，今依玉篇列古文。

睿 12138 05533
xī_8.11　集韻思積切音昔。夜也正字通按夕通作
昔，今从昔加宀，無義。鏊又宿12247

寀 12139 05534
cǎi_8.11　唐韻倉宰切集韻韻會正韻此宰切𠀤音
採爾雅釋詁尸寀也註謂寀地疏主事者必有寀地。
図爾雅釋詁寀、寮，官也疏官地爲寀，同官爲寮。
図cài集韻類篇𠀤倉代切，音菜。義同△亦作采。
鏊又寀12093

寁 12140 05535
zǎn_8.11　唐韻集韻韻會正韻𠀤子感切音昝說文
居之速也詩鄭風無我惡兮，不寁故也朱傳寁，速。故，
舊也。言子無惡我而不留故舊，不可以遽絕也図廣韻
亟也図jié入聲五音集韻疾葉切音捷。義同図正字通
正韻二十一感，寁，速也。十葉，寁，亟也。亟與速義
相近，分二音韻會感韻收寁字，葉韻不載。又說文寁，
居之速，从宀㦰聲。孫恤子感切，切與聲反，音訓皆不
定，此六書之可疑者字彙兼昝、寁二音，从正韻也。
鏊又㦰18950㦰18995

寂 12141 05536
jì_8.11　唐韻集韻韻會正韻𠀤前歷切音籍說文
無人聲也。本作宋。从宀尗聲徐曰此宋寞字。今文作
寂廣韻靜也，安也易繫辭无思也，无爲也。寂然不動，
感而遂通天下之故尚書序孔疏道本沖寂，非有名言。
又晉書顧愷之傳爲山陰令，晝日垂簾，門堦闃寂。
図或作宗楚辭遠遊野㝟漠其無人△集韻亦作誃誴
淑。鏊又㝟12016㥦17456寀12119㝷12077㝟41084図字彙

補寂12318音義同寂 图 龍龕寂41343窈41049穼41025俗，音寐，正從宀作 图 直音篇寐41173同窠41096

窡 12142 05537
zhuó_8.11 正字通窡字之譌。

寃 12143 05538
yuān_8.11 正字通俗冤字 說文 宀部冤，屈也。從兔在宀下 周伯溫曰俗作寃，非。

寄 12144 05539
jì_8.11 唐韻 集韻 韻會 达居義切音餽 說文 托也 增韻寓也 周語國無寄寓 註 不爲廬舍，以寄羈旅之客也 图 齊語管子曰：作內政而寄軍令焉 图 廣韻附也 增韻傳也 禮·王制東方曰寄 註 東方通言之官，謂傳寄東方之言也 图 郊遂寄棘，屏退不率教者於遠方曰寄。图 史記·酷吏傳請寄無所聽 註 請寄，猶囑托也。图 寄生，草名 图 寄居，小蟹名。

寅 12145 05540
yín_8.11 古文 㝙 寅 寅 寅 寅 唐韻 弋真切 集韻 韻會夷真切达音夤 ◆ 說文 寅，髕也。本作寅 徐曰：髕，擯斥之意。正月陽氣上銳而出閡於宀也。臼，所擯也，象形。今作寅，東方之辰，一曰孟陬 前漢·律歷志引達於寅 爾雅·釋天太歲在寅曰攝提格 图 玉篇演也，敬也，强也 書·堯典寅賓出日 註 寅，敬也。以賓禮接之。出日，方出之日。蓋以春秋之旦，朝方出之日，而識其初出之景也。又 舜典汝作秩宗，夙夜惟寅 註 言夙夜敬思其職也。又 皋陶謨同寅，協恭和衷哉 註 謂當同其寅，畏協其恭敬，使民彝物，則各得其正也 图 廣韻以脂切 集韻 韻會 正韻延脂切达音夷。義同 按 說文 寅訓髕也，夕部夤訓敬惕。今諸書寅字兼敬惕義。寅、夤二字古疑通。鼇 又暆22998曎48392古俗字略寅，翼真切。辰名。寅寅41187寅12123 寅寅寅 寅，並古。

密 12146 05541
mì_8.11 唐韻美畢切 集韻 韻會莫筆切 正韻覓筆切达音蜜 爾雅·釋山山如堂者密 郭璞註山形如堂室者曰密 尸子松柏之鼠不知堂密之有美樅。一曰靜也。图 玉篇止也，默也，深也 易繫辭聖人以此洗心，退藏於密 詩·周頌夙夜基命宥密 註 謂所以承藉天命者，宏深而靜密也 图 增韻稠也，疏之對也 易·小畜密雲不雨 詩·大雅止旅廼密 註 言其居止之眾日以益密也。又 史記·功臣年表罔亦少密焉 图 祕也 易繫辭幾事不密則害成 图 禮·樂記陰而不密 註 密言閉也 图 禮·少儀不窺密 註 曲隱處也，嫌伺人陰私也 图 近也 書·畢命密邇王室，式化厥訓 图 國名。密須氏，姞姓之國 詩·大雅密人不恭 图 州名。古姑幕城，秦琅邪，隋爲密州。因水以名。图 姓 正字通漢尚書密忠，宋有密祐 图 複姓 何氏姓苑密茅氏，琅邪人。又有密革氏、密須氏 △集韻或省作宻，俗作密。鼇又堂08488宻41306宓12312宻17649

寠 12147 05542
lín_8.11 玉篇力針切 集韻黎針切达音林。室深也。鼇俗寠12195敦煌·S.5464 開蒙要訓眠睡寢寠，懵悶煩情。按 P.3610抄作寠41289

宧 12148 05543
yà_8.11 廣韻 集韻达於加切音鴉。宧宨，不正也。

图 yà去聲 玉篇於價切音亞。懸貌。

寇 12149 05544
kòu_8.11 俗寇字。

寇 12150 05545
kòu_8.11 唐韻苦候切 集韻 韻會 正韻丘候切达音扣 說文暴也。從攴從完，當其完聚而寇之也。攴，擊也。會意 廣韻鈔也 增韻仇也，賊也 易·蒙卦不利爲寇，利禦寇 詩·大雅式遏寇虐 書·舜典寇賊姦宄 註 羣行攻刼曰寇，殺人曰賊。又 左傳·文七年兵作於內爲亂，於外爲寇 图 周禮司寇秋官，主刑戮刑官也 图 揚子方言凡物盛多謂之寇 郭璞註今江東有小鳧，其多無數，俗謂之寇鳧。图 姓。宋有寇準 歐陽氏曰俗作寇，非。鼇又寇12132寇02794寇02810寇12848攷21526 图 龍龕寂41163寇41176二俗，正作寇 图 可洪音義寇41229欓：上苦候反，下而沼反。

寑 12151 05546
qǐn_8.11 集韻寢12295古作寑。亦作寑、寢。

寉 12152 05547
qīng_8.11 集韻青66935古作寉。亦作夼峇峯 玉篇作峯。

宰 12153 05548
zǎi_8.11 集韻宰12083古作宰。亦作傘。又作傘。

寠 12154 05549
sōu_8.11 集韻與叟同 前漢書·人表鼓寠，即瞽瞍也 △本作寠，或作寠寠俊。

睯 12155 05550
hūn_8.11 字彙補曉昆切音昏。睯方，國名。見 元子

乳 12156 41022
nǒu_8.11 篇海類編乃后切音呶。小乳貌。

寠 12157 41023
sōu_8.11 龍龕同叟

寠 12158 41024
mào_8.11 字彙補音蒙 ○按音義卽見字之譌。鼇又晃22615，亦俗見字。

寠 12159 43124
xiòng_8.11 龍龕香重切。又火困切。鼇又寠12171

寠 12160 43125
míng_8.11 龍龕同冥

裘 12161 43126
jié_8.11 龍龕音竭

寠 12162 43127
nài_8.11 搜真玉鏡音奈。

洦 12163 u2A9D3
null_8.11 未詳。

客 12164 u2A9D2
kè_8.11 同客12038 庚嬴鼎王客珝宮，衣事。客讀作格。

寒 12165 u2A9D1
hán_8.11 俗寒12198 △寽圍：保衛國家 图 trǔ積寽：積累。

寽 12167 u21A3A
giǔ_8.11 喃同寽12168

寃 12166 u2F86D
yuān_8.11 俗冤02798

寽 12169 u21A38
chǔ_8.11 喃同寽11854

寽 12168 u21A39
giǔ_8.11 喃守也，存也。從守從貯省。

寍 12170 u21A34
níng_8.11 俗寧12302

寠 12171 u21A33
xiòng_8.11 篇海類編寠許用切。音凶去聲。亦作寠12159老弱也 图 hùn呼困切。音昏去聲。與𩓣01346同。老寠也。

扉 12173 u21A3A
fēi_8.11 俗扉19111 慧琳音義戶悲反。扊扅反。門白也。爾雅樞謂之根。郭璞曰：門戶扉樞也。

寠 12174 u21A2F
null_8.11 未詳。

寠 12172 u21A31
hú_8.11 俗寠66075朝鮮本 龍龕寠，胡沃切。高也。又音俊。

寠 12175 u21A2E
null_8.11 未詳。

寠 12176 u21A2D
null_8.11 未詳。

寧 12177 u21A2C
níng_8.11　俗寧12302

宗 12178 u21A2B
null_8.11　未詳。

宵 12179 u21A2A
níng_8.11　俗寧12302

㝀 12180 u3761
zuì_8.11　同㝠02797俗最23307 可洪音義㝀稱：上子外反。韋昭云第一為㝀。

崔 12182 u5BC9
hè_8.11　同崔66075俗鶴73721

寅 12181 u3760
míng_8.11　俗冥02799

賨 12183 05551
zhēn_9.12　集韻知盈切音貞。人名，後周齊王子。鍌周書憲六子：貴、質、賨、貢、乾禧、乾洽。賨或賨57818字之譌。

省 12184 05552
shěng_9.12　集韻所景切音省。禁署也。又或從門。通作省。鍌又閣65203

寋 12185 05553
jiǎn_9.12　集韻韻會九件切正韻九輦切並音蹇爾雅·釋樂徒鼓磬謂之寋又廣韻集韻韻會並渠偃切音湕義同。一曰女字又集韻巨偃切韻會其偃切並音鍵義同又姓正字通晉李特將寋碩，宋寋周輔。

㗊 12186 05554
yān_9.12　玉篇古文煙31257字○按古本作㝠02824，籀文作㝠02834，集韻作㝠。註。鍌又煙31747

宎 12187 05555
yù_9.12　字彙紆勿切音鬱。火種。

家 12188 05556
zhuàn_9.12　玉篇丑院切。與篆同△正字通古文家字作家，與家從豕同義。家即家之譌玉篇同篆，誤。

富 12189 05557
fù_9.12　廣韻集韻韻會並方副切，否去聲說文備也。一曰厚也廣韻豐於財也書·洪範五福，二曰富周禮·天官·冢宰二曰祿，以馭其富。又史記·貨殖傳本富爲上，末富次之，奸富最下又易繫辭富有之謂大業禮·儒行不祈多積，多文以爲富莊子·天地篇有萬不同之謂富又正字通年富謂年幼，後來齒歷方久也史記·曹相國世家悼惠王富於春秋又禮·祭義殷人貴富而尚齒註臣能世祿曰富又貨賄也書·呂刑典獄非訖于威，惟訖于富註主獄之官，非惟得盡法於權勢，亦得盡法於賄賂之人也又姓左傳周大夫富辰又凡充裕皆曰富晉書·夏侯湛傳文章宏富王接傳左氏辭義贍富宋書謝弘微傳才辭辨富唐書呂溫傳藻翰精富文心雕龍經籍深富，辭理遐亘△說文从宀畐聲。畐，古福字。俗作冨。鍌又冨02805下02759 可洪音義嚩娑：應和尚未詳。又川音作塊，音龜，此經作「犁呪囉嚩娑」，是一句也，第七卷作「犁呪羅富娑」△宏按，嚩塊並佛經譯音用字。

宲 12190 05558
qīn_9.12　集韻親55194古作宲。

寍 12191 05559
níng_9.12　玉篇古文寧12237字說文安也。从宀从心，在皿上。皿，人之飲食器，所以安人也。

病 12192 05560
bìng_9.12　唐韻集韻皮命切音病說文臥驚病也。一曰三月病。又廣韻集韻陂病切音柄，又集韻鋪病切。又丘詠切。義並同說文臥驚病也。一曰多寐也爾雅·釋天三月爲病月又bǐng廣韻兵永切韻會正韻補永切並音丙。義同△集韻或作寎。鍌俗作㾕。

寏 12193 05561
huán_9.12　唐韻集韻並胡官切音丸說文周垣也。重文从𨸏作院65620鍌又寏12117寏41249又名義寏12194，胡官反。垣。院字。

寏 12194 05562
huán_9.12　玉篇戶官切音桓。周地名正字通考地理志，闕寏。鍌楊寶忠：俗寏12193

寐 12195 05563
mèi_9.12　唐韻集韻韻會蜜二切廣韻彌二切並音媚說文臥也。徐曰寐之言迷也，不明之意廣韻寢也，息也增韻昧也，目閉神藏詩·小雅夙興夜寐公羊傳·僖二年寡人夜者寢而不寐又魚名山海經諸鉤之山多寐魚註即鮇魚△正字通本作寐。鍌又寐12250窔41166寐35956寐41289寐41196寐12147又龍龕寐41264寐41331寐41212，三俗。莫庇反。正作寐。寢也。

窴 12196 05564
yì_9.12　唐韻於計切集韻壹計切並音翳說文靜也倉頡篇安也又廣韻烏結切集韻一結切，並音噎。又集韻詰結切音挈。義同。鍌集韻窴窴41246，或从穴。

寑 12197 05565
qǐn_9.12　集韻寢12295古作寑。鍌又寑02816寑12240寑12355

寒 12198 05566
hán_9.12　古文𡫼𡫾唐韻胡安切集韻韻會正韻河干切並音韓說文凍也。本作𡫾。从人在宀下，从茻薦覆之，下有仌。仌，水也。隸省作寒釋名寒，捍也。捍格也玉篇冬時也易繫辭日月運行，一寒一暑書·洪範庶徵曰燠，曰寒傳燠以長物，寒以成物又司寒，水神左傳·昭四年黑牡秬黍，以享司寒註司寒，元冥水神也又周語火見而清風戒寒荀悅·申鑒下有寒民則上不具服又窮窘也史記·范雎傳范叔一寒如此哉宋史·陳同甫傳崎人寒士皆賴之又國名，在北海平壽縣東寒亭史記·夏本紀伯明氏之讒子寒浞封國又姓漢博士寒朗。鍌又寒12361寒12426濂29687

寣 12199 05567
gěng_9.12　集韻孤等切音緪。癭寣，癩也。

宛 12200 05568
wǎn_9.12　字彙音晚。引也正字通譌字。鍌梁春胜：俗冕02725

宇 12201 05569
yǔ_9.12　籀文宇字。鍌碑別字漢張遷碑開定畿寓魏元始和墓誌國人愍悼，寓內痛惜又寓12202碑別字張寧墓誌寓言於鑴石者也。

寓 12202 05570
yù_9.12　唐韻牛具切集韻韻會元具切並音遇。說文寄也禮·曲禮大夫寓祭器於大夫，士寓祭器於士。又郊特牲諸侯不臣寓公註謂失地之君寄寓其國也。又居也孟子無寓人於我室左傳·成二年從韓厥曰：請寓乘又屬也左傳·僖廿八年君憑軾而觀之，得臣與寓目焉又托也史記·莊周傳著書十餘萬言，大抵率寓言也又鳥名，如鼠而鳥翼，其音如羊，可以禦兵，見山海經爾雅·釋獸有寓屬註謂獼猴之類。寄寓木上，故曰寓又正韻牛居切音魚。義同△集韻或作㝢。鍌又宇12393寓12201宇41267

寔 12203 05571 shí_9.12 廣韻 常職切 集韻 韻會 承職切, 並音湜 說文 止也 徐曰 寔如此也 圖 是也 詩·大雅 實墉實 壑 註 實當作寔。寔, 是也 △ 增韻 正韻 與實通 韻會 以通爲誤。鞏 又竀41252

宩 12204 05572 jiā_9.12 字彙補 古文家12092字。

宁 12210 u2A9DA null_9.12 喃未詳。

粍 12205 05573 tuó_9.12 集韻 唐何切 音駝。囊也。一曰馬上連囊 廣韻 粍, 負也。

寠 12206 05574 qiāo_9.12 集韻 牽幺切音蹺。寠寥, 空也。

㒼 12207 05575 miáo_9.12 玉篇 古文苗49154字。

宣 12208 05576 xiàng_9.12 集韻 嚮07749古作宣。

家 12209 43128 jiā_9.12 五音篇海 同家。

窦 12211 u2A9D9 null_9.12 未詳。

窭 12212 u2A9D8 jù_9.12 簡 宴12291

宙 12213 u2A9D7 null_9.12 未詳。

寏 12214 u2A9D6 null_9.12 未詳。

㝎 12215 u2A9D5 bǎo_9.12 張亞初：金文堡08920 殷周金文集成·4. 2497·黃君孟鼎 子孫則永祐㝎。讀若福。

寋 12216 u2A9D4 null_9.12 未詳。

寽 12218 u21A5D null_9.12 人名用字。見 殷周金文集成·5.2740·寽鼎 寽用乍饌公寶尊鼎。

窪 12217 u21A5E null_9.12 未詳。

宪 12219 u21A5C xiàn_9.12 同憲18325見 殷周金文集成·8.4317·軼簋、5.2749·宪鼎

妸 12220 u21A5B ān_9.12 公頃hectare舊譯。民國 辭海 法國地積之海克脫阿爾, 舊略記爲妸, 即阿爾（Are）之百倍。

篆 12221 u21A5A zhuàn_9.12 玉篇 篆, 丑院切 篇海類編 篆, 與篆42268 同 圖 字彙補 篆, 同家12092亦作篆 孔謙碑 褆述篆業。

宿 12222 u21A58 yìn_9.12 俗窨41243 五音集韻 窨, 地屋。

宥 12223 u21A57 yú_9.12 或同宥 侯馬盟書 敢宥出入。宥讀踰。

寬 12224 u21A56 kuān_9.12 俗寬12354碑別字。

㝱 12225 u21A55 miáo_9.12 俗㝱12207古文苗。

宾 12226 u21A54 null_9.12 未詳。

蜜 12227 u21A53 mì_9.12 俗蜜52802

宷 12228 u21A52 null_9.12 未詳。

寰 12229 u21A51 huán_9.12 俗寰12396敦 煌·S.2832願文等範本 從軍陣平安惟公懷忠奉國, 抱義匡時。名禁畫閣之中, 聲震寰宇之外。

畗 12230 u21A50 null_9.12 未詳。

宾 12231 u21A4F bīn_9.12 俗賓57756

宷 12232 u21A4E null_9.12 未詳。

建 12234 u21A4C jiàn_9.12 人名用字 新 唐書·宗室世系表 同昌郡王（李）建。

宬 12233 u21A4D chéng_9.12 俗成12074 借月山房彙鈔·明內廷規制 考·宮闕 再南則皇史宬, 藏貯累朝宸翰及實錄。

寍 12235 u21A4B nìng_9.12 同寧35342

陃 12236 u21A4A null_9.12 未詳。

寧 12237 u5BD5 níng_9.12 參見寧12302

寅 12238 05577 yín_10.13 集韻 寅本字

寖 12239 05578 jìn_10.13 集韻 咨林切。與浸、濅同, 漬也 圖 水名。寖水, 出武安縣東 圖 寖漬 前漢·溝洫志 西南出寖數百里。又 漢武帝·策賢良制 寖明寖昌 圖 五音集韻 子鴆切。義同〇按 正字通 水部十畫寖重出。詳十三畫濅29882字註。鞏 又濅29102 霈66748

寑 12240 05579 qǐn_10.13 籀文寢字

寍 12241 05580 níng_10.13 集韻 同寧。願也 前漢·王莽傳 永以康寍 圖 乃定切音佞。邑名 圖 姓 圖 類篇 从心作寍35342司馬氏曰：寍忩从冄, 非是。

索 12242 05581 suǒ_10.13 唐韻 所責切 集韻 色窄切忩音㟍 說文 入家搜也 廣韻 求也 史記·留侯世家 大索天下。今本作索 圖 廣韻 蘇各切 集韻 昔各切忩音蒤 廣韻 盡也, 散也 集韻 寂寞也 書·牧誓 惟家之索 石經 作索 圖 姓。

寘 12243 05582 zhì_10.13 唐韻 集韻 韻會 正韻 忩支義切音觶 說文 置也 正韻 納之也, 猶言安著也 詩·小雅 寘子于懷 註 親之也。◆魯語 藏罟不如寘里克于側之不忘也。又 左傳·隱十一年 凡而器用財賄, 無寘於許 廣韻 止也, 廢也 詩·周南 寘彼周行 註 寘, 舍也 周禮·秋官·大司寇 寘之圜土。又 左傳·隱元年 遂寘姜氏於城潁 圖 通作示 禮·中庸 其如示諸掌乎 註 示讀如寘。置也 △ 俗作寘, 非。鞏 又寘02821宾12024

寮 12244 05583 tiǎo_10.13 正字通 同寮。俗省作寮〇按 玉篇 類篇 寮載穴部 廣韻 集韻 亦从穴 △ diào 字彙 徒弔切音跳。深邃也。義與寮近, 當是寮字之譌。

窠 12245 05584 jié_10.13 集韻 巨列切音傑。覆也。

瓜 12246 05585 yǔ_10.13 集韻 韻會 忩勇主切音庾。嬾也 史記·貨殖列傳 呰瓜偷生。承慶云嬾人不能自起, 如瓜瓠在地不自立, 故字從瓜。又常在室中, 故从宀 △ 正字通 瓜字之譌文〇按 玉篇 類篇 瓜, 俞矩切。註：邪也, 器空中也。引 說文 污窳, 俱載穴部 韻會 七麌收瓜, 註本司馬氏 類篇 勇主切, 嬾也, 與瓜音義各別, 應分爲二。

寈 12247 05586 xī_10.13 集韻 同窨。夜也。

寉 12248 05587 gòu_10.13 廣韻 古候切 集韻 居候切忩音遘 玉篇 夜也。引 詩 中寉之言, 中夜之言也 圖 正字通 室深密處, 本作冓。

寮 12249 05588 wěng_10.13 集韻 烏孔切, 翁上聲。室中暗也。

寐 12250 05589 mǐ_10.13 唐韻 莫禮切 集韻 母禮切忩音米 說文 寐而未厭也 集韻 熟寐也, 或作䀢。鞏 又䀢12485 正字通 寐, 母禮切音米。寐而未厭。本作寐。

宣 12252 05591 xuān_10.13 玉篇 古文宣12042字 正字通 作亶, 入十一畫, 誤。今改正。

宁 12263 u2A9DF nìng_10.13 俗寧35342

寚 12251 05590 bǎo_10.13 玉篇 古文

寶12465字。正譌从宀玉，會意。缶聲。

審 shěn_10.13　韻寶與審同。

嫀 null_10.13　殷周金文集成·5.2720·井鼎王漁于嫀池。

窑 bǎo_10.13　篇海類編與寶同。

寯 jùn_10.13　篇海類編與寯同。

𡧖 wěn_10.13　字彙補與穩同。

敔 null_10.13　未詳。

窤 máng_10.13　廣韻莫郎切集韻謨郎切丛音茫。寐語也。

寅 yín_10.13　集韻寅12145古作寅。

寮 null_10.13　或俗寮。澍金石文字辨異·寤引唐徐公神道碑寤念作此。

𡧪 wù_10.13　俗寤12297邢

窯 yáo_10.13　搜眞玉鏡魚嬌切。

缺 yáng_10.13　字彙補宜央切，音卬◇出釋典·神呪

窙 xiàng_10.13　同嚮07354非美言。又五音集韻繡鄉，與向通用。窙窗12360，並古文。

宿 dàn_10.13　俗窞41197

窣 null_10.13　殷周金文集成·9.4522·窣夗簠窣夗乍旅匡（筐）。

宴 yàn_10.13　同宴12089

塞 mù_10.13　或俗墓09226

家 jiā_10.13　同𡩟02815集韻家12092，古作家。

窰 yáo_10.13　俗窰41276天一閣藏明嘉靖刻本太原縣志·卷之一·土產·雜類柳絮礬、自流礬、石硯（黑色金星）、鵝管石，以上俱柳子谷窰內出。

寋 null_10.13　未詳。

寰 huán_10.13　同寰12396龍龕寰，音還。海也。天子封千里之寰也。

𡩰 null_10.13　未詳。

寉 ān_10.13　同庵15546

𡩮 null_10.13　未詳。

寏 yuè_10.13　粵43369本字

寗 níng_10.13　寧12302字的避諱字。

𡩫 qióng_10.13　同窮41274盡馬王堆漢墓帛書·老子甲本·德經大盈若盗，其用不窮。

寰 huán_10.13　同寰12396奇字韻寰，寰。

寝 qǐn_10.13　简寢12295

寧 níng_10.13　同寧12302

寬 kuān_10.13　俗寬12354

眞 zhì_10.13　同眞12243

康 kāng_11.14　唐韻苦岡切集韻丘岡切丛音康說文屋康𥙿也，謂屋閑玉篇虛也，空也司馬相如·長門賦委參差以康𥙿図廣韻集韻類篇丛口朗切音慷。義同。△本作康集韻或从穴作窟。𥫄又康12362桄24433

寁 diàn_11.14　唐韻集韻丛都念切音店說文屋傾下也。一曰厭也廣韻窮也。或从土作墊図dié廣韻丁恊切集韻類篇的恊切丛音喋。義同△正字通𡩡字省文。𥫄又𡫷12432𡨇12420

寞 mò_11.14　廣韻慕各切集韻韻會正韻末各切丛音莫說文寂寞，無聲也。本作嘆。今文作寞前漢·揚雄傳惟寂寞，自投閣韓愈文釣於寂寞之濵図通作漠楚辭·遠遊野寂漠其無人。又宋玉·九辯欲宋漠而絕端兮。亦借用莫。𥫄又嗼09933

察 chá_11.14　唐韻初八切集韻韻會正韻初戛切，丛音蔡說文覆審也。从宀祭聲徐鉉曰祭祀必質明。明，察也，故从祭廣韻諦也，知也李陵·答蘇武書功大罪小，不蒙明察図增韻考也，廉視也周禮·秋官·士師註士察也，義取察理獄訟之事也。又唐書·百官志監察御史掌司六察。一察官人善惡。二察賦役不均。三察農桑不勤，倉廩耗減。四察妖猾盜賊。五察茂才異等。六察黠吏豪宗，兼并縱暴図昭著也中庸言其上下察也。図察察，潔淸貌史記·屈原傳安能以身之察察，受物之汶汶図苛察也老子道德經其政察察，其民缺缺。又晉書·謝安傳弘以大綱，不存小察図正字通偏見曰察莊子·天下篇道德不一，天下多得一察焉以自好図姓。吳將軍察戰、明正德中朝城知縣察童図讀作祭尚書大傳祭之爲言察也。察者，至也。人事至然後祭図叶直列切音徹前漢·郊祀歌景星顯見，信星彪列。象載昭庭，日親以察古詩置我懷袖中，三歲字不滅。一心抱區區，懼君不識察図叶子例切音穧班固·幽通賦攬葛藟而授余兮，眷峻谷曰勿墜。昒昕寤而仰思兮，心蒙蒙猶未察△集韻或作謽。𥫄又謽55850憥18599図可洪音義瘵36387其：上音察。監也。惕図史記·屈原傳安能以身之察察受物之汶汶。徐慧：人又誰能以身之察察，受物之汶汶者乎。

𡨇 jìn_11.14　集韻同浸△正字通濅字之譌。

寠 jù_11.14　唐韻其矩切集韻韻會郡羽切，丛衢上聲說文無禮居也爾雅·釋言寠，貧也，謂貧陋也邢疏貧無以爲禮也詩·邶風終寠且貧図lǒu集韻類篇龍遇五音集韻良遇切丛音屢詩·小雅·正月繁霜箋小人富而寠陋將貴也。寠，去聲図lóu集韻類篇郎侯切韻會正韻盧侯切丛音婁史記·淳于髡傳甌寠滿篝註甌寠，便側之地図集韻甌寠，猶抔搜也△韻會或从穴作窶。𥫄又婁12212簍41273寠12438

寡 guǎ_11.14　唐韻集韻韻會正韻丛古瓦切，瓜上聲說文少也。从宀頒。頒，分賦也。宀分，故爲少也爾雅·釋詁罕也易·謙卦君子以哀多益寡，稱物平施繫辭吉人之辭寡図◆釋名倮也。倮然，單獨也書·梓材至于敬寡周禮·夏官·大司馬以九伐之法正邦國，馮弱犯寡則眚之図◆大戴禮五十無夫曰寡。又凡孀嫠皆曰寡婦。又

無夫無婦尬謂之寡。丈夫曰索，婦女曰嫠〇王侯謙稱禮·曲禮諸侯自稱曰寡人論語稱諸異邦曰寡小君，皆言寡德也〇詩·大雅刑于寡妻註嫡妻也箋寡有之妻，言賢也疏嫡妻惟一，故言寡〇叶古火切音果陸雲·歲暮賦歲難除而易逝兮，情覲多而泰寡。年有來而棄子兮，時無算而非我△正譌俗从力作募，非。鋆又寏57708天00757募03624〇龍龕寫12336俗，寠12293俗通，寡正，古瓦反。

寠 guǎ_11.14　正字通寡字之譌。
12293 05605

罞 máng_11.14　等韻莫江切音厖。寐也。
12294 05606

寢 qǐn_11.14　古文寑寑寑廣韻集韻韻會正韻丛七稔切，侵上聲說文臥也詩·小雅乃寢乃興論語宰予晝寢〇廣韻堂室也爾雅·釋宮無東西廂，有室曰寢。周制，王宮六寢，路寢一，小寢五。路寢，治事之所。小寢，燕息之地也公羊傳·莊三十二年路寢者何，正寢也。〇寢廟。凡廟，前曰廟，後曰寢詩·小雅奕奕寢廟，君子作之商頌寢成孔安註廟中之寢，所以安神也〇陵寢史記·樂書三代以前未有墓祭。至秦始出，寢起於墓側。漢因秦制，上陵皆有園寢〇凡居室皆曰寢禮·王制庶人祭於寢〇息也前漢·刑法志兵寢刑措唐書·裴度傳汲黯在朝，淮南寢謀〇寢丘，縣名，在汝南前漢·地理志應劭註叔敖子所邑之地，後更名固始△集韻亦作寑。鋆又寑12102寑12282寢12355寢12502寑41349寑12380
12295 05607

寣 hū_11.14　廣韻集韻丛呼骨切音忽說文臥驚也廣韻覺也玉篇小兒啼寣寣也。一曰河內相呼也〇正字通澊原音豁，誤。鋆又寣41350愰12259廣韻寣，睡一覺。
12296 05608

寤 wù_11.14　唐韻集韻韻會正韻丛五故切音誤說文寐覺而有言曰寤。从㝱省，吾聲。一曰晝見而夜㝱也周禮·秋官有司寤氏註寤，覺也。主夜覺者。又春官·大卜疏精神寤見，覺而占之〇左傳·隱元年莊公寤生，驚姜氏註遻生也。遻，逆也。杜預曰寤寐而莊公生風俗通凡兒墮地能開目視者，謂之寤生〇與悟通爾雅·序別爲音圖，用袪未寤註用此音圖，以袪除未曉寤者也。孔伋曰吾終日思而未之得，於學則寤焉〇說文一作寤正字通俗作寤，非。寤，窹名。鋆又寤51970寤12259〇類篇寤寤12497寤12080，五故切說文寐覺而有信曰寤。一曰晝見而夜夢也。籀作寤。或省。
12297 05609

寥 liáo_11.14　廣韻落蕭切集韻韻會正韻憐蕭切，並音聊說文空虛也玉篇寂也，廓也莊子·大宗師吾聞之玄冥，玄冥聞之參寥註莊子僞立此名楚辭·九辯寂寥兮收潦而水清。又遠遊下崢嶸而無地兮，上寥廓而無天〇集韻力交切，音颣。窔寥，深遠貌〇廣韻郎擊切集韻韻會郎狄切丛音歷。義同△集韻本作廫。鋆又寮41393寥12378廫14349廫14381〇正字通寥41318，譌字〇寂寥或作漻寂、寥寂、寂漻。
12298 05610

窚 ōu_11.14　集韻烏侯切音歐。闒窚，彝人屋。或曰前
12299 05611

漢·蘇武傳作區脫，譌作窚，今作甌。

實 shí_11.14　古文宲㝗唐韻廣韻神質切集韻類篇韻會食質切，並神入聲。◆說文實，富也。从宀从貫。貫，貨貝也廣韻誠也，滿也增韻充也，虛之對也易·本義乾一而實，坤二而虛孟子充實之謂美，充實而有光輝之謂大宋程頤曰心有主則實，實則外患不能入〇華實晉語華則榮矣，實之不知，請務實乎史記·商鞅傳貌言華也，至言實也〇物成實也爾雅·釋草果蓏之實括樓邢昺疏實卽子也禮·月令季春，乃爲麥祈實註謂於含秀求其成也〇品物也左傳·莊二十二年庭實旅百註庭之所實陳有百品，言物備也。又襄三十一年其輸之，則君之府實也〇軍實左傳·襄二十四年齊社蒐軍實。杜註祭社，因閱數軍器〇儀禮特牲饋食實豆籩註謂取籩豆實之也周禮·春官·小宗伯註豆實實於甕，籩實實於筐〇具數也史記·始皇本紀使黔首自實田註謂令民自具頃畝實數也〇唐六典凡里有手實法，歲終具民之年與地闊狹爲鄉帳〇驗也後漢·光武紀使各實二千石以下至黃綬〇事跡也史記·莊周傳率皆虛語無事實韓非傳反舉浮淫之蠹，加之功實之上〇當也書·呂刑閱實其罪註使與法相當也〇是也詩·大雅實墉實壑〇姓又zhì正字通脂利切音至。與至同禮·雜記訃於適者曰：吾子之外私寡大夫某某不祿，使某實註言爲訃而至此也△增韻實亦作寔韻會實、寔分爲二。鋆又实12033实12032實12364〇苂寶51681，今作苂實。
12300 05612

窒 sè_11.14　集韻悉則切。同塞正譌窒也。本作窔，从宀，屋也。从廾，兩手奉也。从㞷，象疊物形，奉而窔於屋中，會意。別用塞，先代切，邊地也。與窔分爲二，譌作窒，非。互見窔12435字註。
12301 05613

寧 níng_11.14　古文寍唐韻奴丁切集韻韻會囊丁切正韻奴經切，丛佞平聲說文願詞也。从丂，寍聲〇安也易·乾卦首出庶物，萬國咸寧詩·大雅文王有聲，遹求厥寧書·康誥裕乃以民寧註行寬政，乃以安民也。〇書·洪範五福，三曰康寧註無疾病也〇女嫁歸省父母曰寧詩·周南歸寧父母〇子寧，居喪也前漢·哀帝紀博士弟子父母喪，子寧三年〇無寧，寧也，願辭也左傳隱十一年無寧茲許公復奉其社稷。又襄二十六年若不幸而過，寧僭無濫書·大禹謨與其殺不辜，寧失不經〇丁寧，屬付諄復也前漢·郎顗傳丁寧再三。俗作叮嚀〇丁寧，鉦也左傳宣四年著於丁寧正義言著於丁寧，則丁寧是器晉語伐備鐘鼓，聲罪也。戰以錞于丁寧，儆其民也。是丁寧，戰之用也〇州名，秦北郡，魏置華州，西魏改寧州〇姓又nìng集韻乃定切音佞。通甯前漢·郊祀歌穰穰復正直往甯師古註叶音平聲。言獲福旣多，歸於正道，克當往日所願也△韻會本作寧，經史作寧，俗作寍。鋆寧12237字避清宣宗道光帝諱，部外九畫〇晉語伐備鐘鼓聲罪也。當爲聲其罪也。〇寧12283寧12342寧12343寧12370盇12064宁11939宼12052窟
12302 05614

12332窰12279宵12179寧12325龗12509罕53899罘37081宰12177

囝〔前漢·哀帝紀〕博士弟子父母喪，子寧三年〕徐慧：博士弟子父母死，予寧三年囝前漢·郎顗傳，後漢。

竉 yí_11.14　玉篇 古文宧11983字。

寨 zhài_11.14　廣韻 豺夬切 集韻 韻會 士邁切 正韻 助邁切。豺與砦同 廣韻 山居以木柵 集韻 籬落也。或作柴。柴柵通作寨寨，羊栖宿處也囝sè 廣韻 蘇則切 正韻 韻會 悉則切豺音塞。安也。鎣又寨12375

寉 án_11.14　玉篇 午含切 集韻 吾含切。豺與唅同。寐中語也。一曰寐聲。鎣又寉12331

蜜 lí_11.14　正字通 同籬。見 六書統

窲 ào_11.14　正字通 同奧 說文 篆从宀.宀即勹之變體也.廾省从大。鎣又寞12394

竈 zào_11.14　俗竈41435 周禮·地官·賈師 凡天患禁貴儥者 註 謂若褚米穀棺木，而睹久雨疫病者貴賣之。

廔 lòu_11.14　集韻 郎豆切音陋。地名。鎣又鄌61958

竇 xiǎng_11.14　韻會小補 古響67910字。

窿 lóng_11.14　字彙補 力公切音隆。天形也。

宻 mì_11.14　篇海類編 同密。

甾 zǐ_11.14　五音篇海 音子。

寎 méng_11.14　字彙補 同寠。

寗 àn_11.14　搜眞玉鏡 音案。

寍 è_11.14　搜眞玉鏡 五各切。

寂 jì_11.14　五音篇海 音寂。

寎 null_11.14　未詳。

福 fú_11.14　同福39938殷周金文集成·16.10230·黃君孟匜 黃君孟自乍行器，子孫則永祜福。

竅 qiào_11.14　俗竅41401 可洪音義 寂清：上音竅。

宎 null_11.14　殷周金文集成·16.10581·羿作父辛器公仲在宗周，賜弓貝五朋，用乍父辛尊彝，宎。

寽 null_11.14　嗰未詳。

寧 níng_11.14　同寧12302

賓 bīn_11.14　俗賓57756 漢隸分韻 賓，賓度尚碑

竈 zhuó_11.14　同籍41315

寱 án_11.14　可洪音義 寱囈：上五含反。正作寱12305 也。下亦作寱，音藝。列子曰：百體寱寱。

寍 níng_11.14　同寍12279，寧12302字的避諱字。

宷 qīn_11.14　同案12190 廣韻 窺宷，並古文（親）。

塞 null_11.14　未詳。

馭 fǔ_11.14　同簠42662

寡 guǎ_11.14　希麟音義 鰥寡12292：下寡，音關瓦反 考聲 云獨也，謂婦人無夫也。寡字下從分。經文從𠂢（音必遙反）作寡，書寫誤。

窭 zhuó_11.14　同窭41315

襄 null_11.14　嗰人名用字。尊室襄，見 大南一統志·卷三·承天

寧 níng_11.14　兼寧。

寧 níng_11.14　兼寧。

寊 xǐng_12.15　字彙同惺△正字通 謂字。

寉 xǐng_12.15　字彙 息井切音惺。悟也△正字通 通作惺，亦借作醒。鎣又寊12345

甗 diàn_11.14　甗12287本字

宣 xuān_11.14　籀文宣12042

廔 lòu_11.14　俗鄌61958亦作廔、廔 類篇 廔，郎豆切。地名。

賽 sài_11.14　简賽57922

甍 chéng_12.15　集韻 鋤耕切。甍宏，屋大也。鎣玉篇 甍41366，杜（在）萌切。宏甍。

審 shěn_12.15　古文宷 唐韻 集韻 韻會 正韻 豺式荏切音嬸 說文 悉也。本作宷，从宀从采 徐鉉曰宀，覆也。采，別也。能包覆而深別之也。今从篆作審 增韻 詳也，熟究也。書·說命 乃審厥象，俾以形旁求于天下 中庸 審問之 禮·樂記 審聲以知音，審音以知樂，審樂以知政，而治道備矣囝禮·月令 審卦吉凶 註 謂省錄也囝莊子·徐無鬼 水之守土也審，影之守人也審，物之守物也審 註 郭象曰：無意則止於分，所以爲審。循本曰：言此理相守未嘗相離，如水之守土，影之守人，物之守物，審定而不移也囝凡鞫事曰讞 書·呂刑 其審克之囝束也 周禮·地官·羽人 十羽爲審 註 古人徽羽爲旌旄之飾，弓箭之用。審，一束也囝姓。漢審食其 正字通 漢郎中審忠，靈帝時上書論曹節等罪惡囝pán 韻會 與盤同，水盤旋也 莊子·應帝王 止水之審爲淵 註 審音盤。司馬彪云：審當爲蟠。蟠，聚也。鎣又审12030寀12254譜56869谂56265

寂 cuì_12.15　唐韻 黀最切 集韻 取外切豺音禠 說文 塞也。从宀叙聲 唐·陸贄·關中事狀 儻有賊臣蹈寂 註 塞外道。鎣又寂41296寂41405襄41444

寮 qiáo_12.15　廣韻 巨嬌切 集韻 渠嬌切豺音喬 玉篇 寄也，客也囝韻會 寓也，本作僑 集韻 別作審。

寪 wěi_12.15　唐韻 韋委切 集韻 羽委切豺音蔿 說文 屋貌囝姓 左傳隱十一年 館于寪氏囝wéi 集韻 虞爲切音

寧 níng_11.14　同寧12302

深 thum_11.14　嗰从寍省深thâm聲△丐深：（狩獵用的）窩棚，高腳棚。

窝 guō_11.14　同銂71341 六書正謁鍋，土釜也。別作寓、鍋，非。

寐 mǐ_11.14　寐12250本字

危。陧寫，不安貌。鼇俗作㝥15726

寫 12352 05631
xiě_12.15　唐韻悉也切集韻韻會洗野切正韻先野切丛音瀉說文置物也廣韻除也，程也增韻傾也，盡也，輸也詩·邶風駕言出遊，以寫我憂註寫，除也小雅我心寫兮註謂我心輸寫而無留恨也又禮·曲禮御食於君，君賜餘，器之溉者不寫，其餘皆寫註謂萑竹所織不可洗滌，則傳寫於他器而食之，不欲口澤之瀆也。又洩也周禮·地官稻人掌稼下地，以瀦寫水又謄鈔也古諺書三寫，魚成魯，帝成虎又摹畫也史記·秦始皇紀秦每破諸侯，寫放其宮室，作之咸陽註放，效也。又鑄像曰寫越語王令工以良金寫范蠡之狀而朝禮之註謂以善金鑄其形也又xiè集韻四夜切音卸。與卸同石鼓文宮車其寫，四馬其寫註舍車解馬也。鼇又㝥04979写02765写11969又五經文字寫，作寫02828譌。

窾 12353 05632
kuǎn_12.15　正字通同㝂玉篇空也。从窾省。

寬 12354 05633
kuān_12.15　古文完唐韻苦官切集韻韻會正韻枯官切丛欵平聲說文屋寬大也。从宀莧聲。莧音桓，今文省作寬。一曰緩也廣韻愛也，裕也。又舒也易·乾卦寬以居之詩·衞風寬兮綽兮註寬，宏裕也。又書·舜典敬敷五教在寬又增韻不猛也書·大禹謨臨下以簡，御衆以寬。又君陳寬而有制，從容以和左傳·昭二十年子產謂子大叔曰：唯有德者能以寬服民，其次莫如猛。又曰寬以濟猛，猛以濟寬，政是以和又緩也史記·韓非列傳寬則寵名譽之人，急則用介胄之士又宥也史記·廉頗列傳鄙賤之人，不圖將軍寬之至此也又姓。鼇史記·廉頗列傳鄙賤之人，不圖將軍寬之至此也。徐慧：不圖，不知之誤又寬12389宽12131又龍龕龕10235古㝦10122今又寬41157，俗寬。朝鮮本龍龕寬，音寬12284又洪音義内寬：苦官反。寬放：上苦官反。正作寬也。

寑 12355 05634
qǐn_12.15　玉篇與寢同。

寯 12356 05635
huì_12.15　玉篇穴桂切音惠。察也。

寮 12357 05636
liáo_12.15　廣韻落蕭切集韻韻會憐蕭切正韻連條切丛音聊爾雅·釋詁註同官爲寮。又官寮也書·酒誥百寮庶尹。又左傳·文七年荀林父曰：吾嘗同寮，敢不盡心乎又正字通寮，小窻也。楊慎曰：古人謂同官爲寮。亦指齋署同窻爲義又通作僚書·臯陶謨百僚師師。鼇又寮41376窲41411

寱 12358 05637
cuì_12.15　正字通同窜字之譌玉篇載穴部，穿地也。

寧 12359 05638
zǎi_12.15　玉篇古文宰12083字。

寊 12360 05639
xiàng_12.15　集韻嚮07749古作寊。

寒 12361 41025
hán_12.15　說文長箋寒本字。

寉 12362 41026
kāng_12.15　說文長箋康本字。

實 12364 43139
shí_12.15　龍龕音實。鼇字彙補實，音義與實同可

洪音義不實：市日反。正作實。

寴 12365 43140
xiòng_12.15　搜眞玉鏡香重切。鼇同窺、寁。

寴 12366 43141
sù_12.15　搜眞玉鏡同宿。

寂 12367 43142
jì_12.15　五音篇海音寂。

嶯 12368 43143
qí_12.15　搜眞玉鏡音岐。

寉 12369 43144
zuó_12.15　五音篇海才各切。

寧 12370 u2B771
níng_12.15　俗寧12302

窺 12363 41027
kuī_12.15　篇海類編苦規切音虧。小視。鼇字彙補窺41327字之譌。

履 12372 u2A9E9
null_12.15　未詳。

寯 12371 u2A9EA
null_12.15　人名殷周金文集成·10.5313·寯作父辛卣寯乍父辛尊彝，俞亞。

宾 12373 u2A9E8
null_12.15　未詳。

窒 12374 u2A9E7
shì_12.15　室12046繁文

寨 12375 u2A9E6
zhài_12.15　俗寨12304五侯鯖字海寨，木柵也。

宧 12376 u21ABB
cǒ_12.15　喃从宴古cǒ聲△唵宧：聚餐。宧盤：宴會。

寮 12378 u21ABA
liáo_12.15　俗寧12298

窲 12377 u21ABA
zhēng_12.15　同窲41371類篇窲，中莖切。窲宏，屋響也。

䢨 12379 u21AB8
ān_12.15　面積單位公畝的舊譯，即一平方米。民國辭海䢨，法國地積之生的阿爾 Centiare，舊略記爲䢨，即阿爾 Are 之百分之一。

寝 12380 u21AB7
qǐn_12.15　俗寢12295

敢 12382 u21AAF
xiǎn_12.15　同獫33762王國維鬼方昆夷玁狁考詩玁狁之玁，不婜敦作厰04975允，又作敢允。敢即厰之異文。

滶 12381 u21AB6
hān_12.15　寢字之省。見集韻

滬 12383 u21AAE
null_12.15　未詳。

寰 12384 u21AAD
huán_12.15　俗寰12396

聊 12385 u21AAC
lòu_12.15　同寠12339俗鄌。

䆝 12386 u21AAB
null_12.15　未詳。

窦 12387 u21AAA
null_12.15　未詳。

垚 12388 u21AA9
null_12.15　未詳。

縩 12390 u21AA7
null_12.15　未詳。

寬 12389 u21AA8
kuān_12.15　俗寬12354碑別字。

渚 12391 u21AA6
chǔ_12.15　喃从宀渚chǔ聲。

寮 12392 uF9BC
liáo_12.15　兼寮。

憲 12393 05640
yù_13.16　字彙牛具切音遇。寄也。出釋典△正字通俗寓字。

奧 12394 05641
ào_13.16　正字通俗奥字說文宛，宛也。从宀柔，室之西南隅徐曰宛，深也。从寀，古審字也。人所居，故从宀，會意。本作奧10229，俗作奧。

寯 12395 05642
jùn_13.16　廣韻子峻切集韻祖峻切丛音俊博雅聚也玉篇才雋也。鼇又寯12255窲41412

寰 12396 05643
huán_13.16　唐韻戶關切集韻韻會正韻胡關切丛音環說文天子封畿內縣也又州名，河東化外又正字

通宮周垣也 又 yuán 廣韻元甸切 集韻 類篇 熒絹切。太同縣 穀梁傳·隱元年 寰內諸侯 註 寰卽古縣字。
㙭又寏12273寏12229寰09755寰12429

𡫼 12397 05644
jī_13.16 字彙音激。揚貌 正字通 譌字〇按 玉篇 類篇 俱載穴部，註口吊切，空也。惟 廣韻 二十三錫收𡫼字，訓古歷切。从穴，揚貌。三十四嘯另收，訓古吊切，亦從穴，空也。疑揚貌从宀，空从穴 正字通 泛言譌字，不可从。

𡪯 12398 05645
qī_13.16 五音集韻 倉歷切音戚。寴，𡪯也 秦石刻文 𡪯巡遠方 又 chèn 字彙 音櫬。至也〇按秦石刻文寴輈寴字，本作寴。徐敦太音親巡，亦無戚音，疑𡪯卽寴字之譌。又音櫬，至也，音義與 說文 寴同，太誤。

𡪿 12399 05646
juǎn_13.16 字彙補 古犬切，音卷◇網也。

寗 12400 05647
níng_13.16 集韻 囊丁切音寧。昊天之謂寗。
㙭又寍41309 龍龕 寍41175俗寍41214正，音寧。天也。

𡪹 12401 05648
jiū_13.16 玉篇 古文究41004字。

賔 12402 05649
bīn_13.16 集韻 賓57756古作賔。

𪧮 12403 u2A9EE
null_13.16 未詳。

𪧭 12404 u2A9ED
qīn_13.16 同親 中山王鼎 叚邦難𪧭，仇人才彷。讀作鄰邦難親，仇人在旁。

𪧬 12405 u2A9EC
táo_13.16 張亞初：金文匋62390 殷周金文集成·16.10008·欒書缶 繇書之子孫，萬世是𪧬。讀若寶。

𪧫 12406 u2A9EB
null_13.16 未詳。

𡫏 12408 u21ACF
jìn_13.16 同濅29882

𡫐 12407 u21AD0
rèm_13.16 喃 从宀廉liêm聲。門簾。

𡫎 12409 u21ACE
null_13.16 未詳。

𡫍 12410 u21ACD
null_13.16 未詳。

𡫌 12411 u21ACC
null_13.16 未詳。

𡫋 12412 u21ACB
fēng_13.16 朝鮮本 龍龕 寷12473，芳克反。大屋也。𡫋，今。

𡫊 12413 u21ACA
null_13.16 未詳。

𡫉 12414 u21AC9
xiǎn_13.16 同㝷12382

𡫈 12415 u21AC8
yān_13.16 㱡02834譌字。籀文煙。

𡫇 12416 u21AC7
null_13.16 未詳。

𡫆 12417 u21AC6
qiáng_13.16 朱駿聲 說文通訓定聲 牆32418，字亦作廧、作𡫆、作墻。

寱 12418 05650
yì_14.17 唐韻 牛例切 廣韻 魚祭切 集韻 倪祭切 正韻 倪制切，並音藝 說文 瞑言也 徐鉉曰 今人謂夢中有言爲寱語 莊子·天運篇 不得寱，必且寱焉。唐元結有 寱論，譏諫官不言事，見 文粹 又 集韻 研計切音睨，驚也△ 廣韻 亦作㦣、囈。㙭 龍龕 寱41332寱41415寱41388三俗，寱12498正，寱今。研祭反。睡中有語也。

寲 12419 05651
yí_14.17 玉篇 魚基切 字彙 語其切太音疑。察也。

𡫞 12420 05652
diàn_14.17 集韻 同𡪙12287

𡫂 12421 05653
qǐn_14.17 玉篇 古文寢12295字。

𡬁 12422 41028
liáo_14.17 龍龕 力昭切。空寂也。

𪧯 12423 u2A9EF
zhuàn_14.17 杕氏壺 𪧯在我車。釋饌69547

𡫛 12424 u21ADB
mián_14.17 𡫯本字。

𡫙 12426 u21AD9
hán_14.17 五音集韻 寒12198，胡安切。寒暑也。䆼12477𡫙，古文。

𡫚 12425 u21ADA
yīn_14.17 同䄄02837古文禋。

𡫘 12427 u21AD8
xìn_14.17 同𠢡04175

𡫗 12428 u21AD7
null_14.17 未詳。

𡫔 12431 u21AD4
qǐn_14.17 同𡫧12445 集韻 𡫧，七稔切。視皃。

𡫖 12429 u21AD6
huán_14.17 俗寰12396

𡫓 12432 u21AD3
diàn_14.17 集韻 𡪙12287𡫓，都念切 說文 屋順下也。一曰厭也。或从土。

𡫕 12430 u21AD5
null_14.17 未詳。

𡫹 12433 05654
yú_15.18 字彙 引釋典作踰 正字通 踰、逾通。俗加宀，贅。

𡫯 12434 05655
mián_15.18 廣韻 莫賢切 集韻 民堅切太音眠 說文 𡫯𡫯，不見也 徐鍇曰 室無人也 玉篇 冥𡫯，不見。一曰不省人也△ 正字通 本作𡫛。俗作𡫯 舉要 省作𡫛。

𡫮 12435 05656
sè_15.18 玉篇 與塞09082同 六書正譌 𡫮，蘇則切。窒𡫮也。塞，先代切，邊塞也〇按今經史通作塞09082，有去、入二音，音以義起 字彙 引 正譌 𡫮、塞分註，亦泥。㙭又𡫮12463𡫮12301𡫮12086

𡬃 12436 41029
sāi_15.18 字彙補 與塞同 洞靈真經 不替𡬃其業履。

𧯋 12437 43145
hè_15.18 篇海 音赫。

𡬎 12438 43147
jù_15.18 搜真玉鏡 音婁。㙭 字彙補 𡬎，同寠。

𪧱 12440 u2A9F1
null_15.18 喃 未詳。

𪧲 12439 u2A9F2
null_15.18 殷周金文集成·16.10261·異甫人匜 余王𪧲叡孫，兹乍寶也（匜）。

𪧰 12441 u2A9F0
null_15.18 未詳。

𡫪 12443 u21AEA
null_15.18 未詳。

𡫫 12442 u21AEB
lằn_15.18 喃 从寅吝lận聲。

𡫨 12444 u21AE8
kín_15.18 喃 从密見kiến聲。秘密，隱匿。

𡫧 12445 u21AE7
qǐn_15.18 類篇 𡫧，七稔切。視皃 集韻 作𡫔12431

𡫦 12446 u21AE6
rǒng_15.18 俗𦪸60617

𡫣 12447 u21AE3
null_15.18 未詳。

𡫢 12448 u21AE2
qiè_15.18 俗竊41451

𡫠 12449 u21AE0
null_15.18 未詳。

𡫿 12450 05657
jū_16.19 唐韻 集韻 太居陸切音菊 說文 窮也。本作𡫿。亦从穴作𥨎 集韻 作𥨪〇按 說文 有鞫67349𥷹𥷹𥧒𥨝趜諸字，音訓多同。㙭又𥨪41287𥨎41438𥨎41428

𡬌 12451 05658
jū_16.19 字彙 同鞫。窮罪也 說文 本作𥷹。窮理罪人也。今譌作𡬌。㙭鞠，鞫字之誤。

寳 12452 05659
bǎo_16.19 正字通 俗寶字。㙭又寳12461

寴 12453 05660
qīn_16.19 集韻 親55194古作寴 秦石刻文 寴輈遠方。徐敦太音親巡。亦作亲 又 qìn 廣韻 七遴切 集韻 類篇 七

刃切厷音瀕 說文 至也 廣韻 屋空貌。鎣 又案12190

寵 chǒng_16.19 唐韻 丑壟切 集韻 韻會 正韻 丑勇切，並蹱上聲 說文 尊居也。从宀龍聲。一曰愛也，恩也。又 增韻 尊榮也 易·師卦 承天寵也 書·泰誓 惟其克相上帝，寵綏四方 周官 居寵思危 又 姓 正字通 蜀漢長史寵羲 図古借龍 詩·商頌 何天之龍 周頌 我龍受之 鄭註 讀若 寵 図 lóng 集韻 盧東切音籠。都寵，縣名，在九眞郡。鎣又宠12031 図 寵02835 寵41437，俗 図 坍寵，亦作坍坑，吳方言，表示難為情。

㝩 hán_16.19 集韻寒12198古作㝩。鎣亦作㝩12477

㝩 shí_16.19 海篇同碼 **㝫** lì_16.19 集韻郎狄切音歷。寂㝫，無人也 図字彙補深也。

㝭 liáo_16.19 字彙補與磟同。

鹹 hái_16.19 字彙補病也。音未詳。鎣吳下方言考鹹，音海平聲 鶡冠子 楚王聞傳暮鹹在身。案:鹹，病痛聲也。吳中謂病而作痛曰欸（音哀）鹹。

寀 shí_16.19 五音篇海音實。

寶 bǎo_16.19 同寶12452，俗寶12465

㝸 lùng_16.19 喃从寒弄lộng聲。冷漠。

窜 sè_16.19 窭12435本字。亦隸作寒12086 說文 窜，室也。从珏从収，室宀中。珏猶齊也。

窑 null_16.19 未詳。

寶 bǎo_17.20 古文寀俅珤 唐韻 正韻 博浩切 集韻 韻會 補抱切厷音保 說文 珍也。从宀玉貝，缶聲 徐曰 人所保也 廣韻 珍寶。又瑞也，符也 易·繫辭 聖人之大寶曰位 禮·禮運 天不愛其道，地不愛其寶 詩·大雅 稼穡惟寶。又 書·旅獒 所寶惟賢，則邇人安 図 增韻 符璽也，重也，貴也 周禮·春官·天府 凡國之玉鎮，大寶器藏焉 書·旅獒 分寶玉于伯叔之國。聘禮凡四器者，唯其所寶，以聘可也。註謂圭璋璧琮。古者天子諸侯以圭璧爲符信，至秦始有皇帝信璽，唐改曰寶。又凡錢文皆通寶 図 姓。図通作葆 史記·魯世家 毋墜天之降葆命 註 讀如寶 留侯世家 見穀城下黃石，取而葆祠之 徐廣曰 史珍寶字皆作葆。鎣又儵01876宝12034窑12051寀12087宋11999窑12253寳12316寶寶12452寶66914寶66918鋬12466珤34026珤34127珤34067瑶34539璸34846 図 寚12496寚12483鎣12484，或與寶同。

鋬 bǎo_17.20 篇海類編同寶

鹹 xián_17.20 五音篇海音咸。鎣俗鹹。

㔬 nì_17.20 字彙補寧吉切音昵。出 釋典

窜 null_17.20 未詳。 **麀** lí_17.20 同麠62704見 殷周金文集成·8.4190·陳昉殷蓋

㝲 yīn_17.20 同寱02837古文裡。

寱 fōu_17.20 同㝱12488 廣韻 寱，匹尤切。寐作聲。

豐 fēng_18.21 唐韻 敷戎切 集韻 敷馮切厷音豐 說文 大屋也，引 易 豐其屋 易 本作豐，俗作豐。鎣又豐12412

塞 sè_18.21 集韻塞本字。

㝢 yù_18.21 唐韻 依倨切 集韻 依據切，厷於去聲 說文 楚人謂寐曰㝢 図 集韻 假寐也 図 rǔ 廣韻 人渚切音茹。義同。鎣又㝢12489

㝱 mèng_18.21 唐韻 集韻 莫鳳切。同夢 說文 作㝱。寐而有覺也。从宀从爿，夢聲 周禮·春官·占夢 以日月星辰占六㝱之吉凶:一曰正㝱，二曰罗㝱，三曰思㝱，四曰悟㝱，五曰喜㝱，六曰懼㝱。隸省作夢09931 鎣又夐09932梦24211夒50201夒12314蓎51539禣51627㝱36589㝱41421 図 龍龕 寰41208俗。正從宀作（㝱）。

㝩 hán_18.21 集韻寒12198古作㝩。

毳 xiòng_18.21 龍龕香仲切。又呼困切。鎣同窮41384 窒41420 図 毳12479

寪 guì_18.21 龍龕音貴。 **窒** bǎo_18.21 或同寶12465

鋬 bǎo_18.21 或同寶12465 **㝵** null_18.21 殷周金文集成·8.4131·利簋 王在㝵白（師）

毳 xiòng_18.21 龍龕與鑫同。

搃 khít_18.21 喃从密契khế聲。緊密，貼切。

寐 jì_19.22 廣韻 集韻 厷其季切音悸 說文 熟寐也。

巔 diān_19.22 五音集韻都年切音顛。高遠也△ 正字通 俗顛字。

懵 mèng_19.22 正字通 僭懵懵通。本作㝵。改从心，誤。

寱 pōu_19.22 廣韻 匹尤切 集韻 披尤切厷音秠。寐作聲。鎣又寱12472

㝢 yù_19.22 字彙補與㝢同。

窳 jiào_19.22 五音篇海革孝切。

廳 sài_19.22 字彙補先代切音賽。

㝵 mèng_20.23 集韻忙肯切音瞢。㝵㝵，癡也 図 mán 類篇 母垣切音鰻。㝵㝵，眠瘄也。鎣又㝵12487

㝱 mǐ_21.24 集韻 母禮切。同寐。寐不覺也。一曰㝱魘 図 mí 母被切。義同。鎣又寐，同㝱，亦譌作寢12135 集韻 寐㝱，母被切。熟寐也。或作㝱。

㝰 qǐn_21.24 字彙補與癳同。

竉 12495 43158
yí_21.24　[篇韻]魚其切，音宜◇。

窇 12496 u21B0F
bǎo_21.24　或同寶12465亦作竃12483

癗 12497 05678
wù_22.25　[玉篇]籀文瘧字。

癘 12498 05679
yì_22.25　[玉篇]同癘，瞑言也。

竉 12499 43159
lóng_22.25　[龍龕]呂春切。

貜 12500 u2F871
lào_22.25　同貜12504　鑿 12501 u21B14 null_22.25　未詳。

癚 12502 05680
qǐn_23.26　[廣韻][集韻]夶七稔切。同寢[說文]病臥也。本作癚，從癚省，寲省聲〇按[說文]宀部寢，臥也。癚部癚，病臥。分爲二，無義。同作寢可也。

癗 12503 05681
hān_23.26　[廣韻]火含切[集韻]呼含切夶音崟[玉篇]癗，偓也。一曰寐不脫冠帶也[図][集韻]或省作瘷。鑿又[廣韻]瘷，同癗。

貜 12504 41031
lào_23.26　[集韻]郎到切音澇。筧也[字彙]補寬也。鑿又[獷46282]貜12500

鑿 12505 43160
nì_23.26　[字彙補]寧壹切音眤。出[釋典·神呪]

癘 12506 05682
sèng_24.27　[廣韻]思贈切[集韻]思鄧切夶音蹭。癘癘，新覺也。

窞 12507 43161
jǐ_24.27　[字彙補]俗擠字。

竆 12508 43162
qiāng_24.27　[搜眞玉鏡]丘良切。

竈 12509 43163
níng_26.29　[字彙補]同寧。出[華嚴字母]

竈 12510 43164
lǐn_33.36　[海篇]音稟。又音祿。鑿同凜03048[字彙補]竈，力飲切音凜。見[貫珠集]

• 寸部 •

寸 12511 05683
cùn_0.3　[唐韻][集韻]倉困切[韻會][正韻]村困切,夶村去聲[說文]十分也。人手卻一寸動䖸謂之寸口。从又从一[徐曰]一者，記手腕下一寸，此指事也[家語]布指知寸[前漢·律歷志]度量衡皆起於黃鐘之律。一黍爲分，十分爲寸，十寸爲一尺。又寸者，忖也，有法度可忖也。凡法度字皆从寸[図]姓[正字通]明嘉靖中梓潼令寸居敬。

寸 12512 u2F28
cùn_0.3　部寸12511

寸 12513 43165
děng_1.4　[篇海類編]俗等字。鑿又卅15924

朩 12514 u3773
null_2.5　未詳。　对 12515 u5BF9 duì_2.5　简對12578

寺 12516 05684
sì_3.6　[廣韻][集韻][韻會]夶祥吏切音嗣[說文]廷也，有法度者也。从寸㞢聲[徐曰]寸，法度也，守也[釋名]寺，嗣也，官治事者相嗣續於其內也[唐書·百官表]漢以太常、光祿勳、衛尉、太僕、廷尉、大鴻臚、宗正、司農、少府爲九卿。後魏以來，卿名雖仍舊，而所蒞之局謂之寺，因名九寺。又[漢書註]凡府廷所在皆謂之寺[図]漢明帝時，攝摩騰自西域白馬駝經來，初止鴻臚寺，遂取寺名，爲創立白馬寺。後名浮屠所居皆曰寺[図]宦寺[詩·秦風]寺人之令[傳]內小臣也。令，使也。又[周禮·天官·寺人]掌王之內人及女宮之戒令。鄭註：寺之言侍也〇按註疏蓋以侍釋寺義，非。轉音時吏切，讀若侍[正譌]合寺、侍爲一，非△[集韻]或作閣。

尋 12517 43166
yù_3.6　[搜眞玉鏡]音裕。

扯 12518 u2A9F7
null_3.6　未詳。　夛 12519 u2A9F6 jiàng_3.6　[醬62508]停用二簡字。从肉寸。與尋12522別。

导 12520 u5BFC
dǎo_3.6　简導12594　寻 12521 u5BFB xún_3.6　简尋12564

尋 12522 05685
lǚ_4.7　[廣韻]呂卹切[集韻]劣戌切夶音律[說文]五指捋也。从爪又又从一。一者，物也[正字通]一手持物，一手取之也。餘詳捋19702字註。

冠 12523 05686
wán_4.7　[字彙]同刓。圜削也。

寿 12524 u2F872
shòu_4.7　[兼]寿12526　臼 12525 u21B21 pǒ_4.7　俗臼12530 [図]契丹語時22535字。見[正字通·臼]

寿 12526 u5BFF
shòu_4.7　简壽09736　对 12527 u5BFE duì_4.7　[喃]俗對12578

利 12528 05687
shū_5.8　[字彙]古叔05207字〇按[說文]叔或从寸从未作利。非从禾。本部後六畫有村字，註同叔。疑卽村字之譌。

射 12533 43169
shè_5.8　[篇海]音射[集韻]午代切。夶與礙同[說文]止也。本作礙。或作硙[南史]引浮屠書作导，註：與礙同。鑿又[可洪音義]躓尋22601：上音致。下音礙[図]古文得16656

尋 12529 05688
ài_5.8　[廣韻]五嘅切

等 12534 u21B26
děng_5.8　俗等41895

臼 12530 05689
pǒ_5.8　[字彙]普火音頗。與回同[正字通]俗字。鑿又臼12525

尉 12531 05690
jué_5.8　[字彙補]漢[隸釋]與爵同。亦作爵、𦝗。

册 12532 43168
nuó_5.8　[龍龕]音那。鑿俗那。

冠 12535 u21B23
null_5.8　未詳。　矛 12536 u21B22 null_5.8　未詳。

封 12537 05691
fēng_6.9　古文壯坒[唐韻]府容切[集韻][韻會]方容夶音對[說文]爵諸侯之土也。从之从土从寸[徐曰]各之其土也。寸，守其法度也。本作封，隸作封，从土所執也[周禮·春官·大宗伯]王大封，則告后土[疏]封，土地之事也[図][大戴禮]五十里而封。又[前漢·刑法志]同十爲封，封十爲畿，畿方千里[図]封疆之官曰封人[周禮·地官]封人掌設王之社壝，爲畿封而樹之。又[大司徒之職]凡造都鄙，制其地域，而溝封之[註]封，起土界也。土在溝上謂之封，封上樹木以爲固也[図]大也[詩·商頌]封建厥福[書·舜典]封十有二山[孔傳]封，大也。每州之名山殊大者，以爲其州之鎮[図]封禪，祭名。積土增山曰封，爲墠祭地曰禪[孝經緯]封於泰山，禪於梁甫[白虎通]王者封禪以告太平。金泥銀繩封以印璽。孔子登泰山，觀易姓而王

可得而數者，七十餘封是也又聚土曰封周禮·地官·冢人以爵等爲丘封之度與樹數又培也吳語封殖越國註壅本曰封富厚也史記·貨殖傳無秩祿之奉，爵邑之入，而樂與之比者，命曰素封又凡專利自私曰封詩·周頌無封靡于爾邦禮·王制名山大澤不以封鄭註與民同財，不得障管也又緘也。漢制奏事，皁囊封板以防宣泄，謂之封事。又前漢·平帝紀諸乘傳者持尺五寸木傳信，封以御史大夫印又國名禮·明堂位封父龜註封父，國也又州名。蒼梧郡地，隋爲封州又姓。黃帝時有封鉅。又賁氏改封氏。又穿封，複姓又土精白澤圖物如小兒手，無指，名封。食之多力又封豕，大豕名。又去聲廣韻芳用切音葑書·蔡仲之命往卽乃封。徐邈讀。鋆又叔08456坴13254

挈 12539 05693 qì_6.9 字彙補卽契字。見漢史晨祀孔廟奏銘

尀 12541 43170 nài_6.9 龍龕同耐 同叔說文拾也。汝南名收芌爲叔。或從寸。

尗 12538 05692 shū_6.9 集韻式竹切

尀 12542 43171 shān_6.9 龍龕同刪 骨切。鋆周志鋒：刪字的異體字。

尀 12540 43167 wù_6.9 搜眞玉鏡五

尵 12543 u21B29 null_6.9 未詳。

將 12544 5C06 jiāng_6.9 简將12552

専 12545 5C02 zhuān_6.9 俗專12553

尃 12546 05694 fū_7.10 唐韻集韻韻會芳蕪切正韻芳無切。丛與敷同說文尃，布也。从寸甫聲徐曰布以法度也玉篇徧也易·說卦震爲尃。石經作勇。又史記·封禪書雲霧霧散又集韻或作溥禮·祭義溥之而橫乎四海註讀如尃又集韻本作佈。佈，散也。博古切。或作専正字通尃有布義，不必改音布也△通作敷。

射 12547 05695 shè_7.10 唐韻神柘切集韻食夜切韻會正韻神夜切，丛蛇去聲說文弓弩發於身而中於遠也禮·射義古者，天子以射選諸侯卿大夫士。射者，男子之事也，因而飾之以禮樂也。又射之爲言，繹也。繹者，各繹己之志也。故心平體正，持弓矢審固，則射中矣。又射義有大射、賓射、燕射周禮·地官·保氏五射，曰白矢，曰參連，曰剡注，曰襄尺，曰井儀。詳鄭司農註又yè廣韻羊謝切集韻韻會正韻夤謝切丛音夜。僕射，秦官名漢官儀注僕，主也。古者重武事，每官必有主射督課之，故名。師古曰射本如字讀，今音夜，蓋關中語轉爲此音也。朱子曰：禮僕人師扶左，射人師扶右周官大僕之職，僕射之名，蓋起於此。漢獻帝始分置左右僕射，唐改左右匡政，又改左右相又shí、廣韻集韻丛食亦切音實增韻以弓弩矢射物也。又指物而取曰射論語弋不射宿。又蜀志孟光曰：吾好直言，每彈射利病，爲世所嫌。歐陽氏曰：泛而言射則在去聲，以射其物而言則在入聲正字通以爲曲說，非又yì廣韻羊益切集韻韻會正韻夷益切丛音睪詩·大雅無射亦保周頌無射于人斯註射，厭也又無射，九月律名前漢·律歷志無射，言陽氣

上升，陰氣收藏，終而復始，無厭已也△說文本作斁。从身从矢。或从寸。寸，法度也。亦手也。鋆又弘16087敿59651躲59730尅12533駣59698聉46651箣42493

罺 12549 05697 dé_7.10 玉篇古文得字○按得字，古文本作㝵。

将 12550 u2F873 jiāng_7.10 俗將12552

尅 12548 05696 kè_7.10 正字通同剋

尊 12551 u21B2D zūn_7.10 尊12580，中華大字典誤作尃。

將 12552 05698 jiāng_8.11 古文牄廣韻卽良切集韻韻會正韻資良切丛音漿說文本將帥字。一曰有漸之辭蘇林曰將，甫始之辭易繫辭是以君子將有爲也，將有行也。又公羊傳·莊三十二年君親無將，將而誅焉師古註將有其意也又抑然之辭楚辭·卜居寧誅鋤草茆以力耕乎，將遊大人以成名乎又且也詩·小雅將安將樂又廣韻養也詩·小雅不遑將父又助也史記·司馬相如傳補過將美又送也詩·召南百兩將之邶風之子于歸，遠于將之。又大也詩·小雅亦孔之將商頌我受命溥將又承也，奉也，行也詩·商頌湯孫之將書·胤征今予與爾有衆，奉將天罰註將，行也又增韻賫也，持也，與偕也正韻扶持也詩·小雅無將大車左傳·莊二十一年鄭伯將王，自圉門入又進也詩·周頌日就月將又從也，隨也前漢·郊祀歌九夷賓將又詩·小雅鮮我方將註壯也。又楚辭·九辯恐余壽之弗將註長也又詩·大雅在渭之將註側也又去也荀子·賦論篇時幾將矣註言時事已去，不可復也又姓。後趙常山太守將容又干將，古劍工張撝曰韓王劍師名，今名劍曰干將又qiāng集韻正韻千羊切韻會七羊切丛音鏘。請也，幾願辭也詩·衛風將子無怒小雅將伯助予又聲也詩·鄭風佩玉將將又嚴正貌詩·大雅應門將將又集也詩·周頌磬筦將將。又jiàng唐韻卽諒切韻會正韻子諒切丛音醬廣韻將，帥也增韻將，之也禮記註方氏曰：才足以將物而勝之之謂將，智足以帥物而先之之謂帥。鋆又將12544將12550妡19407収32357

專 12553 05699 zhuān_8.11 古文叀岂玄唐韻職緣切集韻朱遄切正韻朱緣切丛音磚◆說文六寸簿也。从寸叀聲徐曰簿，文簿也廣韻壹也，誠也增韻純篤也易繫辭夫乾，其靜也專孟子不專心致志，則不得也又獨也書·說命罔俾阿衡，專美有商。又左傳·昭十二年子革對曰：是四國者，專足畏也又擅也，自是也中庸賤而好自專禮·坊記父母在，饋獻不及車馬，示不敢專也。又左傳·桓十五年祭仲專，鄭伯患之又姓。吳人專諸又tuán集韻徒官切音團。聚也。周禮·地官·大司徒其民專而長△韻會通作顓、剸正字通專、叀通。鋆又专00040叀05082㝵13265玄13354又古文四聲韻尝12663籀韻

尉 12554 05700 wèi_8.11 古文㷉廣韻於胃切集韻韻會正韻紆胃切丛音畏◆說文从上按其下也。从尸從火從又。持火，所以尉繒也。隸作尉廣韻候也，安也又官名黃震曰尉，古司寇官，至秦漢改今名。義取除姦安良民也後

漢·光武紀廷尉，秦官，聽獄必質於朝廷，故曰廷尉。尉，平也史記·張釋之傳今旣下廷尉。廷尉，天下之平也㕛百官志太尉，秦官，掌軍事應劭曰自上按下曰尉，武官悉以爲稱㕛縣尉漢官儀大縣兩尉，長安四尉，分左右部。五代時尉皆軍校爲之，建隆閒，詔諸縣置尉一員，在主簿下㕛姓。鄭大夫尉止。又尉遲，複姓㕛yù集韻於勿切音鬱風俗通火斗曰尉韻會說文持火所以申繒，音畏。今俗又加火作熨，音鬱△正字通尉本作㷉，或書作尉。俗从小作尉。慰安之慰亦借尉。申繒用火，从小者，从火之譌。尉斗作熨，非。㸚又㷉05238

𡬳 12555 05701
shǒu_8.11 正字通古文守11953字㕛姓。

导 12556 05702
biǎn_8.11 集韻悲檢切。與貶同說文傾覆也。本作导，从寸从臼。杜林說：以爲貶損之貶史記·司馬相如傳此不足以揚名發譽，而適足以导君自損也字彙補古文貶57617字。㸚說文从巢省，在巢部。从巢省當作导48323，亦作䙵12575臼部重出：导，唐韻貶本字說文傾覆也。从寸，臼，覆之。寸，人手也。从巢省。杜林說：以爲貶損之貶史記·司馬相如傳导君自損韻會譌作导。按，今併入寸部

𡬯 12557 05703
xún_8.11 字彙補同尋12564

尅 12558 43172
jīng_8.11 篇海舊藏作京。

𡭊 12559 43173
biǎn_8.11 海篇音貶

𪧹 12560 u2A9F9
xún_8.11 俗尋12564可洪音義一尋：徐林反。六尺也。

𪧸 12561 u2A9F8
null_8.11 喃未詳。

尊 12562 05704
zūn_9.12 唐韻韻會祖昆切集韻正韻租昆切，並音樽說文高稱也廣韻重也，貴也，君父之稱也易繫辭天尊地卑，乾坤定矣孟子天下有達尊三：爵一、齒一、德一禮·表記使民有父之尊，有母之親，而後可以爲民父母㕛敬也禮·曲禮禮者，自卑而尊人。雖負販者，必有尊也㕛說文注酒器周禮·春官司尊彝，掌六尊六彝之位。六尊，謂犧尊、象尊、著尊、壺尊、太尊、山尊，以待祭祀賓客㕛姓風俗通尊盧氏之後。與宗通△◆說文尊本酒器，字从酋，廾以奉之。或从寸。或从缶作罇集韻亦作甎、墫◆正字通今俗以尊作尊卑之尊，酒器之尊別作樽，非。樽，林木茂盛也。㸚又䢍15989尃12551䔿12580䢃37924

㝸 12563 05705
xuān_9.12 玉篇須全切集韻荀緣切太音宣玉篇修也集韻引博雅表也。一曰以手循㕛shòu字彙舊註古受字，引秦惠文王詛楚文亦應㝸皇天上帝及不顯大神巫咸之德賜△正字通受作㝸，無義。

尋 12564 05706
xún_9.12 古文𡬢唐韻徐林切集韻韻會正韻徐心切太音潯說文繹理也，本作㝷，从工口，从又寸。工口，亂也。又寸，分理之也。彡聲增韻求也前漢·黃霸傳語次尋繹註抽引而出也㕛度名周禮·地官·媒氏註八尺曰尋，倍尋曰常小爾雅四尺謂之仞，倍仞謂之尋孟子枉尺而直尋，宜若可爲也㕛仍也，繼也左傳·昭元年日尋干戈，以相征討古語毫末不扎，將尋斧柯㕛俄也晉羊祜讓開府表以身誤陛下辱高位，傾覆亦尋而至。㕛用也左傳·僖五年將尋師焉註尋，用也㕛侵尋，猶浸淫也前漢·武帝紀巡郡縣，侵尋太山矣㕛借作溫燖左傳·哀十二年吳使人請尋盟。子貢曰：若可尋也，亦可寒也註尋，重也，溫也。前盟已寒，更溫之使熱。與燖義同㕛長也揚子方言自關以西，秦晉梁益閒，凡物長謂之尋㕛俗謂庸常爲尋常㕛姓。晉尋會，唐劉黑闥將尋相△韻會毛氏曰从口。俗从几作尋，非。㸚又𡬶12570㝷12571𠘱03153寻12521𡬯12557𢔩02014

尌 12565 05707
shù_9.12 唐韻常具切集韻殊遇切太音澍◆說文立也。从壴从寸，持之也乾坤鑿度定風尌信註聖人尌立，卦也。卦，信風以能相應也㕛童僕曰尌子後漢·陳寔傳耘夫牧尌㕛姓左傳鄭大夫尌拊㕛zhù集韻廚遇切音住。義同△集韻或作侸、倢△總要从寸，諧壴聲小篆作豎，楷作竪。亦通作樹。徐鍇曰：樹之言豎也正字通按樹立、樹藝皆借樹，會植立意，義通。非樹專指木類，樹立、樹藝必用尌也。

𡬹 12566 05708
shǒu_9.12 字彙補古文守11953字。見古老子

𡬸 12567 43174
jiān_9.12 龍龕音堅

𪧺 12568 u2A9FA
null_9.12 喃未詳。

𡬷 12569 u21B37
tấc_9.12 喃从寸則tắc聲。法則，分寸△𡬷咫：咫尺。𡬷鑛：人心。𡬷悉：寸心，微意。

𡬶 12570 u21B36
xún_9.12 俗尋12564

㝷 12571 u3777
xún_9.12 俗尋12564

𡭃 12572 05709
dào_10.13 集韻道61059古作𡭃。

𡭄 12573 05710
gāng_10.13 正字通㓻字之譌史記·樂書㓻氣不怒，从刂。今通作剛。

𡬢 12574 05711
xún_10.13 字彙補古文尋12564字。見字義總略

䙵 12575 43175
biǎn_10.13 五音篇海方撿切。㸚字彙補䙵，同导。

𡬼 12576 u21B3C
gang_10.13 喃从寸剛cương聲。拃，伸開大拇指和中指之間的長度。越·阮秉五千字譯國語咫，𡬼△亦作𠬸13039

𡭆 12577 05712
piáo_11.14 正字通俗剽字。

對 12578 05714
duì_11.14 唐韻都隊切集韻韻會正韻都內切太音碓說文應無方也。本作對爾雅·釋言對，遂也疏遂者，因事之辭廣韻答也增韻揚也詩·大雅以對于天下註答天下仰望之心也書·說命敢對揚天子之休命。又曲禮侍坐於先生，先生問焉，終則對又君子問更端，則起而對註離席對也㕛次對，轉對王栐·貽謀錄唐百官入閤有待制次對官。後唐天成中，廢待制次對官，五日一次內殿百官轉對㕛當也，配也詩·大雅帝作邦作對註言擇其可當此國者而君之也㕛對簿史記·李將軍傳廣年六十餘矣，終不能復對刀筆之吏㕛敵也吳陸遜曰劉備今在境界，此疆對也㕛凡物太峙曰對杜甫·萬丈

潭詩 山危一徑盡，岸絕兩壁對。鋬又對07555对12515 对12527

榯 dé_11.14 五音集韻多則切音得。弱貌。

尊 zūn_11.14 川篇同尊。鋬四聲篇海引川篇尊，即昆切。尊長也字彙補尊，與尊同。

勠 lù_11.14 同戮18979類篇勠，力竹切。殺也。

罫 guǎi_11.14 罫45530謁字集韻罫罫，古買切。博局方目也。或作罫。

null_11.14 未詳。

尳 shì_12.15 篇海音是。

尳 zhuān_12.15 字彙補照川切音專。

劉 liú_12.15 字彙補與劉同。出周憬碑

鞁 bǎn_12.15 喃从射半bán聲△鞁娀：射箭。

鞁 bǎn_12.15 喃从射半bán聲。亦作鞁59734弞16161

null_12.15 未詳。

null_12.15 未詳。

尳_12.15 未詳。

尳 rǒng_12.15 俗尳12597

對 duì_13.16 韻會同對◆說文从丵从口，言無方也。从寸，有法度也。漢文帝以責對而爲言多非誠，故去口从士。徐曰士，事也。取事實也。

導 dǎo_13.16 古文導集韻韻會大到切正韻杜到切丛音盜說文導，引也。从寸道聲徐曰以寸引之也周語候人爲導註謂敵國賓至，爲先導也孟子君使人導之出疆丛治也書·禹貢導岍及岐，至于荊山註言治山通水也丛通也周語太子晉曰：川氣之導也，疏爲川谷，以導其氣丛增韻啓迪也。通作道論語道之以德。又前漢·文帝紀道民之路在務本丛簪導釋名簪，妬也，以妬連冠於髮也。導，所以導櫟鬢髮，使入巾幀之裏也。南齊高祖性儉約，見主衣中有玉導，曰：留此是興長敝源。命擊碎之。鋬又导12520尊12603㳽61370衡54043衝54050

尳 mào_13.16 字彙補莫候切。與貿同。出漢隸熊君碑

尳 rǒng_13.16 同尳60617亦謁作尳12592元·延祐二年圓沙書院刻本玉篇·谷部尳，如隴切。闌尳。不肖也。

null_13.16 未詳。

尳 null_14.17 喃未詳。

尳 zhuān_14.17 正字通尳字謁省。

導 dào_14.17 字彙補古文導12594字。

壽 shòu_14.17 清·李調元雨村詞話·卷一·益壽減字木蘭花詞有句云：跪花獻酒，清徹雲璈歌益壽。壽，古壽09736字。

尳 zhuān_15.18 廣韻市兗切集韻豎兗切丛音剸說文小巵有耳蓋者。專聲丛廣韻之累切集韻主鬵切丛音

捶。義同△正字通與尳通。鋬又尳00339尳05019尳12598

衛 dào_16.19 字彙石鼓文導字。

嗣 zhì_17.20 字彙嗣石鼓文治字。施云古文孝經治作嗣，與此寫法小異。

尳 piáo_18.21 字彙補與剽同。

◦ 小部 ◦

小 xiǎo_0.3 唐韻集韻韻會丛私兆切,宵上聲說文物之微也。从八从亅。見而分之。徐曰亅，始見也。八，分也。始可分別也玉篇細也易繫辭其稱名也小，其取類也大左傳襄三十一年君子務知大者遠者，小人務知小者近者。又周禮·天官有小卿，副貳大卿，即小宰等也丛狹隘也書·仲虺之誥好問則裕，自用則小丛輕之也左傳·桓十三年莫敖狃於蒲騷之役，將自用也，必小羅丛詩·邶風憮於羣小註小，衆妾也丛韻輯白小，魚名丛叶蘇計切音細白居易·懺悔偈無始劫來，所造諸罪。若輕若重，無大無小。了不可得，是名懺悔。鋬又㣺12699

小 xīn_0.3 同忄16903佩觿小小：上偏旁心字。下私兆翻。小大。

小 xiǎo_0.3 同小12606部首專用字。亦作⺌12610丷12609

⺍ xiǎo_0.3 部小12608

⺌ xiǎo_0.3 部小12608

尐 jié_1.4 廣韻姊列切集韻子列切丛音鬙說文少也。从小乀聲。讀若輟六書本義少之也。今借節正字通當是節損義，爲搏尐之尐。經史丛从節丛ji集韻子悉切，音曬。蟲名揚子方言蜻，其雌者謂之尐。或作蚗。

少 shǎo_1.4 唐韻書沼切韻會始紹切丛燒上聲說文不多也。从小丿聲徐曰丿音夭禮·禮器禮有以少爲貴者，謂天子一食，諸侯再，大夫、士三，食力無數是也。食力，庶人也丛少頃，有閒也孟子少則洋洋焉。丛短也。訾人曰少之，猶稱人曰多之也史記·蘇秦傳素習知蘇秦，皆少之丛shào廣韻式照切韻會正韻失照切，丛燒去聲玉篇幼也增韻老之對也易·本義兩儀者始爲一畫，以分陰陽。四象者次爲二畫，以分太少。丛少儀禮記篇名。少室，山名丛副貳也前漢·賈誼傳於是爲置三少，皆上大夫也。曰少保、少傅、少師註副三公者丛姓。漢下邦令少年唯丛正字通入宥韻歐陽修·蔡君山墓銘父不哭子，老不哭少。嗟夫君山，而不得壽○按今文少作幼正字通古小、少同。加丿，轉注。

示 shì_1.4 玉篇古文示39624字△正字通六書本作兀。通用示。別从示作衹。改作小，附小部，非。鋬又喃cụt短小。

尒 ěr_1.4 或俗尒12622丛古文尒23530

尐 út_1.4 喃从小乙ất聲。最小的△抷枛尐：小拇指。

尒 12616 05728
ěr_2.5 唐韻兒氏切集韻韻會忍氏切𠀤音邇說文䛐之必然也，从入、丨、八。八象气之分散徐曰言之助也，指事。篆作尒，今文作尒。通作爾。尒，汝也。爾、而𠀤通。稱人曰尒又語辭禮·檀弓鼎鼎爾，猶猶爾。爾亦作尒、耳又姓△韻會毛氏曰：尒从入，从小。今作尒，誤。鑿又尒12623尔12622

尓 12617 05729
ěr_2.5 正字通同尒。

龸 12618 u9FB8
xué_2.5 1956年漢字簡化方案·漢字偏旁簡化表⺍，與48358

𡭘 12619 u21B58
jiā_2.5 清朝野史大觀·回教之新舊派一麻目為寺中之領拜，而𡭘（音夾）自副。𡭘字字書所無，俗讀若歌甲切。

𠃣 12620 u200E3
ít_2.5 喃从少乙ắt聲△𠃣返：罕見。𠃣黜：最少，起碼。

尕 12621 u5C15
gǎ_2.5 方小。如：尕娃。

尔 12622 u5C14
ěr_2.5 同爾32342

尒 12623 u5C12
ěr_2.5 干祿字書尔尒，上通下正玉篇尒，亦作爾32342

尖 12624 05730
jiān_3.6 廣韻集韻子廉切韻會正韻將廉切𠀤音漸說文楔也。本作櫼徐曰謂簪也，楔也。从小下大，爲櫼字。今作尖，末銳也，小也杜甫·送張參軍赴蜀州詩兩行秦樹直，萬點蜀山尖。又韓愈·苦寒詩萌芽夭勾尖又◆五代史李崧言，鎮太原非石敬塘不可。敬塘深德之，曰：爲浮圖者，必合其尖，蓋欲崧始終成已也。△玉尖，十尖指也楊維楨詩玉尖搦管蘸香雲又十尖盡換紅鴉觜又尖尖章孝標詩還似天台新雨後，小峯雲外碧尖尖。鑿又⿱小火12634

⿱⺌冂 12625 05731
guì_3.6 集韻貴57614古作⿱⺌冂。

⿱二小 12626 05732
mǒ_3.6 字彙莫可切音懡。細小也正字通俗字說文本作麼。

尗 12627 05733
shú_3.6 正字通菽、叔同前漢·昭帝紀以叔粟當賦註與菽同。又叔，季父也。古作尗，从上从小。後人加又爲叔。或从寸作村。又加艸爲菽。

尘 12628 05734
chén_3.6 字彙補古文塵09184字。

当 12630 u2F874
dāng_3.6 俗當35601亦作⿱⺌彐、⿱⺌乇。今簡化作当12632

𡭜 12631 u21B5C
mọn_3.6 俗⿰門小12687

⿱⺌开 12629 43180
huǐ_3.6 龍龕呼鬼切

当 12632 u5F53
dāng_3.6 简當35601噹07499

⿱⺌朩 12633 05735
mǐ_4.7 字彙古文米43151字正字通譌字。

⿱小火 12634 05736
jiān_4.7 集韻壯咸切，斬平聲。銳也△正字通尖字之譌。

尖 12635 05737
xiē_4.7 集韻思嗟切。同些。少也。

⿱⺌乇 12636 05738
dāng_4.7 字彙補與當同。

⿱小歹 12637 43181
liè_4.7 篇海類編音劣。鑿俗劣03921

𪧿 12639 u2A9FF
null_4.7 喃未詳。

⿱⺌木 12638 43182
bài_4.7 龍龕蒲買切

𡭡 12641 u21B61
null_4.7 未詳。

𡭤 12640 u21B64
wáng_4.7 字海𡭤，同王33789太平天国新造字。見忠王李秀成自述

尙 12642 05739
shàng_5.8 唐韻集韻韻會時亮切正韻時㨾切𠀤音上說文曾也，庶幾也。从八向聲爾雅註邢昺曰：尚，謂心所希望也詩·小雅不尚息焉書·大禹謨爾尚一乃心力又廣韻加也，飾也論語好仁者無以尚之詩·齊風充耳以素乎而，尚之以瓊華乎而又崇也，貴也禮·檀弓夏后氏尚黑，殷人尚白，周人尚赤又主也。凡典司進御之物者皆曰尚漢官儀尚食、尚醫、尚方等是也。又尚書，主大計又增韻尊也詩·大雅維師尚父註太公望，太師而尊爲尚父者也又猶也詩·大雅雖無老成人，尚有典刑又娶公主謂之尚。言帝王之女尊而尚之，不敢言娶前漢·王吉傳娶天子女曰尚公主，娶諸侯女曰承翁主，尚、承皆卑下之名。一曰配也司馬相如傳卓王孫自以使女得尚司馬長卿晚註尚，配也。義與尚公主同又易·泰卦得尚乎中行註謂合乎中行之道也又奉也司馬相如·長門賦願賜問而自進兮，得尚君之玉音。又矜伐也禮·表記君子不自尚其功又姓。戰國尚靳，唐尚衡又與上通詩·魏風上慎旃哉，猶來無止註上猶尚也，言慎之可以來歸，無止於彼也尚書序尚者，上也。言此上代以來書，故曰尚書。鑿通作尚12650

⿰少少 12643 05740
xiē_5.8 字彙息邪切音些。少也△正字通按些00591集韻或作尖，俗作⿰少少。

⿱⺌聿 12644 41033
bǐ_5.8 字彙補與筆同。見漢戚伯著碑

⿰亻⿱⺌夊 12645 43183
yùn_5.8 搜真玉鏡音孕。

𪨀 12646 u2AA00
null_5.8 喃未詳。

𡭧 12648 u21B67
chút_5.8 喃俗⿰出小12683

𡭨 12647 u21B68
null_5.8 山東新出土古鉨印·私人名印郤𡭨信鉨。

𡭦 12649 u21B66
bủn_5.8 喃从小本bản聲△𡭦参：小氣。

尚 12650 u5C1A
shàng_5.8 參見尙12642

⿱⺌兄 12651 05741
biàn_6.9 正字通覍字之譌。

尛 12652 05742
mó_6.9 字彙補古文麼74701字。

⿰尗寸 12653 05743
shū_6.9 集韻叔05207古作⿰尗寸。鑿應歸寸部。碑俗字，見景北海碑陰

𡭬 12662 u21B6C
bé_6.9 簡⿵门⿱⺌勿12724

尜 12654 41034
gá_6.9 字彙補音未詳。小兒戲物。又衚衕名。鑿又衕54006

⿱⺌馬 12655 41035
kào_6.9 字彙補苦到切音靠。西域姓也。

⿱⺌有 12656 43184
shǒu_6.9 搜真玉鏡音首。

尜 12657 43185
mó_6.9 篇海類編 同㳉。

奀 12658 43186
jiǎn_6.9 五音篇海 吉典切。

尗 12659 u21B72
trút_6.9 喃 从少黜truất省聲。傾倒，推卸。

尐 12660 u21B71
chút_6.9 喃 俗拙20007

尝 12663 u5C1D
cháng_6.9 简 嘗06985

尛 12661 u21B70
xíu_6.9 喃 从小，兆triệu聲。與㳉12712同△沒尛尛：一點點，少許。

單 12664 u5358
dān_6.9 同单06536

覍 12665 05744
biàn_7.10 廣韻 集韻 類篇 皮變切 韻會 正韻 毗面切。尗弁本字 說文 冕也。本作覍。周曰冕，殷曰冔，夏曰收。从兒象形。籀作卉。今文省作弁△正字通 字彙作覍，又見部作覍，尗非。

㝤 12666 05745
xì_7.10 唐韻 起戟切 集韻 乞逆切 尗音隙 說文 壁際孔也 正譌 从二小，中从日，景也，會意舉要 从白，謂壁孔見白日景 小篆 加阜作隙。隙、㝤義通。鋻又㝤12677㝤12694

尙 12667 43187
luàn_7.10 五音篇海 音亂。鋻俗亂。

㝱 12668 43188
yāo_7.10 字彙補 與㝱同。

豩 12669 43189
guān_7.10 搜眞玉鏡 音觀。

尜 12671 u2AA02
null_7.10 未詳。

峀 12670 43190
bēi_7.10 龍龕 音卑。

㝱 12672 u2AA01
null_7.10 喃 未詳。

尡 12675 u21B76
xiē_7.10 俗些00591

㝻 12673 u21B7B
nhọn_7.10 喃 从尖屯đồn聲。尖銳。

㝺 12674 u21B7A
nhí_7.10 喃 从少而nhi聲。

㝵 12676 u21B75
null_7.10 未詳。

㝾 12677 05746
xì_8.11 正字通 同㝤

乳 12678 05747
nǒu_8.11 廣韻 集韻 尗乃后切，耨上聲。小貌 集韻 乳子也△正字通 按 說文 㝀，乳也 集韻 㝀或作乳。今乳卽㝀字譌省。鋻 字彙 㝀，乃后切，耨上聲 玉篇 乳，小貌。

兘 12679 05748
nóu_8.11 廣韻 奴鉤切 集韻 奴侯切 尗音羺 爾雅·釋獸註 江東呼兔子曰㝹 △集韻 㝹，或作兘。亦作貐。今譌从兔。

堂 12680 05749
chǎng_8.11 字彙補 病謎切，音敞◇ 楚辭·章句 王逸·九思 走嶀堂兮作東西 註 東西趣走也 王叔師集作㝵。鋻俗㝵58772音敞，音敵之誤 図 趣走，趨走之誤。

峀 12681 05750
xǐng_8.11 集韻 省37429古作峀。

畀 12682 05751
bēi_8.11 字彙補 音義與卑同 図 dān東南切音單。香嚴讀△亦作𤰚。

㝍 12683 u21B8D
chút_8.11 喃 从少省拙chút聲△沒㝍：稍微△俗省作㝍12648㝍12660

彼 12684 u21B8C
bé_8.11 喃 从小彼bỉ聲。同㝀12724

㝋 12685 u21B8B
may_8.11 喃 从小枚mai聲。

㝤 12686 u21B8A
dẹp_8.11 喃 从小刼kiếp聲。

㝉 12687 u21B89
mọn_8.11 喃 同㝉12690

尶 12688 u21B88
nhỏ_8.11 喃 从小乳nhũ聲△㝀娏：小氣，吝嗇。

㝀 12689 u21B87
rốt_8.11 喃 从小卒tốt聲△㝀身：鄙人。

㝉 12690 u21B86
mọn_8.11 喃 从小門môn聲。微小△亦作㝉12687

閄64904閄12733

㝀 12691 u21B85
nhẻ_8.11 喃 从小兒nhi聲。

宛 12692 u21B84
hoẻn_8.11 喃 从小宛uyển聲△狹全㝀：狹小。

蒙 12693 u21B83
null_8.11 未詳。

㝄 12694 u21B82
xì_8.11 同㝤12666

巢俗，㝾正，乞逆反。西方小兒。

寮 12695 05752
liào_9.12 正字通 與燎同。

㝼 12696 05753
liáng_9.12 集韻 呂張切音良 說文 事有不善，言㝼也。引 爾雅 㝼，薄也 図 力讓切音諒。義同△本作㝼。通作凉。

惪 12697 41036
yì_9.12 字彙補 與薏同• 廣雅 𧽸、起實，惪目也。

虺 12698 41037
null_9.12 字彙補 音未詳 穆天子傳 𧽸虺十篋 註 疑紵葛之屬。

㝼 12699 43191
xiǎo_9.12 搜眞玉鏡 同小。

箽 12700 u2B482
lề_9.12 喃 从尔里lịa聲。

逫 12701 u21B97
hoẻn_9.12 喃 从少還hoàn聲△禍逫：罕見。

㝖 12702 u21B94
mảy_9.12 喃 从小美mỉ聲。同㝖12743

㝓 12703 u21B93
choai_9.12 喃 从少乖quai聲。幼雛。

㝒 12704 u21B92
ót_9.12 喃 从小乻út聲。

乳 12705 u21B91
nǒu_9.12 同㝀11863 玉篇 乃口切。小兒△俗作乳12678

㝏 12706 u21B8F
null_9.12 未詳。

营 12707 u55B6
yíng_9.12 日 同營31804

㝌 12708 05754
xiǎn_10.13 廣韻 集韻 息淺切音燹 說文 少也。从是、少 徐曰 是亦正也。正者少則㝌也。今人借用鮮字，經傳尗从鮮△集韻 或作尠、尟。鋻又趒58226

㝍 12709 05755
xiǎn_10.13 廣韻 俗尠字。

㝧 12710 43192
rǔ_10.13 搜眞玉鏡 音乳。

堂 12711 u21B9D
null_10.13 未詳。

㝼 12716 u2017D
liáng_10.13 㝼12696本字

㝛 12712 u21B9C
xíu_10.13 喃 从小笑tiếu聲△㝀㝛：最小，極小。

湟 12713 u21B9B
nít_10.13 喃 从小涅niết聲。小孩子。

熊 12714 u21B99
nài_10.13 小熊 集韻 㜷，乃代切。小熊。

尟 12715 u21B98 mǒ_10.13　喃从少某mǒ聲。

尗 12717 05756 zhì_11.14　廣韻丁力切音陟。康也，健也。

絲 12718 05757 guān_11.14　集韻古還切音關。織緝，以絲貫杼也。本作絭，从絲省，丱聲。正字通即絭15325字之譌。

尠 12719 05757 lián_11.14　集韻勒兼切音濂。少也。篇海欠也。又歷店切，兼去聲。小也。

摔 12721 u2AA03 null_11.14　喃未詳。

覒 12720 43193 mó_11.14　五音篇海莫何切。又莫可切字彙補與麼同。

㮥 12722 u21BA5 bé_11.14　喃昆㮥：孩子。

㮀 12723 u21BA4 bé_11.14　喃同㮁12724、㮥12722。

㮁 12724 u21BA3 bé_11.14　喃从小閉bé聲。小，少△㮁孫：短小。△也作㮥12722㮀12723㨀12738後12684省作閉。嫡閉：妾。

嘗 12725 u21BA2 cháng_11.14　俗嘗06985魏孔子廟碑闕里不聞講頌之聲，四時不視蒸嘗之位。

媚 12726 u21BA0 mày_11.14　喃从尒眉mi聲。你△亦作倔01623，省作眉△眉蚩：你我。

㓹 12727 u207E5 hoắt_11.14　喃从尖刮quát聲。銳。

尠 12728 05759 cáo_12.15　集韻才勞切音曹。尠尠，物未精也。

尠 12729 05760 jǐn_12.15　廣韻渠遴切集韻渠吝切，並音僅。又集韻巨靳切，音覲。少也。與僅同玉篇對也。

㮠 12730 05761 jì_12.15　字彙補古文曁字○按古文本作㮠。

㸍 12731 u2AA04 null_12.15　喃未詳。

悶 12733 u21BAE mọn_12.15　喃从小悶muốn聲△同㮠12690亦作㮠12735。

㐌 12732 u21BAF tẹo_12.15　喃从少造tạo聲。少許，一點點。

㮠 12734 u21BAD nhọn_12.15　喃同㦫12756。

㦫 12735 u21BAC mọn_12.15　喃同悶12733。

㮱 12736 u21BAB nhen_12.15　喃从小然nhiên聲△㮱㮱：吝嗇。

㪍 12737 u21BAA khí_12.15　喃从小欺khi聲。略微。

㨀 12738 u21BA9 bé_12.15　喃同㮁12724小，少△昆㨀：孩子。

㮥 12739 u21BA8 mày_12.15　喃同㮥12743△㮥枚：微量。

㦸 12740 05762 lì_13.16　集韻郎狄切音歷。尠㦸，小劣也。

㮥 12741 05763 xì_13.16　集韻同隙。

㮥 12742 u2AA05 null_13.16　喃未詳。

㮥 12743 u21BB3 mày_13.16　喃从少買mãi聲△沒㮥：微小，少許。

㮥 12744 u21BB2 thơ_13.16　喃从小詩thi聲。幼小，幼稚。

嘕 12745 u2108C xìn_14.17　喃从少嘕xin聲。

㮥 12746 43194 yǒu_14.17　字彙補與有同，臞仙作。

㮥 12747 u2AA06 null_14.17　喃未詳。

㮥 12749 u21BB5 chuộng_14.17　喃从重从尚，尚chuộng亦聲。崇尚，喜愛。

輷 12748 u21BB6 chuộng_14.17　喃同㮥12749。

㮥 12750 u21BB4 null_14.17　未詳。

㮥 12753 u21BBD lán_15.18　類篇力銜切。㮥㮥，少也△宏按，字典作㮥12758。

㮥 12752 43195 méi_15.18　海篇音梅。㮥同㮥。

㮥 12754 u21BBA hèn_15.18　喃同㮥12757。

㮥 12755 u21BB9 mǒng_15.18　喃从少蒙mông聲。同㮥32550

㮥 12756 u21BB8 nhọn_15.18　喃从尖異rốn聲。尖，銳。

㮥 12757 u21BB7 hèn_15.18　喃从小賢hièn聲。卑微。

㮥 12758 05764 lán_16.19　集韻力銜切，音藍。㮥㮥，少也。㮥集韻作㮥12753。

㮥 12759 u21BBE nhẻo_16.19　喃从小遶nhiễu聲。輕快貌。

㮥 12760 u21BBD nhọn_16.19　喃从尖遁trốn聲。尖銳。

㮥 12761 05765 chān_18.21　集韻初銜切音攙。註見㮥12758。

㮥 12762 u21BC0 oắt_29.32　喃从小鬱uất聲。幼小貌。

• 尢部 •

尢 12763 05766 wāng_0.3　廣韻集韻紆烏光切音汪說文跛，曲脛也。本作尣。从大，象偏曲之形徐曰大一足跛曲，或作尫。今文作尩圖玉篇僂也，短少也正字通瘠病。㮥又尢12765尣尢尣尣。

尢 12765 u2F875 wāng_0.3　同尢12763

尤 12764 05767 yóu_0.3　正字通尤本字說文尤在乙部，異也。从乙又聲。

尣 12766 u21BC2 wāng_0.3　同尣12772亦作尢12763

尣 12768 u2E91 wāng_0.3　部尣12772

尢 12767 u2F2A yóu_0.3　同尤12764部首專用字。亦作尢12771尣12770尢12769尣12768

尢 12769 u2E90 yóu_0.3　部尢12767

尣 12770 u2E8F yóu_0.3　部尢12767

兀 12771 u2E8E yóu_0.3　部尢12767

尣 12772 u5C23 wāng_0.3　尢12763本字。

尤 12773 05768 yóu_1.4　古文忧唐韻集韻羽求切正韻于求切丛音郵說文尤，異也。从乙又聲。徐鍇曰：乙欲出而見閡，見閡則顯其尤異也司馬相如封禪文未有殊尤絕迹可考於今者註尤，異也。一曰甚也，過也圖廣韻怨也。◆詩·鄘風許人尤之，衆穉且狂左傳·僖二十四年尤而效之，罪又甚焉圖最也，莊子·徐無鬼夫子，物之尤也註言人於人之中稱之爲最圖蚩尤，黃帝臣。帝與戰於涿鹿，殺之。今畫其形於旗上，名蚩尤旗圖姑尤，齊東界二水名左傳·昭二十年聊、攝以東，姑、尤以西圖姓。見姓苑圖集韻通作郵詩·小雅不知其郵前漢·成帝詔以顯朕郵。㮥又尢12764

12774 u21BC3 龙 zuǒ_1.4　同厷04315，俗左偏類碑別字引齊諸葛始興造象

12775 05769 尥 lì_2.5　集韻六直切音力。行脛相交也。鍪集韻作尥，同図尥03916△楊寶忠：俗尥12782

12776 41038 无 yóu_2.5　字彙補與尤同。見漢隸楊君頌

12778 43197 尥 páo_2.5　搜真玉鏡步交切。

12779 43198 尥 wù_2.5　龍龕音兀。又。鍪或同疣四聲篇海古文。音又。

12777 43196 尥 yòu_2.5　五音篇海同

12780 u21BC6 厷 null_2.5　未詳。

12782 05770 尥 liào_3.6　唐韻集韻尥力弔切音料說文行脛相交也六書故今人謂筋骨弱，舉足不隨爲尥掉。又牛行脛相交爲尥揚子方言以足鉤之爲尥図廣韻薄交切集韻韻會蒲交切尥音庖。義同。鍪又尥12784尥12812尥12807尥12775

12781 u21BC5 厹 yòu_2.5　同尥12777　図niǎo五音集韻都了切音鳥。然也。

12784 05772 尥 liào_3.6　說文尥本字

12783 05771 尥 yū_3.6　廣韻憶俱切集韻邕俱切尥音迂說文股尥也。李陽冰曰：體屈曲図廣韻盤旋也。鍪又尥12788

12785 41039 尥 ān_3.6　篇海類編胡丸切音桓。辛苦行不得也。疑卽尥字之譌。

12786 43199 尥 liào_3.6　龍龕蒲交切。又力弔切。鍪尥12782之譌。

12787 u21BCE 尥 máng_3.6　俗龙12790亦作尥16434字學三正·第一冊·後世重加偏傍字·平陽尥，本作尥。

12788 u21BCB 尥 yū_3.6　俗尥12783集韻尥，於寒切。股也。

12789 u5C27 尧 yáo_3.6　简堯08938

12791 05774 尥 ān_4.7　玉篇烏干切音安。辛苦行不得貌。鍪尥12811尥12785

12790 05773 龙 máng_4.7　唐韻集韻韻會尥莫江切，音駹說文犬多毛者。从犬、彡徐曰彡，毛長也詩·召南無使龙也吠周禮·地官凡外祭毀事用龙図雜也左傳·閔二年龙奇無常。又衣之龙服，遠其躬也註龙，雜色図高陽氏之子曰龙降，八凱之一図méng集韻謨蓬切音蒙左傳·僖五年狐裘龙茸註龙茸，亂貌。又韻會通作尨，引書不和政尨△說文龙在犬部，从犬从彡毛氏曰龙，狗也。已从犬，又加犭作狵，非。鍪又尥12787

12792 05775 尥 xiū_4.7　集韻虛尤切音休。廢也。

12793 05776 尥 wāng_4.7　廣韻集韻韻會正韻尥烏光切。同九說文尥，曲脛也。本作介，今作尥。又禮·檀弓歲旱，穆公召縣子曰：吾欲暴尥而奚若？曰：天則不雨，而暴人之疾子，虐，毋乃不可與！註尥者，疾病之人，其面向天暴之，冀天之哀其病而雨也左傳·僖二十一年夏大旱，公欲焚巫、尥。臧文仲曰：非旱備也。修城郭，貶食省用，務穡勸分。此其務也。巫、尥何爲図贏弱也韓愈文人固有尥贏而壽考図韻會或作匡荀子·正論篇傴巫跛匡。讀作尥。亦作尩註廢疾之人。尥與尫同。鍪又尥12838尥12833尥02394尥12794尥02391図四聲篇海雍00693古文。

12794 05777 尥 wāng_4.7　正字通同尥省。

12795 05778 尥 wāng_4.7　正字通俗尥字。

12796 05779 尥 jiè_4.7　唐韻古拜切集韻韻會正韻居拜切尥音戒說文尥尥，行不正。从允，介聲図gá集韻訖黠切音夏。行不進。鍪又尥12803尥12835尥12863尥71612尥71617尥71469尥12801尥12804尥12805尥00858

12797 05780 尥 zhuǐ_4.7　集韻主橤切音捶。尥尥，小貌。鍪又尥12806

12798 05781 尥 ruǐ_4.7　集韻汝水切，蕊上聲。註見尥12797

12799 41040 尥 bǎn_4.7　龍龕音板。尥，尥也。又北官切。

12800 41041 尥 yóu_4.7　篇海類編音尤。竟也。與尥字文同而義異

12806 u377D 尥 zhuǐ_4.7　同尥12797

12801 43200 尥 gà_4.7　字彙補同尥

12803 u21BD7 尥 jiè_4.7　尥12796本字

12802 43201 尥 hū_4.7　五音篇海許勿切。鍪字彙補尥，音忽。義同。

12804 u21BD4 尥 gà_4.7　字彙補同尥12796

12805 u21BD3 尥 gà_4.7　直音篇尥，尷尥，事不正也。

12807 05782 尥 páo_5.8　集韻蒲交切，音庖。脛交也図正字通按尥訓與說文尥義近。譌作尥，音袍，非。

12808 05783 尥 zuǒ_5.8　廣韻正韻臧可切集韻韻會子我切尥音左。尥尥，行不正也增韻足偏廢也図唐韻則箇切集韻子賀切尥音佐。義同。鍪亦作尥尥12816

12810 05785 尥 bǒ_5.8　玉篇古文跛58780字。鍪又尥36939

12811 05786 尥 ān_5.8　字彙補音義與尥12791同。

12813 u21BE0 尥 huá_5.8　同尥12809亦作尥12873尥70564足病

12814 u21BDF 尥 null_5.8　未詳。

12809 05784 尥 huá_5.8　集韻戶八切音滑。足病△正字通尥字之譌。鍪又尥12813

12815 u21BDE 尥 null_5.8　未詳。

12812 u21BE1 尥 páo_5.8　同尥12807俗尥集韻尥，蒲交切。脛交也。或作尥。

12816 u377E 尥 zuǒ_5.8　同尥12808

12817 u5C2D 尧 yáo_5.8　俗堯08938

12818 05787 尥 duò_6.9　集韻都唾切音剁。尥，尥也。鍪又尥12827

12819 05788 尥 huó_6.9　集韻戶括切音活。尷尥，行貌。

12820 05789 尥 kuí_6.9　廣韻丘愧切，音喟博雅倦也。一曰跛也図集韻居義切。又丘偽切，虧去聲。義並同。鍪又尥26803尥38532

尵 yào_6.9 `12821 05790` 正字通 尵字之譌。

尳 huī_6.9 `12822 05791` 正字通 俗尵字 字彙 音灰。相尳擊，與尵義同。改作尳，非。

尲 yáo_6.9 `12823 05792` 集韻 弋笑切音燿 說文 行不正也。一曰足腫 又 玉篇 餘招切音搖。義同。鋆 又 尲02417尲12832 尲12826尲12825尲12821尲12834尲12868

就 jì_6.9 `12824 05793` 正字通 同尵12840

尳 yào_6.9 `12825 41042` 篇海類編 同尲。

尵 yào_6.9 `12826 u2F876` 同尳12825

㟾 duò_6.9 `12827 u21BE6` 同尵12818

尵 tuī_7.10 `12828 05794` 廣韻 集韻 汰吐猥切音腿。尵尵，行病也 又 tuī 集韻 吐內切音退。尵尵，風疾也，或作尵尵。鋆 尵尵。尵尵 又 尵71555

尵 zuò_7.10 `12829 05795` 玉篇 在果切。兀坐也。

尵 xiāo_7.10 `12830 05796` 集韻 思邀切音宵。酸痟，頭痛 周禮·天官·疾醫 春時有痟首疾。痟同尵。

尪 wāng_7.10 `12831 05797` 集韻 同尣。鋆 又 尪75872尪00693尪12794 尪01105尪12793尪12838尪12833

尪 wāng_7.10 `12833 u21BF2` 同尣12793

尵 yào_7.10 `12832 05798` 集韻 民堅切音眠。邪行也。鋆 又 尵12839俗尵12821

尵 gà_7.10 `12835 u21BF0` 尵尵，同尷尬 全元散曲·佚名·夜行船 又引起往前風月膽，今番做得尷尬。

尵 null_7.10 `12836 u21BEF` 或龔75885譌字。

就 jì_7.10 `12837 u21BEE` 同尵12840

尪 wāng_7.10 `12838 u21BED` 同尣12793

尵 yào_7.10 `12839 u21BEC` 同尵12832

尵 yào_7.10 `12834 u21BF1` 尵12823本字

就 jì_8.11 `12840 05799` 玉篇 巨逆切音殛。倦就也〇按 字彙 几部有尵、尵二字，尵註音極，疲也，倦也。引司馬貞、楊慎諸說，尵、尵音義汰同，惟字形从几、从尢或从凡，錯出不一 正字通 尵、就皆譌文。見几部尵03123字註。鋆 又尵56962尵56967就12837尵05096

庵 ǎn_8.11 `12841 05800` 廣韻 集韻 汰烏感切，庵上聲。庵，跛蹇也 又 ān 廣韻 烏含切音庵。義同。鋆 又 庵12850踠59015 庵36131

庵 bò_8.11 `12842 05801` 集韻 步臥切音播。仆也 又 集韻 蒲候切，裒去聲。義同。鋆 又 庵12848 正字通 俗踣59032字。

庵 luǒ_8.11 `12843 05802` 集韻 盧臥切，蜾去聲。行不正也。鋆 胡吉宣：與庵12904同。

庵 chào_8.11 `12844 05803` 集韻 敕教切音鈔。塞也。或作踔。又 chuò 集韻 尺約切音綽。齊楚之間謂跛曰庵。

尵 tuī_8.11 `12845 05804` 廣韻 他內切 集韻 吐內切汰音退。尵尵，

病痵也六書故 風疾脟病也 又 集韻 苦委切音塊。義同。

尵 jī_8.11 `12846 05805` 廣韻 居綺切 集韻 去綺切汰音剞。塞也。又一足行曰尵。一作踦 又 qī 廣韻 集韻 汰卿義切音掎。倦也。

就 jiù_8.11 `12847 05806` 說文長箋 同就。

尵 kòu_8.11 `12848 05807` 字彙補 與寇同 考古圖 有司尵敦。鋆 又尵12842 又 司尵敦，今作 師旬段

尵 bǐng_8.11 `12849 41043` 字彙補 邦皿切音丙。光也。見 西川隋函

尵 yǎn_8.11 `12850 41043` 同庵12841 集韻 庵踠59015，衣檢切。跛也。或从足。又烏含切。又乙洽切。又踠，遏合切。跛疾。或作庵庵。

尵 zhǒng_9.12 `12851 05808` 廣韻 時宂切 集韻 韻會 豎勇切汰音瘇 說文 脛氣尵。本作瘇，从疒童聲 徐曰 下濕地則生此疾。今文作尵 詩·小雅 既微且尵△ 集韻 或作尵。鋆 又尵12862尵12888尵12891

尵 wěi_9.12 `12852 05809` 廣韻 集韻 汰烏賄切音崣。尵尵，病痵。一曰行疾也△ 集韻 或作痏。

尵 tuí_9.12 `12853 05810` 玉篇 同尵。馬病也。

尵 dǐ_9.12 `12854 05811` 集韻 同尵，俗省。

就 jiù_9.12 `12855 05812` 廣韻 集韻 韻會 正韻 汰疾僦切音鷲 說文 就，高也。从京从尢 徐曰 尢，異也。尢，高人所就之處，語曰：就之如曰。會意 廣韻 成也，迎也 詩·邶風 就其深矣，方之舟之 周頌 曰就月將，學有緝熙于光明 又 即也 齊語 聖王之處士也，使就閒燕。處工就官府，處商就市井，處農就田野 又 增韻 從也 禮·檀弓 先王之制，禮也。過之俯而就之 又 帀也 禮·禮器 大路繁纓一就 註 五采一帀曰就 又 能也 左傳·哀十一年 郊之戰，季孫曰：須也弱。有子曰：就用命焉 註 雖少年，能用命也。又 終也 郭璞曰 凡事物成就亦終也 又 姓 後漢書 菟賴氏改爲就氏。鋆 又就12847就12889就12898就12893

尵 tiāo_9.12 `12857 43202` 川篇 音銚。

尵 bō_9.12 `12856 05813` 集韻 北末切音撥。尵尵，足大也。亦曰惡行也。

尵 kuí_9.12 `12858 43203` 五音篇海 渠危切。

尵 ná_9.12 `12859 43204` 搜眞玉鏡 音拏。

尵 tuí_9.12 `12860 u2AA07` 簡 尵12885

尵 zhǒng_9.12 `12862 u21C01` 同尵12851

尵 wěi_9.12 `12861 u21C02` 同痏36240亦作尵12852尵12865腲47574 類篇 尵，鄔賄切。尵尵，行疾。又烏潰切。

尵 gà_9.12 `12863 u21BFD` 尷尵，同尷尬 全元散曲·曾瑞·風情 風月貪婪，雲雨尷尵，你粧憨，咱舞穽，影羞慚。

就 null_9.12 `12864 u21BFC` 未詳。

尵 wěi_9.12 `12865 u3787` 同尵12861

樫 12866 05814
gān_10.13　廣韻古咸切 集韻居咸切夶音緘 說文 樫尥，行不正也 図 集韻紀炎切，檢平聲。義同。鑒 又
馦12874 鳳03156 尲12878 尴12897 㞺12899 尷71688 魋71623

㞊 12867 05815
zā_10.13　集韻子末切音拶。㞊㞊，足大也。

㞇 12868 05816
yào_10.13　正字通俗㞦字。有上、去二音。

㞢 12869 05817
dǐ_10.13　正字通尵字之譌〇按諸家音義與 說文
尵同。改从奚，誤。

尵 12870 05818
gǔ_10.13　廣韻 集韻夶古忽切音汨 說文 膝病也。又
聲類骨差也。鑒 又尵70564 図 廣韻尵，戶骨切。膝病。
又㞷12877，戶骨切，㞷露出。見字林 集韻尵12873㿉36281
古忽切。䯏病。或从疒。又胡骨切 說文 䯏病也。又戶八
切。足病。或作㞛12813

㞌 12871 43205
niè_10.13　篇海類編五結切音臬。鑒疑㦷48242字之
譌。

㞱 12872 u2AA08
càng_10.13　喃从尤强càng省聲△㞱添：更多。

㞷 12873 u21C0A
gǔ_10.13　同尵12870

馦 12874 u21C09
gān_10.13　同樫12866

㞬 12875 u21C08
wù_10.13　㞬㞬04752，亦作㞬㞬。

㞙 12876 u21C07
xù_10.13　同㞛12881

㞚 12878 u5C34
gān_10.13　简尷12900

㞷 12877 u21C05
hú_10.13　廣韻尵，戶骨切，㞷露出。見字林

尲 12879 05819
huí_11.14 ◆正字通戶圭切音攜。行貌。

㞺 12880 05820
lǒu_11.14　正字通與僂通。尫也，曲背也 字彙 音婁，
訓高貌，非。鑒 又尲12890㞛12884

㞛 12881 05821
xù_11.14　集韻 類篇夶雪律切音恤。不能行也。
鑒 亦作㞙12876㞛39884俗作㞛35118 図 原字形為㞛，誤
入十一畫增字。䶑頭音釋本字頭从尤作㞛。不能行當从
尢，十畫為正。

㞻 12882 41044
tí_11.14　奚韻杜奚切音啼。跛也。

㟜 12883 u21C0F
ghènh_11.14　喃从兀涼ghènh聲。

尴 12884 u21C0D
lǒu_11.14　同㞺12880 四聲篇海力口切。高也。

尵 12885 05822
tuí_12.15　廣韻杜回切 集韻徒回切夶音頹。㞺尵，
馬病 詩·周南 作虺隤 爾雅·釋詁 作㞺頹。義同△俗作㞺，
非。鑒 又尵12860 禮02463 尵02269

尶 12886 05823
yào_12.15　正字通尴52246字之譌。

㟟 12887 05824
qiáo_12.15　正字通㟟07362字之譌。

㞃 12888 05825
zhǒng_12.15　玉篇同尵。

尷 12889 43206
jiù_12.15　五音篇海同就。

㞺 12890 43207
lǒu_12.15　篇海類編同㞺。

㞈 12891 u21C15
zhǒng_12.15　同尵12888

尵 12892 05826
dǐ_13.16　廣韻都兮切 集韻都黎切夶音低 說文 㞺
不能行，為人所引曰尷尵 図 廣韻杜奚切 集韻田黎切
夶音提。義同。鑒 又尵12854 㞺12869 尵12901

就 12893 05827
jiù_13.16　籀文就字。鑒 亦作就12898

就 12894 05828
qiào_13.16　字彙補 同尵。

㞱 12895 43208
lín_13.16　龍龕音隣

㞱 12896 u21C19
null_13.16　未詳。

尷 12897 05829
gān_14.17　正字通俗樫字。

就 12898 u21C1C
jiù_14.17　同就12893籀文就。

尷 12899 u21C1B
gān_14.17　俗樫12874

尷 12900 u5C37
gān_14.17　同樫12866

尵 12901 05830
quán_18.21　廣韻跪頑切 集韻渠鰥切，並幻平聲。
図 廣韻丁全切音拳。行不正也◇。鑒 又尵12902

尷 12902 u21C1E
duān_18.21　同尵12901 廣韻尵，丁全切。行不正兒。

㞱 12903 05831
luǒ_19.22　唐韻郎果切 集韻魯果切夶音裸 說文 膝
中病也 図 léi 玉篇 廣韻 力為切 集韻 倫為切夶音羸。㞱
㞱，腰膝痛也 図 廣韻 集韻夶魯過切音㦷。義同。
鑒 又尵12904 㞱12843

㞱 12904 u21C20
léi_19.22　同㞱12903 名義尵，力臥反。膝中宿（病）。

尵 12905 05832
xié_22.25　廣韻戶圭切 集韻玄圭切夶音攜 說文 㞺
12892尷，从允从丂嵩聲△正字通 引 說文 提挈也，攜持
也。尲尷，借提攜，義通。鑒 又尵尷12906

尷 12906 u21C22
xié_22.25　同尷12905 尲尷。

• 尸部 •

尸 12907 05833
shī_0.3　廣韻式脂切 集韻升脂切夶音著 說文 尸，
陳也。象臥之形 釋名 尸，舒也。骨節解舒。不能復自勝
斂也 論語 寢不尸 禮·喪大記 凡馮尸興必踊 図 神象也。
古者祭祀皆有尸以依神 詩·小雅 皇尸載起 大雅 公尸來
燕來寧 朱子曰 古人於祭祀，必立之尸。因祖考遺體以
凝聚祖考之氣。氣與質合，則散者庶乎復聚。此教之至
也 図 主也 詩·召南 誰其尸之，有齊季女 箋 主設羹之事
図 陳也 左傳·莊四年 楚武王荊尸，授師子焉，以伐隨 註
謂陳師於荊也 図 禮·表記 事君，近而不諫，則尸利也 前
漢·鮑宣傳 以拱默尸祿為智 註 言不憂其職，但知食祿
而已。又姓 廣韻 秦尸佼為商君師，著書 図 三尸，神名
△正字通本作𡰱，俗作尸。鑒 又尸00395㐱01043

𡰱 12908 u21C23
shī_0.3　尸12907本字

尸 12909 u2F2B
shī_0.3　部尸12907

尹 12910 05834
yǐn_1.4　古文帛𤔔帛𢇻 廣韻余準切 集韻 韻會庾
準切，夶音允 說文 治也。从又丿，握事者也 廣韻 進也。
又正也 書·君陳 尹茲東郊。又多方 簡畀殷命，尹爾多
方 註 言天畀付文、武以殷命，正爾多方也 図 官名 書·益
稷 庶尹允諧 傳 尹，正也。眾正官之長也 應劭曰 天子之
相稱師尹 薛瓚曰 諸侯之卿，惟楚稱令尹，餘國稱相。

他如周禮門尹除門月令奄尹申宮令周語關尹以告，皆是也囝誠也，信也禮·聘義孚尹旁達，信也註玉之為物，孚尹於中，旁達於外，所以為信也。應氏曰：尹當作允。允亦信也囝禮·曲禮脯曰尹祭疏脯必裁割方正，而後祭也囝姓。周有尹吉甫○按李氏詳校篇海尹，古音允。今音引，非。鋬又君23379君14777帬14874帑14876古文亦作帑14889帑14880

尺 chǐ_1.4　廣韻集韻韻會正韻夶昌石切音赤·說文十寸也。人手部十分動㕁為寸口，十寸為尺，規矩事也。从尸从乙。乙，所識也。周制：寸、尺、咫、尋、常、仞諸度量以人體為法家語布指知尺，舒肱知尋前漢律歷志度量衡起於黃鐘之律，一黍為分，十分為寸，十寸為尺蔡邕·獨斷夏十寸為尺，殷九寸為尺，周八寸為尺周禮·司市疏置丈尺於絹布之肆囝大尺曰施管子·地員篇其施五尺註施音遺，大尺之名囝小爾雅五尺謂之墨周語不過墨丈尋常之間註五尺為墨，倍墨為丈。今木工各用五尺以成宮室，其名爲墨，則墨者工師之五尺也囝唐輦下歲時記二月朔日為中和節，賜大臣戚里尺，謂之裁度民間囝法三尺，謂以三尺竹簡書寫法律，故俗謂舞文為弄髦三尺。今以三尺為刑具，非也△韻會通作赤。鋬又音chě，中國傳統記譜法工尺譜譜字之一，相當於簡譜的2。其高八度的譜字寫作伬00921囝呎05601

户 è_2.5　正字通按舊註古文歺字。本作占。隸或作歺。古文作户，俗省从户，非。鋬又戶02563户02564占26702

尻 kāo_2.5　廣韻集韻韻會夶丘刀切，考平聲說文䯡也。从尸九聲玉篇髖也增韻脊骨盡處禮·內則兔去尻莊子·達生篇加汝尻雕俎之上屈原·天問崑崙縣圃，其尻安在註尻，脊骨盡處。以山至高，其下必有托根之所也△集韻或作屍。亦作胏正字通从尸从九，與尻別。改九从兀，非。鋬又尻12935尻12931尻12944

尼 ní_2.5　廣韻集韻韻會夶女夷切音泥說文从後近之也。从尸匕聲徐鍇曰尼，猶昵也廣韻又和也。又先師孔子仲尼家語顏氏禱於尼丘，而孔子生，故字曰仲尼。尼丘，山名囝女僧曰釋典有比丘尼囝ni集韻類篇尼質切韻會正韻女乙切，並音暱爾雅·釋詁註尼者，近也。引尸子悅尼而來遠孔穎達曰尼，近也。通作昵囝ni五音集韻乃禮切音你爾雅·釋詁尼，定也註止也。止亦定也孟子止或尼之。今讀泥去聲。義同。尼猶曳止也。別作柅。鋬又巳12915尼12933珢33966

巳 yí_2.5　玉篇古文夷字。陽巳，地名囝集韻古文仁00764字。

反 jǐ_2.5　玉篇茲力切音卽，理也。本作反。niǎn字彙尼展切音撚。柔皮也○按本部反12924，从尸，側身之狀。从又，手用力也。會意。與反音義原別字彙誤以反音訓註反字，非。鋬又夊05190正字通尺，俗反字舉要作反。

尼 niǎn_2.5　正字通俗反字。

尸 dāng_2.5　搜真玉鏡音當。

月 yǐn_2.5　同屄00301亦作月12920轉身。北周·衛元嵩元苞經·少陰月靡返，㲋靡遷，愒於險間，愀然很然。李江注：月，退。㲋，進也。

月 yǐn_2.5　同屄00301亦作月12919轉身。

昌 liáng_3.6　玉篇古文良48889字。集韻作𣊟。

昌 dǔ_3.6　玉篇都谷切音篤。俗豚字。尾下竅也。○按本部屍，徒渾切音屯。俗作昌、屍，與臀、臋通，無篤音。今讀屍若篤，亦俗音也。昌音篤，亦非。

尽 jìn_3.6　正字通俗盡37211字。鋬今盡、儘簡化字。

反 niǎn_3.6　集韻忍善切，音蹨說文柔皮也。从尸，側身狀。从又，手用力也玉篇柔弱也○按字彙本闕反字，以反字音訓，誤入前反字註，蓋未詳玉篇反字為茲力切也正字通旣云反、反音訓各別，復以反為反本字，亦誤。鋬又集韻反，尼展切。弱也。一曰柔皮也。反，忍善切。或作臑37063㼪37002

昌 shēn_3.6　字彙補與身同。

屖 yùn_3.6　字彙補音義與孕同。

屍 yāo_3.6　字彙補音義與天同。

户 è_3.6　玉篇古文歺26701字。

屎 shǐ_3.6　字彙補古文豕57148字。

屟 xián_3.6　龍龕音賢。鋬俗弓16072

尻 kāo_3.6　俗尻12913

冎 juàn_3.6　同弓16090，亦作弓16079，即書卷之卷字。

屄 ní_3.6　俗尼12914囝俗夷10007可洪音義道屄：音夷。明也。正作巳12915又女遲反，恐非此呼。

屇 kāo_3.6　同尻12913可洪音義屇骨：上苦高反。

卬 null_3.6　未詳。

尾 wěi_4.7　古文尾屃屃廣韻集韻正韻無匪切韻會武匪切，並音亹說文屃，微也。从倒毛在尸後玉篇鳥獸魚蟲皆有之。又末後稍也易·未濟狐濡其尾書·君牙若蹈虎尾囝詩·邶風瑣兮尾兮，流離之子註瑣，細。尾，末也囝戰國策王若能為此尾註終也囝東方星名，十八度尾為大辰。又次名禮·月令註日月會於鶉尾，斗建申之辰也囝底也爾雅·釋水濆，大出尾下註尾，底也。言其源深出於底下者名濆。瀵猶灑散也囝書·堯典仲春，鳥獸孳尾註乳化曰孳，交接曰尾，因物之生育，驗其氣之和也囝陪尾，山名，在江夏安陸縣。一名

横尾。一曰負尾図姓左傳殷民六族有尾勺氏。又漢劉虞吏尾敦。鍌又尾12969屁13034尻12942

尿 niào_4.7 廣韻集韻夶奴弔切，鳥去聲說文人小便也。今亦作溺。鍌又尾13022屎13033屎13093屎13074屬13124屁27386溺28400溺29440

屍 jī_4.7 集韻同屍。俗省。

局 jú_4.7 廣韻渠玉切集韻韻會衢六切夶音跼說文促也。从口在尺下，復局之。一曰博所以行棊，博局外有垠堮，周限可用，故謂人材爲幹局廣韻曹局也禮曲禮左右有局註軍之左右有部分，不相濫也又各司其局註軍行須監領也図拘也，促也，曲身也屈原離騷僕夫悲余馬懷兮，蜷局顧而不行註曲促回顧不前也史記魏其傳今日廷論，乃局趣效轅下駒図鬈髮也詩小雅予髮曲局註局，卷貌也增韻匣也。又唐文粹有負局生。鍌又局12977窟12090跼19083

屁 pì_4.7 廣韻集韻夶匹寐切音譬。氣下泄也。鍌又穽41042窣41085窠41284図新撰字鏡屁窣41139屁13105三同字，匹鼻反，去。糞43603同字，出氣也。

眉 kàn_4.7 字彙補與看同。見釋典。

屍 wěi_4.7 海篇音文。尾也。鍌俗尾。

厞 pí_4.7 龍龕音皮。鍌字彙補厞，同皮。

尻 kāo_4.7 奚韻同尻 **屋** null_4.7 殷周金文集成10.5300：散伯乍屋父尊彝。讀若促。

屈 null_4.7 未詳。 **屄** sóng_4.7 簡屄13160

屄 ruǎn_4.7 同娩05187亦作㑄32362古文㜻35074

屍 jī_4.7 俗屍13019 **屍** zhì_4.7 屍12956本字

戽 hù_4.7 同戽19060彙音寶鑑戽，戽斗。

屄 bǎ_4.7 方屄屄：糞便。

尿 niào_4.7 兼尿。 **屃** xì_4.7 簡屃13227

层 céng_4.7 簡層13163 **屍** zhì_5.8 廣韻集韻夶直立切音蟄說文屋屋也廣韻前後相次也図jié集韻極曄切音笈。屍屍，從後相躡也。一曰小步。鍌又屍12949

屄 cī_5.8 廣韻取私切集韻千咨切夶音雌玉篇屄屋，盜視也，與觀同集韻引倉頡篇此也。或从資。鍌集韻作屄。从資作屄。

屄 bī_5.8 正字通布非切音卑。女子陰。鍌又犀13073秘27330毧27443秘27296女10333骰70695

屄 pú_5.8 古文㚆集韻步木切音僕說文屋屋，行貌図集韻初六切音珿。義同図jú衢玉切音局。行迫促也。鍌又㚆09798㚆09799

居 jū_5.8 古文凥㐞廣韻九魚切集韻韻會正韻斤於切夶音車說文凥，處也。从尸，得几而止也。引孝經仲尼凥。凥謂閒居如此。會意。今文作居図廣韻安也書盤庚奠厥攸居禮王制凡居民，量地以制邑，度地以居民，地、邑、居民，必參相得図書舜典五宅三居註三居，謂周之夷服、鎮服、蕃服也図坐也論語陽貨居，吾語女図積也，蓄也書皋陶謨懋遷有無化居註化，易也。謂交易其所居積也図史記平準書富商轉轂百數，廢居，居邑徐廣註廢居，貯蓄之名。有所廢，有所蓄，言乘時射利也図止也禮月令季秋，行春令，師興不居疏不休止也図海鳥曰爰居魯語爰居止於魯東門外図姓。漢居殷，封宋城侯図jī廣韻集韻韻會夶居之切音基。語助辭禮檀弓公儀仲子之喪，舍其孫而立其子檀弓曰：何居，我未之前聞也註怪之之辭，猶言何故也。一說何居猶言此義何處。居讀如字，不必改音基集韻通作其〇按說文居一訓蹲，長箋以凥爲尻處，居爲蹲踞韻會正韻收入御韻，引詩居居懷惡，不相親比。是居有倨音正字通云蹲踞通作倨。居止、居處與蹲踞、貴倨，從經史分見可也。鍌又宧12134庡19073应15404屔58658

㞐 jū_5.8 玉篇古文居12960字。

𡰤 kè_5.8 集韻克02364古作𡰤。

屆 jiè_5.8 古文曁㞙廣韻古拜切集韻正韻居拜切，夶音戒說文屆，行不便也，从尸凷聲。凷卽塊字。一曰極也註極，卽至也書大禹謨惟德動天，無遠弗屆詩魯頌致天之屆註猶言窮極也図叶居吏切音記詩小雅不知所屆。叶下寐△俗作屆，从由，非。

届 tián_5.8 玉篇徒連切音田。穴也。正字通卽届字之譌。鍌又屇19080高麗本龍龕届，音田。丹届，山穴也。

屈 qū_5.8 古文㡢屈廣韻區勿切集韻韻會正韻曲勿切夶音詘說文無尾也。从尾出聲。又曲也，請也。又增韻鬱也，軋也正字通凡曲而不伸者，皆曰屈易繫辭尺蠖之屈，以求信也孟子威武不能屈図作詘荀子非相篇緩急嬴詘註猶屈伸也通作詘史記晏嬰傳詘於不知己，而信於知己図jué集韻韻會正韻夶渠勿切音掘。竭也，盡也前漢食貨志賈誼曰：用之無度，則物力必屈。與詘、絀夶通図與傴通。傴彊，梗㑦貌前漢陸賈傳乃欲以新造未集之越，屈彊於此師古曰不柔服也図jué集韻韻會正韻夶九勿切音劂。地名。晉公子夷吾所居，出良馬。在今河東縣左傳僖二年屈產之乘図姓。楚公族屈原，楚大夫屈宜申。又屈侯，複姓図大屈，弓名左傳昭七年楚靈王享公於新臺，好以大屈，旣而悔，公反之図què廣韻去月切集韻類篇丘月切，夶音闕歐陽修程文簡墓銘不學而剛，有摧必折。毅毅程公，其剛不屈図與絀通禮玉藻君命屈狄註狄，翟也。后夫人之服，刻雉爲五采。子男之妻受王后之命者，刻繒不畫，故曰屈狄周禮作闕翟。鍌又與絀通。

王引之改為：又與闕通。鼇頭音釋本作：又與緇通。
囗屈13068屝13090尾27402屈13117

屖 tì_5.8 字彙他計切音替。鞍屖也。鼇又榍25265
胅47167

屎 shǐ_5.8 集韻類篇妣眇視切。糞也。或作屎屪屍。
鼇又屎19092糘43466粏43401

屯 tún_5.8 集韻類篇妣徒渾切音屯說文髀也。從丌
從几徐鉉曰丌、几，皆所以尻止也△集韻或作脾醫臀。
鼇又屍12922屎12997屎13058

尾 wěi_5.8 集韻尾本字。

屌 yì_5.8 玉篇古文希16370字。

卯 xiǎo_5.8 篇韻音小 **臿** yóu_5.8 字彙補喻幽
切，音由◇廣雅·釋詁臿，空也。鼇俗卑35366

屈 qū_5.8 海篇音區 **尾** null_5.8 未詳。

扇 bīng_5.8 海篇音水。鼇同灵16126，音氷，俗冰。

居 diān_5.8 搜眞玉鏡音篿。鼇五侯鯖字海音顚。尼
也。又音店四聲篇海居，霑篿。

局 jú_5.8 俗局12939龍龕局，渠玉反。曹局也。又分
也可洪音義碁局：上巨之反。下巨玉反囗俗局19079可
洪音義緎局：下宜作局。古營反。外関也。

屙 shǔ_5.8 俗屬13221 **屙** shǔ_5.8 俗屬13221

届 jiè_5.8 俗届12963今简

亘 huán_6.9 字彙胡曼切音桓。袋也正字通謂字。

履 hái_6.9 正字通同骸，俗省。

屙 jiān_6.9 正字通與肩同。

屑 xiè_6.9 廣韻集韻類篇妣許介切，音喊說文臥息
也徐鉉曰自，古者以爲鼻字，故從自集韻或作鬴。
囗xì唐韻集韻類篇妣虛器切音覬。屭13227本字，壯大
貌。鼇屓13024屓48214俗。

屋 wū_6.9 古文臺廣韻集韻韻會正韻妣烏谷切，音
剭說文居也。從尸。尸，所主也。一曰尸象屋形，從至。
至，所至止也風俗通止也集韻具也玉篇居也，舍也
詩·秦風在其板屋周禮·地官考夫屋註夫三爲屋，屋三
爲井，出地貢者，三三相任。又田不耕者，出屋粟。
囗車蓋也史記·項羽本紀項羽圍漢王滎陽，紀信誑楚，
乘黃屋車，傅左纛囗夏屋，大俎也詩·秦風於，我乎，
夏屋渠渠註夏，大也。渠渠，俎深廣貌囗禮·雜記諸
侯素錦以爲屋，土轎葦席以爲屋註小帳覆棺者。
囗地名春秋·隱八年宋公、齊侯、衞侯盟于瓦屋註周
地囗王屋，山名，在河東垣縣囗越南志神屋，龜甲也。

囗屋廬，複姓。鼇又臺48280臺48292

屌 diāo_6.9 字彙丁了切，貂上聲。男子陰正字通此
爲方俗語，史傳皆作勢。

屑 qì_6.9 廣韻詰利切集韻罄致切，音棄說文尻
也。一曰歃坐兒囗集韻詰計切，音契廣雅臀也囗玉
篇口奚切集韻牽奚切妣音豀。義同。鼇又屑12999

屦 huà_6.9 ·廣韻胡瓦切集韻戶瓦切妣音踝。履也
揚子方言西南梁益之閒謂之屦△集韻或作屦。

屍 shī_6.9 廣韻式脂切集韻韻會升脂切妣音施說
文終主也，從尸死，會意禮·曲禮在牀曰屍，在棺曰柩
左傳·文三年秦伯濟河焚舟，封殽屍而還△正字通古
尸作屍易·師卦弟子輿屍，石經省作尸12907尸、屍通用，
但祭祀之尸不可借用屍字。

屎 shǐ_6.9 廣韻式視切集韻韻會矧視切妣音豕說
文糞也。本作薗，從艸胃省集韻作屎莊子·知北遊道
在屎溺囗前漢·天文志有天屎星囗通作矢史記·廉頗
傳頃之三遺矢矣囗xǐ玉篇許夷切廣韻喜夷切集韻
類篇馨夷切，並音咦說文呻也詩·大雅民之方殿屎註
呻吟也正字通殿屎訓呻吟，譌文。別見口部唸06188字
註囗集韻許維切，音惟。鼇又㞐15477屎12967屎13071
屭13089屎13087粏43401脲47421腂47576囗字彙補秾12057，
同屎。

屖 yí_6.9 集韻賞是切音侈。人名。或從广作廖。
○按广部㢟，尺矢切音恥。廣也。或作㢟。今集韻屖或
從广作㢟，應是㢟字之譌。

屐 yí_6.9 廣韻以脂切集韻類篇延脂切妣音移博
雅蹲、屐，踞也囗chí集韻陳尼切音墀。踞地也。或作
踟。

屏 píng_6.9 正字通俗屏字。

屑 juān_6.9 集韻圭玄切，音涓。屑，尻也。

屑 xiè_6.9 說文屑字 **屎** cì_6.9 集韻類篇妣
七賜切，音刺。屎覙，足前却也。

屍 tún_6.9 正字通俗屍字。鼇又俗殿27077揚州聚盛
堂新刻花名寶卷陽間善惡由你做，閻王屍上看分明。

屍 wěi_6.9 字彙補古文尾12936字。

尾 wěi_6.9 玉篇古文尾12936字。

尅 kè_6.9 字彙補與克同漢·繁陽令碑尅壓帝心。

屑 dié_6.9 篇海類編丁頰切，音跌◇屑，下也。

屍 zhào_6.9 海篇音兆。又音逃。

㞑 yùn_6.9 奚韻音孕 **屑** zhǐ_6.9 玉篇與旨同

絸 13005 43219
ní_6.9　五音篇海 同泥。

屆 13006 u2AA0E
null_6.9　未詳。

屟 13007 u2AA0D
null_6.9　殷周金文集成·6.3588·鼄伯簠 屟乍鼄伯寶殷。讀若役。

帬 13008 u2209C
vua_6.9　喃 从君省布bố聲。帝王△省作帬14777

犀 13010 u21C5D
xī_6.9　俗犀32728 碑別字新編 引 寶梁經

陟 13011 u21C5B
null_6.9　未詳。

屛 13009 u21C5E
chì_6.9　俗庢15454
清·徐珂 清稗類鈔·度支類·令民稱貸公家 合肥李氏族人某擅殺人，知縣宋某必欲置之法，李氏大譁，宋竟罷屛

屔 13013 u21C59
null_6.9　未詳。

屏 13012 u21C5A
null_6.9　未詳。

展 13015 u21C57
zhǎn_6.9　俗展13026

屍 13014 u21C58
null_6.9　未詳。

屖 13016 u21C56
zhū_6.9　新撰字鏡 朱音。開也。

屟 13017 05892
sì_7.10　集韻 㑊史切。同俟。待也，一作庢、庢。

屨 13018 05893
xù_7.10　唐韻 集韻 類篇 㑊徐呂切音敘 說文 履屬。从履省，予聲。囝yù去聲 玉篇 余去切 廣韻 集韻 類篇 羊洳切㑊音豫。義同 集韻 或从夂作屨。鍌 又屨13065 屢13042

屐 13019 05894
jī_7.10　廣韻 集韻 奇逆切 韻會 正韻 竭戟切㑊音劇 說文 屬也。从履省，支聲 增韻 木屐也 晉書·宣帝紀 懿使軍士三千人，著軟材平底木屐前行，然後馬步俱進。或作屐 莊子·天下篇 跂屩爲服。鍌 又屐12950屐13083 屐13049屐13082屐12938

屑 13020 05895
xiè_7.10　集韻 韻會 正韻 㑊先結切，先入聲 說文 屑，動作切切也。本作屑，从尸肖聲。引 崔駰·達旨辭 吾亦病子屑屑不已。隸作屑 徐曰 居旣从尸，動亦从尸。屑屑，屢動作也。一曰敬也，不獲已也 囝 廣韻 清也。顧也，勞也 詩·邶風 不我屑以 註 屑，潔也。不以我爲潔，而與之也 囝 前漢·王良傳 往來屑屑不憚煩 囝 增韻 輕也 書·多方 爾乃屑播天命 註 謂輕棄天命 正字通 凡遇事物，輕視不加意曰不屑 孟子 不屑去，不屑就，乞人不屑，是也 囝 瑣屑也 左傳·昭五年 女叔齊曰：禮所以守其國，行其政令，無失其民者也。而屑屑焉習儀以亟，不亦遠乎 囝 碎末也 周禮·天官 王齊共食玉 鄭註 王齊當食玉屑 禮·內則 屑桂與薑〇按屑本 說文 屑字 正韻 屑、屑分訓，泥。鍌 又媚11149塀09057 囝 前漢·王良傳。徐慧：後漢

辱 13021 05896
zhěn_7.10　廣韻 珍忍切 集韻 展引切，並珍上聲。又 集韻 是忍切，音腎。義同 說文 伏貌。一曰屋宇也。囝chén 玉篇 時仁切音辰。重屑也。鍌 古文字屋从勹从辰作。

屌 13022 05897
niào_7.10　集韻 奴弔切。同屎 正字通 俗字。史傳屎借溺。

屎 13023 05898
qiú_7.10　字彙 渠尤切音裘。男子陰異名。

屓 13024 05899
xiè_7.10　廣韻 虛器切。同屭省。屭屓，作力也。囝臥息也。

妮 13025 05900
ní_7.10　廣韻 集韻 㑊奴低切音泥。爾雅·釋丘 水潦所止，屔丘。亦作泥 郭註 反頂受水 囝 集韻 女夷切音尼。山名。鍌 又墾09102絸13005屔13070妮41515㞏48278

展 13026 05901
zhǎn_7.10　古文玨 集韻 韻會 正韻 㑊知輦切，遭上聲 說文 轉也。本作屡，从尸，襄省聲。隸作展 爾雅·釋言 展，適也 註 得自申展適意也。一曰誠也 詩·鄘風 展如之人兮 小雅 展也大成 揚子方言 荊吳淮汭之閒，謂信曰展 囝 舒也，開也 儀禮·聘禮 有司展羣幣以告 疏 展，陳也 囝 周禮·天官 展其功緒 註 展，猶錄也 囝 書·旅獒 分寶玉于伯叔之國，時庸展親 註 使益厚其親也 囝 廣韻 整也，審，視也 周禮·春官·肆師 大祭祀，展犧牲 註 展，省閱也 囝 姓。魯大夫展禽、展喜。鍌 又展13015

屍 13030 05905
kāo_7.10　集韻 同尻。

犀 13027 05902
xī_7.10　廣韻 先稽切 集韻 韻會 正韻 先齊切㑊音西 說文 犀，遲也。从尸辛 徐曰 不進也。或作遲 揚雄·甘泉賦 靈遲迟兮 註 音栖。遲，久也，安也 囝 通作犀，堅也 前漢·馮奉世傳 器不犀利 鼂錯傳 作犀。義同。鍌 又屏11844

屍 13036 u2AA10
null_7.10　喃 未詳。

屡 13028 05903
zuī_7.10　廣韻 藏回切 集韻 類篇 祖回切㑊音嗺。赤子陰△ 集韻 或从肉 正字通 與朘同。鍌 朘47309峻53928，同。

屍 13037 u2AA0F
null_7.10　未詳。

屁 13029 05904
xǐ_7.10　正字通 同蹝。通作躧。鄭樵曰：履不躡跟也 囝 與躧通。

屍 13031 05906
gū_7.10　字彙補 古文辜60532字。

屍 13032 41049
dié_7.10　篇海類編 丁協切音喋。下也。

屍 13033 43220
niào_7.10　篇海類編 同尿。

屍 13034 43221
wěi_7.10　字彙補 同尾。

屍 13035 43222
suǒ_7.10　搜眞玉鏡 桼可切。

屍 13038 u2C79
jī_7.10　同屍13077

屍 13039 u2C78
gang_7.10　喃 同罡12576

居 13040 u2C76
gơ_7.10　喃 从尸呂lã聲。

屎 13041 u2C75
shā_7.10　何琳儀 戰國古文字典 疑尾梢之初文。長屎，讀長沙。見 包山楚簡

屏 13042 u2C71
xù_7.10　同屨13065 類篇 遲據切。履也。

屎 13043 u2C70
zhuó_7.10　俗屎13058 龍龕 屎俗，㞘12922正。

屏 13044 u2C6F
lòng_7.10　屏堂，弄堂 越諺·蟲子窠 屏堂花貓赶老鼠。

畫 13045 u2C6E
huà_7.10　俗畫35548 宋元以來俗字譜 引 嶺南逸事

𡱭 13046 u21C6D null_7.10 或俗𡱭。

𡱬 13047 u21C6C mān_7.10 同𡱭11825

𡱫 13048 u21C6B null_7.10 未詳。

𡱩 13050 u21C69 thước_7.10 喃 从尺托thước聲。米，尺△亦作𣐊19797𣐊𣏾：木尺。

𡱪 13049 u21C6A jī_7.10 俗屐13019

屗 13051 u5C57 mān_7.10 俗𡱭11825

𡲟 13052 05907 qú_8.11 集韻 權俱切。同絇。履頭飾也。

𡲦 13054 05909 ē_8.11 玉篇 同屙

屙 13053 05908 ē_8.11 玉篇 字彙 太烏何切音阿。上厠也。鎣又𢉱15635𡲦13054

𡲬 13055 05910 kè_8.11 集韻 苦臥切。同髁。髀骨也 又 髈股閒也。

𡲪 13056 05911 hū_8.11 字彙 呼骨切音忽。佛名 正字通 譌字。

屚 13057 05912 lòu_8.11 廣韻 盧候切 集韻 韻會 正韻 郎豆切太音陋 說文 屋穿水下也。从雨在尸下。尸者，屋也 徐曰 會意 又 句屚，縣名 前漢·地理志 交趾有句屚縣。通作漏△ 正字通 㔷15549漏通。

㞘 13058 05913 dū_8.11 集韻 都木切。引 博雅，臀也 字彙 同𡰪12922△ 正字通 俗㞘字。

𡲮 13059 05914 jū_8.11 集韻 的協切音喋。下也。或作屇。鎣 集韻 有屇13032無𡲮 字彙 𡲮，子余切音疽。小貌。

屏 13060 05915 píng_8.11 廣韻 薄經切 集韻 韻會 旁經切太音萍 說文 蔽也。从尸并聲 爾雅·釋宮 屏謂之樹 註 小牆。當門中 廣雅 罘罳謂之屏 禮緯 天子外屏，諸侯內屏，在路門之內外 鄭司農曰 依其制，如屏風然 三禮圖 扆從廣八尺，畫斧文。今之屏風，則遺象也 詩·大雅 大邦維屏 註 屏，所以爲蔽也 書·康王之誥 乃命建侯樹屏 註 樹以爲屏藩也 又 屏風，水葵別名 博物志 太原以北有屏風草，依岸而生。一說即防風 又 屏翳，雨師 又 bīng 廣韻 府盈切 集韻 卑盈切太音并 廣雅 屏營，怔忪也 吳語 屏營，徬徨於山林之中，今表箋言激切屏營，即此義也 正字通 作上聲 又 bǐng 廣韻 集韻 類篇 太必郢切，音餅 詩·小雅 君子樂胥，萬邦之屏。叶上領 又 禮·玉藻 其在邊邑，曰某屏之臣某 又 除也，去也，斥也 書·金縢 我乃屏璧與圭 禮·王制 屏之遠方 註 屏，放去也 又 退也 曲禮 侍坐於君子，若有告者曰：少閒，願有復也，則左右屏而待 集韻 韻會 作去聲。鎣又𨸂65586屏12993㟗15025𡲄13084塀09047

屜 13061 05916 tì_8.11 集韻 類篇 太他計切音替。履中薦也。或作𡳍。鎣同屉12966𣟲25265，鞍屜 又 音xiè，同屟、屧，履中薦。

𡲸 13062 05917 yì_8.11 廣韻 羊益切音亦。交𡲸也 正字通 俗字。鎣俗易。

𡳋 13063 05918 qǐng_8.11 玉篇 苦永切，音頃◇𡳋穴也。

屝 13064 05919 fèi_8.11 集韻 韻會 太父沸切音濆 說文 履屬。从尸非聲 釋名 草履曰屝。一曰不借 又 揚子方言 屝，麤履也。絲作曰履，麻作曰屝 左傳·僖四年 共其資糧、屝屨。又 通作菲 前漢·刑法志 菲履赭衣 註 菲，扶味切。與屝同△ 正字通 屝與扉、厞別。

𡲨 13065 05920 xù_8.11 廣韻 徐豫切。履屬◇ 集韻 玉篇 作屐。遲據切。鎣王力：段玉裁以爲卽屖13018字，廣韻 徐吕切，集韻 象吕切。

𡳎 13066 05921 cú_8.11 玉篇 古文徂16577字。

𡳄 13067 05922 wū_8.11 說文 籀文屋字。

𡲾 13068 41050 qū_8.11 篇海 與屈同。短毛鳥也。

𡲲 13069 43223 rǔ_8.11 篇海類編 音乳。

屔 13070 43224 ní_8.11 字彙補 與尼丘之尼同。

𡲱 13071 43225 shǐ_8.11 篇海類編 同屎。

𡳁 13072 43226 bīng_8.11 五音篇海 音兵。

𡳑 13073 43227 bì_8.11 字彙補 與庳同。

𡳀 13074 43228 niào_8.11 海篇 同尿

𪨑 13075 u2AA11 null_8.11 未詳。

𡲓 13076 u21C93 null_8.11 未詳。

𡲏 13077 u21C8F jǐ_8.11 集韻 屩13097，赤舄。或作𡲏。通作几。按，亦作𡱼13038

𡲋 13078 u21C8B null_8.11 未詳。

𡲊 13079 u21C8A null_8.11 未詳。

𡲉 13080 u21C89 null_8.11 未詳。

𡲇 13081 u21C87 shǔ_8.11 俗屬13221

𡲆 13082 u21C86 jī_8.11 俗屐13019

𡲅 13083 u21C85 jī_8.11 俗屐13019

𡲄 13084 u21C84 píng_8.11 俗屏13060

屠 13085 u5C60 tú_8.11 參見屠13098

𡲹 13086 05923 chì_9.12 廣韻 初戢切 集韻 測入切太音埱◆ 說文 从後相𡲹也 集韻 𡲹𡳐，前後相躡也。一曰小步 又 zhǎ 廣韻 集韻 類篇 太側洽切音眨。薄楔○按 爾雅 根謂之楔 喪大記 小臣楔齒用角柶。註：楔音屑，狀如匕，所以拄口受含者。諸家註云薄屑。訓辭未詳，附記於此。

𡳈 13087 05924 shǐ_9.12 集韻 同屎

𡳗 13090 05927 jué_9.12 廣韻 集韻 太渠勿切音倔 埤蒼 短尾犬也△ 正字通 俗屈字。

𡳍 13088 05925 tì_9.12 玉篇 他厲切。同屜。履中薦。

𡳊 13089 05926 shǐ_9.12 正字通 同菡。糞也 正譌 存菡。無𡳊字。

属 13091 05928 shǔ_9.12 正字通 俗屬字。鎣今簡化字。

屧 13092 05929 xiè_9.12 說文 屟13169本字，履中薦也。

𡳏 13093 05930 niào_9.12 集韻 尿本字，今亦作溺。

𡲴 13094 05931 yān_9.12 正字通 同咽。鎣 可洪音義 𡲴頭：上宜作屙，烏何、烏賀二反，遺糞也。

屌 13095 05932
qiú_9.12 字彙 慈秋切音酋。女陰名△ 正字通 俗字。

屩 13096 05933
jiàng_9.12 集韻 古巷切。同降。差也，下也△ 正字
通 說文 本作降 集韻 改作屩。今譌爲屩。

屩 13097 05934
jǐ_9.12 韻會 居履切 集韻 舉履切丛音几 玉篇 赤
舄也 廣韻 赤鞮屩也△ 正字通 屐，卽屩字之譌 字彙 音
几，與赤舄几儿之几同，非。鍌又屩13038屩13077

屠 13098 05935
tú_9.12 廣韻 集韻 韻會 正韻 丛同都切音徒 說文
刳也。从尸者聲 ☒ 廣韻 殺也，裂也 周禮·廛人 凡屠者，
斂其皮角筋骨，入于玉府 史記·信陵君傳 臣乃市井鼓刀
屠者。又 前漢書·高帝紀 令屠沛 ☒ 姓 拾遺記 軒轅去蚩
尤，遷其民。善者於鄒屠之地，惡者於有北之鄉。其先
以地命族，後分爲鄒氏、屠氏。又申屠，複姓 ☒ chú 廣
韻 直魚切 集韻 韻會 陳如切丛音除。休屠，匈奴王號。
休屠朽。鍌通作屠13085 ☒ 屠蘇，或作屠04997廜、15729
廜、庮15590廜 ☒ 史記·信陵君傳。徐慧：魏公子列傳。

屩 13108 u2AA17
juē_9.12 喃 屩13202

扁 13099 05936
biān_9.12 集韻 紕延切
音編。特也 字彙 小舟也△ 正字通 本作扁。

砧 13101 05938
gū_9.12 集韻 辜60532古作砧。

屚 13102 05939
lǚ_9.12 集韻 履13164古作屚。

硪 13103 05940
pò_9.12 字彙補 古文破38787字。

黜 13104 05941
cú_9.12 玉篇 古文祖16577字。

犀 13106 43230
jiàng_9.12 五音篇海 同降。

屖 13107 u2AA18
null_9.12 殷周金文集成·10.5334·屖作父癸卣 屖乍
父癸寶尊彝，用旅。讀若征。

卿 13109 u2AA16
null_9.12 喃未詳。

戲 13100 05937
yè_9.12 字彙補 同拽

屈 13111 u21CA8
null_9.12 未詳。

屄 13105 43229
pì_9.12 字彙補 同屁

歷 13112 u21CA7
null_9.12 未詳。

屟 13110 u21CAA
yùn_9.12 同屌11846

屁 13113 u21CA6
null_9.12 未詳。

屺 13114 u21CA5
null_9.12 未詳。

屝 13115 u21CA2
null_9.12 未詳。

屚 13116 u5C61
lǚ_9.12 简 屢13144

屈 13117 05942
qū_10.13 廣韻 衢物切音掘。短尾鳥也 正字通 同屈，
省 說文 屈，本作屈。从尾出聲。凡物之短尾者，皆可曰
屈。必分訓屈爲短尾鳥，屈爲短尾犬，亦泥。

戾 13118 05943
mèi_10.13 玉篇 微曳切。出釋典 字彙 音袂。尾長也
○按二書音與切不合，疑有譌誤。鍌切身字。

屁 13119 05944
pī_10.13 字彙 篇夷切，音批◇穴也。

屐 13120 05945
zòu_10.13 集韻 奏10107古作屐。

屪 13121 05946
cú_10.13 字彙 才余切，聚平聲◇女陰名。

屏 13122 05947
zòu_10.13 正字通 同屐。譌省。

屨 13123 05948
xuē_10.13 玉篇 盱戈切。同靴 集韻 鞾屬。本作鞾。

屚 13124 05949
nì_10.13 正字通 俗溺字。

屣 13125 05950
xǐ_10.13 字彙補 古文徙16661字。

屍 13126 05951
wěi_10.13 集韻 尾12936古作屍。

屈 13127 05952
qū_10.13 集韻 屈12965古作屈。鍌又屈13117

屒 13128 41051
kài_10.13 篇海類編 音慨。莖也。

屓 13129 43231
qún_10.13 龍龕 與羣同。

屭 13130 43232
mì_10.13 字彙補 音蔑。出 內典

屜 13131 43233
tì_10.13 字彙補 他計切音替。出 高僧傳

屜 13132 u2AA14
null_10.13 未詳。

屬 13133 u2AA13
null_10.13 未詳。

屖 13134 u2AA12
null_10.13 未詳。

屋 13135 u21CC3
cuǒi_10.13 喃俗膾13219

屘 13136 u21CC1
xái_10.13 喃 从屎太thái聲。烟屎，鴉片烟垢。

屘 13137 u21CC0
ngoe_10.13 喃 从尾危nguy聲△屘雕：搖尾巴。

屨 13138 u21CBE
tuī_10.13 同屨 類篇 屨屨，徂回切。粗履不借也。
或作屨。屨又呼肥切。屨又子启切。又戶瓦切。

屠 13140 u21CBA
jǐ_10.13 俗脊47213

既 13139 u21CBD
qì_10.13 同愒18302 玄
應音義 停愒。又作憩 倉頡篇 作既，同。墟例反。

屨 13141 u21CB9
lǚ_10.13 俗屨13144今簡化字作屨13116

屘 13142 u21CB8
wèi_10.13 同糭43332

屧 13143 u21CB7
xiè_10.13 同屧13092 類
篇 穌叶切 說文 履中薦也。又他計切。

屨 13144 05953
lǚ_11.14 古文婁 集韻 韻會 丛龍遇切音慮。數也 增
韻 煩數。又疾也 詩·周頌 屢豐年 書·益稷 屢省乃成 註
屢，數也，當數顧省汝成功也。或作婁。鍌又屨13116
屨13141

扃 13145 05954
bǐ_11.14 玉篇 博美切，音彼◇屄屃也，臀也。

屄 13146 05955
qì_11.14 廣韻 集韻 丛去例切音憩 玉篇 心息也。今
爲憩 正字通 經史通作墍 詩·大雅 民之攸墍 傳 墍，息也。
或作屄。

屚 13147 05956
qū_11.14 玉篇 此踽切。同舰，伺視也 集韻 屄屚，
行前却也。

屣 13148 05957
xǐ_11.14 廣韻 集韻 丛所綺切音縰 玉篇 履也，或作
蹝 孟子 猶棄敝蹝 註 草履也 廣韻 履不躡跟也。與蹝同
前漢·雋不疑傳 躧履起迎 註 曳之而行，言其遽也 ☒ 廣
韻 集韻 丛所寄切。義同。

廖 13149 05958
liáo_11.14 字彙 同廫△ 正字通 廫、嶛、屌，丛俗字。
鍌又屌13185

屨 13150 05959
tuī_11.14 廣韻 他回切 集韻 通回切，並音蓷 玉篇 履

也。西南梁益閒謂履曰屣廣韻屣，履屬。有頸曰屩集韻粗履，不借也囡集韻戸瓦切音踝。又集韻祖回切，音朘。義並同。或作屦。

屧 13151 05960 shùn_11.14　正字通古文舜48541字。

屨 13152 05961 shùn_11.14　正字通古文舜48541字。

胸 13153 41052 tiāo_11.14　字彙補吐凋切音挑。田器。

屩 13154 43234 qú_11.14　字彙補與絇同。

屫 13155 u2AA1A null_11.14　嗬未詳。

履 13157 u21CCC xù_11.14　同屨13018集韻屨履，象呂切說文履屬。或从夂。

屪 13156 u2AA19 sóng_11.14　同屍13160精液。

屒 13158 u21CCB zhān_11.14　屟69170廣韻譌作屟。

屩 13159 u21CCA null_11.14　未詳。

屍 13160 u379E sóng_11.14　精液囡（射精後）疲軟，屈服囡囊屍，窩囊廢。髒屍，骯髒的傢夥。並詈語囡作尿12946 粮43301 䐁70721 屪13156

屫 13161 u379D null_11.14　未詳。

屨 13162 uF94B lǚ_11.14　兼屨。

層 13163 05962 céng_12.15　唐韻昨稜切集韻韻會正韻徂稜切丛音曾說文重屋也。从尸曾聲囡玉篇重也，累也。凡物之重者，通曰層囡增韻級也，古通作曾史記·司馬相如傳仝入曾宮之嵯峨。鎣又层12955層13174

履 13164 05963 lǚ_12.15　古文屨韻廣韻力几切集韻韻會兩几切，丛梨上聲說文足所依也。本作履，今作履爾雅·釋言履，禮也註禮可以履行也釋名履，禮也，飾足所以爲禮也字書草曰扉，麻曰屨，皮曰履，黃帝臣於則造囡踐也易·坤卦履霜堅冰至詩·齊風履我卽兮註躡我之跡而相就也。又左傳·僖四年賜我先君履註謂所踐履之界也囡以履加足亦曰履史記·留侯世家良強忍，下取履。父曰：履我。良因長跪履之，父以足受，笑而去囡祿也詩·周南福履綏之註履，祿，綏，安也。姓，見姓苑。鎣又趿59079屜13038屧13097覆59536覆16658

履 13165 05964 lǚ_12.15　說文履字本作履，从尸从彳 从舟从夊徐曰履行，故从彳。夊，足也。毛氏曰从舟，載也。履能載足。

屪 13166 05965 diàn_12.15　廣韻集韻類篇丛堂練切音奠說文㠯也○按㠯，治具也，儲也。與庪、峙義通囡廣韻屟，待也囡dǐng廣韻集韻類篇丛都挺切音頂博雅重也。一曰展也。

屋 13167 05966 chù_12.15　字彙初六切音珿。入下貌△正字通譌字。

屝 13168 05967 lìn_12.15　字彙良慎切音吝。閩人謂陰也△正字通按方俗語有音無字，陰不必別名屝。

屧 13169 05968 xiè_12.15　唐韻蘇叶切集韻韻會正韻悉協切丛音燮說文履中薦也。本作屟，从尸枼聲徐曰履中替也。

囡增韻履也姑蘇圖經吳王宮中有響屧廊，以梗梓板籍地，行則有聲，故名杜甫詩步屧隨春風△集韻或作蹀、蹀。鎣又屧13178屜13061屧13143蹀51359

屦 13170 43235 jué_12.15　篇海類編渠物切音倔。短貌。曲也。

屭 13172 u2AA1C null_12.15　嗬未詳。

屓 13171 43237 xǐ_12.15　海篇音國。鎣龍龕屓，古文，音西。今作瘹36284癬二字。疫屓，亦病也，散也囡字彙補屓，與屝32728同。

屟 13173 u2AA1B null_12.15　嗬未詳。

層 13174 uFA3B céng_12.15　同層13163

屉 13175 u21CDD rốt_12.15　嗬从尾卒tốt聲△屉局：結局。

屖 13176 u21CDC cuối_12.15　嗬从尾季quí聲。結尾。

咕 13177 u21CDB cứt_12.15　嗬从屎吉cát聲。糞便。

屧 13178 u21CD9 xiè_12.15　同屧13169新撰字鏡屧屧，二字同蹀字。

屩 13179 u21CD7 null_12.15　同屩13194

屩 13180 u21CD6 null_12.15　未詳。

屩 13181 u21CD5 null_12.15　未詳。

屦 13182 u21CD4 null_12.15　未詳。

屧 13183 u21CD3 null_12.15　未詳。

屭 13184 u21CD2 vẽ_12.15　同屭46908

屪 13185 u37A0 liáo_12.15　同屪13203 韻學驪珠屪，离徭切。男子陰。

屨 13186 uF9DF lǚ_12.15　兼屨。

屨 13187 u5C66 jù_12.15　简屨13200

屫 13190 05970 zì_13.16　集韻類篇丛千咨切音恣。此也。亦作屏。

屏 13191 05971 zòu_13.16　字彙補古文奏字○按集韻本作屪。

歷 13192 u2AA1D null_13.16　嗬未詳。

屭 13189 05969 qú_13.16　字彙補其俱切。與颶同。頭有兩角，出遼東。

䴙 13193 u21CE7 píng_13.16　中華大字典鵯35720誤作䴙。

屏 13195 u21CE5 toi_13.16　嗬从尸碎toái聲。同甍27000

屧 13194 u21CE6 null_13.16　未詳。

鄱 13198 u21CE2 đo_13.16　嗬从尺都đô聲。度量，測量△亦作甍13197 鄱13196 擲20804 躑59423

鄱 13196 u21CE4 đo_13.16　嗬同甍。

甍 13197 u21CE3 đo_13.16　嗬同鄱13198

屟 13199 05972 chǐ_14.17　廣韻集韻丛楮几切，絺上聲。移蹀也廣韻移蹀就寬囡chì玉篇廣韻丑利切集韻丑二切丛音踶。蹀析曰屟廣韻分蹀也△正字通本作屟。支部譌作屟，丑二切，註同屟，重出△集韻屟或作屟。

屨 13200 05973 jù_14.17　唐韻九遇切集韻韻會俱遇切丛音句說文履也。从履省，婁聲。又鞮徐曰鞮，革履也釋名屨拘也，所以拘足也周禮·天官屨人掌王及后之服屨註複下曰舄，禪下曰屨疏複下謂重底，禪下謂禪底也儀禮·士喪禮夏葛屨，冬白屨禮·曲禮侍坐於長者，屨不上於堂囡增韻同韃周禮有韃韃氏。鎣又屨13187 蘆51490

屭 13201 u2AA1E null_14.17　嗬未詳。

屩 13202 05974 juē_15.18　廣韻集韻居

勺切韻會訖約切𠀤音腳說文履也。从履省，喬聲廣韻草履也增韻木曰屐，麻曰屩史記·范睢傳虞卿躡屩擔簦，一見趙王，拜爲上卿 又正字通居六切音菊莊子音義屩以籍鞋下也。又集韻通作蹻王褒·聖主得賢臣頌離疏釋蹻△集韻或作𥿍，亦作鞽、屩。鑾又𩋾67275鞽67455𡳇13108 又敦煌·S.388正名要錄屩13216蹻59205，右字形雖别，音義是同。古而典者居上，今而要者居下。

屪 13203 05975 liáo_15.18 字彙力宵切，音聊◇男陰。鑾又𡳝13185𡳐13149𨈈27256

𡳪 13205 u21CEA đuôi_15.18 喃从尾堆đôi聲△頭𡳪：首尾，前後。𨃴𡳪：夾着尾巴，害羞。遶𡳪：追隨。𩯁𡳪䳓：雞尾髮式（古時女子扎頭巾，髮尾常於側方露出，其形似雞尾，故名）△亦作𡳫13206

𡳫 13206 u214CB đuôi_15.18 喃从尾堆đôi聲。同𡳪13205尾巴。

屭 13208 05977 zhǎn_16.19 說文展本字。

𡳭 13209 05978 lú_16.19 玉篇力諸切音閭。居也△正字通俗廬字。

屭 13210 43238 jī_16.19 搜眞玉鏡音積。

𪨠 13211 u2AA20 null_16.19 喃未詳。

屢 13204 43236 lóu_15.18 高僧傳同樓

𪨟 13212 u2AA1F null_16.19 未詳。

屩 13207 05976 juē_16.19 集韻同屩史記·孟嘗君傳馮讙聞孟嘗君好客，躡屩而見之。

𦢢 13213 u268A2 nóc_16.19 喃同𦢡13214

𦢡 13214 u268A1 nóc_16.19 喃从屋从脊。屋脊，屋頂。

𤳰 13215 u24CF0 ve_16.19 喃从尺𤳰vẽ聲。

屩 13216 u21CEF juē_16.19 俗屩13202

𡳭 13217 u21CED chǐ_16.19 類篇𡳭，褚几切。移蠶也。又丑二切。蠶衻曰𡳭。

𡳰 13218 41053 lú_17.20 字彙補落乎切音盧。𡳰𡳰，螟蛉也。

𡳱 13219 u21CF3 cuối_17.20 喃从尾會hội聲。最後，末尾。

𡳲 13220 u21CF2 vạn_17.20 喃俗𪓌51816

屬 13221 05979 zhǔ_18.21 廣韻集韻之欲切韻會朱玉切𠀤音燭說文連也。从尾蜀聲徐曰屬，相連續，若尾之在體，故从尾廣韻聚也，會也周禮·州長正月之吉，各屬其州之民而讀灋。註：屬，聚也孟子乃屬其耆老而告之。又托也，付也左傳·隱三年宋穆公疾，召大司馬孔父而屬殤公焉史記·留侯世家漢王之將，獨韓信可屬大事，當一面 又恭也禮·禮器屬屬乎其忠也註屬屬，恭貌。又續也史記·信陵君傳平原君使者，冠蓋相屬於魏。又晉語必屬怨焉註屬，結也 又足也左傳·昭二十八年願以小人之腹，爲君子之心，屬厭而已註屬，足也，言小人知厭足，君子當亦然 又左傳·僖二十三年其左執鞭弭，右屬櫜鞬，以與君周旋註著也周禮·冬官考工記察車之道，欲其樸屬而微至註附著堅固也 又恤也書·梓材至于敬寡，至于屬婦傳屬，存恤也。婦，妾婦也 又甲札之數前漢·刑法志魏氏武卒，衣三屬之甲如淳註上身一，髀褌一，脛繳一，凡三屬，皆相連屬也。又shǔ廣韻市玉切集韻韻會殊玉切𠀤音蜀小雅·常棣鄭箋，屬者，昭穆相次序也 又增韻隸也，系屬也，官寮也禮·王制千里之外設方伯，五國以爲屬，屬有長。又書·周官各率其屬，以倡九牧 又九族也史記·田單傳田單者，齊諸田疏屬也 又類也，儕等也史記·留侯世家今陛下起布衣，以若屬取天下，而所封皆蕭、曹故人。又從也史記·項羽本紀羽渡淮，騎能屬者百餘人耳。又前漢·賈誼傳善屬文師古註屬，謂綴輯之也 又左傳·成二年韓厥曰：下臣不幸，屬當戎行註屬，適也。又書·禹貢涇屬渭汭傳屬，逮也。馬云入也 又zhù◆五音集韻朱戍切音著。注也儀禮·士昏禮酌元酒，三屬於尊註屬，注也。又晉語若先，則恐國人之屬耳目於我也註屬，注目也。又屈原·離騷前望舒使先驅兮，後飛廉使奔屬△正字通俗作属、𡞿，非。鑾又属13081𡲱12978𡲳12979，並俗 又前漢·賈誼傳善屬文。徐慧：兒寬傳

𡳷 13222 u21CF7 null_18.21 未詳。

𡳶 13223 u21CF6 cũ_18.21 喃同𡳵13224

𡳵 13224 u21CF5 cũ_18.21 喃俗𪊩48452老，舊。

𡳸 13225 05980 lì_19.22 唐韻集韻𠀤郎擊切音歷說文履下也。

𪨡 13226 u2AA21 null_19.22 未詳。

屭 13227 05981 xì_21.24 廣韻集韻韻會𠀤虛器切音𣝶。贔屭，作力貌張衡·西京賦桃林之塞，綴以二華，巨靈贔屭，高掌遠蹠註巨靈，河神也，二華本一山，河神用力，手劈足蹋，分山爲二，以通河流 又韓愈·月蝕詩寒氣𡡵屭頑無風 又集韻壯大貌。本作眉△集韻亦作屓。互詳貝部贔58056字註。鑾又𡳀05042屓12954𡳻13228

𡳻 13228 43239 xiè_21.24 龍龕音備。鑾字彙補𡳻，與屓音義同。

𡳹 13229 u21CFD nóc_22.25 喃从屋篤đốc聲。座，所，幢。省作𥱯42240

◈ 屮部 ◈

屮 13230 05982 chè_0.3 廣韻丑列切集韻敕列切𠀤音徹說文艸木初生也。象丨出形，有枝莖也徐鉉曰屮，上下通也。象艸木萌芽，通徹地上也 又cǎo集韻采早切音艸。尹彤曰：古文或以爲艸字前漢·鼂錯傳屮茅臣無識知。鑾又屮13233

𡳾 13231 05985 zuǒ_0.3 玉篇作可切，佐上聲說文𡳾，手也。象形。今作左集韻又作ナ。鑾又ナ，古文有。

乚 13232 05986 jué_0.3 集韻類篇𠀤居月切音厥六書略乚丩，動貌。

屮 13233 uFA3C chè_0.3 兼屮13230

屮 13234 u2F2C chè_0.3 部屮13230

屯 13235 05983 zhūn_1.4 集韻韻會𠀤株倫切音肫說文難也。象艸

木之初生，屯然而難。从屮貫一。一，地也，尾曲 玉篇
萬物始生也 囝 廣韻 厚也 易·屯卦 屯，剛柔始交而難生
囝 屯邅，難行不進貌 易·屯卦 屯如邅如。別作迍 囝 增
韻 吝也 易·屯卦 屯其膏 囝tún 廣韻 集韻 徒渾切 正韻
徒孫切囤音豚。聚也，勒兵而守曰屯 前漢·趙充國傳 分
屯要害 囝 兵耕曰屯田 周禮·冬官 有屯部，今曰屯田司
囝 姓。三國蜀漢法部尚書屯度 囝 屯留，縣名，在上黨
囝dùn 集韻 徒困切音頓。亦姓 風俗通 混屯，太昊之良
佐，子孫因以爲氏 鋆 前漢·趙充國傳 分屯要害。徐慧：
分屯要害處 囝 屯00058 馳69824

屮 13236 05984
zhǐ_1.4 　玉篇 古文之字 說文 出也。象屮過屮，枝
莖益大，有所之也。一者，地也△亦姓。隷作之。

半 13237 u21D00
fēng_2.5 　同牟13248 丰本字。

屮 13238 u21CFF
zhǐ_2.5 　之00275本字。

屰 13239 05987
nì_3.6 　唐韻 廣韻 宜戟切 集韻 類篇 韻會 正韻 仡
戟切，並迎入聲。逆本字 說文 不順也。从干。下凵，屰
之也 囝pò 集韻 匹陌切音魄。月始生三日。與魄通。
囝 正字通 古戟字。有枝兵也。與干字同體。雙枝爲屰，
單枝爲戈。隷借爲逆順字，作戟字以別之。

专 13240 05988
zhuān_3.6 　集韻 專12553古作玄。鋆 又玄13354

屯 13241 05989
pān_3.6 　字彙補 古文攀字 前漢·司馬相如傳 仰屯
橑而捫天 註 屯，古攀字 文選 今作攀。

屶 13242 41054
zhū_3.6 　篇海 竹律切，諄入聲◇艸一出也。鋆 鄧
福祿：俗茁49205

党 13243 43240
shì_3.6 　字彙補 與市同。

𡄣 13244 u21D03
jǔ_3.6 　汗簡 𡄣，舉48394 古論語 玉涵山房輯佚
書·古論語·顏淵 舜有天下，選於衆，𡄣臯陶，不仁者遠
矣。湯有天下，選於衆，𡄣伊尹，不仁者遠矣。

芬 13245 05990
fēn_4.7 　唐韻 集韻 撫文切 韻會 正韻 敷文切囤音
芬 說文 艸初生，香分布也 徐曰 初生孚甲也 囝 香也。
重文从艸作芬 詩·大雅 燔炙芬芬 囝 集韻 符分切音汾。
義同。

兴 13246 05991
lù_4.7 　廣韻 集韻 盧力竹切音六 說文 菌兴，地
蕈，叢生田中 籒文 从三屮。鋆 又嶘13285嶘13284尢08258
蕤02450

坒 13247 05992
huáng_4.7 古文呈坒 集韻 類篇 盧胡光切音皇 說文
艸木妄生也。从屮从王，與古文封字从屮土會意不同。
凡狂匡往字从此◇按 總要 音汪，艸木大茁也 同文備考
音旺，艸木生也。舊註从 廣韻 巨王切音狂，非。

半 13248 05993
fēng_4.7 　集韻 敷容切。丰本字。本作半 說文 艸盛
半半也。从生，上下達也。或作芊、丰。

禹 13249 05994
jū_4.7 　集韻 居玉切，音挙 說文 持也。从反丮。

本作屏。

肯 13250 u21D0A
qiāng_4.7 　同肯02705青08276本字。

帆 13251 u21D09
vòm_4.7 　喃 从屯凡phàm聲。拱△帆丕：蒼穹。帆
更：望樓。

命 13253 05996
jiǎ_5.8 　字彙補 古文甲35354字。

坒 13254 05997
huáng_5.8 　集韻 坒13247古作坒。

𡛘 13255 u2F8F8
měi_5.8 　同每13252

毎 13252 05995
měi_5.8 　集韻 母罪切。
每27183本字 說文 艸盛上出也。从屮母聲。引 左傳 原田
每每 徐鉉曰 今別作苺，非是。又事屢也，凡也，雖也。
隷作毎△ 正字通 每有平上去三聲。

峃 13256 05998
niè_6.9 　廣韻 集韻 朿魚列切音蘖 說文 危高也。从
自屮聲 正譌 辥字从此 商書 天作峃。別用孽，譌△ 正字
通 或作隉、𡾳。鋆 又嵒13549峊13548

𡔃 13257 05999
qīng_6.9 　集韻 青66935古作𡔃。

𡔄 13258 06000
qīng_6.9 　集韻 青66935古作𡔄。

𡔅 13259 06001
qīng_6.9 　玉篇 古文青66935字。

𡌇 13260 41055
quán_6.9 　篇韻 其員切音拳。地名。鋆 又𡌈13261

𡌈 13261 u21D12
quán_6.9 　同𡌇13260

皂 13262 u21D13
sī_6.9 　古文思17124

𡌉 13263 06002
měi_7.10 　正字通 俗每字。

峯 13264 06003
nán_7.10 　說文 古文南04567字。

崀 13265 06004
zhuān_7.10 　玉篇 古字叀字○按 叀更亦作玄。隷作顓，
通用專 字彙 訓小謹，與 正譌 叀訓同，音拴去聲，失顓，
專本音，誤△ 正字通 更，古从二△，譌从呂，非。鋆 又
玄13354叀04664

秴 13267 u2A70F
xìng_7.10 　同夅13266
字 說文 吉而免凶也。从屰从夭。隷作幸。鋆 又秴13267

夅 13266 06005
xìng_7.10 　正字通 幸本

𡋹 13268 u21D1A
fēn_7.10 　芬49068或體。俗胡亦作𡋹13717

𡔄 13269 u21D19
qīng_7.10 　同𡔄13258，古文青青字。

毒 13270 06006
dú_8.11 　廣韻 集韻 朿徒沃切。毒本字 說文 毐，厚
也。害人之艸，往往而生。从屮毒聲。若荼莽冶葛之屬。
本作毐。或曰 列子 亭之毒之，化育之義，从母从生。子
居母腹，固而後生。會意。亦作毐，後借爲毒害字，省
作27189△ 正字通 同文備考 毐爲亭毐字，等谷切。毐
爲毒虫字，讀若匱。分毐、毒爲二，非。

崟 13271 06007
shèn_8.11 　字彙補 古文慎18082字。

翠 13272 06008
zòu_9.12 　集韻 則候切。奏本字 正譌 从本从屮从屮。
屮音徹，上進之義。本亦訓進。會意。

靴 13273 06009
yǔn_9.12 　集韻 余準切。同允。本作靴 引 易·升卦 靴
升大吉。鋆 又靴14013乱60530

13274 06010
崒 nán_9.12 　集韻 南04567古作崒。

13275 06011
堃 null_9.12 　字彙補 五嶽姓崇名堃。音未詳。見 五嶽 真形圖

13277 u21D23
崣 null_9.12 　未詳。

13276 06012
岺 běn_9.12 　字學三正古 文本字○按 集韻 本，古文作岺。下從三口。

13278 06013
嵶 shǒu_10.13 　玉篇 古文手19137字。

13279 06014
嶬 lí_10.13 　集韻 离40167古作嶬。 正字通 离註：山神 獸也。從禽頭、從内、從屮。歐陽喬說：嶬，猛獸也 說 文註 從屮，義無所取。疑象形 同文舉要 從屮，屮音徹， 象獸頭角，能觸害物，故從凶 吳元滿 · 總要 象三角直目 形。小篆謁作离 說文 謬入内部，別加鬼作魖，楷偏旁 作离。按象形之說岺泥。吳氏改作三角直目形，尤非 正 謁 嶬，山神獸。借爲卦名。又麗也。隸作離。鑃 又离14089

13280 06015
熏 xūn_12.15 　玉篇 詡軍切。熏本字 說文 火煙上出也。 從屮從黑。屮黑，熏象也△ 集韻 隸作熏。俗作燻，非。 鑃 又黑14291

13281 06016
崰 sàng_12.15 　集韻 喪06529古作崰。鑃 同崰

13282 06017
崒 zòu_12.15 　字彙補 古文奏10107字。

13283 06018
崙 běn_12.15 　集韻 本23528古作崙。

13284 06019
蕌 lù_15.18 　玉篇 力竹切。籀文莃字。從三岊，叢生。 朱謀㙔曰：蕌即蓲字，蔬屬總名△ 正字通 蓲，禾屬。岊， 地蕈。朱氏合蓲、蕌爲一，非。以蕌爲蔬屬總名者，亦 非。

13285 u21D2B
蘽 lù_18.21 　同蕌13284 說文 岊，菌岊，地蕈。叢生田中。 從中六聲。蕌，籀文岊從三岊。

13286 06020
灑 bài_19.22 　集韻 拜19401古作灑。

◆ 山部 ◆

13287 06021
山 shān_0.3 　廣韻 所閒切 集韻 韻會 師閒切𠀤音汕 說 文 山，宣也。宣氣散，生萬物，有石而高也 徐曰 象山 峰岺起之形 釋名 山，產也。產萬物者也 易 · 說卦 天地 定位，山澤通氣 書 · 禹貢 奠高山大川 爾雅 · 釋山 河南華， 河西嶽，河東岱，河北恆，江南衡 周禮 謂之鎮 註 鎮， 名山，安地德者也。又 山海經 山分東西南北中五經。 南則自蜀中西南至吳越諸山界。西則自華陰、嶓冢以至 崑崙、積石諸山，今隴西甘肅玉門外，其地也。北則自 狐岐、大行以至王屋、孟門諸山，是 禹貢 冀、雍兩州之 境也。東則自泰岱、姑射沿海諸境，則 禹貢 青州齊魯 之地也。見 讀山海經語 🅐 連山，古 易 名 周禮 · 春官 掌 三 易 之法。一曰連山 註 似山之出内氣也 🅐 姓。古烈 山氏之後。又公山，複姓 🅐 集韻 韻會 𠀤所旃切音仙 詩 · 小雅 幽幽南山。叶上干，干音堅。又 孔子 · 丘陵歌 喟 然迴慮，題彼泰山。鬱確其高，梁甫迴連○按山在刪韻，

古轉聲。寒刪先通，則非止叶音矣 🅐 叶疏臻切音莘 班 固 · 東都賦 吐餒生風，欲野歆山。叶下振△ 正字通 本部 與土阜石三部通者，岺互見。鑃 又应15366岊13581 🅐 山 廣碑別字 · 山 引 唐孔桃栓墓誌

13288 u2F2D
山 shān_0.3 　部 山13287

13289 06022
屼 yà_1.4 　正字通 乙札 切音軋。山曲也。與圠通。鑃 亦作屸13290

13290 41056
屸 è_1.4 　龍龕 五葛切。山曲。鑃 同屼13289

13291 43241
屵 gài_1.4 　龍龕 音蓋。鑃 同屸00393，俗丐00030

13292 u5C72
屲 wā_1.4 　同洼28202地名用字。

13293 06023
岑 cén_2.5 　字彙 魚音切音吟。助也。朱謀㙔曰：岑， 古岑字，從今省。孤高之山。人象其形。從山，指其事 正 字通 據此說 字彙 音岺非，岑與 說文 岑滔，朱說亦非。 鑃 楊寶忠：俗岑13295

13294 06024
屳 xiān_2.5 　集韻 相然切音鮮。山居長往也 字彙 卽仙 字。入山長生曰仙○按與人部仚字音義不同 正字通 謁 合爲一，反駁 字彙 之非，不知其本有兩字也。鑃 熊加 全：同屳。

13295 06025
岑 cén_2.5 　唐韻 鉏簪切 集韻 鋤簪切𠀤音岑 說文 入 山之深也。鑃 楊寶忠：俗岑13295

13296 06026
屴 lì_2.5 　廣韻 林直切 集韻 韻會 六直切𠀤音力。崱 屴，山高貌。又山連也 杜甫 · 封西嶽賦 超崱屴。又 王延 壽 · 魯靈光殿賦 崱屴嶵嶻 註 宮殿高竦貌 🅐 正字通 屴， 或讀如勒。義同。鑃 又屼13307

13297 06027
屼 jǐ_2.5 　廣韻 居履切 集韻 舉履切𠀤音几 說文 女 屼，山名。或曰弱水之所出 書 · 禹貢 弱水旣西 註 柳宗 元曰：西海之山有水，散渙無力，不能負芥，投之則委 靡墊沒，及底而後止。旣西者，導之西流也 前漢 · 地理 志 在張掖郡刪丹縣。薛氏云弱水出吐谷渾界窮石山， 自刪丹至合黎山，與張掖縣河合。

13298 06028
嵒 hù_2.5 　字彙 古屍字 楊慎 · 奇字韻 嵒，古文屍。從 山卩。改從馬，非。

13299 06029
屶 huì_2.5 　集韻 會23314古作屶。鑃 可洪音義 意屶： 力悅反。弱也，鄙也，少也。正作劣上方藏 作意劣 玉 篇 音會，非也。又長屶：伊謬反。少也。正作幼也 玉篇 音會，非也。

13300 06030
岠 hù_2.5 　集韻 屍19105古作岠△ 六書故 作岊。 鑃 亦同岊13380

13301 06031
屵 è_2.5 　廣韻 五割切 集韻 牙割切𠀤音巘 說文 岸 高也 🅐 集韻 魚列切音孽。義同△ 說文 屵獨爲部，與厂 部屵音義別△ 總要 屵，同岸。轉入聲，與巘通。

13302 06032
屼 wēi_2.5 　玉篇 古文危04728字○按 集韻 作屼。

13303 06033
屵 yuè_2.5 　集韻 嶽14378古作屵。

[illegible] 13304 43242 wēi_2.5 五音篇海同㞢。

[illegible] 13305 43243 wēi_2.5 龍龕音危，山名。

岜 13306 43244 jié_2.5 篇海類編同岊。鑾又同節42255姓古璽彙編.5348岜子。

屴 13307 u21D3D lì_2.5 崱屴，同崱屴13296，山高貌。

𡴺 13308 u21D3A jié_2.5 同岊13380

𡴷 13310 u21D37 null_2.5 未詳。

𡴹 13309 u21D39 jié_2.5 正字通岊，同岊13380泝原作𡴹六書故作𡴺13308△宏按，岊13300也古文卪19105

𡴶 13311 u21D36 suì_2.5 同𡶢13340俗歲。

𡴵 13312 u21D35 tīng_2.5 客崎屼屼，山勢險峻陡峭。

𡴴 13313 u21D34 qiú_2.5 俗厹05058叶韻彙輯𡴴，巨鳩切。𡴴猶縣，屬臨淮郡。又詩厹矛鋈錞傳𡴴，三隅矛。又說文高氣也。同𡴴。

屷 13314 u5C77 null_2.5 或岃13299譌字。

屶 13315 u5C76 dāo_2.5 日地名用字。

屸 13316 06034 hóng_3.6 集韻胡公切音洪。山名。

屹 13317 06035 yì_3.6 廣韻魚訖切集韻逆乙切韻會正韻魚乞切丛音仡。屹崒，山貌正字通山獨立壯武貌△集韻或作屹。鑾又屹13414屹13335岂13339岂13334圪33811屹65469屹65547

屺 13318 06036 zǐ_3.6 玉篇即李切。山也正字通譌字。

屺 13319 06037 qǐ_3.6 廣韻正韻虛里切集韻韻會口己切丛音起說文山無草木也爾雅·釋山無草木峐疏峐，當作屺詩·魏風陟彼屺兮，瞻望母兮〇按毛傳無草木岵，有草木屺。互異。鑾又岂13355屺13353集韻屺13348峐13561說文山無艸木也。引詩陟彼屺兮。或作峐。亦書作岂13331

岚 13320 06038 lán_3.6 正字通同嵐13949省。

岃 13321 06039 rèn_3.6 集韻而振切音刃。山高形。

𡵆 13322 06040 náo_3.6 字彙奴刀切音猱。山平也△正字通猱字之譌。鑾山平也。曹軍：平字為詩經遭我乎猱之間兮中乎字之形譌，參見巙14304

岏 13323 06041 huán_3.6 集韻胡官切。同峘。

屼 13324 06042 wù_3.6 廣韻集韻韻會正韻丛五忽切音兀。巙屼，山貌也。一曰秃山貌唐元結·系樂府山屹屼兮水淪漣 因五屼，山名，在犍爲郡。一山有五重，故名左思·蜀都賦躡五屼之蹇嵼。鑾又屼13341岉13345

屽 13325 06043 hàn_3.6 集韻侯旰切。同岸。山名 因魚旰切音岸。義同△正字通岸字之譌。

屾 13326 06044 shēn_3.6 廣韻類篇所臻切集韻疏臻切丛音莘說文二山也魏校精薀兩山太峙，各止其所，靜之極也。△正字通屾，卽山之重文。音義不殊。或謂易兼山，艮。屾當是古文艮。其說亦泥韻會正韻俱不收屾。

岇 13327 06045 máng_3.6 集韻謨郎切音茫。砊碭，山名。或从山作岇史漢皆作芒碭。

岦 13328 06046 zǒu_3.6 字彙補古文走58184字。

𡶃 13329 06047 wēi_3.6 集韻危04728古作𡶃。

岱 13330 41057 dài_3.6 字彙補度柰切，音代◇島名。鑾又直音篇岱，古文青字。

𡵓 13332 41059 qìn_3.6 龍龕丘近切，近也。

𡵔 13333 41060 qīn_3.6 字彙補乞真切音鑿。山名也。見郭忠恕佩觿集

岂 13334 43245 yì_3.6 篇海類編同屹。鑾俗屹。

屹 13335 43246 yì_3.6 篇海類編同岂。鑾俗屹。

𫝳 13336 u2B773 hù_3.6 屺13300譌字。亦作岵13298

𪨥 13337 u2AA25 null_3.6 未詳。

岂 13331 41058 qǐ_3.6 集韻屺，或書作岂。鑾又岂，俗凸字可洪音義凹岂：上烏洽反，下徒結反。正作凸也。又字躰似㞢，節、截二音，非。

𪨤 13338 u2AA24 null_3.6 未詳。

𪨣 13339 u2AA23 yì_3.6 同屹13317

𪨢 13340 u2AA22 suì_3.6 同𡴶13311，俗歲。

𡵐 13341 u21D50 wù_3.6 俗屼13324南齊書·張融傳硿泱瀰泂，流柴磾屼龍龕屼，音兀。山皃。亦山名也。

𡵎 13342 u21D4E huán_3.6 集韻峘13573岏峞，胡官切爾雅小山岌大山，峘。或从丸从完。亦書作屶、𡵎。

𡵍 13343 u21D4D null_3.6 王念孫讀書雜志·淮南內篇第十七·說林賊心𡵍：陳氏觀樓曰：𡵍字當為亾也二字之譌。亡，無也。言狂者與嬰兒皆無賊害之心，故人莫之怨也意林引此作無心也，蓋脱賊字。

𡵌 13344 u21D4C chā_3.6 岔岈，也作嵖岈，山峰参差聳立貌唐文粹·卷第三十二·獨孤及·招北客文三峽兩壁，亂峯如戟，岔岈屹崒，頹洞劃坼讀史方輿紀要·卷三十六·山東七·萊州府嵖岈山在州北三十里，以山形嵖岈而名。又卷五十·河南五·汝甯府查牙山，縣西南七十里，亦曰嵖岈山。

岉 13345 u21D49 wù_3.6 同屼13324崪岉，亦作崪屼。嶤岉，亦作嶢屼 因ngút喃从山兀ngột聲。同烷30894

𡵈 13346 u21D48 lù_3.6 同𠧟08258

𡵇 13347 u21D47 zì_3.6 俗字11745

𡵆 13348 u21D46 qǐ_3.6 俗屺13319

𡵂 13352 u21D42 měi_3.6 同美45729郭店楚墓竹簡·老子乙本𡵂与亞。讀作美與惡。

𡵅 13349 u21D45 liú_3.6 龍龕𡵅，音流。

毕 13350 u21D44
fēng_3.6　从山从丰。正从丨作凷13237，古文丰00182

屵 13351 u21D43
gān_3.6　屵祿，干祿。見唐·林慎思 伸蒙子

屺 13353 u21D3E
qǐ_3.6　俗屺13319

岊 13355 u37AF
qǐ_3.6　同屺13319

岜 13354 u21D4F
zhuān_3.6　同岦13240岜13265古文㞢05082

岀 13356 u37AE
chū_3.6　俗出03193

岅 13357 u5C83
rèn_3.6　地名用字

岂 13358 u5C82
qǐ_3.6　簡豈57041

岁 13359 u5C81
suì_3.6　簡歲26639

出 13360 u5C80
chū_3.6　俗出03193

屿 13361 u5C7F
yǔ_3.6　簡嶼14375

峵 13362 06048
hóng_4.7　集韻乎萌切。同嶸。

峀 13363 06049
xǔ_4.7　集韻虛語切音許。山名。

峣 13364 06050
xiáo_4.7　字彙戶交切音爻。山名。鑿龍龕峣俗，崤13806正。戶交反。崤函，山名。

屾 13365 06051
dān_4.7　字彙多干切音丹。山屾也。

旹 13366 06052
cōng_4.7　玉篇倉龍切音葼。日欲夜也○按日部旹字，音義丛同，重出正字通 昃字之譌 字彙日欲夜，與昃義近。今存此刪彼。

明 13367 06053
yuè_4.7　集韻魚厥切音月。山名。鑿又朏46960

岫 13368 06054
yòng_4.7　字彙牛仲切，顒去聲◇山名。鑿又俗冲27905，山冲。明·劉侗 帝京景物略·卷之七·玉泉山 溪塹間，民方田作時，大河悠悠，小河箭流，高田滿岫，低田滿罐△亦地名用字図 四部叢刊·三編子部·太平御覽·卷第九百九十二·藥部九 紫威：本草經曰紫威一名芙華，一名陵苕，味鹹，微寒，無毒，生川谷，治婦人乳餘疾，崩岫，癥血寒熱養胎。生西海。崩岫，即崩中。

㞋 13369 06055
ěn_4.7　字彙烏很切，恩上聲。山也△正字通 岫、㞋丛俗字。

岅 13370 06056
bǎn_4.7　正字通與阪、坂同。

岄 13371 06057
dǒu_4.7　集韻當口切音斗。山名。

峧 13372 06058
yǎo_4.7　集韻伊鳥切音杳。山名図於兆切音曜。義同。

㟓 13373 06059
zè_4.7　集韻實側切。同崱。崱嶷，峻貌。省作㟓

岵 13374 06060
hù_4.7　字彙侯古切音戶。小山貌。與嶇義近。分爲二，非正字通 嶇字譌省。

岇 13375 06061
àng_4.7　廣韻集韻丛五浪切，昂去聲。山名，在越郯縣界。

岇 13376 06062
áng_4.7　集韻魚剛切音昂。岇藏，山高貌。一說借昂。義同。

岈 13377 06063
xiā_4.7　集韻虛加切。同谺。谽谺，谷中大空貌。韓愈詩 俯視驚谽谺△集韻谺或作岈。鑿又岇13431

嗰07378碢57015碢57025

吻 13378 06064
wù_4.7　廣韻集韻韻會正韻丛文拂切音勿。崛吻，高貌。

岕 13379 06065
jiè_4.7　集韻居拜切音戒。山名 說苑 介之推逃隱縣上山中，特表其山曰介山。俗作岕。鑿又岕13404

岊 13380 06066
jié_4.7　廣韻集韻韻會正韻丛子結切音節 說文 陬隅，高山之節。从山卪 徐曰山之陬隅高處曰岊 左思·吳都賦 夤緣山嶽之岊 註 山曲曰岊図 集韻通作節 詩·小雅 節彼南山△正字通或作𡵼，非。鑿又岊13306 嶏13963 𡾋13680 岊13300 岊13309 𡵼13308

岹 13381 06067
fù_4.7　集韻奉甫切音父。山名。鑿胡吉宣：應卽 南山經 瞿父之山字。

岻 13382 06068
chí_4.7　廣韻直尼切集韻陳尼切丛音遲。山名，在青州正字通 坻字之譌。一曰从岷謁省。鑿又岻13543

岋 13383 06069
è_4.7　集韻鄂合切音砝。動貌揚雄·校獵賦 天動地岋。或从土作圾 莊子·天地篇 殆哉圾乎

岌 13384 06070
jí_4.7　廣韻魚及切集韻韻會逆及切丛音圾 說文 山高貌。爾雅·釋山 小山岌大山，峘 註 岌謂高過 疏 言小山與大山相丛，而小山高過於大山者名峘。非謂小山名岌，大山名峘也。又集韻危也屈原·離騷 高余冠之岌岌兮△正字通 岋本同岌，有蘗、屹二音 字彙 岋音檠，岌音及，分爲二，非。

岍 13385 06071
qiān_4.7　正字通俗岍13574字。

㟱 13386 06072
tāo_4.7　集韻他刀切音滔 說文 滑也。本作㟱05175，譌作㟱。

岎 13387 06073
fēn_4.7　正字通敷文切，音汾◇岎嶙，山貌揚雄·蜀都賦 岎嶙迴叢図 chā 楊時偉·正韻牋 亦作岔。音差。今遼東有三岔河，爲山海要隘。或讀去聲通雅 山岐曰岔，水岐曰汊，二音同。又路之岐道名曰跁。

岬 13388 06074
yòng_4.7　玉篇牛仲切，顒去聲△正字通 譌字。鑿或岫13368字之譌玉篇牛仲切。山海篇直音 音顒去聲。山名。

岏 13389 06075
wán_4.7　廣韻五丸切集韻韻會正韻五官切丛音黿。巑岏，山銳貌図增韻高也。

岐 13390 06076
qí_4.7　古文岠㟨 廣韻巨支切集韻韻會翹移切正韻渠宜切丛音跂 說文 山名。后稷十三世孫古公亶父始居此詩·大雅 率西水滸，至于岐下一統志 山有兩岐，故名六書故 一在今鳳翔府岐山縣 禹貢 導岍及岐，是也。又山海經 岐山，狐岐之山，在今汾州介休縣，勝水出焉，東北會於汾 禹貢 治梁及岐，是也図州名。本雍州地，後爲秦都，漢爲扶風郡，元魏置岐州，唐改鳳翔府，號西京図路岐也。釋名 物兩爲岐，在邊爲旁 爾雅·釋宮 二達謂之岐旁 註 道旁出也列子·說符篇 亡羊者曰：岐之中又有岐，不知所之，所以返也図峻也詩·大雅 克

岐克巖朱傳岐巖,峻茂之貌☒姓正字通黃帝臣岐伯,唐岐靈岳○按集韻翹移切音祁。周文王所封地。又常支切音坻。山名。又渠羈切音奇。地名。又章移切音支。分也。與諸家音切相齟齬,今不从△集韻本作郊韻會或作歧。鑿又㟢13715 㙮08881 㠉13859 㠴13499 岐13428 收13422

岑 13391 06077 cén_4.7 廣韻鋤針切集韻韻會正韻鉏簪切夶音涔說文山小而高謝靈運·登臨海嶠詩明登天姥岑張衡·南都賦幽谷窨岑註窨岑,峻極貌☒國名正字通周文王封異母弟燿之子渠爲岑子,今梁國有岑亭☒姓。望出南陽風俗通古岑子國之後。後漢有岑彭,明岑義☒yǐn集韻牛錦切,吟上聲。崖岸也。莊子·徐無鬼未始離於岑。鑿又塎08653☒字彙補蚒,音義與岑同。

岭 13392 06078 qián_4.7 集韻其淹切音鉗。山名。

听 13393 06079 qí_4.7 廣韻集韻夶渠希切音祈。山旁石也。鑿又屵13403

岐 13394 06080 mín_4.7 正字通同岷△六書故岷,別作嵋嶓岐。

炭 13395 06081 zōng_4.7 正字通與嵸同△六書故作㟇。從古文作从。

岪 13396 06082 fēng_4.7 集韻與峯同說文山耑也。

岔 13397 06083 chà_4.7 字彙補丑亞切音姹。三分路也,與汊同。鑿又峆05573

屺 13399 43247 chí_4.7 篇海類編同岷。

忽 13402 43250 sè_4.7 海篇音色。屵上見人也。鑿俗屵。亦作屵04831

岝 13398 41061 yuè_4.7 川篇音藥。岸

屵 13403 43251 qí_4.7 篇海類編同听。

屽 13404 43252 jiè_4.7 搜眞玉鏡之刃切。鑿字彙補同岤。

岋 13405 43253 tàn_4.7 龍龕同炭。

岤 13400 43248 gǔ_4.7 字彙補同谷

岉 13406 43254 mù_4.7 五音篇海同籴。鑿或古文本。

岣 13407 43255 gǒu_4.7 篇海類編同岣。

岊 13408 43256 yuè_4.7 搜眞玉鏡同岳。

岾 13409 43257 cóng_4.7 龍龕音從。

籴 13401 43249 kùn_4.7 篇海類編音木。鑿龍龕籴,音木。按:同帉,俗籴,古文困。

岫 13410 43258 yán_4.7 五音篇海音泑。

岻 13411 43259 liú_4.7 龍龕同流。

㨀 13412 u2AA28 null_4.7 未詳。

嵍 13413 u2AA27 lún_4.7 簡嵛13785

屹 13414 u2AA26 yì_4.7 同屹13317

岮 13415 u21D81 dùn_4.7 喃从山屯ðồn聲。

岲 13416 u21D80 núi_4.7 喃从山內nội聲△岇高:高山。

岴 13417 u21D7F ào_4.7 俗岰13482

岍 13419 u21D7B kāng_4.7 岍峴,嶙峴。

山名。五代韋莊垣縣山中尋李書記山居不遇留題河次店白雲紅樹岍峴東,名鳥羣飛古畫中。

㵂 13418 u21D7D yuè_4.7 古文嶽14378出漢魯峻碑

岻 13420 u21D78 yì_4.7 同嶧14301

岎 13421 u21D73 fēn_4.7 俗岎13245

收 13422 u21D72 qí_4.7 同岐13428俗歧13390

步 13423 u21D6F bù_4.7 俗步26556漢隸字源引衛尉衡方碑

岉 13424 u21D6D tún_4.7 清史稿·本紀二十二·穆宗本紀二壬寅,白泥岉苗匪降。按,穆宗毅皇帝實錄作白泥坉08328

岙 13426 u21D6A null_4.7 未詳。

岸 13425 u21D6B àn_4.7 俗岸13494四部叢刊初編集部·誠齋集·卷第十·詩·荊溪集·迂使客夜歸去時岸樹日猶明,歸到州橋月已昇。

岝 13427 u21D69 nǎo_4.7 㟁04341初文。見睡虎地秦墓竹簡

岐 13428 u21D68 qí_4.7 碑別字新編·岐13390引齊石信墓誌

完 13429 u21D67 wán_4.7 同屼13389

宏 13430 u21D66 hóng_4.7 同屼13362

崖 13431 u21D65 yá_4.7 同岈13377

岳 13432 u21D64 yuè_4.7 凹13498譌字。

岌 13434 u21D62 null_4.7 未詳。

牪 13433 u21D63 null_4.7 或同岴13388

岙 13435 u21D61 null_4.7 未詳。

岊 13437 u21D5F pā_4.7 俗岊慧琳音義山岊:怕巴反考聲照曜也,花白皃也。從白,巴聲。傳文從山作岊,非也。岊亦山阿也。

囚 13436 u21D60 null_4.7 未詳。

崈 13438 u37B8 suì_4.7 俗歲26639☒崈崽,島名。見朝鮮光海君日記

巴 13439 u5C9C bā_4.7 地名用字☒bya壯山;石山。亦作岜、砏。

岛 13440 u5C9B dǎo_4.7 簡島13669

岚 13441 u5C9A lán_4.7 簡嵐13949

岘 13443 u5C98 xiàn_4.7 簡峴13667

岙 13442 u5C99 ào_4.7 同墺09405指山間平地。亦作嶴、礐。

岗 13444 u5C97 gāng_4.7 簡崗13783

岖 13445 u5C96 qū_4.7 簡嶇14162

岞 13446 06084 zé_5.8 廣韻鋤陌切集韻實窄切,并音齚。又集韻側格切,音窄。山名吳志支硎山,支道林所居,今名岞粵山☒zuò廣韻在各切集韻疾各切夶音昨。岞粵,山高貌。鑿又岝13447

岝 13447 06085 zuò_5.8 正字通同岞。

岟 13448 06086 yǎng_5.8 廣韻於兩切集韻韻會倚朗切正韻於黨切,夶泱上聲廣韻山足也集韻山貌左思·魏都賦山林幽岟註岟,深邃也。

㟁 13449 06087 ài_5.8 廣韻集韻夶鳥懈切音隘。險也。或从益。鑿又嶷14032

岠 13450 06088 jù_5.8 韻會白許切音巨玉篇大山也☒韻會至也前漢·食貨志銀龜二品,元龜岠冉,長尺二寸孟康曰

冉，龜甲緣也。岠，至也[又][爾雅·釋地]岠齊州以南[註]岠，去也[正字通]岠，應从岠。鎣[正字通]一曰岠字之譌。

岡 13451 06089 gāng_5.8 古文伫[廣韻]古郎切[集韻][韻會]居郎切丛音剛[說文]岡，山脊也。从网从山，取上鋭下廣形[爾雅·釋山]山脊岡[詩·周南]陟彼高岡[小雅]如岡如陵[五代史·唐紀]李克用破孟方立於邢州，還軍置酒三垂岡[又][韻會]通作阬[前漢·揚雄傳]陳衆軍於東阬[註]阬，讀作岡△[韻會][說文]本从山，俗又加山作崗，非△[集韻]或作罡。鎣又罡13607崗13708㟠13819岡13550崑14076罡45438冈02671㽘65684㟃02716岡08126[又]永青文庫藏敦煌本[文選注]詩云，鳳皇鳴矣，于被高豊26653[又]陳士元[古俗字略]岡，伫阬豊26653並古，崗堽08963罡45459並俗。

岰 13452 06090 bāo_5.8 [集韻]班交切音包。山名。或曰吳地有包山。本作包。

岥 13453 06091 pō_5.8 [集韻]滂禾切音坡，坂也[爾雅·釋地]陂者曰阪。本作陂，俗作岥。鎣[集韻]坡，滂禾切[說文]阪也。或作岥、岥。

岶 13454 06092 pǒ_5.8 [字彙]普火切音頗。岶峩，山貌△[正字通]同岥[字彙]誤分爲二，不知岶、岥皆俗增也。

岺 13455 06093 mì_5.8 [玉篇]同密[說文]山如堂者。从山宓聲〇按[字彙]岺密分爲二。

峡 13456 06094 shǐ_5.8 [玉篇]竦士切[字彙]所几切，並音史◇山也。

岢 13457 06095 kě_5.8 [廣韻]枯我切[集韻][韻會]口我切丛音可。岢嵐，山名[括地志]山近太原，有渥洼池，出良馬[又]岢嵐，州名[又]鎮名。在嵐州界。鎣又岣13458

岣 13459 06097 gǒu_5.8 [廣韻]古厚切[集韻]舉后切丛音苟[博雅]岣嶁14144，山名。又楚衡陽城南有岣嶁峰[又][集韻][類篇]丛居侯切音句[廣韻]舉朱切[集韻]恭于切丛音俱。義丛同。鎣又岣13407

岎 13460 06098 fàn_5.8 [集韻]孚梵切音泛。山名。

岾 13461 06099 zú_5.8 [玉篇]古文族22194字。

岤 13462 06100 xué_5.8 [正字通]呼泧切音血。山穴也[楚辭·招隱士]憭兮慄，虎豹岤[註]穿穴也。

岣 13458 06096 kě_5.8 [正字通]同岢

岩 13463 06101 hào_5.8 [集韻]下老切音號。山名△[正字通]粤字之譌。

岥 13464 06102 bō_5.8 [集韻]逋禾切。同陂◇[博雅]陂陁，衺也。或作岥[潘岳·西征賦]裁岥陀以隱嶙[註]岥陀，不平貌。[又]pō滂禾切音坡。阪也。

峙 13465 06103 zhì_5.8 [正字通]同阤65526

岦 13466 06104 lì_5.8 [廣韻][集韻]丛力入切音立。岦岌，山貌。鎣又岦13514

丞 13467 06105 chéng_5.8 [集韻]辰陵切。同丞00066翊也〇按[說文]本作丞。从収从卪从山，山高奉承之意[六書本義]作弅，自下奉上也。亦从手作承19239

岠 13468 06106 jū_5.8 [字彙]居六切音掬。岠岷，猶闉奥。引[黃香·九宮賦]廓岠岷以閎閬。一說水厓外曰阮[毛詩]借用鞫[集韻]作坭、泥△[正字通]今岠岷六書不載，必譌文也。

岐 13469 06107 xuè_5.8 [廣韻][集韻]丛許月切音颰[玉篇]山也[集韻]山貌。鎣又峸13525

岯 13470 06108 pí_5.8 [字彙]蒲靡切，音皮◇山再成也△[正字通]按[爾雅·釋山]再成曰英。註兩山相重也。一成曰岯。引[書]至于大岯，無岯名。岯卽岯之譌。

岧 13471 06109 tiáo_5.8 [廣韻]徒聊切[集韻]田聊切丛音條。岧嶢，山高貌[張衡·西京賦]狀亭亭以岧岧△[集韻]或作岹。岹崹，山形。

岺 13472 06110 cāng_5.8 [玉篇]古文倉01375字。

岨 13473 06111 qū_5.8 [廣韻]七余切[集韻]千餘切，丛同砠[說文]石戴土也[詩·周南]陟彼岨矣。今作砠[朱傳]石山戴土曰砠[正字通]岨作砠，義通[又]zǔ[五音集韻]壯所切音阻。岨峿，山形。鎣又䃜39256宜41082㠀73505

岩 13474 06112 yán_5.8 [正字通]俗嵒字。巖俗省作岩。

岽 13475 06113 wèi_5.8 [廣韻][集韻]丛無沸切音未。山名。

岪 13476 06114 fú_5.8 [廣韻]符弗切[集韻][韻會][正韻]符勿切，丛音佛[說文]山脅道也[又]岪鬱，山貌[司馬相如·子虛賦]盤紆岪鬱[又][集韻]一作峬[楚辭·招隱士]山曲峬。

岫 13477 06115 xiù_5.8 [廣韻]似祐切[集韻][韻會][正韻]似救切丛音袖[說文]山穴也[爾雅·釋山]山有穴爲岫[註]謂巖穴[左思·魏都賦]窮岫泄雲，日月恒翳[徐幹·七喻]棲遲乎窮谷之岫〇按[爾雅]岫本作山穴，亦通作山用[謝脁·宣城郡詩]窻中列遠岫[黃山谷·過石塘詩]晴岫插天如畫屏。[又]yóu[廣韻][集韻][類篇]丛夷周切音由[晉庾闡詩]崢嶸激淸崖，蒙蘢蔭巖岫。咀嚼延六氣，俛仰以九周△[集韻]或作峀、岫。鎣又峀13512

岬 13478 06116 jiǎ_5.8 [集韻]古狎切音甲。山旁也[淮南子·原道訓]徘徊於山岬之旁[註]岬，山脅也[左思·吳都賦]傾藪薄，倒岬岫[註]兩山閒曰岬[又]赤岬，山名，在蜀夔州府城北。上有孤城，卽古魚復縣基。南連白帝山，不生草木，土石悉赤。俗云如人袒胛，故名赤岬[又]岬嵑，接連貌[張協·洛禊賦]都人士女，奕奕祁祁。車駕岬嵑，充溢中逵△[集韻]或作砷。鎣又俗押19362[可洪音義]岬王：上烏甲反，鎮也，壞也，笮也，降也。正作壓押二形。郭氏音甲，非也。

岭 13479 06117 líng_5.8 [廣韻][集韻]丛郎丁切音零。岭巆，山深貌[又]山名[唐·元結·閔岭中樂府]入岭中而登玉峰。鎣又

岑13496 囝 龍龕 靐14550或作，岭正。

屹 tuó_5.8
13480 06118
集韻唐何切音陀 博雅 陂陀，衺也。或作屹 正字通岥屹，不平貌潘岳·西征賦 裁岥屹以隱嶙

岯 pī_5.8
13481 06119
廣韻符悲切 集韻 韻會 貧悲切夶音邳爾雅·釋山一成岯 疏 山上更有一山重累者名岯囝大岯，山名。通作伾 書·禹貢至于大伾 傳 今通利軍黎陽縣臨河有山，蓋大伾也 括地志 大伾山，今名黎陽東山，一名青壇山，在衛州黎陽 史記作大邳囝 集韻鋪枚切音伾。又晡枚切音杯。又部癸切，佩上聲。又部鄙切音否。普鄙切音嚭。義夶同△或作岥、岯。靐又坏08428屻13470盃00335陾65543陶65641

岰 yǒu_5.8
13482 06120
集韻 正韻於糾切 韻會幺糾切，夶幽上聲。山曲貌囝ào 集韻於教切音拗。義同。靐又峳13417

岱 dài_5.8
13483 06121
廣韻徒耐切 集韻 韻會待戴切 正韻度耐切夶音逮 說文泰山也 白虎通東嶽爲岱宗者，言萬物更相代於東方也 通志略山高四十餘里，凡十八盤，由南天門歷東西二天門，至絕頂。上有秦時無字碑，其祠曰青帝，去黃河二百餘里。風俗通岱，胎也。宗，長也。萬物之始，陰陽之交觸石，膚寸而合，不終朝而徧雨天下，故爲五嶽之長△ 正字通東嶽，古但稱太山。太代音同，故借代加山。靐陰陽之交觸石。陰陽交代，雲觸石而出。

岴 kū_5.8
13484 06122
集韻同崛。俗省。

峴 kuàng_5.8
13485 06123
集韻許放切音況。山名。靐又兜13505

岳 yuè_5.8
13486 06124
集韻嶽古作岳 說文 嶽，古篆作凶 六書正譌从丘、山，象形。嶽、岳經傳通用○按 字彙引古文分爲二，今依 正字通夶入後嶽14378字註囝姓。宋岳飛，明岳正。靐又岊13418岊13498峀13408嶽13570峇13518岊13515

岷 qū_5.8
13487 06125
玉篇同崛，俗省。

岵 hù_5.8
13488 06126
廣韻 正韻侯古切 集韻 韻會後五切夶音楛 說文山有艸木也 詩·魏風陟彼岵兮。又 爾雅·釋山多草木岵，無草木峐 疏峐，當作屺○按 毛傳無草木曰岵，有草木曰屺。與此異者，當是傳寫之譌。王肅、許慎俱从 爾雅。靐龍龕岵正，岾或作。

岬 jiā_5.8
13489 06127
字彙具牙切音伽。衆山森列貌 揚雄·蜀都賦嵓岬嶱嶭。靐嵓岬，也作嵓岾。

岶 pò_5.8
13490 06128
集韻匹陌切 字彙普伯切夶音拍。嵲岶，密貌△ 集韻或作泊岶。

岷 ní_5.8
13491 06129
集韻 韻會夶女夷切音尼 說文岷丘，山名。反頂受水丘。从山尼聲。言頂當高反下，故曰反頂。引顏氏禱於岷丘生孔子，頭象岷丘山，四方高，中央窊下囝 集韻或从丘作岯。通作尼 正字通岷屔夶俗書 正

次欄

韻三齊尼部削之。

岷 mín_5.8
13492 06130
廣韻武巾切 集韻眉頻切 韻會眉貧切 正韻彌鄰切夶音民 說文山名。在蜀湔氏西徼外。本作嶓，从山啟聲 徐曰今作岷 孔穎達曰山在梁州，江水所出。又 史註山在岷州，溢洛南一里，連縣至蜀二千里，皆曰岷山。戴侗曰：在今威茂州之西北，東距峽州。囝州名。秦隴西郡臨洮縣，後魏置岷州。因山爲名。或作嶓囝 韻會通作汶 山海經大江出汶郭之東南，逕蜀郡，東北至廣陵入海。又 史記·夏本紀汶、嶓旣藝。靐又岊13811岷13382浸28656 說文嶓，嶓山也。段注：此篆省作嶓13771，隸變作汶27865作文21879作峧13394作峧13858俗作嶜13950作岷。

岸 àn_5.8
13494 06132
唐韻五旰切 集韻魚旰切 韻會疑旰切 正韻魚幹切夶音犴 說文水厓而高者 爾雅·釋地望厓洒而高岸 註厓峻而水深曰岸 詩·衞風淇則有岸 小雅高岸爲谷囝 階也 張衡·西京賦襄岸夷塗 註襄，高也。岸，殿階也。囝魁岸，雄傑也 前漢·江充傳爲人魁岸 註岸者，有廉稜如崖岸形 唐書·宦者傳仇士良以李石稜稜有風岸深忌之囝 道岸 詩·大雅誕先登于岸 註道之極至處也囝露額曰岸 後漢·馬援傳帝岸幘見援囝獄名 詩·小雅宜岸宜獄 註鄉亭之繫曰岸，朝廷曰獄。韓詩作犴。靐又埠08893峅13533屵13325埠08649岸13425

岧 tiáo_5.8
13495 06133
集韻同岩。岧嶤，山形。

岭 lǐng_5.8
13496 06134
集韻同岭音甘。山名。靐胡吉宣：與邯61582同。

岫 gān_5.8
13493 06131
集韻沽三切

凷 yuè_5.8
13498 06136
玉篇古文嶽14378字。

岪 fú_5.8
13497 06135
集韻同弗

㞞 qí_5.8
13499 41062
字彙補與岐同 馮少墟善利圖說序夫善利之剖㞞遠矣。

罡 gāng_5.8
13500 41063
篇海類編同岡。

岙 lián_5.8
13501 41064
龍龕音連。山名。

屾 bāng_5.8
13503 43260
韻會小補古邦字○按 字彙作屾，與此小異。靐與屾13512異△屾，古文封。

岁 suì_5.8
13504 43261
龍龕音歲

岾 kàn_5.8
13502 41065
字彙補苦紺切音礛 說略岩之巖窖也。靐又砛38671

兜 kuàng_5.8
13505 43262
篇海類編同峴。

岔 null_5.8
13506 u2AA2E
未詳。

峉 null_5.8
13507 u2AA2D
未詳。

岥 null_5.8
13508 u2AA2C
未詳。

岫 null_5.8
13509 u2AA2B
未詳。

岫 null_5.8
13510 u2AA2A
未詳。

峀 yà_5.8
13511 u2AA29
簡嵃13763

岫 xiù_5.8
13512 2F879
同岫13477清·韓駒補瓢存稿·卷三古今體詩·自西涇循陸家渚登小宴嶺振策登崇岡，山花遍岩岫。麗日照芳叢，嫣紅媚晴晝。

峚 13513 u21DA8
ngàn_5.8　喃同岸。岸。

竝 13514 u21DA7
lì_5.8　同岦13466

岝 13515 u21DA6
yà_5.8　同岳13486岳
飛後人姓囝直音篇嵧岾岝，並同嘘14227

岣 13516 u21DA5
jiā_5.8　山名。

岴 13517 u21DA1
null_5.8　未詳。

峉 13518 u21DA0
yuè_5.8　或俗岳13486

宛 13519 u21D9F
wǎn_5.8　或俗宛12010

峏 13520 u21D9E
tóng_5.8　同峂13537地名用字。在北京。

峐 13521 u21D9D
dòng_5.8　或峝13579譌字。

峔 13522 u21D9C
àn_5.8　同岸13533俗岸13494

峠 13523 u21D9B
kǎ_5.8　同峠13632

岷 13526 u21D98
mín_5.8　同岷13492

岤 13524 u21D9A
bāng_5.8　或同古邦61543字。

峨 13525 u21D99
xuè_5.8　直音篇峨13469，音血。山貌。峨，俗。

崏 13527 u21D97
mín_5.8　同岷13492

峗 13528 u21D96
null_5.8　未詳。

岊 13529 u21D95
null_5.8　未詳。

峒 13531 u37C3
sī_5.8　地名用字。江蘇省有峒峏鎮、峒峏山。本作司峏，俗从山。

戌 13530 u21D94
xuè_5.8　或同峨13525譌字。

峔 13532 u37C2
mǔ_5.8　地名用字。峔磯角，亦名峔屺島。清·談遷北游錄·紀聞上·海運新考峔屺島：屬黃縣。南可泊舡五十，避北風。西至三山島，約五十里。四面各有礁石，宜避。內有龍王廟。此島有路約一里，南通陸。

峏 13533 u37C1
àn_5.8　俗岸13494可洪音義彼峏：音岸。

峔 13534 u5CC5
biàn_5.8　日廣漢和辭典峔，谷。芦峔寺、岩峔寺，富山県中新川郡の地名。

峝 13535 u5CC4
yì_5.8　簡嶧14301

峎 13536 u5CC3
xué_5.8　簡嶨14302

峂 13537 u5CC2
tóng_5.8　峂峪，地名。在北京香山。

峟 13539 u5CBF
kuī_5.8　簡歸14482

岇 13538 u5CC1
mǎo_5.8　方小山頂安塞縣志岇，音卯。山之岡巔也。

峾 13540 u5CBE
jeom_5.8　韓峣，嶺囝寺名。榆峾寺囝地名。草峾，今在慶尚道。押峾山，今在忠清道。

崠 13541 u5CBD
dōng_5.8　簡崬13898

峓 13542 u5CBC
píng_5.8　地名。

峛 13543 u5CBB
chí_5.8　同岻13382

峇 13545 06138
kè_6.9　集韻渴合切音匌。山形正字通山窟也。一說同峇。鏊又屉13792

峆 13544 06137
hé_6.9　集韻曷閤切音合。峆峇，山貌。

峈 13546 06139
luò_6.9　集韻類篇太歷各切音洛。峈嶧，山貌。

峉 13547 06140
è_6.9　廣韻五陌切集韻韻會正韻鄂格切太音額。山高大貌。楚辭·九思山岝兮峇峇囝坿倉山不齊貌嵇康·琴賦峷峇嶇崯。或作峇囝集韻亦作嶺木華·海賦啓龍門之岝嶺。鏊又峇14014嶺14510

峊 13548 06141
fù_6.9　集韻扶缶切。同阜。楚辭·九思山峇兮客客。

嵲 13549 06142
niè_6.9　集韻魚列切音臬。說文高危也。與兊嶭同。

岡 13550 06143
gāng_6.9　正字通岡本字。

峏 13551 06144
xíng_6.9　集韻乎經切，音刑。山也。或作硎。

峡 13552 06145
xiáng_6.9　集韻徐羊切字彙似羊切峑音詳。山名。

峋 13553 06146
xún_6.9　廣韻相倫切集韻韻會正韻須倫切峑音荀。嶙峋，山厓重深貌。一曰山有起伏也揚雄·甘泉賦岭嵤嶙峋，洞無涯兮囝節級貌左思·魏都賦階陛嶙峋註陛，道也。嶙峋，次級也。鏊又硐38905

峌 13554 06147
dié_6.9　集韻徒結切音跌。嵽峌，高山貌木華·海賦峌峴孤亭△集韻嵽，或作峌。

峣 13555 06148
ào_6.9　字彙古文壤字。按壤，古文作㞁，此譌。

峍 13556 06149
lù_6.9　集韻勒沒切。同碌。碌矶，山崖也。或作硉峍囝音義通崒司馬相如·子虛賦其山則盤紆弗鬱，隆崇嵂崒。或作峍。鏊又峷13603

峣 13557 06150
yáng_6.9　廣韻五江切集韻韻會吾江切峑音頏。嵣峣，山峻貌張衡·南都賦其山則嵣峣嵑竭註山石高峻貌韓愈·贈張籍詩詎敢陵嵣峣。叶上厐、下椿囝集韻五公切音膿。義同△集韻或作頏。鏊又頏13913峣13852

峎 13558 06151
wěn_6.9　集韻魚懇切◇山名正字通一說地理志有很山縣，與俗很字同音。無峎山。鏊又峎13602

峏 13559 06152
ér_6.9　集韻人之切音而。山名。

峢 13560 06153
xì_6.9　集韻思計切音細。山名。

峏 13561 06154
gāi_6.9　廣韻古哀切集韻柯開切峑音垓爾雅·釋山無草木峢疏峢，當作屺囝地名正字通突厥地名。有可洛峢囝qǐ集韻口已切。同屺。

峏 13562 06155
quān_6.9　廣韻此緣切集韻逡緣切峑音詮。山巔也。

峒 13563 06156
tóng_6.9　廣韻正韻徒紅切集韻韻會徒東切峑音同。崆峒，山名。本作空桐爾雅·釋地北戴斗極爲空桐註戴猶值也。一作空同莊子·司馬彪註空同，當北斗下山也前漢·武帝紀踰隴登空同，今作崆峒唐書·地理志崆峒在岷州溢洛縣史記註在隴右括地志·雍州在原州高平縣，卽笄頭山，涇水發源。今平涼府西，卽崆峒山，有廣成子宮囝dòng廣韻集韻韻會正韻峑徒弄切音洞。山一穴也。一曰參差不齊也囝五音集韻徒惣切集韻杜孔切，並音動。山穴。通作洞。鏊山一穴也。山穴之誤囝峝13579峒13725

峓 13564 06157
yí_6.9　廣韻以脂切韻會正韻延脂切峑音夷。峿峓，東表之地廣韻峿峓，山名。通作夷書·堯典宅峿夷△韻會或作銕。

峔 13565 06158
mǔ_6.9　廣韻莫補切集韻滿補切峑音母。慈姥，

山名，在丹陽，卽今太平府○按 地志 其山產竹，可爲簫管。又名鼓吹山△ 正字通 本作姥。俗作峔㟯。

㟯 13566 06159 mǔ_6.9 正字通 同峔

㟧 13568 06161 duǒ_6.9 集韻 都果切音朶。山貌 又 都唾切音剁。義同。亦作崜。

嶙 13567 06160 lìn_6.9 字彙 良慎切音吝。山也。

㟅 13569 06162 qiāng_6.9 字彙 苦江切，音羌◇幬帳也 正字通 肯字之譌○按 說文 冂部，青篆作肯。孫愐：苦江切，幬帳之象 字彙 音訓與 說文 肯字義近，改作㟅，列山部，非。互詳土部青08276字註 字彙 本註幬帳，應是幬帳之譌。今改正。鏊又㟅22373字之譌。

𡵓 13570 06163 yuè_6.9 集韻 嶽14378古作𡵓。

峖 13571 06164 ān_6.9 集韻 於寒切，音安。山名 又 烏旰切音按。義同。

峗 13572 06165 wēi_6.9 廣韻 魚爲切 集韻 韻會 虞爲切，並音危。又 集韻 正韻 五回切，音桅。義同。三峗，山名。通作危 書·禹貢 三危旣宅 疏 在鳥鼠西，與嶓山近，黑水出其南。卽三苗地 後漢·西羌傳 三危山在沙州燉煌城東南，以山有三峰，故曰三危 又 wěi 玉篇 廣韻 集韻 太五罪切，音隗◇山貌。與峞、嵬通 又 集韻 魚屈切音崛。峗崪，山貌。或从兀。

峘 13573 06166 huán_6.9 廣韻 集韻 韻會 正韻 太胡官切音桓 爾雅·釋山 小山岌大山，峘 疏 邢昺曰：小山與大山相太，而小山高過於大山者爲峘 又 廣韻 集韻 太胡登切音恆。義同△ 集韻 或作峸峵。鏊又𡶇13342𡵽13590

岍 13574 06167 qiān_6.9 廣韻 正韻 苦堅切 集韻 韻會 輕烟切太音牽。山名，在雍州。周禮謂之吳嶽 唐書·地理志 扶風縣西吳山，古文以爲研山。今隴州吳山縣吳嶽山也 又 寰宇記 隴州汧源有岍山，爲汧水所出 書·禹貢 導岍及岐 註 治山通水，故以名之 史記·夏本紀 作汧 索隱曰 汧一作岍。鏊又岍13385阡65494

峙 13575 06168 zhì_6.9 廣韻 直里切 集韻 韻會 丈里切太音時 廣韻 峻峙，屹立也 班固·東都賦 通天訬以竦峙 註 通天，臺名。訬，高也 又 班固·東都賦 散似驚濤，聚似京峙 註 京峙，高丘也 又 爾雅·釋詁 供峙，共具也 書·費誓 峙乃糗糧 詩·大雅 以峙其粻 註 峙，積也△ 集韻 或作跱。鏊 班固·東都賦 散似驚濤聚似京峙。張衡·西京賦 之誤 又 峙13919

峿 13586 43264 yǔ_6.9 川篇 音雨

峚 13576 06169 mì_6.9 正字通 莫必切音密。山名 山海經 峚山多丹木，黃華赤實，食之不飢 陶潛·山海經詩 丹木生何許，乃在峚山陽。

𡶱 13588 43266 bēng_6.9 龍龕 同崩

峛 13577 06170 lǐ_6.9 廣韻 力紙切 集韻 輦爾切太音邐。峛崺，山卑長也。或作邐迤 揚子法言 觀東嶽而知衆山之峛崺也 又 峛崺，上下之道也 揚雄·甘泉賦 登降峛崺。鏊又峛13660㟚13630

岕 13578 06171 jì_6.9 正字通 古器切，音計◇ 管子·輕重戊篇 虙戲作造六岕，以迎陰陽，作九九之數，以合天道，而天下化之。周人之王循六岕，行陰陽 王若谷曰 六岕其猶周髀算法乎△ 正字通 諸家岕義未詳，字書皆不載。委宛編以六計解之。岕當讀如計，以企有跂音也。

𫝴 13591 u2B774 null_6.9 未詳。

峒 13579 06172 dòng_6.9 字彙補 徒弄切音洞。峒人，苗類。一曰峒蠻。見 諸苗考 鏊又峒13521

𪨳 13593 u2AA33 null_6.9 未詳。

峞 13580 06173 wěi_6.9 集韻 苦軌切，音樻。峞巍，山貌。又 集韻 五賄切。義同。

𡴘 13581 41066 shān_6.9 字彙補 卽山字。見 漢三老袁君碑

𡶛 13582 41067 yuè_6.9 五音集韻 同嶽。

𡶒 13583 41068 guǐ_6.9 篇海類編 居木切音谷。山也。鏊居水切，篆文癸字的楷化字 又 𡶒13706𧊒14839

峟 13584 41069 yòu_6.9 龍龕 音又。山也。

𡶼 13585 43263 fēng_6.9 五音篇海 同峯。

𪨲 13594 u2AA32 null_6.9 未詳。

𡴰 13587 43265 shì_6.9 搜眞玉鏡 所急切。鏊同歮，俗澀。東魏 道瓚造像碑記 皆由積善空𡴰之前，苦行授記之後 龍龕 𡴰，俗。所急反。

岶 13589 43267 jiāng_6.9 搜眞玉鏡 音江。

𪨯 13597 u2AA2F null_6.9 未詳。

𡵽 13590 43268 huán_6.9 海篇 與峘同

峺 13598 u2F87B wú_6.9 同峿13675

𪨴 13592 u2AA34 null_6.9 从山朱聲。人名 慶孫之子峖簠 慶孫之子峖之饙匠。

𪨱 13595 u2AA31 null_6.9 㟪浦。見 水經注

𪨰 13596 u2AA30 qū_6.9 岝𪨰，地名，在河南省內鄉縣。

𡸁 13599 u21E01 chuí_6.9 同垂08454亦作𡸁。

𡷔 13600 u21DD4 duǒ_6.9 同㟧13568

𡷑 13601 u21DD1 null_6.9 未詳。

𡷐 13602 u21DD0 wěn_6.9 峎崿，也作㟂13558㟃，山崖 又 俗峎26598 新撰字鏡 峎，古忍反。足踵也，跟也。

𡷏 13603 u21DCF lǜ_6.9 同嵂13928亦作峍13556

𡷋 13604 u21DCB duì_6.9 同峣13655 類篇 峣，徒外切。峣嶮，山皃。

𡷊 13605 u21DCA dǎo_6.9 俗島13669

𡷉 13606 u21DC9 qīng_6.9 說文 岑，古文青66938

𡷇 13607 u21DC7 gāng_6.9 經典釋文·卷第二十九·爾雅音義上·釋山第十一 岡13451又作𡷇，皆古郎反。

𡷄 13608 u21DC4 null_6.9 未詳。

𡷃 13609 u21DC3 null_6.9 未詳。

𡷂 13610 u21DC2 míng_6.9 字海 嵬𡷂，同嵬名，西夏人姓。

𡷁 13611 u21DC1 null_6.9 未詳。

𡷀 13612 u21DC0 null_6.9 未詳。

𡶿 13613 u21DBF suì_6.9 俗嵗26639

𡶾 13614 u21DBE null_6.9 未詳。

𡶽 13615 u21DBD null_6.9 未詳。

𡶼 13616 u21DBC null_6.9 未詳。

𡶻 13617 u21DBB null_6.9 未詳。

𡶺 13618 u21DBA null_6.9 未詳。

𡶹 13619 u21DB9 lóng_6.9 亦作𡽫13923巃14445譌字。

𡶷 13620 u21DB7 null_6.9 未詳。

𡶶 13621 u21DB6 fēng_6.9 古俗字略 峰，俗峯13656又 廣碑別字·峯 引 唐左衛率府翊衛王晟墓誌 又 字海 峰，音未詳。人名用字。見 萬姓統譜

𡶵 13622 u21DB5 hóng_6.9 𡶵峪，亦作𢓬56982峪，山名。元·王磐 𡶵峪山詩 今晨到𡶵峪，驅馬五松邊 又 goengq 壯 陡坡。

𡶴 13623 u21DB4 chǎn_6.9 簡 嵼14126

㟆 13624 u37C6 huá_6.9 簡 嶂14260

峧 13625 u5CE7 jiāo_6.9 地名用字

峦 13626 u5CE6 luán_6.9 簡 巒14516

峥 13627 u5CE5 zhēng_6.9 同崢13804

峤 13628 u5CE4 jiào_6.9 簡 嶠14254

峣 13629 u5CE3 yáo_6.9 簡 嶢14256

峢 13630 u5CE2 lǐ_6.9 同峛13577

峡 13631 u5CE1 xiá_6.9 簡 峽13683

峠 13632 u5CE0 kǎ_6.9 日 同文通考·國字 峠，嶺也，嶺高山之可踰而過者。

峚 13633 06174 zuò_7.10 集韻 祖臥切音佐。山摧也 又 徂禾切音矬。山名。 又峌13823

峔 13634 06175 wěi_7.10 集韻 武斐切音尾。山名△ 正字通 譌字。

峨 13635 06176 é_7.10 廣韻 五何切 集韻 韻會 正韻 牛何切𠀤音我 說文 嵯峨，山高 陸機·從軍行 崇山鬱嵯峨 又 峨眉，山名，在四川嘉定州眉縣南百里，或作峩山，有三峰，曰大峩，中峩，小峩 名山記 兩山相對如蛾眉，故名。又閩之歸化泰寧，粵之太平，豫之郟縣皆有峨眉山，名同而地別 又 峩峩，高貌 詩·大雅 奉璋峩峩 註 執圭璋助祭者，儀容峩峩然。又 陸機·答賈長淵詩 淑問峩峩 又 韻會 通作俄 前漢·揚雄傳 俄軒冕，雜衣裳△ 集韻 或作峉。 詩·大雅 奉璋峩峩。或作峨峨、珴珴、俄俄 又 䖸14082

峩 13636 06177 é_7.10 正字通 同峨

峪 13637 06178 yù_7.10 集韻 俞玉切音欲 爾雅·釋水 注谿曰谷。或从山 又 問奇集 平峪，縣名。今屬順天府。峪，讀如裕。 又硲39005

崋 13638 06179 chē_7.10 集韻 昌遮切音車。山名。

峘 13639 06180 huán_7.10 集韻 與峘13573同 又 戶管切音澣。山多貌 又 戶版切音莞。山名。 山多貌。山多之誤 又 峘公山即皖公山。

峛 13640 06181 bié_7.10 廣韻 集韻 韻會 𠀤皮列切音別。大峛，山名。亦作別 書·禹貢 至于大別 註 近漢之山，在今漢陽縣北，大別山是也△ 正字通 俗作峛。

哪 13641 06182 nuó_7.10 集韻 囊何切音那。山名。 又𡸣14518

峫 13642 06183 yé_7.10 集韻 余遮切 字彙 以遮切𠀤音耶。山名。 又 xié徐嗟切音衺。山貌△ 正字通 俗字〇按琅邪山，在青州。本作琊。从山作峫，非。

峕 13643 06184 qiàn_7.10 字彙 峕見 石鼓文。鄭云即茜字△ 正字通 按 焦竑·略記字始 石鼓文 卣，音酋。峕、卣𠀤譌文，宜刪。 石鼓文 卣車其寫。卣13699，輶。或𡭘字。

峼 13644 06185 hàn_7.10 廣韻 胡笴切 集韻 下罕切𠀤音旱。山名，在南鄭△ 集韻 作屽。

崔 13645 06186 tuí_7.10 類篇 徒回切音頹。山崩也△ 正字通 𡽹字之譌。

峵 13646 06187 nà_7.10 廣韻 女法切 集韻 昵法切𠀤音近納。靜也。

峬 13647 06188 bū_7.10 廣韻 博孤切 集韻 奔謨切𠀤音逋 廣韻 峬峭，好形貌。出 字林

崍 13648 06189 qiú_7.10 集韻 渠尤切音求。山名。

峭 13649 06190 qiào_7.10 廣韻 集韻 𠀤七肖切音俏。山峻拔峭絕也 集韻 嶮也 淮南子·繆稱訓 岸峭者必阤。又 謝靈運·過始寧墅詩 巖峭嶺稠疊 又 急也，嚴厲也 前漢·鼂錯傳 錯爲人峭直刻深△ 正字通 通作陗。 又𡹬08720𡾃13957

峮 13650 06191 qūn_7.10 廣韻 去倫切 集韻 區倫切𠀤音囷。嶙峮，山相連貌 張衡·南都賦 或峮嶙而纚聯，或豁爾而中絕。△ 集韻 或作𡿖。亦作峮。

峼 13651 06192 láo_7.10 廣韻 魯刀切 集韻 郎刀切𠀤音勞。嶆峼，亭名 又 山名。

峐 13652 06193 qǐ_7.10 集韻 類篇 𠀤口己切音起。山高貌 又 玉篇 集韻 類篇 𠀤居吏切音忌。義同。

崶 13653 06194 fú_7.10 集韻 房尤切 篇海 房鳩切𠀤音浮。山名。

峰 13654 06195 lòng_7.10 集韻 盧貢切音弄。穴也。一作㟖。 又𡾃13739

峵 13655 06196 duì_7.10 廣韻 集韻 𠀤徒外切音兌。峵嶒，山貌 馬融·長笛賦 嶰壑嶒峵 註 嶒峵，深平貌。 又峵13604

峰 13657 06198 fēng_7.10 集韻 同峯

峯 13656 06197 fēng_7.10 廣韻 集韻 韻會 𠀤敷容切音鋒 說文 山耑也。一說，義取於丯，直上而銳也 又 州名。古夜郎地，隋置峯州，今屬安南△ 集韻 或作丯。 又丯13396峰13657峰13621峯13585𦬸49453

峪 13658 06199 qí_7.10 字彙 巨希切音祈。山傍石。

峱 13659 06200 náo_7.10 廣韻 集韻 正韻 𠀤奴刀切，音猱。山在齊地 詩·齊風 遭我乎峱之閒兮 前漢·地理志 作嶩 師古註 作𡾰峱。 又岉13720嶩14417猱33265 又 玉篇殘卷 嶩14304 聲類 亦峱字也 又 篇海類編 嶩，音猱。義同，亦作𡾰14545

峲 13660 06201 lǐ_7.10 字彙 良以切音里。山逐行也△ 正字通 峛字之譌。

掔 tóu_7.10 字彙徒侯切音投，山峻貌揚雄·蜀都賦掔巀嶭魄△正字通揚賦如駃騠蝼略摧嗺郅偈敦圉樛流諸字，多與六書相背，掔巀字則臆造也。

峟 yóu_7.10 集韻夷周切音由山海經硨山有獸，狀如馬，芈目四角牛尾，名曰峟峟。見則其國多狡客郭璞贊治在得賢，亡由失人。峟峟之來，乃致狡賓註峟音攸。鼜又駥70293

峾 yuān_7.10 廣韻於緣切集韻縈緣切，並音蜎。山曲貌集韻山阿。

峱 máng_7.10 廣韻集韻莫江切音厖。五峱，山名，在蜀△正字通一說蜀山無峱名，西南夷部有冉駹，今四川之松潘地也。漢武帝開冉駹，爲汶山郡，唐置松州，宋爲茂州。

峲 wáng_7.10 集韻武方切音忘。山名。

峴 láng_7.10 廣韻魯當切集韻盧當切峲音郎。峻峴，山名。冬至日所入也図lǎng玉篇廣韻盧黨切集韻里黨切峲音朗。嵑崀。山空貌。

峴 xiàn_7.10 廣韻集韻韻會正韻峲胡典切，賢上聲玉篇山名，在今襄陽晉書·羊祜傳祜與鄧潤甫登峴山，垂涕曰：自有宇宙，便有此山，因立碑。後人名墮淚碑。図大峴，山名，在青齊。又集韻山小而險。一曰嶺上平也謝靈運·嶺溪行迢遞陟崄峴註嶺小高也韻會峴，本作現。鼜又峴13443峴13728

嶸 róng_7.10 集韻乎萌切音閎。與嶸岻同。嵤嶸也說文本作嶸。或作嶸、岻王延壽·魯靈光殿賦鬱坱圠以嶒嶸註嶒嶸，上潤而險也△正字通字彙汎云山也，分嶸嶸爲二，誤。

島 dǎo_7.10 唐韻廣韻正韻都晧切集韻韻會都老切，峲刀上聲說文海中往往有山可依止曰島。從山鳥聲釋名島，到也。人所奔到也書·禹貢島夷皮服。孔傳海曲謂之島。居島之夷還服其皮木華·海賦崇島巨鼇図集韻或作嶹張衡·西京賦長風激於別嶹。亦作嶹。△集韻古通鳥。鼜又陟65656嶹14169島13440嶋14170㠀14209隖65876隖65860

峷 shēn_7.10 集韻韻會正韻峲疏臻切音莘。神名莊子·達生篇丘有峷註狀如狗有角，文身五采。讀若莘。図集韻緇詵切。義同〇按字彙因集韻誤以爲獸名。今改正。

峸 chéng_7.10 集韻時征切音成。山名△正字通譪字。鼜又岚13692

峹 tú_7.10 廣韻集韻韻會正韻峲同都切音徒說文會稽山。一曰九江當峹。古尚書本作峹，從屾余聲。或省作峹。今文假借作塗書·益稷娶于塗山應劭曰禹所娶塗山侯國峹山氏之女也左傳·哀七年禹合諸侯於塗山杜預曰峹在今壽春界巢縣，卽漢地理志當塗△正字通說文引書專屬會稽山，失考正，互詳土部塗09071字註。鼜又峹13674図廣韻峹13724，他胡切，山名。

峹 tú_7.10 集韻同峹

崔 tuǐ_7.10 廣韻集韻峲吐猥切音腿。峻崒，山高貌揚雄·甘泉賦峻崒陒乎其相嬰註崒嶵，山高貌。言宮殿之形制相似也図廣韻他果切集韻吐火切峲音妥。山長貌△集韻或作嶞隓。

峿 wú_7.10 集韻訛胡切音吾。同峿。鼜又峿13598

峺 gěng_7.10 集韻古杏切音梗。礦也△正字通俗硬字集韻硬或作峺，不必从字彙峺、硬分爲二。

峻 xùn_7.10 廣韻私閏切集韻韻會須閏切，並音迅說文高也。本作陖。或省作峻図集韻正韻祖閏切。大也大學克明峻德図峭也，速也，嚴急也史記·酷吏傳吏務爲嚴峻図韻會通作駿詩·大雅駿極于天傳駿，大也△正字通集韻或作陖、嶕，非。鼜又峻14179嶕14511陵65600陖65809埈08661陵16198

告 gào_7.10 唐韻古到切集韻居號切峲音告說文山貌。一曰山名図玉篇廣韻苦沃切集韻枯沃切峲音酷。義同。鼜又峼13679

峼 gào_7.10 集韻乎老切音浩。山貌△正字通同告。

峂 jié_7.10 集韻子結切。同峂。

岑 yín_7.10 正字通俗峇字。

峇 hán_7.10 廣韻火含切集韻呼含切峲音酣。大谷也△集韻本作峇。峇岈，谷中大空貌。或从山。鼜又峇13707硲38986

峽 xiá_7.10 廣韻侯夾切集韻韻會轄夾切正韻胡夾切峲音洽廣韻巫峽，山名。蜀楚之交，山有三峽左思·蜀都賦經三峽之崢嶸註三峽在巴東永安縣，謂西陵峽，歸鄉峽，巫峽也盛弘之荊州記三峽七百里中，兩岸連山無斷處，重巖疊嶂，隱天蔽日，非亭午不見日月。図州名。秦將白起攻楚，燒夷陵，卽其地。魏武於此置臨江郡。後魏爲拓州，取開拓之義。周以其居三峽之口，因曰峽州図山峭夾水，亦曰峽。見前岬13478字註。△集韻本作陝。或作陿。鼜又峽13631厌04866

峾 yín_7.10 集韻魚巾切音銀。峾淪，水回旋貌郭璞·江賦峾淪泒濩，乕泡乕堆△正字通六書無峾。一本作沄淪。

硎 xíng_7.10 說文谷也。戶經切。山絕坎曰硎65605與硎通揚子法言山硎之蹊註山中絕也正字通與硎同〇按字彙沿玉篇口耕切音硿，訓石谷韻會庚靑韻皆不收硎，靑韻形部陘註。通作陘正韻陘硎俱收入形部。坑部闕硎，似硎無鏗音正字通削口耕切與谷訓，從韻會正韻也。鼜又硎13854

峿
13686 06227
wú_7.10　廣韻五乎切集韻訛胡切夶音吾。嶇峿，山名集韻通作峿図地名前漢·地理志東海郡司吾。或从山，今齊東有峒峿驛図yǔ廣韻集韻偶舉切韻會語許切正韻偶許切夶音敔。岨峿，山貌図不安貌陸機·文賦或岨峿而不安正字通與齬鋙通。鑿又浯28325
硆38990

莽
13687 06228
mǎng_7.10　廣韻模朗切集韻母朗切夶音莽。山貌張衡·南都賦其山則嶒峹嶜刺註嶒峹，山石廣大貌。図平聲玉篇莫郎切音芒。義同図玉篇莫郎切廣韻集韻莫浪切夶音漭。義同。

嵳
13688 06229
chuí_7.10　字彙補漢碑垂字。

崀
13689 06230
láng_7.10　篇韻力當切音郎。㟑崀，山空也。

嶷
13690 06231
níng_7.10　字彙補與凝同汪端明硯銘松穎嶷煙，楮英鋪雪。毫翰若飛，人閒四絕楊升庵曰嶷卽嶷之變體也。鑿與嶷同。

崿
13691 06232
bó_7.10　字彙補蒲沒切音勃。山也。

峸
13692 06233
chéng_7.10　字彙補東岳姓峸名橐。見五岳眞形圖音未詳。鑿又俗盛37169慧琳音義花盦香篋：盦，力鹽反。篋，牽協反珠叢曰：凡瓦物小器皆謂之盦。

岃
13693 06234
null_7.10　字彙補北岳姓峘名岃。見五岳眞形圖音未詳。

峴
13694 06235
chán_7.10　字彙補士山切。同巉◇山峻嶮也。

崼
13695 06236
shǐ_7.10　集韻使01094古作崼。鑿㟟05233譌字。

屲
13696 41070
zè_7.10　川篇音仄。山也。鑿俗嵬。

峲
13697 41071
lì_7.10　字彙補靈義切，音利◇嶂峲，山名，在無錫縣。高忠憲公葬處。

岧
13698 41072
chán_7.10　龍龕士山切。山峻險也。鑿字彙補峴，同岧。

岴
13704 43270
suì_7.10　龍龕音歲。石鼓文有此字。石本作岺，音首。鑿石鼓文岴車其寫。

崕
13700 41074
yá_7.10　奚韻直遇切音住。山崖也。鑿俗崖。

崗
13701 41075
null_7.10　字彙補音義未詳穆天子傳桂薑百崗。

峾
13702 41077
ē_7.10　字彙補音阿。山之阿也○按卽阿字之譌。

崏
13703 43269
zhuó_7.10　篇海類編士角切，音捉◇。

崗
13705 43271
yà_7.10　龍龕音抽。鑿字彙補峀，烏甲切音軋。

菌
13706 43272
guǐ_7.10　海篇音癸。鑿篆文癸字楷化図岓13583
蚰14839

嵜
13707 43273
hán_7.10　篇海類編同峆。

岡
13708 43274
gāng_7.10　五音篇海同岡。

崞
13709 u2B775
dǎo_7.10　簡嶹14364

峫
13711 u2AA39
tuó_7.10　簡嶞13908

峉
13713 u2AA37
yán_7.10　簡巖14531

楂
13715 u2AA35
qí_7.10　楂13761譌字龍龕楂，巨伭反。山名也。

卽
13716 u2F87D
jié_7.10　同卽13680

岮
13718 u21E0F
voi_7.10　喃从山位vị聲。極高貌△同嵆14093

嵤
13719 u21E07
đèo_7.10　喃从山條điều省聲。隘道△嵤屺：山路。

崏
13720 u21E06
náo_7.10　同猱13659

崬
13723 u21E03
jiān_7.10　簡嵉14346

崂
13710 u2AA3A
null_7.10　未詳。

崁
13712 u2AA38
null_7.10　未詳。

峹
13714 u2AA36
shē_7.10　簡峷60072

岆
13717 u21E10
fēn_7.10　俗岎13268

崐
13721 u21E05
tāo_7.10　俗嶅16141

崼
13722 u21E04
duī_7.10　清·俞正燮癸巳類稿·卷八·黟縣山水記又西北為觀雨峯14077，字亦作崼，音追。余見官書鱗冊如此。

峹
13724 u21E02
tú_7.10　龍龕峹俗峹13672正，音徒，山名也。

峒
13725 u21E00
tóng_7.10　崔峒，崔峒13563之誤，見唐詩紀事

崏
13726 u21DFE
qiú_7.10　俗崏13912清·顧祖禹讀史方輿紀要·卷一百十七·雲南五珊碧外籠山：府西南二十里。孤峯崏崒，多產箭竹大字典同崏13912引正字通崏，亦作崏。△宏按，當作崏13995

崍
13727 u21DFD
sǒng_7.10　俗嵷46787

崏
13729 u21DF8
xiāo_7.10　崏嶐，亦作寥寥，山勢高峻幽深。杜甫朝享太廟賦鳥不敢飛，而玄甲崏嶐以岳峙。

崏
13730 u21DF7
null_7.10　未詳。

崏
13732 u21DF5
null_7.10　人名用字

崏
13734 u21DF3
null_7.10　未詳。

崏
13737 u21DF0
zhū_7.10　同嵥14083

峒
13738 u21DEF
wū_7.10　俗巫14638見唐趙夫人姚氏墓誌

崏
13739 u37D6
lòng_7.10　同嵻13654

崏
13741 u37D2
qūn_7.10　同崑13650

崏
13728 u21DF9
xiàn_7.10　同峴13667

崏
13731 u21DF6
null_7.10　未詳。

崏
13733 u21DF4
null_7.10　未詳。

崏
13735 u21DF2
null_7.10　未詳。

崏
13736 u21DF1
wěi_7.10　或同峗13634

崏
13740 u37D5
null_7.10　未詳。

崏
13742 u5D05
què_7.10　嶢崏，亦作磽确38966墝塥08659，貧瘠。北魏楊衒之洛陽伽藍記·卷第五·城北土田嶢崏，民多貧困。

嶮
13743 u5D04
xiǎn_7.10　簡嶮14317

嶗
13745 u5D02
láo_7.10　簡嶗14241

崍
13744 u5D03
lái_7.10　簡崍13769

崁
13746 u5D01
kàn_7.10　閩山谷，山崖。多用作地名。大科崁溪：大漢溪舊稱，在臺灣北部

崆
13747 06237
kōng_8.11　廣韻正韻苦紅切集韻韻會枯公切夶音空。崆峒13563，山名図崆巄，山高貌図qiāng廣韻苦江切集韻枯江切夶音腔。崆峴，山高峻貌。鑿又崟13846

幽
13748 06238
bīn_8.11　集韻悲巾切。同幽說文本作𢇏。亦作幽，經傳省作邠。譌作幽幽。

㟘 13749 06239 tiáo_8.11 集韻田聊切音條玉篇山貌。一曰山名。

𡹮 13750 06240 tì_8.11 集韻他歷切音剔。山名。

𡺃 13751 06241 lù_8.11 字彙同硉

㟍 13752 06242 qiāng_8.11 正字通古文羌字〇按集韻羌，古作𡿲。㟍係說文羌字篆文，作古文，非。鎣亦作㟍13994，同𡿲13961

崇 13753 06243 chóng_8.11 廣韻集韻韻會鉏弓切正韻鉏中切𠫤音漴說文嵬高也。从山宗聲◆爾雅·釋詁崇，重也邢昺曰又高貴也易繫辭崇高莫大乎富貴左傳·宣十二年師叔，楚之崇也又充也禮·樂記復綴以崇。又儀禮·鄉飲酒禮主人再拜崇酒註崇，充也。謂相充實也又聚也詩·大雅福祿來崇註謂積而高也左傳·隱六年見惡如農夫之去草，芟夷蘊崇之註蘊，積。崇，聚也又廣韻敬也，就也書·仲虺之誥欽崇天道又終也詩·衛風誰謂宋遠，曾不崇朝註言行不終朝而至也又崇牙，樂器飾詩·周頌崇牙樹羽註懸鐘磬之處，以采色爲大牙，其狀隆隆然又國名。堯時崇伯鯀，商崇侯虎，今西安府鄠縣又地名書·舜典放驩兜于崇山註在今澧州澧陽縣又姓正字通宋青田令崇大年又叶仕莊切音牀陳琳·大荒賦仰閶風之城樓兮，縣圃邈以隆崇。壓若華之景曜兮，天門閌以高驤又正譌嵩古作崇。別作崧，非正字通韋昭國語註通用崈。崇崈音義同，合崇嵩爲一，非。互見後崧13809字註△集韻或作崈。鎣又崇26634

崈 13754 06244 chóng_8.11 集韻同崇。

𡺞 13755 06245 tà_8.11 集韻達合切音踏。山重疊貌。

嵳 13756 06246 xié_8.11 廣韻戶圭切集韻玄圭切，𠫤音攜。姓也。見姓苑正字通宋章定名賢氏族錄以韻分姓，蜀姓在八齊韻姓苑又作嵳。形異而音同△集韻蜀亦作嵳。

崊 13757 06247 lín_8.11 字彙犁沈切音林。與𡼖同。山石也△正字通崊𡼖𠫤俗字。鎣又𡷖13861𡼖14156

𡽃 13758 06248 qióng_8.11 集韻丘弓切音穹。𡾆𡽃，山形〇按爾雅本作穹，凡山形高大者及天形皆曰穹。俗从山，非。鎣又𡸣13851

𡺪 13759 06249 zé_8.11 類篇實窄切，音宅◇嶚𡺪，山形。一曰山名△字彙亦作𡾧正字通𡺪𡾧𠫤俗字。

𡺲 13760 06250 kuǐ_8.11 集韻苦猥切。同嵬。嵔嵬，山貌。或作𡺲王延壽·魯靈光殿賦㞘巍𡾟𡺲註皆高峻貌△字彙同嵬。一曰嵬字之譌正字通按王賦嵯峨嵬嵬，㞘巍𡾟𡺲，註皆高峻貌。𡺲嵬二字疊出，則𡺲非譌文，嵬非同𡺲也。皆可疑。

𡵻 13761 06251 qí_8.11 玉篇古文岐13390字。

崋 13762 06252 huá_8.11 古文𡸷廣韻戶花切集韻韻會正韻胡瓜切𠫤音華說文西嶽名。在弘農華陰西南。从山，華省聲白虎通西嶽爲崋山者，崋之爲言穫也，言萬物成熟，可以得穫也山海經大崋山，削成而四方，高千仞，廣十里註今山上大下小，峭峻也。通作華華山記山頂有池，生千葉蓮，服之羽化，因曰華山。又有小華山，即少華也張衡·西京賦綴以二華註本一山，河神劈之，以通河流，分爲二又州名。後魏雍州，西魏崋州又姓又huà玉篇廣韻戶化切集韻胡化切𠫤音樺。義同。〇按書·禹貢西至于太崋。陸德明讀如字，又音戶化切。又禹貢華陽黑水惟梁州，註胡瓜、胡化二切，今皆讀去聲△正字通本作𡸷，俗作崋。鎣書·禹貢西至于太崋。孫壽瑋：西傾、朱圉、鳥鼠至于太崋又𡸷14194𡾰14269

𡺻 13763 06253 yà_8.11 字彙乙黠切音軋。𡺻岈13489，衆山森列貌。鎣又𡽦13882𡶒13511

𡸹 13764 06254 jū_8.11 廣韻子于切集韻遵須切𠫤音娵集韻𡼌嵎，高崖也。一曰山石相向貌。本作𡼌。或作𡸹。

𡹎 13765 06255 qūn_8.11 廣韻去倫切。同峮。

𡹩 13766 06256 zàn_8.11 廣韻才敢切。同嵁。開張山貌。見倉頡篇正字通倉頡篇本作嵁，改作𡹩，从甘，無義。後人所增。

𡼏 13767 06257 zhàn_8.11 集韻阻限切。同巉省。亦作峨。

崌 13768 06258 jū_8.11 集韻斤於切音居。山名山海經崌山，江水出焉，東流注於大江，其中多怪蛇。

崍 13769 06259 lái_8.11 廣韻落哀切集韻郎才切𠫤音來。山名山海經崍山，江水出焉，東流注大江，其陽多黃金註印崍山，今在漢嘉嚴道縣南，江水所自出，山有九折坂。又郭璞·江賦源二分於崌崍，流九派乎潯陽註岷山東北百四十里崍山，又東百五十里崌山，崍山中江所出，崌山北江所出，自廬江潯陽分爲九派也。鎣又崃13744

崎 13770 06260 qí_8.11 廣韻去奇切集韻韻會丘奇切𠫤音攲說文險也。本作㟢。从危，支聲。今文作崎玉篇崎嶇，山路不平也張衡·南都賦上平衍而曠蕩，下蒙籠而崎嶇又集韻渠羈切音奇。義同又qǐ去綺切音綺。𡾊崎，山貌。一曰不安貌王褒·洞簫賦徒觀其傍山側兮，則嶇嶔𡾊崎又yī集韻於宜切音漪。地名。上黨崎氏坂。又渠希切音祈。曲岸也〇按上黨陭氏本作陭，不必改从山。又訓曲岸，與石部碕字音義𠫤同，重出，俱不可从。△正字通陭隑埼碕𠫤通。鎣又𡼤14018㟢14021𡿖14216又㟯崎或作琦琦、掘琦、㟯奇、琦崎、屈奇又嶔崟13891，山石怪異貌。

崏 13771 06261 mín_8.11 集韻同岷說文本作𡽀。

嵚 13772 06262 yín_8.11 集韻魚音切音吟。兩山相向也△正字通同嶔，俗省。

崐 13773 06263 kūn_8.11 廣韻古渾切集韻韻會正韻公渾切𠫤音昆。崐崘，山名水經注山在西北，去嵩高五萬里，地之中也，高萬一千里，河水出其東北陬，屈从其東南，流

入渤海 前漢·崑崙山 註 山高二千五百餘里,日月所相隱蔽爲光明 渤海十洲記 崑崙山有三角,其一角正干北辰,名閬風巔,其一正西,名元圃臺,其一正東,名崑崙宮,有五城十二樓 又 爾雅釋丘 三成爲崑崙丘 註 崑崙山三重,丘有三重,故以名亦作昆侖。義同 又 山海經 海內崑崙之墟,在西北,帝之下都。方八百里,高萬仞。面有九井,以玉爲檻,旁有九門,開明獸守之 註 言海內者,明海外別有崑崙也。又 正字通 張騫渡西海,至大秦烏遲國,復有西海,海濱有小崑崙,高萬仞。永平開寶固出燉煌崑崙塞,擊破白水鹵於蒲類 海上博物志 引 河圖括地象 曰:崑崙廣萬里,泉南流入中國曰河。八十城繞之,中國居一分,是也 又 國名 書·禹貢 織皮崑崙 疏 崑崙,在荒服之外,流沙之內〇按 前漢·郊祀歌 揚雄·甘泉賦 崑崙俱作昆侖,文省義通。 鍪 又 僵僂。

崑 kūn_8.11 正字通 同崐 崣13775 06265 zhí_8.11 廣韻 除力切 集韻 逐力切 达音直 玉篇 山名 集韻 山貌 鍪 又 峕13871

崒 zú_8.11 廣韻 慈卹切 集韻 韻會 正韻 昨律切 达音崒 說文 危高也。从山卒聲 爾雅·釋山 崒者,厜㕒 疏 謂山巔之末,其峯巉巖 詩·小雅 山冢崒崩 傳 崒,崔嵬也 鮑昭·蕪城賦 崒若斷岸 又 唐韻 醉綏切 集韻 類篇 遵綏切 达音崔。義同 又 廣韻 集韻 韻會 达昨沒切 音捽。崒屼,山貌 韻會 山危峻貌 張衡·西京賦 巃崒崔崒。或作崪 又 集韻 亦作卒 詩·小雅 漸漸之石,維其卒矣 朱傳 卒,崔嵬也。謂山巔之末也 又 cuì 正字通 七醉切音萃 司馬相如·子虛賦 珍怪鳥獸,萬端鱗崒。叶上類 註 言比次如魚鱗,崇積如高山,借二義擬其衆盛也。一說本作萃,鱗萃猶鱗集,賦之萃爲崒,猶詩之崒爲卒,其譌同也。△ 正字通 崒兼平、去、入三聲 字彙 闕平聲,非。鍪 厜㕒,厜㕒 又 峻13777崒13900

崒 zú_8.11 集韻 同崒 嵋 gù_8.11 正字通 公悟切音固。晏嵋,地名。在單父三十里 李白·送弟凝至晏嵋詩 雞鳴發晏嵋,別鴈驚峽州 又 宋史·李全傳 出沒島嵋 正字通 嵋亦水島之類。 鍪 又 嵞13896

崔 cuī_8.11 廣韻 昨回切 集韻 韻會 祖回切 达音摧 說文 高大也 廣韻 崔嵬也 詩·齊風 南山崔崔 註 高大貌 何晏·景福殿賦 高甍崔嵬 又 廣韻 集韻 韻會 正韻 达倉回切音催。齊邑名。濟南東朝陽縣有崔城 又 姓 廣韻 齊丁公之子,食采於崔,因以爲氏△ 集韻 或作崔確崒雖佳。 鍪 又 嵫13855崔14036

崖 yá_8.11 集韻 魚羈切音宜。崎崖,石危貌△ 正字通 同崖。崖亦有宜音,誤分爲二。

崖 yá_8.11 集韻 韻會 正韻 达宜佳切音睚 說文 高邊也。从屵,圭聲 徐曰 水邊有垠堮也。無垠堮而平曰汀 郭璞·江賦 觸曲崖以縈繞 又 珠崖,郡名。在南海,漢武帝置,地居海中,產珠,故曰珠崖,亦曰朱崖 又 洪崖,仙人名 郭璞·遊仙詩 右拍洪崖肩 又 不和物曰崖岸。宋張

詠性剛介,自號乖崖,言乖則違衆,崖不和物也 又 yí 集韻 魚羈切 韻會 疑羈切达音儀。義同〇按 說文 厂部厓訓山邊,屵部崖訓高邊,分厓、崖爲二 韻會 因之,以山邊屬睚音,高邊屬儀音,似泥。 鍪 又 嵗13780 又 崔13700 金石文字辨異·崖 引 北齊董淇達造像銘

崦 kǎn_8.11 集韻 苦感切音坎。陷也 馬融·長笛賦 崦窞巖窐 註 崦,坎也。窞,坎中小坎也。窐,窟也。

崗 gāng_8.11 正字通 俗岡字。 鍪 又 岗13444 又 龍龕 崗13822崗13834,古文崗。

崙 lún_8.11 廣韻 集韻 韻會 正韻 达盧昆切音論。崑崙13773崘,山名。又 集韻 崙峒,山貌 鍪 又 崙13785岺。

崘 lún_8.11 集韻 同崙 崚 líng_8.11 廣韻 力膺切 集韻 閭承切 达音陵。崚嶒,山貌 沈約·鍾山詩 崚嶒起青嶂〇按 韻會 正韻 庚蒸韻嶒字俱註崚嶒,闕崚字不載。一說崚當與柧稜威稜之稜同音。 鍪 又 㞱13865陵74565 磏39050 又 字彙補 崚14179力丁切,與陵14080同。

崛 jué_8.11 唐韻 集韻 韻會 正韻 达渠勿切音倔◆ 說文 山短高也。从山屈聲 又 增韻 勃起曰崛起 揚雄·甘泉賦 洪臺崛其獨出今 又 集韻 亦作崫 左思·蜀都賦 崫巍巍以峨峨 註 崫,特起也 又 集韻 韻會 达苦骨切音窟。義同△ 集韻 亦作岮。又作礍。 鍪 又 崛14327本字。 又 崛強,今作倔彊。

崜 duō_8.11 集韻 都戈切音拖。小山貌 又 duǒ 類篇 都果切 字彙 都火切达音朵。山形△ 正字通 俗字。

崰 zī_8.11 集韻 莊持切音緇。崰嶷,不齊貌 王延壽·魯靈光殿賦 岑崟崰嶷,駢嵸崣兮△ 正字通 古借用甾。 鍪 又 崰13894

堆 duī_8.11 古文崔 集韻 都回切。同堆。聚土爲堆 正字通 六書本作自 前漢·地理志 作崔14077 鍪 又 俗阜65437 金石文字辨異 引 唐大德寺造像碑

嵄 mí_8.11 集韻 同嵋,俗省。

崐 kē_8.11 玉篇 口合切。同峇。山窟也。

嵃 niè_8.11 集韻 同峴。崼或作峴 嵢 niè_8.11 集韻 倪結切。同嵄。嵄,山高 六書 作峴 王延壽·魯靈光殿賦 漂嶢嵢而枝柱 木華·海賦 岈嵢孤亭。

嵌 qiáng_8.11 唐韻 集韻 达慈良切音牆 說文 山陵也。

嵢 péi_8.11 集韻 同培 嵢 guō_8.11 廣韻 古博切 集韻 韻會 光鑊切 达音郭 說文 本作嶀。山在鴈門,从山䵯聲。隸作嵢 後漢·王霸傳 攻君田於嵢 註 縣名。今嵢縣,屬太原府代州 九域志 有嵢山△ 集韻 或作障。鍪 攻君田於嵢。孫壽瑋:田,由字之誤。

嵥 zhēng_8.11 集韻 韻會 达鋤耕切,音噌 說文 嵥嶸也

揚雄·河東賦 陟西嶽之嶕嶢 師古曰 嶕嶢而崝嶸 孫綽·遊天台山賦 陟峭嶭之崝嶸△集韻 或作嶒、峥。

嵃 13799 06289
yuān_8.11　集韻於袁切音鴛。山名⊠wǎn 五音集韻委遠切音宛。義同。

崟 13800 06290
yín_8.11　廣韻魚今切 集韻 韻會 正韻魚音切 达音吟 說文山之岑崟也。凡地高險者曰崟 杜甫·上後園山脚詩挽葛上崎崟。又張衡·思玄賦慕歷阪之嶔崟⊠通作碒 左思·吳都賦 礏碒乎數州之間，灌注乎天下之半。△集韻亦作岒、岭。鋆又嶔14303厈04802嶒06038峚13895

崠 13801 06291
dōng_8.11　廣韻德紅切集韻都籠切达音東。山名⊠dòng集韻類篇达多貢切音凍。山脊也。

峴 13802 06292
xián_8.11　集韻韻會达胡讒切音咸。山名。峴陵。本作函賈誼·過秦論秦孝公據崤函之阻 註嶔謂崤山，函謂函谷⊠函谷，關名。漢在弘農。俗从山作峴。

崒 13803 06293
zé_8.11　廣韻仕力切集韻實側切，並音崱◇崒嵬，山峻貌。或省作㠑⊠正字通按六書吳亦作㠑，日瞰也。㠑崒疑皆㠑字之譌。鋆又亶13696亶13826

峥 13804 06294
zhēng_8.11　集韻鋤耕切。同崝說文崝嶸也。本作崝，或作峥韓愈·城南聯句高言軋霄峥 註山之切雲者 孟郊·感興詩吾欲載車馬，太行路崝嶸△正字通崝、峥古人詩賦皆互見，字雖別而意相通。鋆又崝13627掙13879嶒14225

崣 13805 06295
wěi_8.11　集韻烏毀切音委。摧崣，山高貌司馬相如·上林賦摧崣崛起△集韻亦作崴。鋆又崴13847

崤 13806 06296
xiáo_8.11　廣韻胡交切 集韻 韻會 正韻何交切 达音肴。山名雍錄二崤山，又名嶔崟山 元和志 東崤至西崤三十五里，在秦關之東，漢關之西 杜預曰 在弘農澠池縣西 括地志 在洛州永寧縣西北二十里，即古之崤道 沈約·應詔詩推轂二崤道 公羊傳·僖三十三年 崤之嶔巌，文王所避風雨也⊠通作殽春秋·僖三十三年晉人及姜戎敗秦師于殽⊠省作肴 後漢·王莽傳 肴黽之險。⊠水名 水經注 崤水出河南盤崤山，西北流。上有梁，歷澗水，東北流，與石崤水合。鋆又嶤14361崤13969崤14060岥13364

峄 13807 06297
pí_8.11　廣韻部迷切 集韻駢迷切，达音鼙。峄崻，山貌⊠bǐ玉篇 廣韻幷弭切 集韻補弭切达音箄。峽峄，山足也 揚子·太玄經 崔嵬不崩，賴彼峽峄 註 崔嵬當崩不崩，以有疆足之峽峄。鋆又嶋14399

崦 13808 06298
yān_8.11　廣韻央炎切 集韻 韻會 衣簾切 正韻衣炎切达音淹。崦嵫，山名山海經 鳥鼠同穴，山西南曰崦嵫，下有虞泉，日所入處 屈原·離騷 吾令羲和弭節兮，望崦嵫而勿迫 註 勿使日入也⊠yǎn 廣韻 集韻 類篇 韻會 正韻达於檢切音掩。義同△正字通本作崦△集韻或作峹。通作弇。鋆又嶮14240

崧 13809 06299
sōng_8.11　廣韻息弓切 集韻 韻會 思融切 正韻息中切，並音嵩 爾雅·釋山 山大而高，崧 疏 崧，竦也。亦高稱也 詩·大雅 崧高維嶽 傳 嶽，四嶽也 疏 堯時止有四嶽而已，不主中嶽。又云崧，高貌。此則山高大者自名崧，不主中嶽而言。今之中嶽名嵩，或取此以立名也 韓愈·送侯參謀詩 三月崧少步，躑躅紅千層 註 謂嵩山少室也△說文嵩，中嶽嵩山也 註 亦从松 通雅 孫恬，徐鉉合崧嵩爲一字，戴侗非之，泥。鋆又嵷13890

嵥 13810 06300
jié_8.11　廣韻 集韻 韻會 正韻达疾葉切音捷 廣韻嵥礚，山連延貌⊠集韻山高貌 張衡·西京賦 巏嵯嵏嶪 註 形勝也△集韻一作碣。鋆又崨14238嵥14239嵥13860建14007

岷 13811 06301
mín_8.11　正字通同岷。

崩 13812 06302
bēng_8.11　古文阴 廣韻北滕切 集韻 韻會 悲朋切达音繃 說文山壞也，从山朋聲 玉篇毀也 • 禮·曲禮 註 邢昺曰 自上墜下曰崩 詩·小雅 如南山之壽，不騫不崩 春秋·僖十四年 秋八月辛卯，沙鹿崩 註 沙鹿，山名⊠沮落也 穀梁傳·隱三年 高曰崩，厚曰崩，尊曰崩⊠姓正字通 明正德中崩愈堅，固始縣丞，潛山人△集韻作嗣。亦作關。鋆又崩15551崩14258崩13857岃35335峀13588

嶘 13813 06303
zhàn_8.11　玉篇同棧。鋆又崣13767

崌 13814 06304
jū_8.11　玉篇子于切。同嵼13764

巷 13815 06305
xiàng_8.11　字彙補同巷 枚乘·菟園賦 巷路娑移 註 巷路，即巷路二字，山間之蹊徑也。

嵬 13816 06306
kuì_8.11　字彙補區位切音媿。筋急貌 列子·楊朱篇 筋節嵬急 林氏音義 作朘急。

掌 13817 06307
zì_8.11　字彙補莊吏切音傳。刃也。

岎 13818 06308
null_8.11　字彙補音未詳。人名 蜀志 譙周父岎，字榮始，治尚書。鋆徐慧：蜀志·譙周傳 父岎，字榮始，治尚書。

㟃 13819 06309
gāng_8.11　字彙補與岡同 後趙錄 邯鄲城西石子㟃 晉書作堈。

㟆 13820 06310
duī_8.11　字彙補古文㟪13790字。

㟴 13821 41076
qīn_8.11　篇海類編丘近切，欽去聲◇近也。鋆直音篇㟴屶00580，丘近切。近也。二字同。

崮 13822 41078
jùn_8.11　字彙補具隕切音菌 海內經 有青獸如菟，名曰崮狗。鋆又㟪13765，山相連貌⊠龍龕崮崮13834，古文崮。

㟡 13823 41079
zuò_8.11　五音篇海徂果切。山名。鋆同崒13633

㟰 13825 41081
chù_8.11　字彙補音未詳。盤㟰村，台州地名。

㟫 13826 41082
zè_8.11　川篇助力切。崱也。

13827 41085 qì_8.11 字彙補 丘計切，音企◇山也。

13828 43275 qǐ_8.11 篇海類編 音寨。又音啓。

13829 43276 jǐ_8.11 字彙補 嵇字之譌。

13830 43277 huí_8.11 龍龕 音回

13831 43278 qì_8.11 海篇 音氣。

13832 43279 yín_8.11 海篇 同垠

13824 41080 null_8.11 字彙補 音未詳 金液神氣經 小山名峚。鎣 小山字岜勳14174

13833 43280 suì_8.11 海篇 音歲。鎣 俗歲。

13834 43281 gāng_8.11 龍龕 同崗

13835 u2AA41 null_8.11 嘀 未詳。

13836 u2AA40 null_8.11 未詳。

13837 u2AA3F null_8.11 未詳。

13838 u2AA3E null_8.11 未詳。

13839 u2AA3D null_8.11 未詳。

13840 u2AA3C null_8.11 未詳。

13841 u2AA3B null_8.11 未詳。

13842 u21E61 ghènh_8.11 嘀 从岩省京kinh聲。亦作崇13845 碌39109

13843 u21E60 nghi_8.11 嘀 从山宜nghi聲△峗屼：山嵐。

13844 u21E5F chǒm_8.11 嘀 从山枕chǎm聲。

13845 u21E5E ghènh_8.11 嘀 同崚13842

13846 u21E5D kōng_8.11 字彙補 崆，與崆13747同。黃香 九成宮賦 振雲崆而土崆山。註，崆即崆字。崆峒山也。

13847 u21E5B wěi_8.11 直音篇 崣13805，音委。山高貌。崚，同上。 図 正字通 磈39055，磈、崚並同。

13848 u21E5B ān_8.11 俗庵15546 明詩綜 • 卷九十二 • 吳靜婉 • 別思 西崔雨未收，東崔風又作。留住綠蓑衣，莫與篙師都。

13851 u21E57 qióng_8.11 同崝13758

13849 u21E5A sēn_8.11 同梦24408 四 部叢刊 • 初編集部 • 唐元次山文集 • 卷第二 • 說楚何荒王賦 交戰禁御，崜羅攒峙。崜，所今反。

13852 u21E55 yáng_8.11 同崵13557

13850 u21E59 guī_8.11 俗歸26686 金石文字辨異 引 唐虞世南書夫子廟堂碑

13853 u21E54 bēng_8.11 同崩13812

13854 u21E51 xíng_8.11 俗崝13685

13855 u21E50 cuī_8.11 同崔13779 捘峗，亦作捘崔。

13856 u21E4D gù_8.11 同崮13896

13857 u21E4C bēng_8.11 俗崩13812 新撰字鏡 崩，甫登反。平。壞也，死也，毀也，阤也。

13858 u21E4B mín_8.11 同岷13492

13859 u21E49 qí_8.11 踦嶷，亦作岐嶷，峻茂之貌。又指兒童早慧。

13861 u21E47 lín_8.11 崊嶔，亦作嶙13757嵃。

13862 u21E46 dú_8.11 同毒13270今作毒。

13863 u21E45 yà_8.11 同垭08767

13860 u21E48 jié_8.11 同嵥13810

13864 u21E44 null_8.11 未詳。

13866 u21E42 tíng_8.11 或俗嵉13937

13865 u21E43 líng_8.11 類篇 崚，闾承切。崚嶒，山兒。或書作嶐。

13867 u21E41 chuí_8.11 俗垂08454 廣碑別字 引 明孫母朱氏墓誌

13869 u21E3F null_8.11 未詳。

13868 u21E40 jùn_8.11 或俗峻13677

13870 u21E3E mǐn_8.11 同崏14348

13872 u21E3C null_8.11 未詳。

13871 u21E3D zhí_8.11 龍龕 崱俗崸13775正，音直。山直也。

13873 u21E3B null_8.11 未詳。

13874 u21E3A zhēng_8.11 同嵭13797

13875 u21E39 null_8.11 未詳。

13877 u21E37 null_8.11 未詳。

13876 u21E38 wèi_8.11 俗嵔59850亦作嵔、褱。車軸崗。

13878 u21E36 chóng_8.11 人名用字。翟崈。見 宋史

13880 u21E34 xiǎn_8.11 同嶮14317

13879 u21E35 zhēng_8.11 直音篇 崝13804，音根。崝嶸。嵃崝，同上。

13881 u21E33 yáo_8.11 俗嶢14256

13882 u21E32 yà_8.11 明 • 李夢陽 空同集（文淵閣四庫本）• 卷三 • 賦 • 大復山賦 廼有危峯 七十岋岫。岋岫，同嵼13763岫。

13883 u21E31 shèn_8.11 同峇13271 集韻 慎18082古作峇。

13884 u21E30 fáng_8.11 崼嵲，山名。漢 • 郭憲 別國洞冥記 崼嵲細 棗，出崼嵲山，山臨碧海上，萬年一實。

13885 u21E2F null_8.11 未詳。

13887 u21E2D yà_8.11 同嶭13863

13886 u21E2E lù_8.11 崎嵅，也作崎碌39044，地名，在汕頭。峨 嵅，也作峨碌、羿崀，在楚雄。

13888 u37E5 cēn_8.11 简參14135

13890 u37E3 sōng_8.11 同崧13809

13889 u37E4 lù_8.11 羿崀，也作峨碌、峨嵅，地名，在楚雄。

13891 u37E2 qí_8.11 同崎13770嶔崎，山石怪異貌。清黃遵憲 寄四弟 樹根兩坐石，一平一嶔崎。

13892 u37E1 kuì_8.11 同崣13816

13893 uF9D5 lún_8.11 兼 崙。

13894 u5D30 zī_8.11 同峜13789

13895 u5D2F yín_8.11 同崟13800

13897 u5D2D zhǎn_8.11 简嶃14149

13896 u5D2E gù_8.11 四周陡峭，頂 端較平坦的山。如孟良崮、崣崮，並在魯南。

13898 u5D2C dōng_8.11 地名用字。簡化作崬。

13899 u5D2B jué_8.11 同崛13787

13900 u5D2A cuì_8.11 字彙同崒。

13901 06311 zè_9.12 廣韻 士力切 集韻 韻會 寔側切，並音荝◇ 崱屴13296，山大貌 図 集韻 山連也 梁劉峻詩 鑿戶闚嶕 嶢，開軒望崱屴。又 王延壽 • 魯靈光殿賦 崱繪綾而龍鱗

註謂參差不齊,如龍鱗然。鍌又峒13989

嵃 jí_9.12 13902 06312 集韻訖力切音殛。山名△正字通俗字。

峒 jiōng_9.12 13903 06313 字彙同坰正字通俗字。

崲 huáng_9.12 13904 06314 集韻胡光切音皇。地名南史·謝靈運傳始寧郡有休崲湖。

嵎 yú_9.12 13905 06315 集韻容朱切正字通羊劬切丛音俞。嵎次,山名,在鴈門。今通作隅。鍌又崳14022

崴 wēi_9.12 13906 06316 集韻烏回切,音碨。又wāi廣韻乙乖切集韻烏乖埤蒼崴鬌,不平也。一曰山形楚辭·九章軫石崴鬼。蹇吾願兮註崴鬼,高貌区wǎi五音集韻烏買切音崴。崴鬌,山谷不平貌。互見後鬌14451字註。鍌又踓59159捶20197傀01631区集韻羽鬼切,山兒。或作峞13952亦省(作畏)。或書作崷13955

崵 yáng_9.12 13907 06317 廣韻與章切集韻余章切丛音陽說文崵山,在遼西。一曰嵎夷,崵谷也区首崵山,在洛陽区廣韻徒朗切集韻韻會待朗切丛音蕩。義同△集韻或作蕩。通作碭。鍌又湯14219

嶅 tuó_9.12 13908 06318 集韻徒何切音陀。山形似碾者字彙碾,碾輪也。鍌又嵩13983嵷13711

崒 yùn_9.12 13909 06319 集韻王問切音運。同壺。大崒,山名。或省作崒。

崒 dié_9.12 13910 06320 集韻徒結切音昳。本作峌。或作崒。崒兒,山貌。亦作崷垤。

對 fēng_9.12 13911 06321 廣韻府容切集韻方容切丛音封廣韻山名。一名龍門山,在封州。大魚上化爲龍,上不得,點額血流,水爲丹色也。

崷 qiú_9.12 13912 06322 廣韻集韻丛自秋切音酋。崷崪,山長而高貌班固·西都賦巖峻崷崒杜甫崔少府高齋詩煙氛藹崷崒△正字通亦作酋。鍌又崗13726

碭 yáng_9.12 13913 06323 字彙杜本切,敦上聲◇山名△正字通俗字。鍌龍龕崵碭二音并作,峴13557正。五江反。山名也

嵈 tí_9.12 13914 06324 廣韻杜奚切集韻田黎切音啼。崿嵈,山貌区集韻山形漸平貌△正字通嵈字之譌。

崦 yān_9.12 13915 06325 廣韻同崦13808崦嵫,山名。

嶬 yǐ_9.12 13916 06326 廣韻移爾切集韻韻會演爾切丛音迤。剡嶬,山卑長貌区廣韻沙丘狀揚子法言觀東嶽而知衆山之剡13577嶬也。

崣 huì_9.12 13917 06327 類篇胡對切音潰。山無草木也。

嵋 máo_9.12 13918 06328 集韻謨交切音茅。山名,在句容名山記作茅。俗作嶤。

峙 zhì_9.12 13919 06329 集韻丈里切,音峙。山獨立貌△正字通俗峙字。

崼 shì_9.12 13920 06330 集韻上紙切音是。山也。

崽 shāi_9.12 13921 06331 廣韻集韻丛山皆切音篩揚子方言崽,子也。江湘閒凡言是子謂之崽廣韻自高而侮人也。一曰呼彼之稱区zǎi玉篇子改切音宰水經注變童卯女,弱年崽子正字通囝崽音通,湘沅之閒凡言子曰崽。○按廣韻山皆、山佳二切,音近鰓楊時偉·正韻賤收崽,又讀若灑。鰓灑宰皆方俗音。互見口部囝08008字註。鍌又崻18936

嶢 yǎo_9.12 13922 06332 集韻以沼切,音闇。山名。鍌直音篇岆,同嶢。

嶐 lóng_9.12 13923 06333 字彙音義闕。引枚叔梁王菟園賦:峯巖嶐嵸。註:嶐疑卽是龍字。鍌又崲13619

崿 è_9.12 13924 06334 廣韻五各切集韻韻會正韻逆各切丛音諤。崖也。張衡·西京賦崢崿嶙峋註阺,除也。崿,崖也。嶙峋,殿階高峻貌謝靈運·晚出西射堂詩連障疊巘崿区集韻亦作崿韓愈·晚秋聯句秦關東巖崿区作崿唐書·顏眞卿傳清河使李崿乞師。鍌又崿13463崿14226崿14264崿14446

崿 è_9.12 13925 06335 集韻同崿

崋 zhù_9.12 13926 06336 廣韻直主切集韻重主切丛音紵。天崋,山名。

嵌 kān_9.12 13927 06337 廣韻口含切集韻韻會枯含切正韻苦含切丛音龕。嵌巖,不平貌莊子·在宥篇大山嵌巖之下。区廣韻苦咸切集韻丘咸切丛音藏。義同区廣韻集韻類篇丛五感切音坎。嵌崿,山形左思·魏都賦恆碣嵌崿于青霄。或作礛区zhàn廣韻士減切集韻士檻切音嶄。嵌絶,山貌。

嵂 lǜ_9.12 13928 06338 集韻韻會正韻丛劣戍切音律。嵂崒,山高峻貌司馬相如·子虛賦隆崇嵂崒区通作律詩·小雅南山律律註高大貌。

嶮 yǎn_9.12 13929 06339 廣韻魚塞切集韻語塞切丛音讞。崚嶮,山峻貌潘岳·西征賦峻嶮峭以繩直註嶮峭,高峻貌。又郭璞·江賦厓陳爲之渤嶮註厓陳,岸也。渤嶮,猶巖崿也区玉篇殿屋之勢区yàn字彙魚變切,音彥。義同。鍌又嶮13982

嵄 měi_9.12 13930 06340 玉篇眉否切音美。山也。鍌又陕65792

嶇 xǔ_9.12 13931 06341 集韻寫與切,須上聲。山名○按字彙作私呂切,非。

嵌 gàn_9.12 13932 06342 玉篇古南切集韻姑南切,并音淦。嵐嵌,山名区集韻古暗切音陷。義同。鍌又集韻胡南切音含。義同。

嵇 jī_9.12 13933 06343 廣韻胡雞切集韻弦雞切丛音奚。山名,

在今亳州,嵇康居於山側,因名⊠姓。出譙郡△字彙从禾,禾音雞。俗从禾,誤。詳禾部稽40675字註。

嵇 13934 06344 jī_9.12　正字通同嵇。鼂又嵇24303稽40347

嵍 13935 06345 duān_9.12　集韻類篇茲多官切音端。山名。

嶮 13936 06346 huàn_9.12　廣韻胡管切集韻戶管切茲音緩。山名。

嶊 13937 06347 tíng_9.12　集韻唐丁切音庭。山名,在白登。鼂又崶13988

嶒 13938 06348 pén_9.12　集韻步奔切類篇蒲奔切茲音盆。山形似瓫△正字通按盆非瓫音,古借雍水經注晉水出縣雍山。即縣甕山也山海經雍水出甕,翁去聲。甕與雍同義,俗作嶒,今改音盆,非。鼂集韻作嶜13993

嵊 13939 06349 shèng_9.12　廣韻韻會實證切,音盛。山名,在剡縣江淹·贈別謝法曹詩人行嶀嵊外⊠縣名。今浙江紹興府嵊縣⊠chéng集韻神陵切音乘。亭名。在吳。鼂通作嵊14116⊠嶸14261

嵋 13940 06350 méi_9.12　廣韻武悲切集韻韻會旻悲切正韻謨杯切茲音眉。峨嵋,山名,在蜀嘉定府峨眉縣南百里,兩山相對如蛾眉郭璞·江賦峨嵋爲泉陽之揭。通作眉。鼂又嵋14274

嵌 13941 06351 qiān_9.12　廣韻口銜切集韻呼監切韻會正韻丘銜切,茲闞乎聲。說文山深貌玉篇坎旁孔也集韻嵌巖深谷⊠開張山貌揚雄·甘泉賦嵌巖巖其龍鱗註嵌然開張也⊠玉篇廣韻才感切集韻類篇在敢切茲音槧。義同⊠kàn集韻苦濫切音闞。岸敬峻也字彙陷入中也。△集韻或作嗛。亦作嶔。鼂集韻嵌,岸欹峻。⊠拑13766嵌42350嵌14236

嵍 13942 06352 wù_9.12　唐韻集韻茲亡遇切音婺。嶁14497嵍,山名。本作務集韻在柏人城東北,俗呼宣務山⊠máo集韻謨袍切。同麾。丘前高後下。或通作整嵍。鼂又龍龕嵍14042或作,嵍14094今,音務。丘山也。

嵎 13943 06353 yú_9.12　唐韻虞俱切廣韻集韻韻會元俱切茲音虞。說文封嵎之山,在吳楚閒,汪芒氏之國徐曰按魯語,防風氏,守封嵎之山者也⊠嵎夷,日出處書·堯典宅嵎夷曰暘谷。禹貢嵎夷既略註今登州之地。⊠山曲曰嵎孟子虎負嵎。又支遁·述懷詩息肩棲南嵎。與隅通。鼂又嵎13986

嵨 13944 06354 hóu_9.12　集韻胡溝切音侯。山名。鼂又嵨13966

嶘 13945 06355 yǎn_9.12　集韻隱巘切音偃。山名。一曰山形。

嵏 13946 06356 zōng_9.12　唐韻子紅切集韻韻會祖叢切茲音騣。◆九嵏,山名,在馮翊谷界前漢·地理志註在醴泉界班固·西都賦前乘秦嶺,後越九嵏⊠范雍詩山奇號九嵏,見孝感縣志,亦名九宗山。郡國志作嵕⊠峰聚之山曰嵏揚雄·校獵賦虎路三嵏註路音落。服虔曰:以竹虎

落此山也。今醴泉、屯留二縣,有三嵏山,言三峰聚也司馬相如·上林賦凌三嵏之危△正字通俗譌作嶐。鼂又嶐14310

嶈 13947 06357 xiáng_9.12　集韻胡江切音降。山名。

嵸 13948 06358 cōng_9.12　集韻麤叢切音葱。山貌△正字通譌字。

嵾 13950 06360 mín_9.12　集韻同岷

嵐 13949 06359 lán_9.12　廣韻集韻韻會正韻茲盧含切音婪。說文岢嵐,山名。近太原,有渥洼池,出良馬。又州名。本樓煩王所居,漢爲太原地,後魏置嵐州⊠山氣烝潤也謝靈運·晚出西射堂詩夕曛嵐氣陰王維·送方尊師詩夕陽彩翠忽成嵐。鼂又岚13320岚13441嵐13987嵐14019嵐68549

嵑 13951 06361 kě_9.12　廣韻苦葛切集韻丘葛切茲音渴廣韻嵑嶭,山貌⊠山特立也前漢·竇憲傳封神丘兮建隆嵑註嵑,碑碣也△集韻碣或作嵑。

嵬 13952 06362 wěi_9.12　廣韻集韻韻會茲於鬼切音磈。山高下盤曲貌司馬相如·上林賦崴磈嵔廆⊠wēi廣韻集韻茲於非切音威。嵬壘,山名△亦作崣。

嵒 13953 06363 yán_9.12　廣韻五咸切集韻正韻魚咸切韻會疑咸切茲音嵓說文山巖也徐鉉曰从品,象巖厓連屬形嵇康·琴賦盤紆隱深,崔嵬岑嵒郭璞·江賦碕嶺爲之嵒崿⊠邑名春秋·哀十三年鄭罕達帥師取宋師于嵒⊠通作巖書·命說築傅巖之野晉書·顧愷之傳千巖競秀註與嵒同,俗又作岩⊠jí集韻逆及切音岌。地名△正字通嵒06519與嵒別。鼂又嵒14438嵒13954喦07083

嵒 13954 06364 yán_9.12　正字通同嵒。

嵔 13955 06365 wěi_9.12　廣韻鄔賄切。同嵬。

嵢 13956 06366 hú_9.12　集韻洪孤切音弧。山名。

嵪 13957 06367 qiào_9.12　字彙補同峭。

嵍 13958 06368 tū_9.12　集韻通都切。同嵍。嵍嵍,山名。

嵲 13959 06369 quán_9.12　字彙補才緣切。同泉。亦作崉。

嵢 13965 43282 duǒ_9.12　海篇音朵

嵃 13960 06370 àn_9.12　集韻魚旰切音岸玉篇厚也⊠集韻不恭也。

嵃 13961 06371 qiāng_9.12　集韻羌45722古作嵃。

嵨 13966 43283 hóu_9.12　海篇同嵨

嵣 13962 06372 bǐng_9.12　字彙補邦景切音丙。人名宋史·新編藝文志鄭嵣雙金五卷。

嵥 13963 41083 jié_9.12　龍龕子結切音節。山高貌。鼂同岊13716

嵃 13964 41084 shā_9.12　字彙補尸札切音殺。出釋藏尊勝神咒

嵃 13967 43284 xūn_9.12　字彙補許軍切音勳。出釋典。

颶 13968 43285　shí_9.12　篇韻 音時

嶤 13969 43286　xiáo_9.12　海篇 音爻。璽 可洪音義 嶤縣：上戶交、戶高二反，山名。在弘農。或作嶣，音豪，山名，在電池。正作崤也。詳文意嶤縣在甘棠左側，但今改名耳 川音 作嶤，音爻，非也。據此，字即是崤字悮矣。

嵃 13970 43287　qǐ_9.12　字彙補 音綺

巖 13971 43288　nóng_9.12　字彙補 同憂。璽 同農，俗農字。

嵀 13973 43290　yōu_9.12　篇韻 音幽

嶼 13972 43289　yíng_9.12　字彙補 同盈

嶐 13974 43291　duò_9.12　五音篇海 同隓。

嵇 13975 43292　kān_9.12　龍龕 音看

嶁 13976 u2AA47　lǒu_9.12　簡 婁14145

岬 13977 u2AA46　null_9.12　未詳。

崫 13978 u2AA45　null_9.12　未詳。

嵸 13979 u2AA44　null_9.12　未詳。

崺 13980 u2AA43　shì_9.12　同崼13920

嵲 13981 u2AA42　null_9.12　未詳。

崼 13982 u2F87C　yǎn_9.12　同嶰13929

嵩 13983 u21EA9　tuó_9.12　同峮13908

嶓 13984 u21EA8　null_9.12　未詳。

嶈 13985 u21EA6　din_9.12　喃 从山盈dènh聲。

嵨 13986 u21EA5　yú_9.12　同崳13943

颸 13987 u21EA4　lán_9.12　同嵐13949

崢 13988 u21EA3　tíng_9.12　同嵉13937

茜 13995 u21E9A　qiú_9.12　同崷13912

岘 13989 u21EA2　zè_9.12　嶄峴13901，亦作崼岘。

嵑 13990 u21EA0　null_9.12　清 • 顧祖禹 讀史方輿紀要 • 卷四十 • 山西二 • 文山 又有龍王嵑山，亦名劉嵑山。相傳劉淵都離石時嘗游此，因名 一統志 • 卷一百三十六 • 太原府 • 山川 劉王嵑山：在交城縣西北一百九十里，上有泉，禱雨輒應。相傳劉淵都離石時，嘗遊此山。亦作劉伶嵑山。

嵖 13991 u21E9F　xuān_9.12　嵖嶸，山名。亦作宣務、巂14497務。

嵵 13992 u21E9E　shí_9.12　同時22535 穆天子傳 • 卷一 故天有嵵。

嵃 13993 u21E9C　pén_9.12　同嶘13938 集韻 嵃，蒲奔切。山形似瓮。

嵌 13994 u21E9B　qiāng_9.12　同嵌13961正本嵌13752

崷 13999 u21E99　quán_9.12　同嶢13959

嵮 13997 u21E98　qiáo_9.12　嵵嵮，亦作嶢巢。漢 • 馬融 廣成頌 山谷蕭條，原野嵵嵮。上無飛鳥，下無走獸。南朝 • 梁 • 江淹 學梁王兔園賦 磋硪嵵嵮，汩淢成岨 大字典 音qiù。嵵嵮，山谷蕭條貌，山秃貌。

嵲 13999 u21E8F　null_9.12　未詳。

嵔 14001 u21E8D　zhǒng_9.12　嵔26638譌字 圐俗動04069 龍龕 嵔，動、種二音。

嵸 13998 u21E91　dié_9.12　嵸14128嵶，亦作嵺嵶、嵸嵶，山突兀貌。明鄭善夫 黃山雜詩 黃山奠南服，嵸嵶分聳望。清鄭鍹 送族弟瀛洲之官安縣七十韻 浮山嵺嵸嵶，黑水波溶濇。

嵸 14000 u21E8E　chán_9.12　俗嵻14478見 宋元以來俗字譜

嵸 14002 u21E8C　null_9.12　未詳。

嵸 14004 u21E8A　shèn_9.12　同窨22446，古文慎字。

嵌 14008 u21E84　zhàn_9.12　簡 嵌14242

崿 14005 u21E89　null_9.12　未詳。

嵸 14003 u21E8B　zhǔ_9.12　嵸，貯57608 見 全上古三代文 • 格伯簋銘 圐 或同嵮13913

嶈 14009 u21E83　qiāng_9.12　簡 嶈14165

嵸 14006 u21E88　pǒu_9.12　俗嵧13796敦煌 • P. 2011 王仁昫刊謬補缺切韻一 • 卷第三 嵸，蒲口反。嵸嵸 新撰字鏡 嵸，薄口反，上。嵸嵸

嵏 14010 u21E82　null_9.12　未詳。

嵤 14007 u21E85　jié_9.12　人名用字 新唐書 • 宰相世系五上 （鄭）嵤，滎陽丞 圐 嵤13860譌字 嵤業，同嵤業、崨嵤，山不平之貌。

嵣 14011 u21E81　null_9.12　山谷名。見元 • 耶律楚材 湛然居士集 • 卷十三 • 德興府嵣峪雲喦寺請東林老人住持疏 圐 譌字 文苑英華 • 卷一百十七 • 令狐楚 • 珠還合浦賦三首第三 從子舊而不瑕，諒天祝兮有自。從予舊而不嵣（一作嵤），諒天際兮有自△宏按，一作遐。

嵠 14012 u21E80　kè_9.12　山名。竹嵠嶺，亦作竹喀嶺 明史 • 卷四十四 • 志第二十 • 地理五 • 浙江 松陽：府西北有竹喀嶺 一統志 • 卷三百五 • 處州府 • 山川 竹嵠嶺：在松陽縣北十五里，高四千餘丈，路最險厹。

鞁 14013 u21E7F　yǔn_9.12　同靴13273

峉 14014 u37EF　è_9.12　同峉13547

嵶 14015 u37EE　dol_9.12　韓 與烆、埨同。炕也，溫埨也，煖埨也。

嵹 14016 u37ED　mín_9.12　同岷13492亦作嵋

叟 14017 u37EC　sǒu_9.12　陳 • 沈炯 歸魂賦 其山也，則嶔岑崒嵬，巖叟婆陀 圐 叟崮，山名。在山東省蒙陰縣西南。

崎 14018 uFA11　qí_9.12　俗崎13770

嵐 14019 uFA12　lán_9.12　兼 嵐

嶁 14020 u5D5D　lǒu_9.12　简 嶁14144

嵜 14021 u5D5C　qí_9.12　同嵜13891

崳 14022 u5D5B　yú_9.12　同崳13905

嶔 14023 u5D5A　qīn_9.12　简 嶔14230

嵙 14024 u5D59　kē_9.12　地名用字。大嵙崁溪，大漢溪之舊稱。連橫 臺灣通史 • 卷十六 • 城池志 • 局所 全臺撫墾總局：在淡水縣轄大嵙崁。光緒十二年設。各地多設分局。

嵤 14025 u5D58　róng_9.12　简 嵤14363

崴 14026 u5D57　suì_9.12　简 崴26639

嵖 14027 u5D56　chá_9.12　嵖岈，山名 讀史方輿紀要 • 卷三十六 • 山東七 • 萊州府 嵖岈山在州北三十里，以山形嵖岈而名。又卷五十 • 河南五 • 汝寧府 查牙山，縣西南七十里，亦曰嵖岈山 圐 中國方言大詞典 岈嵖：佔地方，霸道。粵語。

嵷 14028 u5D55　zōng_9.12　同嵏13946

嵞 14029 06373　tú_10.13　玉篇 達胡切。引 書 娶于嵞山。今通作塗。璽 又舍13672嵞14335

嶂 14030 06374　zhǒng_10.13　集韻 展勇切音冢。山名○按 禹貢 嶓冢註：山形似冢者。俗作嵷，非。璽 集韻 原作嵷14095

嵧 14031 06375　tāo_10.13　集韻 他刀切音滔。山名。

嗌
14032 06376
ài_10.13 集韻烏懈切音隘。險也△正字通音義與
峺通，誤分爲二。

嗊
14033 06377
hòng_10.13 集韻呼貢切，烘去聲。嗊峒，山谷深貌。
鳌又賫14107

嵋
14034 06378
mǐng_10.13 集韻母迥切音茗。嵫嵋，山高貌。左思·吳
都賦嵫嵋鬱嵂註山氣暗昧之狀。一曰山高貌。

庀
14035 06379
pǐ_10.13 廣韻符鄙切集韻部鄙切，並音否。又廣
韻匹鄙切集韻普鄙切，並音嚭。義同說文崩也集韻壞
也△吳元滿·總要从屵，諧肥去聲，崩也。又上聲，隱
也。通作厞。引◆楚辭·九歌隱思君兮厞仄〇按厞仄猶
傾側，與崩義亦近。鳌又庀14211

崔
14036 06380
duī_10.13 唐韻集韻姚都回切音堆說文高也。
囚dui集韻杜罪切音鐏。高貌△正字通說文崔在户
部，與山部崔訓大高義相通。一說崔與崒同。崒，古文
堆字。鳌又崖13645

嵠
14037 06381
xī_10.13 廣韻苦奚切。同谿。

嶢
14038 06382
yáo_10.13 集韻余招切音搖。山貌。

翁
14039 06383
wēng_10.13 集韻烏公切音翁。山名囚wěng類篇
鄔孔切，翁上聲。山貌。鳌又嵱14096，同囚人名用字。
高嵱，近代書畫家。

嶒
14040 06384
cāng_10.13 玉篇千郎切音倉。山勢。

岸
14041 06385
niè_10.13 正字通同薛，俗省。

嵍
14042 06386
wù_10.13 正字通俗嵍字。

嵣
14043 06387
táng_10.13 廣韻集韻類篇姚徒郎切音唐。屴嵣，
山名囚dàng玉篇廣韻徒朗切集韻待朗切姚音蕩。嵣
屴，山貌張衡·南都賦嵣屴嶸峛註嵣屴，山石廣大貌。
嶸峛，石相戾也囚玉篇廣韻徒浪切集韻大浪切姚音
宕。義同。鳌嵣屴或作嵣嶟、嵣14534嵣。

陖
14044 06388
jùn_10.13 集韻須閏切。同峻。

嶜
14045 06389
xíng_10.13 集韻韻會玄扃切，音熒。又集韻正韻于
平切，音榮。義同。岭嶜，山深貌囚hóng廣韻户萌切
集韻乎萌切姚音宏。崝嶜，山峻也△說文本作嶸集韻
或作嶸崹岥。

嵥
14046 06390
jié_10.13 廣韻渠列切集韻巨列切姚音傑。嵥省，
高貌郭璞·江賦虎牙嵥豎以屹崒。

豳
14047 06391
bīn_10.13 正字通豳57276字之譌。

籹
14084 u2AA4B
null_10.13 未詳。

嵥
14048 06392
yǎo_10.13 集韻以沼切
音蕘。山貌△正字通嶕字之譌。

嵞
14049 06393
tú_10.13 正字通吐骨切音宊。嵞岘，山貌。

嵫
14085 u2AA4A
null_10.13 未詳。

嵃
14050 06394
yuán_10.13 集韻愚袁

切音原。崟崼，山巔。或作嶱正字通嶱字。

嵦
14051 06395
ái_10.13 廣韻五來切集韻魚開切姚音皚。峽嵦，
山貌囚kǎi五音集韻可亥切音塏。義同。

嵥
14086 u2AA49
null_10.13 未詳。

嵘
14052 06396
chái_10.13 集韻牀皆
切，音豺。山在平林也囚集韻類篇牀楚改切音躧。義
同。鳌亦作材23581管子·地員山之材，其草蓊與薔。

塞
14053 06397
sè_10.13 正字通俗塞字。

嶔
14088 u2AA48
null_10.13 未詳。

嵧
14054 06398
liú_10.13 廣韻集韻姚
力求切音留。峋嵧，山貌字彙峋嵧，羅君山峰。

嵨
14055 06399
wù_10.13 集韻於五切音隖。山名△正字通俗隖字。

嵫
14088 u2F87F
zī_10.13 同嵫14062

嵩
14056 06400
sōng_10.13 古文崇玉篇
思融切。同崧13809說文中嶽嵩高山也，从山高，指事白
虎通中嶽獨加高字，中央在四方之中可高，故曰嵩高
後漢·郡國志潁川陽城有嵩高山註禹貢有外方山，即
嵩也前漢·武帝紀翌日親登嵩高，御史乘屬在廟旁。吏
卒咸聞呼萬歲者三囚姓△正譌嵩古作崇韋昭國語註
通用崈正字通按崇崈義同，不當合崇嵩爲一。

嶠
14057 06401
qiāo_10.13 類篇丘交切。同墝囚kāo集韻丘刀切音
尻。嶠嶅，山峻貌△字彙與嶠同。

嶬
14089 u21F01
lí_10.13 同嶬13279

嵺
14058 06402
lì_10.13 廣韻集韻姚
力質切音栗。山名。鳌又腜47699

嵅
14059 06403
xià_10.13 字彙胡駕切音夏。山名。

嵗
14091 u21ED5
suì_10.13 俗歲26639

嵜
14060 06404
qí_10.13 字彙巨支切，
音耆◇出釋典正字通嶬字。鳌俗崎13806

峰
14061 06405
quán_10.13 字彙同巏正字通俗巏字。

嵫
14062 06406
zī_10.13 廣韻子之切集韻韻會津之切姚音茲。崦
13808嵫，山名。日所入處囚嵫山，在嵫陽縣北囚嵫嶅，
峻險貌王延壽·魯靈光殿賦崺乃嵫嶅〇按王賦嵫嶅、嵫
嶅互見，音義弘同。鳌又嵱13894嵫14088

魁
14064 06408
wěi_10.13 集韻同鬼
音隗。又集韻正韻五回切韻會魚回切，並音巍說文高
不平也。从山，諧鬼平聲爾雅·釋山石戴土謂之崔鬼註
石山上有土者詩·周南陟彼崔鬼囚高大貌◆班固·西都
賦增盤崔巍囚wěi廣韻正韻五罪切集韻韻會五賄切
姚音頠。巋鬼，山貌王延壽·魯靈光殿賦差我畢鬼△集
韻或作岿。通作隗。鳌又嵔13760魁14064

崞
14063 06407
wéi_10.13 集韻烏回切，

嵡
14065 06409
qióng_10.13 集韻同嶸。省文。

嵃
14066 06410
hè_10.13 正字通壑字之譌。

嵭
14067 06411
bēng_10.13 玉篇布耕切，音崩◇義闕。

嵮
14068 06412
diān_10.13 集韻丁年切。同寘。塞也，加也。或作塡。

亦作鎮苟子·大略篇嵮，如也註與填同。鑋又崀14081

嵮 14069 06413
diān_10.13　正字通俗嵮字。

嵯 14078 06422
cuó_10.13　集韻同嵯

嵯 14070 06414
cuó_10.13　集韻韻會正韻叢倉何切音磋說文嵯峨，山石貌晉衛恆論書山岳嵯峨而連岡。本作嵳图cī廣韻楚宜切音雌。嵳嵯，山不齊貌。通作參差△或作嵳。鑋又嵳04945嵳14338

嵰 14071 06415
qiǎn_10.13　廣韻集韻叢丘檢切，音顩玉篇嵰嶮，山高峻貌图集韻丘廉切音慊。義同。

嶆 14072 06416
róng_10.13　廣韻集韻叢餘封切音容。山名楊慎曰在容州，山下有鬼市图yǒng集韻尹竦切音湧。嶆嵸，山峰貌揚雄·甘泉賦陵高衍之嶆嵸註上下衆多貌。

巣 14074 06418
niè_10.13　集韻同嶭

嶭 14073 06417
niè_10.13　廣韻五結切集韻韻會倪結切，並音蠥。嶻嶭，山高峻貌杜甫·赴奉先縣詩凌晨過驪山，御牀在嶻嶭。或作巣。又鵬賦置巢巇巣△亦作峴峜。鑋又峃13549峜14314

嶜 14075 06419
jìn_10.13　集韻即刃切音晉。山名。

崗 14076 06420
gāng_10.13　正字通俗岡字。

嵴 14079 06423
jǐ_10.13　集韻資昔切音脊。山脊也。鑋又峇13829

嶺 14080 06424
líng_10.13　集韻同崚

崔 14077 06421
duī_10.13　正字通崔14125字註，崔字之譌。崔與堆同前漢·地理志李冰鑿離崔，避沫水之患○按有譌字，而正字不載，今補入。

嵮 14081 41086
diān_10.13　篇海類編與巓同，山顚也。

峨 14082 43293
é_10.13　篇海類編同峨。

嶹 14083 43294
zhū_10.13　五音篇海音諸。

嵲 14090 u21ED6
von_10.13　喃从山員vlên聲△嵲筆：峻峭。

浪 14092 u21ED4
rǎng_10.13　喃从山浪rǎng聲△浪屼：山巒。

嶍 14093 u21ED3
vọi_10.13　喃从山倍bội聲。峻△嶍嶍：高高聳立。

嵍 14094 u21ED2
wù_10.13　同嵍13942亦作嶐。清·王士禎池北偶談·卷十四·談藝四嵍字音：全唐詩話、唐詩紀事竝載馬戴贈韓定辭詩云嫕林芳草綿綿思，盡日相攜陟麗譙。別後嵾嵍山上望，羡君時復見王喬。按，字書嵍，音務顏氏家訓云柏人城東北有孤山，闞駰九州志以為舜納於大麓即此山，世俗或呼為宣務山。

嵇 14097 u21ECF
yǔn_10.13　靴本字。展勇切。山名△宏按，字典作嶀14030，俗。

嶚 14098 u21ECE
guī_10.13　俗嶚66286集韻嶚，烏公切。山名。嵡，鄔孔切。山兒。

嶇 14095 u21ED1
zhǒng_10.13　集韻嶇，展勇切。山名△宏按，字典作嶀14030，俗。

嶁 14096 u21ED0
wēng_10.13　同嵡14039

嵫 14099 u21ECB
kū_10.13　俗嶇70611

嶖 14100 u21ECA
kē_10.13　同嶖14117

嶛 14101 u21EC9
gòu_10.13　大字典同嶚24950唐·楊筠松葬法倒杖停驛：來龍高岡脉緊，穴情似有似無，登嶹望龍，方明端的。清·宣統番禺縣續志·卷四十一·古蹟志二·武台山寺山於省會為幹龍，形家稱為五星聚嶹，宜其鍾靈毓秀，代多魁碩△宏按，或為堪輿家專用字。

嵾 14102 u21EC8
zhēn_10.13　嵾嶼，地名。在福建。

嵰 14103 u21EC7
gāo_10.13　俗嵰14246

嵲 14104 u21EC6
gāo_10.13　俗嵲14246

嶋 14105 u21EC5
null_10.13　未詳。

崀 14107 u21EC3
hòng_10.13　天一閣藏明嘉靖刻本鄧州志·卷之八·輿地志·山川（內鄉縣）其南三十里曰岋崀泉△宏按，一統志·卷二百十·南陽府·山川岋嵮14033泉：在內鄉縣南十五里。

嵴 14106 u21EC4
null_10.13　未詳。

嵸 14109 u21EC1
sǒu_10.13　亦作嶑14017

岾 14108 u21EC2
null_10.13　未詳。

嶵 14111 u37F8
gāo_10.13　同嵲14246嵲岼，古亭名。見玉篇。又山名、山貌。見集韻

峯 14110 u21EC0
null_10.13　未詳。

嶃 14112 u37F7
tǎ_10.13　俗塔09065清·王懿榮王文敏公遺集·卷六福山金石志殘稿·金大金登州福山縣洪福寺壽公法師靈嶃銘，在奇山寺東溝崖，大安三年九月二十五日图dá屼嶃，同疙瘩。

崵 14113 u37F6
yuán_10.13　集韻崵，崟崵，山巓。或書作崵14050

嶏 14114 u5D76
ruò_10.13　日地名用字。

嵵 14115 u5D75
shí_10.13　地名用字。連橫臺灣通史·卷十三·軍備志·鄭氏澎湖砲臺表東、西嵵裡砲臺四座。

嵊 14116 u5D4A
shèng_10.13　參見嵊13939

嶱 14117 06425
kē_11.14　字彙苦盍切，坩入聲大懺典嶱山嶽。本从盍。鑋作嶖14100图嶱山嶽，山嶽名。

嘝 14118 06426
kuò_11.14　集韻闊鑊切音廓。寠嘝，谷深貌正字通一說本作廓。亦借作郭，俗作崞嘝。

嵸 14119 06427
sōng_11.14　廣韻正韻作孔切集韻韻會筍勇切，並音竦◇嶆14072嵸，山峰貌△亦作嶵杜甫·西嶽賦風御冉以嶆嵸註與嵸同图通作摐。龍嵸，山高峻貌司馬相如·上林賦龍嵸崔巍潘岳·西征賦太乙龍嵸图zōng廣韻子紅切集韻韻會祖叢切叢音騣。又集韻祖動切音縱。義叢同。鑋又伀13395岊13409

嵷 14120 06428
zōng_11.14　正字通同嵸。

嵹 14121 06429
jiàng_11.14　集韻其亮切，強去聲。山也。水經注洮水與墊江水俱出嵹臺山東北，逕土谷渾中山海經註白洮至嵹，南北三百里，地草皆龍鬚，無樵柴，謂之嵹川。亦作嶈，讀若強。鑋又彊14463

嶚 14122 06430
liáo_11.14　廣韻落蕭切集韻韻會憐蕭切正韻連條切叢音聊。山聳貌图廣遠也杜甫·朝享太廟賦元甲崝嶚以岳峙△一作嶚嶛。或作嶚。鑋又嶛14367

嵻 14123 06431
kāng_11.14　集韻丘剛切音康。嵻崀，山名，在西羌通

雅今武岡新寧有康崀山。鼉又峎13419

崀 14124 06432
kàng_11.14 廣韻苦朗切集韻口朗切夶音慷。康崀，山空貌△正字通按康之爲空，因賈誼賦寶康瓠之註也廣韻康宴爲宮室空，康崀爲山谷空，山、宀皆可通。蓋康、空一聲，同在溪母，今正韻孔字康董切，此爲確證。舊本崍、崀分音訓，非。

崔 14125 06433
duī_11.14 字彙古堆字正字通崒字之譌前漢·地理志周赧王十四年，秦蜀守李冰鑿離崔，避沫水之害。或曰沫水自蒙山至南安，而溺崖水脈漂疾害舟，冰鑿平溺崖，通正水路。溺崖卽離崔也。漢書本作崒。今從崔，譌。

嵼 14126 06434
chǎn_11.14 廣韻集韻韻會正韻夶所簡切，音醆。嵼嵼，山屈曲貌東方朔·七諫望高山之嵼嵼图韻會通作產楚辭·九章思蹇產以不釋。鼉又岟13623嵼14187

嶛 14127 06435
liáo_11.14 玉篇力幺切集韻憐蕭切夶音聊玉篇山名图集韻嶛嶆，山險也張協·七命嶜谷嶛嶆張其前註山深空貌图láo玉篇洛包切集韻郎刀切，並音勞◇義同。鼉又嶚14191△俗作嶚04775

嵽 14128 06436
dié_11.14 廣韻集韻夶徒結切音垤。嵽嵲，山突兀貌張衡·西京賦直嵽嵲以高居集韻或作嵽嵽垤图dì集韻大計切音遞。岹嵽，山形王延壽·魯靈光殿賦浮柱岹嵽以星懸。鼉又崼13914△正作嶻13998

嵽 14129 06437
dié_11.14 集韻同嵽。鼉又崒13910图嵽嵲，同崒14192兄。

嶕 14130 06438
qiáo_11.14 廣韻昨焦切集韻慈焦切夶音樵廣雅嶕巢，山高貌。本作巢图cháo廣韻集韻韻會夶鋤交切音巢。義同。鼉又嶣巢，也作嶕崚13997

峜 14131 06439
bì_11.14 廣韻卑吉切集韻璧吉切夶音畢玉篇終南山道廣韻道邊堂如牆者。

嶒 14132 06440
mò_11.14 集韻類篇夶莫白切音陌。嶒岶，密貌。

嶹 14133 06441
zhù_11.14 廣韻集韻夶章恕切音翥。番山也。

嶜 14134 06442
hàn_11.14 廣韻胡感切集韻戶感切夶音頷。嶜崿，山貌图yán玉篇五咸切音巖。義闕。鼉又磏39393

嵾 14135 06443
cēn_11.14 廣韻楚簪切集韻韻會初簪切夶音參。嵾嵳，不齊貌。或作嵾揚雄·甘泉賦增宮嵾嵳。或通作參差。鼉又參13888嵾14265

嶼 14136 06444
yǔ_11.14 玉篇魚舉切集韻偶舉切夶音語。山名。鼉又嶼14195

嵿 14137 06445
dǐng_11.14 集韻類篇夶都挺切音頂。山名。鼉新撰字鏡丁頂反。山上也，山極也，出（山）顛也，山終也，峯也。

嶬 14138 06446
yí_11.14 玉篇與支切類篇余支切夶音移。山也。

嵞 14139 06447
tū_11.14 廣韻他胡切集韻通都切夶音琥。嵞、嵊13939，山名，在郟縣。亦作嶀。鼉又嵀14197

庲 14140 06448
má_11.14 集韻類篇夶謨加切音麻。山名。

嫲 14141 06449
mǐ_11.14 字彙同嫲

嵡 14142 06450
ruò_11.14 字彙古文若字正字通古文从芔从右。今从耑从石，譌文。

嶜 14143 06451
qì_11.14 玉篇去智切音企。山名。

嶁 14144 06452
lǔ_11.14 廣韻力主切集韻韻會隴主切夶音縷博雅岣嶁，衡山。衡州南嶽有岣嶁峰，上有神禹碑廣輿記禹祀衡山，夢蒼水使者，授金簡玉牒於此。今禹碑皆蝌蚪字韓愈·岣嶁山詩岣嶁山尖神禹碑，字青石赤形模奇宋·方夔·石鼓詩蟲文鳥篆不可識，如讀岣嶁神禹碑图廣韻郎斗切集韻韻會郎口切夶音塿。義同图文字音義山巔也图lòu玉篇力后切集韻韻會正韻郎豆切夶音漏。義同图lóu廣韻集韻類篇夶郎侯切音婁。義同△集韻或作嶁。鼉又嶁14020婁13976

嶁 14145 06453
lóu_11.14 集韻龍珠切音蔞嶁坿蒼山巔也△正字通同嶁。分嶁嶁爲二，誤。

嶂 14146 06454
zhàng_11.14 集韻韻會夶之亮切音障。山之高險者廣韻峰嶂增韻山峰如屏會也沈約·鍾山詩峻嶺起青嶂。又遊沈道士館詩山嶂遠重疊图楚漢陽有臨嶂山。

嶃 14147 06455
qiàn_11.14 集韻七豔切。同塹。坑也。遶城水也。

嶄 14148 06456
zhǎn_11.14 廣韻集韻韻會正韻夶士減切音劖。山高峻貌丘遲·漁浦潭詩嶄絕峰殊狀劉峻·始營山居詩開軒望嶄嶋图chán廣韻集韻夶鋤咸切。同巉。嶄巖，山尖銳貌司馬相如·上林賦嶄巖參嵳集韻亦作嶃。

嶃 14149 06457
zhǎn_11.14 集韻同嶄。鼉又漸14396崭13897嶃14147

嶅 14150 06458
áo_11.14 廣韻五勞切集韻正韻牛刀切，夶音熬說文山多小石也图嶅山，在魯地图通作磝集韻山高貌韓愈·別知賦山磝磝其相軋图ào玉篇集韻類篇夶魚到切音傲。動搖貌揚雄·河東賦嘻嘻旭旭，天地稠嶅。△集韻亦作嶽嶅。鼉又嶅37252

嶽 14151 06459
áo_11.14 集韻同嶅木華·海賦或掛胃於岑嶽之峰图ào韻會疑到切音傲。動搖貌。與嶅分註。

嶫 14152 06460
biāo_11.14 廣韻方小切集韻韻會俾小切正韻彼小切夶音表。山峯出貌。一曰山巔庾闡·採藥詩採藥靈山嶫郭璞·江賦梢雲冠其嶫图biāo廣韻玉篇彼驕切集韻類篇卑遙切夶音標。義同。鼉又嶂14312磦39315

嶵 14153 06461
gùn_11.14 集韻類篇夶古困切，昆去聲。山形。

嶘 14154 06462
màn_11.14 集韻類篇夶莫半切音幔。山名。

嶚 14155 06463
liáo_11.14 正字通同嶛。

嶛 14156 06464
lín_11.14 集韻類篇夶黎針切音林。山名。鼉又

嵫14202崊13757

嵳 14157 06465
zú_11.14 集韻士六切，音鱋。聚齊貌△正字通字彙音族，聚齊也。不知族聚古借族。或作嵳。故爾雅云木族生。俗作嵳，非。璽集韻仕六切。

嶞 14158 06466
yōng_11.14 玉篇廣韻集韻姕余封切音容。山名，在建州。

嵣 14159 06467
mǎng_11.14 集韻韻會母朗切正韻母黨切姕音莽。嵣嵣，山貌。或作崫13687 ⊠máng 唐韻玉篇莫郎切集韻類篇謨郎切姕音芒。義同。

嶆 14160 06468
cáo_11.14 玉篇昨遭切集韻財勞切姕音曹。嶇14127嶆，山深空貌。

嵮 14161 06469
lěi_11.14 集韻魯水切。同礧。磈礧，山貌。或作蔂嵾。

嶇 14162 06470
qū_11.14 廣韻豈俱切集韻韻會虧于切姕音區說文敧隔也。本作隟，从㿝區聲。今作嶇增韻山路不平貌。一曰山峻也潘岳·西征賦軌崎嶇以低仰⊠通作嶇左思·魏都賦山阜猥積而踦嶇。璽又嶇14190岻13445距58773⊠直音篇嶇14227，崎嶇，山路不平。嶇岻13487岸13515並同上。

嶇 14163 06471
hù_11.14 玉篇乎古切廣韻侯古切集韻後五切，姕胡上聲爾雅·釋山山卑而大曰嶇玉篇山廣貌⊠集韻通作扈19105 璽又岵13374

峸 14164 06472
chuǎng_11.14 正韻楚兩切音搶。山相摩貌杜甫·封西嶽賦羣山爲之相峸。

嶈 14165 06473
qiāng_11.14 廣韻七羊切集韻韻會正韻千羊切姕音槍。山高貌⊠山激聲班固·西都賦揚波濤於碣石，激神嶽之嶈嶈註嶈嶈，水激山聲崔琰·述初賦倚高艫以周盻，觀秦門之嶈嶈△正字通古借將，音義同。璽又將14009

崒 14166 06474
zuǐ_11.14 集韻類篇祖誄切，音濢。崣崒，山曲也。⊠摧14167崒，林木叢積貌。

摧 14167 06475
zuǐ_11.14 廣韻子罪切集韻祖猥切，音嶵。又集韻取猥切，崔上聲。又祖誄切，音濢。摧崒，山貌司馬相如·上林賦摧崣崛崎⊠揚雄·甘泉賦雲譎波詭，摧崒而成觀註謂山林叢集也⊠集韻或省作佳莊子·齊物論山林之畏佳註畏摧也。

嵜 14168 06476
qí_11.14 玉篇集韻類篇姕七計切音砌。山名。

嶋 14169 06477
dǎo_11.14 集韻音義姕同島。

嶋 14170 06478
dǎo_11.14 字彙補與島同史記·田橫傳入居海嶋。⊠揚雄·蜀都賦彭門嶋岏。

嵾 14171 06479
cēn_11.14 集韻同參古作崣玉篇作嵜。璽段改作嵞09265

嵍 14173 06481
mù_11.14 集韻睦37803

嶵 14172 06480
lěi_11.14 集韻同嶵

崏 14175 43295
mín_11.14 五音篇海同民。

嵾 14176 43296
cén_11.14 五音篇海音岑。

嵓 14177 43297
yè_11.14 篇海類編音葉。又音齧。

嵾 14178 43298
pó_11.14 五音篇海音婆。

嶮 14179 43299
jùn_11.14 海篇同峻。

嵿 14181 u2AA51
null_11.14 未詳。

麗 14183 u2AA4F
lù_11.14 漢語大字典.V.2.P.5045同鹿74315

嶸 14184 u2AA4E
yǐng_11.14 篇嶸嶸14481

嶺 14186 u2AA4C
null_11.14 未詳。

巆 14188 u21F08
chóp_11.14 喃从山埶chấp聲。山頂，尖頂。

嶞 14189 u21F07
mǒm_11.14 喃从崖省嶚mắm聲△嶚肉：斷崖。

崋 14194 u21F00
huá_11.14 同崋13762魏·阮籍東平賦其北有連岡，施巖崎嶵。

嶚 14191 u21F05
liáo_11.14 直音篇同嶚14127

嵽 14192 u21F04
dié_11.14 同嶑14129廣韻嶑，徒結切。嶑嵽，山兒。

嶵 14193 u21F02
lù_11.14 俗麓74413全北齊文·卷七·鄭述祖·重登雲峰山記此山正南卅里，有天柱山者，亦是先君所號。以其孤上干雲，傍無嶵嶵，因以名之。

嶼 14195 u21EFD
yǔ_11.14 俗嶼14136

嵿 14197 u21EFB
tū_11.14 同嵿14139山名水經注·卷四十·漸江水北則嵿山與嵊山接，二山雖曰異縣，而峯嶺相連。

嶒 14198 u21EF9
null_11.14 未詳。

嶽 14200 u21EF7
suì_11.14 俗嶽26639

嶙 14202 u21EF5
lín_11.14 集韻犁針切。山名△字典作嶜14156

嶺 14203 u21EF3
guō_11.14 北魏故徵士奚智墓志故徵士奚君諱智字洪籌者，恒州樊氏嶺山渾人也。

嵠 14204 u3804
xí_11.14 嶲14208峩，也作嵠峩，山名。位於雲南省中部峨山縣東北，合嵠、峨二山，總稱為嵠峨山。嘉慶重修一統志·卷四百七十九·臨安府·山川嵠峩山：在嵠峩縣東北二里。舊縣治在其陽縣志嵠山在縣東，峩山在縣南。

嶃 14172 06480 (詳)
lěi_11.14 集韻同嶵字彙補音未詳太清金液神氣經小山，字崀勷。璽又崀13824

嵿 14180 u2AA52
null_11.14 未詳。

嵀 14182 u2AA50
null_11.14 未詳。

嵿 14185 u2AA4D
null_11.14 未詳。

嵽 14187 u2F880
chǎn_11.14 兼嵽14126

嶕 14190 u21F06
qū_11.14 同嶇14162

崃 14196 u21EFC
wèi_11.14 篆文寪15987

嵹 14199 u21EF8
null_11.14 未詳。

嶪 14201 u21EF6
null_11.14 未詳。

嶴 14206 u3802
áo_11.14 同嶅14151

嶳 14205 u3803
dí_11.14 或同碻39301

嶎 14207 u5D8E
yù_11.14 嶎鬱，亦作嶎嶎⊠地名用字嘉慶重修一統志·卷四百五十一·雷州府·山川嶎嶨嶺：在遂溪縣東南一百四十里海中。一名東海島。廣四十里，長七十里。

包出白鴿砦之外，中有居民五圖，以漁鹽為業，為東方巨鎮 道光遂溪縣志·卷之二·山川 尉崒嶺：縣東南一百里，高十餘仞，東海盡處，爲東方巨鎮，舟自廣還至汾洲洋中，先見此嶺，以為指歸。

嶍 14208 u5D8D
xí_11.14　嶍峨，也作嶍14204峩，山名。

嶌 14209 u5D8C
dǎo_11.14　中文大辭典·山部 嶌14169之俗字。

䲜 14210 06482
fù_12.15　集韻芳六切音蝮。山覆也。一曰山名。

崷 14211 06483
pèi_12.15　廣韻集韻並滂佩切音配 說文崩聲集韻石隤聲区pǐ玉篇皮鄙切，音部◇毁也。或作圮区廣韻敷勿切音拂。義同。鑒段玉裁：崷為崩14035之或體。

嶧 14212 06484
dān_12.15　廣韻都寒切集韻多寒切並音丹。孤山高者集韻山孤高者曰嶧。或作嶧区dǐ集韻類篇並都黎切音低。嶧孤，山名。鑒集韻嶧，都黎切，嶧孤，山名。又多寒切。山孤者曰嶧。或書作嶧類篇嶧，都黎切。嶧狐，山名。又多寒切。山孤高者曰嶧。或作嶧。

㟿 14213 06485
lěi_12.15　唐韻落猥切集韻魯猥切並音磊 說文畾也廣韻㟿嶵，山狀△集韻或作礨㟿壘。鑒又㟿14407嶵14172㟿14447壘14542

嶐 14214 06486
lóng_12.15　集韻良中切音隆。嶐豐，山形。與窿通。亦作隆。

嶑 14215 06487
xiàng_12.15　集韻似兩切，音象。山名。

嶜 14216 06488
qī_12.15　正字通同崎。鑒又嶔14280

就 14217 06489
jiù_12.15　廣韻集韻類篇並疾僦切音就。嶺名。鑒俗鷲73954敦煌·P.2058燃燈文 龍宮秘典，就嶺微言。

嵼 14218 06490
jiǎn_12.15　集韻類篇巨偃切，音楗。又集韻九件切，音蹇。嵼嵼，山貌。一曰山屈曲貌区集韻或作㟒左思·蜀都賦 踰五岮之嵼嵼。

暘 14219 06491
yáng_12.15　集韻與崵同。

嘻 14220 06492
yǐ_12.15　玉篇於己切，音倚◇山也。

峒 14221 06493
jiàn_12.15　集韻居莧切。同澗 說文山夾水也 正字通字彙音澗。按經史並从澗。分澗、峒爲二，誤。

嵍 14222 06494
mín_12.15　正字通同岷書·禹貢嵍嶓既執。又嵍山之陽 石經並作岷。俗作崏。鑒又嵍23086

嵧 14223 06495
rùn_12.15　集韻儒順切音閏。地名。後魏常景發兵守白嵧。

崿 14226 06498
è_12.15　集韻同崿

嶂 14224 06496
tóng_12.15　玉篇徒紅切集韻類篇徒東切並音同。嶂嵏，山貌区正字通山無草木也。古借用童，加山，贅。

嶒 14225 06497
céng_12.15　廣韻疾陵切集韻慈陵切，並音繒。峻嶒，山貌 何遜渡連圻詩 懸崖抱奇崛，絕壁駕峻嶒区chéng

集韻鋤耕切。與崝崢同。鑒又繒14543区峻嶒，也作嶒曾14275峻嶒14435嶒棱，高峻重叠貌。

嶇 14227 06499
qū_12.15　集韻丘於切。崎嶇，山峻。

崢 14228 06500
jǐn_12.15　玉篇茲錦切音醬。山名区shěn集韻式荏切音審。義同△正字通俗字。鑒亦作崢14295

嶓 14229 06501
bō_12.15　廣韻博禾切集韻韻會正韻補禾切並音波。嶓冢，山名書·禹貢嶓冢導漾註即梁州之嶓山，形如冢，故名 前漢·地理志山在隴西郡氐道縣，漢水出焉区五音集韻補過切音播。義同。

嵌 14230 06502
qīn_12.15　廣韻去金切集韻虛金切韻會正韻袪音切並音欽玉篇嶔崟，山勢聳立貌釋名嶔，欠也。開張其口嶔嶔然 范曄洛遊應詔詩 隨山上嶇嶔 杜甫·阻雨不得歸瀼西詩 安得輕舉兩足，藜杖出嶇嶔区集韻或作礉廞区通作唫 穀梁傳·僖三十三年 巖唫之下 釋文音欽。区集韻類篇並丘廉切義同。鑒又嶔13772嵌14023嶇14276

嵊 14231 06503
diàn_12.15　集韻堂練切音奠。山名。

頋 14232 06504
yáng_12.15　集韻吾江切。同峢，崆頋，山峻貌。

嶕 14233 06505
qiáo_12.15　廣韻昨焦切集韻慈消切並音樵。嶕嶢，山高貌 班固·東都賦 別風嶕嶢 註別風，闕名。嶕嶢，高也 左思·吳都賦 陵絕嶚嶕区jiāo集韻茲消切音焦。山名区廣韻山巔曰嶕，亦借用椒 謝莊·月賦菊散芳於山椒 註山頂也。鑒又嶕14048礁39431蕉14299

崿 14234 06506
è_12.15　集韻逆各切。與崿13924、嶧同。

嶙 14235 06507
jùn_12.15　集韻峻或作嶙正字通同峻陵。

嶔 14236 06508
qī_12.15　字彙牽今切，音欺◇引玉樞經 九曜嶔嵌 正字通嵌字之譌。六書無嶔。

墪 14237 06509
dūn_12.15　集韻都昆切音敦。山貌△字彙引字林，畜勢也正字通曜仙肘後經 宦牛、閹豬、鐓雞，皆謂去畜勢也。借鐓，非作墪 字林亦無此語。

嶩 14238 06510
jí_12.15　廣韻子入切集韻即入切並音葺◆玉篇太白山名。一曰負秦山区jié集韻疾葉切音捷。嶩嶩，山貌 司馬相如·上林賦 嵯峨嶩嶩△集韻亦作崨嶩。

嶘 14239 06511
jí_12.15　集韻同嶩。鑒又崨13810

嶮 14240 06512
yān_12.15　集韻同崦△正字通譌字。

嶗 14241 06513
láo_12.15　玉篇力刀切集韻郎刀切並音勞。山險也。一曰山名。鑒又嶗13745

嶘 14242 06514
zhàn_12.15　唐韻士限切集韻仕限切，並音棧。又集韻阻限切，音盞說文尤高也 元結·閔嶺中樂府 大淵蘊蘊兮，絕棧岌岌△集韻或作嶘。鑒又棧14008

嶙 14243 06515
lín_12.15 唐韻集韻力珍切韻會正韻離珍切𠀤音鄰說文嶙峋，山崖重深貌前漢·揚雄傳岭巆嶙峋。顏師古曰節級貌㕛lǐn廣韻力忍切集韻類篇韻會里忍切正韻良忍切，並鄰上聲。嵃嶙，山峻貌潘岳·西征賦裁陂陀以嵃嶙。𡐊又嶙14376𡻈14273𡾞14523𡾟14549

嶚 14244 06516
liáo_12.15 廣韻落蕭切集韻憐蕭切韻會正韻連條切𠀤音聊廣雅嶚巢，高也△集韻或作嵺。亦作嶛。𡐊又嵺14155

嶛 14245 06517
liáo_12.15 集韻同嶚張衡·南都賦其山嶛剌註山高而相戾也左思·魏都賦劒閣雖嶛，憑之者蹶。

嶂 14246 06518
gāo_12.15 廣韻古勞切集韻居勞切𠀤音高玉篇嶂崪，古亭名。一曰山名。本作皞。𡐊嶂14103皞14104，𠀤俗。

嶜 14247 06519
qín_12.15 廣韻昨林切集韻類篇才淫切，並音梣。又集韻咨林切。音祲。嶜崟，高銳貌揚雄·羽獵賦玉石嶜崟張衡·南都賦幽谷嶜岑，夏含霜雪註嶜岑，峻極貌㕛jìn集韻集荏切音玪。嶜碞，山貌。𡐊又𡾱14281𡽳14469

嶝 14248 06520
dèng_12.15 廣韻都鄧切集韻丁鄧切，𠀤登去聲說文本作隥。仰也。或作嶝玉篇小坂也增韻登陟之道。△集韻亦作磴。

嶞 14249 06521
hū_12.15 字彙見石鼓文○按石鼓文本作𡾶，音忽。疾也。與說文音訓同字彙作嶞，引薛註作華鄭註作拜，𠀤非。

嶟 14250 06522
huà_12.15 集韻崋13762古作嶟。

嶠 14251 06523
xiāo_12.15 集韻虛嬌切音囂。山名○按字本集韻，義與嚻殊正字通作俗字，非。

嶞 14252 06524
duò_12.15 唐韻徒果切集韻杜果切𠀤音惰說文山之隓隓者爾雅·釋山巒山嶞註荆州謂之巒詩·周頌嶞山喬嶽註山狹而長者㕛tuǒ廣韻他果切集韻吐火切𠀤音妥。義同。𡐊又陊13974隓14316

嶟 14253 06525
zūn_12.15 廣韻集韻𠀤祖昆切音尊。山高貌揚雄·甘泉賦洪臺崛其獨出兮，㯳北極之嶟嶟註嶟嶟，峻秀貌。又廣韻將倫切集韻蹤倫切，並音遵。又集韻七倫切，音逡。又集韻祖本切，尊上聲。義𠀤同。

嶠 14254 06526
jiào_12.15 唐韻集韻韻會正韻𠀤渠廟切音轎爾雅·釋山山銳而高，嶠△集韻一曰石絕水㕛山名列子·湯問篇渤海之東，其中有五山焉，二曰員嶠㕛集韻山逕也顏延之·侍遊曲阿後湖詩山祇蹕嶠路㕛qiáo廣韻巨嬌切集韻類篇韻會渠嬌切𠀤音喬徐鉉曰古通用喬詩·周頌及河喬嶽△集韻或作嶠。𡐊又峤13628

嶡 14255 06527
guì_12.15 集韻姑衛切，音劌。山崛起貌㕛jué集韻居月切音厥。俎名禮·明堂位夏后氏以嶡註嶡之言蹷也。謂中足爲橫距之象。周禮謂之距。𡐊又經典文字辨證書嶡，俗蹶59380見禮記

嶢 14256 06528
yáo_12.15 唐韻古僚切，音驍說文嶕嶢，山高貌前漢·揚雄傳泰山之高不嶕嶢註高也。音樵堯㕛廣韻五聊切集韻韻會倪幺切，並音堯。義同㕛集韻亦作嶤何晏·景福殿賦岧嶤岑立。𡐊又峣13629嶢13881

嶥 14257 06529
gá_12.15 字彙補古札切音戛柳宗元·晉問撼鍋于嶥。

嶒 14258 06530
pēng_12.15 字彙補疋登切音烹。崩也。

嶟 14259 06531
fén_12.15 字彙補音義與墳同。

嶪 14260 41088
huá_12.15 字彙補何瓜切音華。嶪崋13697，山名。𡐊又峅13624

嶀 14261 41089
shèng_12.15 龍龕時證切。山名。𡐊龍龕𡾊俗嵊13939正，時證反。嵊、嵊，山名也。

嶊 14262 41090
duǐ_12.15 字彙補都罪切音腇。㟨嶊，重貌。𡐊亦作𡾛09373廣韻㟨嶊，果實也。

嶆 14263 41091
cháo_12.15 漢·郙閣頌醳散關之嶆漯。楊慎云嶆漯與潮濕同。

嶍 14264 43300
è_12.15 搜眞玉鏡同粵。

嶌 14265 43301
cēn_12.15 篇海類編同嵾。

𪩖 14266 u2AA56
chán_12.15 同巉14478全唐文·卷六百三十·呂溫·成臯銘敢跡成敗，勒銘𪩖頑。

𪩕 14267 u2AA55
null_12.15 未詳。

𪩔 14268 u2AA54
null_12.15 喃未詳。

𪩓 14269 u2AA53
huá_12.15 同崋13762

𡾵 14273 u21F35
lín_12.15 玉篇嶙14243，力因切。嶙峋，深崖皃。又力忍切。亦作𡻈。

𡼹 14270 u21F39
rừng_12.15 喃从山棱sǎng聲。森林。

𡼸 14271 u21F38
vót_12.15 喃从山筆bút聲。山頂。

𡼷 14272 u21F37
liào_12.15 尞12695篆作寮31591

𡼴 14274 u21F34
méi_12.15 同嵋13940類篇嵋，旻悲切。山名。在蜀。

𡼳 14275 u21F33
céng_12.15 同嶒14225可洪音義崚嶒：下疾陵反。

𡼲 14276 u21F32
qīn_12.15 同嶔14230

𡼱 14277 u21F31
wéi_12.15 崛嵬，也作崛圍，山名嘉慶重修一統志·卷一百三十六·太原府崛嵬山：在陽曲縣西北四十里，山形峻峭，多林木，紅葉最佳㕛崛嵬寺：在府城西北四十里，唐貞元中建，有李克用父子題名刻石永樂大典·卷五千二百三·太原府·寺觀陽曲縣：太原志崛圍寺，在本縣西北三十里北蘭村，有唐晉王李克用與其子嗣王存勗天祐中焚香題名，寺僧為之刻石，宋治平元年額，今稍存遺構。

𡼮 14279 u21F2E
jǐng_12.15 遼文萃·卷二·銘·耶律興公·創建静安寺碑

銘 旁出乾位，有孤峰嶘焉 図 人名用字。

嶔 14280 u21F2D
qī_12.15　同嶔14216清·蔣師轍 臺遊日記·卷二 打鼓山石崟嶔可玩。崟嶔，崟崎。

嶜 14281 u21F2B
qín_12.15　俗嶜14247

嵒 14278 u21F2F
dān_12.15　同嵒14212 集韻 嵒，多寒切。山孤者曰嵒。或書作嵒。

嵤 14282 u21F2A
dá_12.15　屹嵤，同屹嵤14112，今作疙瘩。

崬 14283 u21F29
null_12.15　未詳。

嵊 14284 u21F28
null_12.15　未詳。

嶧 14285 u21F27
null_12.15　未詳。

嵤 14286 u21F26
null_12.15　未詳。

嵧 14287 u21F25
jiàn_12.15　直音篇 嵧，與澗29593同。

嵂 14288 u21F24
null_12.15　未詳。

嶹 14289 u21F23
null_12.15　未詳。

嵺 14293 u21F1F
null_12.15　未詳。

嵧 14290 u21F22
xún_12.15　俗嶜12564
李聆墓誌 其地則連山帶嵧，積𡵨千嵧。

嶹 14294 u21F1E
null_12.15　未詳。

嵰 14291 u21F21
xūn_12.15　嵰13280譌字

嶻 14292 u21F20
jī_12.15　同礒39360 図 地名用字。清·齊召南 水道提綱·卷一·海 又東北有地懸入海中，曰崿嶻島。

嵀 14295 u21F12
jǐn_12.15　同嵀14228

嶠 14296 u3810
qiáo_12.15　玉篇殘卷 嶠，渠驕反 尔雅 山銳而高，嶠。郭璞曰：言㠪峻也 釋名 言形似槁(橋)也 集韻 嶠14254，渠嬌切 爾雅 山銳而高，嶠。或書作嶠。

嶕 14299 u5DA3
jiāo_12.15　玉篇 嶕，同嶕14233

嶢 14298 u5DA4
yáo_12.15　同嶢14256

嶦 14300 06532
zhān_13.16　集韻 之廉切音詹。山峰也 図 shàn時豔切音贍。山阪。

嶧 14301 06533
yì_13.16　唐韻 羊益切 集韻 韻會 正韻 夷益切丛音亦 說文 从山睪聲 書·禹貢 嶧陽孤桐 疏 東海下邳縣西有葛嶧山，即此山也 図 爾雅·釋山 屬者嶧 註 言絡繹相連屬也 図 與繹通 詩·魯頌 保有鳧繹 註 鳧繹，二山。通作嶧〇又邑名 左傳·文十三年 邾文公卜遷于繹 註 繹，邾邑名。本在鄒縣。鼇又嶧13535岐13420

嶨 14302 06534
xué_13.16　唐韻 胡角切 廣韻 胡覺切 集韻 轄覺切，並音學。又 廣韻 苦角切 集韻 克角切，並音殼 說文 山多大石也。从山，學省聲 韓愈·會合聯句 吟巴山嶨嶨，說楚波堆壘△ 集韻 或作岮墥。鼇又𡵩13536礐39455

嶾 14303 06535
yín_13.16　集韻 於錦切音飲。山岑貌△ 正字通 嶾字之譌。鼇熊加全：同嵾13800

嶪 14306 06538
yè_13.16　集韻 同嶪

嶩 14304 06536
náo_13.16　玉篇 奴刀切。同猱。平嶩，山名，在齊地。鼇曹軍：平嶩，平為 詩經 遭我乎猱之間兮中乎字之形譌。

嶪 14305 06537
yè_13.16　廣韻 正韻 魚怯切 集韻 逆怯切，丛音業。岌嶪，山高貌 張衡·西京賦 狀㠯岌㠯岌嶪 註 岌嶪，高壯貌 杜甫·九成宮詩 岌嶪土囊口△ 集韻 或作礏。亦作嶪何晏·景福殿賦 峨峨嶪嶪。

嶒 14307 06539
kuài_13.16　集韻 黃外切，音會。又古外切，音儈。嶠13655嶒，山貌。鼇又嶒14342

嶇 14308 06540
kū_13.16　玉篇 苦忽切 廣韻 集韻 苦骨切丛音窟。嶇屼，山貌。一曰童山 說文 本作崛 集韻 或作岉。鼇又磆39444㟄02111崫13899

嶬 14309 06541
yí_13.16　玉篇 宜崎切 集韻 魚羈切丛音儀 玉篇 山名 集韻 山峰巍巖也。本作㠂。或作嶬 王延壽·魯靈光殿賦 上崎嶬而重注 註 崎嶬，高峻也 図 yǐ 廣韻 魚倚切 集韻 魚綺切丛音蟻。崣嶬，山高貌△ 集韻 亦作㠂。

嵕 14310 06542
zōng_13.16　正字通 俗嵏字。

嶵 14311 06543
zuì_13.16　唐韻 韻會 正韻 徂賄切 集韻 徂誄切丛音罪。嶵嶵，山貌 說文 本作辠。从山辠聲 張衡·西京賦 上林岑以壘嶵 註 險峻不齊也 沈炯·歸䴥賦 其山則嶔岑嶵嵬△ 六書 作嵔。鼇又嶹14313嵕14357

嶕 14312 06544
biāo_13.16　廣韻 甫遙切 集韻 卑遙切丛音標。山峰出貌 正字通 與嶣同。

嶵 14313 06545
zuì_13.16　說文 同嶵。亦作辠◆峻嶵，猶崔嵬。見 揚雄·甘泉賦

嶭 14314 06546
niè_13.16　唐韻 五割切 集韻 韻會 牙葛切丛音闑 說文 巀嶭，山貌 司馬相如·上林賦 九嵕巀嶭 左思·魏都賦 抗旗亭之嵽嶭 註 旗亭，市樓也。嵽嶭，高也△ 集韻 嵲或作嶭。亦作嶭。鼇又嶭14535嶭14528嶭14546嶭14041嶭14465巢14486

嵓 14315 06547
gǔ_13.16　玉篇 姑戶切 集韻 果五切丛音古。山名。図 玉篇 古胡切音姑。義同。鼇熊加全：疑本止作鼓。

嶞 14316 06548
duò_13.16　說文 嶞字。

嶮 14317 06549
xiǎn_13.16　廣韻 集韻 丛虛檢切音險 說文 阻難也 図 高峻貌 嵆康·琴賦 丹崖嶮巇，青壁萬尋 郭璞·江賦 壯天地之嶮介 図 yǎn 集韻 類篇 丛魚窆切音噞。嶮嶮，山貌。鼇又崄13880嶮13743

嵦 14318 06550
méng_13.16　玉篇 莫紅切 集韻 謨蓬切丛音蒙。山名△ 正字通 山名，地名，古皆借蒙。

嵃 14319 06551
bài_13.16　廣韻 方賣切 集韻 卜卦切，並音庌 玉篇 陀嵃，山形 集韻 山谷陀也。一曰蜀中謂山谷開田曰嵃。

嶤 14320 06552
yáo_13.16　集韻 魚教切，音鱙。山高貌。

嵀 14321 06553
yùn_13.16　集韻 王問切音運。大嵀，山名。鼇又嵀13909

嵹 14322 06554
zhì_13.16　廣韻 集韻 丛之義切，音寘。山名。

嶯 14323 06555
jí_13.16　集韻 類篇 丛側立切音戢。山名，在越。

㕛集韻側洽切音眨。義同△正字通蕺51156字之譌字彙从山，誤。

嶰 14324 06556 xiè_13.16 廣韻胡買切集韻下買切𠀤音蟹。山澗閒也左思·吳都賦嶰澗閺註小山別大山曰嶰㕛谷名通鑑綱目黃帝命伶倫取竹於嶰溪之谷㕛通作解前漢·律歷志黃帝使泠綸取竹之解谷註孟康曰：解，脫也。谷，竹溝也。取竹之脫無鉤節者。一說昆侖之北谷名也。㕛去聲集韻居隘切音懈。義同。䥡又嶰14347

嵬 14325 06557 wěi_13.16 集韻羽鬼切音煒。山險也。嵬或作𡼪。㕛正字通與嵬通。有平上二音。

嵺 14326 06558 lì_13.16 集韻同巁

崛 14327 06559 jué_13.16 說文崛本字

嶱 14328 06560 kě_13.16 五音集韻苦曷切集韻丘葛切𠀤音渴。嶱嵑，山貌㕛山石高峻貌張衡·南都賦其山則崆峣嶱嵑杜甫·詠懷詩樂動殷嵺嶱正字通或作膠轕。義同〇按玉篇嶱同嵑。而張賦嶱、嵑字連用，又似非同音者正字通改古曷切音葛，與轕通用。似亦可从。䥡渡部溫此處似有誤。

巂 14329 06562 xī_13.16 集韻還委切音灑。越巂，郡名△本作嶲。䥡又嶲14455嶲14235

嶬 14331 06564 yǐ_13.16 集韻與巇同

嶒 14330 06563 chēng_13.16 字彙補充爭切音撐揚雄·蜀都賦堪嶒隱倚註衆山奇怪之形。

𡾟 14332 06565 dì_13.16 字彙補古文地08280字。

𡾰 14333 41092 lù_13.16 字彙補與路同。見枚乘·菟園賦

𡾯 14334 41093 liè_13.16 字彙補音未詳汲冢周書·王會解天元𡾯宗馬十二註𡾯宗，尊也。

𡾭 14335 41094 tú_13.16 字彙補同嵞。見偶得紺珠

𡾮 14336 41095 zuǐ_13.16 字彙補子累切，音醉◇山高貌。

𡾱 14338 43302 cuó_13.16 篇海類編同嵯。

𡾲 14339 43303 zuì_13.16 篇海類編同嶵。

𡾳 14340 43304 chǐ_13.16 龍龕同齒

𡾴 14337 41096 yǔ_13.16 字彙補與嶼同張淶·西湖行對列雙峯類巫峽，孤生一𡾴像蓬萊。

𡾵 14341 43305 zhī_13.16 搜眞玉鏡音祗。亦作支。

𡾶 14342 u2AA5A huì_13.16 古文會龍龕岃𡾶，二或作。音會。

𪩙 14343 u2AA59 null_13.16 未詳。

𪩘 14344 u2AA58 yǎn_13.16 簡巘14532

𪩗 14345 u2AA57 null_13.16 未詳。

𡽗 14346 u21F57 xiǎn_13.16 篆隸考異𡽗，俗。篆作險。許究切。山峻貌㕛jiǎn地名用字。

𡽖 14347 u21F56 xiè_13.16 直音篇嶰14324，音蟹。山不相連。𡽖，同上。漢·揚雄蜀都賦𡻀㟥𡼍𡽖，磔乎岳岳。

𡽑 14348 u21F51 mǐn_13.16 峭𡽑，即峭澠29818元·宋褧燕石集·卷五·律詩（五言）·閿鄉道中風雨度峭𡽑，新晴喜若何。

𡽐 14349 u21F50 liáo_13.16 同嵺14381

𡽎 14351 u21F4E null_13.16 未詳。

𡽏 14350 u21F4F wàn_13.16 𡽏66834譌字。𡽏杰，𡽏𡽏之誤。

𡽍 14352 u21F4D lǐ_13.16 四聲篇海音豊。山也。

𡽌 14353 u21F4C null_13.16 未詳。

嶶 14356 u5DB6 huī_13.16 俗𡾊14409

𡽋 14354 u21F4B lù_13.16 峊𡽋先生，干祿先生永樂大典·卷之一萬九千七百四十三𡽋，盧谷切。韓道昭五音類聚音祿。

㠗 14355 u3817 ào_13.16 指山間平地或海湾。也作岙13442嶴14358越諺·卷中·地部山㠗：音奥，山阿。

嶵 14357 u5DB5 zuì_13.16 同嶊14311

嶴 14358 u5DB4 ào_13.16 指山間平地或海湾。亦作㠗14355古今圖書集成·方輿彙編·邊裔典·第三十九卷·日本部彙考七·圖書編·日本國序右亦因皤右之西為伯耆，沿海俱白沙，無嶴可泊。

嶡 14359 06561 jì_14.17 集韻類篇太子計切音霽。山名。䥡齊部重出：篇海子計切音霽。山名㕛原部外十三畫，誤。

嶷 14360 06566 yí_14.17 唐韻集韻語其切韻會疑其切𠀤音疑說文九嶷山，舜所葬，在零陵營道。從山疑聲元結·九嶷山記山方三千餘里，四州各近一隅，世稱九峰相似，望而疑之，謂之九嶷。通作疑前漢·武帝紀祀虞舜於九疑。又屈原·離騷九疑繽其竝迎㕛nì玉篇魚力切集韻類篇韻會鄂力切𠀤音𪁉說文小兒有知也。本作㠜。今文作嶷詩·大雅克岐克嶷箋嶷，識也，其貌嶷嶷然，有所識別也。又史記·帝嚳紀其色郁郁，其德嶷嶷註德高也△集韻或作㠜。䥡又𡾊14412㠜13690

嚎 14361 06567 háo_14.17 集韻韻會乎刀切正韻胡刀切𠀤音豪。山名，在弘農△集韻或作峼。

𡾀 14362 06568 án_14.17 廣韻俄寒切集韻俄干切𠀤音犴廣韻山形集韻山高貌㕛姓集韻或作𧬈〇按舊本𧬈見言部。音義與𡾀同。重出。

𡾌 14364 06570 dǎo_14.17 集韻同島

嶸 14363 06569 hóng_14.17 唐韻戶萌切集韻韻會乎萌切𠀤音宏說文崢嶸，山峻貌班固·西都賦金石崢嶸註崢嶸，高峻貌王延壽·魯靈光殿賦㝼寥窲以崢嶸㕛róng廣韻永兵切集韻于平切𠀤音榮。義同△集韻或作嶒。又作崆嵷。䥡又嶸14025㟪14045

嶹 14365 06571 hāo_14.17 等韻呼高切音蒿。山名。

𡾂 14366 06572 zé_14.17 字彙士革切音咋。山名。

𡾃 14367 06573 liáo_14.17 集韻同嵺

嶺 14368 06574 lǐng_14.17 古文岭唐韻良郢切集韻正韻里郢切韻會里整切𠀤音領說文山道也廣韻山坡也正字通山之肩領可通道路者裴淵·廣州記大庾、始安、臨賀、桂陽、揭陽爲五嶺鄧德明·南康

記大庾、桂陽、騎田、九眞、都龐、臨賀、萌渚、始安、越城爲九嶺 沈約詩 置嶺白雲閒 図通作領 前漢·嚴助傳 輿轎而踰領。鍪 又嶺14415岭13479嶺14397

嶺 14369 06575
pǒ_14.17 廣韻 集韻 並普火切音頗。嶺峨，山坡貌。鍪 或作嶺峨、陂峨、距蹯、跛蹯、�蹯、巨我、駊騀、駆騀、頗顇 龍龕 岂屺或作，嶺今。

嶘 14370 06576
chán_14.17 正字通 俗巉14478字。

巀 14371 06577
jié_14.17 正字通 俗截字。詳截14442字註。鍪 詳截14418字註 字典 未收截字。

嶆 14372 06578
dí_14.17 字彙 杜歷切音翟。見 廣弘明集 △ 正字通 俗字。

嶲 14373 06579
duì_14.17 玉篇 集韻 並徒對切，音隊。山貌。亦作對 左思·魏都賦 對若崇山崐起而崔嵬 註 言殿宇高峻也。

嶊 14374 06580
yè_14.17 集韻 益涉切，淹入聲。山谷形。

嶙 14376 06582
lín_14.17 說文 嶙字。

嶼 14375 06581
yǔ_14.17 唐韻 徐呂切 集韻 韻會 正韻 象呂切，並音敍 說文 島也 廣韻 海中洲 六書故 平地小山，在水爲島，在陸爲嶼 謝靈運·登江中孤嶼詩 孤嶼媚中川 郭璞·江賦 石帆蒙籠以蓋嶼 △ 集韻 一作㠘。鍪 又屿13361嶼14413碘39479塢09518

嶪 14377 06583
wò_14.17 廣韻 一號切 集韻 屋號切，並音雘 廣韻 陂名。一曰邨名，在吳王舊城側。

嶽 14378 06584
yuè_14.17 古文 岳岳 唐韻 五角切 集韻 韻會 正韻 逆角切並音驚 說文 東岱、南霍、西華、北恒、中泰室，王者巡狩所至。从山獄聲 白虎通 嶽之爲言桷也。桷，考功德，定黜陟也 揚子·法言 川有瀆，山有嶽 詩·大雅 崧高維嶽 詩詁 山高而尊者嶽。唐虞四嶽，至周始有五嶽 爾雅·釋山 河南華，河西嶽，河東岱，河北恒，江南衡 郭註 衡山，南嶽。又霍山爲南嶽，卽天柱山，潯水所出。霍、衡俱爲南嶽也 正字通 按地理志，衡山在長沙湘南縣，故曰江南衡。若天柱在廬江潯縣，則江北矣。亦曰南嶽者，漢武帝以衡山遼曠，移其祠於天柱，亦名天柱爲霍山。衡、霍其實一山，衡山名霍。猶泰山一名岱也 図 嶽嶽，長角貌 前漢·朱雲傳 五鹿嶽嶽，朱雲折其角 図 姓 正字通 嶽敏。見 廣西志 図 通作岳 書·堯典 帝曰：咨，四岳 傳 四岳，官名。一人而總四岳諸侯之事也 図 州名。本巴州，隋曰岳州，以天岳山名，山在洞庭湖 △ 詩·崧高維嶽註 又作嶽。鍪 又岊13582屵13432

嶾 14379 06585
yǐn_14.17 廣韻 於謹切 集韻 倚謹切並音隱。嶾嶙14243，山峻貌 △ 集韻 或从隱。亦作㠲。鍪 又隱14476

巁 14380 06586
é_14.17 正字通 同峨。見 六書故。俗省作巁，非。

嶛 14381 06587
liáo_14.17 廣韻 落蕭切音聊。崖虛 集韻 山谷深廣貌。

藏 14383 06627
cáng_14.17 集韻 慈郎切音藏。岊藏，山高貌。

崇 14384 41097
null_14.17 字彙補 義見成13692字註。鍪 又嶨11887

巀 14385 41098
huà_14.17 字彙補 何化切音話。山名。

嶽 14386 43306
yuè_14.17 篇海類編 與嶽同。

榜 14387 43307
bàng_14.17 龍龕 音傍。

嶢 14382 06588
náo_14.17 廣韻 女交切 集韻 尼交切並音鐃 博雅 崒也 集韻 山高貌。

㦲 14389 43309
qì_14.17 龍龕 音棄。

㟓 14388 43308
lù_14.17 五音篇海 音陸。鍪 字彙補 音義與陸65689同。

巌 14390 u2AA5D
null_14.17 未詳。

嵬 14391 u2AA5C
null_14.17 或俗巍。

嵲 14392 u2AA5B
niè_14.17 簡 嵲14539

瀹 14393 u21F81
null_14.17 未詳。

濫 14394 u21F7E
lǒm_14.17 喃 从山監giám聲。同嵐14460

巇 14401 u21F74
cáng_14.17 同嶻14509

嵩 14395 u21F7D
xūn_14.17 熏31433本字。

漸 14396 u21F7B
zhǎn_14.17 同嶄14149

嶺 14397 u21F79
lǐng_14.17 同嶺14368
明·趙寬 半江趙先生文集·後序 觀其言曰：嶺表春回遍十郡，和風甘雨。臺端法正凜三秋，烈日飛霜。

嵩 14398 u21F78
yǐn_14.17 同嵾14379見 集韻

巀 14403 u21F71
jié_14.17 同截14418

嶼 14399 u21F76
pí_14.17 俗岬13807 新撰字鏡 芳移反。鬼也，峻也 図 bí明·劉侗、于奕正 帝京景物略·西山下 百花陀度閻王嶼，是百花山腰也。又清·曾晠 同僧登赤嶼 看碑尋赤嶼，採菊到黃州。清·劉獻廷 廣陽雜記 赤壁09417本赤嶼。赤嶼者，乃一大石，突出於外，形如象鼻，其色微赤，故名。

維 14404 u21F70
null_14.17 未詳。

嶼 14400 u21F75
duì_14.17 類篇 嶲14373，徒對切。山名。或書作對。

崔 14405 u21F6F
null_14.17 未詳。

嵐 14402 u21F73
lǎn_14.17 山名 隋書·地理志中 濟北郡：東阿有浮山、嵐山、狼水 嘉慶重修一統志·卷一百七十九·泰安府·山川 嵐山：在東阿縣東南三十里，狼山南 水經注 謂之大嵐山也。

蒸 14406 u21F6E
null_14.17 未詳。

嵳 14407 u21F6D
lěi_14.17 俗嶅14213

嫩 14408 u21F6B
non_14.17 喃 从山嫩non聲。嶽。

徽 14409 u21F6A
huī_14.17 同徽16856

嵘 14411 u21F68
jù_14.17 明·鍾夏嵩 南海廟賦 徑婁移而嶒嵘峻嵌巖乎。

巁 14410 u21F69
null_14.17 未詳。

嶺 14415 uF9AB
lǐng_14.17 參見嶺14368

嶷 14412 u381C
yí_14.17 玉篇 巍14360，魚其切。九嶷山，舜所葬，在零陵營道縣也。又魚力切。亦作嶷。

嶼 14413 u3818
yǔ_14.17 鼓浪嶼，同鼓浪嶼14375

嶹 14414 u5DBF
xū_14.17 嶹支，古國名。

巑 14416 06589
cuán_15.18 正字通 俗巑字。

巎 14417 06590
náo_15.18 正字通 巎字之譌。

巀 14418 06591 zá_15.18 唐韻集韻才葛切韻會在葛切正韻才達切𠀤音囋◆說文巀嶭，山名，在馮翊池陽。从山截聲徐曰亦山短而峻形前漢·地理志註師古曰巀嶭山，今俗呼嵳峩山揚雄·長楊賦椓巀嶭而爲弋又jié廣韻集韻韻會正韻𠀤昨結切音截。巀嶭，山高峻貌韻會本作節詩·小雅節彼南山註音截詩詁節卽巀也。其高如人截之。或作嶻。又作岊。鎣又嶻14442巀14485嶻14371巇14403

藪 14419 06592 sǒu_15.18 字彙蘇后切音叟。出釋典。鎣龍龕藪香嚴隨函同藪51600

𡾊 14420 06593 lǜ_15.18 廣韻良倨切集韻良據切𠀤音慮。山名，在河內。

嶺 14421 06594 é_15.18 集韻鄂格切。同峉。峿嶺，山高貌木華·海賦啓龍門之峿嶺。

嚝 14422 06595 kuàng_15.18 集韻苦謗切音壙。山名。

𡾟 14423 06596 qióng_15.18 集韻渠弓切音窮。峵𡾟，山形。鎣又𡺵14065

嚤 14424 06597 mó_15.18 玉篇莫波切集韻眉波切𠀤音摩。山名。

巁 14425 06598 lì_15.18 廣韻集韻𠀤力制切音厲說文巍高也。本作𡾊。通作嶱又liè集韻力蘖切音列。山高貌。又古有巁山氏。鎣又嶱14326

𡾰 14426 06599 léi_15.18 廣韻落猥切集韻魯猥切𠀤音磊。㟪𡾰，山貌左思·魏都賦或嵬𡾰而複陸註嵬𡾰，高下貌。複，重疊也。通作𡾰壘磊。或作壨司馬相如·上林賦隱轔鬱壨。

𡿖 14427 06600 lěi_15.18 玉篇同𡾰。鎣又𡾰14434

𡾱 14428 06601 páo_15.18 集韻蒲交切，音庖。山名。

𡿃 14429 06602 shí_15.18 集韻實12300古作𡿃。

𡾵 14430 41099 dàng_15.18 龍龕徒朗切。山名。鎣同碭39151

𡾶 14431 43310 niè_15.18 篇海類編同𡿋。

𡾷 14432 u21FA0 xī_15.18 同巇14474見龍龕

𡾖 14433 u21F96 lěi_15.18 同磈39461 **𡾔** 14434 u21F94 léi_15.18 同𡾰14426 西京賦上林岑以𡾔㠑。又魏都賦或嵬𡾔而複陸。

𡾓 14435 u21F93 céng_15.18 崚𡾓，同崚嶒14225

𡾑 14437 u21F91 cuó_15.18 嵯本字。 **𡾒** 14436 u21F92 lì_15.18 𡾒𡹬，亦作壢𡹬，山名嘉慶重修一統志·江西·饒州府𡾒𡹬山，在樂縣東北八十里，介饒、徽間，其東為葛山。

𡾏 14438 u21F8F yán_15.18 同喦13953宋·劉斧青瑣高議別集·鬼籍记他日至一異處，氣象淒冷，𡾏谷昏晦。又𡾏字之譌四部叢刊初編集部·誠齋集·卷第十二·詩·荆溪集·遣人探梅翟園云尚未開傳語翟園千樹梅，不應𡾏苴索詩催。

㠞 14441 u381E null_15.18 未詳。 **𡾎** 14439 u21F8E qú_15.18 或同㲘30285

巀 14442 u5DC0 jié_15.18 同巀14418 **㠟** 14440 u381F lí_15.18 㠟峨，也作㠟峩，山名讀史方輿紀要作峨黎山嘉慶重修一統志·卷五百十二·平越直隸州·山川㠟峨山：在州城東，一名峨萬山，山為郡鎮，宋㠟峨里，砦址猶存名勝志絕頂有泉，又有穿巖，巖孔穿透，廣容千人。

𡾺 14443 06603 guō_16.19 說文崞本字。山名，在鴈門。

𡿅 14444 06604 lú_16.19 廣韻力居切集韻淩如切𠀤音廬。山名。鎣胡吉宣：卽廬山字。

巃 14445 06605 lóng_16.19 廣韻盧紅切集韻韻會盧東切𠀤音聾。巃嵸，山峻貌司馬相如·上林賦崇山矗矗，巃嵸崔巍。又楚辭·招隱士嵐巃嵸兮石嵳峩註巃嵸，雲氣滃鬱也又玉篇廣韻力董切集韻魯孔切，並音攏。義同。鎣又𡶹13923巄14472𡿦14458

𡿁 14446 06606 è_16.19 集韻逆各切。本作崿，厓也。或作𡿁。

𡿂 14447 06607 lěi_16.19 正字通寨字之譌。

𡿄 14455 43311 xī_16.19 龍龕同㠊 **𡿆** 14448 06608 bèng_16.19 字彙比孟切，祊去聲。𢭏13661𡿆，山峻貌△正字通譌字。

𡿇 14449 06609 jué_16.19 字彙巨角切，音腳◇玉篇山名△正字通按爾雅·釋山本作霍。俗作𡿇。

𡿈 14450 06610 niǎo_16.19 集韻乃了切等韻音裊。㘬𡿈，山貌。

𡿉 14451 06611 huái_16.19 廣韻戶乖切。山谷不平貌左思·吳都賦縹碧素玉，隱賑崴𡿉註崴𡿉，排積貌△集韻或作㠢。

𡿊 14456 43312 gǔ_16.19 海篇音古 **㠢** 14452 06612 huái_16.19 集韻同𡿉又戶買切。崴㠢，山谷不平貌△或作𡿉。

巇 14453 06613 xī_16.19 正字通同巇六書故巇別作巇。

巇 14454 06614 xī_16.19 正字通俗巇14474字。

𡿦 14458 43315 lóng_16.19 篇海類編同巃。

𪩞 14459 u2AA5E null_16.19 未詳。 **𡿥** 14457 43313 xuán_16.19 龍龕音懸。

𡾭 14460 u21FAD lởm_16.19 喃从山廩lẫm聲△𡾭𡿬：嵯峨，嶙峋。

𡾬 14461 u21FAC dốc_16.19 喃从山篤đốc聲。山坡，斜坡。

𡾫 14462 u21FAB đồi_16.19 喃从山頽đồi聲。山丘，山崗。

𡾪 14463 u21FAA jiàng_16.19 同𡿊14121見字海

𡾨 14464 u21FA8 huái_16.19 同㠢14452 **𡾦** 14465 u21FA6 niè_16.19 同嶭14314

𡾤 14466 u21FA4 niè_16.19 同孼11920俗孽11923

𡾣 14467 u21FA3 yǐ_16.19 俗顗68337新撰字鏡𡾣，莫豈、起界二反。靜也，不動散也，大頭也，樂也。

𡾢 14468 u21FA2 null_16.19 未詳。 **𡾡** 14469 u21FA1 qín_16.19 俗𡾡14247

嶐 14470 u3823
lì_16.19　嶐崓，也作嶛 14436 崓。

巃 14472 u5DC4
lóng_16.19　同巄。後魏·鄭道昭 與道俗□人出萊城東南九里登雲峯山論經書 巃嵸星路逼。

巔 14471 u5DC5
diān_16.19　简巅 14529

巚 14476 06618
yǐn_17.20　集韻 與巘同

嶸 14473 06615
hōng_17.20　◦集韻 呼宏切音訇。岭嶸，山深貌 揚雄·甘泉賦 岭嶸嶙峋 註 岭嶸，深邃貌 ⊠ 宋玉·高唐賦 礫碻碻而相摩兮 嶸震天之磕磕 註 嶸磕皆石相摩之聲 ⊠ róng 集韻 呼萌切音橫。崢嶸，山峻貌〇按 集韻 營嶸屼嵡同韻會 營載青韻，嶸載庚韻，分爲二。今从之。 鋆 集韻 嶸嶸營屼屼同。

巇 14474 06616
xī_17.20　廣韻 許羈切 集韻 韻會 正韻 虛宜切 丛音羲。山相對危險也 張衡·南都賦 嶙巇屼巇 註 嶙巇。危險貌 張九齡 贈舊寮詩 經途避險巇 ⊠ 罅隙也 揚子法言 巇可抵乎 註 巇，釁隙也。抵，擠也△集韻 本作㠊。亦作嶬 鋆 又 龍龕 巇 14453 巇 14432 二或作，蟣 14454 正，巇 今，許奇反。嶮巇，巔危也。

嵼 14475 06617
xiǎn_17.20　集韻 息淺切，音薛。玉篇 山名 ⊠ 集韻 通作鮮 爾雅·釋山 小山別大山，鮮 疏 謂小山與大山不相連屬也。

鞠 14477 06619
jú_17.20　廣韻 集韻 丛居六切音菊。山高貌。

巉 14478 06620
chán_17.20　廣韻 集韻 韻會 鋤銜切 丛音鑱。巉巖，高也 正字通 山險絕如剗刻也 宋玉·高唐賦 登巉巖而下望兮 宋炳·登半石山詩 萬樹巉巖詭 ⊠ 玉篇 廣韻 士檻切 集韻 士減切 丛音鏨。與嶄、嶃同 ⊠ 通作漸 詩·小雅 漸漸之石，維其高矣 註 漸，士銜反。高峻貌△集韻 或作磛。俗作巇，非。鋆 宋炳。宗炳 ⊠ 岥 13694 嶙 14000 嵼 14266 讒 14552 ⊠ 龍龕 宛 13698 俗，巉正。

巏 14479 06621
jiǎn_17.20　廣韻 九輦切 集韻 九件切 丛音蹇。巏嵼，山屈曲貌。通作蹇 張衡·西京賦 珍臺蹇產以極壯 楚辭·九章 思蹇產以不釋△集韻 或作嶘。

嬭 14480 06622
mí_17.20　集韻 民卑切音彌。山形△集韻 或作嵄。

嶸 14481 06623
yīng_17.20　廣韻 煙滓切 集韻 煙頂切，並音濚。又 集韻 於郢切，音瘿 集韻 嶸嵊，山貌 左思·吳都賦 其山嶸溟鬱岶 註 山氣暗昧之狀。鋆 又 嫛 14487 嶸 14184

歸 14482 06624
kuī_17.20　廣韻 集韻 丘追切，音䢔。又 集韻 韻會 區韋切，音鐵 爾雅·釋山 小而衆，歸 疏 言小山而衆叢萃羅列者名歸 王延壽·魯靈光殿賦 歸崒穹崇 註 高大貌 ⊠ kuǐ上聲 廣韻 丘諉切 集韻 韻會 正韻 苦軌切 丛音樻。義同 ⊠ kuì去聲 集韻 丘愧切音喟。歸然，獨貌 莊子·天下篇 歸然有餘。鋆 又 岿 13539 巋 14553

嶭 14483 06625
niè_17.20　集韻 牙葛切。同嶭。鋆 正字通 嶭，辥 14465 字之譌。

巀 14485 u21FBA
zá_17.20　同巀 14418

巀 14487 u21FBA
niè_17.20　俗辥 14314

婴 14487 u21FB8
yǐng_17.20　五侯鯖字海 同嶸 14481

嶸 14488 u21FB6
yīng_17.20　字學呼名能書 嶸，於京切。

嶮 14489 u21FB4
null_17.20　未詳。

總 14490 u21FB3
null_17.20　未詳。

巇 14491 u3824
null_17.20　地名用字。見光緒 撫寧縣志·卷十四·仙釋

巏 14493 06626
léi_18.21　集韻 魯猥切。同礧 司馬相如·上林賦 隱轔鬱㠂。鋆 又 巖 14161 嶇 14426 巋 14427 嶸 14537

巍 14494 06628
wēi_18.21　廣韻 集韻 韻會 丛語韋切，音犩 說文 高也。从嵬委聲 廣韻 高大貌 論語 巍巍乎唯天爲大，唯堯則之 傅玄樂府 我皇敘羣材，洪烈何崔巍 ⊠ 通作魏 莊子·天下篇 魏然而已 註 獨立貌△集韻 或作鬼△說文 牛威切 徐鉉曰 今人省山，以爲魏國之巍〇按 集韻 巍或作鬼，通作魏 正韻 七灰，巍、嵬、魏丛收。魏註引 莊子 魏然而已。七隊獨收魏，魏姓、魏國不借巍 吳元滿·總要 附會 說文 巍音胃，以 周禮 象魏之魏、魏姓、魏國皆作巍，非。鋆 又 嶯 14503 巆 14502

嵷 14495 06629
sǒng_18.21　正字通 息勇切音悚。山峰貌 杜甫·封西嶽賦 風御冉以縱嵷△嵷嵷 14119 音義通。

巙 14496 06630
náo_18.21　玉篇 奴刀切。同猱。

巀 14497 06631
quán_18.21　集韻 類篇 並連員切，音權。巀務，山名 集韻 在柏人城東北 顏氏家訓 柏人城東北有山，或呼爲宣務山，莫知所出，讀城西門内碑銘云土石巀務山，王喬所仙，乃知俗呼宣務卽巀務山 ⊠ guàn 玉篇 古亂切 集韻 類篇 古玩切 丛音貫。山名。鋆 又 嵋 13991 嶸 14061

巐 14498 06632
chǎo_18.21　廣韻 集韻 丛丑小切音麨。山貌。

豐 14499 06633
fēng_18.21　廣韻 敷空切 集韻 敷馮切 丛音豐。山名。鋆 又 豐 14512 ⊠ 熊加全：本作豐 57106

繒 14500 06634
zēng_18.21　字彙補 資登切音繒。山高貌。

巇 14501 06635
yì_18.21　◦海篇 以日切，音嶧◇山高貌。

巍 14502 41100
wēi_18.21　字彙補 與巍同。

巍 14503 43316
wēi_18.21　篇海類編 同巍

離 14504 43317
lí_18.21　龍龕 音離。又音利。

齨 14506 u2AA5F
null_18.21　未詳。

釠 14505 43318
chóng_18.21　川篇 音崇

巇 14507 u2A9C4
cô_18.21　喃 从巇省孤 cô聲。帝王自稱。

巔 14508 u21FC5
ngông_18.21　喃 从山顒 ngóng聲。

巇 14509 06637
cáng_18.21　山石高聳貌，也作礸 14401 礸 53825 古文 苑·揚雄·蜀都賦 增嶒重崒，岆石礸崔。

巎 xùn_18.21 u21FC0　[類篇]陵，須閏切 [說文]高也。或作峻、巘。

嶒 é_18.21 u21FC3　同嶺14421

巑 cuán_19.22 06637　[廣韻]在丸切 [集韻]徂丸切𠀤音攢。巑岏，山竦列貌。宋玉•高唐賦 盤岸巑岏 [註]巑岏，銳山也。𪾭又巑14416𪾭14527

豐 fēng_18.21 u21FBF　或同巐。同巐 [說文]巍高也△本作巐。或作嵐、𡸤。

囉 luó_19.22 06636　[集韻]良何切音羅。山名。或作𡾽。

礨 lěi_19.22 06638　[集韻][類篇]𠀤魯猥切音壘。山也△ [正字通]按案別作累、𥔥、蘽，或省或增。從三心、三石，從木，𠀤俗書 [字彙]音訓同，誤分爲四。𪾭又𥖛14407畾14427

巒 luán_19.22 06639　[唐韻]落官切 [集韻][韻會][正韻]盧官切𠀤音鑾 [說文]山小而銳 [六書故]圓峰也 [楚辭•九章]登石巒以遠望兮 又山紆回綿連曰巒 [徐悱•登琅邪城詩]襟帶盡巖巒△ [正字通]又鹽韻，音廉。引 蘇軾•謝歐陽晦夫遺琴枕詩：我懷汝陰六一老，眉宇秀發如春巒○按蘇軾俱入寒韻，引用譌。𪾭又岺13626

蘽 lěi_19.22 06640　[集韻]魯水切音壘 [山海經]蘽山，其上有玉。

𡿨 nuó_19.22 06641　[集韻]囊何切音那。山名。或作𡾽。

巔 diān_19.22 06643　[廣韻]都年切 [集韻][韻會][正韻]多年切𠀤音顛。山頂也 [謝惠連•西陵詩]縱巒萬尋巔 [李白•蜀道難]西當太白有鳥道，可以橫絕峨眉巔 [正字通]巔，古皆借顛。與嶺作領同△ [集韻]或省作𡽲。𪾭又巓14471巓14529

𡹢 mǐ_19.22 06644　[玉篇]莫彼切 [集韻]母彼切𠀤音靡。迆𡹢，山貌 [王褒•洞簫賦]嶇嶔𡾋崎，倚巘迆𡹢 [註]皆山險峻貌。𪾭又嵄14141𡹣14525

巌 null_19.22 u2AA60　未詳。

䮼 lín_19.22 41101　[龍龕]力珍切。𪾭䮼，深崖狀也。𪾭又𩶭14549

麻 lì_19.22 06645　[集韻]歷26670古作𡼪。

𡹣 mǐ_19.22 u21FD0　迆𡹣，同迆𡹢14521 [文選•王褒•洞簫賦]徒觀其旁山側兮，則嶇嶔𡾋崎，倚巘迆𡹣。又 [三國•魏•阮籍 東平賦]其北有連岡，巋𡹣崎𡸠，山陵崔巍。

囉 luó_19.22 u21FCF　同囉。見 [集韻]

巑 cuán_19.22 u21FCD　同巑14514

巐 niè_19.22 u5DD5　同巐14535山高貌。

巓 diān_19.22 u5DD4　同巔14520

巗 yán_20.23 06647　[正韻]同巖

巖 yán_20.23 06646　[唐韻]五銜切 [集韻]魚衘切 [韻會]疑衘切𠀤音礹◆ [說文]岸也。從山嚴聲 [增韻]石窟曰巖，深通曰洞△一曰險也 [左傳•隱元年]制，巖邑也 [公羊傳•僖三十三年]殽之嵚巖，文王所避風雨也 [又]嶄巖，高峻貌 [司馬相如•上林賦]嶄巖參嵳 [又]巖廊，殿廡也 [漢武帝•策賢良制]虞舜之時，遊於巖廊之上。

[又]地名 [書•說命]說築傅巖之野 [傳]傅巖，在虞虢之閒。[又] [集韻]魚枕切 [韻會]疑枕切𠀤音嚴。巖巖，高貌 [詩•魯頌]泰山巖巖，魯邦所詹 [又] [正字通]本作嚴。亦作礹。通作礷嵒嵓○按巖與嵒同 [說文]嵒，五咸切，山巖也。嚴，五緘切，岸也。同字分訓。巖，專訓岸，𠀤非。𪾭 [正字通]本作巖。亦作礹。通作礷嵒嵓。嚴巖礹𡾆从叡作 [又]嚴 [說文]本字 [又]岩13474嵓13954𡼪14531屵13713巗14492

巘 yǎn_20.23 06648　[廣韻]魚蹇切 [集韻][韻會][正韻]語蹇切，𠀤音讞 [廣韻]山形如甑。一曰山峰 [張衡•南都賦]坂坻嶻嶭而成巘 [沈約•鍾山詩]鬱律搆丹巘 [又]叶魚軒切音言 [詩•大雅]陟則在巘，復降在原 [謝靈運•山居賦]九泉別澗，五谷異巘。叶下軒。𪾭又巘14536𡾷14344

巙 kuí_20.23 06649　[集韻]渠龜切音逵。人名。

𡾩 tǎng_20.23 u21FD3　𡾩嶙，亦作𡿄14043嶙，山路不平。南•朝梁•江淹 [江文通集•卷一•賦•扇上綵畫賦]山乃嶄巖鬱峰，路必𡾩嶙崎嶔。

巘 yǎn_20.23 u5DDA　同巘14532

嶭 niè_20.23 u21FD2　同嶭14314，亦作嶻14528巘14546，山高貌 [文苑英華•卷三六四•辯論二•唐•柳宗元•復吾子松說]敷舒爲林麓，嵑嶭爲宮室。

巋 léi_21.24 06650　[廣韻]力追切 [集韻]倫追切。𠀤與𧮫同。嵔巋，山貌。𪾭或作壝壘、嵔𦜗、崴𡾣、壝𧮫、畏𡏡、磈礧、嵔𦜗、畏累、鍡𨰜、鍡鑸、磈磊、塊壘。

巘 yǎn_21.24 06651　[集韻]魚軒切音言。山形似甗 [又] [韻會]通作甗 [爾雅•釋畜]騉蹄趼，善陞甗 [註]甗山形似甑 [又]牛偃切，音甗。義同。

嶭 niè_21.24 06652　[廣韻]五結切 [集韻]倪結切，𠀤音齧。屹嶭，山貌 [張衡•南都賦]嶻嶭屹嶭 [註]嶻嶭，山相對危險貌。屹嶭，山斷絕貌△ [集韻]本作峛。通作槷、臬。𪾭又巘14431齨75569齧14392

巎 náo_21.24 41102　[篇海類編]奴刀切音猱。山名，在齊。[又]犬也。

礨 lěi_21.24 41103　[字彙補]力罪切音壘。山也。

纍 lěi_21.24 41104　[篇海類編]力水切音壘。纍壘，山貌。

鷄 jī_21.24 43320　[龍龕]音雞。又音奚。

巎 náo_21.24 u21FDF　同猱13659

繒 céng_21.24 43319　[龍龕]同嶒

巘 niè_21.24 u21FD7　嵑巘，亦作嵑𡾦、嵑嶭14314 [增廣注釋音辯唐柳先生文集•卷之十六•說•復吳子松書(荅吳武陵)]敷舒爲林木，嵑巘爲宮室。原註：嵑或作嵑，苦曷、丘葛二切。巘，魚列、于葛二切。山高貌。

巘 nàng_22.25 06653　[集韻]乃浪切，囊去聲。山隒。或从石。𪾭又礦39617

巒 14548 u21FDE wān_22.25 俗灣30551光緒 淳安縣志·卷之九·人物志·續纂忠義 國朝：潘江水，字佚。南潘家莊人。道光乙未恩科武舉，劾力嚴協標，以隨征臺巒。

鱗 14549 06654 lín_24.27 集韻 離珍切音鄰。山名。鑋同鱗，俗嶙。嶙峋，深崖貌。

巉 14552 43322 chán_24.27 海篇 同巇。

巆 14550 06655 líng_24.27 字彙 離呈切，音零。◇山深貌。鑋俗岭13479

巑 14551 43321 jiān_24.27 搜眞玉鏡 音閒。鑋俗巇07975，古文巤 字彙補巑，古顔切字音間。出 吳韻

巋 14553 41105 kuī_25.28 龍龕 丘逵切。小山而衆也。鑋 龍龕 夒或作，嶲14482今。丘追反。小山而衆也。又丘軌反。嶲然，高峻兒。

嶹 14554 41106 yù_25.28 川篇 音鬱。山煙貌。

巚 14555 06656 yù_29.32 字彙 紆勿切音鬱。山煙貌。

◆ 巛部 ◆

巛 14556 06657 chuān_0.3 唐韻 川本字 說文 巛，貫穿通流水也。虞書曰：濬く巜距巛。言深く巜之水會爲巛也○按·舜典今文く巜作甽澮，巛作川。文異義同 囝 字彙補 古文鬃71108字。

巛 14557 06658 kūn_0.3 玉篇 古文坤字 廣雅 柔也，順也 後漢·輿服志 黃帝、堯、舜垂衣裳而天下治。蓋取諸乾巛，乾巛有文，故上衣玄，下裳黃 北史·魏文帝紀 太和三年，巛德六合殿成。

く 14558 06659 quǎn_0.3 唐韻 廣韻 集韻 類篇 姑泫切。與甽同。◆ 說文 水小流也 周禮 匠人爲溝洫，相廣五寸，二相爲耜，一耜之伐，廣尺，深尺，謂之く。倍く謂之遂，倍遂曰溝，倍溝曰洫，倍洫曰巜○按 考工記 今文く作畎，巜作澮，文異義同。

巜 14559 06660 kuì_0.3 唐韻 集韻 姑外切音儈。與澮同 說文 水流澮澮也。方百里爲巜，廣二尋深二仞 囝huān 集韻 呼官切音歡。濡也。鑋又乀00379

川 14560 06661 chuān_0.3 唐韻 集韻 韻會 正韻 姑昌緣切音穿 釋名 川，穿也。穿地而流也 周禮·冬官考工記 凡天下之地埶，兩山之間，必有川焉 爾雅·釋水 湀闢流川 註 通流 疏 湀闢者，通流大川之別名也 又 過辨回川 註 旋流 疏 言川中之水有回旋而流者 蔡邕·月令章句 衆流注海曰川 書·益稷 予決九川，距四海 傳 決九州名川，通之至海。又 禹貢 奠高山大川 傳 大川四瀆 疏 川之大者，莫大於瀆。四瀆，謂江、河、淮、漢也 呂氏春秋 何謂六川：河水、赤水、遼水、黑水、江水、淮水 潘岳·關中記 涇、渭、灞、滻、鄷、鎬、潦、潏，凡八川 司馬相如·上林賦 蕩蕩乎八川 囝三川，郡名 史記·秦始皇紀 滅二周，置三川郡 前漢·高祖紀 斬三川守李由 註 應劭曰：今河南郡也。韋昭曰：有河洛伊，故曰三川也 囝四川，省名 韻會 今成都府、潼州、利州、夔州四路，取岷江、沱江、黑水、白水四大川以立名也 囝口川 周語 防民之口，甚於防川 朱子詩 口川失自防 囝川衡，官名 周禮·地官 川衡掌巡川澤之禁令 囝竅也 山海經 倫山有獸如麋，其川在尾上 註 川，竅也。鑋又巛14556 囝岷江。孫壽瑋：岷江之誤。

巛 14561 u2F2E chuān_0.3 部巛14556

巛 14562 06662 zāi_1.4 唐韻 災本字 說文 巛，害也。从一雝川 春秋傳：川雝爲澤凶 玉篇 今通作灾、災30678 鑋又災30623

屮 14563 06663 liè_3.6 唐韻 良薛切音列 說文 水流岁岁也。从巛，列省聲△ 六書本義 通作冽。

岁 14564 06664 liè_3.6 集韻 力蘗切音列 玉篇 岁岁，水流貌。○按即屮字。因字體之變 字彙 遂兩字丛列，非 囝 廣韻 魚乙切 集韻 逆乙切屮音孽。義同。鑋又岁26723

州 14565 06665 zhōu_3.6 古文卅卅剞夘 唐韻 正韻 職流切 集韻 韻會 之由切丛音周 說文 水中可居曰州。周遶其旁，从重川。昔堯遭洪水，民居水中高土，故曰九州。一曰州，疇也，各疇其土而生之 廣雅 州，殊也，浮也 春秋題辭 州之爲言殊也 釋名 州，注也。郡國所注仰也 玉篇 九州也，時也，宮也，居也 書·舜典 肇十有二州 傳 禹治水之後，舜分冀州爲幽州、幷州。分青州爲營州 疏 禹貢治水之時猶爲九州，今始爲十二州 左傳 云昔夏之方有德也，貢金九牧，則禹登王佐，還置九州，其名蓋如 禹貢 禹貢 冀、兗、青、徐、荊、揚、豫、梁、雍 周禮·夏官 九州：揚、荊、豫、青、兗、雍、幽、冀、幷 爾雅·釋地 冀、豫、雝、荊、揚、兗、徐、幽、營，九州 疏 禹貢有青、徐、梁，無幽、幷、營，是夏制 周禮 有青、幷、幽，無徐、梁、營，是周制。此有幽、徐、營而無青、梁、幷，疑是殷制也 史記·孟子傳 騶衍言中國名赤縣神州。赤縣神州內自有九州，禹之序九州是也。不得爲州數。中國外如赤縣神州者九，乃所謂九州也 囝 周禮·地官 五黨爲州 註 州二千五百家 論語 言不忠信，行不篤敬，雖州里行乎哉 囝國名 春秋·桓五年 州公如曹 傳 淳于公如曹 註 淳于，州國所都。城陽淳于縣也 括地志 密州。安丘縣東三十里。古州國，周武王封爲淳于國 囝邑名 左傳·昭三年 鄭伯如晉，公孫段相。晉侯曰：子豐有勞於晉國，余聞而弗忘，賜女州田 註 州縣，今屬河內郡。又 春秋·成七年 吳入州來 註 楚邑，淮南下蔡縣。又 史記·楚世家 考烈王元年，納州於秦 註 南郡有州陵縣 囝姓 左傳·襄二十一年 州綽出奔齊 註 晉大夫 囝 爾雅·釋畜 白州，驃 註 州，竅 疏 謂馬之白尻者也 囝與洲通○按 說文 引 詩·周南 在河之州，今文作洲，古通。鑋又剞03282 今俗字略州，州郡，州里。从00297剞03338弨16189，並古。

巟 14566 06666 huāng_3.6 唐韻 呼光切音荒 說文 水廣也 囝 玉篇 及也，至也 囝 說文 引 易 包巟○按 今 泰卦 作荒，古通。

鑒又兓05523流29388㠱14568巟14570帀14569晨14581

14567 43323
巛 kūn_3.6　海篇與坤同。

14568 u21FEC
㡿 huāng_3.6　同巟14566

14569 u21FEB
帀 huāng_3.6　同巟14566

14570 u3829
巟 huāng_3.6　同巟14566

14571 06667
坙 jīng_4.7　古文坙唐韻
古靈切集韻堅靈切夶音經說文水脈也。从巛在一下。
一，地也。壬省聲廣韻直波爲圣玉篇水冥坙也。
圣集韻古頂切，經上聲。義同圣xíng類篇乎經切，
婞平聲。地名，在趙。通作陘圣集韻下頂切音婞。義
同。鑒又圣14631坙08283圣08369龍龕坙08346圣二俗，坙
08395今，音經，直波曰坙也。又古文，胡頂反，水脉也。

14572 06668
㐬 tū_4.7　說文本作厶05051亦作突。

14573 06669
㐬 yù_4.7　唐韻集韻夶于聿切音聿說文水流也。
圣集韻弧犬切，懸上聲。義同。鑒又㡿36721圣廣韻
汨27850，同㡿22362

14574 06670
巡 xún_4.7　唐韻詳遵切集韻韻會松倫切正韻詳倫
切夶音旬廣雅巡，行也說文巡，視行貌玉篇巡守也
書·舜典五載一巡守。又周官六年，五服一朝。又六年，
王乃時巡左傳·昭五年大有巡功註天子巡守曰巡功。
巡所守之功績圣玉篇徧也左傳·桓十二年伐絞之役，
楚師分涉于彭，羅人欲伐之，使伯嘉諜之，三巡數之註
巡，徧也疏謂巡繞徧行之圣逡巡，郤退之貌莊子·田
子方登高山，履危石，臨百仞之淵，背逡巡，足二分垂
在外圣yán集韻余專切音沿。相循也禮·祭義陰陽長
短，終始相巡註巡讀如沿漢之沿。謂更相從道圣叶松
宣切音旋歐陽修·送吳生詩我笑謂吳生，爾其聽我言
君子能自知，改過不逡巡圣集韻順67944古作巡。
鑒又巡14577鉖14591迶60711巡15878輴59872圣巡字今入
辵部，十畫。

14576 u2AA61
邕 null_4.7　未詳。
人名。鑒又㡿14795晨14581同㡿14566

14575 41107
晨 huāng_4.7　龍龕音荒

14577 u2F881
巡 xún_4.7　同巡14574

14578 06671
坙 jīng_5.8　說文古文
坙14571字。鑒說文坙，壬省聲。坙，古文坙不省。

14579 43324
苦 kǔ_5.8　篇海類編音苦。鑒字彙補同苦。

14580 u21FF6
夲 bèn_5.8　俗笨41821清·徐珂清稗類鈔·經術類·俗字
之訓詁笨，去聲，拙也。

14581 u21FF4
晨 huāng_5.8　同巟14566龍龕晨俗，晨14575正。

14582 u21FF3
舭 liè_5.8　俗鬣71259字鑑鬣，俗作舭、舭。

14583 u21FF2
舭 liè_5.8　同舭14582俗鬣71259

14584 06672
邕 yōng_6.9　說文籀文邕61506字。四方有水自邕城池
者。

14585 06673
笸 jī_6.9　字彙補古文箕42111字。

14586 06674
帠 zǐ_6.9　說文長箋古文子字。今書作孨。

14588 u2AA62
訓 null_6.9　未詳。

14587 43325
衆 zhòng_6.9　字彙補同衆

14589 u21FFA
㠳 nǎo_6.9　六書精蘊奴皓切。頂心也。象囟與髮形
正字通腦47547，俗㠳字。本作囟。

14590 41108
鳳 fēng_7.10　字彙補與風同。見夏承碑

14591 41109
邕 xún_7.10　說文長箋同巡。

14592 43326
學 xùn_7.10　龍龕音訓

14595 06677
或 yù_8.11　唐韻于逼切
音域說文水流也圣huò集韻㯉北切音或。義同。

14593 06675
雎 jú_8.11　五音集韻竹律切音苗。谷名。

14594 06676
巢 cháo_8.11　唐韻集韻韻會正韻夶鉏交切音鄛說文
鳥在木上曰巢，在穴曰窠。从木象形詩·召南維鵲有巢，
維鳩居之禮·禮運先王未有宮室，冬則居營窟，夏則居
檜巢古史考許由常居巢，故號巢父圣國名周書序
巢伯來朝傳殷之諸侯圣湖名括地志廬州巢縣有巢湖
圣樂器爾雅·釋樂大笙謂之巢疏巢，高也。言其聲高
也圣車名左傳·成十六年楚子登巢車以望晉軍註巢
車，車上爲櫓圣姓廣韻有巢氏之後史記·三皇紀有巢
氏，有天下者之號圣菜名陸龜蒙詩序蜀疏有兩巢，大
巢卽豌豆之不實者，小巢生稻畦中。一曰野蠶豆圣廣
韻士稍切音儳。棧閣也圣zhāo集韻莊交切音謿。大
笙也圣jiāo韻會子小切，音勦。國名。鑒又巢14597
巢32253巢14599堁09202

14596 43327
龼 lóng_8.11　字彙補同龍。

14597 u5DE3
巢 cháo_8.11　日俗巢14594

14598 06678
歲 yì_9.12　字彙魚乙切，銀入聲。動也。

14599 06679
巢 cháo_11.14　說文巢本字。

14600 06680
巤 liè_11.14　字彙俗巤字。

14601 06681
巤 liè_12.15　唐韻良涉切集韻力涉切夶音獵說文毛
巤也。象髮在囟上，及毛髮巤巤之形廣韻本也。又鼠
毛也△玉篇亦作鬣。

14604 u22006
嶽 null_13.16　未詳。

14602 43328
廩 zài_12.15　龍龕同載。
鑒同廩09749鳳，武后所造載字。

14605 u22005
巤 null_13.16　未詳。

14603 41110
龘 null_13.16　字彙補音未
詳。重龘氏，地名。見穆天子傳。鑒或作龘32288

14606 u22007
兓 zǐ_14.17　同兓14607古文子字11729

14607 06682
兓 zǐ_15.18　集韻子11729古作兓。鑒又兓14606

14608 06683
孨 zǐ_16.19　五音集韻古文子字11729字。

14610 43329
艬 sè_17.20　篇海音色

14609 41111
艭 xī_16.19　字彙補許迷
切，音義◇忌懼也。鑒同艬14610俗艭52296

𢆭 14611 u221AD nĕn_18.21 喃从齒年nên聲。蠟燭。

14612 43330 yōng_19.22 五音篇海音雍。

14613 43331 jiǎo_19.22 金鏡音剿。

𢀏 14615 u2200F fèi_24.27 同鸜40189

14614 43332 hé_21.24 字彙補同河

14616 41112 zī_26.29 說文長箋籒文孶字。譌作𪚥15344

◈ 工部 ◈

工 14617 06684 gōng_0.3 古文𢀒𢀚𠛱唐韻古紅切集韻沽紅切𠀤音公說文巧飾也，象人有規榘也廣韻巧也玉篇善其事也詩·小雅工祝致告傳善其事曰工疏工者巧於所能又玉篇官也書·堯典允釐百工又共工，官名書·堯典共工方鳩僝功又韻會匠也禮·曲禮天子之六工，曰：土工、金工、石工、木工、獸工、草工周禮·冬官考工記審曲面埶，以飭五材，以辨民器，謂之百工又正韻事任也書·臯陶謨無曠庶官，天工，人其代之集傳庶官所治，無非天事又射工，蟲名博物志射工蟲口中有弩形，氣射人影，隨所著處發瘡又通作功魏志·管輅傳註輅弟辰曰：與輅辨人物，析臧否，說近義，彈曲直，拙而不功也。又王14620𢀒16438又正字通玒16435，同工，本作𢀒16439

⼯ 14618 u2F2F gōng_0.3 部工14617

14620 06686 jǔ_1.4 篇海同五。

14619 06685 jǔ_1.4 玉篇古文巨14627字。

14621 06687 jǐ_1.4 集韻己14680古作㠯。

14622 43333 shī_1.4 搜真玉鏡音虱。

𢀔 14623 u22014 hóng_1.4 同蛩52351龍龕𢀔，古文。音紅。今作虹52350

𢀓 14624 u22013 jù_1.4 古文巨14627

左 14625 06688 zuǒ_2.5 唐韻正韻臧可切集韻韻會子我切𠀤音䂳增韻左右定位。左，右之對，人道尚右，以右爲尊禮·王制男子由右，婦人由左史記·文帝紀左賢右戚註韋昭曰：左猶高，右猶下也又增韻手足便右，以左爲僻，故凡幽猥，皆曰僻左前漢·諸侯王表作左官之律註師古曰左官猶言左道。僻左，不正也。漢時依古法，朝廷之列以右爲尊，故謂降秩爲左遷。佐諸侯爲左官也韻會策畫不適事宜曰左計又正韻左，戾也又乘車尚左禮·曲禮祥車曠左疏曠，空也。車上貴左，僕在右，空左以擬神也又吉尚左禮·檀弓孔子與門人立拱而尚右，二三子亦皆尚右，孔子曰：我則有姊之喪故也，二三子皆尚左註喪尚右，右，陰也。吉尚左，左，陽也。又不助也左傳·襄十年天子所右，寡君亦右之，所左，亦左之疏人有左右，右便而左不便。故以所助者爲右，不助者爲左又證也前漢·楊惲傳左驗明白註左，證左也。言當時在其左右見此事者也又姓廣韻齊之公族有左右公子，後因氏焉。又漢複姓，二氏左傳公子目夷爲左師，其後爲氏。秦有左師觸龍。晉先蔑爲左行，其後爲氏。漢有御史左行恢又唐韻則箇切集韻韻會正韻子賀切𠀤音佐說文手相左助也爾雅·釋詁詔亮左右相，導也，詔相導左右助，劻也，左右，亮也疏皆謂佐助，反覆相訓，以盡其義易·泰卦以左右民疏左右，助也書·畢命周公左右先王。又ナ00255屮13231差14646又𡯂46299尨04315龙12774竝俗左。

巧 14626 06689 qiǎo_2.5 古文丂㐎唐韻集韻韻會正韻𠀤苦絞切，敲上聲說文技也廣韻能也，善也韻會機巧也周禮·冬官考工記天有時，地有氣，材有美，工有巧。合此四者，然後可以爲良山海經義均始爲巧倕，始作下民百巧又增韻拙之反韻會黠慧也老子道德經大巧若拙淮南子·主術訓是故有大略者，不可責以捷巧又廣韻好也詩·衛風巧笑倩兮又韻會射者工于命中曰巧孟子知譬則巧也又廣韻僞也詩·小雅巧言如簧，顏之厚矣傳出言虛僞，而不知慙於人禮·月令毋或作爲淫巧註淫巧，謂僞飾不如法也又廣韻苦教切集韻韻會正韻口教切，𠀤敲去聲。義同。集韻巧㤍，僞也，或从心。

巨 14627 06690 jù_2.5 古文𢀓𢀒𢀑唐韻其呂切集韻臼許切，𠀤渠上聲說文規巨也。从工，象手持之又玉篇大也孟子爲巨室又巨萬，數也史記·平準書京師之錢累巨萬註巨萬，今萬萬又姓何氏姓苑巨氏出南昌廣韻漢有巨武，爲荆州刺史。又巨毋，複姓前漢·王莽傳有奇士，長丈，大十圍，自謂巨毋霸。莽更其姓，曰巨母氏。謂因文母而霸王符也後漢·光武紀作巨無霸又韻會通作鉅前漢·食貨志庶人之富者累鉅萬李賀·高軒過詩文章鉅工又與詎同前漢·高帝紀公巨能入乎師古曰巨讀曰詎，猶豈也又qú類篇求於切音蕖。未央也韻會亦作渠詩·小雅·庭燎註：夜未渠央。義與遽同，言未便至夜分也。又𢀓14624

14629 43334 wàn_2.5 金鏡音万

14628 41113 jiū_2.5 龍龕居幽切。月綾也。張涌泉：俗丩00168月綾，當作相繚。

14630 43335 yě_2.5 字彙補余者切音也。

𢀖 14631 u22016 jīng_2.5 簡巠14571

𪩣 14634 u2AA63 null_3.6 未詳。

14632 06691 gǒng_3.6 廣韻與巩同。今巩為鞏67262簡化字。

14633 06692 gōng_3.6 玉篇古文工14617字。

𢀛 14635 u2201B shé_3.6 清·邢澍金石文字辨異𢀛，漢樊安碑爲之喉𢀛。案，𢀛即舌48456字。

巪 14636 u5DEA geok_3.6 韓人名新字典·朝鮮俗字部·六畫巪，海西賊林巪正，見野史。

巩 14637 06693 gǒng_4.7 唐韻居悚切集韻古勇切𠀤音拱說文𢪏也，褢也。一作𢀜19778又巩14632

巫 14638 06694
wū_4.7 古文𢍢𡖭唐韻武夫切集韻正韻微夫切韻會馮無切𠀤音無說文祝也。女能事無形，以舞降神者也。象人兩褎舞形世本巫咸始作巫楚語古者民之精爽不攜二者，而又能齊肅中正，其知能上下比義，其聖能光遠宣朗，其明能光照之，其聰能聽徹之，如是則神明降之。在男曰覡，在女曰巫周禮·春官·神仕疏男子陽有兩稱，曰巫、曰覡。女子陰不變，直名巫，無覡稱。又縣名前漢·地理志南郡有巫縣又山名山海經黑水之南有巫山左傳·襄十八年齊侯登巫山，以望晉師註在盧縣東北前漢·地理志註巫山在巫縣西南又官名周禮·春官司巫，掌羣巫之政令。又夏官巫馬，掌養疾馬而乘治之又巫咸，國名山海經巫咸國，右手操青蛇，左手操赤蛇，在登葆山，羣巫所從上下也。亦山名郭璞·巫咸山序巫咸者，實以鴻術爲帝堯醫，生爲上公，死爲明神。豈封斯山而因以名之乎又人名山海經開明東有巫彭、巫抵、巫陽、巫履、巫凡、巫相註皆神醫也又神名前漢·郊祀志晉巫祀、巫社、巫祠，秦巫祀、巫保，荆巫祀、巫先註皆古巫之神也。巫先，巫之最先者又姓風俗通氏于事者，巫卜陶匠是也書·君奭在祖乙時則有若巫賢廣韻漢有冀州刺史巫捷。又巫馬，複姓論語巫馬期。鑾又覂05320𢍏16002⿰山巫13738

⿱丂干 14639 06695
xīn_4.7 字彙補古文新22072字。

⿸戸工 14640 43336
chā_4.7 搜真玉鏡音差。

𢀟 14641 u2201F
null_5.8 未詳。

巬 14644 u5DEC
bu_6.9 韓俗巭14643

巭 14643 u5DED
bu_6.9 韓功夫，即工夫，役丁之稱，合為巭字。或訛寫為巬14644㠫14649㠬14648

⿸𦍌工 14642 43337
chā_6.9 字彙補與差同。

差 14645 06696
chā_7.10 古文⿱𠂹差唐韻集韻韻會初牙切正韻初加切𠀤音杈說文貳也，不相值也徐鍇曰左于事，是不當值也廣韻舛也韻會差錯之義書·呂刑察辭于差前漢·東方朔傳失之毫氂，差以千里又爾雅·釋詁擇也釋文差音叉詩·小雅既差我馬又廣韻楚宜切集韻韻會叉宜切𠀤音縒廣韻次也，不齊等也後漢·荀爽傳天子娶十二，諸侯以下各有等差又玉篇參差，不齊也韻會參差，亂絲貌。參相參爲參，兩相參爲差詩·周南參差荇菜風俗通舜作簫韶九成，鳳凰來儀，其形參差象鳳翼又韻會參差，洞簫也楚辭·九歌吹參差兮誰思又韻會差池，燕飛也詩·邶風燕燕于飛，差池其羽又chāi唐韻楚佳切集韻韻會正韻初佳切𠀤音釵韻會差，使也唐宣宗詔凡役事委令輪差又擇也廣韻簡也詩·陳風穀旦于差釋文差，鄭初佳反。王音嗟。徐七何反又廣韻差殊，亦不齊禮·王制庶人在官者，其祿以是爲差釋文差，初佳反。徐，初宜反又僭差周禮·春官·大宗伯以軍禮同邦國註同謂威其不協僭差者釋文差，初佳反又韻會夫差，吳王名又差分，算法周禮·地官·九數註有差分，今有重差又cuō集韻韻會正韻𠀤倉何切音磋集韻淅也禮·喪大記御者差沐于堂上註差，淅也。淅飯米取其潘爲沐也又韻補差，過也屈原·離騷湯禹儼而祗敬兮，周論道而莫差又韻會景差，楚人名。又chài廣韻集韻韻會正韻𠀤楚懈切，釵去聲廣韻病除也集韻瘉也魏志·張遼傳疾小差又韻會差，較也。左傳·宣十二年註拔旗投衡使不帆風差輕釋文差，初賣反又chà集韻楚嫁切，杈去聲。差異也韓愈·瀧吏詩颶風有時作，掀簸眞差事又與磋通韻會磋或作差。又集韻古與嗟06759通。鑾又㕚19422⿸𦍌工14642䒭49399

⿱大差 14646 43338
huī_7.10 字彙補同隳。

𢀢 14647 u22022
null_7.10 未詳。

㠬 14648 u382C
bu_7.10 韓巭之俗字

㠫 14649 u382B
bu_7.10 韓巭之俗字。

⿱叕大 14650 06697
wū_8.11 集韻巫14638古作⿱叕大。

𪩤 14651 u2AA64
trượt_8.11 喃从巨从列。

㠭 14652 06698
zhǎn_9.12 玉篇古文展字六書正譌四工有展布義，會意。隸作㞡，中从㠭。俗作展。

𪩥 14653 u2AA65
lớn_9.12 喃从巨吝lận聲。同敍10151

𢀥 14654 u22025
vâng_9.12 喃从巨邦vâng聲。遵命。

𢀤 14655 u22024
null_9.12 未詳。

𪩦 14657 u2AA66
null_10.13 喃未詳。

巯 14656 u5DEF
qiú_9.12 简巰14661

𢀧 14658 u22027
trọn_10.13 喃从巨侖lỏn聲。

𢀦 14659 u22026
sửa_10.13 喃从巨所sỡ聲。

𪩧 14660 u2AA67
dành_11.14 喃从巨亭đình聲。積攢，儲蓄，保留。

巰 14661 u5DF0
qiú_11.14 化工用字。巰基：氫硫基的簡稱。

⿱癶差 14662 06699
chā_12.15 集韻差14645古作⿱𠂹差。

⿰音工 14663 06700
pēng_12.15 字彙普蒙切，撲平聲。虛脹也○按諸書無此字埤蒼胮肛，脹也。當是肛字之譌。

⿱工爾 14664 43339
ěr_12.15 海篇音爾

𢀫 14665 u2202B
bẵng_12.15 喃从輕省凭bằng聲△輯𢀫趍：輕率。⿰口叚趍：閉嘴。

𢀨 14666 u22028
sang_12.15 喃从巨郎lang聲。高貴，豪華，榮耀。

⿰⿱彐彐⿱彐彐 14667 43340
duō_13.16 字彙補同多。

⿱⿰氵夌工 14668 43341
wú_13.16 字彙補武夫切。與無同。涵虛子作。

𢀬 14669 u2202C
lớn_13.16 喃从巨朗lãng聲。大。

𪩨 14670 u2AA68
null_14.17 喃未詳。

𪩩 14672 u2AA69
null_15.18 未詳。

𢀭 14671 u2202D
giầu_14.17 喃富裕。

𢀮 14673 u2202E
sấm_15.18 喃从巨稟bẩm聲。

⿸厂亟 14674 06701
chū_16.19 五音集韻同初。

蘴 14675 u215D0
muống_16.19 嗊 从巨夢mộng聲。

蠤 14676 u22030
chū_17.20 武后造初03335字，蠤爲正，从天眀人土，謂上天光眀，照耀人間土地。

蠤 14677 u22032
lốn_18.21 嗊同蠤14669大。

蠤 14678 u22031
to_18.21 嗊同蠤10324大。

蠤 14679 u2AA6A
null_19.22 嗊未詳。

◆ 己部 ◆

己 14680 06702
jǐ_0.3 古文乁 唐韻居擬切 集韻 韻會 苟起切 正韻居里切 夶音紀 廣韻身也 韻會 對物而言，曰彼己書·大禹謨 舍己從人 禮·坊記 君子貴人而賤己，先人而後己 又 韻會 私也 論語 克己復禮 又 釋名 紀也 詩·小雅式夷式己 箋 爲政當用平正之人，用能紀理其事也。又 日名 說文 己，中宮也，象萬物辟藏詘形也。己承戊，象人腹 爾雅·釋天 太歲在己曰屠維，月在己曰則 禮·月令 季夏之月，其日戊己 註 己之爲言起也 又 官名 後漢·西域傳 元帝置戊己校尉，屯田於車師前王庭 註 戊己中央，鎮覆四方。又 開渠播種，以爲厭勝，故稱戊己焉 又 qǐ 集韻 口己切音起。姓也 詩·商頌 韋顧旣伐，昆吾夏桀 箋 顧、昆吾，皆己姓也。

已 14681 06703
yǐ_0.3 廣韻羊己切 集韻 韻會 正韻 養里切 夶音以 玉篇 止也，畢也，訖也 廣韻 成也 集韻 卒事之辭 易·損卦 己事遄往 又 玉篇 退也 廣韻 去也，棄也 書·堯典 試可乃已 論語 三已之 又 太也 廣韻 已，甚也 孟子 仲尼不爲已甚者 註 不欲爲已甚，太過也 又 廣韻 過事語辭 史記·灌夫傳 已然諾 註 索隱曰：謂已許諾，必使副其前言也 又 類篇 語已也 增韻 語終辭 前漢·梅福傳 亦無及已 又 踰時曰已而 史記·高帝紀 已而有娠 又 與以通 荀子·非相篇 人之所以爲人者，何已也。曰：以其有辨也 前漢·張良傳 殷事以畢 又 廣韻 集韻 夶羊吏切音異。義同。

巳 14682 06704
sì_0.3 唐韻詳里切 集韻 韻會 正韻 詳子切 夶音似 說文 巳也。四月陽氣巳出，陰氣巳藏，萬物皆成文章，故巳爲蛇，象形 史記·律書 巳者，言陽氣之巳盡也 前漢·律歷志 振美於辰，巳盛於巳◆ 釋名 巳也，如出有所爲畢巳復還而入也 玉篇 嗣也，起也 爾雅·釋天 太歲在巳曰大荒落 韻會 上巳，節名 韓詩章句 鄭國之俗，三月上巳，之溱洧兩水之上，執蘭招魂續魄，祓除不祥 宋書·禮志 自魏以後，但用三日，不以巳也。又 韻補 古巳午之巳，亦讀如己矣之己 增韻 陽氣生于子，終于巳。巳者，終也，象陽氣旣極回復之形，故又爲終巳字。今俗以有鉤挑者爲終巳字，無鉤挑者爲辰巳字，是蓋未知其義也。

己 14683 u2F30
jǐ_0.3 同己14680部首專用字。亦作巳14684

巳 14684 u2E92
jǐ_0.3 部己14683

巴 14685 06705
bā_1.4 廣韻伯加切 集韻 正韻 邦加切 夶音芭 廣韻巴蜀 書 牧誓疏 巴在蜀之東偏 三巴記 閬苑白水東南流，曲折三迴如巴字，故名三巴 又 玉篇 國名 左傳·桓九年 巴子使韓服告于楚 註 巴國，在巴郡江州縣 又 郡名 前漢·地理志 巴郡，秦置，屬益州 譙周巴記 初平六年，趙韙分巴爲二郡，巴郡以墊江爲治，安漢以下爲永寧郡。建安六年，劉璋分巴，以永寧爲巴東郡，墊江爲巴西郡 又 州名 唐書·地理志 山南道有巴州 又 縣名 唐書·地理志 歸州有巴東，壁州有東巴，通州有巴渠，合州有巴川 又 說文 蟲也。或曰食象蛇 山海經 巴蛇食象，三歲而出其骨。君子服之，無心腹之疾。其屬蛇，青黃赤黑。一曰黑蛇青首 潯江記 羿屠巴蛇于洞庭，其骨爲陵，世稱巴陵 又 巴蕉，草名 司馬相如·子虛賦 諸柘巴且 註 且草，一名巴蕉 又 正韻尾也 又 姓 後漢·黨錮傳 巴肅，勃海高城人。又 14686 初平六年。初平元年 又 巳 14686 𤧲43216 𤧲68967

巴 14686 u22033
bā_1.4 巴14685碑別字。見 齊張起墓誌

厄 14687 06706
è_2.5 唐韻 集韻 夶五果切，訛上聲 說文 本作厄，木節也。賈侍中說以厄裹也。一曰蓋也 又 玉篇 無肉骨也 又 é 玉篇 類篇 夶牛戈切音訛。義同△ 廣韻 一作厓。

㠯 14688 06707
yǐ_2.5 廣韻 古文以00810字。

㠯 14689 u2F883
yǐ_2.5 同㠯14688，古文以。

㠰 14690 41114
jǐ_3.6 字彙補 音未詳 道書 眞陽之㠰曰㠰龍。

㠱 14691 43343
hàn_3.6 海篇 音旱

㠲 14693 u2AA6C
null_4.7 嗊未詳。

巵 14692 06708
zhī_4.7 唐韻 集韻 夶章移切音支 說文 圜器也。一名觛，所以節飲食。象人，卪在其下也 玉篇 巵，酒器也。受四升 史記·高祖紀 奉玉巵，起爲太上皇壽 又 染草名 史記·貨殖傳 巴蜀亦沃野地饒巵 註 巵，烟支，紫赤色也 又 類篇 丘奇切音攲。義同○按 正韻通 此字下尚有𢀖字，已入 卪部，此復重出，今刪。

卲 14694 06709
zhāo_5.8 集韻 本作佋。父爲佋，子爲穆。或作卲。今通作昭。

㠬 14696 u2AA6B
null_5.8 或俗卷。

巹 14695 06710
jǐn_5.8 玉篇居隱切 集韻 几隱切，並音謹。舒也。敬身有所承也 集韻 作巹。

㠮 14698 u3830
null_5.8 未詳。

死 14697 u22038
sǐ_5.8 同死26710 罪惟錄·叛逆列傳 哱拜伏射哱云死。

𢀖 14699 06711
zhèn_6.9 字彙 古文朕字○按諸書朕無此文，當是譌字。

㠯 14700 06712
null_6.9 揚雄·蜀都賦 野篠紛㠯。音義未詳。

巷 14701 06713
xiàng_6.9 唐韻胡絳切 集韻 正韻 戸降切，夶學去聲 說文 里中道。从邑，从共，皆在邑中所共也 廣韻 街巷

也增韻直曰街，曲曰巷詩·鄭風巷無居人註里塗也。又增韻宮中長廡相通曰永巷列女傳周宣姜后脫簪珥，待罪永巷三輔黃圖永巷，宮中之長巷，幽閉宮女之有罪者。武帝時改爲掖庭，置獄焉又增韻永巷，天子公侯通稱唐書·郭子儀傳宅居親仁里四分之一，中通永巷。家人三千，相出入，不知其居又巷伯，奄官詩·小雅·巷伯箋巷伯，奄官。掌王后之命，於宮中爲近，故謂之巷伯又與衖通玉篇衖亦作巷韻會三蒼云街，交道也。衖，宮中別道也屈原·離騷五子用失乎家衖又韻會一作閧揚子·學行篇一閧之市。鎏又巷13815衖16830郺61519巷61632郒61732郒61747郒61743鄉61828郒62036郒62060閧71300

𢀿 14702 06714 yí_6.9 唐韻與之切集韻盈之切太音怡說文廣臣也玉篇長也又集韻美也又類篇樂也揚子方言紛怡，喜也。湘潭之閒曰紛怡，或曰𢀿已又類篇虛其切◇義同集韻一作欱、㠯。鎏又巸48160

巻 14703 u2203B juàn_6.9 同卷04750

㢲 14704 u5DFA xùn_6.9 巽14717本字

㠱 14706 43344 qǐ_7.10 海篇音起

巹 14705 u5DF9 jǐn_6.9 巹04747本字

𢀿 14707 u2203F jǐn_7.10 俗巹04747

𢀾 14708 u2203E jǐn_7.10 同巹19572

𢁀 14709 u2203C fú_7.10 同巷49489姓氏。

巼 14710 u5DFC pas_7.10 韓人名、地名用字。

𢁁 14711 06715 jì_8.11 集韻巨几切說文長踞也玉篇奇己切。長跪也。或作跽又qǐ類篇口已切音起。古國名。衞宏說與杞同。鎏又𧻸58992巷14714

𢁄 14716 u22044 yí_8.11 同𢀿04329

巷 14712 06716 fú_8.11 字彙房鳩切音浮。姓也〇按卽巷49489字之誤。

𢁅 14713 06717 zhuó_8.11 廣韻集韻太竹角切音涿廣韻𢁅，龍尾也又集韻東方星名玉篇日月會于龍𢁅也又類篇都木切音啄。義同。鎏豕部重出：廣韻集韻太竹角切音卓。與豩同佩觿集龍尾星也集韻通作豚又集韻都木切音剢。亦星名。或作豩△宏按，今合併入己部。又豩57217豩33226豩57248𧮫67907

巷 14714 06718 jī_8.11 類篇居之切音姬。疾恚也。

巻 14715 06719 jī_8.11 字彙補古文𨇤59493字。

巽 14717 06720 xùn_9.12 古文㢲唐韻集韻韻會正韻太蘇困切音遜說文本作㢲，具也。篆文作巽徐鉉曰庶物皆具，丌以薦之又玉篇卦名韻會巽，入也。柔也，卑也易·巽卦疏巽者，卑順之名說卦云巽，入也。蓋以巽是象風之卦，風行無所不入，故以入爲訓。若施之於人事，能自卑巽者，亦無所不容。然巽之爲義，以卑順爲體，以容入爲用，故受巽名矣又與遜通書·堯典汝能庸命巽朕位釋文巽，讓也集傳巽遜古通用又zhuàn五音集韻雛睆切音撰。持也又韻補叶須閏切音濬易·蒙卦童蒙之吉，順以巽也。叶下順。鎏又巽14721㢲14704𢁋16017𢁌16178𢁍68440𢁎68473巽14722巽14727又☴，巽卦。

𢁏 14718 06721 xùn_9.12 說文古文巽字。註詳上。

巽 14721 u2F884 xùn_9.12 兼巽14717

𪪮 14719 u2AA6E trǎng_9.12 喃同𪪮23492

巽 14722 u22049 xùn_9.12 同巽14717

𪪭 14720 u2AA6D trai_9.12 喃同𢀿01768

𢁈 14723 u22048 chí_9.12 可洪音義𢁈沙：上市支反。正作匙04342

𢁇 14724 u22047 jǐn_9.12 俗巹14705字鑑巹，几隱切說文謹身有所承也。从承，从𢀳己之己。俗下从巳作𢁇，誤。

𢁆 14725 u22046 null_9.12 未詳。

𪪯 14726 u2AA6F null_11.14 喃未詳。

巽 14727 u2204C xùn_12.15 巽14717，段改古文作㢲，篆文作巽。蔣冀騁：段改誤。汗簡作巽者，乃古文巽變。

𢁋 14728 u2204B trǎng_12.15 喃同𪪮23492月。

𢁊 14729 43345 bāng_13.16 五音篇海音邦。

𪪱 14730 u2AA71 null_13.16 喃未詳。

𪪰 14731 u2AA70 null_13.16 未詳。

𢁍 14732 u2204D va_13.16 喃从巴爲vay聲。

𢁕 14733 41115 null_14.17 字彙補音義未詳。見穆天子傳

𢁐 14734 06722 yín_15.18 集韻寅12145古作𢁐。

𢁑 14735 u22051 trái_17.20 喃从巴賴lại聲。

◈ 巾部 ◈

巾 14736 06723 jīn_0.3 集韻韻會正韻太居銀切音神說文佩巾也禮·內則盥卒授巾註巾以帨手又正韻蒙首衣也玉篇佩巾，本以拭物，後人著之於頭急就篇註巾者，一幅之巾，所以裹頭也揚子方言覆結，謂之幘巾釋名巾，謹也。二十成人，士冠，庶人巾，當自謹修於四教也。又正韻冪也周語靜其巾冪註巾冪所以覆尊彝。又被巾揚子方言帍裱謂之被巾註婦人領巾也。又類篇衣也周禮·春官巾車註巾猶衣也疏謂玉金象革衣飾其車，故訓巾猶衣也又正韻帉也說文楚謂大巾曰帉又揚子方言蔽厀，魏宋南楚之閒謂之巨巾。又急就篇註巾，一曰裹足之巾，若今裒足布也。又巾車，官名周禮·春官·巾車註巾車，車官之長。又jìn五音集韻姜螼切音巹。飾也又集韻類篇太香靳切音焮。義同。鎏又巾14737

⼱ 14737 u2F31 jīn_0.3 部巾14736

巿 14738 06724 fú_1.4 唐韻分勿切集韻分物切太音弗說文韠也。上古衣，蔽前而已，巿以象之。天子朱巿，諸侯赤巿，大夫葱衡。从巾，象連帶之形又通作芾詩·曹風三百赤芾傳大夫以上，赤芾乘軒疏芾服，祭祀所用也又玉篇亦作韍禮·玉藻一命緼韍幽衡，再命赤韍幽衡，三命赤韍葱衡又pò集韻

普活切音鐽[說文]草木市市然。象形[集韻]草木盛貌。
圀[集韻]北末切音潑。義同。圀fèi[玉篇]甫味切音沸。
蔽市，小貌詩·召南作蔽芾。[朱傳]盛貌圀bèi[集韻]博
蓋切音貝。草木貌○按普活、北末、甫味、博蓋四切，
丛係宋23525字音義，韻書譌作市字。[鏊]說文草木市市
然。[說文]宋，艸木盛宋宋然。圀咇05548

币 14740 43346
yìn_1.4　[龍龕]同印　**币** 14739 06725
zā_1.4　[廣韻]子荅切
[集韻][韻會][正韻]作答切丛音浹，[說文]周也。从反之而周
也。徐曰日一日行一度，一歲往反而周币也[廣韻]徧也
[周禮·春官·典瑞]繅藉五采五就以朝日[註]五就，五币也。
一币爲一就班固·西都賦列卒周币圀[韻會]通作匝[前
漢·高祖紀]圍宛城三匝△[廣韻]一作迊。

市 14741 06726
shì_2.5　[唐韻]時止切[正韻]上止切丛音恃[說文]買
賣所之也[風俗通]市，恃也。養贍老小，恃以不匱也[古
史考]神農作市[易繫辭]日中爲市，致天下之民，聚天下
之貨，交易而退，各得其所[周禮·地官]五十里有市[又]大
市，日昃而市，百旅爲主。朝市朝時而市，商賈爲主。
夕市夕時而市，販夫販婦爲主[註]市，雜聚之處。又[冬
官考工記]面朝後市[史記·平準書註]師古曰古未有市，
若朝聚井汲，便將貨物於井邊貨賣，曰市井[漢宮閣疏]長
安立九市[張衡·西京賦]廓辟九市，通闤帶閈圀[廣韻]買
也[爾雅·釋詁]貿賈，市也。疏謂市買賣物也[論語]沽酒市
脯[管子·侈靡篇]市也者，勸也。勸者，所以起本圀天
市、市樓、軍市，丛星名[史記·天官書]房、心東北曲十
二星曰旗，旗中四星曰天市，市中六星曰市樓[正義]天
市二十二星，主國市聚交易之所。一曰天旗[前漢·天文
志]軍市十三星，在參東南，天軍貿易之市圀縣名[前
漢·地理志]新市縣，屬鉅鹿郡圀司市，官名[周禮·地官司
市]掌市之治教、政刑、量度、禁令[註]市官之長。[鏊]前
漢·天文志軍市十三星。孫壽瑋：晉書·天文志。又市中
六星曰市樓。孫壽瑋：市字衍圀芺13243圸08504

帆 14742 06727
qí_2.5　[集韻]渠伊切音耆。伊帆，古天子號。通作
耆。史有伊耆氏之國△亦通作祁[史記索隱]堯姓，伊祁
氏。堯初生時，其母在三阿之南，寄於伊長孺之家，故
從母所居爲姓。

帎 14743 06728
bǐ_2.5　[唐韻]卑履切[集韻]補履切丛音比[說文]幨
裂也[急就篇]帎繛囊橐不直錢[註]帎者，幨殘之帛也。
圀[集韻]部鄙切音否。義同。[鏊]又帙14775

布 14744 06729
bù_2.5　古文夶[唐韻][集韻][韻會][正韻]丛博故切
拵[說文]布枲也，織也[廣韻]布，帛也[小爾雅]麻紵葛曰布
[釋名]布，布也。布列衆縷爲經，以緯橫成之也。又太古衣
皮。女工之事始于是，施布其法度，使民盡用之也[易·說
卦]坤爲布[詩·衞風]抱布貿絲[傳]布，幣也[疏]此布幣謂絲
麻布帛之布。幣者，布帛之名[左傳·閔二年]衞文公大布
之衣圀泉也[周禮·天官·外府]掌邦布之出入[註]布，泉
也。其藏曰泉，其行曰布[前漢·食貨志]布貨十品：大布、

次布、弟布、壯布、中布、差布、厚布、幼布、幺布、小
布[註]師古曰布亦錢耳。謂之布者，言其分布流行也。
圀[廣雅]布，施也[莊子·列禦寇]施于人而不忘，非天布
也圀[玉篇]陳列也[書·康王之誥]諸侯入應門，右皆布乘
黃朱[傳]皆陳四黃馬朱鬣，以爲庭實[左傳·昭十六年]僑
若獻玉，不知所成，敢私布之[註]布，陳也圀[廣雅]布，
散也[左傳·襄三十年]皆自朝布路而罷[註]布路，分散。
圀[爾雅·釋天]祭星曰布[註]布，散祭於地圀[廣雅]布，
班也圀草名[爾雅·釋草]帛似帛，布似布，華山有之[註]草
葉有象布帛者，因名圀藥名[本草集解]昆布，亦名綸布。
生南海，葉如手大，似薄葦，紫赤色圀金布，書名[前
漢·蕭望之傳]金布令甲[註]師古曰金布者，令篇名也。其
上有府庫、金錢、布帛之事，因以篇名圀懸泉激流曰
瀑布[孫綽·天台賦]瀑布飛泉以界道圀露布[續博物志]
露布，捷書別名，以帛書揭之於竿，欲天下知聞也圀姓
晉書·陶侃傳江夏布興。又複姓[史記·趙世家]姑布子卿
[註]司馬彪曰：姑布，姓圀與専通[史記·司馬相如·上林
賦]専結縷[註]徐廣曰：専，古布字[漢書]作布。[鏊]又布

庯 14758 15413
帥 14749 u5E05
shuài_2.5　简帅14863　**韌** 14750 06731
rèn_3.6　[唐韻][集韻]丛
而振切音刃[說文]枕巾也[廣雅]巾也圀rì[廣韻][集韻]丛入
質切音日。義同△[集韻]或作帢。[鏊]又帕14791

帋 14745 06730
shǐ_2.5　[玉篇]古文家57148字。

帟 14746 41116
yí_2.5　[韻寶]鐘鼎文彝字。[鏊]或俗吊05404字。

帄 14747 41117
dīng_2.5　[字彙補]都汀切音丁。補衣裳曰補帄。

帣 14748 u3833
mak_2.5　[韓]幕之略字，帷幕。

帠 14751 06732
diāo_3.6　[廣韻]都了切[集韻]丁了切丛音鳥[玉篇]繒
頭也[廣韻]絹布頭也。[鏊]正字通幉，俗帠字。

帗 14752 06733
bō_3.6　[字彙]步昧切音旆。大布。[鏊]俗帗。

帒 14753 06734
huāng_3.6　[廣韻][集韻]丛呼光切音荒[玉篇]巾也[廣韻]
襪也[廣雅]帒，帳也圀[廣韻][集韻]丛謨郎切音茫。義同。
[鏊]又帒14881帒14888

帒 14754 06735
gàn_3.6　[廣韻]古按切[集韻]居案切丛音幹[玉篇]布
袋圀[玉篇]許偃切音憶。同幰，車幰也。

帆 14755 06736
fān_3.6　古文颿[廣韻][集韻]丛符炎切，音芝[集韻]舟
上幔以帆風[馬融·廣成頌]張雲帆，施蜺幬圀石帆，草
名[左思·吳都賦]石帆水松[註]劉逵曰：石帆，生海嶼石
上，草類也圀fàn[廣韻][集韻][正韻]丛扶泛切音梵[廣韻]
船使風[釋名]帆，汎也。隨風張幔曰帆，使舟疾，汎汎然
也[韓愈·除官赴闕詩]無因帆江水[註]洪興祖曰：船使風
也△[玉篇]與舩同。亦作颿。[鏊]又帆14770帆16964帆16918
帆16953帆32434颿48732帆48580

帆 14756 06737
sān_3.6　[廣韻][集韻]丛蘇甘切音三[玉篇]衫破貌[集
韻]亦作帆。[鏊]又帆16450俗或譌作忟。

帇 14757 06738 niè_3.6 唐韻尼輒切音聶說文手之疌巧也六書正譌从手持巾，言其易。亦作疌六書正義疌，手足相應敏也。通作捷。𡘙集韻作聿46872

帋 14758 06739 bù_3.6 字彙同布〇按說文布，枲織也，从巾父聲。博故切。作帋，小誤。

帎 14764 43347 yuē_3.6 篇海音約

帓 14759 06740 sān_3.6 集韻與杉同。

布 14760 06741 shā_3.6 集韻殺27044古作布。

帍 14761 41118 wū_3.6 篇海類編汪胡切音烏。投也。又音枯。

帎 14762 41119 huāng_3.6 篇海類編同幌。

帉 14763 41120 fēn_3.6 海篇音分。冠也。

帐 14765 43348 cháng_3.6 搜真玉鏡音長。

帊 14766 43349 gōng_3.6 五音篇海音宮。

帋 14767 43350 mián_3.6 龍龕音綿。𡘙俗帋48993龍龕音綿。与帋同。又音帝。鄭賢章：帋即帝字之訛。

帏 14769 u2205C null_3.6 未詳。

帊 14768 u22061 pà_3.6 玉篇帊，匹嫁切。幞帊也。按，宋本作帕14779

帆 14770 u3836 fān_3.6 俗帆14755

师 14771 u5E08 shī_3.6 简師14910

帢 14772 06742 gé_4.7 唐韻古沓切集韻葛合切丛音閤說文蒲席齡也玉篇以席載穀。一曰車藉。

帉 14773 06743 fēn_4.7 唐韻撫文切集韻韻會正韻敷文切丛音芬玉篇拭物巾也說文楚謂大巾曰帉又通作紛禮·內則左佩紛帨註紛帨，拭物之佩巾也。今齊人有言紛者周禮·春官·司几筵莞筵紛純註紛如綬，有文而狹又集韻符分切音汾。義同。𡘙又帉14774

帉 14774 06744 fēn_4.7 玉篇同帉

帔 14775 06745 pí_4.7 玉篇房脂切，音毗。布帔也又pǐ廣韻符鄙切音否。幓裂也。亦作帔

帎 14776 06746 chǎn_4.7 字彙丑琰切音諂。護下浴巾〇按諸書無此字，當是俗字。

帬 14777 06747 yǐn_4.7 字彙古文尹字〇按說文玉篇尹，古文作帬字彙疑譌。𡘙又vua喃俗帬13008△帬主：帝王。

帗 14778 06748 fū_4.7 廣韻甫無切集韻風無切丛音跗玉篇衣帗廣韻同袂，衣前襟也又廣雅袂襦，劒衣也△集韻或作紶。

帕 14779 06749 pà_4.7 唐韻集韻韻會正韻丛普駕切音怕說文帛二幅曰帕廣韻幞也通俗文帛三幅曰帕。帕，衣襆也又廣雅帳也又pā集韻披巴切音葩。殘帛。𡘙又帊14768袙54190

帋 14780 06750 zhǐ_4.7 廣韻同紙

帎 14781 06751 jiè_4.7 集韻韻會正韻丛居拜切音介玉篇幘也。亦作械。通作介。

帎 14782 06752 nèi_4.7 集韻奴對切音內。旆垂貌。

帙 14783 06753 jué_4.7 玉篇古穴切音決。帨也。

希 14784 06754 xī_4.7 古文豨廣韻香衣切集韻韻會香依切丛音晞集韻寡也爾雅·釋詁罕也疏簡少之稱也書·堯典鳥獸希革傳夏時鳥獸毛羽希少改易論語希不失矣。又廣韻望也後漢·黨錮傳海內希世之流，遂共相標榜註希，望也又廣韻止也，散也，施也又揚子方言希，鑠摩也。燕齊摩鋁謂之希又史記·三皇紀女媧氏有神聖德，代宓犧，立號曰女希氏又姓三輔決錄有希海，字子江又正韻與黹同周禮·春官·司服祭社稷五祀則希冕疏鄭讀希爲黹。𡘙又豨05193㠻14785帋14758帇14798

㠻 14785 06755 xī_4.7 字彙同希。

帍 14786 06756 hù_4.7 廣韻侯古切集韻後五切丛音戶玉篇婦人巾廣雅帍裱，被巾也揚子方言帍裱，謂之被巾註婦人領巾也。

帎 14787 06757 shā_4.7 五音集韻所加切音沙。細絲也又miáo廣韻集韻類篇丛彌遙切音篻集韻網細者帎。

帎 14788 06758 zhǎo_4.7 廣韻側巧切音爪。帎頭。

帎 14789 06759 wàn_4.7 集韻萬50032古作帎。𡘙與帎01031別。

帎 14791 06761 rèn_4.7 廣韻同韌

帎 14790 06760 qián_4.7 廣韻巨淹切集韻其淹切丛音箝玉篇絹帎也集韻布帛也。

帎 14792 06762 dàn_4.7 集韻丁紺切音馱。冠俯前也。

帎 14793 06763 yǔ_4.7 玉篇古文禹字前漢·藝文志大帎三十七篇。又見雲臺碑。餘詳内部四畫。𡘙餘詳内部四畫禹40166字。

帎 14794 06764 ǎo_4.7 ◆類篇烏浩切音袄。征巾也。

帎 14795 41121 huāng_4.7 川篇音荒。幭也。𡘙字彙補帎，虎光切音荒。幭帎也。亦作帎26555

帎 14796 41122 bō_4.7 川篇音鉢。巾也。

帇 14798 43351 xī_4.7 龍龕同希

帎 14797 41123 hǔ_4.7 字彙補與虎同三國志·馮序魯魚帝帎。𡘙亦作帎。

帎 14799 43352 bō_4.7 龍龕同帗

帎 14801 43354 wǎng_4.7 龍龕音网。

帎 14800 43353 sī_4.7 搜真玉鏡音斯。

帎 14802 43355 zhōng_4.7 搜真玉鏡音中。

帎 14803 43356 xì_4.7 字彙補與系同。

帎 14804 43357 hài_4.7 篇韻同亥

帎 14806 u22072 null_4.7 未詳。

帎 14805 u22078 phướn_4.7 喃幡旗。从巾从旗省。

帐 14807 u5E10 zhàng_4.7 简帳14943

帎 14809 06765 tóng_5.8 廣韻集韻丛

徒冬切音彤 玉篇 巾夅也。✤ 廣韻 幨也。

帏 14808 u5E0F
wéi_4.7 　简 幝 15010

會 厽於袁切音駕 說文 幨也 図 廣韻 繙帋,亂取 莊子·天
道篇 孔子繙十二經 註 繙帋,亂取之也。✤ 又 羿 15965

帗 14811 06767
bù_5.8　五音集韻 普故切音怖 玉篇 巾也。✤ 俗

怖 17112

帗 14812 06768
zhǔ_5.8　廣韻 丁呂切 集韻 展呂切厽音貯 玉篇 棺
衣也。亦作褚 禮·檀弓 褚幕 註 褚,覆棺之物。似幕形,
以布爲之 類篇 或作幨。

帑 14813 06769
nú_5.8　　唐韻 乃都切 集韻 韻會 正韻 農都切厽音
奴。與孥通 詩·小雅 樂爾妻帑 傳 帑,子也 左傳·文十三
年 秦人歸其帑 註 帑,妻子也 図 鳥尾曰帑 左傳·襄二十
八年 以害鳥帑 註 鳥尾曰帑 疏 帑,細弱之名。於人則妻
子爲帑,於鳥則鳥尾曰帑。妻子爲人之後,鳥尾爲鳥之
後,故俱以帑爲言 図 tǎng 廣韻 他朗切 集韻 韻會 坦朗
切 正韻 他曩切厽音曭 說文 金幣所藏也 玉篇 金布所藏
之府 前漢·匈奴傳 以爲虛費府帑 後漢·鄭弘傳 人食不足
而帑藏金幣。✤ 金幣。徐慧:殷積 図 伖 00887

袐 14814 06770
bì_5.8　韻會 薄必切音邲。幔也。✤ 正字通俗
幏 15058 字。

帩 14815 06771
chāo_5.8　集韻 癡宵切音超。細絲也。

帹 14816 06772
zhēng_5.8　集韻 韻會 厽諸盈切音征 集韻 射的也。
通作正 詩·齊風 不出正兮。✤ 熊加全:正 26547 之增旁
俗字。

帗 14817 06773
fú_5.8　　廣韻 集韻 厽敷勿切音拂 玉篇 韜髮也。

帒 14818 06774
dài_5.8　唐韻 徒耐切 集韻 徒戴切厽音代 說文 囊
也 廣韻 囊屬。

帓 14819 06775
mò_5.8　五音集韻 莫撥切音末 玉篇 巾也 正字通
幧頭也。亦作帕 列子·湯問篇 北國之人,鞨巾而裘 図 廣
韻 帶也 図 類篇 足衣也 図 廣韻 莫鎋切 韻會 正韻 莫轄
切,厽蠻入聲。義同。

帔 14820 06776
zī_5.8　　廣韻 卽移切 集韻 將支切厽音貲 玉篇 布
也 類篇 布名 急就篇 服瑣緰帗與繒連 註 緰帗,錫布之
尤精者也。言其質精好,與繒相連次 図 cǐ 五音集韻 睢
氏切音此。巾也△ 埤蒼 或作帴。

帔 14821 06777
pèi_5.8　唐韻 集韻 韻會 厽披義切音祕 說文 弘農
謂帬帔也 揚子方言 帬,陳魏之閒謂之帔 廣雅 帬也。
図 玉篇 在肩背也 釋名 帔,披也。披之肩背,不及下也
正字通 褙子也。省作背,以其覆肩背也 南史·任昉傳 昉
子西華,冬月著葛帔練裠 図 pī 廣韻 敷羈切 集韻 攀麼
切厽音披。義同 図 bēi 類篇 班麼切音悲。同襬。關東人
呼裙也。

帩 14822 06778
kōu_5.8　　廣韻 恪侯切 集韻 虛侯切厽音彄 玉篇 指

沓也 廣韻 指帩 集韻 射決也 図 qú 類篇 權俱切音衢。繐
繐絇也。✤ 又 幅 15080 図 可洪音義 㦮 17018 紐:上苦侯
反,下女久反。

帞 14823 06779
mò_5.8　　廣韻 莫鎋切 正韻 莫轄切,厽蠻入聲 廣韻
帕額首飾 正字通 紅綃抹額,軍容也 韓愈·元和聖德詩
以錦纏股,以紅帕首 図 pà 集韻 普駕切音怕 釋名 帕腹,
橫帕其腹也 図 集韻 莫白切音陌。義同。✤ 又 綃 43981
図 正字通 綃,譌字。舊註音陌。頭巾。當从帞。

帖 14824 06780
tiē_5.8　　唐韻 他叶切 集韻 韻會 託協切 正韻 他協
切厽音貼 說文 帛書署也 廣韻 券帖 通俗文 題賦曰
帖 図 唐制,帖試士曰試帖。舉人總括經文以應帖試曰
帖括 文獻通考 帖經,以其所習經掩其兩端,中閒開惟
一行,裁紙爲帖。凡帖三字,隨時增損,可否不一,或
得四,或得五,或得六爲通 唐書·選舉志 楊綰疏言明經,
但記帖括 図 唐國史補 宰相判事有堂案處分百司曰堂
帖 図 廣雅 帖,服也 図 增韻 妥帖,定也 王逸·楚辭序 義
多乖異,事不妥帖 陸機·文賦 或妥帖而易施 図 廣韻 牀
前帷也 釋名 牀前帷曰帖。言帖帖而垂也。

帗 14825 06781
fú_5.8　　廣韻 集韻 並分物切,音弗 廣韻 毳也 集韻
說文 樂舞執全羽以祀社稷也。又 集韻 敷勿切,音狒 方
言 帗縷,毳也。謂物之扞蔽 周禮·春官 凡舞有帗舞 註 帗
析五采繒,今靈星舞者持之是也 図 揚子方言 帗縷,毳
也。荊揚江湖之閒曰揄鋪,楚曰幝幤,宋鄭衛之閒謂之
帗縷 図 bō 廣韻 集韻 厽北末切音撥 說文 一幅巾也。
✤ 又 帗 14752 幋 46056 嫛 46036 図 龍龕 帗 14799 俗,帗正。北
末反。一幅布也。又音弗。毳也 図 篇海·巾部 引 川篇
帗 14796,音鉢,巾也。

帘 14826 06782
lián_5.8　　廣韻 正韻 力鹽切 集韻 韻會 離鹽切厽音
廉 廣韻 青帘,酒家望子 韻會 酒家幟 韓非子·外儲說 宋
人有沽酒者,懸幟甚高 註 幟卽帘也。亦謂酒旗。
図 chén 廣韻 士臻切 集韻 鉏臻切厽音蓁 廣韻 幕也。
図 類篇 一叫切音要。義同。✤ 帘又 簾 42806 簡化字。

帙 14827 06783
zhì_5.8　　唐韻 集韻 韻會 正韻 厽直質切音秩 說文
書衣也 廣韻 書帙 梁·昭明文選序 飛文染翰,則卷盈乎
細帙 図 玉篇 小囊也 図 韻會 次序也,書卷編次 図 姓
韻會 出 篹文 △ 說文 或作袠。✤ 又 帗 14870 帙 17133

袟 54198

帗 14828 06784
bì_5.8　　唐韻 韻會 厽毗祭切音敝 說文 敗衣也。从
巾,象衣敗之形 玉篇 衣壞貌 図 廣雅 帗,鄙小也 図 集
韻 匹曳切音瞥。義同。

帚 14829 06785
zhǒu_5.8　唐韻 支手切 集韻 止酉切 韻會 止酒切厽
音晝。✤ 說文 糞也。从又持巾掃門內。古者少康初作箕帚
秫酒。少康,杜康也 玉篇 掃除糞穢也 禮·曲禮 凡爲長
者糞之禮,必加帚於箕上 註 弟子職 曰:執箕膺揲,厥
中有帚 揚雄·解嘲 或擁帚彗而先驅 図 草名 爾雅·釋草
荓,馬帚 註 似蓍,可以爲掃彗 又 葥,王彗 註 王帚也。

似藜，其樹可以爲彗。江東呼之曰落帚。鏊又箒42107
幂49815蕓49989

帛 14830 06786
bó_5.8 唐韻旁陌切集韻韻會薄陌切丛音白說
文繒也廣韻幣帛易·賁卦賁于丘園，束帛戔戔書·堯典
五玉三帛傳三帛，諸侯世子執纁，公之孤執元，附庸
之君執黃周禮春官·大宗伯註帛如今璧色繒也左傳·閔
二年衛文公大帛之冠註大帛，厚繒後漢·鄧后紀必書
功於竹帛註帛謂縑素又執帛，官名前漢·曹參傳乃封
參爲執帛註張晏曰：執帛，孤卿也。或曰楚官名。
圖草名爾雅·釋草帛似帛，華山有之疏華山有草，葉
似帛者，因以名云圖姓神仙傳吳有帛和水經注灅水
西有帛仲理墓。鏊又幕49723

帠 14831 06787
nào_5.8 六書略同閜71298 鏊俗佮01031

帓 14832 06788
zuó_5.8 廣韻在各切類篇疾各切丛音昨◆博雅幍
謂之帓廣雅帽絃謂之帓。

帓 14833 06789
xuàn_5.8 玉篇戶犬切。義未詳。鏊熊加全：俗
袨54210

帞 14834 06790
yào_5.8 ◆廣韻集韻丛於絞切音拗廣韻靴襪帞類
篇韈上也。鏊正作帵14842

帊 14835 06791
fù_5.8 類篇符遇切音附。帛也。

帝 14836 06792
dì_5.8 玉篇古文帝14845字。

帗 14837 41124
jīng_5.8 說文長箋與京同。

帗 14838 41127
bèi_5.8 字彙補博蓋切，音拜◇六書略行貌。
鏊今部外五畫。

帥 14839 43358
guǐ_5.8 海篇音癸。鏊篆文癸字楷化圖苀13706
莽13583 圖海篇音艸，亦作草。

帪 14840 u2208E
dù_5.8 喃从巾由do聲。傘。

帙 14841 u2208C
đãy_5.8 喃从巾代đại聲。同帒54555

帵 14842 u2208A
yào_5.8 同鞠67209亦作袎54171廣韻帵，於絞切。
靴韈帵。亦從革。

帜 14843 u22088
null_5.8 未詳。

帜 14844 u5E1C
zhì_5.8 简幟15126

帝 14845 06793
dì_6.9 古文帝帠唐韻都計切集韻韻會正韻丁
計切丛音諦說文諦也。王天下之號也爾雅·釋詁君也
白虎通德合天者稱帝書·堯典序昔在帝堯，聰明文思，
光宅天下疏帝者，天之一名，所以名帝。帝者，諦也。
言天蕩然無心，忘于物我，公平通遠，舉事審諦，故謂
之帝也。五帝道同于此，亦能審諦，故取其名呂氏春秋
帝者，天下之所適。王者，天下之所往管子·兵法篇察
道者帝，通德者王史記·高帝紀乃卽皇帝位氾水之南註
蔡邕曰：上古天子稱皇，其次稱帝圖諡法史記正義德
象天地曰帝圖上帝，天也易·鼎卦聖人亨，以享上帝
書·舜典肆類于上帝圖五帝，神名周禮·春官·小宗伯兆

五帝于四郊註蒼帝曰靈威仰，赤帝曰赤熛怒，黃帝曰
含樞紐，白帝曰白招拒，黑帝曰汁光紀家語季康子問
五帝之名。孔子曰：天有五行，金木水火土，分時化育
以成萬物。其神謂之五帝圖星名史記·天官書中宮天
極星，其一明者，太乙常居也註文耀鉤云中宮大帝，
其精北極星春秋合誠圖云紫微大帝室，太乙之精也正
義曰：太乙，天帝之別名也又大角者，天王帝廷註索
隱曰：援神契云大角爲坐候。宋均云坐，帝坐也又太
微，三光之廷，其內五星，五帝座圖地名左傳·僖三十
一年衛遷于帝丘註帝丘，今東郡濮陽縣。故帝顓頊之
墟，故曰帝丘。鏊史記·高帝紀乃卽皇帝位氾水之南
孫壽瑋：之陽圖帝14767

帣 14846 06794
kuǎ_6.9 唐韻集韻韻會正韻丛苦瓦切音跨廣韻
帣，衿袍也集韻小衫曰帣圖類篇枯買切音楷。義同。

帞 14847 06795
mò_6.9 廣韻集韻丛莫白切音陌廣韻帞頭，幧頭
也揚子方言帞頭，帞頭也。自關而西，秦晉之郊曰絡
頭。南楚江湘之閒曰帞頭釋名綃頭，或曰帞頭，言其
從後橫帞而前也類篇帞，邪巾也圖廣雅屩幂謂之帠
帞○按帞與帕音義丛同，當通用圖與袹通類篇袹頭，
始喪之服。或从巾。

帗 14848 06796
xié_6.9 廣韻胡頰切集韻檄頰切丛音協廣韻束
帶。

帗 14849 06797
shì_6.9 廣韻同拭

帤 14850 06798
lì_6.9 廣韻集韻丛
力制切音例玉篇帛餘也廣雅帤帳，遺餘也左思·魏都
賦漢罪流黍，秦餘徙帤△玉篇亦作帤。鏊又裂54279

帪 14851 06799
yí_6.9 玉篇羊脂切，音夷字彙衣服貌。鏊五音
集韻帪，帪裙，帪服也集韻作夷服。

帟 14852 06800
yì_6.9 唐韻羊益切集韻夷益切丛音繹廣雅帳
也說文在上曰帟釋名小幕曰帟。張在人上，帟帟然也
周禮·天官·幕人掌帷幕幄帟綬之事註帟主在幕若幄中
坐上承塵掌次朝日祀五帝，則張大次、小次，設重帟註
重帟，復帟也。鄭司農云帟，平帳也後漢·皇后紀定策
帷帟。鏊又帝14872

帗 14853 06801
huāng_6.9 唐韻韻會正韻丛呼光切音荒說文帗，
設色之工治絲練者。或作帗周禮·冬官考工記帗氏練絲
圖說文一曰帗隔玉篇帗，幪也，隔也廣韻帗，蒙掩，
謂巾幕之屬可以掩覆者圖玉篇通作帗禮·喪大記帷帗
註帗，蒙也。在旁曰帷，在上曰帗圖廣韻集韻丛謨朗
切音茫。義同△類篇亦作帗。鏊又帗14753帗14877
帗14762帗15055帗14868帗14892帗15055

帗 14854 06802
xún_6.9 唐韻相倫切集韻須倫切丛音荀說文領
耑也圖集韻松倫切音旬。義同。鏊又袀54271

帛 14855 06803
yì_6.9 集韻韻會丛硏計切音詣集韻法也莊
子·應帝王女又何帛以治天下，感予之心爲。

14856 06804 píng_6.9　字彙俗帡字。

14857 06805 qià_6.9　廣韻正韻苦洽切集韻韻會乞洽切𠀤音恰。坤蒼帢也。廣韻弁缺四隅增韻一曰按頭使下曰帢集韻士服也。魏志·太祖紀註漢末公卿多委王服，以幅巾爲雅，是以袁紹之徒雖爲將帥，皆著縑巾。魏太祖擬古皮弁，裁縑帛以爲帢，以色別其貴賤，可謂軍容，非國容也△類篇或作帴帢帎。𨐖又帽02732袷54415帠67114

14858 06806 juǎn_6.9　唐韻居倦切集韻古倦切𠀤音眷說文囊也。今鹽官三斛爲一帣🅇集韻逵員切音權。囊有底曰帣🅇juǎn類篇古轉切音卷。斂衣褏也🅇史記·淳于髡傳帣韝鞠腌註索隱曰：帣謂收袖也。

14859 06807 tōng_6.9　集韻他東切音通。帩帚，外國服。𨐖集韻帠15079帩，他東切。帠裙，夷服也。或从同。

14860 06808 hóng_6.9　字彙胡公切音紅。幟類。

14861 06809 rú_6.9　唐韻女余切集韻韻會正韻女居切𠀤音袽。說文巾帤也。一曰幣巾揚子方言帤，大巾也。嵩嶽之南，陳潁之閒謂之帤。亦謂之幪🅇廣韻幡巾🅇正韻襦布🅇弓中裨也🅇周禮·冬官考工記弓人厚其帤，則木堅。薄其帤，則需註帤，謂弓中裨疏造弓之法，弓幹雖用堅木，仍於幹上裨之，乃得調適也。

14862 06810 cuì_6.9　玉篇此芮切音毳。巾也。

14863 06811 shuài_6.9　古文達唐韻所律切集韻正韻朔律切𠀤音蟀易·師卦長子帥師左傳·襄十年牽帥老夫，以至于此🅇循也🅇禮·王制命鄉簡不帥教者以告註帥，循也。🅇遵也🅇前漢·循吏傳蕭曹以寬厚清靜，爲天下帥註帥，遵也🅇聚也🅇揚雄·甘泉賦帥尒陰閉，霅然陽開註晉灼曰：帥，聚也🅇說文佩巾也廣雅巾也🅇shuài廣韻集韻韻會正韻𠀤所類切，率去聲廣韻將帥也🅇正韻主也，率也，統也，領也🅇周禮·夏官二千五百人爲師，師帥皆中大夫。五百人爲旅，旅帥皆下大夫左傳·宣十二年命爲軍帥疏軍，軍之主帥前漢·黃霸傳置父老師帥。🅇姓廣韻本姓師，晉景帝諱，改爲帥氏。晉尚書郎帥昺🅇shui五音集韻舒芮切音稅。同帨。亦佩巾也。𨐖又帅14749陥65532帨14898

14864 06812 nuǒ_6.9　古文扇廣韻奴可切音娜。戚也。或作𢂥。𨐖又扇02745🅇帠弥，从冃類篇帠，乃可切博雅戚帤也。或作帤。又市紙切。

14865 06813 shī_6.9　集韻師14910古作帗。

14866 06814 yì_6.9　集韻乙力切音憶。幡也。

14867 06815 zhuān_6.9　集韻莊緣切音跧。曲卷也。

14868 06816 huāng_6.9　類篇同帠

14871 41126 yì_6.9　篇海類編丑吏切，音熾◇習也。𨐖俗帠17256

14869 06817 zhuō_6.9　字彙補古文卓04549字。

14870 41125 zhì_6.9　說文長箋帙本字。

14872 43359 yì_6.9　龍龕與亦同。🅇同帠14852

14873 43360 lì_6.9　篇海類編同帣

14875 43362 yín_6.9　搜真玉鏡語今切。

14876 43363 yín_6.9　餘文同尹

14874 43361 yín_6.9　字彙補同尹

14877 43364 huāng_6.9　篇海類編同帠

14878 u26B6C yíng_6.9　簡幣15045

14880 u220AD yǐn_6.9　同帠48357

帠14889帠15015說文帠，古文尹12910

14879 u220B0 zhèng_6.9　俗帪14998明·康海對山集卷之十四跋·明妃寫召圖跋尾畫工綠衣博帶，持帠北向。

14882 u220A7 rèn_6.9　帠，同袵54251唐宋傳奇集卷八·王榭傳後常飲燕，帠席之間，女多淚眼畏人。

14883 u220A6 zhuó_6.9　同卓04549

14881 u220AA huāng_6.9　集韻市甭，呼光切博雅市、幞，帳也。或从忩。

14884 u220A4 pèi_6.9　同帗14891

14885 u220A3 null_6.9　未詳。

14886 u220A2 null_6.9　未詳。

14887 u220A1 héng_6.9　或俗恒17258

14888 u220A0 huāng_6.9　類篇市14753甭，呼光切博雅市、幞，帳也。或从宂。按，集韻作甭14881

14889 u2209F yǐn_6.9　同帠14880帠15015古文尹

14890 u2209E xǐ_6.9　同希14784

14892 u3846 huāng_6.9　同帠14853

14891 u2209B pèi_6.9　叶韻彙輯帗，蒲昧切。拂取。

14894 u5E26 dài_6.9　俗帶14953

14893 u5E27 zhèng_6.9　簡帪14998

14895 06818 zhé_7.10　唐韻陟葉切音輒說文領耑也🅇類篇丁兼切音佔。又廣韻他協切集韻托協切𠀤音帖。義𠀤同🅇jiē集韻卽涉切音接。衣衿也🅇類篇的協切音喋。義同。𨐖又帳14968🅇龍龕祐俗，裰通，裚正。

14896 06819 yuàn_7.10　類篇縈絹切音䌸。曲裁。

14897 06820 xì_7.10　集韻乞逆切音隙。蠡葛也。或作綌。

14898 06821 shuì_7.10　廣韻舒芮切集韻韻會正韻輸芮切𠀤音稅玉篇帨，巾也儀禮·士昏禮母施衿結帨註帨，佩巾也禮·內則女子設帨于門右註帨，事人之佩巾也🅇集韻此芮切音毳。又須銳切音歲。又類篇欲雪切音悅。義𠀤同。𨐖又帨14923帥14863

14899 06822 wèn_7.10　集韻文運切音問玉篇括髮也。一作縸類篇喪冠🅇miǎn集韻美辨切音免。與冕同類篇大夫以上冠🅇mén類篇謨奔切音門。弔服也。

14900 06823 mó_7.10　集韻蒙晡切音模前漢·古今人表嫫母，黃

帝妃 註 師古曰 悔字从巾，即嫿字也。

㠶 zhì_7.10 06824
玉篇 同幟 図 通作志。又 史記·叔孫通傳 張旗志。又 史記·周昌傳 沛公以周昌爲職志 註 索隱 曰：職，主也。志，旗幟也。職志，謂掌旗幟之官也。

㡂 jiè_7.10 06825
玉篇 同帴

帶 dài_7.10 06829
正字通 同帶 六書正譌 帶象佩形。下从巿。俗作帶，从重巾，非○按 說文 佩必有巾，从巾，無从巿之說 正譌 誤。

㡁 jiōng_7.10 06826
字彙 涓熒切音扃。巾也。

帩 qiào_7.10 06827
廣韻 集韻 达七肖切音俏◆廣韻 縛也。

祫 jiā_7.10 06828
唐韻 古洽切 集韻 訖洽切达音夾 玉篇 巾也 說文 士無巿有祫，制如榼，缺四角。爵弁服，其色韎，賤不得與裳同。鄭司農曰：裳纁色 図 廣韻 古沓切 集韻 葛合切达音閤。義同 図 與韐通 廣韻 祫，同韐。

幌 mào_7.10 06830
廣韻 莫教切 集韻 眉教切达音貌 玉篇 幠也 図 集韻 眉召切音廟。義同。鍌 又悅17454

帪 zhēn_7.10 06831
廣韻 職鄰切 集韻 韻會 正韻 之人切达音眞 玉篇 囊也，馬兜也◆揚子方言 帪，飤馬橐。自關而西謂之裺囊，或謂之裷笮。燕齊之閒謂之帪 図 集韻 之刃切音震。義同。

帤 qiàn_7.10 06832
廣韻 蒼甸切音蒨 玉篇 幰頭也，裺也 揚子方言 自河以北，趙魏之閒曰幰頭，或謂之帤，或謂之裺 図 玉篇 七旦切音粲。又 集韻 倉先切音千。義达同。

師 shī_7.10 06833
古文 𠵸𠵸帥帥 唐韻 疏夷切 集韻 韻會 霜夷切达音獅 爾雅·釋詁 衆也 釋言 人也 郭註 謂人衆也 図 天子所居曰京師 詩·大雅 惠此京師 公羊傳·桓九年 京師者，大衆也 図 說文 二千五百人爲師 周禮·地官 五旅爲師 註 二千五百人 詩·大雅 周王于邁，六師及之 傳 天子六軍 疏 春秋之時，雖累萬之衆，皆稱師 詩 之六師，謂六軍之師 易·師卦 註 多以軍爲名，次以師爲名，少以旅爲名。師者，舉中之言 図 玉篇 範也。教人以道者之稱也 書·泰誓 作之師 禮·文王世子 出則有師。師也者，教之以事而喻諸德者也 図 玉篇 象他人也 增韻 法也，效也 書·臯陶謨 百僚師師 傳 師師，相師法 図 長也 書·益稷 州十有二師 註 師，長也 図 神名 周禮·春官 以槱燎祀風師、雨師 註 風師，箕也。雨師，畢也 屈原·離騷 雷師告余以未具 註 雷師，豐隆也 図 國名 史記·大宛傳 樓蘭、姑師 註 二國名。姑師，即車師也 図 縣也 後漢·郡國志 河南尹有匽師 註 帝嚳所都 図 官名 左傳·昭十七年 黃帝氏以雲紀，故爲雲師而雲名。炎帝氏以火紀，故爲火師而火名。共工氏以水紀，故爲水師而水名。太皞氏以龍紀，故爲龍師而龍名。少皞摯之立也，鳳鳥適至，故紀於鳥，爲鳥師而鳥名 書·周官 立太師、太傅、太保，茲惟三公。少師、少傅、少保曰三孤 図 師得，宮名 前漢·揚雄傳 枝鵲、露寒、棠黎、師得 註 師古曰師得宮在櫟陽界 図 獸名。與獅通 前漢·西域傳 烏弋山出師子 図 姓 前

漢·師丹傳 丹，琅邪東武人，哀帝時爲大司空。又右師、左師，俱複姓。鍌 京師者大衆也。孫壽瑋：京者何，大也。師者何，衆也。前漢·西域傳 烏弋山出師子。孫壽瑋：烏弋山離出師子 図 前漢·揚雄傳 棠黎。徐慧：棠黎。図 師14771帯14921阤65532㢴65548

帢 rèn_7.10 06834
集韻 同帉

帯 yì_7.10 06835
廣韻 餘制切 集韻 以制切达音帠 廣韻 裂也。

帬 qún_7.10 06836
唐韻 韻會 正韻 渠云切 集韻 衢云切达音羣 說文 下裳也 釋名 下羣也。連接裙幅也。又緣帬，帬施緣也 急就篇註 帬，下裳也。一名帗，一名襬 図 廣雅 繞衿，帔，帬也 揚子方言 陳魏之閒謂帬爲帔，繞衿謂之帬 図 韻會 中帬，親身衣也 前漢·石奮傳 取親中帬厠牏，身自澣洒 註 師古曰中帬，若今中衣也

帬 qún_7.10 06837
集韻 同帬

幒 huāng_7.10 06838
類篇 同帍

帢 qià_7.10 06839
廣韻 與帢同。

幠 wú_7.10 06840
廣韻 武夫切 集韻 微夫切达音無 揚子方言 幠也。荆揚江湖之閒曰㦭鋪，楚曰幪幠 図◆廣韻 欲空之貌△集韻 一作幠。

席 xí_7.10 06841
古文 𥤖磶 唐韻 祥易切 集韻 韻會 正韻 祥亦切达音夕 說文 藉也 玉篇 牀席也 廣韻 薦席 增韻 藁秸曰薦，莞蒲曰席 急就篇註 簟謂之席。又重曰筵，單曰席 周禮·天官 玉府掌王之燕衣服、衽席、牀笫 註 衽席，單席也 釋名 席，釋也。可卷可釋 詩·邶風 我心匪席，不可卷也 賈誼·過秦論 席卷天下 図 韻會 資也，因也 書·畢命 席寵惟舊 前漢·劉向傳 呂產、呂祿，席太后之寵 註 師古曰席猶因也。言若人之坐於席也 図 玉篇 安也 図 陳也 禮·儒行 儒有席上之珍以待聘 註 席，陳也。鋪陳往古堯舜之善道，以待聘召 図 姓 韻會 出安定，其先司周之典籍，因氏焉。後避項羽名改爲席。鍌 又 篠42491癠36373 図 干祿字書 𥢔15690席，上俗下正。

帞 yǐn_7.10 06842
集韻 尹12910古作帞。

帤 null_7.10 u2AA73
未詳。

帤 yǐn_7.10 06843
集韻 與帞同

帥 shī_7.10 41128
字彙補 同師 石鼓文 六帥旣簡。

帨 shuì_7.10 u2F885
兼 帨14898

帰 zī_7.10 u220CC
同帾14820 類篇 帰，將支切 埤倉 布名。又津私切。大布曰帰。

帊 bit_7.10 u220C9
㖡从巾別biét聲。裹頭巾。

帟 lóng_7.10 u220C8
㖡从巾弄lòng聲。同幭02270羅傘。

帠 lǐ_7.10 u220C7
粵帆。清·屈大均 廣東新語·卷十八·舟語 船帆 廣州船帆，多以通草席縫之，名之曰帠。

帬 qún_7.10 u220C6
集韻 帬14913亦書作帬。敦煌 S.2517 佛說呪魅經 或捉帬抄擧，向壁獨語。

帪 14929 u220C5 chuáng_7.10 俗床15373清·張九鉞永寧保城歌韓刀帪首環家僮，如坐大將武帳中。

帯 14930 u220C4 dài_7.10 俗書刊誤帶14953俗作帯，非。

帱 14932 u5E31 chóu_7.10 简幬15189

帣 14931 u220C3 chợ_7.10 喃俗帣15036

帰 14933 u5E30 guī_7.10 俗歸26686

帯 14934 u5E2F dài_7.10 俗帶14953

帮 14935 u5E2E bāng_7.10 俗幫15187今簡化字。

帺 14936 06844 bēi_8.11 集韻賓彌切音卑。帺冕也。今作裨。又毗亦切音辟。義同。

帼 14937 06845 huò_8.11 廣韻呼或切音砉。巾帛從風聲。一作帍。

悰 14938 06846 cóng_8.11 廣韻藏宗切集韻徂宗切，並音琮。與賨同玉篇帛悰又玉篇布名類篇南蠻賦也。

幓 14939 06847 kōng_8.11 廣韻正韻苦紅切集韻韻會枯公切太音空玉篇巾也又集韻衣袂謂之幓。鑾又椌54424

帾 14940 06848 chāng_8.11 類篇蚩良切音昌。與裮同博雅裮披，不帶也。

帹 14941 06849 zuì_8.11 廣韻子對切集韻祖對切太音晬玉篇五采繒又廣韻租外切集韻祖外切太音最。義同。

帡 14942 06850 bǐng_8.11 集韻必郢切音餅廣雅帡，覆也註福郢反又píng類篇旁經切音瓶。義同。又屋蔽也又bēng韻會悲萌切音繃。幄也揚子法言然後知夏屋之爲帡幪也註在旁曰帡，在上曰幪。

帳 14943 06851 zhàng_8.11 廣韻集韻韻會正韻太知亮切音脹釋名帳，張也。張施於牀上也玉篇帷也，張也，幬也爾雅釋訓幬謂之帳註今江東亦謂帳爲幬淮南子·道應訓齊伐楚，市偷請爲君行薄技，乃夜解齊將軍之幬帳而獻之又與張通史記·高帝紀復留止，張飲三日註張，幃帳也又計簿也前漢·武帝紀明堂朝諸侯，受郡國計註計，若今之諸州計帳也。鑾又帐14807賬57859账57600赈57835

幒 14944 06852 zhōng_8.11 集韻諸容切音鐘說文幒，幝也類篇楚人謂幝曰幒又說文幒，一曰帙又cǒng廣韻且勇切集韻取勇切，並樅上聲廣雅褌褌也△說文作𢄐。

幋 14945 06853 jiān_8.11 廣韻集韻太經天切音堅廣韻縣名前漢·地理志東萊郡有幋縣又說文東萊，布名類篇出幋縣又xián唐韻胡田切集韻胡千切太音賢。義同。鑾又掔19817慳17643

帴 14946 06854 shā_8.11 唐韻所八切集韻山戛切太音殺◆說文帬也。一曰帗也。一曰婦人脅衣又廣韻昨干切集韻類篇財干切，太音殘。又集韻私箭切音綫。義太同。又jiān廣韻則前切集韻將先切太音箋廣韻小兒藉也。又jiǎn廣韻卽淺切集韻韻會子淺切正韻子踐切太音翦類篇褍也又廣韻狹也周禮·冬官考工記若苟自急者先裂，則是以博爲帴也註鄭司農云帴讀爲翦，謂以廣爲狹也疏讀帴爲翦，翦亦狹小之意又集韻在演切音踐。義同又sàn廣韻思旰切集韻先旰切太音繖。廣雅𧜀也。帛二幅爲帴又集韻所例切音㡜。被也。又集韻類篇𩫖玷切，鬟上聲。帬幅也又與韉通。晉書·張方傳軍人爭割流蘇、武帳爲馬帴。

㡆 14947 06855 chàn_8.11 廣韻集韻太處占切音襜玉篇車幨也廣雅幨，㡆幨也類篇與幨、幨同。

帢 14948 06856 qià_8.11 廣韻正韻苦洽切集韻韻會乞洽切太音恰玉篇帽也，絹幘也。同帢晉書·輿服志漢儀，立秋日獵，服緗幘。哀帝改用素白帢〇按魏武帝裁縑帛以爲帢，本施軍飾，非爲國容也。徐爰曰：帢本未有岐，荀文若巾之行，觸樹枝成岐，謂之爲善，因而弗改。今通以爲慶弔服。又咸和九年，制聽尚書八座丞郎、門下三省侍官乘輿，白帢低幃，出入掖門。又二宮直官著烏紗帢。然則往往士人燕居皆著帢矣。

幍 14949 06857 tà_8.11 廣韻他合切集韻達合切太音錔。帳上覆。

㡖 14950 06858 chóu_8.11 玉篇同幬

帵 14952 06860 wān_8.11 廣韻一丸切集韻烏丸切太音剜廣韻帵子，裁餘也正字通今采帛舖謂剪截之餘曰帵子又類篇於袁切音鴛。義同。

㡌 14951 06859 hàn_8.11 廣韻胡感切集韻戶感切太音頷玉篇㡌，巾壅耳也。鑾又㡌15073𧝑54402

帶 14953 06861 dài_8.11 唐韻集韻韻會正韻太當蓋切音𢃴說文紳也。男子鞶帶，婦人帶絲，象繫佩之形。佩必有巾，故帶从巾徐鉉曰卌，其帶上連屬固結處釋名帶，蔕也。著於衣，如物之繫蔕也易·訟卦或錫之鞶帶疏鞶帶，大帶也禮·玉藻凡帶有率無箴功疏謂其帶既禪，亦以箴緶緝其側，但綷福之，無別裨飾之箴功又揚子方言厲謂之帶註小爾雅帶之垂者曰厲詩·小雅垂帶而厲又佩也禮·月令帶以弓韣又揚子方言行也註隨人行也又蟲名莊子·齊物論蝍蛆甘帶又書帶，草名三齊記鄭康成山下生草，大如䪥，葉長一尺餘，土人名康成書帶草又姓賈誼·過秦論帶佗。鑾又帯14894帯14934帯14930遰61355𢃴15065又字彙補𢂡14177，同帶。

帣 14954 06862 qiàn_8.11 集韻輕甸切音俔。帣幡係於棨者。

帢 14955 06863 yè_8.11 玉篇於劫切類篇乙業切太音腌玉篇幧頭也釋名綃頭，齊人謂之帢。言斂髮使從上也揚子方言幧頭，趙魏之閒或謂之帢又ān集韻烏含切音諳。橐也廣雅筂囊也。

帵 14956 06864 guàn_8.11 類篇沽丸切音冠。絭也，所以絭髮弁冕之總名也。

帷 14957 06865 wéi_8.11 古文匱唐韻洧悲切集韻于龜切，太位平

聲玉篇幕也，帳也集韻幔也釋名帷，圍也。所以自障圍也周禮·天官幕人掌帷幕幄帟綬之事註在旁曰帷三禮圖四旁及上曰帷又掌舍爲帷宮，設旌門註張帷爲宮図帷裳論語非帷裳，必殺之疏在下之裳。其制正幅如帷。名曰帷裳，則無殺縫図車帷詩·衞風漸車帷裳傳帷裳，童容也疏容謂襜車。山東謂之裳帷。又童容以幨障車之傍，如裳以爲容飾，故或謂之幨裳，或謂之童容。鼜古文匯04438原誤作匯04415

常 14958 06866
cháng_8.11 唐韻市羊切集韻韻會辰羊切夶音裳玉篇恆也正韻久也易·坤卦後得主而有常繫辭動靜有常詩·周頌陳常于時夏箋謂陳久長之功，於是夏而歌之朱傳謂君臣父子之常道図五常書·舜典慎徽五典傳五典，五常之教：父義，母慈，兄友，弟恭，子孝。又五品傳五品謂五常疏此事可常行，乃爲五常耳。図神名荀子·九家易兌爲常，西方之神也図地名詩·魯頌居常與許傳常、許，魯南鄙、西鄙也図州名隋書·地理志毗陵郡平陳置常州図山名前漢·地理志常山郡註恆山在西，避漢文帝諱，故改曰常山図水名史記·夏本紀常衞既從註常水，出常山上曲陽縣書·禹貢作恆図旂名周禮·春官司常掌九旗之物名，日月爲常又王建大常釋名日月爲常。謂畫日月於其端，天子所建，言常明也図常服詩·小雅載是常服傳日月爲常服，戎服也図廣韻倍尋曰常図車載名釋名車載曰常，長丈六尺，車上所持也。八尺曰尋，倍尋曰常，故曰常也。図木名爾雅·釋木常棣註關西棣樹，子如櫻桃，可食詩·小雅彼爾維何，維常之華図姓廣韻出河内前漢·常惠傳惠，太原人，甘露中爲右將軍図與裳同說文下帬也徐鉉曰下直而垂，象巾，故从巾。今文作裳。鼜又㦂18127㦂18388

㡆 14959 06867
kūn_8.11 類篇同幃

帪 14962 06870
zhí_8.11 集韻同幟

幕 14960 06868
qí_8.11 廣韻集韻夶渠之切音其。巾也図jì廣韻集韻夶渠記切音忌廣韻繫也△玉篇一作帺。

㥦 14961 06869
shà_8.11 類篇色甲切音翣玉篇帴施，面衣也。図qiè類篇七接切音妾。帴頭廣雅麗㡇謂之帴帕。

帣 14963 41129
zhōng_8.11 說文長帬與帗同。

㡡 14964 43365
huò_8.11 篇海類編同幗。

幵 14965 43366
qiān_8.11 搜眞玉鏡音牽。

帺 14966 43367
qí_8.11 篇海類編同幕。鼜又裋54340祺54441

帣 14967 43368
zhōng_8.11 篇海類編同幒。

帪 14968 43369
zhé_8.11 字彙補帾字之譌。

帠 14970 43371
sè_8.11 搜眞玉鏡音瑟。

帿 14971 43372
hóu_8.11 五音篇海同帿。

㢇 14969 43370
guǒ_8.11 川篇音果

幝 14972 u2AA77
chǎn_8.11 简幝15120

帒 14974 u2AA75
hangh_8.11 壯集市。亦作垞、行。

帒 14973 u2AA76
null_8.11 未詳。

㡗 14977 u220E1
null_8.11 未詳。

幗 14975 u2AA74
null_8.11 未詳。

帣 14976 u220E9
juǎn_8.11 同捲19837白虎通·紼冕冠者，帣也。所以帣持其髮也図宋·孫奕示兒編·字異而義同袞者衣之別名，詩謂之袞，禮記謂之卷，荀子謂之帣，其爲衣一也。

㡠 14978 u220E0
null_8.11 未詳。

㡛 14979 u220DF
null_8.11 未詳。

帤 14981 u220DD
dú_8.11 同裻54430中文大辭典與裻54505同。

㡞 14980 u220DE
null_8.11 未詳。

帍 14983 u384D
mǎ_8.11 或同影，古文馬新撰字鏡瑪駭，二古字。作未詳。帍，亦同。古文。

幓 14982 u384E
shān_8.11 同幓15087

帽 14984 u384C
mào_8.11 正字通帽，集韻从衣作褶54506，非。从月。俗从曰从月作帽，非。

帼 14985 u5E3C
guó_8.11 简幗15096

帻 14986 u5E3B
zé_8.11 简幘15097

㡡 14987 06871
shū_9.12 唐韻山樞切集韻雙雛切，夶音毹說文繒端裂也図集韻容朱切音逾。義同図tóu集韻徒侯切音頭。與㡏同。裸㡡，短袖襦。一曰近身衣図shù廣韻色句切集韻雙遇切夶音數。廣韻裁殘帛也図xū類篇詢趨切音須。繒采色図類篇帛邊也。漢制以爲關門符信。鼜又㡏67384褕44509

帴 14988 06872
qià_9.12 類篇同帕

帽 14989 06873
mào_9.12 唐韻集韻韻會正韻夶莫報切音褶釋名冒也說文本作冃◦徐鉉曰今作帽。帽名猶冠。義取蒙覆其首，本纚也。古者冠無帽，冠下有纚，以繒爲之。後人因之帽於冠，或裁纚爲帽。自乘輿宴居下至庶人無爵者，皆服之。江左時，野人已著帽，人士亦往往而見，但無頂圈矣，後乃高其屋云隋書·禮儀志帽，自天子下及庶人通冠之，以白紗者名高頂帽。又有繒卑雜紗爲之，高屋、下裙，蓋無定準唐書·車服志烏紗帽者，視事及燕見賓客之服也。図通作冒史記·絳侯世家薄太后以冒絮提文帝註應劭曰：陌額絮也。晉灼曰：巴蜀異物志謂頭上巾爲冒絮。鼜又帽15032幄17705帽14984帽17636褶54506

帣 14990 06874
jiān_9.12 廣韻則前切，音箋。又集韻子仙切，音煎說文幡幟也廣雅㡮也。鼜又幧14991

幧 14991 06875
jiān_9.12 集韻同帣

帾 14992 06876
dǔ_9.12 廣韻當古切集韻董五切夶音覩玉篇幟也廣韻標記物之處也荀子·禮論篇幠帾絲翣，縷翣其貌。

幒 14993 06877
zhōng_9.12 玉篇同幒。鼜又裮54397

幎 14994 06878
miǎn_9.12 廣韻集韻夶彌究切音緬玉篇幕也。鼜正字通俗幎15058字。

帓 14995 06879
jiāo_9.12 廣韻集韻夶了切音勦廣韻帴頭也。一曰凶首飾図玉篇同帓15160

褂 14996 06880
guǐ_9.12
五音集韻居誄切音癸。衣袴也。

帿 14997 06881
hóu_9.12
廣韻戶鉤切集韻胡溝切夶音侯玉篇射帿也類篇春饗所射侯也說文本作侯。鋆又帳14971

帪 14998 06882
zhèng_9.12
類篇豬孟切音悵。張畫繒也。一作幀。鋆又帪14893幀15149撜21170寚41423 奇字韻幀15122幀，帪。別作帡14879

幌 14999 06883
shì_9.12
玉篇承紙切音是。巾也。

幮 15000 06884
xū_9.12
玉篇思于切音須五音集韻頭幮也。鋆渡部溫：正字通帪14998字之譌。舊註音須。頭幮。與幭15129音訓同。省作帵，非俗順67944碑別字新編引周王阿量造象

帳 15001 06885
zhūn_9.12
唐韻陟倫切集韻株倫切夶音屯說文載米齡也廣韻布貯曰帳廣韻直倫切集韻重倫切夶音酏。又集韻船倫切音脣。又廣韻徒損切集韻杜本切夶音囤。又集韻測倫切。又敕倫切音椿。義夶同。

冪 15002 06886
mì_9.12
唐韻集韻夶莫狄切音覓說文本作冖，覆也玉篇以巾覆物儀禮·鄉飲酒禮尊綌冪，實至徹之註冪，覆尊巾燕禮執冪者舉冪，主人酌膳，執冪者反冪周禮·天官冪人，奄一人，女冪十人註以巾覆物曰冪。女冪，女奴曉冪者又冪人掌共巾冪祭祀，以疏布巾冪八尊，以畫布巾冪六彝。鋆又幦02830 ﾏ02750

帽 15003 06887
móu_9.12
玉篇莫侯切音牟。女人衣巾。

幃 15004 06888
é_9.12
玉篇五伯切音額。紕也。一作幘音客。義同。

裈 15005 06889
kūn_9.12
唐韻古渾切集韻韻會公渾切夶音昆說文幝也廣韻褻衣廣雅裍幝也又楚人謂幝曰幒說文或作褌類篇或作幖。

幞 15006 06890
mù_9.12
唐韻集韻夶莫卜切音木說文㲚布也集韻髮巾謂之幞說文車衡上衣廣韻轅上絲也wù廣韻集韻夶亡遇切音務。又廣韻莫胡切集韻蒙晡切夶音模。又集韻迷浮切音謀。義夶同mào集韻莫候切音茂。染布以覆車也類篇㲚布覆車曰幞xù類篇呼玉切音旭。義同。

帎 15007 06891
yīng_9.12
類篇於驚切音英。鮮明貌詩·小雅旗旐央央。或作帎。

把 15008 06892
bǎ_9.12
唐韻博下切集韻補下切夶音把•說文帊，搤擊也廣韻市昭切集韻時饒切夶音韶。義同

幢 15009 06893
chuáng_9.12
集韻柱勇切音重廣雅幢謂之幪。鋆同幢集韻考正直江反。

幃 15010 06894
huī_9.12
古文褘唐韻許歸切音揮。囊也玉篇香囊也屈原·離騷蘇糞壤以充幃兮，謂申椒其不芳註幃謂之媵，即香囊也廣韻一曰單帳史記·文帝紀所幸慎夫人令幃帳不得文繡wéi廣韻雨非切集韻于非切夶音韋。義同。鋆又幃14808褘54533幃17783偏類碑別字•幃引唐張君政墓誌銘

幄 15011 06895
wò_9.12
廣韻於角切集韻韻會正韻乙角切夶音渥玉篇帳也類篇幬也廣韻大帷小爾雅覆帳謂之幄釋名幄，屋也。以帛衣板施之，形如屋也三禮圖上下四旁悉周曰幄周禮·天官幕人掌帷幕幄帟綬之事註四合象宮室曰幄，王所居之帳也前漢·張良傳運籌策帷幄中軍中帳左傳·昭十三年子產以幄幕九張行註幄幕，軍旅之帳享神之帳前漢·禮樂志照紫幄，珠熉黃註如淳曰：紫幄，享神之帳也。鋆又幄24615褕54494龍龕幬15102，同幄。

幅 15012 06896
fú_9.12
唐韻集韻韻會正韻夶方六切音福說文布帛廣也玉篇布帛廣狹廣韻絹幅爾雅·釋天緇廣充幅，長尋曰旐疏以黑色之帛，廣全幅長八尺，屬於杠，名旐急就篇註四丈曰疋，兩邊具曰幅左傳·襄二十八年夫富如布帛之有幅焉，爲之制度，使無遷也。夫民生厚而用利，於是乎止德以幅之疏言用正德以爲邊幅，使有度也前漢·馬援傳修飾邊幅註若布帛，修飾其邊幅也廣雅匡幅，滿也廣韻姓也bī廣韻彼側切集韻韻會筆力切夶音逼廣韻行縢名左傳·桓二年帶裳幅舄註幅若今行縢詩·小雅邪幅在下傳幅，偪也。所以自偪束也正義邪纏於足，謂之邪偪。名曰偪者，所以自偪束也•韻會通作偪禮·內則偪屨著綦。鋆又緄44483缏44640匾04417，俗金石文字辨異引唐濟瀆廟北海壇祭器碑五幅17798愕兩口。案，幅作愊。前漢·馬援傳。徐慧：後漢

幭 15013 06897
yì_9.12
集韻於例切音緆。直衿謂之幭kài集韻丘蓋切音磕。非時而葬謂之幭。

剌 15014 06898
là_9.12
唐韻盧達切集韻郎達切夶音辣•說文剌也。

帬 15015 06899
yǐn_9.12
說文尹12910古作帬。

幇 15016 06900
bāng_9.12
六書故同幫。

幬 15017 06901
dú_9.12
類篇徒沃切音毒。羽葆幬。鋆俗作幬17804

帺 15018 06902
móu_9.12
字彙補古文牟32586字。

㮦 15019 06903
zhòu_9.12
類篇側救切音皺。衣不伸也。

帬 15020 06904
yǐn_9.12
字彙補古文尹12910字。

粗 15021 41130
zhā_9.12
字彙補側加切音樝。挹也。一曰取物泥中。

幫 15022 41131
yì_9.12
川篇巳力切音載。編也。

帶 15023 41132
cè_9.12
字彙補與策同漢夏承碑帶薰著于王室。薰，與勛同。

級 15024 41133
jí_9.12
五音集韻其立切音及。新羅謂絹曰級。

幈 15025 41134
píng_9.12 字彙補與屏同邵堯夫·幈幛春吟詞幈幛山下有家園，每歲家園過禁煙。

㡚 15026 41135
gǒu_9.12 字彙補古後切音苟。綿㡚。

䨮 15028 43374
zǎo_9.12 篇韻音早

𣛮 15027 43373
yè_9.12 字彙補音業。大版也，所以飾縣鐘鼓 〇按卽業字之譌。

𪩺 15029 u2AA7A
null_9.12 喃未詳。

𪩹 15030 u2AA79
null_9.12 未詳。

𪩸 15031 u2AA78
fén_9.12 簡幩15167

帽 15032 u2F886
mào_9.12 俗帽14989

𢄉 15033 u22109
tún_9.12 同豚57263

𢄈 15034 u22108
null_9.12 未詳。

𢄃 15035 u22103
phởi_9.12 喃从巾派phái聲。飄蕩，蕩漾。

𢄂 15036 u22102
chợ_9.12 喃从市助trợ聲。市也。

𢃿 15037 u220FF
yìn_9.12 俗𢃿23320光緒信述堂刻本漢魏六朝百三家集·謝光祿集·詩·烝齋應詔紫階協笙鏞，金途展應𢃿。

𢃽 15039 u220FD
null_9.12 未詳。

𢃾 15038 u220FE
nuò_9.12 懦18553字俗譌廣雅·釋詁𢃾，奴玩、奴臥，弱也。

𢃼 15040 u220FC
null_9.12 未詳。

幉 15043 u5E49
dié_9.12 或同褋。

𢃻 15041 u220FB
tún_9.12 同𢄉15033說文作豚57263篆文作豚57170

𡲫 15042 u21CAB
vải_9.12 喃从布尾vĩ聲△絨𡲫：織布。

𢄙 15044 06905
guī_10.13 類篇姑回切音傀廣雅𢄙，幃綵也 㕛 類篇矩偉切音鬼。義同。

𢄐 15045 06906
yíng_10.13 廣韻於營切集韻娟營切太音縈玉篇覆也◆集韻𢄐，收鞏也。鑾又帯14878㝗03955 㕛 俗營31804，偏類碑別字引晉·張朗碑

𢅥 15046 06907
shǎi_10.13 類篇師駭切，篩上聲。幱𢅥，衣破也。鑾俗作𢅥18052

𢄗 15047 06908
hé_10.13 字彙胡閤切音合。吹火𢄗 㕛 於蓋切音隘。義同。

㡁 15048 06909
bàng_10.13 集韻蒲浪切音傍。書帖也。

𢄍 15049 06910
tí_10.13 廣韻杜奚切集韻田黎切太音題玉篇幱𢄍。又𢄍，帷也 㕛 廣雅繩索也 㕛 xī廣韻呼雞切音醯。幱𢄍，赤紙 㕛 集韻天黎切音梯。又類篇相支切，音思◇義太同。

㡘 15050 06911
lián_10.13 唐韻力鹽切集韻離鹽切太音廉說文帷也玉篇帳也。施之戶外也釋名㡘，廉也。自障蔽爲廉恥也急就篇承塵戶㡘條繢總註戶㡘，戶上之幔也。㕛 lín集韻犂針切音林。㡘幓，羽毛貌。鑾又幨15215幨15180㡘18566 㕛 集韻㡘幨15159說文帷也。或从廉。

𢅎 15051 06912
mò_10.13 集韻密北切音墨。與万同。万俟，姓也。

𢄴 15052 06913
gōng_10.13 玉篇古紅切音工五音集韻衣巾也。鑾熊加全：俗𢄴17926

幋 15053 06914
pán_10.13 唐韻薄官切集韻韻會正韻蒲官切太音槃◆說文覆衣大巾也。或以爲首鞶廣雅巾也。鑾正字通鞶，同幋。

㡝 15054 06915
méng_10.13 唐韻正韻莫紅切集韻韻會謨蓬切太音蒙玉篇衣巾也，覆也揚子方言大巾謂之帉。嵩嶽之南，陳潁之閒亦謂之㡝◆廣韻㡝，㲇蓋衣也 㕛 通作蒙史記·淮南王安傳如發蒙耳註韋昭曰：如蒙巾發之甚易 㕛 集韻一曰下刑墨㡝。㡝，巾也，使刑者不得冠飾 㕛 廣韻莫弄切集韻正韻蒙弄切太音幪。義同△集韻或作幪。

㡏 15055 06916
huāng_10.13 集韻同帪。

幌 15056 06917
huǎng_10.13 廣韻胡廣切集韻韻會正韻戶廣切太音晃玉篇帷幔也廣韻晉惠起居注有雲母幌 㕛 釋名幗恢也。恢郭覆髮上也。齊人曰幌，飾形貌也。

幍 15057 06918
tāo_10.13 廣韻土刀切集韻韻會正韻他刀切太音韜類篇巾袟也 㕛 廣韻同絛。編絲繩也。

幎 15058 06919
mì_10.13 唐韻集韻太莫狄切音覓說文幔也玉篇簾也 㕛 玉篇覆也儀禮·士喪禮幎目用緇註幎目，覆面者也 㕛 均致貌周禮·冬官考工記輪人望而眂其輪，欲其幎爾而下迆也註幎，均致貌 㕛 集韻類篇太民堅切音眠。又集韻忪經切音冥。又集韻眠見切音麪。義太同。鑾廣韻幎，覆也。亦作幂15002 㕛 帓14814幅14994

幐 15059 06920
téng_10.13 唐韻集韻韻會正韻太徒登切音騰說文囊也◆玉篇兩頭有物，謂之擔囊 㕛 廣韻囊可帶者廣雅幃謂之幐屈原·離騷蘇糞壤以充幃兮註幃謂之幐，卽香囊 㕛 通作縢後漢·儒林傳制爲縢囊註卽幐也。㕛 廣韻徒亙切集韻韻會正韻唐亙切太音鄧。義同。

幏 15060 06921
jià_10.13 唐韻古訝切集韻居迓切韻會居訝切正韻居亞切太音駕玉篇蠻布也韻會漢制名賦蠻布爲幏，猶中國言稅也左思·魏都賦賨幏積墆，琛幣充牣。㕛 廣韻古牙切集韻居牙切太音嘉。義同。

㡙 15061 06922
bī_10.13 集韻邊迷切音蓖玉篇車㡙 㕛 類篇帷也廣雅㡙，帹，㡘也 㕛 集韻類篇太頻脂切音毗。義同。

幊 15062 06923
gōu_10.13 集韻居侯切音鉤玉篇甲衣集韻單衣。△玉篇或作褠。鑾又褠54541

㡡 15063 06924
shàn_10.13 玉篇音扇。義闕。

㡔 15064 06925
wù_10.13 廣韻安古切集韻於五切太音隖廣韻手巾謂之㡔。鑾又頙68242

𢃤 15065 06926
dài_10.13 類篇當蓋切音帶。𢃤方，山名。一曰郡名屬幽州。

𢃗 15066 06927
qín_10.13 集韻禽40173古作𢃗。

𢃩 15067 06928
yì_10.13 集韻異35554古作𢃩。

⿰帛冋 15068 06929 jiǒng_10.13 字彙補與絅同。襌衣也。見韻會小補

⿺辶⿱豕巾 15069 06930 zhú_10.13 字彙補古文逐60871字。

⿱敉巾 15070 41136 bì_10.13 龍龕毘祭切。帛也。

⿱自希 15071 43375 yì_10.13 海篇音義。狸子也。鑾同⿰⿱乂巾欠16370

𢄝 15072 u2211D bâu_10.13 喃从帛包bao聲。衣領△亦作袍。袍袄：衣襟。

𢄜 15073 u2211C hàn_10.13 同⿰巾函14951類篇戶感切。巾擁耳也。

𢄛 15074 u2211B chóu_10.13 幬15189本字說文襌帳也。从巾𠷎聲。

𢄙 15075 u22119 yuán_10.13 說文通訓定聲圓，詩·長發幅隕65816既長。以隕為之。字又作幁，涉幅而誤 又 五千字譯國語幁，員。

㬺 15076 u3B3A téng_10.13 兼幐15077 幐 15077 u5E50 téng_10.13 同⿰巾朕15059亦作⿰舟朕48743⿰角朕47612說文幐，囊也。从巾朕聲。

⿰巾祭 15078 06931 xì_11.14 唐韻集韻太所例切音細說文殘帛也廣雅⿰巾祭，遺餘也 又 xiè 唐韻先列切集韻私列切太音薛。義同 又 shè 集韻式列切音設。裂帛也◆急就篇帔⿰巾祭囊橐不直錢註黃氏曰：帔⿰巾祭，裂也 又 xuě 集韻相絕切類篇蘇絕切太音雪廣韻⿰巾祭縷桃花，今製綾花集韻今時剪繒爲花。

⿰巾區 15080 06933 kōu_11.14 集韻同㡎 ⿰巾通 15079 06932 tōng_11.14 類篇同幯

徽 15081 06934 huī_11.14 唐韻許歸切集韻韻會吁韋切太音揮廣雅幡也 又◆說文幟也。以絳徽帛著於背韻會若今救火衣 又 通作徽左傳·昭二十一年揚徽者，公徒也註徽，識也疏徽識制如旌旗，書其所任之官與姓名於其上，被之於背釋文識本又作幟前漢·王莽傳殊徽幟註徽幟，通謂旌旗之屬也。

⿱𠩺巾 15082 06935 lí_11.14 集韻陵之切音氂。斷繪也。鑾斷繪，斷繒之誤。

幒 15083 06936 cǒng_11.14 說文同帪。鑾又䄂54659

⿰巾逢 15084 06937 fèng_11.14 廣韻扶用切集韻房用切正韻馮貢切太音俸玉篇巾也 又 廣韻款書。

⿱埶巾 15085 06938 shuì_11.14 唐韻集韻太輸芮切音稅說文禮巾也。廣雅巾也 又 zhì 廣韻指利切集韻脂利切太音至。又集韻質涉切音摺。又類篇即協切，音接◇義太同。鑾又幯15216

⿰巾彗 15086 06939 huì_11.14 廣韻祥歲切集韻旋芮切太音篲廣韻布巾集韻盥布謂之⿰巾彗。

幓 15087 06940 sēn_11.14 集韻疏簪切音森。與襂同。襂纚，衣裳毛羽垂貌揚雄·甘泉賦蠖略蕤綏，灕虖幓纚註師古曰灕虖幓纚，車飾貌 又 shān 集韻師炎切，音攕。旌旗正幅曰幓 又 shān 師銜切音衫。旌旗之斿也司馬相如·大人賦垂旬始以爲幓兮註幓，所銜反，旒也 又 集韻類篇太所感切。同縿。義同。鑾又㡛14982

⿱斬巾 15088 06941 zǎn_11.14 集韻子感切音昝。繒未緶也。

⿰希聿 15089 06942 yì_11.14 玉篇篆文肄字。

幔 15090 06943 màn_11.14 唐韻集韻韻會太莫半切音縵說文幕也廣雅帳也釋名幔，漫也。漫漫，相連綴之言也拾遺記周穆王有鸞章錦幔張協·洛陽賦朱幔虹舒，翠幙蜺連 又 廣雅幔，覆也。鑾又⿰巾曼15150⿰巾曼15165

幕 15091 06944 mù_11.14 唐韻慕各切集韻韻會正韻末各切太音莫說文帷在上曰幕廣雅帳也釋名幕，幕絡也，在表之稱也周禮·天官·幕人掌帷、幕、幄、帟、綬之事左傳·成十六年楚子登巢車，以望晉軍。伯州犂侍于王後，王曰：張幕矣。曰：虔卜于先君也，徹幕矣。曰：將發命也。又 韻會幕府。軍旅無常居，故以帳幕言之。通作莫史記·李牧傳市租皆輸入莫府註索隱曰：古者出征爲將帥，軍還則罷，理無常處，以幕帟爲府署，故曰幕府李廣傳莫府省約文書籍事註索隱曰：凡將軍謂之幕府者，蓋兵門合施帷帳，故稱幕府。古字通用，遂作莫耳 又◆周禮·幕人註幕或在地，展陳於上也儀禮·聘禮館人布幕于寢門外，官陳幣註布幕以承幣疏館人布幕於地，官陳幣於其上 又 臂脛衣也釋名留幕，冀州所名大褶下至膝者也。留，牢也。幕，絡也。言牢絡在衣表也史記·蘇秦傳當敵則斬，堅甲鐵幕註謂以鐵爲臂脛之衣 又 類篇覆食案亦曰幕 又 廣雅粗幕，菴也 又 廣雅幕，覆也易·井卦上六井，收勿幕註幕猶覆也疏不自掩覆，與衆共之 又 爾雅·釋言幕，暮也註幕然，暮夜也。又 六幕前漢·禮樂志紛紜六幕浮大海註猶言六合也 又 沙幕前漢·武帝紀衛青將六將軍絕幕註幕，沙幕。臣瓚曰：沙土曰幕，直度曰絕。師古曰幕者，今之突厥中磧耳 又 縣名前漢·地理志清河郡繹幕縣，琅邪郡姑幕縣 又 廣韻姓也姓譜舜祖幕之後史記·陳世家自幕至於瞽瞍註鄭衆曰：幕，舜之先也 又 màn 集韻莫半切音縵。平而無文曰幕前漢·西域傳罽賓國以金銀爲錢，文爲騎馬，幕爲人面註韋昭曰：幕，錢背也 又 mú 韻補蒙晡切音模李陵·別蘇武歌經萬里兮度沙幕，爲君將兮奮匈奴 又 mì 正韻莫狄切音覓盧仝·思君吟我心爲風兮淅淅，君身爲雲兮幕幕。鑾蓋兵門合施帷帳。孫壽瑋：蓋兵行舍於帷帳 又 幙15099帞14748縸44803

幖 15092 06945 biāo_11.14 唐韻集韻正韻太卑遙切音飇◆說文幟也玉篇幡也正韻立木爲表，繫綵其上，謂之幖 又 廣韻頭上幟也。鑾又⿰巾㦟15225 又 正字通幖，與幱15177標通。

⿰巾婁 15093 06946 lóu_11.14 集韻郎侯切音婁廣雅⿰巾婁篼，囊也揚子方言飲馬橐，自關而西或謂之⿰巾婁篼 又 lǔ 玉篇力宇切音縷。古姓也。

⿰巾曹 15094 06947 zāo_11.14 廣韻作曹切集韻臧曹切太音糟◆說文幧

也 囝 玉篇 藉也 囝 廣韻 七刀切 集韻 倉刀切 夶音操。
義同。

鵃 15095 06948
diǎo_11.14　玉篇 都了切音鳥。絹鵃也。

幗 15096 06949
guó_11.14　唐韻 集韻 古獲切 韻會 郭獲切 正韻 古伯切 夶音蟈 說文 婦人首飾 玉篇 帨也，覆髮上也 晉書·宣帝紀 諸葛亮數挑戰，帝不出，因遺帝巾幗婦人之飾。囝 廣韻 婦人喪冠 囝 海篇 亦作蔮 釋名 蔮恢也，恢郭覆髮上也。魯人曰頍，齊人曰幗 後漢·輿服志 夫人紺繒蔮 囝 唐韻 韻會 夶古對切音憒。義同△ 玉篇 或作簂。
鋆又 慖18091 帼14985

幘 15097 06950
zé_11.14　唐韻 集韻 韻會 正韻 夶側革切音責 說文 髮有巾曰幘 玉篇 覆髻也 急就篇註 幘者，韜髮之巾，所以整嫿髮也 揚子方言 覆結謂之幘巾◆廣雅 承露幘巾，覆結也 蔡邕·獨斷 幘，古者卑賤執事，不冠者之所服也。元帝額有壯髮，不欲使人見，始進幘服之，羣臣皆隨焉，然尚無巾。至王莽内加巾，故言王莽禿，幘施屋 後漢·輿服志 古者有冠無幘，秦加武將首飾爲絳袙，以表貴賤。其後稍稍作顏題。漢興，續其顏，却摞之，施巾連題，却覆之，今喪幘是其制也，名之曰幘。幘者，賾也，頭首嚴賾也。至孝文，乃高顏題，續之爲耳，崇其巾爲屋，合後施收，上下羣臣貴賤皆服之。文者長耳，武者短耳。尚書賾收方三寸，名曰納言。未冠童子幘無屋 隋書·禮儀志 文者長耳，謂之介幘。武者短耳，謂之平上幘。囝 與齰同 集韻 齒相值。亦作幬 左傳·定九年 皙幘而衣貍製 註 幘，齒上下相值也。鋆又 幬14986 幬15178

箦 15098 06951
cù_11.14　集韻 千木切音蔟。幞也。鋆又 幬15101

幙 15099 06952
mù_11.14　字彙補 同幕 囝 借作模 漢·郎中鄭固碑 傳宣孔業，作世幙式。

幓 15100 41137
zhì_11.14　川篇 音至。田器也。

箦 15101 41138
cù_11.14　海篇 音旋。橙也。鋆同 箦15098，幞也。

幄 15102 44141
wò_12.14　龍龕 於角切，音約◆大帳也。

幯 15103 43376
jí_11.14　龍龕 紀力切。鋆疑 棘24350 譌字。

髂 15104 41139
huá_11.14　字彙補 下利切，音系◆細綢也。鋆舌部重出：廣韻 下刮切 集韻 乎刮切 夶音滑。細紬也。

幮 15105 u2AA7B
null_11.14　未詳

孫 15107 u2212E
yù_11.14　豫00559俗譌

憫 15106 u2212F
mǎn_11.14　喃 从巾敏mǎn聲。裙（南部語）。

帽 15108 u2212D
dié_11.14　俗裷54638五代·馬縞 中華古今注·卷中·緋綾袍 天子則月帢帽，公卿則巾褐襦。

龓 15109 u2212B
lóng_11.14　彙音寶鑑·恭下平聲 龓，仝龍75850字。

繆 15110 u2212A
null_11.14　未詳。

幯 15111 u22129
dài_11.14　喃 从巾帶đai聲△幯袄：衣帶。幯崀：山脈。

幦 15112 u22128
null_11.14　未詳。

幛 15113 u5E5B
zhàng_11.14　民國 新字典 幛，讀如章，去聲。以幅帛題字，贈人爲慶弔之禮者，本古人步障遺意。字當作障，今多從巾，如壽幛、祭幛之類 囝 trướng 喃 从巾章chương聲。幔帳。

幜 15114 06953
jǐng_12.15　玉篇 居永切，音憬。帛也 隋書·禮儀志 後齊納后禮，皇后服大嚴繡衣，帶綬珮加幜，入昭陽殿，前至席位，姆去幜 囝 通作景 儀禮·士昏禮 姆加景 註 景之制，蓋如明衣，加之以爲行道禦塵，令衣鮮明也。今文作幜。

幝 15115 06954
kuǎ_12.15　廣韻 苦瓦切音踝。帛衣。

懞 15116 06955
nuǒ_12.15　廣韻 同夥

幥 15117 06956
xiàng_12.15　字彙 西亮切，音象◆未笄首飾○按卽褑字之譌。

幰 15118 06957
huà_12.15　廣韻 呼麥切 集韻 忽麥切 夶音割 玉篇 裂帛聲。

幜 15119 06958
liáo_12.15　集韻 憐蕭切音聊。蓋弓也。通作橑。

幝 15120 06959
chǎn_12.15　唐韻 昌善切 集韻 韻會 正韻 齒善切 夶音闡 說文 車弊貌 詩·小雅 檀車幝幝 囝◆類篇 他千切音擅。又 稱延切音燄。又 正韻 他丹切音灘。義夶同。囝 jiàn 集韻 足戰切音箭。車衣。鋆又 幝14972

幣 15121 06960
cuì_12.15　集韻 取外切音襊。幣項，古服。

幠 15122 06961
zhèng_12.15　集韻 同幘。

幰 15123 06962
qiāo_12.15　玉篇 口妖切音蹺。袴幰也 類篇 綹紐也。囝 類篇 丘袄切音考。義同。

幢 15124 06963
jiǎo_12.15　廣韻 集韻 夶子小切音勦。拭也 囝 廣韻 盧鳥切 集韻 朗鳥切 夶音了。義同△ 集韻 或从衣作襟。

幞 15125 06964
fú_12.15　唐韻 房玉切 集韻 韻會 逢玉切音襆 說文 帊也 集韻 帕也 玉篇 巾幞 廣韻 幞頭，周武帝所製。裁幅巾出四脚以幞頭，乃名焉 唐書·車服志 幞頭起於後周，便武事者也 二儀實錄 古以皁羅三尺裹頭，號頭巾，三代皆冠。列品黔首，以皁絹裹髮。至周武帝，依古，三尺裁爲幞頭。唐馬周交解爲之 朱子語類 唐人幞頭，初止以紗爲之。後以紗軟，砍木作一山子，在前襯起 筆談 梁高祖始布漆於紗，施鐵爲脚 宋史·輿服志 幞頭，一名折上巾，起自後周，然止以軟帛垂脚。隋始以桐木爲之，唐始以羅代繒，惟帝服則脚上曲，人臣下垂，五代漸變平直。國朝之制，君臣通服平脚，乘輿或服上焉。其初以藤織草巾子爲裏，紗爲表，而塗以漆，後惟以漆爲堅，去其藤裏，前爲一折，平施兩脚，以鐵爲之。囝 bǔ 集韻 博木切音卜。裳削幅謂之幞。或作襆。鋆又 襆54840 幞15181

幟 15126 06965
chì_12.15　唐韻 集韻 韻會 正韻 夶昌志切音熾 說文 旌旗之屬 廣韻 旗幟 字詁 標也 廣雅 幟也 史記·高祖紀 旗幟皆赤 前漢·淮陰侯傳 拔趙幟，樹漢赤幟 註 索隱曰：

幟帛長丈五，廣半幅囝通作織前漢·食貨志治樓船十丈餘，加旗織於其上註師古曰織讀曰幟囝記也後漢·虞詡傳以采綖縫其裾爲幟註幟，記也囝zhì集韻韻會丛職吏切音志。又shì廣韻集韻韻會丛式吏切音試。義丛同。鼕又憒18401帜14844幟22256幟22266囝慧琳音義作帖14901：今作幟，同。尺志反。幖也。又幖幟：幟亦作帖17409義同也。

幠 15127 06966
hū_12.15 唐韻荒烏切集韻韻會正韻荒胡切丛音呼說文覆也禮·喪大記幠用斂衾囝通作無荀子·禮論篇無帾註無讀爲幠囝爾雅·釋詁大也疏廣大之異名也囝爾雅·釋詁有也囝慢也禮·投壺毋幠毋敖註幠、敖，慢也囝玉篇長也。鼕又幰15230

幨 15128 06967
sàn_12.15 廣韻蘇旱切集韻穎早切韻會先旰切丛音饊類篇蓋也晉書·輿服志功曹吏幨扇騎從說文作繖類篇亦作傘、繖。

縃 15129 06968
xū_12.15 廣韻相俞切集韻詢趨切丛音須玉篇帕也集韻帕縃，縚頭也囝廣韻頭縃朱子家禮婦人成服布頭縃，用略細麻布一條，長八寸，以束髮根，而垂其餘於後。鼕又頗68104幁15000

帒 15130 06969
èr_12.15 集韻而至切音二。飾也囝類篇女利切音膩。義同。

幡 15131 06970
fān_12.15 集韻韻會丛孚袁切音翻說文幡，書兒拭觚布也徐鉉曰觚，八棱木，於上學書已，以布拭之。今俗呼幡布內則所謂帉帨是也囝集韻一曰幟也崔豹·古今注信幡，古之徽號也，所以題表官號以爲符信，故謂爲信幡也前漢·鮑宣傳宣坐大不敬下獄，博士弟子王咸舉幡太學下，曰：欲救鮑司隸者會此下囝三幡孫綽·遊天台賦泯色空以合跡，忽即有而得玄。釋二名之同出，消一無於三幡註三幡，色，一也。色空，二也。觀，三也。言三幡雖殊，消令爲一，同歸于，無也。邵敬興與謝慶緒論三幡義曰：近論三幡，諸人猶多欲，既觀色空，別更觀識，同在一有，而重假二觀，於理爲長。然敬興之意以色空及觀爲三幡，識空及觀亦爲三幡囝與翻通詩·小雅幡幡瓠葉傳幡幡，瓠葉貌孟子既而幡然改註幡，反也司馬相如·上林賦垂條扶疎，落英幡纚註師古曰幡纚，飛揚貌詩·小雅威儀幡幡，舍其坐遷傳幡幡，失威儀貌囝集韻符袁切音煩。義同。鼕又幡18293憣18165

幢 15132 06971
chuáng_12.15 唐韻宅江切集韻韻會傳江切丛音橦說文旌旗之屬◆揚子方言翿、幢，翳也。楚曰翿，關西、關東皆曰幢釋名幢，童也，其貌童童也前漢·韓延壽傳建幢棨，植羽葆註晉灼曰：幢，旌幢也。師古曰幢，麾也囝zhuàng廣韻直降切集韻丈降切丛音鑸廣韻后妃車幰釋名幢，容也。施之車蓋童童然，以隱蔽形容也囝tóng韻會徒東切音同張衡·東京賦設業設虡，宮縣金鏞。蔌鼓路鼗，樹羽幢幢註幢幢，羽貌。

囝通作潼集韻潼容，車幨帷也。或从巾。鼕又幢22261幢18298幢18591囝可洪音義此憧17809：宅江反。正作幢。囝古音騈字續編旛幢22271，幡幢。

幣 15133 06972
bì_12.15 唐韻集韻韻會丛毗祭切音弊說文幣，帛也周禮·天官·大宰以九式均節財用，六曰幣帛之式註幣帛，所以贈勞賓客者囝集韻財也橫渠理窟幣者，金玉、齒革、泉布之雜名周禮·天官·大宰以九貢致邦國之用：四曰幣貢註幣貢，玉、馬皮、帛也。又內府凡四方之幣獻之金玉，齒革，兵器，凡良貨賄入焉管子·國蓄篇以珠玉爲上幣，黃金爲中幣，刀布爲下幣史記·平準書以白鹿皮方尺，緣以藻繢爲皮幣，直四十萬前漢·武帝紀有司以幣輕多姦，農傷而末衆，又禁兼并之塗，故改幣以約之註幣，錢也。更去半兩錢，行五銖錢、皮幣，以撿約姦邪囝集韻必袂切音蔽。義同。鼕又币14740幣15070幤15154裝54685贊57994囘08026

幪 15134 06973
méng_12.15 字彙補古文盟37198字。

幣 15135 41140
tái_12.15 字彙補音未詳穆天子傳天子命歌南山有幣。鼕南山有臺

幫 15136 41142
nào_12.15 字彙補尼老切音獿。鬧也。鼕同鬧

貌 15137 41143
mào_12.15 字彙補汒孝切音貌。絺雜文。

舞 15138 41144
dì_12.15 龍龕音帝。與豐同。須幕，天名。又音武。出兜沙經

帽 15139 41145
céng_12.15 龍龕疾陵切音層。帛也。

幛 15140 43377
tán_12.15 五音篇海音覃。

幬 15141 43378
chóu_12.15 餘文同幬。

幬 15142 43379
tuō_12.15 字彙補與幬同。

絺 15143 43380
zhì_12.15 字彙補音緻。鼕疑幟52253字之譌。

嶹 15144 u2AA7C
vây_12.15 喃从巾爲vay聲。圍。

嶹 15145 u2214C
null_12.15 未詳。

幝 15149 u22143
zhèng_12.15 同幠15122

幪 15146 u22146
mành_12.15 喃从巾萌manh聲。帆，簾子。

幪 15147 u22145
quạt_12.15 喃从巾厥quyết聲。

幪 15148 u22144
vài_12.15 喃从布罷bãi聲。布料。

幪 15150 u3862
màn_12.15 同幔15165俗幔15090

㬀 15151 u3861
chú_12.15 同幬15199叶韻彙輯幬，直株切字林帳也。形似厨也。明末清初·顧貞觀·彈指詞·卷下·金明池（茉莉）趁今夜差涼，滿襟風露，安穩碧紗幬睡。

幥 15153 u5E65
null_12.15 未詳。

幩 15152 u5E69
fén_12.15 參見幩15167

幣 15154 u5E64
bì_12.15 龍龕幣幣俗，幣15133正，毗祭反。帛也。

幫 15155 u5E5A
bāng_12.15 俗幫15187

𢁁 tuò_13.16 ◆玉篇同橐。

㡭 jiǎo_13.16 廣韻古了切集韻吉了切𠀤音皎玉篇脛行縢也集韻脛布也 又廣韻古弔切集韻吉弔切𠀤音叫。義同。

幦 mì_13.16 唐韻集韻正韻𠀤莫狄切音覓◆廣韻車覆軨也禮·玉藻君羔幦虎犆註幦，覆笭也。犆，謂緣也。此君齊車之飾 又與幭通周禮·春官木車蒲蔽、犬幦註犬幦，以犬皮爲覆笭 又集韻呼役切音焱。又詰歷切音喫。又呼昊切音殀。義𠀤同。𥌓又幭15166羃15211簚42641

㡫 lián_13.16 正字通俗帴字。

幧 qiāo_13.16 廣韻集韻七遙切韻會正韻此遙切𠀤音鞘說文斂髮也廣韻所以覆髻玉篇幧頭也揚子方言幧頭，自河以北趙魏之閒曰幧頭。或謂之帑，或謂之㡾，或謂之鬢帶，或謂之㡓帶廣雅絡頭，幧頭也古樂府·陌上桑少年見羅敷，脫帽著幧頭 又類篇或作幓儀禮·喪服註以麻自項中而前交於額上，却繞紒如著幓頭焉。又通作綃釋名綃頭，綃鈔也，鈔髮使上從也。或曰帞頭。齊人謂之㡾後漢·向詡傳好被髮，著絳綃頭註綃，當作幧又通作帩晉書·五行志太元中人，不復著帩頭。又廣韻七刀切集韻倉刀切𠀤音操。義同△類篇或作㡟。

幨 chān_13.16 廣韻集韻處占切韻會正韻蚩占切𠀤音襜玉篇帷也集韻車襜韻會以帷障車旁曰裳，爲容飾，其上有蓋，四旁垂而下，謂之幨◆周禮·春官王后之五路，重翟、厭翟、安車皆有容蓋註容謂幨車，山東謂之裳幃，或曰潼容 又韻會或作襜儀禮·士昏禮婦車有裧註裧，車裳幃 又絕句周禮·冬官考工記弓人爲弓筋之所由幨，恆由此作註幨謂絕起也 又chàn廣韻集韻正韻𠀤昌豔切音韂廣韻袚衣管子·揆度篇列大夫豹幨註襟謂之幨△集韻亦作帴帴。

幨 chān_13.16 集韻同幨。

㡠 shā_13.16 集韻山戞切音殺。巾二幅謂之㡠。

幝 dàn_13.16 類篇蕩旱切音但◆玉篇衣不束也類篇幝幌，喪之輕服玉篇亦作袒。

幔 màn_13.16 正字通俗幔字。

幎 mì_13.16 集韻同幦 又與幦同集韻幎，車覆式也禮·曲禮輲履素幎註幎，覆笭也疏素幎者。素，白狗皮也。幎，車覆闌也。𥌓又簚42641，車覆闌也。

幩 fén_13.16 唐韻集韻正韻𠀤符分切音汾◆說文馬纏鑣扇汗也詩·衛風朱幩鑣鑣毛傳幩，飾也。人君以朱纏鑣扇汗，且以爲飾正義朱爲飾之物，故幩爲飾 又集韻彼義切音賁。義同。或作幋 又fèn父吻切音憤。縠囊滿○按字彙附十二畫，非。今改正。𥌓又幩15152幩15031

幖 zhǔ_13.16 玉篇與帾同。

㡩 suì_13.16 篇海音歲。深赤色。

㡬 guò_13.16 川篇音過。鹽鼓㡬也。

龍 lóng_13.16 字彙補與龍同冊府元龜齊武帝小字龍兒。𥌓又龓15176䶬75887

㻩 lǚ_13.16 五音集韻同綠。

㡿 diàn_13.16 五音篇海音殿。

幠 cì_13.16 海篇音賜。

帾 null_13.16 未詳。

龍 lóng_13.16 同龓15171古文龍。

㠭 biǎo_13.16 同褾54653

幧 null_13.16 未詳。南朝·宋·謝莊山夜憂庭光盡，山羽歸。松昏解，渚幧稀。

幘 zé_13.16 幘15097本字。見說文

幞 fú_13.16 同幞15125可洪音義 㡇幞：下房玉反。

帘 lián_13.16 同帴15050

幰 yìn_14.17 廣韻於靳切音億玉篇幰也廣雅裹也廣韻幰裹相著。𥌓又禋54829

擬 nǐ_14.17 玉篇魚紀切音擬。巾也。

幪 méng_14.17 廣韻正韻莫紅切集韻謨逢切𠀤音蒙廣韻覆也揚子法言震風凌雨，然後知夏屋之帡幪也集韻通作幪 又měng類篇母總切音蠓。茂盛貌詩·大雅麻麥幪幪傳幪幪然盛茂也。

幩 pīn_14.17 集韻紕民切音繽玉篇亂貌集韻衣敝貌。𥌓俗作懪18520

厭 yǎn_14.17 字彙於檢切音黶。厭心甲。

幫 bāng_14.17 廣韻正韻博旁切集韻逋旁切𠀤音幇廣韻幫，衣治絲履集韻治履邊也六書故幫，裨帖也。省作幇。凡事物旁助者皆曰幫。𥌓又帮14935幱21098幇15155㡷37024縍44653鞤67430幫67538

幱 lán_14.17 唐韻魯甘切類篇盧甘切𠀤音藍說文楚謂無緣衣也 又揚子方言襤也。楚曰幱褸。

幬 chóu_14.17 唐韻直由切集韻韻會陳留切正韻除留切𠀤音儔說文襌帳也爾雅·釋訓幬謂之帳註今江東亦謂帳爲幬宋玉·神女賦寒余幬而請御，願盡心之惓惓 又車帷也史記·禮書大路之素幬也註索隱曰：謂車蓋以素帷 又類篇幔轂之革也周禮·冬官考工記欲其幬之廉也 又dào廣韻徒到切集韻韻會大到切正韻杜到切𠀤音導廣韻幬，覆也禮·中庸辟如天地之無不持載，無不覆幬 又韻會正韻𠀤徒刀切音陶。義同 又chú韻韻會𠀤重株切音廚丁廙·寡婦賦靜閉門以却掃，魂孤煢以窮居。刷朱扉以白堊，易玄帳以素幬。𥌓又幬14932幬14950幬15141幬15210幬15074 又可洪音義蚊繡45095：直流反。

縃 15190 06996 sōu_14.17 玉篇古文搜20295字。鋻又骳05319	幪 15214 u22174 měng_16.19 俗幪18669 廣韻嶝韻幪,悶也。周祖謨校勘記：故宮本、敦煌本均作幪,是也。
騩 15191 41149 guī_14.17 字彙補與歸同。出漢孔和碑陰。	幱 15215 u22173 lián_16.19 同幱15050
幰 15192 43383 gài_14.17 搜眞玉鏡音葢。鋻可洪音義華幰:音盖。	幵 15216 u22172 xián_16.19 或同幖15085 王仁昫刋謬補缺切韻一. P.2011 幵,巾新撰字鏡幵,辝炎反。巾。
騩 15193 43384 guī_14.17 字彙補同騩 犕 15194 u2AA7E fǔ_14.17 俗髄75138	籢 15217 07009 lián_17.20 集韻離鹽切音廉。與籢同說文鏡籢也。或作幣。
幦 15195 u22167 mèn_14.17 喃从巾綿miên聲△禛幦:覆蓋,被子。	幱 15218 07010 lán_17.20 廣韻落干切韻會郎干切夶音闌廣韻幱衫,幱裙也。本作襴類篇裳與衣連曰幱韻會今省作幱。
幮 15196 u22165 chú_14.17 同幮15199蚊帳 幰 15197 u22163 null_14.17 未詳。	幬 15219 07011 zhèng_17.20 廣韻猪孟切音倀。開張畫繪也。鋻畫繪,畫繪之誤図撜21170幀14998
幭 15198 06997 miè_15.18 唐韻集韻夶莫結切音蔑說文蓋幭也。図說文一曰禪被図玉篇帊幞也揚子方言襜褕謂之幭註卽帊幞也図wà類篇勿發切音袜。義同図與幦、幭同集韻車覆式也詩·大雅鞹鞃淺幭傳淺,虎皮淺毛也。幭,覆式也疏幭字禮記作幦周禮作禑,字異而義同。鋻又幭15211篾42641輓60454	幟 15220 07012 qiān_17.20 廣韻七廉切集韻千廉切夶音籤廣韻幖幟,記也集韻標識也図jiān唐韻精廉切集韻子廉切夶音尖說文拭也。
幮 15199 06998 chú_15.18 廣韻直誅切集韻重株切夶音廚廣韻帳也。似厨形。出陸該·字林。鋻又幮15151幮15196	幰 15221 07013 yào_17.20 類篇弋灼切音藥。幕屋謂之幰。
幯 15200 06999 jié_15.18 廣韻集韻夶子結切音節玉篇拭也図集韻子末切音緭。義同。鋻又撍21019	幰 15222 u2AA80 null_17.20 喃未詳。 幰 15224 07015 nún_18.21 唐韻乃昆切音麕◆說文塗地,以巾撋之類篇以巾拭墠図玉篇著也。塗也図néi集韻奴回切音捼。又乃坦切音攤。義夶同図nàn廣韻奴案切集韻乃旦切,夶難去聲。巾撋也。鋻又幱15231幰15233幰15237幰15235
幉 15201 07000 bì_15.18 類篇彼義切,音秘◇裙也。又集韻同幭15152	幱 15223 07014 shuāng_18.21 集韻疎江切音雙。與欆同。桮欆,未張帆也。或从巾。通作艭、雙。
幱 15202 07001 zú_15.18 篇海音足。韜囊。	幖 15225 u2217D biāo_18.21 幖15092本字。
幯 15203 07002 huì_15.18 五音集韻祥歲切音篲。布巾。鋻直音篦。幯,同幯。	幰 15226 07016 luán_19.22 字彙音鑾。鑾帶也。
幀 15204 u2216C chǎn_15.18 喃从帛真chân聲。同禛54628被子。	幰 15227 07017 luǒ_19.22 集韻朗可切音砢。裂繒也。
幱 15205 07003 lài_16.19 類篇洛駭切,音攋◇幱幱,衣破貌。	幰 15228 43385 yuán_19.22 搜眞玉鏡音袁。
幱 15206 07004 xián_16.19 廣韻徐廉切集韻徐鹽切夶音爓玉篇覆也図廣雅巾也廣韻小巾。	幱 15229 u22181 rèm_19.22 喃从巾从簾,簾rèm亦聲。幔。
幯 15207 07005 fèn_16.19 唐韻方吻切集韻府吻切,夶音憤說文以囊盛穀,太滿而裂也図玉篇弓筋起図廣韻扶問切集韻符問切,夶分去聲。又集韻方問切音僨。又敷勿切音弗。義夶同。	幠 15230 u2217F hū_19.22 幠15127本字。
幱 15208 07006 hè_16.19 廣韻呼格切集韻韻會郝格切夶音赫玉篇幱帴,赤紙也図通作赫◆前漢·成帝趙后傳發篋中,藥二枚,赫蹏書註應劭曰:薄小紙也。晉灼曰:今謂薄小物爲赫蹏図廣雅幱紘謂之咋。	幰 15231 u386A néi_19.22 幰15224段氏改作幰,从巾廳聲。
幰 15209 07007 xiàn_16.19 唐韻虚偃切集韻韻會許偃切夶音幵說文車幔也玉篇車幰也倉頡篇帛張車上爲幰廣雅幰之幰釋名幰,憲也,禦熱也。鋻又作幰,同図輗輼60423	幱 15232 43387 néng_20.23 五音篇海音能。
幬 15210 07008 dào_16.19 五音篇海徒到切。與幬同。	幰 15233 07018 nàn_21.24 廣韻幰,亦書作幰。
幱 15211 43385 miè_16.19 龍龕同篾。鋻又幭15213	幱 15234 07019 lán_21.24 韻會幱本字。
幰 15212 u2AA7F null_16.19 未詳。 幭 15213 u22176 miè_16.19 同幭15211	幰 15235 41150 nàn_21.24 篇海類編奴案切,難去聲。巾撋也。又塗著也〇按字本作幰,亦書作幰,當卽一字傳寫之譌。
	䪽 15236 43388 cǎi_21.24 字彙補此宰切音彩。與䪞同。
	幰 15237 u2F889 nàn_21.24 同幰15233 衞 15239 u22188 wèi_24.27 同襒57317
	纍 15238 41151 luǒ_24.27 字彙補與駱同。見義雲章

◆ 干部 ◆

干 15240 07020
gān_0.3　唐韻古寒切集韻韻會居寒切丛音竿說文干，犯也。左傳·文四年其敢干大禮以自取戾晉書·衞玠傳非意相干，可以理遣图爾雅·釋言干，求也。書·大禹謨罔違道以干百姓之譽論語子張學干祿图盾也。揚子方言盾，自關而東或謂之瞂，或謂之干，關西謂之盾書·大禹謨舞干羽于兩階詩·大雅干戈戚揚图司干，官名周禮·春官司干掌舞器图爾雅·釋言干，扞也註相扞衞疏孫炎曰：干盾自蔽扞詩·周南公侯干城疏干城者，言以武夫自固爲扞蔽如盾，爲防守如城然图澗也詩·小雅秩秩斯干傳干，澗也图水涯。◆易·漸卦鴻漸于干註干謂大水之旁，故停水處者詩·魏風寘之河之干兮傳干，厓也图國郊曰干詩·邶風出宿于干傳干言國郊也图韻會若干，數未定之辭，猶言幾許也禮·曲禮問天子之年。對曰：聞之始服衣若干尺矣前漢·食貨志或用輕錢百加若干註師古曰若干，且設數之言也。干猶箇也，謂當如此箇數耳图自甲至癸爲天干皇極經世十干，天也。十二支，地也。支干配天地之用也皇極內篇十爲干，十二爲支。十干者，五行有陰陽也。十二支者，六氣有剛柔也图闌干，橫斜貌古樂府·善哉行月沒參橫，北斗闌干图◆韻會闌楯閒曰闌干李白清平調沉香亭北倚闌干图韻會目眶謂之闌干正韻闌干，淚流貌談藪王元景使梁，劉孝綽送別，泣下。元景無淚，謝曰：別後當闌干白居易詩玉容寂寞淚闌干图蘭干，紵也後漢·哀牢國傳蘭干細布，織成章如綾錦華陽國志蘭干，獠言紵也图干將，劍名吳越春秋干將者，吳人也。莫邪，干將之妻也。干將作劍，莫邪斷髮翦爪投于爐中，金鐵乃濡，遂以成劍。陽曰干將，陰曰莫邪图干遮，曲名司馬相如·子虛賦淮南干遮註干遮，曲名也图射干，木名荀子·勸學篇西方有木，名曰射干。图◆草名本草圖經射干，花白莖長，如射人之執干後漢·陳寵傳陽氣始萌，十一月有蘭、射干、芸、荔之應。图獸名司馬相如·子虛賦騰遠射干註射干，似狐，能緣木。又野干，亦獸名法華經野干，體瘦無目，爲諸童子摘擲，受諸苦痛图發干、蘭干、餘干，丛縣名後漢·郡國志東郡有發干縣，漢陽郡有蘭干縣隋書·地理志郈陽郡有餘干縣图長干，地名左思·吳都賦長干延屬註建業南五里有山岡，其閒平地，吏民雜居。東長干中有大長干、小長干，皆相連。地有長短，故號大、小長干韓詩曰考盤在干。地下而黃曰干图姓左傳·昭二十一年宋有干犨劉向·別錄有干長，著天下忠臣九篇。又段干、干己，丛複姓史記·老子傳老子之子名宗，爲魏將，封於段干註段干，應是魏邑名，而魏世家有段干木，段干子田完世家有段干朋。疑此三人是姓段干也，本蓋因邑爲姓何氏姓苑漢有干己衍，爲京兆尹图gàn集韻居案切音旰。扞也詩·周南公侯干城。沈重讀。图hán篇韻音寒。國名淮南子·道應訓荆有佽飛，得寶劍於干隊註干國在今臨淄，出寶劍图韻會通作奸。

前漢·劉向傳數奸死亡之誅图通作忓，干預也唐書·萬壽公主傳無忓時事图韻會通作竿後漢·董卓傳乘金華青蓋，爪畫兩轓，時人號竿摩車，言其服飾近天子也註竿摩，謂相逼近也。今俗以事干人者謂之相竿摩。图與矸通集韻矸，石也。或省作干图與豻通類篇豻或作干儀禮·大射儀量人量侯道干五十註干讀豻。豻侯者，豻鵠豻飾也图古與乾通初月帖淡潤干嘔。楊慎曰：淡，古淡液之淡，干，古干溼之干。今以淡作痰，干作乾，非也。鑒今乾00486幹15272簡化字。

干 15241 u2F32
gàn_0.3　部干15240

羊 15242 07021
rěn_2.5　唐韻如審切集韻忍甚切丛音荏。◆說文羊，撚也。言稍甚也。鑒又羊45714芊45715

平 15243 07022
píng_2.5　古文𠔽𠜀唐韻符兵切集韻韻會蒲兵切正韻蒲明切丛音苹說文平，語平舒也。廣韻平，正也。增韻平，坦也。易·泰卦无平不陂图廣韻平，和也書·堯典平章百姓傳平和章明疏和協顯明於百官之族姓图成也。謂解怨和好也爾雅·釋詁平，成也春秋·宣五年宋人及楚人平穀梁傳平者，成也。善其量力而反義也註各知其力，不能相制，反共和之義左傳疏平者，和也。言其先不平，而今始平图治也書·大禹謨地平天成傳水土治曰平詩·小雅原隰既平图治之也詩·大雅修之平之，其灌其栵疏修理之、平治之者，其爲灌木、其爲栵木之處也图平服詩·大雅四方既平，王國庶定疏四方既已平服，王國之內幸應安定图玉篇平，齊等也增韻平，均也易·乾卦雲行雨施，天下平也疏言天下普得其利，而均平不偏陂書·君奭天壽平格疏正義曰：平謂政教均平也图廣雅平，均賦史記·平準書註索隱：大司農屬官有平準令，丞者，以鈞天下郡國輸斂，貴則糶之，賤則買之。平賦以相準輸歸於京都，故命曰平準图樂聲不相踰越也周語樂從和，和從平图爾雅·釋詁平，易也疏易者，不難也後漢·班超傳任尚曰：我以班君當有奇策，今所言平平耳图歲稔也前漢·食貨志再登曰平，三登曰太平图諡法執事有制曰平，治而無眚曰平，布綱治紀曰平图爾雅·釋地大野曰平疏大野之澤一名平韓愈·城南聯句沙篆印迴平註洪慶善曰：華山有青柯平、種藥平，因地之平處也。图臘月嘉平史記·秦始皇紀更名臘曰嘉平註茅盈內紀曰：盈曾祖父蒙於華山白日升天。其邑謠歌曰：神仙得者茅初成，駕龍上升入泰清，時下玄洲戲赤城，繼世而往在我盈，帝若學之臘嘉平。始皇聞謠歌而問其故，父老具對，因改臘曰嘉平索隱曰：廣雅云夏曰清祀，殷曰嘉平，周曰大蜡，亦曰臘。秦更曰嘉平，蓋因歌謠之詞而改從殷號也图華平，瑞木名宋書·符瑞志華平，其枝正平。王者有德則生，德剛則仰，德弱則俯張衡·東京賦植華平於春圃註天下平，其華則平图廷尉平，官名史記·張釋之傳廷尉。天下之平也前漢·百官表宣帝地節三年，置廷尉左、右平，秩六百石图平

原、太平、平陸，丛地名爾雅·釋地廣平曰原，高平曰陸疏廣平曰原者，謂澤之廣平者亦名原，漢以平原爲郡名。高平曰陸者，謂土地豐，正名爲陸又東至日所出，爲太平，太平之人仁孟子孟子之平陸凶州名唐書·地理志平州，北平郡廣韻古山戎孤竹、白狄妣子二國之地，秦爲遼西郡，隋爲北平郡，唐爲平州凶姓廣韻齊相晏平仲之後前漢·平當傳當哀帝時爲丞相，子晏歷位大司徒。又複姓何氏姓苑有平陵、平寧二氏姓譜平陵氏史記平陵老之後凶pián廣韻房連切集韻韻會毗連切正韻蒲眠切丛音緶廣韻平平，辨治也書·洪範王道平平詩·小雅平平左右凶韻會均也。

凶bìng韻會皮命切音病。平物賈也周禮·地官·質劑註市中平賈，今時月平是也。又地官·質人註質，平也。主平定物賈揚子法言一閧之市，必立之平後漢·五行志桓帝初，京都童謠曰：游平賣印自有平，不避豪賢及大姓凶古與便、辯通史記·五帝紀便章百姓註索隱曰：古文尚書作平，平既訓便。因作便章。其今文作辯章。古文平字亦作便，便則訓辯，遂爲辯章凶集韻拼19505古作平。鍏又夸00055奅32198凶字典塚屑後漢·五行志不辟，此作不避。按，辟，徵也。字可通，義自別。

年 15244 07023
nián_3.6　古文芊唐韻廣韻奴顛切集韻類篇韻會寧顛切正韻寧田切丛撚平聲說文本作秊。穀熟也。从禾千聲春秋·桓三年有年穀梁傳五穀皆熟爲有年宣十六年大有年穀梁傳五穀大熟爲大有年凶歲也爾雅·釋天夏曰歲，商曰祀，周曰年，唐、虞曰載註歲取星行一次，祀取四時一終，年取禾一熟，載取物終更始疏年者，禾熟之名。每歲一熟，故以爲歲名周禮·春官正歲年以序事註中數曰歲，朔數曰年疏一年之內，有二十四氣。節氣在前，中氣在後。節氣一名朔氣。中氣市則爲歲，朔氣市則爲年左傳·宣三年卜年七百。

凶齒也釋名年，進也。進而前也。禮·王制凡三王養老，皆引年註引年，按年也左傳·定四年武王之母弟八人，周公爲太宰，康叔爲司寇，聃季爲司空，五叔無官，豈尚年哉註言以德爲輕重，而不以齒爲先後也凶姓萬姓統譜永樂中有年當，懷遠人，歷官戶部尚書凶nìng集韻乃定切音佞。人名公羊傳·襄三十年年夫釋文年音佞。二傳作佞夫△集韻亦書作秆。唐武后作秊。

鍏又秊40230秊40348秊40288秊04552秊04030秆04522穒51044凶字學三正罜，古文。

开 15245 07024
jiān_3.6　唐韻古賢切集韻韻會經天切丛音堅說文平也。象二干對構上平也凶廣韻开，羌名前漢·趙充國傳先零罕开註師古曰罕、开，羌之別種也。此下言遣开豪雕庫宣天子至德，罕、开之屬皆聞知明詔。其下又云河南大开、小开，則罕羌、开羌，姓族殊矣。而今之羌姓有罕开者，總是罕开之類，合而言之，因爲开耳凶縣名前漢·地理志天水郡罕开縣註師古曰本破罕开之羌，處其人於此，因以名云凶yán集韻倪堅切音妍。義同凶qiān集韻韻會輕烟切正韻苦堅切丛音

牽。義同。又姓正字通宋有四川漕使开度。鍏又拜15268

15246 uF98E
年 nián_3.6　兼年。

15247 07025
汀 tīng_4.7　說文同汀。鍏又勽00547

15248 07026
gān_4.7　集韻於寒切音安。股也。

15249 43389
庄 jìn_4.7　海篇音近。

15250 u2AA81
null_4.7　殷周金文集成·06.3686·拼廷冀作父癸簋

15251 07027
chā_5.8　字彙俗舀字。

15252 07028
bīng_5.8　唐韻府盈切集韻韻會卑盈切丛餅平聲說文本作羿。从二人，开聲。一曰从持二干爲羿。隸作并。相从也周禮·冬官考工記輿人爲車。凡居材大與小無并註并謂偏邪相就也凶廣韻并，合也謝靈運·初去郡詩廬園當巖栖，卑位代刪耕。顧己雖自許，心迹猶未并凶玉篇并，兼也。同也凶州名書·禹貢肇十有二州註舜分冀州爲幽州、并州廣韻春秋時爲晉國，後屬趙，秦爲太原郡，魏復置并州韻會唐爲太原府凶姓廣韻出姓苑萬姓統譜并韶有文藻，吏部以并姓無先賢，下其選格凶bìng廣韻集韻韻會卑正切正韻陂病切丛餅去聲廣韻并，專也。◆禮·檀弓趙文子曰：陽處父行并植於國註并，猶專也。謂剛而專己釋文并，必正反。凶與併同集韻併或省作并賈誼·過秦論并吞八荒謝靈運·擬鄴中詩序天下良辰、美景、賞心、樂事，四者難并凶韻會與偋通莊子·天運篇至貴國爵并焉註并，棄除也。鍏又并02573

15253 07029
幸 xìng_5.8　古文㚔夻唐韻胡耿切集韻韻會正韻下耿切丛音倖說文本作㚔。吉而免凶也前漢·高帝紀願大王以幸天下註晉灼曰：臣民被其德，以爲徼倖也。師古曰幸者，可慶幸也。故福善之事皆稱爲幸凶小爾雅非分而得曰幸增韻非所當得而得，與不可免而免曰幸論語罔之生也，幸而免中庸小人行險以徼幸晉語德不純而福禄丛至，謂之幸荀子·富國篇朝無幸位，民無幸生凶冀也禮·檀弓幸而至於旦註幸，覬也凶玉篇幸天子所至也。◆蔡邕·獨斷天子車駕所至，見令長、三老、官屬，親臨軒作樂，賜以食帛，民爵有級，或賜田租，故謂之幸凶玉篇幸，御所親愛也前漢·佞幸傳但以婉媚貴幸凶姓萬姓統譜望出鴈門，晉有幸靈。唐有幸南容，貞元中進士。宋有幸元龍，嘉泰初進士凶韻補古叶散易林疾貧望幸，使伯行販△韻會或作㚔篇海或作㚔。鍏又㚔04561幸45727㚔45728

15254 07030
xìng_5.8　海篇同幸。

15255 u22190
軒 xuān_5.8　軒59877之訛

15257 07031
shū_6.9　字彙補古文叔05207字。

15258 u22195
pǎng_6.9　喃平坦。

15256 u2218F
軒 null_5.8　未詳。

15259 u22194
è_6.9　同罗05868篇海罗，五各切。

15260 u22193
bā_6.9　漢語方言大詞典罗，山腰裏不陡的坡地。

㊀客話。福建明溪。㊁閩語。福建沙縣。

卙 15261 u22192
zhàn_6.9　俗弆26564詳。迎自呂氏春秋長短頡斝百疾。

斝 15262 07032
null_7.10　字彙補音未詳。

䀐 15264 u22197
null_7.10　未詳。

羿 15263 u22199
bīng_7.10　幷15252本字

䀐 15265 u2AA83
null_8.11　未詳。

軒 15266 u2AA82
gān_8.11　俗乾00486

可洪音義 能軒：古寒反。正作乾。

棗 15267 u2219A
jiǎn_8.11　俗棗15273

𢙾 15270 u2AA84
null_9.12　嘀未詳。

舛 15268 07033
jiān_9.12　海篇音義與开同〇按卽开字之譌。

䀏 15269 07034
gé_9.12　集韻居曷切音葛。䀏䀏，豎干貌。

赶 15271 u2219D
gǎn_9.12　俗趕58356元·李行道·灰闌記·第二折緊待赶，更那堪帶鎖披枷。清·黃六鴻福惠全書·刑名部四·人命上·審鞫·七殺式附夫持物赶去，是有意欲殺之也。

幹 15272 07035
gàn_10.13　唐韻古案切集韻韻會居案切正韻古汗切，灷干去聲。類篇幹，能事也易·蠱卦幹父之蠱註幹父之事，能承先軌，堪其任者也図玉篇幹，體也易·乾卦貞者，事之幹也図草木莖曰幹詩詁木旁生者爲枝，正出者爲幹図凡器之本曰幹禮·月令羽箭幹註幹者，器之本也疏器之材樸總謂之幹周禮·冬官考工記荊之幹註柘也，可以爲弓弩之幹図十干，本作幹廣雅甲乙爲幹。幹者，日之神也図幹也公羊傳·莊元年搢幹而殺之爾雅·釋畜回毛在幹，旋毛在脊者，名茀方疏旋毛在脊者，名茀方図奇幹，國名汲冢周書奇幹善芳註奇幹在北。善芳者，鳥名図韻會幹，脊骨左傳·昭二十五年唯是橢樹，所以藉幹図姓萬姓統譜見姓苑。宋時西夏有幹道冲，其先從夏主遷興州，世掌夏國史。道冲通五經，爲蕃漢教授，官至中書宰相。元有幹勒忠，習女直契丹字，通法律，官至同僉樞密院事図hán集韻正韻灷河干切音寒集韻幹，井垣也。韻會幹，井上木欄也。其形四角或八角。又謂之銀牀莊子·秋水篇吾跳樑乎井幹之上図樓名前漢·郊祀志武帝立井幹樓，高五十丈註積木而高爲樓，若井幹之形也班固·西京賦攀井幹而未半，目眴轉而意迷図韻會與管通前漢·劉向傳石顯幹尚書註師古曰幹，與管通後漢·竇憲傳內幹機密註幹，古與管通。鎣又䕘51155蘚51381䑏70642䑏70615㪔04609図櫸25582，俗幹可洪音義根櫸：古岸反。莖櫸：上戶萌反。下古旱、古按二反。正作幹。

棗 15273 07036
jiǎn_10.13　唐韻古典切集韻韻會吉典切灷音蘭說文棗，小束也玉篇棗，禾十把也氾勝之書藝麻法，棗欲小，縛欲薄玉篇或作秆韻會或作棗。鎣又棗15267㮣10136劗03842䑏15291䑏16005稯40760秫40461秆40395稅40432

䀐 15274 07037
píng_10.13　唐韻薄經切集韻韻會旁經切灷音䒩說文䀐，攼也玉篇䀐，竹器也廣韻䀐，織蒲爲器集韻䀐，奄也。鎣又㟼13193䀐15277䀐35674䀐03818

䚥 15276 u2AA85
êm_10.13　嘀从平淹êm省聲△䚥恬：平和，幽靜。

䀐 15277 u2F939
píng_10.13　同䀐15274

㤴 15275 u2AA86
đêm_10.13　嘀从平念niêm聲△䚥恬，淹恬：溫和，恬靜。

秾 15278 u221A0
lài_10.13　嘀从平來lai聲。

䀏 15279 u221A4
null_11.14　未詳。

䄉 15280 u221A2
dēng_11.14　俗登57059

薛 15282 u221A5
năm_12.15　嘀从年南nam聲△薛䟗：往昔。

䀐 15281 u2AA87
null_12.15　嘀未詳。

䀐 15286 u221A7
may_13.16　嘀同䅂15285

䄄 15283 41152
dēng_13.16　字彙補卑病切，音幷◇禮器。鎣或作䅂15280䅂16006說文作䅂57068，隸作竖57059

䏧 15284 43390
hàn_13.16　篇海音旱。鎣古文諫龍龕古文，音諫。

䅂 15285 u221A8
may_13.16　嘀从幸枚mai聲。幸運。

䅂 15288 u221AA
may_15.18　嘀从幸埋mai聲。幸運。

䄉 15287 u2AA88
null_15.18　嘀未詳。

䅂 15289 u2AA89
null_16.19　嘀未詳。

䅂 15290 u221AC
tuổi_16.19　嘀从年从歲，歲tuế亦聲。年齡，年紀，屬相△䅂祂：青年時代。䅂狍：屬猴。

䅂 15291 u221AC
jiǎn_17.20　俗䅂16005類篇棗15273，或作柬、䅂。

䅂 15292 u221AE
null_20.23　未詳。

• 幺部 •

幺 15293 07038
yāo_0.3　唐韻集韻於堯切韻會正韻伊堯切，並音平聲說文幺，小也。象子初生之形徐鉉曰象纏有形質前漢·食貨志徑七分，重三銖曰幺錢註師古曰幺，小也陸機·文賦猶絃幺而徽急註幺，小也図通俗文不長曰幺。細小曰麼班彪·王命論幺麼尚不及數子図爾雅·釋獸幺，幼註豕最後生者俗呼爲幺豚図幺鳳，小鳥名蘇軾·梅花詞倒掛綠毛幺鳳図六幺，曲名琵琶錄綠腰，卽錄要也。本自樂工進曲，上令錄出要者，乃以爲名。後轉呼綠腰，又訛爲六幺也樂譜琵琶曲有六幺。唐僧善本彈六幺曲，下撥一聲如雷發，妙絕入神白居易·琵琶引先爲霓裳後六幺図姓萬姓統譜弘治中有幺謙，湯陰人，爲通州訓導△俗作么。鎣又幺00277亦俗幺。

幺 15295 u2E93
yāo_0.3　部幺15294

乡 15296 u4E61
xiāng_0.3　簡鄉61874

幺 15294 u2F33
yāo_0.3　同幺15293部首專用字。亦作幺15295

幻 15297 07039
huàn_1.4　古文叀唐韻集韻並胡辨切，湲去聲。又集韻胡慣切，音患。義同。說文从反予，相詐惑也書·無逸民無或胥，讒張爲幻図廣韻化也金剛經一切有爲法，如夢幻泡影図增韻幻，妖術也。或作眩前漢·張騫傳犛軒眩人註眩，讀與幻同。卽今吞刀吐火，植瓜種樹，屠人截馬之類皆是也図叶葵絹切功見院陸機·刻漏賦來像神造，去猶鬼幻。因勢相引，乘靈自薦。鎣又

𠫔00544𠃷15300𡗜26559

糸 15298 07040 xuán_1.4 玉篇糸今文玄33777 又mì說文古文糸43750字。

𢆯 15299 43391 hù_1.4 字彙補匣故切音互釋典呼作㐀字。 鑾同弖。俗互 又俗氏。

𠃷 15300 u221B1 huàn_1.4 俗幻15297可洪音義如𠃷：户辦反。

幼 15301 07041 yòu_2.5 古文𠃷唐韻集韻韻會正韻太伊謬切，幽去聲爾雅·釋言幼，稺也釋名幼，少也。言生日少也禮·曲禮人生十年曰幼學疏幼者，自始生至十九時。故檀弓云幼名者，三月爲名稱幼冠禮云棄爾幼志，是十九以前爲幼喪服傳云子幼。鄭康成云十五以下。今云十年曰幼學，是十歲而就業也 又慈幼也孟子幼吾幼，以及人之幼註幼，猶愛也 又王莽錢名前漢·食貨志徑八分，重五銖曰幼錢，直二十 又集韻乙六切音郁。義同 又yào集韻一笑切音要。幼眇，精微也前漢·元帝紀贊窮極幼眇註幼，讀曰要司馬相如·長門賦聲幼妙而復揚 又與袎通集韻袎或作幼。鑾又㓜03287𢆱15302𠢃15464㓜43763𢀖13299

𢆱 15302 07042 yòu_2.5 字彙補與幼同皇甫君碑𢆱挺雕龍之采。

幻 15304 u221B5 huàn_2.5 俗幻15297

𢆴 15303 43392 diǎo_2.5 字彙補丁了切音鳥。懸貌。右畔本作倒了字。鑾又可洪音義了𢆵15305：上力鳥反。下丁了反。懸垂皃也。正作𠄏00535

𢆵 15305 u221B4 diǎo_2.5 俗𠄏00535

幽 15306 07043 yōu_3.6 唐韻集韻太於虯切音幽說文幽微也廣韻微小也元包經僾幺幽，卒飄𧓍傳僾幺幽，始於細微也。卒飄𧓍，終能强盛也。 又zī集韻茲49337古作幽。鑾龍龕幽或作，幽今。

𢆶 15307 u2AA8A yuē_3.6 俗約43783原本玉篇殘卷約，於略反周易納约自牖。野王案：尔雅约，少也；约，儉也；约，薄也。

𢆸 15308 07044 yào_4.7 玉篇乙肖切集韻一笑切，太邀去聲玉篇𢆸㡯，小貌也 又yāo類篇於喬切音邀。義同 又與妙通集韻妙或作𢆸〇按字彙𢆸，音腰。急戾也。據說文當作𢆸，从弦省。𢆸，小意，从幺。自是二字類篇𢆸載弦部，𢆸載幺部是也。今載𢆸字於此，另附𢆸字於後。鑾俗作𢆺15322說文作𢆸。

𢆹 15309 07045 bēng_4.7 集韻悲萌切音繃。繩以直物。通作絣。

𢆻 15310 43393 chén_4.7 海篇音臣

𢆼 15311 u221B9 null_4.7 未詳。

𢆽 15312 07046 jī_5.8 集韻幾15328古作𢆽。

𢆾 15313 07047 jī_5.8 集韻幾15328古作𢆾。

𢆿 15314 07048 yāo_5.8 唐韻於霄切，音邀。又集韻韻會正韻伊堯切，音幺。義同說文急戾也 又集韻一笑切，邀去聲。義同 又yǎo集韻一兆切音窈。𢆿𥾛，理絲未成絢急線也。

𢇀 15315 43394 yōu_5.8 五音篇海音幽。小也。又音直。義同。

𢇁 15319 u221C2 guān_6.9 俗𢇇15325

𢇂 15316 07049 sī_6.9 集韻總44488古作𢇂〇按說文本作𢇃。从絲省字彙沿集韻而誤也。

幽 15317 07050 yōu_6.9 唐韻集韻於虯切韻會幺虯切正韻於尤切太音呦說文幽，隱也易·履卦幽人貞吉疏幽隱之人，守道貞吉禮·儒行幽居而不淫疏君子雖復隱處，常自修整不傾邪也後漢·章帝章和元年詔光照六幽註謂六合幽隱之處也 又爾雅·釋詁幽，微也疏幽者，深微也史記·樂書極幽而不隱 又玉篇幽，深遠也易繫辭无有遠近幽深疏言易之告人，无問遠之與近，及幽邃深遠之處，皆告之也詩·小雅幽幽南山註幽幽，深遠也 又玉篇幽，不明正韻幽，闇也書·舜典黜陟幽明註黜退其幽者，升進其明者禮·檀弓望反諸幽，求諸鬼神之道也註鬼神處幽闇 又正韻幽，囚也史記·太史公自序幽於縲紲楊惲·報孫會宗書身幽北闕 又州名書·舜典肇十有二州傳禹治水之後，舜分冀州爲幽州、幷州爾雅·釋地燕曰幽州疏燕，其氣深要，厥性剽疾，故曰幽。幽，要也 又地名左傳·莊十六年同盟于幽註幽，宋地 又國名山海經大荒之中有思幽之國，思士不妻，思女不夫註言其人直思感而氣通，無配合而生子 又姓廣韻出姓苑 又與黝通集韻黝或作幽禮·玉藻一命緼韍幽衡，再命赤韍幽衡註幽讀爲黝黑之黝。鑾又𢆷03242𣶶30428𢇅05086𣸟29754 又俗書刊誤·卷七·略記字始·石鼓字𢆶15306，幽。

𢇄 15318 u2AA8B cí_6.9 同慈17986殷周金文集成·15.9734.中山王圓壺昔者先王，𢇄悉百每。讀慈愛百民 又姓氏，同才19138古璽彙編·姓名私璽.3353𢇄絵 又同哉05826見殷周金文集成·5.2840.中山王鼎語不竣𢇄。

𢇃 15320 u221C6 sī_7.10 說文古文總44488

𢇅 15321 u221C5 guān_7.10 同𢇇15325

𢆺 15322 u221C4 yào_7.10 俗𢆸15308

𢇆 15323 u221C3 yà_7.10 同𢀠00601俗亞00599慧琳音義肚不亞：下烏（烏）嫁反。經作𢇆，草書也，不成字。

𢇈 15324 u221C1 xián_7.10 可洪音義絃緩：上音賢，正作絃。

𢇇 15325 07051 guān_8.11 唐韻古還切集韻姑還切太音關說文𢇇，織絹以糸貫杼也 又集韻古患切音慣。義同。鑾又𢇉05125𢇊12718𢇁15319𢇅15321

𢇋 15326 43395 yàn_8.11 五音篇海音燕。

𢇌 15327 u221C9 dối_8.11 喃从幻对đối聲。虛幻，虛假。

幾 15328 07052 jī_9.12 古文𢆽𢆾唐韻居衣切集韻韻會居希切太音機說文微也易繫辭幾者，動之微吉之先見者也書·皋陶謨兢兢業業，一日二日萬幾傳言當戒懼萬事之微 又說文殆也，从𢆶从戍。戍，兵守也。𢆶而兵守

者危也。爾雅·釋詁幾，危也。註幾，猶殆也。詩·大雅天之降罔，維其幾矣〇玉篇期也。詩·小雅卜爾百福，如幾如式。疏所以與汝百種之福，其來早晚如有期節矣，其福多少如有法度矣〇爾雅·釋詁庶幾，尚也。疏尚，謂心所希望。孟子王庶幾改之〇察也。禮·玉藻御瞽幾聲之上下。周禮·地官·司門幾出入不物者。註不物，與衆不同。又司關無關門之征猶幾。註無租稅，猶苛察不得令姦人出入〇韻會將及也。爾雅·釋詁近也。易·中孚月幾望。禮·樂記知樂則幾於禮矣。史記·留侯世家幾敗乃公事〇按爾雅釋文音機。史記索隱音祈。禮記釋文音譏。又巨依反。韻會云叢機、祈二音，是也〇qí 廣韻·集韻·韻會叢渠希切音祈。集韻器之沂鄂也。禮·郊特牲丹漆雕幾之美。註幾，謂漆餙沂鄂也。疏雕刻刻鏤，幾謂沂鄂，言以丹漆雕餙之，以爲沂鄂。釋文幾，巨依反〇jǐ 廣韻居狶切。集韻·韻會舉豈切，叢機上聲。玉篇幾，多也。廣韻幾，何也。韻會幾，數問多少之辭。左傳·僖二十七年靖諸内而敗諸外，所獲幾何。史記·萬石君傳少子慶爲太僕，御出，上問車中幾馬〇韻會未多時曰無幾。又物無多，亦曰無幾〇jì 廣韻·集韻·韻會叢其既切，祈去聲。廣韻幾，未已也〇集韻與覬通。左傳·哀十六年國人望君，如望歲焉，日日以幾。註冀君來。史記·晉世家無幾爲君。註幾，謂望也。鑒今簡化作几03075〇遷61276〇史記·留侯世家。徐慧：前漢·高帝紀

缢 15329 07053 yì_9.12　唐韻於闕切音瘿。說文不成，遂急戾也。〇按說文本作絠，从弦省。字彙沿玉篇而小誤也。五音集韻作絠。尤誤。鑒說文本作絠，从弦省。

翣 15330 u221CA shào_9.12　同絭44305古文紹。見說文

幾 15331 u386C jǐ_9.12　同幾15328

缢 15333 u221CB yì_10.13　同缢集韻缢，乙列切。紗缢，不成絢而急。一曰小意。

彀 15332 43396 zhàng_10.13　字彙補亭亮切。

絲 15334 07054 yì_11.14　說文彝16412古作綿〇按說文載糸部海篇以糸省文，同幺，附載幺部字彙正字通因之。

縒 15335 07055 cǐ_11.14　廣韻斯氏切集韻想氏切叢音徙。玉篇小也。〇玉篇七紫切集韻淺氏切叢音此。義同△玉篇亦作偨集韻亦作佌。

繼 15336 07056 jì_11.14　◆說文繼，从糸从㡭。一曰反㡭爲繼。莊子·至樂篇得水則爲㡭。音義萬物得水土氣，乃相繼而生也。

絕 15337 07057 jué_11.14　說文古文絕44056字。象不連體，絕二絲也。路溫舒·尚德緩刑書繼者不可復屬。

綺 15338 u221CE null_11.14　未詳。

㡭 15339 43397 jí_12.15　字彙補同繼

㡮 15340 43398 jué_12.15　餘文同絕

緣 15342 u221D0 null_12.15　或同褖。

㡭 15341 u221D3 jí_12.15　同㡭15343篇海類編㡭，又作㡮。

㡭 15343 07058 jí_13.16　廣韻具迄切，音趌。◆玉篇㡭，㡭也。〇玉篇㡭，危也。類篇㡭，相切近也〇按玉篇一作㡭，載糸部。一作㡭，載气部。而廣韻類篇但有㡭字。蓋玉篇本以气爲乞，而㡭有二義，因重出耳廣韻專訓㡭也。類篇專訓切近，亦非。鑒又㡭15339

龡 15344 43399 zī_19.22　餘文同孳。鑒龢14616譌字。

◆ 广部 ◆

广 15345 07059 yǎn_0.3　唐韻·集韻魚檢切韻會疑檢切，並音儼。◆說文因广爲屋。象對刺高屋之形徐鉉曰因广爲屋，故但一邊下增韻棟頭曰广韓愈·遊湘西寺詩剖竹走泉源，開廊架屋广〇釋名衾，广也。其下廣大，如广受人也〇廣韻魚埯切，音隒。義同。

廣 15346 u2F34 guǎng_0.3　部广15345

厅 15348 07061 tīng_2.5　廣韻他丁切音汀。玉篇平也〇與矴通集韻矴，省作厅。

庀 15347 07060 pǐ_2.5　廣韻匹婢切集韻普弭切，並音諀。玉篇具也。左傳·襄九年官庀其司〇集韻治也。左傳·襄二十五年楚子木使庀賦。疏治之使具也〇集韻通作庇。周禮·地官·遂師庀其委積。釋文庀，又作庇〇集韻通作比。周禮·春官·大胥比樂官。註鄭大夫讀比爲庀，錄具樂官〇集韻普鄙切，音嚭。又普米切，批上聲。義叢同。鑒又訛55580〇玉篇訛55655，今作庀。

庂 15349 07062 zè_2.5　篇韻阻力切音側。赤庂，漢錢名前漢·食貨志公卿請令京師鑄官赤庂，一當五。其後二歲，赤庂錢賤，民不便，又廢。註應劭曰：所謂子紺錢也。如淳曰：以赤銅爲其郭。今錢郭見有赤者，不知作法云何也。

庈 15350 43400 yǎn_2.5　集韻同伊

庅 15352 07063 zhái_3.6　廣韻古文宅11948字〇廣韻古文度15461字。易·乾坤鑿度庖氏先作鑿庅〇與謀度之度通集韻度或作庅。

広 15351 u5E83 guǎng_2.5　同廣15738

厦 15353 07064 shà_3.6　集韻所嫁切，沙去聲玉篇旁屋也。〇廣韻厦，賤也。

庉 15354 07065 yǎn_3.6　廣韻魚埯切。音隒。齊庉也。鑒魚掩切。楊寶忠：俗虔52143

庌 15360 07071 wǔ_3.6　集韻同廡

庀 15355 07066 yì_3.6　集韻與廙同

庌 15356 07067 yǔ_3.6　玉篇籀文字字。

庅 15362 07073 dǐ_3.6　海篇同底

庰 15357 07068 yì_3.6　玉篇弋勢切音曳。食廥也。鑒庰15422避李世民諱作庰。

庉 15364 43401 dùn_3.6　奚韻同庉

庂 15358 07069 jiù_3.6　五音集韻居祐切音救。灸也。鑒胡吉宣：與疚11949同。

庌 15359 07070 chì_3.6　正字通厈字之譌〇按集韻充夜切，訓山名。引爾雅·釋地東北之美者，庌山之文皮。又昌石切，訓逐也，遠也。叢卽厈字之譌字彙因之。今刪。鑒俗

斥22027 囡俗乾00486字 可洪音義 庍消：上古安反。下正作痟。

庅 15361 07072
péng_3.6　五音集韻薄庚切音彭。平也。

启 15363 07074
hàn_3.6　五音集韻戶感切音頷。启嚂，乳汁狀。

庙 15366 u221E2
shān_3.6　字海庙，同山。字見北京方言詞典囡sén 喃从广山sơn聲 囡saem 壯穿（過）。

庬 15365 43402
huāng_3.6　五音篇海音荒。鋆庬14566字訛寫。

庆 15368 u5E86
qìng_3.6　简慶18144

庁 15367 u221E1
yǔ_3.6　六書統庁，于甫切。籀文字。同用囡khuya 喃俗廒。

庂 15369 u5E85
mó_3.6　俗麼74703 宋元以來俗字譜引白袍記等。

庇 15370 07075
bì_4.7　廣韻集韻必至切，比去聲爾雅·釋言庇、庥，廕也疏庇，蔽也禮·表記有庇民之大德左傳·襄三十一年大官大邑，身之所庇也囡集韻通作芘莊子·養生主廕將芘其所藉囡覆也周禮·冬官考工記輪人弓長六尺謂之庇軹，五尺謂之庇輪，四尺謂之庇軫註庇謂覆幹也囡揚子方言寄也，齊衛宋魯陳晉汝潁荆州江淮之間曰庇。或曰寓囡集韻兵媚切音祕。義同。囡pí頻脂切音琵。地名。鋆莊子養生主。鼉頭音釋本作莊子·人間世

庎 15371 07076
qín_4.7　廣韻巨今切集韻渠今切达音琴玉篇人名左傳·隱二年司空無駭入極，費庎父勝之。

庉 15372 07077
dùn_4.7　唐韻徒損切集韻杜本切，达豚上聲說文樓牆也玉篇屯聚之處集韻室中藏也囡tún廣韻韻會徒渾切正韻徒孫切达音豚集韻居也爾雅·釋天風與火爲庉註庉庉，熾盛之貌囡dùn集韻徒困切，豚去聲博雅舍也。鋆又庉15364

床 15373 07078
chuáng_4.7　玉篇俗牀字。

庴 15374 07079
lián_4.7　集韻同盦水去聲玉篇屋深也。鋆胡吉宣：同衆41048

床 15375 07080
suì_4.7　集韻尸類切

庋 15376 07081
guǐ_4.7　廣韻過委切集韻古委切达音詭說文本作庪玉篇庋，閣也集韻庋閣藏食物禮·內則大夫七十而有閣註閣以板爲之，庋食物也唐書·牛仙客傳前後賜予，緘庋不敢中囡廣韻居綺切音剞。義同囡與庪通集韻庪或作庋。鋆又掎20476庋15395

庌 15377 07082
yǎ_4.7　唐韻五下切集韻韻會正韻語下切，达牙上聲說文廡也玉篇舍也廣韻廡也釋名大屋曰廡。幷、冀人謂之庌。庌，正也，屋之正大者也六書故廊廡四達之謂庌周禮·夏官·圉師夏官馬註庌，廡也。廡所以庇馬涼也囡集韻魚駕切韻會正韻五駕切，达牙去聲義同囡yá集韻牛加切音牙。庌庌，不齊也。

庍 15378 07083
bài_4.7　廣韻方卦切玉篇到別也。鋆又庍15387

辰15471 楊寶忠：並俗辰00299 囡xìn俗疜35853 廣韻瘇，香靳切。瘡中冷。庍、脈，並上同囡俗廳15869 四部叢刊·初編集部·增修詩話總龜·後集卷之二十八·詠物門庍後小亭，僅丈餘，有海棠兩株囡俗疥35852庍廳。參見廳15831

庈 15379 07084
jiè_4.7　集韻居拜切庈介。所以庈食器也六書故庈，庈版，令足流水以受滌濯。今人設之於廚集韻或作栔。

库 15380 07085
suì_4.7　海篇徐醉切音遂。灰集屋也。鋆俗庠15542

庄 15381 07086
rén_4.7　玉篇音任。下也。

庑 15382 07087
tán_4.7　玉篇音覃。陰也。鋆又庑15390

庋 15383 07088
huán_4.7　唐韻戶關切集韻胡關切达音還◆說文庋，屋牝瓦下囡說文一曰維綱也。鋆又庼34968

序 15384 07089
xù_4.7　唐韻徐呂切集韻韻會正韻象呂切达音緒爾雅釋宮東西牆謂之序註所以序別內外疏此謂室前堂上東廂、西廂之牆也集韻或作序、序囡玉篇學也禮·王制夏后氏養國老于東序，養庶老于西序註東序，大學，在國中，王宮之東。西序，小學，在西郊。又明堂位夏后氏之序也孟子殷曰序囡玉篇長幼也孟子長幼有序囡廣雅次也詩·大雅序賓以賢箋謂以射中多少爲次第周禮·春官·小宗伯掌四時祭祀之序事註次序之時囡姓禮·射義序點揚觶疏序氏點名也囡韻會敘通作序爾雅·釋序疏敘陳此經之旨。孔子作書序，子夏作詩序，故郭氏亦謂之序囡與緒通韓愈·貞曜先生墓誌銘端序則見，長而愈礱。鋆又庌65599序35884 囡庌，俗。庌65454，庌譌字慧琳音義（大正藏本）有序：古文庌，同。

底 15385 07090
dǐ_4.7　廣韻同底音旨◇山名山海經鈴山之西曰庉陽之山。鋆又庉15427

庉 15386 07091
zhǐ_4.7　篇韻照里切

庍 15387 07092
bài_4.7　集韻與庍同。鋆五音集韻庍庍，方卦切。到別。

庑 15390 43403
tán_4.7　篇海類編音覃。陰也。鋆又庑15382

庋 15392 u2AA8D
null_4.7　未詳。

庙 15393 u2AA8C
null_4.7　未詳。

庂 15388 07093
fān_4.7　集韻與番同

庎 15389 07094
fěng_4.7　集韻與覂同

应 15396 u221ED
yīng_4.7　俗應18446

庋 15391 43404
fǔ_4.7　字彙補同府

庤 15394 u221F1
hè_4.7　喃从廊省彳hè聲△軒庤：回廊。

庋 15395 u221EE
jǐ_4.7　同庋15376 龍龕庋，居綺反，食閣也。

庺 15397 u221EC
bá_4.7　俗庺15418草舍。

应 15398 u5E94
yīng_4.7　简應18446

库 15399 u5E93
kù_4.7　简庫15491

庄 15400 u5E92
zhuāng_4.7　同庄，俗莊49531

庑 15401 u5E91 wǔ_4.7　简 廡15736

庐 15402 u5E90 lú_4.7　简 盧15822

厎 15403 07095 dǐ_5.8
唐韻都禮切集韻韻會正韻典禮切达音邸。說文山居也図說文下也。又玉篇止也。爾雅釋詁底，待也註止也疏底者，在物之下，是亦止也図玉篇滯也左傳·昭元年勿使有所壅閉湫底註，滯也晉語戾久將底，底箸滯淫図增韻器臀也詩·大雅于橐于囊箋無底曰橐。有底曰囊図文書橐曰底春明退朝錄公家文書稿，中書謂之草，樞密院謂之底，三司謂之檢。祕府有梁朝宣底二卷，卽貞明中崇政院書也図凡供役使者曰小底晉公談錄皇城使劉承規，在太祖朝爲黃門小底図設疑之辭匡謬正俗俗謂何物爲底。此本言何等物，後省何，直云等物耳。應璩詩云用等謂才學，言用何等才學也。去何言等，其言已舊，今人不詳根本，乃作底字，非也。唐人詩多用底字杜甫·寄王陶二少尹詩文章差底病韓愈·曲江寄白舍人詩有底忙時不肯來図與厎通韻會厎通作底詩·小雅麾所底止傳底，至也図與砥通前漢·枚乘傳磨礱底厲註底，柔石也図叶都木切音啄郭璞·東海外大壑讚寫溢洞穴，暵昏龍燭。爰有大壑，號爲無底◇鋆又庇15386宏15362庇15427底15385

庞 15404 07096 lā_5.8
集韻落合切音拉。屋聲。鋆或俗庄04828図金文居12960字。

庲 15405 07097 líng_5.8
集韻郎丁切音靈玉篇懸通貌集韻屋宇通貌。

庍 15406 07098 zhǐ_5.8
玉篇之氏切音只篇韻居卑也図海篇居處也篇韻住也。

庖 15407 07099 páo_5.8
唐韻薄交切集韻韻會正韻蒲交切达音匏說文廚也詩·小雅大庖不盈周禮·天官庖人註庖之言苞也。裹肉曰苞苴疏言庖者，今之廚。轉作苞者，欲取庖人主六獸、六禽，有裹肉之意也史記·三皇本紀大皥庖犧氏，養犧牲以庖廚，故曰庖犧図集韻通作包易·垢卦九二包有魚，无咎釋文包亦作庖。

店 15408 07100 diàn_5.8
廣韻集韻韻會正韻达都念切音墊崔豹·古今注店，置也。所以置貨鬻物也徐勉·誡子書或欲創闢田園，或勸興立邸店図與坫通說文店，反爵之處。或作坫。鋆又玷35934

本 15409 07101 běn_5.8
廣韻布忖切音本玉篇姓也。

床 15410 07102 mí_5.8
集韻正韻达忙皮切音糜集韻床壞，地名。在今秦州。

庌 15411 07103 zhǎ_5.8
集韻仕下切，槎上聲玉篇屋也図集韻側下切音鮓。義同図chá鋤加切音槎。庌庌，不齊也。

庀 15412 07104 pí_5.8
玉篇扶宜切音皮。鋪也。

庯 15413 07105 bù_5.8
玉篇音布篇韻布列也。鋆正字通俗字。古借用布，義同。

庍 15414 07106 nà_5.8
集韻韻會达昵洽切音婻集韻庌庍，隘也。

庘 15415 07107 yā_5.8
廣韻烏甲切集韻乙甲切达音鴨玉篇庘，屋欲壞也集韻壞屋謂之庘図庘庍，隘也図集韻一曰豕屋。鋆又痒35949厊04824

庘 15416 07108 tián_5.8
玉篇音田。平也。

庙 15417 07109 miào_5.8
字彙俗廟字。鋆今简

废 15418 07110 bá_5.8
唐韻集韻达蒲撥切音跋說文草舍也図玉篇今作茇詩·召南召伯所茇。鋆又庞15397

庚 15419 07111 gēng_5.8
唐韻古行切集韻韻會居行切正韻古衡切达音賡集韻庚，十干名也說文庚位西方，象秋時萬物庚庚有實也爾雅·釋天太歲在庚曰上章又月在庚曰窒釋名庚，剛也，堅強貌也図玉篇庚猶更也易·巽卦先庚三日，後庚三日，吉本義庚，更也。事之變也。先庚三日，丁也。後庚三日，癸也。丁所以丁寧於其變之前，癸所以揆度於其變之後図長庚，星名詩·小雅東有啓明，西有長庚傳曰日出，謂明星爲啓明。日旣入，謂明星爲長庚。庚，續也詩緝夾漈鄭氏曰：啓明，金星。長庚，水星。金在日西，故日將出，則東見。水在日東，故日將沒，則西見。實二星也後漢·馬融傳曳長庚之飛髾註長庚，卽太白星図左傳·哀十三年若登首山以呼曰，庚癸乎！則諾註軍中不得出糧，故爲私隱。庚，西方，主穀。癸，北方，主水図年齒亦曰庚墨客揮犀文彥博居洛日，年七十八，與和昫、司馬旦、席汝言爲同庚會，各賦詩一首。又癸辛雜識張神鑒瞽而慧，每談一命，則旁引同庚者數十，皆歷歷可聽図前漢·文帝紀大橫庚庚註師古曰庚庚，橫貌也図集韻道也詩序由庚萬物得由其道也左傳·成十八年塞夷庚註吳晉往來之要道図廣韻償也禮·檀弓季子皋葬其妻，犯人之禾，申詳以告曰：請庚之図隋書·律曆志夷則一部二十七律。一曰和庚図姓唐韻唐有太常博士庚季良。又庚桑，複姓莊子·庚桑楚註楚名。庚桑，姓也図六庚，天獸名太公·陰謀六庚爲天獸，在上爲客星，在下爲害氣。図倉庚，鳥名爾雅·釋鳥倉庚，商庚註卽鶬鳸也詩·豳風倉庚于飛，熠燿其羽図盜庚，草名爾雅·釋草覆，盜庚註旋復似菊本草旋覆，一名盜庚。夏開黃花，盜竊金氣也。鋆又庚15475鼟54994庈02591庫15518

庖 15420 07112 jū_5.8
唐韻集韻达子余切音苴說文人相依庖也図廣韻七賜切音刺。又集韻子與切，苴上聲。又在呂切音沮。義达同。

庯 15421 07113 dàn_5.8
廣韻集韻达得案切音旦玉篇小舍也。図集韻一曰小杯。

庮 15422 07114 yì_5.8
集韻以制切音曳。庋謂之庮。

庇 15423 07115 cì_5.8
廣韻集韻韻會达七賜切音刺玉篇耕具

也 集韻 耒下岐木也 周禮·冬官考工記 車人爲耒, 庛長尺有一寸 註 鄭司農云庛, 耒下岐。康成謂: 庛, 耒下前曲接耜 疏 庛者, 耒之面, 但耒狀若今之曲枕柄也, 面長尺有一寸, 古法耒下惟一金, 不岐頭。先鄭云耒下岐, 據漢法而言也。康成謂: 耒下前曲接耜者, 耜謂耒頭金, 故云下前曲接耜者也 又 類篇 才支切音疵。義同 △ 集韻 或作庲、庲。

15424 07116 府 fǔ_5.8
唐韻 方矩切 集韻 韻會 匪父切䗶音甫 說文 文書藏也 周禮·天官 府六人 註 府, 治藏。史, 掌書者 又 宰夫八職, 五曰府, 掌官契以治藏 註 治藏, 藏文書, 若今起文書草也 又 玉篇 府, 聚也。藏貨也 書·大禹謨 六府三事允治, 萬世永賴 疏 水火木金土五材, 兼以穀爲六府 禮·曲禮 在府言府, 在庫言庫 註 府謂寶藏財賄之處也 又 掌財幣之官皆曰府 周禮·天官 大府、玉府、内府、外府。又 地官 泉府。又 春官 天府 前漢·食貨志 太公爲周立九府圜法 註 皆掌財幣之官, 故云九府。又 百官公卿表 少府掌山海地澤之税, 以給共養 又 廣韻 府, 官也。公卿牧守室德之所聚也 前漢·趙禹傳 文深不可居大府 蜀志·諸葛亮傳 開府治事 又 韻會 唐制, 爲大州曰府 唐書·地理志 州府三百五十八 又 韻會 州名。漢屬太原, 魏置嵐州, 後唐立府州 前漢·禮樂志 武帝定郊祀之禮, 乃立樂府 又 姓 風俗通 漢有司徒掾府悝 又 與腑通 周禮·天官·疾醫疏 六府: 胃、小腸、大腸、膀胱、膽、三焦, 以其受盛, 故謂之爲府。又 春官·天府疏 在人身中飲食所聚, 謂之六府 又 與俯通 列子·周穆王篇 王府而視之。又 庎15391 㝊12029 賦15751 又 府35929 廣碑別字·府 引 唐雅州名山縣尉王大義墓誌

15425 07117 㢈 liáo_5.8
篇韻 連條切音聊。人名。又 liù 篇韻 力救切音溜。姓也。

15427 07119 庉 zhǐ_5.8
篇韻 同庍

15426 07118 庝 tóng_5.8
集韻 徒冬切音彤。深屋謂之庝 又 一曰舍響。與峒同。

15428 07120 庌 jiōng_5.8
集韻 庌19079古作庌。

15429 07121 庍 zhǐ_5.8
海篇 古文知38499字。

15430 07122 庮 guǐ_5.8
字彙補 古文鬼字 亢倉子 庮神閒禍。

15431 43405 庨 tiāo_5.8
篇海類編 音挑。廟也 字彙補 疑誤。

15436 u2AA8F 庐 lú_5.8
俗廬15822

15432 43406 庮 yǎn_5.8
篇海類編 魚檢切音儼。陵阜, 又陵庮也。陵, 須順切。

15437 u2AA8E 庱 null_5.8 未詳。

15433 43407 庬 guō_5.8
字彙補 同㾄

15434 43408 庳 cì_5.8
五音篇海 音次。又 疑庇字之譌。

15435 43409 庴 yáo_5.8
篇海類編 音堯。

15438 u22201 庴 null_5.8 未詳。
15440 u221FF 庴 null_5.8 未詳。
15439 u22200 庴 null_5.8 未詳。
15441 u221FE 庴 null_5.8 未詳。

15442 u221FD 庴 null_5.8 未詳。

15443 u5E9F 废 fèi_5.8 简 廢15737

15444 07123 庺 shěn_6.9
玉篇 所近切 ◇ 篇韻 屋斜。

15445 07124 庴 kè_6.9
集韻 渴合切, 音匌 玉篇 帀也 又 集韻 壓也。或作庴 又 wā 類篇 乙洽切音洼。低下也 又 又 匼04474 又 原本 玉篇 庴, 居邑反 字書 古文給44082給, 相足也。在糸部

15446 07125 庠 xiáng_6.9
唐韻 似陽切 集韻 韻會 正韻 徐羊切䗶音祥 說文 禮官養老處也 禮·王制 有虞氏養國老于上庠, 養庶老于下庠 註 上庠右學, 大學也。下庠左學, 小學也。又 學記 黨有庠 疏 於黨中立學, 教閭中所升者也 孟子 設爲庠序學校以教之。庠者養也, 校者教也, 序者射也。夏曰校, 殷曰序, 周曰庠。

15447 07126 庾 yǔ_6.9
玉篇 音曳。倉也 又 廣韻 集韻 䗶羊至切音肆 集韻 庾, 廡也 又 羊主切, 音庾 正字通 庾15594 字之譌 又 庾15516 庾15422 庾15357

15448 07127 庫 zhào_6.9
篇韻 直紹切音趙。言說卑也。

15449 07128 庫 xiàn_6.9
篇韻 音限。門閾也。

15450 07129 庡 tóng_6.9
集韻 徒東切音同 玉篇 舍響 又 集韻 他東切音通。義同。又 庝15426

15451 07130 庡 ké_6.9
集韻 同庌 又 庡04843

15452 07131 庡 xuān_6.9
玉篇 火犬切音蝹。穴也。

15453 07132 庡 yǐ_6.9
廣韻 於豈切音庡 玉篇 徘徊也 又 廣韻 藏也 集韻 或作庡。

15454 07133 庲 chì_6.9
唐韻 集韻 䗶昌石切音尺 說文 卻屋也 又 斥本字 說文 安定有鹵縣, 東方謂之庲, 西方謂之鹵 又 玉篇 庲, 指也, 稀也, 大也, 候也, 不用也, 疏遠也, 充滿也 又 玉篇 充夜切, 斥去聲。義同。又 庲13009 庲04848

15455 07134 庢 zhì_6.9
唐韻 集韻 韻會 䗶陟栗切音窒 說文 礙止也 枚乘·七發 發怒庢沓 註 言初發怒, 礙止而涌沸 又 廣韻 縣名。在京兆 寰宇記 山曲曰盩, 水曲曰庢 ○ 按 前漢·地理志 作庢。

15456 07135 庨 tiāo_6.9
廣韻 吐彫切 集韻 正韻 他彫切䗶音桃 廣韻 不滿之貌 前漢·律歷志 旁有庨焉 註 師古曰庨, 不滿之處也 又 tiáo 集韻 田聊切音迢。過也 前漢·律歷志註 鄭氏曰: 庨, 過也。又 庨04858 又 名義 吐堯反。桃39771字。

15457 07136 庩 cì_6.9
廣韻 集韻 類篇 䗶七賜切音刺 玉篇 下屋也 廣韻 偏庩, 舍也 又 庩15488 庩15610 庩15495

15458 07137 庤 zhì_6.9
唐韻 直里切 集韻 韻會 丈里切䗶音峙 說文 庤, 儲置屋下也 玉篇 庤, 儲也, 具也 詩·周頌 命我衆

人，庤乃錢鎛 又 通作峙 書·費誓 峙乃糗糧△ 玉篇 或作畤 廣韻 亦作畤。鑾又畤35592

庥 15459 07138 xiū_6.9　唐韻 許尤切 集韻 韻會 正韻 虛尤切𠀤音休 爾雅·釋言 庇，庥蔭也 註 今俗呼樹蔭爲庥 疏 庥，依止也△ 集韻 或作茠。

庨 15460 07139 chǐ_6.9　廣韻 同廖 唐書·王忠嗣傳 軍庨翼掩之。又 集韻 與𢇛12991同。

度 15461 07140 dù_6.9　古文宅庄 唐韻 集韻 韻會 徒故切 正韻 獨故切𠀤音渡 說文 法制也。从又，庶省聲 徐曰 又，手也。布指知尺，舒肱知尋，故从手 書·舜典 同律度量衡 傳 度，丈尺也 前漢·律歷志 度者，分寸尺丈引也，所以度長短也。本起於黃鐘之長，以子穀秬黍中者，一黍之廣，度之九十分，黃鐘之長，一爲一分，十分爲寸，十寸爲尺，十尺爲丈，十丈爲引，而五度審矣 又 躔度 書·堯典疏 周天三百六十五度，日行一度，月行十三度 禮·樂記 百度得數而有常 註 百度，百刻也。言日月晝夜不失正也。又 殳也 周禮·地官·司市 胥執鞭度 註 度，殳也 疏 因刻丈尺則爲度 又 法度 易·節卦 節以制度 禮·仲尼燕居 制度在禮 又 度量 前漢·高帝紀 常有大度 又 風度 唐書·張九齡傳 風度能若九齡乎 又 初度 屈原·離騷 皇覽揆予於初度 註 初生年時也 又 姓 廣韻 出後漢荆州刺史度尚 又 縣度，山名 前漢·西域傳 縣度，石山也。谿谷不通，以繩相引而度 又 古度，樹名 左思·吳都賦 松、梓、古度 又 玉篇 與渡通。過也 前漢·賈誼傳 猶度江河亡維楫。又 duó 廣韻 徒落切音鐸 爾雅·釋詁 謀也 詩·小雅 周爰咨度 左傳·襄四年 咨親爲詢，咨禮爲度 又 謚法 心能制義曰度 又 投土於版也 詩·大雅 度之薨薨 箋 度，猶投也 又 度支，官名 唐書·百官志 度支掌天下租賦物產豐約之宜，水陸道途之利，歲計所出而支調之。鑾又㥁17756 𤸯36328

庩 15462 07141 yǎn_6.9　五音集韻 五犯切，音儼◇峻也 又 集韻 同厂15528

庪 15463 07142 guì_6.9　類篇 居僞切，詭去聲。毀也。

庮 15464 41153 yòu_6.9　字彙補 與幼同。武則天製。

庯 15465 43410 yòu_6.9　篇海類編 音又。

庰 15467 u2AA91 qiào_6.9　簡 𢉠15739

庋 15466 43411 hài_6.9　字彙補 呼艾切音餀。見 廣韻 〇按 廣韻 無此字。

庱 15468 u2AA90 qián_6.9　俗虔52143

庲 15469 u22218 lù_6.9　俗鹿74315

庳 15470 u22216 chái_6.9　喃 从廂省再tái聲。

庴 15471 u22215 bài_6.9　同庍15378 類篇 庍，卜卦切。舍別也。

庵 15472 u22214 yǔ_6.9　俗庾15594

庶 15473 u22211 null_6.9　未詳。

庸 15474 u22210 null_6.9　未詳。

庹 15475 u2220F gēng_6.9　俗庚15419

庺 15476 u2220E shù_6.9　俗庶15550 廣碑別字 引唐 毛鳳敬墓誌

度 15478 uFA01 dù_6.9　兼 度。

庻 15477 u2220D shǐ_6.9　俗屎12990 龍龕 庻，俗。音屎 又 地名用字 清實錄·宣宗成皇帝實錄·卷之三百十七 陝甘總督瑚松額疏報：甘肅靖遠縣開墾庻子壩灘荒田四頃二十七畝有奇。

庰 15479 u5EB0 bǐng_6.9　同屏15526

座 15480 07143 zuò_7.10　廣韻 集韻 韻會 正韻 𠀤徂臥切音坐 玉篇 牀座也 集韻 坐具 李嶠·讓地官尚書表 八座樞機，五曹要劇 又 韻會 通作坐 前漢·梅福傳 當戶牖之法坐 註 法坐，王聽朝處 後漢·孔融傳 坐上客常滿。鑾又㑲15632𡧙15571𡍢15570

庲 15481 07144 xiá_7.10　玉篇 古浹切音頰。廦也。鑾 說文 㕲04866，廦也。胡吉宣：㕲之譌字，當刪。

庨 15482 07145 xiāo_7.10　廣韻 許交切 集韻 韻會 虛交切𠀤音哮 玉篇 庨豁，宮殿形狀 集韻 宮室高貌 柳宗元·遊朝陽巖登西亭詩 反宇臨呀庨 又 馬融·長笛賦 庨窌巧老 註 深空之貌 又 集韻 丘交切音敲。義同。鑾又閛65119閙65111

庐 15483 07146 lǚ_7.10　廣韻 力舉切 集韻 兩舉切𠀤音呂 玉篇 晉大夫名。鑾胡吉宣：切韻 𤸪36027，晉大夫名。

庮 15484 07147 qūn_7.10　集韻 苦悶切音困 玉篇 倉也 集韻 㢯也。鑾俗囷08075

㢡 15485 07148 láng_7.10　集韻 盧當切音郎 玉篇 高也 又 類篇 器也。鑾胡吉宣：从广謂屋高朗也，字與㝗12076寏41142相同 又 熊加全：類篇 訓器也，當是誤抄㼂字之義，應刪。

庩 15486 07149 tú_7.10　集韻 同都切音荼 玉篇 㢒也 又 廣韻 庯庩，屋不平 又 廣韻 他胡切 集韻 通都切𠀤音瑹。義同。

庄 15487 07150 zāng_7.10　玉篇 作郎切音臧。壯立貌。

庱 15488 07151 cì_7.10　集韻 渠尤切音求 玉篇 偏厦。鑾熊加全：庱15457字之譌。

㢀 15489 07152 dòu_7.10　玉篇 徒候切音豆 篇韻 器名 又 海篇 祭所也 又 篇韻 廚庖也。

庪 15490 07153 guǐ_7.10　廣韻 過委切 集韻 韻會 正韻 古委切𠀤音詭 說文 庋本字 又 爾雅·釋天 祭山曰庪縣 註 或庪或縣，置之于山 疏 庪謂埋藏之 又 與攱通 集韻 攱或作庪。鑾又庪15524庪15580

庫 15491 07154 kù_7.10　唐韻 集韻 韻會 正韻 𠀤苦故切，苦去聲 說文 兵車藏也。从車，在广下 釋名 庫，舍也。物所在之舍也，故齊魯謂庫曰舍 禮·月令 審五庫之量 蔡邕·章句 一曰車庫，二曰兵庫，三曰祭庫，四曰樂庫，五曰宴庫 又 天庫，星名 春秋·文曜鉤 軫南四星曰天庫。天庫，五帝車舍也 又 門名 禮·郊特牲 庫門之內戒百官也 註 庫門，在雉門之外 又 姓 風俗通 古守庫大夫之後，以官爲

氏。鋆 又庫15608庫15399

庑 15493 07156 sì_7.10 集韻 與涘同

庮 15492 07155 yǒu_7.10 集韻 與庮同。鋆 正字通 庮，庮15499字之譌。舊註同庮，誤。

庬 15494 07157 měng_7.10 集韻 母總切音懵 類篇 庬頏，未分之象 孝經·援神契 天度庬鴻孳萌 張衡·思玄賦 踰庬鴻於宕冥 兮 図 máng 玉篇 亡江切音尨。豐也，厚也 周語 敦庬純 固 前漢·司馬相如傳 湛恩庬洪 図 雜記 書·周官 不和政 庬 図 mǎng 玉篇 亡項切，尨上聲 集韻 詩·商頌 爲下國 駿庬。徐邈讀上聲○按 詩 庬作厖 玉篇 厖載厂部，遵用 說文 專訓石大，而庬字別見广部。至 廣韻 乃釋厖爲厚，故敦庬之庬亦書作厖 韻會 云厖通庬者是也。鋆 五音集韻 庬，庬頏，本分之蒙。通作濛。

庪 15495 07158 cù_7.10 集韻 趨玉切音促 博雅 舍也 図 與廁通 集韻 廁或作庪。鋆 正作庪15457，方言作廁04891

庨 15496 07159 zuī_7.10 玉篇 作惟切，音厜◇ 姿也。

庮 15497 07160 lǒu_7.10 篇韻 力口切音簍。草室也。

庭 15498 07161 tíng_7.10 唐韻 特丁切 集韻 韻會 正韻 唐丁切丛音 亭 說文 宮中也 玉篇 庭，堂階前也 易·節卦 不出戶庭，无咎 周禮·天官·閽人 掌埽門庭 図 官名 周禮·秋官 庭氏 註 主射夭鳥，令國中清潔如庭者也 図 爾雅·釋詁 直也 疏 庭，條直也 詩·小雅 播厥百穀，既庭且碩 図 州名 唐書·地理志 庭州，貞觀十四年置，長安二年，爲北庭都 護府，有後庭縣 廣韻 卽漢車師後王庭之地，本烏孫國 土，其前王庭卽交河縣也 図 天庭，星名 石氏星傳 龍星 左角曰天田，右角曰天庭 図 洞庭，湖名 楚辭·九歌 洞 庭波兮木葉下 図 山名 山海經註 太湖中有包山，山下 有洞庭穴道，潛行水底去，無所不通，號爲地脉。図 山庭 任昉·王文憲集序 山庭異表 註 論語摘輔像曰：子貢山庭斗繞口，謂面有山庭，言山在中，鼻高有異相 也 図 tìng 集韻 他定切音聽 增韻 逕庭，隔遠貌 莊子·逍 遙遊 大有逕庭。鋆 又逕60841烻31170 図 逮60899 漢隸字 源·庭 引 故民吳仲山碑 図 可洪音義 錠63492鏻：上徒丁 反。下力堯反。大燭也。正作庭燎也。

庮 15499 07162 yǒu_7.10 唐韻 與久切 廣韻 弋久切 集韻 韻會 以九 切丛音酉 說文 久屋朽木也 周禮·天官·內饔 牛夜鳴則庮 註 鄭司農曰：庮，朽木臭也 図 yóu 廣韻 以周切 集韻 韻 會 夷周切丛音由。義同。又 類篇 簪槤謂之庮 △ 集韻 或 作庮。鋆 又庮15507庮15492廇15628庮36227庮36057庮04872

庬 15500 07163 lòng_7.10 廣韻 集韻 丛盧貢切音弄 廣韻 庮庮 図 集 韻 厦也。

庯 15501 07164 bū_7.10 廣韻 博孤切 集韻 奔模切丛音逋。又 集韻 庯庩，屋不平也。

庮 15502 07165 cōng_7.10 正字通 廛本字○按 說文 本作廛。

庮 15503 07166 xiá_7.10 集韻 轄甲切音狎。虎習搏貌。鋆 俗庮52155

庮 15504 07167 chán_7.10 集韻 同廛

庮 15507 43412 yóu_7.10 字彙補 于求 切，音由◇ 屋久木也。疑卽庮字之譌。

庮 15505 07168 qīn_7.10 海篇 古文親55194字。

庮 15506 07169 null_7.10 字彙補 音未詳 山海經 蔥聾之山多庮石。

庮 15508 43413 shēn_7.10 篇海類編 音身。鋆 同瘆36079，俗呻。

庮 15511 u2AA96 null_7.10 未詳。

庮 15509 43414 xiāo_7.10 篇海類編 思 凋切，音消◇ 揚雄·蜀都賦 味蠚庮屬○按揚賦本作痟。

庵 15513 u2AA94 null_7.10 未詳。

庮 15512 u2AA95 null_7.10 殷周金文集 成·10.5409·貉子卣 王牟于庮。讀若陸。

庮 15514 u2AA93 null_7.10 未詳。

庮 15510 u2AA97 láng_7.10 俗廊15647 可 洪音義 廊庮：上音郎。下音廟。正作廊庮也。

庮 15515 u2AA92 táng_7.10 可洪音義 唐賢：上徒郎反。填字切脚也。 正作唐06023

庮 15521 u2222A yǔ_7.10 同嵎13686

庮 15518 u22230 gēng_7.10 同庚15419 庮 壺 冉子斝鼓，庮大門之，斝者，獻于稱公之所。

庮 15516 u387C yì_7.10 同庾15447 類篇 羊至切。廥也。

庮 15517 u22231 lòi_7.10 喃 从广利切lọi聲。

庮 15519 u2222E yāng_7.10 同殃26760見 流沙墜簡·小學術數方技書

庮 15523 u22228 null_7.10 未詳。

庮 15520 u2222B zhèn_7.10 同振19655 玄 應音義 振給：古文宸、抵二形，同諸儞反。

庮 15522 u22229 tú_7.10 漢語大字典.V.2.P.948 庮，同徒16634

庮 15524 u22227 guǐ_7.10 同庪15490

庮 15525 u3887 null_7.10 或俗启05489

庮 15526 07170 bǐng_8.11 唐韻 集韻 丛必郢切音餅 玉篇 蔽也，薄也 六書故 門閫屏蔽者，所謂塞門也 図 廣雅 庮，藏也。図 bìng 廣韻 防正切 集韻 毗正切丛音併 廣韻 庮，隱僻 也。廁也 図 廣韻 蒲徑切 集韻 步定切，丛瓶去聲。義同。△ 玉篇 或作帡、屛。鋆 又庮15479

庮 15527 07171 cōng_8.11 海篇 音總。屋中舍也。

庮 15528 07172 duī_8.11 唐韻 集韻 丛都回切音堆 說文 屋從土傾 下也 図 tuí 集韻 徒回切音頹。義同 △ 玉篇 或作隤 集韻 或作庮、庮。鋆 又庫15638塿09158

庮 15529 07173 chá_8.11 唐韻 宅加切 集韻 直加切丛音茶 說文 開 張屋也 図 縣名 說文 濟陰有庮縣○按 前漢·地理志 作 秅 廣韻 一作秅 図 集韻 陟加切音奓。又陟格切音磔。 義丛同。

庮 15530 07174 jīng_8.11 集韻 居卿切音京 廣雅 倉也。鋆 俗京00655

庮 15531 07175 ǎi_8.11 廣韻 烏蟹切 集韻 倚蟹切丛音矮 玉篇 庪

也 囡 廣韻 坐倚貌 囡 yǐ 類篇 隱綺切音倚。義同 △ 廣韻
或作矮。

㥄 chěng_8.11 唐韻 集韻 韻會 丑拯切 正韻 丑逞切，夶
橙上聲 玉篇 亭名 吳志·孫權傳 親乘馬，射虎於㥄亭 元
和郡國志 㥄亭，在丹陽縣東四十七里 囡 廣韻 集韻 韻
會 夶丑升切音澄。又 集韻 閭承切音陵。義夶同。

廔 qiāng_8.11 篇韻 驅羊切音羌。空谷貌。

康 lái_8.11 廣韻 落哀切 集韻 郎才切夶音來 玉篇 舍
也 集韻 長廔，齊臺名。廔降，蜀地名。

虒 yì_8.11 類篇 酉字切音異。邪也。囡 海篇 音斯。虒
祁，地名〇按 左傳 虒本作虒 海篇 誤。

庳 bì_8.11 唐韻 便俾切，音婢 說文 庳，中伏舍。一
曰屋卑 左傳·襄三十一年 宮室卑庳 囡 bēi 集韻 韻會 賓
彌切 正韻 逋眉切夶音卑 廣韻 庳，下也 周語 陂唐汙庳，
以鍾其美 揚子法言 庳則儀秦 玉篇 短也 周禮·地官
其民豐肉而庳 囡 bì 集韻 毗至切音婢。有庳，國名 孟子
封之有庳 囡 通作鼻 後漢·東平王蒼傳 昔象封有鼻 註
有鼻，國名。在今永州營道縣北 囡 pí 集韻 頻彌切音陴。
鷝牝名 爾雅·釋鳥 鷝，鶉，其雄，鶛，牝庳 囡 與毗通 荀
子·宥坐篇 天子是庳 註 庳讀曰毗。輔也。鋻 又庳15575
犀13073庳15537庳04919

庳 bì_8.11 韻會 同庳 **庳** duī_8.11 集韻 與雁同。
鋻 龍龕 庳，庳撲物也，亦作掉19889

㝜 niè_8.11 集韻 諾叶切音捻 玉篇 壓也。

庿 lǐn_8.11 集韻 廩15774古作庿。

庴 jié_8.11 字彙 疾葉切音捷。人名。衛康叔之後庴伯。
鋻 又庴15560

庲 suì_8.11 玉篇 綏醉切音邃。顧也。鋻 又庲15380

廄 hàn_8.11 類篇 仕諫切音棧。屋笒。

庴 jí_8.11 集韻 韻會 夶秦昔切音籍 玉篇 縣名 前
漢·地理志 清河郡有庴縣 囡 廣韻 集韻 夶資昔切音積。
又 集韻 七約切音鵲。又七迹切音磧。義夶同。

庰 chǐ_8.11 唐韻 尺氏切 集韻 韻會 敞爾切夶音侈 說
文 庰也 玉篇 廣大也 吳語 夾溝而庰我 註 庰我，謂牽曳
之使勢分廣也。韋昭曰：旁擊也 集韻 或作庤。
鋻 又庤12991

庵 ān_8.11 廣韻 集韻 韻會 正韻 夶烏含切音諳 玉篇
舍也，廟也 廣韻 小草舍也 集韻 圜屋爲庵 囡 集韻 或作
菴 後漢·皇甫規傳 親入菴廬巡視 通典 周武帝攻高齊，
兵去之後，齊人謂栢菴爲帳幔，不疑兵退，是則結草木
爲廬，皆曰菴 囡 è 廣韻 烏合切 集韻 遏合切，夶諳入聲

廣韻 低也 囡 集韻 豕屋。鋻 又庵50626庵15667庵12276
庵13848

庴 cōu_8.11 玉篇 七侯切，輳平聲。崩聲。

底 huò_8.11 玉篇 古文或18846字。

屚 lòu_8.11 字彙 同漏〇按 說文 漏本作屚。諸字書無
書作屚者 字彙 沿 六書正譌 改尸从广，非。

庶 shù_8.11 古文庶庶庶庶庶庶 唐韻 集韻 韻會 商署切
正韻 商豫切夶音恕 易·乾卦 首出庶物，萬國咸寧 書·堯
典 庶績咸熙 • 爾雅·釋言 侈也 註 衆多爲奢侈 囡 爾
雅·釋言 幸也 註 庶幾，僥倖 囡 近辭 論語 回也其庶乎 集
註 庶，近也 囡 朕也 詩·小雅 爲豆孔庶 傳 庶，朕也 疏 謂
於先爲豆實之時，必取肉物肥朕美者 囡 支庶 左傳·宣
二年 其庶子爲公行 註 庶子，妾子也 囡 庶子，周官名
禮·燕義 古者周天子之官有庶子官 註 庶子，諸子也。
又庶長，秦爵 左傳·襄十一年 秦庶長鮑、庶長武帥師伐
晉以救鄭 囡 姓 急就篇 庶霸遂 註 庶，衛公族。禮記，子
思母死於衛，庶氏女也。邾庶其來奔，後亦爲庶氏。
囡 shǔ 集韻 賞呂切音暑 周禮·秋官 庶氏 註 庶，讀如藥
煑之煑，驅除毒蠱之言 疏 取以藥煑，去病去蠱毒。
囡 zhù 集韻 章恕切音翥。義同 △ 說文 本作庶。屋下衆
也。从广从苂。苂，古文光字 徐鉉曰 光亦衆盛也。
鋻 又庫04995庶15588庶15581庶15574庶15476

崩 bēng_8.11 玉篇 方登切音朋。崩也。

康 kāng_8.11 古文穅 唐韻 苦岡切 集韻 韻會 正韻 丘岡
切夶音穅 爾雅·釋詁 樂也 詩·唐風 無已大康。又 周頌 迄
用康年 囡 爾雅·釋詁 康，安也 書·益稷 庶事康哉。又 洪
範 五福，三曰康寧 囡 爾雅·釋宮 五達謂之康，六達謂
之莊 疏 孫炎曰：康，樂，交會樂道也 釋名 五達曰康。
康，昌也，昌盛也，車步併列並用之，言充盛也 列子·仲
尼篇 堯遊於康衢 史記·騶衍傳 爲列第康莊之衢。
囡 易·晉卦 康侯用錫馬蕃庶 註 康，美之名也 囡 禮·祭
統 康周公 註 康，猶褒大也 囡 諡法 淵源流通曰康，溫
柔好樂曰康，令民安樂曰康 囡 國名 書·康誥 疏 命康叔
之誥。管蔡郕霍皆國名，則康亦國名，在圻內。又 前漢·西
域傳 安息國王治番兜城，北與康居接 囡 州名 唐書·地
理志 康州，析端州之端溪置 囡 姓 廣韻 衛康叔之後。
囡 爾雅·釋器 康瓠謂之瓬 註 瓬，壺也 賈誼·弔屈原賦 寶
康瓠 囡 與穅通 說文 穅或省作康 囡 與漮通 爾雅·釋詁
漮，虛也 詩·小雅 酌彼康爵 箋 康，空也。漮、康音義同
囡 kàng 集韻 苦浪切音抗 禮·明堂位 崇坫康圭 註 康讀
爲亢 疏 亢，舉也。鋻 又槺15707瓬35146瓺35115 囡 古文
四聲韻 槩66507康43336，並 籀韻 囡 史記·騶衍傳 爲列第
康莊之衢。徐慧：為開第康莊之衢。

庤 guān_8.11 玉篇 古丸切音官。玩也。

庸 yōng_8.11 古文喜 唐韻 廣韻 余封切 集韻 類篇 韻會 餘封切丛音容 說文 庸，用也 書·堯典 疇咨若時登庸 傳 將登用之 莊子·齊物論 爲是不用而寓諸庸。庸也者用也，用也者通也 又 爾雅·釋詁 常也 易·乾卦 庸言之信，庸行之謹 書·皋陶謨 自我五禮有庸哉 傳 用我五等之禮接之，使有常 又 玉篇 功也 書·舜典 有能奮庸熙帝之載，使宅百揆 傳 庸，功也 晉語 無功庸者，不敢居高位 註 國功曰功，民功曰庸 周禮·天官·大宰 以八統詔王馭萬民，五曰保庸 註 安有功者。又 地官·大司徒 以庸制祿，則民興功 又 爾雅·釋詁 勞也 疏 謂勞苦。又 釋訓 庸庸，勞也 疏 有功庸者皆勞也 詩·王風 我生之初尚無庸 箋 庸，勞也 又 廣韻 和也 禮·中庸疏 以其記中和之爲用也。又 集韻 愚也 史記·周勃傳 才能不過凡庸 又 豈也 左傳·莊十四年 庸非貳乎 前漢·文帝紀賜尉佗書 雖王之國，庸獨利乎 又 租庸賦稅 唐書·食貨志 用民之力，歲二十日，閏加二日，不役者日爲絹三尺，謂之庸。又 水庸 禮·郊特牲 祭坊與水庸事也 註 水庸，溝也 疏 坊者所以畜水，亦以鄣水。庸者所以受水，亦以泄水。又 國名 左傳·文十六年 楚滅庸 註 庸，今上庸縣，屬楚之小國 又 庸浦，地名 左傳·襄十三年 戰于庸浦 又 姓 譜 庸國子孫以姓爲氏 前漢·儒林傳 膠東庸生 又 與鄘通 前漢·地理志 遷邶、庸之民於雒邑，故邶、庸、衞三國之詩，相與同風〇按 毛詩 作鄘 又 與墉通 詩·大雅 因是謝人，以作爾庸 註 庸，城也 禮·王制 附于諸侯曰附庸 註 附庸，小城也 又 與傭通 前漢·欒布傳 窮困賣庸於齊 註 師古曰謂庸作受顧也 司馬相如傳 與庸保雜作 註 師古曰庸即謂賃作者保謂庸之可信任者也 又 與鏞通 詩·商頌 庸鼓有斁 傳 大鐘曰庸。鑒 又 𤸄02631庸52203

㐀 shě_8.11 集韻 始野切音舍。小室 又 海篇 㐀，屋頭也。

廞 xīn_8.11 集韻 與廞同 庹 tuǒ_8.11 海篇 音佗。姓也 萬姓統譜 萬曆間，有河南之陽衛指揮庹五常，慈州人 又 字彙補 音託。兩腕引長謂之庹。

㢁 jìn_8.11 篇韻 巨禁切音黔。石地〇按 海篇 音渴，病寒也。音義誤與瘂同。

𥸤 sōng_8.11 海篇 古文松23662字。

庩 jié_8.11 字彙補 丁計切音帝。庩枍也。鑒 又 庨15541 楑24362，棗李 又 字典琢屑 枍也，是栯誤。

庶 shù_8.11 說文 庶本字 糠多粃，庶粹米，不得特。音未詳。

庤 qiáng_8.11 字彙補 與牆同。見 漢史晨饗孔廟碑

庨 yán_8.11 篇海類編 音炎。熱庨。又音爻。

𥸥 nòu_8.11 篇海類編 乃吼切音毃。小乳。

庮 nóu_8.11 篇海類編 同䴷。

㢕 jí_8.11 篇海類編 音極。

㢗 dān_8.11 龍龕 都干切。又他干切。鑒 俗癉36464

庼 nǎi_8.11 搜眞玉鏡 音乃。

庹 null_8.11 人名 殷周金文集成·8.4292·五年召伯虎簋 余旣訊庹。亦見 六年召伯虎簋

座 zuò_8.11 俗座15480 宋元以來俗字譜 引 金瓶梅

座 zuò_8.11 俗座15480

庲 shù_8.11 俗庶15550

庰 hù_8.11 或俗庰19105

庿 bǎo_8.11 同宷11999亦作庰15601 類篇 庿，補抱切。藏也。

厰 chǎng_8.11 俗廠15735 劉知遠諸宮調 但見:院後披牛厰，柴門向日開。家麻遮嫩草，野鼓映蒼苔。

焦 null_8.11 未詳。

庳 bì_8.11 俗庫15536

庼 null_8.11 未詳。

庪 guǐ_8.11 同庪15490

庱 null_8.11 未詳。

庶 shù_8.11 俗庶15550

庬 null_8.11 未詳。

廟 miào_8.11 俗廟15734

庿 ē_8.11 俗瘂36151 碑別字新編 引 隋王成墓誌

庼 qīng_8.11 简 庼15674

庱 yì_8.11 俗座15650

庶 shù_8.11 同庶15550

廗 cōng_9.12 唐韻 正韻 倉紅切 集韻 韻會 麤叢切丛音聰◆說文 廗，屋階中會。又 廣韻 子孔切 集韻 祖動切丛音總。義同。

庹 dù_9.12 集韻 動五切音杜。舍也 又 tú 同都切音徒。與庹15729同。

庽 yù_9.12 廣韻 與寓同。

庽 wèi_9.12 海篇 音畏。隱處也。

庽 piān_9.12 玉篇 音偏。庵也。

庾 yǔ_9.12 唐韻 以主切 集韻 韻會 勇主切丛音瘐◆說文 水槽倉也。一曰倉無屋者 釋名 庾，裕也。言盈裕也，露積之言也，盈裕不可稱受，所以露積之也 詩·小雅 曾孫之庾 傳 露積曰庾 周語 野有庾積 史記·文帝紀 發倉庾 註 在邑曰倉，在野曰庾 又 星名 隋書·天文志 天倉西南四星曰天庾，積儲粟之所也 又 量名。與斞通 周禮·冬官·陶人 庾實二觳，厚半寸，脣寸 左傳·昭二十六年 粟五千庾 註 庾，十六斗 又 韻會 大庾，嶺名。五嶺之東者。亦曰東嶠 又 姓 廣韻 出潁川、新野二望，本自堯時爲庾大夫，因氏焉 又 弓名。與斞通 周禮·冬官考工記·弓人 往體多，來體寡，謂之夾、斞之屬 釋文 音庾。註作斞。云夾、斞之弓，合五而成規 又 與黈通 集韻 黈或省作庾。

鑾又庚15472庹15447

㢋 15598 07216 sì_9.12 集韻與㑃同

㢈 15595 07213 bìng_9.12 海篇音病。隱僻無人處 又 厠房也。鑾同㡩15696

㢏 15597 07215 yǔ_9.12 玉篇籒文宇字。

㢓 15599 07217 hú_9.12 海篇音胡。平也。

㢒 15601 07219 bǎo_9.12 說文與宲同

庿 15596 07214 miào_9.12 說文古文廟15734字 儀禮·士冠禮 筮於庿門。

㢔 15600 07218 yǐng_9.12 集韻於境切音影 玉篇 長廊也 集韻 廡也 又 集韻 於驚切，音英。義同。

㢕 15602 07220 sōu_9.12 廣韻蘇后切音叟 廣雅 限也 劉向·九歎 步從容於山廋 王逸註 廋，限也。言徐步山限也 又 與廋通 孟子 若是乎，從者之廋也 註 侍從者所竊匿也。

㢗 15603 07221 jià_9.12 廣韻古訝切 集韻 居迓切太音架 廣韻 屋閒也 集韻 搆屋也。

㢖 15604 07222 zhé_9.12 集韻莊輒切音㑥。藏也 又 一曰屋庳貌。

㢘 15605 07223 yè_9.12 唐韻 集韻 太於歇切音謁 說文 屋迫也。又 廣韻 烏葛切 集韻 烏曷切太音遏。義同。

廁 15606 07224 cì_9.12 唐韻 集韻 韻會 初吏切 正韻 初寺切，太颸去聲 說文 廁，清也 玉篇 圊，溷也，雜也 釋名 廁，言人雜在上，非一也。或曰溷，言溷濁也。或曰圊，至穢之處，宜常修治使潔清也 史記·項羽紀 沛公起如廁 又 牀邊側謂之廁 前漢·汲黯傳 衛青侍中，上常踞廁視之 註 孟康曰：牀邊側也 又 韻會 高岸夾水曰廁 前漢·劉向傳 北臨廁 註 服虔曰：廁，側近水 又 廣韻 閒也，次也 史記·樂毅傳 廁之賓客之中 又 cè 集韻 察色切音測。側也 莊子·外物篇 廁足而墊之。鑾又厕04862厠04922遪61131

㢜 15607 07225 yú_9.12 玉篇古文逾61027字 又 tóu 廣韻 度侯切 集韻 韻會 徒侯切太音頭 玉篇 行圊也 集韻 通作牏 又 玉篇 木槽也 又 yú 集韻 容朱切音俞。義同 又 與庾通 集韻 庾或作㢜。

庫 15608 07226 kù_9.12 集韻舉蘊切，軍上聲 玉篇 積也。鑾 正字通 庫15491字之譌。

㢚 15609 07227 lán_9.12 說文古文籃42871字 又 集韻 㢚15646古作㢚。

㢝 15610 07228 là_9.12 集韻郎達切音辣 博雅 庵也 又 類篇 一曰獄室△ 集韻 或作㾓。

㢞 15611 07229 yīn_9.12 玉篇於今切音音。地名。

廂 15612 07230 xiāng_9.12 唐韻 正韻 息良切 集韻 韻會 思將切太音箱 說文 廊也 玉篇 東西序也 史記·周昌傳 呂后側耳於東廂聽 註 殿東堂也 索隱 曰：正寢之東西室，皆號曰廂，言似箱篋之形 又 通作箱 儀禮·公食大夫禮 公揖退于箱。鑾又廂04938

㢟 15615 07233 yī_9.12 海篇同黟

㢠 15613 07231 cì_9.12 集韻與庛同

㢡 15614 07232 hán_9.12 集韻胡南切音含。木垂花實貌。

㢢 15616 07234 tuí_9.12 海篇音頽。下重也。

㢣 15617 43419 yǔ_9.12 篇海類編同傴。

㢤 15618 43420 fǔ_9.12 奚韻同腐

廊 15622 u2AA9A tīng_9.12 俗廳15869

㢥 15619 43421 zǔ_9.12 奚韻音阻。鑾疑㢥字之譌。

㢦 15620 43422 nǎo_9.12 搜眞玉鏡音惱。鑾俗瘧字，正作瘧。

㢧 15621 u2AA9B nüè_9.12 俗瘧36323 直音篇 瘧，魚略切。

㢨 15623 u2227E u_9.12 喃 从广幽u聲。

㢩 15624 u2227D kho_9.12 喃 从庫省枯khô聲。倉庫，堆棧。

㢪 15625 u2227B jiā_9.12 同廳74352

㢫 15626 u22279 bǎo_9.12 同宲11999

㢬 15627 u22278 huī_9.12 俗恢17277 大字典 引 隸釋·山陽太守祝睦碑 君㢬㢬懿量△宏按，隸釋 原作㢬15698

㢭 15628 u22277 yǒu_9.12 同㢭15499陳昌治刻本 說文解字 㢭，久屋朽木。从广酉聲 周禮 曰「牛夜鳴則㢭」。臭如朽木。

㢮 15630 u22272 zhān_9.12 俗詹55929

㢯 15629 u22273 mó_9.12 磨39318譌字 墨子·卷十四·備高臨第五十三 以磨㢯卷收。孫詒讓閒詁：磨㢯，吳鈔本作㢯㢯，不成字。道藏本㢯字同。

㢰 15631 u22271 miào_9.12 俗庿15596 廣碑別字·廟 引 唐陳崇本墓誌

㢱 15632 u22270 zuò_9.12 俗座15480

㢲 15633 u2226F null_9.12 未詳。

㢳 15634 u2226E null_9.12 未詳。

廊 15636 u5ECA láng_9.12 同廊15647

㢴 15635 u3890 ē_9.12 同屙13053 清平山堂話本·簡貼和尚 劈得柴，打得水。會吃飰，能㢴屎。

廃 15637 u5EC3 fèi_9.12 俗廢15737 四部叢刊·初編集部·鮚埼亭詩集·第八卷·過潘石枰故勺園 一卷荒瓢餘，井泥傷廃墅。

㢵 15638 07235 duī_10.13 海篇 音䧺。屋邪〇按 說文 玉篇 諸書無㢵字，音義近㢵，當是㢵字之譌。

㢶 15639 07236 è_10.13 廣韻 安盍切 集韻 乙盍切太音鰪 玉篇 山旁穴 又 集韻 藏也 揚子·太玄經 㢶其缺 又 集韻 轄臘切音盍。義同。

㢷 15640 07237 mà_10.13 集韻莫駕切音罵 廣雅 庵也。鑾又㐎04798

㢸 15641 07238 huì_10.13 唐韻 胡罪切 集韻 韻會 戶賄切太音匯 玉篇 㢸廆也 又 wěi 集韻 五賄切音頠。人名 晉書·載記 單于遼東郡公慕容廆 又 guī 集韻 類篇 太姑回切音瑰 山海經 中山西有廆山，其陰多㻬琈之玉。

㢹 15642 07239 sī_10.13 玉篇思移切音斯。地名〇按諸韻書皆無

𢉖字左傳有𢉖祁宮漢書有上𢉖亭、丁𢉖聚。疑是𢉖字之譌。鎣又𢉖15657

廌 15643 07240
zhì_10.13 廣韻池爾切集韻韻會丈尒切太音豸廣雅廌，灋也又解廌，獸名前漢·司馬相如傳註張揖曰：解廌，似鹿而一角。人君刑罰得中，則生於朝廷王充·論衡解廌者，一角羊，性知有罪。臯陶治獄，其罪疑者，令羊觸之又集韻通作豸異物志東北荒中有獸，名獬豸。一角，性忠，觸不直者又叶直詈切，豸去聲司馬相如·上林賦推蜚廉，弄獬廌。格蝦蛤，鋋猛氏。鎣又廌15672𤝵32734𤞞33233䚦55438觟55413又廌，或假借爲薦又龍龕廌廌，在見反，二。

廇 15644 07241
liù_10.13 唐韻集韻正韻太力救切音溜◆說文中庭也玉篇屋廇也劉向·九歎刜讒賊於中廇兮註中廇，室中央也玉篇一作霤又爾雅·釋宮宋廇謂之梁註屋大梁也疏大梁，一名宋廇。鎣又廇15753

廈 15645 07242
xià_10.13 唐韻胡雅切集韻韻會正韻亥雅切太音夏說文屋也玉篇今之門廡也。又韻會通作夏禮·檀弓見若覆夏屋者矣註今之門廡旁廣而卑又集韻大屋唐太宗·登三臺詩所欣成大廈。鎣又厦04941庌15353𢋯15846瘕36332厦04917

廉 15646 07243
lián_10.13 古文磏槏廉㡘唐韻力兼切集韻韻會離鹽切正韻力鹽切太音匳說文仄也儀禮·鄉飲酒禮設席於堂廉東上註側邊曰廉前漢·賈誼傳廉遠地則堂高註廉，側隅也又釋名斂也，自檢斂也又玉篇清也廣韻儉也周禮·天官·小宰以聽官府之六計，弊羣吏之治：一曰廉善，二曰廉能，三曰廉敬，四曰廉正，五曰廉法，六曰廉辨註既斷以六事，又以廉爲本疏廉者，潔不濫濁也又玉篇棱也書·臯陶謨簡而廉傳性簡大而有廉隅禮·儒行砥礪廉隅又察也後漢·魯恭傳袁安使仁恕掾肥親往廉之又通典官制有廉訪使、廉使正字通今稱臯司又嚴利也禮·月令其器廉以深周禮·冬官考工記·弓人紾而摶廉註廉，嚴利也又縣名前漢·地理志北地郡有廉縣又州名唐書·地理志廉州本合州，武德四年曰越州，貞觀八年更名又姓史記·廉頗傳廉頗者，趙之良將也又飛廉，漢宮名前漢·武帝紀作長安飛廉館註應劭曰：飛廉，神禽，能致風氣者也。晉灼曰：身似鹿，頭如爵，有角而蛇尾，文如豹文。鎣又廉15673亷00716㢘02648㾏04947廡15758廡31605

廊 15647 07244
láng_10.13 唐韻魯當切集韻韻會盧當切正韻魯堂切太音郎說文東西序也玉篇廊，廡下也廣韻殿下外屋也前漢·竇嬰傳賜金，陳廊廡下註師古曰廊，堂下周屋也揚雄·光祿勳箴廊殿門闥，限以禁界又通作郎前漢·董仲舒傳蓋聞唐虞之時，遊於巖郎之上註晉灼曰：堂邊廡。巖郎，謂嚴峻之郎也。又司馬相如傳陛下築郎臺，恐其不高註師古曰郎，堂下周廂也。鎣又廊15510，俗又瘋36325偏類碑別字·廊引魏敬史君碑

廋 15648 07245
sōu_10.13 廣韻所鳩切集韻韻會正韻踈鳩切太音搜揚子方言廋，隱也註謂隱匿也論語人焉廋哉又玉篇隈也又求也，索也集韻索室曰廋前漢·趙廣漢傳廋索私屠沽又廋人，官名周禮·夏官廋人掌十有二閑之政教又集韻蘇后切音叟。隱也晉語有秦客廋辭於朝註廋，隱也，謂以隱伏譎詭之言問於朝也。鎣又㾪15602𢊈15669

廧 15649 07246
qiáng_10.13 集韻與廧同。

㢞 15650 07247
yì_10.13 韻會與瘞同

廆 15651 07248
huī_10.13 五音集韻許規切音隳。姿廆也。鎣又㾯15743

𢉗 15652 07249
zhuì_10.13 篇韻池僞切，音墜◇舍潰也。

麻 15653 07250
lì_10.13 字彙補與歷同。見漢苑君碑

𢉤 15654 07251
huì_10.13 篇韻音穢。映𢉤也。鎣映𢉤。映𢉤。疑映睳。

庥 15655 41157
xiū_10.13 篇海類編音休。樹陰也。

㢘 15656 41158
lán_10.13 集成力甘切音藍。遮也。又音鹽。義同。

𢉖 15657 43423
sī_10.13 篇海類編同虒。

㢝 15658 43424
sè_10.13 字義總略同瑟。

㢚 15659 43425
lǔ_10.13 海篇音魯。庵舍也〇按卽㢚字之譌。

𪪜 15661 u2AA9C
xià_10.13 俗廈15645

𪪝 15660 u2AA9D
yōng_10.13 或同邕61506

𢊑 15662 u22291
vựa_10.13 喃从庫省備bị省聲。倉。

𢊍 15664 u2228D
chú_10.13 俗廚15724

𢊏 15663 u2228F
chì_10.13 龍龕𢊏，俗。昌制反。正作瘛36282又六書統𢊏，尺制切。掣19905字同用。𢊏曳也。从手从广㓞聲。

𢊌 15665 u2228C
jí_10.13 俗瘠36304可洪音義薄𢊌：秦昔反。

𢊊 15667 u2228A
ān_10.13 同庵15546

𢊋 15666 u2228B
qìng_10.13 或俗慶18144

𢊉 15668 u22289
qiáng_10.13 同廧15649廧15768省文。

𢊈 15669 u22288
sōu_10.13 俗㾪15602

𢉼 15670 u2227C
gēng_10.13 俗賡57806

廊 15671 uF928
láng_10.13 同郎15636字典作廊15647兼容字。

廌 15672 u5ECC
zhì_10.13 同廌15643

廉 15673 uF9A2
lián_10.13 參見廉15646

廎 15674 07252
qīng_11.14 集韻窺營切音傾。屋側也又qǐng犬穎切音頃。小堂也又棄挺切音謦。義同又qìng傾夐切，頃去聲。瓜屋也。本作高。鎣又庼15587顷04913𢊂15744

廖 15675 07253
cōng_11.14 說文廖本字。鎣又㢠15502

㢒 15676 07254
shèn_11.14 廣韻集韻太式禁切，深去聲廣韻深大屋集韻屋深。

㢒 15677 07255
chá_11.14 廣韻集韻韻會太鉏加切音槎玉篇屋欲

壞也 集韻 屋頹貌 廣韻 淮南子 云廬屋之下，不可坐也 図 集韻 莊加切音樝。義同。

廄 15678 07256
jiù_11.14 古文 㲉 唐韻 集韻 韻會 正韻 𠀤居又切音救 說文 馬舍也 釋名 廄，勼也。勼，聚也。牛馬之所聚也 周禮·夏官·校人 三乘爲皁，三皁爲繫，六繫爲廄，六廄成校 註 自乘至廄，其數二百一十六匹 詩·小雅 乘馬在廄。又官名 左傳·襄十五年 養由基爲宮廄尹 昭廿年 左尹與中廄尹 唐書·百官志 典廄署令掌飼牛馬，給養雜畜 図 姓 姓考 楚令尹子文曾孫弃疾爲廄尹，因氏。鋻 又廄15750 廏04967 厩04957廐15679

廏 15679 07257
jiù_11.14 玉篇 俗廄字。鋻 又㲃22841 図 㲉，同廄15678

廧 15680 07258
zhàng_11.14 廣韻 同障 図 與墇通 集韻 墇或作廧。

廑 15681 07259
qín_11.14 唐韻 巨斤切 韻會 渠斤切𠀤音勤 說文 少劣之居 廣韻 小屋 図 增韻 纔也 前漢·賈誼傳 其次廑得舍人 註 師古曰廑與僅同。劣也。言纔得舍人 図 與勤通 前漢·文帝紀 廑事從事。又揚雄傳 其廑至矣 図 增韻 廑，餘也，略能也 図 集韻 奇靳切，勤去聲。義同 図 渠各切音觀 博雅 廑也△集韻 或作廍。鋻 又廍15790廑04958

廤 15682 07260
zǒng_11.14 廣韻 作孔切 集韻 祖動切𠀤音總 玉篇 衆貌 廣韻 衆立 図 集韻 兩屋合也。

廲 15683 07261
mò_11.14 廣韻 慕各切 集韻 末各切𠀤音莫 玉篇 空也。鋻 胡吉宣：與寞12288同。

廎 15684 07262
yǐ_11.14 玉篇 於其切音醫。急也。鋻 胡吉宣：癒36377之譌字。

廒 15685 07263
áo_11.14 篇韻 五牢切音敖。倉廒也。俗作厫。鋻 又厫15704厰05002

廓 15686 07264
kuò_11.14 古文 霩 廣韻 正韻 苦郭切 集韻 韻會 闊鑊切𠀤音鞹 爾雅·釋詁 大也 詩·大雅 上帝耆之，憎其式廓 吳志·周瑜傳 性度恢廓 図 說文 空也 前漢·東方朔傳 今世之處士，魁然無徒，廓然獨居 図 集韻 開也 揚子方言 張小使大，謂之廓 荀子 狹隘褊小，則廓之以廣大 後漢·班勇傳 廓開朝廷之德 図 集韻 或者郭 韓愈·徐偃王廟碑 堅嶠之後，達夫郭之 図 劍削曰廓 揚子方言 劍削，自關而東，或謂之廓，或謂之削 図 州名 廣韻 廓州，漢西羌地，前涼湟河郡，周爲廓州。鋻 又廓15843

廔 15687 07265
lóu_11.14 唐韻 落侯切 集韻 韻會 郎侯切 正韻 盧侯切𠀤音樓 說文 屋麗廔也 玉篇 屋蓋也，脊也 図 說文 一曰種也 図 集韻 龍珠切音僂。窻也 廣韻 龐廔，綺窻。

廕 15688 07266
yìn_11.14 廣韻 集韻 韻會 正韻 𠀤於禁切，陰去聲 爾雅·釋言 庇，庥，廕也 戰國策 趙席隴畝，而廕庇桑陰。△玉篇 亦作蔭。

廖 15689 07267
liáo_11.14 廣韻 落蕭切 集韻 韻會 憐蕭切𠀤音聊。廣韻 人名 左傳·莊二十七年 王使召伯廖賜齊侯命。又chōu 集韻 丑鳩切音抽 類篇 人名。春秋周有瑕廖。図 集韻 力求切音留。義同 図 liào 集韻 力弔切，音料。廣韻 廖，姓。周文王子伯廖之後 前漢·古今人表 有廖叔安 後漢·方術傳 廖扶，號北郭先生 図 liù 集韻 力救切音溜 類篇 廖，國名。鋻 又繆45122繆45108

廗 15690 07268
dài_11.14 集韻 韻會 𠀤當蓋切音帶 玉篇 邪廗也 集韻 屋邪 図 水名 魏志·宕昌國傳 其地自仇池以西，東西千里，廗水以南，南北八百里。

廘 15691 07269
lù_11.14 集韻 盧谷切音鹿 玉篇 庾也，倉也。鋻 俗鹿74315

腳 15692 07270
yáo_11.14 集韻 與鼇同。舀也。

廱 15693 07271
yōng_11.14 玉篇 與雝同。

廙 15694 07272
xǐ_11.14 玉篇 色倚切音徙。義闕。鋻 又雍16513

廜 15695 07273
zuǐ_11.14 集韻 祖猥切音榫。廜廜，垂貌。

廦 15696 07274
bìng_11.14 篇海類編 音病。隱僻無人處。又側也。鋻 亦作庰15595

麻 15697 07275
shuò_11.14 篇韻 尸灼切音爍。治病也。鋻 麻部 麻74699，俗爍。與㾆同形 図 㾆同㾆74698，俗焫。王昶 金石萃編 ·卷三十三·北齊一·朱曇思等造塔記 用筆肥媚而多別體字，如涓作悄、塵作廬、堯作堯、梵作庶、容作谷、爵作爵，皆不合六書。

廞 15698 07276
huī_11.14 字彙補 與恢同。見 漢祝睦碑。鋻 君廧廞懿量。

廜 15699 43426
yú_11.14 搜眞玉鏡 音魚。

廮 15700 43427
nǔ_11.14 字彙補 古笯字○按卽廔字之譌。

廮 15701 u2AAA0
sàng_11.14 俗喪06529 可洪音義 廮逝：長水藏 作裴，莱浪反，亦作喪，同 図 俗裴54105 可洪音義 廮目：上宜作衰54105 図 直音篇 廮，音府。

廮 15702 u2AA9F
null_11.14 未詳。

廧 15703 u2AA9E
qiáng_11.14 同廧15768

厫 15704 uFA82
áo_11.14 兼廒15685

廩 15705 u222AC
lǐn_11.14 可洪音義 食廩：彼錦反。賜穀也。正作稟40505

培 15706 u222AB
vòm_11.14 喃 从广培bôi聲。拱形。

稾 15707 u222AA
kāng_11.14 正字通 康，說文 从米，庚聲，本作稾。古糠43559作稾。

廘 15708 u222A9
lù_11.14 俗鹿74315

廠 15709 u222A6
null_11.14 未詳。

廗 15710 u222A5
null_11.14 未詳。

慶 15711 u222A4
qìng_11.14 或俗慶18144

廫 15712 u222A3
biāo_11.14 俗瘭36369 可洪音義 廫疾：上卑遙反。疽

病 囗 俗廪15787 四聲篇海 廩，良審切。

摩
15713 u222A2
null_11.14 未詳。

虜
15714 u222A1
null_11.14 未詳。

磨
15715 u222A0
null_11.14 未詳。

覻
15716 u2229F
null_11.14 未詳。

廲
15717 u2229E
null_11.14 未詳。

廓
15718 uFA0B
kuò_11.14 兼廓。

廍
15719 u5ECD
pǒu_11.14 連橫·臺灣通史·下冊·卷二十七·農業志 臺灣熬糖之廠，謂之廍。一曰公司廍，合股而設者也；二曰頭家廍，業主所設者也；三曰牛犇廍，蔗農合設者也。

廄
15720 u5EC4
jiù_11.14 同廄15678

廤
15721 07277
pān_12.15 集韻 鋪官切 音潘 玉篇 峙屋也 囗 bān 集韻 逋潘切 音般。儲物也。

廵
15722 07278
zhì_12.15 海篇 秩字古文 〇 按諸字書秩字無此文，當是譌字。

廙
15723 07279
yì_12.15 唐韻 與職切 集韻 韻會 逸織切 丛音弋 說文 行屋也 玉篇 行屋。下聲 集韻 或作廙 囗 廣韻 集韻 丛羊吏切音異 玉篇 謹敬也 廣韻 恭也，敬也。鑾 又廙15760 廙15830

廚
15724 07280
chú_12.15 唐韻 直株切 集韻 韻會 重株切 丛音㕓 說文 庖屋也 孟子 是以君子遠庖廚也 囗 玉篇 主也 後漢·黨錮傳 度尚、張邈、王考、劉儒、胡毋班、秦周、蕃嚮、王章爲八廚。廚者，言能以財救人者也 囗 檀 晉書·顧愷之傳 愷之嘗以一廚畫寄桓玄 南史·齊陸澄傳 王儉戲之曰：陸公書廚也 囗 菗廚，菌也 爾雅·釋草 中菗 菌 註 地蕈也。今江東人名爲土菌。亦曰菗廚。又木名 集韻 斯條國有廚木，汁肥，可用之炙餅 △ 廣韻 俗作厨。鑾 又厨04965 廚15664 厨04956 厨04999 樹25929 櫥25553 囗 秦曰廚，楚曰胚，三晉曰胅47264

廜
15725 07281
tuí_12.15 海篇 音頹。下重也。

廗
15726 07282
wěi_12.15 玉篇 王委切音蔿。美也。鑾 胡吉宣：同 蔿12351

廞
15727 07283
xiàn_12.15 集韻 與廁同。鑾 又廝74705

廛
15728 07284
chán_12.15 唐韻 直連切 集韻 韻會 澄延切 正韻 呈延切 丛音纏 ◆ 說文 一畝半，一家之居 詩·魏風 胡取禾三百廛兮 傳 一夫之居曰廛 周禮·地官·遂人 夫一廛，田百畝 註 廛，城邑之居 揚子方言 東齊海岱之間謂居曰廛 囗 玉篇 市邸也 禮·王制 市廛而不稅 註 廛，市物邸舍，稅其舍，不稅其物 周禮·地官·廛人 掌斂廛布，而入于泉府 註 廛布者，貨賄諸物邸舍之稅 疏 謂在行肆，官有邸舍，人有置物於中，使之出稅，故云廛布也 班固·西都賦 闐城溢郭，旁流百廛 囗 集韻 或作壥 前漢·揚雄傳 有田一壥 囗 集韻 亦作壥㕓廛。鑾 又壥08982 㕓62087 壥09633 㕓04992 陳士元 古俗字略廛15817，居也。壥郦，並同 囗 閶65105 㕓62127，並俗作 可洪音義 市闇：上時止反，下直連反。

廜
15729 07285
tú_12.15 丛同都切音徒 廣雅 廜㢝，庵也 囗 集韻 屋平曰廜 △ 集韻 或作庤。

廥
15730 07286
fén_12.15 海篇 音墳。崩也。

廧
15731 07287
shěn_12.15 海篇 森上聲。除也。鑾 篇海類編 所錦切。

廝
15732 07288
sī_12.15 廣韻 息移切 集韻 韻會 相支切 丛音斯 玉篇 使也，賤也 唐韻 養也 集韻 析薪養馬者 公羊傳·宣十二年 廝役扈養 註 艾草爲防者曰廝 揚子方言 官婢，女廝，謂之娠 註 女廝者，婦人給使，亦謂之娠 囗 韻會 亦作廝 史記·蘇秦傳 廝徒十萬 張耳傳 廝養卒 囗 正韻 與醨通 唐書·高儉傳 附故渠廝引旁出 囗 與撕通 集韻 撕亦作廝 △ 玉篇 一作㣊。鑾 又㾂36446

廞
15733 07289
xīn_12.15 唐韻 許今切 集韻 正韻 虛金切 丛音歆 說文 陳輿服於庭也 周禮·天官·司裘 廞裘飾皮車 囗 爾雅·釋言 廞，興也 周禮·春官·笙師 廞其樂器 囗 集韻 正韻 丛袪音切音欽 廣韻 許錦切 集韻 羲錦切，丛歆上聲。義丛同 囗 yǐn 集韻 牛錦切音僸。義同。又怒貌 揚子·太玄經 虎虓振廞 囗 淤塞也 唐書·薛大鼎傳 滄州無棣渠久廞塞，大鼎浚治 囗 qiān 集韻 丘銜切音嵌。嶔廞，山險也 囗 與嵌通 集韻 嵌亦作廞。鑾 又㾂36489 㿇04996 㿆15556

廟
15734 07290
miào_12.15 古文庿 唐韻 集韻 韻會 正韻 丛眉召切，苗去聲 說文 尊先祖貌也 古今注 廟者，貌也，所以彷彿先人之形容也 釋名 廟，貌也，先祖形貌所在也 玉篇 宗廟也 爾雅·釋宮 室有東西廂曰廟 註 夾室前堂 疏 凡大室有東西廂、夾室及前堂有序牆者曰廟 囗 六書故 宮前曰廟，後曰寢。今王宮之前殿，士大夫之廳事是也 虞箴 曰：民有寢廟。傳曰：夫鼠不穴寢廟，畏人故也。猶後世言廟朝、廟堂也 文中子·禮學篇 山澤有廊廟之志 囗 凡祠外神者亦曰廟 史記·封禪書 趙人新垣平以望氣見上，言長安東北有神氣，成五采，於是作渭陽五帝廟。鑾 又庙15417 庿15544 㿘36254 庿15631 屆04933 崩15583

廠
15735 07291
chǎng_12.15 廣韻 正韻 昌兩切 集韻 韻會 齒兩切 丛音敞 廣韻 露舍也 集韻 屋無壁也 囗 廣韻 正韻 丛尺亮切音唱。義同。鑾 俗作㡆15577 厰05000

廡
15736 07292
wǔ_12.15 唐韻 文甫切 集韻 罔武切 韻會 罔甫切，丛無上聲 說文 堂下周屋 釋名 大屋曰廡。廡，幠也。幠，覆也。幷冀人謂之序 前漢·竇嬰傳 陳賜金廊廡下 註 廡，門屋也 囗 wú 集韻 微夫切音無。蕃廡，草木盛貌 書·洪範 庶草蕃廡 囗 wǔ 讀上聲 晉語 詩曰：黍不爲黍，不能蕃廡 註 廡音武 囗 與甒通 儀禮·士冠禮 側尊一甒 註 古文甒作廡。鑾 又庑15360 庑15401 庑15788 廡15824 廡15861 囗 前漢·竇嬰傳 陳賜金廊廡下。徐慧：賜金，陳廊廡下。

廢
15737 07293
fèi_12.15 唐韻 方肺切 集韻 韻會 放吠切 丛音癈 說文 屋頓也 囗 爾雅·釋詁 止也 註 止住也 禮·曲禮 凡祭有其廢之，莫敢舉也。有其舉之，莫敢廢也 囗 爾雅·釋詁

廢，舍也 註 舍，放置 周禮·天官·大宰 八柄，七曰廢，以馭其罪 註 廢，猶放也 又 八則，三曰廢置，以馭其吏 図 爾雅 釋詁 大也 詩 小雅 廢爲殘賊 傳 怢也 釋文 一本作廢，大也 図 墮也 左傳·定三年 邾子自投於牀，廢於爐炭 註 廢，墮也 図 轉注古音 音發 前漢·郊祀歌 西顥沆碭，秋氣肅殺，含秀垂穎，續舊不廢 図 與癈通 左傳·昭十四年 司徒老祁、慮癸偪癈疾 図 與撥通 周禮·冬官考工記·梓人 撥爾而怒 註 故書撥作廢。鄭司農云廢讀爲撥。 鑾 又 庩15637废15443

廣 15738 07294

guǎng_12.15 唐韻 集韻 韻會 茲古晃切，光上聲。 説文 殿之大屋也 図 玉篇 廣，大也 廣韻 廣，闊也 易繫辭 廣大配天地 疏 大以配天，廣以配地 図 州名 唐書·地理志 嶺南道有廣州 図 姓 姓譜 出丹陽廣成子之後，宋有廣漢 図 guàng 玉篇 古曠切，光去聲 周禮·地官·大司徒 周知九州之地域廣輪之數 疏 馬融云東西爲廣，南北爲輪 釋文 廣，古曠反 図 車名 周禮·春官·車僕 廣車之萃 註 廣車，橫陳之車也 釋文 廣，古曠反 左傳·僖二十八年 西廣東宮 疏 楚有左右廣，蓋兵車之名 宣二年 分爲二廣 註 十五乘爲一廣 図 正字通 音曠 荀子·王霸篇 人主胡不廣焉 註 廣，開泰貌 図 與曠通 前漢·五行志 師出過時之謂廣 図 guāng 姑黃切音光 爾雅·釋獸 回毛在背，闋廣 疏 伯樂相馬法，旋毛在背者名闋廣 音義 廣，音光。 図 韻補 叶果五切音古 禮·樂記 今夫古樂，進旅退旅，和正以廣，弦匏笙簧，會守拊鼓，始奏以文，復亂以武。 鑾 又 广15345 広15 廣 廣 碑別字新編·廣 引 漢故衡方碑

㠑 15739 07295

qiào_12.15 廣韻 集韻 茲丘召切音趬 玉篇 高屋。 鑾 又 庨15467

庇 15740 07296

cì_12.15 集韻 同庇 廤 bì_12.15 字彙補 與鼻同。人名 戰國策 所用者，搜庇、翟强也 吳師道 註 搜庇，疑卽管鼻。 鑾 搜庇或作搜庇15800

廤 15742 07298

bì_12.15 字彙補 與鼻同。人名 戰國策 所用者，搜庇、翟强也 吳師道 註 搜庇，疑卽管鼻。 鑾 搜庇或作搜庇15800

㢘 15741 07297

lián_12.15 五音篇海 與奩同。

廎 15744 43428

qǐng_12.15 字彙補 庼字之譌。

廫 15745 43429

liáo_12.15 川篇 同遼

廆 15743 41159

huī_12.15 篇海類編 許規切音麾。姿廆也。 鑾 廆或作廆15782

㢚 15746 43430

zī_12.15 篇海類編 音資。 鑾 又 𢉂55762 㾐36458

㢛 15747 u2AAA3

xiàn_12.15 古憲18325見 殷周金文集成 3.868·伯㢛甗

㢢 15748 u2AAA2

null_12.15 未詳。

㢡 15749 u2AAA1

null_12.15 未詳。

庿 15750 u222C1

jiù_12.15 同廄15678

㢽 15752 u222BD

null_12.15 元·石君寶 紫雲庭·第二折 你這般皂窩裏清㢽怎立碑。

賮 15751 u222BE

fǔ_12.15 同府15424 古璽彙編 0127：大賮。2550：㐸（造）賮。郭沫若 關於鄂君啓節的研究 賮乃府庫字之繁文，以與財政經濟有關，故字从貝。

賡 15754 u222B9

gēng_12.15 俗賡57806

廩 15755 u222B8

lǐn_12.15 俗廩15774

臍 15757 u222B6

lì_12.15 俗臍47865 龍龕 臍，音曆。臍腪，强脂也。

廉 15758 u3898

lián_12.15 俗廉15646

𤂄 15753 u222BA

liù_12.15 廇15644本字

賡 15756 u222B7

gēng_12.15 俗賡57806

廜 15759 u5EE4

gos_12.15 韓 處所。

廙 15760 uFA83

yì_12.15 參見廙15723 禮·射義 蓋廙有存者。 鑾 又 廛05016

廑 15763 07301

jǐn_13.16 集韻 與僅同

庶 15761 07299

shǔ_13.16 海篇 音暑。舍也。

亶 15762 07300

dǎn_13.16 集韻 黨旱切音亶 玉篇 偏舍。

廥 15764 07302

kuài_13.16 廣韻 集韻 韻會 茲古外切音儈 説文 芻藁之藏 急就篇 墼壘廥廄庫東廂 註 廥，芻藁所居也。 図 廥積，星名 史記·天官書 胃爲天倉，其南衆星曰廥積 隋書·天文志 天廩四星在昴南。一曰天廥，主畜黍稷以供享祀。

廬 15765 07303

lǔ_13.16 唐韻 郎古切 集韻 籠五切茲音魯 説文 廗也 玉篇 府也 廣雅 庵也 図 集韻 龍都切，魯平聲。義同 △説文 或作廬。 鑾 又 廗15659

廱 15766 07304

juǎn_13.16 篇韻 祀兗切，音踐 ◇ 大室也。

廦 15767 07305

bì_13.16 廣韻 北激切 集韻 必歷切茲音鼊 廣韻 室屋 図 廣韻 集韻 茲必益切音璧 説文 牆也 図 集韻 匹辟切音僻。義同 △玉篇 今作壁。

廧 15768 07306

qiáng_13.16 古文廧 韻會 正韻 茲慈良切音檣 春秋·成三年 晉郤克，衛孫良夫，伐廧咎如 集韻 赤狄別種 図 玉篇 同牆 戰國策 趙皆以獲蒿苫楚廧之 ◆ 前漢·鄒陽傳 牽帷廧之制 図 與嗇通 戰國策 廧夫空 註 廧，小臣也。空其名 △集韻 或省作廧。 鑾 又 廧15807 廧15668

廨 15769 07307

xiè_13.16 廣韻 古隘切 韻會 居隘切茲音解 説文 公廨也。 鑾 又 廨05011

廞 15770 07308

yú_13.16 廣韻 羊朱切音俞。邪廞，舉手相弄 図 廣韻 以周切音由。義同 △廣韻 或作歈，一作揄。 鑾 又 邪廞，或作邪揄、揶揄20882 搬廞、歈歈 説文 作歈瘀36203 集韻 作㑨02160愉。

廌 15771 07309

yàn_13.16 玉篇 魚欠切音齞。小貌 図 qiān 類篇 丘凡切音顩。櫃也。 鑾 又 廬15791

歆 15772 07310

xìn_13.16 集韻 火禁切，歆去聲。猛意，謂物新美者，意嚮之也。 鑾 正字通 俗歆26398字。

廗 15773 07311

yáo_13.16 廣韻 餘昭切音遙。座也。 鑾 余迺永：俗瘖36434瘖痤，疾名。

廩 15774 07312

lǐn_13.16 古文廩 唐韻 力甚切 集韻 韻會 正韻 力錦切茲音凜 ◆ 説文 本作㐭。穀所振入，宗廟粢盛，倉黃㐭而取之，故謂之㐭。从入、回，象屋形中有戶牖。或从

广从禾爾雅·釋言廩，廥也玉篇倉廩也釋名廩，矜也。寶物可矜惜者，投之其中也詩·周頌亦有高廩，萬億及秭禮·明堂位米廩，有虞氏之庠也註庠序亦學也。魯謂之米廩，虞帝上孝，令藏粢盛之委焉周語廩於藉東南，鍾而藏之註廩，御廩。一名神倉，東南生長之處。鍾，聚也。爲廩以藏所藉田，以奉粢盛荀子·富國篇垣窌倉廩者，財之末也註穀藏曰倉，米藏曰廩又給也後漢·章帝紀恐人稍受廩，往來煩劇註廩，給也又天廩，星名隋書·天文志天廩四星在昴南張衡·周天大象賦天廩備稷以祈歆又官名周禮·地官廩人掌九穀之數，以待國之匪頒、賙賜、稍食後漢·和帝紀復置廩犧官註漢官儀曰廩犧令一人，秩六百石又與懍通◆前漢·食貨志可以爲富安天下，而直爲此廩廩也又與壈通集韻壈或作廩又廩15795廩15787廩15712㐭40598廩15804㐭40623廪40115正字通俗作廩15755廩15779，并非。

廫 kāng_13.16 餘文音慷。大也。又正作廤18604

廮 null_13.16 未詳。

廜 null_13.16 未詳。

廩 lǐn_13.16 亦作廩15755俗廩15774

廎 null_13.16 未詳。

廧 jí_13.16 或俗瘠36304

廦 null_13.16 或俗廧

廆 huī_13.16 同廆15743

廒 null_13.16 未詳。

廱 yōng_13.16 廱香，同雍66140容。漢樊毅脩華嶽碑泰氣廱香。

廖 mǒ_13.16 方同廖11403婦之通稱。老廖，老婆。越諺·卷上·事類之諺九討老廖圖子，放債圖利。

麻 sū_13.16 簡麻15821

廩 lǐn_13.16 俗廩15774

廡 wǔ_14.17 說文廡字籀文。

廭 huó_14.17 集韻黃郭切音穫。廓廭，空遠貌。

廑 jǐn_14.17 正字通廑本字。

廯 qiān_14.17 集韻丘廉切音慊。吳人謂盛衣之櫝曰廯又虛嚴切音薟。又丘凡切音頰。義丛同。又庈15374廫15771

廲 má_14.17 川篇音麻。骨也。又楊寶忠：俗廲70745

廤 kǎi_14.17 搜眞玉鏡苦海切。隱也。

麻 wú_14.17 龍龕音無。又疑麻字之譌。

廩 lǐn_14.17 直音篇廪15540廩，並同廩15774

廬 null_14.17 未詳。

瓶 đay_14.17 喃同瓶15834

廩 null_14.17 未詳。

廩 jūn_14.17 廩74350俗譌。

廩 lǐn_14.17 俗廩15774

願 qǐn_14.17 願68132譌字。

廪 bí_14.17 同廪15742見戰國策·魏策三

蟇 má_14.17 慧琳音義蝦蟇：上下加反。下馬巴反蒼頡篇云篧（蟾）諸也。一名蛙古今正字義同。二字並從虫，叚、莫皆聲也。蟇正作蟆53307或作蠤。經作蟆，俗字。

廱 yōng_14.17 玉篇殘卷廱，字書亦廱15853字也。

廔 lǔ_15.18 說文與廬同。

廫 liáo_15.18 唐韻洛蕭切集韻憐蕭切丛音聊說文空虛也又集韻力交切音髎。室中虛貌又玉篇一作廖韓愈·華山女詩座下廖落如明星△集韻或作寥、廫。

廧 qiáng_15.18 正字通牆本字。

廀 yōu_15.18 玉篇於求切音憂。地名。

廲 lì_15.18 字彙補與廲同。見漢校官之碑

廧 sè_15.18 餘文與嗇同。

廲 luǒ_15.18 餘文落猥切。歷病也〇按卽瘰字之譌。

廰 null_15.18 喃未詳。

廑 gēng_15.18 廑57806譌字

廰 chòi_15.18 喃从广榱chuôi聲。小茅屋。

廲 hǔ_15.18 同廲74433

廛 chán_15.18 同廛15728

廱 wèng_15.18 或俗甕35181古地名龍龕廱，俗。烏貢反元文類·雜著·政典結連廱槐、了江等處猫人作亂。

廰 null_15.18 未詳。

慶 qìng_15.18 或俗慶18144

廞 xiàn_16.19 玉篇先見切音霰。舍也。又亦作廠15727俗作廠74705

麻 sū_16.19 廣韻素姑切集韻正韻孫租切韻會孫祖切丛音蘇博雅廇麻，庵也又集韻廇麻酒，元日飲之，可除瘟氣四時纂要作屠蘇。又麻15786麻05039

廬 lú_16.19 唐韻力居切集韻韻會正韻凌如切丛音閭說文寄也。秋冬去，春夏居詩·小雅中田有廬箋中田，田中也。農人作廬焉，以便田事又玉篇屋舍也集韻粗屋總名易·剝卦小人剝廬◆左傳·襄二十三年則猶有先人之敝廬在，君無所辱命又候舍也周禮·地官十里有廬，廬有飲食註廬若今野候，徙有庌也又直宿舍也前漢·金日磾傳小疾臥廬註殿中所止曰廬班固·西都賦周廬千列註直宿曰廬又國名周語廬由荊媯註廬，媯姓之國，荊媯，廬女爲荊夫人也又邑名楚語以王如廬註廬，楚邑又州名隋書·地理志廬江郡，開皇初改爲廬州又山名廬山記周威王時有匡俗廬君，故山取其號又正韻龍都切音盧周禮·冬官考工記秦無廬註廬讀爲纑，謂矛戟柄竹攢秘。或曰摩鐧之器又與籚同集韻籚或作廬。又廬05031廬13209庐15402卢15436

廬36613爐14444

廉 15823 07324
lián_16.19　集韻廉15646古作廉。

廡 15824 07325
wǔ_16.19　正字通廡本字。

廳 15825 07326
zhuó_16.19　集韻仕角切，音浞玉篇速也。

麇 15826 07327
fǔ_16.19　海篇音父。臭也，敗爛朽也。鋆龍龕麇俗，腐47434正。

廦 15828 u2AAAA
null_16.19　嘀未詳。

廏 15829 u222FA
jué_16.19　俗爵32278

爒 15827 43436
xián_16.19　字彙補何兼切音嫌。光也。

廙 15830 u222F8
yì_16.19　俗廙15723人名用字。丁廙、咸廙業（咸冀）。

摩 15832 u222F6
null_16.19　未詳。

廟 15831 u222F7
lài_16.19　可洪音義庐廟：上古秤反。下郎盖、郎達二反。正作疠癩36621也。

麏 15833 u222F5
jūn_16.19　俗麕74415

瓶 15834 u222F4
dưới_16.19　嘀同帶00140　⊠đáy同龘15797从底帶đai聲。

麻 15835 u222F3
null_16.19　未詳。

廬 15836 uF982
lú_16.19　兼廬。

償 15837 u5EED
jī_16.19　或同積。

廞 15838 07328
yǐn_17.20　集韻牛錦切音僸玉篇大屋也。鋆又歆15849

廙 15839 07329
yì_17.20　篇韻夷益切，音弋◇屋通也。

廎 15840 07330
yǐng_17.20　唐韻集韻於郢切韻會幺郢切，並瘦上聲說文安止也⊠縣名前漢·地理志鉅鹿郡有廎陶縣。

廯 15841 07331
xiǎn_17.20　唐韻集韻韻會並息淺切並雅·釋言廯廯也疏廯廯者，困倉之別名。孫炎曰：廯，藏穀鮮潔也。舍人云廯，少鮮也⊠xiān集韻相然切正韻蘇前切並音先。義同。

廙 15842 07332
xī_17.20　集韻韻會並虛宜切音犧。廙廙，山險也。

廧 15844 07334
qiáng_17.20　集韻廧15768古作廧。

廭 15845 07335
zhāi_17.20　海篇音齋。茅舍也。鋆又齊部重出字彙側皆切音齋。小茅舍也正字通凡燕居通稱爲齋杜陽雜編梁武帝造寺，蕭子雲飛白大書一蕭字於其中，後李約買歸東洛，建一小室，號蕭齋。唐杜甫居廭，三徒居皆曰高齋。本借用齋，後加广。

廈 15846 43438
shà_17.20　搜眞玉鏡同廈。

齴 15848 43440
zhǎn_17.20　字彙補音展。

廮 15847 43439
xiè_17.20　龍龕同襲

廓 15843 07333
kuò_17.20　字彙見石鼓文。或云卽廓字。鋆石鼓文廓騎宣特⊠避來自廓

歆 15849 u22303
yǐn_17.20　字彙廞15838，魚錦切，音引。大屋。俗作歆。

廳 15851 u5EF0
tīng_17.20　俗廳15869

麼 15850 u22301
mí_17.20　俗麼32124

⊠ 　俗龐67011　廣碑別字引魏三級浮圖頌

龍 15852 07336
qú_18.21　集韻權拘切音劬玉篇倉也。

雍 15853 07337
yōng_18.21　廣韻韻會正韻並於容切音雝爾雅·釋訓雝雝，和也⊠辟雝，學名說文天子饗飲辟雝廣韻辟雝，天子教宮詩·大雅於樂辟雝傳水旋丘如璧曰辟雝。◆白虎通辟雝，四面如壁，水雝之，在南方七里之內，立明堂於中月令論曰：取其宗廟之淸則曰淸廟，取其正室之貌則曰太廟，取其堂則曰明堂，取其四門之學則曰太學，取其水周圓璧則曰辟雝三輔黃圖璧雝如璧之圓，雝之以水，象教化流行也⊠集韻通作雝詩·周頌于彼西雝⊠通作雍前漢·河間獻王傳對三雍宮註應劭曰：辟雍、靈臺、明堂也。雍，和也。言天地君臣人民皆和也⊠茨，一名雞雝莊子·徐無鬼雞雝也，豕零也。⊠雍縣。亦作雝前漢·百官表雝，太宰、太祝、令丞註師古曰五時在雝，故特設太宰以下諸官⊠集韻與壅通前漢·五行志成公五年，梁山崩，雝河三日不流註師古曰雝，讀曰壅○按穀梁傳本作壅。鋆又直音篇雝15693雝15802，同雝。

鞞 15854 u2AAAB
null_18.21　嘀未詳。

廛 15856 u22305
chán_18.21　俗廛62098

鹿 15855 u22306
pí_18.21　壶53774譌字說文作盧53276

離 15857 07338
lí_19.22　集韻鄰知切音離玉篇廈也。

廈 15858 07339
xià_19.22　字彙廈字古文○按諸字書廈字無此文。夏古作夏，因以廈爲廈，傳寫作廈，誤。

龎 15859 07340
lí_19.22　廣韻憐提切音黎。龎廡，綺窗⊠集韻鄰支切音離。義同。鋆又龎15868

攘 15860 u2230C
rộng_19.22　嘀从广弄lộng聲△攘霍：擴大。攘脝：心胸開闊。

廡 15861 u2230B
wǔ_19.22　廡15736本字正字通廡，篆作廡。

麤 15862 u2230A
rộng_19.22　嘀同攘15860

廉 15863 07341
qiān_20.23　海篇音謙。謹也。

麋 15864 41161
mí_20.23　字彙補同麋。見漢碑。

鵬 15866 u2230F
null_20.23　未詳。

鏖 15865 u22310
duì_20.23　集韻肇67823，徒對切說文齋也。或作隆、鏖。

摩 15867 u2230E
nghịt_20.23　嘀从广孽nghiệt聲。

龎 15868 43441
lí_21.24　篇海類編同龎。

廳 15869 07342
tīng_22.25　廣韻他丁切集韻湯丁切正韻他經切並音汀廣韻廳，屋也集韻古者治官處謂之聽事。後語省直曰聽，故加广增韻聽事，言受事察訟於是。漢、晉皆作聽，六朝以來乃始加广。鋆又厅04790所04889廳05038廳05036庁15348廳15851牞32587廳05044庁15378

廒 15870 07343
kuò_23.26 集韻廓15686古作廒。

廬 15871 07344
líng_24.27 集韻郎丁切音靈。岩穴也。或作櫳。

廮 15872 07345
luán_24.27 類篇閭員切音攣。樊也。

廳 15873 u22316
null_25.28 未詳。

• 廴部 •

廴 15874 07346
yǐn_0.3 唐韻余忍切集韻以忍切夶音引說文廴，長行也。从彳引之又yìn集韻羊進切音酳。延也玉篇今作引。

廴 15875 u2F35
yǐn_0.3 部廴15874

廸 15876 u22317
null_2.5 未詳。

巡 15878 43442
xún_3.6 字彙補巡字之譌。

廷 15879 u2AAAC
null_3.6 未詳。

延 15877 07347
chān_3.6 唐韻丑連切集韻抽延切夶音梴說文安步延延也又集韻丑展切音囅。義同。鑒又遄61167逛61034㢟60652延15880

廷 15881 u22319
jué_3.6 四聲篇海廷，音栓。

廵 15882 u22318
null_3.6 未詳。

延 15880 u2231A
chān_3.6 俗延15877 金石文字辨異·延唐淨業法師塔銘父延。案，㢟60652作延

延 15883 07348
yán_4.7 唐韻以然切集韻韻會正韻夷然切夶音綖說文長行也又廣韻進也禮·射義孔子使子路執弓矢出延射儀禮·覲禮擯者延之曰升註從後詔禮曰延。延，進也又爾雅·釋詁長也揚子方言延，永長也。凡施於年者謂之延，施於衆長謂之永班固·西都賦歷十二之延祚又廣韻遠也史記·蒙恬傳延袤萬餘里又爾雅·釋詁陳也疏鋪陳也又正韻納也前漢·公孫弘傳弘起客館，開東閣，以延賢人又集韻及也書·大禹謨賞延于世又廣韻稅也，言也又韻會遷延也，淹久貌左傳·襄十四年晉人謂之遷延之役註遷延，却退也張衡·西京賦遷延邪睨註李善曰：遷延，引身也又盤屈曰宛延揚雄·甘泉賦颺翠氣之宛延註宛延，長曲貌又爾雅·釋詁間也疏謂間隙。今墓道也左傳·隱元年隧而相見註隧若今延道又韻會州名。漢高奴縣，後魏置延州又地名左傳·隱元年至於廩延註廩延，鄭邑。陳留酸棗縣北有延津。又昭二十七年延州來季子聘於上國註季子本封延陵，後復封州來，故曰延州來。又前漢·地理志張掖郡有居延縣註居延澤在東北，古文以爲流沙又姓後漢·延篤傳篤，南陽人，爲京兆尹。又yǎn集韻以淺切音演。冕上覆也禮·玉藻天子玉藻十有二旒，前後邃延集韻或作綖又yàn廣韻予線切集韻韻會延面切，夶延去聲集韻延，及也張衡·西京賦重閨幽闥，轉相踰延。望奆窱以逕庭，渺不知其所返註延，言互相周通。鑒又延60798迻60763延15884莚49555逛61101㢟60724

延 15884 07349
zhēng_4.7 集韻諸盈切音征說文行也○按前漢·功臣表武帝征和紀年皆書作延和。顏師古曰延亦征字也。

廷 15885 07350
tíng_4.7 廣韻特丁切集韻韻會正韻唐丁切夶音亭。說文朝中也廣韻朝廷也論語其在宗廟朝廷疏朝廷，布政之所釋文廷，停也，人所集之處又廣韻正也韻會直也又廣韻廷者，平也又廷尉，官名前漢·百官表廷尉，秦官註廷，平也，治獄貴平，故以爲號又廣韻韻會正韻夶徒徑切，亭去聲。義同。鑒又迋60727廷15886

廷 15886 u2231C
tíng_4.7 干祿字書廷廷15885上通下正。

趁 15887 07351
chěn_5.8 集韻丑忍切，縝上聲類篇走也。

廻 15888 u2AAAE
null_5.8 未詳。

㢭 15889 u2AAAD
null_5.8 未詳。

迥 15891 u38A0
jiǒng_5.8 同迥60753

廻 15890 u2231E
huí_5.8 廻15895本字

迫 15892 u5EF9
pò_5.8 俗迫60764廣碑別字引唐苗弘休墓誌

廸 15893 u5EF8
dí_5.8 民國商務新字典·拾遺廸，同迪60762

建 15894 07352
jiàn_6.9 唐韻集韻韻會夶居萬切，犍去聲說文立朝律也書·洪範建用皇極又玉篇豎立也韻會置也易·比卦先王以建萬國，親諸侯又廣韻木名。在弱水，直上百仞無枝又星名禮·月令仲春之月，旦，建星中註建星在斗上史記·天官書建星者，旗也註建六星在斗北，臨黃道，天之都關也又州名韻會本吳建安郡，唐立建州又姓廣韻楚王子建之後前漢·元后傳有建公又jiǎn集韻韻會夶紀偃切，犍上聲集韻覆也史記·高帝紀猶居高屋之上，建瓴水也註居高屋而翻瓴水，言向下之勢易也又與鍵通禮·樂記倒載干戈，包之以虎皮，名之曰建櫜註建讀爲鍵。鑒又撻20483建60826建15900迒60744

廻 15895 07353
huí_6.9 篇韻同回史記·鄒陽傳墨子廻車○按韻書無此廻字。據廣韻廻當作迴。

廼 15896 u5EFC
nǎi_6.9 同廼60815

翅 15896 u2231F
chì_6.9 俗翅46022光緒睢寧縣志彙·卷第六·建置志·壇廟劉猛將軍廟日午後偕幕中諸友開坐，忽視飛蝗接翅，勢極駭人。

廷 15898 u2AAAF
null_7.10 未詳。

延 15901 u22323
null_7.10 未詳。

逞 15899 u22325
chěng_7.10 正字通逞60890，俗作逞，非。

建 15900 u22324
geon_7.10 韓建15894缺筆字。避高麗太祖王建之諱。

逢 15902 u22322
null_7.10 未詳。

迥 15903 u22321
null_7.10 未詳。

逋 15904 u22320
null_7.10 未詳。

迴 15905 u5EFD
huí_7.10 俗廻15895

廷 15906 07354
zhèng_8.11 集韻丈梗切，梗上聲廣雅盡也。

逍 15908 u22327
yán_8.11 亦作逍，俗逍15909

廼 15907 u2AAB0
null_8.11 未詳。

遑 15910 u2AAB1
huáng_9.12 俗遑61055

逍 15909 07355
yán_9.12 五音集韻尹甸切，延去聲。相顧視而行也

集韻从辵作道。鋆又道61152踭37702

遄 15911 u231C7
dàn_9.12　同踃35778

遑 15912 u2232A
null_9.12　未詳。

遟 15913 u22329
null_9.12　未詳。

遳 15914 41162
yán_10.13　篇海類編丑
延切，闡平聲◇相顧而行也。鋆又道15909踭37702

躿 15915 43443
tǐng_11.14　搜眞玉鏡音挺。

躼 15916 43444
dàn_12.15　搜眞玉鏡音誕。鋆躼，古文誕。

遷 15917 u2AAB2
null_12.15　未詳。

• 廾部 •

廾 15921 u2F36
gǒng_0.3　部廾15918

廾 15918 07356
gǒng_0.3　唐韻居悚切
音拱 說文竦手也。从屮从又。今變作廾。揚雄說廾从
兩手 图 廣韻九容切 集韻居容切丛音恭。又 集韻渠容
切音蛩。義丛同△ 集韻或作异。鋆又廾15919拜19277
图 可洪音義 收05164或作拜，巨恭反。

廾 15919 07357
gǒng_0.3　說文廾本字。鋆又收05164，竦手也。从
ナ从又。卝，引也，从反廾。屮，古攀字。

大 15920 41163
jiǔ_0.3　字彙補同九。見 周易全書

廿 15922 u3039
niàn_0.3　同廿15923商碼二十。

屮 15924 41164
děng_1.4　五音集韻與等同。鋆又寸12513

开 15925 u5F00
kāi_1.4　简 開64914

廿 15923 07358
niàn_1.4　唐韻人汁切
集韻正韻日執切丛音入 玉篇二十并也。今直爲二十
字 顏之推 稽聖賦中山何夥，有子百廿。魏嫗何多，一
孕四十。鋆廿04497廾15918 图廿，同廿，商碼二十。

弁 15926 07359
biàn_2.5　唐韻 集韻 韻會皮變切 正韻毗面切丛音
汴 說文本作覍。冕也。象形。或作弁 玉篇覍，弁也，
攀也，所以攀持髮也 儀禮·士冠禮周弁，殷冔，夏收 註
弁，名出於槃。槃，大也，言所以自光大也 疏弁是古冠
之大號。釋名弁如兩手相合抃時也。以爵韋爲之，謂之
爵弁。以鹿皮爲之，謂之皮弁。以韎韋爲之也 詩·衛風
會弁如星 图急也 禮·玉藻弁行剡剡起屨 疏弁，急也。剡
剡，身起貌。急行欲速，而身屨恆起也 图戰懼狀 前漢·嚴
延年傳吏皆股弁 註股戰若弁。弁謂撫手也。又 王恭
予甚弁焉 註弁，疾也。一曰撫手也，言驚懼狀 图手搏
也 前漢·甘延壽傳試弁爲期門 註弁，手搏 图星名 星經
天弁九星，在建河，爲市官之長 图地名 禮·檀弓弁
人有其母死，而孺子泣者 图姓。與卞通 前漢·東方朔傳
弁嚴子爲衛尉 图山名 廣輿記卞山，一名弁山。山石瑩
然如玉。在今湖州府城北 图pán 集韻薄官切音盤。與
般同。樂也 詩·小雅弁彼鸒斯 傳弁，樂也。鋆又覍12651
舁15971絣43959頒68031 图籀文覍作舁15985，亦隸變作
畁15986

弄 15928 43445
nòng_2.5　龍龕音弄

廾 15927 41165
jiè_2.5　集韻與界同

异 15929 07360
yí_3.6　廣韻與之切 集韻 韻會盈之切 正韻延之
切丛音怡 廣韻已也 書·堯典异哉，試可乃已 傳异，已
也，退也。言餘人盡已，惟鯀可試，無成乃退 正義异聲
近已，已訓止，是停住之意，故爲退也 图集韻發歎也。
图yì 唐韻 集韻 韻會丛羊吏切，怡去聲 說文舉也。又 廣
韻退也 图與異通 列子·楊朱篇何以异哉。鋆又异15956

廿 15930 07361
jī_3.6　字彙補古文箕42111字。鋆同㘴00073

异 15931 07362
yǔ_3.6　廣韻古文與48370字。鋆又异15932

与 15933 u2F891
yǔ_3.6　俗與48370亦作异15932

卝 15934 u22332
yìn_3.6　龍龕手鑑卝，古文，音印 風俗通·愆禮瓊
薨既葬，負笥卝涉，齋一盤醊，哭於墳前。

与 15932 u2F892
yǔ_3.6　同异15931

弃 15935 07363
qì_4.7　說文古文
棄24325字 左傳·襄四年是弃陳也 史記·周本紀周后稷名
弃，其母姜原欲弃之，因名曰弃。

弅 15936 07364
kuí_4.7　唐韻渠追切 集韻渠龜切丛音逵 說文持
弩拊也。

弄 15937 07365
nòng_4.7　唐韻 集韻 韻會 正韻丛盧貢切，籠去聲 爾
雅·釋言玩也 疏謂玩好也 詩·小雅載弄之璋 前漢·趙堯
傳高祖持御史大夫印弄之 图戲也 左傳·僖九年夷吾弱
不好弄 註弄，戲也 前漢·昭帝紀上耕於鉤盾弄田 註師
古曰弄田，謂宴游之田 图韻會侮也 前漢·東方朔傳自
公卿在位，朔皆敖弄，無所爲屈 图樂曲曰弄 晉書·桓伊
傳王徽之泊舟青溪側，令人謂伊曰：聞君善吹笛，試爲
我一奏。伊便下車，踞胡牀，爲作三調。弄畢。便上車
去 南史·隱逸傳宗少文善琴，古有金石弄，惟少文傳焉
嵇康·琴賦改韻易調，奇弄乃發 图字彙巷也。鋆又嘆
07448廾15928美33829舁05430抃23753抙19472枠24136屏13044
垶08628 图龍龕卡04646下48980卡04642三古文。靈貢反。
抙19535拚19663俗。盧貢反 图咔05798偏類碑別字·弄引
隋皇甫深墓誌 图可洪音義曳橋24172：上羊世反。下音
弄。又音lòng，同衖16769 图咔05950通弄。敦煌·北圖·8412
舍大行淨覺禪師開心勸導禪訓終歲勞身又哢影，何期
身影共同行。

弅 15938 07366
fén_4.7　集韻 韻會丛符分切音焚 集韻丘高起貌
莊子·知北遊登隱弅之丘 图fèn 廣韻房吻切 集韻父吻
切，丛焚上聲。義同。

巺 15939 07367
xùn_4.7　說文巽本字。鋆从丌。

弆 15940 07368
jǔ_4.7　字彙補古文舉48394字 石鼓文具夒廾㩣。
鋆與 艸部 弆同形：篇海類編 同舛49350○按即卅49097
字謌省△宏按，今刪 艸部 弆字。

筭 15942 41166
suàn_4.7　字彙補與筭同。見 邢雲路·曆考

弈 15943 43446
yì_4.7　龍龕同弈

弙 15941 07369
jiè_4.7　字彙補與戒
同 周憲王·元宮詞自從受得金剛弙。

15944 43447
弅 fú_4.7 龍龕 音福 驅。山灣的最後部，多用於地名。上弅，在甘肅省。

15946 u22337
宍 qū_4.7 字海 宍，音驅。

15945 u2AAB3
弇 ung_4.7 壯何弇：祖父

15947 u22336
弉 null_4.7 未詳。

15948 uF943
弄 nòng_4.7 兼弄。

15949 07370
弅 yù_5.8 唐韻 余六切音育 說文 兩手盛也 廣韻 兩手捧物 圖 集韻 居六切音匊。義同。鑒又类43159

15950 07371
弄 chéng_5.8 集韻同承

15951 07372
弆 jǔ_5.8 廣韻居許切 集韻 苟許切丛音舉 廣韻 藏也 圖 集韻 通作去 前漢·陳遵傳 遵性善書，與人尺牘，皆藏去以爲榮 註 去，藏也。圖 廣韻 羌舉切，去上聲。義同。

15952 41167
弄 xíng_5.8 字彙補 何仍切，音刑◇酒器。鑒 龍龕 鈃45273或作，弄俗，音形。酒器。與鈃62813同 直音篇 弄同鈃。

15953 43448
弈 yì_5.8 字彙補與弈同。見 風雅廣逸

15954 u2AAB4
弄 yì_5.8 簡弄16014

15956 u22340
昪 yí_5.8 俗異15929 古今正俗字詁 昪，舉也。從廾目聲 虞書「岳曰昪哉」即此字。今字省形作昪，與異字音同義殊 圖俗阜65437 可洪音義 塤昪：上都迴反。下扶久反。

15955 u22341
弇 qí_5.8 同弇15970从収由聲。

15957 u2233F
弇 qí_5.8 同弇15970

15958 u2233D
卅 nièpán_5.8 涅槃合文，抄寫佛經記號字 敦煌變文集·金剛般若波蘿蜜經講經文 不揀四生兼六類，盡得无餘證卅

15959 07373
弇 yǎn_6.9 古文算寏 唐韻一儉切 集韻 衣檢切 正韻 於檢切丛音奄 爾雅·釋言 蓋也 註 謂覆蓋。又 釋天 弇日爲蔽雲 註 暈氣五彩覆日也 圖 爾雅·釋言 同也 圖 類篇 弇中，隘道也 左傳·襄二十五年 行及弇中 圖 器之口小中寬者曰弇 周禮·春官 侈聲筰，弇聲鬱 註 弇謂中央寬也。弇則聲鬱勃不出也 冬官考工記 侈弇之所由興 疏 由鍾口侈弇所興之聲，亦有柞有鬱 呂氏春秋 其器宏以弇 註 宏大弇深，象冬閉塞也 圖 內向也 周禮·冬官考工記 棧車欲弇 疏 棧車無革鞔輿，易可坼壞，故當弇向內爲之 圖 地名 淮南子·地形訓 正西弇州曰并土 圖 山名 山海經 大荒西有弇州之山◆穆天子傳 天子實於西王母，乃紀其迹於弇山，名曰西王母之山 註 弇，日所入。圖弇茲，神名 山海經 西海渚中有神，名曰弇茲 圖nán 類篇 那含切音南。姓也 圖gān 唐韻 古南切音蛖。亦蓋也 圖yàn 集韻 於豔切音厭 周禮·春官 弇聲鬱 釋文 劉昌宗讀。鑒又弇41032昪41171

15960 07374
弈 yì_6.9 唐韻羊益切 集韻 韻會 正韻 夷益切丛音亦 說文 圍棋也。從廾亦聲 論語 不有博弈者乎 左傳·襄二十五年 弈者，舉棋不定，不勝其耦 註 弈，圍棋也 疏 方言 云圍棋謂之弈。自關東齊魯之閒皆謂之弈，蓋此戲名之曰弈。故 說文 弈從廾，言竦兩手而執之 孟子言弈秋善弈，秋自以善弈而著名也。棋者，所執之子，以子圍而相殺，故謂之圍棋。沈氏云圍棋稱弈，取落弈之義也 圖 廣韻 美貌 廣雅 弈，容也 圖 帳也 汲冢周書·王會解 堭上張，赤弈陰羽〇按 說文 奕10114、弈二字音同義異。俗與奕通用，非。鑒又弈15943弈15953

15961 07375
奔 bēn_6.9 說文 奔本字。走也。從夭，賁省聲。

15962 07376
舁 sī_6.9 字彙補古文思17124字。

15964 43449
舁 jì_6.9 龍龕 音忌

15963 07377
奐 huàn_6.9 說文 奂本字

15965 43450
葬 yuān_6.9 搜眞玉鏡 音冤 鑒俗葬50140 偏類碑別字 引隋元公墓誌銘 圖 備考·辰集·歹部 夗 篇海類編 音願。宏按，此字同音冤之葬，即帮14810字之譌。

15966 43451
弉 qì_6.9 龍龕 苦計切，音鍥。絲也 圖 qiè苦結切。閼也〇按 字彙補 作弉，疑卽契字之譌。鑒絲也。龍龕 原作弉約也。

15967 u2234C
舁 qí_6.9 同其02586

15969 u2234A
券 zhuàn_6.9 弇字之譌 廣韻 券，俗作券 鉅宋廣韻 弇，俗作弇。

15968 u2234B
舁 mò_6.9 龍龕 算49871或作。舁，俗。音莫。

15970 u22349
舁 qí_6.9 說文 舁，舉也。從廾由聲 春秋傳 曰晉人或以廣墜，楚人舁之。黃顥說，廣車陷，楚人為舁之。杜林以為騏麟字。段玉裁注：舁，舉也。從廾由聲。各本作由聲，誤。或從鬼頭之由，亦非也。此從東楚名缶之由。

15971 u22342
舁 biàn_6.9 六書正譌 舁，皮變切。冕也。象形。通作弁、覍。別作卞、弁15926竝非 圖fù俗阜65437 慧琳音義 自自：下浮九反 蒼頡篇 皀，山庫而大也 廣雅 云丘無石曰皀 說文 大陸山無石也。象形。經文作舁，俗字也 圖 二 簡 鼻75445，简作舁。

15972 07378
舁 biàn_7.10 說文 籀文弁字。

15973 07379
舁 gào_7.10 玉篇 古文誥56059字 九經考異 書大誥。一本作大舁。

15974 07380
弮 juàn_7.10 唐韻居券切 集韻 古倦切丛音眷 說文 摶飯也。從廾采聲。采，古文辨字，讀若書卷之卷 廣韻 隸省作巻，俗作券 集韻 或从収作券。亦作卷 鑒龍龕 券30616，士戀反，摶飯也 鉅宋廣韻 弮俗作券 圖巻，弮字省形。奧、卷（卷）從弮。

15975 07381
弅 zhōng_7.10 字彙補古文終43975字。

15976 43452
券 juàn_7.10 五音篇海與弮同。

15977 43453
舁 qí_7.10 搜眞玉鏡音其。

15978 43454
舁 gǎi_7.10 搜眞玉鏡音改。

15980 u5F09
弉 zàng_7.10 俗奘10137

15979 u2AAB5
弅 null_7.10 或同拱19689

𢍮 15981 07382
yǎn_8.11 說文古文弇15959字。

𢍰 15982 07383
quàn_8.11 篇韻去願切音勸。穿牛鼻○按諸韻書桊訓穿牛鼻，音眷。無𢍰字。當是桊字之譌。

𢍱 15983 07384
wèi_8.11 說文𢍲字篆文。

𢍳 15984 07385
yán_8.11 玉篇古文言55563字。

𢍴 15985 43455
biàn_8.11 五音篇海籀文弁字。

𢍵 15986 u22358
biàn_8.11 籀文弁15926

𢍲 15987 07386
wèi_9.12 唐韻集韻丛于貴切音謂說文草木𢍲孛之貌集韻或作𣑱、蒷。鎣又𢍲35582 又 正字通𣑱，𢍲字之譌說文之𢍲14196正譌之𢍱15983，皆非。

𢍶 15988 07387
lí_9.12 類篇陵之切，音犁◇剝也。

𢍷 15989 07388
zūn_9.12 玉篇同尊說文𢍷，酒器也。从酋，廾以奉之。或作尊○按字彙以𢍷爲奠本字，非。

𢍸 15990 07389
lǐ_9.12 韻會小補古文蠡53682字。

𢍹 15991 07390
qì_9.12 集韻棄24325古作弃。

𢍺 15992 43456
qì_9.12 字彙補同契

𪪶 15993 u2AAB6
null_9.12 或同揥20099

𢍿 15995 u2235F
null_9.12 未詳。

𢎁 15994 u22361
yǎn_9.12 同渰28825龍龕渰，音掩。雲雨皃。朝鮮本龍龕渰，一釤切。

𢍻 15997 07392
jú_10.13 五音集韻居玉切。與𥼶同。索屬。

𪪷 15998 u2AAB7
yí_10.13 或俗彝。

𢍼 15996 07391
ào_10.13 說文奥本字。从宀𢍼聲六書正譌从宀，屋也。从釆从廾者，辨其尊位而奉之，會意。俗作奥，非。鎣又𢍼12307奥。

𢎅 15999 u22365
shuò_10.13 𢎅渰，或作塑垐、搠渰、槊渰，装作痴獃朝野新聲太平樂府·卷之五小令五·南呂類·曾瑞卿·風情風月貪婪，雲雨尶尬，你粧憨，咱𢎅渰，影羞慚。

𢎄 16000 u22364
null_10.13 未詳。

𢍽 16001 07393
jiǎng_11.14 廣韻同獎。

𢍾 16002 07394
wū_11.14 正字通𢎂字之譌。鎣𢎂，古文巫。

𢎀 16003 07395
zhì_11.14 集韻知義切音智。置也。

𢎁 16004 07396
fèn_11.14 集韻同坌

𢎊 16006 u2236A
dēng_11.14 俗登57059

𢎂 16005 41168
jiǎn_11.14 字彙補公殄切，音蹇◇小束也。

𢎉 16007 u22369
shèn_11.14 集韻甚35230，古作𠯍、𢎉。

弊 16008 07397
bì_12.15 廣韻集韻韻會丛毗祭切音幣。與獘同廣韻惡也前漢·元帝紀重以周秦之弊 又 廣韻困也後漢·耿弇傳軍士疲弊 又 玉篇壞也，敗也史記·倉公傳脈法曰：不平不鼓形弊揚雄·逐貧賦禮薄義弊 又 玉篇頓仆也周禮·天官·獸人及弊田，令禽注于虞中註弊，仆也 又 弊弊，經營貌莊子·逍遙遊弊弊然以天下爲事。又 bì 集韻韻會丛必袂切，音蔽集韻斷也周禮·天官·大宰以八灋治官府。八曰官計，以弊邦治註弊，斷也，所以斷羣吏之治 又 biē 韻補筆別切音鼈淮南子·俶真訓不與物相弊摋註弊摋，猶雜揉也。鎣又獘10282弊金石文字辨異·弊引唐薛良佐墓志

𢎃 16009 07398
yán_12.15 字彙補古文言55563字。

㢢 16010 u38A2
bì_12.15 俗弊16008可洪音義疲弊：蒲祭反。困也。

𢎄 16011 07399
wū_13.16 說文古文巫14638字○按字彙作𢎂，誤。

𢎅 16013 07401
xīng_13.16 說文興本字。

𢎆 16012 07400
qíng_13.16 集韻同擎

𢎇 16014 07402
yì_13.16 唐韻羊益切集韻夷益切丛音亦◆說文引給也 又 zé 與擇同集韻擇或从廾。鎣本作䍜45932 又 弈15954

𢎈 16015 07403
qiān_13.16 玉篇且然切唐韻七然切，並音遷說文升高也。从舁，囟聲。鎣又䙴04776𢎋16025

𢎉 16016 07404
zūn_14.17 集韻遵61256古作𢎉。

𢎊 16017 43457
xùn_14.17 字彙補同巽

𪪸 16018 u2AAB8
rǔ_14.17 同𩱷71422師趛尊師趛乍文考聖公、文母聖姬尊𪪸。

𢎴 16019 u22374
jiǒng_14.17 同䌹48178

𢎵 16020 u22375
yí_16.19 同彝16412原本玉篇殘卷彝，或為彝字，在素部。

𪪹 16022 u2AAB9
null_19.22 殷周金文集成·9.4467·師克盨則繇唯乃先祖考又（有）𪪹于周邦。讀若勛。

𢎋 16021 07405
luán_19.22 集韻與攣同 又 集韻同攣說文攣，抒滿也。或从廾。

𢎌 16024 43458
qíng_24.27 龍龕同弊

𢎍 16023 07406
lì_24.27 字彙補古文曆23049字說文先訓古文𢎍。紀歲之首也。後人以此文分作三字。一作歷，爲經歷之歷。一作曆，爲曆數之曆。一作厤，爲的厤之厤，禾苗之疎也。

𢎋 16025 u22379
qiān_26.29 說文𢎋，古文𢎈16015

◈ 弋部 ◈

弋 16026 07407
yì_0.3 唐韻與職切集韻韻會逸職切丛音翊玉篇繳射也韻會弋，繳射飛鳥也周禮·夏官·司弓矢矰矢、茀矢用諸弋射冬官考工記弓人爲弓，往體多，來體寡，謂之夾庾之屬，利射侯與弋詩·鄭風弋鳧與鴈疏弋謂以繩繫矢而射也列子·湯問篇蒲且子之弋也。弱弓纖繳，乘風振之，連雙鶬於青雲之際註蒲且子，古善弋射者 又 左弋，官名前漢·百官表少府屬有左弋。太初元年，更名爲佽飛，掌弋射 又 韻會弋，取也書·多士非我小國，敢弋殷命註弋，取也疏弋，射也。射而取之，故弋爲取也 又 玉篇橛也。所以挂物也爾雅·釋宮雞棲於弋爲榤疏弋，橜也玉篇一作杙。又釋宮樴謂之杙註橜也 又 黑色前漢·文帝紀贊身衣弋綈註如淳曰：弋，

卓也。師古曰弋，黑色也 ☒ 水名 隋書·地理志 鄱陽郡 弋陽縣，舊曰葛陽，有弋水 ☒ 縣名 後漢·郡國志 北地 郡弋居縣 ☒ 國名 前漢·陳湯傳 南排、月氏、山離、烏弋 註 山離、烏弋，去中國二萬里 揚雄·長楊賦 登南山，瞰 烏弋。又 後漢·西域傳 栗弋國，屬康居，出名馬、蒲萄 酒，特有名焉 ☒ 無弋，羌部名 後漢·西羌傳 羌無弋爰 劍者，秦屬公時爲秦所拘執，以爲奴隸，後得亡歸。羌 人以奴爲無弋，以爰劍嘗爲奴隸，故因名之 ☒ 姓 姓苑 出河東。今蒲州有弋氏 詩·鄘風 美孟弋矣 註 弋，姓也。 ☒ 與杙通 韻會 杙，婦官。通作弋。漢有鉤弋夫人 前 漢·外戚傳 孝武鉤弋趙倢伃。武帝巡狩過河閒，使使召 之。旣至，女兩手皆拳，上自披之，手卽時伸。號曰拳 夫人，居鉤弋宮。鏊又亾16027

弋 16027 43459
弌 16028 u2F37
yì_0.3 字彙補 同弋 yì_0.3 部 弋16026

弌 16029 07408
yī_1.4 說文 古文一00001字。

弌 16030 07409
róng_1.4 字彙補 與戎同。見 漢·孔宙碑

弌 16031 43460 　　　**弍** 16037 u5F10
lì_1.4 海篇 音栗 èr_3.6 ⊟ 俗貳57613

弍 16032 07410
èr_2.5 說文 古文二00563字。

弎 16033 07411
sān_3.6 說文 古文三00016字。

式 16034 07412
shì_3.6 唐韻 賞職切 集韻 韻會 設職切夶音識 說 文 法也 韻會 爲法也 書·說命 百官承式 微子之命 萬邦 作式 詩·大雅 式是南邦 ☒ 韻會 取法也 詩·大雅 古訓是 式 後漢·崔寔傳 師五帝而式三王 ☒ 廣韻 用也 詩·大雅 維此良人，作爲式穀 箋 式，用也。賢者在位，則用其善 道 ☒ 廣韻 度也 周禮·天官·大宰 以九式均節財用 註 式 謂用財之節度 ☒ 增韻 制也 前漢·宣帝紀 樞機周密，品 式備具 ☒ 增韻 搉也 ☒ 車前木也 周禮·冬官考工記 輿 人爲車，參分其隧，一在前，二在後，以揉其式 疏 式謂 人所憑依而式敬，故名此木爲式也 ☒ 廣韻 敬也 韻會 乘而俛首致恭曰式。義取憑式也 書·武成 式商容閭 疏 式，車上之橫木，男子立乘，有所敬，則俛而憑式，遂 以式爲敬 名 發語辭 詩·邶風 式微式微 箋 發聲也 ☒ 式道候，官名 前漢·百官表 式道左右中候 註 應劭曰： 式道凡三候，車駕出還，式道候持麾至宮門，門乃開。 師古曰式，表也 ☒ 姓 姓譜 見 姓苑 ☒ 與栻通 史記·日 者傳 分策定卦，旋式正棊 註 索隱 曰：式卽栻也，旋轉 也 ☒ tè 集韻 惕德切音忒。惡也 ☒ chì 集韻 蓄力切音 敕。占文也。古者大出師，則太師主抱式 ☒ 叶施灼切 音鑠 蘇軾·司馬溫公銘 二聖忘己，惟公是式。公亦無我， 惟民是度。

弒 16035 43461
yì_3.6 字彙補 音抽。鏊同紙。

弎 16036 u2237E
yī_3.6 俗弌16029亦作壱。

弒 16038 07413
zāng_4.7 正韻 茲郎切音臧 廣雅 杙也 玉篇 繫船大 弋。亦作牂 ☒ 郡名。見戕16057字註。鏊又牂32597

武 16040 07415
wǔ_4.7 字彙 同武

肯 16039 07414
yì_4.7 廣韻 與職切 集韻 逸職切夶音翼 廣韻 缺盆骨也。

弐 16041 41169
yì_4.7 字彙補 欲日切，音弋◇能也。

弎 16042 43462
cái_4.7 金鏡 音裁

弌 16043 u38A4
zāi_4.7 同哉05826

弒 16044 07416
gē_5.8 集韻 同歌

弌 16045 43463
gē_5.8 篇韻 音歌

弎 16046 07417
dié_6.9 字彙 徒結切音跌。利也。又國名○按字書 無弍字 玉篇 戜，利也。國名也。當是或字之偽。

弎 16047 07418
dòng_6.9 廣韻 集韻 夶徒弄切音洞 玉篇 船左右大 木 廣韻 船纜所繫 韻會 繫船杙也 ☒ 集韻 韻會 夶徒紅 切音童。義同。鏊 正字通 戙18879，杙字之譌。

弎 16048 43464
zāi_6.9 字彙補 同灾。

弐 16050 43466
zhī_6.9 海篇 音脂

弒 16049 43465
shā_6.9 字彙補 同煞

弎 16052 41170
dài_7.10 字彙補 同奈切，音代◇甘也。鏊同弍35228

弌 16053 43468
zāi_7.10 海篇 音哉。鏊俗哉05826

弒 16054 07419
shì_8.11 集韻 同弒

戒 16051 43467
yì_6.9 字彙補 音弋

弒 16055 07420
shì_9.12 唐韻 集韻 韻會 式吏切 正韻 式志切夶音 試 釋名 下殺上曰弒。弒，伺也，伺閒而後得施也 類篇 弒，殺也。自外曰弑，自內曰弒△ 集韻 或作煞、弒。 鏊又弒16061煞16064煞19015弒16049弒18865

弒 16056 41171
sù_9.12 字彙補 心布切音素。姓也。

戈 16057 07421
gē_10.13 廣韻 古俄切 集韻 韻會 正韻 居何切夶音 歌 廣雅 戕、戕，杙也 韻會 戕，杙也。所以繫舟 集韻 或 省作戕。亦作柯。通作牁 ☒ 正字通 牂牁，卽牂柯。郡 名 前漢·地理志 牂柯郡 註 師古曰牂柯，繫船杙也 華陽 國志 楚頃襄王時，遣莊蹻伐夜郎，軍至且蘭，椓船於岸 而步戰。旣滅夜郎，以且蘭有椓船牂柯處，乃改其名爲 牂柯。鏊与 卯集·戈部 戕18952同。

弎 16058 43469
èr_10.13 字彙補 同二。

弎 16060 u2238F
liǎng_10.13 同倆。

武 16059 43470
yuè_10.13 字彙補 音鉞

弒 16061 u5F12
shì_10.13 同弒16055

戴 16062 43471
dài_11.14 字彙補 同戴

弎 16063 07422
zēng_12.15 集韻 同矰

弒 16064 43472
shì_13.16 字彙補 同弒。

弎 16065 43473
jié_14.17 字彙補 音竭。

弎 16066 43474
chèn_15.18 字彙補 音襯。鏊 直音篇 戴同齓75563

弎 16067 43475
qú_18.21 篇韻 音渠。

* 弓部 *

弓 16071 u2F38
gōng_0.3 部 弓16068

弓 16068 07423
gōng_0.3 唐韻 居戎切

集韻韻會居雄切正韻居中切丛音宮說文弓，以近窮遠。象形釋名弓，穹也。張之穹穹然也山海經少皞生般，是始爲弓荀子·解蔽篇倕作弓，浮游作矢，而羿精於射周禮·冬官考工記弓人爲弓，取六材，必以其時。六材既聚，巧者和之。幹也者以爲遠也，角也者以爲疾也，筋也者以爲深也，膠也者以爲和也，絲也者以爲固也，漆也者以爲受霜露也又車蓋橑周禮·冬官考工記·輪人弓，鑿廣四枚註弓，蓋橑也疏漢世名弓蓋爲橑子也又射侯之數儀禮·鄉射禮侯道五十弓疏六尺爲步，弓之古制六尺，與步相應，而云弓者，侯之所取數，宜於射器也周禮·天官·司裘註凡侯道，虎九十弓，熊七十弓，豹麋五十弓又量地之數度地論二尺爲一肘，四肘爲一弓，三百弓爲一里。三百六十步爲一里，即三百弓也西域記鼓小者聞五百弓註五百弓，二里半也又縣名前漢·地理志河開國有弓高縣史記·韓王信傳漢封頹當爲弓高侯又水名史記·霍去病傳濟弓閭又姓廣韻魯大夫叔弓之後韻會漢有光祿勳弓祉。
又與肱通公羊傳·昭三十一年黑弓以濫來奔註黑弓，二傳作黑肱又與穹通史記·天官書穹閭註索隱曰：一作弓閭。弓音穹，蓋謂以氈爲閭，崇穹然。

弓 16069 07424 nǎi_0.3 正字通說文乃本作㇌集韻作弓，蓋沿篆文而譌字彙既云與弓不同，形又與弓無異，又以不同弓者誤入弓部，丛非。◎弓，古文及。弓，古文乃。

马 16070 07425 hàn_0.3 唐韻乎感切集韻戶感切，丛含上聲說文马，嘾也。草木之華未發函然。象形又廣韻集韻丛胡南切音含。義同。◎又吗05369，本字。

弜 16072 07426 xián_1.4 唐韻胡先切集韻胡千切丛音賢說文謂草木马盛也。◎俗作㢴12930

弓 16073 07427 dàn_1.4 正字通音義丛與彈同。見戴侗·六書故。◎又同弓16079可洪音義經弓：音卷04743

弓 16074 07428 jié_1.4 說文篆文卩04716字。◎又弓16083又汗簡弓，彈16301說文

弔 16075 07429 diào_1.4 唐韻集韻韻會正韻丛多嘯切音釣說文問終也禮·曲禮知生者弔，知死者傷玉篇弔生曰唁，弔死曰弔急就篇喪弔悲哀面目腫註於人持弓爲弔。上古葬者，衣之以薪，無有棺槨，常苦禽獸爲害，故弔問持弓會之，以助彈射也又傷也，愍也詩·檜風中心弔兮傳弔，傷也。又小雅不弔昊天傳弔，愍也。
又龍種曰弔裴淵·廣州記弔，生嶺南，蛇頭龜身，水宿木棲。其膏至輕利，銅及瓦器盛之皆浸出，置雞卵殼中則不漏蘇頌·本草圖經吉弔脂，龍所生也又廣韻都歷切集韻韻會丁歷切丛音的爾雅·釋詁弔，至也書·盤庚非廢厥謀，弔由靈詩·小雅神之弔矣。◎又悌17205吊05404弔16095另16113弔16086吽05558

引 16076 07430 yǐn_1.4 古文𢎗唐韻余忍切集韻韻會正韻以忍切丛音蚓說文開弓也徐鉉曰象引弓之形周禮·冬官考工記維體防之，引之中參又廣雅演也易繫辭引而伸之又爾雅·釋詁長也釋訓子子孫孫引無極也書·梓材引養引恬又相牽曰引禮·檀弓喪服，兄弟之子，猶子也。蓋引而進之也註牽引進之，同于己子史記·秦始皇紀諸生轉相告引又集韻導也史記·韓長孺傳奉引墮車，蹇註爲天子導引而墮車，跛又卻也禮·玉藻侍坐，則必退席。不退，則必引而去君之黨註引，卻也又相薦達曰引史記·魏其侯傳兩人相爲引重註相薦達爲聲勢後漢·張皓王龔傳論顯登者以貴塗易引又服氣法曰道引莊子·刻意篇道引之士，養形之人史記·留侯世家道引不食穀又治疾法有撟引史記·扁鵲傳鑱石撟引註謂爲按摩之法，夭撟引身，如熊顧鳥伸也又十丈爲引前漢·律歷志其法用竹爲引，高一分，廣六分，長十丈。引者，信也註信讀曰伸，言其長又yìn廣韻正韻羊晉切集韻韻會羊進切，丛蚓去聲集韻牽牛紖也禮·檀弓弔於葬者，必執引疏引，柩車索也又集韻一曰曲引蔡邕·琴操有思歸引。◎又㧈19240又直音篇弘16085斦16130弜16087並同引可洪音義能弜：羊忍反。正作引。

弓 16077 07431 jí_1.4 玉篇古文及05156字。

弓 16078 07432 dàn_1.4 說文長箋古彈16301字。

弓 16079 07433 juàn_1.4 眞誥同卷

弘 16085 07434 yǐn_2.5 廣韻與引同

弓 16080 43476 hù_1.4 龍龕音互。又音戶。

弓 16082 u223A0 quán_1.4 集韻彏16345，弓曲謂之彏。或作弓。
又俗卷04743可洪音義経弓：居願反。

弘 16084 u2239E hóng_1.4 參見弘16089避諱字。

弓 16081 43477 jié_1.4 龍龕音節

弔 16086 07435 diào_2.5 說文弔本字

弓 16083 u2239F jié_1.4 同弓16074

弜 16087 07436 shè_2.5 正字通射本字○按射本作䠶石鼓文作弜，非本字。

弗 16088 07437 fú_2.5 唐韻集韻韻會丛分勿切音紱說文撟也玉篇不正也韻會違也又不也書·堯典績用弗成春秋·僖二十六年公追齊師至嶲，弗及公羊傳註弗者，不之深者也又韻會不可也，不然也史記·孔子世家弗乎弗乎又去也詩·大雅以弗無子傳弗，去也。去無子，求有子箋弗之爲言祓也又渾弗，盛貌司馬相如·子虛賦渾弗宓汨。◎又弜16156，古文。

弘 16089 07438 hóng_2.5 廣韻集韻韻會丛胡肱切，或平聲說文弓聲也又爾雅·釋詁大也疏弘者，含容之大也易·坤彖含弘光大又正韻大之也論語人能弘道。◎又弘16084殏26719弘16093

弓 16090 07439 juàn_2.5 楊愼·轉注古音音樛。即說文糾字。道經借爲卷帙之卷○按說文糾當作弓，相糾繚也。道經卷，當作弓東觀餘論云小宋太乙宮詩：瑞木千尋竦，仙圖幾弔開。註云眞誥謂一卷爲一弔，不知眞誥所謂弓即

卷字。蓋从省文，非弔字也。碧虛子陳景元據眞誥以此字即篇字，亦誤。鑾說文糾當作弓00397

𢎗 16091 07440 shū_2.5 廣韻同殳。出道經。

𢎘 16092 07441 nǎi_2.5 說文長箋古文乃00256字。

𢎙 16093 41172 hóng_2.5 字彙補都嘆切音旦。人名柳子厚·趙矜墓誌矜曾祖曰𢎙安。鑾俗弘16089碑別字新編引遼馬直温妻張氏墓誌

𢎠 16094 43478 tán_2.5 川篇陁旦切。弓也字彙補按即弜字之譌。

𢎟 16095 43479 diào_2.5 說文長箋同弔。鑾亦俗矛字。

弙 16096 07442 wū_3.6 唐韻哀都切集韻汪胡切丛音烏說文滿弓有所向也廣雅張也又玉篇持也，指麾也，引也。又集韻空胡切音枯。義同△廣韻作㢪。鑾又㢪16116

𢎿 16097 07443 hàn_3.6 廣韻集韻丛侯旰切音翰廣韻拒也集韻弓拒也。一作弾又𢎿關，地名廣韻關名。在巫縣集韻一曰縣名。

𢎪 16098 07444 dàn_3.6 五音集韻徒案切音憚說文彈，或从弓持丸。鑾又𢎠16094

弹 16099 07445 dàn_3.6 正字通彈本字○按說文彈或从弓持丸正字通以弹爲彈本字，而以𢎪爲弹字之譌，不知何據。

弔 16100 07446 dì_3.6 廣韻都狄切集韻韻會丁歷切丛音的廣韻射也類篇射質也集韻通作的。

弟 16101 07447 tuí_3.6 集韻徒回切音頹。弟靡，不窮貌。一曰遜伏莊子·應帝王因以爲弟靡，因以爲波流。

弛 16102 07448 chí_3.6 廣韻施是切集韻韻會賞是切丛音豕說文弓解也禮·曲禮弛弓尚角儀禮·鄉射禮不勝者，執弛弓又放也爾雅·釋詁註弛，放也疏以弓釋弦曰弛，故云弛放前漢·武帝紀跅弛之士註跅者，跅落無撿局也。弛者，放廢不遵法度也。又賈山傳臣恐朝廷之解弛註弛，放也又爾雅·釋詁易也註相延易又廣韻置也，舍也，緩也周禮·地官·司徒以荒政十有二聚萬民：四曰弛力註息繇役也又廣韻釋也。周禮·春官凡國之大憂，令弛縣註弛，釋下之又廣韻去離也左傳·莊二十二年弛于負擔又壞也史記·河渠書延道弛兮離常流註河道皆弛壞又集韻余支切音移。改易也又集韻丑豸切音褫。落也又通作施周禮·天官·小宰斂弛之聯事註弛讀爲施。鑾又弛16140彇16265弢16272䪢16217弛16165跐58675

弜 16103 07449 jiàng_3.6 唐韻其兩切，强上聲說文彊也，弓有力也集韻弓彊貌華陽國志秦昭襄王時，白虎爲害，於是夷作白竹弩，射殺白虎，世號白虎復夷。一曰板楯蠻。今所謂弜頭虎子者也又廣韻集韻丛渠良切音强。又集韻翹移切，音岐。義丛同。

弫 16104 07450 jīn_3.6 集韻居銀切音巾。弰也。

𢎲 16112 u223B2 null_3.6 未詳。

㢪 16105 07451 wū_3.6 廣韻弙作㢪

弖 16106 07452 dǐ_3.6 字彙補古文氐27654字。星名也。

㢫 16115 u38AB null_3.6 未詳。

𢏅 16107 43480 hú_3.6 字彙補音弧

𢏆 16108 43481 bīng_3.6 搜眞玉鏡音冰。鑾同𢏆16126，俗兵字。

𪪺 16109 u2AABA qiáng_3.6 同彊16310盟強卣盟𪪺乍寶尊彝。

𢎶 16110 u223B6 dǐ_3.6 同弖16106古文氐27654

𢎳 16111 u223B3 zhuàng_3.6 管子·地員篇猶土之次曰五𢎳。五𢎳之狀如鼠肝駢雅訓纂考字書無𢎳字，淮南子·墬形訓壯土之氣御於赤天。𢎳或壯09691譌字。

𢎱 16113 u223B1 diào_3.6 同弔16075見異體字字典

𢎯 16114 u223AF yí_3.6 俗夷10007碑別字新編引齊周洪造象

㢪 16116 u38AA wū_3.6 正字通弙16096，本作㢪。

㢡 16117 07453 páng_4.7 玉篇同磅

弦 16118 07454 hóng_4.7 類篇同彋

弤 16119 07455 dǐ_4.7 字彙同弧

弝 16120 07456 bà_4.7 廣韻韻會正韻丛必駕切音霸玉篇弓弝也韻會弓弣中手執處也。

弡 16121 07457 jué_4.7 集韻古穴切音決。所以闓弦者。通作決。

弞 16122 07458 shěn_4.7 唐韻式忍切集韻矢忍切丛音矧說文笑不壞顏曰弞。从欠，引省聲宋書·王弘傳孫叔未進，優孟見弞。展季在下，臧文貽譏。一作哂又木名山海經丙山，其木多弞杻又廣韻余忍切集韻以忍切丛音引。義同。鑾段氏改篆作改又吹26225吲05496吹26220

弟 16123 07459 dì_4.7 古文丰𢎫廣韻徒禮切集韻韻會正韻待禮切，丛第上聲。說文東韋之次第也釋名弟，第也，相次第而上也廣韻今爲兄弟字爾雅·釋親男子先生爲兄，後生爲弟書·君陳惟孝友于兄弟又與悌通廣雅弟，順也，言順於兄禮·曲禮僚友稱其弟也又易也廣韻愷悌，一作豈弟詩·齊風齊子豈弟傳豈，樂也。弟，易也又tì廣韻特計切集韻韻會正韻大計切丛音第。義同○按集韻以兄弟、豈弟之弟爲上聲，孝弟之弟爲去聲，據廣韻薺、霽二韻，弟俱訓兄弟，霽韻悌訓孝悌，又上聲。宋禮部韻，悌訓愷悌，上、去二聲通押。則兄弟、豈弟、孝弟，俱可通用上、去二聲也。鑾又㑥01336

𢏊 16124 07460 xián_4.7 說文弦本字。

㢏 16125 07461 yú_4.7 集韻以諸切音余。弓也。

𢏋 16127 43482 dǐ_4.7 篇海類編同弧。

𢏌 16128 43483 lǐ_4.7 龍龕音里

𢏍 16126 41174 bīng_4.7 字彙補音水。人名。明寧河王知𢏍。鑾同㞩12974𢏆16108，音氷，俗兵

𢏏 16129 43484 qiáng_4.7 搜眞玉鏡音强。

弞 16130 43485
yǐn_4.7　龍龕音引

矝 16131 u223C0
null_4.7　未詳。

攷 16132 u223BF
kǎo_4.7　直音篇 攷同攷21378

狋 16133 u223BE
null_4.7　未詳。

彶 16134 u223BD
null_4.7　未詳。

弢 16135 u223BC
tāo_4.7　俗弢16141

彂 16136 u38AD
tāo_4.7　俗弢16141

張 16137 u5F20
zhāng_4.7　简 張16227

弡 16138 07462
jué_5.8　玉篇 巨勿切
音掘。彊勇 図字彙補 古文張16227字。

弫 16139 07463
kū_5.8　字彙 空胡切音枯。小弓。

弛 16140 07464
chí_5.8　集韻 與弛同。

弢 16141 07465
tāo_5.8　唐韻 土刀切集韻 韻會 正韻 他刀切丛音
叨說文 弓衣也。从弓从攴。攴，垂飾，與鼓同意 左傳·成
十六年 鄢陵之戰，楚共王召養由基，使射呂錡，中項，
伏弢 註 弢，弓衣也 図 旌囊也 左傳·成十六年 内旌於弢
中 疏 弢是盛旌之囊也 図 六弢，書名。與韜通 莊子·徐
無鬼 從說之則以 金版 六弢 釋文 司馬崔云 金版 六弢，
皆周書篇名。或云祕讖也。又作 六韜 鍂 又弢16159
弢16160弢16212載67652 図 龍龕 弢16135弢16136敦三俗，弢
正，他刀反，弓衣也。

弣 16142 07466
fǔ_5.8　廣韻 芳武切集韻 韻會 斐父切丛音撫 釋
名 弓中央曰弣。弣，撫也。人所持撫也 廣韻 弣，弓弝
中也 禮·曲禮 左手承弣。鍂 又刜03391

弤 16143 07467
bì_5.8　集韻 弻16247古作弤。

弤 16144 07468
dǐ_5.8　廣韻 都禮切集韻 韻會 正韻 典禮切丛音
邸 玉篇 舜弓名 孟子 琴朕弤朕 註 弤，彤弓也 疏 彤弓，
漆赤弓也。亦曰彤弓 図 與弴通 玉篇 同弴。畫弓也。
鍂 又弤16119弤16127

弴 16145 07469
dūn_5.8　廣韻 集韻 丛都昆切音敦。同弴 図 mín 類
篇 彌鄰切音民 玉篇 旌也 類篇 旌弓也。

弥 16146 07470
mí_5.8　玉篇 同彌。鍂 又弥16167

弦 16147 07471
xián_5.8　廣韻 正韻 戶田切集韻 韻會 戶千切丛音
賢 說文 弓弦也。从弓，象絲軫之形也 儀禮·鄉射禮 有
司左執弣，右執弦而授 図 半月曰弦 釋名 弦，半月之
名也。其形一旁曲，一旁直，若張弓施弦也 前漢·律歷
志 淳于陵渠復覆 太初歷，晦朔弦望皆最密 図 國名 春
秋·僖五年 楚人滅弦，弦子奔黃 註 弦國在弋陽軑縣東
南 図 姓 廣韻 風俗通 云弦子後 左傳·僖二十三年 鄭商
人弦高 哀四年 齊陳乞、弦施救范氏 哀十一年 使問弦多
以琴 図 脉數曰弦 史記·倉公傳 脉長而弦 図 弦蒲、弦中，
皆地名 前漢·地理志 正西左雍州，藪曰弦蒲 註 在汧縣，
又雍州山北有蒲谷鄉弦中谷 図 與絃通 禮·文王世子 春
誦，夏弦 樂記 舜作五弦之琴，以歌南風。鍂 又弦16124
弦16233粥16246粥43790粥16271弦16195紘22152

弲 16148 07472
zhěn_5.8　字彙 之引切音軫。弓强○按卽弤字之譌。

弸 16149 07473
bì_5.8　廣韻 集韻 丛平義切音髪 玉篇 弸矮，所以
張弩也 集韻 弸矮，張弓貌 図 廣韻 弸弓 集韻 絲皮飾弓
也。一曰曲弓也。

弧 16150 07474
hú_5.8　唐韻 戶吳切集韻 韻會 正韻 洪孤切丛音
狐 說文 木弓也。从弓瓜聲。一曰往體寡，來體多，曰弧
吳錄 揮觀弧星始制弧 易繫辭 弦木爲弧 図 張旗弓也
禮·明堂位 乘大輅，載弧韣旐 註 弧，旌旗所以張幅也 疏
弧以竹爲之，其形爲弓 周禮·冬官考工記 弧旌枉矢 註
弧，以張縿之幅 疏 弧旌者，弧弓也。旌旗有弓，所以張
縿幅，故曰弧旌也 図 星名 禮·月令 季春之月，日在奎
昏弧中 史記·天官書 狼下有四星曰弧 註 弧九星在狼
南，天之弓也，以伐叛懷遠。又主備盜賊之知姦邪者。
図 後漢·東夷傳 辰韓國名弓爲弧 図 螫弧，旗名 左傳·隱
十一年 潁考叔取鄭伯之旗螫弧以先登 図 短弧，蟲名
前漢·五行志 蜮在水旁，能射人，南方謂之短弧 註 卽射
工也，亦呼水弩 図 wū 類篇 汪胡切音汙。曲也 周禮·冬
官考工記 凡揉輈，欲其遜而無弧深 註 弧讀爲汙。鍂 又
矵38578

弨 16151 07475
chāo_5.8　唐韻 尺招切集韻 正韻 蚩招切丛音怊 說
文 弓反也 揚子方言 翻起曰弨 玉篇 弓弛貌 詩·小雅 彤
弓弨兮 傳 弨，弛貌 疏 弨，弓反，謂弛之而體反也 図 正
韻 弓名 韓愈·寄崔二十六詩 大弨掛壁何由彎 図 韻會
之遙切音招。又 廣韻 尺沼切集韻 齒紹切，丛怊上聲。
義丛同△ 集韻 一作彇。

弪 16152 07476
jiù_5.8　集韻 同彄

弩 16153 07477
nǔ_5.8　唐韻 正韻 奴
古切集韻 韻會 暖五切，丛怒上聲 說文 弓有臂者 釋名
弩，怒也，有勢怒也。其柄曰臂，似人臂也。鉤弦曰牙，
似齒牙也。牙外曰郭，爲牙之規郭也。下曰懸刀，其形
然也。合名之曰機，言如機之巧也，亦言如門戶樞機，
開合有節也 古史考 黃帝作弩 太公·六韜 强弩長兵者，
所以踰水戰也 史記·孫吳傳 萬弩夾道而發 図 弩師，軍
名 後漢·順帝紀 調五營弩師，令教習戰射 図 弩父，卒
名 揚子方言 東海之間卒謂之弩父 註 主擔幔弩導幨，
因名 図 水弩，蟲名 前漢·五行志註 射工亦呼水弩。

弰 16155 43486
shěn_5.8　龍龕 同晒

瑝 16154 41173
chuí_5.8　搜眞玉鏡 是
爲切音垂。草名。鍂 巫（垂）的隸定形。

弸 16156 43487
fú_5.8　龍龕 音弗。鍂 古文弗。

弲 16157 43488
shēn_5.8　龍龕 音四。鍂 龍龕音申。

弻 16158 u2AABB
null_5.8　嘀 未詳。

彂 16159 u2F895
tāo_5.8　兼 弢16141

彂 16160 u2F894
tāo_5.8　同弢16141

弞 16164 u223CC
null_5.8　未詳。

弞 16161 u223D1
bǎn_5.8　嘀 从弓半bán聲。射△弞鵠：射鳥。弞折、
射殺△亦作翔12589鈝62984鈝淶：擊落。

弥 16162 u223D0
null_5.8　未詳。

弥 16163 u223CF
mí_5.8　俗彌16317

弛 16165 u223CB
chí_5.8　弛16102字或體。地名。見齊陶文。

弥 16167 u38B1
myeo_5.8 韓同旀22155旀22149

弪 16168 u5F2A
jìng_5.8 简弪16214

平 16166 u223CA
píng_5.8 元·鄭元祐古書行贈吳孟思研裂雲根劍就淬，射穿楊葉弓開平。

弶 16169 07478
zhěn_6.9 集韻止忍切音軫玉篇弓强。鋆又弨16148

弬 16170 07479
yí_6.9 五音集韻弋技切音移。弓名。

弲 16171 07480
xuān_6.9 字彙同弮唐韻綿婢切集韻韻會母婢切丛音粃說文弓無緣，可以解彎紛者爾雅·釋器有緣者謂之弓，無緣者謂之弲註今之角弓也疏李巡曰：骨飾兩頭曰弓，不以骨飾兩頭曰弲。孫炎曰：緣謂繳束而漆之，弲謂不以繳束骨飾兩頭者也釋名弓末謂之弲，以骨爲之，滑弲弲也詩·小雅象弲魚服傳象弲，弓反末也疏弲者，弓弰之名，以象骨爲之，是弓之末弲，弛之則反曲，故云象弲爲弓反末者也

弭 16172 07481
mǐ_6.9 古文弴唐韻广韻息也玉篇止也左傳·襄二十五年自今以往兵其少弭矣广玉篇忘也詩·小雅心之憂矣，不可弭忘箋我念之憂，不能忘也广玉篇安也史記·田完世家夫治國家而弭人民者，無若乎五音广玉篇滅也後漢·趙壹傳下則抗論當世，消弭時災广按也，低也屈原·離騷吾令義和弭節兮註弭，按也司馬相如·子虛賦弭節裴回註司馬彪云弭，猶低也广地名左傳·莊二十一年春胥命于弭註弭，鄭地广釋名納弭也。弭弭，兩致之言

弮 16173 07482
quān_6.9 廣韻丘圓切集韻韻會正韻驅圓切丛音棬集韻連弩也前漢·司馬遷傳李陵一呼勞軍，士無不起，躬流涕，沬血飲泣，張空弮，冒白刃註李奇曰：弮，弩弓也。師古曰弮，讀者以爲拳攣之拳，大謬矣。拳則屈指，不當言張，陵時矢盡，故張弩之空弓，非是手拳也广廣韻縣名，在滎陽广juàn集韻古倦切音眷義同广與卷通廣韻書卷也。今作卷广與綣通集韻卷通作綣。攘臂繩也广與拳通集韻拳，搏飯也。或作弮

侗 16174 07483
tóng_6.9 廣韻徒紅切集韻徒東切丛音同玉篇弓飾集韻象弲謂之侗

弮 16175 07484
yì_6.9 海篇同弝

弝 16176 07485
yì_6.9 說文弝作弜

弜 16177 07486
yì_6.9 集韻弝作弜

巽 16178 07487
xùn_6.9 廣韻巽作弉○按說文巽从丌。丌，二卩也廣韻因篆文从二弓，遂書作弉字彙又誤入弓部，非。

弰 16179 07488
lú_6.9 字彙同臿○按諸字書臿無此文。鋆又弰16234

㢀 16180 07489
xī_6.9 集韻西54957古作㢀◆說文鳥在巢上，象形。日在西方而鳥棲，故以爲東西之西。

弮 16181 07490
xié_6.9 廣韻虛業切集韻韻會並迄業切，音脅。又集韻虛涉切，音㒛玉篇弓㢮也集韻射決也。一作牒

弉 16182 07491
yáng_6.9 集韻類篇丛余章切音陽玉篇弓曲也

畩 16183 07492
chóu_6.9 五音集韻市流切音讎。耕治之田也。本作畤。

彏 16184 43489
fú_6.9 字彙補同㢵。

殖 16185 43490
bì_6.9 五音篇海與弸同。

彖 16186 43492
tuó_6.9 龍龕音陁

䩘 16186 43491
fèi_6.9 字彙補同䩏

丞 16188 43493
jí_6.9 龍龕紀力切。又則割切。

彁 16190 43495
qiáng_6.9 五音篇海音狂。又音强。

弧 16191 u2AABD
null_6.9 未詳。

弼 16189 43494
zhōu_6.9 龍龕音州。

鋆或俗霧字。東魏道瓊造像碑記積善空弼。

牉 16192 u2AABC
bì_6.9 简弪16278

兟 16193 u223E1
tên_6.9 喃同怸38546

弨 16194 u223E0
giàng_6.9 喃从弓江giang聲△弨弓：彈弓。

弮 16196 u38B7
null_6.9 未詳。

弦 16195 u223DB
xián_6.9 俗弦16147六書統彳，本莫狄切，綱絲也。目其有綱繫義相侣，与弓弦相侣，故借為胡田切，与弦字同。

彎 16197 u5F2F
wān_6.9 简彎16351

彄 16201 07496
hàn_7.10 集韻與骭同

弴 16198 07493
xùn_7.10 廣韻私閏切集韻須閏切丛音濬玉篇彄也廣韻弓彄。鋆胡吉切宣：彄也者，考工·弓人凡爲弓，方其峻而高其柎。鄭箋：峻13677謂簫也。峻簫即發彄，柎亦即弣切韻引弓人爲弓，方其發。

敪 16199 07494
bì_7.10 玉篇古文弼16247字廣雅擊也。

弰 16200 07495
shāo_7.10 廣韻正韻所交切集韻韻會師交切丛音稍玉篇弓使箭广弓末也廣韻弓弰集韻弓末。

弱 16202 07497
ruò_7.10 唐韻而勺切集韻韻會日灼切丛音若玉篇尩劣也釋名委也增韻懦也書洪範六極，六曰弱傳尩劣疏尩劣丛是弱事，爲筋力弱，亦爲志氣弱。鄭康成云愚懦不毅曰弱，言其志氣弱也禮·曲禮二十曰弱，冠疏體猶未壯，故曰弱也釋名二十曰弱，言柔弱也广嬈弱，體柔貌司馬相如·子虛賦嫵媚嬈弱广弱行左傳·昭七年孟縶之足不良，弱行註跛也广水名書·禹貢導弱水至于合黎山海經海內崑崙之墟，弱水出西南隅史記·大宛傳安息長老傳聞條枝有弱水西王母而未嘗見註索隱曰：魏略云弱水在大秦西。玄中記云天下之弱者，有崑崙之弱水，鴻毛不能載也广衰也左傳·昭三年姜族弱矣。而嬀將始昌广敗也釋名衂也左傳·襄二十六年頡遇王子弱焉註弱，敗也。言爲王子所得。广喪也左傳·昭三年又弱一个焉广繁弱，弓名。亦作蕃弱左傳·定四年封父之繁弱註繁弱，大弓名孔叢子·公孫龍篇楚王張繁弱之弓司馬相如·子虛賦彎蕃弱註文穎曰：蕃弱，夏后氏之良弓名△說文本作弱。鋆又惱17950

弲 16203 07498
xuān_7.10 唐韻許緣切集韻縈緣切丛音翾說文角

弓也。洛陽名弩曰弲 囝yuān 廣韻 烏玄切 集韻 縈玄切 达音淵 廣韻 弓勢 囝xuán 集韻 火玄切音鋗 廣雅 彈弲，弦也。

弰 16204 07499
shěn_7.10　集韻 矢忍切音哂。長也。鋻 正字通 弞38498字之譌。

弼 16206 07501
biè_7.10　玉篇 與弻同

弲 16205 07500
xuān_7.10　海篇 音喧。弓曲貌。鋻 熊加全：疑俗弲16203

㢧 16207 07502
nǎi_7.10　字彙補 古文乃00256字。

㢩 16210 43497
liú_7.10　龍龕 音流切，音近飯◇ 廣雅 㢩㢩，浮也。

弲 16208 07503
fàn_7.10　字彙補 扶劔切，音近飯◇ 廣雅 汎汎，浮也。王念孫疏證：邶風·二子乘舟篇云：二子乘舟，汎汎其景。汎，曹憲音扶弓反。各本扶弓二字誤入正文內，又誤作弲弲二字 玉篇 汎，扶弓切。今據以訂正。

㢪 16209 43496
cuǒ_7.10　字彙補 脞字之譌。

弳 16211 u2AABE
jiàng_7.10　或同掆，人名 刾弳甗 束弳乍父乙尊彝。

弳 16212 u223EB
tāo_7.10　同弢16141

㢸 16213 u38B9
pì_7.10　或同䢃60541

弳 16214 u5F33
jìng_7.10　角度的一種的單位，即「弧度」。當圓心角所對的弧長和半徑長相等時，該角即為一弧度。又弳，從弓巠聲，或釋勁字，見古陶文。

弲 16215 07504
yuān_8.11　唐韻 烏玄切 集韻 縈玄切 韻會 幺玄切 正韻 縈圓切达音淵 玉篇 弓上下曲中 類篇 弓隈也。通作淵 釋名 弓末曰簫，中央曰弣，簫弣之閒曰弲。弲，宛也，言曲宛也。

弦 16216 07505
xián_8.11　海篇 音弦。弓也 囝姓。

弧 16217 07506
hú_8.11　海篇 音胡。弓也。鋻 正字通 弳16265字之譌 囝弧16226

弳 16218 07507
zhèng_8.11　篇海 側迸切音諍。弓開也。

弭 16219 07508
mǐ_8.11　集韻 弭16172古作弭。

弶 16220 07509
shè_8.11　海篇 同弽　

矮 16221 07510
nèi_8.11　廣韻 女恚切，音諉◇ 玉篇 弣矮也 廣韻 矮弣，弓貌 集韻 弓曲謂之矮。一曰張弩 類篇 張弓貌 囝 集韻 而睡切音袐。又 類篇 於偽切音餒。義达同。鋻 又弶16224

弸 16222 07511
pēng_8.11　集韻 披耕切音怦。張絃也 囝bēng 悲萌切音絣。彈也。△ 玉篇 一作絣。

弴 16223 07512
dūn_8.11　廣韻 集韻 韻會 达都昆切音敦 說文 畫弓也 韻會 雕弓 廣韻 天子弴弓 囝diāo 廣韻 都聊切 正韻 丁聊切达音貂。義同。鋻 又張16145弳16337

弳 16224 07513
ruì_8.11　類篇 與矮同。

弶 16225 07514
zǎn_8.11　玉篇 同弶16299 類篇 作弶。

弧 16226 07515
hú_8.11　字彙 與弧同。

張 16227 07516
zhāng_8.11　古文弡 唐韻 陟良切 集韻 韻會 中良切，达帳平聲 說文 施弓弦也 禮·曲禮 張弓尚筋 儀禮·鄉射禮 勝者執張弓 囝 廣雅 大也 詩·大雅 孔修且張 書·康王之誥 張皇六師 囝 廣雅 施也 史記·武帝紀 張羽旗，設供具，以祀神君 囝 廣韻 開也 老子道德經 將欲翕之，必故張之 囝 韻會 設也 史記·曹相國世家 取酒張坐飲。囝 施絃曰張 前漢·董仲舒傳 琴瑟不調甚者必解而更張之 囝 羅取鳥獸曰張 周禮·秋官·冥氏 掌設弧張 註 弧張，罿罦之屬 後漢·王喬傳 自縣詣臺朝，輒有雙鳧飛來，舉羅張之，但得一隻舃焉 囝 計物之數曰張 左傳·昭十三年 子產以幄幕九張行 後漢·明帝八王傳 寵有彊弩數千張 囝 星名 史記·律書 西至于張。張者，言萬物皆張也 天官書 張素爲廚，主觴客 正義 張六星，六爲嗉，主天廚飲食，賞賚觴客 囝 譸張，誑也 書·無逸 民無或胥，譸張爲幻 囝 蹶張，以足張弩也 前漢·申屠嘉傳 以材官蹶張 註 如淳曰：能脚踏強弩張之，故曰蹶張。師古曰今之弩，以手張者曰擘張，以足張者曰蹶張 囝 乖張，相戾也 司馬貞補史記序 其中遠近乖張 囝 姓 廣韻 本自軒轅第五子揮始造弦，實張網羅，世掌其職，後因氏焉 風俗通 云張王李趙，黃帝賜姓也。出清河、南陽、吳郡、安定、燉煌、武威、范陽、犍爲、沛國、梁國、中山、汲郡、河內、高平十四望 詩·小雅 張仲孝友 囝zhàng 廣韻 集韻 韻會 正韻 达知亮切音帳 廣韻 張施 集韻 陳設也 周禮·天官·掌次 掌凡邦之張事 前漢·王尊傳 供張如法而辦 囝 韻會 自侈大也 左傳·桓六年 隨張必棄小國 釋文 張，豬亮反 囝 張絃之張，亦音帳 嵇康·琴賦 伶倫比律，田連操張，進御君子，新聲㻪亮 囝 與脹通 左傳·成十年 晉侯將食張如厠 註 張，脹滿也 囝 與帳通 史記·高帝紀 復留止張飲三日 註 張，幄帳也 囝 左傳·僖十五年 陰血周作，張脈僨興 疏 血旣動作，脈必張起，故言張脈也 釋文 張，中亮反 囝 雄張 後漢·班超傳 于寘王雄張南道 註 雄張，猶熾盛也。張，丁亮反。鋻 又张16137 弶22218

弶 16228 07517
jiàng_8.11　廣韻 集韻 韻會 正韻 达其亮切，強去聲 玉篇 施罥於道也 廣韻 張取獸也 集韻 以弓冑鳥獸。鋻 又掆20538 㯺25439 弶16293

弲 16229 07518
jué_8.11　海篇 音局。勇貌。

強 16230 07519
qiáng_8.11　唐韻 巨良切 集韻 韻會 正韻 渠良切达音彊 玉篇 米中蠹 爾雅·釋蟲 蛄蟹，強蚚 註 今米穀中小黑蟲是也。建平人呼爲蚚子 揚子方言 蛄蟹謂之強蚚。江東人謂之蛣 囝 爾雅·釋蟲 強，蚚 疏 強，蟲名也。一名蚚，好自摩抅者，蓋蠅類 又 強醜抅 註 以脚自摩抅。囝 與彊通 廣韻 剛強也，健也 禮·曲禮 四十曰強而仕 疏 強有二義，一則四十不惑，是智慮強。二則氣力強也 中庸 雖愚必明，雖柔必強 囝 集韻 勝也 禮·中庸 註 南方以舒緩爲強，北方以剛猛爲強 囝 廣韻 暴也 史記·田延年傳 誅鉏豪強 囝 算家以有餘爲強 古木蘭詩 策勳十二轉，賞賜百千強 囝 歲名 爾雅·釋天 太歲在丁曰強圉。囝 姓 左傳·莊十六年 刖強鉏 廣韻 後漢有強華奉赤伏符

囝qiǎng 廣韻 集韻 正韻 夶其兩切,彊上聲 集韻 勉也 爾雅·釋詁 勤也 禮·中庸 或勉強而行之 囝 韻會 矯強 左傳·莊十九年 鬻拳強諫楚子 荀子·臣道篇 率羣臣百吏,而相與強君曰橋君 註 橋音矯 囝 勸也 周禮·地官 正其行而強之道藝 註 強,猶勉也 禮·樂記 強而弗抑則易 疏 師但勸強其神識而不抑之令曉,則受者和易 囝 姓 廣韻 前秦錄 有將軍強求〇按 後漢 強華 前秦 強求 同姓 廣韻 分二音,不知何據 囝jiàng 集韻 韻會 正韻 夶其亮切,彊去聲 韻會 木強,不和柔貌 前漢·周昌傳贊 周昌,木強人也 註 言其強質如木石然 囝 正韻 自是也,佷也 前漢·陸賈傳 乃欲以新造未集之越,屈強於此 註 屈強,不柔服也 史記 作屈彊 囝 與穅通 類篇 強,負兒衣 史記·魯周公世家 成王少在強葆之中 註 索隱曰:強葆卽襁褓 正義曰:強闊八寸,長八尺,用約小兒於背而負行。鋆 又强16243彊53872

弸 16231 07520 bié_8.11 集韻 同彎

弸 16232 07521 péng_8.11 廣韻 父耕切 集韻 韻會 蒲萌切夶音輣 說文 弓強貌 庾信·馬射賦 弓如明月對弸 囝 廣雅 滿也 揚子法言 或問:言成文,動成德,何以也。曰:以其弸中而彪外也 囝 集韻 韻會 夶悲陵切音冰。義同 囝pēng 廣韻 普耕切音怦。弸瑷也。囝 類篇 披朋切音渳。義同。鋆 又弸16279鞃67347

絃 16233 07522 xián_8.11 字彙補 同弦。見 漢景君碑

弸 16234 41175 lú_8.11 集韻 同張

屬 16236 43499 wéi_8.11 字彙補 與爲同〇按爲字古文本作屬,疑譌。

弽 16235 43498 shè_8.11 篇海類編 同弦。

弸 16237 u2AABF null_8.11 未詳。

弻 16238 u223FF vǒn_8.11 喃 从弓宛uyển聲。

弻 16239 u223FB null_8.11 未詳。

弻 16240 u223FA bì_8.11 俗弻16245

弨 16241 u223F9 null_8.11 未詳。

弹 16242 u5F39 dàn_8.11 简 彈16301

强 16243 07523 qiǎng_9.12 說文徐註 同強。秦刻石文从口。

弻 16245 07525 bì_9.12 類篇 同弻

㺚 16244 07524 bì_9.12 說文 弱本字

弻 16246 07526 xián_9.12 字彙 同弦

弳 16248 07528 zhì_9.12 廣韻 陟吏切 集韻 竹吏切夶音置 玉篇 青州謂彈曰弳。

弻 16247 07527 bì_9.12 古文 㢸㢷㢱㢛㢨 唐韻 房密切 集韻 韻會 正韻 薄密切,夶貧入聲。◆說文 本作弻。囡,舌也。舌柔而弓剛,以柔從剛,輔弻之意 韻會 所以輔正弓弩者 正韻 正弓器也 囝 爾雅·釋詁 俌也 註 俌猶輔也 書·大禹謨 明于五刑,以弻五教。又 說命 夢帝賚予良弻 越語 憎輔遠弻 註 相道爲輔,矯過爲弻 囝 佷也 前漢·五行志 君臣故弻,茲謂悖 註 弻,猶相佷也。悖,惑也 囝 爾雅·釋詁 重也 註 弻輔所以爲重疊也 囝 揚子方言 弻,高也。囝 通作拂 孟子 入則無法家拂士 囝 叶平祕切音備 李嵩·述志賦 起趄干城,翼翼上弻。志諴奔鯨,截彼醜類

△集韻 或作彌。鋆 又弻16245㢸16286弻16274弻16290 囝 龍龕 弻16257弻弻16305㢱16185弻16240六俗,敬古,弻今,平密反,輔也,重也,俻也。

彌 16249 07529 ěr_9.12 集韻 同餌

彌 16250 07530 piān_9.12 集韻 紕延切音篇。弓反張也。鋆 正字通 按 詩·小雅 騂騂角弓,翩其反矣。註:翩46173,反貌。俗作彌。

彖 16251 07531 yuàn_9.12 廣韻 以絹切 集韻 餘絹切夶緣去聲 廣韻 弓緣。鋆 熊加全:俗緣44484 爾雅·釋器 弓有緣者謂之弓,無緣者謂之弣。郭璞注:緣者,繳纏之,卽今宛轉也。

弲 16252 07532 juàn_9.12 集韻 規掾切音絹。弓辟 囝 廣韻 古縣切,音睊。又 集韻 諸延切音饘。又 集韻 稽延切,音甄。義夶同。

弽 16253 07533 shè_9.12 廣韻 書涉切 集韻 失涉切夶音攝 廣韻 射決張弓。又童子佩之 囝 廣韻 呼牒切 集韻 悉協切,並音揲◇義同 囝 玉篇 或作韘 詩·衛風 童子佩韘△集韻 或作弰。

弱 16254 07534 ruò_9.12 說文 弱本字。

弲 16255 07535 jiān_9.12 海篇 音堅。彊也。

弽 16256 43500 shè_9.12 篇海類編 與弽同。

弻 16257 43501 bì_9.12 篇海類編 同弻。

彌 16258 u2AAC1 null_9.12 明·徐渭 徐文長逸稿·卷之十五·壽文·贈陳翁序 附麗貴遊以爲榮,假借聲勢以爲援,如莊周所彌張毅,養其外而攻其內,以罔其天年者,皆是也。

彄 16259 u2AAC0 null_9.12 殷周金文集成·11.5958·彄作父庚尊 彄戓乍父庚尊彝。

弻 16260 u22409 chóu_9.12 俗彌36828疇36883本字。

猴 16261 u38BF hu_9.12 韓 弓之一種。以桑木製成。

弹 16262 u5F3E dàn_9.12 同彈16301

彍 16263 07536 páng_10.13 集韻 蒲光切音旁 玉篇 弦急。鋆 又弥16117

謇 16264 07537 jiǎn_10.13 集韻 紀偃切音湕。弓強也。囝 九件切音蹇 揚子方言 謇,展,難也。齊晉曰謇,山之東西凡難貌曰展。荊吳之人相難謂之展,若齊魯之言相憚矣 註 謇音蹇。

弛 16265 07538 chí_10.13 玉篇 同弛

弛 16272 43503 chí_10.13 龍龕 與弛同

弲 16266 07539 zhèn_10.13 類篇 陟刃切,眞去聲◇彈也。

彌 16267 07540 bèi_10.13 廣韻 集韻 夶平祕切音備 廣韻 以筋貼弓 類篇 以絲飾弓也。鋆 又弻16285

彌 16268 07541 è_10.13 廣韻 五革切 集韻 逆革切夶音鵙 玉篇 束弓弩 集韻 束弓弩衣也 囝 集韻 下革切音覈。義同。

彀 gòu_10.13 唐韻 古候切 集韻 居候切 夶音遘 廣雅 張也 玉篇 張弓弩 孟子 羿之教人射，必志於彀 史記·李牧傳 彀者十萬人 周亞夫傳 彀，弓弩持滿 又 通作句 詩·大雅 敦弓旣句。 鑒 又 圅04436 㲉16287

彇 sù_10.13 海篇 同餗 彁 xián_10.13 川篇 音弦

弲 zhuàn_10.13 五音篇海 音賺。

弼 bì_10.13 弻16247金文作弼弼16290

彶 null_10.13 未詳。 彂 fā_10.13 俗發36691

㼿 gē_10.13 或同戨18952 彃 bì_11.14 唐韻 畢吉切 集韻 韻會 正韻 壁吉切 夶音畢 說文 射也 楚辭·天問 羿焉彃日 又 類篇 一曰弦也。 鑒 又 弽16192

弸 pēng_11.14 海篇 音崩。弓也。 鑒 熊加全：俗弸16232

彁 qiāng_11.14 海篇 古文鏘64054字。

㩮 cōng_11.14 集韻 鼚叢切 音聰 山海經 大荒之南有㩮淵。

彇 yù_11.14 集韻 同鷽 彄 kōu_11.14 唐韻 恪侯切 集韻 韻會 墟侯切，夶口平聲 說文 弓弩端，弦所居也。 又 環屬 西京雜記 戚夫人以百鍊金爲彄環，照見指骨 又 荊楚歲時記 歲前爲藏彄之戲。按周處·風土記曰：竭恭敬於明祀，乃有藏彄。臘日之後，叟嫗各隨其儕爲藏彄，分二曹，以較勝負。辛氏 三秦記 以爲鉤弋夫人所起 又 姓 韻會 魯公子彄之後 △ 集韻 或作彀。

弸 bèi_11.14 海篇 同彌 彯 chāo_11.14 集韻 同弨

弳 null_11.14 字彙補 同弼。見 漢張壽碑

彀 gòu_11.14 龍龕 古候切。張弓也○按卽彀字之譌。

彌 guó_11.14 龍龕 音擱 強 yín_11.14 从夕寅聲，見 長由盉 井伯氏強不奻。氏強，張亞初讀是奫。

弻 bì_11.14 弻16247金文作弼16274弼

彋 zàn_11.14 集韻 彏16299彋，徂感切。弓張弦也。或从寁。

彅 null_11.14 未詳。 弜 jiàng_11.14 可洪音義 曶弜：上子邪反。下其亮反。正作彊弜16228也。怳。

彅 jiàn_11.14 日 同弲 廣漢和辭典 弜，草彅，姓氏。

彆 biè_12.15 廣韻 方結切 集韻 必結切 夶音鞸 廣韻 弓彆 集韻 弓戾也 詩·小雅·象弭魚服箋 弭，弓反末。彆者，以象骨爲之，以助御者解轡也 又 bì 集韻 必袂切 音蔽。義同 △ 廣韻 或作彅。亦作弼。 鑒 又 彅38573彅10277 彌10286今簡化作别03380

彄 qú_12.15 玉篇 巨魚切 音渠 五音集韻 弓弰也。

彇 xiāo_12.15 廣韻 蘇刁切 集韻 韻會 正韻 先彫切 夶音蕭 廣韻 弓弰 又 集韻 通作簫 禮·曲禮 右手執簫 註 簫，弭頭也，謂之簫。簫，邪也 疏 簫，弓頭。頭稍剡差邪似簫，故謂之簫。 鑒 又 彌16340

彋 chéng_12.15 集韻 鉏耕切 音鉦。弓弦聲。

彋 zàn_12.15 廣韻 集韻 夶俎感切，蠶上聲 玉篇 弓强 廣韻 弓弦 類篇 弓張弦也 又 集韻 祖含切 音簪。義同。 鑒 又 彋16225彋16291殯26994

彋 qiāo_12.15 廣韻 去堯切 集韻 牽幺切 夶音蹺 玉篇 引也 集韻 引弓也。

彈 dàn_12.15 古文弓 唐韻 集韻 韻會 夶徒案切 音憚 玉篇 行丸也 吳越春秋 彈生於古之孝子。孝子不忍見父母爲禽獸所食，故作彈以守之 李尤·彈銘 昔之造彈，起意弦木。以彈爲矢，合竹爲樸 又 彈丸，喻小也 史記·虞卿傳 此彈丸之地 又 鬼彈 水經注 永昌郡北山水傍，瘴氣特惡，氣中有物，不見其形，其作有聲，中木則折，中人則害，名曰鬼彈 又 tán 廣韻 徒干切 集韻 韻會 唐干切 正韻 唐闌切 夶音檀 廣韻 射也 集韻 彈丸射也 左傳·宣二年 晉靈公從臺上彈人，而觀其避丸也 又 擊也 史記·孟嘗君傳 馮驩彈其劍而歌 又 韻會 鼓爪曰彈 屈原·漁父 新沐者必彈冠 史記·五帝紀 舜彈五絃之琴。 又 廣韻 糾也 增韻 劾也 周禮·地官·里宰註 街彈之室 疏 漢時在街置室，檢彈一里之民 後漢·史弼傳 州司不敢彈糾 又 掉也 周禮·冬官考工記句兵欲無彈 註 句兵，戈戟屬。彈謂掉也 又 彈棊 西京雜記 成帝好蹴踘，羣臣以爲勞。帝曰：可擇似而不勞者奏之。家君作彈棊以獻。 鑒 又 弓16073弘16098弹16242彈16262弓16074

彇 fán_12.15 集韻 同彌 彇 huò_12.15 廣韻 虛郭切 集韻 正韻 忽郭切 夶音霍 ◆說文 弩滿也 釋名 張也 孫子·兵勢 勢如彍弩 又 kuò 唐韻 苦郭切 正韻 苦穫切 夶音廓 又 guō 廣韻 正韻 古博切 集韻 光鑊切，並音郭。義夶同 △ 類篇 或作彍。

彇 null_12.15 未詳。

彇 bì_12.15 說文 弼字重文。

彌 bì_12.15 篇海類編 同弼。

彇 null_12.15 未詳。 彇 yáo_13.16 集韻 與䚥同

彇 bì_13.16 集韻 蒲計切 音䗶。弶也。

彊 qiáng_13.16 唐韻 巨良切 集韻 韻會 正韻 渠良切 夶音强 說文 弓有力也 史記·絳侯世家 材官引彊 註 能引彊弓官，如今挽彊司馬也 又 玉篇 堅也 書·臬陶謨 彊而義 傳 無所屈撓也 又 廣韻 健也 易·乾卦 君子以自彊不息 又 集韻 勝也 爾雅·釋詁 當也 註 彊者，好與相當 史記·商君傳 自勝之謂彊 又 增韻 壯盛也 書·洪範 身其康彊 又 力有餘也 詩·周頌 侯彊侯以 註 彊，彊力也 箋 彊力有餘者 又 勢盛也 左傳·昭五年 羊舌四族皆彊家也 孟子

天下固畏齊之彊也 又 爾雅·釋言暴也 註 彊梁凌暴
書·洪範 彊弗友剛克 傳 彊禦不順，以剛能治之 詩·大雅
曾是彊禦 傳 彊梁禦善也 疏 彊梁者，任威使氣之貌 又
禺彊，彊良，神名 山海經 北方禺彊 註 水神也 又 北
極天櫃有神，名曰彊良 又 jiǎng 廣韻 其兩切 集韻 正韻
巨兩切，丛強上聲 類篇 勉也 孟子 彊爲善而已矣 前
漢·董仲舒傳 彊勉學問，則聞見博而知益明。彊勉行道，
則德日起而大有功 又 抑之使然曰彊 孟子 彊而後可
又 正韻 牽彊，假合也 又 jiàng 類篇 其亮切音弶 史記·絳
侯世家 勃爲人木彊敦厚 又 屈強 史記·陸賈傳 迺欲以新
造未集之越，屈彊於此 前漢書 作屈強〇按彊與強 16230，
平上去三聲，經史丛通用 又 jiàng 廣韻 集韻 韻會 丛居
亮切音殭 廣韻 彊，屍勁硬 又 jiāng 類篇 居良切音薑
詩·鄘風 鵲之彊彊 箋 居有常匹，飛則相隨之貌 又 與疆
通 集韻 疆或作彊 賈誼·審微篇 昔衛侯朝於天子，周行
人問其名，曰辟彊。行人還之曰：啓彊、辟彊，天子之
號也，諸侯弗敢用。衛侯更名燬。 鍪 又 弘 16109

警 16311 07565
qíng_13.16 集韻 渠京切音擎 海篇 正弓也〇按 說文
作檠。

彊 16312 07566
hóng_13.16 廣韻 戶萌切音宏 玉篇 弸彋，帷帳起貌
揚雄·甘泉賦 惟弸彋其拂汩兮 註 弸彋，風吹帷帳之聲
也 又 集韻 弸彋，弓聲 又 廣韻 戶盲切 集韻 韻會 正韻
胡盲切丛音橫。又 類篇 洪孤切音胡。義丛同。
鍪 又 弦 16118

彌 16313 07567
chǎo_13.16 字彙 古文炒字〇按 說文 作鬻 字彙 已
載鬲部。又譌作彅，入弓部，非。

彊 16314 07568
qiǎng_13.16 海篇 音強。筋頭也〇按卽膒字之譌。

彞 16315 43508
xī_13.16 字彙補 與彝同。鍪見 老子碑。亦作
彞 16322 彞 45960

彉 16316 u2242A
nóng_13.16 挺彉，鬼名。唐·段成式 酉陽雜俎·諾臯
記上：太真科經 說有鬼仙：丙戌日鬼名龕生，丙午日
鬼名挺彉。

彌 16317 07569
mí_14.17 古文 彍 廣韻 武移切 集韻 韻會 民卑切，並
音糜 說文 弛弓也 又 玉篇 徧也 周禮·春官·大祝 彌祀社
稷禱 註 彌猶徧也 又 類篇 終也 詩·大雅 誕彌厥月 傳 彌，
終也 又 廣韻 益也 論語 仰之彌高，鑽之彌堅 又 廣韻 長
也，久也 又 遠也 左傳·哀二十三年 以肥之得備彌甥也
註 彌，遠也 又 祿也 周禮·春官·眡祲 掌十煇之法，七曰
彌 註 彌者，白虹彌天也 又 彌縫，補闕也 易·繫辭 彌綸
天地之道 疏 彌，謂彌逢補合 左傳·僖二十六年 彌縫其
闕 又 彌彌，猶稍稍也 前漢·韋賢傳 彌彌其失 又 彌龍，
車飾 史記·禮書 彌龍所以養威也 註 索隱曰：謂金飾衡
軛爲龍 又 扞彌，國名 前漢·西域傳 扞彌國，今名寧彌。
又 姓 廣韻 三輔決錄 有新豐彌升。又 羌複姓。後秦將軍
彌姐婆觸 又 mí 類篇 綿批切音迷。嬰彌，嬰兒也 禮·雜
記 中路嬰兒失其母焉 註 嬰，猶嬰彌也 又 mǐ 韻會 母婢

切，彌上聲 類篇 止也 韻會 息也 周禮·春官·小祝 彌災兵
前漢·李廣傳 彌節白檀 註 彌節，少安之意 韻會 通作弭。
鍪 又 弥 16146 弥 16163 於 22154 彌 16343 壃 09626 彊 16346 彌 16328
又 繟縫，彌縫，補衣也。

彌 16318 07570
yáo_14.17 字彙 同彌

嬲 16319 07571
xǐ_14.17 玉篇 古文喜 06501 作嬲。

彌 16320 u2AAC3
null_14.17 未詳。

彌 16321 u22430
null_14.17 未詳。

彌 16322 u2242F
xī_14.17 同彞 16315 亦作彞 45960 見 老子碑

彌 16323 u2242E
fán_14.17 直音篇 彌 16325，音煩。生養也。又音育。嬲，同。彌，俗。

彍 16324 07572
guō_15.18 玉篇 同彍 又 彍騎，唐宿衛兵也 唐書·兵
志 開元十一年，取京兆蒲同岐華府兵及白丁，而益以
潞州長從兵，共十二萬，號曰長從宿衛。明年，更號曰
彍騎 又 凡迅捷者曰彍 韓愈·送窮文 駕塵彍風，與電爭
先。

彌 16325 07573
fán_15.18 廣韻 附袁切 集韻 符袁切丛音藩 玉篇 養
生也 又 yù 玉篇 弋粥切 集韻 余六切丛音育。義同。
又 zhù 集韻 張六切音祝。彌彌，卑謙之貌。鍪 又 彌 16302
彌 16323 嬲 35689

彌 16326 07574
biē_15.18 啓顏錄 陳人聘隋，問馬價貴賤。答云彌尾
燥蹄，絕無伎倆，一錢不直 註 彌，卜結反。

彌 16327 41178
jiàng_15.18 篇海類編 其上切音弶。取也。

彌 16328 43509
mí_15.18 五音篇海 音彌。又音莢。

彌 16330 u22434
fèng_15.18 同綱 04303 古文鳳。見 佛教難字字典

彌 16329 u22435
null_15.18 未詳。

彌 16331 07575
lú_16.19 廣韻 俗旅字

彌 16332 07576
zhān_16.19 集韻 同饘

彌 16335 43511
sǐ_16.19 字彙補 同死

彌 16333 07577
zhǔ_16.19 字彙補 音義同煮 31214

彌 16334 41177
bó_16.19 篇海類編 蒲沒切音字。釜溢。疑當作鬻。

彌 16336 43512
chǎo_16.19 五音篇海 與炒同。

彌 16337 u2243B
dūn_16.19 弴 16223 本字。見 說文

彌 16338 07578
quán_17.20 集韻 汝兩切音壤 玉篇 弓曲。鍪 正字通
彌 16345 字之譌。舊註弓曲，與彌訓同。譌从襄，音攘，
非。

彌 16339 07579
mí_17.20 集韻 彌 16317 古作彌。

彌 16340 07580
xiāo_17.20 集韻 同彌

彌 16341 43510
dǐng_17.20 字彙補 音頂

彌 16342 43513
yáo_17.20 篇海類編 同彌。鍪 同彌，同彌 16308 之誤。
篇海類編 彌，余招切音遙。弓利便。或作彌。按，亦作
彌 16348 彞 16344 彞 16349

彊 16343 u22443
mǐ_17.20 同彊 09626

彞 16344 u22442
yáo_17.20 字海 同彌。
見 字彙補 △宏按，字彙補 作彞 16349

彋 quán_18.21 廣韻巨圓切集韻逵員切丛音權說文弓曲也区集韻驅圓切音棬。又苦遠切音稇。又類篇俱願切音鬈。又求患切，權去聲。義丛同。鑋又弓16082彋16338区正字通彄16252，俗彋字。舊註弓弭也。誤分為二游原彄本作彋。

彋 null_18.21 未詳。

彌 mí_18.21 說文與彌通類篇作彌。鑋類篇作彌09626

彌 jiù_18.21 類篇巨救切音舊。弓强也。或作弨。

彅 yáo_18.21 玉篇弋招切集韻餘招切丛音遙說文弓便利也集韻或作彅。

彅 yáo_18.21 字彙補同彅。鑋見說文長箋

彎 wān_19.22 唐韻集韻韻會烏關切正韻烏還切丛音灣說文持弓關矢也玉篇引也王襃聖主得賢臣頌逢門子彎烏號区集韻通作關孟子越人關弓而射之区韻會通作貫史記·秦始皇本紀贊士不敢彎弓而報怨。鑋又弯16197攣21300壪09677

瓚 zàn_19.22 海篇同彋

彏 huò_20.23 唐韻許縛切集韻韻會怳縛切丛音矆說文弓急張也集韻急弦謂之彏尸子鴻鵠在上，扚弓彏弩待之揚雄·河東賦彏天狼之威弧区jué廣韻居縛切集韻厥縛切丛音攫。義同。

彋 gēng_22.25 集韻同羹

彋 null_22.25 殷周金文集成·3.908·彋伯甗彋白乍凡姬用甗。

彋 yù_25.28 中文大辭典與彋16357同。

彋 yù_29.32 同彋71432

• 彐部 •

彐 jì_0.3 部彐16358

彐 jì_0.3 唐韻集韻丛居例切音羼廣韻彙頭也。鑋亦作彐16361彐16360

彐 jì_0.3 說文彐本作彐。彑之頭，象其銳而上見也。

彐 jì_0.3 部彐16358

彐 siet_0.3 壯雪区xuě二簡雪66406，簡作彐区同彐16358，即彐16359字。

归 guī_2.5 简歸26686区說文忿，从心彐聲。隸作急。彐即彐05156字。

彑 yì_3.6 唐韻於棘切音弋說文按也。从反印。俗从手玉篇亦作抑。鑋又抑20005

彑 hǎo_3.6 字彙補同好急就章姁佼嫷嬈娫彑提。

彐 duō_3.6 字學指南同多。鑋古文五00575

彐 dāng_3.6 中文大辭典當35601之俗字。

彑 xiá_4.7 類篇何加切音遐。豕也。从彑，下象其足。

彑 yì_5.8 古文彑唐韻集韻丛羊至切音肆說文脩豪獸也。一曰河內名豕也。从彑，下象毛足玉篇狸子也。又豬也区廣韻特計切音第。又集韻田黎切，第平聲。義丛同△說文長箋籀文作彑。鑋又彑15071彑16388彑16373彑48357

喜 chóu_5.8 字彙補古文疇35723字。見穆天子傳

彑 lù_5.8 字彙補與勠同○按集韻本作勠。

彑 yì_5.8 古文彑16370見說文

彑 lù_5.8 简錄63453

彑 lù_5.8 同彑16377

彖 tuàn_6.9 唐韻通貫切集韻韻會土玩切正韻吐玩切,丛湍去聲說文豕走也区廣韻易有彖象史記·孔子世家孔子晚而喜易，序彖繫象說卦文言易繫辭彖者，言乎象者也註彖總一卦之義也又彖者，材也註材，才德也。象言成卦之材，以統卦義也周易正義彖，斷也。斷定一卦之義，所以名爲彖也区shì類篇賞氏切音矢。彖屬区chǐ敞尒切音侈。義同。鑋又彖57176

彔 mèi_6.9 玉篇古文魅71505字。

彔 mèi_6.9 海篇同魅

彔 lù_6.9 唐韻集韻丛盧谷切，音祿說文刻木彔彔也区廣韻本也○按正字通作彔16383今依說文改正。鑋通作录16375

彔 shēn_6.9 說文昌，籀文申35355

彔 chóu_7.10 字彙補同疇。又音帱。

彔 dān_7.10 篇韻音就

彔 mèi_7.10 同录16378

彗 huì_8.11 唐韻祥歲切音篲說文掃竹也。从彐持甡廣韻帚也禮·曲禮國中以策彗卹勿驅，塵不出軌。区草名爾雅·釋草葥，王彗註王帚也。似藜，其樹可以爲掃篲。又廣韻妖星爾雅·釋天彗星爲攙搶註亦謂之孛。言其形孛字如掃彗前漢·文帝紀·有長星出于東方註文穎曰：字彗長三星，其形象小異，孛星光芒短，其光四出，蓬蓬孛字也。彗星光芒長，參參如埽彗。長星光芒有一直指，或竟天，或十丈，或三丈、二丈，無常也区廣韻集韻正韻丛徐醉切音遂。又集韻雖遂切音祟。義丛同区sui類篇須銳切音歲。日中暴明也。太公·兵法日中不彗，是謂失時区廣韻于劇切音衞。義同区與慧通史記·淮南王安傳淮南王有女陵，彗有口辨。鑋又彗50735彗50843彗46156氃27433纂42962

彔 wǔ_8.11 字彙補音五。鑋古文五区彐16367

彔 shǐ_8.11 同彔57177

彔 tuó_8.11 字彙補音陁

彔 yì_8.11 籀文彑16370見說文

彔 zhì_9.12 唐韻集韻韻會丛直例切音滯說文豕也。後蹄廢謂之彘。从彑矢聲。从二匕，彘足與鹿足同玉篇

豬也。禮·月令 孟夏之月，天子乃以彘嘗麥 註 彘，水畜 史記·貨殖傳 澤中千足彘，其人與千戶侯等 又 草名 本草 荊蒾，一名彘顱 又 司彘，國名 山海經 流沙之東，黑水之西，有司彘之國 又 地名 前漢·地理志 河東郡彘縣，順帝改曰永安 又 姓 廣韻 左傳有彘恭子 又 與璏通 集韻 璏省作彘。 𨳐 又 㺩16391 㺫38541 㺭38560 㺜38591

𤣥 16390 07602
hū_9.12 　唐韻 呼骨切音忽 說文 豕屬 類篇 或作㺜、𤣥。

㺫 16391 07603
zhì_9.12 　海篇 同彘

彙 16392 43520
huì_9.12 　字彙補 同彙

㺭 16393 07604
sháo_10.13 　廣韻 市昭切音韶。擊也。

彙 16394 07605
huì_10.13 　唐韻 集韻 韻會 于貴切音胃 說文 本作𤣥。蟲，似豪豬也 廣韻 蟲也。似豪豬而小 爾雅·釋獸 彙，毛刺 註 與蝟同。今蝟狀如鼠 疏 彙即蝟也。其毛如針。 又 玉篇 類也 易·泰卦 拔茅茹，以其彙征吉 又 與蕡同 說文 蕡，草木蕡字之貌 類篇 今文書作彙 △ 玉篇 一作𤣥 集韻 一作𤣥。 𨳐 又 彙16396 彚22925 汇27793 彙16392 彙16397 胄50214 彙22742 彙66068 彙16403本字。

彙 16396 u22465
huì_10.13 　俗彙16394

㻎 16395 43521
xī_10.13 　字彙補 音滕

彙 16397 u5F5A
huì_10.13 　同彙16394

諌 16400 43523
gǒu_11.14 　字彙補 同狗

𤣥 16398 07606
sì_11.14 　字彙補 古文肆46890字。

䜭 16399 43522
lái_11.14 　字彙補 音來。 𨳐 龍龕 䜭，相承，來、悉二音。又 江西隨函 音竹皆反 可洪音義 摩䜭：多來反，與䜭75706字同也 寶星經 作摩底。應和尚以膝字替之，音悉，非也。張涌泉：用同䜭的䜭，即多來二字的合寫，乃切䜭字之音也。

䏁 16401 43524
zhòu_11.14 　字彙補 同肄。

肆 16402 u22469
yì_11.14 　同肆15089 隸作肆46888 說文 肆，習也。從聿希聲。肆，籀文肆。𢎢，篆文肆。

彙 16403 07607
wèi_12.15 　字彙 與彙同。

𧣒 16404 43525
fēi_12.15 　字彙補 音非。 𨳐 俗飛68862 可洪音義 蛸𧣒：上於玄反。下方微反。

𧣒 16405 43526
mèi_12.15 　字彙補 同魅。

䜭 16406 07608
sì_13.16 　古文 䜭 唐韻 集韻 䜭息利切音四 說文 希屬。從二希。又 玉篇 豕聲也 又 廣韻 鼠名 △ 廣韻 俗作肆。 𨳐 又 䜭05304 䜭05305

𤣥 16408 u22471
yí_13.16 　俗彝16412

彙 16407 43527
wèi_13.16 　字彙補 同蝟

彝 16409 u5F5C
yí_13.16 　俗彝16412

𢎢 16410 u5F5B
yí_13.16 　俗彝16412 亦作𤣥 𢎢 𢎢 字學三正·第一冊·俗書簡畫者 彝，俗作𢎢。

䜭 16411 43528
yí_14.17 　字彙補 同彝

彝 16412 07609
yí_15.18 　古文 䜭 𢎢 𢎢 唐韻 以脂切 集韻 韻會 正韻 延脂切䗊音姨 ◆ 說文 宗廟常器也。從糸。糸，綦也。廾，持米器，中實也。彑聲 左傳·襄十九年 取其所得，以作彝器 註 謂鍾鼎爲宗廟之常器 又 廣韻 酒尊也 爾雅·釋器 彝卣罍器也 註 皆盛酒尊，彝其總名 周禮·春官·小宗伯之職 辨六彝之名物，以待祼將 註 六彝：雞彝、鳥彝、黃彝、虎彝、蜼彝、斝彝 又 廣韻 法也 周禮·春官 司尊彝 註 彝，灋也。言爲尊之灋也 又 爾雅·釋詁 彝常也 書·洪範 彝倫攸敘 詩·大雅 民之秉彝 △ 玉篇 一作彝。 𨳐 又 䜭45104 䜭20223 扔19192 帍14746 䜭16417 䜭16411 䜭44858 䜭32277 彝16418 䜭16408 㿽10299 㿽32291 䜭45185 䜭16409

䜭 16415 43531
shòu_15.18 　字彙補 同䜭。 𨳐 又 䜭16425 䜭64033

顙 16416 u2AAC7
null_15.18 　未詳。

䜭 16417 u22474
yí_15.18 　俗彝16412

𢎢 16418 u5F5E
yí_15.18 　俗彝16412

䜭 16413 43529
fān_15.18 　字彙補 同翻

豬 16414 43530
zhū_15.18 　字彙補 同豬

彙 16419 07610
wèi_16.19 　玉篇 彙本字

豪 16420 07611
háo_16.19 　海篇 同豪

壺 16421 43532
hú_16.19 　字彙補 同壺

彙 16422 u2247A
wèi_16.19 　俗彙16403 今作彙16394 集韻 彙 說文 蟲似豪豬者。隸作彙。或作蝟 猬 猬。彙，一曰類也。

彙 16423 u5F5F
huò_16.19 　同彙16428 類篇 彙，呼骨切 說文 豕屬也。或作𤣥16390 豕57163

𢎢 16424 u2247C
hū_17.20 　同䜭23091 類篇 𢎢，呼骨切 說文 豕屬也。

䜭 16425 u2247B
shòu_17.20 　同䜭16415 龍龕 䜭，今作䜭64033

䜭 16426 43533
nuó_19.22 　字彙補 同那。

䜭 16427 07612
bó_20.23 　字彙 弼角切音雹，槊杖名○按 類篇 唐衞杖名䜭槊。從矛，不從彖 字彙 已載矛部，又作䜭，重出，誤。

彙 16428 07613
huò_23.26 　廣韻 憂縛切 韻會 鬱縛切䗊音嫂 說文 本作彙。彙，度也。或從尋，尋亦度也 馬融·長笛賦 挑截本末，規摹彙矩 又 huò 廣韻 集韻 䗊胡麥切音獲 又 wò 廣韻 烏虢切音擭。義䗊同。 𨳐 又 彙16423 䜭38626

囊 16429 07614
náng_23.26 　字彙補 古文囊07899字。

◆ 彡部 ◆

彡 16430 07615
shān_0.3 　唐韻 正韻 所銜切 集韻 韻會 師銜切䗊音衫 說文 彡，毛飾畫文也。象形 徐鉉曰 毛髮繪飾之事 集韻 䢖飾謂之彡 又 廣韻 毛長也 又 xiān 廣韻 息廉切 集韻 思廉切䗊音暹。義同 又 xiǎn 集韻 纖琰切，暹上聲。羌姓 後漢·西羌傳 元帝時，彡姐等七種寇隴西 又 魚名 閩中海錯疏 黃彡，鱗細，黃赤色。

彡 16431 u2F3A
shān_0.3 　部 彡16430

㐱 16432 07616
zhěn_2.5 　唐韻 之忍切 集韻 止忍切䗊音軫 說文 本作㐱，新生羽飛也 類篇 鳥羽始飛貌。

彡 16433 43534
zhěn_2.5 字彙補同彡。

彡 16434 u22482
máng_2.5 同彡12787俗尨12790

珍 16435 07617
gōng_3.6 說文古文工14617字。

食 16436 07618
shī_3.6 字彙補古文施22141字。

彡 16437 43535
xiān_3.6 字彙補音彡。

巠 16438 u22485
gōng_3.6 同巠14633字亦作珍、巠。古文工14617

巠 16439 u22484
gōng_3.6 同巠14633古文工14617

形 16440 07619
xíng_4.7 唐韻戶經切集韻韻會平經切正韻奚經切夶音邢說文象形也釋名形有形象之異也易乾卦品物流形又繫辭在地成形彡玉篇形,容也書說命乃審厥象,俾以形旁求於天下傳審所夢之人,刻其形象穀梁傳桓十四年望遠者,察其貌而不察其形註貌,姿體。形,容色彡韻會形,體也前漢楊王孫傳形骸者,地之有也彡正韻現也大學此謂誠於中,形於外彡骨露也禮曲禮居喪之禮,毀瘠不形註形謂骨見。彡地勢也史記高祖本紀秦,形勝之國註得形勢之勝便者前漢鼂錯傳臣聞用兵臨戰合刃之急者一曰得地形彡器也史記秦本紀飯土塯,啜土形註如淳曰:土形,飯器之屬,瓦器也○按與鉶同。鍇又形16456。彡古文四聲韻坖08688古老子。州00083崔希裕纂古。彡形16443,俗形漢隸字源引外黃令高彪碑彡形笑,也作刑笑、誁56084咲,取笑嘲弄。

彣 16441 07620
wén_4.7 唐韻集韻夶無分切音文說文鹹也廣韻青與赤雜集韻古通文。

彤 16442 07621
tóng_4.7 唐韻集韻韻會夶徒冬切音佟說文丹飾也。從丹從彡。彡,其畫也玉篇赤色詩邶風貽我彤管左傳定九年靜女之三章,取彤管焉註彤管,赤管筆,女史記事規誨之所執疏必用赤者,示其以赤心正人也書文侯之命彤弓一詩小雅彤弓傳彤弓,朱弓也彡姓史記夏本紀禹爲姒姓,其後分封,用國爲姓,有彤城氏註索隱曰:周有彤伯,蓋彤城氏之後廣韻彤伯爲成王宗枝。

彤 16444 u22487
null_4.7 未詳。

形 16443 u22488
xíng_4.7 俗形16440可洪音義人形:音刑彡形16446譌字。

彡 16445 u38CA
xiū_4.7 二簡修01339

形 16446 07622
dān_5.8 說文古文丹00229字字彙譌作形,非,今改正。

壴 16447 07623
shǎn_5.8 海篇同貢。蕃姓轉注古音西羌彡姐。見漢書。今西羌尚有此姓,合而爲壴。明天順甲申進士壴茂,湖廣公安人,上不識其姓,問內閣。李賢對曰:壴音同陝。即以御筆改爲陝。

彡 16448 07624
shàn_5.8 唐韻集韻夶所鑑切,衫去聲廣韻相接物也。又利也。出字譜

彡 16449 07625
tái_5.8 海篇音台。星名也。

彡 16450 43536
sān_5.8 字彙補彡字之譌。

彣 16451 43537
fèi_5.8 五音篇海方未切。

汖 16452 u2248B
null_5.8 疑與泳同

彥 16453 u2248A
yàn_5.8 正字通彥16454,俗从大作彥,非△宏按,彥从彡厂聲。

彥 16454 07626
yàn_6.9 唐韻魚變切集韻魚戰切韻會疑戰切夶音諺說文美士有文人所言也爾雅釋訓美士爲彥註人所彥詠疏國有美士,爲人所言道書太甲旁求俊彥詩鄭風邦之彥兮。鍇又彥16457彥16453彥16455

彥 16455 u2B778
yàn_6.9 俗彥16454

彥 16457 u5F66
yàn_6.9 俗彥16454

形 16456 u2F899
xíng_6.9 形16440本字。

彧 16458 07627
yù_7.10 廣韻於六切集韻韻會正韻乙六切夶音郁廣韻有文章也廣雅文也彡玉篇或彧,茂盛貌△玉篇一作彣。鍇又惑18063彧16512彧18956

補 16459 07628
bǔ_7.10 集韻補54349古作補。

彡 16460 07629
cuò_7.10 玉篇七臥切音剉海篇芟也。一曰刑也。

羊 16461 07630
yáng_7.10 集韻余章切音陽。美善也。通作洋。

徒 16462 41180
tú_7.10 字彙補與徒同石鼓文徒騶孔庶。

影 16463 43538
chù_7.10 搜眞玉鏡丑玉切。

彣 16464 43539
fú_7.10 龍龕音浮。鍇黃征敦煌俗字典俗浮28324S.2832願文等範本公公乃連枝意重,花萼情深。忽虜鴻鴈之行,又折鶺鴒之羽。金影密彣,玉劍長沉。敦煌俗字又作淳28469

彡 16465 u2AAC8
null_7.10 未詳。

彤 16466 u5F68
chī_7.10 簡彫16521

彡 16467 07632
mù_8.11 廣韻莫六切,音穆說文細文也彡集韻亾幽切,謬平聲。義同。鍇又彡16509彡36738彡57584

彡 16468 07633
zhū_8.11 玉篇古文諸56337字。

彩 16469 07634
cǎi_8.11 唐韻正韻倉宰切集韻此宰切夶音采說文文章也。從彡采聲廣韻光彩集韻通作采。鍇又深28752彩16478彩40229彩21938彩50828

彪 16470 07635
biāo_8.11 廣韻甫烋切集韻韻會必幽切夶音驫說文虎文也。從虎,彡,象其文也彡韻會小虎也廣雅文也揚子法言或問:言成文,動成德,何以也。曰:以其玼中而彪外也彡姓姓譜出齊郡,周有衞大夫彪夫,宋有彪虎臣,今河南均州有彪氏。鍇又彪16508彪07366彪16476

彫 16471 07636
diāo_8.11 唐韻都僚切集韻韻會正韻丁聊切夶音貂說文琢文也廣雅鏤也莊子天道篇覆載天地,彫衆形而不爲巧前漢張衡傳器以彫飾爲好司馬相如

虛賦乘彤玉之輿 註師古曰以玉飾輿而彤鏤之 図 韻會
畫文也 書·五子之歌 峻宇彤牆 註彤，繪飾也 荀子·大略
篇天子彤弓 註彤畫爲文飾 司馬相如·子虛賦 左烏號之
彤弓 註郭璞曰：彤，畫也 図 正韻傷瘁也 魏志·明帝紀
於時百姓彤弊 図 正韻殘也，零落也 論語歲寒，然後知
松柏之後彤也 図 文飾也 前漢·司馬遷傳 今雖欲自彤琢
曼辭以自解 魏志·陳思王植傳 任性而行，不自彤勵。
図 䕻彤蓬、彤胡，䕻草名 爾雅·釋草 䕻，彤蓬 司馬相
如·子虛賦 東薔彤胡 註點涅其面，畫體爲采，卽鮫人也
図 韻會通作敦 詩·大雅 敦弓旣堅 図 韻會通作錭◆荀
子·禮論 錭刻黼黻文章以塞其目 △ 廣韻亦作雕 集韻或
作剮。通作琱。 鎣 又彤16482

彬 16472 07637
bīn_8.11 古文份 唐韻府巾切 集韻 韻會 悲巾切䕻
音豳 說文 文質備也 廣韻 文質雜半 論語 文質彬彬。
図 bān 類篇 逋還切音班。采明也。 鎣 又斌21907

彧 16473 07638
yù_8.11 玉篇 同彧。

彫 16474 07639
mǎ_8.11 集韻 馬69735古作彫。

屄 16475 41181
diū_8.11 搜眞玉鏡 丁幽切。採也。

彩 16478 uFA84
cǎi_8.11 俗彩16469

彪 16476 43540
biāo_8.11 字彙補 同彪。

彨 16479 u2249A
null_8.11 未詳。

彰 16477 43541
biàn_8.11 字彙補 同變。

彯 16480 u22499
null_8.11 未詳。

彮 16481 u22498
null_8.11 未詳。

彫 16482 u5F6B
diāo_8.11 図同彫16471

彰 16483 07640
làn_9.12 廣韻 集韻 䕻
郎旰切。與爛同 廣雅 文也 廣韻 粲彰，文章貌。

彎 16484 07641
biàn_9.12 玉篇 古文變56875字 參同契·上篇 幽潛淪
匿，彎化於中 図 彎易更盛，消息相因。

彭 16485 07642
péng_9.12 唐韻 集韻 薄庚切 韻會 正韻 蒲庚切䕻音
棚 說文 鼓聲也 図 軍器 釋名 彭排，軍器也。彭，旁也，
在旁排禦敵攻也 図 水名 左傳·桓十二年 伐絞之役，楚
師分涉於彭 註彭水，在新昌衛縣 図 國名 書·牧誓 及庸
蜀羌髳微盧彭濮人 傳盧、彭，在西北 図 地名 詩·鄭風 清
人在彭 傳衛之河上，鄭之郊也 春秋·文二年 晉侯及秦
師戰于彭衙 註馮翊郃陽縣西北有彭衙城 図 州名 唐
書·地理志 彭州，垂拱二年，析益州置 図 彭盛，縣名 史
記 項羽本紀 項王都彭城 正義 徐州縣 後漢·郡國志 彭城
國、彭城縣，古大彭邑 図 彭亡，聚名 後漢·郡國志 武陽
有彭亡聚。又岑彭傳 彭至武陽，所營地名彭亡 図 彭蠡，
湖名 書·禹貢 彭蠡旣豬 前漢·地理志 豫章郡彭澤縣，彭
蠡澤在西 図 彭門，山名 後漢·郡國志 蜀郡湔氐道縣前
有兩石對如闕，號曰彭門 図 姓 史記·楚世家 陸終生六
子，三曰彭祖 註虞翻曰：名剪，爲彭姓，封於大彭 鄭
語彭姓豕韋諸稽，則商滅之矣 廣韻 左傳，楚有彭仲爽，
漢有大司空彭宣 図 bāng 韻會 逋旁切 正韻 博旁切，䕻
榜平聲 玉篇 多貌 詩·齊風 行人彭彭 釋文 彭，必旁反。
図 玉篇 盛也 韻會 壯也 詩·大雅 駟騵彭彭 集韻 强盛貌

図 廣韻 行也 詩·小雅 四牡彭彭 傳彭彭 図 彭彭，
不得息也。
図 廣韻 道也 図 bēng 集韻 晡横切音閍。衆車聲也。
図 páng 韻會 正韻 䕻蒲光切音旁 韻會 近也 正韻 旁也
易·大有 九四，匪其彭，无咎 疏彭，旁也 図 類篇 彭亨，
驕滿貌 韓愈·城南聯句 苦開腹彭亨 図 詩·魯頌 有驪有
黃，以車彭彭 劉歆·遂初賦 求仁得仁，固其常兮。守信
保己，比老彭兮 図 與魴通 公羊傳·成十八年 晉侯使士
彭來乞師 註二傳 士彭作士魴。

彯 16486 07643
mǎ_9.12 類篇 古文馬69735字。

彲 16487 07644
qī_9.12 集韻 柒24158古作彲。

彰 16488 07645
jìng_9.12 字彙補 古文靜66963字。見古 尚書

彯 16490 43543
biàn_9.12 字彙補 與彯同。

彯 16491 u224A2
null_9.12 未詳。

彯 16489 43542
zhōng_9.12 龍龕音終。

彰 16497 u224A8
null_10.13 未詳。

彌 16492 07646
hùn_10.13 字彙 與溷同

彯 16493 07647
róng_10.13 集韻 尹竦切音勇。垂帶飾貌。 鎣 正字
通彯，本作容12095譌作彯，改音勇，非。

彯 16494 07648
jiū_10.13 類篇 同丩00168

彯 16495 07649
biàn_10.13 集韻 變56875古作彯。

彯 16496 07650
mǎ_10.13 說文 籀文馬字。

彯 16498 07651
piào_11.14 廣韻 集韻 䕻匹妙切音票 玉篇 畫也
集韻 畫飾也 図 piāo 廣韻 撫招切 集韻 韻會 正韻 紕招
切，䕻票平聲 廣韻 彯彯，長組之貌 図 與嫖通 王融·曲
水詩序 彯搖武猛，扛鼎揭旗之士 註霍去病受詔，與壯
士爲嫖姚校尉。 鎣 又彯16518，本字。

彰 16499 07652
zhāng_11.14 唐韻 集韻 韻會 正韻 䕻諸良切音樟 說
文 文彰也 韻會 文章飾也。从章，从彡。毛髮貌。謂鳥
獸羽毛之文 図 集韻 通作章 詩·小雅 織文鳥章 図 廣韻
明也 正韻 著也 書·伊訓 嘉言孔彰 図 正韻 著明之也
書·皋陶謨 彰厥有常。

彯 16500 07653
róng_11.14 廣韻 集韻 䕻餘封切音容 玉篇 重影。
図 廣韻 形彯 △ 正字通 與容同。

縦 16501 07654
xǐ_11.14 集韻 所綺切音躧。毛垂貌。

彯 16502 07655
biàn_11.14 集韻 變56875古作彯。

影 16503 07656
yǐng_12.15 廣韻 集韻 正韻 於丙切 韻會 於景切，䕻
英上聲 廣韻 形影 集韻 物之陰影也 書·大禹謨 惠迪吉，
從逆凶，惟影響 傳 若影之隨形，響之應聲 列子·天道篇
形動不生形而生影 顏氏家訓 書·大禹謨曰：惟影響 周
禮·地官·大司徒 土圭測影 孟子曰圖影失形 莊子·齊物
論 云罔兩問影，如此等尤當爲光景之景。凡陰景者，
因光而生，故卽謂爲景 淮南子·天文訓 呼爲景柱 廣雅
晷柱，挂景。䕻是也。至晉世葛洪·字苑 始加彡爲影，

音於景反。而世閒輒治 尚書 周禮 莊 孟 从葛洪字，其
爲失矣 六書正譌 影者，光景之類，合通用景，非毛髮
藻飾之事，不當从彡，今槩从影 図 漏影，刀名 古今注 漢
文帝有百鍊、靑犢、漏影三刀 図 躍影，馬名 博物志 躍
影，秦良馬 図 木名 花木志 瀛州有木，日中視之，一葉
百影 図 仄影，扇名 事物紀原 周昭王時，脩塗國獻丹鶴，
以翅爲扇。一曰條融。一曰仄影△ 集韻 或書作滉。
鑒又躬59714

彛 16504 07657
xún_12.15　 唐韻 同尋 韓愈·送靈師詩 千彛墮幽泉。

彰 16505 07658
cēng_12.15　 玉篇 七曾切，噌平聲。毛張也 図 cèng
集韻 七孕切，音蹭◇義同。

嘭 16508 41182
biāo_12.15　 字彙補 彼休切，音彪◇虎彡也。

嶜 16509 43544
mù_12.15　 龍龕 同廖　 澋 16506 07659
yǐng_12.15　 集韻 同影

髟 16510 u2AAC9
null_12.15　 未詳。　 彲 16507 07660
biàn_12.15　 集韻 同彭

彩 16511 07661
càn_13.16　 集韻 倉案切音璨。文彩盛貌。

餦 16512 07662
yù_13.16　 廣韻 同彧 集韻 作餀。

瓮 16513 41183
xǐ_13.16　 篇海類編 所綺切，音史◇毛垂也。又 字
彙補 同徙。 鑒 篇海類編 原作徙16501 図 五音集韻 瓮，
迁也，運也△宏按，亦作龐15694

髹 16514 41184
shù_13.16　 韻會 樹字。見鐘鼎文。

彲 16515 43545
suì_13.16　 字彙補 音葳。

彲 16516 07663
mà_14.17　 字彙補 古文禡39996字。

㫰 16517 u2AACA
null_14.17　 喃未詳。　 彲 16518 07664
piào_15.18　 正字通 影本
字○按諸字書無此文，當是譌字。

鬐 16519 41185
póu_17.20　 五音篇海 同髻，短須也。又髮白也。

鬂 16520 u224B6
null_18.21　 未詳。　 鬃 16521 07665
chī_19.22　 廣韻 丑知切
集韻 正韻 抽知切。彲與螭同 玉篇 獸名 集韻 若龍而黃，
北方謂之地螻。一說無角螭 史記·齊世家 西伯將出獵，
卜之曰：所獲非龍非彲，非虎非羆，所獲霸王之輔。於
是果遇太公於渭之南。鑒又彲16466

鬆 16522 07666
sè_19.22　 集韻 色48901古作彲。

鬃 16523 07667
bīn_19.22　 海篇 音彬。文盛貌。

鬚 16524 u224BA
null_19.22　 未詳。　 鬱 16525 u224BB
yù_22.25　 俗鬱71338

• 彳部 •

彳 16527 u2F3B
chì_0.3　 部彳 16526　 彳 16526 07668
chì_0.3　 唐韻 集韻 丛
丑亦切音敕 說文 小步也。象人脛三屬相連也 集韻 彳
亍，足之步也 元包經 爪牙血，趾彳亍 潘岳·射雉賦
亍中輟 註 徐爰曰：彳亍，止貌。張銑曰：行貌，中少留

也 図 fú 集韻 甫玉切，峰入聲。足下齊也。

仴 16528 43546
jiào_1.4　 篇海類編 同仴。

仡 16529 u224BC
null_1.4　 未詳。　 科 16530 07669
jiào_2.5　 玉篇 巨小切，
喬上聲。行貌。 鑒又仴16528仵16555

行 16531 07670
dīng_2.5　 韻會 當經切音丁。伶行，獨行貌△ 集韻 一
作跰町 正字通 亦作伶仃。

仴 16532 07671
fàn_2.5　 玉篇 古文犯32996字。

代 16533 07672
yì_3.6　 廣韻 與職切 集韻 類篇 逸職切丛音弋 玉
篇 行也。

仜 16538 u224C1
null_3.6　 未詳。　 彴 16534 07673
zhuó_3.6　 廣韻 之若切
集韻 正韻 職略切丛音勺 廣雅 彴獨也 廣韻 橫木渡水也
蘇軾·游蔣山詩 略彴橫秋水 図 集韻 亭歷切音笛。義同
図 集韻 韻會 正韻 丛弼角切音雹 爾雅·釋天 奔星爲彴
約 疏 奔星卽流星。一名彴約。鑒又彴00807

他 16535 07674
tuǒ_3.6　 玉篇 他可切音拕。安行也。

仮 16536 41186
wán_3.6　 龍龕 戶官切音丸。儹仮，失途貌。

仕 16537 43547
tú_3.6　 字彙補 與徒同。

仦 16539 u38D5
null_3.6　 从彳 大聲。人名，見甲骨文。

仮 16540 07675
jí_4.7　 廣韻 居立切 集韻 訖立切丛音急 說文 急
行也 廣韻 遽也。鑒又彶05237

研 16541 07676
jǐ_4.7　 玉篇 古禮切，雞上聲。行也。

從 16542 07677
cóng_4.7　 玉篇 同從　 佄 16544 07679
tuì_4.7　 玉篇 古文
退60823字。鑒又 集韻 跥58692或體。

沅 16543 07678
wán_4.7　 玉篇 五丸切音岏。儹沅，失途也。

彷 16545 07680
páng_4.7　 廣韻 步光切 集韻 蒲光切丛音旁 玉篇 彷
徨也 莊子·逍遙遊 彷徨乎無爲其側 図 蟲名 莊子·達生
篇 野有彷徨 音義 彷徨，狀如蛇，兩頭，五采文 図 集韻
彷徉，徘徊也 史記·吳王濞傳 彷徉天下 図 fāng 廣韻 妃
兩切音髣。彷彿也 說文 彷彿，見不審也 傅毅·舞賦 彷
彿神動。鑒 彷徉，也作傍01685伴、傍伴、仿00855伴 可
洪音義 傍伴：上房，下羊。傍伴：上步光反。下音羊。
徙倚也。亦作仿伴。

徇 16546 07681
xùn_4.7　 唐韻 辭閏切 集韻 徐閏切丛音殉 說文 行
示也 玉篇 巡師宣令也 司馬法 斬以徇 集韻 或作狥、㣦

彸 16547 07682
zhōng_4.7　 廣韻 職容切 集韻 韻會 諸容切丛音鍾 廣
韻 征彸，行貌 韻會 行遽也 図 集韻 征彸，怖遽貌 王袞
四子講德論 百姓征彸，無所措其手足 註 征彸，徨懼貌

征 16549 07684
xǐ_4.7　 說文 同徙　 彶 16548 07683
fǎn_4.7　 說文 與返同

役 16550 07685
yì_4.7　 古文俟 唐韻 集韻 韻會 丛營隻切音疫 說

文成邊也詩·小雅·采薇序遣戍役，以守衛中國㊀玉篇使役也易·說卦致役乎坤書·大誥予造天役周禮·天官·大宰田役以馭其衆㊀有所求而不止曰役役莊子·齊物論終身役役而不見其成功註得此不止，復逐於彼，疲役終身也㊀凡役使之人曰廝役前漢·張耳陳餘傳贊其賓客廝役，皆天下俊桀㊀列也詩·大雅禾役穟穟傳役，列也疏種禾則使有行列，其苗穟穟然美好也△韻會或作伇。鑾古文四聲韻伇01158說文，伇00876華嶽碑，偯02000崔希裕纂古㊀正字通伇16999，舊注音役。用心也。古借役，義通。

彺 16551 07686 wáng_4.7 集韻雨方切音王玉篇急行貌。鑾又往00852

彾 16552 07687 àng_4.7 集韻魚浪切，仰去聲。觬彾，行不耑也。鑾又羅振鋆輯碑別字仰，仰00835齊張龍伯造象記

彾 16553 43548 rán_4.7 五音篇海同徬。

彶 16554 43549 chí_4.7 搜眞玉鏡音遲。鑾疑衹字之譌。

彾 16555 43550 jiào_4.7 字彙補彳斗字之譌。

彾 16556 u2AACB null_4.7 未詳。

彾 16557 u224D1 zī_4.7 或同趑58323張亞初殷周金文集成引得.18.11996廿一年，得工彾（赼）㊀明·方孝孺遜志齋集·卷之十三·望雲詩序倏南兮忽北，雲之飛兮自我親側。奉王事兮獨違子職，彾見親兮不得。彾字音義不詳。

彾 16558 u224CD tiān_4.7 彾徃：清代數學家李善蘭所造字。李氏用微字之偏旁彳來表示微分，用天地人物表示abcd，丄丅表示加減，則微分式：dx＋dy＝彾丄徃。由於未用代數式，李氏引入中國的微積分，言之甚煩，推之甚難。

彾 16559 u224CC null_4.7 未詳。

彾 16560 u38D7 null_4.7 未詳。

彾 16561 u38D6 null_4.7 未詳。

彻 16562 u5F7B chè_4.7 简徹16818

徃 16563 07688 rán_5.8 類篇如占切音髥。遲行也。鑾又彾16553

彾 16564 07689 zuò_5.8 集韻作00994古作作。

彾 16565 07690 jū_5.8 集韻同跔

彾 16567 07692 sà_5.8 玉篇蘇合切，毿入聲。行貌。鑾胡吉宣：與𢕟16819同。

彼 16566 07691 bǐ_5.8 唐韻補委切集韻補靡切，太碑上聲說文往有所加也玉篇對此之稱詩·小雅彼月而微，此日而微禮·檀弓爾之愛我也，不如彼㊀外之之詞論語彼哉彼哉疏言如彼人哉，無足稱也㊀廣韻俾也，邐也。鑾又彼00976金石文字辨異·彼引東魏李洪演造像頌

彾 16568 07693 yín_5.8 廣韻同冘

彽 16569 07694 chí_5.8 廣韻直尼切集韻陳尼切太音墀玉篇彽徊，猶徘徊也㊀dī集韻都黎切音低。又tuí徒回切音頹。義太同。

彾 16570 07695 lǐng_5.8 玉篇力郢切音領。雨後徑㊀líng集韻郎丁切音靈。與竛同。竛𡝯，行貌。

彿 16571 07696 fú_5.8 廣韻敷勿切音拂。彷彿也說文本作髴。

彾 16572 07697 dí_5.8 唐韻徒歷切集韻亭歷切太音笛說文行彾彾也㊀集韻徒沃切音毒。義同。

往 16573 07698 wǎng_5.8 古文徃迬唐韻于兩切集韻雨兩切正韻羽枉切，太王上聲說文之也玉篇行也，去也易·履卦素履往，無咎書·舜典帝曰：俞，汝往哉禮·曲禮禮尚往來。往而不來，非禮也。來而不往，亦非禮也㊀玉篇古往也廣韻往，昔也易繫辭夫易彰往而察來前漢·武帝紀稽諸往古，制宜於今㊀約舉前事曰往往史記·五帝紀至長老皆各往往稱黃帝堯舜之處，風教固殊焉。㊀凡以物致人曰往曹植·與楊修書今往僕少小所著辭賦一通，相與刊定也王羲之帖今往絲布單衣財一端，示致意㊀wàng集韻於放切，王去聲。歸嚮也史記·孔子世家贊雖不能至，然心鄉往之。鑾又徃16639衜53990迬60766徃徃16603迬60932㊀仼00981金石文字辨異·往引北魏孝文弔比干墓文

彾 16574 07699 pī_5.8 集韻貧悲切，音邳。走貌。

彾 16575 07700 cǐ_5.8 玉篇七尒切音此。行貌。鑾正字通佌00978字之譌㊀熊加全：同跐58762

征 16576 07701 zhēng_5.8 古文徰廣韻集韻韻會諸盈切正韻諸成切，太証平聲爾雅·釋言行也易·泰卦拔茅茹，以其彙征吉詩·小雅之子于征㊀韻會征，伐也易·離卦王用出征書·大禹謨惟時有苗弗率，汝徂征孟子征者，上伐下也㊀正韻征，取也禮·王制關譏而不征㊀姓前漢·司馬相如傳斯征伯僑，而役羨門兮註仙人姓征名伯僑㊀韻會通政周禮·地官·小司徒施其職，而平其政註音征，稅也。當作征㊀通正周禮·夏官惟加田無國正註音征，稅也。獨加賞之田無稅。鑾又延15884延60763佂00967征39752徰16800㊀沚28034廣碑別字·征引唐太中大夫邕府都督陸思本夫人元氏墓誌㊀徵16812簡化字。

徂 16577 07702 cú_5.8 古文𨒪𨑩廣韻昨胡切集韻叢租切，太祚平聲爾雅·釋詁往也書·大禹謨惟時有苗弗率，汝徂征詩·豳風我徂東山㊀爾雅·釋詁存也註以徂爲存，猶以亂爲治，以曩爲曏，以故爲今。反覆旁通，美惡不嫌同名㊀國名詩·大雅侵阮徂共箋阮也，徂也，共也，三國犯周而文王伐之〇按朱傳云以侵阮而往至於共也。與箋說異㊀徂來，山名詩·魯頌徂來之松。鑾又退60782追60743遁61187

彾 16578 43551 yǐn_5.8 龍龕音引。鑾龍龕彾徬16641隨函音引。可以彾塗炭也。上又俗。失忍反。

彾 16580 u2AACC lòng_5.8 简𢕟16876

彾 16579 43552 tóng_5.8 篇海類編徒冬切音同。人姓字彙補佟字之誤。

彾 16581 u224DB null_5.8 未詳。

径 16583 u5F84 jìng_5.8 简徑16631

彽 16582 u224DA
nì_5.8

契文迡60745作彽 金石文字辨異彽，漢繁陽令楊君碑徱彽樂志。原按，徱彽與遲迡同。

徃 16584 u5F83
wǎng_5.8

正字通往16573俗作徃。

徊 16585 07703
tǒng_6.9

集韻吐孔切音統。儱徊，直行。

㤾 16586 07704
gé_6.9

廣韻古伯切集韻正韻各額切夶音格揚子方言假徦，至也。邠唐冀兗之間曰假，或曰徦 揚子方言徦，來也。周鄭之郊，齊魯之間。或謂徦曰懷廣韻亦作假集韻或作佫徦。通作格 hé集韻轄格切，音胳揚子方言登也。梁益之間曰徦。鍌又洛28160

佻 16587 07705
tiāo_6.9

集韻與佻同。

徻 16588 07706
huì_6.9

集韻會23314古作徻 鍌又玉篇他合切。行兒。胡吉宣：同迨60819緩行兒也。

待 16589 07707
dài_6.9

唐韻徒在切集韻韻會正韻蕩亥切夶音殆說文竢也。易繫辭君子藏器於身，待時而動禮·儒行儒有席上之珍以待聘 增韻遇也。論語以季孟之間待之 備禦也。魯語率大讎以憚小國，其誰云待之。叶時吏切音侍荀子·成相篇治之志後執富，君子誠之，好以待。富音沸。鍌魯語率大讎以憚小國。徐慧：率，帥之誤 詩41537

徆 16590 07708
xíng_6.9

字彙何庚切音行。行貌。

徎 16591 07709
zhēng_6.9

玉篇諸膺切音蒸。行不正。

徏 16592 07710
sōng_6.9

廣韻息弓切音嵩。姓也。

徟 16593 07711
zhòu_6.9

玉篇職救切，州去聲。行也。

栖 16594 07712
xī_6.9

玉篇息分切音西。行也。

徇 16595 07713
xún_6.9

集韻韻會夶松倫切音旬爾雅·釋言徧也。註周徧也。墨子·公孟篇身體强良，思慮徇通 廣雅營也 集韻使也。莊子·人間世夫徇耳目，內通而外於心知 xùn集韻須閏切，音濬說文疾也史記·五帝本紀幼而徇齊註裴駰曰：徇，疾，齊，速也 xùn廣韻辭閏切韻會正韻松閏切，音殉。自衒名行也 略也。前漢·魏豹傳陳勝使周市徇魏地註徇，略也 與狥通周禮·天官·小宰狥以木鐸 與殉通前漢·賈誼傳貪夫徇財，烈士徇名。鍌又佝00925徇01125约16546徨16683徨16763

侁 16596 07714
shēn_6.9

廣韻所臻切音莘。往來之貌 與侁同集韻侁或作徔。

很 16597 07715
hěn_6.9

唐韻胡懇切集韻韻會正韻下墾切，夶痕上聲說文不聽從也。一曰行難也吳語今王將很天而伐齊註很，違也 玉篇諍訟也禮·曲禮很毋求勝註很，鬩也，謂爭訟也。又廣韻俗作狠孟子好勇鬬狠。鍌又徦16647哏05942

徉 16598 07716
yáng_6.9

廣韻與章切集韻韻會余章切夶音羊玉篇彷徉也。廣韻儴徉，徙倚也廣雅徜徉，戲蕩也楚辭·招魂彷徉無所倚，廣大無所極。

徊 16599 07717
huái_6.9

廣韻戶恢切集韻韻會胡隈切正韻胡瑰切夶音回玉篇徘徊，猶彷徨也集韻徘徊，不進貌史記·呂后紀徘徊往來古詩清商隨風發，中曲正徘徊。

徲 16600 07718
yí_6.9

唐韻以脂切集韻正韻延脂切夶音彝說文行平易也 韻會通作夷老子道德經大道甚夷。

律 16601 07719
lǜ_6.9

唐韻呂戌切集韻韻會正韻劣戌切夶音葎玉篇六律也廣韻律呂也說文均布也徐錯曰十二律均布節氣，故有六律、六均爾雅·釋器律謂之分註律管，所以分氣前漢·律歷志律有十二，陽六爲律，陰六爲呂，黃帝之所作也。黃帝使泠綸自大夏之西，昆侖之陰，取竹之解谷生，其竅厚均者，斷兩節間而吹之，以爲黃鐘之宮，制十二箭以聽鳳之鳴。其雄鳴爲六，雌鳴亦六，比黃鐘之宮而皆可以生之，是爲律本後漢·律歷志殿中候，用玉律十二。惟二至乃候靈臺，用竹律六十。候日如其曆史記·律書註古律用竹，又用玉。漢末以銅爲之書·舜典同律度量衡禮·王制考時月定日同律。爾雅·釋詁法也又常也註謂常法正韻律呂萬法所出，故法令謂之律管子·七臣七主篇律者，所以定分止爭也釋名律，累也。累人心，使不得放肆也左傳·桓二年百官於是乎咸懼而不敢易紀律 軍法曰律易師卦師出以律 刑書曰律前漢·刑法志蕭何攈摭秦法，取其宜於時者，作律九章晉書·刑法志秦漢舊律起自李悝。悝著網捕二篇雜律一篇。又以其律具其加減，是故所著六篇而已 爵命之等曰律禮·王制有功德于民者，加地進律疏律卽上公九命，繡藉九寸，冕服九章，建常九斿之等是也 爾雅·釋言述也禮·中庸上律天時 爾雅·釋言銓也註所以銓量輕重 理髮曰律荀子·禮論篇不沐則濡櫛，三律而止註律，理髮也。詩杜甫·遣悶詩晚節漸於詩律細 戒律佛國記法顯慨律藏殘缺，於是以弘始二年至天竺，尋求戒律 爾雅·釋器不律謂之筆註蜀人呼筆爲不律也。斛律、耶律，夶複姓姓譜斛律，代人，世爲部落統軍，號斛律部，因氏焉。耶律，遼之後 韻補與溧通詩·小雅南山律律司馬相如·大人賦徑入雷室之砰磷鬱律兮，洞出鬼谷之堀礨崴魁。鍌又健16740

後 16602 07720
hòu_6.9

古文逡後唐韻正韻胡口切集韻韻會很口切夶音厚◆說文遲也。从彳幺夊者，後也徐錯曰幺，猶纙躓之也玉篇前後也廣韻先後也詩·小雅不自我先，不自我後 後嗣也禮·哀公問子也者，親之後也書·蔡仲之命垂憲乃後左傳·桓二年臧孫達其有後於魯乎 集韻亦姓 韻會然後，語辭 廣韻胡遘切集韻下遘切韻會正韻胡茂切，夶厚去聲增韻此後於人不敢先而後之，先此而後彼之後也老子道德經自後者人先之論語事君敬其事，而後其食 詩·大雅予曰有先後傳相導前後曰先後 廣雅娣姒，先後也前漢·

祀志 神君者，長陵女子，以乳死，見神於先後宛若 註 兄弟妻相謂曰先後，古謂之娣姒。今關中俗呼爲先後，吳楚呼爲妯娌。鼇 又后05411

徍 16603 07721
wā_6.9　集韻 於佳切音娃。徍徥，邪行貌。

徺 16604 07722
kuà_6.9　集韻 枯花切音跨。行也。

從 16605 07723
duó_6.9　集韻 徒活切音奪。行也。

𢓜 16606 07724
xì_6.9　集韻 闋吉切音咥。行也。

徖 16607 07725
sōng_6.9　廣韻 息弓切音嵩。姓也。

徎 16608 43553
rèn_6.9　字彙補 與任同。

𢓅 16609 43554
tóng_6.9　川篇 同佟。

他 16611 u224E7
dì_6.9　　參見伕16558

徉 16610 u224E8
yè_6.9　獤狴33158，或作徼狴 山海經·第二·西山經 又西二百二十里曰三危之山……其上有獸焉，其狀如牛，白身，四角，其毫如披蓑，其名曰徼狴（傲噎二音）。

御 16612 u224E6
yù_6.9　俗禦40037 可洪音義 御之：上魚與（反）。禁也，止也，當也。正作禦。應和尚經音義作禦也。又音馭，悮。

徏 16613 u224E5
huǎng_6.9　俗恍17249

仲 16615 u38E1
null_6.9　未詳。

徍 16614 u224E4
fèng_6.9　同軆70749 四聲篇海 音奉。灼龜兆也。

律 16616 uF9D8
lǜ_6.9　兼律。

侯 16619 07727
sì_7.10　廣韻 與竢同

徖 16617 u5F94
cóng_6.9　俗從16671

徥 16620 07728
shēn_7.10　集韻 與侁同

徎 16618 07726
chěng_7.10　唐韻 集韻 丛丑郢切音騁 說文 徑行也 又zhèng 廣韻 丈井切音逞。雨後徑也 又 集韻 里郢切音領。義同 又tǐng 他頂切音珽。徑也。

徎 16621 07729
xiē_7.10　篇海 火皆切。喊平聲。訟也〇按諸字書無徎字 正字通 云與 說文 徎訓略同，當是徎字之譌。

徖 16622 07730
zhì_7.10　集韻 與陟同。

徐 16623 07731
xú_7.10　唐韻 似魚切 集韻 韻會 祥余切 正韻 祥於切，丛序平聲 說文 安行也 玉篇 威儀也 爾雅·釋訓 其虛其徐，威儀容止也 註 雍容都雅之貌 莊子·應帝王 其臥徐徐，其覺于于 音義 徐徐，安穩貌 又通作邪 詩·邶風 其虛其邪 箋 邪讀如徐 疏 虛徐者，謙虛閑徐之義 又 廣韻 緩也 廣雅 遲也 孟子 子謂之姑徐徐云爾 又 廣韻 州名 書·禹貢 海岱及淮惟徐州 爾雅·釋地 濟東曰徐州 疏 淮海閒其氣寬舒，㒷性安徐，故曰徐 釋名 徐，舒也。土氣舒緩也 又 國名 左傳·昭元年 周有徐、奄 註 二國皆嬴姓 又 縣名 前漢·地理志 臨淮郡有徐縣 又 爾雅·釋天 太歲在辰曰執徐 又 姓 廣韻 自顓頊之後，春秋時，徐偃王假行仁義，爲楚文王所滅，其後氏焉，出東海、高平、東莞、琅邪、濮陽五望。鼇 又徐01236迂60687

後 16624 07732
líng_7.10　集韻 同遙 前漢·王莽傳 後儉隆約 註 後，退也。

徣 16625 07733
xiāo_7.10　玉篇 相焦切音宵。行貌。

徲 16626 07734
tí_7.10　集韻 田黎切音啼。犀徲，休息也。

徏 16627 07735
guàng_7.10　玉篇 巨往切，狂上聲。扇徏也。鼇 又 徎01722

徤 16628 07736
tuǒ_7.10　玉篇 湯果切音妥。行貌。鼇 又跢58948

徤 16629 07737
shàn_7.10　集韻 舒贍切音掞。沾徤，行搖曳貌。鼇 又 徤16650

䅻 16630 07738
fēng_7.10　唐韻 集韻 丛敷容切音峰◆ 說文 使也 集韻 或作縫。

徑 16631 07739
jīng_7.10　集韻 古定切 韻會 正韻 吉定切丛音徑 說文 步道也 徐鍇曰 道不容車，故曰步道 玉篇 小路也 易·說卦傳 艮爲山，爲徑路 疏 徯徑，細小狹路 周禮·地官·遂人 夫閒有遂，遂上有徑 註 徑容牛馬 疏 徑不容車軌而容牛馬及人之步徑 禮·月令 審端徑術 三輔決錄 蔣詡舍中三徑，唯羊仲、求仲從之游 又 廣雅 徑，衺也 禮·曲禮 送喪不由徑 註 徑，邪路也 又 疾也，直也 史記·大宛傳 張騫曰：今使大夏，從羌中險，從蜀宜徑 註 如淳曰：徑，疾也 唐書·盧藏用傳 仕宦之捷徑 又 直波也 爾雅·釋水 直波爲徑 註 言徑涏 又 集韻 徑，直也 禮·檀弓 有直情而徑行者 又 猶行也 左傳·僖二十五年 晉趙衰以壺飧從徑，餒而弗食 又 集韻 堅靈切音經。行過也 史記·高祖紀 高祖被酒，夜徑澤中 又 韻會 通作俓 史記·司馬相如傳 俓峻赴險 又 與竟通 史記·淳于髡傳 不過一斗，徑醉矣。鼇 又径16583徑16666迳60816逕60877 又 口咥05949，即口徑。俗。

徎 16632 07740
wú_7.10　正字通 同吾 秦惠王·詛楚文 吾作徎。

徝 16633 07741
pīng_7.10　玉篇 與俜同。

徒 16634 07742
tú_7.10　古文 㓰 唐韻 集韻 韻會 正韻 丛同都切音塗 說文 本作辻，步行也 易·賁卦 舍車而徒 又 步卒也 詩·魯頌 公徒三萬 又 爾雅·釋訓 徒，輦者也 疏 會同田獵，人挽輦以徒行也 詩·小雅 徒御不驚 又 玉篇 衆也 書·仲虺之誥 實繁有徒 前漢·東方朔傳 人至察則無徒 又 廣韻 空也 爾雅·釋訓 暴虎徒搏也 註 空手執也 又 廣雅 徒，袒也 史記·張儀傳 秦人捐甲，徒裼以趨敵 又◆ 正韻 但也 孟子 徒善不足以爲政 又 廣韻 黨也 張衡·思玄賦 朋精粹而爲徒 又 弟子曰徒 論語 非吾徒也 後漢·鄭康成傳 扶風馬融，門徒四百餘人 又 廣韻 徒，隸也 周禮·天官 冢宰，胥十有二人，徒百有二十人 疏 胥，有才智爲什長。徒，給使役。故一胥十徒 又 司徒，官名 書·舜典 汝作司徒 周禮·地官·司徒疏 司徒，主衆徒也 又 丹徒，縣名 前漢·地理志 會稽郡有丹徒縣 註 卽春秋 云朱方也 地志 秦望氣者言其地有王氣，始皇使赭衣徒三千鑿京峴山，以敗其勢，因名丹徒 又 罪名 唐書·刑法志 用刑

有五，其三曰徒。徒者，奴也。蓋奴辱之，量其罪之輕重，有年數而捨⊠申徒、登徒、司徒，叕複姓　風俗通　申屠氏隨音改爲申徒氏，夏有申徒狄　宋玉・好色賦序　大夫登徒子，侍於楚王　註　登徒，姓也　姓譜　舜嘗爲堯司徒，支孫氏焉。鎣又徏16462社16537赶58208赴60664赴58221徏15522徎16695

復 16635 07743 tuì_7.10　玉篇　古文退60823字。

徆 16637 07745 tōng_7.10　字彙補　古文通60886字。

御 16638 07746 yù_7.10　集韻　御16676古作御。

徃 16639 41187 wǎng_7.10　字彙補　與徍同　南燕錄　馳徍詞之。

侵 16640 43555 qīn_7.10　篇海類編　與侵同。

徦 16641 43556 yǐn_7.10　龍龕　音引

俗 16642 43557 sú_7.10　龍龕　同俗。

徥 16643 43558 xǐ_7.10　龍龕　同徯

綉 16636 07744 xiù_7.10　集韻　息救切音秀。綉徟，行相待也。鎣又傛01305

慾 16644 43559 yóu_7.10　五音篇海　音由。鎣疑悠字之譌。

徳 16646 u2AACD null_7.10　未詳。

彶 16645 u2AACE null_7.10　殷周金文集成・1.86・龕太宰鐘　龕大宰欁子掠，自乍其彶鐘。讀若扣

徺 16649 u224F9 null_7.10　未詳。

徂 16647 u224FC hěn_7.10　很16597本字

徎 16650 u38E3 shàn_7.10　俗徎16629

徒 16648 u224FA tú_7.10　徒16634譌字

徕 16651 u5F95 lái_7.10　简徕16674　淹去聲。匿也。鎣熊加全：同誺56176

從 16652 u5F93 cóng_7.10　俗從16671　音叢。安也。鎣胡吉宣：徖疑同悰17530

徟 16655 07749 cóng_8.11　玉篇　祚紅切

徔 16653 07747 líng_8.11　集韻　閭承切音陵。姓也。

得 16656 07750 dé_8.11　古文　得尋得　唐韻　正韻　多則切　集韻　韻會　的則切叕音德　說文　行有所得也　玉篇　獲也　韻會　凡有求而獲皆曰得。又賦受亦曰得　易・乾卦　知得而不知喪　禮・曲禮　臨財毋苟得　左傳・定九年　凡獲器用曰得，得用焉曰獲　孟子　求則得之⊠貪也　論語　戒之在得⊠韻會　與人契合曰相得　王襃・聖主得賢臣頌　聚精會神，相得益章⊠得得，唐人方言，猶特地也　全唐詩話　貫休入蜀，以詩投王建曰：一瓶一鉢垂垂老，千水千山得得來　易林　入市求鹿，不見頭足。終日至夜，竟無所得△集韻　或作㝵。鎣又得01457尉57540受05226尋37374淂28545㝵05316⊠龍龕尉55034㝵55033，音得。取也。與尋12529同。

後 16657 07751 jiàn_8.11　唐韻　慈衍切　集韻　在演切叕音踐　說文　迹也　集韻　或作衜⊠長後，地名　楚相孫叔敖碑　卽歲還長後太守　註　漢武帝得休屠王故地，置張掖郡，長後隸焉。

徒 16658 07752 lǚ_8.11　集韻　徒與履13164同。

倬 16659 07753 chuò_8.11　集韻　同趣

徙 16661 07755 xǐ_8.11　古文　枀逪屜　唐韻　斯氏切　集韻　韻會　想氏切叕音璽　說文　本作迻。迻也　玉篇　遷也，避也　爾雅・釋詁　遷、運，徙也　註　今江東通言遷徙　禮經解　使人日徙善遠罪而不自知也　史記・郭解傳　徙豪富茂陵　潘岳・閑居賦　孟母所以三徙⊠謫戍曰徙　前漢・陳湯傳　廷尉增壽議免湯爲庶人，徙邊⊠廣雅　仿佯，徙倚也　嚴忌・哀時命　獨徙倚而彷徉⊠踰月曰徙　禮・檀弓　祥而縞，是月禫，徙月樂⊠sī 集韻　相支切音斯。縣名　前漢・地理志　蜀郡有徙縣⊠集韻　抵徙，擬手期翹也。鎣集韻　抵徙擬手期翹也。翹字它本作翄。⊠徏16549逃60982逑61224雍16513庨15694遲61104

徘 16660 07754 pái_8.11　集韻　同俳　說文　本作裴。

徖 16662 07756 dōng_8.11　廣韻　德紅切音東　集韻　倲然，行貌。鎣又倲16733倲16741

彶 16663 07757 qì_8.11　篇韻　乞及切音泣。彶彶，人衆貌。鎣集韻　作位01463

徑 16666 07760 jìng_8.11　字彙　徑本字。

㴑 16665 07759 hán_8.11　篇韻　胡男切音函。水入船也⊠胡感切◇義同。

徛 16664 07758 táo_8.11　集韻　徒刀切音陶。徝徛，行貌。

徛 16667 07761 qī_8.11　唐韻　去奇切　集韻　韻會　丘奇切叕音崎・說文　舉足以渡也⊠jì 廣韻　渠綺切音技。立也⊠jì 廣韻　集韻　韻會　叕居義切音寄　爾雅・釋宮　石杠謂之徛　註　聚石水中，以爲步渡彴也　廣雅　徛，步橋也△集韻　或作碕。

徜 16668 07762 cháng_8.11　廣韻　市羊切　集韻　辰羊切叕音常　玉篇　徜徉，猶徘徊也　廣雅　徜徉，戲蕩也　韓愈・送李愿歸盤谷序　終吾生以徜徉。

御 16669 07763 chí_8.11　玉篇　直知切音馳。行也。鎣又蹰59028　徊01362

値 16670 07764 zhì_8.11　玉篇　竹志切，音置。施也⊠與陟同　集韻　陟或作徝。

從 16671 07765 cóng_8.11　廣韻　疾容切　集韻　韻會　正韻　牆容切，並歈平聲　說文　本作从。相聽也　書・益稷　汝無面從　說命　后從諫則聖⊠廣韻　就也　易・乾卦　雲從龍，風從虎　禮・曲禮　謀于長者，必操几杖以從之⊠爾雅・釋詁　自也　詩・小雅　伊誰云從　箋　云譖我者，是言從誰生乎　晉書・明帝紀　不聞人從日邊來⊠姓　廣韻　漢有將軍從公　何氏姓苑　今東筦人⊠cōng 廣韻　集韻　叕七恭切，促平聲　廣韻　從容也　正韻　從容，舒緩貌　書・君陳　從容以和　禮・中庸　從容中道⊠chōng 集韻　書容切音春。從容，久意　禮・學記　待其從容，然後盡其聲⊠zōng 集韻　將容切音蹤。東西曰衡，南北曰從　詩・齊風　衡從其畝　史記・蘇秦傳　從合則楚王，衡成則秦帝⊠與蹤通　史記・聶政傳　重自刑以絕從　前漢・張湯傳　從迹安起⊠zòng 集韻　祖動切音總。高大

貌韻會髻高也禮·檀弓尔無從從爾囡集韻鉏江切,泥平聲。義同囡zòng唐韻慈用切集韻類篇韻會才用切,並歗去聲說文本作𨑰。隨行也詩·齊風其從如雲論語從我者,其由與囡韻會從天子曰法從、侍從書·冏命其侍御僕從前漢·揚雄傳趙昭儀方大幸,每上甘泉,常法從註師古曰以言法當從耳。一曰從,法駕也後漢·百官志羽林郎掌宿衞侍從囡sòng集韻類篇叢似用切音頌。同宗也爾雅·釋親父之世父、叔父爲從祖、祖父,父之世母、叔母爲從祖、祖母釋名從祖父母,言從己親祖別而下也亦言隨從己祖以爲名也囡zòng集韻子用切。與縱同禮·曲禮欲不可從論語從之純如也。𨑔又𧾷05072屼03115𢓓16617𢓊03088從16723𣎴49098𢓜03268𫝈16542從16652𢓚60714𢓟60722迦60713遈61205𫝈03907

16672 07766
徦zhōu_8.11 集韻之由切音周。徦彰,行貌。

16673 07767
鬆sōng_8.11 廣韻息恭切音鬆玉篇小行恐貌囡與㞞同集韻㞞或作鬆。

16674 07768
徠lái_8.11 玉篇古文來字楚辭·九章后皇嘉樹,橘徠服兮前漢·郊祀歌天馬徠從西極囡韻會徂徠,山名詩·魯頌徂來之松,作徂來囡與勑同說文勑04047或作徠。亦作來、速。𨑔又俫01374徠16651

16675 07769
𢓸bì_8.11 玉篇與俾同。

16676 07770
御yù_8.11 古文𢓜御唐韻集韻類篇牛據切韻會正韻魚據切𠀋音禦說文使馬也。从彳从卸徐鍇曰卸,解車馬也。或彳或卸,皆御者之職詩·小雅徒御不驚囡正韻統也賈誼·過秦論振長策而御宇內囡韻會凡天子所止曰御。前曰御前,書曰御書,服曰御服,皆統御四海之內蔡邕·獨斷御者,進也。凡衣服加於身,飲食適於口,妃妾接於寢皆曰御釋名御,語也。尊者將有所欲,先語之也。亦言職卑,尊者有所勤御,如御牛馬然也禮·王制千里之內以爲御註御謂衣食疏御是進御所須,故爲衣食囡廣韻侍也,進也詩·小雅飲御諸友傳御,進也笭御,侍也。吉甫遠從鎬地來,飲之酒,使諸友侍之囡正韻勸侑也禮·曲禮御食於君註勸侑曰御囡主也禮·曲禮問大夫之子,長曰能御矣,幼曰未能御也註御猶主也疏謂主事也囡禦也詩·邶風我有旨蓄,亦以御冬囡傅御,日御、御史,𠀋官名詩·大雅王命傅御,遷其私人箋傅御貳王治事,謂冢宰也左傳·桓十七年天子有日官,諸侯有日御註日官、日御,典曆數者前漢·百官表御史大夫,秦官,位上卿,秩千石,有繡衣直指後漢·百官志侍御史掌察舉非法,受公卿郡吏奏事,有違失,劾舉之。凡郊廟朝會,則二人監督儀,有違失,則劾奏囡女官周禮·天官·女御掌御敘於王之燕寢周語內官不過九御囡姓正字通周有御鞅囡yǔ類篇偶舉切,馭上聲。止也左傳·襄四年季孫不御註御,止也釋文御,魚呂反囡魯邑名左傳·襄二十二年雨過御叔,御叔在其邑註御叔,魯御邑大夫釋文御,魚呂反囡御龍,複姓史記·夏本紀劉累學擾龍于豢龍氏

以事孔甲,孔甲賜之姓曰御龍氏囡yà集韻魚駕切,牙去聲。相迎也詩·召南百兩御之箋御,迎也禮·曲禮君命召,雖賤人,大夫士必自御之集韻或作迓。𨑔又倒01605䯀09834衙54036邀61213衚53991衖54008衚53996徘61914可洪音義遠逜04753:魚據反。

16678 07772
倭wēi_8.11 字辨同透。

16677 07771
徲zhì_8.11 唐韻直里切音峙。待也,儲也,具也囡有所望而往。𨑔俗徲01576

16679 07773
脩yì_8.11 集韻佾01093古作脩。

16680 07774
徢xiè_8.11 集韻悉協切音燮。趨行貌。

16681 07775
徍wǎng_8.11 玉篇古文往16573字。

16682 07776
後hòu_8.11 字彙補古文後16602字。

16683 07777
㝮xùn_8.11 集韻同徇。𨑔俗㝮16763

16684 07778
徎quǎn_8.11 類篇苦遠切音綣。徐行也。

16685 43560
脩xiū_8.11 川篇同脩

16686 43561
卻jué_8.11 篇海類編同御。

16687 43562
借jiè_8.11 篇海類編同借。

16688 43565
徆jí_8.11 搜眞玉鏡居逆切。

16690 u2AACF
null_8.11 未詳。

16691 u2251E
null_8.11 未詳。

16689 u2AAD0
徲yì_8.11 古逸字。

16693 u2251A
徬páng_8.11 徬16745本字

16694 u22519
徖cù_8.11 同猝33335五侯鯖字海徖,徖𢓉也。明·朱升朱楓林集·卷之五·五言古詩·賦怪蝶并序蝴蝶本化生,變化劇倉徖。

16692 u2251B
倖xìng_8.11 微倖新撰字鏡倖,下取反。僥倖01390

16696 u22516
衡héng_8.11 龍龕衚衡二俗,衡54037今。

16698 u22513
null_8.11 未詳。

16695 u22517
徒tú_8.11 俗徒16634 清·王闓運黃司使誄蠢尔兇徒,犯我前旆。

16699 u22512
null_8.11 未詳。

16697 u22515
復tuì_8.11 復16635俗譌。 漢·祝睦碑復身衡門,童冠翔集。

16700 u38E9
null_8.11 未詳。

16701 u38E8
null_8.11 未詳。

16702 u38E7
徶yìn_8.11 俗胤47166改併四聲篇海引川篇亂,續也。

16703 07779
徲chí_9.12 唐韻是支切集韻常支切𠀋音匙說文徲,行貌囡shì廣韻承紙切集韻上紙切,𠀋匙上聲廣韻行貌。朝鮮語也囡集韻徒駭切音第。義同囡zhì廣韻池爾切集韻丈尒切𠀋音豸集韻行衚衚謂之徲。囡tái集韻度皆切音臺。往徲,行貌囡揚子方言秦晉之間,凡細而有容謂之魏。或曰徲註言徲偕也釋文徲,度皆反。

16704 07780
緩huǎn_9.12 集韻胡管切音緩。微緩,徐行。

16705 07781
歱zhǒng_9.12 唐韻之隴切集韻主勇切,𠀋鍾上聲。

說文相迹也玉篇亦作踵図dòng玉篇古文動04069字。鞏又徸16817

徦 jiǎ_9.12　16706 07782　唐韻古雅切集韻韻會舉下切叕音賈說文至也揚子方言徦、徦，至也。邠唐冀兗之閒曰徦，或曰徦図集韻居迓切，賈去聲。又類篇各額切音格。義叕同廣韻一作徦図xiá與遐同集韻遐或作徦。

徧 biàn_9.12　16707 07783　廣韻比薦切集韻韻會正韻卑見切，叕編去聲說文帀也廣韻周也書·舜典徧于羣神詩·小雅羣黎百姓，徧爲爾德左傳·莊二十年樂及徧舞疏言樂之所有，舞悉周徧也図廣韻俗作遍魏志·賈逵傳註逵最好春秋左傳，自課誦之，月常一遍図集韻或作辯禮·曲禮然後辯殽註辯音徧。義同図集韻或作辨史記·五帝紀辨于羣神書·舜典作徧図與踽通集韻踽或作徧。図與偏通集韻偏通作徧。

徖 rǒu_9.12　16708 07784　唐韻人九切集韻忍九切，叕柔上聲說文復也図niǔ廣韻女久切音扭。習也。鞏名義徖：復也。狃33058字，忕，習，正。

徥 qǐ_9.12　16709 07785　廣韻集韻叕七役切，音焽玉篇小行貌。鞏當从焽。

徣 kāi_9.12　16710 07786　廣韻口皆切集韻丘皆切，叕楷平聲廣韻徘徣，行惡也。

徨 huáng_9.12　16711 07787　廣韻集韻韻會正韻叕胡光切音皇玉篇彷徨也正韻彷徨，猶徘徊也鹽鐵論媻母徊姿而矜夸，西子彷徨而無家図徊徨梁武帝·孝思賦夕獨處而徊徨図wáng集韻雨方切音王。彷徨，往來。

徺 yú_9.12　16712 07788　廣韻羊朱切集韻容朱切叕音兪玉篇行貌。

徶 shà_9.12　16713 07789　玉篇山洽切音霎。行貌。鞏又徔16728 趓58463趓58474迊61056

徎 chèng_9.12　16714 07790　集韻恥孟切，音尝。徎徎，走也。

徛 qì_9.12　16715 07791　集韻七入切音緝玉篇行貌。鞏又徝16756

復 fù_9.12　16716 07792　古文復匐唐韻集韻韻會正韻叕房六切音伏說文往來也廣韻返也書·舜典如五器，卒乃復復，還也詩·小雅言歸思復図韻會答也書·說命說復于王図韻會白也禮·曲禮願有復也図韻會反命也周禮·天官諸臣之復註復，報也，反也疏謂羣臣受王命，使臣行之，訖，反報於王也図招魂曰復禮·檀弓復，盡愛之道也註復謂招魂，庶幾其精氣之反図興復諸葛亮·出師表興復漢室，還於舊都図姓正字通元有復見心図州名隋書·地理志後周置復州，大業初改曰沔州図復陶，官名左傳·襄三十年使爲君復陶註復陶，衣服之官也図衣名左傳·昭十二年王皮冠，秦復陶註秦所遺羽衣也図集韻韻會正韻叕方六切音福集韻重也正韻反覆也易·復卦反復其道詩·小雅顧我復我註

謂迴轉反復之也図正韻復，除也前漢·高帝紀七大夫以下，皆復其身及戶，勿事註復其身，及一戶之內，皆不徭役也図與複通史記·秦始皇紀爲復道，自阿房渡渭，屬之咸陽前漢·高帝紀上從復道上望見諸將往往耦語註上下有道，故謂之復図與覆通詩·大雅陶復陶穴音義復，累土於地上說文作覆図集韻韻會正韻叕浮富切，浮去聲集韻又也增韻再也詩·大雅·大明序文王有明德，故天復命武王也。鞏又复09807夏09829夏09813夏09805復04291復16780復16826復29020

徸 zōng_9.12　16717 07793　集韻祖叢切音騣。行也。或作遳図玉篇數也。引詩越以徸邁〇按詩·陳風今本作樅。

徾 yù_9.12　16718 07794　廣韻王勿切，雲入聲玉篇行也類篇行邊貌。鞏又趉58454

徲 tí_9.12　16719 07795　字彙與徲同。

循 xún_9.12　16720 07796　唐韻詳遵切集韻韻會松倫切正韻詳倫切叕音旬。爾雅·釋詁自也，率循也◆說文行順也禮·射義卿大夫以循法爲節史記·循吏傳奉職循理，亦可以爲治，何必威嚴哉前漢·賈誼傳此業壹定，世世常安，而後有所持循矣註執持而順行之図增韻依也左傳·昭七年循牆而走二十三年循山而南註依山南行也図廣韻善也図玉篇循，次序也論語夫子循循然善誘人図韻會循環，謂旋繞往來史記·高帝紀三王之道，若循環終而復始図巡也前漢·宣帝紀遣使者循行郡國，問民所疾苦図正韻循，摩也前漢·李陵傳數數自循其刀環註循，謂摩循也図撫循，慰安也前漢·蕭何傳拊循勉百姓趙充國傳拊循和輯図廣雅述也前漢·馮立傳立爲西河上郡太守，居職公廉，與其兄野王相似。吏民歌之曰：大馮君，小馮君，兄弟繼踵相因循図無所作爲曰因循韓愈·酬裴功曹詩多才自勞苦，無用祇因循図chún集韻船倫切音脣。蹲循，逡巡也。鞏又猶33422偱01582

徖 bìng_9.12　16721 07797　集韻步定切，屏去聲。傍側也。

徝 dé_9.12　16722 07798　五音集韻古文得16656字。

從 cōng_9.12　16723 07799　集韻七恭切，促平聲。步緩也図sǒng集韻筍勇切音悚。從從，疾貌。鞏又遬61205

徢 zhū_9.12　16724 07800　類篇專於切音諸。月行也。通作諸詩·邶風日居月諸。

徫 wěi_9.12　16725 07801　集韻雨鬼切，韋上聲。行貌。

徴 jué_9.12　16726 41188　篇海類編巨略切音噱。倦也。鞏又御16686

徲 tí_9.12　16727 43563　篇海類編同徲。

徸 chā_9.12　16728 43564　龍龕徎字之譌。

衛 null_9.12　16729 u2AAD3　喃大南一統志·卷四·承天府（下）·土產（下）蓽茇：俗名蘿衛本草一名蓽撥。能治冷痢。

徭 16732 uFA85
yáo_9.12 俗徭16746

偉 16731 u2AAD1
wěi_9.12 猥33366譌字

徃 16730 u2AAD2
null_9.12 字見 殷周金文集成·10.4870·冊徃卣

徚 16733 u2F89C
dōng_9.12 兼 徚16662

徦 16734 u22530
null_9.12 容庚·金文續編·附錄 徦，嘉至搖鐘人名。

徿 16735 u2252F
là_9.12 同 蝲53014 馬王堆漢墓帛書·老子甲本·德經 逢徿蜦虺弗螫，攫鳥猛獸弗搏。

徾 16737 u2252B
null_9.12 未詳。

徶 16738 u38EE
null_9.12 未詳。

復 16739 uF966
fù_9.12 兼 復。

徸 16736 u2252E
juàn_9.12 清·黃生 義府 徸節高義。徸即狷33238字。朱駿聲 說文通訓定聲 㦝18437字亦誤作徸 孫叔敖碑 徸節高義。

健 16740 u5FA4
jiàn_9.12 俗健01563 可洪音義 勁勇：上居政反。健也 又lǜ 律16601 可洪音義 戒健：音律。

徚 16741 u5F9A
dōng_9.12 俗徚16662 留去聲。綉徚，行相待也。或作畱。又 徚16833

徸 16742 07802
liù_10.13 集韻 力救切，留去聲。綉徸，行相待也。或作畱。又 徸16833

搔 16743 07803
sāo_10.13 集韻 蘇遭切音騷。搔徇，緩行貌。又 徸16764 又音sào，同踖59198

徤 16744 07804
xiè_10.13 集韻 先結切音屑 司馬相如·上林賦 媥姺徶徤 註郭璞曰：衣服婆娑貌 又 集韻 徯徤，搖也。

徬 16745 07805
páng_10.13 唐韻 蒲浪切，旁去聲 說文 附行也 廣韻 附也 周禮·地官·牛人 凡會同、軍旅、行役，共其兵車之牛與其牽徬，以載公任器 註 牽徬，在轅外輓牛也。人御之，居其前曰牽，居其旁曰徬 又bàng與傍通 集韻 徬或書作傍 又彷通 集韻 彷亦作徬。又 徨16693 徬61161

徭 16746 07806
yáo_10.13 玉篇 余招切音遙。役也 周禮·天官·冢宰 徒百有二十人 註 此民給徭役者 後漢·第五倫傳 倫為鄉嗇夫，平徭賦 又 韻會 通作繇 前漢·景帝紀 省繇賦 又 韻會 亦作繇 前漢·宣帝紀 擅興繇役△廣韻 集韻 類篇 夶作傜。又 徭16732

微 16747 07808
wēi_10.13 唐韻 集韻 韻會 正韻 夶無非切音薇 爾雅·釋詁 幽微也 易繫辭 知微知彰 書·大禹謨 道心惟微 又 廣韻 微，妙也 禮·禮器 德產之致也精微 又 說文 隱行也 史記·秦始皇紀 微行咸陽 又 廣韻 細也 孟子 乃孔子，則欲以微罪行 又 玉篇 不明也 詩·小雅 彼月而微，此日而微 又 韻會 衰也 詩·小雅 式微式微 箋 微乎微者也 史記·杞世家 杞小微 又 韻會 賤也 尚書序 虞舜側微 又 爾雅·釋詁 匿，微也 註 微謂逃藏也 左傳·哀十六年 白公奔山而縊，其徒微之 註 微，匿也 又 爾雅·釋詁 蔽，微也 晉語 公子重耳過曹，曹共公聞其骿脅，欲觀其裸，設微薄而觀之 註 微，蔽也 又 殺也 禮·檀弓 禮有微情者 疏 微，殺也。言賢者喪親，必致滅性，故制使三日而食，哭踊有數，以殺其內情 又 伺察也 前漢·郭解傳 使人微知賊處 註 微，伺問之也 又 爾雅·釋訓 骭瘍為微 註 骭，

脚脛。瘍，瘡也 詩·小雅 既微且尰 又 韻會 非也 詩·邶風 微我無酒 又 韻會 無也 禮·檀弓 齊餓者不食嗟來之食。曾子曰：微與 註 微，猶無也 又 國名 書·牧誓 微盧彭濮 傳 微在巴蜀 又 爾雅·釋山 未及上翠微 疏 未及頂上，在旁陂陀之處，山氣青縹色，故曰翠微也 又 紫微、太微、少微，夶星名 晉書·天文志 紫微垣，十五星，在北斗北。一曰紫微，天帝之座也，天子之常居也。太微，天子庭也，五帝之座也，十二諸侯府也。少微，在太微西，士大夫之位也。明大而黃，則賢士舉也 又 三微 後漢·章帝紀 春秋 於春每月書王者，重三正，慎三微也 註 三微者，三正之始，萬物皆微，物色不同，故王者取法焉。十一月，時陽氣始施於黃泉之下，色皆赤，赤者陽氣，故周為天正，色尚赤。十二月，萬物始牙而色白，白者陰氣，故殷為地正，色尚白。十三月，萬物莩甲而出，其色皆黑，人得加功展業，故夏為人正，色尚黑 又 姓 左傳·哀八年 微虎 註 魯大夫。又 微生，複姓 論語 微生高。又 微01754 微16767 微16789 微16758 散21899 衞54004 散21486

徯 16748 07809
xī_10.13 廣韻 胡雞切 集韻 韻會 正韻 弦雞切夶音奚 爾雅·釋詁 待也 廣韻 有所望也 書·仲虺之誥 徯予后 玉篇 或作蹊 又 鳧徯，鳥名 山海經 鹿臺之山有鳥，名曰鳧徯 又 揚子方言 徯醯，危也。東齊椅物而危謂之徯醯 又xì 廣韻 胡禮切 集韻 韻會 戶禮切，夶奚上聲。亦待也 又 與蹊通 禮·月令 塞徯徑 疏 徯徑，細小狹路也 前漢·貨殖傳 繒弋不施於徯隧。又 僛01733 僛56032 徯16643

構 16749 07810
gòu_10.13 六書統 同遘。

得 16750 07811
dé_10.13 五音集韻 古文得16656字。

徿 16752 07813
lì_10.13 集韻 同趲

徃 16751 07812
guàng_10.13 集韻 同徍

徎 16754 07815
zhēng_10.13 集韻 征16576古作徎。

從 16757 43568
sǒng_10.13 篇海類編 同從01795 又 從16803

微 16758 43570
wēi_10.13 龍龕 同微

徴 16753 07814
jiào_10.13 字彙補 古弔切音徼 石鼓文 希微徲徴。又 徴16768 徼16845 趡58582

徹 16759 u2AAD5
null_10.13 未詳。章。行遲貌。見 石鼓文。

徸 16755 41189
zhāng_10.13 字彙補 音章。又 張青松：俗徸16784

傻 16760 u2AAD4
null_10.13 未詳。

徔 16756 43566
qì_10.13 字彙補 同徔

徸 16762 u2254B
yuàn_10.13 同衞53988

徟 16761 u2254C
tí_10.13 俗徟16782

搔 16764 u22549
sāo_10.13 同搔16743 譌作徸16683 四聲篇海 辭閠切。自銜名行也。

徸 16763 u2254A
xùn_10.13 同徇16595亦

徸 16765 u22548
sǒng_10.13 䇨46787本字。生而聾。

徸 16766 u22546
qiān_10.13 同悆17844籀文悆。

微 16767 u22544
wēi_10.13 俗微16747

徴 16768 u22542
jiào_10.13 同徴16753

16769 u22541 衖 lòng_10.13 同衖54000 清·吳景旭 歷代詩話·卷七十九 字書有一字而倍爲兩字者，如因衖字呼弄唐是也。俗語有兩字而呼爲一字者，如合衖衖爲衖字是也。

16770 u22540 null_10.13 未詳。

16771 u2253F null_10.13 未詳。

16772 u2253E null_10.13 未詳。

16773 u2253D 得 dé_10.13 俗得16656

16774 u2253C null_10.13 未詳。

16775 u2253B null_10.13 未詳。

16776 u2253A guàng_10.13 同徎16627 集韻 催徎，古況切 說文 遠行也。或从彳 五音集韻 徎徎，徎也。又遠行也。

16777 07816 bì_11.14 集韻 同蹕 正字通 蹕字之譌。

16778 07817 xuàn_11.14 集韻 同踠

16780 07819 復 fù_11.14 說文 復本字

16779 07818 shuài_11.14 玉篇 疏聿切音率。行貌。 鋻 訛作佯01792

16781 07820 piào_11.14 字彙 與僄同。輕迅也 王延壽·王孫賦 性徱僄以猏疾 註 徱卽僄字。 鋻 徱僄或作獥猲。

16782 07821 tí_11.14 唐韻 杜兮切，音啼。又 集韻 陳尼切，音遲 說文 久也 图 博雅 徲徲，往來也。 鋻 又徲16719徲16727徲16761

16783 07822 chǔ_11.14 玉篇 尺主切，樞上聲。行也。

16785 07824 xiè_11.14 類篇 思七切音悉。徱徧，搖也。

16786 07825 sǎn_11.14 廣韻 集韻 丛桑感切音糝 集韻 頷參，動也 图 sàn 類篇 蘇暫切，三去聲。徧徧，行貌。

16787 07826 xiān_11.14 玉篇 相然切音仙。行貌。 鋻 又徰16861 踮59549 正字通 徰，踮59364字之譌。

16789 07828 微 wēi_11.14 海篇 同微

16784 07823 zhāng_11.14 集韻 諸良切音章。徸徨，行不正 图 zhàng 集韻 之亮切，章去聲。徸徨，行遲貌。 鋻 又徸16755

16790 07829 jì_11.14 集韻 同徛

16788 07827 zé_11.14 廣韻 士革切音賾。容尋常人 图 與趙同 集韻 趙或作徲。

16791 07830 cuī_11.14 集韻 倉回切音催。行急貌。

16793 07832 dí_11.14 集韻 丁力切音覅。徲滴，水少。

16794 07833 復 fù_11.14 玉篇 古文復16716字。

16795 07834 御 yù_11.14 集韻 御16676古作御。

16796 07835 fēng_11.14 類篇 同徟

16792 07831 měng_11.14 字彙補 迷省切音猛 前漢·王子侯者年表 長安大夫劉徝。

16797 07836 zhì_11.14 類篇 陟利切音致。施也。 鋻 又徟18176

16798 43567 ào_11.14 篇海類編 同憿。 鋻 篇海類編 五到切音傲。慢也。倨也 图 徼徊，同獓狪。參見徊16610

16800 u2AAD8 zhēng_11.14 甲骨文征16576字。

16801 u2AAD7 null_11.14 未詳。

16799 43571 pián_11.14 龍龕 瓶邊切。

16802 u2AAD6 傳 chuán_11.14 俗傳01801 金石文字辨異 隋 杜乾緒等造像銘 言傳千載。邢澍案：傳即傳。

16803 u22569 從 sǒng_11.14 同從16757 篇海類編 從，息勇切，音竦。與從01795同。走兒，前進意，又疾也。

16805 u22564 null_11.14 未詳。

16804 u22565 衛 yù_11.14 俗禦40037 隸釋·卷第九·廣漢屬國侯李翊碑 衛侮鎮戎，經爲大儒。

16806 u22563 zhèn_11.14 同載59884

16807 u22562 zhèn_11.14 或同徸16806

16808 u22561 null_11.14 未詳。

16810 u5FB4 徵 zhēng_11.14 俗徵16812

16809 u22560 null_11.14 未詳。

16811 u5FB3 德 dé_11.14 俗德16816

16812 07837 徵 zhēng_12.15 古文 徵數壬散 唐韻 陟陵切 集韻 韻會 知陵切，丛陟平聲。 說文 召也。从微省。壬爲徵，行於微而文達者卽徵之 周禮·天官·宰夫 掌百官府之徵令 註 別異諸官，以備王之徵召 周語 唯官是徵 图 廣韻 證也，明也 書·洪範 念用庶徵 左傳·昭三十年 且徵過也 註 徵，明也 图 廣韻 成也 儀禮·士昏禮 納徵 註 徵，成也。使使者納幣以成昏禮 图 問也 左傳·僖四年 包茅不入，王祭不共，無以縮酒，寡人是徵 图 斂也 周禮·地官 閭師以時徵其賦 疏 閭師徵斂百里內之賦貢 图 求也 史記·貨殖傳 物賤之徵貴 註 徵，求也，謂此處物賤，求彼貴賣之。 图 爾雅·釋詁 徵，虛也 图 姓 廣韻 吳太子率更令河南徵崇 图 chéng 集韻 持陵切音懲。縣名 左傳·文十年 泰伯伐晉，取北徵 音義 今徵縣 史記·河渠書 穿渠，自徵引洛水至商顏下 前漢·地理志 左馮翊有徵縣 註 卽今之澄城是也 图 zhǐ 廣韻 集韻 韻會 丛陟里切，知上聲 玉篇 宮徵也 爾雅·釋樂 徵謂之迭 樂書 聲出於心，而齒合吻開爲之徵。徵，火也。其性烈而善燭。五音配夏 禮·月令 孟夏之月，其音徵。又 樂記 徵爲事 疏 徵屬夏，夏時生長，萬物皆成形體。事亦有體，故以徵配事 風俗通 徵者，祉也。物盛大而繁祉也。五行爲火，五常爲禮，五事爲視。凡歸爲事 图 與懲通 荀子·正論篇 凡刑人之本，禁暴惡惡，且徵其來也 图 與征通 史記·三王世家 非教士不得從徵。 鋻 又徵21701衝54013徵。簡化作征16576但「宮商角徵羽」的徵zhǐ不簡化。

16813 07838 僑 jiào_12.15 玉篇 巨夭切，喬上聲。行貌。 鋻 胡吉宣：僑與趬58562同。

16814 07839 kuǎn_12.15 集韻 苦管切音款。徸緩，徐行。 鋻 同款緩。

16815 07840 bié_12.15 集韻 蒲結切音蹩。徸徸，衣服婆娑貌。 鋻 又徸01900

16816 07841 德 dé_12.15 唐韻 正韻 多則切 集韻 韻會 的則切，丛登...

入聲 廣韻 德行也 集韻 德行之得也 正韻 凡言德者, 善美, 正大, 光明, 純懿之稱也 易·乾卦 君子進德修業 詩·大雅 民之秉彝, 好是懿德 書·皋陶謨 九德, 寬而栗, 柔而立, 愿而恭, 亂而敬, 擾而毅, 直而溫, 簡而廉, 剛而塞, 彊而義。又 洪範 三德, 一曰正直, 二曰剛克, 三曰柔克 周禮·地官 六德: 知、仁、聖、義、中、和 又 玉篇 德, 惠也 書·盤庚 施實德于民 詩·小雅 既庶以德 又 善教也 禮·月令 孟春之月, 命相布德, 和令, 行慶, 施惠 註 德謂善教也 感恩曰德 左傳·成三年 王曰: 然則德我乎 疏 德加於彼, 彼荷其恩, 故謂荷恩爲德 後漢·樊曄傳 光武微時, 曄餽餌一笥, 帝德之不忘 又 韻會 四時旺氣也 禮·月令 某日立春, 盛德在木 又 諡法 綏柔士民, 諫爭不威, 執義揚善, 曰德 又 說文 升也 又 玉篇 福也。又 星名 前漢·郊祀志 望氣王朔言, 後獨見填星出如瓜。有司皆曰: 陛下建漢家封禪, 天其報德星云 註 德星, 既填星也 又 韻會 亦作悳 前漢·賈誼傳 悳至渥也。又 州名 廣韻 秦爲齊郡地, 漢爲平原郡。武德初爲德州, 因德安縣以名之。鼇 又 悳17680 惪17535 恴17319 恴17866 惪17537 德16811 悳16797 憄18176 達61291 達61314 悳17715 悳18195 億01944 又 龍龕 恴17318俗, 惪17729古。

徸 chōng_12.15 玉篇 昌容切音衝。行貌。又與踵同。集韻 踵或作徸。

徹 zhé_12.15 古文 𢒰𢒰 廣韻 集韻 韻會 丛直列切音轍 說文 通也 論語 盍徹乎 註 周法, 什一而稅, 謂之徹。徹, 通也, 爲天下之通法 又 廣韻 徹, 達也 左傳·成十六年 養由基蹲甲而射之, 徹七札焉 註 發達七札也 又 集韻 徹, 道也 又 剝取也 詩·豳風 徹彼桑土 又 治也 詩·大雅 徹田爲糧 傳 徹, 治也 又 去也 儀禮·士冠禮 徹筮席 左傳·宣十二年 軍衛不徹警也 周禮·天官·膳夫 卒食以樂, 徹于造 疏 天子食終徹器之時, 作樂以徹之 又 毀也 詩·小雅 徹我牆屋 箋 徹毀我牆屋也 又 揚子方言 徹, 列也 蔡邕·獨斷 羣臣異姓有功封者, 稱曰徹侯, 避武帝諱, 改曰通侯, 或曰列侯也 又 chè 唐韻 丑列切 集韻 正韻 敕列切, 並音撤。義同 集韻 或作𧾍。鼇 又 彻16562 徹16854 𧨛46491 𧾍59344

涩 sà_12.15 唐韻 蘇合切 集韻 悉合切, 並音颯 說文 行貌 廣韻 眾行貌 又 𨗫矗, 疾貌 嵇康·琴賦 飛纖指以馳騖兮, 紛𨗫矗以流漫 又 廣韻 初戢切 集韻 測入切 丛音𦁋。又 五音集韻 先立切音靸。義丛同。鼇 又 位16567

徎 xiàn_12.15 玉篇 火陷切, 咶去聲 ◇危也。鼇 胡吉宣: 即徼01936字。

徃 zhà_12.15 廣韻 竹賣切 集韻 陟卦切 丛音近債 廣韻 步立貌 又 類篇 陟嫁切音吒。義同。

徏 diàn_12.15 集韻 徒念切, 甜去聲。徲徏, 行貌。

徸 zūn_12.15 正字通 古文遵字。見六書統 ○按遵無此文 正字通 誤。

徸 yuǎn_12.15 集韻 遠61139古作徸。

徶 null_12.15 字彙補 音未詳 穆天子傳 玗琪徶尾。

徸 fù_12.15 字彙補 同復。見 石鼓文

徸 yí_12.15 古音叢目 與委蛇之蛇同。

徸 xiū_12.15 川篇 音修。鼇 疑餐、餐之譌。

徸 sǎn_12.15 喃 从彳 粦lín聲。

衕 xiàng_12.15 同巷14701 龍龕 衕令, 衕正。

徸 null_12.15 未詳。

徸 null_12.15 未詳。

徸 liú_12.15 绣徸, 亦作绣徸16742绣徸01773, 即宿留異文。

徸 null_12.15 未詳。

徸 null_12.15 未詳。

徸 jiǎo_12.15 徺徉, 同僥01931倖。

徹 chè_13.16 集韻 徹16818古作徹。鼇 徹16858譌字。

徸 huì_13.16 集韻 烏外切音懀。徸徸, 屋宇高明也。

徸 tà_13.16 集韻 他達切音闥 博雅 逃也 又 類篇 一曰行不相遇△集韻 或作徸達达。

徸 huì_13.16 集韻 呼外切音翽。徸徸, 室宇顯敞也。鼇 又 徸16864

徸 zhān_13.16 廣韻 陟山切 集韻 知山切 丛音邅 廣韻 走也, 藏也 又 與邅通 集韻 邅亦作徸。

徸 shàn_13.16 集韻 時豔切音贍。行速貌。鼇 又 邅61329

徸 huán_13.16 集韻 與還同。

徼 jiào_13.16 廣韻 古弔切 集韻 吉弔切 丛音叫 說文 循也 前漢·百官表 中尉, 秦官, 掌徼循京師 註 師古曰徼, 遮繞也 又 韻會 邏卒曰游徼 後漢·臧宮傳 少爲縣亭長游徼 註 每鄉有游徼, 掌循禁姦盜也 又 玉篇 邊徼也 史記·司馬相如傳 南至牂牁爲徼 註 徼, 塞也。以木柵水, 爲蠻夷界 又 廣韻 小道也 班固·西都賦 徼道綺錯 又 韻會 一曰徼妙 老子道德經 常有欲以觀其徼 又 jiāo 唐韻 古堯切 集韻 堅堯切, 丛叫平聲 玉篇 要也, 求也 左傳·昭三年 徼福於太公 註 徼, 要也 禮·中庸 小人行險以徼幸 疏 徼求榮幸也 又 廣韻 抄也 論語 惡徼以爲知者 註 徼, 抄也。抄人之意, 以爲己有 又 yāo 集韻 伊消切音邀。遮也 司馬相如·子虛賦 徼𩣡受詘 註 司馬彪云徼, 遮也。𩣡, 倦也, 謂遮其倦者。鼇 又 趣58586

徼 jiào_13.16 字彙 見周宣王 石鼓文。音義未詳。鼇 又 𢓕16768徺16753

徸 bì_13.16 集韻 避61326古作徸。

僕 16847 43572
pú_13.16 篇海類編同僕。

徸 16848 43573
chóng_13.16 川篇音虫。行也。

徥 16849 u2AAD9
shì_13.16 讀若釋，見睡虎地秦墓竹簡以桔者不徥。

徲 16850 u2587
zhǎi_13.16 俗獬33653

儕 16851 u22586
xiè_13.16 獬獬33655或作徲儕魏書·列傳第四十四·崔辯楷性嚴烈，能摧挫豪強，故時人語曰：莫徲儕，付崔楷。

徆 16852 u22582
null_13.16 未詳。

衟 16853 u22581
null_13.16 未詳。

徹 16854 u2257F
chè_13.16 俗徹16818廣碑別字引魏李挺墓誌

儜 16855 07861
nìng_14.17 集韻乃定切音甯。儜儜，行貌。

徽 16856 07862
huī_14.17 古文㩻唐韻許歸切集韻韻會呼韋切𠀤音揮說文衺幅也⊠爾雅·釋詁善也疏徽者，美善也書·舜典慎徽五典詩·小雅君子有徽猷。又太姒嗣徽音⊠正字通琴節曰徽前漢·揚雄傳高張急徽註琴徽也，所以表發撫抑之處嵇康·琴賦徽以鍾山之玉註以玉爲徽也⊠說文三糾繩也玉篇徽，大索也易·坎卦繫用徽纆揚雄·解嘲折脅拉𦛗，免於徽索⊠徽嬗，奔馳貌馬融·廣成頌徽嬗霍奕，別騖分奔⊠州名宋史·地理志宣和三年，改歙州爲徽州⊠與微通。幑也禮·大傳聖人南面而治天下，必改正朔，殊徽號註徽號，旌旗之屬也揚雄·羽獵賦徽車輕武註徽車，有徽幟之車也。⊠與襑通張衡·思玄賦揚雜錯之袿徽註爾雅曰：婦人之徽謂之襑。郭璞云即今之香纓也〇按爾雅·釋器本作襑。鋬又衛54029衞54040徽14409微14356

趯 16857 07863
tiào_14.17 集韻徒了切音窕。行貌。

徹 16858 07864
chè_14.17 說文古文徹16818字。

俜 16859 07865
pīng_14.17 唐韻普丁切集韻傍丁切𠀤音俜◆說文使也△集韻或作竮。鋬又俜16633竮56988

徿 16860 41190
mǐ_14.17 字彙補音未詳王逸·九思狐狸兮徿徿，見楚辭章句。鋬吳下方言考徿徿：音米玉逸·九思狐狸兮徿徿。案，徿徿，貍聲也。今吳中呼貍貓曰徿徿。

𪕮 16861 41193
xiān_14.17 龍龕音仙。行貌。

徝 16862 u2AADA
null_14.17 喃未詳。

衡 16863 u2258D
héng_14.17 俗衡54037可洪音義論衡：戶庚反。本也。又權衡秤苛也。

徽 16864 u2258C
huì_14.17 俗徽16840

徱 16865 07866
sù_15.18 玉篇松贖切，音粟◇行不住也。

儦 16866 07867
biāo_15.18 集韻與儦同

儹 16867 07868
cuán_15.18 玉篇昨丸切音欑。儹兀，失途貌。

優 16868 07869
yōu_15.18 廣韻與優同。鋬玉篇於尤切。優游，暇也。

㩡 16869 41194
sǒng_15.18 字彙補息拱切音竦。敬也。

徽 16870 u2AADC
null_15.18 未詳。

徸 16871 u2AADB
zhèn_15.18 同跈58913見金文殷周金文集成·4.2010·宰徸鑄父丁鼎

徺 16873 u22595
sau_15.18 喃以後△亦作徺16872𣂪11416

儤 16874 u22594
bào_15.18 字彙補儤，亦作儤02186

徺 16875 u22593
null_15.18 未詳。

徺 16872 u22596
sau_15.18 喃同徺16873

儱 16876 07870
lòng_16.19 玉篇良用切，龍去聲。行不正也⊠lǒng集韻魯孔切，籠上聲。儱侗，言直行也。鋬又㑈16580

憲 16877 07871
xiàn_16.19 字彙補許建切音憲酉陽雜俎德憲燮燮。或作趣。

儤 16879 07873
bào_16.19 集韻巴挍切音豹。漢制，新到官府併上者謂之儤。今俗謂程外課作者爲儤工△亦作儤02186

衝 16880 43574
chōng_16.19 篇海類編同衝。

徻 16881 u38F8
null_16.19 未詳。

徎 16878 07872
lì_16.19 集韻與趧同。

㦻 16882 07874
xiàn_17.20 集韻先念切音礪。㦻礪，行貌。

儳 16883 07875
chán_17.20 玉篇士咸切音讒。不齊也。鋬又儳02261

儠 16887 u225A0
null_17.20 未詳。

繇 16884 07876
yóu_17.20 玉篇以周切音繇。行繇也。鋬正字通同邎61448俗省。

徻 16888 u38F9
null_17.20 未詳。

儴 16885 07877
xiāng_17.20 廣韻息良切集韻思將切𠀤音襄玉篇儴佯也集韻儴佯，逍遙也。一曰行貌⊠與蹲同集韻蹲或作儴。

儂 16886 43575
nóng_17.20 奚韻同農

儤 16889 u5FC1
bào_17.20 同儤02186

懼 16890 07878
qú_18.21 唐韻其俱切集韻權俱切𠀤音臞。行貌⊠jù集韻俱遇切音句玉篇行也△集韻一作躍。

僄 16891 07879
piào_18.21 正字通縹本字。

儓 16892 07880
tái_18.21 集韻度皆切音薹。頭垂貌。

儾 16893 07881
mǐ_19.22 集韻同蹛類篇一作㣼。鋬又纕45238

玃 16894 07882
jué_20.23 類篇屈縛切音躩。行貌揚子·太玄經其志玃玃⊠類篇厥縛切音戄。義同。

儾 16895 07883
nàng_22.25 集韻乃浪切，囊去聲。行貌。

𢖨 16896 u225A8
wèi_24.27 同㲻57317

卯 集

◆ 心部 ◆

心 16897 07884
xīn_0.4　唐韻息林切集韻韻會正韻思林切說文人心，土藏，在身之中。象形。博士說以爲火藏徐曰心爲大火，然則心屬火也玉篇廣韻忲訓火藏図荀子·解蔽篇心者，形之君也，而神明之主也禮·大學疏總包萬慮謂之心図釋名心，纖也。所識纖微無不貫也。図本也易·復卦復其見天地之心乎註天地以本爲心者也正義曰言天地寂然不動，是以本爲心者也禮·禮器如松柏之有心也註得氣之本也孔疏得氣之本，故巡四時，柯葉無凋改也，心謂本図中也。心在身之中詩·序情動于中正義曰中謂中心。凡言中央曰心禮·少儀牛羊之肺，離而不提心註不提心，謂不絕中央也古歌日出當心，謂日中也邵雍·清夜吟月到天心處，言月當天中也図東方五度宿名史記·天官書心爲明堂図禮·明堂位夏后氏祭心註氣主盛也。又月令季夏，祭先心註五藏之次，心次肺，至此則心爲尊也図去聲吳棫·韻補息各切外紀禹曰：堯舜之民皆以堯舜之心爲心。下心字去聲△說文長箋借華心形，故惢字从心，就今文言也。若精蘊同文諸書各以意闡古文，與今文稍遠，概不泛引類篇偏旁作忄，亦作㣺〇按字彙正字通心俱音辛，誤。辛在眞韻，齊齒音也。心在侵韻，閉口音也。如心字去聲，音近信，然不得竟以信字音之者，蓋信字爲眞韻內辛字之去聲，乃齊齒音也。若侵韻內心字之去聲，乃閉口音，有音而無字矣。字有不可下直音者，此類是也。蓋齊齒之辛，商之商也，閉口之心，商之羽也。每一音中，具有五音，不可無別。鍌類篇心，息林切。臣光曰：或書作忄忄図小16901小12607

心 16898 43576
diān_0.4　五音篇海丁兼切。姓也。

忄 16899 u38FA
xīn_0.4　同小16901心字偏旁。

㣺 16900 u2F3C
xīn_0.4　部心16897亦作忄16902小16901

小 16901 u2E97
xīn_0.4　部心16900恭字从小。

忄 16902 u2E96
xīn_0.4　部心16900

忄 16903 u5FC4
xīn_0.4　心16897偏旁。

必 16904 07885
bì_1.5　唐韻卑吉切集韻韻會正韻璧吉切忲音畢◆說文分極也。从八弋。弋亦聲趙宧光箋弋猶表識也，分極猶畫界也，故从八弋図定辭也詩·齊風取妻如之何，必告父母図專也揚子·太玄經赤石不奪，節士之必註石不可奪堅，丹不可奪赤，猶節士之必專也図期必也論語子絕四，毋意，毋必図審也後漢·劉陶

傳所與交友，必也同志図果也後漢·宣帝紀贊孝宣之治，信賞必罰図必育，人名。燧人氏之佐也墓輔錄必育受稅俗註受賦稅及徭役所宜施爲也図字彙補赤友必力。山名。河水所出也。見僧宗泐記図bié古今字考并列切音繲。組也周禮·冬官考工記玉人之事，天子圭中必註謂以組約其中央，以備失墜〇按周禮·考工釋文必卽組也，讀如繲者，俗讀之也。弓檠之秘以韋正譌欲舉以駁說文，迂矣，當以說文爲正。又按必字不从心字彙并入心部正字通因之，取其形似，便於檢閱爾。鍌後漢·宣帝紀贊。徐慧：前漢

忆 16905 07886
yì_1.5　集韻以制切。與愧同。

忆 16906 u5FC6
yì_1.5　简憶18413

忇 16907 07887
lè_2.6　五音集韻盧則切音勒玉篇功大也。又一本玉篇思也〇按說文止有忇字，从十。解曰：材十人也玉篇从十从心，忲見。然于从十者，則訓曰材十人也。于从心者，則一本訓曰功大也。一本訓曰思也。蓋說文之後，廣益之字原多，而从十之忇，與从心之忇，應必有別。緣傳寫者譌，註釋者又譌，而廣韻集韻遂棄此字。至韓孝彥五音集韻收此字，而註曰功大，又註曰材十人也，則又將从心之忇，混于十之忇矣。鍌胡吉宣：本作忇04498

忈 16908 07888
rén_2.6　五音集韻如鄰切音人。親也，仁愛也。

忍 16909 07889
yì_2.6　唐韻集韻忲魚旣切音毅說文怒也。从刀心，會意図集韻魚旣切音僥。又魚刈切音乂。義忲同図說文長箋與忉同。鍌又忍16917

忿 16910 07890
yì_2.6　集韻韻會魚刈切，音乂說文懲也。从心乂聲晉書·地理志始皇初并天下，懲忿戰國，削罷列侯図集韻韻會正韻忲牛蓋切音艾。義同。

忉 16911 07891
dāo_2.6　廣韻都牢切集韻韻會都勞切正韻都高切忲音刀。憂心貌詩·陳風心焉忉忉図內典忉利天，此天四方各八，中央帝釋，共三十三。鍌又忍16909

忕 16912 07892
bì_2.6　玉篇符彼切音被。劣也。

怨 16913 07893
yuàn_2.6　集韻同怨17141

忊 16914 07894
dìng_2.6　集韻徒徑切音定。忊憕，恨也図tìng五音集韻他定切音聽。忊憕，不得志貌。

忴 16915 u2AADD
null_2.6　未詳。洪音義暴忍：下魚旣反。怒也。

忍 16917 u225B0
yì_2.6　俗忍16909可

㥱 16916 u225B1
nǎi_2.6　喃从心乃nǎi聲。懶惰。

㤿 16918 u225AF
fān_2.6　俗帆14755可洪音義畢㤿：扶嚴反。又音梵。皷㤿：音凡図yì俗愧17256五侯鯖字海音意。

㥼 16919 u225AE
ǎt_2.6　喃必也。从必，乙聲。

㤀 16920 07895
gǎi_3.7　集韻類篇忲公在切音改博雅忕也，仰也図集韻類篇忲下改切音亥。義同。

忌 16921 07896 jì_3.7 古文㤅 唐韻 集韻 韻會 夶渠記切音惎 說文 憎惡也 增韻 嫉也 詩·周南·小星箋 以色曰妒,以行曰忌 又 廣韻 諱也 周禮·春官·小史 詔王之忌諱 疏 謂告王以先王之忌諱也 又 地官·誦訓 掌道方慝,以詔辟忌 註 不避其忌,則其方以爲苟于言語也 又 憚也 左傳·昭六年 民知有辟,則不忌于上 又 怨也 晉語 小人忌而不思 註 怨也 又 戒也 書·呂刑 敬忌罔有擇言在身 註 忌之言戒也 又 敬也 左傳·昭元年 非羈何忌 註 言不敬羈客,當誰敬哉 又 忌日,親喪日也 禮·祭義 君子有終身之喪,忌日之謂也 又 姓 風俗通 周公忌父之後,以王父字爲氏 又 龍忌,謂禁火日也 後漢·周舉傳 有龍忌之禁 又 集韻 居利切 正韻 吉器切 夶音懻 語助辭 詩·鄭風 叔善射忌 又 五音集韻 巨己切音芑,亦戒也 詩·大雅 維此聖人,瞻言百里。維彼愚人,覆狂以喜。匪言不能,胡斯畏忌 △ 說文 己心爲忌。會意 鋻 又 愥 17432 怨 17321 娸 10714 㥓 17044 又 忌 16952 金石文字辨異 忌 引 東魏太公望碑 可洪音義 桼忌:上居蔭反。下其記反。

忶 16922 07897 duó_3.7 集韻 同恀 17241

忍 16923 07898 rěn_3.7 唐韻 而軫切 集韻 韻會 正韻 爾軫切,夶人上聲. 說文 能也 徐曰 能音耐。從心刃 長箋 如刀刺心,忍意也 周武王書銘 忍之須臾,乃全汝軀 又 廣韻 強也,有所含忍 左傳·昭元年 魯以相忍爲國 又 安于不仁曰忍 詩·大雅 維彼忍心,是顧是復 詩·小雅 君子秉心,維其忍之 又 忍忍,猶不忍也 後漢·崔琦傳 情懷忍忍 又 姓 又 rèn 廣韻 集韻 韻會 夶而振切音刃。堅柔也,本作朋。亦作刃 周禮·地官·山虞註 柔忍,通作刃 詩·小雅 荏染柔木註 柔刃之木荏苒然 釋文 荏音刃 禮·月令 納材葦註 此時柔刃。夶與韌靭忍同。 鋻 又 忈 16960 忴 16924

忴 16924 07899 rěn_3.7 同忍。

忈 16925 07900 rén_3.7 玉篇 集韻 夶古文仁 00764字。

忐 16926 07901 qiǎn_3.7 集韻 七典切,千上聲 玉篇 怒也 又 qiān 五音集韻 倉先切音千 揚子·方言 自關而西,秦晉之間呼好爲忴。

忑 16927 07902 tǎn_3.7 五音集韻 吐敢切音毯。忐忑,心虛也。 又 kěng 字彙補 口梗切,音懇 ◇ 道藏·三元經 心心忐忑。

忒 16928 07903 tè_3.7 五音集韻 他德切音忑。義見忐 又 dǎo 字彙補 端討切音倒。道藏讀。

忒 16929 07904 tè_3.7 唐韻 他得切 集韻 韻會 正韻 惕得切 夶音慝 說文 更也。從心弋聲 詩·大雅 鞠人忮忒 又 魯頌 享祀不忒 鄭箋 變也 又 疑也 詩·曹風 其儀不忒 正義 執義如一,無疑貳之心 又 廣韻 差也 詩·大雅 昊天不忒 鄭箋 不差忒也 又 通作貣 禮·月令 毋或差貸 呂覽 作差忒 △ 亦通作貣 史記·宋世家 卜五占之用,二衍貣。今 書 洪範 作忒 △ 亦通作慝 詩·鄘風 之死矢靡慝。古作忒 △ 六書故 忒又作𢔌 書·洪範 民用僭忒 六書 作忒 ○ 按忒省爲忒,亦猶貸省爲貣。 鋻 又 忲 16966

忓 16930 07905 gān_3.7 唐韻 古寒切 集韻 韻會 正韻 居寒切 夶音干 說文 極也 玉篇 擾也 唐書·萬壽公主傳 無忓時事。 又 hàn 廣韻 集韻 夶侯旰切音翰 博雅 善也。一曰好也。 △ 說文長箋 忓有迂進意,故从干。俗混悍,非。

忬 16931 07906 xū_3.7 唐韻 況于切 集韻 韻會 匈于切 夶音吁 說文 憂也 長箋 于心訓憂,寓戒也 △ 說文 作忬 集韻 或从夸,作忬。又通作盱。 鋻 又 名義 欣于反。病也,憂也。

忔 16932 07907 qì_3.7 廣韻 集韻 韻會 夶許訖切音迄 博雅 喜也 史記·周本紀 棄爲兒時,忔如巨人之志 又 yì 集韻 魚乙切音仡。心不欲也 史記·倉公傳 數忔食飲 鋻 又 忔 17025

忥 16933 07908 qì_3.7 集韻 許訖切音迄。癡貌。本作疙 又 yì 集韻 魚乙切音仡。義同。

忕 16934 07909 tài_3.7 廣韻 集韻 徒蓋切 韻會 正韻 他蓋切,夶音泰 ◇ 侈也 晉書·何曾傳 劉毅劾曾侈忕無度。亦書作忲。 鋻 又 忕 17028 恔 17936 又 集韻 時制切,習也。

忖 16935 07910 cǔn_3.7 唐韻 倉本切 集韻 韻會 取本切 正韻 趨本切 夶音刌 說文 度也。從心寸聲 廣韻 思也 詩·小雅 他人有心,予忖度之 又 姓 又 與刌通 禮·玉藻 瓜祭上環註 上環,頭忖也 疏 忖,切也 △ 說文長箋 從寸心,會意。即諧寸聲。或省作寸。

忚 16936 07911 rù_3.7 集韻 如倨切音茹。度也 鋻 楊寶忠:忞 16937 又 nǒ 喃 从心女 nǔa聲。同娿 17362 忍心 △ 空忚淶祐:不忍分手。

忞 16937 07912 shù_3.7 集韻 恕 17262 古作忞 △ 佩觿集 或作圥怒之怒字,非。

忈 16938 07913 kǒng_3.7 集韻 恐 17254 古作圥。

忂 16939 07914 gōng_3.7 集韻 沽紅切音公 玉篇 心急也。

志 16940 07915 zhì_3.7 古文恖 唐韻 集韻 韻會 夶職吏切音鋕 說文 从心之聲。志者,心之所之也 論語 志於道 詩序 在心爲志 又 廣韻 意慕也 儀禮·大射儀 不以樂志 註 志者,意所擬度也 禮·少儀 問卜筮曰:義歟,志歟。義則可問,志則否 註 義,正事也。志,私意也 又 準志也 書·盤庚 若射之有志 疏 如射之有所準志,志之所主,欲得中也 又 章志也 禮·檀弓 孔子之喪,公西赤爲志焉。子張之喪,公明儀爲志焉 疏 故爲盛禮,以章明志識也 又 本志也 左傳·襄元年 謂之宋志 註 言宋本志在攻取彭城也 又 左傳·昭二十五年 以制六志 註 爲禮以制好惡喜怒哀樂六志。又記也。與誌同。或作識 周禮·春官·小史 掌邦國之志 前漢書 有十志 師古曰 志,記也。積記其事也 後漢·劉駿傳 博見彊志 又 chì 集韻 昌志切。與幟通。旗也 史記·張丞相傳 沛公以周昌爲職志 又 箭鏃 爾雅·釋器 金鏃翦羽謂之鍭,骨鏃不翦羽謂之志 註 鍭,今之錍箭。志,今之骨骹 又 叶眞而切音支 楚辭·九章 昔君與我成言兮,曰黃昏以爲期。羌中道而回畔兮,反旣有此

他志。鍙忎17035，古文図忥図忢16954志16959図恾17409，志字之譌図志16965，本字。

忈 qióng_3.7　集韻丘弓切音穹廣雅憂也△亦作愮、愹。

忘 wàng_3.7　集韻韻會武方切正韻無方切𠀤音亡說文不識也增韻忽也。又遺也書·微子之命予嘉乃德，曰篤不忘。謂不遺也。又儀禮·士冠禮壽考不忘註長有令名，不忽然而遽盡也図善忘，病也莊子·達生篇氣下而不上，則使人善忘，無思慮也莊子·大宗師回坐忘図wàng廣韻正韻巫放切集韻韻會無放切𠀤音妄韻會棄忘也增韻遺忘也周禮·秋官·司刺三宥曰遺忘図志不在也左傳·隱七年及鄭伯盟歃如忘註志不在於歃血也。又韓愈·別賈司直詩中盤進橙栗，投擲傾脯醬。歡窮悲心生，婉戀不能忘△說文从心从亡。會意。鍙又忩16967忩17509

忙 máng_3.7　廣韻莫郎切集韻韻會正韻謨郎切𠀤音茫。心迫也增韻怖也，宂也杜甫·新婚別暮婚晨告別，無乃太怱忙図姓。明有忙義、忙宗図與忸同廣韻怖也。鍙又怓16962見宋元以來俗字譜

怊 qiǎo_3.7　字彙音義與悄同。

忯 chà_3.7　玉篇初訝切音权。不修也。

忕 yì_3.7　廣韻與職切集韻逸織切𠀤音弋。心動也。鍙熊加全：怸17410改換聲符而形成的異體字。

恓 xī_3.7　五音集韻呼雞切音醯揚子方言憪恓，欺慢也図liě集韻力爾切音䠱。恓恓，心不欲貌図集韻顯計切音欯。義同。鍙又怬17350

忉 diāo_3.7　廣韻都了切集韻丁了切𠀤音鳥廣韻垂心類篇憂也図zhuó廣韻之若切集韻職略切𠀤音灼博雅驚也図dí廣韻都歷切集韻丁歷切𠀤音的。義同。鍙又忦16950㦅18421

炦 ài_3.7　集韻愛17391古作炦。

忶 zhuó_3.7　龍龕之若切音灼。痛病也。

㧬 zhāo_3.7　字彙補支超切音剑。相背也。鍙楊寶忠：舛48539字之變。音剑，音釗之誤。

忌 jì_3.7　龍龕音忌之誤。見唐書釋音。鍙又忛16953

帆 fān_3.7　字彙補帆字之誤。見唐書釋音。鍙又忛16964

忐 zhì_3.7　五音篇海音志。

念 niàn_3.7　耳目資與念同。

忬 xià_3.7　搜眞玉鏡音下。

牪 null_3.7　未詳。

忈 qìn_3.7　搜眞玉鏡音心。鍙四聲篇海𠄔05467吣，七浸切，犬吐也，俗作忥

志 zhì_3.7　俗志16940碑別字。見魏元厥墓誌

忍 rěn_3.7　同忍16923

忕 ruợn_3.7　嗬从心丈trương聲△忕迦：貪玩。

忬 xū_3.7　同忓16931

忙 máng_3.7　俗忙16943

忛 fán_3.7　同忛16953俗
帆可洪音義舉忛：音凡。亦作飆。

忑 tè_3.7　同忒16929

志 zhì_3.7　字鑑志，說文作忠，隷作志，俗上从士夫字作志，誤。

忹 wàng_3.7　忘16942本字

应 yīng_3.7　日同應18446

忝 tiǎn_4.8　唐韻集韻韻會正韻𠀤他點切音餂說文辱也書·堯典否德忝帝位詩·小雅無忝爾所生図tiàn廣韻集韻韻會正韻𠀤他念切音磹。義同。鍙又忝16970

忞 mín_4.8　唐韻武巾切集韻韻會眉貧切正韻彌鄰切𠀤音珉說文彊也廣韻自勉彊也図心所不了也揚子法言傳千里之忞忞者，莫如書。或作啓wěn集韻武粉切音吻博雅忞忞，亂也。或作忟。鍙又忟17070

忟 wěn_4.8　同忞。

忝 tiǎn_4.8　說文忝本字長箋从天心，會意。以天求心，每自慚愧寓戒也。

恧 nè_4.8　集韻奴骨切音訥。慍恧，憂悶也。

忠 zhōng_4.8　唐韻陟弓切集韻韻會正韻陟隆切𠀤音中說文敬也玉篇直也增韻內盡其心，而不欺也周禮·大司徒一曰六德，知仁聖義忠和疏中心曰忠。中下从心，謂言出於心，皆有忠實也図六書精薀竭誠也書·伊訓爲下克忠傳事上竭誠也図不貳也詩·邶風·北風箋詩人事君無二志，勤身以事君，忠也図廣韻無私也左傳·成九年無私，忠也後漢·任延傳延曰：私臣不忠，忠臣不私図厚也周語忠非親禮註厚也図諡法危身奉上，險不辭難曰忠図州名。古巴東郡，唐置忠州。図淵名山海經忠極之淵。鍙又澉28712

忡 chōng_4.8　唐韻集韻韻會𠀤敕中切音沖說文憂也詩·召南憂心忡忡図正韻昌中切音充。義同図或作懤楚辭·九歌極勞心兮懤懤註懤，一作忡△別作忪。○按敕字徹母，昌字穿母。當以徹母爲親也。鍙又懤18795憍18727忡17229図正字通愡17813，忡字之譌。俗加皿，非。

悟 wù_4.8　正字通古文悟17435作悫，省作悟。

忣 jí_4.8　集韻急本字○按上从及字，即刍字。

忣 jí_4.8　正字通同忣淮南子·繆稱訓忣于不已知者，不自知也。

忤 wù_4.8　唐韻集韻韻會正韻𠀤五故切音誤說文逆也，本作啎。从午，吾聲。今作忤後漢·鮑永傳持正之忤。又忤忤，意不喜也釋名靑、徐謂女曰娪。娪，也。始生時人意不喜，忤忤然也図或作啎前漢·王莽傳無所啎意。亦作午禮·哀公問午其衆以伐有道△亦作蘁

莊子·寓言篇使人乃以心服，而不敢蘁立音義蘁，音悟。逆也 又 正韻箋忤，亦作梧釋名當塗曰梧丘。梧，忤也，與人相當忤也 又 通作悟史記韓非傳悟言無所擊排註悟作忤 又 通作迕前漢·食貨志好惡乖迕註迕、忤同。

忦 16980 07936 xiè_4.8 廣韻集韻𠀤許介切音譮說文忽也 又 集韻居拜切音戒正韻下戒切音械。義𠀤同△通作㤸○按呼字，許字曉母，下字匣母，居字見母。各從鄉音而分。

忥 16981 07937 xì_4.8 唐韻集韻𠀤許旣切，欷去聲說文癡貌。一曰靜也。又息也 又 集韻虛器切音呬博雅忥忥，喜也。

忦 16982 07938 ài_4.8 集韻牛戒切音睚說文憂也 又 集韻苦怪切音蒯，恨也 又 居拜切音戒。憂懼也 又 類篇居太切音蓋。義同 又 玉篇廣韻古黠切集韻訖黠切𠀤音戛玉篇恨也△集韻通作㤸。

忧 16983 07939 yōu_4.8 集韻尤救切音祐玉篇心動也○按說文集韻皆訓不動，惟玉篇訓心動。从心从尤。似應玉篇爲是。鑾又𢗶32604 又 正字通㤑17250，忧字之譌。忧譌作怙17118，怙譌作㤑。

忛 16984 07940 fáng_4.8 集韻敷方切音芳。忌也。又害也。

忳 16985 07941 chún_4.8 唐韻常倫切集韻殊倫切𠀤音純說文憂也 又 廣韻渠營切集韻葵營切𠀤音瓊。義同△集韻本作惷。亦作忳。

忨 16986 07942 wàn_4.8 唐韻集韻韻會正韻𠀤五換切音玩說文貪也玉篇愛也左傳·昭元年忨歲而愒日 又 wán 玉篇廣韻五丸切集韻韻會正韻五官切𠀤音岏。義同。又 通作翫左傳忨歲，今本多作翫歲○按左傳註疏忨、愒皆貪也。言貪翫歲日也。蓋貪生之意，而慢忽自在其中正字通必欲訓慢，而駁說文集韻諸書，過矣。

忩 16987 07943 cōng_4.8 與悤17447同晉書·衞恆傳下筆必爲楷，則號忩忩不暇草書吳志·孫和傳無事忩忩。

忪 16988 07944 zhōng_4.8 廣韻韻會職容切集韻諸容切𠀤音鍾玉篇心動不定貌。又驚也，惶遽也。鑾又㤝17594𢫬19248

怕 16989 07945 pà_4.8 集韻普駕切。同怕。懼也。

快 16990 07946 kuài_4.8 唐韻集韻韻會正韻𠀤苦夬切，音噲說文喜也，从心夬聲廣韻稱心也，可也後漢·蓋勳傳王允曰：欲得快，司隸校尉誰可作者 又 增韻爽快也，急疾也 又 戰國策恭于教而不快註謂縱逸也 又 輟耕錄世謂有疾曰不快後漢·華佗傳體有不快 又 姓△本作悏。俗省作快。

怖 16991 07947 pèi_4.8 廣韻普蓋切玉篇普大切𠀤音沛玉篇怒也。或从友，作怈 又 廣韻集韻𠀤博蓋切音貝。又集韻匹代切。又廣韻集韻𠀤芳廢切音肺。又廣韻集韻𠀤拂伐切。義𠀤同 又 bō 廣韻集韻𠀤北末切音撥。意不悅也△本作怽，俗作怖。

忬 16992 07948 yù_4.8 廣韻集韻𠀤羊洳切音豫集韻先也，安也。本作預。或作忬。通作豫 又 字彙補同舒。

忭 16993 07949 biàn_4.8 廣韻集韻皮變切正韻昆面切𠀤音卞。喜樂也△本作昪。

忠 16994 07950 zhì_4.8 集韻志16940古作忠朱子曰心之所㞢謂之志。日之所㞢謂之旹。故忠从之从心。旹从㞢从日。

炁 16995 07951 ài_4.8 說文小篆愛字徐鍇曰炁者，惠也。从心旡，爲炁。

忮 16996 07952 zhì_4.8 唐韻集韻韻會正韻𠀤支義切音寘說文很也。从心支聲。一曰懻忮，强害也詩·邶風不忮不求莊子·齊物論大勇不忮 又 通作伎詩·大雅鞫人伎忒 又 jì 集韻奇寄切音芰詩不忮不求，韋昭讀 又 集韻居企切音馶。又遣尒切音企。又章移切音支。義𠀤同 又 qí 集韻翹移切音祇。彊也。

饭 16997 07953 fàn_4.8 廣韻方萬切集韻類篇方願切𠀤音販玉篇惡心也。急性也 又 集韻孚萬切音娩。急也，悔也。

忯 16998 07954 qí_4.8 唐韻巨支切集韻韻會翹移切正韻渠宜切𠀤音岐玉篇敬也，愛也 又 chí 廣韻是支切集韻類篇常支切𠀤音匙。忯愮，不憂事也 又 yí 集韻盈之切音飴。忯忯，和適也 又 zhǐ 五音集韻掌氏切音紙爾雅·釋言恀，怙恃也。或从氏 又 shì 上紙切音是。恃事曰恀。或从氏 又 dì 待禮切音弟。忯忯，愛也。

役 16999 07955 yì_4.8 玉篇營隻切音役。用心也△正字通古借役。義同。

悴 17002 07958 cuì_4.8 字彙俗悴字 忺 17001 07957 ǎo_4.8 廣韻烏皓切集韻類篇烏浩切𠀤音襖。忺怔之貌。

忢 17000 07956 jì_4.8 集韻惎17586古作忢。

忱 17003 07959 chén_4.8 字彙同諶詩·大雅天難忱斯傳忱，信也 又 誠也書·大誥越天棐忱康誥天畏棐忱△正字通亦與愖通。別作訦。鑾又忨17006忎17004怴17203

忎 17004 07960 chén_4.8 正字通俗忱字。

忲 17005 07961 tài_4.8 集韻與忕同。或作愫張衡·西京賦有憑虛公子者，心奓體忲註志奢溢，體驕泰也。

忨 17006 07962 chén_4.8 字彙俗忱字 怦 17007 07963 bàng_4.8 廣韻步項切集韻部項切，並音棒。怦愉，很戾也。

忴 17008 07964 qìn_4.8 玉篇七鴆切音沁。惻也。

忳 17009 07965 tún_4.8 廣韻集韻韻會徒渾切正韻徒孫切𠀤音屯玉篇悶也，亂也，憂也屈原·離騷忳鬱邑余侘傺兮朱註忳，憂貌 又 zhūn 集韻朱倫切音肫。本作諄。或作忳。忳忳，誨人不倦也 又 chún 集韻正韻𠀤殊倫切音純。本作惷。或作忳。人名。後漢有王忳 又 dùn 集韻類篇𠀤

杜本切音盾。愚也図dùn都困切音頓。或作沌 老子道 德經 我愚人之心也哉，忳忳兮図dùn集韻徒困切音 鈍。忳懇，意不樂也○按朜與忳通。凡字書所引，通義 甚多 正字通 所引亦多，而獨于忳、肫二字不許其通， 是自相矛盾也。凡 正字通 辨駁太過類此。

忴
17010 07966
qián_4.8　集韻 渠淹切音黔 玉篇 心急也 図qín 類 篇 渠金切音琴。忴惵，健了貌。

念
17011 07967
niàn_4.8　唐韻 奴店切 集韻 韻會 正韻 奴玷切図音 綟 爾雅·釋詁 思也 疏 常思也 釋名 念，黏也。意相親愛， 心黏著不能忘也 書·大禹謨 念茲在茲 図 小爾雅 無念， 念也 詩·大雅 無念爾祖 図 姓。西魏太守念賢 図 轉注古 音 叶人九切音狃 書·洪範 汝則念之。叶下紏、受△六 書精薀 人當念所當念者，故從今 正譌 俗作念，非。 鑒 又念17085 図念17043同念16956，俗念図 字海 意，音 念。同念。見朝鮮本 龍龕 図 說文 䛍，滿也。意，籀文 省。

惛
17012 07968
hūn_4.8　廣韻 戶昆切 集韻 胡昆切図音魂。心悶也 図 玉篇 廣韻 集韻 図 王問切音運。義同。鑒 又憪18525

恟
17013 07969
xiōng_4.8　集韻 與恟同。鑒 又㓻17037

㤄
17014 07970
yǔ_4.8　玉篇 古文慁18528字。

㤁
17015 07971
qiā_4.8　廣韻 苦加切 集韻 丘加切図音鮯。忍㤁， 伏態也 図yá 廣韻 五加切 集韻 牛加切図音牙。義同。 鑒 又㤁17034 図 集韻 㤁㤁，或從客。

恓
17016 07972
miǎn_4.8　集韻 與愐同。

忸
17017 07973
nǔ_4.8　唐韻 集韻 韻會 正韻 図女六切音朒。慙也 書·五子之歌 顏厚有忸怩 図niǔ 集韻 韻會 正韻 図女九 切音紐。習也 荀子·議兵篇 忸之以慶賞 註 忸與狃同。 鑒 又衂67025衈67029

㤌
17018 07974
kòu_4.8　正字通 俗恂字。

㤂
17019 07975
wǎng_4.8　五音集韻 紆往切音枉。邪曲也 図 姓。元 時驍州有此姓。鑒 又恠17051

忺
17020 07976
xiān_4.8　韻會 正韻 図虛嚴切音杴。意所欲也 揚子 方言 青、齊呼意所好爲忺 林逋·雜興詩 散帙揮毫總不 忺○按張忻 訂正韻海 虛嚴切音杴 字彙 本之，舊本 篇 海 音含，出氣也。

忻
17021 07977
xīn_4.8　唐韻 集韻 韻會 図許斤切音欣 說文 闓也 史記·周本紀 姜嫄見巨人跡，心忻然說，欲踐之 図 姓。 五代有進士忻彪△ 類篇 本作訢。

忼
17022 07978
kǎng_4.8　廣韻 苦朗切 集韻 韻會 口朗切 正韻 口黨 切，図康上聲 說文 慨也。忼慨，意氣感激不平也。又感 傷也。又偒儻也。又竭誠也 史記·項羽本紀 歌歌忼慨。 図 集韻 口浪切音亢。義同 図hāng 廣韻 呼郎切 集韻 類篇 韻會 虛郎切図音炕。慷戾也 図kāng 集

韻 正韻 図丘岡切音穅 集韻 忼，慨歎也。或从康。

恔
17023 07979
xiáo_4.8　廣韻 胡茅切 集韻 何交切図音肴 玉篇 快 也 図xiào 廣韻 胡教切 集韻 後教切図音效。義同。 △本作恔，或从爻。

忽
17024 07980
hū_4.8　唐韻 集韻 韻會 正韻 図呼骨切音笏 說文 忘也。忽忽，不省事也 晏子春秋·齊役者歌 忽忽矣，若 之何 図 廣韻 倐忽也 爾雅·釋詁 盡也 註 忽然，盡貌 左 傳·文五年 臯陶、庭堅，不祀忽諸 図 滅也 詩·大雅 是絕 是忽 傳 忽，滅也 図 集韻 輕也。一蠶爲一忽，十忽爲一 絲 劉德曰 忽，蜘蛛網也 図 慢忽也 後漢·崔駰傳 公愛班 固而忽崔駰 図 忽荒，空無著也◆賈誼·服賦 寥廓忽荒 兮，與道翱翔 図 姓。明有忽忠、忽明 図 通作曶 前漢·揚 雄傳 時人皆曶之 註 與忽同。又仲忽，人名 前漢·古今 人表 作中曶△亦通作笏 儀禮·士喪禮 竹笏 註 今文笏作 忽△亦通作芴 荀子·正名篇 芴然而粗 註 與忽同。無根 本貌△ 說文 从心勿聲 長箋 亦書作𠁥○按今字皆从小 篆出，止可依 說文 疏解，如忽字，借義、通義甚多，而 精薀 正譌 必援古文大篆以折今文，則衆義皆可廢矣。 說今文之字，惟从今文，駁正經史借用處，則字義已明， 不必過爲迂論臆斷也。凡諸部字，不多引 精薀 正譌 辨 駁者，俱倣此。

㤅
17025 07981
xǐ_4.8　廣韻 喜夷切 集韻 馨夷切図音咦 廣雅 喜 貌 図 字彙 與忔同。

忿
17026 07982
fěn_4.8　唐韻 敷粉切 集韻 韻會 撫吻切図音鈖 說 文 悁也 玉篇 恨也，怒也 書·君陳 爾無忿疾于頑 傳 無忿 怒疾之也 図fèn 集韻 父吻切 韻會 扶粉切 正韻 房吻切 図音憤。或作賁，通作憤 大學 身有所忿懥，則不得其 正 釋文 忿，弗粉反 集韻 等書本此讀 図 玉篇 廣韻 匹問 切 集韻 芳問切図音溢。義同 図 通作分 杜甫·送路侍御 詩 不分桃花紅勝錦。不分者，不平之意，與忿同。 図 叶非律切音苪 劉向·九歎 憂心展轉，愁拂鬱兮。宛結 未舒，長隱忿兮◇○按此字有依敷母切，有依非母切， 有依奉母切，皆輕脣音，大略相近。

恁
17027 07983
rèn_4.8　字彙 與恁同。

怀
17029 07985
fù_4.8　字彙補 敷救 切音副。怒也。鑒 今亦懷18674簡化字。

怢
17028 07984
shé_4.8　集韻 食列切音舌。習也 史記·漢興諸侯年 表序 諸侯或驕奓，怢邪臣計謀爲淫亂 後漢·馮異傳 忸 怢小利 註 忸怢，慣習也 図yì 集韻 以制切音曳 左傳·桓 十三年 狃于蒲騷之役 註 狃，怢也 釋文 時設反，又時世 反○按 左傳 史 漢 本从犬 集韻 亦作怢。止 廣韻 怢字註 又逝大二音 字彙 引之怢字之下，而怢字反遺矣，亦未 詳考也。

㖊
17030 07986
hū_4.8　說文長箋 同忽。

恚
17035 43584
zhì_4.8　川篇 同志

忿
17031 07987
fēn_4.8　字彙補 非奔 切，音紛◇ 列子·黃帝篇 忿然而封戎。

忥 17032 41197 jì_4.8　搜眞玉鏡 渠記切，音芰◇思也，惡也。

瑒 17033 41198 chàng_4.8　字彙補 音唱。香草也。

㤃 17036 43585 fǎn_4.8　海篇 音反

忔 17034 43583 qiā_4.8　字彙補 同忯

愢 17038 43587 shè_4.8　五音篇海 音射。鑾字見 古陶彙编.3.916 図俗思17124 廣碑別字 引晉 王浚妻華芳墓誌

愿 17039 43588 yuán_4.8　五音篇海 音元。

怢 17040 43589 fū_4.8　川篇 音夫。怡也。

忩 17041 43590 xī_4.8　海篇 音兮

恼 17037 43586 xiōng_4.8　字彙補 同恼

忢 17042 43591 fǔ_4.8　搜眞玉鏡 音甫。鑾 詛楚文 張矜忢怒。

念 17043 u2B779 niàn_4.8　俗念17011

忌 17044 u2AAE5 jì_4.8　俗忌16921 可洪音義 所忈：音忌 図東魏 太公呂望表 晉武帝太康十年三月丙寅朔十九日甲申盧无忈依舊俗造。

忼 17045 u2AAE4 kàng_4.8　或同忼17022 直音篇 忼，苦浪切。

忲 17046 u2AAE3 null_4.8　未詳。慧琳音義 鮎忲魚。

忤 17047 u2AAE2 ngờ_4.8　喃同懝18537△悞忤：猜忌。

忷 17048 u2AAE1 lì_4.8　簡懥18663 図本 龍龕忠，舊藏作忶。忠頻，在 道地經

恐 17049 u2AAE0 kǒng_4.8　俗恐17254高麗本

怵 17050 u2AADF chù_4.8　俗怵17159 類篇 怵，休必切 博雅 狂也。或作忧。怵又雪律切。誘也。又勑律切。恐也。

忬 17052 u225FE ngượng_4.8　喃从心卬ngang聲△忬憪：羞愧，怚怩。

忚 17053 u225FD tẻ_4.8　喃从心比tỉ聲。

忷 17054 u225FC lo_4.8　喃同懵18692慮，圖謀，著急。

忎 17055 u225FB jì_4.8　同忈17000

㤳 17056 u225F8 gé_4.8　朝鮮本 龍龕 音革 図sẩu喃从心斗đấu聲。

怺 17057 u225F7 thoải_4.8　喃从心水thuỷ聲△怳買：舒暢，愉快。

恒 17058 u225F6 gèng_4.8　同恒17117，即恒17258唐·韓愈 感二鳥賦 泪東西與南北，恒十年而不居。

怔 17051 u2F89F kuáng_4.8　同怔17019

忦 17059 u225F5 hǒng_4.8　清·黃生 義府·卷下·冥通記·訓釋 而人見身猶卧，恐恐不自解。字書無恐字，疑當音哄，胡孔切，夢魘鼻中作聲也。

怴 17060 u225F3 huī_4.8　可洪音義 憧怴：許爲反。正作麾74709

忥 17061 u225EA null_4.8　未詳。

悉 17062 u225E9 null_4.8　譌字。

㤉 17063 u225E8 null_4.8　未詳。

忍 17064 u225E7 kǒng_4.8　同忍17186

忥 17065 u225E6 xī_4.8　或同悉17183，俗悉。或同杕23657

忥 17066 u225E5 null_4.8　未詳。

态 17067 u225E4 null_4.8　或俗态17134

恚 17068 u225E3 huì_4.8　俗恚17268敦博.072 妙法蓮華經·卷第四 當捨嫉恚慢 図xī同恚，俗悉17390 新撰字鏡 恚，享栗反。入盡也，詳盡也，審也。俗作也。

忦 17069 u225E2 null_4.8　未詳。

攸 17070 u225E1 shōu_4.8　可洪音義 攸舉：上失由反。攸斂也。正作收21377

忉 17071 u225E0 qiè_4.8　俗切03265登封元年田德墓誌於風飀飀，已結悽忉 図thít 喃从心切thiết聲△忉忉：沉默。

忼 17072 u225DF kāng_4.8　或俗忼17022

怺 17073 u225DE guài_4.8　俗怪17144 図俗弘16089恢忕，同恢弘。

恒 17074 u225DD dì_4.8　俗恮17130

懌 17075 u225DC yì_4.8　日同懌18450

忤 17076 u225DB null_4.8　未詳。

愴 17079 u6006 chuàng_4.8　简愴17948

忷 17077 u225DA têch_4.8　喃从心歹ngạt聲。

愐 17078 u225D9 miǎn_4.8　同愐17807亦作忞17016 復古編 愐，勉也。从心面。別作愐，非 五音集韻 愐恂，思也。

悵 17080 u6005 chàng_4.8　简悵17539

慪 17081 u6004 òu_4.8　简慪18125

憮 17082 u6003 wǔ_4.8　简憮18315

慫 17083 u6002 sǒng_4.8　简慫18126

態 17084 u6001 tài_4.8　简態17990

念 17085 uF9A3 niàn_4.8　参見念17011

忋 17086 07988 gān_5.9　集韻 姑三切音甘。心伏也。通作甘。

怺 17087 07989 mò_5.9　五音集韻 莫撥切音末 玉篇 忘也。鑾又怵17213同。見 類篇 四聲篇海

怚 17088 07990 jù_5.9　集韻 韻會 㤤白許切音巨。慢也 図通作鉅 莊子·列禦寇 一命而呂鉅 註 與怚同。驕矜之貌○按 後漢·梁鴻傳 詩 嗟恠恠兮，誰留善本。皆作恠恠，註：怯也。或訛作怚，而隂復春引于此字之下者，誤。廣韻 無恠字 集韻 有恠字 廣韻 略而 集韻 詳也 廣韻 集韻 皆宋韻也。獨 廣韻 載孫愐 唐韻 序耳，豈可謂 廣韻 即 唐韻 乎。世無見 唐韻 者，安知 唐韻 無恠字，安知 集韻 載恠字不本于 唐韻 乎 通雅 恠恠乃怚恠之譌，或止辨梁鴻詩恠恠之是耳，非必謂無恠字也 正字通 攻 字彙 而棄恠字，皆逞臆也。

忕 17089 07991 yì_5.9　集韻 同愧17256，或作忕。

忚 17090 07992 bǎo_5.9　集韻 博巧切音飽。悖也 図薄皓切音抱。懷也。

怊 17091 07993 chāo_5.9　唐韻 敕宵切 玉篇 敕憍切 集韻 韻會 癡宵切，忯音超 說文 悲也 字林 悵也 図chāo 廣韻 尺招切 集韻 韻會 正韻 蚩招切忯音弨 集韻 奢也。一曰怊悵，失意 図tiáo 集韻 田聊切音迢 莊子·天地篇 怊乎若嬰兒之失其母。郭象讀 図 韻補 叶丑鳩切音抽 皮日休·悼賈謐文 浮沅波之瀺灂兮，或漾棹以夷猶。望靈均之沒所兮 觀其心之怊怊○按徵音之癡，商音之蟲，最難分別，癡

在舌上，蚩在正齒。近日字書莫辨此，徹、穿二母，往往易混正韻切此字，有商音而無徵音，蓋未講乎此也。

怋 17092 07994 mín_5.9 廣韻集韻𠀤彌鄰切音民廣韻亂也。又mén廣韻莫奔切集韻謨奔切𠀤音門玉篇悶也，不明也又hūn集韻呼昆切音昏。與惽同又miàn集韻瞑見切音麪。泫涽，混合也。本作涽。或作惽。亦省作怋。鑾俗作怟。

怌 17093 07995 pī_5.9 廣韻敷悲切集韻韻會攀悲切正韻鋪杯切𠀤音坯玉篇恐也揚子法言柔則怌又慢也○按玉篇廣韻皆敷悲切，而集韻類篇則攀悲切。敷悲，敷母。攀悲，滂母。蓋切字有輕重交互法，以敷母切怌，是以輕脣音而切重脣音之字矣。顧野王作玉篇時，脣音仍未甚細分，多用交互，不能一歸音和廣韻沿而未改，至集韻則一趨于音和，而音切乃親，故切怌字者以攀悲切爲正韻會正韻因之。

怍 17094 07996 zuò_5.9 唐韻在各切集韻韻會正韻疾各切𠀤音昨說文慙也。从心，作省聲徐曰心作動也論語其言之不怍。又禮·曲禮容毋怍註顏色變也。又祭義孝子臨尸而不怍註色不和曰怍又或作怎荀子·儒效篇無所儗怎註謂無疑滯慙怍也又zhà集韻類篇𠀤助駕切音鮓。㤞怍，多姦也○按正字通疑去聲，與詐混，非。

怎 17095 07997 zěn_5.9 五音集韻子吽切。語辭也五音篇中此字無切脚可稱，昌黎子定作枕字第一等呼之，可謂正矣，今此寢韻中，精母之下剏立切脚，其吽字曉母下安呼怎切，兩字遞相爲韻切之，豈不善哉○按此字廣韻集韻皆未收，唯韓孝彥·五音集韻收之。今時揚州人讀爭上聲，吳人讀尊上聲，金陵人讀津上聲，河南人讀如樝。各從鄉音而分也。

怽 17096 07998 pèi_5.9 正字通俗怖字。本作悑。

㤍 17097 07999 qiāo_5.9 廣韻口交切集韻丘交切𠀤音敲。㤍㤞，伏態也又集韻類篇𠀤口教切音竅。義同。

怏 17098 08000 yàng_5.9 唐韻集韻韻會正韻𠀤於亮切，央去聲說文不服懟也。从心央聲廣韻怏，悵也增韻情不滿足也前漢·石顯傳塞其怏怏心又通作鞅前漢·韓信傳居常鞅鞅周亞夫傳此鞅鞅者，非少主臣又廣韻於兩切集韻韻會正韻倚兩切𠀤音鞅。義同又yāng集韻類篇𠀤於良切音央。央然自大之意也。鑾又怺17184慃17920憥18104又前漢·石顯傳。徐慧：蕭望之傳

怐 17099 08001 kòu_5.9 廣韻苦候切集韻丘候切𠀤音寇玉篇怐愗，愚貌楚辭·九辯直怐愗以自苦韓愈·南山詩堛塞生怐愗集韻作瞉、㲉又廣韻古候切集韻居候切𠀤音遘。義同又hòu廣韻呼漏切集韻韻會正韻許候切𠀤音詬廣韻與傋怐之怐同又jù廣韻九遇切集韻俱遇切𠀤音屨集韻恐也。鑾又怐17018怸17593

㤵 17100 08002 xiān_5.9 正字通同憸。本作㤵17246，省文作㤵。

㤅 17101 08003 gē_5.9 集韻居何切音哥玉篇楷也，知也，法也。鑾名義古多反。法，範，柯23854字又畢星海六書通摭遺·3·麻·435引摭古遺文：嘉06956字作㤅，與㤅同。又㤅30762

怑 17102 08004 bàn_5.9 集韻薄半切音伴。怑愌，不順也。

怒 17103 08005 nù_5.9 古文㣽唐韻乃故切集韻韻會正韻奴故切，𠀤奴去聲說文恚也增韻憤也◆揚子方言楚謂怒曰憑。憑，怒盛貌。小怒曰齘。言禁齘也。陳曰苛，言相苛責也又鬭怒，辨訟也周禮·地官·調人凡有鬭怒者，成之又馬之肥壯，其氣憤盈曰怒後漢·第五倫傳鮮車怒馬又奮也莊子·逍遙遊怒而飛。言大鵬奮起如怒也。又外物篇草木怒生。言乘陽氣奮出而不可遏也。又威怒也禮·曲禮急繕其怒註堅勁軍之威怒也。又虎怒則威後漢·賈彪傳彪字偉節，兄弟三人，而彪最優。天下稱曰：賈氏三虎，偉節最怒又怒，東方氣也。◆史記·天官書旬始狀如雄雞，其怒青黑註怒，色青也。又玉篇廣韻正韻奴古切集韻韻會暖五切𠀤音弩。義同△顏師古·糾謬正俗曰怒有二音詩·小雅君子如怒。大雅逢天僤怒讀爲上聲邶風逢彼之怒小雅畏此譴怒讀爲去聲。今山東、河北人但知怒有去聲，不知有上聲，失其眞矣。蓋字有動靜音，人多不講，皆此類也，从心从弩省。怒若强弩之發，人怒則面目張起，凡怒當以心節之，故从心奴爲怒。鑾又忞16937

㣽 17104 08006 nù_5.9 集韻怒17103古作㣽。郭忠恕·佩觿集辨與忞16937別。

怓 17105 08007 náo_5.9 唐韻女交切集韻正韻尼交切𠀤音鐃說文亂也。鑾又㤻17261憹17766憦17961懧17908又集韻尼猷切。愁也。

㤩 17106 08008 mó_5.9 集韻侮01199古作㤩又玉篇莫胡切音模。受也。

㤹 17107 08009 qiú_5.9 集韻徐由切音囚玉篇慮也。鑾又慒18084

怔 17108 08010 zhēng_5.9 廣韻集韻𠀤諸盈切音征集韻本作征揚子方言征伀，遑遽也。或从心玉篇怔忪，懼貌晉書·王濬傳惶怖怔營，無地自厝又通作征後漢·蔡邕傳臣征營怖悸△亦通作正前漢·王莽傳人民正營註與怔同。

𢘎 17109 08011 mào_5.9 說文懋，省作𢘎。

怕 17110 08012 pà_5.9 廣韻集韻韻會正韻𠀤普駕切音帕集韻懼也。或作㦆、㤆韓愈·二鳥詩鬼神怕嘲詠又姓。唐有怕善，宋有怕鍐又pò廣韻普伯切集韻類篇匹陌切𠀤音柏◆說文無爲也又bó集韻白各切正韻弼各切，𠀤與泊通集韻憺怕，靜也老子道德經我獨泊兮其未兆。或作怕。鑾又㤿17197帕67216

㣚 17111 08013 tóng_5.9 廣韻集韻韻會𠀤徒冬切音彤玉篇憂也又tōng集韻他冬切音炵博雅悜㣚，懼也又遑遽也。

鋈又幰53855

怖 17112 08014
bù_5.9 　廣韻集韻韻會丛普故切。與恊同玉篇惶也。後漢·第五倫傳其巫祝有依託鬼神，詐怖愚民図正韻博故切音布。義同○按，普字滂母，博字幫母，此南北音之稍異也。鋈又帗14811

怗 17113 08015
tiē_5.9 　廣韻正韻他協切集韻韻會託協切丛音帖玉篇服也，靜也。公羊傳·僖四年卒怗荆，以此爲王者之事也図zhān◆集韻處占切音沾。怗滯也禮·樂記宮商角徵羽，五者不亂，則無怗滯之音。鋈又怘17114

怘 17114 08016
chān_5.9 同怗。　古作忑図玉篇胡故切。音護。漏也，堅也，常也，安也。

忥 17115 08017
hù_5.9 　集韻固08078

怙 17116 08018
hù_5.9 　唐韻正韻侯古切集韻韻會後五切丛音戶說文恃也書·舜典怙終賊刑。又畢命怙侈滅義。図父曰怙，母曰恃詩·小雅無父何怙，無母何恃。図父母通謂之怙詩·唐風父母何怙△亦通作祜揚子太玄經赫河之曜，何可怙也註與怙同。

恆 17117 08019
gèng_5.9 同恆。　朱子曰人心一日爲恆図字彙補古鄧切音緪。竟也。周禮·冬官考工記弓人恆角而短註竟其角而短于淵幹也。

祐 17118 08020
yòu_5.9 　篇海忧，亦作祐正字通俗忧字。

怚 17119 08021
jù_5.9 　廣韻集韻韻會正韻丛將豫切，且去聲說文怚，驕也図玉篇秦呂切。義同図cū集韻類篇丛聰祖切音麤。心不精也史記·王翦傳秦王怚而不信人。図zū集韻宗蘇切音租。劇也図qū集韻千余切音疽。妒也。鋈又麤74442図正字通㤌17448，怚字之譌。舊註疽去聲，訓憍，誤。

怛 17120 08022
dàn_5.9 　集韻得案切音旦。說文憯也前漢·武帝詔支體傷則心憯怛図dá唐韻集韻類篇韻會當割切玉篇丁割切丛音妲廣韻悲慘也增韻驚也，懼也莊子·大宗師無怛化禮·儒行註言之不愊怛也疏愊怛，謂急促之意釋文怛，驚怛也図勞也詩·齊風勞心怛怛図或作㤔詩·陳風中心怛兮前漢·王吉傳引詩作㤔△亦作憚，入聲周禮·冬官考工記·矢人則雖有疾風，亦弗之能憚矣釋文音怛，都達反△或作愳。通作旦○按陰復春云說文得案切，又當割切。又曰怛或从心在旦下作愳，音義皆同。是當从去聲爲本，入聲爲次。自玉篇怛、愳二字分音，相承已久字彙踵訛正字通辨之未明，今爲剖正。鋈東國輿地勝覽·卷四十七金剛山山名有五，一曰金剛，二曰皆骨，三曰涅槃，四曰楓嶽，五曰怾怛。

愳 17121 08023
dàn_5.9 同怛。　說文怛或从心，在旦下爲愳。引詩信誓旦旦，本作愳。或書作愳。通作旦。

俞 17122 08024
yuàn_5.9 　玉篇古文怨17141字。

怜 17123 08025
líng_5.9 　廣韻集韻丛郎丁切音靈玉篇心了也。

図lián集韻靈年切音連。與憐同図韋應物·休暇東齋詩捫竹怜粉污図líng五音集韻朗鼎切音領。憭也。鋈又怜17217

思 17124 08026
sī_5.9 　古文恖恖恖愢廣韻息茲切集韻韻會新茲切丛音司說文睿也書·洪範思曰睿六書總要念也，慮也，繹理爲思図願也詩·大雅思皇多士箋願也正義曰以意之所思，必情之所願也図語已辭詩·周南不可泳思。又大雅神之格思図語起辭詩·大雅思齊大任。又魯頌思樂泮水図謚法謀慮不愆曰思図州名。楚黔中地，唐置思州，以思邛水得名図姓。以謚爲氏，明有思志道図sī廣韻集韻類篇韻會丛相吏切音笥揚雄·甘泉賦儲精垂思図悲也詩·小雅鼠思泣血註思，去聲，鼠思，哀以思。言悲也図書·堯典欽明文思註道德純備謂之思音義思，息嗣反。又如字△說文从心囟聲。囟，頂門骨，空，自囟至心，如絲相貫不絕。鋈又臱00488恖17339恖17312恖17038恖17338忩41058図集韻憵71095，桑犬切。絮憵，多須兒。或作思。

怞 17125 08027
zhòu_5.9 　集韻直祐切音冑◆說文朗也玉篇憂恐也図集韻余救切音狖。義同図chóu玉篇廣韻直由切集韻陳留切丛音躊。或从壽作懤。義同図yóu集韻夷周切音由。憂貌王褒·九懷永余思兮怞怞図集韻張流切音輈。義同。

怢 17126 08028
xiá_5.9 　廣韻胡甲切集韻轄甲切丛音狎玉篇樂也廣韻喜也。

怑 17127 08029
shēn_5.9 　五音集韻失人切音申。憂也。

怣 17128 08030
gāo_5.9 　廣韻古勞切音高。知也，局也△集韻作怣。鋈又怣17310悼18328

怺 17129 08031
bèn_5.9 　集韻部本切音笨。性不慧也。鋈又怣17128俗体，今作笨。脂硯齋重評石頭記（庚辰本）·第十六回風（鳳）姐道：我那里管淂這些事。見識又淺，口角又怺，心腸又直率，人家給個棒槌，我就認作針。按：口角又怺甲戌本作口角又夯bèn。

怟 17130 08032
dì_5.9 　集韻丁計切音諦玉篇悶也○按怟从氐，與从氏者不同。鋈怟qí，敬愛図恆17074怕17327

怠 17131 08033
dài_5.9 　唐韻徒亥切集韻韻會正韻蕩亥切丛音待說文慢也玉篇懈也書·大禹謨汝惟不怠図通作殆左傳·昭五年滋敝邑休殆図韻會他代切音貸。義同。○按玉篇廣韻集韻皆無去聲韻會从毛氏增図yí集韻類篇韻會丛盈之切音怡。義同易·雜卦傳謙輕而豫怠也。虞氏作怡史記·始皇紀視聽不怠劉歆·烈女贊言行不怠註丛音怡図鳥名莊子·山木篇東海有鳥焉，名曰意怠図集韻湯來切音胎。義同。

怡 17132 08034
yí_5.9 　唐韻與之切集韻韻會盈之切丛音飴爾雅釋言悅也說文和也玉篇樂也禮·內則下氣怡色論語兄弟怡怡図姓。周怡峰，本姓默台，避難改焉。

囝通作台 史記·序傳 諸呂不台，言不爲人所怡悦也。
鍪又凱03126

怢 17133 08035
tū_5.9　集韻 他骨切 韻會 陀骨切 达音突 集韻 忽
忘也 王褒·四子講德論 美玉蘊于碔砆，凡人見之怢焉 註
不分別貌 囝dié 集韻 他結切。與佚同◇ 類篇 佚蕩，簡
易也。或从心 囝tuì 集韻 類篇 吐内切 正韻 他内切 达音
退 博雅 緩也，忘也。一曰肆也。本作悈。

恋 17134 08036
yóu_5.9　集韻 尤12773古作恋。鍪又 閩 認恋：認輸。

怤 17135 08037
fù_5.9　集韻 符遇切音附。心附也。

怤 17136 08038
fū_5.9　廣韻 集韻 韻會 正韻 达芳無切音敷 說文
思也 玉篇 悦也 囝fǔ 集韻 類篇 达匪父切音府。思也。
囝fù 集韻 方遇切音付。悦也。鍪 字彙 愁同怤 正字通
怤同怤。

急 17137 08039
jí_5.9　廣韻 正韻 居立切 集韻 韻會 訖立切 达音
佶 釋名 急，及也，言操切之使相逮及也 囝 說文 褊也 後
漢·范丹傳 以狷急不能從俗，常佩韋于朝 囝 廣韻 疾也
增韻 迫也 囝 窘也 禮·王制 國無六年之畜曰急 史記·周
本紀 襄王告急于晉 囝 請急，古休假名。晉令急假者，
一月五急△本作忢 說文 从心及聲。隸作急，刍卽及字
歐陽氏曰俗作愒，非。

怦 17138 08040
pēng_5.9　廣韻 普庚切 集韻 韻會 正韻 披庚切 达音
烹。心急也 囝 忠直貌 楚辭·九辯 心怦怦兮諒直。鍪又
悲17253 囝 新撰字鏡 抨10531，匹耕反。急也。怦字。忠
直貌。

怵 17139 08041
zhú_5.9　廣韻 集韻 韻會 正韻 达竹律切音窋 玉篇
憂心也 囝chù 廣韻 丑律切 集韻 敕律切 达音黜。義同
囝pò 集韻 普沒切音肺。心怵然起也 囝duò 當沒切音
咄。怖也。

性 17140 08042
xìng_5.9　唐韻 集韻 韻會 正韻 达息正切音姓 中庸
天命之謂性 註 性是賦命自然 孝經說曰 性者，生之質
也。若木性則仁，金性則義，火性則禮，水性則知，土
性則信 囝 通論 性者，生也 周禮·地官·大司徒 以土會之
法，辨五地之物生。杜子春讀生爲性 賈疏 性亦訓生，
義旣不殊，故後鄭不破之也。又 貉隸註 不生乳。劉音
色敬切 囝 無爲而安行，曰性之 孟子 堯舜性之也 囝姓
囝 集韻 新佞切音胜。心悸也△ 陳淳曰 性字从生从心，
是人生來具是理于心方名曰性。鍪又㹥30792㹥55317
囝 正字通 性 同文舉要 孝經 性作㥚35281㤟17198

怨 17141 08043
yuàn_5.9　古文㤉卻愆㥿帣 唐韻 於願切 集韻 韻會
紆願切 达音苑 說文 恚也 廣韻 恨也 增韻 仇也，讎也。
囝yuān 集韻 於袁切音鴛。讎也，恚也 禮·儒行 外舉不
避怨 前漢·黥布傳 恐仇怨妄誣之者 史記·始皇紀 母家有仇
怨，竝阬之。皆平聲讀。或作㤉 囝yùn 字彙補 委隕切
音惲。與蘊同 荀子·哀公篇 富有天下而無怨財，布施天

下而不病貧 註 怨讀爲蘊，言無畜私財△ 精蘊 从命 轉
注 从心。鍪又卻04756惥17308 囝 集韻 怨，古作㤉01161
悆忦16913 囝 正字通 悆，古文愆字之譌。

忒 17142 08044
tè_5.9　集韻 惕德切音忒 說文 失常也 囝 集韻 類
篇 达他代切音貸。義同。

怩 17143 08045
ní_5.9　古文㤛 唐韻 集韻 韻會 达女夷切，音尼 說
文 忸怩，慙也。从心尼聲 孟子 忸怩 註 慙色也 囝 正韻
年題切音泥。義同 囝ní 廣韻 韻會 达尼質切音暱，愧也
△本作懑。或作怩○按女字孃母，年字泥母，當以孃母
爲親也。蓋泥、孃二母，徵音旣同，次濁又同，最易相
犯。但泥母音在舌端，孃母音在舌上，雖同一次濁，然
泥輕而孃尤輕，此不可不辨。

怪 17144 08046
guài_5.9　唐韻 集韻 韻會 正韻 达古壞切，乖去聲 說
文 異也 增韻 奇也 風俗通 怪者，疑也 白虎通 異之言怪
也。凡行之詭異曰怪 中庸 素隱行怪 囝 狀貌之瑰異亦
曰怪 書·禹貢 鉛松怪石。又 莊子·逍遙遊 齊諧者，志怪
者也 囝 氣變常、人妖、物孽曰怪 揚子·太玄經 怪分青
赤白黑黃，皆物怪也 囝 怪哉，驚歎之詞 囝姓 春秋 元
命苞 炎帝臣怪義 囝 通作傀 周禮·春官·大司樂 大傀異
裁 註 傀猶怪也。舊音怪。俗遂作怪 囝 叶古懷切音乖 元
積·店臥詩 一生常苦節，三省詎行怪 囝 周伯琦曰 从心
圣聲。圣音怪。俗作恠，非。鍪又尭05189㤹17192㤟17494
悇17336鮭71904 囝 可洪音 㤭17073神：上古拜反，異也。
正作怪㤹二形 川音 音宏，非也。又佑17118言：上音恠，
正作怪 廣弘明集 作㤹17182

怮 17145 08047
hóng_5.9　廣韻 戶盲切 集韻 胡盲切 达音横。憕怮，
失志貌 囝 集韻 于萌切音宏。義同。

悲 17146 08048
fèi_5.9　韻會 古文弸16247字 玉篇 與怫同 囝 五
音集韻 芳未切。與髴通 前漢·郊祀歌 相放悲 註 顏師古
曰放猶髣，悲猶髴也。

怫 17147 08049
fèi_5.9　廣韻 扶沸切 集韻 父沸切 达音費姓之費
集韻 怫愲，心不安也 囝fèi 集韻 芳未切音費。耗之費
㤹貌 莊子·天地篇 怫然作色 囝fú 玉篇 廣韻 符弗切 集
韻 韻會 正韻 符勿切 达音佛 說文 鬱也 魏樂府·苦寒行
我心何怫鬱 囝 或作弗 前漢·溝洫志 瓠子歌 魚弗鬱兮柏
冬日△亦作沸 史記·河渠書 瓠子歌 作沸鬱 囝bó 字彙
補 蒲沒切音悖 史記·太史公自序 五家之言怫異。言五
家之文，各相悖異不同也。索隱讀。

恧 17148 08050
nuò_5.9　廣韻 而兗切 集韻 乳兗切 达音軟 廣韻 弱
貌。

㤬 17149 08051
xì_5.9　集韻 許異切，與呬同。息也 張衡·思玄賦 㤬
河林之蓁蓁兮。

怭 17150 08052
bì_5.9　廣韻 毗必切 集韻 韻會 薄必切 正韻 薄密
切 达音佖 玉篇 慢也 詩·小雅 曰旣醉止，威儀怭怭 朱傳
言凡飲酒者，常始乎治，終乎亂也 囝 韻會 房密切。義

同△與佖通。

悠 17151 08053
yōu_5.9 [唐韻][集韻]於虯切[韻會]幺虯切[正韻]音幽[說文]憂貌。从心幼聲[又]yāo[廣韻][集韻]於求切[正韻]於尤切[又]音憂[廣韻]含怒不言也[又][廣韻]於堯切[集韻][韻會][正韻]伊堯切[又]音幺[廣韻]悠悠，憂也[又][玉篇][廣韻][集韻][韻會][正韻]於糾切音黝[義]同[又]yào[集韻][類篇][韻會][又]於教切音鞠[集韻]心庆也。

怯 17152 08054
qiè_5.9 [唐韻]去劫切[集韻][韻會]乞業切[又]音痣[說文]多畏也。本作㹤，从犬去聲。犬性易㹤。今作怯。杜林說：从心，怯主於心也[釋名]怯，脅也。見敵恐脅也[後漢·光武帝紀]見小敵怯。又[增韻]懦也，懾也[又][集韻]去涉切音㹤。弱也。[鑒]又㥶17519㥶17721㥶17474駆70085

恮 17153 08055
xuàn_5.9 [玉篇]戶絹切音衒。賣也。[鑒]又㤟17658

怑 17154 08056
zhǔ_5.9 [集韻]展呂切音貯[博雅]智也[又]zhù[集韻]丈呂切音宁。義同。[鑒]又訏55814

忽 17155 08057
cōng_5.9 [正字通]與愡17447同。

怲 17156 08058
bǐng_5.9 [唐韻]兵永切[集韻][韻會][正韻]補永切[又]音丙[說文]憂也。从心丙聲[又][廣韻]陂病切[集韻][類篇]彼病切[又]音柄。義同。

恍 17157 08059
huǎng_5.9 [廣韻]許放切[集韻][韻會][正韻]詡往切[又]音謊[說文]狂之貌[又]恍然，自失也[楚辭·九歌]臨風恍兮浩歌[朱註]恍，失意貌[又]huǎng[集韻]虎晃切。與慌通[老子道德經]道之爲物，惟恍惟忽。亦書作恍。言沖漠難狀也[又]xǐng[集韻]呼請切[博雅]狂之△[說文長箋]況與恍同諧兄聲[說文]謂況省聲，贅矣[楚辭]恍忽兮遙望。改作恍、慌，並俗。[鑒]又芪49187

恤 17158 08060
xù_5.9 [集韻]許月切音颭[字林]戁貌。一曰怒貌。○按此字與恤字相似，恤字从心从戌，有休必、翾劣二切。此字从心从戉，止有許月一切[集韻]分別甚明。近時字書混載，舉此棄彼[正字通]遂謂一字兼有二義，並無兩字，亦屬臆斷也。

怵 17159 08061
chù_5.9 [唐韻]丑律切[集韻][韻會]敕律切[又]音黜[說文]恐也[書·冏命]怵惕惟厲[又]悽愴[禮·祭統]心怵而奉之以禮[又]xù[廣韻]辛律切[集韻][韻會][正韻]雪律切，並與訹通[說文]誘也[賈誼·服賦]怵迫之徒，或趨西東[註]怵，爲利所誘也[又]xù[集韻]休必切音獝[博雅]狂也△與怴同。[鑒][類篇]作怵17050

惄 17166 08068
móu_5.9 [韻會]同謀

恧 17161 08063
shù_5.9 [正字通]直律切音朮[管子·地員篇]中土曰五恧，五恧之狀，凜焉如堲，潤濕以處[註]恧，密也，初生苗長也。

怶 17160 08062
pī_5.9 [五音集韻]敷羈切[五音篇海]普皮切[又]音披。怒也，憂也[又]bì[五音篇海]彼義切音賁，心怶憸也。

愡 17162 08064
wèi_5.9 [集韻]烏快切音鱠。惡也。

忪 17163 08065
dōng_5.9 [字彙補]古文鍊69205字。

㤡 17165 08067
ní_5.9 [集韻]怩17143古作㤡。

㦿 17168 08070
mào_5.9 [說文]同㤅

惡 17164 08066
chén_5.9 [字彙補]古文臣48146字。[鑒]武后所造，忠心如一之義。或作忠17206

忥 17167 08069
yuàn_5.9 [說文]古文怨17141字。

㦞 17169 08071
yuàn_5.9 [集韻]怨17141古作㦞。

悉 17170 08072
xī_5.9 [字彙補]古文悉17390字。

㤩 17171 43592
kǒng_5.9 [龍龕]同恐。出藏經。

㑶 17172 43593
ruǎn_5.9 [五音篇海]與㑶同。

㤱 17173 43594
qiáo_5.9 [五音篇海]音翹。

㥱 17175 43596
bèi_5.9 [字彙補]音未詳。逆也。[鑒]俗悖。

㥞 17174 43595
dī_5.9 [龍龕]音低。

忍 17177 u2AAEB
rèn_5.9 俗認56012[龍龕]平聲卷第一·心部第四·去聲忍俗，音認。

性 17176 u2AAEC
null_5.9 未詳。

恫 17178 u2AAEA
jiǒng_5.9 俗恫17393[五侯鯖字海]恫，音恫。悅也[又]恫恫，亦作惆惆，心中不安貌。宋·華鎮[雲溪居士集·卷二十一·書秋高夜長，撫己自歎，目熒熒而難瞑，心恫恫而無依][又]tōng俗恫17291[四部叢刊·續編集部·茗齋集·茗齋詩五言排律·帝京後篇百韻次荅海昌朱人遠]水旱周爰郵，恫鰥盡在卭。

悬 17179 u2AAE9
null_5.9 未詳。

何 17181 u2AAE7
kě_5.9 [方]愣愣。何何，遲鈍貌[又]和字正俗通·和制一·言辭何怜。

恢 17180 u2AAE8
null_5.9 未詳。

恠 17182 u2AAE6
guài_5.9 [龍龕]怪17144或作，恠正，恠17275今，古壞反，恠異也，驚也。

悉 17183 u22633
xī_5.9 人名用字[宋會要輯稿·兵一九·軍賞]知江州趙善悉[台州府志·卷十一·職官表三]沈悉。案字書無悉字，康熙[仙居志]作悉。

感 17185 u22631
gǎn_5.9 或俗感。

恙 17184 u22632
yāng_5.9 同怏17098讀殃。見[中山王墓兆域圖]不行王命者，恙連子孫。

窓 17187 u2262F
chuāng_5.9 俗窗41148

恐 17186 u22630
kǒng_5.9 俗恐17254亦作恐[又]cieb壯恐，[方]（悲）傷，（凄）切。

㤲 17188 u2262E
rǎp_5.9 [喃]从心立lập聲。謀劃△㤲謀：蓄謀。

㤵 17189 u2262D
rúng_5.9 [喃]从心用dụng聲△㤵動：感動。

㤴 17190 u2262C
sã_5.9 [喃]嗦㤴：下流。

惡 17191 u2262B
zhèng_5.9 [慧琳音義]古正字。天后所制字也。

恠 17192 u2262A
guài_5.9 俗怪17144亦作恠17182[可洪音義]驚恠：古壞反。正作恠，亦作恠怪二形。

悻 17198 u22621
xìng_5.9 同性17140

怦 17193 u22628
pèi_5.9 怖16991本字

恫 17201 u2261C null_5.9 未詳。

怖 17195 u22625 shì_5.9 同恀17225見集韻

忻 17202 u2261B null_5.9 未詳。

快 17194 u22626 kuài_5.9 快16990本字

恖 17196 u22624 xǐ_5.9 干祿字書恖恖17243悉17390，上俗中通下正。

息 17197 u22623 pà_5.9 古怕17110字類篇怕，白各切。憺怕靜也。又匹陌切說文無爲也。古書作息图俗息17298字。敦煌·S.520報恩寺方等道場牓北院消息。

忱 17203 u2261A chén_5.9 俗忱17003

你 17200 u2261D nǐ_5.9 直音篇你，俗18548图nễ㖠看面子图rǐ低語。

惥 17199 u2261E nǐ_5.9 字海惥,同你01062散曲丛刊阳春白雪你道是成家大宝。惥想是取命官符。

忩 17204 u22619 lǒng_5.9 簡懽18678

悜 17205 u22618 diào_5.9 俗弔16075別雅卷一顤天，旻天也張壽碑顤天不悜集韻旻通作顤，悜即弔字。

悪 17206 u22617 chén_5.9 同思17164可洪音義縣悪：音臣。

恩 17207 u3919 ēn_5.9 俗恩17289

怊 17208 u3918 zhòu_5.9 簡懰17940

泰 17209 u3917 tài_5.9 俗泰28054

怒 17210 uF960 nù_5.9 兼怒。

怿 17211 u603F yì_5.9 簡懌18450

㤖 17213 u603D mò_5.9 俗㤖17087

悋 17212 u603E gi_5.9 韓新增東國輿地勝覽·淮湯都護府·山川金剛山，一名悋怛。

怼 17214 u603C zhuì_5.9 簡懟18539

怜 17217 uF9AC líng_5.9 參見怜17123

㤺 17215 u603A yǒng_5.9 日こらえる图和字正俗通·和制一言辭·補㤺，堪勝图人名用字。李㤺。見八閩通志

您 17216 u6039 tān_5.9 國語辭典您，北平語他00792之尊稱。

㤳 17218 08073 chǐ_6.10 廣韻尺氏切集韻韻會敞尒切丛音侈玉篇怙㤳也图zhǐ廣韻諸氏切集韻掌氏切丛音紙爾雅·釋言㤳，怙㤳也。或从氏图shì廣韻承紙切集韻上紙切丛音是。㤳事曰㤳。或亦从氏。鼟从我作㤳。

㤲 17219 08074 háng_6.10 集韻寒剛切音航玉篇悅也。

㤵 17220 08075 lǔn_6.10 集韻魯本切，淪上聲玉篇睡㤵，行無廉隅也。图luǎn集韻魯管切音卯。義同。鼟又㤵17221㤵17479㤵17520

㤵 17221 08076 luǎn_6.10 集韻同㤵

恁 17222 08077 rèn_6.10 唐韻如甚切集韻韻會正韻忍甚切丛音飪◆說文下齎。从心任聲◆徐鍇曰心所齎卑下也，俗言如此也图思也，念也班固·典引勤恁旅力图集韻如鴆切音任。義同图rén廣韻集韻類篇丛如林切音壬博雅思也图nín集韻尼心切音紝。義同图弱也，信也。鼟又恁17027恁17223

恁 17223 08078 nín_6.10 同恁。

恃 17225 08080 shì_6.10 唐韻時止切說文賴也。从心寺聲廣韻依也詩·小雅無母何恃。

图zhì集韻丈里切音峙。心不明也图玉篇廣韻集韻丛時吏切音侍集韻伀也△或作怖。鼟又怖17195

恂 17224 08079 xún_6.10 唐韻相倫切集韻韻會正韻須倫切丛音荀說文信心也。从心旬聲書·立政迪知忱恂傳恂，信也图樂也，慄也增韻嚴謹貌。又溫恭貌图信實之貌後漢·召馴傳德行恂恂召伯春图通作悛前漢·李廣傳恂恂如鄙人。史記作逡逡△亦通作洵詩·鄭風洵美且都。古作恂图xún集韻松倫切音旬。恂恂，善誘也莊子·徐無鬼恂然棄而走。郭象讀图sǔn五音集韻筭尹切音筍。嚴慄也图xùn集韻類篇韻會正韻丛須閏切音峻大學恂慄也。鄭氏讀图shùn集韻輸閏切音瞬。恂然，邊也列子·黃帝篇忱然有恂目之志◆何承天·纂文吳人呼瞬目爲恂目。鼟又敏26301惸18001

恄 17226 08081 xì_6.10 廣韻許吉切五音集韻火一切丛音欯。廣韻怖也。鼟熊加全：與懨18671怵17438音義並同。图ghét㖠厭煩。

恤 17227 08082 xù_6.10 廣韻許聿切集韻伏必切音喬。本作恤。或作恤、痳博雅狂也春秋·桓五年春正月甲戌己丑，陳侯鮑卒公羊傳曷爲以二日，卒之恤也註恤者，狂也图xuè集韻翾劣切音旻博雅怒也。一曰愚貌。鼟又恤17330

悼 17228 08083 tuì_6.10 字彙同悸17559

忡 17229 08084 chōng_6.10 正字通憷字省文。

恅 17230 08085 lǎo_6.10 廣韻盧皓切集韻韻會正韻魯皓切丛音老。悼恅，心亂也。鼟宋·吳曾能改齋漫錄卷一事始恅愺：文士以作事迫促者，通謂之恅愺。見陸士衡文賦曰恅愺瀾漫，亡耦失疇埤蒼曰嘽嘍07626，寂靜也。嘽嘍與悼恅音義同。悼矗老罪切，恅閭草切。

恆 17231 08086 héng_6.10 古文恆夘廣韻集韻韻會丛胡登切音峘說文常也。又卦名易·恆卦恆，久也图禮·月令文繡有恆疏恆，故也。必因循故法也。又◆周禮·夏官·司弓矢恆矢、痺矢，用諸散射註恆矢，安居之矢也。痺矢，象焉图山名爾雅·釋山恆山爲北嶽史記·夏本紀註恆山在定州恆陽縣風俗通北方恆山。恆者，常也。萬物伏藏于北方有常也图州名，漢恆山郡，周武帝置恆州，因山名图姓。楚大夫恆惠公图去聲轉注古音古鄧切音亘詩·小雅如月之恆註恆，古鄧反。弦也。月上弦而就盈。亦作緪图徧也詩·大雅恆之秬秠註恆，古鄧反。徧種之也〇按此字體製不一說文集韻六書統說文長箋精蘊正譌等書从月从舟，辨駁更改，或省或并，恐屬臆斷。因去古已遠，大篆、小篆已多不合，而況隸楷乎。凡講字形處，槩不贅引。鼟又胐23442恒17058匹04378恒17117恒17258

恇 17232 08087 kuāng_6.10 唐韻韻會正韻去王切集韻曲王切丛音匡說文怯也。从心匡聲图恐也梁鴻·適吳詩嗟恇恇

兮誰留又通作匡禮·禮器衆不匡懼註與恇同又五音集韻丘往切。義同△本作㑌，省作恇。

恈 17233 08088 móu_6.10 廣韻莫浮切集韻韻會迷浮切𠀤音謀玉篇貪愛也荀子·榮辱篇恈恈然惟利之見△通作牟。

⿰忄夅 17234 08089 jiàng_6.10 集韻古巷切音絳玉篇恨也。鎏愉⿰忄夅，很戾。敦煌·P.3919A/2佛說父母恩重經及至成長，翻為不孝。尊親共語，應對愉⿰忄夅。

恉 17235 08090 zhǐ_6.10 唐韻職雉切集韻韻會軫視切𠀤音指。通作旨說文意也又集韻類篇𠀤脂利切音至。義同。

⿰忄充 17236 08091 chōng_6.10 廣韻正韻昌中切集韻韻會昌嵩切𠀤音充埤蒼心動也。

⿰忄⿱厶月 17237 08092 yuān_6.10 字彙俗悁字 **恊** 17238 08093 xié_6.10 正字通同愶17952○按此字从心，與協字从十者不同。

恋 17240 08095 liàn_6.10 字彙俗戀字 **⿰忄条** 17239 08094 chā_6.10 五音集韻初轄切。痄⿰忄条，讁人也。鎏五音集韻。四聲篇海之誤。

⿰忄宅 17241 08096 duó_6.10 廣韻徒落切集韻達各切𠀤音鐸集韻村也。一曰企也。或作忔、愎又zé集韻直格切音宅五音集韻忠也，正也又chā集韻類篇𠀤抽加切音侘。⿰忄宅傺，未定者也。鎏侘傺或作⿰忄宅憏、⿰忄宅懘，失志皃。

⿰忄米 17242 08097 mǐ_6.10 集韻綿批切，音彌◇心惑也。或从迷。又五音集韻母婢切。與敉、侎通。安也。鎏又⿰忄迷17979

⿱米心 17243 08098 xī_6.10 正字通同悉 **恌** 17244 08099 tiāo_6.10 廣韻吐彫切集韻韻會正韻他彫切𠀤音挑爾雅·釋言偷也詩·小雅視民不恌又廣韻集韻𠀤餘昭切音遙廣韻憂也。

⿱曲心 17245 08100 kǒng_6.10 集韻同恐17254

⿱冊心 17246 08101 xiān_6.10 唐韻息廉切集韻思廉切𠀤音暹說文疾利口也。从心从冊◆徐鍇曰冊，言衆也書·盤庚相時憸民。古本相時⿱冊心民。⿱冊心與憸通。本作⿱冊心，亦省作思。

⿱列心 17247 08102 liè_6.10 廣韻良孽切集韻力孽切𠀤音列博雅⿱列心⿱列心，憂也△或作悧。

悧 17248 08103 lì_6.10 集韻同⿱列心又力制切音例。驚也。或从厲。鎏又㦖18615

恍 17249 08104 huǎng_6.10 集韻韻會𠀤虎晃切。與慌、怳𠀤同老子道德經惚兮恍兮又廣韻古黄切集韻姑黄切𠀤音光。武也。本作債。通作光。

恧 17250 08105 yù_6.10 集韻乙六切音郁玉篇心動也。

⿰忄至 17251 08106 dié_6.10 廣韻集韻𠀤徒結切音姪玉篇惡性也。又dié集韻丁結切音窒博雅很也又職日切音質。義同又chì充至切音痓。恆⿰忄至，惡性也。⿰忄至佟，惶遽也。

⿱好心 17252 08107 hào_6.10 張訢·訂正篇海許皓切音好。慾也。

⿱亨心 17253 08108 pēng_6.10 字彙音烹。腹痛正字通同怦○按此字字書不載，止靈樞經中云⿱亨心，腹懣痛。註：⿱亨心，滿也。與玉篇廣韻等書中㤍字形近義同，當卽㤍字重文字彙腹痛既非正字通同怦，尤爲無據。

恐 17254 08109 kǒng_6.10 古文㤨唐韻正韻丘隴切集韻韻會丘勇切𠀤音恐說文懼也。从心巩聲徐曰恐，猶兇也黃帝·素問腎在志爲恐註恐，所以懼惡也正韻牋恐有驚惶之意。懼乃畏怕之實，恐在懼前也海錄唐太宗撰太子接三師禮、與三師書，前名惶恐。後名惶恐再拜又惶恐，灘名蘇軾詩地名惶恐泣孤臣又kòng廣韻區用切集韻韻會正韻欺用切，𠀤恐去聲。疑也，慮也，億度也△从巩。今省作卂。俗从几，誤。鎏又悲17171恐17342⿱曲心17245㤟17858䂬18059恐17400㥏18055

㥯 17255 08110 yì_6.10 字彙俗㥯字 **㥯** 17256 08111 yì_6.10 唐韻余制切集韻以制切𠀤音裔說文習也玉篇明也又廣韻集韻𠀤丑例切音傺。義同△通作愧。省作忕。鎏又㥯14871，俗又朝鮮本龍龕㥯17514，正。餘制切。明也。一曰習也。愧，同。今增。忕16918，或作。

恑 17257 08112 guǐ_6.10 唐韻過委切集韻古委切𠀤音詭說文變也玉篇異也廣韻悔也又wéi集韻虞爲切音危。獨立貌○按說文恑字从心，與詭字从言，音同義別字彙同詭，誤。

恒 17258 08113 héng_6.10 字彙俗恆字 **恓** 17259 08114 qī_6.10 張訢·訂正篇海先齊切音西。恓惶，煩惱之貌韋應物·簡盧陟詩恓惶戎旅下△與栖通。鎏恓楚：悲痛。

恔 17260 08115 jiǎo_6.10 廣韻古了切集韻吉了切𠀤音皎說文憭也又jiǎo集韻吉巧切音姣。慧也又xiào下巧切，音㶣玉篇黠也又xiào廣韻胡教切◆集韻後教切韻會後學切正韻胡孝切𠀤音效揚子方言快也孟子於人心獨無恔乎朱註快也又說文下交切。義與上聲同。或从爻。鎏又㤊17023

⿰忄如 17261 08116 náo_6.10 正字通怓字之譌字彙改音魚。訓心亂，非。鎏又nhớ喃思念。又nhờ拜託。

恕 17262 08117 shù_6.10 古文㣽唐韻集韻韻會商署切正韻商豫切，𠀤書去聲說文仁也傳曰仁者，必恕而後行也禮·中庸疏恕，忖也，忖度其義於人也論語其恕乎。己所不欲，勿施於人程註恕者，仁之施也朱註恕非寬假之謂。又曰：推已及物爲恕△說文長箋如心爲恕，會意。

⿱沙心 17263 08118 suō_6.10 廣韻集韻𠀤蘇禾切音蓑。⿱沙心題，縣名前漢·地理志⿱沙心題師古曰⿱沙心，古莎字。

恖 17264 08119 sī_6.10 集韻思17124古作恖△从囟从心六書精蘊元神何宅，心爲之宅。元神何門，囟爲之門。

恗 17265 08120 hū_6.10 廣韻荒烏切集韻荒胡切𠀤音呼博雅怯也又集韻韻會正韻𠀤空胡切音枯。義同又kuā集韻

枯瓜切音誇。心自大也 ☒ kuǎ 五音集韻 苦瓦切音夸。心愜也。

愀 17266 08121
qiū_6.10 廣韻 去秋切音愀。戾也。鋆 集韻 作愀 00197 包山楚簡 作恷 17371

恙 17267 08122
yàng_6.10 唐韻 韻會 正韻 餘亮切 集韻 弋亮切夶音漾。爾雅·釋詁恙，憂也。疏恙者聘禮云公問君，賓對公再拜。鄭註云拜其無恙。郭象今人云無恙，謂無憂也 廣韻 憂也，病也 ☒ 噬蟲，善食人心 風俗通 噬蟲能食人心。古者草居，多被此毒，故相問勞曰無恙。如 戰國策 趙威后問齊使曰：王亦無恙 說苑 魏文侯語倉庚曰：擊無恙 前漢 武帝報公孫弘曰：何恙不已 晉書·文苑 顧愷之與殷仲堪箋，布帆無恙 隋書 日本遣使致書皇帝無恙。皆問勞之辭也 ☒ 叶余章切音羊 楚辭·九辯 計專專之不可化兮，願遂推而爲臧。賴皇天之厚德兮，還及君之無恙〇按恙、猱二義。一爲蟲，一爲獸 廣韻 玉篇 分註甚明，自 神異經 合而一之，字書混引 輟耕錄 辨之詳矣。

恚 17268 08123
huì_6.10 唐韻 集韻 韻會 夶於避切音媱。說文 恨也。從心圭聲 玉篇 恨怒也。鋆 又志 17068性 17364

悷 17269 08124
cè_6.10 集韻 與懧同。

恛 17270 08125
huí_6.10 集韻 戶恢切音回。昏亂貌 揚子·太玄經 疑恛恛 註 小人執志不堅，恛恛然從人也。

恜 17271 08126
chì_6.10 廣韻 恥力切 集韻 蓄力切夶音敕。惕也 顏氏家訓 卜得惡卦，反令恜恜。

悈 17272 08127
jiè_6.10 集韻 居拜切音介。無愁貌 孟子 公明高以孝子之心，爲不若是悈 ☒ jiá 廣韻 集韻 類篇 韻會 正韻 夶訖黠切音戛。義同 ☒ qì 轉注古音 苦計切音契 山海經 大荒之中，有悈悈之山 ☒ 人名。炎帝之孫曰靈悈 ☒ yà 集韻 牛轄切音輵。古與忦 16982通〇按 說文 引孟子作忿，而丁公著讀孟子作悈。朱子因之，當以朱子爲正。

恞 17273 08128
yí_6.10 廣韻 以脂切 集韻 韻會 正韻 延脂切夶音夷。爾雅·釋言 恞悅也 廣韻 悅樂也 ☒ 通作夷 詩·小雅 既夷既懌 註 夷，悅也。

恟 17274 08129
xiōng_6.10 廣韻 集韻 夶許容切音胷。懼也 ☒ xiǒng 五音集韻 詡拱切音洶 韓愈·會合聯句 鬼窟脫幽妖，天居覷清棋。京遊步方振，謫夢意猶恟 △或作恼。

恠 17275 08130
guài_6.10 俗怪字。顏眞卿 學王羲之東方朔贊 怪作恠，以就楷法。俗因誤从在。

恡 17276 08131
lìn_6.10 正字通 同悋。鋆 又忓悋，干犯。

恢 17277 08132
huī_6.10 唐韻 苦回切 集韻 正韻 枯回切夶音魁。說文 大也。從心灰聲 韻會 謂志大也 ☒ 增韻 大之也 ☒ kuí 玉篇 集韻 韻會 夶苦虺切 集韻 大也。一曰恢恗，譀怪 ☒ 叶空胡切音枯 道藏歌 五老監虖戒，心端情自

恢。身度水火官，名入九龍廬 △或作㤾。鋆 又廱 15698 廱 15627 迻 60832 ☒ 可洪音義 㷋 30880設：上苦迴反。正作恢。恢忦焉：上二同。口迴反。大也。下于虬反。忦字惧也。上句云落落焉，下句恢恢焉，是也。

恒 17278 08133
hài_6.10 唐韻 胡槩切 集韻 戶代切夶音瀣 說文 苦也。從心亥聲。一曰愁畏也。

悞 17279 08134
wù_6.10 俗娛字。

恣 17280 08135
zì_6.10 唐韻 集韻 韻會 正韻 夶資四切，資去聲 說文 縱也。從心次聲 漢·明德馬皇后詔 寵貴橫恣。又 詩·檜風·小序 疾恣也 鄭箋恣，謂恣狄淫戲不以禮也 ☒ zī 五音集韻 千咨切音趑。恣睢，自得貌。秦刻石文作資。鋆 又忕 17309

悷 17281 08136
lì_6.10 集韻 力志切音吏。憂也。

恤 17282 08137
xù_6.10 唐韻 辛聿切 集韻 韻會 正韻 雪律切夶音戌 說文 憂也。從心血聲 書·盤庚 永敬大恤 詩·小雅 出則銜恤 周禮·春官·大宗伯 以恤禮哀寇亂。皆訓憂也。☒ 收也，賑也 周禮·地官 六行孝友睦婣任恤 註 恤，振憂貧者 通論 振貧老曰恤 ☒ 增韻 愍也，災危相憂也 周禮·地官 十二教，八曰以誓教恤，則民不怠 疏 民有厄喪，教相憂恤也 ☒ 相憂曰恤 周禮·地官 八刑，六曰不恤之刑 鄭司農註 恤謂相憂也 ☒ 恤恤，憂患貌 左傳·昭十二年 且言曰：恤恤乎 ☒ 作卹 詩·唐風·小序 不恤其民也 註 恤，亦作卹 周禮·春官·典瑞 以卹凶荒 註 卹者，開府庫振救之 ☒ 姓。晉大夫恤由 △心血爲恤，蓋心戌然而慘惻之，若己身之有患也。鋆 又謐 55925

愃 17283 08138
xuān_6.10 集韻 呼淵切音喧。急也。

恥 17284 08139
chǐ_6.10 唐韻 敕里切 集韻 丑里切，音䶊 說文 辱也。從心耳聲 周禮·地官·司救 恥諸嘉石 註 恥，辱之也 左傳·昭五年 恥匹夫不可以無備，況國乎 註 言不可辱也 ☒ 廣韻 慚也 孟子 人不可以無恥 註 人不可以無所羞恥也 △或作誀 ☒ 六書總要 從心、耳，會意。取聞過自愧之義。凡人心慚，則耳熱面赤，是其驗也。俗譌作耻。鋆 又耻 46535耻 46595

恦 17285 08140
shàng_6.10 集韻 式亮切音餉。念也。

恧 17286 08141
nǜ_6.10 唐韻 集韻 韻會 正韻 夶女六切音朒 說文 慚也。從心而聲 徐曰 心挫衄也 小爾雅 心愧爲恧 揚子·方言 山之東西，自愧曰恧 ☒ 或作忸 六書精蘊 從而從心。髡首而心懷慚也。鋆 又娍 06558 ☒ 集韻 恧，或作忸聰 46754翍 18058聏 46602

恨 17287 08142
hèn_6.10 唐韻 集韻 胡艮切 韻會 含艮切 正韻 下艮切夶音報 說文 怨也。從心艮聲 一曰怨之極也 蜀志·劉巴傳 巴不得反使，遂遠適交阯。先主深以爲恨 ☒ 悔恨也 史記·李廣傳 王朔謂李廣曰：將軍自念豈嘗有所恨乎。廣曰：羌降者八百餘人，吾詐而盡殺之，至今大恨 △正字通 恨與憾聲義微別。憾意淺，恨意深，憾音輕，恨音重。鋆 又悢 17288悢 17452

恨 17288 08143 hèn_6.10　說文恨本字

恩 17289 08144 ēn_6.10　唐韻集韻韻會正韻㷽烏痕切音蒽 說文惠也。从心因聲徐曰因者，有所因也。因心爲恩 囡愛也，澤也 囡廣韻隱也，私也 囡州名。漢合浦郡，唐立恩州。又河南恩州，本漢清河郡地，宋改恩州 囡姓。前漢燕祭酒恩茂 風俗通陳大夫成恩之後。鋻又恩17312愚17207

恪 17290 08145 kè_6.10　廣韻苦各切集韻韻會正韻克各切㷽音愙 爾雅·釋詁敬也 詩·商頌執事有恪 囡周武王封虞夏殷之後爲三恪 孔叢子·答問篇禮之如賓客也 囡姓。△本作愙，或省作愘。鋻又恪17825

恫 17291 08146 tōng_6.10　唐韻正韻他紅切集韻韻會他東切㷽音通 說文痛也。从心同聲 詩·大雅神罔時恫 集韻或作痌、恿 囡呻吟也 顏師古·正俗關中謂呻吟爲呻恫 囡集韻吐孔切音捅。義同 囡dòng 廣韻韻會㷽徒弄切音洞。惕恫。不得志也 史記·蘇秦傳恫疑虛喝。

恬 17292 08147 tián_6.10　唐韻集韻韻會正韻㷽徒兼切音甜 說文安也。从心，甜省聲 書·梓材引養引恬 囡靜也 莊子·繕性篇以恬養志。鋻又悿17354恬17295

恭 17293 08148 gōng_6.10　廣韻九容切集韻居容切㷽音供 說文肅也 書·洪範貌曰恭 禮·曲禮君子恭敬撙節，退讓以明禮 疏在貌爲恭，在心爲敬。貌多心少爲恭，心多貌少爲敬 囡禮·玉藻手容恭 註高且正也 囡論語溫良恭儉讓 疏和從不逆謂之恭 囡周語夙夜恭也 註夙夜敬事曰恭 釋名恭，拱也，自拱持也。亦言供給事人也 囡書·太甲接下思恭 禮·少儀賓客主恭 註以不驕慢爲恭 囡奉也 書·甘誓今予惟恭行天之罰 傳恭，奉也 囡諡法正德美容、敬順事上曰恭 囡州名。梁州地，唐置恭州 囡姓。晉恭世子之後，以諡爲姓 囡通作共 詩·大雅虔共爾位 註恭字古與共通 左傳·僖二十七年杞不共也 註本作恭 △亦通作龔 書·泰誓恭行天罰。或作恭 △本作恭。从心，共聲。今作恭。鋻又恭17451龔28270恭50534共30914

恭 17294 08149 gōng_6.10　說文恭17293本字。

恬 17295 08150 tián_6.10　集韻戶鉤切音侯。和解貌。鋻正字通恬17292字之譌。

恐 17296 08151 gǒng_6.10　廣韻居悚切集韻古勇切㷽音拱。戰慄也 囡五音集韻居容切音恭。義同。

悛 17297 08152 quán_6.10　唐韻此緣切集韻逡緣切㷽音詮 說文謹也。从心全聲 長箋全心爲謹，寓戒也 囡zhuān 廣韻莊緣切音跧。曲卷也 囡集韻從緣切。懂也。

息 17298 08153 xī_6.10　古文䇡 唐韻相卽切集韻韻會正韻悉卽切㷽音熄 說文喘也。增韻一呼一吸爲一息 囡大聲歎曰太息 戰國策閔王太息 註長出氣也 前漢·高帝紀喟然太息 師古註太息言其歎息之大也。又累氣曰累息 後漢·任延傳吏民累息 △一曰止也 禮·檀弓細人之愛人也，以姑息 註息猶安也。言苟且取安也。王氏曰：且止之辭

囡處也 詩·小雅無恆安息 傳息猶處也 囡生也 周禮·地官以保息六養萬民 前漢·宣帝紀刑者不可息 師古註息謂生長。言劓刖之徒，不可更生長也 囡禮·月令註陽生爲息 囡子曰息 東觀漢記此蓋我子息也 戰國策老臣賤息舒祺，最少。又 尸子棄黎老之言，用姑息之語 註姑，婦也。息，小兒也 囡出錢生子亦曰息 周禮·地官·泉府凡民之貸者，以國服爲之息 囡勞也 儀禮·鄉飲酒禮乃息司正 註息，勞也 釋文勞，力報反 囡休也 周禮·春官·籥章以息老物 註休息之也。又冬官考工記·梓人張獸侯，則王以息燕 註息者，休農息老物也 囡釋名息，塞也，塞滿也 囡國名。又新息縣，本息故國，徙於東，故加新字 左傳·隱十一年息侯伐鄭 註息國，汝南新息縣 釋文一本作鄎。又安息，戎國，去長安萬六百里 風俗通戎類有六，五曰鼻息 囡土自長息無限，曰息壤 山海經鯀竊帝之息壤，以堙洪水 囡姓。姓苑今襄陽有此姓。又息夫，複姓 △說文从心从自，自亦聲 徐鍇曰自，鼻也。氣息从鼻出。會意。鋻又怕17302息17197熄06863

恰 17299 08154 qià_6.10　廣韻正韻苦洽切集韻韻會乞洽切㷽音掐 說文用心也 囡恰恰，鳥鳴聲 杜甫詩自在嬌鶯恰恰啼 囡適當之辭 杜甫詩野航恰受兩三人。

愈 17300 08155 xī_6.10　五音集韻許及切音吸。合也 揚子·太玄經陰氣㾕而愈之 註愈。合也 囡集韻迄洽切音恰。義同。

惱 17307 08162 nǎo_6.10　集韻同惱

悅 17301 08156 yuè_6.10　字彙俗悅字

怕 17302 08157 xī_6.10　正字通同息。見乾坤鑿度

怨 17308 08163 yuàn_6.10　廣韻同怨

愙 17303 08158 kè_6.10　正字通同恪17290 囡姓。正韻賤晉中郎將愙任。

慌 17304 08159 huǎng_6.10　說文慌本字。

悔 17305 08160 yǐ_6.10　篇韻烏紀切，音倚◇哀也。鋻又五侯鯖字海音倚。慢也 囡龍龕烏懷反。哀也 囡惫17322

狂 17311 08166 kuáng_6.10　韻會同狂

吣 17306 08161 qìn_6.10　篇韻七鴆切音沁。猫、犬吐也。亦作吣。鋻又呇05467△應歸口部。

恣 17309 08164 zì_6.10　說文長箋與恣同。

犒 17310 08165 gāo_6.10　集韻居勞切音高。局知也。亦作憳。

息 17312 08167 xī_6.10　集韻同悉。鋻又息17850譌字。說文息，古文悉 囡俗思17124 廣碑別字引唐亡宮六品墓誌 囡俗恩17289 廣碑別字引魏鞠彥雲墓誌

怦 17313 08168 pēng_6.10　廣韻撫庚切集韻披耕切㷽音怦 玉篇滿也 囡忼慨也 △或从朋。鋻从朋作倗 囡恚17253

慶 17314 08169 qìng_6.10　字彙補古文慶18144字。

憨 17315 41199 kàn_6.10　五音篇海苦陷切，音勘◇憶也。

㥌 17316 41200 yōu_6.10 字彙補音未詳。人名，宋宗室趙不㥌，字仁仲。鎣同㥌17496，俗㥑（憂）。

㤵 17317 41201 xián_6.10 字彙補同慈。

㥁 17318 43597 dé_6.10 搜真玉鏡音德。鎣疑悳字訛變。

㥀 17319 43598 dé_6.10 搜真玉鏡同德。

怼 17320 u2AAFC duì_6.10 俗懟18539

𪫴 17321 u2AAF4 jì_6.10 同娼10714俗忌16921 可洪音義 妬𪫴：音忌。畏也，難也，憎恐也。悮

忞 17322 u2AAF3 yǐ_6.10 同依17305，哀也 包山楚簡 少攻尹忞。

𪫲 17323 u2AAF2 anj_6.10 壯 恢，方 疲倦 又 按字之譌 名義·卷第十九·手部 攤，奴但反。恢。

𪫱 17324 u2AAF1 null_6.10 未詳。

𪫰 17325 u2AAF0 lǚ_6.10 同慮18131 中山王鼎 㥏㥏皆從。㥏㥏，讀謀慮。

𪫯 17326 u2AAEF qiè_6.10 俗㥦17831

𪫭 17328 u2AAED null_6.10 未詳。

𪫮 17327 u2AAEE dì_6.10 同恎17130 永樂大典·卷之一萬四千一百二十四·四霽 恎，丁計切。韓道昭 五音類聚 音帝。悶也。

𪫣 17329 u2F8A3 huǐ_6.10 同悔17414

𪫢 17330 u2F8A2 xū_6.10 同恤17227

𢙭 17331 u2266D tim_6.10 喃 从心尖tiêm聲。心，中央。

𢙬 17332 u2266C yī_6.10 同咿05809唲咿，亦作噢咿，抑鬱貌 可洪音義 㤊，伊音。俗 又 e 喃 从心伊y聲。恐懼，擔心。

𢙫 17333 u2266B nhớn_6.10 喃 从心因nhân聲。悵然 又 ien 壯 寃。

𢙪 17334 u2266A duì_6.10 俗懟18593亦作怼17320 又 đổi 喃 从心对đối聲△𢙪悉：變心。

𢙩 17335 u22669 rủi_6.10 喃 从心耒lồi聲。厄運，不幸。

𢙨 17336 u22668 guài_6.10 俗怪17144 可洪音義 無𢙨：古壞反。𢙨異也。正作恠也。又音涉監切。人名。朱𢙨。見 新唐書

𢙧 17337 u22667 piàn_6.10 同片32429元·佚名 替杀妻·第一折 我這一𢙧鐵石心，不比你趁浪風塵怨。

𢙦 17338 u22666 sī_6.10 思本字。

𢙥 17339 u22665 yōu_6.10 龍龕 𢝊俗，㥑或作，𢝊古文，於求反。志也。亦愁也。今作憂18171，同 又 俗思17124見 敦煌俗字譜

𢙤 17340 u22664 nì_6.10 同惄17565

𢙢 17342 u22662 kǒng_6.10 俗恐17254敦煌·S.4511 醜女緣起 萬事今朝總了，恐怕朋友怪笑。

𢙣 17341 u22663 è_6.10 俗惡17633

𢙡 17343 u22661 qiān_6.10 俗愆17782 龍龕 㥶，俗。去乹反。近作愆。過也 又 周進集藏 新編全本季木藏陶.0125 楚𩫖巷𦿥里愆。

𢙠 17344 u22660 yín_6.10 閩 中國方言大詞典 𢙠个：他們的。

𢘿 17345 u2265F shǔn_6.10 同吮06091俗吮05488

𢙞 17346 u2265E null_6.10 未詳。

𢙝 17347 u2265D xiǎn_6.10 二簡 嫌11182简作㤝。嫌是贬义字，故改女旁用竖心旁，简作㤝。

𢙜 17348 u2265C null_6.10 未詳。

𢙚 17350 u2265A xī_6.10 龍龕 㤭16947或作，㤭正，呼兮反。欺慢之皃也。

𢙛 17349 u2265B null_6.10 正統道藏·梁·陶弘景·真誥·卷之二·運象篇第二 去春使經師授以方諸洞房步綱之道，八素九真以漸修行，不敢𢙛懈。原註：𢙛，謂應作怠字。

𢙙 17351 u22659 null_6.10 未詳。

𢙘 17352 u22658 chè_6.10 㥕17422譌字

𢙗 17353 u22657 null_6.10 未詳。

𢙖 17354 u22656 tián_6.10 段玉裁 說文解字注 𢙖，各本篆作恬17292，解作甛省聲。今正。

𢙕 17355 u22655 ghiếc_6.10 喃 从恐省亦diệc聲△喇𢙕：吃驚。

𢙔 17356 u22654 lẫy_6.10 喃 从心礼lễ聲。

𢙓 17357 u22653 wèi_6.10 简 憒18435

𢙒 17358 u22652 xiāo_6.10 简 憢18292

𢙑 17359 u22651 mái_6.10 简 慣18291

𢙐 17360 u22650 náo_6.10 简 憹18422

𢘏 17361 u2264F xùn_6.10 简 愻17962

㤭 17363 u392D jiāo_6.10 简 憍18259

𡞖 17362 u21756 nỡ_6.10 喃 从忍女nữa聲。同忮16936△𡞖悉：忍心。

恽 17365 u607D yùn_6.10 简 惲17740

㤬 17364 u392C huì_6.10 同恚17268

恻 17367 u607B cè_6.10 简 惻17753

恼 17366 u607C nǎo_6.10 简 惱17739

恹 17369 u6079 yān_6.10 简 懨18594

恺 17368 u607A kǎi_6.10 简 愷17954

恷 17371 u6077 qiū_6.10 同怵17266

恸 17370 u6078 tòng_6.10 简 慟18103

恵 17373 u6075 huì_6.10 俗惠17631敦煌·S.516 歷代法寶記 引王梵志詩：恵眼近空心，非關髑髏孔。

恳 17374 u6073 kěn_6.10 简 懇18444

恶 17372 u6076 è_6.10 简 惡17633

恾 17375 08170 máng_7.11 廣韻 莫郎切 集韻 韻會 正韻 謨郎切 𠀤音茫。怖也 列子·楊朱篇 恾然無以應 又 廣韻 與忙同。鎣俗作㤶49444

恿 17376 08171 yǒng_7.11 廣韻 余隴切 集韻 尹竦切 𠀤音甬 說文 作勈。从力，或从戈从心。氣也，健也。亦書作勇。鎣又㥕17978

悀 17377 08172 yǒng_7.11 廣韻 余隴切 集韻 韻會 正韻 尹竦切 𠀤音勇 玉篇 怒也。忿也 又 廣韻 心喜也 又 集韻 凡以器盛而滿謂之悀。或从勇从容。鎣又慂17810㥙17958

悁 17378 08173 yuān_7.11 唐韻 於緣切 集韻 正韻 縈圓切 韻會 縈緣切 𠀤音娟 說文 忿也。从心肙聲 史記·魯仲連傳 棄忿悁之節 又 憂也 詩·陳風 中心悁悁 又 juàn 廣韻 正韻 吉掾切 集韻 韻會 規掾切 𠀤音絹。躁急也△俗作㤿。鎣又𢡕17580𢞦17852

悂 17379 08174 pī_7.11 廣韻 匹夷切 集韻 篇夷切 𠀤音紕。錯謬也

左思·魏都賦兼重𢡖以貤繆 図bì 集韻邊迷切音箆。意併也。図pǐ 集韻普米切。慎也△亦作悂。

悃 17380 08175
kǔn_7.11　唐韻集韻韻會正韻𠀤苦本切音閫◆說文悃也。从心困聲玉篇志純一也楚辭·卜居悃悃款款，朴以忠乎後漢·章帝詔悃愊無華。鎣又烟31066

恁 17381 08176
wàng_7.11　唐韻居況切集韻韻會正韻古況切𠀤音誑玉篇詐也，誤也図廣韻集韻𠀤于放切音旺。義同。鎣正字通忹，居況切音誑說文誤也正韻惑也。本作誑18004一作惶17493篆作恁。按惑義近訓誤，非。

悄 17382 08177
qiǎo_7.11　唐韻親小切集韻韻會正韻七小切𠀤音繅說文憂也。詩·邶風憂心悄悄。又陳風勞心悄兮。図qiào 集韻韻會正韻𠀤七肖切音俏。急也。鎣又怊16944

挵 17383 08178
lòng_7.11　廣韻集韻𠀤盧貢切音弄。挵，戇愚也。鎣又侫01259

悅 17384 08179
yuè_7.11　廣韻弋雪切集韻韻會欲雪切𠀤音閱爾雅·釋詁樂也。又服也韻會喜也図姓後燕錄有悅綰図或作說易·益卦民說無疆兌卦說以先民論語不亦說乎·毛氏曰古與論說字通用。後人作悅字以別之。△亦作兌禮·學記兌命曰：念終始典于學。鎣又悦17301悦17529

悇 17385 08180
lǔ_7.11　集韻兩舉切音呂。慢也。

怴 17386 08181
zhuǎng_7.11　玉篇之爽切。不悅也。

悆 17387 08182
yù_7.11　廣韻羊洳切集韻韻會羊茹切𠀤音豫。喜也図◆五音集韻商居切音余。義同。鎣又悆17517

悇 17388 08183
tū_7.11　廣韻他胡切集韻通都切𠀤音瑹廣雅懷憂貌集韻憛悇。禍福未定也後漢·馮衍·顯志賦終悇憛而洞疑図tú 集韻同都切音徒。苦憂也図yú 集韻羊諸切音余。樂也図chù 廣韻抽攄切楮御切𠀤音絮。憂也。或从慮図集韻類篇𠀤羊茹切音預。義同。

悈 17389 08184
jiè_7.11　唐韻古拜切集韻韻會正韻居拜切𠀤音戒說文飭也。从心戒聲司馬法有虞氏悈於中國図jì 五音集韻紀力切音亟爾雅·釋言急也図kè 集韻乞得切音克。駭而自專也。鎣又悈17792

悉 17390 08185
xī_7.11　古文恖恖悉廣韻集韻韻會正韻𠀤息七切音膝。詳盡也，諳究也。知也図姓△六書總要从心采，會意。采，古辨字，取明析之義，與采字不同。鎣又恖17312悉17183悉17196悉17068悉17243

愛 17391 08186
ài_7.11　古文炁集韻於代切音愛說文行貌。

悊 17392 08187
zhé_7.11　集韻哲古作悊前漢·刑法志聖人既躬明悊之性五行志視之不明，是謂不悊韋孟·在鄒詩赫赫天子，明悊且仁。又漢書引皋陶謨知人則哲。亦作則。

悊，蓋大篆从心，小篆从口。今文多作哲，隸用小篆也。鎣又質57772

恫 17393 08188
jiōng_7.11　篇海涓熒切音扃。憶也。鎣又恫17178正字通恫，滑永切。音扃。小明也。舊註訓憶，非。

怎 17394 08189
zuò_7.11　同作荀子·儒效篇無所疑怎註無所疑滯懟怎也揚子·太玄經階天不怎註怎，懟也。

恪 17395 08190
lìn_7.11　廣韻韻會正韻良刃切集韻力刃切𠀤同吝。鄙也，慳也家語商甚恪於財△本作吝。俗作恪。又作悋。鎣譌作悁17608

恡 17396 08191
lìn_7.11　正字通俗恪字。

悌 17397 08192
dì_7.11　唐韻特計切集韻韻會正韻大計切𠀤音第說文善兄弟也。从心弟聲。經典通用弟図tì 廣韻徒禮切集韻韻會待禮切𠀤音娣玉篇愷悌也，與詩豈弟同註豈，樂。弟，易也図集韻蕩亥切音待。義同。図dì 集韻待亦切。易也。或作弟。義同図爾雅·釋言豈、弟，發也郭璞註發，發行也。引詩齊子豈弟疏引鄭箋云此豈弟猶言發夕也。豈讀爲闓。弟古文尚書以弟爲圛，圛，明也。然則郭云發，發行也，是用鄭箋爲說孔穎達曰此豈弟猶發夕，言與餘豈弟不同也。讀愷爲闓說文闓，開也洪範論卜兆有五曰圛。註云圛者，色澤光明，上云發夕，謂初夜卽行。此云闓明，謂侵明而行，與上文相通也〇按豈弟又有發行之義。毛傳於齊風·載驅詩之豈弟，與他處豈弟訓義混同。鄭箋不從，必有據也集韻又有待亦切，當訓發也。今集韻仍毛傳，而不用箋，則多此一切，爲贅矣。

悍 17398 08193
hàn_7.11　唐韻集韻韻會侯旰切正韻侯幹切𠀤音翰說文勇也。从心旱聲倉頡篇桀也周禮·春官·大宗伯·地產註楚性急悍図集韻類篇下罕切韻會侯旱切𠀤音旱集韻性急也。通作旱史記·賈誼傳水激則旱兮註讀與悍同図五音集韻胡笴切音旱集韻戶版切音睅。義𠀤同。鎣慧琳音義勇悍：寒岸反說文悍，猛也。從心，旱聲。或從手作捍，或從攴、犬作敔21495狷33287，並通。

恐 17400 08195
kǒng_7.11　恐17254本字𠀤敷救切音副廣韻小怒也集韻恋也。本作愊。亦作愊図dòu 集韻大透切音豆玉篇悞也，誑也図fǒu 玉篇廣韻𠀤芳否切音紑。小怒也。鎣俗愊17769

悬 17401 08196
fù_7.11　廣韻集韻

悬 17399 08194
jiān_7.11　集韻姦10587古作悬。

悎 17402 08197
hào_7.11　集韻下老切音皓。懼也図玉篇心動也図jiào 居效切音教。驚也図kù 集韻類篇𠀤枯沃切音酷。怖也図類篇訖岳切音覺。義同。

噁 17403 08198
ài_7.11　字彙古㥁字徐鍇·說文繫傳向風而行，則氣噁吃也，故从㥁从口，氣壅則噁也△正字通經史皆从僾。

愜 17405 08200 qiè_7.11 同㥦。

集韻詰叶切𠀤音医 說文思貌。从心夾聲。𥳑 又愜17405

㥦 17404 08199 qiè_7.11 唐韻苦叶切

怖 17408 08203 bù_7.11 怖17112本字。
或从犬楚辭·九章悼來者之愻愻朱註愻愻。憂懼貌。
又前漢·王商傳卒無怵愻。𥳑 又怵17407

慈 17406 08201 tì_7.11 說文本作惕。

愀 17407 08202 tì_7.11 正字通俗愁字。𠀤同惕。

恖 17409 08204 zhì_7.11 集韻職吏切音志玉篇忘也。𥳑俗𢙅14901
龍龕㤫俗㤫18401正，昌志反。志也。又音試△字彙㤫，
之吏切音志集成忘也正字通㤫，志字之譌，㤫从志，
志則不忘，舊註引集成忿也，尤誤。

悒 17410 08205 yì_7.11 唐韻於汲切集韻韻會乙及切正韻一入
切𠀤音邑說文不安。从心邑聲玉篇憂也楚辭·天問
武發殺殷何所悒。𥳑又瘂36042忔16946

肅 17411 08206 sù_7.11 字彙古文蕭46889字△正字通古文从卪
字彙从力，非。

悻 17412 08207 xìng_7.11 唐韻胡頂切集韻下頂切𠀤音婞說文很
也𠫝集韻下𢧵切音杏。義同。

懸 17415 08210 huǐ_7.11 同悔。

悢 17413 08208 qiàn_7.11 集韻輕甸切。
與倩同說文譬諭也。引詩倩天之妹。或从心。

悔 17414 08209 huì_7.11 古文𢛃唐韻荒內切集韻韻會呼內切正
韻呼對切𠀤音誨說文悔，恨也玉篇改也，恨也𠫝huǐ
廣韻正韻呼罪切集韻虎猥切音賄。悔，吝也正字
通凡言人有悔吝，此悔字讀上聲。凡言人能改悔，此悔
字讀去聲。今人混讀者，非𠫝叶火五音切音虎陸機·凌霄
賦判烟雲之騰躍，半天步而無旅。詠凌霄之飄飄，永終
焉而弗悔𠫝叶許既切音戲班固·奕旨淡泊自守似道
意，隱居放言遠咎悔。𥳑又悔17329懸17415悔17478

悕 17416 08211 xī_7.11 廣韻集韻𠀤香衣切音希玉篇念也廣韻
願也𠫝悲也。公羊傳·成十六年在招丘悕矣。

悖 17417 08212 bǎi_7.11 集韻布亥切。恃也𠫝五音集韻五亥切音
駭。義同。

悖 17418 08213 bó_7.11 唐韻韻會正韻蒲沒切集韻薄沒切𠀤音
字說文亂也玉篇逆也周語是以事行而不悖註步沒
切𠫝盛貌左傳·莊十一年其興也悖焉註悖，盛貌。一
作勃𠫝姓也𠫝pèi玉篇廣韻集韻𠀤蒲昧切音佩詩·大
雅覆俾我悖註蒲對反𠫝bèi集韻韻會𠀤補昧切博雅强也△本作
誖，从言。或从心作悖。或从口作哱。籀从二或作㬪，
上下反覆，皆相惑，故爲誖字。梁王以佛有悖音，改悖
爲背。嗣後該讀入聲者，多讀去聲矣△集韻悖，亦作
愻。𥳑又怫17147㤱17497㤹17772字學三正𢛒11779，悖六
倉子。按，𢛒11778字之譌。

悗 17419 08214 mán_7.11 廣韻母官切集韻謨官切𠀤音瞞玉篇惑
也。或从曼作慢𠫝mèn集韻母本切音懣。廢忘也莊
子·大宗師悗乎忘其言韓非子·忠孝篇悗密蠢愚△一曰
無匹貌。

梗 17420 08215 gěng_7.11 集韻古杏切音梗。恨也。

悘 17421 08216 yī_7.11 集韻於其切音醫博雅審也𠫝yì五音集
韻壹計切音翳。恭也，靜也。

㤦 17422 08217 chè_7.11 廣韻丑輒切集韻敕涉切𠀤音鋪玉篇心
動貌𠫝休也𠫝廣韻叱涉切集韻尺涉切𠀤音謵廣韻
侸㤦，小人貌集韻黠貌𠫝shè集韻失涉切音攝。怪也
𠫝dié集韻達協切音喋。㤦懷，志輕也△俗作㥉，非。
𥳑又怖17352

慈 17423 08218 cí_7.11 俗慈字。

㟰 17424 08219 máng_7.11 集韻莫江
切音厖。惛也𠫝màng集韻類篇𠀤尨巷切。戇愚也

悙 17425 08220 hēng_7.11 廣韻許庚切集韻虛庚切𠀤音亨。悙悙，
自矜健貌𠫝披庚切音烹。義同𠫝hèng五音集韻
亨孟切音啈。悙悙，疎率也。

慬 17426 08221 jìn_7.11 集韻巨禁切音噤。心堅固也。或从禁。
𥳑憗，本字。

悚 17427 08222 sǒng_7.11 古文㦔廣韻息拱切集韻韻會荀勇切正
韻息勇切𠀤音聳說文懼也。本作愯。从心，雙省聲。
今作悚△集韻或作㦗。通作竦。

憨 17428 08223 hān_7.11 集韻呼含切音峆。疎縱也。

悛 17429 08224 quān_7.11 唐韻此緣切集韻逡緣切𠀤音詮說文止
也廣韻改也周語其有悛乎𠫝次也左傳·哀三年外內
以悛𠫝集韻韻會正韻𠀤七倫切音逡。義同𠫝xún集
韻須倫切音荀。與恂同說文信心也。

悜 17430 08225 chěng_7.11 廣韻集韻𠀤丑郢切音逞。悜悜，意不
盡也。

㦂 17431 08226 xiàn_7.11 集韻私箭切音綫。憐也。𥳑或綖、綖二
字之俗訛𡬤洪音義惋㦂：上於遠反，下羊然反，地衣
也。正作綩綖，或作惋㦂。爲㦂：觸延反，与綖同也。
惋。

愱 17432 08227 jì_7.11 集韻奇寄切，音忌◇敬也。𥳑又正字通
俗忌16921字。

悝 17433 08228 kuī_7.11 唐韻苦回切集韻韻會正韻枯回切𠀤音
恢說文啁也。从心里聲。與詼通張衡·東京賦由余以
西戎孤臣，而悝秦穆公於宮室𠫝人名，衞孔悝、魏李
悝𠫝lǐ玉篇廣韻良士切集韻兩耳切𠀤音理玉篇憂
也，悲也，疾也。與里通詩·大雅云如何里朱傳里，憂
也。𥳑又憫18305

悮 17434 08229 wù_7.11 廣韻集韻韻會正韻𠀤五故切。與誤同說
文謬也𠫝欺也，疑也，惑也。

悟 17435 08230
wù_7.11 古文悟 唐韻 集韻 韻會 正韻 丛五故切音
誤 說文 覺也。从心吾聲 困知記 無所覺之謂迷，有所覺
之謂悟 又 啓發人曰悟 崔駰·達旨 唐睢華顛以悟秦。
又 通作寤 史記·項羽傳贊 尚不覺悟。 鋻 又晤06364
唔07008 悟16976 懵18632 昏37470 脩48237

悠 17436 08231
yóu_7.11 唐韻 以周切 集韻 韻會 夷周切丛音由 說
文 憂也。从心攸聲 詩·小雅 悠悠我里 註 悠悠，憂也。
又 思也 詩·周南 悠哉悠哉 箋 思之哉，思之哉 又 遠也
詩·鄘風 驅馬悠悠 註 悠悠，遠貌。 又 周頌 於乎悠哉 傳
悠，遠也 又 行貌 詩·小雅 悠悠南行 又 眇邈無期貌。
◦ 詩·王風 悠悠蒼天。 又 閒暇貌 詩·小雅 悠悠旆旌。
又 通作攸 孟子 攸然而逝 前漢·班固敘傳 攸攸外寓。
又 通作縣 前漢·韋賢傳 犬馬縣縣。 讀作悠悠。

悴 17437 08232
cuò_7.11 篇海 則臥切音挫。折挫也。

恓 17438 08233
xì_7.11 廣韻 許激切 集韻 馨激切丛音鬩 集韻 心
不自安謂之恓△ 玉篇 與憪同。 鋻 又烋30979 譆字，俗
烋31908 又 玉篇 恬17226，許吉切。怖也。

㤠 17439 08234
liè_7.11 正字通 同㤠 怺 17440 08235
qiú_7.11 集韻 渠尤
切音求。怨咎也。本作㤠，亦作愭。

惇 17441 08236
láo_7.11 篇海 勞、澇二音○按向來字書罕載，惟一
見於 篇海 字彙 正字通 都本 篇海，別無考據，其引釋
典結愛相戀，惇亦牢字之譌耳。 鋻 又惇，俗嫪11267 可
洪音義 戀惇：郎到反，慕也。正作嫪 又 字彙 惇，同勞
又 去聲，音澇。義同。

慌 17442 08237
huǎng_7.11 正字通 慌字之譌。

㤜 17443 08238
lí_7.11 正字通 同愁 悢 17444 08239
liàng_7.11 廣韻 集韻
韻會 力讓切 正韻 力仗切丛音亮 博雅 悲也 玉篇 悢悢，
惆悵也 蘇武詩 悢悢不能辭 又 眷眷也 後漢·陳蕃傳 天
之於漢，悢悢不已 又 lǎng 五音集韻 里黨切音朗 玉篇
懷悢，不得志也。 鋻 又悢17577 悷17820

患 17445 08240
huàn_7.11 古文愚 悶 悶 廣韻 集韻 韻會 正韻 丛胡慣
切音宦 說文 憂也 玉篇 禍也，疾也 廣韻 惡也，苦也。
又 姓。 又 叶胡玩切音換 謝惠連·秋懷詩 平生無志意，
少小嬰憂患。如何乘苦心，矧復值秋晏。 又 韻補 叶熒
絹切音院 蘇軾·謝吳山神文 西湖堙塞，積歲之患。禱於
有神，陰假其便△ 精薀 一中爲忠，二中爲患。 鋻 又
悶65091

愍 17446 08241
fěn_7.11 篇海 府刎切音粉。動也。 鋻 直音篇 愍，
本作捲。

恩 17447 08242
cōng_7.11 集韻 麤叢切音聰。恩恩，急邊也 晉書·王
彪之傳 無故恩恩，先占猖獗△ 亦作忩。俗作匁，非。
鋻 又匁匁04226，並俗恩。今通作匁 又 可洪音義 忪16988
忪：倉公反，忙邊也。正作忩16987也。

惧 17448 08243
jù_7.11 集韻 將預切。與怚同 說文 驕也。本作怚，

或作㤩。

意 17449 08244
yì_7.11 籀文憙18313字 六書總要 从心、言，會意 魏
校曰 心欲有爲，非言不達。小篆从音作意，而義晦矣。

悝 17450 08245
kuáng_7.11 玉篇 古文狂33056字。

恭 17451 08246
gōng_7.11 正字通 恭本字。

悢 17452 08247
hèn_7.11 正字通 恨本字。

恩 17453 08248
xī_7.11 正字通 古文悉17390字 集韻 亦作恩。

悅 17454 08249
mào_7.11 五音集韻 眉俵切音廟。惆也。 鋻 楊寶忠：
俗帽14907，幗也。

愵 17455 08250
xiá_7.11 集韻 何加切音遐。怨也。

悸 17456 08251
jì_7.11 字彙補 與悰同。

愈 17457 08252
yú_7.11 字彙補 以諸切音余。恭敬也。

崟 17458 08253
qíng_7.11 字彙補 古文情17566字。見崔希裕 略古

慾 17459 08254
yōu_7.11 字彙補 同悠。見 司馬君碑

愬 17460 08255
sù_7.11 篇海 蘇故切音素。生革也。 鋻 楊寶忠：
俗愬17930

悟 17461 41202
tēng_7.11 字彙補 通憃切，音鼕◇ 愚痴貌。

悁 17462 41204
zhù_7.11 川篇 音佇。思也。

惶 17463 43599
nì_7.11 字彙補 音匿。

愸 17464 43600
zhì_7.11 五音篇海 音志。

您 17465 43601
nín_7.11 篇海類編 俗你字。

愫 17466 43602
suǒ_7.11 搜真玉鏡 音璅。

愲 17469 u2AAFE
null_7.11 未詳。 屍 17467 43603
hù_7.11 字彙補 音戶。

愙 17468 43604
kòu_7.11 搜真玉鏡 苦候切。 鋻 楊寶忠：俗愁。

愶 17470 u2AAFD
null_7.11 侯馬盟書.349 㤟愶。字亦見 客豊愶鼎

愴 17472 u2AAFA
xiān_7.11 簡 愴18417 悹 17471 u2AAFB
null_7.11 或俗帆14792

㤩 17474 u2AAF8
jié_7.11 龍龕 刦、却二音 可洪音義 不㤩：丘刦反，
上方經 作怯也。或作惻17635，巨約反，勞惓也 又 新撰
字鏡 憢惻：同，今作脅，虛業反。

㥠 17475 u2AAF7
chóu_7.11 簡 㥠18550 愉 17473 u2AAF9
yù_7.11 俗愉14897 方
以智 通雅 絺紛：上音抽脂切。下音乞戟切。一作絺愉。
又同欲 郭店·緇衣·八 君好則民愉之。

愈 17476 u2AAF6
null_7.11 喃 未詳。 怨 17479 u226BF
luǎn_7.11 俗惀17520
元·延祐二年圓沙書院刻本 玉篇 惀，力本切。腫惀，无
廉報 直音篇 惀，音卯，行無廉隅。

悔 17478 uFA3D huì _7.11 兼 悔17414

17477 u2AAF5 乿 lòng _7.11 嗃 同悉17484

奐 17480 u226BE huàn _7.11 同懊17800

悥 17482 u226BC ngớp _7.11 嗃 同睰37736

炌 17481 u226BD mến _7.11 嗃 从心沔miền聲。愛戴，愛慕。

愕 17483 u226B9 khuây _7.11 嗃 从心号khuya聲。忘。

悉 17484 u226B8 lòng _7.11 嗃 从心弄lộng聲。心裏，情懷△憑悉：滿足，同意。剖悉：滿意。

悷 17485 u226B7 giận _7.11 嗃 俗懥18215从心阵trần省聲△淎阵：憤怒。

悇 17486 u226B6 thỏa _7.11 嗃 从心妥thoả聲△悇悉：滿足△亦音nỗi。

怵 17487 u226B5 dãi _7.11 嗃 从心豸trãi聲△怵悲：直抒胸臆。

忍 17488 u226B4 dặn _7.11 嗃 从心忍nhẫn聲。忙。

杺 17489 u226B3 xôn _7.11 嗃 从心村thôn聲。紛亂。

悢 17490 u226B2 cảy _7.11 嗃 从心改cải聲△悢性：易怒。

恖 17498 u226A5 null _7.11 未詳

惷 17491 u226B1 cōng _7.11 俗蒽50730 隶辨·平聲·東韻 引 嚴訢碑 華澤青惷。

悩 17492 u226B0 nǎo _7.11 俗腦47547 慧琳音義 懊惱：上烏杲反。下猱老反 文字集略 惱，心内結恨也。並形聲字。

想 17499 u226A4 null _7.11 未詳

怹 17493 u226AF wàng _7.11 同惩17381 图 徦16627謁字。見 集韻 △宏按，宋本 集韻 不誤。

惡 17500 u226A3 null _7.11 未詳

怪 17494 u226AC guài _7.11 俗怪17144 可洪音義 伏怪：古拜反。異也。正作怪。

惩 17501 u226A2 mǐn _7.11 俗愍17801 碑別字 引唐 撫州曹參軍李彙墓誌

忌 17495 u226A9 jí _7.11 俗急17137 廣

悠 17496 u226A7 yōu _7.11 同憂18171 見簡帛文。

宋 17503 u226A0 null _7.11 未詳 韻 誖悖哼，補妹切。亂也。或从心从口。亦書作宋。

悖 17497 u226A6 bèi _7.11 同悖17418 集

意 17504 u2269F null _7.11 未詳

恳 17505 u2269E null _7.11 未詳

恔 17506 u2269D āi _7.11 可洪音義 埃08655 塵：上烏開反。塵恔。同上 图 人名 古璽彙編.3643 夏恔。

惢 17502 u226A1 qiú _7.11 或同求27776

恍 17508 u2269B gyaek _7.11 壯 盤算

悖 17510 u22699 xué _7.11 同懲18701

怊 17507 u2269C liú _7.11 或俗懰17949

恉 17511 u22698 null _7.11 未詳

恾 17509 u2269A wàng _7.11 或俗忘16942

悛 17515 u22694 null _7.11 未詳

恖 17513 u22696 null _7.11 或同悌

怵 17512 u22697 sàn _7.11 同憛17533 怵罵：斥責。

愍 17516 u22693 mǐn _7.11 同愍17501俗愍17801

愧 17514 u22695 yì _7.11 同愧17256

念 17517 u22692 yù _7.11 同念17387 龍龕 念，羊恕反。恱也，安也，豫也。

悑 17518 u2269D chóu _7.11 简憭18549

㤜 17519 u393C geop _7.11 韓 同怯17152

愻 17520 u393B luǎn _7.11 怨17221惡17220惡17479三俗，愻正。

悯 17521 u60AF mǐn _7.11 简憫18308

慤 17525 u60AB què _7.11 简慤18111

悮 17522 u60AE wù _7.11 同悮17434亦俗誤56056字 图 yú 俗娱10712 可 洪音義 歡悮：牛俱反。樂也。正作娱。

慳 17523 u60AD qiān _7.11 简慳18139

悬 17524 u60AC xuán _7.11 简懸18680

惡 17526 u60AA è _7.11 同惡17633 廣碑別字 引清 揭古碑

恼 17527 u60A9 nǎo _7.11 同惱17739

悧 17528 u60A7 lì _7.11 怜悧，亦作伶俐 图 rưới 嗃 从心利lợi聲△悧悧：沉鬱貌。

悦 17529 u60A6 yuè _7.11 简悦17384

悰 17530 08256 cóng _8.12 唐韻 藏宗切 集韻 韻會 徂宗切丛音賨 說文 樂也。从心宗聲 謝朓·游東田詩 戚戚苦無悰 集韻 或作諒。鋬俗作徖16655

悱 17531 08257 fěi _8.12 廣韻 正韻 敷尾切 集韻 韻會 妃尾切丛音斐 論語 不悱不發 朱註 口欲言而未能之貌△集韻 或作悝。

悲 17532 08258 bēi _8.12 唐韻 府眉切 集韻 韻會 正韻 逋眉切，並比平聲 說文 痛也。从心非聲。有聲無淚曰悲 詩 豳風 女心傷悲 毛傳 春女悲，秋士悲。感其物化也 鄭箋 春女感陽氣而思男，秋士感陰氣而思女，是其物化，所以悲也。一曰心非爲悲。心之所以非則悲矣 淮南子 原道訓 憂悲多恚，病乃成積。鋬又嘅07258 图 正字通 悱 六書故別作悲，從悱爲正。

悇 17533 08259 sàn _8.12 廣韻 蘇紺切音俕。憛悇，失志也 图 tàn 集韻 他紺切音僋。本作憛。或作悇 博雅 思也。一曰憛悇，憂惑也。一曰惶遽也。一曰禍福未定意。

悒 17534 08260 yān _8.12 廣韻 一鹽切 集韻 於鹽切丛音懕。悒憸，多意氣貌 图 yān 集韻 衣廉切音淹。愛也 图 集韻 衣檢切音奄。義同。或作愜 图 yàn 廣韻 於劍切 集韻 於贍切丛音俺。甘心也。鋬 廣韻 悒，於劍切。甘心 集韻 悒，於贍切 博雅 愛也。一曰忘也。

悳 17537 08263 dé _8.12 同惪

愃 17535 08261 zhí _8.12 五音集韻 常職切音植。專也。鋬 說文 長箋 愃，同惪dé。

惪 17536 08262 dé _8.12 唐韻 正韻 多則切 集韻 韻會 的則切丛音得。◆說文 外得於人，内得於己也。从直从心 六書精蘊 直心爲惪。生理本直，人行道而有得於心爲惪。小篆加彳，取行有所復之義 長箋 論語 以直報怨，以惪報惪，則知直卽是惪，通。溷用德非是。時尚茂密，故惪字幾廢 陰復春曰道惪之惪 說文 从直从心。德16816字从彳 从惪，

升也。今道憲字皆作德，而憲、悳字但爲古文矣。

悴 17538 08264
cuì_8.12　唐韻　集韻　韻會　丛秦醉切音萃。與顇通　說文　憂也。从心卒聲　楚辭·漁父　顏色憔悴　又sui　集韻　徐醉切音遂　廣雅　困悴也　又zú　集韻　昨律切音崒。憂也　劉向·九歎　覽屈氏之離騷兮，心哀哀而拂鬱。聲嗷嗷以寂寥兮，顧僕夫之憔悴　△俗作忰。　鍵　又悴17677　燁31603

悵 17539 08265
chàng_8.12　唐韻　集韻　韻會　丛丑亮切音暢　說文　望恨也　柳宗元·夢歸賦　靈幽漠以湔泪兮，進怊悵而不得。　鍵　又狼33353　悵17080

悳 17540 08266
tè_8.12　廣韻　集韻　丛他德切音忒。得也。

悶 17542 08268
mèn_8.12　俗悶字。　**悶** 17541 08267
mèn_8.12　廣韻　集韻　韻會　正韻　丛莫困切音懣　說文　懣也　易·乾卦　遯世無悶。　又mēn　集韻　莫奔切音門　老子道德經　其政悶悶，其民淳淳　戰國策　瘨而狂悶㾣不知人。或作惛，亦作悗。○按古韻文、元通。古人能調五言，自然叶韻。向來學者鮮知古韻，惟吳棫韻補　稍能推求，故朱子本之，雖未必盡合，亦思過半矣　字彙引韻補　不無小泥，而　正字通　駁之太過，若此處悶字原有平聲，而　字彙　叶明字爲誤耳。　鍵　通作悶17735　又閟64961　悶17646　悶65118

悷 17543 08269
lì_8.12　廣韻　集韻　韻會　郎計切　正韻　力霽切丛音麗　集韻　懍悷，悲貌　又　集韻　力至切音利。義同。

悸 17544 08270
jì_8.12　唐韻　集韻　韻會　正韻　丛其季切音痓　說文　心動也。从心季聲　又帶下垂貌　詩·衛風　垂帶悸兮　△集韻　或作懻。　鍵　又悸01434

悹 17545 08271
guàn_8.12　唐韻　集韻　正韻　丛古玩切音貫　說文　憂也　又guǎn　廣韻　古滿切　集韻　韻會　正韻　古緩切丛音管。悹悹，無依也　又guān　廣韻　集韻　丛古丸切音官　集韻　憂也　△或作悺。　鍵　又悹。

悺 17546 08272
guàn_8.12　玉篇　同悹　**悬**（惉）17547 08273
dá_8.12　正字通　同怛　前漢·王吉傳　引詩中心悬兮，作悬。

悻 17548 08274
xìng_8.12　集韻　下耿切音幸。悻悻，很怒也　孟子　悻悻然見於其面　又　集韻　韻會　正韻　丛下頂切。同婞　屈原·離騷　鯀婞直以忘身。婞或作悻。　鍵　段注　悭即　孟子　悻字也　孟子　則怒，悻悻然見於其面。

悼 17549 08275
dào_8.12　唐韻　徒到切　集韻　韻會　大到切　正韻　杜到切丛音導　廣韻　傷也　詩·邶風　中心是悼　又　憐愛也　禮·曲禮　七年曰悼，雖有罪，不加刑，憐其知未及，而非故犯也　又　懼也　揚子方言　陳、楚謂懼曰悼　又　諡法　中年早夭曰悼　春秋　晉悼公。　鍵　又悬17550　磬07796　敕46313　鰶46330　鰴46337　鰶46342　瘅36158

悳 17550 08276
dào_8.12　正字通　同悼。見悼註。

慫 17551 08277
qiú_8.12　廣韻　巨鳩切　集韻　渠尤切丛音求。怨仇也　又　廣韻　其九切　集韻　巨九切丛音臼。義同　△或作慫，亦書作悁。

悑 17552 08278
yà_8.12　集韻　牛懈切音睚。恨也。

悟 17553 08279
hù_8.12　同怙　揚子·太玄經　象艮之守，廉無悟也註　悟與怙通。

悷 17554 08280
líng_8.12　集韻　閭承切　五音集韻　力膺切丛音陵。憐也　揚子方言　趙魏燕代閒謂哀曰悷　又léng　集韻　盧登切音棱。驚也　張衡·東京賦　百禽悷遽。

悽 17555 08281
qī_8.12　唐韻　七稽切　集韻　韻會　正韻　千西切丛音妻　說文　痛也。从心妻聲　集韻　悲也　後漢·喬公祖傳　曹操過其墓，輒悽愴致祭奠　又　悽悽，饑病貌　後漢·周黃徐姜申屠列傳贊　悽悽碩人，陵阿窮退　又qì　韻會　七計切。恨也。　鍵　又悽01496

愛 17556 08282
shòu_8.12　集韻　是酉切音受。義闕。

悾 17557 08283
kōng_8.12　廣韻　正韻　苦紅切　集韻　韻會　枯公切丛音空。誠也，慤也　任昉·勸進箋　實有愚誠，不任悾款　又　悾悾，無知貌　論語　悾悾而不信　又qiāng　集韻　枯江切音腔　朱子·游臥龍詩　訪我深澗底，晤言絕紛哤。城南且細說，慰我心悾悾。又kǒng　集韻　苦動切音孔。悾憁，倥不得志也　又　集韻　苦貢切音控。義同。

悿 17558 08284
tiǎn_8.12　廣韻　他玷切　集韻　他點切丛音忝　玉篇　弱也　又　集韻　他典切音腆。悿懍，心惑也。

悷 17559 08285
tuì_8.12　廣韻　他內切　集韻　吐內切丛音退。肆也　揚子方言　肆欲爲悷　又duì　集韻　徒對切音隊　廣雅　忘也　又dài　集韻　待戴切音代　博雅　緩也　又　唐韻　他骨切音突。義同　△亦作悷。　鍵　又悷18290

惀 17560 08286
lún_8.12　廣韻　力迍切　集韻　盧昆切丛音論　說文　欲知之貌。从心侖聲　又　集韻　龍春切音倫。又　縷尹切音稐。義丛同　又lǔn　廣韻　盧本切　集韻　魯本切丛音惗　廣韻　思也　又lùn　集韻　盧困切，論去聲。懣也。　鍵　五音集韻　惀，思永時知謂之惀。

悉 17561 08287
xī_8.12　廣韻　先擊切　集韻　先的切丛音錫　博雅　悉，憂也　玉篇　敬也。　鍵　又愁17653亦譌作愁17392

悐 17562 08288
kǎn_8.12　唐韻　集韻　韻會　正韻　丛苦感切音坎　說文　憂困也。从心臽聲。

悃 17563 08289
kūn_8.12　廣韻　古渾切　集韻　公渾切丛音昆。亂也　又gǔn　廣韻　集韻　丛古本切音袞。義同。　鍵　又悾18116

慈 17564 08290
xián_8.12　唐韻　胡田切　集韻　胡千切丛音賢　說文　急也。从心从弦，弦亦聲。河南密縣有慈亭。　鍵　又慈17317　悇18233

惄 17565 08291
nì_8.12　古文惄　唐韻　奴歷切　集韻　韻會　乃歷切丛音溺　說文　饑餓也。从心叔聲。一曰憂也　詩·周南　惄如調飢　毛傳　惄，飢意也。李巡曰：宿不食之飢也　箋　惄，

思也 爾雅疏 恚而不得之，思也 正義 愬是饑之意，非饑之狀，故傳言饑意，箋以為思義，相接成也 詩·小雅 愬焉如擣。無饑義，故箋但訓為思 囚 集韻 或作飻 韓詩 作惱 五音集韻 亦作愍 囚 作南 梁·簡文帝詩 南音悲南弄。上如字。下音愬 囚 集韻 奴沃切音傉。義同。鼇 又 志17340 愬17778 愬17997 秘46366 愬53930

情 qíng_8.12 古文 恓晴 唐韻 疾盈切 集韻 韻會 正韻 慈盈切丛音晴。性之動也。从心青聲 董仲舒曰 人欲之謂情 詩序 六情靜于中，百物盪于外 白虎通 喜、怒、哀、樂、愛、惡，謂六情 禮·禮運 何謂人情。喜、怒、哀、懼、愛、惡、欲。七者弗學而能 囚 情，實也 論語 上好信，則民莫敢不用情△ 朱子曰 古人制字，先制得心字，性與情皆从心。性卽心之理，情卽心之用。

惆 chōu_8.12 廣韻 集韻 丛丑鳩切音抽 說文 失意也。从心周聲 荀子·禮論篇 惆然不嗛 註 惆然，悵然也 囚 韻會 陳留切音儔。義同 囚 qiū 集韻 韻會 丛羌幽切音區。懸愆也 囚 chòu 集韻 韻會 丛丑救切音臭。惆悵，失志貌 囚 jiù 卽就切 韻會 卽救切丛音僦。悲也。

惇 dūn_8.12 古文 壿 唐韻 集韻 韻會 正韻 丛都昆切音敦 說文 厚也。本作憞。从心臺聲。今作惇 書·舜典 惇德允元 註 厚也 禮·內則 皆有惇史 註 史之孝厚者也，非官名也 囚 通作敦 毛傳 厚也 爾雅·釋詁 敦，勉也 疏 厚相勉也 囚 zhūn 廣韻 章倫切 集韻 韻會 正韻 朱倫切丛音諄 廣韻 心實也 囚 chún 集韻 韻會 丛殊倫切音純。亦厚也 禮·樂記 樂者敦和 註 作惇。音純。通作醇。鼇 又 愑17917 惇17837

愳 chóu_8.12 集韻 讎56881 古作愳。

惈 guǒ_8.12 廣韻 集韻 韻會 丛古火切。與果同。敢勇也 倉頡篇 殺敢為惈 孫炎曰 惈決之惈，今通作果。

惨 cán_8.12 集韻 財干切音殘。恔也。

惉 zhān_8.12 集韻 處占切 韻會 正韻 蚩占切丛音襜 說文 惉懘，煩聲也 集韻 或作怗、苫，亦書作点。俗作惉，非 史記·樂書 五者不亂，則無惉懘之音 樂記 作怗。鼇 古俗字略。点，且廉切。点懘，樂音不和。怗、繎74857 並同。

惉 zhān_8.12 集韻 俗惉字 **惵** dié_8.12 廣韻 徒協切 集韻 達協切丛音牒 集韻 安也。或作愫。

悂 nèi_8.12 集韻 女恚切音諉。思也。鼇 又 悷17576

悈 nèi_8.12 字彙 與悂同 **悢** liáng_8.12 集韻 呂張切音良。悲也 囚 集韻 力讓切音諒。義同。或作恨、悀。

恀 fǒu_8.12 集韻 匹九切音紑。小怒也。本作愔。或作愔。

椪 péng_8.12 廣韻 薄萌切 集韻 蒲萌切丛音棚。椪惆，

好嗔貌。一曰怒貌 囚 pēng 集韻 披耕切音怦。同怦。忪慨也。

愐 yuān_8.12 玉篇 籀文悁字。

惋 wǎn_8.12 廣韻 集韻 韻會 正韻 丛烏貫切音腕 六書故 駭恨也 集韻 驚歎也。

惌 yuān_8.12 廣韻 集韻 丛於袁切音鴛 廣韻 惌，枉也 集韻 讎也，恚也。本作怨。或作惌 囚 小孔貌 周禮·冬官考工記·函人 凡察革之道，視其鑽空，欲其惌也 註 鑽孔以受線，欲其惌小無縫，則革堅難壞也 囚 yù 集韻 紆勿切音鬱。心所鬱積也。本作愠，或作惌，亦省作宛。囚 集韻 宛12010古作惌。鼇 又 惌41265 惌41293

愝 jīn_8.12 玉篇 居吟切音金。利也。

惧 jū_8.12 廣韻 集韻 類篇 丛居六切音匊 玉篇 謹慎也。

惎 jì_8.12 古文 忞 唐韻 集韻 韻會 渠記切 正韻 奇記切丛音忌 說文 毒也 左傳·定四年 管、蔡啟商，惎閒王室 註 周公攝政，管、蔡扇紂子祿父，毒害周室也。又 哀元年 少康為仍牧正，惎澆能，戒之 註 毒澆之能，故備之也 囚 教也 左傳·宣十二年 晉人或以廣隊，不能進，楚人惎之脫扃。又 惎之拔旆投衡 張衡·西京賦 天啓其心，人惎之謀△ 或作惎。亦作愳。鼇 六書故 別作态17055 慸甚14714疾惎也。

惚 còng_8.12 字彙 俗惚字。

惎 jì_8.12 正字通 同惎 **懋** lán_8.12 廣韻 力閒切音爛。地名。出 玉篇 ○按今 玉篇 失此字。

恉 zhǐ_8.12 篇海 陟里切音徵。快也。

憋 biē_8.12 五音集韻 蒲結切音蟞。醜氣也。鼇 正字通 同憋18255省。舊註音別，醜氣，誤。吳下方言考憋，音必 廣韻 憋，醜氣。案：醜氣，以為醜而生氣，偏欲如是也。吳中謂故意倔彊曰憋氣。

愾 chè_8.12 正字通 怈字之譌。

慄 dié_8.12 正字通 同慄 **依** yī_8.12 廣韻 集韻 丛於希切音衣。念痛聲也 囚 集韻 隱豈切音扆。義同。

愵 kòu_8.12 集韻 同怐。鼇 正字通 怐愵17099譌字。

忪 zhōng_8.12 玉篇 尺隴切，衝上聲。恐也。鼇 正字通 同忪16988俗从松作忪。舊註訓同忪。改音寵，誤。

惏 lán_8.12 唐韻 集韻 韻會 正韻 丛盧含切音嵐 廣韻 貪也。从心林聲 揚子方言 河之北謂貪曰惏 囚 lín 集韻 犁針切音淋。惏慄，寒也 囚 lǎn 集韻 盧感切音壈。不謹也。卜人詐告吉凶志。鼇 又 倰01347悷18545

悚 dōng_8.12 集韻 都籠切音東。愚也。

恧 17598 08324
yù_8.12 　集韻乙六切音郁。痛心也 図 yù越逼切音域。惻恧，傷痛也 図 xù忽域切音洫。心惑也。

惑 17599 08325
huò_8.12 　廣韻正韻戶國切 集韻韻會 䁸北切 說文亂也。从心或聲 廣韻迷也 增韻疑也 図 諡法滿志多窮曰惑 図 熒惑，星名 図 或作搣 荀子·不苟篇誰能以己之憔憔，受人之搣搣△亦通作或 孟子無或乎，王之不智也 史記·賈誼·服鳥賦衆人或或。本作或，後加心以別之。鋆又惐17598 憾31762

和 17600 08326
hé_8.12 　正字通俗和字。

愁 17601 08327
lí_8.12 　集韻愁字省文。

悿 17602 08328
tiǎn_8.12 　唐韻 集韻 韻會 正韻 䁸他典切，音晪。憗也 揚子方言荆揚青齊之間謂憗曰悿 左思·魏都賦悿墨而謝。鋆又睓37757 聤46673

悃 17603 08329
qūn_8.12 　◆篇海區鈞切音囷。勞倦也 図 巨運切音郡。義同。

惷 17604 08330
xiàng_8.12 　集韻赫巷切音戇。惷憧，志氣凌突也。

惓 17605 08331
quán_8.12 　集韻韻會 䁸逵員切音權 集韻惓惓，謹也。又懇至也 前漢·劉向傳惓惓之義也 図 通作卷 前漢·賈捐之傳敢昧死，竭卷卷 図 juàn 集韻逵眷切音券。罷也 玉篇悶也。與倦通。亦作惓倦。

愈 17606 08332
yuàn_8.12 　正字通古文愈字之譌○按字彙沿五音集韻引老君碑，誤。

惓 17607 08333
juàn_8.12 　正字通同倦。古作券，與券字別。

悋 17608 08334
lìn_8.12 　集韻何交切音爻。怯也 鋆集韻悋，何交切。怪也。楊寶忠：俗恪17396

愕 17609 08335
qióng_8.12 　正字通悆字之譌。

惔 17610 08336
tán_8.12 　唐韻 集韻 韻會 䁸徒甘切音談。燔也。从心炎聲 詩·小雅憂心如惔 鄭箋惔，燔也。憂心如火灼爛之矣 図 燎也 詩·大雅如惔如焚 毛傳惔，燎之也。図 tān 集韻他甘切 韻會他酣切 䁸音甜。又集韻于廉切音炎。又 韻會余廉切 正韻移廉切，並音鹽。義䁸同。図通作炎 詩如惔 韓詩作炎 後漢引詩亦作炎 註炎言熱氣盛也○按惔止有燔燎之義，俗混滄、淡、憺三字者，非 詩言憂心如惔，不過謂憂心之至，如火之炎耳，非謂惔字爲憂也。若以惔字爲憂，何以曰如惔乎。字書辭不達意，當以註疏爲正也。

辱 17612 08338
rù_8.12 　正字通同辱。

惪 17611 08337
yōu_8.12 　說文長箋與悤同 図 集韻烏侯切音謳。愁也。

惕 17613 08339
tì_8.12 　古文悥 唐韻 集韻 韻會 正韻 䁸他歷切音剔 說文敬也。从心易聲。図怵惕也，憂也，懼也 図 爾雅·釋訓惕惕，愛也。郭註 詩云心焉惕惕 韓詩以爲悅人，故言愛也 図疾也 吳語

一日惕 註疾也。疾速之疾 図 說文或作悐 前漢·王商傳無惕愁憂 集韻亦作愓、惖。鋆又愀17407

惚 17614 08340
hū_8.12 　集韻惕17613古作惚 図 篇海呼骨切音忽。明也。

悰 17615 08341
cǎi_8.12 　集韻此宰切音采 說文姦也 図 玉篇恨也 図急也 図 cāi倉來切。與猜同。

愔 17616 08342
niè_8.12 　◆集韻諾叶切音捻。愛也。又暗聲憶也。図 五音集韻蘇佃切，音線◇義同。

惱 17617 08343
qī_8.12 　廣韻去奇切 集韻丘奇切 䁸音攲 玉篇愇惱，儌意也 図 廣韻墟彼切音綺。義同。

恾 17618 08344
wàng_8.12 　集韻于放切音旺 揚子方言獷也。

惘 17619 08345
wǎng_8.12 　廣韻文兩切 集韻 韻會 正韻文紡切 䁸音網 集韻惘惝，失志貌。謂不稱適。罔罔然，無知意。亦惝邊貌 張衡·思玄賦覛惘惘而無疇 図 通作罔 前漢·司馬相如傳敞罔靡徙 註失志也。鋆又惘17667 罔17672

惙 17620 08346
zhuó_8.12 　唐韻陟劣切 集韻 韻會 正韻株劣切 䁸音綴 說文憂也。从心叕聲 詩·召南憂心惙惙。一曰意不定也 図 廣韻疲也 図 集韻 韻會 䁸丑芮切音啜。短氣貌。

惚 17621 08347
hū_8.12 　廣韻 集韻 韻會 正韻 䁸呼骨切音忽。惚惚，微妙不測貌 図 心志懢惘也 老子道德經惟恍惟惚 図 通作智 揚子法言神心惚恍 傳作智恍△亦通作芴 莊子·至樂篇芒乎芴乎 註與惚同 図 通作忽 史記·司馬相如傳芒芒恍忽 漢書音義慌忽，眼亂似有無也。鋆又惚17887

惛 17622 08348
hūn_8.12 　唐韻 集韻 韻會 正韻 䁸呼昆切音昏 說文不憭也。从心昏聲 廣韻不明了也 正韻心不明也 集韻或作恨、怋 図 mǐn 集韻弭盡切音泯。昏意也 莊子·知北遊惛然若亡而存。郭象讀 図 hǔn 集韻虎本切 韻會虛本切 䁸音齳 韻會小補惛憿，忽疾貌 図 hùn 廣韻呼悶切 集韻 韻會 正韻呼困切 䁸音焝 廣韻迷忘也 禮·曲禮八十九十曰耄 註耄，惛，忘也。◆管子·四時篇五漫漫，六惛惛，孰知之哉 図 mèn 集韻 韻會 䁸莫困切。與悶同 說文懣也。或作惛○按惛、惽古書錯見，大抵皆通。

悥 17623 08349
yù_8.12 　集韻余六切音育。心動也。

惜 17624 08350
xī_8.12 　唐韻 集韻 韻會 正韻 䁸思積切音昔 說文痛也。从心昔聲 廣韻悋也 增韻憐也，愛也。一曰貪也。鋆又憯18377 情17707

惝 17625 08351
chǎng_8.12 　與懢同 玉篇惝怳，失意不悅貌 莊子·則陽篇客出，而君惝然若有亡也。鋆又傑01943

泥 17626 08352
nì_8.12 　五音集韻奴計切音泥。心柔密也。

悥 17627 08353
jiān_8.12 　篇海音姦○按篇海因悥字而譌，六書無

此字。凡字不見經史者，多傳寫之誤。

愷 17628 08354
xīn_8.12　集韻許斤切音忻。喜也△亦作欣、訢。

悖 17629 08355
bāi_8.12　◆集韻蘗佳切音䢌。悖恦，自容人也。

惟 17630 08356
wéi_8.12　古文惢唐韻以追切集韻韻會夷佳切丛音維說文凡思也。從心佳聲玉篇有也，爲也，謀也，伊也囝語辭也毛晃曰有是惟之惟書濟河惟兗州之類。有思惟之惟書視遠惟明、詩載謀載惟之類。有惟獨之惟書惟王不邇聲色之類囝姓囝正韻無非切，音微◇義同○按說文从心佳聲，則梁韻弋佳切、唐韻以追切、宋韻夷佳切，丛切喩母也。獨正韻竟作無非切，則切微母矣。鑾又曤07320

惠 17631 08357
huì_8.12　古文蕙蕙惠直唐韻集韻正韻胡桂切，音慧說文仁也書·皋陶謨安民則惠蔡沈註惠，仁之愛也囝恩也書·蔡仲之命惟惠之懷囝爾雅·釋言順也書·舜典亮采惠疇詩·邶風惠然肯來毛傳時有順心也囝增韻賜也禮·月令行慶施惠囝貲也書·無逸惠鮮鰥寡註惠鮮者，貲予睏給之，使有生意也囝飾也山海經祠用圭璧之五，五采惠之註惠猶飾也。又三隅矛書·顧命二人雀弁執惠囝諡法柔質慈民曰惠囝州名。隋順州，宋改惠州囝姓。出琅邪，周惠王之後，梁有惠施。囝通作慧後漢·孔融傳將不早惠乎註惠慧同說文从心从叀徐鍇曰爲惠者，心專也。會意。鑾又德01926惠17373惠00689憓18268嬀18192蕙18698蕙18002

悜 17632 08358
yà_8.12　集韻衣駕切音亞。心鬱也。

惡 17633 08359
è_8.12　古文亞唐韻烏各切集韻韻會遏鄂切正韻遏各切丛音堊廣韻不善也。从心亞聲通論有心而惡謂之惡，無心而惡謂之過囝醜陋也書·洪範六極，五曰惡傳醜陋也◆五行傳貌不恭之罰囝瑕也周禮·冬官考工記·築氏敝盡而無惡註雖至敝盡，無瑕惡也囝粗也史記·項羽本紀以惡食食項王使者。謂粗飯也囝年凶曰歲惡囝器物不良曰苦惡囝糞穢也前漢·昌邑王傳如是青蠅惡矣師古曰惡卽矢也。越王句踐爲吳王嘗惡囝多所不可曰性惡後漢·華陀傳爲人性惡難得遂囝wù廣韻烏路切集韻韻會正韻烏故切，丛汙去聲。憎也，疾也左傳·隱三年周鄭交惡註兩相疾惡也囝忌也禮·王制奉諱惡註奉謂進也，諱謂先王之名，惡謂子卯忌日，謂奉進於王以所諱所惡也。囝恥也孟子羞惡之心囝wū廣韻哀都切集韻正韻汪胡切韻會汪烏切丛音汙。安也，何也論語惡乎成名孟子居惡在囝歎辭孟子惡，是何言也囝與淲同禮·禮器晉人將有事于河，必先有事于惡池古今字考惡同淲，池同沱，卽淲沱河也△古但作亞，加心作惡。加言作誣，丛轉注。因各轉聲成亞惡誣三文。集韻誣卽惡也。鑾又僫01944惡17341㠶54974㠶54971惡17372惡17526惡17648恩17843諡56675蕙51045惡50539囝可洪音義猒澀29604：烏故反。嫌澀也。正作惡啞澀三形。

伾 17634 08360
suǒ_8.12　廣韻蘇果切集韻損果切丛音瑣說文心疑也。从三心囝廣韻才棰切集韻聚藥切丛音種。義同囝ruǐ精蘊如累切正誣乳棰切。華蕊也。从三心。象形。別作蘂、蘂，通。俗作藥、蕊、蘂，丛非囝祀名管子·輕重篇秋至禾熟，天子祀大藥囝zuī廣韻姊宜切集韻津垂切丛音厜廣韻善也。

㦗 17635 08361
jǐ_8.12　正字通俗慨字。

慞 17636 08362
mào_8.12　正字通俗慒字。

惣 17637 08363
zǒng_8.12　◆集韻作弄切音總。倥傯也△亦作惣。鑾五音集韻惣，俗總。

悓 17638 08364
héng_8.12　集韻恆17231古作悓。

湄 17639 08365
miè_8.12　集韻與滅29141同。

慕 17640 08366
wù_8.12　集韻悟17435古作慕。

愢 17641 08367
sī_8.12　篇海胥茲切音思。厚也。

慾 17642 08368
hū_8.12　篇海於謹切音隱。疾人憂也。鑾亦作慾17681未詳。新修玉篇慾，呼絞切。一慾性也。慂，於謹切。疾人憂。

悭 17643 08369
jiān_8.12　篇海經天切音堅。布名囝字彙補漢縣名。屬東萊郡。見漢志

惟 17644 08370
wéi_8.12　字彙補古文惟17630字。

惥 17645 08371
yù_8.12　字彙補依倨切音淤永嘉集說文順情則嬉怡生愛，違意則惥儲懷嗔。

悶 17646 08372
mèn_8.12　說文長箋同悶17735

慾 17647 08373
yuàn_8.12　集韻怨17141古作慾。

惡 17648 08374
è_8.12　字彙補與惡同。見漢碑

宓 17649 08375
mì_8.12　字彙補與密同。

悂 17658 43605
xuàn_8.12　龍龕同忴。憐18263字石鼓文吳人慾忮。鑾石鼓文吳人慾皉。

慈 17650 08376
lián_8.12　字彙補古文憐18263字。

慈 17651 08377
ài_8.12　集韻愛17829古作慈。

慫 17652 08378
lí_8.12　字彙補力其切，音離◇憂也。

楒 17653 41203
xǐ_8.12　五音篇海先擊切，音析。敬也。

悆 17655 41206
jiū_8.12　六書略音鳩。聚也。

悆 17656 41207
null_8.12　字彙補音未詳。悆谷，地名博古圖·周敔敦銘王命敔追迎于上洛悆谷。

愡 17657 41208
cōng_8.12　字彙補倉紅切音聰。赤色。

慫 17659 u2AB06
null_8.12　未詳。

愛 17654 41205
ài_8.12　字彙補同愛十六國春秋惠施惜愛子之頭，捨志以尊齊。

窓 17660 u2AB05
null_8.12　未詳。

慈 17661 u2AB04
cí_8.12　俗慈17986 宋
元以來俗字譜 引 通俗小說 等。

悁 17662 u2AB03
null_8.12　未詳。

恝 17663 u2AB02
null_8.12　未詳。

恌 17664 u2AB01
null_8.12　未詳。

愕 17665 u2AB00
null_8.12　未詳。

芯 17666 u2AAFF
null_8.12　未詳。

惘 17667 uFA86
wǎng_8.12　同惘17619

惡 17668 u22727
null_8.12　或俗黑。

佞 17670 u22721
nìng_8.12　俗佞00996 可
洪音義 佞01505臣：上奴定反。倰臣：同上 图 thiếp 喃 从心妾thiếp聲。昏沉△盰倰：沉睡。倰倰：昏昏沉沉。

㤰 17669 u22722
bẽ_8.12　喃 从心彼bỉ聲。羞愧。

惆 17671 u22720
mừng_8.12　喃同思17687喜，慶，高興。

惘 17672 u2271F
wǎng_8.12　俗惘17619 可 洪音義 惘然：上無徃反。

悷 17673 u2271E
lười_8.12　喃 从心來lai聲△悷炳：懶惰。

悹 17674 u2271D
sợ_8.12　喃 从心事sự聲。懼，怕。

慌 17675 u2271C
hổ_8.12　喃 从心虎hổ聲△慌慡：羞愧。

慫 17676 u2271B
null_8.12　未詳。

悴 17677 u22719
cuì_8.12　同悴17538
六書正譌 悴，憂也。从心卒聲。與頠字不同。

惚 17681 u22715
hū_8.12　同惚17642
元·吳昌齡 花間四友東坡夢·第一折 小和尚心惚，一本
心經 念了三年零六個月，還記不得。

倴 17678 u22718
bèn_8.12　俗笨41821

捧 17679 u22717
vụng_8.12　喃 从心奉phụng聲。笨拙。

悳 17680 u22716
dé_8.12　集韻 悳，古作悳。

恕 17682 u22714
zhì_8.12　同智22719見 墨子間詁

惣 17683 u22713
zǒng_8.12　同惣32795俗總44810

愈 17684 u22712
laengx_8.12　壯 無奈。愈捹：實在無奈。

憗 17685 u22711
null_8.12　未詳。

惟 17686 u22710
null_8.12　未詳。

惆 17687 u2270F
mừng_8.12　喃 从心明minh聲。高興，興奮。

㤇 17688 u2270E
null_8.12　未詳。

㤍 17689 u2270D
nǎo_8.12　同㤍34252俗瑙34308 可 洪音義 馬㤍：音惱。

招 17690 u2270C
null_8.12　未詳。

㥇 17695 u22707
guàn_8.12　俗㥇17545

慼 17696 u22706
null_8.12　未詳。

惉 17691 u2270B
zhān_8.12　或俗惉17572

意 17692 u2270A
gōng_8.12　或同憤17926

悲 17693 u22709
zuò_8.12　或同怎17394

瑟 17694 u22708
sè_8.12　俗瑟34316 碑
別字新編 引 魏元□妃吐谷渾氏墓誌

淰 17697 u22705
niǎn_8.12　俗淰28617
今圖書集成·曆象彙編·庶徵典·第一百五十八卷·聲音異
部總論·禮記·樂記 宮為君，商為臣，角為民，徵為事，
羽為物。五者不亂，則無惉懘之音矣。

滰 17699 u22703
zhān_8.12　俗惉17572 古

怒 17700 u22702
null_8.12　未詳。

㤀 17701 u22701
null_8.12　未詳。

倢 17702 u22700
jié_8.12　同捷19845 新撰字鏡 倢，胡緣反。慧也。
倢也。疾也 图 踕踕，或作倢倢。

㥿 17703 u226FF
null_8.12　未詳。

惧 17705 u226FD
mào_8.12　俗帽14989 可 洪音義 戴惧：莫報反。

情 17707 u226FB
xǐ_8.12　俗惜17624

抱 17708 u226FA
null_8.12　未詳。

㤣 17711 u226F7
null_8.12　未詳。

㥉 17713 u226F5
záng_8.12　粵 燥怒。亦作瘔36476

恴 17715 u226F3
dé_8.12　同悳17537

悳 17716 u226F2
chuí_8.12　漢語大字典 P.2322 悳，垂的譌字 清平山
堂話本·李元吳救朱蛇 元登岸上橋，來悳虹亭上。

憖 17717 u226F1
yìn_8.12　俗憖18271

恒 17719 u226EF
huò_8.12　簡懂18276

㤜 17721 u3958
qiè_8.12　同惻17519

惡 17723 uF9B9
è_8.12　兼惡。

惮 17725 u60EE
dàn_8.12　簡憚18278

愜 17727 u60EC
qiè_8.12　簡愜17831

惪 17729 u60EA
dé_8.12　同悳17537

惨 17731 u60E8
cǎn_8.12　簡慘18094

惦 17733 u60E6
diàn_8.12　思念、掛念。

悶 17735 u60B6
mèn_8.12　字典·心部 作悶17541

愝 17698 u22704
yīn_8.12　俗慇17984

惆 17704 u226FE
tú_8.12　或同圖08194

俶 17706 u226FC
nì_8.12　同怒17565

悅 17709 u226F9
yuè_8.12　或俗悅17384

㥉 17710 u226F8
null_8.12　未詳。

猛 17714 u226F4
měng_8.12　俗猛33333 直
音篇 音猛。又 粵 同瘟36189惱怒。

㥟 17712 u226F6
null_8.12　未詳。

愢 17718 u226F0
null_8.12　未詳。

恾 17720 u3959
null_8.12　未詳。

慢 17722 u3957
null_8.12　未詳。

慣 17724 u60EF
guàn_8.12　簡慣18110

慚 17726 u60ED
cán_8.12　簡慚18096

憊 17728 u60EB
bèi_8.12　簡憊18254

懲 17730 u60E9
chéng_8.12　簡懲18621

懼 17732 u60E7
jù_8.12　簡懼18730

愿 17734 u60E5
yǒng_8.12　同憑17978

悇 17736 08379
yú_9.13　廣韻 羊朱切 集韻 韻會 容朱切 丛音俞。憂
也 图 yǔ 廣韻 以主切 集韻 韻會 勇主切 丛音窳。懼也。
图 正韻 偶許切音語。義同○按以字勇字皆喻母，偶字
則入疑母 正韻 悉用雅音，凡疑母字皆入喻母。然此悇
字平聲之切則用喻母，而上聲之切又用疑母矣。鑒又
悇17255

悇 17737 08380
jí_9.13　廣韻 紀力切 集韻 韻會 訖力切，丛音棘。
• 說文 疾也。从心亟聲。一曰謹重貌 廣韻 急性相背也。
列子·力命篇 讓悇凌誶 釋文 悇，吃也 图 kè 集韻 克革
切。與誖同。飾也，謹也 博雅 愛也。鑒又悇18075

惰 17738 08381
duò_9.13　古文 隳憜 唐韻 徒果切 集韻 韻會 杜果切
丛音垜 說文 不敬也。本作憜，从心隋聲。或作惰 玉篇 怠
也，易也 禮·曲禮 臨祭不惰 註 爲無神也 左傳·成十三年

今成子惰註惰則失中和之氣又正韻吐火切音妥。義同又duò廣韻集韻韻會徒臥切正韻杜臥切丛音貀。懈也，怠也增韻不恭也書·益稷股肱惰哉註懈怠，緩慢也左傳·僖十一年受玉惰正義執玉卑，替其質也禮·玉藻惰游之士註惰游，罷民也。丛去聲又通作媠前漢·谷永傳車馬媠游之具兩龔傳媠嫚無狀△亦作憜韋元成·詩戒供事靡憜△亦作憧後漢·單超傳徐臥虎，唐兩憧註持兩端也又tuó集韻徒禾切，音牠禮·曲禮言不惰註惰，訛不正之言。一讀徒禾反，一讀徒臥反。○按徒字杜字皆定母，而吐字則入透母矣正韻惰字上聲切透母，而去聲又切定母，不如廣韻集韻韻會上、去兩聲之協於一也。鎣又墮11392隓18399憜18541憜18556

惱 17739 08382 nǎo_9.13 廣韻奴皓切集韻韻會正韻乃老切丛音腦說文有所恨也。本作嫍。从女，𡿺省聲。今作惱廣韻懊惱也增韻事物撓心也△集韻或作𡟪、嬲，亦作憹。晉隆安初有懊憹歌，俗閒訛謠之曲。鎣又㛴17492恼17366𢙐17307𢡆36002𤸰36081𤹓36260𤺁36414𤻄36468𤈦31307𣨛26805又可洪音義煩㛴28623：音惱，又呼骨反，非也。懊惚17621：上烏老反，下奴老反。愁惚：音惱，正作惱。

惲 17740 08383 yǔn_9.13 唐韻於粉切韻會正韻委粉切丛音薀說文重厚也。从心軍聲又廣韻謀也，議也又姓又集韻巨隕切音窘。義同。鎣又恽17365慧琳音義產運：于郡反通俗文心亂曰惲。經文作轉運之運。兩通也。

想 17741 08384 xiǎng_9.13 廣韻正韻悉兩切集韻韻會寫兩切丛音鯗說文冀思也註希冀而思之也後漢·王霸傳夢想賢士晉書·謝安傳悠然遐想又增韻意之也。物未至而意之也又周禮·春官眡祲掌十煇之灋，以觀妖祥，辨吉凶。十曰想註鄭司農云想者，煇光也。鄭康成曰：想，雜氣有似可形想也△六書精蘊心有所欲而思也。字意从心从相，言有所著也。

惴 17742 08385 zhuì_9.13 唐韻集韻韻會正韻之瑞切廣韻之睡切丛音畽說文憂懼也，从心耑聲詩·秦風惴惴其慄。又guà集韻古賣切音卦。性多阻礙也。

愲 17743 08386 wèi_9.13 廣韻集韻韻會丛于貴切音胃廣韻怫愲，心不安也又博雅忼慨也。

惵 17744 08387 dié_9.13 廣韻徒協切集韻達協切丛音牒廣韻思懼貌後漢·竇后紀宮房惵息又惵惵，危懼也後漢·寒朗傳贊惵惵楚黎又tiē集韻託協切音帖。靜也。本作怗，或从枼又xié集韻虛涉切音偞。懼貌。本作歙。或作惵又正韻丁協切音喋。義同○按廣韻集韻俱切定母、透母，而正韻獨切端母，然以从心枼聲求之，當是定、透二母爲親也。鎣正字通𢝰17592𢡂17745丛同惵。

𢡂 17745 08388 xiè_9.13 集韻私列切音泄玉篇不安貌。鎣胡吉宣：惵17744重文

惼 17746 08389 qiān_9.13 廣韻集韻丛丘廉切，音鏲。惼愔，意不安也又集韻湛咸切。又上聲廣韻苦減切集韻口減切丛音槏。義丛同。鎣又傔01537𢷴20678㨜19822

惶 17747 08390 huáng_9.13 唐韻集韻韻會正韻丛胡光切音皇說文恐也。从心皇聲◆後漢·杜詩傳蕭廣縱暴，百姓惶擾又集韻雨方切音王。義同△說文長箋皇訓大，故从皇。通借用皇漢書皇恐譌作主臣，艸書皇字之誤。鎣又䁬23448

惷 17748 08391 chǔn_9.13 廣韻集韻韻會丛尺尹切音蠢說文亂也。从心春聲。通作蠢左傳·昭二十四年鄭子太叔曰：今王室實惷惷焉註惷惷，動擾貌。今俗本作蠢○按周禮·司刺三赦曰惷愚。惷字乃丑江、丑用二切，謂生而癡騃，與不識異義者，在三赦之內也。與惷字不同字彙引周禮惷愚於此惷字之下，誤。鎣又蕙18383𢽾21658𢽿21640

惸 17749 08392 qióng_9.13 廣韻正韻渠營切集韻韻會葵營切丛音瓊。憂也詩·小雅憂心惸惸傳惸惸，憂意又獨也詩·小雅哀此惸獨箋惸，獨也疏單獨之民，窮而無告也。又◆周禮·秋官·大司寇凡遠近惸獨老幼之欲有復於上鄭註無兄弟曰惸。又書·洪範無虐惸獨註惸，單無兄弟也又與煢同詩箋小註惸本作煢後漢·東平王傳俾屏余一人，夙夜煢煢又作𥨪孟子引小雅·正月詩作哀此𥨪獨△集韻又作㤕、𢡟○按惸訓憂，嬶訓獨，近日字書多分，然經書於惸字訓憂，又訓獨。蓋憂從獨生，而嬶惸、煢𥨪等經傳錯引互見，大抵皆通。鎣又㷀11841㦕17886

惹 17750 08393 rě_9.13 唐韻人者切集韻韻會正韻爾者切丛音喏說文亂也。从心若聲增韻引著也又韻會詭也，譃也，絓也又ruò廣韻而灼切集韻日灼切丛音弱廣雅挐也。一曰綽惹，不定貌△或作偌。

偌 17751 08394 nuò_9.13 古文𢡓集韻類篇丛匿各切音諾。心然也又集韻惹或作偌。註詳上。

惺 17752 08395 xīng_9.13 廣韻集韻韻會桑經切正韻先青切丛音星字林悟也廣韻惺憁，了慧也。又增韻靜也又xǐng廣韻集韻正韻丛息井切音省。與惛同又xǐng集韻韻會丛銑挺切音醒。亦悟也又靜中不昧曰惺。星夜明，故从星。

惻 17753 08396 cè_9.13 古文𢘻唐韻正韻初力切集韻韻會察色切丛音測說文痛也。从心則聲廣韻愴也易·井卦井渫不食，爲我心惻揚子·太玄經翕繳惻惻。鎣又恻17367𢡎18461

惰 17754 08397 xǐng_9.13 廣韻集韻丛息井切音省。悟也。或从星。

惼 17755 08398 biǎn_9.13 廣韻方典切集韻正韻補典切韻會俾緬切丛音扁爾雅·釋言急也集韻愝惼，性狹也莊子·山木篇有虛船來觸舟，雖有惼心之人，不怒又通作褊詩·魏

風維是褊心。

㥲 17756 08399 duó_9.13 廣韻徒落切集韻韻會正韻達各切太音鐸。忖㥲也△與度同。

㦁 17757 08400 jué_9.13 集韻極虐切音噱說文勞也又jí廣韻几劇切集韻訖逆切太音戟。疲也又集韻乞逆切音隙。義同又jì廣韻奇逆切集韻竭戟切太音劇揚子方言倦也。本作㑥，或作御，俗作㦁、㓃。鑾又㦁17635㓃56967

惛 17758 08401 hūn_9.13 集韻呼昆切音昏。不憭也孟子齊宣王曰：吾惛又集韻謨奔切音門。義同又miàn集韻暱見切音麪。本作涽，或作愐，亦省作泯。泫涽，混合也又mèn莫困切。與悶同後漢·張衡·應閒文不見是而不惛註猶悶也。與惛同。

㥄 17759 08402 wǔ_9.13 廣韻文甫切集韻罔甫切太音武◆說文撫也。从心某聲。又爾雅·釋詁愛也註㥄，韓、鄭語疏韓、鄭曰憮，與㥄義同又mǔ廣韻莫補切集韻滿補切太音姥。又wú平聲廣韻武夫切集韻微夫切太音無。義太同。

惎 17760 08403 mú_9.13 集韻謨56550古作惎書·臯陶謨古作咎繇惎。○按字彙謂同謀，誤。

㤿 17761 08404 yān_9.13 集韻與惓同。

㥮 17762 08405 zōng_9.13 集韻祖叢切音騣。刻賊不通也又sòu先奏切音潄。困㥮，氣臭熏鼻不通也莊子·天地篇五臭熏鼻，困㥮中顙註困㥮，衝逆人也。鑾又㥮18478㥮39961

㥡 17763 08406 miǎn_9.13 集韻彌兗切音沔說文厲也。从心弭聲。一曰止也又mǐ廣韻綿婢切集韻母婢切太音弭。義同。

㥠 17764 08407 qì_9.13 集韻七入切音緝。心不止貌元結詩心騷㥠兮意惶懷○按心不止字彙譌爲不正。

惿 17765 08408 tí_9.13 集韻田黎切音提。惿㽱，心怯也又shì上紙切音是。審也。亦作諟。

㥾 17766 08409 ná_9.13 正字通俗拏字。鑾正字通俗㣼17105字。

愀 17767 08410 qiǎo_9.13 廣韻親小切集韻韻會正韻七小切太音悄集韻容色變也禮·哀公問愀然作色列子·仲尼篇愀然有閒蘇軾·赤壁賦愀然正襟危坐。皆讀七小切，與悄通又謹也揚子法言愀如也註愀然，謹也又集韻子小切音剿。又集韻子了切音湫。又集韻韻會太在久切音湫。又集韻韻會太子酉切音酒。義太同又qiāo集韻千遙切音鍬。亦色變也莊子·讓王篇愀然變容。郭象讀。又集韻雌由切音秋。又類篇字秋切音酋。義太同。又qiù七救切，音近僦。蕭條貌後漢·馬融·廣成頌原野寥愀。

愁 17768 08411 chóu_9.13 唐韻士尤切集韻韻會正韻鋤尤切太音溞說文憂也。从心秋聲廣韻悲也增韻慮也又jiū正韻即由切音揫禮·鄉飲酒義秋心爲言愁也註愁讀爲揫又jiū集韻將由切。與揂同說文揂，聚也。或作愁。又cáo集韻財勞切音曹。揚雄有畔牢愁△或書作㦤。鑾又㩅20920

㥱 17769 08412 chì_9.13 廣韻尺制切音掣說文小怒也。从心壴聲。鑾又㥱17578㤉17401

㥞 17770 08413 suì_9.13 說文徐醉切。深也。从心㒸聲又廣韻集韻太雖遂切音粹。義同○按說文切邪母玉篇以下皆切心母，以諧聲求之，終是邪母爲親也。鑾說文通訓定聲㥞，心思深邃也。

㥍 17771 08414 xié_9.13 唐韻集韻太戶佳切音膎說文怨恨也。又集韻黃圭切音攜。心不平也。鑾又㥍18188㥍18072

㤸 17772 08415 bèi_9.13 類篇同悖17418本作㤸。

愃 17773 08416 xuǎn_9.13 唐韻況晚切集韻火遠切太音烜◆說文寬嫺心腹貌。从心宣聲詩·衛風赫兮愃兮又xuān廣韻須緣切集韻荀緣切太音宣廣韻吳人語，快也通雅快謂之愃又集韻許元切音暄。義同。

㥳 17774 08417 wēi_9.13 集韻烏回切音煨。中善也。鑾又俗愧17924 敦煌·S.133變文·秋胡小說㥳汝新婦，九年孤眠獨宿。

㬋 17775 08418 hóu_9.13 集韻胡溝切音侯。㬋㥏，怒貌。

㥏 17776 08419 hóu_9.13 正字通俗㬋字。

㥮 17777 08420 sào_9.13 集韻先到切音燥玉篇快性也。

惄 17778 08421 nì_9.13 集韻乃歷切。同惄說文憂也△本作㥾，亦書作㥾。

㺖 17779 08422 náo_9.13 集韻奴刀切音猱。劣也△或作㦌。

愅 17780 08423 gé_9.13 集韻各核切。與諽同說文从言，或从心。飾也。一曰謹也，更也荀子·禮論篇愅詭註變異感動之容又克革切音礊。義同。

㥪 17781 08424 gě_9.13 集韻古達切音葛。賽也。

愆 17782 08425 qiān_9.13 古文僁廣韻去乾切集韻丘虔切太音騫說文過也增韻差爽也。又罪也，失也書·伊訓惟茲三風十愆註過也又惡疾曰愆左傳·昭二十六年王愆于厥身又叶起巾切音鬈詩·小雅我孔熯矣，式禮莫愆。工祝致告，徂賚孝孫韓愈·祭兄文其不有年，以補我愆。叶上墳、恩、原、奔又叶起淺切音遣詩·小雅伐木于阪。釃酒有衍。籩豆有踐，兄弟無遠。民之失德，乾餱以愆揚子·太玄經井無幹，水直衍，匪溪匪谷，終於愆。或作諐，亦作遣說文集韻又作寒，籀作㥶。鑾又㑶01751 㑶01993㑶01962㑶01938僁56032㑶02244㣐16766㣐17343 㥶18359䇂41470衍54005㣐54022遣60955遣60981僁02099

愇 17783 08426 wěi_9.13 廣韻于鬼切集韻羽鬼切太音偉。恨也班固·幽通賦豈不余身之足殉，愇世業之可懷△通作韙。

㥠 17784 08427 xū_9.13 廣韻相居切集韻新於切太音胥。智也。

囝 廣韻息呂切 集韻 寫與切 夶音醑。義同。

愈 yù_9.13　17785 08428

廣韻 以主切 集韻 韻會 勇主切 夶音庾 玉篇 勝也 廣韻 賢也 增韻 過也 孟子 丹之治水也，愈於禹 囝 進也，益也 詩·小雅 憂心愈愈 蘇氏曰 愈愈，益其之意 囝 差也 左傳·昭二十年 相從爲愈 註 愈，差也 正義 病差謂之愈 囝 正韻 偶許切。義同 囝 yú 集韻 容朱切 韻會 羊朱切 正韻 雲俱切 夶音于 老子道德經 動而愈出 音義 羊主反，又羊朱反 囝 通作俞 吳語 越聞俞章 荀子·仲尼篇 俞務而俞遠。夶讀作愈 前漢·禮志 俞甚亡益△亦通作瘉 晉語 東方之士孰爲瘉 註 賢也。又 前漢·藝文志 不猶瘉於野乎 囝 與愉通 荀子·正論篇 天子者，勢至重而形至佚，心至愈而志無所詘 註 愈讀爲愉〇按 廣韻 集韻 韻會 上聲俱切喻母，而 正韻 獨切疑母，蓋北音以疑爲喻，故又以喻爲疑也。然於平聲又切喻母，則其不安於疑母可知矣。夶又 薏18002 愈18219 愈02097 歈00337 囝 前漢·禮志 俞甚亡益。徐慧 前漢·董仲舒傳 俞甚亡益。

愉 yú_9.13　17786 08429

唐韻 羊朱切 集韻 韻會 容朱切 夶音腴。從心俞聲 玉篇 悅也，顏色樂也 禮·祭義 必有愉色 論語 愉愉如也 註 愉愉，和悅之貌 囝 爾雅·釋詁 樂也 詩·唐風 他人是愉 註 安閒之樂也 囝 爾雅·釋詁 服也 註 謂喜樂而服從也 囝 懌也 前漢·安世房中歌 高賢愉愉民所懷 註 愉愉，懌也 集韻 或作媮 囝 與愈17785通 囝 tōu 集韻 韻會 夶他侯切音偷 周禮·地官·大司徒 以俗教安，則民不愉 註 愉，音偷，謂朝不謀夕也 疏 偷，苟且也 囝 yǔ 勇主切音窳 爾雅·釋詁 勞也 註 今或作窳 疏 愉懶也。郭璞曰：勞苦者多懶愉也。

愾 āi_9.13　17787 08430

正字通 同哀 切音廞。義見愩17788註。夶又 愲18053。

愩 chěng_9.13　17788 08431

集韻 尺拯切。愩愩，愚貌。

誡 jiè_9.13　17792 08435

正字通 同誡 切 集韻 渠惟切 夶音葵 揚子方言 悸也 囝 集韻 巨龜切音逵。義同 囝 kuí 廣韻 求癸切 集韻 巨癸切 夶音揆。悸悸，悚悸也 囝 jì 集韻 其季切。與悸同。心動也。

悷 chī_9.13　17791 08434

集韻 丑吏切音呬。心不安也。

愑 qiú_9.13　17793 08436

廣韻 集韻 夶字秋切音酋 博雅 愑鉗惡也。一曰傲也。或從獣 囝 jiū 集韻 將由切音啾 玉篇 慮也。夶又 正字通 懱18419，愑字之譌。

嫁 jià_9.13　17794 08437

集韻 居迓切音嫁。心不安也。

愨 tū_9.13　17795 08438

五音篇海 度骨切音突。愨愨，慙也。

愩 hōng_9.13　17796 08439

廣韻 集韻 夶呼宏切音轟。愩愩，好嗔貌。

慧 huì_9.13　17797 08440

等韻 胡桂切音慧。明也。夶又 薏18002。

愊 pī_9.13　17798 08441

唐韻 芳逼切 集韻 韻會 拍逼切 夶音堛。誠志也 前漢·劉向傳 發憤愊愊 囝 bì 集韻 弼力切，音愎。

愃 xuān_9.13　17799 08442

鬱結也 後漢·馮衍·顯志賦 心愊意而紛紜。

廣韻 況袁切 集韻 許元切 夶音暄 玉篇 恨也，忘也 囝 yuán 集韻 于元切音袁 揚子方言 愃諒，智也△通作諼。夶又 愩18670。

愌 huàn_9.13　17800 08443

集韻 胡玩切音換。伴愌，不順也 囝 呼玩切音喚。義同。夶又 愌17480。

愍 mǐn_9.13　17801 08444

古文恖 唐韻 眉殞切 集韻 韻會 美隕切 夶音閔 說文 痛也。從心敃聲 廣韻 悲也，憐也 增韻 恤也，傷也 左傳·昭元年 吾代二子愍矣 囝 諡法 在國遭憂曰愍，在國逢難曰愍，禍亂方作曰愍，使民悲傷曰愍。囝 集韻 或作緡 囝 通作閔 春秋魯閔公 史記漢書作愍。△亦省作愍 前漢 蓋寬饒傳 愍傷寬饒，忠直憂國。囝 集韻 忙覲切，音近悶。强也 鄭康成曰 民不愍作勞。囝 fēn 集韻 敷文切音芬。心亂也△ 正字通 趙宦光謂愍不與閔通，太泥。夶又 慁18011 愍17501 囝 可洪音義 慈愍：眉殞反。悲也，憐也。下作愍17516 愍18099 二形。

愎 bì_9.13　17802 08445

廣韻 蒲逼切 集韻 韻會 弼力切 夶音煏 玉篇 很也 廣韻 戾也。剛愎自用也 左傳·僖十五年 愎諫違卜。

意 yì_9.13　17803 08446

唐韻 集韻 韻會 於記切 正韻 於戲切 夶音冀。志之發也 禮·大學疏 總包萬慮謂之心，爲情所意念謂之意 禮運 非意之也 註 意，心所無慮也 疏 謂於無形之處，用心思慮也。無慮，卽慮無也 囝 與抑通 徐鍇曰 見之於外曰意。意猶抑也。舍其言欲出而抑之 大戴禮武王問，黃帝、顓頊之道乎，意亦忽不可得見歟。意猶抑 論語 抑與之歟 漢石經作意，抑猶意，古通用也。囝 yī 轉注古音 於宜切音醫 前漢·韓信傳 意嗚猝嗟。囝 叶乙力切音億 秦之罘刻石文 大矣哉。宇縣之中，承順聖意。羣臣頌功，請刻於石表，垂乎常式。又與臆通 賈誼·服賦 請對以意 史記作臆 師古曰 叶韻音億△ 魏校曰 從心從音。意不可見而象，因言以會意也。夶意18313同 說文 意，滿也。意17449籀文省 囝 懿18628。

懂 dú_9.13　17804 08447

集韻 徒沃切音毒。憧也。夶楊寶忠：俗轉15017，憧也。

憏 yì_9.13　17805 08448

㥯字之譌〇按 集韻 類篇 㥯字征例切音制。病子在娠謂之㥯 集韻 十三祭内有㥯字 廣韻 有意字無㥯字，疑是 廣韻 之譌。

恨 xiá_9.13　17806 08449

俗恩字。

愐 miǎn_9.13　17807 08450

廣韻 集韻 夶彌兗切音沔 說文 勉也 廣韻 思也。夶又 怐17016 怐17078。

惥 yǒng_9.13　17810 08453

集韻 同愑。

愢 xiá_9.13　17808 08451

集韻 何加切音遐 玉篇 愢恩，難語也。夶又 恨17806。

憧 zhòng_9.13　17809 08452

唐韻 直隴切 集韻 柱勇切 夶音重 說文 遲也 囝 集韻 儲用切，重去聲。義同 囝 dòng 轉注古音 徒弄切。與懂通。見漢 郭仲奇碑。

愹 17811 08454
huò_9.13　[廣韻]虎伯切[集韻]霍虢切𠀤音劃。心驚也。

憐 17812 08455
liàn_9.13　[集韻]同憐。

忡 17813 08456
chóng_9.13　[集韻]持中切音蟲。憂也。[鋻]又憧18738忡17229忡16975

愭 17814 08457
dá_9.13　[集韻]德盍切，音答◇心恐也。

愁 17815 08458
qín_9.13　俗懃字。

愒 17816 08459
qì_9.13　[廣韻][集韻][韻會]𠀤去例切，音憩[說文]息也。從心曷聲[詩·小雅]不尚愒焉[大雅]汔可小愒[傳]皆訓息也[又][集韻]或作偈[揚雄·甘泉賦]度山巒兮偈棠梨[師古註]偈，讀作愒[又]kài[廣韻]苦蓋切[集韻][韻會][正韻]丘蓋切𠀤音磕[廣韻]貪也[左傳·昭元年]忨歲而愒日[註]忨愒皆貪也[又]急也[春秋·隱三年]葬宋繆公[廣韻]引[公羊傳]不及時而葬曰愒。愒，急也。今本作渴[又][集韻]可亥切音愷。義同。又hè[集韻]許葛切音嚇。相恐怯也。或作曷。通作偈[又]qiè[廣韻]丘謁切[集韻][韻會]丘傑切𠀤音朅[廣韻]息也。[鋻]又憩18431

憂 17817 08460
yōu_9.13　[唐韻][集韻]𠀤於求切音優[說文]愁也。人愁則形於顏面，故從心從頁，會意。或作𢝊，通作優。[鋻]又懮17611悠17959𢝊17316

愓 17818 08461
dàng_9.13　[唐韻]徒朗切[集韻][韻會]待朗切[正韻]徒黨切𠀤音蕩[說文]放也[荀子·榮辱篇]愓悍憍暴[又]dàng[集韻][韻會]大浪切[正韻]徒浪切𠀤音宕。義同[又]shāng[集韻][韻會][正韻]𠀤尸羊切音商。直疾貌[禮·玉藻]行容愓愓[又]yáng[集韻]余章切音羊[揚子·方言]婬愓，游也[又]山名[山海經]符愓之山△從心從易。易音陽，與從易不同。[鋻]又傷18294愓18338

愔 17819 08462
yīn_9.13　[廣韻]挹淫切[集韻][韻會]伊淫切[正韻]於禽切𠀤音瘖。愔愔，安和貌[左傳·昭十二年祈招詩]祈招之愔愔[又]深靜貌[嵇康·琴賦]愔愔琴德[又]ān[古今字考]烏含切，讀如諒闇之闇。默也。唐昭宗謂杜讓能曰：朕欲愔愔度日。言不欲默默也[正字通]改音益，誤。

憬 17820 08463
liàng_9.13　[正字通]同悢。

愕 17821 08464
è_9.13　[廣韻]五各切[集韻][韻會][正韻]逆各切𠀤音諤。錯愕，倉卒驚遽貌[又]阻礙不依順也[又][集韻][韻會][正韻]𠀤五故切音誤。義同，本作愣。[鋻]又𧹒37940覨55185

愖 17822 08465
chén_9.13　[廣韻]氏任切[集韻]時任切，𠀤與諶同[爾雅·釋詁]信也[廣韻]誠也[又]斟愖，遲疑也[後漢·馮衍·顯志賦]意斟愖而不澹[又]dān[集韻]都含切音耽。與媅同[說文]樂也。或从尤，亦書作湛[又]zhèn[集韻]知鴆切音揕。癡也[又]xìn[集韻]火禁切音讖。愖愖，心不正也。

愗 17823 08466
mào_9.13　[集韻]莫報切音冒。貪也△俗作愗。

愗 17824 08467
mào_9.13　[廣韻][集韻]𠀤莫候切音茂。恂17099愗，愚貌。亦與蟊、賈通，亦書作愗。[鋻]俗作懋17468

愘 17825 08468
qià_9.13　[集韻]丘駕切音髂。愘忴，多伏計也。[又]qiā[集韻]丘加切音𡰥。愘忴，伏態。或从客。

愙 17826 08469
kè_9.13　[正字通]同恪，亦書作㤁。

愚 17827 08470
yú_9.13　[集韻]元俱切音愚[說文]懽也。從心禺聲。琅邪朱虛有愚亭。

愚 17828 08471
yú_9.13　[唐韻]麌俱切[集韻][韻會]元俱切[正韻]牛俱切𠀤音虞。戇也，闇也，蒙也，昧也，蠢也，鈍也，愁也，滯也，固也，蔽也，冥也。一曰愚之言寓也，無所爲，若寄寓然[荀子·修身篇]非是是非之謂愚[又][山海經]天愚，神名。居苦山東堵山[又]姓。又叶魚侯切音吽[華嶠·自責文]聖恩雨注，哀棄其尤。猥命草對，潤被下愚。△從心從禺。禺，猴屬，獸之愚者。[鋻]又懄18512𥊳46502

愛 17829 08472
ài_9.13　古文㤅㤅㤅[唐韻]烏代切[集韻][韻會]於代切，𠀤同㤅。仁之發也。從心旡聲。又親也，恩也，惠也，憐也，寵也，好樂也，吝惜也，慕也，隱也[又][孝經·諫諍章疏]愛者，奉上之通稱[又][諡法]嗇於賜與曰愛[又]姓。宋刺史愛申[又]小篆作炁。[鋻]又㤅32240㤅32222媛11235媛11535[又][正字通]愛，鄭樵[六書略]作爰16949，爻，行也，心之行也[又]㤅17391同㤅17654見[五經文字·爻部]

愜 17830 08473
qiè_9.13　[唐韻]苦叶切[韻會]乞協切𠀤音篋[說文]快也。應劭曰志滿也[前漢·文帝紀]天下人民，未有愜志[又][集韻][類篇]𠀤詰叶切音頰。義同△從心匧聲，亦書作愜。

憁 17838 08481
còng_9.13　[字彙]俗憁字。

㦖 17832 08475
yǎn_9.13　[集韻]隱憾切音匽。㦖愐，性狹也[又]於殄切音宴。義同。

愜 17831 08474
qiè_9.13　同愜。見愜註。[鋻]又愜17727[直音篇]愜17830㤜17405同愜[又]愜17326[偏類碑別字]愜字引[唐王慶墓誌]

愞 17833 08476
ruǎn_9.13　[廣韻]而兗切[集韻]乳兗切𠀤音軟。弱也。或作懦偄㑆[又][集韻]乳尹切音蝡。又[玉篇][廣韻][集韻]𠀤奴亂切音糯。義𠀤同[又]nuò[集韻]奴臥切音糯。怯也[前漢·武帝紀]天漢二年，太守以畏愞棄市。

感 17834 08477
gǎn_9.13　古文𢦔[唐韻][集韻][韻會]𠀤古禫切，淦上聲[廣韻]動也。從心咸聲[增韻]格也，觸也[易·咸卦]天地感而萬物化生，聖人感人心而天下和平[又][字彙補]戶坎切。與撼通[詩·召南]無感我帨兮[又]hàn[集韻][正韻]𠀤胡紺切。與憾通。恨也[左傳·昭十一年]唯蔡於感△咸有感義，故感字从咸。[鋻]又憾18225咸17185

㥧 17835 08478
shùn_9.13　[集韻]順67944古作㥧。

慍 17836 08479
yùn_9.13　[唐韻][正韻]於問切[集韻][韻會]紆問切𠀤音蘊[說文]怒也。本作㥞[廣韻]恚也[倉頡篇]恨也[詩·邶風]慍于羣小[又]yǔn[集韻]委隕切[韻會]委粉切𠀤音惲。心所蘊積也[又]或作蘊[詩·檜風]我心蘊結兮[又]wèn[集韻]鄔本切[韻會]烏本切𠀤音穩。慍愉，煩憒也△亦作菀[詩·小雅]我心菀結[註]徐音於阮反[又]yù[集韻]紆勿切音鬱。心所鬱積也。或作㥋，省作宛[史記·倉公傳]宛篤不發△晁心爲慍，含怒意。或解含悶，非。

惇 17837 08480
dūn_9.13 正字通俗惇字。

愢 17839 08482
sāi_9.13 廣韻蘇來切集韻桑才切夶音鰓玉篇意不合也囡sī集韻息茲切音思論語切切偲偲,相切責也。或作偲囡sī集韻想止切音枲。謙也。

愮 17840 08483
yào_9.13 海篇衣孝切音靿怨也。

愢 17841 08484
shuì_9.13 廣韻時髓切集韻是捶切夶音菙廣韻愢,不悅也囡wěi集韻尹捶切音䆩。怒也。

悷 17842 08485
kuāng_9.13 集韻與恇17232同。

慁 17843 08486
è_9.13 字彙補卽惡字漢景君碑分明好慁。

惩 17844 08487
qiān_9.13 集韻與愆同。

惰 17845 08488
duǒ_9.13 字彙補東果切音垛。嬾惰也。

慶 17846 08489
qìng_9.13 篇海與慶同。

惛 17847 08490
xū_9.13 字彙補與惛同。

悁 17848 08491
juān_9.13 字彙補古懸切音涓。心急也。

愳 17849 08492
cè_9.13 玉篇古文惻17753字。

恩 17850 08493
xǐ_9.13 集韻悉17390古作恩。

惹 17851 41209
rě_9.13 龍龕入瓦切,音惹◇亂也。

愵 17852 41210
yuān_9.13 字彙補籀文,同悁,忿也。

愸 17853 41211
zhěng_9.13 搜真玉鏡之領切音整。整齊也。

恐 17858 43607
kǒng_9.13 字彙補同恐

愬 17854 41212
sù_9.13 海篇金鏡音沂。毛革也。鍙楊寶忠:愬17460轉寫之誤。俗愬。

恆 17855 41213
jí_9.13 龍龕紀力切音亟。急性相背也。

偒 17856 41214
tǔn_9.13 字彙補透混切音疃。見皇極圖韻

愠 17857 43606
guò_9.13 五音篇海音過。鍙或愠17870

煮 17859 43608
shì_9.13 搜真玉鏡音示。鍙又同圖08194圖謀汗簡煮,圖出裴光遠集綴郭店楚簡·緇衣毋以少悡敗大煮上博簡·七·凡甲得一煮之,如并天下而捃之。

慇 17860 43609
yín_9.13 五音篇海音銀。

澁 17861 43610
gǔ_9.13 搜真玉鏡音鼓。

憮 17862 43611
wù_9.13 龍龕烏故切音惡。

愬 17863 43612
xiàn_9.13 龍龕同憲,出江西隨函

愍 17864 u2AB12
null_9.13 未詳。

㬑 17865 u2AB11
null_9.13 未詳。

意 17866 u2AB10
dé_9.13 同愿17537直音篇意,音得。

悡 17867 u2AB0F
null_9.13 喃未詳。

㬐 17868 u2AB0E
null_9.13 喃未詳。

憼 17869 u2AB0D
null_9.13 未詳。

愚 17870 u2AB0B
guò_9.13 或同愠17857

愗 17871 u2AB0A
hū_9.13 俗惚37846

惺 17872 u2AB09
null_9.13 未詳。

憼 17873 u2AB08
zhěng_9.13 俗整04146

悅 17875 u2278C
ní_9.13 俗倪01411敦煌·Д x .00211玄應音義殘片·卷三·放光般若經·第廿九卷俾倪:普米反。下五礼反廣雅俾悅,堞女牆也。

慧 17874 u2AB07
null_9.13 未詳。

恼 17880 u22782
buǒn_9.13 喃从悲省盆聲,愁,悶△恼把:悲傷。恼盰:眪。恼油:憂鬱。

憸 17876 u22786
ngán_9.13 喃从心彥ngan聲△敖憸:厭煩。

愮 17877 u22785
éo_9.13 喃从心要yếu聲△愮离:多舛,波折。

怓 17878 u22784
cáu_9.13 喃从心垢cáu聲△怓怗:易怒。

怴 17879 u22783
hòng_9.13 喃从心紅hồng聲。希冀。

颿 17881 u22781
null_9.13 未詳。

煞 17882 u22780
shā_9.13 俗煞31264可洪音義擲煞:所八反。正作煞。

愮 17884 u2277E
yáo_9.13 同愮17932

愷 17883 u2277F
null_9.13 韓非愷城見三國史記·卷三十七·地理志·三國有名未詳地分

愁 17885 u2277D
mào_9.13 同霿66840

懢 17886 u2277C
qióng_9.13 俗悙17749

惽 17887 u2277B
hū_9.13 怳惽,同怳惚17621元·吳萊淵穎集·卷一·狙賦動因頤指,靜類檠株。怳惽錯愕,滿堂盧胡。

愞 17891 u22776
nuǎn_9.13 俗煗31251

惇 17888 u2277A
dùn_9.13 墨子·經說俱與人遇,人眾,惇。高亨校詮:惇,遁61032也。

毀 17897 u2276A
null_9.13 未詳。

恍 17889 u22779
tǐ_9.13 同恍17956類篇恍,他計切字林寧恍,心安也。

慾 17898 u22769
null_9.13 未詳。

愕 17890 u22777
null_9.13 人名用字。余愕。見清·黃鍾駿·疇人傳四編

悲 17892 u22775
fēi_9.13 粵花悲:時尚。

愁 17893 u22772
chóu_9.13 同愁17768見集韻

徱 17894 u22771
null_9.13 字海音義未詳。明·馮夢龍山歌·山人做子幾呵腰頭徱擦,難道只要鬧熱個門庭。

惣 17895 u22770
zǒng_9.13 同惣32795俗總44810

熹 17896 u22B2B
xǐ_9.13 俗喜06501偏類碑別字引唐老君石象碑

惹 17899 u22768
kǔ_9.13 或同苦

恨 17900 u22767
hèn_9.13 或同恨17287

炳 17901 u22766
bǐng_9.13 或同怲17156

慄 17902 u22765
null_9.13 未詳。

憛 17903 u22764
null_9.13 未詳。

惷 17904 u22763
chǔn_9.13 同惷17748,俗蠢53683

愩 17905 u22762
gōng_9.13 同慎17926

悠 17906 u22761
yóu_9.13 从心斿聲。人名古璽彙編·姓名私璽.0578王悠。

憖 17907 u22760
mào_9.13 同愁17885
嫁切。心亂也 正字通憖，憖17766憖，俗恢17105字。

㩆 17908 u2275F
ná_9.13 集韻㩆，乃

㩆 17909 u2275E
xié_9.13 集韻㩆，徐嗟切。心不直。

悬 17910 u2275D
xuán_9.13 俗懸18680
天頂切 図đành 𠐍从心亭đình聲。忍心△空悻：不忍

悻 17911 u2275C
tǐng_9.13 朝鮮本 龍龕

㥓 17912 u2275B
khít_9.13 𠐍从心契khế聲。親密。

恍 17913 u2275A
rẩy_9.13 𠐍从心洗tẩy聲。

惇 17917 u396B
dūn_9.13 同惇17568

㤀 17914 u22759
vui_9.13 𠐍从心
盃bôi聲。娛，高興，開心△㤀㤀：歡欣△亦作䜌26161

㥓 17918 u396A
lóu_9.13 简㥓18153

㥷 17915 u22758
nét_9.13 𠐍俗惺18041

慁 17916 u22756
kān_9.13 直音篇慁，音堪。

憒 17919 u6126
kuì_9.13 简愦18267

愤 17921 u6124
fèn_9.13 简憤18295

怏 17920 u6125
yāng_9.13 俗怏17098 図人名用字。謝怏。見清·道光
瓊州府志·卷之二十四·職官志·文職下

愈 17923 uFA88
yù_9.13 參見愈17785

愣 17922 u6123
lèng_9.13 亦作怔17108
楞24668睖37773清·劉學誠神相證驗百條·卷上·冀州刺史
子途中見貴人家，賓從甚盛，中有素衣女郎，容色美麗。
子悅致問，其家甚愣。又民國33年蘆縣志·卷三·鄉鎮·方
言裝傻充愣：佯作不知也 國語辭典愣，㊀呆貌。㊁魯
莽貌。㊂率意而行，不加顧慮，如楞說、楞辦。

愧 17924 08494
kuì_10.14 廣韻俱位切集韻基位切丛音媿爾雅·釋
言愧慙也詩·大雅尚不愧于屋漏皇極經世無愧於口，不
若無愧於身。無愧於身，不若無愧於心△本作媿，从女。
或从恥省作愧。亦作誳腉。鍪又恨17774

愨 17925 08495
què_10.14 唐韻苦角切集韻韻會克角切丛音殼說
文謹也。从心殻聲廣韻善也，愿也，誠也 荀子·不苟篇
有愨士者図諡法行見中外曰愨図或作愨禮·禮器七
介以相見也。不然則已愨。又檀弓孔子曰：殷已愨疏質
愨也図通作殻檀弓殷已愨陸德明·釋文愨本又作殼
図叶枯沃切音酷張衡·東京賦所貴惟質，所實惟穀。
民去末而反本，咸懷忠而抱愨△集韻又作愨。大抵愨
愨愨殼或省或通,丛存可也。鍪又愨18684殼18580愨17525
䡤57125䡤57137殼18489

愩 17926 08496
gōng_10.14 廣韻古紅切集韻沽紅切丛音公玉篇
心動也図hóng集韻胡公切音洪。慣也図hǒng集韻
虎孔切音嗊。心恍惚曰懱，或省作愩。又gòng集韻古
送切音貢。心動也。一曰自高。鍪又憙18080幀15052

愪 17927 08497
yún_10.14 唐韻王分切集韻于分切丛音云說文憂
貌。从心員聲図集韻動也図廣韻于敏切集韻韻會
正韻羽敏切丛音隕。又集韻羽粉切音抎。義丛同。

憊 17929 08499
bèi_10.14 憊字省文

愫 17928 08498
sù_10.14 集韻韻會正
韻丛蘇故切音素集韻誠也韻會眞情也字彙情實也
前漢·鄒陽傳披心腹，見情愫△通作素。

愬 17930 08500
sù_10.14 廣韻桑故切集韻韻會正韻蘇故切,丛與
訴同詩·邶風薄言往愬論語膚受之愬図通作遡戰國
策衛君跳行，告遡於魏註遡、愬同図sè廣韻山責切
集韻色責切丛音索韻會驚懼謂之愬易·履卦履虎尾，
愬愬，終吉集韻或作䜌。亦作艱図本作諑、訴。或从言、
朔作遡。又从心作愬。鍪又愬17460遡17854

惜 17931 08501
qí_10.14 廣韻渠脂切集韻韻會渠伊切丛音耆韻
略恭也韻會畏也，敬也。

愮 17932 08502
yáo_10.14 廣韻餘昭切集韻韻會正韻餘招切丛音
遙爾雅·釋訓愮愮，憂無告也註賢者憂懼無所訴也疏
引詩·王風·黍離中心搖搖毛傳憂無所愮。愮、搖音義
同，一曰亂也図廣韻悸也，邪也，惑也集韻或作恌。
図yào集韻弋笑切韻會弋照切丛音燿揚子方言愮，
療治也。一曰憂也。鍪又愮17884

惸 17933 08503
qióng_10.14 集韻丘弓切音穹廣雅憂也△或作惸
忦。

愯 17934 08504
sǒng_10.14 集韻愯18742本字。

愣 17935 08505
páng_10.14 集韻蒲光切音旁。愣惶，恐貌。

傣 17936 08506
tài_10.14 集韻他蓋切音泰。奢也△或作忲。亦作忕。

愰 17937 08507
huǎng_10.14 集韻戶廣切音晃玉篇心明也集韻愰
懞，心不定也。

愒 17938 08508
hài_10.14 廣韻胡蓋切集韻下蓋切丛音害玉篇快
也。鍪周志鋒：害的累增字集韻愒，忮也。

嫉 17939 08509
jí_10.14 廣韻秦悉切集韻昨悉切,丛與嫉同廣韻
毒害也△或作誺集韻作痵。

惆 17940 08510
zhòu_10.14 集韻類篇丛楚絞切音炒集韻心迫也。
鍪又怊17208

惰 17941 08511
duò_10.14 玉篇古文惰17738字。

愍 17942 08512
yǐn_10.14 唐韻於靳切廣韻於謹切集韻衣謹切丛
音隱說文謹也。从心㒸聲図俗作隱，痛也図yīn五音
集韻於斤切音殷。愛也。鍪集韻愳，憂病也，哀也。
或作慇18716

愲 17943 08513
gǔ_10.14 廣韻集韻韻會正韻丛古忽切音骨韻會
心亂也前漢·息夫躬傳心結愲兮傷肝。鍪又僼01780

愳 17944 08514
jù_10.14 集韻懼18730古作愳晉書·元帝紀惡我者
愳。

傁 17945 08515
sāo_10.14 集韻蘇遭切音搔類篇愁也△通作騷。

惖 17946 08516
tì_10.14 廣韻他歷切音錫。敬也図苦擊切音喫。

義同。鋆余逈永：俗憨18447

悱 17947 08517
fěi_10.14 集韻與悱17531同。

愴 17948 08518
chuàng_10.14 唐韻初亮切集韻韻會楚亮切丛音創說文傷也。从心倉聲廣韻悽愴也禮·祭義霜露既降，君子履之，必有悽愴之心，非其寒之謂也註初亮切。囝chuāng集韻初良切，音瘡集韻悲也王逸·九思蚴蛱兮嗟嗟，蜘蛆兮穰穰。歲忽忽兮惟暮，余感時兮悽愴囝chuǎng廣韻初兩切集韻楚兩切丛音搶廣韻愴悷，失意貌。鋆又怆17079

悠 17949 08519
liú_10.14 集韻力求切音留。怨也△與懰同。鋆又怡17507

惄 17950 08520
nì_10.14 正字通同惄韓詩作惄元結詩久惄兮忧忧△集韻或作愵。鋆又惄17951嶷53930愻17997懚67067崼53944囝可洪音義惄劣：而斫反。劣也。正作弱16202也。

惄 17951 08521
nì_10.14 集韻本作惄，亦書作惄。

愶 17952 08522
xié_10.14 廣韻虛業切集韻韻會迄業切丛音脅博雅怯也廣韻以威力相恐也△與嚇通。鋆又惏17238

惑 17953 08523
huò_10.14 集韻忽郭切音霍類篇恐懼貌。

愷 17954 08524
kǎi_10.14 唐韻苦亥切集韻韻會正韻可亥切丛音凱說文康也廣韻樂也詩·小雅豈樂飲酒註豈，本作愷囝軍勝之樂周禮·夏官·大司馬愷樂獻于社左傳·僖二十八年晉文公振旅，愷以入于晉囝或作凱爾雅·釋天南風謂之凱風疏南風長養，萬物喜樂，故曰凱風左傳八愷。或作八凱。愷、凱古通用也。鋆又愷17368

整 17955 08525
zhěng_10.14 俗整字。詳攴部整21766字註。

怲 17957 08527
pī_10.14 廣韻匹夷切集韻篇夷切丛音紕廣韻惡性也囝集韻頻脂切音毗。義同。

傛 17958 08528
yǒng_10.14 集韻與恿17377悀丛同。

憂 17959 08529
yōu_10.14 俗憂字。

惿 17956 08526
tì_10.14 廣韻集韻丛他計切音替字林寧惿，心安也。鋆又惿17889

挐 17961 08531
ná_10.14 俗挐字。

愺 17960 08530
cǎo_10.14 廣韻采老切集韻采早切丛音草。義詳悾17230字註。

愻 17962 08532
xùn_10.14 唐韻集韻正韻丛蘇困切音巽說文順也囝與遜通虞書五品不愻。古本尚書作愻。鋆又愻17361

慎 17963 08533
shèn_10.14 古文昚眘愻眘唐韻集韻正韻丛時刃切，屜去聲說文謹也書·益稷慎乃在位正義當謹慎汝所在之位也囝誠也詩·小雅慎爾言也又慎爾優游箋皆曰誠也囝爾雅·釋詁靜也疏慎者，謹靜也囝爾雅·釋詁思也疏方言云義晉曰慎。凡思之貌皆曰慎。囝禁戒詞史記·吳王濞傳上謂濞曰：慎無反囝司慎，天神名左傳·襄十一年司慎，司盟註二司，天神名。囝姓。韓大夫慎到。又公慎。複姓囝zhèn集韻之刃切音震前漢·地理志汝南郡慎陽如淳曰音震闞駰曰本作滇。永平五年失印更刻，遂以水爲心囝chén集韻丞眞切音辰周禮·夏官·大司馬註獸五歲爲慎囝六書精蘊人心有假者，修之於昭昭，肆之於冥冥，惟慎爲眞心徐鍇曰眞心爲慎，不鹵莽也。鋆通作慎18082囝慎18033慎18032眘13883

愻 17964 08534
chēn_10.14 篇海稱人切音嗔。恚也囝字彙補古文慎字。註詳上。鋆集韻讓56449，亦作惪。

耿 17965 08535
gěng_10.14 集韻古幸切音耿。憂也。鋆正字通本借耿46549俗加心，非。

愻 17966 08536
sǔn_10.14 集韻聳尹切音筍說文驚辭也△本作挈。或从心。

愽 17967 08537
bó_10.14 正字通博字之譌。

憘 17968 08538
xi_10.14 唐韻集韻丛許旣切音欷說文太息也詩·曹風愾我寤歎○按陸德明·音義本作苦愛反囝kài廣韻苦蓋切集韻正韻丘蓋切丛音磕博雅滿也禮·祭義出戶而聽，愾然必有聞乎其太息之聲囝kài集韻口漑切音概玉篇怒也左傳·文四年諸侯敵王所愾，而獻其功註愾，恨怒也囝qì集韻許訖切。與迄同爾雅·釋詁至也。本作迄。或作愾禮·哀公問君行此五者，則愾乎天下矣○按說文从心从氣，氣亦聲，故許旣切最近。

愿 17969 08539
yuàn_10.14 唐韻魚怨切集韻韻會正韻虞怨切丛音願說文謹也。又愨也，善也書·皋陶謨愿而恭。囝與原通論語鄉原，德之賊也朱傳原與愿同囝yuán集韻愚袁切音•周禮·秋官·大司寇上愿糾暴。劉昌宗讀。鋆又愿05007

愿 17970 08540
yuán_10.14 集韻愚袁切音元。測量也。

愻 17971 08541
xiè_10.14 集韻先結切音屑。憂也。

愾 17972 08542
yǐ_10.14 唐韻移爾切集韻演爾切丛音迤說文怟愾，不憂事也。从心虒聲囝集韻賞是切音弛。又相支切音廝。義丛同。又tí集韻田黎切音題。楚人謂惄曰懘愾。

愾 17973 08543
xié_10.14 集韻戶佳切音諧。慣愾，心不平也囝xi廣韻集韻丛胡計切音系。恨走貌。

惛 17975 08545
hùn_10.14 集韻同慁

慁 17974 08544
hùn_10.14 唐韻集韻韻會正韻丛胡困切音慁說文憂也。从心圂聲囝患也左傳·昭六年主不慁賓註慁猶患也囝辱也禮·儒行不慁君王註慁猶辱也囝擾也，亂也史記·范睢傳天以寡人慁先生•陸賈傳無久慁公爲也△或書作惛。

塞 17976 08546
sè_10.14 古文寒寨廣韻蘇則切集韻韻會悉則切丛音塞說文實也囝通作塞書·皋陶謨剛而塞囝玉篇

廣韻 集韻 忒先代切音賽。義同。鍪 又賽17977 寨18735

寨 17977 08547
sè_10.14 同賽。

㦷 17978 08548
yǒng_10.14 廣韻 余隴
切 集韻 韻會 正韻 尹竦切忒音勇。慫㦷，勸也 揚子方
言 南楚之閒，凡己不欲喜怒而旁人說者，謂之慫㦷。
△ 通雅 慫㦷，一作從容。鍪 又恩17734

㦟 17979 08549
mí_10.14 集韻 與怽17242同。

慃 17980 08550
yǎng_10.14 集韻 鄔項切音鞅。慃㤭，佷戾也△或作
㥈氜。

慄 17981 08551
lì_10.14 廣韻 集韻 韻會 正韻 忒力質切音栗 爾
雅 釋詁 懼也 增韻 竦縮也 書 大禹謨 夔夔齊慄 太公 金
匱 禹居人上，慄慄如不滿日 図 憭慄、慯慄，悽愴貌 楚
辭 九辯 憭慄兮若在遠行，登山臨水送將歸 漢武帝 李
夫人賦 惆慄不言。通作栗。鍪 又慄18428

慅 17982 08552
sāo_10.14 唐韻 集韻 蘇遭切 韻會 正韻 蘇曹切忒音
騷 說文 動也。从心蚤聲。一曰起也。或作慅 図 xiāo 集
韻 先彫切音蕭 爾雅 釋訓 慅慅，勞也 図 cǎo 集韻 采早
切音草 詩 陳風 舒懮受兮，勞心慅兮 註 慅，音草。受，
叶時倒反 図 zǎo 字彙補 子皓切，讀作澡 荀子 正論篇
墨黥慅嬰 註 當爲澡 図 cào 集韻 七到切音造。愁也。

慆 17983 08553
tāo_10.14 唐韻 土刀切 集韻 韻會 正韻 他刀切忒音
滔 說文 說也。从心舀聲 玉篇 喜也 図 慢也 書 湯誥 無卽
慆淫 詩 大雅 天降慆德 図 久也 詩 豳風 慆慆不歸。
図 疑也 左傳 昭二十七年 天命不慆久矣 註 慆，疑也。
図 藏也 左傳 昭三年 以樂慆憂 註 慆，藏也 図 集韻 徒
刀切音陶。義同。鍪 又謟56470

慇 17984 08554
yīn_10.14 唐韻 集韻 韻會 於斤切，音殷 說文 痛也。
从心殷聲 詩 小雅 憂心慇慇 図 慇懃，委曲也。亦作殷
勤 図 yǐn 集韻 倚謹切。與慭憖通。鍪 又慨18015

傎 17985 08555
gào_10.14 集韻 居号切音誥。煩也。

慈 17986 08556
cí_10.14 唐韻 疾之切 集韻 韻會 牆之切忒音磁 說
文 愛也。从心茲聲 精薀 父母之愛子也 左傳 昭二十六
年 父慈子孝，姑慈婦聽。又 儀禮 喪服 慈母如母，謂養
母也 図 禮 內則 慈以甘旨 註 慈，謂愛敬進之也。
図 慈和，服物也 左傳 文十八年 宣慈惠和 註 慈者，愛
出於心，恩被於物也 增韻 柔也，善也，仁也 図 石名
精薀 山產鐵於其陽者，慈石產其陰 郭璞 慈石贊 慈石
吸鐵，母子相戀也。俗作磁，非 図 竹名 竹譜 竹之叢生，
子母相依，曰慈竹 図 果名 羣芳譜 慈姑，一根歲生十二
子，歲閏則十三子，如慈母之乳諸子也 図 州名。唐置
慈州 図 姓。漢有慈仁，明有慈止△从心从茲 魏校曰 茲
也者，養其子而使之長心乎愛之。俗或譌作愁。鍪 又
醲67119 㜪15318 慸17661 図 字彙補 作慈18034

慉 17987 08557
xù_10.14 廣韻 許竹切 集韻 韻會 正韻 許六切忒音
畜•說文 起也。从心畜聲 詩 邶風 不我能慉，反以我爲

讎 朱傳 慉，養也 箋 慉，驕也。言君子不能以恩驕樂我
也 正義 徧撿諸本，皆云慉養。孫毓引傳云慉興，非也 爾
雅 不訓慉爲驕，由養之以至於驕，故箋訓爲驕。驕者，
至恩之辭。讎者，至怨之稱〇按此則 說文 訓慉爲起，
其譌與孫毓同 図 與畜通 馬融·廣成頌 疏越蘊慉 註 慉
與畜通。蘊慉，猶積聚也 図 chù 集韻 救六切音蓄 玉篇
恨也。鍪 又楕24965

應 17988 08558
qiè_10.14 集韻 詰叶切音愜。叶也 揚子·太玄經 陰氣
應而念之 註 應，協也 図 yì 廣韻 於計切音翳 揚子·太玄
經 冥駁冒晬，中自應也 註 應，隱也，蔽也。在中，故隱。
駁音父〇按此字見 揚子·太玄，有詰叶、於計二切，義
亦各別。其在廓首者訓協，乃詰叶切也。其在晬測者訓
隱，乃於計切也 廣韻 有於計切無詰叶切 集韻 有詰叶切
無於計切，皆緣瘱字點畫相近而譌也 字彙 未能辨明 正
字通 欲并應字廢之，亦非。

慊 17989 08559
qiàn_10.14 廣韻 集韻 韻會 正韻 忒苦簟切音歉 廣韻
恨也 玉篇 切齒恨也 集韻 意不滿也 図 通作謙 禮·大學
此之謂自謙 註 讀爲慊。慊之言厭也，謂誠意自足 朱註
快也，足也△亦通作嗛 荀子·榮辱篇 臭之而無嗛於鼻 註
與慊同 史記·文帝紀 天下人民，未有嗛志 図 qiè 集韻 正
韻 詰叶切 韻會 乞協切忒音医 集韻 足也。或从口 莊
子·天運篇 盡去而後慊 図 qiān 集韻 苦兼切音謙。意不
足也 図 xián 集韻 賢兼切音嫌 說文 疑也。或省作兼。
或通作嫌 前漢·趙充國傳 嬿得避嫌之便 師古 註 慊，亦
嫌字 図 lián 集韻 離鹽切音廉 說文 帷也。或从巾从廉。
鍪 俗㦦15050 図 懥18566

態 17990 08560
tài_10.14 唐韻 集韻 韻會 忒他代切音貸 說文 意也。
从心从能 徐鍇曰 心能其事，然後有態度也。或从人作
佅 図 集韻 乃代切音耐。義同 図 叶他禮切音體 司馬相
如·封禪書 白質黑章，其義可喜。旼旼穆穆，君子之態。
図 叶土宜切音梯 屈原·離騷 忳鬱悒余侘傺兮，吾獨窮
困乎此時也。寧溘死以流亡兮，余不忍爲此態也。鍪 又
态17084 恔18046

慆 17991 08561
tā_10.14 五音篇海 他合切音塌。意下也。

慯 17992 08562
xiǎng_10.14 廣韻 虛講切 集韻 虎項切忒音傋 集韻
慃慯，佷戾也。

㥯 17993 08563
mǐn_10.14 玉篇 古文慁17801字 五音集韻 作㥯。

慶 17994 08564
qìng_10.14 正字通 古文慶18144字。

傄 17995 08565
shū_10.14 廣韻 集韻 忒式竹切音叔 玉篇 疾也△集
韻 本作傄。亦作㑛。

慌 17996 08566
huǎng_10.14 廣韻 呼晃切 集韻 韻會 虎晃切忒音諁
集韻 昏也。从心荒聲。本作恍，或作怳、恍 図 等韻 呼
廣切音爌。義同 図 huàng 集韻 韻會 忒呼浪切音荒 集
韻 惚也 図 huāng 集韻 呼光切音肓 博雅 忘也。鍪 又

慌18174慌18083怳17442

懑17997 08567
nì_10.14 正字通同懟 愠18567 08568
yùn_10.14 正韻愠本字
○按說文从心盈聲 正字通从溫，以从盈爲譌，非。

懍17999 08569
lǎn_10.14 集韻盧感切，音覽◇悲愁貌。本作惏，或
加心 類篇林木，君子之所感，故宋玉曰：入林傷心。

怤18000 08570
fú_10.14 廣韻防無切音扶。心明也。

憳18001 08571
xún_10.14 字彙補相倫切。與恂同。信也。

蕙18002 08572
huì_10.14 集韻同憲17797

憲18003 08573
xiàn_10.14 說文同憲18410

懬18004 08574
guàng_10.14 集韻同懬17381

傷18005 08575
tì_10.14 集韻同惕17613

慱18006 08576
zhuān_10.14 字彙補之緣切音專。憂心也。

愳18007 08577
liù_10.14 字彙補力救切音溜。怨也。

愁18008 08578
fěn_10.14 字彙補甫本切，音粉◇動也。

憥18009 08579
sè_10.14 字彙補山責切，音色◇悲恨也。蹙俗憥

惠18010 08580
huì_10.14 字彙補古文惠17631字。

慐18011 08581
mǐn_10.14 五音集韻與愍同△亦書作愳。

瘶18012 08582
jí_10.14 字彙補與嫉同。見 同文鐸

愇18013 08583
zhè_10.14 字彙補阿愇，元人名 經世大典至元十七
年，羅殿國主遣阿愇、阿麻至四川。音未詳。

慐18014 41215
yōu_10.14 字彙補與憂同。見 漢吳仲山碑

恺18019 u2AB1E
null_10.14 未詳。

慇18015 41216
yīn_10.14 字彙補同慇
十六國春秋每思其慇慇之言。

悠18016 43613
yóu_10.14 搜眞玉鏡音由。蹙疑同悠。

愱18017 43615
hé_10.14 龍龕同熆
見釋藏。蹙愱愓又作堆剔、垍愓、埠愓、埪愓，鬼名。

惟18018 43616
duī_10.14 字彙補音堆

恺18020 u2AB1D
null_10.14 未詳。

愙18022 u2AB1B
null_10.14 未詳。

悏18021 u2AB1C
null_10.14 未詳。

愼18023 u2AB1A
pīn_10.14 簡懷18520

慍18025 u2AB18
null_10.14 未詳。

悁18024 u2AB19
null_10.14 喃未詳。

悝18026 u2AB17
null_10.14 未詳。

惛18028 u2AB15
null_10.14 未詳。

憫18027 u2AB16
null_10.14 喃未詳。

惙18029 u2AB14
null_10.14 喃未詳。

稔18030 u2AB13
null_10.14 未詳。

憪18031 u2AB0C
lán_10.14 簡懢18545

慎18032 uFA87
shèn_10.14 俗慎18082

慎18033 u2F8A8
shèn_10.14 同慎17963

慛18046 u227D2
tài_10.14 直音篇惟，同態17990 図 năn 喃从心

能 năng 聲。懇請，央求 図 ndaengj 壯頑皮。

慈18034 u2F8A6
cí_10.14 俗慈17986敦煌·敦研. 365 大般涅槃經·卷
第十五 大乘即慈，慈即如來。

愘18035 u227DF
dát_10.14 喃从心戛giát聲。膽小。

悚18036 u227DE
nhóng_10.14 喃从心凍đồng聲△悚悚：期待已久。

愺18037 u227DB
riếu_10.14 喃从耻弔điếu聲。

悄18038 u227DA
quên_10.14 喃从忘涓quen省聲。忘記。亦作牖00707

慘18039 u227D9
chăm_10.14 喃从心針châm聲。專心，留心。

慽18040 u227D8
chắc_10.14 喃从心戝giấc聲。可靠。

悮18041 u227D7
nết_10.14 喃从心涅niết聲。品德，德行。

愖18042 u227D6
tởm_10.14 喃从心浸tắm聲。恐。

愲18043 u227D5
nép_10.14 喃从心納nạp聲。

愢18044 u227D4
thói_10.14 喃从慣省退thoái聲△愢惆：習慣。

悴18045 u227D3
tẻ_10.14 喃从心宰tể聲△惆悴：寂寞。

慚18047 u227D1
hên_10.14 喃从心軒hiên聲△空慚：不幸，不走運。

慻18048 u227D0
chua_10.14 喃从心珠châu聲。酸，尖酸刻薄。

恻18049 u227CF
sệt_10.14 喃从心烈liệt聲。

歷18051 u227CD
lì_10.14 俗歷26670

恎18050 u227CE
đùa_10.14 喃从心徒đồ
聲△��恎：樂趣。吶恎：說笑話。咴恎：調皮。

憗18052 u227CC
shǎi_10.14 周志鋒：俗幟15046

悵18053 u227CA
chěng_10.14 同悵17789 集韻悵，丑拯切。悁悵，愚兒。

㗫18054 u227C9
tà_10.14 同嗒06725見 字海。皮日休 奉和魯望讀陰
符經見寄自禹及文武，天機㗫然弛。

恐18055 u227C8
kǒng_10.14 俗恐17254劉知遠諸宮調·知遠走慕家莊
沙佗村入舍弟一 南呂宮瓊臺月 觀覷：眉接上下，心懷
恐拒（懼）。又知遠充軍三娘剪髮生少主弟三知遠心
恐怖，出營來。

嫕18056 u227C7
yì_10.14 同嫕11239

衄18058 u227C4
nǜ_10.14 類篇惢
17286，女六切說文衄也。或作忸、衄。

懰18057 u227C6
mái_10.14 民國 番禺縣志廣州謂人敏慧曰精懰。俗
寫作精乖，誤也△宏按，宣統 番禺縣續志作精懰18552

珣18059 u227C3
kǒng_10.14 字彙補珣，即恐17254字。

傜18060 u227C2
null_10.14 未詳。

慇18061 u227C1
buenz_10.14 壯想。

愚18062 u227C0
sī_10.14 四聲篇海音嘶。

惑18063 u227BF
yù_10.14 俗彧16458字見魏 彭城武宣王妃李氏墓誌

㦾 18064 u227BE
null_10.14 未詳。

㦽 18065 u227BD
lì_10.14 同憗18107 憗18172或作，憗正，力志反。憂貌。

㦼 18066 u227BC
null_10.14 未詳。

㦻 18067 u227BB
jiàn_10.14 未詳。字見 誠齋集·卷第一百三十·墓誌銘·臨賀太守簡公墓誌銘

㦺 18068 u227BA
null_10.14 未詳。

㦹 18069 u227B9
mù_10.14 或同慔。

㦸 18070 u227B8
null_10.14 未詳。

㦷 18071 u227B7
yān_10.14 同𢙶17534

㦵 18073 u227B5
null_10.14 未詳。

㦶 18072 u227B6
xié_10.14 說文解字注匡謬 段氏憸17771改作㦶。徐承慶按，非。

㦴 18074 u227B4
null_10.14 未詳。

慏 18081 u614F
mǐng_10.14 同𢠽 集韻 慏，母井切。慏悜，意不盡也。一曰憂也。

㦳 18075 u227B3
jí_10.14 龍龕 㦳俗㥛17737正。

㦍 18076 u2278D
xī_10.14 或俗熙。

㦛 18077 u397B
null_10.14 或俗感。

慄 18078 uF9D9
lì_10.14 兼 慄。

慑 18079 u6151
shè_10.14 简 慴18740

慐 18080 u6150
gōng_10.14 大字典 同愩17926

慎 18082 u614E
shèn_10.14 同愼17963

慌 18083 u614C
huǎng_10.14 同慌17996

慒 18084 08584
cóng_11.15 唐韻 藏宗切 集韻 韻會 徂宗切，太與悰通 說文 慮也。从心曹聲 又 zāo 集韻 臧曹切音糟 玉篇 亂也 又 qiú 廣韻 似由切 集韻 韻會 徐由切，太與怮通 爾雅·釋言 慮也 又 正韻 慈秋切音酋。義同〇按第三切 集韻 韻會 皆切邪母，而 正韻 獨切從母，此則 正韻 爲得也。蓋上兩切皆從母，則第三切不應又是邪母。以 說文 諧聲之理求之，曹字止是從母也。 𠢎 又𢣷18772本字。

憤 18085 08585
fèn_11.15 正字通 同憤。

慓 18086 08586
piāo_11.15 廣韻 撫招切 集韻 韻會 正韻 紕招切太音飄 博雅 急也 又 廣韻 苻少切 集韻 韻會 正韻 婢小切太音摽。又 集韻 匹沼切音漂。義太同△通作剽。 𠢎 又㦚18744

㦗 18087 08587
bèi_11.15 說文 憊18254本字。

慔 18088 08588
mù_11.15 唐韻 集韻 韻會 正韻 太莫故切音暮 爾雅·釋訓 慔慔，勉也 又 集韻 末各切音莫。義同。

慕 18089 08589
mù_11.15 古文𢟍 唐韻 集韻 韻會 正韻 太莫故切音暮 說文 習也，愛而習翫模範之也 史記·司馬相如傳 慕藺相如之爲人，更名相如 又 思也 禮·檀弓 其往也如慕 又 係戀不忘也 孟子 大孝終身慕父母 又 姓。又慕容，複姓。 𠢎 又㒕29468篡42621

慡 18090 08590
lí_11.15 廣韻 呂支切 集韻 鄰知切太音離 集韻 多端也 又 思之切也△亦作離。

慖 18091 08591
guì_11.15 廣韻 集韻 韻會 太古對切音憒 廣韻 恨也 又 guó 廣韻 集韻 太古獲切音馘 廣韻 悖也。 𠢎 熊加全：俗幗15096 新撰字鏡·心部 幗，口（古）對反。在 巾部

慃 18092 08592
yǐn_11.15 集韻 於靳切音隱 玉篇 依止也。或作㥯、㒚 又 yān 集韻 於虔切音焉。憶也。

慗 18093 08593
chì_11.15 廣韻 恥力切 集韻 蓄力切太音敕 玉篇 從也〇按 正字通 入九畫，誤。今改正。 𠢎 胡吉宣：慗本止爲敕21514字，亦作忇。避梁諱改。

慘 18094 08594
cǎn_11.15 唐韻 集韻 韻會 正韻 太七感切音黲。痛也 詩·小雅 憂心慘慘 又 毒也 史記·酷吏傳贊 雖慘酷，斯稱其位矣 又 集韻 楚錦切音墋。義同。 𠢎 又慘17731 憯18235㦧18341

慙 18095 08595
cán_11.15 唐韻 昨甘切 集韻 韻會 財甘切太音蠶 說文 媿也 書·仲虺之誥 惟有慙德。又 小爾雅 不直失節謂之慙。

慚 18096 08596
cán_11.15 集韻 慙，或書作慚。 𠢎 又㦓17726

慖 18097 08597
cè_11.15 廣韻 楚革切 集韻 測革切太音策 廣韻 耿介也 又 zé 集韻 側革切音責 博雅 責也。 𠢎 又 玉篇 楚革切。情也。耿介也 又 字彙 與責57567同。敦煌·中村不折.044 小乘戒律注疏 咸共嫌憤 又 憤18493

慛 18098 08598
cuī_11.15 廣韻 集韻 太昨回切音摧 廣韻 傷也，憂也。

慜 18099 08599
mǐn_11.15 廣韻 眉殞切 集韻 美隕切太音敏 廣韻 聰也〇按 正字通 溷愍閔，誤。

慝 18100 08600
tè_11.15 廣韻 他德切 集韻 惕得切太音忒 廣韻 慝，惡也 書·畢命 旌別淑慝 又 穢也 禮·樂記 世亂，則禮慝而樂淫 又 邪也 詩·鄘風 之死矢靡慝 又 隱惡也 書·周官篇 司寇詰姦慝 又 地慝，若瘴蠱也 周禮·地官 土訓掌道地圖，以詔地事，道地慝以辨地物 晉語 宵靜女德，以伏蠱慝 又 方慝也 周禮·地官 誦訓掌道方慝，以詔辟忌 註 方慝，四方言語所惡也 又 仄慝也 前漢·五行志 朔而月見東方，謂之仄慝 孟康曰 仄慝者，月行遲在日後，當沒而更見也 又 nì 集韻 昵力切音匿。隱情飾非曰慝。△从匿从心，蓋惡之匿於心者。

慞 18101 08601
zhāng_11.15 廣韻 集韻 太諸良切音章 集韻 慞惶，懼也。

慝 18102 08602
nì_11.15 廣韻 正韻 女力切 集韻 韻會 昵力切太音匿 廣韻 愧也 又 廣韻 集韻 太尼質切音暱。義同。

慟 18103 08603
tòng_11.15 唐韻 集韻 韻會 正韻 太徒弄切音洞。哀過也。从心動聲 論語 子哭之慟 又 叶徒紅切音同 晉書·愍懷傳 今爾之負，抱冤於東。悠悠有識，孰不哀慟。 𠢎 又恫17370㦀18180慟18554㣚31645

慡 18104 08604
yàng_11.15 集韻 弋亮切音漾。恨也△與怏通。

慠 18105 08605
ào_11.15 集韻 魚到切音奡 說文 倨也。本从人作傲，

或从心後漢·崔駰傳生而貴者慠△集韻亦作敖，亦書作慠。通作驁。鍇又傲16798慠18202

慠 18106 08606
ào_11.15 集韻同慠。見慠18105註。

憵 18107 08607
lì_11.15 廣韻力置切集韻良志切夶音吏說文楚穎之閒謂憂曰憵图lí玉篇廣韻里之切集韻陵之切夶音釐。義同。鍇又憵18381憵18065悷17281

懪 18108 08608
shuǎng_11.15 集韻所兩切音爽。性明也△通作爽。

慢 18109 08609
màn_11.15 廣韻謨晏切集韻正韻莫晏切韻會莫綰切夶音縵說文惰也。从心曼聲。一曰不畏也廣韻怠也，倨也，緩也朱子曰慢，放肆也图或作僈荀子·不苟篇寬而不僈。亦作謾前漢·董仲舒傳桀紂暴謾图大學舉而不能先命也鄭氏云命讀爲慢图集韻亦作漫29413图miàn集韻暗見切音麪。慢詑，弛縱意图mán集韻謨官切音瞞。惑也。鍇又惸18418趨58527膼47802

慣 18110 08610
guàn_11.15 廣韻集韻韻會正韻夶古患切音卝。習也图通作貫詩·魏風三歲貫女△本作摜。从手貫聲。今文作慣。鍇又慣17724

慤 18111 08611
què_11.15 正字通俗愨字。

惫 18112 08612
bèi_11.15 正字通與惫同。

慥 18113 08613
zào_11.15 廣韻集韻韻會正韻夶七到切音造。慥慥，篤實貌中庸君子胡不慥慥爾。

憖 18114 08614
yìn_11.15 集韻居又切音救類篇悅也，謹也。鍇俗憖18271

慧 18115 08615
huì_11.15 唐韻集韻正韻夶胡桂切音惠說文儇也。从心彗聲徐曰儇，敏也廣韻解也增韻性解也。妍黠也图了也，智也图諡法柔質受諫曰慧图通作惠列子·穆王篇秦人逢氏有子，少而惠前漢·昌邑王傳清狂不惠陸機·弔魏武文知惠不能去其惡。夶與慧同。鍇又憵67007

懄 18116 08616
gǔn_11.15 集韻古本切音袞博雅悃愊，亂也。與悃同。

憥 18117 08617
lǔ_11.15 集韻籠五切音魯類篇憥憥，心惑也。△俗作憐。

慔 18118 08618
mǔ_11.15 集韻滿補切音姥。詳憥18117註。

憓 18119 08619
suì_11.15 五音集韻祥歲切音篲。謹也。鍇又憓18658

愛 18120 08620
ài_11.15 集韻愛17829古作愛魏校曰愛莫大於愛親。子之愛父母，亦猶父母之愛子，自無所不盡其心也图xì許既切，音餼玉篇忌也。亦作忥。通作塈○按說文愛，大篆愛字。忥，小篆愛字集韻則以愛爲古文愛字，至未韻則又專收愛字，重文作忥，與愛音義迥別。恐尚有誤。鍇又慀11867

慨 18121 08621
kǎi_11.15 集韻韻會夶口溉切音欬。忼慨，壯士不得志也。从心既聲徐曰内自高亢憤激也後漢·馮良傳慨然恥在廝役图悲也禮·檀弓旣葬，慨焉如不及疏中心悲也。又檀弓練而慨然註憂悼在心之貌图通作愾晉書·陸機傳登壇忼愾。鍇慨18247通作愾，部外九畫。图後漢·馮良傳。徐慧：周燮傳

慬 18122 08622
féng_11.15 五音集韻薄紅切篇海蒲紅切夶音蓬。悅也。又愛也○按集韻不收此字，而五音集韻收之，韓孝彥當有所考正字通槩以俗字抹之，過矣。近時陳薹謨皇極統韻亦收此字。

漣 18123 08623
lián_11.15 唐韻力延切集韻陵延切夶音連◆說文泣下也。从心連聲。引易泣涕漣如。今易·屯卦作漣如。图chān集韻抽延切音脡。泣貌图liǎn力展切音輦。留意也。鍇又憐18124憐18555

憐 18124 08624
lián_11.15 正字通同漣。

慪 18125 08625
ōu_11.15 集韻烏侯切音謳。恪也图五音集韻恪侯切音摳。義同。鍇又怄17081

慫 18126 08626
sǒng_11.15 唐韻息拱切集韻韻會筍勇切夶音悚說文驚也。从心從聲图慫悥，勸也图正韻卽勇切音縱。義同。鍇又怂17083悚18206

嘗 18127 08627
cháng_11.15 集韻常，本作嘗。人行五嘗也。

懃 18128 08628
qín_11.15 廣韻巨斤切集韻渠巾切夶音芹廣韻憂哀也图勇也列子·說符篇無以立懃於天下图jǐn廣韻集韻夶居隱切音謹廣韻愨也图jìn集韻渠吝切音僅。憂也图jìn集韻巨靳切，音近。僅也公羊傳·定八年懃然後得免。鍇又慬18212懃18440

慏 18129 08629
mǐng_11.15 廣韻亡井切集韻母井切夶音眳廣韻懭悻，意不盡也。一曰憂也图集韻母迥切音茗。義同图mì集韻莫狄切音覓博雅廣也。鍇又慏，同懭廣韻懭，亡井切。懭悻，意不盡也集韻懭，母井切。懭悻，意不盡也。一曰憂也。

愁 18130 08630
yìn_11.15 正字通俗愁字。

慮 18131 08631
lǜ_11.15 唐韻集韻韻會正韻夶良據切音鑢說文謀思也。从思，虍聲。思有所圖曰慮，慮，猶繹也增韻憂也，疑也書·太甲弗慮胡獲註欲其謹思之也大學安而后能慮朱註謂處事精詳图度也揚子·太玄經立督慮也註督，正也。慮，度也。運以正度也图總計曰亡慮前漢書註舉凡之辭，言不待計慮而知其大凡也图軍前所持幡曰慮無◆左傳·宣十二年前茅慮無註慮有無也正義明爲思慮其所無之事，使知而爲之備也图釋名慮，旅也，旅，衆也易繫辭一致而百慮註慮及衆物，以一定之也图姓左傳南蒯臣慮癸图lú廣韻力居切集韻韻會正韻凌如切夶音閭正韻思慮也淮南子·原道訓恬然無思，澹然無慮，以天爲蓋，以地爲

興 圀 木名。爾雅·釋木 諸慮，山欙也 圀 地名。隆慮，在河內。無慮，在遼東。取慮，在臨淮。且慮，在遼西。昌慮，在海東。隆音林，取音趣，且音苴 圀 lǚ 古今字考 兩舉切音呂 箕山歌 日月運照，麾不記睹。游放其間，何所却慮 圀 lù 正字通 盧谷切，音錄 ◇ 唐書·百官志 大理寺掌折獄、祥刑。凡繫囚，五日一慮 前漢·雋不疑傳 每行縣錄囚徒還 師古註 錄囚，今云慮囚，本錄聲之去者耳。近俗不曉其意，訛爲思慮之慮，失其源矣 ○ 按師古此言近於識字，而實未通韻。惟未通韻，亦未爲識字之源也。蓋每字原具四聲，如慮字從平聲起韻，閭呂慮錄，則閭字爲慮字之平，呂字爲慮字之上，錄字爲慮字之入也。慮本訓謀思，然兼有詳審之義，故漢書錄囚亦即慮囚也。慮字原具入聲，有錄音，豈必專屬去聲，爲得字之源乎 圀 叶郎古切音魯 楚辭·九章 惟佳人之獨懷兮，折芳椒以自處。曾歔欷之嗟嗟兮，獨隱伏而思慮。○ 按本從思 說文 玉篇 都入思部 字彙 并入心部，取其便考。鑒 又慐17325 懙18598

傷 18132 08632
shàng_11.15 唐韻 式亮切 集韻 尸亮切夶音餉 說文 憂也。從心，殤省聲 圀 shāng 廣韻 式羊切 集韻 尸羊切夶音商 類篇 痛也 △ 集韻 亦作痏。通作傷。

愳 18133 08633
wèi_11.15 唐韻 於胃切 集韻 韻會 正韻 紆胃切夶音尉。同慰。安之以愜其情也 詩·邶風 莫慰母心 小雅 以慰我心 圀 通作尉 前漢·車千秋傳 寬廣上意，尉安黎庶。

慰 18134 08634
wèi_11.15 集韻 同愳。鑒 又愒18216

慺 18135 08635
kòu_11.15 集韻 丘候切音扣。慺慺，勤力也。鑒 慺本作慺18217。

愽 18136 08636
tuán_11.15 廣韻 度官切 集韻 韻會 正韻 徒官切夶音團。憂勞也 詩·檜風 勞心愽愽兮 圀 quán 集韻 從緣切音全 爾雅·釋訓 愽愽，憂也。郭璞讀 圀 借作團字 揚子·太玄經 月闕其愽 △ 從心從叀。與博字不同。博從十從甫。

懣 18137 08637
mán_11.15 唐韻 母官切 集韻 謨官切夶音瞞 廣韻 忘也。從心蒲聲。鑒 又蒗18138

蒗 18138 08638
mán_11.15 正字通 同懣。

慳 18139 08639
qiān_11.15 廣韻 苦閑切 集韻 韻會 正韻 丘閑切夶音掔 廣韻 恪也 李白詩 披豁露天慳 朱子·極目亭詩 倒盡詩囊未許慳 圀 xián 集韻 何閒切音閑。老人智也。鑒 又慳17523 慳18649

慳 18140 08640
chǎn_11.15 廣韻 集韻 夶所簡切音產 玉篇 全德也 圀 廣韻 初限切 集韻 楚限切夶音剗 又 廣韻 初綰切 集韻 揣綰切夶音䉅 義夶同 圀 chàn 集韻 初諫切 五音集韻 初患切夶音羼 義同。一曰夥也。

應 18141 08641
má_11.15 廣韻 莫霞切 集韻 謨加切夶音麻 集韻 顧顢，難語也。或從心。

慴 18142 08642
zhé_11.15 唐韻 之涉切 集韻 韻會 正韻 質涉切夶音

讋 廣韻 伏也，懼也，怯也 史記·項羽紀 一府中皆慴伏。又 班固·東都賦 八靈爲之震慴 圀 廣韻 徒協切 集韻 韻會 達協切夶音牒。義同 圀 xí 集韻 席入切音習。懼也。圀 shè 實攝切音涉。恐也。

慵 18143 08643
yōng_11.15 唐韻 蜀容切 集韻 韻會 常容切夶音鱅 說文 懶也。從心庸聲。

慶 18144 08644
qìng_11.15 古文 廌 懯 惡 唐韻 丘竟切 集韻 韻會 正韻 丘正切，夶卿去聲 說文 行賀人也 周禮·春官·宗伯 以賀慶之禮，親異姓之國 疏 謂侯國有喜可賀可慶之事，王使大夫以物慶賀之也。又 秋官·大行人 賀慶以贊諸侯之喜是也 圀 善也 書·呂刑 一人有慶 正義 天子有善事也 詩·大雅 則篤其慶 毛傳 善也 正義 福慶爲善事，故爲善也 圀 休也 禮·月令 行慶施惠 註 慶謂休其善也。休，美也 圀 福也 易·履卦 大有慶也 詩·小雅 孝孫有慶 圀 賜也 詩·小雅 是以有慶矣 箋 謂有慶賜之榮也 圀 發語詞 揚雄·反離騷 慶夭悴而喪榮 圀 州名。隋立慶州 圀 姓 左傳 齊慶封，晉慶鄭 圀 qīng 集韻 韻會 夶丘京切音卿 易·大畜·五上兩爻傳 有慶也，道大行也。慶與行叶。又 睽卦·四五兩爻傳 志行也，往有慶也。行與慶叶 班固·白雉詩 容潔朗兮於淳精，發皓羽兮奮翹英。彰皇德兮侔周成，永延長兮膺天慶。慶與精英成叶，皆庚韻也。蓋慶乃卿字去聲，轉平聲卽卿也。故卿雲亦曰慶雲。近崑山顧氏未達音韻，乃曰 易經 慶字俱讀羌音，行字俱讀杭音，此偏論也，不知 易 自有叶羌字者也。未可棄慶字本聲之卿音也 △ 從心從夊。久者，行也。吉禮以鹿皮爲贄，從鹿省，會意。鑒 又庆15368 憃17846 慶15666 慶15711 慶15819

慷 18145 08645
kǎng_11.15 廣韻 韻會 苦朗切 集韻 口朗切 正韻 口黨切，夶與忼同 後漢·齊武王縯傳 性剛毅慷慨 圀 五音集韻 胡朗切音沆。又去聲 正韻 口浪切音亢。義夶同 圀 kāng 集韻 韻會 正韻 夶丘岡切音康 曹操·短歌行 慨當以慷 成公綏·嘯賦 時幽散而將絕，中矯厲而慨慷。徐婉約而優游，紛繁騖而激揚。

蔕 18146 08646
dì_11.15 唐韻 特計切 集韻 大計切夶音第 說文 高也。一曰極也。一曰困劣也。從心帶聲 圀 chì 廣韻 集韻 夶丑例切音跐 廣韻 困劣也 圀 chì 集韻 尺制切音掣。音敗不和也。本從水作滯。或從心作懘，亦書作懘。圀 chài 廣韻 丑犗切 集韻 丑邁切夶音蠆。蔕芥，刺梗也 司馬相如·子虛賦 曾不蔕芥 賈誼·鵩鳥賦 細故蔕芥。或書作蔕蒂。

懘 18147 08647
chài_11.15 集韻 丑邁切。與蔕同。懘忰，心不安也。或書作懘。通作蔕 圀 玉篇 徒結切。義同。

慹 18148 08648
zhí_11.15 唐韻 之入切 集韻 正韻 質入切夶音執 說文 悑也。從心執聲 圀 廣韻 秦入切 集韻 藉入切夶音集 又 集韻 陟立切音縶。義夶同 圀 zhé 廣韻 之涉切 集韻 韻會 質涉切夶音讋 莊子·田子方 慹然似非人 司馬彪註 慹，不動貌。與讋通。失氣也，服也 後漢·朱博傳 豪强

慹服 囝 niè 廣韻 奴協切 集韻 諾協切 韻會 昵輒切 夶音捻。亦怖也。鋆又慹18382

慹 18149 08649
zhé_11.15 篇海 如列切音熱。情態也。與慹字不同。慹从執，此从埶。鋆 龍龕 憗18347或作，慹18148通，慹正。之涉、奴叶二反。不動皃也 字彙 始制切音世。情態

懲 18150 08650
ài_11.15 廣韻 五介切 集韻 牛介切 夶音瑷 類篇 各也。

慱 18151 08651
hū_11.15 集韻 荒胡切音呼 類篇 慱忦，夸誕也。囝 xiā 集韻 虛加切音蝦 篇海 慱忦，無志也。

憕 18152 08652
téng_11.15 集韻 徒登切音騰。憕憕，迷亂也。

慺 18153 08653
lǘ_11.15 古文慺 廣韻 力朱切 集韻 韻會 龍珠切夶音蔞 廣韻 悅也 囝 慺慺，恭謹貌 囝 勤懇也 後漢·楊賜傳 豈敢愛惜垂沒之年，而不盡其慺慺之心哉 囝 lóu 廣韻 落侯切 集韻 韻會 郎侯切 正韻 盧侯切夶音樓。義同。囝 廣韻 力主切 集韻 隴主切夶音縷 廣韻 姓也。出 纂文。鋆又慺17918慺18204

慮 18154 08654
rǔ_11.15 玉篇 古文辱60610字 囝 姓。出 姓苑 △亦作慉。

憷 18155 08655
lǜ_11.15 集韻 劣戌切音律 玉篇 憂悶也。

憓 18156 08656
tuí_11.15 集韻 徒回切音頹 類篇 縱弛也。

惓 18157 08657
juàn_11.15 篇海 居倦切音眷。回顧也。

慽 18158 08658
qī_11.15 唐韻 集韻 韻會 夶倉歷切音戚 說文 憂也。書·盤庚 率籲衆慽 囝 通作戚 詩·小雅 自貽伊戚 左傳 作慽。鋆又慽01961慽18159

慽 18159 08659
qī_11.15 正字通 同慽 後漢·王商傳 居喪哀慽 ○按 說文 本作慽，無慽字 集韻 慽亦書作慽。則慽爲正字矣 正字通 云，同慽，誤。

慺 18160 08660
bī_11.15 集韻 邊迷切音㲋。意併也。與悂同。

懦 18168 08668
rǔ_11.15 玉篇 同慮

恄 18161 08661
lù_11.15 集韻 盧谷切音鹿 類篇 心閑也。一曰心轉也。

懅 18162 08662
jù_11.15 正字通 俗懅字。

慾 18163 08663
yù_11.15 廣韻 余蜀切 集韻 韻會 俞玉切夶音欲 集韻 情所好也 周武王·杖銘 惡乎失道乎嗜慾 △本作欲，或作慾。口鼻耳目四支之欲皆出於心，故从心，亦通。

憑 18164 08664
píng_11.15 正字通 俗憑字。

憣 18165 08665
fān_11.15 字彙 俗幡字。鋆 龍龕 憣，俗。孚袁反。正作幡15131又 可洪音義 憣旗：音其。

懥 18166 08666
huò_11.15 字彙 俗懅字

憀 18167 08667
liáo_11.15 唐韻 落蕭切 集韻 韻會 憐蕭切 正韻 連條切夶音聊 說文 憀然也 集韻 無憀賴也 玉篇 賴也，且也 囝 liú 廣韻 集韻 韻會 正韻 夶力求切音留 韻補 悲恨也。鋆又憀18169

憀 18169 08669
liáo_11.15 正字通 俗憀字。

憁 18170 08670
zǒng_11.15 正韻 作孔切音總。憁憁，不得意貌 囝 正韻 千弄切。義同○按 玉篇 集韻 作惣。

憂 18171 08671
yōu_11.15 古文㥑遟 唐韻 集韻 韻會 於求切 正韻 於尤切。本作㥑。今作憂 說文 愁也 爾雅·釋詁 思也 疏 憂者。愁思也 書·洪範 六極，三曰憂 囝 疾也 禮·曲禮 某有負薪之憂 註 憂或爲疾 囝 幽也 易·乾卦 憂則違之 註 謂時當幽隱也 囝 辱也 易·繫辭 小人道憂也 囝 居喪曰憂 書·說命 王宅憂 囝 孕病曰憂 晉語 文王在母不憂。囝 人憂則頭低垂 禮·曲禮 下于帶則憂 註 憂則低也。囝 幽憂曰瘋憂 詩·小雅 瘋憂以痒 周禮·春官·大宗伯 以凶禮哀邦國之憂 囝 姓。出 姓苑 囝 ōu 韻會 烏侯切音謳。義同 集韻 作㥑 囝 yòu 集韻 韻會 夶於救切 集韻 慮也 詩序 百姓見憂。徐邈讀 黃庭經 三神之樂由隱居，倏忽遊遨無遺憂。又 唐風 揚之水，白石皓皓。素衣朱繡，從子于鵠。既見君子，云何其憂。鵠，居號切 △ 集韻 本作㥑，或作懮 說文 从心从頁。頁，首也。心憂則髮白。囝 字彙補 亦與優同 說文 憂和之行也。引 詩 布政憂憂。後人以㥑愁之字从憂，遂以憂和之字从優，浸失六書之原矣。鋆又憂05328忧16983㥑17339㥑17496㥑17316㥑18014㥑68406 囝 㥑17959，百念爲憂，俗字。

愁 18172 08672
nǎn_11.15 字彙 俗慁字。鋆又俗慁18107

惷 18173 08673
chuāng_11.15 唐韻 集韻 丑江切 韻會 抽江切夶音� 說文 愚也。从心春聲 周禮·秋官·司刺 三赦曰惷愚 註 生而癡騃，不識異義者也 囝 chōng 廣韻 集韻 韻會 正韻 夶書容切音春 集韻 騃昏也。或作憧 禮·哀公問 寡人惷愚冥頑 註 惷，蔽於氣質也 囝 集韻 昌容切音衝。義同 囝 chòng 廣韻 集韻 韻會 正韻 夶丑用切。與憃同。亦省作贛。又 集韻 韻會 夶陟降切。與憃同。亦省作贛。又 集韻 丑降切音矗。義夶同。鋆又靚55239惷17748惛。囝 慧琳音義 癡惷：下踔巷反 考聲 云小兒愚也。或從見作覺55242亦作覒55186俗音卓降反，恐非也。

慌 18174 08674
huǎng_11.15 正字通 恍字之譌。鋆俗慌17996

憏 18175 08698
chì_11.15 集韻 丑例切音傺。侘憏，未定也。

徳 18176 08675
zhì_11.15 篇海 陟利切音緻。施也。

惷 18177 08676
méng_11.15 字彙補 與儚同。

慕 18178 08677
mù_11.15 字彙補 古文慕18089字。見漢碑。

懄 18179 08678
huì_11.15 字彙補 許魏切，音誨 ◇忌也。

懇 18180 08679
tòng_11.15 說文 長箋 與慟同。

憆 18181 08680
chēng_11.15 集韻 丑庚切。同瞠。直視貌。

憪 18182 08681
huán_11.15 字彙補 火還切音環。慢也。

悳 18183 08682
dé_11.15 篇海 與惪17536同。

憷 18184 41217
shù_11.15 搜眞玉鏡 音庶。又音度。

愨 18185 41218
què_11.15 字彙補 客角切，音劼◇虐也 黃氏續騷經
夫帝烈厥戮兮，而罰之不寧，曷愨彼龍兮，以重厥刑。

憓 18187 41220
tuì_11.15 字彙補 透對切音退 廣雅 忘也。

憿 18188 43614
xié_11.15 龍龕 同像　憋 18186 41219
bā_11.15 字彙補 方查
切音巴 乾坤鑿度 愍念虞思慷憋。

憦 18189 43617
kuò_11.15 搜眞玉鏡 音廓。

懆 18190 43618
sào_11.15 川篇 同懆　懳 18192 43620
huì_11.15 字彙補 同惠

慂 18191 43619
xīn_11.15 五音篇海 音心。

憄 18193 u2AB27
null_11.15 喃 未詳。　憶 18194 u2AB26
null_11.15 未詳。

悳 18195 u2AB25
dé_11.15 俗悳17537　恼 18196 u2AB24
null_11.15 喃 未詳。

憡 18197 u2AB23
null_11.15 未詳。　惆 18198 u2AB22
null_11.15 未詳。

憤 18199 u2AB21
hờn_11.15 喃 俗憒18649

愷 18200 u2AB20
null_11.15 未詳。　憖 18201 u2AB1F
null_11.15 未詳。

傲 18202 uFA8A
ào_11.15 兼 傲18105　憎 18203 u2F8AB
zēng_11.15 俗憎18260

僂 18204 u2F8AA
lóu_11.15 同慺18153　㥨 18206 u22830
sǒng_11.15 同慫18126

愚 18205 u2288E
yǔ_11.15 或俗愚18528 字海 音未詳。人名用字。

憪 18207 u2282F
lǎng_11.15 喃 从心朗lāng聲△憪憪：志忐。

㥪 18208 u2282A
ngoày_11.15 喃 从心罣quái聲。悻悻貌。

㦄 18209 u22829
mơ_11.15 喃 从心麻ma聲。冥，夢想△㦄忪：夢見。

憨 18210 u22828
mǎn_11.15 喃 从心敏mǎn聲。

㦅 18211 u22827
mǎm_11.15 喃 从心夒mǎm聲△職㦅：堅定。

㦃 18212 u22826
qín_11.15 同懂18128 图 hờn 喃 从心漢hán省聲。
△㦃喭：歡鬧△或从口作嘆07605，不省。

㦉 18213 u22825
gàn_11.15 喃 从心乾kiền聲△性㦉：優柔寡斷。

憚 18214 u22824
đàn_11.15 喃 从心彈đàn聲。愚鈍，笨拙。

㦇 18215 u22823
giận_11.15 喃 从心陳（陣）trần聲△㦇與：憤慨。
△或从口作嗔06814俗从陣省作悼17485

㦡 18216 u22822
wèi_11.15 正字通 慰18134，一作㦡。

㥮 18217 u22820
kòu_11.15 同㥮18135　憊 18218 u2281C
bèi_11.15 同憊17772

癒 18219 u2281A
yù_11.15 俗愈17785亦作癒02097

偊 18220 u22819
ǒu_11.15 同偊02108俗偶01587

懋 18221 u22818
mào_11.15 俗懋18449　翱 18222 u22817
null_11.15 未詳。

懋 18223 u22816
mào_11.15 俗懋18449　憒 18224 u22815
gōng_11.15 俗憒17926

感 18225 u22814
gǎn_11.15 俗感17834 玉篇殘卷 音，禮記 凡音之起，
由人心生也。心之動，物使之然。感扵物而動，故形扵
聲。聲相應，故生變。變成方，謂之音。又 別雅·卷四 感
癡，感痛也 吳仲山碑 感癡奈何。

惛 18228 u22811
null_11.15 未詳。　慷 18226 u22813
kāng_11.15 或同慷18145

憎 18230 u2280F
null_11.15 未詳。　㺜 18227 u22812
nián_11.15 或同㺜74857

憖 18229 u22810
ngơ_11.15 喃 同癡36423發呆。

悃 18231 u2280E
kūn_11.15 同悃17563　愽 18232 u2280D
null_11.15 未詳。

弦 18233 u2280C
xián_11.15 或㤉17643字之譌，同㤉17564 慧琳音義 㤉
懸：上形堅反 說文 㤉，急也。从心，弦聲。弦音同上。
河南密縣有㤉亭，傳文作㤉，亦同也。

懶 18243 u22802
lǎn_11.15 俗嬾11633　愿 18234 u2280B
mì_11.15 或俗密12146

慘 18235 u2280A
cǎn_11.15 同慘18094見 異體字字典

憪 18236 u22809
ngẫu_11.15 喃 从心偊ngẫu聲。

憤 18237 u22808
bǎn_11.15 喃 从心貧bǎn聲。動怒，發脾氣。

許 18238 u22807
hở_11.15 喃 从心許hứa聲。

憘 18239 u22806
thuồng_11.15 喃 从心通thông聲。

惷 18240 u22805
chuāng_11.15 正字通 惷18173，一作惷 图 thung 喃
从心春thung聲。逍遙，從容。

崇 18241 u22804
sùng_11.15 喃 从心从崇，崇sùng亦聲。崇拜。

獧 18242 u22803
qíng_11.15 同撒20856 粵 戒也。毖也。

憻 18244 u22801
sè_11.15 簡 憻18453　慨 18247 uFA3E
kài_11.15 參見慨18121

憶 18245 u3988
ài_11.15 簡 懚18519 图 俗懚15192 可洪音義 憶斗：上
古太反。正作盖。又音藹，愄。

愒 18246 u6187
qì_11.15 正字通 憩18302，俗作愒。

祂 18247-1 u27710
trễ_12.16 喃 俗褪字。从怠礼lễ聲。懶惰。

憆 18248 08683
qū_12.16 集韻 丘於切音虛。志怯也。

憶 18249 08684
yì_12.16 玉篇 集韻 太古文懿18743字。

憘 18250 08685
huá_12.16 集韻 胡瓜切音華。心侈也。

憇 18251 08686
nǎn_12.16 集韻 乃版切。與赧同 類篇 面慚赤也。

憆 18252 08687
fù_12.16 集韻 敷救切音副 類篇 怒也△或作愐。
憇 正字通 愊17798字之譌。

憉 18253 08688
péng_12.16 集韻蒲庚切音彭。憉悙，自强也。

憊 18254 08689
bèi_12.16 唐韻蒲拜切集韻韻會步拜切，丛音輩說文憊也。本作憊，从心葡聲。今作憊廣韻羸困也通俗文疲極曰憊，疲劣也。或从疒作癋図通作敗荀子·解蔽篇惡敗而出妻。又bì集韻韻會丛蒲計切音薜。困病也莊子·山木篇貧也。非憊也図bó集韻類篇鼻墨切韻會蒲北切丛音蔔。困也図叶平祕切韻易·遯卦係遯之屬有疾憊也。畜臣妾吉，不可大事也。王肅讀鏊又惫17728憊18362憊18477癋36562

憋 18255 08690
piē_12.16 廣韻芳滅切集韻匹滅切，並音撇，急性兒韻會急速貌列子·力命篇嘽咺憋憋揚子方言急性也図博雅惡也後漢·董卓傳憋腷狗態図biē集韻必列切音鼈。又五音集韻并列切音鼈。義丛同△或書作憋。鏊又䊱18373䊱40686怲17590憋31746

憋 18256 08691
biē_12.16 廣韻普蔑切音擎。憋然，瞋也。鏊又集韻憋，惡也，或書作憋△宏按，憋字，宋本從火從心，作燩下心關漢卿·金線池·第一折母親，你只管與孩兒燩性怎的。

憌 18257 08692
chún_12.16 集韻殊倫切音純說文憂也。从心鈞聲。或作忉、忳図qióng廣韻渠營切集韻葵營切丛音瓊。與惸同集韻惸惸，憂也。或作煢忉憌

憏 18258 08693
zhā_12.16 集韻陟加切音奓。誕也。鏊正字通俗奢10194字。

憍 18259 08694
jiāo_12.16 廣韻擧喬切集韻韻會居妖切丛音驕集韻逸也，矜也廣韻憰也，恣也周武王·觴豆銘戒之憍憍則逃図通作驕左傳·隱三年驕奢淫泆疏驕，謂恃己凌物△亦通作喬禮·樂記齊音敖辟喬志図正韻堅堯切音驍。義同図qiáo廣韻巨嬌切集韻渠嬌切丛音趫集韻虛憍，高仰也図jiāo韻會居夭切。小人得志也。鏊又憍17363鴹73036

憎 18260 08695
zēng_12.16 唐韻作滕切集韻韻會咨騰切正韻咨登切丛音增說文惡也。从心曾聲詩·小雅伊誰云憎。鏊又憎18203憎18361憎18360

憣 18261 08696
cuǎn_12.16 ◆說文千短切，擐上聲。精憣也。从心毳聲図hū廣韻集韻丛呼骨切音忽玉篇寐熟也図xiā集韻呼八切音瞎。臥覺也図xù呼役切音閱。義同。

愕 18262 08697
è_12.16 集韻愕本字後漢·寒朗傳錯愕不能對。

憐 18263 08699
lián_12.16 古文怸唐韻落賢切集韻韻會正韻靈年切丛音蓮說文哀也。吳越春秋·河上歌同病相憐図廣韻愛也魯連子引古諺心誠憐，白髮元図lín集韻離珍切音鄰。義同楚辭·九辯羈旅而無友生，惆悵兮而私自憐。叶上生△俗作怜。鏊又慈18264憐18575

憐 18264 08700
lián_12.16 正字通同憐。

憞 18265 08701
chǎng_12.16 廣韻正韻昌兩切集韻韻會齒兩切丛音敞。◆玉篇憞怳，驚貌。或省作惝。

憑 18266 08702
píng_12.16 廣韻扶冰切集韻韻會皮冰切丛音凭。依也，託也図書·顧命憑玉几図姓△俗作憑，非。鏊又淜03168淜03166湢02974龍龕僾01721坒09699俗。皮證、皮冰二反。正作凭03122淜03142二字。

憒 18267 08703
guì_12.16 廣韻集韻韻會古對切正韻古內切丛音憒集韻心亂也。从心貴聲蜀志·蔣琬傳琬曰：事不當理，則憒憒矣図唐韻集韻丛胡對切音潰。又集韻戶賄切音瘣。又沽罪切音腂。義丛同。鏊又憒17919憒18681

憓 18268 08704
huì_12.16 字彙與惠同司馬相如·封禪書義征不憓註不順也。鏊正字通同17631史·相如·封禪書義征不憓。註：不順也。一說惠本从心，俗加心，非。

憔 18269 08705
qiáo_12.16 廣韻昨焦切集韻韻會慈焦切正韻慈消切丛音樵廣韻憔悴，瘦也吳語民人離落，而日以憔悴。與顦通。鏊又瘄36450

憕 18270 08706
chéng_12.16 唐韻直陵切集韻韻會持陵切丛音澂說文平也玉篇心平也図正韻時征切，音成◇義同。〇按玉篇等書皆切澄母，而正韻獨切禪母，蓋澄母乃次清舌上微音，若禪母則次濁正齒商音矣図廣韻直庚切集韻除庚切丛音根玉篇憕忪，失志貌図集韻中莖切音杜。義同図dèng類篇澄應切音瞪。心靜也図集韻丁鄧切音隥。懵憕，神不爽也〇按中莖切屬知母，丁鄧切屬端母，然皆是微音，故與澄母相近，在同音之中，端爲微音之一，知爲微音之五，澄爲微音之七也。至若禪母商音次濁聲之字，則不可以切微音次清聲之字矣。

憖 18271 08707
yìn_12.16 唐韻魚覲切集韻正韻魚僅切韻會疑僅切丛音憖說文問也，敬謹也。从心狋聲。一曰說也。一曰甘也廣韻且也左傳·哀十六年不憖遺一老註憖，且也図詩·小雅不憖遺一老箋心不欲而自彊之辭。図願也晉語憖庇州犁焉註願也図缺也左傳·文十二年兩君之士，皆未憖也図發語辭左傳·昭二十八年憖使吾君聞勝與臧之死也，以爲快。一曰傷也揚子方言陳蔡之間謂之憖図yìn集韻韻會丛語靳切音垽博雅愓也図xìn五音集韻香靳切音焮字林笑貌張衡·思玄賦戴勝憖其旣歡兮文選章懷讀図yà五音集韻五鎑切字林問也図yín集韻魚巾切韻會語巾切丛音銀。地名春秋·昭十一年會于厥憖。鏊又憖18130憖18272憖18114憖17717

憖 18272 08708
yìn_12.16 正字通本作憖。俗省作憖。鏊名義憖，宜覲反。訣，且，致，聞，謹敬正字通憖，憖字之譌。

悶 18273 08709
huàn_12.16 玉篇古文患17445字。

憘 18274 08710
xì_12.16 說文意，亦作憘図字彙補古文喜06501字。

憙 18275 08711
xì_12.16　廣韻 集韻 韻會 許記切 正韻 許意切，夶嬉去聲 說文 悅也。从心从喜，喜亦聲 徐鍇曰 喜在心，憙見爲此事，是心悅爲此事也，會意 史記·周本紀 無不欣憙 又 好也 賈誼·治安策 遇之有禮，則羣臣自憙 註 憙，好也 又 省作喜 史記·封禪書 天子心獨喜。又 扁鵲傳 問中庶子喜方者。夶讀許旣切 集韻 亦書作憘 又 xǐ 廣韻 虛里切 集韻 韻會 許己切 正韻 許里切 夶音蟢。樂也。亦省作喜 又 xǐ 集韻 虛其切音嬉 說文 卒喜也。本作歖。或从喜作歗。或从心作憙。亦作憘 後漢·蔡邕傳 試潛聽之曰憘 註 音僖，歡聲也。

懂 18276 08712
huò_12.16　廣韻 呼麥切 集韻 忽麥切 夶音嚄。不慧也。 玉篇 乖戾也，頑也 顏氏家訓 乃陳文墨，懂懂無言者須言 又 huà 集韻 胡麥切音畫。義同。 鼇 又 懂17719 懂18166

傾 18277 08713
xiǎng_12.16　集韻 虎項切音慃。勁傾，多力貌。 又 xiàng 集韻 戶講切音項。義同。

憚 18278 08714
dàn_12.16　唐韻 集韻 韻會 夶徒案切音彈 說文 忌難也。从心單聲。一曰難也 增韻 畏也 又 集韻 得案切音旦 書·畢命 彰善癉惡。或作憚 又 集韻 丁賀切音跢 說文 勞病也。本作癉，或从心 詩·小雅 憚我不暇 朱註 憚，勞也。又 集韻 尺戰切音硟。難也 揚子方言 齊魯曰憚 又 韻會 昌善切。慢易也 又 集韻 蕩旱切音蜑。勞也，難也 詩·小雅 哀我憚人 又 集韻 黨旱切音亶。勞也 通作怛 周禮·冬官考工記·矢人 則雖有疾風，亦弗之能憚矣 釋文 音怛，都達反 又 韻會 唐干切音壇。驚怛也 莊子·達生篇 以鉤注者憚 又 五音集韻 於權切音嬽。車敝貌。 鼇 又 憚17725 愳18279

愳 18279 08715
dàn_12.16　集韻 同憚 又 愳狐，地名 史記·周本紀 秦取九鼎、寶器而遷西周公於愳狐。

憛 18280 08716
tán_12.16　集韻 徒南切音覃。憂意 又 yán 類篇 余廉切音鹽。惶遽也 又 yān 集韻 於鹽切音懕 博雅 悇憛，懷憂也 又 tàn 集韻 韻會 夶他紺切音俕 博雅 思也。一曰憛怵，憂惑也。一曰遑遽也。一曰禍福未定意 △或作悰。

憝 18282 08718
duì_12.16　古文懟 唐韻 集韻 韻會 徒對切 正韻 杜對切夶音隊 說文 怨也。从心敦聲 書·康誥 凡民罔弗憝 又 惡也 書·康誥 元惡大憝。謂大可惡也 又 集韻 杜罪切音鐏。恨也 △或作譈、懟，亦書作憞。 鼇 又 憝18754

憞 18283 08719
duì_12.16　集韻 同憝 揚子法言 楚憞羣策，而自屈其力 註 憞，惡也 又 dùn 集韻 徒困切音鈍。憞涽，惡亂也 又 tūn 他昆切音暾。憞恨，心不明也。或省作敦。

㦗 18284 08720
sù_12.16　廣韻 相玉切 集韻 須玉切夶音粟 類篇 詭隨也 玉篇 承上顏色也。 鼇 正字通 按：呢喣㦗斯，見 楚辭·卜居。陳第 古音考 註：呢喣，以言媚人也。㦗，怯畏也。斯，語助。俗本作粟斯。今加心作㦗，非。

惭 18285 08721
xī_12.16　集韻 先齊切音嘶。惺惭，心怯也 又 sī 相支切音斯。悷惭。 鼇 楊寶忠：當是「惭，悷惭也」。

憮 18286 08722
sǔn_12.16　集韻 聳尹切音筍。憮憮，劣弱貌 又 xuǎn 玉篇 息變切。悅也。

惰 18281 08717
duò_12.16　集韻 同惰

懕 18287 08723
jué_12.16　廣韻 集韻 夶其月切音橜 說文 勞也。或从心，亦書作懰。

憉 18288 08724
bó_12.16　集韻 蒲撥切音跋。心起也。

憡 18289 08725
cè_12.16　廣韻 楚革切 集韻 測革切夶音策 玉篇 小痛也。亦省作㦲。

㥦 18290 08726
tuì_12.16　正字通 俗悵字。

懰 18291 08727
mái_12.16　集韻 莫佳切音霾。懰慅，心不平也。 鼇 又 怀17359

憢 18292 08728
xiāo_12.16　廣韻 許幺切 集韻 馨幺切夶音膮 說文 懼也。本作曉。或从言，或从心 又 jiāo 集韻 堅堯切音驍。儌也。本作憢，或从敫作傲，或从心作憢。 鼇 又 憢17358

幡 18293 08729
fān_12.16　正字通 符山切，音番 ◇心變動也。 鼇 又 憣18165，並俗幡。

像 18294 08730
dàng_12.16　唐韻 徒朗切 集韻 待朗切夶音蕩 說文 放也 △或作惕煬傷。

憤 18295 08731
fèn_12.16　唐韻 正韻 房吻切 集韻 韻會 父吻切，夶墳上聲 說文 懣也。从心賁聲 周語 陽癉憤盈 註 積也。鬱積而怒滿也 又 集韻 或作愩。亦作賁 禮·樂記 廣賁之音作而民剛毅 音義 依註讀爲憤，扶粉反 又 作憑 莊子·盜跖篇 侅溺於馮氣，郭象讀 又 韻會 正韻 夶房問切音與分同。懣也 論語 不憤不啓 又 發憤忘食 ○按註夶上聲，字書有上、去二音。 鼇 本作憤18452 又 憤17921 憒18085 憤18404

憥 18296 08732
láo_12.16　廣韻 魯刀切 集韻 郎刀切夶音勞 玉篇 心力乏也，疾也。 鼇 又 憥18297

憥 18297 08733
lào_12.16　集韻 郎到切，勞去聲。懊憥，悔也。

憧 18298 08734
chōng_12.16　唐韻 尺容切 集韻 韻會 昌容切夶音衝 說文 意不定也，从心童聲 易·咸卦 憧憧往來 又 集韻 諸容切音忪。義同 又 tóng 類篇 徒東切音童 易·咸卦 憧憧，徐邈讀 又 chōng 集韻 書容切音舂。與惷同。駿昏也 又 dòng 韻會 徒弄切音洞。意不定也 又 zhuàng 五音集韻 直絳切音戇。義同。一曰戇憧，愚貌。亦作戇。 鼇 又 戇18654

憵 18299 08735
nì_12.16　集韻 女利切音膩。快性也。

憨 18300 08736
hān_12.16　廣韻 呼談切 集韻 韻會 呼甘切夶音蚶 玉篇 愚也，癡也。或作傁、坎 又 廣韻 集韻 夶下瞰切。又 集韻 呼濫切，音酣。義夶同。 鼇 或作傁、坎。坎當爲坎26228字之誤 又 憨18301 又 龍龕 㾕36248 癇36451 癎36626 三俗，呼甘反。正作憨。癡甚也。

憨 18301 08737
xiàn_12.16　集韻 許鑒切音做。怒也。

憩 18302 08738 qì_12.16 集韻本作愒,或作憇,亦書作憩詩·召南召伯所憩。鎏又甈13139舙48486䭒48521䭓48519憇18246

憩 18303 08739 qì_12.16 正字通同憩。

憒 18304 08740 guì_12.16 字彙居僞切音賜。譎也〇按此字不見於六書,不知字彙何據。姑存備考。

㷵 18305 08741 hēi_12.16 集韻迄得切音黑。惛也。鎏又俗默74908 可洪音義佛㷵:木得反,靜也,不言也。正作默、嘿07195二形也,郭氏作扵焰反,非 又俗悝17433 新撰字鏡㷵,古囬反。悲也,憂也,病也。

㥣 18306 08742 xī_12.16 集韻迄及切音翕。心熱貌。

憪 18307 08743 xián_12.16 唐韻戶閒切集韻韻會何閒切說文愉也。从心閒聲廣韻心靜也。或作憪 又xiàn玉篇廣韻集韻丛下赧切音僩廣韻寬大貌 又不安貌史記·文帝紀憪然念外人之有非 又勁忿貌唐書·王叔文傳憪然以爲天下無人 又韻會正韻丛下簡切音限。義同。鎏又憪18375

憫 18308 08744 mǐn_12.16 廣韻眉殞切集韻韻會美隕切丛音閔集韻憂也△或書作慜。鎏又憫17521閔18396

愓 18309 08745 dàng_12.16 集韻待朗切音蕩博雅愓逿動也。鎏又盪53431

憪 18310 08746 lí_12.16 廣韻郎奚切集韻憐題切,並音黎。憪㥏,欺謾也揚子方言憪㥏,欺謾語也 又集韻郎計切,音麗。義同 又集韻鄰知切,音離說文謧詍,多言也△本作謧,或作讈、憪。

憪 18311 08747 xiàn_12.16 廣韻集韻丛胡典切音峴。憪憪,意難也 又集韻呼典切音顯。義同 又rǎn集韻忍善切。本作僘。或从心說文意膬也。一曰意急而懼 又niàn集韻乃見切音晛。意難也。

憬 18312 08748 jǐng_12.16 唐韻集韻韻會正韻丛俱永切音炯說文覺寤也。从心景聲。引詩·魯頌憬彼淮夷 又遠也。又qǐng集韻韻會丛孔永切。遠行貌詩·魯頌憬彼淮夷。沈重讀 又集韻韻會丛畎迥切音炅。義同。

意 18313 08749 yì_12.16 唐韻於力切集韻乙力切丛音臆說文滿也。一曰十萬曰意書·洛誥公其以予萬億年敬天之休詩·小雅我庾維億。古本俱作意,石經溷用億,通改作億。籒文作𢡃。

憭 18314 08750 liǎo_12.16 唐韻力小切玉篇力繞切丛音繚說文慧也。从心尞聲 又liǎo廣韻盧鳥切集韻朗鳥切正韻盧皎切丛音了廣韻照察也集韻快也 又liáo廣韻落蕭切集韻憐蕭切丛音聊廣韻空貌 又憭慄,心目傷也朱子·民安道中詩憭慄起寒襟。

憮 18315 08751 wǔ_12.16 集韻韻會丛罔甫切音武說文愛也。从心無聲爾雅·釋言憮也註愛撫也疏方言東齊郊陶之間謂愛曰憮 又廣韻憮然,失意貌三蒼怪愕之辭論語夫子憮然何晏註爲其不達己意,而便非己也廣韻或作憮 又xǔ五音集韻况羽切前漢·張敞傳京兆眉憮註憮,音詡。孟康曰:北方人以媚好爲詡。一曰傲也 又hū集韻荒乎切音呼。大也詩·小雅亂如此憮,叶上辜註火吳反毛傳憮,大也 又傲也禮·投壺毋憮毋傲 又wú集韻韻會丛微夫切音無廣韻空也。鎏又忕17082

憯 18316 08752 cǎn_12.16 正字通俗憯字。

憯 18317 08753 cǎn_12.16 字彙憯字省文前漢·武帝紀支體傷則心憯怛。

憰 18318 08754 jué_12.16 唐韻集韻丛古穴切音玦說文權詐也。从心矞聲。言詭曰譎,心詭曰憰。

㮰 18319 08755 bī_12.16 五音集韻邊迷切音豍。栖也。鎏俗梐25433

憱 18320 08756 chòu_12.16 五音集韻初救切音簉集韻慼也 又字彙補與蹙同戰國策汗明憱焉註憱、蹙同。鎏俗蹴59375 正字通憱,舊註戚也。與蹵肰不悅之蹵59376義近。改音搊去聲,非。

懇 18321 08757 kěn_12.16 集韻同懇18444

㤵 18322 08758 gū_12.16 集韻攻乎切音姑。怯也。

懕 18323 08759 yā_12.16 與厭通說文作懕18521

憝 18324 08760 cuì_12.16 唐韻集韻丛此芮切音毳說文謹也。从心㲋聲長箋卜問吉凶爲㲋。卜之於心,謹可知矣,故从㲋。

憲 18325 08761 xiàn_12.16 唐韻集韻韻會丛許建切音獻。懸法示人曰憲。从害省,从心从目。觀於法象,使人曉然知不善之害。接於目,怵於心,凜乎不可犯也周禮·天官·小宰憲禁于王宮註憲謂表縣之,若今新有法令也詩·大雅文武是憲箋憲,表也,言爲文武之表式也。因憲爲表式之義,故人之取法,亦謂之憲書·說命惟聖時憲傳憲,法也,言聖王法天,以立教於下也禮·內則五帝憲註法其德行也 又說文敏也禮·學記發慮憲註言發計慮當擬度於法式徐鍇曰目與心應爲敏也 又諡法博聞多記曰憲 又詩·大雅無然憲憲毛傳憲憲,猶欣欣也箋女無憲憲然爲之制法度,達其意以成其惡也。蓋譏當時變亂舊章,創立新法。此憲憲二字,殆詼諧語,所以深刺之也。後人引訓憲字正文,以釋憲字,遂覺憲字爲表示人以惡者,其去憲字本義何啻萬里。大抵字書訓義,多犯此病,不得不辨 又州名。本樓煩監,唐置州 又姓。出姓苑集韻或作韗 又xiǎn集韻韻會丛呼典切音顯韻會興盛貌詩·大雅顯顯令德中庸引詩作憲憲令德正字通憲有顯示之義。鎏又憲18410宪12058㥶17863憲18003害12219㡾15747

憏 18326 08762 sè_12.16 集韻 類篇 怂色入切音澀。慳也。

懤 18327 08763 qiān_12.16 玉篇 俗愆字。

悼 18328 08764 gāo_12.16 集韻 悴，或作悼〇按字本十二畫 正字通 誤入十一畫，今改正。

惕 18329 08765 tǎn_12.16 五音集韻 吐敢切音菼。惕忒，心不寧也。〇按字本十二畫 字彙 誤入十一畫，今改正。

慺 18330 08766 lóng_12.16 五音集韻 力中切音隆。意也。

慺 18331 08767 lú_12.16 集韻 慺18153古作慺。

愲 18332 08768 gé_12.16 廣韻 古核切音隔。智也。鑒又譌56474 悑18397

愚 18333 08769 yù_12.16 五音集韻 牛具切音遇。意也。

懥 18334 08770 nǎ_12.16 篇海 奴可切音娜。岌也。

憤 18335 08771 jì_12.16 字彙補 在計切音嚌。愁怒也。

憖 18336 08772 lì_12.16 字彙補 郎翌切音力。謹也。

懥 18337 08773 zhì_12.16 字彙補 照世切，音志◇至也。鑒楊寶忠：懥18551字之變。

憡 18338 08774 dàng_12.16 字彙補 徒朗切音蕩。與像同。

憰 18339 08775 jù_12.16 集韻 懼18730古作憰。

惕 18340 08776 tì_12.16 字彙補 與惕同。

憯 18341 08777 cǎn_12.16 篇海類編 俗慘字。

懞 18342 08778 méng_12.16 集韻 與萌同。

懳 18343 08779 huì_12.16 字彙補 古文惠17631字。

悶 18344 08780 huàn_12.16 集韻 患17445古作悶。

憯 18345 08871 cǎn_12.16 唐韻 集韻 韻會 正韻 怂七感切音慘 說文 痛也。从心憯聲 詩·小雅 胡憯莫懲 又曾也 詩·小雅 憯莫懲嗟。又 大雅 憯不畏明 qiǎn 集韻 此忝切。亦痛也。鑒又憯18317憯18358憯18709憯18316憯18407

快爭 18352 u2AB2D null_12.16 喃 未詳。

憅 18346 41221 chàng_12.16 字彙補 徹帳切音悵。憅憅，急速貌 列子 嘽咺憅憅。

愬 18347 41222 zhé_12.16 龍龕 音折。靜貌。

慭 18348 43621 jī_12.16 搜眞玉鏡 古脂切，音基◇憂也。

愞 18349 43622 ruǎn_12.16 搜眞玉鏡 音偄。鑒同懦18378

愒 18351 43624 jié_12.16 搜眞玉鏡 音結。

潄 18353 u2AB2C null_12.16 未詳。儵。鑒籀文儵36435字。疑同慫。

德 18350 43623 zhǒng_12.16 字彙補 音

懃 18354 u2AB2B null_12.16 喃 未詳。

愈 18355 u2AB2A null_12.16 喃 未詳。

愍 18356 u2AB29 null_12.16 未詳。

愔 18358 uFAD0 cǎn_12.16 同憯18317

憎 18360 uFA89 zēng_12.16 兼憎18260

憊 18362 u22891 bèi_12.16 俗憊18254

惜 18364 u2288F null_12.16 未詳。

懜 18365 u2288E nhằng_12.16 喃 糾纏不清。

憝 18366 u2288A đòi_12.16 喃 从心隊đội聲。要求。

湝 18367 u22889 nức_12.16 喃 从心渃nước聲。振奮貌。

慊 18368 u22888 hẳn_12.16 喃 从心寒hàn聲。

憳 18370 u22886 thẹn_12.16 喃 从心善thiện聲。慚怍，羞澀。

懢 18371 u22885 chiều_12.16 喃 从心朝triều聲。順從，遷就。

懳 18372 u22884 ngùng_12.16 喃 从心禺ngổng聲。

愁 18373 u22883 biê_12.16 同黎40686

瑟 18384 u22872 guō_12.16 同聒46605

憪 18376 u2287F xián_12.16 同憪18307，見 集韻

憖 18381 u22877 lì_12.16 俗憖18107

懦 18378 u2287C ruǎn_12.16 同懦18553亦作愞18349

閔 18379 u2287B mǐn_12.16 集韻 憫18308，憂也。或書作閔。

慤 18385 u22871 què_12.16 同慤18111

惥 18386 u2286F null_12.16 未詳。

惷 18389 u2286C null_12.16 未詳。

欽 18387 u2286E qīn_12.16 俗欽26355 龍龕 音欽。

愯 18388 u2286D cháng_12.16 或同慞18127

懢 18390 u2286B null_12.16 未詳。

愇 18392 u22869 null_12.16 未詳。

幾 18394 u22867 jī_12.16 俗譏56663 可洪音義 幾誹：居衣反。

嗒 18395 u22866 null_12.16 未詳。

愲 18397 u22864 gé_12.16 俗愲18332 新撰字鏡 愲，公輒反。知也。譌56474字。

懼 18357 u2AB28 riengj_12.16 壯 敏捷。

憖 18359 uFACF qiān_12.16 同憖18327

憎 18361 uFA3F zēng_12.16 同憎18260

懥 18363 u22890 zhì_12.16 同懥33722

愢 18369 u22887 tùi_12.16 喃 从恥省 最tối聲。與僻18485同△愢分：怨天尤人。

懮 18375 u22880 xián_12.16 同憪18307 名義 憪，核間反。習，暇，靜，愉。

懤 18374 u22881 chán_12.16 同傳01921見 中華字海 sờn 喃 懤悉：氣餒。

惜 18377 u2287D xī_12.16 惜17624本字

惡 18380 u2287A huà_12.16 同化04313 馬王堆漢墓帛書·老子甲本·道經 萬物將自愿。

惥 18382 u22876 zhí_12.16 熟18148本字

憃 18383 u22873 chǔn_12.16 惷17748本字

髬 18391 u2286A null_12.16 未詳。

愧 18393 u22868 null_12.16 未詳。

閔 18396 u22865 mǐn_12.16 同閔18379

懥 18398 u22863 huī_12.16 俗譏66004 宋·富弼 辭起復表 況今中外無

事，左右得賢，共輔聖明之期，安有黎曠之務。

隳 18399 u22862
duò_12.16 同惰17738 集韻惰，亦書作隳。

憶 18400 u22861
gòng_12.16 同慐18224 俗慎17926

懋 18402 u2285F
mào_12.16 俗懋18449

懥 18401 u22860
zhì_12.16 俗幟15126 名義懥，昌志反。幡（幡）。慸，懥字。

憪 18403 u2285E
rùn_12.16 亦作瞤38133 傷寒瘟疫條辯·卷三·肉憪筋惕 憪者肌肉蠕動，惕者筋脉動跳也。

憤 18404 u2285D
fèn_12.16 俗憤18295碑別字。

懇 18405 u2285C
kuǎn_12.16 同款26358誠也。清·王昶春融堂集·卷五十·祭孫虛船通政文 嗟先生之悃懇兮，宜平格而純碬。

懣 18406 u2285B
mèn_12.16 同懣18547

憯 18407 u2285A
cǎn_12.16 俗憯18316

憫 18408 u3996
měn_12.16 集韻懣18547母本切。煩也。或省（作蔑）。亦作憫、鞔。

憐 18409 uF98F
lián_12.16 兼憐。

憲 18410 u2F8AC
xiàn_12.16 參見憲18325

愢 18411 08781
shéng_13.17 廣韻食陵切 集韻 韻會 正韻神陵切太音繩。爾雅·釋訓愢愢，戒也。又通作繩 詩·周南宜爾子孫繩繩兮註 戒慎也。

懇 18412 08782
pī_13.17 廣韻普擊切 集韻匹歷切太音霹 博雅 狃也。

憶 18413 08783
yì_13.17 廣韻於力切 集韻 韻會乙力切太音抑。念也，思也，記也古詩下有長相憶△增韻古作意，誤。鋆又忆16906

懟 18414 08784
sù_13.17 篇海蘇骨切音窣。懟懟，慚貌。

憷 18415 08785
chǔ_13.17 廣韻創舉切 集韻刱所切太音楚 集韻痛也。或从广图chù 集韻創據切音憷。心利也△通作楚。鋆又瘯36536

懹 18416 08786
yōng_13.17 字彙於容切音雍。憂也○按此字不見於玉篇 集韻等書正字通謂爲俗字，是也。

憸 18417 08787
xiān_13.17 唐韻息廉切 集韻 韻會 正韻思廉切太音銛。說文憸，詖也。憸利於上，佞人也書·立政其勿以憸人。又囧命爾無昵于憸人图qiān 廣韻七廉切 集韻千廉切音籤 博雅 彊也。一曰詖也图qiǎn 廣韻 集韻太七漸切音塹。亦詖也。一曰俺憸，多意图 廣韻 集韻太虛檢切音險。本作諗廣雅 詖也。或从心图通作思蔡沈·尚書註小人而謂之憸者，形容其沾沾便捷之狀也。鋆又检17472

憪 18418 08788
màn_13.17 正字通與慢同。

懤 18419 08789
qiú_13.17 集韻字秋切音酋 博雅 猶鉗惡也。一曰傲也。本作愶。

愒 18420 08790
qì_13.17 集韻去例切音愒。恐也。

懤 18421 08791
zhuó_13.17 廣韻 集韻太直角切音濁 類篇 心不安也。鋆熊加全：怃16948異體字。

憹 18422 08792
nóng_13.17 廣韻 集韻太奴冬切音農。憹憹，悅也。图 集韻濃江切音聻。心亂也图 類篇奴刀切音猱。懊憹，痛悔也图 集韻乃老切音腦。與嫋同說文 有所恨也。汝南人有所恨曰嫋，或作惱惱嬲憹。鋆又恢17360 懰18768

憺 18423 08793
dàn_13.17 唐韻徒敢切 集韻 韻會 杜覽切 正韻徒覽切太音淡 說文安也。从心詹聲 楚辭·哀時命 志欲憺而不憺兮 謝靈運詩 游子憺忘歸图dàn 廣韻 韻會 正韻太徒濫切音餤 集韻動也 前漢·李廣傳 威稜憺乎鄰國 朱子·哭張栻詩 魏公威略憺華戎 图tán 集韻徒甘切音談 類篇恬也。

憻 18424 08794
tǎn_13.17 篇海他旦切。與坦同。寬也，明也。亦平安也。出佛經。鋆又憻18565

憺 18425 08795
dàng_13.17 篇海徒朗切。與婸同。放蕩也。

憼 18426 08796
jǐng_13.17 唐韻居影切 集韻 舉影切太音景 說文敬也。从心敬聲。與儆通 荀子·儒詩 無私罪人，憼革二兵 註 憼，戒也。革，甲也。二，副也。言無私心而治有罪之人，反恐爲所害，而常爲兵革，以備之也图 廣韻居兩切 集韻舉兩切太音繾。義同图jìng 集韻居慶切。與敬同。本作敬。或从心說文肅也。

憽 18427 08797
sōng_13.17 廣韻蘇公切 集韻 韻會蘇叢切太音樅 廣韻惺憽，了慧人也。鋆又憽18612

懍 18428 08798
lì_13.17 集韻慄本字。

憸 18429 08799
jīn_13.17 廣韻 集韻太居吟切音金 廣韻心憸貌。图 類篇渠飲切音噤。義同图jìn 集韻巨禁切音妗。心堅同也。本作愒。或从禁。鋆心堅同也。心堅固也。图 龍龕憸，其錦反，心憸也。正作潃29873

憾 18430 08800
hàn_13.17 廣韻 集韻 韻會 正韻太胡紺切，含去聲。恨也 中庸人猶有所憾△或省作感 前漢·張安世傳 何感而上書歸衛將軍富平侯印图 集韻 韻會 正韻太戶感切音頷。義同图 集韻徒感切音禫。不安也。

憰 18432 08802
lǔ_13.17 集韻同愒

憖 18431 08801
kài_13.17 集韻丘蓋切音磕。貪也。本作愒。或从水作渴，或从欠作憖。

憿 18433 08803
jī_13.17 玉篇古的切音激。疾也。

憿 18434 08804
jiāo_13.17 唐韻古堯切 集韻 韻會 正韻堅堯切太音驍 說文幸也。亦作激。通作儌微图 五音集韻輕皎切音磽。義同图jiáo 集韻吉了切音皎。憿憿，以誠告也。图jī 集韻 類篇太吉歷切音激。疾也。或書作憿。

愇 18435 08805
wèi_13.17 廣韻 集韻 烏外切 正韻 烏會切 夶音薈 集韻 愇懶，嫌惡也 又 悶也 又wài 廣韻 集韻 夶烏快切音 黦 類篇 心惡也 又wò 五音集韻 烏括切音斡。憎也。
鍙 又恑17357

懂 18436 08806
yè_13.17 廣韻 正韻 魚怯切 集韻 韻會 逆怯切 夶音業。懼也，危也△集韻通作業。

悁 18437 08807
juàn_13.17 唐韻 古縣切 集韻 局縣切 夶音睊 說文 急也。从心肙聲 又huān 集韻 呼關切音豲。性戻也。 又huán 胡關切音還。辨急也 莊子·列禦寇 順懁而達 又xuān 集韻 縈緣切 正韻 呼淵切 夶音翾。義同。
鍙 又衒16736

懂 18438 08808
dǒng_13.17 正韻 多動切音董。懵懂，心亂也○按 廣韻 集韻 有懂字無懂字 正韻 从省，收懂字失懂字，而 字彙 兩字夶收。此古今筆畫之譌，而字愈多也。

懃 18439 08809
qín_13.17 廣韻 巨斤切 集韻 韻會 正韻 渠斤切 夶音芹。慇懃，委曲貌 又姓。鍙 字彙 懃，渠巾切音芹。慇懃，委曲貌。懄，同上。

懄 18440 08810
qín_13.17 集韻 渠斤切。音勤。憂也。本作懂。

憗 18441 08811
suì_13.17 集韻 同愫。俗作憳，非。

懅 18442 08812
qú_13.17 廣韻 强魚切 集韻 求於切 夶音渠 廣韻 怯也 又jù 廣韻 其據切音遽 類篇 懼也，慙也 後漢·王霸傳 霸慙懅而退△俗作懥，非。

懆 18443 08813
cǎo_13.17 廣韻 采老切 集韻 韻會 采早切 夶音草 說文 愁不安也。从心喿聲 詩·小雅 念子懆懆 又 集韻 七感切。與慘通。義同 又sào 集韻 先到切音喿。貪也。 又七到切音慅。義同 又sāo 集韻 蘇遭切音騷 說文 動也。本作慅 又cāo 集韻 倉刀切音操。愁也。鍙 又懤18784

懇 18444 08814
kěn_13.17 唐韻 康很切 集韻 韻會 正韻 口很切 夶 墾 說文 悃也。从心狠聲。本作懇，今作懇 集韻 誠也 廣韻 懇惻，至誠也。又信也 又 或作狠 前漢·劉向傳 狠狠 數奸死亡之誅 師古註 款誠之意△亦作頎 禮·檀弓 頎乎 其至 註 頎音懇，惻隱之貌。又 周禮·冬官考工記 是 故輈欲頎典 註 頎典，堅刃貌 鄭司農云 頎讀爲懇。典讀 爲殄。鍙 又恳17374懇18491詤56348

懈 18445 08815
xiè_13.17 古文懈 唐韻 古隘切 集韻 韻會 居隘切 夶 音薢 說文 怠也。从心解聲 又 或作解 詩·大雅 夙夜匪解 又 正韻 居拜切。義同。鍙 又努04163

應 18446 08816
yīng_13.17 廣韻 集韻 韻會 正韻 夶於陵切音膺 說文 當也。从心雁聲 徐曰 雁，鷹字也。本作應，今作應。 又 料度辭也 唐詩 應須、祇應皆是也 又 周語 其叔父實 應且憎 註 猶受也 又 國名 括地志 故應城，因應山爲名， 在汝州葉縣 又姓。出南頓，本周武王後 左傳·僖二十四 年 邗晉應韓武之穆也。漢有應曜，與四皓偕隱，曜獨不 出，八代孫應劭，集解 漢書 又 通作膺 書·武成 誕膺天

命 註 當也 又yìng 廣韻 集韻 韻會 正韻 夶於證切音譍 集韻 答也 廣韻 物相應也 易·咸卦 二氣感應以相與。 又 樂名◦ 周禮·春官 笙師應樂 註 應長六尺五寸，象柷， 有椎連底，左右相擊，以應柷也 樂書 應樂，猶鷹之應 物，其獲也小，故小鼓、小舂謂之應，所以應大也。小 鼙曰應鼓 周禮·春官·小師 擊應鼓 註 鼙也 又 天子之門 曰應門 詩·大雅 迺立應門 註 正門也 又 州名。鴈門地， 唐置應州。鍙 又厱04851膺07335噟07802应15398応15396 応16968牆56853

慇 18447 08817
qì_13.17 唐韻 苦計切 集韻 詰計切 夶音契 說文 憍 也。从心愨聲 又 集韻 罄致切音棄。義同 又jì 吉詣切音 計。憂也 又kài 集韻 類篇 夶口賣切，音芥去聲 說文 難 也。本作嫛。或从心 又 集韻 苦席切音迟。怖也。鍙 又 愍17946

懊 18448 08818
ào_13.17 廣韻 韻會 正韻 烏皓切 集韻 烏浩切 夶音 襖 廣韻 懊惱也 集韻 恨也。或作忮 晉綠珠有懊儂歌 又ào 廣韻 烏到切 集韻 於到切 夶音奧 爾雅·釋言 忔也 郭璞註 愛忔也。蓋人情因愛生惱，終爲懊恨之意。 又yù 集韻 乙六切音澳 廣韻 貪也。

懋 18449 08819
mào_13.17 唐韻 集韻 韻會 正韻 夶莫候切音茂 說 文 勉也。从心楙聲 書·舜典 惟時懋哉 又 盛大之意。與 楙通 書·大禹謨 予懋乃德 註 禹有是德，而我以爲盛大 也 又 或作茂 董仲舒·天人策 引 書 茂哉茂哉。蓋古者懋 與楙通，而楙又與茂通也。鍙 龍龕 懋18402愁17824惉 17109三俗，懋正 又 杍23821忴17168懋18221懋18223懋18583

懌 18450 08820
yì_13.17 唐韻 羊益切 集韻 韻會 正韻 夷益切 夶音 睪 說文 悅也。从心睪聲 書·康誥 則予一人以懌 又 以我 悅彼亦曰懌 書·梓材 和懌先後迷民用懌先王受命。
鍙 又怿17211

懍 18451 08821
lǐn_13.17 廣韻 力稔切 集韻 韻會 力錦切 夶音廩 韻 懼貌 廣韻 敬也。又畏也 書·泰誓 百姓懍懍 前漢·食貨 志 直爲此懍懍 註 危也 又 通作稟 前漢·賈誼傳 直爲此 稟稟。又 集韻 或作仴。又通作亶 又lǎn 集韻 韻會 夶 盧感切音壈。坎懍，困極也。或作㾓 前漢·揚雄·甘泉賦 下陰潛以慘㾓 註 亦寒涼之意。㾓讀如本字，又魯感反。 又 寒添貌 又jìn 集韻 巨禁切音妗。心怯也△俗作懔，非。
鍙 又懔18513

憤 18452 08822
fèn_13.17 說文 憤本字 也 又yìng 廣韻 集韻 韻會 正韻

懎 18453 08823
sè_13.17 廣韻 所力切音色。恨也。鍙 又惢18009

憪 18454 08824
jùn_13.17 集韻 祖峻 切音俊。慧也。鍙 熊加全: 俗傛02051

懦 18455 08825
nuò_13.17 集韻 愞17751古作懦。

隳 18456 08826
duò_13.17 集韻 惰17738古作隳。

懰 18457 08827
ào_13.17 集韻 與懊同，亦書作懩。

慤 18458 08828
què_13.17 集韻 同愨17925

懈 18459 08829
xiè_13.17 字彙補 古文懈18445字。見漢碑。

思 18460 08830
zhào_13.17 五音集韻 人矯切音繞。遠也。鑿 五音集韻 曌，古照同。

恻 18461 08831
cè_13.17 字彙補 與惻同。見 漢張純碑

轡 18462 08832
pèi_13.17 字彙補 漢夏承碑 轡字。見 漢隸分釋

讎 18463 08833
chóu_13.17 集韻 讎56881古作讎。

懿 18464 41223
yī_13.17 搜真玉鏡 於希切。念痛聲。

朕 18466 43625
chǒu_13.17 字彙補 同懤。

矯 18467 43626
xiòng_13.17 五音篇海 香仲切。鑿 又犧32919

憰 18468 u2AB36
null_13.17 喃 未詳。

瞧 18465 41224
chǒu_13.17 字彙補 楚九切音靴。惡視也。鑿 又朕18466聭38266瞅37956甶37471

蕙 18469 u2AB35
null_13.17 未詳。

新 18470 u2AB34
qīn_13.17 見 包山楚簡。黃德寬 古文字譜系疏證 新，疑親愛之親的本字。

頴 18471 u2AB33
null_13.17 喃 未詳。

傂 18472 u2AB32
null_13.17 喃 未詳。

惆 18473 u2AB31
null_13.17 未詳。

憪 18474 u2AB30
null_13.17 未詳。

憐 18475 u2AB2F
lǎn_13.17 簡 憐18700

惲 18476 u2AB2E
null_13.17 喃 未詳。

憊 18477 u228CD
bèi_13.17 同備18254 說文 憊，憊也。段注：通俗文 疲極曰憊。今 周易 公羊傳 皆作憊。

懲 18478 u228CC
zōng_13.17 同憷17762

蕙 18479 u228CB
null_13.17 未詳。

懃 18480 u228C8
nǎo_13.17 喃 从攵从惱nǎo。煩惱。

懂 18481 u228C7
hǎm_13.17 喃 从心歆hâm聲。悸悸貌。

憕 18482 u228C6
tuông_13.17 喃 从心嵩tung聲△慳憕：爭風吃醋。

憷 18483 u228C5
nhác_13.17 喃 从心落lạc聲。慵懶。

憐 18484 u228C4
quó_13.17 喃 从心過quá聲△惘憐蓮：歡欣雀躍。

儀 18486 u228C2
nghĩ_13.17 喃 推儀：思索，考慮 区 nghề 傲儀：驕橫。

憶 18487 u228C1
null_13.17 未詳。

憚 18485 u228C3
tủi_13.17 喃 从恥省碎toái聲。黬△憚辱：羞辱，恥辱。

㥏 18488 u228C0
ngấy_13.17 喃 从心碍ngai聲。膩煩。

慤 18489 u228BF
què_13.17 俗慤17925 馬王堆漢墓帛書·老子乙本卷前古佚書·十六經·正亂 不死不生，慤為地程。

憕 18490 u228BE
zī_13.17 俗資57686 別雅·卷一 天憕，天資也。漢柳敏碑 天憕鯁□ 字原 云義作資。字書無憕字，僅見此碑。

禍 18495 u228B8
huò_13.17 同禍39936

懇 18491 u228BD
kěn_13.17 同懇18444宋葉夢得 石林燕語·卷四 唐以宰相兼昭文館、集賢院學士，結銜皆在官下，蓋兼職宜然。本朝循用其舊，而他學士則皆冠於官上，此自五代趙鳳為之也。始後唐置端明殿學士，以命鳳及馮道。後鳳遷禮部侍郎，因懇宰相任圜升學士于官上，蓋自示其貴重。又元·姚燧 僉書樞密院事董公神道碑 乃從旁代對，懇悃詳切如身條疏者，始俗開可 区 khẩn 喃 从心狠côn聲△懇懇：憂心忡忡。

懰 18492 u228BC
null_13.17 人名用字 三國志·魏志·武帝紀 公乃密遣解懰、高祚等乘險夜襲，大破之 区 擱20949譌字。文淵閣四庫本 漢魏六朝百三家集·卷一百十四·隋煬帝集·詩·賜史祥 早懰勁草質，久有背淮心。

憤 18493 u228BB
cè_13.17 同憤18097 廣雅·釋言 憤，情也。

懵 18494 u228BA
měng_13.17 俗懵18669 古俗字略 懵，心悶闇也。懞18535，同上。又 廣碑別字 引唐正議大夫使持節相州諸軍事守相州刺史上柱國賀蘭山墓誌

嬝 18496 u228B7
null_13.17 未詳。

懿 18497 u228B6
yì_13.17 俗懿18664

源 18498 u228B5
null_13.17 未詳。

憾 18499 u228B4
null_13.17 未詳。

憧 18500 u228B3
null_13.17 未詳。

瓊 18506 u228AD
null_13.17 未詳。

懍 18501 u228B2
dié_13.17 俗蝶15043 区 đẹp 喃 同嫲45975美，好。△懍悌：美麗。懍悉：高興。懍緣：姻緣。

憖 18502 u228B1
shū_13.17 同憶02157俗憶58902

懻 18503 u228B0
xì_13.17 同懻18623 類篇 懻，迄力切。怒也。

愧 18504 u228AF
guī_13.17 俗傀01665 直音篇 愧，苦猥切，愧儡。

禮 18509 u228AA
lǐ_13.17 同禮40087 郭店楚墓竹簡·性自命出 英，禮之淺澤也。樂，禮之深澤也。

薈 18505 u228AE
null_13.17 未詳。

橦 18508 u228AB
zhuāng_13.17 同橦25681

憸 18507 u228AC
gòm_13.17 喃 从心禽câm聲△憸憸：害怕。

憼 18510 u228A9
jīng_13.17 可洪音義 憼怔：上音京。恐也。正作驚

愚 18512 u3999
yú_13.17 方 同愚17828傻，愚蠢。

懍 18513 u61D4
lǐn_13.17 同懍18451

懸 18511 u228A8
null_13.17 未詳。

懓 18514 u61D3
ài_13.17 同傻02046

懶 18515 u61D2
lǎn_13.17 簡 懶18673

懣 18516 u61D1
mèn_13.17 簡 懣18547

懷 18517 u61D0
huái_13.17 俗懷18674

㦈 18518 08834
tuǎn_14.18 集韻 土緩切，湍上聲。㦈懭，心悟也。

㦉 18519 08835
ài_14.18 集韻 於蓋切音藹。謹也。鑿 又懂18245

懪 18520 08836
pīn_14.18 廣韻 匹賓切 集韻 紕民切迭音繽。敬也。区 bīn 集韻 卑民切音賓。心伏也。鑿 又懪18023儐02118

懕 18521 08837
yān_14.18 廣韻 一鹽切 集韻 於鹽切 韻會 幺鹽切 正韻 衣鹽切迭音俺 說文 安也。从心厭聲 区 通作厭 詩·小雅 厭厭夜飲 說文 引 詩 作懕 朱註 厭厭，安也，亦久也。

蓋飲酒之久，將醉而有安詳之容也 ☒yàn 集韻 於豔切音懕。足也。或省作厭、猒 ☒yè 集韻 益涉切音魘。心可也。鍇 又愿18600怹17369 正字通 愿，憫18594憖18323猒，同。

愆18522 08838
guō_14.18 唐韻 集韻 夶古活切音括 說文 善自用之意也。從心銛聲。或從耳作聒，亦作懖 ☒ 通作聒 書·盤庚 今汝聒聒。鍇 又聟46855聟46862 ☒ 龍龕 銛63671或作，銛63130正，古活反。無知皃 香嚴 又聒。

辮18523 08839
biǎn_14.18 唐韻 方沔切 集韻 俾緬切夶音褊 說文 憂也。一曰急也。從心辡聲。又從二辛會憂意。或書作慈。鍇 又辨18682辬60588

慈18524 08840
biǎn_14.18 集韻 同辮

憪18525 08841
hún_14.18 廣韻 戶昆切 集韻 胡昆切夶音䰟。本作忶。或從䰟。心悶也。

㤿18526 08842
xià_14.18 正字通 呼嫁切，蝦去聲。詿也。

懘18527 08843
chì_14.18 廣韻 集韻 韻會 正韻 夶尺制切音掣。本作滯。或從心。亦作懘、懘。音敗不和也 ☒ 集韻 丑例切。義同。或作愫 ☒ 集韻 充至切音痓。又 玉篇 廣韻 尺氏切 韻會 敞爾切夶音侈。義夶同。

懇18528 08844
yǔ_14.18 古文忬 唐韻 余呂切 集韻 演女切夶音與 說文 趨步懇懇。從心與聲 ☒yú 廣韻 以諸切 集韻 韻會 羊諸切夶音余 廣韻 恭敬 集韻 行步安舒。蓋由恭敬而得安舒也。俗作舉，非 韓愈詩 懇懇江南子。俗本譌作舉舉〇按 集韻 上聲，作懇，或作忬，亦書作懙。又平聲作懙，或作忬，亦書作懇，三字夶通，無二義。鍇 又趦58598㦛18559悤18205懙02136欅18666

愉18529 08845
yǔ_14.18 集韻 同懇 前漢·敍傳 長倩愉愉。

懧18530 08846
huò_14.18 集韻 黃郭切音穫。心動也 ☒ 怳縛切音曠。驚也。一曰遽視。本作懼，或作懅。

懸18531 08847
liè_14.18 ◆集韻 力協切，音列◇ 類篇 懸怴，輕薄貌。

憶18532 08848
yìn_14.18 廣韻 集韻 夶於靳切，與億同 廣韻 依人也。

憭18533 08849
mián_14.18 集韻 民堅切音綿 類篇 忘也。

懛18534 08850
dāi_14.18 廣韻 丁來切 集韻 當來切夶音譫◆集韻 懛默，憨悅也。

懜18535 08851
mèng_14.18 唐韻 武亙切 集韻 韻會 母亙切，夶瞢去聲 說文 不明也。從心夢聲 ☒ 悶也 集韻 或從瞢作懜，或從人作儚 ☒ 通作瞢 周禮·春官·眡祲 掌十煇之法。六曰瞢 註 日月瞢瞢無光也。與懵同 ☒mèng 韻會 莫鳳切音夢。惛也 ☒měng 集韻 母總切音蠓 博雅 闇也。一曰心亂。本作懵。或從蒙作懞，或從夢作懜 ☒méng 廣韻 正韻 莫紅切 集韻 韻會 謨蓬切夶音蒙 集韻 本作懜，或從夢作懞。懞懞，無知貌。一曰懣也 ☒méng 廣韻 莫

中切 集韻 謨中切。本作儚 爾雅·釋訓 儚儚，惽也。或作懜 ☒ 集韻 彌登切。與僧、顜通。義同。鍇 又懵18494

懝18536 08852
ài_14.18 字彙 同懝

懝18537 08853
ài_14.18 唐韻 五溉切 集韻 牛代切夶音礙 說文 騃也。一曰惶也。或書作懝 ☒nǐ 集韻 偶起切。度也。本作擬，或從心 ☒ní 廣韻 魚力切 集韻 鄂力切 說文 小兒有知也。本作嶷，或從心。

懞18538 08854
méng_14.18 集韻 謨蓬切音蒙。懇厚貌。鍇 又懞18570

懟18539 08855
zhuì_14.18 廣韻 集韻 韻會 正韻 夶直類切音墜 說文 怨也。從心對聲。或從言 ☒duì 集韻 徒對切音隊。本作懟，或作譵。義同 詩·大雅 彊禦多懟。鍇 又忿17214懤18723謝56787忿17320忕17334

懠18540 08856
qí_14.18 廣韻 徂奚切 集韻 前西切夶音齊 廣韻 怒也 詩·大雅 天之方懠 ☒jī 集韻 韻會 正韻 夶牋西切音齏 集韻 懠疑猶猜疑也。或從賫 ☒cí 集韻 才資切音茨。亦怒也 ☒jì 集韻 才詣切音嚌 爾雅·釋言 怒也。一曰愁也，疾也。鍇 又懠18717

懡18541 08857
duò_14.18 正字通 同惰17738

懡18542 08858
mǒ_14.18 廣韻 亡果切 集韻 母果切夶音麼 類篇 懡㦬，慚也。鍇 又醷62607懡18595

懬18543 08859
wèi_14.18 廣韻 集韻 夶以醉切音蜼 廣韻 忘也。

㥶18544 08860
yìng_14.18 廣韻 烏定切 集韻 縈定切夶音鎣 類篇 忊㥶，恨也。鍇 又懧18662

懢18545 08861
lán_14.18 廣韻 魯甘切 集韻 盧甘切夶音藍 集韻 貪懢，嗜也。或從口 ☒xiàn 集韻 戶黤切音檻。健也。☒làn 集韻 韻會 夶盧瞰切音灠。貪也。鍇 又嚂07513懢18031△同惏17595

懇18546 08862
miǎo_14.18 唐韻 莫角切 集韻 墨角切夶音邈。與懇同 說文 美也 曹操·祭橋公墓文 國念明訓，士思令謨。幽靈潛翳，懇哉緬矣△從心貌聲。本作頮。

懣18547 08863
mèn_14.18 唐韻 集韻 韻會 正韻 夶莫困切音悶 說文 煩也。從心從滿，滿亦聲 ☒měn 廣韻 模本切 集韻 韻會 正韻 母本切夶音悗。或省作㦍，亦作憫、鞔 禮·問喪 悲哀志懣氣盛 陸德明·音義 懣，亡本反。又音滿。范音悶 ☒mǎn 集韻 韻會 夶母伴切音滿 史記·倉公傳 使人煩懣，食不下。鍇 又懣18516㦍18406

儞18548 08864
nǐ_14.18 集韻 乃禮切音禰。心弱也。鍇 又㑚17200

懤18549 08865
chóu_14.18 廣韻 直由切◆集韻 陳留切夶音儔 廣韻 愁毒貌 王褒·九懷 㳷莽兮究志，懼吾心兮懤懤 ☒ 集韻 丈九切音紂。義同 ☒dǎo 集韻 覩老切音倒。憂也。☒zhòu 集韻 直祐切音冑。愁毒也。鍇 又㤏17518懤18550懤17475

懤18550 08866
chóu_14.18 正字通 同懤。

懥 zhì 18551 08867 _14.18 廣韻 集韻 韻會 丑陟利切音致 廣韻 怒也。大學 身有所忿懥。或作懫 懫 廣韻 集韻 丑脂利切音至。又 集韻 直利切音緻。又丑吏切音眙。又 正韻 支義切音寘。義丑同。鑒 又懥18337 懫 正字通 懫18602，之侍切，音志。忿戾也。書 多方叨懫。與懥同。

懛 mái 18552 08868 _14.18 廣韻 莫皆切 集韻 謨皆切丑音埋 博雅 懝也。鑒 又懛18057

懦 rú 18553 08869 _14.18 唐韻 人朱切 集韻 韻會 汝朱切丑音儒 說文 从心需聲。駑弱者也 荀子·修身篇 偷儒憚事 前漢·兒寬傳 善屬文，然懦於武 懫ruǎn 集韻 乳兗切音輭。又nuàn 集韻 正韻 丑奴亂切。同愞。義丑同 懫nuò 集韻 奴臥切音愞 孟子 懦夫有立志。鑒 又㑙46352 㑙46360㦗00490悇17148忕17172懥18558懥18378㦣15038

慟 tòng 18554 08870 _14.18 正字通 慟、懃丑同。李斯碑動字，小篆作勤，故慟與慟通。

㦓 lián 18555 08872 _14.18 說文長箋 悿本字。亦作憲。

㦎 duò 18556 08873 _14.18 篇海 徒臥切音惰。懶㦎也。

㦄 zài 18557 08874 _14.18 篇韻 卜則切音百。設倉也。鑒俗甂。

懧 nuò 18558 08875 _14.18 字彙補 與懦同 戰國策 懧於憂而性懧愚 註 當作懦。

㦅 yǔ 18559 08876 _14.18 說文長箋 同㦅18528

㦆 liù 18560 08877 _14.18 字彙補 良秀切音溜。凡書生而重玩溫曰㦆。

㦇 bó 18561 08878 _14.18 字彙補 漢碑僰字。

㦈 xié 18562 08879 _14.18 字彙補 同勰。

嬲 niǎo 18563 43627 _14.18 集韻 乃了切音裊○按卽嬲字之譌。

㦉 ruì 18564 43628 _14.18 五音篇海 音蘂。

憻 tǎn 18565 u2AB39 _14.18 同憻18424見 憻季遽父卣、憻季遽父尊

㦊 lián 18566 u2AB38 _14.18 俗嫌15159

㦋 null 18567 u2AB37 _14.18 未詳。

懞 méng 18570 u2F8AF _14.18 俗懞18538

㦌 jìn 18571 u228FA _14.18 俗爐31902 可洪音義 灰懥：似進反。正作燼。

懵 hǔng 18572 u228F9 _14.18 喃同懵18702

㦍 ngỡ 18573 u228F8 _14.18 喃从心語ngữ聲。疑似△㦍羅：想像。懼㦍：啞然。

懼 jù 18574 u228F7 _14.18 可洪音義 畏懼：音具，正作懼18730

㦎 null 18579 u228F0 _14.18 未詳。

㦏 lián 18575 u228F6 _14.18 憐18263本字

懺 hàn 18577 u228F4 _14.18 人名用字

嶹 chú 18576 u228F5 _14.18 懤懤，同躊躇59448元·關漢卿 包待制三勘蝴蝶夢·第二折 空教我意下懤懤，把不定心驚懼，赤緊的賊兒膽底虛。

㦐 bó 18578 u228F1 _14.18 俗僰01953 可洪音義 卬㦐：上巨恭反。下步北反。正作僰也 朝鮮本 龍龕㦐，音楚。

㦑 què 18580 u228EF _14.18 同愨18111

㦒 null 18581 u228EE _14.18 未詳。

㦓 mào 18583 u228EC _14.18 俗懋18449

㦐 mí 18582 u228ED _14.18 上博簡·四·曹沬之陳 今邦㦐小而鐘愈大，君其圖之。或釋彌

㦔 liàn 18584 u228EB _14.18 俗戀18752

㦕 null 18585 u228EA _14.18 未詳。

懷 null 18587 u228E8 _14.18 未詳。

㦖 null 18586 u228E9 _14.18 或同㦖18579

㦘 duì 18593 u39A0 _14.18 同懟18539

㦙 pì 18589 u228E6 _14.18 懵㦙，同澎濞30002漢 北海相景君銘 孝子懵㦙，顛倒剝摧。

㦚 khuây 18588 u228E7 _14.18 喃从心虧khuy聲△怉㦚：鬱結。

㦛 null 18590 u228E5 _14.18 未詳。

㦜 null 18592 u228E3 _14.18 未詳。

㦝 chuáng 18591 u228E4 _14.18 俗幢15132 可洪音義 見㦝：宅江反。正作憧也。悮。前例頭作舉身見憧也。

㦞 yān 18594 u61E8 _14.18 同懨18521

㦟 mǒ 18595 u61E1 _14.18 同懱18542

懩 yǎng 18596 08880 _15.19 集韻 韻會 正韻 丑以兩切音養。心所欲也 潘岳·射雉賦 徒心煩而技懩 註 有藝欲達曰技懩。懫 與癢通 杜甫·八哀詩 薈蕞何技癢。

爆 bó 18597 08881 _15.19 廣韻 蒲角切 集韻 韻會 正韻 弼角切丑音雹。本作懪 爾雅·釋訓 懪懪，悶也。或从暴 懫 集韻 北角切音剝。義同。鑒 又懪18741，本字。

憕 lú 18598 08882 _15.19 集韻 凌如切音間 類篇 憂也。鑒 胡吉宣：卽慮18131也。

懤 chá 18599 08883 _15.19 集韻 初戛切音察 類篇 察也。鑒 熊加全：俗察12289

懕 yān 18600 08884 _15.19 正字通 懕字之譌。改从广，非。

㦠 mó 18601 08885 _15.19 字彙 同摩 正字通 摩本从手。加心，非。○按此等字皆傳寫之譌。姑存備考。

懥 zhì 18602 08886 _15.19 古文蛬蛬 集韻 脂利切音至。忿戾也 書·多方 有夏之民，叨懫日欽 懫 丑二切音戻。義同 懫 陟利切音致。義同。又 博雅 止也 懫 職日切音質。亦止也。△本作蛬 正字通 亦同懥。鑒 又 名義懥，之曰反。止，窒41113字。滿，塞。玄應音義 彌室41113：古文懫，同。丁結、豬栗二反。

憷 chù 18603 08887 _15.19 集韻 楮御切音絮。本作悇。或从慮。憂也。

懭 kuàng 18604 08888 _15.19 唐韻 集韻 丑苦謗切音曠 說文 悶也。从心从廣，廣亦聲。一曰廣也，大也。一曰寬也 懫 虛也

前漢·元帝紀眾僚久廱囷kǎng廣韻苦朗切集韻口朗切，丛音忼。大也。囷kuǎng廣韻丘晃切集韻韻會苦晃切丛音䀚。又集韻古晃切音廣。義丛同。鋻又廱15775

懬 18605 08889
kuàng_15.19 集韻苦謗切音曠。恨也。或通作廱。囷kuǎng集韻苦晃切音䀚。懬恨，意不得也囷kuàng集韻韻會正韻丛古猛切音礦。悍也。○按懬與廱通，而實不同正字通必欲合爲一字，誤。鋻又懭02185

愵 18606 08890
hōng_15.19 集韻同愩17796

㥥 18607 08891
sào_15.19 集韻先到切音噪。性疏也。

㦬 18608 08892
yuè_15.19 集韻歷各切音洛。娛也。本作樂。或從心。

懮 18609 08893
yǒu_15.19 廣韻於柳切集韻韻會於九切丛音黝集韻舒遲貌詩·陳風舒懮受兮囷yōu集韻於求切音憂說文愁也。本作㥑。或作慁。通作憂楚辭·九章傷余心之懮懮。

愁 18610 08894
lí_15.19 唐韻郎尸切集韻良脂切，丛音梨說文恨也。从心黎聲。一曰怠也囷集韻憐題切音黎。義同。△或省作㤥、㤥。鋻又黐74848𪏮74843𪐊74844

㥓 18611 08895
tè_15.19 字彙同㥦18100

憽 18612 08896
sōng_15.19 字彙同憁18427

慗 18613 08897
fū_15.19 集韻韻會正韻丛芳無切音敷類篇慗慗，急速貌△或書作㤱。

㦵 18614 08898
chì_15.19 集韻同㦒18527鋻又㦵18656

爛 18615 08899
là_15.19 集韻郎達切音喇。惡也。囷lì力制切音例。驚也。本作例。或從厲。

㤯 18616 08900
lí_15.19 廣韻奴計切，泥去聲。㤯他，音慢。又相㤯摩也○按此字不見於玉篇集韻等書，惟一見於廣韻而義釋亦晦。

懰 18617 08901
liú_15.19 廣韻集韻韻會正韻丛力求切音留集韻懰慄，憂貌。一曰怨也。或從留囷liǔ集韻正韻丛力九切音柳集韻好也。或作㛹。通作懰△或作慀。

㡿 18618 08902
miè_15.19 集韻莫結切音蔑說文輕易也。

㡞 18619 08903
dūn_15.19 正字通惇17568本字。

鷙 18620 08904
chóu_15.19 字彙同籌18769

懲 18621 08905
chéng_15.19 唐韻直陵切集韻韻會持陵切丛音澄說文忿也。从心徵聲。通作徵。鋻又懲17730懲18568懲18569懲18642

遰 18622 08906
dé_15.19 字彙補與悳同。

㦥 18623 08907
xì_15.19 廣韻許極切音奭。瞋怒貌。鋻又愩18503

㦜 18624 08908
jié_15.19 五音集韻子列切，音節◇心有度也。一曰

燭餘也。鋻玉篇子結切。心貞兒。胡吉宣：本止作節。

鑘 18625 08909
kuò_15.19 集韻與鑘同。

憖 18626 08910
yān_15.19 篇海伊閣切音厭。犬甘肉也。又心無足貌。

撍 18627 08911
cuō_15.19 篇海倉括切音撮。取也。

𪙊 18628 08912
yī_15.19 集韻噫07364古作𪙊。

劉 18629 08913
liú_15.19 集韻力求切音留。劉定意也。鋻又劉18714

寨 18630 08914
sè_15.19 集韻塞17976古作塞。

患 18631 08915
huàn_15.19 集韻患17445古作患。

霌 18632 08916
wù_15.19 字彙補釋典悟字。

戇 18633 41225
zhuàng_15.19 字彙補直絳切音戇。戇，凶頑貌。

蕄 18634 43629
méng_15.19 川篇莫耕切。大也。

懴 18635 43630
zhàn_15.19 篇海音戰。義闕。鋻與懺同，懼也，戰的增旁俗字。

憩 18636 43631
qì_15.19 字彙補與憩同。

憐 18637 u2AB3E
null_15.19 未詳。

㚯 18638 u2AB3D
null_15.19 喃未詳。

頒 18639 u2AB3C
hòn_15.19 喃从㝣賢hiền聲。恨△亦作懭18649

憷 18640 u2AB3B
null_15.19 未詳。

憣 18641 u2AB3A
null_15.19 未詳。

懿 18643 u22925
yì_15.19 俗懿18664

懲 18642 uFA40
chéng_15.19 同懲18621

偁 18644 u22923
tēn_15.19 喃从心箭tiễn聲△偁殂：羞愧。

熱 18645 u22922
nhiḥt_15.19 喃从心熱nhiệt聲△讓懃：交織，糾結。

磊 18646 u22921
lỗi_15.19 喃从心磊lỗi聲。

輦 18647 u22920
lēn_15.19 喃从心輦liễn聲△㥪懂：尷尬。

震 18648 u2291F
chàn_15.19 喃从心震chấn聲。厭惡。

慳 18649 u2291E
qiān_15.19 可洪音義慳貪：上苦閑反。正作慳18139囷hòn喃平庸，弱，恨。亦作慳18199△慳下：卑微。

箴 18650 u2291D
chǎm_15.19 喃从心箴giǎm聲。專心。

鄭 18651 u2291C
chạnh_15.19 喃从心鄭trịnh聲△㥪悲：感動。

㥪 18652 u2291B
bõ_15.19 喃㥪㥪：啞然失色。

賞 18653 u22917
shǎng_15.19 或同賞57800

戇 18654 u22916
zhuàng_15.19 同憃18633，俗憃18298玉篇戇，直絳切。憃戇，兇頑兒。按：憃戇，亦作戇戇、戇憃。

懘 18655 u22915
xiè_15.19 俗懘18677懘，尺制切，音瘈。不和也。亦作懘。懘又大計切說文

㦒 18656 u22914
chì_15.19 同㦵類篇

高也。一曰極也。一曰困劣。又丑例切。困劣也。

懳 18658 u61F3 suì_15.19 同憓18119 類篇 懳，旋芮切。謹也。

懴 18657 u61F4 chàn_15.19 俗懺18715

㦣 18659 08917 wèi_16.20 廣韻 集韻 丛于劌切音衛 說文 寱言不慧也。或从言 又 集韻 於例切音緆。義同 又 yì 廣韻 魚祭切音囈。與寱同。亦睡語也。又 集韻 于外切，又乙劣切音噦。義丛同。

懂 18660 08918 dǒng_16.20 廣韻 正韻 多動切 集韻 韻會 覩動切丛音董 廣韻 懵懂，心亂也△亦書作懂。

⿱藐心 18661 08919 miǎo_16.20 正字通 ⿱藐心18546本字 又 陵也 後漢·馮衍·顯志賦 沮先聖之成論兮，⿱藐心名賢之高風 註 言時人沮敗聖論而⿱藐心陵賢風也。

⿰忄螢 18662 08920 yìng_16.20 正字通 同⿰忄瑩18544

⿰忄歷 18663 08921 lì_16.20 集韻 郎狄切音歷。心所營也。鑾又⿰忄历17048

懿 18664 08922 yì_16.20 古文⿰忄壹⿰壹欠 廣韻 集韻 韻會 丛乙冀切音撎 說文 專一而美也 六書精蘊 醇美也 詩·周頌 我求懿德 又 謚法 溫柔聖善曰懿 又 姓。鑾又⿰懿18743⿰女懿11720 ⿱㦤心18497⿱艹懿11692⿱艹懿18643⿱艹⿰壹咨57110

⿰忄遂 18665 08923 suì_16.20 正字通 俗⿰忄隧字。詳⿰忄㒸17770字註。

⿰忄舉 18666 08924 yǔ_16.20 字彙 居許切音舉。謹也。鑾熊加全：⿰忄與18529譌字。

⿰忄奮 18667 08925 fèn_16.20 集韻 同憤。懣也。或作⿰忄奄。

⿰忄廩 18668 08926 lǐn_16.20 正字通 俗懍字。

⿰忄瞢 18669 08927 měng_16.20 集韻 同懜。鑾又⿰巾瞢15214⿰忄曹18494

⿰忄憲 18670 08928 xuān_16.20 集韻 許元切音暄。本作愋◆博雅 愋諒，智也。或作⿰忄憲 又 xiǎn 集韻 許偃切音⿰忄憲。恨也。

⿰忄閱 18671 08929 hè_16.20 集韻 郝格切音赫。楚人謂慚曰⿰忄閱㦦 又 xì 廣韻 許激切 集韻 馨激切丛音鬩。慙也。與愢通。

懶 18672 08930 lǎn_16.20 廣韻 落旱切 集韻 魯旱切，丛與嬾同 說文 懈也，怠也。一曰臥也。亦作悚懶孄。鑾又懶18673 孄11665悚17812懶18515懶18710賴18700

⿰忄賴 18673 08931 lài_16.20 集韻 落蓋切音賴。憎懶，嫌惡也 又 叶盧健切音練 蘇轍·閒燕亭詩 危亭在山腹，景物行自變。此樂只自知，傍人任嫌懶〇按 正字通 云六書無懶字。懶訓同嬾，懶訓俗嬾字，非。鑾又懶18515懶18710

懷 18674 08932 huái_16.20 古文褱 唐韻 戶乖切 集韻 韻會 乎乖切丛音槐 說文 念思也。从心褱聲 論語 君子懷德。又歸也 書·大禹謨 黎民懷之 註 歸之也 又 來也 詩·齊風 曷又懷止。又 周頌 懷柔百神 註 懷，來也 又 安也 書·秦誓 邦之榮懷 詩·王風 懷哉懷哉 又 包也 書·堯典 蕩蕩懷山襄陵 又 藏也 論語 懷其寶而迷其邦 禮·曲禮 其有核者，懷其核 又 慰也 詩·檜風 懷之好音 又 懷抱，胷臆也 左傳·成十七年 瓊瑰盈吾懷乎 論語 然後免於父母之懷 又 傷也 詩·邶風 願言則懷 毛傳 懷，傷也 又 私也 詩·小雅 每懷靡及 箋 懷，私也 又 爾雅·釋詁 至也 註 齊、魯之會郊曰懷 詩·小雅 懷允不忘 箋 至也。至信不忘 又 爾雅·釋詁 止也 疏 至止也 又 釋名 懷，回也。本有去意，回來就已也。亦言歸也，來歸已也 又 謚法 慈仁哲行曰懷 又 地名 書·禹貢 覃懷底績 又 州名。春秋時野王邑，漢河內郡，唐置懷州 又 姓。三國吳尚書郎懷敘 又 通作褱 前漢·許后傳 褱誠秉忠 魏文帝·苦寒行 延頸長太息，遠行多所懷。我心何怫鬱，思欲一東歸△周伯琦曰 褱，藏挾於衣中也。从衣，眔聲。心之所思念藏貯亦曰褱。隸作懷。鑾又怀17029怌17093懐18517

⿰忄雋 18675 08933 xié_16.20 字彙 同㩦

⿱解心 18677 08935 xiè_16.20 集韻 下介切音薤 博雅 悵也。一曰傾心也，果敢也。鑾又⿱觧心18655

⿰忄薤 18676 08934 xiè_16.20 集韻 下介切音薤。忖度也。

⿰忄龍 18678 08936 lǒng_16.20 廣韻 力董切 集韻 魯孔切，丛籠上聲 集韻 ⿰忄龍悷，很也。又 集韻 盧貢切音弄。又平聲 集韻 盧東切音聾。義丛同。

⿱龍心 18679 08937 lóng_16.20 集韻 盧東切音聾。⿱龍心悤，遽貌〇按與⿰忄龍字音同義異。

懸 18680 08938 xuán_16.20 廣韻 集韻 韻會 正韻 丛胡涓切音泫。本作縣 說文 繫也。或从心 孟子 猶解倒懸 又 叶熒絹切音院 張衡·西京賦 後宮不移，樂不徙懸。門衛供帳，官以物辨。鑾又悬17524⿰亻縣02246悬17910 又 正字通 ⿱縣虫53733，呼圓切，音玄。蟬屬。鳴蚻，一名虎懸 夏小正 四月鳴札。戴氏曰：鳴而後知之，故先鳴後札。札即蚻，⿱縣虫本作縣。

⿰忄貴 18681 08939 kuì_16.20 說文 憒本字。

辡 18682 08940 biǎn_16.20 說文長箋 與辯同。

⿱期心 18683 08941 jì_16.20 集韻 與惎同。

⿱辨心 18687 u2AB40 null_16.20 喃 未詳。

⿱殼心 18684 08942 què_16.20 字彙補 苦角切，音卻◇謹誠也。鑾同愨17925

⿱㚔心 18688 u2AB3F null_16.20 未詳。

⿱篤心 18685 08943 chóu_16.20 字彙補 人名。宋理宗時宗尹趙與⿱篤心。見 三朝政要。音義闕。鑾⿱篤心42547字之譌 又 四聲篇海 ⿱篤心，音竹 字彙補 竹部和心部重收⿱篤心字，並曰：張六切音竹。見 篇韻

⿱鋸心 18706 u22939 jù_16.20 粵 愜意。

⿰忄諸 18686 43632 zhù_16.20 字彙補 釋典住字。鑾⿰忄欲17645住又作⿰忄欲⿰忄諸。

⿰忄隧 18707 u22938 null_16.20 未詳。

⿰忄毚 18689 u2294B chán_16.20 玉篇 ⿰忄毚，士咸切。恪也 集韻 ⿰忄毚，鋤咸切。吝也。胡吉宣 玉篇校釋 ⿰亻毚02261⿰忄毚字同。貪食為饞，貪心為⿰忄毚，其義一也。

⿰忄覽 18690 u2294A lǎn_16.20 直音篇 ⿰忄覽，音覽。

懤 18691 u22949
nhãng_16.20　喃从心蕩đāng聲。疏忽△懤智：疏神，心不在焉。

懤 18692 u22948
lú_16.20　俗壚09582龍龕懤，音盧 可洪音義 懤遮：上洛胡反。与壚字同也。誤 图 玄應音義 怦懤，字應舻盧，音烏甲反。今人謂黑貂為舻盧貂是也 可洪音義 上烏甲反。下洛胡反 經音義 云今人謂黑貂為舻盧貂也 图 lo 喃 著急。俗作懤、忙。

懤 18694 u22946
lung_16.20　喃从心篭lồng聲。凶惡。

憔 18703 u2293C
qiáo_16.20　或俗憔。

懤 18693 u22947
chán_16.20　喃从心戰chiến聲△懤慘：厭煩。懤懤：失望。

懤 18704 u2293B
null_16.20　未詳。

懤 18695 u22945
ngãm_16.20　喃从心錦cẩm聲。思忖△亦作嚙07769嚙擬：尋思。

懤 18705 u2293A
null_16.20　未詳。

懤 18696 u22944
pèi_16.20　集韻 鋪畏切。用力極也。或从手作攭21107△按，類篇 作懤18720

懤 18697 u22942
téng_16.20　懤懤，同朦騰，朦朧貌。秋瑾 送別 懤懤蕉葉卷新雨，漂泊楊枝怨晚風。

懤 18698 u22941
huì_16.20　同惠18343 說文 懤，古文惠17631从艸。

懤 18699 u22940
yōu_16.20　同燮18733見 石鼓文，讀若悠。

懤 18701 u2293E
xué_16.20　朝鮮本 龍龕 懤，俗。教、學二音。

懤 18700 u2293F
lǎn_16.20　同懶18673

懤 18702 u2293D
hửng_16.20　喃从心興hưng聲。亦作嚙hẫng。嚙噓：冷淡。

懤 18708 u288E5
dấu_16.20　喃从愛酉dậu聲。可愛。

懤 18709 u39A7
cẩn_16.20　同懤18345

懤 18710 uF90D
lǎn_16.20　參見懶18673

懤 18711 u22949
xiǎn_17.21　集韻 息淺切音獮 玉篇 慚也。

懤 18712 08945
lài_17.21　集韻 同懶切 集韻 韻會 又鑑切丛音懤 集韻 悔也。或从言 图 韻補 自陳悔也，懤悔。見釋典。鋆 又忏16926懺18657

懤 18715 08948
chàn_17.21　廣韻 楚鑑

懤 18713 08946
ràng_17.21　廣韻 集韻 丛人樣切音讓 廣韻 懤也。

懤 18714 08947
liú_17.21　正字通 同憀○按即懤字之誤。懤、懤二字 集韻 同音異訓 正字通 溷爲一字，非。

懤 18716 08949
yǐn_17.21　集韻 倚謹切音隱 類篇 憂病也，哀也。鋆 正字通 憺，俗悬17942字。

懤 18721 08954
bó_17.21　集韻 同懤。賤西切音齋。與懤同。懤疑，猶猜疑也。

懤 18717 08950
jī_17.21　集韻 韻會 丛

懤 18718 08951
yíng_17.21　篇海 余傾切音營。衛也。鋆 新撰字鏡 營31804，以下（傾）、役瓊二反，平。造也，衛也，部也，治也，救護也。懤、嘗，二上字。

懤 18720 08953
pèi_17.21　集韻 鋪畏切音獮。用力極也。或从手。

鋆 又攭21107 集韻 原作懤18696 類篇 作懤。

懤 18724 u2AB42
null_17.21　未詳。

懤 18719 08952
jì_17.21　廣韻 集韻 韻會 几利切 正韻 吉器切丛音冀 玉篇 北方名强曰懤。又懤忮，很也 史記 · 貨殖傳 人民矜懤忮好氣任俠爲姦。

懤 18722 08955
láo_17.21　集韻 勞04092古作懤。

懤 18723 08956
duì_17.21　說文 長箋 與懟同。

懤 18726 u22956
trai_17.21　喃从心齋trai聲△懤獝：輕佻。

懤 18725 u2AB41
null_17.21　未詳。

懤 18727 u22955
chōng_17.21　同忡16975 清·朱彝尊 日下舊聞城市五 引 楚辭 極勞心之懤懤。按，楚辭·九歌·雲中君 作極勞心兮懤懤。

懤 18728 u22954
null_17.21　未詳。

懤 18729 u39AA
xiè_17.21　集韻 悉協切。意不平。一曰恌懤，志輕也△宏按，或謳作懤18751

懤 18730 08957
jù_18.22　古文思懤 唐韻 其遇切 集韻 韻會 衢遇切丛音具 說文 恐也。从心瞿聲。或省作瞿 图 jù 集韻 俱遇切 正韻 居遇切丛音屨 集韻 無守貌 图 qú 集韻 權俱切，音劬。亦恐也。前漢·惠帝贊 聞叔孫通之諫，則懤然 東方朔傳 吳王懤然易容。鋆 又懼17732懤18793懼18574

懤 18731 08958
lí_18.22　集韻 同懤 懤 18732 08959
xié_18.22　唐韻 戶圭切 集韻 玄圭切丛音攜 說文 有二心也。鋆 又懤18675

懤 18733 08960
yōu_18.22　石鼓文 所載 正字通 按楊慎書作燮。大抵 石鼓文 是後周倣古之作，非真周宣王時史籀書也，何足深辨。

懤 18734 08961
jiào_18.22　集韻 子肖切音醮。性急也。鋆 玉篇 子妙切。急性也。胡吉宣：卽焦急也，心憂急也。焦、爵聲符相通，以避憔悴字而變易从爵。

寨 18735 08962
sè_18.22　正字通 同寨。

寨 18736 08963
sè_18.22　集韻 寨17976古作寨。

懤 18737 08964
náo_18.22　集韻 奴刀切音猱 類篇 劣也。

懤 18738 08965
chóng_18.22　集韻 同忡 楚辭·九歌 極勞心兮懤懤。图 tóng 廣韻 集韻 韻會 丛徒冬切音彤。義同。

懤 18739 08966
huān_18.22　廣韻 集韻 韻會 正韻 丛呼官切。與歡同。喜也 孝經 得萬國之懤心 图 guān 集韻 古丸切音官。懤懤，憂無告也 图 guàn 廣韻 集韻 韻會 正韻 丛古玩切音貫 集韻 懤懤，憂也。或从言 图 叶許元切音暄 馮衍·杯銘 樂在思舊，燕則思懤。民之失德，乾餱以愆。

懤 18740 08967
zhé_18.22　廣韻 之涉切 集韻 韻會 質涉切丛音讋 說文 失氣也。从心聶聲。一曰服也，怖也。或作儶 禮·曲禮 則志不懤 荀子·不苟篇 憂則挫而懤 图 shè 集韻 失涉切音攝。懤懤，恐懤也△ 集韻 或作儶。鋆 又慑18079

懤 18741 08968
bó_18.22　說文 懤本字。

愯 sǒng_18.22 唐韻息拱切集韻韻會筍勇切正韻息勇切𠀤同悚。通作聳。說文懼也。引春秋傳駟氏愯，今左傳·昭十九年作駟氏聳。又左傳·昭六年聳之以行前漢·刑法志作愯之以行朱子·游晝寒詩愯然心神肅⊠廣韻所江切集韻韻會疏江切𠀤音雙。義同。鬆又懻18781懻17934

懿 yì_18.22 集韻同懿

慓 piào_18.22 說文慓本字

㦃 lo_18.22 㖠俗㦃18692

𢤤 null_18.22 未詳。

𢤄 null_18.22 㖠未詳。

憸 giǎn_18.22 㖠从心簡giǎn聲。同𢣳07873

懇 ngǎn_18.22 㖠懇憰：發呆。

𢤊 zā_19.23 集韻子末切音拶。慛𢤊，心慢怠也。

燮 xiè_19.23 集韻悉協切音燮。恓燮，志輕也。鬆俗懎18729

戀 liàn_19.23 古文䜌廣韻力卷切集韻韻會正韻龍眷切𠀤音變。係慕也。後漢·姜肱傳兄弟相戀⊠姓。鬆又恋17240戀18584

戁 nǎn_19.23 廣韻奴版切集韻韻會乃版切𠀤音報說文敬也。从心難聲⊠rǎn廣韻人善切集韻忍善切𠀤音蹂集韻懼也詩·商頌不戁不悚

懟 duì_19.23 正字通同懟。俗省。

𢫆 null_19.23 未詳。

㦍 luǒ_19.23 廣韻來可切集韻韻會朗可切𠀤音砢類篇懡㦍，慚也。鬆又㦍67136

𢪵 null_19.23 未詳。

𢣫 mí_19.23 類篇忙皮切音麋。散也⊠mó集韻眉波切音摩。心病也。

愿 yuàn_19.23 唐韻魚怨切音願說文顙頂也。或作顒。

𢤙 zhuàng_19.23 字彙補與懟同。見無極山碑

𢤖 pèi_19.23 字彙補同懣。見漢碑

𢥮 null_19.23 未詳。

𢥭 null_19.23 未詳。

𢥬 null_19.23 未詳。

𢥫 null_19.23 未詳。

戀 liàn_19.23 兼戀

㦈 nǎn_19.23 㖠从心難nan聲△㦈悉：灰心⊠nǎn咹㦈：後悔。

憹 nóng_20.24 正字通同憹18422

懤 chóu_20.24 唐韻直由切集韻陳留切𠀤音儔◆懤𥪖也△本作懤。通作籌。鬆又篝18620

戃 tǎng_20.24 正字通惝、憑𠀤同。

懢 xué_20.24 廣韻正韻許縛切集韻韻會悅縛切𠀤音

暊 集韻驚也。一曰邊視。或作懬⊠jué廣韻具籰切集韻韻會局縛切𠀤音玃。諦視也⊠yuè集韻鬱縛切音䟻。邊也⊠史記·晏平仲傳晏子㦐然攝衣冠謝。

憽 cóng_20.24 正字通憽本字。

懟 duì_20.24 集韻懟18282古作懟。

嚇 hē_20.24 字彙補許多切音呵。出西川廣志

㦧 thèn_20.24 㖠或同憕18370

𢥹 null_20.24 未詳。

戇 zhuàng_20.24 同戇18785俗戇18797越·阮秉五千字譯國語戇，憒痏。

𢥸 null_20.24 未詳。

愯 sǒng_20.24 同愯18742佩文韻府·江韻愯，所江切韻會懼也。又腫、講韻。

㦿 ngơi_20.24 㖠从息疑nghi聲。休息⊠nghǐ思考。

㦶 ngǔng_20.24 㖠从心鶪ngõng聲△㦶頸：不和。

𢥴 null_20.24 未詳。

㦅 pà_21.25 怕、㤙𠀤同。

懆 cǎo_21.25 正字通與懆同。

戇 zhuàng_21.25 正字通俗戇字。

懬 tǔn_21.25 五音集韻他袞切音氌。懬懆，不明也。

𢦁 null_21.25 未詳。

蠃 luǒ_21.25 字彙補儸字之譌。王鏊有儸母傳註矗也。出荀子○按荀子賦論有物於此儸儸兮，其狀屢化如神。从亻，不从心。王文誤。

㦱 lòn_21.25 㖠从心蘭lan聲。

𢦀 null_21.25 未詳。

懼 jù_22.26 俗懼18730

𢥿 null_21.25 未詳。

戇 zhuàng_21.25 简戆

㦡 thò_23.27 㖠从心儺thù聲。

㦠 chōng_23.27 同忡16975玉篇㦠，同忡。㦠㦠，憂也。出楚辭。按楚辭·九歌·雲中君作極勞心兮㦠㦠。

懰 líng_24.28 集韻郎丁切音靈。心了點貌。

戇 zhuàng_24.28 廣韻集韻韻會正韻𠀤陟降切。與贛、戇同說文愚也史記·高祖本紀然陵少戇，陳平可以助之。又汲黯傳甚矣，汲黯之戇也⊠hòng集韻胡貢切音哄。又古送切音貢。又呼貢切音嗊。又丑用切音蹱。又呼紺切音顲。義𠀤同。鬆又䫉41685戇18758戇18792戇18785戇18777懻18798⊠慧琳音義戇18300風：上阿甘反考聲從人作慃02223倦，癡甚也字書云戆，愚也文字典說從心敢聲。經從广作癑36451，俗字也。

𢦇 null_24.28 未詳。

戇 hǒng_24.28 廣韻呼孔切集韻虎孔切𠀤音嗊。心神恍惚貌△集韻或省作愩。

戀 18800 u22986
null_24.28　未詳。

戁 18801 08997
mán_25.29　集韻 免員切
◇音謾。恐也。

孌 集韻 免負切。

戃 18802 08998
kōng_25.29　五音集韻 同空。涵虛子作。

戄 18803 08999
jīn_27.31　字彙補 古欽切音襟。出 廣錄志

戀 18804 u2298B
null_28.32　未詳。

• 戈部 •

戈 18806 u2F3D
gē_0.4　部戈18805

戈 18805 09000
gē_0.4　唐韻 集韻 韻會 正韻 夶古禾切音鍋 說文 平頭戟也 徐鍇曰戟，小支上向則爲戟，平之則爲戈。一曰戟偏距爲戈 禮·曲禮 進戈者前其鐏，後其刃 正義曰戈，鉤子戟也。如戟而橫安刃，但頭不向上，爲鉤也。直刃長八寸，橫刃長六寸，刃下接柄處長四寸，夶廣二寸，用以鉤害人也 周禮·冬官考工記 戈秘六尺有六寸 又 戈廣二寸，內倍之，胡三之，援四之 註 內謂胡以內接秘者也，胡其子也，援直刃也 釋名 戈，過也。所刺擣則決，所鉤引則制之，弗得過也 書·牧誓 稱爾戈 註 戈，短兵也。人執以舉之，故言稱也。又 典略 周有孤父之戈 又 國名。在宋鄭之間，寒浞子澆封于戈，少康滅之 又 姓 史記 夏後有戈氏，宋戈彥，明戈鎬 又 司戈，武職，從八品，唐天授年閒置。△从弋，一橫之。象形。 夶又盉18869鈛62841

戉 18807 09001
yuè_1.5　唐韻 集韻 韻會 夶王伐切音越。威斧也。杖而不用，明神武不殺也 司馬法 夏執玄戉，殷執白戚，周左杖黃戉，右秉白旄 周禮·夏官·大司馬 左執律，右秉戉 註 律，所以聽軍聲也。戉，所以爲將威也 又 星名 前漢·天文志 東井西曲星曰戉 又 傷成戉 註 賊傷之占，先成形於戉也△小篆从戈，𠄌聲。俗加金作鉞，則專取乎飾，其去古益遠矣。此古今字書之變。

戊 18808 09002
mào_1.5　唐韻 集韻 韻會 正韻 夶莫候切音茂。十幹之中也。物皆茂盛也 爾雅·釋天 歲在戊曰著雍，月在戊曰屬 又 mǔ 集韻 莫後切音牡。義同 詩·小雅 吉日維戊 朱傳 戊，剛日也。凡外事用剛日，宜王田獵，外事也，故用剛日〇按 五代史 梁開平元年改日辰戊字爲武，避諱也。後人讀戊音爲武音，其譌由此。

戓 18810 43634
dǒu_1.5　搜眞玉鏡 音斗。

戉 18811 u2AB49
null_1.5　未詳。

戕 18812 u620B
jiān_1.5　簡戔18842

戉 18809 43633
qú_1.5　海篇 音渠

戋 18816 09006
zāi_2.6　戋18823省文

戌 18813 09003
xū_2.6　唐韻 辛聿切 集韻 韻會 正韻 雪律切夶音恤。九月辰名也 說文 滅也。九月陽氣微，萬物畢成，陽下入地也。五行，土生於戌，盛於戌，从戌含一 前漢·律歷志 畢入於戌 爾雅·釋天 歲在戌曰閹茂。

戌 18814 09004
qiú_2.6　集韻 渠尤切音求 玉篇 矛飾也。

戍 18815 09005
shù_2.6　廣韻 傷遇切 集韻 韻會 舂遇切，夶輸去聲

説文 守邊也 爾雅·釋言 遏也 註 戍守，所以止寇賊也。 廣韻 舍也 詩·小雅 我戍未定 又 正韻 殊遇切音樹。義同。

戎 18817 09007
róng_2.6　唐韻 如融切 集韻 韻會 而融切 正韻 而中切夶音絨。 說文 兵也 禮·月令 以習五戎 註 五戎，弓矢矛戈戟也 周禮·秋官·掌交 九戎之威 註 九戎，九伐之戎也 又 兵車名。大曰元戎，小曰小戎 詩·秦風 小戎俴收。又 小雅 元戎十乘 又 禮·王制 西方曰戎 又 大也 詩·周頌 念茲戎功 箋 戎功，大功也 書·盤庚 乃不畏戎毒于遠邇 註 戎毒，大毒也 揚子·方言 宋魯陳衞謂大曰戎 又 汝也 詩·大雅 戎有良翰 又 戎雖小子 註 汝也 又 相也 詩·小雅 烝也無戎 傳 戎，相也 又 拔也 揚子·方言 江淮南楚之閒謂拔曰戎 又 姓。春秋戎律，漢王戎賜，明戎廉 又 rēng 集韻 如蒸切音仍。與扔通 前漢·古今人表 有扔君。或作拔。亦省作戎△本作戎。 夶又戎16030

我 18818 09008
wǒ_2.6　正字通 篆文我字。

戏 18819 43635
shēng_2.6　搜眞玉鏡 音升。

成 18820 u2AB4A
lì_2.6　黃德寬 古文字譜系疏證 成，疑力之繁文。

戏 18822 u620F
xì_2.6　簡戲19018

成 18821 u6210
chéng_2.6　參見成18824

戈 18823 09009
zāi_3.7　廣韻 祖才切 集韻 將來切夶音栽 說文 傷也。栽字類从之，省文也。後又省作戋 六書正譌 从戈，才聲。戈有傷害之義。又 借爲語詞，隸作哉，加口以別之。 夶又戋18834

成 18824 09010
chéng_3.7　古文戚 唐韻 是征切 集韻 韻會 正韻 時征切夶音城 說文 就也 廣韻 畢也。凡功卒業就謂之成 又 平也 周禮·地官·調人 凡過而殺傷人者，以民成之 疏 成，平也。非故心殺傷人，故共鄉里和解之也 詩·大雅 虞芮質厥成。又 左傳·隱六年 鄭人來渝平 公羊傳 輸平猶墮成也 文七年 惠伯成之 又 終也。凡樂一終爲一成 書·益稷 簫韶九成 儀禮·燕禮 笙入三成 註 三成謂三終也 又 善也 禮·檀弓 竹不成用 註 成，猶善也 又 周禮·天官·大宰 八灋五曰官成。註：官成，謂官府之成事品式也。又 秋官·士師 掌士之八成 註 八成者，行事有八篇，若今時決事比也 釋文 凡言成者，皆舊有成事品式。 又 必也 吳語 勝未可成 註 猶必也 又 倂也 儀禮·既夕 俎二以成 註 成，猶倂也 又 禮·王制 司會以歲之成質于天子 註 計要也 周禮·天官·司會 以參互攷日成，以月要攷月成，以歲會攷歲成 司馬法 通十爲成 周禮·冬官考工記 方十里爲成 左傳·哀元年 有田一成 又 重也 爾雅·釋地 丘一成爲敦丘 註 成，猶重也 周禮曰：爲壇三成 疏 言丘上更有一丘，相重累者 又 釋名 成，盛也。 又 謚法 安民立政曰成 又 州名。古西戎白馬氏國，西魏置成州，唐同谷郡 又 姓。周武王子成伯之後。又 盆成陽成皆複姓 又 集韻 辰陵切音承。本作郕，或省作成，地名。 夶通作成18821 又 賦57777 豉57775

我 18825 09011
wǒ_3.7　古文𢦠成戓 唐韻 五可切 集韻 韻會 語可

切，姎俄上聲說文施身自謂也。廣韻己稱也囡稱父母國曰我，親之之詞春秋·隱八年我入祊囡姓。古賢人，著書名我子囡◆說文或說我，頃頓也〇按頃頓，義與俄同。然字書從無作俄音者，存考囡韻補叶與之切音台揚子·太玄經出我入我，吉凶之魁註我音如台小子之台。鑿戈18818，篆文我囡狣18829枙23734戧59649荞67000哉18866

戒 jiè_3.7　古文戒唐韻古拜切集韻韻會正韻居拜切姎音介說文警也書·大禹謨警戒無虞囡諭也書·大禹謨戒之用休囡告也儀禮·士冠禮主人戒賓註告也聘禮戒上介亦如之註猶命也，具也。又廣韻慎也，具也。又備也易·萃卦戒不虞註備不虞也囡易繫辭聖人以此齊戒註洗心曰齊，防患曰戒朱子·本義湛然純一之謂齊，蕭然警惕之謂戒囡守也周禮·夏官·掌固夜三鼕以號戒註謂擊鼓行夜戒守也。又司馬法鼓夜半三通，號爲晨戒囡通作誡易繫辭小懲而大誡前漢·賈誼傳前車覆，後車誡囡與界同史記·天官書星茀於河戒。又唐書天文志江河爲南北兩戒。鑿又羿15941戒18863戒18851

戌 gē_3.7　佩觿集各何切音歌。地名。

戌 wǒ_3.7　集韻我18825古作戌。鑿又戈18818

狣 wǒ_3.7　餘文同我　**或** sān_3.7　龍龕音三。鑿弎16033字之譌字彙補戌，心堪切音三。亦作弎。

扤 yǐ_3.7　川篇同矣。又同執。

彧 yù_3.7　俗或18846碑別字新編引隋張伻墓誌

扟 huà_3.7　同扤18837　**戋** zāi_3.7　同戋18823

或 huò_3.7　俗或18846　**戋** jiān_3.7　同戋18842

扟 huà_4.8　廣韻胡瓦切集韻戶瓦切姎音踝說文擊踝也〇按字本作颰，或作颰字彙入三畫，誤，今改正。鑿類篇或作扟18833俗或作扤18830

我 guó_4.8　集韻古獲切音蟈玉篇割耳也。與聝通。

戋 jiān_4.8　唐韻子廉切集韻將廉切姎音尖說文絕也廣韻刺也，銳意也囡集韻田器也。鑿直音篇笺41784城18840翌18841並同戋。

城 jiān_4.8　字彙同戋　**翌** jiān_4.8　字彙戋字之譌。篆文從似二刀，俗因譌作翌。

戋 cán_4.8　唐韻昨干切集韻韻會財干切正韻財難切姎音殘說文賊也廣韻傷也。二戈疊加，有賊傷之象。通作殘囡jiān集韻韻會姎將先切音箋。戋戋，淺小之意易·賁卦束帛戋戋囡jīn字彙補宗親切音津劉孟陽碑銘有父子，然後有君臣，理財正辭，束帛戋戋。又chǎn集韻楚綰切音剗。擿傷也囡揣縮切音憪。義同。囡jiàn子淺切音翦。少意囡jiàn在演切音踐。狹也周

禮·冬官·鮑人自急者先裂，則是以博爲帴註鄭云讀爲羊豬戔之戔釋文音踐囡zhǎn旨善切音瞱。賊也。囡piàn匹見切音片。狹少之意。劉昌宗說。鑿又戈18812戈18836

戒 jiàn_4.8　集韻與戩同。

戡 kān_4.8　集韻枯含切，音堪說文殺也。引書西伯既戡黎〇按今書作西伯戡黎囡前漢·五行志王心弗戡註古堪字。鑿又戥18904戥18916

戕 qiāng_4.8　廣韻在良切集韻韻會正韻慈良切姎音牆◆說文槍也春秋·宣十八年邾人戕鄫子于鄫左傳·杜註戕者，卒暴之名囡集韻財干切音殘。義同囡jiāng資良切音將。戕戕，槎也囡zāng廣韻則郎切集韻茲郎切姎音臧博雅戕戙，杙也囡戕柯，郡名。亦作牂。囡qíng集韻慈盈切音情。殺也。鑿又戕18852戕32626

或 yù_4.8　古文戜集韻越逼切音國說文邦也。從口從戈，以守一。一，地也。通作域囡huò廣韻胡國切集韻韻會正韻穫北切姎音惑。疑也。凡或人、或曰皆闕疑之辭易·乾卦或躍在淵朱子·本義疑而未定之辭。囡與惑通。怪也孟子無或乎王之不智也〇按六書有假借，或本是邦或字，借爲疑或字，後人加土爲域，加心爲惑。而於或字，止作或人、或曰之用，并其本義而忘之矣。鑿又域18832或18835

戜 wǒ_4.8　說文長箋古文我18825字。

咸 gàn_4.8　字彙補古文感17834字。

戥 dì_4.8　字彙補古文弟16123字。

戥 wǒ_4.8　龍龕音我　**戜** null_4.8　未詳。

戒 jiè_4.8　俗戒18826唐·顏師古等慈寺碑戒品齊芳，禪枝並茂新撰字鏡戒戒18826，二形同。

戕 qiāng_4.8　同戕18845隸辨引沈子琚碑

戋 zāi_4.8　俗哉05826　**飷** qiāng_4.8　簡戧18948

戎 róng_5.9　說文戎本字。兵也。

戟 máo_5.9　玉篇古文矛38400字。

戙 yǒng_5.9　說文勇04015或從戈作戙。

戚 chéng_5.9　說文古文成18821字。

戜 gē_5.9　集韻賈我切音哿。繫舟杙也囡玉篇各何切音歌。義同△正字通戜字之譌。

戚 qī_5.9　正字通同戚秦惠文王詛楚文戚，改作戚漢夏承碑皆用之。

戒 jiè_5.9　集韻戒18826古作戒。

戒 18863 41228 jiè_5.9 字彙俗戒字。

戚 18864 43640 sī_5.9 搜眞玉鏡音思。

戗 18865 43641 shì_5.9 龍龕式志切。鎏字彙補戗，同弑。

戜 18866 43642 wǒ_5.9 龍龕音我。鎏同㦰18847，古文我直音篇我，五可切。自己也。戜，同上古俗字略我，五可切。己之稱也。戜，古。

戜 18867 43643 nì_5.9 龍龕女利切。鎏同誁37528，貳（膩）字之譌可洪音義戜吒：上女利反。逵戜：又作膩，同，女利反。誁吒：上女利反 又 戜，俗盾可洪音義予戜：上音牟，下食准反，並軍器名也，所以扞障蔽也。正作矛盾也。

戉 18868 43644 yuè_5.9 搜眞玉鏡音越。

盞 18869 u2AB4C gē_5.9 陳得造戈陳导散盞。

矛 18871 u229B5 máo_5.9 同戫18941 玉篇 戎，古文矛38400

戫 18874 u229AD yì_5.9 俗㦤34961 廣韻 戫，與職切。瓴瓮骨也。

戠 18875 u39B3 zài_5.9 同在08271 漢州輔碑 戠貴不濡。

戗 18872 u229AF null_5.9 未詳。

栽 18878 09036 zhū_6.10 廣韻陟輪切集韻追輪切𠀤音誅博雅殺也。一曰戈名。

戗 18873 u229AE null_5.9 未詳。

戟 18870 u2AB4B null_5.9 殷周金文集成·8.4286·輔師嫠簋 戟賜女緇芾、素黃、総旂。

战 18876 u6218 zhàn_5.9 简戰19000

戙 18879 09037 dòng_6.10 廣韻徒弄切音洞玉篇船板木也。鎏正字通戙16047字之譌。

戟 18877 09035 gé_6.10 集韻韻會正韻𠀤各額切音格玉篇鬭也集韻或作斂。鎏名義古領反。古格24001字。

栽 18880 09038 áo_6.10 篇海檄作栽，譌字。

戔 18881 09039 cán_6.10 玉篇賊安切音殘。多也。

戜 18882 09040 dié_6.10 字彙補余隴切音勇。猛也。鎏朝鮮本龍龕戜，徒結反。常也。利也。又國名。戜18896同上。又科也。又古文鬩字。

威 18883 09041 miè_6.10 篇韻古文滅29141字。

戋 18884 09042 jiān_6.10 字彙補宗沾切音尖。田器 又 盡也。

威 18885 43645 sháo_6.10 字彙補辰條切音詔 又 qī青卽切音戚。

戜 18886 43646 guó_6.10 搜眞玉鏡音國。

裁 18887 43647 miè_6.10 龍龕音滅。鎏疑威字之譌。

戜 18888 u2AB4E guǐ_6.10 同鬼71440戜子，見甲骨文合集6049、23534。戜方，見小盂鼎。亦作䰡18969

戭 18889 u2AB4D gǒng_6.10 同拱19487見王子戭戈

婳 18890 u229BB huà_6.10 婳18837本字。

戚 18891 09043 qī_7.11 廣韻集韻韻會𠀤倉歷切音礤正字通戊類六書精蘊戉之白者，爲之錫劑以文之，不專用武也司馬法殷執白戚詩·大雅干戈戚揚註戚，斧也釋名戚，慼也。斧以斬斷，見者慼懼也 又 親也詩·大雅戚戚兄弟傳戚戚，內相親也正義曰：戚戚，猶親親也 又 哀也論語喪與其易也寧戚註哀戚也 又 憂也論語小人長戚戚註戚戚，憂貌 又 惱也書·金縢未可以戚我先王蔡註戚，憂惱之意 又 憤也禮·檀弓慍斯戚註戚，憤恚也 又 醜疾人曰戚施詩·邶風得此戚施箋戚施，面柔下人以色，不能仰者也 又 小爾雅戚，近也 又 地名春秋·文元年公孫敖會晉侯于戚註戚，衞邑 又 姓。漢有臨轅侯戚鰓 又 cù集韻韻會𠀤趨玉切。同促周禮·冬官考工記不微至，無以爲戚速也 又 zú集韻韻會𠀤昨木切音族。縣名。在東海。鎏又俶01727傶01806戚18861䗩44780頗68096戚18965

戙 18892 09044 rǒng_7.11 集韻乳勇切音宂。戟屬也。

戭 18893 09045 yǒng_7.11 正字通與勇同玉篇書作戭。又或作戫。

戟 18894 09046 hàn_7.11 集韻侯旰切音翰說文盾也。从戈，旱聲 又 gān廣韻古寒切集韻韻會居寒切𠀤音干。義同。

戛 18895 09047 jiá_7.11 廣韻古黠切集韻韻會正韻訖黠切，𠀤音秸說文戟也。又曰：長矛也張衡·東京賦立戈迤戛註戈短，故立車上。矛長，故靡迤邪柱也 又 轢之也書·益稷戛擊鳴球 又 齟齬貌韓愈·答李翊書戛戛乎其難哉。又 qià集韻丘八切音劼爾雅·釋言禮也註謂常禮疏戛，常也，故郭云常禮書·康誥不率大戛正義戛猶楷也，言爲楷模之常 又 與秸、稭通前漢·地理志三百里戛服書·禹貢作秸服。鎏又戞18903戞18909

戜 18896 09048 dié_7.11 唐韻集韻𠀤徒結切音耊說文利也。又别也。鎏又䤩16046戜18882戜18905戜48284

歲 18897 09049 suì_7.11 篇海古文歲26639字。

戜 18898 41226 shú_7.11 字彙補壯縮切，音矚◇姓也姓氏急就章尊延稽阮進鼬、戜註梁四公戜鵜〇按字彙作戜鵜。

戗 18899 43648 qiáng_7.11 搜眞玉鏡在良切。

威 18902 u2AB4F null_7.11 未詳。

戜 18901 u2AB50 null_7.11 䨶鼎後國戜伐貊，䨶俘貝，䨶用乍餴公寶尊鼎。亦作戜18940

戞 18903 u2F8B3 jiá_7.11 同戛18895

戝 18900 43649 zéi_7.11 篇海類編同賊。鎏溫縣盟書而敢與戝為徒者。

戡 18904 u229C6 kān_7.11 集韻或18844戡，枯含切說文殺也。引商書西伯既戡黎。或从含。古通作戡。

戜 18905 u229C4 dié_7.11 同戜18896

戃 18906 u229C3 null_7.11 未詳。

戓 18907 u229C2 zāi_7.11 俗哉05826

戛 18909 09051 jiá_8.12 字彙俗戛字

斀 18908 09050 zhuó_8.12 集韻竹角切音卓。擊也，推也。或作捔。

戟 18910 09052 jǐ_8.12 古文㦸 廣韻几劇切 集韻訖逆切丛音㦸。有枝兵也 增韻雙枝爲戟，單枝爲戈 釋名戟，格也，傍有枝格也 典略周有雍狐之戟 周禮·冬官考工記戟廣寸有半寸，內三之，胡四之，援五之 註戟，今三鋒戟也。內長四寸半，胡長六寸，援長七寸半 图地名戰國策秦舉安邑，而塞女戟 註女戟在太行西 图與棘通 周禮·天官·掌舍棘門註以戟爲門 左傳隱十一年子都拔棘以逐之 註棘，戟也 禮·明堂位越棘大弓 註棘戟同△說文作戟。鎣又戟18923 图鋅，或同戟斦君戟斦君墨脅之部鋅。

戠 18911 09053 zhuó_8.12 玉篇古文斲22061字。

戙 18912 09054 qǐ_8.12 韻會與棨同。

戢 18913 09055 chǔn_8.12 字彙補古文蠢53683字。

戜 18914 09056 guó_8.12 集韻國08147古作戜。

戥 18915 41227 tì_8.12 字彙補透帝切音替 山海經有戥氏之國。

戞 18916 41229 kān_8.12 餘文口含切。殺也〇按卽戞字之譌。

戣 18917 43650 shī_8.12 搜眞玉鏡式逆切。

戤 18918 u2AB51 zāi_8.12 見甲骨文。或同截37595

戠 18919 u229D3 null_8.12 未詳。

戰 18920 u229D0 zhàn_8.12 同戰19000

戜 18922 u229CD suì_8.12 新字典戜，俗歲26639字。

戟 18923 u39B8 jǐ_8.12 同戟18910

戝 18921 u229CE null_8.12 未詳。

戠 18924 09057 chǔn_9.13 字彙音義同蠢。鎣又戜18966戜18971戜18981戜19009戜19036戜18963戜19035聱18913

戠 18925 09058 zhí_9.13 廣韻之翼切 集韻質力切丛音職。義闕。图shì 集韻式吏切音試。黏土也 图chì昌志切音熾。義同。本作埴。亦省作戠。

戡 18926 09059 kān_9.13 廣韻口含切 集韻韻會正韻枯含切丛音堪 說文刺也。从戈，甚聲。本作戡。今作戡 商書西伯戡黎 爾雅·釋詁殺也 廣韻勝也，克也 图通作堪 郭璞·爾雅註引商書作堪黎 图通作龕 揚子·重黎篇劉龕南陽 註取也。與戡同 图zhěn 廣韻韻會丛張甚切。小斫也，或作揕 图zhèn 韻會竹甚切。亦刺也〇按 說文戡訓殺也，戡訓刺也，義微有別。今字書皆合爲一字。

戩 18927 09060 jǐ_9.13 廣韻阻立切 集韻韻會正韻側立切丛音輯 說文藏兵也 詩·周頌載戢干戈 图斂也 詩·小雅鴛鴦在梁，戢其左翼 图 廣韻止也 左傳·隱四年兵猶火也，弗戢將自焚也 图姓。周戢黎，明戢如止。鎣又戢07411 图可洪音義橄在：上阻立反，止也，儉（斂）也。正作戢18934又集、接二音，懼。

戜 18928 09061 yáng_9.13 集韻韻會丛余章切音陽。戈也 韻會小補戈也。今作揚。

戨 18929 09062 fá_9.13 廣韻集韻丛房越切音伐 廣韻盾也。與瞂同。

截 18939 43652 miè_9.13 龍龕音滅。

戜 18930 09063 zhá_9.13 廣韻陟鎋切音哳。戜好。出證俗文。鎣廣韻作戜18994

戜 18931 09064 zhān_9.13 字彙之鹽切音占。出夢感經

戜 18932 09065 kuí_9.13 廣韻渠追切 集韻韻會渠龜切丛音逵 廣韻戟屬 書·顧命一人冕執戜 图人名 韓愈·孔公誌銘孔子之後三十八世有孫曰戜，字君嚴 图guì集韻求位切音匱 字林兵也。或从金。鎣又鍨63691

戜 18942 u229DC zhi_9.13 俗戜18954

戜 18933 09066 guō_9.13 集韻與鍋同

戜 18934 41230 zè_9.13 字彙補精客切，音側◇斂，止，衆也。鎣俗戜18927 可洪音義戜滅：上阻澀反。

戜 18935 41231 gài_9.13 字彙補渠蓋切。以物相質也。

戜 18943 u229DB null_9.13 未詳。

戜 18936 41232 zǎi_9.13 字彙補子乃切音宰。楚人有以此命名者，如范元戜、熊八戜是也，此係湖廣俗字。鎣當入人部。張涌泉：俗崽。

戜 18937 41233 sui_9.13 字彙補俗歲字 捷錄大成戊寅戜中甲子。

戜 18938 43651 fèn_9.13 搜眞玉鏡夫問切。

戜 18941 u229DF máo_9.13 說文戜，古文矛38400从戈 玉篇作戜。

戜 18944 u229DA nèn_9.13 喃从成年nên聲△戜名：成名。

戜 18940 u2AB52 null_9.13 同戜18901

戜 18948 09067 chuāng_10.14 玉篇古文創03660字 說文傷也。鎣又戜18855

戜 18945 u229D9 null_9.13 未詳。

戜 18949 09068 jǐ_10.14 說文戟作戜

戜 18946 u6226 zhàn_9.13 同戰19000

戜 18951 09070 rù_10.14 廣韻而蜀切 集韻儒欲切丛音辱 玉篇戟也。鎣又戜21680

戜 18950 09069 zǎn_10.14 玉篇與建12140同。鎣或作戜18995

戜 18952 09071 gē_10.14 韻會居何切音歌。杙也。本从弋，或从戈。鎣又戜16057

戜 18953 09072 jiǎn_10.14 唐韻卽淺切 集韻韻會子淺切丛音翦。盡也 詩·小雅俾爾戜穀 註俾爾盡善，有以受天之祿也。

囵 與翦通 說文 滅也 詩·魯頌 實始翦商。古本作戩。聞人氏曰：戩與翦同 囵 集韻 旨善切音饍。義同 囵 集韻 類篇 丛子賤切音箭。義同。孫炎說 鋻 又戩18843戩18970

戣 zhì_10.14 唐韻 直一切 集韻 直質切丛音秩 說文 大也。

截 jié_10.14 唐韻 集韻 韻會 正韻 丛昨結切。與搣同 說文 斷也 宋太祖實錄 所過池苑，多令衞士射雕截柳。囵 截截，辯給貌 書·秦誓 惟截截善諞言。鋻 又倠00464 刞03315截。

鹹 yù_10.14 集韻 越逼切音域。疾貌○按此字與鹹字不同 廣韻 諤作鹹字，而 字彙 正字通 仍之，誤矣，由未考 說文 與 集韻 也。鋻 又鹹16512

戧 qiān_10.14 集韻 苦兼切音謙。戈屬也。

感 hàn_10.14 字彙補 何點切，頷上聲◇健也。

械 gé_10.14 五音集韻 古得切音祴。械楟，草生也。

叟 cán_10.14 搜眞玉鏡 音殘。

殺 jiāo_10.14 搜眞玉鏡 結腰切。

戨 guó_10.14 搜眞玉鏡 音國。鋻 張涌泉：國字或體。

截 chǔn_10.14 字彙補 同蠢○按卽戩字之譌。

戲 null_10.14 未詳。

戫 null_10.14 殷周金文集成·1.121·者㺵鐘 往攻庶盟，台祇光朕立。

戯 null_10.14 未詳。

竟 guǐ_10.14 同鬼71440 隸釋·淳于長夏承碑 君之羣戯，並時繁祉。

戩 jiǎn_10.14 同戩18953

戣 chǔn_11.15 篇海類編 與蠢同。鋻 又戩18981戩18966

戲 xí_11.15 玉篇 古文襲54896字。輕師掩其不備也。

嶅 áo_11.15 廣韻 五勞切 集韻 韻會 正韻 牛刀切丛音敖 廣韻 戟鋒也。鋻 又戫18880

戫 yǐn_11.15 唐韻 余忍切 集韻 韻會 以忍切丛音引 說文 長槍也 囵 yǎn 廣韻 集韻 韻會 丛以淺切音衍。人名 左傳·文十八年 高陽氏才子檮戫 釋文 以善反。亦作已震反 囵 集韻 柱兗切音篆。義同 囵 yǒu 以久切音酉。長盾也 囵 yìn 羊進切。矛屬也。鋻 又敱21718

截 jié_11.15 說文 截本字

戧 shuàng_11.15 廣韻 色絳切 正韻 色降切，丛音淙 廣韻 捍船木也。鋻 又孤11780

戲 hū_11.15 集韻 荒胡切音嘑 玉篇 喚也。與呼同。

戮 lù_11.15 古文 數翏 唐韻 韻會 力竹切 集韻 力六切丛音陸 說文 殺也 廣韻 刑戮 囵 晉語 殺其生者而戮其死者 註 陳尸爲戮 囵 癡行也 囵 辱也 左傳·文六年 夷之蒐，賈季戮臾駢，臾駢之人欲盡殺賈氏以報焉。臾駢曰：不可 爾雅·釋詁 病也 註 相戮辱，亦可恥病也 囵 或作僇 荀子·非相篇 爲天下大僇 史記·田單傳 僇及先人。囵 與勠通 書·湯誥 與之戮力 囚 亦與鷚通，野鵝也 揚雄·蜀都賦 戮鷚初乳 囵 集韻 憐蕭切 正韻 憐條切丛音聊。又 正韻 力救切音溜。義丛同。鋻 又翏46067剹03701劉03699劼04039勗16372瘳26933謬46213膠47609 囵 集韻 戮 說文 殺也。古作僇勗03612或从寸（作對12581）。

戨 guó_11.15 正字通 俗摑字○按 字彙 誤入十四畫，今改正。

戧 chǔn_11.15 集韻 與戣同。鋻 又戣18971戧18966

戣 huì_11.15 集韻 穢40867古作戣。

戲 xì_11.15 字彙補 音戲。鋻 俗戲19018

幾 wǔ_11.15 字彙補 微撫切音武。

戧 xū_11.15 搜眞玉鏡 音虛。

縈 huì_11.15 龍龕 音穢。鋻 戟字之譌。

威 cáng_11.15 字彙補 同藏。

戲 null_11.15 未詳。

戥 dié_11.15 俗戟48284

戧 null_11.15 未詳。

廈 zhá_11.15 同廈18930 廣韻 廈，陝鏙切。廈好。出 證俗文

戧 mác_11.15 喃 从戈莫mạc聲△丐戧：新月彎刀。

戧 zhí_11.15 集韻 填08790或作嘽、戧。

戧 chì_11.15 說文 熾，盛也。从火，戠聲。戧，古文熾。

搓 ta_11.15 喃 从我些ta聲。

戮 lù_11.15 兼戮。

戧 zǎn_11.15 同戧18950 直音篇 戧，音昝。古文窆12140字。

戲 xì_11.15 同戲19001

戰 zhàn_12.16 古文卙 廣韻 集韻 韻會 正韻 丛之膳切，游去聲 說文 鬭也 左傳·莊十一年 皆陳曰戰 囵 懼也 書·仲虺之誥 小大戰戰 囵 姓。漢戰兢，明戰慎。鋻 又戲07737战18876戰18920戰18946 卙26564卙26583卙15261戰07588

戴 dài_12.16 集韻 戴19024古作戴。鋻 从異35569 囵 備考·寅集·弋部 戴，从異，同。或作戴19030

戲 xì_12.16 正字通 俗戲字。

戳 zhuó_12.16 正字通 戳本字。

戧 zēng_12.16 正字通 俗矰字。

戠
19004 09096
yù_12.16　集韻 域08762古作戠。

鼟
19005 09097
bèi_12.16　集韻 誖56027古作鼟。

鷔
19006 09098
xù_12.16　集韻 與鷸同。鳥驚飛貌。

饎
19007 09099
sháo_12.16　字彙補 古文韶67849字。

戠
19008 43662
zhí_12.16　龍龕 戠字之譌。

戠
19009 43663
chǔn_12.16　字彙補 同蠢。見集韻○按集韻無此字。

戠
19010 43664
jué_12.16　搜真玉鏡 音角。

濈
19012 u2AB55
null_12.16　未詳。

戲
19011 u2AB56
null_12.16　人名殷周金文集成·18.11549·十二年邦司寇矛十二年，邦司寇野弟（芾）、上庫工師司馬瘶、冶戠。

臧
19014 u22A11
zāng_12.16　集韻 臧48169籀作臧。

憂
19013 u2AB54
null_12.16　未詳。

馘
19016 09101
yù_13.17　集韻 乙六切音郁說文 有文章也。从有，戠聲。或作彧，通作郁。

緎
19015 09100
shì_13.17　正字通 俗弒字。

戭
19017 09102
wǎn_13.17　廣韻 集韻 𢑱亡范切音錽廣韻 刃也。

戲
19018 09103
xì_13.17　廣韻 集韻 韻會 香義切正韻 許義切，並義去聲說文 三軍之偏也。一曰兵也図廣韻 戲弄也禮·坊記閨門之內，戲而不歎註戲謂孺子言笑者図謔也詩·衞風善戲謔兮図嬉也図姓魏志 潁川戲志才図廣韻 古文呼05650字図xī廣韻 許羈切集韻 韻會 正韻 虛宜切𢑱音羲集韻 嗚戲，歎辭○按廣韻 既入虞韻，云古文呼字，又入支韻。亦訓歎辭，則戲字二音，本皆可讀正字通 云詩 於戲卽嗚呼，歎辭也。或嘉美，或悲傷。末代文士輒爲體例，若哀誄、祭文，卽爲嗚呼，封拜、冊命，卽爲於戲。謂嗚呼爲哀傷，於戲爲歎美，妄爲穿鑿。其說誠是。然謂呼與戲通，則戲可讀呼，呼仍不可以讀戲，以戲字有義音，呼字止入七虞也図與義通。伏羲莊子 作伏戲史記 作虙戲荀子·成相篇文武之道同虙戲図地名魯語 幽王滅於虙戲図huī集韻 呼爲切韻會 吁爲切，𢑱與麾同集韻 旗屬周禮·夏官 建大麾以田。或作戲史記·項羽紀 諸侯罷戲下各就國註同麾図kuī集韻 驅爲切音虧。傾側也周禮·春官·喪祝註 執披備傾戲図yí集韻 於宜切音漪。本作陭說文 上黨陭氏阪。或作戲図suō集韻 桑何切音娑。娑本作犧周禮·春官·兩獻註 酒尊名。飾以翡翠。鄭司農說，或作獻，亦作戲。𢑱又戏18822戲18998鹹19032戠18983戲19001

戠
19019 43665
miè_13.17　搜真玉鏡 音滅。

戠
19020 43666
zéi_13.17　五音篇海 音賊。

戴
19021 uFA8C
dài_13.17　兼戴19024

戲
19022 u22A15
null_13.17　未詳。

戳
19023 09104
chuō_14.18　篇海 敕角切音逴。槍戳也。

戴
19024 09105
dài_14.18　古文戴唐韻 都代切集韻 韻會 正韻 丁代切，𢑱𦎫去聲說文 分物得增益曰戴。一曰首戴也廣韻 荷戴也書·大禹謨 衆非元后何戴孟子 頒白者不負戴於道路矣図爾雅·釋丘 途出其前，戴丘疏 道過丘南，若爲道負戴図值也禮·喪大記 君纁戴六註 戴之言值也爾雅·釋地 戴日爲丹穴註 值也疏 值日之下，其處名丹穴図諡法 典禮無愆曰戴左傳·隱三年 其娣戴嬀生桓公註 戴謂諡図姓。出濟北，本宋戴穆公後図或作載禮·月令 載青旂詩·周頌 載弁俅俅音義 如字。又與戴同図zài韻會 作代切音再。地名春秋·隱十年 宋人、蔡人、衞人伐戴註 戴國，今陳留外黃縣東南有戴城釋文 戴音再。𢑱又戴19021俌01196戴18999載16062戴19030，本字。

𪔋
19025 u22A19
chì_14.18　同𪔋31892俗𪔋31720

𪔊
19026 u22A18
null_14.18　或俗戲。

戯
19027 09106
xī_15.19　廣韻 許羈切，戲平聲。相笑之貌集韻 本作歖，亦書作歔。

戠
19028 43667
jié_15.19　搜真玉鏡 音節。

戠
19029 43668
shí_15.19　龍龕 音識。

戴
19030 u22A1A
dài_15.19　戴19024本字說文 戴，分物得增益曰戴。从異𢦏聲。

篇
19033 u22A20
null_16.20　未詳。

戴
19031 09107
shí_16.20　韻會 與識同

戴
19036 u22A22
chǔn_17.21　同戴18981

鹹
19032 09108
xì_16.20　字彙補 呼伊切音希。兵名。𢑱同鹹18983俗戲19018

戠
19034 09109
è_17.21　字彙補 五哥切音俄。蟲名。

戀
19038 u2AB57
null_22.26　未詳。

戠
19035 43669
chǔn_17.21　餘文 同蠢。

戵
19037 09110
qú_18.22　唐韻 其俱切集韻 權俱切，𢑱音衢廣韻 戟屬也。古謂四出矛爲戵図通作瞿書·顧命 一人冕執瞿，立于西垂。𢑱又鑺64671戵16067

• 戶部 •

戶
19039 09111
hù_0.4　古文房𢩏唐韻 正韻 侯古切集韻 韻會 後五切𢑱音祜說文 護也釋名 所以謹護閉塞也六書精蘊 室之口也。凡室之口曰戶，堂之口曰門。內曰戶，外曰門。一扉曰戶，兩扉曰門易·節卦 不出戶庭詩·豳風 塞向墐戶図民居曰編戶唐六典 戶部掌天下戶口図止也左傳·宣十二年 屈蕩戶之註 止也。又前漢·王嘉傳 坐戶殿門失闌免註 掌守殿門，止不當入者，而失闌入之図爾雅·釋地 觚竹北戶註 北戶，南方之國疏 卽日南郡也。師古曰言其在日之南，所謂北戶以向日者。又禮·月令 蟄蟲咸動，啓戶始出註 戶，猶穴也図◆飲酒有大小戶吳志 孫皓每饗宴人，以七升爲限，小戶雖不入口，𢑱澆灌取盡白居易詩 戶大嫌甜酒図姓。漢有戶尊。図與㦿通。文采貌揚雄·蜀都賦 戶豹能黃図與滬通。湯樂名揚雄·蜀都賦 戶音六成図翁姑切音烏淮南子·時則訓 烏孫國，作戶孫。𢑱又戶19041戶19042戶19044

戶 19040 u2F3E
hù_0.4　　部戶19039

戶 19041 u6238
hù_0.4　　同戶19039

戶 19042 u6237
hù_0.4　　简戶19039

戸 19045 u22A24
ě_1.5　　俗厄04787漢

隸分韻戸，唐公房直音篇戸戸，並與厄同。

戸 19043 09112
è_1.5　　唐韻於革切集韻韻會正韻乙革切𠀤音厄說文隘也徐曰戶，小門也囜艱也周禮地官調萬民之囏戸囜增韻困也史記·季布傳兩賢豈相戸哉。囜通作阨孟子阨窮而不憫△六書正譌凡阨、軶等字从此。俗用厄，乃五果切，木節也。

戶 19044 41234
hù_1.5　　龍龕音戶。護也。

戸 19047 43670
ě_2.6　　川篇同厄

戽 19046 09113
hù_2.6　　字彙俗戽字

巨 19048 43671
bó_2.6　　五音篇海同奰。

戾 19049 43672
lì_2.6　　川篇音例

𢧀 19050 09114
shì_3.7　　廣韻韻會𠀤鉏里切音士爾雅·釋宮落時謂之𢧀○按爾雅作戺19051疏，持樞也囜堂廉曰𢧀書·顧命四人綦弁執戈，夾兩階𢧀囜砌也，闈也張衡·西京賦金𢧀玉階囜集韻𨛦14702古作𢧀。鼇又直音篇𢧀，古文。同門64866

戺 19051 09115
shì_3.7　　字彙同𢧀爾雅·釋宮落時謂之戺疏持樞之木。或達北檼，以爲牢固者，名落時。檼即棟也。落時又名戺，是持樞，一木有二名也。

戹 19052 09116
yí_3.7　　字彙同㢟

屋 19053 09117
chù_3.7　　正字通屋字之譌。

戾 19054 09118
tài_3.7　　集韻韻會𠀤他蓋切音太說文輞車旁推戶也囜集韻類篇𠀤他計切音替。又集韻大計切音弟。義𠀤同△說文从戶，大聲。與下从犬者有別。

戼 19055 09119
mǎo_3.7　　說文卯本字。與戼字上畫連者有別。戼音西六書正譌戼，闢戶也。从二戶，象門兩闢形。因聲借爲寅卯字，爲日出物生之象。鼇又戼19065

戾 19057 u22A2D
null_3.7　　未詳。

戽 19058 u22A2C
null_3.7　　未詳。

戽 19059 09120
hù_4.8　　集韻戶19039古作戽。又qiǎn廣韻苦減切音憾。小戶也。鼇又椻24352

戽 19060 09121
hù_4.8　　廣韻侯古切集韻後五切𠀤音戶廣韻抒也。本作戽。或作戽囜hǔ廣韻呼古切集韻火五切𠀤音虎廣韻戽斗，舟中渫水器也囜廣韻集韻韻會𠀤荒故切，讀去聲。義同。鼇又戽19046戽12951戽19082囜正字通戽28590，同戽。本作戽。

戾 19061 09122
lì_4.8　　古文獻戾廣韻集韻韻會郎計切正韻力霽切𠀤音麗。◆說文曲也。从犬，出戶下。戾者，身曲戾也囜至也詩·大雅鳶飛戾天禮·祭義桑于公桑、風戾以食之註風至則桑葉乾，故以食蠶也囜止也書·康誥今惟民不靖，未戾厥心囜定也詩·大雅民之未戾，職盜爲寇囜lì集韻力至切音利。乖也，罪也左傳·文四年其

敢干大禮，以自取戾囜liè廣韻練結切集韻力結切𠀤音類。義同。潘岳·西征賦信此心也，庶免于戾。如其禮樂，以俟來哲囜謚法不悔前過曰戾囜韻補叶律質切音力劉向·九歎悲余心之悁悁兮，目眇眇而遺泣。風騷屑以搖木兮，雲吸吸以淑戾囜叶郎之切音離詩·小雅樂只君子，福祿膍之。優哉游哉，亦是戾矣。鼇又戾19054戾19085

戺 19062 09123
jí_4.8　　廣韻其立切集韻極入切𠀤音及博雅戶牡也廣韻戶鍵也。

房 19063 09124
fáng_4.8　　唐韻集韻韻會正韻𠀤符方切音防說文室在旁也囜東南宿名爾雅·釋天天駟房也禮·月令十月日在房尚書運期授所謂房四表之道囜州名。春秋時渚，秦爲房陵郡，唐武德時改爲房州囜姓。舜封堯子爲房邑侯，子陵以父封爲氏囜俎名詩·魯頌籩豆大房註半體之俎，足下有跗，如堂房也囜箭室也左傳·宣十二年知莊子每射抽矢菆，納諸厨子之房。囜páng廣韻步光切集韻韻會正韻蒲光切𠀤音傍。廣韻阿房，秦宮名。鼇又厉04875厉22145坊19071囜玉篇旁11981，古文房。

所 19064 09125
suǒ_4.8　　古文戶唐韻疏舉切集韻韻會爽阻切，𠀤疏上聲說文伐木聲也。从斤，戶聲囜處所詩·鄭風獻于公所。又商頌及爾斯所囜漢制車駕所在曰行在所蔡邕·獨斷天子以四海爲家，故所在曰行在所囜關西方言致力于一事爲所。所謂絕利一源也書·無逸君子所其無逸。又召誥王敬作所囜語辭論語視其所以，觀其所由囜誓辭論語予所否者左傳·僖二十四年所不與舅氏同心者囜指物之辭禮·檀弓其高可隱也註謂高四尺所前漢·疏廣傳問金餘尚有幾所註幾所，猶幾許也張良傳父去里所復還註里所，猶里許也囜姓。漢武帝時諫議大夫所忠囜叶襄里切音徙班固·西都賦繚以宮牆，四百餘里。離宮別館，三十六所。鼇又所04839所00084所22044戶19096

戼 19065 09126
mǎo_4.8　　字彙補莫飽切音卯。闢戶也○按即戼字之譌。

扅 19069 43677
yì_4.8　　川篇音抑

戾 19066 43674
xū_4.8　　川篇香於切

戺 19067 43675
yí_4.8　　篇海類編同㢟。

戻 19068 43676
zhōng_4.8　　五音篇海之戎切。

戼 19070 u22A35
ngǒ_4.8　　喃从戶午ngo聲。巷弄，胡同△闌戼：門戶，大門△或作衙64948圩08393竹04542桁梧：死胡同。

坊 19071 u22A32
fáng_4.8　　集韻房，古書作坊。

扈 19072 09127
kè_5.9　　廣韻口答切集韻渴合切，並音恰。又韻會克盍切音榼。義同說文閉也。廣韻閉戶曰扈囜qù廣韻近倨切集韻丘據切𠀤音去。義同囜hé廣韻胡臘切集韻轄臘切𠀤音盍。篆文姓也。鼇又扈19117扈19121

厴60611 囝朝鮮本 龍龕 厈04830，口合切。閉戶聲也。厴04984，同。屋04961，同上。

19073 09128
昰 jū_5.9　　正字通屈字之譌。

19074 09129
眉 suǒ_5.9　　集韻所19064古作眉。

19075 09130
扁 biǎn_5.9　　古文屝 廣韻 集韻 韻會 正韻 㪍補典切音匾 說文署也。从戶冊。戶冊者，署門戶之文也。會意。其餘皆借義。凡器物不圓者曰扁 後漢·東夷傳 辰韓生兒，欲其頭扁，押之以石 囝卑也 詩·小雅 有扁斯石。囝biàn 廣韻 薄泫切 集韻 婢典切㪍音辯 集韻 姓也。古有扁鵲。或作鶣 囝 廣韻 符善切 集韻 婢善切㪍音楩。又 集韻 婢忍切音牝。義㪍同 囝fān 集韻 孚袁切音翻。番也 莊子·知北遊 扁然 郭註 音翻 囝biān 集韻 類篇 㪍卑眠切音邊。扁諸，劍名 囝pián 集韻 蒲眠切音蹁。圓貌。囝piān 廣韻 芳連切 集韻 紕延切㪍音篇 廣韻 小舟也。鋻又圖08230扁19086

19076 09131
屋 chù_5.9　　廣韻 集韻 㪍丑注切。與閟同 集韻 直開也。或从戶。

19077 09132
居 diàn_5.9　　廣韻 徒玷切 集韻 正韻 徒點切 韻會 徒忝切㪍音簟 集韻 戶牡也。或作屝 韓愈·進學解 根闑扂楔 囝 集韻 徒念切音磹。所以止動也△ 顏氏家訓 與廖通。鋻 龍龕 扉00331徒點反。門扉。

19078 09133
屄 yí_5.9　　正字通俗廖字。

19079 09134
扃 jiōng_5.9　　古文冋 唐韻 古熒切 集韻 韻會 正韻 涓熒切㪍音駉 說文 外閉之關也 禮·曲禮 入戶奉扃 註 扃門關木也。入戶之時，兩手當心，如奉扃然，雖瞻視而不回轉，嫌於干人私也 囝車前橫木 左傳·宣十二年 楚人惎之脫扃 註 扃，車上橫木，所以約車上之兵器 囝jiǒng 集韻 犬迥切音褧。扃扃，明察也 囝與鉉同 儀禮·士喪禮 右人左執匕抽扃 註 扃卽鉉字。鋻又扄19093鎬63775闁64995 局12977

19080 09135
扁 tián_5.9　　正字通屇字之譌。

19081 09136
扠 liáo_5.9　　字彙補 扠城，趙地名 戰國策 秦子異人質于趙，處于扠 註 字書無扠字 龍龕手鑑 云音脚。鋻 龍龕手鑑 云音脚。脚，聊之誤。可洪音義 扠无：上力條反。正作聊。

19082 41235
扈 hù_5.9　　五音篇海 音杅。戶扈。鋻 楊寶忠：扈19060字俗訛。音杅戶扈，當是音戶杅也之倒誤。

19083 43678
扃 jú_5.9　　川篇 同局

19084 43679
屭 lì_5.9　　五音篇海 音例。

19085 43680
屄 lì_5.9　　龍龕 同庆

19087 43682
肩 jiān_5.9　　川篇 音肩。

19086 43681
扁 biǎn_5.9　　川篇 古典切。鋻俗扁19075 新修玉篇·戶部 引 川篇 肩，布典切。

19088 u2AB58
厑 null_5.9　　喃未詳。

19089 u2A43
劢 yòu_5.9　　俗釉62654字見宋·李誠 營造法式·窯作制度·瑠琉瓦等

19090 u22A3D
扆 null_5.9　　未詳。

19091 u22A3C
屲 null_5.9　　未詳。

19092 u22A3B
屎 shǐ_5.9　　俗屎12967 可洪音義 郫屎：音屎。梵云摩郫屎囉，此言雄黃 觀自在隨心呪 作摩郫屎。

19093 09137
扄 shǎng_6.10　　玉篇 書掌切音賞。戶耳也。从戶，向聲，與从戶、同聲者有別。

19094 09138
唇 hé_6.10　　集韻 同屬

19095 09139
辰 xiàn_6.10　　集韻 下簡切音限。閾也。本作閾。或作㾕。通作限。

19096 09140
肩 suǒ_6.10　　正字通眉字之譌。

19097 09141
扅 yí_6.10　　廣韻 弋支切 集韻 韻會 余支切㪍音移 廣韻 扊扅，戶扃也 百里奚·妻琴歌 烹伏雌，炊扊扅 顏氏家訓 一作剡移。鋻又扆19052扆19067闁64980屝。

19098 09142
扆 yǐ_6.10　　唐韻 於豈切 集韻 韻會 隱豈切，衣上聲。戶牖閒畫斧屏風也 明堂位 天子負斧扆，南鄉而立 曲禮 疏 扆狀如屏風，以絳爲質，高八尺，東西當戶牖之閒，繡爲斧文，曰斧扆。天子見諸侯，則依而立負之而南面以對諸侯 囝姓 囝yī 集韻 於希切衣聲 爾雅·釋宮 戶牖閒謂之扆。郭璞讀 囝通作依 禮·曲禮 天子當依而立。

19099 09143
扇 shàn_6.10　　唐韻 集韻 韻會 正韻 式戰切，羶去聲 說文 扉也。从戶从翅省 禮·月令 乃修闔扇 囝箑也 揚子方言 自關而東謂之箑。自關而西謂之扇。一名搖 崔豹·古今注 舜作五明扇 囝 爾雅·釋蟲 蠅醜扇 註 醜類也，蠅類好搖翅自扇 囝shān 韻補 叶尸連切音羶 束晳·補亡詩 四時遞謝，八風代扇。纖阿案晷，星變其躔。鋻又楄25076 囝 正字通諞56425，舊註音扇，以言惑人。按，六書通作煽31405偏01698，古借扇。義同。

19100 09144
屋 wǔ_6.10　　字彙補 烏古切音隖 篇韻 屋舍也。

19101 u22A4C
腐 jiān_6.10　　黃征 敦煌俗字典·肩46984 引 辭父母讚文 一本 冀其偏袒右腐，辭土田之役。持盂執錫，蠲負戟之勞。

19102 u22A4B
厝 kè_6.10　　同厝04843

19104 u22A49
屚 cǒng_6.10　　喃从戶共cộng聲。同屚19125扉 囝gonghì 壯 院子。

19103 u22A4A
屌 quanh_6.10　　喃从戶光quang聲△屌橘：鄰居。

19105 09145
扈 hù_7.11　　古文屺 唐韻 正韻 侯古切 集韻 韻會 後五切㪍音祜• 說文 有扈，國名。夏后同姓所封，戰于甘者。在鄠，有扈谷 囝桑扈，烏名 詩·小雅 交交桑扈，有鶯其羽 註 桑扈，竊脂也。又當扈 山海經 郭璞贊 鳥飛以翼，當扈以須 囝官名 左傳·昭十七年 九扈爲九農正，扈民無淫者也 註 扈，止也 囝尾也。後從曰扈 司馬相如·上林賦 扈從橫行 留青日札 言隨從天子，逐獸橫行也。囝跋扈，猶强梁也 後漢·質帝紀目 梁冀爲跋扈將軍。

囗被也。屈原·離騷鬠江離與辟芷兮囗爾雅·釋山山卑而大曰扈囗桑扈，隱士也。楚辭·九章接輿髡首兮，桑扈贏行囗扈扈，廣也。禮·檀弓毋扈扈爾囗姓風俗通趙有扈輒。鬠又屻13298扈15573岵13348麠61976屻13336

岵 19106 09146　gū_7.11　玉篇古文辜60532字。

屍 19107 43683　kě_7.11　五音篇海口答切。

屋 19108 43684　kè_7.11　川篇苦合切。

扃 19109 u2AB59　jiōng_7.11　或俗扃19079字學呼名能書扃，丘潁切。

扄 19110 u22A4E　null_7.11　未詳。

扉 19111 09147　fēi_8.12　唐韻集韻韻會甫微切正韻方微切丛音非說文戶扇也。爾雅·釋宮闔謂之扉又以木曰扉，以葦曰扇。鬠又罪12173

扊 19112 09148　yǎn_8.12　廣韻集韻韻會正韻丛以冉切音琰◆廣韻扊扅19097，戶牡，所以止扉也。

扅 19113 09149　lì_8.12　字彙補力計切，音利◆不正也。

扆 19114 09150　bǐ_8.12　字彙補補美切音鄙字林毀也。或省作肶列子·黃帝篇口所偏肶。

扈 19115 43685　xū_8.12　龍龕音虛

屜 19116 u22A54　yà_8.12　關閉四部叢刊·三編集部梨園按試樂府新聲卷上諸套數白仁甫點絳唇·寄生草凭闌久，帰繡幃，下危樓强把金蓮撒。深沉院宇朱扉屜，立蒼苔冷透凌波襪。

屝 19117 u22A53　gé_8.12　同扂19072類篇屝，竭合切。閉也。

屟 19118 09151　shā_9.13　字彙所甲切，音殺◆薄屟也。正字通俗字

屧 19119 43686　líng_9.13　川篇音靈

馱 19120 43687　lì_9.13　海篇與庆同

屨 19121 09152　kè_10.14　集韻克盍切音榼。閉戶也。與屟、屩通。鬠又扂60611囗正字通屟、闔65269同。俗作屟。

屩 19122 09153　líng_10.14　字彙補古文靈66880字。

嗣 19123 43688　sì_10.14　五音篇海音寺鬠俗嗣06766

馱 19124 u26457　quạt_10.14　喃从扇決quyết聲△簁馱：扇子骨。

扄 19125 u22A5B　cổng_10.14　喃扉。从戶貢cổng聲。亦作闂65285

扄 19126 43689　líng_11.15　龍龕同屧

扄 19128 u2AB5A　null_11.15　喃未詳。

扄 19127 43690　bó_11.15　篇海音伯。鬠又扄19048辟19131

編 19129 43691　biān_12.16　川篇音編

顧 19132 43693　qí_14.18　川篇音祈

扄 19130 09154　shuān_13.17　字彙數還切，音拴◆門關也○按集韻止有欘字，數還切。閉門機也。無扄字，疑即欘字之省。

辟 19131 43692　zuò_14.18　五音篇海音作。鬠四聲篇海辟19127，音伯。楊寶忠：音作為音伯之誤，並俗擘20881

扄 19133 09155　shàn_17.21　字彙丈陷切，音湛◆屋上也。

馨 19134 u2AB5B　null_18.22　史牆盤用馨敨周邦。讀若肇

馥 19135 u22A64　mườn_19.23　喃从雇曼mạn聲。

馥 19136 u22A63　buồng_19.23　喃从房蓬bồng聲。房，室△馥施：帷房囗植物的子房。馥桎：蕉房。

• 手部 •

手 19137 09156　shǒu_0.4　古文𡴆唐韻書九切集韻韻會正韻始九切丛音首釋名手須也，事業所須也。急就篇捲捥節爪拇指手師古註及掌謂之手易·說卦艮爲手疏艮既爲止，手亦能止持其物，故爲手也。禮·玉藻手容恭囗以手執器亦曰手。禮·檀弓王事也。子手弓而可公羊傳·莊十三年曹子手劍而從之囗司馬相如·上林賦手熊羆註言手擊之囗◆說文拳也。正字通握手謂之拳。非手卽拳也。鬠又𡴆13278手19139才19142

才 19138 09157　cái_0.4　唐韻昨哉切集韻韻會正韻牆來切丛音裁說文艸木之初也。从丨，上貫一，將生枝葉。一，地也。徐曰上一，初生岐枝。下一，地也。六書正譌才，木質也。在地爲木，既伐爲才，象其枝根斬伐之餘。从木省。別作材，非囗天地人爲三才易繫辭有天道焉，有人道焉，有地道焉。兼三才而兩之，故六△一曰能也。禮·文王世子必取賢斂才焉論語才難，不其然乎前漢·武帝紀其令州縣舉茂才異等唐書·百官志擇人以四才邵堯夫曰臨大事然後見才之難。才者，天之良質也，學者所以成其才也囗質也，力也詩·魯頌思無期，思馬斯才傳多材也孟子非天之降才爾殊也近思錄性出於天，才出於氣，氣清則才清，氣濁則才濁囗姓。明尚書司寬囗集韻通作材說文材，水挺也。从木，才聲。徐曰木勁直可用，故曰入山掄可爲材者。人之有才，義出於此囗正韻與纔通。古用才爲纔始字晉書·謝混傳才小富貴，便像人家事囗與裁通戰國策惟王才之。囗與財通前漢·揚雄傳財足以奉宗廟囗zāi集韻將來切，與哉同。亦始也。爾雅·釋詁疏哉，古文作才。以聲近，借爲哉始之哉。囗zài作代切音再。義同。鬠又千00024𥝩15318

𢁣 19139 u9FB5　shǒu_0.4　部手19137看字从𢁣。

手 19140 u2F3F　shǒu_0.4　部手19137亦作才19141

扌 19141 u2E98　shǒu_0.4　部手19140

才 19142 u624C　shǒu_0.4　同手。偏旁

扎 19143 09158　zhá_1.5　唐韻集韻韻會正韻丛側八切音札。拔也囗yà集韻韻會丛乙黠切。與揠20084同。

乇 19144 09159　shī_1.5　說文失09992本字。式質切。縱也。乙象艸木屈曲而出形，故从乙正譌从手乙聲六書精蘊凡失皆作乇。

扐 19145 09160　jī_1.5　同扐00180說文持也。几劇切，讀若戟。

扢
hǎt_1.5　喃从手乙ất聲。抛，撥△扢扡黜：推出去。

扚
jiū_2.6　集韻收21377古作扚 集韻居虯切音樛。
與摎同。束也〇按 說文 收从丩从攴，改从手。

扝
qiǎo_2.6　玉篇 集韻 扝古文巧14626字。

扏
qiú_2.6　古文拆 唐韻巨鳩切 集韻渠尤切丛音求。
緩持也。一曰不固也△一說扰字之譌。瑬名義渠鳩反。
怨仇，援（緩） 廣雅扏扏，緩也。王念孫·疏證：通作
仇00770

扣
qiǎn_2.6　廣韻丘犯切 集韻篇海口犯切，丛顁上
聲。以手扣物也。一曰取也图 篇海渠虬切，音仇◇義
同。瑬楊寶忠：俗扚19147

扐
lè_2.6　唐韻盧則切 集韻 韻會 正韻歷德切丛音
勒。筮者著蓍指閒也 易繫辭歸奇于扐以象閏，五歲再
閏，故再扐而後掛 揚子·太玄經作芳註猶成也。又lì 集
韻六直切音力。縛也。關中語图縣名 前漢·高五王傳濟
南王辟光，以扐侯立註扐音勒。平原縣也 史記索隱音
力〇按 說文作枥。別見木部。瑬又扢19160芳48962
图功03918，或訛作扐。

扑
pū_2.6　唐韻 集韻 韻會丛普木切，音醭。與攴同。
小擊也，打也 戰國策若扑一人，若掉一人 史記·刺客傳
高漸離舉筑扑秦皇帝，不中图杖也 書·舜典扑作教刑
傳扑，榎楚也，不勤道業則撻之 禮·月令司徒搢扑北面
誓之。或作撲图pú 集韻匹角切音璞。與撲同，亦擊也，
或作技图pù 類篇匹候切，剖去聲。扣也图pì 集韻拍
逼切。同揊20056

扒
bài_2.6　唐韻博怪切 集韻 韻會 正韻布怪切丛音
拜。拔也 元包經拔户扒氏。傳曰：轉石伐木也註户扒
業。氏，根也图與拜通 王應麟·詩攷勿翦勿扒。亦作拜
图bā 唐韻博拔切 集韻 韻會布拔切丛音八。破也 史
記·封禪書掊視得鼎註 索隱曰：掊，扒也图擊也。
△或作捌图bié 唐韻彼列切 集韻筆別切，丛讀若分別
之別。擊也，剖分也。瑬又弄20029图 史記·封禪書掊
視得鼎註 索隱曰：掊，扒也。徐慧：史記·孝武本紀掊
視得鼎。索隱：說文掊，抱也。

打
dǎ_2.6　唐韻 集韻 韻會丛都挺切音頂 說文擊也。
从手丁聲 穀梁傳·宣十八年邾人戕繒子于繒。戕猶殘
也，梲殺也註謂捶打。音頂图六書故都假切 韻會 正
韻都瓦切 正韻箋打字通音當作都那切，如讀都瓦切，
不成聲矣〇按打與撻同義。楊慎曰：尚書撻音入聲，
又轉上聲。俗用打爲撻，然从撻轉音，亦未合。今讀德
馬切，答上聲，爲正 北史·張彝傳羽林武賁將幾千人，
至尚書省，以瓦石擊打公門图白打，毬采名 蹴踘譜每
人兩踢名曰打二，曳開大踢名白打 韋莊詩内官初賜清明
火，上相閒分白打錢图děng 唐韻德冷切 集韻 韻會都
冷切，丛讀與等近。義同图 歐陽修·歸田錄打字當滴耿

切〇按 字彙誤改音滴图 項氏家說俗助語，每與本辭
相反，其於打字用之尤多。凡打疊、打聽、打量、打睡，
無非打者。

扔
réng_2.6　唐韻如乘切 集韻 韻會如蒸切丛音仍 說
文因也 博雅引也，就也△或作拔图rèng 廣韻 正韻而證
切 集韻 韻會如證切丛音認。强牽引也图摧也 後漢·
馬融·廣成頌竄伏扔輪註言爲輪所摧也。

扟
shēn_2.6　龍龕所臻切，音申◇從上擇取物。

払
fǎn_2.6　川篇方犯切。取也。瑬又曰拂19369簡字
图chàng 喃撞簡寫。小夥子。

刜
qià_2.6　五音篇海苦瞎切。巧刜也。

扠
chāi_2.6　字彙補扠字之譌。

扏
mù_2.6　龍龕音木。桑也。瑬俗扏23543又曰同
鉈62957

打
xiǔ_2.6　俗朽23550图 tríu 喃从手旳 trèo省聲。
图 geux 壯絞；扭图 liuh 料理；照顧。

扖
rù_2.6　曰 和字正俗通·和制一 言辭·補扖，探。

扜
cǔn_3.7　唐韻倉本切 集韻取本切丛音忖，讀若寸
上聲。截也 博雅斷也。與刌同。瑬又俗村23582敦煌·
Φ.096雙恩記他方比是屬扜野。

抾
jìn_3.7　唐韻 集韻丛居焮切音靳。以巾覆物也。
图 集韻居銀切音巾。又居覲切，巾去聲。義丛同。

找
shì_3.7　正字通栈字之譌 字彙音亦，訓拭，非。
瑬 龍龕找，與即反，拭也 字彙找，夷益切音亦，拭也
正字通找，拭字之訛。改音亦，非图dǎt 喃帶領，牽引。

扗
zài_3.7　在本字△ 正字通 字彙音母。訓手指，與
拇混。瑬在08271本字作扗，从土才聲。

托
tuō_3.7　集韻 韻會丛闥各切。同拓19391图不托，
與餺飥通 五代史·李茂貞傳一曰食粥，一曰食不托 歐
陽修·歸田錄唐人謂湯餅爲不托图樣名。宋曰托子，
今曰托盤。

抈
nán_3.7　集韻武道切，茆上聲。持也。瑬 正字通
拚19236字之譌。

扙
zhàng_3.7　集韻雉兩切音丈。傷也。

扚
jué_3.7　集韻九勿切音劂。讀若厥。以杖掘出也。
〇按扚从孓 博雅云孑孓，短也。一曰無左臂，音厥正
字通譌从子。瑬俗掘19892字图扚19204

扚
diǎo_3.7　唐韻都了切 集韻丁了切丛音鳥 說文疾
擊也 揚子方言揂取曰扚图dí 廣韻都歷切 集韻丁歷

切达音的。引也図zhuó集韻職略切音灼。旁擊也。図yuē乙却切音約。手指節文也図lì狼敵切音歷。按也。鏊又扴19298

扛 19172 09179
gāng_3.7 唐韻 集韻 韻會 达古雙切音杠 說文 橫關對舉也 史記·項羽紀 籍長八尺餘,力能扛鼎 韓愈·贈張籍詩 龍文百斛鼎,筆力可獨扛図gāng 集韻 正韻 达居郎切音岡。亦舉也。與掆同。或作抗図káng 集韻 虎項切。與搄20670同。荷擔也△韻會通作掆。鏊又揺19726 摁20140

扜 19173 09180
yū_3.7 唐韻憶俱切 集韻 邑俱切达音紆 說文指麾也図持也図廣韻況于切集韻匈于切达音吁。義同。

扝 19174 09181
kū_3.7 唐韻苦胡切 集韻 空胡切达音枯 揚子方言扝、捪,揚也図wū 廣韻 哀都切 集韻 汪胡切达音烏。引也。鏊又扝19211扝19173扝19304

扞 19175 09182
hàn_3.7 唐韻 集韻 韻會 正韻 达侯幹切音翰。以手扞也。又衞也 左傳·文六年 親帥扞,送致諸竟 前漢·刑法志手足之扞頭目 註扞,禦難也図 說文扐也 增韻抵也 禮·學記 發然後禁,則扞格而不勝 註扞,堅不可入之貌図 史記·楚世家 蜀伐楚,於是楚爲扞關以距之 後漢·郡國志 巴郡魚復扞水,有扞關 與駁通,臂衣也 前漢·尹賞傳 被鎧扞,持刀兵図 與銲通 戰國策 豫讓吞其扞 註矛鐏謂之銲,施刃其端図gǎn 集韻古旱切,干上聲。與捍同 集韻或作捍。別作骹。鏊又阡65457仟00825

抋 19176 09183
shēn_3.7 唐韻所臻切 集韻 疏臻切达音莘。說文从上挹也 廣韻自上擇取物也 博雅捪抋,滅也 元包經損抋且勞 傳曰:抋且勞剝之也。鏊又龍龕扰19156俗,抌或作,抌正。

扠 19177 09184
chā_3.7 集韻 韻會 正韻 达初加切音叉。挾取也 韓愈詩 饞扠飽活臠図 器名 周禮·天官·鼈人 箴魚鼈 註以扠刺泥中搏取之図chāi 集韻 韻會 达初佳切音釵。打也図chāi 廣韻 丑佳切 集韻 攄佳切,达與搋同。以拳加物也 韻會通作叉。或借用杈。鏊又扨19159擴21174

扡 19178 09185
duò_3.7 集韻同拕19393図 集韻 待可切,駝上聲。引也 音學五書古音徒可切。後人誤入紙韻 詩·小雅 伐木掎矣。析薪扡矣。詳掎19879字註図yǐ 唐韻移爾切,迆上聲。加也。又離也図chǐ 集韻 韻會 达丑豸切,褫上聲。析也。又落也。與攡同。或作拸図 集韻 韻會 达丈尒切音豸。義同。又 集韻 丈蟹切音廌。亦析也図yí 余支切音移。遷徙也図chǐ 是義切音豉。牽也 韻會 說文引 詩漢 五經本作柂,今文毛詩 陸德明所定作扡,音異字異而義實同〇按 詩·小雅釋文 敕氏反。又疏云扡者,施也。觀其裂而漸相施及也。諸家音訓多从紙韻,今依 類篇以古音爲正,而餘音附之。

扢 19179 09186
gǔ_3.7 唐韻 集韻 韻會 达古忽切音骨。摩也 前

漢 禮樂志扢嘉壇椒蘭芳 註摩拭其壇 左思·吳都賦 挂扢而爲創痏図 唐韻 戶骨切 集韻 胡骨切达音鶻。又 集韻 下沒切音齕。義达同図jì 廣韻 集韻 达居乙切音訖。擊也図xì 集韻許訖切音迄。奮舞貌。一曰喜也 莊子·讓王篇 子路扢然執干而舞図 魚乞切音紇。義同図jié 九傑切音訐。拔引也 正字通同揭,省文。鏊又扢19306

扣 19180 09187
kòu_3.7 唐韻苦候切 集韻 韻會 正韻 丘候切达音寇。擊也 晉書·張華傳 吳郡臨平岸崩,出一石鼓,華曰:可取蜀中桐材,刻爲魚形,扣之則鳴矣図 廣韻 正韻 苦后切 集韻 韻會 去后切达音口。義同図 說文牽馬也。△本作敂。通作叩。鏊又紐43799又 可洪音義 和23606門:上苦吼反。

扤 19181 09188
wù_3.7 唐韻 集韻 韻會 正韻 达五忽切音兀 說文動也 詩·小雅 天之扤我,如不我克 周禮·冬官考工記·輪人 輻廣而鑿淺,則是以大扤 揚子方言扤,不安也。図yuè 廣韻 集韻 达魚厥切音月。義同 詩 箋註有二音。図wò 集韻 五活切,玩入聲。義同。或作應。鏊又扤19188

扟 19182 09189
yǐn_3.7 集韻引16076古作扟。

抓 19183 09190
zhǎng_3.7 集韻止兩切音掌。批擊也。不从反爪。 類篇合抓、抓爲一。

扨 19184 09191
bàng_3.7 篇海音棒。打也。

扤 19185 09192
dèn_3.7 篇海音頓。動也佩觿集扏,亦作扏。

扟 19186 09193
xìn_3.7 集韻思晉切音信。振也。與扤字音義俱別。

扦 19187 09194
qiān_3.7 正字通俗攘字。鏊 正字通擢20537,倉先切。音千。插也。本作攥21127,俗作扦。

扤 19188 41239
wù_3.7 龍龕音兀。騷動也。

扰 19189 41240
xuǎn_3.7 川篇火大切,音饏◇摸也。鏊火犬切。俗扰19228,拽也。

扨 19190 43696
rèn_3.7 搜眞玉鏡音刃。

扠 19191 43697
xià_3.7 字彙補音下。

扤 19192 43698
yí_3.7 搜眞玉鏡音陁。

扢 19193 43699
tuō_3.7 龍龕音託。又音頓。

扡 19194 43700
dèn_3.7 川篇音萌。鏊字彙補扡,或作扡。

扨 19195 43701
yí_3.7 奚韻音夷。鏊亦作扨19192搋20223,俗

聰 15334

夆 19196 43702
hài_3.7 搜眞玉鏡音濫。鏊熊加全:夆09779譌字。

扝 19197 u2AB5C
null_3.7 未詳。

扤 19198 u22A80
nghĩ_3.7 喃俗擬。思考△扤䐍:心想。扤忱:暗想。扤曦:顧慮。

扗 19199 u22A7F
zhuàng_3.7 同扗,俗壯09691図sě 喃妢扗:分配。

扗 19200 u22A7E
chōp_3.7　喃 从手从執省。執chấp亦聲。撲捉，逮住△與扗19210小異。

把 19201 u22A7D
bǎ_3.7　俗把19260 可洪音義 手把：博馬反。執也。正作把，悞 图 đẩy 喃 同捵20178推。

扣 19203 u22A75
rẽ_3.7　喃 从手已đĩ聲。分開。

抔 19204 u22A74
jué_3.7　同抒19170

扰 19202 u22A76
null_3.7　未詳。

扟 19205 u22A73
shàn_3.7　二简 擅20838，简作抻。

扬 19206 u626C
yáng_3.7　简 揚20076

扫 19207 u626B
sǎo_3.7　简 掃19866

扪 19208 u626A
mén_3.7　简 捫19826

扩 19209 u6269
kuò_3.7　简 擴21020

执 19210 u6267
zhí_3.7　简 執08794

扚 19211 u625D
kū_3.7　同抷19174 廣韻 抷，苦胡切。揚也。又哀都切。引也。

抙 19214 09197
zú_4.8　俗捽字。字林 摩也。图 集韻 千結切音切。義同。

扨 19212 09195
cù_4.8　廣韻 集韻 丛倉沒切音猝。

扭 19213 09196
niǔ_4.8　唐韻 集韻 丛女久切音紐 佩觿集 手轉貌。今俗謂手揪爲扭。一曰按也 图 廣韻 陟柳切音肘。義同 图 zhòu 集韻 陟救切音晝。捘也。

扢 19215 09198
gài_4.8　唐韻 古代切 集韻 韻會 正韻 居代切丛音槩 博雅 磨也 淮南子·要略篇 禹燒不暇撜濡不給扢。图 集韻 古對切音憒。又 hài 戶代切音瀣。義丛同。又取也 图 yè 語訐切音齧。擊也 图 吉屑切音結。義同。

扴 19216 09199
jiá_4.8　正字通 扴字之譌 字彙 音訓與扴通。改作扴，非。

扮 19217 09200
fèn_4.8　廣韻 正韻 房吻切 集韻 韻會 父吻切丛音憤 說文 握也。一曰動也 图 fěn 唐韻 方吻切 集韻 府吻切丛音粉。義同 史記·貨殖傳註 大官常以十月作沸湯燖羊胃，以椒薑扮之，訖暴使燥，謂之脯△或作捹 图 fēn 廣韻 符文切 集韻 方文切丛音分。義同。又幷也 戰國策 恐其伐秦之疑也 图 身自醜於秦扮之 註 言合諸國 揚子·太玄經 地則虛三，以扮天十八也 图 集韻 敷文切音芬。義同 图 bàn 唐韻 哺幻切 集韻 博幻切，丛班去聲 中原雅音 裝扮也。今俗以裝飾爲打扮 图 huǒ 集韻 虎買切。亂也。鋻又扮19218 栔24520

扮 19218 09201
fěn_4.8　正字通 扮字之譌。

柿 19219 09202
pō_4.8　唐韻 集韻 丛普活切音潑 說文 撣也。一曰擊也 淮南子·說林訓 游者以足蹶，以手柿 图 bá 集韻 蒲撥切音跋。推也。一曰掃擊，自任無憚也 图 柿捍，地名 唐書·西域傳 東南千餘里有柿捍者，山四環之，地膏腴。鋻又抹19403，本字。亦作挩19455

扯 19220 09203
chě_4.8　正字通 俗撦字 正韻箋 扯，本作撦。

扰 19221 09204
rǎo_4.8　玉篇 于救切音宥。福也〇按 說文 昏字，重文作扰 正字通 牽引扰字，謂與揄通，改 周禮 爲春扰，

誤。

扱 19222 09205
chā_4.8　唐韻 楚洽切 集韻 韻會 測洽切丛音鍤 說文 收也 图 廣韻 取也，獲也，引也，舉也 图 ◆ 周禮·地官 共其接盛 疏 讀接爲扱，頒扱也。詳接19908字註。图 拜手至地也 儀禮·士昏禮 婦拜扱地 註 猶男子稽首 图 與插通 詩·周南 薄言襭之 傳 扱衽曰襭 疏 扱衣上衽于帶也 禮·問喪 雞斯徒跣扱上衽 图 qì 集韻 乞及切音泣。亦手至地也 儀禮註 劉昌宗讀 图 逆及切音岌。義同 图 qì 測入切，讖入聲。亦取也 图 xī 唐韻 正韻 許及切 集韻 韻會 迄及切丛音吸。斂取也 禮·曲禮 以箕自鄉而扱之 疏 讀爲吸者，以其穢物少，吸然則盡也 图 jí 集韻 訖立切音急。亦引也 图 qiè 七接切音妾。摺也。或作插。

拑 19223 09206
qián_4.8　集韻 其淹切音箝 博雅 凿拑，專職業也 揚子方言 拑，業也 郭璞註 謂基業也 图 玉篇 記也 图 qín 集韻 韻會 丛渠金切音琴。急持也。與捦同 图 jìn 五音集韻 巨禁切音噤。捉也。或作擒。

扳 19224 09207
bān_4.8　廣韻 布還切 集韻 韻會 正韻 逋還切丛音班。挽也，引也，援也 公羊傳·隱元年 諸大夫扳隱而立之 图 唐韻 集韻 韻會 正韻 丛普患切音販。義同 图 pān 唐韻 普班切 集韻 披班切，丛與攀21050同。

抌 19225 09208
jiá_4.8　廣韻 古黠切 集韻 韻會 正韻 訖黠切丛音夏 說文 刮也 廣韻 揩扴物也 韓愈·征蜀聯句 室晏絲曉扴 註 機杼揩扴聲。鋻又扴19216 图 同抓，俗爪32174 敦煌·敦研.332 大方便佛報恩經卷第四·惡友品第六 我今應當長養十指扴押（爪甲），極令長利。於扴押下塗以毒藥，往如來所。

扜 19226 09209
wū_4.8　俗於字。鋻 干祿字書 扜於，上通下正。图 枂23723

扶 19227 09210
fú_4.8　古文 㧱 搃 唐韻 防無切 集韻 韻會 馮無切 正韻 逢夫切丛音符 說文 佐也。一曰相也 揚子方言 護也 郭璞註 扶挾將護 論語 顚而不扶 前漢·高祖紀 不如更遣長者，扶義而西 註 以義自助也 图 緣也 晉語 侏儒扶盧 图 州名。扶州在隴右，唐屬山南道 图 澤名 前漢·地理志 扶柳縣註 地有扶澤，澤中多柳 图 姓 前漢·藝文志 傳魯 論語者，魯扶卿 图 集韻 與芙通。扶蕖，荷也 图 與颰通。大風也 图 fū 唐韻 甫無切 集韻 韻會 風無切丛音夫 禮·投壺 籌，室中五扶，堂上七扶，庭中九扶 註 鋪四指曰扶。通作膚 公羊傳·僖三十一年 觸石而出，膚寸而合 註 側手曰膚，按指曰寸 图 幼小貌 揚子·太玄經 赤子扶扶 图 pú 集韻 蓬逋切音蒲。與匍同。手行也 左傳·昭二十一年 扶伏而擊之 註 伏，蒲北反 禮·檀弓 詩云扶服救之 陸氏音義 作匍匐，音同 图 前漢·天文志 晷長爲潦，短爲旱，奢爲扶 註 鄭氏曰：扶當爲蟠，齊、魯之間，聲如酺。酺、扶聲近，蟠止不行也。晉灼曰：扶，附也，小臣附近君子之側也 图 叶房尤切音浮 陸雲·答兄詩 昔我先公，爰造斯猷。今我六蔽，匪崇克扶。鋻又

抆21417扗21319

抁 xuǎn_4.8 篇海 火犬切，銷上聲。捽也。正字通 六書無抆、抆，宜刪。鋻 又抁19189 図同抚19404俗拔19392可洪音義抁攞：上蒲八反。下宅角反。

抝 ào_4.8 集韻 烏到切音奧。量也。

抲 xǐ_4.8 玉篇 星歷切，俗析字正字通 同析図音席 揚子·太玄經 常變錯故百事抲註 謂百事分抲図與折同 元包經 輿之抲。傳曰：輿之抲，車之脫也註 輿車抲散 ○按 唐韻 先擊切 集韻 先的切，抲从木，作柝，與析同，無抲。

牂 jiāng_4.8 唐韻 七良切，音鏘説文 扶也図廣韻 即良切集韻 資良切，並音將。又集韻 仕莊切，音牀。義並同字林 或作牂六書故作戕。通作將図玉篇 古文將12552字。鋻 又抙19303

批 pī_4.8 唐韻 匹迷切集韻 韻會 篇迷切垀音鈚説文 手擊也左傳·莊十二年 宋萬遇仇牧于門，批而殺之図廣韻 推也，轉也図示切◆唐書·李藩傳 遷給事中，制敕有不便者，黃紙後批之図韻會 與刜通。削也杜甫·房兵曹馬詩 竹批雙耳峻図pí集韻 駢迷切音鼙。擊也。又助也図pí頻脂切。與琵通。琵琶，馬上所鼓。或从手風俗通 批把，近世樂家所作，以手批把，因以為名図pī韻會 正韻 垀普弭切音庀。亦手擊也図bié集韻 韻會 垀蒲結切音蹩。讀若敝入聲。義同史記·荊軻傳 奈何以見陵之怨，欲批其逆鱗哉註 批謂觸擊之。又孫臏傳 批亢擣虛註 批音白結反。相排批也莊子·養生主 批大郄，導大竅図正韻 避列切音別。義同韻會 通作拟集韻 本作擵。

抵 zhǐ_4.8 唐韻 正韻 諸氏切集韻 韻會 掌氏切垀音紙説文 側擊也前漢·杜周傳 業因勢而抵陷註 陷音詭。毀也。言因事形勢而擊毀之也揚雄·解嘲 抵穰侯而代之図qí集韻 翹移切音祁。擬手期剋也図集韻 正韻 亦作抵○按抵有紙邸二音，取義尤多，抵可通入抵，而抵不可通入抵正字通 説从合，亦混集韻 或作批。

抆 zì_4.8 集韻 側吏切音戠。治髮也莊子·庚桑楚 簡髮而抆，數米而炊図zhì 側瑟切。與櫛同図集韻 損20268古作抆図kǎn 苦感切音坎。擊也。

扼 è_4.8 集韻 韻會 正韻 垀乙革切。同挖19375前漢·李陵傳 力扼虎，射命中。又正韻 與軶通莊子·馬蹄篇 加之以衡扼。本作搹。鋻 又拘19315

拼 tān_4.8 唐韻 他含切音探説文 并持也図集韻 他甘切，音坍。讀若炎平聲。義同図nán 唐韻 集韻 垀那含切音南博雅 持也図rán 集韻 如占切篇海 汝鹽切垀音鬐。義同。或作拊，非。鋻 又抙19168

抵 dèn_4.8 唐韻 集韻 垀都困切音頓。撼也。又博雅 引也。一曰摩也。或作攱。鋻 又托19194㨆20812扗19185

找 huá_4.8 集韻 胡瓜切音華。與划同。舟進竿謂之划正韻 撥進船也図zhǎo俗音爪。補不足曰找。

承 chéng_4.8 唐韻 署陵切集韻 韻會 辰陵切垀音丞説文 奉也書·説命 后克聖臣不命其承詩·小雅 承筐是將図受也禮·禮運 是謂承天之祜疏 受天之福也図增韻 下載上也易·坤象 萬物資生，乃順承天尚書大傳 庶人有石承註 屋柱下石也図廣韻 次也左傳·昭十三年 同盟于平丘，子產爭承註 承貢賦之次也図繼也詩·小雅 如松柏之茂，無不爾或承疏 新故相承，無彫落也。図止也詩·魯頌 則莫我敢承疏 無有於我敢禦止之者図通丞◆左傳·哀十八年 楚右司馬子國帥師而行，請承註 承，佐也図州名。漢群柯地，宋置承州図姓後漢·承宮傳註 承姓，衛大夫成叔承之後図正韻 時征切音成。義同図zhēng集韻 諸仍切音蒸。水名前漢·地理志 長沙國承陽縣註 承水，出零陵永昌縣界，東流注湘。図chéng集韻 韻會 垀持陵切音懲左傳·哀四年 蔡昭侯如吳，諸大夫恐其又遷也，承註 承，蓋楚言図zhēng集韻 類篇 垀蒸上聲，與拯通列子·黃帝篇 孔子觀於呂梁，見一丈夫游之，使弟子垀流而承之註 出溺為承。諸家直作拯図zèng韻會 正韻 垀昨亙切音贈。猶送也禮·文王世子 賵賻承含皆有正焉註 承讀爲贈，聲之誤也。図zhèng集韻 韻會 垀諸應切音證。縣名前漢·地理志 東海郡承縣註 應劭讀△集韻 或作乑。又作承。鋻 又乔15950承00552乗19258

拚 yǐn_4.8 韻會 引古作拚△正字通 俗引字○按集韻 古文作拚19182

技 jì_4.8 唐韻 渠綺切集韻 韻會 正韻 巨綺切，垀奇上聲説文 巧也禮·王制 作奇技，奇器以疑衆疏 若公輸般請以機窔，指其人巧謂之奇技，指其機窔謂之奇器前漢·藝文志 技巧者，習手足，便器械，積機關，以立攻守之勝者図廣韻 藝也。又方術也禮·王制 凡執技以事上者，祝史、射御、醫卜及百工。又坊記 尚技而賤車，則民興藝図能也書·秦誓 斷斷兮無他技。又集韻 韻會 正韻 垀奇寄切音芰。義同△通作伎。

技 pū_4.8 玉篇 集韻 垀匹角切。與攇21053、扑同。図qí◆集韻 翹移切音岐。不端也△正字通 俗攴字。抆

拌 féng_4.8 集韻 符容切音逢。與捀同。奉也。通作摓図pěng上聲撫勇切。與捧同。掬也図bàng部項切音蚌。打也。鋻 又林19300扞19184

抌 yǎn_4.8 唐韻 集韻 垀以轉切音充博雅 動也。又揣也。與挽同図集韻 愈水切音唯。又粗兗切音雋。義垀同図yuàn俞絹切，緣去聲。亦動也老子道德經 揣而銳之註 銳或作抌図兪芮切音睿。義同。或作捥。

抂 19245 09228
kuáng_4.8 集韻渠王切音狂。抂攘，亂貌。

抃 19246 09229
biàn_4.8 唐韻集韻韻會夶皮變切音卞。拊手也魏志·文帝紀註能言之倫，莫不抃舞楚辭·天問竈戴山抃，何以安之註手拍曰抃陳暘樂書帝嚳命伶人作唐歌，有抃以爲節註兩手相擊也。今夔茲樂人彈指爲歌舞之節，亦抃之細也图正韻毗面切音便。義同△說文本作抃。古借用作卞。亦通作弁图fān集韻方煩切音藩。連抃，宛轉貌。與犿同。鋆又枡23831

㧌 19247 09230
mào_4.8 集韻莫報切音冒。擇也。通作芼。鋆又龕龕㧌俗撓20667正。

㧳 19248 09231
zhōng_4.8 正字通松字之譌。

抄 19249 09232
chāo_4.8 唐韻韻會正韻楚交切集韻初交切，夶與鈔同。又取也杜甫詩飯抄雲子白韓愈詩匙抄爛飯穩送之图廣韻略取也魏志·太祖紀註抄略諸郡图增韻謄寫也通俗文遮取謂之抄繕錄之目亦謂之抄图姓。明永樂中有舉人抄思图chǎo集韻楚絞切音炒。抄掠也图chào唐韻初教切集韻韻會楚教切，夶鈔去聲。亦略取也图suō集韻桑何切音娑。摩挲之挲亦省作抄。△集韻或作操。本作鈔。鋆又敦煌·S.617俗務要名林量起於圭（下古迷反），六粟爲一圭，十圭爲一抄23636（下楚交反），十抄爲一撮。

㧗 19250 09233
jī_4.8 唐韻資悉切集韻子悉切夶音喞。摘也。或作撍图唐韻姉列切集韻子列切夶音蠽。義同。鋆又撍21047㧗19415

抅 19251 09234
jū_4.8 正字通俗拘字。

㧍 19252 09235
fǎng_4.8 集韻撫兩切。與仿髣同。相似也图bēng脯橫切音祊。相牽也。與搒同。

㧊 19253 09236
xuē_4.8 唐韻許罷切集韻呼罷切夶音靴。搲也。图玉篇許誇切集韻呼瓜切夶音花。又集韻徒禾切音鮀。義夶同。

扽 19254 09237
wěn_4.8 唐韻集韻韻會正韻夶武粉切音吻。拭也。又抵也前漢·朱博傳欲洒卿恥，抆拭用禁註摩也唐書·李勉傳居官久，未嘗抆飾器用車服图玉篇唐韻無運切集韻韻會正韻文運切夶音問。義同。鋆又抆19282杖23732

㧆 19255 09238
hú_4.8 正字通扢字之譌。

扢 19256 09239
hú_4.8 唐韻戶骨切集韻胡骨切夶音鶻。牽物動轉也柳宗元·愚溪對掎扢泥淖图玉篇亦捐字。穿也荀子·正論篇扢人之墓图hū集韻呼骨切音忽。裂也。图gǔ古忽切音骨。與滑同。亂也图jué韻會正韻夶其月切音橜。與掘同。列子·說符篇扢其谷而得其鈇。△正字通从手曰聲。譌作扢，非。

抈 19257 09240
yuè_4.8 唐韻集韻夶魚厥切音月。說文折也。揚子·太玄經車軸折其衡抈图動也晉語其置本也固矣。故不可抈也图集韻五活切，玩入聲。義同。

乗 19258 09241
chéng_4.8 正字通俗承字。字彙手下從兩人。取奉承之義。

抉 19259 09242
yuē_4.8 唐韻於悅切集韻娟悅切夶音妜說文挑也。集韻剔也。增韻捾也史記·伍子胥傳抉吾眼，縣吳東門之上，以觀越寇之入滅吳也韓愈·進學解爬羅剔抉，刮垢磨光图jué唐韻集韻韻會夶古穴切音玦。義同。或作刔图通作觖前漢·孫寶傳故欲摘觖，以揚我惡註摘觖謂挑發也。與抉同图與決通。縱弦彄也周禮·夏官繕人掌王之用弓弩、矢箙、矰弋、抉拾註抉謂挾矢時所以持弦飾也。著右手巨指史記·蘇秦傳革抉咇芮，無不畢具註以革爲決也图yuè唐韻於決切集韻韻會正韻一決切，夶讀與映近。亦挑也。

把 19260 09243
bǎ_4.8 唐韻博下切集韻正韻補下切韻會補瓦切，夶巴上聲說文握也孟子拱把之桐梓楚語羋尹不過把握图廣韻持也增韻執也戰國策左手把其袖，右手揕其胷史記·殷本紀湯自把鉞，以伐昆吾前漢·王溫舒傳擇郡中豪敢往吏爲爪牙，皆把其陰重罪，而縱使督盜賊图釋名把，播也。所以播除物也图pá唐韻集韻韻會夶蒲巴切音杷。與爬同前漢·貢禹傳農夫捽草把土註把，手捽之也。又郊祀志捊視得鼎註捊，手把土也图批19232把，樂器，推手前曰批，引手後曰把。图姓廣韻本杷東樓公之後，避難改焉。西魏有襄州刺史把秀图bà正韻必駕切音霸。與弝通禮·曲禮左手承弣疏弣，弓把也釋文把音霸。手執處也△正字通把與杷別韻會小補通作杷，引漢書譌本，合把、杷爲一，非。鋆又捵19933紦43928图正韻攎21282俗把字。

捦 19261 09244
qìn_4.8 集韻七鴆切音沁。插也。與揿同。

抌 19262 09245
zhěn_4.8 唐韻竹甚切集韻陟甚切，夶碪上聲說文深擊也。从手冘聲。一說楚謂搏曰抌图shèn集韻食荏切音甚揚子方言拟抌，推也列子·黃帝篇攓拟挨抌，亡所不爲图yǔ唐韻以主切集韻勇主切夶音庾。刺也图唐韻集韻夶都感切音黕。義同△集韻或作敁，又作扻○按說文冘或从手从宂作抌19344，非抌也。諸書音、義譌抗爲抌，不合說文本訓者，今俱考正。鋆又敁21652

㧒 19263 09246
yá_4.8 集韻韻會夶牛加切音牙。㧒抩，不正貌图yà五音集韻魚駕切音訝。與砑同。碾也图qiā集韻丘加切，與抲同。拑也。或作搳。

拯 19264 09247
zhěng_4.8 唐韻集韻夶蒸上聲說文上舉也易曰：用拯馬壯吉○按易·渙初爻，今文作拯。疏云用馬以自拯拔也。亦上舉之意揚子方言拔也。出溺爲拯。拯，古文溺字图廣韻救也，助也周禮·天官·職幣振掌事者之餘財註振，猶拯也疏以財與之謂之拯图韻會正韻夶

之廢切音整 集韻 諸仍切音蒸。義夶同 又 shēng 廣韻 識蒸切 集韻 書蒸切夶音升。亦上舉也 又 集韻 辰陵切音承。又常證切,丞去聲。義夶同 △ 說文 或从登作撜 唐韻 集韻 或作拯。又作承。別作丞 聲類 玉篇 丞,亦同扔。

抆 19265 09248
xì_4.8　　集韻 許既切音餼。與摡20481同。

抎 19266 09249
yǔn_4.8　　廣韻 云粉切 集韻 韻會 羽粉切,夶雲上聲 說文 有所失也 戰國策 寡人愚陋,守齊國,惟恐失抎之 註 抎,失也 又 唐韻 于敏切 集韻 正韻 羽敏切,夶與隕同 戰國策 折清風而抎矣 註 抎,下也,如折然 史記·東越傳 不戰而抎,利莫大焉 ○按俗本譌耘 漢書 作隕 通鑑辨誤 慕容廆見封俊、封抽曰:此家抎抎千斤犍也 說文 云隕,從高而下也。蓋言千斤之犍,人闓不可多得,若從天而下也 △ 正字通 韻會 正韻 誤與抏混。

抏 19267 09250
wán_4.8　　唐韻 五丸切 集韻 韻會 正韻 吾官切夶音岏。挫也 史記·平準書 百姓抏敝以巧法 註 抏,消耗之名 前漢·食貨志 註 抏,訛也,謂摧挫也 ○按訛同鈍 又 集韻 同刓、圓,削也 又 與刓通 又 wàn 廣韻 集韻 韻會 正韻 夶五換切音玩。義同 又 與玩通 史記·扁鵲傳 鑱石撟引,案抏毒熨 註 抏,謂按摩而玩弄身體,使調也。今本多譌杭 又 與翫同。習厭也。

抐 19268 09251
nè_4.8　　唐韻 內骨切 集韻 奴骨切夶音訥。搵抐,按物水中也。又擾也 又 nèn 唐韻 集韻 夶奴困切音嫩。義同 字林 搵抐,沒也 又 nà 集韻 韻會 夶諾荅切音納。打拗也。與捺同 又 ruì 集韻 而睡切音汭。內也 又 ruì 儒稅切音芮。捽也 又 ni 昵立切。抴抐,中制也。

抑 19269 09252
yì_4.8　　唐韻 於力切 集韻 韻會 乙力切夶音億 說文 按也 史記·三王世家 緣恩寬忍,抑案不揚 又 慎密也 詩·小雅 威儀抑抑 又 治也,塞也 又 屈也,逼也 禮·學記 君子之教喻也,強而弗抑 疏 但勸強其神識,而不抑之令曉也 楚辭·懷沙 俛屈以自抑 又 遏也,止也 史記·平準書 抑天下物,名曰平準 後漢·明帝紀 章奏若有過稱虛譽,尚書宜抑而不省 又 美也 詩·齊風 抑若揚兮 疏 揚是頰之別名。抑爲揚之貌 又 損也,退也 後漢·蔡邕傳 人自抑損,以塞咎戒。又 班固·傳論 固之序事,不激詭,不抑抗 註 抑,退也。抗,進也。通作挹 又 轉語,亦然之辭 詩·鄭風 抑磬控忌 又 發語辭 詩·小雅 抑此皇父 王應麟·詩攷 韓詩抑,意也 又 詩篇名 楚語 衛武公作懿,戒以自儆 註 大雅·抑之篇,懿讀曰抑 △ 說文 从反印,或从手作抑。隸作抑。今文省作抑 又 叩16365 抑19370 挧19562 杼23677 可洪音義 杼23677制:上於力反。

抒 19270 09253
shǔ_4.8　　唐韻 神與切,紓上聲 說文 挹也 增韻 引而泄之也 蒼頡篇 取出也 詩·大雅 或舂或揄 傳 揄,抒臼也 疏 抒米以出白也 前漢·王褒傳 略陳愚而抒情素 註 抒,猶泄也 又 廣韻 除也 左傳·文六年 有此四德者,難必抒矣 又 揚子方言 解也 又 集韻 韻會 夶丈呂切音佇。義同 又 xù 廣韻 徐呂切 集韻 象呂切音敘。亦挹也 又 漎水

也。或作汿,誤 韻會 正韻 通作杼 又 抒11749

抓 19271 09254
zhuā_4.8　　唐韻 側巧切 集韻 正韻 側絞切,並音爪 博雅 搔也。又搯也 莊子·徐無鬼 有一狙焉,委蛇攫抓,見巧乎王 杜甫·詩註 玉搔頭,今之抓頭也 又 唐韻 廣韻 側交切 集韻 類篇 莊交切夶音撾。義同 又 zhào 唐韻 韻會 正韻 側教切 集韻 阻教切夶音笊。亦爪刺也。

抔 19272 09255
póu_4.8　　唐韻 薄侯切 集韻 韻會 正韻 蒲侯切夶音裒。手掬物也 禮·禮運 汙尊而抔飲 疏 以手掬之而飲也 前漢·張釋之傳 愚民取長陵一抔土 註 抔謂手掬之。今學者讀爲杯勺之杯,非也 又 廣韻 芳杯切 集韻 鋪枚切夶音胚。義同。又本作捊,引取也,今文作抔。別作掊,非。

投 19273 09256
tóu_4.8　　古文䞯 唐韻 度侯切 集韻 韻會 正韻 徒侯切夶音頭 說文 擿也 ○按擿,即擲也 廣韻 棄也 禮·曲禮 無投與狗骨 疏 投,致也。棄其骨與犬也 又 贈也 詩·衞風 投我以木瓜 又 增韻 納也 禮·樂記 投殷之後於宋 註 舉徙之詞也 又 適也,託也 後漢·張儉傳 儉得亡命,望門投止 又 掩也 詩·小雅 相彼投兔,尚或先之 箋 視彼人將掩兔,尚有先驅走之者 又 姓。周郇伯之後。桓王伐鄭,投先驅以策。其後氏焉。漢有光祿投調 又 dòu 集韻 韻會 正韻 夶大透切音豆。句讀之讀,通作投 馬融·長笛賦 聆曲引者,觀法於節奏,察度於句投 又 與逗同。止也。又物相逗合也 杜甫·詩 遠投錦江波 又 酒再釀曰酘。亦通作投 字林 重醞也 梁元帝·樂府 宣城投酒今行熟 又 投19305

抖 19274 09257
dǒu_4.8　　唐韻 集韻 夶當口切音斗。抖擻21036,舉貌 揚子方言 東齊曰鋪頒,猶秦、晉言抖藪也 郭璞註 謂抖藪舉索物也 又 枓23773

抗 19275 09258
kàng_4.8　　古文亢 唐韻 苦浪切 集韻 韻會 正韻 口浪切夶音伉 說文 扞也 儀禮·既夕 抗木橫三縮二 註 抗,禦也,所以禦止土者 又 廣韻 舉也 禮·文王世子 周公抗世子法於伯禽 註 舉以世子之法,使與成王居而學之。又 樂記 歌者上如抗,下如墜 疏 歌聲上響,感動人意,如似抗舉也 又 以手舉物也 淮南子·說山訓 百人抗浮,不若一人挈而趨 又 振也,蔽也 又 增韻 抵也,敵也 前漢·貨殖傳 子貢聘享諸侯,所至,國君無不分庭與之抗禮 又 揚子方言 縣也。山之東西曰抗,燕、趙之郊縣物於臺之上謂之佹 又 gāng 集韻 居郎切音岡。與掆同。亦舉也 詩·小雅 大侯既抗 箋 舉鵠而棲之於侯也 毛傳 苦浪反 朱傳 居郎反 又 háng 唐韻 胡郎切 集韻 寒剛切夶音杭。義同 蔡邕·釋誨 九河盈溢,非一旦所防。帶甲百萬,非一勇所抗 △ 說文 抗或从木 徐鉉曰 今俗作胡郎切。別見木部 又 抗19306

折 19276 09259
zhé_4.8　　唐韻 旨熱切 集韻 韻會 正韻 之列切夶音浙。拗折也 詩·鄭風 無折我樹杞 周語 體解節折而共飲食之,於是乎有折俎 又 斷之也 易·賁象 君子以明庶政

无敢折獄 疏 勿得直用果敢，折斷訟獄 図 折中也 前
漢·貢禹傳 微孔子之言，亡所折中 図 曲也 禮·玉藻 折還
中矩 註 曲行宜方。還亦作旋 史記·灌夫傳 吾益知吳壁
中曲折，請復往 図 屈也 前漢·伍被傳 折節下士 図 挫也
史記·項羽紀 諸侯吏卒乘勝輕折辱秦吏卒 前漢·鄮通傳
漢王一日數戰，亡尺寸之功，折北不救 図 止也 詩·大雅
予曰有禦侮 傳 武臣折衝曰禦侮 疏 能折止敵人之衝突
者 図 直指人過失也 史記·呂后紀 面折廷諍 図 毀也
易·說卦 兌爲毀折 前漢·高帝紀 常從王媼、武負貰酒，
兩家常折券棄責 註 折毀之，棄其所負 図 封土爲祭處
曰折 禮·祭法 瘞埋于泰折，祭地也 註 折，昭晢也，必爲
昭明之名，尊神也。又 前漢·郊祀志 言方澤之形四曲
折也 図 短折，不祿也 書·洪範 六極。一曰凶短折 疏 未
亂曰凶，未冠曰短，未婚曰折 前漢·五行志 傷人曰凶，
禽獸曰短，草木曰折 又 兄喪弟曰短，父喪子曰折。
図 葬具也 儀禮·既夕 折橫覆之 註 折猶庋也。方鑿連木
爲之，如牀而無簀，加之壙上，以承抗席 図 地名 春秋·桓
十一年 柔會宋公、陳侯、蔡叔，盟于折 図 姓 後漢·方術
傳 折象，其先封折侯，因氏焉 図 shé 唐韻 集韻 韻會 正
韻 丛食列切音舌 說文 斷也 廣韻 斷而猶連也 易·鼎卦
鼎折足，覆公餗 禮·月令 孟秋，命理瞻傷察創視折 註 折
損筋骨也 前漢·賈誼傳 釋斤斧之用，而欲嬰以芒刃不缺
則折 図 tí 唐韻 正韻 杜奚切 集韻 韻會 田黎切 丛音題
禮·檀弓 吉事欲其折折爾 註 安舒貌 図 zhī 集韻 韻會 正
韻 丛征例切章制。亦斷之也 班固·西都賦 許少施巧，秦
成力折。搤猇佼，挖猛噬 註 許少，古捷人。秦成，壯士
也 図 shì 集韻 時制切音逝。亦曲也 禮·曲禮 立則磬折垂
佩 疏 身宜傴折如磬之背也 陸德明·音義 折，之列反，
一音逝 屈原·離騷何瓊佩之偃蹇兮，衆薆然而蔽之。惟
此黨人之不亮兮，恐嫉妒而折之 註 沈重引折。音逝。
△ 說文 作𣂪，从斤斷艸。籀文作𠜽，从艸，在仌中，冰
寒故折。隸从手从斤。𢫋 又扸19230新39832斲22087𣂨22053
𣂪22050 図 斳22032 偏類碑別字·折字 引隋左龍驤驃騎王
協墓誌

拲 19277 09260
gǒng_4.8　唐韻 居竦切 集韻 古勇切 丛音拱。與収、
廾同 說文 揚雄說，廾，从兩手 図 古文奇字 𢪒，古友字
〇按 說文 又部𠬜字爲友，朱氏因其形似而譌指也。
𢪒叏，古文友。

拿 19278 09261
yú_4.8　集韻 羊諸切音余。與舁同。共舉也 廣韻 作
舉20963

抵 19280 09263
dǐ_4.8　海篇 同抵　

抙 19279 09262
póu_4.8　篇海 與捊同

捚 19281 09264
jì_4.8　字彙補 其記切音忌。譁也。

拔 19282 09265
wěn_4.8　字彙補 與扟同。

拌 19286 43704
yè_4.8　篇海 音曳　

抪 19283 09266
pū_4.8　篇海 俗攍字

拀 19288 u2AB63
null_4.8　嘪未詳。

抚 19284 09267
fū_4.8　篇海 俗撫字

扭 19285 43703
nǔ_4.8　川篇 奴古切音妞。

扚 19287 43705
yǒu_4.8　海篇 音酉。𤗢 又 vắt嘪同扨19297擤。

抙 19290 u2AB61
null_4.8　嘪未詳。

抲 19291 u2AB60
null_4.8　未詳。

拂 19292 u2AB5F
chǔ_4.8　俗杵23649 可洪音義 如杵：昌丂反 図wǔ
方 覆蓋，擦去。光緒 東平州志 覆物曰拂。

抴 19293 u2AB5E
null_4.8　未詳。

拟 19289 u2AB62
chuāng_4.8　簡 撹20451

扐 19294 u2AB5D
wěi_4.8　簡 撶20096

扬 19297 u22AB1
wù_4.8　俗物32623 偏
類碑別字 引隋冠軍司錄元鍾墓誌 図vắt嘪从手勿vật
聲。擤，擠△扬搗：𡥿拉，冠冕堂皇貌△亦作扨19287

扱 19295 u22AB3
vập_4.8　嘪从手及cập聲。碰撞△我扱：撞倒。
図gyoep壯 扱𦰩：摘菜。

扺 19296 u22AB2
nâng_4.8　嘪搋20301俗省。

扨 19298 u22AB0
dí_4.8　龍龕 扨俗，扚正，音的。引也 図ngắt嘪
从手歹ngat聲。採摘，刪除。

抰 19299 u22AAF
tháy_4.8　嘪从手太thái聲。

抺 19300 u22AAE
bàng_4.8　龍龕 抺杍二俗，拌19243通，音棒。打也。
図俗栜32360 可洪音義 繩抺：上寶陵反。下助狂反。
図móc嘪从手木mộc聲。挖，掏△抺摜：揭短。抺襭：
掏袋取物。偒抺襭：扒手。

托 19301 u22AAD
kuáng_4.8　俗扗19245 金瓶梅詞話·第六十五回 白頭
老叟，盡將拐棒托髭鬚；綠鬢佳人，也帶兒童來看殯。
図giăm嘪从手任nhậm省聲△扗緅lưới：補網 図giăm
扗嫵：說媒，提親。

抈 19303 u22AAB
jiāng_4.8　同𢪒19231

扤 19302 u22AAC
kǒng_4.8　亦作机23715
墨子·備城門 城上五十步一樓扤扤勇勇必重。

抏 19304 u22AAA
kū_4.8　同抏19174 図yìn方 澆。

扠 19305 u22AA9
tóu_4.8　可洪音義 扠𣥂：上音頭。正作投19273

抌 19306 u22AA8
zhěn_4.8　俗枕23691 可洪音義 抌皷：上之審反。從
尤。抌蓮：上之審反 図俗坑08338 可洪音義 抌窖：上苦
庚反 図抗19275概24842 挖19179俗字 可洪音義 抌衡：上口
浪反。下音行。抌以：上古代反。磨也。又居乙、戶骨
二反。正作扢也。又都感、苦浪二反。擊也，拒也。非
此二呼也。悞 西川經音 作扢字，是也 図俗杭23640 可洪
音義 餘抌：戶郎反。州名 図 可洪音義 迦抌先：中之然
反。正作㧆22160抌城：上戶郎反。下戶戒反。正作桁24006
械。

抂 19307 u22AA4
null_4.8　未詳。

扮 19310 u22AA1
tān_4.8　俗坍08332
宋·葉適 水心先生文集·卷之十四·墓誌銘·忠翊郎武學博
士蔡君墓誌銘 水沒楚州城，抈損坼裂。

抅 19308 u22AA3
null_4.8　未詳。

抻 19311 u22AA0
chōng_4.8　方 打，搉。

又衝出囝字海抻，同春48344字見簡明科技詞典

挑 null_4.8　19309 u22AA2　未詳。

拐 è_4.8　19315 u22A9C　或同拖19235

拃 null_4.8　19312 u22A9F　未詳。

抆 mén_4.8　19316 u22A9B　俗捫19826 可洪音義 抆淚：上文粉反。拭也。囝俗收21377 可洪音義 抆拾：上失由反。抆寊：上失由反。正作囝俗牧32614 偏類碑刑字 引 隋嚴元貴墓誌 可洪音義 放抆：音目。正作牧囝俗权23569 可洪音義 抆羅：上音义。正作权。囝俗施22141 可洪音義 抆拾：上尸利反。正作施、拖。

扝 null_4.8　19313 u22A9E　未詳。

抗 yāo_4.8　19317 u22A9A　或同抗19344

拼 null_4.8　19314 u22A9D　未詳。

拜 bài_4.8　19318 u22A99　俗拜19401 箋注本 切韻.P. 3696. back 拜，博怪反。二 說文 二手下

拏 bèn_4.8　19319 u22A98　同挤19847

扨 huī_4.8　19320 u39D1　簡撝20685

㧐 sǒng_4.8　19321 u39D0　簡攓21209

㧏 gāng_4.8　19322 u39CF　簡摃19869

㧟 nǐ_4.8　19323 u62DF　簡擬20970

报 bào_4.8　19324 u62A5　簡報08941

护 hù_4.8　19325 u62A4　簡護56790

抢 qiǎng_4.8　19327 u62A2　簡搶20335

㧒 jūn_4.8　19326 u62A3　俗均08322 可洪音義 拘搏：上吉巡反。正作均囝俗杓23635 可洪音義 執拘：是所反。正作杓。

抡 lūn_4.8　19328 u62A1　簡掄19867

抠 kōu_4.8　19329 u62A0　簡摳20523

抟 tuán_4.8　19330 u629F　簡摶20527

择 zé_4.8　19331 u629E　同擇20843

㧎 ǎo_4.8　19332 u629D　俗拗19395 可洪音義 拗舉：上烏巧反。

抛 pāo_4.8　19334 u629B　抛19381通作抛。

拔 bá_4.8　19333 u629C　同拔19392　韻 丛補永切音丙。持也。與秉通。或作柄，亦作揆。

柄 bǐng_5.9　19335 09268　集韻 韻會 正韻 丛補永切音丙。持也。與秉通。或作柄，亦作揆。

抵 zhǐ_5.9　19336 09269　唐韻 諸氏切 集韻 類篇 掌氏切丛音紙 說文 開也。囝 集韻 遭爾切音跢。又犬癸切音跬。義丛同。囝zhǎi 仄蟹切，齋上聲。擊也。

抨 pēng_5.9　19337 09270　唐韻 普耕切 集韻 韻會 披耕切 正韻 彼耕切丛音怦◆說文 撣也。前漢·杜周傳贊 業因勢而抵陒註 罪敗而復抨彈之，蘇秦書有此法唐書·陽嶠傳 其意不樂彈抨事囝bēng 集韻 韻會 悲萌切 正韻 補耕切丛音繃爾雅·釋詁 俾拼抨使也。又隨也 揚雄·反騷 抨雄鳩以作媒。與拼同，或作伻囝 集韻 蒲兵切音平。義同。

拸 nán_5.9　19338 09271　正字通 俗拼19236字。

拚 biàn_5.9　19339 09272　說文 拚本字。皮變切。詳扑19246拚19399 二字註。

捑 xū_5.9　19340 09273　集韻 新於切。同搢20083

抪 pū_5.9　19341 09274　唐韻 普胡切 集韻 滂模切丛音鋪 說文 捫持也△一曰舒也，布散也 前漢·中山靖王傳 塵埃抪覆。

又 囝 王莽傳 詩國十五，抪徧九州 囝 擊也 囝bù 唐韻 集韻 韻會 正韻 丛博故切音布。義同 囝bū 唐韻 博孤切 集韻 奔模切丛音逋。亦展舒也 囝pú 集韻 蓬逋切音蒲。亦持也。鑿又捕19540 㧵19700

披 pī_5.9　19342 09275　古文 狓 唐韻 敷羈切 集韻 韻會 攀縻切丛音鈹 說文 从旁持曰披 囝 廣韻 開也 史記·帝舜紀 披九山，通九澤 前漢·鄒陽傳 披心腹，見情素 韓愈·進學解 手不停披於百家之編 囝 增韻 分也，散也 左傳·昭五年 又披其邑 註 析也 揚子·方言 廝披，散也。東齊聲破曰廝，器破曰披 囝 荷衣曰披 囝 正韻 篇夷切音紕。義同 囝pǐ 唐韻 廣韻 匹靡切 集韻 韻會 普靡切丛音破。裂也 史記·范雎傳 木實繁者披其枝。又 灌夫傳 枝大於本，脛大於股，不折必披 註 披，分拆也。定彼反 囝 披靡，震伏貌 前漢·項籍傳 羽大呼墜下，漢軍皆披靡 囝 正韻 普弭切音庀。義同 囝bǐ 集韻 類篇 韻會 丛彼義切音賁 禮·檀弓 孔子之喪設披 註 披，柩行夾引棺者 疏 設之於旁，所以備傾虧也 周禮·夏官·司士 作六軍之士執披 疏 披者車兩旁使人持之，若四馬六轡然 囝 正韻 兵媚切音祕。義同 囝bì 集韻 平義切音被。亦散也 囝pà 正韻 普駕切音怕。亦闢也。囝 叶普禾切音坡 劉邵·趙都賦 布濩中林，緣延陵阿。從風發曜，倚靡雲披。鑿又啟36943

抬 chī_5.9　19343 09276　集韻 超之切。同答。擊也△俗作搭。鑿又俗撻20951

抭 yāo_5.9　19344 09277　唐韻 以沼切 集韻 以紹切，並遙上聲。㫀字重文 說文 㫀或从手从宂。抒臼也 囝yóu 廣韻 以周切 集韻 韻會 夷周切丛音由 周禮·地官·舂人 女舂、抭二人 註 女奴能舂與抭者 詩·大雅 或舂或抭 王應麟·詩攷 或舂或抭，董氏引韓詩○按今詩作揄20042囝 集韻 容朱切音俞。義丛同囝tāo 他刀切音叨。抒物之器。與挑同△說文 㫀或从白作㫃集韻 又作䄻。別詳白部㫀48330字註○按說文篆形註語甚明，諸書惟廣韻之篠韻收抭，他俱譌作抭字彙沿譌正字通辨之，又舍抭從扰，均與說文不合，今考正。

抉 xué_5.9　19345 09278　集韻 胡決切音穴。抉揑，擊也囝 唐韻 于筆切 集韻 越筆切丛音颭。義同 囝 博雅 投也囝yù 集韻 王勿切。與搰20055同。

抮 zhěn_5.9　19346 09279　集韻 止忍切音軫。引庋也 淮南子·精神訓 雖天地覆育，亦不與之抮抱矣 註 持著也囝xiǎn 唐韻 集韻 丛呼典切音顯 廣雅 侷也。或作撊囝 集韻 徒典切音殄。乃殄切，年上聲。義丛同。

挓 zhā_5.9　19347 09280　唐韻 廣韻 側加切 集韻 類篇 莊加切丛音渣 說文 挹也。从手且聲，讀若樝梨之樝囝 揚子·方言 挓摣，取也。南楚之閒凡取物溝泥中謂之挓。或謂之摣囝qiě 集韻 淺野切音且。亦取也囝 唐韻 徐野切 集韻 似也切丛音灺 唐韻 茲野切 集韻 子野切丛音姐。義丛同。別作擄、戲，義通。鑿又粗15021

抰 yāng_5.9 唐韻於兩切集韻倚兩切𠀤音鞅說文以車轅擊也図yāng集韻於郞切音央。打也。鍙名義抰，於掌反。擊也，中央也文選·左思·魏都賦旅楹閑列，暉鑒抰振。李善注：抰，中央也。振，屋宇橝也。熊加全：抰振𡖉枊23813枒之俗。

抓 guā_5.9 唐韻古華切集韻姑華切𠀤音瓜。引也，擊也図集韻烏瓜切音蛙。義同△與从爪別。

抱 bào_5.9 唐韻薄浩切集韻韻會簿晧切正韻蒲晧切，𠀤袍上聲。懷也說文褒，俗作抱司馬相如·上林賦長千仞，大連抱。夸條直暢，實葉葰枊註楙音茆図廣韻持也增韻挾也図bào集韻韻會簿報切正韻蒲報切𠀤音暴。與褒、菢同〇按說文捊，步侯切，或从包作抱。徐鉉曰：今作薄報切，以爲懷褒字，非是廣韻集韻去聲止有褒、菢，而無抱正字通云懷褒之褒亦作抱，轉爲去聲，卽懷抱之義。今考經史抱字多無音切，讀从去聲亦可，義與上聲同書·召誥保抱攜持厥婦子詩·大雅亦旣抱子禮儒行抱義而處儀禮士相見禮凡與大人言，始視面，中視抱図氣向日也前漢·天文志量適背穴，抱珥蜺蜺註凡氣向日爲抱，向外爲背図揚子方言北燕、朝鮮洌水之閒謂伏雞曰抱図páo唐韻薄交切集韻蒲交切𠀤音庖集韻房尤切音浮。póu蒲侯切音裒。𠀤與掊、捊同。引取也図pāo集韻韻會正韻𠀤披交切，與拋通。棄也，擲也史記·三代世表姜嫄生后稷，抱之山中皮日休詩季春人病抱芳杜。鍙俗作垉08513抱19603抛19443抱19425恘17090

抲 hē_5.9 唐韻集韻𠀤虎何切音呵說文攠也図集韻居何切音歌。義同図ná女加切音拏。搦也図qiā丘加切，髂平聲。挖也六書故搕之力也。或作搰，又作挐図hè下可切，荷上聲。擔也。或作搰図待可切，駝上聲。義同。

抳 nǐ_5.9 集韻女履切，尼上聲博雅止也。一曰手指物也図與柅通易·姤卦繫于金柅。王肅本作抳図集韻乃禮切音禰。義同図ní女夷切音尼。研也。又nì正韻尼質切音暱。亦止也。

抴 yì_5.9 唐韻余制切集韻韻會正韻以制切𠀤音裔說文捈也廣韻引也荀子·非相篇接人則用抴註牽引而致之図yè唐韻集韻韻會𠀤羊列切，曳入聲。拖也。或作拽図shé集韻食列切音舌。同揲20121

抵 dǐ_5.9 古文氐唐韻都禮切集韻韻會正韻典禮切𠀤音邸◆說文擠也図觸也前漢·禮樂志習俗薄惡，民人抵冒註抵，忤也，冒犯也図當也史記·高祖紀傷人及盜抵罪註謂使各當其罪前漢·武帝紀元封三年，作角抵戲註兩兩相當，角力角技藝射御，故名角抵。又與觝通張騫傳又作角氐図至也前漢·杜延年傳或抵其罪法註特致之於罪法。又禮·樂志草木零落，抵冬降霜図歸也前漢·項籍傳抵櫟陽史司馬欣註相歸抵也。亦通作邸図拒也前漢·梁平王傳抵讕置辭。又田延年傳延年抵曰：無有是事註抵，拒諱也図擲也後漢·禰衡傳劉表嘗與諸文人共草章奏，衡見之，毀以抵地図大抵，猶言大凡史記·酷吏傳大抵盡詆以不道漢書作大氐註大歸也図集韻或作捱図chái直皆切音婹。亦擠也図zhǐ韻會掌氏切正韻諸氏切音紙。同抵19233擊也戰國策蘇秦見說趙王於華屋之下，抵掌而談前漢·朱博傳奮髯抵几。鍙又折19414伍00854図可洪音義挌19281俟：上丁礼反。下力計反。拁19280，拒也，俟，很也。

抶 chì_5.9 唐韻丑栗切集韻韻會敕栗切𠀤音哂說文笞擊也左傳·文十年抶其僕以徇註抶，撻也。又襄十七年子罕親執扑以行築者，而抶其不勉者図集韻陟栗切音窒。直質切音秩。義𠀤同。鍙龍龕軄，俗丑乙反。正作抶。

抷 pī_5.9 玉篇匹眉切集韻攀悲切𠀤音丕。披也。

抸 jiā_5.9 集韻作荅切音帀。持也図玉篇挈也。與挾同。

抭 xiāo_5.9 正字通枵字之譌。

抹 mǒ_5.9 唐韻莫撥切集韻韻會正韻莫曷切𠀤音末廣韻摩也字林抹摋，滅也增韻塗抹也。亂曰塗，長曰抹秦觀詞山抹微雲図抹額，束額飾，如抹也唐書·婁師德傳募猛士討吐蕃，乃戴紅抹額，來應詔図古轉月韻，勿發切音襪蘇軾詩韭芽帶土拳如蕨，膾縷堆盤纖手抹。鍙又抹19360

抹 mǒ_5.9 集韻莫貝切音昧。摸也図莫佩切音妹。義同。鍙可洪音義抹撚：上莫鉢反。又抹香：上木鉢反正字通抹19359字之譌。

抻 shèn_5.9 唐韻集韻𠀤試刃切，申去聲。展也，抻物長也図chēn集韻癡鄰切。與伸同。申也，引戾也。或作攜。

押 yā_5.9 唐韻烏甲切集韻韻會正韻乙甲切𠀤音壓。署也。今人言文字押署是也文字指歸押字才能也唐書·百官志中書省舍人，以六員分押尚書六曹佐宰相判案同署乃奏通典中書省舍人謂之六押。又歐陽脩曰：俗以草書名爲押字図集韻按也。一曰管拘也唐書·百官志朝會，監察御史二人押班図押衙，官名。唐武臣衙官図詩賦用韻曰押。言押者，壓也図與壓通韓愈詩故將臺榭押城闉図jiá唐韻集韻韻會𠀤古狎切音甲。輔也增韻檢束也図xiá集韻韻會𠀤轄甲切音狎。義同前漢·揚雄傳蟲設檢押註檢押，猶隱括也，言動由檢押也図與狎通前漢·息夫躬傳羽檄重迹而押至註相因而至也。鍙又砷38782岬13478，俗押。

抽 chōu_5.9 唐韻敕鳩切集韻韻會正韻丑鳩切𠀤音瘳。擂字重文說文擂或从由。引也莊子·天地篇挈水

若抽，其名爲棹陸機·文賦思軋軋其若抽図拔也，除也詩·鄭風左旋右抽傳抽矢以射小雅楚楚者茨，言抽其棘図揚子方言讀也詩·鄘風中冓之言，不可讀也傳讀抽也箋抽，猶出也図收也揚子·太玄經羣倫抽緒註各收其業，以成歲事也図廣韻通作紬。亦引也図集韻陳留切音儔。義同。鼇又捄19724揥20347

抾 qū_5.9　集韻韻會丘於切音袪揚子方言抾摸去也，猶言持去也。一曰捧也図qiè唐韻去劫切集韻乞業切丛音怯。持也，把也揚雄·校獵賦抾靈蠵註把取也。又音袪図qī唐韻去其切集韻丘其切丛音欺。兩手把也図jié唐韻訖業切音劫。亦持也後漢·馬融·廣成頌抾封豨註抾劫古字通。或作㧁。

抿 mín_5.9　集韻眉貧切。揗20039字省文図wěn武粉切。與抆同呂氏春秋吳起抿泣。

捼 guài_5.9　唐韻集韻丛古壞切音怪。擾也。

扸 chù_5.9　杶字之譌。

枷 jiā_5.9　柳字之譌○按字彙音茄。訓取。又音牙。訓慈玉篇集韻諸書不載

拂 fú_5.9　唐韻集韻韻會正韻丛敷勿切音髴說文過擊也徐鍇曰擊而過之也図廣韻去也，拭也，除也禮·曲禮進几杖者，拂之疏拂去塵埃也後漢·黨錮傳激揚名聲，互相題拂図絕也吳語吾將許越成，而無拂吾慮図正韻矯也，逆也図拂塵具南史陳顯達麈尾蠅拂，是王、謝家許図舞名唐書·禮樂志白鳩吳拂舞曲也通鑑辨誤王僧虔奏，大明中，卽以宮縣合和鞞拂図按鞞拂皆舞名拂舞，出自江左，舊云吳舞，檢其歌，非吳舞也図fó集韻韻會丛符勿切音佛。與咈通。違也，戾也易·頤卦顚頤拂經于丘詩·大雅四方以無拂箋拂，猶佹也，言無復佹戾者図bì集韻韻會正韻丛薄密切。與弼同。輔也孟子入則無法家拂士図pì集韻普密切，讀與匹近。拂泊，風動貌図fèi方未切音沸。拊拂，形似也。通作髴。又父沸切音狒。與攢同。搏擊也図道藏·馮夫人詩挺穎德音子，神英乃高拂。天岳臨空搆，洞臺深幽窅。鼇又扒19157戟21702戟21852戟21875戟21842戟21848轉59982

抴 yì_5.9　集韻力九切音柳。押也。鼇正字通抴19269字之譌。

拃 zhǎn_5.9　唐韻側板切集韻阻版切丛音醆。讀與盞近。摸拃也図正字通俗拶字唐書·摩揭陀傳太宗遣使取熬糖法，詔揚州上諸蔗，拃瀋如其劑。鼇又音zhǎ，拃量。亦作拤19780

拫 xiāng_5.9　集韻思將切音襄。及也図正字通抳、拫二字之譌。鼇俗相37402偏類碑別字引僞周澤州司馬張玄封墓誌

拄 zhǔ_5.9　正韻腫庾切音主。掌也，支也禮·喪大記既葬拄楣疏拄楣稍舉以納日光戰國策齊嬰兒謠曰:大冠若箕，修劍拄頤前漢·西域傳車師後王姑句，以道當爲拄置，心不便也註言有所置立，而支拄於已，故心不便也図刺也，距也。一曰從旁指也前漢·朱雲傳五鹿充宗爲梁丘易。雲入論難，連拄五鹿君図唐韻知庾切集韻韻會冢庾切丛音黇。義同。亦通作柱。鼇又胜47098駐59665駐70622

担 dǎn_5.9　唐韻多旱切集韻黨旱切丛音亶。與笪同玉篇拂也博雅擊也図jiē集韻丘傑切音揭。與揭通。舉也楚辭·遠遊意恣睢以担撟朱子註担撟，軒舉也。鼇與笪同。今爲擔20874簡化字。

扼 è_5.9　唐韻於革切集韻韻會正韻乙革切丛音厄。搤20338字重文說文搤或从厄。把也前漢·郊祀志燕齊之間，方士瞋目扼掔図正韻抑也。揚子法言或問持滿曰扼敬△或作扼。亦同搤20306鼇又抳19618

拆 chè_5.9　集韻韻會正韻丛恥格切音坼。裂也，開也易·解卦雷雨作，而百果草木皆甲拆疏皆孚甲開拆，莫不解散也図毀也図chǐ集韻昌石切音尺。擊也。△本作㭬。或作擤。又作坼。

拇 mǔ_5.9　唐韻集韻韻會正韻莫厚切玉篇莫口切丛音某說文將指也易·咸卦咸其拇疏足大指也莊子·駢拇篇駢拇枝指，出乎性哉註駢拇，足拇指，連二指也図正韻莫補切音姥。義同△廣韻或作胟。

拈 niān_5.9　唐韻集韻韻會丛奴兼切音鮎說文揶也廣韻指取物也杜甫詩舍西柔桑葉可拈図集韻職琰切音颭正韻尼占切音黏義丛同。

拉 lā_5.9　唐韻盧合切集韻韻會正韻落合切丛音菈。讀與臘近說文摧也廣韻折也，敗也史記·齊世家襄公使彭生拉殺魯桓公前漢·鄒陽傳范睢拉脅折齒於魏図揚雄·校獵賦猋拉雷厲註拉，風聲也図正韻招也，諺言邀人同行曰拉集韻擸拹搚摺同。鼇又拉19478図龍龕拋拾20150二俗，拉正図史記·齊世家襄公使彭生拉殺魯桓公。徐慧:史記·鄭世家襄公使彭生醉拉杀魯桓公。

拊 fǔ_5.9　唐韻芳武切集韻韻會斐父切丛音撫說文揗也詩·小雅拊我畜我左傳·宣十二年王巡三軍，拊而勉之。通作撫図擊也，拍也書·益稷予擊石、拊石蔡傳石，磬也。重擊曰擊，輕擊曰拊儀禮·士喪禮婦人拊心不哭図樂器名禮·樂記弦匏笙簧，會守拊鼓註拊者，以韋爲表，裝之以糠。一名相。今齊人或謂糠爲相周禮·春官·大師大祭祀帥瞽登歌，令奏擊拊註拊形如鼓図器把也禮·少儀弓則以左手屈韣執拊疏拊，弓把也又削授拊疏削謂曲刃，拊謂削把図fù集韻方遇切音付。以手著物也。或作捬図bǔ彼口切。與捂同。衣上扑也図fū風無切音膚前漢·藝文志泰始黃帝扁鵲俞拊方註黃帝時醫也。鼇泰始黃帝，黿頭本作

秦始皇帝。清·孫星衍尚書今古文注疏·泰誓前師乃鼓，鼗謸，師乃㧈，前歌後舞，格于上天下地。注：謸當爲拊。㧈一作㧒，格一作假。字書無謸字，當爲拊。

抛 19381 09314
pāo_5.9 　唐韻匹交切集韻韻會正韻披交切竝音胇說文棄也廣韻擲也又pào唐韻匹貌切集韻韻會正韻披教切竝音砲。義同又軍中以機發石曰抛車後漢·袁紹傳曹操發石車擊紹軍中，呼曰霹靂車註卽今抛車也唐書·高麗傳李勣列抛車飛大石，所當輒潰集韻別作軶又說文或从手票聲。通用標20536又集韻韻會正韻或作抛19350　通作抛19334又揰20352抛19611

批 19382 09315
zǐ_5.9 　唐韻側氏切集韻阻氏切，竝讀與此近說文㨗也。从手此聲廣韻拳加人也又zǐ唐韻將此切集韻韻會蔣氏切正韻噆似切竝音紫。義同張衡·西京賦批狻狡註搏撮猛獸貌又zǐ集韻壯仕切音胏。亦戟撮也又zhǐ掌氏切音紙，與抵同又cí才支切音疵。亦㨗也又jǐ唐韻集韻韻會竝子禮切音濟。義同又cǐ集韻正韻竝此禮切，妻上聲。㨗㨗也。

拌 19383 09316
pān_5.9 　唐韻普官切集韻韻會正韻鋪官切竝音潘博雅拌棄也揚子方言楚人凡揮棄物謂之拌。俗誤用搿又集韻蒲官切音盤。又普伴切，潘上聲。又唐韻蒲旱切集韻部滿切，竝盤上聲。又pàn集韻韻會竝普半切音判。義竝同又與判通。分也，割也史記·龜策傳鐫石拌蚌註鐫石取玉，拌蚌取珠。

揰 19384 09317
zì_5.9 　唐韻前智切集韻疾智切竝音漬◆說文積也詩曰：助我舉揰。摵頰旁又集韻韻會竝子智切，讀若委積之積。又唐韻集韻竝奇寄切音芰。義竝同。△正字通小雅本作舉柴說文改作揰。按批、揰竝从手此聲，字形橫直異體，从合可也。

拍 19385 09318
pò_5.9 　廣韻正韻普百切集韻韻會匹陌切竝音魄說文本作㧢，拊也釋名搏也。以手搏其上也唐書·曹確傳優人李可及，能新聲自度曲，少年爭慕之，號爲拍彈陳暘·樂書九部樂有拍板，韓文公目爲樂句琴集大胡笳十八拍，小胡笳十九拍，竝蔡琰作又拍張，手搏捽，胡之戲也南史·王敬則傳善拍張，宋帝使跳刀，接無不中，仍撫髀拍張又mò集韻莫白切音陌。擊也。亦與拍同又bó集韻韻會正韻竝伯各切音博。與胉、膊竝同周禮·天官·醢人饋食之豆，其實豚拍註鄭、杜皆以拍爲膊，謂脅也。或曰豚拍，肩也，今河閒名豚脅，聲如鍛鎛。　又柏24774

拎 19386 09319
līng_5.9 　唐韻集韻竝郎丁切音零玉篇手懸捻物也六書故縣持也△集韻或作撂。又作擝。

挐 19387 09320
ná_5.9 　唐韻集韻正韻女加切韻會奴加切，並音袈說文牽引也增韻攪也史記·霍去病傳漢匈奴相紛挐註相牽也漢書註亂相持搏也。一作拏又拘捕罪人曰挐。俗作拿又揚子方言挐，揚州、會稽之語也。或謂之惹又rú正韻女居切音袽前漢·嚴安傳禍挐而不解

註挐，相連引也，女居反又揉也楚辭·招魂稻粱穱麥，挐黃粱些△韻會挐屬舌音，泥字母。舊韻女加切，乃屬齒音，蓋由吳音所呼，女字入泥母故也。今依七音更定奴加切〇按說文挐、挐19548音同義別韻會挐入麻韻，挐入魚韻六書故集韻正韻讀書通皆合爲一。考之經史傳註，兩字通用，竝有二音，義亦相通，从合可也。　又挐19926挐19461

拐 19388 09321
guǎi_5.9 　唐韻求蟹切音箉。手腳物枝也又正字通古買切，乖上聲◇俗謂拐騙。

拑 19389 09322
qián_5.9 　唐韻巨淹切集韻韻會其淹切正韻其廉切竝音箝說文脅持也前漢·蕭錯傳天下之士，拑口不敢復言矣又集韻扱范切。義同△韻會按說文箝拑柑鉗鍼，訓義不同，然書史傳寫亦有通作者，今以說文爲正△正字通拑鉗箝通，與柑23817音義別，俗誤通用。

拒 19390 09323
jù_5.9 　唐韻其呂切集韻韻會正韻白許切竝音巨廣韻捍也增韻禦也論語其不可者拒之荀子·君道篇內以固城，外以拒難又與距通廣韻格也，違也玉篇抵也又儀禮·少牢禮長皆及俎註拒讀爲介距之距。俎距脛中當橫節也又jǔ集韻白許切正韻居許切竝音舉。亦捍也又集韻韻會竝果羽切音矩。方陳也左傳·桓五年鄭子元請爲左拒，以當蔡人衛人，爲右拒，以當陳人又周禮·大宰祀五帝疏西方白帝白招拒。　又柜23828

拓 19391 09324
zhí_5.9 　古文撦唐韻集韻韻會正韻竝之石切音隻說文拾也。陳、宋語。或作摭又後漢·張衡·思玄賦拓若華而躊躇註拓猶折也。楚辭曰：折若木以拂日。又shí集韻施隻切音釋。亦拾也又tuò唐韻正韻他各切集韻韻會闥各切竝音託。手承物也。一曰手推物也李山甫詩一拓纖痕更不收註大曆四年，崇徽公主道汾州，以手掌拓石壁，遂有手痕。今靈石有公主手痕碑。又增韻斥開也揚雄·甘泉賦拓迹開統註拓，廣也。又拓落，猶蹭蹬也揚雄·解嘲何爲官之拓落也註拓落，不耦也又複姓。後魏始爲拓跋氏。北方謂土爲拓，謂后曰跋。孝文改爲元氏△集韻或作摤，又作托。　又拓19465

拔 19392 09325
bá_5.9 　唐韻集韻韻會竝蒲八切，辦入聲說文擢也增韻抽也易·乾文言確乎其不可拔。又泰卦拔茅茹，以其彙征吉後漢·蔡邕傳連見拔擢，位在上列晉書·胡母輔之傳甄拔人物又爾雅·釋詁殲、拔、珍，盡也又增韻攻而舉之也前漢·高帝紀攻碭，三日拔之註破城邑而取之，若拔樹木并得其根本又bá唐韻集韻韻會正韻竝蒲撥切音跋。回也又增韻疾也禮·少儀毋拔來疏拔，速疾之意前漢·陳項傳贊拔起隴畝之中註疾起也又挺也。特立貌杜甫詩友于皆挺拔又括也。矢末也詩·秦風舍拔則獲疏以鏃爲首，故拔爲末又除也周禮·秋官·赤犮氏註赤犮猶言拔拔疏拔，除去之也。又與犮通前漢·禮樂志拔蘭堂註拔，舍止也又bō集

韻北末切音撥。把也 又pèi集韻韻會𠀤蒲蓋切音旆詩·大雅柞棫拔矣疏拔然生柯葉也 又pèi集韻韻會蒲昧切正韻步昧切𠀤音佩詩·大雅·朱傳挺拔而上,不拳曲蒙密也 又拂取也 又fá唐韻集韻𠀤房越切音伐,草名爾雅·釋草拔蘢葛註似葛蔓赤葉多 又bié集韻筆別切。讀若分別之別。晉俗謂平地除坌曰拔 又張華·鮑文泰誄抱道冲虛,執義貞厲。栖遲無悶,不營不拔。厲音列。鑒又拔19424㧞19460扷19404抜19228扳19615 又龍龕扱19584俗拔19333正。蒲八反。拔擢也。盡也。又蒲末反。迴也。

拕 19393 09326 tuō_5.9 唐韻託何切集韻韻會正韻湯何切𠀤音佗說文曳也前漢·嚴助傳拕舟而入水揚雄·校獵賦拕蒼豨 又集韻他佐切,佗去聲。義同 又duò唐韻徒可切集韻韻會正韻待可切,𠀤駝上聲。引也 又韻會正韻𠀤吐臥切音唾。義同 又tuó集韻唐何切音駝。亦引也 又水拕,猶堰也唐書·楊行密傳作魯陽五堰拕,輕舸饋糧△集韻或作拖。又作扡。

拖 19394 09327 tuō_5.9 同拕班固·西都賦挾師豹,拖熊螭註拖,曳也。讀平聲。又禮·少儀僕者負良綏申之面,拖諸幦疏拖,猶擲也。亦引也。綏申於面前而引之,可置車幦上也論語加朝服拖紳司馬相如·上林賦宛虹拖於楯軒註拖謂申加於上也。讀上聲或去聲 又廣韻集韻𠀤吐邏切。牽車也。鑒又扡19445咜05745㖒05719

拗 19395 09328 ǎo_5.9 唐韻集韻韻會於絞切正韻於巧切,𠀤坳上聲說文手拉也增韻折也尉繚子拗矢折矛王令詩低樹狂貌日摧拗 又ào韻會正韻𠀤於教切,坳去聲。拗戾,固相違也朱子語類王臨川天資亦有拗强處李綽·秦中歲時記初冬納文書,却謂之選門閉。四月選事畢,却謂之選門開。選人名在令史前,謂之某家百姓。狀在判後,又却須黏在判前,因名四拗 又集韻於交切音坳。義同 又yù集韻正韻𠀤乙六切音郁。抑也班固·西都賦蹂躪其十二三,乃拗怒而少息註禽獸十分殺其二三,抑士卒怒以少息焉 又集韻於糾切,幽上聲。義同。鑒又抝19332同拗。

拘 19396 09329 jū_5.9 唐韻舉朱切集韻韻會恭于切𠀤音駒說文止也徐曰物去,手能止之也廣韻執也易·隨卦拘係之,乃從維之書·酒誥盡執拘以歸于周左傳·僖三十三年武夫力而拘諸原 又史記·汲黯傳弘大體不拘文法前漢·司馬遷傳陰陽之術大詳而衆忌諱,使人拘而多畏註拘,曲礙也集韻或作句。又作軥。別作佝 又gōu集韻韻會正韻𠀤居侯切音鉤。擁也禮·曲禮必加帚於箕上,以袂拘而退註以袂擁帚之前,埽而郤行之。又取也禮·曲禮凡僕人之禮,必授人綏,若僕者降等,則撫僕之手,不然,則自下拘之疏郤手從僕手下自拘取之 又曲也。與句同荀子·哀公篇古之王者,有務而拘領者矣註務讀爲冒。覆項也,句領,繞頸也 又摟聚也 又qú正韻求於切音渠莊子·達生篇吾處身也,若橛株拘 又jǔ集韻果羽切音矩前漢·地理志拘澗水至邯鄲入白渠註應劭讀 又jù俱遇切音句。拘挈,不展也。又jú集韻韻會𠀤拘玉切。與挶通。戟持也前漢·五行志撠高后掖註拘持之也○按詩傳,戟、挶義同。故註釋互用。鑒又抅19251俗作袧39709

㧙 19397 09330 bié_5.9 集韻韻會𠀤蒲結切音蹩。讀若敝入聲。捩也 又擊仆也張衡·西京賦徒搏之,所撞㧙註撞㧙猶揘畢也,謂撞而㧙倒 又正韻避列切音別。義同 又韻會與批通 又bí集韻毗至切音鼻。戲擊也 又bié必結切,閉入聲。亦捩也。或作撇 又pǐ僻吉切音匹博雅刺也 又bì簿必切音邲。擊也揚子方言南楚凡相推搏曰㧙,或曰揔 又bǐ唐韻鄙密切音筆。與撆20677同。

拙 19398 09331 zhuō_5.9 古文⿰矢出唐韻職悅切集韻韻會正韻朱劣切𠀤音棁。讀若專入聲說文不巧也書·周官作僞心勞日拙老子道德經大巧若拙戰國策教人而不能,則謂之拙 又釋名屈也。使物否屈,不爲用也史記·范睢傳楚之鐵劒利,而倡優拙。鑒又𢻶21435炪30738柮23853

拚 19399 09332 biàn_5.9 唐韻集韻韻會𠀤皮變切音卞。抃19246本字。與拚同說文拊手也宋書·何承天傳歌拚就路註手舞貌 又fèn唐韻集韻韻會正韻𠀤方問切音奮。埽除之名禮·少儀埽席前曰拚疏拚是除穢,埽是滌蕩儀禮·聘禮不腆先君之祧,既拚以俟矣 又fēn集韻方文切音分。本作坌。亦作撙。義同 又fān集韻韻會𠀤孚袁切。與翻同博雅飛也詩·周頌肇允彼桃蟲,拚飛維鳥箋翻飛爲大鳥也△正字通本从手从弃作拚19678省作拚。鑒又撙20340拚20152撡20919

招 19400 09333 zhāo_5.9 唐韻止遙切集韻韻會正韻之遙切𠀤音昭說文手呼也詩·邶風招招舟子傳招招,號召之貌疏號召必手招之。王逸云以手曰招,以口曰召也 又廣韻來之也書·說命旁招俊乂 又求也前漢·季布傳辨士曹丘生數招權顧金錢註招求貴人威權,因以請託也。又罥也孟子既入其苙,又從而招之註招,羂其足也。又姓。漢大鴻臚招猛 又sháo集韻韻會時饒切正韻時昭切𠀤音韶前漢·禮樂志體招搖,若永望註招搖,申動貌 又與韶、磬通史記·帝舜紀禹乃興九招之樂註卽舜樂簫韶九成,故曰九招左傳·昭十二年祭公謀父作祈招之詩 又qiáo集韻韻會正韻𠀤祁堯切音翹。舉也周語好盡言以招人過前漢·陳項傳贊招八州而朝同列 又揭也莊子·駢拇篇有虞氏招仁義以撓天下。

拜 19401 09334 bài_5.9 古文𢫶𢷎𢪺撓𢷜唐韻博怪切集韻韻會正韻布怪切,並音⿱艹拜。𢷎字重文說文揚雄說,拜,从兩手下也禮·郊特牲拜,服也,稽首服之甚也疏拜者,是服順也周禮·春官·大祝辨九𢷎註稽首,頭至地也。頓首,頭叩地也。空首,頭至手,所謂拜手也。吉拜,拜而后稽顙。凶拜,稽顙而后拜。奇讀爲奇偶之奇,謂一拜也。褒讀爲報,再拜是也。肅拜但俯下手,今時揖是也。振動,戰栗變動之拜也詩詁一稽首,謂下首至

地稽留乃起。二頓首，謂下手置首於地卽起。三空首，謂下手首不至地。四振動，謂恐悚迫蹙而下手。五吉拜，謂雍容而下手。六凶拜，謂三年服者。七奇拜，謂禮簡不再拜也。八褒拜，謂答拜也。九肅拜，謂直身肅容而微下手，如今婦人拜也 [图]膜拜，舉兩手伏地而拜也 [穆天子傳]膜拜而受 [图][荀子·大略篇]平衡曰拜 [註]謂磬折，頭與腰平 [图][朝廷授官曰拜 [史記·淮陰侯傳]至拜大將乃信 [後漢·左雄傳]拜除如流，缺動百數 [图]屈也 [詩·召南]蔽芾甘棠，勿翦勿拜 [詩詁]攀下其枝，如人之拜也 [图]草名 [爾雅·釋草]拜蔏藋 [註]疑卽商陸。本作撶 [六書正譌]又作犇。[鼏]又撶21133拜19477拜19318嶏58884跰58859掔19929撑20541撵20330

掔 wàn_5.9 （19402 09335） 本作擊20085，亦作捥19811

抪 pō_5.9 （19403 09336） [正字通]怖本字。譌爲怖〇按[說文]云从手市聲，普活切，怖非譌文。此依篆體重出。

扷 bá_5.9 （19404 09337） [韻會]蒲八切。與拔同。[鼏]敦煌·S.6836[葉浮能詩]扷劍上殿，擬斬岳神。

拯 chéng_5.9 （19405 09338） [集韻]辰陵切。與承同。

捎 náo_5.9 （19406 09339） [集韻][類篇]妠尼交切。與撓同。抓也。[鼏]又捝19490

犅 jiāng_5.9 （19407 09340） [說文長箋]古將字〇按[說文]寸部將，从寸牆省聲，帥也。手部牂，从手爿聲，扶也。音、義迴別。至[玉篇]始以牂爲古文將字[六書故]亦云爿、犅，通作將，則兩已可離可合矣。而[趙宧光·長箋]復改牂爲犅，云古文將字，則又篆文牂之誤，恐亦未的，存以俟考。

抁 zhàng_5.9 （19408 09341） [字彙補]知亮切音帳[五音集韻]整而不亂也。

拸 dǐ_5.9 （19414 43708） [龍龕]同抵。

㝮 gū_5.9 （19409 09342） [字彙補]公都切音姑。罪也，負也，音義與辜同。

挊 qiān_5.9 （19410 09343） [字彙補]與牽同。

抭 jiá_5.9 （19411 41241） [川篇]古黠切。指盡也。

拯 zhēng_5.9 （19412 43706） [字彙補]同塀。[鼏]塀、拯妠俗拯字。

抓 zhēng_5.9 （19413 43707） [篇海]音蒸。[鼏]又ngoáy[喃]攪拌。

扴 jié_5.9 （19415 43709） [搜眞玉鏡]子列切。

搹 null_5.9 （19416 u2B77A） [方][漢語方言大詞典]头搹得落；形容被無理糾纏，處理非常棘手。吴語。上海松江。

抚 null_5.9 （19419 u2AB68） 未詳。[图]cek[壯]抚，拆，隔開，分開。亦作輆60358

栅 zhā_5.9 （19417 u2AB6A） [方]遮攔。

拫 oǎn_5.9 （19428 u22AE0） [喃]彎折。

秅 đậy_5.9 （19418 u2AB69） [喃]同抧19435

抺 mí_5.9 （19420 u2AB67） [直音篇]抺，同㯋20947 [图]俗襧40106 [可洪音...]

義 捗翅：上奴礼反。下居敗反。

拐 null_5.9 （19421 u2AB66） 未詳。

抾 null_5.9 （19422 u2AB65） 或俗差。

扭 wù_5.9 （19423 u2AB64） 或同拯19745，俗肳22159[龍龕]扭，音勿。

拔 bá_5.9 （19424 u2F8B6） 兼拔19392

抱 bào_5.9 （19425 u2F8B5） 同抱19350

扒 bǎc_5.9 （19426 u22AE3） [喃]从手北bắc聲△扒栿：架橋。

捄 dựng_5.9 （19427 u22AE1） [喃]从手孕dựng聲。建立。

扗 sảy_5.9 （19429 u22ADF） [喃]从手仕sỉ聲△扗粏：簁糠。

挃 quấy_5.9 （19430 u22ADE） [喃]从手怪quái省聲。攪拌。

挊 zhōng_5.9 （19431 u22ADD） 俗柊23808[图]rung[喃]挊20589俗省。搖動。

扲 trụm_5.9 （19432 u22ADC） [喃]从手全trùm聲。一窩子，全部△扒扲：一網打盡。

抏 ngoặc_5.9 （19433 u22ADB） [喃]从手玉ngọc聲△抏仳：括號括起來。

扚 xáo_5.9 （19434 u22ADA） [喃]从手巧xảo聲。攪拌△扚論：攪和。

护 lú_5.9 （19436 u22AD9） [簡]擄21122

扰 đậy_5.9 （19435 u22AD9） [喃]从手代đại聲。遮蓋，遮掩△雯扰：遮蓋，掩飾。

拍 phạch_5.9 （19437 u22AD7） [喃]从手白bạch聲。撲打。

扰 trọt_5.9 （19438 u22AD6） [喃]从手，术thuật聲。

抙 yỉnh_5.9 （19439 u22AD5） [粤]扔。抙頭：搖頭[图]vểnh[喃]从手永vĩnh聲△抙聰，亦作耺46589聰：豎起耳朵聽。

挷 shàn_5.9 （19440 u22AD4） 俗擅20838見[宋元以來俗字谱]

扨 tú_5.9 （19446 u22ACB） 同凸03191

挴 nǔ_5.9 （19441 u22AD3） 挴嘴[金瓶梅詞話·第三十五回]良久，西門慶挴了個嘴兒，使他把門關上，用手搜在懷里，一手捧着他的臉兒。

抲 kǎn_5.9 （19442 u22ACF） [粤]同凵02764撖，蓋。

抱 bào_5.9 （19443 u22ACE） 俗抱19350見[宋元以來俗字谱]

扡 tuō_5.9 （19445 u22ACC） 同拖19394[龍龕]扡、拕，音他。曳也。

扲 đổi_5.9 （19447 u22ACA） 同扲。俗揇21000

扐 hāng_5.9 （19448 u22AC9） [字海]扐，同夯09989見[北京方言詞典]

扷 null_5.9 （19444 u22ACD） 未詳。

拈 gõ_5.9 （19449 u22AC8） [喃]同搭20183[图]牯、枯二字之譌。見[可洪音義]

捈 null_5.9 （19450 u22AC7） 未詳。

抙 zuó_5.9 （19451 u22AC6） [龍龕]抙俗。捽、挫或作，捽19854正[图]baenj[壯]捏，塑[图]vụn[喃]从手本bản聲。瑣碎△涅抙：粉碎。

扻 thắt_5.9 （19452 u22AC5） [喃]捆扎。

拯 pō_5.9 （19455 u22AC2） 俗捼19403

扎 giạt_5.9 （19453 u22AC4） [喃]从手札trát聲。同蹀59513

㨔
kéo_5.9　喃从手叫khiếu聲。拉，扯，拖。

捒
null_5.9　从手㕚聲

拣
lüè_5.9　簡擽21043

捘
null_5.9　未詳。

捯
kuǎi_5.9　簡捯20870

捄
bá_5.9　同捄19392

挐
ná_5.9　俗挐19387

可洪音義　撲挐：上普木反。下女加反。

捩
liè_5.9　同攦21027

㨛
lǎn_5.9　簡㩮20959

㨚
wǎ_5.9　方呂⊠俗甁34974

拓
tuò_5.9　兼拓。

挐
ná_5.9　兼挐。

择
zé_5.9　簡擇20843

拨
bō_5.9　簡撥20696

拧
níng_5.9　簡擰20983

拥
yōng_5.9　簡擁20830

⊠龍龕擁俗，捅19907今。音冰。以手覆矢。

拦
lán_5.9　簡攔21162

抏
qiá_5.9　方掐，抱，卡住⊠同拤19535俗弄。亦俗拼可洪音義拚之：上郎貢反。輕拚：音弄。讚拚：皮變反。

拣
jiǎn_5.9　簡揀20037

拢
lǒng_5.9　簡攏21124

扩
kuò_5.9　同擴21020

㧮
jù_5.9　俗據20885　宋元以來俗字譜

拉
lā_5.9　參見拉19379

捱
qiān_6.10　集韻遷61260　古作捱。又作㧼六書正譌作㩃　說文本作搟。別作㩃字異音同，義亦相近⊠yí集韻余支切音移。遷徙也。與迻同。古作捱。或作抴，又作敉。通作移。

捯
hén_6.10　唐韻戶恩切集韻韻會胡恩切丛音痕。急引也博雅捯、攄，引也增韻吳、楚俗謂牽引前卻為捯捖朱子語類漢書引繩排捯不附己者，今人誤讀捯為根。捯捖猶云抵拒擔閣也，引繩排捯，如以繩扞拒然。⊠排擠也唐書·裴度傳為姦憸捯抑。又崔威傳裴度自表求覲，李逢吉悉力捯卻之⊠集韻下懇切音很。又胡艮切音恨。義丛同△集韻或作艮。又掀韻會通作根。鍪又揘19609

括
guō_6.10　唐韻集韻韻會正韻丛古活切音聒說文本作搧。絜也廣韻結也增韻包括也易·坤卦括囊无咎无譽。又繫辭動而不括疏括結而有礙也前漢·陳項傳贊包舉宇內，囊括四海揚子方言括關閉也廣韻至也詩·王風日之夕矣，牛羊下括⊠檢也。揯刷也唐書選舉志明經者但記帖括。又食貨志鑄錢括苗⊠與筈通釋名矢末曰括。謂與弦相會也書·太甲若虞機張，往省括于度，則釋⊠與髻通。絜髮也禮·檀弓袒括髮。⊠huó集韻韻會正韻丛戶栝切音活。會也。與佸同詩·小雅德音來括箋會合離散之人⊠kuò集韻苦活切音闊。亦與筈同。

拭
shì_6.10　唐韻賞職切集韻韻會設職切丛音識爾雅·釋詁清也增韻抆拭，揩也六書故以巾拭垢濡也禮·雜記雍人拭羊註拭，靜也釋文亦作靚儀禮·聘禮賈人北面坐拭圭△集韻或作帋。鍪又找19165

拮
jié_6.10　唐韻正韻古屑切集韻韻會吉屑切丛音結說文手口共有所作也詩·豳風予手拮据傳撠搝也疏以手爪撠持草也⊠唐韻居質切集韻韻會正韻激質切丛訖音吉。義同⊠jiá集韻韻會丛訖黠切。與戛同。轢之也戰國策大夫種為越王禽勁吳，成霸功，句踐終拮而殺之註蓋逼之⊠qiè集韻丘傑切音朅。與揭同。舉也。鍪又搚19853

拯
zhěng_6.10　唐韻集韻丛蒸上聲韻會正韻丛之庱切。救也，助也增韻援也左傳·宣十二年目于智井而拯之⊠舉也易·艮卦艮其腓，不拯其隨註隨謂趾也集韻本作抍19264或作承。又作丞韻會或作撜。鍪又埿09162抍19412撜20684

捵
nǐn_6.10　唐韻集韻丛尼凜切，紝上聲。搦也。一曰捵搦，調弓貌。

捯
hài_6.10　唐韻胡改切集韻下改切丛音亥。動也，減也⊠xi集韻許既切音餼。動搖貌⊠戶代切音瀣wèi于貴切音胃。義丛同。一曰擔也。

拱
gǒng_6.10　唐韻正韻居竦切集韻韻會古勇切丛音鞏說文斂手也徐曰兩手大指相拄也書·武成垂拱而天下治註垂衣拱手也禮·玉藻凡侍於君垂拱疏沓手也。身俯則宜手沓而下垂也⊠爾雅釋詁執也註兩手合持為拱左傳·僖三十二年爾墓之木拱矣⊠拱翊，環衛也⊠與珙通。大璧也左傳·襄二十八年與我其拱璧⊠州名。漢陳留郡，宋置拱州⊠姓。明景泰進士拱廷臣⊠gōng集韻居容切音恭左傳，拱璧。徐邈讀。⊠gòng居用切，供去聲。亦斂手也⊠jú渠竹切音鞠。廣雅法也〇按屋韻渠竹切，與沃韻渠玉切相近，讀者宜細分△或省作共。鍪又戕18889

拲
gǒng_6.10　唐韻正韻居竦切集韻韻會古勇切丛音鞏說文兩手同械也周禮·秋官·掌囚上罪桔拲而桎註拲者，兩手共一木也。在手曰桔，在足曰桎⊠唐韻居玉切集韻韻會拘玉切丛音鋦。又集韻丘勇切音恐。又集韻正韻丛居六切音菊。義丛同〇按屋韻居六切，與沃韻居玉切相近，宜細分△說文或从木作恭長箋拲似混拱，當从木。鍪龍龕幇俗，扷拲二正。兩手共持也。

拳
quán_6.10　古文捲攈唐韻巨員切集韻逵員切丛音權。手也玉篇屈手也前漢·鉤弋倢伃傳武帝巡守過河間，召至，女兩手皆拳，上自披之，手卽時伸，號曰拳夫人⊠廣雅拳拳，憂也。一曰愛也。又勤懇也，恭也前漢·貢禹傳不勝拳拳，不敢不盡愚心註忠謹之意。亦作惓惓⊠奉持之貌禮·中庸得一善則拳拳服膺，而弗失

之矣🔲姓。衛大夫拳彌🔲quǎn 集韻 苦遠切音綣。又驅圓切音弮。朶奉持貌🔲與弮同 前漢·司馬遷傳 士張空拳，冒白刃 註 拳，弓弩弮也。言矢盡，故張弩之空弓，非空拳也🔲juān 已袞切，綣平聲。力也 詩·小雅 無拳無勇。徐邈讀🔲通作捲19837 鋥 又捧20354

㧍 náo_6.10 㧍字之譌。　**挳** qiān_6.10 揱字省文。與栖同 玉篇 集韻 朶古文遷61260字。

拍 pāi_6.10 說文 拍19385本字。从手百聲，普百切 集韻 匹陌切朶音魄🔲mò 廣韻 集韻 朶莫白切音陌。擊也。亦作拍〇按 廣韻 分註莫白切爲拍，普百切爲拍。與 說文 不合。

拴 shuān_6.10 唐韻 此緣切 集韻 韻會 逡緣切 正韻 且緣切朶音銓。揀也△ 集韻 通作詮、銓。鋥 又拴19605

拵 cún_6.10 唐韻 徂尊切 集韻 徂昆切朶音存。据也。🔲zùn 五音集韻 徂悶切。插也。

抛 zhǒu_6.10 集韻 止酉切音帚。執也🔲側九切，箒上聲。與掃同。持也。

狨 róng_6.10 集韻 韻會 而融切 韻略 正韻 而中切朶音戎。相也，助也。與 詩·小雅 烝也無戎之戎通🔲rǒng 唐韻 正韻 而隴切 集韻 韻會 乳勇切朶音宂。拒也。與靹通🔲ròng 唐韻 穠用切 集韻 戎用切，朶宂去聲 博雅 推也🔲rēng 集韻 如蒸切音仍。因也。與扔同。

拶 zā_6.10 唐韻 姊末切 集韻 韻會 子末切朶音鬌。逼也。相排迫也 韓愈·雪詩 漰騰相排拶，龍鳳交橫飛。鋥 又拃19371桚24042㭕24191攥21219砸39164寊41068

搯 hāo_6.10 玉篇 集韻 韻會 朶呼高切音蒿。除也。又拔去田草也△本作薅，或作茠。

拷 kǎo_6.10 玉篇 苦老切 集韻 苦浩切音考。掠也，打也。

捐 juān_6.10 俗捐字。別見七畫。

扗 chǐ_6.10 集韻 韻會 朶丑豸切，褫上聲。與摭同。析也🔲去也 莊子·庚桑楚 介者扗畫外非譽也 註 介者刖人，畫文采之飾也。貌既虧殘，故扗而棄之。或作扡🔲正韻 拍也，拽也🔲yǐ 集韻 演爾切，迤上聲。亦同摭🔲陳知切音馳。拆也🔲yí 唐韻 弋支切 集韻 余支切朶音移 博雅 加也🔲集韻 他可切，佗上聲。又待可切，駝上聲。義朶同🔲齒者切，車上聲。與哆同。大貌。

拹 xié_6.10 唐韻 虛業切 集韻 韻會 迄業切音脅 說文 摺也。一曰拉也🔲lā 集韻 正韻 朶落合切。與拉同△或作撔。又作擔。

捒 sè_6.10 唐韻 山責切 集韻 色責切，朶音摵 佩觿集 擇取物也🔲cè 唐韻 楚革切 集韻 測革切朶音策。扶也。與摤同🔲chuò 集韻 測角切音齪。刺取也。與搠同。

挄 huī_6.10 集韻 呼回切音灰。相擊也。與隉同。

拽 yè_6.10 集韻 羊列切。同抴。拖也 禮·曲禮 車輪曳踵 疏 曳，拽也。不得舉足，但起前拽後，使踵如車輪曳地而行🔲yì 以制切音曳。引也 朱子語類 康節，凡事纔覺難，便挽身退🔲shì 時制切音誓。亦拖也。山東語。△ 正字通 拽本作曳，从申从丿。

拼 pīn_6.10 俗拼字。　**拾** shí_6.10 唐韻 韻會 是執切 集韻 寔入切 正韻 寔執切朶音十 說文 掇也 廣韻 收也，斂也 左傳·哀三年 無備而官辦者，猶拾瀋也 註 猶拾汁，終不可得 前漢·夏侯勝傳 經術苟明，其取青紫如俛拾地芥。又 汲黯傳 補過拾遺，臣之願也🔲拾遺，官名 唐書·百官志 補闕拾遺，掌供奉諷諫🔲不知而問曰拾沒。俗譌爲什麼。一曰射韝也。著於左臂以遂弦 詩·小雅 決拾既佽 傳 決，鉤弦也。拾，遂也 儀禮·鄉射禮 袒決遂 註 遂，射韝也。以韋爲之，其非射時則謂之拾。拾，斂也，所以蔽膚斂衣也🔲今官文書借爲數目之十字🔲集韻 正韻 朶極葉切音笈。更也 禮·投壺 左右告矢，具請拾投 疏 實主更遞而投也 儀禮·鄉射禮 取弓矢拾 疏 遞取弓矢也🔲集韻 韻會 朶極業切音跲。義同🔲實攝切音涉。躡足升也 禮·曲禮 拾級聚足，連步以上 註 拾當爲涉聲之誤也。級，等也△ 正韻 涉、拾，朶失涉切音攝。義同。疑韻切有脫誤。

拿 ná_6.10 俗拏字。鋥 又舒19627挐19548

捆 yīn_6.10 唐韻 於眞切 集韻 伊眞切朶音因 說文 就也。一曰仍也△ 集韻 與因同。

掔 wàn_6.10 掔、掔二字譌省。別見八畫、九畫。

抪 bò_6.10 集韻 博厄切音蘖 博雅 裂也。鋥 又鈸63129

持 chí_6.10 唐韻 直之切 集韻 韻會 澄之切朶音治 說文 握也 廣韻 執也 詩·大雅 鳧鷖序 持盈守成 疏 執而不釋謂之持，是手執之也 禮·射義 持弓矢審固 史記·秦始皇紀 大吏持祿取容🔲把持也 史記·酷吏傳 甯成爲任俠，持吏長短🔲軍持，汲水具，梵語也，猶華言缾 陸游詩 遊山雙不借，取水一軍持 註 不借，草履名🔲正韻 陳知切音馳。義同。鋥 又梼23954時05907🔲軍持，亦作軍遲、鐏鍀63705、軍墀09352

挂 guà_6.10 唐韻 集韻 韻會 古賣切 正韻 古畫切朶音卦 說文 畫也 正字通 圭从二土，有畺畫義🔲玉篇 懸也 儀禮·少牢禮 挂於季指 戰國策 無把銚挂耨之勢，而有積粟之實。通作掛🔲剛挂，矢鏃名 潘岳·射雉賦 屬剛挂以潛擬 註 一作罜🔲huà 集韻 胡卦切音畫。礙也。同罫。與絓通🔲guī 涓畦切音圭。別也 莊子·漁父篇 好經大事，變更易常，以挂功名。或作刲。一曰中鉤取物也。

捽 lù_6.10 集韻 勒沒切音硉 玉篇 捽也。挦也。

捑 zhū_6.10 玉篇 止臾切音株。又章喻切音駐。義朶闕。

正字通舊註訓止，非。

搓 cuō_6.10 19516 09381
集韻麤括切音撮。攫搓，搏也 又初轄切音刹。義同。鋆又搓19796

㧢 nù_6.10 19517 09382
集韻女六切音忸。搐㧢，不伸也○按說文云朔而月見東方，謂之縮朒。朒亦作䐢，搐㧢卽假借縮朒之義正字通云縮通作朒，無作㧢者。又搐、縮義別，音、義並非，此說亦泥。

挃 zhì_6.10 19518 09383
唐韻集韻韻會並陟栗切音窒說文穫禾聲詩·周頌穫之挃挃爾雅釋訓挃挃，穫也集韻或作䅩。又作稭 又廣韻撞挃也淮南子·兵略訓五指之更彈，不若捲手之一挃 又與捱通。擣也 又zhì集韻直質切音秩。亦穫也 又dié徒結切音迭。摘也。與捱同○按挃、銍義異正字通引小爾雅截穎謂之銍，誤。鋆又揤20151

㨉 chòng_6.10 19519 09384
字彙音銃。跳也 正字通俗字○按玉篇集韻諸書俱不載。

挦 xiǎn_6.10 19520 09385
集韻蘇典切音銑。挦挦，手捻物也。

㧾 gèn_6.10 19521 09386
集韻居曾切正韻居登切，並同揯20114△或從亙，誤。鋆又揯19613

挆 duǒ_6.10 19524 09389
與挅同○按說文桗與擴音義同。此改從手。

㧦 kuò_6.10 19522 09387
字彙與擴同

挅 duǒ_6.10 19523 09388
唐韻丁果切集韻韻會正韻都果切並音朵。與揣同。稱量忖度也 又搖也 又duò唐韻集韻並都唾切音刴。亦量也 又廣韻落帆也。

挄 bó_6.10 19525 09390
唐韻蒲北切集韻鼻墨切並音蔔。擊也。

揗 xuàn_6.10 19526 09391
唐韻許縣切集韻翾縣切並音絢。擊也。或作揈 又hōng集韻呼宏切音轟。揮也。與揈同。

指 zhǐ_6.10 19527 09392
古文㧼唐韻職雉切集韻韻會軫視切音旨說文手指也易·說卦艮爲指疏取其執止物左傳·宣四年子公之食指動疏一巨指，二食指，三將指，四無名指，五小指定十四年以戈擊闔廬，傷將指註足，大指也。言其將領諸指。足之用力，大指居多。手之取物，中指爲長。故足以大指爲將，手以中指爲將 又廣韻斥也易繫辭辭也者，各指其所之疏各斥其爻卦之所適也 又示也禮·玉藻凡有指畫於君前用笏前漢·蕭何傳發蹤指示獸處者，人也註指示者，以手指示之 又增韻指麾也禮·曲禮六十曰耆指使註指事使人也前漢·賈誼傳頤指如意註但動頤指麾，則所欲皆如意 又直指，官名前漢·武帝紀遣直指使者暴勝之等，衣繡衣，杖斧，分部，逐捕羣盜 又與旨、恉通。意向也書·盤庚王播告之修，不匿厥指前漢·孔光傳不希指苟合註希望天子之旨意也 又歸趣也孟子言近而指遠者，善言也前漢·河閒獻王傳文約指明註指，謂義之所趨，若人以手指物也 又美也荀子·大略篇不時宜，不敬交，不驩欣，雖指非禮也△集韻或從月作脂。

挈 qiè_6.10 19528 09393
唐韻苦結切集韻韻會正韻詰結切，並契入聲說文縣持也廣韻提挈也王制斑白者不提挈周禮·夏官挈壺氏註世主挈壺水以爲漏前漢·張耳陳餘傳以兩賢王左提右挈註相扶持也 又修整也荀子·不苟篇君子挈其辨。而同焉者合矣註謂不煩雜 又qì集韻韻會詰計切正韻去計切並音契。缺也。又絕也司馬相如·封禪書挈三神之歡 又以板書之也前漢·張湯傳上所是受而著讞法廷尉挈令註在板挈也。挈獄訟之要也史記作絜 又與契通前漢·溝洫志內史稻田租挈重其議減註租挈，收田租之約令也 又班固·幽通賦旦算祀於挈龜註挈，所以然火灼龜者也詩·大雅爰契我龜釋文亦作挈 又xié集韻奚結切音頁。亦縣持也。通作絜。 又jiá訖點切音戛博雅獨也 又qià集韻韻會並丘八切音劼。與䕡同。菝䕡，草名禮·月令王瓜生註革挈也。卽菝䕡。鋆又挈19819摯19730撠20395

捒 shū_6.10 19529 09394
俗梳字。

捄 pèi_6.10 19531 09396
集韻蒲蓋切音旆。撥也 又蒲昧切音佩。揆也。

拃 qiú_6.10 19530 09395
玉篇古文扰19149字。

按 àn_6.10 19532 09397
唐韻集韻韻會正韻並烏旰切音案說文下也廣韻抑也梁·簡文帝·箏賦陸離抑按，磊落縱橫。 又爾雅·釋詁止也史記·周本紀王按兵毋出前漢·高帝紀吏民皆按堵如故註按次第牆堵，不遷動也 又據也禮·月令孟冬，命工師效功，陳祭器，按度程史記·白起傳趙軍長平，以按據上黨民註屯兵以據援 又撫也史記·平原君傳毛遂按劍，歷階而上。又鄒陽傳人無不按劍相盼 又控也史記·絳侯世家天子乃按轡徐行。 又察行也，考驗也，舉也，劾也前漢·賈誼傳驗之往古，按之當今之務。又丙吉傳掾史不稱職，輒予長休告，終無所按驗，公府不按吏自吉始 又按摩也前漢·藝文志黃帝岐伯按摩十卷。 又è集韻韻會並阿葛切音遏。捝也詩·大雅以按徂旅傳止也釋文按又作遏△韻會正韻按、案互通。亦通作桉。

挗 zhé_6.10 19533 09398
集韻陟格切音磔。手度物也。與捇同。

挸 yǎn_6.10 19534 09399
挹字譌省字彙音義同挹。

挊 nòng_6.10 19535 09400
五音類聚俗弄字。

挮 guǐ_6.10 19536 09401
集韻古委切音詭。毀撤也 又wěi魚鬼切，巍上聲。懸也。鋆正字通垝08541字之譌。

捦 qín_6.10 19537 09402
集韻丘甚切，欽上聲。持物也。鋆熊加全：疑捡19812擒20863之俗。

拓 tà_6.10 19538 09403
正字通搨字之譌○按字彙音、義與拓同。又分爲二，非。

抏 zhèn_6.10 19539 09404
唐韻章刃切集韻韻會正韻之刃切並音震說文給也。一曰約也。又集韻拭也爾雅·釋詁抏拭，刷清也註謂拂除令潔清也禮·喪大記浴用絺巾，抏用

浴衣 疏 用生時浴衣拭，令燥也 儀禮·士喪禮 沐櫛挋用巾 註 挋，晞也，清也 又 與振同 楚辭·漁父 新浴者必挋衣。亦作振 又 jìn 集韻 居覲切，巾去聲。又居焮切音靳。丛與攮同。亦拭也。

揻 19540 09405
ruí_6.10　集韻 儒誰切音蕤。與撋、挼同 又 ruán而宣切，軟平聲 博雅 挂也 又 ér 玉篇 日之切音而。擊也。○按 韻會 七虞滂模切，拵譌作拵 字彙 沿譌，分出拵字，音訓爲拵 註 正字通 即以拵爲拵字之譌。丛誤。

挌 19541 09406
gé_6.10　廣韻 古伯切 集韻 韻會 正韻 各額切丛音格 說文 擊也。又 鬪也，止也 魏志·任城王傳 手挌猛獸。又 玉篇 擧也 又 luò 唐韻 盧各切 集韻 歷各切丛音落。亦擊也。或作攞 又 hè 集韻 韻會 丛曷各切音鶴。根挌，牽引也 △ 集韻 或作敋 韻會 正韻 通作格 ○ 按 說文 古覈切，取音微別。鋆 又 敋21641 挌21504 敋21493

挲 19542 09407
cī_6.10　玉篇 七咨切 集韻 千咨切丛音越。擊也。

拲 19543 09408
gǒng_6.10　唐韻 居竦切 集韻 古勇切丛音拱 說文 攤也 又 巩或加手作拲，抱也。本作拲 集韻 亦作㧬。丛與巩14637同。

挍 19544 09409
jiào_6.10　集韻 韻會 正韻 丛居效切音教。角也，比也 又 計量也 論語 犯而不挍 左傳·僖五年 君父之命不挍 又 報也 又 撿也，考 禮·學記 中年考挍 註 閒歲，則考學者之德行、道藝 前漢·賈捐之傳 貫朽而不可挍。又 jiāo 集韻 居肴切音交。亂也。一曰憤意 又 古巧切音絞。義同 △ 陸氏釋文 校，戶教切，从木。若从手，是比挍字，今人多亂之 正字通 明末避熹宗諱，校省作挍 佩觿集 謂校尉之校不當用比挍之挍，說泥 ○ 按經史校、挍互用，義亦相通 正字通 說可從。

挎 19545 09410
kū_6.10　唐韻 苦胡切 集韻 空胡切丛音枯。持也 儀禮·鄉飲酒禮 左何瑟，後首，挎越，内弦 疏 瑟底有孔越，以指深入，謂之挎也 又 kōu 集韻 墟侯切音彄。與摳同。

挏 19546 09411
dòng_6.10　唐韻 正韻 徒總切 集韻 韻會 杜孔切丛音動◆ 說文 攤引也 玉篇 動也 前漢·禮樂志 給大官挏馬酒 註 以馬乳爲酒，撞挏乃成也。又 百官公卿表 太僕屬官有家馬令，武帝太初元年更名爲挏馬 註 主乳馬，以韋革爲夾兜，盛馬乳，挏取其上肥，因名挏馬 淮南子·俶眞訓 撢挵挺挏，世之風俗 註 擁引來去不定也 又 唐韻 正韻 徒紅切 集韻 韻會 徒東切丛音桐。又 韻會 徒弄切音洞。義丛同。

挦 19547 09412
zú_6.10　玉篇 子篤切 集韻 租毒切丛音㑛。收早熟禾曰挦。

挐 19548 09413
ná_6.10　唐韻 集韻 正韻 丛女加切。同拏19387 說文 持也 莊子·漁父篇 丈挐而引其船 韓愈·李花詩 當春天地爭奢華，洛陽園苑尤紛挐 註 挐同 又 揚子方言 杷，宋魏閒謂之渠挐 轉注古音 韻書挐在魚韻，據 方言 則在麻韻者，亦古音也 ○ 按渠挐 集韻 作㳿欜 又 rú 唐韻 女余切 集韻 韻會 正韻 女居切丛音袽。牽也。又 煩也 揚雄·解嘲 攫拏者亡，默默者存 註 攫拏，妄有搏執牽引也。女居切 宋玉·九辯 枝煩拏而交橫 註 拏一作挐。煩拏，擾亂也 王逸·九思 吁嗟兮悲夫，散亂兮紛拏。茅絲兮同綵，冠履兮共絢 又 姓 戰國策 君所用者，鞢錯挐薄也 註 衞二臣名 又 人名 春秋·僖元年 公子友帥師，敗莒師于酈，獲莒挐 註 女居反。又 女加反 又 nà 唐韻 乃亞切 集韻 乃嫁切，丛㕭去聲。絲結亂也 又 rú 集韻 人余切音如。亦持也 又 nǔ 尼據切，女去聲。拘拏，不展也。

挑 19549 09414
tiāo_6.10　唐韻 吐彫切 集韻 韻會 正韻 他彫切丛音佻 說文 撓也。一曰摷也 又 器名 儀禮 有司徹二手執挑、匕枋，以挹湆，注于疏匕 註 挑謂之歃，讀如或春或抗之抗字。或作挑者，秦人語也 釋文 湯堯反，又他羔反。又 與佻通。儇薄也 荀子·彊國篇 其服不挑 又 增韻 杖荷也。俗謂肩荷曰挑 又 取也。今揀選人物亦謂之挑。又 tiǎo 唐韻 集韻 韻會 丛徒了切音宨。引也，撥也 博雅 疾也。一曰弄也 史記·項羽紀 願與漢王挑戰，決雌雄 註 摘嬈敵求戰，古謂之致師 前漢·司馬相如傳 卓王孫有女文君，好音，相如以琴心挑之 註 寄心於琴聲，以挑動之也 △ 亦與誂通。誘也，戲也 又 正韻 土了切，桃上聲。義同 又 diào 集韻 韻會 丛徒弔切，與掉同。振也，搖也 又 tāo 唐韻 土刀切 集韻 韻會 正韻 他刀切丛音叨 詩·鄭風 挑兮達兮 毛傳 往來相見貌 朱傳 挑，輕儇跳躍之貌 又 抒物之器。或作抭 又 tiáo 集韻 田聊切音條。撓挑也。一曰攪也 莊子·大宗師 登天游霧，撓挑無極 註 宛轉循環貌 △ 或作挑。鋆 又 挑19987 挑19690 又 ㇀ 00003，即挑，漢字筆畫之一。

挒 19550 09415
liè_6.10　唐韻 良薛切 集韻 力糵切丛音列 埤蒼 挵也。一曰捩也 又 韻會 力結切，與捩同。拗也，紾也。鋆 又 搣20715

拜 19551 09416
bài_6.10　同拜 六書正譌 从兩手向下，會意 △ 字彙 闕。

挅 19552 09417
ě_6.10　集韻 五果切，訛上聲。趙魏之閒，謂摘爲捼挅 又 唐韻 奴果切 集韻 努果切，丛穤上聲。義同。鋆 又 挅19648

挛 19553 09418
qióng_6.10　集韻 渠容切音蛩。擧兩手取曰挛 ○ 按即挛字變體。轉註。

挓 19554 09419
zhā_6.10　集韻 陟加切音吒。挓挱，疾貌。鋆 又 俗磔39252 鳩摩羅什譯 大智度論·卷十六 從頭剥皮，乃至其足，以五百釘，釘挓其身，如挓牛皮 慧琳音義 釘磔：張革反，據經合是磔字，今經中書挓字，諸字書並無此字，未詳其音，且書磔字也。

挴 19555 09420
wǔ_6.10　集韻 五故切。同捂。

投 19556 09421
tóu_6.10　集韻 投19273古作投。

搔 19557 09422
sāo_6.10 五音篇海 蘇遭切音騷。曲折而攀援也。
瑿又搔19927搔19796

拰 19558 09423
niè_6.10 字彙補 尼輒切音聶。探也。

捛 19559 09424
lǚ_6.10 篇海 音義同旅。又 篇韻 姓也〇按 廣韻 旅
俗作捛，此又譌从衣，更謬。

揲 19560 09425
dié_6.10 篇海 丁叶切音喋。打也〇按抴字譌省，
俗借爲攝字。

搔 19561 09426
sāo_6.10 篇海 同搔〇按搔字譌省。六書無此體。

抴 19562 09427
yì_6.10 篇海 同抑〇按 說文 抑。从反印作抴。此
譌文。

搰 19563 09428
hū_6.10 篇海 呼骨切音忽。高貌〇按音義同榾。
譌文。

挖 19564 09429
wā_6.10 字彙補 烏括切音斡。挑挖也〇按㝕字入
點韻。加手義同。當从鳥八切。瑿又挖19794挖，並俗挖。

指 19565 09430
zhǐ_6.10 九經字樣 古文指19527字。

搇 19566 09431
xiān_6.10 篇海 音先。持也。

揑 19567 09432
jué_6.10 篇海 音義同抉 海篇 音掘。

扛 19568 09433
hóng_6.10 篇海 音紅。蟲飛也。

帄 19570 41243
tìng_6.10 字彙補 他定切音聽。承也。

擇 19576 u2AB72
zé_6.10 俗擇20843
毛捽也。瑿同抴19214，俗捽字。

捗 19569 41242
zuó_6.10 龍龕 昨沒切。

掴 19574 u2B77B
null_6.10 未詳。

拷 19571 41244
lǎo_6.10 字彙補 落好
切音老。拷拷灣，豐縣地名。出 河防一覽

抵 19581 u2AB6D
null_6.10 未詳。

㐁 19572 41245
jǐn_6.10 正韻 古忍切，
音謹◇謹身有所承也。瑿又㐁14705㐁14708㐁14724㐁
61809 图 直音篇 㐁，音謹，敬身所以承。㐁04747同上。

捒 19573 43710
chōu_6.10 篇海類編 同搊。

捃 19582 u2AB6C
null_6.10 未詳。

挭 19575 u2AB73
gěn_6.10 喃 从手，
艮cấn聲△挭拵：緊密相連，纏綿 图 壯naenj打扮。

抉 19577 u2AB71
gúet_6.10 喃 抉除：削刪。

拌 19578 u2AB70
null_6.10 新撰字鏡 郭拌，午年。

拾 19579 u2AB6F
guài_6.10 簡 擓20871

抌 19580 u2AB6E
chǒng_6.10 同挵20570

拚 19583 u2AB6B
null_6.10 喃 未詳。

树 19586 u2B2D
đối_6.10 喃 俗撍21000

援 19584 u2F8B8
bá_6.10 亦作援19615，俗拔19392

搣 19585 u22B2E
vớt_6.10 喃 从手戌tuất聲。撈。

㛼 19587 u22B29
fá_6.10 同筏41903 敦煌俗字典 S.388 正名要錄 右

字形雖別，音義是同。古而典者居上，今而要者居下。
黃征按：筏又作栈23984，替換意符而已 图 俗栈23591 可
洪音義 捄栈：上猪角反。椎也。下羊力反。黎也。正作
弋杙二形 图 phiết 喃 从手伐phạt聲△捄㧙：塗抹。

拗 19588 u22B28
nhứ_6.10 喃 从手汝nhớ聲△拗袽：哄孩子。

拵 19589 u22B27
nện_6.10 喃 从搗省年niên聲△拵坦：夯土。
图 nẹn 从握省年niên聲△捘拵荽：一把野菜。

扡 19590 u22B26
lẩy_6.10 喃 同擽21223

扛 19591 u22B25
jiāng_6.10 漢語方言大詞典 郎扛：吳語。上海松江。
(一)（作事或說話）不著邊際。(二)不誠實 图 giang 喃 从
擎省江giang聲△扛荮：張開雙手 图 giàng 征扛：卡住
图 giảng 扛縄：撒網。

框 19592 u22B24
kuāng_6.10 同匡04366 可洪音義 框肘：上丘王反。曲
也。前作駈69958是也 图 khuống 喃 从手匡khuôn聲。

㧑 19593 u22B23
tay_6.10 喃 手。摽㧑：手捻、擰 图 越·阮秉 五千字
譯國語 輣，車㧑。枹椇，音浮曳。㧑俚。

掉 19594 u22B22
díu_6.10 喃 从手吊điếu聲。牽、扯△亦作帠19601
△搄帠：挽攜。

拣 19595 u22B21
xì_6.10 漢語大字典.V.2 揀，同揀。

扙 19596 u22B20
null_6.10 扙櫓，盾名 管子·輕重己篇 張粃當弩，銚
耨當劍戟，穈渠當脅輈，蓑笠當扙櫓，故耕械具則戰械
備矣。

搊 19597 u22B1F
chōu_6.10 同搊19621俗搊20262

捔 19598 u22B1D
jué_6.10 同桷23842俗掘19892

振 19599 u22B1C
lǚ_6.10 同旅22163

邦 19601 u22B1A
díu_6.10 喃 同掉19594

拜 19600 u22B1B
null_6.10 未詳。

挈 19602 u22B19
yú_6.10 或俗挈45990

抱 19603 u22B18
bào_6.10 俗抱19350 可洪音義 抱持：上步保反。正
作抱。

抹 19604 u22B17
chùi_6.10 喃 从摩省末lồi聲△抹㧑：揩手。抹蹟：
擦腳。抹洂昧：拭淚 图 chôi磨平，磨光△抹摻板：把木
板磨光 图 giồi塗抹△抹粉：搽粉 图 nhồi填入△抹熱：
揉塞 图 同觫02526

拴 19605 u22B16
shuān_6.10 俗拴19493明·佘自強、王肯堂 治譜·卷之
十·雜事門·禁耀 凡米船偷過關者，拏獲拴繫，即限在本
地發耀。

扟 19609 u22B12
hén_6.10 同挭19480

抾 19607 u22B14
qī_6.10 俗栖23946 可
洪音義 抾僧：上音西，正作栖。

挫 19606 u22B15
cuò_6.10 疑挫19649缺筆。

抾 19610 u22B11
qū_6.10 方 拔，抓

拺 19608 u22B13
null_6.10 或俗桝24134

拋 19611 u22B10
pāo_6.10　俗拋19381　明世宗肅皇帝實錄·卷之一百三十六一切水耗拋撒篩包等項耗米,盡行除革。

掇 19612 u22B0F
duó_6.10　俗掇19870　嘉慶海康縣志·卷之八·藝文志·明·羅璋懷坡堂記今郡守公少掇巍科,居臺端,以風節自持,為時權倖所嫉擬之。少掇巍科,當作少掇巍科。

捚 19613 u22B0E
gèn_6.10　俗捚19521

抶 19614 u22B0D
yè_6.10　簡撒20968

援 19615 u22B0C
bá_6.10　俗拔19392

挹 19618 u22B09
è_6.10　同抳19375

墊 19616 u22B0B
diàn_6.10　俗墊09215今簡化作墊。

採 19617 u22B0A
cǎi_6.10　俗採19902　可洪音義採蜜:上倉改反。正作採。又褚人穫堅瓠十集·卷之一·蘿峰去位歸路若逢徐少宰,入出相伴採黃精。

㧨 19619 u22B08
yuān_6.10　俗淵28624　可洪音義㧨兮:上一玄反。

拤 19620 u22B07
giǔ_6.10　㖢貯也。　扑図ciemz壯拔図têm㖢从手尖tiêm聲

抌 19622 u22B05
pū_6.10　四聲篇海音扑

㧱 19621 u22B06
chōu_6.10　俗搊20262　捧図从掩省冰bǎng聲△㧱晚:覆蓋。捌㧱,掩蔽。

㧴 19623 u22B04
bưng_6.10　㖢同搬20405

拾 19628 uF973
shí_6.10　兼拾。

抑 19624 u22B03
yì_6.10　同抑19269龍龕抑,於棘反。抑損也。屈也。意也。推也。按也。図俗柳23858可洪音義訖抑:力酉反。㦝。

捉 19625 u22B02
zhuàng_6.10　二簡撞,簡作捉。

扡 19626 u22B01
tuō_6.10　同扡19646

𣧱 19627 u39F1
ná_6.10　俗拿19508

㧩 19629 u6327
hóng_6.10　直音篇㧩扦19568,舊藏作狟,音紅。虫飛

挦 19626 u6326
xún_6.10　簡撏20660

挥 19631 u6325
huī_6.10　簡揮20113

挤 19632 u6324
jǐ_6.10　簡擠20948

挣 19633 u6323
zhēng_6.10　簡掙19893

挢 19634 u6322
jiǎo_6.10　簡撟20688

挡 19635 u6321
dǎng_6.10　簡擋20849

挠 19636 u6320
náo_6.10　簡撓20667

挟 19637 u631F
xié_6.10　簡挾19680

挞 19638 u631E
tà_6.10　簡撻20823

挝 19639 u631D
wō_6.10　簡撾20827

挜 19640 u631C
yǎ_6.10　簡掗19891

挛 19641 u631B
luán_6.10　簡攣21246

挚 19642 u631A
zhì_6.10　簡摯20517

挙 19643 u6319
jǔ_6.10　俗舉48405

捯 19644 u6318
lì_6.10　同捯19821　図liè日同㲻27290㧒27398

挨 19645 09434
ǎi_7.11　唐韻於駭切集韻倚駭切,丛唉上聲說文擊背也。図ǎi唐韻於改切集韻倚亥切,丛愛上聲。擊也。図āi集韻韻會丛英皆切音唉。本作捱。義同図推也六書故旁排也揚子方言强進曰挨正字通今俗凡物相近謂之挨。

挩 19646 09435
tuō_7.11　唐韻集韻韻會丛他括切音脫說文解挩也廣韻除也。誤也,遺也。或作稅,亦作說。通作脫。

図唐韻集韻丛徒活切音奪。義同図shuì集韻輸芮切音稅。拭也儀禮·鄉飲酒禮坐挩手,遂祭酒図ruì俞芮切音睿。動也。與抎同。𥳑又捝挩19808

扤 19648 09437
wǒ_7.11　扤字之譌

挪 19647 09436
nuó_7.11　唐韻諾何切集韻囊何切丛音儺。搓挪也。𥳑又挪20147

挫 19649 09438
cuò_7.11　唐韻則臥切集韻韻會正韻祖臥切丛音剉說文摧也周禮·冬官考工記·輪人凡揉牙,外不廉而內不挫註挫,折也孟子思以一毫挫於人,若撻之於市朝史記酷吏傳蜀守馮當暴挫註暴虐以挫人図zuò集韻祖臥切音座。搦也,捉也楚辭·招䰟挫糟凍飲,酎清涼些註捉去其糟,但取清醇也図祖加切,匼平聲◇亦折也考工記內不挫,李軌讀図cuó臧戈切,蹉平聲案也莊子·人間世挫鍼治繲図cuò韻會千臥切正韻寸臥切,丛與剉同。折傷也增韻剉斫也。𥳑又捱20403図正字通悭17437,挫字之譌。

挱 19650 09439
sǎn_7.11　唐韻集韻丛桑感切音糝。撼挱,搖也。

挬 19651 09440
bó_7.11　唐韻蒲沒切集韻薄沒切丛音勃。拔也。𥳑又挬20143

挭 19652 09441
gěng_7.11　唐韻集韻韻會正韻丛古杏切音梗。攬也,撓也。與梗音同義別。本作搜。

挮 19653 09442
tǐ_7.11　唐韻他禮切集韻土禮切丛音體。去涕淚也図tì集韻他計切音替。拭也。

挳 19654 09443
zhuò_7.11　集韻柱買切。讀與筡近聲譜攏物也。𥳑廣韻丈夥切図撑19978図音bāi字彙挳,普擺切,派上聲。分開也重編國語辭典掰,用手將東西分開。

振 19655 09444
zhèn_7.11　唐韻章刃切集韻韻會正韻之刃切丛音震說文舉救也增韻拯也易·蠱彖君子以振民育德註濟民養德也禮·月令振乏絕前漢·元帝紀振業貧民註振起之,令有作業図說文一曰奮也廣韻裂也。又動也易·恆卦振恆禮·月令孟春,蟄蟲始振周禮·春官·大祝辨九祭,五曰振祭註至祭之末,但擩肝鹽中振之,謂將食者既擩必振,乃祭也爾雅·釋言振,訊也註當作迅。謂奮迅図同震戰國策燕王振怖大王之威史記·五帝紀振驚朕眾図整也禮·曲禮振書端書於君前疏振,拂去塵也,臣不豫慎,若將文書簿領於君前,臨時乃拂整也図發也左傳·文十六年振廩同食莊子·田子方是必有以振我也図收也禮·中庸振河海而不洩孟子金聲而玉振之也周禮·夏官·大司馬中春教振旅註兵入收眾,專於農事○按書傳云振旅言整眾図止也詩·小雅振旅闐闐箋戰止將歸。又振旅伐鼓。振,猶止也図爾雅·釋言振,古也詩·周頌振古如茲箋振亦古也。

図鳥羣飛貌詩·周頌振鷺于飛図州名寰宇記瓊州府有崖州,唐武德五年改振州図zhēn唐韻集韻類篇韻會丛之人切音真。厚也詩·周南宜爾子孫振振兮傳仁厚也又振振公子傳信厚也図盛貌左傳·僖五年均服

振振 又zhěn上聲集韻正韻丛止忍切音軫。與袗通。禪也禮·玉藻振絺綌，不入公門。鎣又㨋32807㩼32855㨋32849㡱15520㡱08709

揨 19656 09445
chéng_7.11 唐韻直庚切集韻除庚切丛音棖博雅揨揄，擇也。一曰舉也 又集韻馳貞切音呈。義同。

挲 19657 09446
suō_7.11 唐韻素何切集韻韻會正韻桑何切丛音娑。摩挲也玉篇手挼挲也韓愈·石鼓歌誰復著手更摩挲 又通作莎49536禮·郊特牲·汁獻註獻讀爲莎。秬鬯中有煮鬱摩莎，出其香汁，謂之汁莎 又shā集韻師加切音沙。抄挲，開貌△玉篇亦作抄集韻或省作抄。亦作挱。通作沙。鎣又撒20940

挱 19658 09447
suō_7.11 同挲。鎣又挼19659抄28393

挳 19660 09449
kēng_7.11 集韻丘耕切。同摼20535

挴 19661 09450
měi_7.11 唐韻武罪切玉篇莫改切集韻母罪切丛音每揚子方言貪也史記·賈誼·服賦品庶馮生註索隱曰：漢書作每生。按方言每字合從手旁，音謀改反楚辭·天問穆王巧挴夫何周流。鎣又㩋19981㩋19831

捔 19662 09451
wǒ_7.11 唐韻玉篇五可切集韻語可切丛音我。搓也。又集韻牛河切音莪。義同。

挵 19663 09452
lòng_7.11 集韻盧貢切。同弄。

挶 19664 09453
jú_7.11 唐韻居玉切集韻韻會拘玉切丛音鋦說文戟持也。或作拘 又土轝也左傳·襄九年陳畚挶，具綆缶周語偫而畚挶註挶，舁土之器。

挼 19659 09448
suō_7.11 抄字之譌

捠 19665 09454
bāng_7.11 正字通俗搒字 又唐韻博江切音邦。土精，如手在地中，食之無病〇按集韻作埲08642从手，譌。

挸 19666 09455
jiǎn_7.11 古文攆唐韻集韻丛吉典切音繭。拭也。或作㩌。鎣又㩌21200

挹 19667 09456
yì_7.11 唐韻於汲切集韻乙及切丛音邑說文抒也廣韻酌也詩·小雅維北有斗，不可以挹酒漿。又大雅泂酌彼行潦，挹彼注茲 又唐韻伊入切集韻韻會正韻一入切丛音揖。義同 又通揖荀子·議兵篇湯武之誅桀紂，拱挹指麾 又通抑後漢·光武帝紀情存損挹，推而不居荀子·宥坐篇挹而損之註挹，退也。

挺 19668 09457
tǐng_7.11 唐韻正韻徒鼎切集韻韻會待鼎切丛音艇。讀若庭上聲說文拔也廣韻挺出也吳語挺鈹搢鐸前漢·師丹傳挺力田註特拔異力田之人，優寵之也晉書·宣帝紀論以天挺之資，應期受命 又直持也 又寬也禮·月令仲夏，挺重囚，益其食 又引也前漢·劉屈氂傳挺身逃，亡其印綬註獨引身而逃難也 又縣名前漢·地理志膠東國挺縣 又集韻韻會丛他頂切音珽。讀若廳上聲。直也左傳·襄五年周道挺挺，我心扃扃前漢·蓋寬饒傳君子直而不挺，曲而不詘 又荔挺，香草名禮·月令仲冬，荔挺出註馬薤也 又與脡通儀禮·鄉飲酒禮薦脯五挺註挺猶膱也 又tíng◆唐韻特丁切集韻正韻唐丁切丛音庭。挺縣，別音 又zhèng集韻丈梗切，棖上聲。亦直也。鎣又艇59705

挻 19669 09458
shān_7.11 唐韻式連切集韻韻會正韻尸連切丛音羶說文長也增韻引也晉書·食貨志挻亂江南唐書·盧鈞傳相挻爲亂 又揚子方言取也。秦晉之閒，凡取物而逆謂之篡，楚或謂之挻 又通也賈誼·治安策主上有敗，則因而挻之矣 又六書故掌擊也。挻重於批。俗作搧。又廣韻柔也，和也集韻揉也。或作煽 又chān集韻抽延切音脠。讀近諂平聲。亦長也 又yán夷然切音延。亦取也。又周也。鎣又埏08669

捂 19670 09459
póu_7.11 正字通捂19873字之譌正韻捂與抔19272同，誤也。

挼 19671 09460
ruó_7.11 唐韻集韻丛奴禾切。同捼禮·曲禮共飯不澤手註澤謂挼莎也晉書·劉毅傳東府聚摴蒲大擲，劉裕挼五木，久之，即成盧焉 又六書故按揉也 又suī唐韻索回切集韻韻會正韻蘇回切丛音毸。擊也。又手摩也 又néi集韻韻會丛奴回切音餧。義同。亦作捼 又ruí唐韻集韻丛儒誰切音蕤。與捼同 又集韻翾規切音墮儀禮·特牲饋食禮祝命挼祭註祭神食也士虞禮曰：祝命佐食墮祭周禮曰：旣祭則藏其墮。墮與挼讀同 又suī宣錐切音雖。又思累切音髓。義丛同 又luò盧臥切，螺去聲。理也。與擩同 又nuò奴臥切音穤。推也。餘詳捼19852字註。

拹 19672 09461
jié_7.11 集韻訖業切。同抾19364

挽 19673 09462
wǎn_7.11 唐韻無遠切集韻武遠切丛音晚。引也。又挽歌唐書·建寧王倓傳李泌爲挽詞，追述倓志，命挽士唱崔豹·古今注薤露蒿里二章，李延年分爲二曲薤露送王公貴人蒿里送士大夫庶人，使挽柩者歌之，世呼爲挽歌 又韻會正韻丛無販切音萬。又集韻美辨切音免。義丛同〇按挽、輓丛通。鎣又挩19753挽19985㧋20193

抲 19674 09463
hè_7.11 集韻下可切，荷上聲。擔也。與荷、何同。或作抲。

揁 19675 09464
kēng_7.11 唐韻口莖切集韻丘耕切丛音鏗。琴聲。或作摼。通作鏗 又同文舉要引伸也。

捸 19676 09465
tū_7.11 唐韻集韻丛他谷切音禿。杖指也。

挕 19677 09466
dié_7.11 唐韻丁愜切集韻的協切丛音呫。讀若墊入聲說文拈也六書故挕者，攝之固也。俗作捻 又zhé唐韻陟葉切集韻陟涉切丛音輒。又niè集韻昵輒切音聶。義丛同。鎣又拰19560

拚 19678 09467
fān_7.11 集韻孚袁切。與翻同。或省作拚19399〇按廣韻普官切音潘。今俗沿譌用爲拌棄之拌19383

授 19679 09468
jìn_7.11 集韻子鴆切音浸。擊也。鋆又敤21537
菽21584

挾 19680 09469
xié_7.11 唐韻正韻胡頰切集韻韻會檄頰切丛音協說文俾持也增韻帶也，掖也。一曰輔也詩大雅既挾四鍭儀禮鄉射禮兼挾乘矢註方持弦矢曰挾。古文作扻齊語挾其槍刈耨鎛，以旦莫從事於田野註在掖曰挾囝爾雅釋言藏也前漢惠帝紀除挾書律註秦律，敢有挾書者族囝廣韻懷也，護也孟子不挾長，不挾貴朱註挾者，兼有而恃之之稱囝會也晉語遇兆挾以銜骨，齒牙為猾囝揚子方言挾斯敗也。南楚凡人貧，衣被醜弊，或器物弊，謂之挾斯囝xié集韻尸牒切音蝶。亦持也左傳宣十二年三軍之士，皆如挾纊囝jiā集韻訖洽切正韻古洽切丛與夾同。亦持也。又集韻韻會丛子洽切音啑。又集韻吉協切音頰。又作荅切音匝。義丛同。或作㧲囝jiá集韻韻會丛即協切。與浹通詩大雅使不挾四方傳挾，達也。疏挾者，周匝之義，故為達周禮天官大宰縣治象之灋于象魏，挾日而斂之註從甲至甲謂之挾日，凡十日釋文又作浹荀子禮論篇方皇周挾註挾讀爲浹。匝也囝正韻即涉切音接。義同。鋆又挾19637軼60057軼60108

挿 19681 09470
chā_7.11 俗插字。

捀 19682 09471
fēng_7.11 唐韻集韻丛敷容切音峰。說文奉也囝fèng唐韻扶用切集韻房用切丛音俸。義同。一曰兩手分而數也囝féng符容切音逢。義同。或省作拌。亦作捧。通作捀20461

㧱 19683 09472
nàn_7.11 集韻奴紺切，南去聲。魚食貌。

㧎 19684 09473
tùn_7.11 ◆集韻他恨切，吞去聲。捩也。

挍 19685 09474
jiǎo_7.11 集韻韻會正韻丛古巧切。與攪同馬融廣成頌散毛族，㧌羽羣韓愈曹成王碑文碻隨光化挍其州囝kù集韻枯沃切音酷。打也。

捂 19686 09475
wù_7.11 唐韻集韻韻會正韻丛五故切音誤。斜相抵觸也。又逆也儀禮既夕若無器，則捂受之疏對面相逆受也囝斜拄也通雅枝梧24212，猶支拄抵捂也史記項籍紀云莫敢枝梧。註云小柱爲枝，邪柱爲梧，當作捂。又漢書司馬遷傳贊云或有牴梧。註云牴，觸也。梧，相支拄不安也。亦抵捂譌作牴梧△集韻或作摀。鋆又搗20439

捃 19687 09476
jùn_7.11 唐韻正韻居運切集韻韻會俱運切，丛與攗21107攟21238同史記十二諸侯年表荀卿、孟子、韓非之徒，往往捃摭春秋之文以著書前漢藝文志武帝時，軍政楊僕捃摭遺逸，猶未能備註捃摭謂拾取之唐書李翰傳帝以浙西富饒，欲掊捃遺利囝jǔn集韻韻會正韻丛舉蘊切。與攟同。鋆又攟20673攟21216攗26026攟40140

捂 19688 09477
kuò_7.11 說文括19481本字。从手昏聲，古活切。

捄 19689 09478
jū_7.11 唐韻舉朱切集韻韻會恭于切丛音駒說文盛土於梩中也。一曰捊也詩大雅捄之陾陾箋築牆者捊聚壤土，盛之以虆，而投諸版中囝集韻韻會正韻丛居尤切音鳩。義同囝qiú唐韻巨鳩切集韻韻會正韻渠尤切丛音求。長貌詩小雅有捄棘匕。又周頌有捄其角箋角貌囝集韻韻會丛渠幽切音虯。義同。囝jiù集韻韻會正韻丛居又切。同救。止也，護也。前漢董仲舒傳將以捄溢扶衰註捄，古救21510字。鋆又弆15979

挑 19690 09479
tiāo_7.11 俗挑字。

捔 19691 09480
hāo_7.11 捄字之譌。

捅 19692 09481
tǒng_7.11 唐韻他孔切集韻韻會吐孔切正韻他總切丛音桶。進前也。引也囝集韻損動切，㮮上聲。義同。又擊也。與敨同。鋆又捅20631

捆 19693 09482
kǔn_7.11 集韻韻會正韻丛苦本切音閫。齊等也孟子捆屨織席註捆猶叩搗也。欲使堅，故叩之詩大雅室家之壼箋壼之言捆也疏捆逼而密緻也囝kǔn集韻苦悶切音困。義同儀禮大射儀既拾，取矢捆之。劉昌宗讀。或譌作梱囝hún胡昆切音䰟。與掍同玉篇取也，抒也，纂組也。鋆又捆19918裍39825綑44206

捏 19694 09483
niè_7.11 集韻昵洽切。同囜08037

捯 19695 09484
dùn_7.11 集韻杜本切，屯上聲。推也。

捇 19696 09485
huō_7.11 唐韻呼麥切音劃說文裂也。囝hè郝格切音赫。掘土謂之捇囝chì集韻韻會正韻丛七迹切音磧。除撥也。與赤同周禮秋官赤犮氏註赤犮，猶言捇拔也。主除蟲豸自埋者。

捈 19697 09486
tú_7.11 唐韻集韻韻會正韻丛同都切音徒說文臥引也揚子法言捈中心之所欲，通諸人之嚾嚾者，莫如言囝tū唐韻正韻他胡切集韻通都切，丛土平聲博雅引也，抒也囝集韻余遮切音邪。義同囝shū抽居切音樗。舒也。與攄同囝chá直加切音茶。擲也。

捉 19698 09487
zhuō_7.11 唐韻集韻韻會丛側角切，音穛說文搤也。一曰握也廣韻捉搦也前漢王褒傳周公躬吐捉之勞註一飯三吐飱，一沐三捉髮蜀志趙雲傳註先主捉手而別囝增韻捕也釋名促也。使相促及也囝唐書兵志唐初，兵之戍邊者，大曰軍，小曰守捉。

捚 19700 09489
xǐ_7.11 正字通拚字之譌。

捭 19699 09488
bǎi_7.11 俗捭字。

捊 19701 09490
póu_7.11 古文摣唐韻步侯切集韻正韻蒲侯切丛音裒說文引取也禮禮運人情以爲田註田，人所捊治也疏謂以手捊聚，卽耕種耘鋤也囝páo唐韻薄交切集韻蒲交切丛音庖。與捯同囝fóu集韻房尤切音浮。又方鳩切，讀若可否之否平聲。義丛同囝fū芳無切音敷。擊也囝pōu集韻韻會丛普溝切，剖平聲。掊也禮運註：又本韻△說文捊，或从包作抱19350集韻或作㧵19272鋆又抔19279

捋 luō_7.11 唐韻郎括切 集韻 韻會 盧活切，夶鸞入聲 說文 取易也 廣韻 手捋也 詩·周南 采采芣苢，薄言捋之 朱傳 取其子也 詩詁 以指歷取也。又 豳風 予所捋荼。 図 摩也 潘岳·笙賦 郁捋劫捂 註 郁捋，循笙孔貌 図 liè 集韻 龍輟切音劣。采也△本作寽，五指寽也。 鋆 又将19746 捼19514

捌 bā_7.11 集韻 韻會 正韻 夶布拔切音八。破也，分也。又擊也 淮南子·說林訓 解捽者不在於捌格，在於批伉△ 集韻 同扒 官文書紀數，借爲八字 正字通 秦法，凡數目字文單者，取茂密字易之。一作壹，二作貳是也○按秦諸碑，惟一二三改易，四以下仍用本文，徐氏始收附捌字，今則一至十字夶改，非秦之舊也 図 集韻 必結切。與扒同。掗也 図 筆別切，讀若分別之別。與扒同。亦剖分也 図 皮列切。讀若離別之別。義同 図 唐韻 百轄切 說文 方言 云無齒杷。从手別聲 急就篇 捌杷 師古 註 無齒爲捌，有齒爲杷。皆所以推引聚禾穀也 図 博拔切音八。同扒○按 集韻 从木作柫24190 鋆 又柫24190 秚40415 図 名義捌，補穴反。不能相分△敦煌. P. 2011 王仁昫刊謬補缺切韻一 捌，方結反，拉。

摵 xiè_7.11 集韻 下介切音械。持也。

捍 hàn_7.11 唐韻 集韻 韻會 正韻 夶侯幹切。同扞 禮·祭法 能捍大患則祀之 図 禮·內則 右佩玦捍 註 捍謂拾也，言可以捍弦也 図 史記·貨殖傳 燕與趙代俗相類，而民雕捍少慮 註 言如雕性之捷捍也 図 xiàn 唐韻 集韻 夶下赧切音僩。捍攃，搖動也。又止也 図 集韻 戶版切，患上聲。義同。 鋆 又桿24081 扞00803 馯21495 䮝36970

捿 xuán_7.11 俗旋字。

拌 láo_7.11 正字通 海篇 音勞。閉也，按古借用牢。旁加手，非。 鋆 又捹20111

拝 pēng_7.11 集韻 披庚切音烹。打也。

捸 xì_7.11 集韻 胡計切。同撎20255

捎 shāo_7.11 唐韻 正韻 所交切 集韻 韻會 師交切夶音筲 說文 自關以西，凡取物之上者爲撟捎 揚子方言 撟捎，選也 郭璞 註 此妙擇積聚者也 廣韻 芟也 史記·龜筴傳 以夜捎兔絲去之 図 增韻 掠也 揚雄·校獵賦 曳捎星之旃 註 捎，拂也 杜甫詩 花妥鶯捎蝶 図 蒲捎，良馬名 図 shāo 集韻 山巧切音稍。擊也。同捒 図 shào 類篇 所教切，稍去聲。支也 図 xiāo 唐韻 相邀切 集韻 韻會 思邀切夶音宵。除也 周禮·冬官考工記·輪人 以其圍之防捎其藪 註 防三分之一也。藪者，衆輻之所趨也 馬融·廣成頌 捎罔兩，拂游光 図 搖捎，動貌 図 正韻 先彫切音蕭。義同。 鋆 又敿21503

捏 niē_7.11 唐韻 奴結切 集韻 韻會 乃結切夶音涅。捺也，搦也 增韻 捻聚也。

捐 juān_7.11 唐韻 與專切 集韻 韻會 余專切夶音沿 說文 弃也 前漢·竇嬰傳 侯自我得之，自我捐之，無所恨 図 增韻 除去也，損也 史記·吳起傳 捐不急之官 図 病死曰捐瘠 列子·楊朱篇 生相憐，死相捐 図 正韻 于權切音員。義同。 鋆 又塤09012

捖 duǎn_7.11 唐韻 都管切 集韻 覩緩切，夶與短同。 図 dòu 集韻 大透切音豆。四刌曰捖。

㨥 jì_7.11 正字通 海篇 音忌。譁也。按忌譁當从忌，加手，非。 鋆 龍龕㨥19281或作，㨥正。

捑 zè_7.11 集韻 實側切音崱。支也。

捒 sǒng_7.11 集韻 韻會 夶筍勇切。同竦。敬也。一曰上也。又動也。本作捒 唐韻 集韻 夶所據切音疏。裝也 図 shù 唐韻 色句切 集韻 韻會 雙遇切夶音數。又 集韻 春遇切，輸去聲。義夶同 図 集韻 韻會 夶輸玉切。與束同。縛也 図 sōu 集韻 先侯切，漱平聲。取也。與揫同。 鋆 可洪音義抖捒：上都口反，下蘇口反。

捓 yé_7.11 集韻 余遮切。同擨20965捓揄20042，舉手相弄也 白居易詩 時遭人指點，數被鬼捓揄。亦作攍揄。又或作歈歟 說文 作歈瘉 後漢書 作邪。別作揶 図 yú 集韻 羊諸切音余。胥捓，殘餘也。

捔 jué_7.11 唐韻 古岳切 集韻 韻會 正韻 訖岳切夶音覺 博雅 掎捔也。通作角 左傳·襄十四年 譬如捕鹿，晉人角之，諸戎掎之 註 角者，當其頭也。掎者，踦其足也 図 zhuó 唐韻 集韻 夶仕角切音浞。刺也 張衡·西京賦 叉蔟之所攙捔 註 攙捔，貫刺之也 廣韻 亦作般 集韻 或作捒。又作箹 図 chuò 集韻 測角切音齪。與擉同。亦刺取也。 鋆 又骹55348般55358搎20206

捕 bù_7.11 唐韻 正韻 薄故切 集韻 韻會 蒲故切夶音步 說文 取也 增韻 擒捉也 図 其人在而直追取之曰逮。其人亡而討捕之曰捕 前漢·灌夫傳 遣吏分曹逐捕。又 韓延壽傳 吏無追捕之苦 図 姓。漢捕巡 図 fù 集韻 方遇切音付。擊取也。與搏同。

捖 wán_7.11 唐韻 集韻 韻會 夶胡官切音完。捖刮摩也。一曰捖摩，工治玉也 図 huǎn 集韻 韻會 戶管切 正韻 胡管切夶音緩。擊也。摩也 図 kuǎn 集韻 苦緩切音款。亦擊也 図 guā 集韻 韻會 夶古刹切，與刮同 周禮·冬官考工記 刮摩之工五 註 故書刮作捖。鄭司農云捖摩之工謂玉工也 釋文 捖音刮，一音完。又音侯管反。

捵 chā_7.11 篇海 初洽切音插。利也 正字通 俗字。 鋆 新修玉篇 刺也。楊寶忠：俗插20068

捗 bù_7.11 集韻 蒲故切音步。捗擄，收斂也 図 pú 蓬逋切音蒲。與莆同。莆擄，收亂草也 図 zhì 竹力切音陟。打也。

捘 zùn_7.11 唐韻 子寸切 集韻 韻會 正韻 祖寸切，夶尊

去聲說文推也增韻擠也,捔也左傳·定八年涉佗捄衞
侯之手及捥註血至捥図qūn唐韻集韻韻會正韻丛
七倫切音逡。義同。又廣雅按也図集韻祖回切音唯。
又津垂切音厜図zuì唐韻子對切集韻祖對切
丛音崒。亦推也。或作捽図集韻取内切音倅。又祖猥
切,唯上聲。義丛同。

拼 19724 09513 chōu_7.11 與抽19363同。擂字重文說文擂或从秀唐韻敕鳩切図shū集韻式竹切音叔。亦引也。

捴 19725 09514 zǒng_7.11 揔20480本字六書故兼持也。義與總近。

挿 19727 09516 chā_7.11 海篇同插 音剛。舉也。

扻 19726 09515 gāng_7.11 篇海古康切 音剛。舉也。 龍龕摁,俗。

揮 19728 09517 yì_7.11 篇海音裔。牽引也図音曳。拖曳也。
○按音義同拽字。形近拽,譌文重出。

挼 19729 09518 yáo_7.11 海篇同搖。見釋典。

挈 19730 09519 qiè_7.11 篇海同挈

搖 19731 09520 yáo_7.11 篇海同搖。

揣 19732 09521 chuǎi_7.11 集韻揣20092古作揣。

捱 19733 09522 zhāi_7.11 篇海莊皆切音齋。掌擎也。

捋 19734 09523 xiáng_7.11 篇海下江切音降。雙帆也。

挶 19735 41246 lǚ_7.11 龍龕音呂。師招也。

掤 19736 43711 biàn_7.11 搜眞玉鏡音辨。

挖 19737 43712 wǎ_7.11 搜眞玉鏡同抏。龍龕抏、旇,丛俗瓬字。
或曰抏,方言用字。

撿 19738 43713 xīn_7.11 龍龕音新。 龍龕呼角反 字彙補古削切音角。見篇韻

挈 19739 43714 huò_7.11 龍龕音角。

掀 19740 u2AB80 ngón_7.11 喃同抍19775手指。

扻 19741 u2AB7F null_7.11 未詳。

捆 19742 u2AB7E xiàn_7.11 簡搁20651

抛 19747 u2AB79 null_7.11 未詳。

抵 19743 u2AB7D ép_7.11 喃俗擪21192

捌 19744 u2AB7C lawh_7.11 壯更,替図gợi喃从手利lợi聲。

捵 19750 u2AB76 chuàn_7.11 方擼

拉 19745 u2AB7B wù_7.11 或俗觓22159

拷 19746 u2AB7A lǚ_7.11 同捋19702 王仁昫刊謬補缺切韻一.P. 2011
捋,盧活反。手捋。亦作㧖。

挩 19751 u2AB75 liǎng_7.11 簡搁19894

抖 19748 u2AB78 kéo_7.11 喃俗抴19454

捊 19749 u2AB77 bǎo_7.11 同保05524今作保。

捷 19752 u2AB74 dò_7.11 喃搋20398俗省。

挽 19753 u2F8B9 wǎn_7.11 同挽19673

扔 19754 u22B80 sờ_7.11 喃五千字譯
國語·第二十六舉動摸攃,揌扐。

拂 19755 u22B7F phẩy_7.11 喃从掃省沛phải聲△拂培:掃除塵土。

搄 19756 u22B7E buông_7.11 喃俗攄20912

抌 19757 u22B7D chẩm_7.11 喃从手沈đẩm聲。抱。

拗 19758 u22B7C dìu_7.11 喃从手妙diệu聲。攙扶,提攜。

掀 19759 u22B7B xòe_7.11 喃从手吹xuy聲△掀翹:展翅図xoi掀
虜:鑽孔。掀貢:水渠貫通。

挓 19760 u22B7A dụi_7.11 喃从手豸trãi聲。仆倒。

搭 19761 u22B79 lấn_7.11 喃从手吝lận聲。

挤 19762 u22B78 tựa_7.11 喃从手序tựa聲。倚,靠△挤𢭮:依靠。

抆 19763 u22B77 vọm_7.11 喃从手坆vun聲。

㨶 19764 u22B76 váy_7.11 喃从手尾vĩ聲。掏△㨶聰:挖耳垢図vẫy
同㨶19801

撈 19765 u22B75 nhổ_7.11 喃从手努nỗ聲。拔。

挟 19766 u22B74 khuấy_7.11 喃从手快khoái聲。攪拌。

抩 19767 u22B73 yỏu_7.11 增修互註禮部韻略 橝25116,寮柴。亦作搋。

損 19768 u22B72 vói_7.11 喃从手貝buổi聲△損抩:伸手取。

担 19769 u22B71 đẩn_7.11 喃从手但đàn聲。砍伐。

㨰 19770 u22B70 trỏ_7.11 喃从手杜đỗ聲。指,指出,點明。

抉 19771 u22B6F quét_7.11 喃从手決quyết聲。打掃,掃蕩。

㨮 19772 u22B6E cạy_7.11 喃从手改cải聲。撬,彈奏図gợi挑㨮:
惹起。

㨭 19773 u22B6D quào_7.11 喃从手灶táo聲。

拌 19774 u22B6C gạn_7.11 喃从手伴bạn聲。過濾。

㨫 19775 u22B6B ngón_7.11 喃从手阮nguyễn聲。手指。亦作掀19740
䪡20571挠19953

挠 19776 u22B6A kẽ_7.11 粵拿。

㨩 19777 u22B69 zhuàng_7.11 俗撞20686
明·馮維敏(雙調)新水令·十美人被杖鴈兒落:一箇顫
巍巍玉莲着棍批蕩,一箇嬌滴滴紅莫着棒而㨩。

㨤 19778 u22B64 gǒng_7.11 㨤19543本字說文㨤,擭也。从手巩聲。

挿 19779 u22B63 chā_7.11 俗插20068

㨢 19780 u22B62 zhǎ_7.11 或同拃19371

揷 19781 u22B61 chā_7.11 俗插20068

挼 19782 u22B60 bó_7.11 俗撲20725宋
元以來俗字譜引嶺南逸事

㨟 19783 u22B5F chú_7.11 俗鋤63318

㨜 19786 u22B5C xạc_7.11 喃从手,
壳xác聲。搖櫓,划槳△㨜船:划船図xoác从抱省壳聲

挳 cén_7.11　俗梣24207 図gaemh 壯壓，按。

揔 zǒng_7.11　俗揔20070 可洪音義 設挳：下子孔反。

挊 null_7.11　未詳。

搰 null_7.11　未詳。

掔 null_7.11　未詳。

捱 null_7.11　未詳。

挖 wā_7.11　俗挖19564 可洪音義 擴捥：上音寘。下音郎。字從木 図liáng 俗糧43602 可洪音義 収捥：音粮 図nàng 喃僅 図nuóng 憑。

挀 null_7.11　或同捝。

捖 null_7.11　未詳。

揸 zā_7.11　俗捴19497 字海 捈，同拶。見 正字通 拶字釋文△宏按，正字通 捈字原从㞢作。

搓 cuō_7.11　同搓19516 唐•陸德明 經典釋文•卷二十八•莊子音義下•徐无鬼第二十四 搓，本又作搔，素報反。徐本作搓，七活反。司馬本作條。

抧 thước_7.11　喃同㨖13050

撈 láo_7.11　同撈20648 図lau 喃撈抹：擦拭。

捣 dǎo_7.11　簡擣20953

挋 jí_7.11　同挋20093

捰 vãi_7.11　喃从投省尾vī聲 図捰紉種：撒種，播種。図vẽ 从描省尾聲。同㪔46908△捰㯗：策劃，捏造 図vẫy 从搖省尾聲△捰㧸：招手 図日捰原，姓氏。

搗 dǎo_7.11　简搗20289

換 huàn_7.11　俗換20079

撿 jiǎn_7.11　简撿20828

損 sǔn_7.11　简損20268

抷 bēng_7.11　俗垳08679 図banh 喃从手兵binh聲。擘開，張開△抷眜㖤：睜大眼睛。

撈 lāo_7.11　簡撈20648

搜 sōu_7.11　龍龕搜，俗直音篇搜，鞍，同搜20295，古文。

挩 tuō_7.11　俗挩19646

捥 wàn_8.12　唐韻 集韻 丛烏貫切。與掔、腕同 史記•封禪書 海上燕、齊之間，莫不搤捥而自言有禁方，能神僊矣 漢書 作掔20085△或作㨜，掔，同 図wán 集韻 烏丸切音剜。捥也 図wǎn 烏管切音宛。取也 図yù 紆勿切音鬱。亦拗捥也。與㩥同。

搆 tè_8.12　唐韻 玉篇 他德切 集韻 惕得切丛音忒。拳打也，擊也，挨也。鋆又捼20144

捦 qín_8.12　唐韻 巨今切 集韻 韻會 渠金切丛音琴。急持也。又捉也 図 說文 急持衣裣也△或作捦 集韻 又作擒。或作拎。鋆又 集韻 拎19537，丘甚切。持物。

掟 yǔ_8.12　唐韻 於許切 集韻 歐許切，丛讀與雨近。擊也 図 唐韻 集韻 丛依據切音飫。義同。

搭 tà_8.12　唐韻 徒合切 集韻 達合切丛音沓 說文 縫指搭也。一曰韜也。或作褡 集韻 託合切音塔。冒也。

一曰摹也。或作搨。又作搨 図 韻會 託盍切音榻。義同。

捉 zhuó_8.12　唐韻 集韻 韻會 正韻 丛竹角切音卓。擊也，推也。一曰摘也 玉篇 刺木也 図zú 集韻 作木切音鑿 揚子方言 鐫也 図dū 都木切音啄。擊聲△與敦、毄同。通作斲。

捹 biāo_8.12　集韻 彼廟切 正韻 悲廟切，丛與俵同。分與也，俵散也。鋆又bíu 喃从手表biểu聲。抓，搭，攀△捹袡：握緊 図víu 擴捹：抓住。

掀 xián_8.12　唐韻 胡田切 集韻 胡千切丛音賢。縣名。在東萊，出帗布 図 唐韻 古賢切 集韻 經天切丛音堅。義同○按 後漢書•郡國志 東萊郡帗縣 說文 云帗布出東萊。無挀字。

捧 fěng_8.12　唐韻 韻會 敷唪切 集韻 撫勇切，丛蜂上聲。兩手承也。又掬也。或作拲 図fèng 集韻 父勇切，縫上聲。承也。與奉同 図féng 集韻 符容切音逢。奉也。與捀同。鋆又掞20796

挈 qiè_8.12　集韻 良脂切，音梨。手持物也。鋆 正字通 挈19528字之譌。

捨 shě_8.12　唐韻 書冶切 集韻 韻會 正韻 始野切，丛赦上聲 說文 釋也 正韻 弃也 宋書•殷淳傳 愛好文義，未嘗違捨 図 姓。明洪武中，稅課大使捨敬△經典省作舍。鋆又捨19949，俗。今簡化作舍48459

捩 lì_8.12　唐韻 集韻 韻會 丛郎計切音麗。琵琶撥也。或作㭒。又liè 唐韻 練結切 集韻 韻會 力結切，丛戾入聲。拗也 增韻 紾也 韓愈•送窮文 捩手翻羹 王安石•彭蠡詩 東西捩柁萬舟回 図折也，撕也△通作戾。或作㧊。亦作攦。鋆周志鋒：拷同捩。

捴 qiǎn_8.12　玉篇 口減切 海篇 音遣。不安也。鋆又㨂24352

捆 gù_8.12　集韻 古慕切音顧。與稒同。稒陽，縣名 前漢•地理志 五原治稒陽。別見禾部。

搰 mín_8.12　唐韻 武巾切。搰本字 說文 从手昏聲。鋆又抿19365 搰20781

搰 kū_8.12　唐韻 集韻 丛苦骨切音窟 博雅 擊也 揚子方言 南楚相推搏曰搰 図hū 集韻 呼骨切音忽。義同。一曰去塵也。

捫 mén_8.12　唐韻 集韻 正韻 謨奔切 韻會 謨昆切丛音門 說文 撫持也 詩•大雅 莫捫朕舌 図摸也 史記•高祖記 漢王傷胷，乃捫足 楚辭•九章 遂儵忽而捫天 図 韻補 叶眉貧切音珉 歐陽修•菱溪石詩 嗟予有口莫能辨，歎息但以兩手捫。皆云女媧初鍛鍊，融結一氣凝精純△俗作閜，非。鋆又抆19208 抆19316 㪃24581

搴 fǔ_8.12　正韻 古撫20712字 前漢•趙充國傳 選擇良

吏,摭循和輯圖fǔ集韻匪父切音府。捊也圖fù方遇切音付。以手著物也。同拊。

捦 19828 09542
bì_8.12　集韻必至切。與畀同。相付與之也揚子方言予也郭璞註予猶與也。

捭 19829 09543
bǎi_8.12　唐韻比買切集韻韻會正韻補買切,丛音擺說文兩手擊也。一曰擽也◆左思·吳都賦莫不衂銳挫鋩,拉捭摧藏註鳥獸莫不衂挫鋒鋩,拉擽折挫之也。圖與擺通鬼谷子有捭闔篇,戰國時蘇秦學捭闔揣摩。捭之者開也,闔之者閉也圖集韻部買切,排上聲◇義同圖bǐ普米切音睥。毀也。與敗同圖bò韻會正韻丛博厄切音蘗。禮·禮運燔黍捭豚疏捭析豚肉,加於燒石之上而熟之。釋文或作擘。又作擘。鑾又捭19830

捭 19830 09544
bǎi_8.12　捭字省文。

挴 19831 09545
měi_8.12　唐韻莫亥切集韻母亥切丛音苺。貪也○按集韻作挴,即挴字之譌

摐 19832 09546
chuāng_8.12　唐韻楚江切。與摐20451同。

据 19833 09547
jū_8.12　唐韻九魚切集韻韻會正韻斤於切丛音居說文戟挶也詩·豳風箋韓詩云口足為事曰拮据。圖jù集韻韻會正韻丛居御切音據。手病也圖與據通前漢·揚雄傳潭思渾天,參摹而四分之,極於八十一。旁則三摹九据,極之七百二十九贊,亦自然之道也註据,今據字,猶位也,處也。又酷吏傳贊趙禹据法守正。圖司馬相如·大人賦据以驕騖註張揖云据,直項也。

捯 19834 09548
dǎo_8.12　集韻覩老切。同擣20953

捼 19835 09549
wǒ_8.12　集韻鄔果切,倭上聲。捼扼19552,摘也。

捱 19836 09550
ái_8.12　集韻宜佳切音厓。拒也圖俗謂延緩曰捱。鑾又跩59071堐08896琂34251

捲 19837 09551
quán_8.12　唐韻巨員切集韻韻會正韻逵員切丛音權說文氣勢也齊語有捲勇股肱之力註大勇曰拳。今本捲作拳史記·孫子傳解雜亂紛糾者不控捲註捲即拳也圖捲捲,用力貌莊子·讓王篇捲捲乎后之為人,葆力之士也註自勞貌圖說文一曰捲,收也圖juǎn唐韻廣韻居轉切集韻正韻古轉切,丛與卷通。斂也說文俗以為捲舒之捲史記·張儀傳席捲常山之險王勃·滕王閣詩珠簾暮捲西山雨圖juàn唐韻廣韻居倦切集韻古倦切丛音眷。西捲,縣名前漢·地理志日南郡西捲縣。或作捲圖quǎn集韻苦遠切音綣。搏也。鑾又捲14976圖可洪音義捲縮:上音拳,手足屈病也。正作瘘36121跧59030△今簡化作卷04743

拼 19838 09552
bǐng_8.12　集韻補永切。同抦19335

捄 19839 09553
yuè_8.12　唐韻五角切集韻逆角切丛音嶽。抨也。

扮 19840 09554
fěn_8.12　集韻府吻切。與扮19217同。

捴 19841 09555
zǒng_8.12　集韻俗摠字。

撬 19842 09556
qiāo_8.12　集韻千遙切,悄平聲廣雅階撬,高也。

捵 19843 09557
tiǎn_8.12　集韻他典切音腆。手伸物也圖丑忍切音疢。義同圖niǎn乃殄切。與撚同。

捶 19844 09558
zhuǐ_8.12　唐韻之累切集韻韻會正韻主蘂切,丛錐上聲說文以杖擊也魏志·何夒傳加其捶扑之罰。圖擣也禮·內則欲乾肉則捶而食之。或从木作棰。圖集韻是捶切音菙。義同圖duǒ集韻韻會都果切。正韻都火切丛音朵。與揣同◆莊子·知北遊大馬之捶鉤者註砧捶鉤之輕重。砧音點平聲。捶或作敠△本作搥。通作搥。鑾又捶20369

捷 19845 09559
jié_8.12　唐韻集韻韻會正韻丛疾葉切音倢。讀若潛入聲說文獵也,軍獲得也春秋·莊三十一年齊侯來獻戎捷穀梁傳軍得曰捷圖廣韻尅也,勝也,成也增韻報勝曰捷詩·小雅一月三捷圖佽也,疾也,急也詩·大雅征夫捷捷疏翬動敏疾之貌前漢·東方朔傳捷若慶忌圖爾雅·釋詁際、接、翜,捷也鄭註捷者,相接續也圖數名小爾雅二十四銖曰兩,兩有半曰捷圖姓淮南子·人閒訓黃帝臣捷剟前漢·藝文志捷子二篇註齊人武帝時說圖qiè集韻韻會丛七接切音妾。捷捷,口舌聲詩·小雅捷捷幡幡,謀欲譖言。通作諜。亦作唼圖chā集韻韻會正韻丛測洽切。與插同曹植·七啓捷忘歸之矢。鑾又捷20601捿20161擨20350捷20893揵20237挾20024旌22223圖中華大字典擸20737,捷譌字。舊字典引方言須擸,敗也。考方言須捷。無作擸者。

捸 19846 09560
tū_8.12　集韻他骨切,暾入聲。滑利也。鑾龍龕捸,俗。持計反。正作捸24369

挬 19847 09561
bèn_8.12　集韻蒲悶切音坌。手亂貌。鑾又挐19319

挜 19848 09562
yà_8.12　正字通與扎、掗同海篇手捺也。

拯 19849 09563
zhěng_8.12　韻會正韻丛之庱切。同拯。古本易云不拯其隨。今文作拯。

捺 19850 09564
nà_8.12　唐韻奴曷切集韻韻會乃曷切,丛難入聲。手重按也字林搦捎也圖書法有捺,古名磔書法離鉤微斜曰捺,人、大等字是也。橫過曰波,之、道等字是也△俗作捺。

捻 19851 09565
niè_8.12　唐韻奴協切集韻韻會諾協切,丛念入聲說文指捻也集韻捏也青瑣高議明皇時有獻牡丹者,時貴妃勻面,口脂在手,印於花上,詔栽於仙春館。來歲花開,瓣有指印,名為一捻紅圖正韻尼輒切音聶。義同圖集韻乃結切音涅。按也。或作捘。鑾又捻20016圖捻20016,同捻。

挼 19852 09566
ruó_8.12　唐韻集韻韻會丛奴禾切,稬平聲說文推也。一曰兩手相切摩也廣韻挼抄也集韻或作挼。又作捼圖正韻奴何切音那。義同圖唐韻集韻丛儒錐切音蕤。義同圖唐韻乃回切集韻韻會奴回切丛音醅。亦

手摩物也 図ruí 集韻儒垂切音瘻。擩也 図ruán 而宣切，頓平聲。與撋同 図wō烏禾切音倭。手縈也。又wěi烏毀切音委。捫也 図ré儒邪切，讀與婼近。揉也。關中語。図說文徐鉉云今俗作捼，非〇按捼與挼同。諸書互用，不必泥。

㧓 19853 09567

qiā_8.12　◆海篇丘瞎切音劼。拔著也△正字通俗拮字。

捽 19854 09568

zuó_8.12　唐韻集韻韻會叢沒切，存入聲說文持頭髮也廣韻手持也前漢·金日磾傳捽胡投何羅殿下註胡，頸也。捽其頸而投殿下也淮南子·氾論訓溺則捽其髮而拯 図拔取也前漢·貢禹傳農夫父子，捽少把土。図交對也晉語戎夏交捽図觸也莊子·列禦寇齊人之井，飲者相捽也韓愈詩峽山逢颶風，雷電助撞捽図正韻即律切音卒。義同 図zú唐韻慈郵切集韻昨律切叢音崒。亦持也 図cù集韻蒼沒切音猝。捽撨，行草聲。図sū骨切音窣。與曲禮邮勿之邮同。摩也 図zuì祖對切音晬。推也。與挼同。鑾龍龕𢱕19451俗，捽19569捽19214或作，捽正。

捾 19855 09569

wò_8.12　唐韻集韻韻會正韻叢烏括切音斡◆說文搯，捾也。一曰援也 図wā集韻烏八切音穵。抉也。図xiá下瞎切音轄。撾也。與𢶀同 図wǎn烏版切音綰。取也。鑾又銽63768

捿 19856 09570

xī_8.12　正韻先齊切音西。與栖同。幽捿，幽居也謝靈運詩恣此永幽捿〇按从棲爲正。

挎 19857 09571

qióng_8.12　集韻去仲切，穹去聲。捘也。

摑 19858 09572

guó_8.12　玉篇古獲切音幗。批摑也。與摑同 図集韻郭攫切音虢。打也△一曰摑字省文。

掀 19859 09573

xiān_8.12　唐韻集韻韻會叢虛言切音軒說文舉出也廣韻以手高舉也左傳·成十六年乃掀公以出于淖註捧車轂舉之出泥淖中也図高聳貌韓愈詩虵虺首掀掀図集韻許斤切音欣。又許訖切音迄。義叢同說文図hén胡恩切。與掄同博雅引也 図qìn丘近切，蟶去聲，讀與撳近左傳·杜林註亦舉也。鑾又欣22037

揰 19860 09574

zhì_8.12　唐韻集韻叢直吏切，遲去聲。投也。図zhì集韻丈里切音峙。持也 図zhí唐韻常職切音殖。拄杖曰揰。

揀 19861 09575

dǒng_8.12　集韻覩動切音董。擊也。鑾又俗揀24361偏類碑別字引魏于君妻和夫人墓誌図俗揀20037

振 19862 09576

chéng_8.12　唐韻直庚切集韻韻會除庚切叢音棖廣雅觸也，撞也博雅挨也謝惠連·祭古冢文序以物振撥之，應手灰滅註南人以手觸物曰振韓愈·城南聯句裂腦擒摚振△集韻或作橙。又作敳。鑾又撑20102撑19863敳21632

撑 19863 09577

duǐ_8.12　集韻覩猥切音胎。排也 図chéng除耕切音橙。橦也。與杓同。或作撑。

掂 19864 09578

diān_8.12　字彙丁廉切，點平聲。手掂也〇按集韻以手稱物曰戠探。戠音丁兼切，或作玷。此改爲掂俗字，無攷。

拼 19865 09579

pīn_8.12　唐韻北萌切集韻韻會悲萌切正韻補耕切叢音繃。與抨19337同。或作伻図與骿通。彈也。図pēng集韻披耕切音怦爾雅·釋詁疏拼抨同詩大雅莊云不逮。又有隨從之義図bìng卑正切音併。除也。與摒同。鑾又拼20205攃20919図骿16222絣23963，同拼，彈繩墨可洪音義拼之：上補耕反。絣量：上補耕反。絣繃：上布耕反，下實陵反，絣振繩墨玄應音義拼之：古文抨，同，補耕反。謂彈繩墨爲拼也，經文作絣44079字林無文綺也，絣非此用。又卷第十六絣石：古文抨45767，同。補耕反。謂振繩墨絣彈者也図國語辭典拼19505命，本作拼19383命。

掃 19866 09580

sǎo_8.12　唐韻集韻韻會正韻叢蘇老切音嫂。弃也，拚除也詩·大雅洒掃廷內図鬧掃，髻名三夢記鬧掃，猶盤雅墮馬之類也。唐詩云遑梳鬧掃學宮妝。図sào唐韻廣韻蘇到切集韻韻會正韻先到切叢音譟。義同論語當洒掃應對進退，則可矣△本作埽08802又與騷70285通。鑾又掃19948扫19207攓20279

掄 19867 09581

lún_8.12　唐韻集韻韻會正韻叢盧昆切音崘說文擇也周禮·地官·山虞凡邦工入山林，掄材不禁晉語君掄賢人之後，有常位於國者而立之唐書·劉迪傳文部始掄材，終授位図廣韻貫也図唐韻力迍切集韻韻會正韻龍春切叢音倫。亦擇也。

掅 19868 09582

qìng_8.12　唐韻集韻叢千定切，青去聲博雅持也。一曰捽也図集韻正韻叢七正切音倩。義同図與倩通六書統假人力曰掅。

掆 19869 09583

gāng_8.12　唐韻古郎切集韻韻會居郎切叢音岡。舉也唐書·儀衛志掆鼓金鉦図gàng唐韻古浪切集韻居浪切，叢岡去聲字林捎掆，异也△或作扛。又作抗。鑾又掆19322攑20321

掇 19870 09584

duó_8.12　唐韻集韻韻會正韻叢都括切音剟。讀若端入聲說文拾取也增韻採也易·訟卦自下訟上，患至掇也疏若手拾掇物然詩·周南采采芣苢，薄言掇之史記·張儀傳秦得燒掇焚杅君之國註索隱曰：掇音都活反，謂焚燒而侵掠也。焚杅音煩烏，謂焚蹂而牽掣也。図唐韻陟劣切集韻株劣切叢音輟。義同図韻補叶昌悅切音啜魏武帝·短歌行明明如月，何時可掇。憂從中來，不可斷絕図zhuó集韻朱劣切音拙。與剟同。短也図史記·別註楊慎曰：掇，馬箠也。杅，糞箕也。叢存備考。鑾又掇19612

授 19871 09585

shòu_8.12　唐韻殖酉切集韻韻會正韻是酉切，叢

受上聲說文予也廣韻付也又集韻承呪切音壽。義同詩·鄭風還予授子之粲兮禮·曲禮男女不親授史記·留侯世家沛公殆天授前漢·翟方進傳常大都授時註總集諸生大講授也又姓。漢有授異衆△集韻或作𥝊。唐武后改作稑。鑾又𥝊40814椄24983

掉 19872 09586
diào_8.12 唐韻集韻韻會徒弔切正韻杜弔切，丛調去聲說文搖也廣韻振也左傳·昭十一年末大必折，尾大不掉楚語大能掉小，故變而不勤註掉，作也史記·孟嘗君傳過市朝者，掉臂而不顧前漢·蒯通傳酈生一士，伏軾掉三寸舌又正也左傳·宣十二年御下兩馬，掉鞅而還註飾馬正鞅，以示閒暇又掉磬禮·內則註雖有勤勞，不敢掉磬疏崔氏云北海人謂相激事爲掉磬。隱義云齊人謂相絞訐爲掉磬又tiǎo唐韻集韻韻會正韻丛徒了切音窕。亦搖動也增韻顫也又nuò唐韻女角切集韻韻會尼角切丛音搦。義同。又持也又nào集韻女教切音鬧。聲甄動也周禮·春官·典同薄聲甄註甄猶掉也。鐘微薄則聲掉。鑾又㨨20734

捊 19873 09587
póu_8.12 唐韻步侯切集韻韻會正韻蒲侯切丛音裒◆說文把也。今鹽官入水取鹽爲捊史記·封禪書見地如鉤狀，捊視得鼎後漢·百官志·鹽官註鹽官捊坑而得鹽又聚斂也詩·大雅曾是捊克揚子方言深也郭璞註捊克深能又與裒通。減也易·謙卦君子以裒多益寡。古易作捊又fú唐韻縛謀切集韻房尤切丛音浮。亦把也又páo唐韻薄交切集韻蒲交切丛音庖。引取也。或作抙。又作抱又pǒu唐韻方荀切集韻韻會正韻彼口切丛音𢶍。擊也又pǒu集韻韻會正韻丛普后切音剖。義同莊子·人閒世自捊擊於世俗又與剖同莊子·胠篋篇捊斗折衡又fù集韻韻會丛芳遇切音赴。與踣仆同。頓也史記·呂后紀顧麾左右。執戟者捊兵罷去又集韻鼻墨切音匐。義同又péi蒲枚切音裴。克也又姓史記·袁盎傳乃之捊生所問占註秦時賢士善術者漢書作棓△說文父溝切。本作掊。隸省作捊。

㭋 19874 09588
bàng_8.12 正韻部項切音棒。耜屬△集韻作棓。

掋 19875 09589
dǐ_8.12 集韻典禮切音邸。同抵又dì丁計切音帝。擿也。

掙 19876 09590
zhēng_8.12 玉篇竹萌切集韻中莖切丛音狰。讀若伐木丁丁之丁。引也。

掌 19877 09591
zhǎng_8.12 古文𠬝唐韻諸兩切集韻韻會正韻止兩切，丛章上聲說文手中也增韻手心也，謂指本也論語指其掌禮·中庸治國其如示諸掌乎註示讀如寘疏如置物掌中也又職掌，主也書·周官冢宰掌邦治禮·樂記禮之末節也，故有司掌之又鞅掌，失容也詩·小雅或王事鞅掌箋鞅，猶荷也。掌，謂捧之也。負荷捧持以趨走。言促遽也疏言事煩，不暇爲容儀也又姓。晉琅邪掌同、前涼燉煌掌據又本草水蛭。一名至掌爾雅·釋蟲蛭蝚，至掌△正字通古作𠬝。覆手爲爪，反爪爲𠬝。後譌作仉。孟子母仉氏，今作掌。鑾直音篇𠬝作允05066

掍 19878 09592
gǔn_8.12 唐韻集韻丛古本切音袞說文同也。又hùn唐韻胡本切集韻韻會戶袞切丛音混。義同揚子方言宋衞之閒曰綷，或曰掍。東齊曰醜班固·西都賦掍建章而連外屬註與混同王褒·洞簫賦帶以象牙，掍其會合註帶猶飾也，飾之象牙，同於會合之處又揚雄·甘泉賦薌昳肸以掍根註振起衆根△集韻或作𦠆。

掎 19879 09593
jǐ_8.12 唐韻居綺切集韻韻會舉綺切，丛羈上聲說文偏引也廣韻牽一腳也周禮·秋官翨氏掌攻猛鳥，各以其物爲媒而掎之註鳥來下則掎其腳魯語掎止晏萊焉註從後曰掎前漢·班固敘傳秦失其鹿，劉季逐而掎之註掎，偏持其足也又發也班固·西都賦機不虛掎又jī唐韻廣韻集韻韻會丛居宜切音羈。亦偏引也。又古音讀若哿音學五書古音居我反，後人誤入四紙韻詩·小雅伐木掎矣，析薪扡矣。又正字通掎，居何切，讀若柯。扡，託何切，丛古音也○按詩釋文掎，寄彼反。又疏云掎者，倚也，以物掎其巔峰也。音、義亦从紙韻又yǐ集韻隱綺切音倚。掎㔸不正也。與攲同。鑾又掎20228

掏 19880 09594
táo_8.12 唐韻集韻韻會丛徒刀切音桃。擇也，抒也又集韻他刀切音叨。搯也。同搯。鑾又㨶24773

掾 19881 09595
lù_8.12 集韻盧谷切。同摝。

掐 19882 09596
qiā_8.12 唐韻正韻苦洽切集韻韻會乞洽切丛音恰說文爪刺也玉篇爪按曰掐晉書·郭舒傳掐鼻灸眉頭。鑾又㓣03539

掑 19883 09597
qí_8.12 集韻渠之切音其。扲掑，堅勇也。亦作𢴃。

排 19884 09598
pái_8.12 唐韻正韻步皆切集韻韻會蒲皆切，並音俳說文擠也。一曰推也增韻斥也禮·少儀排闔說屨於戶內者，一人而已矣疏排推門扇也史記·樊噲傳迺排闥直入。又魯仲連傳爲人排患釋難，解紛亂而無取也前漢·賈誼傳所排擊剝割，皆衆理解也又列也，安置也前漢·朱買臣傳相推排陳列中庭拜謁莊子·大宗師安排而去化又彭排。軍器也釋名彭旁也。在旁排敵禦攻也後漢·袁紹傳蒙楯而行註楯今之旁排也又bài集韻韻會丛步拜切音憊。排揩，强突也又與鞴橐韛通。吹火韋囊也後漢·杜詩傳造水排鑄農器註冶者爲排以吹炭，令激水鼓之魏志·韓暨傳爲監冶謁者，乃作水排，利益三倍於前晉書·杜預傳作人排新器又正韻薄邁切音敗。義同又叶邊迷切音鎞謝靈運·登石門最高頂詩心契九秋幹，日翫三春荑。居常以待終，處順故安排。鑾又玄應音義戶排：蒲皆反。謂木闔開戶者也，如戶鉤等。律文作鐴63497，非也。

掓 19885 09599
shū_8.12 唐韻集韻丛式竹切音菽。拾也。與叔同詩·豳風九月叔苴又集韻張六切音竹。義同。

掉 19886 09600
zhào_8.12 集韻韻會正韻丛直紹切音趙。刺也周

禮·冬官考工記·粵無鎛註詩云其鎛斯搁〇按今詩作趙，或作趨囸集韻徒了切音宨。義同囸tiáo田聊切音迢。同挑撓。挑，宛轉也。又攪也。

掔 19887 09601
qiān_8.12　唐韻苦閑切集韻正韻丘閑切夶音慳說文固也爾雅釋詁厚也囸唐韻正韻苦堅切集韻輕煙切夶音牽。義同囸牽去也。與牽通史記·鄭世家鄭襄公肉袒，掔羊以迎莊子·徐無鬼君將黜耇欲，掔好惡，則耳目病矣囸持也。掔也囸qiàn正韻詰戰切，遣去聲。挽也，引也。俗作擇△說文讀若詩赤舄掔掔徐鉉曰今別作慳，非〇按豳風作几几說文或別有所考長箋云掔掔句似逸詩，則鑿矣。鋆又掔11869掔11828

拎 19888 09602
líng_8.12　唐韻里甄切集韻里孕切，夶陵去聲說文止馬也。或作牭囸唐韻力膺切集韻閭承切夶音陵。義同囸集韻盧登切音楞博雅止也。

掉 19889 09603
duī_8.12　集韻都回切。與搥20307同。

掖 19890 09604
yì_8.12　唐韻羊益切集韻韻會正韻夷益切夶音奕說文以手持人臂投地也。又挾扶也詩·陳風·衡門序誘掖其君也疏誘謂在前導之，掖謂在傍扶之◆左傳·僖二十五年二禮從國子巡城，掖以赴外註掖之而投於城外也囸說文臂下也。與腋同禮·儒行衣逢掖之衣註逢，猶大也。大袂衣也史記·商君傳千羊之皮，不如一狐之掖囸宮旁舍曰掖庭，殿旁垣曰掖垣，宮闕旁小門曰左右掖門，皆取肘腋之義前漢·百官公卿表武帝更名永巷爲掖庭。又成帝紀闌入尚方掖門註掖門在兩傍，言如人臂掖也杜甫詩花隱掖垣暮囸郡縣名前漢·地理志張掖郡註張國臂掖，故曰張掖囸又東萊郡掖縣韻會掖腋本一字。今扶掖字从手，肘腋字从月。然古腋字本作亦，非从月也。鋆又椋24382

掗 19891 09605
yǎ_8.12　集韻倚下切音啞。掗掬，搖也囸篇海取也囸倚可切，婀上聲。義同。又yà字彙衣駕切音亞。強與人物也。鋆又掗19640

掘 19892 09606
jué_8.12　唐韻衢勿切集韻韻會正韻渠勿切夶音倔說文搰也孟子有爲者辟若掘井囸與堀通。突也。◆詩·曹風蜉蝣掘閱疏此蟲土裏化生，其掘地而出，形容鮮閱也囸特起貌揚雄·甘泉賦洪臺掘其獨出兮註亦作崛囸盡也揚子·太玄經掘變極物窮情註盡變動之事，以窮萬物之情也囸jué唐韻集韻韻會正韻夶其月切音橜。穿也易繫辭掘地爲曰囸或作闕左傳·隱元年闕地及泉囸集韻胡骨切音鶻。義同囸kū苦骨切音窟。揚也。又與窟通戰國策蘇秦，特窮巷掘門桑戶棬樞之士耳註掘門竇。古字通囸wù韻會正韻夶五忽切。與扤通莊子·田子方掘若槁木，似遺物離人而立於獨也囸史記·貨殖傳田農掘業註徐廣曰古拙字，亦作掘。或作撅。又作拍。鋆又抈19170掘20918椊24459拴19598

掙 19893 09607
zhēng_8.12　集韻初耕切，音琤博雅刺也囸zhèng字彙側迸切音諍中原雅音掙，剉也。鋆又挣19633閛65064靜57714閜65065囸掙挫，也作閜閡、閜閛、閜閡、閜閛、閞閛、拃掙，掙扎、勉強。

挵 19894 09608
liǎng_8.12　集韻韻會里養切正韻良獎切夶音兩。整飾也左傳·宣十二年御下兩馬註兩，或作挵周禮·夏官·環人掌致師註引春秋傳作挵馬囸集韻力讓切音亮。義同。鋆又挵19751

掛 19895 09609
guà_8.12　唐韻集韻韻會古賣切正韻古畫切夶音卦。別也囸撲筮，置著小指閒也易繫辭掛一以象三註置而不用曰掛又再扐而後掛註合而置之曰掛朱子·本義掛者，懸於左手小指之閒囸正韻與挂同易·乾卦疏易緯云卦者，掛也。言懸掛物象以示於人囸集韻韻會正韻夶古買切音柺。義同。陸德明易釋文有二音。鋆又挂19513俗或作鍧63736

挽 19896 09610
nǐ_8.12　唐韻研啓切集韻韻會吾禮切，夶倪上聲。擬也前漢·揚雄傳作太玄五千文，有首衝錯測攡瑩數文挽圖告十一篇。一曰不從也囸集韻研計切音詣。寄也，挽也莊子·庚桑楚兒子終日握而手不挽註挽音藝。手筋急也囸nái唐韻妳佳切集韻尼佳切夶音薾。搦也囸niè正韻魚列切音孽。捻聚也。俗作捏囸姓奇姓通明挽大倫，奉詔往諭佛林國囸正韻挽，亦作摰〇按挽、陧義別，不必與摰混。

掝 19897 09611
huò_8.12　正韻穫北切音或。與或、惑通荀子·不苟篇以己之僬僬，受人之掝掝註掝，惛也囸huò唐韻呼麥切集韻忽麥切夶音幘。裂也。或作攉囸xù集韻忽域切音洫。裂聲。

掞 19898 09612
yàn_8.12　唐韻集韻韻會正韻夶以贍切音豔。舒也。或作撡囸與燄通前漢·禮樂志長麗前掞光耀明註掞，即光炎字。長麗，靈鳥也囸shàn舒贍切，閃去聲。亦舒也左思·蜀都賦摛藻掞天庭註掞猶蓋也。一曰疾動也六書故亦作攔囸yǎn集韻韻會正韻夶以冉切。與剡同。銳利也易繫辭剡木爲楫釋文作掞。

捗 19899 09613
ruì_8.12　玉篇而稅切集韻儒稅切夶音汭，抐也。囸nèi唐韻女恚切音諉。內也囸姓氏急就章姓也。△一曰抐字。捗字譌文。

掟 19900 09614
zhěng_8.12　玉篇陟猛切集韻張梗切，夶音盯。揮張也。囸dìng唐韻正韻夶徒徑切音定。天掟。見道書。鋆正字通掟，俗定字。

掠 19901 09615
lüè_8.12　唐韻離灼切集韻韻會正韻力灼切夶音略說文奪取也廣韻抄掠，劫人財物也戰國策掠於郊野，以足軍食。通作略。亦作剠。或作擽囸增韻捎取也，拂過也囸書法長撇古名掠柳宗元曰掠左出而鋒欲輕囸liàng廣韻集韻韻會力讓切正韻力仗切夶音亮。亦奪取也左傳·襄十一年禁侵掠。又昭二十年輪

掠其聚 前漢·高帝紀 所過毋得鹵掠 図 搒笞也，治也 禮·月令 毋肆掠，止獄訟 註 掠謂捶治人 前漢·陳萬年傳 下獄掠治。鼇又稱40559掠20196肇20533

採 cǎi_8.12 唐韻 倉宰切 集韻 韻會 正韻 此宰切，夶同采。摘也，取也，擥也 戰國策 芻牧薪採，莫敢闚東門 註 大者薪，小者採 晉書·劉琨傳 古語云山有猛獸，藜藿爲之不採 唐書·地理志 開元二十一年，置十五採訪使檢察，如漢刺史之職〇按采本從爪從木，爪即手也。後人又加手作採。鼇又捼19617

㧕 lǐn_8.12 集韻 力錦切音廩 揚子方言 㧕，殺也。晉魏河內之北謂㧕曰殘 郭璞註 今關西人呼打爲㧕。図 盧感切，婪上聲。義同。

探 tàn_8.12 唐韻 集韻 韻會 正韻 夶他含切音貪 說文 遠取之也 增韻 伺也，索也 易繫辭 探賾索隱 疏 探謂闚探求取 書·多方 則惟爾多方，探天之威 註 自取天威也 穀梁傳隱元年 已探先君之邪志 前漢·董仲舒傳 春秋深探其本 図 爾雅·釋言 探，試也 論語 見不善如探湯 史記·酈生傳 此所謂探虎口者也 図 tàn 集韻 類篇 韻會 正韻 夶他紺切音僋。義同 図 xián 集韻 時占切音蟾。亦取也。與撏同 說文 本作撢。今文作探 周禮 作撢20693

掣 chì_8.12 唐韻 集韻 韻會 正韻 夶尺制切，憩入聲 爾雅·釋訓 甹夆，掣曳也 易·睽卦 見輿曳，其牛掣 註 滯隔不進也 唐書·陸贄傳 可任，則當要之於終，不宜掣肘於內也 劉邵·飛白贊 素驄冰解，簡墨電掣。直準箭馳，屈擬蠖勢。或作𢶃。又作摯 図 chè 唐韻 昌列切 集韻 韻會 尺列切，夶滯入聲。義同。亦挽也。又揭也，取也 晉書·王獻之傳 七八歲時學書，羲之從後掣其筆不得 図 chè 正韻 敕列切音徹。義同 類篇 通作掣 図 玉篇 掣，同瘈。牽也 說文 引縱曰瘈。從手，瘛省聲，尺制切 六書故 瘈瘲，謂小兒風驚，乍掣乍縱。掣，搐也，縱則掣而乍舒也。瘈瘲因掣縱立文，今乃作瘈，更從瘈，失之甚矣。鼇又搯19906𢴝75677𢸔15663 図 揻20544，俗掣 可洪音義 倒揻：昌世、昌列二反。正作掣。

搋 chè_8.12 同掣。

掤 bīng_8.12 唐韻 筆陵切 集韻 韻會 悲陵切，夶音冰 說文 所以覆矢也 詩·鄭風 抑釋掤忌 疏 服虔云檀丸蓋。杜預云箭筩也 図 通作冰 左傳昭二十五年 執冰而踞 註 箭筩蓋可以取飲 図 以手覆矢亦曰掤。鼇又擤20736拥19471

接 jiē_8.12 唐韻 子葉切 集韻 韻會 正韻 即涉切夶音楫 說文 交也 廣韻 合也，會也 易·蒙卦 子克家，剛柔接也 疏 陽居卦內，接待羣陰。又 晉卦 晝日三接 禮·表記 君子之接如水 疏 如兩水相交，尋合而已 図 持也，受也，承也 禮·曲禮 接下承弣 註 接客手下也 史記·平準書 漢興，接秦之弊 図 增韻 接續也，連也 禮·曲禮 堂上接武 註 武，迹也。迹相接，謂每移足半躡之 前漢·西域傳 烏秅國民接手飲 註 自高山下谿澗中飲水，故接連其手。

図 近也 儀禮·聘禮 賓立接西塾 図 捷也 禮·曾子問 接祭而已矣 疏 接，捷速也。速而祭之 図 反接，謂反縛兩手也 前漢·陳平傳 樊噲受詔即反接 図 姓 史記·孟子荀卿傳 接子，齊人，學黃老道德之術 集韻 或作攝 jié 集韻 韻會 正韻 夶疾葉切音捷 禮·內則 國君世子生，接以太牢 註 接讀爲捷，勝也。謂食其母，使補虛強氣。又 荀子·大略篇 先事慮事謂之接 註 接讀爲捷，速也。図 chā 測洽切音鍤。與扱同 周禮·地官·廩人 大祭祀，則共其接盛 註 接讀爲扱。扱以授舂人舂 疏 頒扱與舂人 図 shà 集韻 色甲切音霎。與翣同 周禮·天官·縫人 衣翣柳之材 註 故書翣作接 図 檄頰切音協。與挾同。亦持也。鼇又楼24420綏44303綷44363氈74249

㨡 pēng_8.12 搒本字。

㨃 tì_8.12 篇海 他歷切音惕。挑揚也。亦借用剔。與揚別 集韻 作搟。

控 kòng_8.12 唐韻 集韻 韻會 正韻 夶苦貢切，空去聲 說文 引也 廣韻 告也 詩·鄘風 控于大邦 毛傳 控，引也 朱傳 控持而告之 前漢·婁敬傳 控弦四十萬騎 註 皆引弓也 図 操制也 詩·鄭風 抑磬控忌 傳 止馬曰控 図 投也 莊子·逍遙遊 時則不至，而控於地而已矣 図 kōng 集韻 枯公切音空。除也。亦引也 班固·西都賦 鳥驚觸絲，獸駭值鋒。機不虛掎，弦不再控 図 qiāng 唐韻 苦江切 集韻 韻會 枯江切夶音腔。打也 莊子·外物篇 儒以金椎控其頤 図 集韻 韻會 夶克講切，腔上聲。義同。

推 tuī_8.12 唐韻 他回切 集韻 韻會 正韻 通回切，夶退平聲 說文 排也 增韻 濤也，擠也。一曰進之也 禮·月令 孟春，躬耕帝籍，天子三推，三公五推，卿諸侯九推 左傳襄十四年 或輓之，或推之 註 前牽爲輓，後送爲推 図 移也 詩·大雅 旱旣太甚，則不可推 疏 不可令之移去矣。推是遠離之辭 図 讓所有以予人也 史記·淮陰侯傳 解衣衣我，推食食我 後漢·光武紀 推赤心置人腹中 図 卻也，諉也 図 chuī 唐韻 昌錐切 集韻 韻會 川佳切夶音蓷。順遷也 易繫辭 寒暑相推，而歲成焉 図 增韻 擇也，獎也，奉也。亦進之也 書·周官 推賢讓能，庶官乃和 禮·儒行 上弗援，下弗推 註 推猶進也 疏 不爲民下所薦舉也 前漢·韓信傳 家貧無行，不得推擇爲吏 註 無善行可推舉選擇也 図 尋繹也 前漢·劉向傳贊 有意其推本之也 註 言其究極根本，深有意也△一曰窮詰也 史記·酷吏傳 天水駱璧推減 註 推，直追反，謂推繫之以成獄也。減一作成。

掩 yǎn_8.12 唐韻 集韻 韻會 衣檢切 正韻 於檢切，夶淹上聲 說文 斂也。小上曰掩 增韻 遮也 禮·月令仲夏，君子齊戒處必掩身 註 掩，猶隱翳也 又 孟冬是察阿黨，則罪無有掩蔽 図 乘其不備而覆之曰掩 禮·曲禮 大夫不掩羣 疏 禽獸羣聚，則多不可掩取之 前漢·貨殖傳 掘冢搏掩 註 搏擊掩襲取人物也。搏字或作博。一說博，六博也。掩，意錢之屬△一曰撫也 爾雅·釋訓 矜憐撫掩之也 郭璞註 撫掩猶撫拍，謂慰恤也 図 閉也 韓愈詩 獨宿門

不掩図揚子方言止也図同也。江淮、南楚之閒曰掩韻會或作揜図ǎn集韻烏感切，庵上聲。覆取也。與揜同。図yàn於贍切，淹去聲。繀絲以手振出緒也。或作緬。通作淹図yè乙業切音泏。打也。鎏又掩20419掩20539窜41219醃62520

措 cù_8.12　唐韻唐韻類篇韻會正韻夶倉故切音醋說文措，置也廣韻舉也，投也增韻施布也易繫辭舉而措之，天下之民謂之事業禮禮器措則正，施則行。又中庸故時措之宜也疏措猶用也図委置也禮中庸學之弗能，弗措也疏言學不至於能，不措置休廢也周禮冬官考工記梓人如將廢措註措，猶頓也前漢文帝紀贊幾於刑措註民不犯法，無所刑也図zé集韻韻會夶側格切音窄。追捕也前漢王莽傳迫措青、徐盜賊。図與笮同。追笮也史記梁孝王世家李太后爭門措指註爲門扉所笮図qì集韻七迹切音磧。與刺通。穿也，傷也△本作撍漢書亦作厝。通作錯。

撍 zōu_8.12　唐韻子侯切集韻韻會正韻夶將侯切音陬說文夜戒守，有所擊也左傳襄二十五年陪臣干撍有淫者釋文音扞。又昭二十年賓將撍，主人辭註撍，行夜也，即今擊柝也地名後漢更始傳赤眉立劉盆子，更始使李松軍撍以拒之註續漢志曰：新豐有撍城。図zōu唐韻集韻韻會正韻夶側九切，簨上聲。義同。持物相著也図jū唐韻子于切集韻遵須切夶音娵。擊也図chōu集韻初尤切音簨。手取物也図zōu甾尤切音鄒。持也図cǒu此苟切，簨上聲。亦擊也図前漢五行志民驚走持藁或撍一枚註撍，麻幹也○按木薪曰撍，麻蒸曰菆，或作廡韻會謂廡通作撍，沿俗本之誤也△集韻或作捇。

捇 shé_8.12　俗揲字。

掬 jū_8.12　唐韻集韻韻會正韻夶居六切音菊。與匊同。兩手曰掬禮曲禮受珠玉者以掬疏謂手中也左傳宣十二年舟中之指可掬也図詩詁兩手曰臼，屈掌曰匊。又小爾雅掬，一升也。今俗謂兩手所奉爲一掬，則數合也図揚子方言離也。齊陳曰斯。燕之外郊、朝鮮洌水之閒曰掬△說文在手曰匊。俗作掬廣韻與鞠同韻會本作掬正字通本作臼。鎏又鞠10265簕42905莘43173莘43198

捆 kǔn_8.12　正字通增出以捆爲俗省文○按音苦本切。應從困。改從困，非。

撆 pó_8.12　同擊20315潘岳射雉賦擊場拄翳六臣文選作撆場。

擘 wàn_8.12　正字通擊註：或作擘。

窜 wàn_8.12　字彙補與捥擘同。本作擘。或作腕。

拳 quán_8.12　字彙補古拳字廣漢屬國侯夫人碑勤養拳拳。

揍 zè_8.12　字彙補士支切音齜。支也。 19923 09637

撰 zhuàn_8.12　唐韻時釧切，遄去聲。又集韻船釧切，船去聲。義同。望繩取正周禮置臬以縣是也。今山東匠人猶言懸繩視正爲撰図tuán集韻徒官切。與摶同。鎏又撰20014練44290膞47452 19924 09638

掑 qí_8.12　集韻渠之切。同掑。 19925 09639

拏 ná_8.12　篇海女加切音拿。相牽引也○按音義同拏。譌改拏。 19926 09640

搔 sào_8.12　集韻先到切音譟。攪搏也。或作搔。 19927 09641

揢 xiá_8.12　玉篇唐韻胡瞎切集韻下瞎切夶音轄。與舝同。車軸端鍵也。 19928 09642

把 bǎ_8.12　篇海同把。 19933 09647

挈 bài_8.12　字彙補古拜字○按說文古作犎集韻作畁。改作挈，非。 19929 09643

挭 è_8.12　篇海音遏。伐木餘挭也○按栚與梆同，从木。譌从手。鎏又挭20158 19930 09644

挾 xié_8.12　篇海音携。 19934 43715

孿 luàn_8.12　篇海古亂字○按古作孿。又作羃。譌作孿。無考。 19932 09646

撦 chǒu_8.12　篇海與掏同図字彙補楚口切。手撦也。 19931 09645

捿 lù_8.12　篇海音六。又音掘。 19935 43716

揈 xū_8.12　篇海伊入切。又相居切。鎏俗揈20083或亦揈、楈之俗訛龍龕揈，伊入反，揈讓也，進也。又相居反，取水具也。 19936 43717

挕 sù_8.12　簡攄20707 19937 u2AB8B

挵 null_8.12　喃未詳。 19938 u2AB8A

捽 gō_8.12　喃俗擤。从手舉cǔ聲。解開，撈回。 19939 u2AB89

捸 null_8.12　喃未詳。 19940 u2AB88

挏 null_8.12　日靈符用字申報·1937·Sep. 25·申報臨時夕刊（第三十六號）東京銀座事件。日本軍人痛罵軍部，仁丹公司奉送靈符：敵彈除け武運長久の御守。挏拈挏挏。 19941 u2AB87

捼 dèo_8.12　喃从手條điều省聲△捼撻：羈絆，負擔。 19943 u2AB85

接 qī_8.12　俗棲24392彙音寶鑑摝，居也。 19944 u2AB84

擊 cán_8.12　簡擊20521 19945 u2AB83

挧 null_8.12　未詳。 19946 u2AB82

捌 null_8.12　未詳。 19947 u2AB81

掃 sǎo_8.12　同掃19866 19948 u2F8BC

捨 shě_8.12　俗捨19820 19949 u2F8BB

捏 niē_8.12　或同捏。 19942 u2AB86

掃 níu_8.12　喃捌20904俗省。揪。 19950 u22BE8

捄 xǒ_8.12　喃穿套，戲弄。 19951 u22BE7

揀 lái_8.12　俗楝24399龍龕揀，俗。音來。正作楝。木名也図lay喃从搖省來lai聲。 19952 u22BE6

抏 19953 u22BE5 ngón_8.12 嗃同䎶20571手指。

黍 19955 u22BE3 null_8.12 未詳。

掃 19954 u22BE4 áng_8.12 俗棉24419可 洪音義懸掃：五郎反。屋捊也 图ngáng嗃從手 昂ngang聲。（用杆子等）攔絆 △掃塘：擋道。

扸 19956 u22BE2 sửa_8.12 嗃整理。

捄 19957 u22BE1 gòu_8.12 直音篇捄，同搆20256 图rọc嗃從手育dục聲。剪裁△捄繩：裁布。

掀 19958 u22BE0 va_8.12 嗃從手波ba聲。撞。亦作𪽄55554

抯 19959 u22BDF đứt_8.12 嗃從手坦đất聲。斷絕。

捬 19960 u22BDE wǔ_8.12 漢語方言大詞典用棍棒打。閩語。廣東 潮州 图vỗ嗃從手武vũ聲。拍，撫。

拌 19961 u22BDD vén_8.12 嗃從手泮bơn聲。撩，掀，揭。

捒 19962 u22BDC buộc_8.12 嗃從手紼buộc聲。迫使△扒捒：強制。 捒罪：誣陷。

拉 19963 u22BDB sắp_8.12 嗃從手泣khắp聲。排，列。

�捼 19964 u22BDA nhổ_8.12 嗃從手乳nhũ聲。拔△捼䩞：薅草。捼 梯：拔錨。

掫 19965 u22BD9 chẻ_8.12 嗃從手知tri聲。劈，破開。

㧘 19966 u22BD8 huơ_8.12 嗃從手花hoa聲。揮。

挈 19967 u22BD7 quấy_8.12 嗃從手季quí聲。攪。

㧘 19968 u22BD6 khép_8.12 嗃從手怯khiếp聲。虛掩△㧘鞯：掩門。 图ghép同扱。連合，聯接。

揖 19969 u22BD5 ngơi_8.12 嗃從手宜nghi聲。歇手 图nyeq壯擠。 图新撰字鏡揖，宜音。衣出臂。曾天万久留。

捌 19970 u22BD4 quắt_8.12 嗃同焩22755△焩捌：燒荒，干涸。㧘捌吏： 身體捲縮 图gvat壯搜刮。

把 19971 u22BD3 và_8.12 嗃從手芭ba聲。扒拉。

抔 19972 u22BD2 bóp_8.12 嗃從手苯búp聲。扼△抔股：卡脖子，敲 竹槓。

挃 19973 u22BD1 gvaij_8.12 壯拐帶 图quái嗃從手怪quái聲。

㧐 19974 u22BD0 co_8.12 嗃從手姑cô聲。蜷縮。

披 19975 u22BCF bẻ_8.12 嗃從折省彼bỉ聲△披㧘：隔斷。

揹 19976 u22BCE āo_8.12 粵搔，撓

捍 19977 u22BCD chuǎi_8.12 字海捍，同 揣20092字見元·曾瑞《中呂》迎僊客·風情

撑 19978 u22BCC zhuò_8.12 直音篇撑19654丈夥切，攙撑，撑物也。 撑，同上。

捬 19979 u22BCB fǔ_8.12 同斧22031砍 全唐文·卷二八二·王適·體元 先生潘尊師碣捬紫蘭以舉玉簪，闢丹桂而交翠旗。

捯 19980 u22BCA dāi_8.12 方捏，扭，揪。明·陶宗儀 說郛·卷九十五 上·中饋錄·甜食·餛飩方白麵一斤，鹽三錢，和如落索 麵，更頻入水搜和為餅劑，少頃操百遍，捯為小塊捍開， 菉豆粉為粹，四邊要薄，入餡其皮堅。又明·袁于令 西 樓記·第十六齣待我捯他一把，打他一下，抱住他嗳幾 個嘴，咬他幾口，叫幾聲親肉俊心肝活寶夜明珠，怕他 不硬將起來？

揎 19981 u22BC8 měi_8.12 同挴19661 集韻揎，母亥切。貪也。

擎 19983 u22BC4 null_8.12 未詳。

揱 19982 u22BC6 zhàn_8.12 大字典·P. 1894揱，棧的譌字漢書·息夫躬傳蒙棘揱揱，曷可棲兮。 顏師古注：揱揱，眾盛兒。王先謙補注：宋祁曰揱，當 為棧。王先慎曰字書無揱字，宋說是也。

掝 19984 u22BC3 què_8.12 同掝19789

挽 19985 u22BC2 wǎn_8.12 俗挽19673 明·萬曆本 金瓶梅詞話·第七十六回良久，喬大戶到了。 西門慶陪他廳上坐的，如此這般，拿胡府尹義官喬洪名 字：挽例上。納白米三十石，以濟邊儲。

撫 19986 u22BC1 null_8.12 未詳。

挑 19987 u22BC0 tiāo_8.12 同挑19549

掩 19989 u22BBE null_8.12 未詳。

揯 19988 u22BBF guāi_8.12 五侯鯖字海 音乖。捸也 图同文通考·譌字揯，捸也 图敦煌P.5037 駕行温湯賦一首豬倚力而頭強，狐怕人而尾揯。

搬 19990 u22BBD null_8.12 未詳。

揶 19991 u22BBC null_8.12 未詳。

挎 19992 u22BBB null_8.12 未詳。

掍 19993 u22BBA null_8.12 未詳。

揎 19994 u22BB9 null_8.12 未詳。

挢 19996 u22BB7 null_8.12 或俗栃24560

揆 19995 u22BB8 null_8.12 未詳。

挨 19997 u22BB6 kuí_8.12 或俗揆20048

揹 19998 u22BB5 chāng_8.12 披猖33325，俗作披揹 图chēng俗撑20662 寶永刊本 肉蒲團·第八回到了門前，賽崑崙把簾子揹 起，同未央生一齊橫進去 图cang壯裝設，安裝。

摁 19999 u22BB4 null_8.12 未詳。

捆 20000 u22BB3 null_8.12 未詳。

捌 20003 u22BB0 null_8.12 未詳。

挄 20004 u22BAF lǜ_8.12 俗旅22163可 洪音義力挄：音呂。正作旅22220也。

撓 20001 u22BB2 null_8.12 未詳。

抑 20005 u22BAE yì_8.12 抑19269本字 說文归，按也。从反印。抑，俗从手。

掠 20002 u22BB1 null_8.12 未詳。

摋 20006 u22BAD cọ_8.12 嗃從擦省 具cu聲△摋擦：磨擦。摋�：除垢 图gō从扣省具聲

揣 20007 u22BAC chút_8.12 嗃從小拙chút聲。少許。

挐 20008 u22BAB nhổ_8.12 嗃從手弩nỏ聲。同拎19765

拱 20009 u22BAA rộn_8.12 嗃俗撰20723拱沿：繁華 图dọn拱撰：整 理。

抓 20010 u22BA9 co_8.12 嗃從手孤cô聲△抓拸：彎曲的手。

拂 20011 u22BA7
bì_8.12

換 20012 u22BA6
liǎn_8.12　俗撿20828

図俗㩄25614　碑別字新編　引元 敕封英濟王石刻

捝 20013 u22BA5
shān_8.12　俗摻20534

揎 20014 u22B9B
zhuàn_8.12　同撰19924

挤 20015 u3A08
jǐ_8.12　俗擠20948見 宋元以來俗字譜

捻 20016 uF9A4
niǎn_8.12　兼捻

掠 20017 uF975
lüè_8.12　兼掠。

掼 20018 u63BC
guàn_8.12　简摜20475

掺 20020 u63BA
càn_8.12　简摻20534

搔 20019 u63BB
sāo_8.12　俗搔20286 可洪音義 搔蚌：上棄刀反。

掹 20021 u63B9
méng_8.12　粵 拉扯，拔。亦作擝20943

掸 20022 u63B8
dǎn_8.12　简撣20694

掷 20023 u63B7
zhì_8.12　简擲21018

捼 20024 u63B6
jié_8.12　俗捷19845 可洪音義 捼速：上蒺荗反。疾也。

揄 20025 u63B5
mìng_8.12　日 地名用字。

掴 20026 u63B4
guó_8.12　简摑20457

掳 20027 u63B3
lǔ_8.12　简擄20835

揭 20028 u63B2
jiē_8.12　同揭20108

掰 20030 u63B0
bāi_8.12　同擘19654

挦 20029 u63B1
pá_8.12　清·徐珂 清稗類鈔·盜賊類·挦手 滬人呼竊絡賊曰挦手，猶言扒19153手也，亦曰瘪三碼子。非專以竊絡為業也，可竊則竊，否則行乞。

掯 20031 u63AF
kèn_8.12　韻學驪珠 掯，克艮切。勒掯。民國 新字典 掯，讀如肯。掯勒，壓迫之意。

掮 20032 u63AE
qián_8.12　民國 新字典 掮，俗捷20127字，吳方言稱代人貿賣貨物者爲掮客。按，字亦作偏01459

掭 20033 u63AD
tiàn_8.12　以物挑剔撥弄。

掽 20034 09648
pèng_9.13　字彙 蒲孟切，彭去聲。搕掽，撞也。鋻又碰39111硼39295掽20796

掾 20035 09649
yuàn_9.13　唐韻 以絹切 集韻 韻會 俞絹切，丛緣去聲 說文 緣也△一曰官屬 玉篇 公府掾史也 六書故 掾乃屬官通稱 前漢·蕭何傳 爲沛主吏掾 音義 正曰掾，副曰屬 後漢·百官志 公府掾比古元士三命者也。又 馬援傳 此丞掾之任，何足相煩 晉書·元帝紀 辟掾屬百餘人，時人謂之百六掾 正字通 秦、漢皆有掾屬，今州郡佐貳曰掾，讀若釧，卽穿字去聲 正韻 切音非 図chuán 集韻 重緣切音傳。陳掾，馳逐也〇按 史記·貨殖傳 陳椽其閒，此引作掾，誤。

搙 20036 09650
nuò_9.13　篇海 昵角切音搦。手搙也。

揀 20037 09651
jiǎn_9.13　唐韻 集韻 韻會 正韻 丛古限切音簡。與柬同。選也，擇也，分別之也 魏志·袁紹傳 博愛容衆，無所揀擇 逸周書 比黨不揀 舊唐書·懿宗紀 邊方未靜，深藉人才，宜令徐泗團練使選揀召募官健三千人，赴邕管防戍 図汰揀 張耒·贈無咎詩 磨君古青銅，汰揀寄明辨。通作簡 図liàn 郎甸切音練。義同。或作柬。鋻又揀19473

揀19861

搷 20038 09652
zhēn_9.13　玉篇 集韻 丛知盈切音貞。引也 図kēng 集韻 丘耕切音鏗。琴聲。與揯同 図苦杏切。義同。

捪 20039 09653
mín_9.13　唐韻 武巾切 集韻 眉貧切丛音珉 說文 撫也。一曰摹也 図 集韻 美隕切音敏。義同 図wěn 武粉切音吻。與抆同△本作捪，或省作抿。鋻又擎20234

揪 20040 09654
jiū_9.13　唐韻 卽由切 集韻 將由切丛音啾 說文 聚也 図 集韻 字秋切音遒。義同 図yóu 夷周切音由。掩也。

揃 20041 09655
jiǎn_9.13　唐韻 卽淺切 集韻 韻會 正韻 子淺切丛音翦 說文 搣也 三蒼 猶翦也 史記·西南夷傳 西夷後揃剸分二方 註 揃，分割也。剸亦分義。又 魯世家 周公自揃其蚤，沈之河 唐書·韋表微傳 吾年五十，拭鏡揃白。一曰擇也 図 平聲jiān 集韻 子仙切音煎。義同 儀禮·士喪禮 蚤揃 釋文 子前反 図 箋識也。與槧同。亦作揃 図qiān 集韻 韻會 丛干廉切。與籤同。驗也。一曰銳也。貫也△ 集韻 或作揃〇按 正字通 云揃卽剪也。亦與翦通。或加刀作揃，加羽作揃，丛贅文。鋻又揃20800翦20878揫20930橚25665

揄 20042 09656
yú_9.13　唐韻 羊朱切 集韻 韻會 容朱切丛音俞 說文 引也 史記·貨殖傳 揄長袂，躡利屣 前漢·禮樂志 神之揄臨壇宇 図 揄揚，譽言也 班固·西都賦序 雍容揄揚，著於後嗣 註 揄引，揚舉也 図 邪揄也 後漢·王霸傳 市人皆大笑，舉手邪揄之。或作撤 說文 作歈 図 正韻 雲俱切音于。義同 図yáo 與褕同 集韻 韻會 正韻 丛餘招切音搖 禮·玉藻 夫人揄狄 疏 揄，讀如搖。狄，讀如翟。謂畫搖翟之雉於衣也 陸氏音義 爾雅 云江淮而南，青質五色皆備成章曰鷂。音搖，謂畫此雉也 図yóu 與䌛、抾同 唐韻 以周切 集韻 韻會 夷周切丛音由。抒臼也 詩·大雅 或舂或揄 図tóu 唐韻 度侯切 集韻 韻會 正韻 徒侯切丛音頭。亦引也 班固·西都賦 揄文竿，出比目 図 徒口切音鈕。義同 図tōu 集韻 他侯切音偸。垂也 莊子·漁父篇 被髮揄袂 図chōu 丑鳩切音抽。垂手行也 図shū 春朱切音輸。閃揄，傾貌。鋻又揄20254瘉36542

揤 20043 09657
zè_9.13　唐韻 阻力切 集韻 札色切丛音側。打也。通作捌 図 唐韻 秦力切 集韻 疾力切丛音蓻。義同。

摵 20044 09658
chè_9.13　集韻 恥格切。與摕同。或作拆19376又作坼。別見土部。

揣 20045 09659
duàn_9.13　集韻 都玩切音鍛。捶也。鋻又揣20198

掔 20046 09660
yán_9.13　俗挲字。

掗 20047 09661
gěng_9.13　集韻 挭本字

揆 20048 09662
kuí_9.13　唐韻 求癸切 集韻 韻會 巨癸切，丛葵上聲 說文 葵也 爾雅·釋言 度也 易·繫辭 初率其辭而揆其方 註 循其辭，以度其義 詩·鄘風 揆之以日 史記·律書 癸之言揆也，言萬物可揆度，故曰癸 図 百揆，官名 書·舜典 納于百揆 傳 納舜于此官，揆度百事也 後漢·百官志

註百揆,堯初別置,周更名冢宰☒正字通渠惟切音葵
字彙闕平聲,非〇按唐韻集韻諸書,揆字止收紙韻,
不入支韻經典釋文亦無平聲,從舊可也。本作揆。

摘 nǎn_9.13　唐韻奴感切集韻乃感切,丛南上聲。搦
也。

揹 wěi_9.13　唐韻以水切集韻愈水切丛音唯。棄也。
或作擡。又玉篇羊捶切集韻尹捶切,並薩上聲。義同。
一曰押也。或作擓☒tuǒ玉篇他果切集韻吐火切丛音
妥。撲也。又落也揚子方言脫也☒duò集韻杜果切音
惰。探也。

掼 hōng_9.13　唐韻集韻丛呼宏切音轟。擊聲。又揮也。
或作揈☒xuàn集韻翾縣切音絢。擊也。與揈同☒jū韻
會居六切音菊。掆19917,本作揈。

揯 chě_9.13　唐韻昌者切集韻齒者切,丛車上聲。擊
也。集韻止野切音者。義同。

揰 dèng_9.13　集韻唐互切音鄧。負擔也。與橙同。

揉 róu_9.13　唐韻爾由切集韻韻會正韻而由切丛音
柔。以手挺也☒順也詩大雅揉此萬邦疏揉之使順善
也音義亦作柔☒rǒu玉篇廣韻人九切集韻韻會正
韻忍九切,丛與煣同。屈申木也。增韻矯揉,曲直之也易
繫辭揉木為未周禮冬官考工記輮輪必齊註揉,
謂以火榽之疏曲者以火炙之,木則濡,可揉戾使直也
☒ròu玉篇廣韻汝又切集韻韻會正韻如又切。義同。
平上二聲蘇軾阻風詩孤舟倦鴉軋,短纜困牽揉。
☒niǔ集韻女九切音紐。撓之也。又ráo集韻韻會丛
爾紹切音繞。屈也。或作撓△正字通揉有平上去三聲,
義實相通,不必分屬。

捐 yù_9.13　唐韻集韻丛王勿切音曰。擲也。或作扨。
又作擢。

揊 pì_9.13　唐韻芳逼切集韻拍逼切丛音愊。擊聲。
或作扑☒chè六書統敕列切音徹。去也。與撤義同。
鎣又敝21629

揻 wēi_9.13　唐韻烏恢切集韻烏回切丛音隈。掎也。

揌 sāi_9.13　唐韻蘇才切集韻桑才切丛音鰓博雅擡
揌,動也☒cāi集韻倉來切音猜。擇也。鎣又同揌20480
俗揌。敦煌‧S.5508大乘律音義第二揌說,上子孔反。

揍 zòu_9.13　集韻千候切音湊。插也。又投也。

揎 xuān_9.13　唐韻須緣切集韻荀緣切音宣。手發衣
也六書故鉤袂出臂也蘇軾詩玉腕半揎雲碧袖古音轉
注俗有裸袖揎拳之語通雅揎與抌同,俗謂抌衣是也漢
書‧董仲舒傳日削月朘。孟康註:朘音揎,謂轉塞踧也。
俗謂縮脁為朘縮,則塞踧猶揎蹙也。古作揎。今呼抌。
△本作擓集韻或作揊20701又作擐。鎣又胘47637

描 miáo_9.13　唐韻武鑣切集韻韻會正韻眉鑣切丛音
苗。摹畫也六書故描摹聲相近,描輕而摹重。又máo唐
韻莫交切集韻謨交切丛音茅。打也☒mào集韻眉教
切音貌。擲也。

穀 gòu_9.13　集韻居候切音構。取牛羊乳也。又正字
通穀字之譌〇按說文穀,乳也。楚人謂乳為穀。亦音
構。穀義或取此。鎣又擊20548穀45889穀32841

攌 chǐ_9.13　俗摭字。

挈 bāng_9.13　唐韻博旁切
集韻逋旁切,丛謗平聲。捍也,衛也。又丛也。

揁 lǜ_9.13　集韻劣戌切音律。去滓汁曰揁。

提 tí_9.13　唐韻正韻杜奚切集韻韻會田黎切丛音
題說文挈也詩大雅匪面命之,言提其耳禮曲禮凡奉
者當心,提者當帶疏屈臂當帶,而提挈其物☒舉也周
禮‧夏官‧田僕凡田王提馬而走前漢‧刑法志一同百里,
提封萬井註提封者,大舉其封疆也☒鼓名周禮‧夏
官‧大司馬師帥執提註馬上鼓,有曲木提持鼓立馬髦
上者,故謂之提☒攝提,星名史記‧天官書大角兩傍
各有三星。鼎足句之曰攝提,直斗杓所指,以建時節註
攝提之為言提攜也。提斗攜角,以接於下也☒梜提,
箸名禮‧曲禮羹之有菜者用梜註今人或謂箸為梜提
☒提提,安諦也。與媞同詩‧魏風好人提提疏行步安
舒而審諦也☒菩提,梵語。猶華言正道也☒浮屠所居
曰招提。梵言拓鬥提奢,華言四方生物也。後魏創立伽
藍,為拓提境。俗譌拓為招杜甫詩已從招提遊,更宿
招提境☒偏提,酌酒壺也拾遺記唐元和閒謂之注子,
後仇士良惡其名同鄭注,乃去柄安繋,名曰偏提☒shí
集韻市之切正韻辰之切丛音時。朱提,縣名前漢‧食
貨志朱提銀,重八兩為一流註朱提縣屬犍為,出善銀。
北方人名匕曰提☒chí唐韻是支切集韻韻會常支切
丛音匙。鳥羣聚貌詩‧小雅弁彼鸒斯,歸飛提提集韻或
作題☒dǐ唐韻都禮切集韻韻會典禮切丛音底。絕也。
禮‧少儀牛羊之肺,離而不提心註刲離之不絕中央少
者,使易絕以祭耳☒擲也戰國策侍醫夏無且,以其所
奉藥囊提荆軻史記‧絳侯世家太后以冒絮提文帝索隱
服虔提音弟。蕭該音底。蕭音爲得☒dì集韻韻會正韻
丛大計切音第。見上史記註。又漢書音義同。鎣漢
銅洗銘朱棍堂狼造彙音寶鑑棍,朱棍,縣名,出銀之
處。朱棍同朱提。

揑 niē_9.13　正字通俗揑字字彙與捏同,非。

插 chā_9.13　唐韻楚洽切集韻韻會正韻測洽切丛音
鍤說文刺肉也廣韻刺入也前漢‧高帝紀羽檄徵天下兵
註魏武奏事云今邊有警,輒露檄插羽☒急就篇師古
註插者,擔也。兩頭鐵銳,所以插刺禾束,而擔之也集
韻或作捷☒與鍤同。刺土器也戰國策坐而織蕢,立則
杖插☒qiè集韻七接切音妾。摺也。與扱同☒zhǎ側
洽切音眨。攝也△从干从曰。俗作揷、挿,非。鎣又

拕19727㨐20148揷19781捙19779

揓 20069 09683
shì_9.13 集韻施智切音翅。把也。或作揥。

㨣 20070 09684
zǒng_9.13 集韻韻會𠀤祖動切。同摠。俗作捴、揔，非又sōng集韻蘇叢切音㨣。手進物也又zòng作弄切音粽。與傯同。倥傯也。𡨴又揔19785

揕 20071 09685
zhèn_9.13 唐韻集韻韻會𠀤知鴆切，砧去聲。擬擊也史記·荆軻傳左手把秦王之袖，右手持匕首揕之。又正韻職任切，枕去聲。義同又zhēn集韻知林切音砧。刺也。一曰斫木聲又zhěn陟甚切，讀與枕近。亦刺也。與戡同。

揖 20072 09686
yī_9.13 唐韻伊入切集韻韻會正韻一入切𠀤音挹說文手著胷曰揖六書故拱手上下左右之以相禮也儀禮·鄉飲酒禮·賓厭介註推手曰揖，引手曰厭詩詁上手當曰厭，謂手厭於胷，引手當曰揖，下手曰拜周禮·秋官·司儀土揖庶姓。時揖異姓。天揖同姓註土揖，推手小下之也。時揖，平推手也。天揖，推手小舉之也前漢·高帝紀酈生不拜長揖註長揖者，手自上而極下又說文攘也〇按攘同讓增韻遜也前漢·王莽傳揖大福之恩。註：揖謂讓而不當也又進也禮·玉藻進則揖之，退則揚之註揖之謂小俯也。揚之謂小仰也又三揖，卿大夫士也左傳·哀二年三揖在下又yì集韻乙及切音邑。與挹同王禹偁·竹樓記遠吞山光，平揖江瀨又jí側立切音戢。聚也詩·周南螽斯羽揖揖兮又jí集韻卽入切正韻賫入切𠀤音湒。義同又集韻籍入切音集。義同。又成也又與輯通史記·秦始皇紀普天之下，摶心揖志前漢·郊祀志揖五瑞註合也又yì乙冀切音懿。與撎同。本作揖。𡨴又揖19936挕20356

揗 20073 09687
shǔn_9.13 唐韻食尹切音吮。又集韻豎尹切，純上聲。義同說文摩也又唐韻正韻食閏切集韻韻會殊閏切𠀤音順。又集韻徐閏切音徇。義𠀤同又xún唐韻詳遵切集韻松倫切正韻詳倫切𠀤音旬。手相安慰也正字通凡以恩相撫、以心相恤，皆曰揗。从盾，會意。有扞衞之義。與循別。

揘 20074 09688
héng_9.13 集韻韻會𠀤胡盲切音横。擊也張衡·西京賦竿殳之所揘畢註揘畢，猶擊刺也六臣文選作揘畢又集韻呼橫切音喤。義同又yíng唐韻永兵切集韻于平切𠀤音榮。拔也。

揙 20075 09689
biàn_9.13 說文婢沔切集韻婢善切𠀤音楩。摶也。又集韻俾緬切音褊。又婢典切音辮。義𠀤同又biān唐韻卑連切音鞭。擊也又集韻卑眠切音邊。又蒲眠切音駢。義𠀤同。

揚 20076 09690
yáng_9.13 古文敭𢿱唐韻與章切集韻余章切正韻移章切𠀤音陽。飛舉也詩·王風揚之水，不流束薪傳揚，激揚也疏謂水急激而飛揚，波流疾之意也。又豳風以伐遠揚疏謂長條揚起者又增韻發也，顯也廣韻舉也易·夬卦揚于王庭疏發揚決斷之事於王者之庭書·堯典明明揚側陋禮·文王世子或以言揚疏能言語應對，亦舉用之又稱說也禮·祭統銘者，自名以稱揚其先祖之美，而明著之後世者也前漢·季布傳使僕游揚足下名於天下，顧不美乎。又爾雅·釋詁賡揚，續也又簸去糠粃也詩·小雅維南有箕，不可以簸揚又眉上下曰揚詩·鄘風揚且之晳也傳揚，眉上廣又子之淸揚疏揚者，眉上之美名。旣名眉爲揚，因謂眉之上，眉之下皆曰揚。又鉞也詩·大雅干戈戚揚又州名書·禹貢淮海惟揚州疏江南之氣躁勁，厥性輕揚，故曰揚州。亦曰：州界多水，水波揚也又姓揚雄·自序揚別爲一族。周宣王子尚父封揚侯，因氏。又宋揚避舉、明揚光休△通作颺。𡨴又扬19206㱍18928𢿱21661䬗22736𥓰22954

㨎 20077 09691
ruán_9.13 集韻韻會𠀤而宣切，輭平聲。與撋同。煩撋也又ruí集韻儒誰切音蕤。搵也又ruò唐韻集韻𠀤如劣切音爇。撋也。與搙同儀禮·特牲饋食禮㨎于醢註㨎於醢者，染於醢釋文㨎，如悅反，又而圓反，又而誰反。

搜 20078 09692
sōu_9.13 古文𢿥唐韻所鳩切集韻韻會正韻疏鳩切𠀤音蒐說文衆意也玉篇聚也又勁疾也詩·魯頌束矢其搜疏搜爲矢行聲。言勁且疾也又說文一曰求也廣韻索也揚子方言搜略，求也。秦晉之閒曰搜，就室曰搜，於道曰略前漢·武帝紀發三輔騎士，大搜上林註搜謂索姦人也又窮討文義亦曰搜韓愈·進學解獨旁搜而遠紹杜甫詩方知象教力，足可追冥搜又渠搜，西戎名書·禹貢崑崙析支渠搜。西戎卽敘又縣名前漢·地理志朔方郡渠搜縣水經注有溝搜郡又集韻先侯切，漱平聲。亦求也莊子·秋水篇惠子搜於國中。李軌說。凡从叜者，今文作叟。搜亦作搜𡨴又捜20175𢮯20430摉20355又古文四聲韻搜19809𢿥05319獀33462，並崔希裕纂古

換 20079 09693
huàn_9.13 唐韻集韻韻會正韻𠀤胡玩切音逭。讀若完去聲說文易也晉書·阮孚傳嘗以金貂換酒又前漢·敘傳項氏畔換註孟康曰：畔，反也。換，易也。師古曰畔換，强恣貌。猶言跋扈左思·魏都賦雲散叛換註叛換，猶恣睢也集韻作㬇△从手从側人从穴从廾。俗作换，非。

揜 20080 09694
yǎn_9.13 唐韻集韻韻會衣檢切正韻於檢切，𠀤淹上聲說文自關以東謂取曰揜揚子方言揜索，取也。關東曰揜，關西曰索。一曰覆也禮·禮器豚肩不揜豆。又聘義瑕不揜瑜，瑜不揜瑕又困迫也易·困彖困剛揜也禮·表記篤以不揜疏君子篤厚行於善道，不使揜逼而被困迫也又揚子方言滅也。吳、揚曰揜又揜然，疾歸貌漢書·司馬相如傳揜乎反鄉又唐韻烏敢切音埯。又集韻韻會烏感切，庵上聲。義同。手揜物也△韻會與掩19913同。𡨴又撎20392又集韻揜掩，鄔感切。覆取也。或从奄。

揝 20081 09695
zuàn_9.13 集韻子感切音昝。與撍同。手動也。

揞 20082 09696
ǎn_9.13 唐韻集韻韻會正韻𠀤烏感切，庵上聲。藏也。手覆也 又àn集韻烏紺切音暗。掩也 又古暗切音紺。義同 又án於咸切，黯平聲揚子方言滅也。荆楚曰揞 又yàn唐韻集韻韻會𠀤於陷切音韽。吳人云抛也六書故暗擲弃也。又yè集韻益涉切音靨。捏也。

揟 20083 09697
xū_9.13 唐韻相居切集韻新於切𠀤音胥◆說文取水沮也。或作𢭃 又揟次，縣名前漢·地理志武威郡揟次縣 又jū集韻子余切音苴。義同。一曰取魚也。瀚堂俗作揟19936

揠 20084 09698
yà_9.13 唐韻烏黠切集韻韻會正韻乙黠切𠀤音軋說文拔也揚子方言東齊海岱之閒曰揠孟子宋人有閔其苗之不長而揠之者 又廣韻拔草心也小爾雅拔心曰揠△或省作扎。瀚堂又榧25520

掔 20085 09699
wàn_9.13 唐韻集韻韻會正韻𠀤烏貫切音惋說文手掔也。揚雄曰：掔，握也儀禮·士喪禮設決麗于掔註掔，手後節中也。一作㨜。或作腕。又作捥、𢫾、𢱧，𠀤同。省作掔，非正韻混與掔合，亦誤。

揑 20086 09700
xué_9.13 集韻似絕切，旋入聲。拈也。或作𡘋、𢪐 又jié玉篇集韻𠀤子結切音節。斷絕也〇按𡘋與揑音同義別字彙同𡘋，非。瀚堂又㕟32188揑20200

握 20087 09701
wò_9.13 古文𡍢唐韻烏角切集韻韻會正韻乙角切𠀤音渥說文搤持也。陸佃云持五指也，在外爲持，在內爲握詩·小雅握粟出卜儀禮·鄉射禮箭籌長尺有握註握。本所持處也又大夫之矢，則兼束之，以茅上握焉註握，謂中央也禮·王制宗廟之牛角握前漢·律歷志算法用竹徑一分，長六寸，二百七十一枚，而成六觚，爲一握 又wū集韻烏谷切音屋。小貌易·萃卦若號一握爲笑，鄭氏讀前漢·司馬相如傳委瑣握躖，拘文牽俗註握躖，局陿也 又爾雅·釋言握，具也疏主持辦具也鄭註握卽屋字 又與幄通周禮·春官·巾車翟車貝面組總，有握註有握，則無蓋矣。如今軿車是也釋文握音屋，又烏學反 又òu於候切音漚。喪用束手者。或作縨。瀚堂俗或作擥21111

揢 20088 09702
kè_9.13 唐韻苦格切集韻正韻乞格切𠀤音客。手把著也 又qiā五音集韻丘加切。掐也。本作抲。又作㧙 又qià集韻丘駕切音髂。持也。一說與格通。

揯 20089 09703
jiǎo_9.13 唐韻集韻𠀤古巧切音絞。接物也。一曰戾也。

揻 20090 09704
yuè_9.13 篇海伊決切。抉目也正字通𦒦字之譌。瀚堂俗抉19259朝鮮本龍龕抉，伊決切。出也。又挑也。揻，揻目也 又可洪音義而搜：所愁反，索也，謂求索也。諸藏有作揻，應和尚音義云謬已久，人莫辯之，詳其理宜作共相二字者，非也。揻字郭氏作於決反，亦非也。今定是搜。

攤 20091 09705
tān_9.13 唐韻集韻韻會𠀤他干切音灘。擊攤，宛轉也 又集韻他案切音炭。義同。瀚堂又玉篇攤，他丹切，擊也 又擊攤，疑當作擊攤。

揣 20092 09706
chuǎi_9.13 古文𢱭唐韻初委切集韻韻會正韻楚委切，𠀤榱上聲說文量也，度高曰揣六書統量度也。以手求其耑意。一曰捫而察之也。又凡稱量忖度皆曰揣左傳·昭三十二年計丈數，揣厚薄孟子不揣其本，而齊其末戰國策蘇秦簡練以爲揣摩史記·高誘註揣，定也。摩，合也鬼谷子·揣篇善用天下者，必揣諸侯之情 又廣韻試也，除也 又姓。明永樂舉人揣本 又chuàn集韻樞絹切音釧。亦度也 又船釧切，音叀。又尺兗切音喘。義𠀤同 又duǒ唐韻丁果切集韻韻會都果切正韻都火切𠀤音朶。義同。又搖也。或作㩇 又zhuī集韻朱惟切音錐說文一曰捶之老子道德經揣而銳之，不可長保註揣，治擊也。梁簡文讀 又主㮚切，捶上聲。又之瑞切音惴。義𠀤同 又tuán集韻韻會𠀤徒官切音團。與敦同。聚貌馬融·長笛賦冬雪揣封乎其枝註揣與團古通〇按集韻團音無揣正字通揣、槫兩註𠀤引，誤 又前漢·賈誼·服賦忽然爲人兮何足控，揣化爲異物兮又何足患漢書註揣與摶通。控摶，玩弄愛生之意。患，叶音環史記作控摶索隱曰：揣，量也△集韻或作𣪠正韻亦作揣〇按說文揣，初委切。槫，兜果切，兩音各異，揣有朶音。亦後人因說文訓同，字形相似而互通耳。瀚堂又㨰19977 又老子道德經揣而銳之，不可長保馬王堆漢墓帛書·老子乙本·道經𢵧20777而允之，不可長葆也。

揤 20093 09707
jí_9.13 唐韻子力切集韻節力切𠀤音卽說文捽也 又◆魏郡有揤裴侯國前漢·王子侯表揤裴戴侯道註揤裴音卽非。在肥鄉縣南五里 又唐韻秦悉切集韻昨悉切𠀤音疾。拭也 又集韻側瑟切音櫛。義同。瀚堂通作揤19800

㨐 20094 09708
bǔ_9.13 唐韻方苟切，音掊說文衣上擊也 又集韻彼口切。義同。或作拊〇按海篇直音音保，與上切韻未合。

揨 20095 09709
zhì_9.13 集韻陟栗切音窒。擣也。通作挃。

揋 20096 09710
wěi_9.13 唐韻于鬼切集韻羽鬼切𠀤音偉。逆追也 又同文舉要與揮同。瀚堂又抚19294

揔 20097 09711
zōng_9.13 集韻祖叢切音騣字統揔，搣也，俗謂之捉頭 又玉篇數也。

揆 20098 09712
kuí_9.13 唐韻苦圭切集韻傾畦切𠀤音奎玉篇中鉤也 又與刲同儀禮·鄉飲酒禮·肺皆離註離猶揆也。或作㨨。

揥 20099 09713
chì_9.13 唐韻集韻韻會𠀤丑例切音跇。讀與滯近。所以摘髮者詩·鄘風象之揥也疏以象骨搔首，因以爲飾，名之曰揥。又魏風佩其象揥 又tì集韻韻會𠀤他計切音替。又dì集韻丁計切音帝。義𠀤同 又捐也◆陸

機‧文賦心牢落而無偶，意徘徊而不能揥。石韞玉而山暉，水懷珠而川媚 註 揥，猶去也。徘徊之意。不能褫捨其妙也○按寘、霽兩韻古通。媚與揥叶古音也 图 tì他歷切音剔。戲也，取也 图 dī 唐韻 集韻 丝都黎切音低。指也△ 廣韻 或从木作樀24698，音義同。 鋆又弅15993

捌 lài_9.13　集韻 同攦21118 鋆又掣20101

揦 là_9.13　唐韻 盧達切 集韻 郎達切丝音辣 博雅 孚也。或作梨。

撑 chéng_9.13　唐韻 宅耕切 集韻 除耕切丝音橙。觸也，橦也。與杜同。或作敳、敳。又作撑。

揩 kāi_9.13　唐韻 口皆切 集韻 韻會 正韻 丘皆切，丝楷平聲 博雅 磨也 張衡‧西京賦 揩枳落，突棘藩 图 kài 玉篇 廣韻 苦戒切 集韻 韻會 正韻 口戒切丝音炌。揩排，強突也 图 與鞢通。鼓名 唐書‧南蠻驃傳 龜茲部有羯鼓、揩鼓、腰鼓 图 jiá 五音集韻 訖黠切音戛。敲也。擽之以止樂 禮‧明堂位 拊搏、玉磬、揩擊 註 揩擊，謂枙敲也。 鋆又皷21628拶20233裓39907

揪 jiū_9.13　同摎△ 正字通 字彙 音揫，平聲。手揪也。按揪摎同字，分音各訓，誤。

摎 jiū_9.13　唐韻 正韻 即由切 集韻 韻會 將由切丝音啾 說文 本作挛。束也 增韻 斂也 禮‧鄉飲‧酒義‧秋之爲言愁也 註 愁讀爲摎。摎，斂也 图 爾雅‧釋詁 聚也 馬融‧廣成頌 摎斂九藪之動物 图 qiú 集韻 字秋切音遒。亦聚也 說文 引 詩 百祿是摎。今 詩 作道 图 揚子方言 細也。斂物而細謂之摎 图 前漢‧律歷志 作樛。別見犛部 图 韻會 正韻 摎，或作愁。引 鄉飲‧酒義 ○按愁有摎音。非摎與愁通也。 鋆又摎11857

撥 bá_9.13　集韻 普活切音潑。與癹同。亦作撥20696

揬 tū_9.13　唐韻 韻會 陀骨切 集韻 陀沒切丝音突。搪揬，觸也 图 通作唐突 正字通 揬、突雖通，搪揬可借突，而竈突不可用揬 正韻 註 混。

揭 jiē_9.13　唐韻 集韻 韻會 丝居謁切音訐 說文 高舉也。或作撅 图 jié 唐韻 基竭切 集韻 韻會 丘傑切丝音楬。義同。或作担。又作拮 图 與偈通。車疾貌 王應麟‧詩攷 韓詩 匪車揭兮。見 漢書‧王吉傳 图 jié 唐韻 渠列切 集韻 韻會 正韻 巨列切丝音傑。揭同。或作撅 增韻 舉而豎之也 前漢‧陳項傳贊 揭竿爲旗 張衡‧西京賦 豫章珍館，揭焉中峙 图 擔也，負也 戰國策 馮煖于是乘其車，揭其劍 史記‧東方朔傳 數賜縑帛，擔揭而去 图 姓 前漢‧功臣表 安道侯揭陽定 图 jié 唐韻 集韻 韻會 丝其謁切音碣。亦擔也 图 長也 詩‧衞風 葭菼揭揭 图 集韻 韻會 丝語訐切音齾。義同 图 jié 唐韻 居列切 集韻 韻會 丝其謁切音子。揭起也 詩‧小雅 維北有斗，西柄之揭。又 大雅 顛沛之揭 傳 揭，見根貌 疏 樹倒故根見 戰國策 唇揭者，其齒寒 註 揭，猶反也 图 啓事。今曰揭帖 图 qì 唐韻 集韻 韻會 丝去例切音憩。亦

高舉也 图 褰衣涉水，由膝以下也 詩‧邶風 淺則揭 爾雅‧釋水 揭者，揭衣也 司馬相如‧上林賦 涉冰揭河 图 jì 集韻 其例切音偈。揭陽，縣名 前漢‧地理志 南海郡揭陽縣 qiān 丘言切。與搴同。亦舉也。 鋆又揭20028 嫥11674

揢 gé_9.13　集韻 各核切音隔。改也 揚子‧太玄經 逢遭丝合，揢繫其名 註 揢，更也。手有改更，故字从手。○按揢繫，別本作擱繫 图 玉篇 古鎋切音猰。義同。

揟 jǔ_9.13　集韻 果羽切音矩。姓也。引 詩 揟維師氏。或作祖○按今 詩 作柜 漢書 作莒。

撈 láo_9.13　篇海 同捼 正字通 俗字。

搲 yǎn_9.13　唐韻 集韻 丝同掭。 鋆又搲20137

揮 huī_9.13　古文摀 唐韻 許歸切 集韻 吁韋切丝音輝 說文 奮也 廣韻 振也，動也，灑也 爾雅‧釋詁 竭也 註 揮振，去水也 禮‧曲禮 飲玉爵者弗揮 註 振去餘酒曰揮 左傳‧僖二十三年 懷嬴奉匜沃盥，既而揮之 註 揮，湔也 图 散也，揮霍也 易‧乾文言 六爻發揮，旁通情也 疏 六爻發越揮散，旁通萬物之情也 图 指揮也 宋三朝政錄 乘快指揮一事誤失，史官必書 图 xùn 集韻 吁運切音訓。亦奮也 图 hún 胡昆切音魂。揮掄，全而不破也 图 叶于倫切音筠 王粲詩 荊軻爲燕使，送者盈水濱。縞素易水上，涕泣不可揮○按 音學五書 引 詩 云揮古本音熏 集韻 或作撝 正字通 與麾、撝丝通 說文 分撝、揮爲二。 鋆又揮19631掉20096摀20132旗22247 图 新撰字鏡 潭30154，呼韋反。竭也。揮字也。

搄 gèn_9.13　唐韻 古恆切 集韻 韻會 居層切 正韻 居登切，丝亙平聲 說文 引急也 淮南子‧繆稱訓 大弦搄，則小弦絕。或省作亙。又 唐韻 古鄧切 集韻 韻會 正韻 居鄧切丝音亙。義同。亙从舟。或作拖，非。 鋆又撜20224揯20551

掞 yǎn_9.13　集韻 以淺切音演。舒布也。又 yǐn 玉篇 唐韻 余忍切 集韻 以忍切丝音引。申布也 图 唐韻 集韻 丝羊進切，寅去聲。義同。 鋆又揯19534

揩 cuò_9.13　唐韻 集韻 丝千箇切，磋去聲。拭也。

揖 mào_9.13　唐韻 莫到切 集韻 莫報切丝音耄。手扶之也 图 抵也。或作敄。

揰 chòng_9.13　集韻 昌用切，衝去聲。推擊也 图 dǒng 覩隴切音湩。義同 图 玉篇 弃也。

抱 bào_9.13　說文 作菢。薄報切。別見艸部。此重出。互見抱19350字註。

搠 shuò_9.13　唐韻 所角切 集韻 色角切丝音朔 說文 人臂長好貌 徐鍇曰 人臂稍長繊好也 图 xiāo 唐韻 相邀切 集韻 韻會 思邀切丝音宵。義同。一曰殺小貌 周禮‧冬官考工記‧輪人 望其輻，欲其揱爾而繊也 图 xuē 集韻 息

約切音削。亦殺小也🔲shào 唐韻 集韻 夶所教切，筲去聲。義與 說文 同。一曰木上小也。與槮同🔲shān 集韻 師咸切。與摻同。好手貌。

揲 20121 09735
shé_9.13 唐韻 集韻 韻會 正韻 夶食列切音舌 說文 閱持也 史記·扁鵲傳 揲荒爪幕 註 荒，膏肓也🔲 廣韻 揲，著也 易繫辭 揲之以四，以象四時🔲 集韻 式列切音設。義同🔲yè 唐韻 與涉切 集韻 韻會 弋涉切夶音葉。義與 說文 同。又度揲也🔲dié 唐韻 徒協切 集韻 韻會 達協切夶音牒。義亦與 說文 同。又摺揲也🔲xuē 集韻 私列切音薛。持數也🔲 悉協切音燮。又羊列切音曳。又吉列切音孑。又直甲切音霅。義夶同 集韻 或作扡。又作揷。瀅又挼19916 箷42404

揳 20122 09736
xiè_9.13 唐韻 正韻 夶先結切音屑。攓21030揳，不方正也。又撧也，塞也🔲xuē 集韻 韻會 夶私列切音薛。義同。又拭滅也🔲xié 韻會 奚結切。與挈同 荀子·非相篇 不揣長，不揳大 註 約其大小也🔲jiá 集韻 韻會 夶訖黠切。與戛同。擊持也 史記·貨殖傳 趙女鄭姬，設形容，揳鳴琴 與擊通 後漢·申屠剛傳 尚書近臣至乃捶揳牽曳於前。瀅又揳20233

撼 20123 09737
hàn_9.13 唐韻 胡感切 集韻 戶感切，夶含上聲。撼本字 說文 搖也 徐鉉曰 今別作撼，非。

搩 20124 09738
niè_9.13 集韻 諾叶切。同搢。本作攝21270

援 20125 09739
yuán_9.13 唐韻 雨元切 集韻 韻會 于元切夶音袁 說文 引也 詩·大雅 無然畔援 疏 畔是違道，援是引取 又 以爾鉤援 傳 鉤，鉤梯也。所以鉤引上城者 疏 援卽引也 禮·儒行 舉賢援能🔲 廣雅 牽也 增韻 拔也 禮·中庸 在下位不援上 註 援謂牽持之也 孟子 子欲手援天下乎。🔲 刃之直而上達曰援 周禮·冬官考工記 戈廣二寸，援四之 註 援長八寸，直刃也🔲yuàn 唐韻 集韻 韻會 夶于眷切音院。救助也，接也 魯語 爲四鄰之援，結諸侯之信 註 所攀援以爲助也🔲yuàn 集韻 于願切，遠去聲。引持也 晉語 侏儒不可使援 註 侏儒短者，不可使抗援🔲huàn 集韻 韻會 正韻 夶胡玩切音換。與懁同。伴懁，不順也。一曰拔扈 詩·大雅 畔援 箋 猶拔扈也〇按與傳疏義別。瀅又楥24677俊01627援20603

撋 20126 09740
yíng_9.13 集韻 韻會 夶怡成切。同攍21120

揵 20127 09741
qián_9.13 唐韻 集韻 韻會 正韻 夶渠焉切音乾。舉也。以肩舉物也 後漢·輿服志 揵弓韣九鞬🔲qián 集韻 渠言切，健平聲。亦舉也 詩·小雅·卷髮如蠆 箋 蠆尾末揵然 司馬相如·上林賦 揵鰭掉尾，振鱗奮翼🔲qiān 韻會 丘言切音掔。又 集韻 韻會 夶巨偃切，健上聲。義夶同。🔲 閉也。與楗通 莊子·庚桑楚 外韄者不可繁而捉，將內揵。內韄者不可繆而捉，將外揵 註 韄，縛也。揵，閉塞也 前漢·溝洫志 塞瓠子決河，下淇園之竹以爲揵 註 樹竹塞水決之口，稍稍布插按樹之，水稍弱，補令密，謂之揵，以草塞其裏，乃以土填之🔲 立封界也。或曰接

也 前漢·賈誼傳 梁起於新郪以北，著之河淮陽包陳以南，揵之江 註 揵謂立封界也。或曰接也🔲 豎也 張衡·思玄賦 左青琱以揵芝兮，右素威以司鉦🔲jiǎn 唐韻 居偃切 集韻 紀偃切，夶建上聲。亦舉也。又 集韻 韻會 夶九件切音蹇。義同🔲 又捐20032

摶 20128 09742
tuán_9.13 正字通 與搏同 集韻 本作摶19924

㩃 20129 09743
zhì_9.13 唐韻 集韻 夶陟利切音致 說文 刺也。一曰刺之財至也🔲 劫財也。一曰搏也🔲zhì 集韻 直利切音稺。亦刺也🔲zhǐ 集韻 陟侈切 展爾切夶音徴。義同🔲 至也 揚子·方言 到也 前漢·揚雄·甘泉賦 洪臺崛其獨出兮，㩃北極之嶵嶵 註 高臺特出乃至北極🔲zhǐ 唐韻 陟里切，致上聲◇指也🔲zhǐ 廣韻 豬几切音黹。捽也。瀅又挎20153

摕 20130 09744
dì_9.13 唐韻 都計切 集韻 丁計切夶音帝。撍字重文 說文 撍或从折从示。兩手急持人也🔲 唐韻 特計切音第。義同。

揜 20137 09751
yǎn_9.13 篇海 與揞同

拗 20131 09745
ǎo_9.13 ◆字彙於絞切，坳上聲。手拉也 正字通 與拗同〇按 集韻 作挍。

撝 20132 09746
huī_9.13 正字通 與揮20113同。

撰 20133 09747
zhuàn_9.13 集韻 撰20723本字。

抙 20134 09748
fú_9.13 字彙補 逢無切音扶。掌手也。

捱 20135 09749
āi_9.13 唐韻 乙諧切 集韻 英皆切，夶與挨同。推也，擊也。亦背負貌。

挶 20136 09750
lǚ_9.13 海篇 力舉切，俗旅字。

揎 20138 09752
xuān_9.13 篇海 荀緣切音宣。捖也。

摶 20139 09753
tuán_9.13 篇海 徒官切音團。摶風也。

掆 20140 09754
gāng_9.13 篇海 古康切音岡。舉也〇按摆字之譌。

捪 20141 09755
ān_9.13 字彙補 羊安切，音近豣。捖種也。

撨 20142 09756
gòu_9.13 篇海 古候切。同搆。

挬 20143 09757
bó_9.13 字彙補 蒲沒切音勃。拔也〇按挬字之譌。

揯 20144 09758
tè_9.13 字彙補 挬19810字之譌。

摐 20145 09759
cōng_9.13 字彙補 七容切，音悤◇摐打也。🔲chuāng 昌江切音窓。打鐘鼓也〇按摐字之譌。

撠 20146 09760
jí_9.13 字彙補 慈昔切，音疾◇ 王延壽·夢賦 撠齊亥布〇按撠字之譌。

捼 20147 09761
nuó_9.13 篇海 奴何切音那。握捼也〇按挪字之譌。

插 20148 09762
chā_9.13 篇海 同插

搷 20149 09763
qiān_9.13 說文 古文遷61260字 六書精蘊 作搷 玉篇 集韻 省作搊。亦作揪19479

鑋六書精蘊作搊。搊字中的㔿原字以乙代替弓。

拉 20150 09764 lā_9.13 篇海郎合切音拉。摧折拗拉也。

擳 20151 09765 zhì_9.13 篇海同挃

擿 20153 09767 zhǐ_9.13 篇海陟里切，致上聲◇擿和聲〇按擳字之譌。

擗 20152 09766 pí_9.13 海篇駢迷切音鼙。圓也〇按擗字之譌。

揣 20154 09768 chuǎi_9.13 正韻楚委切。與揣同。

攥 20155 09769 bài_9.13 集韻拜19401古作攥。

挪 20156 09770 nuó_9.13 字彙補泥多切音娜。木茂盛貌。

揶 20157 09771 yé_9.13 字彙補與揶同。

捽 20158 43718 niè_9.13 字彙補同捽。

搭 20159 43719 zī_9.13 龍龕音咨

揹 20160 43720 yí_9.13 篇海古麥切。又字彙補音揖。鑋字彙補伊入切音乙。義闕。

捷 20161 43721 jié_9.13 篇海與捷同。

撧 20164 u2AB96 juē_9.13 簡撧20698

揢 20162 43722 kē_9.13 字彙補口戈切音科。無角也〇按卽㪓字之譌。

攏 20165 u2AB95 null_9.13 未詳。

撥 20163 u2B77C bō_9.13 同撥20696

搭 20166 u2AB94 null_9.13 喃未詳。

搳 20167 u2AB93 null_9.13 未詳。

掮 20168 u2AB92 null_9.13 同掮20169

掮 20169 u2AB91 null_9.13 或俗看。

擂 20170 u2AB90 lěi_9.13 五侯鯖字海音壘 又baenj 壯同抺19451捏，塑 又俗拼19505清·葛元煦滬游雜記·卷二·附各館著名食品復新園：清湯魚翅、清蒸鮮魚、炒鴿鬆、徽州肉圓、雙擂冷葷、果羹、肝片湯。

攈 20171 u2AB8F sāi_9.13 同揌20058

揲 20173 u2AB8D múa_9.13 同㒇48552舞

搖 20172 u2AB8E null_9.13 未詳。

揺 20176 u22C5E đốt_9.13 喃同揺20177

揺 20177 u22C5D nhốt_9.13 喃从手茁đốt聲。

擶 20174 u2AB8C null_9.13 未詳。

搢 20178 u22C5C đẩy_9.13 喃从推省待đãi聲。亦作抬19201△搢船：撐船。

捜 20175 u2F8BE sōu_9.13 同捜20078

攦 20179 u22C5B xới_9.13 喃从手，洒sái聲。翻，扒△攦坦：鋤地，鬆土。

摑 20180 u22C5A phung_9.13 喃摑費：浪費。

搣 20181 u22C59 cài_9.13 喃从手孩hài聲。扣，插，閂。

搎 20182 u22C58 ngán_9.13 喃从手彥ngạn聲。

搭 20183 u22C57 gõ_9.13 喃从手苦khổ聲。敲，揢。

揲 20184 u22C56 múa_9.13 喃从手某mỗ聲△歌揲：歌舞△或作㒇48552亦音mò。

搭 20185 u22C55 dà_9.13 粵輕捶。

搵 20186 u22C54 pén_9.13 吳以手指撥動 又bòn 喃从拾省盆bồn聲△搵扣：收拾。

撓 20187 u22C53 rẩy_9.13 喃从手洗tẩy聲。

㨱 20188 u22C52 mở_9.13 喃从手美mĩ聲△㨱頭：着手，動手 又mẻ次，趟△打朱沒㨱：揍了一頓。

撛 20189 u22C51 wā_9.13 俗撛20325集韻烏瓦切。吳俗謂手爬物曰撛元曲選·包待制陳州糶米·第一折小懺古云父親，他那邊又撛了些米去了。音釋：撛音蛙。清·蒲松齡日用俗字·銀匠章第十七鉊面腫臉猶可說，鼎碻撛窟詭益神。諸樣生涯雖有詐，惟有銀匠世無親 又粵抓。

搖 20190 u22C50 gieo_9.13 喃从投省姚diêu聲。

揁 20191 u22C4F đánh_9.13 喃从手訂đính聲。打，擦，搪。

擭 20195 u22C4B doh_9.13 壯擭，打。

擺 20192 u22C4E bǎi_9.13 同擺21035見字海。胡適藏本降魔變文奮迅毛衣，摇頭擺尾 又bới喃从手拜bái聲。扒，挖△擺黏：薅草。

挽 20193 u22C4D miǎn_9.13 俗免02367可洪音義不挽：音免，脫也。正作免也 又俗抛19381可洪音義挽石：上疋交反宋會要輯稿·刑法二·禁約七月十五日，詔：祖宗以來，歲有挽買合用之物徧下諸路，既不過數，又復有常，故物不踊貴，民易供應 又俗挽19673可洪音義挽滿：上音晚，牽弓也。挽不：上音晩，牽也。

架 20194 u22C4C jià_9.13 俗架23784字海同架。架設 又gaq壯架。

掠 20196 u22C4A liàng_9.13 俗掠19901龍龕掠，音亮。掠取也。奪也。笞也。治也可洪音義侵掠：力讓、力若二反。奪也。

揑 20197 u22C49 wǎi_9.13 同踒59159今作崴13906扭傷。

椴 20198 u22C48 duàn_9.13 同椴20045類篇都玩切。捶也龍龕丁亂切。打也可洪音義椴木：上徒乱反 又jià俗椵24595廣韻椴，古訝切。舉閣。明·湯顯祖牡丹亭還魂記·第八齣·勸農他一様小腰椴。一般雙鬐鬟。能騎大馬。

拗 20199 u22C47 ǎo_9.13 同拗19395見集韻

㩉 20200 u22C44 jié_9.13 同㩉20086玉篇㩉，子結切。斷絕也。

擫 20203 u22C3D yìn_9.13 簡擫20955

拳 20201 u22C40 jiū_9.13 揫20105本字

揆 20204 u22C3C null_9.13 未詳。

揔 20202 u22C3E zǒng_9.13 俗揔20480 又可洪音義是揔：下音天。按，未詳。

拼 20205 u22C3B pīn_9.13 同拼19505

捔 20206 u22C3A jué_9.13 俗捔19718可洪音義捔其：上古岳反。競也，試也。正作角、捔二形也 又phũ喃从手負phụ聲。粗魯，粗野。

擞 20207 u22C39 yoq_9.13 壯打，敲（鑼、鼓）。

撾 20208 u22C38 zhuā_9.13 撾20827字俗省。

掂 20209 u22C37
diem_9.13 壯（往上）提。

摀 20210 u22C36
yīng_9.13 人名用字

攎 20211 u22C35
hù_9.13 俗摢20484

㩋 20212 u22C34
zuò_9.13 或俗做。

撽 20213 u22C33
biāo_9.13 龍龕㩋，舊藏作摽 図éo 喃 从手要yếu聲。摽离：晃悠，不穩貌。

揹 20214 u22C32
méi_9.13 俗楣24674 可洪音義 門揹：音眉也。

擇 20215 u22C31
zé_9.13 同擇20216

擇 20216 u22C30
zé_9.13 或俗擇。

㨷 20217 u22C2F
null_9.13 未詳。

搰 20218 u22C2E
hú_9.13 俗猢33360

搈 20219 u22C2D
yǒng_9.13 俗湧28902

捸 20220 u22C2C
tū_9.13 或俗捸19846

㩲 20223 u22C29
zī_9.13 玉篇 孖11744亦作㩲 図 融15334字變體。

挱 20221 u22C2B
null_9.13 未詳。

掔 20224 u22C28
gèn_9.13 集韻 揯20114，居鄧切 博雅 急也。或書作掔。

揰 20222 u22C2A
null_9.13 未詳。

㨧 20225 u22C27
yóu_9.13 同遊61044 越·阮秉 五千字譯國語·第二十六舉動 優㨧，從且。

椿 20226 u22C26
chūn_9.13 俗橁24609 可洪音義 椿松：上丑倫反。又 廣碑別字 引 唐關君夫人王氏墓誌 図cwn 壯 穿。

㨗 20227 u22C25
đày_9.13 喃 从手苔đày聲。虐待，折磨。

揗 20230 u22C22
guó_9.13 俗摑21179 龍龕 揗，俗。古麦、七入二反。

掎 20228 u22C24
jǐ_9.13 俗掎19879 可洪音義 控揼：上苦東反。下苦侯反。樂名也。正作箜篌42283也。

猴 20231 u22C21
hóu_9.13 可洪音義 控揼

擎 20229 u22C23
null_9.13 未詳。

挷 20233 u22C1F
jiá_9.13 同揳20122 玉篇 挷，古八切。挷擊，枕敐，所以止樂也。本亦作戞18909

擎 20234 u22C1E
mín_9.13 字海 同揯20039

揦 20235 u22C1D
mào_9.13 漢語方言大詞典 揦，舞。閩語。廣東潮陽。手揦足踏 図 日 廣漢和辭典 揦，揦木，姓氏。

㨘 20236 u3A18
xǐng_9.13 同擤20957

㨗 20237 u3A17
jié_9.13 俗捷19845

揽 20239 u6405
jiǎo_9.13 简 攪21267

捴 20241 u6403
zǒng_9.13 俗總44810

搁 20243 u6401
gē_9.13 简 擱21017

撽 20245 u63FF
qìn_9.13 简 撳20822

揽 20247 u63FD
lǎn_9.13 简 攬21281

撦 20249 u63FB
wēi_9.13 搖撦 金瓶梅詞話·第七十四回 這婦人眞個蹲向他腰間，按着他一隻腿，用口替他吮弄那話。吮勾一個時分，精還不過，這西門慶用手按着粉項，徉來只顧沒稜露腦，搖撦那話在口裡吞吐不絕，抽拽的婦人口邊白沫橫流。

㨠 20232 u22C20
null_9.13 未詳。

摒 20238 u6452
bìng_9.13 同摒20460

搄 20240 u6404
gèn_9.13 同揯20114

摟 20242 u6402
lǒu_9.13 简 搜20479

攙 20244 u6400
chān_9.13 简 攙21177

揾 20246 u63FE
wèn_9.13 同搵20329

揼 20248 u63FC
bèng_9.13 粵 耽擱

摇 20250 u63FA
yáo_9.13 俗摇20288今簡化作搖。

揹 20251 u63F9
bēi_9.13 同背47075

揸 20252 u63F8
zhā_9.13 同揸20485

揷 20253 u63F7
chā_9.13 俗插20068

揄 20254 uFA8D
yú_9.13 參見揄20042

揳 20255 09772
xié_10.14 丠戶佳切音鞋。挾物也。又扶也 図 胡計切音系。杭越之間謂換曰揳。或作搋 図xǐ 集韻 戶禮切，奚上聲。揭也。鐢俗作挸19934敦煌·S. 2144 韓擒虎話本 香湯沐浴，改揳衣裝。

搆 20256 09773
gòu_10.14 唐韻 古候切 集韻 居候切丠音遘。搆，擩也 図gōu 集韻 居候切音鉤。牽也。鐢又揹20142搆20377 掮19957

搇 20257 09774
qìn_10.14 集韻 丘禁切，欽去聲。按也。鐢又撳20822 搇20245 擎20782

搈 20258 09775
rǒng_10.14 玉篇 與種切 集韻 尹竦切丠音勇。動搈也 図róng 唐韻 集韻 丠餘封切音容。不安也。鐢又 叡05274

搲 20259 09776
chǎn_10.14 玉篇 丑善切 集韻 丑展切丠音菚。讀若㯆上聲。擊也。鐢从蚩誤，當从蚩。

搉 20260 09777
què_10.14 唐韻 苦角切 集韻 韻會 克角切丠音確 說文 敲擊也 前漢·五行志 高后至斷戚夫人手足，搉其眼，以爲人彘 註 搉，謂敲擊去其精也 図jué 唐韻 古岳切 集韻 韻會 正韻 訖岳切丠音覺。揚搉，都凡也。謂粗略而舉之也 前漢·敍傳 揚搉古今，監世盈虛 註 揚，舉也。搉，引也 莊子·徐無鬼 可不謂有大揚搉乎 註 發揮商量也 北史·崔孝芬傳 商搉古今，閒以嘲謔 図 與榷通 唐書·食貨志 搉利、借商、進奉、獻助 班固·答賓戲 般輸搉巧於斧斤 註 搉，猶專也 図huò 集韻 忽郭切音霍。手反覆也。與攉同 △上从冖，非从山。鐢原字頭誤作搉20636

揗 20261 09778
sǔn_10.14 玉篇 思尹切音筍。拒也 図xún 息倫切音荀。擇也。鐢又揗20735

搊 20262 09779
chōu_10.14 唐韻 楚鳩切 集韻 韻會 初尤切 正韻 楚蒐切丠音篘 博雅 拘也 六書故 五指摳擸也 廣韻 手搊也 唐書·禮樂志 五弦如琵琶而小，舊以木撥彈，樂工裴神符初以手彈，後人習爲搊琵琶 又 西涼伎、高麗伎有搊箏 図zǒu 唐韻 集韻 丠側九切，篘上聲。持也。或作捌 図 扇別名 図 莊俱切音傄。解也。俗作捌，非。鐢 龍龕 挏掃19573二俗，挏通，捌19931正。

搧 20263 09780
shǎn_10.14 集韻 失冉切音閃。疾動貌 潘岳·射雉賦 搧降丘以馳敵 註 言雉雄于高丘，降下向敵也 図shàn 去聲 集韻 韻會 丠舒贍切。與揥19898同。

揀 20264 09781
sǒng_10.14 玉篇 古文㨄41559字 集韻 同揀。

撽 20265 09782
qián_10.14 集韻 類篇 丠渠言切，健平聲 說文 相援也 図 通雅 說文 有撽字，因掀字重其聲，即撽也 漢書 矯

虔吏，即撴撬。趙氏曰：吳言以身肩物曰撬，借相告
曰撬。孫恓不收撬字，而增攐字 囨qiān 集韻丘言切。
亦援也 囨居言切音韆。又丘顏切音骫。又居閑切音艱。
又丘虔切音愆。義丛同。

摣 20266 09783
chǐ_10.14　集韻 韻會丛丑豸切，褫上聲。析也 增韻
又拽也。或作扡19501又通作扡19178 囨 集韻演爾切，迤
上聲。義同 囨yí余支切音移。與搋20965同 囨chuāi 唐
韻丑佳切 集韻攡佳切，丛與扠19177同。俗謂以拳觸人
曰摣。亦曰擊。鍙又摣19858搋20495搱20064

摒 20267 09784
zhǎn_10.14　唐韻知演切 集韻知輦切丛音展 博雅
摒撎，展極也。一曰縛束也 囨chǎn 唐韻丑善切 集韻丑
展切丛音藒。讀若梴上聲。亦摒撎也 囨zhàn 集韻陟扇
切，展去聲。捲也，拭也。

損 20268 09785
sǔn_10.14　古文扖 唐韻 正韻蘇本切 集韻 韻會鎖本
切，丛孫上聲 說文減也 囨卦名 易·損卦 損下益上，其
道上行 疏 下自減損，以奉於上也 囨傷也，貶也，失也。
鍙又損19806歟21699榫25022

摿 20269 09786
suǒ_10.14　唐韻蘇果切 集韻損果切丛音瑣。揣擊也。
一曰動也。

捛 20270 09787
xiē_10.14　唐韻 集韻丛先結切音屑。挺出物也。一
曰揲也。

摿 20271 09788
suǒ_10.14　唐韻蘇各切 集韻 韻會 正韻昔各切丛音
索。摸摿也 囨sè 集韻色窄切，生入聲。擇也 囨與索通。
取也，求也 揚子·太玄經 三以摿數 註 三三而索之，以
成數。鍙俗作摝20272 囨 名義藏各反。挧摿。

摝 20272 09789
sù_10.14　唐韻桑故切 集韻蘇故切丛音素。暗取物
也。鍙正字通俗摿20271字。

摵 20273 09790
sūn_10.14　唐韻思渾切 集韻蘇昆切丛音孫。挧摵，
猶摸摿也△或作摙。

摳 20274 09791
gāi_10.14　唐韻古哀切 集韻柯開切丛音該。觸也。
囨 唐韻尸來切 集韻何開切丛音孩。義同。

搏 20275 09792
bó_10.14　唐韻補各切 集韻 韻會 正韻伯各切丛音
博 說文索持也 禮·月令孟秋，務搏執△一曰至也 書·益
稷搏拊、琴瑟 囨拊也，拍也 史記·李斯傳彈箏搏髀。
囨手擊也。◆釋名指廣搏以擊之 左傳·僖二十八年 晉侯
夢與楚子搏 史記·項羽紀 搏牛之蝱，不可以破蟣蝨。
囨取也 史記·李斯傳鑠金百鎰，盜跖不搏 註搏猶攫也，
取也。凡鳥翼擊物，必轉足取攫，故人取物亦云搏也。
囨pò 唐韻 集韻丛匹各切音粕。亦擊也 囨fù 唐韻 集韻
韻會丛方遇切音付。亦擊取也。或作捕。又fù 集韻符
遇切音附。捕也 囨bù 集韻蒲故切 正韻薄故切丛音步。
與捕19719同。鍙又㪣04954

摡 20276 09793
mì_10.14　唐韻 集韻丛彌殄切音眄 博雅摡培封塗
也。鍙又摡20629正字通摡，俗塓09063字。舊註音免，

訓塗，非。

摏 20277 09794
jí_10.14　集韻秦昔切音籍。擊也。鍙又揝20146
摏20550

摋 20278 09795
sǒng_10.14　集韻損動切，檧上聲。推也 囨六書故搜
或作摋。

摨 20279 09796
sǎo_10.14　篇海同掃 囨正字通同授。鍙龍龕掃俗
摨正，桑老反。掃除也。

捌 20280 09797
tì_10.14　集韻他歷切音惕。挑也。同摘 囨伐捌也
詩·大雅·攘之剔之註又作捌，同 疏 剔翦之也。

搐 20281 09798
chù_10.14　集韻救六切。讀若六畜之畜。牽制也 前
漢·賈誼傳一二指搐，身慮亡聊 註搐，謂動而痛也。

搑 20282 09799
rǒng_10.14　唐韻而隴切 集韻乳勇切丛音宂 說文推
搗也 囨róng 唐韻而容切 集韻如容切丛音茸。義同。
一曰收也 囨náng 集韻濃江切音聰。讀若搦平聲。義同
◆說文又窒也 囨nǎng 集韻匿講切。與攮20834同。

搒 20283 09800
bèng_10.14　唐韻 集韻 韻會 正韻丛北孟切，祊去聲
說文掩也 囨進舟也 廣韻搒人，船人也。與榜同。
囨bàng 補曠切音謗。義同 廣韻掉船一歇也 囨péng
唐韻薄庚切 集韻 韻會 正韻蒲庚切丛音彭。笞掠也 前
漢·張耳傳吏搒笞數千 註捶擊之也。亦作榜。通作搒
囨 集韻 韻會丛逋旁切，謗平聲。義同 囨bēng 集韻晡
橫切音祊。相牽也。或作拼△本作揚。鍙又拼19665

搰 20284 09801
hú_10.14　唐韻戶骨切 集韻胡骨切丛音鶻。讀與活
近 說文手推之也 囨kū 集韻苦骨切音窟。義同 囨hún
唐韻戶昆切 集韻胡昆切丛音魂。義同。或作搰 囨hùn
集韻戶袞切音混 博雅拌也 囨gǔn 古本切音衮。義同。
鍙正字通搰，搰字之譌。

搓 20285 09802
cuō_10.14　唐韻七何切 集韻 韻會 正韻倉何切丛音
蹉。搓挪也 陸游詩柳細搓難代，花新染未乾 囨cuǒ 五
音集韻此我切音瑳。邪貌 囨chāi初皆切音差。推擊也
△本作摧。

搔 20286 09803
sāo_10.14　唐韻 集韻 韻會 正韻丛蘇曹切音騷 說文
刮也 增韻手爬也 詩·邶風搔首踟蹰 禮·內則疾痛苛癢，
而敬抑搔之 註抑按搔摩也 前漢·枚乘傳十圍之木，始
生如蘗，足可搔而絕 註搔，謂抓也 囨與騷通 吳志·陸
凱傳所在搔擾，更爲煩苛 集韻或作搔 囨zhǎo側絞切
音爪。手足甲也。與蚤同 儀禮·士虞禮沐浴櫛搔翦。通
作爪 囨sào 先到切音譟。與搔19927同。攪搏也。鍙又
搔20019撟20614㧋19561撨19796㩁32248挶19557

搕 20287 09804
kè_10.14　集韻克盍切音榼。取也。又擊也 囨唐韻
烏合切音罨。以手覆也 囨集韻乙盍切音盒。義同。

搖 20288 09805
yáo_10.14　唐韻余招切 集韻 韻會 正韻餘招切丛音
姚 說文動也 詩·王風中心搖搖 疏心憂無所附著之意

周禮·冬官考工記·矢人 夾而搖之，以眡其豐殺之節也 図 爾雅·釋詁 作也 前漢·禮樂志 將搖舉，誰與期 註 言當奮搖高舉，不可與期也 図 招搖，星名 禮·曲禮 招搖在上 疏 春秋運斗樞 云北斗七星第七搖光，則招搖也 前漢·司馬相如·大人賦 部署眾神於搖光 註 張揖曰：搖光，北斗杓頭第一星〇按 禮 疏合二星爲一，與漢書註互異 図 扶搖，暴風也 爾雅·釋天 扶搖謂之猋 註 風自下而上 図 步搖，首飾也 詩·鄘風 副笄六珈 疏 步搖副之遺象。 前漢·江充傳 冠襌纚步搖 註 冠襌纚，故行步則搖，纚卽今方目紗也△一作蘨 周禮·天官·追師註 副以覆首，若今步蘨 釋文 蘨本作搖 図 消搖，翱翔貌。與逍遙同 禮·檀弓 孔子蚤作，負手曳杖，消搖於門。又須搖，猶須臾也 前漢·禮樂志 神奄留臨須搖 図 姓 前漢·功臣表 海陽齊信侯搖毋餘 図 yào 唐韻 弋照切 集韻 弋笑切 丛 音曜。亦動也 陳後主·關山月詩 城危接量高，潤風連影搖。寒光帶岫移，冷色含山峭△畣从月，非从爪。亦作搖。別見後十一畫。鼞步搖或作珚瑤、步瑤 図 搖20432 捏19729 搥20553 搖20606 直音篇 搖20753 搖20468 搖19731，同搖。搖20250，俗。

搗 20289 09806 dǎo_10.14 韻會 覩老切 正韻 都皓切，丛同擣20953 鼞又搗捯19834 擣20854 搗20489 擣48432

搘 20290 09807 zhī_10.14 正韻 旨而切，音支◇搘捂也 唐書·南詔傳 初鳳迦異築柘東城，諸葛亮石刻故在，文曰：碑卽仆，蠻爲漢奴。夷畏誓，常以石搘捂。亦作枝。又作支。別从木作榰。

搙 20291 09808 nù_10.14 唐韻 内沃切 集韻 奴沃切 丛音傉。讀若農入聲。捻搙也 図 nuò 唐韻 女角切 集韻 昵角切 丛音搦。搤也。又 nòu 集韻 乃豆切音耨。扗也。鼞又搭20036

搚 20292 09809 xié_10.14 集韻 迄業切。同拹19502或作搶 図 lā 唐韻 盧合切 集韻 韻會 正韻 落合切，丛與拉同 公羊傳·莊元年 搚幹而殺之 註 搶，折聲也 図 唐韻 盧盍切音臘。義同 図 xiàn 集韻 虛欠切，險去聲。引從也。

摙 20293 09810 lián_10.14 集韻 離鹽切音廉。擊鼓也。與摙同。図 jiān 堅嫌切音兼。夾持也。

挕 20294 09811 pī_10.14 唐韻 匹齊切 集韻 韻會 篇迷切 丛音鈚 說文 反手擊也 図 bié 唐韻 集韻 韻會 丛蒲結切音蹩。讀若敝入聲。義同 嵇康·琴賦 搜挕擽捋 註 手撫拂絃之貌 図 正韻 避列切音別。義同 図 pí 集韻 頻脂切音毗 博雅 轉也△或作批19232通作挄。

搜 20295 09812 sōu_10.14 集韻 疎鳩切音蒐。與搊20078同 図 sōu 先侯切，漱平聲 図 xiāo 集韻 先彫切音蕭。搜搜，動貌。亦省作傁 図 蘇曹切音騷。又蘇后切音叟。義丛同。図 sòu 先奏切音漱。人名 莊子·讓王篇 王子搜援綏登車 図 shǎo 集韻 韻會 丛山巧切音稍。擾搜，亂也 韓愈詩 炎風日搜攪 註 搜上聲。鼞又搜20443搜19809鞖15190鞖05319 搊20078

搻 20296 09813 pó_10.14 玉篇 蒲摩切音婆。斂聚也〇按从糸，非婆音。又音義與攃同，疑卽攃字之譌。

搝 20297 09814 qiǔ_10.14 集韻 去久切音糗。手舉也。

搞 20298 09815 qiāo_10.14 集韻 韻會 丛丘交切。同敲。橫搞也。或作搉 図 kào 集韻 口到切音犒。相違也。與靠同。

搟 20299 09816 xiǎn_10.14 集韻 許偃切，與攇同 前漢·揚雄·長楊賦 麾城搟邑 註 搟，舉手擬之也。音車幰之幰 図 正字通 搟乃搟20522之譌 長楊賦 古本作搟邑。一說欣、軒聲近掀，俗作搟，與攇別。

搠 20300 09817 shuò_10.14 集韻 色角切音朔 博雅 塗也。

搋 20301 09818 pī_10.14 集韻 攀糜切音披。剖肉也。與破同。鼞又 nāng 喃 从持省能 nǎng 聲△搋蓮：舉起。搋高：提高。△俗省作扗19296

搡 20302 09819 sǎng_10.14 集韻 寫朗切 韻會 蘇朗切 丛音顙。搒也 図 sàng 集韻 四浪切，桑去聲。撐也。

搢 20303 09820 jìn_10.14 唐韻 集韻 韻會 正韻 丛卽刃切音晉 說文 插也 禮·玉藻 天子搢珽。又 内則 搢笏 儀禮·鄉射禮 三耦皆執弓，搢三而挾一个 史記·封禪書 搢紳者不道 前漢·郊祀志 作縉紳 図 通作晉 周禮·春官·典瑞 王晉大圭 註 晉讀爲搢紳之搢 図 振也 吳語 挺鈹搢鐸 図 jiàn 韻會 正韻 丛作甸切音薦。亦插也 図 通作薦 史記·封禪書註 鄭眾註 周禮 云搢讀曰薦，則薦亦是進。謂進而置於紳帶之間，故 史記 亦多作薦 図 集韻 子賤切音箭。義同 図 jī 踐西切音齏。義同。本作搢。鼞又搢20375

搣 20304 09821 miè_10.14 唐韻 亡列切 集韻 莫列切 正韻 彌列切 丛音滅 說文 批也 廣韻 手拔也。又摩也，捽也 図 xuè 翾劣切音威 急就篇 沐浴揃搣寡合同 師古註 揃搣，謂鬋拔眉髮也，蓋去其不齊整者。鼞又搣20903 搣11153 搣20546

搜 20305 09822 sù_10.14 集韻 所六切。同摍20707

搤 20306 09823 è_10.14 唐韻 於革切 集韻 韻會 正韻 乙革切 丛音厄 說文 捉也 廣韻 持也 史記·劉敬傳 搤天下之肮，而拊其背 揚雄·長楊賦 搤熊羆 註 搤，捉持之也 図 握也 史記·周本紀 養由基釋弓搤劍曰：客安能教我射乎。又 封禪書 莫不扼捥 註 滿手曰搤△與搞、挖、扼扰通 図 yē 韻 壹結切音噎。亦持也 図 壹計切音翳。拉也。又 ài 集韻 正韻 烏懈切 韻會 幺解切 丛音隘。挖也。

搥 20307 09824 duī_10.14 唐韻 集韻 韻會 正韻 丛都回切音堆 廣韻 摘也 增韻 擲也 揚子·法言 搥提仁義。或作掉 図 chuí 正韻 直追切音椎。擊也 唐書·禮樂志 日未明四刻搥一鼓爲一嚴。二刻搥二鼓爲再嚴。一刻搥三鼓爲三嚴 韓愈詩 作樂鼓還掊。別作槌。又與捶通。鼞又搥20351 敁21483

搞 20308 09825 jiāo_10.14 搞字譌省

搦 20309 09826 nuò_10.14 唐韻 尼革切，音𠀼◇。又 廣韻 女白切 集韻 韻會 昵格切，並音蹃

說文 按也。廣韻 捉搦也。錢俶小詞 金鳳欲飛遭掣搦。又 正韻 女力切音匿。義同。又 唐韻 女角切。集韻 韻會 昵角切丛音蒻。義同。史記·扁鵲傳 搦髓腦◆班固·答賓戲 搦朽摩鈍鉛刀皆能一斷。舊唐書·代宗紀 禁鈿作珠翠等，委所司切加捉搦。集韻 或作㧱。又 拿20344 敦21706

搯 yōng_10.14 集韻 委勇切。與擁同。

搧 shān_10.14 集韻 尸連切音羶。批也。又 shàn 式戰切音扇。義同。△ 六書故 挻俗作搧。又 搧20406

搨 dā_10.14 唐韻 都盍切。集韻 德盍切，丛讀與荅近。手打也。或作搘。又 集韻 託合切音塔。冒也，摹也，與搘同。或作搭。又 tà 韻會 託盍切音榻。義同。今用紙墨磨摸古碑帖曰搨。有宋搨、舊搨。唐書·百官志 弘文館，挍書郎二人，有掌書手、筆匠三人。又 唐書·食貨志 茶商所過諸道置邸以收稅，謂之搨地錢。又 搚20596

搩 jié_10.14 唐韻 渠列切。集韻 韻會 巨列切丛音傑。與揭20108同。又 zhé 集韻 陟格切丛音磔。手度物也。或作撦19533。又 俗作搩20552。又 磔39252手同搩手，取大指中指所極爲量。又 龍龕 挓19554搩20802，俗。知格反。裂也。張也。正作磔。

搪 táng_10.14 唐韻 集韻 丛徒郎切音唐。揚子·方言 張也。又 搪突也。與傏通。亦通作唐。又 集韻 他郎切音湯。義同。

搫 pán_10.14 唐韻 薄官切。集韻 韻會 蒲官切丛音盤。◆說文 搫攦不正也。又 廣雅 除也。又 pó 唐韻 薄波切。集韻 韻會 蒲波切丛音婆。亦除也。潘岳·射雉賦 搫場拄翳。註 搫者，開除之名。射者，除地爲場。拄翳於草也。六臣文選 作擊。又 披散也。一曰斂聚也。集韻 或作攐。

搭 dā_10.14 唐韻 都合切。集韻 韻會 德合切丛音答。擊也。又 附也，挂也。白居易詩 熏籠亂搭舊衣裳。韓偓詩 夜深斜搭秋千索。又 tà 唐韻 吐盍切。韻會 託盍切丛音榻。摸搭也。梅堯臣詩 韓幹馬本摸搭時，神駿都失存毫釐。又 tà 集韻 託合切音塔。冒也。一曰摹也。與搘、搨同。亦作搭。

搻 bài_10.14 掰字譌省。又 字彙 今俗音般。作搬移、搬演字。又 搋20410

搻 lǎn_10.14 俗攣字。

搯 tāo_10.14 唐韻 土刀切。集韻 他刀切丛音叨。說文 捾也。一曰抒也。韓愈·孟郊墓誌 鉤章棘句，搯擢胃腎。又 叩也。魯語 無搯膺。馬融·長笛賦 搯膺擗摽。又 說文 搯者，拔兵刀以習擊刺。詩 曰左旋右搯。按今 詩 作抽。集韻 或作掏。從舀，與抉別。

搰 hú_10.14 唐韻 戶骨切。集韻 韻會 胡骨切丛音鶻。讀與活近。說文 掘也。呂覽 水之性清，土者搰之。註 濁也，亂也。又 kū 集韻 韻會 丛苦骨切音窟。義同。吳語 狐埋之而狐搰之，是以無成功。註 發也。又 用力貌。莊子·天地篇 搰搰然用力甚多，而見功寡。又 正韻 古忽切音骨。義同。俗作搰，非。

搄 gāng_10.14 韻會 古雙切。與扛19172通。晉書·輿服志 大駕鹵簿有搄鼓。註 舉也。別作摃。又 搄20140

摑 kuǎi_10.14 集韻 枯懷切，與擓同。

搰 jū_10.14 唐韻 集韻 丛居六切音菊。◆說文 撮也。或作䉤。通作掬。

搱 zhì_10.14 集韻 直利切音稚。搳捕采名。通作雉。正字通 按 五木經 王采有四。一曰雉，俗譌爲稺。搱又樨之譌。又 搝20494

搲 wā_10.14 集韻 烏瓜切音蛙。手捉物也。又 wǎ 類篇 烏瓦切。吳俗謂手爬物曰搲。又 wà 集韻 烏化切。吳人謂牽挽曰搲。或作擖。又 㧫21088 抓20189

搳 xiá_10.14 唐韻 胡秸切。集韻 下瞎切丛音轄。說文 搳也。或作搰。又 qià 集韻 丘瞎切音楬。博雅 搔也。

搚 nà_10.14 唐韻 奴荅切。集韻 韻會 諾荅切丛音納。打搚也。或作扨。

搴 qiān_10.14 集韻 韻會 丛丘虔切音愆。取也。一曰縮也，拔也。與攐同。史記·河渠書 搴長茭兮沈美玉。前漢·季布傳贊 身履軍搴旗者數矣。註 謂勝敵拔取旗也。楚辭·九歌 搴芙蓉兮木末。又 姓。漢將搴揚。又 jiǎn 唐韻 正韻 九輦切。集韻 韻會 九件切丛音蹇。同攓。亦拔取也。俗作搴。又 草名。◆爾雅·釋草 搴柜朐。又 集韻 上仙切，音鵬。◇引取也。互見攓20658 攐21161二字註。又 攓20858 攓21293

搵 wèn_10.14 唐韻 集韻 丛烏困切，溫去聲。說文 沒也。六書故 指按也。司馬相如·子虛賦 焠亦搵染之義。又 wò 烏沒切音膃。手撈物貌。又 搵扨19268也。又 yǔn 唐韻 於粉切。集韻 委殞切丛音愪。博雅 挂也。又 yūn 集韻 於云切音氳。亦沒也。又 搵20246

搙 mì_10.14 集韻 覓畢切音蜜。拭也。

搜 sǒng_10.14 集韻 筍勇切，攢21209字省文。

搳 bèn_10.14 玉篇 蒲本切，盆上聲。車弓也〇按 集韻 部本切，作搼。註：車篷也。與此音義同。無搳字。又 榛24866 搳20711

搶 qiǎng_10.14 唐韻 正韻 七兩切。集韻 韻會 此兩切，丛鏘上聲。突也。又爭取也。今律法有白晝搶奪。或作摤。又 qiāng 唐韻 七羊切。集韻 韻會 正韻 千羊切丛音鏘。拒也。亦突也。戰國策 布衣之怒，亦以頭搶地耳。前漢·揚雄·校獵賦 角搶題註。註 搶，猶刺也。衆獸以角搶地。又 集也，飛掠也。莊子·逍遙遊 決起而飛，搶榆枋。

囡chuǎng 唐韻 初兩切 集韻 韻會 正韻 楚兩切，並瘡上聲。亦突也。又著也 囡chēng 集韻 鋤庚切音傖。搶攘，亂貌 前漢·賈誼傳 國制搶攘 囡cāng 千剛切音倉。搶搪，鋸也 韻會 楚耕切音鎗。槍槍，或作搶搶。彗星也 司馬相如·大人賦 攔攙搶以爲旌 囡qiàng 字彙補 此亮切，鏘去聲。吳、楚謂帆上風曰搶，今舟人曰掉搶 庾闡·揚都賦 艇子搶風，榜人逸浪 瑬又抢19327揆20894

搷tián_10.14 唐韻 徒年切 集韻 韻會 亭年切丛音田。擊也 楚辭·招魂 竽瑟狂會，搷鳴鼓些 註 急擊如投搷之勢 囡引也 囡 揚子方言 揚也 郭璞註 播揚之也 囡chēn 集韻 癡鄰切。與伸同。亦作抻。

搸zhēn_10.14 唐韻 側詵切 集韻 緇詵切丛音臻。聚也。又琴瑟聲也 囡 集韻 資辛切音津。義同。瑬又搸21115

搤è_10.14 唐韻 於革切 集韻 乙革切丛音厄 說文 把也。或作搹，又作扼 囡gé 唐韻 古核切 集韻 韻會 各核切丛音隔。義同 儀禮·喪服 苴絰大搹 註 盈手曰搹。搹，扼也。中人之扼圍九寸。

攜xié_10.14 俗攜字。

搟huī_10.14 古文奇字古揮字。從匇聲。匇與煇同。爝燄也。搟，以手修爝也。

摒biàn_10.14 正字通 抃本字 集韻 亦作擤。

擅xuān_10.14 正字通 揎本字。

捐yú_10.14 正字通 音余。俗舁字。

拿nè_10.14 篇海 同搦 囡 字學三正 音諾。正也，持也 正字通 擅字註:六書無拿 瑬 正字通 擅〇 字學三正 拿音諾，正也，持也。非捧持字。按六書無拿。附記。囡gé同鬲20440

搩qiā_10.14 同搩。弋涉切 管子·弟子職 執箕膺搩，厥中有帚 瑬又俗蘖51824 可洪音義 搩施:上五割反。正作榨。

摰fèng_10.14 六書本義 古文奉10071字。

摀yī_10.14 篇海 同揖 刊謬正俗 抽字。籀文從此 〇按即擂字俗體。

搮qìn_10.14 集韻 與扰19261同。

搢jìn_10.14 集韻 子鳩切音浸。深掘也。

搋jié_10.14 篇海 音義同捷〇按榳字之譌。

搥chuí_10.14 篇海 直追切音鎚。打也〇按搥字之譌。

搰pāo_10.14 篇海 同拋〇按以搰爲拋，六書皆無取。

搇null_10.14 未詳。

攃xué_10.14 篇海 音蓙。斷絕也〇按葰字之譌 囡 與授義混。

搊sōu_10.14 篇海 音義同搜〇按搜字之譌。

摢null_10.14 未詳。

搼null_10.14 未詳。

搊null_10.14 未詳。

搊null_10.14 未詳。

搷die_10.14 蜀 漢語方言大詞典 提、拿。西南官話四川成都 囡 大字典 音diā。

摛null_10.14 未詳。

搥chuí_10.14 俗搥19844 清·杜文瀾 古謠諺（點排印本）卷四十六·楊愼引俗語 論五代史·丹鉛總錄 搥高一丈。牆打八尺。

搈null_10.14 未詳。洪音義 栽搈:下五割反。正作柿不二形。

揗jìn_10.14 同揗20303

揗quán_10.14 篇海 同拳

搋yuān_10.14 篇海 於元切音冤。屈也。瑬又搋20424，丛同冤。

揉ruán_10.14 海篇 而宣切音堧。去急也〇按揉字之譌。

搊fú_10.14 字學元元 古扶19227字。

摘chǐ_10.14 唐韻 丑知切 集韻 韻會 正韻 抽知切丛音螭 說文 舒也 增韻 布也，搋也。又發也 班固·答賓戲 摛藻如春華 囡lí 集韻 韻會 丛鄰知切音離。張也。與攡21240同。

摒bīng_10.14 字彙補 巴升切音冰。以手覆矢。又弓弦也。

揪giât_10.14 喃 从手秩trât聲。拽，猛拉△揪綀:拉綫，幕後主使。

搰shí_10.14 埘09062俗譌。

搰nè_10.14 俗蘖51824 可 洪音義 栽搈:下五割反。正作柿不二形。

揗láng_10.14 粵 發揗囒:撒野 囡sang 喃 从手郎lang聲。換。

搆cấu_10.14 喃 从手構cấu省聲。掐，抓。亦作稿20389 搆△搆唉:掐擰，傾軋。

挾thiếp_10.14 喃 从手浹giáp聲。

批sǎi_10.14 喃 从手耻sỉ聲。

掊phủi_10.14 喃 从手配phối聲。拂△掊培:揮去塵土。掊恩:忘恩。

捒thò_10.14 喃 从手殊thùa聲。伸，凸，插。

搗null_10.14 地名用字。搗祿仔村，見 海南島志 囡mở 喃 从手馬mã聲。同摉20188打開，開啟 囡maq 壯搗。

搳mài_10.14 喃 勉勵。

摱jí_10.14 粵 蓋印。摱單:在單據上蓋印 囡cấp 喃 从手級cấp聲。挾，箝。

搗hái_10.14 喃 从摘省海hái聲△搗茶:採茶。

搳gây_10.14 喃 从手荄gai聲。與揩同△搳轶:發明。搳踍:創造。

撤 20387 u22CA6 xức_10.14 喃 从手職chức省聲。敷，擦拭△亦作晟20425

捯 20388 u22CA5 chẳm_10.14 喃 从抱省針châm聲△掊捯：擁抱。

稿(手高) 20389 u22CA4 cấu_10.14 喃 从手高cao聲。搯，抓。

撱 20390 u22CA3 lõng_10.14 俗攏21124 四部叢刊·三編集部·梨園按試 樂府新聲·卷上·雙調新水令 玉堂春色一更初，綉簾撱綠憁朱戶 图rung 喃 从搖省竜long聲。撼動。同撞21140

撽 20391 u22CA2 rờ_10.14 喃 从摸省除trừ聲。

撐 20392 u22CA1 yẳn_10.14 撐殺，亦作拪殺 佩文韻府·卷九十七·入聲·八黠韻 殺·韻藻 增 撐殺：春秋繁露 或脅窮失國，撐殺於位 图ná 粤 抓，蜇，打扮。撐茜：草率。撐胭：夠勁兒。撐裩：聯繫，關係。

撒 20393 u22CA0 đơm_10.14 喃 从手耽xẩm聲。

摔 20394 u22C9F trỉa_10.14 喃 从播省滓trẽ省聲△摔紇豆子。點播豆子。又tỉa間苗。

挈 20395 u22C9E qiè_10.14 直音篇 挈19528，苦結切。提挈。又音契。挈，挈，同上。

挲(手純) 20396 u22C9D rùn_10.14 喃 从手純thuần聲。縮△挲鬝：聳肩。

捹 20397 u22C9C sủn_10.14 正字通 捹，俗榫24897字。明·楊慎 丹鉛總錄·卷十三·訂訛類 近峯聞略說木匠捹卯字，引 伊川語錄 云柄鑿者，捹卯也。捹卯圓則圓，捹卯方則方。

挞 20398 u22C9B dò_10.14 喃 从手徒đồ聲。測試。

搦 20399 u22C9A yí_10.14 墨子·備穴第六十二 用搦若松為穴戶。孫詒讓·間詁：搦未詳，疑當為柂。鐘鼎古文從台者，或兼從司省……此搦字亦當從木 說文·木部 柂，末崩也。此疑叚爲梓字 說文 梓，楸也，從木宰聲，與柂古音同部，得相通借。墨書多古文，此亦其一也。蘇云「搦或桐字之訛」，非是。

摽 20402 u22C97 biāo_10.14 俗標25183 古今小說·簡帖僧巧騙皇甫妻（皇甫）殿直把門來關上，摽來摽了，誘得僧兒戰住一團。

搎 20400 u22C99 shuān_10.14 俗櫨26098

挫(手) 20403 u22C96 cuò_10.14 挫19649本字。見 說文

揆 20404 u22C95 kuí_10.14 揆20048本字。从手癸聲。

揲 20401 u22C98 tàn_10.14 探19904本字

搧 20406 u22C92 shān_10.14 同搧20311

扸 20405 u22C94 bàn_10.14 類篇 扸，博幻切。絆也。引擊也 集韻 作撒20691 图bâng 喃 从捧省班ban聲。端起 图bưng 扸蕇：抬起，奉承。

揎 20411 u22C8D null_10.14 未詳。

揆 20407 u22C91 null_10.14 或撥20547譌字。

摔 20408 u22C90 shuăi_10.14 同甩35325 蜀籟·卷四 齊簧搧留。

揪 20410 u22C8E bān_10.14 俗搬20316 宋元以來俗字譜 引 嶺南逸事

揞 20413 u22C8B null_10.14 未詳。

搢 20409 u22C8F shǔn_10.14 俗楯24692 可洪音義 撾揞：下市尹反。正作檻楯也。悞。

揚 20414 u22C8A null_10.14 未詳。

搉 20412 u22C8C xiè_10.14 俗樹24905 龍龕搉，俗。音謝。又 廣碑別字 引 隋宮人何氏墓誌

搽 20415 u22C89 ji_10.14 同擦20464

摑 20416 u22C88 ji_10.14 粤 打結。

搽 20417 u22C87 kuí_10.14 俗揆。

掩 20419 u22C85 yăn_10.14 同掩19913

搣 20418 u22C86 sŏng_10.14 同搑20615俗搇20465

掃 20420 u22C84 dì_10.14 五侯鯖字海 同搃20463撮取也。

揲 20421 u22C83 zhé_10.14 嘲揲，亦作嘲哳、嘲哳、嘈哳，鳥聲繁細。

搣 20422 u22C82 null_10.14 未詳。

搣 20423 u22C81 null_10.14 未詳。

搣 20424 u22C80 yuān_10.14 同擩20357

攔 20427 u3A2B lán_10.14 簡攔20960

晟 20425 u2204A xức_10.14 喃 同撤20387擦拭。

猿 20426 u3A2C zhuāng_10.14 俗裝54350 可洪音義 買猿：音汪。猿束，結裹也。正裝 川音 音爱，篡也。非義。

撂 20428 u3A2A huàng_10.14 龍龕撂，俗。胡廣反。正作榥24889讀書床 图類篇 攩，坦朗切。攩撂，擊也 廣韻 攩，他劫切。攩撂，搥打 图同晃22536 西遊記·第十五回 鬭不數合，小龍委實難搪，將身一撂變作一條水蛇兒。

攤 20429 u644A tān_10.14 簡攤21247

摉 20430 u6449 sōu_10.14 同搜20078

擯 20431 u6448 bìn_10.14 簡擯20980

摇 20432 u6447 yáo_10.14 同搖20288

擺 20433 u6446 băi_10.14 簡擺21035襬54873 图襬54634

攄 20434 u6445 shū_10.14 簡攄21055

攝 20435 u6444 shè_10.14 簡攝21214

擴 20436 u6443 káng_10.14 同扛。量詞，兩人共抬一物，一抬為一擴。徐霞客遊記·卷六·滇遊日記四 城中被難者，有一浙江鹽官，擴二十餘，俱遭漂沒，但不知其姓 图直音篇 擴，音貢。

攝 20437 u6442 shè_10.14 俗攝21214元·曾世榮 活幼口議（明鈔本）·卷三·議傷憐 會坐莫久，腰背卻却。行莫令早，筋骨柔弱。惡莫与顧，善可与学。順時調摄，自然安樂。

搗 20439 u6440 wǔ_10.14 同捂19686遮掩，密封。

搿 20440 u643F gé_10.14 同拿20344雙手抱。

摁 20438 u6441 èn_10.14 以手按壓

搾 20441 u643E zhà_10.14 同榨24892 四部叢刊·初編集部·翰苑英華中州集·弟八·晁洗馬會 官況薄於重搾酒，瓜期近似欲殘碁。

搽 20442 u643D cā_10.14 同擦20962

搜 20443 uFA8E sōu_10.14 參見搜20295

撒 20444 09877 sà_11.15 唐韻 桑割切 集韻 韻會 桑葛切 达音薩。側

手擊也 |公羊傳·莊十二年| 宋萬臂搦仇牧 |註| 側手曰搦。一曰抹搦也 |韓愈·孟郊墓誌| 惟其大翫於辭,而與世抹搦 |註| 掃滅也。古通用末殺 |又| 揮散也 |又| shà |集韻| 山戞切音煞。亦擊也 |又| 私列切音薛。義同 |又| shǎi師駭切,撒上聲。擺搬,抖搬也 |又| |字彙補| 先結切音屑○按 |考工記·輪人| 牙得則無搬而固。註云搬,椒也,蜀人言椒曰搬。|釋文| 素結反。从木,非从手。

搬 niǎn_11.15 |篇海| 與撚同△ |正字通| 从赦,非撚音 |六書故| 云搬,山戞切。撒搬也。古即用枏字。林譌从赤,非。見撒20666字註。

擘 wèi_11.15 |集韻| 紆胃切音畏。以手布物也。

撣 chǎn_11.15 |唐韻| |集韻| 丛所簡切音產。以手㧖物也。一曰捍撣,手精擇物也 |又| shùn |集韻| 所恨切。揮也。

摍 sù_11.15 |唐韻| |集韻| 丛所六切音縮 |說文| 蹴引也。|又| |廣韻| 抽也 |詩·小雅| 成是南箕傳 放乎旦而蒸盡,縮屋而繼之 |釋文| 縮又作摍 |疏| 然薪薪盡乃抽取屋草,以繼也。本作摍。亦作㩋。|鑑| 又榏25162

摎 jiū_11.15 |唐韻| 居求切 |集韻| |韻會| 居尤切丛音鳩 |說文| 縛殺也 |玉篇| 絞也 |儀禮·喪服| 殤之經不摎垂 |註| 不絞其帶之垂者 |又| 求也 |張衡·思玄賦| 摎天道其焉如 |又| liú |唐韻| |集韻| 丛力求切音留。束也,捋也。或作擸 |又| 姓。魏河內太守摎尚 |又| jiū |集韻| 居虬切音樛。義同。或作扚 |又| jiāo |唐韻| 古肴切 |集韻| 居肴切丛音交。亦束也,繞也 |前漢·五行志| 元帝永光二年,天雨草,而葉相摎結,大如彈丸 |又| liáo |力交切音寥。物相交也 |又| 離昭切音繚。摶也 |又| jiǎo古巧切音絞。搜索也 |又| nǎo女巧切,撓上聲。擾也。與撓同 |揚子·太玄經| 死生相摎,萬物乃纏 |註| 死生相摎擾,故萬物亦纏綿而成就也。本从翏,省作摎。

摏 chōng_11.15 |唐韻| |集韻| |韻會| |正韻| 丛書容切音舂。衝也,撞也,擣也 |左傳·文十一年| 獲長狄僑如,富父終甥摏其喉以戈。亦作舂。

摐 chuāng_11.15 |唐韻| 楚江切 |集韻| |韻會| 初江切丛音窗 |博雅| 撞也 |司馬相如·子虛賦| 摐金鼓吹鳴籟 |韓愈·贈張籍詩| 扶几導之言,曲節初摐摐 |又| 撩也 |揚子·太玄經| 喬木維摐,飛鳥過之或降 |註| 上撩之木,鳥所不集 |又| |唐韻| |集韻| 丛七恭切音樅。義同。|鑑| 又摐19832杁19289摐。

撡 zào_11.15 |唐韻| |集韻| 丛在到切,曹去聲。手擾也。

掔 yán_11.15 |唐韻| 五堅切 |集韻| 倪堅切丛音研。掔破也。又摩也△俗作㓟。|鑑| 又掔39065

摀 hù_11.15 ◆|集韻| 後五切音戶。抾摀,不順理也 |又| |正字通| 呼誤切,音護◇敷施也。與摢通 |路史| 體用相權,彌綸布摀。

㧌 dōu_11.15 |集韻| 當侯切音兜。批也 |又| |字彙| 揭,㩎也。

㩟 又揆20568

摨 qiè_11.15 |集韻| 七夜切,且去聲。衰捂也。

摑 guó_11.15 |唐韻| |集韻| |韻會| 丛古獲切音幗。批也,打也。亦作攰。或作挵 |又| 掌耳也。與摑同 |又| |正韻| 古伯切音號。義同。|鑑| 又摑18980捆20026摑55500摑32259攰21493摑32257綑44838凨08165斷22093猢33554摴20064碱39012撅21087攰21504

摑 guō_11.15 |玉篇| 古莫切 |集韻| 光霍切丛音郭。同擴。又 |集韻| 闊霍切音廓。亦與擴21020同。

撦 gǔn_11.15 |集韻| 古困切,袞去聲。轉也。|鑑| 通作㨻。

摒 bìng_11.15 |唐韻| |集韻| 丛卑正切音併 |博雅| 除也。或作拼 |又| |正韻| 陂病切音柄。義同。|鑑| 又摒20238

撻 féng_11.15 |集韻| 符容切音逢。與縫同。以鍼紩衣也 |又| 與逢通 |莊子·盜跖篇| 撻衣淺帶 |註| 逢掖大衣也 |又| 與捧通。奉也 |史記·龜筴傳| 撻策定數,灼龜觀兆 |註| 撻謂兩手執著,分而扐之 |又| |集韻| 符風切 |正韻| 符中切丛音馮。亦與縫同。

摔 shuāi_11.15 |五音類聚| 山律切 |字彙| 朔律切丛音率。棄於地也 |正字通| 俗字○按 |集韻| 諸書不載。|鑑| 又踤59328

摕 dì_11.15 |唐韻| 都計切 |集韻| 丁計切丛音帝 |說文| 撮取也。或作㩅 |又| |唐韻| 特計切 |集韻| 大計切丛音第。又 |集韻| 當蓋切音帶。義丛同 |又| dié |唐韻| |集韻| |韻會| 丛徒結切音迭。撮取也 |張衡·西京賦| 超殊榛摕飛鼯 |又| tū |集韻| 陀沒切音突。擊也 |又| |集韻| 拓19391古作摕。|鑑| 又摕20420㩖24175

摖 qì_11.15 |唐韻| |集韻| 丛七計切音砌。挑取也 |又| chá |集韻| 初戛切音察。推也。|鑑| |玉篇| 摖20415,千計切。挑取也。

揫 sōu_11.15 |唐韻| 速侯切 |集韻| |正韻| 先侯切,丛漱平聲 |字林| 搜揫,取也。或作㨢 |又| sǒng |集韻| 損動切,樅上聲。搖馬銜走也。同騬。|鑑| 又揫20615揫20418

摮 ǎo_11.15 |集韻| 於教切,坳去聲。很戾也。與㧒同。

摘 tì_11.15 |唐韻| |集韻| |韻會| |正韻| 丛他歷切音剔 |說文| 拓果樹實也。一曰指近之也 |傅毅·舞賦| 摘齊行列 |註| 指摘行列,使整齊也 |又| |廣韻| 發也,動也 |元積詩| 共邀連榻坐,兼去摘船行 |自註| 音剔 |又| zhé |唐韻| 竹厄切 |集韻| |韻會| 陟革切丛音讁。手取也 |唐書·建寧王倓傳| 天后次子賢作歌曰:種瓜黃臺下,瓜熟子離離。一摘使瓜好,再摘令瓜稀。三摘尚云可,四摘抱蔓歸。或作摘。|鑑| 又摘20627摘20676摵21067撦21093摘20769 |又| 弦樂指法八法:抹挑勾剔撇托摘打,摘或作劀03733

摇 yáo_11.15 |海篇| 餘招切。同搖 |前漢·天文志| 杓端有兩

星，一內爲矛，招搖註梗河三星，天矛、鋒、招搖，一星耳。

擥 20469 09902
liǎn_11.15 唐韻集韻韻會正韻夶力展切音輦。負擔也，擔運物也南史·何遠傳爲武昌太守，以錢買井水，不受錢者，擥水還之坤雅果羸擥泥作房，如併竹管。図正韻通作輦図liàn 唐韻集韻夶連彥切，聯去聲。按也。

搋 20470 09903
cè_11.15 同搋。測革切班固·北征頌握輔搋註言國之所倚，如扶搋之有依。

撐 20471 09904
chēng_11.15 集韻徒郎切音唐博雅距也図chéng除庚切音棖。義同。或作牚。又作瞠。鋆又玄應音義相撐：又作敳21632棖24348敳21346三形，同。丈庚反。謂相觸也。亦撐柱也。

擄 20472 09906
lǔ_11.15 唐韻郎古切集韻籠五切夶音魯博雅强也。一曰動搖也。

搭 20473 09907
chī_11.15 俗答字。見前抬19343字註。

搽 20474 09908
niè_11.15 集韻諾叶切。同攝21270亦作搽。

擐 20475 09909
guàn_11.15 唐韻集韻韻會正韻夶古患切。與慣同說文習也。引春秋傳：擐瀆鬼神。或作貫。又作串。図廣韻擐，帶也字彙補擐爲慣本字。今擐習之擐作慣，而擐但爲擐帶矣。鋆又擐20018

撌 20476 09910
guī_11.15 玉篇集韻夶俱爲切音嬀。戴也図jì集韻居義切音寄。義同図jī集韻韻會夶居宜切音羈。以箸取物也。與敧同図jǐ集韻舉綺切音剞。閣藏食物也。與庋同。或作庪○按集韻或从木作椅。

擼 20477 09911
lù_11.15 唐韻集韻韻會正韻夶盧谷切音祿。振也周禮·夏官·大司馬三鼓擼鐸註掩上振之爲擼，止行息氣也。或作摝図lòng集韻盧貢切音弄。搖也周禮擼鐸註鄭司農云擼讀如弄図六書故擼爲撈鹵之義。亦音鹵。別作擼。

攞 20478 09912
luó_11.15 唐韻落戈切集韻盧戈切夶音螺。理也後漢·輿服志古者有冠無幘，秦爲絳祔，其後稍稍作顏題。漢興續其顏，却攞之，施巾連題，却覆之。図luò唐韻魯過切集韻盧臥切，夶螺去聲。義同。或作授図韻會正韻夶郎佐切，羅去聲。義同。鋆又攞20706

摟 20479 09913
lóu_11.15 唐韻洛侯切集韻韻會郎侯切正韻盧侯切夶音樓說文曳聚也爾雅摟聚也。註猶今言拘摟聚也。又牽也孟子踰東家牆而摟其處子。又五霸者摟諸侯以伐諸侯者也図lú唐韻力朱切集韻龍朱切夶音蔞。亦曳也。一曰挽使申也。通作婁。鋆又摟20242

摠 20480 09914
zǒng_11.15 唐韻正韻作孔切集韻韻會祖動切，夶與總同。本作搃玉篇將領也，合也廣韻聚束也，皆也，衆也図六書故兼持也禮·樂記冕而摠干図結也屈

原·離騷摠余轡乎扶桑。或作摁20070俗作揔，非。鋆又摁20738撍20988揔20202図揓19785揔20058，並俗摠可洪音義言揔：音惚。上方作摁。又摠論：上子孔反。又思才反。非。

摡 20481 09915
gài_11.15 唐韻古代切集韻韻會居代切夶音槪說文滌也詩·檜風摡之釜鬵篓註摡，本又作摡。古愛反周禮·天官·世婦帥女官而濯摡爲齍盛註摡，拭也儀禮·少牢饋食禮淮人摡鼎匕俎于雍爨，廩人摡甑甗匕與敦于廩爨。通作溉図xì唐韻集韻韻會夶許旣切音餼博雅取也。一曰拭也。或作抏。鋆又攇21042

撮 20482 09916
zuǒ_11.15 篇海子括切。同撮。

搛 20483 09917
jiàn_11.15 玉篇居偃切集韻韻會紀偃切夶音蹇。與建瓴之建同。覆也，屋上搛也。

挗 20484 09918
hù_11.15 集韻胡故切音護。擁障也図抽居切。與挗同。鋆又挗20211

摣 20485 09919
zhā_11.15 集韻莊加切音渣。又取也。與戲同◆張衡·西京賦摣狒猥註搏攫貌。又女加切音㧯。義同。図zhuā莊蛙切。擊也○按方言註摣以加反，音與抯19347別。鋆又摣20644揸20252擄21068可洪音義齟75832掣：上側傢反，下尺世反。

揃 20486 09920
jiǎn_11.15 唐韻卽淺切。俗揃20041字。

挾 20487 09921
qiǎng_11.15 唐韻七兩切集韻韻會此兩切，夶同搶20335図chuǎng集韻楚兩切，瘡上聲。磨滌也。或作磢39306从石，指其物，从手，指其事。鋆又挾老：駱駝。金·董解元西廂記諸宮調·卷七覷了他家舉止行爲，真個百種村．行一似挾老，坐一似猢猻。

挃 20488 09922
dié_11.15 唐韻集韻夶徒結切音迭。摘也。或作挃図集韻丁結切。讀與的近。義同。

搗 20489 09923
dǎo_11.15 集韻覩老切，俗擣字。

摧 20490 09924
jìn_11.15 唐韻集韻韻會夶居焮切音靳說文拭也図集韻居覲切，巾去聲。義同。或作拰19539又唐韻巨巾切集韻渠巾切，夶覲平聲。又集韻几隱切音謹。義夶同図jīn舉欣切音斤。義同。又婧也。

撎 20491 09925
tàng_11.15 唐韻集韻正韻夶他浪切，湯去聲。排撎也。

挅 20492 09926
huà_11.15 唐韻集韻韻會夶胡化切，華去聲說文橫大也廣韻寬也左傳·昭二十一年小者不窕，大者不挅，則和於物，今鐘挅矣註窕，細而不滿。挅，橫大而不入也。或作揱図集韻胡瓜切音華。義同。鋆又㩉41319槬25110

摧 20493 09927
cuī_11.15 唐韻集韻夶昨回切音漼。讀若罪平聲說文擠也。一曰挏也。一曰折也図cuǐ集韻韻會正韻夶祖回切音嗺。義同図沮也詩·邶風室人交徧摧我篓摧

者，刺譏之言 又 增韻 挫也，抑也 史記·季布傳 能摧剛
爲柔 又 爾雅·釋詁 摧、詹，至也 揚子方言 摧、詹，楚語
詩·大雅 先祖于摧 傳 至也 疏 先祖之神，於何所至。
又 減也 詩·大雅·朱傳 先人之祀，將自此而減也。
又 zuī 集韻 遵綏切，醉平聲。退也 易·晉卦 晉如摧如。
鄭康成讀 又 cuī 摧內切音嗺。減也 又 cuò 集韻 正韻 丛
寸臥切音剉。與莝同。斬芻也 詩·小雅 乘馬在廐，摧之
秣之 箋 摧，今莝字也。

摒 nái_11.15 集韻 尼皆切，音媞 博雅 揩摒，摩也。 鎣 又
zhǐ 字彙 摒，又直利切，音治。挡蒲采名。亦作摒20324

摕 chuāi_11.15 俗搋字。 鎣 可洪音義 扇摕：丑皆反。

捌 bì_11.15 海篇 必計切音閉。批也。

挐 zhú_11.15 集韻 張六切音竹。以手築物也。

摩 mó_11.15 古文 擵 唐韻 莫婆切 集韻 韻會 正韻 眉波
切丛音磨 說文 研也 廣韻 迫也 增韻 揩也 易·繫辭 剛柔
相摩 註 相切摩也 禮·學記 相觀而善之謂摩 註 相切磋
也。又 樂記 陰陽相摩 註 猶迫也◆戰國策 於是乃摩燕烏
集闕，見說趙王於華屋之下 註 摩言切近過之 又 揣摩
鬼谷子 摩之，符也內。內符者，揣之主也。抱薪趨火，
燥者先然。平地注水，濕者先濡 又 揚子方言 減也。陳
之東鄙曰摩◆史記·平準書 姦或盜摩錢裏取鎔 又 消摩
曹毗·杜蘭香傳 消摩自可愈疾，香以藥爲消摩 又 mò 唐
韻 集韻 丛莫臥切，磨去聲。按摩也 孟子·爲長者折枝 註
折枝案摩，折手節解罷枝也 又 mí 集韻 忙皮切音糜。漢
有施摩神，荊巫所祠。或作擵。又古與靡、磨丛通。
鎣 又 摩20567 㦦18601 䃴39532 䃴39562 䶥74710 攠21022
又 纙45154，佛經譯音用字 字彙補 纙，音義與摩同。

摍 mó_11.15 見摩 古文奇字 摩古作摍。治麻者漚之熟，
析之細，故用爲摩掌字 又 篇海 與擵同。

摪 jiāng_11.15 集韻 資良切。同將19231通作將 又 qiàng
七亮切，鏘去聲。刺也。

摫 fèi_11.15 唐韻 蒲罪切 集韻 部浼切，丛裴上聲。手
起物令虛也。

摠 mà_11.15 集韻 莫八切音眜。打也。

撪 zuì_11.15 唐韻 子芮切 集韻 祖芮切丛音蕝。同撮。
裂也 又 集韻 于劇切音衛。義同 又 xuě 唐韻 相絕切 集
韻 蘇絕切丛音雪。掃減也。 鎣 又 撯20665 㯊25519 攓21058

撢 piē_11.15 集韻 匹蔑切音瞥。牽也。

撟 yìn_11.15 集韻 於靳切。同撚20955

撋 xuàn_11.15 唐韻 辭戀切 集韻 隨戀切丛音鏇。手挑
物也 又 玉篇 長引也 又 xuán 集韻 旬宣切音旋。亦引
也。 鎣 又 㨆19706

撌 guī_11.15 唐韻 居隋切 集韻 韻會 均窺切 正韻 居爲
切丛音規 揚子方言 鈂、撌，裁也。梁、益之閒，裁木爲
器曰鈂，裂帛爲衣曰撌 左思·蜀都賦 鈂撌兼呈。 鎣 又
撌20810 撌20840

撟 yìng_11.15 唐韻 一敬切 集韻 於慶切丛音映 說文 中
擊也 又 yǐng 唐韻 於丙切 集韻 於境切丛音影 博雅 擊
也 又 集韻 倚兩切音快。又巨兩切，強上聲。義丛同。

摭 zhí_11.15 唐韻 集韻 韻會 正韻 丛之石切。拓字重文
說文 拓或从庶 揚子方言 取也，陳宋之閒曰摭 禮·禮器
有順而摭 疏 猶拾取也 儀禮 有司徹 乃摭于魚腊俎 註
今文摭爲揲 前漢·司馬遷傳贊 至於采經摭傳，分散數家
之事，甚多疏略 又 shì 施隻切音釋。亦與拓19391同。
又 職略切音灼。義同。 鎣 又 撫20463

摩 chè_11.15 集韻 尺制切。同掣19905

摮 áo_11.15 唐韻 五勞切 集韻 韻會 正韻 牛刀切丛音
敖。擊也 公羊傳·宣六年 膳宰熊蹯不熟，公怒，以斗摮
而殺之 又 qiāo 集韻 韻會 丛丘交切。與敲同。橫撾也。
或作搞 又 yáo 集韻 牛交切音磽。亦擊也。與敲同。
鎣 又 撽20512 擊20886

撒 ào_11.15 集韻 魚到切音傲。動也。

摦 zhuó_11.15 集韻 仕角切音浞。刺也。與捔同。
又 挐字變體。

挐 zú_11.15 集韻 昨本切音族。斂也△亦作撷。
鎣 又 昨本切。昨木切之誤。

挐 jū_11.15 集韻 恭于切。同拘19396

搄 mén_11.15 集韻 彌䂀切，眠上聲。飾也。

摯 zhì_11.15 唐韻 集韻 韻會 丛脂利切音至 說文 握持
也。一曰至也 爾雅·釋詁 臻也 註 摯，至也 書·西伯戡黎
大命不摯 註 言受大命者，何不至也 詩·周南·關雎傳 雎
鳩摯而有別 箋 摯之言至也，謂情意至然而有別。
又 執物以爲相見之禮也。與贄、質通 禮·曲禮 凡摯，天
子鬯，諸侯圭，卿羔，大夫鴈，士雉，庶人之摯匹 周禮·春
官·大宗伯 以禽作六摯 註 所執以自致也 又 進也 戰國
策 近習之人，其摯諂也固矣 又 極也 周禮·冬官考工
記·函人 凡甲鍛不摯則不堅 註 摯之言致 疏 謂熟之至極
前漢·韓安國傳贊 臨其摯而顛墜 又 傷折也 禮·月令 孟
春，行冬令，則水潦爲敗，雪霜大摯 又 與鷙通 禮·曲禮
前有摯獸，則載貔貅 疏 摯獸，虎狼之屬。又 儒行 鷙蟲
攫搏 疏 蟲是鳥獸通名，但獸摯從執下手，鳥鷙從執下
鳥 又 國名 詩·大雅 摯仲氏任 周語 昔摯疇之國也，由大
任 註 摯疇二國，任姓，奚仲仲虺之後，太任之家也。
又 人名 蔡邕·釋誨 伊摯有負鼎之衒 註 摯，伊尹名也。
又 集韻 韻會 丛陟利切音致 廣雅 解也 又 與輊通。低也
周禮·冬官考工記·輈人 大車之轅摯其登 又 難 註 摯，輈

也又大車平地既節軒摯之任。或作輊、墊，又作輖。又職日切音質。姓也前漢·貨殖傳京師富人茂陵摯綱後漢·馬融傳京兆摯恂晉書·摯虞傳京兆，長安人。△从執持之執，本作摯。𡔷又摯19642

摰 20518 09952 niè_11.15 集韻韻會𠀤倪結切音齧。危不安也。與陧、䠐同又niè集韻正韻𠀤魚列切音孽。義同周禮·冬官考工記·輪人轂小而長則柞，大而短則摰註摰讀爲槷。謂輻危摰也又chì集韻尺制切。同掣19905六書正譌曳挽也。从手埶聲。埶古蓺字。借爲尺列切，危也。△本作摰。與摯別。𡔷又槷20519

槷 20519 09953 yì_11.15 摰字變體又正韻倪制切音詣。木相磨也正字通按說文槸，木相磨也，魚祭切。又集韻闑或作槷，是木枝相磨之槸，借爲門闑字，分蓺、孽二音，非从手也。槷不宜與槸、槷混。

摱 20520 09954 mán_11.15 集韻武元切，音樠。引也又màn莫晏切音慢。摰也。𡔷又摨20875𢷏21308

摲 20521 09955 cán_11.15 唐韻昨甘切集韻財甘切𠀤音慙說文暫也又shǎn集韻韻會正韻𠀤所斬切，釤上聲博雅次也。一曰截取也又zàn集韻在敢切音蹔。擊也。又zhàn俎紺切。舉也又shǎn唐韻集韻𠀤山檻切。亦取也又jiàn集韻疾染切音漸。又zhàn士減切，讒上聲。義𠀤同△一說撕字變體。

撕 20522 09956 shàn_11.15 韻會正韻𠀤所鑒切音釤。芟也禮·禮器君子之於禮也，有撕而播也註撕之言芟也，謂芟殺有所與也。◆揚雄·長楊賦麾城撕邑。一作撕邑又集韻韻會𠀤所斬切，釤上聲。又師咸切音釤。讀與衫近。義𠀤同又chàn唐韻楚鑑切集韻叉鑑切𠀤音懺。義同。又投也又zhàn集韻仕懺切，鑱去聲。投版偃水曰撕。又jiàn疾染切音漸。除也又士減切，讒上聲。義同。△集韻韻會亦作摲。

摳 20523 09957 kōu_11.15 唐韻口侯切集韻韻會墟侯切正韻驅侯切𠀤音彄◆說文繑也。一曰摳衣升堂廣韻挈衣也禮·曲禮摳衣趨隅註摳，提也又探也列子·黃帝篇以瓦摳者巧，以鉤摳者憚，以黃金摳者惛註以手藏物，探而取之又揚子方言摳揄旋也。秦、晉樹稼早成熟謂之旋，燕、齊之間謂之摳揄集韻或作抙又qū唐韻豈俱切集韻韻會虧于切𠀤音區。亦褰裳也又ōu集韻於口切。與毆同。捶擊物也。𡔷又抠19329

摴 20524 09958 chū_11.15 唐韻丑居切集韻韻會正韻抽居切𠀤音樗說文舒也又摴蒱50402，戲也集韻或作摢又chī集韻超之切音癡。摴里，地名○按史記樗里子从木，非从手。別見木部。

摵 20525 09959 sè_11.15 說文沙劃切。捎也廣韻作摵。一曰拂著也又廣韻山責切集韻色責切正韻色窄切𠀤音栜。隕落貌六書故摵摵，借以狀落葉之聲。解爲隕落，誤杜甫詩蕭摵寒籜聚白居易·琵琶行楓葉荻花秋摵摵韓愈詩摵摵疎更隕正字通蕭摵，卽蕭瑟。古借用瑟字。瑟瑟卽摵摵也韻會从木作槭。謂增韻从手誤，非又唐韻集韻𠀤所六切音縮揚子方言到也又唐韻集韻正韻𠀤子六切音蹙。又集韻就六切音蹴。義𠀤同又集韻綿批切音迷。同㩥。批也又唐韻七則切。揹齒也。

捭 20526 09960 bǐ_11.15 唐韻并弭切集韻補弭切𠀤音俾。扶持也。

摶 20527 09961 tuán_11.15 唐韻度官切集韻韻會正韻徒官切𠀤音團說文圜也周禮·冬官考工記·輪人侔以行山，則是摶以行石也註侔，上下等也，摶，圜厚也。又矢人凡相笴，欲生而摶又以手圜之也。捖聚也禮·曲禮毋摶飯疏取飯作摶，則易得多儀禮·特牲饋食禮佐食摶黍授祝又拍也周禮·冬官考工記摶埴之工二註摶之言拍也。埴黏土也疏以手拍黏土以爲培也又專也前漢·天文志凡望雲氣，騎氣卑而布，卒氣摶又摶黍，黃鳥名詩·周南·黃鳥于飛疏幽州人謂之黃鶯，齊人謂之摶黍。又省作抟。亦作攢又zhuān集韻朱遄切音專。擅也。一曰并合制領也史記·田齊世家摶三國之兵註握領也又與專通左傳·昭二十年若琴瑟之摶一，誰能聽之。又zhuàn唐韻持兖切集韻韻會正韻柱兖切𠀤音篆。束也周禮·地官·羽人十羽爲審，百羽爲摶又與縛同。卷也周禮·冬官考工記·鮑人卷而摶之，欲其無迆也註摶讀爲縛，謂卷縛韋革也釋文摶、縛𠀤直轉反又集韻韻會𠀤柱戀切，傳去聲。義同△从叀，與摶从專別。𡔷又抟19330摶20128𢷏40050縳44290

摷 20528 09962 jiǎo_11.15 唐韻集韻𠀤子小切音勦說文拘擊也。或作摷又zhāo唐韻側交切集韻莊交切𠀤音罺。義同。又liáo唐韻落蕭切集韻憐蕭切𠀤音聊。義同。又動作也又chāo唐韻韻會楚交切集韻初交切，𠀤與鈔、抄同。取也張衡·東京賦摷昆聊又láo集韻郎刀切音勞。義同。本从巢作摷。𡔷又摷51726

摸 20529 09963 mō_11.15 唐韻慕各切集韻韻會正韻末各切𠀤音莫。摸索也，捫也，手捉也又mó唐韻正韻莫胡切集韻韻會蒙逋切𠀤音模。與摹同唐書·李靖傳靖五代孫彥芳。家故藏高祖、太宗賜靖詔書數函，上之。文宗敕摸詔本，還賜彥芳。

摹 20530 09964 mó_11.15 唐韻正韻莫胡切集韻韻會蒙逋切𠀤音模說文規也集韻有所規倣也前漢·高帝紀贊雖日不暇給，規摹弘遠矣註摹者，如畫工未施采事摹之。通作模又廣韻以手摹也後漢·蔡邕傳正定六經文字，邕自書冊於碑，使工鐫刻，立於太學門外。其觀視及摹寫者，車乘日千餘兩。或作撫，亦作摸又集韻莫故切音慕。義同。𡔷又摹21064

摾 20531 09965 yàng_11.15 唐韻正韻餘亮切集韻弋亮切𠀤音漾。式摾也，法也說文木部㨾，栩實也，徐兩切，與摾別。

摺 zhé_11.15 唐韻之涉切集韻韻會正韻質涉切丛音聾說文敗也。从手，習聲図廣韻摺疊也図lā唐韻盧合切集韻韻會正韻落合切，丛與拉同史記·范雎傳魏齊使舍人笞擊雎，折脇摺齒註摺，力否反。謂打折其脇而又拉折其齒也。又春申君傳折頸摺頤図xiè字彙補悉協切音變前漢·古今人表夷王摺，懿王子註師古讀。

擎 lüè_11.15 集韻力灼切音略。撩取也。又正字通俗掠字。古通作略。丛又摺20642音liào，擱，拋，摔。

摻 shān_11.15 唐韻所咸切集韻韻會師咸切丛音毵。讀與衫近。女手貌詩·魏風摻摻女手，可以縫裳傳摻摻，猶纖纖也疏纖，好手。古詩云纖纖出素手是也。與攕同図集韻韻會正韻丛思廉切音纖。義同。又唐韻所減切集韻韻會正韻所斬切，丛毵上聲。義同図取也。一曰執也詩·鄭風摻執子之袪兮傳摻，擎也図集韻素檻切揚子方言細也。凡細貌謂之笙，斂物而細謂之擎，或曰摻図疏簪切音森。林離摻攦也図倉含切音驂。摻搓，捫也図千遙切，悄平聲。持物也図韻會正韻丛七紺切，驂去聲。與參同。鼓曲也後漢·禰衡傳漁陽參撾註王僧孺詩云散度廣陵音，參寫漁陽曲。自音云參，七紺反天中記吳淑校理：古樂府中有摻字，多改爲操徐鍇曰非可一例，若漁陽摻者，音七鑒反，三撾鼓也。古歌云邊城晏開漁陽摻，黃塵蕭蕭白日暗蘇軾詩幅巾起作鴝鵒舞，疊鼓誰槮漁陽撾図魏了翁·答張洽書魏晉閒避曹操諱，改爲摻。或謂詩·鄭風摻執子之袪。本作操，傳解擎不誤。箋註音所覽、所斬二切，謬也。此說附存，以備參考。丛又摻20020摻20692

摼 kēng_11.15 唐韻口莖切集韻丘耕切丛音鏗說文擣頭也廣韻撞也。或作揯図集韻苦杏切，坑上聲。義同図qiān輕煙切。古牽32718字。引前也揚雄·校獵賦摼象犀註扼也。丛又擇20653

摽 biāo_11.15 古文攤唐韻符少切集韻韻會正韻婢小切丛音鰾。讀若瓢上聲說文擊也。一曰挈閾牡也。又爾雅釋詁摽蔽，落也詩·召南摽有梅図捊心貌詩·邶風瘖辟有摽傳辟，捊心也疏謂捊心之時，其手摽然。図piǎo集韻被表切音殍。亦落也。詩：摽有梅。徐邈讀図piāo唐韻撫招切集韻正韻紕招切丛音漂。亦擊也。與敷同左傳·哀十二年長木之斃，無不摽也註長木斃踣于地，不擇物而後摽擊図piào唐韻集韻韻會正韻丛匹妙切音剽。讀若漂去聲。義同。又落也。図piáo集韻毗召切音驃。讀若瓢去聲。亦擊也図匹歷切音霹。義同図biāo集韻韻會正韻丛卑遙切音飆。義同図麾也。◆公羊傳·莊十三年曹子摽劍而去之孟子摽使者出諸大門之外図刀末也前漢·王莽傳摽末之功註刀末之摽図pāo唐韻匹交切集韻韻會正韻披交切，丛與拋同說文拋19381，或从手、票聲。通用摽。〇按唐韻符少切，本篠韻、上聲說文誤收去聲。新添。

廣韻改頻小切，宜從之。丛又受05186摺20867撍20949攙21060

攘 qiān_11.15 集韻親然切音遷。插也。本作攓。俗作扦。

揜 yǎn_11.15 掩本字。

攝 jiàng_11.15 集韻韻會其亮切，強去聲。同弶字林施罟於道也。一曰以弓罥鳥獸也廣韻張取獸也。丛又弪16211

擗 pì_11.15 正字通與副䪥通。拍逼切韓非子·顯學篇嬰兒不剔頭則腹痛，不擗痤則寖益註痤癰也，當擗剔以除其疾，勿使養癰滋毒也〇按諸韻書皆不載，惟正韻箋補入屋、陌二韻。逸字。

捧 bài_11.15 說文古拜19401字。从手从樂。樂音忽，亦作奉徐鍇曰進趨之疾，故拜从之△譌省作捧，非。

搇 yīn_11.15 楊慎·字說同愔。於金切淮南子·兵略訓推其搇搇，擠其揭揭，此謂因勢。丛又㨜22252㙈27672図王念孫讀書雜志·淮南內篇·第十五搇，當為搈20468字之誤。搈，古搖字也。

搊 chōu_11.15 篇海同搉

撤 chè_11.15 篇海字彙補丛同制〇按集韻制古作制。撤卽撤字之譌。

摸 làng_11.15 集韻郎宕切音浪。擊也。

撖 miè_11.15 篇海義同搣。音與搊混〇按搊字之譌。

搋 tì_11.15 篇海字彙補丛通帝切音刜。手取也。丛又袄54502

窣 sù_11.15 集韻所六切。同揗20448

揖 jí_11.15 海篇同揖

摮 gòu_11.15 篇海字彙補丛古鬭切音遘。取牛羊乳也〇按毃字之譌。

搄 gèn_11.15 字彙補音義同捄〇按捁字之譌。丛字彙補搄，同盧切音途廣雅引也。

搖 yáo_11.15 篇海同搖。與碟同。裂也，張也〇按摔字變文。

摺 zhé_11.15 篇海知格切。

捵 tiāo_11.15 字彙補音闕歐陽詢·書法字之形勢，有須挑捵者，如獻、勵、散、斷上邊多，須得右邊捵之。又如省、炙之類，上偏者須得下捵之。

搛 jiān_11.15 唐韻集韻丛居言切音鞬。攓子，挎蒲采名。或作橏〇按字義總略橏音虔。从木。別見木部。

撥 duō_11.15 篇海音撥

挏 dòng_11.15 篇海音動

摓 null_11.15 未詳。

搰 lòu_11.15 吳使散亂図用食油炒菜図閩搰，挖。

䪏 null_11.15 喃未詳。

得 dǎi_11.15 同逮60948

探 saemx_11.15 壯探搚，

尖利△鮀鮰角探搷：塘角魚的角很尖利。

搆 20562 u2ABA7 yǒu_11.15 可洪音義 窊搆：用柳反。正作牖32527

搋 20564 u2ABA5 qiān_11.15 曹魏何晏磚志 若西之時平，搋柩還朝，金鑾受享兮。呂蒙：俗抴19479（遷）。

揹 20565 u2ABA4 bīng_11.15 粵 拉，拽

揍 20566 u2ABA3 null_11.15 喃 未詳。

摩 20567 u2F8C3 mó_11.15 同摩20498

揄 20568 u2F8C2 dōu_11.15 同揄20455

揀 20569 u22D1F null_11.15 未詳。

揰 20570 u22D1E chòng_11.15 喃 从抗省眾chúng聲△揰對：對抗。揰吹：反駁。揰守：防守。

揱 20571 u22D1D ngón_11.15 喃 从手蒜ngon聲。同摁19775手指。

揂 20572 u22D1C xâu_11.15 喃 从手兜đâu聲。穿，串。

搓 20573 u22D1B gãy_11.15 喃 从折技kĩ聲。斷折，曲折。

搤 20574 u22D1A nì_11.15 吳 用力按 図nức 喃 从手匿nặc聲。△蕢搤：清香。

揻 20575 u22D19 lầy_11.15 喃 摘。揻檬搷：用手指捏。

猜 20576 u22D18 xay_11.15 喃 从手猜xai聲。輾，磨△猜糙：碾米。

揿 20577 u22D17 dạm_11.15 喃 从手淡đạm聲。臨摹。

揩 20578 u22D16 gợi_11.15 喃 从手启khải聲△揩意：想出 図khảy 揩檬搷：用手指甲彈撥。

撑 20579 u22D15 nính_11.15 喃 从手寧ninh聲。

撕 20580 u22D14 phện_11.15 喃 从手販phán聲。

攬 20581 u22D13 móp_11.15 喃 从手覓mich聲△攬吃：變形。

撩 20582 u22D12 pēng_11.15 粵 趕，撞

挼 20584 u22D10 day_11.15 喃 从揉省移dòi聲△挼眛：揉眼睛。挼搷：揉搓，折磨。

撼 20583 u22D11 dứt_11.15 喃 从手悉tạt聲。斷，終止。

搖 20585 u22D0F giầm_11.15 五千字譯國語 湹，音注。搖。

捝 20586 u22D0E thoát_11.15 喃 从手脫thoát聲。脫離，擺脫。

揝 20587 u22D0D dằn_11.15 喃 从手寅dằn聲。摔，按△揝悉：壓抑。揝扬：折騰，折磨図dằn搗爛△揝舐：搗成肉泥図dện从手演diễn省聲△揝坦：培土図gián同瀷30449壓浸入水図giẳng揝孤：爭奪。

捆 20588 u22D0C vặn_11.15 喃 从手問vấn聲。摔，扭

摐 20589 u22D0B rung_11.15 喃 从搖省終chung聲△摐感：感動。△亦作搐。俗省作挊19431△搊勤：震撼。

拯 20590 u22D0A chộp_11.15 喃 抓捕，迅速奪取。

搽 20591 u22D09 cã_11.15 龍龕 搽，俗，宅加反。正作搽図đùa 喃 从手荼dưa聲。揶揄。

揸 20592 u22D08 dá_11.15 粵 摔，突然倒下。

揩 20593 u22D07 chắp_11.15 喃 揩綏：接合。又xắp 卝 揩：臨時的。

撊 20595 u22D05 hāo_11.15 俗薅51181

搘 20594 u22D06 qīng_11.15 清末義和團新造字。柴萼 庚辛紀事 改清28794為搘，其意蓋扶清也。

攄 20597 u22D03 jù_11.15 俗據20885

摙 20598 u22D02 biǎn_11.15 方 摙扎，亦作匾扎，把兩衣襟在腹前相交綁縛在腰帶上。

搨 20596 u22D04 dā_11.15 龍龕 搨，俗搨20312 廣韻 都盍切，手打也。

摸 20599 u22D01 bú_11.15 大字典 同醭62528

摍 20600 u22D00 sù_11.15 同摍20448

授 20602 u22CFC null_11.15 未詳。

捷 20601 u22CFF jié_11.15 可洪音義 迅捷：下疾葉反 廣雅 捷、敏，亟也。王念孫疏證：捷與捷同。

援 20603 u22CFB yuán_11.15 援20125俗譌。

撳 20604 u22CFA mǐn_11.15 閩 齒撳，亦作齒抿，牙刷図mbaengq 壯 撳（搤），將指甲用力在軟的物體上按壓或掐。

搧 20605 u22CF9 null_11.15 未詳。

搖 20606 u22CF8 yáo_11.15 俗搖20288

搕 20607 u22CF7 null_11.15 未詳。

摝 20608 u22CF6 null_11.15 未詳。

捷 20609 u22CF5 null_11.15 未詳。

撖 20610 u22CF4 null_11.15 未詳。

撴 20611 u22CF3 luồn_11.15 喃 从手崙lôn聲。穿，鑽營。

撅 20612 u22CF2 null_11.15 未詳。

搖 20613 u22CF1 null_11.15 未詳。

搔 20614 u22CF0 sāo_11.15 俗搔20286

揫 20615 u22CEF sǒng_11.15 俗揫20465

撕 20616 u22CEE null_11.15 未詳。

搭 20617 u22CED null_11.15 未詳。

搔 20621 u22CE9 null_11.15 未詳。

摪 20619 u22CEB zhàng_11.15 俗樌25303

揀 20620 u22CEA shù_11.15 俗楝25177

揳 20618 u22CEC xuě_11.15 或俗楷25311

搛 20624 u22CE6 null_11.15 未詳。

搶 20622 u22CE8 null_11.15 或俗擣21291 字學呼名能書搶，紅傑切。

摼 20623 u22CE7 kāng_11.15 直音篇 摼，音康。又 字海 方 同康。盖；扣。

搓 20625 u22CE5 null_11.15 搓崛 金瓶梅詞話·第五十一回 金蓮……說畢，出入嗚呬。或舌尖挑弄蛙口，舐其龜弦。或用口嗈着，往來哺摔。或在粉臉上偎提，百般搏弄，那話越發堅硬搓崛起來図cào 方 搓轉，翻動。

搽 20626 u22CE4 null_11.15 未詳。

摸 20629 u22CE1 mì_11.15 摸20276譌字

摘 20627 u22CE3 zhé_11.15 摘20467譌字 可洪音義 摘菓：上知革反。摘取也。摘菓：同上。又分摘：知革反。

揽 20628 u22CE2 lǎn_11.15 同攬21281字見 異體字字典

搒 20630 u22CE0 mǎng_11.15 同莽49712莽撞。明·梅鼎祚 崑崙奴劍俠

成傀·第三折 渡漢填烏鵲，登臺引鳳凰，這的是崑崙性

搣 図muǒng 㖱 从手莽māng聲。

掵 20631 u22CDF
tǒng_11.15 同捅19692擊打。

㳄 20632 u22CDE
đơm_11.15 㖱 从手聃đam聲。

㳃 20634 u22CDC
sāi_11.15 粵 同嘥07136浪費。

摧 20636 u3A41
què_11.15 俗摧20260

撦 20633 u22CDD
lè_11.15 摵索，同勒索

㨀 20637 u3A40
jù_11.15 俗據20885

搰 20635 u3A42
hú_11.15 俗槲25117 可

洪音義 似搰：胡屋反。類揳：户木反。

㨀 20638 u3A3F
jù_11.15 俗據20885見 西河王元愫墓志

㨀 20639 u3A3E
yàng_11.15 俗樣25197 廣韻 揳，餘亮切。式揳。

㪫 20640 u6484
yīng_11.15 简 搜21172

擃 20641 u6483
jī_11.15 俗擊20847

撩 20642 u6482
liào_11.15 民國 新字典 撩，力灼切，音略。本作擊20533 撩取也。俗亦謂撩開曰撩開。

搟 20643 u6481
qiān_11.15 正字通 牽32718別作絑、搟，非。

摣 20644 u6463
zhā_11.15 同搲20485

撅 20645 09990
jué_12.16 唐韻 集韻 丛 居月切音蕨◆ 說文 手有所把也。一曰擊也，投也唐書·褚 遂良傳 撅高昌，纓突厥 図 唐韻 集韻 韻會 正韻 丛 其月切。與掘同 汲冢周書 狐有牙而不敢以噬，獤有蚤而不敢以撅 杜牧·註孫子序 撅其城郭 図 廣韻 採撅也。亦撂 蒲三采名 図gui 集韻 韻會 丛姑衞切音劌。揭衣也 禮·內則 不涉不撅 図集韻 紀劣切音蹶。撥也 韓詩外傳 草木根荄淺未必撅也。飄風興，暴雨墜，則撅必先矣。亦作 撆。互見掘19892字註。鞏 又噘07329

擎 20646 09991
piē_12.16 唐韻 芳滅切 集韻 匹滅切丛音瞥◆ 說文 別 也。一曰擊也 図piē 唐韻 普蔑切 集韻 韻會 正韻 匹蔑 切丛音瞥。讀若片入聲。小擊也。又略也，引也，拂也 蔡 邕·篆勢 揚波振擎 図集韻 或作蔽 史記·荊軻傳 跪而蔽 席。亦作撆 図 正韻 必弊切音閉。義同 図bié 集韻 蒲結 切音蹩。讀若敝入聲。拭也。

撇 20647 09992
piē_12.16 集韻 韻會 正韻 丛匹蔑切。同擎。見擎字 前漢·揚雄·甘泉賦 浮蔑蠓而撇天 註 撇，猶拂也 王褒·洞 簫賦 聯綿影撇生微風兮 図書法有撇 書法離鉤 長撇須 迅其鋒 図 正韻 必弊切音閉。義同 図pì 集韻 韻會 丛匹 裔切，撆去聲。摽也 図biē 集韻 必結切，閉入聲。揎衣 也。

撈 20648 09993
láo_12.16 唐韻 魯刀切 集韻 韻會 正韻 郎刀切丛音 勞。沈取曰撈，言沒於水中取物也 図 集韻 郎到切音澇。 義同。又liào力弔切音料。同撩 揚子方言 取也 郭璞·註 謂 鉤撈也 図liáo憐蕭切音聊。義同。通作操。鞏 又撈19807 撈19798

擎 20649 09994
dūn_12.16 集韻 都昆切音敦。擊也。見搋20266字註。

撽 又撆20821

撻 20650 09995
zhì_12.16 集韻 直利切音稱。持物使相當也 図正字 通 搋字之譌，音義丛相近。貳改从戠，非。

掤 20651 09996
xiàn_12.16 集韻 韻會 丛下報切音僩。勁忿貌 左 傳·昭十八年 今執事掤然授兵登陴 図正韻 下簡切音 限。義同 図jiǎn 集韻 賈限切音簡。揚子方言 猛也。晉、 魏之間曰掤 爾雅·瑟兮僴兮 釋文 僴或作掤 韻會 通作 憪。鞏 又搄19742撊20776

揝 20652 09997
ruán_12.16 唐韻 而緣切 集韻 韻會 正韻 而宣切，丛 軟平聲。摧物也 阮孝緒·字略 煩揝，猶揉抄 周禮·冬官 考工記·鮑人 進而握之 註 謂親手煩揝之。或作攇。亦作 揆。又作揉 図rún 集韻 濡純切音犉。拭也 図ruí儒垂切 音痿。擩也 図nuó奴禾切，穤平聲。又ruí儒誰切音蕤。

丛同揉19852

撁 20653 09998
qiàn_12.16 集韻 牽32718古作撁 図 正韻 詰戰切，遣 去聲。俗擎字。

撌 20654 09999
kuì_12.16 篇海 丘愧切音喟。攋也 淮南子·要略篇 禹 燒不暇撌 図 求位切音匱。義同。

擒 20655 10000
fén_12.16 集韻 符分切音焚。拭也。

撍 20656 10001
zǎn_12.16 唐韻 集韻 韻會 丛子感切音昝。手動也。 或作攢 図zàn作紺切，參去聲。義同。又掇也 図zān 唐 韻 韻會 作含切 集韻 祖含切丛音簪。盡也 図zēn 唐韻 側吟切 集韻 韻會 緇岑切丛音簪。疾也 京房·易·豫卦 朋 盍撍。今文作簪 註 速也 図qián 集韻 慈鹽切 韻會 昨鹽 切丛音潛。摘也。

撙 20657 10002
zēng_12.16 海篇 音義與增同○按增字之譌。

攓 20658 10003
qiān_12.16 唐韻 九輦切 集韻 九件切丛音蹇 說文 拔 取也，南楚語。引 楚辭 朝攓阰之木蘭。或作攐，亦作攔， 俗作搴。鞏 又攓21293

撎 20659 10004
yì_12.16 唐韻 正韻 於計切 集韻 壹計切丛音翳 說 文 舉手下手也 図 唐韻 一冀切 集韻 韻會 乙冀切丛音 懿。義同 周禮·春官·大祝 九曰肅拜 註 但俛下手，今時 撎是也 釋文 撎，於至反。卽今之揖 左傳·成十六年·三 肅使者 註 肅手至地，若今之撎 図集韻 於賜切音縊。義 同 図 正字通 與揖同。按舉手下手卽揖也。雖轉去聲， 而義不變 六書故 以孫愐切爲誤，是也。

撏 20660 10005
xún_12.16 唐韻 徐林切 集韻 徐心切丛音尋。取也 図cán 唐韻 昨含切 集韻 韻會 徂含切丛音蠶。義同 揚 子方言 取也。衞魯揚徐荆衡之郊曰撏 図chán 唐韻 視 占切 集韻 韻會 時占切丛音蟾。義同。或作探 図xián 集 韻 徐廉切音燖。與擒同。摘也。鞏 又剗03778捪19630 擊52053撤21129

撐 20661 10006
chēng_12.16 同撐 集韻 作樘。抽庚切。

撐 chēng_12.16 唐韻丑庚切 集韻抽庚切夶音瞠。與樘同說文樘，衺柱也廣韻撥也唐書朱滔傳骸撐不掩◦韓愈·月蝕詩赤龍黑烏燒口熱，翎鬣倒側相搪撐又集韻中庚切。義均△通雅迁卽跟。一作掌。今作撐。俗呼雌爭反正字通樘、撐、掌、迁音義夶同。

撐 chēng_12.16 俗撐字說文·樘字註徐鉉曰：今俗別作撐，非。

摵 shāi_12.16 集韻山皆切音崽。散失也。

撪 huì_12.16 集韻胡桂切。同撪21058

撒 sà_12.16 集韻韻會夶桑葛切音薩。散之也。一曰放也吳志·潘濬傳註孫權數射雉，濬諫之，出見雉翳，手自撒壞正字通今俗云撒手、撒潑，皆用撒又姓。洪武中舉人撒仲謙又六書故本作攃。shā山戛切音煞。擲也。互見撤20445字註集韻或作擦韻會正韻俗擦字。鋻又撒20749

撓 náo_12.16 唐韻奴巧切集韻韻會正韻女巧切，夶鐃上聲說文擾也釋名物繁則相雜撓也左傳·成十三年撓亂我同盟註乃卯反。或作撽又說文一曰抮也。又náo集韻韻會正韻夶尼交切音鐃。抓也，搔也，亦擾也。又屈也孟子不膚撓趙岐註讀平聲。或作㧑又nào集韻韻會正韻夶女教切音鬧。義同左傳·成二年畏君之震，師徒撓敗史記·酷吏傳所愛者，撓法活之前漢·劉向傳不撓衆枉又hāo唐韻呼毛切集韻韻會正韻呼高切夶音蒿。攪也前漢·鼂錯傳匈奴之衆易撓亂也註火高反，其字从手又ráo集韻韻會正韻夶爾紹切音繞。亦屈也。與揉同又ráo集韻夶人要切，饒去聲。纏也。與繞同史記·太史公自序名家苛察繳繞。或作撽又xiāo集韻馨幺切音嘵。撓挑，宛轉也正字通撓、橈，从手从木，古互通。與鐃从金，音同義異。鋻又桡24552拹19636托19247

搊 chōu_12.16 唐韻敕鳩切。抽19363字本文說文引也。或从由作抽，或从秀作捒又集韻陳留切音儔。又力竹切音六。義夶同又liù六救切音溜。築牆布土也詩·小雅·綿之槖槖篇杗，謂擣土也疏搊者，以手平物之名。○按陸氏音義，仍用上文平入三音。

搮 hòng_12.16 玉篇戶猛切集韻胡猛切，夶橫上聲。撗也。

摃 káng_12.16 集韻虎項切音傋。山東謂擔荷曰摃。今浙人亦有此語。或作扛。通作傋。俗从大力夯。

摍 jiù_12.16 集韻卽就切音僦。攬也又zú就六切音蹴。極擊也。

擭 huò_12.16 唐韻呼麥切集韻忽麥切夶音嚄。擘也，裂也。與捇同。又集韻胡麥切音畫。義同又zú唐韻集韻夶簀摑切。裂聲。

撱 yǔn_12.16 集韻牛尹切音輴。束也。

撕 sī_12.16 唐韻先稽切集韻韻會正韻先齊切夶音西。提撕也前漢·賈誼傳孩提則謂提撕之又集韻相支切。與斯同。析也詩云斧以斯之是也又山宜切音褷。義同。或作廝。

摯 zhì_12.16 唐韻集韻夶直利切音瓅說文當也玉篇亦作值又集韻而至切音貳。義同。鋻又撠20650

摭 zhì_12.16 集韻陟利切音致。棄也。又chì施智切音翅。與摛20069同又與摘同說文摘字从手啻。他歷切。

搫 bì_12.16 唐韻鄙密切集韻逼密切夶音筆。刺也。亦作柲。

搧 qiǎn_12.16 唐韻苦減切集韻口減切夶音帘玉篇挂也。一曰危也又kān唐韻口含切集韻枯含切夶音堪。亦挂也又hàn唐韻胡黤切音檻。姓也姓苑今河內有之集韻戶黤切。作橄。

摿 guàng_12.16 集韻古曠切，光去聲。充也。或作擴，通作橫樂記云橫以立武是也又huáng胡光切音黃爾雅·釋草傅摿目註一名結縷。俗呼鼓箏草又正字通音義同擴。宜讀若廓。鋻可洪音義纊44916纊：上戶盲反，下莫半反辯正論作摿縵也。

搭 dā_12.16 唐韻都合切。同搭20317

撙 zǔn_12.16 唐韻茲損切集韻韻會正韻祖本切，夶尊上聲廣韻挫趆也增韻裁抑也禮·曲禮君子恭敬撙節，退讓以明禮註撙，猶趨也疏節法度也，言恆趨於法度戰國策伏軾撙銜，橫歷天下註撙，挫也，猶頓。衡，勒也又撙撙，聚貌揚雄·甘泉賦齊總總以撙撙，其相膠葛兮。或作繜。通作僔。又作劕。鋻又撙20772

撚 niǎn_12.16 唐韻集韻韻會正韻夶乃殄切音涊。讀若年上聲說文執也廣韻以手撚物也白居易·琵琶行輕攏慢撚撥復挑又說文一曰蹂也淮南子·兵略訓前後不相撚，左右不相干又從木也汲冢周書後動撚之又揚子方言撚，未續也。或作捵正字通撚有平上二音。

撛 lǐn_12.16 唐韻良忍切集韻里忍切夶音嶙。扶也。挺也又集韻良刃切音吝。義同。

撜 zhěng_12.16 唐韻集韻夶蒸上聲說文拼或从登淮南子·齊俗訓子路撜溺而受牛謝。別作抍又集韻常證切。又書蒸切。夶詳抍19264字註又chéng除庚切音棖。與振同韓愈·石鼎聯句全勝瑚璉貴，空有口傳名。豈比俎豆古，不爲手所撜。

撝 huī_12.16 唐韻許爲切集韻韻會吁爲切夶音麾說文裂也馬融·廣成頌撝介鮮一曰手指麾也易·謙爻撝謙王弼註指撝，皆謙不違則也程傳施布之象朱子·本義發揮也○按說文許歸切，歸字誤。九經字樣撝麾撝同，

通作揮又集韻于嫣切音爲。佐也揚子·太玄經事貌，用恭，撝肅註貌曰恭，恭作肅，肅敬以佐恭也又羽委切音蔿。亦裂也。鑾又撝20750

撞 20686 10031
zhuàng_12.16 唐韻宅江切集韻韻會傳江切丛音幢說文卂擣也廣韻突也。又擊也禮·學記善待問者如撞鐘戰國策迫則杖戟相撞註手擣也前漢·樊噲傳持盾直撞入，立帳下註謂以盾撞擊人韓愈詩文章自娛戲，金石日擊撞又唐韻直降切集韻韻會丈降切，丛幢去聲。義同魏志·杜襲傳萬石之鐘，不以莛撞起音。鑾又捒19777跓58883扗19625衝21069

揿 20687 10032
kuǎn_12.16 集韻苦緩切音款。捉也。

撟 20688 10033
jiǎo_12.16 唐韻居少切集韻韻會舉夭切丛音矯說文舉手也△一曰撟擅也。與矯通周禮·秋官·士師掌士之八成，五曰撟邦令註稱詐以有爲者疏撟，卽詐也前漢·武帝紀撟虔吏乘執以侵蒸庶註撟，託也。虔，固也。妄託上命而堅固爲邪惡者也。又高五王傳撟制以令天下註託天子制詔也又倉頡篇正也周禮·冬官考工記·弓人撟幹欲孰于火而無贏，撟角欲孰于火而無燂前漢·諸侯王表撟枉過其正註正曲曰撟又强貌荀子·臣道篇撟然剛折端立而無傾側之心又qiáo集韻渠嬌切音喬。亦舉手也又jiāo唐韻舉橋切集韻居妖切丛音驕。義同。又博雅取也。一曰選也又jiào集韻韻會丛嬌廟切，驕去聲。撟捎19710，略取也又集韻巨夭切音趫。天撟，頻伸貌爾雅·釋獸人曰撟註伸引手足。又kǎo丘袄切音蹺。舉也又jiǎo渠廟切音嶠。義同史記·扁鵲傳舌撟然而不下又kǎo苦浩切音考。以火曲物也考工記撟幹，劉昌宗說又jiǎo集韻正韻丛吉了切音皎。撓曲也，屈也考工記釋文沈讀古了反荀子·臣道篇率羣臣百吏而相與强君撟君。鑾又挢19634搞20308

撠 20689 10034
jǐ_12.16 唐韻几劇切集韻韻會正韻訖逆切丛音戟。挶持也史記·孫子傳救鬬者不搏撠註當善撝解之，無以手助相搏撠揚雄·解難撠膠葛，騰九閎。通作戟。鑾又撠20746俗或从木作樴25549樴25497

擸 20690 10035
liè_12.16 俗擸字。詳十五畫。

撶 20691 10036
bàn_12.16 集韻博幻切，班去聲。絆也。又引擊也中原雅音作絆。鑾類篇作扳20405

摻 20692 10037
shǎn_12.16 俗摻20534字。一曰俗操20853字戰國策荆軻持匕首揕之，秦王驚，自引而起，拔劍，劍長，摻其室註摻與操同。

撢 20693 10038
tàn_12.16 唐韻集韻韻會正韻丛他紺切，貪去聲說文探也又tān他含切音貪。與探同周禮·夏官撢人掌誦王志，道國之政事，以巡天下之邦國而語之疏誦王志者，若撢取王之志又唐韻餘針切集韻韻會正韻夷針切丛音淫。又集韻徒紺切，潭去聲。義丛同又dàn徒感切音萏。揞也又xín徐心切音尋。修也又唐本說文掬也△本作攩。鑾又撣20836

撣 20694 10039
dǎn_12.16 唐韻徒旱切集韻蕩旱切，丛但上聲說文提持也揚子·太玄經何福滿肩，提禍撣撣註撣撣，敬也。何福持禍而自儆戒也又tán唐韻徒干切集韻韻會唐干切正韻唐闌切丛音檀。觸也又與彈通。鼓絃也。又國名後漢·西南夷傳撣國，西南通大秦又dàn唐韻集韻韻會徒案切正韻杜案切丛音憚。亦觸也。又chán唐韻市連切集韻時連切丛音蟬。撣援，牽引也又chán集韻澄延切音纏。相纏不去也又人名前漢·宣帝紀日逐王先賢撣來降又tián亭年切音田。陼名山海經青要之山，南望撣陼又tān他干切音灘。持不堅也又zhǎn旨善切，饘上聲。排急也。鑾又掸20022

撤 20695 10040
zhé_12.16 唐韻集韻韻會正韻丛直列切音轍。發也又除去也論語不撤薑食唐書·高宗紀以旱避正殿，減膳、撤樂又chè唐韻丑列切集韻韻會正韻敕列切丛音徹。讀與掣近。亦發也。又抽也，剝也△育本从去，字書从云，故入十二畫。

撥 20696 10041
bō_12.16 唐韻集韻韻會正韻丛北末切音鉢說文治也詩·商頌玄王桓撥公羊傳·哀十四年撥亂世，反諸正，莫近於春秋又除也前漢·司馬遷傳秦撥去古文，焚滅詩書又發揚貌禮·曲禮衣毋撥又增韻捩開也。又轉之也戰國策弓撥矢鉤註撥，弓反也又葬具禮·檀弓廢輴而設撥，竊禮之不中者也註撥可撥引輴車，所謂紼也又鼓絃之物唐書·蘇頲傳皇甫恂使蜀，檄取庫錢市琵琶捍撥、玲瓏鞭，頲不肯予又叱撥，良馬名。又bá集韻韻會正韻丛蒲撥切音跋。絕也詩·大雅枝葉未有害，本實先撥。箋：撥，猶絕也。疏：撥去餘根，故猶絕也又詩·朱傳叶方吠切音廢。又叶必列切音鼈。義丛同又pō唐韻集韻丛普活切音潑。芟草也。與癹同。亦作撥又撥刺，張弓貌張衡·思玄賦彎威弧之撥剌註剌，音力達反又fá史記索隱房越切音伐。謂大楯也史記·孔子世家會于夾谷，齊有司請奏四方之樂，于是旍旄羽袚、矛戟劒撥，鼓譟而至集韻作瞂。鑾又拨19468

撦 20697 10042
chě_12.16 唐韻正韻昌者切集韻韻會齒者切，丛車上聲。裂開也博雅撦、坼、啓，開也劉克莊題跋溫、李諸人，困于撏撦。鑾又偖01544

撧 20698 10043
juē_12.16 擧字變體。鑾又挩20164

擧 20699 10044
juē_12.16 集韻租悅切音蕝。與絕同。斷也。或作𢭏。鑾又撧20698

撿 20700 10045
xī_12.16 集韻迄及切音吸。擊也。與歙同又xié迄業切。與擖同。又lā唐韻盧合切集韻韻會落合切，丛與拉同又dá唐韻都盍切集韻德盍切，丛與搨同。打也。鑾又俗榻24925敦煌·S.2021佛說法句經假使有人純以七寶作諂床撿。

撋 20701 10046
xuān_12.16 玉篇先全切 唐韻須緣切 集韻荀緣切 丛音宣。同揎。引也，手發衣也 儀禮·士虞禮·鉤袒註如今撋衣 图或作撰。見揎20060字註 图xìng 集韻先命切。亦裸肱也。別本譌作撋〇按 集韻撋音宣，又音沿。楊慎菽林伐山 云撋，手循也。又頭圓曰顓，面圓曰圛。則撋字原有揎音也 正字通 云撋無宣音。失詳考。

㩜 20702 10047
qū_12.16 唐韻去魚切 集韻丘於切 丛音袪。擊也。

撣 20703 10048
shàn_12.16 集韻時戰切音繕。振撣，展極也 图jiǎn 唐韻九輦切 集韻九件切 丛音蹇。義同 图zhǎn 集韻旨善切，饘上聲。引也。鋻又撣20807

撆 20704 10049
qī_12.16 集韻丘衣切。扱取也。

撨 20705 10050
xiāo_12.16 唐韻蘇彫切音蕭。擇也，取也，拭也 图 集韻思邀切音宵。義同 图qiáo 唐韻昨焦切 集韻慈焦切 丛音樵。亦擇取也 图sōu 集韻先侯切，漱平聲。義同。又推也 图qiào才笑切音誚。亦拭也 图先弔切音嘯。義同。

摞 20706 10051
luò_12.16 集韻倫追切音壘。博雅理也 正字通 與擂同。

摍 20707 10052
sù_12.16 唐韻息逐切 集韻息六切 丛音蕭。擊也 張衡·西京賦飛甲摍簪 註著物貌。簪音朔 图 唐韻 集韻丛所六切音縮。義同。或作擇 图xiāo 唐韻蘇彫切 集韻先彫切 丛音蕭。義同。或作攟。又xiāo 唐韻先鳥切 集韻先了切 丛音篠。打也 图 唐韻蘇弔切 集韻先弔切音嘯。義同。鋻又攟21215撦19937戮21760

撷 20708 10053
xié_12.16 唐韻胡結切 集韻奚結切 丛音頁。束也，縛也 图 唐韻虎結切 集韻顯結切 丛音肸。義同 图jié 正韻古屑切音結。擷槔，汲水具也〇按樏槔與桔槔同。宜从木。別見木部註。

攢 20709 10054
fèi_12.16 集韻芳未切音費。擊仆也 图fèn方問切音奮。義同 晉書·張協·七命蹴封豨，攢馮豕 图fèi父沸切音狒。楚人謂搏執曰攢。或作拂。

撩 20710 10055
liáo_12.16 唐韻洛蕭切 集韻 韻會憐蕭切 正韻連條切 丛音聊 說文理也。一曰取物也。攏取物爲撩 图挑弄也 魏志·龐德傳但持長矛撩戰 韓愈詩猿鳥莫相撩。图liào 集韻力弔切音料。亦取也 詩·小雅燕然汕汕傳汕汕，樔也 箋樔者，今之撩罟也 图liǎo 唐韻 正韻盧鳥切 集韻 韻會朗鳥切 丛音了。義同。又扶也 图lào 集韻郎到切，勞去聲。同撈。亦取物也 图lǎo魯晧切音老。義同。鋻又撩21086戮21748

撖 20711 10056
bèn_12.16 海篇音義同捹20334〇按 集韻作畚，部本切。加手，贅。

撫 20712 10057
fǔ_12.16 古文㧒 唐韻芳武切 集韻 韻會斐父切 丛音拊 說文安也 增韻慰勉也 禮·文王世子西方有九國焉，君王其終撫諸 註撫，猶有也 疏撫爲存撫，故爲有也 左傳·文十二年鎮撫其社稷 图 說文一曰循也 書·臯陶謨撫于五辰 图 廣韻持也 图按也 禮·曲禮君撫僕之手 又客跪撫席而辭 疏以手按止之也 又 國君撫式 註撫，猶據也 图拍也 儀禮·鄉射禮左右撫矢而乘之 图揚子方言拊撫，疾也 郭璞註謂急疾也 图州名。漢豫章郡隋置撫州 图mó 集韻蒙逋切。與摹同 韻會通作拊。鋻又抚19284撫21126撫21262㩉21383辿60648

㩒 20713 10058
cè_12.16 集韻測革切音策。扶也。或省作㩉。鋻又㩒20470㩒20987

搪 20714 10059
tāng_12.16 字彙他郎切音湯。以手推止也。

捯 20715 10060
liè_12.16 海篇良薛切音列。見釋典 图 正字通俗捯字。

撬 20716 10061
qiào_12.16 集韻牽幺切音髐。舉也。

播 20717 10062
bò_12.16 古文敤釆 唐韻 集韻 韻會 正韻丛補過切，波去聲 說文種也。一曰布也 廣韻揚也 詩·豳風其始播百穀 書·盤庚王播告之修，不匿厥指 图放也，棄也 書·泰誓播棄犁老。又 多方屑播天命 图散也 書·禹貢又北播爲九河 禮·禮運播五行于四時 疏播散五行之氣於四時也 釋文舒也 图增韻逋也，遷也 書·大誥予惟以爾庶邦，于伐殷逋播臣 图州名。西南微外夜郎且蘭地，唐置播州 韓愈·柳子厚墓誌劉禹錫當詣播州，子厚願以柳易播 图明萬歷中平播置遵義、平越二府 图姓。播武，殷賢人。或云播軌 图bǒ 集韻 韻會 正韻丛補火切音跛。義同 書·舜典播時百穀 釋文播，波左反 图搖也。與簸通 莊子·人閒世鼓筴播精，足以食十人 註簡米曰精。播，搖動也 图bō 集韻逋禾切音波。澤名。在豫州 史記·禹本紀滎播旣都 註古文尚書作滎波 图郭璞·木禾贊爰有嘉穀，號曰木禾。匪植匪蓺，自然靈播 图說文通作譒。引書王譒告之。今書作播。鋻又匢04385

撮 20718 10063
cuō_12.16 唐韻 正韻倉括切 集韻 韻會麤括切，丛麤入聲 說文四圭也。一曰兩指撮也 玉篇三指取也 釋名撮，捽也，暫捽取之也 增韻蹙聚而捎取之也 禮·中庸今夫地一撮土之多 前漢·律歷志量多少者，不失圭撮 註四圭曰撮，三指撮之也，六十四黍爲圭。又 司馬遷傳撮名法之要 註撮，撮取也 詩·小雅臺笠緇撮 傳緇布冠也 疏小撮持其髻而已。制小，故言撮。音七活反 图zuǒ 唐韻 正韻子括切 集韻 韻會宗括切，丛鑽入聲。挽也 图zuì 集韻祖外切音最 莊子·人閒世支離疏者，會撮指天 註頂椎也。會音活，向秀讀 图zuān祖官切音鑽。乘載器也 尸子行險以撮 图租悅切音蕝。義同 图chǎi初買切，釵上聲。亦指取物也。一曰拗也△本从曰从取。鋻又㩐20482㶍31652㶍31976稡40850

掞 20719 10064
yàn_12.16 唐韻 集韻丛以贍切。同掞19898

撲 20720 10065
yè_12.16 撧本字 唐書·蕭瑀傳隋帝素意伐遼。又衞

瑪以謀撒其機△亦作摩。

擵 20721 10066 niǎo_12.16 擵字省文

撯 20722 10067 zhuó_12.16 俗擆20842字

撰 20723 10068 zhuàn_12.16 唐韻雛莞切集韻韻會雛綰切,丛饌上聲。具也增韻造也。又則也易繫辭以體天地之撰朱子·本義撰,猶事也論語異乎三子者之撰 又撰述也。屬辭記事曰撰唐書·百官志史館修撰掌修國史。或作篹。又zhuàn唐韻仕免切集韻韻會正韻雛免切丛音譔。讀若孱上聲。義同。通作譔。又作僎 又持也禮·曲禮君子欠伸撰杖屨 又zhuàn集韻韻會丛雛戀切音饌。義同 又集也。亦述也歐陽修詩任君居太原,白首勤著撰。閉戶不求聞,忽來誰所薦。又xuǎn集韻韻會正韻丛須兗切。與選同。遣也。一曰擇也周禮·夏官·大司馬羣吏撰車徒釋文息轉反禮·內則栗曰撰之疏數數布揀,撰省視之 又白撰,貨貝名前漢·食貨志白金三品,其一曰重八兩,圜之,名白撰,直三千 又xuàn集韻須絹切音選。亦與選同 又suàn損管切。與算同。數也,計也周禮·撰車徒註撰讀曰算,謂數擇之也。鎣又撰20771

撱 20724 10069 tuǒ_12.16 唐韻他果切集韻正韻吐火切丛音妥。狹長也爾雅·釋魚蜟小而撱註撱,小貝狹長也。謂長而去四角也史記·平準書白金三品:其三曰復小,撱之,直三百 又wěi唐韻羊捶切集韻尹捶切,丛隋上聲。與撱同。棄也。又撝也 又huī集韻翾規切音隳。亦棄也。〇按爾雅廣韻集韻或譌作橢,惟正韻撱、橢分義各出。通作隋。

撲 20725 10070 bó_12.16 唐韻蒲角切集韻韻會正韻弼角切丛音雹說文挨也廣韻相撲也 又增韻蹃也韓愈·納涼聯句杇杌懼傾撲。或作撲 又pú集韻匹角切音璞。與擈同。擊也 又pū唐韻集韻韻會普木切正韻普卜切,丛與攴同。小擊也書·盤庚若火之燎于原,不可嚮邇,其猶可撲滅 又杖也。與扑同荀悅·申鑒桎梏鞭撲,以加小人。又荀子·臣道篇若馭撲馬註未調習之馬 又bǔ集韻博木切音卜。拭也。鎣又扑19283擈20844挨19782

摯 20726 10071 zhì_12.16 摯本字。从刊,隸从丸。

擊 20727 10072 niè_12.16 摯本字。

撶 20728 10073 chuí_12.16 捶本字。

撅 20729 10074 jué_12.16 集韻其月切。與撅同。

撒 20730 10075 sā_12.16 六書故山戛切。撒20666本字。

捜 20731 10076 sōu_12.16 篇海所丘切音搜楊愼·蓺林伐山甄后塘上行云邊地多悲風,樹木何搜搜。按搜音颼,古本楚辭風颼颼兮木搜搜。今本作蕭,而音亦叶颼。故蕭蕭、修修,總不若搜搜字之古也。

撓 20732 10077 bài_12.16 篇海古文拜19401字。

擳 20734 10079 diào_12.16 篇海徒弔切字彙補與掉同。

擶 20735 10080 sǔn_12.16 字彙補音義與揗同〇按揗字之譌。

擨 20736 10081 bīng_12.16 篇海同掤

擙 20733 10078 bèi_12.16 篇海蒲拜切音憊。吹火也〇按排字轉注加心譌贅。

擮 20737 10082 jié_12.16 切音闕揚子方言敗也。南楚凡人貧衣被醜獘,謂之須擮郭璞註狎翣也〇按語意與掫19680斯同。鎣字典琢屑按,擮即捷19845重文。疾葉切。

撹 20739 10084 cuò_12.16 措本字。

擦 20738 10083 zǒng_12.16 篇海同揔

擼 20741 u2ABB3 null_12.16 簡擼21308

擽 20742 u2ABB2 yàng_12.16 俗様25197龍龕揼俗揼正,余亮反。揩摸拭揼也。

擓 20740 u2ABB4 giũ_12.16 喃从搖省屢lũ聲△擓埆:撣去塵土。

擾 20743 u2ABB1 null_12.16 未詳。

擱 20744 u2ABB0 mèn_12.16 湘拉,扯。

擷 20745 u2ABAF ắp_12.16 喃从揖亇,揖ập亦聲。盈滿。

擳 20746 u2ABAE jĭ_12.16 撠20689班馬字類作撠。

擜 20747 u2ABAD null_12.16 喃未詳。

擅 20748 u2ABAC xǐ_12.16 俗喜06501敦煌變文集·韓朋賦宋王見之,甚大歡擅。

撒 20749 u2ABAB sà_12.16 俗撒20666華英字錄撒,sa' scatter。

撝 20750 u2F8C5 huī_12.16 兼撝20685

擶 20751 u2F8C4 jiàng_12.16 同摾20538

擵 20752 u22DC5 lù_12.16 漢語方言大詞典擵桌布:抹布。閩語。廣東海康 又trộ喃从手路lộ聲。

擛 20754 u22D7D rớ_12.16 喃从手疎sớ聲。

擨 20755 u22D7C yuè_12.16 或俗樾25335字海擨,人名。明代有尤擨。見萬姓統譜 又vớt喃从手越việt聲。拯△救擨:救災。

擩 20756 u22D7B chữa_12.16 喃从手渚chã聲。同㬉01978修改。

揕 20757 u22D7A chạm_12.16 喃从手湛đậm聲。碰撞。

擨 20758 u22D79 mỏi_12.16 喃从手痗môi聲。勞累。

摿 20753 u22D7E yáo_12.16 同搖20288

擕 20759 u22D78 qiáo_12.16 俗樵25322可洪音義擕木:上才焦反四聲篇海音樵 又comz壯堆積,集攏 又xấp喃从手集tập聲。疊,堆。

擖 20760 u22D77 cắt_12.16 喃从手割cắt聲。剪切△擖刵:斷絕。

擨 20761 u22D76 dọn_12.16 喃从手鈍nhọn聲。

擛 20762 u22D75 quờ_12.16 喃从探省菓quả聲△擛曠:摸索。

擤 20763 u22D74 quay_12.16 喃从手帰qui聲。調轉,旋轉。

擦 20764 u22D73 sum_12.16 喃从手森chùm聲。團聚。

擨 20765 u22D72 ngáng_12.16 喃从手喭ngán聲。同掮19954

擓 20766 u22D71 kuī_12.16 俗檲25485可洪音義銅擓:苦迴反。羹器也。正作盔37152 又khơi喃从掘省開khai聲 又hai壯擓

閂：開門。

撜 20767 u22D70
góp_12.16 嗬从手給cấp聲。湊聚，參與。

擤 20768 u22D6F
máy_12.16 嗬从手買mãi聲。顚動。

橘 20769 u22D6E
jú_12.16 俗橘25384 可洪音義橘子：上居律反。熟橘：古律反 图zhé俗摘20467 可洪音義揩橘：知革反。与摘字同也 图lǔ漢語方言大詞典橘，抽打。北京官話。

㩭 20770 u22D6D
lai_12.16 嗬花㩭：茉莉。

撰 20771 u22D6C
dọn_12.16 嗬同撰20723收拾△俗作拱20009

撨 20777 u22D66
chuǎi_12.16 同㨜20092

摸 20772 u22D6B
zǔn_12.16 俗撙20681 可洪音義摸縶：上茲損反。泥也。正作撙。

撆 20773 u22D6A
phẩy_12.16 嗬从手斐phỉ聲。拂，撣，揮。

㩀 20774 u22D68
dội_12.16 嗬从手隊dội聲。反撞，反彈。

撆 20775 u22D68
váo_12.16 嗬从手報báo聲△表撆：傲慢。

㩧 20776 u22D67
xiàn_12.16 同㩧20651 字彙㩧，下簡切，閑上聲。勁悠貌 左傳今執事㩧然授兵登陴 图粵劃綫 图dàn嗬同攕21295㩧黜：配置。㩧排：陳列。㩧插：整理 图giàn从棚省間gian聲。同橺26097△㩧花：花棚。

㩥 20778 u22D65
zào_12.16 方越諺·卷上·孩語孺歌之諺第十七濫眼墮貧㩥，看見東西件色要：此受貨被攖，諎罝合言。又 卷下·音義·重文疊韻㩥劇劇：燥極不馴也。

擊 20779 u22D64
yè_12.16 五侯鯖字海 同撒20720

撒 20780 u22D63
yā_12.16 墨子·明鬼下第三十一撒羊而漉其血。孫詒讓·間詁：王引之云撒，即到字也。

㩢 20781 u22D62
mín_12.16 說文㡆，堉地也。目巾㩢之，从巾，段注：說从巾之意也。㩢蓋即手部揹字，今之扠字。揹者，撫也。涂地以巾，按而摩之，如今之擦漆，故其字从巾。巾㩢廣韵作巾㧰，集韵作巾㩢。

擎 20782 u22D61
qín_12.16 同撤20822

撠 20784 u22D5F
null_12.16 未詳。

擊 20783 u22D60
jiě_12.16 或同撧20916俗解。

㩞 20785 u22D5E
pǎi_12.16 拍。㩞硑，亦作㩞蹦 金瓶梅詞話·第五十回西門慶于是把老婆倒蹦在床上，那話頂入戶中，扶其股而極力㩞硑，㩞硑的連聲响哓。明·佚名一片情·第十三回相摟相抱，那話十分強硬，極力㩞蹦三五百度，那愛姑一陣昏迷，酸麻了四體，柔聲顚語，不可盡述。

㩝 20786 u22D5D
null_12.16 未詳。

捧 20787 u22D5C
null_12.16 未詳。

㩛 20788 u22D5B
null_12.16 未詳。

㩚 20789 u22D5A
null_12.16 未詳。

㩙 20790 u22D59
fén_12.16 俗樶25441 漢書·王莽傳歆子棻註師古曰：棻或作㩙字，音扶云反。

㩘 20791 u22D58
null_12.16 未詳。

㩗 20792 u22D57
jú_12.16 或俗掬19917

㩖 20793 u22D56
null_12.16 未詳。

㩕 20794 u22D55
null_12.16 未詳。

㩔 20795 u22D54
sườn_12.16 嗬从手孱sán聲。

㩒 20797 u22D52
chāo_12.16 俗樔25541

㩓 20796 u22D53
pèng_12.16 今作碰39111 綴白裘·十一集·三卷·高腔·借靴 輕些，不要磕了，不要㩓了 图baeng 壯檔，遮 图bongx拍，敲。

㩑 20798 u22D51
null_12.16 未詳。

㩏 20800 u22D4F
jiǎn_12.16 揃20041本字

㩐 20799 u22D50
null_12.16 未詳。

㩎 20801 u22D4E
yàng_12.16 俗樣25197

㩆 20809 u22D46
null_12.16 未詳。

㩌 20803 u22D4C
dui_12.16 嗬从擦省 隊đôi聲△㩌眛：揉眼睛 图gioi修葺△㩌吏贋茄：修補屋頂 图thui捶，揍。亦作㩌△㩌㫋㩦：當腰一捶。

㩍 20802 u22D4D
zhé_12.16 同撜20552俗㩍20313

㩋 20804 u22D4B
đo_12.16 嗬从手都đô聲。度量，揣摩。

㩊 20805 u22D4A
null_12.16 未詳。

㩉 20806 u22D49
bám_12.16 嗬从手貶biếm聲。抓住，粘貼△㩉㫋，纏繞。

㩈 20807 u22D48
jiǎn_12.16 同撿20703 玉篇㩈，紀善切。攕㩈。醜長兒。

㩇 20808 u22D47
yàng_12.16 俗樣25197亦作㩎20801

㩅 20810 u22D45
guī_12.16 龍龕㩅20507俗，撌或作，居隨反。裁也。

㩄 20811 u3A51
zá_12.16 俗㩥20864

摛 20813 u3A4F
hēi_12.16 姓 古今圖書集成·明倫彙編·氏族典·第四卷·氏族總部·彙考四·漢王符潛夫論摛氏。注：摛，字典不載。

㩃 20812 u3A50
dèn_12.16 同扽19237用力拉伸。

撚 20814 uF991
niǎn_12.16 兼撚。

攛 20815 u64BA
cuān_12.16 简攛21208

攪 20816 u64B9
jiǎo_12.16 俗攪21267

撸 20817 u64B8
lū_12.16 简撸21037

擷 20818 u64B7
xié_12.16 简擷21025

撵 20820 u64B5
niǎn_12.16 简攆21102

攉 20819 u64B6
huà_12.16 俗樺25330 可洪音義攉皮：上戶化反。图huá同划03302明·焦竑俗書刊誤·卷十一·俗用雜字人浮水面以手足攉水曰㴀。一作泅。又作汙，音囚。

撴 20821 u64B4
dūn_12.16 重重地放下 紅樓夢·第六十回你倒會扭頭暴筋，瞪着眼，撴摔我 图方揪，抽。天津 益世報.1921.July.30本埠新聞取締撴簽 图俗橔25374

撳 20822 u64B3
qìn_12.16 同搇20257

摭 20824 10086
hàn_13.17 唐韻胡感切 集韻韻會正韻戶感切，丛含上聲。與撼同。搖也 宋史·蘇轍傳元豐舊黨，多起邪說，以搖摭在位 韓愈詩蚍蜉摭大樹 图韻會動也。通作感。與詩無感我帨之感同。

撻 20823 10085
tà_13.17 古文 韃韃 唐韻 集韻 丛他達切音闥。打也，抶也 書·益稷撻以記之。又 說命若撻于市 周禮·地官·閭胥凡事掌其比，觵撻罰之事 註撻，扑也 疏有失禮，輕

者以觵酒罰之，重者以楚撻之儀禮·鄉飲酒禮罰不敬，撻其背又疾也詩·商頌撻彼殷武疏撻是速疾之意釋文韓詩云達又㩢側矢道也，以韋爲之儀禮·士喪禮設依撻焉註今文撻爲銛又崔豹·古今注蚨蝶，江東呼爲撻末。本从達集韻或作撻鋆又挞19638㩉21686攋21180㩵21600又龍龕輎67326輦67431輎67465䡓67546四俗，他達反。正作樏（撻）。打也。

撽 jī_13.17　集韻韻會丛吉歷切。同擊又qiào集韻口教切，敲去聲。義同莊子·至樂篇撽以馬捶註擊也。又yāo堅堯切音驍。遮也，與邀同。一說擎字變體。鋆又擎20826

擎 qiào_13.17　唐韻正韻苦弔切集韻韻會詰弔切丛音竅說文旁擊也公羊傳·宣二年·擊而殺之註擎猶擊也。亦作撽唐韻苦擊切集韻詰歷切丛音喫。義同。又jiāo集韻吉了切音皎。持也。鋆又擎20937

撾 zhuā_13.17　集韻韻會丛張瓜切音檛。擊也魏志·太祖紀伯魚三娶孤女，謂之撾婦翁唐書·柳宗元傳自古賢人才士被謗議不能自明，故有無兄盜嫂，娶孤女撾婦翁者又擊鼓也後漢·禰衡傳曹操召爲鼓史，衡方爲漁陽參撾，聲節悲壯又字彙補古禾切音戈蘇軾·守歲詩晨雞且勿唱，更鼓畏添撾。明年豈無年，心事恐蹉跎。鋆又挝19639撾20208又音wō。老撾，國名。

撿 liǎn_13.17　唐韻良冉切集韻力冉切丛音斂說文拱也又jiǎn集韻韻會正韻丛居奄切音檢。束也，拘也前漢·黃霸傳郡事皆以義法令撿式註撿，局也又爾雅·釋言撿，同也註撿，範模也，所出必同又巡察也，捜也，校也，舉也晉書·周顗傳王導料撿中書故事，見顗表救己又撿挍，官名唐書·百官志開元六年，麗正修書院置使及撿挍官○按撿、挍二字丛从手廣韻止收撿，以撿爲俗字。鋆又捡19804撿20012攕21241

捍 gǎn_13.17　集韻古旱切，干上聲。以手伸物也。或省作扞。

擁 yōng_13.17　唐韻於隴切集韻韻會委勇切，丛雍上聲說文本作攤，抱也禮·玉藻肆衣及帶，勤者有事則收之，走則擁之疏肆，餘也，謂束帶之餘組及帶之垂者。收謂斂持在手，擁抱之於懷也前漢·夏侯嬰傳面雍樹馳誑南方謂抱小兒爲雍樹。面，俛也。雍，抱持之。令面背己而抱之以馳。雍讀曰擁又持也前漢·高帝紀太公擁彗註如今卒持帚也又衛也，蓐從也又爾雅·釋言邕支載也疏邕，又作擁。擁護、支持皆載任之義。又集韻於容切音雍。遮也禮·內則女子出門，必擁蔽其面註擁，猶障也。或作攤。亦作㩻。鋆又擁19471揂20310攤21284蟰53590

擂 léi_13.17　玉篇力堆切音雷。研物也集韻作攂。又lèi韻會盧對切音纇。與礧同。推石自高而下也集韻

作擂。鋆正字通攂，擂本字。俗作擂又四聲篇海攋，力回切，研物也。又力對切，急擊鼓。通作擂。

撳 qín_13.17　唐韻巨今切集韻渠金切丛音琴。與捡同說文捡19812或从禁又jìn玉篇廣韻集韻丛巨禁切。持也，與鈙同。

撞 chuái_13.17　唐韻仕懷切集韻崇懷切丛音膗。倒損也又zhuài五音集韻仕壞切。拉也又cuì粗賄切音罪。義同△正字通木部榱字亦訓倒損。丛俗字。鋆又撞20873

撣 tàn_13.17　撣字之譌

撢 nǎng_13.17　集韻匿講切，搦上聲。撞也，刺也。或作搈。

擄 lǔ_13.17　唐韻郎古切集韻韻會籠五切丛音魯。掠也，獲也。通作鹵。鋆又擄20945掳20027

撋 yù_13.17　集韻王勿切。同捐20055

擅 shàn_13.17　唐韻集韻韻會正韻丛時戰切音繕說文專也禮·冠義尊重事，而不敢擅重事史記·范雎傳擅國之謂王又增韻据也戰國策趙攻中山，取扶柳，五年以擅呼沱註擅，言固有之。鋆又挏19440櫳25796扟19205

攓 fán_13.17　唐韻附袁切集韻符袁切丛音煩。攓撋也。與煩同詩·周南·薄汚我私傳汚，煩也箋煩撋之○按本作煩。加手，贅。

撌 guī_13.17　撌字之譌篇海音規。作木弓也○按與撌字音同訓異，諸韻書不載。

撝 huī_13.17　唐韻許委切集韻虎委切丛音毀說文傷擊也。亦作撝。

撲 pū_13.17　同撲20725

擉 zhuó_13.17　玉篇唐韻張略切集韻陟略切丛音勺。讀與酌近。置也。又擊也。又集韻直略切音著。亦擊也玉篇別作擉。俗作擉。

擇 zé_13.17　唐韻丈伯切集韻韻會正韻直格切丛音宅說文揀選也書·呂刑罔有擇言在躬禮·中庸擇善而固執之者也又史記註達各切音鐸龜筴傳悤悤疾疾，通而不相擇。妖孽數見，傳爲單薄又yì集韻夷益切音奕。人名。漢有司馬無擇。或作𢮏。鋆又择19331擇19467

撦 shě_13.17　集韻韻會正韻丛食列切。同撦20121前漢·揚雄傳撦之以三策註三三而分之。

擉 chuò_13.17　唐韻集韻韻會正韻丛測角切音齪。與箹同。刺取鼃蜃也莊子·則陽篇冬則擉鼃於江韓愈·祭鱷魚文罔繩擉刃，以除蟲蛇惡物。或作揀又作揥。又chuò唐韻集韻丛敕角切音齪。亦與箹同又集韻側角切音捉。又殊玉切音蜀。又樞玉切音觸。義丛同。又zhú株玉切音斸莊子·擉鼃註徐邈讀。鋆又舳55408

擊 jī_13.17　唐韻古歷切集韻韻會吉歷切丛音激說

文攴也徐曰撲也廣韻打也增韻扣也易蒙卦擊蒙註擊去童蒙，以發其昧史記·叔孫通傳拔劍擊柱。又酷吏傳義縱以鷹擊毛摰爲治又攻殺也楚語刲羊擊豕註擊，殺也前漢·高帝紀急擊之勿失又觸也莊子·田子方目擊而道存矣。或作撠又xí集韻韻會正韻丛刑敵切音檄。與覡同。男巫也荀子·王制篇知其吉凶妖祥，偏巫跛擊之事也註擊讀爲覡又jì集韻吉詣切音計。人名。春秋晉有屠擊鎣又扎03198擊20641摰20521

搦 tún_13.17 20848 10110
集韻徒渾切音屯。捘也。與籫同。或作籫。

擋 dǎng_13.17 20849 10111
唐韻集韻韻會正韻丛丁浪切，當去聲。摒擋也。亦作屏當晉書·阮孚傳祖約性好財，正料財物，客至，屏當不盡。鎣又挡19635

挱 sè_13.17 20850 10112
唐韻山責切集韻色責切丛音梀。繺挱，捕鳥具。鎣繺，所以黏鳥新修玉篇繺挱，捕鳥也。

撅 jiē_13.17 20851 10113
唐韻集韻韻會丛居謁切。同揭20108

擏 qióng_13.17 20852 10114
唐韻渠營切音瓊。搏擏子，一名投子正字通樵25419字之譌。鎣熊加全：樵25671，俗擏。

操 cāo_13.17 20853 10115
唐韻七刀切集韻韻會正韻倉刀切，丛草平聲說文把持也禮·曲禮謀於長者，必操几杖以從之左傳·襄三十一年猶未能操刀而使割也前漢·貢禹傳勇猛能操百姓者註操，持也。切也，刻也又姓。明嘉靖給事中操守經，江西浮梁人又cào唐韻集韻韻會正韻丛七到切音糙。所守也，持念也前漢·張湯傳湯客田甲有賢操註所執持之志行也後漢·趙熹傳熹少有節操又風調曰操南史·袁粲傳清整有風操又琴曲也後漢·曹襃傳歌詩曲操，以俟君子註劉向·別錄曰：君子因雅琴以致思，其道閉塞悲愁，而作者名其曲曰操，言遇災害不失其操也。鎣正字通榖21367，同榖21792訛從支又敷21810捰20692樏25558

擣 dǎo_13.17 20854 10116
唐韻都晧切。擣20953本字。依說文篆體。

擎 qíng_13.17 20855 10117
唐韻集韻韻會正韻丛渠京切音鯨。舉也，拓也，持高也杜甫詩書從稚子擎。又jìng廣韻集韻韻會渠映切正韻具映切丛音競。義同。或作弊。亦作撽。鎣又弊16024

撒 qíng_13.17 20856 10118
集韻渠京切，本作擎又正韻與檠通。輔正弓弩器荀子·性惡篇良弓不得排撒，則不能自正又jǐng集韻韻會舉影切正韻居影切丛音景。戒也。與儆通。亦與檠通揚子法言見弓之張兮，何謂也。曰：撒之而已。

擵 pò_13.17 20857 10119
唐韻普麥切集韻韻會匹麥切丛音檗。射中物聲張衡·西京賦流鏑擵擵。

攐 qiān_13.17 20858 10120
韻會九件切。搴本字O按說文作攐20658唐韻集韻丛無攐。

攧 tiě_13.17 20859 10121
唐韻集韻丛他結切音鐵。捅攧也。

攌 huàn_13.17 20860 10122
唐韻集韻韻會正韻丛胡慣切音患說文貫也左傳·成十三年躬擐甲胄吳語夜中乃令服兵擐甲又集韻古患切音慣。義同又唐韻古還切集韻韻會正韻姑還切丛音關。義同又juǎn集韻古泫切音畎。繫也又xuān荀緣切音宣。與揎同禮·王制臝股肱註謂擐衣出其臂脛陸氏音義擐讀宜音宣，依字作揎字林云揎臂也。先全反O按揎20701別本譌作擐。本作攌。省从睘。

挱 shā_13.17 20861 10123
集韻師加切音沙。拘引也。

擑 jiē_13.17 20862 10124
集韻卽涉切。同接19908

擒 qín_13.17 20863 10125
唐韻巨今切集韻韻會正韻渠金切丛音琴。與捦19812同禮·曲禮不離禽獸疏禽者，擒也。言鳥力小，可擒捉而取之。通作禽又jìn集韻巨禁切音噤。與扲19223同。鎣龍龕捦正，擒20832擒今。

擤 zá_13.17 20864 10126
唐韻才盍切集韻疾盍切丛音雜。讀若慙入聲。擸擤，和雜也又sà唐韻私盍切集韻悉盍切丛音偃。讀若三入聲，破聲也。一曰持也又搚擤，糞色。鎣又搚20811

挊 líng_13.17 20865 10127
集韻郎丁切。同拎

抓 huà_13.17 20866 10128
集韻胡化切。同抓。

擿 piāo_13.17 20867 10129
集韻匹沼切音縹。落也△正字通同摽。O按集韻義同音近，應從同。

攄 xī_13.17 20868 10130
篇海音義同攄。

攘 niǎo_13.17 20869 10131
字彙乃了切音裊O按韻書無裊正譌以裊爲裹俗文。攘卽俗攘字。別見十六畫。

攈 kuǎi_13.17 20870 10132
唐韻苦淮切集韻枯懷切丛音匯。揩摩也。又扒拭也△或省作攈。鎣簡化作扖19459

撶 guài_13.17 20871 10133
唐韻集韻丛古外切音膾。收也路史有巢氏教民巢居，撶菽桔以爲蓐。鎣又捨19579

攙 qiáng_13.17 20872 10134
集韻渠良切音強。扶持貌。

攉 cuǐ_13.17 20873 10135
集韻取猥切，崔上聲。摸也又正字通罪本作皐，攉與挴同。

擔 dān_13.17 20874 10136
唐韻集韻韻會都甘切正韻都藍切，丛膽平聲。與儋通。背曰負，肩曰擔釋名擔，任也，任力所勝也易繫辭·負且乘疏負者，擔負於物也戰國策蘇秦嬴縢履蹻，負書擔囊又左擔，地名任豫·益州記陰平縣北有左擔道，於成都爲西。自北來者，擔在左肩，不得度右肩也又武擔，山名。在成都西北蜀志·先主傳註蜀王妻物故，發卒擔土於成都郭中葬，高七丈，號曰武擔又dàn去聲唐韻集韻韻會正韻丛都濫切。謂所負也左傳·莊二十二年弛于負擔註丁暫反又shàn

集韻時黵切音贍。假也禮·喪服四制杖者何也。爵也。或曰擔主儀禮·喪服無爵而杖者何。擔主也註假之以杖，尊其爲主也 又以贍切音黵。義同。 又担19374 簷56785𩼬02484

撊 20875 10137 mán_13.17 俗攌字。別見十一畫。

擕 20876 10138 xié_13.17 正字通俗攜字。

擕 20877 10139 xié_13.17 與携同。

撳 20878 10140 jiǎn_13.17 俗揃20041字

擖 20879 10141 qià_13.17 唐韻恪八切音劼說文刮也。一曰撻也。又集韻韻會𠀤丘瞎切音楬。義同 又jiā唐韻古轄切集韻居轄切𠀤音猰。亦刮也。又折也，架也 又là集韻力盍切音臘。亦折也，與擸同 又guā古滑切。義同。又搔也 又zhá唐韻丈甲切集韻直甲切𠀤音霅。押擖，重接貌。又yè集韻韻會正韻𠀤弋涉切音葉。箕舌也禮·少儀捹席不以鬣，執箕膺擖疏當持箕舌自鄉胷前 又集韻益涉切音靨。義同 又gé居曷切音葛。揩擖，揳木聲 又liè力涉切音獵。理持也。同擸 又qì去例切音憩。亦刮也。 又揳20345

擗 20880 10142 pì_13.17 唐韻房益切集韻韻會正韻毗亦切𠀤音闢。拊心也孝經擗踊哭泣。通作辟詩·邶風寤辟有摽。又莊子·馬蹄篇摘擗爲禮註屈折手足之意。亦作擘。 又pī韻會匹歷切音霹。擘開也楚辭·九歌擗蕙櫋兮既張註擗，折也 又韻會匹辟切正韻匹亦切𠀤音僻。義同。

擘 20881 10143 bò_13.17 唐韻集韻韻會正韻𠀤博厄切音蘗說文撝也廣韻分擘也禮·內則塗皆乾擘之疏擘去乾塗也李白詩巨靈擘太華 又說文大指也孟子吾必以仲子爲巨擘焉 又挽擘也。弓弩手張曰擘，足踏曰蹶 又揚子方言擘，楚謂之紉 又pì集韻蒲歷切音甓。亦大指也。又pì韻會正韻𠀤毗亦切。與擗同六書故借用捭。 又擘11903辟19131𤕭19127擗21169 又擘畫，也作剖03447劃，籌畫。

揄 20882 10144 yú_13.17 集韻容朱切。同揄。邪揄也。見前揶揄20042註 又叶以周切音由歐陽修·葛氏鼎詩以示世俗遭揶揄，明堂朝會饗諸侯。

擬 20883 10145 nǐ_13.17 檥字之譌○按史記說文𠀤作檥。別作艤。改从手，非。

擙 20884 10146 ào_13.17 字彙於到切音奥。磨也。

據 20885 10147 jù_13.17 唐韻集韻韻會正韻𠀤居御切音鋸說文杖持也論語據於德 又廣韻依也易·困卦困于石，據于蒺藜詩·邶風亦有兄弟，不可以據左傳·僖五年享祀豐潔，神必據我註據猶安也 又引也，援也爾雅疏序事有隱滯，援據徵之 又按也禮·玉藻君賜稽首據掌致諸地疏覆左手按於右手之上也老子道德經猛獸不據註以爪按拏曰據 又拒守也史記·趙奢傳先據北山上者勝 又姓。明宣德漏刻博士據成 又集韻其踞切音遽。有形之貌。與莊子覺則蘧蘧然之蘧同 又史記註訖逆切音戟呂后紀見物如蒼犬，據高后掖。又叶求於切音蘧史記·龜筴傳事有所疾，亦有所徐。物有所拘，亦有所據△通作据19833 又抝19476㩴20637㩾20985可洪音義失㩾20597：居御反。依也。正作據㩴20638二形。

擓 20887 10149 kuǎi_13.17 篇海音義同㩟20870

撝 20888 10150 huǐ_13.17 集韻虎委切。本作擊。

擛 20889 10151 yè_13.17 集韻弋涉切音葉。擛擛，動貌。或作攝。

擎 20886 10148 áo_13.17 摮本字。

㩚 20890 10152 pìng_13.17 篇海皮證切憑去聲。依几也 又píng皮冰切音憑。義同△宜作凭。

擽 20891 10153 sūn_13.17 集韻蘇昆切音孫。捫也。與搎20273同。

擁 20892 10154 yōng_13.17 廣韻於隴切。與擁20830同。

㨗 20893 10155 jié_13.17 篇海同捷

㩤 20895 43726 cí_13.17 篇海音慈。

擙 20894 41248 qiǎng_13.17 集韻與搶同。 同㩖。

𪮷 20896 u2ABB7 null_13.17 日靈符用字。參見搰19941

擷 20897 u2ABB6 là_13.17 簡攋21118

𢷊 20899 u22DCA suì_13.17 俗燧31816可洪音義攢𢷊：上子官反。下随醉反。按，正作鑽燧。

𪮵 20898 u2ABB5 null_13.17 未詳。

𢷉 20900 u22DC9 null_13.17 或同撬20716

𢷈 20901 u22DC8 kū_13.17 同窟41198亦作窟41347

𢷆 20902 u22DC6 chen_13.17 喃从手擅thiện聲△擅劬：鑽入。

𢷄 20903 u22DC4 miè_13.17 同搣20304篇海搣，音滅，手拔也，摩搣也 又giết喃从手滅diệt聲。同𢸱21186

𢶱 20921 u22DB1 null_13.17 未詳。

𢷃 20904 u22DC3 nào_13.17 方扛。 又níu喃从手鬧náo聲。揪。亦省作𢭃19950

𢷂 20905 u22DC2 xắn_13.17 喃从手粲xán聲。捲△𢷂𢬣袄：捲起袖子。

𢷁 20906 u22DC1 ném_13.17 喃从抛省腩nem聲。抛擲。

𢶭 20925 u22DAD null_13.17 未詳。

𢷀 20907 u22DC0 rũ_13.17 喃从手愈dũ聲。拂 又dũ眷揄：勾誘 又dủ五千字譯國語·第二十·衣服黼黻垂，揄 又giũ同擻20740抖。

𢶿 20908 u22DBF dọn_13.17 喃从手遁trốn聲。收拾，整理。

𢶾 20909 u22DBE chĩa_13.17 喃从指省雉trĩ聲△𢶾𢬣𢶾：指向。

𢶽 20910 u22DBD ãm_13.17 喃从手陷hãm聲。

𢶼 20911 u22DBC ngoi_13.17 喃从手嵬ngôi聲。伸，探。

𢶻 20912 u22DBB buông_13.17 喃从手蒕bông聲。放下△𢶻𢬣：放手。

𢶺 20913 u22DBA dom_13.17 喃从手窨giãm聲。

𢶹 20914 u22DB9
mám_13.17 喃从手暗ám聲。

𢶮 20924 u22DAE
null_13.17 或俗攜。

𢶸 20915 u22DB8
lǐn_13.17 俗檁25563 又bẩm喃从指省稟bẩm聲。捏，揿△𢶸数：掐指算卦（紫微星術）△𢶸鍾：按鈴 又bụm掬，捂。

𢶷 20916 u22DB7
jiě_13.17 俗解55391 可洪音義 悉𢶷：古買反。散也。正作解 又cởi喃从手解giải聲。脫去，剝除。

𢶶 20917 u22DB6
bàng_13.17 字海 𢶶，同棓24342連枷。字見 農政全書·農器·圖譜二 又ẩy喃从手意ý聲。推，驅使。

𢶵 20918 u22DB5
jué_13.17 掘19892本字。見 說文

𢶳 20919 u22DB3
fèn_13.17 𢶳棄同拚19399棄 金瓶梅詞話·第三十八回 早知薄倖輕𢶳棄，辜負奴家一片心△亦作橑25284

𢶲 20920 u22DB2
chóu_13.17 俗愁17768元·張養浩 朱履曲 客位裏賓朋等候，記事的撞滿枕頭。不了呵平白地結為讎。裏頭教同伴絮，外面教歹人𢶲，到命衰時齊下手。

𢶰 20922 u22DB0
sōng_13.17 俗檧25904 五音集韻 𢶰，小籠。

𢶬 20926 u22DAC
sà_13.17 俗摋。

𢶯 20923 u22DAF
wàn_13.17 或同㨛20520

𢶪 20928 u22DAA
null_13.17 未詳。

𢶫 20927 u22DAB
chēng_13.17 或俗樘字

𢶩 20929 u22DA9
null_13.17 未詳。

𢶧 20931 u22DA7
null_13.17 未詳。

𢶨 20930 u22DA8
jiǎn_13.17 同撿20878俗揃。

𢶦 20932 u22DA6
dǎn_13.17 俗檟25578

𢶥 20933 u22DA5
choảng_13.17 喃从打省準chuẩn聲△打𢶥：擊打。整𢶥：雜亂。

𢶤 20934 u22DA4
null_13.17 未詳。

𢶣 20935 u22DA3
dié_13.17 同擳21297

𢶢 20936 u22DA2
chóng_13.17 喃从手衆chúng聲。快捷。

𢶡 20937 u22DA1
qiào_13.17 同撽20826

𢶠 20938 u22DA0
shāo_13.17 同筲42005 彙音寶鑑 𢶠，竹器也 又shào 粵 順手拿走。

𢶟 20939 u22D9F
cùi_13.17 喃从手嵬ngôi聲。𢶟𡍲：肘。

𢶞 20940 u22D9E
shā_13.17 玄應音義 摩抄19657：桒何反 聲類 摩抄猶捫摸也。摩抄亦抹𢶞也。抹，音莫割反。𢶞，蘇割也（反）慧琳音義 𢶞放：上索界反。俗字也。古人借殺27044為𢶞 可洪音義 抹𢶞：上莫鉢反。下桒割反。正作摋20444

擞 20942 u64DE
sǒu_13.17 简 擻21036

㩙 20941 u3A59
sāi_13.17 同塞09082 金瓶梅詞話·第十二回 臨出門來，孫寡嘴把李家明間內供養的鍍金銅佛，㩙在褲腰裡。

擜 20944 u64DC
è_13.17 简 擜21268

擝 20943 u64DD
meng_13.17 同掹20021

摷 20946 10156
jiǎo_14.18 摷本字。

擄 20945 uF930
lǔ_13.17 参見擄20835

擟 20947 10157
mí_14.18 唐韻 武移切音彌。擟拘，山名△ 正字通 按 杜陽雜編 拘弭國有太凝山。弭亦作彌。擟拘卽拘弭之譌。 余迺永：檷25739之訛。

擠 20948 10158
jì_14.18 唐韻 集韻 韻會 正韻 𠀤子計切音霽 說文 排也。一曰推也 左傳·昭十三年 小人老而無子，知擠于溝壑矣 註 擠，墜也。子細反 又jǐ 廣韻 集韻 韻會 正韻 𠀤子禮切音濟。義同 史記·項羽紀 漢軍卻爲楚所擠 莊子·人閒世 其君因其修以擠之 又 玉篇 廣韻 將西切 集韻 韻會 正韻 牋西切𠀤音齏。義同。 又𪎭12507挤19632 擠20015

擙 20949 10159
biào_14.18 集韻 俾小切，飇上聲。落也 正字通 與摽通〇按擙、擙𠀤同摽義 集韻 擙又音卑遙切，識也。與表同，是當从木。別見木部。 又樹25727

擽 20950 10160
zhí_14.18 集韻 闥各切。同拓19391

擡 20951 10161
tái_14.18 唐韻 徒哀切 集韻 韻會 堂來切𠀤音臺 博雅 擡挹，動也 又 廣韻 擡，舉也。

擢 20952 10162
zhuó_14.18 唐韻 集韻 韻會 正韻 𠀤直角切音濁 說文 引也 揚子方言 拔也。自關而西，或曰拔，或曰擢 廣韻 抽也，出也 戰國策 擢之乎賓客之中，而立之乎羣臣之上 前漢·公孫弘傳 天子擢弘對爲第一 又 增韻 聳也 班固·西都賦 抗仙掌以承露，擢雙立之金莖 又 玉篇 去也，徹也 禮·少儀 侍投則擁矢不角，不擢馬 疏 投壺立籌爲馬，至三馬而成勝。若卑者雖得二馬，亦不敢徹尊者馬，足成已勝也 莊子·駢拇篇 擢德塞性以收名聲 註 拔去自然之德。

擣 20953 10163
dǎo_14.18 唐韻 正韻 都晧切 集韻 韻會 覩老切𠀤音倒 說文 本作𢲷。手椎也 禮·內則 擣珍取牛羊麋鹿麕之肉，必胨。一曰築也，敲也，舂也 詩·小雅 我心憂傷，惄焉如擣 又 揚子方言 依也 郭璞註 謂可依倚之也。又chóu 集韻 陳留切音稠。聚也 史記·龜筴傳 上有擣蓍，下有神龜 註 擣，古稠字。擣蓍卽藂蓍〇按 字彙 改从木，入木部檮字。註誤。或作搗，又作㨶，俗作搗。 又嶹48432擣21002

擫 20954 10164
méng_14.18 集韻 謨蓬切音蒙。收歛也。

㩊 20955 10165
yìn_14.18 集韻 於靳切，殷去聲。劑也。一曰平量也。或作𢷔。

𢹂 20956 10166
bài_14.18 拜本字 周禮 凡拜皆作𢹂 廣韻 正韻 作𢹂。𠀤以篆爲楷也 說文 首至地也 周禮·春官·大祝 辨九𢹂之儀。一曰稽首，二曰頓首，三曰空首，四曰振動，五曰吉𢹂，六曰凶𢹂，七曰奇𢹂，八曰褒𢹂，九曰肅𢹂。

擤 20957 10167
xǐng_14.18 篇海 呼梗切，亨上聲。手捻鼻膿曰擤。又 焦竑·俗用雜字 音省。義同。 又揩20236 又焦竑·俗用雜字。明·陳士元 俗用雜字

𢹇 20958 10168
tuán_14.18 集韻 徒官切。同摶。

擥 20959 10169
lǎn_14.18 唐韻 盧敢切 集韻 韻會 正韻 魯敢切𠀤音覽 說文 撮持也 禮·樂記 濫以立會 疏 濫，猶擥也。擥然

有積聚之意蜀志·諸葛亮傳註夙興夜寐，罰二十以上，皆親擥焉管子·弟子職飯必捧擥 又手擥取也屈原·離騷夕擥洲之宿莽註擥，采也。或作擥。又作攬。鎣又挙19463

擥 20960 10170
lán_14.18 同擥前漢·五行志擥仲舒，別向歆註擥謂引取之。又陳湯傳擥城郭之兵註總持也。又息夫躬傳撫神龍兮擥其須註謂執持之 又唐韻魯甘切集韻盧甘切𠀤音藍。義同。

擈 20961 10171
bó_14.18 唐韻蒲角切集韻正韻弼角切𠀤音雹。同撲20725揚子·太玄經不庳其體擈註擊也 又pū集韻普木切音扑揚子方言盡也。南楚，凡物盡生者曰擈生郭璞註今種物皆生，云擈地生也又聚也。楚謂之擈，或謂之翕。

擦 20962 10172
cā_14.18 篇海字彙𠀤初戛切音察。摩之急也。鎣又搽20442搽20591搽19595

擧 20963 10173
jǔ_14.18 唐韻居許切集韻苟許切𠀤音莒。舉本字說文對舉也 又yú廣韻以諸切音余。與舁同。共舉也集韻作拏。鎣又舉48405

擳 20964 10174
zhì_14.18 唐韻集韻韻會𠀤陟利切音致。同疐。礙不行也。又頓也，跆也。

擨 20965 10175
yé_14.18 唐韻以遮切集韻余遮切𠀤音椰。擨，揄也。或作歋，亦作揶。通作邪 又yí集韻余支切音移。與歋同說文人相笑相歋瘉也。或省作搋。

擩 20966 10176
rǔ_14.18 唐韻而主切集韻橤主切𠀤音乳說文染也唐書·藝文志擩嚌道眞 又ruí唐韻集韻𠀤儒誰切音蕤。義同 又揾也周禮·春官·大祝辨九祭，六曰擩祭註擩讀爲虞芮之芮。以肝肺菹擩鹽醢中以祭也儀禮·公食大夫禮賓升席，坐，取韭菹，以辨擩于醢，上豆之閒祭。或作㨎，又作揗 又ruán集韻正韻𠀤而宣切，輭平聲。義同 又挼莎也。與撋同 又ruò集韻如劣切音爇。義同。亦作㨎 又rù唐韻而遇切集韻儒遇切𠀤音孺。手進物也 又nǔ集韻尼主切音醹。拄也 又nòu唐韻奴豆切集韻乃豆切𠀤音槈。搆擩，不解事也。鎣字典琢屑唐書·文藝傳。舊誤作藝文志

擪 20967 10177
yè_14.18 唐韻於葉切集韻韻會益涉切𠀤音靨。讀若厭入聲說文一指按也莊子·外物篇擪其顪元稹·連昌宮辭李謩擪笛傍宮牆 又正韻弋涉切音葉。義同 又tiè集韻託協切音帖。又諾協切音敜。或作壓。義𠀤同。又yā乙甲切音壓。亦按也 又yǎn唐韻集韻𠀤於琰切音黶。持也。亦作擫。古文通厭。鎣又擪20779擫20720

擫 20968 10178
yè_14.18 同擪王褒·洞簫賦膠緻理比，挹抐擫擸註擫擸，一作擪扢。手執之狀也白居易·霓裳羽衣歌擊擫彈吹聲邐迤△本作擫。鎣又掞19614

𢹣 20969 10179
xiǎn_14.18 集韻呼典切。同㧥19346

擬 20970 10180
nǐ_14.18 唐韻魚紀切集韻韻會偶起切，𠀤疑上聲說文度也增韻準擬，揣度以待也易繫辭擬之而後言疏擬度之而後言也 又像也，比擬也前漢·公孫弘傳管仲相齊有三歸，侈擬於君註擬，疑也，言相似也後漢·張衡傳吾觀太玄，方知子雲妙極道數，乃與五經相擬集韻或作譺。又作儗禮記通作儗漢書借作儀。鎣又拟19323

擖 20971 10181
jié_14.18 集韻韻會𠀤巨列切音傑。擔也。或作揭，又作㨗 又集韻其謁切音碣。與揭同。

𢸑 20972 10182
háo_14.18 集韻胡刀切音豪。較多少曰𢸑。鎣越諺𢸑，較準秤斗，量定多少。𢸑飯喫，貧家待養媳往往如此。

㩇 20973 10183
huò_14.18 集韻霍虢切。同捇19696

𢺈 20974 10184
yǐ_14.18 集韻隱綺切音倚。𢺈匜，不正也。或省作掎。

𢺫 20975 10185
miǎo_14.18 唐韻莫角切集韻墨角切𠀤音藐。擊也，打也。

擭 20976 10186
wò_14.18 唐韻一虢切集韻韻會屋虢切𠀤音嚄說文擊擭也。一曰握也。又手取也張衡·西京賦抄木末，擭獑猢 又hù唐韻胡誤切集韻胡故切𠀤音護。布擭也。猶分解也 又huà集韻韻會𠀤胡化切，華去聲。捕獸機檻也書·費誓杜乃擭禮·中庸驅而納諸罟，擭陷阱之中周禮·秋官·雍氏春令爲阱擭，秋令塞阱杜擭註擭，柞鄂也。堅地阱淺，則設柞鄂於其中 又huò唐韻正韻胡郭切集韻韻會黃郭切𠀤音穫。義同 又hú集韻胡谷切音斛。義同書杜乃擭。徐邈讀。

𢸧 20977 10187
duǎn_14.18 玉篇唐韻都管切集韻覩緩切𠀤音短博雅轉也。一曰轉籰也。鎣又𢷾21218

𢺛 20978 10188
zhòu_14.18 集韻鉏救切音驟。擊也。

擮 20979 10189
jí_14.18 集韻子悉切音堲。摘也。與抶同 又jié昨結切。與截同。

擯 20980 10190
bìn_14.18 唐韻集韻韻會正韻𠀤必刃切，賓去聲。斥也，棄也崔寔·政論寡不勝衆，遂見擯棄 又與儐同。導賓也。主國之君所使出接賓者，在主曰擯，在客曰介禮·聘義卿爲上擯，大夫爲承擯，士爲紹擯疏承者，承副上擯也。紹者，繼續承擯也周禮·秋官·小行人凡四方之使者，大客則擯註擯而見之，王使得親言也 又正韻卑民切音賓。義同。通作賓。俗作擯。鎣又摈20431

𢹿 20981 10191
qiān_14.18 俗撁20658字集韻九件切。

𢷖 20982 10192
kōng_14.18 集韻枯公切音空。與箜42119同。箜篌，樂器，師延作，或加手。

擰 20983 10193
níng_14.18 字彙補泥耕切音獰。搶擰，亂也○按漢

書國制搶攘註：攘，女庚反，音搶。攘爲傖獰。今改攘作擰，非。鎣又拧19469

擳 20984 10194 liú_14.18 篇海音義與擳同○按擳字之譌。

㩀 20985 10195 jù_14.18 字彙補與據同○按漢隸文據作㩀。

𢶍 20986 10196 sǒng_14.18 集韻竦41559古作𢶍。鎣又𢶍20264

㩍 20987 10197 cè_14.18 字彙補與㨲同○按㨲卽㩍字。見班固北征頌。此復因㨲而譌。

𢷾 20988 10198 zǒng_14.18 篇海同揔○按與𢷾竝譌文 㕛 撫字。見考工記·矢人夾而搖之註。今人以指夾矢撫衛。按諸韻書不載，音義無考。附存之。

𢸋 20989 43725 zhāng_14.18 搜眞玉鏡音鄣。

𪮸 20992 u2ABB8 qiān_14.18 同搴20537

𢷵 20993 u22DF5 wǔ_14.18 俗舞48543可洪音義撫袖：上無甫反 㕛 vố喃从打省舞vũ聲。擊。

𢷴 20994 u22DF4 quẫy_14.18 喃从振省匱quĩ聲△𢷴捆：揮手。

𪮺 20990 u2ABBA null_14.18 未詳。

𢷳 20995 u22DF3 khuỳnh_14.18 喃从手敻quỳnh聲△𢷳捆：雙手叉腰。

𪮹 20991 u2ABB9 null_14.18 未詳。

𢷰 20998 u22DF0 khênh_14.18 喃从搬輕khinh聲△𢷰摶：搬運 㕛 khiêng抬，扛。

𢷲 20996 u22DF2 hấng_14.18 喃俗𢷲21148

𢷱 20997 u22DF1 rủ_14.18 喃从手慺lâu聲。邀，約。

𢷯 20999 u22DEF xồ_14.18 喃撲 㕛 粗△欹𢷯：粗大。

𢷮 21000 u22DEE duì_14.18 漢語方言大詞典牽引。吳語。浙江寧波。應鐘甬言稽詁·釋動作今謂牽引為𢷮 㕛 đổi喃从換省對đỗi聲△𢷮卓：交換 㕛 đủi顛𢷮：不幸 㕛 dúi从押省對聲△𢷮𠤷：壓制。

𢷭 21001 u22DED niǎo_14.18 同𢸹21105玉篇𢷭，乃鳥切。擿也。

𢷬 21002 u22DEC dǎo_14.18 同擣20953

𢷨 21006 u22DE8 ná_14.18 同拏20392

𢷪 21004 u22DEA null_14.18 未詳。

𢷫 21003 u22DEB yáo_14.18 或同搖20288

𢷩 21005 u22DE9 null_14.18 未詳。

𢷧 21007 u22DE7 null_14.18 未詳。

𢷦 21008 u22DE6 null_14.18 未詳。

𢷤 21010 u22DE4 bìn_14.18 俗擯20980

𢷥 21009 u22DE5 fèn_14.18 同叁08438類篇拚，或作𢷥。

𢷣 21011 u22DE3 bìn_14.18 五侯鯖字海𢷣，同上（擧20963）㕛 dở喃五千字譯國語·第三十五禾穀檑㯹，摕𢷣。

𢷡 21012 u22DE1 null_14.18 未詳。

𢷠 21013 u22DE0 chūn_14.18 俗櫄25756

𢷟 21014 u22DDF zhì_14.18 正字通𢷟，疐35787譌字。

𢷞 21015 u22DDE kè_14.18 𢷞叉，象聲詞，今作喀嚓、卡嚓。元·佚名狄青復奪衣襖車·第二折史牙恰束手才爭鬦，狄將軍去他頂門上，𢷞义的則一刀。

㩟 21016 u3A5F zhài_14.18 方縫綴金瓶梅詞話·第三十四回潘金蓮下了轎，上穿着丁香色南京雲紬㩟的五彩納紗喜相逢天圓地方補子對衿衫兒，下着白碾光絹一尺寬攀枝耍娃娃挑線拖泥裙子，胸前㩟帶金玲瓏㩟領兒，下邊羊皮金荷包國語辭典㩟，縫紉法之一種。

擱 21017 u64F1 gé_14.18 同閣65029止而不行紅樓夢·第三十九回他是鄉屯裏的人，老實，那裏擱的住你打趣。

擲 21018 10199 zhì_15.19 唐韻集韻韻會正韻竝直隻切音躑。讀若呈入聲。投也，振也增韻拋也，掉也。與擿同晉書·孫綽傳嘗作天台山賦以示范榮期云卿試擲地，當作金石聲也杜牧·阿房宮賦鼎鐺玉石，金塊珠礫，弃擲邐迤。秦人視之，亦不甚惜。鎣又掷20023

𢸀 21022 10203 mó_15.19 俗摩字。

擳 21019 10200 zhì_15.19 唐韻阻瑟切音櫛。挃擳也 㕛 jié集韻子結切音節。拭也。與𢄼同。

擴 21020 10201 kuò_15.19 集韻韻會闊霍切正韻苦郭切竝音廓。張小使大也孟子知皆擴而充之矣，或作𢱧 㕛 集韻韻會竝光霍切音郭。義同 㕛 集韻忽郭切音霍。又古獲切音幗。義竝同。又guàng古曠切，光去聲。充也。與撗同。㕛 huàng唐韻集韻竝胡曠切，黃去聲。搥打也。與櫎同。鎣又拡19475扩19209挄19522

擳 21021 10202 liú_15.19 唐韻集韻竝力求切音留。斬刺也。㕛 束也，捋也。與摎同。鎣又擳20984

擶 21023 10204 jiàn_15.19 集韻子賤切音箭。射敂令正也。

擆 21024 10205 zhuó_15.19 同擆玉篇重出分爲二。

擷 21025 10206 xié_15.19 唐韻正韻胡結切集韻韻會奚結切竝音絜。捋取也 㕛 與襭同。以衣貯物而扱其衽也 㕛 唐韻虎結切集韻顯結切竝音肸。義同。鎣又撷20818擷21065遾61390纈73978

擙 21026 10207 āo_15.19 集韻於刀切，奧平聲。與鏖同。盡死殺人曰鏖糟 㕛 捊19701古作擙 㕛 被表切音殍。折縛也。鎣鏖糟，或作鏖䵲，亦指骯髒，齷齪。

擸 21027 10208 liè_15.19 唐韻良涉切集韻韻會正韻力涉切竝音獵說文理持也儀禮·聘禮尚擸坐啐醴崔駰·達旨無事則躐纓整襟註躐字宜从手廣雅云擸，持也 㕛 là唐韻盧盍切集韻力盍切竝音臘。折也。又破壞聲左思·吳都賦拉擸雷硠註拉擸，木摧傷之聲。或作擖。俗作擸。鎣又𢬵19462

擁 21028 10209 luǒ_15.19 集韻朗可切，羅上聲。㩡擁，搖也。

擻 21029 10210 zhǐ_15.19 集韻展里切，置上聲。讀如角徵羽之徵。刺也。

撽 21030 10211
miè_15.19 唐韻 集韻 夶莫結切音蔑 博雅 擊也。一曰攃揳，不方正也。作事不方正曰攃揳，木不方正曰檕楔，人不方正曰傻偰 図mì 唐韻 莫計切 集韻 彌計切 夶音謎。拭滅也。又揃也 図mà 集韻 莫八切。亦拭也。

攎 21031 10212
chǎn_15.19 篇海 直善切，躔上聲。手攎轉也。

攕 21032 10213
tān_15.19 唐韻 集韻 夶他干切。與攤21247同。図撣捕，賭博也。

撝 21033 10214
huī_15.19 集韻 吁韋切。與揮同 揚子·太玄經 撝而散之者，人也 又 天渾而撝，故其運不已 註 撝，猶移也。

擻 21034 10215
dú_15.19 集韻 徒谷切音牘。抽也。

擺 21035 10216
bǎi_15.19 唐韻 北買切 集韻 韻會 正韻 補買切，夶音捭。開也，撥也。排而振之也 馬融·廣成頌 擺牲班禽 張協·七命 鉤爪摧，鋸牙擺 韓愈詩 乾坤擺雷破 図 集韻 部買切，牌上聲。義同。本作擺。亦作罷。通作捭。鋬又拼20192擺20433

擻 21036 10217
sǒu_15.19 唐韻 集韻 夶蘇后切音叟◆抖擻，舉也 王維詩 抖擻辭貧里 釋氏要覽 梵語杜多，華言抖擻。亦作斗藪。鋬又擻20942

擼 21037 10218
lū_15.19 篇海 郎古切音魯。動也。鋬又擼20817

掾 21038 10219
yuán_15.19 集韻 余專切音緣。把也。

撫 21039 10220
fū_15.19 唐韻 集韻 夶芳無切音敷。張也，揚也。

搓 21040 10221
cuō_15.19 搓本字。省作搓。今作搓。鋬省作搓。搓字差上作卅形。

攕 21041 10222
xiān_15.19 俗攕字。別見十七畫。

㧉 21042 10223
gài_15.19 俗摡字。別見十一畫。

擽 21043 10224
lüè_15.19 唐韻 離灼切 集韻 力灼切，夶音略。擊也 唐書·胡証傳 証臂力絕人，取鐵燈檠，擽合其跗，橫膝上，謂客曰：飲不釂者，以此擊之 図li 唐韻 郎擊切 集韻 郎敵切 夶音歷。義同。又捎也。或作擽。又作擿 図yào 集韻 弋灼切音藥。竭也 図luò 歷各切音洛。亦擊也。與挌同。鋬又擽21243拣19457

擾 21044 10225
rǎo_15.19 唐韻 而沼切 集韻 韻會 正韻 爾紹切，夶音繞 說文 煩也 廣韻 亂也 書·胤征 俶擾天紀 前漢·曹參傳 以齊獄市爲寄，慎勿擾也 図馴也，順也，安也 書·臯陶謨 擾而毅 註 馴擾而果毅。又 周官 司徒掌邦教，敷五典，擾兆民 周禮·地官·大司徒 以佐王安擾邦國 註 擾亦安也。言饒衍之也。又 夏官·職方氏 河南曰豫州，其畜宜六擾 註 馬、牛、羊、豕、犬、雞 疏 六擾，與 爾雅 六畜、周禮 六牲一也 左傳·昭二十九年 董父實好龍，乃擾畜龍 疏 順龍所欲而畜養之 図ráo 集韻 韻會 正韻 夶如招切音饒。義同上 周禮·六擾釋文 徐邈、劉昌宗讀饒 前漢·高帝紀贊 劉累學擾龍 註 師古又讀饒 図nǎo 集韻 乃

老切音惱。亦煩也△本从憂 說文 作擾。鋬又擾21254扰19221 図可洪音義 懺櫌25835：上來刀反，下而小反。

撼 21045 10226
suò_15.19 廣韻 沙割切 集韻 率摑切 夶音槭。與摵20525同 図cè 集韻 測革切音策。擊也。與簎同。

擿 21046 10227
zhì_15.19 ◆唐韻 集韻 正韻 夶直隻切音躑 說文 搔也 後漢·輿服志 簪以瑇瑁爲擿 列子·黃帝篇 指撝無痟癢。△一曰投也 史記·刺客傳 荊軻廢，乃引匕首以擿秦王 註 與擲同。古字耳 莊子·胠篋篇 擿玉毀珠，小盜不起。図tì 集韻 正韻 夶他歷切音剔。挑也 前漢·宣帝紀 詔令三輔，毋得以春夏擿巢探卵。又 趙廣漢傳 發姦擿伏如神 註 擿謂動發之也。或作摘。又作擿 図dì 集韻 丁歷切音的。義同。又礈也 図zhāi 陟革切音謫。取也。與摘同

攜 21048 10229
xié_15.19 攜字省文。別見十八畫。

攦 21049 10230
lì_15.19 玉篇 力帝切 集韻 郎計切 夶音麗。裂也。〇按本十六畫 字彙 入十五畫，誤。

攀 21050 10231
pān_15.19 唐韻 普班切 集韻 韻會 正韻 披班切，夶襻平聲。引也 晉語 攀輦卽利而舍 図 自下援上也 莊子·馬蹄篇 烏鵲之巢，可攀援而闚 崔駰·達旨 攀台階，闚紫闥。或作扳。亦作攃。鋬又虯05161虯13241攀21259欒26143攀25803仅00813尣02553虯33003扳19224

攘 21051 10232
yǎng_15.19 集韻 以兩切音養。發動也。

攂 21052 10233
lèi_15.19 唐韻 集韻 韻會 夶盧對切音纇。急擊鼓也。或作擂 図轉石也 唐書·李光弼傳 徹民屋爲擂石車，車二百人挽之。石所及輒數十人死 図léi 集韻 盧回切音雷。研物也。與擂同 玉篇 韻會 別作攂20831

攗 21053 10234
bó_15.19 唐韻 蒲角切 集韻 韻會 夶弼角切音雹。擊也。又擊聲 図pú 唐韻 集韻 夶匹角切音璞。亦擊也。或作撲、扑。又作技、支 図bō 集韻 北角切音剝。與毃同 図普講切。義同 図博陌切音百。亦擊聲。本作攗。鋬俗作攖25901

攓 21047 10228
jié_15.19 攓本字。

攃 21054 10235
sà_15.19 唐韻 桑割切 集韻 韻會 桑葛切夶音薩。與撒20666同 韓愈·月蝕詩 星如攃沙出 図cā 唐韻 集韻 韻會 夶七曷切音縒。足動草聲。又摩也。或作礤。鋬又擇20926

攄 21055 10236
shū_15.19 唐韻 丑居切 集韻 韻會 正韻 抽居切夶音樗。舒也 班固·答賓戲 獨攄意乎宇宙之外 図布也 司馬相如·封禪書 攄之無窮 図散也 揚雄·河東賦 奮六經以攄頌 図猶騰也 張衡·思玄賦 八乘攄而超驤 図 玉篇 擬也。或作捈。通作摴。鋬又攄20434

攢 21056 10237
zǎn_15.19 俗攢字。別見十九畫。

㪦 21057 10238
gǒng_15.19 唐韻 居竦切音拱。姓也。

攑 21058 10239
zuì_15.19 集韻 祖芮切。同攟，裂也 図suì 旋芮切音篲。挂也 図huì 唐韻 集韻 夶胡桂切音惠。義同上。二

音。或作撽。

攭 21070 u2ABC0
jià_15.19　俗駕69866　唐韻去潁切　集韻犬潁切丛音頃 揚子方言攭挺，竟也 图 集韻馨潁切。義同。鋻又撅21144撊21197

擷 21059 10240
qǐng_15.19

攎 21060 10241
piāo_15.19　六書故標本字 說文作擽21213

擐 21061 10242
huàn_15.19　廣韻擐本字 說文 从手瞏聲。

搟 21062 10243
jiǎn_15.19　集韻子淺切。與揃20041同。

扳 21063 10244
pān_15.19　唐韻普班切。同扳 說文 屾字重文。屾，引也。从反廾。又从手从樊为撰。

攀 21064 10245
mó_15.19　俗摹字 篇海 音義同攠，非。

擷 21065 10246
xié_15.19　篇海音義同擷〇按擷字之譌。

擘 21066 10247
bǎi_15.19　集韻補買切。與擺21035同。

撖 21067 10248
tì_15.19　篇海同摘。鋻又 四聲篇海撤21093，丁迪切。

擾 21071 u2ABBF
null_15.19　未詳。

攄 21068 10249
zhā_15.19　篇海責加切音槎。手取物。與攄同〇按攄字之譌。

攗 21072 u2ABBE
pèi_15.19　俗攗21107　嘳 从手，質chất聲。牽手，扶攜△攗拂：挽手。攗塘：引路。图giǎt从捔省質聲。插，塞△攗淋：擱淺。

撜 21074 u2ABBC
null_15.19　未詳。

撞 21069 u2B77F
zhuàng_15.19　俗撞20686

摺 21075 u2ABBB
chạm_15.19　嘳 从手暫tạm聲。同摲20757撞。

攃 21076 u22E22
chẹn_15.19　嘳从握省篆triện聲△没攃穩：一把。

撦 21077 u22E21
xỉa_15.19　嘳从手齒xỉ聲。插。

課 21078 u22E20
khoác_15.19　嘳从手課khoá聲△課袄：上衣搭肩上

撿 21079 u22E1F
kẽm_15.19　嘳从手儉kiệm聲。

撜 21080 u22E1E
dựng_15.19　嘳从手鄧đặng聲。建立。

潛 21081 u22E1D
dìm_15.19　嘳从手潛tiềm聲。同攲21256

擽 21082 u22E1C
lăn_15.19　嘳从手鄰lân聲。打滾，撲入。

撞 21084 u22E1A
bồng_15.19　嘳从抱省蓬聲。亦作撻△閉撻：抱。

播 21085 u22E19
shěn_15.19　俗檔25860

調 21083 u22E1B
đèo_15.19　嘳从手調điều聲。捎帶，加載△亦作捒19943

撩 21086 u22E18
liáo_15.19　同撩20710唐·歐陽詢 用筆論 譬河漢之出眾星，崑岡之出珍寶，既錯落而燦爛，復趈連而埽撩。

摳 21088 u22E16
wà_15.19　同摳20325　唐·竇防 嘲許子儒 瓦惡頻蒙攙，牆虛屢被扠。

挑 21087 u22E17
guó_15.19　同摑20457

擊 21090 u22E14
pán_15.19　同盤37224 申報·Nov. 2. 1914. 第五第八版

報縫廣告 宏大春記紙號受攙聲明 图 字海 音盘 方 搬。

攑 21091 u22E13
null_15.19　未詳。

攑 21089 u22E15
null_15.19　未詳。

攎 21094 u22E10
null_15.19　未詳。

攬 21092 u22E12
lǎn_15.19　可洪音義博攬：郞敢反。手取也。正作攬、擥二形。

攑 21095 u22E0F
null_15.19　未詳。

撤 21093 u22E11
tì_15.19　俗摘20467 可洪音義翻撤：上行革反。下他的反。挑撤也。正作掃、摘二形也 五侯鯖字海 音摘。義同。

攭 21097 u22E0D
zhèn_15.19　俗震66528 可洪音義 雷攭：之刃反。怯。

攑 21096 u22E0E
null_15.19　未詳。

撺 21098 u22E0C
bāng_15.19　俗幚15187

摘 21099 u22E0B
null_15.19　未詳。

攎 21100 u22E0A
null_15.19　未詳。

攲 21101 u3A6B
zhí_15.19　俗櫍25836 可洪音義 鈇攲：之日反 玄應音義 鈇質：方扶反。書中鈇或音斧，橫斧也。古者煞人用斧。下正體作攲，之逸反 說文 鈇，莝斫也 坤蒼 攲，椹也 公羊傳 曰：不忍加其鈇質。何休曰：斬要之罪也。图dǎt 嘳同攢21073牽，引。

攆 21102 u6506
niǎn_15.19　亦作趈58407躎59542 國語辭典 (一)驅逐。(二)追 三刻拍案驚奇·卷二 沈剛果然問他要了帳簿，趕到家中，把他老婆兒女都攆出房去。

攕 21103 10250
xī_16.20　正字通 攕21163字之譌。

攇 21104 10251
xiǎn_16.20　唐韻虛偃切 集韻許偃切，丛軒上聲 博雅 擬也。一曰手約物也 图 通雅 震攇猶搴拏也 蜀志·許慈傳 時尋楚撻，以相震攇。鋻又撋20299

撓 21105 10252
niǎo_16.20　唐韻奴鳥切 集韻 乃了切丛音嫋。摘也。或省作攠。俗作攠。鋻 玉篇 作攠21001 图 摘也。摘也之譌。

攕 21106 10253
xī_16.20　集韻虛宜切。與攕21163同。

攈 21107 10254
jùn_16.20　唐韻 正韻居運切 集韻 韻會俱運切，丛君去聲 說文 拾也 前漢·刑法志 蕭何攈摭秦法 註 收拾也。或作捃。亦作攟 图 韻會 正韻丛舉蘊切，君上聲。又 集韻九峻切，泃去聲。義丛同 图pèi鋪畏切。同懷。用力極也。互見捃字11745註。

攛 21108 10255
cuàn_16.20　集韻 韻會丛初患切。與簒同。逆而奪取也。

攉 21109 10256
huò_16.20　唐韻虛郭切 集韻 韻會忽郭切丛音霍。手反覆也。搖手曰揮，反手曰攉 图 廣韻 盤手戲也。图jué訖岳切。與摧、榷通 前漢·王莽傳 豪吏猾民，而攉之 註 謂獨專其利，而令他人犯者得罪辜也。图 淮南子·俶眞訓 豈可謂無大揚攉乎。

攚 21110 10257
wěi_16.20　玉篇 羊水切 集韻 愈水切丛音唯。棄也。與捐同。

撽 21111 10258
jiǎo_16.20 玉篇 集韻 丛下巧切音敫。讀若效上聲。
擾也，亂也 王褒·洞簫賦 攪搜撽捎。或作攪。鋬又可
洪音義 一撽：烏角反。正作撽20087

攕 21112 10259
xián_16.20 唐韻 徐鹽切 集韻 徐廉切丛音燖。摘物
也。或作攕。又作揗。亦作撍。

攋 21113 10260
tuō_16.20 攋字之譌。

攊 21114 10261
lì_16.20 唐韻 郎擊切
集韻 郎敵切丛音歷。擊也。與攊同。

㯈 21115 10262
zhēn_16.20 篇海 緇莘切。同揱。

搔 21116 10263
sāo_16.20 集韻 蘇遭切。與搔20286同。

摣 21117 10264
sū_16.20 集韻 孫租切音蘇。摸也。

攁 21146 u22E41
null_16.20 未詳。

攋 21118 10265
là_16.20 唐韻 盧達切
集韻 郎達切丛音辣。撥攋，手披也。或作捴 図lǎi 集韻
洛駭切，賴上聲。把攋，弃去也 図lài 落蓋切音賴。毀裂
也 図lǎn 魯旱切音嬾 揚子方言 壞也。鋬又攋20897

摳 21119 10266
huàn_16.20 集韻 戶版切 韻會 合版切丛音晥。讀若
環上聲。木柵也 史記·賈誼·服賦 拘士繫俗兮，摳如囚拘
図 正韻 烏版切音綰。義同 図 正字通 拘繫也。獄名圜
土，使囚不得越出。摳與圜通。

攐 21149 u22E3F
null_16.20 未詳。

攍 21120 10267
yíng_16.20 唐韻 以成切
集韻 韻會 怡成切 正韻 餘輕切丛音盈 揚子方言 儋也。
齊楚陳宋之間曰攍。或作攍。通作嬴。

壞 21121 10268
huài_16.20 集韻 古壞切音怪。毀也。與壞同。或作
戭。鋬又壞香同懷香，即送香。

攗 21150 u22E3D
null_16.20 未詳。

攎 21122 10269
lú_16.20 唐韻 洛乎切
集韻 龍都切丛音盧 說文 挐持也 図 揚子方言 張也。一
曰引也，斂也 図lù 集韻 魯故切音路。抄攎，收斂也。
或誤作攎 図luó 良何切音羅。揀也。與攎同。

犛 21123 10270
lóng_16.20 集韻 盧東切音聾。擊也。

攏 21124 10271
lǒng_16.20 唐韻 正韻 力董切 集韻 韻會 魯孔切，丛
聾上聲。持也，掠也。一曰抝攏，箸也。謂酒律 図lóng
集韻 韻會 丛盧東切音聾。理也。鄭氏曰：从摮轉註 △正
字通 六書略 摮攏分爲二，非。鋬又拢19474搑20390

攓 21125 10272
qiān_16.20 唐韻 去虔切 集韻 韻會 丘虔切丛音愆 說
文 摳衣也 ○按 詩 褰裳涉溱，从褰爲正 図 集韻 丘言切
音攐。義同。

撫 21126 10273
fǔ_16.20 唐韻 芳武切。同撫 說文 篆體从舞。

攐 21128 10275
jǐn_16.20 搢20303本字

攓 21127 10274
qiān_16.20 攓20537本字

㩃 21129 10276
xián_16.20 集韻 徐廉切。本作攕21112

攐 21134 u2ABC1
null_16.20 未詳。

攂 21130 10277
líng_16.20 篇海 音靈。

窓攂也 ○按窓櫺宜从木，此譌文。

攇 21131 10278
xiāo_16.20 集韻 先彫切。同撨20707

攕 21135 u2F8C7
xǐ_16.20 兼 攕21103

攕 21132 10279
yǎn_16.20 揚子方言 以
冉切音冄。續也。秦、晉續折謂之攕 集韻 譌从木。

攕 21133 43727
bài_16.20 五音篇海 攐字之譌。

攑 21136 u22E4C
chí_16.20 俗墀09199 龍龕 攑，俗。直尼反。正從土。
図chìa 㖿从手遟srì聲。凸，伸出。

攇 21137 u22E4B
pán_16.20 字海 攇方搬。攇東西。字出 蜀籟 卷三。

攇 21138 u22E4A
xé_16.20 㖿从口熄xé聲。撕，扯。

攇 21139 u22E49
nhôi_16.20 㖿从揉省頯đôi聲△攇粶麵：揉麵。

攏 21140 u22E48
rung_16.20 㖿从手篢lông聲。搖動。亦作揘20390

攕 21141 u22E47
mǎc_16.20 㖿从手默mǎc聲△攕攇：涉及，牽連。

攗 21142 u22E46
gài_16.20 㖿从手誩hài聲。扣，插。

攜 21145 u22E42
xié_16.20 同攜21212

攦 21143 u22E45
choc_16.20 㖿从手，
濁troc聲。戳，捅△攦盃：參天，高聳入雲。

攕 21144 u22E43
qǐng_16.20 同攊21059 廣雅 攊，竟也。

攇 21147 u22E40
null_16.20 未詳。

攇 21148 u22E3E
hǔng_16.20 㖿从手
興hưng聲。盛接，接受△俗作撔20996

攈 21151 u22E3C
null_16.20 未詳。

攝 21152 u22E3B
null_16.20 未詳。

攇 21153 u22E3A
jiāo_16.20 俗樵25322 可洪音義 攇人：上才焦反。

攇 21154 u22E39
null_16.20 未詳。

攇 21155 u22E38
null_16.20 未詳。

攇 21156 u22E37
null_16.20 未詳。

攝 21157 u22E36
null_16.20 未詳。

攇 21158 u22E35
bích_16.20 㖿从打省壁bích聲△攇朱：撞擊。

攅 21159 u6512
zǎn_16.20 简 攢21244

攇 21160 u6511
jǔ_16.20 俗攣21167

攓 21161 u22E34
qiān_17.21 集韻 韻會 丛丘虔切。與搴20328同 蘇
軾·攓雲篇序 雲氣自山中來，以手掇開籠收其中，歸家
雲盈籠，開而放之，作攓雲篇 図 正韻 苦堅切。義同。
図jiǎn 集韻 九件切音蹇。與攓同 揚子方言 取也。南楚
曰攓 列子·天瑞篇 攓蓬而指。鋬又攜21280

攔 21162 10281
lán_17.21 玉篇 力丹切 唐韻 落千切丛音蘭。遮攔也，
亦作闌。鋬又拦19470

攕 21163 10282
xī_17.21 唐韻 許羈切 集韻 虛宜切丛音犧。擊也。
或作攕 図 集韻 丘奇切音敧。又許几切音唏。又香義切
音戲。義丛同。鋬又攓20868攕21103攕21135

攕 21164 10283
shān_17.21 唐韻 所咸切 集韻 韻會 師咸切丛音籹。
讀與衫近 說文 好手貌。引 詩 攕攕女手。今文作摻。又
或作攣 図xiān 集韻 韻會 丛思廉切音纖。與摻同 図揚
子方言 攕攕，白貌 図jiān 集韻 將廉切音尖。拭也。同

幟。鍪又攃21041

攫 rǎo_17.21　21165 10284　唐韻而沼切。攃21044本字 說文 从手夒聲。

舉 yú_17.21　21166 10285　唐韻以諸切 集韻 羊諸切𠀤音余 說文 對舉也 正字通 本作舁 說文 舉訓對舉，別作擧，同訓異讀，非。

攐 qiān_17.21　21167 10286　唐韻 集韻 韻會 𠀤丘言切音攓。舉也。或作揭。鍪又攐21160 嬋11674

攍 pó_17.21　21168 10287　集韻 蒲波切音婆。斂聚也 又除𠀤切△與擊同。

攊 bò_17.21　21169 10288　篇海 音義同擘○按擘字之譌。

撜 zhèng_17.21　21170 10289　集韻 豬孟切。與幀同 文字指歸 開張畫繒也。本作幛 又zhēng中莖切音朾。讀如伐木丁丁之丁，張也。與釘同。

攕 xiè_17.21　21171 10290　集韻 悉協切音燮。取也。

攖 yīng_17.21　21172 10291　唐韻於盈切 集韻 韻會 伊盈切𠀤音纓。拈也，亂也 又觸也，迫近也 孟子 虎負嵎，莫之敢攖。 又yíng 集韻 娟營切音縈。有所繫著也 莊子 · 大宗師 攖寧也者，攖而後成者也 註 物縈亦縈，而未嘗不寧也。通作嬰。鍪又攖20640

薇 méi_17.21　21173 10292　唐韻武悲切 集韻 旻悲切𠀤音眉。水中芊也 爾雅 · 釋草 淩蕨薇。

擹 chāi_17.21　21174 10293　正字通 俗扠字 篇海 音義與扠同。

攘 ráng_17.21　21175 10294　古文 𢷬 唐韻汝羊切 集韻 韻會 正韻 如陽切𠀤音穰 說文 推也 又竊也 書 · 呂刑 奪攘矯虔 禮 · 禮器 匹士太牢而祭，謂之攘 因其自來而取曰攘 論語 其父攘羊 又卻也 禮 · 曲禮 左右攘辟 周禮 · 秋官 禁殺戮 掌司攘獄者，遏訟者，以告而誅之 註 攘，猶卻也 疏 謂人有罪過，官有文書，追攝不肯受者 齊語 西征攘白翟之地 前漢 · 鄒陽傳 攘袂而正議 註 攘袂，猶今人云抒臂之地 又除也 詩 · 大雅 攘之剔之 疏 攘除翦剔 又揚子方言 止也 又rǎng 唐韻如兩切 集韻 韻會 正韻 汝兩切𠀤音壤。擾也 前漢 · 陳平傳贊 傾側擾攘楚魏之閒 又ràng 唐韻 集韻 韻會 人漾切 正韻 人尚切，𠀤與讓通。遜也 前漢 · 禮樂志 隆雅頌之聲，盛揖攘之容 註 攘，古讓字。又 藝文志 道家者流，合於堯之克攘，易之嗛嗛 又 集韻 式亮切，賞去聲。與讓同 詩 · 小雅 攘其左右 箋 攘讀爲饟 又níng 集韻 韻會 𠀤泥庚切音獰。搶攘，亂貌 前漢 · 賈誼傳 國制搶攘 註 攘，女庚反。師古讀搶攘爲傖獰。鍪又攘21271 歎26535 歎26526 正字通 𢷡37074 𢷬字之譌。

攢 fèn_17.21　21176 10295　玉篇 集韻 韻會 𠀤方問切。與坋同。坋除也 詩 · 小雅 於粲酒埽 箋 粲然已灑攢矣。

攙 chān_17.21　21177 10296　唐韻 集韻 韻會 正韻 初衘切𠀤

音鑱 說文 刺也 博雅 銳也。一曰扶也 又彗星曰攙搶20335與欃槍通 又chán 唐韻士咸切 集韻 鋤咸切𠀤音讒。亦刺也 又chēn 集韻 韻會 𠀤初簪切音參。天攙，星名 史記 · 天官書 退而西北三月生天攙 註 音參差之參 又zhàn 集韻仕懺切，鑱去聲。完補也。一曰旁掣也。鍪又攙20244

攓 jiǎn_17.21　21178 10297　唐韻古文攓21235字。

攗 guó_17.21　21179 10298　唐韻 集韻 𠀤古獲切音嘓。挺也 又玉篇 掌耳也。或作摑。鍪又揞20230 敁21453

攦 null_17.21　21185 u2ABC2　未詳。

攤 tà_17.21　21180 10299　篇海 同撻。○按 集韻 撻，古亦作敔。此篆文重出。

擎 jǐng_17.21　21181 10300　集韻 舉影切音景。除也。

攔 làn_17.21　21182 10301　篇海 力淡切音濫。米再舂曰攔。

攕 xiān_17.21　21183 10302　集韻 斯兼切。拈攕，手稱物也。

攪 jiǎo_17.21　21184 10303　集韻 類篇 𠀤子小切。同摷20528 又玉篇 剽截也○按艸部 蔉字 集韻 子了切，與摷體別義異。

攍 giết_17.21　21186 u2410C　喃 从折減diệt聲。亦作摵20903 殺害，宰殺。

攕 tóm_17.21　21187 u22E6A　喃 从手糝tấm聲。抓，攏。

攑 sương_17.21　21188 u22E69　喃 从手霜sương聲。

攕 túm_17.21　21189 u22E68　喃 从握省緫tom聲。攏，聚△攕襆：揪住。

攕 xỏ_17.21　21190 u22E67　喃 从手醜xấu聲。穿，套。

攕 lượm_17.21　21191 u22E66　喃 五千字譯國語 稄，撿。

攨 yā_17.21　21192 u22E65　攨秤：使貨物斤兩減少。亦指物體小，分量重 又ép 喃 从押省壓áp聲△攨奈：強迫，強制。

攕 xâu_17.21　21193 u22E64　喃 从手趨xu聲。與捒20572同。

攕 kéo_17.21　21194 u22E63　喃 从拉省矯kiểu聲 五千字譯國語 騍，馭攕車。牽，摟攕。

攕 null_17.21　21195 u22E62　未詳。

攧 null_17.21　21196 u22E60　未詳。

攕 qǐng_17.21　21197 u22E5F　同攕21144 直音篇 攕，音頃，竟也。

攦 líng_17.21　21199 u22E5D　俗欞26207

攦 shuān_17.21　21198 u22E5E　俗櫳26098

攕 null_17.21　21201 u22E5B　未詳。

攦 niè_17.21　21200 u22E5C　同攝21270 又俗攝21235 新撰字鏡 攝，公弥反。拭面。

攨 yǐng_17.21　21202 u651A　俗犪32965 喚牛聲。

攤 yōng_18.22　21203 10304　說文 於隴切。攤20830本字 吳語 攤鐸拱稽 集韻 或作擁。又作攤。亦作擁。

攣 yōng_18.22　21204 10305　攤字變體 又集韻 於容切。亦與攤同。

擶 jué_18.22 唐韻卽略切集韻卽約切夶音爵。捎也。博雅擶也。一曰搁也。鋻又攟21288

攂 lěi_18.22 集韻魯水切音壘。魁攂，喪家之樂〇按魁攂，本作傀儡。又字彙木部重出。鋻參見欙26082

攉 quán_18.22 九經字樣古拳19489字。俗作權，誤。鋻五經文字•木部權，从手者，古拳握字，今不行。俗作攉，訛図俗權字可洪音義攉方：上巨負反侯剛墓誌京師攉豪，卽不垂手。

攛 cuàn_18.22 集韻韻會正韻夶取亂切音竄。擲也。図集韻七丸切音鋑。義同図俗謂誘人爲非曰攛掇。鋻又揎20815攛21306

攄 sǒng_18.22 唐韻息拱切集韻筍勇切正韻息勇切夶音悚。執也。推也図禮部韻略挺也杜甫•畫鷹詩攄身思狡兔註攄，猶辣也図shuǎng集韻雙講切，雙上聲。亦推也。或省作搜。鋻又扨19321

攊 bó_18.22 集韻弼角切。撰21053本字。

攉 jū_18.22 唐韻居玉切集韻拘玉切夶音鋦說文爪持也徐鉉曰今俗別作掬，非集韻或作攉図qú集韻權俱切音劬。攉疎，枝葉敷布貌〇按太玄經从木作欋正字通从瞿，非匊音。爪持卽攘義，當是攉字誤省。

攜 xié_18.22 唐韻戶圭切集韻玄圭切夶音畦說文提也六書故縣持也書•立政左右攜僕註攜持僕御之人詩•大雅如取如攜疏物在地上，手舉攜之禮•曲禮長者與之提攜，則兩手奉長者之手註提攜，謂牽將行。図離也左傳•僖七年招攜以禮周語節度不攜図連也前漢•天文志杓攜龍角註杓，斗柄也図姓。見姓苑。或省作携。俗作携携携，非。鋻又攜21145

攃 piāo_18.22 玉篇集韻夶古文摽20536字。

攝 shè_18.22 唐韻書涉切集韻韻會正韻失涉切夶音歙說文引持也左傳•成十六年請攝飲焉魯語其爲後世昭前之令聞也，使長監於世，故能攝固，不解以久前漢•張耳陳餘傳吏嘗以過笞餘，餘欲起，耳攝使受笞。図收斂也詩•大雅朋友攸攝，攝以威儀疏相攝斂而佐助之以威儀之事也莊子•胠篋篇攝緘縢，固扃鐍註攝，猶結也図整飭也儀禮•士冠禮再醮攝酒疏更撓攪添益，整頓示新也史記•荊軻傳吾曩者目攝之註怒視以攝整之也図總也，兼也，代也禮•喪服小記士不攝大夫疏士喪無主，不敢使大夫兼攝爲主也。又曾子問卿大夫士從攝主北面于西階南註攝主上卿，代君聽國政左傳•成二年攝官承乏。一曰假也禮•檀弓伯高之喪，冉子攝束帛乘馬而將之註攝猶貸也図錄也，追也，捕也図懾服也前漢•霍去病傳攝讋者弗取註謂振動失志氣者，則敕也図龜名爾雅•釋魚三曰攝龜図niè唐韻奴協切集韻韻會諾協切夶音敜。亦持也△一曰安

也，靜謐貌前漢•嚴助傳天下攝然，人安其生図zhé集韻質涉切音慴。曲折也。一曰龜名図qiè詰叶切音篋。◆爾雅註攝龜，小龜也，腹甲曲折，能自張閉，江東呼爲陵龜。郭璞說図shà色甲切音霎。與翣同楚語屏攝之位註屏，屏風也。攝形如今要扇，皆以所以分別尊卑，爲祭祀之位。鋻又拍19560摂20437摂20435

攄 sù_18.22 俗攝字〇按攄字之誤。

攃 zā_18.22 篇海同拶

攆 jùn_18.22 字彙補與擴同淮南子•要略篇攆逐萬物之祖。

攈 xiāo_18.22 篇海下巧切。撓也〇按攪字之誤。

攅 duǎn_18.22 篇海都管切。同攛。

攍 luò_18.22 同攎21242集韻攎，盧臥切。擊也。

攎 phóc_18.22 喃从手覆phúc聲。

攈 mò_18.22 喃从手謨mô聲。摸索。

攈 que_18.22 喃从手歸qui聲。

攈 null_18.22 未詳。

攗 sēn_18.22 俗篸42514可洪音義攗襂：上則勘反。下扶峯反。攗縫：上子紺反。下音逢図giâm喃从插省簪trâm聲△攗榢：嫁接。

攈 zá_18.22 撞，損壞。亦作砸38839

攈 null_18.22 未詳。

攈 lǎy_18.22 喃从手禮lễ聲。振，捨，摘△攈渃：波動。丐攈：扳機。

攈 null_18.22 未詳。

攈 null_18.22 未詳。

攈 null_18.22 未詳。

攈 guān_18.22 同攈21236

攈 null_18.22 未詳。

攈 jiǎn_19.23 唐韻集韻夶吉典切。與揃19666同〇按正字通作俗字，非。

攄 tà_19.23 說文作遪，古撻20823字集韻或加手。

攈 guān_19.23 集韻姑還切音關。手相關付也揚子•太玄經攈神明而定摹註關天地神明之事，以定於一，運九數，其道分明，若手相關付也図禮•內則•濡魚卵醬註卵讀爲鯤，鯤魚子，或作攈也爾雅註亦謂之鰥。鋻又攈21232

攈 luǒ_19.23 集韻韻會夶朗可切，羅上聲。裂也。図luó集韻良何切音羅。揀也。或亦作攄。

攈 jùn_19.23 集韻韻會正韻夶舉蘊切，君上聲博雅也，或作攈図jùn廣韻集韻韻會俱運切正韻居運切，夶與攈同魯語收攈而烝納要也唐書•柳璟傳按宗正諜，撰永泰新譜，詔璟攈摭永泰後事，綴成之。

攈 mí_19.23 集韻韻會夶忙皮切音糜。弊也。鐘受擊處周禮•冬官考工記•鳧氏于上之攈謂之隧註于鐘脣之

上袪也。攠，所擊之處靡弊也，隧在鼓中，窐而生光，有似夫隧 又 集韻 莫臥切，磨去聲。義同 又 mó 集韻 韻會 正韻 丛眉波切。同摩20498

攡 21240 10327 lí_19.23 唐韻 呂支切 集韻 韻會 鄰知切丛音離。張也 揚子·太玄經 幽攡萬類，而不見形 又 chī 集韻 正韻 丛抽知切。與摛20360同○按本十八畫 字彙 入十九畫，誤

擮 21241 10328 qiè_19.23 玉篇 七葉切音妾。飯臬也○按 廣韻 集韻 从木作樧 正字通 木部重出。

攞 21242 10329 luò_19.23 唐韻 魯過切 集韻 盧臥切，丛螺去聲。擊物之名 集韻 作攞。鋆 又攞21292

擽 21243 10330 yào_19.23 篇海 弋灼切音藥。宮名△ 正字通 擽字之譌。字彙 無證。

攢 21244 10331 cuán_19.23 韻會 徂丸切 正韻 徂官切丛音巑。族聚也 司馬相如·大人賦 攢羅列聚。又 上林賦 攢立叢倚 宋之問詩 江回雲壁轉，天小霧峰攢。又不葬而掩其柩曰攢。亦作欑 又 地名 左傳·僖二十五年 晉侯朝王，王與之陽樊溫原攢茅之田 後漢·郡國志 河內郡，修武有陽樊、攢茅田 註 杜預曰：縣西北有攢城○按 左傳 後漢書 攢丛从扌 韻會 改从木作欑 又 zuàn 唐韻 韻會 正韻 在玩切 集韻 徂畔切，丛巑去聲。亦聚也 又 唐韻 集韻 丛則幹切音贊。義同 又 zuān 集韻 韻會 正韻 丛祖官切音鑽。治擇也 禮·內則 柤梨曰攢之 疏 一一攢看其蟲孔也。通作鑽 又 zǎn 集韻 子罕切音鬢。折也 又 韻補 寒韻古轉、先韻，子全切音鐫 韋誕·景福殿賦 枅梧綺錯，櫼棁鱗攢。芙蓉側植，藻井倒懸◇。鋆 又殰27014攅21056 攒21159 又 可洪音義 醋62606酪：上音蘇，俗也。又郭氏作徂丸反，非也。韓小荊：醋為攢或鑽的換旁俗字。

攣 21245 10332 luán_19.23 集韻 盧丸切音鸞。聚也，擇也。

攣 21246 10333 luán_19.23 唐韻 呂員切 集韻 韻會 正韻 閭員切，丛戀平聲 說文 係也。凡拘牽連繫者皆曰攣 易·中孚 有孚攣如 疏 相牽繫不絕之名也 前漢·鄒陽傳 越攣拘之語，馳域外之議 韓愈·元和聖德詩 解脫攣索 又 liàn 集韻 韻會 正韻 丛龍眷切音戀。手足曲病也 史記·蔡澤傳 蹙齃膝攣 又 與戀通。眷也。念也 前漢·外戚李夫人傳 攣攣顧念我 註 攣，讀曰戀。鋆 又勬04202弮16021欒10319孪19641臠48143 字彙補 孌05329呂員切音攣（五音）集韻 攣孌。

攤 21247 10334 tān_19.23 唐韻 集韻 韻會 他干切 正韻 他丹切丛音灘 說文 開也。一曰手布也 世說 王戎滿牀攤書 杜甫詩 白晝攤錢高浪中 又 緩也 又 nàn 唐韻 奴案切 集韻 韻會 正韻 乃旦切，丛難去聲。按也 又 唐韻 奴坦切 集韻 乃坦切，丛難上聲。義同。與擹同。亦作攤。鋆 又摊20429 灘32136㳠31455 又 正字通 擹21032，攤字之譌。

攦 21248 10336 tà_19.23 集韻 他達切音闥 博雅 擊也。

攦 21249 10337 lì_19.23 集韻 韻會 丛郎計切音麗。折也，撕也 莊子·胠篋篇 攦工倕之指，而天下始人有其巧矣 又 集韻 所綺切音屣。義同 莊子註 徐邈讀 又 輦尒切音邐。義同。又 liè 集韻 韻會 丛力結切。與捩音義同。又拗也 又 lì 集韻 郎敵切音歷 博雅 擊也。與擽同 又 shài 所賣切音曬。掃也。

㩧 21250 10338 huī_19.23 唐韻 許爲切 集韻 韻會 吁爲切，丛麾本字 說文 旌旗所以指麾也。或曰 書·牧誓 右秉白旄以麾。石經蒙上旄字作麾△通作撝。鋆 說文 入手部 麻部 重出：唐韻 許爲切 集韻 韻會 吁爲切丛音麾 說文 旌旗所以指麾也 六書正譌 从手，靡聲。古通作戲。俗作麾，非。

攝 21251 10339 niè_19.23 篇海 同捺○按攡21270字別體。

攤 21252 10340 tān_19.23 集韻 他干切。與攤同。

𪯃 21253 u2ABC3 null_19.23 未詳。

𢺕 21254 u22E95 rǎo_19.23 俗擾21044 慧琳音義 勞擾：如沼反 說文 擾，煩也 廣雅 擾，亂也。

𢺔 21255 u22E94 bấu_19.23 喃 从搔省寶bảo聲△𢺔腮：捏臉頰。

𢺓 21256 u22E93 dìm_19.23 喃 从手霪dầm聲△𢺓𨢇：浸泡。

𢺒 21257 u22E92 búng_19.23 喃 从指省鮮bống聲。彈打△𢺒掃：擰轉。

𢺐 21258 u22E90 null_19.23 未詳。

𢺏 21259 u22E8F pān_19.23 俗攀21050

𢺎 21260 u22E8E rạp_19.23 喃 从手臘lạp聲。俯伏，趴伏。

𢺍 21261 u22E8D rạp_19.23 喃 从手蘵lốp聲。同𢺎21260

𢺌 21262 u22E8C fǔ_19.23 撫20712本字。

攧 21263 u6527 diān_19.23 同顛68351明·施紹莘 瑤臺片玉甲種補錄·歌風 任攧掀，從淒緊，翻覆猶如人世情。

攥 21264 10335 zuàn_20.24 唐韻 正韻 子括切 集韻 韻會 宗括切丛音繓。讀若鑽入聲。手把也○按本二十畫 字彙 入十九畫，誤。

攨 21265 10341 wā_20.24 唐韻 烏話切 集韻 烏化切，丛蛙去聲。與摦20325同。

攩 21266 10342 dǎng_20.24 唐韻 多朗切 集韻 底朗切丛音黨 說文 朋羣也。通作黨 又 tǎng 唐韻 他朗切 集韻 坦朗切丛音帑。擊也。今俗用爲抵攩字。遮遏也 又 huàng 唐韻 胡廣切 集韻 戶廣切丛音晃。亦擊也。一曰推行也 揚子方言 𢭏㧓，推也，沅涌澆幽之語，或曰攩 郭璞註 今江東人亦名推爲攩 又 集韻 止兩切音掌。義同 又 huàng 唐韻 集韻 丛胡曠切，黃去聲。搥打也。或作擴。

攪 21267 10343 jiǎo_20.24 唐韻 集韻 韻會 正韻 丛古巧切音絞 說文 亂也 增韻 撓也 詩·小雅 祇攪我心 又 廣韻 手動也 方岳詩 搜攪平生書五車。或作捁。又 xiào 集韻 下巧切。同撹21111 鋆 又搅20239撹20816

攌 21272 u2ABC4 null_20.24 未詳。

攧 21268 10344 è_20.24 唐韻五割切集韻牙葛切达音蘖。擊也玉篇把也。又唐韻才割切集韻才達切达音巀。義同。鍌又撒20944

攫 21269 10345 jué_20.24 唐韻居縛切集韻韻會正韻厥縛切达音矍說文扟也增韻撲取也禮·儒行鷙蟲攫搏疏以腳取之謂之攫，以翼擊之謂之搏。一曰持也戰國策今使公孫子賢，而徐子不肖，然而使公孫子與徐子鬭，徐子之狗猶將攫公孫子之腓而噬之也又wò集韻屋虢切音雘。亦取也又huò正韻霍虢切音嚄。義同又hù集韻忷縛切音嚄。搏也。又jú拘玉切音鋦。與攫21211同。鍌龍龕巘08164，俗。居碧、居縛二反，正合作攫字又皽08165皽32259㩆32252㩁32257

攝 21270 10346 niè_20.24 集韻諾叶切音敜。攝攝，中制也潘岳·笙賦攝纖翾以震幽簧註攝，指捻也。同捻。或作搦。亦作搛篇海作攝。鍌又攝21200㩎21296

攘 21271 10347 ràng_20.24 篇海同攘○按攘字之譌。

搵 21273 u22E9D uốn_20.24 喃从手蘊uốn聲。拗，扳。

擢 21274 u22E9C trạc_20.24 喃从手籊địch聲。擢。

攇 21275 u22E9B xỏn_20.24 喃从手閻xén聲。剪短△攇鬕：理髮。

鐘 21276 u22E9A null_20.24 未詳。

㩙 21277 u22E99 xiàn_20.24 俗檻26167

攓 u3A77 qiān_20.24 同攐21161 韓非子·卷第十一·外儲說左上第三十二諺曰：築社者，攓撅而置之，端冕而祀之。

攗 21278 u22E98 null_20.24 未詳。

攬 21281 10348 lǎn_21.25 唐韻盧敢切集韻韻會正韻魯敢切，达同擥20959鍌金石文字辨異擥20332攬20960，同攬又擥20247攬20628攥21092

攧 21279 u22E97 diān_20.24 同攧21263

攭 21282 10349 bǎ_21.25 篇海必駕切音霸。把也○按集韻作欛，註云俗从手，非。

攙 21283 10350 chàn_21.25 集韻初覓切，剗去聲。插也。

擁 21284 10351 yōng_21.25 集韻委勇切。與攤21203同。

攭 21285 10352 zhuó_21.25 集韻株玉切音劚博雅執也。

攂 21286 10353 lèi_21.25 集韻同攂21052

攭 21287 10354 luǒ_21.25 韻會正韻达魯果切音裸。無毛羽貌荀子·賦篇攭兮其狀，屢化如神。或作儸又lí正韻力霽切音例。分判也荀子·賦篇攭兮其相逐而反也楊註與劙同。言雲或分散相逐而還於山也。

㩮 21288 u2386E jué_21.25 同攐21205

攪 21289 u22EAA null_21.25 未詳。

攻 21290 u22EA9 hōng_21.25 俗轟60446

蠢 21291 u22EA8 null_21.25 未詳。

攭 21292 u22EA7 luò_21.25 俗攦21242

攭 21293 u22EA6 qiān_21.25 攘20658本字

攝 21296 u22EA3 niè_21.25 同攝21270

變 21294 u22EA5 biàn_21.25 集韻變

56875，彼卷切說文更也。古作彭、彰。俗作攥，非是。

攤 21295 u22EA4 dàn_21.25 喃从手蘭lan聲。排列。

攤 21297 10355 dié_22.26 唐韻徒協切集韻達協切达音牒。掛攤也。又排也，收也又tà集韻敵盍切音蹋。亦排也。

攘 21298 10356 nǎng_22.26 字彙乃黨切音曩。推攘也。

攬 21301 u22EAE null_22.26 未詳。

攪 21299 43728 tiāo_22.26 篇海音跳。鍌越諺挑上聲，揀物之精者，攪揚又篇海跳趙二音。

彎 21300 u22EAF wān_22.26 同彎16351明·佚名白兔記·第三十齣·訴獵每夜彎拳獨睡，未曉要先起。

攦 21302 u22EAD null_22.26 未詳。

攤 21303 u22EAC tàn_22.26 撢20693本字

攤 21304 u3A79 dié_22.26 同攤21297直音篇攤，音牒，收也。

攗 21305 10357 líng_24.28 唐韻集韻达郎丁切。與拎19386同又lìng唐韻集韻达郎定切，零去聲。插空貌。

攗 21307 u22EB2 null_24.28 未詳。

攛 21306 10358 cuān_24.28 篇海音、義與攛同○按俗字改从黨。又譌文。

攦 21308 10359 null_25.29 音義闕後漢·趙一非草書說今之學草書者，以爲攥扶拄挃詰屈反乙不可失也。

攬 21309 10360 yù_29.33 集韻紆勿切音鬱。拗戾也。或作捥。

• 支部 •

支 21310 10361 zhī_0.4 古文𣏟帗唐韻集韻韻會达章移切音巵說文去竹之枝也。从手，持半竹註徐鍇曰：竹葉下垂也增韻俗作支，非又韻會庶也詩·大雅本支百世傳支，支子也儀禮·士昏禮支子則稱其宗註支子，庶昆弟也又廣韻持也左傳·定元年天之所壞，不可支也。又周語武王克殷，作此詩也，以爲飫歌，名之曰支註支，拄也又廣韻度也晉書·職官志有度支尚書又韻府支，券也魏書·盧仝傳一支付勳人，一支付行臺韓愈·寄崔立之詩當如合分支註今時人謂析產符契爲分支帳又大戴禮燕支地計衆，不與齊均也註支，猶計也又玉篇支離自異類篇一曰分也王延壽·魯靈光殿賦支離分赴註支離，分散也又玉篇載充也又韻會十二支，辰名史記·天官書註爾雅·釋天云歲陽者，甲乙丙丁戊己庚辛壬癸十干是也。歲陰者，子丑寅卯辰巳午未申酉戌亥十二支是也。又後漢·王符傳明帝時，以反支日，不受章奏註凡反支日，用月朔爲正，十二支終戌、亥，反還於子、丑。如朔日遇戌、亥，卽初一爲反支也。見陰陽書又國名書·禹貢崑崙、析支、渠搜，西戎卽敘註馬云析支在河關西前漢·平帝紀黃支國獻犀牛註應劭曰：黃支在日南之南。又西域傳條支國臨西海又山名史記·匈奴傳出隴西，過焉支山註焉支山，在丹州又荔支，果名後漢·和帝紀舊南海獻荔支又姓莊子·列禦寇朱泙漫學屠龍於支離益又何氏姓苑支氏，琅

邪人後趙錄司空支雄 又 與胑、肢通易·坤卦美在其中，而暢於四支疏四支，猶人手足 又 與枝通詩·衛風芄蘭之支前漢·揚雄傳支葉扶疎 又 與梔通前漢·司馬相如傳鮮支黃礫註鮮支，即今梔子樹也 又 qí 集韻翹移切音祇。令支，縣名齊語制令支註今爲縣在遼西。

又 zhì 集韻支義切音寘揚子方言南楚謂譴謾爲支註。

𡔷又朿23594

支 21311 u2F40 zhī_0.4 部支21310

攱 21312 10362 qì_2.6 廣韻集韻丛去智切音企。傾也。或作伎。通作跂玉篇顨貌。

𢺶 21313 10364 zhī_3.7 說文古文21879支字。

𢻃 21316 43729 jì_4.8 搜真玉鏡音忌。

𪯆 21317 u2ABC6 null_4.8 未詳。

𢻁 21314 10365 pī_4.8 正字通𢻁字之譌○按𢻁當从比从支，見支部類篇又入支部，非是

𢺽 21318 u22EBD bó_4.8 俗效32331

𢻈 21315 10366 qí_4.8 廣韻渠羈切音奇。與敧21334同。𡔷又攲21420

𢺻 21319 u22EBB fú_4.8 俗𢺻21394古文扶19227

𢺸 21320 u22EB8 null_4.8 未詳。

𢻆 21322 10368 dǐ_5.9 字彙音底。隱也○按从支篇海譌从支字彙因之，譌。

攱 21321 10367 guǐ_5.9 廣韻過委切集韻類篇古委切丛音詭。本作庋。亦省作庋廣雅載也玉篇搘也，枕也 又 guì 廣韻詭僞切集韻居僞切丛音垝。擎起物也。

𢻇 21324 43730 fǔ_5.9 五音集韻音府。

𢻍 21323 41249 shī_5.9 字彙補音尸

㪱 21325 10369 huàn_6.10 篇韻音煥。明貌正字通奐字之譌字彙云又姓。按姓譜有奐無㪱

𢻏 21326 10371 qī_6.10 唐韻去奇切集韻丘奇切丛音攲說文𢻏，𩑺也。从危，支聲廣韻不正也集韻或作𢻠、攲 又 廣韻詭僞切集韻居僞切丛音垝。瘦極 又 集韻古委切音詭。佹或作𢻏，重累也。一曰依也。𡔷又𢻠21372㔟03927 𢻏21471觭36961

敊 21327 10372 chǐ_6.10 唐韻集韻丛是義切音豉說文配鹽幽尗也。从尗，支聲註俗从豆作豉玉篇以調五味也史記·貨殖傳鹽敊千合。

𢼄 21328 10373 zhī_6.10 廣韻集韻丛章移切音支廣雅多也張衡·西京賦炙炰夥，清酤𢼄 又 廣韻集韻丛支義切音寘。義同。𡔷又㩼09888敍09893

𢻮 21329 10374 gū_6.10 字彙補古文辜60532字。

𢻯 21330 43731 hāo_6.10 龍龕音蒿。𡔷又俗𢻯21453龍龕撽攷，古麥反。挻撽，打也。或作𢽅。

𢻰 21331 43732 gǎi_6.10 搜真玉鏡音改。

𢻲 21332 43733 diǎn_6.10 五音篇海音典。又音琠。

𢻳 21337 43735 jiào_7.11 龍龕同教

𢻆 21333 u22EC6 qín_6.10 𢻆21398譌字

敧 21334 10375 qí_7.11 廣韻集韻丛渠羈切音奇字林橫首枝也。一曰木別生也。或作𢻈 又 集韻翹移切音祇。義同。

𢻕 21335 10376 yù_7.11 正字通敔字之譌○按石鼓文敔作𢻕21687

𢻴 21336 43734 qí_7.11 搜真玉鏡音岐。

𪯅 21339 u2ABC5 null_7.11 未詳。

㪔 21340 10377 sǎn_8.12 正字通散字之譌○按說文从支。不从支篇海云散字本从支，非是。

𢻵 21338 43736 qí_7.11 搜真玉鏡音祇。

𢻱 21341 10378 zhuī_8.12 ◆廣韻竹垂切集韻株垂切丛音箠。攲𢻱不齊 又 qí 集韻渠羈切音奇。垂也。

攲 21342 10379 qī_8.12 唐韻去奇切集韻丘奇切丛音崎說文持去也 又 家語孔子觀於周廟，有攲器焉。使子路取水試之，滿則覆，中則正，虛則攲荀子·宥坐篇註攲器傾攲易覆之器 又 jǐ 廣韻居綺切集韻舉綺切丛音掎。義同類篇一曰不平○按攲字與支部攲字不同。𡔷又𢻠21372 攱26344觭36979

𢻶 21343 10380 qí_8.12 集韻與𢽀21354同○按與支部𢻶字異。

𢻷 21344 41250 huì_8.12 字彙補何對切，音繪◇食果也。

𢻸 21345 43737 chéng_8.12 五音篇海持行切。

𢻐 21348 u22ED0 null_8.12 未詳。

𢻒 21346 u22ED2 chéng_8.12 俗敞27061 玄應音義牢𢻒：下又作敞、撐二形，同。丈鞭、丈莖二反三蒼𢻒，橦也通俗文橦出曰朾。今之以木，若鐵橦出孔中物更補之謂之𢻒。經文作𢻒，非𢻒體也。又玉函山房輯佚書·六十二引纂文撐20471，觸也。又作𢻒。

𢻑 21347 u22ED1 jiǎo_8.12 或同敫21604俗敫31103

𢻹 21349 10381 yǎn_9.13 字彙音剡。弃也正字通譌字○按集韻乙減切音黯。字从支字彙从支。音剡，誤。

𢻺 21350 43738 zhì_9.13 搜真玉鏡音致。

𢻻 21351 43739 shí_9.13 龍龕音食

𢻗 21352 u22ED7 guī_9.13 俗𢻗21639類篇𢻗，俱爲切。舌也集韻𢻗，廣雅舌也。或作𨍥37920

𢻖 21353 u22ED6 tǐ_9.13 龍龕𢻖俗𢻖22738正，他禮反。橫首杖名。

𢽀 21354 10382 qí_10.14 廣韻巨支切集韻翹移切丛音祇。弓彊貌。或作𢻶。𡔷又𢽀21672

𢽁 21355 43740 hài_10.14 搜真玉鏡音害。

𢽂 21356 43741 lǔ_10.14 龍龕同魯。𡔷同鹵，俗鹵。

𢽃 21357 43742 biàn_11.15 龍龕同變

𢽄 21358 43743 sàn_11.15 龍龕同散

𪯇 21360 u2ABC7 null_11.15 未詳。

𢽅 21359 43744 jiǎo_11.15 字彙補音皎

21366 u22EE1 null_12.16　未詳。
音尋。長也。後漢·馬融傳踔𣪘枝註謂長枝也。

21361 10383 𣪘 xún_12.16　集韻徐心切

21362 10384 𣪌 lì_12.16　字彙力地切音利。正也。

21363 43745 𣪎 qiáo_12.16　搜眞玉鏡巨昭切。又渠照切。

21364 43746 null_12.16　字彙補音未詳。歐也。

21365 u22EE2 liǎo_12.16　同𣪈21748 廣韻𣪈，力小切。長皃。

21367 10385 cāo_13.17　正字通𣪊21792譌从攴。

21368 10386 shī_13.17　篇韻古文施字○按施字古文無此篇韻誤。

21369 43747 sàn_13.17　篇海類編同散。

21370 43748 zhuó_13.17　龍龕音獨。陰州也。鏊又俗𣪋。

21371 u22EE8 sà_13.17　同𣪍67807 音崎。𣪍隑也。或作𣪏玉篇𣪏隑不正。

21372 10387 qī_16.20　集韻丘奇切

◆ 支部 ◆

21376 u2E99 攴 pū_0.4　部攴21375

21373 10388 支 pū_0.4　唐韻集韻𣥏普木切音撲說文小擊也。又pú廣韻集韻𣥏匹角切音璞。本作𢽲。楚也。五經文字石經作攴集韻或作撲、扑。鏊又技19242𥩈41755仐21881

21374 10389 攵 pū_0.4　廣韻凡从攴者作攵同正字通九經字樣作攴，今依石經作攴，與文別郭忠恕·佩觿集用攵代攴，將无混旡，若斯之流，便成兩失。

21375 u2F41 支 pū_0.4　部攴21373亦作攵21376

21377 10390 收 shōu_2.6　古文抋唐韻式周切集韻尸周切𣥏音收說文捕也五經文字作收，訛詩·大雅此宜無罪，女反收之傳收，拘收也圖詩·周頌我其收之傳收，聚也。圖禮·玉藻有事則收之疏當有事之時，則收斂之圖左傳·襄二十七年何以恤我，我其收之註收，取也圖戰國策秦可以少割而收害也註收，猶息也圖博雅收，振也中庸振河海而不洩朱傳振，收也圖車軫也詩·秦風小戎俴收傳收，軫也圖夏冠名儀禮·士冠禮周弁，殷冔，夏收註收言所以收斂髮也圖神名禮·月令其神蓐收圖shòu廣韻集韻韻會正韻𣥏舒救切音狩。穫多也禮·月令農事備收釋文收如字，又守又反圖易·井卦井收勿幕疏凡物可收成者，則謂之收朱子·本義收，汲取也。詩救反，又如字。鏊又緮44124𢴲05180抧19242𢷈17070，俗。

21378 10391 攷 kǎo_2.6　集韻考46293，古作攷周禮·天官·小宰攷乃灋。鏊又弆16132

21379 10392 攺 shī_3.7　唐韻式支切集韻商支切，𣥏音𦬊玉篇亦施字說文敷也長箋詩施於中逵之施，當作攺，溷用施，

其義遠集韻或作攺、攺。鏊又攸21392

21380 10393 攸 yóu_3.7　唐韻以周切集韻韻會正韻夷周切𣥏音由說文行水也註攸，入水所杖也。秦刻石嶧山文攸字作汝孟子攸然而逝趙註攸然迅走趣水深處也圖爾雅·釋言攸，所也。易·坤卦君子攸行詩·大雅爲韓姞相攸註擇可嫁之所也圖左傳·哀三年鬱攸從之註鬱攸，火氣也圖前漢·敘傳攸攸外寓註攸攸，遠貌圖語助詞書·洪範彝倫攸敘詩·大雅四方攸同圖yǒu集韻以九切音西左傳·昭十二年湫乎攸乎註攸，懸危貌圖姓急就篇北燕有攸邁。鏊又伎00876攸01256攸21405𠧚04684汝27952圖佟16579偏類碑別字攸字引魏俊儀男元周安墓誌。佟16609引魏李洪演造象

21381 10394 改 gǎi_3.7　唐韻古亥切集韻韻會己亥切正韻居亥切𣥏音𩯓說文更也註李陽冰曰：己有過，攴之即改五經文字改从戊己之己易·益卦有過則改。又井卦改邑不改井圖姓廣韻秦有大夫改產。鏊又阤65490

21382 10395 攺 yǐ_3.7　廣韻詳里切集韻養里切韻會羊己切𣥏音以說文毀攺大剛卯，以逐鬼魅也。从攴巳聲○按前漢·王莽傳後漢·輿服志俱不言剛卯。又名毀攺，蓋闕載也。徐鉉音古亥切，與改同音，非是圖si集韻象齒切音似。義同說文从攴巳攺。鏊又叚27017𢧵65472

21383 10396 攼 fū_3.7　廣韻芳武切集韻韻會斐父切𣥏音撫說文撫也圖wú廣韻武夫切集韻微夫切𣥏音無。義同。△說文从攴作攱玉篇或作撫。鏊敦煌P.4640李明振再修功德記攱恓悹孤。

21384 10397 攷 kū_3.7　廣韻集韻𣥏苦骨切音窟。攱攷，不穩也類篇攷攱，不滑利也。亦作𢺵。鏊又𢻹21413

21385 10398 攽 bō_3.7　集韻北角切音剝。𣪠21831或从勹圖pú匹角切音撲。楚也。或作攴。

21386 10399 攻 gōng_3.7　唐韻古洪切集韻韻會沽紅切正韻古紅切𣥏音公說文擊也博雅伐也易·同人乘其墉弗克攻書·伊訓造攻自鳴條圖類篇一曰治也書·甘誓左不攻于左傳治也論語攻乎異端圖詩·小雅我車旣攻傳攻，善也朱傳攻，堅也圖心爲物欲所侵曰攻唐書·太宗紀一心攻之者衆圖摘人過失亦曰攻蜀志·諸葛亮傳勤攻吾闕，則事可定圖詩·大雅庶民攻之傳攻，猶作也。圖博雅攻，擊也圖姓何氏姓苑漢有攻生單圖廣韻古冬切音釭。義同圖gòng集韻古送切貢音貢周禮·夏官·司弓矢利攻守釋文攻如字，劉音貢。鏊又賨41311

21387 10400 攰 fú_3.7　集韻子結切音節。治也。或作攺。鏊又阤65490攲21400𢼜05190，並俗𢻹05162

21388 10401 攼 gān_3.7　集韻居寒切音干。求也。又得也玉篇進也圖hàn侯旰切音翰。與𣪙21495同。

21389 10402 𡥈 xué_3.7　篇海俗學字。鏊亦譌作𡥈21885𡥈21891

攵部有㪍09776字,同孝 图俗孝11757 廣碑別字引元新建祖師行祠報恩碑記

孜 21390 41251 yú_3.7 篇海類編 音于。進也。

攲 21391 41252 fǔ_3.7 六書正譌 攺本字。

攺 21392 u22EF1 shī_3.7 同攲21379

攺 21393 u22EF0 yǐ_3.7 攺21382本字

㩀 21394 10403 fú_4.8 玉篇 古文扶19227字。鑒从攴。作㩀21319譌。

攽 21395 10404 bān_4.8 唐韻 布還切 集韻 逋還切 丛音班 說文 分也 書·洛誥 乃惟孺子頒朕不暇〇按 書古文,訓頒作攽 图bīn 廣韻 府巾切 集韻 韻會 悲巾切 丛音彬。義同。图 博雅 攽,減也 图 類篇 气分也。亦作別。

㪍 21396 10405 dèn_4.8 集韻 都困切音頓。與扽同 博雅 引也 類篇 一曰摩也 玉篇 亦作頓。

㪀 21397 10406 bèi_4.8 集韻 博蓋切音貝。物衰舛也。鑒又lù 廣韻 㪀00118,勒沒切,箭射 集韻 作攱 图 五侯鯖字海 㪀21420,音祿。箭射也。

㪁 21398 10407 qín_4.8 廣韻 巨金切 集韻 渠金切 丛音琴。持也,或作鈙 图kān 廣韻 口含切 集韻 枯含切 丛音龕。㪁㪁,不齊也。又 廣韻 集韻 並丘嚴切,音廠。又 廣韻 集韻 並丘凡切,音臘。又 廣韻 丘广切 集韻 口广切,並音顩。又 廣韻 丘釅切 集韻 去劍切,並音欠。義同 图qiàn 廣韻 丘釅切 集韻 去劍切 丛音欠。厓下也 類篇 厓閒也。图 集韻 其淹切音箝。義同。鑒㪁21333俗。㪁㪁,㪁㪁 图 集韻 拑19378㪁,其淹切 說文 脅持也。或从攵。

㪂 21399 10408 biān_4.8 玉篇 卑縣切音鞭 篇海 速也。鑒古文 鞭67397

㪃 21400 10409 fú_4.8 集韻 邦加切音巴。斂也。鑒正字通 卽 攺21387攺21393二字之譌。

㪄 21401 10410 jūn_4.8 集韻 規倫切音均。墾田也。

放 21402 10411 fàng_4.8 古文匚 唐韻 集韻 韻會 丛甫妄切音舫 說文 逐也 小爾雅 棄也 書·舜典 放驩兜于崇山 疏 放逐◆ 左傳·宣元年 晉放其大夫胥甲父于衞 註 放者,受罪黜免,宥之以遠 图 書·武成 放牛于桃林之野 疏 據我釋之,則云放 图 禮·曲禮 毋放飯 註 去手餘飯於器中 图 左傳·昭十六年 獄之放紛 註 放,縱也 图 論語 隱居放言 何晏註 放,置也,不復言世務 图 孟子 如追放豚 趙岐註 放逸之豕 图 博雅 妄也 玉篇 散也 增韻 肆也,捨也 正韻 廢也 图fāng 廣韻 分兩切 集韻 甫兩切 丛音昉。同倣。學也 玉篇 比也 類篇 效也 書·堯典 曰若稽古帝堯曰放勳 疏 能放效上世之功 图 周禮·天官 食醫,凡君子之食恆放焉 註 放,猶依也 图 孟子 放乎四海 趙岐註 放,至也。图fāng 集韻 分房切。方,或作放,併船也 前漢·禮樂志 神裝回若留放,殲冀親以肆章。

攽 21403 10412 pǐ_4.8 廣韻 匹夷切 集韻 篇夷切。與紕同。繒欲壞也 图pī 廣韻 匹鄙切 集韻 普鄙切 丛音嚭 玉篇 器破也 揚子方言 南楚之閒,器破而未離,謂之攽 集韻 齊楚謂壞曰攽。或作㟺 图 集韻 匹寐切音媲。又 廣韻 符鄙切 集韻 部鄙切 丛音痞。義丛同。鑒又攲21314

政 21404 10413 zhèng_4.8 唐韻 集韻 韻會 正韻 丛之盛切音正 說文 正也 釋名 政,正也,下所取正也 易·賁卦 君子以明庶政 書·舜典 以齊七政 傳 日月五星各異政。又 洪範 農用八政 疏 食為八政之首,故以農言之 周禮·天官·大宰 建邦之六典,四曰政典,以平邦國,以正百官,以均萬民 左傳·桓二年 政以正民 图 禮·王制 五十不從力政 註 力政,城道之役也 图 姓 廣韻 出姓苑 图zhēng 集韻 韻會 丛諸盈切音征。賦也。通作征 周禮·地官·均人 掌均地政 註 政讀為征。地政謂地守地職之稅也。

倣 21405 10414 yōu_4.8 正字通 攸字之譌。

啟 21406 10415 qǐ_4.8 正字通 與啓同 六書故 開戶也。

敎 21411 43749 jiào_4.8 龍龕 同教

㪉 21407 10416 dǎn_4.8 集韻 多感切 與扰同。刺也,擊也。鑒又㪉21418 玉篇 多含切。貪也

致 21408 10417 dǐ_4.8 篇海 與㪇同。

㪁 21409 10418 kū_4.8 類篇 攷作㪁。

㪀 21410 10419 sǎn_4.8 集韻 柀21576古作㪀。

敂 21412 43750 kǒu_4.8 龍龕 音口。鑒同敂。

㪋 21413 43751 kū_4.8 搜眞玉鏡 口骨切。鑒俗攷21384

啟 21414 43752 qǐ_4.8 五音篇海 音救。

㪎 21415 43753 táng_4.8 搜眞玉鏡 音堂。

㪏 21416 43754 kuǐ_4.8 川篇 去委切 图fú_4.8 21417 u2ABC8 龍龕 㪏,夫、扶二音 直音篇 㪏21394㪏,扶同。

㪈 21418 u22F08 dǎn_4.8 五侯鯖字海 音丹。貪也 玉篇 作㪉21407

㪄 21419 u22F07 jūn_4.8 同㪄21401 㪆35645 直音篇 音均。墾田。

㪀 21420 u22F06 bèi_4.8 同㪀21397 图㪀21315俗譌 五侯鯖字海 音奇。杖(枝)也。

敎 21421 u22F02 jiào_4.8 同敎21411 图só 喃 同數。

㪆 21422 10420 hě_5.9 廣韻 虛我切 集韻 許我切 丛音㰤 博雅 擊也 類篇 或作攱 图 集韻 口箇切音坷。義同。

攲 21423 10421 shī_5.9 集韻 與攲21379同。

飮 21424 10422 shī_5.9 集韻 與攲21379同。

㪅 21425 10423 fú_5.9 集韻 符勿切音佛。與黻同。理也 玉篇 破也。

敊 21426 10424 jǐ_5.9 玉篇 子泥切。箭射也。

皯 21427 10425 pò_5.9 廣韻博陌切。與迫同說文作㪝, 连也周書曰:常㪝常任〇按書·立政, 今本作伯 图玉篇强也篇海附也 图廣韻普伯切音拍。大打也。鑒㪝, 俗。

战 21428 10426 diān_5.9 廣韻集韻夳丁兼切, 音髻。战𢾺, 稱量也類篇战探, 以手稱物。

敂 21429 10427 gǒu_5.9 廣韻古厚切集韻舉厚切夳音苟說文擊也玉篇或作扣周禮·地官·司關凡四方賓客敂關, 則為之告註敂關, 猶謁關人也 图集韻去厚切音口。義同說文从支作敂。鑒又敂21430

皱 21430 10428 gǒu_5.9 類篇皮教切。手擊也。鑒熊加全:俗皺21452

叟 21431 10429 gēng_5.9 廣韻古行切集韻居行切夳音庚說文改也九經字樣隸省作更禮·曲禮君子問更端 图禮·月令更皮幣註更, 猶易也。又史記·曹相國世家舉事無所變更 图禮·儒行乃留更僕未可終也釋文更, 代也 图史記·平準書悉巴蜀租賦, 不足以更之註韋昭曰:更, 續也。或曰更, 償也 图玉篇更, 歷也, 復也類篇迭也。图禮·文王世子遂設三老五更註年老更事致仕者也後漢·禮儀志註五更老人, 知五行更代之事者 图前漢·昭帝紀三年以前逋更賦未入者, 皆勿收註更有三品, 有卒更, 有踐更, 有過更, 古者正卒無常人皆迭為之。一月一更, 是為卒更也。貧者欲得顧更錢者, 次直者出錢顧之, 是為踐更也。天下人皆直戍邊三日, 亦名為更, 律所謂繇戍也。諸不行者, 出錢三百入官, 官以給戍者, 是為過更也 图因時變易刻漏曰更班固·西都賦衛以嚴更之署註督夜行鼓也。又豹隱紀談楊萬里詩:天上歸來有六更註内樓五更後梆鼓徧作, 名蝦蟇更。禁門初開, 百官隨入, 所謂六更也 图官名前漢·百官公卿表太子率更家令註師古曰掌知刻漏, 故曰率更 图gèng廣韻集韻夳古孟切, 庚去聲增韻再也。鑒又叟05243

敃 21432 10430 mǐn_5.9 廣韻眉殞切集韻韻會美殞切夳音愍。彊也 图mín集韻眉貧切音珉玉篇勉也, 同暋 图fēn敷文切音紛。亂也。通作紛。鑒又敃21667敃21605敃21656瞀22783

敄 21433 10431 wù_5.9 廣韻亡遇切集韻曰遇切夳音務。彊也。图廣韻文甫切集韻罔甫切夳音武。義同 图móu集韻迷浮切音謀。與勉同。北燕之外, 相勉努力謂之勎。

故 21434 10432 gù_5.9 廣韻集韻韻會正韻夳古暮切音顧說文使為之也註徐鍇曰:故使之也 图廣韻事也易繫辭是故知幽明之故疏故, 謂事也 图廣韻舊也易·雜卦革, 去故也。鼎, 取新也周禮·天官·大宰以八統詔王馭萬民, 二曰敬故註不慢舊也 图書·大禹謨刑故無小傳故犯雖小, 必刑 图禮·曲禮疏故者, 承上起下之語 图禮·檀

弓非有大故, 不宿於外註大故, 謂喪憂 图前漢·藝文志魯故二十五卷註師古曰故者, 通其指義也。今流俗毛詩改故訓傳為詁字, 失眞 图前漢·蘇武傳前以降及物故, 凡隨武還者九人註師古曰物故, 謂死也。言其同於鬼物而故也 图荀子·王霸篇不隆本行, 不敬舊法, 而好詐故註故, 巧也 图韻補叶攻乎切, 辜也賈誼·弔屈原文般紛紛其離此尤兮, 亦夫子之故也。歷九州而相其君兮, 何必懷此都也也〇按史記故作辜 图叶果五切東方朔·客難悉力慕之, 困於衣食, 或失門戶, 使蘇秦、張儀與僕並生於今之世, 曾不得掌故。

敠 21435 10433 zhuō_5.9 六書統拙19398亦作敠。

敃 21441 43755 mǐn_5.9 龍龕音敏

敚 21436 10434 zuò_5.9 六書統同作

敃 21437 10435 dǐ_5.9 集韻典禮切音底博雅隱也。鑒又敃21449

敊 21438 10436 yí_5.9 集韻余支切。與迻同。亦作扡。通作移。

啟 21439 10437 kě_5.9 篇韻音可。行難也。

怓 21442 43756 liáo_5.9 川篇音遼

敃 21440 10438 kuāng_5.9 字彙補溪光切, 音匡◇圖之四圍也。鑒正作敃21487

㐢 21445 u2ABCA null_5.9 喃未詳。

敃 21443 43757 shī_5.9 字彙補古施字〇按古文施字本作㩦21910字彙補誤。

敃 21446 u2ABC9 null_5.9 未詳。

啟 21447 u22F1A è_5.9 集韻啟, 乙革切。啟歡, 笑語△按, 宋本作欿26264, 不誤。

祴 21444 43758 shè_5.9 川篇同敒。鑒又祴21448祴39674

敃 21451 u22F13 null_5.9 未詳。

敃 21449 u22F15 dǐ_5.9 同敃21437

祴 21448 u22F17 shè_5.9 同祴21444龍龕祴俗, 敒58123正。

㩀 21450 u22F17 hé_5.9 同敂21422擊也。

皺 21452 u22F12 gǒu_5.9 敂21429本字。見說文

敆 21453 10439 gé_6.10 廣韻正韻古伯切集韻各額切夳音格。與挌同博雅擊也 图guó集韻郭獲切音虢。與摑同。打也玉篇手打之類 图è鄂格切音額。義同。

敆 21454 10440 gé_6.10 廣韻正韻古沓切集韻韻會葛合切夳音閤說文會也爾雅·釋詁合也 图xiá集韻轄夾切音洽。與部同。鑒又敆21492

赦 21455 10441 shè_6.10 說文敒58123, 或从亦作赦。

敇 21456 10442 cè_6.10 集韻測革切音策。擊馬也類篇通作策。

羑 21457 10443 yǎng_6.10 集韻養69074古作羑。

刷 21458 10444 shuā_6.10 篇海與刷同。

敳 21459 10445 xiàn_6.10 廣韻蘇佃切集韻先見切夳音霰玉篇散也通雅嵆康·琴賦云閒遼故音痺。所謂痺者, 猶今俗云

攽聲也。攽音鮮。見羯鼓錄。兩絃之間遠則有攽，故曰
開遠。

鼓 21460 10446
guì_6.10　集韻涓惠切音桂。放也，侵也。

攱 21461 10447
wǎng_6.10　廣韻紆往切集韻嫗往切夶音枉說文曲
也類篇曲侵也玉篇今作枉。

敠 21462 10448
duó_6.10　篇海同敠21512

秘 21463 10449
shā_6.10　集韻殺27044古作秘。

殺 21464 10450
shā_6.10　篇海同殺図shì所例切音幨。害也。
図shài所賣切音晒。義同図降也。

敁 21465 10451
qià_6.10　廣韻恰八切集韻丘八切夶音劼玉篇擊
也。

鼓 21466 10452
huá_6.10　集韻乎刮切音咶。盡也図qì去智切音企。
行喘息也。鼈又鼓48466跂05494

效 21467 10453
xiào_6.10　廣韻胡教切集韻韻會後教切夶音校說
文象也玉篇法效也廣韻學也增韻放也易繫辭效法
之謂坤左傳·莊二十一年鄭伯效尤図禮·曲禮效馬效
羊者右牽之註效，猶呈也図左傳·文八年效節於府人
而出註效，猶致也図左傳·昭二十六年宣王有志而後
效官註效，授也図廣韻效驗也前漢·藝文志儒者，己
試之效図廣韻效力也前漢·韓信傳願效愚忠図類篇
一曰功也前漢·尹賞傳追思其功效図增韻勉也韻會
一曰具也九經字樣作效者訛韻會效，亦作傚禮韻績
降效力之效與傚傚之傚不同，許雙押図jiāo集韻吉了
切音皎揚子方言效炷明也図xiào下巧切音佼。事露
也。鼈又傚01343傚01706

狉 21468 10454
bì_6.10　集韻弼16247古作狉。鼈敬16199譌字。

敠 21469 10455
hǒng_6.10　集韻虎孔切音嗊。擊也。

敃 21470 10456
zhèn_6.10　集韻之刃切音震。踧，或作敃玉篇動也。

敧 21471 10457
qī_6.10　玉篇丘奇切音崎。禮器也○按支部敧亦
作敧，周廟敧器。見家語玉篇音與敧同，所云禮器卽
敧器也。鼈又敄21489

敉 21472 10458
mǐ_6.10　廣韻綿婢切集韻韻會母婢切夶音弭說
文撫也廣韻安也書·大誥民獻有十夫予翼以于敉寧，
武圖功傳用撫安武事，謀立其功図類篇一曰愛也。
図pǐ集韻類篇夶普弭切音仳。義同図與弭通儀禮·士
喪禮註巫掌招弭，以除疾病疏弭讀爲敉，安也。鼈又
㳠01112糜43469

敊 21473 10459
chù_6.10　廣韻丑六切集韻敕六切夶音蓄。病敊貌
類篇敊敠，痛至貌図shòu集韻舒救切音狩。穫也。
亦作收。◆爾雅·釋鳥鳩鵂敊註敊音敓。義未詳。

敨 21474 10460
pēng_6.10　集韻類篇夶披庚切音烹。擊聲玉篇打

板聲図篇海蒲庚切音彭。義同。

敦 21475 10461
dūn_6.10　字彙補古文敦21589字。

敠 21476 41253
jiào_6.10　五音集韻古孝切音教。交炊木也。鼈又
敥21491

敪 21477 43759
duàn_6.10　篇海類編音忌。又音敗。鼈可洪音義
敪，徒乱反，分敪也。正作段也。

敠 21479 43761
shā_6.10　奚韻同殺

敠 21478 43760
zhòu_6.10　篇海類編音
紂。鼈甲骨文合集·32555弜比敠舟。敠字或同枞。

敠 21480 43762
zì_6.10　五音篇海音自。

敠 21481 43763
shā_6.10　搜眞玉鏡音殺。

敠 21482 43764
qū_6.10　搜眞玉鏡音曲。

啟 21483 u2ABCC
chuí_6.10　甲骨文合集.13934貞婦啟虫子。或隸定
作搥。

敠 21484 u2ABCB
shǎn_6.10　俗敠21508

敏 21485 u2F8C8
mǐn_6.10　同敏21506

敃 21486 u22F38
wēi_6.10　同敃21899

敺 21487 u22F33
kuāng_6.10　古文苑·卷
第四·揚雄賦三首·蜀都賦羅諸圃，敺緣畛。章樵注：敺，
音匡。圃之四圍也図敺21440，俗作。

敠 21488 u22F2F
shā_6.10　篇海敠，所鐯切，古文殺字。

敠 21489 u22F2E
qī_6.10　同敧21471

敠 21490 u22F2D
hǒng_6.10　同敠21469

敥 21491 u22F2C
jiào_6.10　同敠21476

敠 21492 u3A89
gé_6.10　同敠21454

敠 21493 u654B
gé_6.10　同格19541亦作敠。俗作敠。

敠 21494 10462
qún_7.11　集韻衢云切音羣。與敠同說文朋侵也。

敤 21495 10463
hàn_7.11　廣韻集韻夶侯旰切音翰說文止也周書
曰：敤我于艱○按書·文侯之命敤今本作扞類篇或作
扜図hě集韻許我切。與啊同。鼈又敤21544

敍 21496 10464
xù_7.11　唐韻徐呂切集韻韻會正韻象呂切夶音
序說文次第也爾雅·釋詁敍，緒也疏敍，謂次敍書·舜
典百揆時敍疏皆得次序図周禮·天官·小宰以官府之
六敍正羣吏註敍，秩次也図周禮·天官·宮伯行其秩敍
註敍，才等也。又正字通凡書策，舉其綱要，列卷首
爲敍。或作序図釋名敍，抒也，抒洩其實，宣見之也
○按說文敍，从支从余五經文字作叙，入又部，非正
字通因周伯琦說，从攵从余，今遵說文改正。鼈又
敍21909敍21551叙05231

敒 21497 10465
tǒng_7.11　廣韻他孔切集韻吐孔切夶音桶博雅擊
也図sǒng集韻損動切音竦。引也。或作捅。

敂 21498 10466
pū_7.11　廣韻普胡切集韻滂模切夶音鋪玉篇敂
敂，屋欲壞図bǔ集韻彼五切。與補同。鼈又敂21548

敼 xué_7.11　集韻似絕切音蝕。授，或作敿玉篇拈也团集韻租悅切音蕝。義同。

敠 tuǒ_7.11　集韻吐火切音睡。與妥同。安也。

敄 bó_7.11　廣韻正韻蒲沒切集韻薄沒切夶音孛。與勃同前漢·司馬相如傳嫛娿敄崒後漢·史弼傳終用敄漫。鼇又敄21653

敎 jiāo_7.11　古文爻峑廣韻古孝切集韻韻會正韻居效切夶音較說文作教。上所施，下所效也釋名教，效也，下所法效也廣韻教訓也玉篇教令也易·觀卦聖人以神道設教書·舜典敬敷五教在寬傳布五常之教。又禮·王制明七教以興民德註七教，父子、兄弟、夫婦、君臣、長幼、賓客、朋友也周禮·地官·司徒使帥其屬，而掌邦教註教所以親百姓、訓五品，有虞氏五，而周十有二焉禮·曲禮教訓正俗，非禮不備荀子·脩身篇以善先人謂之教团蔡邕獨斷諸侯言曰教正字通諭告之詞，其義與令同也团jiāo廣韻古肴切集韻韻會正韻居肴切夶音交。義同。鼇又敤21337敽21844敎21411效21421敎27048敎21318

敊 shāo_7.11　集韻師交切音梢。擊也。鼇又敨21542熊加全：俗捎19710

敆 gé_7.11　篇海公答切音閤。會合也，併也，集也。团侯夾切音洽。義同。

敓 kuì_7.11　玉篇口敥切。休息也○按爾雅作敆。

敏 mǐn_7.11　古文勄唐韻眉殞切集韻美殞切夶音愍說文疾也釋名敏，閔也。進敍無否滯之言也，故汝、穎言敏曰閔書·大禹謨黎民敏德。又說命惟學遜志，務時敏詩·大雅殷士膚敏团類篇足大指名詩·大雅履帝武敏歆箋敏，拇也团爾雅·釋樂商謂之敏註五音之別名团博雅捷敏，疾也諡法解速也廣韻聰也，達也玉篇敬也，莊也。鼇又敏21485敏21533

敐 chén_7.11　廣韻植鄰切集韻丞眞切夶音辰。與晨同。喜而動貌玉篇擊聲团zhěn廣韻章忍切集韻止忍切夶音軫。翰翰敐敐，喜悅貌。鼇正字通啟，欣字之譌。舊註引篇海喜而動貌，與欠部欣26316義近，改從支，又音辰，擊聲，並非。攴部譌作敒27038

敠 shǎn_7.11　集韻失冉切音閃。敐敠，舉手貌团nà呢洽切音膩。盡也。鼇又敤21484

敢 gǎn_7.11　玉篇篆文敢字。

救 jiù_7.11　廣韻居祐切集韻韻會正韻居又切夶音廄說文止也博雅助也廣韻護也書·太甲尚賴匡救之德詩·大雅式救爾後团周禮·地官·司救註救，猶禁也，以禮防禁人之過者也团爾雅·釋器絢謂之救註救絲以爲絢团姓風俗通諫議大夫救仁团jū集韻恭于切音

拘周禮·司救劉昌宗讀。鼇又悑17440捄19689救27036枚54145詶56028

傲 zhèn_7.11　廣韻集韻夶直刃切音陣說文理也類篇治也团shēn集韻升人切音申。義同团chēng集韻癡隣切音脭。與伸同。申也，引戾也团辰陵切音承。義同。

敚 duó_7.11　廣韻集韻正韻夶徒活切音挩說文彊取也周書曰：敚攘矯虔○按書·呂刑今本作奪攘团姓。見廣韻。鼇又敓21462敓21550

敔 yù_7.11　廣韻魚巨切集韻韻會偶舉切正韻偶許切夶音語說文禁也。一曰樂器，椌楬也，形如木虎爾雅·釋樂註敔如伏虎，背上有二十七鉏鋙，以木長尺櫟之釋名敔，衙也。衙，止也，所以止樂也書·益稷合止柷敔周禮·春官·小師鼓鼗柷敔。鼇又敔21335敆21687鉶63716敔26336

敕 chì_7.11　廣韻恥力切集韻韻會蓄力切夶音勅說文誡也爾雅·釋詁敕勞註敕者，相約敕也。亦爲勞苦釋名敕，飭也，使自警飭，不敢廢慢也史記·樂書余每讀虞書，至於君臣相敕後漢·安帝紀能敕身率下韓非子·主道篇賢者敕其才，君因而任之团後漢·光武紀註漢制度曰：帝之下書有四。一曰策書，二曰制書，三曰詔書，四曰誡敕。誡敕者，謂敕刺史、太守正字通宋敕或用之於獎諭，非敕初意。明制，差遣諸臣，予以敕行事，備載職守，申以勉詞。凡褒嘉責讓，夶用敕詞皆散文。六品以下官贈封稱敕命，始用四六团博雅理也，謹也，語也，進也小爾雅正也廣韻固也，急也团說文舌地曰敕△說文从支作敕玉篇本作勑，今相承皆作勅04009鼇又勅04009勁03952勑03931勅04012敕21334憨18093敕21456敕21525敕21565

敖 áo_7.11　廣韻五勞切集韻韻會正韻牛刀切夶音遨說文作敖，游也。从出从放集韻隸作敖博雅遊敖，戲也詩·邶風以敖以遊釋文敖，亦作遨团詩·衛風碩人敖敖傳敖敖，長貌箋猶欣欣也团左傳·昭十三年葬子千于訾，實訾敖註無號諡者，楚皆謂之敖团爾雅·釋訓敖敖，傲也疏大雅·板篇云聽我囂囂。毛傳云猶警也。敖警囂音義夶同团地名詩·小雅搏獸于敖傳敖，鄭地，今近滎陽左傳·宣十二年晉師在敖、鄗之閒註敖、鄗二山，在滎陽縣西北团姓廣韻顓頊，大敖後。团與熬同荀子·富國篇天下敖然，若燒若焦团與螯同荀子·勸學篇蟹六跪而二敖註敖，蟹首上如鉞者。团與嗷同荀子·彊國篇百姓讙敖註敖，喧噪也。团ào集韻正韻夶魚到切。同傲。慢也詩·小雅彼交匪敖註不敖慢禮·曲禮敖不可長疏敖者，矜慢在心之名爾雅·釋言敖，憮傲也团史記·天官書箕爲敖客註敖，調弄也团博雅傲，妄也說文从支作敖。

敗 bài_7.11　古文敗貝捕廣韻集韻韻會正韻夶簿邁切音浿說文毀也爾雅·釋言覆也釋名潰也。又壞也玉

篇破也增韻損也。又頹也易·需卦敬慎不敗也書·大禹謨反道敗德区左傳·文十年·司敗註陳、楚名司寇爲司敗論語陳司敗問昭公知禮乎区爾雅·釋器肉謂之敗註臭壞論語魚餒而肉敗区廣韻補邁切集韻北邁切並拔去聲。破他曰敗增韻凡物不自敗而敗之，則北邁切。物自毀壞，則薄邁切詩·召南勿翦勿敗音義敗，必邁反区左傳·莊十一年凡師敵未陳曰敗，大崩曰敗績顏氏家訓江南學士讀左傳，口相傳述，自爲凡例。軍自敗曰敗，打破人軍曰敗，讀補敗反，諸記傳未見補敗反。徐仙民讀左氏，唯一處有此音。又不言自敗、敗人之別，此爲穿鑿耳区韻補叶蒲昧切荀子·賦篇功立而身廢，事成而家敗。棄其耆老，收其後世。鋻又敗57601攰21823退60864刵03829

敚 shè_7.11　說文赦作敚。

㛦 yǎng_7.11　正字通古文養字○按卽㚁字。重出。

娘 láng_7.11　篇海魯當切音郎。甚也。鋻又娘21915硠38941

攲 zhǐ_7.11　集韻展里切音徵。尅也。鋻又數21567數21528

㩉 tǐng_7.11　廣韻集韻丛徒鼎切音挺博雅盡也。

敠 shā_7.11　集韻殺27044古作敠。

㪠 shā_7.11　玉篇古作殺27044字。

㪐 dà_7.11　玉篇大合切音沓。盡也。

敕 chì_7.11　說文長箋石鼓文申敕。敕字譌作敕。

寇 kòu_7.11　說文長箋同寇。

戲 yáng_7.11　五音篇海音揚。

敠 null_7.11　未詳。

攲 zhǐ_7.11　字彙補昭子切音止。尅也○按卽數字之譌。

敠 shā_7.11　五音篇海同殺。

敖 áo_7.11　兼敖21515

敗 gěng_7.11　疑同挭19652

敏 mǐn_7.11　兼敏21506

敤 huài_7.11　同㪣21585

厭 zá_7.11　同殿21561

㪙 vě_7.11　嘀俗㪙21914

敠 jìn_7.11　同挭19679類篇敠，子鳩切。擊也。

敳 fā_7.11　或俗發36691

救 null_7.11　或古文救21510見古文老子碑

敏 mǔ_7.11　俗攲35480

敩 xiào_7.11　俗敚21844

敝 shāo_7.11　同散21503篇海類編所交切，音梢。擊也。

敆 qún_7.11　同㪣21494

敢 hàn_7.11　同㪣21495

敢 zào_7.11　同造60892古璽彙編·官璽·0131敢廥之鈢。

敨 kuì_7.11　同㪩21505俗㪨26321

敨 pū_7.11　同㪣21498

敮 null_7.11　未詳。

敛 liǎn_7.11　简敛21800

敚 duó_7.11　同敚21512

敘 xù_7.11　俗敍21496

教 jiào_7.11　教21502本字

敠 zhuó_8.12　廣韻集韻丛竹角切音琢說文擊也。類篇一曰摘也区廣韻丁木切集韻都木切丛音啄。擊聲。亦作捔。鋻與毀同。與毀同区敔21608㪇57264

敝 pǐ_8.12　廣韻補米切集韻普米切丛音㿔說文毀也。集韻或作捭区廣韻博計切集韻必計切丛音閉。義同区bǐ集韻卜禮切音坒類篇敁敝，擊聲。

敗 bǐ_8.12　正字通俗敝字。

厭 lù_8.12　廣韻集韻丛勒沒切音岉。厭敝，不穩玉篇厭敝，不滑利。鋻又厭21610

敓 niè_8.12　廣韻奴協切集韻諾叶切丛音捻說文塞也。書·費誓敚乃穽傳穽穿地陷獸，當以土室敚之区集韻乃結切音涅。按也。玉篇閉也。

敝 bì_8.12　廣韻集韻韻會丛毘祭切音幣說文帗也。一曰敗衣也区玉篇與㡀同詩·鄭風緇衣之宜兮，敝予又改爲兮区玉篇壞也。易·井卦甕敝漏区禮·郊特牲冠而敝之，可也。釋文棄也。区左傳·僖十年敝於韓註敝，敗也。区左傳·襄九年以敝楚人註敝，罷也。区周禮·冬官考工記·弓人筋欲敝之敝疏筋之椎打嚼齧，欲得勞敝区姓廣韻齊有敝無存区與蔽通周禮·冬官考工記·弓人長其畏而薄其敝註敝讀爲蔽塞之蔽，謂弓人所握持者疏畏，謂柎之上下。敝，謂人所握持手敝之處区bǐ集韻部弭切音埤。敝跬，用力貌区bié集韻蒲結切音蹩詩·國風敝笱在梁。徐邈讀区正韻必弊切，音蔽前漢·東方朔傳主自執宰敝膝註師古曰敝膝，賤者之服。敝與蔽同玉篇或作獘。俗作弊。

敝 chǎng_8.12　廣韻昌兩切集韻韻會齒兩切丛音廠說文平治高土，可以遠望也史記·淮陰侯傳行營高敞地前漢·郊祀志處險不敞註師古曰言其阻陿不顯敞也•張衡·南都賦體爽塏以閒敞註倉頡篇曰：敞，高顯也区史記·司馬相如傳敞罔靡徙註敞罔，失容也区類篇一曰開也。又露也区chèng集韻恥孟切音掌。拒也。区zèng除更切。磨也。玉篇磨光也。鋻又殿27061，敞碑別字隸辨殿老子銘其地鬱堬高殿。

敟 diǎn_8.12　廣韻集韻丛多殄切音典。主也。玉篇常也。今作典六書統典，常法也。典之以治人。故从攴。

厭 zá_8.12　篇海自曷切音雜。尿厭○按篇海作㪐。鋻又厭21535今部外七畫。

敝 21562 10504
chán_8.12 廣韻士咸切音饞。鳥敝物也。鋻正字通敝，舊註音斬。平聲。又音讒。鳥敝物。又敧21570音謙，義同敧。又鳥部鶼73453音義與敧同。按，鳥喙啄物本作啄，俗謂之鶼。鶼音慳，舊註音謙，是。讀若讒及斬平聲，並非。鶼敝敧皆俗書，从攴無義，存鶼可也。

敔 21563 10505
tà_8.12 ◆集韻撻20823古作敔。

叕 21564 10506
duó_8.12 廣韻丁括切集韻正韻都括切韻會都活切丛音掇。戕叕，知輕重也。一曰叕叕，食不喚自來類篇叕叕，食不速也囜què廣韻七絕切集韻促絕切，並音膗。斷也。鋻又叕21615

救 21565 10507
chì_8.12 正字通敕字之譌。

敧 21566 10508
yè_8.12 廣韻於業切集韻乙業切丛音浥。敧敧，相著也玉篇相及也囜廣韻於輒切集韻憶笈切丛音裏。義同。鋻又敧21611

攴 21567 10509
zhēng_8.12 集韻徵16812古作攴〇按字彙譌以攴卽攷，又音紙，敊也，非。

敇 21568 10510
zhēng_8.12 篇海古文徵16812字。

散 21569 10511
mào_8.12 字彙莫報切音冒。手扶之也〇按集韻作敁。鋻直音篇敁21607，同敁。

敧 21570 10512
qiān_8.12 廣韻苦咸切集韻丘咸切丛音嵌。同鶼。鳥鶼物類篇鳥啄物也。或作敧。鋻又敧36990

敠 21571 10513
yì_8.12 廣韻五計切集韻研計切丛音詣說文敧也類篇敧敝，擊聲囜ní廣韻五稽切集韻研奚切丛音倪。敧敝，毀也囜廣韻五禮切集韻吾禮切丛音睨。義同。

敡 21572 10514
yì_8.12 廣韻集韻以豉切正韻以智切丛音易說文侮也佩觿集敡，改也。與敭21637字不同集韻通作易篇海說也。輕簡爲敡。

敢 21573 10515
gǎn_8.12 古文敤敢敢廣韻集韻韻會正韻丛古覽切音笴說文進取也九經字樣敢从受。受，上下相付持也。隸變作敢書·益稷誰敢不讓，敢不敬應。又盤庚敢恭生生疏有人果敢奉用進進於善言，好善不倦也。囜儀禮士虞禮敢用絜牲剛鬣註敢，冒昧之辭疏凡言敢者，皆是以卑觸尊，不自明之意囜博雅敢，勊也囜廣韻勇也，犯也增韻忍爲也。鋻又敢27055敢21509敢21619敤22624

敢 21574 10516
gǎn_8.12 玉篇古文敢字。註詳上。

敧 21575 10517
chuái_8.12 玉篇丈乖切，音近豺篇海災敧，又邪也。

敝 21576 10518
sàn_8.12 廣韻蘇旱切集韻顙旱切丛音傘說文分離也。从攴从㜝。分㜝之意也正字通剝麻也，卽分離之意。

毃 21577 10519
zòu_8.12 六書統古文奏10107字。

散 21578 10520
sǎn_8.12 古文㪔廣韻韻會蘇旱切集韻顙旱切丛音傘。㪔，通作散易·說卦風以散之禮·曲禮積而能散囜公羊傳莊十二年散舍諸宮中註散，放也囜博雅布也廣韻散，誕也增韻又冗散，閒散韻會不自檢束爲散莊子·養生主散人又惡知散木註不在可用之數。囜姓書·君奭有若虢宜生傳散氏，宜生名囜酒尊名周禮·春官·鬯人凡疈事用散註漆尊也，無飾曰散禮·燕禮酌散西階上註酌散者，酌方壺酒也禮·禮器賤者獻以散註五升曰散〇按周禮儀禮禮記釋文丛音素旱反韻會獨引此條入去聲，非是。蓋上、去二聲可通讀也。囜藥石屑曰散後漢·華陀傳漆葉青黏散囜琴曲名晉書·嵇康傳有廣陵散囜sàn廣韻蘇旰切集韻韻會先旰切丛音鏾。義同囜sǎn集韻相干切。與珊同史記·平原君傳繫散行汲註索隱曰：先寒反，亦作冊。音同。鋻又㪔21340㪔21763㪔21612㪔21609㪔21777㪔21785㪔27075㪔27135㪔47861

窡 21579 10521
kōng_8.12 集韻枯公切音空。擊也。或作毃。

㲚 21580 10522
zhōu_8.12 集韻之由切音周玉篇鐯也。

惚 21581 10523
hū_8.12 篇海呼骨切音忽。擊也。鋻又敊21599

脙 21582 10524
pēng_8.12 篇海普庚切音烹。擊也。

敤 21583 10525
kě_8.12 廣韻集韻丛苦果切音顆◆說文研治也。舜女弟名敤首◆博雅擊也囜◆廣韻集韻丛苦臥切音課。義同。鋻又敤21613

戢 21584 10526
jìn_8.12 集韻子鴆切音浸。授或从攴。擊也。鋻又敤21537敤21596

敱 21585 10527
huài_8.12 篇海音怪。毀也。

敥 21586 10528
yàn_8.12 集韻以贍切音豔。以手散物。

敲 21587 10529
xiāo_8.12 集韻先了切音篠。撲也囜chuò尺約切音綽。奪取物也。

敤 21588 10530
lù_8.12 廣韻集韻丛盧谷切音祿。剝也類篇擊也囜廣韻力玉切集韻龍玉切丛音錄。類篇撲聲。

敦 21589 10531
dūn_8.12 古文敦章廣韻集韻丛都昆切音墩說文作敦。怒也，詆也。一曰誰何也囜五經文字敦，厚也易·臨卦敦臨吉疏厚也囜詩·邶風王事敦我釋文韓詩云敦，迫也。鄭都回反，猶投擲也囜爾雅·釋詁敦，勉也疏敦者，厚相勉也前漢·揚雄傳敦衆神使式道分註師古曰敦，勉也囜爾雅·釋天太歲在午曰敦牂史記·歷書註敦，盛也囜揚子方言敦，大也囜姓廣韻敦洽，衞之醜人也囜duī廣韻集韻韻會正韻丛都回切音堆詩·豳風敦彼獨宿傳敦敦然獨宿也囜詩·魯頌敦商之旅箋敦，治也囜莊子·說劍篇今日試使士敦劍註敦，斷也囜tuán廣韻度官切集韻韻會正韻徒官切丛音

團詩·豳風有敦瓜苦傳敦，猶專專也疏敦，是瓜繫蔓之貌，言瓜繫於蔓，專專然也釋文徒丹反朱傳音堆。図詩·大雅敦彼行葦傳聚貌釋文徒端反図tún集韻徒渾切音屯詩·大雅鋪敦淮濆箋當作屯揚雄·甘泉賦敦萬騎於中營兮註敦與屯同。陳也図類篇敦煌，郡名図diāo集韻韻會扑丁聊切音雕詩·大雅敦弓既堅傳敦弓，畫弓也。天子敦弓，音彫疏敦與彫，古今之異。図詩·周頌敦琢其旅疏敦、雕，古今字朱傳音堆。図duì集韻都內切音對儀禮·士昏禮黍稷四敦皆蓋禮·明堂位有虞氏之兩敦註敦，音對。黍稷器疏敦與瑚璉、簠簋連方，故云黍稷器也図周禮·天官·玉府若合諸侯，則共珠槃玉敦註敦，槃類，古者以槃盛血，以敦盛食図dào集韻大到切音道。燾，或作敦。覆也周禮·春官·司几筵每敦一几註敦讀曰燾。覆也図集韻杜皓切音稻。又陳留切音儔。義扑同図dùn集韻正韻扑杜本切音盾左傳·文十八年天下之民。謂之渾敦註謂驩兜渾敦，不開通之貌疏混沌與渾敦，字之異耳。図dùn廣韻集韻韻會正韻扑都困切。通作頓爾雅·釋丘一成爲敦丘疏詩·衛風·氓篇至于頓丘，是也。図爾雅·釋天太歲在子曰困敦註敦，音頓史記·歷書註困敦，混沌也図莊子·列禦寇敦杖蹙之乎頤音義敦，音頓。司馬云豎也図zhǔn集韻主尹切音準。淳，或作敦周禮·天官·內宰出其度量淳制註故書淳爲敦。杜子春讀敦爲純。純者，謂幅廣也図tūn集韻他昆切。憝，或省作敦。憝者，恨心不明也。鍌又章04621敦21648甋35198鐜64381

敊21590 10532 tǒu_8.12 集韻他口切音鈄。展也。鍌又敊21617

敋21591 10533 zhèn_8.12 集韻陳，或作敋。通作陳65679

敎21593 10535 shā_8.12 隸釋與殺同 敓21592 10534 jiù_8.12 廣韻居祐切集韻類篇居又切扑音救。強擊也。

敁21594 10536 jī_8.12 廣韻集韻扑居宜切音羈。以箸取物。或作掎図qī集韻去倚切音綺。敁敠，不齊貌○按與支部敧21342字不同。鍌又敠21471敊21602敪36979敄61798

敍21595 10537 shā_8.12 隸釋孫叔敖爲賊寇所敍○按卽殺字。

敇21596 10538 fù_8.12 字彙補古文婦字○按秦·詛楚文刑戮字敇，卽婦字也字彙補譌從攵。鍌字彙補敇字按：疑當作敇10919，與敇21584字不同図詛楚文刑戮字敇。張亞靜：字，孕之誤。

敚21597 43768 shā_8.12 字彙補與殺同。

敓21598 43769 chuò_8.12 搜眞玉鏡赤灼切。

忽21599 u2ABCE hū_8.12 同敿21581 字文撻20823龍龕手鑑敎，他達反。擊也。

敤21601 u22F7E xiào_8.12 簡敎21844

敕21600 u2ABCE tà_8.12 同敊21563古

敕21602 u22F7D jī_8.12 同敁21594

敂21603 u22F7C và_8.12 喃从攴巴ba聲。俗嚜21840

敳21604 u22F7B jiāo_8.12 敳31103譌字廣韻敳，同烄。周祖謨校勘記：當作敳。

敥21605 u22F79 mǐn_8.12 同敃21432

敥21606 u22F76 qiān_8.12 同敨21570

敺21607 u22F75 mào_8.12 同敃21569

敳21608 u22F74 zhuó_8.12 同斀21553

敨21609 u22F73 sàn_8.12 散21578本字。亦作桬21576說文敨，分離也。从攴从林。林，分敨之意也。

敥21610 u22F72 lù_8.12 同敊21556

敥21611 u22F71 yè_8.12 同敤21566集韻敤，乙業切。敤敤，相及也。

散21612 u3A9A sàn_8.12 同散21578

敤21613 u3A99 kě_8.12 同敤21583

敛21614 u3A98 liǎn_8.12 同敛21800

敪21615 u656A duó_8.12 同敪21564

敩21616 u6569 xiào_8.12 簡敎21855又敩21601

敨21617 u6568 tǒu_8.12 同敊21590

敫21618 10539 yào_9.13 廣韻以灼切集韻弋灼切扑音藥。說文光景流也。从白从放図jiāo集韻吉了切音皎。義同図jiāo廣韻古弔切集韻吉弔切扑音叫。歌也図jiāo集韻堅堯切音憿。擊也。或作敫。図qiāo牽幺切音鄡。義同図jī吉歷切音激。敬也。

敨21619 10540 gǎn_9.13 玉篇篆文敢字。

敥21620 10541 dǔ_9.13 玉篇多古切音堵。伴也。

敶21621 10542 zhēn_9.13 集韻知林切音碪。擊也玉篇擣石也。図zhěn陟甚切。扰或作敶。深擊也。一說楚謂搏曰敶。鍌又敶21652

敶21622 10543 chuǎi_9.13 廣韻初委切集韻楚委切扑音揣。揣或作敶。量也玉篇試也図duǒ廣韻昌兗切集韻尺兗切扑音舛。義同図duǒ廣韻丁果切集韻都果切扑音朵。與捶同。捶物輕重也。鍌敶捶物輕重也。

敶21623 10544 wéi_9.13 廣韻雨非切集韻于非切扑音韋說文戾也図huī集韻吁韋切音輝博雅敶懂，乖剌也類篇或作敳。鍌戌集中·韋部重出：唐韻羽非切集韻于非切扑音幃說文戾也。从攴韋聲玉篇戾敶図huī集韻吁韋切音暉博雅敶懂，乖剌也集韻或作敳。按，今併入支部

敶21624 10545 chǐ_9.13 集韻丑二切音屎。矗析曰敶。或从攴。

敶21625 10546 cán_9.13 玉篇賊干切。殘也正字通說文敶與殘音同義別。改作敶，因形似而譌。不可與殘溷。

敶21626 10547 yú_9.13 集韻容朱切音俞玉篇投也。

敶21627 10548 dù_9.13 廣韻徒古切集韻韻會動五切正韻徒古功，扑音杜說文閉也廣韻塞也図與塗通說文幐字註引書惟其敶丹雘○按書·梓材今本敶作塗△集韻或作劇。鍌正字通墢08910，俗敶21664字。

敱 21628 10549 kāi_9.13 集韻丘皆切。與揩同玉篇摩也。

敧 21629 10550 pì_9.13 廣韻芳逼切集韻拍逼切，丛音堛。與揊同。敧破，擊聲。

敠 21630 10551 shā_9.13 正字通敠字之譌○按六書統古文殺，从攴从出从刀。譌从勿，非是。

敫 21631 10552 qīn_9.13 正字通嫀字之譌○按秦·詛楚文内有敫字，即親字也集韻作嫀。譌从攵，非是。鎣正字通敫，舊註古親字。不詳所出。

敲 21632 10553 chéng_9.13 廣韻宅耕切集韻除莖切丛音橙。與打同。撞也，觸也類篇或作敳。

敨 21633 10553 tàn_9.13 類篇他案切音炭。無文采貌○按音義與文部敨字同。疑即敨字之譌。

敤 21634 10555 huǐ_9.13 字彙俗毀字。

敬 21635 10556 jìng_9.13 古文敬敬廣韻集韻韻會丛居慶切音竟。說文肅也。釋名敬，警也。恆自肅警也玉篇恭也，慎也易·坤卦君子敬以直内，義以方外書·洪範敬用五事周禮·天官·小宰三曰廉敬註敬，不解於位也禮·曲禮毋不敬註禮主於敬左傳·僖三十三年敬德之聚也論語修己以敬又後漢·周燮傳安帝以玄纁羔幣聘燮，燮因自載到潁川陽城，遣生送敬，遂辭病而歸註送敬，猶致謝也又姓廣韻陳敬仲之後，漢有揚州刺史敬歆。鎣又敬21651慗18426敬21649

敭 21637 10558 yáng_9.13 集韻揚20076古作敭書·古文訓明明敭仄匹○按書·堯典今作揚。又宋書·恩倖傳論明敭幽仄。

敕 21638 10559 liàn_9.13 廣韻集韻丛郎甸切音煉。柬或从攴。撻打物也類篇擇也。

敖 21636 10557 áo_9.13 說文敖本字。丛尺尹切音蠢。愈或从攴。亂也篇海動也。

敮 21639 10560 xià_9.13 廣韻呼洽切，音齘。盡也又guǐ集韻俱爲切音嬀博雅舌也。鎣又敮21352

敫 21650 u2ABD0 null_9.13 叔尸鐘爲女（汝）敫寮。讀若敵。

敋 21641 10562 gé_9.13 正字通同挌○按集韻挌，或作敋。敋即敋字之譌。

敬 21651 u2F8C9 jìng_9.13 兼敬21635

敳 21652 u22FA4 zhěn_9.13 同敳21621 音黲。棄也。鎣又敫21660敳21349

敨 21655 u22F9F null_9.13 未詳。丛莫報切音冒。揑或从攴。抵也篇海手扶之也。

敳 21645 10566 kuài_9.13 篇海口外切音襘。錢也。

敃 21646 10567 mù_9.13 字彙補古文穆40736字。

敓 21647 10568 yuè_9.13 五音集韻於決切音抉。敓旻，目深貌。鎣俗作敓37737集韻敓，娟悅切。

敦 21648 10569 dūn_9.13 字彙補與敦同。

敬 21649 43770 jìng_9.13 字彙補敬本字。

敹 21653 u2FFA2 bó_9.13 龍龕敹通教21501正，蒲没反。敹卒，旋放之貌也図俗勃04007廣碑別字引魏敬史君碑

敳 21654 u22FA1 tàn_9.13 敳敳，敳21928敳之譌。

敯 21656 u22F9E mǐn_9.13 同敯21432敯，博雅敯懱，乖剌也。或从受。敯27079同上。

敳 21657 u22F9D huǐ_9.13 五音集韻

敮 21658 u22F9C chǔn_9.13 同敳21640

敳 21659 u22F9B chéng_9.13 集韻打23551除耕切說文橦也。或作撑敳撑敳。

敭 21661 u22F99 yáng_9.13 同敭21637古文揚。

墅 21662 u22F98 wàng_9.13 俗望23411清·俞正燮癸巳存稿·卷十·省堂寺碑跋穿應作穿……墅應作望，皆用俗怪。

敱 21663 u22F97 shù_9.13 俗數21725

敳 21664 u22F96 dù_9.13 集韻敳21627劇03603敳，說文閉也。或从刀。古作敳。

敖 21665 u22F95 áo_9.13 同敖21636敖21515本字。

敟 21660 u22F9A yǎn_9.13 同敟21643

敳 21666 u6570 shù_9.13 俗數21725劉知遠諸宮調·君臣弟兄子母夫婦團圓弟十二絲綿細絹敳了无敳，槧尽宝货財物△今簡

敯 21667 u656F mín_9.13 同敯21656

剺 21670 10572 lí_10.14 正字通俗剺字。本作劦，剥也，劃也。隸作剺，俗作剺。

敱 21668 10570 qí_10.14 篇海巨支切，音其◇弓硬貌。

敳 21669 10571 zhēng_10.14 集韻類篇丛諸仍切音烝。擊也。

敳 21671 10573 kè_10.14 集韻克盍切音溘。敲也。

敳 21672 10574 qí_10.14 字彙渠宜切，音其◇弓硬貌○按廣韻从攴不从支，宜入支部。

敳 21673 10575 qiàn_10.14 集韻口陷切音賺博雅貪也類篇物相值合也図qiān集韻丘咸切。與敠同。鳥啄物也。鎣正字通歉26423字之譌。

敳 21674 10576 zhǐ_10.14 唐韻豬几切集韻展几切丛音軹說文刺也。

敳 21675 10577 lù_10.14 篇海勒没切音律。不安也。

敳 21676 10578 fū_10.14 廣韻芳無切音孚說文歧也玉篇亦作敷21721

敳 21677 10579 tóng_10.14 廣韻徒冬切音彤。擊空聲。

敳 21678 10580 kài_10.14 廣韻苦蓋切集韻丘蓋切丛音磕博雅辱

也玉篇伐也，擊也 囗kě集韻丘葛切音渴。敵也。

敳 21679 10581
ái_10.14 廣韻五來切集韻正韻魚開切韻會疑開切丛音皚說文有所治也。一曰隤敳，高陽氏子名左傳·文十八年昔高陽氏有才子八人：蒼舒、隤敳、檮戭、大臨、尨降、庭堅、仲容、叔達囗集韻姑回切音傀。又吾回切音鬼。義丛同囗ǎi五亥切音顗。改理也。囗zhú朱欲切音燭。擊鼓也囗殊玉切音蜀。義同。璽又敼27100

㲣 21680 10582
rù_10.14 集韻儒欲切音辱。與㲪同博雅㲣其子謂之㲣。

敽 21681 10583
huī_10.14 集韻徽16856古作敽。

䫻 21682 10584
pī_10.14 集韻篇夷切音紕。䫻敏，屋欲壞。

㩧 21683 10585
nuò_10.14 集韻昵角切。與搦同。持也囗昵格切音䏶。按也。

敳 21684 10586
pǎo_10.14 集韻滂保切音髱。擊虛聲。

敲 21685 10587
qiāo_10.14 古文㪉廣韻口交切集韻韻會正韻丘交切丛音骹說文橫摘也徐鉉曰從旁橫擊也類篇擊也左傳·定二年奪之杖以敲之賈誼·過秦論執敲扑以鞭笞天下註短曰敲，長曰扑囗揚子方言楚凡棄物謂之敲囗廣韻苦教切集韻韻會正韻口教切丛音撽。義同。璽又㪉70837搞20298撽20511殻27127敤21784囗龍龕㪉70826㩻21695敲27099三俗，敲正，口交反。擊頭也。又口教反。

㪉 21686 10588
tà_10.14 六書統古文撻字○按集韻本作㪉。

敔 21687 10589
yù_10.14 正字通籀文敔字石鼓文其敔其㪜。

敄 21688 10590
shǎo_10.14 廣韻䎵，亦作敄。

㪅 21689 10591
shèng_10.14 玉篇古文勝04091字。

敳 21690 10592
zhēng_10.14 集韻徵16812古作敳。

敜 21691 10593
zòng_10.14 訂正篇海與敼同○按即敼字之譌。

厰 21692 10594
zhào_10.14 字彙補同肁後涼錄李離傳先破武厰營。璽後涼錄·李離傳

歔 21693 10595
fěi_10.14 字彙補非尾切。宋元嘉中，趙歔撰甲寅元曆曆宗通議作歐北史及玉海作歔十六國春秋作歔，从支，似誤。璽歔从支。

傄 21694 41254
shū_10.14 說文長箋與倏同。

敩 21697 u2ABD1
null_10.14 未詳。

敲 21695 41255
qiāo_10.14 字彙補許昭切，音鴞○地名前漢·王子侯表敲陽侯延年○按攵、支相通，則敲敲、敲本一字之異。以音義小異，姑別之。

整 21698 u22FC4
zhěng_10.14 俗整21791殷周金文集成·18.11548·廿年寺工矛

㪖 21696 u2ABD2
null_10.14 殷周金文集成·18.11548·廿年寺工矛十年，寺工幹、攻丞敲造。

敐 21699 u22FC3
sǔn_10.14 馬王堆漢墓帛書·老子甲本勿或敐之（而益，或益）之而敐。敐同損20268

敷 21704 u22FBE
fū_10.14 俗敷21721

㹷 21700 u22FC2
méng_10.14 清刊本集韻㹷，鳴龍切。羌中牛名。李登說。宋本集韻作㹷32889

㪄 21706 u22FBC
nuò_10.14 同㪄21683

徵 21701 u22FC1
zhēng_10.14 同敳21690古文徵龍龕㪦，陟陵反。今作徵召也。

㪀 21702 u22FC0
fú_10.14 龍龕㪀、敲，古文。拂19369字。

敳 21703 u22FBF
wén_10.14 俗敳71344玉篇敳，武分切，磨拭。

㪽 21708 u6573
ái_10.14 同敳21679

㪽 21705 u22FBD
shèng_10.14 上博七·武王踐阼志㪽欲則利，欲㪽志則喪。㪽讀若勝。

歔 21707 u22FBB
fěi_10.14 同歔21693趙歔，宋人。

㪛 21709 10596
lù_11.15 集韻盧谷切音鹿。獸皮有文貌。

敳 21710 10597
bì_11.15 廣韻卑吉切集韻壁吉切丛音必說文敳盡也類篇火貌囗集韻必至切。晝也。一曰召使疾行也。

敧 21711 10598
shǎn_11.15 字彙所斬切，衫上聲◇窄也。

㪥 21712 10599
mù_11.15 玉篇古文穆40736字。

戲 21713 10600
tián_11.15 集韻亭年切音田。畋亦作戲。

整 21714 10601
zhěng_11.15 正字通整字之譌○按說文从束，不从束。

戲 21715 10602
zhā_11.15 廣韻側加切集韻莊加切丛音樝。以指按也玉篇取也。

敵 21716 10603
dí_11.15 廣韻徒歷切集韻韻會亭歷切丛音狄說文仇也書·微子相為敵讎囗爾雅·釋詁敵，當也疏仇匹相當也易·同人伏戎於莽，敵剛也左傳·文六年敵惠敵怨，不在後嗣囗爾雅·釋詁敵，匹也博雅輩也玉篇對也禮·曲禮雖貴賤不敵囗增韻拒抵也管子·兵法篇明理而勝敵囗博雅上也廣韻主也。璽又勴04119敵48467敵21765敵21737

夐 21717 10604
xuàn_11.15 廣韻許縣切集韻韻會翾縣切丛音絢說文營求也。从夏，从人在穴上商書曰：高宗夢傅說，使百工夐求得之○按書命命序今作營。傳云經營求之囗xiòng廣韻休正切集韻韻會虛政切丛音詗博雅遠也前漢·司馬相如傳儵夐遠去註儵然、夐然，疾遠貌班固·典引上哉夐乎囗博雅長也，夐夐視也△玉篇作敻。璽又夐09825夐21747夐09831夐09833

敶 21718 10605
yìn_11.15 集韻羊進切音鉶。擣也。璽正字通戴18975字之譌。

敶 21719 10606
zhèn_11.15 廣韻集韻丛直刃切音陣說文列也玉篇亦作陳類篇或作敶囗chén廣韻直珍切集韻池鄰切丛音塵。義同。◆楚辭·招䰟敶鐘按鼓囗放敶組纓註

敶，一作陳。

麬 21720 10607 xī_11.15 正字通 𣂪字之譌。

敷 21721 10608 fū_11.15 古文尃 廣韻 集韻 韻會 正韻 芳無切音 孚 五經文字 敷，經典相承隸省作敷 書·舜典 敷奏以言 傳 敷，陳也 又 書·大禹謨 文命敷于四海 傳 言其外布文德教命。又 皐陶謨 翕受敷施 傳 以布施政教 又 詩·大雅 罔敷求先王之道 箋 無廣索先王之道 又 廣韻 散也 又 與傅同 前漢·宣帝紀 傅奏其言 註 師古曰傅讀曰敷。鋻又 敷21704 撒21039 又 可洪音義 開藏51567：芳蕪反，花葉也。 又 二簡敷，簡作敊21417

皺 21722 10609 duò_11.15 玉篇 大可切，駝上聲 篇海 擊也。

敠 21723 10610 pāo_11.15 廣韻 匹交切音胞。拋或作敠。棄也。 又 biāo 集韻 卑遙切音猋。摽或作敠。擊也 又 紕招切音漂。義同。鋻又敠21744

敕 21724 10611 lì_11.15 集韻 類篇 郎計切 正韻 力霽切音麗。 䜝，或省作敕。

數 21725 10612 shǔ_11.15 廣韻 所矩切 集韻 爽主切音籔 說文 計也 易·說卦 數往者順 詩·小雅 心焉數之 禮·曲禮 問國君之富，數地以對 又 博雅 責也 左傳·昭二年 使吾數之 註 責數其罪 又 集韻 爽阻切音所。義同 又 shù 廣韻 色句切 集韻 韻會 正韻 雙遇切音揀。算數也 又 經音辨計之有多少曰數 類篇 枚也 易·節卦 君子以制數度，議德行 疏 數度，謂尊卑禮命之多少。又 繫辭 極數知來之謂占 疏 蓍策之數 書·大禹謨 天之曆數在汝躬 疏 天之曆運之數 周禮·天官·宰夫 掌官常以治數 註 治數，每事多少異也 後漢·律曆志 隸首作數 註 隸首，黃帝之臣。 又 shuò 廣韻 集韻 韻會 正韻 色角切音朔。頻數也 禮·祭義 祭不欲數，數則煩 爾雅·釋詁 數，疾也 疏 皆謂急疾也 又 sù 集韻 蘇谷切音速 禮·樂記 衛音趨數煩志 註 趨數讀爲促速，聲之誤也 史記·賈生傳 淹數之度兮，語余其期 註 徐廣曰：數，速也 又 cù 集韻 韻會 趨玉切音促。細也 孟子 數罟不入洿池 趙岐註 密細之網 又 xǔ 集韻 聳取切音縒。數數，猶汲汲也 又 所錄切。汲水疾也 莊子·天地篇 數如洗湯 又 sù 所六切音縮。數數，迫促意 又 zhuó 仕angle切音涊。促也。鋻又数21663数21666 毂43490数21742數21746數21732數21849

敹 21726 10613 liáo_11.15 廣韻 落蕭切 集韻 韻會 憐蕭切 正韻 連條切音聊 說文 擇也 玉篇 簡也 書·費誓 善敹乃甲胄 傳 言當善簡汝甲鎧冑 疏 敹謂穿徹之，謂甲繩有斷絕，當使敹理穿治之 ○按 書俗本譌作敿 字彙 譌作敿，丛非 又 集韻 離昭切音繚。義同。鋻又敹27130

敺 21727 10614 qū_11.15 玉篇 古文驅字 周禮·夏官·方相氏 以索室敺疫 前漢·鼂錯傳 敺略畜產 註 師古曰敺與驅同 佩觿集 以殿擊之謂爲敺逐其順非有如此者。鋻又敺21734

敥 21728 10615 qiè_11.15 字彙補 古文竊41451字。

敧 21729 10616 guàn_11.15 六書統 同貫。

敱 21733 43772 yōu_11.15 龍龕 音憂 音諧。裁至也。與敱同。鋻俗敱57745

敹 21730 10617 gài_11.15 集韻 雄皆切

敠 21731 10618 shā_11.15 集韻 殺27044古作敠。

敩 21732 43771 shǔ_11.15 五音篇海 同數。

旀 21736 u2ABD2 null_11.15 喃 未詳。

敺 21734 43773 qū_11.15 字彙補 同敺

敳 21738 u2ABD3 zào_11.15 張亞初：同槽20452殷周金文集成·17.11376·十八年戈 冶舒敳戈。讀若造。

嶅 21743 u2FD7 null_11.15 未詳。

敹 21735 u2ABD6 lù_11.15 古文勠18979 見殷周金文 字彙補 从女作敹11285

麬 21739 u2305B lí_11.15 俗麬21936

敵 21737 u2ABD4 dí_11.15 同敵21716 龍龕 敵，音笛。敵對當匹也。又 輩也。主也。

敧 21740 u22FDD qiè_11.15 奇字韻 敧，蒼頡篇 竊41451字。

敼 21741 u22FDC màn_11.15 俗敹21937

敷 21742 u22FD9 shù_11.15 俗數21725

敼 21745 u22FD5 màn_11.15 同敼21741俗敹21937

敠 21744 u22FD6 pāo_11.15 同敠21723

敹 21748 10619 liǎo_12.16 廣韻 力小切音憭 玉篇 小長貌。鋻又趬58561額68393 又 廣韻 作敹21365 又 名義 敹，力小反。敵，長㒵。

敹 21746 uF969 shù_12.16 兼數。

敼 21749 10620 yǐ_12.16 玉篇 於己切，音喜◇ 篇海 戲也。鋻 正字通 歖26475字之譌。

敻 21747 u657B xiòng_11.15 同敻21717 音吸。擊也。或作搄。鋻又敻21782

敹 21750 10621 xī_12.16 集韻 迄及切音吸。擊也。或作搶。鋻又敹21782

敠 21751 10622 chóu_12.16 正字通 同敹21821 說文 作敠。

敧 21752 10623 fén_12.16 集韻 符分切音汾。蒶或作敧。

敹 21753 10624 gài_12.16 類篇 敹作敹。鋻 正字通 敹57745字之譌。

敹 21754 10625 luàn_12.16 廣韻 郎段切 集韻 盧玩切音爨 說文 煩也 玉篇 惰也，亂也 集韻 或作媷，通作亂 ○按 說文 从𢆶者，訓煩。从乙者，訓治。二字不可通用。今相承已久，不能改正。鋻 集韻 作敹21783

敽 21755 10626 jiǎo_12.16 唐韻 居夭切 集韻 韻會 舉夭切音矯 說文 繫連也 書·費誓 敽乃干 傳 施汝楯紛 疏 鄭云敽，猶繫也。王肅云敽楯當有紛繫持之 ○按 書·費誓 敽乃干，傳謂施汝楯紛也。疏，敽乃干者，謂必施功於楯紛。紛如綬而小繫於楯以持之，是繫於盾者爲敽 廣韻 敽，訓盾也 集韻 渠廟切，盾謂之敽。似敽卽盾，非。當從 書 疏 又 集韻 渠廟切音嶠。義同。鋻又敹27120敹21789

敲 21756 10627 qiāo_12.16 廣韻 苦幺切 集韻 牽遙切丛音鄡◆ 說文 繫也 類篇 繫田也 又 廣韻 五交切 集韻 牛交切丛音聱 又 廣韻 苦擊切音喫。義丛同 又 jiāo 集韻 堅堯切音驍。

與敳同玉篇擊也。鼇又敳21784

敠 21757 10628
dèng_12.16 集韻唐亙切音鄧。擊也。

籹 21758 10629
bō_12.16 玉篇古文播20717字。

敾 21759 10630
shàn_12.16 集韻時戰切音繕玉篇治也類篇補也。鼇亦作敾,同繕44906集韻繕敾,時戰切說文補也。或從攴。

擻 21760 10631
sù_12.16 廣韻息逐切集韻息六切夶音夙。與擻同。擊也玉篇打聲。

敜 21761 10632
chéng_12.16 廣韻宅耕切集韻除耕切夶音橙說文撞也。亦作敁21632鼇又敕21774

敜 21762 10633
chéng_12.16 廣韻長庚切音根。挭也又集韻除耕切音橙。義同。鼇又敕27125敕21781敜21761殹27061

散 21763 10634
sǎn_12.16 廣韻蘇旱切集韻顙旱切夶音傘說文雜肉也。從肉椒聲廣韻今通作散又sàn廣韻蘇旰切音漢。義同。鼇又敾21785敜21828敖47956敹21358敹21369

敬 21764 10635
jìng_12.16 廣韻敬古作敬○按說文敬從苟,苟從羊省。古文不省,作莕。此從古文莕字也。

敵 21765 10636
dí_12.16 六書統同敵。

肳 21773 u2ABD7
null_12.16 喃未詳。

整 21766 10637
zhěng_12.16 廣韻集韻韻會正韻夶之郢切,征上聲說文齊也。從攴從束從正註束之又小,擊之使正也五經文字敕今皆作勑,惟整字從此敕作飭者,訛詩·大雅爰整其旅疏整齊其師旅又左傳·莊十三年夫禮,所以整民也疏整理天下之民又增韻整飭也。鼇又整21714整26661整04155整21791剳17853憨18093憨18272憨17955整21698

攸 21767 10638
mù_12.16 集韻穆40736古作敆。

擉 21768 10639
chuò_12.16 集韻敕角切。擊也。

敵 21769 10640
luàn_12.16 說文長笯同亂00504鼇又敵21754

揪 21770 43774
sàn_12.16 五音篇海同散。

敵 21771 u2ABD9
null_12.16 殷周金文集成·7.4038·章叔簋章叔將自乍尊敵,其用追孝于朕敵考。讀若嫡。

敹 21776 u22FFB
lán_12.16 俗敵21943

敨 21772 u2ABD8
null_12.16 殷周金文集成·4.2166散史鼎散史乍考舝彝。讀若撈。

敨 21775 u22FFC
tuǒm_12.16 喃從攴尋tâm聲。

敾 21777 u22FFA
sǎn_12.16 同敾21785

敜 21774 u22FFD
chéng_12.16 同敜21761

敵 21778 u22FF9
shā_12.16 同獙32265玉篇布敆獙,並古文敆27044

敥 21779 u22FF8
cè_12.16 同敥42370類篇測革切博雅擊也。

叡 21780 u22FF6
ruì_12.16 俗叡05311亦作叡21816

敍 21782 u22FF4
xī_12.16 同敍21750

敷 21781 u22FF5
chéng_12.16 同敷21762

敾 21785 u22FF1
sǎn_12.16 同散21763

敵 21783 u22FF3
luàn_12.16 同敵21754

敨 21784 u22FF2
qiāo_12.16 同敨21756玉篇公幺、公的二切。擊也。又慧琳音義敀21685門;又作敀蒼頡篇作敨,同。

敨 21788 u3AAA
sà_12.16 同敨67807

敹 21786 u22FF0
liáo_12.16 敹21726譌字。

敨 21787 u22FEF
null_12.16 字見殷周金文集成·4.1655·敨父辛鼎

敆 21789 u657F
jiǎo_12.16 同敆21755

整 21791 u6574
zhěng_12.16 同整21766

敾 21790 u657E
shàn_12.16 同敾21759

敨 21792 10641
cāo_13.17 廣韻七刀切集韻倉刀切夶音幧玉篇亦操字。

藆 21793 10642
sè_13.17 廣韻火弔切音嬈說文悲意也○按說文從欠,在欠部。譌從攴,非是。

敨 21794 10643
léi_13.17 集韻盧回切音雷玉篇摧也。

敨 21795 10644
zhǎn_13.17 集韻職琰切音颭。敨敨,舉手貌。又止染切音黵。義同。

敨 21796 10645
lǐ_13.17 玉篇盧啟切音禮。敵也。

斂 21797 10646
lián_13.17 廣韻力鹽切集韻離鹽切夶音廉。斂鼓也,鼓初打也。或作鎌、揀。鼇又斂21809斂21806

敨 21798 10647
zhuó_13.17 唐韻廣韻集韻類篇韻會夶竹角切音琢說文去陰之刑書曰:劓刵敨黥○按書·呂刑今作劓刵椓黥。又集韻都木切音啄。義同。又zhú類篇朱欲切音燭。擊也。又shǔ集韻殊玉切音蜀。義同。鼇又剭03791敨21370敨21811

敨 21799 10648
yì_13.17 唐韻廣韻羊益切集韻類篇韻會正韻夷益切夶音亦說文解也,厭也書·太甲朕承王之休無斁傳我承王之美無厭詩·周南服之無斁箋乃能整治之,無厭倦又說文一曰終也又小爾雅明也又dù廣韻當故切集韻正韻都故切夶音妒。同斁。敗也書·洪範彝倫攸斁傳斁,敗也釋文多路反說文引洪範作斁詩·大雅耗斁下土箋斁,敗也釋文說文字林皆作斁又前漢·薛宣傳不得其人,則大職墮斁註斁,丁固反。壞也又tú集韻同都切音徒。塗也周書敨丹膅○按今書·梓材惟其塗塈茨,又惟其塗丹膅。疏於二文皆言敨卽古塗字。則塗本有作敨者,而說文引書作敨書古文訓亦作敨。蓋敨譌爲敨也又集韻徒故切音度。義同。鼇又敨敨26499敨33657敨45647

斂 21800 10649
liǎn_13.17 唐韻良冉切集韻韻會正韻力冉切夶音鎌說文收也。爾雅·釋詁聚也疏斂者,率聚也詩·小雅此有不斂穧疏不收斂之穧束也書·洪範斂時五福疏以斂聚五福之道也周禮·天官·大宰以九賦斂財賄又儀禮·聘禮斂纗註斂,藏也又博雅斂,取也。又欲也,予也,略也又姓左傳·定七年公斂處父御孟懿子廣韻姚秦錄有輔國將軍斂憲又廣韻集韻韻會夶力驗切

音燫。義同▢lián 集韻 離鹽切音廉。敛盂,地名 左傳·僖
二十八年 晉侯、齊侯盟于敛盂 註 衞地 釋文 敛,徐音廉
韻會 作歛26490,非。鍙 又 敛21549敓21614敍02215殷27144
癥36639毀62851

21801 10650
鼜 qún_13.17 廣韻 渠云切 集韻 衢云切丛音羣 說文 朋
侵也 類篇 或省作敖。鍙 又 鼜21813敬21543

21802 41256
歌 chéng_13.17 龍龕 宅耕切,音根◇撞也。

21803 43775
歌 chén_13.17 龍龕 音塵。鍙 古文塵。

21806 u2F8CA
厰 lián_13.17 俗厰21809

21804 43776
歌 shā_13.17 字彙補 同殺

21805 u2ABDA
厰 null_13.17 殷周金文集成·1.285·叔尸鎛(摹本)厰
擇吉金,鈇鐈錆鋁,用乍鑄其寶鎛。字又从晷从奴作,
同厰,見 8.4190·陳貯簋蓋 厰擇吉金,乍兹寶殷。

21807 u2300C
歌 null_13.17 未詳。

21808 u2300B
歌 null_13.17 未詳。

21809 u2300A
厰 lián_13.17 同厰21797

21811 u23008
歌 zhuó_13.17 同敹21798

21810 u23009
歌 cāo_13.17 同敹21792籀文操。

21812 u23007
歌 yì_13.17 同敹21799

21813 u23006
歌 qún_13.17 同鼜21801

21814 u23005
歌 fú_13.17 俗敹75136見楊著碑。

21815 10651
敹 gū_14.18 篇海 音姑。義闕。鍙 王竹溪:疑是辜字 龍
龕 敹,姑、如二音 字彙 敹,姑、如二音,闕義,見 篇海
正字通 敹,舊註姑如二音,闕義,見 篇海。按:篇海多
譌文,不足信。

21816 10652
敹 ruì_14.18 正字通 叡字之譌。

21817 10653
敹 luàn_14.18 正字通 亂字之譌。

21818 10654
歌 zòng_14.18 廣韻 徂送切,叢去聲。又 集韻 粗送切,
忽去聲。敜敜,不迎自來也。鍙 又 敹21691

21819 10655
歌 chuò_14.18 廣韻 集韻 丛敕角切音逴。授也,刺也。
敜敊,痛也▢zhuó直角切音濁。舂也。築也。

21820 10656
敝 bì_14.18 集韻 毗祭切 爾雅·釋言 敝,踣也 註 前覆
禮·檀弓 射之,敝一人 註 敝,仆也 釋文 敝,亦作弊。
鍙 又 毖27228

21821 10657
歌 chóu_14.18 廣韻 市流切 集韻 時流切丛音讎◆說文
作敹。棄也 周書 以爲討 詩 云無我敹兮〇按 詩·鄭風 今
作觀▢ 集韻 齒九切音醜。又陳留切音酬。又大到切音
導。義丛同△ 廣韻 同穀。鍙 又 敹21829款26510

21822 10658
歌 fàn_14.18 廣韻 芳万切 集韻 孚萬切丛音娩 說文 小
春也▢ 集韻 充芮切音毳。又初芮切音劓。義丛同。
▢chuài楚快切 篇海 除穀芒也。鍙 又 玉篇 又萬切。小
春也 廣韻 亦作鼜43721▢穀27146簑42649䅴43741鬟43726

21823 10659
歌 bài_14.18 說文 籀文敗字。

21824 10660
歌 jìng_14.18 集韻 敬21635古作敬。

21825 43777
歌 kuí_14.18 復古編 同夔。

21827 u2ABDB
歌 null_14.18 喃 未詳。

21826 u2ABDC
歌 lín_14.18 敹鐘,亦作鐻
鐘、鑮鐘、林鐘。見殷周金文。

21829 u23018
歌 chóu_14.18 同敹21821

21828 u23019
歌 sàn_14.18 散21785本字。

21830 u23017
歌 tái_14.18 同敹21835亦作㝅29224 廣韻 邰,土來切。
地名。后稷所封。在始平。或作敹。

21831 10661
歌 bō_15.19 集韻 北角切音剝。擊也。▢bó伯各切音
博。義同。或作摝。亦作𢫥。鍙 又 敹21839

21832 10662
歌 lèi_15.19 集韻 盧對切音纇。勴或从攴。推也。鍙 又
敹21838

21833 10663
歌 shuò_15.19 集韻 式灼切音鑠。敭敹,不定貌。

21834 10664
歌 lǜ_15.19 集韻 良據切音慮。侵也。

21837 u23022
變 xiè_15.19 俗燮31828

21835 10665
敹 tái_15.19 古文庲 集韻
湯來切。同邰 前漢·地理志 右扶風敹,周后稷所封 註 同
邰〇按 字彙 又音離,訓敹牛,非是。鍙 又 敹21830

21836 u2982E
歌 kuí_15.19 俗變09849亦作夒21850䕫26673

21838 u23021
歌 lèi_15.19 同敹21832

21839 u23020
歌 bō_15.19 同敹21831

21840 u2301F
歌 và_15.19 喃 从敹巴ba聲。若干,數個。

21841 10666
歌 lú_16.20 廣韻 洛胡切 集韻 龍都切丛音盧。㪐敹,
欺也 玉篇 斂也。鍙 又 戲37073

21842 10667
歌 fú_16.20 廣韻 符弗切 集韻 符勿切丛音佛 玉篇 理
也 類篇 亦作敼。鍙 又 麟55562敹21848敹21875

21843 10668
歌 guài_16.20 廣韻 集韻 丛古壞切音怪。毀也。同壞 尚
書序 乃不壞宅 釋文 壞 字林 作敹,毀也▢huài 集韻 胡
怪切音壞。義同。鍙 又 敹21854

21844 10669
歌 xiào_16.20 廣韻 胡教切•集韻 後教切 韻會 後學切
丛音效 說文 覺悟也。篆省作學 玉篇 教也 書·盤庚 盤庚
敹于民 傳 教也。又 說命 惟敹學半 傳 教然後知困,是
爲學之半▢xué◆集韻 轄覺切音學。義同 韻會 學字 說
文 本作敹。今音效。而學校字但作學〇按 古文尚書 學
皆作敹 隸釋·高彪碑 爲敹者宗。又五十以敹。卽學字 說
文 在教部,今併入。鍙 又 教21616敩21601教21541▢ 可洪
音義 做教21855:上方冈反,下户孝反。敹學:上胡孝反。

21845 10670
歌 lì_16.20 集韻 狼狄切音歷。亂也。

21846 10671
歌 dūn_16.20 說文 敦本字。

21847 10672
歌 sàn_16.20 廣韻 蘇旰切 集韻 先旱切丛音散◆說文 繳
敹也。从隹,枚聲。一曰飛敹也▢sǎn 廣韻 蘇旱切 集
韻 穎旱切丛音饊。義同。鍙 又 㪔66328

21848 10673
〔fú〕_16.20　集韻 戴或作戴。

21849 41257
〔shǔ〕_16.20　字彙補 秦碑數字。

21850 43778
〔kuí〕_16.20　字彙補 夔字之譌。

21851 43779
〔jī〕_16.20　五音篇海 同攲。

21852 43780
〔fú〕_16.20　龍龕 同拂

21853 u2302B
〔sān〕_16.20　類篇 蘇含切。厭也。或省作戴74708　図 四聲篇韻 譌作戴21858

21854 u23029
〔guài〕_16.20　同戴21843

21855 u6586
〔xiào〕_16.20　同敦21844

21856 10674
〔líng〕_17.17　集韻 郎丁切音靈。擊也。玉篇 打也。

21857 10675
〔ràng〕_17.21　集韻 攘21175古作戴。

21858 10676
〔sān〕_17.21　篇海 蘇甘切音三。厭也。鑒俗戴21853

21860 u2ABDE
〔null〕_17.21　喃未詳。

21859 10677
〔fèn〕_17.21　集韻 方問切音糞。坖，或作戴。埽除也。鑒又戴21863戴21862

21861 u2ABDD
〔null〕_17.21　喃未詳。

21864 10678
〔niè〕_18.22　廣韻 尼輒切集韻 昵輒切犾音聶。載戴，相及也。

21862 u23032
〔fèn〕_17.21　同戴21859

21865 u23034
〔biē〕_18.22　俗鼈75207敦煌·S.5431 開蒙要訓 龜鼈魦鱛。

21863 u23031
〔fèn〕_17.21　同戴21859

21866 10679
〔biàn〕_19.23　廣韻 祕戀切集韻 彼卷切，犾編去聲。說文 更也。从支緣聲○按 玉篇 从攵作變56875攵卽攴字六書精蘊 从攵不从支，與 說文 異。變訓夋也。夋从支，變亦當从支。依 說文 爲是。俗譌从攵，相承已久，不可改正。

21867 10680
〔zuān〕_19.23　廣韻 借官切集韻 祖官切犾音鑽。姓也海西先賢傳 漢戴授，漁陽人。鑒又戴21871

21868 10681
〔lǐ〕_19.23　廣韻 盧啟切集韻 里弟切，犾音禮。說文 數也。揚子方言 戴，數也。註 偶物爲麗，故立數也。図 lí 廣韻 呂支切集韻 鄰知切犾音離。與麗通。魚麗，陣名図 lì 集韻 郎計切音俟博雅 布也。

21869 10682
〔jiǎn〕_19.23　集韻 與㡿同。鑒亦作戴21870，俗戴37077集韻 跰58686或作戴。無戴字。

21870 u2303A
〔jiǎn〕_19.23　同戴21869俗戴37077

21871 u23039
〔zuān〕_19.23　集韻 戴，祖官切。姓也廣韻 作戴21867

21874 u2303C
〔shǔ〕_21.25　同戴21873

21872 u2ABDF
〔null〕_20.24　字見 殷周金文集成·5.2594·戊寅作父丁方鼎。

21873 10683
〔shǔ〕_21.25　集韻 殊玉切音蜀。玉篇 擊也。鑒又戴21874

21876 u2303D
〔null〕_23.27　未詳。

21875 u2303E
〔fú〕_23.27　同戴21842朝鮮本 龍龕 敽，音弗。破也。戴，同上音。治也。又音拂

21877 u2303F
〔null〕_24.28　古地名。故地在今陝西省眉縣西 殷周金文集成·15.9411·戴王盉戴王乍姬姊盉。

21878 u23040
〔fú〕_25.29　同戴55561

文部

21879 10684
〔wén〕_0.4　唐韻 集韻 韻會 正韻 犾無分切音紋 說文 錯畫也。玉篇 文章也。釋名 文者，會集衆綵，以成錦繡。合集衆字，以成辭義，如文繡然也 易·繫辭 物相雜，故曰文 周禮·天官·典絲 供其絲纊組文之物 註 畫繪之事，青與赤謂之文 禮·樂記 五色成文而不亂 図 尚書序 古者伏犧氏之王天下也，始畫八卦、造書契，以代結繩之政，由是文籍生焉 疏 文，文字也 說文·序 依類象形，故謂之文。其後形聲相益，卽謂之字 古今通論 倉頡造書，形立謂之文，聲具謂之字 図 易·乾卦 文言 文謂文飾図 易·坤卦 文在中也 疏 通達文理 史記·禮書 貴本之謂文，親用之謂理。兩者合而成文，以歸太一，是謂太隆図 書·堯典 欽明文思安安 疏 發舉則有文謀図 禮·禮器 先王之立禮也，有本有文。忠信，禮之本也。義理，禮之文也 史記·樂書 禮自外作，故文 註 文猶動，禮肅人貌。貌在外，故云動図 禮·樂記 禮減而進，以進爲文。樂盈而反，以反爲文 註 文，猶美也，善也図 左傳·僖二十三年 吾不如衰之文也 註 有文辭也。又 前漢·酷吏傳 司馬安之文法 註 以文法傷害人也 又 按其獄皆文致不可得反 註 言其文案整密也図 姓 前漢·循吏傳 文翁，廬江舒人也図 史記·諡法 經緯天地曰文，道德博聞曰文，勤學好問曰文，慈惠愛民曰文，愍民惠禮曰文，錫民爵位曰文図 獸名 山海經 放皋之山有獸焉，其狀如蜂，岐尾，反舌，善呼，曰文文図 wèn 集韻 文運切音問 論語 小人之過也必文 朱傳 文，飾之也，去聲図 mín 眉貧切音珉。飾也 禮·玉藻 大夫以魚須文竹，劉昌宗讀図 韻補 叶微勻切崔駰 達旨 摛以皇質，雕以唐文。六合怡怡，比屋爲仁 張衡·西京賦 都邑游俠，張趙之倫。齊志無忌，擬跡田文。鑒又忞16441㸬21924

21880 2F42
〔wén〕_0.4　部 文21879

21881 u23041
〔pū〕_2.6　同支21373

21882 u2ABE0
〔null〕_3.7　未詳。

21883 u23042
〔null〕_3.7　未詳。

21884 u3AAF
〔jǔ〕_3.7　俗舉48394亦作牟21890

21885 u6588
〔xué〕_3.7　同㸯09776，俗學。敦煌·S.5588 求因果在生不斈分毫善，惡事專心羡。又 清平山堂話本·西湖三塔記 又有一個叔叔，出家在龍虎山斈道。

21886 2B807
〔xín〕_4.8　簡 歐21930

21890 u23044
〔jǔ〕_4.8　俗舉48394

21887 u2ABE2
〔null〕_4.8　見 㸯篋，張亞初讀資57807

21888 u2ABE1
〔null〕_4.8　未詳。

21889 u23045
〔null〕_4.8　未詳。

21891 u23043
〔xué〕_4.8　同斈21885，俗學。

21892 u6589
〔qí〕_4.8　同齊75525

21893 43781
〔bì〕_5.9　海篇 音弼

21894 u2ABE3 null_5.9 未詳。

21895 u23048 null_5.9 未詳。

21896 u23047 null_5.9

21898 u10685 bān_6.10 集韻逋閑切 音瑞。斒或作㪉，色不純也。鑾正作斒21906

21897 u23046 null_5.9 無非切音薇。通作微說文妙也註徐鉉曰：从山从尚省。尚，物初生之題，尚微也。鑾同散21486，从攴。

21899 u10686 wēi_6.10 唐韻集韻㶧

21900 10687 qí_6.10 篇海音齊。等也，中也，疾也正字通齊省作齐。斉卽齐之譌也。

21901 6.10 zhāi_6.10 篇海同齋

21902 10689 zhāi_6.10 篇海與齋同

21903 u2ABE4 null_6.10 未詳。

21905 u2304C zhāng_6.10 或俗章。

21904 u2304D dào_6.10 同㝯32201 龍龕㝯，音到。人姓。

21906 u2304A bān_6.10 類篇斒21926㪉，逋閑切。斒斕，色不純也。或从幷。

21907 10690 bīn_7.11 廣韻府巾切音彬玉篇文質貌。亦作份、彬潘岳·藉田賦士女頒斌而咸戾註頒斌，相雜之貌也。

21908 10691 yù_7.11 篇海俗譽字。

21909 10692 xù_7.11 正字通雪豫切，須去聲◇次第也○按說文从攴周伯琦·六書正譌改从文，非。詳支部敍21496字註。

21910 43782 shī_7.11 字彙補春思切，音詩◇姓也○按卽古文施字之譌。鑾又牧21443

21911 u23053 wén_7.11 同鴍72984

21912 u23051 null_7.11 未詳。

21913 u23050 guān_7.11 俗觀。亦作观。今簡化字作观。

21914 u21C88 vě_7.11 嶱从文尾vī聲。儀容。嶱梔：面容△亦作嶐62659俗作㪖21536

21915 u658F láng_7.11 俗斏21519

21916 u658D jué_7.11 俗書刊誤覺55271俗作竟，非。

21917 10693 fěi_8.12 唐韻正韻敷尾切集韻韻會妃尾切㶧音菲說文分別文也易曰：君子豹變，其文斐也○按今易·革卦斐作蔚區詩·小雅萋兮斐兮，成是貝錦傳萋、斐，文章相錯也朱傳小文之貌。又同匪詩·衞風有匪君子大學作斐區fēi集韻匪微切音非。姓也左傳襄二十三年初斐豹隸也區逋眉切音悲。義同。鑾又斐10167斐51130

21918 10694 bān_8.12 廣韻布還切集韻韻會逋還切㶧音班。辬，或作斑。駁文也韻會雜色曰斑禮·檀弓貍首之斑然。鑾又辬34509礤39217區琗21921斐21917，並俗斑可洪音義更斐：布奸反。正作斑、扳二形也，謂扳拽整理衣服也上方経作被，亦非。误。

21919 u2ABE7 null_8.12 未詳。

21921 u2ABE5 bān_8.12 俗斑21918可洪音義琗駁：上布顏反。下布角反。琗宣：上布還反，布也，次也。正作頒、斑二形也。

21920 u2ABE6 null_8.12 未詳。

21923 u23056 gàn_8.12 古俗字略 倝01398，日始出光。又乾也。敢，古。

21922 u2305A null_8.12 未詳。

21925 u23054 lón_8.12 嶱同猷10151

21924 u23055 wén_8.12 姓氏。見古璽彙編.2883-2888

21926 10695 bān_9.13 廣韻方閑切集韻正韻逋閑切㶧音瑞。斒斕，色不純也。或作㪉。亦作斒。鑾又㪉21906

21927 10696 huàn_9.13 集韻呼玩切音喚。焕斕，文采。通作焕。

21929 43783 jǐn_9.13 字彙補同錦

21928 10697 tàn_9.13 廣韻他旦切集韻他案切㶧音炭。歠歠，無文采貌圖集韻儻旱切音坦。義同。鑾又斘21654斘21633

21930 43784 xín_9.13 字彙補同颮。鑾又颮21886

21931 u23058 null_9.13 未詳。

21932 u28EEE vèn_10.14 嶱从文，院viện聲△狳隇：花狗。丂甐隇：有裂紋的瓷瓶。

21933 u2ABEA null_10.14 未詳。

21935 u2ABE8 chǎn_10.14 殷周金文集成·8.4190·陳肪簠蓋 余堕仲斖孫。或產字初文。

21934 u2ABE9 null_10.14 未詳。

21936 10698 lí_11.15 唐韻集韻㶧里之切音釐說文微畫也。鑾又斄21739

21937 10699 màn_11.15 廣韻集韻㶧莫半切音幔。縵或作斄。斄斄，無文采貌。鑾斄又斄21741斄21745

21938 10700 cǎi_11.15 六書統同彩。

21939 10701 ruò_11.15 篇海音熱。出釋典正字通藝字之譌。

21940 u23061 null_11.15 未詳。

21941 u23060 null_11.15 未詳。

21942 10702 bì_12.16 集韻毗祭切音敝。獸名。似犬有文。

21943 10703 lán_12.16 集韻斕，或作斕。鑾又斘21776

21944 u6593 lán_12.16 简斕21951

21945 43785 pán_13.17 海篇音槃。鑾文武全才，多用作人名。亦作鍫64268

21946 u23064 null_13.17 未詳。

21947 u23065 null_14.18 未詳。

21949 u23067 xiè_15.19 俗燮31828

21948 10704 yǔ_15.19 正字通同斞莊子·田子方斔斛不敢入於四境註斔音庾，六斛四斗曰斔。司馬本斔讀曰鍾。鑾又集韻鍾45324，諸容切。量名。六斛四斗曰鍾。或作斞53174通作鍾63725

21950 43786 yōu_16.20 搜眞玉鏡於鳩切。

21951 10705 lán_17.21 廣韻力閑切集韻韻會正韻離閑切㶧音蘭。斒斕，色雜也。或作斄區集韻郎干切音闌。義同。鑾又彣16483斘21943斘21776斕。

21952 u2306A wěi_17.21 干祿字書斖斖00746上俗下正。

21953 u23069 yù_17.21 或俗鬱。

21955 43787 wěi_19.23 龍龕同斖

疊 wěi_19.23　集韻武斐切。疊00746或从文。

◆ 斗部 ◆

斗 dǒu_0.4　古文𢇆 唐韻 集韻 韻會 正韻 丛當口切音陡◆說文十升也 稇經音辨升十之也 史記·李斯傳 平斗斛度量 前漢·律歷志 斗者，聚升之量也 又宿名 春秋·運斗樞 第一至第四為魁，第五至第七為杓，合為斗。居陰播陽，故稱北斗 易·豐卦 日中見斗 疏 日中盛明之時，而斗星顯見 詩·小雅 維北有斗 疏 維北天上，其北則有斗星 史記·天官書 北斗七星，所謂璇璣玉衡以齊七政也 又衡殷南斗 註 南斗六星為天廟，丞相大宰之位。又酒器 詩·大雅 酌以大斗 疏 大斗長三尺，謂其柄也。蓋從大器挹之於樽，用此勺耳 史記·滑稽傳 目眙不禁，飲可七八斗 又吳中市魚亦以斗計 松陵倡和詩 一斗霜鱗換濁醪 又前漢·王莽傳 作威斗，長二尺五寸。又周禮·地官·序官掌染草註 染草藍蒨象斗之屬 疏 象斗染黑 又尚書序 皆科斗文字 疏 科斗，蟲名，蝦蟇子也。書形似之 又史記·封禪書 成山斗入海 註 謂斗絕曲入海也。又韓愈·答張十一詩 斗覺霜毛一半加 又zhǔ 集韻 正韻 丛腫庾切音主。枓，或省作斗。勺也 周禮春官·鬯人 大喪之大渳設斗 註 所以沃尸也 釋文 斗依注，音主。又 又斘48960 斗21957 㪍33796 枓47045 㪍57047 又長沙馬王堆一號漢墓179號簡 纂書斗卮二。據實物，斗卮容量2.1升 又敦煌·P.3833 王梵志詩 天地捉秤量，鬼神用斗斛21981斛。

斗 dǒu_0.4　篇海斗本字。註詳上。又又𣁋04513

斗 dòu_0.4　部斗21956

斗 duk_2.6　韓人名用字

斗 duk_2.6　韓堤，阡陌。

斘 shēng_3.7　篇海音升。登也。

料 jiū_3.7　字彙補音鳩。出道經。

科 jiá_4.8　篇海訖點切音戛。量也。

㪠 guō_4.8　搜眞玉鏡古禾切。

斷 liáo_4.8　五音篇海音寮。

料 null_4.8　未詳。

𢪿 bàn_5.9　廣韻 集韻 丛博幔切音半 說文 量物分半也。

𣁋 null_5.9　喃未詳。

斝 hú_6.10　集韻胡谷切音縠。斛，或作斝 晉書·胡奮傳 屯萬斝堆。

斟 zhēn_5.9　篇韻與斟21996同。

㪍 đong_5.9　喃从斗冬đông聲。斗量△㪍粎：糴米。

斡 wò_6.10　廣韻 集韻 丛烏括切音斡。與捾同。取也 篇海 斗取物也 又wā 廣韻 集韻 丛烏八切音窫。義同。又huō 集韻呼括切音豁 博雅 抒也。又又斮48476

斚 30011

斜 qià_6.10　廣韻苦洽切 集韻乞洽切丛音恰。入也。

料 liáo_6.10　廣韻落蕭切 集韻 韻會 憐蕭切 正韻連條切丛音聊 說文 量也 史記·孔子世家 嘗爲季氏吏，料量平 又廣韻 度也 玉篇 數也，理也 增韻 計也 周語 料民于太原 史記·李斯傳 君侯自料能孰與蒙恬 晉書·王徽之傳 當相料理 左思·蜀都賦 盧跗是料 莊子·盜跖篇 料虎頭，編虎須 註 料，捋也 爾雅·釋樂 大鼓謂之麻，小者謂之料 註 料者，聲清而不亂 又廣韻 集韻 韻會 丛力弔切音嫽。義同 又人物材質也 杜甫詩 山色供詩料。又牛馬所食芻豆 唐書·李林甫傳 立仗馬食三品料，一鳴輒斥去 又增韻 祿料也。又又柳43204 斳43203

斚 jiǎ_6.10　正字通俗斝字。

科 dǒu_6.10　篇韻音斗。用以斟酌也。又四聲篇海科，音斗 字彙補科，東苟切音斗。義無考。

斜 qiāo_6.10　篇海類編同斜。

斛 null_6.10　未詳。

料 liào_6.10　兼料。

斜 liè_7.11　篇海力輟切音劣。量也。又又斜21984

斗 dǒu_7.11　玉篇俗斗字 前漢·平帝紀 民捕蝗詣吏，以石斗受錢 後漢·仲長統傳 令歙收三斛，斛取一斗 管子·乘馬篇 六步一斗。

斛 hú_7.11　唐韻 集韻 韻會 正韻 丛胡谷切音縠 說文 十斗也 儀禮·聘禮 十斗曰斛 前漢·律歷志 斛者，角斗平多少之量也 又量者躍於龠，合於合，登於升，聚於斗，角於斛，職在太倉，大司農掌之 又姓 姓氏急就篇 北齊有斛子慎。又又斛21971 斞55503 又斛55355 偏類碑別字·斛引 唐四鎮節度判官崔夐墓誌 又斛07142

斜 xié_7.11　唐韻似嗟切 集韻 韻會 正韻徐嗟切丛音邪 說文 抒也 玉篇 散也，不正也 王延壽·魯靈光殿賦 枝掌杈枒而斜據 又yé 集韻 韻會余遮切 正韻于遮切丛音耶。梁州谷名。在武功西南 前漢·揚雄傳 西自褒、斜 註 南山谷名也 班固·西都賦 右界褒、斜，隴首之險 註 梁州記曰：萬石城泝漢上七里有褒谷。南口曰褒，北口曰斜。長四百七十里 又shé 集韻時遮切音闍。伊雅斜，單于名 又chá直加切音秅。義同。又又褒54120

斜 liè_7.11　五音篇海同斜。

斜 jiǎo_7.11　搜眞玉鏡音角。

斜 pāng_7.11　龍龕同斜

斜 null_7.11　未詳。

斚 jiǎ_8.12　唐韻古雅切 集韻 韻會 正韻舉下切丛音賈 說文 玉爵也。从叩从斗，冂象形，與爵同意。或說斝受六升 詩·大雅 洗爵奠斝 周禮·春官·司尊彝 祼用斝彝、黃彝、

黃彝 禮·明堂位 爵，夏后氏以琖，殷以斝，周以爵 註 斝，
畫禾稼也 正字通 兩柱交，似禾稼，故曰斝 又 jià 集韻 居
迓切 正韻 居亞切 达音駕。義同。 說文 俗作斚，非。 鑒 又

舜 05119 舜 48544 莘 49445

斟 21991 43794 zhēn_8.12 龍龕 同斟 斺 21989 10724 pāng_8.12 廣韻 普郎切
集韻 鋪郎切 达音滂 說文 量溢也 又 廣韻 薄庚切 集韻
蒲庚切 达音彭。 又 集韻 蒲光切音旁。 義达同。

搧 21990 41260 tiāo_8.12 篇海類編 同斟。

斜 21993 u2307E null_8.12 未詳。 斛 21992 u23080 tiāo_8.12 說文 斛，斜
芻有斛。从斗屍聲。一曰突也。一曰利也 爾疋 曰：斛謂
之鐴。古田器也 △ 廣韻 作斛 21997，吐彫切。斗旁耳。

魁 21994 u2307D kuí_8.12 俗魁 71471 斞 21995 10725 yǔ_9.13 唐韻 以主切
集韻 韻會 勇主切 达音庾 說文 量也 周禮·冬官考工記
工人 絲三邸，漆三斞 玉篇 今作庾 小爾雅 四豆爲區，四
區曰釜，二釜有半曰庾 集韻 或作斜，亦作斔、䆛。

斟 21996 10726 zhēn_9.13 廣韻 職深切 集韻 韻會 正韻 諸深切音
針 說文 勺也 楚辭·天問 彭鏗斟雉帝何饗 註 斟，勺也。
又 周語 而後王斟酌也 註 斟，取也 又 後漢·馮衍傳 意
斟愖而不澹 註 斟愖，猶遲疑也 又 揚子方言 斟，益也 註
言斟酌而益之 又 玉篇 計也 又 國名 左傳·襄四年 滅斟
灌及斟尋氏 註 二國，夏同姓諸侯，仲康之子 又 姓 姓氏
急就 漢博士斟尚。 鑒 又 斟 08255 斟 08402 斟 08341 斛 21968
斟 21991 斟 62212 斳 62213

斛 21997 10727 tiāo_9.13 唐韻 吐彫切 集韻 韻會 正韻 他彫切 达音
桃。 說文 斜旁有斛 正字通 古量器也 前漢·律歷志 量者，
龠合升斗斛。其法，用銅方尺而圜其外，旁有庣焉。其
上爲斛，其下爲斗，左耳爲升，右耳爲合、龠。其狀似
爵。以縻爵祿 ○按 說文 从斗屍聲，應入八畫 正字通 誤
从庣，入九畫，非 說文 又引 爾雅 以爲田器。今按 爾雅 釋
器 剌謂之鐴，从 刂不从斗 正字通 以 說文 爲誤，是。
鑒 又 斛 21992 斷 22063 斛 21977 搧 21990

斛 21998 41259 guō_9.13 篇海類編 音戈。溫器。

斠 21999 u23085 null_9.13 未詳。 斠 22002 10729 jué_10.14 廣韻 吉岳切
集韻 韻會 古岳切 正韻 訖岳切 达音覺 說文 平斗斛也
博雅 量也 玉篇 今作角 又 集韻 居效切音教。義同。

斜 22000 u23083 già_9.13 喃 从斗者già聲 △ 没斜秼：稻穀一斗。

斛 22001 10728 yǔ_10.14 集韻 斞或作斛。

斡 22003 10730 wò_10.14 唐韻 集韻 韻會 烏括切 正韻 烏活切 达音
腕 說文 蠡柄也。揚雄、杜林說，皆以爲軺車輪斡 玉篇 轉
也，柄也 增韻 旋也，運也 前漢·賈誼傳 斡棄周鼎，寶康
瓠兮 又 斡流而遷 又 guǎn 集韻 韻會 达古緩切音管。
輨，或作斡 前漢·百官公卿表 斡官 註 如淳曰：斡音筦，
或作幹。斡，主也，主均輸之事 又 前漢·食貨志 欲擅斡

山海之貨 註 師古曰斡謂主領也。鑒 又 斡 04597 又 龍龕
斡 59996 斡 60098 俗，斡 60045 正，烏活反。与斡同，斡轉也。

斜 22004 10731 pāng_10.14 正字通 俗斜字。 鑒 又 斜 21986

斟 22006 u2ABED null_10.14 未詳。 斛 22005 43795 qiāo_10.14 搜眞玉鏡 七
遙切。 鑒 斛字之譌 又 挑 21977 搧 21990

犖 22007 u23088 luò_10.14 犖 32843 譌字 四部叢刊·初編集部·集註分
類東坡先生詩二十五卷·卷之二十·送別上·詩三十九
首·次韻景仁留別 欲參兵部選，有力誰如犖。

斲 22008 10732 lǒu_11.15 廣韻 郎斗切 集韻 郎口切 达音塿。斲斲，
兵奪人物也。出新字林

斝 22010 10734 yùn_11.15 篇海 與熨同。斝斛，俗用○按卽今熨斗。

斛 22011 u2ABEE null_11.15 未詳。 斛 22009 10733 dí_11.15 廣韻 都歷切
集韻 丁歷切 达音的 博雅 量也。

斛 22012 u2308B gáo_11.15 喃 从斛告cáo聲。

斛 22013 10735 tǒu_12.16 廣韻 天口切 集韻 他口切 达音妵。斛
斲 22008 鑒 又 斜 43825 斛 74807

斲 22016 10738 dòu_13.17 篇海 同斲 斛 22014 10736 chù_13.17 唐韻 昌六切
音俶 說文 相易物俱等曰斛 類篇 斲也 又 dòu 玉篇 丁豆
切 廣韻 都豆切 集韻 丁候切，並音鬥。義同 又 玉篇 角
力競走也 又 集韻 樞玉切音觸。義同。鑒 又 斲 22016

斛 22017 u2ABEF null_13.17 喃 未詳。 斛 22015 10737 jū_13.17 廣韻 舉朱切
集韻 韻會 恭于切音拘 說文 挹也 博雅 抒也 玉篇 酌
也 詩·小雅 不可以挹酒漿 傳 挹，斛也 儀禮·士冠禮 註 勺
尊升所以斛酒也 又 與仇同 詩·小雅 實載手仇 註 仇讀
曰斛。鑒 又 斛 22020 斛 22021 鄭 62050 鄭 62137 鄭 62109

斛 22018 u2308D null_13.17 未詳。 斛 22019 u2308E null_14.18 未詳。

斛 22020 u2308F jū_15.19 六書正譌 斛 22015，俗作斛，非。

斛 22021 u23090 jū_16.20 同鄭 62137 俗斛 22015

斛 22022 u2ABF0 null_17.21 喃 未詳。

斛 22023 10739 fàn_19.23 廣韻 集韻 达方願切音販 說文 抒滿也。
又 fàn 廣韻 芳萬切 集韻 孚萬切 达音嬔。量也 又 juàn
廣韻 居願切音眷。㲋物也。鑒 又 斛 16021

◈ 斤部 ◈

斤 22026 u2F44 jīn_0.4 部 斤 22024 斤 22024 10740 jīn_0.4 唐韻 集韻 韻
會 达舉欣切音筋 說文 斫木也 周禮·冬官考工記 宋之斤
正字通 以鐵爲之，曲木爲柄，剞劂之總稱 集韻 或作釿
又 集韻 一曰權輕重之器 前漢·律歷志 斤者，明也。三
百八十四銖 易 二篇之爻，陰陽變動之象，十六兩成斤
者，四時乘四方之象也 小爾雅 二鍰四兩謂之斤 註 六兩

爲鏺 図姓 廣韻 斤氏，後改爲艾氏。奇斤氏，後改爲奇氏 図jìn 廣韻 集韻 韻會 丛居焮切音靳 爾雅·釋訓 明明、斤斤，察也 詩·周頌 斤斤其明 傳 斤斤，明察也 図xīn 集韻 許斤切音欣。斤斤，仁也。鏊又㪊02420

斗 22025 10741 dǒu_0.4　字彙補古文斗21956字。

斥 22027 10742 chì_1.5　廣韻 集韻 韻會 正韻 丛昌石切音尺。同庶。逐也，遠也 左傳·昭十六年 大國之求，無禮以斥之，何饜之有 史記·淮南王傳 王使郎中令斥免 註 屏斥。図 書·禹貢 海濱廣斥 釋文 斥謂地鹹 前漢·刑法志 除山川沈斥 図 周禮·冬官考工記·弓人 斥蠖 註 屈蟲也 図 左傳襄十一年 納斥候 註 不相備也 史記李廣傳 然亦遠斥候，未嘗遇害 註 索隱曰：斥，度也。候，視也，望也。図 左傳襄三十一年 寇盜充斥 註 充滿斥見，言其多。図 史記·司馬相如傳 除邊關之益斥 註 斥，廣也 図 前漢·惠帝紀 視作斥土者 註 如淳曰：斥，開也 図 後漢·孔融傳 擬斥乘輿 註 斥，指也 図 張衡·西京賦 絕阬踰斥 註 斥，澤厓也 図山名 爾雅·釋地 東北之美者，有斥山之文皮焉〇按 釋文 音尺 廣韻 集韻 入禡韻，充夜切，俱書作庠，疑誤◇。又姓 正字通 見姓纂 図tuò 集韻 闥各切音託 莊子·田子方 揮斥八極 註 揮斥，猶放縱也 図chè 集韻 恥格切。與坼08448同 図 韻補叶敕略切 史記·自序 王遷辟淫，良將是斥。叶上爵。鏊又㳀35867 庠04814 庍15359 図 龍龕 庍04811 斥04793二俗，斥，今通。

𡉥 22029 u23093 null_3.7　未詳。

㪶 22028 43796 lè_2.6　五音篇海力得切，音礐◇。鏊㪶，同㪶03923

所 22030 10743 yín_4.8　廣韻 語斤切 集韻 魚斤切 丛音垠。說文二斤也 增韻 砧也 六書本義 與劓、鍘同。

斧 22031 10744 fǔ_4.8　唐韻 方矩切 集韻 韻會 匪父切 丛音甫 說文 斫也 釋名 斧，甫也。甫，始也。凡將制器，始用斧伐木，已乃制之也 廣韻 神農作斤斧陶冶 易·旅卦 得其資斧 註 斧，所以斫除荊棘，以安其舍者也 孟子 斧斤以時入山林 詩·豳風 既破我斧 傳 隋銎曰斧 図 凡以斧斫物，亦曰斧 古詩·苦寒歌 擔囊行取薪，斧冰持作糜 註 天寒水凍，故斫冰作粥也 図仙名 左思·蜀都賦 山圖采而得道，赤斧服而不朽 註 列仙服丹砂不死也 図 儀禮·覲禮 天子設斧依于戶牖之閒 註 依，如今綈素屏風也。有繡斧文，所以示威也。斧謂之鏤 図 鉞斧，今儀仗中亦有之，其形圓如月然△ 集韻 或作鈇。鏊又鈇62819 鐇63561 挎19979 㠾32305 蟒52838

斨 22032 10745 qiāng_4.8　唐韻 七羊切 集韻 千羊切 丛音瑲 說文 方銎斧也 釋名 斨，戕也，所伐皆戕毀也 詩·豳風 取彼斧斨 傳 斨，方銎 疏 斨，卽斧也。唯銎孔異耳 図人名 書·舜典 讓于殳斨暨伯與 傳 二臣名。

㪺 22033 10746 xǐ_4.8　玉篇 集韻 丛古文析23684字。

斯 22034 10747 sī_4.8　玉篇 古文斯22062字。鏊又斯22035

斯 22035 43797 sī_4.8　龍龕音斯。鏊㪵字之訛。

斨 22036 43798 xīn_4.8　搜眞玉鏡音欣。

欣 22037 u2ABF1 xiān_4.8　或同掀 掀仲爽盤 攽中罋履用其吉金。

祈 22038 u23098 qí_4.8　類篇 祈39662或作祈 新修玉篇 祈，渠希切，求也，報也，告也，古文祈。

斬 22039 u65A9 zhǎn_4.8　简斬22052

所 22040 10748 chè_5.9　篇海丑格切，音策〇開也〇按音義卽坼字之訛。

听 22041 10749 kě_5.9　廣韻 虛我切 集韻 口我切 丛音可。擊也。同㪣 類篇 斯㪣，擊也。鏊正字通㪣，斯22042字之訛。舊註音可。斯㪣，擊也。誤。

斫 22042 10750 qú_5.9　唐韻 其俱切 集韻 權俱切 丛音劬 說文 斫也 爾雅·釋器 斫、斸謂之定 註 鋤屬 疏 定謂之耨 類篇 或作斷 図 集韻 恭于切音鉤。又居侯切音鉤。義丛同。

斫 22043 10751 zhuó_5.9　唐韻 之若切 集韻 韻會 職略切 丛音灼 說文 擊也 玉篇 刀斫 後漢·呂布傳 拔戟斫机 枚乘·七發 使琴摯斫斬以爲琴 図 揚子方言 揚、越之郊，凡人相侮以爲無知謂之耴，或謂之斫 註 斫，郅斫頑直之貌，今關西語亦皆然 図姓 廣韻 漢複姓有斫胥氏 何氏姓苑 云今平陽人。又chuò 集韻 尺約切音婥。碻斫，不解悟貌。鏊又斫38829 斪22073 碻39446 鐯64340 斵22118 礷39525 樺25699

斯 22044 43799 suǒ_5.9　搜眞玉鏡音所。

斯 22045 u2309A zhé_5.9　同折19276 說文 折，篆文斯从手。

斯 22046 10752 luò_6.10　集韻 歷各切音洛。剔也。或作剫 図gé 各額切音格。捕也。鬭也 玉篇 亦作戮。

斿 22047 43800 xiàng_6.10　五音篇海音向。

斯 22048 43801 xīn_6.10　搜眞玉鏡音忻。

斯 22050 u3ABF zhé_6.10　折本字。从斤斷屮。

斬 22049 u2309B null_6.10　未詳。

斯 22056 u27D46 gǎn_7.11　㖞从近省从貝△斯低：最近，近來。迣斯：將屆。斯嚕：親近。斯坦睞呑：遠天近地，風燭殘年。

斯 22051 10753 luǒ_7.11　唐韻 來可切 集韻 朗可切 丛音㰆 說文 柯擊也 集韻 或作剆、剫。鏊又剺48893

斬 22052 10754 zhǎn_7.11　唐韻 正韻 側減切 集韻 韻會 阻減切 丛音蘸 說文 截也。從車從斤。斬法車裂也 博雅 裁也 釋文 斬，暫也。暫加兵曰斷也 爾雅·釋詁 斬，殺也 詩·小雅 斬伐四國 周禮·秋官·掌戮 掌斬殺賊諜而搏之 図 杜甫詩 斬新花蕊未應飛 註 禪家有斬新日月之語 図zhàn 集韻 莊陷切音蘸。艾也。鏊又斬22039

斯 22053 10755 zhé_7.11　集韻 之列切音浙。折19276，或作斯。

斷 22054 10756 duàn_7.11　玉篇 同斷。俗字。

斦 22055 41262
jìn_7.11 說文長箋近字。

犳 22057 10757
zhuó_8.12 集韻與斱22084同。

斷 22058 10758
duàn_8.12 玉篇古文斷22114字。

斬 22059 10759
duàn_8.12 正字通古文斷字之譌〇按玉篇斷古作斬。即斷字之譌。

朋 22060 10760
bēng_8.12 集韻悲朋切音崩玉篇斷也。鑿同刪03518

斮 22061 10761
zhuó_8.12 古文斮唐韻集韻韻會側角切正韻竹角切丛音捉說文斬也書·泰誓斮朝涉之脛註斬而視之疏斮，斫也史記·魯仲連傳因齊後至則斬註欺三軍者，其法斮図楚辭·七諫羌兩足以畢斮註斮，斷也図爾雅·釋器魚則斮之註謂削鱗也図廣韻集韻丛側略切音灼。又集韻士略切。義丛同。鑿又斲19002

斯 22062 10762
sī_8.12 古文所廣韻息移切集韻韻會相支切，丛音廝說文析也爾雅·釋言斯，離也註齊、陳曰斯詩·陳風墓門有棘，斧以斯之箋維斧可以開析之呂覽·報更篇趙宣孟見桑下餓人，與之脯一胸，曰斯食之註斯，析也図爾雅·釋詁斯，此也易·解卦朋至斯孚詩·召南何斯違期図詩·小雅鹿斯之奔疏此鹿斯與鴦斯、柳斯，斯皆辭也図禮·玉藻二爵而言斯註斯，猶耳也疏耳是助句之辭図即也書·金縢大木斯拔図賤也後漢·左雄傳郎官部吏，職斯祿薄註斯，賤也図正字通雞斯，馬名。商王拘西伯於羑里，太公得犬戎雞斯之乘，以獻図波斯，國名図姓吳志·賀齊傳剡縣史斯從図與鮮同詩·小雅有兔斯首箋斯，白也。今俗語謂白之斯作鮮。齊、魯之閒聲近斯図與纚同禮·問喪雞斯註當爲笄纚聲之誤也図集韻山宜切音釃。義同図si集韻斯義切音賜詩·大雅王赫斯怒箋斯，盡也釋文鄭音賜。△集韻或作撕，亦作廝。

斨 22063 10763
tiāo_8.12 廣韻吐彫切集韻韻會他彫切丛音挑。田器。或作斛，亦作銚斛図qiāo集韻千遙切音鍫。義同。

斬 22065 10765
chǎn_8.12 六書統同剗。

斳 22064 10764
jǐ_8.12 六書統同剞 斮 22066 10766
dǐng_8.12 篇韻與斱同

斲 22067 41261
guó_8.12 字彙補唐避虎字，改虢州爲斲州。

斱 22068 43802
zhuó_8.12 川篇同斱 筶 22070 43804
xiāo_8.12 字彙補音校

斯 22069 43803
dǐng_8.12 搜眞玉鏡同鼎。

斵 22080 43806
tíng_9.13 龍龕音亭。 斲 22071 u230A9
chuí_8.12 墨子·備穴第六十二爲三四井，內新斲井中。孫詒讓閒詁：斲當爲甄35071之誤。畢云：當爲新窐45332

新 22072 10767
xīn_9.13 古文乎唐韻息鄰切集韻韻會斯人切正韻斯鄰切丛音辛說文取木也図博雅初也易·大畜日新其德書·胤征咸與惟新詩·豳風其新孔嘉禮·月令孟秋，農乃登穀，天子嘗新，先薦寢廟。又唐書·禮樂志正

且羣臣上千秋萬歲壽，制曰履新之慶図姓晉語新穆子。又複姓史記·魯仲連傳新垣衍註索隱曰：新垣，姓。衍，名也，爲梁將図州名。漢屬合浦郡，梁立新州図詩·小雅薄言采芑，于彼新田朱傳田一歲曰菑，二歲曰新田図韻補叶蘇前切道藏歌終劫複終劫，愈覺靈顏新。道林蔚天京，下光諸地仙。鑿又新22086本字。俗作斦60531新32508靪32490

斲 22073 10768
zhuó_9.13 篇海同斫正字通斲字之譌。

斮 22074 10769
dōu_9.13 集韻當侯切音兜。斷斮，偃鉏。

斷 22075 10770
shì_9.13 玉篇古文誓56024字。

斱 22076 10771
dǐng_9.13 篇韻音鼎。鐺也。三足兩耳。

斷 22077 10772
duàn_9.13 隸釋鍵爲楊君頌橋梁斷絕。即斷字。

斲 22078 41263
zhuàn_9.13 川篇音瑑。斫也。

鼑 22081 43807
dǐng_9.13 龍龕同斱 斯 22079 43805
zhé_9.13 字彙補同斯

斲 22082 43808
dàng_9.13 篇韻拾遺亭匠切。

斷 22083 10773
duàn_10.14 篇海俗斷字。

斲 22084 10774
zhuó_10.14 唐韻集韻韻會正韻丛竹角切音琢說文斫也。从斤从豰註徐鉉曰：豰器也。斤以斫之。或从畫刋作斵書·梓材既勤樸斲傳已勞力撲治斲削。鑿又斲22100剄03647斱22068斯57047斲22102斯22101斷22107斷22117斵22078斱22057斸62014鐯64476龍龕鐯64611或作，鐯64468正，竹角反。鐯斧也。

斷 22085 10775
shì_10.14 集韻誓56024古作斷。

新 22086 u230BA
xīn_10.14 正字通新，新22072本字。

斷 22087 u230B9
zhé_10.14 同斯22079籀文折。

斷 22088 u230B8
duàn_10.14 同斷26662古文斷22114

斲 22089 u230B7
jìn_10.14 斲67161字之誤。見正字通

斷 22090 10776
ōu_11.15 集韻烏侯切音謳。斷斮，偃鉏也図kōu墟侯切音摳。與剾同。剜也。

斷 22091 10777
zhù_11.15 廣韻集韻丛章恕切音翥。斫也。

斷 22092 10778
qín_11.15 集韻渠巾切音勤。同芹。楚葵也。今水中芹菜是也図jīn几隱切音謹。朋也〇按斷與革部靳字不同正字通引左傳及說文與靳字相混，非是。

斷 22093 10779
wò_11.15 篇韻音獲。斫也。

斷 22094 41264
fá_11.15 字彙補地名。音未詳穆天子傳天子至於澡澤之上，斷多之汭。鑿斷多，水名。亦作剟03734

斷 22095 u230BE
duàn_11.15 俗斷22114慧琳音義能斷：今經文作斷，皆隸書從省略也。或取便穩而作，非正體也。

斳 qín_11.15　俗斳22092　音鄰。水在石澗中響　正字通同瀳。水在石間，當作瀳

斲 zhuó_12.16　篇海斲本字

斵 zhuó_43809　龍龕同斲

斳 zhú_12.16　篇海俗斸字

斳 xīn_12.16　龍龕同薪

斲 zhuó_12.16　玉篇同斲〇按說文斲或从畫从斗，改从斤，非。

斳 zhuó_12.16　五經文字斲，經典相承或作斳。

斷 ruǎn_12.16　搜眞玉鏡音軟。

斷 cuì_13.17　集韻斳22113，亦作斳。

斲 zhuó_13.17　廣韻張略切，音碏。同鐯。鏃也　玉篇破也〇按集韻作斳。鑿又離66361

斶 chù_13.17　集韻樞玉切音觸。人名呂氏春秋齊有顏斶〇按戰國策作斀史記·田單傳作蠋

斲 zhuó_43812　川篇同斲

斲 zhuó_13.17　篇海俗斲字

斳 dǐng_13.17　搜眞玉鏡同鼎。

斶 dàng_13.17　龍龕都浪切。

斲 zhuó_14.18　川篇同斲

斳 lín_14.18　篇韻與斳同

斳 cuì_14.18　集韻此芮切音脺。斷也。剸，或作斳，亦作劀　類篇初芮切，音橇。又集韻初轄切音刹。又類篇芻刮切音纂。義丛同。鑿又斳22105

斷 duǎn_14.18　古文斷劃刱　唐韻正韻都管切　集韻韻會覩緩切丛音短　說文作斷。截也書·盤庚乃斷棄汝　傳斷，絕也詩·商頌是斷是遷　疏於是斬斷之　图duàn廣韻正韻徒管切　集韻韻會杜管切丛音斷。絕也　羣經音義既絕曰斷　釋名斷，段也。分爲異段也　易繫辭其利斷金　疏其纖利能斷截於金　图集韻徒玩切　正韻杜玩切丛音段。義同　图duàn廣韻丁貫切　集韻韻會正韻都玩切丛音鍛。決也　易繫辭以斷天下之疑　疏決斷天下之疑　图書秦誓斷斷猗無他技　疏斷斷，守善之貌　图周禮地官·司徒凡萬民之不服教，而有獄訟者，與有地治者，聽而斷之。鑿又詔06692斷22054斯43203斳22059斳22077斷22083斳22095趾26668斳22088

斳 null_16.20　未詳。

斷 dài_14.18　字彙補與貸同漢·故民吳公碑春秋給斷，給與無已。

斳 xīn_14.18　五音篇海音欣。

斷 zhuó_15.19　集韻與斮同〇按玉篇廣韻作斳。

斳 dǐng_15.19　搜眞玉鏡音斷。

斳 qí_15.19　金文斸、斳所从。

斷 duàn_16.20　說文斷本字。

斷 qú_18.22　集韻權俱切音劬。與斨同。

斸 zhǔ_21.25　唐韻陟玉切　集韻韻會株玉切丛音瘃　說文斫也　爾雅·釋器斸22042斸謂之定　玉篇同钃　图五音集韻之角切音琢。義同。鑿又劀03897斸22099

斸 cut_24.28　喃从斷骨cốt聲。斬，切△斸㧓：斷臂。斸頭：斬首。

◆ 方部 ◆

方 fāng_0.4　古文牁　唐韻府良切　集韻韻會分房切，丛音坊　說文倂船也。象兩舟省總頭形。或从水作汸詩·周南江之永矣，不可方思　傳方，泭也　釋文小筏曰泭　爾雅·釋水大夫方舟　註併兩船史記·酈食其傳方船而下　註謂丛船也　图易·坤卦六二直方大　註地體安靜，是其方也周禮·冬官考工記圜者中規，方者中矩淮南子·天文訓天道曰圜，地道曰方。方者主幽，圜者主明　图易觀卦君子以省方觀民設教　疏省視萬方詩·大雅監觀四方周禮·天官·冢宰辨方正位　註別四方釋文視日景，以別東西南北四方，使有分別也禮·內則教之數與方名　註方名，如東西也　图易·未濟君子以慎辨物居方　疏各居其方，皆得安其所詩·大雅萬邦之方，下民之王　箋方，猶嚮也疏諸言方者，皆謂居在他所，人嚮望之。故云方，猶嚮也　图道也易·恆卦君子以立不易方　註方，猶道也禮·樂記樂行而民鄉方　註方，猶道也。又易·復卦后不省方　註方，猶事疏不省視其方事也　图術也，法也易繫辭方以類聚　疏方謂法術性行左傳昭二十九年官修其方　註方，法術也　图放也書·堯典方命圯族　釋文方，放也　图有之也詩·召南維鵲有巢，維鳩方之　傳方，有之也　图今也詩·秦風方何爲期　箋方今以何時爲還期莊子·天地篇方且本身而異形　註凡言方且者，言方將有所爲也　图穀始生未實也詩·小雅既方既皁　箋方，房也。謂孚甲始生而未合時也　图倂也儀禮·鄉射禮不方足　註方，猶倂也　图旁出也儀禮·大射禮左右曰方　註方，旁出也　图板也儀禮·聘禮不及百名，書於方　註方，板也禮·中庸布在方策　註方，板也。策，簡也　图常也禮檀弓左右就養無方　註方，猶常也　图文也禮·樂記變成方謂之音　註方，猶文章也　图義之宜也左傳·隱三年臣聞愛子，教之以義方。又閔二年授方任能　註方百事之宜也　图比方也論語子貢方人何晏註比方人也。　图博雅方，大也，正也　图祭名詩·小雅以社以方　傳迎四方氣於郊也　图地名詩·小雅侵鎬及方　註鎬、方，皆北方地名　图姓詩·小雅方叔涖止　傳方叔，卿士也。图官名周禮·夏官·司馬職方氏、土方氏、懷方氏、合方氏、訓方氏、形方氏前漢·朱雲傳註尚方，少府之屬官也，作供御器物　图醫方史記·扁鵲傳乃悉取其禁方書，盡與扁鵲前漢·郊祀志少君者，故深澤侯人主方　註侯家人主方藥也　图fáng廣韻集韻丛符方切音房。方

與，縣名 前漢·高帝紀 沛公攻胡陵方與 註 音房預，屬山陽郡 図 páng 集韻 蒲光切音旁。彷或作方 前漢·揚雄傳 方皇於西清 註 方皇，猶彷徨也 図 wǎng 文紡切。蝄或作方 周禮·夏官·方相氏 敺方良 註 方良，罔兩也。木石之怪夔、罔兩 張衡·東京賦 腦方良 註 方良，草澤之神也〇按 說文 作蝄蜽 図 fǎng 集韻 甫兩切音倣。效也。

方 22127 u2F45
fāng_0.4　部方22126

胑 22129 43818
cóng_2.6　龍龕音從。

夗 22128 10797
yǎn_2.6　玉篇 唐韻 廣韻 韻會 於幰切 集韻 類篇 隱幰切夶音匽。與偃同 說文 旌旗之游夗蹇之貌。从中。曲而下垂，夗相出入也 図 人名。字子游 玉篇 舞歌。今作偃 図 廣韻 集韻 夶於寒切音蔫。義同。

㐂 22130 10798
chǎn_3.7　廣韻 丑善切 集韻 丑展切夶音搌 說文 旌旗杠貌。从丨从㐂 図 zhēng 廣韻 陟陵切音徵。又chuáng 集韻 傳江切音幢。義夶同。夆 又㐂22132

夆 22131 10799
páng_3.7　玉篇 古文旁22157字。

㐆 22132 10800
xiè_4.8　篇海 下戒切音械。補膝也 図 結也〇按㐆與㐃異 字彙 同㐃，非。

航 22133 10801
háng_4.8　唐韻 胡郎切 集韻 韻會 寒剛切 正韻 胡剛切夶音杭 說文 方舟也 禮 天子造舟，諸侯維舟，大夫方舟，士特舟 註 徐鉉曰：今俗別作航，非是 後漢·杜篤傳 造舟於渭，北航涇流 註 航，舟度也 方言 自關而東或謂舟爲航〇按 說文 航字在方部。今流俗不解，遂與杭字相亂者，誤也。夆 集韻 航22140航杭舫48648，寒剛切。

㫄 22134 10802
páng_4.8　廣韻 步光切 集韻 韻會 蒲光切夶音螃•說文 溥也。从二闕，方聲〇按二卽上字 說文 在上部，今併入。經典相承作旁22157

於 22135 10803
wū_4.8　古文 𣱏 𣱑 唐韻 哀都切 集韻 韻會 正韻 汪胡切，夶同烏 韻會 隸變作於。古文本象烏形，今但以爲歎辭及語辭字，遂無以爲鴉烏字者矣 図 爾雅·釋詁 註 於，乎皆語之韻絕 疏 歎辭也 書·堯典 僉曰：於，鯀哉 詩·周頌 於穆清廟。又 周頌 於乎不顯〇按或作嗚、烏，音義皆同 図 yú 廣韻 央居切 集韻 韻會 正韻 衣虛切夶音淤。語辭也 博雅 於，于也〇按 說文 于訓於也，蓋于、於古通用。凡經典語辭皆作于 図 廣韻 居也 韓愈·示兒詩 前榮饌賓親，冠昏之所於 朱子·考異 所，或作依。〇按所云作依於，則是依之以居也。孔融書舉杯相於，曹植樂府心相於，杜甫詩良友幸相於，卽相依以居之意 図 揚子·太玄經 白舌於於 註 多難貌 図 廣韻 代也 集韻 往也 図 地名 戰國策 商於之地六百里 図 姓 姓氏急就篇 黃帝臣於則造履 前漢·功臣表 涉安侯於單。夆 於从𣃚32848省。𣃚，古文烏 図 扜19226矜40258燮31313 図 簡化作𰁩00569△於作為姓不簡化。

放 22136 u2ABF3
null_4.8　字見殷周金文集成·15.9490·史放壺。

芳 22138 u230DC
null_4.8　未詳。

斦 22137 u2ABF2
qí_4.8　俗斿22158 可 洪音義曰斦：音祈 五侯鯖字海 斦，音斿。義同。

斻 22140 u230DA
háng_4.8　同斻22133 說文 方舟也。从方亢聲。

旊 22139 u230DB
null_4.8　未詳。

斾 22142 10805
pèi_5.9　正字通俗斾字 五經文字 斾从巿。从巾者，譌。

施 22141 10804
shī_5.9　古文 㫃 㫄 㫃 唐韻 式支切 集韻 韻會 商支切 正韻 申支切，夶音葹 說文 旗貌。齊欒施，字子旗，知施者旗也 註 徐鍇曰：旗之逶迤。一曰設也 書·益稷 以五采彰施于五色 図 詩·邶風 得此戚施 傳 戚施，不能仰者 箋 戚施，面柔下人以色，故不能仰也 図 詩·王風 將其來施施 傳 施施，難進之意 箋 施施，舒行伺閒，獨來見已之貌 釋文 施如字 孟子 施施從外來 趙岐註 施施，猶扁扁，喜悅之貌 音義 丁如字，張音怡 図 周禮·天官·內宰 施其功事 註 施，猶賦也 図 禮·祭統 施于蒸彝鼎 註 施，猶著也 図 晉語 秦人殺冀芮而施之 註 施，陳其尸也 図 玉篇 張也 增韻 用也，加也 図 姓 左傳·桓九年 施父 註 魯大夫 禮·雜記 孔子曰：吾食於少施氏而飽 註 少施氏，魯惠公子，施父之後 図 shì 廣韻 集韻 韻會 夶施智切音翅。惠也，與也 易·乾卦 德施普也 又 雲行雨施 禮·曲禮 太上貴德，其次務施報 左傳·僖二十四年 報者倦矣，施者未厭 註 施，功勞也 增韻 凡施設之施，平聲。施與之施，夶平去通押 図 yì 集韻 韻會 夶以豉切音易 詩·周南葛之覃兮，施于中谷 傳 施，移也 図 詩·大雅 施于孫子 箋 施，猶易也，延也 図 儀禮·喪服 絕族無施服 註 在旁而及曰施 図 shǐ 集韻 韻會 夶賞是切，詩上聲。捨也，改易也。通作弛 周禮·天官·少宰 治其施舍 註 施舍，不給役者也 論語 君子不施其親 何晏註 施，易也。不以他人之親易己之親 後漢·光武紀 將衆部施刑屯北邊 註 施，讀曰弛。弛，解也 図 yí 集韻 余支切音移。弛或作施 史記·衞綰傳 劍人之所施易 註 施，讀曰移 図 史記·賈生傳 庚子日施兮 註 施，矢遺也 索隱 曰：施，猶西斜也。夆 史記·賈生傳註 施，矢遺反。徐慧：矢移反 図 金01174㐀00877敼21368攲21443㩻21910㩻49229頿68042 図 可洪音義給拖：音施。設拖：式之反。正作施也。娛。

㫃 22143 10806
yǎng_5.9　篇海 倚兩切，音養◇旗㫃。

斿 22144 10807
yóu_5.9　唐韻 以周切 集韻 韻會 夷周切夶音由 說文 作游。旌旗之流也 玉篇 斿，旌旗之末垂。或作游 博雅 天子十二斿至地，諸侯九斿至軫，大夫七斿至軹，士三斿至肩 周禮·春官·巾車 建大常十有二斿 註 大常，九旗之畫日月者，正幅爲縿，斿則屬焉 図 周禮·天官·大宰 以九貢致邦國之用，八曰斿貢 註 鄭司農云斿貢羽毛。康成謂：斿讀如囿游之游。斿貢燕好、珠璣、琅玕 図 與游同 前漢·禮樂志 泛泛滇滇從高斿 図 liú 集韻 韻會 夶力求切音劉。同斿 周禮·夏官·弁師 諸侯之繅斿九就 註 每繅九成，則九斿也。夆 又斿29682

𣃕 22145 10808
fáng_5.9　字彙補 音義與房同 漢隸釋曰 博物志 城

固縣堳鄉有唐公昉,得道昇仙。

雱 22146 10810
páng_5.9　玉篇 古文旁22157字。

㪒 22147 43819
jīng_5.9　字彙補 同旌

㪔 22148 u2ABF4
null_5.9　未詳。

旃 22149 u230E5
myeo_5.9　韓 同旒22155

𣱽 22150 u230E4
vửa_5.9　喃 同𣱽22151

𣱣 22151 u230E3
pī_5.9　四聲篇海 鮍𣱣,二。普皮切図bẻ 喃 从方皮bì聲。屑,面△没𣱣:另一方面図vửa適中,適合△𣱣坎:充分。𣱣𣱣:適可而止△亦作旃22150

㪀 22153 u230E0
jīng_5.9　廣碑別字 引唐處士武懷亮墓誌

㪁 22152 u230E1
xián_5.9　俗弦16147

㪂 22154 u3AC6
mí_5.9　俗彌16317 四部叢刊初編·論語·卷五·論語子罕第九何晏集解 仰之㪂高,鑽之㪂堅。

𣵀 22155 u65C0
myeo_5.9　韓 人名用字。

斿 22156 10809
qí_6.10　字彙補 與旗22243同。

雱 22157 10811
páng_6.10　古文雱㪒㪇 廣韻 步光切 集韻 韻會 蒲光切𠀤音螃。芳隸作雱 博雅 雱,大也。廣也 釋名 在邊曰旁 玉篇 猶側也。非一方也 易·乾卦 雱通情也 書·太甲 雱求俊彥 爾雅·釋宮 二達謂之岐旁 註 岐旁,岐道旁出。図bēng 集韻 晡横切音綳。雱雱,馬盛貌。或省作雱 詩·鄭風 駟介雱雱 疏 北山 傳云雱雱然不得已,則此言雱雱亦爲不得已之義 朱傳 雱雱,馳驅不息之貌。音崩◇叶補岡反 図bàng 韻會 正韻 𠀤蒲浪切音傍 前漢·霍光傳 使者雱午 註 如淳曰:雱午,分布也。師古曰一縱一横爲雱午。猶言交横也 図 莊子·齊物論 雱日月 註 依也。図páng 集韻 鋪郎切音滂。雱磚,混同也 図péng 集韻 蒲庚切音彭。雱勃,白蒿也。兔食之,壽八百歲。𥳑又廄22167雱66429 図 第二次漢字簡化方案(草案)·第二表 簡化偏旁。可作簡化偏旁用的簡化字 雱,簡作宊。可類推簡化的字:傍谤榜膀磅镑耪螃

旂 22158 10812
qí_6.10　唐韻 集韻 韻會 𠀤渠希切音祈 說文 旗有衆鈴以令衆也 爾雅·釋天 有鈴曰旂 註 縣鈴于竿頭,畫交龍於旒 釋名 旂,倚也。畫作兩龍相依倚也。通以赤色爲之,無文彩。諸侯所建也 詩·小雅 旂旐央央 周禮·春官·司常 交龍爲旂 禮·明堂位 有虞氏之旂 図 唐韻正 古音芹 說文 旂从㫃,斤聲。徐鍇 繫傳曰:斤、祈近似聲韻家所以言㫃紐也○按 詩·魯頌 薄采其芹,言觀其旂 小雅 夜鄉晨,庭燎有煇,言觀其旂。以 說文 斤聲考之,則旂本有斤音。非旁紐也。𥳑又祈39801斫22137

旀 22159 10813
wù_6.10　唐韻 文弗切 集韻 文拂切𠀤音勿 說文 勿,州里所建旗,象其柄有三游,雜帛,幅半異,所以趨民,故遽稱勿勿。或从㫃作旀。又與物同 周禮·春官·司常 雜帛爲物 註 以帛素飾其側。

旜 22160 10814
zhān_6.10　唐韻 集韻 韻會 𠀤諸延切音饘 說文 旗曲柄也,所以旜表士衆 周禮曰:通帛爲旜○按 周禮·春

官·司常 今作旃 爾雅·釋天 因章曰旃 註 以帛練爲旒,因其文章,不復畫之 釋名 旃,戰也。戰戰恭已而已也。三孤所建,象無事也 左傳·昭二十年 旃,之也 博雅 旃,之也 詩·魏風 上慎旃哉 左傳·桓九年 虞公求旃 図 小爾雅 旃,焉也 詩·唐風 舍旃舍旃 箋 旃之言焉也 図 爾雅·釋天 太歲在乙曰旃蒙 史記·匈奴傳 被旃裘 前漢·王襃傳 夫荷旃被毳者 韻補 叶之人切 陸雲·夏府君誄 廣命俊乂,惟弓與旃。震我聲教,遇響惟殷。𥳑又袗39794氊27439扢19306 図 增廣字學舉隅 旃,作旜22205非 図 龍龕 旃22168俗,旜通,旃正 図 金石文字辨異 旃22206,隋姚恭公墓誌

旄 22161 10815
máo_6.10　唐韻 莫袍切 集韻 韻會 謨袍切𠀤音毛 說文 幢也 書·泰誓 右秉白旄以麾 釋文 白旄,旄牛尾 詩·鄘風 孑孑干旄 傳注,旄於干者,大夫之旄也 周禮·春官·旄人 註 旄,旄牛尾,舞者所持以指麾。又 詩·邶風 旄丘 傳 前高後下曰旄丘 図 星名 史記·天官書 昴曰旄頭 註 昴七星爲旄頭 図 騎名 後漢·光武紀 賜東海王旄頭 註 秦文公時,梓樹化爲牛,以騎擊之,騎不勝,或墮地,髻解披髮,牛畏之,入水,故秦因是置旄頭騎 図mào 廣韻 集韻 𠀤莫報切音帽。麾毛獷長也 図 與耄通 周禮·秋官·司刺 再赦曰老旄 孟子 反其旄倪 図wù 集韻 亡遇切音務。愁,或作旄。山名。𥳑又㹗27306㹆27282 図 幢旄,或作幢旀、幢忴、幢愇、幢麾 図 字體似耗,音貝,非。

旖 22162 10816
yǎn_6.10　廣韻 於广切音埯。旖醫。

旅 22163 10817
lǚ_6.10　古文𢓨旅魯㫰 唐韻 力舉切 集韻 韻會 兩舉切𠀤音呂 說文 軍之五百人爲旅 書·大禹謨 班師振旅 傳 師入曰振旅,言整衆 詩·小雅 我師我旅 箋 五百人爲旅 周禮·地官·小司徒 五卒爲旅 註 旅,五百人 図 博雅 旅,客也 易·復卦 商旅不行。又 旅卦 疏 旅者,客寄之名,羈旅之稱,失其本居而寄他方,謂之爲旅 詩·大雅 于時廬旅 箋 廬舍其實旅 左傳·莊二十二年 羈旅之臣 註 旅,客也 図 書·禹貢 蔡、蒙旅平 傳 祭山曰旅 周禮·天官·掌次 王大旅上帝 註 大旅上帝祭於圜丘。國有故而祭,亦曰旅 図 書·牧誓 亞旅 傳 亞,次也。旅,衆也。衆大夫其位次卿 左傳·文十五年 請承命於亞旅 註 亞旅,上大夫也 図 書·旅獒 西旅底貢厥獒 傳 西戎之長 図 詩·小雅 旅力方剛 傳 旅,衆也 儀禮·士冠禮 旅占卒 註 旅,衆也。図 詩·小雅 殽核惟旅 傳 旅,陳也 図 詩·周頌 侯亞侯旅 傳 旅,子弟也 図 周禮·天官·小宰 掌百官府之徵令,四曰旅,掌官常以治數 註 旅辟下士也 図 周禮·地官·司徒 旅師 註 旅,猶衆也 図 周禮·冬官考工記 函人 權其上旅,與其下旅 註 上旅謂要以上,下旅謂要以下 疏 謂札葉爲旅者,以札衆多,故言旅 図 儀禮·鄉飲酒禮 可正升相旅,曰:某子受酬 註 旅,序也 図 禮·郊特牲 臺門而旅樹 註 旅,道也 図 禮·樂記 進旅退旅 註 旅,猶俱也 図 後漢·光武紀 至是野穀旅生 註 不因播種而生,故曰旅。今字作穭,音呂。古字通 図 姓 前漢·功臣表 昌平侯旅卿 図lú 集韻 凌如切音臚。陳也。𥳑又抜19559袽54302袎39785

旅22182旅22220挨20004 図直音篇振19599捃20136招19735
並同旅。

旒22164 10818
lǚ_6.10　玉篇 古文旒22163字。

施22165 10819
pèi_6.10　唐韻 集韻 韻會 披蒲蓋切音沛 說文 作斾。
繼旒之旗也，沛然而垂。从㫃，宋聲 爾雅·釋天繼旒曰
斾 註 帛續旐末爲燕尾者 釋名 雜帛爲斾，以雜色綴其邊
爲翅尾也。將帥所建，象物雜也 詩·小雅 白斾央央 傳 白
斾，繼旒者也 左傳·昭十三年 建而不斾 註 斾，游也。
図 詩·小雅 彼旟旐斯，胡不斾斾 傳 斾斾，旒垂貌 朱傳 斾
斾，飛揚之貌 図 詩·大雅 荏菽斾斾 傳 斾斾然長也 図 集
韻 蒲撥切音跋。義同。鏊 又施22142旒22166

施22166 10820
pèi_6.10　五經文字 斾，从巿者譌。

旁22167 10821
pāng_6.10　篇海類編 音義與滂同。

羊22169 u2ABF7
null_6.10　未詳。

旃22168 43820
zhān_6.10　字彙補 同斿

斿22176 u230ED
null_6.10　未詳。

族22170 u2ABF6
null_6.10　从㫃从天，
見 殷周金文集成·17.10628·族戈

斿22177 u230EC
null_6.10　未詳。

㧬22173 u230F1
khuōng_6.10　喃 从方从
匡，匡khuôn亦聲。框，架。△㧬鏡：鏡框。㧬境，同光
境：氣氛，景象。㧬至：天穿△亦音khung。

㫬22171 u2ABF5
vuông_6.10　喃 从方匡khuôn聲△簹rôô喃：方筐。

旆22172 u230F2
vuông_6.10　喃 俗旗22251方形。

㫅22178 u230EB
null_6.10　未詳。

㫩22174 u230F0
yǎn_6.10　旖22185譌字
廣韻 衣儉切。掩也。又 直音篇 㫩，音掩。掩也。

旅22175 u230EE
lǚ_6.10　俗旅22163 金瓶梅詞話·第七十回 一路天
寒坐轎，天暖乘馬，朝登紫陌紅塵，夜宿郵亭旅邸。

旎22179 u3AC9
nǐ_6.10　同旎22193

旅22182 uF983
lǚ_6.10　兼旅。

旅22183 10822
pī_7.11　廣韻 敷羈切 集韻 韻會 攀糜切拕音披 說
文 旌旗旅麾也 坤蒼 衣服貌也 図 pēi 集韻 攀悲切音丕。
麾謂之旅 図 mǐ 母被切音靡。旌旗貌 図 bì 平義切音被。
義同。

旒22184 10823
liú_7.11　集韻 力求切音劉。旒或作旅。

旖22185 10824
yǎn_7.11　集韻 衣檢切音奄。覆車罔 図 yè 益涉切音
魘。手網也 博雅 罩、罜、図、旖，率也 図 憶笈切音敏。
又 又業切音鮪。義拕同。鏊 又施22186斾22174旒22225
図 集韻 旖，益涉、憶航、乙業三切。手網 図 又業切為
乙業切之誤，音腌。

旖22186 10825
yǎn_7.11　正字通 俗旗字。

旉22187 10826
fū_7.11　篇海 古文敷21721字 易·說卦 震爲旉 疏 取

㫑22180 u3AC8
null_6.10　韓 未詳。

㫒22181 u3AC7
eok_6.10　韓 人名用字

其春時氣至，草木皆吐，旉布而生也。

旊22188 10827
fāng_7.11　正字通 妃罔切，音倣◇ 周禮·冬官考工記
搏埴之工陶、旊 註 鄭司農云讀爲甫始之甫。康成謂：
讀如放於此乎之放。又 旊人 旊人爲簋。鏊 王力：廣韻
集韻 皆有瓶34974字，卽旊字的別體。

旋22189 10828
xuán_7.11　唐韻 似宣切 集韻 韻會 旬宣切 正韻 旬緣
切拕音璿 說文 周旋旌旗之指麾也。从㫃从疋。疋，足
也 註 徐鍇曰：人足隨旌旗以周旋也 左傳·僖二十三年
以與君周旋 註 相追逐也 図 易·履卦 其旋元吉 疏 旋，
反也 図 周禮·冬官考工記·鳧氏 鐘縣謂之旋 註 旋屬鐘
柄所以縣之也 釋文 旋如字。李音信犬反 図 左傳·定三
年 夷射姑旋焉 註 旋，小便也 図 莊子·達生篇 工倕旋而
蓋規矩，指與物化，而不以心稽 註 旋，圓也。蓋，過也
図 與璇同 前漢·律歷志 佐助旋璣 図 xuàn 廣韻 辭戀切
集韻 韻會 正韻 隨戀切拕音淀。遶也 図 通作還 禮·玉藻
周還中規，折還中矩 釋文 還，本亦作旋。鏊 又掟19706
鱻68859飏68643撗20506裎39817䠎74653

旖22190 10829
yǐ_7.11　廣韻 於綺切 集韻 隱綺切拕音倚。旖，或
省作旖。凡旌旗從風之貌 楚辭·九辯 紛旖旎乎都房 註
旖一作旖 図 ě 廣韻 烏可切 集韻 倚可切拕音閊。旖旐，
旌旗貌。

旌22191 10830
jīng_7.11　唐韻 正韻 子盈切 集韻 韻會 咨盈切音精
說文 析羽注旄首，所以精進士卒 爾雅·釋天 注：旄首曰
旌 註 載旄於竿頭，如今之幢，亦有旒 又 旌旐 疏 旌旐
者，凡旗之名雖異，旌旐爲之總稱 廣雅 天子旗高九仞，
諸侯七仞，大夫五仞，士三仞 釋名 旌，精也。有精光也
詩·鄘風 孑孑干旌 周禮·春官·司常 析羽爲旌 又 斿車載
旌 図 周禮·天官·掌舍 爲帷宮設旌門 註 樹旌以表門。
図 周禮·地官·掌節 道路用旌節 註 今使者所擁節是也
図 禮·曲禮 武車綏旌，德車結旌 註 武車尚威武，故舒
散若花。德美在內，故纏旌於竿 図 書·畢命 旌別淑慝 傳
言當識別頑民之善惡 疏 旌旗所以表識貴賤，故傳以旌
爲識 図 左傳·莊二十八年 且旌君伐 註 旌，章也 図 周
語 故爲車服以旌之 註 旌，表也 図 後漢·胡廣傳 德以旌
賢 註 旌，明也。鏊 又暑46153莥49943於22153於22147
於22192旌22211猜46137

旌22192 10831
jīng_7.11　廣韻 同旌 五經文字 旌从生。作㫱，譌。
後漢·袁紹傳 故復援㫱摜甲。

旎22193 10832
nǐ_7.11　唐韻 女氏切 集韻 韻會 乃倚切拕音柅。旖
旎，旌旗從風貌 史記·司馬相如傳 旖旎從風 註 旖旎，
阿那也 前漢·揚雄·甘泉賦 夫何旟旐之旖旎也 註 旖
旎，旒緌之形也 図 前漢·揚雄傳 乘雲蜺之旖旎兮 註 旖
旎，雲貌 図 楚辭·九辯 紛旖旎乎都房 註 旖旎，盛貌。
図 集韻 女夷切音尼。又乃可切音娜。或作橠。義拕同。
鏊 又旎22179

族 22194 10833
zú_7.11　古文 㞇 㞢 㞌 㞏 唐韻 集韻 韻會 正韻 丛昨木切，叢入聲。◆說文 矢鋒也。束之族族也。類篇 一曰从㫃，㫃所以標衆矢之所集。又聚也。書·堯典 以親九族 註 高祖至玄孫之親。詩·周南 振振公族 傳 公族，公同祖也。周禮·春官·小宗伯 掌三族之別，以辨親疏 註 三族，謂父子孫，人屬之正名。左傳·隱八年 無駭卒，羽父請謚與族 疏 族者，屬也。與其子孫共相聯屬，其傍支別屬，則各自立氏。又 書·堯典 方命圮族 傳族，類也。又 書·泰誓 罪人以族 傳 一人有罪，刑及父母妻子，言刑濫。又 周禮·地官·大司徒 四閭爲族 註 閭二十五家，族百家。又 左傳·襄八年 謀之多族 註 族，家也。又 爾雅·釋木 木族生爲灌 註族，叢 疏 木叢生者爲灌。又 莊子·養生主 庖丁解牛，每至於族，吾見其難爲 註 交錯聚結爲族。又 集韻 作木切音鏃。義同。又 còu 千候切音湊。與蔟同 前漢·律歷志 一曰黃鐘，二曰太蔟。淮南子·泰族訓 註 泰言古今之道、萬物之指，族於一理，明其所謂也。又 zòu 集韻 正韻 丛則候切音奏。樂變也。前漢·嚴安傳 調五聲，使有節族 註 蘇林曰：族音奏。師古曰奏，進也。又 sǒu 集韻 類篇 丛先奏切音漱。嗾，或作族。使犬聲。鑒 又 㹤38531
族22197

旒 22200 u230F9
null_7.11　未詳。

㠳 22195 10834
zhèn_7.11　石鼓文 其邊又㠳 釋音 鄭作紳。潘云未詳。

㠳 22196 41266
zhèn_7.11　六書索隱 同陣。

㠷 22202 u230F7
null_7.11　未詳。

族 22197 u2B780
zú_7.11　俗族22194 碑別字新編 引 唐柳氏長殤女墓誌

㡀 22198 u2ABFF
null_7.11　从㫃白聲，見吳方彝蓋嗣㡀罙萩金。

袷 22199 u230FA
yù_7.11　俗裕54337 名義 寬，口丸反。遠、愛、綽、袷，緩。龍龕袷，俗。音裕。高麗本 龍龕袷，俗。音俗。

曼 22201 u230F8
wàn_7.11　俗曼23299 可洪音義 曼陁：上莫官反。

㡃 22203 u230F6
wū_7.11　全上古三代文·卷十四·詛楚文 祠之以圭玉犧牲，逮取㡃邊城新郢及㡃長敎，㡃不敢曰可 字學三正·第一冊·名家奇字·秦詛楚文 㡃，鄔61902

旌 22204 u3ACC
jīng_7.11　俗旌22191

旃 22205 u3ACB
zhān_7.11　同旃22160

旃 22206 10835
zhān_8.12　篇海 同旃。正字通 俗旃字。

㫊 22215 u2ABFC
null_8.12　喃未詳。

㫇 22207 10836
nuǒ_8.12　集韻 韻會 乃可切 正韻 奴可切丛音娜。㫒㫇，旌旗貌。或作旎。

旚 22208 10837
yàn_8.12　篇海 於豔切音厭。比長短也。

旐 22209 10838
zhào_8.12　唐韻 治小切 集韻 韻會 直紹切丛音肇 說文 龜蛇四游，以象營室，游游而長 釋名 龜蛇爲旐。旐，兆也。龜知氣兆之吉凶，建之於後，察度事宜之形兆也 詩·小雅 設此旐矣 周禮·春官·司常 龜蛇爲旐 又 縣鄙建旐 註 龜蛇，象其扞難避害也。又 爾雅·釋天 緇廣充幅長尋曰旐 註 帛全幅，長八尺者也 禮·檀弓 綢練，設旐，夏也 註 旐之旒，緇布廣充幅長尋曰旐。鑒 又 旐22210

旐 22210 10839
zhào_8.12　五經文字 旐，石經作旐。

㫉 22211 u2ABF0
jīng_8.12　篇韻 同旌

㫐 22212 u2ABF1
shòu_8.12　東觀餘論 邾仲医銘：用盛諸㫐糕○按 鍾鼎款識 作受。

㫎 22213 43821
yǐ_8.12　日月燈 㫎字省文。

㫒 22214 43822
fāng_8.12　五音篇海 音訪。

㫑 22216 u2ABFB
null_8.12　未詳。

㫓 22217 u2ABFA
null_8.12　未詳。

旅 22218 u2ABF9
zhāng_8.12　俗張16227 新撰字鏡 旅，陟良反。開也，舒也，宿也，大也，旅弓也，人姓也。又 卷第十二·連字 第百五十九 俗旅：誑也。亦句惑欺誑也。

㫈 22219 u23107
vuông_8.12　喃 从方命lôn聲。方形 △ 㫈㔷：圓滿。

旅 22220 u23106
lǔ_8.12　俗旅22163 可洪音義 軍旅：音呂。

旗 22222 u23103
qí_8.12　俗旗22243 可洪音義 之旗：音其。

㫄 22221 u23104
null_8.12　未詳。

㫅 22223 u23102
jié_8.12　或俗捷19845

旓 22224 10842
huī_9.13　正字通 俗旓字。

旖 22225 10843
yǎn_9.13　廣韻 衣險切音奄 玉篇 掩光也 又 於葉切，音靨。義同。鑒 又 㫃22174旗22185

旒 22226 10844
liú_9.13　廣韻 集韻 韻會 正韻 丛力求切音劉 玉篇 旌旗垂者 類篇 旌旗之旒 詩·商頌 爲下國綴旒 傳旒，章也 箋 旌旗之垂者也。又 冕旒，以絲繩貫玉，垂冕前後也 禮·玉藻 天子玉藻十有二旒 註 天子以五采爲旒，旒十有二。又 韻補 叶力救切 皮日休·補九夏歌 何以樂之，金石九奏。何以賜之，龍旂九旒。△集韻 或作斿、旒。鑒 又 㐬00646統44220

斿 22227 10845
yóu_9.13　唐韻 以周切 集韻 夷周切丛音由。斿，或作旒 說文 旌旗之旒也。又 廣韻 集韻 丛餘招切音遙。義同。又 yǎo 集韻 伊鳥切音杳。旐，或作斿。旗貌。

旓 22228 10846
shāo_9.13　廣韻 正韻 所交切 集韻 韻會 師交切丛音梢 玉篇 旌旗之旓 前漢·揚雄傳 建光耀之長旓 註 旓，旗之旒也。一曰燕尾旓。

提 22231 43823
tí_9.13　龍龕 音提

㫆 22229 10847
jiàn_9.13　廣韻 居万切音建。捷也。鑒 熊加全：疑俗健01563

旟 22230 10848
yú_9.13　字彙補 與旟同○按 卽旟字之譌。與或作与既非，復譌與爲㼚，益非。

㫋 22235 u2310C
null_9.13　未詳。

㫌 22233 u2ABFD
null_9.13　殷周金文集成·8.4286·輔師嫠殷 㲚（鑾）㫌今余曾（增）乃令（命）

㝖 22236 u2310B
null_9.13　未詳。

族 22232 u2B781
null_9.13　日 戶籍用字

颰 vuông_9.13 [喃] 从方風phong聲 △形颰：方形。

㫕 eos_9.13 [韓] 何也 [图] 人名、地名用字 [图] 時調名。

旉 fù_10.14 [集韻] 拂縛切音薄。姓也。

旛 běn_10.14 [韻會] 部本切，盆上聲。舟蓬也。

旐 huǎng_10.14 [篇海] 呼廣切音慌。與旗同。酒家望子。

旖 yī_10.14 [廣韻] 於離切 [集韻][韻會][正韻] 於宜切 丛音漪。[說文] 旗旖，施也 [图] yǐ [廣韻] 於綺切 [集韻][韻會][正韻] 隱綺切 丛音倚。旖旎22193，旌旗從風貌 [图][集韻] 於義切音陭。義同。鍪又旖22213

旟 yǎn_10.14 [集韻] 衣檢切音奄。旌旗貌。

旗 qí_10.14 [唐韻][集韻][韻會] 丛渠之切音其◆[說文] 熊旗五游，以象罰星，士卒以為期 [釋名] 熊虎為旗，軍將所建，象其猛如虎，與衆期其下也 [周禮·春官·司常] 熊虎為旗 [又] 師都建旗 [註] 畫熊虎者，鄉遂出軍賦，象其守猛莫敢犯也 [图][左傳·閔二年] 佩衷之旗也 [註] 旗，表也 [图] 星名 [史記·天官書] 東北曲十二星日旗 [註] 兩旗者，左旗九星，在河鼓左也。右旗九星，在河鼓右也。皆天之鼓旗，所以為旌表 [图] 姓 [廣韻] 齊卿子旗之後，漢有九江太守旗光 [图] 與箕同 [荀子·富國篇] 則國安於盤石，壽於旗翼 [註] 旗讀為箕。箕、翼，二十八宿名〇按 [說文] 旗从扒其聲，訓熊旗五游，以象罰星，士卒以為期。旟从扒斤聲，訓旗有衆鈴以令衆也。分旗、旟為二 [正字通] 云 [周禮] 九旗所畫異物，所建異名，各有等差。雖旌旐之通稱，而制度自別，未可合為一也。鍪又旇22156 棋25064 旗19883 堨08891 慎17588 稹40014 旗22222 祺39869 [图] 可洪音義牙掑19883：音其，正作旗也。公棋25724：巨之反。正作旗。道士張曾，字公旗 [辯正破邪論] 作公旗。牙慎17588：上五加反，下巨之反。正作牙旗也。下又音忌，非。彷祺39869：上五加反，下巨之反。正作牙旗也。上又音方，悮。

旇 huī_10.14 [五音篇海] 音揮。

旘 tròn_10.14 [喃] 俗鯜57970 △㳘旗：圓滿。

㵵 piāo_11.15 [篇海] 音漂。旛旐 [正字通] 俗㵵字。

旘 huī_11.15 [廣韻] 許歸切 [集韻] 吁韋切 丛音輝。微，或作旝。幟也。以絳帛著於背。通作徽 [玉篇] 動也。亦作揮 [图] gǔn [集韻] 古本切音袞。旗名。鍪又旝22224

旙 yǎo_11.15 [廣韻] 烏皎切 [集韻] 伊鳥切 丛音杳 [說文] 旗屬 [類篇] 一曰旗貌。或作旐 [图][集韻] 以紹切音鷕。義同。

㫀 null_11.15 未詳。

㫂 null_11.15 未詳。

㫄 vuông_11.15 [喃] 亦作旗22172 颰22234方形。

旚 yīn_11.15 [喃] 同揞20542

㩜 họ_11.15 [喃] 从族戶hộ 聲。姓氏，氏族 △ 羉廞：百姓 △ 亦作氐27661

旟 yǔ_12.16 [篇海] 於許切，音雨◇肩骨也。與骺同。

旎 huǎng_12.16 [篇海] 呼廣切音慌。酒家望子。亦作旐。

㫅 null_12.16 [喃] 未詳。

旘 zhì_12.16 [正字通] 同幟。

㫁 null_12.16 未詳。

旞 suì_12.16 [篇海] 音遂。羽繋旗上也 [正字通] 同旞，俗省。

旣 guì_12.16 [篇海類編] 音貴。

旞 chuáng_12.16 亦作旛22271 旛幢15132

㫃 null_12.16 未詳。

旛 fān_12.16 同旛22267

㫆 yàn_13.17 [廣韻] 魚窆切音驗。證也。

旚 piāo_13.17 [廣韻] 匹招切 [集韻] 紕招切 丛音漂 [說文] 旌旗旚繇也 [類篇] 或作旚。鍪又旚22246 旚22286

㫇 zhì_14.18 [集韻] 昌志切音熾。幟或作㫇。

旛 fān_14.18 [廣韻][集韻][韻會] 丛孚袁切音番◆[說文] 幅胡也 [註] 徐鉉曰：胡，幅之下垂者也 [釋名] 旛，幡也。其貌幡幡然也 [玉篇] 旌旗總名也 [後漢·禮儀志] 立青旛 [图][廣韻] 附袁切 [集韻] 符袁切 丛音煩。義同。鍪又旛22263

㫈 hú_14.18 [篇海] 音胡。山也。

旐 biāo_14.18 [廣韻] 甫遙切 [集韻] 卑遙切 丛音猋 [玉篇] 旌旗飛揚貌。鍪又旚22270

旚 biāo_14.18 [篇海] 旐，或作旚。

旛 chuáng_14.18 [轉注古音] 與幢同 [字彙補] 雄駿不㧪壽於旗旛。見 [韓非子·大體篇]

㫉 yú_14.18 俗旟22279 [新撰字鏡] 以与反。平。旟也。旌也。旗之屬也。勇也。揚也。波太。

旜 zhān_15.19 [唐韻][集韻][正韻] 丛諸延切音饘 [說文] 游，或从亶 [周禮·春官·司常] 通帛為旜 [註] 通帛，謂大赤，從周正色 [又] 孤卿建旜 [註] 孤卿不畫，言奉王之政教而已。

旝 kuài_15.19 [唐韻][集韻][韻會] 丛古外切音儈◆[說文] 建大木，置石其上，發機以追敵也 [詩] 曰：其旝如林〇按 [詩·大雅] 今作會 [图][左傳·桓五年] 旝動而鼓 [註] 旝，旃也。通帛為之，蓋今大將之麾也。執以為號令 [後漢·馬融傳] 旝旃掺其如林。

㫄 null_15.19 亞旛，族徽。讀若扛。見 [殷周金文集成·11.5926·亞旛父辛尊]、[12.7307·旛負作父丁觚]

㫄 null_15.19 [喃] 未詳。

旞 suì_15.19 [唐韻][集韻][韻會][正韻] 丛徐醉切音遂 [說文] 導車所以載全羽以為允。允，進也 [周禮·春官·司常] 全羽為旞 [又] 道車載旞 [註] 道車

象路也。鋻又穲38479㿆22257鑪22283

𢆙 22280 u2AC05 null_16.20
咸𢆙，讀若鬼獶。見小盂鼎

擔 22276 43826 yǔ_15.19
字彙補同旟。

旟 22279 10873 yú_16.20
唐韻以諸切集韻韻會羊諸切，並音余。◆說文錯革，畫鳥其上，所以進士衆。旟旟，衆也爾雅釋天錯革鳥曰旟註此謂合剝鳥皮毛，置之竿頭。卽禮記云載鴻及鳴鳶疏錯，置也。革，急也。畫急疾之鳥於縿也釋名鳥隼爲旟。旟，譽也。軍吏所建，急疾趨事，則有稱譽也詩•鄘風孑孑干旟周禮•春官•司常鳥隼爲旟又州里建旟註鳥隼，象其勇捷也。又周禮•冬官考工記鳥旟七斿，以象鶉火註畫朱雀及隼於斿縿之上也疏縿旟之正幅，斿則末垂者又詩•小雅匪伊卷之，髮則有旟傳旟，揚也。鋻又旐22230旖22272

𣥥 22281 u23125 chếch_16.20
喃从旁隻chiếc聲。傾斜。

旚 22282 10874 piāo_17.21
集韻紕招切音漂。旚或作㫍。

𣄃 22283 10875 suì_18.22
集韻徐醉切音遂說文旞或从遺作㫍釋名全羽爲旞。旞，滑也，順滑之貌也又wéi廣韻以追切集韻夷隹切並音惟。旌也。

𣄀 22284 10876 qí_18.22
正字通同祈晉姜鼎銘取乃吉金，作寶尊鼎，用𣄀綰綽眉壽，保其子孫鍾鼎款識𣄀，音義同祈。

𣄅 22285 43827 yí_19.23
龍龕同顧

旛 22286 10878 piāo_20.24
說文㫍作旛

𣄆 22287 u2312B yí_21.25
同𣄅68484

𣄈 22288 u2312C lệch_22.26
喃从旁歷lịch聲。歪斜。

• 无部 •

无 22289 10879 wú_0.4
古文兂唐韻武夫切音巫說文㷱，亡也。奇字无，通㷱。王育說，天屈西北爲无易•乾卦无咎釋文无音無易內皆作此字藝苑雌黃无亦作亡。古皆用亡、无，秦時始以蕃㷱之㷱爲有無之無詩書春秋禮記論語本用无字，變篆者改爲無，惟易周禮盡用无。然論語亡而爲有、我獨亡，諸無字，蓋變隸時誤讀爲存亡之亡，故不改也又mó廣韻莫胡切音模。南无，出釋典。

兂 22290 10880 jì_0.4
古文兂廣韻居豙切集韻居氣切，並音既說文作兂，飲食氣逆不得息曰兂，从反欠註今隸變作无。鋻又兂02348兗58867𣪘22292兣03101

无 22291 u2F46 wú_0.4
部无22289亦作无22292

兂 22292 u2E9B jì_0.4
部无22290

𣧭 22293 u2312D cì_2.6
同次26219
其次勾鑃唯正初吉丁亥，其𣧭擇其吉金，鑄句鑃，台享台考，用祈萬壽，子子孫孫，永保用之。

呇 22294 10881 zǐ_3.7
篇海疾二切音自。口小貌也。

𩒹 22295 43828 jì_3.7

𩒺 22296 43829 ě_5.9
五音篇海無可切。

䶹 22298 10882 jì_6.10
篇韻音計。壁也。

䶺 22299 10883 kuǐ_6.10
篇韻音傀。側一足也。

舞 22300 u23133 wǔ_6.10
同舞48543見宋元以來俗字譜

旣 22301 10884 jì_7.11
唐韻居豙切集韻韻會居氣切並音暨◆說文小食也。从皂旡聲論語曰:不使勝食旣○按今論語作氣玉篇已也易小畜旣雨旣處詩•召南亦旣見止，亦旣覯止又博雅盡也易旣濟疏旣者，皆盡之稱書舜典旣月左傳•桓元年日有食之，旣又博雅旣，失也。又與漑同史記•五帝紀帝嚳漑執中而徧天下註徐廣曰:古旣字作水旁又集韻几利切音槩。義同又xì許旣切音欷。餼或作旣。餽客芻米也禮•中庸旣廩稱事註旣讀爲餼。餼廩，稍食也。鋻又𩝎22297𣤮22303

既 22297 u65E2 jì_5.9
同旣22301

旣 22302 10885 jì_7.11
正字通俗旣字。

旣 22303 u2F8CB jì_7.11
同旣22301

尞 22304 u23136
琼 liàng_8.12
唐韻集韻並力讓切音亮說文作尞，事有不善言尞也爾雅尞，薄也。从旡京聲註徐鉉曰:今俗隸書作亮又玉篇悲也，酸楚也又liáng廣韻集韻並呂張切音良。義同○按說文在旡部，今併入字彙凡从旡字皆依變隸作无，獨此字从旡，今改正。鋻又琼12696就22305窺22308就22306窺02441

就 22305 10887 liàng_8.12
同尞。

𣤯 22307 10889 huò_9.13
玉篇同𥝒前漢•五行志數其旤福註旤，古禍字。

就 22306 10888 liàng_9.13
篇海窺亦書作就。詳尞22304字註。

窺 22308 10890 liàng_9.13
篇海尞22304或作窺。

𥝒 22309 10891 huò_9.13
廣韻胡果切集韻戶果切韻會合果切並音夥說文㱠惡驚詞也。从旡咼聲玉篇神不福也。今作禍。與旤同。

甎 22310 u23139 wàn_11.15
俗甎46177申報1899 Jan. 20. Num. 9258③
無雙亭甎月記。

𩙻 22311 43830 huò_12.16
五音篇海于故切。鋻龍龕于皈反。朝鮮本龍龕于歸切字彙補何祿切音獲。義無考。

辰集

◈ 日部 ◈

日 22313 u2F47 rì_0.4 部日22312

日 22312 10892 rì_0.4 古文 唐韻 正韻人質切集韻韻會入質切𠀤音䒿說文實也。太陽之精不虧博雅君象也釋名日，實也，光明盛實也易·乾卦與日月合其明。又繫辭縣象著明，莫大乎日月。又說卦離爲火爲日周禮·天官·九嬪註日者天之明禮·祭義日出於東史記·天官書註日者，陽精之宗前漢·律歷志日合於天統後漢·荀爽傳在地爲火，在天爲日淮南子·天文訓火氣之精者爲日又書·舜典協時月正日傳合四時之氣節，月之大小，日之甲乙，使齊一也。又洪範五紀，三曰日傳紀一日疏從夜半以至明日夜半，周十二辰爲一日。又禮·曲禮外事以剛日，內事以柔日疏十日有五奇五偶，甲丙戊庚壬五奇爲剛，乙丁己辛癸五偶爲柔也。又郊特牲郊之祭也，迎長日之至也註迎長日者，建卯而晝夜分，分而日長也又左傳·文七年日衞不睦註日，往日也又左傳·桓十七年天子有日官，諸侯有日御註皆典歷數者又史記·日者傳註卜筮占候時日，通名日者又集韻而力切音䵒。義同△類篇唐武后作㘝。鎣又囸08054𡆠08076𡇄08100𡈀08183

旦 22314 10893 dàn_1.5 唐韻集韻韻會得案切正韻得爛切，𠀤丹去聲。◆說文明也。从日見一上。一，地也玉篇朝也，曉也爾雅·釋詁旦，早也書·大禹謨正月朔旦詩·陳風穀旦于差。又大雅昊天曰旦淮南子·天文訓日至于曲阿，是謂旦明又詩·衞風信誓旦旦箋言其懇惻款誠疏旦旦猶怛怛釋文旦旦說文作悬悬又詩·衞風·朱傳旦旦，明也又前漢·惠帝紀當爲城旦、舂者註城旦者，旦起行治城。舂者，婦人不豫外徭但舂作米，皆四歲刑也。又震旦，西域稱中國之名樓炭經葱河以東名震旦。又盍旦禮·坊記相彼盍旦註盍旦，夜鳴求旦之鳥。又與神同禮·郊特牲所以交於旦明之義也註旦當爲神，篆字之誤也。鎣正字通䀎22467，旦字之譌。

𣅲 22315 10894 zhuō_1.5 集韻竹角切音琢說文同涿，流下滴也。奇字从日乙。

旧 22318 u65E7 jiù_1.5 简舊48417

𣄼 22316 10895 hūn_1.5 字彙補古文昏字代醉編日出一上爲旦，日入一下爲昏。一，地也

𠀘 22317 u2313D null_1.5 民國初年「星期一」的簡寫字。

旨 22319 10896 zhǐ_2.6 古文𠮛𠤻𠯀𣅀廣韻職雉切集韻韻會軫視切𠀤音指說文美也書·說命王曰旨哉傳旨，美也詩·邶風我有旨蓄傳旨，美也又正字通凡天子諭告臣民曰詔旨，下承上曰奉旨又玉篇意也，志也易·繫辭其旨遠疏旨意深遠。鎣又𠤻04326㫖12999𣅀22330𣄾22329𣅈22369

𣅀 22320 10897 yǎo_2.6 廣韻烏皎切集韻伊鳥切𠀤音杳說文望遠合也。从日匕。匕，合也。讀若窈窕之窈註徐鍇曰：匕，相近也。故曰合也玉篇或作杳、窅。

早 22321 10898 zǎo_2.6 廣韻集韻韻會正韻𠀤子皓切，遭上聲。◆說文晨也又先也易·坤卦由辨之不早辨也又與皁同周禮·地官·司徒宜早物註早物，柞、栗之屬釋文早音早。本或作早△說文作𣅀，从日在甲上。鎣又𣅀35400

叶 22322 10899 xié_2.6 韻會古文協04550字前漢·五行志叶用五紀註叶，和也△亦作叶。

旵 22323 10900 hūn_2.6 集韻昏22400古作旵。

旫 22324 10901 tiāo_2.6 玉篇他調切音挑篇海日晦也。

旬 22325 10902 xún_2.6 古文𠣌𠣏廣韻詳遵切集韻韻會松倫切正韻詳倫切𠀤音紃說文徧也。十日爲旬書·堯典朞三百有六旬有六日。又大禹謨三旬傳旬，十日也禮·曲禮凡卜筮日，旬之外曰遠某日，旬之內曰近某日。又詩·大雅來旬來宣傳旬，徧也又易·豐卦雖旬无咎註旬，均也又前漢·翟方進傳旬歲閒，免兩司隷註師古曰旬，滿也。旬歲猶言滿歲也又旬始，星名史記·天官書旬始出於北斗旁，狀如雄雞又正韻須倫切音荀。義同又jūn集韻規倫切。本作均周禮作旬周禮·地官·均人豐年，則公旬用三日焉註旬，均也。讀如畇畇原隰之畇易·坤爲均，今書亦有作旬者。鎣又𠣏04241

旭 22326 10903 xù_2.6 廣韻許玉切集韻韻會吁玉切𠀤音勗說文日旦出貌。讀若勗。一曰明也詩·邶風旭日始旦疏旭者，明著之名朱傳日初出貌又爾雅·釋訓旭旭、蹻蹻，憍也註皆小人得意憍蹇之貌又前漢·揚雄傳嘻嘻旭旭註師古曰自得之貌也又前漢·揚雄傳洶洶旭旭文選李善註鼓動之聲也又xuān集韻許元切音暄。又hǎo許皓切音好。義𠀤同又韻補叶己有切揚子·太玄經方出旭旭，朋從爾醜。

旮 22327 10904 xù_2.6 篇海與旭同。鎣又旮旯gālá，也作旭旮、旮旮，角落。

𣅁 22328 10905 tǐng_2.6 字彙補音挺。空也。鎣俗𡧍02681

𣄾 22329 10906 zhǐ_2.6 集韻旨或作𣄾。

𣅀 22330 10907 zhǐ_2.6 篇韻與旨同。鎣𣅀，俗時又俗助字。

𣆶 22331 u23145 nǎy_2.6 喃从日乃nāi聲△欺𣆶：最近。班𣆶：剛才。

𣆵 22332 u23143 zǎi_2.6 方量詞。袋。清·張泓滇南新語·竇井井深寒，蠻人服砒少許，縋下取石子，滿貯狗皮袋，負以

上。既出，猶寒，顫欲絕。每袋謂之一卟，索價甚昂。注：卟，精改切，土字 [又] [二簡] 暴22983曝，简作卟。

𣅂 22333 u23142 qiě_2.6 俗且00042 [碑別字新編] 引 [隋張囧妻蘇恒墓誌]

𣅁 22334 u23141 null_2.6 未詳 [甲骨文合集. 20223] 丁卯卜扶貞王𣅁。

旯 22335 u65EF gā_2.6 旮旯，也作旭旮、吉吉，角落。源自蒙古語「格勒」。

旰 22336 10908 gàn_3.7 [廣韻]古案切[集韻][韻會]居案切夶音骭[說文]晚也[左傳·襄十四年]日旰不召[前漢·張湯傳]日旰，天子忘食[又][史記·司馬相如傳]采邑澔旰[王延壽·魯靈光殿賦]皓皓旰旰[註]盛貌[又]hàn[集韻]侯旰切音旱。義同[又]gān居寒切音干。日行也。鎣采邑。采色[又]晔22835[又][龍龕]旰22556或作，旰今。

旱 22337 10909 hàn_3.7 [廣韻]乎旰切[集韻][韻會]侯旰切夶音翰[說文]不雨也[書·說命]若歲大旱，用汝作霖雨[詩·大雅]旱既太甚[又]山名[詩·大雅]瞻彼旱麓[傳]旱，山名也[又][廣韻]胡笴切[集韻]下罕切夶音悍。義同。鎣[正字通]晘，俗旱字[又][金石文字辨異]唐[神通寺永湻二年造像]爲天炎浫28452

旲 22338 10910 tái_3.7 [玉篇]徒來切音臺。日光也[又]yǐng[篇海]音影。大也。

𣅀 22339 10911 jī_3.7 [玉篇]古文期23427字。

𣅈 22340 10912 gōng_3.7 [集韻]居容切音恭。與廾同，竦手也[玉篇]扶也。

𣅜 22341 10913 máng_3.7 [集韻]謨郎切音芒。𣈆或省作𣅜。旱熱也。

𣅦 22342 10914 dōng_3.7 [玉篇]古文冬02849字。

𣅗 22343 10915 rèn_3.7 [篇海]而振切音刃。眩瀎也。鎣又𥃳37375肕46942之譌。

旳 22344 10916 dì_3.7 [廣韻]都歷切[集韻]丁歷切夶音的[說文]明也[易]曰：爲旳顙〇按[易·說卦]今作的[隸釋·魯峻碑]晚矣旳旳。

旴 22345 10917 xū_3.7 [集韻][韻會]夶匈于切音訏。日始旦也。或作晇[又][前漢·谷永傳]故又廣旴營表[註]晉灼曰：旴音吁，大也。鎣又𣅙22359交32306

旵 22346 10918 chāng_3.7 [玉篇]丑減切。日光照也。鎣俗昌。

𣅝 22347 10919 qì_3.7 [正字通]奇計切，音氣◇[字彙]日氣也。

𣅋 22348 10920 chāng_3.7 [說文]籀文昌字。

𣅊 22349 10921 dòu_3.7 [玉篇]古文豆57035字。

𣅃 22350 10922 zhǐ_3.7 [集韻]旨22319古作舌。

𣅡 22351 10924 wù_3.7 [字彙補]古文晤22635字。見[風雅廣逸]

𣅍 22352 10925 gèn_3.7 [篇韻]同艮

𣅎 22353 43831 guāng_3.7 [字彙補]同光

𣅏 22354 43832 zào_3.7 [龍龕]舊藏作皂字。

𣅐 22355 43833 yòu_3.7 [龍龕]日又切。

旻 22356 10928 mín_3.7 [廣韻]武巾切[集韻][韻會]眉貧切夶音珉[說文]秋天也[爾雅·釋天]秋爲旻天[註]旻猶愍也，愍萬物彫落[疏]秋，萬物成熟，皆有文章，故曰旻天[釋名]旻，閔也。物就枯落，可閔傷也[書·大禹謨]日號泣于旻天、于父母[傳]仁覆愍下，故曰旻天[詩·小雅]旻天疾威△[集韻]或作閔。通作顋。鎣旻避清宣宗道光帝諱[又]旻22445[又][金石文字辨異]漢[平與令薛君碑]遘此竺旻。案[集韻]旻亦作閔。

𪰇 22357 u2AC07 null_3.7 [喃]未詳。

𪰆 22358 u2AC06 null_3.7 未詳。

𣅙 22359 u23159 xū_3.7 同旴22345[直音篇]旴，音吁。日始出。𣅙，同上[又]khuya[喃]同𣅘22360深夜。

𣅘 22360 u23158 khuya_3.7 [喃]同𣅙22359𣇾23228俗省。

㫖 22369 u3AD6 zhǐ_3.7 俗旨22319

𣅗 22361 u23157 null_3.7 人名。見[古陶文彙編. 2. 1123][又]kỉa[喃]从日己kỉ聲。

𣅕 22362 u23155 yù_3.7 同㬌14573

𣅔 22363 u23154 zè_3.7 同昃22384

𣅓 22364 u23153 yàn_3.7 同妟10413

𣅑 22366 u23151 null_3.7 或俗豆。

旸 22370 u65F8 yáng_3.7 [简]暘22834

𣅒 22365 u23152 zhà_3.7 俗吒05415[可洪音義]敍𣅒邪：中知嫁反[又]清·李調元[奇字名·卷一·風名]𣅒，[天文大成]有𣅒風字。

旷 22371 u65F7 kuàng_3.7 [简]曠23193

㫗 22368 u3AD7 hòu_3.7 同𠪥22592[說文]㫗，厚也。从反亯。厚，山陵之厚也。从𠪥从厂。段注：今字厚行而㫗廢矣，凡經典㫗薄字皆作厚。

𣅌 22367 u2314F ér_3.7 俗兒02379亦作児55025

时 22372 u65F6 shí_3.7 俗時22535[逛二閘子弟書]不多时清風陣陣吹人面，紡綈身從鏡內遊△今[简]

旹 22373 10926 shí_4.8 [說文]古文時字。从之、日[楚辭·九章]聊假日以須旹[補註]旹，古時字。

旺 22374 10927 wàng_4.8 [集韻][正韻]夶于放切，王去聲。同暀。或作旺。光美也[玉篇]日暈。

旼 22375 10929 mín_4.8 [廣韻]武巾切[集韻][韻會]眉貧切夶音珉。旼旼，和也[史記·司馬相如傳]旼旼穆穆，君子之能[註]徐廣曰：和貌。鎣又旼22426

旽 22376 10930 tūn_4.8 [集韻]他昆切音燉。與暾同[玉篇]日欲出。[又]zhùn朱閏切音䏞。旽旽，懇誠也。

旾 22377 10931 chūn_4.8 [集韻]春22460古作旾。

朎 **呐**
22378 10932
nè_4.8
玉篇奴骨切音訥篇海日入色也。

昈
22379 10933
wǔ_4.8
廣韻韻會疑古切集韻阮古切夶音五玉篇明也正韻賤日當午而盛明爲昈図wù集韻五故切音誤。晤或作昈。鍪又胕23378肨23372

昀
22380 10934
yún_4.8
集韻俞倫切音匀玉篇日光也。

昁
22381 10935
bèi_4.8
集韻博蓋切音貝。昁或从日。不明也。

昂
22382 10936
áng_4.8
唐韻五岡切集韻魚剛切韻會疑剛切正韻五剛切夶音卬說文舉也楚辭遠遊服偃塞而低昂兮図楚辭卜居寧昂昂若千里之駒乎註昂昂，馬行貌。図類篇日升也。一曰明也図yàng集韻魚向切音仰。昂昂，君之德也△韻會通作卬、仰。鍪又昻22642昻22531図金石文字辨異唐于大猷碑天骨昂22481藏。案昂卽昂。

昃
22383 10937
zè_4.8
廣韻阻力切集韻韻會札色切夶音側說文日在西方時側也易曰：日昃之離註今俗別作昗，非是〇按易·離卦今作昃。

昃
22384 10938
zè_4.8
集韻札色切音側易·離卦日昃之離。又豐卦日中則昃書·無逸自朝至于日中昃周禮·地官·司市大市，日昃而市註日昃，昳中也左傳·定十五年日下昃乃克葬穀梁傳作日下稷図淮南子·地形訓東南方曰昃區△集韻本作昗。鍪又昃22383昃04888昃22419昃22363昃22422

版
22385 10939
bǎn_4.8
廣韻布綰切集韻正韻補綰切夶音版說文大也詩·大雅昄土宇版章傳昄，大也朱傳昄章，大明也。或曰昄，當作版，版章猶版圖也図廣韻扶板切集韻部版切夶音阪。又集韻披班切音攀。又補滿切音伴。又bàn部滿切音伴。又博漫切音半。又匹見切音片。義夶同図pǎn廣韻集韻夶普版切音販。人名左傳·襄二十二年鄭游販將如晉註游販，公孫蠆子。

昄
22386 10940
jié_4.8
廣韻巨業切集韻極業切，並音跲。曤昄，乾也図集韻極曄切音笈。義同。鍪龍龕昄或作，曤正，去及反。欲燥也。

昒
22387 10941
mì_4.8
廣韻莫畢切集韻莫筆切夶音密說文不見也。鍪又昬32199昬37399

昆
22388 10942
kūn_4.8
唐韻古渾切集韻韻會正韻公渾切夶音崑說文同也註日日比之是同也前漢·揚雄傳嚾嚾昆鳴註曰：昆，同也図爾雅·釋言昆，後也註謂先後也書·大禹謨昆命于元龜傳昆，後也図書·仲虺之誥垂裕後昆傳垂優足之道示後世釋名來孫之子曰昆孫。昆，貫也，恩情轉遠，以禮貫連之耳図詩·王風謂他人昆傳昆，兄也図姓詩·商頌昆吾夏桀傳昆吾，已姓•姓氏急就篇昆氏，夏諸侯昆吾之後。戰國有賢者昆詳図山名史記·李斯傳致昆山之玉註正義曰：昆岡在于闐國東北四百里，其岡出玉図左思·魏都賦昆蟲毒噬註昆，

明也。明蟲者，陽而生，陰而藏。又與崑同前漢·地理志昆崙、析支、渠叟，西戎卽敘書·禹貢作崑崙図hún集韻韻會夶胡昆切音魂。人名。漢有屬國公孫昆邪図hùn集韻戶袞切音混。義同。又昆夷亦作混図與渾同揚子·太玄經昆侖旁薄〇按卽渾淪△集韻本作曐。鍪又昍02407曑23159曑57329昆23280

皆 **皆**
22389 10943
jiē_4.8
集韻居諧切。與皆36729同。

昇
22390 10944
shēng_4.8
唐韻識蒸切集韻韻會正韻書蒸切夶音陞說文日上也。古只用升正字通昇，平也類篇或作陞。鍪又昪22605

昈
22391 10945
hù_4.8
唐韻正韻侯古切集韻韻會後五切夶音戶說文明也前漢·揚雄傳昈分殊事図揚子方言效、昈，文也註文彩貌図張衡·西京賦赫昈昈以弘敞註埤蒼曰：昈，赤文也。鍪又昈，譌字。

昉
22392 10946
fǎng_4.8
古文朎唐韻分兩切集韻韻會甫兩切夶音仿說文明也図玉篇適也公羊傳·隱二年始滅昉於此乎註昉，適也。齊人語。鍪字彙補昮與昉同，出漢袁逢碑

昰
22393 10947
tū_4.8
篇海他骨切，吞入聲。入水又出貌。

昊
22394 10948
hào_4.8
廣韻正韻胡老切集韻韻會下老切夶音皓說文作界九經字樣隸省作昊爾雅·釋天夏爲昊天註言氣皓旰疏昊者，元氣博大之貌。李巡云夏萬物盛壯，其氣昊昊，故曰昊天書·堯典欽若昊天詩·小雅浩浩昊天周禮·春官·大宗伯以禋祀祀昊天上帝図與皥通禮·月令其帝太皥釋文皥，亦作昊。鍪又晃22572閷02741

昋
22395 10949
guì_4.8
唐韻古惠切集韻涓惠切夶音桂。姓也。後漢太尉陳球碑有城陽昋橫，漢末被誅。有四子：一守墳墓，姓昋。一子避難居徐州，姓昋。一子居幽州，姓桂。一子居華陽，姓炔図jiǒng集韻昋迥切，音頴。義同。鍪又瞶36817

昌
22396 10950
jué_4.8
集韻厥04940古作昌篇海其也，短也。図姓。京兆人也篇海漢賜衡山王妾昌氏〇按前漢·衡山王傳作美人厥姬古文尚書厥皆作身。或作昌，非。

昌
22397 10951
chāng_4.8
廣韻尺良切集韻韻會蚩良切正韻齒良切夶音倡說文美言也爾雅·釋詁昌，當也書·大禹謨禹拜昌言曰傳昌，當也図博雅盛也書·仲虺之誥邦乃其昌傳國乃昌盛図詩·鄭風子之昌兮傳昌，盛壯貌。図詩·齊風猗嗟昌兮箋昌，狡好貌図•說文一曰日光也詩曰：東方昌矣〇按詩·齊風雞鳴作東方明矣，朝既昌矣。與說文所引不同図物也莊子·在宥篇今夫百昌，皆生於土而反於土註司馬云百昌猶百物也図儀禮·公食大夫禮昌本註昌，蒲。本，菹也図史記·天官書斗魁戴匡六星，曰文昌宮註文者，精所聚。昌者，揚天紀，輔拂夶居，以成天象図chàng集韻尺亮切音

唱。倡或作昌。鑾又昌22348

昍 22398 10952 xuān_4.8 集韻許元切音暄。明也。

明 22399 10953 míng_4.8 古文朙廣韻武兵切集韻韻會正韻眉兵切𠀤音鳴說文照也易繫辭日月相推，而明生焉又縣象著明，莫大乎日月疏日月中時，偏照天下，無幽不燭，故云明史記·歷書日月成，故明也。明者，孟也。又易·乾卦大明終始疏大明，曉乎萬物終始又易·乾卦天下文明疏有文章而光明又書·堯典欽明文思安安疏照臨四方謂之明又書·舜典黜陟幽明傳升進其明者又書·太甲視遠惟明疏謂監察是非也。又洪範視曰明傳必淸審又詩·小雅祀事孔明箋明，猶備也。又詩·大雅明明在下傳明明，察也爾雅·釋詁疏明明，言甚明也又禮·檀弓其曰明器，神明之也又禮·禮運故君者所明也疏明，猶尊也又禮·樂記作者之謂聖，述者之謂明疏明者，辨說是非也又韓非子·難三篇知微之謂明又廣韻昭也，通也又星名詩·小雅東有啓明傳日旦出謂明星爲啓明。又小雅明發不寐疏言天將明，光發動也。又正字通凡厥明、質明，皆與昧爽義同。又姓姓氏急就篇明氏·山公集有平原明普，晉荀晞從事明預又與盟同詩·小雅不可與明箋明，當爲盟又與孟同周禮·夏官·職方氏註望諸明都也釋文明都禹貢作孟豬。今依書讀又前漢·地理志廣漢郡葭明註師古曰明音萌。鑾又朙23435㫥22731明37428湖28713糊02445

昏 22400 10954 hūn_4.8 古文㫗旦唐韻集韻韻會正韻𠀤呼昆切音閽說文日冥也。从日、氐省。氐者，下也。一曰民聲爾雅·釋詁昏，代也註代，明也疏日入後二刻半爲昏，昏來則明往，故云代明釋名昏，損也，陽精損滅也周禮·秋官·司寤氏註日入三刻爲昏，不盡三刻爲明淮南子·天文訓日至虞淵，是謂黃昏。至於蒙谷，是謂定昏。又詩·邶風宴爾新昏儀禮·士昏禮註士娶妻之禮，以昏爲期，因而名焉。必以昏者，陽往而陰來，日入三商爲昏又左傳·昭二十五年昏媾、姻亞註妻父曰昏，重昏爲媾，婿父曰姻，兩婿相謂曰亞又書·益稷下民昏墊傳昏瞀墊溺又書·盤庚不昏作勞傳昏，彊也又書·牧誓昏棄厥肆祀弗答傳昏，亂也疏昏闇於事必亂，故昏爲亂也又左傳·昭十九年札瘥夭昏註未名曰昏疏子生三月父名之。未名之曰昏，謂未三月而死也又hùn集韻呼困切音惛。暗也。亦姓。鑾又㫧22732惛01346昬22469𣉳22646𥈎22842𪒹23158殙26870𣍂23473

昛 22401 10955 dān_4.8 玉篇丁含切音耽篇海日晚色。

昐 22402 10956 fēn_4.8 集韻方文切音分玉篇日光。

昳 22403 10957 dié_4.8 玉篇附夫切。日也。鑾正字通昳22480字之譌。

昕 22404 10958 qì_4.8 玉篇古文氣字又集韻嘅古作昕。

昑 22405 10959 qǐn_4.8 集韻丘甚切，欽上聲。明也。

昒 22406 10960 hū_4.8 唐韻集韻正韻𠀤呼骨切音忽說文尚冥也玉篇旦明也前漢·郊祀志昒爽註師古曰謂日尚冥，蓋未明之時也班固·幽通賦昒昕寤而仰思兮註昒昕，晨旦明也又廣韻文弗切集韻韻會正韻文拂切𠀤音勿。義同。鑾又曶22407𦐀47046𠥼04470𣇇22696

曶 22407 10961 hū_4.8 韻會昒書作曶前漢·司馬相如傳曶爽闇昧，得耀乎光明註曶爽，早朝也〇按與曰部曶字不同。曶从曰，與忽同。此从日字彙云同忽，非是。鑾正字通𣇇22696，俗曶字。

易 22408 10962 yì_4.8 唐韻羊益切集韻韻會正韻夷益切𠀤音亦◆說文蜥易，蝘蜓，守宮也。象形。祕書說：日月爲易，象陰陽也易繫辭易者，象也疏易卦者，爲萬物之形象又生生之謂易註陰陽轉易，以成化生疏陰陽變轉周禮·春官·大卜掌三易之灋：一曰連山，二曰歸藏，三曰周易註易者，揲蓍變易之數，可占者也孔穎達·周易正義夫易者，變化之總名，改換之殊稱朱子·周易本義易，書名也。其卦本伏羲所畫，有交易、變易之義，故謂之易又易·乾卦不易乎世註不爲世所移易也。又易繫辭日中爲市，致天下之民，聚天下之貨，交易而退公羊傳·宣十二年交易爲言註交易，猶往來也。又書·堯典平在朔易傳謂歲改易又禮·祭義易抱龜南面疏占易之官也又史記·項羽紀赤泉侯人馬俱驚，辟易數里註正義曰：開張易舊處又姓姓氏急就篇易氏，易牙之後又水名水經易水出涿郡故安縣閻鄉西山又州名廣韻趙分晉得中山，秦爲上谷郡，漢置涿郡，隋爲易州，因水名之又廣韻集韻韻會以豉切正韻以智切，𠀤音傷易繫辭乾以易知疏易謂易略又易繫辭辭有險易註之泰則其辭易，之否則其辭險疏易，說易也又禮·檀弓易墓非古也註易謂芟治草木孟子易其田疇註易，治也又禮·祭義外貌斯須不莊不敬，而慢易之心入之矣又公羊傳·文十二年俾君子易怠註易怠，猶輕惰也又公羊傳·宣六年是子之易也註易，猶省也又論語喪，與其易也，寧戚何晏註和易也朱傳易，治也又爾雅·釋詁平、均、夷、弟，易也註皆謂易直疏易者，不難也。又莊子·刻意篇聖人休休焉，則平易矣又史記·禮書能慮勿易註易，謂輕易也。鑾俗加尸作屭13062又昜22520𠃓00384

昳 22409 10963 jué_4.8 玉篇古穴切音決。日食色。鑾龍龕映，俗。古穴反。正作眏37409目患。

昔 22410 10964 xī_4.8 唐韻集韻韻會正韻𠀤思積切音惜說文作𦠆。乾肉也。从殘肉，日以晞之。與俎同意類篇隸作昔五經文字後人以爲古昔字易·說卦昔者，聖人之作易也疏據今而稱上世謂之昔者也詩·商頌自古在昔，先民有作禮·曲禮必則古昔稱先王又詩·陳風誰昔然矣傳昔，久也疏昔是久遠之事又禮·檀弓予疇昔之夜註猶前也又博雅昔，夜也左傳·哀四年爲一昔之期莊子·天運篇則通昔不寐矣又姓廣韻漢有烏傷令昔登

又cuò 集韻 倉各切音錯。牿也 周禮·冬官考工記·弓人 老牛之角紾而昔 註 昔讀爲交錯之錯,謂牛角牿理錯也。鑾又昔35457䈖23060䈣47905笡41776

昕 22411 10965 xīn_4.8 唐韻 集韻 韻會 正韻 𠀤許斤切音欣 說文 旦明,日將出也 儀禮·士昏禮 凡行事,必用昏昕 疏 昕即明之始,君子舉事尚早,故用朝旦也 禮·文王世子 天子視學,大昕鼓徵 註 早昧爽,擊鼓以召衆也 疏 昕,猶明也 又 集韻 虛其切音僖。義同 又 爾雅·釋天疏 四曰昕天。昕讀曰軒,言天北高南下,若車之軒,是吳時姚信所說。

晬 22412 10966 zuì_4.8 篇海 晬或作晬。譌字。

昖 22413 10967 yán_4.8 字彙補 同昭 又 人名。朝鮮國王李昖。

昰 22414 10968 dòu_4.8 說文 古文豆57035字。

昫 22415 10969 xū_4.8 篇韻 音虛。日始旦也。

昛 22416 10970 dī_4.8 篇韻 音低。日下也。

厏 22417 10971 zè_4.8 集韻 昃本字 周禮 日昃作日厏。

沓 22418 43834 shí_4.8 字彙補 與時同。鑾同旹22373,古文時。

㫖 22419 43835 zè_4.8 篇海類編 同昃。

昱 22420 43836 yù_4.8 篇海 音欲

昘 22421 43838 fǎng_4.8 海篇 同訪。

昗 22422 43840 zè_4.8 海篇 同昃

㫗 22423 u2AC0E mín_4.8 或同旻 字海 㫗,音民,姓。台灣台北有此姓。

𪰍 22424 u2AC0D daeuj_4.8 壯 暖;暖和;溫暖△淰𪰍:溫水。

𪰌 22425 u2AC0C mào_4.8 俗旄37445武英殿本 佩文韻府 繕寫:宋史·畢士安傳 年耆目旄,讀書不輟,手自讎校,或親繕寫。

𪰋 22426 u2AC0B mín_4.8 俗旼22375

𪰊 22427 u2AC0A null_4.8 未詳。

𪰉 22428 u2AC09 null_4.8 未詳。

𪰈 22429 u2AC08 null_4.8 未詳。

𣅶 22430 u23176 lúc_4.8 喃 時間△𣅶昒:剛才。

𣅵 22431 u23175 tăm_4.8 喃 从暗省心tâm聲。

𣅎 22436 u2316E shēng_4.8 同昇22390

𣅴 22432 u23174 niǔ_4.8 昒𣅴,同炪炪30651 韻學驪珠 𣅴,昒𣅴,晒半乾。

𣅲 22433 u23172 jué_4.8 同𣅑22396古文厥。

𣅰 22434 u23170 xiàng_4.8 越諺·卷中·人類·賊類 撈𣅰:(音)料向。竊盜隱名。㓕猶聞之,今無此語矣。

𣅏 22435 u2316F zhòu_4.8 正字通 晝22627或作𣅏。

𣅌 22438 u2316C null_4.8 未詳。

𣅍 22437 u2316D dōng_4.8 古文冬02849

𣅋 22439 u2316B null_4.8 或同旱。

𣅊 22440 u2316A null_4.8 未詳。

𣅩 22441 u23169 null_4.8 未詳。

易 22444 uF9E0 yì_4.8 兼 易。

𣅨 22442 u23168 chūn_4.8 同春22460 殷周金文集成·4.2397.壽春鼎 壽𣅨廎貞 又 俗星22454 羅振鋆輯 碑別字 𣅨,星22454 隋元公夫人姬氏墓誌銘

𣅧 22443 u23167 dān_4.8 俗聃46571亦作眮22524

旻 22445 u65FB mín_4.8 字典 作旻22356

昚 22446 10972 shèn_5.9 說文 古文慎18082字。

晄 22447 10973 guàng_5.9 集韻 古況切音誑。明也。

昍 22448 10974 xiòng_5.9 玉篇 許詠切,薰去聲。日中風也。

昛 22449 10975 jù_5.9 集韻 臼許切音巨。明也。

昜 22450 10976 yáng_5.9 唐韻 與章切 集韻 余章切 正韻 移章切𠀤音陽 說文 開也。从日一勿。一曰飛揚。一曰長也。一曰彊者衆貌 又 佩觿集 光也 又 前漢·地理志 交趾郡曲昜縣 師古註 昜,古陽字。鑾又𣆞22521昜22520

昵 22451 10977 nǐ_5.9 玉篇 牛禮切。同晲。日昳也。

昝 22452 10978 zǎn_5.9 廣韻 集韻 韻會 𠀤子感切音撍。姓也。出蜀郡〇按 說文 朁註:今俗有昝字,蓋朁之譌 類篇 从曰,在曰部。

昞 22453 10979 bǐng_5.9 廣韻 兵永切 集韻 補永切𠀤音丙。與炳同。亮也 博雅 明也 又 bìng 集韻 陂病切音柄。義同 又 fǎng 昉22392古作昞。

星 22454 10980 xīng_5.9 古文曐曐𣊫𠻤 唐韻 集韻 韻會 桑經切 正韻 先青切𠀤音腥 說文 萬物之精,上爲列星。从晶生聲。一曰象形,从口,古口復注中,故與日同 釋名 星,散也,列位布散也 書·堯典 曆象日月星辰 傳 星,四方中星。又 洪範 五紀,四曰星辰 傳 二十八宿迭見,以敘節氣 又 庶民惟星,星有好風,星有好雨 傳 星,民象,箕星好風,畢星好雨 史記·天官書 星者,金之散氣 註 五星,五行之精,衆星列布,體生於地,精成於天,列居錯行,各有所屬。在野象物,在朝象官,在人象事 前漢·天文志 經星常宿中外官,凡百七十八名,積數七百八十三星,皆有州國官宮物類之象 淮南子·天文訓 日月之淫氣精者爲星辰 又 星星,猶點點也 謝靈運詩 星星白髮垂。又 草名。戴星、文星、流星,皆穀精草別名 本草綱目 此草生穀田中,莖頭小白花,點點如亂星 又 姓 廣韻 羊氏家傳 曰:南陽太守羊續娶濟北星重女。鑾又曐09035𡕝08529𡕝35280曐35731𠻤35756㬻36881 又 〇,同星,武后製。

映 22455 10981 yìng_5.9 廣韻 於敬切 集韻 韻會 於慶切 正韻 於命切,𠀤英去聲 說文 明也,隱也 梁元帝·纂要 日在午曰亭,在未曰映 潘岳·射雉賦 畏映日之儻朗 又 王羲之·蘭亭詩序 映帶左右 又 yǎng 廣韻 烏朗切 集韻 倚朗切𠀤

音块玉篇映瞒，不明也。鋬又暎22816

昡 22456 10982
xuàn_5.9　集韻熒絹切音縣。日光也。屈原·離騷世幽昧以昡曜兮補註昡，日光也。其字从日。鋬又晏22522

晬 22457 10983
pò_5.9　廣韻集韻夶普沒切音秙。日未明貌楚辭·九思時晬晬兮旦旦註日月始出，光明未盛爲晬也図pèi集韻普罪切音琣。義同図滂佩切音配玉篇向晴也。鋬又昆22490

昣 22458 10984
zhěn_5.9　集韻止忍切音軫。明也。

昤 22459 10985
líng_5.9　廣韻集韻韻會夶郎丁切音靈。昤曨，日光。或作曨。鋬又昤瞹23121，中午的日光。

春 22460 10986
chūn_5.9　古文旾萅旾旾廣韻昌脣切集韻韻會樞倫切，夶蠢平聲爾雅·釋天春爲青陽註氣清而溫陽周禮·春官·宗伯疏春者出生萬物公羊傳·隱元年春者何，歲之始也註春者，天地開闢之端，養生之首，法象所出。昏斗指東方曰春史記·天官書東方木主春前漢·律歷志陽氣動物，於時爲春。春，蠢也。物蠢生，迺動運図姓何氏姓苑春申君黃歇之後図酒名唐國史補酒有郢之富水春，烏程之若下春，滎陽之上窟春，富平之石東春，劍南之燒春図花名花木考罌粟別種名麗春図chǔn集韻尺尹切音蠢周禮·冬官考工記·梓人張皮侯而棲鵠，則春以功註春讀爲蠢。蠢，作也，出也。鋬又書22497旾22569萅23062旾50044麤52274図旾22786碑別字新編·春引漢光祿大夫曹參墓誌

昊 22461 10987
hào_5.9　廣韻胡老切集韻下老切夶音晧。同昦22394

昧 22462 10988
mèi_5.9　古文眛唐韻集韻韻會正韻夶莫佩切音妹•說文爽，旦明也。一曰闇也博雅冥也易·屯卦天造草昧疏昧謂冥昧書·堯典宅西曰昧谷傳昧，冥也。日入於谷而天下冥，故曰昧爽丕顯疏昧是晦冥，爽是未明，謂夜向晨也詩·鄭風士曰昧旦図書·仲虺之誥兼弱攻昧傳闇則攻之図左傳·襄二十六年楚王是故昧於一來註昧，猶貪冒也図屈原·離騷路幽昧以險隘註幽昧，不明也図樂名禮·明堂位昧，東夷之樂也図縣名類篇在益州図與沬同易·豐卦日中見沬釋文沬字林作昧，云斗杓後星図集韻韻會夶莫貝切音昧。義同図韻補叶莫結切鮑昭詩年貌不可還，身意會盈歇。智哉衆多士，服理辨明昧。

昨 22463 10989
zuó_5.9　唐韻在各切集韻韻會正韻疾各切，夶藏入聲說文累日也廣韻昨日，隔一宵也莊子·外物篇周昨來，有中道而呼者図姓廣韻複姓有昨和氏図與酢同周禮·春官·司几筵祀先王昨席亦如之註昨，讀曰酢。

昩 22464 10990
mò_5.9　廣韻莫撥切音末。日中不明也，星也。引易日中見昩音義字林作昧，斗杓後星。又音妹〇按易·豐卦本作沬音義云字林作昧，亡太反，斗杓後星

也。王肅云音妹，無末音前漢·五行志引易亦止作昧，疑廣韻之誤。又說文昩無昧字。服虔云日中而昏也集韻日中不明也正字通引作說文，尤誤。

昪 22465 10991
biàn_5.9　廣韻集韻夶皮變切音卞說文喜樂貌廣韻日光貌玉篇明也。鋬又昪22466忭16993

昪 22466 10992
biàn_5.9　字彙與昪同。

昍 22467 10993
tǎn_5.9　集韻儻旱切音坦。明也図dàn徒案切音憚。義同。或作暭。鋬又胆37566

昫 22468 10994
xū_5.9　唐韻火于切集韻韻會匈于切夶音訏說文日出溫也玉篇暖也。同煦淮南子·原道訓昫嫗覆育註昫，溫恤也図縣名後漢·光武紀進圍董憲、龐萌於昫註昫，縣名，屬東海郡図xù廣韻香句切集韻韻會吁句切夶音煦図xǔ集韻韻會夶火羽切音詡。義夶同図xiōng集韻詡拱切音洶司馬法鼓，旦明五通爲發昫。鋬又昫22602

昏 22469 10995
hūn_5.9　正字通同昏。唐本說文从民省，徐本从氏省。晁補之云因唐諱民，改从氏，則昏非俗字明矣精薀以昏爲昏旦之昏，以昬爲昏姻之昏，蓋不考唐諱昏改从氏，遂分爲二字也。

昡 22470 10996
dī_5.9　玉篇都黎切音低。日也。鋬改併四聲篇海引奚韻晊22416，日下字海昡，太陽西下。

昭 22471 10997
zhāo_5.9　唐韻止遙切集韻韻會正韻之遙切夶音招說文日明也爾雅·釋詁昭，見也博雅明也玉篇光也廣韻著也，覿也易·晉卦君子以自昭明德書·堯典百姓昭明詩·大雅於昭于天図禮·王制天子七廟，三昭三穆與太祖之廟而七。又祭統夫祭有昭穆。昭穆者，所以別父子、遠近、長幼、親疏之序而無亂也魯語明者爲昭，其次爲穆図禮·樂記蟄蟲昭蘇註昭，曉也。蟄蟲以發生爲曉，更息曰蘇図姓戰國策楚有昭奚恤屈原·離騷註三閭之職，掌王族三姓，曰：昭、屈、景。図sháo集韻時饒切正韻時昭切夶音韶。廟中佋穆，或作昭佩觿集說文自有佋穆之字，以佋爲昭，蓋借音耳。李祭酒涪說爲晉諱昭，改音韶，失之也図zhào集韻韻會正韻夶止少切音沼詩·魯頌其馬蹻蹻，其音昭昭釋文昭，之繞反図zhào集韻正韻夶之笑切。照，或省作昭。鋬又昈22511昭22503晱22549炤30731疺35962

昺 22472 10998
yú_5.9　玉篇才用切，從去聲。功人也字彙作工人也。鋬熊加全：俗昺04093（异）。

晄 22473 10999
tāo_5.9　集韻他刀切音慆。佫或从支。日色也。鋬集韻佫22553晄，日色。或从攴。

昒 22474 11000
yōu_5.9　集韻於九切音黝。烑忦，欲乾。或从日。鋬烑忦，烑妞之誤。

是 22475 11001
shì_5.9　古文昰唐韻承紙切集韻韻會上紙切夶

音妙說文作昰。直也。从日正釋名是，嗜也，人嗜樂之也玉篇是，是非也禮·曲禮夫禮者，所以定親疏、決嫌疑、別同異、明是非也⊠博雅是，此也。易·乾卦不見是而無悶又是故居上位而不驕⊠姓姓氏急就篇是氏，吳有是儀，唐有是光⊠tǐ集韻田黎切音題公羊傳·僖十六年是月者何，僅逮是月也註是，月邊也。魯人語也釋文是，如字。一音徒兮反⊠與氏通前漢·地理志氏爲莊公註氏，與是同。古通用。鼇又銐12584

昰 22476 11002 shì_5.9　說文是本字⊠xià集韻夏09809古作昰。

盷 22477 11003 yán_5.9　玉篇以專切音沿。日行也。

昱 22478 11004 yù_5.9　唐韻集韻韻會正韻丛余六切音毓說文明日也⊠玉篇日明也廣韻日光也揚子·太玄經日昱乎晝。鼇又晎22575

昲 22479 11005 fèi_5.9　廣韻集韻正韻丛芳未切音費博雅曝也揚子方言昲、曬，乾物也。揚、楚通語也列子·周穆王篇酒未清，肴未昲類篇或作曊⊠fēi集韻芳微切音霏又fèn芳問切音忿又fú敷勿切音拂義丛同⊠pō廣韻集韻丛普活切音撥。光也。鼇又胇47068

昳 22480 11006 dié_5.9　唐韻集韻韻會徒結切正韻杜結切丛音耋說文日昃也書·無逸自朝至于日中昃傳朝至日昳疏昃亦名昳，言日蹉跌而下，謂未時也前漢·游俠傳至日昳皆會。鼇又映22403

昴 22481 11007 mǎo_5.9　廣韻集韻韻會正韻丛莫飽切音卯說文作昴，白虎宿星爾雅·釋天大梁，昴也。西陸，昴也註昴，西方之宿。別名旄頭書·堯典日短星昴傳昴，白虎之中星⊠máo集韻謨交切音茅。義同。鼇又昴22642昴22727昴22679昴22712

昵 22482 11008 nì_5.9　唐韻集韻韻會丛尼質切音匿說文暱或从尼書·命官不及私昵傳昵，近也。又泰誓昵比罪人疏昵，親近也⊠集韻入質切音日義同⊠nǐ乃禮切音禰書·高宗肜日典祀無豐于昵釋文昵，考也，謂禰廟也⊠zhí集韻韻會丛質力切音職。黏也。周禮·冬官考工記·弓人凡昵之類不能方音義昵，又音職註鄭司農云謂膠善戾，故書昵。或作樴。杜子春云樴讀爲不義不昵之昵。或爲刃。刃，黏也。鼇又昳22540潗29641⊠龍龕暱昵，俗。尼乙反。又音日，正从日。

昶 22483 11009 chǎng_5.9　唐韻集韻韻會丛丑兩切音敞說文日長也博雅通也嵇康·琴賦固以和昶而足耽矣註昶，通也⊠玉篇明久也廣韻舒也⊠chàng廣韻集韻丛丑亮切音悵。達也嵇康·琴賦雅昶唐堯註昶，與暢同。鼇又昶字彙補同昶

昷 22484 11010 wēn_5.9　廣韻烏渾切集韻烏昆切丛音溫。昷，隸省作昷說文昷，仁也。从皿，以食囚也。

冏 22485 11011 jiōng_5.9　篇海古熒切音扃。明也。鼇同冏22564

⊠龍龕冏，俗。古瓦反。正作咼05803

旱 22486 11012 zǎo_5.9　說文早作旱，从日在甲上。鼇又旱35400

昸 22489 11015 dōng_5.9　篇韻同夅

昈 22487 11013 bàn_5.9　字彙補昈怯，水名也。其水濯之能腐手。見佛經。音未詳。

昺 22488 11014 dōng_5.9　字彙補與冬同。

晶 22490 11016 pò_5.9　篇海咄亦作晶。

替 22491 11017 cè_5.9　篇韻音冊。告也○按卽替字之譌。

眛 22492 11018 ǎi_5.9　金鏡音藹。星名。

昺 22493 11019 bǐng_5.9　廣韻昺亦作昺。

暜 22494 41267 cè_5.9　篇海類編楚革切音冊。告也。

昶 22495 41268 chǎng_5.9　字彙補與昶同宋史新編·世家敘江南則李煜，西蜀則孟昶。鼇又昶22515

智 22496 43839 null_5.9　字彙補音未詳。見金光明經

曹 22497 43841 chūn_5.9　龍龕同春

睰 22498 43842 huò_5.9　搜眞玉鏡音豁。

晠 22499 43843 zhěn_5.9　龍龕同昣

晸 22502 43846 dǐng_5.9　龍龕音頂

眕 22500 43844 qù_5.9　海篇音去。

香 22501 43845 mì_5.9　搜眞玉鏡音密。鼇俗覓龍龕昏22387俗，香正。

昭 22503 2B783 zhāo_5.9　俗昭22471宋元以來俗字譜引古今雜劇等。

旺 22504 u2B782 yào_5.9　同曜23157

昴 22505 u2AC18 null_5.9　未詳。

眪 22506 u2AC17 bì_5.9　古璽彙編．348眪鉠。

昃 22507 u2AC16 zè_5.9　俗昃22384

映 22508 u2AC15 null_5.9　未詳。

異 22509 u2AC14 yìng_5.9　同映22455

晫 22510 u2AC13 zuì_5.9　俗晬22689

昭 22511 u2AC12 zhāo_5.9　俗昭22471

晿 22512 u2AC11 null_5.9　未詳。

晪 22513 u2AC10 baenh_5.9　壯剛才。

呵 22514 u2AC0F null_5.9　喃未詳。

昶 22515 u2F8D1 chǎng_5.9　同昶22495

昹 22516 u23190 lú_5.9　簡曬23207

⊠trựa喃俗曬。同曞23213中午△餬曬：午餐。

眫 22517 u2318F phơi_5.9　喃从日丕phi聲△眫放：曝曬。

眧 22518 u23186 jiāo_5.9　同昡36751敦煌·P.3693箋注本切韻眧，古（吉）了反。白。又疋白反。

昜 22520 u23184 yáng_5.9　同陽22450古文陽六書正譌昜，余章切。气之輕清屬天者也。從日從一勿。日為太易之精，一者地也。日出地上，昜气舒展，勿象气壹壹之狀。後人用陽，從昌，乃山南水北也。俗作暘，非⊠俗易22408碑別字新編引齊是連公妻邢夫人墓誌

暘 22521 u23183 yáng_5.9 同昜22450

昹 22519 u23185 null_5.9 未詳。

昮 22522 u23182 xuàn_5.9 同昡22456

昫 22523 u23181 xū_5.9 或俗胥47114

昛 22524 u23180 dān_5.9 俗聃46571

昖 22525 u2317F yí_5.9 眙37499譌字

㫣 22526 u3AE3 měng_5.9 廣韻黽75144，俗作㫣。

昿 22527 u663F kuàng_5.9 同曠23193

显 22528 u663E xiǎn_5.9 简顯68487

昽 22529 u663D lóng_5.9 简曨23210

昼 22530 u663C zhòu_5.9 简晝22627

昻 22531 u663B áng_5.9 俗昂22382隸辨：衡方碑顒顒昻昻。按詩·大雅·卷阿作顒顒卬卬。

昡 22532 11020 xù_6.10 五音集韻況必切音獝。急速。鎣集韻休必切又晛22590

晀 22533 11021 tiǎo_6.10 篇韻他了切，挑上聲。明也。

晁 22534 11022 cháo_6.10 廣韻直遙切集韻正韻馳遙切太音潮。鼂，或作晁前漢·景帝紀御史大夫晁錯又zhāo註師古曰晁，古朝字本傳作鼂。又司馬相如·上林賦晁采琬琰李善註晁，古朝字又zhào集韻直紹切音肇。晁陽，縣名。在東陽。鎣又晁22622鼂22891鼂75182鼂75195

時 22535 11023 shí_6.10 古文旹唐韻集韻韻會市之切正韻辰之切太音蒔說文四時也釋名四時，四方各一時。時，期也，物之生死各應節期而止也書·堯典敬授人時傳敬記天時以授人也又朞三百有六旬有六日，以閏月定四時成歲禮·孔子閒居天有四時，春秋冬夏淮南子·天文訓陰陽之專精爲四時又三月而爲一時又韻會辰也，十二時也又廣韻是也書·堯典黎民於變時雍傳時，是也詩·大雅曰止曰時，築室于茲朱傳可以止于是，而築室矣又博雅伺也論語孔子時其亡也，而往拜之疏謂伺虎不在家時而往謝之又博雅善也廣韻中也又地名左傳·莊九年戰于乾時註乾時，齊地。時水在樂安界，岐流旱則竭涸，故曰乾時又姓廣韻良吏傳有時苗何氏姓苑云今鉅鹿人又與塒同詩·王風雞棲于塒釋文塒，本亦作時又韻補叶上紙切王粲·七釋不以志易道，不以身後時。進德修業，與世同理。鎣又旹26585旹22418旹22601旹13992又字學三正旹22373俗作旹13569又龍龕时22372古，㫑22330俗，音時。

晃 22536 11024 huàng_6.10 廣韻同晄博雅明也，暉也釋名光，晃也，晃晃然也左思·吳都賦炫晃芬馥郭璞·江賦或爆采以晃淵正字通日光耀也。鎣又觥59700熿02461爌31966𪈝32118又正字通熀31413俗晃字。

晄 22537 11025 huǎng_6.10 唐韻胡廣切集韻韻會正韻戶廣切太音幌說文明也又集韻古晃切音廣。光貌。或作𪈝。鎣又侊01107烑30900

晅 22538 11026 xuān_6.10 集韻韻會太許元切音暄。日氣也，引易日以晅之釋文晅，乾也。本又作晅○按易繫辭今本作烜朱子·本義云烜，與晅同集韻或作暅又集韻火遠切音晅。義同。鎣又晅22802晅22697

晆 22539 11027 kuí_6.10 篇海音魁。晆，別也。鎣俗暌22813

晇 22540 11028 nì_6.10 篇海昵作晇。譌。

晇 22541 11029 xū_6.10 集韻匈于切音訏。盱22345，或作晇。又荒乎切音呼。義同又kuā枯瓜切音華。人名。郲婁叔術子晇。

晈 22542 11030 jiǎo_6.10 廣韻古了切集韻吉了切太音繳。皎，或作晈。言月之白也楚辭·九歌夜晈晈兮既明補註晈字从日，與皎同又集韻類篇太吉弔切音叫。義同。

晉 22543 11031 jìn_6.10 唐韻集韻韻會太卽刃切說文作簪，進也，日出萬物進也類篇隸省作晉易·晉卦晉，進也疏以今釋古，古之晉字，卽以進長爲義又明出地上晉又周禮·春官·典瑞王晉大圭疏晉，插也又周禮·夏官·田僕凡田，王提馬而走，諸侯晉大夫馳註晉，猶抑也又周禮·地官·鼓人以晉鼓鼓金奏註晉鼓長六尺六寸又周禮·冬官考工記·廬人凡爲殳，去一以爲晉圍註鄭司農云晉謂矛戟下銅鐏也釋文晉如字又國名詩·唐風譜成王封母弟叔虞於堯之故墟，曰唐侯。南有晉水，至子燮改爲晉侯又姓廣韻本自唐叔虞之後，以晉爲氏，魏有晉鄙又集韻子賤切音箭。水名又周禮·冬官考工記·廬人晉圍釋文又音箭又陸雲·登臺賦長發其祥，天鑑在晉。肅有命而龍飛兮，蹦重斯而肇建。鎣又晉11813晋22773晋22655晋22545簪23178簪23176簪23212瑨46758簪47903溍29055

晊 22544 11032 zhì_6.10 廣韻之日切集韻韻會職日切太音鑕爾雅·釋詁晊，大也疏郭氏讀晊爲至類篇一曰明也。

晋 22545 11033 jìn_6.10 正字通俗簪字。

𣅳 22546 11034 bào_6.10 篇海與暴同。鎣㬥，暴本字。

晭 22547 11035 zhǒu_6.10 玉篇職救切音呪。光也。鎣正字通俗字。舊註訓與晭22693同，誤分為二又古璽彙編·官璽·0329晭悅挹。黃德寬古文字譜系疏證燕璽「晭悅」，地名，疑讀「壽光」。

晌 22548 11036 shǎng_6.10 篇海始兩切音賞。晌午也。鎣又晑2279

眳 22549 11037 mǐng_6.10 集韻母迥切音茗。日暗也。鎣又俗瞻38225漢隸字源引華山廟碑

晵 22550 11038 xiàn_6.10 玉篇許驗切。妨也又許嚴切◇義同。

晄 22551 11039 huǎng_6.10 廣韻呼晃切集韻虎晃切太音慌。晄，或省从㐬，日旱熱也類篇旱氣。或省作肮又huāng廣韻集韻太呼光切音荒。又集韻謨郎切音芒。又呼浪切荒去聲。義太同。鎣又晾22591肮22341晄22946

眮 22552 11040 tóng_6.10 集韻徒東切音同。與曈23053同。

佟 22553 11041
tāo_6.10 集韻他刀切音條。日色。或作晙。

昝 22554 11042
chā_6.10 玉篇楚洽切音臿。日照。鍌又晷22800

晙 22555 11043
shǐ_6.10 玉篇色滓切。明也。

盰 22556 11044
gàn_6.10 玉篇各汗切音幹。半乾也。鍌正字通泔28356字之譌上林賦澔汗,泔音汗。舊註音幹,半乾,非。

昳 22557 11045
hǒng_6.10 集韻虎孔切音嗊。昳昳,日欲明也。

晏 22558 11046
yàn_6.10 唐韻烏澗切集韻韻會正韻於諫切丛音曣說文天清也小爾雅晏明陽也前漢郊祀志中山晏溫註如淳曰:三輔謂日出清濟爲晏。又揚雄傳於是天清日晏註師古曰晏,無雲也囝玉篇晚也儀禮·士相見禮問日之早晏淮南子·天文訓日至于桑野,是謂晏食屈原·離騷及年歲之未晏兮囝和也詩·衞風言笑晏晏傳和柔也囝鮮盛也詩·鄭風羔裘晏兮傳晏,鮮盛貌。囝禮·月令百官静,事毋刑,以定晏陰之所成註晏,安也囝爾雅·釋詁晏晏,忲也囝姓史記·管晏傳晏平仲嬰者,莱之夷維人也囝廣韻烏旰切集韻於旰切丛音按。義同。鍌又晃22678晏10671晏10413旼22364闑65261

晐 22559 11047
gāi_6.10 廣韻古哀切集韻韻會柯開切丛音該說文兼晐也註日光兼覆也博雅晐,咸也玉篇備也集韻通作該、賅。

晜 22560 11048
chǐ_6.10 六書統同侈。鍌又晜02720,同哆。從月。與晜別六書統晜,尺氏切。奢也。从多从日,日以多也。夛12054,或从多从宀,宀中加多也。

晻 22561 11049
àn_6.10 正字通暗本字六書精蘊晻,昏之極。囝古文奇字晻,古晚字22619

眛 22562 11050
mèi_6.10 集韻昧22462古作眛。

晅 22563 11051
nuǎn_6.10 篇海類編奴管切音煖。溫晅也。

晑 22564 11052
xiǎng_6.10 篇海香兩切音響。明也。鍌又晑22485

晌22548

是 22565 11053
shì_6.10 玉篇古文是22475字。

暜 22566 11054
jiē_6.10 字彙補音未詳元史·哈嘛傳元順帝號所處曰暜,即兀該,言事事無礙也。鍌元史·列傳·卷二百五·列傳第九十二·哈麻甚至男女裸處,號所處室曰暜,即兀該囝同些囝地名清實錄·仁宗睿皇帝實錄·卷之二十一 勒保奏報:剿淨雲南比咱、暜邑、馬嶺、納麻四寨賊巢,得旨賞賚。

晉 22573 u2B784
jìn_6.10 俗晉22543。鍌又暾23115緌74860今晒23242簡化字。

晛 22567 11055
guǐ_6.10 篇韻古文鬼71440字。

晒 22568 41269
shài_6.10 字彙補與曬同。

汝 22574 u2AC24
null_6.10 喃未詳。

音 22569 43847
chūn_6.10 六書統同春

唒 22576 u2AC22
null_6.10 同屵23296

昌 22570 43848
bū_6.10 字彙補與昌同。鍌字彙補昌,與昌同集韻日光也正字通昌22616,昌22684字之譌。按字樣昌旹卽晡22631時 淮南子:頓于連石是謂下春,至于悲谷是謂晡時。註晡,音逋。楊慎曰:昌,古晡字,申時也。吏以晡時聽事,申,旦政也。舊本昌,附夫切音扶,日光也。音義並非。

晈 22571 43849
ān_6.10 川篇音安,又女亮切。

晆 22578 u2AC20
null_6.10 未詳。

晧 22572 43850
hào_6.10 字彙補同昊

晍 22575 u2AC23
yù_6.10 漢語大字典.V.2昍,同昱。

晗 22577 u2AC21
null_6.10 喃人名大南一統志·卷三·承天府(中)·人物阮科晗:阮科占之孫。睿尊朝官隆湖該簿。

晖 22579 u2AC1F
nded_6.10 壯晴。

畢 22580 u2AC1E
bì_6.10 同畢35508

晰 22581 u2AC1D
null_6.10 未詳。

晷 22584 u2AC1A
null_6.10 未詳。

眡 22582 u2AC1C
shì_6.10 眡字之殘譌。見宋本集韻

晫 22583 u2AC1B
thời_6.10 喃時囝thà寧可。

晧 22585 u2AC19
hào_6.10 俗晧22639可洪音義崔晧:音浩。

晫 22586 u231B1
dòn_6.10 喃从日存tồn聲。

晱 22587 u231B0
giây_6.10 喃从日夷dì聲。秒,一秒鐘。

晲 22588 u231AF
hẳng_6.10 喃从日行hàng聲。唉。

晳 22589 u231AE
chang_6.10 喃从日庄chǎng聲△晳晳:酷熱。

晟 22590 u231AD
null_6.10 人名用字

曹 22593 u231A9
cè_6.10 同曹23275

晄 22591 u231AC
huāng_6.10 同晄22551集韻呼光切。旱熱也。

曑 22592 u231AA
hòu_6.10 古文厚04871亦作曑22368曑23279

晦 22594 u231A6
null_6.10 未詳。

晪 22595 u231A5
null_6.10 未詳。

晵 22596 u231A4
null_6.10 未詳。

晭 22597 u231A3
zhú_6.10 俗曬23252

昌 22598 u231A2
null_6.10 未詳。

晥 22599 u231A1
null_6.10 未詳。

皆 22600 u3AEE
zì_6.10 俗皆37521。囝俗礙39484可洪音義蹟晕:上音致。下音礙。

晡 22601 u3AED
shí_6.10 韓俗晡22535

昫 22602 u3AEC
xún_6.10 龍龕同昫22468

顯 22603 u3AEB
xiǎn_6.10 俗顯68487宋元以來俗字譜

春 22604 u3AEA
chōng_6.10 直音篇春,俗春48344

昇 22605 u66FB
sheng_6.10 俗昇22390四部叢刊初編集部·誠齋集·卷第十·詩·荊溪集迓使客夜昇去時岀樹日猶明,昇到州橋月已昇.清·胡聘之山右石刻叢編·卷三十八·元·重修龍王廟碑其聖水倚俄爾昇空,髣髴丈餘,巍然不下。

晖 22606 u6656
huī_6.10 简晖22806

暈 22607 u6655
yūn_6.10 简暈22805

晔 22608 u6654 yè_6.10 简曄23047

晓 22609 u6653 xiǎo_6.10 简曉23054

晸 22610 11056 qīn_7.11 集韻千尋切音侵 玉篇日光也。

晠 22611 11057 gěng_7.11 集韻古杏切音梗。日光也 玉篇日高也。

晗 22612 11058 hán_7.11 集韻胡南切音含 玉篇欲明也。鋬 慧琳音義至肣46972：胡狨反。經文作晗，非也。

晘 22613 11059 hàn_7.11 集韻戶版切音睅。日出貌。

睊 22614 11060 shān_7.11 集韻尸連切音膻 博雅更也。鋬正字通睊，俗字。舊註音羶。夏也。泥△宏按，疑睊37702字之俗。

晜 22615 11061 mò_7.11 篇海莫北切音墨。突前也○按與見部覓字音義同。即覓字之譌。

昌 22616 11062 fú_7.11 玉篇附夫切，音敷◇篇海日光也 正字通昌字之譌。楊慎曰：昌，古晡字。申時也。

眼 22617 11063 lǎng_7.11 集韻里黨切。與朗同。明也 图làng郎宕切音浪。暴也。

晙 22618 11064 jùn_7.11 唐韻子峻切 集韻 韻會 正韻祖峻切丛音俊 說文明也 爾雅·釋詁晙，早也 註晙亦明也 图廣韻私閏切 集韻 類篇須閏切丛音峻。義同。鋬又晙22648

晚 22619 11065 wǎn_7.11 古文晋 唐韻無遠切 集韻 韻會武遠切丛音挽 說文莫也 博雅後也 史記·李斯傳君何見之晚 前漢·天文志伏見蚤晚。鋬又魉22620晚22799晥22674

魉 22620 11066 wǎn_7.11 六書正譌晚本字○按 說文本作晚，當從說文爲是。

晛 22621 11067 xiàn_7.11 唐韻胡甸切 集韻 正韻形甸切，丛音現。日光也。又 廣韻奴甸切 集韻奴見切，丛年去聲。義同 說文日見也 詩·小雅雨雪瀌瀌，見晛曰消 傳晛，日氣也 釋文韓詩作曣，日出也 图 集韻呼典切音顯。義同 图 集韻 正韻丛胡典切音峴 玉篇明也 图niàn 集韻乃見切音嫰。日光也。或作晛。鋬韓詩作曣，日出也。當爲韓詩作曣晛，日出也 图腴23468

晁 22622 11068 cháo_7.11 篇海同晁字 正字通籕文敢作設。從日，誤。

晜 22623 11069 kūn_7.11 廣韻古渾切 集韻 韻會 正韻公渾切丛音昆。晜或作晜，通作昆 爾雅·釋親父之晜弟 又來孫之子爲晜孫 註晜，後也。鋬又暴23159羁45507

晜 22624 11070 gǎn_7.11 字彙籕文敢字

暴 22625 11071 nǎn_7.11 廣韻奴版切 集韻乃版切丛音赧 說文溫濕也 图nàn 集韻乃諫切 玉篇赤也 類篇一曰小赤。鋬又 正字通暴22821，暴字之譌。

疊 22626 11072 dié_7.11 篇海徒叶切。同疊。重也，墮也，明也，累也，積也。

畫 22627 11073 zhòu_7.11 唐韻 集韻 韻會丛陟救切音呪 說文日之出入，與夜爲界。从畫省，从日 易·晉卦畫日三接。图 地名孟子三宿，而後出畫 图姓 風俗通畫邑大夫之後，因氏焉。鋬又昼22530囤22435晝46885 字彙補畫46887與畫同。

晞 22628 11074 xī_7.11 唐韻香衣切 集韻 韻會香依切丛音希 說文乾也 詩·秦風白露未晞 傳晞，乾也 禮·玉藻髮晞用象櫛 註晞，乾也 图 詩·齊風東方未晞 傳晞，明之始升 疏晞謂將旦之時，日之光氣始升于上。又 揚子方言晞，暴也。東齊北燕之閒謂之晞 图 玉篇燥也。或作烯。

晟 22629 11075 shèng_7.11 廣韻承正切 集韻 韻會 正韻時正切丛音盛 說文明也 正字通日光充盛也。又熾也。又 大晟，宋樂名 图chéng 集韻時征切音成。義同 图飯匱也。图jīng 集韻咨盈切。晶，或作晟。精光也。鋬又晟22630字與晟02726別。

晟 22630 11076 shèng_7.11 集韻晟或書作晟。

晡 22631 11077 bū_7.11 廣韻 集韻 韻會 正韻丛奔模切音逋 玉篇申時也 前漢·五行志日中時食從東北，過半，晡時復 淮南子·天文訓日至於悲谷，是謂晡時。鋬又晡37657昌22616晜22684昌22570

晢 22632 11078 zhé_7.11 唐韻旨熱切 集韻 韻會 正韻之列切丛音折 說文昭晢，明也 書·洪範明作晢 傳照了○按 蔡沈·集傳作晢 图zhì 廣韻 集韻 韻會 正韻丛征例切音制。星光也 詩·陳風明星晢晢 傳晢晢猶煌煌也。鋬又晰22633晰22721晜22743

晰 22633 11079 zhé_7.11 集韻同晢 詩·小雅庭燎晰晰 傳晰晰，明也 朱傳小明也 類篇或作晰。

晑 22634 11080 xiāo_7.11 玉篇古文宵12091字。

晤 22635 11081 wù_7.11 古文晉 唐韻 集韻 韻會 正韻丛五故切音誤 說文明也。引詩晤辟有摽○按詩·邶風今作寤 图詩·陳風可與晤歌 傳晤，遇也 箋晤，猶對也 图詩·陳風 朱傳猶解也。鋬又昕22379

晥 22636 11082 huàn_7.11 集韻戶版切 韻會合版切丛音睅。晥，亦作晥。明貌 图wǎn 集韻 韻會戶管切 正韻胡管切丛音浣。縣名。在廬江 後漢·馬援傳攻沒晥城 註晥，縣名，屬廬江郡。鋬又晥22647晥22701

晵 22637 11083 bèi_7.11 集韻蒲昧切 正韻步昧切丛音佩。暗也 左思·吳都賦旭日晻晵 註晵，亦闇也 图 集韻薄沒切音勃義同。

晦 22638 11084 huì_7.11 唐韻荒內切 集韻 韻會呼內切 正韻呼對切丛音誨 說文月盡也 釋名晦，灰也。火死爲灰，月光盡似之也 左傳·成十六年陳不違晦 註晦，月終 图易·隨卦君子以嚮晦入宴息 註晦，晏也 图詩·陳風風雨如晦 傳晦，昏也 图詩·周頌遵養時晦 傳晦，昧也 图左傳·成

十四年春秋之稱，微而顯，志而晦註晦亦微，謂約言以紀事，事敘而文微図左傳·昭元年六氣，曰陰、陽、風、雨、晦、明也註晦，夜也図公羊傳·僖十五年晦者何，冥也図爾雅·釋天霧謂之晦図班固·幽通賦鮮生民之晦在註晦，亡幾也鏊又晦，俗晦可洪音義晦而：上呼對反，窴也，從日。

晧 22639 11085
hào_7.11 唐韻正韻胡老切集韻下老切夶音昊說文日出貌註日初見，其光白也図集韻古老切音藁光也玉篇明也曹植·七啓戈殳晧旰鏊又晧22585

唇 22641 11087
chén_7.11 集韻同晨

晨 22640 11086
chén_7.11 古文巺唐韻植鄰切集韻韻會正韻承真切夶音辰說文晨，或省作晨。房星爲民田時者周語農祥晨正註晨正謂立春之日，晨中於午也図shén廣韻食鄰切集韻乘人切夶音神說文作晨，早昧爽也。從臼從辰。辰，時也九經字樣晨，隸省作晨爾雅·釋詁晨，早也釋名晨，伸也。旦而日光復伸見也玉篇明也周禮·秋官·司寤氏禦晨行者図集韻慈鄰切音秦。關中語也図集韻鸙通作晨爾雅·釋鳥晨風，鸙註鸒屬詩·秦風鴥彼晨風鏊又唇22641図欉60625，星名字彙補欉，植鄰切音辰，日月合宿也。

昴 22642 11088
mǎo_7.11 說文昴從卯作昴。

昇 22643 11089
dōng_7.11 玉篇古文冬02849字。

昃 22644 11090
zè_7.11 篇韻音昃。明也。

晙 22648 43851
jùn_7.11 龍龕同晙

哮 22645 11091
xiāo_7.11 篇韻同哮。○按哮字之譌。鏊俗作晓37678龍龕哮，俗。呼交反。正作晓37678陳飛龍：晓，高麗本作哮，是也。廣韻下平五肴：哮，哮闞。音切許交，許呼同屬曉母。

昏 22646 11092
hūn_7.11 篇韻同昏○按昏字之譌。

晥 22647 11093
huàn_7.11 篇韻同睆○按睆字之譌。

晅 22649 43852
diǎn_7.11 五音篇海音典。

晐 22650 43853
zǔ_7.11 五音篇海音祖。鏊字彙補子楚切音祖。

尸 22651 u2AC28
null_7.11 喃未詳。

晎 22652 u2AC27
null_7.11 未詳。

晜 22653 u2AC26
null_7.11 未詳。

睡 22654 u2AC25
null_7.11 未詳。

晉 22655 u2F8CD
jìn_7.11 同晉22543

暈 22658 u231DF
sao_7.11 喃俗鞉23083

昷 22656 u231E1
kia_7.11 喃從日忌kị聲△暘晀：四天後。

妓 22657 u231E0
kǐa_7.11 喃從日妓kǐ聲△暘暆：三天後。

余 22659 u231DE
giờ_7.11 喃同暴22934時日△閉除：當時。

冷 22660 u231DD
rảnh_7.11 喃從日冷lạnh聲。空閒，閒暇。

貝 22661 u231DC
buổi_7.11 喃從日貝buổi聲。一半天，時間△暝學：

學習時間。暝鄉：上午。暝朝：午後。

晛 22662 u231DB
null_7.11 從日辛聲。人名，見古晉璽。

哦 22665 u231D5
null_7.11 未詳。

習 22663 u231D8
null_7.11 水名。宋·謝靈運山居賦近北則二巫結湖，兩習通沼。

晨 22664 u231D7
shēn_7.11 俗晨05257申本字。

晔 22666 u231D4
null_7.11 未詳。

鼎 22667 u231D3
dǐng_7.11 俗鼎75220

暒 22668 u231D2
shèng_7.11 俗聖46636廣碑別字引魏賈良造像

昳 22669 u231D0
cik_7.11 壯 (太陽)照，暑，熱。

晞 22670 u231CF
null_7.11 未詳。

映 22672 u231CD
xiá_7.11 狹33240譌字慧琳音義褊能：上邊沔反。映小也。

鼎 22671 u231CE
dǐng_7.11 俗鼎75220

晥 22674 u231CB
wǎn_7.11 俗晚22619宋元以來俗字譜引取經詩話等。

昳 22673 u231CC
null_7.11 未詳。

晤 22676 u231C9
null_7.11 未詳。

晒 22675 u231CA
bǔa_7.11 喃從日否bỉ聲。一日。

晓 22678 u231C6
yàn_7.11 字海杲，同晏22558字見直音篇。按，直音篇未見。

晓 22677 u231C8
xiāo_7.11 俗曉23054

昴 22679 u231C5
mǎo_7.11 同昴22481

曾 22685 u66FD
céng_7.11 俗曾23305

晣 22680 u231C4
dǐng_7.11 俗鼎75220亦作晜37751

卷 22681 u231C3
chōng_7.11 俗春48344

晻 22682 u231C2
null_7.11 未詳。

晒 22683 u231C1
qǐ_7.11 五音集韻曙23149晒，去急切。欲燥。

冒 22684 u231C0
bū_7.11 同冒22570古晡22631字。

晰 22686 11094
biē_8.12 集韻必結切音虌。暴乾也。鏊又暽23092

暶 22687 11095
tiǎn_8.12 廣韻集韻夶他典切音腆。明也。鏊楊寶忠：俗腆47414

晫 22688 11096
zhuó_8.12 廣韻集韻夶竹角切音琢博雅明也玉篇明盛貌図集韻敕角切音逴。義同。

晬 22689 11097
zuì_8.12 唐韻子對切集韻韻會祖對切夶音晬說文周年也類篇子生一歲也。一曰晬時者周時也鏊又晬22412晬22510

晢 22690 11098
féi_8.12 集韻符非切音肥博雅離也。

置 22691 11099
zhì_8.12 正字通置字之譌。

晭 22692 11100
zhǒu_8.12 集韻止酉切音帚。明也。或作晭。

晭 22693 11101
zhǒu_8.12 集韻同晭図玉篇日光也鏊又晭22547晭22692晭46670

普 22694 11102
pǔ_8.12 唐韻滂古切集韻韻會頗五切，並音浦說文作普，日無色也註日無光則遠近皆同，故從竝。今隸作普図廣韻博也，大也，徧也易·乾卦見龍在田，

德施普也⊠姓 姓氏急就篇普氏,後漢十姓有之.鎏又
普22933楷25528

景 jǐng_8.12　唐韻 正韻居影切 集韻 韻會舉影切夶音
警 說文光也 釋文景,境也.明所照處有境限也⊠爾
雅·釋詁景,大也 詩·小雅以介景福 箋受大福也.
⊠詩·小雅景行行止 箋景,明也⊠詩·小雅景行 朱傳
大道也⊠博雅景景,白也 篇海韶也.又像也,慕也,
仰也⊠詩·鄘風景山與京 傳景山,大山⊠山名 詩·商
頌景員維河 朱傳景,山名,商所都也⊠衣也 儀禮·士
昏禮婦乘以几,姆加景 註景之制如明衣,加之以爲行
道禦塵,令衣鮮明也.景亦明也⊠星名 史記·天官書天
晴而見景星.景星者,德星也⊠風名 史記·律書景風
居南方.景者,言陽氣道竟⊠姓.景差,見 史記·屈原
傳⊠yǐng 廣韻 正韻於丙切 集韻於境切夶音影.物之
陰影也 詩·邶風汎汎其景 疏汎汎然見其影之去往而不
辨 周禮·地官·大司徒以土圭之灋測土深,正日景 釋文
景本或作影 佩觿形景爲影,本乎稚川.鎏又景22840
爝31800 傹01992 ⊠正字通暻23031俗景字.

暞 hū_8.12　集韻呼骨切音忽.吻22406或作暞.

咺 xuān_8.12　正字通咺本字.鎏正字通暄本字.

晰 xī_8.12　集韻先的切音錫.明也.鎏又晳22725
晳22702

晱 shǎn_8.12　篇海失冉切音閃.晱電也⊠弋照切音
曜.義同.

晵 jī_8.12　玉篇居其切.後也.鎏正字通晵,晵期
夶同⊠具22733 晵23426

晲 nǐ_8.12　集韻吾禮切音垸 玉篇日昳也 淮南子·要
略篇有符曠晲.鎏又昵22451

晳 xī_8.12　正韻思積切,音昔 五經文字晳从白.相
承多从日,非 正韻曾點字晳,本从白 論 孟 史記皆譌
从日.今不可改,故收入 正字通按从白者爲白色之晳.
从日者爲明辨之晳.二字義各異也.

睫 qiè_8.12　集韻七接切音妾.睫曬,日欲沒⊠卽涉
切音接.義同.

晴 qíng_8.12　唐韻疾盈切 集韻 韻會慈盈切夶音情.姓
或作晴暒 玉篇雨止也,晴明也,無雲也 史記·天官書天
晴而見景星⊠說文姓,雨而夜除星見也 註今俗作晴,
非.鎏又晴22798 姓35267 殑26904⊠可洪音義 天罿66634:
疾盈反.雨止也.又雨夜晴見星也.正作晴、姓二形也.

睡 chuí_8.12　玉篇直韋切,音垂◇地名.鎏熊加全:
俗睡47404

睰 zhè_8.12　集韻之夜切音柘.日赫.

啓 qǐ_8.12　唐韻康禮切 集韻遣禮切夶音啓 說文雨

而畫姓也⊠qiàn 廣韻去戰切音譴.義同⊠集韻輕甸
切音倪.霽也⊠姓 姓氏急就篇後漢將軍啓倫.

睰 tài_8.12　集韻睫23046或省作睰.

晉 yà_8.12　集韻衣駕切音亞.睿或作晉.姓也○按 說
文在亞部,義闕.鎏汗簡晉,惡.出 石經 睡虎地秦墓
竹簡其南晉之.

晶 jīng_8.12　唐韻子盈切 集韻 韻會咨盈切夶音精 說
文精光也.从三日 宋之問詩八月涼風天氣晶⊠晶晶,
光也 歐陽詹·秋月賦晶晶盈盈.又 方岳詩江樹曉晶晶
△ 集韻或作晶△ 通雅古精、晶通 易林陽晶隱伏,卽
陽精 讀書通水精,卽水晶.鎏又晶23432 晶22789

昊 yào_8.12　集韻曜23157古作昊.

昴 shù_8.12　廣韻所去切音揀.明也 篇海暖也.

睙 wǒ_8.12　集韻鄔果切音婑 玉篇明也.鎏又睙37847

晷 guǐ_8.12　唐韻居洧切 集韻 韻會矩鮪切夶音軌 說
文日景也 博雅晷,柱景也 釋名晷,規也.如規畫也 玉
篇以表度日也 前漢·天文志去極遠近難知,要以晷景.
晷景者,所以知日之南北也 正字通晷者,歷數所自出.
其法:望高處爲體,立長短二竿爲用,二竿與高齊等,
度三物兩閒修短若干,句股而求之,寒暑短長暸然自
見.从咎何也,日景有差也,天行有常,不能不小有贏
縮,歲差由此生,故立日景以測之,卽 周禮·考工記 置
槷眡景之法也.鎏又晷06642

暊 qióng_8.12　集韻去仲切音焪.日乾物.鎏楊寶忠:
俗焪31096

睜 zhěng_8.12　集韻知領切,貞上聲 玉篇日初出貌.
鎏又睜22851

昔 xī_8.12　說文昔本字.籀文加肉作籋 字彙以爲古
文昔字,非.

暘 yì_8.12　廣韻羊益切 集韻 韻會夷益切夶音亦 說
文日覆雲暫見也 廣韻日無光⊠shì 廣韻 集韻 韻會正
韻夶施隻切音釋.義同.

智 zhì_8.12　古文矯 廣韻 集韻 韻會 正韻夶知義切,
去聲.同晢.或作智 說文識詞也.从白从亏从知
○按經典相承作智 釋名智,知也.無所不知也 孟子
非之心,智之端 荀子·正名篇知有所合謂之智○按
典或通用知⊠姓 廣韻晉有智伯.鎏又晢36860 恕1768

睔 kùn_8.12　篇海古鈍切,昆去聲.日光也.

晣 zhé_8.12　集韻晢或作晣 張衡·思玄賦雖司命其不
晣 註晣,昭晣也.

晻 ǎn_8.12　唐韻烏感切 集韻 韻會 正韻鄔感切夶

黯 說文 不明也 博雅 晻，障也。又冥也 前漢·元帝紀 三光晻昧 註 師古曰晻與暗同 荀子·不苟篇 是姦人將以盜名於晻世者 註 晻與暗同 図 yǎn 廣韻 集韻 韻會 衣儉切 正韻 於檢切 夶 音奄。晻晻，日無光也 楚辭·九歎 日晻晻而下頹 図 àn 集韻 烏紺切音闇。義同。鼚 又陪65756

睢 22723 11131
wǎng_8.12 廣韻 于兩切 集韻 羽兩切 正韻 羽枉切 夶 音往 說文 作睢，光美也 爾雅·釋詁 睢睢，美也 疏 少儀云祭祀之美，濟濟皇皇。鄭云皇皇，讀如歸往之往。彼言皇皇，則此睢睢也 図 廣韻 德也，是也 図 wàng 廣韻 韻會 于況切 集韻 正韻 于放切 夶 音汪。義同。或作旺 図 廣韻 乎曠切音擴。義同 図 guàng 集韻 具放切音誆。日光。鼚 又睢，同睢 說文 睢，光美也。從日往聲。

暭 22724 11132
lù_8.12 廣韻 力玉切 集韻 龍玉切 夶 音錄。日無光。

晼 22726 11134
wǎn_8.12 廣韻 於阮切 集韻 委遠切 夶 音宛。景昳也 楚辭·哀時命 白日晼晚其將入兮。鼚 又婉36822

暜 22725 11133
xǐ_8.12 篇海 同晰

晽 22728 11136
lín_8.12 淮南了·俶真訓 乃始味味晽晽 註 晽晽，欲所知之貌。音林。鼚 王念孫 讀書雜志·淮南內篇第二·俶真 晽晽當為棥棥。味味、棥棥，一聲之轉，皆欲知之貌也。

暴 22729 11137
lín_8.12 字彙補 音林。國名 朱澤民·異域苑 景祐開有佛暴國來朝，自言當日沒之處。

昴 22727 11135
mǎo_8.12 篇韻 同昴 暸 22730 11138 liàng_8.12 篇韻 音拱。義闕 字彙補 音亮。曬暴也 呂毖·小史 晒暸。

𣈆 22731 11139
míng_8.12 字彙補 與明同。

暓 22732 11140
hūn_8.12 篇韻 音昏。闇也。

曁 22733 11141
jī_8.12 集韻 㫷23426 古作曁。

䁅 22734 11142
null_8.12 字彙補 楊㫤，正德時人。音闕。

㫤 22735 41270
chāng_8.12 字彙補 川張切音昌。人名。顧㫤，蘇州人。見 馮少墟集

𣈱 22736 41271
yáng_8.12 古音駢字 與揚同。

暴 22737 41272
biàn_8.12 川篇 皮變切音弁。光也。

暬 22738 41273
tǐ_8.12 五音集韻 他禮切音體。橫首杖名。
鼚 又鼓21353

疊 22739 43854
dié_8.12 篇海類編 同疊。鼚 同疊，疊。

㬊 22740 43855
cáo_8.12 五音篇海 音曹。鼚 同曹。陳士元 古俗字略 曹，昨勞切。輩也，衆也。借，同（曹）。棘25444 曹23351 替，並古。曺，俗 図 字彙補 替，其田切音乾。義闕。

瞀 22741 43856
mù_8.12 川篇 音木。 暐 22742 43857 wèi_8.12 五音篇海 音謂。鼚 張涌泉：彙16394訛俗字。

㫮 22743 u2AC2E
zhé_8.12 同㫡22721 暒 22744 u2AC2D null_8.12 未詳。

㫬 22745 u2AC2C
null_8.12 喃 未詳。 晬 22746 u2AC2B null_8.12 未詳。

㫪 22747 u2AC2A
null_8.12 未詳。 㫩 22748 u2AC29 null_8.12 未詳。

晬 22751 u23222
tia_8.12 喃 從日卑ti聲△晬郎：光線。

晴 22749 uFA91
qíng_8.12 兼 晴22704 㷟 22752 u2321E hong_8.12 喃 從晾省空không聲。晾乾△㷟裠袄：晾衣服。

暆 22750 u23223
yìng_8.12 簡 暆23123 㫄 22754 u2321C ngày_8.12 喃 從日碍ngai省聲。白天△㫄強：日益，越來越△亦作㫄22759

㬀 22753 u2321D
cử_8.12 喃 從日羊（舉）cử聲。禁忌期間。

㫵 22755 u2321B
quắt_8.12 喃 從日刮quát聲。曬蔫。亦作捌19970

㫴 22756 u2321A
chạng_8.12 喃 從日狀trạng聲。薄暮，黃昏。

㫷 22757 u23219
ràv_8.12 喃 從日例lề聲△㫄㫷：今日。㫷低㫷妒：到處流浪 図 rày㫷曬：叱罵。

晻 22758 u23218
đêm_8.12 喃 夜。亦作㫸22762㫹09929

㫸 22759 u23217
ngày_8.12 喃 同㫄22754晝，白天。

㫵 22760 u23216
bóng_8.12 喃 從日俸bổng省聲。影，日影。

㫴 22765 u23211
hwngq_8.12 壯 悶熱、炎熱。

㫱 22761 u23215
mai_8.12 喃 從日枚mai聲△㫱㫷：早晚，晨昏。㫸㫱：明日。

㫶 22762 u23214
đêm_8.12 喃 同晻22758夜晚。

㫳 22763 u23213
phơi_8.12 喃 從日披phơ聲△㫳枯：曬乾。

㫲 22764 u23212
kia_8.12 喃 從日其kì聲△㫄㫲：後天。

㫰 22766 u23210
cui_8.12 俗晬47385 敦煌變文集·韓朋賦 言語未訖，遂即至室，苦酒侵衣，遂㫰如荏。

暗 22767 u2320F
xǐ_8.12 臘47425譌字。參見熺31076

晳 22768 u2320C
dū_8.12 俗督37800 㬇 22772 u23207 àn_8.12 龍龕 㬇，烏紺反。清 錢大昕 十駕齋養新錄·宋時俗字：龍龕手鑑 多收鄙俗之字，如㢱為多，㬇為矮，㽱為棄，㬇為暗。

晹 22769 u2320B
yè_8.12 油晹，地名，在雲南省。

督 22770 u23209
dū_8.12 俗督37800 晉 22773 u23206 jìn_8.12 同晉22543

鼎 22771 u23208
dǐng_8.12 俗鼎75220 晲 22774 u23204 null_8.12 未詳。

㫯 22775 u23203
null_8.12 未詳。 晈 22777 u23201 jiǎo_8.12 玄應音義 皦36877潔：古文皦、晈二形。今作皎。

眠 22778 u23200
null_8.12 未詳。 晧 22779 u231FF yǎo_8.12 同杳23647

望 22776 u23202
wàng_8.12 同望34173 正字通 同望23411姓也。

畷 zhuì_8.12 俗腏47432 古今圖書集成·字學典·第四十六卷·音義部雜錄四 畷食，接續而祭也 班馬字類腏，漢書·郊祀志 腏食。與餟同，謂聯續而祭。竹芮反。

晾 null_8.12 未詳。

晠 líng_8.12 从日夌聲。人名 古璽彙編·姓名私璽.3513 彭晠。

暋 mǐn_8.12 同敃21432

晪 tiǎn_8.12 說文暙，古文睓47414段注：從日盍誤，玉篇作暙47415

湣 mǐn_8.12 同滑28895

萫 chūn_8.12 同瞢23062

曶 mò_8.12 同晋46094古文沒27900

晶 jīng_8.12 直音篇晶，同晶22710

晭 null_8.12 未詳。

晕 chún_8.12 人名用字。李晕。見 清史稿 古韻標準 淳，常倫切。晕。

睡 chuī_8.12 或俗脪 五音集韻 睡，尻也。

睰 shǎng_8.12 同晌22548 老乞大日頭正睰午也,有些熱 图thǔng 晌 从日尚chuǒng聲。

晝 féi_8.12 同晝22690

暑 shǔ_8.12 參見暑22819

暫 zàn_8.12 简暂22969

曉 xiǎo_8.12 俗曉23054

晖 wǎng_8.12 同眶22723，光美也。从日徃聲 廣韻 晖，于放切。同旺。又 廣韻 晖，于兩切。德也。是也。光也 爾雅 曰：晖晖、皇皇，美也。又宕韻乎曠切。

晴 qíng_8.12 同晴22704

晚 wǎn_8.12 俗晚22619

晷 chā_9.13 篇海 與晷22554同。

暄 xuān_9.13 廣韻 況袁切 集韻 韻會 許元切丛音煊。煖或作暄。溫也 玉篇 春晚也 篇海 又日煖也 劉峻·廣絕交論 敘溫郁則寒谷成暄。鑒 正字通 晅，暄本字。

晅 xuǎn_9.13 廣韻 況晚切 集韻 火遠切丛音咺。晅或作晅、晅 玉篇 乾燥也 易繫辭 日以晅之 釋文 晅，乾也。本又作晅 图gèng 集韻 居鄧切音亙 博雅 曝也。鑒 敦煌.P.2011.刊謬補缺切韻 晅，況晚反，日氣。又古鄧反，日乾。黃典誠：古鄧反的晅本當作晅。

暆 yí_9.13 唐韻 弋支切 集韻 韻會 余支切丛音移 說文 日行暆暆 越絕書 日昭昭浸以暆，與子期兮蘆之漪 图地名 前漢·地理志 樂浪郡東暆。

暇 xiá_9.13 唐韻 正韻 胡駕切 集韻 韻會 亥駕切丛音夏 說文 閒也 書·酒誥 不敢自暇自逸 傳 不敢自寬暇自逸豫 图 揚子方言 凡物之壯大者而愛偉之謂之夏，周鄭之閒謂之暇 註 暇音賈 图 與假同 王粲·登樓賦 聊暇日以銷憂 註 暇，古雅反。或作假。鑒 又暇37865暇46734

暈 yùn_9.13 廣韻 集韻 韻會 王問切 正韻 禹憒切音

運。日旁氣也 釋名 暈，捲也。氣在外捲結之也，日月俱然 史記·天官書 兩軍相當，日暈。鑒 又暈22607

暉 huī_9.13 廣韻 許歸切 集韻 韻會 吁韋切丛音輝 說文 光也 易·未濟 君子之光，其暉吉也 玉篇 或作煇。鑒 又暉22606

暙 chūn_9.13 集韻 春22460古作暙。

暊 fǔ_9.13 玉篇 孚武切，音府◇明也。

暋 mǐn_9.13 廣韻 眉殞切 集韻 韻會 美殞切丛音愍。與敃同 爾雅·釋詁 暋，強也 書·康誥 暋不畏死 傳 暋，強也 图mín 集韻 正韻 丛彌鄰切音民。義同 图 集韻 韻會 丛眉貧切音珉。與忞同。悶也 莊子·外物篇 慰暋沈屯 註 慰，鬱也。暋，悶也 图 集韻 韻會 正韻 丛呼昆切音昏。義同。鑒 正字通 暗俗暋字。

暘 yú_9.13 篇海 同暍

暊 yú_9.13 集韻 元俱切音愚。人名。漢有周暊。鑒 字彙 暊同暘。

暆 tú_9.13 集韻 通都切音琮。日陰也。

暌 kuí_9.13 玉篇 去圭切，音恢◇違也 正韻 睽暌孤之睽从目，暌違之暌从日，俗多誤用。鑒 又晊22539

曇 tái_9.13 篇海 堂來切音臺。日出也。

暍 yē_9.13 唐韻 集韻 韻會 正韻 丛於歇切音謁 說文 傷暑也 玉篇 中熱也 前漢·武帝紀 夏大旱，民多暍死 荀子·富國篇 夏不宛暍 淮南子·俶真訓 暍者望冷風於秋 图è 集韻 阿葛切音遏 博雅 燠也。又hè 許葛切音喝。熱也。鑒 又暍23070煬31231

暎 yìng_9.13 集韻 於慶切 正韻 於命切，丛與映同 陸機·贈馮文熊詩 雙情交暎 註 暎猶照也。

睹 dǔ_9.13 唐韻 當古切 集韻 正韻 董五切丛音睹 說文 旦明也 图shǔ 集韻 常恕切音署。曙或省作睹。

暐 wěi_9.13 廣韻 于鬼切 集韻 韻會 羽鬼切丛音韙。光盛貌 玉篇 日光也。同暐。

暑 shǔ_9.13 唐韻 舒呂切 集韻 韻會 正韻 賞呂切丛音鼠 說文 熱也 釋名 暑，煮也。熱如煮物也 易繫辭 日月運行，一寒一暑 正字通 時令有大暑、小暑。鑒 通作暑22793 图 暑22854瘏36529

暒 qíng_9.13 集韻 慈盈切音情。晴22704或作暒。又新佞音醒。義同。

暴 nàn_9.13 廣韻 丑晏切 集韻 丑諫切丛音瘒。赤色。图 集韻 丑赧切，暴暴，溫濕貌。鑒 正字通 暴，晸22625字之譌。

暓 mào_9.13 玉篇 莫候切音茂。亂明○按與 集韻 暓字同。

暔 22823 11166
nán_9.13 [集韻]那含切音南。國名。唐天寶中封其王爲懷寧王[又]乃感切音湳。義同。

舋 22824 11167
màn_9.13 [正字通]俗曼字〇按曼从曰。載日部，非是。

暕 22825 11168
jiǎn_9.13 [廣韻][正韻]古限切[集韻]賈限切夶音簡。陰旦日明[玉篇]明也[又]lán[集韻]郎干切音闌。陰乾也。

瞱 22826 11169
wǎng_9.13 [說文]𣊪本字。

暋 22827 11170
mǐn_9.13 [集韻]美殞切音愍。諡也[史記]齊湣王或作暋王。

暤 22828 11171
huàn_9.13 [集韻]呼玩切音喚[玉篇]古國名[山海經]暤墅國，在崑崙墟。

暐 22829 11172
wēn_9.13 [集韻][正韻]夶烏昆切音溫。日出而溫也。

暖 22830 11173
nuǎn_9.13 [廣韻][集韻]夶乃管切音煖。煖亦作暖。溫也。

髮 22831 11174
huǎn_9.13 [廣韻]胡管切[集韻]戶管切夶音緩[玉篇]明也[又]姓[姓氏急就篇]晉中郎將髮清，宋朱子門人髮淵。

暖 22832 11175
nuǎn_9.13 [廣韻]同暵[禮·月令]行春令則暖風來至[楚辭·天問]何所冬暖[又]xuān[集韻]許元切音暄。柔貌[莊子·徐無鬼]有暖姝者[音義]吁爰反。柔貌[又][集韻]火遠切音咺。義同。鑒又愞17891煑30687暖46731煖31250暵23148[又][龍龕]晅22563暅23068俗，暖正[又][正字通]煗31894，俗煥31251字[又]可洪音義腝47849水：上奴短反。暅38183水：同上，正作暝。爽46361氣：上乃短反。正作暝也。溫煖31729：奴管反。溫濡29585：同上。恨。

暗 22833 11176
àn_9.13 [唐韻][集韻][韻會]夶烏紺切音闇[說文]日無光也[玉篇]不明也[又][博雅]深也[揚雄·甘泉賦]稍暗暗而靚深[註]暗暗，深空之貌[又][集韻]鄔感切音黯。義同。鑒又晉22561晻22722𩃬22772暗37927

暘 22834 11177
yáng_9.13 [唐韻]與章切[集韻][韻會]余章切[正韻]移章切夶音陽[說文]日出也[玉篇]明也，日乾物也[書·堯典]宅嵎夷曰暘谷[傳]暘，明也。日出於谷而天下明，故曰暘谷。又[洪範]曰雨曰暘[傳]暘以乾物也。鑒又昜22370

暷 22835 11178
gàn_9.13 [集韻]居案切。與旰同。晚也。

暴 22836 11179
zhōng_9.13 [集韻]終古作暴[六書索隱]日在甲上曰早，日在癸上曰暴。鑒又暴22986暴22863

暟 22837 11180
lèi_9.13 [韻會小補]與類同。鑒暜47575字之譌。

暝 22838 41274
hóu_9.13 [字彙補]何樓切音侯。睺字之譌。月之交首尾曰羅暝。又人名。隋將周羅暝，封義寧郡公。

暙 22839 41275
chūn_9.13 [字彙補]樞倫切音春。人名。元世祖至元十七年，高麗王暙來朝，世祖加暙行省右丞相。

景 22840 41276
jìng_9.13 [川篇]音境。日色。

馺 22841 41277
jiù_9.13 [集韻]居祐切音救。二百六十疋馬也。馺同馺04331，古文廏。元本[玉篇]廏，居又切，二百六十匹馬也。廏，俗。馺，古文。澤存堂本[玉篇]作廄。

智 22842 43858
hūn_9.13 [搜眞玉鏡]同昏。

睼 22843 43859
tǐ_9.13 [龍龕]音體。鑒俗睼37901

睭 22844 43860
zé_9.13 [龍龕]舊藏作則字。又[香巖]音謁。

睫 22845 u2AC37
jiàn_9.13 [直音篇]睫，音建。

暡 22846 u2AC36
fēi_9.13 [篇]暡23055

晞 22847 u2AC35
null_9.13 未詳。

睱 22848 u2AC34
null_9.13 未詳。

臭 22849 u2AC33
null_9.13 未詳。

暉 22850 u2AC32
null_9.13 未詳。

瞅 22851 u2AC31
zhěng_9.13 同晸22716

昒 22852 u2AC30
[暔]未詳。

題 22853 u2AC2F
null_9.13 未詳。

暑 22854 uFA43
shǔ_9.13 兼暑22819从者。

暭 22855 u2F8CE
wěi_9.13 同暐23032

睃 22856 u23250
thoạt_9.13 [喃]从日述thuật聲。剛才△睃頭：最初，初始。

睁 22857 u2324F
lình_9.13 [喃]从時省苓linh聲△成睁，或作凊睁：突然。

暚 22858 u2324E
trưa_9.13 [喃]从日查tra聲。中午。

眼 22859 u2324D
ui_9.13 [喃]从日畏uý聲△曤暝暝：天微微放晴。

暊 22860 u2324C
kuì_9.13 人名用字

暚 22861 u2324B
yǎo_9.13 暚37883譌字。[明·湯顯祖·紫簫記·第二十四齣·送別]暚紅鷟，擣玄菟。

曉 22862 u2324A
xiǎo_9.13 俗曉23054[宋元以來俗字譜][引][目連記]

暴 22863 u23249
zhōng_9.13 奇字名[晸暴：六書索隱]曰：日在甲上曰晸，日在癸上曰暴。暴古終43975字。

暺 22864 u23245
còu_9.13 暺48383譌字。半春[集韻]千候切。半春也。

提 22865 u23244
chí_9.13 同趫46446[集韻]提，常支切。毒出薑尾。

睟 22866 u23243
null_9.13 未詳。

暗 22867 u23242
null_9.13 未詳。

睍 22868 u23241
null_9.13 未詳。

睖 22869 u23240
null_9.13 未詳。

暖 22870 u2323F
yǎn_9.13 人名用字

暉 22871 u2323E
null_9.13 未詳。

睼 22872 u2323D
xiè_9.13 或俗睼37862

睭 22873 u2323C
null_9.13 未詳。

睬 22874 u2323B
cāi_9.13 睬37884譌字

暗 22875 u2323A
null_9.13 未詳。

睫 22876 u23239
null_9.13 未詳。

暵 22877 u23238
null_9.13 未詳。

暀 22878 u23237
null_9.13 未詳。

暭 22879 u23235
yú_9.13 [可洪音義]暭盲：上羊朱反。肥也。正作腴47578

瞄 22880 u23234
null_9.13 未詳。

暍 22882 u23232
null_9.13 未詳。

冕 22881 u23233
miǎn_9.13 俗冕02725 偏類碑別字 引齊臨淮王象碑

暢 22883 u23231
chàng_9.13 俗暢22911 廣碑別字 引唐田志承墓誌

晡 22884 u23230
nau_9.13 喃从日芇nào聲。

屬 22885 u2322F
yù_9.13 俗霜02737

瞻 22887 u2322D
null_9.13 人名用字。

晾 22888 u2322C
huì_9.13 喙06496譌字。天津 大公報·1902·Jun. 29. Num. 13·來函代論 貴館當有公論. 何待區區置晾。

喰 22886 u2322E
null_9.13 未詳。

暚 22889 u2322B
yù_9.13 同煜31261 全唐文·卷二百五十九·路敬淳·大唐懷州河内縣木澗魏夫人祠碑銘 暚電光而吐耀△宏按，金石萃編 作暉。

暈 22890 uF9C5
yūn_9.13 兼暈。

疂 22891 u9F0C
cháo_9.13 同晁22534

暨 22892 u66A8
ji_9.13 同暨23043

昍 22893 u6685
gèng_9.13 同晒22802

暚 22894 11181
yáo_10.14 集韻餘招切音遙。明也。玉篇 日光也。

曤 22895 11182
huò_10.14 集韻忽郭切音霍。暫明也。鏊 正字通曤，俗曤字。

暛 22896 11183
cuó_10.14 集韻想可切音娑。春也。玉篇 明朗也。鏊又暛48395

暣 22897 11184
qì_10.14 集韻乞及切音泣。與暵同。曝也。

普 22898 11185
pǔ_10.14 說文普22694作普。

暝 22899 11186
míng_10.14 廣韻莫經切集韻忙經切，並音銘。冥或从日，幽也。前漢·五行志 晦陰也。図 類篇 亦姓。図mìng 集韻 韻會 丛莫定切音艐。玉篇 夜也。

搔 22900 11187
sāo_10.14 集韻蘇遭切音搔。日色。

暯 22901 11188
bó_10.14 集韻伯各切音博。博雅 曝也。類篇 或作曝。

瘟 22903 11190
wēn_10.14 瘟本字。

暞 22902 11189
jiǎo_10.14 集韻吉了切音繳。玉篇 同暾，明也。類篇 一曰清別貌。

暟 22904 11191
kǎi_10.14 廣韻苦亥切集韻可亥切丛音愷。玉篇 照也。揚子方言暟、臨，昭也。図 玉篇 美也。揚子方言註 暟暟，美德也。鏊又暟37960

暠 22905 11192
gǎo_10.14 廣韻集韻正韻丛古老切音藁。明白貌。図hào 集韻 韻會 丛下老切音晧。與皓同。玉篇 白也。前漢·司馬相如傳 暠然白首。鏊又暠22956暠36845

暴 22906 11193
sàng_10.14 集韻四浪切音搡。眼暴，暴殭也。

暄 22907 11194
xuǎn_10.14 集韻 韻會 火遠切 正韻況遠切丛音咺。與晅同。日氣也。

盎 22908 11195
àng_10.14 集韻於浪切音盎。暗暜，日無光也。

暜 22909 11196
nài_10.14 唐韻奴代切集韻 韻會 乃代切丛音耐。說文 埃暜，日無光也集韻 作暗暜。図 集韻 暴亥切音乃。

又乃帶切音奈。義丛同。

暡 22910 11197
wěng_10.14 集韻鄔孔切，翁上聲。暡曚，日未明玉篇 天氣不明也。

暢 22911 11198
chàng_10.14 廣韻 集韻 丛丑亮切，音悵。通暢。又達也。易·坤卦 美在其中而暢於四支 疏 有美在中，必通暢於外 尚書序 約文申義，敷暢厥旨図 禮·月令 命之曰 暢月 註 暢，充也図 類篇 長也図 琴曲 風俗通 命其曲曰暢。暢者，言其道之美暢図 姓 陳留風俗傳 暢氏出齊唐有暢當△ 集韻 通作韔。鏊又暢22883暢35405暘35599暢35627

暣 22912 11199
qì_10.14 古文昕 集韻 丘既切音氣。日氣也。

暵 22913 11200
gàn_10.14 集韻居案切音幹 類篇 乾也。

暘 22914 11201
yáng_10.14 集韻余章切音陽。明也。或作暘 玉篇 焦也図 徐羊切音詳。義同。鏊又暘22972図 正字通暘22945暘并俗字。

㬎 22915 11202
xiǎn_10.14 廣韻 集韻 丛呼典切音蜆●說文 㬎，衆微杪也。从日中視絲，古文以爲顯字。或曰衆口貌。讀若唫。唫，或以爲繭。繭者，絮中往往有小繭也廣韻 今作㬎。衆明也，微妙也類篇 頭明飾也。一曰著也，光也。亦姓図 唐韻 五合切 集韻 鄂合切丛音蛤。又jìn 集韻 渠飲切音噤。義丛同。鏊又顯22603

暦 22916 11203
lì_10.14 集韻狼狄切音歷。明也。

暤 22917 11204
hào_10.14 廣韻胡老切，號上聲 說文 晧旰也 玉篇 作暤。

晏 22918 11205
yàn_10.14 集韻於諫切音晏。廣遠也。鏊又晏，同。

㬓 22919 11206
shū_10.14 篇韻音疏。晒也。

暇 22920 11207
shā_10.14 字彙補 音殺 乾坤鑿度 燭龍行南時太暇。

暗 22921 11208
zǐ_10.14 六書索隱 與鄑同。

暥 22922 41278
táng_10.14 字彙補 與唐同。見 扶風縣夫子廟碑 鏊 暥字之譌。

暜 22923 43861
yà_10.14 字彙補 與晉同。

彙 22925 43863
huì_10.14 龍龕 舊藏作彙。

暉 22927 u2AC3D
null_10.14 未詳。

學 22924 43862
zhào_10.14 龍龕 同照。

暡 22928 u2AC3C
null_10.14 未詳。

曾 22926 43864
méng_10.14 海篇 同蒙。

暗 22929 u2AC3B
null_10.14 未詳。

曚 22932 u2AC38
sù_10.14 晉光緒 山西通志 婦謂之曚。又民國 臨縣志 婦人少年謂之曚則，老謂之老婆，通呼曰婆㜝，即婆姨。

暧 22930 u2AC3A
null_10.14 未詳。

音 22933 u2F8D5
pǔ_10.14 同普22694

疅 22931 u2AC39 null_10.14 㘎未詳。

昵 22935 u23278 kía_10.14 㘎从日記kí聲△晤昵：大後天△參見㫄22764

㬼 22934 u23279 giờ_10.14 㘎从日徐chờ聲。時間。

䲷 22936 u23277 dễ_10.14 㘎同褆39976容易。

㬷 22937 u23276 háo_10.14 㘎从日耗hao聲。乾渴，上火△㬷溢：心急，急於求成。

暣 22938 u23275 rua_10.14 㘎同顠23225

㬹 22939 u23274 chói_10.14 㘎从日桎chuối聲△㬹燿：絢爛。㬹眛：炫目。

暭 22940 u23273 buổi_10.14 㘎从日罷bãi聲。同眅22661

暆 22941 u23272 chếch_10.14 㘎从日隻chiếc聲。傾斜。

暴 22942 u23271 bào_10.14 玉篇暴，步到切。暴猶耗也。猝也。今作暴。

暎 22948 u23267 null_10.14 未詳。

澮 22943 u2326F null_10.14 塗澮，古地名，見新唐書·食貨志第四十四

曇 22944 u2326E bīn_10.14 或俗賓字玉篇曇，必民切。古文也。

暘 22945 u2326B yáng_10.14 俗暘22914集韻暘晃，虎晃切。旱熱也。或省。

暁 22946 u2326A huǎng_10.14 同暁22978

魁 22947 u23268 kuì_10.14 龍龕魁，俗。音愧。正作䰢37984大視也。

暇 22950 u23265 null_10.14 未詳。

扁 22949 u23266 null_10.14 未詳。

䰞 22952 u23263 null_10.14 未詳。

晭 22951 u23264 null_10.14 未詳。

晿 22955 u2325F null_10.14 未詳。

暚 22953 u23262 null_10.14 未詳。

暠 22956 u2325E gǎo_10.14 同皜36845通雅·卷八·釋詁暠之水，即揚之水。

暘 22954 u23260 yáng_10.14 明·方以智通雅·卷八·釋詁暘之水，即揚之水。

暖 22958 u66A7 ài_10.14 簡暧23122元·關漢卿魯齋郎·楔子但行處引的是花腿閒漢，彈弓粘竿賊兒小鷂，每日價飛鷹走犬，街市閒行。

賊 22957 u2325D sōng_10.14 俗賊73214

曆 22959 u66A6 lì_10.14 俗曆23049洪音義㫄㫄：戶本反，光也。正作焜。

焜 22960 u5C21 hùn_10.14 俗焜31071可

晪 22961 11209 guì_11.15 篇海音桂。光也。

暂 22962 11210 zhì_11.15 正字通古文智字○按說文智作牅，从白，在白部。从日，非。鋆又嚞36860

暧 22963 11211 ài_11.15 正字通俗暧字。

曭 22964 11212 mǎng_11.15 廣韻模朗切集韻韻會母朗切正韻母黨切㫄音莽。曭暽，不明也玉篇日無光。

暛 22965 11213 chī_11.15 正字通暛字之譌。

暻 22966 11214 piào_11.15 廣韻集韻㫄匹妙切音剽揚子方言乾物也博雅曝也囗集韻紕招切音縹義同鋆正字通暻，俗暻23051字。

㬵 22967 11215 háo_11.15 篇海胡刀切音豪。戾也。

瞞 22968 11216 mán_11.15 集韻母本切，門上聲玉篇暗也。鋆熊加全：俗瞞38077

暫 22969 11217 zàn_11.15 唐韻藏濫切集韻韻會正韻昨濫切㫄音鏨說文不久也類篇須臾也書·盤庚暫遇姦宄左傳·僖三十三年婦人暫而免諸國註暫，猶卒也△五經文字暫作蹔，訛。鋆又暂22795晰22990暫07111

暬 22970 11218 xiè_11.15 唐韻集韻㫄私列切音薛說文日狎習相慢也詩·小雅曾我暬御傳暬御，侍御也囗五經文字與褻同囗類篇一曰暝晦也囗集韻諾叶切音捻。義同。鋆俗暬23011本作暬23098俗亦作暬38124

暭 22971 11219 hào_11.15 廣韻正韻胡老切集韻韻會下老切㫄音浩。晧旰也莊子·人閒世暭天不宜○按卽說文暤字。今相承作暤。

瞯 22972 11220 yáng_11.15 正字通暘字之譌。

嘔 22973 11221 òu_11.15 集韻於候切音漚。煴或从日。暖也。

曹 22974 11222 cáo_11.15 集韻財勞切音曹。日光。

暮 22975 11223 mù_11.15 廣韻集韻韻會正韻㫄莫故切音慕。本作莫。說文莫，日且冥也。从日，在茻中。註平野中望日將落，如在草茻中也史記·伍子胥傳吾日暮塗遠屈原·離騷恐美人之遲暮○按經典本皆作莫。今或相承用暮字。鋆合，暮字俗寫。

暯 22976 11224 mò_11.15 集韻末各切音莫。冥也。

暰 22977 11225 cōng_11.15 集韻七恭切音樅玉篇電光。鋆余迺永：俗暰38069

暁 22978 11226 huǎng_11.15 集韻虎晃切音慌。旱熱也。或省作晄。鋆集韻作晄，不作晄。

暱 22979 11227 nì_11.15 唐韻集韻韻會正韻㫄尼質切，音貀說文日近也類篇親也詩·小雅無自暱焉傳暱，近也左傳·隱元年不義不暱囗集韻入質切音日。義同△說文或从尼作昵。

暲 22980 11228 zhāng_11.15 集韻諸良切音章。日光上進也玉篇明也。與章同。

暳 22981 11229 áo_11.15 集韻牛刀切音遨。日光也。

暳 22982 11230 huì_11.15 廣韻集韻韻會㫄呼惠切音嘒玉篇眾星貌類篇小星謂之暳。或不省，作曤○按詩·召南今本作嘒正韻牋云嘒同暳。

暴 22983 11231
bào_11.15 古文𣋡唐韻集韻韻會薄報切正韻蒲報切丛音菢說文晞也書·泰誓敢行暴虐傳敢行酷暴，虐殺無辜又禮·王制田不以禮，曰暴天物疏是暴害天之所生之物又周禮·秋官·禁暴氏疏禁民不得相陵暴。又詩·邶風終風且暴傳暴，疾也疏大風暴起也。又詩·鄭風襢裼暴虎傳空手以搏之又荀子·富國篇暴暴如丘山註暴暴，卒起之貌。又史記·項羽紀何興之暴也博雅暴，猝也又管子·乘馬篇方六里命之曰暴，五暴命之曰部又十家而連，五連而暴又地名左傳·文八年公子遂會雒戎，盟于暴註暴，鄭地又姓前漢·雋不疑傳暴勝之爲直指使者又pù廣韻蒲木切集韻韻會正韻步木切丛音僕。日乾也。俗作曝小爾雅暴，曬也周禮·冬官考工記㡛氏晝暴諸日孟子一日暴之荀子·富國篇聲名足以暴炙之又孟子暴之於民，而民受之朱註暴，顯也又後漢·竇融傳皆近事暴著註暴，露也又bō集韻北角切音剝爾雅·釋詁毗劉，暴樂也疏木枝葉稀疎不均爲暴樂又bó白各切音泊。又蒲沃切音雹。義丛同又bào弼角切音雹。歊暴，乾橈也又虣或作暴，墳起也。鎣又㬥22546𣈹23066𣊊23177𣉑23117𣈻22942𣋻23184虣52225𪓕74402又集韻𣋞23155薄報切說文晞也。或作暴。古作𣋡、𣊊23088俗作曝，非是。

𣈶 22985 11233
xuán_11.15 集韻旬宣切音璿。明也玉篇美貌。鎣俗𣊴38045龍龕𣈶，似泉反。同嫙11244好皃。

𣉒 22987 11235
wù_11.15 集韻同務

暵 22984 11232
hǎn_11.15 唐韻呼旱切集韻韻會正韻許旱切丛音罕說文乾也易曰：熯萬物者莫暵乎火〇按易繫辭今作熯博雅曝也玉篇熱氣也詩·王風暵其乾矣傳暵，菸貌釋文水濡而乾也朱傳暵，熯也又hàn廣韻呼旰切音漢。義同。

暳 22988 11236
wèi_11.15 韻會同彗

㬵 22986 11234
zhōng_11.15 集韻終43975古作㬵。鎣又㬵22836㬵22863

𣉙 22989 11237
kě_11.15 五音篇海古文渴28829字。

暫 22990 41279
zàn_11.15 說文長箋與暫同。

𣈇 22991 41280
yè_11.15 字彙補即㬫字寔錄辨證有此字。以義推之，當作楊憲。今作楊𣈇。憲初名㬫也。

𣊫 22992 41281
cáo_11.15 字彙補與曹同。出漢北海相碑

𣊬 22993 41282
sàng_11.15 奚韻息葬切音喪。眼𣊬，戲也。

𣊭 22994 43865
chuán_11.15 字彙補音傳。日動也。

𣊮 22995 43866
zhào_11.15 川篇同照。

𣊯 22996 43867
tiàn_11.15 川篇他林切。鎣字彙補他林切音𥚁。

𪰶 22997 u2AC45
null_11.15 喃未詳。

𪰵 22998 u2AC44
yín_11.15 俗寅12145廣碑別字引魏高猛妻元瑛墓誌

𪰴 22999 u2AC43
null_11.15 未詳。

𪰳 23000 u2AC42
trưa_11.15 同𣋂23218

𪰲 23001 u2AC41
null_11.15 喃未詳。

𪰱 23002 u2AC40
qī_11.15 同㬴23149新撰字鏡𪰱，去及反。入。欲干也。志保牟。

𪰰 23003 u2AC3F
null_11.15 喃未詳。

𣋇 23006 u232C7
đối_11.15 喃同𣌋23235

𪰯 23004 u2AC3E
null_11.15 未詳。

𣋈 23005 u232C8
cháng_11.15 俗嘗06985

𣊜 23007 u2329C
zhōng_11.15 同㬵22986集韻終，古作㬵。

𣊗 23009 u23297
null_11.15 未詳。

𣊘 23008 u23298
null_11.15 族徽。見𣊘父辛爵又ngừ喃从日魚ngư聲。

𣊔 23010 u23294
méng_11.15 集韻𣊔，彌登切。𣊔𣋓，日無光。

𣊓 23011 u23293
xiè_11.15 說文𣊓，日狎習相慢也。从日執聲。

𣊑 23012 u23291
null_11.15 未詳。

𣊐 23013 u23290
null_11.15 未詳。

𣊏 23014 u2328F
null_11.15 未詳。

𣊊 23019 u2328A
jiǎo_11.15 同皦22902

𣊎 23015 u2328E
chớp_11.15 喃从日執chấp聲。閃電。

𣊍 23016 u2328D
mơ_11.15 喃五千字譯國語·第二十六舉動瞶，𣊍。

𣊌 23017 u2328C
nôi_11.15 喃从日堆đôi聲。

𣊋 23018 u2328B
se_11.15 喃从旱知tri聲。乾旱，乾澀。

𣊇 23021 u23287
null_11.15 未詳。

𣊈 23020 u23288
null_11.15 或聽字之譌

㬖 23023 u3B16
null_11.15 未詳。

暴 23025 uFA06
bào_11.15 兼暴。

𣊆 23022 u23286
kě_11.15 同𣉙22989古文渴。

㬑 23024 u3B11
kuò_11.15 同漷29425又虛郭切。明·方以智通雅·卷九·釋詁（重言）㬑㬑，猶言廓廓也。樊紹述絳守園池碑㬑㬑千幅，亦言廓廓也四部叢刊·初編集部·句曲外史貞居先生詩集·卷之三·七言古詩·題江鄉漁樂圖水翠紛披秋㬑㬑，溆靄汀煙帶墟落。

暸 23026 11238
liáo_12.16 集韻憐蕭切音聊。明也。

𣊣 23027 11239
xiàn_12.16 集韻與晛同。日光也又博雅㶣也。

暹 23028 11240
xiān_12.16 廣韻息廉切集韻思廉切丛音銛。日光升也。鎣又暹61369

𣊤 23029 11241
dàn_12.16 集韻徒案切。與𣅳同。明也。

𣊥 23030 11242
sù_12.16 集韻蘇谷切音速。燥也篇海暴也。

暻 23031 11243
jǐng_12.16 廣韻俱永切音憬。明也。鎣直音篇晾同暻。

𣊦 23032 11244
wěi_12.16 玉篇于鬼切音偉。日光也。同暐。鎣又暀22855

暼 23033 11245
piē_12.16 廣韻普蔑切集韻匹蔑切丛音撆。暼暼，日落勢也。

𣊧 23034 11246
lín_12.16 集韻離珍切音鄰。人名。漢有俞閭侯𣊧。

暾 23035 11247
chè_12.16 集韻敕列切音徹。明也。又直列切音轍。
義同。鼞 又暾38160 膝23487

暿 23036 11248
xī_12.16 集韻迄及切音吸。日乾物也。

暽 23037 11249
xù_12.16 集韻許勿切音颺。不明貌。

暾 23038 11250
tūn_12.16 廣韻集韻他昆切音燉。日始出楚辭·九
歌暾將出兮東方類篇亦作旽。鼞 名義暾，剌昆反。
日出形盛又暾23248俗作暾23039膝23482暾38206

暾 23039 11251
kàn_12.16 廣韻苦濫切音喊。日出貌。鼞 正字通
暾23038字之譌。

暿 23040 11252
xī_12.16 集韻與熹同。炙也。一曰熾也。又許已切
音喜。盛貌也，多熱也。

曀 23041 11253
yì_12.16 唐韻於計切集韻壹計切夶音翳。說文陰
而風也爾雅·釋天陰而風曰曀疏雲風曀日光。釋名曀，
翳也。言掩翳日光使不明也詩·邶風終風且曀又集韻
乙冀切音懿。又一結切音噎。義夶同。鼞 或从壹作曀
23237，同又旳22315，或同又曀38189噎07220並曀字俗訛
可洪音義隱曀：於計反。正作曀。

晉 23042 11254
jìn_12.16 說文晉本字。

暨 23043 11255
jì_12.16 古文泉絫 唐韻居豪切集韻居氣切夶
音既。說文日頗見也又爾雅·釋詁暨，與也書·堯典汝羲
暨和傳與也。又禹貢朔南暨疏皆與聞天子威聲文教
公羊傳·隱元年會及暨皆與也又禮·玉藻戎容暨暨註
果毅貌又爾雅·釋訓暨，不及也又玉篇至也又集
韻諸暨，縣名，在越又集韻其旣切音機。義同又廣
韻集韻夶居乞切，音訖。姓也。吳有尚書暨豔又集韻
古文屆12963字。鼞 又泉48217鹽37238暨22892絫12730

暜 23044 11256
céng_12.16 五音集韻蘇公切音鬆。白貌○按卽暜字
之譌。鼞 正字通暜38137字之譌。舊註音鬆，暜白貌。
又音層，日不明。並非。

曠 23045 11257
huàng_12.16 集韻胡曠切音擴。曠眼，明貌。

曃 23046 11258
tài_12.16 廣韻集韻夶他代切音態。曃曃，不明貌楚
辭·遠遊岢曃曃其曭莽兮註日月晻曃而無光也又集
韻韻會徒戴切正韻度耐切夶音代。義同。鼞 又曃22708
曃38156

曄 23047 11259
yè_12.16 廣韻韻會筠輒切集韻域輒切夶音鎓說
文作曅，光也玉篇震電貌後漢·張衡傳列缺曄其照夜
註曄，光也又前漢·敘傳世祖曄曄註曄曄，盛貌也。
又博雅曄，明也又廣韻爲立切集韻域及切夶音煜。
義同。鼞 又曅23143爗32023曅23048暴23102曅23125曄22608
膵23488曄38167

曅 23048 11260
yè_12.16 集韻曄或作曅。

曆 23049 11261
lì_12.16 古文麿厤 唐韻郎擊切集韻韻會狼狄切

夶音櫟說文曆象也書·堯典曆象日月星辰，敬授人時
傳星，四方中星。辰，日月所會。曆象其分節，敬記天
時以授人也。又舜典協時月正日疏世本云容成作曆，
黃帝之臣。又洪範五曰曆數傳曆數，節氣之數以爲曆
疏算日月行道所歷，計氣朔早晚之數，所以爲一歲之
曆正字通曆以日爲主，故从日。其从麻者，推其所經
二十八舍，正日躔也。曆法始、中、終皆舉之。先求天
至以定曆元，履端於始也。參以昏星，舉正於中也。察
日與天會，月與日會之盈虛，齊以閏，歸餘於終也史記
漢書通用歷。鼞 又曆22959历04789曆74707曆23107

曇 23050 11262
tán_12.16 唐韻正韻徒含切集韻徒南切夶音覃說
文雲布也玉篇曇曇，黑雲貌又玉篇西國呼世尊瞿曇。
鼞 又曇22420曇23097

曍 23051 11263
piào_12.16 正字通匹妙切音票。置物風日内令乾。
鼞 又曍22966

曩 23052 11264
xiǎn_12.16 說文㬎22915作曩。

曈 23053 11265
tóng_12.16 唐韻他紅切集韻韻會他東切夶音通說
文曈曨，日欲明也陸機·文賦情曈曨而彌鮮註曈曨，
欲明也又廣韻集韻徒東切正韻徒紅切夶音同。或作
晍。又廣韻他孔切集韻韻會吐孔切夶音桶。義夶同。

曉 23054 11266
xiǎo_12.16 唐韻呼皛切集韻韻會正韻馨鳥切，夶
嚻上聲說文明也玉篇曙也又揚子方言知也史記·西
南夷傳指曉南越又前漢·元后傳未曉大將軍註曉，猶
白也又揚子方言過也又嬴也又博雅說也又快也
又玉篇慧也。鼞 又曉22677曉22609曉22862曉22796

曊 23055 11267
fēi_12.16 集韻芳微切音霏。晄22479，或作曊。
鼞 又曊22846

暉 23056 11268
shěn_12.16 管子·五行篇貨暉神廬註日所次隅曰
暉。音未詳。鼞 暉俗暉23109正。

䐝 23057 11269
xī_12.16 字彙補與舄同○按集韻本作䐝。

農 23058 11270
nóng_12.16 字彙補古文農60612字。

曠 23059 11271
kuàng_12.16 字彙補古文曠字。見古老子

曘 23070 43872
yē_12.16 龍龕同喝

鬠 23060 11272
xǐ_12.16 字彙補同昔
○按集韻昔，籀作䕩。鼞 又菖47477腊47425䕩23104

曙 23071 u2AC4C
null_12.16 未詳。

朋 23061 11273
lǎng_12.16 字彙補音
朗。出西江賦篇韻作朋。鼞 朋或同曌。

暙 23062 11274
chūn_12.16 隸釋孔謙碑修暙秋經。卽春字。

靗 23063 41283
tūn_12.16 字彙補他昆切音暾。人名。

曌 23064 41284
zhào_12.16 唐書·武后紀名曌。與照同。鼞武后原
名武照。武后造照字，曌爲正，曌是學夶譌。

曕 23065 41285
yàn_12.16 說文長箋與曕同。

㬥 23066 43868 pù_12.16 韻會與暴同。鎏同暴。

𪱊 23073 u2AC4A null_12.16 喃未詳。

𣇞 23067 43869 zhào_12.16 篇韻音照

𪱉 23074 u2AC49 null_12.16 未詳。

㬉 23068 43870 nuǎn_12.16 海篇音煖

暘 23069 43871 cóng_12.16 篇韻音從。鎏古俗字略從，就也。暘，古又lù俗昜03612古文勠龍龕音六。

𪱈 23075 u2AC48 null_12.16 未詳。

𪱋 23072 u2AC4B shàn_12.16 可洪音義蒱𪱋：上薄胡反。下時戰反。正作膳47860

𪱇 23076 u2AC47 null_12.16 未詳。

曙 23077 u9FA7 shǔ_12.16 俗曙23150碑別字新編引隋陳叔明墓誌。又可洪音義漸曙：時慮反，曉也。正作曙。曉曙：常預反。

䨚 23078 u2F897 hū_12.16 同曶57163亦作䨚23091

𣋆 23079 u232C6 nhoạng_12.16 喃从日閏nhuận聲。

𣋃 23080 u232C3 rạng_12.16 喃从日創sáng聲。天亮△𣋃昖，同𣋃㫰：平明，清晨。

𣋂 23081 u232C2 chiều_12.16 喃从日朝triều聲。傍晚。亦作嘲23084 𦟹23489

𣋁 23082 u232C1 cuì_12.16 𣈞48416，集韻譌作𣋁又tối喃从晚省最tối聲。夜晚，昏暗，曖昧。

嘲 23084 u232BF chiều_12.16 喃同𣋂23081

𣊾 23085 u232BE bây_12.16 喃悲晾：今，現在。

𣊽 23086 u232BD mín_12.16 同𣊽14222

𣊼 23087 u232BC liáng_12.16 同糧43602見殷周金文集成5.2675邾王糧鼎

𣊱 23095 u232B1 null_12.16 未詳。

𣋀 23083 u232C0 sao_12.16 喃从星𣋀sao省聲△𣋀𦻅：彗星△俗省作𣇵22658

𣊰 23096 u232B0 null_12.16 未詳。

𣊹 23090 u232B9 liàng_12.16 俗量62687敦研.320修行本起經身如金剛，殊妙難量。

𣊻 23088 u232BB bào_12.16 暴22983古作㬥

𣊺 23089 u232BA jiàn_12.16 俗澗29809王昶金石萃編·卷三十四·北齊二宋買造像碑：澗作𣊺又xián同𣊺38163姓。

𣊸 23091 u232B8 hū_12.16 同䨚23078

𣊶 23092 u232B6 biē_12.16 類篇必結切。暴乾也△宏按，汲古閣本類篇作𣉍22686

𣊳 23093 u232B3 xūn_12.16 俗曛23154

𣊲 23094 u232B2 wǔ_12.16 俗膴47863偏類碑別字引偽周洛陽宮總監褚君夫人王氏墓誌

𣊯 23097 u232AF tán_12.16 同曇23050

𣊮 23098 u232AE xiè_12.16 㬚23011本字

𣊭 23099 u232AD huǐ_12.16 六書統𣊭，虎委切。㲉米五升，舂為四升，為五減而四也。象四⊙以見意。古文小篆作毇27117

𣊫 23101 u232AB huǐ_12.16 同𣊭23099

𣊬 23100 u232AC shùn_12.16 俗瞬38155可洪音義一瞬：音舜。如瞬：音舜。動目也。

𣊪 23102 u232AA yè_12.16 同曄23125俗曅23047

𣊩 23103 u232A9 fán_12.16 俗膰47851新撰字鏡夫遠反，祭肉，謂祀奈（祭）於神祇也。可從肉部。

𣊦 23104 u232A6 xī_12.16 俗昝23060字彙補昝，籀文昔22410字。

𣊉 23105 u23289 null_12.16 未詳。

㬟 23106 u3B1F fēn_12.16 方未曾，不曾

曆 23107 uF98B lì_12.16 兼曆。

曍 23108 u66CD hào_12.16 同皥36847

曋 23109 u66CB shěn_12.16 同曋23056

曎 23110 11275 yì_13.17 集韻夷益切音亦。燡，或作曎。光也○按篇海音義又與皥同，非是

曏 23111 11276 xiǎng_13.17 唐韻集韻韻會正韻𠀤許兩切音響。◆說文不久也春秋傳曰：曏役之三月玉篇少時也。又shǎng廣韻書兩切集韻始兩切𠀤音賞又xiàng廣韻集韻韻會正韻𠀤許亮切音向。義𠀤同又儀禮·鄉射禮註立曏所酬○按與向同又莊子·秋水篇證曏今古郭註曏，明也釋文崔云曏，往也。

曐 23112 11277 xīng_13.17 玉篇古文星22454字。亦作曑。又作曟。鎏又㬸36881𣊫36758曐35280

曑 23113 11278 sēn_13.17 唐韻廣韻所今切集韻疏簪切𠀤音森說文商星也。或省作曑九經字樣曑，隸省作曑。與參不同。今經典相承多用參。

㬮 23114 11279 yù_13.17 集韻乙六切音彧。燠或从日。熱也。

㬭 23115 11280 shài_13.17 正字通俗曬字。鎏又瞧38262字之譌，四處探視。

曒 23116 11281 jiǎo_13.17 集韻韻會正韻𠀤吉了切音皦玉篇明也。同皦五經文字皦，玉石之白者，皎月皎字詩·風通用之○按今詩本及釋文多从日，傳寫之誤又集韻下老切音晧。義同。鎏又皦23450皦23019

曓 23117 11282 bào_13.17 唐韻薄報切說文疾有所趨也玉篇猶耗也，猝也。今作暴。鎏本作㬥23177

曔 23118 11283 jìng_13.17 廣韻渠敬切集韻渠映切𠀤音競玉篇明也類篇乾也又集韻正韻𠀤居慶切音敬。義同。

曺 23119 11284 dàn_13.17 集韻蕩旱切音但。曛也。

曕 23120 11285 yàn_13.17 集韻以瞻切音豔玉篇曬也。鎏熊加全：俗瞻38225卍新纂續藏本五燈嚴統·卷第十一·宋州法華院和尚曰：還許學人曕敬也無？師曰：三日後看。

㬡 23121 11286 líng_13.17 篇海與曨同。

曖 23122 11287 ài_13.17 五音集韻烏代切音愛玉篇晻曖，暗貌。又◆易·豐卦豐其蔀註蔀，覆、曖，鄣光明之物也後漢·申屠蟠傳甘是埋曖註曖猶翳也又晏子春秋星之昭昭，不如月之曖曖屈原·離騷時曖曖其將罷兮註曖曖，昏昧貌。鎏又暧22958靉66895又正字通曖38210曖字之譌。

曘 23123 11288 yìng_13.17 玉篇以證切，音暎◇篇海日暉也。

暚 23124 11289 yè_13.17 說文暬23047作暚。

暞 23125 11290 yè_13.17 篇海同暚〇按卽暚字之譌。

曦 23126 11291 xī_13.17 集韻虛宜切。从曦23208省。

曌 23127 11292 zhāo_13.17 篇韻音招。蝘曌，蟲名也。

曎 23132 43874 huì_13.17 海篇音會

嘗 23128 11293 null_13.17 字彙補音未

詳。太清金液神氣經南岳姓榮名嘗君。

曤 23129 11294 pù_13.17 楊氏韻寶與曬暴之暴同。

暏 23130 11295 zhù_13.17 字學指南與著同。

晒 23131 43873 xià_13.17 五音篇海與夏同。

曥 23133 u2AC4D null_13.17 未詳。

暩 23135 u232DD zào_13.17 俗躁59429

図魯等暩子：等了一會兒図ráo喃从日槑tháo聲。

乾、燥△枯暩：乾燥。暩品：口乾。

曤 23136 u232DC cợm_13.17 喃从日禁cấm聲。

曦 23134 u2AC46 null_13.17 喃未詳。

暚 23137 u232DB lát_13.17 喃从日

落lạc聲△桫测乂暚：去玩一會兒△亦作曤23174

歇 23138 u232DA hôm_13.17 喃从日欰hâm聲△曨囷：今天。

曤 23139 u232D9 null_13.17 地名用字。元蘇天爵元文類•卷四十一雜

著•招捕晖曤之州，洒涌之社，琅詡之譯，噥箅之坡。

曧 23140 u232D6 null_13.17 未詳。

棒 23141 u232D5 null_13.17 未詳。

曡 23142 u232D4 null_13.17 未詳。

曇 23143 u232D3 yè_13.17 同曇23048

暌 23144 u232D2 kuí_13.17 同藤51300俗藤51412亦作瓠34915

曣 23145 u232D1 dịp_13.17 喃从時省葉聲。機會。

奫 23146 u2005E pēi_13.17 方不會。

嘴 23147 11296 duì_14.18 集韻徒對切

音隊。茂也。宋玉•高唐賦暆兮若松榯註暆，茂貌。

曘 23148 11297 nuǎn_14.18 玉篇日朱切音儒。日色。鋆溫室經義

記和曘名溫，蔭障名室正字通俗暥22830字。

曬 23149 11298 qī_14.18 廣韻去急切集韻乞及切丛音泣博雅曬

也玉篇欲乾也類篇或作晪。鋆又暒22683暒23002

曙 23150 11299 shǔ_14.18 唐韻集韻韻會丛常恕切音署說文曉也

玉篇東方明也類篇旦也淮南子•天文訓日入于虞淵之

汜，曙於蒙谷之浦註曙，明也管子•形勢篇曙戒勿怠楚

辭•遠遊魂骖骖而至曙。鋆又隋65996晇22817曙23077

曙38299

曤 23151 11300 ài_14.18 廣韻集韻韻會正韻丛於蓋切音藹。

玉篇日色也図人名前漢•王子侯表高郭節侯曤。

鋆又曤22963

曬 23152 11301 mǒ_14.18 廣韻亡果切集韻母果切丛音麼。曬曬，

日無光。

曚 23153 11302 méng_14.18 集韻韻會謨蓬切正韻莫紅切丛音蒙。

曚曨，日未明図廣韻莫孔切集韻韻會母總切丛音蠓。

義同。鋆又曚23179

曛 23154 11303 xūn_14.18 廣韻集韻韻會正韻丛許云切音熏。日

入餘光玉篇黃昏時謝靈運•晚出西射堂詩夕曛嵐氣

陰。鋆俗作曛23093

暴 23155 11304 pù_14.18 說文暴本字。

曤 23156 11305 huò_14.18 集韻鬱縛切音膗。勇貌東觀漢紀曤哉是

翁〇按馬援傳本作夔鑠哉是翁。从日疑譌。

曜 23157 11306 yào_14.18 古文晁雖廣韻弋照切集韻韻會正韻弋

笑切丛音燿。日光也釋名光明照耀也詩•檜風日出有

曜前漢•韋玄成傳光曜晻而不宣玉篇亦作燿。鋆又

難74783旺22504図曜38280金石文字辨異•曜引北魏弔比

干文

龤 23158 41286 hūn_14.18 字彙補與昏同。古無此字，元子創之，謚

隋煬帝曰龤佩觿集次山之昏畔加荒。

曥 23159 43875 kūn_14.18 五音篇海同昆。

曧 23160 43876 jīng_14.18 龍龕居陵切。

曥 23161 43877 lán_14.18 五音篇海來甘切音藍。日不到也。

曤 23162 43878 dān_14.18 搜眞玉鏡音單。

誚 23164 u2AC50 null_14.18 喃未詳。

曈 23163 43879 tóng_14.18 韻經音種

曤 23165 u2AC4F null_14.18 未詳。

貐 23166 u2AC4E null_14.18 喃未詳。

曥 23167 u232F1 hãng_14.18 喃从晴省興hưng聲△至曥：晴天。

曤 23171 u232EC chóu_14.18 俗疇35723

飄 23168 u232F0 bāo_14.18 喃俗飄68843

漸 23172 u232EB jiàn_14.18 俗漸29426敦煌•S.3880殘詩•二十四節氣

詩•處暑七月中向來鷹祭鳥，漕覺白藏深図俗慚18096

敦煌佛經. P.3826禮懺文深心漸愧。

曥 23170 u232ED juǎn_14.18 俗騰47945

曥 23173 u232EA pín_14.18 曥38286譌字

曤 23174 u232E9 lát_14.18 喃从日辣lát聲。同暚23137

曤 23169 u232EE null_14.18 未詳。

曤 23175 u232E8 xôm_14.18 喃从春

侵xâm聲△曤嘘：開朗。咹默曤：盛裝。

晉 23176 u232E7 jìn_14.18 晉22543本字。亦作晉23178晉23212

晉 23178 u232E4 jìn_14.18 晉本字。

暴 23177 u232E6 bào_14.18 暴23117本字

曥 23180 u232E0 null_14.18 未詳。

曚 23179 u232E1 méng_14.18 同曚23153

曤 23181 u3B28 null_14.18 未詳。

暴 23182 u3B27 bó_14.18 暴44689本字

說文 暴，頸連也。从糸，暴省聲。

曪 liè_15.19 廣韻 良涉切 集韻 力涉切𡘋音獵 玉篇 日欲入也。

曭 bào_15.19 玉篇 㬥作曭。

㬥 bào_15.19 說文 古文暴22983字。

㬣 huì_15.19 集韻 與㬏同。

曝 pù_15.19 廣韻 蒲木切 集韻 步木切𡘋音僕。俗暴字 顏氏家訓 暴曬字與暴疾字相似，唯下少異，後人輒加旁日耳。鑒 又曝23236㬥23129卜22332 又 集韻 暵，暴也。或作曝。

曒 bó_15.19 篇海 音剝。𤉢也。

曞 lì_15.19 集韻 力制切音厲。日光盛也。

疊 dié_15.19 廣韻 徒協切 集韻 韻會 達協切𡘋音牒 說文 揚雄說以爲古理官決罪，三日得其宜乃行之。从晶从宜。亡新以爲疊从三日太盛，改爲三田 九經字樣 今經典相承用疊字。鑒 又疊35748

䓖 qióng_15.19 集韻 丘弓切音芎。謹敬也。

晨 chén_15.19 唐韻 植鄰切 集韻 丞眞切𡘋音辰 說文 房星，爲民田時者。或省作晨22640 玉篇 亦作辰。

曠 kuàng_15.19 古文暽 唐韻 集韻 韻會 正韻 𡘋苦謗切 音壙 說文 明也。後漢·竇融傳 則曠若發矇 註 曠，明也。 又 書·皋陶謨 無曠庶官 傳 曠，空也。 前漢·賈山傳 曠日十年 註 師古曰曠，空也，廢也。 劉楨·贈五官中郎將詩 彌曠十餘旬 註 倉頡篇 曰：曠，疏曠也。 又 博雅 曠，遠也。曠曠，大也。篇海 久也，豁也。廣韻 又姓。鑒 又洭29502 旷22371 㕞23194 蹟59518 䀬22527

㕞 kuàng_15.19 淮南子·兵略訓 㕞㕞如夏 註 同曠。

曘 nàn_15.19 類篇 乃旦切音難。與𩇯同。

曬 bì_15.19 字彙補 音被。出 阿毗曇八犍度論。鑒 鄧福祿：佛經音譯用字。

劎 sớm_15.19 喃 早晨。

臊 thừa_15.19 喃 从日課khoá聲。時候，時代△臊意：屆時。臊念：素來，歷來△省作睞、課。課初：昔日△亦音thuở。

曧 giỗ_15.19 喃 从日魯lỗ聲△㫋曧：忌辰。

曢 null_15.19 未詳。

曤 mit_15.19 喃 从日蔑miệt聲。晦蒙，幽暗 又 mốt㫋曤：後天。

疊 dié_15.19 同疊23190

曤 liáo_15.19 或同燎31686

㬫 yàn_16.20 廣韻 於甸切 集韻 正韻 伊甸切，並音宴 說文 星無雲也。

㬫 yàn_16.20 正字通 同曹 史記·封禪書 至中山㬫㬫 前漢·武帝紀 作晏㬫 又 博雅 㬫，煗也。鑒 又曹23065

曤 huò_16.20 玉篇 呼郭切，音霍。明也。鑒 又晦37992

曥 lú_16.20 玉篇 力魚切音臚 篇海 日色。又日照也。鑒 又旅22516

曎 jìn_16.20 集韻 同晉

曦 xī_16.20 集韻 正韻 𡘋虛宜切音羲 玉篇 日色也 類篇 赫曦，日光。或省作曦。亦作爔。鑒 又㬹23511㬡47959曦23219

曧 róng_16.20 篇海 以中切音融。日正也。鑒 補遺 重出：篇海類編 以中切音融。日正也。

曨 lóng_16.20 唐韻 盧紅切 集韻 韻會 盧東切𡘋音籠 說文 曈曨也。類篇 曈曨，日出 又 廣韻 正韻 力董切 集韻 韻會 魯孔切𡘋音朧。義同。鑒 又矓22529

甕 yōng_16.20 字彙補 音雍。朗也。

諸 trưa_16.20 喃 午間，晌午。

曆 lì_16.20 集韻 曆45691 曆，或从月。

曣 null_16.20 未詳。

豬 trưa_16.20 喃 从日豬trư聲。午間，晌午△趑曓：起床晚了△亦作㬭22858 諸23213曥23207旅22516暚23000暚23218

韞 null_16.20 未詳。

暚 trưa_16.20 喃 同豬23217

曦 xī_16.20 同曦23208 龍龕 曦，許宜反。日光也。又光明盛皃也。

曩 nǎng_17.21 唐韻 奴朗切 集韻 韻會 乃朗切，𡘋囊上聲 說文 㬊也。爾雅·釋言 曩，㬥也 疏 在今而道既往，或曰曩，或曰㬥 左傳·襄二十四年 曩者志入而已 晉語 曩而言戲乎 楚辭·九章 猶有曩之態也 又 爾雅·釋詁 曩，久也。鑒 又曩23223

曓 bó_17.21 集韻 伯各切音博。與㬥同。暴也。

曖 null_17.21 未詳。

曩 nǎng_17.21 同曩23220

曬 null_17.21 未詳。

曥 null_17.21 未詳。

顕 rua_17.21 喃 須顕：昴星。

㬥 sớm_17.21 喃 早晨。亦作劎23198

曧 khuya_17.21 喃 从日虧khuya聲。晚上△曧㬥：一早一晚。

曜 jù_18.22 集韻 衢遇切音具。姓也。漢有曜丘。鑒 龍龕 俗。其遇反。正作曜38366

曞 niè_18.22 廣韻 尼輒切 集韻 昵輒切𡘋音聶。與爗同 玉篇 小煗也。

曔 23231 11333 jiào_18.22 集韻子肖切音醮。人名。梁有虞曔 又jué疾爵切音嚼。人名。宋有謝曔△正字通俗皭字。

曤 23232 41289 huān_18.22 字彙補呼端切音懽。姓也 奇姓通曤唯，漢人。

曭 23233 u23315 null_18.22 未詳。

曮 23234 u23314 trán_18.22 喃从日从額

曯 23237 u23310 yì_18.22 同曀23041

曰 23235 u23312 đổi_18.22 喃从易對đổi聲。互易，交換△俗作對23006

曩 23239 u2330E null_18.22 未詳。

曝 23236 u23311 bào_18.22 同曝23187 慧琳音義曝謶：上袍冒反。梵語。

曪 23238 u2330F dé_18.22 廣韻曪，多則切。約也。

曪 23240 11334 luǒ_19.23 集韻朗可切音礨。曭曪，日無光〇按字彙附十八畫，非。今改正。

曫 23241 11335 luán_19.23 廣韻落官切 集韻盧丸切㚘音鸞 說文日旦昏時 又 集韻謨還切音蠻。又郎甸切音練。義㚘同。

曬 23242 11336 shài_19.23 唐韻 集韻 韻會㚘所寄切音躧 說文暴也 前漢·中山靖王傳臣聞白日曬光，幽隱皆照 註師古曰曬，暴也 又 廣韻 集韻 韻會 正韻㚘所賣切音灑 玉篇暴乾物也。亦作𣇫 又 集韻所嫁切音嗄。義同 又chī抽知切音摛。舒也。

曩 23243 11337 nàn_19.23 廣韻奴案切 集韻 韻會乃旦切㚘音難 說文安曩，溫也 又nán 集韻尼鰥切音𪇆。暍曩，暖狀也 又nà乃曷切音捺。義同△類篇或作𣋯。𡔷又曩23244 𣌾45699

𣋯 23244 11338 nàn_19.23 集韻曩或書作𣋯 博雅煖也。

曯 23245 11339 yuè_20.24 集韻𧄼縛切音矱。明也〇按字彙附十八畫，非，今改正。

曭 23246 11340 tǎng_20.24 廣韻他朗切 集韻 韻會坦朗切 正韻他曩切㚘音儻。日不明也 楚辭·遠遊旹曖曃其曭莽兮 補註曭，日不明也。

曭 23249 u2AC54 null_20.24 未詳。

曮 23247 11341 yǎn_20.24 五音集韻五犯切音儼 玉篇日行 類篇日躔謂之曮 淮南子·要略所以使人不妄沒於勢利，不誘惑於事態，有符曮睨。

曯 23248 11342 tūn_20.24 正字通暾本字。

曩 23250 u2331B trán_20.24 喃从旦額tảng聲。

曯 23251 u23319 null_20.24 未詳。

曯 23252 11343 zhú_21.25 韻會朱欲切音燭。照也 沈亞之·上冢宰書戎鏡包陽，當日而曯之，則能延燧興火。或作爥。通作燭。

曯 23253 11344 liè_21.25 篇韻音列。日落也。

曆 23254 11345 lì_21.25 篇海音歷。星貌。

曩 23255 u2331D nẳng_21.25 喃从晴省曩nán聲△曩猠：烈日，暴曬。

曨 23256 11346 líng_24.28 集韻郎丁切音靈。與昤22459同。

𣌾 23257 43880 chún_32.36 字彙補音犉。

◈ 曰部 ◈

曰 23258 11347 yuē_0.4 唐韻 集韻 韻會㚘王伐切音越 說文詞也。从口乙聲。亦象口气出也 註徐鍇曰：今試言曰，則口開而氣出也 玉篇語端也 廣韻於也，之也 增韻謂也，稱也 書·堯典曰若稽古，帝堯曰放勳〇按古文尚書曰若作粵若，曰放勳作曰。蓋訓爲語端者與粵通，訓爲詞者則如字耳。

⺜ 23259 u2F48 yuē_0.4 同曰23258部首專用字。亦作冃23260

冃 23260 u2E9C yuē_0.4 部曰23259

甲 23261 41290 yuē_1.5 字彙補烏謔切，音押◇字學指南取物也。與甲字不同。

曲 23262 11348 qū_2.6 廣韻丘玉切 集韻 韻會區玉切㚘音鱴 說文象器曲受物之形 易·繫辭曲成萬物而不遺 疏屈曲委細 書·洪範木曰曲直 傳木可以揉曲直 又 詩·秦風亂我心曲 傳心曲，委曲也 禮·曲禮 釋文曲禮，委曲說禮之事 又 禮·中庸其次致曲 註曲，猶小小之事 朱註一偏也 又 說文或說蠶簿 禮·月令具曲植籧筐 註所以養蠶器也。曲，簿也 前漢·周勃傳以織簿曲爲生 註葦簿爲曲也 又 樂曲 宋玉·對楚王問是其曲彌高，其和彌寡 又 姓 史記·蒙恬傳御史曲宮 又 qǔ 集韻顆羽切音踽。地名 史記·曹相國世家軍於曲遇。又 陳丞相世家更以陳平爲曲逆侯。𡔷曲簿也。曲，薄也。又毌08015𠀉03225𡇾65010𣏐24058

曳 23263 11349 kuì_2.6 正字通俗臾48318字〇按說文作臾，在申部 字彙附臼部。𡔷臾，說文作𦥑02398从申从乙。臾，乃古蕢字。

曳 23264 11350 yè_2.6 唐韻余制切 集韻 韻會以制切㚘音跇 說文臾曳也 易·睽卦見輿曳，其牛掣 詩·唐風子有衣裳，弗曳弗婁 儀禮·士相見禮執玉者則唯舒武，舉前曳踵 又 河名 類篇西戎有河名曳咥△說文作曳。𡔷又拽19506曵23269

皀 23265 11351 xiāng_3.7 六書正譌香本字 正字通古文香字。穀之馨香，象嘉穀在裹中之形〇按此皆說文皀字註：皀，皮及切，又讀若香。非古文香字。此从白从厶。止宜从正譌作香本字，不得牽溷皀字訓。

更 23266 11352 gēng_3.7 玉篇㪅今作更 集韻隸作更〇按更字諸韻書㚘作㪅字重文 正字通云俗字，非。𡔷又更23268

杲 23267 u23322 null_3.7 未詳。

更 23268 uF901 gēng_3.7 兼更。

曵 23269 u66F5 yè_3.7 俗曳23264

良 23270 11353 liáng_4.8 正字通良本字〇按說文作㫰，在畗部，从畗省，亾聲。徐鍇曰：㫰，

甚也，故从畐。則戾非良本字正字通譌。

昻 23274 u23324
null_4.8　　未詳。

智 23271 11354
hū_4.8　　唐韻集韻夶呼骨切音忽說文出气詞也。从曰，象气出形春秋傳曰：鄭太子智○按左傳作忽。又前漢·古今人表中智註智與忽同。又揚雄傳於時人皆智之註師古曰智與忽同。輕也図韻補叶許月切，微也。◆後漢·律曆志贊象因物生，數本杪智。律均前起，準調後發○按與日部智字不同。鏊又智05568囬08047叵08045叵08017智47046

曻 23272 41291
zhēng_4.8　　字彙補與爭同。見漢韓勑碑

昪 23273 u23325
jiè_4.8　　俗界35421廣碑別字引唐高君主簿造像

晉 23275 11355
cè_5.9　　唐韻楚革切集韻測革切夶音冊說文告也△字彙从日，入日部，非。鏊又晉22494曹22593晝22491

曷 23276 11356
hé_5.9　　唐韻胡葛切集韻韻會正韻何葛切夶音褐說文何也易·損卦曷之用註曷，辭也。曷之用，言何用豐爲也図爾雅·釋詁曷，止也図玉篇逐也，盍也図hè集韻許葛切音嗑。相恐怯也図è阿葛切音遏。逮也図hé丘葛切音喝。與鴶同與蝎同史記·蔡澤傳先生曷鼻巨肩註索隱曰：曷鼻，謂鼻如蝎蟲也。

鉤 23277 11357
xún_5.9　　篇海須倫切音荀。勻也。

晜 23278 41292
jǔ_5.9　　字彙補古語切音舉三國·吳志吳王第子名晜，字員。

昘 23279 43881
hòu_5.9　　字彙補厚本字。

昆 23280 u2332B
kūn_5.9　　汗簡·卷中之一第三昆，昆碧落文

晨 23281 u2332A
null_5.9　　未詳。

曵 23282 u23329
liáng_5.9　　良48889本字

弸 23283 u223E3
cong_5.9　　喃同鉤23284△弸跳：屈曲。弸胲：駝背。

鉤 23284 u223E2
cong_5.9　　喃从曲弓cung聲。彎曲。

書 23285 11358
shū_6.10　　廣韻傷魚切集韻韻會正韻商居切夶音舒說文作書，著也。从聿从者。隸省作書易繫辭上古結繩而治，後世聖人易之以書契註書契，所以決斷萬事也周禮·地官·大司徒六藝：禮、樂、射、御、書、數註書，六書之品。又地官·保氏乃教之六藝，五曰六書註六書：象形、會意、轉注、處事、假借、諧聲許慎·說文序黃帝之史倉頡初造書契，依類象形，故謂之文，其後形聲相益，即謂之字。著於竹帛謂之書。書者，如也。図書有六體前漢·藝文志六體者，古文、奇字、篆書、隸書、繆篆、蟲書。又說文書有八體：一曰大篆，二曰小篆，三曰刻符，四曰蟲書，五曰摹印，六曰署書，七曰殳書，八曰隸書図尚書序疏諸經史因物立名，物從本形，形從事著，聖賢闡教，事顯於言，言愜羣心，書而示法，旣書有法，因號曰書。故百氏六經總曰書也史記·禮書註書者，五經六籍總名也釋名書，庶也。紀庶物也図詩·小雅畏此簡書傳簡書，戒命也疏古者無紙，有事書之於簡，故曰簡書。又周禮·天官·司書註主

計會之簿書。又左傳·昭六年鄭人鑄刑書註鑄刑書於鼎図左傳·昭六年叔向使詒子產書○按即書牘也。図前漢·董仲舒傳對亡應書者註書，謂詔書也図官名前漢·成帝紀初置尚書，員五人。又百官公卿表中書謁者。鏊又書23287书00405卡08261

會 23286 11360
huì_6.10　　玉篇古文會23314字。鏊或亦古答字。図會35513図信陽楚簡弍會忱也。弍會，讀作一何。

鉤 23288 u23336
còng_6.10　　喃从曲公công聲。

鉤 23289 u23335
quǎp_6.10　　喃从曲及cập聲△鉤祕：彎曲。

鉤 23290 u23334
ngoặt_6.10　　喃从曲月nguyệt聲△鉤撓：柔軟的。

綹 23291 u23333
null_6.10　　未詳。

書 23287 u2F8CC
shū_6.10　　同書23285

昂 23292 u23332
null_6.10　　未詳。

鉤 23293 u23331
null_6.10　　未詳。

朂 23294 u23330
xù_6.10　　俗勖04070

鉤 23295 u2332F
null_6.10　　未詳。

曹 23297 u66FA
cáo_6.10　　俗曹。亦作曺22576

冊 23296 u2332E
null_6.10　　亦作冊22576

人名。明·鄭真滎陽外史集·卷九十四·七言律詩·寄史君實寄金太守仲冊錢同知，時二公得罪屯田天寧衛。

曹 23298 11359
cáo_7.11　　唐韻昨牢切集韻韻會財勞切夶音漕◆說文作曹。獄之兩曹。在廷東，从棘。治事者，从曰註曰：以言詞治獄也，故从曰前漢·成帝紀註尚書四人爲四曹，成帝置五人，有三公曹，主斷獄事後漢·百官志世祖分六曹図詩·大雅乃造其曹傳曹，羣也朱傳羣牧之處也図史記·平準書分曹循行郡國註曹，董也図楚辭·招魂分曹並進註曹，偶也図國名詩·曹風譜周武王封弟叔振鐸於曹。今濟陰定陶是也図姓姓氏急就篇周武王封曹叔振鐸，後以國爲氏△五經文字曹，經典相承隸省作曹。石經作曺。鏊又替22740蕭22992

曼 23299 11361
wàn_7.11　　廣韻集韻韻會夶無販切音萬說文作曼。引也。从又冒聲玉篇長也詩·魯頌孔曼且碩傳曼，長也箋脩也，廣也図前漢·司馬相如傳鄭女曼姬註曼者，言其色理曼澤也楚辭·天問平脅曼膚註曼，輕細也図前漢·司馬遷傳曼辭以自解註如淳曰：曼，美也図莊子·馬蹄篇馬知介倪、闉扼、鷙曼、詭銜、竊轡註曼，突也，言曲頸於扼以抵突也図揚子法言周之人多行，秦之人多病。行有之也，病曼之也註曼，無也図姓前漢·五行志曼滿註鄭大夫図廣韻母官切集韻韻會謨官切夶音瞞博雅曼，曼長也屈原·離騷路曼曼其修遠兮註曼，或作漫図集韻韻會夶莫半切音幔。曼衍，無極也莊子·寓言篇因以曼衍，所以窮年図mǎn集韻母伴切音滿。曼漶，不分別貌図與鬘同公羊傳·昭十六年楚子誘戎曼子殺之釋文曼音蠻。二傳作戎蠻図wú正韻微夫切音無揚子聖人曼云。註：曼音無○按法言·重黎篇曼訓無，不音無。鏊又曼22201曼22824

鉤 23300 u234A0
vạy_7.11　　喃从曲未mùi聲。彎曲。

䌊 23301 u2333A xéo_7.11 喃从曲叫khiếu聲。歪斜。

䌉 23302 u23339 vạy_7.11 喃从曲丕vậy聲。彎曲。

𣌸 23303 u23338 null_7.11 未詳。 **𣌷** 23304 u23337 null_7.11 未詳。

曾 23305 11362 céng_8.12 唐韻昨稜切集韻韻會徂稜切太音層說文詞之舒也。从八从曰囧聲九經字樣曾从囧。囧，古文窻字。下从曰，上从八，象氣之分散也。經典相承隸省作曾詩·大雅曾莫惠我師論語曾是以爲孝乎孟子爾何曾比予於是又廣韻經也增韻嘗也韻會乃也，則也又與層通後漢·張衡傳登閬風之曾城兮文選作層城又zēng廣韻作滕切集韻韻會咨騰切太音增書·武成惟有道曾孫周王發爾雅·釋親王父之考爲曾祖，孫之子爲曾孫註曾，猶重也又左傳·襄十八年曾臣彪將率諸侯以討焉註曾臣，猶末臣疏曾祖曾孫者，曾爲重義。諸侯之於天子，無所可重。曾臣猶末臣，謙卑之意耳。又楚辭·九歌翾飛兮翠曾註曾，舉也又與橧同禮·禮運夏則居橧巢釋文橧，本又作曾又zēng與增同孟子曾益其所不能孫奭·音義曾當讀作增又姓姓氏急就篇曾氏出於鄫，姒姓，莒滅鄫，子孫在魯者別爲曾氏孫奕·示兒編曾字除人姓及曾孫外，今學者皆作層字音讀。然經史太無音，止當音增韻會今詳曾字有音者，合從本音。餘無音者從層音，亦通。䜌俗作曽。

替 23306 11363 tì_8.12 廣韻集韻韻會正韻太他計切音剃◆說文作暜36844，廢一偏下也註徐鉉曰：今俗作替，非是爾雅·釋言替，廢也疏替謂廢己也書·旅獒無替厥服傳無廢其職詩·小雅子子孫孫，勿替引之傳替，廢也又爾雅·釋詁待也又止也又爾雅·釋言滅也又tiě集韻韻會正韻太他結切音鐵。弛也潘岳·西征賦隨政隆替註替，音鐵。䜌又普36812

最 23307 11364 zuì_8.12 古文㝡唐韻集韻太祖外切音醉說文犯而取也又玉篇聚也公羊傳·隱元年會，猶最也註最，聚也。最之爲言聚，今聚民曰投最又廣韻極也史記·周勃世家攻槐里、好畤，最註於將率之中功爲最後漢·崔寔傳常爲邊最註最爲第一又史記·周勃世家定上谷十一縣，右北平十六縣，遼西、遼東二十九縣，漁陽二十二縣。最註索隱曰：最，都凡也，謂總舉其攻戰克獲之數也又前漢·敘傳猶無益於殿最註殿，負也。最，善也後漢·百官志卽奏其殿最，而行賞罰註課第長吏不稱職者爲殿，其有治能者爲最又小爾雅最，叢也。又要也玉篇齊也又集韻徂外切音蕞。又取外切音襊。義太同又cuō集韻粗括切。撮，或作最說文本从冃，俗从曰。䜌又最23311冣02797㝡41208勗23313又廣韻最，極也，俗作㝡12180，祖外切又字典琢屑史記絳候世家云云「二十二縣最從高帝攻戰」，「最」字應屬下句。

朁 23308 11365 cǎn_8.12 集韻七感切音慘說文曾也詩曰：朁不畏明註徐鉉曰：今俗有朁字，蓋朁之譌〇按詩·大雅今作憯不畏明，與說文異又玉篇朁，發語辭也又qián集韻慈鹽切音蟖。於朁，縣名也〇按今作潛又jiàn集韻子念切音譖。與僭同。假也又集韻參05107古作朁。

曺 23309 41293 cáo_8.12 字彙補同曹。見程浩扶風縣夫子廟碑

𣍐 23310 41294 guǐ_8.12 字彙補與簋同。出漢孔宙碑。䜌𣍐（簋）字的碑別字，出孔廟碑漢語大字典.V.2.P.29按：孔宙碑原文不作𣍐字彙補誤。

最 23311 u2F8D4 zuì_8.12 兼最23307 **𣌻** 23312 u2333B null_8.12 未詳。

朂 23313 u6702 xù_8.12 俗勖04070又zuì俗最23307碑別字新編引隋元智墓誌

會 23314 11366 huì_9.13 古文㑹岕𢌿迨𠧤唐韻集韻太黃外切音繪。合也易·乾卦亨者，嘉之會也疏使物嘉美之會聚書·禹貢灉、沮會同疏謂二水會合而同。又洪範會其有極疏會，謂集會禮·樂記竹聲濫，濫以立會，會以聚衆又周禮·天官·大宰大朝覲會同。又春官·大宗伯時見曰會又禮·檀弓周人作會，而民始疑註會，謂盟也左傳·昭三年有事而會，不協而盟又左傳·宣七年凡師出與謀曰及，不與謀曰會又kuài集韻韻會太古外切音儈。與繪通書·益稷日月星辰，山龍華蟲作會傳會，五采也釋文馬、鄭作繪又詩·衛風會弁如星箋會，謂弁之縫中也釋文會說文作膾周禮·夏官·弁師王之皮弁會五采註會，作膾。鄭司農云謂以五采束髮也士喪禮曰：檜用組，乃笄。檜，讀與膾同，書之異耳又周禮·天官·小宰聽出入以要會註謂計最之簿書，月計曰要，歲計曰會。又天官·司會註會，大計也又周禮·夏官·職方氏東南曰揚州，其山鎮曰會稽註會稽，在山陰又姓姓氏急就篇漢武陽令會栩又kuò集韻古活切音括。會撮，項椎也又集韻戶栝切音活莊子·人閒世會撮指天。向秀讀。䜌又会00939㑹01776㣛14342𢉖04651

䡴 23315 11367 tōng_9.13 集韻他東切音通。鼓聲遠聞也篇海與䡴字不同。䜌亦俗䡴錦繡萬花谷·後集·卷之十七·祭祀·詩引南朝·宋·謝莊烝齋應詔詩紫階協笙鏞，金途展應䡴。

𣍂 23316 u23342 góc_9.13 喃从曲谷cốc聲。隅，角落。

𣍀 23318 u23340 ngúc_9.13 喃从曲呆ngốc聲△𣍀咢：呆滯。

𣌿 23319 u2333F null_9.13 或俗㬴。 **𣍁** 23317 u23341 vạy_9.13 喃从曲尾vĩ聲△塘𣍁：彎路。悉𣍁：心術不正△亦作䌈23300䌉23302

輴 23320 11368 yìn_10.14 廣韻集韻韻會太羊進切音引說文擊小鼓，引樂聲。从申柬聲玉篇小鼓在大鼓上，擊之以引樂也周禮·春官·大師令奏鼓輴。鄭司農註：先擊小鼓，乃擊大鼓，小鼓爲大鼓先引，故曰輴。康成謂：鼓輴，猶言擊輴。又小師小樂事鼓輴註輴，小鼓名又與田同詩·周頌應田縣鼓箋田，當作輴。輴，小鼓，在大鼓旁，應鞞之屬也。聲轉字誤，變而爲田〇按正字通入九畫，非。今改正。䜌又輴15037輴60187輴23315𣍄23322

23321 11369
碣 qiè_10.14 廣韻丘謁切 集韻丘傑切 夶音揭 說文去也。从去曷聲 前漢·司馬相如傳 回車碣來兮 楚辭·九辯 車既駕兮碣而歸 図 詩·衛風 庶士有碣 傳碣，武壯貌。鋆直音篇 搗73173同碣。

23322 11370
𦙫 yìn_10.14 集韻同軟23320

23323 11371
𦚾 wéi_10.14 玉篇古文韋67619字。

23324 u23345
𦙚 vẹo_10.14 喃从曲表biểu聲。彎曲，扭歪。

23328 u2AC55
𦜈 null_11.15 喃未詳。

23325 11372
聲 níng_11.15 集韻囊丁切 音寧 玉篇告也 図 女夷切音尼。義同。鋆又聲36861

23326 11373
𦚑 jù_11.15 篇海音聚。地名。

23327 11374
豐 fēng_11.15 玉篇古文豐57106字。

23332 u2AC57
𦝁 null_12.16 未詳。

23329 u2334A
𦝂 hết_11.15 喃俗𦝀37331 △宀𦝂：終結。𦝂唏：竭力完成。斯𦝂：幾乎。

23330 u23349
𦛳 kuò_11.15 同𦛱23024 直音篇 苦郭切。

23331 11375
𦛴 tì_12.16 說文替或作𦛴。

23333 u2AC56
𦝅 null_12.16 曾侯乙鐘濁坪皇之𦝅。讀若缺。

23334 u2334E
𦝆 zèng_12.16 甑35161譌字 可洪音義 如𦝆：子孕反。炊飯瓦器也 說文作甑，籒文作𦝆。

23335 u2334D
𦝀 oằm_12.16 喃从曲冤oan聲。

23337 u2334B
𦝄 cúi_12.16 喃同𦜈00153下俯。

23338 u6706
𦝓 fēng_12.16 方胡懷琛簡易字說·第十六章·簡易字彙 八·併合字𦝓，勿曾切。意思就是勿曾。上海俗字。図 fēn 國語辭典 𦝓，吳語。未曾。

23336 u2334C
𦝇 null_12.16 未詳。

23341 u23350
𦝒 fèi_13.17 方不會。

23339 11376
𦝘 chà_13.17 篇海音詫。地名。行唐縣北村名𦝘𦝘。図音岔。義同。

23340 11377
𦝙 tiān_13.17 篇海音添。益也。鋆又𦞜23352

23342 u21CE9
𦝚 vở_13.17 喃从書尾vĩ聲。簿冊。

23343 11378
𦝛 màn_14.18 五音集韻古文㑄01834字。

23344 u23355
𦝜 ngoèo_14.18 喃从曲堯nghiêu聲 △𦝜𦝜：彎曲。

23345 u23354
𦝝 jié_14.18 同𦝝07710古文碣。

23346 u23353
𦝞 ěr_14.18 从日爾聲。或 說文訓麗爾之爾的本字。金文有𦝞字，人名，見 鄧伯氏鼎 図shì俗𦝞02745

23349 u2AC58
𦞎 null_15.19 喃未詳。

23347 u23352
𦞉 tà_14.18 類篇託合切。物溼附箸也△宏按，汲古閣本作𦞉30459

23348 11379
𦞀 zāo_15.19 篇海音遭。日出東方也。

23350 u23357
𦞐 còng_15.19 喃从曲禽cằm聲。駝背。

23351 11380
𦞖 cáo_16.20 說文曹本字。

23352 11381
𦞜 tiān_16.20 篇海同𦝙，益也。

23353 11382
𦞣 pí_17.21 集韻頻彌切音陴 說文益也。从會卑聲。

23354 u2335A
𦞺 cǎi_20.24 同𦟁，見 字彙補。並義未詳。

23355 43882
𦟁 guǒ_21.25 字彙補音果。

23356 11383
𦟆 yù_24.28 篇韻音譽。縣名。

23357 11384
𦟬 hóng_31.35 字彙補同觷。

• 月部 •

23358 11385
月 yuè_0.4 唐韻 集韻 韻會 正韻 夶魚厥切音軏 說文闕也。太陰之精 釋名月，缺也，滿則缺也 易繫辭 陰陽之義配日月 禮·祭義 月生於西 公羊傳·莊二十五年註 月者，土地之精 史記·天官書註 月者，陰精之宗 淮南子·天文訓 水氣之精者為月 図 書·堯典 以閏月定四時成歲 傳 一歲十二月，月三十日，三歲則置閏焉。又 洪範 二曰月 傳 所以紀一月 疏 從朔至晦，大月三十日，小月二十九日 禮·禮運 月以為量 註 天之運行，每三十日為一月 図姓。金月彥明首建孔子廟，明洪武中有月輝、月文憲 図外國名 前漢·霍去病傳 遂臻小月氏 △ 類篇 唐武后作囝。鋆又𣇡46911 匨04472図07995 𣈆08150

23359 u2F49
月 yuè_0.4 同月23358部首專用字。亦作⺝46911

23360 41295
⺼ zhōu_1.5 字彙補即舟字。見 蜀郡屬國碑

23361 11386
有 yǒu_2.6 古文𣥠 唐韻 云久切 集韻 韻會 正韻 云九切 夶音友 ◆ 說文不宜有也 春秋傳 曰：日月有食之。从月又聲 九經字樣 有，从月。从月，譌 図 玉篇 不無也 易·大有疏 大能所有。又 繫辭 富有之謂大業 図 詩·商頌 奄有九有 傳 九有，九州也 図 左傳·桓三年 有年 註 五穀皆熟書有年 図 玉篇 果也，得也，取也，質也，寀也。図姓 論語 有子 註 孔子弟子有若 図yòu 集韻 尤救切。與又通 書·堯典 朞三百有六旬有六日 詩·邶風 不日有曀 註 有，又也。鋆又育05191 𥁕12746

23362 11387
𦙐 fú_2.6 集韻服23376古作𦙐。

23363 u2AC59
𦙗 zhǒu_2.6 六書故肘46947，𦙗，陟栁切 說文臂節也 說文从肉从寸。寸者，手寸口也。按：𦙗在尺上，从寸無義，乃又聲也。又之譌為寸者不一，文𦙗皆以又為聲。射从又持弓矢，奪从又从奞，皆譌為寸。又作肘。

23364 11388
𣍨 wěi_3.7 篇海烏賄切音猥。吐也。鋆與𣍦46938別。

23365 11389
𦙩 qī_3.7 正字通同期。

23366 11390
𣍢 jī_3.7 集韻朞23426古作𣍢。

23367 11391
𣍯 wàng_3.7 六書故與望、朢夶同。

肚
23369 u2AC5A
null_3.7　嘲未詳。

朏
23368 11392
jī_3.7　集韻渠之切音其。會也。一曰限也。又要也。本作期23427

朊
23370 11393
ruǎn_4.8　玉篇虞遠切音阮篇海月光微也。

朋
23371 11394
péng_4.8　唐韻步崩切集韻韻會蒲登切夶音鵬易·坤卦西南得朋註與坤同道者也疏凡言朋者，非惟人爲其黨,性行相同,亦爲其黨書·洛誥孺子其朋傳少子慎其朋黨图易·兌卦君子以朋友講習疏同門曰朋周禮·地官·大司徒聯朋友註同師曰朋图書·益稷朋淫于家傳朋,羣也图易·損卦或益之十朋之龜詩·小雅錫我百朋傳五貝爲朋前漢·食貨志元龜岠冉,長尺二寸,直二千一百六十,爲大貝十朋註蘇林曰:兩貝爲朋,朋直二百一十六,元龜十朋,故二千一百六十也。图兩尊曰朋詩·幽風朋酒斯饗图姓奇姓通宋有朋水、朋山○按說文古鳳字,註:朋,古文鳳。象形。鳳飛,羣鳥從以萬數,故以爲朋黨字。

肝
23372 11395
wǔ_4.8　篇海音午。明也。鑒龍龕胐23378肝,二俗。音五。正作旿22379明也。

朒
23373 11396
nǜ_4.8　唐韻集韻韻會夶女六切音衄說文朔而月見東方,謂之縮朒。从月內聲○按从內non聲,當从肉乃得聲。玉篇作朒,今本說文作朒,乃傳寫之譌耳。鑒與肉部朒46989形近。

肦
23374 11397
bān_4.8　集韻逋還切音班。頒通作肦儀禮·聘禮肦肉及庶車註肦,猶賦也禮·王制名山大澤不以肦註肦讀爲班。

肕
23375 11398
zhuàn_4.8　篇海直遠切,音篆◇月落有明也。鑒肉部朕47004

服
23376 11399
fú_4.8　古文肭舫唐韻集韻韻會正韻夶房六切音伏。說文作服。用也。一曰車右騎所以舟旋。从舟艮聲五經文字石經變舟作月易·繫辭服牛乘馬疏服用其牛詩·鄭風兩服上襄箋兩服,中央夾轅者疏馬在內兩服者,馬之上駕也图廣韻衣服易·訟卦以訟受服書·舜典車服以庸图懼服也易·豫卦刑罰清而民服書·舜典四罪而天下咸服疏天下皆服從之图五服。書·益稷弼成五服傳侯、甸、綏、要、荒,服也,服五百里。又周官六服羣辟疏周禮九服。此惟言六服者,夷、鎮、蕃三服在九州之外,故惟舉六服周禮·夏官·職方氏乃辨九服之邦國○按侯、甸、男、采、衛、蠻、夷、鎮、蕃,九服也图行也書·說命旨哉,說乃言惟服傳美其所言,皆可服行图管子·權修篇上身服以先之註服,行也。图職也書·旅獒無替厥服傳使無廢其職图思也詩·周南寤寐思服傳思,思也莊子·田子方吾服女也甚忘註服者,思存之謂也图治也詩·周南服之無斁箋服,整也。乃能整治之,無厭倦图盛矢器也詩·小雅象弭魚箙箋矢服也○按周禮·夏官·司弓矢作箙。鄭註云盛矢器也图事也詩·大雅昭哉嗣服傳服,事也图習也前漢·鼂錯傳服其水土註服,習也图姓後漢·服虔傳

虔,字子慎,河南滎陽人也图鳥名史記·賈誼傳楚人命鴞曰服註異物志有山鴞,體有文,色土,俗因形命之曰服,不能遠飛,行出不域图bó廣韻蒲北切集韻鼻墨切正韻步墨切夶音菔。匍,或作服禮·檀弓扶服救之釋文又作匍匐图儀禮·士冠禮祝曰:令月吉日,始加元服,棄爾幼志,順爾成德韻補服,叶鼻墨切图fù集韻扶缶切音負周禮·冬官考工記·車人牝服二柯註牝服,長八尺,謂較也。鄭司農云牝服,謂車箱。服讀曰負图bó集韻弼角切音雹。啼呼也。鑒又肑46929舭48566舵48565艴59648服47052欨26246图集韻服或作䐱48722图肬47008偏類碑別字·服引魏比丘僧智等造象記

胭
23377 41296
yīn_4.8　字彙補與陰同大內規制記左曰炅明閣,右曰胭靈軒。

胚
23378 43883
wǔ_4.8　篇海類編同肝。

朋
23379 u2AC5B
yǐn_4.8　同尹12910左缶朋、右缶朋,見古陶文彙編

胯
23380 11400
líng_5.9　集韻韻會夶郎丁切音靈。胯朧,月光也。

胊
23381 11401
jú_5.9　篇海居律切。姓也。出韻譜。鑒四聲篇海作䏡。

脘
23382 11402
kuàng_5.9　篇海音況。水名图山名。鑒又肉部脘47127,同。

胐
23383 11403
fěi_5.9　古文朏唐韻正韻敷尾切集韻韻會妃尾切夶音斐說文月未盛之明書·召誥惟丙午胐傳胐,明月三日明生之名图pèi廣韻集韻正韻夶滂佩切音配。又集韻韻會正韻夶普沒切音莩。又集韻普罪切音琣。義夶同图玉篇普骨切淮南子·天文訓日登于扶桑,爰始將行,是爲胐明註kū胐明,將明也。音窟。鑒又廣韻苦骨切图龍龕胜23431俗,朏胐二正,普乃反。月未盛明也。又芳尾反。胐,月三日明生之名。又普對反。向曙色也。

胊
23384 11404
qú_5.9　字彙其俱切音衢。車軛也。从月,與从肉者不同左傳·昭二十六年縣胊汰輈註胊,車軛釋文胊,其俱反。本又作軥。鑒从月作胊47072,與胊異。

胐
23385 11405
fěi_5.9　集韻胐23383古作胐。

胎
23386 41297
chuán_5.9　字彙補與船同漢周府君碑胎人嘆於水渚。

胡
23388 u2AC5C
null_5.9　嘲未詳。

脅
23387 u2AC5D
chéng_5.9　同鬵47247直音篇脄47202音燄,以牲躰實鼎。一曰鼎俎實也。脄47687同上。脅47200同上。又癡駭。脅,同上。

朕
23389 u2336B
shèng_5.9　或俗勝。

脉
23391 u23369
null_5.9　未詳古璽彙編·姓名私璽.1053肖（趙）脉。

朒
23390 u2336A
null_5.9　未詳。見甲骨文合集.12025

朚 23392 11406
hǒng_6.10 集韻虎孔切音嗊。朚朚，月不明也。鋻又
恭23404 字彙朚，虎孔切，烘上聲。朚朚，月欲明。

朒 23393 11407
nǜ_6.10 正字通女六切音衄說文朔而月見東方
曰朒○按朒說文作朒23373，非。當从肉 謝莊·月賦朒朓
警闕 李善註引說文 亦作朒 又玉篇 縮朒，不寬伸之貌
前漢·五行志 王侯縮朒不任事 註鄭氏曰：縮朒，不任事
之貌也。鋻又縮朒又作皺皵、皺皶、皺抐、縮抐、皺瘤。

脛 23394 11408
gèng_6.10 集韻椢24633古作脛。鋻亦作朑23402

朓 23395 11409
tiǎo_6.10 唐韻廣韻集韻韻會正韻𦟕土了切音朓
說文 晦而月見西方謂之朓 前漢·五行志註孟康曰：朓
者，月行疾在日前，故早見。又服虔曰：朓，相覜也。
日晦食爲朓 又tiāo集韻韻會正韻𦟕他彫切音桃
又tiǎo集韻他弔切音糶。義𦟕同 又廣韻丑召切集韻
丑照切𦟕音𥇤。祭也 又tiǎo集韻徒了切音窕。月側也。
鋻朓47203，祭肉，从肉。

朔 23396 11410
shuò_6.10 古文胐唐韻所角切集韻韻會正韻色角
切𦟕音槊說文 月一日始蘇也 白虎通 朔之言蘇也。明消
更生，故言朔書·舜典正月上日傳上日，朔日也 疏月
之始日謂之朔日 周禮·春官·大史頒告朔于邦國註天子
頒朔於諸侯，諸侯藏之祖廟。至朔，朝於廟，告而受行
之也 禮·玉藻聽朔於南門之外 又儀禮·大射禮朔鼓註
朔，始也 又禮·禮運皆從其朔註朔，亦初也 又玉篇北
方也 書·堯典宅朔方曰幽都 傳北稱朔 疏朔，北方也。
舍人曰：朔，盡也。北方萬物盡，故言朔也。鋻又𦧲47041
朔45758利40289

朒 23397 11411
shuò_6.10 集韻朔23396古作朒。字彙譌作朒。

朕 23398 11412
zhèn_6.10 古文𦠠廣韻集韻韻會直稔切正韻呈稔
切𦟕音朕說文 我也 爾雅·釋詁朕，我也 註古者貴賤皆
自稱朕 疏 大雅謨云帝曰：朕宅帝位。禹曰：朕德罔克。
屈原亦云朕皇考曰伯庸。秦始皇二十六年定爲至尊之
稱，漢因不改，以迄於今 又莊·應帝王註朕，兆也 淮
南子·俶眞訓欲與物接而未成兆朕註兆朕，形怪也。
又韻會丈忍切音紖周禮·冬官考工記·函人眡其朕，欲
其直也註謂革制。鋻又朕47638𦠠48710𦜑01739

胶 23399 11413
jiāo_6.10 韻會小補與交同。日月之交道也。
鋻今膠47782簡化字。

腃 23400 41298
quán_6.10 篇海類編音泉。月也。

朗 23401 uFA92
lǎng_6.10 兼朗23405

脛 23402 u266B9
gèng_6.10 同脛23394

朏 23403 u266B8
gèng_6.10 同脛23402

恭 23404 u266B4
hǒng_6.10 或同朚23392

朗 23405 u6717
lǎng_6.10 同朗23407

朖 23406 11414
lǎng_7.11 唐韻盧黨切
集韻韻會正韻里黨切，𦟕郎上聲說文明也佩觿集朖
本字。鋻集韻朖眼22617朖23424，里黨切說文明也。亦
姓。或从日。古作朚。亦書作朗（朗）。

朗 23407 11415
lǎng_7.11 古文𦩎𦩎集韻同朖詩·大雅高朗令終傳
朗，明也 又姓廣韻出姓苑。鋻又朗23405朗23417朗23401
眼22617朖23061𦩎11850朚23486韻56018

朘 23408 11416
juān_7.11 篇海子全切音鐫。縮也。縮朒爲朘。不从
肉前漢·董仲舒傳民日削月朘註孟康曰：朘音揎，謂
轉衰踧也。鋻从肉月作朘zuī，赤子陰。

明 23409 11417
míng_7.11 玉篇古文明22399字。

朚 23410 11418
huāng_7.11 廣韻呼光切音荒說文作朚，翌也。从
朙亡聲 又máng廣韻莫郎切集韻謨郎切𦟕音茫博雅
遽也。

望 23411 11419
wàng_7.11 古文𡍮唐韻正韻巫放切集韻韻會無放
切𦟕音𡓋說文 出亡在外，望其還也。从亡，朢省聲 釋
名望，惘也，視遠惘惘也 詩·邶風瞻望弗及 又詩·大雅
令聞令望 疏爲人所觀望 又孟子望望然去之 趙岐註
慚愧之貌也 朱傳去而不顧之貌 又博雅覘也 韻會爲
人所仰曰望。又責望。又怨望 又祭名書·舜典望于山
川 傳皆一時望祭之 公羊傳·僖三十一年望者何，望祭
也 又廣韻集韻韻會武方切正韻無方切𦟕音亡。義同
詩·小雅萬夫所望 釋文協韻音亡 又釋名月滿之名也。
月大十六日，小十五日。日在東，月在西，遙在望也 易·小
畜月幾望 左傳·桓三年疏月體無光，待日照而光生，半
照卽爲弦，全照乃成望△韻會从壬，譌从王 說文日月
之望作朢，瞻望之望作望。今通作望，而古文制字之義
遂亡。鋻又望23416朢09128𡏥21662𡎸41552𡓘37377屻23367
望23415𡏒34173

皓 23412 11420
hào_7.11 篇海音皓。義闕 字彙同浩。鋻 可洪音義
皓白：上胡老反。正作皓36785 又zào同𦞂48661古文造。
皓47335从肉月。

脌 23413 41299
pán_7.11 字彙補同磐 漢隸碑利磨确脌。

望 23415 uFA93
wàng_7.11 同望23411

腙 23414 41300
zōng_7.11 字彙補疑卽
朡字 呂氏春秋 晉誅羊舌虎，叔嚮爲之拏而腙。

望 23416 u2F8D9
wàng_7.11 同望23411

朗 23417 u2F8D8
lǎng_7.11 同朗23407

𦍡 23418 u23373
null_7.11 未詳。

腰 23419 u23372
null_7.11 未詳。

朚 23420 u23371
null_7.11 未詳。

胭 23421 u3B37
jùn_7.11 俗脈47418 四
聲篇海胭，巨殞切。胭也 海篇直音胭，音郡。

朜 23422 11421
tūn_8.12 集韻他昆切音燉。朜或省作朜。月光也。

朝 23423 11422
zhāo_8.12 古文晁 唐韻廣韻集韻類篇韻會𦟕陟遙
切說文 旦也。从倝舟聲 爾雅·釋詁朝，早也 詩·鄘風崇
朝其雨 傳崇，終也。從旦至食時爲終朝 又朝鮮，國名
又姓姓氏急就篇朝氏，蔡大夫朝吳聲子之後。唐日本
人朝衡。漢鼂錯，亦作朝 又cháo廣韻直遙切集韻韻
會正韻馳遙切𦟕音潮 爾雅·釋言陪朝也 註臣見君曰

朝書舜典羣后四朝周禮春官大宗伯春見曰朝註朝，猶朝也。欲其來之早禮曲禮天子當宁而立，諸公東面，諸侯西面，曰朝疏凡天子三朝：其一在路門內，謂之燕朝。其二是路門外之朝，謂之治朝。其三是皋門之內，庫門之外，謂之外朝。又王制天子無事，與諸侯相見曰朝図同類往見亦曰朝史記·司馬相如傳臨邛令謬爲恭敬，日往朝相如図郡守聽事亦曰朝後漢·劉寵傳山谷鄙生，未嘗識郡朝図zhū集韻追輸切音株。朝那，縣名。

膞 23424 11423
lǎng_8.12　玉篇古文朗23405字。鼉或作瞒37772从月，與肉部膞liáng異。

覇 23425 11424
bà_8.12　　說文古文霸66814字。

朞 23426 11425
jī_8.12　　古文兾稘畁廣韻集韻丛居之切音姬。稘，或作朞。復其時也書·堯典朞三百有六旬有六日傳四時曰朞疏匝時而朞，朞卽匝也集韻亦作期。

期 23427 11426
qī_8.12　　古文畁朞唐韻集韻韻會丛渠之切音其說文會也易·歸妹歸妹愆期図書·大禹謨耄期倦于勤禮·曲禮百年曰期頤註期，猶要也図書·大禹謨期于予治傳期，當也，當于治體図前漢·路溫舒傳刻木爲吏，期不對註期，必也図莊子·庚桑楚志乎期費註期，卒也。費，耗也図莊子·寓言篇無經緯本末以期年耆者，是非先也註期，待也図玉篇時也，契約也廣韻信也，限也図爾雅·釋宮八達謂之崇期註四道交出図口吃史記·周昌傳臣期期知其不可図jī集韻居之切音姬。朞，亦書作期易繫辭凡三百有六十當期之日。又左傳·昭二十三年叔孫旦而立期焉註從旦至旦爲期釋文期，本又作朞。鼉又婴11342婴11423肵23365棋47491

賸 23428 11427
cōng_8.12　篇海倉紅切音聰。本作賸，赤色，在丹部正字通云附月部，非。

朓 23429 11428
tiāo_8.12　篇海他凋切音挑。祭名。

朕 23430 11429
zhèn_8.12　說文長箋與朕23398同。

胚 23431 11430
pěi_8.12　字彙補普乃切。月未盛明。

朤 23432 43884
jīng_8.12　篇海類編音晶。鼉古俗字略古文晶。

膜 23433 u2B786
xī_8.12　　粵女陰。

腑 23434 u23382
là_8.12　　　俗臘48044

朙 23435 u23381
míng_8.12　俗明22399敦煌·S. 388正名要錄朙，明。

脥 23437 u2337F
xī_8.12　　　干禄字書脥膝47778上俗下正名義脥，骨疾反。脛頭図龍龕脥，俗，勒代反。正作映37786

腦 23439 u2337D
null_8.12　　未詳。

脂 23436 u23380
đêm_8.12　　喃脂屬：午夜図ndiem 壮膜脂：皮膚酸瘩，膽戰心驚。

朝 23440 u2337C
yuè_8.12　或同月。

腩 23438 u2337E
liǎng_8.12　腩47389俗誷

膔 23441 u2337B
voz_8.12　　壮膔，方頸，脖子図或膱46672之誷。見

明·董說七國考図俗膩47831明·萬曆本金瓶梅詞話·第七十四回螳泛羽觴蠻酒膩，鳳啣瑤句蜀箋新。

腑 23442 11431
gèng_9.13　篇海居鄧切音亙。月出也。亦作腑。鼉又腑47626玉篇作脑47496胡吉宣：詩曰如月之恆17231俗因从月作腑。

腋 23443 11432
yīng_9.13　玉篇於京切音英。月色也。

膶 23444 11433
huān_9.13　字彙音歡。膶兜，四凶名。見古文尚書。○按書古文訓作鵰哾。丹謨从月，鳥謨爲曷。

膇 23445 11434
zōng_9.13　集韻祖叢切音㜅。鯮，隸作膇。船著不行図至也図三膇，國名。鼉又鯮48731膇47606膇23414

脧 23446 41301
téng_9.13　字彙補與滕同。見路史·國名記

腕 23447 u2AC67
null_9.13　　未詳。

腥 23448 u2AC66
huáng_9.13　俗惶17747可洪音義腥懼：上音惶。下音懼。

䖰 23449 u2AC64
null_9.13　　未詳。字見和字正俗通·和制一·言辭

朝 23450 u2338B
jiǎo_9.13　俗曒23116

腜 23451 u2338A
mè_9.13　喃从胃省眉mi聲。同脒47731△腜鵰：鴨肫。

䍠 23452 u23389
null_9.13　　未詳。

膘 23453 u23388
null_9.13　　未詳。

腜 23454 u23387
mào_9.13　俗暓37868五音集韻瞀腜，莫侯切。瞉瞀。

臝 23455 u23386
luǒ_9.13　臝53521字初文。

朝 23456 11435
zhāo_10.14　字彙朝本字○按說文从舟。變舟作月，非本字也。鼉說文作鵃48765

膜 23457 11436
huǎng_10.14　集韻韻會丛虎晃切音慌。臙膜，月不明。

望 23458 11437
wàng_10.14　廣韻正韻巫放切集韻韻會無放切丛音詨說文月滿與日相望，以朝君也。从月从臣从壬。○按經典通作望23411鼉又皐48154

膈 23461 u2AC69
null_10.14　　未詳。

䐄 23459 11438
líng_10.14　集韻間承切音陵。與凌同說文仌出也。从仌朕聲詩曰：納于䐄陰。或作凌。鼉又勝02997，見子集下冫部，同。

朧 23462 u2AC68
lóng_10.14　同朧23510

膢 23460 u2AC6A
téng_10.14　同胖32000膢侯觚盨膢矦觚午乎文考膢仲旅殷

朚 23463 u267C1
huāng_10.14　同朚23410見集韻

腅 23464 u23390
líng_10.14　同䐄23459冰凌02952

脝 23465 u2338F
có_10.14　喃从有固cố聲△茄脝：殷實之家。嚣脝：有錢人図脝語，亦作脝澄：節制。

膵 23466 11439
chéng_11.15　正字通俗塍字。

膷 23467 11440
xuǎn_11.15　篇海徐兗切，音旋上聲。短也図便膷，小貌図xuán音旋。義同。鼉又膇47276

朑 23468 11441 niàn_11.15 篇海 奴見切音睍 篇韻 月出也。

𦝕 23470 41303 fù_11.15 字彙補 奉木切，音伏◇有也。

胵 23471 u2AC6C null_11.15 喃 未詳。

𦝩 23469 41302 guān_11.15 字彙補 音未詳。人名 穆天子傳 𦝩蠶。𡧗 當為 鰥蠶，見 蠶字。

膀 23476 u23399 null_11.15 未詳。

臀 23472 u2AC6B null_11.15 殷周金文集成·10.5430·繁卣 賜宗彝一臀。讀若肆。

韶 23477 u23398 null_11.15 未詳。

胃 23473 u267F2 hūn_11.15 同昏 22400 馬王堆漢墓帛書·老子甲本·道經 鼆（人昭昭，我獨若）胃呵。鼆人蔡蔡，我獨同閭閭呵。

脧 23474 u267F1 suō_11.15 同縮 44783 亦作殏 26939

脝 23475 u267EE mǎng_11.15 俗𦙭 38177 新撰字鏡·肉部 胇，在目部。图 叶韻彙輯 臘，他朗切。臘胇，月不明也。

膃 23478 u23397 cōng_11.15 膃朧，亦作腮朧、腮朧，明亮。唐·柴宿 初日照華清宮詩 璇題生焙晃，珠綴引膃朧 文苑英華·卷一百八十一 引 初日照華清宮 璇題生焙晃，珠綴引膃朧。

臂 23480 u3B3E yì_11.15 臂 38058 譌字

朕 23479 u23396 chap_11.15 喃 从月執 chấp 聲。臘祭，清祀△胸朕：臘月。

腭 23481 u3B3D è_11.15 俗腭 47565 清·尤乘輯 壽世正編·卷上·調息·小周天法 雙目隨舌運轉，舌抵上腭，靜心數息。

臉 23482 11442 tūn_12.16 集韻 他昆切音燉 玉篇 月光 類篇 或作脌。𡧗 正字通 暾 23038 字之譌。月光不必別作臉。省作脌，亦非。

臚 23483 11443 hú_12.16 篇海 胡骨切，魂入聲。濁垢也。

瞳 23484 11444 tóng_12.16 廣韻 正韻 徒紅切 集韻 徒東切 丛音同。月初出也。潘岳·秋興賦 月瞳朧以含光兮 註 瞳朧，欲明也。𡧗 又朣，从肉月。

朝 23491 u233A0 null_12.16 未詳。

膈 23485 11445 jú_12.16 篇海 音橘。月在乙曰膈 正字通 按 爾雅 本作橘。改作膈，非。

滕 23493 u2339D null_12.16 未詳。與朗同。出 西江賦。𡧗 又 𥊶 23061

朤 23486 11446 lǎng_12.16 字彙補 音義與朗同。

膵 23488 u2681C yè_12.16 俗曄 23047 詳校 篇海 于劫切，音葉。图 壯 从月華（畢）聲。同胘。年。

脏 23489 u233A2 chiều_12.16 喃 从月朝 triều 聲。同晭 23084 傍晚。

𣊻 23490 u233A1 zhào_12.16 俗𥇅 23064 切。明也△宏按，宋本 集韻 作𥋖 38160

脍 23487 u26823 zhé_12.16 集韻 直列

巖 23492 u2339E trăng_12.16 喃 月△創巖：月亮。

朧 23494 11447 yùn_13.17 集韻 孕 11740 古作朧。

腴 23495 11448 jiāo_13.17 字彙 同胶

朙 23499 u26849 míng_13.17 或同洺 28199

篇海類編 眉平切。縣名。在義陽 直音篇 音明。

㬄 23496 11449 pán_13.17 字彙補 古文罄 67444 字。

巘 23497 43885 huì_13.17 海篇 音誨。罄 張涌泉：翽的訛俗字。

朡 23498 u26859 zōng_13.17 同嵏 09806 古國名。亦作艐、朡。

膱 23500 u233A8 cōng_13.17 膱朧，明亮。

膜 23501 u233A6 ráng_13.17 喃 从月曩 nán 省聲。

樞 23502 u233A5 null_13.17 未詳。

脧 23503 u3B40 null_13.17 未詳。

臂 23504 11450 yè_14.18 篇海 於葉切音魘。月動貌。

𦠬 23507 u233AC null_14.18 未詳。

朦 23505 11451 méng_14.18 廣韻 正韻 莫紅切 集韻 韻會 謨蓬切 丛音蒙 說文 月朦朧也 類篇 朦朧，月將入也 正字通 與肉部朦別。

膧 23508 u233AB null_14.18 未詳。

𦠧 23506 41304 nóng_14.18 字彙補 與農同 道藏·洞靈真經 今夫憧𦠧信墜，實生百穀。

膽 23509 u233AA null_14.18 未詳。

朧 23510 11452 lóng_16.20 廣韻 盧紅切 集韻 韻會 盧東切 丛音籠 說文 朦朧也 图 類篇 朣 23484 朧，月初出。𡧗 又朣 23462 图 朦朧，也作曚曨 38352 曚曨 23210 簡化作朦胧 47165 曚胧、朦胧。

臜 23512 u233AF zān_16.20 胳臜，亦作胳臜 47842，骯髒 龍龕 臜俗臜正，作含反。胳臜，外善也。高麗本作：臜，正。子含反。胳臜。明陳與郊 鸚鵡洲·爭春 胳臜貨，隨風倒舵 图 jǐn 廣韻 子朕切。臜屑，病也 集韻 子鴆切。屑闕謂之臜。

绳 23513 u2AC6F null_17.21 喃 未詳。

曦 23511 11453 xī_16.20 字彙 虛宜切音僖。月光也 正字通 曦字之譌。

頹 23514 u2AC6E null_17.21 喃 未詳。

臘 23515 u233B0 null_18.22 未詳。

朎 23516 41305 yuè_19.23 搜真玉鏡 於縛切，音約◇女也。

臟 23517 11454 tǎng_20.24 正韻 他曩切音儻 篇海 月不明也。

樞 23518 u2AC70 null_20.24 未詳。

龍望 23519 u2A6A4 trông_23.27 喃 从望龍 long 聲。亦作瞳 38112 曈 38031 龓 38033

• 木部 •

木 23520 11455 mù_0.4 唐韻 集韻 韻會 正韻 丛莫卜切音沐 說文 冒也。冒地而生，東方之行。从屮，下象其根 徐鍇曰 屮者，木始甲坼也，萬物皆始於微，故木从屮 白虎通 木之為言觸也 玉篇 燧人氏鑽出火也 書·洪範 五行：一曰水、二曰火、三曰木、四曰金、五曰土 易·說卦傳 巽為木 疏 木可以揉曲直，即巽順之謂也 禮·月令 某日立春盛德在木 疏 春則為生，天之生育，盛德在於木位。图 八音之一 周禮·春官·太師 金石土革絲木匏竹 註 木柷敔也 图 質樸 論語 剛毅木訥近仁 图 木彊，不和柔貌前漢·周勃傳 勃為人木彊敦厚 图 析木，星次。◆ 爾雅·釋

天析木謂之津 図 姓 統譜 漢木仁,晉木華。又百濟八姓,一曰木氏。又複姓,端木△ 韻會 从丨·丨,古本切。非从丨·丨,其月切。

朩 23521 11456
pìn_0.4　唐韻 撫刃切 集韻 匹刃切 丛音冘 說文 分枲莖皮也。从屮八,象枲之莖皮也 玉篇 朩,今作朮 廣韻 麻片也○按 說文 朩自爲部,今併入。鼇 亦作朩23524 俗作冘27810

不 23522 11457
ē_0.4　唐韻 五葛切 集韻 韻會 牙葛切 丛岸入聲 說文 古文櫱。从木無頭 玉篇 櫱不櫸栝 丛同櫱 吳棫·韻補 不,木餘也 図 ái 集韻 牛代切音礙。木曲,頭不出也。

木 23523 u2F4A
mù_0.4　部 木23520

木 23524 u6729
pìn_0.4　同朩23521

朮 23525 11458
pō_1.5　廣韻 普活切音潑 說文 草木盛朮朮然也。象形。八聲 図 說文 讀若輩,凡朮之屬皆从朮 図 pài 集韻 普卦切音派。義同○按 說文 朮自爲部,南寮索字等字从之,今誤入。鼇 朩pìn,桃pài。

未 23526 11459
wèi_1.5　唐韻 集韻 類篇 韻會 正韻 丛無沸切音味 說文 未,味也。六月,百果滋味已具,五行木老於未,象木重枝葉之形 爾雅·釋天 太歲在未曰協洽 禮·月令註 季夏之月,斗建未之辰也 図 前漢·律歷志 昧薆於未 釋名 未,昧也。日中則昃,向幽昧也 図 玉篇 未猶不也,未有不,即有也 図 未央,複姓。見 李淳風·乙巳占

末 23527 11460
mò_1.5　唐韻 集韻 莫撥切 韻會 莫曷切 正韻 莫葛切,丛瞞入聲 說文 木上曰末。从木,一在其上,謂木杪也 禮·曲禮 獻杖者執末 玉篇 端也,顛也,盡也 廣韻 無也,弱也,遠也 図 終也 書·立政 我則末惟成德之彦。図 勿也 禮·文王世子 命膳宰曰:末有原 図 薄也 左傳·昭十四年 三數叔魚之惡,不爲末減 図 四肢曰末 左傳·昭元年 風淫末疾 図 商賈曰末 史記 秦琅邪頌 上農除末,黔首是富 図 太末,縣名 前漢·地理志 屬會稽郡 図 且末,國名。見 前漢·西域傳 図 山名 山海經 末山多赤金 図 姓 統譜 林陵之後改爲末氏 図 集韻 正韻 莫狄切音覓 荀子·禮論篇 絲末註 與幦同。鼇 又未00640

本 23528 11461
běn_1.5　古文楍楍㭆 唐韻 正韻 布忖切 集韻 韻會 補袞切,丛奔上聲 說文 木下曰本。从木,一在其下,草木之根柢也 左傳·昭元年 木水之有本原 班固·西都賦 元元本本,殫見洽聞 玉篇 始也 図 廣韻 舊也,下也 禮·禮器 反本修古,不忘其初 爾雅·釋器疏 柢,本也。凡物之本,必在底下 図 左傳註 豫爲後地曰張本 図 曲禮 韭曰豐本,又菖蒲根曰昌本 図 bēn 集韻 類篇 丛逋昆切。同奔。喻德宣譽曰本走。鼇 廣韻 本,俗作夲09993 図 夲13406 㪟24776

札 23529 11462
zhá_1.5　唐韻 集韻 韻會 正韻 丛側八切音紮 說文 牒也 徐曰 牒亦木牘也 爾雅·釋器疏 古未有紙,載文于簡,謂之簡札 中庸·方策註 簡、札、牒、畢,同物而異名。札,木簡之薄小者也 釋名 札,櫛也。編之如櫛齒相比

也 前漢·司馬相如傳 請爲天子遊獵之賦,上令尚書給筆札 図 甲葉也 左傳·成十六年 養由基蹲甲而射之,徹七札焉 図 夭死爲札 左傳·昭四年 民不夭札 図 釋名 撥水之權曰札,形似札也 図 yà 集韻 一點切音軋。報也△ 正譌 俗作扎,非。

朮 23530 11463
shú_1.5　唐韻 食聿切 集韻 韻會 正韻 食律切 丛音術 說文 秫或省禾,稷之黏者 図 zhú 唐韻 集韻 韻會 丛直律切,讀若秩 說文 朮或省草,山薊 爾雅·釋草 朮,山薊。楊,枹薊 疏 生平地者名薊,生山中者名朮 本草·陶弘景別錄 朮有兩種,白朮甜而少膏,赤朮苦而多膏 爾雅楊,枹薊,即白朮也○按 說文 分收禾、草二部,今誤入。鼇 俗作术23534古文或作朩12614

杏 23533 u6730
null_1.5　韓野外。

杌 23531 u233B7
yǐ_1.5　椅24421停用二簡字 二簡 椅,簡作杌 図 ǒt 喃 从木乙ất聲。辣椒。

朲 23532 u233B6
jié_1.5　俗杰30806 四聲篇海 音傑。人名。

术 23534 u672F
shù_1.5　简 術53995 図 俗朮23530

朱 23535 11464
zhū_2.6　唐韻 章俱切 集韻 韻會 鐘輸切 丛音珠 說文 赤心木,松柏之屬。从木,一在其中。一者,記其心。徐曰:木之爲物,含陽於內,南方之火所自藏也 図 山海·西荒經 蓋山之國有樹,赤皮,名朱木 図 朱赤,深纁也 詩·豳風 我朱孔陽 註 謂朱色光明也,寄位於南方。図 朱儒,短小之稱 左傳·襄四年 臧武仲敗於邾。國人誦之曰:朱儒,朱儒,使我敗於邾。或作侏儒 図 姓 統譜 顓頊之後封邾,後爲楚滅,子孫去邑爲朱。又望出吳郡。図 shū 集韻 慵朱切音殊。朱提,縣名 前漢·地理志 屬犍爲郡。

朳 23536 11465
rén_2.6　唐韻 如鄰切 集韻 韻會 而鄰切 丛音人 玉篇 屋上閞朳也 字林 屋閞木。

朾 23537 11466
liǎo_2.6　篇海 盧皎切音了。次第也。

朳 23538 11467
bā_2.6　唐韻 集韻 韻會 丛博拔切音八 玉篇 無齒杷也 類篇 坌具 図 biē 集韻 必列切音鼈。義同。鼇 又耡46386捌19703梍24190

朴 23539 11468
pò_2.6　唐韻 集韻 韻會 丛匹角切音璞 說文 木皮也 徐曰 藥有厚朴,一名厚皮,木皮也 本草別錄 其樹名榛,其子名逐折 図 與樸同 史記·文帝紀 示敦朴爲天下先 図 戰國策 范雎曰:鄭人謂玉未理者璞,周人謂鼠未腊者朴 図 博雅 朴,大也,猝也,離也 図 集韻 匹候切音蔀。義同 図 pū 玉篇 普木切音扑。本也 図 pú 集韻 披尤切音飆。夷姓 魏志 建安二十年,巴夷王朴胡舉巴夷來附。鼇 又同釓62731,礦石 大正藏 本隋章安頂法師撰 大般涅槃經疏·卷十二 次譬云金朴者,玉未理者名璞,金未理者亦名朴,此有木邊、玉邊之異。金未理者亦名礦,礦者異金名也 図 今樸25328簡化字。

朵 23540 11469
duǒ_2.6　古文揣 唐韻 丁果切 集韻 都果切 丛音埵 說

文樹木垂朵朵也集韻本作朶。亦作菜図動也易·頤卦觀我朵頤図花朵也杜甫·趨新津北橋樓詩白花檐外朵,青柳檻前梢図宋儀衛志殿之東西曰朵殿。又鹵簿用骨朵,以骨飾之,或範金爲之,輟耕錄骨朵,讀若孤都図雞肋編以手捉物謂之朵,以手引小兒亦謂之朵。鎣又联46616呆23555禾23554朵23718

杤 23542 11471
réng_2.6　唐韻如乘切集韻如蒸切丛音仍。木名也図rèng集韻如證切韻會正韻而證切丛音芿。上車也類篇止車木図ér集韻類篇丛人之切音而。亦木名。

朷 23543 11472
dāo_2.6　唐韻集韻丛都勞切音刀。木心也玉篇木名図tiáo集韻田聊切音迢。枝落也図mù廣韻類篇丛莫卜切音木廣韻朷柔類篇治桑刀。鎣又扚19160

朶 23541 11470
duǒ_2.6　同朵。

朸 23544 11473
lì_2.6　唐韻林直切音力說文木之理也図類篇屋隅也詩·大雅如矢斯棘韓詩作斯朸図縣名前漢·地理志屬平原郡図說文盧則切集韻韻會歷德切丛音勒。義同図集韻竭憶切漢書音義渠力切,並音殛。又渠巾切。丛漢侯國名。

朹 23545 11474
guǐ_2.6　說文古桤42555字図qiú唐韻巨鳩切集韻韻會渠尤切丛音求。木名爾雅·釋木朹,檕梅註朹樹狀似梅,子如指頭,色赤,似小奈,可食本草補遺朹子、山樝一物也図方言朹,仇也。謂怨仇也註巨救切音舊。鎣字彙補朹,疑卽朹字。

机 23546 11475
jī_2.6　唐韻集韻韻會丛居履切音几說文木名。❖山海經單狐之山多机木郭註狀如楡,可燒以糞田。図與几通易·渙卦渙奔其机註承物者也家語仰視榱桷,俯察机筵註机作几図jǐ集韻居狋切韻會居宜切丛音饑。亦木名也図類篇牛吠切音刞。椹也。

朻 23548 11477
jiū_2.6　俗枓字。

枓 23547 11476
jiū_2.6　唐韻集韻韻會丛渠幽切,音虬說文木下曲爾雅·釋木木下句曰朻,上句曰喬図集韻居虯切音糾。❖說文高木也。下句曰樛,高木曰朻図集韻韻會丛吉酉切音九。義同図集韻吉了切音皎。木也爾雅·釋木朻者聊△正字通與樛同。

朼 23549 11478
bǐ_2.6　唐韻卑履切集韻韻會補履切丛音比。匕也。本作匕,或作朼禮·雜記註喪祭用桑,吉祭用棘,所以出牲體而載之俎者儀禮·士喪禮乃朼載註朼以出牲體,載而受於俎者図正韻補委切音彼。義同。

朽 23550 11479
xiǔ_2.6　唐韻集韻韻會正韻丛許久切,休上聲。木腐也詩·周頌荼蓼朽止左傳襄三十一年恐燥濕之不時而朽蠹,以重敝邑之罪図與殠同。臭也列子·周穆王篇饗香以爲朽仲尼篇鼻將塞者,先覺焦朽。鎣又扝19148朽23611牙26718図可洪音義杇23537邁:上許有反,腐也,枯也。正作朽23566歺二形。下莫展反。上又郭氏作歷、了二音。泥打19161杇:下二許有反。正作朽也。

杇 23551 11480
chéng_2.6　唐韻宅耕切集韻類篇正韻除耕切丛音橙。❖說文樘也類篇楔也図爾雅·釋蟲蟄杇螳郭註赤駮蚍蜉図tīng集韻唐丁切音庭。又當經切音丁。又除更切,橙去聲。義丛同図集韻韻會丛湯丁切音汀。虛杇,宋地左傳·成十八年孟獻子會於虛杇釋文他丁反。図集韻癡貞切音檉。義同図zhēng唐韻中莖切,讀若爭。與丁同。伐木聲図五音集韻都冷切。擊也図類篇都梃切音頂。椊也。鎣集韻樿25601,都挺切廣雅捂也。或从丁(作杇)。又杇,除耕切說文樘也。或作撐20102敤21659撐19863敠27118

朿 23552 11481
cì_2.6　唐韻集韻韻會丛七賜切音刺說文木芒也。徐鍇曰:草木之朿。柬、莿二文,音義丛同○按說文朿自爲部,棗、棘字从之,今誤入。鎣又朱23709

利 23553 41306
yǒng_2.6　川篇音永。木也,子可食也。

宋 23554 43886
duǒ_2.6　龍龕同朶

杗 23556 u233BD
qī_2.6　俗枲24158

呆 23555 43887
duǒ_2.6　五音篇海同朶。

承 23557 u233BC
bǎo_2.6　同承11739古文保01269

枈 23558 u233BB
guǐ_2.6　古文癸36678朱駿聲說文通訓定聲癸,兵也。象形。籀文从鐵省,矢聲。戴氏侗曰古鼎文作枈。按:即戣字,三鋒矛也。因為借義所專,復加戈傍。

束 23559 u233BA
hàn_2.6　亦作柬23560,同柬23996

柬 23560 u2001F
hàn_2.6　亦作束23559,同柬23996徐承慶說文解字注匡謬·一曰便辭巧說破壞形體柬,改作柬,不成字。

权 23561 u6743
quán_2.6　俗書刊誤權26081俗作权,非。按,今简權。

杂 23562 u6742
zá_2.6　简雜66283

朳 23563 u6741
rù_2.6　日地名用字。

杀 23564 u6740
shā_2.6　简殺27044

杄 23565 11482
qiān_3.7　集韻親然切音遷。或作櫏、櫵。椡櫏,木也。

杅 23566 11483
yú_3.7　唐韻羽俱切集韻韻會正韻雲俱切丛音于公羊傳·宣十二年杅不穿,皮不蠹,則不出於四方何休註杅,飲水器也図類篇浴器禮·玉藻正義浴時入杅,浴竟出杅図儀禮·旣夕註杅亦作桴,盛湯漿盤荀子·君道篇槃圓而水圓,杅方而水方図杅杅猶于于,自足貌荀子·儒效篇杅杅富人,豈不貧而富哉図大杅,山名山海經崑崙之丘,黑水出焉,西流於大杅図地名前漢·武帝紀遣因杅將軍公孫敖,築受降城註因杅,匈奴地名図yù集韻王遇切音芋。義同図wū❖史記·秦本紀秦得燒掇焚杅君之國註一孤切音烏○按古文杅同朽,今分。

杆 23567 u6746
gàn_3.7　唐韻古按切集韻韻會居案切丛音幹。木名玉篇檀木也類篇柘也図gān集韻韻會居安切正韻居寒切丛音干。橿木也図木梃也前漢·尹賞傳被鎧杆劉敞曰杆,盾也。俗作欄杆杆字。鎣又桿24163図直音篇樺同杆集韻杆樺,木名,柘也,一曰檀也。或从

幹。

杇 23568 11485
wū_3.7 唐韻 哀都切 集韻 韻會 正韻 汪胡切 夶音烏 說文 所以塗也。秦謂之杇，關東謂之槾 爾雅·釋宮 鏝謂之杇。註：泥鏝 增韻 塗鏝器。或作圬。亦作釫 圝 集韻 洪孤切音乎。又 五音集韻 烏故切音汙。義夶同。 鍣 又楔24036

杈 23569 11486
chā_3.7 唐韻 初牙切 集韻 韻會 正韻 初加切 夶音叉 說文 杈枝也。徐曰：岐枝木也 杜甫·雕賦 突杈枒而皆折 圝 捕魚具 周禮·天官·鼈人 以時籍魚鼈龜蜃 註 謂以杈刺泥中搏取之也 圝 集韻 類篇 夶初佳切音釵。杈杷，農器。又枝也 圝 集韻 楚懈切音瘥。義同 圝 chà 集韻 楚嫁切音汊。木枝衢也 東京夢華錄 御廊立朱杈子，路心立黑杈子，卽行馬也 圝 類篇 收草具。鍣 又釵62772釵62743扠19316

杉 23570 11487
shān_3.7 唐韻 所銜切 廣韻 集韻 韻會 正韻 師銜切 夶音衫 說文 作樉 爾雅·釋木 作煔 郭註 煔似松，生江南，可以爲船。鍣 又杴23629

朴 23571 11488
jiǎo_3.7 廣韻 集韻 夶子了切音剿。木相高也 圝 說文 私兆切音小。qiǎo 集韻 七小切音悄。又子小切。義同。鍣 段注 朴，樐也。樐，各本作相高二字。今正 玉篇 曰：朴，木忽高也。以樐字之解解之，是朴訓樐也。朴者言其杪末之高 黃侃·字通 朴，後出作旛 圝 龍龕 柿23602，子了切。木忽高也。

杦 23572 11489
gāng_3.7 說文 古文綱44330字。

枬 23573 11490
xún_3.7 集韻 類篇 夶松倫切音荀。木可爲鉏柄。圝 玉篇 詞倫切◇義同。鍣 又 集韻 樽24940，或作枬。

杋 23574 11491
fán_3.7 集韻 類篇 符咸切 玉篇 扶嚴切 夶音凡。木名。俗呼此木皮曰水桴木 圝 類篇 甫凡切。義同。鍣 又杋23621

杌 23575 11492
wù_3.7 唐韻 集韻 韻會 正韻 夶五忽切音兀 玉篇 木無枝也 集韻 木短出貌 圝 檮25711杌，人名。亦獸名。圝 不安貌 書·秦誓 邦之杌陧 圝 類篇 魚屈切音崛。刑餘木 圝 集韻 魚厥切。義同。鍣 又 龍龕 杶23853俗杌正，音兀。樹無枝也。

杍 23576 11493
lǐ_3.7 玉篇 古文李字。詳下（李字）註 圝 集韻 韻會 夶同梓。治木器。又木工也 書·梓材 釋文 梓24185亦作杍。

李 23577 11494
lǐ_3.7 古文杍 唐韻 正韻 良以切 集韻 兩耳切 韻會 良士切夶音里 說文 果名 素問 東方木也 爾雅翼 李，木之多子者 埤雅 李性難老，雖枝枯，子亦不細，其品處桃上 詩·小雅 投我以桃，報之以李 圝 韻會 世薦士謂之桃李 劉向·說苑 樹桃李者，夏得休息，秋得其實焉。樹蒺藜者，夏不得休息，秋得其莿焉。世謂狄仁傑，桃李皆在公門，正用此事 圝 博雅 行李，關驛也 圝 與理

通 左傳·僖十三年 行李之往來 周語 行李以節逆之 泊宅編 李理義通，人將有行，必先治裹，如孟子之言治任。理亦治也 圝 星名 史記·天官書 熒惑爲李 徐廣註 內則理兵，外則理政 圝 司理，刑官，亦稱司李 前漢·胡建傳 黃帝李法 管子·法法篇 皋陶爲李。又橋李，春秋吳地。圝 姓 風俗通 伯陽之後。鍣 又梓24234

杶 23578 11495
chēn_3.7 集韻 惻人切音瞋。木名 圝 集韻 鉏臻切音蓁 玉篇 息晉切音信。義夶同。

杏 23579 11496
xìng_3.7 唐韻 正韻 何梗切 集韻 韻會 下梗切 夶音荇 說文 果名 格物叢話 杏實，味香於梅，而酸不及，核與肉自相離 盧諶·祭法 夏用杏 管子·地員篇 五沃之土，其木宜杏 文獻通考 杏多實不蟲，來年秋禾善 圝 周禮·司爟註 夏取棗杏之火 左思·吳都賦 李善註 平仲果，其實如銀。一名銀杏 圝 北杏，地名 春秋·莊十三年 齊侯會於北杏 神仙傳 盧山有杏林，董奉故里。鍣 俗或作杏10022

呆 23580 11497
méi_3.7 類篇 同槑省。或作某，通作梅 本草 梅杏類，倒杏爲呆。俗以爲癡獃之獃，誤△ 說文 从曰不从口。鍣 又槑23938某23816呆05524

材 23581 11498
cái_3.7 唐韻 昨哉切 集韻 韻會 正韻 牆來切 夶音才 說文 木梃也。徐曰：木勁直堪入於用者 孟子 材木不可勝用 圝 周禮·地官 委人掌斂疏材 疏 材是木實，榛栗之屬 圝 周禮·冬官考工記 五材：金、木、水、火、土也。又六材：木工、金工、皮工、設色之工、刮磨之工、搏埴之工也。又◆大宰之職 百工飭化八材：珠、象、玉、石、木、金、革、羽也 圝 與才同 書·咸有一德 任官惟賢材 圝 與財通 孟子 有達財者 圝 質性也 中庸 必因其材而篤焉 圝 zài 集韻 昨代切，才去聲。材具也。鍣 玉篇 扐19151 聲類 云古材字 名義 扐，材字，力，藝。

村 23582 11499
cūn_3.7 唐韻 此尊切 集韻 麤尊切 正韻 倉尊切，夶寸平聲 廣韻 墅也 增韻 聚落也。字从邑从屯。經史無村字，俗通用 晉·陶潛·歸田園詩 曖曖遠人村 桃花源記 村中聞有此人，咸來問訊。鍣 又邨61545邨61520扗19163

杒 23583 11500
rèn_3.7 唐韻 而震切 集韻 韻會 而振切 夶音刃◆ 說文 桎杒也 玉篇 木名。或作栙 圝 ér 集韻 類篇 夶人之切音而。小車槳。鍣 又扨19190

杓 23584 11501
biāo_3.7 唐韻 正韻 甫遙切 集韻 韻會 卑遙切 夶音標 說文 枓柄也 前漢·天文志 一至四爲魁，五至七爲杓 律志 玉衡杓建天之綱也 圝 引也 淮南子·道應訓 孔子勁杓國門之關而不以力聞 圝 繫也 淮南子·兵略訓 凌人者勝，待人者敗，爲人杓者死 圝 dí 集韻 丁歷切音嫡。標的也 莊子·庚桑楚 我其杓之人耶 圝 集韻 多嘯切音弔。義同 圝 集韻 皮招切音漂。亦斗柄也 圝 shuó 說文 唐韻 集韻 市若切 韻會 是若切夶音勺 徐鉉曰：以爲栖杓之杓，所以抒挹也 史記·項羽紀 沛公不勝桮杓 正韻 作裳

灼切，誤図唐韻丁了切，貂上聲史記·天官書杓雲如繩索隱時酌切図zhuó篇海職略切音勺。橫木橋。鼇又杓23601魡71455杓23635

杔 tuō_3.7
集韻類篇韻會丛闥各切音託。杔櫨，木名図zhé集韻陟格切音磔。杔櫨，盝酒具。一曰柱上枅図玉篇丁格切。義同。

杕 dì_3.7
唐韻特計切集韻韻會正韻大計切丛音第說文樹貌詩·唐風有杕之杜毛傳杕，特也集韻木獨生也玉篇木盛也図duò集韻類篇丛唐左切音舵。船尾小梢也淮南子·說林訓心所說，毀舟爲杕。心所欲，毀鐘爲鐸△字从木从大。俗从犬，非。鼇唐韻殘卷杕23770，木盛皃。

杖 zhàng_3.7
唐韻直兩切集韻韻會雄兩切正韻呈兩切丛音杖說文所以扶行也禮·曲禮大夫七十而致仕，若不得謝則必賜之几杖。又王制五十杖於家，六十杖於鄉，七十杖於國，八十杖於朝図禮·喪服小記苴杖，竹也。削杖，桐也図木梃也家語舜事瞽瞍，小箠則待過，大杖則逃走図方言矜謂之杖，謂戈戟柄也呂覽·貴已篇操杖以戰図爾雅·釋草蔠，虎杖図唐韻集韻韻會正韻丛直亮切，丈去聲。持也。與仗同書·牧誓王左杖黃鉞図憑倚也左傳·襄八年杖信以待晉。鼇又釴62788杖23727図丛音杖，並音仗。

杗 máng_3.7
唐韻集韻韻會武方切正韻無方切丛音亡說文杗，棟也爾雅·釋宮杗廇謂之梁図唐韻集韻正韻丛謨郎切音茫。大梁也韓愈·進學解大木爲杗図韻會眉甍正韻眉庚切丛音盲。義同。

杀 chà_3.7
集韻初轄切音刹。徐鉉曰：未知所出正字通與殺同說文殺，从殳聲図舉要作杀，謂手持木擊人也。

屎 chì_3.7
唐韻丑利切集韻丑二切丛音呬。篓柄也，收絲具図韻會女履切，尼上聲。又集韻女利切音膩。義丛同方言小兒多詐而獪謂之嚘屎列子·力命篇墨屎、單至、嘽咺、憋憋四人相與遊於世韻會墨屎，人名。寓言也皮日休·反招魂上暖昧而下墨屎図集韻抽遲切音絺。義同。鼇直音篇棟24239屎23800同屎。

杙 yì_3.7
唐韻與職切集韻韻會逸職切丛音弋說文果名爾雅·釋木劉，劉杙註劉子生山中，實如梨，酢甜，核堅。出交趾図爾雅·釋宮樴謂之杙，橜也左傳·襄十七年臧堅以杙抉其傷而死図所以格獸也莊子·人閒世拱把而上，求狙猴之杙者斬之△韻會說文櫐杙字本作弋，果名作杙，今櫐弋字作杙，而弋但爲弋獦字矣。鼇又杅23914釴62841

杚 gǔ_3.7
唐韻古忽切音骨說文平也。从木从气，俗音从乞廣韻摩也図玉篇柯愛切音溉。與概同図類篇古對切音憒。義同。鼇又杚23673秎40281

杠 gōng_3.7
集韻類篇丛居雄切音弓。木名。

秇 zhǐ_3.7
集韻支古作秇○按說文支，古文作秃玉篇書作秇集韻復書作秇，疑誤。鼇又秇23609

杜 dù_3.7
唐韻集韻韻會正韻丛動五切音睹說文甘棠也。牡曰棠，牝曰杜。樊光曰：赤者爲杜，白者爲棠陸璣·草木疏赤棠，子澀而酢，無味。木理韌，可作弓幹。與說文不同図塞也書·費誓杜乃擭周禮·夏官·大司馬犯令凌政則杜之図爾雅·釋草杜榮註似茅，皮可爲索図香草名屈原·九歌采芳洲兮杜若。又綠之兮杜蘅。又方言東齊謂根爲杜。又澀也図本草杜仲，藥名図博雅·釋蟲杜伯，蠍也図姓廣韻本帝堯劉累之後。出京兆、濮陽、襄陽三望図dǔ集韻董五切音睹。姓也。楚有杜敖図tú類篇同都切音徒。亦姓也。晉有杜蒯。鼇又塢72941鵑，杜鵑。

杝 zhì_3.7
唐韻集韻韻會丛池爾切音豸說文落也廣韻析薪也図集韻陳知切音馳。義丛同図lí集韻鄰知切。同離図yí唐韻弋之切音移。木名爾雅·釋木椴，杝註白椵也。樹似白楊孝經註杝棺四寸謂之椑図tuò韻會吐邐切音拖。車名図叶託何切音佗詩·小雅伐木掎矣，析薪杝矣註杝，隨其理也詩緝以手離之也。亦作杝。

杞 qǐ_3.7
唐韻韻會正韻墟里切集韻口已切丛音起說文枸杞也爾雅·釋木杞，枸檵廣韻枸杞，春名天精子，夏名枸杞葉，秋名却老枝，冬名地骨根本草一名仙人杖，根名地骨皮図嚴粲·詩緝詩有三杞：鄭風無折我樹杞，柳屬也小雅南山有杞，在彼杞棘，山木也。集于苞杞，言采其杞，隰有杞桋，枸杞也○按嚴說，則易·姤卦以杞包瓜孟子·杞柳，此是柳屬左傳·襄二十六年杞梓皮革，自楚往也類篇似豫章，此是山木陸璣·草木疏苦杞，秋熟，正赤，服之輕身益氣，此是枸杞本草沈存中云陝西枸杞最大，高丈餘，可作柱。又枸杞之別種也図國名。夏之後論語杞不足徵図姓。以國爲氏姓譜望出齊郡図集韻象齒切。同相，田器。一曰徙土䕚也図類篇下楷切音骇。舌也。鼇集韻象齒切。同相，田器。同相當爲杞sì字。杞又俗杞字，或作杞23610

束 shù_3.7
唐韻書玉切集韻韻會輸玉切正韻式竹切丛音倈說文縛也。徐曰：束薪也詩·周南白茅純束。図五疋爲束禮·雜記納幣一束図五十矢爲束詩·魯頌束矢其搜図脯十脡曰束穀梁傳·隱元年束脩之肉，不行境中図地名前漢·地理志束州，趙也。又姓統譜望出南陽，漢疏廣後，避難改爲束図韻會春遇切周禮註疏詩注切丛音戍。約也周禮·司約註言語之約束。約音要史記·漢高紀待諸侯至，定要束耳△从木从口，與柬別。

杠 gāng_3.7
唐韻集韻韻會古雙切，音江說文牀前橫

木也徐曰今人謂之牀桯急就篇妻婦聘嫁齋幐僮,奴婢
私隸枕牀杠方言秦晉之閒謂之杠図旌旗竿爾雅釋天
素錦綢杠註謂以白地錦韜旗之竿廣雅天子杠高九仞,
諸侯七,大夫五図銘橦也儀禮·士喪禮竹杠長三尺。
図小橋謂之杠孟子徒杠成図博雅杠,舉也図星名
晉書·天文志大帝上九星曰華蓋,下九星曰杠,華蓋之
柄也図集韻類篇丛沽紅切音公。地名前漢·曹參傳攻
杠里,大破之〇按唐韻杠音工,古音也字彙作叶音
非。鑒又gàng槓25092,杠字之訛。

耒 23600 11517
gēn_3.7　同根六書統木託於地以自固者,从木中
隔於地。二,地形也,半在地上,支幹也,半在地下,
根也。

粂 23604 u2AC75
null_3.7　未詳。

杓 23601 41307
shuó_3.7　龍龕市若切。
木杓也。鑒龍龕杓誤杓23584正。

柿 23602 41308
jiǎo_3.7　龍龕子了切。木忽高也。鑒玉篇作朳。

朹 23603 41309
qiú_3.7　海篇音仇。繫梅。鑒机字之訛。

枚 23605 u2AC74
null_3.7　大南一統志·卷四·承天府(下)·土產
(下)·木類沙竹:有二類,小者俗名枚,大者俗名露烏,
質薄而直無刺,可爲竹箄疏籬之用。又一類長節竹俗名
柳杠,質厚節長,可作繩索。其筍最甘,勝諸竹。

杒 23606 u2AC73
kòu_3.7　俗扣19180廣碑別字引唐蕭貞亮墓誌

杜 23607 u2AC72
xǐ_3.7　新撰字鏡杜(枇)杜,牟祢乃木。

李 23608 u2AC71
null_3.7　未詳。

朿 23609 u2F8DD
zhǐ_3.7　同朿23594

杞 23610 u2F8DB
qǐ_3.7　同杞23597

朽 23611 u233D3
xiǔ_3.7　俗朽23550可
洪音義朽壞:上許有反。腐也。

枭 23612 u233CF
null_3.7　韓或俗桑。枭山,見三國史記·卷三十
七·地理志·三國有名未詳地分

柔 23614 u233CD
mèng_3.7　字彙補柔,古文孟11770字。

朹 23617 u233CA
null_3.7　未詳。

杤 23613 u233CE
yā_3.7　字海杤,同
椏24437字見老殘游記·第九回。杤杈,枝杈。

松 23620 u233C7
null_3.7　未詳。

杷 23615 u233CC
pá_3.7　俗把19260可
洪音義杷痒:上步巴反。下羊兩反。上正作把。

奈 23616 u233CB
qì_3.7　俗棄24325偏類碑別字引唐李表墓誌

梁 23618 u233C9
liáng_3.7　梁24165省作梁。見古錢布文。

松 23619 u233C8
gāng_3.7　俗枀23572字彙補枀,古文綱。

耒 23622 u233C5
gēn_3.7　同根23997正字通耒23600同楒。亦作耒。

杊 23624 u3B45
null_3.7　韓未詳。

杋 23621 u233C6
fán_3.7　五侯鯖字海
枫23574,音帆。俗讀為木桴字。杋,同上。

李 23625 uF9E1
lǐ_3.7　兼李

枼 23623 u3B46
mal_3.7　韓奈末,乃

末,即新羅官職名,第十一位之職官。

枻 23626 u6769
mà_3.7　简杩24894

杨 23627 u6768
yáng_3.7　简楊24631

杧 23628 u6767
máng_3.7　同芒49009杧果,芒果。

杉 23629 u6766
shān_3.7　廣漢和辭典杉23570の俗字。

枥 23631 u6764
lì_3.7　日木名。亦作枥23931

来 23630 u6765
lái_3.7　简來01102

杣 23632 u6763
mián_3.7　敦煌·P. 2011
王仁昫刊謬補缺切韻一杣,武連反。木名図字海同櫺
農政全書·製造·營室嘗見往年腹裏諸郡,所居瓦屋則
用磚裏杣箰,草屋則用泥圬上下。石聲漢校注:杣,疑
是榱的或體枏23689,即屋簷前橫釘的望板図日同文通
考·國字杣,木在山也図sơn嗊漆樹,鯀漆。

杢 23633 u6762
jié_3.7　閩同櫼25943木釘図jiàng日廣漢和辭典
杢,木工的合文留東學報·1936. V. 1. Num. 2-3合刊·王
桐齡·留學生之日語問題杢,木工。

条 23634 u6761
tiáo_3.7　简條24199

杓 23635 u6753
biāo_3.7　同杓23584

杪 23636 11518
miǎo_4.8　唐韻亡沼切集韻韻會彌沼切丛音藐說
文木標末也方言杪,小也。木細枝謂之杪図歲末亦曰
杪禮·王制家宰制國用,必于歲之杪図秋杪宋玉·九辨
靚杪秋之遙夜兮図林杪柳宗元·登西山詩縈迴出林杪
図集韻楚教切音鈔。義同。鑒又杓23897

柶 23637 11519
sì_4.8　唐韻集韻韻會斯義切音賜廣韻肉机方
言俎几也,蜀漢之閒曰柶図正韻初寺切音廁。義同。
図xǐ集韻類篇丛想氏切音徙。同枱。木名,可以爲器
図zhǐ集韻渚市切音止。板施於礎上柱下者。鑒又
楷24619杜23607

朱 23638 11520
kǔn_4.8　玉篇古困08042字図說文故廬也図集韻
苦本切音閫。門橜也博雅機闑朱也。

杬 23639 11521
yuán_4.8　唐韻愚袁切集韻遇袁切丛音元玉篇木
名左思·吳都賦綿杬杶櫨李善註杬,大樹也,皮厚,味
近苦澀,剝乾之,皮正赤,煎汁以藏衆果,使不敗壞,
豫章有之図爾雅·釋木杬,魚毒註本作杬郭疏與李註
同正字通引容齋隨筆改入杬字,今從之図五患切,
音玩◇史記·扁鵲傳鑱石撟引,案杬毒熨索隱杬謂按
摩而玩弄身體使調也図yuàn集韻虞怨切音願。槤也
図集韻吾官切音岏。義同。鑒扁鵲傳。扁鵲倉公傳

杭 23640 11522
háng_4.8　集韻寒剛切韻會正韻胡剛切丛音航玉
篇州名禹貢揚州之域。宋鼂無咎曰:左浙江,右具區,
北大海,南天目図唐韻與航同說文方舟也◆詩·衛風
誰謂河廣,一葦杭之図天杭,天漢也揚雄·太玄經漢
水羣飛,蔽於天杭図姓姓苑望出丹陽,漢有長沙太守
杭徐図gāng韻會居郎切音剛禮記註引士喪禮·下篇
陳器曰杭木。葬者,杭木在上,茵在下。鑒揚雄·太玄
經漢水羣飛。徐慧:海水羣飛図抗19306

枮 23641 11523 fèi_4.8

唐韻 芳吠切 集韻 韻會 芳廢切 丛音肺。說文 削木札樸也。从木戉聲。陳楚謂櫼爲枮 徐鍇曰 卽木櫝也 又 削下木片也 後漢·楊由傳 風吹削枮 顏氏家訓 削枮，削札櫝之枮，古者書誤則削之 左傳 云削而投之，是也 晉書·王濬傳 濬伐吳，造船，木枮蔽江而下 後魏·太祖紀 營梓宮，木枮盡生成林 又 正韻 無未切音費。又 玉篇 蒲會切。義丛同 又 bèi 集韻 普蓋切音沛。木盛貌。又 集韻 蒲蓋切音旆。木生柯葉貌。鑒 又枮23937

柿 23642 11524 fèi_4.8

正字通 同枮 ○按世俗作果名，音士者，非。

杯 23643 11525 bēi_4.8

古文 匚 唐韻 布回切 集韻 韻會 晡枚切 正韻 晡回切，丛背平聲 說文 作桮。俗作柸，通作杯。飲酒器。唐孔穎達曰：周禮 有玉敦，今之杯盂也 禮·玉藻 母沒而杯棬不能飲焉，口澤之氣存焉爾 又 盛羹器 前漢·項羽傳 幸分我一杯羹 師古註 今之側杯有兩耳者。

杰 23644 11526 jié_4.8

唐韻 集韻 韻會 丛渠列切音桀 玉篇 人名。梁四公子，其一㜫杰 五代史 周世宗鎭澶淵，辟韓杰爲司法叅軍。俗借作豪傑傑字。鑒 正作杰30806俗作杰23532禾30798㮃31044

東 23645 11527 dōng_4.8

唐韻 正韻 德紅切 集韻 韻會 都籠切丛音蝀。說文 動也。陽氣動，于時爲春 書·堯典 平秩東作 孔傳 歲起於東，而始就耕也 淮南子·天文訓 東方木也，其帝太皥 又 史記·曆書 日起於東，月起於西 鄭樵·通志 日在木中曰東，在木上曰杲，在木下曰杳。又，木，若木也，日所升降 又 詩·大雅 東有啓明 又 爾雅·釋地 東至于泰遠 又 姓 聖賢羣輔錄 舜友東不訾 ○按 說文 東自爲部，今併入。鑒 又东00061

杲 23646 11528 gǎo_4.8

唐韻 集韻 韻會 正韻 丛古老切音縞 說文 明也 詩·衞風 杲杲出日 淮南子·天文訓 日登於扶桑，是謂胐明，故杲字日在木上 又 玉篇 高也 管子·內業篇 杲乎如登于天 又 集韻 下老切音皓。義同。

杳 23647 11529 yǎo_4.8

唐韻 烏皎切 集韻 韻會 正韻 伊鳥切丛音窅 說文 冥也 潘岳·寡婦賦 日杳杳而西匿 又 淮南子·天文訓 日晡則反景上照於桑楡。故杳字日在木下 又 玉篇 深廣貌 管子·內業篇 杳乎如入於淵。鑒 又晙22779

枚 23648 11530 xiān_4.8

古文 櫼 廣韻 集韻 丛虛嚴切音枚 玉篇 鍫屬 溪蠻藂笑骨浪猺㺂有舞枚，以長柄木枚跳舞，亦有音節 又 方言 靑、齊呼意所好爲枚 又 本草 豨薟草，一名火枚 又 集韻 丘廉切音悏。泄水器。鑒 又㰸32439 櫼26172 又 集韻 枚檻25736，或从㪻。

杵 23649 11531 chǔ_4.8

唐韻 韻會 昌與切 集韻 正韻 敞呂切丛音處 說文 舂杵也 易·繫辭 斷木爲杵，掘地爲臼。杵臼之利，萬民以濟 禮·雜記 杵以梧 註 所以擣也 又 砧杵，槌衣具 儲光羲·田家雜興詩 秋山響砧杵 又 前漢·天文志 彗星曰天杵。鑒 又鉒62858鈝62867扜19292砛38734

杶 23650 11532 chūn_4.8

唐韻 丑倫切 集韻 韻會 敕倫切 正韻 樞倫切丛音椿 說文 木也 書·禹貢 杶幹栝柏 孔傳 木似樗漆。或作櫄 左傳·襄十八年 孟莊子斬其橁，以爲公琴 註 橁，杶也，琴材 類篇 櫄橁㯉丛同杶。鑒 又橁24942㯉25832

杷 23651 11533 pá_4.8

唐韻 集韻 韻會 正韻 丛蒲巴切音爬 說文 收麥器。一曰平田器 戰國策 秦頓弱曰：商人無杷銚柔之勢，而有積粟之實 又 枇杷，果名 司馬相如·上林賦 枇杷橪柿 張揖註 枇杷似楅樹而葉長，子似杏 又 樂器。釋名 枇杷，馬上所鼓。俗作琵琶 ○按 風俗通 从手，不从木 又 bà 集韻 傍卦切音稗。田器也 又 薄邁切音敗。義同 又 韻會 與欛同。柄也 晉書·王濛傳 濛卒，劉惔以犀杷麈尾置棺中。

杬 23652 11534 yuàn_4.8

集韻 俞絹切音院。木名。又 俞芮切音睿 博雅 動也。

殳 23653 11535 shū_4.8

唐韻 市朱切 集韻 慵朱切丛音殊 司馬法 執羽從殳 說文 殳，軍士所執殳也 急就篇註 積竹八棱爲殳，建於兵車。殳、殳音義同。一曰古今字 又 duì 韻會 都外切音稅。木名。

枕 23655 11537 zhèn_4.8

集韻 同栚。

抉 23654 11536 jué_4.8

唐韻 集韻 丛古穴切音玦。椀也。亦小盂也 又 類篇 扁縣切。義同。

杬 23656 11538 huà_4.8

唐韻 呼霸切 集韻 火跨切丛音化。木名 本草綱目 木芙蓉，一名杬木。皮可爲索。

杺 23657 11539 xīn_4.8

唐韻 息林切 集韻 思林切丛音心。木名，其心黃 又 車輈心木。

杻 23658 11540 chǒu_4.8

唐韻 集韻 丛敕九切音丑。械也。本作杽 又 niǔ 唐韻 韻會 丛女久切音紐 詩·唐風 隰有杻 陸璣疏 檍也。葉似杏而尖，白色，皮正赤，多曲少直枝，葉茂好，二月開花如練而細藥蓋樹，名萬歲枝。或謂之牛筋，材可爲弓幹 又 集韻 忍九切音蹂。義同。鑒 又杻23775 杼23661杻23721

杼 23659 11541 zhù_4.8

唐韻 韻會 正韻 直呂切 集韻 丈呂切，丛除上聲 說文 機之持緯者 詩·小雅 小東大東，杼柚其空。又 揚子方言 杼、柚，作也。東齊土作謂之杼，木作謂之柚 又 薄也 周禮·冬官考工記·輈人 凡爲輪，行澤者欲杼，故泥不附 註 謂削薄其踐地者。又 絺也 周禮·冬官考工記·玉人 大圭長三尺，杼上終葵首，天子服之 又 長也 揚子方言 豐人杼首 又 作芧，栗屬 莊子·山木篇 衣裘褐，食杼栗 又 集韻 常恕切音署。泄水槽也 管子·禁藏篇 鑽燧易火，杼井易水 又 莫候切音茂。果名 又 廣韻 神與切，橡也 又 集韻 上與切音墅。木名。栩也 爾雅·釋木 栩杼 疏 栩一名杼，柞樹也 山海經 景山，其木多杼、檀 ○按 說文 栩也，係柔字之訓，杼訓機之持緯，二字音同義別。今韻書于直呂切下，依 說文 杼、柔分列，而於神與切下，去柔存杼，且以栩也爲杼字之訓，似應從 說文 分列爲是。然 爾雅 諸書，柔栩之柔俱書作杼，而 玉

図羽林，星名。應劭曰：天有羽林，大將軍之星也。林喻若林木，羽翼，鷙擊之意，故以名武官前漢·宣帝紀取從軍死事者之子，養爲羽林軍，號羽林孤兒図綠林，荊州山名後漢·劉玄傳諸亡命聚藏于綠林中図姓姓譜殷比干後，避難長林山，因氏。又平王世子林開之後，望出南安〇按說文林自爲部，棼、楚等字从之，今併入。鑾又林鐘，金文作敫鐘、鐳鐘、鏢鐘。

柄 23697 11579 rui_4.8
唐韻而銳切集韻韻會正韻儒稅切夶音芮玉篇柄柄類篇刻木崗所以入鑿莊子·天下篇鑿不圍柄循本註鑿非圍柄，而柄自入之宋玉·九辨圜鑿而方柄兮，吾固知其鉏鋙而難入。又韻會通作內周禮·冬官考工記註調其鑿內而合之図博雅柄，柱也図nèn集韻奴困切音嫩。草始生貌也。

柅 23698 11580 é_4.8
集韻吾禾切音訛。木節也。本作厄図è海篇於革切。義同〇按說文無柅字。卪部厄，木節也，五果切，讀若火。从卪厂聲。賈逵以爲厄，裹也廣韻平聲从厄，上聲从厄皆訓木節正字通柅，俗厄字。

枚 23699 11581 méi_4.8
廣韻莫杯切集韻韻會正韻謨杯切夶音梅說文幹也，可爲杖。从木从支詩·大雅施于條枚徐曰自條而出也，枝曰條，幹曰枚図个也書·大禹謨枚卜功臣註一一卜之也前漢·食貨志二枚爲一朋五行志拔宮中樹，七圍以上十六枚図枚筮，不指其事，氾卜吉凶也左傳·昭十二年南蒯枚筮之図馬箠曰枚左傳·襄十八年以枚數闔図銜枚，枚狀如箸，口横銜之，繢結於項也周禮·秋官銜枚氏掌司囂図鐘乳也周禮·冬官考工記鐘帶謂之篆，篆閒謂之枚図枚枚，礱密也詩·魯頌閟宮有侐，實實枚枚図屋內重檐曰雙枚何晏·景福殿賦雙枚旣修図姓統譜周枚被，漢枚乘。

鑾又枝23735 枩21478

柧 23700 11582 zhào_4.8
集韻阻教切音醮玉篇木刺也。鑾又柧23841，俗柧。

枂 23701 11583 xī_4.8
與析同論衡·量知篇斷木爲槧，枂木爲板福虛篇枂骸而炊。

果 23702 11584 guǒ_4.8
唐韻集韻韻會正韻夶古火切音裹說文木實也。从木，象果形在木之上易·說卦乾爲天，爲木果註果實著木，有似星之著天也周禮·天官甸師共野果蓏之薦應劭曰木曰果，草曰蓏張晏曰有核曰果，無核曰蓏。又勝也，尅也左傳·宣二年殺敵爲果，致果爲毅図決也禮·內則將爲善思，貽父母令名必果図驗也宋書·后妃傳今果然矣図釋氏因果隋書·經籍志釋迦教化弟子多有正果者図果然，獸名宋國史補揚州取一果然，數十果然可得爾雅·釋獸果贏，蒲盧疏細腰蠭也図與倮通左思·吳都賦風俗以韜果爲媧懼，勇也，古字図集韻韻會夶苦果切音顆。果然，飽貌莊子·逍遙遊三餐而反，腹猶果然図唐韻集韻韻會夶同婐。女侍也孟子二女果図通裸廣韻赤體也。

図集韻韻會夶與裸通周禮·春官·大宗伯大賓客則攝而載果小宗伯辨六彝之名物，以待果將図luǒ魯火切音贏周禮·春官·宗伯龜人掌六龜之屬，東龜曰果屬。字从田从木，今趨便作果，俗作菓，非。鑾烍，古文。図字彙補杏23873，音義同果図菒金石文字辨異·果字引北齊宋買造像碑

枝 23703 11585 zhī_4.8
唐韻集韻韻會夶章移切音支說文木別生條也徐曰自本而分，故曰別生廣韻枝柯也左傳·隱八年疏枝布葉分図散也易·下繫中心疑者其辭枝。又與支通詩·大雅本支百世左傳作本枝図支持也史記·項羽紀諸將懾服，莫敢枝梧瓚註小柱爲枝，斜柱爲梧図干支亦作幹枝博雅甲乙爲幹。幹者，日之神也。寅卯爲枝。枝者，月之靈也図手節曰枝孟子爲長者折枝趙岐註折枝，按摩手節也図管子·度地篇水別于他水，入于大水及海者，命曰枝水図枝江，縣名前漢·地理志屬南郡図姓姓苑楚大夫枝如，子躬之後爲枝氏図qí集韻翹移切音衹。枝指，多指也莊子·駢拇篇駢拇枝指図集韻渠羈切音奇字林橫首枝也図集韻居偽切音妓。祭山名図與校通儀禮·士昏禮主人拂几授校註，校，几足，古文爲枝△與枝異。枝卽枚也。鑾集韻枝，居偽切。祭山名。通作庋廞。按，枝枝形近而譌。

枞 23704 11586 cōng_4.8
六書故同樅

桙 23705 11587 bàng_4.8
集韻部項切音棒玉篇木杖也。榔、棒夶同。

枎 23706 11588 móu_4.8
集韻類篇夶迷浮切音矛。器名。鑾集韻枎或省作枎。

校 23707 11589 xiáo_4.8
集韻類篇夶何交切音爻。桷也。鑾爻部校重出：集韻何交切音爻。桷也正字通俗字。按，今入木部。

枳 23708 11590 jī_4.8
篇海子息切，音積◇枳橘也。

柔 23709 41310 cì_4.8
五音篇海七賜切。木芒也，今作刺。

枼 23710 41311 yè_4.8
龍龕音葉。薄貌也。

柧 23711 41312 yùn_4.8
篇海類編于問切音運。有所失。

柣 23712 41313 chì_4.8
篇海類編丑梨切，音痴◇篗柄。又女儿切音你。鑾又棌24239

柧 23713 43888 hù_4.8
篇海類編同柉。

秉 23714 43889 bǐng_4.8
字彙補與秉同。見漢碑。

机 23715 43890 kǒng_4.8
海篇音孔。鑾又扎19302

枓 23717 43892 dǒu_4.8
龍龕音斗。柱上方木也〇按卽枓字之譌。

朶 23718 43893 duǒ_4.8
龍龕同朵。

枀 23716 43891 mǒu_4.8
五音篇海音得。鑾疑枀45431 枀之譌。枀，同枀字彙補枀，乎戈切音何。見字辨改併四聲篇海引川篇枀，音何。

23721 u2B788 杻 chǒu_4.8　同杻23658

23723 u2AC78 柆 wū_4.8　俗於22135

23719 43894 汆 qī_4.8　川篇 音七。木也。瀅俗桼24158

23720 43895 秋 zāi_4.8　海篇 音災。瀅 龍龕 秋災二古文，音灾。

23722 u2AC79 林 null_4.8　字見 殷周金文集成·16.10426·林單冕 图 新撰字鏡 桐林檽，三字毛知乃木。

23724 u2AC77 楨 bèi_4.8　簡 根24188

23726 uFAD1 桃 chù_4.8　俗怵17159 可 洪音義 既桃：丑律反，懼愛也。正作怵。

23725 u2AC76 丼 null_4.8　未詳。

23729 u23406 栒 qī_4.8　可洪音義 石 栒：七細反。正作砌38697 图 thớt 喃 砧板。

23727 uFA94 杖 zhàng_4.8　俗杖23587 新撰字鏡·草部五十九 虎杖根。

23728 u23407 耒 lěi_4.8　耒46381本字。見 說文

23730 u23405 衽 rèn_4.8　俗衽54123 可洪音義 毀衽：而甚反，衣衿也。

23731 u23404 枻 truông_4.8　喃 从木中trung聲。荊棘叢生之地。

23735 u233FD 枚 méi_4.8　同枚23699

23732 u23400 杌 wěn_4.8　俗扻19254 可 洪音義 杌淚：上文粉反。或又俗枚23699 佩觿·卷中·平聲 上聲相對 杌扻：上莫紛翻。小枝也。下武紛翻。拭也

23733 u233FF 枖 yāo_4.8　俗 直音篇 枖23694音妖，木少盛貌。枖，同上 图 then 喃 从栓省天thiên聲。門俗門 图 rah 壮 橫木△枖鼏：蒸籠的橫木墊子。枖床：床架的橫杠。

23734 u233FE 栈 wǒ_4.8　俗我18825 可洪音義 无栈：羊力反，合作我 妙法蓮華經 云阿檀，此云無我 图俗栈23984 可洪音義 縛栈：音伐，舩栈也。正作茷、栈二形。注：栈亦 杙23591戕18845二字之譌。杙，羊力反 图 日 俗材23581

23736 u233FC 茮 huá_4.8　同茮23666

23737 u233F5 枏 rǎn_4.8　同枏23834

23738 u233F4 栠 rén_4.8　粵 栠栖，亦稱人面，即銀椋，果名。

23739 u233F1 桸 null_4.8　未詳。

23741 u233EF 构 null_4.8　未詳。

23740 u233F0 枌 fén_4.8　或同枌。人名用字。

23742 u233EE 秉 liè_4.8　梨40403字初文。禾類穀物的莖稈。契文用 同刺，芟除，割裂 图 殷商族名 秉父庚觚 秉以父庚宗尊。

23743 u233ED 莓 méi_4.8　同梅24170

23744 u233EC 枏 null_4.8　未詳。

23745 u233EB 柚 pāo_4.8　漢語方言大詞典 柚子。閩語。

23746 u233EA 森 null_4.8　未詳。

23747 u233E9 枼 null_4.8　未詳。

23748 u233E8 耕 gēng_4.8　俗耕46393 合併字學集篇 枏，音庚。图俗枏23683 字學三正 枏，古文楠。

23750 u233E6 枼 null_4.8　見甲骨文

23749 u233E7 枙 zhái_4.8　日 同檡25613

23751 u233E5 楼 lóu_4.8　字海 枱，同樓25171武漢地區多見。

23752 u233E4 校 null_4.8　从木父聲。姓氏。校隶、校戡，見 古璽彙編·姓名私璽。黃德寬 古文字譜系疏證 校疑補之省文 郭店楚墓竹簡 弗校不足。校讀輔。

23754 u233E2 榑 tuán_4.8　簡 榑25108

23753 u233E3 杦 nòng_4.8　俗弄15937 可 洪音義 如杦：音弄。玩物也。又音弁也。

23755 u3B50 奈 mal_4.8　韓 「大奈末」合文，新羅官職名。

23756 u3B4F 棺 wěi_4.8　简 樟24590

23757 u3B4E 枫 gāng_4.8　简 橺24367

23758 u3B4D 柒 qī_4.8　俗漆29354 可洪音義 朱柒：音七 復古編 漆，水名。从水柒。別作柒柒，並非。戚悉切。

23759 u3B49 茟 huá_4.8　同茟23666

23760 uF9F4 林 lín_4.8　兼 林。

23761 u67AD 枭 xiāo_4.8　简 梟24201

23762 u67AC 枏 nán_4.8　同枏23683

23763 u67AB 枫 fēng_4.8　简 楓24645

23764 u67AA 枪 qiāng_4.8　简 槍24952

23765 u67A9 枀 sōng_4.8　同松23662

23766 u67A8 枨 chéng_4.8　简 棖24348

23767 u67A7 枧 jiǎn_4.8　简 梘24193

23769 u67A5 枥 lì_4.8　简 櫪25936

23768 u67A6 栌 lú_4.8　俗櫨25934 直音篇 栌，同櫨。

23771 u67A3 枣 zǎo_4.8　简 棗24349

23770 u67A4 杕 dì_4.8　同杕23586 图俗拔 可洪音義 杕叉：上步末反。

23773 u67A1 枓 dǒu_4.8　俗抖19274 可洪音義 枓棟：上當口反。下蘸 走反。枓棟，舉衣振塵也，搖也。下正作擻、驌二形。图 人名用字。趙希枓，見 宋史·宗室世系表一 图 shēng 日 木製的四方形量具。亦作桝24134、升。

23772 u67A2 枢 shū_4.8　简 樞25191

23775 uF9C8 杻 chǒu_4.8　參見杻23658

23774 u67A0 枠 zú_4.8　桙24431捽19854俗字。敦煌·P.2587 開蒙要訓 拷枠鞭棒，枷鎖扭械，判無阿黨 图 日 わく。框子，木格。

23776 11591 枮 xiān_5.9　唐韻 息廉切 集韻 思廉切忩音纖。木也。图 集韻 詩廉切音苫。義同 图 zhēn 集韻 類篇 忩知林切 音碪。與椹同。斫木櫍也 正字通 同櫼省 ○按 說文 櫼所 銜切，枮息廉切音形俱別 正字通 非。

23777 11592 枯 kū_5.9　唐韻 苦胡切 集韻 韻會 正韻 空胡切忩音刳 說文 槀也。史記·諸侯表 摧枯朽者易爲力 图 周禮·天 官鄭註 童枯不稅 疏 山林不茂爲童，山澤無水爲枯。图 hù 集韻 後五切音戶。竹名。通作楛24663 瀅 又枯 23902 椊24287 可洪音義 同祜39719：苦乎反。乾也，朽 也。正作枯姑26783二形。又音戶，非也。

23778 11593 枰 píng_5.9　唐韻 符兵切 集韻 韻會 蒲兵切 正韻 蒲明 切忩音平 說文 平也。釋名 枰，平也。以板作其體，平正 也 图 博局 揚子方言 所以投博謂之枰 韋曜·博奕論 所 志不過一枰之上 图 枰仲，木名。或作欂 司馬相如·上林 賦 華楓枰櫨 图 集韻 韻會 正韻 忩皮命切音病。瀅 又 枰39757

枱 23779 11594 yí_5.9 廣韻弋之切集韻盈之切，並音怡說文耒端也博雅枘也類篇柌、檗𠀤同枱 又 cí 集韻詳茲切音詞。又 sì 五音集韻象齒切音似。義𠀤同△正字通或作鈶。木柄，金首。从木、从金，義通。鑾又辝60564耜46401𢪀20399

枲 23780 11595 xǐ_5.9 唐韻韻會胥里切集韻想止切正韻想里切𠀤音葸說文麻也書·禹貢岱畎絲枲廣韻無子曰苴，有子曰枲爾雅翼有實爲苴，無實爲枲。二說相反。〇按周禮·典枲疏：牡麻者，枲麻也爾雅·釋草莩，麻母。郭註：苴麻盛子者，麻母有子，牡麻無子翼說爲是 又 枲耳，草名詩·周南采采卷耳註枲耳也〇又按說文枲从朩不从木，今誤入。鑾又菓50078𦁆60593 又 龍龕𦂺，星里反。與枲同。

枳 23781 11596 zhǐ_5.9 唐韻廣韻類篇韻會正韻𠀤諸氏切音紙。木名。枳也說文木似橘徐曰卽藥家枳殼也周禮·冬官考工記橘踰淮而北爲枳。又木高多刺，可爲籬落張衡·西京賦揩枳落，突棘藩 又 博雅枳，股也 又 小爾雅枳，害也孔叢子·刑論率過以小罪謂之枳 又 與軹通。地名。一在巴郡，一在魏地 又 集韻頸爾切韻會居紙切𠀤音沢。義同 又 jǐ 集韻舉綺切音掎。枳椇。又一名白石李 又 zhī 集韻章移切音支爾雅·釋蟲枳首蛇，歧蛇也 又 翹移切音岐。義同。

枴 23782 11597 guǎi_5.9 集韻正韻𠀤古買切音丫△類篇與柺同。亦作柺。老人杖也五代史後漢遣王峻奉表契丹耶律，賜一木枴，峻持歸，鹵望見避道 又 集韻直駭切音徥。又古瓦切音寡。義𠀤同。鑾又柺23939枴23885𣏌24107

枵 23783 11598 xiāo_5.9 唐韻集韻韻會𠀤虛嬌切音囂◆說文木根也 又 虛也左傳·襄二十八年歲在星紀，而淫于元枵杜註玄枵在子虛危之次疏玄枵，虛也。徐按爾雅虛星子位之次，枵，虛耗之名，北方樹木皆虛，从木色黑，故曰元。杜預曰：元枵三宿，虛在其中 又 周禮·春官保章氏以星土辨九州之地鄭註元枵，齊也，青州分野 又 正字通凡物饑耗曰枵，人饑曰枵腹。鑾又胮47145㧍19358

架 23784 11599 jià_5.9 唐韻古訝切集韻正韻居迓切韻會居訝切𠀤音駕類篇與榢同。亦作枷。杙也，所以舉物 又 衣架也爾雅·釋器疏凡以竿爲衣架者名箷 又 正韻屋架也儀禮·少牢·饋食註大夫士廟皆兩下五架 又 廣韻舉閣也 又 韻會棚也 又 以架架物詩·周南鄭箋鵲作巢，冬至架之，至春乃成。鑾又椵24595㮔20198椺24809㨋20194

枷 23785 11600 jiā_5.9 唐韻古牙切集韻韻會正韻居牙切𠀤音加說文柫也淮南謂之柍玉篇連枷，打穀具釋名枷，加也。加杖于柄頭，以撾穗而出其穀也 又 廣韻項械也馬融·廣成頌枷天狗，紲墳羊 又 廣韻集韻𠀤求迦切，音伽。義同 又 與架通。庋物之器禮·曲禮男女不同椸枷。

枸 23786 11601 jǔ_5.9 唐韻韻會俱羽切集韻果羽切𠀤音矩說文木名詩·小雅南山有枸陸璣·草木疏枸樹高大如白楊，子長數寸，噉之甘美如飴，蜀以爲醬。亦書作蒟。又 正韻忌遇切。義同 又 gǒu 唐韻集韻古后切韻會正韻舉后切𠀤音苟爾雅·釋木枸檵註今枸杞也疏一名苦杞，一名地骨，服之輕身益氣 又 gōu 集韻類篇韻會𠀤居侯切音鉤宋玉·風賦枳枸來巢李善註枸，曲也，似橘屈曲也本草枸橘一名榿椒，人家多種爲藩籬。又 qū 集韻恭于切韻會舉朱切𠀤音拘揚子方言車枸簍。自關而西謂之枸簍 又 韻會權俱切音劬山海經下有九枸郭註盤錯也 又 斷木。見株23976字註。鑾又椇24683梮25214

枹 23787 11602 fú_5.9 唐韻防無切，音扶說文擊鼓杖也左傳·成二年左并轡，右援枹而鼓，馬逸不能止管子·小匡篇介胄執枹立于軍門 又 fū 集韻韻會正韻𠀤芳無切音敷 又 集韻類篇韻會房尤切正韻房鳩切𠀤音浮。義𠀤同 又 草名爾雅·釋草楊，枹薊釋文音孚集韻敷、浮二音。又縣名前漢·武帝紀枹罕。註音鈇。金城之縣也 又 bāo 韻會班交切音包爾雅·釋木樸，枹者註樸屬，叢生爲枹。鑾又棢24149

抹 23788 11603 mò_5.9 集韻莫葛切類篇莫撥切𠀤音末。木名。榙也。又欂25622抹，柱也。鑾又𣏌23789

𣏌 23789 11604 mò_5.9 廣韻集韻並莫貝切，音眛。木名 又 集韻無沸切，音未。義同。鑾熊加全：俗抹23788

枻 23790 11605 yì_5.9 廣韻餘制切集韻韻會正韻以制切𠀤音曳玉篇楫也楚辭·漁父莞爾而笑，鼓枻而去◆司馬相如·子虛賦揚桂枻史記作枻，文選作栧，古字通。又 xiè 韻會正韻𠀤細列切，音屑◇荀子·非相篇檠枻，正弓弩之器楊倞註枻，先結切。

枼 23791 11606 yè_5.9 唐韻與涉切集韻弋涉切𠀤音葉說文楄也。一曰薄也。鄭樵曰：卽葉字 又 說文蘇合切。義同。又 玉篇與涉切。與楪同。牖也△篇海一作桒。鑾正字通枼俗作桒23792

桒 23792 11607 yè_5.9 同枼。

柹 23794 11609 shì_5.9 俗柹字。

柹 23793 11608 shì_5.9 唐韻韻會鉏里切集韻士史切，並音士說文赤實果禮·內則棗栗榛柹鄭註人君燕食所加庶羞也爾雅翼柹有七絕：一壽，二多陰，三無鳥巢，四無蟲蠹，五霜葉可玩，六佳實可啖，七落葉肥大可以臨書 又 左思·吳都賦平仲君遷註君遷，柹之小者司馬光·名苑君遷子似馬奶，卽今牛奶柹也 又 正韻去聲，時吏切音侍。義同△集韻俗作柹，非。鑾又柹23794今作柿23935

枿 23795 11610 niè_5.9 同櫱 又 爾雅·釋詁枿，餘也郭註陳鄭之間曰枿，晉衞之間曰烈，皆伐木餘也 又 張衡·東京賦山無槎枿註斜斫曰槎，斬而復生曰枿。

柀 23796 11611 bǐ_5.9 唐韻韻會甫委切集韻補靡切𠀤音彼說

文樴也爾雅·釋木柀，黏疏柀一名黏図集韻普靡切，披上聲。義同図本草別錄梈24891實一名柀子。

柂 23797 11612
duò 5.9
唐韻徒可切集韻韻會待可切，夶駄上聲玉篇正船木也。設於船尾，與舵同。一作柁釋名舟尾曰柂。柂，拖也，後見拖曳也，且弼正船使順流不他戾也郭璞·江賦凌波縱柂図tuǒ集韻他可切音袉。木堅貌図tuó集韻唐何切音駄。木葉落也。夶又柂24116

柂 23798 11613
yí 5.9
集韻余知切音移廣韻作柂禮·檀弓柂棺鄭註所謂椑棺也図lí類篇鄰知切音離。柯柂，酒名。図duò同柂。

屎 23800 11615
chì 5.9
同屎。

柃 23799 11614
líng 5.9
唐韻集韻夶郎丁切音零說文木也玉篇可染物松漠紀聞有榛柃、瘦盂，椀之有文理可愛者図廣韻郎郢切集韻里郢切夶音領。義同。夶龍龕柃俗，柃正。

柄 23801 11616
bǐng 5.9
唐韻集韻韻會正韻夶陂病切，兵去聲。一作棅說文柯也周禮·冬官考工記秦無盧註戈戟柄図爵豆之屬亦有柄禮·祭統尸酢夫人執柄管子·弟子職進柄尺図本也易·下繫坤爲地爲柄図權也左傳襄二十三年既有利權，又執民柄図韓非子·二柄篇二柄，刑德也図山名山海經柄山，其上多玉図通枋23678図通秉，斗柄，史記·天官書作斗秉図集韻補永切音丙。持也図唐韻古音必漾切。義同。夶又棅40537

枑 23802 11617
kǎo 5.9
說文同栲図博雅枑，荣英也図jú集韻拘玉切。同欋。山行所乘，以鐵如錐施之屐下者図集韻居六切音匊。木名。

柅 23803 11618
nǐ 5.9
唐韻集韻夶女履切，尼上聲說文木也。實如梨図止車木易·姤卦繫于金柅註金者剛强之物，柅者制動之主図柅柅，茂盛貌左思·蜀都賦總莖柅柅図廣韻絡絲柎也図察也唐書·王彥威傳楗柅姦冒。図說文女氏切音旎。又五音集韻類篇正韻夶乃里切，音禰◇。又集韻乃倚切音你。義夶同図正韻尼質切音昵。止也図唐韻集韻女夷切音尼。木名図chì集韻丑利切音呬。筐柄也。夶直音篇柅23866同柂。

柆 23804 11619
lā 5.9
集韻落合切音拉說文折木也。同拉史記摧枯拉朽，左思·吳都賦拉捭摧藏。皆作拉正字通从拉爲正。

柮 23805 11620
hé 5.9
集韻類篇胡戈切音和。棺頭也博雅棺當謂之柮。柮或从木。

柈 23806 11621
pán 5.9
唐韻薄官切集韻正韻蒲官切夶音槃墨子·帝堯篇書名竹帛，琢戒杅柈杜甫·十月一日詩焦糖幸一柈図pàn類篇普半切音判。木名。

柉 23807 11622
fán 5.9
唐韻集韻夶符咸切音凡玉篇木皮，可爲索図集韻蒲瞻切音湓。義同。

柊 23808 11623
zhōng 5.9
唐韻職戎切集韻之戎切夶音終。木名

也。又博雅柊楑，椎也周禮終葵，从糸不从木。夶俗或作柊19431

械 23809 11624
yuè 5.9
唐韻類篇集韻王伐切，夶音越。木名也。

柰 23810 11625
dài 5.9
集韻待戴切類篇徒耐切夶音代。吳俗謂蠶槌曰柰。

枱 23811 11626
cí 5.9
唐韻集韻韻會正韻夶詳茲切音詞玉篇鐮柄也図類篇詳茲切。同枱集韻亦同欙。夶又鉰62937

柷 23812 11627
shū 5.9
類篇同梳集韻梳或作柷、梳。

柍 23813 11628
yīng 5.9
集韻韻會正韻夶於驚切音英說文梅也爾雅·釋木時英梅郭註雀梅也図類篇杏也図說文江南橦材，其實謂之柍図韻會於良切音央揚雄·甘泉賦日月纔經于柍桭李善註柍，中央也図yǎng廣韻於兩切音鞅。義同図木名張衡·南都賦柍柘檍檀図類篇於浪切馬融·長笛賦瞋菌碨柍李善註鬱積競出之貌図集韻於朗切音盎。義同図yàng集韻類篇於亮切音怏博雅杖也。一曰打穀具方言齊楚江淮之閒謂之柍。夶又楧24681抰19348

柎 23814 11629
fū 5.9
唐韻甫無切集韻韻會風無切夶音膚說文闌足也図fū集韻正韻芳無切音敷。義同図說文編木以渡曰柎。或作枹，通作桴。孫炎曰：方木置水曰柎柎管子·小匡篇方舟投柎図玉篇花萼足也。凡草木房謂之柎集韻或作枎、柎山海經崇丘之山有木，圓葉而白柎正韻作防父切図fǔ集韻韻會夶斐父切音撫。與拊同。樂器也，以韋爲之禮·樂記治亂以相註相卽柎也。裝之以穗，形如鼓図fù集韻符遇切音附。楡柎，木名図注也儀禮·士冠禮素積白屨，以魁柎之疏以魁蛤灰注其上，使色白也図俞柎，良醫名前漢·藝文志太古有岐伯、俞柎図與柎同，弓弩也，刀弩也周禮·冬官考工記弓人有柎焉，故翦禮·少儀削授柎図椸柎，詳椸註図柎，猶倚也管子·輕重篇父老柎枝而論，終日不歸。夶又枎23670

柏 23815 11630
bǎi 5.9
唐韻集韻韻會正韻夶博陌切音百說文椈也六書精蘊柏，陰木也。木皆屬陽，而柏向陰指西，蓋木之有貞德者，故字从白。白，西方正色也。又春秋緯諸侯墓樹柏前漢·東方朔傳柏者，鬼之廷也図大也。與伯通釋名柏車，大車也図逼也。與迫同◇周禮·春官其柏席用萑黼純鄭註柏席，迫地之席史記·陳餘傳柏人者，迫于人也漢武·瓠子歌魚弗鬱兮柏冬日図國名。在河南西平縣図山名書·禹貢導淮自桐柏図前漢·武帝紀起柏梁臺図姓姓譜戰國柏直，漢柏英△从木白聲。俗作栢，非。

某 23816 11631
méi 5.9
玉篇古梅24170字說文酸果也。从口含一図mǒu唐韻廣韻莫厚切韻會正韻夶莫後切，音畞唐韻詔前人之言也玉篇不知名者曰某集韻臣諱君曰某論語某在斯左傳宣十年某氏之守臣某図泛言事物亦

曰某禮·少儀問品味，子食于某乎。問道藝，子習于某乎，子善于某乎。又正韻莫補切音姥。義同△甘本作甘。當爲杲。俗作某，非。鑾又杲23580

柑 23817 11632 gān_5.9 唐韻集韻韻會正韻丛沽三切音甘。果名南方草木狀橘屬，滋味甘美特異者也唐書·蕭嵩傳荆州進黄柑韓彦直·橘録柑別種有八，而乳柑推第一。又通甘司馬相如·上林賦黄甘橙楱又集韻韻會丛同鉗。以木銜馬口也公羊傳·宣十四年柑馬而秣之前漢·五行志畏刑柑口。

柒 23818 11633 qī_5.9 廣韻俗漆字開山圖長安西有渠，謂之柒渠又木名山海經剛山多柒木又集韻戚悉切。義同。又俗爲數目字。

染 23819 11634 rǎn_5.9 唐韻集韻韻會正韻丛而琰切音冉說文以繒染爲色。从水杂聲。徐鍇引裴光遠云从水，水者所以染。从木，木者梔茜之屬。从九，九者染之數也周禮·天官染人掌染帛爾雅·釋器一染謂之縓，再染謂之赬，三染謂之纁又柔貌詩·小雅荏染柔木又◆博雅染耦，和諧也又姓姓譜晉染閔，五代染于又唐韻集韻韻會正韻丛而豔切，冉去聲。汙也，漬也書·胤征舊染汚俗，咸與維新△韻會周禮染人有上、去二音△从九會意。俗从丸，非○按說文收水部，今誤入。鑾又染24076

柔 23820 11635 róu_5.9 唐韻耳由切集韻韻會正韻而由切說文木曲直也又柔者剛之反易·說卦立地之道，曰柔與剛書·洪範沈潛剛克，高明柔克老子道德經豈非以其柔耶又安也書·舜典柔遠能邇又服也左傳·僖二十八年我得天，楚伏其罪，我且柔之矣又草木新生曰柔詩·小雅薇亦柔止又國名前漢·地理志屬琅邪郡△俗作桑，非。鑾又渘24551楘24657

柕 23821 11636 mào_5.9 類篇楙省文。

柖 23822 11637 sháo_5.9 廣韻市昭切集韻時饒切丛音韶說文樹搖貌又廣韻射的也又集韻之搖切音昭。義同。又shào類篇市沼切音紹博雅浴牀謂之柖。

枀 23823 11638 sōng_5.9 同松前漢·地理志武威郡有蒼枀縣。

柘 23824 11639 zhè_5.9 唐韻集韻韻會正韻丛之夜切音蔗說文桑也蠶書柘葉飼蠶爲絲，中琴瑟絃，清響勝凡絲又周禮·考工記弓人取幹之道，柘爲上又禮·投壺矢以柘若棘，毋去其皮又本草其木染黄赤色，謂之柘黄，天子所服又崔豹·古今注桑實曰葚，柘實曰佳又奴柘本草·陳藏器曰似柘，節有刺，冬不彫又南方草木狀諸柘，一曰甘蔗宋玉·招䰟胹鼈炮羔，有柘漿些又縣名前漢·地理志屬淮陽郡又山名山海經松山之北有柘山又姓統譜春秋柘稽，漢柘溫舒又唐韻古音之怒切詩·大雅攘之剔之，其檿其柘。帝遷明德，串夷載路◇。鑾又桒23871𥧲41251䄍39810

柙 23825 11640 xiá_5.9 古文㘥唐韻胡甲切集韻韻會正韻轄甲切丛音洽廣韻檻也，以藏虎兕穆天子傳七萃之士高奔戎捕虎，生獻之，天子命爲柙養之東虞又管子·中匡生縛管仲，而柙以予齊又莊子·刻意篇有干將之劍者，柙而藏之。或作㭘又木名左思·吴都賦木則楓、柙、豫、章李善註楓、柙皆香木名又說文烏匣切。義同。

柚 23826 11641 yòu_5.9 玉篇羊宙切唐韻集韻韻會余救切，並音狖說文與櫾同，條也書·禹貢厥包橘柚傳小曰橘，大曰柚爾雅·釋木柚，條註似橙而酢呂覽·本味篇果之美者，有雲夢之柚埤雅卽詩·秦風有條者是也又zhú唐韻正韻直六切集韻佇六切韻會仲六切丛音逐。杼柚，織具也。杼持緯，柚受經。通作軸又yóu集韻夷周切音由。橙屬又柚梧，竹名。鑾又柂23745

柛 23827 11642 shēn_5.9 唐韻失人切集韻韻會正韻升人切丛音申爾雅·釋木木自斃曰柛廣韻柛謂斃踣也容齋隨筆木絕于申，故申字之訓爲自斃。

柜 23828 11643 jǔ_5.9 唐韻正韻居許切集韻苟許切韻會句許切，並音舉說文木也徐曰柜柳也，大葉木。◆爾雅·釋木柜柳註似柳，皮可煑作飲又山海經方山有青樹，名曰柜格之松又周禮·天官·掌舍註柜，受溜水器又邑名前漢·地理志屬琅邪郡又集韻臼許切音巨。又果羽切，音矩。義丛同△或作欅。鑾又俗拒19390敦煌S.6234+S.6234.V+P.5007.V+P.2672唐佚名詩集·述懷寄友人東柜劍門關，西陲嗽肝磧又俗櫃25755△今簡化字。

枱 23829 11644 sì_5.9 說文詳里切。臿也。一曰徙土輂，齊人語也徐曰今俗作耜。又集韻盈之切。或作梩博雅㭒斗謂之枱類篇所以抒水也。鑾集韻枱，或作杞梩𣑼。

柝 23830 11645 tuò_5.9 唐韻正韻他各切集韻韻會闥各切丛音託說文作㯓、欜，判也。夜行所擊者易·下繫重門擊柝，以待暴客左傳·哀七年魯擊柝，聞于邾徐鉉曰謂判兩木夾于門爲機，相擊以警夜也。今荒城多叩鼓以持更，蓋其遺制。鑾又柝24026欜25750㯓32496

枰 23831 11646 biàn_5.9 正韻毗面切音卞玉篇柱上欂櫨也。亦作開○按字彙同拚正字通拚訛字，皆非。

枑 23832 11647 lú_5.9 唐韻落胡切集韻龍都切丛音盧說文木，出橐山唐韻黄枑木，可染也又集韻類篇丛通都切音瑹。又集韻荒胡切音呼。又籠五切音魯。義丛同。鑾又櫨25934

柞 23833 11648 zuò_5.9 唐韻在各切集韻韻會正韻疾各切丛音昨說文木也詩·小雅維柞之枝，其葉蓬蓬詩輯柞，堅韌之木。新葉將生，故葉乃落，附著甚固又前漢·武帝紀行幸盩厔五柞宮張宴曰有五柞樹，因以名宮也。又唐韻則落切音作。義同又zé集韻韻會側格切音窄。除草曰芟，除木曰柞詩·周頌載芟載柞。又周禮·秋官柞氏掌攻草木又窄隘也周禮·冬官考工記轂小而長

則柞囗大而外也囗考工記鐘侈則柞囗類篇助伯切音斯。捕獸檻中機曰柞鄂囗中庸孔疏攟謂柞楀也囗zhà囗集韻仕下切。同槎。衺斫也囗集韻實窄切。齧也。

柟 rǎn _5.9　23834 11649
囗廣韻同柟囗而琰切音冉。義同。囗集韻柟23737楠24671，或从南。

柠 nǐng _5.9　23835 11650
囗唐韻囗集韻丛同楮。囗又杍23659竿41807

柢 dǐ _5.9　23836 11652
囗唐韻囗韻會都禮切囗正韻典禮切丛音邸囗說文根也囗徐鍇曰華葉之根曰蒂，木之根曰柢囗老子道德經深根固柢囗何劭·遊仙詩根柢無雕落囗與邸通囗爾雅·釋器邸謂之柢囗郭註根柢皆物之邸，邸即底囗唐韻都計切囗集韻囗韻會囗正韻丁計切丛音帝。又囗唐韻囗廣韻都奚切囗集韻囗正韻都黎切丛音低。義丛同。囗又梋23905囗正字通柢24400俗柢字。

柣 zhì _5.9　23837 11653
囗唐韻直一切囗集韻囗韻會囗正韻直質切丛音秩。門限也囗爾雅·釋宮柣謂之閾囗博雅柣，砌也。又鐵也囗廣韻囗集韻丛千結切音窃。義同囗dié囗集韻囗韻會徒結切囗正韻杜結切丛音迭。桔柣，門名囗左傳·莊二十八年楚子元伐鄭，入于桔柣之門囗柣簡，山名囗山海經支離山之東有柣簡山囗集韻大一切◇義同。

柤 zhā _5.9　23838 11654
囗唐韻側加切囗集韻囗韻會囗正韻莊加切，丛詐平聲囗說文木閑也囗徐曰柤之言阻也囗博雅距也囗廣韻同楂。似梨而酸囗爾雅·釋木柤梨曰鑽之囗山海經洞庭之山，其木多柤囗地名春秋襄十年會吳于柤囗集韻鉏加切音槎囗博雅隑也囗zū囗集韻臻於切音菹。以木爲闌囗zǔ壯所切。同俎。

查 chá _5.9　23839 11655
囗唐韻囗正韻鉏加切囗集韻莊加切，丛同槎囗廣韻水中浮木囗博物志仙查犯牛斗囗拾遺記堯時巨查浮西海上，十二年一周天，名貫月查囗正字通考察也。囗與柤23838同囗查下，地名囗zhā姓囗統譜望出齊郡。囗chái◆囗廣韻士佳切音柴。查郎。

桓 dàn _5.9　23840 11656
囗類篇徒旱切音但。木器，如橢，無足。

柧 gū _5.9　23841 11657
囗唐韻古胡切囗集韻囗韻會囗正韻攻乎切丛孤囗說文柧，棱也囗徐鍇曰字書三棱爲柧，與觚同囗史記·酷吏傳敘漢興，破觚爲圜囗班固·西都賦上觚棱而棲金爵囗韻會柧棱，堂上最高轉角處囗◆囗類篇鐮柧也。一曰鄉飲酒爵也囗集韻姑華切音瓜。義同。

栓 jué _5.9　23842 11658
囗篇海其月切。同橛。木入土也。囗俗掘19892敦煌·P. 4017渠人轉帖人各枝兩束，白刺壹束，栓兩笙（莖），鍬钁（钁）一事，兩日糧食。是酒（須）壯夫，不用廝兒女。

枴 wǎ _5.9　23843 11659
囗集韻囗類篇丛五寡切音瓦囗博雅鼓鼙謂之枴。

柨 pū _5.9　23844 11660
囗集韻囗類篇丛滂模切音鋪。蔽柨，木名。

汁可食囗bù囗集韻囗類篇博故切音布。義同。

枏 nǎn _5.9　23845 11661
囗集韻女減切，喃上聲。木名。

柩 jiù _5.9　23846 11662
囗唐韻囗集韻囗韻會丛巨救切音舊。同匶囗釋名尸已在棺曰柩，柩，究也，送終隨身之制皆究備也囗白虎通柩，久也，久不復變也囗小爾雅空棺謂之櫬，有尸謂之柩囗禮·曾子問柩不早出，不暮宿囗周禮·春官·小祝·置銘疏漢時謂銘爲柩囗集韻巨九切。義同。囗又匶04461

柪 āo _5.9　23847 11663
囗集韻囗類篇於交切音坳。曲木也囗去聲囗集韻於教切。義同。

柉 qū _5.9　23848 11664
囗廣韻去魚切囗集韻丘於切丛音袪囗說文极也囗廣韻板置驢上負物者。詳极註。

枂 mí _5.9　23849 11665
囗集韻民卑切音彌。與欄同。枂枸，山名囗山海經勾欄之山，其上多玉囗郭註欄，斤於切音梧。

柫 fú _5.9　23850 11666
囗唐韻分勿切囗集韻分物切，並音弗囗說文擊禾連枷也囗方言自關而西謂之柫囗集韻囗韻會囗正韻並敷勿切，音拂。又囗集韻薄宓切，音弼。義並同。

柬 jiǎn _5.9　23851 11667
囗唐韻古限切囗集韻囗韻會賈限切丛音簡囗說文分別簡之也。从束从八。八，分別也囗與簡同。擇也囗荀子·脩身篇安燕而血理不惰，柬理也囗晉灼·史記·遷註柬，古簡字。少也囗類篇亦與揀通囗韻會一曰縣名。在新寧○按囗說文收束部，今誤入。囗字典琢屑荀子·脩身篇「血氣」，舊誤作「血理」。

柭 bō _5.9　23852 11668
囗集韻北末切音撥。棓也，擊禾連枷囗集韻布拔切音八囗五音集韻敷勿切音拂。義丛同囗集韻蒲撥切音跋囗玉篇矢束也囗韻會蒲蓋切囗篇海蒲昧切，並音佩◇木生柯葉也囗集韻必列切音䥶。梧也。

柍 nà _5.9　23853 11669
囗集韻女滑切音豽囗說文斷也囗集韻女律切音呐。義同囗duó囗韻會囗正韻當沒切音咄。楬柍，木頭囗zuó囗廣韻藏活切囗集韻攢活切，並音柮◇柱端木囗wù囗類篇五忽切音兀。樹無枝也。囗又机23575囗可洪音義守柍：之悅反。正作拙19398也。又都骨、藏活二反。

柯 kē _5.9　23854 11670
囗唐韻古俄切囗集韻囗韻會囗正韻居何切丛音歌囗說文斧柄也囗詩·豳風伐柯伐柯，其則不遠囗周禮·冬官·考工記柯長三尺囗倉頡篇柯欘，檠梢也囗爾雅·釋詁柯，法也囗枝也囗謝靈運·鄴中集詩傾柯引弱枝囗草莖也囗張衡·西京賦濯靈芝以朱柯囗方言盂謂之柯。囗木名囗廣志柯木出廣南山谷閒，波斯家用爲船舫。囗齊地名囗春秋·莊十三年公會齊侯盟于柯囗姓囗韻會吳公子柯隆之後。囗又椵25774恕17101

柰 nài _5.9　23855 11671
囗唐韻囗集韻乃帶切囗正韻尼帶切丛音褦囗說文果也囗廣韻柰有青、白、赤三種囗潘岳·閒居賦二柰曜

丹白之色🔲徐鉉曰：假借爲柰何字🔲書·召誥曷其柰何弗敬🔲廣韻那也。柰、那通🔲王維·酬郭給事詩强欲從君無那老。那作柰🔲韓愈·感春詩已矣知何柰。柰作那。○按俗作樣，以別于柰何之柰🔲俗作柰，以別于柰果之柰。皆非。🔲又奈10099㮊39639㮈39748

柱 23856 11672
zhù_5.9

🔲唐韻🔲韻會🔲正韻直主切🔲集韻重主切，丛除上聲🔲說文楹也🔲廣雅楹謂之柱🔲前漢·成帝紀腐木不可以爲柱🔲底柱，山名🔲書·禹貢東至于底柱🔲上柱國、柱下史。皆官名🔲戰國策爵爲執珪，官爲柱國🔲漢官儀侍御史爲柱下史🔲前漢·禮樂志柱工員二人🔲註柱工，主箏瑟之柱🔲應劭曰：柱下史法冠，一曰柱後，以鐵爲柱也🔲蔡邕·獨斷柱後，惠文冠🔲又zhǔ🔲唐韻知庾切🔲集韻🔲正韻冡庾切丛音主。柱夫，草名🔲爾雅·釋草柱夫，搖車。🔲zhù🔲集韻🔲類篇🔲韻會丛株遇切音駐。與拄通。掌也，刺也🔲前漢·朱雲傳連柱五鹿君🔲枝柱曰柱。韓愈·王適墓銘鼎也不可以柱車，馬也不可以守閭。

柲 23857 11673
bì_5.9

🔲唐韻🔲韻會丛兵媚切音祕。柲攢也🔲廣韻戟柄🔲周禮·冬官考工記戈柲六尺有六寸🔲左傳·昭十二年君王命剝圭以爲鏚柲🔲欑也🔲儀禮·旣夕記有柲。註弓欑也🔲詩·秦風竹閉緄縢。作閉🔲廣雅丘上有木曰柲丘。🔲唐韻卑吉切音必。又🔲集韻薄必切🔲正韻薄密切丛音弼。義丛同。或作柲🔲毗必切音郫。偶也🔲廣韻鄙密切音筆。柄也🔲bié🔲廣韻蒲結切音蹩。支柄。

柳 23858 11674
liǔ_5.9

古文乑桺🔲唐韻🔲集韻🔲韻會🔲正韻丛力九切，留上聲🔲說文小楊也。本作桺，从木乑聲🔲埤雅柔脆易生，與楊同類。縱橫顚倒植之皆生🔲柳谷，日入處🔲書·堯典宅西曰昧谷。徐廣云柳谷🔲宋祁·筆記古文卯本柳字，後借爲辰卯之卯。北本別字，後借爲西北之北。虞翻笑曰元不識古文，以卯爲昧，訓北曰：北，猶別也🔲星名🔲爾雅·釋天咮謂之柳🔲車也。服虔曰：東郡謂廣輈車爲柳。李奇曰：大牛車爲柳。鄧展曰：喪車爲柳🔲爾雅·釋樂宮謂之重，商謂之敏，角謂之經，徵謂之迭，羽謂之柳🔲侯國名🔲前漢·地理志屬渤海郡。又姓🔲姓譜魯子展之後，食邑于柳，遂以爲氏○按楊柳一物二種，毛詩分而言之者齊風折柳樊圃陳風東門之楊是也。合而言之者小雅楊柳依依是也。本草云楊枝硬而揚起，故謂之楊。柳枝弱而垂流，故謂之柳。正字通據古詩南楊北有柳分爲二，非。🔲俗作栁23933椺24133桺24049柳24293

柷 23859 11675
cí_5.9

🔲唐韻疾移切🔲集韻才支切，丛音疵🔲廣韻無柷木，一名檵🔲爾雅·釋木檵，無疵🔲郭註梗屬，似豫章🔲邢疏檵木無疵病，因名🔲類篇與椔、柤丛同🔲集韻蔣氏切音紫。木名🔲又🔲類篇椔24885，才支切。木名。郭璞曰梗屬，似豫章。或作椔、柷。柷丛蔣氏切、又子禮切。胡吉宣玉篇校釋柷案爾雅作疵，是也。本以木無疵表檵木之德，後涉木而變易偏旁，隨亦以為木名。文字演變多類此。

柴 23860 11676
chái_5.9

🔲唐韻士佳切🔲集韻🔲韻會鉏佳切，音近豺。

◆說文小木散材🔲禮·月令收秩薪柴🔲註大者可析謂之薪，小者合束謂之柴🔲燔柴曰柴🔲書·舜典至于岱宗，柴🔲傳祭天告至也，祭時積柴其上而燔之也🔲◆說文徐鍇曰：師行野次，豎散材爲區落，名曰柴籬。後人語譌轉入去聲。又別作寨，非是🔲塞也🔲莊子·天地篇趣舍聲色，以柴其內🔲護也🔲淮南子·道應訓柴箕子之門🔲邑名🔲前漢·地理志高柴屬泰山郡，柴桑屬豫章郡🔲姓🔲姓譜望出平陽，齊文公子高之後🔲chá🔲集韻鉏加切音查。小木也🔲cī🔲類篇权宜切音差。柴池，參差也🔲張揖·上林賦作柴虒🔲註不齊也🔲說文作㧗🔲zì🔲集韻子智切，貲去聲。積也，謂積禽也🔲詩·小雅助我舉柴🔲集韻一曰掫，頰旁也🔲zhài🔲仕懈切音砦。柴藩落也🔲士邁切音寨。義同🔲叶七何切音蹉🔲劉向·九歎折芳枝與瓊華兮，樹枳棘與薪柴。掘荃蕙與射干兮，耘藜藿與蘘荷。

栅 23861 11677
cè_5.9

🔲唐韻楚革切🔲集韻🔲韻會測革切丛音策。◆說文作栅，編樹木也🔲廣韻豎木以立柵也🔲魏書·廣陽王傳連營立柵🔲莊子·天地篇內支盈于柴栅🔲地名🔲唐書·高崇文傳戰于鹿頭栅。又韓愈與孟郊有沙栅聯句詩。🔲博雅柵，棧也🔲廣韻測戟切音踖。邨柵🔲廣韻🔲集韻所晏切音訕。籬柵🔲集韻數眷切音篅。編竹木爲落也。🔲又楠24797栅24063栅23929🔲集韻·諫韻柵箂41902關65034冊02689，所晏切，編竹木為落也，或从竹、从門，或省。

柶 23862 11678
sì_5.9

🔲唐韻🔲集韻🔲韻會丛息利切音四🔲說文匕也🔲儀禮·聘禮宰夫實觶以醴，加柶于觶🔲周禮·漿人註飲醴用柶者，糟也。不用柶者，清也🔲角柶，喪禮所用🔲禮·喪大記註以角爲之，長六寸，兩頭屈曲。🔲又舥55373

柷 23863 11679
chù_5.9

🔲唐韻🔲集韻🔲韻會🔲正韻丛昌六切音俶。◆說文樂，木空也，所以止音爲節🔲書·益稷謨合止柷敔🔲註柷狀如桼桶，方二尺四寸，深一尺八寸。中有椎柄，連底挏之，令左右擊。郭璞云樂之初，擊柷以作之。樂之末，戛敔以止之🔲廣韻之六切音祝。義同🔲類篇木名。◆爾雅·釋木柷，州木。髦，柔英🔲又柷19367

桐 23864 11680
jiǒng_5.9

🔲集韻🔲類篇椒字省文。

柸 23865 11681
pēi_5.9

🔲集韻拋裵切音坯🔲淮南子·道應訓止駕柸治🔲註楚人謂恨不得曰柸治。

杝 23866 11682
yí_5.9

🔲集韻🔲類篇丛延脂切音夷。船名。

枖 23867 41314
yǎo_5.9

🔲奚韻烏皎切。枖，拽物也。

柺 23868 43896
jué_5.9

🔲字彙補其月切音撅。出釋典。🔲同栓。亦作拴19598俗掘19892

枖 23869 43897
dāi_5.9

🔲字彙補得該切音獃。出尊勝神咒

枀 23870 43898
suì_5.9

🔲五音篇海音崇。🔲俗祟39722

枾 23871 43899
zhè_5.9

🔲篇海類編與柘同。

柧 23876 u2AC82
null_5.9　嗃未詳。

柾 23872 43900
jiù_5.9　字彙補同柩。

又古璽彙編·補遺·5658柾成。柾，或釋楚。

畚 23873 43901
guǒ_5.9　五音篇海音果。璽字彙補畚，音義同果。

柧 23874 43902
lí_5.9　五音篇海音梨。璽俗杻。

柍 23875 43903
yāng_5.9　五音篇海於良切。璽俗袂39717，古文殃。

柒 23877 u2AC81
null_5.9　未詳。

杼 23879 u2AC7F
null_5.9　或俗斿22144

柜 23878 u2AC80
null_5.9　未詳。

杻 23880 u2AC7E
nǐ_5.9　簡橀25739

衿 23882 u2AC7C
null_5.9　未詳。

棚 23881 u2AC7D
péng_5.9　俗棚24353

林 23883 u2AC7B
baed_5.9　壯同壄08733佛像图新撰字鏡林，衣乃木。

柱 23884 u2AC7A
null_5.9　未詳。

枴 23885 u2F8DF
guǎi_5.9　同枴23782

柸 23886 u23434
sậy_5.9　嗃从木仕sī聲。蘆葦。

柍 23887 u23433
sứ_5.9　嗃从木史sử聲。同梗24495玉蘭。

柵 23888 u23432
quéo_5.9　嗃从木叫khiểu聲。芒果。

柔 23889 u23431
róu_5.9　俗柔23820

枵 23890 u23430
hù_5.9　同枵24038

柭 23891 u2342A
bō_5.9　俗柭23852

枭 23892 u23429
xiāo_5.9　可洪音義而

枭：古堯反。斬首也。正作梟梟24201二形。

柶 23893 u23428
null_5.9　未詳。

柄 23894 u23427
null_5.9　未詳。

乘 23895 u23426
chéng_5.9　古文乘00324亦作桒36681桬00681

柤 23896 u23424
jiù_5.9　簡櫨26114

杪 23897 u23423
miǎo_5.9　或同杪23636

枒 23898 u23422
null_5.9　未詳。

柲 23899 u23421
bì_5.9　俗笓42410正

統道藏·太清部·漢·劉安·淮南鴻烈解·卷之二十六·疲三·脩務訓以疾風為梳根也图人名皇朝通志·卷五十四·諡略七·追諡明代忠節一劉喬根，一作柢。

枏 23900 u23420
nán_5.9　俗枏23683

松 23904 u2341C
null_5.9　未詳。

桑 23901 u2341F
duǒ_5.9　同垛08539名義桑，徒果反。

柘 23902 u2341E
kū_5.9　俗枯23777廣碑別字引唐亡宮九品墓誌

柤 23903 u2341D
zā_5.9　同匝04359金瓶梅詞話·第七十二回西門慶將一隻肬膊支婦人枕着，精赤條搜在懷中，猶如軟玉溫香一般，兩個酥胸相貼，玉股交柤。

柢 23905 u2341B
dǐ_5.9　俗柢23836合併字學集篇柣，音迸。拆木聲。

柣 23906 u2341A
bìng_5.9　同柣23968

柉 23907 u23419
quǎn_5.9　可洪音義扷死：上古犬反。格也。屈也。正作扷。又扷皮：上音姟图xuán字海姓。

杇 23908 u23418
null_5.9　未詳。

絮 23909 u23417
null_5.9　未詳。

柅 23910 u23416
è_5.9　六書統柅，乙革切。與軛59970同用。从木厃聲慧琳音義四柅：嬰革反。正從車从軛。

桱 23911 u23415
jìng_5.9　簡椏24144

棍 23912 u23414
null_5.9　未詳。

盉 23913 u3B57
xiāng_5.9　俗相37402

杙 23914 u3B56
yì_5.9　俗杙23591

可洪音義梁杙：羊力反。正作杙弋二形也。又音代，惧。

柳 23915 uF9C9
liǔ_5.9　兼柳。

桒 23916 u6852
sāng_5.9　同桒24024俗

桑宋元以來俗字譜引太平樂府

樹 23917 u6811
shù_5.9　簡樹25329

栐 23918 u6810
yǒng_5.9　同栐23940

欄 23919 u680F
lán_5.9　簡欄26031

櫟 23920 u680E
lì_5.9　簡櫟25871

櫨 23922 u680C
lú_5.9　簡櫨25934

栍 23921 u680D
saeng_5.9　韓籤也。路程標木長栍也。又地名。栍川，在咸鏡道。

櫳 23924 u680A
lóng_5.9　簡櫳25958

棟 23923 u680B
dòng_5.9　簡棟24361

棧 23926 u6808
zhàn_5.9　簡棧24375

櫛 23925 u6809
zhì_5.9　簡櫛25865

標 23927 u6807
biāo_5.9　簡標25183

棗 23928 u6806
zǎo_5.9　俗棗24349彙

音寶鑑棗，木名。紅棗。枣，仝上字。

栄 23930 u6804
róng_5.9　同榮24906

栅 23929 u6805
zhà_5.9　同柵23861

图cè說文柵，編樹木也。从木从冊，冊亦聲。楚革切。图shān唐寫本說文栅，从木刪省聲。

栃 23931 u6803
lì_5.9　日七葉樹東京新聞.2010.0ct.28.追加された漢字と削除された漢字·追加·夕行栃，とち。

栁 23933 u6801
liǔ_5.9　俗柳23858

栂 23932 u6802
méi_5.9　同梅24170馬王堆一號漢墓遣冊其一楊梅。

栀 23934 u6800
zhī_5.9　同梔24186

柿 23937 u67FF
shì_5.9　同柿23793

查 23936 u67FB
zhā_5.9　同查23839

柿 23935 u67F9
fèi_5.9　正字通枾

23641俗譌爲柿，讀書通引魏書枾又作枾，今俗亦作柿。

杲 23938 u23425
null_5.9　未詳。陳啟發：此字原釋某，誤。

枴 23939 u67B4
guǎi_5.9　俗枴23782

栐 23940 11651
yǒng_6.10　唐韻集韻丛於憬切音永。栐木可用爲笏〇按韻書無菊音字彙誤訓櫟實正字通遂以爲樣字之訛，非。璽又栐23918

笋 23941 11683
sǔn_6.10　廣韻思尹切正韻聳允切丛音筍。簨、椹丛同玉篇笋虡，縣鐘磬。亦作簨爾雅·邢昺釋器疏縣鐘磬之木，直立者爲虡，橫牽者爲笋图xún集韻須倫切音荀。木名山海經蛇山，其木多笋图縣名前漢·地理志笋邑，屬右扶風，古䣜地。

栓 23942 11684
shuān_6.10　唐韻山員切集韻類篇所員切，讀若瑄廣韻木釘也類篇貫物也博雅栓檐，木釘也图集韻數遒切。義同图quán博雅七緣切音筌。盂也图shuàn集韻所眷切，篟去聲。槩也。

枱 23943 11685
gé_6.10 說文胡甲切音柙。劍柙也図廣韻古沓切音閤。其輒切音衱。又玉篇居業切音跲。又集韻類篇訖業切音劫。義丛同図hé集韻曷閤切音合。枱楉，木名類篇朝舒暮卷，亦名合歡。嵇康·養生論合歡蠲忿。

栔 23944 11686
qì_6.10 唐韻苦計切正韻去計切丛音契。或作鍥，亦作剞，刻也図唐韻苦結切集韻韻會正韻詰結切丛音挈。本作契爾雅·釋詁契滅，珍絕也左傳·定九年陽貨借邑人之車，栔其軸。俗讀若屑図博雅，栔，缺也。栔栔，憂也。鋻又梨24355図玉篇栔，苦結切。開也。別也。其約即作契。

栕 23945 11687
zhēn_6.10 韻會桭或作栕。

栖 23946 11688
qī_6.10 唐韻先稽切集韻韻會正韻先齊切丛音西。西本古栖字說文日在西方而鳥棲，故因以爲東西之西禽經陸鳥曰栖，水鳥曰宿，獨鳥曰上，眾鳥曰集莊子·至樂篇養馬者宜栖之深林。或作棲図凡物止息皆曰栖魏書·顯祖記栖心浩然陶潛·穫下潠詩聊得從君栖図栖遲，遊息也陶潛·與從弟詩栖遲詎爲拙図xī栖栖，猶皇皇也論語何爲是栖栖者與図集韻韻會正韻丛思計切音細。雜所止。鋻獨鳥曰上。獨鳥曰止。又抾19607烠30916図偏類碑別字抾19479引隋董美人墓誌銘

栘 23947 11689
yí_6.10 唐韻與之切集韻類篇盈之切玉篇弋之切，丛音怡廣韻船欲水斗△或作栢。

栗 23948 11690
lì_6.10 古文㮚㰎㮚唐韻集韻韻會正韻丛力質切音慄說文作㮚，从木。其實下垂，故从卤周禮·天官·籩人饋食之籩，其實栗図堅木也公羊傳·文二年虞主用桑，練主用栗図謹敬也書·舜典寬而栗図堅也禮·聘儀縝密以栗図威嚴也司馬法位欲嚴，政欲栗図百穀實不秕謂之栗詩·大雅實穎實栗図栗烈，風寒也詩·豳風二之日栗烈図蹙也，謂越等儀禮·燕禮賓階不過二等図表道樹曰行栗左傳·襄九年魏絳斬行栗図韽栗明皇雜錄本龜茲國樂，亦曰悲栗図菱曰水栗武陵記兩角曰菱，三角、四角曰芰，通謂之水栗図方言秦俗以枇髮爲栗図縣名前漢·地理志栗縣屬沛郡図姓風俗通燕將栗腹図liè集韻正韻丛力蘗切音裂。破裂之意周禮·冬官考工記弓人居幹之道，菑栗不迆，則弓不發〇按說文收卤部，今併入。鋻又標25055

栘 23949 11691
yí_6.10 唐韻弋支切集韻韻會余支切丛音移說文棠棣也爾雅·釋木唐棣，栘註樹似白楊，江東呼夫栘陸璣·唐棣疏云奠李也。一名爵梅図栘楊，木名古今注圓葉弱蒂，微風大搖。一名高飛。一名獨搖。図播栘，亦木名林邑記柯葉發，根下虛，中森羅，望之如懸鼓図栘中監，官名前漢·蘇武傳栘中監蘇武留單于庭十九年乃還図廣韻成臠切音匙集韻玄圭切音攜。又演爾切音訑。義丛同。

栙 23950 11692
xiáng_6.10 唐韻下江切集韻湖江切丛音降說文栙雙也廣韻帆未張。

梣 23951 11693
zhèn_6.10 說文作梣。省作梣。通作杬。直荏切音朕。槌之橫者図六書故山樊也。染者用其葉燒灰，以藏所染之色。鋻說文梣字所从的弁下从収作図㮲24620槻24934

栭 23952 11694
guǎi_6.10 同枴。亦作枴23782

栄 23953 11695
guǎi_6.10 同枴。鋻即枴字集韻枴，古買切。杖。或作拐。亦書作栺。

㭂 23954 11696
zhé_6.10 集韻類篇丛陟革切音摘說文槌也玉篇槌橫木也方言自關而西謂之槌，其橫謂之㮰，齊部謂之㭂△類篇或作栯橌樀㯕。鋻又橌25355

栃 23955 11697
lì_6.10 唐韻集韻類篇丛郎計切音戾玉篇果似枇杷子廣韻小楙也郭璞·江賦栃欚森嶺而羅峯。鋻又新撰字鏡栃欚26126，二同字。力底反。小舫也。

栂 23956 11698
lǚ_6.10 唐韻力舉切集韻兩舉切丛音呂廣韻木名。中箭筍図栂松，松別種南史·孝義傳庾沙彌母亡，晝夜號痛，墓忽生栂松百餘株，枝葉欝茂，有異常松。鋻又楀24927

栿 23957 11699
pài_6.10 廣韻匹卦切集韻普卦切，並音派埤蒼藤屬。蜀人以織布類篇木皮図bài集韻卜卦切，音庍。義同図bà集韻必駕切音霸廣雅栿謂之籐。

栜 23958 11700
sè_6.10 廣韻山責切集韻色責切丛音摵說文梀也爾雅·釋木註赤木皮理錯戾，叢生山中，中車輞，白栜爲大木図集韻蘇谷切音速。亦梀木。可爲車輞。図霜狄切，音息◇義同図七賜切音刺。楣屬。鋻又枕23973栜24164

栦 23960 11702
tiǎn_6.10 同栝。

栝 23959 11701
tiǎn_6.10 唐韻他念切，添去聲。與栜同◆說文炊竈木也。或作栦図唐韻集韻丛他點切音忝。義同図類篇木杖也図kuò唐韻集韻正韻丛古活切音括廣韻與檜同。柏葉松身図集韻古外切音檜。義同書·禹貢杶幹栝柏。栝同栝〇按今文尚書皆作栝字說文从昏。鋻又栥，同㮨24695

栞 23961 11703
kān_6.10 唐韻苦寒切集韻韻會丘寒切丛音看說文栞本作栞，槎識也書·禹貢隨山栞木徐鉉曰木識謂隨所行林中，斫其枝爲道記識也史記·夏本紀九山栞旅作栞今文尚書作刊図集韻稽延切音甄。義同。

枅 23962 11704
jī_6.10 唐韻古兮切集韻韻會堅奚切丛音雞◆說文屋櫨也徐曰柱上橫木承棟者，橫之似笄也爾雅·釋宮註柱上樽，亦名枅，又曰楷，柱上方木是也図集韻韻會正韻丛經天切音堅。或作梢。又五音集韻輕煙切音牽。義丛同。鋻又枅23671梢24412

枡 23963 11705
bīng_6.10 俗枰字。

枀 23964 11706
rěn_6.10 廣韻如甚切集韻類篇忍甚切丛音荏說文弱貌。與荏通詩·小雅荏染柔木図博雅枀，欲也。鋻又栠23967

校 23965 11707

jiào_6.10　古文 䡴 斅 唐韻 正韻 古孝切 集韻 韻會 居效切 达音教 說文 木囚也 徐曰 校者，連木也。◆易 噬嗑 屨校滅趾 疏 謂桎其行，卽械也 又 角也，報也 論語 犯而不校 又 考校 禮 • 學記 比年入學，中年考校 又 比校 周禮 • 天官 小宰比官府之具 註 比校次之 疏 使知善惡足否也。又 檢校 前漢 • 食貨志 貫朽而不可校 又 遮木以闌禽獸曰校 漢成帝紀 大校獵 又 訂書曰校 前漢 • 劉向傳 詔向校中五經祕書 又 小爾雅 戰交曰校 又 xiào 唐韻 韻會 胡教切 集韻 後教切 正韻 胡孝切 达音效。學宮名。夏曰校。校者，教也，鄉學爲校 左傳 • 襄三十一年 鄭人游于鄉校，以論執政 前漢 • 平帝紀 郡國曰學，侯國曰校。又 支木爲欄格以養馬曰校 周禮 • 夏官 校人之職 六廄成校，校有左右，爲十二閑 又 軍部有闌格者亦曰校 前漢 • 百官表 司隷校尉，城門校尉 刑法志 內增七校 釋名 校，號也。將帥號令之所在也 又 姓 統譜 唐校傑，天寶中士曹 又 jiǎo 集韻 吉巧切 韻會 正韻 古巧切 达音絞。疾也 周禮 • 冬官考工記 弓人引之則縱，釋之則不校 又 集韻 類篇 达何交切音肴。枋也。豆中央直者爲校 禮 • 祭統 夫人薦豆執校 又 集韻 下巧切音骹。几足也。俎几之下橫木爲足者 儀禮 • 士昏禮 主人拂几授校 註 胡飽切 又 qiāo 集韻 丘交切音敲。義同。鑾 又 䡴 52022

栢 23966 11708

bǎi_6.10　俗柏字。

枎 23967 11709

rěn_6.10　同㮃。

柒 23969 11711

zī_6.10　類篇 津之切音茲。樠櫨也。鑾 正字通 同 枤 23973，俗字。舊註樠櫨，卽窠 24701 義。枤音次，柒音咨。不知柒、枤皆窠之譌省。分次、咨二音，非。

柵 23970 11712

chóu_6.10　集韻 時流切音讎。木名。

楇 23971 11713

yì_6.10　玉篇 與柂同。楫也 司馬相如 • 子虛賦 浮文鷁，揚旌楇。張翠帷，建羽蓋 又 類篇 柂也。

枺 23973 11715

jié_6.10　字彙 子結切音節。橫楣也〇按 說文 本作楷 又 七四切，音次。楣枺 鑾 又 字彙 欥，亦作棣 23958 又 窠 24701 柒 23969

栩 23974 11716

xǔ_6.10　唐韻 況羽切 集韻 火羽切，並音詡。又 集韻 丑呂切，音楮。義同 說文 柔也。其實皁。一曰樣 徐曰 皁斗謂之樣，亦栗屬也 詩 • 唐風 集于苞栩 草木疏 今柞櫟也。徐州人謂櫟爲栩，其子爲皁斗，喜貌 莊子 • 齊物篇 夢爲蝴蝶，栩栩然蝴蝶也 又 yǔ 廣韻 王矩切音羽。栩陽，地名。

柭 23975 11717

jiāo_6.10　同椒，省。

株 23976 11718

zhū_6.10　唐韻 陟輸切 集韻 韻會 追輸切，並音邾 說文 木根也。徐曰：入土曰根，在土上曰株 易 • 困卦 困于株木 王肅註 謂最處底下也 又 株枸，斷木也 莊子 • 達生篇 承蜩者處身若橛株枸 又 幹也 韓非子 • 五蠹篇 宋人守株，冀復得兔 又 木身也

栟 23968 11710

bìng_6.10　集韻 蒲應切音近阰。栟，析木聲。鑾 又 栟 23906 棶 24106

棫 23972 11714

róng_6.10　唐韻 如融切 集韻 而融切 达音戎。木名，似櫰。

蜀志 諸葛表 成都有桑八百株 又 與誅通 釋名 罪及餘人曰誅。誅，株也，如株木根枝葉盡落也 又 集韻 鍾輸切 正韻 專於切，音朱 類篇 株樗，短柱也 又 株離，亦作侏離，樂名 史記 • 樂書 四夷之樂，東方曰韎，南方曰任，西方曰株離，北方曰禁 又 株林，邑名 詩 • 陳風 胡爲乎株林。又 shū 集韻 類篇 㢞鱐珠切音殊。株椺，木名，可爲車輞 又 同駐 釋名 駐，株也，如株木不動也。鑾 又 枟 24109

栫 23977 11719

zùn_6.10　唐韻 集韻 類篇 达祖悶切音鐏。◆說文 以柴木雝也。亦木名 又 jiàn 唐韻 正韻 在甸切 集韻 韻會 才殿切 达音荐。捕魚具 郭璞 • 江賦 栫澱爲涔。見橑註 又 博雅 地籬也 廣韻 圍也 左傳 • 哀八年 囚諸樓臺，栫之以棘 又 司馬光曰：栫，徂門切音存。今 集韻 不收。

梂 23978 11720

qiú_6.10　集韻 類篇 达渠尤切音仇 玉篇 荊楚亭名 類篇 在新市 又 類篇 薈或省作梂，亦从薈 △òu 烏侯切音漚。地名，在竟陵郡。一曰荊也。

棰 23979 11721

zuì_6.10　類篇 祖芮切。小杌也。鑾 又 日 同椊 24580 紅葉。

栭 23980 11722

ér_6.10　唐韻 正韻 如之切 集韻 韻會 人之切，达音而 說文 屋枅上標 爾雅 • 釋宮 註 栭謂之櫨也，謂斗栱也 張衡 • 西京賦 繡栭雲楣 晉書 • 大秦國傳 以珊瑚爲梲栭 又 栗屬 爾雅 • 釋木 栵，栭 郭註 似槲樕，卑小，子如細栗，江東呼爲栭栗 又 芝屬 禮 • 內則 芝栭菱椇 鄭註 人君燕食所加庶羞也 疏 無華而實者名栭，芝屬也。芝栭一物。亦作檽 本草別錄 木生者爲檽，地生者爲菌 類篇 一作楱 24646

栮 23981 11723

ěr_6.10　集韻 類篇 达忍止切音耳。亦作楥。木楥 字彙 生枯木上，形如人耳，故以耳名。鑾 又 查 46566 栭 23980

栯 23982 11724

yù_6.10　唐韻 於六切 集韻 類篇 乙六切 达音郁 廣韻 栯李 唐本草 栯李一名雀李，一名車下李，一名棣子。小如櫻桃，五月熟 詩詁 卽赤棣 又 yǒu 唐韻 禹九切 類篇 云九切 达音有 山海經 太室之山有木，狀如梨而赤理，名曰栯，服之不妒 又 集韻 尤救切音宥。義同。鑾 又 椆 24599

栵 23983 11725

liè_6.10　篇海 力轍切音劣。惡木也。鑾 正字通 俗字。惡木當作劣 03921 俗作栵，非。

栰 23984 11726

fá_6.10　唐韻 房越切音伐。與筏同 爾雅 • 釋地 疏 栯栰，編木爲之，大曰栰，小曰桴，乘之渡水 類篇 海中大船 魏書 • 李崇傳 有火栰。鑾 又 栈 23734

栱 23985 11727

gǒng_6.10　唐韻 正韻 居竦切 集韻 韻會 古勇切 达音拱。大杙也 爾雅 • 釋宮 杙大者謂之栱，長者謂之閣 又 栱斗，柱頭科栱也 又 集韻 渠容切音蛩。義同。

栔 23986 11728

gǒng_6.10　唐韻 作拳。居竦切 集韻 韻會 古勇切 达音鞏 說文 兩手共同械也 周禮 • 秋官 掌囚上罪梏拳而桎 鄭註 梏在脰，桎在足，拳在手 又 集韻 居六切音匊。

同図juàn博雅古倦切音眷。拘也。

栲 23987 11729
kǎo_6.10 唐韻集韻韻會正韻夶苦浩切音考。或作槁。山樗也。爾雅·釋木栲，山樗郭註似樗，色小白，生山中，亦類漆。諺曰：櫄樗栲漆，相似如一陸璣·草木疏山樗與下田樗無異，葉似差狹，吳人以其葉爲茗，方俗無名此爲栲者。今所謂栲，葉如櫟，皮厚數寸，可爲車輻。或謂之栲櫟。許慎以栲讀爲糗，今人言栲者，失其聲耳図集韻古老切音杲。又類篇丘刀切音尻。義夶同。鍂又栲24047樗25453図說文槁，山樗也。從木尻聲。讀若糗。

栳 23988 11730
lǎo_6.10 唐韻盧皓切集韻魯皓切夶音老廣韻栲栳，柳器也。元史·儀衞志玉輅用栲栳輪。言其形曲也。亦作筹筹正字通栲栳，盛物器，即古之籧，屈竹爲之。

栴 23989 11731
zhān_6.10 集韻類篇正韻夶諸延切音旃。栴檀，香木。或作栴古今注栴檀木出扶南，色紫，亦謂之紫檀。鍂俗作栴。又栴24053

桸 23990 11732
xiǎn_6.10 唐韻集韻夶蘇典切音毨玉篇桸木，子赤如大豆，俗云雷鳴子也。

栵 23991 11733
liè_6.10 唐韻正韻良辥切集韻韻會力孽切夶音列說文作栵，栭也廣韻栵，栭。江東呼栭栗，楚呼茅栗爾雅·陸璣疏葉如榆木，理堅韌而赤，可爲車轅。図歐陽脩曰：屋栵上栭図集韻力制切音例詩·大雅其灌其栵傳木行生者爲栵。鍂又栵24725

栖 23992 11734
xì_6.10 集韻類篇夶思計切音細。栖陽，山名。図xìn集韻類篇息晉切音信。篋也。經絲具。

栶 23993 11735
yīn_6.10 集韻伊眞切音因。木名。

样 23994 11736
yáng_6.10 廣韻與章切集韻餘章切夶音陽廣韻槌也方言懸蠶薄柱，自關而東謂之槌，齊謂之样図集韻徐羊切音詳。又兹郎切音臧。義夶同。鍂今样爲樣25197簡化字。

核 23995 11737
hé_6.10 古文槅唐韻集韻韻會夶下革切音覈。果中核也爾雅·釋木桃李醜核，禮·曲禮賜果于君前，其有核者懷其核。又玉藻食棗、桃、李，弗致于核図籩實曰核，豆實曰殽詩·小雅殽核維旅。傳：核，加籩也。箋：桃梅之屬図通彙周禮·地官·大司徒三曰丘陵，其植物宜覈物註覈，李梅之屬図尠核莊子·人間世尠核太甚，則必有不肖之心應之図綜核前漢·宣帝紀綜核名實図肴覈，與殽核同班固·典引斟酌道德之淵源，肴覈仁義之林藪図正韻胡德切音劾。義同図集韻正韻夶胡骨切，覈入聲。果核也図gāi說文古哀切集韻柯開切夶音陔。說文蠻夷以木皮爲篋，狀如籨尊図集韻正韻夶居諧切音皆。義同図根核也図kài口漑切音慨。擔也図戶代切音恞。義同。

棵 23996 11738
hàn_6.10 玉篇胡感切集韻戶感切夶音菡說文木

垂華實也図集韻胡南切音含。義同○按說文从马不从弓。马，草木之華，未發函然。象形。从尸者誤。鍂又東23560東23559椺24236東24291

根 23997 11739
gēn_6.10 唐韻集韻韻會正韻夶古痕切音跟說文木株也左傳·隱六年農夫之去草，絕其本根，勿使能殖図廣韻根，柢也老子道德經重爲輕根管子·水地篇地者，萬物之本原，諸生之根菀図博雅始也図天根，星也周語天根見而水涸。註：亢氐之間図金根，車名後漢·輿服志天子車金根図門之鋪首銅鍰曰倉琅根前漢·五行志木門倉琅根図竹根，杯名晉·庾信·報惠酒詩山杯捧竹根図雲根，山名宋·孝武·登作樂山詩積水溺雲根図姓姓苑周人根牟子，善著書。鍂又梶24278未23600未23622杢08396

昦 23998 11740
xiàn_6.10 集韻類篇夶下閒切，音限◇閾也。

栺 23999 11741
yì_6.10 唐韻五計切集韻韻會研計切夶音詣玉篇木名図廣韻殿名。漢有枌栺宮班固·西都賦洞枌栺與天梁図集韻輊視切音旨。義同図zhǐ唐韻旨夷切集韻蒸夷切，並音脂。栺栭，亦木名集韻栺栭謂之柱。

栻 24000 11742
shì_6.10 唐韻恥力切集韻蓄力切夶音敕廣韻木名図◆博雅桐也，桐有天地，所以推陰陽，占吉凶，以楓子棗心木爲之前漢·王莽傳天文郎按栻於前周禮·春官·抱天時註作式前漢·藝文志有羨門式法図集韻設職切音式。義同。

格 24001 11743
gé_6.10 唐韻古柏切集韻韻會正韻各額切夶音隔說文木長貌徐曰：樹高長枝爲格図至也書·堯典格于上下図來也書·舜典帝曰：格汝舜図感通書·說命格于皇天図變革也書·益稷謨格則承之庸之図格，窮究也。穷之而得亦曰格大學致知在格物。又物格而後知至図法式禮·緇衣言有物而行有格也図正也書·冏命繩愆糾謬，格其非心図登也書·呂刑皆聽朕言，庶有格命疏格命，謂登壽考者図牴牾曰格周語穀洛鬭。韋昭云二水格図頑梗不服也荀子·議兵篇服者不禽，格者不赦図殺也詩·魯頌在泮獻馘鄭箋馘謂所格者之左耳図舉持物也爾雅·釋訓格格，舉也図皮格也。凡書架、肉架皆曰格周禮·牛人註挂肉格図敵也史記·張儀傳驅羣羊攻猛虎，虎之與羊不格明矣図爾雅·釋天太歲在寅曰攝提格図爾雅·釋詁格，陛也方言齊、魯曰隒，梁、益曰格図標準也後漢·傅變傳朝廷重其方格図格例唐書·裴光庭傳吏部求人不以資考爲限，所獎拔惟其才，光庭懲之，乃爲循資格図廣韻度也，量也図姓統譜漢格班図唐韻古落切集韻韻會正韻葛鶴切夶音各。樹枝也図廢格，阻格也前漢·梁孝王傳袁盎有所關說，大后議格図格五，角戲也前漢·吾丘壽王傳以善格五召待詔図杙也。亦以杙格獸也莊子·胠篋篇削格羅落罝罘之知多，則獸亂于澤左思·吳都賦峭格周施図扞格，不相入也禮·學記發然後

禁,則扞格而不勝註格,胡客反圝luò集韻韻會歷各切音洛。籬格也前漢·鼂錯傳謂之虎落揚雄·羽獵賦謂之虎路。通作格圝hè類篇曷各切音鶴。格澤,妖星也。見史記·天官書。鑒又敋21453斮22046挌19541戨18877筶42333

栽 zāi_6.10　唐韻祖才切集韻韻會正韻將來切丛音哉說文作栽,草木之殖曰栽中庸栽者培之圝稑曰栽,長曰樹廣韻種也圝博雅栽閣也圝zài唐韻集韻韻會昨代切,在去聲說文築牆長板◆左傳·莊二十九年水昏正而栽註設築板△俗作栽,非。鑒又機24460椷24779

栾 luán_6.10　欒俗字。

枎 fú_6.10　廣韻集韻韻會丛房六切音伏。梁枎也正字通以小木附大木上爲枎。

桀 jié_6.10　古文𥩥唐韻渠列切集韻巨列切丛音傑。磔也周禮謂磔爲矲辜。古人稱桀黠者,其凶暴若磔也圝諡法賊人多殺曰桀圝擔也左傳·成二年齊高固桀石以投人圝借爲儁桀字辨名記千人曰英,萬人曰桀圝桔桀,形貌張衡·西京賦熹臯桔桀圝雞棲杙也詩·王風雞棲于桀。古作堲。俗作榤圝姓姓苑漢桀龍,宋桀路分圝集韻其謁切音竭。義同圝韻會巨列切音杰。桀桀,秀貌詩·齊風維莠桀桀。鑒又篨73295駤73281簜69991骜69980簗41947蕱50376

桁 héng_6.10　集韻類篇韻會正韻丛何庚切音衡玉篇屋桁,屋橫木也圝葬具儀禮·旣夕皆木桁久之註久當爲灸,所以蓋也。苞筲甕甒之屬,以木桁塞其口也。圝háng唐韻胡郎切集韻韻會寒剛切正韻胡剛切丛音杭。械也類篇木在足曰械,大械曰桁莊子·在宥篇桁楊相推,刑戮相望圝與航同。浮橋也晉書·溫嶠傳嶠討王敦,燒朱雀桁以挫其鋒圝hàng集韻正韻下浪切韻會合浪切,丛航去聲。椸也古樂府·東門行還視桁上無懸衣。

桂 guì_6.10　唐韻古惠切集韻韻會涓惠切丛音吞說文江南木,百藥之長禮·檀弓草木之滋,薑桂之謂也本草圖經桂有三種:菌桂生交趾山谷,牡桂生南海山谷,桂生桂陽爾雅·釋木梫,木桂蘇恭云牡桂卽木桂也離騷經雜申椒與菌桂。又陶弘景別錄單名桂者,恐或是牡桂,人多呼丹桂,正謂皮赤爾淮南·招隱士桂樹叢生兮山之幽圝桂林,郡名史記·武帝紀南取百越之地,以爲桂林、象郡圝姓姓苑漢末,陽城㷄橫四子避難,一居幽州,姓桂。鑒又褂39797栓24099

栒 xīn_6.10　篇海虛刑切音馨。机也。

桃 táo_6.10　唐韻集韻韻會正韻丛徒刀切音陶說文果也爾雅·釋木旄,冬桃,㯫桃,山桃禮·月令仲春,桃始華內則桃曰膽之疏桃多毛,拭治令靑滑如膽。又桃諸王肅云諸,菹也,今之藏桃也圝典術桃,五木之精,仙木也禮·檀弓君臨臣喪,以巫祝桃茢執戈左傳·昭

四年桃弧棘矢,以除其災後漢·禮儀志爲桃印,施門戶,以止惡氣圝含桃,櫻桃也爾雅謂之楔圝桃氏,攻金之工也周禮·冬官考工記桃氏爲刃圝胡桃名物志謂之羗桃圝銚芅曰羊桃爾雅·釋草萇楚,銚芅圝桃枝,竹名爾雅·釋草桃枝四寸有節圝本草豬苓名地烏桃圝桃蟲,鷦也。一名巧婦詩·周頌肇允彼桃蟲,拚飛維鳥圝桃林,地名,在華山東書·武成放牛桃林之野。又老桃,宋地左傳·隱十年公會齊侯、鄭伯于老桃。圝水名山海經樂遊之山,桃水出焉圝姓姓苑戰國桃應,晉桃豹圝tiāo集韻他彫切音祧。長枋,可以持物于器中者圝集韻上搖切音墅。抒物器也圝zhào集韻直紹切音趙。與桃同博雅板也。鑒又夭24078桃42359

桄 guàng_6.10　唐韻集韻古曠切,光去聲說文充也廣韻織機桄圝guāng唐韻古黃切集韻姑黃切丛音光。桄榔,木名。亦作桄桹圝類篇舟前木也博雅艫謂之桄。

桅 guǐ_6.10　廣韻過委切音詭◆說文黃木可染者圝廣韻短矛也。或作𣐌圝wéi唐韻五灰切集韻類篇正韻吾回切韻會魚回切丛音嵬廣韻小船檣也。舟上帆竿。鑒又舤48656

框 kuāng_6.10　唐韻去王切集韻曲王切丛音匡廣韻棺門也類篇㮁門謂之框。㮁,棺頭也△正字通門檔。古借用框。

桇 rú_6.10　集韻人余切音如。木名。

案 àn_6.10　唐韻烏旰切集韻韻會於旰切正韻於幹切丛音按說文几屬徐曰案,所凭也周禮·天官王大旅上帝,則張氈案。朝日祀五帝,設重帟重案圝食器◆周禮·冬官考工記夫人亨諸侯,案十有二寸註玉案十有二列也圝候氣之法有木案後漢·曆志爲室三重,密布緹縵,室中以木爲案圝界也齊語參國起案圝次第也史記·高帝紀吏民皆案堵如故圝作按,考也前漢·賈誼傳案之當今之務丙吉傳無所案驗圝撫也史記·孟嘗君傳案劍以前◆正字通凡官府興除成例及獄訟論定者皆曰案。又著書起義亦曰案圝集韻一曰木名。鑒又秩40399桉24015榛25069

桉 àn_6.10　同案圝宋·曾鞏·耳目志孟光舉桉齊眉。俗直謂几案耳。呂少衛云桉乃古椀字,故舉與眉齊張衡·四愁詩何以報之靑玉案,謂靑玉椀也。據此則考工記案十有二寸,亦作此解爲當。

桊 juàn_6.10　唐韻居倦切集韻古倦切丛音眷說文牛鼻上環廣韻牛拘也圝玉篇居媛切。義同圝quān集韻驅圓切音卷。屈木盂也。鑒又豢15982棬24381桊40389桊28259桊25025

桋 yí_6.10　唐韻以脂切集韻韻會延脂切丛音夷說文赤桋也詩·小雅隰有杞桋草木疏桋,葉如柞,皮厚而白,其木理赤者爲赤桋。一名桋木,堅靭,今人以爲

車轂 🆇tí 集韻 韻會 夶田黎切音題。女桑也。樹小而條長 爾雅·釋木 桋桑，女桑。

桌 24018 11760

zhuó_6.10 廣韻 與卓04549同 🆇 正字通 俗呼几案曰桌。鑋 又棹24404 槕25091

㭻 24019 11761

kū_6.10 集韻 類篇 正韻 夶空胡切音枯。木名。一曰空也。

桎 24020 11762

zhì_6.10 唐韻 之日切 集韻 韻會 職日切夶音質 說文 足械也 徐曰 桎之言躓也。躓，礙也。械在足曰桎，在手曰梏 周禮·秋官·大司寇之職 萬民之有罪過害于州里者，桎梏而坐諸嘉石 🆇 窒也 莊子·達生篇 其靈臺一而不桎 🆇 博雅 桎，刺也 🆇 桎轄，所以制車者 孝經·鈎命決 孝道者，萬世之桎轄也 詩·小雅 維周之氐 鄭箋 氐當作桎，言尹氏作太師之官，爲周之桎轄也 🆇 本草別錄 丹桎木皮，主癰瘍風 🆇 集韻 展几切，音㮌。亦礙也。

桏 24021 11763

qióng_6.10 唐韻 集韻 夶渠容切音蛩 ◆ 說文 椐椐木 廣韻 桏柳也 管子·地員篇 高陵土山，其木乃桏。鑋 段玉裁 說文解字注 桏，椵椐木也 集韵 作椵 類篇 作椐，是宋初本不同也。宋刻鉉本及李氏五音韵譜作椵，毛刻初印同。斧季剜版作椵。按，椵字無攷。又 汲古閣說文訂 椵椐當依 爾雅 作椵桏。

桐 24022 11764

tóng_6.10 唐韻 正韻 徒紅切 集韻 韻會 徒東切夶音同 說文 桐，榮也 爾雅·釋木 榮，桐木 書·禹貢 嶧陽孤桐 傳 嶧山特生之桐，中琴瑟 詩·鄘風 椅桐梓漆，爰伐琴瑟 草木疏 分青、白、赤三種 陳翥·桐譜 列六種：紫桐、白桐、膏桐、刺桐、櫬桐、梧桐 🆇 禮·月令 季春之月，桐始華 🆇 逎甲書 梧桐可知月正閏歲。生十二葉，每邊六，葉從下數，一葉爲一月，有閏則十三葉。視葉小處，則知閏何月。立秋之日至期，一葉先墜 🆇 博雅 桐，痛也。◆ 儀禮·喪服志 母喪，削杖桐也 🆇 空桐，北荒地名 爾雅·釋地 南戴日爲丹穴，北戴斗極爲空桐 🆇 桐過，邑名 前漢·地理志 屬定襄郡。又姓 姓苑 桐君著 藥錄 🆇 tōng 集韻 類篇 韻會 他東切 正韻 佗紅切夶音通 類篇 輕脫貌 前漢·武帝五子傳 無桐好逸 🆇 漢·郊祀歌 桐生茂豫 顏師古曰 桐讀爲通，言草木通達而生也 🆇 dòng 類篇 杜孔切音動 莊子·讓王 自投桐水。桐一作洞，司馬本作洞。鑋 慧琳音義卷九七：廣弘明集 第十一卷音義：桐宮：動東反，孔注 尚書 云桐宮，湯葬地也 集 從邑作郇61630，字書無此郇字也。

桑 24023 11765

sāng_6.10 古文 桒 桒 唐韻 息郎切 集韻 韻會 正韻 蘇郎切，夶穎平聲 說文 蠶所食葉木 徐曰 叒音若。日初出東方湯谷，所登榑桑，叒木也。蠶所食神葉，故加木叒下以別之 典術 桑箕，星之精 詩·豳風註疏 爰求柔桑，穉桑也。猗彼女桑，黃桑也。蠶月條桑，枝落采其葉也 禮·月令 季春之月，命野虞毋伐桑柘 註 愛蠶食也 史記·貨殖傳 齊魯千畝桑麻，其人與千戶侯等 🆇 周禮·夏官·司爟 變國火以救時疾 註 夏取桑柘之火 🆇 檿桑，山

桑也，絲中琴瑟絃 書·禹貢 厥篚檿絲 🆇 其材中弓榦 周禮·冬官考工記 弓人：取榦之道，柘爲上，檿桑次之。🆇 台桑，地名，啓所生處 楚辭·天問 焉得彼嵞山女，而通之于台桑 🆇 空桑，山名 呂氏春秋 伊尹生于空桑 🆇 桑林，樂名 左傳·襄十年 宋公享魯侯于楚丘，請以桑林 🆇 桑扈，鳥名 左傳·昭十七年 九扈爲九農正。註：桑扈，竊脂 🆇 姓 姓苑 秦大夫子桑之後，漢桑弘羊、桑楚。又複姓。桑丘、庚桑。鑋 又桒05273 桒24024 槡25079 㮽50465 㮃23916 㭥50563 㮚65834

桒 24024 11766

sāng_6.10 正字通 俗桑字。

桓 24025 11767

huán_6.10 唐韻 集韻 韻會 正韻 夶胡官切音丸 說文 亭郵表也 徐曰 表雙立爲桓。漢法，亭表四角建大木，貫以方板，名曰桓表，縣所治兩邊各一 前漢·尹賞傳 葬寺門桓東 🆇 斲木如石碑四植謂之桓，以下棺也 禮·檀弓 三家視桓楹 🆇 周禮·春官 公執桓圭 🆇 桓桓，武貌 書牧誓 尚桓桓 詩·魯頌 桓桓于征 🆇 盤桓，難進貌 易·屯卦 盤桓利居貞 🆇 水名 書·禹貢 西傾因桓是來 🆇 謚法 辟土服遠，克敬勤民，皆曰桓 🆇 方言 桓，憂也 🆇 木名也 郭璞云 葉似柳，子似楝 玉篇 皮黃白色 山海經 袟簡之山木多桓 🆇 酉陽雜俎 無患木，一名桓 🆇 盤桓，髻名 古今注 長安婦人好爲盤桓髻 🆇 姓 姓苑 望出譙郡，漢有桓榮。鑋 又 正字通 桓 說文 作桓24275 長箋 謂商書本作狟。按，犬豸二部狟狟字同貉類，从木爲正 箋 誤。

桗 24026 11768

tuò_6.10 榒字之譌。

亲 24027 11769

zhěn_6.10 廣韻 集韻 夶同榛 類篇 㮤、榛夶同 🆇 集韻 將先切音箋。義同 🆇 集韻 阻引切音簃。草木衆齊貌。鑋 又亲zhěn，俗省。

桔 24028 11770

jié_6.10 廣韻 古屑切 集韻 類篇 韻會 吉屑切夶音結。說文 桔梗，藥名 戰國策 今秦柴胡、桔梗于沮澤，則累世不得一焉 🆇 桔橰，井上轆轤也 莊子·天運篇 桔橰者，引之則俯，舍之則仰 🆇 史記·信陵君傳 北境傳舉烽 文穎註 作高木櫓，櫓上作桔橰，以薪置其中，有寇則燃之，謂之烽 🆇 桔柣，鄭遠郊名。詳柣註 🆇 xié 集韻 奚結切音纈。義同。鑋 又桔梗，俗作苦莄。

柏 24029 11771

jiù_6.10 正字通 巨九切音舅。烏桕，木名。本作烏楮 唐本草 作烏臼。陳藏器云葉可染皁。子壓爲油，塗頭令白變黑，爲燈極明。又名鴉舅 唐·陸龜蒙·掇野疏詩 行歇每依鴉舅影，挑頻時見鼠姑心△ 迴瀾字義 椋，俗作柏，非。鑋 又楢26114 柏23896 🆇 hū 俗楢24418 亦作拍19563 新撰字鏡 柏，呼骨反。高也。

柚 24030 11772

xuè_6.10 集韻 類篇 夶呼決切音血。木名。赤若血 字彙 誤入五畫。

楮 24031 11773

duò_6.10 廣韻 都唾切音剁。木名 🆇 博雅 量也。🆇 duō 玉篇 都和切。木抹也。鑋 玉篇 木之末也 類篇 都戈切。株也。又都唾切。木本也 🆇 椓24082

桘 24032 11774 chuí_6.10 廣韻與槌同

椸 24034 11776 yī_6.10 集韻類篇𣏽於希切音衣。樿椸，木名。可爲箭笴。一曰箭箭。

𣏾 24033 11775 hāo_6.10 廣韻與薅同

𣐀 24036 11778 wū_6.10 集韻類篇𣏽汪胡切音烏。所以塗也。杇或作𣐀。

𣏿 24035 11777 yú_6.10 集韻類篇𣏽同杅。

𣐁 24037 11779 chòng_6.10 集韻類篇𣏽充仲切音銃。木檌也。

𣐎 24046 43905 zhān_6.10 龍龕同栴

𣐂 24038 11780 hù_6.10 類篇荒故切，呼去聲。栗茦拆也。𨭖又𣐂23890

𣐃 24039 11781 zhuǎ_6.10 篇海竹瓦切，撾上聲。手把物。

𣐄 24040 11782 guān_6.10 集韻棺24405古作𣐄。

𣐅 24041 11783 nüè_6.10 字彙補古虐52133字。

𣐆 24042 41315 zǎn_6.10 字彙補音未詳。人名。宋時賜隴𣐆姓名曰趙懷恩。見宋史新編·王厚傳。疑卽𢬵、𣐆二字之譌。

𣐇 24043 41316 tóng_6.10 川篇音桐。林也。

𣐈 24044 41317 xiān_6.10 川篇許嚴切。柨栟也。

𣐏 24047 43906 kǎo_6.10 龍龕同栲

𣐍 24045 43904 wú_6.10 字彙補同無

𪲏 24050 u2AC8F null_6.10 未詳。

𫞊 24048 u2B78A lì_6.10 同枥23931

𪲈 24057 u2AC88 null_6.10 未詳。

𫞉 24049 u2B789 liǔ_6.10 俗柳23858

𪲎 24051 u2AC8E xī_6.10 簡 樨25757

𪲌 24053 u2AC8C zhān_6.10 俗栴23989

𪲍 24052 u2AC8D neo_6.10 喃从木茾nào聲△𫋪栟：拋錨。

𪲋 24054 u2AC8B null_6.10 未詳。

𪲊 24055 u2AC8A null_6.10 未詳。

𪲉 24056 u2AC89 null_6.10 字見殷周金文集成·16.10418·辛栕睘

𪲇 24058 u2AC87 qū_6.10 同曲23262 信陽楚簡一𪲇首目 上博楚簡·武王踐阼武王西面而行，𪲇折而南。

𪲆 24059 u2AC86 null_6.10 未詳。

𪲅 24060 u2AC85 null_6.10 未詳。

𪲄 24061 u2AC84 null_6.10 未詳。

𪲃 24062 u2AC83 null_6.10 未詳。

栅 24063 u2F8E3 shān_6.10 同柵23861

梅 24064 u2F8E2 méi_6.10 同梅24170

𣑾 24065 u2347E nüè_6.10 同𣐅24041古文虐。

𣑽 24066 u2347D fàn_6.10 同梵 集韻梵，房尤切。木得風也。

𣑻 24068 u2347B nêm_6.10 喃从楔省年niên聲。亦作楠。

𣑺 24069 u2347A ruǎn_6.10 或俗㮕24646，楴棗 合併字學集篇𣑺，音軟 㕜 trồng 喃从木虫trùng聲。同𥞪25082種植。

𣑷 24070 u23477 sim_6.10 喃𣘊𣑷：桃金娘。又名天人花。

𣑶 24071 u23476 rễ_6.10 喃同𣗓26095根。

𣑼 24067 u2347C pài_6.10 同𣏱23695

𣑵 24072 u23475 dì_6.10 俗棣24369 偏類碑別字引漢·魯峻碑𣑵真子然。

𣑴 24073 u23474 giàn_6.10 喃从木江giang聲 㕜 gyang 壯 椆杠：棕櫚樹。

𣑳 24074 u23473 chồi_6.10 喃从木耒lồi聲。嫩芽 五千字譯國語·第二十六舉動 芽萠，欆𣑳。

𣑲 24075 u23472 null_6.10 未詳。

𣑱 24076 u23471 rǎn_6.10 俗染23819

𣑰 24077 u23470 qī_6.10 同桼24158

𣑯 24078 u2346F táo_6.10 同桃24009 南朝梁 羅浮山銘 桃出李旁，李生𣑯側。

𣑮 24079 u2346E nán_6.10 龍龕柟俗，楠24671正。

𣑭 24080 u2346D cè_6.10 柵23861本字

𣑦 24084 u23466 qióng_6.10 俗𣐊40372

𣑬 24081 u2346C hàn_6.10 大字典捍19705的訛字。

𣑫 24082 u2346B duò_6.10 同𣏟24031 廣雅·釋木 𣑫，株也。

𣑩 24083 u23469 null_6.10 木名。清·吴其濬 植物名實圖考·𣑩樹 𣑩樹，滇、黔有之，湖南辰沅山中尤多。木性堅重，造船者取以為舵。葉如檀，秋時梢端結實如紅姑孃而長，三棱中凹有縐，色殷紅，內含子數粒如橘核。

𣑤 24085 u23464 null_6.10 未詳。

𣑣 24086 u23463 shù_6.10 俗樹25329

𣑢 24087 u23462 null_6.10 未詳。

𣑡 24088 u23461 null_6.10 未詳。

𣑠 24089 u23460 guō_6.10 六國古文𩫏70847字。

𣑟 24090 u2345F null_6.10 未詳。

𣑞 24091 u2345E null_6.10 未詳。

𣑝 24092 u2345D tuán_6.10 簡 欄25729

𣑜 24093 u2345C null_6.10 未詳。

𣑛 24094 u2345B bǔ_6.10 俗補54349

𣑚 24095 u2345A null_6.10 未詳。

𣑙 24096 u23459 null_6.10 未詳。

𣑘 24097 u23458 null_6.10 未詳。

𣑗 24098 u23457 shù_6.10 同𣑣24086俗樹25329

𣑖 24099 u23456 guì_6.10 俗桂24007 宋元以來俗字譜引嶺南逸事。又民國 重修正陽縣志·卷五·人物志·列女·清 𣑖氏，孫繼泗妻，大林店人，年二十四夫故，守節五十五年。

𣑕 24100 u23455 jí_6.10 俗極24700 宋元以來俗字譜引列女傳

𣑔 24101 u23454 mào_6.10 楙字之譌

𣑓 24102 u23453 null_6.10 未詳。

𣑒 24103 u23452 wā_6.10 或俗挖。

𣑑 24104 u23451 null_6.10 未詳。

𣑐 24105 u23450 null_6.10 未詳。

𣑏 24106 u2344F bìng_6.10 同栤23968

𣑌 24108 u2344C trát_6.10 喃从召从札，札trát亦聲。

𣑍 24107 u2344D guǎi_6.10 同枴23953

𣑋 24109 u2344B zhū_6.10 株23976譌字。宋·金履祥 濂洛風雅·卷之四·今體·七言古風·劉屏山·少稷賦十二相屬詩戲贈 不用為鼠何數奇，飯牛南山聊自

怡。探穴取虎有奇禍,守栌伺兔非全癡**図**saeu**壯**柱子**図**新撰字鏡栌,豆伊久志。

栒 24112 u23448 null_6.10 未詳。

柏 24111 u23449 bǎi_6.10 柏23815譌字

桩 24110 u2344A null_6.10 新撰字鏡桩,山不支。

紮 24113 u23447 suǒ_6.10 同縏44009索本字。

朶 24115 u3B67 nán_6.10 或同枏24079

枨 24114 u23446 zhèn_6.10 同枏24220

宋·薛季宣 釀酒枨綠吐瑶琨,泠然郭外邨。

柘 24116 u3B66 zhé_6.10 俗碟39252 大正藏·觀佛三昧海經·卷五獄卒羅剎,以鉗柘口,飲以烊銅。

桢 24117 u3B65 null_6.10 未詳。

杊 24118 u3B64 niǎo_6.10 简杊25196

桐 24119 u3B63 null_6.10 简桐25277

栗 24120 uF9DA lì_6.10 兼栗

栒 24121 u686A xún_6.10 简栒25320

桩 24122 u6869 zhuāng_6.10 简椿25139

桨 24123 u6868 jiāng_6.10 简槳25120

桧 24124 u6867 guì_6.10 简檜25606

桦 24125 u6866 huà_6.10 简樺25330

桥 24126 u6865 qiáo_6.10 简橋25359

桤 24127 u6864 qī_6.10 简榿24931

档 24128 u6863 dàng_6.10 简檔25595

桢 24129 u6862 zhēn_6.10 简楨24682

桡 24130 u6861 ráo_6.10 简橈25354

桠 24131 u6860 yā_6.10 简椏24437

栈 24132 u685F zhàn_6.10 俗棧24375

桺 24133 u685E liǔ_6.10 俗柳23858

桬 24134 u685D shēng_6.10 日同枡

23773 同文通考·譌字桬,枡(枡)也。枡(枡),俗称字。

桜 24135 u685C yīng_6.10 日同櫻26014 **図**櫻之停用二簡字。

栴 24136 u685B nòng_6.10 俗弄15937 可洪音義栴諸:上郎貢反。**図**kǎ 日纏線板。亦作絤 新撰字鏡栴,力棟反。加世比。

桫 24137 11784 suō_7.11 唐韻素何切 集韻 韻會 桑何切,丛音娑 廣韻桫欏,木名。出崑崙山,木似桃榔,出麹**図**作娑 益部方物記 娑羅生峨眉山中,類枇杷,數葩合房。春開,葉在表,花在中。或言根不可移,故俗人不得爲甌。**鍌**正字通梁,即桫之譌。桫,俗桫字。

桬 24138 11785 shā_7.11 唐韻所加切 集韻師加切丛音沙 廣韻梁棠,木名。出崑崙山 玉篇 梁棠,花赤,實味如李,無核,食之使人不弱,可衛水 司馬相如·上林賦作沙棠。

桭 24139 11786 zhēn_7.11 廣韻職鄰切 集韻 韻會 正韻之人切丛音真 廣韻 兩楹閒 類篇桭或从臣作桭。柍23813桭,屋端。**図**chén 廣韻植鄰切音辰。義同 **図**zhèn 集韻之刃切音震。整也。

桮 24140 11787 bēi_7.11 唐韻 集韻 韻會 正韻丛同杯 說文 䭪也。本飲器。俗作盃,通作杯 孟子 義猶桮棬也 前漢·朱博傳案上不過三桮 **図**桮落,盛桮器籠也 揚子方言 陳楚宋衛之閒謂之桮落。**鍌**又匜04362匝04393匚04450 䘥45272 舓45305

桯 24141 11788 tīng_7.11 廣韻他丁切 集韻湯丁切丛音汀 說文 牀前几 揚子方言江沔之閒曰桯 博雅 桯㧏,俎几也。**図**柱類 周禮·冬官考工記 輪人爲蓋,達常圍三寸,桯圍倍之 註 達常,斗柄下入杠中者。桯,蓋杠也,足以含達常 **図**夷牀橫木曰桯 • 儀禮·旣夕 遷于祖用軸 註 軸,輁軸也,軸狀如牀,穿桯前後而關軸焉 **図**廣韻 碇桯。**図**yíng 集韻怡成切音盈。與楹同 **図**xíng 唐韻戶經切 集韻乎經切丛音刑。牀前几。**鍌**又 新撰字鏡楻25580,諸貞反。楊類。桯,上字。

椰 24142 11789 yē_7.11 唐韻以遮切 集韻余遮切,丛音耶 說文作枒。或作椰 廣韻椰子木出交州,其葉背面相似。郭璞云似枒櫚 張衡·南都賦 楈枒枒櫚 類篇 木高數十丈,葉在其末,膚裏有漿甘如酒。宋李綱有 椰子酒賦 **図**齊東野語 椰子花亦可釀酒 殷堯封·寄嶺南張明府詩 椰花好爲酒,誰伴醉如泥 **図**正字通 其殼有斑纈點文,橫破之爲酒器,遇毒則酒沸起 **図**說文 一曰車輞會也。

梧 24143 11790 kuò_7.11 廣韻古活切音栝 • 說文 檃也。一曰矢梧,築弦處 **図**同栝23959木名。**鍌**又槳24827

桱 24144 11791 jìng_7.11 唐韻 集韻丛古定切音徑 廣韻 桱木似杉而硬 **図**類篇 經絲具 **図**jīng 集韻堅靈切音經 說文 桯也。東方謂之蕩。**鍌**又桯23911

桲 24145 11792 bó_7.11 唐韻 韻會 正韻蒲沒切 集韻薄沒切丛音勃 玉篇 今連枷,所以打穀也 揚子方言 齊、楚、江、淮閒謂之桲 博雅 杖也 **図**廣韻 榠桲,果名。似樝 洛陽花木記 梨之別種二十七,榠桲其一也。

桳 24146 11793 bèn_7.11 集韻 類篇丛部本切音笨。舟篷也 字彙 車弓。

桴 24147 11794 fú_7.11 唐韻縛謀切 集韻 韻會 正韻房尤切丛音浮 說文 棟名 爾雅·釋宮 棟謂之桴 註 謂屋脊也 班固·西都賦 列棼橑以布翼,荷棟桴而高驤 **図**擊鼓杖。與枹同 禮·禮運 蕢桴而土鼓 **図**聚土器也 詩·大雅 捄之陾陾 鄭箋 捄,桴也。築牆者桴聚壤土,盛之以虆,而投諸板中 **図**桴思,屏也 禮·明堂位屏註 屏謂之樹,今桴思也。**図** • 唐韻引逸周書·王會解 康民以桴苡。桴苡即所謂芣苢也。其實如李,食之宜子 **図**宋·陸游·老學庵筆記 浮炭者,謂投之水中而浮,今人謂之桴炭 白居易詩 日暮半爐桴炭火是也 **図**唐韻 集韻 韻會 正韻丛芳無切音敷。編竹木代舟也。大曰筏,小曰桴 論語 乘桴浮于海 管子·小匡篇 方舟投柎,乘桴濟河 **図**與柎通 詩·小雅 毋教猱升木,如塗塗附 鄭箋 附,木桴也。符遇切 **図**桴筏之桴亦叶音浮 易林 水深無桴,塞難何游。商伯失利,庶人愁憂。

枹 24149 11796 fú_7.11 同枹。

栵 24148 11795 liè_7.11 唐韻力輟切 集韻龍輟切丛音劣 說文 木也 字彙 可染繒 **図**類篇 一曰舟檣 **図**廣韻 郎括切 集韻 類篇盧活切丛音捋。義同

桵 24150 11797 ruí_7.11 唐韻如錐切集韻韻會如追切𠀤音蕤說文白桵，棫24380也。或作棲爾雅郭註白棲，小木也。

桶 24151 11798 tǒng_7.11 唐韻他孔切集韻韻會吐孔切，𠀤通上聲◆說文木方，受六升◆博雅桶，筩也。方斛謂之桶通俗文受黍者曰桶又廣韻徒揔切集韻杜孔切𠀤音動。義同又類篇正韻𠀤尹竦切音勇史記·商君傳平斗桶。又作甬禮·月令仲春，角斗甬。

桷 24152 11799 fū_7.11 篇海芳無切音敷。木欑也。

桷 24153 11800 jué_7.11 唐韻古岳切集韻韻會正韻訖岳切𠀤音角說文榱也。椽方曰桷揚子方言周謂之榱，齊魯謂之桷◆釋名桷，确堅而直也詩·魯頌松桷有舄春秋·莊二十四年刻桓宮桷穀梁傳天子之桷，斲之礱之，加密石焉。諸侯之桷，斲之礱之，大夫斲之又平柯也易·漸卦鴻漸于木，或得其桷又博雅梎也又木名南州記都桷子生廣南山谷，二月開花，實大如雞卵又通嶽左傳·昭四年四嶽三塗疏引風俗通云嶽桷也，桷考功德也。

桸 24154 11801 xī_7.11 唐韻許羈切集韻韻會虛宜切𠀤音犧說文杓也類篇勺也。通作樴。或作獻前漢·王莽傳建華蓋，立斗獻。師古音犧。斗魁及杓末如勺之形又廣韻香衣切音希。木名，汁可食。

桹 24155 11802 láng_7.11 廣韻魯當切集韻韻會盧當切正韻魯堂切𠀤音郎說文高木也。或作榔廣韻桄桹，木名。屑之如麪，可食後漢·夜郎傳牂柯句町縣有桄桹木，可爲麪註木皮有毛如栟櫚，木剛如鐵，皮中有似擣稻米片。又如麥麪，中作餅餌任昉·述異記出西蜀石門山。又枸桹木，出廣州左思·吳都賦栟櫚枸桹註其用與栟櫚同又鳴桹，以毆魚潘岳·西征賦鳴桹厲響又蟲名。爾雅·釋蟲桑桹卽蜻蛉。𡒊又槺25141

栁 24156 11803 liǔ_7.11 說文柳23858本字。从木丣聲。丣，古文酉。

桻 24157 11804 fēng_7.11 唐韻集韻𠀤敷容切音丰廣韻木上博雅木末也正韻作方中切，非。

桼 24158 11805 qī_7.11 古文𣏨唐韻親吉切集韻韻會正韻戚悉切𠀤音七說文木汁，可以𩭲物。从木、𣎵，象形。桼如水滴而下也廣韻膠桼。通作漆又水名。𡒊又𣝗66588𣓉28432𣗎43182又名義𣏟23719，且慓反。漆絲，𣏟23556汁如流。

梿 24159 11806 cuó_7.11 廣韻昨禾切集韻徂禾切，𠀤音矬爾雅·釋木痤接，虛李註今之麥李廣韻座或从木又cuán集韻徂丸切音欑。欑木以殯。𡒊集韻菆梿，積木以殯。或作梿。通作欑25849又直音篇梿24901同梿。

桽 24160 11807 wěn_7.11 字彙於本切音穩。木也。𡒊俗桽，穩。

桾 24161 11808 jūn_7.11 唐韻舉雲切集韻韻會拘雲切𠀤音君廣韻桾櫏木玉篇出交趾，子如雞子左思·吳都賦平仲桾櫏。劉成曰：桾櫏之樹，子如瓠形。一作君遷，梬屬也。見梬字註正字通桾櫏，卽梬○按張衡·南都賦梬棗與若榴對舉，則梬棗一物也。又子虛賦六臣註梬皆訓棗。又李善于子虛梬註但云似柹，于吳都桾櫏註直云柹之小者正字通誤又類篇居運切，君去聲。義同。

桼 24162 11809 zhū_7.11 集韻類篇𠀤張如切音豬。木立死也。

桿 24163 11810 hàn_7.11 篇海侯幹切音汗。木也正字通俗杆字。

梀 24164 11811 sù_7.11 唐韻集韻𠀤千木切音蔌說文短椽也。又說文丑六切音觸。又集韻趨玉切音促。義𠀤同又唐韻桑谷切音速。赤梀，木名。可爲車輞又唐韻集韻𠀤丑玉切音瘃。義同又sè唐韻山責切類篇色責切𠀤音瀋唐韻木名類篇木枝上生也又yìn集韻類篇𠀤於靳切，殷去聲。束也。

梁 24165 11812 liáng_7.11 古文㳻𣹹唐韻集韻韻會呂張切正韻龍張切𠀤音良說文水橋也禮·月令孟冬，謹關梁詩·大雅造舟爲梁爾雅·釋地梁莫大于溴梁又石絕水爲梁詩·衛風在彼淇梁禮·王制獺祭魚，然後虞人入澤梁。又梁，水堰也。堰水爲關空，承之以笱，以捕魚。梁之曲者曰罶詩·齊風敝笱在梁小雅胡逝我梁又爾雅·釋地隄謂之梁。又屋脊柱曰棟，負棟曰梁爾雅·釋宮楣謂之梁又冠梁，冠上橫脊也漢大官令冠兩梁又陸梁揚雄·甘泉賦帶干將而秉玉戚兮，飛蒙茸而走陸梁註陸梁，亂走貌又跳梁莊子·逍遙遊貍狌東西跳梁，中于機辟又彊梁金人銘彊梁者不得其死後漢·禮儀志神名，能食鬼又大梁，西方之宿爾雅·釋天大梁，昴也。又州名書·禹貢華陽黑水惟梁州又國名。周平王封少子康于夏陽，是謂梁伯又大梁，地名史記魏惠王徙治大梁又山名詩·大雅奕奕梁山又呂梁，水名莊子·達生篇孔子觀于呂梁又都梁，香草名，澤蘭也荆州記都梁山下生蘭草，因以爲名又姓廣韻出安定、天水、河南三望。周梁鱣，漢梁鴻。複姓，梁丘、梁由。𡒊又古文𣹹，𣹹，𣹹28922字之誤又正字通樑25168俗梁字。又㮤23618𣠲60363

梂 24166 11813 qiú_7.11 唐韻巨鳩切集韻類篇韻會渠尤切𠀤音求說文櫟實爾雅·釋木櫟，其實梂註有梂彙自裹疏梂，盛實之房也又唐本草羊梂子蘇頌·圖經棠梂子皆山樝也又說文梂，一曰鑿首又博雅柎也又集韻拘玉切音挐。又居六切音匊。又渠竹切音踘。義𠀤同。

梃 24167 11814 tǐng_7.11 唐韻集韻正韻徒鼎切韻會待頂切𠀤音挺說文一枚也徐曰梃者，獨也。梃然勁直之貌魏書·李孝伯傳武陵王駿獻酒二器，甘蔗百梃又孟子可使制梃趙岐註梃，杖也前漢·諸侯王表奮其白梃又tíng類篇唐丁切音庭。縣名前漢·地理志屬膠東國。

梄 24169 11816 yǒu_7.11 同槱。

梋 24168 11815 xuàn_7.11 集韻類篇𠀤隨戀切音旋。梋省文。鷹犬紲所繫。

梅 24170 11817

méi_7.11　古文呆槑 唐韻 莫杯切 集韻 正韻 模杯切 韻會 謀杯切丛音枚。或作楳、槑，亦作槑 說文 枏也 爾雅·釋木 梅，枏 陸璣·條梅疏 似豫章，大木也。又 書·說命 若作和羹，爾惟鹽梅 禮·內則 梅諸 名物疏 陸璣所釋有條有梅，自是枏木似豫章者。豫章，大樹可以爲棺舟者也。和羹之梅，篷實之乾薐，似杏實酢者也 圖 爾雅·釋木 時，英梅 註 雀梅 圖 爾雅·釋木 朹檕梅 註 狀如梅，子赤色似小柰，可食 埤雅 江、湘、兩浙四五月間梅欲黃落，則水潤土溽，蒸鬱成雨，謂之梅雨 四時纂要 閩人以立夏後逢庚入梅，芒種後逢壬出梅 圖 楊梅，果名 越郡志 會稽楊梅爲天下之奇 圖 梅梅，猶昧昧，居喪之容也 禮·玉藻 視容瞿瞿梅梅 圖 州名，屬廣東 南宋·地理志 改敬州爲梅州。

圖 姓 廣韻 出汝南。漢梅福、梅銷 圖 集韻 毋罪切音浼。亦姓也。鎣 又杲23938某23816梅24064某23743栂23932

梆 24171 11818

bāng_7.11　唐韻 博江切 集韻 類篇 卑江切丛音邦。木名也 圖 正字通 斷木，背穿孔，官衙設之，爲號召之節。或以竹作筒，兩頭留節，旁穿小孔，擊之有聲，似古之用柝 六書故 字从邦，謂聲邦邦然。

梇 24172 11819

lòng_7.11　集韻 類篇 丛盧貢切音弄 說文 木也。圖 地名 前漢·地理志 梇棟縣，屬益郡。亦作弄。

梈 24173 11820

pēng_7.11　集韻 類篇 丛披庚切音烹。木弩也。

桩 24174 11821

zhuāng_7.11　集韻 類篇 丛側羊切音莊。木名，似豫章，其小似桃。

栚 24176 11823　　　　柰 24175 11822

zhèn_7.11　同栚。　**dì**_7.11　廣韻 作捇。都計切音帝。撮取也 圖 字彙 徒結切音迭。義同 集韻 大計切音悌。亦作捘。兩手急持人也。鎣 或作柰24577

栒 24177 11824

xuān_7.11　廣韻 火圓切音鋗。椀謂之栒，盂屬 圖 玉篇 詞緣切音旋 博雅 圖也。又棄也 圖 xié 集韻 玄圭切音攜。枔栒，燒麥具 圖 集韻 余專切音沿。車環謂之栒。圖 xuán 集韻 隨戀切，旋去聲。義同。

梌 24178 11825

tú_7.11　廣韻 集韻 丛同都切音徒。木名 類篇 楸也 圖 tū 廣韻 他胡切，土平聲。銳也 圖 chá 集韻 直加切音茶 揚子方言 吳人謂刺木曰梌 圖 集韻 容朱切音俞。義同。

梍 24179 11826

zào_7.11　集韻 類篇 丛在早切音皁。木名。莢實 字彙 櫟實。

栯 24180 11827

āo_7.11　廣韻 集韻 丛於交切音颭 廣韻 栯柯，鐮柄 類篇 作栯，木柯也 圖 yòu 集韻 余救切，音柚。木名。鎣 又栯24264

梏 24181 11828

gù_7.11　唐韻 古沃切 集韻 類篇 姑沃切，丛音牿 說文 手械也 廣韻 紂所作 易·蒙卦 用說桎梏 疏 在手曰梏 博雅·釋室 杻謂之梏，械謂之桎 周禮·秋官·掌囚 中罪桎梏，下罪梏 圖 貫頸也 左傳·襄六年 子蕩以弓梏華弱于

朝 圖 孟子 梏亡之矣 趙岐註 亂也 博雅 梏也 〇按 說文 梏，角械也 圖 jué 廣韻 古岳切 韻會 吉岳切 正韻 訖岳切丛音覺 爾雅·釋詁 梏，直也 禮·緇衣 引詩 有梏德行 射義 棲皮曰鵠 註 鵠之言梏。梏，直也，言人正直乃得中也。

桦 24182 11829

bì_7.11　唐韻 傍啟切 集韻 韻會 部禮切丛音陛 說文 桦枑23685也。或作梐 圖 家語 周桦 王肅曰 牢獄也。圖 說文 邊兮切音箆。義同。

梑 24183 11830

dí_7.11　廣韻 徒歷切 類篇 庭歷切丛音荻。臧檡也 爾雅·釋木 狄，臧檡貢綦 郭註 未詳 類篇 木名。

梒 24184 11831

hán_7.11　唐韻 胡男切 集韻 類篇 胡南切丛音含。梒桃，果名，櫻桃也。亦作含 禮·月令 仲夏之月，以含桃薦寢廟。

梓 24185 11832

zǐ_7.11　唐韻 卽里切 集韻 正韻 祖似切 韻會 祖士切丛音秭 說文 楸也。或作榟、梓 通志 梓與楸相似 爾雅·釋木 椅，梓 郭註 卽楸 陸璣·草木疏 楸之疏理白色而生子者爲梓 埤雅 梓爲百木長，故呼梓爲木王。羅願云 屋室有此木，則餘材皆不震 圖 橋梓 尚書大傳 橋者，父道也。梓者，子道也 桑梓，父之所樹 詩·小雅 維桑與梓，必恭敬止 圖 梓材 周書 篇名。古作杍材 註 治木器曰杍，治土器曰陶，治金器曰冶 周禮·冬官考工記 攻木之工七：輪輿弓廬匠車梓 圖 禮·曲禮 涚者不寫 疏 杯盂之屬。亦曰梓 圖 姓。梓慎，見 左傳 圖 俗謂錄文書於板曰梓 圖 一種鼠梓名椋，江東人謂之虎梓 古今注 梓實曰豫章。鎣 又椊24837梓40470

栀 24186 11833

zhī_7.11　唐韻 集韻 韻會 丛章移切音支 說文 黃木可染 博雅·釋木 栀子，梅桃也 唐本草 一名木丹，一名越桃 圖經 生南陽川谷，今南方及西蜀州郡皆有之。木高七八尺，葉似李而堅硬，二三月生白花，夏秋結實如訶子狀，生青熟黃，中仁深紅 圖 名鮮支 司馬相如·上林賦 鮮支黃礫 圖 栀之花葉差大者，謂之林蘭 謝靈運·山居賦 林蘭近雪而揚猗 圖 作卮 史記·貨殖傳 千畝卮茜 圖 爾雅·釋木 桑辡有葚栀。見椹24601字註。鎣 又栀23934

栠 24187 11834

rèn_7.11　集韻 類篇 丛而振切音認。木名 廣韻 作栁 圖 ◆ 說文 桎栁也。栁或从忍。

梖 24188 11835

bèi_7.11　集韻 類篇 丛博蓋切音貝 ◆ 酉陽雜俎 梖多木，出摩伽佗國，長六七丈，經冬不彫，取其皮書之。本作貝57522俗作梖 廣州記 嵩寺忽有思惟樹，卽貝多也。有人坐貝多樹下思惟，因以名焉 寰宇志 緬甸在滇南，有樹頭棷，高五六尺，結實如梛子，卽貝樹也，個人取其葉寫書 唐·張喬·貝多樹詩 還應毫末長，始見拂丹霄。得子從西國，成陰見昔朝。鎣 又枧23724

梗 24189 11836

gěng_7.11　唐韻 廣韻 集韻 類篇 正韻 丛古杏切音鯁 說文 山枌榆，有朿，莢可爲蕪荑者 圖 病也 詩·大雅 至今爲梗 圖 禦災曰梗 周禮·天官 女祝以時招梗，襘禳以

除疾殃 又 爾雅·釋詁 梗，正直也 又 揚子方言 梗，略也。梗槩，大略也 又 草木刺人爲梗 張衡·西京賦 梗林爲之靡拉 又 枝梗 戰國策 桃梗土偶 又 土梗，非眞物也 莊子·田子方 吾所學者，直土梗耳 又 猛也 方言 韓趙之閒曰梗 韓愈·原道 鋤其强梗。鑾 正字通 梗本作梗24787

⿰木別 24190 11837 bā_7.11 廣韻 百鎋切 集韻 布拔切太音捌 廣韻 木名 類篇 牟具 又 bā 集韻 百轄切。柲也 又 bèi 類篇 兵廢切，音肺◇券契也。

桚 24191 11838 zuó_7.11 集韻 類篇 太子末切音繓。笮也 又 zǎn 正字通 桚字之譌，指刑也。俗呼桚子。子感切音昝。

⿰木耴 24192 11839 zhé_7.11 廣韻 陟葉切 集韻 類篇 陟涉切太音輒 廣韻 木小葉也 又 dié 集韻 類篇 太的協切音珊。欆篳也。

梘 24193 11840 jiàn_7.11 集韻 類篇 太經電切音見。栓也 又 jiǎn 類篇 古典切音藺。通水器 又 xiàn 集韻 類篇 太刑甸切音莧。檢也 又 jiàn 集韻 類篇 太居莧切音覸。棺衣。鑾 又梘23767

梙 24194 11841 huàn_7.11 集韻 類篇 槵25122俗省作梙。

梚 24195 11842 wǎn_7.11 集韻 類篇 太武遠切音晚。木名。鑾 又椀25293

梛 24196 11843 nuó_7.11 集韻 類篇 太囊何切音那。木名 桂海虞衡志 拘那，花葉瘦長，略似楊柳，夏開淡紅花，一朶數十萼，秋深猶有之。

梜 24197 11844 jiá_7.11 唐韻 正韻 太古協切音頰 說文 檢柙也 廣韻 與筴同。猶箸也 禮·曲禮 羹之有菜者用梜，其無菜者不用梜 註 今人謂箸爲梜提 又 廣韻 古狎切音甲。木理亂。

⿱此束 24198 11845 jū_7.11 說文 遵誅切音娵。識也。一曰藏也 玉篇 口也。鳥喙也 又 zuǐ 廣韻 韻會 即委切 集韻 祖委切太音嘴。義同 又 集韻 遵爲切音劑 博雅 石鍼謂之⿱此束 又 zuī 津垂切。義同〇按 說文 从此束聲。誤入。鑾 又啑06002嘴07369嗺07553

條 24199 11846 tiáo_7.11 廣韻 徒聊切 集韻 韻會 田聊切太音迢。或作樤 說文 小枝也 徐曰 自枝而出也 詩·周南 伐其條枚 傳 枝曰條，榦曰枚 又 長也 書·禹貢 厥木惟條 又 木名。橘屬 爾雅·釋木 柚條 詩·秦風 有條有梅 埤雅 柚似橙而大于橘。一名條 又 條理也 書·盤庚 若網在綱，有條而不紊 又 條然，嘯貌 詩·王風 中谷有蓷，條其歗矣 又 條達也 前漢·郊祀歌 聲氣遠條 又 條鬯也 前漢·律志 陰陽萬物，靡不條鬯該成 又 教條 史記·酷吏傳 以興化條。又條奏 前漢·元帝詔 條奏無有所諱。又條例 晉書·劉寔傳 撰 春秋條例 二十卷。顏師古曰凡言條者，一一而疏舉之，若木條焉 又 繩也 禮·雜記 喪冠條屬 又 八風之一 易緯通卦驗 東北曰條風 又 博雅 條條，擾亂也 又 鳴條，地名，在河東郡安邑縣 又 國名。漢周勃封條侯 又 姓 姓苑 晉有冉閔司空條枚 又 tiāo 集韻 他彫切音祧。枝落也 詩·豳風 蠶月條桑 又 癡宵切。義同 又 與滌通 周禮·秋官之屬 條狼氏 註 徒歷切音滌。鑾 又条23634桊24241

梞 24200 11847 jì_7.11 唐韻 類篇 太渠記切音忌。梞栿也 類篇 梞趺，定綆紐之物。

梟 24201 11848 xiāo_7.11 唐韻 古堯切 集韻 韻會 堅堯切太音驍◆說文 不孝鳥也 詩·大雅 爲梟爲鴟 陸璣疏 自關而西，爲梟爲流離。其子適長大，還食其母。故張奐云鶹鷅食母。又其肉甚美，可爲羹臛 北戶錄 古人尚鴞羹，意欲滅其族，非以爲美也 又 縣首木上曰梟首 前漢·高帝紀 梟故塞王欣頭櫟陽市 又 健也 前漢·高帝紀 北貉燕人來致梟騎助漢 又 山巓曰梟 管子·地員篇 其山之梟，多桔符榆。其山之末，有箭與苑 又 雄也 淮南子·原道訓 湫漻寂寞，爲天下梟 又 梟瞯，深目貌 王褒·四子講德論 燋齒梟瞯，文身裸袒之國，靡不奔走貢獻 又 梟盧，樗蒱采名。幺爲梟，六爲盧。晉謝艾曰：梟，邀也。六博得邀者勝◆楚辭 成梟而牟呼五白。梟二爲珉采，牟，勝也。勝梟必五白 又 本草別錄 桃終冬不落者爲梟桃 又 姓 姓譜 隋煬帝誅楊元感，改其姓爲梟氏。鑾 又梟23761梟23892鼻37411獟33563 又 干祿字書 梟73064梟，上通下正 又 龍龕 鳭72915鳥72914鳥72953鴞73029鵃73221鵝73761六俗，梟正。又 可洪音義 梟23938磔：上正作梟48206，亦作梟，二同，音古堯反，倒首也。下知格反。

梠 24202 11849 lǚ_7.11 唐韻 力舉切 集韻 韻會 正韻 兩舉切太音呂 說文 楣也 廣韻 梅端連綿木也 博雅 楣、檐、櫺皆謂之梠 釋名 或謂之槾25135 鑾 又梠24844

梦 24211 11858 mèng_7.11 俗夢字。

⿰木卯 24203 11850 diàn_7.11 篇海 徒念切音簟。門押也 正字通 譌字。鑾 又梆24539居19077

椴 24204 11851 xí_7.11 集韻 韻會 正韻 太刑狄切音檄 說文 穜樓也。一曰燒麥柃椴。又 韻會 營隻切音役。又 類篇 胡革切音覈。義太同。鑾 又煅30962椺24602

梡 24205 11852 kuǎn_7.11 唐韻 正韻 苦管切 集韻 苦緩切太音款。俗作檵 廣韻 虞俎名 禮·明堂位 俎用梡、嶡 疏 虞俎名梡，梡形四足，如案。夏俎名嶡，嶡亦如梡，而横柱四足，中央如距。賀云直有脚曰梡，加脚中央横木曰嶡 又 廣韻 胡管切 集韻 戶管切 韻會 合管切太音緩。義同 又 韻會 斷木也。一曰薪蒸束 又 韻會 類篇 太胡官切音桓。木名。子可食。出蒼梧 又 huàn 集韻 韻會 太胡慣切音患。木名。如訶梨 又 hún 集韻 胡昆切音魂 博雅 梡，枝也 又 集韻 奴玩切音鍨。義同 又 說文 胡本切 集韻 戶袞切，太渾上聲 說文 梱木薪也。又木未破也△或作棞。

梢 24206 11853 shāo_7.11 廣韻 正韻 所交切 集韻 師交切太音弰 說文 木也 爾雅·釋木 梢，梢櫂 郭註 木無枝柯，梢櫂長而殺者 又 竿也。樂者所執 漢·郊祀歌·天門章 飾玉梢以舞歌 又 小柴也 淮南子·兵略訓 曳梢肆柴 又 字彙 船柁尾

曰梢。今人謂篙師爲梢子。或作稍 [又] 擊而去之曰梢 [揚雄·甘泉賦] 梢夔魖而抶獝狂 [又] [博雅] 梢梢，小也 [又] 農器 [陸龜蒙·耒耜經] 前如桯而樛者曰轅，後如柄而喬者曰梢 [又] 梢雲，山名 [左思·吳都賦] 梢雲無以踰，嶰谷弗能連。[又] 與旓同。旌旗之旒也 [揚雄·河東賦] 揚左纛，被雲梢。[又] xiāo [韻會] 思邀切音宵 [周禮·冬官考工記] [匠人] 梢溝三十里而廣倍 [鄭註] 梢，謂水漱齧之溝 [又] [說文] 山巧切音皽。木長貌 [又] shào [集韻] 所教切音哨。剡木上殺也。[又] [集韻] 色角切音朔。義同 [爾雅]。鎏 又槊24679 [又] [正字通] 箾簎籍筲同 [又] [集韻] 梢，梢櫂，木無枝柯，長而殺者。或作萷莦。

梣 24207 11854 cén_7.11 [集韻] [類篇] 𠀤咨林切音祲。或作檮 [說文] 青皮木 [淮南子·俶眞訓] 梣木色青翳，此治目之藥也 [本草] 秦皮，一名梣皮，一名石檀 [唐本草] 樹似檀，葉細。取皮水漬便碧色，書紙青色 [又] [廣韻] 昨淫切音鬵。義同 [集韻] 江南樊雞木也 [又] [唐韻] 鉏針切 [集韻] 鉏簪切𠀤音岑。義同 [類篇] 棥也。鎏 又梫25426欃26078㨋19784

棻 24208 11855 fén_7.11 [唐韻] [集韻] 𠀤符分切音汾 [說文] 香木也。[又] [說文] [集韻] 𠀤撫文切音芬。義同△ [類篇] 棻或作橨。亦省作棻。鎏 亦省作棻，當作亦省作棼 [又] 橨25527

梥 24209 11856 sōng_7.11 [集韻] 松23662古作梥。

椞 24210 11857 xiē_7.11 [集韻] [類篇] 𠀤思嗟切音些。木名。

梧 24212 11859 wú_7.11 [唐韻] [韻會] 五乎切 [集韻] [正韻] 訛胡切𠀤音吾 [說文] 梧桐木，一名櫬 [詩·大雅] 梧桐生矣，于彼朝陽 [瑞應圖] 王者任用賢良，則梧桐生于東廂 [又] [埤雅] 梧櫜鄂皆五，其子似乳綴其上，柔木也 [淮南子·說山訓] 梧桐斷角 [註] 柔勝剛也 [又] [風俗通] 梧桐生嶧陽山巖石之上，采東南孫枝爲琴，聲淸雅 [又] [南方草木狀] 海梧出林邑，樹與中國松同，但結實絕大，肥甘有香味，亦樽俎閒佳果也 [又] ◆ [爾雅·釋地] 當道有丘曰梧丘 [又] 枝梧，詳枝註。[又] 琴瑟爲槁梧 [莊子·德充符] 惠子據槁梧而瞑 [循本註] 謂琴瑟也 [又] 縣名 [前漢·地理志] 屬楚國。又蒼梧，地名，舜葬處，唐置郡。餘詳桐24022註 [又] yǔ [集韻] 偶舉切音圄。樂器。椌楬也。敔或作梧 [又] wù [集韻] [類篇] [韻會] 𠀤五故切音悞◆ [史記·留侯世家] 魁梧奇偉。應劭曰：魁梧，丘墟壯大之意。又言其警悟也。

梨 24213 11860 lí_7.11 同棃。鎏 又梸24242

梩 24214 11861 lí_7.11 [唐韻] 里之切 [集韻] 陵之切 [正韻] 鄰之切𠀤音釐 [廣韻] 徙土轝也 [周禮·地官·鄉師疏] 梩或云插，或云鍬 [孟子] 虆梩 [註] 籠臿之類 [司馬法] 周輜輦載梩 [揚子方言] 沅湘之閒謂之畚，東齊謂之梩 [又] sì [集韻] 象齒切 [韻會] 詳里切，𠀤同枱。枱或从里，臿也 [又] ◆ [類篇] 莊皆切音齋。木名 [又] [廣韻] 都皆切，音𪎭。義同 [又] qǐ [集韻] 口已切。同杞。卽枸杞也。杞或从里。鎏 俗作裡39845

梪 24215 11862 dòu_7.11 [唐韻] 田候切 [集韻] 大透切𠀤音豆 [廣韻] 籩豆或作梪。古食肉器 [玉篇] 薦羞葅醢也。木豆謂之梪。[又] [博雅] 合十曰升，升四曰梪 [又] 獨梪，樹名 [酉陽雜俎] 獨梪樹，頓丘南應足山有之，高十餘丈，皮青滑似流碧，枝榦上聳，子如五綵囊，葉如亡子鏡。鎏 又俗短38554

梫 24216 11863 cēn_7.11 [唐韻] 楚簪切 [集韻] [韻會] 初簪切𠀤音參 [說文] 桂也 [廣韻] 桂木花白也 [韻會] 葉似枇杷而大，白華，冬夏長青 [正字通] 木桂一名梫 [又] [集韻] 子鴆切，音浸 [又] [說文] [玉篇] 七荏切 [唐韻] [集韻] 七稔切，𠀤音寑 [又] [正韻] 七林切音侵。義𠀤同。鎏 又檯24941

梬 24217 11864 yǐng_7.11 [唐韻] 以整切 [集韻] 以井切𠀤音郢 [說文] 棗也。似柹 [司馬相如·子虛賦] 樝梨梬栗 [張揖註] 梬，梬棗也 [李善註] 梬棗似柹而小，名曰梗。又 [上林賦] 梬棗楊梅。並言梬卽棗也。詳梠24161字註 [又] [類篇] 丑郢切音逞。義同〇按 [齊民要術] 柹有小者栽之，無者取枝于梗棗根上插之。蓋梗本棗名，非脯之而後名梗。

梭 24218 11865 xùn_7.11 [唐韻] 私閏切 [集韻] 須閏切𠀤音濬。木也。一曰木茂也 [又] suō 徐鉉曰：別作蘇禾切音蓑 [正韻] 桑何切，機杼之屬，所以行緯 [晉書·陶侃傳] 侃少漁雷澤，網得一梭，挂壁上，雷雨暴至，化龍而去。本作㯋，亦作篓，今文作梭 [又] [玉篇] 且泉切音悛。木名 [又] [集韻] [類篇] 𠀤松倫切音旬。木名 [又] [類篇] 逡緣切。木如餘甘。鎏 又莈50566㯋25672

梮 24219 11866 jū_7.11 ◆ [唐韻] 居玉切 [集韻] 拘玉切𠀤音挙。輿食器 [前漢·溝洫志] 禹治水，山行則梮 [如淳曰] 梮謂以鐵如錐頭，長半寸，施之履下以上山，不蹉跌 [又] [集韻] 衢玉切音局 [博雅] 曲道，栻，梮也。

桭 24220 11867 zhèn_7.11 [集韻] [正韻] 𠀤直刃切音診。木名。汁可爲酒 [南史·劉杳傳] 杳在任昉坐，人餽昉桭酒，字作榐。昉問此字是否，杳曰：非也 [葛洪·字苑] 作木旁若。鎏 又㮳24114

梯 24221 11868 tī_7.11 [唐韻] 土雞切 [集韻] [韻會] [正韻] 天黎切，𠀤體平聲 [說文] 木階也 [虎韜·兵略篇] 視城中則有雲梯飛樓 [孫武·九地篇] 如登樓而去梯階。又凡階皆謂之梯 [越語] 毋曠其衆，以爲亂梯 [釋名] 階梯也。如梯之有差等也。[又] 凭也 [山海經] 西王母梯几戴勝 [又] 無隅角者謂之突梯 [楚辭·卜居] 突梯滑稽，如脂如韋 [又] tí [正韻] 杜兮切音題。木稚也。鎏 又埭08715 [又] [可洪音義] 蹄58907蹬：上他兮反，下都鄧反。下又音鄧，非也。

械 24222 11869 xiè_7.11 [唐韻] [集韻] [韻會] [正韻] 𠀤胡介切，音薤。◆ [說文] 四解：一曰桎梏也 [孔穎達曰] 械者，戒也。戒止人不得遊行也。一曰器之總名 [禮·王制] 器械異制。註：謂禮樂之器及兵甲也。一曰持也。一曰有盛爲械，無盛爲器 [周禮·司書] 三歲，大計羣吏之治，以知民器械之數 [疏] 器，禮樂之器。械，謂弓矢戈殳矛戟也 [又] 術之巧者曰械 [孟子] 爲機械變詐之巧者，無所用恥焉。鎏 [正字通] 械，械字之譌。

梱 24223 11870
kǔn_7.11 唐韻 集韻 韻會 正韻 夶苦本切音閫 說文 門橜也 徐曰門兩旁挾門短限也。古者多乘車，門限必去之也 又 韻會 梱，猶款也。款，扣也。人物出入多扣觸之也 禮·曲禮 外言不入于梱，內言不出于梱。或作閫 周禮·大司寇·軍刑疏 梱外之事，將軍裁之 又 揚子方言 梱，就也。註 梱梱，成就貌 又 集韻 類篇 正韻 夶苦悶切音困。齊等也 儀禮·大射儀 既拾取矢梱之 又 梱復，謂矢至侯不著而復反也 大射儀 中離維綱，揚觸梱復。公則釋獲，衆則不與 又 hún 廣韻 牛昆切音倱 爾雅·釋木 髠梱 註 未詳。 鑿又梱24359 梱40499

梢 24224 11871
qiào_7.11 篇海 苦角切音殼。枳梢，藥名。有實如柚 方書作殻，俗作梢。 鑿 梢，同梢 又 梢、梢，同楗，俗楗。

梲 24225 11872
zhuó_7.11 唐韻 職悅切 集韻 韻會 正韻 朱劣切夶音拙 玉篇 同棳。梁上楹也 爾雅·釋宮 宗廟謂之梁，其上楹謂之梲 註 梲，侏儒柱也。梁上短柱 禮·禮器 管仲山節藻梲，君子以爲濫矣 又 tuō 廣韻 集韻 韻會 正韻 夶他括切音脫。◆說文 大杖也 淮南子·說山訓 執彈而招鳥，揮梲而呼狗 又 與脫通 荀子·禮論 凡禮，始乎梲，成乎文，終乎悅 史記 作始乎脫 又 廣韻 他骨切音突。又 類篇 韻會 夶徒活切音奪。又 集韻 類篇 兪芮切，音叡。義夶同。 鑿又梲24315

梳 24226 11873
shū_7.11 唐韻 所菹切 集韻 韻會 山於切夶音疏。◆說文 理髮也 徐曰梳之言導也 揚雄·長楊賦 頭蓬不暇梳 文選 作梳 漢書 作疏 又 博雅 經梳謂之枸 廣韻 櫛也 釋名 梳，言其齒疏也 唐書·吳兢傳 朝有諷諫，猶髮之有梳。 △ 集韻 或作梳、梳。

梴 24227 11874
chān_7.11 唐韻 丑延切 集韻 韻會 正韻 抽延切，夶蔵平聲 說文 木長貌 詩·魯頌 松桷有梴。又 揚子方言 碓機也。自關而東謂之梴 又 集韻 丑展切音蔵。又 尸連切音羶。又 陵延切音連。義夶同。

梵 24228 11875
fàn_7.11 唐韻 韻會 夶扶泛切，凡去聲。◆說文 出自西域釋書 韻會 華言清淨，正言寂靜 又 字彙 梵唄，吟聲 又 廣韻 房戎切 集韻 韻會 扶風切夶音馮。木得風貌 類篇 風行木上曰蠡。或作梵 又 集韻 房尤切音浮。義同。 又 唐韻 漢都鄉正衛彈碑 梵梵黍稷。借作芃芃。 鑿 集韻 作梵24066 又 庬74698 庑15697，碑別字。

梶 24229 11876
wěi_7.11 集韻 類篇 夶武斐切音尾。木杪也。

梌 24230 11877
tū_7.11 玉篇 他谷切音禿。杖指也。

梐 24231 11878
wǎng_7.11 字彙補 古枉23676字。

梒 24232 11879
kǎi_7.11 集韻 楷24703古作梒。

梔 24233 41318
xiá_7.11 字彙補 與匣同 關學編 楊爵身晝夜梔鎖中。

梮 24234 41319
lǐ_7.11 五音集韻 與李同。

棻 24235 41320
jīng_7.11 字彙補 從性切音淨。潔也。

槤 24236 41321
hàn_7.11 奚韻 胡感切。草木垂實。 鑿 俗棟23996

框 24237 41322
kuàng_7.11 五音篇海 丘況切。門框也。

梭 24238 41323
suō_7.11 篇海類編 音娑。木也。

梾 24239 41324
chǐ_7.11 篇海類編 丑利切，音熾◇籰柄。

榹 24240 41325
shòu_7.11 篇海類編 承呪切音受。久年也。 鑿 俗裋39827 新修玉篇 引 餘文 榹，承咒切。祈久年也。悞。從示正。

棷 24241 41326
tiáo_7.11 字彙補 與條同。山楸也。見 石鼓文

楉 24246 43910
tà_7.11 龍龕 同楉 桮 24242 41327
lí_7.11 字彙補 與梨同 史記·司馬相如傳 櫨梨傿栗，橘柚芬芳。

棶 24243 43907
qī_7.11 五音篇海 同槭。

梱 24244 43908
hū_7.11 篇海類編 同榾。

槑 24245 43909
méi_7.11 篇海類編 同梅。

极 24247 43911
jí_7.11 字彙補 與极同。見 光遠集綴

桃 24248 u2AC9E
null_7.11 未詳。 栊 24249 u2AC9D
qiáng_7.11 新撰字鏡 栊樯25617檣，三形同字。疾良反。舩檣也。一曰颭柱。 又 dường 喃 从木床giường聲。棟，樑。

淥 24250 u2AC9C
null_7.11 未詳。 桎 24253 u2AC99
null_7.11 未詳。

樬 24251 u2AC9B
jì_7.11 俗檝25735 新撰字鏡 杞，枯紀反。枸樬也。

楜 24252 u2AC9A
shuò_7.11 俗棚24958 新撰字鏡 所角反。釋室間。

桸 24254 u2AC98
yí_7.11 古璽彙編·姓名私璽.3744 桸笵金鈝。桸，或同欈25620，讀若儀，姓氏。

梱 24255 u2AC97
null_7.11 未詳。 枣 24257 u2AC95
null_7.11 未詳。

楺 24256 u2AC96
null_7.11 新撰字鏡考異 楺，柱。一本作桂。

栵 24258 u2AC94
lì_7.11 簡牘 櫷26126 杢 24259 u2AC93
zhù_7.11 同豈57040

梀 24260 u2AC92
null_7.11 未詳。 琹 24261 u2AC91
null_7.11 未詳。

栁 24262 u2AC90
liǔ_7.11 俗柳23858 梅 24263 uFA44
méi_7.11 兼梅24170

栒 24264 u2F8E4
āo_7.11 同枪24180 粂 24266 u234BF
null_7.11 未詳。

羕 24265 u234C0
zhēn_7.11 龍龕 羕俗，榛24872正。

柨 24268 u234BD
cī_7.11 同槭24347 朩 24267 u234BE
vông_7.11 喃俗槵25659

攺 24269 u234B5
cải_7.11 喃 从木改cải聲。

橋 24270 u234B4
táu_7.11 喃 从木秀tú聲。木名。

㧑 24271 u234B3
cong_7.11 喃 从杠工công聲。扳彎。

𣒲 24272 u234B2 loú_7.11 喃 核𣒲，蘆荻。

𣊮 24276 u234AE shè_7.11 同社39821

𣒱 24273 u234B1 null_7.11 殷周金文集成·15.9422·沃作父乙盉 沃乍父乙尊彝，𣒱冊。或釋號25189从木唬聲 又 xoài 喃 从木吹xuy聲△核𣒱：芒果樹。

𣒰 24274 u234B0 zhān_7.11 俗栴23989 可洪音義 𣒰遮：上之然反。

𣒦 24280 u234A6 null_7.11 未詳。

𣒯 24275 u234AF huán_7.11 桓24025本字

𣒥 24281 u234A5 null_7.11 未詳。

𣒭 24277 u234AD zāi_7.11 栽24002本字

𣒨 24278 u234A8 gēn_7.11 字彙補 𣒨，與根23997同。

𣒤 24282 u234A4 null_7.11 未詳。

𣒧 24279 u234A7 chéng_7.11 同乘00324

𣒣 24283 u234A3 máng_7.11 𣒣果，芒果 又 指疾病的一種 越華報.Apr.24.1938·廣告 醫師陳文鐸專醫花柳白濁。主治疳疔、𣒣果、花柳 又 mǎng 喃 从木芒mang聲。

𣒢 24284 u234A2 null_7.11 喃 从木妄nở聲。

𣒡 24285 u234A1 null_7.11 未詳。

𣒟 24286 u2349F null_7.11 未詳。

𣒞 24287 u2349E kū_7.11 馬王堆漢墓帛書·老子甲本·德經 人之生也柔弱，其死也𦽽仞賢强。萬物草木之生也柔脆，其死也𣒞𦾓 乙本 作𣒞槁，今本作枯23777槁。

𣒝 24288 u2349D jí_7.11 俗極24700

𣒜 24289 u2349C null_7.11 未詳。

𣒛 24290 u2349B guō_7.11 汗簡 槨25104出 華岳碑

𣒚 24291 u2349A hàn_7.11 同東23996

𣒙 24292 u23499 null_7.11 未詳。

𣒘 24293 u23498 liǔ_7.11 朝鮮本 龍龕 柳23858，力久切。木名。楊類。今增。𣒘，亦作。今增。

𣒗 24294 u23497 null_7.11 未詳。

𣒖 24295 u23496 kè_7.11 𣒖栳，地名，在山西昔陽縣界都鄉。今作克老會村。

𣒕 24296 u23495 null_7.11 未詳。

𣒔 24297 u23494 null_7.11 未詳。

𣒓 24298 u23493 null_7.11 未詳。

𣒒 24299 u23492 null_7.11 未詳。

𣒑 24300 u23491 null_7.11 未詳。

𣒐 24301 u23490 null_7.11 未詳。

𣒏 24302 u2348F jiāo_7.11 俗椒24441

𣒌 24305 u2348C huò_7.11 簡 檴24627

𣒎 24303 u2348E jī_7.11 姓。同嵇13934从禾。

𣒍 24304 u2348D hè_7.11 俗抲19674 慧琳音義 荷擔：胡歌反。又音賀 廣雅 荷，擔揭也。古文作𣒍，亦同。

𣒋 24306 u2348B niè_7.11 俗梍24826 又 疑埋08664譌字 廣雅·釋言 麥，蘖也。王念孫·疏證：蘖，各本譌作梍 說文 麥，芒穀。秋穜厚蘖，故謂之麥。今據以訂正。

𣒊 24307 u2348A qǐ_7.11 俗棨24377 四部叢刊·三編子部·太平御覽·卷六百四十六·刑法部十二·斬 難者曰今不假故不得擅殺。躬曰漢制：假𣒊戟以當斧鉞。議者皆屈，上從之。

㭷 24308 u3B77 null_7.11 未詳。

㭵 24309 u3B75 null_7.11 未詳。

㭴 24310 u3B74 jiān_7.11 簡 樫25315

㭳 24311 u3B73 yauq_7.11 壯 耙。

梨 24312 uF9E2 lí_7.11 兼 梨。

粱 24313 uF97A liáng_7.11 兼 粱。

棂 24314 u68C2 líng_7.11 简 欞26207

棁 24315 u68C1 zhuó_7.11 同梲24225

检 24316 u68C0 jiǎn_7.11 简 檢25614

梿 24317 u68BF lián_7.11 简 槤25098

梽 24319 u68BD zhì_7.11 地名用字。梽木山，在湖南省。

梾 24318 u68BE lái_7.11 同棶24399

梻 24321 u68BB fó_7.11 日 しきみ。同樒25169木名。常綠有毒，其枝葉多用於供神。

梼 24320 u68BC táo_7.11 简 檮25711

梺 24322 u68BA lù_7.11 日 和漢三才圖會·藝才·倭字 梺，麓74413之俗字。

梹 24323 u68B9 bīng_7.11 梹榔，同檳榔。

棃 24324 11880 lí_8.12 唐韻 力脂切 集韻 韻會 良脂切，利平聲 說文 果名 爾雅·釋木 棃，山樆 疏 在山曰樆，人植曰棃 陶弘景別錄 棃性冷利，多食損人，謂之快果 又 揚子方言 眉、棃、耋、鮐，老也。東齊曰眉，燕代之北鄙曰棃 詩·大雅·行葦傳 耇，凍棃也。賈云凍棃色似老人面有浮垢。又 通剺 揚雄·長楊賦 分棃單于，磔裂屬國 淮南子·齊俗訓 伐楩、柟、豫章而剖棃之 又 蛤棃，蟲名 淮南子·道應訓 盧敖倦龜殼而食蛤棃 又 崔豹·古今注 蜻蛉之小而黃者曰胡棃 又 草名 山海經 大山有草名棃，其葉狀如荻而赤，花可以已疽 又 集韻 韻會 憐題切 正韻 鄰溪切𠀤音黎。義同。

棄 24325 11881 qì_8.12 古文 弃𢍏𢎿 唐韻 詰利切 韻會 磬致切 正韻 去冀切，音𡠆 說文 捐也 爾雅·釋言 忘也 詩·周南 不我遐棄 禮·冠禮·祝辭 棄爾幼志，順爾成德。鎏 又 𢍏00723 𣓅24546𢍭02607𡘋05126𣏕35338𣏉23616

梌 24326 11882 tú_8.12 唐韻 類篇 集韻 𠀤與梌同 又 玉篇 木枝四布。

棅 24327 11883 bǐng_8.12 說文 與柄同。柯也 唐韻 又本也，權也 莊子·天道篇 天下奮棅而不與之偕 管子·山權數 權棅之數，吾已得聞之矣 又 類篇 持也。

棆 24328 11884 zhūn_8.12 集韻 類篇 𠀤株倫切音屯◆說文 母杶也。大杶旁地生條，故曰母杶 爾雅·釋木 棆，無疵。詳杶23859字註 又 lún 唐韻 力迍切 玉篇 理均切𠀤音輪。義同。

棇 24329 11885 cōng_8.12 唐韻 作𣝼。倉紅切音悤。尖頭擔也 又 類篇 千弄切音謥。義同 又 sǒng 類篇 損動切。木名。鎏 正字通 𣝼俗作樬25422𣝼24676 又 龍龕 𣝼24479或作，棇正，忩、謥二音。尖頭檐也。

椘 24330 11886

qiàn_8.12 唐韻倉甸切集韻倉見切丛音茜。木名。図玉篇才見切音倩。又集韻親盈切音清。義丛同。鞌胡吉宣玉篇校釋應卽山經之蒨50382中山經敖岸之山，北望河林，其狀如蒨如舉。郭注：蒨、舉，木名也。蓋卽本書之椘、櫸。

棉 24331 11887

mián_8.12 同枾図廣韻木棉，樹名南史·高昌國傳有草實如蕅，中絲爲細纑，名曰白疊，取以爲布，甚軟白演繁露·唐環王傳吉貝草也。緝其花爲布，麤曰貝，精曰氎張勃·吳錄交趾安定縣有木棉樹，高丈餘通鑑梁武帝送木棉皁帳史炤釋文木棉，江南多有之，以春二三月下種，旣生，一月三薅，至秋生黃花結實，及熟時，其皮四裂，其中綻出如綿○按本草木棉有草、木二種図廣韻屋聯棉。鞌又橺25721榅24604楉25834

栞 24332 11888

kān_8.12 廣韻苦寒切。同刊。

萁 24333 11889

qí_8.12 唐韻集韻韻會丛渠之切音其。或作碁、欚，通作棋說文博萁徐曰萁者，方正之名。古通謂博奕之子爲萁。又楚辭·招魂蒫蔽象棊，有六簙些註樗蒲馬也図博物志堯造圍棊，丹朱善之図劉向說苑雍周謂孟嘗君曰：足下燕居，闘象棋，亦戰闘之事乎。

棋 24334 11890

qí_8.12 同萁図jī集韻韻會丛居之切音基集韻根柢也。或作楳史記·律書萬物根棋。鞌又楱25314楳25452楻25751図直音篇磩39107同碁39023

棌 24335 11891

cǎi_8.12 集韻韻會正韻丛此宰切音采玉篇棚也史記·始皇紀棌椽不刮註棌，木名也。一作采。又前漢·揚雄傳夏卑宮室，唐虞棌椽註柞木也図cài玉篇千代切唐韻韻會正韻倉代切丛音菜。義丛同。

棍 24336 11892

hùn_8.12 廣韻集韻正韻胡本切韻會戶衮切，丛魂上聲類篇木名図類篇束木揚雄·反騷棍申椒與菌桂図棍成，自然也揚雄·甘泉賦紛蒙籠以棍成。

椫 24337 11893

chán_8.12 唐韻視占切集韻韻會時占切丛音蟾。或作槧玉篇果名。似柰而酸荆揚異物志椫子，南越、丹陽諸郡山中皆有之，其實如梨，冬熟，味酢左思·吳都賦椫榴禦霜。鞌又榝24772棧24721

棏 24338 11894

zhé_8.12 同梼図唐韻徒得切音特。木名。鞌正字通得，梼23954字之譌。

棐 24339 11895

fěi_8.12 唐韻集韻並府尾切，音匪說文輔也徐曰輔卽弓檠也，故从木書·大誥天棐忱辭洛誥聽朕教汝于棐民彝図與榧同。木名。可爲几晉書·王羲之傳見門生棐几滑淨作書図與篚同前漢·食貨志歲入貢棐應劭云方曰箱，橢曰棐図地名左傳·文十三年鄭伯會公于棐。鞌又集韻妃尾切，音菲。棐林，地名図集韻裴54418，符非切。卽裴，漢侯國。在魏郡。或从木作棐。図棐67005

棑 24340 11896

pái_8.12 廣韻薄佳切，音牌。又集韻類篇蒲皆切，音排唐韻桴，筏也図類篇盾也図bèi唐韻蒲拜切集韻步拜切丛音憊廣韻木名玉篇船後棑木図pèi類篇蒲蓋切音旆。舟前木図集韻蒲昧切音佩。義同。鞌又字彙補棑，與椑24891同。

棒 24341 11897

bàng_8.12 唐韻集韻韻會正韻丛步項切，音蚌說文梲也類篇同枒。亦作棓廣韻杖也，打也魏志·武帝紀除北部都尉，造五色棒，縣門左右，各十餘枚魏書·爾朱榮傳人馬逼戰，刀不如棒図正韻蒲浪切音傍。義同。

棓 24342 11898

bàng_8.12 同棒図連枷也。打穀具揚子方言自關而西謂之棓図天棓，星名史記·天官書紫宮右五星曰天棓索隱蒲廃切音皮図pǒu唐韻普口切音剖。義同。図擊也揚子·太玄遠之眠，近之棓図高下有絶，加躋板曰棓公羊傳·成二年踊于棓而闚客図類篇蒲侯切音裒。義同図木名類篇依樹生枝如網図云唐韻薄回切集韻薄枚切音裴。又集韻晡枚切音杯。又集韻蒲來切音培，義並同図集韻板也唐韻姓也前漢·袁盎傳盎之棓生所問占図bēi集韻晡枚切音杯。義同。鞌又枱23705㨖20917榗25128榙25127掊19873

棔 24343 11899

hūn_8.12 廣韻集韻韻會正韻丛呼昆切音昏廣韻合棔，木名。一名合歡崔豹·古今注合歡樹似梧桐，枝葉繁互相交結，每風來，輒自相解了不相牽綴。樹之階庭，使人不忿正字通合昏，本作昬，譌作棔。

棕 24345 11901

zōng_8.12 集韻同椶。鞌又橍25924櫚25877

棓 24344 11900

bèi_8.12 俗槁字。

㮲 24346 11902

nèi_8.12 集韻類篇丛奴對切，音內。㮲㮲，草木垂實貌。

㭡 24347 11903

cī_8.12 同㭿。鞌㭿24885字之譌。

根 24348 11904

chéng_8.12 唐韻直耕切集韻韻會正韻除耕切丛音橙◆說文根，法也揚子方言註救傾之法，門楔也爾雅·釋宮根謂之楔禮·玉藻君入門，介拂闑，大夫中根與闑之閒，士介拂根註根，門兩旁長木。闑，門中央所豎短木図方言根，隨也註根柱令相隨也図◆說文杖也◆謝靈運·祭古塚文以物根撥之，應手灰滅図果名。卽橙也金城記欲以根子臣櫻桃，但恨不同時耳。鞌又枨23766閌64875

棗 24349 11905

zǎo_8.12 古文朿唐韻集韻韻會丛子皓切音蚤說文果名小爾雅棘實謂之棗坤雅大者棗，小者棘。于文丛束爲棘，重束爲棗，蓋棗性重喬，棘則低矣図儀禮·士昏禮婦摯舅用棗栗疏以早自謹敬爲義。棗，早也。栗，肅也聘禮夫人勞擯，使下大夫勞以二竹簠，兼執之以進註右手執棗，左手執栗疏棗美，故用右手也。図酸棗，地名前漢·地理志屬陳留郡図姓。出潁川棘子成後，避仇改爲棗○按棗、棘字說文別立朿部，今併入。鞌又朿43182棗23928棗10047枣02911棗02890棻49674棗00604棗23771㮥05381棗25074椓24726薰25808図𣓀15028音早，同棶02154，俗棗。

棘 24350 11906
jí_8.12
唐韻 集韻 韻會 叒紀力切音殛 說文 小棗
叢生者 詩詁 棘如棗而多刺,木堅,色赤,叢生,人多以
爲藩。歲久無刺,亦能高大如棗。木色白者爲白棘,實
酸者爲樲棘,亦名酸棗 詩·邶風 吹彼棘心 疏 棘,木之
難長養者 図 爾雅·釋木 終牛棘 註 卽馬棘也,刺粗而長
図 執囚之處爲叢棘 易·坎卦 係用徽纆,寘于叢棘 左
傳·哀八年 邾子無道,吳子囚諸樓臺,栫之以棘 図 九棘,
外朝也 禮·王制 史以獄成告于正,正聽之。正以獄成告
于大司寇,大司寇聽之棘木之下 註 左九棘,孤卿大夫
位焉。右九棘,公侯伯子男位焉 図 與戟通 禮·明堂位 越
棘,大弓。天子之戎器也 左傳·隱十一年 潁考叔挾輈以
走,子都拔棘以逐之 周禮·天官·掌舍 棘門。註:以戟爲
門 図 地名。垂棘、赤棘,春秋晉地 図 藥名 本草 天門冬,
一名天棘 図 棘扈,鳥名 賈逵云 棘扈,竊丹,爲果驅鳥
者也 図 與樅通 禮·王制 西方曰棘 図 姓 論語 棘子成。
又 唐韻 居里切音紀。又 廣韻 居吏切音記。義叒同。
鋆 又棘25040棘24968棘26152 抍48962棘24742柿15103棘51469

椸 24351 11907
lí_8.12
集韻 類篇 韻會 叒郎計切音荔 集韻 琵琶,
其撥曰椸 図 關椸,機椸也 廣記 唐韓志和雕木爲鸞鶴,
置機椸于腹中,發之則飛 図liè 集韻 韻會 叒力結切,
音楋。木名 本草 作繠。善破血 図 繠也,將也 韓愈·送
窮文 椸枚千覆羹。

椾 24352 11908
qiǎn_8.12
集韻 類篇 叒苦減切音㰱。不安貌。

棚 24353 11909
péng_8.12
唐韻 薄庚切 集韻 韻會 正韻 蒲庚切叒音
彭 說文 棧也 博雅 閣也 唐書·游環傳 朱泚大治戰棚雲
橋,環火其棚 図 東京歲時記 七夕,家家錦采結爲乞巧
棚 博雅 棚矢藏也 図 廣韻 蒲萌切音輣 集韻 蒲登切
音朋。義叒同。鋆 又棚23881杅23778榜24470,並俗棚 可
洪義 杅23778閣:上蒲庚、蒲登二反,棧也,閣也。正
作棚也。又平、病二音,非也。

樫 24354 11910
yín_8.12
類篇 夷針切音淫。通水名。

栔 24355 11911
qì_8.12
唐韻 作㓞 苦計切音契。刻也 正字通引 茅
山志 有眞人杜栔。陶弘景云契字三畫,栔字四畫,从木。
俗从大,非。鋆 又栔24507契10109

楈 24356 11912
yù_8.12
唐韻 集韻 韻會 叒余六切音育 廣韻 車覆
欄也 類篇 或加艸作楈。

椸 24357 11913
yù_8.12
廣韻 依倨切 集韻 韻會 於據切 正韻 依據
切叒音飫 玉篇 几屬也 類篇 承樽器,如案,無足 孔穎達
曰 椸長四尺,廣二尺四寸,深五寸,無足,赤中,畫青
雲氣菱苕華爲飾 特牲饋食注:如今大木輿 図 禮·禮器
天子諸侯之尊廢禁,大夫士椸禁。又 玉藻 大夫側尊用
椸,士側尊用禁○按 儀禮·特牲饋食 疏云器本無名,人
與立號。椸之與禁,因物立名。大夫尊以厭飫爲名,士
卑以禁戒爲稱。復有以有足無足立名,椸無足,禁有足。
非祭禮,雖大夫去足猶存禁名,至祭則名椸,禁不爲神
戒也。

梱 24358 11914
gù_8.12
廣韻 集韻 叒古暮切音故 說文 梱斗,可以
射鼠 図 集韻 果五切音古。義同。

楎 24359 11915
jùn_8.12
同楎 図 集韻 胡昆切音渾。木名 図 篇海
巨隕切音窘。木也。

槔 24360 11916
mén_8.12
玉篇 力掌切 類篇 里養切叒音兩。松脂也。
鋆 正字通 槔25193字之譌。

棟 24361 11917
dòng_8.12
廣韻 集韻 韻會 正韻 叒多貢切音涷 說文
極也 釋名 棟,中也。居屋之中也 爾雅·釋宮 棟謂之桴 郭
註 屋檼曰棟,卽屋脊也 易·大過 棟隆吉 図 檼之四阿亦
曰棟 左傳·成二年 檼有四阿 鄭註 四阿,四角設棟。
図 星名 博雅 大角謂之棟星 図 轉注古音 德紅切音東。
木名 管子·地員篇 其桑其松,其杞其茸。種木胥容,榆
桃柳棟 図 屋脊之棟。亦叶音東 蘇軾·徐孺子亭詩 徐君
鬱鬱澗底松,陳君落落堂上棟。澗深松茂不遭伐,堂毀
棟折傷其躬。鋆 又栋23923陳32487揀19861

㮣 24362 11918
shà_8.12
集韻 色甲切音啑。木理起貌 図jié 篇海 疾
葉切音捷。接也。鋆 又庫15541楂24791

槭 24363 11919
xián_8.12
篇海 胡田切音賢。地名 正字通 譌字。

棪 24364 11920
yǎn_8.12
唐韻 衣儉切 集韻 類篇 衣檢切叒音掩 博
雅 棪、蕤,柰也 図yān 類篇 於瞻切。棪檢,木名 図 ān
集韻 烏含切音庵。義同。本作㮓,省作棪。

棠 24365 11921
táng_8.12
廣韻 集韻 韻會 正韻 叒徒郎切音唐。或書
作樆 爾雅·釋木 杜,甘棠 郭璞疏 今之杜梨,赤色者名
赤棠,白者亦名棠 詩·召南 蔽芾甘棠 草木疏 甘棠,今
棠梨,子色白少酢,滑美。赤棠,子澀而酢,無味,木
理堅韌,可作弓幹 図 沙棠,木名。味如李,無核 呂氏
春秋 果之美者,沙棠之實。又其木可爲舟 李白·題新津
北橋樓詩 木蘭之枻沙棠舟 図 車兩旁橫木也 釋名 棠,
躟也。在車兩旁躟幰,使不得進却也 図 魯地名 春秋·隱
五年 公矢魚于棠 図 落棠,山名。日入處 淮南子·覽冥
訓 日入落棠 図 姓 左傳 齊大夫棠無咎。又複姓 廣韻 吳
王弟夫槩王奔楚,爲棠谿氏。鋆 又葉51075棡25263

樆 24366 11922
táng_8.12
同棠。

棡 24367 11923
gāng_8.12
集韻 居郎切
音岡 玉篇 橫牆木 図 篇海 高木也。唐史 開寶五年,資
州獻梅、青棡二木合成連理。鋆 又枫23757

棢 24368 11924
wǎng_8.12
集韻 文紡切 類篇 万紡切,叒音罔。與輞
同。車棢也。

棣 24369 11925
dì_8.12
廣韻 特計切 集韻 正韻 大計切 韻會 地計
切叒音第 說文 白棣也 爾雅·釋木 常棣,棣 唐棣,栘
詩·召南 何彼穠矣 唐棣之華 小雅 常棣之華,鄂不韡韡
陸璣·常棣疏 白棣如李而小,如櫻桃正白。又有赤棣樹,
亦似白棣,葉如刺榆而微圓。子正赤,如郁李而小,五
月始熟,關西天水隴西多有之 唐疏 唐棣,奧李也。
一名雀梅,亦曰車下李。所在山中皆有,其花或白或赤,

六月中熟，大如李子，可食 又 無棣，齊地名 左傳·僖四年 北至于無棣 又 廣韻 車下木 又 姓 統譜 王莽司馬棣並 又 集韻 徒二切音地 又 五音集韻 徒對切音隊。義𠀤同 又 dài 集韻 徒耐切 韻會 待戴切 正韻 度耐切𠀤音代。棣棣，閑習貌 詩·邶風 威儀棣棣，不可選也 又 tì 類篇 他計切音替。通也 前漢·律志 正月 乾 之九三，萬物棣通。鑾又隶19846肆40384𣚍24072

槢 24370 11926 xī_8.12 廣韻 集韻 𠀤思積切音昔 爾雅·釋木 槢，皵 疏 木皮甲粗錯者名槢。亦名皵 又 爾雅·釋木註 槢音錯 又 集韻 類篇 𠀤七約切音鵲。義同。

棥 24371 11927 fán_8.12 廣韻 附袁切 集韻 韻會 符袁切𠀤音煩。樊、藩𠀤通 說文 藩也。引 詩·小雅 營營青蠅止于棥。今 毛詩 作樊 又 廣韻 棥，藩屏也 又 集韻 蕃也○按 說文 入爻部，今併入。

棦 24372 11928 chēng_8.12 唐韻 楚耕切 集韻 類篇 初耕切𠀤音琤。木束也。鑾又 切韻 木刺也。

⿰木事 24373 11929 zì_8.12 玉篇 類篇 𠀤側吏切音胾。木名。

⿰木芘 24374 11930 pí_8.12 類篇 頻脂切。木名。可爲車轂。

棧 24375 11931 zhàn_8.12 廣韻 集韻 韻會 仕限切 正韻 徂限切，𠀤輚上聲 說文 棚也 廣韻 閣也 前漢·張良傳 說漢王燒絕棧道 崔浩云 險絕之處，旁鑿山巖，施版梁爲閣也 又 說文 竹木之車曰棧 周禮·春官·巾車 士乘棧車，不革鞔而漆之 冬官考工記 輿人爲車，棧車欲弇，飾車欲侈 又 詩·小雅 有棧之車，行彼周道 疏 棧是車狀，非所乘之棧車也。庶人乘役車 又 柩車亦謂之棧 儀禮·既夕 賓奠幣于棧 又 姓 魏書 任城棧潛 又 集韻 士免切音僝。義同。又 zhàn 廣韻 集韻 韻會 士諫切 正韻 助諫切，𠀤輚去聲。木棧道也 又 編木曰棧 公羊傳·哀四年 勝國之社，奄其上而棧其下 傳 本作柴 周禮·喪祝鄭註 引作棧。又 馬棧，亦編木爲之◆管子·小問篇 夷吾嘗爲圉人矣，傅馬棧甚難 莊子·馬蹄篇 編之以皁棧 又 棧齴，高峻貌 張衡·西京賦 棧齴巉嶮 又 棧香 南方草木狀 蜜香樹，其榦爲棧香 又 木名◆爾雅·釋木 棧木，干木 註 橿木也，江東呼木觡 疏 一名干木 又 zhǎn 集韻 韻會 正韻 𠀤阻限切音琖 爾雅·釋樂 大鐘謂之鏞，小者謂之棧 又 韻會 小橋曰棧 又 chén 集韻 類篇 𠀤鋤臻切音榛。衆盛貌 前漢·息夫躬傳 叢棘棧棧。鑾又栈23926桟24132㮣24607㯝24608㨻19982 又 正字通 碊39042，與 木部 棧通。

⿰木咎 24376 11932 gāo_8.12 廣韻 古老切 玉篇 公道切𠀤音杲 說文 木也 又 集韻 下老切音皓。義同 又 唐韻 古勞切 類篇 居勞切𠀤音高 類篇 桔槔，機器。或作桔⿰木咎，臯與咎古字通。又 集韻 巨九切。同柏24029 正字通 ⿰木咎卽柏字 函史 作柏，卽 本草 烏臼樹 又 jū 集韻 居六切。同椈24426

棨 24377 11933 qǐ_8.12 唐韻 韻會 康禮切 集韻 遣禮切 正韻 祛禮切𠀤音啓 說文 傳信也 韻會 形如戟，有旛，書之，吏執爲信 後漢·竇武傳 取棨信，閉諸禁門 前漢·文帝紀註 棨者，刻木爲合符也 又 玉篇 兵攔也 前漢·匈奴傳 有衣之戟曰棨 師古曰 以赤黑繒爲之 崔豹·古今注 棨戟，殳之遺象也。前驅之器，以木爲之。後世以赤油韜之，謂之油戟，亦謂之棨戟，王公以下通用之以前驅。鑾又 戚18912槃25285棨25294棨24307棨24811

棩 24378 11934 yuān_8.12 集韻 縈玄切，音淵 玉篇 木曲也 又 yuàn 篇海 烏縣切音肙。義同。

棪 24379 11935 yǎn_8.12 廣韻 集韻 𠀤以冉切音剡 說文 樕其也 爾雅·釋木 棪，樕其 郭註 實似柰，赤，可食 山海經 堂庭之山多棪木 註 別名連 又 異物志 梓棪樹，大十圍，材貞勁，非利剛截不能剋，堪作船 又 xiàn 集韻 習琰切音燅。木名。膠可和香爲蘇合 又 yán 集韻 余廉切音鹽。義同。

棫 24380 11936 yù_8.12 廣韻 雨逼切 集韻 于昊切 正韻 越逼切𠀤音域 說文 白桵也 爾雅·釋木 棫，白桵 郭註 小木叢生，有刺，實如耳璫，紫赤，可啖 詩·大雅 柞棫拔矣 鄭箋 柞，櫟也。棫，白桵也 陸疏 引王蒼說云棫卽柞也。孔穎達曰：二說不同，未知孰是 又 棫陽，漢宮名 前漢·郊祀志 氣蒼黃若飛鳥集棫陽宮南 又 集韻 乙六切音彧。義同。

棬 24381 11937 quān_8.12 唐韻 丘圓切 集韻 韻會 正韻 驅員切𠀤音弮 玉篇 屈木盂也 廣韻 器似升，屈木爲之 孟子 子能順杞柳之性而以爲桮棬乎 又 玉篇 居媛切。同桊。拘牛鼻 呂覽·重己篇 五尺童子引其棬而牛知所以順之也。又 quán 逵員切音權 前漢·地理志 西棬，縣名。屬日南郡 又 集韻 九元切 又 juàn 類篇 古倦切音眷。義𠀤同。鑾又 盋37153盚37192 又 玄應音義 作棬：去權反。鄭玄注 禮 云：屈木爲之謂之捲。律文作榜24569，非體也

⿰木夜 24382 11938 yì_8.12 集韻 類篇 𠀤夷益切音亦。木名。鑾 龍龕 俗。亦、夜二音。正作掖19890

榙 24383 11939 tà_8.12 唐韻 徒合切音沓。柱上木也 類篇 柱斗謂之榙 爾雅·釋宮註 柱上欂。亦名枅。又曰榙 又 廣韻 他合切 類篇 託合切𠀤音塔。義同。鑾又 㭼24246

⿰木芺 24385 11941 yāo_8.12 同枖。鑾 正字通 俗加艸。

森 24386 11942 sēn_8.12 廣韻 所今切 集韻 韻會 正韻 疏簪切𠀤音參。或作槮 說文 木多貌 潘岳·射雉賦 蕭森繁茂 又 盛也 潘岳·籍田賦 森奉璋以階列 又 植也 元包·坤辭 丞森回若 又 固陵文類 宋杜曾詩：哀猿藏森聳，渴鹿聽潺湲 註 森去聲，所禁切音滲。鑾又 梀24924

⿱林木 24387 11943 jìn_8.12 類篇 居蔭切音禁。承樽桉。鑾 北魏王遺女墓誌：雖離⿱林木隸 正字通 禁39879字之譌 又 龍龕 ⿱林木或作，禁古，麓74413今。山足。

⿰木冐 24384 11940 mào_8.12 俗楣字。

梬 24388 11944 píng_8.12 集韻 俗甹字

棯 24389 11945 rěn_8.12 唐韻 如甚切 集韻 忍甚切𠀤音荏 玉篇 果

名◆爾雅·釋木還味，棯棗疏短味名棯棗又shěn集韻式荏切。同橝。木名又類篇奴店切音念。義同。

棰 24390 11946 chuí_8.12 集韻正韻丛主蕊切，音箠說文以杖擊也周禮·天官·腒腊註薄腊曰脯，棰之而施薑桂曰鍛前漢·路溫舒傳棰楚之下，何求不得又duǒ集韻都果切音朵。木叢生貌。

棱 24391 11947 léng_8.12 廣韻魯登切集韻韻會正韻盧登切，並音楞。或作楞，俗作稜說文柧也廣韻四方木也又殿堂上最高處曰柧23841棱又神靈之威曰棱前漢·李廣傳威棱憺乎鄰國又剛棱後漢·王允傳剛棱疾惡又模棱，持兩端唐書·蘇味道傳常謂人曰：決事不欲明白，誤則有悔，模稜持兩端可也。世號模棱手又líng集韻閭承切音陵。義同又chēng集韻丑升切音僜。吳人謂酢柚爲棱。鑒又楞24991俗。

棲 24392 11948 qī_8.12 玉篇同栖。鳥棲也又博雅棲謂之牀詩·陳風衡門之下，可以棲遲又草名詩·大雅如彼棲苴傳水中浮草曰棲苴又集韻類篇丛千西切音妻。棲棲，簡閱車馬貌詩·小雅六月棲棲，戎車既飭又棲屑，往來貌後魏·裴安傳京師遼遠，實憚棲屑。鑒又捿19856棲24521㨙19944

棳 24393 11949 zhuō_8.12 唐韻集韻正韻丛同棁又毋棳，縣名前漢·地理志屬益州郡。

棴 24394 11950 fú_8.12 唐韻集韻類篇丛房六切音服玉篇木出崑崙山又集韻類篇丛蘇谷切音速。棴常，樹名。鑒山海經·卷之十一·海內西經服常樹，其上有三頭人，伺琅玕樹。

棵 24395 11951 kuǎn_8.12 唐韻胡管切集韻戶管切丛音緩廣韻斷木也類篇一曰新蒸束又kuǎn廣韻集韻苦管切類篇苦緩切丛音款。義同又kē類篇苦果切音顆。俎名。鑒又祼32389

橰 24398 11954 xún_8.12 同橰。

棄 24396 11952 wèi_8.12 說文作𣎆。于貴切音胃。或作棄。今文書作彙集韻草木棄孛之貌。一曰類也易·泰卦以其彙征吉註彙，古文作蕈。棄之作彙，傳寫訛也○按棄說文入宋部，今誤入。

椾 24397 11953 shàn_8.12 集韻類篇丛所鑒切，衫去聲。接檐也六書故屋東西榮柱外之宇爲椾。

棶 24399 11955 lái_8.12 廣韻落哀切集韻郎才切丛音來廣韻棶椋，木名。亦作來爾雅·釋木椋卽來註材中車輞唐本草註葉似柹，兩葉相當，子細圓如牛李子，生青熟黑。其木堅重，煑汁赤色。鑒又梾24318𢱢19952

榐 24400 11956 dǐ_8.12 類篇典禮切音底。樀也。

棨 24401 11957 mì_8.12 類篇彌計切。檵棨，木名◆正字通卽本草擊迷檵，乃枸杞之別名，作檵棨者誤○按元覽云大食國有㜲弥之樹，見人善笑，摘之則槁。

棷 24402 11958 zōu_8.12 唐韻側鳩切集韻菑尤切丛音鄒說文木薪也博雅校棷柴也又棷樿25337，木名又zōu唐韻子侯切集韻將侯切丛音諏。戫謂之棷又◆廣韻倉苟切，棷上聲。棸也又集韻側九切音搊。夜戒守有所擊也。又sǒu唐韻集韻丛蘇后切。同藪。聚草也又韻會祖外切音最正韻將遂切。義丛同又類篇此苟切。柴也。

棸 24403 11959 zōu_8.12 集韻正韻側鳩切韻會菑尤切丛音鄒字統姓也詩·小雅棸子內史又chóu唐韻直由切集韻類篇陳留切丛音籌。義同又唐韻除柳切。木名又集韻丈九切，音紂。義同。

棹 24404 11960 zhào_8.12 唐韻同櫂謝靈運·登臨海嶠詩鶩棹逐驚流又類篇直角切正字通倚卓也楊億·談苑咸平景德中，主家造檀香倚卓又木名南方草木狀棹樹榦葉俱似椿，以其葉鬻汁漬果，呼爲棹汁。若以棹汁雜䰞肉食者，爲雷震。出高涼郡。

棺 24405 11961 guān_8.12 古文𥦗唐韻集韻古丸切韻會正韻沽歡切丛音官◆說文關也，所以掩屍玉篇棺之言完，所以藏屍令完也孝經註周尸爲棺，周棺爲椁。後漢趙咨曰：棺椁之造，自黃帝始禮·檀弓有虞氏瓦棺，夏后氏堲周，殷人棺椁喪大記國君大棺八寸，屬六寸，椑四寸。上大夫大棺八寸，屬六寸。下大夫大棺六寸，屬四寸。士棺六寸註大棺最在外，屬在大棺內，椑又在屬內，是國君三重也又guàn集韻古玩切音貫。棺斂也左傳·僖二十八年晉人圍曹，門焉，多死。曹人尸諸城上，晉人稱舍于墓，師遷焉。曹人兇懼，爲其所得者，棺而出之又集韻古患切音慣。義同。鑒俗作埍08839

棻 24406 11962 fén_8.12 廣韻符分切音焚說文作棼，香木也又唐韻撫文切集韻韻會敷文切，丛音芬。義同類篇棼榛丛同。鑒又菜49620𦴭49621

棼 24407 11963 fén_8.12 廣韻符分切音汾說文複屋棟也徐曰複屋皆重梁班固·西都賦列棼橑以布翼又虹霓迴帶於棼楣又蕡麻謂之棼周禮·春官·巾車之職素車棼蔽註棼，麻布也又說文林木棼錯也徐鉉曰木多，故上出也。又亂也書·呂刑泯泯棼棼左傳·隱四年猶治絲而棼之也又fèn廣韻父吻切音憤。人名。楚有伯棼。

棽 24408 11964 chēn_8.12 唐韻丑林切集韻癡林切丛音琛說文木枝條棽儷貌徐曰繁蔚貌。又蕤貌班固·東都賦鳳蓋棽麗又sēn集韻類篇丛疏簪切音森。木枝扶疎貌又lín正韻犂沉切音林。義同。鑒又梣13849棽24801

棸 24409 11965 tòu_8.12 集韻他候切音透。地名類篇在高陵又玉篇市由切音讎。又ōu五音集韻烏侯切音歐。義丛同。鑒又㮃06755𣖋23978𣗴24724又集韻於候切。

檠 24410 11966 qíng_8.12 字彙渠營切音瓊。木名正字通譌字。

椛 24412 11968
jī_8.12　同枅。
囜借作机陧字揚雄·太玄經圜方机桅，其內寏換註机桅，不安也◆集韻倪結切音闑。徐巡曰：凶也。賈侍中曰：法度也。班固說：不安也。鋆又机桅，亦作机桯24826

桅 24411 11967
niè_8.12　唐韻同輗。

椀 24413 11969
wǎn_8.12　廣韻集韻正韻夶與盌同玉篇小盂也世說晉王導舉琉璃椀曰：此椀腹空，何謂寶器北史·盧叔彪傳魏收訪盧叔彪，食但有粟飡葵菜，木椀盛之。

橛 24414 11970
jué_8.12　集韻類篇夶渠勿切音倔。斷木也。

椁 24415 11971
guō_8.12　唐韻正韻古博切集韻韻會光鑊切夶音郭。或作槨說文葬有木雝也釋名椁，廓也◆唐賈公彥云棺周于衣，椁周于棺禮·檀弓桓司馬爲石椁，三年不成左傳·定元年魏舒卒于甯，范獻子去其柏椁囜廣韻木名囜度也周禮·冬官考工記輪人參分其牙圍，而漆其二。椁其漆內而杣之，以爲之轂長。鋆又橢26051碥39313襑40141

樚 24416 11972
lù_8.12　集韻盧谷切，音祿。木名。

槔 24417 11973
háo_8.12　集韻乎刀切音豪。木名說文作號類篇或省作槔。

榾 24418 11974
hū_8.12　唐韻呼骨切音忽說文作榾，高貌。鋆俗作柏24029

棍 24419 11975
áng_8.12　廣韻正韻五剛切集韻魚剛切韻會疑剛切夶音昂。類篇屋斜角謂之飛棍。鋆又掃19954

棂 24420 11976
jiē_8.12　唐韻卽葉切集韻韻會正韻卽涉切夶音接◆說文續木也囜qiè集韻七接切音妾。義同囜集韻悉協切音燮。淮南子·主術訓大者爲舟航柱梁，小者爲棂楹囜jié集韻類篇夶疾葉切音捷。械也◆莊子·在宥篇吾未知聖知之不爲桁楊棂槢也。

椅 24421 11977
yī_8.12　唐韻於離切集韻韻會正韻於宜切夶音猗說文梓也詩·鄘風椅桐梓漆陸璣·草木疏梓實桐皮曰椅坤雅椅卽是梓，梓卽是楸。蓋楸之疎理而白色者爲梓，梓實桐皮曰椅，其實兩木大類同而小別也爾雅翼郭氏解椅梓云卽楸。又解楸榎云大而皵楸，小而皵榎說文亦曰：椅，梓也。梓，楸也。楸，梓也。檟，楸也。然則椅梓楸檟，一物而四名囜集韻於義切音意。義同囜yī正韻隱綺切音倚。俗呼坐凳爲椅子正字通坐具後有倚者。鋆又楛24734杙23531

枋 24422 11978
bīng_8.12　唐韻府盈切集韻韻會卑盈切夶音幷說文枋欘，棳也正字通枋欘木高一二丈，葉如蒲扇，葉下有毛如氂，故謂之氂欘。亦作梍欘張衡·南都賦楈枒枋欘李善註皮可爲索唐書·南蠻傳訶陵國雖大屋亦覆以枋欘囜作幷史記·司馬相如傳仁頻幷閭。卽枋欘也。

椆 24423 11979
chóu_8.12　唐韻直由切集韻類篇陳留切夶音籌說文木也類篇寒而不彫山海經虎首之山多椆椐。囜水名莊子·讓王篇卞隨自投於椆水囜zhòu廣韻職救切音呪。木椆，船篙木囜集韻類篇夶已幼切，音救◇木名。

楜 24424 11980
jiān_8.12　正字通同楗24911亦作械24598

椇 24425 11981
jǔ_8.12　唐韻韻會俱禹切集韻正韻果羽切夶音矩玉篇枳椇也禮·曲禮婦人之贄，椇、榛、脯、脩、棗、栗疏椇，卽今之白石李，形如珊瑚，味甘美。又曰：法也。婦人有法，故以爲贄。又內則菱椇疏椇，梨屬，其味不善○按二說不同，疑有二種囜曲橈也。亦俎名禮·明堂位俎殷以椇註椇之言枳椇也。謂曲橈之也陸璣·草木疏椇曲來巢，殷俎似之囜正字通本作枸，石經改作椇。一名石李，一名雞距子，一名木屈檿。梵書謂之木甌囜正韻俱許切音舉。義同。

椈 24426 11982
jū_8.12　廣韻集韻韻會夶居六切音匊類篇木名爾雅·釋木柏，椈禮·雜記暢，臼以椈疏暢謂鬱鬯。以柏爲臼，以桐爲杵。柏香桐潔白，於神爲宜埤雅椈性堅緻，有脂而香，故古人破爲暢臼，用以搗鬱。

桁 24427 11983
xiáo_8.12　唐韻胡茅切集韻類篇何交切夶音殽廣韻桁桃，梔子也正字通按方書山梔子名越桃，無桁桃名。

乘 24428 11984
chéng_8.12　唐韻食陵切集韻韻會神陵切夶音繩。◆說文从入从桀。桀，黠也。軍法入桀曰乘徐曰：乘，從上覆之也。今作乘00324鋆又桀24465

橇 24429 11985
qiào_8.12　韻會與橇同。詳橇註囜集韻同橇。

暴 24430 11986
jū_8.12　唐韻集韻夶居玉切，音菊說文舉食者博雅輿也。

梓 24431 11987
zú_8.12　廣韻集韻夶昨沒切，存入聲廣韻梓机，以柄內孔也△玉篇柱頭枘也囜集韻攢活切音蕞。梓机，木短出貌囜cuì集韻秦醉切音萃。木朽△正字通卽欈字。同不。鋆又柸23774樺25380

椋 24432 11988
liáng_8.12　唐韻集韻韻會呂張切正韻龍張切夶音良說文卽來也爾雅·釋木椋，卽來。詳棶24399字註。

椌 24433 11989
qiāng_8.12　唐韻丘江切集韻韻會枯江切夶音腔。說文柷樂也◆禮·樂記軺鼓椌楬註謂柷敔也。詳柷註。囜kōng唐韻正韻枯紅切集韻韻會枯公切夶音空。說文从木空聲廣韻器物朴也正韻虛也。鋆又榔2450廉12286

楼 24434 11990
wēi_8.12　同桅囜唐韻於爲切集韻邕危切夶音透田器也囜玉篇於皮切。義同。鋆集韻棲棿，或从耒。

植 24435 11991
zhí_8.12　唐韻常職切集韻韻會正韻丞職切夶音殖說文戶植爾雅·釋宮植謂之傳，傳謂之突疏植謂戶之維持鐍者也，植木爲之。又名傳。亦名突囜玉篇植生之屬曰植周禮·地官·大司徒以土會之法，辨五地之物生。一山林，其植物宜卓物。二川澤，其植物宜膏物

三丘陵，其植物宜叢物。四墳衍，其植物宜莢物。五原隰，其植物宜叢物 註 謂櫟、楊、柳、李、梅、王棘、萑葦之屬 又 樹立也 左傳·襄三十年 鄭子產曰：陳亡國也，其君弱植 正義 草木爲植，物植爲樹，君志弱不樹立也 周禮·地官 大田獵則萊山田之野，植虞旗於中 又 zhí 集韻 類篇 丛逐力切音直。立也 詩·商頌 植我鼗鼓 又 zhì 唐韻 集韻 韻會 丛直吏切，音治 博雅 槌也 又 韻會 種也 又 懸蠶薄柱 禮·月令 季春，其曲植 又 枝榦之屬曰植 周禮·大司馬 大役與慮事，屬其植 註 植，築城楨也。 又 將領主帥監作者謂之植 左傳·宣二年 宋城，華元爲植，巡功 又 倚也 論語 植其杖而芸 又 通置 書·金縢 植璧秉珪 又 集韻 時吏切音侍 賈誼·弔屈原文 方正倒植。 𣚊 又 櫃25584

椎 chuí_8.12 唐韻 正韻 直追切 集韻 傳追切 丛音追。通作槌。俗作栖 說文 擊也。又鐵椎也 戰國策 秦遺連環，君王后引椎椎破之。謝秦使曰：謹已解矣 史記·信陵君傳 朱亥袖四十斤鐵椎，椎殺晉鄙 又 揚子方言 椎，齊謂之終葵 又 椎鈍，不曲橈也 前漢 周勃傳 樸椎少文 又 釋名 椎，推也。未亦椎也 又 zhuī 集韻 朱惟切音佳。木名，似栗而小。𣚊 又 鵻24447

椏 yā_8.12 唐韻 集韻 丛於加切音鴉 玉篇 木椏枒 揚子方言 江東謂樹岐曰椏 又 ě 玉篇 烏可切 集韻 倚可切，丛阿上聲。椏椏，樹斜貌 又 集韻 阿个切音痾。義同。𣚊 又 椏24131 枒23613

椐 jū_8.12 唐韻 九魚切 集韻 韻會 正韻 斤於切丛音居 說文 樻也 爾雅·釋木 椐，樻 註 腫節可以爲杖 草木疏 節中腫，可作杖以扶老，今靈壽是也。人以爲馬鞭，弘農共北山其有之 又 釋名 疏籬，青、徐曰椐。椐，居也，居于中也 又 唐韻 去魚切 集韻 丘於切丛音墟。義同。又 集韻 居御切音據 詩·大雅 启之辟之，其檉其椐。攘之剔之，其檿其柘。

椑 pí_8.12 唐韻 部迷切 集韻 韻會 駢迷切丛音鼙 說文 圓榼也 急就篇 榼椑榼梜 博雅 椑謂之桮 又 玉篇 齊人謂斧柯爲椑 周禮·冬官考工記 句兵椑 註 橢圜也。謂側方而去枝也 又 集韻 邊迷切音豍。飲器 又 bēi 唐韻 府移切 集韻 韻會 賓彌切丛音卑 唐韻 木名，似柿 前漢·地理志 梁侯園有八稜烏椑 荊州記 宜都出大椑 又 pì 唐韻 房益切 集韻 正韻 毗亦切丛音闢。親身棺也 禮·檀弓 君卽位爲椑，歲一漆之，藏焉 又 bì 唐韻 集韻 丛蒲歷切音甓。義同 又 頻彌切音紕。縣名 前漢·地理志 屬琅邪郡。 又 字彙 部皆切音排。籍也。𣚊 又 椑24458 又 正字通 樺25706，椑之譌。

榜 bēng_8.12 唐韻 薄庚切 集韻 韻會 正韻 蒲庚切丛音彭 說文 所以輔弓弩者。與榜同 又 集韻 韻會 丛晡橫切音祊。義同 又 李舟·切韻 北孟切，祊去聲。進船也 楚辭·九章 齊吳榜以擊汰。又 廣韻 榜人，舟人也 張協·七命 榜人奏采菱之歌 又 韻會 榜答也 史記·張耳傳 榜答

數千，身無可擊 又 bàng 唐韻 集韻 韻會 正韻 丛補曠切音謗。義同 又 bǎng 唐韻古音 彼朗切 集韻 補朗切 韻會 正韻 補曩切，丛幫上聲。木片也 又 標榜 後漢 李膺傳 膺廢錮，士大夫更相標榜 又 取士及選官之次第曰榜 杜牧·登第詩 平明放榜未花開 唐·選舉志 裴延齡爲吏部造長名榜、銓註法 徐鉉曰俗作牓，非。

椒 jiāo_8.12 唐韻 卽消切 集韻 正韻 茲消切丛音焦。◆ 說文 茉莍。或作栿。亦作檓 爾雅·釋木 椒樧醜莍 註 莍萸子聚生成房貌 疏 椒者，樧之類，實皆有莍彙自裹 詩·唐風 椒聊之實，蕃衍盈升 陸疏 聊，語助也。椒樹似茱萸，有針刺，葉堅而滑澤，蜀人作茶，吳人作茗。今成皋山中有椒，謂之竹葉椒。東海諸島亦有椒樹，子長而不圓，味似橘皮，島上獐、鹿食此，肉作椒橘香 又 漢官儀 皇后以椒塗壁，稱椒房，取其溫也 桓子·新論 董賢女弟爲昭儀，居舍號椒風 又 荀子·禮論 椒蘭芬苾，所以養鼻也 又 荊楚歲時記 正月一日，長幼以次拜賀，進椒酒。 又 土高四墮曰椒丘 屈原·離騷 馳椒丘且焉止息。 又 山頂亦曰椒 謝莊·月賦 菊散芳于山椒 又 邑名。亦姓也。椒，春秋楚邑，椒舉以邑爲姓 又 集韻 子肖切音醮。芬香也 詩·周頌 有椒其馨 △ 說文 無椒字。茉，子寮切。徐鍇曰茉，卽今之椒 正字通 謂徐氏不知椒成樹之誤。○按通志 廣東椒有蔓生者 眞臘風土記 胡椒纏藤而生。則草木可以丛用。

栿 jiāo_8.12 俗椒字。𣚊 同椒。茮，俗叔字。

椓 zhuó_8.12 唐韻 韻會 正韻 丛竹角切音斲 說文 擊也 詩·周南 椓之丁丁 左傳·哀十六年 衞侯辭以難，大子又使椓之 註 謂攻擊之也 又 留土曰椓 詩·小雅 椓之橐橐 又 去陰之刑，本作斀 書·呂刑 劓刵椓黥 伏生傳 男女不以義交者，其刑宮是也，故奄人亦謂之椓 詩·大雅 昏椒靡共。𣚊 正字通 栿，椓字之譌 又 錄，與椓通。

麥 huā_8.12 正字通 華字之譌。見石鼓文

椔 zī_8.12 椔譌字。人名。見宋類苑。𣚊 又 椔24527

桅 yòu_8.12 類篇 余救切音狄。木名。

萑 zhuī_8.12 廣韻 職追切音錐。木名，似桂○按與 集韻 木名之椎應是二種，一似桂，一似栗。

梳 shū_8.12 集韻 類篇 丛同梳。

棄 měng_8.12 篇海 莫肯切音瞢。木也。

梇 bīn_8.12 集韻 卑巾切音彬。木分也。

槊 shuò_8.12 五音篇海 與槊24949同。

棗 zhí_8.12 集韻 直37396古作棗。

柳 liǔ_8.12 字彙補 古柳23858字。

椸 null_8.12 字彙補音未詳。人名。見宋類苑。𣚊 又 椸24527

栒 24454 12010
gāng_8.12 廣韻古文綱44330字。

桳 24456 41329
shuān_8.12 川篇所還切。連栜木也。

桸 24457 41330
jú_8.12 川篇音菊。枸子也。

桳 24458 41331
pí_8.12 奚韻平移切音皮。困蓋。瑩同椑24439四聲篇海栜,瓶夷切。圜蓋漢書云:美酒一椑。

桀 24459 41332
jué_8.12 龍龕渠勿切音倔字彙補桾土也。出釋典。瑩龍龕桀,誤。經音義作掘,渠物反。桀土也。在拔悲經

樴 24460 41333
zāi_8.12 龍龕音災。種也。瑩又栈,同栽24002

桶 24461 41334
yǔ_8.12 川篇音雨。松也。瑩字彙補主呂切音雨。

棚 24462 43913
shuò_8.12 川篇與槊同。

椯 24463 43913
chōu_8.12 篇海類編與楢同。

桒 24465 43915
chéng_8.12 篇海與桀同。

柀 24466 43916
bǐ_8.12 川篇音彼。木也。

楠 24467 43917
nán_8.12 川篇同楠

棒 24464 43914
niè_8.12 龍龕與栍同

椵 24468 43918
jú_8.12 海篇音菊。山行乘之○按即樺字之譌。

梼 24469 43919
qī_8.12 字彙補籀文晳字。

楞 24470 43920
péng_8.12 搜眞玉鏡音棚。

楷 24471 12254
kǎi_8.12 類篇同楷。瑩亦作楩24232

楠 24472 u2ACAF
sù_8.12 俗橚25388

柀 24474 u2ACAD
null_8.12 喃未詳。

樂 24476 u2ACAB
null_8.12 未詳。

稟 24477 u2ACAA
bǐng_8.12 俗稟40505可洪音義稟食:上兵錦反。

樅 24480 u2ACA7
null_8.12 未詳。

椴 24473 u2ACAE
fèi_8.12 簡檅25872

棶 24475 u2ACAC
null_8.12 未詳。

棺 24478 u2ACA9
null_8.12 未詳。

楤 24479 u2ACA8
cōng_8.12 同楤24676俗楤24329又可洪音義楤說:上子孔反。又同楢24418合併字學集篇楤楢,音戶,高貌。

梓 24481 u2ACA6
null_8.12 新撰字鏡梓,字太知。

棗 24482 u2ACA5
null_8.12 未詳。

槵 24483 u2ACA4
null_8.12 未詳。

棤 24484 u2ACA3
null_8.12 大南一統志·卷四·承天府(下)·土產(下)·草類截路藤:俗名綀綃。又名綀棤。其葉可作羹食。符水家取其藤截除邪祟,故名。

椔 24485 u2ACA2
null_8.12 新撰字鏡榊椔椗,三字佐加木。

禁 24486 u2ACA1
null_8.12 未詳。

桟 24489 u23530
null_8.12 未詳。

梁 24487 u2ACA0
null_8.12 未詳。

梓 24488 u2AC9F
è_8.12 俗椊24785即不23522新修玉篇·木部引川篇梓,五割切,伐木餘也

棘 24490 u23529
bó_8.12 喃从束布bố聲△没棘花:一束花。

楈 24491 u23528
khẳng_8.12 喃从木肯khẳng聲。枯萎。

楤 24492 u23527
đó_8.12 喃从木妬đố聲。

椏 24493 u23526
nhài_8.12 喃同崖49976

椏 24494 u23525
chanh_8.12 喃檸檬

梗 24495 u23524
sứ_8.12 喃从木使sứ聲。玉蘭。

呸 24496 u23523
ngộc_8.12 喃从呆玉ngọc聲△呸額:愚蠢。呸逆:低能。

杤 24497 u23522
xới_8.12 喃从木侈xỉ聲。

椥 24498 u23521
phà_8.12 喃从木坡pha聲。大渡船△夫椥:渡船的船夫。

栫 24499 u23520
cần_8.12 喃从木芹cần聲。杠杆。

楱 24500 u2351F
bắp_8.12 喃从木芣búp聲。玉米。

柧 24501 u2351E
cui_8.12 喃从棒省孤cô聲。敲棒△槌柧:警棍。

椪 24502 u2351D
đón_8.12 喃从木迍đón聲。

枚 24506 u23519
xiān_8.12 同鍬63635

栔 24507 u23518
qì_8.12 同梨24355

椏 24503 u2351C
liè_8.12 栵23991本字

槺 24504 u2351B
kǎng_8.12 或俗桙24433空虛。唐樞蜀籍·卷二天槺倒的往哪裏走。

槃 24505 u2351A
pán_8.12 字海同盤37224

粲 24508 u23517
shēn_8.12 同糂43165

槈 24509 u204F2
chéng_8.12 兼桒24465

梀 24510 u23510
zhǐ_8.12 俗檯25428玉篇梀,竹旬切。枝梀也。

絑 24511 u2350D
null_8.12 未詳。

棷 24512 u2350C
tiáo_8.12 簡檪25200

棪 24513 u2350B
jìn_8.12 同禁39879承尊之器。

榙 24514 u2350A
null_8.12 未詳。

桿 24516 u23508
null_8.12 未詳。

桒 24515 u23509
faex_8.12 壯樹木,棺材。

絮 24517 u23507
null_8.12 未詳。

椰 24518 u23506
null_8.12 疑同楸。

桅 24519 u23505
null_8.12 未詳。

栣 24520 u23504
fèn_8.12 慧琳音義毛扮19217:下敷刎反廣雅云扮,動也聲類云擊也文字典說扮,从手分聲。經從芬作栣,非也。

棲 24521 u23503
qī_8.12 俗棲24392彙音寶鑑棲,息也。仝栖23946

棚 24522 u23502
null_8.12 大南一統志卷五·廣南省橋梁蒲棚石竇在蒲棚社。凡二所,各長三尺四寸。

棽 24523 u23501
null_8.12 未詳。

楙 24524 u23500
qìn_8.12 俗槾24871五音集韻復42266楙,復墨工人具。

榜 24525 u234FF
lào_8.12 簡榜25434

楊 24526 u234FE
yáng_8.12 俗楊24631

樒 24527 u234FD
null_8.12 字海同棺24455字見宋史·宗室世系表三

森 24528 u234FC null_8.12 未詳。

硥 24530 u234FA null_8.12 未詳。

桇 24529 u234FB bêu_8.12 嗮从木表biểu聲。越·阮秉五千字譯國語·第七士 標，桇△桇頭：梟首示眾。

椪 24531 u234F9 què_8.12 同㭐24294

棤 24532 u234F8 null_8.12 未詳。

槖 24533 u234F7 tuó_8.12 俗槖25366

韓 24535 u234F5 qín_8.12 俗琴34196

榾 24534 u234F6 měng_8.12 阮元刻本論語注疏·卷第二十·子張問於孔子章 威而不猛也。挍勘記：本猛，誤榾，今正。

燊 24537 u234F3 róng_8.12 俗榮24906

枿 24536 u234F4 jiè_8.12 或俗芥49055

榜 24538 u234F2 null_8.12 未詳。

桋 24539 u234F1 lì_8.12 同桋24203

鼎00331居19077 龍龕桋，徒念反。門桋。

燊 24540 u234F0 null_8.12 未詳。

屪 24541 u234EF null_8.12 未詳。

添 24542 u234EE null_8.12 未詳。

梎 24543 u234ED null_8.12 未詳。

渠 24544 u234EC null_8.12 未詳。

㳇 24545 u234EB null_8.12 未詳。

棄 24546 u234EA qì_8.12 同棄24325

槫 24549 u234E7 zhuăn_8.12 同槫24711

畚 24547 u234E9 běn_8.12 玉篇畚，同畚10140

梂 24548 u234E8 zhí_8.12 俗槷24900古文直37396

桪 24550 u234E6 phím_8.12 嗮从木泛phiếm聲。

渘 24551 u234E5 róu_8.12 同柔23820羅福頤臨沂漢簡通假字表柔、渘風角占弱風，渘風，生風不可為客。

橈 24552 u234E4 nào_8.12 俗橈25354 náo俗撓20667

槞 24553 u234E3 tuò_8.12 同榜24593

橤 24554 u234E2 null_8.12 未詳。

楙 24555 u3B8A mào_8.12 楙24659枞24658之譌字。朝鮮本龍龕楙，正。音毛。冬桃也。杧23672 或作。

梜 24556 u3B89 null_8.12 未詳。

棕 24557 u3B88 nài_8.12 同柰23855 洪音義 梨棕：奴大反。菓名。亦作柰 俗捺19850 洪音義 棕落：上奴達反。地獄惣名也。正作捺。

桵 24558 u3B87 tiàn_8.12 同桵24695 合併字學集篇榜，音拐19388魯班木經匠家鏡·卷之一·郭璞相宅詩三首 門扇兩榜欹，夫婦不相宜。

桻 24559 u3B86 niè_8.12 同槷24785俗譌作捽19930

椮 24561 u692E sēn_8.12 简椮25112

椭 24562 u692D tuŏ_8.12 简椭25398

植 24563 u692C yí_8.12 植梧，地名，在台灣雲林縣。

椪 24565 u692A pèng_8.12 椪柑，植物名，芸香科柑屬。

梗 24566 u6929 gēng_8.12 地名。見甲骨文。

椫 24564 u692B dān_8.12 简樿25337

柎 24567 u6928 fŭ_8.12 俗柎19827 玄應音義 柎塵：芳主反。柎猶拍也。拍，弄也。尚書擊石、

柎石是也 日木名。常綠喬木。

椧 24568 u6927 mìng_8.12 韓筧，木梘，即屋簷上的排水槽 寺名。北椧寺，在慶尚北道慶州 村名。椧村，在全北茂州。

槴 24570 u6925 tre_8.12 嗮槟槴：越南地名。

椤 24571 u6924 luó_8.12 简欏26117

榜 24569 u6926 quān_8.12 俗棬24381 可洪音義 作棬：去貟反。正作棬。

槙 24572 u6923 diăn_8.12 日木名。落葉喬木。

梄 24573 u6922 guì_8.12 简梄25123

椡 24574 u6921 dào_8.12 日櫟樹。

椠 24575 u6920 qiàn_8.12 简椠25101

梕 24576 u691F dú_8.12 简櫝25869

梈 24578 u691D guī_8.12 简槼25132

栔 24577 u691E xì_8.12 類篇栔，息入切。持止也△宏按，或同栔24175

検 24579 u691C jiăn_8.12 同檢25614

椙 24582 u6919 shān_8.12 日和漢三才圖會·藝才·倭字椙，杉之俗字。

椛 24580 u691B va_8.12 壯椛（芘），花 日樺25330略字 huā地名用字 同文通考·國字柂、椛，並紅葉也。

椚 24581 u691A mén_8.12 俗抻19826 可洪音義 椚涙：上莫本反，拭也。椚摸：上音門 mun 嗮从木門môn聲。烏梅木。

楚 24583 u6918 chŭ_8.12 俗楚24660宋元以來俗字譜引目連記

椗 24584 u6917 dìng_8.12 木墊莊子·馬蹄編之以皁棧。唐成玄英疏：棧，編木為椗，安馬腳下，以去其濕，所謂馬牀也 同碇39037 山礬，俗名椗花。參見礬39531 日同榊25095

橾 24585 12011 sāo_9.13 唐韻集韻丛蘇遭切音騷說文船總名。从木㮮聲徐曰俗作艘，非前漢·溝洫志河決館陶，發河南以東漕船五百橾，徙民避水 sōu集韻疎鳩切音蒐。木名，似白楊。

桐 24586 12012 jiŏng_9.13 集韻戶茗切音迥。枡牀也。或省作桐。

楕 24587 12013 duŏ_9.13 集韻都果切音朵 說文篅也。一曰揣度也。一曰剟也 集韻類篇丛楚委切音揣。義同。chuán廣韻市緣切集韻淳沿切丛音遄。木名。急就篇註徒官切音團。楕，碑本作搏，器名。

鏖又棠24723

椰 24588 12014 yé_9.13 同椰。鏖又枒23687椰25383荓49529菞50045

複 24589 12015 fù_9.13 廣韻集韻丛扶富切，浮去聲 說文作榎，機持繒者 集韻房六切音復。義同 爲也揚子方言履中有木者謂之複舄，自關而東謂之複。

樟 24590 12016 wěi_9.13 廣韻韻會於鬼切集韻羽鬼切丛音偉說文木可屈為杅也玉篇木皮如韋 類篇於悲切。義同 huī集韻吁韋切音暉。與楎同 集韻於非切音韋。義同。鏖又枂23756

榟 zī_9.13　24591 12017
唐韻側持切 集韻 韻會 莊持切 杦音錙。通作梓 爾雅·釋木 木立死，榟 詩·大雅 其菑其翳 疏 妨他木生長，爲木之害。故曰菑 又 唐韻 集韻 杦側吏切音裁。義同。俗作楜，非。

椳 wēi_9.13　24592 12018
唐韻 正韻 烏恢切 集韻 烏回切杦音隈 說文 門樞也 爾雅·釋宮 樞謂之椳 疏 門持樞者 又 集韻 正韻 杦烏賄切音猥。義同。

榻 tuò_9.13　24593 12019
柝23830 榻杦同 袁宏·漢書舊儀 城門擊刁斗傳 五更衛士周廬擊榻 鋆 又 牃32496 椓24553 龍龕 柝 栫24026 二俗，柝正，音託。擊柝也。

椴 duàn_9.13　24594 12020
唐韻 集韻 韻會 徒玩切 正韻 杜玩切杦音段 唐韻 木名 爾雅·釋木 椴，柂 疏 椴，一名柂。樹似白楊，其材能涇 又 爾雅·釋草 椴，木槿25136 又 集韻 都玩切音鍛 博雅 杕也 揚子方言 燕之東北，朝鮮洌水之閒謂之椴。鋆 又 楤24976

椵 jiǎ_9.13　24595 12021
唐韻 古雅切 集韻 韻會 舉下切杦音檟 說文 木可作牀几 爾雅·釋木 檟椵 註 柚櫚也。子大如盂，皮厚二三寸，中似枳，食之少味 又 集韻 居迓切音駕 博雅 杕也，所以舉物 又 jiā 類篇 居牙切音加。囚械。又 集韻 何加切，音遐。義同。鋆 又 㮾25151 椡24882 架23784

梐 píng_9.13　24596 12022
粤謂字。

椶 zōng_9.13　24597 12023
唐韻 子紅切 集韻 韻會 祖叢切 正韻 祖束切杦音騣 石鼓文 作㯶，俗作棕 說文 栟櫚也。可作萆。張揖曰：本高一二丈，旁無枝，葉如車輪，皆萃于木杪，其下有皮，重疊裹之，每皮一匝爲一節，花黄白，結實作房如魚子狀 山海經 石脆之上，其木多椶 ◆ 玉篇 椶櫩，一名蒲葵 又 椶竹，亦竹類 益部方物記 有皮無枝，實中而榦 又 崖椶，草名 蘇頌·圖經 狀似椶，有葉無花，采根治勞傷，效。俗作㯶，非。鋆 本高一二丈。木高一二丈 又 㯶25877

椰 yù_9.13　24599 12025
同栯。

椷 jiān_9.13　24598 12024
集韻 居咸切音緘。或作柙 說文 篋也 徐曰 函屬 又 xián 唐韻 胡讒切音咸。杯也 揚子方言 栖，趙魏之閒曰椷 又 集韻 胡南切音函。容也 前漢·天文志 辰星過大白閒可椷劒。

椸 yí_9.13　24600 12026
唐韻 以支切 集韻 韻會 余支切，並音移 說文 衣架也 禮·曲禮 男女不同椸枷 唐韻 作箷。亦作桋 博雅 箷謂之槐 又 揚子方言 榻前几，趙魏之閒謂之椸 又 集韻 以豉切，移去聲。義同。鋆 又 杝32358 㯟32395

椹 zhēn_9.13　24601 12027
唐韻 集韻 韻會 杦知林切音碪 玉篇 鈇椹，斫木櫍也。或作枮。亦作椹 周禮·夏官·司弓矢 王弓弧弓，以授射甲革椹質者 註 樹椹以爲射正，試弓習武也 又 戮人用椹質 戰國策 范睢曰：臣之智不足以當椹質 又 shèn 集韻 食荏切音甚 說文 作葚 毛詩 作黮。通作椹。桑實也 爾雅·釋木 桑辦有葚、梔 疏 桑子曰葚，半有

葚半無葚爲梔 魏略 楊沛爲新鄭長，積乾椹以禦饑。又 張華·博物志 江南諸山大樹斷倒者，經春夏生菌，謂之椹 又 本草 戴椹，黄耆別名 △ 文字指歸 俗用爲桑椹字 同文備考 此當爲桑椹字，椹質借用。二說未知孰是。鋆 又 鍖63673 楮25860 又 正字通 椹，又擣衣。以石爲質 集韻 或作枮、碪，今俗从石作碪、砧。

椺 xí_9.13　24602 12028
唐韻 胡狄切 玉篇 戶狄切杦音檄。鐘椺也 又 唐韻 胡老切音皓。義同 ○ 按字書皆从保 字彙 作椺，誤。鋆 同煫30962俗椺24204槄椺也。又字彙作椺誤。字彙 不誤。

椻 yàn_9.13　24603 12029
集韻 於建切。同堰。積木爲障。

楄 yǎn_9.13　24605 12031
玉篇 余闡切 集韻 以淺切杦音演。木名。

椽 chuán_9.13　24606 12032
唐韻 直攣切 集韻 韻會 正韻 重緣切杦音傳 說文 榱也 廣韻 屋桷也 爾雅·釋宮疏 屋椽，齊魯名桷，周人名榱 左傳·桓十四年 宋以大宮之椽歸，爲盧門之椽 註 圓曰椽，方曰桷 前漢·藝文志 茅屋采椽 又 集韻 柱戀切，傳去聲。義同。鋆 又 㮨25209

椾 zhàn_9.13　24607 12033
玉篇 古文牋32474字 又 集韻 士諫切，棧去聲。與棧同。棚也。

棌 zhàn_9.13　24608 12034　同椾。

楄 mián_9.13　24604 12030　同棉。

椿 chūn_9.13　24609 12035
唐韻 丑倫切 類篇 敕倫切，杦同杶 禹貢 作杶，左傳 作橁，說文 作櫄，皆一物也 莊子·逍遙遊 上古有大椿者，以八千歲爲春，八千歲爲秋 又 正韻 樞倫切音春。義同。鋆 又 椿20226

楀 yǔ_9.13　24610 12036
唐韻 集韻 韻會 杦王矩切音羽 說文 木名也 又 姓 詩·小雅 楀維師氏 疏 褒姒族黨 又 唐韻 韻會 俱雨切 集韻 果羽切杦音矩 又 正韻 居許切音舉。義杦同。

猛 bēi_9.13　24612 12038　同杯。

楁 hé_9.13　24611 12037
唐韻 胡格切 集韻 轄格切杦音垎 唐韻 鞍格也 類篇 又 櫊架。

楂 chá_9.13　24613 12039
唐韻 集韻 韻會 正韻 杦鋤加切。同查。詳查、槎註 又 楂楂，鵲聲 韓愈·雜詩 鵲鳴聲楂楂 又 果名。與相同 柳宗元 贈劉禹錫張署詩 傖父饋酸楂 又 韻會 引歐陽氏曰：張騫乘楂，乃此楂字。亦通作查。鋆 又 查24751

梟 chán_9.13　24614 12040
集韻 類篇 杦同簨 又 玉篇 士衫切。同槮26030 又 廣韻 木闌也。又銳也。鋆 又 櫱25565

楃 wò_9.13　24615 12041
唐韻 於角切 集韻 乙角切杦音渥 ◆ 說文 楃，木帳也 博雅 幬幕 正譌 別作幄，非。

楄 pián_9.13　24616 12042
唐韻 房連切音楩。又 集韻 韻會 蒲眠切跰。義同 ◆ 說文 楄部，方木也 春秋傳 作楄柎。杜預曰：棺中苓牀也 左傳·昭二十五年 楄柎所以藉幹 又 何晏·景福殿賦 爰有禁楄，勒分翼張 李善註 禁楄，短桷也 又 集韻 卑眠切音邊。木名 山海經 堵山有木焉，名曰天

楄，方莖而葵狀，服者不噎。

槄 24617 12043
nài_9.13　俗奈字区ni集韻乃計切，泥去聲。木立死也区nà集韻乃曷切類篇乃葛切，丛音捺。木梓生貌。

范 24618 12044
fán_9.13　集韻同舩。鼛又字彙補與范49207同。模樵也。見漢逢童碑△宏按，碑作：囷樵。

㭌 24619 12045
shěng_9.13　唐韻集韻丛息井切音箵說文木參交以枝炊䉣者集韻肉几也区又集韻類篇丛所景切音瘤。又居迓切音駕。義丛同区sì玉篇集韻丛斯義切。同杫。亦肉几也。

梢 24620 12046
xiáo_9.13　桥、㭒23951丛同，亦作㮸。徐鉉曰當從朕省揚子方言槌，其橫關西曰㮸。亦名校区集韻何交切音肴。鼟桿区關中呼長杖曰梢條。

㭟 24621 12047
yǐn_9.13　集韻類篇丛以荏切，淫上聲。鄉名，在濟北。

㭠 24622 12048
cì_9.13　集韻類篇丛測入切音扱。㭠㮨，林木貌区chā類篇惻恰切音插。木折聲。

㮰 24623 12049
hóu_9.13　集韻類篇丛胡溝切音侯。㮰楡，小杉木。又㮰，樛木也。鼟㮰桃又作㮰24829桃、猴桃。

楅 24624 12050
bī_9.13　唐韻彼側切集韻筆力切丛音逼說文以木有所逼束也詩·魯頌夏而楅衡徐曰楅衡，以防牛觸人，故以一木橫于角端也区周禮·天官·邊人疏楅土為室曰楅室，置生魚于中，糗乾之也区fú唐韻廣韻集韻韻會正韻方六切音福。義丛同区承矢器儀禮·鄉射禮設楅于中庭南註楅猶幅也，所以承笴齊矢者疏義取邊幅整齊之意，長如笴，博三寸，厚寸有半，龍首，其中蛇交区集韻拍逼切音䢔。又筆力切音逼。義並同。

楙 24625 12051
mào_9.13　唐韻集韻韻會丛莫報切音帽說文門樞之橫梁也区唐韻莫沃切集韻類篇謨沃切丛音瑁。又集韻謨沐切音娼。義丛同。鼟又桐24384

楆 24626 12052
yāo_9.13　集韻伊消切音腰。本作要爾雅·釋木邊，要棗註子細腰，今謂之鹿盧棗。

楇 24627 12053
huò_9.13　集韻胡臥切，和去聲說文盛膏器字彙車中盛膏以塗輪者区guō◆廣韻集韻丛古禾切音戈。同輠。紡車收絲具也区kuǎ類篇苦瓦切，誇上聲。橫樀杖。鼟又楇24305

楈 24628 12054
xū_9.13　唐韻相居切集韻新於切丛音胥說文木也張衡·南都賦楈枒似栟櫚，皮可作索区類篇犁也。区集韻師銜切音釤。木名区唐韻集韻丛私呂切，胥上聲。義同区集韻息據切音絮。木可為犁柄。

㮱 24629 12055
rǎn_9.13　集韻類篇同橪。

楉 24630 12056
ruò_9.13　唐韻而灼切集韻日灼切丛音若博雅楉榴，柰也廣韻楉榴，安石榴也。一作若區張衡·南都賦樗棗若榴区山海經註大木之奇靈者為若。

楊 24631 12057
yáng_9.13　唐韻與章切集韻韻會余章切正韻移章切丛音陽說文木也爾雅·釋木楊，蒲柳。詳柳23858字註区詩·秦風隰有楊崔豹·古今注白楊葉圓，青楊葉長，移楊圓葉弱蒂，微風大搖。又有赤楊，霜降則葉赤，材理亦赤区黃楊埤雅黃楊性堅緻難長，歲長一寸，閏年倒長一寸区博雅白楊刀也区縣名前漢·地理志楊縣屬河東郡区姓姓苑出弘農、天水二望区叶以征切音盈馬融·廣成頌珍林嘉樹，建木叢生。椿梧栝柏，柜柳楓楊。鼟又杨23627薚51173区楊24526，碑別字，見漢曹全碑

柳 24632 12058
yè_9.13　正字通與欂同。

栢 24633 12059
gèng_9.13　古文亙脛說文居鄧切。竟也○按今經史俱作亙。註詳二部，此不丛載。鼟又櫃25206椢24798
蕢50258

㮨 24634 12060
yán_9.13　唐韻五姦切集韻牛姦切丛音顏廣韻木名，似橦。

㮺 24635 12061
běn_9.13　玉篇古文本23528字。

㮷 24636 12062
tū_9.13　唐韻集韻陀骨切類篇陀沒切丛音突廣韻植也坤蒼戶持樞者区廣韻傳者区韻會時占切。
同㮵24337

楎 24637 12063
hún_9.13　唐韻戶昆切集韻胡昆切丛音渾說文六叉犁。一曰犁上曲木，犁轅区集韻古本切音袞。義同区huī廣韻集韻韻會丛吁韋切音揮。或作楎。橜也爾雅·釋宮杙在牆者謂之楎区縣衣具禮·內則不敢縣于夫之楎椸郭璞註直曰楎，橫曰椸，同類之物区集韻居云切音君。義同。鼟又揮32798

楑 24638 12064
kuí_9.13　唐韻苦圭切音奎。楎也。即鋤柄区集韻傾畦切音暌。義同。

楒 24639 12065
jiè_9.13　集韻類篇丛居拜切音界。庋閣楒也，所以庋食器者。鼟又庎15379

桿 24640 12066
gān_9.13　篇海與竿同。

楑 24641 12067
kuí_9.13　唐韻渠追切集韻渠惟切丛音葵博雅柊楑，椎也周禮·冬官考工記作葵，詳杙23659字註区說文求癸切。同揆。一曰度也。一曰木也。

種 24642 12068
chòng_9.13　集韻類篇丛昌用切音衝。木梳也。

㮹 24643 12069
jì_9.13　類篇其季切音悸。木下垂貌。

椒 24644 12070
sī_9.13　唐韻息茲切集韻新茲切丛音思唐韻相椒，木也左思·吳都賦楠榴之木，相思之樹李善註相思，大樹也。材理堅邪，斫之有文，可作器。其實如珊

瑚，歷年不變。東冶有之囗搜神記有文梓木，生韓馮夫婦二冢之端，根交于下，枝錯于上，號相思樹。

楓 24645 12071
fēng_9.13　唐韻方戎切集韻韻會方馮切正韻方中切𡘋音風◆說文木也。厚葉弱枝善搖。一名欜爾雅·釋木楓，欇欇郭註樹似白楊，葉圓岐，有脂而香，今之楓香是也埤雅枝善搖，故字从風，葉作三脊，霜後色丹，謂之丹楓，其材可以爲式囗說文解字楓木，漢宮殿中多植之，故稱楓宸囗南方草木狀楓香樹，子大如鴨卵，曝乾可燒，惟九眞郡有之囗蜀本草楓脂，入地千年化爲虎魄囗本草圖經引述異記南中楓木之老者爲人形，亦呼爲靈楓，蓋瘿瘤也譚景升·化書老楓化爲羽人，無情而之有情也。又孫炎云欇欇生江上，有寄生枝，高三四尺，生毛，一名楓子，天旱，以泥泥之卽雨。囗集韻悲廉切音砭。義同囗fán唐韻符咸切音凡楚辭·招魂朱明承夜兮時不可淹，皐蘭被徑兮斯路漸，湛湛江水兮上有楓囗集韻甫凡切音芝。與枫同。鎏又枫23763

楀 24646 12072
ér_9.13　唐韻如之切集韻人之切𡘋音而。或作檽，一作橱，與栭、栮同。木耳別名。詳栭、栮註囗ruǎn唐韻而兗切集韻乳兗切𡘋音軟玉篇紅藍。一曰棗，似柿也。見樗24217字註。

橇 24647 12073
suì_9.13　同榱。

樺 24648 12074
jiá_9.13　唐韻古黠切玉篇公八切類篇訖詰切𡘋音夏玉篇樺，鼓也。

椮 24649 12075
qín_9.13　集韻渠巾切音勤。矛柄。又鉏欀也正字通史傳作矜。俗作槮，非〇按賈誼·過秦論鉏欀棘矜，作矜詩二矛重弓，鄭箋：戈柄謂之矜。又作槮。則矜、槮通用。

楔 24650 12076
xiè_9.13　唐韻集韻韻會正韻𡘋先結切音屑說文欂也◆爾雅·釋宮根謂之楔註門兩旁木枺，卽今府署大門脫限者，兩旁柱兩木于欂之端是也韓愈·進學解根闑店楔囗柱也禮·喪大記小臣楔齒用角栖。詳栖註囗木名爾雅·釋木楔，荊桃郭註今櫻桃也囗左思·蜀都賦梂枒楔樅劉逵註楔似松，有刺囗集韻吉屑切音結。義同囗集韻訖黠切音夏。亦門兩旁木也。鎏又秺02547

柦 24651 12077
jiàn_9.13　集韻胡懺切音覽。櫃也廣韻作橼25744囗篇海戶韽切音陷。義同〇按正字通作橺，非。

楕 24652 12078
tuǒ_9.13　字彙他果切音妥揚子方言楡楕，脫也。未詳字彙木器正字通橢省。

椇 24653 12079
jí_9.13　唐韻集韻韻會正韻𡘋同欛囗周禮·冬官考工記刮磨之工五：玉人、楖人、雕人、磬氏、矢人也囗集韻子悉切音唧。柳栗，木名。可爲杖范成大·丙午新正詩病憐椇栗隨身慣囗椇桊，縣名前漢·地理志屬魏郡。一作卽。鎏柳从卽。

槷 24654 12080
niè_9.13　字彙古文枿字正字通淮南子·俶眞訓一

人養之，十人拔之，則必無餘槷。作槷晉書·王羲之傳槷槷而無屈伸。作槷。以槷爲古文枿，誤。

楗 24655 12081
jiàn_9.13　唐韻其偃切集韻韻會巨偃切𡘋音鍵◆說文限門也廣韻關楗也老子道德經無關楗而不可開淮南子·人閒訓家無筦籥之信，關楗之固囗集韻正韻𡘋巨展切音件。義同囗集韻巨建切韻會正韻渠建切說文其獻切𡘋音健史記·河渠書下淇園之竹以爲楗如淳註樹竹塞水決之口，以草塞其裏，乃以土塡之也囗周禮·冬官註疏渠卷切音倦。馬行不利也。◆考工記·輈人終日馳驅左不楗囗jiǎn註疏九輦切音蹇。義同。

欙 24656 12082
yí_9.13　唐韻烏奚切集韻煙奚切𡘋音鷖玉篇欙欛，弩椻木也囗唐韻五稽切集韻研奚切𡘋音倪。義同。

棴 24657 12083
mù_9.13　唐韻集韻韻會正韻𡘋莫卜切音木◆說文車歷錄束文也詩·秦風五棴梁輈毛傳五，五束也。棴，歷錄也。一輈五束，束有歷錄疏恐易折，以皮束之，因以爲飾也△韻會或作𣝝。亦作𦈏、轐。鎏又棴40613棴24902囗同柔23820銀雀山漢墓竹簡·孫臏兵法兵有五名：一曰威强、二曰軒驕、三曰剛至、四曰叻忌、五曰重棴。

橉 24658 12084
mào_9.13　集韻韻會𡘋莫候切音茂。木名。冬桃也囗唐韻莫袍切音髦。義同。見枆23672字註。

楙 24659 12085
mào_9.13　唐韻莫候切音茂說文木盛也前漢·律志林鍾助羨實，君主種物，使長大楙盛師古曰楙，古茂字囗爾雅·釋木楙，木瓜詩·衞風投我以木瓜毛傳楙，木也。可食之木蘇頌·圖經楂櫨類，蔕閒別有重蔕，如乳埤雅梨百損一益，楙百益一損。鎏林鍾助羨實。囗杍23821楙24371橺24555

楚 24660 12086
chǔ_9.13　古文栿囗唐韻正韻創舉切集韻創阻切，𡘋初上聲。或作濋說文叢木也。一曰荊詩·小雅楚楚者茨，言抽其棘註楚楚，茨棘貌囗詩·召南翹翹錯薪，言刈其楚疏荊屬。薪雖皆高，楚尤翹翹而高也囗禮·學記夏楚二物，收其威也註楚，荊也。撲撻犯禮者。囗葽楚，草名。羊桃也詩·檜風隰有萇楚，猗儺其枝。囗楚楚，鮮明貌詩·檜風蜉蝣之羽，衣裳楚楚囗辛楚，痛也，別作憷陸機·與弟士衡詩慷慨含辛楚囗國名書·禹貢荊州之域，周熊繹始封囗三楚，地名史記·貨殖傳淮北郡、陳汝南郡，西楚也。彭城以東，東海、吳廣陵，東楚也。衡山、九江、江南、豫章、長沙，南楚也囗南方曰楚後漢·史岑出師頌朔風變楚李善註朔，北方也。楚，南方也囗姓左傳晉韅卜楚丘，趙襄子家臣楚隆囗唐韻韻會𡘋瘡據切，初去聲。心利也囗木名。出歷山囗類篇山於切音疎杜甫送孟十二詩秋風楚竹冷，夜雪鞏梅春。鎏又楚24583柾23872椘25043栿24806楚24963癅36536楚57082齼75811栿25216

橙 24661 12087
dèng_9.13　類篇唐互切音鄧博雅擔也。鎏又拂20053

楀 yù_9.13 集韻牛具切,音遇類篇像人正字通俑類也。即木偶△一作寓前漢·郊祀志木寓龍一馴李奇註寓,寄也。寄生龍形于木也又作禺後漢·劉表傳表欲臥收天運,擬蹤三分,猶木禺之于人也。

楛 hù_9.13 唐韻正韻侯古切集韻韻會後五切丛音戶說文木也。書·禹貢惟箘簵楛,三邦底貢厥名註楛中矢榦魯語武王時肅慎氏貢楛矢石砮,長尺有咫。又詩·大雅榛楛濟濟陸璣·草木疏形似荊而赤莖,似蓍又凡器物堅好曰功,濫惡曰楛荀子·勸學篇問楛者勿告也,告楛者勿問,說楛者勿聽也註康五切音苦韻會果五切。

槁 jiōng_9.13 唐韻古螢切類篇涓熒切丛音扃。木名正字通楄字之譌。鞏又楇25068

橐 pào_9.13 篇海防教切音鉋。出免疑韻。俗謂四十斤爲橐。鞏字亦作橐24775越諺·卷中·花草·蔬橐,(音)拋。冬秤醃菜,以五把為一橐。出免疑韻

楜 hú_9.13 篇海洪孤切音乎。胡椒也。本作胡,俗加木。

楝 liàn_9.13 唐韻集韻韻會正韻丛郎電切音鍊說文木也。爾雅翼木高丈餘,葉密如槐而尖,三四月開花,紅紫色。實如小鈴,名金鈴子。俗謂之苦楝,亦曰含鈴子可以楝,故名又淮南子·時則訓七月官庫其樹楝註楝實,鳳凰所食又東臯雜錄花信風、梅花風最先,楝花風最後。凡二十四番,以爲寒絕又荊楚歲時記蛟龍畏楝,故端午以楝葉包糉,投江中祭屈原又與欄26031通。

楞 léng_9.13 與棱同又楞嚴,浮屠書名△四方木。从罒,非。鞏又愣17922

橀 xī_9.13 玉篇橀俗字篇海橀同嶰。

楟 tíng_9.13 唐韻唐丁切玉篇徒丁切丛音亭唐韻木名。山梨也左思·吳都賦橙柿楟樗。又孝子傳尹伯奇采楟花以爲食註楟花,即棠梨花。春開,采暴乾,瀹之可充蔬又博雅楟刺也。

楠 nán_9.13 本作枏23683鞏又柟23834枏23737枏23762枡23748楠24467枬24079枀24115

榆 yú_9.13 唐韻羊朱切集韻容朱切丛音俞說文榆,白枌陸璣·草木疏榆有十種,葉皆相似,皮及木理異爾雅釋榆者三:一曰藲荎。郭註:今之刺榆。疏:詩·唐風山有樞是也。一曰無姑,其實夷。郭註:無姑,姑榆也,生山中,葉圓而厚,所謂蕪荑是也。一曰榆白枌。疏:詩·陳風東門之枌是也又禮·內則菫荁枌榆,免薧滫瀡以滑之又禮·檀弓諸侯爲榆沈設撥註以水澆榆白皮之汁,有急以播地,於引輴車滑又嵇康·養生論榆令人瞑博物志啖榆則眠不欲覺又周禮·夏官·司爟註鄹子春取榆柳之火又本草集解大楡二月生莢,榔楡八月生莢又桑楡,晚景也後漢·馮異傳失之東隅,收之桑楡又地楡,草名博雅菗蒢地楡又白楡,星名古樂府天上何所有,歷歷種白楡又枌楡,鄉名。漢高立社于此前漢·郊祀志高祖禱枌楡社又楡林,塞名水經注諸次水東逕楡林塞,世謂之楡林山又姓後漢將軍楡棘。

楢 yóu_9.13 唐韻以周切集韻韻會夷周切丛音由說文柔木也。工官以爲卑輪。徐曰卑輪,外固抱之牙也又集韻類篇丛雌由切音秋山海經崌山,其木多楢郭璞註楢,剛木也,中車材。與說文異又yǒu唐韻與久切音酉。柞楢也周禮·夏官·司爟註鄹子冬取柞楢之火又類篇積也,積火燎之也又溪名孫綽·天台賦濟楢溪而直進又chǎo唐韻尺沼切音眇。赤木名。

楣 méi_9.13 唐韻武悲切集韻韻會旻悲切丛音眉說文秦名屋櫋聯也,齊謂之檐,楚謂之栮。徐引爾雅·釋宮楣謂之梁,謂門上橫梁也。眉猶際也釋名楣,眉也。近前各兩,若面之有眉儀禮·鄉射禮序則物當棟,堂則物當楣註五架之屋,止中曰棟,次曰楣鄉飲酒禮賓升主人阼階上,當楣北面再拜註楣,前梁也。鞏又楣20214,俗。

楤 cōng_9.13 同槐。

堮 è_9.13 唐韻五各切集韻韻會逆各切丛音愕玉篇穿也。

楥 xuàn_9.13 唐韻虛願切集韻韻會呼願切,丛暄去聲。俗作楦說文履法也徐曰織履中模範,故曰法朝野僉載唐楊炯每呼朝士爲麒麟楥,曰:今弄假麒麟者,必修飾其形,覆之驢背,及去皮,還是驢又集韻于眷切。木名爾雅·釋木楥,柜柳又集韻于元切音袁。義同又正韻于權切音員。絡絲籆。鞏又俗楥20125唐西平郡王碑如衝如楥。

楦 xuàn_9.13 俗楥字。

槊 shāo_9.13 唐韻所教切,稍去聲。亦作梢。木上小也類篇剟木殺上也。

楂 zhā_9.13 集韻樝25190或作楂。

英 yīng_9.13 同柍。鞏正字通橜,舊註音英,雀梅。按:爾雅時,英梅。郭註雀梅,非作橜。或曰柍23813字之譌。

楨 zhēn_9.13 唐韻陟盈切集韻韻會知盈切丛音貞說文剛木也山海經太山之上多楨木郭註女楨也。冬不凋又楨榦,築牆所立兩木也書·費誓峙乃楨榦孔傳題曰楨,旁曰榦。楨當牆兩端者也,榦在牆兩邊者也又楨林,縣名前漢·地理志屬上郡。鞏又楨24129

楉 gǒu_9.13 同枸博雅楉乳,苦杞也。

楩 pián_9.13 唐韻房連切集韻韻會毗連切,丛便平聲玉篇楩木,似豫章司馬相如·子虛賦楩楠豫章。爾雅釋木爾楩疏楩及豫章皆南方大木之名也又唐韻符善切

集韻類篇婢善切丛音辨。又集韻毗面切音便。義丛同。

槀 24685 12111
玉篇古文栗23948字。周禮·冬官考工記攻金之工六：築冶鳧槀段桃。槀氏爲量者。

楪 24686 12112
yè_9.13　唐韻與涉切集韻韻會正韻弋涉切丛音葉玉篇牖也又图楪楡，縣名。在雲中。見史記图dié類篇達協切音牒。牀簀也图集韻類篇丛悉協切音變。膝楪，小楪。鎣又牒32396

楫 24687 12113
jiē_9.13　唐韻即葉切集韻韻會正韻即涉切丛音接◆說文舟櫂也玉篇行舟具。橃、艥同易繫辭刳木爲舟，剡木爲楫。舟楫之利，以濟不通書·說命若濟巨川，用汝作舟楫图釋名楫，捷也。撥水使舟捷疾也註楫，所以櫂舟也詩·大雅淠彼涇舟，烝徒楫之揚子方言楫謂之橈。或謂之櫂林木貌呂覽·明理篇氣若山之楫图jí集韻籍入切正韻秦入切丛音輯。義同图通輯前漢·兒寬傳躬發聖德，統楫羣元。臣瓚曰：楫當作輯。图集韻側立切音戢。聚也。鎣又揖19936

楬 24688 12114
jiē_9.13　唐韻集韻韻會丛其謁切音揭說文楬櫫也周禮·秋官·職金辨其物之媺惡與其數量，楬而璽之註既楬書揃其數量，又以印封之，有所表識，謂之楬櫫图周禮·秋官·蜡氏有死于道路者，令埋而置楬顏師古曰楬，杙也。椓杙于葬處，而書死者姓名也图周禮·秋官·明竁註楬頭，書罪法也图唐韻集韻韻會正韻丛渠列切音傑。義同图qià唐韻丘瞎切。同稭。止樂器禮·樂記鞉鼓椌楬壎篪註疏椌，柷也。楬，敔也。柷以起樂，敔以止樂图木豆也禮·明堂位夏后氏以楬豆註無異物之飾也。齊人謂無髮爲秃楬图淮南子·地形訓清漳出楬戾，濁漳出發包高註乞洽切音恰。楬戾，山名，在上黨。

業 24689 12115
yè_9.13　古文叢㸯唐韻魚怯切集韻逆怯切丛音鄴說文業，大板也，所以飾懸鐘鼓詩·大雅虡業維樅疏植鐘磬之木，植者名爲虡，橫牽者爲栒，栒上加大版爲之飾爲業，刻板捷業如鋸齒，故曰業图功業易繫辭富有之謂大業图事業易·坤卦暢於四支，發於事業图基業孟子創業垂統图學業禮·曲禮所習必有業。图世業左傳·昭元年子產曰：臺駘能業其官图爾雅·釋訓業業，危也書·皋陶謨兢兢業業，一日二日萬幾。图壯也詩·小雅四牡業業△凡所攻治者曰業，事物已爲而未成亦曰業孟子有業屨於牖上图已然曰業前漢·吳王濞傳高祖召濞相之，悔業已拜图藝業史記·貨殖傳田農，拙業也，賣漿，小業也图建業，地名吳志權改秣陵爲建業图姓姓苑有業氏图集韻逆及切音岌。亦壯也图集韻玉盍切。亦危也〇按說文从丵从巾。巾象版，不从木，收丵部，今誤入。鎣又业00063菐15027叢49744檠32543㸯32053图吳志權改秣陵爲建業。徐慧吳志·孫權傳改秣陵爲建業。

楒 24690 12116
chí_9.13　集韻常支切音匙玉篇匕名。今作匙。

橤 24691（右欄上）
图集韻類篇椸，或作榹。

楮 24691 12117
chǔ_9.13　唐韻集韻韻會丛丑呂切音褚說文穀也陸璣·詩疏幽州人謂之穀桑，或曰楮桑。荊、揚、交、廣謂之穀，中州人謂之楮。江南人績其皮以爲布，又擣以爲紙酉陽雜俎葉有瓣曰楮，無曰構图楮幣，即鈔也。宋紹興初，軍餉不繼，造此以誘商旅周必大·二老堂雜志近歲用會子，乃四川交子法，特官券耳。不知何人目爲楮幣，遂入殿試御題图楮錢，祭祀用之法苑珠林楮錢出於殷長史王璵，用以祠祭图崔豹·古今注楮實曰任图山名山海經楮山多寓木图唐韻當古切集韻董五切丛音堵。木名图集韻類篇櫧或作楮。鎣又杼23835

楯 24692 12118
shǔn_9.13　唐韻食允切集韻韻會豎尹切，音盾◇說文闌檻也王逸曰縱曰欄，橫曰楯，今階除木句欄是也史記·滑稽傳秦始皇時有陛楯郎唐書·百官志鈎楯掌禁苑果木图與盾通。干也左傳·定六年樂祁獻揚楯六十于簡子图舞者所執禮·明堂位朱干玉戚疏干，楯也。戚，斧也。舞者左手執楯，右手執斧，謂之武舞图與輴通，喪車用之儀禮·既夕註輴，有四周。輴軸則無輴。一作楯。或讀作閏图拔擢也淮南子·原道訓引楯萬物，群美萌生图集韻正韻丛食閏切音順。義同。又集韻救準切，音偆。案也。图chūn唐韻丑倫切音椿唐韻木名類篇車約軖也图xún唐韻詳遵切集韻松倫切，並音旬，欄檻也。鎣又楯25491

楰 24693 12119
yú_9.13　唐韻羊朱切集韻韻會容朱切丛音兪說文鼠梓木詩·小雅北山有楰草木疏樹葉木理如楸，山楸之異者。亦名苦楸，濕時脆，燥時堅廣韻鼠梓，似山楸而黑也图唐韻以主切集韻韻會類篇勇主切丛音庾。義同。

楱 24694 12120
còu_9.13　唐韻倉奏切集韻韻會正韻千候切丛音輳類篇橘類，出武陵司馬相如·上林賦黃甘橙楱張協·七命漢臯之楱图zòu唐韻才奏切，剗去聲。鑷楱，鐵齒杷名图集韻則候切音奏。義同。鎣又棒25878

橇 24695 12121
tiàn_9.13 ◆唐韻集韻韻會正韻丛他念切，添去聲說文炊竈木。本作栝23959廣韻火杖也图集韻他點切音忝。義同。鎣又橇24558同橇容齋五筆挑剔燈火之杖曰橇，他念切。注：火杖也图掭20033，以物挑剔撥弄。

楲 24696 12122
wēi_9.13　唐韻集韻韻會丛於非切音威說文楲褻，襄器也賈逵解·周官楲，虎子也。古之受大小溲者，皆以虎子呼之图玉篇決塘木也類篇通陳寶。

楳 24697 12123
méi_9.13　與梅同。

梯 24698 12124
tì_9.13　唐韻正韻丛他計切音涕。梯枝，整髮釵也。或从手作掃詩·鄘風象之掃也魏風佩其象掃註掃以摘髮，象骨爲之图dì集韻大計切音第。笄屬图集韻徒二切音地。簪屬图類篇丁計切音帝。根也图shì篇海式志切，音世◇木名

橳 24699 12125
zāng_9.13　字彙子郎切音臧。木版盛物也。鎣又

櫬26115 㰗32393 匡04392

極 jí_9.13
唐韻渠力切 集韻 韻會 竭憶切 丛殛入聲 說文棟也 徐曰極者屋脊之棟,今人謂高及甚爲極,義出於此 図天地未分以前曰太極 易繫辭 易有太極,是生兩儀 註 無稱之稱,不可得而名也 図皇極,大中也 書·洪範 皇建其有極 疏 人君爲民之主,當大自立其有中之道 図北辰曰北極,老人星曰南極 書·舜典正義 引王蕃·渾天說 曰:北極出地三十六度,南極入地三十六度,而嵩高正當天之中極 図三極,三才也 易繫辭 三極之道 疏 謂天、地、人三才,至極之道也 図 爾雅·釋地 東至于泰遠,西至于邠國,南至于濮鈆,北至于祝栗,謂之四極 図五極,五常之中正也 書·呂刑 屬于五極,咸中有慶 図六極,窮極惡事也 書·洪範 威用六極:一曰凶短折,二曰疾,三曰憂,四曰貧,五曰惡,六曰弱。又四方上下,亦謂之六極 莊子·天運篇 天有六極 図八極 韻會 四極,方隅之極也 淮南子·本經訓 紀綱八極,經緯六合 図至也 詩·周頌 立我烝民,莫非爾極 図取止也 詩·大雅 匪夷匪棘,王國來極 図盡也 易繫辭 極其數,遂定天下之象 図放也 儀禮·大射儀 贊設決,朱極三 註 極,放也。以朱韋爲之,所以韜指利放弦也 図 爾雅·釋天 月在癸曰極 図國名 春秋·隱二年 無駭帥師入極 図疲也 世說 顧和謁王導,導小極,對之疲睡 図 正韻 訖逆切音戟,與亟同 荀子·箴賦 反覆甚極 図 集韻 訖力切音棘,殊也 図jí 唐韻 渠綺切音技 淮南子·精神訓 賤之而弗憎,貴之而弗喜,隨其天資而安之不極 図jí 廣韻 渠記切音暨 楚辭·天問 厥萌在初,何所意焉。璜臺十成,何所極焉。鋆又极23665椶24288桱24100樀24978

桛 jié_9.13
唐韻 集韻 韻會 正韻 丛子結切音節 說文 榫櫨也。本作梲,今作栥 爾雅·釋宮 梲謂之梁 註 即櫨也 疏 梁上短柱,謂斗栱也 鋆 正字通 梲,亦作栥。省作栥23969欨23973並非。

榍 xiè_9.13
唐韻 先結切音屑。一作榍 說文 限也 玉篇 木名 図栗榍,與楔同 本草 陳士良云栗三顆一毬,其中者栗榍也 図 集韻 與枻同。

楷 kǎi_9.13
古文楷 唐韻 集韻 韻會 正韻 丛苦駭切音鍇 說文 木也,孔子冢蓋樹之者 淮南子·草木訓 楷木生孔子冢上,其幹枝疎而不屈,以質得其直也 図 廣韻 模也,式也,法也 禮·儒行 今世行之,後世以爲楷 後漢·黨錮傳 天下模楷李元禮 図強楷 人物志 精良畏慎,善在恭謹,失在多疑。強楷堅勁,用在楨幹,失在專固。図楷書 晉書·衛恆傳 上谷王次仲,始作楷法 東觀漢記 今人楷書,亦有數體,有古字楷書,有今字楷書 図jiē 唐韻 集韻 韻會 正韻 丛居諧切音皆。義同 図叶遣禮切音起 後漢·史岑·出師頌 允文允武,明詩說禮。憲章百揆,爲世作楷。鋆又揩20103棍24471

楸 qiū_9.13
唐韻 七由切 集韻 韻會 正韻 雌由切丛音秋 說文 梓也 韻會 楸與梓本同末異,若檜之柏葉松身。

爾雅·釋木 槐,大而散,楸。小而散,榎。則楸又槐屬也 埤雅 楸梧早脫,故楸謂之秋。楸,美木也。一作萩 史記·貨殖傳 淮北、常山、巴南、河濟之閒,千樹萩,其人與千戶侯等 述異記 越人多橘柚園,歲出橘稅,謂之橙橘戶。中山又有楸戶,著名楸籍也 曹植·名都篇 走馬長楸閒 図苦楸 詩·北山有楸 疏 其樹葉木理如楸,山楸之異者,今人謂之苦楸是也 図楸枰,棊局也 段成式·觀棊詩 閒對奕楸傾一壺 沈彬詩 井里交連側局楸。鋆又揫20104

榼 hé_9.13
玉篇 何格切 唐韻 下革切丛音覈。◆說文 角槭也。一曰木下白也 図 廣韻 木名 図 類篇 案足 図 說文 其逆切音屐。又 集韻 各領切音骼。又 類篇 轄格切音垎。義丛同。鋆又㮨24752梣24999

楹 yíng_9.13
唐韻 以成切 集韻 韻會 怡成切 正韻 餘輕切丛音盈 說文 柱也 徐鍇曰 楹言盈盈對立之狀 詩·小雅 有覺其楹 春秋·莊二十三年 丹桓宮楹 図 禮·檀弓 桓楹 疏 諸侯窆棺之制曰桓楹 図縶楹,順滑澤也 楚辭·卜居 將突梯滑稽,如脂如韋,以縶楹乎。或作櫺,亦作桯。鋆又撄20126鑂63793

橫 gōu_9.13
集韻 類篇 丛居侯切音鉤。木曲枝曰橫。図木名。

揉 róu_9.13
玉篇 人九切音蹂。與揉通。屈木也。引 易繫辭 揉木爲耒。

槷 sǔn_9.13
唐韻 同枸

槏 xiǎn_9.13
集韻 虛檢切音險。唎槏,蕠也。

槫 zhuǎn_9.13
唐韻 集韻 丛陟兗切音轉。乘槫也。又 類篇 㔘槫,簿也。鋆又槫24549,从叀爲正。

槦 huáng_9.13
集韻 胡盲切音衡。槦畢,橦柲也。

槡 sāng_9.13
集韻 桑24023古作槡

楚 chǔ_9.13
字彙補 古楚24660字。見 漢·隸釋

尗 shù_9.13
字彙補 古樹25329字 図 石鼓文 嘉尗鋤里。

杍 zǐ_9.13
字彙補 古子11729字。

槤 niǎn_9.13
字彙補 泥展切音撚。槤磨。鋆又碾39103

桬 lái_9.13
五音集韻 力臺切音來。至也,勤也。鋆 集韻 作粶01995,郎才切。

橭 gū_9.13
龍龕 音孤。木名。

柴 zǐ_9.13
篇海類編 則此切音紫。木名。

槮 shān_9.13
字彙補 所驂切,音衫◇見 字辨

棐 bì_9.13
龍龕 邦世切,音祕◇出藏經。

藥 duǒ_9.13
篇海類編 同橢。

替 òu_9.13
集韻 與棷同。

枷 24727 u2ACC7 jiā_9.13　同迦61037
例。鑋俗枊24503 篇海 音枊23991義同。

槝 24725 43925 liè_9.13　篇海類編 同

楉 24729 u2ACC5 null_9.13　未詳。

棗 24726 43926 zǎo_9.13　字彙補 同棗

楞 24728 u2ACC6 yǒng_9.13　同勇04015見 字海

椅 24736 u2ACBE null_9.13　嘣未詳。

槺 24730 u2ACC4 liàng_9.13　方 槺子：有
提梁的水桶图riengh 壯槺，欄。槺怀：牛欄。

橈 24731 u2ACC3 null_9.13　新撰字鏡 乘久良。

楨 24732 u2ACC2 null_9.13　新撰字鏡 楨椦，二字波比乃木。

楊 24740 u2ACBA null_9.13　未詳。

榎 24733 u2ACC1 duh_9.13　壯段，節。

楮 24734 u2ACC0 yī_9.13　俗椅24421 慧琳音義 楮櫪：上懿宜反 毛詩
傳 云椅，梓屬也 韓詩 云梓實桐皮曰椅。郭注 爾雅 云即
楸也。或作橋。下零的反，或作欒。

檊 24737 u2ACBD null_9.13　嘣未詳。

辣 24735 u2ACBF là_9.13　或同辣45847

栀 24738 u2ACBC null_9.13　未詳。

枰 24739 u2ACBB null_9.13　未詳。

樂 24741 u2ACB9 null_9.13　未詳。

棘 24742 u2ACB8 jí_9.13　俗棘24350

標 24743 u2ACB7 null_9.13　未詳。

橋 24744 u2ACB6 null_9.13　未詳。

24745 u2ACB5 null_9.13　殷周金文集成·11.6011·盉駒尊 王弗望
（忘）厥舊宗小子，蛰皇盉身。讀若柚。

林 24746 u2ACB4 null_9.13　未詳。

楝 24747 u2ACB3 null_9.13　未詳。

榀 24748 u2ACB2 null_9.13　未詳。

梜 24749 u2ACB1 null_9.13　未詳。

柳 24752 u2F8E7 hé_9.13　同柳24705
图俗鱸75786 可洪音義 楂挈：上側加反。下尺世反。

楂 24751 u2F8E8 zhā_9.13　俗楂24613

樑 24753 u235A9 null_9.13　未詳。

禣 24754 u235A6 null_9.13　未詳。

槃 24755 u235A7 sòi_9.13　嘣从木柴sài聲△樑槃：芒果。

椊 24756 u235A2 trót_9.13　嘣从末卒tốt聲。末尾，最後。

椈 24757 u235A1 trắc_9.13　嘣从木則tắc聲。

榃 24758 u235A0 suốt_9.13　嘣从木苗đốt聲。

椲 24759 u2359F ghế_9.13　嘣从木計kế聲。椅，凳△或作觟03150

楄 24760 u2359E bí_9.13　嘣葫蘆科植物。

橸 24761 u2359D sẽ_9.13　嘣俗狋33199图 新撰字鏡 佐桃。

楦 24750 u2ACB0 null_9.13　未詳。

楣 24762 u2359C gùi_9.13　黃德寬 古文
字譜系疏證 疑櫃之異文，見 包山楚簡 图vựa嘣从木，
胃vi聲。同庸15662囷，小廩。△楣行：貨棧。

椊 24763 u2359B chót_9.13　嘣从木卒tốt聲。末尾，最後。

枷 24764 u2359A ca_9.13　嘣从木茄gia聲。

樸 24765 u23599 null_9.13　人名陝西新出土古代璽印 司馬樸。
图樸樣，模樣金瓶梅詞話·第七十六回 少頃，月娘從房
内出來，五短身材，團面皮兒，黃白淨兒，樸樣兒不肥
不瘦，身體兒不短不長图mía嘣从木美mĩ聲。甘蔗。

杠 24766 u23598 hồng_9.13　嘣从木紅hồng聲。柿。

柢 24767 u23597 chày_9.13　嘣从木迟chầy聲。杵。

持 24768 u23596 chày_9.13　嘣从木持trì聲。杵。

枰 24769 u23595 píng_9.13　粵椅背图枰檔。清·黃生 義府·卷下·冥
通記 與兩小兒竟夕枰檔 韻會 作摒擋，卑病、丁浪二切，
從手，此從木，或傳寫之誤。本作屏當。屏，併也。當，
妥也。謂料理什物，併疊使穩當也。

槲 24770 u23594 hu_9.13　韓人名朝鮮英祖實錄·卷五十四·十七年
九月癸酉 朴文秀為知敦寧，金槲為慶尚左兵使。

棱 24771 u23593 léng_9.13　或同棱。

槟 24772 u23592 chán_9.13　類篇 棎24337
槟，時占切。果名。似奈而酢。或从夋。

椭 24773 u23591 tāo_9.13　同掏19880

槌 24774 u23590 pò_9.13　槌撻，同拍撻

槯 24775 u2358F pào_9.13　正字通 槯24665，鋪告切。音鉋。俗謂魚以
三十斤為一槯。焦竑 俗用雜字 作槯。又云 集韻 槯，四
十斤也。與今秤數不同。按槯、槯並俗書不必泥中國諺
語資料·一般諺語 十八斤軟棗充一槯。原註：槯，二十
斤△宏按，或與囊25368同源。明·陳士元 俗用雜字 俗稱
魚以三十斤為一槯。

森 24776 u2358E běn_9.13　同峦24635古文本。

楥 24777 u2358D null_9.13　楥槯，見 字彙補

楨 24778 u2358C zhǐ_9.13　楨橄，亦作積40599秜、枳23781棋。

械 24779 u2358B zāi_9.13　同栽24460

榞 24783 u23585 tí_9.13　同榞24904 廣
韻 渾29163，杜奚切。研米槌也。榞，上同。

棄 24780 u23588 zhí_9.13　同橐24900古文直。

橐 24781 u23587 zhí_9.13　說文 橐，古文直37396 玉篇 作橐24900

椁 24782 u23586 xún_9.13　俗樽24940 玉篇 以荀切。木可以爲鉏柄。

橾 24784 u23584 qiāo_9.13　同橾40396 集韻 千遥切。匕也。

楷 24786 u23581 kē_9.13　楷24928本字 正字通 楷，亦作楷。

梗 24787 u23580 gěng_9.13　梗24189本字。見 說文

絫 24788 u2357C duǒ_9.13　俗躲59686

椊 24785 u23582 niè_9.13　玄應音義 栽
椊：則才反。古文獻、椊、不三形，今作薬51824同。
五割反 爾雅 椊，餘也，載也。言木餘載生。椊，栽也。

椿 24789 u2357B null_9.13　未詳。

榬 24790 u2357A null_9.13　未詳。

楬 24791 u23579 jié_9.13　同楬24362

楷 24792 u23578 null_9.13　未詳。

槑 24793 u23577 null_9.13 未詳。

楞 24794 u23576 null_9.13 未詳。

樥 24795 u23575 null_9.13 未詳。

橖 24796 u23574 null_9.13 未詳。

椢 24798 u23572 gèng_9.13 同椢24633 四聲篇海 音柵 合併字學集篇 音冊。

棚 24797 u23573 cè_9.13 俗柵23861

椇 24799 u23571 null_9.13 未詳。

琹 24800 u23570 qín_9.13 俗琴34196

棄 24802 u2356E null_9.13 未詳。

棽 24801 u2356F chēn_9.13 俗棽24408 古今韻會舉要 棽,說文 木枝條棽儷也。从林令聲。按,說文作棽,从林今聲△五侯鯖字海·林部 音林。亦作棽。又 令部 音淋。蔡貌 史記·西都賦 鳳蓋棽麗。

椊 24803 u2356D null_9.13 未詳。

桑 24805 u2356B null_9.13 或俗桑。

楳 24804 u2356C nọc_9.13 喃从杭省毒độc聲。亦作楳。一種舊刑具,由若干木椿組成,將犯人身體又開捆綁其上。

楮 24806 u2356A chǔ_9.13 清·徐文靖 管城碩記·卷之二十一·正字通 一 又如……袁良碑 楚24660作楮。

榎 24807 u23569 null_9.13 未詳。

楆 24808 u23568 null_9.13 未詳。

椺 24809 u23567 jià_9.13 俗架23784 可洪音義 衣椺:音架。

椚 24810 u23566 null_9.13 未詳。

楺 24813 u23562 null_9.13 未詳。

棨 24811 u23565 qǐ_9.13 俗棨24377 宋書·卷十五·志第五·禮二 皇太子夜開諸門墨令銀字棨傳令信。

橐 24812 u23563 tuó_9.13 俗橐25366

桑 24814 u23561 null_9.13 未詳。

橐 24815 u23560 null_9.13 未詳。

梺 24816 u2355F null_9.13

棲 24817 u2355E null_9.13 未詳。

桎 24818 u2355D null_9.13 未詳。

榁 24819 u2355C zǐ_9.13 字學呼名能書 將支切。

楠 24820 u2355B gòu_9.13 俗構24950 可洪音義 危楠:古候反 直音篇 同構。

棫 24821 u2355A null_9.13 未詳。

蕊 24822 u23559 null_9.13 未詳。

槺 24823 u23558 hay_9.13 喃从木梟tý聲。

楂 24824 u23557 chá_9.13 同楂25036俗楂

榫 24825 u23556 roed_9.13 壯 筤榫:山竹筍。

楻 24826 u23555 niè_9.13 杌楻,亦作杌榥24411舩艌48242

栝 24827 u23554 kuò_9.13 檻栝,亦作㯭栝 包括,也作苞栝。

槩 24828 u3BA3 gài_9.13 同槩25105

椞 24829 u3BA2 hóu_9.13 同楱24623

楙 24830 u3BA0 róng_9.13 簡 槺25795 說文 楙櫨也。或書作槳24701

楰 24831 u3B9E jié_9.13 集韻 楰,子結切

椐 24835 u6989 jǔ_9.13 簡 櫸26004

桁 24832 uFA13 fú_9.13 日 人名用字

梠 24836 u6988 lú_9.13 簡 椈25863

桃 24833 u698C bi_9.13 韓 木梯。

図(將文字或內容)摸擦而抹掉 朝鮮宣祖實錄·卷八-七年二月戊午 前郡守裴德文,為人姦邪,其未出身,機褙其妻家文書,有同姦吏之為,不齒於人類。

楫 24834 u698B null_9.13 未詳 佛說祝毒經 尼卑褆楫。

榆 24838 u6986 yú_9.13 同榆24672 図俗梓24185 漢隸字源 引高联脩周公禮殿記

榇 24837 u6987 chèn_9.13 簡 槻25941

榅 24839 u6985 wò_9.13 同椾24910

榄 24840 u6984 lǎn_9.13 簡 欖26173

替 24841 u6983 tán_9.13 地名用字

概 24842 u6982 gài_9.13 同概25106

榁 24843 u6981 shì_9.13 日 木名。針葉喬木,杜松的一種。

榀 24844 u6980 pǐn_9.13 日 同文通考 國字 榀,墻壁之具 漢語抄 所謂助枝也 図lǔ 和字正俗通·妄制·誤態 榀,柏24202

楿 24845 u697F xiāng_9.13 日 桂。蓮香木 新撰字鏡 槺25640榀,二字。牟呂乃木。楿,上同。又加豆良。橳,非。

椦 24846 u697E quán_9.13 日 同文通考·國字 椦,ハンゾウ,匜也 說文 匜,柄中有道,可以注水之器也 倭名鈔 有柄半插其內,故呼為半插。按:近世呼注水罌謂飯銅者,蓋半插之轉訛也。

楽 24847 u697D lè_9.13 同樂25140

楼 24848 u697C lóu_9.13 簡 樓25171

橭 24849 u246A6 cộ_9.13 喃从木牯cố聲。亦作根。古代的拖車。

楔 24850 u2143 xiè_10.14 同楔〇按 說文 楔註,限也。楔註,檍也 正字通 云俗楔字,誤。

榎 24851 u2144 jiǎ_10.14 與榎同。

橣 24852 u2145 yì_10.14 廣韻 同艗 玉篇 橣,舟也 晉書 王濬造船,畫鷁鳥於船首,故名。

榐 24853 u2146 zhǎn_10.14 集韻 知輦切音展 顏氏家訓·書證篇 吳人呼盞為竹簡反,故木傍作展,以代盞字 図chǎn 類篇 丑展切音蔵。榸榐,樹長貌 図 集韻 尼展切音㘉。欒物器 図niàn 類篇 女箭切音輾。義同 図zhèn 集韻 直忍切,音朕◇。木名。汁可為酒 図zhèn 集韻 丈忍切,音紖。木名。可染。靆 集韻 直忍切。直刃切 図 榗24220榵26144

榑 24854 u2147 fú_10.14 唐韻 防無切 集韻 類篇 馮無切 㚒音扶◆說文 榑桑,神木,日所出也 山海經 東望榑木 淮南子·覽冥訓 朝發榑桑 図fù 集韻 符遇切音附。木名。

榘 24855 u2148 qú_10.14 集韻 類篇 叢求於切音渠。榘榯,杷名 正字通 渠字之譌。

榙 24856 u2149 nuò_10.14 集韻 昵格切,音踖。木名。

槤 24857 u214A mì_10.14 唐韻 彌畢切 集韻 覓筆切 㚒音蜜 字林 香木 類篇 似槐。或从密。靆 从密作榓25169 図 榸25752

榔 24858 u214B láng_10.14 唐韻 魯當切 集韻 韻會 盧當切 正韻 魯堂切 㚒音郎。檳榔也 本草圖經 檳榔生南海及嶺外州郡,大如桃榔,高五七丈,正直無枝,皮似青桐,節如桂竹,

葉生木巔，似楯頭，又似芭蕉。實作房，從葉中出，一房數百，狀如雞子。又云尖長而有紫文者名檳，圓而矮者名榔。檳力小，榔力大。陶弘景云向陽者曰檳榔，向陰者曰大腹子 又lǎng 唐韻盧黨切音朗。木名〇按左思·吳、蜀都賦檳榔、桄榔皆作榔 正字通云皆从良。或單作郎。今从廣韻分。鑋又㮾19791

窼 24859 12152
sōng_10.14 ◆玉篇古文松23662字。

榕 24860 12153
róng_10.14 集韻韻會𠀤餘封切音容玉篇木名三體詩註初生如葛藟緣木，後乃成樹，生於南方嵇含·草木狀榕葉如木麻，其蔭十畝榕城隨筆閩中多榕樹，因號榕城。枝葉柔脆，幹既生枝，枝又生根，垂垂如流蘇，少著物卽縈繫。或本榦自相依附，若七八樹叢生者，多至數十百條，合并爲一，蜿蜷樛結，柯葉蔭茂。鑋晉·嵇含南方草木狀又榕25222榕25827㮤40720

榖 24861 12154
gǔ_10.14 廣韻類篇古祿切玉篇古斛切𠀤音谷說文楮也詩·小雅爰有樹檀，其下維榖註惡木也本草作構爾雅翼葉無瓣曰構埤雅皮白者榖，皮斑者楮，葢一物三名。詳楮24691字註 又書·咸乂序亳有祥，桑榖共生于朝孔傳不恭之罰 又山海經招搖之山，有木名迷榖，佩之不迷 又類篇居候切音構。義同。鑋又榖40696 又正字通𣛝24862同榖。

𣛝 24862 12155
gǔ_10.14 同榖 又集韻訖岳切音角。義同 又類篇克角切音㱿。苴杖也。

榗 24863 12156
jiàn_10.14 唐韻子賤切音箭說文木也書曰竹箭如榗。義未詳 又集韻將先切音箋。義同 又jìn類篇卽刃切音晉。鼓名〇按博雅引周禮晉鼓鄭註長六尺六寸。不从木。

橛 24864 12157
jué_10.14 唐韻集韻𠀤其月切音掘。橛株，山名。

榘 24865 12158
jǔ_10.14 唐韻集韻韻會𠀤同矩屈原·離騷求榘矱之所同宋玉·九辨滅規榘而改鑿。

㮥 24866 12159
bèn_10.14 集韻部本切音獖。舟篷也。◆玉篇卽畚車也。又拘簍，車弓也 又fàn集韻類篇𠀤父遠切音笲。車上篷。鑋又㩯20334㮥24146

榙 24867 12160
tǎ_10.14 集韻託合切音錔說文榙㭼，果似李。出埤蒼 又唐韻侯閤切音合。又五音集韻德合切音答。義𠀤同。鑋正字通榙，同榙 又榙正字通譌字。見揚雄·蜀都賦

㮹 24868 12161
zhí_10.14 集韻直立切音蟄。楯㮹，林木貌。

榚 24869 12162
yǎo_10.14 集韻以沼切音鷕，讀若浩渼之渼。木長貌。

𣛱 24870 12163
àng_10.14 集韻於浪切音盎。𣛱椿，木名。

𣜝 24871 12164
qìn_10.14 正字通㮨字之譌。

榛 24872 12165
zhēn_10.14 唐韻側詵切集韻韻會緇詵切𠀤音臻唐韻同亲說文木也詩·邶風山有榛大雅榛楛濟濟。△一曰蕪也揚雄·反騷枳棘之榛榛兮註榛榛，梗穢貌 又說文亲註，果實如小栗，引莊公二十四年左傳女摯不過亲栗徐曰今五經皆作榛，榛有臻至之義。又曲禮婦人之摯，椇榛脯脩棗栗釋文古本作亲〇按此二說，則榛訓木名，亲訓果實。古字分，今通用 又韻會或作樼左思·蜀都賦樼栗罅發註榛樼同 又榛笄，婦人喪服禮·檀弓榛以爲笄，長尺而總八寸 又聚木曰榛淮南子·原道訓木處榛巢，水居窟穴 又集韻慈鄰切音秦。鉏臻切音蓁。將先切音箋。義𠀤同。鑋又榛25932榛51450榛25798榛51266亲24265榛33511榛25053榛48309

榜 24873 12166
péng_10.14 同棚。鑋又搒20283𣘍32511

榝 24874 12167
shā_10.14 唐韻所八切集韻韻會山戛切𠀤音殺說文似茱萸，出淮南唐韻似茱萸而實赤爾雅·釋木椒榝醜荥。見椒24441字註 又shè廣韻山列切，音近設。義同類篇㯹也。一曰山桃 又xiè集韻私列切音薛。側擊也。鑋又榝25318

榞 24875 12168
yuán_10.14 集韻愚袁切音元玉篇木皮可食，實似甘蕉類篇實似甘蔗，皮、核皆可食。

榠 24877 12170
míng_10.14 唐韻莫經切集韻忙經切𠀤音螟玉篇榠樝，果也蘇頌·圖經榠樝，木葉花實酷類木瓜。欲辨之，蔕間別有重蔕如乳者爲木瓜，無者爲榠樝通志略一名蠻樝，一名木李，一名木梨 又mǐng集韻母迥切音茗。茶晚取者。鑋又榠25001榠25259

榌 24878 12171
pí_10.14 字彙蒲麋切音毘。木名。

㮦 24879 12172
suǒ_10.14 唐韻所戟切，音㨝廣韻白㮦，木名 又集韻霜狄切爾雅·釋木赤楝，或作赤㮦 又揚雄·太玄經參珍睟精，三以㮦數 又集韻木枝上生也 又類篇木名。中車輞正字通引松漠紀聞㮦柃瘦盂，則其木可用爲椀 又集韻昔各切音索。木梢。

榟 24876 12169
zǐ_10.14 同梓。

㮧 24880 12173
wū_10.14 集韻類篇𠀤汪胡切音烏玉篇㮧槦，木中箭笴 又類篇㮧椑，青柹也。出長沙潘岳·閒居賦梁侯烏椑之柹。不从木 又wēn集韻烏沒切。同榅。榅桲，或作㮧桲。

榡 24881 12174
sù_10.14 集韻蘇故切音素類篇器未飾也。通作素周禮·稾人·獻素疏形法定爲素。

榢 24882 12175
jià_10.14 俗架字。

槯 24883 12176
zuī_10.14 集韻祖回切，音朘玉篇槯，木節也。亦作樶。

榣 24884 12177
yáo_10.14 唐韻餘招切音遙說文樹動也 又玉篇木名山海經槐江之山，其陰多榣木之有若註榣木，大木也。其上復生若木郭璞贊榣惟靈樹，爰生若木。鑋又榣25000

椸 24885 12178
cī_10.14　同柹。

檆 24886 12179
jì_10.14　唐韻子力切
音卽 說文 細理木也 玉篇 似松，有刺 山海經 岷陽之山，
其木多檆相豫章 張衡·南都賦 欓松檆檆。

楺 24887 12180
jié_10.14　唐韻 集韻 丛渠列切音傑 玉篇 杙也 爾
雅·釋宮 雞棲于杙爲楺 毛詩 作榤 24005 鼝 又 墭 09143

楒 24888 12181
xǐ_10.14　唐韻 相卽切 集韻 悉卽切丛音息 說文 木
名。

楻 24889 12182
huàng_10.14　唐韻胡廣切 集韻 正韻 戶廣切丛音晃。
或作橫 玉篇 讀書梈也 又 以帛明朧也 張協·七命 交綺
對楻 晉書·孝友傳贊 揮泗凋柏，對楻巢鷹。鼝 俗作
搄 20428

榦 24890 12183
gàn_10.14　廣韻 韻會 丛古案切，干去聲 說文 築牆耑
木也 徐曰 別作幹，非 詩·大雅 榦不庭方，以佐戎辟 箋 作
楨榦以正之也。詳楨 24682字註 又 書·禹貢 杶榦栝柏 傳
榦，柘也 又 樹木旁生曰枝，本根爲榦 淮南子·主術訓 枝
不得大於榦 又 玉篇 榦，柄也 又 井榦，井上木闌也 莊
子·秋水篇 垎井之鼃，跳梁井榦之上 又 hán 集韻 胡安
切音韓 說文 作韓 前漢·武帝紀 作井榦樓，高五十丈 註
積木而高於樓，若井榦之形 韻會 平、去二音通 又 集韻
一曰榦，國名 又 hàn 類篇 侯旰切音翰。體也。鼝 又
榦 24971 榦 02110

棑 24891 12184
fěi_10.14　唐韻 集韻 韻會 丛府尾切音篚。木名。子
可食，療白蟲 本草 棑實，陶弘景云出東陽諸郡 又•爾
雅翼 棑似柹而材光，文彩如柏，古謂文木。通作棐 邢
疏 爾雅 以柀棑爲一物，與 翼 說異。

榨 24892 12185
zhà_10.14　唐韻 側嫁切音詐。打油具也。出 證俗文
又 類篇 酒盋 又 集韻 側賣切音債。義同。鼝 又 搾 20441

樴 24893 12186
qián_10.14　唐韻 集韻 韻會 丛渠焉切音虔。廡也，構
木爲之 詩·商頌 方斲是虔 鄭箋 引 爾雅·釋宮 樴謂之樴，
樴卽樴也。孫炎曰：斲木質 又 集韻 渠言切音鰬。義同。
鼝 又 椻 25094 礥 39218

榪 24894 12187
mà_10.14　唐韻 集韻 韻會 丛莫駕切音罵 玉篇 牀頭
橫木也 韻會 引曾子·輿機疏 機以木爲之，如牀，先用
一繩繫著兩頭謂之榪 正字通 俗謂木片闒定器物曰榪
子。鼝 又 杩 23626

橾 24895 12188
qióng_10.14　唐韻 集韻 韻會 丛渠容切音筇。或作艒、
艒 玉篇 小舟也 揚子方言 南楚、江、湘，凡船之小而深
者謂之橾 又•唐韻 橾松，可憎之貌。

楁 24896 12189
hé_10.14　唐韻 胡葛切 集韻 何葛切丛音曷 玉篇 所
以輔弓轉也 又 xiá 集韻 下瞎切音轄。木所以正弓弩。
又 集韻 五瞎切。同楬。敧也。

榫 24897 12190
sǔn_10.14　集韻 楝尹切音笋。剡木入竅也 周圻·名義
考 引 程顥·語錄 云枘鑿者，榫卯也。榫卯員則員，榫
方則方 又 篇海 之允切音準。義同。鼝 又 揵 04593 捹 20397

榬 24898 12191
yuán_10.14　唐韻 雨元切 集韻 韻會 于元切丛音袁
玉篇 絡絲籰也。或作篿 揚子方言 籰，榬也，所以絡絲
也。兗豫河濟之閒謂之榬 又 懸鐘磬具 管子·霸形篇 懸
鐘磬之榬，陳歌舞竽瑟之樂 又 姓 統譜 漢有榬溫舒、榬
終古 又 集韻 于嬀切音爲。義同 ○按•韻會 云 增韻 作
楥，誤。楥，履楥也 正字通 云俗楥字，尤非。

樣 24899 12192
wēng_10.14　唐韻 烏紅
切 集韻 烏公切丛音翁 唐韻 水樣子，果名，出南州。

椬 24902 12195
mù_10.14　同棷。

植 24900 12193
zhí_10.14　玉篇 古文直 37396字。說文 作櫜。

樇 24901 12194
cuó_10.14　類篇 徂禾切。木名。檑李也。

榿 24903 12196
jī_10.14　集韻 資昔切音積。屋榿木。

榳 24904 12197
tí_10.14　唐韻 作梯，杜奚切音題。研米槌也。

榭 24905 12198
xiè_10.14　唐韻 集韻 韻會 正韻 丛詞夜切音謝 說文
作榭，臺有屋也 書·泰誓 宮室臺榭 陂池侈服 孔傳 土
高曰臺，有木曰榭。又 禮·禮運 合土以爲臺榭 註 榭，器
之所藏也。又 前漢·五行志 榭者，所以藏樂器 又 春秋·宣
十六年 成周宣榭火 公羊傳 註：有室曰寢，無室曰榭。
又 講武之屋曰榭 又 與序通 儀禮 序則鉤楹內。註：序
讀如榭。鼝 又 榭 20412

榮 24906 12199
róng_10.14　唐韻 永兵切 集韻 正韻 于平切，丛音縈
說文 桐木也。見桐 24022字註 又 屋梠之兩頭起者爲榮
禮·喪大記 升自東榮，降自西北榮 註 榮，屋翼也 又 榮
華 爾雅·釋草 木謂之華，草謂之榮。不榮而實者謂之秀，
榮而不實者謂之英 又 淮南子·時則訓 秋行夏令，華。
行春令，榮 又 榮者，辱之反 老子道德經 知其榮，守其
辱 又 人以血氣爲榮，以氣爲衛 內經 榮衛不行，五臟不通
又 謚法 寵祿光大曰榮 又 州名 前漢·地理志 屬犍爲郡，
唐置榮州 又 杜榮，艸也 爾雅 薞，杜榮。註似茅，皮可
以爲繩索、履屬 又 姓 史記·仲尼弟子傳 榮旂 莊子 榮啓
期 又 集韻 維傾切音營。義同 又 叶以中切音融 越絕書
種留封侯，不知令終。二賢比德，種獨不榮 楊慎云 東
韻宜收榮字 又 叶爲命切音詠•揚雄·太玄經 宗其高年，
鬼待敬也。牽羊于叢，不足榮也。鼎血之蕕，信王命也。
鼝 又 荣 49465 榮 49420 荣 23930 槳 24537 又 㷱 30925古文榮。

樹 24907 12200
shí_10.14　唐韻 集韻 丛市之切音時 玉篇 樹木立也
宋玉·高唐賦 其始出也曨兮若松樹 註 直豎貌 又 類篇
落樹，持門樞。

楮 24908 12201
zhī_10.14　唐韻 集韻 韻會 丛章移切音支•說文 柱
砥。古用木，今以石 徐曰 柱下根也 爾雅·釋言 楮，柱
郭註 相楮柱也 又 前漢·項羽傳 枝梧，一作楮梧 又 易·恆
卦 上六振恆，凶 說文 作楮恆。未詳。鼝 又 搘 20290

榱 24909 12202
cuī_10.14　唐韻 所追切音衰 說文 秦名爲屋椽，周謂
之榱，齊魯謂之桷 爾雅·釋宮 註 桷，屋椽也。一名榱梠 張
衡·西京賦 飾華榱與璧璫 註 華榱，畫其榱也 又 集韻 初

危切音衰。又雙錐切。義丛同。

榲 wò_10.14 唐韻 集韻 丛烏沒切音膃。榅桲，果似樝也。魏王花木記 榅桲，梨別種。本草圖經 生北土，似樝而小。又 正韻 於問切音醖。杜也。正字通 榅桲，俗呼杜梨。又 集韻 烏昆切音溫。杉也。又根也。又 集韻 委隕切音愪。木盛貌。又 集韻 紆問切音醖。杜也。鼇 又榲24839

椷 hán_10.14 同械。又 正韻 胡南切音含。通水具。鼇 又桶24424

楟 tíng_10.14 集韻 類篇 丛唐丁切音亭。桲楟，長木貌。正字通 以爲桯字之譌，非。鼇 又擨20350

榴 liú_10.14 俗榴字。

槦 róng_10.14 唐韻 而容切 集韻 如容切丛音茸。廣韻 木名，似檀。

榶 táng_10.14 唐韻 集韻 韻會 丛徒郎切音唐。木名。棣也。一名栘。廣韻 引 爾雅 云唐棣，栘。不从木。又 梙也。荀子·正論篇 魯人以榶，衞人用柯，齊人用一革。註 盌謂之榶，盂謂之柯。

榷 què_10.14 唐韻 古岳切 集韻 韻會 正韻 訖岳切丛音覺。說文 水上橫木，所以渡者也。徐曰 此卽今之所謂水彴橋也。前漢·武帝紀 初榷酒酤。韋昭曰 以木渡水曰榷。師古曰 步渡橋禁民酤釀，獨官開置，如道路設木爲榷，獨取利也。韻䟽 榷酤是征稅之法。王莽傳 謂之辜榷。晉書·南蠻傳 謂之估較。義丛同。又 正韻 居效切音教。義同。又 集韻 克角切音確。木名，枳也。有實如柚。鼇 又榷25266 榷25957 醂62475

榤 jié_10.14 集韻 吉屑切音結。或作榤，通作桀24028。玉篇 榤榐，汲水具。

㮂 rú_10.14 集韻 女居切音袽。玉篇 㮂㮂，杷也。揚子方言 杷，宋魏之閒謂之渠挐。或謂之渠疏，不从木。

棞 hún_10.14 集韻 胡昆切音魂。梡木未析也。又 玉篇 胡本切 集韻 戶袞切，丛與梡同。鼇 又䡗55436

㮚 zhāi_10.14 唐韻 卓皆切 集韻 椿皆切丛音齋。枯木根。出 聲類。又 六書故 椿，俗又曰㮚。聲之轉也。正字通 㮚、椿，音別義同。

樝 sī_10.14 唐韻 息移切 集韻 韻會 相支切，音斯。說文 山桃也。似桃而小。爾雅·釋木 樝，山桃。又 說文 楔也。揚子方言 承樏曰樝。又 集韻 七支切音雌。義同。

椑 pí_10.14 唐韻 房脂切 韻會 頻脂切丛音皮。說文 栢也。徐鍇曰 連檐木，在椽之端者。張衡·西京賦 鏤檻文椑。註 引 聲類 曰：椑，屋連綿也。又 集韻 邊迷切音豍。榗也。鼇 又榐25021

㬕 shèng_10.14 唐韻 詩證切音勝。說文 作㪉，機持經者。唐韻 織機㬕也。

椮 shēn_10.14 集韻 色矜切，音升。◇草木盛貌。正字通 俗森字。

榻 tā_10.14 唐韻 土盍切 集韻 韻會 託盍切丛音塌。說文 牀也。从月从羽。玉篇 牀狹而長謂之榻。◆釋名 言榻，榻然近地也。後漢·徐穉傳 蕃在郡，不接賓客，惟徐穉來，特設一榻。又 布名。史記·貨殖傳 榻布皮革千石。漢書音義 榻布，白疊也。鼇 又搨20700

榈 chōu_10.14 唐韻 楚鳩切 集韻 初尤切丛音搊。博雅 榈，桼枸也。玉篇 牛桼也。類篇 牛鼻繫繩具。又 廣韻 板木不正也。又 集韻 類篇 丛寠俞切音窶。義同。鼇 又椺24463

樐 lǔ_10.14 正字通 同樐。

榼 kē_10.14 唐韻 苦盍切 集韻 韻會 正韻 克盍切丛音轄。說文 酒器也。徐曰 榼之爲言盍盍也。盍，本作盇。覆也。左傳·成十六年 行人執榼承飲，造于子重。又 貯水器。淮南子·氾論訓 霤水足以溢壺榼，而江河不能實漏巵。又 藤名。本草拾遺 榼藤如通草，其實三年方熟，若雞卵殼，貯丹藥，經年不壞。鼇 又榼25826 䕯37324 醠62518 褖40013 醠62440。又 慧琳音義 銀榼24786：下坎盍反。考聲 云榼，盛酒器也。論文作檻25257，俗字也。

榽 xǐ_10.14 唐韻 胡雞切 集韻 類篇 弦雞切丛音兮。爾雅·釋木 魄，榽橀。註 魄，大木細葉，似檀。今江東有之。齊諺曰：上山斫檀，榽橀先殫。又 集韻 胡計切音係。說文 束也。又 xié 廣韻 戶佳切音傺。榽棱也。鼇 又榽24669 枂23681

榾 gǔ_10.14 唐韻 集韻 古忽切音骨。玉篇 枸榾木中箭笴。本草圖經 作狗骨木，體白似骨，故名。南人取以作合器，甚佳。

榿 qī_10.14 韻會 丘奇切音敧。木名。益部方物記 民家樹榿，不三年，材可倍常，疾種移取，里人以爲利。杜甫·覓榿木栽詩 飽聞榿樹三年大，爲致溪邊十畝陰。王安石·榿木詩 濯錦江邊木有榿，野園封植佇華滋。地偏幸免桓魋伐，歲晚還同庾信移。又 正字通 苦駭切音楷。又 齊東野語 榿字，五來切音狋。義丛同。鼇 又楷24127

槀 kǎo_10.14 唐韻 集韻 韻會 丛苦浩切音考。說文 枯木。一作槁。易·說卦 離爲火，其于木也爲科上槁。註 草木空中者，必枯槁也。又 乾魚謂之槀。禮·曲禮 槀魚曰商祭。註 槀，乾也。與 周禮 辨魚物之鱻薨之薨同。又 集韻 口到切音靠。義同。又 gǎo 唐韻 古老切音縞。槀本，藥名也。荀子·大略篇 蘭茝藁本。又 枯槀之槀，亦讀作縞。禮·樂記 止如槀木。又 積也。左傳·哀三年 富父槐去表之槀，道還公宮。又 與藳通。馬融·長笛賦 特箭槀而莖立。註 箭、槀，二竹名。

槁 kǎo_10.14 正字通 同槀。鼇 又藁51398 薧70843

椹 zhèn_10.14 正字通 同椹。

檲 24935 12228
sūn_10.14 集韻 類篇 夿蘇昆切音孫。公檲，木名。

槃 24936 12229
pán_10.14 唐韻 薄官切 集韻 韻會 正韻 蒲官切夿音盤 說文 承盤也。或从金。或从皿。亦作柈 禮·內則 適父母舅姑之所，少者奉槃，長者奉水，請沃盥 周禮·天官·玉府 若合諸侯，則共珠槃玉敦 註 古者以槃盛血，以敦盛食 又 槃，樂也 詩·衛風 考槃在澗 鄭箋 考，成也。槃，樂也 又 槃停，不進也 宋書·吳喜傳 西虜既珍，便應還朝而解，故槃停，托云捍蜀。

梅 24937 12230
hǎi_10.14 類篇 許亥切音海 玉篇 酒梅也 正字通 酒器，以木爲之。 又盉37116醢62400

稻 24938 12231
tāo_10.14 唐韻 土刀切 集韻 韻會 正韻 他刀切夿音叨 爾雅·釋木 稻，山榎 郭註 今山楸也。又槐大曰楸24704，小曰榎 又 條也 詩·秦風 有條有梅。傳：條，稻也 釋文 條本亦作樤 又 唐韻 他浩切 集韻 土皓切夿音討。義同。○按爾雅一爲橘屬，一爲槐屬。名稻者，槐屬也 正字通 云稻有楸名，非卽楸也。

槅 24939 12232
gé_10.14 唐韻 古覈切 集韻 類篇 各覈切夿音革 說文 大車枙也。與軶通 張衡·西京賦 商旅聯槅 又 集韻 類篇 夿下革切音覈。果中核也。或作核 又 左思·蜀都賦 肴槅四陳。 又 可洪音義 為輴60279：音革，正作槅。

橁 24940 12233
xún_10.14 唐韻 詳勻切 集韻 松倫切夿音旬 說文 大木，可爲鉏柄 又 唐韻 相倫切 集韻 須倫切夿音荀。義同。 又橁24782椿24398㭽23573

檆 24941 12234
cēn_10.14 同栥。

梢 24942 12235
xún_10.14 唐韻 相倫切音荀。杶木別名 又 集韻 船倫切音脣。義同。亦作梢。

槙 24943 12236
diān_10.14 唐韻 都年切 韻會 多年切音巔 說文 木頂也 徐曰 木杪 又 仆木也。與顛通 書·盤庚 顛木 又 集韻 止忍切音軫。木密 又 集韻 之人切音眞。木根相迫迮也 又 集韻 堂練切音甸·亭年切音田。義夿同。 又槙25087

梖 24944 12237
bèi_10.14 唐韻 集韻 韻會 夿平祕切音備 玉篇 木名。出蜀。八月中吐穗如鹽狀，可食，味酸美也 山海經 橐山多梖木◆ 管子·地員篇 高陵土山，命曰縣泉。其地不乾，其木乃梖。 又格24344

槈 24945 12238
nòu_10.14 唐韻 奴豆切 集韻 韻會 乃豆切夿音耨 說文 薅器也。或从金 管子·小匡篇 挾其槍刈耨鎛 廣韻 槈如鑲，柄長三尺，刃廣二寸，以刺地除草。 又鎒63859

貳 24946 12239
tè_10.14 類篇 敵得切音特。杙也 禮·周官 有職人戚衰曰職。或从木从貳。

疾 24947 12240
jí_10.14 唐韻 秦悉切 集韻 昨悉切音疾。屋枅也 爾雅·釋宮 開謂之梣 註 柱上檼。亦名枅。又曰楷。

叟 24948 12241
sōu_10.14 同梭。 又 字彙 樋，同艘。

槊 24949 12242
shuò_10.14 唐韻 所角切 集韻 韻會 正韻 色角切夿音朔 說文 矛也。亦作矟 通俗文 矛長丈八謂之槊 魏書·楊津傳 不畏利槊堅城，惟畏楊公鐵星 又 握槊，博簺也。一曰基槊，基弄子，槊爲局，卽今雙陸 韓愈·示兒詩 酒食罷無事，基槊以自娛。 又棚24462梨24451棚24958鎩63872翔63166舜15999

構 24950 12243
gòu_10.14 唐韻 古候切 集韻 韻會 正韻 居候切夿音遘 說文 蓋也。杜林以爲椽桷字 玉篇 架屋也 書·大誥 厥子乃弗肯堂，矧肯構 廣雅 合也 易繫辭 男女構精，萬物化生 詩·小雅 我日構禍 又 成也 前漢·黥布傳 事已構矣 唐書·楊師道傳 賦詩如宿構。又附會以成之亦曰構 左傳·桓十六年 宣姜與公子朔構急子 又 結起也 前漢·陳勝傳 夜構火 又 間隙也 後漢·隗囂傳 勿用傍人解構之言 又 楮木別名 物類相感志 構膠可以塗丹砂。 又 唐韻 古慕切，音故 ◇ 荀子·勸學篇 彊自取柱，柔自取束。邪穢在身，怨之所構。束音絮 又jué 集韻 同桷。 又嶁14101楠24820构23669

椎 24951 12244
chuí_10.14 唐韻 正韻 直追切 集韻 韻會 傳追切夿音椎。擊也 漢·宋子侯·古詩 椎牀便大怒 又 棒椎，所以擊也 魏書·李崇傳 邨置一樓，樓置一鼓。盜發之處，雙椎亂擊。或作桘。一作柏 又zhuì 唐韻 集韻 韻會 夿馳僞切音縋 說文 關西謂之枡 徐曰 江淮謂之椎，此則架檠簿之木也，所謂懸蠶曲柎 集韻 平聲亦載此義 又duī 韻會 正韻 夿都回切音堆。擲也 揚子 椎提仁義。

槍 24952 12245
qiāng_10.14 唐韻 七羊切 集韻 韻會 正韻 千羊切夿音鏘 說文 距也 周禮·秋官·職金 國有大故，而用金石，則掌其令 註 用金石者，作槍雷椎椁之屬 揚雄·長楊賦 木擁槍纍，以爲儲胥 又 玉篇 木兩頭銳也 類篇 剡木傷盜曰槍 又 田器也。見梢24945字註 又 抵也 前漢·路溫舒傳 見獄吏，則頭槍地 又 前漢·天文志 紫宮左三星曰天槍 又 姓 姓苑 漢槍傳 又 集韻 韻會 夿楚耕切音崢 爾雅·釋天 彗星爲欃槍。亦叶音鏘 宋·謝瞻·張子房詩 婉婉幙中畫，輝輝天業昌。鴻門銷薄蝕，垓下隕欃槍。 又枪23764搶38453鎗64054鎗63868 又 劍03850蒼51085同槍。

槎 24953 12246
zhà_10.14 唐韻 韻會 仕下切，音槎。又 集韻 側下切，音所 說文 衺斫也。本作樝 魯語 里革斷山不槎蘖 尚書 刊木 註 刊，槎其木 又 唐韻 仕加切 集韻 韻會 正韻 鉏加切夿音查。義同 又 桴也。同查23839 又槎24824樝25036楂24613

梅 24955 12248
zhān_10.14 同栴。

槏 24954 12247
qiǎn_10.14 唐韻 苦減切 集韻 類篇 口減切夿音廠 說文 戶也 又 唐韻 牖傍柱 又lián 六書統 力鹽切 集韻 離鹽切夿音廉。槏櫳也，省作槏 集韻 又 一曰自檢 又 集韻 賢兼切音嫌。稻名。 又xiàn 集韻 胡犯切。盂也 又 字彙補 與廉同。

槐 24956 12249
huái_10.14 唐韻 戶乖切 集韻 韻會 乎乖切夿音懷 說文 木也 周禮·秋官 面三槐三公位焉 註 槐之言懷也。懷

來遠人於此，欲與之謀爾雅·釋木櫰，槐大葉而黑。守宮槐，葉晝聶宵炕藝文類聚槐，季春五日而兔目，十日而鼠耳，更旬而始規，二旬而葉成囡春秋說題辭槐者，虛星之精囡周禮·夏官·司爟註秋取槐檀之火。囡槐里，地名前漢·地理志屬右扶風囡水名山海經敦與之山，槐水出焉囡孟槐，獸名山海經譙明之山有獸，狀如貆，赤毫，曰孟槐囡姓統譜望出廣漢。唐槐承榮、槐公儉囡集韻韻會胡隈切正韻胡瑰切夶音回說文守宮也。春秋·元命包樹槐聽訟其下註槐之言歸也，情見歸實也囡韻會桃槐，西域國名。又琅槐，千乘郡縣名。

棵 24957 12250
méi_10.14 玉篇古文梅24170字。

槊 24958 12251
shuò_10.14 玉篇所角切集韻色角切夶音槊。木名類篇一曰柵也博雅柵謂之槊。俗同槊，非。鍭又枹24252

檵 24959 12252
jì_10.14 集韻類篇夶堅奚切音雞。木名。

槦 24960 12253
sòng_10.14 集韻同送。

栺 24961 12255
zhì_10.14 集韻陟利切音緻。刺也囡zhǐ·篇海陟里切，音止◇柠栺也。

砘 24962 12256
dùn_10.14 字彙補同啍切音鈍。田器。鍭又蜀bié同逼。唐樞蜀籟·卷四飯砘心慌了，啥事都要幹。

檚 24963 12257
chǔ_10.14 字彙補與楚同。出漢袁君碑

墜 24964 12258
zhuì_10.14 集韻類篇夶直類切音墜。吳俗斷木爲軸，以申物也。鍭直音篇檛09465，音墜，斷木爲軸，以申物也。檛25460，同上。

栗 24974 43929
lì_10.14 龍龕同栗

槒 24965 12259
xù_10.14 字彙補同慉

本 24966 12260
běn_10.14 玉篇古文本23528字。

尌 24967 12261
shù_10.14 字彙補古文樹25329字。見韻會。鍭又寸部尌重出：籀文樹字。按：說文尌，籀文樹玉篇入木部字彙正字通入寸部，今入木部。

棘 24968 41339
jí_10.14 字彙補俗棘字袁楬·七觀不棘不茨。

搔 24969 41340
são_10.14 字彙補音未詳。見揚雄蜀都賦。鍭同搔。

㷂 24970 41341
qǐng_10.14 字彙補丘穎切。與㷂同。枭屬。

榦 24971 41342
gàn_10.14 六書本義同榦。

槖 24972 43927
tuò_10.14 篇海類編同槖。又同橐。

棡 24973 43928
gāng_10.14 龍龕與剛同。

檨 24975 43930
yàng_10.14 字彙補音恙。

椴 24976 u2B78C
duàn_10.14 同椵24594

㭋 24977 u2B78B
cōng_10.14 俗樅25145

槽 24979 u2ACDB
null_10.14 未詳。

㭘 24978 u2ACDC
jí_10.14 俗極24700敦煌·S.1467不知名醫方殘卷之後勞動疲㭘。

橺 24980 u2ACDA
null_10.14 字見殷周金文集成·13.7728·橺爵

準 24981 u2ACD9
zhǔn_10.14 俗準29067敦煌·S.2683切韻准，古作準。之君反囡人名用字宋史·本紀第四十六·度宗戊子，知泰州龔準遣其將王大顯等捍禦水砦有功，又獲俘民以還，詔水步兩軍將校凡用命者賞激有差。

檈 24982 u2ACD8
null_10.14 喃未詳。

授 24983 u2ACD7
shòu_10.14 俗授19871廣碑別字引隋内奉承劉則墓誌

槤 24985 u2ACD5
null_10.14 未詳。

橾 24984 u2ACD6
null_10.14 參見橾24845

森 24986 u2ACD4
son_10.14 同㯃25010

㗁 24987 u2ACD3
null_10.14 未詳。

榥 24988 u2ACD2
null_10.14 未詳。

果 24990 u2ACD0
null_10.14 殷周金文集成·16.10176·散氏盤戎、微父、效果父。

槑 24989 u2ACD1
null_10.14 未詳。

楞 24991 u2ACCF
léng_10.14 玄應音義四楞：又作棱24391，同。力增反說文稜，柧也。柧音孤通俗文木四方為棱。八棱為柧。

梨 24992 u2ACCE
null_10.14 未詳。

㱉 24993 u2ACCD
shè_10.14 簡㰪26076

勘 24994 u2ACCC
null_10.14 喃未詳。

檅 24995 u2ACCB
null_10.14 喃未詳。

楝 24996 u2ACCA
null_10.14 新撰字鏡楝，湏支乃木。梯同。

栭 24997 u2ACC9
null_10.14 新撰字鏡須木。

桑 24998 u2ACC8
null_10.14 未詳。

櫊 24999 uFAD2
hé_10.14 同橌24705

榣 25000 u2F8E9
yáo_10.14 同榣24884

槙 25001 u23614
míng_10.14 俗槙24877

欛 25002 u23613
bà_10.14 簡欛25900囡bưởi喃同欛。越·阮秉五千字譯國語榆，欛。枳，欛蔜。

窠 25003 u2360F
sōng_10.14 俗窠24859

橪 25004 u2360E
null_10.14 或俗橪。

枛 25006 u2360C
choác_10.14 喃从板省祝chúc聲△枛䑸：甲板。

榕 25009 u23609
cùm_10.14 喃从木猲hùm聲。柽梏。

㯃 25010 u23608
son_10.14 喃同㯃25020亦作㯃58151朱紅

椑 25005 u2360D
null_10.14 未詳。

桃 25008 u2360A
đò_10.14 喃从木徒đồ聲五千字譯國語窖阱，桃濠。

楠 25007 u2360B
null_10.14 未詳。

榒 25012 u23606
nẹp_10.14 喃从木納nạp聲。框，檐△榒桶：桶的邊緣。

楥 25011 u23607
héng_10.14 同藊50468

榎 25013 u23605
fù_10.14 榎24589本字

棏 25014 u23604
thớt_10.14 喃从木託thác聲。亦作杔23729砧板。

榒 25015 u23603
cây_10.14 喃从木荄gai聲。樹木△榒榜：橄欖。榒菝：椰子囡株形物△榒爆：蠟燭。榒費：南瓜。

堁 25016 u23602
ươi_10.14 喃从木埃ai聲。

柯 25017 u23601
cà_10.14 喃从木哥ca聲△柯槞：高蹺囡go壯

梆弽：三棵樹。

25018 u23600
橀 xiū_10.14 叶韻彙輯 息流切。木名 台州府志 卷六十二·物產略上·木之屬 青橀：產溫台為多，可為船碇。

25019 u235FF
秚 tǔ_10.14 喃 从櫝省祖tổ聲△或作𥯦，从箱省宿túc聲△或作𥮗，从匚俞dū聲。𥮗袄：衣櫃。

25020 u235FE
絑 son_10.14 喃同纁25010朱紅。

25021 u235FD
梘 pí_10.14 同椑24922 慧琳音義 文梘：樻夷反 考聲 云橡栒也 聲類 屋連綿也 說文 从木毘聲也。毘音同上。

25027 u235F3
樹 shù_10.14 俗樹25329

25022 u235FC
槦 sǔn_10.14 俗損20268亦人名用字，音元 図vin 喃 从木員viên聲。

25029 u235F0
槃 null_10.14 未詳。

25023 u235FB
絥 zhì_10.14 玉篇 絥，除栗切。帆索也 類篇 絥，勅栗切。驫索也 集韻 直質切。絥，驫索 直音篇 絥，音秩。帆索。胡吉宣：同紩43938

25024 u235FA
鈷 kū_10.14 類篇 鈷，空胡切，飢餅。

25025 u235F7
橤 juàn_10.14 正字通 桊24016亦作橤、蘂。

25026 u235F6
榻 tà_10.14 搨榻，同搨榻25722

25028 u235F2
栞 gān_10.14 未詳 龍龕 栞，古文，音干。

25030 u235EF
楥 null_10.14 未詳。

25031 u235EE
桃 null_10.14 未詳。

25032 u235ED
榍 null_10.14 未詳。

25033 u235EC
槙 chòu_10.14 方 樹，樹木

25034 u235EB
槎 null_10.14 未詳。

25035 u235EA
槎 chá_10.14 同茶49341

25036 u235E9
槎 chá_10.14 俗槎24953亦作槎24824 龍龕 查槎二或作，楂24613正，鋤加反。水中浮木也。

25037 u235E8
楄 null_10.14 未詳。

25038 u235E7
桶 null_10.14 未詳。

25039 u235E6
榜 null_10.14 未詳。

25041 u235E4
椳 null_10.14 未詳。

25040 u235E5
棘 jí_10.14 隸辨 棘，石經 魯侍殘碑 園有棘。按 說文 作棘24350，从並束。籀文束作朿，碑從籀文，俗訛從束。

25042 u235E3
楸 null_10.14 未詳。

25045 u235E0
棋 null_10.14 未詳。

25043 u235E2
檚 chǔ_10.14 同楚24714古文楚。

25044 u235E1
橇 zhī_10.14 合併字學集篇 橇橇25152，音之。木盛貌。

25046 u235DF
槟 null_10.14 未詳。

25047 u235DE
橐 null_10.14 未詳。

25048 u235DD
枡 null_10.14 未詳。

25049 u235DC
琹 qín_10.14 俗琴34196

25050 u235DB
楁 null_10.14 未詳。

25051 u235DA
攀 null_10.14 或俗攀。

25052 u235D9
槯 null_10.14 簡欐26121

25053 u235D8
榛 zhēn_10.14 榛24872謅字。文淵閣四庫 欽定勝朝殉節諸臣錄·卷十·入祠土民·上 生員韓原洞（一作洞性），東勝衛人；崇禎三年，大兵破榛子鎮，戰敗，不屈，死（見明史及輯覽）。

25054 u235D7
橧 null_10.14 未詳。

25056 u235D5
樫 null_10.14 未詳。

25055 u235D6
橾 biāo_10.14 俗標25183 図lì柳橾，亦作柳栗23948，木名，可爲杖。宋·程俱 北山小集 卷第十一·絕句·苕和江子我·四首（之二）柳橾橫擔入亂山，怳如黃鶴倦飛還。

25057 u235D4
橽 null_10.14 未詳。

25061 u235D0
橪 rěng_10.14 橪桐，音而郢切。木名。見 本草綱目·木部·梧桐

25058 u235D3
橻 chưa_10.14 喃 未。从未，渚省聲。

25059 u235D2
椷 chǎm_10.14 喃 从木針châm聲。

25060 u235D1
槤 chạn_10.14 喃 从木陣trần聲△槤鉢：碗櫃。

25062 u235CF
榫 null_10.14 未詳。

25063 u235CE
槎 null_10.14 未詳。

25064 u235CD
槙 qí_10.14 同旗22243宋·薛尚功 歷代鐘鼎彝器款識法帖·卷九·周器款識·鼎 單冏父乙鼎：槙單。

25065 u235CC
樾 mê_10.14 喃 从木迷mê聲 図ji同槤24251

25067 u235CA
橆 mén_10.14 簡橆25193

25066 u235CB
橖 dǎng_10.14 簡檔26148

25068 u235C9
楁 jiōng_10.14 俗楁24664

25069 u235C8
槧 àn_10.14 俗案24014 入 唐求法巡禮行記·卷三 右肘在槧几之上，仰掌以申五指

25070 u235C7
櫙 yǒu_10.14 俗櫙25116

25071 u235C6
槃 null_10.14 未詳。

25072 u235C5
棻 null_10.14 未詳。

25073 u235C4
梳 null_10.14 未詳。

25074 u23564
棗 zǎo_10.14 俗棗24349

25075 u3BBD
橪 ban_10.14 韓椴木。字見 三國遺事·卷五·避隱·包山二聖

25076 u3BBC
橏 shàn_10.14 俗扇19099清·光緒刻本 淳安縣志·卷之一·方輿志·山川·山·乳洞 房宇几橏，潔幽可憩。又1891年春季號 格致彙編·醫理略述·第一章·小引·論據理治法之本 又如心內兩橏門，生滿病質，吾人不能重新之。

25077 uFA14
櫸 jǔ_10.14 俗櫸26004

25079 u69E1
槡 sāng_10.14 俗桑24023又斗槡，栿斗槡，古建築用語，見 魯班經

25078 u6A2E
櫙 yǒu_10.14 俗櫙25116 図日蠟燭頭。

25080 u69E0
櫫 zhū_10.14 简櫫25933

25081 u69DF
檳 bīn_10.14 简檳25732

25083 u69DD
橢 dǎo_10.14 地名用字 図 五音集韻 楄，橢楄，木名，可以爲矢。按，玉篇 作橢楄。

25084 u69DC
橇 zuì_10.14 同橇25574

25082 u69DE
橦 lóng_10.14 俗櫳25958宋元以來俗字譜引 太平樂府 図trồng 喃 从木竜long聲。種植。亦作櫳25958橦25253橒24069種40877

25085 u69DB
檻 kǎn_10.14 简檻25743

25088 u69D8
樣 xiàng_10.14 俗樣25197 直音篇 橡，音象。樹實，柞實。樣，同上。

25086 u69DA
檟 jiǎ_10.14 简檟25610

25087 u69D9
槙 diān_10.14 同槙24943

25089 u69D7
橋 qiáo_10.14 直音篇 橋同橋25359

25090 u69D6
橐 tuó_10.14 正字通 橐25366俗省作橐。

槕 zhuó_10.14 同桌24018 脂硯齋重評石頭記（庚辰本）·第五十五回 一時只見一个丫妖將簾櫳高揭，又有两个將槕抬出。

槓 gàng_10.14 杠23599 譌字 越諺 卷上 借喻之諺第五 敠竹槓：上考平聲。乘人有過，索取財物 図 cống 喃 从木貢 cống 聲。同闗65285大門。

槔 gāo_10.14 同槹25126

榩 qián_10.14 俗槏24893

榊 shén_10.14 同文通考·國字 榊，祭神之木也 和漢三才圖會藝文倭字 榊，似檆木，以供神前。猶浮屠用檆葉。

榢 xí_11.15 唐韻 似入切 類篇 韻會 席入切 夶音習。說文 木也 徐曰 堅木 元結·頌木魅辭 榢橈橈兮未堅。図 械也 何晏·景福殿賦 楯類騰蛇，榢似瓊英 註 械楔。

榙 jī_11.15 集韻 居宜切，音羈。以箸取物也 図 guī 類篇 俱爲切。載也 図 集韻 居爲切音規。義同。

槤 liǎn_11.15 • 說文 里典切音璉。瑚槤也 禮·明堂位 夏后氏四璉，殷六瑚。一說以木爲之，因以爲重器，故又从玉 図 集韻 力展切音輦。義同 図 lián 唐韻 力延切 集韻 陵延切夶音連 玉篇 𥜽也 爾雅·釋宮 連謂之𥜽 註 堂樓閣邊小屋 図 横闗木 類篇 門持闗謂之槤 図 木名。見桤23955字註。鑒 又椫24317櫲25931

櫝 huì_11.15 唐韻 祥歲切音篲 說文 棺櫝也 前漢·高帝紀 令從軍死者爲櫝，歸其縣 註 櫝櫝爲小棺 廣韻 于歲切音衞 集韻 胡桂切音惠。又 集韻 類篇 夶須銳切音歲。義夶同。鑒 正字通 櫘25393櫬25855夶俗櫝字。図 櫢25572俗櫝字。

櫄 jīn_11.15 類篇 同柊 類篇 夶餘封切音庸。栒24880栭，木名 図 集韻 一曰兵架謂之栭 図 tǒng 類篇 吐孔切音桶。鴻櫄木可爲矢。

槧 qiàn_11.15 唐韻 慈染切 集韻 疾染切，夶漸上聲 說文 牘樸也 徐曰 始削麤樸也 王充·論衡 斵木爲槧 釋名 槧，板之長三尺者也。槧，漸也，言其漸漸然長也 揚子·法言 叔孫通，槧人也 西京雜記 揚雄懷鉛提槧，從諸計吏，訪殊方絕俗之語，作方言 図 癸辛雜識 簡槧，古無有也，始於王安石，其後盛行，淳熙閒曆板幾廢 図 唐韻 才敢切 集韻 在敢切，並音鏨 玉篇 削板牘 唐韻 集韻 類篇 夶七豔切，塹去聲 図 韻會 七廉切音僉。義夶同。鑒 又槧24575

櫸 bì_11.15 唐韻 卑吉切 集韻 壁吉切 類篇 逼吉切夶音必 說文 木也 正字通 俗字，非。

榔 guō_11.15 與椁同。鑒 又桼24290椁24415砈39313

槩 gài_11.15 唐韻 古代切 集韻 韻會 居代切夶音溉。平斗斛木 說文 𣏌作㮣，斗斛徐云㮣，夏摩之也。斗斛，量槩也 禮·月令 仲春之月，正權槩 周禮·冬官考工記 㮚氏

櫢而不稅 疏 㮚，所以勘當諸廛之量器，以取平者。又平也 管子·樞言 釜鼓滿則人槩之，人滿則天槩之。図 大槩，大率也 史記·伯夷傳 其文辭不少槩見 莊子·天下篇 槩乎皆常有聞者也 張衡·東京賦 粗爲實，言其梗槩如此 図 感觸經心也 史記·范雎傳 臣愚，不槩于王心 淮南子·精神訓 勢位爵祿，何足以槩志 図 節槩 左思·吳都賦 俗有節槩之風 晉書·桓溫傳 豪爽有風槩 図 退槩，幽深不明也 何晏·景福殿賦 其奧祕則黷蔽曖昧，髣髴退槩 図 口溉切。同慨 史記·季布傳 婢妾賤人，感槩而自殺，非能勇也，其計畫無復之耳 図 許旣切音餼。亦平木也 図 古對切音慣。義同 図 gǔ 古忽切音骨。哀亂貌。

㮣 gài_11.15 同槩 図 韻會 尊名 周禮·春官·鬯人 凡祼事用槩，凡臨事用散 註 皆柒尊也。有朱帶者曰槩，無飾曰散 図 與溉通 周禮·春官·大宗伯 眡滌濯 註 溉，祭器也。本或作㮣。槩，拭也 図 集韻 巨列切音竭。杙也。亦省作楬。鑒 又槩24842杚23592㮚24828㮚25105㮣25242

椾 jiān_11.15 唐韻 集韻 韻會 夶居言切，犍平聲 玉篇 椾子，椊蒱采名 廣韻 摵，同椾 • 李翱·五木經 王采四：盧、白、雉、牛。眡采六：開、塞、塔、禿、撅、摵 図 正韻 經天切音堅。義同。

槫 tuán_11.15 集韻 韻會 夶徒官切音團。楚人謂圓爲槫 楚辭·九章 曾枝剡棘，圓果槫兮 図 shuàn 集韻 樞車也。或讀豎兗切切音腨。義同 図 quán 集韻 淳緣切音遄。與輲同。鑒 又栫23754

槎 chá_11.15 唐韻 宅加切 集韻 直加切，夶乍平聲 唐韻 此卽今茶荈之茶 廣韻 茶，荈也。今作茶，俗字，不可从 唐·權德輿撰陸贄·翰苑集序 領新茶一串，作此字 図 tú • 廣韻 同都切音徒。楸木別名。春藏葉，可以爲飲，巴南人曰葭槎 図 集韻 苦荼也。詳槚25610字註。鑒 又槎25035 正字通 槎，俗梌24178字。

樗 huà_11.15 廣韻 正韻 韻會 夶胡化切，華去聲。鐘横大也 正字通 抓字之譌 左傳 昭二十一年 天王將鑄無射，冷州鳩曰：夫鐘，小者不宛，大者不樗。宛則不咸，樗則不容。今鐘樗矣。

槭 cù_11.15 唐韻 集韻 韻會 夶子六切音蹙 說文 木可作大車輮 図 博雅 槭，至也 図 sè 韻會 色責切，音摵。讀若色。彫柯貌 潘岳·射雉賦 陳柯槭以改舊 李善註 所膈切音同 図 韻會 木葉落也 潘岳·秋興賦 庭樹槭以灑落 図 集韻 率摑切音摵。木枝空貌。鑒 又櫹26070槮26091

槮 sēn_11.15 唐韻 所今切 集韻 韻會 蘇簪切夶音森 說文 木長貌 張衡·西京賦 楳爽櫩槮 華葉落，莖獨立也 宋玉·九辨 葿櫩槮之可哀兮 図 積柴水中以取魚曰槮 爾雅·釋器 槮謂之涔。與罧同 図 集韻 桑感切音糂。式荏切音審。斯荏切音伈。義夶同 図 sǎo 集韻 韻會 夶蘇遭切音騷。木長也 馬融·長笛賦 森槮桵樸 図 集韻 師銜切音杉。森槮，木長貌 図 shěn 廣韻 疏錦切音瘆。木實名

也囝．韻會所斬切音摻 博雅取也。一曰執也。引詩‧鄭風‧摻執子之手兮。註：攀也 詩 本从手。鎣又摻24561 橾25372 攙26027 攙42992 名義 樏25558 楚林反。木長皃。

囝清‧王士禎 午食得鱸 他年歸臥錦湖岸，日拋穆40967 檛臨清渠。

榱 cuī_11.15 唐韻 集韻 並昨回切，音摧。木名。堪作杖 囝 集韻 類篇 倉回切，音崔。義同 囝zuǐ 集韻 狙猥切，崔上聲。木蘊積也。

榳 nì_11.15 類篇 尼質切音暱。木名 神異經 南方大荒之中有樹焉，名柤稼榳，三千歲作花，九千歲作實，其高百丈。

榰 bèng_11.15 字彙 菩貢切，蓬去聲。草木盛貌〇按 集韻 本作榣。鎣譌作榳25761

橑 yǒu_11.15 唐韻 與久切 集韻 韻會 以九切丛音酉。◦說文 積木燎之也 詩‧大雅 薪之橑之 傳橑，積也 箋 豫斫斫以爲薪，至祭皇天上帝及三辰，則聚積以燎之 周禮‧春官 以槱燎祀司中、司命、飌師、雨師。或作禋、栖，通作薪 囝 廣韻 集韻 韻會 余救切 正韻 爰救切丛音柚。又 集韻 韻會 類篇 丛夷周切音猶。義丛同。鎣又橑25626 檓31544 禋39813 椇25078 橑25070 㭌19767 樖25241

槲 hú_11.15 唐韻 集韻 韻會 正韻 丛胡谷切音斛。槲樕，木名 爾雅‧釋木疏 江河間以作柱 本草圖經 槲木，高丈餘，與櫟相類，亦有斗 唐‧許渾‧峽山寺詩 古木高生槲。則槲爲大木也。詳樕字註。鎣又槳25210 㭊20635 稱40776

樾 xuàn_11.15 同楦。

槮 shēn_11.15 唐韻 所臻切 集韻 疏臻切丛音莘 廣韻 牀前橫木也 集韻 窴版 揚子‧方言 杠，東齊海岱之閒謂之槮 囝 集韻 所巾切，緊平聲 ◇義同 囝zhēn 類篇 緇詵切 正韻 側詵切丛音臻 孟子 註 有表無裏謂之柚槮。或作箞，亦作楈，通作榛。詳箞、榛註。鎣集韻所巾切。所斤切。

槳 jiāng_11.15 唐韻 卽兩切 集韻 韻會 子兩切丛音蔣 玉篇 楫屬 揚子‧方言 所以隱櫂謂之槳。或作欆、艪，亦書作槳 字彙 縱曰櫓，橫曰槳 正字通 長大曰櫓，短小曰槳 韻會 前推曰槳，後栧曰櫂 古樂府 莫愁在何處，住在石城西。艇子蕩雙槳，催送莫愁來 囝jiāng 集韻 資良切音將。義同。又柯也。鎣又槳24123 簲42966

楛 hù_11.15 集韻 後五切 類篇 候古切丛音戶。籍書具。一曰取魚具。

槵 huàn_11.15 唐韻 集韻 丛胡慣切音患。俗省作桓 廣韻 無槵，木名 集韻 皮子可澣 酉陽雜俎 燒之極香，辟惡氣。一名噤婁，一名桓 崔豹‧古今注 拾櫨木。一名無患。昔有神巫，名寶眊，能符殺百鬼，得鬼以此棒殺之，世人以此木爲衆鬼所畏，故名無患也 囝 通雅 槵子實可去垢，核黑如羿 正字通 謂之爲念珠。引佛經云當貫木槵

子一百八個，常自隨身。

椢 guì_11.15 類篇 古誨切音貴 說文 筐當也 正字通 今俗呼底曰當 囝 集韻 古對切音憒。義同 囝guī 集韻 姑回切音瑰。與簂同。亦筐也。鎣又椢24573

槷 niè_11.15 唐韻 五結切 集韻 倪結切丛音齧。危槷也 周禮‧冬官考工記 轂小而長則柞，大而短則摯 鄭註 摯讀爲槷，謂輻危槷也 囝 搣也 周禮‧冬官考工記 輪人直以指牙，牙得則無槷而固 註 槷，搣也。蜀人言搣曰槷。囝與闑同 鄭註 闑，古文作槷 周禮‧冬官考工記 匠人建國，水地以縣。置槷以縣 疏 槷，柱也。以縣者欲取柱之景，先須柱正。欲柱正，當以繩縣，而垂於柱之四角四中，繩皆附柱，則柱正矣 囝與梟通。門中槷也 詩‧小雅 我車既攻 傳 褐纏斿以爲門，裘纏質以爲槷 穀梁傳‧昭八年 置斿以爲轅門，以葛覆質，以爲槷。據此梟、槷通用 囝 集韻 射質也 小爾雅 射，張布謂之侯。侯中者謂之鵠，鵠中者謂之正，正中謂之槷 詩‧大雅 四鍭如樹 疏 槷質也 囝 集韻 乃結切音涅。木楔也。鎣又槷25269

槸 yì_11.15 唐韻 集韻 魚祭切 韻會 倪祭切 正韻 倪制切丛音藝 爾雅‧釋木 木相磨槸 郭註 樹枝相切磨。或从草作藝 囝 同槷25124

槹 gāo_11.15 唐韻 古勞切 集韻 韻會 居勞切 正韻 姑勞切丛音高 韻會 汲水機 說文 作槔。或作橰。通作皋 囝 類篇 木名。鎣 類篇 作槹25554俗亦作槔25299

椑 péi_11.15 唐韻 扶來切音陪。姓也。出 姓苑。又板也〇按 姓苑 有椑姓，無椑姓 正字通 云俗椑字。

椥 bàng_11.15 集韻 部項切音棒。木杖。本作棓24342或从奉从丰。

槺 kāng_11.15 唐韻 苦岡切音康。槺梁，虛梁也 司馬相如‧長門賦 委參差以槺梁 註 引 方言 曰：窠，虛也。同糠。鄭康成作荒。

樟 shuài_11.15 集韻 朔律切音率。木名。

槻 guī_11.15 集韻 均窺切音規。木名。堪作弓材 囝 類篇 一曰樊槻木皮，水漬和墨，色不脫。鎣又椲11878

槼 guī_11.15 集韻 類篇 丛同規。鎣又槼24578

橙 dài_11.15 唐韻 當蓋切音帶 博雅槌也 揚子‧方言 槌，宋魏陳楚江淮之閒謂之橙。鎣又禰40052

槽 cáo_11.15 唐韻 昨勞切 集韻 韻會 正韻 財勞切丛音曹 說文 畜獸之食器 玉篇 馬槽也 晉書‧宣帝紀 三馬同食一槽 囝 柔木名。淮南子‧氾論訓 槽矛無擊，修戟無刺 註 槽，柔木。無擊，無鐵刃也 囝 枸槽子，果名 齊民要術 枸槽子，大如指，正赤，其味甘 囝 石槽、檀槽，皆琵琶槽也 開元遺事 賀懷智善琵琶，以石爲槽 唐後主‧題琵琶背詩 天香留鳳尾，餘暖在檀槽 囝 酒槽，酒坊也 李賀‧將

進酒詩 小槽酒滴眞珠紅 図茶槽，茶碓也。宋·范成大·立
春詩 茶槽藥杵聲中 図zāo 唐韻 作曹切 集韻 臧曹切 丛
音遭。華實相半也。鋻 又樞25838槽26164轀60362槽32531

槾 25135 12301
mán_11.15　唐韻 母官切 集韻 正韻 謨官切 丛音瞞 說
文 杇也。玉篇 所以塗也。秦謂之杇，關東謂之槾 図博
雅 槾，貪也 図釋名 杇謂之槾。槾，綿也。綿連槫頭，
使齊平也 図màn 正韻 莫半切音縵。義同 図木名 張
衡·南都賦 其木則槾柏杻櫨 註 槾，荊也 図mán 集韻 武
元切。與槾同 図wàn 集韻 無販切音萬。亦槾荊也。
鋻 又樠25644

槿 25136 12302
jǐn_11.15　唐韻 居隱切 集韻 韻會 几隱切 丛音謹。木
槿，櫬也 玉篇 木槿，朝生夕隕，可食。亦作蕣 禮·月令
蕣榮。一名舜 詩·鄭風 有女同車，顏如舜華。一名椴，
一名櫬◆爾雅·釋草 椴，木槿。櫬，木槿 郭註 別二名也。
白曰椴，赤曰櫬。一名日及 南方草木狀 赤槿，名日及。
一名王蒸 陸璣·草木疏 齊魯之閒謂之王蒸 図qín 集韻
渠巾切音菫。柄也。又 正韻 居忍切。義同。

樀 25137 12303
dì_11.15　唐韻 都歷切 集韻 韻會 正韻 丁歷切 丛音
的 說文 戶樀也 爾雅·釋宮 檐謂之樀 疏 檐交於櫼上。一
名樀，一名屋梠，又名宇，皆屋之四垂也 図韻會 一曰
絲樀，卷絲具 図dí 集韻 亭歷切音笛。義同 図zhé 類篇
陟格切音摘。槌也。持桿櫨樀丛同。鋻 又槁25386樀25873

榛 25138 12304
qī_11.15　唐韻 親吉切 集韻 韻會 戚悉切 丛音七 類
篇 與桼同。木可以桼物 図 正韻 木可爲杖 図臺名 揚子
方言 吳有館娃之宮，榛娥之臺 註 戰國時諸侯所立也。
鋻 又榛25700桼24243 図 正字通 榛，同榭25594 図 字義總
略。三字通用 榛桼柒，七。

椿 25139 12305
zhuāng_11.15　唐韻 都江切 集韻 韻會 株江切，丛惷
平聲 說文 橛杙也 唐·韓愈贈張籍詩 斬拔柄與椿 廣記 道
安與惠遠，夜行遇雨，得人家，見門內有馬椿，椿懸一
馬兜，使呼林伯升，伯升謂是神人，厚相賞接〇按 正韻
作側霜切，非 図 唐韻古音 春，書容切。撞也 晉書·宣帝
紀 扼其喉而椿其心。鋻 又桩24122橦25879樁25681

樂 25140 12306
yuè_11.15　唐韻 五角切 集韻 韻會 正韻 逆角切 丛音
岳 說文 五聲八音之總名 書·舜典 虁，命女典樂，教胄
子。詩言志，歌永言，聲依永，律和聲 易·豫卦 先王作
樂崇德，殷薦之上帝，以配祖考 禮·樂記 大樂與天地同
和。又鐘鼓、管磬、羽籥、干戚，樂之器也。屈伸、俯仰、
綴兆、舒疾，樂之文也 孝經 移風易俗，莫善於樂 図姓
左傳 晉大夫樂王鮒，戰國策 燕樂毅。複姓 孟子 樂正裘
図lè 唐韻 盧各切 集韻 韻會 正韻 歷各切 丛音洛。喜樂
也 通論 喜者主於心，樂者無所不被 易繫辭 樂天知命
孟子 與民同樂 図liào 集韻 力照切 正韻 力召切 丛音療
詩·陳風 可以樂飢。毛音洛，鄭音療 図 集韻 韻會 正韻
丛魚教切 論語 仁者樂山。又益者三樂 唐韻 魯刀切
音勞 廣韻 伯樂相馬。一作博勞。鋻 又乐00298㲖24847

慄18608殤59793樂26055

槌 25143 12309
chī_11.15　篇海 同笞
音朗。木名。見槁25193字註 正字通 俗粮字。

棚 25141 12307
láng_11.15　集韻 里黨切

椦 25142 12308
dōu_11.15　集韻 當侯切音兜。木名 正字通 木根入土
無枝椏曰椦。鋻 類篇 作㮹25548

椯 25144 12310
chén_11.15　字彙 池鄰切音陳。槤椏，經營馳逐也。
引後漢 王延壽·王孫賦 扶嶔崟以椯椏。註：一作陳椽 史
記·貨殖傳 揚平陽陳椽其閒 正字通 陳爲衍字。未詳。

樅 25145 12311
cōng_11.15　唐韻 集韻 韻會 丛七恭切音瑽 說文 引
爾雅 樅，松葉柏身。郭註：今太廟梁材用此。又 前漢·霍
光傳 樅木外藏椁十五具 図 詩·大雅 虡業維樅。徐讀七
凶反，沈讀子容反，又音衝 傳 言崇牙之貌樅樅然也。
図 撞也 前漢·司馬相如傳 樅金鼓 図姓 史記·高帝紀 漢
王令樅公守滎陽 図zōng 集韻 卽容切音蹤。又 正韻 倉
紅切音恩 図zòng 廣韻 集韻 丛子用切音縱。義丛同。
鋻 又枞23704樅24977

樆 25146 12312
lí_11.15　唐韻 呂支切 集韻 韻會 鄰知切 丛音離。山
梨也 爾雅·釋木 梨，山樆 疏 在山曰樆，人植曰梨 図chī
集韻 抽知切音摛。布木也。

櫏 25147 12313
qiān_11.15　櫏省文。梺24161櫏，木名。

楢 25148 12314
xiū_11.15　唐韻 息流切 集韻 思流切 丛音脩。木名 正
字通 木長也。

槒 25149 12315
hán_11.15　集韻 胡南切音含。治橐鞴。一曰似鉼有
耳。

檠 25150 12316
qíng_11.15　唐韻 集韻 丛渠京切音擎。鑿柄也。

椵 25151 12317
qiā_11.15　唐韻 乞加切，恰平聲◇木名。

榰 25152 12318
zhī_11.15　唐韻 章移切音支。木盛也〇按 說文 無榰
玉篇 榰附林部，今併入。鋻 又㯱25044，俗。

樉 25153 12319
shuǎng_11.15　唐韻 疏兩切 集韻 所兩切 丛音爽。木
名。又木茂貌。鋻 又樏25668

槁 25154 12320
gě_11.15　集韻 類篇 丛古旱切音稈。柄也。或作柈 正
字通 俗笴字。

樊 25155 12321
fán_11.15　唐韻 附袁切音煩◆說文 作棥，騺不行也。
从𡬝从棥 徐曰 騺，猶縶也。鷹隼之屬，見籠不得出，以
左右攀引外也 廣韻 樊，籠也 莊子·養生主 澤雉十步一
啄，百步一飲，不期畜于樊中 通棥 詩·小雅 止于樊 說
文 作棥 孫炎曰 樊圃之樊也。謂樊籬 莊子·山木篇 莊子
遊乎雕陵之樊，睹一蟬得美蔭而忘其身 図 紛雜貌 莊
子·齊物論 樊然殽亂。又國名 詩·大雅 生仲山甫 毛傳 仲
山甫，樊侯也 図地名 左傳·隱十一年 王取田于鄭，而
與鄭人以溫、原、絺、樊 図姓 姓苑 仲山甫之後，因國
爲氏 図 正韻 符艱切。義同 図 通鞶◆周禮·春官·巾車 掌

王之五路。一曰玉路，錫樊纓。鄭註：樊讀如鞶，馬大帶也 釋文 步干反 左傳 作繁纓 図fàn 高誘曰 扶萬切音飯。樊桐，山名 淮南子·地形訓 樊桐在崑崙閶闔之中。○按 說文 妣部收樊，下不从大，今誤入。

樋 25156 12322
tōng_11.15　 集韻 拖東切音通。木名。

梡 25157 12323
guàn_11.15　 唐韻 古玩切音貫。木叢生也 図 玉篇 古灌30425字。

桫 25158 12324
suō_11.15　 集韻 蘇禾切音梭。木名。

椑 25159 12325
pí_11.15　 唐韻 符羈切 集韻 蒲糜切妣音皮。木下支也 玉篇 椑㭊，木下枝也 博雅 木下支謂之椑㭊 図 唐韻 符支切音脾 図 五音集韻 賔彌切音卑。義妣同 図 bī 唐韻 邊兮切音箄。椑㭊，小樹。 鏊 又粺43584椑43669

㠤 25160 12326
áo_11.15　 唐韻 五勞切音敖。船接頭木也 類篇 舟接首謂之㠤。或从木。

樍 25161 12327
jí_11.15　 唐韻 則歷切音績。椊木別名。又 集韻 類篇 妣側革切音責。義同。 鏊 又樍25630

槆 25162 12328
sù_11.15　 唐韻 集韻 韻會 妣所六切音縮 玉篇 槆，㯕也。養馬器 揚子·方言 㯕，梁宋齊楚北燕之閒謂之槆。或謂之㝢 図 與縮通 家語 顏叔子獨處，鄰婦屋壞，叔子納之，而執燭放乎旦。蒸盡，縮屋繼之 註 縮又作槆。

榏 25163 12329
chǎn_11.15　 玉篇 色盞切 集韻 所簡切妣音產。木名。亦果也 徐表·南州記 榏樹，子如桃實，長寸餘，二月花連著，實五月熟，色黃，鹽藏，味酸似白梅。出九眞。図 shàn 集韻 類篇 妣所晏切音訕。肬蒡也。

橁 25164 12330
chún_11.15　 集韻 船倫切音脣。木名。

樝 25165 12331
chá_11.15　 唐韻 初八切音察。木名 図 sà 集韻 類篇 妣桑葛切音薩 字林 草木動搖聲。或作榃。 鏊 又榃25845

樐 25167 12333
lǔ_11.15　 說文 同櫓

樏 25166 12332
lěi_11.15　 唐韻 力委切音累。似盤中有隔也 玉篇 扁檋謂之樏 図 類篇 魯果切音臝。木名。實有皮無殼 図 léi 集韻 倫追切音虆。禹山行所乘者 說文 作樏26178 図 廣韻 力追切音纍。又 集韻 類篇 韻會 妣魯水切音壘。義妣同。

樑 25168 12334
liáng_11.15　 字彙 呂張切音梁。見釋藏○按 淮南子·主術訓 大者以爲舟航柱樑。不獨見釋藏也。

柎 25173 12339
fū_11.15　 同柎

樒 25169 12335
mì_11.15　 唐韻 美畢切 集韻 莫必切妣音蜜。香木 本草 引南越志 交州有蜜香樹，欲取，先斷其根，經年後，外皮朽爛，木心與節堅黑。沉水者爲沉香，浮水面平者爲雞骨，最麤者爲棧香。

棜 25170 12336
bì_11.15　 唐韻 蒲計切音薜。木名。

樓 25171 12337
lóu_11.15　 唐韻 落侯切 集韻 韻會 郎侯切 正韻 盧侯切妣音嘍 說文 重屋也 爾雅·釋宮 四方而高曰臺，狹而脩曲曰樓 釋名 樓謂牖戶之閒有射孔，樓樓然也。

図偵敵之車曰飛樓，亦曰樓車 六韜·軍略篇 視城中則有飛樓 左傳·宣十五年 解揚登諸樓車，使呼宋人而告之図岑樓，山之銳嶺 孟子 方寸之木，可使高於岑樓。図譙樓，城樓也 前漢·陳勝傳 戰譙門中。又謂之戍樓 儲光羲·送別詩 寒雲隱戍樓 図 樓蘭，國名。見 前漢·昭帝紀 図 爾雅·釋詁 樓，聚也 図 爾雅·釋草 果臝之實栝樓 註 齊人呼爲天瓜 図 道家以兩肩爲玉樓 蘇軾·雪詩 凍合玉樓寒起粟 図 姓 姓苑 望出東陽，周封少康之裔爲東樓公，子孫因氏焉 図 離樓，衆木交加之貌 王延壽·魯靈光殿賦 嶔崟離樓。 鏊 又屚13204樓24848氍70878俗作杍23751嘍31540

㮅 25172 12338
yī_11.15　 集韻 煙奚切音鷖。黑木也 古今注 出交州，色黑而有文。亦謂之烏木 本草 一名爲㮤木。葉似梭櫚，體輕堅緻，可爲筯及器物。

樔 25174 12340
cháo_11.15　 唐韻 集韻 韻會 妣鉏交切音巢。 說文 澤中守草樓也。亦作巢 禮·禮運 檜巢註 樔，又作巢 曹大家·東征賦 諒不登樔而椓蠡兮 正韻 作轈 図 chāo 類篇 側交切。同巢。樔䒒也 爾雅·釋器 巢謂之汕 詩·小雅 烝然汕汕 毛傳 樔也 李巡云 以薄汕魚也 図 jiǎo 正韻 子了切音剿 漢武帝·悼李夫人賦 命樔絕而不長△ 正字通 巢，當从臼从木。俗从果，非。

椑 25175 12341
bì_11.15　 俗椑字。

楝 25176 12342
sù_11.15　 唐韻 桑谷切 集韻 韻會 正韻 蘇谷切妣音速 說文 樸楝，小木也 詩·召南 林有樸楝 図 爾雅·釋木 楝樸，心 郭註 心，榓楝別名 疏 榓楝有心能濕，江河閒以作柱 鏊 又棟25177楝25267

楝 25177 12343
sù_11.15　 同楝。 鏊 又搙20620

㮦 25178 12344
kē_11.15　 字彙 見 揚雄·蜀都賦。音義未詳 正字通 本賦洪溶葱葦，紛揚搔㮦。言竹枝相磨戛也。讀若柯○按賦杪本賦：洪溶葱葦，紛揚搔合。柯與風披，夾江緣山，尋卒而起。合字屬上句，柯字屬下句，㮦字似誤。

樗 25179 12345
huà_11.15　 集韻 胡化切 正韻 胡挂切妣音畫 說文 木也。以其皮裹松脂。或从木蒦 図 chū 唐韻 作樗。丑居切 集韻 韻會 正韻 抽居切妣音攄。惡木也 詩·豳風 采荼薪樗 陸璣疏 樗，樹及皮皆似漆，靑色，葉臭 莊子·逍遙遊 吾有大樹，人謂之樗。其大本擁腫，不中繩墨。其小枝卷曲，不中規矩 唐本草 椿、樗二樹形相似。樗木疏，椿木實 蘇頌·圖經 椿葉香可啖。樗氣臭，北人呼爲山椿，江東人呼爲鬼目 集韻 从虖从慮。義同 図 樗里，地名 史記索隱 甘茂居渭南陰鄉之樗里，號樗里子 図 爾雅·釋蟲 莎雞謂之樗雞 図 集韻 通都切音瑹。惡木也。 鏊 又樗25561

樗 25180 12346
chū_11.15　 同樗。

椏 25182 12348
ě_11.15　 唐韻 烏可切 集韻 韻會 倚可切，妣阿上聲。椏槎也 玉篇 椏槎，木盛貌 図 ē 集韻 於何切音阿。椏槎，樹枝長弱貌。

樘 25181 12347
chēng_11.15　 唐韻 集韻 韻會 妣同橕25376 說文 衺柱

也徐曰俗作樘，非図集韻中庚切，音趟。義同。
図táng 玉篇達郎切音堂博雅距也。

標 25183 12349
biāo_11.15 唐韻甫遙切集韻韻會正韻卑遙切夶音猋。木末也管子·霸言篇大本而小標淮南子·天文訓本標相應図高枝曰標莊子·天地篇上如標枝，民如野鹿図表也禮·投壺疏：飲畢之後，司射請爲勝者樹標晉書宣帝紀立兩標以別新舊図旌旗清異錄梁祖建火龍標図標樹，位置也唐書·王義傳高自標樹図書也孫綽·天台山賦名標於奇紀図biǎo說文敷沼切音縹廣韻方小切音標。義夶同△說文作標。鋆又揱20213標20536擽20949摽20402标23927標26102図標20318偏類碑別字·標引唐姚暢墓誌。又標25055引唐趙勛墓誌。又標25727引魏孫秋生造象記

樚 25184 12350
lù_11.15 集韻韻會夶盧谷切，音鹿韻會樚櫨，井上汲水木庾信·述懷詩道險臥樚櫨図木名。亦作鹿酉陽雜俎武陵郡北有鹿木二株，馬伏波所種，木多節。図dú 玉篇徒谷切。同櫝。匱也。

橸 25185 12351
xǐ_11.15 同杫23637図集韻想里切音徙。

樛 25186 12352
jiū_11.15 唐韻居虯切集韻居虬切，並音糾平聲。木下句曰樛詩·周南南有樛木毛傳木枝下曲図絞也儀禮·喪服不樛垂註不絞其帶之垂者。亦與繆通禮·檀弓叔仲皮死，其妻衣衰而繆経註疏繆當爲樛，謂兩股相交也前漢·五行志天雨，草葉相樛結，大如彈丸。図樛流，周流也揚雄·反騷望崑崙以樛流図姓史記·尉陀傳陀太子嬰齊，取邯鄲樛氏女図集韻亡幽切音鸐。木名図liáo憐蕭切音聊。又集韻韻會正韻居尤切，並音鳩。義並同。鋆又標25378

橑 25187 12353
láo_11.15 唐韻魯刀切音勞。木名図集韻憐蕭切音聊。義同。

樜 25188 12354
zhè_11.15 唐韻集韻韻會夶同柘23824鋆又槭25287図俗蔗50699番漢合時掌中珠甘樜。

虢 25189 12355
háo_11.15 同樜。

樝 25190 12356
zhā_11.15 唐韻集韻韻會正韻夶莊加切音渣說文木名。與柤同。似梨而酢莊子·天運篇禮義、法度，其猶樝梨、橘柚耶，其味相反，而皆可于口図歐陽修·歸田錄柿初生，堅實如石。凡百十柿，以一樝置其中，則紅熟如泥，人謂之烘柿。鋆又樝24680楂24613查23936查23839櫨25289

樞 25191 12357
shū_11.15 唐韻昌朱切集韻韻會春朱切夶音姝。本也說文戶樞也爾雅·釋宮樞謂之根図制動之主曰樞機易繫辭言行，君子之樞機図北斗第一星，謂之天樞春秋·運斗樞天樞德見，則鳳凰翔図五帝之精黃，則含樞紐禮·大傳註禘祭之一図要也荀子·富國篇人君者，管分之樞要也図本也，中也淮南子·原道訓經營四隅，還返于樞図樞密，掌軍政之官也宋·司馬光集文彥博除樞密，詔曰：仍冠中書図金樞，月也木華·海賦大明

攏彎於金樞之穴図木名詩·唐風山有樞草木疏樞，其針刺如柘，其葉如榆，瀹爲茹，美滑于白榆正韻抽居切。義同図ōu 集韻烏侯切音謳王逸·九思將喪兮玉斗，遺失兮樞柄。我心兮煎熬，惟是兮用憂。鋆又樞23772櫨25859図摳20523金石文字辨異·樞引東魏敬史君碑

樟 25192 12358
zhāng_11.15 唐韻集韻韻會諸良切正韻止良切夶音章廣韻豫樟，木名。通作章司馬相如·子虛賦其樹楩楠豫章師古註豫、章二木，生至七年，乃可分別禮·斗威儀君政訟平，豫章常爲生図郡名應劭·漢官儀豫章郡，樹生庭中，故以名郡図本草釣樟，樟之小者。

樠 25193 12359
mén_11.15 唐韻莫昆切集韻正韻謨奔切韻會謨昆切夶音門說文松心木前漢·西域傳烏孫國，山多松樠図脂出貌莊子·人閒世以爲門戶則液樠司馬彪註津液暗出，樠樠然也図國名呂覽·求人篇南至交趾、孫樸、續樠之國図山名淮南子·地形篇泥塗淵出樠山図mán 集韻謨元切音瞞。又廣韻母官切類篇韻會正韻謨官切夶音瞞。義夶同図lǎng 集韻韻會里黨切音朗左傳·莊四年楚王卒于樠木之下正義木有似榆者，俗呼為朗榆。蓋爲樠也。鋆又椚24360

模 25194 12360
mú_11.15 唐韻正韻莫胡切集韻韻會蒙晡切，並音謨說文法也徐曰以木爲規模也廣韻又形也△左思·魏都賦受全模於梓匠張衡·歸田賦陳三皇之軌模揚子方言張小使大謂之廓。陳楚之閒謂之模韓愈·峋嶁禹碑詩拳科倒薤形模奇図作摹、橅史記·漢高紀其規摹弘遠矣前漢·韋元成傳其規橅可見，音義夶同図木名淮南子·草木譜模木生周公塚上，其葉春青，夏赤，秋白，冬黑，以色得其正也。鋆又樕25801橆31727橅10295囟08044図集韻模蝒10180，或从大、冊図糢43586糊，同模糊。

橚 25195 12361
hén_11.15 玉篇戶恩切音痕。平量木也。

樢 25196 12362
niǎo_11.15 集韻同蔦図mù莫卜切音木。鳥名。鋆又柷24118鷔73633図diāo同鵰73456四聲篇海樢，都聊切。鷡屬。又姓。

樣 25197 12363
xiàng_11.15 集韻似兩切音象。栩實也。橡25397或作樣図yàng 集韻弋亮切韻會餘亮切夶音漾。法也廣韻作樣唐書·柳公權傳公權在元和閒，書法有名，劉禹錫稱爲柳家新樣長編宋太祖謂陶穀曰：聞草制皆檢舊本，依樣畫葫蘆文獻通考政和八年，令禮部造履三十副，下開封府鋪戶爲樣。鋆又样23994樣25088樣20808樣2080樣20742

藜 25198 12364
lí_11.15 類篇陵之切，音離◇木名。條可爲大索〇按字彙入十畫，今改正。

穎 25199 12365
yǐng_11.15 集韻類篇夶畎迥切音熲。足几也。一曰篋也図類篇舉影切音景。警枕也図集韻庾頃切音潁木名。一曰錐柄。一曰刀鐶。

榓 25201 12367
xiá_11.15 同枻。

橾 25200 12366
tiáo_11.15 集韻 田聊切 音迢。柚橾也。亦作條 類篇 小枝也。鋆 又 楤 24512

榜 25202 12368
péng_11.15 類篇 蒲蒙切音蓬。梁上榜也。

柱 25203 12369
zhù_11.15 類篇 重主切音拄。樂也，所以調絃。

橄 25204 12370
pì_11.15 集韻 匹曳切音弊。標也。

槀 25205 12371
gōng_11.15 集韻 姑橫切音觥。網滿也。

橷 25206 12372
gèng_11.15 說文 亙 00584 本字。

棏 25207 12373
tè_11.15 字彙補 同忒切音特。木也。

樧 25208 12374
shēn_11.15 字彙補 所臻切。多也。

橲 25209 12375
chuán_11.15 字彙補 音未詳 王延壽·王孫賦 扶嶔崟 以橖橲註 一作橖櫞。鋆 俗櫞。

槲 25210 12376
hú_11.15 集韻 槲 25117 或書作槲。

縶 25211 41344
chì_11.15 字彙補 丑利切音懘。分置也。

槸 25212 41345
nèn_11.15 字彙補 乃困切音嫩。槸譃，愚痴也。鋆 又 懟 56259 明·陳士元 俗用雜字 癡愚曰槸譃。音混沌。又 四聲篇海 槸，奴困切。

槼 25213 41346
xīn_11.15 字彙補 與馨同。見 齊民要術。又見 楊慎·山海經補註

栒 25214 41347
gǒu_11.15 字彙補 舉后切音苟 博雅 栒乳，苦杞也。

櫜 25215 41348
piáo_11.15 字彙補 音未詳。包也○按卽櫜字之譌。

梳 25216 41349
shū_11.15 五音篇海 同梳。鋆 又俗楚 24660 漢隸字源 引 樊敏碑

榕 25217 41350
jié_11.15 字彙補 古怯切，音結◇細枝。

摺 25218 41351
zhé_11.15 篇海類編 陟革切音摘。鹽柱也。

槲 25219 41352
hú_11.15 五音篇海 音壺。酒器。

槳 25220 43931
jiǎng_11.15 篇海類編 同槳。

栘 25221 43932
yí_11.15 字彙補 于其切◇與委蛇之蛇同。

榕 25222 43933
róng_11.15 龍龕 余鍾切。又音松。鋆 龍龕 榕榝二 或作，榕今通 切韻 音松，梓道（通） 玉篇 音容，木名也。

橋 25223 u2B78F
qiáo_11.15 俗橋 25359

橋 25224 u2B78E
qiáo_11.15 俗橋 25359

檀 25225 u2B78D
tán_11.15 俗檀 25562

橏 25226 u2ACEC
null_11.15 未詳。

䄻 25227 u2ACEB
null_11.15 喃 未詳。

楼 25228 u2ACEA
null_11.15 喃 未詳。

橌 25229 u2ACE9
null_11.15 未詳。

棵 25230 u2ACE8
null_11.15 喃 未詳。

桻 25231 u2ACE7
null_11.15 新撰字鏡 楉桻，二字波比乃木。

橾 25232 u2ACE6
null_11.15 未詳。

橷 25233 u2ACE5
gwi_11.15 同橷 26116

槵 25234 u2ACE4
null_11.15 新撰字鏡 槭，造木。槵，上同。

楇 25235 u2ACE3
null_11.15 未詳。

樏 25236 u2ACE2
null_11.15 未詳。

楎 25237 u2ACE1
null_11.15 或俗棍 新撰字鏡 楎杅，二字。豆伊久志。
頁眉原註：楎，棍。

楷 25238 u2ACE0
null_11.15 未詳。

楘 25239 u2ACDF
null_11.15 未詳。

欯 25240 u2ACDE
null_11.15 喃 未詳。

栯 25241 u2ACDD
yǒu_11.15 同橮 25116 直音篇 栯，音又，燎柴。又音尤。栯 24169 同上。又音有。

概 25242 u2F8EA
gài_11.15 同概 25106

榠 25243 u2367A
mâm_11.15 喃 从木 奧mâm聲。盆，盤△榠楡：朱漆盆△亦作鎣 37313

棞 25244 u23679
côn_11.15 喃 从束昆con聲△棞桧：捆木柴。

栬 25245 u23678
sôt_11.15 喃 从朱茁đốt聲。

檬 25246 u23677
máng_11.15 檬果，芒果。

椎 25247 u2366F
rui_11.15 喃 从木堆đôi聲。橡子。

橾 25248 u2366E
chay_11.15 喃 从木斎trai聲。

榙 25249 u2366D
giâu_11.15 喃 从木笞giâu聲。

䢐 25250 u2366C
lăt_11.15 喃 同�。撿，拾

梭 25251 u2366B
sôp_11.15 喃 从木笠lơp聲。

檰 25252 u2366A
mơ_11.15 喃 从杏省麻ma聲 図 新撰字鏡 檰，由加。

椑 25254 u23668
bè_11.15 喃 木筏

棕 25253 u23669
sóng_11.15 喃 从木崇 sùng聲。烏木△牟椶：黑色 図trồng同橦 25082種，植。

棍 25255 u23667
nhãn_11.15 喃 从木眼nhãn聲。桂圓△榢棍：龍眼。

梼 25256 u23666
trĩ_11.15 喃 从木痔trĩ聲。

榼 25257 u23665
kē_11.15 龍龕 榼俗，榼 24928 正。

欕 25258 u23664
yì_11.15 同欕 25413

槟 25259 u23663
míng_11.15 俗槟 24877 龍龕 槟，莫經反。槟櫝，梨屬，醋而且香也。

棞 25260 u23662
juàn_11.15 俗圈 08138 直音篇 音圈。欄欄。
1935. Jan. 26 申報·本市新聞 宰豬業請撤消出欄費，社會局批復不准。

爾 25261 u23661
ěr_11.15 正字通 爾 32342 說文 篆作爾，俗作爾。

櫄 25262 u23660
hú_11.15 或俗櫄 25379 唐·司馬太貞 紀功碑 衝梯暨整。百櫄冰碎。機旛一發。千石雲飛。

棠 25263 u2365F
táng_11.15 同棠 24365 叢書集成初編本 大唐新語·卷六·友悌第十一 棠棣花重發，鶺鴒鳥再飛 図同棟 24996

梂 25264 u2365E
zhǔ_11.15 同枓 23688

樇 25265 u2365D
tì_11.15 同屜 12966

榷 25266 u2365C
què_11.15 俗榷 24916

槭 25267 u23659
sù_11.15 類篇 槭，蘇谷切 說文 樸槭，小木。按，說文 作樕 25176，樸樕，木。

从木欶聲 图rǎc 喃 从木敕sǎc聲。

25268 u23658 樉 còu_11.15　同菆50186亦作蔍50778

25269 u23657 槷 niè_11.15　同槸25124

25272 u23654 槑 null_11.15　未詳。

25270 u23656 橭 gū_11.15　同箛42349俗篛42098明·何喬遠 名山藏 卷之六十九·臣林記·何喬新 又按，近例有司問刑官有用腦橭、夾棍、烙鐵、闌馬棍等項酷刑者。

25271 u23655 橶 màn_11.15　从木敏mǎn聲。

25273 u23653 彬 null_11.15　未詳。

25274 u23651 樸 null_11.15　未詳。

25275 u23650 櫙 null_11.15　未詳。

25276 u2364F 檩 lì_11.15　或同㯡20318

25277 u2364E 桐 null_11.15　未詳。

25278 u2364D 棍 null_11.15　未詳。

25279 u2364C 橙 null_11.15　未詳。

25280 u2364B 樷 null_11.15　未詳。

25281 u2364A 橴 null_11.15　未詳。

25282 u23648 辢 null_11.15　未詳。

25283 u23647 埶 jí_11.15　同埦09322 類篇 埶，卽入切。泉出於上也。

25284 u23646 橨 fèn_11.15　俗㰬20919

25285 u23645 槩 qǐ_11.15　同榮24377

25286 u23644 槮 null_11.15　未詳。

25287 u23643 橃 zhè_11.15　同槜25188

25288 u23642 絭 juàn_11.15　類篇 䌸25670䋷04181絭，逮眷切。履縫飾。或从券，亦省。䋹又渠卷切。緣編也。

25289 u23641 樝 zhā_11.15　直音篇 櫨25190同樝。

25290 u23640 楸 null_11.15　未詳。

25291 u2363F 窼 sōng_11.15　俗寀24859

25292 u2363E 稭 vai_11.15　喃 俗㰠47912肩。

25293 u2363D 樇 nâu_11.15　喃 从木宼nao聲。棕色 图 新撰字鏡 樇，度都反。木四布 新撰字鏡考異 椵24195之誤。

25294 u2363C 槩 qǐ_11.15　同榮24377

25295 u2363B 槁 kǎo_11.15　俗槁24933

25298 u23637 橬 jiān_11.15　俗樫25753

25296 u23639 橫 yín_11.15　字海 人名。見 萬姓統譜 图 喃 大南一統志 卷十一·慶和省·橋梁 橫槎橋：在新定縣新春社，長九十六尺，橫九尺。

25297 u23638 標 měi_11.15　唐·殷敬順 沖虛至德真經釋文 卷上·德十·黃帝第二 黰，音每。諸書無此字 埠甹 作標，同，音每，謂木傷雨而生黑斑點也。

25299 u23636 槔 gāo_11.15　俗槔25126

25300 u23635 杉 null_11.15　未詳。

25302 u3BD2 梘 null_11.15　未詳。

25301 u23634 梗 yín_11.15　簡槶25709

25303 u3BD1 樤 chéng_11.15　慧琳音義 根24348觸：上擇庚反 考聲 作敞，云撞也 玉篇 作撜，云刺也。或作敨，云根觸也 文字典說 從手，長聲。律本作樤，非也 图 taeng 韓 樤子，即積實也。見 鄉藥集成方·木部

25307 uF94C 樓 lóu_11.15　兼 樓。

25304 u3BBE 㮾 lǎng_11.15　或同榔25141 图 大字典 㮾梨，地名。在湖南省。

25305 uF9BF 樂 lè_11.15　兼 樂。

25306 uF95C 樂 lè_11.15　兼 樂。

25308 uF914 樂 lè_11.15　兼 樂。

25309 u6A74 橴 ja_11.15　韓 地名。

25310 u6A31 櫻 yīng_11.15　簡 櫻26014

25316 u6A2A 橫 héng_11.15　同横25425

25311 u6A30 橞 xuě_11.15　日 木名。人名用字。

25312 u6A2F 檣 qiáng_11.15　簡 檣25617

25313 u6A2C 樬 cōng_11.15　同檧24329

25314 u6A2D 棊 qí_11.15　同棋24334 朝鮮本 龍龕 棊，音其 博物志 曰舜造圍棊，丹朱善之也。棊，同。

25315 u6A2B 樫 jiān_11.15　日 樫鳥，亦名橿鳥、鵉，一種日本特產的鳥類 图 槲木名。以其質堅，故从堅。

25317 u6A29 權 quán_11.15　同權26081

25318 u6A27 椴 shā_11.15　同椴24874

25319 12377 樲 èr_12.16　唐韻 集韻 正韻 丛而至切音二 說文 酸棗也 爾雅·釋木 樲，酸棗 註 樹小實酢 孟子 養其樲棘。图zhì 集韻 直利切音稚。以木拒輪也。

25320 12378 樳 xún_12.16　唐韻 徐林切 集韻 韻會 徐心切丛音尋 唐韻 木名，似槐 集韻 以為炭，鍊生鐵，一烹乃熟。亦作尋 山海經 尋木長千里，在句嬰南，生河上西北 郭璞贊 杪杪尋木，生於河邊。疏枝千里，上干雲天 左思·吳都賦 西蜀之於東吳，小大之相絕也。亦猶疏林螢耀，而與夫樳木龍燭也○按樳與樣，音同物異。樳，木之最大者 正字通 同㮞，似誤。鋆 又柎24121

25321 12379 樴 zhí_12.16　唐韻 之翼切 集韻 韻會 質力切丛音職 說文 弋也 爾雅·釋宮 樴謂之杙 郭註 橜也 图 玉篇 繫牛杙 周禮·肆師 大祭祀，展犧牲，繫于牢，頒于職人 註 職，讀作樴 疏 謂牽牲于桌，置桌之時樴樴然作聲，故讀从樴 图 集韻 敵得切音特。義同 图yì 集韻 逸織切音弋。◆說文 劉杙，或作樴。

25322 12380 樵 qiáo_12.16　唐韻 昨焦切 集韻 韻會 慈焦切 正韻 慈消切丛音譙 說文 散木也 左傳·桓十二年 請無扞采樵者以誘之 图 采薪曰樵 詩·小雅 樵彼桑薪，卬烘于煁。故采薪者謂之樵夫 史記·孟嘗君傳 樵夫牧豎 图 焚也 公羊傳·桓七年 焚之者何，樵之也 图 與譙通 前漢·趙充國傳 爲壍壘木樵 師古註 謂爲高樓以望敵也 △集韻 或作蕉，又作藠。鋆 又撨20759蕉51546樏25499藝51957蕉51850攠21153 图 龍龕 燋32010俗，樵正 图 蕉51746 廣碑別字 引 隋造龍華碑

25324 12382 橇 zuī_12.16　字彙 同棱

25323 12381 樷 zōu_12.16　集韻 類篇 丛菑尤切音鄒。草木子叢生。鋆 正字通 俗菆49726字。

25326 12384 橠 yí_12.16　集韻 籀文枱字。

25327 12385 檑 lì_12.16　集韻 同㰚

25325 12383 欉 cóng_12.16　集韻 徂聰切音叢 前漢·東方朔傳 欉珍怪 師古註 古叢字。鋆 又慧琳音義 叢林：上族紅反 考聲 云木聚生曰叢。俗作藂51400 漢書·東方朔傳 中作欉，並非正也 說文 聚也。從丵

（举，牀學反）從取，取亦聲也。象形字。

樸 25328 12386
pǔ_12.16 唐韻 集韻 韻會 正韻 𠀤匹角切音璞 說文作樸，木素也 徐曰土曰坏，木曰樸 書·梓材旣勤樸斲，惟其塗丹雘 又凡器未成者，皆謂之樸 爾雅·釋器木謂之劇，玉謂之雕 郭註皆治樸之名 又質也 禮·郊特牲素車之乘，尊其樸也 又pú 集韻 韻會 正韻 𠀤博木切音卜 詩·大雅芃芃棫樸傳樸，枹木 箋白桵相樸屬而生者 周禮·冬官考工記察車之道，欲其樸屬而微至 註樸屬，猶附著堅固也 又集韻普木切音扑 張衡·東京賦遵節儉，尚素樸 思仲尼之克己，履老氏之常足 又堅木也 又pú 集韻步木切音僕 木密也 又pú 廣韻薄北切音蒲 樸劚，縣名 前漢·地理志屬武威郡 又pù 唐韻普故切音舖 淮南子·精神訓明白太素，無爲復樸 又通朴23539樸25821

樹 25329 12387
shù_12.16 古文尌𣗬𣗳 唐韻常句切 集韻 韻會 正韻殊遇切，𠀤殊去聲 說文生植之總名 左傳·昭二年季氏有嘉樹，宣子譽之 禮·祭義樹木以時伐焉 淮南子·原道訓萍樹根于水，木樹根于土 又爾雅·釋宮屏謂之樹 論語邦君樹塞門 又揚子方言牀謂之杠。北燕、朝鮮閒謂之樹 又獸名鄉射禮君國中射則皮樹中◆註皮樹，獸名。謂皮作樹形以射之 又姓也 後魏·官氏志樹洛于氏。後改爲樹氏 又唐韻 廣韻 集韻 韻會 正韻𠀤臣庾切音豎。扶樹也 徐鍇曰樹之言豎也。種種曰樹 易繫辭古之葬者，不封不樹 詩·小雅荏染柔木，君子樹之 往來行人，心焉數之 又立也 書·說命樹后王君公承以大夫師長 泰誓樹德務滋，除惡務本 畢命彰善癉惡，樹之風聲 又諸侯之適子，天子命爲之嗣者，曰樹子 穀梁傳·僖九年無易樹子 △俗作樹，非。 又偅01533𣗳16514樹23917树24098树24086剅03622尌12565

樺 25330 12388
huà_12.16 唐韻 集韻 韻會胡化切 正韻胡挂切𠀤音畫 廣韻木名 玉篇木皮可以爲燭。或作檴25733，通作華 莊子·讓王篇原憲華冠縰履 註以華皮爲冠 司馬相如·上林賦華楓枰櫨 師古註華，即今樺皮貼弓者 又集韻戶花切音驊。義同 又jiá 集韻訖黠切音戛。鼓也。 又通樺24125樺25180樫25493桦24580 又集韻枒25179樺，或从華

樻 25331 12389
guì_12.16 唐韻 集韻 韻會𠀤求位切音匱 說文椐24438也 廣韻木腫節，可爲杖 又唐韻丘愧切音喟。樻梧樹 類篇卽靈壽木也 前漢·孔光傳詔賜靈壽杖 又集韻苦軌切音䣀。義同。 又檟25981椚24762

榛 25332 12390
zhēn_12.16 同榛。 又稵40831

樽 25333 12391
zūn_12.16 唐韻 集韻 韻會 正韻𠀤租昆切音尊 說文作尊 玉篇酒器也 正韻从木者後人所加。亦作罇 易·大過樽酒簋貳用缶 又儀禮·燕禮註禮法有以壺爲樽者 左傳·昭十五年樽以魯壺 又止也 淮南子·要略訓樽流遁之觀 又韻會禮運，以尊爲尊卑之尊，別出樽字。然樽乃林木茂盛之字。 又墫09316甑35164

榻 25334 12392
tā_12.16 同榻。

樾 25335 12393
yuè_12.16 唐韻 集韻王伐切 韻會 正韻魚厥切𠀤音越 玉篇楚謂兩木交陰之下曰樾 淮南子·人閒訓武王蔭暍人于樾下 唐書·太平公主傳設燎相屬，道樾爲枯。 又摨20755橇25621樺25336

樛 25336 12394
yuè_12.16 同樾。

檀 25337 12395
shàn_12.16 唐韻 集韻 韻會𠀤旨善切音饘 說文木也。可以爲櫛 禮·玉藻櫛用樿櫛 註樿，白理木也 又可爲杓 禮 禮器犧尊疏樿杓 又山海經風雨之山，其木多椒樿 又棺之全一邊者謂之樿 莊子·人閒世七圍八圍，貴人富商之家，求樿傍者斬之 又正韻之輦切，音膳。又集韻 類篇上演切 韻會時戰切𠀤音繕。義𠀤同。 又樿24564

栖 25338 12396
xǐ_12.16 唐韻呼雞切 集韻 韻會馨奚切𠀤音醯。玉篇栲24929栖，木也 又hǎi 唐韻呼改切音海。義同。 又檜24669

椿 25339 12397
chūn_12.16 同杶。 又槆24942

槙 25340 12398
diàn_12.16 集韻 類篇𠀤堂練切音奠。木理堅密也。

橃 25341 12399
fá_12.16 唐韻 集韻 韻會𠀤房越切音伐 說文海中大船 徐曰俗作筏，非是 又集韻北末切音撥。義同。 又fèi 唐韻 集韻方吠切音廢。木似柚也 類篇屋棟頭。 又栰23984橃48805

橃 25342 12400
fèi_12.16 唐韻芳味切音費 說文木也 又同枋23641木橃也。

橚 25344 12402
zī_12.16 同橞。

橞 25343 12401
zī_12.16 集韻將支切，音茲◇橞橚，木名。實可食。 又橚25344

橄 25345 12403
gǎn_12.16 唐韻 集韻𠀤古覽切音敢 玉篇橄欖，果木。出交趾 三輔黃圖漢武帝破南越，得橄欖百餘本 南方草木狀橄欖二月花，八九月熟，吳時歲貢，以賜近臣 又齊東野語一名靑果，一名諫果，一名忠果 陵川詩註南人謂之格覽 又集韻口減切，嵌上聲。義同。

橅 25346 12404
mú_12.16 同模。 又集韻模，亦作橅。

橆 25347 12405
wǔ_12.16 唐韻文甫切 集韻 韻會罔甫切 正韻罔古切𠀤音武 說文豐也。从林从𣞤。大、冊，數之積也。林者，木之多也。冊與庶同意 書·洪範庶草蕃橆 唐韻隸省作無，今借爲有無字 字彙橆，古文蕃橆字。有無之無，則用无字。秦以橆作无，李斯又改作無，後因之。△正韻繁橆今文尚書作廡。橆、廡義同。 又正字通橆同㸫25921

橋 25348 12406
yī_12.16 唐韻於離切音猗 說文木橋椸貌。與橰同。亦作橋 又賈逵云卽椅，木可作琴 類篇隱綺切音倚。義同。 又說文橋，木橋椸也。

橇 25349 12407
cuì_12.16 唐韻此芮切音毳。重擣也 博雅謝也。 又字彙篗與橇同。

橇 25350 12408
qiāo_12.16 唐韻起囂切 集韻 韻會 正韻丘妖切𠀤音

蹺唐韻踏摘行。又禹所乘也史記·夏本紀泥行乘橇孟康曰橇形如箕，檋行泥上図唐韻巨憍切音趫。同蹻抱朴子·雜應乘蹻可以周流天下図子劣切音蕝。義同。図韻會充芮切。同毳前漢·溝洫志泥行乘毳師古註毳讀如本字。鼇又通61268轎67275鞽67463轎67515

樧jié_12.16 同櫑。

栜sī_12.16 集韻相支切。木柴也。鼇正字通同榹25352

㰡25352 12410
㰡xī_12.16 唐韻先稽切集韻先齊切夶音西廣韻楒25159㰡也說文櫅25936㰡也。鼇楋㰡43630，楋㰡之誤。図欐㰡，楟指、栿指図sī玉篇栜25353，息咨切。木柴。胡吉宣：栜卽㰡切韻㰡，薪也集韻栜，木薪也。

橈nào_12.16 廣韻集韻韻會正韻夶女教切音鬧說文曲木周禮·冬官考工記輈人惟輈，直且無橈也図枉也禮·月令命有司申嚴百刑，毋或枉橈図弱也易·大過棟橈，凶前漢·高帝紀與酈食其謀撓楚權図散也易·說卦傳橈萬物者莫疾乎風図摧折也左傳·成二年畏君之震，師徒橈敗図層橈，屋飾也淮南子·本經訓夭矯曾橈図柔橈，骨體夬弱也司馬相如·上林賦柔橈嫚嫚，嫵媚纖弱揚子方言自關而西，凡物小謂之孅橈図nǎo集韻韻會正韻夶女巧切音撓。亂也図集韻爾紹切音獶。亦曲木図ráo唐韻集韻韻會夶如招切音饒。楫也博雅楫謂之橈後漢·岑彭傳裝直進樓船，冒突露橈數千艘註露橈，露楫在外，人在船中図náo集韻尼交切音鐃。曲也。鼇又栳24130橈48818橈24552

橍dé_12.16 同杕。

橌dé_12.16 同橞。

橉lìn_12.16 唐韻集韻夶良刃切音吝。木名郭璞·江賦橉杞稹薄於潯涘本草橉木，一名檁，生江南深山。燒灰淋汁以釀酒，主心腹癥痕。亦可染色図類篇木皮曰橉廣韻良忍切集韻韻會里忍切夶音嶙玉篇楚人呼門限曰橉淮南子·氾論訓枕戶橉而臥者，鬼神蹠其首図博雅橉，砌也図廣韻牛車絕橉△正字通無門限義，失考。

榴liú_12.16 廣韻集韻韻會正韻夶力求切音榴。石榴，果名博物志張騫使西域回所得博雅若榴，石榴也。丹實垂垂若贅瘤也左思·蜀都賦若榴競裂崔豹·古今注一名丹若図榴榴，獸名也山海經陰山有獸，其狀如貍，其音如榴榴。

橋qiáo_12.16 唐韻巨嬌切集韻韻會渠嬌切正韻祁堯切夶音喬說文水梁也。从木喬聲。喬高而曲也。橋之爲言趫也，矯然而高史記·秦本紀昭王五十年初作河橋図懸繩以度曰絚橋水經注斸賓之境，絚橋相引。図器之有橫梁者曰橋儀禮士昏禮笲加于橋註橋所以庋笲図桔橰上衡也淮南子·主術訓橋直植立而不動，俯仰取制焉図橋泄，嫚也荀子·榮辱篇橋泄者，人之殃也図庆也呂覽·離謂篇聽言而意不可知，其與橋言

無擇図木名尚書大傳橋木高而仰，梓木晉而俯，以喻父子図陽橋春秋魯地図姓統譜黃帝葬橋山，子孫守塚，因爲氏史記·貨殖傳橋姚致馬千匹，牛倍之。図qiāo集韻丘妖切音蹺史記·河渠書山行乘橋註橋，一作檋，直轅車也図集韻居勞切音高。勁疾貌莊子·則陽篇欲惡去就，於是橋起図韻會渠廟切音嶠禮·曲禮奉席如橋衡疏左昂右低，如橋之衡図屈橋，壯健貌揚雄·河東賦千乘霆亂，萬騎屈橋。嘻嘻旭旭，天地稠瞉。図正韻古弔切音叫。義同図正韻吉了切音皎荀子·儒効篇橋飾其情性前漢·武帝紀陳湯橋發兵斬郅支。図jiāo集韻居夭切音矯。人名。秦有盛橋。鼇又橋24126墧09312橋25224橋25223橋25089

橌xiàn_12.16 唐韻集韻韻會夶下赧切音僩。大木也図說文集韻夶古限切音簡。義同。鼇又橺25545

橌xián_12.16 集韻何間切音閑。木名。

橍rùn_12.16 集韻儒順切音閏。木名。鼇又橍25678

橁chūn_12.16 集韻同輴。

橎fán_12.16 集韻附袁切音煩說文木也類篇堅木，不華而實図集韻方煩切音樊。義同図唐韻府遠切音返。木名。

橏zhǎn_12.16 唐韻旨善切音㦻。木瘤也図jiǎn集韻九件切音蹇博雅栫也図橏椻24853

橐tuó_12.16 古文囊唐韻集韻夶他各切音拓說文囊也図唐韻囊無底詩·大雅于橐于囊毛傳小曰橐，大曰囊左傳·宣二年趙盾見靈輒，爲之簞食與肉，寘諸橐以與之図冶器也老子道德經天地之間，其猶橐籥乎註橐者外之櫝，所以受籥也。籥者內之管，所以鼓橐也淮南子·本經訓鼓橐吹埵，以消銅鐵図盛衣食之器者曰橐相◆莊子·天下篇禹親自操橐耜，而九雜天下之川。図橐橐，杵聲也詩·小雅椓之橐橐図橐駝，獸名。言其負橐囊而駝物也揚雄·長楊賦歐橐駝，燒燌蚯。図橐臯，吳地春秋·哀十二年公會吳于橐臯漢書屬九江郡図唐韻章夜切音柘。義同図dù集韻都故切音妒。木名〇按說文別立橐部，今併入。鼇又𣗊15156𣗊15142橐25090橐24533橐24812

橑lǎo_12.16 唐韻集韻韻會夶魯普切音老說文椽也廣韻簷前木楚辭·九歌桂棟兮蘭橑韻會通作轑前漢·張敞傳得之殿屋重橑中。蘇林曰：重㝔也。師古曰今之廊舍，一邊虛爲兩夏者図車前轚如弓形者，謂之橑周禮·冬官考工記輪人弓鑿廣四枚註弓蓋橑也漢世呼弓爲橑子，所以庇車者淮南子·說林訓蓋非橑不能蔽日，輪非輻不能追疾図木段也管子·侈靡篇雕卵然後瀹之，雕橑然後爨之図集韻憐蕭切正韻落蕭切夶音聊。蓋骨也。鼇又樛25940橑25887藤51711

橐pào_12.16 集韻巨到切音犓。張大貌。鼇類篇橐乃到切。橐張大皃図橋24775橋24665

椝 kuǎn_12.16 同梡。图 集韻奴玩切音鐋。杵聲齊也。图 集韻 類篇 丛苦喚切，寬去聲。義同。

楥 yún_12.16 唐韻 集韻 丛王分切音雲。木名。玉篇 木文。

樴 zhé_12.16 唐韻 集韻 丛直列切音徹。棗也。◆ 類篇 楊樴。見棗24349字註。

槮 sēn_12.16 同槮。

橓 shùn_12.16 集韻舒閏切音舜。卽木堇，朝榮暮落者。詩·鄭風顏如舜華。或作蕣。詳槿25136字註。亦作蕣、舜。

橔 tuí_12.16 集韻徒回切音穨。棺覆也。图 類篇都回切音堆。義同。图 dūn 集韻都昆切音敦。枯也。鑒譌作撴20821襉54728

榙 tā_12.16 唐韻都合切集韻德合切丛音答。玉篇作梌。榙樏，木名，似李。

樘 chēng_12.16 唐韻丑庚切集韻 正韻抽庚切丛音瞠。說文斜柱。徐曰樘之言牚也。王延壽·魯靈光殿賦枝掌权牙而斜據。杜甫·登慈恩塔詩始出枝樘幽。本作牚，今作樘。復古編作撐。韻會禮韻無从手撐字。鑒又橕25489

樘 táng_12.16 唐韻 集韻丛徒郎切音棠。車樘也。图 chèng 集韻恥孟切音敞。柱也。

樛 jiū_12.16 同樛。

槲 hú_12.16 唐韻戶吳切集韻洪孤切丛音胡。玉篇江東呼棗大而銳上者曰槲。亦作壺。爾雅·釋木壺棗24349。鑒又樻25713檞25219樓25449槬25262

椊 cuì_12.16 集韻秦醉切音瘁。木朽也。本作梓，俗作椊。

檽 ér_12.16 唐韻同栭。又篇海同楺。

橗 méng_12.16 集韻 類篇丛謨耕切音萌。木名。又玉篇木心也。

橻 yé_12.16 同枒。

橘 jú_12.16 唐韻居聿切集韻 韻會訣律切，丛鈞入聲。說文果出江南，樹碧而冬生。書·禹貢揚州厥包橘柚錫貢。註小曰橘，大曰柚。爾雅翼江南種橘，江北爲枳。史記·貨殖傳蜀漢江陵千樹橘，其人與千戶侯等。襄陽記謂之木奴。李衡于龍陽洲種橘千株，敕兒曰：吾有木奴千頭，不責汝衣食。宋·韓彥直·橘譜橘品十有四種。图 爾雅·釋天月在甲曰畢，在乙曰橘，謂之月陽。鑒又縋44381㨖20769橘25523

橙 chéng_12.16 唐韻宅耕切集韻 韻會 正韻除耕切，丛音瀓。說文橘屬埤雅柚屬。柚皮極苦，不可向口，皮甘者乃橙爾。橙可登而成之，故字从登。司馬相如·上林賦黃甘橙楱。晉張協·七命煇以秋橙。图 集韻持陵切音澄。義同。图 dèng 唐韻都鄧切集韻 韻會 正韻丁鄧切

丛音凳。几屬。晉書·王獻之傳魏時凌雲殿榜未題，匠人誤釘，不可下，使韋仲將懸橙書之，比訖，鬚髮盡白。

橢 dì_12.16 說文都歷切音滴。戶橢也。橢25137、楴同。图 shì 玉篇式至切，音試◇木名。

橲 yì_12.16 唐韻於力切集韻乙力切丛音億。梓屬也。大者可爲棺椁，小者可爲弓材。

橚 sù_12.16 唐韻息逐切集韻息六切，丛音肅。長木貌左思·蜀都賦橚矗森萃李善註橚矗，長直貌張衡·西京賦橚爽櫹槮李善註皆草木盛貌也。图 xiāo 廣韻蘇彫切音蕭。图 說文山巧切，梢上聲。義丛同。图 qiū 集韻與楸同。木名。山海經華陽之山，其陰多苦辛，其狀如橚，其實如瓜，食之已癙。註橚卽楸字。图 集韻同楸。鑒又楒24472

橛 jué_12.16 唐韻 集韻 正韻丛居月切音厥。說文杙也。一曰門梱爾雅·釋宮橛謂之闑。註橜。蓋直一段之木也列子·黃帝篇若橜株駒。註斷木。图 詩·小雅既備乃事疏引漢農書云孟春，土長冒橛，陳根可拔，耕者急發。图 馬衝曰橜莊子·馬蹄篇前有橛飾之患司馬相如傳衡橛之變。图 篇海橜車，鉤心木也。图 擊鼓槌也山海經有獸名夔，以其皮爲鼓，橜以雷獸之骨，聲聞五百里。图 同橛。图 guì 集韻姑衞切音劌。盛肉几也禮·明堂位俎，夏后氏以橜。註謂中央橫木也。通橜。图 韻會其月切音掘。正韻居胃切音貴。義丛同。鑒又桱23868桂23842㩨19598墝09400艍48813橛32911图 正字通橛24864同橛。

橝 tán_12.16 唐韻 韻會徒含切集韻徒南切丛音曇。屋梠前也。一曰鹽槌唐韻木灰可染嚴忌·哀時命擥瑤木之橝枝兮正字通橝木別名图 集韻直稔切音朕。图 diàn 唐韻 韻會 正韻丛徒點切音簟。義丛同。图 xín 集韻 類篇丛徐心切音尋。盾上竿。鑒又橝26188

櫑 léi_12.16 說文力追切音虆。木實也。

麇 jué_12.16 同橛。

橞 huì_12.16 集韻 類篇丛胡桂切音慧。木名類篇或作橀图 說文胡計切。義同。

機 jī_12.16 唐韻 韻會居衣切集韻居希切丛音幾。說文主發謂之機。書·太甲若虞機張，往省括于度則釋尚書大傳捕獸機檻陷大學其機如此。註發動所由疏關機也。動於近，成於遠图 星名博雅斗星三爲機。通卦驗遂皇始出，握機矩，法北斗七星而立七政图 集韻織具謂之機杼，機以轉軸，杼以持緯图 氣運之變化曰機莊子·天運篇意者有機，緘而不得已耶至樂篇萬物皆出於機，皆入於機图 機械，巧術也莊子·天地篇有機械者，必有機事。有機事者，必有機心图 天機，天眞也莊子·大宗師篇嗜慾深者天機淺图 韻會要也，會也，密也書·臯陶謨一日二日萬幾疏作機图 木名山海經單狐之山多機木郭註機，去聲。鑒又机23546

橠
nuǒ_12.16　唐韻 正韻 奴可切 集韻 韻會 乃可切夶音娜。橠橠，木盛貌 詩 • 檜風 猗儺其枝 正字通 作橠、㮆。図 集韻 郎可切音礌。義同 図 nuó 集韻 囊何切音那。枝弱貌。鼐 又欘26121 榱25052 図 橠橠，亦作裒褭，今作婀娜 玄應音義 橠褭：字詁 古文裒橠二形，今作阿，同。烏可反。下古文挼19486挱23949二形，今作那，同。乃可反 字書 裒橠，柔弱皃也。亦草木盛也。

橐
jū_12.16　唐韻 矩于切音俱 說文 作㯻，㮺舌也。从木入，象形，眲聲図 唐韻 況于切 集韻 匈于切夶音吁。義同。

橡
xiàng_12.16　唐韻 徐兩切 集韻 韻會 正韻 似兩切，夶音象 玉篇 栩實也 博雅 柔也。蒂有斗，可染皁 周禮 • 掌染註 謂之象斗，實可食 列子 • 說符篇 夏食菱芰，冬食橡栗 晉書 • 庾袞傳 與邑人入山拾橡。鼐 又樣25088 稌40915

橢
tuǒ_12.16　唐韻 他果切 集韻 吐火切夶音妥 說文 車笒中橢橢器也。又 唐韻 器物之狹而長者曰橢 爾雅 • 釋魚 蠣小而橢 釋獸註 貉羊角橢 楚辭 • 天問 南北順橢，其衍幾何 図 器之圓而長者亦曰橢 前漢 • 食貨志 三曰復小橢之，其寶竈直三百 図 duǒ 集韻 都果切 正韻 都火切夶音朵。科橢，木首机也 揚子 • 太玄經 土不和，木科橢。図 集韻 徒禾切音佗。塯鼓，器名 図 類篇 吾禾切。義同。鼐 又楕24562 橢24652 樏25894 㯰25448 橢25964 牏32923 艓55463

橚
táo_12.16　同㮹。

橝
níng_12.16　集韻 類篇 夶乃挺切，寧上聲。木名。鼐 又橝25692

橤
rú_12.16　類篇 汝朱切音儒。梁上短木。

橤
ruǐ_12.16　唐韻 如壘切 集韻 韻會 乳捶切，夶綏上聲。木名 說文 垂也。或作蕊 文選 • 盧諶時興詩 橤橤芬華落 図 左思 • 蜀都賦 敷藥蕤橤 註 花鬚頭點也 古音讀如我切○按 廣韻 華外曰蕚，華內曰橤 韻譜 或作蕊，通作蘂。則蕤、橤自通。鼐 又橤25450 蘂44378

橯
lù_12.16　集韻 魯故切音路。桐也。

橀
pá_12.16　篇海 蒲巴切音琶。棠也 正字通 謂字。

橉
juàn_12.16　唐韻 吉掾切 集韻 規掾切夶音絹 廣韻 青木，皮葉可作衣，似絹。出山西域焉耆國。鼐 出山西域焉耆國。出西域焉耆國 図 橢25703

橲
xī_12.16　集韻 思積切音昔。木履也。通作舄。

橥
zhū_12.16　俗橥字 篇海 木名。

橾
lù_12.16　玉篇 古文麓74413字。○按 說文 麓、禁二文夶收林部。今从林者皆歸木部，麓字別見鹿部，非。

橦
tóng_12.16　唐韻 韻會 正韻 徒紅切 集韻 徒東切夶音同。木名。花可爲布 左思 • 蜀都賦 布有橦華 張揖曰 橦華柔脆，可績爲布。出永昌 図 zhōng 唐韻 職容切音鐘。義同 図 類篇 木一截也。唐式，柴方三尺五寸曰一橦。

橦
chōng 集韻 昌容切音衝。陷陣車也。本作㺇 晉書 • 宣帝紀 輣橦鉤橦，發矢石雨下 図 chuáng 說文 唐韻 宅江切 集韻 韻會 傳江切夶音幢。說文 帳極也 玉篇 竿也。或作幢 張衡 • 西京賦 都盧尋橦 李善註 都盧國人，體輕善緣○按本字音幢，本賦音同，下與鋒、逢叶 五經字樣 云本音同。今借爲木橦字 図 chuáng 正韻 助莊切音牀。義同 図 博雅 刺也。

橜
yè_12.16　唐韻 於葉切，淹入聲。葉動貌。

橗
ān_12.16　集韻 烏含切音菴。或省作㯿24364

橌
shèng_12.16　朕本字　

橪
yì_12.16　類篇 韻會 夶宜寄切音義。白橪，周穆王八駿之一 列子 • 周穆王篇 右驂赤驥而左白橪 穆天子傳 作白犧。鼐 又㯎25258

橯
qiàn_12.16　唐韻 苦甸切音倪。橫橯木 図 集韻 輕甸切音倪。木名。

櫹
zhǔ_12.16　同櫹。

橌
jiān_12.16　唐韻 則前切 集韻 韻會 將先切夶音箋。小栗名。趙魏之閒謂之橌。或作櫼 図 jiàn 類篇 子賤切音箭。山梅也。

橧
zēng_12.16　唐韻 子登切 集韻 韻會 咨騰切 正韻 咨登切夶音增 韻略 聚薪以居也 禮 • 禮運 先王未有宮室，夏則居橧巢註 暑則聚薪柴居其上 図 • 說文 北地高樓無屋者 張衡 • 西京賦 橧桴重棼，鍔鍔列列 図 céng 廣韻 疾陵切音鄫。豕所寢也 揚子方言 豬檻及蓐曰橧。図 céng 集韻 徂棱切，音層 博雅 圈也。鼐 又㺔57298

橨
fén_12.16　唐韻 集韻 韻會 夶符分切音焚。枰仲木別名 図 fèi 唐韻 集韻 夶浮鬼切音膹。船邊木也 図 fèn 集韻 父吻切音忿 博雅 橨，柎也。鼐 集韻 橨，舟邊也。或作艍。

橩
qióng_12.16　集韻 葵營切音勞。木名。又樗蒱骰子 太平御覽 操基弄橩。鼐 又橩25671 撬20852 㷍31101

橪
rǎn_12.16　唐韻 人善切 集韻 韻會 忍善切，夶然上聲 說文 酸小棗也 司馬相如 • 上林賦 枇杷橪柿 図 • 說文 橪，染也 図 yān 唐韻 烏前切 集韻 因蓮切夶音煙。橪支香草也 劉向 • 九歎 采橪支于中洲。鼐 又㮩24629

櫖
jù_12.16　集韻 同虡。

橃
sōng_12.16　類篇 蘇叢切音蓯。亦作橃。俗呼小籠爲桶橃 図 郭璞註 蘇勇切音竦 揚子方言 箸筩，自關而西謂之桶橃。

橪
wǒ_12.16　篇海 烏果切，窩上聲。枝垂也。

橝
tā_12.16　字彙 見 揚雄 • 蜀都賦。音義未詳。鼐 俗㯓24867

橫
héng_12.16　唐韻 戶盲切 集韻 韻會 正韻 胡盲切夶音黌 說文 闌木也 図 唐韻 縱橫也。東西曰縱，南北曰橫。亦作從橫 史記 • 蘇秦傳 合從連衡 漢書音義 利合爲從，

威權相脅爲橫。又 呂覽·離謂篇 失從之意，又失橫之事 註 關東六國爲從，關西爲橫。一曰以六攻一爲從，以一 離六爲橫。又 楚辭·招隱 不知橫之與縱 註 緯曰橫，經 曰縱 又 星名 前漢·天文志 王梁之旁有八星絕漢，曰天 橫 又 縣名 前漢·地理志 橫縣，屬琅邪郡 又 學舍也。與 黌通 後漢·鮑德傳 修起橫舍 又 姓 風俗通 韓王子成號 橫陽君，其後爲氏 又 集韻 草名 爾雅·釋草 傳，橫目 註 一名結縷。俗謂之鼓箏草 又 guāng 集韻 姑黃切音光。 漢門名 又 hèng 集韻 正韻 丛戶孟切，衡去聲。不順理 也 孟子 待我以橫逆 前漢·吳王傳 吳王日益橫 又 卜兆 名 前漢·文帝紀 卜之，兆得大橫 又 guàng 唐韻 集韻 丛 古曠切音桄。盛氣充滿也 禮·樂記 鐘聲鏗鏗以立號，號 以立橫，橫以立武 又 類篇 俎跗，橫木也。 又 橫25316 又 一00002，漢字筆畫橫之專用字 又 ㇕00355，漢字筆畫 橫折之專用字 又 前漢·天文志 云云。徐慧: 當作: 王梁 策馬，車騎滿野。旁有八星，絕漢，曰天橫。又 後漢·鮑 德傳 鮑永傳

25426 12484 檆 cán_12.16 集韻 與槮、欃同 又 集韻 類篇 鉏簪切音 岑。柹也，積柴水中以取魚也 又 集韻 時占切音槮。又 類 篇 慈鹽切音潛。又 集韻 韻會 正韻 丛時壬切音忱。義 丛同。

25427 12485 槭 sè_12.16 類篇 色入切，森入聲。木茂貌。

25428 12486 楮 zhǐ_12.16 集韻 類篇 丛展几切音薾。木枝也。 又 玉 篇 作椒24510

25429 12487 樟 gū_12.16 唐韻 古胡切 集韻 韻會 攻乎切丛音孤。木 名 又 廣韻 苦胡切 集韻 韻會 正韻 空胡切丛音枯 類篇 牡樟，山楡也 周禮·秋官 壺涿氏掌除水蟲，若欲殺其神， 則以牡樟午貫象齒而沈之 註 樟讀爲枯。枯楡，木名。 又 玉篇 木四布也 又 集韻 後五切 類篇 候古切丛音戶。 木名。 又 樟40800

25430 12488 麴 pào_12.16 說文 匹貌切音奅。黍坛已復黍之曰麴坛 又 páo 唐韻 薄交切音庖。赤黑之漆 又 huàn 字彙 胡玩 切音換。以黍和灰而黍也○按 說文 另立黍部，今併入。 又 麴74836 鮑04287

25431 12489 櫠 liǔ_12.16 同柳 周禮·天官·縫人 衣翣柳之材。翣柳， 故書作接櫠。鄭眾曰: 接讀爲澺，櫠讀爲柳，皆棺飾也。

25432 12490 樼 zhèn_12.16 集韻 類篇 丛直稔切音朕◆ 說文 梌橓之 橫者，關西謂之樼 揚子方言 作槙。

25433 12491 椑 bǐ_12.16 集韻 類篇 丛邊迷切音箆。棲也。 又 篇 海 引餘文 憀18319，栖也。徐艷: 俗槾。

25434 12492 橯 lào_12.16 集韻 郎到切音澇。摩田器。 又 橯24525 耢46425 耮40810 又 集韻 橯橯46488，或从耒 又 rào 嘲 从木 勞lao聲△行橯: 籬笆。

25435 12493 橉 zhuàn_12.16 集韻 類篇 丛柱戀切音傳。木名。

25436 12494 樧 gēng_12.16 同耕 呂氏春秋 樧爲煩辱不敢休矣 高誘 註 與耕同。

25437 12495 鬏 shù_12.16 類篇 常句切。古樹25329字。

25438 12496 楥 yù_12.16 類篇 與楢同。

25439 12497 槳 jiàng_12.16 集韻 與弶同。

25440 12498 驍 háo_12.16 字彙補 何到切音號。木也。 驍 亦作 驍25694 橰24417，正作虢25189

25441 12499 橬 fén_12.16 類篇 同棻。 又 搳20790

25442 12500 楙 wú_12.16 玉篇 古文無31081字。

25443 12501 楙 lì_12.16 字彙補 林直切音力。木名。江南、山東名 野棗酸者曰楙子。 又 楙24968

25444 12502 槽 zāo_12.16 字彙補 則刀切音遭◆ 說文 一周天也。今 作遭。贅。

25445 12503 藥 chì_12.16 篇類 丑寄切。分薑也。

25446 12504 樿 dùn_12.16 字彙補 同悶切音鈍。或曰木垂也。

25447 41343 㮦 xī_12.16 字彙補 心妻切音犀。江南謂桂曰木㮦。 又 木㮦花，劍名也，出回回國。見 昭示姦黨錄

25448 41353 隉 tuǒ_12.16 字彙補 與橢同 楚辭 南北順隉，其衍幾何。

25449 41354 樺 hú_12.16 五音篇海 音胡。棗名。

25450 43934 槵 ruǐ_12.16 五音篇海 與槳同。

25451 43935 槸 chuǎ_12.16 字彙補 音戳。 又 同蠡。

25452 43936 檤 qí_12.16 篇海類編 同棊。

25453 43937 栲 kǎo_12.16 餘文 同栲。栲檤。 又 改併四聲篇海 引俗字背篇，音栲。

25454 43938 橇 bó_12.16 字彙補 音未 詳。

25455 u2B790 權 quán_12.16 直音篇 權26081，遂員切。稱錘。又機權。又黃英木。權，俗。

25456 u2ACFC 楃 null_12.16 嘲未詳。

25457 u2ACFB 槑 null_12.16 未詳。

25458 u2ACFA 檻 hè_12.16 人名用字

25460 u2ACF8 槌 zhuì_12.16 同墜24964亦作墜09465

25459 u2ACF9 櫐 null_12.16 未詳。

25461 u2ACF7 橐 dàng_12.16 橐子: 平斗 斛量器 又 繁陽劍 縣橐之金。縣橐，讀繁陽。

25462 u2ACF6 橝 hanz_12.16 壯扁擔

25463 u2ACF5 檷 null_12.16 未詳。

25464 u2ACF4 楎 null_12.16 嘲未詳。

25466 u2ACF2 楷 null_12.16 未詳。

25465 u2ACF3 槇 null_12.16 新撰字鏡 槇口，二字須木。

25467 u2ACF1 椑 null_12.16 新撰字鏡 豆支佐比。

25468 u2ACF0 樏 null_12.16 未詳。

25469 u2ACEF 塋 null_12.16 殷周金文集 成·16.10155·湯叔盤 塋湯叔伯氏荏鑄其尊。讀若棠。

檀 25470 u2ACEE
null_12.16　未詳。

藜 25471 u2ACED
null_12.16　未詳。

楩 25472 u2F8EC
gēng_12.16　同楩25436

榬 25473 u2F8EB
shē_12.16　同樣25542

檽 25474 u236EF
rǎo_12.16　喃从杭省盜đạo聲△搮檽：打樁。

檻 25475 u236EE
shèng_12.16　方檻腳，裝禮物用的小篋籃。

梆 25476 u236ED
đu_12.16　喃从板省都đô聲△打梆：蕩鞦韆図đủ
梆梆：木瓜。

椰 25477 u236EC
null_12.16　未詳。

槇 25478 u236EA
xǔ_12.16　同盨37263鄭
井叔康盨奠幷弔康乍旅槇，子子孫孫，其永寶用。

桙 25479 u236E9
then_12.16　喃从栓省筌thuyên聲。門。

棚 25480 u236E8
chèo_12.16　喃从櫓省朝trào聲。棹△丐棚：櫓。

森 25481 u236E7
chuôm_12.16　喃从木森chùm聲。（用作攔撈魚蝦的）草木堆。

檹 25482 u236E6
đu_12.16　喃从木游du聲。鞦韆。亦作梆25476

桸 25483 u236E5
be_12.16　喃从板省悲bi聲△桸艔：船舷。

棶 25484 u236E4
trái_12.16　喃从果來lai聲。棶核：果實。

棚 25485 u236E3
kuī_12.16　同鐦64325正作盔37152可洪音義銅棚：苦迴反図khay喃从槃省開khai聲。承盤。

椏 25486 u236E2
vả_12.16　喃从木甿vả聲。粗葉榕。

橋 25487 u236E1
gụ_12.16　喃从木寓ngu聲。紅木，油楠木。

橡 25490 u236DE
null_12.16　未詳。

櫘 25488 u236E0
máy_12.16　喃从機省買mãi聲△櫘木：機械，揀櫘：停機。

檉 25489 u236DF
chēng_12.16　直音篇俗樗25376図xanh喃同靜66972△檉蘿核：綠色。蔡檉：青苔。

楯 25491 u236DD
shǔn_12.16　俗楯24692可洪音義蘭楯：下巡、順二音。又漢濟陰太守孟郁修堯廟碑仲氏宗家共作大壁，前石礴階陛欄楯，貧富相扶，會計欣懽，不謀同辭図俗盾37421可洪音義鈰楯：上音伞。下音順。

藥 25494 u236D9
yào_12.16　俗藥51363

棋 25492 u236DC
qiè_12.16　同稧40799敦煌·P. 2015切韻殘葉棋，七接反。土棋，農具也。

樺 25493 u236DB
huà_12.16　同樺25330龍龕樺通樺俗樓25733正。

橍 25495 u236D8
xiè_12.16　樹24905本字，見說文

韜 25498 u236D2
lì_12.16　同韜37978

樏 25496 u236D7
luò_12.16　廣韻盧各切，樏，欙樏，出音譜直音篇樏，音洛，籬樏。

樴 25497 u236D4
jǐ_12.16　俗攃20689亦作樴。

橌 25500 u236D0
null_12.16　未詳。

樵 25499 u236D1
qiáo_12.16　樵25322本字

楓 25501 u236CF
null_12.16　未詳。

楚 25503 u236CD
null_12.16　未詳。

樵 25502 u236CE
jìn_12.16　字學呼名能書即忍切。

輪 25504 u236CC
null_12.16　未詳。

欂 25505 u236CB
null_12.16　未詳。

檠 25506 u236CA
null_12.16　未詳。

檎 25507 u236C9
qín_12.16　或俗檎25587

欂 25508 u236C8
null_12.16　未詳。

榕 25509 u236C7
null_12.16　未詳。

檳 25511 u236C5
null_12.16　未詳。

樗 25510 u236C6
daengq_12.16　壯櫈子。

檷 25512 u236C4
null_12.16　未詳。

楢 25513 u236C3
null_12.16　未詳。

檁 25514 u236C2
null_12.16　未詳。

櫱 25515 u236C1
null_12.16　未詳。

橄 25517 u236BF
null_12.16　未詳。

糧 25516 u236C0
liáng_12.16　糧43602殘譌。天一閣藏明嘉靖惠州府志·卷之一·郡事紀二十五年冬十月，何真部屬馬寒叛，據博羅以應廣賊邵宗愚，真還兵執寒，誅之。寒竊與宗愚通，遂據博羅，以絕真糧道橄報，真由廣赴惠，擊寒，殺之。

欄 25518 u236BE
null_12.16　未詳。

檸 25519 u236BD
xuě_12.16　可洪音義檸日：上宣絕反。滅也。正作撡20503也。又子芮反裂也。又有處作撡，音惠。挂也。又歲衛管三音。

橘 25523 u236B9
jú_12.16　俗橘25384

櫸 25520 u236BC
yà_12.16　龍龕櫸，俗。烏入反。拔草心也。或作撚20084

檺 25522 u236BA
xiàng_12.16　粵雞檺，小母雞。

栽 25524 u236B8
cái_12.16　俗栽54270廣碑別字引魏巨始光造像。図俗栽24002可洪音義根栽：子才反。正作栽。

蛻 25521 u236BB
null_12.16　未詳。

檫 25525 u236B7
null_12.16　未詳。

棼 25527 u236B5
fén_12.16　黃德寬古文字譜系疏證棼，疑枌字異文。

橾 25526 u236B6
null_12.16　未詳。

檔 25528 u236B4
pǔ_12.16　俗普22694図龍龕檔，布莽反。教也。見郭迻音。又玄應音義·須賴經布施：補故反。分布也，惠施也。經文作檔，非也可洪音義作檔：滂古反。正作普。大也，遍也。經意謂須賴菩薩勸波斯匿王立普限度，而書人從木。檔，應和尚乃以布施字替之，非也。郭氏作步盲反，並非。

橪 25529 u236B3
null_12.16　未詳。

橌 25530 u236B2
null_12.16　未詳。

欒 25531 u236B1
null_12.16　未詳。

椿 25536 u236AC
null_12.16　未詳。

檴 25532 u236B0
zhù_12.16　俗箸42235可洪音義銅檴：除慮反。正作箸42235節二形。又張略云，非。匙檴：直慮反。怃。

穀 25533 u236AF
sù_12.16　直音篇穀，俗穀27143

樬 25534 u236AE
trôm_12.16　喃从木揞ǎm聲。蘋婆。

橘 25535 u236AD
jú_12.16　人名用字。明·何喬遠名山藏·卷之三十六·分藩記一·高二十五子一·晉王安溪王（朱）表橘，以鎮國將軍封図日廣漢和辭典国字。木の名。ぶな樠和漢三才圖會·技藝·倭字橘，鈎栗之俗字。

楮 25537 u236AB
null_12.16　未詳。

標 25540 u3BE8
biāo_12.16　或俗標25183

橐 25538 u23652
zī_12.16　俗橐75235

樔 25541 u3BE7
chāo_12.16　福建省外

海戰船則例·卷十一·福建省外海戰船做法·十一 船頭用大吉木榲壹枝，長肆丈貳尺、圍大貳尺玖寸；樟木榲牙壹塊，長伍尺、寬壹尺貳寸、厚叁寸。

樇 25539 u3BE9
chǐ_12.16　民國 浦江縣志稿 樇13217，移甕就寬也。或作樇 🔲 同鬶25632亦作鷢31604

樨 25542 u6AA8
shē_12.16　閩 芒果。連橫·臺灣通史·下冊卷二十七·農業志·果之屬樨：即檬果，種出南洋，荷人移植，至今尚有存者。舊志以爲傳自日本，非也。

櫓 25546 u6A79
lǔ_12.16　简 櫓25846

橼 25543 u6A7C
yuán_12.16　简 櫞25870

櫻 25544 u6A7B
chu_12.16　韓 胡枝子樹，山萩 🔲 地名 三國史記·卷三十七·地理四 渤海國南海鴨綠扶餘櫻城四部並是，高句麗舊地也。自新羅泉井郡至櫻城府凡十九驛。

橺 25545 u6A7A
xiàn_12.16　直音篇 橺25360，音限。大木貌。橺，橺同。

橸 25547 u6A78
jīng_12.16　日 直木紋。

橶 25549 u6A76
jǐ_12.16　俗槭20689

橷 25548 u6A77
dōu_12.16　類篇 橷，當侯切。木名 集韻 作楸25142 🔲 đâu 喃 从木兜đâu聲。桑△橷椰：木奶果。

橵 25550 u6A75
san_12.16　韓 屋上瓦下布木，即橵子 新字典·朝鮮俗字部·16畫 橵，屋上布木，見俚俗書。

橳 25551 u6A73
shèng_12.16　日 地名用字。橳島，在群馬縣上野国。

橲 25552 u6A72
xǐ_12.16　禧40058譌字 🔲 日 地名用字。

橱 25553 u6A71
chú_12.16　俗櫥25929

橰 25554 u6A70
gāo_12.16　同槹25126

橽 25555 12505
tà_13.17　集韻 類篇 达他達切音撻。所以洩水。

檒 25556 12506
líng_13.17　同櫺。音鈴 說文 車輚中空也 🔲 集韻 舂朱切音樞 🔲 蘇后切音瞍。義达同 🔲 qiāo 集韻 千遙切。同軠。軖也 🔲 sāo 正韻 蘇曹切音騷。檂25112本字。櫺檒，木長。

檌 25558 12508
shū_13.17　唐韻 山芻切音毹 說文 下尺書也。顏師古曰 檄者，以木簡爲書，長尺二寸，用徵召也 前漢·申屠嘉傳 爲檄召通 🔲 有急，則加以雞羽插之，示速疾也 史記·漢高紀 以羽檄徵天下兵 🔲 韻會 陳彼之惡，說此之德，曉諭百姓之書也。又曰：檄，皦也，明言此使令皦然而識也。漢 司馬相如·諭巴蜀檄、魏 陳琳·討曹操檄 皆是。又 逸雅 檄，激也。下官所以激迎其上之書文也 🔲 長檄，印封長牒也 後漢·安帝紀 民窮困道路，欲歸本郡，在所爲封長檄。又檄，櫂直上 爾雅·釋木 無枝爲檄 🔲 檄櫂，疾貌 嵇康·琴賦 惸檄櫂以奔邀 🔲 又槳25636 🔲 史記·漢高紀 以羽檄徵天下兵。徐慧：前漢·高帝紀

檚 25557 12507
qú_13.17　唐韻 强魚切 集韻 求於切达音渠 玉篇 藩落 博雅 檚，地籬也 廣韻 枯籬名。

檀 25559 12509
jiāng_13.17　唐韻 集韻 韻會 正韻 达居良切音薑 說文 枋也。一曰鋤柄 釋名 齊人謂鋤柄曰檀。檀然，正直也 🔲 唐韻 一名櫄，萬年木 ◆ 爾雅·釋木 杻檀 註 材中車輞。關西呼杻子。一名土橿 周禮·冬官考工記 斬三材 註 轂用雜檀，輻以檀，牙以檀 🔲 爾雅·釋木 棧木 註 檀木也。江東呼木觡 🔲 檀櫃，彊盛也 揚子·太玄經 左右檀檀 🔲 山名 山海經 檀谷之山多赤銅。

檔 25561 12511
huà_13.17　樺字之譌。徒感切音簪。木名 🔲 集韻 類篇 达同檟。

檔 25560 12510
dàn_13.17　廣韻 集韻 达徒感切音簪。

檀 25562 12512
tán_13.17　唐韻 徒干切 集韻 唐干切 正韻 唐闌切达音壇 說文 木也 詩·小雅 爰有樹檀 註 善木 鄭風 無折我樹檀 註 强韌之木 周禮·冬官考工記 鄭註：輻以檀 🔲 本草 紫檀白檀 綱目 總謂之旃檀 🔲 州名 前漢·地理志 白檀縣，屬漁陽郡。唐置檀州 🔲 姓 統譜 齊公族有食瑕丘檀城，因以爲氏 🔲 shàn 集韻 時戰切音善。人名。春秋 饗人檀。鑿 又杬23711檀25796檀25225

蕈 25565 12515
chán_13.17　同檾。

檁 25563 12513
lǐn_13.17　集韻 力錦切音凛。屋上橫木。鑿 又標25705樆20915

檂 25564 12514
nóng_13.17　唐韻 女容切 集韻 泥容切达音濃。木名。

檃 25566 12516
yǐn_13.17　唐韻 於謹切 集韻 倚謹切达音隱。本作檃 說文 栝也 註 正邪曲之器，樣曲者曰檃，正方者曰栝 荀子·性惡篇 枸木必待檃栝烝矯然後直 淮南子·修務訓 其曲中規，檃栝之力 🔲 與隱同 後漢·鄧訓傳 考量隱栝 🔲 yìn 韻會 於靳切音億。義同。鑿 又檼25745

撼 25567 12517
hǎn_13.17　集韻 虎感切音顑。木裂文。

㯽 25568 12518
què_13.17　集韻 類篇 达七約切音鵲。木皮理錯也。或省作㯽 🔲 作梏 爾雅·音釋 七各切音錯。木皮甲錯也 爾雅·釋木 梏，㯽 疏 木皮甲鱗錯者名㯽。亦名㯽 〇按 爾雅 梏音錯。㯽，思積切音舃。義同，音形俱別。今從 類篇，合二體爲一字。

檄 25569 12519
xí_13.17　唐韻 胡狄切 集韻 韻會 正韻 刑狄切达音薂 說文 下尺書也。顏師古曰 檄者，以木簡爲書，長尺二寸，用徵召也 前漢·申屠嘉傳 爲檄召通 🔲 有急，則加以雞羽插之，示速疾也 史記·漢高紀 以羽檄徵天下兵 🔲 韻會 陳彼之惡，說此之德，曉諭百姓之書也。又曰：檄，皦也，明言此使令皦然而識也。漢 司馬相如·諭巴蜀檄、魏 陳琳·討曹操檄 皆是。又 逸雅 檄，激也。下官所以激迎其上之書文也 🔲 長檄，印封長牒也 後漢·安帝紀 民窮困道路，欲歸本郡，在所爲封長檄。又檄，櫂直上 爾雅·釋木 無枝爲檄 🔲 檄櫂，疾貌 嵇康·琴賦 惸檄櫂以奔邀 🔲 又槳25636 🔲 史記·漢高紀 以羽檄徵天下兵。徐慧：前漢·高帝紀

蘞 25570 12520
lián_13.17　唐韻 良冉切音斂。功勤之稱。鑿 又蘞25856

檵 25571 12521
shā_13.17　同椴。

檖 25572 12522
suì_13.17　集韻 須銳切音歲 玉篇 小棺也。鑿 胡吉宣：當云本作檜25099

杦 25573 12523
shān_13.17　說文 杉本字。徐鉉曰：俗作杉23570，非。

檇 25574 12524
zuī_13.17　唐韻 集韻 达遵綏切音嗺 說文 以木有所擣也 🔲 集韻 遵爲切，音腨。檇李，地名 春秋·定十四年 越敗吳于檇李 集韻 或作槜 韻會 或作儁 🔲 zuì 唐韻 韻會 达將遂切音醉 公羊傳 謂之醉李。今吳郡嘉興縣。鑿 又槜25084檇26079

櫓 25575 12525
lǔ_13.17　本作櫓25846，或作樐。

檀 25576 12526
shǔ_13.17　唐韻 市玉切 集韻 殊玉切达音蜀 玉篇 木名，似柳，大葉而赤。

檈 xuán_13.17 [唐韻]似宣切[集韻][類篇]旬宣切䂌音旋[說文]圜案也[廣韻]承食之案 区[唐韻]相倫切[集韻]須倫切䂌音荀 義同区 xuán [集韻][類篇]䂌隨戀切,旋去聲。一曰以繩轉軸也。一曰裁木爲器也。 鏨又檈25907

檨 gòng_13.17 [唐韻][集韻]䂌古送切音貢。格木也[說文]同㯒。小杯名区dǎn[類篇]都感切音黕。籢類区jù[類篇]郡羽切音窶。檨盍,負戴器。 鏨又盎37215擩20932[集韻]僙02144,負戴器也。

檵 zhǎn_13.17 [類篇]阻限切音醆。木名。

檉 chēng_13.17 [唐韻]丑貞切[集韻][韻會]癡貞切[正韻]丑成切䂌音頳[說文]河柳也[詩·大雅]其檉其椐[爾雅翼]檉葉細如絲,婀娜可愛,天之將雨,檉先起氣以應之,故一名雨師,而字從聖区[酉陽雜俎]涼州有赤白檉区檉樹,一年三秀[本草衍義]謂之三春柳区[張衡·南都賦註]檉似柏而香,今檉中有脂,號檉乳区[詩疏廣要]檉非獨知雨,又能負霜雪。大寒不凋,有異餘柳[梁江淹·檉頌]木貴冬榮,檉實寒色区[地名]春秋·僖元年]公會齊侯、宋公、鄭伯、曹伯、邾人于檉。 鏨又桱23868桯24141

概 zé_13.17 [類篇]疾則切音賊。木名。

檊 gàn_13.17 [集韻]居案切音幹。木名。柘也。一曰檀也。

橘 jú_13.17 [集韻]拘玉切音臼[史記·河渠書·乘橘註]作欟。徐廣曰:直轅車也。詳橋25359字註。亦同桐24219 鏨又檋25902椈24468欞26201㰌25905

植 zhí_13.17 同植[說文]植重文。

㰖 zuì_13.17 [篇海]徂賄切音罪。倒損也。出[揚子方言] 鏨俗㧗[方言]無㰖、㧗。

檍 yì_13.17 [廣韻]於力切[集韻][韻會]乙力切䂌音億。[說文]杶也。可爲弓材[周禮·冬官考工記]弓人取幹之道,柘爲上,檍次之[爾雅·釋木]杻,檍[郭註]似棣,細葉[陸璣·隰有杻疏]名萬歲樹。取億萬之義△[韻會]或作㭂区[集韻][類篇]䂌於記切,音意。義同。 鏨又㭂26034区[直音篇]檺25386同檍区[正字通]橪25387同檍。

檎 qín_13.17 [唐韻]巨今切[集韻][韻會][正韻]渠今切䂌音琴[玉篇]林檎,果名[左思·蜀都賦]其園則有林檎、枇杷[本草圖經]林檎,或謂之來禽,木似柰,實比柰差圓,六七月熟。有二種,甘者早熟而味肥美,酢者差晚,須熟爛乃堪噉[學圃餘疏]花紅,卽古林檎△[廣志]似赤柰。亦名黑檎。 鏨又檎25507

樸 pǔ_13.17 同樸。又陽樸,地名,在蜀郡[呂覽·本味篇]和之美者,陽樸之薑,招搖之桂。

檐 yán_13.17 [唐韻][集韻][韻會]余廉切[正韻]移廉切䂌音鹽[說文]㮼也[徐曰]俗作簷,非是[禮·明堂位]復廟重檐[註]重檐,外檐下壁復安板檐,以避風雨。見椽24202字註。

又見楠25137字註区別作㯋[何晏·景福殿賦]飛㯋翼以軒翥△[韻會]又作庌[揚子方言]秦謂之桷,齊謂之庌。

区dàn[集韻][韻會][正韻]杜濫切音擔。通作檐[管子·七法篇]不明于則,而欲出號令,猶檐竿而欲定其末。

区星名[爾雅·釋天]河鼓謂之牽牛[郭註]荊楚人呼牽牛星爲檐鼓。檐者荷也。 鏨又櫩26174㜓32416

櫑 léi_13.17 [集韻]盧回切音雷。木名区[類篇]同礧塧蒼推石自高而下也。亦作雷[周禮·秋官·職金疏]雷,守城捍禦之具。又[司馬相如·子虛賦]礧石相擊。

椯 chuán_13.17 [集韻]淳沿切音遄[說文]木也。亦作㮇、棩区[類篇]楚委切,箠也,剟也。 鏨又㮹25628

檒 féng_13.17 [玉篇]古文風68533字。又[類篇]風行木上曰檒区同楓区[唐韻]檒,梵聲也区[唐韻]房戎切。義同。

橀 huǐ_13.17 [韻會]許委切[類篇]虎委切䂌音毀。大椒也[爾雅·釋木]檓,大椒[郭註]今椒樹叢生實大者名爲檓。

桼 qī_13.17 [唐韻]親吉切[集韻]戚悉切䂌音七。[說文]木可爲杖区[集韻]悉七切音悉。義同。 鏨又桼24243㯩25138

檔 dāng_13.17 [唐韻][集韻][類篇]䂌都郎切音當[玉篇]木牀也[集韻]木名区dàng[類篇]登浪切,當去聲。橫木框檔[集韻]丁浪切音讜。義同。 鏨又档24128轐60512

槸 jì_13.17 [唐韻]古詣切[集韻]吉詣切,䂌音計[說文]絜高木也△[正字通]糾線小椎繫絲端而轉機,形如撞鐘椎,故字從㱿○按[易·井卦]彖辭汔至亦未繘井,繘乃汲水之綆,槸當爲桔槔上橫木,所以轉機[方言註]亦云繘,汲水索。似从經解爲是区[唐韻]苦奚切[集韻]牽奚切䂌音谿。義同区槸梅,木名。見杋23545字註区jī[類篇]堅奚切音雞。槸迷,木名。

檖 suì_13.17 [唐韻][集韻][韻會][正韻]䂌徐醉切音遂[說文]作㮦,羅也[爾雅·釋木]檖,蘿[郭註]今楊檖也。實似梨而小,酢可食[詩·秦風]隰有樹檖[陸璣疏]檖,一名赤蘿,一名山梨,一名鹿梨,一名鼠梨。今人種之,極有胎美如梨者区[埤雅]檖,木文細密如羅,亦有華者。俗謂之羅錦区檖,順也◆[淮南子·齊俗訓]披斷撥檖。

橐 piáo_13.17 [唐韻]符霄切音瓢[說文]橐張大貌。从橐省,匋聲[石鼓文]其魚維何,維鱮與鯉。何以橐之,維楊與柳区[唐韻]普袍切音薸。又[五音集韻]匹到切音膘。義䂌同○按[說文]別立橐部,今併入。 鏨[說文]从橐省,匋省聲区橐25215橐25734橐25771橐25790

檗 bò_13.17 [唐韻][集韻][韻會][正韻]䂌博阨切,音薜[說文]黃木也[本草]檗,或作蘗[司馬相如·子虛賦]檗離朱楊[張揖曰]檗,皮可染者区[小檗][本草][陶弘景曰]子檗,樹小,狀似石榴,皮黃而苦区◆[類篇]蒲歷切音椑。檗从檗蘗非。 鏨[類篇]檗,博厄切[說文]黃木也。又蒲歷切,檗也区檘25600

檘 25600 12550 bò_13.17 同檗 又 集韻 同枰。或作𣟡。

椖 25601 12551 dǐng_13.17 集韻 都挺切音鼎 廣雅 棓也。鎣 又 朾23551

楪 25602 12552 dié_13.17 集韻 達協切音牒。屋笮板。

襟 25603 12553 jìn_13.17 集韻 類篇 丛居廕切音禁 揚子方言 格也 類篇 今竹木格。一曰所以杆門。

楚 25604 12554 chǔ_13.17 篇海 創祖切,音楚◇檟楚也 正字通 俗楚字。

檛 25605 12555 zhuā_13.17 唐韻 陟瓜切 集韻 韻會 張瓜切 正韻 職瓜切丛音撾。箠也 玉篇 策也 左傳·文十三年 乃行,繞朝贈之以策 杜註 策,馬檛也。或作簻,又別作篫 又 集韻 莊華切音髽。義同。鎣 又 築41910 過61367

檜 25606 12556 kuài_13.17 唐韻 古會切 集韻 韻會 正韻 古外切丛音膾 爾雅·釋木 檜,柏葉松身 翼雅 性耐寒,其樹大,可爲棺椁及舟 詩·衞風 檜楫松舟 又 棺飾也 左傳·成二年 棺有翰檜 杜註 翰,兩旁飾。檜,棺上飾 又 通旝 左傳·桓五年 旝動而鼓 音義 又作檜。建大木,置石其上,發機以磓敵者也 又 國名。祝融之後 詩·檜風 本作鄶 左傳·襄二十九年 自鄶而下無譏焉,作鄶 又 kuò 廣韻 集韻 韻會 正韻 丛古活切音括 孔氏·禹貢·栝柏註 柏葉松身。與此一也。鎣 又 桧24124 又 音huì,人名用字。

檝 25607 12557 jiē_13.17 同楫 管子·兵法篇 歷水谷,不須舟檝 淮南子·主術訓 舟檝所通,莫不賓服。

檯 25608 12558 xī_13.17 檅、犧丛同。

檞 25609 12559 jiě_13.17 唐韻 佳買切音解。松樠也。與檳榔、艾蒳皆可合香 又 xiè 集韻 類篇 丛下買切音蟹。義同。鎣 正字通 𣡠,檞字之譌。

檟 25610 12560 jiǎ_13.17 唐韻 古雅切 集韻 韻會 舉下切丛音賈 說文 楸也 左傳·哀十一年 伍員曰:樹吾墓檟 又 左傳·襄二年 穆姜使擇美檟 爾雅疏 引作榎。又 左傳註 引榎作檟 又 爾雅·釋木 檟,苦荼 註 樹小,似梔子,冬生,葉可煑作羹飲。今呼早采者爲荼,晚取者爲茗。一名荈。鎣 又 櫃25086

檠 25611 12561 qíng_13.17 唐韻 集韻 韻會 正韻 丛渠京切音擎 說文 榜也 唐韻 所以正弓。或作㯳。通作檄 秦風 竹閉緄縢 釋文 弓檠曰鞑 周禮·冬官考工記·弓人註 內之檠中 淮南子·修務訓 弓必待檠,而後能調 又 借作燈檠字。檠,架也。韓愈有短檠歌 又 唐韻 居影切 集韻 韻會 舉影切丛音景。義同 又 jìng 唐韻 集韻 韻會 正韻 丛渠敬切音競。檠子,疊名 類篇 有足所以几物,卽隔子也 前漢·地理志 朝鮮民飲食以籩豆 師古註 以竹曰籩,以木曰豆,今之檠也。鎣 又 擏20856

檄 25612 12562 qíng_13.17 同檠 前漢·蘇武傳 能檄弓弩,作檄。

檡 25613 12563 zhái_13.17 唐韻 場伯切 集韻 韻會 正韻 直格切丛音宅 唐韻 檡棘,善理堅韌者,可以爲射決 周禮·夏官·繕人註 決用正,王棘若檡棘 又 集韻 達各切音鐸 又 yì 五音集韻 夷益切音奕。義丛同 又 shì 廣韻 集韻 正韻 丛施隻切音釋。義同。又梬棗也 又 tú 唐韻 集韻 丛同都切音徒。楚人謂虎子爲於菟 前漢·班固敘傳 作檡。鎣 又 枳23749

檢 25614 12564 jiǎn_13.17 唐韻 集韻 韻會 正韻 丛居奄切,音瞼 說文 書署也 徐曰 書函之蓋,三刻其上,繩緘之,然後塡以泥,題書其上而印之也 周禮·地官·司市註 璽節印章,如今斗檢封 又 玉檢,以玉爲檢也 前漢·武帝紀封禪註 金泥玉檢 又 書衺之簽曰檢 後漢·公孫瓚傳 皁囊施檢 類篇 俗謂之燕尾,又謂之排 又 檢,制也 孟子 狗彘食人食而不知檢 又 爾雅·釋言 檢,同也 郭註 模範,同等。又 檢式也 淮南子·主術訓 人主立法,先自爲檢式儀表,故令行于天下。又檃栝謂之檢 揚子法言 蠢迪檢押。又 檢點,官名 宋史·太祖紀 爲都檢點 又 韻會 俗謂文書藁曰檢子 又 姓也 姓苑 漢句章尉檢其明,避諱改作簡。鎣 又 检24316 検24579 撿20012

橙 25615 12565 zhà_13.17 類篇 則駕切,音榨◇木名。

檖 25616 12566 tòu_13.17 類篇 他候切音透。地名。在高陵。鎣 又 𣚢25818 𦽋24409

檣 25617 12567 qiáng_13.17 唐韻 在良切 集韻 韻會 慈良切丛音牆 玉篇 船檣,帆柱也。本作牆 王粲·從軍詩 柎衿倚舟檣。鎣 又 樯25797 檣25312 橋25788 櫨25903 㭾24249 𥝠32377 艢48835 又 直音篇 𣚴25421同檣。

檤 25618 12568 dào_13.17 集韻 大到切音導。木名。或作檂。

檍 25619 12569 yù_13.17 同櫲。

檅 25621 12571 yuè_13.17 集韻 同樾。

檥 25620 12570 yǐ_13.17 唐韻 韻會 丛魚倚切音蟻◆或作艤 類篇 附船著岸也 史記·項羽紀 烏江亭長檥舟待項羽 應劭曰 檥,正也。孟康曰:檥,附也○按 正韻 養里切音以,非 又 集韻 牛何切音莪。義同 又 yí 集韻 魚羈切 韻會 疑羈切丛音宜◆說文 榦也。一曰立木以表物。鎣 又 㨎20883 𣐶24254

檦 25622 12572 biǎo_13.17 篇海 方小切音表。表也 北魏書·禮志 爲方陳鹵簿,列步騎,內外四重,列檦建旌 又 淮南子·本經訓 檦株欂櫨,以相支持 註 檦,林柱類 又 人名 後魏·李訢傳 趙郡范檦。鎣 又 樕25727

檓 25623 12573 shī_13.17 類篇 式支切音施。杝也。

檧 25624 12574 sōng_13.17 廣韻 蘇公切 集韻 蘇叢切丛音鬆。小籠也 揚子方言 箸筩,自關而西謂之桶檧 註 今俗亦通呼小籠爲桶檧 又 廣韻 先孔切 集韻 損動切丛音敵。義同。鎣 又 櫢25904 樬25422 擦20922

榁 25625 12575 sà_13.17 篇海 私盍切，三入聲 紫雲韻 枯榁也。

櫝 25626 12576 yóu_13.17 集韻 同楢

𣟼 25627 12577 luó_13.17 玉篇 力戈切 集韻 盧戈切𡘋音螺 玉篇 木名。中箭笴 類篇 與櫖同。又 集韻 盧臥切，羅去聲◇義同。

𣟩 25628 12578 chuán_13.17 玉篇 與椯同。

檣 25629 12579 zhǎn_13.17 字彙補 之善切，音膳◇木名。見 廣雅。𣟩音膳，音𣟩之誤。

樍 25630 12580 jí_13.17 字彙補 子𢿙切，音即◇木名 廣雅 樫樍也。

𣡕 25631 12581 qín_13.17 韻會 古文秦40310字。

𣡗 25632 41355 tì_13.17 字彙補 他計切音替。𧑂易曲也。𣡗又 類篇 𧑂𣡗，他計切。𧑂易曲也。

𣡙 25633 41356 yù_13.17 川篇 音文。木威也。𣡙俗鬱71338木盛。

𣡚 25634 43939 qiāo_13.17 字彙補 音敲。

𣡛 25635 43940 dào_13.17 篇海類編 同櫂。

𣡜 25636 43941 xí_13.17 字彙補 同檄。

𪴈 25638 u2AD08 null_13.17 未詳。

𫞑 25637 u2B791 null_13.17 日 戶籍用字

𪴇 25639 u2AD07 null_13.17 新撰字鏡 志太久良。

𪴆 25640 u2AD06 cí_13.17 新撰字鏡 櫈松，二字。牟呂乃木。王寶平：牟呂乃木，讀作ムロノキ或モロノキ，即杜松。

𪴅 25641 u2AD05 null_13.17 未詳。

𪴄 25642 u2AD04 null_13.17 喃 未詳。

𪴃 25643 u2AD03 null_13.17 未詳。

𪴂 25644 u2AD02 mán_13.17 俗槾25135

𪴁 25645 u2AD01 kheo_13.17 喃 从木跳khêu聲△榪𪴁：高蹺。

𪴀 25646 u2AD00 null_13.17 日 地名用字。櫙木，在香木縣。

𪳿 25647 u2ACFF null_13.17 未詳。

𪳾 25648 u2ACFE null_13.17 未詳。

𪳽 25649 u2ACFD null_13.17 未詳。

𣟀 25650 u23740 gaenz_13.17 壯 柄 又 cần 喃 从木勤cần聲。枯槁。

𣞼 25652 u2373C null_13.17 未詳。

𣞿 25651 u2373F yè_13.17 或同楪24686 又 新撰字鏡 楪，柳 又 nhịp 喃 節，段。亦作楪。

𣞻 25653 u2373B nhủ_13.17 喃 从來辱nhọc聲。

𣞸 25654 u23738 vừng_13.17 喃 从木暈vừng聲。芝麻。

𣞷 25655 u23737 chóu_13.17 喃 从木愁sầu聲△𣞷貞：榴蓮。

𣞶 25656 u23736 ớt_13.17 喃 从木遏át聲。辣椒。

𣞵 25657 u23735 hèo_13.17 喃 从木號hiệu聲。小灌木。

𣞴 25658 u23734 dó_13.17 喃 从木愈dũ聲。楮。

𣞳 25659 u23733 vông_13.17 喃 从木蓬bông聲。

𣞲 25660 u23732 đụn_13.17 喃 从木遁trốn聲。堆，垛。

𣞯 25663 u2372F null_13.17 未詳。

𣞱 25661 u23731 son_13.17 喃 同𣞱25010

𣞮 25664 u2372E null_13.17 未詳。

𣞰 25662 u23730 lián_13.17 同籢43044盛鏡器。省作槺24954 又 lim 喃 从木廉liêm聲。木名。

𣞭 25665 u2372D jiǎn_13.17 俗揃20041 可洪音義 𣞭除：上即淺反，滅也 水經注·漾水 注：皆燒石𣞭木，開漕船道。

𣞬 25666 u2372C ài_13.17 人名用字 明史·諸王世表五（朱）由𣞬，桂端王嫡三子，初封安仁王。唐王聿鍵自立，偽封為桂王。

𣞫 25667 u2372B jǔ_13.17 俗榘24865朱駿聲 說文通訓定聲 巨，轉注：管子 山至數皆有矩券於上。注：常券也。字亦誤作𣞫 沈子琚碑 刑世章𣞫。蓋榘之譌 又 字海 𣞫，同雜。

𣞨 25670 u23728 juàn_13.17 同𨪕04181

𣞪 25668 u2372A shuǎng_13.17 同樉25153

𣞧 25671 u23727 qióng_13.17 同橩25419

𣞤 25672 u23724 suō_13.17 玉篇 𣞤，先和切。織𣞤也。緯也。亦作梭24218

𣞠 25675 u23720 null_13.17 未詳。

𣞩 25669 u23729 lì_13.17 同隸66065字見 漢·司隸校尉楊孟文石門頌

𣜟 25676 u2371F null_13.17 未詳。

𣞣 25673 u23723 zhèn_13.17 四聲篇海 𣞣02829𣞣，二。知禁切。掘地。𣞣又赤黑色 又 同鈂62812

𣞡 25674 u23721 lǐ_13.17 直音篇 𣞡同欚26179

𣜞 25677 u2371E null_13.17 未詳。

𣜝 25678 u2371D rùn_13.17 同橍25362

𣜜 25679 u2371C null_13.17 未詳。

𣜛 25680 u2371B null_13.17 未詳。

𣜙 25682 u23719 null_13.17 未詳。

𣜚 25681 u2371A zhuāng_13.17 同樁25879俗樁25139 五侯鯖字海 樁，音庄。橛樁也。

𣜘 25683 u23718 null_13.17 未詳。

𣜗 25684 u23717 null_13.17 未詳。

𣜖 25685 u23716 dié_13.17 同欜26175

𣜕 25686 u23715 null_13.17 未詳。

𣜔 25687 u23714 null_13.17 未詳。

𣜓 25688 u23713 null_13.17 未詳。

𣜒 25689 u23712 null_13.17 未詳。

𣜑 25690 u23711 cí_13.17 俗櫈25640

𣜐 25691 u23710 lóng_13.17 俗櫳25958

𣜏 25692 u2370F nǐng_13.17 同檸25399

𣜎 25693 u2370E xiāo_13.17 同蕭50046

𣜍 25694 u2370D háo_13.17 俗槺24417

𣜌 25695 u2370C null_13.17 或同欃。

𣜋 25696 u2370B mớ_13.17 喃 从束馬mã聲△𣜋蔞：一捆青菜。𣜋鬆：一縷頭髮。

𣜊 25697 u2370A zhá_13.17 俗閘64973

𣜉 25698 u23709 tái_13.17 俗檯25716

𣛰 25699 u236F0 zhuó_13.17 俗櫡25874，與礋、鐯同。鄭賢章：櫡乃摢字之俗 又 俗箸 龍龕 櫡，張略反。擊也。又音節。

𣙉 25700 u23649 qī_13.17 直音篇 𣙉，同桼25138秦有𣙉娥臺。

㯶 25701 u3BF6 zōng_13.17 同椶24597

㯵 25702 u3BF5 null_13.17 未詳。

榍 25703 u3BDE
juàn_13.17 直音篇 榍，同榍25405

檪 25704 u6AAA
lì_13.17 同櫟25871

檁 25705 u6AA9
lǐn_13.17 同檁25563

榫 25706 12582
pái_14.18 集韻 蒲街切音牌 揚子方言 泲謂之榫，榫謂之筏 図 bēi 篇海 布眉切，音卑 ◇ 木似棟。鍪 集韻 槃42750 箄簰，大桴曰簰。或从水。亦省 図 簰42776

檫 25707 12583
chá_14.18 集韻 初戛切音察。木名。梓屬 図 槎檫子，果名 桂海虞衡志 子如錐栗，肉甘而微澀。

檬 25708 12584
méng_14.18 唐韻 莫紅切 集韻 謨蓬切丛音蒙 玉篇 木名，似槐，葉黃。

檼 25709 12585
yín_14.18 唐韻 語巾切 集韻 魚巾切丛音銀 玉篇 木名 唐韻 木，白色。鍪 又槂25301

檦 25710 12586
hún_14.18 唐韻 戶昆切 集韻 胡昆切丛音魂 玉篇 木名 唐韻 橀榾 類篇 生南海。

檮 25711 12587
táo_14.18 唐韻 集韻 韻會 正韻 徒刀切音濤 說文 斷木也。本作檮 左傳·文十八年 顓頊氏有不才子，不可教訓，天下之民謂之檮杌 図 楚史名 孟子 楚之檮杌 韻會 檮杌，惡木，取其記惡以為戒也 図 瑞獸名 周語 惠王十五年，內史過曰：商之興也，檮杌次于丕山，其亡也，夷羊在牧 朱傳 以為惡獸名 図 無知貌 郭璞·爾雅序 不揆檮昧 図 chóu 唐韻 韻會 直由切 集韻 陳留切 正韻 徐留切丛音稠。剛木也 図 瑞草名 史記·龜筴傳 上有檮蓍，下有伏龜 図 山名 前漢·霍去病傳 有檮余山 図 人名 左傳·文十八年 高陽氏有才子八人：蒼舒隤敱檮戭大臨 図 音儔 左傳·杜註 檮杌兇頑，無儔匹貌 図 dǎo 集韻 覩老切音倒 博雅 刺也 図 dào 集韻 大到切音道 博雅 棺也。鍪 又梼24320 櫜25773 檮32548

樻 25713 12589
hú_14.18 俗槲字。

橙 25712 12588
kōng_14.18 篇海 同箜。

檥 25714 12590
ài_14.18 集韻 同礙 図 六書統 檥，閉也 図 木名。鍪 又檗25715

檗 25715 12591
nǐ_14.18 字彙 牛紀切音擬 正字通 同檥。出釋典。

檯 25716 12592
tái_14.18 唐韻 徒哀切 集韻 類篇 堂來切丛音臺 玉篇 木名。鍪 又栺23779 檯25698

槊 25717 12593
shuò_14.18 集韻 韻會 丛色角切音朔。縣名。前漢·地理志 臨淮郡富陵縣，莽改槊虜。

檅 25718 12594
lián_14.18 集韻 類篇 丛離鹽切音廉。草木疏貌。

橤 25720 12596
chán_14.18 俗槮字。

橔 25719 12595
duì_14.18 唐韻 都隊切 集韻 韻會 都內切丛音對 玉篇 作橔 說文 車橫軨也 周禮·冬官考工記 輿人參分軹圍，去一以為轛圍。轛或从木 廣韻 車箱立曰轛，橫曰軹。

檰 25721 12597
mián_14.18 玉篇 彌連切音綿。檰木有子，似栗 図 本草·蘇頌·圖經 杜仲，葉類柘，其皮折之白絲相連，江南謂之檰。初生嫩葉可食，謂之檰芽。鍪 又檰25861 正字通 檰，同棉24331

檚 25722 12598
tà_14.18 唐韻 類篇 丛徒合切音沓。楉24867 檚，木也。鍪 又橢25026

樸 25723 12599
pú_14.18 集韻 博木切音卜 說文 棗也 図 集韻 普木切音扑。堅也，苞也，叢也 図 類篇 匹角切。小木也。樸、樸丛同。

棋 25724 12600
qí_14.18 類篇 韻會 丛與棋同。

檠 25725 12601
jǐn_14.18 集韻 頸忍切音緊 玉篇 檠木 正字通 木文理密緻也。

檇 25726 12602
jǐn_14.18 唐韻 卽忍切 集韻 子忍切，丛津上聲 埤蒼 盂也 図 揚子方言 子殄切，煎上聲 ◇ 又 集韻 資辛切音津。義丛同。

檦 25727 12603
biāo_14.18 檦譌字。鍪 亦作摽20949，並俗標25183 北魏 檀賓墓誌 士卒高華，望蓋海冑，冠帶相尋，有國之摽袖。

樽 25728 12604
bó_14.18 唐韻 弼戟切，音平入聲 ◆ 說文 壁柱也。與欂字義同音異 図 集韻 毗亦切音擗。義同。

櫏 25729 12605
tuán_14.18 集韻 類篇 丛徒官切音團。大木。鍪 又栖24092

槮 25730 12606
yǎn_14.18 集韻 類篇 丛以冉切，鹽上聲 廣雅 箷槮謂之簾簾 揚子方言 作椾，簟之麤者，自關而東謂之箷槮。

檺 25731 12607
gào_14.18 廣韻 古到切 集韻 類篇 居號切丛音告 唐韻 苦木也 集韻 木名。大苦。

檳 25732 12608
bīn_14.18 唐韻 必鄰切 集韻 類篇 卑民切丛音賓。檳榔24858，木名 類篇 樹無枝，實從心出。鍪 又栟24323 檳25081

檴 25733 12609
huò_14.18 唐韻 同樺 図 唐韻 胡郭切音鑊 爾雅·釋木 檴落 註 可為杯器素 邢疏 檴，一名落素，謂樸也 詩·小雅 無浸檴薪 陸璣疏 檴梀，榆也。其葉如榆，其皮堅韌，剝之長數尺，可為絚索，其材可為杯器 說文 以檴為樗重文，今从 正字通 改正。

櫐 25734 12610
piáo_14.18 篇海 皮招切音瓢。櫐也 正字通 櫐字之譌。

檵 25735 12611
jì_14.18 唐韻 古詣切 集韻 韻會 吉詣切丛音計 ◆ 說文 木也 爾雅·釋木 註 枸檵，今枸杞23597 鍪 又枱24251 新撰字鏡 栘25065 檵，二形作古計反。枸杞也。

檶 25736 12612
qiān_14.18 集韻 丘廉切，音謙 ◇ 泄水器 図 正字通 俗盒字。或作僉。鏡匳也。鍪 或作匳 正字通 檶，俗奩字，匣類，或作匳。舊註音撿，泄水器，非。

櫲 25737 12613
yù_14.18 唐韻 羊洳切音豫。或作櫸。异食者 図 yú

篇海 羊諸切音余。篨輿，以竹爲之。鼇又槊26008

櫝 25738 12614
shè_14.18 唐韻 常者切音社。宜櫝，善夢神。見仙經

欐 25739 12615
nǐ_14.18 唐韻 乃倚切 集韻 乃倚切，丛音柅。俗省作枃23849◆ 說文 絡絲欐也 類篇 絡絲柎，所以制動 冈 集韻 母婢切音弭。又女履切音柅。義丛同 冈 mí 類篇 民卑切音彌。彌枸，山名 冈 山海經註 音絡裾之裾。義同。鼇又櫩20947鈮62928鋼64456櫩26075檷26149枤23880爾25816

檸 25740 12616
níng_14.18 唐韻 集韻 韻會 丛拏梗切，囊上聲 集韻 木。皮入酒浸，治風 冈 集韻 尼庚切音獰。義同。又吳俗謂木椿曰檸頭。

橋 25741 12617
yǐ_14.18 唐韻 於離切 類篇 於宜切丛音猗 說文 木檹橀也 玉篇 檹橀，長貌。又不正貌 冈 集韻 隱綺切音椅 說文 引賈侍中說，檹即椅木，可作琴。鼇又橀25348

檆 25742 12618
gǎo_14.18 篇海 古老切音槁。木也 正字通 俗字。

檻 25743 12619
xiàn_14.18 唐韻 胡黯切 集韻 韻會 戶黤切丛音艦。◆ 說文 櫳也，房室之疏也 徐曰 軒牕，下爲檻曰闌，以板曰軒、曰檻 前漢·朱雲傳 攀殿檻，檻折 班固·西都賦 舍檻檻而却倚 冈 玉篇 楯也 楚辭·招䰟 高堂邃宇，檻層軒些 註 縱曰檻，橫曰楯 冈 檻，車也 前漢·陳餘傳 貫高乃檻車詣長安。又圈也，以檻禽獸，故曰圈檻 淮南子·主術訓 養虎豹犀象者，爲之圈檻 冈 檻檻，車行聲 詩·王風 大車檻檻 冈 泉正出者曰檻泉 詩·大雅 觱沸檻泉 冈 與濫通。浴器也 莊子·則陽篇 同檻而浴 註 一作濫 △ 正韻 分上、去二音。檻義去聲，胡監切。車行聲及檻泉義作上聲，讀胡覽切。鼇又撍20960檻25085檻26167

欖 25744 12620
hǎn_14.18 唐韻 正韻 呼覽切 集韻 韻會 虎覽切丛音喊 唐韻 土地之堅者 周禮·地官·草人 凡糞種疆欖用蕡 註 疆欖，疆堅者 冈 左傳·襄二十五年 數疆潦 賈逵云 疆欖，墝确之地 jiàn 集韻 韻會 丛戶黤切音檻。義同 冈 集韻 胡懷切音懷。大欖也。鼇又欖26132堘09490鹽37302坒09507

檼 25745 12621
yin_14.18 唐韻 於靳切音檼 說文 棼也 廣韻 屋脊也 增韻 即今複屋棟。複屋之棟不可見，故从隱省 冈 正韻 衣刃切音印。義同 △ 集韻 韻會 丛同隱。

檽 25746 12622
nòu_14.18 集韻 韻會 乃豆切音耨。構檽，木。皮可染紫 後漢·潛夫論 江南檽梓，以爲棺椁 冈 集韻 乃后切音檽。又尼主切音醹。義丛同 冈 ér 集韻 人之切音而 冈 ruǎn 乳兗切音軟。詳栭楔註。鼇又檽25400檷25381

檾 25747 12623
qǐng_14.18 唐韻 去穎切 集韻 韻會 犬穎切 正韻 丘穎切丛音頃 說文 枲屬。从林熒聲 爾雅翼 檾高四五尺，或六七尺，葉似苧而薄，實如大麻子，今人績爲布。或作蒖 周禮·天官·典枲麻草註 草葛蒖之屬 冈 唐本草作莔。莔麻，一名白麻 唐韻 口迥切音褧。義同。鼇又

欁24970 棶31543 苘49155 檾40946 蒛51074

欕 25748 12624
yǎn_14.18 唐韻 集韻 於琰切 韻會 幺琰切 正韻 於檢切丛音魘 說文 山桑有點文者 書·禹貢 厥篚欕絲 註 欕絲，蠶食欕桑所得絲，靭，中琴瑟絃 冈 郭璞·爾雅·欕桑註 材中作弓及車輞 周禮·冬官考工記 弓人取榦之道，柘爲上，欕桑次之。又 周語 欕弧箕服 △ 集韻 通作黡。

橜 25749 12625
yǎn_14.18 同欕 韻會 夏紀，欕絲之欕。或書作橜。

橐 25750 12626
tuò_14.18 唐韻 集韻 韻會 正韻 丛同柝〇按 易繫辭 春秋傳 周禮·天官 皆作柝 夏官·挈壺氏 凡軍事，縣壺以序聚橐 秋官·野廬氏 若有賔客，則令守涂地之人聚橐之。皆作橐。

椽 25751 12627
qí_14.18 同棊。

檏 25752 12628
mì_14.18 同檵。

棧 25753 12629
jiān_14.18 唐韻 則前切 集韻 韻會 將先切丛音箋 廣韻 香木名 △ 集韻 作棧。从棧爲正。鼇又棧25298 箋42760

櫂 25754 12630
zhào_14.18 唐韻 集韻 韻會 正韻 丛直教切音棹 說文 所以進船也 釋名 在旁撥水曰櫂。櫂，濯也，濯於水中也，且言使舟櫂進也 韻會 短曰檝，長曰櫂 楚辭·九歌 桂櫂兮蘭枻 冈 說文 或从卓 史記 別作濯 前漢·百官表 上林苑有輯濯丞 師古註 輯與檝同，濯與櫂同 冈 類篇 直角切音濁。樹枝直上貌 爾雅 梢24206櫂 冈 集韻 直格切音宅。又 dí 五音集韻 亭歷切音狄。義丛同 冈 楚、宋謂杬曰櫂。鼇 集韻 櫂，或作棹艞。

櫃 25755 12631
guì_14.18 唐韻 求位切 正韻 具位切丛音餽。匱也。亦作匱 書·金縢 納冊于金縢之匱中 冈 山名 山海經 大荒之中有山，名曰北極天櫃。鼇又櫃25982 柜23828

櫄 25756 12632
chūn_14.18 同杶。鼇 謁作橆21013 稹40894

檕 25757 12633
xī_14.18 唐韻 相稽切 集韻 牋西切 類篇 淺西切丛音齏 說文 木也。可爲大車軸 唐韻 檕楡，堪作轂 冈 爾雅·釋木 檕，白棗 冈 集韻 前西切音齊。義同 冈 類篇 才詣切音劑。斷木也。鼇又枅24051

橐 25758 12634
gǔn_14.18 集韻 韻會 丛戶袞切音混 說文 束也。从束圂聲 冈 集韻 韻會 正韻 丛古本切音袞。又 集韻 古倦切音卷。義丛同〇按 說文 自立橐部，橐、橐等字从之，今併入。鼇又橐10276 冈 正字通 橐，本作橐。

樇 25759 12635
mèi_14.18 玉篇 古文棘67645字。鼇又棘，同。

楄 25760 12636
hé_14.18 字彙補 古文核23995字。

橰 25761 12637
bèng_14.18 集韻 菩貢切，蓬去聲。草木盛貌。鼇 俗橰25895

槌 25762 12639
kuí_14.18 字彙補 苦回切音魁。魁師。一曰北斗星。

欙 25763 12640
liè_14.18 字彙補 力協切，音獵◇木疎貌。

橫 25764 12641
jù_14.18 字彙補 與虡、橫同 後漢·輿服志 橫文畫軸

羽蓋華蚤。

緶 25765 12642 biàn_14.18 字彙補 婢免切音卞 博雅 緻謂之緶。

鍪 又緶75141

齍 25766 12643 sù_14.18 字彙補 心促切音速。彀鍪,動物也。鍪彀鍪,也作彀彀27143彀彀25533彀觫 玄應音義 斗擻:又作藪,同,蘇走反 方言 斗擻,舉也 周成難字 云斗擻,彀彀也,音都彀反,下蘇彀反。經文作抖楝二形,音同柸築,並非字體也。

槾 25767 12644 pó_14.18 字彙補 平波切音婆。槾槾,果名。

鷍 25768 12645 jiāo_14.18 字彙補 即消切音焦 集韻 蒜束也。

鍪 又鷍67747

枘 25769 41357 ruò_14.18 字彙補 與若同。見 古文苑·石鼓文注

譆 25770 41358 dùn_14.18 字彙補 徒困切音鈍。槸譆。

槀 25771 41359 piáo_14.18 五音集韻 槀亦書作槀。

夤 25772 43942 shāng_14.18 五音篇海 同觴。

囊 25773 43943 táo_14.18 篇海類編 同槽。

柯 25774 43944 kē_14.18 奚韻 音柯。鍪 字彙補 古多切,音柯23854義同。

麓 25775 43945 lù_14.18 五音篇海 同麓。

橀 25777 u2B792 lì_14.18 俗櫃25936

横 25776 43946 zhuì_14.18 字彙補 音愻

燺 25780 u2AD0D kǎo_14.18 同燺31898

捜 25778 u2AD0F mân_14.18 喃从李,曼mạn聲。俗省作檬△檬檬:李子樹。

檳 25779 u2AD0E null_14.18 新撰字鏡 檳,由也奈木。

楷 25781 u2AD0C guǎn_14.18 蒲松齡 日用俗字·正文·木匠章第十一 秕杠要壯不求美,楷杋要要直不求彎。

齫 25782 u2AD0B null_14.18 或同樞。

榳 25783 u2AD0A null_14.18 未詳。

樱 25784 u2AD09 null_14.18 喃未詳。

檻 25785 u2378E tràm_14.18 喃同檻26103

楮 25786 u2378D thọ_14.18 喃从木署thọ聲。

槺 25787 u2378C mián_14.18 俗槺25834

槍 25788 u2378B qiáng_14.18 同檣25617

犞 25789 u2378A sôn_14.18 喃从朱尊tôn聲。

囊 25790 u23789 piáo_14.18 同槀25771槀25598本字。

槾 25791 u23785 chǔm_14.18 喃从果朕trắm聲。檳榔尖。

檜 25792 u23784 cuổi_14.18 喃从末會hội聲。同膾13219末尾。

軀 25793 u23783 khù_14.18 喃从呆區khu聲△軀渠:愚蠢。

椿 25794 u23782 giỗi_14.18 喃从木箒trừu聲。榻榔。

榕 25795 u23781 róng_14.18 人名用字

檀 25796 u23780 shàn_14.18 俗擅20838可

洪音義 夫檀:上音扶。下音繕。正作檀 凶 俗檀25562可

洪音義 檀度:上徒丹反。正作檀。

檣 25797 u2377F qiáng_14.18 檣25617本字。帆柱 正字通 檣,本作檣。

榛 25798 u2377E zhēn_14.18 直音篇 榛,音臻,木也。亦作榛24872

櫔 25799 u2377D null_14.18 未詳 農政全書·占四時 諺云立冬晴過寒,弗要櫔柴積。石聲漢校注:櫔,疑與今日粤語方言中寫作慳,讀作hān的字相當,意為節約。

檲 25804 u23773 null_14.18 未詳。

檰 25800 u2377C mián_14.18 榜25834本字

檆 25806 u23771 null_14.18 未詳。

檸 25801 u23776 suàn_14.18 四聲篇海 音模 字海 模的訛字。字見 篇海

檷 25807 u23770 null_14.18 未詳。

橼 25802 u23775 yuán_14.18 橼25870譌字

檽 25809 u2376E null_14.18 未詳。

攀 25803 u23774 pān_14.18 俗攀21050 廣碑別字 引 齊堯峻妻吐谷渾墓誌

檶 25812 u2376B null_14.18 未詳。

棗 25808 u2376F zǎo_14.18 或同棗24349

黬 25810 u2376D null_14.18 未詳。

檀 25805 u23772 null_14.18 字見甲骨文

嚭 25813 u2376A yù_14.18 俗鬱71338

棟 25811 u2376C null_14.18 或俗擤20986 凶 人名。趙汝棟。見 延祐四明志

檵 25814 u23769 null_14.18 未詳。

濔 25816 u23767 nǐ_14.18 同欄25739

濴 25815 u23768 jiāo_14.18 同濴29325 名義 澆,公堯反。濴,或。

檮 25817 u23766 cuì_14.18 人名用字。明朱譽檮。

爇 25818 u23765 tòu_14.18 同爇25616亦作蓺24409

檐 25819 u23764 null_14.18 未詳。

奝 25820 u23763 jué_14.18 同爵32278

檏 25821 u23762 pǔ_14.18 俗樸25328

檨 25822 u23761 yǎng_14.18 方以智 通雅·卷四十四·植物 陸龜蒙 檨詩 能諳白雲養。注:去聲。山家謂柴地為養。程大昌言:浙東作林檨字。

檠 25823 u23760 null_14.18 未詳。

槶 25824 u2375F null_14.18 未詳。

檳 25825 u3BFD bīn_14.18 俗檳25732

榕 25827 u3BF4 róng_14.18 或同榕24860

橲 25826 u3BFC kē_14.18 同檻24928

櫛 25828 u2F8ED zhì_14.18 參見櫛25865

橺 25829 u6ACA gé_14.18 漢語大字典·V.2 橺同閣。

橙 25831 u6AC8 dèng_14.18 同凳03167坐具無背。

櫥 25830 u6AC9 chú_14.18 同櫥25929

櫄 25832 12638 chūn_14.18 同杶○按 說文 櫄或从熏 字彙 去櫄存櫄,非。鍪亦作櫄26054

檷 25833 12646 xiě_15.19 唐韻 悉姐切 集韻 韻會 洗野切攰音寫 玉篇 案之別名 揚子方言 案,陳楚宋魏之閒謂之檷。

榜 25834 12647 mián_15.19 唐韻 武延切音綿。又 集韻 韻會 民堅切 正韻 莫堅切,並音眠 說文 作檐,屋榜聯也 徐曰 榜,亦

槐也 楚辭·九歌 搴蕙櫾兮既張 註 析蕙覆櫾屋也。亦作棉。鑾 又欉25787

櫌 25835 12648
yōu_15.19 唐韻 集韻 韻會 忞於求切音憂 說文 摩田器。引 論語 櫌而不輟 論語 本作耰。櫌、櫌通 史記·始皇紀 鉏櫌白梃 徐廣曰櫌，田器 索隱 徐以櫌爲田器，非也。孟康以櫌爲鉏柄，蓋得其近 又 韻會 櫌，打塊槌。

櫍 25836 12649
zhì_15.19 唐韻 之日切 韻會 正韻 職日切忞音質 說文 櫍，柎也。柎，闌足也 又 唐韻 椹也，行刑用斧櫍。本作鑕，亦借用質 又 dié 類篇 丁結切音蛭。斫木具。鑾 俗作攧21101

櫎 25837 12650
huǎng_15.19 唐韻 胡廣切 集韻 韻會 正韻 戶廣切忞音晃 說文 所以支察。一曰帷櫎，屏風之屬，與梘同 左思·吳都賦 房櫳對櫎 李善註 櫎，門窗廡之通名 徐鉉曰別作幌，非是 又 廣韻 兵櫃也 又 guàng 集韻 古曠切音廣。爼跗橫木 又 guǒ 類篇 光鑊切音郭。義同 又 韻會 亦與橫同。

槽 25838 12651
zāo_15.19 玉篇 作蒿切音遭。木名 又同槽。

櫏 25839 12652
qiān_15.19 同櫏。鑾 又杆23565

櫋 25840 12653
méng_15.19 唐韻 集韻 忞同甍。

欈 25841 12654
fū_15.19 唐韻 集韻 韻會 忞芳無切音敷 類篇 欈檻，木名。葉如椿，生吳、蜀山谷中，子上有鹽如霜。

櫨 25842 12655
lù_15.19 類篇 盧谷切音鹿。櫨心，梣名。

藟 25843 12656
lěi_15.19 唐韻 韻會 力軌切 集韻 類篇 魯水切忞音壘 唐韻 藤也 爾雅·釋諸 諸慮山藟 郭註 今江東呼藟爲藤，似葛而粗大 管子·地員篇 五隱之土，其種藟 又 爾雅·釋木 藟，虎藟 郭註 今虎豆，纏蔓林樹而生，莢有毛刺，江東呼爲欈藟 又 作藟 詩·周南 南有樛木，葛藟縈之 玉篇 同虆 又 正韻 魯猥切音磊。義同。鑾 又糸05102

櫑 25844 12657
léi_15.19 唐韻 魯回切 集韻 韻會 正韻 盧回切忞音雷 說文 龜目酒尊，刻木作雲雷象，象施不窮也。或从缶，或从皿 徐曰 圓轉之義，故曰不窮 韓詩·國風·金櫑傳 天子玉飾，諸侯大夫黃金飾，士以梓，故字从木。又 lěi 唐韻 落猥切 集韻 正韻 魯猥切忞音磊。櫑劍，古木劍也 類篇 櫑具，劍上鹿盧飾 前漢·雋不疑傳 帶櫑具劍 註 晉灼曰：長劍首，以玉作，幷鹿盧形，上刻木作山形，如蓮花初生未敷時 又 集韻 盧對切音礧。義同。鑾 又罍45371 蘲37305 鼺45386 礨64668 鑸64527

槎 25845 12658
chá_15.19 同槎25165 鑾 又cā 集韻 七曷切。艸木動聲。敦煌·S.2146 文樣·行城文 笙歌競奏而啾留（嚠），法曲爭陳而槽槎。

櫓 25846 12659
lǔ_15.19 唐韻 正韻 郎古切 集韻 韻會 籠五切忞音魯 說文 大盾也 禮·儒行 禮義以爲干櫓 玉篇 城上守禦望樓 釋名 櫓，露也，露上無覆屋也 後漢·公孫瓚傳 樓

櫓千里。一作樐 又 韻會 戰陳高巢車亦爲櫓 太公·六韜篇 陷堅陣，敗强敵，武翼大櫓，提翼小櫓 又 進船具 釋名 船尾曰柁，在旁曰櫓。櫓，膂也。用膂力然後舟行也 通鑑 呂蒙取荆州，使白衣搖櫓 又 櫓圓子，果名 桂海虞衡志 大如椀，數十房攢聚成毬，食之微甘。鑾 又樐25167 欚25546

欍 25847 12660
tàn_15.19 篇海 他旦切音歎。木也。

欑 25849 12662
cuán_15.19 同攢。

櫔 25848 12661
lì_15.19 唐韻 集韻 忞力制切音例。木名。實如栗 山海經 歷兒之山，其上多櫔，方莖而圓葉，黃華而毛，其實如楝，服之不忘。

櫢 25850 12663
yì_15.19 同槸 說文 槸，或从艸。

欜 25851 12664
yè_15.19 唐韻 與涉切 集韻 弋涉切忞音葉。柶端木也。又 唐韻 力葉切音獵。義同 又 類篇 蔓木名。卽虎豆也 又 集韻 力涉切音纜。義同 又 là 正字通 落荅切音拉 函史 樹可放蠟，煎汁爲油，可作燭。今江南北放蠟者，謂之水櫢樹，其樹似女貞而異。

欐 25852 12665
lí_15.19 集韻 憐題切，音黎。木名。

櫖 25853 12666
lǔ_15.19 唐韻 集韻 韻會 忞凌如切音閭。山欙25843也。似葛而蔓大 爾雅 作慮 又 正韻 抽居切音攄。舒也，摘也 又 唐韻 集韻 類篇 忞良據切音慮。義忞同 又 唐韻 林櫖，山林也。鑾 正韻 櫖，舒也，摘也。張按：櫖，攄之誤。

櫗 25854 12667
miè_15.19 • 玉篇 茫結切音蔑。木索也 又 mèi 類篇 彌蔽切。櫗楔，細小貌。

櫘 25855 12668
huì_15.19 穗、槥忞同

蓮 25856 12669
lián_15.19 唐韻 良冉切音斂。善美之名。鑾 又建25570

櫡 25857 12670
luǒ_15.19 唐韻 來可切 集韻 郎可切 類篇 朗可切音砢。櫡椏，樹斜貌 又 集韻 郎佐切，蓏去聲。義同。

檜 25858 12671
cài_15.19 玉篇 古文蔡50723字。

櫙 25859 12672
ōu_15.19 唐韻 集韻 忞烏侯切音歐。木名 爾雅·釋木 櫙，荎 郭註 今之刺榆 又 博雅 櫙，梣也。鑾 又蕰51688 薀50635

櫒 25860 12673
shěn_15.19 唐韻 式荏切音沈。木名 類篇 或从念作檜。鑾 又攆21085 又 新撰字鏡 椹24601，式稔反。桑實。又平聲。檜，上字。

櫜 25861 12674
miàn_15.19 同槆 又 集韻 眠見切，音麪。屋簷。

櫚 25863 12676
lǔ_15.19 唐韻 力居切 集韻 韻會 正韻 凌如切忞音閭。枡23963櫚。或作閭 又 本草拾遺 櫚木出安南，性堅，紫紅色，有花文者謂之花櫚。鑾 又桐24836

櫼 25864 12677
jiān_15.19 同槮。

橮 25862 12675
liú_15.19 集韻 力求切音劉。木名 爾雅·釋木 劉，劉杙 郭註 劉子生山中，實如

梨，酢甜，核堅。出交趾。本作欜，省作劉。

櫛 25865 12678
zhì_15.19 唐韻阻瑟切 集韻 韻會 正韻側瑟切，丛音
瀄 說文梳比之總名也 左傳·僖二十二年 懷嬴曰：寡君
使婢子侍執巾櫛 又 說文繫傳櫛之言積也 詩·周頌 其比
如櫛 疏 言積之比密也 又 理髮也 禮·內則 櫛縰笄總。
又 剔除也 韓愈·王適墓志 櫛垢爬痒，民獲蘇醒 又 唐韻
阻四切。義同△ 集韻與柳同。鼇 又櫛25828扻19234
枛23925

櫜 25866 12679
gāo_15.19 唐韻古勞切 集韻 韻會 正韻居勞切丛音
高 說文 車上大櫜 杜預曰：櫜，韜也，弓衣也，甲衣也。
又 受箭器也 禮檀弓 赴車不載櫜韔 左傳·昭元年 伍舉請
垂櫜而入 註 示無弓也 左傳·僖二十三年 右屬櫜鞬 註 櫜
以受箭，鞬以受弓 又 與皋通 左傳·莊十年 公子偃蒙皋
比而先犯之 疏 包干戈以虎皮曰建櫜 集韻居號切音
告 詩·小雅 彤弓弨兮，受言櫜之。我有嘉賓，中心好之。
鼇 又韓67763韔67745櫜09525

橝 25867 12680
xiān_15.19 古枚23648字。

蘂 25868 12681
sǎng_15.19 廣韻蘇朗切音顙。鼓匡木 玉篇 鼓材。
鼇 鼓身。或作蘂09764蘂26141

櫝 25869 12682
dú_15.19 唐韻 集韻 韻會 徒谷切 正韻杜谷切丛音
獨 說文 匱也 禮·少儀 劍則啟櫝 註 劍函 儀禮·聘禮 賈人
西面坐，啟櫝取圭垂繅，不起而授宰 釋文 函也。凡緘
藏物者皆曰櫝 論語 龜玉毀於櫝中 左傳·昭七年 瑤甕玉
櫝 又 博雅 棺也 前漢·成帝紀 其爲水所流壓死，令郡國
給槥櫝葬埋 又 ◆ 說文 大梡也 國老談苑 漢文帝命大官，
每具兩擔櫝，謂之櫝食 又 作櫳25184木名。鼇 又棁24576
又 正字通 鑟，俗匵字，通作櫝。

橼 25870 12683
yuán_15.19 唐韻與專切 集韻 韻會 余專切丛音緣
唐韻 枸櫞，皮可爲糭。出交趾 又 埤雅 果名，似橘 南方
草木狀 枸櫞，子肉甚厚，白如蘆菔，女工競雕鏤花草，
漬以蜂蜜。亦名香櫞 異物志 味不美，可浣治葛苧 學圃
餘疏 香櫞花酷烈於山礬，結實大而香。鼇 又櫞25543
櫞25802 又 可洪音義 拘攃21038：上俱禹反，下羊專反 埤
蒼 云菓名，似橘，字蓋從木也。

櫟 25871 12684
lì_15.19 唐韻 集韻 韻會 正韻丛卽狄切音歷 說文
木也 邢昺曰：似樗之木 詩·秦風 山有苞櫟 疏 引 爾雅 云
櫟，其實梂，橡也 陸璣疏 秦人謂柞櫟爲櫟，其子房生
爲梂。河內人謂木蓼爲櫟，椒榝之屬也。其子亦房生，
此秦詩宜從其方土之言柞櫟是也 又 不材之木 莊子·人
間世 匠石見櫟社樹，其大蔽牛，觀者如市，匠石不顧。
又 不生火之木也 淮南子·時則訓 十二月，其樹櫟 高註
木不生火，惟櫟爲然 又 地名 春秋·桓十五年 鄭伯突入
于櫟 又 鳥名 山海經 天帝之山有鳥，黑文而赤翁，名曰
櫟 又 與擽通 詩·周頌 鞉磬柷圉 疏 圉狀如伏虎，背上有
二十七鉏鋙，刻以木長尺櫟之 又 yuè 唐韻以灼切音
鑰。櫟陽，縣名 前漢·地理志 屬左馮翊 又shuò 集韻式

灼切音爍。地名。在晉 又 luò 集韻 歷各切音洛 詩·秦風
山有苞櫟，隰有六駁 唐韻 櫟、駁通叶無二音 又 唐韻魯
刀切音勞 史記·楚元王世家 婗詳爲羹盡櫟釜 漢書作轑
釜。鼇 又栎23920檪25704櫟26125

橀 25872 12685
fèi_15.19 集韻 類篇 丛放吠切音廢。柚屬。見桹24595
字註。鼇 又柫24473

樀 25873 12686
dí_15.19 同橎。鼇 又梣23954 又 正字通 樀，俗摘字。
舊註又與擿21046通，挑發也。按：挑發當用摘、擿，從
木，非。

椓 25874 12687
zhuó_15.19 廣韻張略切 集韻 韻會 陟略切，丛音衣
著之著•說文 斫謂之椓 又 博雅椓謂之鑸 又zhù 唐韻
直慮切。同箸。飯敧也 漢書作箸 史記·絳侯世家 景帝
召亞夫食不置椓 淮南子·齊俗訓作椓。糟丘生乎象椓。
鼇 又斱22106鐯64340 又 集韻椓斱鐯 說文 斫謂之椓。或
從斤，從金。通作硺。

橐 25875 12688
bài_15.19 同鞴。鼇 又橐26165

樫 25876 12689
zhà_15.19 樝本字。

椶 25877 12690
zōng_15.19 字彙補同
梭 石鼓文 其拔樧椶。鼇 同椶25924

樳 25878 12691
còu_15.19 字彙補七候切音湊 廣雅 木名。

橖 25879 12692
zhuāng_15.19 字彙補旊光切，音莊◇掘也。

橌 25880 12693
sǒu_15.19 字彙補蘇偶切音藪 黃香·九宮賦 卽蹴縮
以橌橌 註 橌橌，木茂盛也。

樸 25881 12694
pǔ_15.19 字彙補與朴同 石鼓文 避驅其橉。楊氏曰：
讀作僕。

櫄 25882 12695
chēn_15.19 字彙補昌眞切音嗔 集韻纑也。

橍 25883 12732
liú_15.19 字彙補力求切音留。木名。

椹 25884 43947
shèn_15.19 字彙補同葚。

棃 25885 43948
lí_15.19 川篇 音梨。

橑 25887 u2AD14
lǎo_15.19 俗橑25367
清·黃遵憲 日本國志·卷之三十六·禮俗志三·茗宴 茶寮
之廣狹，鑪之位置，柱橑牕橍之設，各有成規。

欚 25886 u2AD15
cēn_15.19 成都話方言詞典 欚，記床鋪數的量詞。

棭 25888 u2AD13
null_15.19 未詳。

橌 25889 u2AD12
null_15.19 未詳。

橎 25890 u2AD11
null_15.19 未詳。

樛 25892 u237C3
mòng_15.19 喃從木
夢mòng聲。樺頭 又 新撰字鏡 樛，衣豆利。

橿 25891 u2AD10
null_15.19 未詳。

橰 25895 u237C0
bèng_15.19 同橰25115
集韻橰，菩貢切。艸木盛兒。或作蓬50625

欞 25893 u237C2
khuôn_15.19 喃從木寬khoan聲。模型，樣板。

櫖 25894 u237C1
tuǒ_15.19 同橢25398 玄應音義 說文 萩果反。俠長
器也 蒼頡篇 盛鹽物也 淮南子 云窺面於槃卽圓，於杯卽
橢。是 又 四聲篇海 徒臥切。

櫣 yóu_15.19 俗檽26019

欀 yǎng_15.19 同欀25822

檽 trầu_15.19 喃从木蔞trầu聲△檽椑：檳榔樹。

櫍 dặng_15.19 喃从木鄧đặng聲。

櫡 bà_15.19 同耙46397 图bưởi 喃 荔枝。

櫢 bó_15.19 俗擻21053 四聲篇海 疋角切。

欅 jú_15.19 同曑60138

檣 qiáng_15.19 俗檣25617

檨 sōng_15.19 同檨25624 類篇 檨25422亦作檨。

檬 niǎn_15.19 同欋25583，直轅車。

櫙 kào_15.19 方 逼櫙，也作逼靠，逼迫 紅樓夢·第八十八回 就只他還小呢，也別逼櫙緊了他。

櫛 xuán_15.19 正字通 櫛25577本作櫛。

檣 qiáng_15.19 同檣25797，檣本字。帆柱。

鏈 liàn_15.19 玉篇 鏈，力見切。奩鏈也 名義 鏈，力見反。練薁蔕 集韻 鏈，郎甸切 博雅 陳也。一曰鏈奩。

欏 null_15.19 未詳。

檾 null_15.19 未詳。

檾 null_15.19 未詳。

檵 mẫin_15.19 喃从木夐聲 五千字譯國語·第二十六舉動 芽萠，檵株。

欏 null_15.19 未詳。

檚 null_15.19 未詳。

檞 null_15.19 未詳。

檉 mức_15.19 喃从木，墨mặc聲。倒吊筆屬植物之一種 图壯moeg木（用具）△檉檔：木槌。檉面：師公用的假面具。

檔 null_15.19 未詳。

樣 null_15.19 或俗樸。

檤 null_15.19 未詳。

橆 wú_15.19 同橆26099

橆 wǔ_15.19 正字通 橆25347同橆。

檷 null_15.19 未詳。

檿 null_15.19 未詳。

椶 zōng_15.19 同椶24597亦作椶 正字通 椶，石鼓文作椶。椶楛膚膚。按椶加舟無意義。

檻 jiān_15.19 直音篇 檻同檻。

欦 null_15.19 未詳。

槤 lián_15.19 同槤25098

櫉 chú_15.19 同廚15724櫉櫃。

檻 jiàn_15.19 日 地名、人名用字。

櫓 lǔ_15.19 兼櫓。

榛 zhēn_16.20 俗榛字。

櫧 zhū_16.20 廣韻 章魚切音諸。木名 山海經 前山其木多櫧 郭註 或作櫧，似柞，子可食，冬夏生。作屋柱難腐 司馬相如·上林賦 沙棠櫟櫧 李善註 櫧似枦 本草拾遺 櫧子生江南，皮樹如栗，冬月不彫，子小如橡 食物本草 有苦甜二種,治作粉食,褐色甚佳 图 集韻 類篇 叢專於切,音藷◇義同。鼂 又楮25080畫60235

櫨 lú_16.20 唐韻 落胡切 集韻 韻會 正韻 龍都切叢音盧 說文 柱上柎也 徐曰 今謂草木枝端花房之蔕爲柎。此櫨象之,即今之斗栱也 淮南子·主術訓 短者以爲朱儒枅櫨 图果名。呂覽·本味篇 果之美者,箕山之東,青島之所,有甘櫨焉。或省作盧 司馬相如·上林賦 盧橘夏熟 图木也。一名黃櫨,一名楊櫨 本草拾遺 黃櫨,生商洛山谷,四川界 唐本草 楊櫨,又名空疏,所在皆有。生籬垣間,其子爲莢。鼂 又枦23768枦23922蘆43002

櫽 yíng_16.20 同櫽。又砌也 楚辭·大招 曲屋步櫊 郭璞曰 中途樓閣間陛道 图 廊也 司馬相如·上林賦 步櫊周流 李善註 步廊 图 集韻 以冉切音琰 揚子方言 秦晉續折木謂之櫊

櫪 lì_16.20 唐韻 郎擊切 集韻 韻會 正韻 郎狄切叢音歷◆ 說文 櫪撕,椑指也 徐鍇曰 以木椑十指而縛之 廣韻 櫪,馬櫪也 晉·桓溫風魏武詩 老驥伏櫪,志在千里。亦作歷 前漢·梅福傳 伏歷千駟 图木名 張衡·南都賦 楓柙櫨櫪 李善註 與櫟同。又 韻會 引 韓愈·山石詩 時見松櫪皆十圍 图 正韻 鼂薄曰櫪。鼂 又枥23769櫔25777 櫔25327

櫬 tuò_16.20 柝、榻、櫬叢同。

櫫 zhū_16.20 唐韻 陟魚切 集韻 張如切,叢音豬 博雅 杙也 廣韻 橻24688櫫,有所表識也。鼂 又橻25407

橑 liáo_16.20 篇海 連條切音聊。柏木 正字通 俗橑字。

櫬 chèn_16.20 唐韻 集韻 韻會 初覲切音襯 說文 棺也 左傳·襄二年 穆姜爲櫬 疏 櫬,親身棺也。以親近其身,故以櫬爲名 图 爾雅·釋櫬者三：一,櫬,木槿 註 今王蒸。一,櫬,梧 註 今梧桐。一,櫬,采薪 疏 樵薪一名櫬,一名采薪 图qìn七刃切,親去聲。木槿也 图qīn雌人切音親。義同 图guàn 類篇 古玩切音貫。汲器。鼂 又榇24837

櫾 xiào_16.20 集韻 下巧切音效。器名 篇海 與澩同。

櫼 jié_16.20 唐韻 集韻 叢巨列切音傑 博雅 檢櫼,木釘也 图 集韻 其例切音偈。義同 图jì 類篇 巨至切。義同。一曰車木鐈 图jiào 集韻 巨到切。義同。鼂 俗作杢23633

櫮 è_16.20 集韻 逆各切音鄂。華盛貌。

櫹 cuì_16.20 字彙 恩稅切音毳。草名 正字通 蕮字之譌 鼂 新修玉篇 引 餘文 尺稅切。神名。

櫶 xián_16.20 唐韻 集韻 類篇 叢徐鹽切音燖。木細葉也。

櫺 huài_16.20 唐韻 火怪切音壞。木名。皮可牽船。

檦 25948 12712
niǎo_16.20 集韻乃了切音嫋。木長弱貌。

櫯 25949 12713
sū_16.20 集韻孫租切音蘇 玉篇櫯，枋木，可染緋。鑾正字通同蘇。蘇木，即染烏紅者。

櫇 25950 12714
pín_16.20 唐韻符眞切 集韻 韻會 毗賓切 夶音頻 說文 櫇，木也 本草別錄 奈，一名頻婆 採蘭雜志 燕地有頻婆，味雖平淡，夜置枕邊，微有香氣。即佛書所謂頻婆華，言相思也 學圃餘疏 北地有頻婆，即花紅一種之變。

櫏 25951 12715
qiān_16.20 集韻丘虔切音牽。或作櫏。木名。

櫰 25952 12716
huái_16.20 唐韻戶乖切 集韻 韻會 正韻乎乖切 夶音槐 玉篇槐之別名 爾雅·釋木 櫰槐，大葉而黑曰櫰 集韻戶賄切音瘣。義同 图 guī 唐韻公回切 集韻 韻會姑回切 夶音傀 山海經中曲山有木，如棠，而圓葉赤實，實大如木瓜，名曰櫰，食之多力 图 本草綱目 櫰香，即楞嚴經兜婁婆香也。

巀 25953 12717
niè_16.20 古文 㮆 唐韻 集韻 夶魚列切音孼 說文 伐木餘也〇按 說文 㮆本字。㮆，古文。巀、榝重文 韻會 正韻俱从艸 今文尚書·盤庚 由櫱、詩·商頌三櫱、孟子萌櫱，俱作 图 唐韻五葛切，岸入聲。義同 图 姓 姓苑東莞人，本姓薛，避仇改爲巀。鑾又揲19930榝24464榝24785揲20345槷25599檋26039擇20373 图 集韻 枿26151櫱不23522榝24559枿23795，牙葛切 說文 伐木餘也。引 商書若顚木之有皀。櫱，或从木。辥古無頭。亦作枿、枿 图 直音篇 藝51623同櫱。

橾 25954 12718
yù_16.20 集韻羊洳切音預。橾樟25192，木名。本作豫章。鑾又櫉25619

樏 25956 12720
lì_16.20 同欚。

欚 25955 12719
lì_16.20 唐韻郎計切音麗 說文木也 博雅作隸，篗其尿謂之隸 图 集韻力智切音詈。木名。鑾又樏25956欚26043枥24239 图 字典琢屑篗，收絲具。尿，其柄，謂之隸也。

榷 25957 12721
què_16.20 玉篇苦角切音推。枳木，有實如柚 字彙或作梐。鑾又梐24429 图 正字通榷，俗榷字。舊註音却枳木有實似柚，或作梐，誤。

櫳 25958 12722
lóng_16.20 唐韻盧紅切 集韻 韻會盧東切 夶音籠 說文檻也 唐韻養獸所。鑾又柫23924槵25691巃25959梖25082

襱 25959 12723
lóng_16.20 唐韻盧紅切 ◆ 說文 房室之疏也 註 小曰閤，疏遠曰襱 班婕好·自悼賦 房襱虛分風冷冷〇按 說文 櫳、襱分訓。今房襱、簾襱亦通作櫳 張協·雜詩 房櫳無行迹 謝惠連·詠牛女詩 升月照簾櫳 图 ◆ 玉篇古文龍字。

檇 25960 12724
zuī_16.20 同檇 春秋傳註 敗吳檇李。檇同檇。

橰 25961 12725
gāo_16.20 玉篇居勞切音高。進船也 揚子方言 所以刺船謂之橰 图 集韻居號切音誥。義同。

㯇 25962 12726
nuó_16.20 字彙補諾何切。同那。

欙 25963 12727
là_16.20 揚子雲·太玄經 小度差差，大欙之階。測曰：小度之差，大度傾也 宋·司馬光註 事之骫欙，故傾危也。有釋無音。鑾同欙21118

樐 25970 u2AD1A
null_16.20 未詳。

橢 25964 12728
tuǒ_16.20 與橢同。杅屬 急就篇 橢杅槃案杯閜槃 註 顏本作橢。

櫼 25965 12729
shān_16.20 字彙補所驂切，音山◇木實。

槖 25966 12730
pāo_16.20 字彙補普毛切，音拋◇長大也。

樤 25967 12731
tiáo_16.20 字彙補徒彫切音銚。木名。

橆 25968 12733
wú_16.20 玉篇古文無31081字。互見十二畫橆字。

㗾 25969 43949
xué_16.20 搜眞玉鏡音學。

欂 25972 u2AD18
null_16.20 未詳。

欑 25971 u2AD19
cuán_16.20 簡欑26127

橫 25973 u2AD17
null_16.20 未詳。

欄 25977 u237EC
lán_16.20 俗欄26031

䟽 25975 u237EE
měm_16.20 喃从柔麥màm聲△䟽邁：悅耳。

橎 25976 u237ED
mạ_16.20 喃从木罵mạ聲。

橺 25978 u237EB
nhãn_16.20 喃从木蕑gian聲。同椵25255龍眼樹。

橪 25979 u237EA
nóc_16.20 喃从木耨nạu聲。

橢 25980 u237E9
dùi_16.20 喃从木頧đôi聲。槌。

欑 25981 u237E8
guì_16.20 正字通 櫃25331，本作樻。

櫌 25974 u2AD16
null_16.20 未詳。

櫃 25982 u237E7
guì_16.20 俗櫃25755敦煌·S.1776 顯德五年十一月十三日某寺判官與法律尼戒性等一件交曆又長柄熟銅香爐壹，在櫃。

檍 25984 u237E5
yì_16.20 檍25586本字。或譌作檍26034

鞜 25983 u237E6
zhá_16.20 同鞜51911

楶 25985 u237E4
yīng_16.20 亦作櫻26002 佩文韻府 楶子遮：皮日休 茶人詩 庭從楶子遮，果任獳師虜。自注：楶，女耿反。其木如玉色，渚人以爲杖。

欜 25986 u237E3
null_16.20 未詳。

欏 25987 u237E2
null_16.20 未詳。

櫞 25988 u237E1
null_16.20 未詳。

欐 25989 u237E0
null_16.20 未詳。

欑 25990 u237DF
null_16.20 未詳。

欑 25991 u237DE
null_16.20 未詳。

欘 25992 u237DD
null_16.20 未詳。

蔚 25993 u237DC
yù_16.20 俗鬱71338

欕 25994 u237DB
null_16.20 未詳。

槤 25995 u237DA
lián_16.20 俗槤25662

橐 25997 u237D8
wèi_16.20 類篇烏潰切。大橐。

欓 25998 u237D7
yí_16.20 同欓26083

欏 25996 u237D9
null_16.20 未詳。

櫡 25999 u237D6
mò_16.20 地名用字 宣統高要縣志·卷七·營建篇 二·茶亭 大櫡風雨亭，在蓮塘之大櫡，清·光緖年間建。

樏 26000 u237D5
null_16.20 未詳。

欖 26003 u3C13
lǎn_16.20 或俗欖26032

樽 26001 u237D4
pì_16.20 同欓26029 五音集韻樽，房益切。櫃也。

櫾 26002 u237D3
yǐng_16.20 同櫾25985梁·任昉·述異記·卷下 顧渚山有
櫾, 汝耿反, 子樹, 其木如玉色, 渚人採之以爲杖。

欅 26004 u6AF8
jǔ_16.20　　同欅26009

櫶 26005 u6AF6
xiǎn_16.20 櫶木, 即蜆木

樵 26006 u6AF5
qiáo_16.20　漢語大字典.V.2 樵同樵。

櫏 26007 12734
qiān_17.21 同欅
許切集韻韻會 句許切丛音舉玉篇 木名本草別錄 欅
樹, 山中處處有之。皮似檀槐, 葉如樂槲。爾雅·釋木 謂
之柜柳衍義 謂之欅柳杜甫·田舍詩 欅柳枝枝弱。鍌通
作欅26004 又欅26068 樺24835樺25077

櫥 26010 12737
xiǎn_17.21 集韻 息淺切音癬。木名。

櫐 26008 12735
yù_17.21 同櫐

檆 26011 12738
xiāo_17.21 · 集韻 先雕
切音蕭。檆穇25112, 草木盛貌。又草木落貌 又xiū 類篇
疎鳩切音搊。木長貌 又類篇 山巧切, 梢上聲。義同。
又qiū 類篇 雌由切音秋。木名。亦作檮。

櫏 26012 12739
xuán_17.21 唐韻 似宣切集韻 類篇 旬宣切丛音旋。
說文 引爾雅 欅味棯棗 爾雅 本作還, 加木同 又集韻 縈
絹切音餉。義同。

櫺 26013 12740
líng_17.21 唐韻集韻韻會 丛郎丁切音靈。說文 楯閒
子也徐曰 即今人闌楯下爲橫櫺也何晏·景福殿賦 櫺檻
邳張曹植·贈徐幹詩 流飆激櫺軒 又屋桷也博雅 櫺櫺
桷也孫綽·天台山賦 彤雲斐亹以翼櫺。亦作櫺。一作櫄。
鍌又龍龕櫺21199櫺21130二俗, 音靈。窻櫺。

櫻 26014 12741
yīng_17.21 廣韻 烏莖切集韻 於莖切, 並音鶯。又集
韻 伊盈切音嬰。義同說文 果名, 櫻桃也。一名含桃月
令 仲夏之月, 羞以含桃, 先薦寢廟爾雅翼 果熟最先,
故云先薦呂覽·高誘註 以罵所含食, 故曰含桃。又名罵
桃王維·敕賜櫻桃詩 繚是寢園春薦後, 非關御苑鳥銜殘
又爾雅·釋木 楔, 荊桃郭璞註 今櫻桃也孫炎註 最大而
甘者, 謂之崖蜜蘇軾·橄欖詩 待得餘甘回齒頰, 已輸崖
蜜十分甜本草 一名朱桃, 一名麥英。深紅者爲朱櫻,
黃者爲蠟櫻。鍌又櫻25310桜24135

櫱 26018 12745
yǐn_17.21 同櫱。

橵 26015 12742
jiān_17.21 說文 子廉切
音尖。楔也徐曰 即今尖字戴侗曰 徐說非。橵, 古砧字長
箋 橵、殲當即一字正字通 橵、殲音義俱別 箋 說誤。戴
氏謂砧古文作橵, 亦誤。徐說通○按何晏·景福殿賦 橵
櫨各落以相承。橵櫨對下欒栱, 不作尖字解, 可知徐說
亦未爲是李善註 橵即栁也。栁與楔義近 又集韻 思廉
切音纖。又咨林切音梫。義丛同 又shān 唐韻 所咸切。
同楰。木名, 似松。鍌直音篇 橵同橵。

櫄 26016 12743
xiè_17.21 集韻 悉協切音燮。柶櫄, 簟名。

櫶 26021 12746
xī_17.21 同櫶
所還切集韻 韻會 數還切, 丛刷平聲。閉門機也玉篇 木
櫶, 出通俗文韻會小補 同拴焦竑·俗用雜字 本作櫶,

櫶 26017 12744
shuān_17.21 唐韻正韻
通作晨。櫶从櫶省。鍌又櫶26200閂64874稬40913
又焦竑·俗用雜字。明·陳士元俗用雜字

櫾 26019 12746
yóu_17.21 說文正韻 丛以周切音猶說文 崑崙山河
隅之長木也 又唐韻集韻 余救切, 音鼬。即柚也列子·湯
問篇 吳楚之國有大木焉, 其名爲櫾, 樹碧而冬生, 實丹
而味酸。食其皮汁, 已憤厥之疾△正字通 俗櫾字。
○按說文 有櫾無櫾, 非俗也。鍌又欒26037櫾25896

櫎 26020 12747
xī_17.21　集韻正韻 丛虛宜切音羲玉篇 杓也。蟲爲
櫎也揚子方言 蟲, 陳楚宋魏之閒或謂之筐, 或謂之櫎。
或作櫎, 或作櫎, 亦作欷24154

櫿 26022 12749
yíng_17.21 集韻 維傾切類篇 余傾切丛音營。木名。

蕘 26023 12750
qiáo_17.21 同樵南史 朱百年伐蕘採若爲業。

欀 26024 12751
xiāng_17.21 唐韻 息良切集韻 韻會 思將切丛音襄。
木名左思·吳都賦 文欀楨橿李善註 欀木, 樹皮中有如
白米屑者, 乾擣之, 以水淋之, 可作餅, 似麪。交趾盧
亭有之本草拾遺 名莎木, 生嶺南山谷, 大者木皮內出
麪數斛, 色黃白 又集韻 寫兩切音想。義同 又ràng 唐
韻 類篇 人樣切正韻 而亮切丛音讓。玉篇 道木也類篇
交讓, 木名。出岷山。鍌 類篇 交欀, 木名。出岷山。

橺 26025 12752
qíng_17.21 字彙見揚雄·蜀都賦。音義未詳○按 賦
鈔作橺曳, 鄭璞刻本作橺曳。

欄 26026 12753
méi_17.21 集韻 旻悲切音眉爾雅·釋草 菉, 蕨欄郭
註 水中苽○按爾雅 本擽字, 从手, 不从木正字通 擽字
之譌。鍌正字通 擽字之譌。

欃 26027 12754
cēn_17.21 篇海 楚簪切音參。木長貌。字彙 木艾名
正字通 俗梣字。

欁 26028 12755
nóng_17.21 字彙 奴冬切音膿正字通 農, 或作欁集
韻作欁。

榑 26029 12756
bó_17.21　唐韻 補各切集韻 韻會 正韻 伯各切丛音
博。說文 壁柱也。西京謂之壁帶, 今人謂之披閒柱。一
曰樣 又玉篇 欂櫨, 枅也增韻 柱上斗也禮·雜記註 欂
櫨, 刻之爲山, 曰山節, 謂柱上方木也 又集韻 博陌切
音百類篇 白各切音薄。義丛同 又bó 廣韻 蒲革切音瓣。
木名 又bó 唐韻 弼戟切集韻 弼碧切, 丛平入聲。戶上
木也。鍌又欂25728欂26001 又集韻 欂欂, 椽也。或省。
又欂51153, 或作薄欂。

欃 26030 12757
chán_17.21 唐韻 士咸切音讒。檀木別名玉篇 木蘭
也。或作欃史記·孔子世家註 孔子墓有欃檀之樹司馬
相如·上林賦 欃檀, 木蘭 又集韻 韻會 正韻 並初銜切音
攙。又集韻 鉏銜切音巉。義同。星名爾雅·釋天 彗星爲
欃槍史記·天官書 天欃, 長四丈, 末兌。京房云天欃爲
兵, 赤地千里 又玉篇 銳也 又前漢·天文志 欃雲如牛
又zhàn 唐韻集韻 丛士懺切, 讒去聲。水門也。又作欃

欒又集24614枭24972橤25720

欄 lán_17.21 26031 12758
唐韻落干切 集韻 韻會 正韻 郎干切丛音
攔 玉篇 木欄也.謂階際木句欄 段國沙州記 吐谷渾於河
上作橋,句欄甚嚴飾.句欄之名始此 又 牛圈曰欄,與
蘭通 前漢·王莽傳 與牛馬同闌 又 與闌通 開元遺事 沉
香亭牡丹,以百寶爲闌 又 liàn 集韻 郎甸切音練.木名
周禮·冬官考工記 幌氏湅帛,以欄爲灰 鄭註 以欄木之
灰漸釋其帛也 又 集韻 木圈切音拳.木名 欒又栏23919
欄25977 又 正字通 欄26176俗欄字.

欖 lǎn_17.21 26032 12759 俗欖字.

橄 liàn_17.21 26033 12760 集韻 類篇 丛
力驗切音殮.俺橄,木也.葉可爲飲.

檍 yì_17.21 26034 12761 同檍.

樵 qiāo_17.21 26035 12762 字彙補 七遙切音鍫 五音集韻 生麻.

勞 lào_17.21 26036 12763 字彙補 郎到切音潦 集韻 麻也.

楙 yóu_17.21 26037 12764 字彙補 同㯍.

糊 null_17.21 26040 u2AD1E 喃 未詳.

橐 gǔn_17.21 26038 41360 字彙補 符消
切音剽.橐也.又公混切音棍.義同.

櫱 niè_17.21 26039 43951 字彙補 㰖字之譌.

㴁 null_17.21 26041 u2AD1D 未詳.

樏 lì_17.21 26043 u2AD1B 同橾25955亦
作橾25956 直音篇 橾,音例,木名.

欙 shuāng_17.21 26042 u2AD1C 方 欙欙:蒸籠.

橸 gàu_17.21 26044 u23818 喃 从木从篝,篝gàu亦聲.戽斗.

槻 que_17.21 26045 u23817 喃 从枝省歸qui聲.棍,柴.

薯 chưa_17.21 26046 u23816 喃 从未諸chư聲△薯之苞:已經.

薯 chưa_17.21 26047 u23815 喃 从未豬trư聲.與薯26046同.

標 pheo_17.21 26048 u23813 喃 从木篿phiêu聲.

橪 thǎm_17.21 26049 u23812 喃 同㮖58178

桻 bòng_17.21 26050 u23811 喃 从木篷bong聲.細種柚子,文旦.

檸 null_17.21 26056 u2380A 未詳.

橸 null_17.21 26057 u23809

橸 guō_17.21 26051 u23810 桲24415本字.

鑘 zuō_17.21 26052 u2380F 玉篇 鑘,麻
屬 類篇 鑘,枲未漬 集韻 鑘,將侯切.枲未漬也.或从
取 篆隸考異鑘,俗.篆作麈74725子侯切.麻榦也.

欙 yù_17.21 26058 u23808 俗鬱71338

鐃 xiāo_17.21 26053 u2380E 集韻 鐃,馨
幺切.分枭一米也 直音篇 鐃,音鴞,分枭一宋也.

欁 chūn_17.21 26054 u2380D 同杶23650見 集韻

樂 lè_17.21 26055 u2380B 碑別字樂25140.見東魏 嵩陽寺碑

嶽 null_17.21 26059 u23807 未詳.

蕰 null_17.21 26061 u23805 未詳.

橾 null_17.21 26060 u23806 未詳.

橾 líng_17.21 26062 u23804 同橾26013 宋

元以來俗字譜·橾 引 目運記 金瓶梅

橸 null_17.21 26063 u23803 未詳.

嚢 gāo_17.21 26065 u23800 俗橐25866

欄 lán_17.21 26067 uF91D 兼 欄.

樧 biāo_18.22 26069 12765 標本字.

醝 null_17.21 26064 u23801 未詳.

樣 null_17.21 26066 u237FF 未詳.

櫸 jǔ_17.21 26068 u6B05 同櫸26009

櫅 cù_18.22 26070 12766 篇海 子六切
音蹙.車轅木 正字通 俗械字.

櫼 liú_18.22 26071 12767 唐韻 集韻 丛力求切音留.扶櫼,藤名 廣
韻 緣木而生,其味辛,可食.其花實似蒟醬 本草 作扶
留.

欙 zá_18.22 26072 12768 集韻 昨合切音雜.欙縣,海鳥爰居也 爾
雅·釋鳥 作雜 又 元包經 旣濟 水火旣納,陰陽不欙.

櫂 zhào_18.22 26073 12769 集韻 直教切音櫂.燔木餘也.

樉 shuāng_18.22 26074 12770 集韻 疏江切音雙 玉篇 棹,船羽也.
又 類篇 桴樉,未張帆.一作㠊,通作雙.

欘 zhǐ_18.22 26075 12771 字彙 豬几切,音止◇木枝也 篇海 作欄.

欒又栐23849

欙 shè_18.22 26076 12772 唐韻 書涉切 集韻 韻會 失涉切丛音攝 爾
雅·釋木 欙,虎櫐.又 楓24645櫺欙△ 正字通 楓註云櫺欙
之欙與虎櫐之欙,字雖同而種不同.一樹生,一蔓生 正
韻 引虎櫐入楓註,誤 又 博雅 欙,杖也 又 唐韻 時攝切
音涉.又 集韻 類篇 丛尺涉切音怵.義丛同.欒又橐26077
橐40972桖24993

㯍 yóu_18.22 26085 12781 同㯍.

欙 shè_18.22 26077 12773 同欙 說文 木葉搖白也 又 唐韻 風動貌.

欙 wéi_18.22 26079 12775 唐韻 悅吹切音蠵 玉篇 構欙,木名,實可
食○按 字彙 同橢 春秋 橢李,傳註與橢同,不言與欙同
玉篇 橢訓地名,欙訓木名,分用爲是.

櫺 cén_18.22 26078 12774 唐韻 集韻 鉏
針切,音岑 玉篇 桛橢櫼丛同,青皮木也.

欜 duǎn_18.22 26087 43950 奚韻 同短

欙 còng_18.22 26080 12776 集韻 粗送
切,恩去聲.江東謂草木叢生曰欙.

權 quán_18.22 26081 12777 唐韻 巨員切 集韻 韻會 正韻 逵員切丛
音拳 玉篇 稱錘也 前漢·律歷志 孔子陳後王之法,曰謹
權量.量多少者不失圭撮,權輕重者不失黍絫 又 經權
易繫辭 巽以行權 註 權,反經而合道之也 又 平也 禮·王
制 原父子之情,立君臣之義以權之 又 權謀 左傳·宣十
二年 中權後勁 杜註 中軍制謀,後以精兵爲殿 又 權柄
莊子·天運篇 親權者不能與人柄 又 爾雅·釋詁 權輿,始
也 詩·秦風 于嗟乎,不承權輿 又 攝官曰權 鼠璞 權字唐
始用之.韓愈權知國子博士,三歲爲眞 又 國名.亦姓 左
傳·莊十八年 楚武王克權 韻會 楚鬭緡尹權,後因爲氏
又 與爟通.烽火也 前漢·郊祀志 上宿郊見,通權火.

図與顴通，兩頰也前漢·高帝紀·隆準註頰權，準也曹植·洛神賦靨輔承權図說文權，黃華木也。◆爾雅·釋草權，黃華六書故云以草釋木，似誤○按爾雅木槿，木也，列之于草。殆未可泥図guàn集韻古玩切音貫。木叢生也。鼜又權25317権25455權21207权23561図权23569宋元以來俗字譜。權引嶺南逸事図可洪音義稚智：上音拳。正作權。

櫄 26082 12778　lěi_18.22　字彙魯猥切音壘。魁櫄，本喪家樂，漢末用之嘉會顏氏家訓作傀儡。

椬 26083 12779　yí_18.22　唐韻以脂切集韻延脂切夶音夷說文木也。鼜又檖26112図栘，俗椬。

櫫 26084 12780　qú_18.22　唐韻其俱切集韻韻會權俱切夶音劬釋名齊、魯謂四齒杷曰櫫図木根盤錯貌淮南子·說林訓木大則根櫫図櫫疏，附離也揚子·太玄經進以櫫疏，或杖之扶図唐武后官濫，時人爲之語曰：櫫椎侍御史，脫腕校書郎図集韻類篇夶椿俱切音貐。麄也。

櫬 26086 41361　null_18.22　字彙補音未詳。地名穆天子傳有櫬璃河

欄 26088 u2AD21　null_18.22　未詳。參見林23722

欅 26089 u2AD20　null_18.22　未詳。　　榜 26090 u2AD1F　null_18.22　未詳。

欏 26091 u281CC　cù_18.22　同櫃26070俗槭25111

犦 26092 u23836　đỏ_18.22　喃从朱親đủ聲。紅色。

糯 26094 u23833　mèm_18.22　喃从柔樣chiêm聲△糯妙：綿軟。糯邁：柔曼、輕嬈。糯膠：溫婉△或作糯25975秥38450

櫃 26095 u23832　rễ_18.22　喃从木禮lễ聲。樹根△檁糯，生根。

檐 26096 u23831　trâm_18.22　喃从木簪trâm聲。建築木材。

檌 26093 u23835　yù_18.22　俗鬱71338　　檛 26097 u23830　giản_18.22　喃从木簡聲。同簀42611△丐檻：篩図giản从棚省簡giản聲。棚架

櫳 26098 u2382F　shuān_18.22　廣韻櫳，關門機，出通俗文。數還切。図櫳26017欈26200捰20400門64874

櫏 26100 u2382C　null_18.22　未詳。　　霖 26099 u2382E　wú_18.22　同橆25922類篇霖，武夫切。亡也。从亡無聲。或作無31081奇字作无。通於元者。王育說：天屈西北爲无。

檌 26101 u2382B　yù_18.22　俗鬱71338　　檆 26104 u23828　xiān_18.22　俗槭26172

槙 26102 u2382A　biāo_18.22　標25183本字說文木杪末也。从木嘦聲。

檻 26103 u23829　tràm_18.22　喃从木藍lam聲。杉図又人名用字，見東魏武定三年檻仟造像記

欟 26105 u23827　pān_18.22　或同欟26143俗攀21050

檳 26106 u23826　null_18.22　未詳。　　櫯 26107 u23825　null_18.22　未詳。

櫬 26108 u23824　guàn_18.22　俗觀26209　　檶 26109 u23823　xiān_18.22　俗櫶26005

欐 26110 u23822　null_18.22　未詳。　　檓 26111 u23802　fèn_18.22　或同攢21176

欅 26112 u3C18　yí_18.22　同檖26083　　檒 26113 u6B0E　yù_18.22　俗鬱71338

檴 26114 u6B0D　jiù_18.22　同柏24029　　檆 26115 u6B0C　zāng_18.22　同槶24699四聲篇海 音藏図jang韓藏器。冊檆，衣檆之類。葉德輝書林清話·卷八·日本朝鮮活字板丙辰，整理儀軌將印行，命奎章閣直提學李晚秀、奎章閣原任直閣尹行恁監董，以生生字為本，鑄大字十六萬，小字十四萬餘，名之曰整理字，分儲七檆，藏於鑄字所。

檆 26116 u6AF7　gwi_18.22　韓槐新字典·朝鮮俗字部·21畫檆，即檓木。一名黃楡。見官簿図攷事撮要二月以後，則田菜山菜橡實松白皮檀葉檆葉蒿葉等物，皆可食。檀，俗名彭木也。檆木也。

欏 26117 12782　luó_19.23　廣韻魯何切集韻韻會良何切夶音羅玉篇橬木也唐韻杪欏木，出崑崙山格物麤談欏木出湖廣及南安謂之倭羅，又謂之草欏図博雅欏，落籬也。図集韻郎佐切，羅去聲。義同図luǒ唐韻來可切音欏。裂也。鼜又桫24571

繭 26118 12783　jiǎn_19.23　集韻吉典切音繭。棧也。

欄 26119 12784　shuān_19.23　集韻類篇夶所員切音拴。木杙。図guān集韻姑還切音關。手相關付也揚子·太玄經欄神明而定摹。

欑 26120 12785　zuó_19.23　玉篇徂活切，音柮。木錐也図類篇宗括切音繓。義同。鼜王力：集韻欏亦讀宗括切，當補入。

檖 26121 12786　nuǒ_19.23　同桵。　　撽 26122 12787　qiè_19.23　集韻類篇夶七接切音妾。飯槁也。鼜又撽21241

欐 26123 12788　bèi_19.23　唐韻同輔集韻韻會鄰知切夶音離。柴欏也類篇藩也。與籬同図張也揚子·太玄經幽欏萬類。鼜又櫔25146

欐 26124 12789　lí_19.23　唐韻呂支切集韻韻會鄰知切夶音離。

樂 26125 12790　yào_19.23　類篇弋灼切音藥。木名△字彙與櫟同。欏陽，縣名。

欐 26126 12791　lǐ_19.23　唐韻韻會盧啓切集韻里弟切夶音禮。小船也図lì唐韻集韻韻會郎計切正韻力霽切，夶音麗梁棟別名列子·湯問篇雍門鬻歌，餘音遶梁欐，三日不絕図莊子·秋水篇梁麗，與欐通註一曰屋棟，一曰車名図類篇木名図集韻犖尒切音邐。義同図唐韻所宜切音漸。図集韻鄰知切音離。夶屋棟也図類篇欐俙支柱也。一曰重累。鼜又梠24258杨23955

欑 26127 12792　cuán_19.23　集韻韻會徂丸切正韻徂官切夶音欑說文一曰積竹杖也禮·喪大記君殯用輴，欑至上，畢塗屋註輴，盛柩之車。欑，猶藂也。藂木于輴之四面至于棺上，以泥塗之。此欑木似屋形，故曰畢塗屋也図後漢·岑彭傳田戎橫江水，起浮橋、關樓，立欑柱図地図左傳·隱十一年王與鄭人欑茅。又春秋·宣十一年晉侯

會狄于欑函 又 韻會 祖官切音鑽。又zuàn 集韻 祖算切，鑽去聲。義太同 又 類篇 矛戟柄也 又 集韻 在坦切音瓚 左傳·昭元年 註：禜祭爲營欑。鎣 又攢21244欑25849 欑25971椊24159鑽64691

欄 26128 12793
lǎo_19.23 唐韻 盧皓切音老。木名。

欛 26129 12794
bà_19.23 正字通 欛譌字。

欚 26130 12795
luò_19.23 集韻 盧臥切，騾去聲。木名 又 luó 集韻 盧戈切音螺。木可爲箭笴。一作贏。

欒 26131 12796
luán_19.23 唐韻 路官切 集韻 正韻 盧官切 韻會 盧丸切太音鸞◆說文 木似欄。大夫冢樹欒楝也 周禮·冢人疏 大夫墳高八尺，樹以藥草 廣韻 作樹以欒 山海經 雲雨之山有木名欒，黃木赤枝青葉，羣帝焉取藥 唐本草 謂之欒荆 註 欒荆，莖葉都似石南 又 本草別錄 欒華，葉似木槿而薄細，花黃似槐而稍長大 又 欒欒，瘠貌 詩·檜風 棘人欒欒兮 又 鐘口兩角爲欒 周禮·冬官考工記 鳧氏爲鐘，兩欒謂之銑 疏 古應律之鐘不圜，狀如今之鈴，故有兩角也 又 禮·明堂位 鸞車，有虞氏之車也 鄭註 鸞或爲欒 又 博雅 曲枅謂之欒 左思·吳都賦 欒櫨疊施。 又 檀欒，竹貌 枚乘·兔園賦 修竹檀欒 又 姓 春秋 欒書之後，代爲晉卿。鎣 又欒26203栾24003𣠮60502

欔 26132 12797
hǎn_19.23 正字通 欔字之譌。

欔 26133 12798
jué_19.23 字彙補 音未詳。草名。欔橐含。見 爾雅。鎣 爾雅 作攫。

欕 26134 41362
null_19.23 字彙補 音未詳 東方朔·罵鬼書 有欕毅之名。字書無欕字。

欙 26135 41363
yì_19.23 字彙補 魚制切，音詣◇ 唐書·劉文靜傳 奮欙大呼賓衡 註 欙者，木相摩也。鎣 欙字之訛。

欝 26136 41364
yù_19.23 集韻 乙六切音郁。育竈器。

𣡈 26137 u2AD23
null_19.23 未詳。

𣡉 26138 u2AD22
null_19.23 未詳。

𣡋 26139 u2385C
yù_19.23 俗鬱71338

𣠿 26140 u23847
yù_19.23 俗鬱71338

𣡃 26141 u23846
sǎng_19.23 同顙09764 集韻 顙25868顙，鼓柩。或从壺。

𣡂 26142 u23845
null_19.23 未詳。

𣡁 26143 u23844
pān_19.23 俗攀21050

𣠾 26145 u23842
null_19.23 未詳。

𣠿 26144 u23843
zhǎn_19.23 棖24853本字

𣠽 26146 u23841
null_19.23 未詳。

𣰜 26147 u3C1C
null_19.23 未詳。

欓 26148 12799
dǎng_20.24 唐韻 多朗切 集韻 韻會 底朗切太音党 玉篇 茱萸類 集韻 越茱也 爾雅翼 三香：椒、欓、薑也 韻會 欓出閩中、江東 集韻 通作黨 又 tǎng 類篇 坦朗切音惝。木桶也。鎣 又榶25066

欌 26151 12802
niè_20.24 櫱本字。

欐 26149 12800
nǐ_20.24 字彙 乃里切音伱。絡杼也 正字通 欐字之譌。

欔 26150 12801
jué_20.24 集韻 厥縛切音钁。木名 正字通 鍫屬。與钁同類。鎣 又欔40988 爾雅·釋艸 欔，烏階。郭注：即烏杷也，子連相著，狀如杷齒，可以染皁。

欗 26152 12803
jí_20.24 集韻 與棘24350同。

欕 26153 12804
cén_20.24 字彙補 士金切音岑。荒也。

欖 26154 41366
jiù_20.24 字彙補 與柩同 唐書·于頔傳 州地庳薄，葬者不掩欖。

𥽪 26155 43952
pū_20.24 字彙補 同棄。豆穤也。鎣 俗穙40413禾穙積也。刈禾治穙不束。

欎 26156 43953
yàn_20.24 五音篇海 音厭。又音其。

欘 26157 43954
chuǎ_20.24 字彙補 音奓。鎣 龍龕 髁欘，初瓦反。下又所瓦反。

𣡗 26158 u2AD25
null_20.24 未詳。

𣡖 26159 u2AD24
jiǎo_20.24 俗攪21267 可洪音義 梯欖：上女孝反。下古巧反。

𣡡 26160 u23861
yù_20.24 俗鬱71338

𣡚 26162 u2385A
trái_20.24 喃 同欙26163

𣡝 26161 u2385D
vui_20.24 喃 从欒盃bôi聲。同愾17914高興。

𣡙 26163 u23859
trái_20.24 喃 从果賴lại聲。亦作𣡚26162𣠽25484

𣡖 26165 u23856
bèi_20.24 同櫜25875鼓風機。

𣡔 26166 u23854
kuì_20.24 同簣42669

𣡘 26164 u23858
cáo_20.24 槽25134本字

𣡓 26167 u23853
xiàn_20.24 同檻25743日本金剛寺藏 玄應音義 籠檻：又作檻櫳。力東、胡黤反 又 tràm 喃 同欓26103

𣡒 26168 u23852
null_20.24 未詳。

𣡑 26169 u23851
null_20.24 未詳。

𣡐 26170 u23850
null_20.24 未詳。

𣠏 26171 u2384F
náng_20.24 同欜26183

欕 26172 u6B15
xiān_20.24 可洪音義 湏欕：許嚴反。正作杴23648㭹欣三形 又 eom 韓 剌桐 新字典·朝鮮俗字部·24畫 欕，鵲不踏木。俗訓奄木。又地名，礪山宋譜有欕木亭。

欖 26173 12805
lǎn_21.25 唐韻 盧敢切 集韻 韻會 正韻 魯敢切太音覽 玉篇 橄25345欖，果名。別作棪，通作攬 又 集韻 盧瞰切音濫。義同。鎣 又槛24840欖26032

欗 26175 12807
dié_21.25 集韻 達協切音疊。木名。有綿，可爲布 南史·高昌國傳 高昌國有草，實如繭，中絲爲細纑，名曰白疊，非木類也。鎣 集韻 作欗。俗作橙25685

欗 26176 12808
lán_21.25 集韻 韻會 太郎干切音闌 類篇 木名。桂類。本作木蘭 屈原·離騷 朝搴阰之木蘭兮 又 任昉·述異記 木蘭洲在潯陽江中，多木蘭，故名。

欘 26177 12809
zhú_21.25 唐韻 陟玉切 集韻 韻會 株玉切太音劚 說文 斫也。齊謂之鎡錤。一曰斤柄，性自曲者 周禮·冬官考工記·車人 半矩謂之宣，一宣有半謂之欘，一欘有半謂之柯 鄭註 倉頡篇 有柯欘 管子·霸言篇 匠人有以感斤

欙，故繩可得而料也。俗作欙 又 類篇 一曰木名。枝上曲。山海經 神民之丘，建木百仞，無枝，有九欘，下有九枸 又 類篇 直角切音濯。鉏也 爾雅·釋器 斪斸謂之定 李巡曰 鋤別名 玉篇 欘，或作斸。

櫩 26174 12806 yán_21.25 檐、櫩𠀤同

欙 26178 12810 léi_21.25 唐韻 力追切 集韻 倫追切𠀤音壘 說文 山行所乘者 書·益稷 予乘四載 註 山乘欙 史記 作橋 前漢書 作梮24219 梮下施鐵錐也 又 luǒ 類篇 魯果切音蠃。木名。詳欙25166字註。

欚 26179 12811 lǐ_21.25 唐韻 盧啓切 集韻 里弟切𠀤音禮 說文 江中大船名 玉篇 作艬 又 揚子方言 小舸謂之艖，東南丹陽、會稽閒謂之欚 又 博雅 兔罝，其罥謂之欚。鎣 俗作樾25674 艬53439

欛 26180 12812 bà_21.25 唐韻 必駕切音霸。刀柄名 類篇 枋也。杷或作欛 丹鉛錄 得此欛柄。鎣 又欄26129 䎬55346 弝16120 把19260

櫋 26181 12813 mián_21.25 集韻 類篇 𠀤彌延切音綿。木密貌。

欜 26183 41367 náng_21.25 字彙補 與囊同。

𱊼 26185 u2AD26 yù_21.25　俗鬱71338

爨 26182 41365 cuàn_21.25 字彙補 音未詳 史記·天官書註 辰星，一名爨星。鎣 俗爨。

𣡾 26186 u23868 yù_21.25　俗鬱71338

欙 26184 41368 léi_21.25 字彙補 力堆切音雷。食樽也。見 帝京景物略

𣡼 26187 u23864 nén_21.25 喃 从木囔nán聲。

𣡻 26188 u23863 tán_21.25　檀25391本字

𣡺 26189 u23862 null_21.25　未詳。

欒 26190 12814 wān_22.26 集韻 烏關切音彎。曲木。

欜 26191 12815 náng_22.26 集韻 奴當切音囊。木名 六書故 盛物器。鎣 又囊26193

欝 26192 12816 yù_22.26 唐韻 集韻 韻會 正韻 𠀤紆勿切，氲入聲 說文 作鬱71338 廣韻 欝之俗也。木叢生也。香草也。又氣也，長也，幽也，滯也，腐臭也。悠思也 又 欝壘，神名 風俗通 黃帝時有神荼、欝壘兄弟二人，在度索山桃樹下簡閱百鬼。

𣡿 26193 12817 náng_22.26 同欜 正字通 欜本字。

𣢀 26194 12818 jué_22.26 集韻 爵32278古作𣢀。

𣢁 26195 43955 nǎ_22.26 字彙補 拿上聲。

𣡽 26197 u23871 yù_22.26　俗鬱71338

𱊽 26196 u2AD28 null_22.26 字見 殷周金文集成·16.10342·晉公盆。讀若業。

𣢂 26198 u2386F bǎy_22.26 喃 从機罢bãi聲。機檻，圈套，陷阱。

𣢃 26199 u2386D dié_22.26　同欇26175

𣢄 26200 u2386C shuān_22.26 同欆26017

𱊾 26202 u2AD27 null_23.27　未詳。

𣢅 26201 43956 jú_23.27 五音篇海 音菊。山行乘之〇按卽欙字之譌。

𣢆 26204 u23872 null_23.27　未詳。

𣢇 26203 u23875 luán_23.27 同欒26131 唐·元稹 告畬竹山神文 蓋以其鎮定區宇，舒貯風雲，毓欒櫨楝礎，洎百穀萬貨，以資養於人也。

𣢈 26205 12819 yán_24.28 唐韻 集韻 韻會 𠀤余廉切音鹽 玉篇 木名。膠可作香。

𣢉 26206 12820 lì_24.28 唐韻 古文栗23948字。

𣢊 26207 12821 líng_24.28 韻會 同櫺 又 玉篇 長木也。鎣 又棂24314 櫺26062

𣢋 26208 u23878 yù_24.28　俗鬱71338 集韻 欝，或作爩。

欟 26209 u6B1F guàn_24.28 同罐45380 慧琳音義 澡罐：下官亂反 考聲 瓦器也。或作欟。

𣢌 26210 u23879 siểng_25.29 喃 从箱省廳sảnh聲△丐𣢌：飯盒。或从竹作筸42335 簓43123

𣢍 26212 u2387B null_26.30　未詳。

𣢎 26211 12822 lěi_26.30 集韻 魯水切音壘。本作藟，籀作𣠶，通作櫐 說文 木名。

𣢏 26213 12823 lì_27.31 說文 古文栗23948字。

𣢐 26214 43957 shā_28.32 五音篇海 音殺。又音其。出 西江賦。鎣 又𣡡26156

𣢑 26215 43958 hū_28.32 字彙補 音呼。

𣢒 26216 u2387F cuàn_30.34 俗穳38489 慧琳音義 矛穳：下倉亂反 廣雅 穳謂之鋋也 考聲 云短矛也 古今正字 從矛贊聲。經從木作欑，誤也。鋋音時旃反。贊音讚。

◈ 欠部 ◈

⺥ 26218 u2F4B qiàn_0.4 部欠26217

欠 26217 12824 qiàn_0.4 古文𣢘 唐韻 集韻 韻會 正韻 𠀤去劒切 說文 張口气悟也。象氣从儿上出形 徐曰 人欠去也，悟解也。氣壅滯，欠去而解也 韓愈·讀東方朔雜事詩 噫欠爲飄風 又 欠伸，疲乏之貌。人氣乏則欠，體疲則伸 禮·曲禮 侍坐于君子，君子欠伸，侍坐者請出。亦作欠申 前漢·翼奉傳 體病則欠申動於貌 又 不足也 韓愈·贈張籍詩 今者誠自幸，所懷無一欠。又 水名，在汝南 水經注 沙水東分爲二水，一水東注，卽注水也。俗謂之欠水。鎣 又伩00837

次 26219 12825 cì_2.6 古文𠄞𠕁𠀩 唐韻 集韻 韻會 正韻 𠀤七四切音佽 說文 不前不精也 徐曰 不前是次於上也，不精是其次也 周禮·冬官考工記 畫繢之事，靑與白相次也，赤與黑相次也 左傳·襄二十四年 太上有立德，其次有立功，其次有立言 又 師止曰次 左傳·莊三年 凡師，一宿爲舍，再宿爲信，過信爲次 書·泰誓 戊午，王次于河朔 又 位次 周禮·春官 大史 祭之日，執書以次位常 疏 謂執行祭禮之書各居所掌位次也 左傳·襄二十三年 敬共朝

夕，恪居官次図次舍周禮·天官宮正，以時比宮中之官府、次舍之眾寡鄭註次，諸吏直宿，若今之部署諸盧者，舍其所居寺又宮伯，授八次八舍之職事註鄭司農云庶子衛王宮，在内爲次，在外爲舍図凡舍皆曰次左傳·襄二十六年師陳焚次杜註次，舍也。焚舍，示必死図安行旅之處爲旅次易·旅·二爻旅即次図處也魯語五刑三次註次，處也。三次，謂朝、野、市図張幄於所止之處亦曰次周禮·天官掌次，朝日祀五帝，則張大次、小次鄭註次謂幄也。大幄，初往所止居也。小幄，謂接祭退俟之處。又儀禮·士冠禮賓就次鄭註次，門外更衣處。必帷幕簟席爲之図市亭也周禮·地官司市上旌于思次以令市，而聽大治大訟。涖于介次，而聽小治小訟註思次，若今市亭也。介次，市亭之屬別小者也。鄭司農云次，市中候樓図星之躔舍爲次禮·月令日窮于次註次，舍也正義曰：謂去年季冬，日次於玄枵，從此以來，每引移次他辰，至此月窮盡，還次玄枵，故云日窮於次。又天有十二次，地有十二辰。次之與辰，上下相值。如星紀在丑，斗牛之次。玄枵在子，虛危之次図胷中曰胷次莊子·田子方喜怒哀樂，不入於胷次註次，中也図席間曰席次孔稚圭·北山移文眉軒席次図至也史記酷吏杜周傳内深次骨李奇曰：其用罪，深刻至骨図造次，猶言草次，急遽貌論語造次必於是前漢·河間獻王傳造次必於儒者図編髮爲首飾之名儀禮·士昏禮女次純衣纁袡註次，首飾。今時髲也疏周禮追師掌后之首服副編。次，言次第髮長短爲之，如髮鬌也。別作髲図雞次，楚典名戰國策蒙轂獻雞次之典而百官治図水名，在高平水經注若水與石門水合，水有五原，東水導源高平縣西八十里，西北流，次水注之図諸次，山名。亦水名山海經有大次山，小次山。又：諸次之山，諸次之水出焉，東流注于河，是山多木無草図居次，匈奴女號，若漢公主前漢·常惠傳獲單于父行及嫂居次匈奴傳王昭君長女爲須卜居次，小女爲當于居次図姓呂氏春秋荆有勇士次非，亦作佽。図zǐ集韻資四切音恣。楡次，地名廣輿記楡次，縣屬太原府図zī集韻正韻丛津私切音咨。次且，欲前不前也易·夬卦其行次且易經考異作趑趄，王、鄭、馬皆作趑趄図滔次，漢縣名，在武威郡孟康曰次音咨図cí集韻才資切音慈。具次，山名，通作茨。又楚辭·九歎今余邦之横陥兮，宗鬼神之無次。閔先嗣之中絶兮，心惶惑而息悲。次亦叶慈。鑾又次26221鈌27230宄22293羆48430敧26255図次27899金石文字辨異·次引北齊陽阿故縣村造像記

欼 26220 43959
shěn_2.6 龍龕同㰱

欢 26222 u6B22
huān_2.6 简歡26528
図俗歡26451見宋元以來俗字譜·欠部

次 26221 u2F8EF
cì_2.6 兼次26219

歖 26223 12826
xī_3.7 玉篇許脂切集韻馨夷切丛音咦。與旰訏㵝屃欥歄音義丛同說文唫旰，呻也。或作欬。鑾又屄26224

屄 26224 12827
xī_3.7 廣韻喜夷切音咦。呻吟聲也〇按廣韻音義與旰、㱂丛同。

欤 26225 12828
yǐ_3.7 玉篇余耳切音以。㪱也。鑾或同㱝26231

㱜 26226 12829
zǐ_3.7 集韻欼26259或省作㱜。

㱝 26227 12830
yǒu_3.7 集韻㱝26267或省作㱝。

㱞 26228 12831
hān_3.7 類篇呼甘切音憨。愚也。

欯 26229 12832
jì_3.7 集韻几利切音冀說文委也。與覬、幾同。一曰不便言也。與欯同図廣韻居㣧切音既。義同。

㱟 26230 12833
chī_3.7 字彙補與嗤同。切笑也陸機·文賦雖濬發於巧心，或受㱟於拙目。一本作嗤。

㱠 26231 12834
hāi_3.7 玉篇集韻丛呼來切音哈。笑不壞顏也。與欥字義同図集韻欼26247或作㱠。與㱝字別。

㱡 26232 u23888
kǎn_3.7 國語辭典㱡，同欿38698元人之俗寫。

㱢 26233 12835
jì_4.8 唐韻集韻丛居氣切音既說文委也。與覬、幾同図qì集韻丘既切音氣。雲气也。通作氣図總要飲食氣逆不得息曰欯。从反欠，指事図qì玉篇集韻丛居乞切音訖。與吃同。言蹇難也。或作欯博雅予也。與气通。

㱣 26234 12836
wā_4.8 玉篇五瓜切集韻吾瓜切丛音髇。歆㱣，弱貌。或从瓜作欿篇海歆㱣猶歆娃。歆音瓜，娃音娃。

㱤 26235 12837
xū_4.8 玉篇許勿切音欻篇海急怒聲図玉篇虛記切音戲。義同。

㱥 26236 12838
pī_4.8 集韻篇夷切音紕。氣出聲。

欣 26237 12839
xīn_4.8 唐韻集韻韻會正韻丛許斤切音訢說文笑喜也禮·月令慶賜遂行，無不欣說周語事神保民，莫不欣喜図欣欣，亦喜貌楚辭·九歌君欣欣兮樂康陶潛·歸去來辭木欣欣以向榮。亦作訢前漢·賈山傳天下訢訢，將興堯舜之道図作忻史記·管晏傳贊爲之執鞭，所忻慕焉図獸有力之名爾雅·釋獸兔絶有力，欣。牛絶有力，欣㹖図州名廣韻本漢嵐曲縣地，隋置欣州，因欣口爲名図姓。見奇姓通△集韻或作俒、忺。鑾俗或作忻16993

㱦 26238 12840
tān_4.8 集韻歁26362或作㱦。

㱧 26239 12841
xǐ_4.8 集韻旰05409或作欯図馨奚切音醯。痛聲図虛其切音僖。呻吟也△亦作欯。

㱩 26242 12844
bīn_4.8 類篇卑民切音彬。氣分也。

欥 26240 12842
xǐ_4.8 同欯

㱨 26243 12845
hāng_4.8 廣韻呼郎切集韻虛郎切丛音炕。歆㱨，貪貌。

欨 26241 12843
yú_4.8 同歈

欮 26244 12846
qīn_4.8 集韻去斤切，音䜺平聲玉篇噓也図kēng類篇丘耕切音硁。㪱也。

鍙沈祖春：欯26250字之譌。

欯 26245 12847
xiè_4.8
玉篇 集韻 𣤎與歎同。

欥 26246 12848
yù_4.8
唐韻餘律切 集韻允律切𣤎音聿。說文詮詞也。徐曰詮，理也，理其事之詞也。引詩欥求厥寧。○按今詩·大雅本作遹，朱註：遹與聿同。又班固·幽通賦欥中龢爲庶幾，顏與冉又不得。師古曰欥，古聿字。聿，由也。由中和之道，庶幾免於禍難𣤎yì 集韻弋質切音逸。義同。一曰喜也△本从曰。俗从日，非。鍙欥从曰，曰亦声日部欥同形字重出：huān 篇韻音歡 字彙補與欠部欥字不同𣤎俗服23376可洪音義欥信：上音伏。敬也。正作服也。又音逸，非。

㰤 26247 12849
xī_4.8
唐韻許其切 集韻虛其切𣤎音僖。說文㰤㰤，戲笑貌。與嘻通易·家人婦子嘻嘻。又與咥通詩·衞風咥其笑矣釋文咥，許氣反。又音熙𣤎hāi 集韻呼來切音哈。義同。互見㰤26231字註。

欦 26248 12850
qiān_4.8
唐韻 集韻𣤎丘嚴切音𢝯。說文含笑也。一曰多智也𣤎hān 集韻呼含切音峆。亦含笑也。與歛同𣤎虛咸切音妗。義同。亦作歔𣤎xiān 廣韻許兼切 集韻馨兼切𣤎音㯺博雅歛欦，欲也𣤎hān 集韻火占切音婪。義同。或从咸作歔𣤎qiǎn 廣韻丘廣切 集韻口廣切𣤎音怳。欠崖。一曰厓下也𣤎 集韻火斬切音喊。義同。鍙又㰅26270

㰩 26249 12851
yú_4.8
玉篇羊朱切音逾。呼犬聲△廣韻 集韻俱作㹶○按字見玉篇正字通云舊註之誤，改訓俗少字。未知何據。鍙又歈26284歈26372

硎 26250 12852
kēng_4.8
廣韻口莖切 集韻丘耕切𣤎音鏗玉篇㱩也。一曰欯欯○按字見廣韻正字通云俗字，非。鍙又㰅26309，俗譌𣤎類篇誤作欯26244

欼 26255 u23894
cì_4.8
同次26219

欯 26251 12853
xì_4.8
字彙補許計切，僖去聲◇氣越貌○按卽㰤字之譌。

欣 26252 43960
qiàn_4.8
五音篇海音欠。

歐 26256 u6B27
ōu_4.8
简歐26454

歆 26253 43961
cì_4.8
字彙補音次

放 26254 u2AD29
fǎng_4.8
或同昉05464人名果簋果乍放旅叚。

㰙 26257 12854
xiā_5.9
廣韻呼甲切 集韻迄甲切𣤎音呷。㰙㰙，鼻息。

欨 26258 12855
shēn_5.9
玉篇舒臣切 廣韻失人切 集韻升人切𣤎音申。與呻同。吟也△集韻亦作哂。

㱡 26259 12856
zǐ_5.9
集韻疾智切音漬說文歐也𣤎 廣韻 集韻𣤎子智切音委積之積。義同𣤎zī 廣韻卽移切 集韻將支切𣤎音貲倉頡篇嘻㱡也。一曰歐也。或省作㱡𣤎 集韻才支切音疵。義同。鍙又奬26261

欨 26260 12857
xū_5.9
唐韻況于切 集韻匈于切𣤎音訏說文吹也。一曰笑意嵇康·琴賦其康樂者聞之則欨愉歡釋，抃舞踊溢註欨，笑貌。況于切𣤎類篇一曰欠也𣤎廣韻況羽切 集韻火羽切𣤎音詡。義同。亦作煦𣤎 集韻呼句切音煦。與呴同。氣以溫之也元包經㽔牲牲，欨欣欣傳曰㽔，所苬者衆也。欨，所理者悅也△六書故欨，溫吹也。凡歕、龠、歔、呬、欨，皆內氣也。歕、歔、欨、呼、呵，皆出氣也。廣陿輕重象其聲。欨、呵爲陽，吹、呼爲陰。欲暖者欨之，欲涼者吹之，通作煦。

㱰 26261 12858
zì_5.9
同㱡。

㰤 26262 12859
hě_5.9
廣韻虛我切 集韻許我切𣤎音歌博雅唏唏㰤㰤，笑也。或作啁𣤎廣韻呼个切 集韻許箇切，𣤎呵去聲。義同𣤎hē 集韻虎何切音訶。義同。一曰氣出。通作呵𣤎qià 廣韻枯架切 集韻丘駕切𣤎音髂博雅息也。一曰大笑𣤎qiè 集韻企夜切。張口息也。關中謂攉臥爲㰤。一曰欯㰤，不意。

㰥 26263 12860
wá_5.9
集韻㰩26234或从瓜作㰥。

㰦 26264 12861
è_5.9
類篇乙革切音厄。㰦歎，笑語也。鍙又啟21447

欯 26265 12862
xì_5.9
廣韻呼計切音咥。又集韻許罽切音憩。義同。氣聲𣤎huì 集韻呼惠切音嘒。欯欯，笑也。鍙又㰤26251

㰨 26266 12863
qù_5.9
廣韻丘倨切 集韻韻會丘據切，𣤎音去玉篇欠㰨，張口也通俗文張口運氣謂之欠㰨詩·邶風願言則嚏釋文毛訓嚏作㰨。今俗云欠欠㰨㰨。或作呿莊子·秋水篇口呿而不能合𣤎廣韻丘伽切 集韻去伽切𣤎音佉。義同。

㰦 26267 12864
yōu_5.9
唐韻於糾切，音黝說文愁貌。或省作㰦𣤎廣韻於六切 集韻乙六切𣤎音郁。義同。或从奧作歟𣤎yōu 廣韻 集韻𣤎於虯切音幽。與呦同。呦呦，鹿鳴聲。徐鉉曰：按口部呦字或作㰦。鍙宋本玉篇譌作㱈26373𣤎㰦26277

㱰 26268 12865
hāi_5.9
集韻呼來切音哈。㱰也。

欪 26269 12866
chāo_5.9
廣韻敕宵切 集韻癡宵切𣤎音超。㰤欪，氣上蒸。一曰健貌。

欣 26270 12867
xìng_5.9
廣韻許令切 集韻馨正切正韻呼正切，𣤎音鯁玉篇含笑貌。鍙正字通㰅，欦26248字之譌。舊註訓含笑，與欦義同。改音鯁，非。

欪 26271 12868
chù_5.9
唐韻丑律切 集韻敕律切𣤎音黜說文咄欪，無慙也。一曰無腸意𣤎集韻許勿切音颲。義同。𣤎xì 廣韻許吉切 集韻馨吉切音欯廣韻訶也集韻說也𣤎集韻喫吉切音詰。又呼八切音撆。義𣤎同。又chì 集韻敕栗切音抶。與咥同。笑也。

欯 26272 12869
ní_5.9
玉篇年支切，音尼◇和悅也。

欫 26273 12870
玉篇 呼飢切 集韻 虛宜切，並音犧◇欷欫，
氣逆也 図 廣韻 火佳切 集韻 希佳切 夶音豷。
義同。

欥 26274 12871
玉篇 戶甘切 集韻 胡甘切 夶音酣。或也。
與湴 28513 同 揚子方言 沅、湘人凡言或如此者曰湴如是。

欨 26275 12872
廣韻 毗必切 集韻 簿必切 夶音邲 廣韻 吹
欨 集韻 吹也○按字見 廣韻 集韻 諸書 正字通 泛云俗
字，非。

欮 26276 12873
字彙補 古月切音厥。欮撥也 図 shēng 詩
爭切音生。義同。 鼇 俗笙 41795 図 梁春勝：俗欮 26299

欬 26278 43962
龍龕 音占

焌 26277 12874
字彙補 與欨
同。見 說文長箋 集韻 亦書作欨。

欧 26279 43963
搜眞玉鏡 典去聲。

欯 26280 43964
搜眞玉鏡 音謂。 鼇 字彙補 音語。

欣 26282 u2AD2A
null_5.9 殷周金文集成·18.11562·六年安陽令矛
安陽倫韓壬、司刑欣餘。讀若昕。

欨 26281 u2AD2B
null_5.9 殷周金文集成·18.12090·齊節大夫馬節齊
節大夫欨五。

欧 26283 u238A3
同欧 26322

欬 26284 12875
玉篇 集韻 夶
羊朱切音逾。與吷 26249 欬 夶同。

蚨 26285 12876
字彙 呼來切音哈。笑聲○按此疑卽歖 chī
字之譌。 鼇 俗欮 26247

欫 26288 12879
玉篇 輕歷切音喫。吹聲也。 鼇 胡吉宣：
欫卽由皎 45293 譌變。

欣 26286 12877
玉篇 集韻 夶與歐同。

欯 26287 12878
廣韻 集韻 夶與歠同。

欯 26289 12880
玉篇 居委切 集韻 古委切 夶音詭。疲極也。

欮 26290 12881
廣韻 紆往切 集韻 嫗往切 夶音枉。佞也。

欯 26293 12884
與厭同。

欣 26291 12882
廣韻 匹凡切
音芝。多智慧也 玉篇 作欨。 鼇 又欮 26330

欮 26292 12883
廣韻 集韻 夶於佳切音娃 玉篇 歡聲。一曰
邪貌 図 廣韻 古攜切 集韻 涓畦切 夶音圭。義同。

欨 26294 12885
集韻 盈之切音飴。與胆同 說文 廣臣也。
一曰長也，美也。或从欠作欨，从戶作胆。

欬 26295 12886
玉篇 古勿切，音骨◇欭聲。

欬 26296 12887
kài_6.10 唐韻 苦漑切 集韻 韻會 口漑切 夶音概 說
文 逆氣也 玉篇 上欬也 類篇 今俗謂嗽爲欬 禮·月令 季
夏，行春令，則穀實鮮落，國多風欬 註 因風致欬疾也。
図 大呼曰廣欬 禮·曲禮 車上不廣欬 疏 廣，弘大也。欬，
聲欬也。在上而聲大欬，似自矜，又驚衆也 図 聲欬，

言笑也 列子·黃帝篇 宋康王蹀足謦欬疾言 莊子·徐無鬼
況乎昆弟親戚之謦欬其側 註 欬，苦愛反 図 集韻 去冀
切音器。義同 図 ài 集韻 乙界切音餲。與噎同 說文 飽食
息也。通作餲。 鼇 又㘃 06851

歖 26297 12888
yì_6.10 唐韻 集韻 夶乙冀切音懿◆ 說文 噫也。噫，
語未定貌。一曰暗歖，歡也 図 集韻 伊眞切音因。義同。

欻 26298 12889
chān_6.10 玉篇 恥南切，音參◇欣也。又惏也。

欮 26299 12890
jué_6.10 廣韻 集韻 夶居月切音厥 玉篇 掘也。一曰
發也，穿也 図 同瘚 說文 逆氣也 列子·湯問篇 吳楚有大
木，其名爲櫾。食其皮、汁已憒欮之疾 註 欮，同瘚。
鼇 俗作欮 26276

欨 26300 12891
cù_6.10 唐韻 才六切 集韻 就六切，並音蹴 說文 愁
然也。引 孟子 曾西欨然○按今 孟子 本作蹵 図 玉篇 欨
悲貌。

欨 26301 12892
xún_6.10 廣韻 相倫切 集韻 須倫切 夶音荀 玉篇 信
也。一曰欨欬，喜貌。一曰氣逆也。或从气作帆。 鼇 玉
篇殘卷欨，思均反。 廣韻 云：欨，欬喜兒。野王案，毛
詩傳欨，信也，許也，大也。亦爲恂 17224 字，在 心部

欯 26302 12893
xí_6.10 唐韻 許吉切 集韻 韻會 闃吉切 夶
音咭 博雅 欯欯，喜也。一曰笑也。或作咭 図 kài 集韻 口
戒切音炌。聲也。

欯 26303 12894
xū_6.10 廣韻 況于切 集韻 匈于切 夶音訏 廣倉 欯
欯，樂也。通作肝 図 集韻 荒胡切音呼。義同。

欨 26304 12895
xù_6.10 廣韻 辛律切 集韻 雪律切 夶音卹 玉篇 鳴
也。一曰蟲鳴欨欨也。與哦同。

欧 26305 12896
xiā_6.10 字彙 虛加切音蝦 博雅 息也 集韻 作欨。

欱 26306 12897
hē_6.10 唐韻 集韻 韻會 夶呼合切音痂 說文 歠也。
一曰大歠。或从口作哈 図 翕也 班固·東都賦 欱野歕山
張衡·西京賦 欱灃吐鎬 図 斂受之意 張衡·南都賦 總括
趨欱，箭馳風疾 註 言江海斂受諸水，故總括而趣之。
図 合也 揚子·太玄經 上欱下欱，出入九虛 図 廣韻 呼洽
切 集韻 迄洽切 夶音欱。與歃、嗑 夶同。嘗也 図 六書故
與歃、歃 夶同。

欨 26307 12898
qiān_6.10 玉篇 丘凡切音顅。多智○按欨 廣韻 訓多
智慧。欨 說文 訓含笑，亦曰多智。欯 玉篇 訓多智。三
字音異義同，當是一字。而 正字通 有欯、欨無欨，故从
玉篇 補入欨字，夶存之以俟考。

欨 26308 12899
dìng_6.10 字彙補 丁孕切，音近矴。餘聲。 鼇 字形、
音切怪異，疑欨字譌文。

欨 26313 u238B8
kuǎn_6.10 俗欨 26324

欣 26309 12900
kēng_6.10 字彙補 丘庚
切音坑。咳也○按欣疑卽欯字譌文。

欯 26310 43965
chù_6.10 搜眞玉鏡 音黜。

欴 26314 u238B5 null_6.10 未詳。

欲 26311 43966 jiǎo_6.10 川篇音伊。
鎣俗歃26356新修玉篇·欠部引川篇欲，巨表切。

敹 26312 u238B9 lǒi_6.10 喃从欠耒lǒi聲△糕敹：碎米。

秊欠 26315 u22198 nẽn_6.10 喃从欠年nên聲。

㰰 26316 12901 shèn_7.11 唐韻廣韻時忍切集韻類篇是忍切𠀤音腎說文指而笑也集韻指而笑之曰㰰又集韻類篇𠀤時刃切音慎。義同△正字通與矧通。

欱 26317 12902 hān_7.11 廣韻火含切集韻類篇呼含切𠀤音峆玉篇含笑也。一曰貪欲也集韻或省作欦。亦从咸作㰹。

欲 26319 12904 yù_7.11 唐韻余蜀切集韻韻會俞玉切正韻余玉切𠀤音浴說文貪欲也。从欠谷聲徐曰欲者，貪欲。欲之言續也。貪而不已，於文欠、谷爲欲。欠者開口也。谷，欲聲禮·曲禮欲不可從疏心所貪愛爲欲。又禮運何謂人情。喜怒哀懼愛惡欲七者，弗學而能又物欲禮·樂記人生而靜，天之性也。感于物而動，性之欲也老子道德經不見可欲，使心不亂又增韻愛也孟子可欲之爲善禮·曲禮問疾不能遺，不問其所欲又期願之辭論語我欲仁大學欲明明德於天下文子·微明篇心欲小，志欲大又婉順貌禮·祭義其薦之也，敬以欲又將然也古銘欲墮不墮，逢王頵杜甫詩渾欲不勝簪又與慾通詩·大雅匪棘其欲註與慾同又集韻韻會𠀤俞戍切音裕。義同揚雄·羽獵賦壯士忼慨，殊鄉別趣。東西南北，騁嗜奔欲潘岳·西征賦既餍服以屬厭，泊恬靜以無欲。俱讀裕。鎣又㜿11065歆26377㣃17473𧮾56963

㰯 26320 12905 tòu_7.11 廣韻集韻𠀤他候切。同音05662又hòu廣韻呼漏切集韻許候切𠀤音蔻。歔㰯，小兒㕯惡。

㰦 26321 12906 kuì_7.11 玉篇口怪切集韻苦怪切𠀤音蒯。與喟、嘳音義𠀤同說文太息也博雅斷也。鎣又匃04273敿21547嘓06546嘳07750喟07394又正字通㰦05219，㰦字之譌。喟06507嘳07167㰦通。作匃04251非。舊本匃訓大息，㰦訓氣息貌，不知匃即㰦之譌。攴部敿21505亦譌也。分匃㰦敿為三，誤。

㰧 26322 12907 jì_7.11 玉篇秦力切集韻疾力切𠀤音堲。錯喉也。別作㽷。與㰤異。鎣玉篇汁錯喉集韻㽷，錯喉。或作欭26283

欵 26318 12903 kuǎn_7.11 與款同。

㰱 26323 12908 láng_7.11 廣韻魯當切集韻盧當切𠀤音郎。㰱㰴，貪貌。

歀 26324 12909 kuǎn_7.11 俗款字。鎣唐代又俗作㰼26313

欶 26325 12910 shuò_7.11 廣韻所角切集韻韻會色角切𠀤音朔說文吮也通俗文含吸也韓愈詩酒醪傾共欶又著也淮南子·修務訓淬霜露，欶蹻趹△集韻或作嗽㰯㗩又集韻所六切音縮。又蘇谷切音速。義𠀤同又sòu廣韻蘇奏切集韻先奏切𠀤音漱。上氣也。一曰咳也。與嗽同周禮·天官·疾醫冬時有嗽，上氣疾註嗽，亦作欶疏上氣逆喘也。

欷 26326 12911 xī_7.11 唐韻集韻韻會𠀤香衣切音希說文歔也徐曰歔欷者，悲泣氣咽而抽息也。一曰歔欷，懼貌屈原·離騷曾歔欷余鬱邑後漢·馮衍傳忠臣過故墟而歔欷△通作唏史記·諸侯年表紂爲象箸而箕子唏註卽欷歔之欷韓愈·送區弘詩獨子之節可歎唏註與欷同。哀而不止又廣韻集韻韻會𠀤許既切音餼。義同。一曰泣餘聲宋玉·風賦清涼增欷張衡·南都賦坐者悽欷註欷，虛毅切。又王僧虔·祭顏延之文以此忍哀，敬陳奠饋。申酌長懷，顧望歔欷杜甫·荒村詩鄰人滿牆頭，感歎亦歔欷。皆讀去聲。鎣又㰪26363歘26420

㰮 26328 12913 shà_7.11 俗歃字。

欱 26327 12912 hē_7.11 集韻呼合切音欱博雅息也。一曰氣逆。一曰欱吹，呻也又xiā玉篇廣韻呼洽切集韻迄洽切𠀤音䶎。義同又集韻呼帖切音㛍。喘息也又qiè集韻詰叶切音篋。羡欲也。

欸 26329 12914 āi_7.11 唐韻烏開切集韻韻會正韻於開切𠀤音哀◆說文訾也。一曰然也揚子方言欸、譥，然也。南楚凡言然者，或曰欸，或曰譥又歎聲陳芳·芸窻私志今人暴見事之不然者，必出聲曰欸，烏開切，乃歎聲也楚辭·九章欸秋冬之緒風王逸曰欸，歎也又yī集韻於其切音醫。相然應也。或作唉又ǎi廣韻於改切集韻韻會倚亥切，𠀤哀上聲。義同又欸乃，湖中節歌聲。唐元結有欸乃曲，从依亥切。或音襖者，非韻會按說文欸字原無襖音。又按項氏家訓曰：劉蛻文集中有湖中靄迺曲劉言史·瀟湘詩有閑歌曖迺深峽裏，元次山有湖南欸乃歌，三者皆一事，但用字異耳。欸本音哀，亦作上聲讀，後人因柳子厚集中有註字云一本作襖靄，遂欲音欸爲襖，音乃爲靄，不知彼註自謂別本作襖靄，非謂欸乃當音襖靄也又xiè廣韻集韻𠀤許介切音譮。怒聲揚子·淵騫篇始皇方獵六國而翦牙欸註言王翦助秦之惡。牙欸，言切齒而怒也又集韻乙界切音餲。義同。
鎣項氏家訓。顏氏家訓又㱅26441

𣤌 26330 12915 fān_7.11 字彙補與㰻同。

𣤶 26332 u2AD2C null_7.11 未詳。

𣤵 26331 u2AD2D null_7.11 殷周金文集成·16.10402·十年燈座左使車嗇夫七欶。

𣣽 26333 u238C7 kuǎn_7.11 俗款26358可洪音義致𣣽：苦管反。

𣤄 26334 u238C6 chéng_7.11 从欠呈聲。人名，見侯馬盟書

𣣿 26335 u238C5 kuǎn_7.11 俗款26358

𣤀 26336 u238C4 yù_7.11 俗敔21513

𣤃 26337 u238C3 null_7.11 未詳。

𣤂 26338 u238C2 pǒu_7.11 同㰯26347

𣤁 26339 u238C1 null_7.11 未詳。

𣤀 26340 u238C0 null_7.11 未詳。

𣣿 26341 u238BF mǔ_7.11 同畝35480

𣣾 26342 u238BE kuǎn_7.11 俗款26358

㰲 26343 12916 yù_8.12 玉篇唐韻於六切集韻乙六切𠀤音彧說

文吹氣也図zhú廣韻之欲切音燭。義同図玉篇火麥切集韻忽麥切𠀤音懂。義同。通作㖋図xù◆廣韻況逼切集韻忽域切𠀤音洫。聲吹貌。鼂又欶26462図直音篇歈26439同欹。

歊 yǐ_8.12 廣韻於離切集韻韻會正韻於宜切𠀤音漪玉篇歊歈，歈美辭。通作猗詩·商頌猗與那與。△从欠，與敔別說文凡口出者皆从欠，若吹欹歈歐歎之類是也。鼂又歑21851歊21372歊26413敤36991歗37072図直音篇皼36961同歊。

歵 yà_8.12 廣韻於嫁切集韻衣駕切𠀤音亞。歐歈，驢鳴。又玉篇於雅切集韻倚下切𠀤音啞。義同図yā集韻於加切音鴉。氣逆。

欿 diàn_8.12 玉篇集韻𠀤丁練切音軍後曰殿之殿。呻也。一曰唸也說文作唸，亦作歈，通作殿詩·大雅民之方殿屎註殿屎，呻吟也図集韻都念切音店。義同。

歆 pǒu_8.12 玉篇普口切音剖廣韻集韻𠀤匹候切音踣。語而不受也〇按此與歊音異義。鼂又歊26338

欺 qī_8.12 唐韻去其切集韻韻會丘其切𠀤音僛說文詐欺也新書·道術篇仁義修立謂之任，反任爲欺論語吾誰欺史記·循吏傳子產治鄭，民不能欺。子賤治單父，民不忍欺。西門豹治鄴，民不敢欺図自昧其心曰欺大學毋自欺也蘇洵曰書有以加乎其言，言有以加乎其心，聖人以爲自欺呂祖謙論鄭莊公殺叔段曰將欲欺人，必先欺心図欺，㥥也◆揚子方言晉、魏、河內之北謂㥥曰殘，楚謂之貪，南楚江湘之閒謂之欺郭註言欺㥥難猒也。今關西人呼打爲㥥，音廩，或洛感反。図詆欺，漢法名。漢有誹謗詆欺法，至哀帝始除之。図謾也，陵也李翊俗呼小錄見陵於人爲欺負図欺㥥，大首也王延壽·魯靈光殿賦仡欺㥥以雕眩註欺㥥，大首也。雕眩，如雕之視也。眩與睄同△集韻或作俱。

欷 xì_8.12 玉篇許狄切廣韻許激切集韻馨激切𠀤音闃。去涕也。鼂又歔75343

歔 xū_8.12 唐韻許物切集韻韻會正韻許勿切𠀤音颴說文有所吹起也元包經勞仡仡，趢歔歔傳曰歔歔，動也図玉篇忽也張衡·西京賦神山崔巍，歔從背見註歔之言忽也左思·詠史詩自非攀龍客，何爲歔來遊。図奄歔，去來不定之意左思·吳都賦慌罔奄歔図歊歔，幽邃貌王延壽·魯靈光殿賦歊歔幽靄図歔吸，疾貌。一曰猶翕也江淹·雜擬詩歔吸鵾雞鳴。通作歔杜甫詩秋風歔吸吹南國図與惚通韓愈詩指畫變惚歔註茫昧貌。當作悅惚。借用歔字。鼂又噓07207

欷 zú_8.12 廣韻子聿切集韻卽聿切𠀤音卒玉篇唸也。一曰口飲謂之欷。

歊 zī_8.12 集韻將支切音貲。噉歊，無廉也。

歐 líng_8.12 廣韻力膺切集韻閭承切𠀤音陵。欺歐也。通作陵図集韻與倰同。侵尚也。或从力作勆。

歂 chǐ_8.12 廣韻初紀切集韻測紀切𠀤音刺。齧也。一曰齝也。與齝同図集韻楚快切音嘬。與嘬07150歂26457𠀤同。一舉盡爨也。鼂又歊26410歊26427

欽 qīn_8.12 古文欽廣韻去金切集韻韻會正韻祛音切𠀤音欿◆說文欠貌。一曰敬也書·堯典欽明文思安安。又太甲欽厥止図正字通今御音曰欽敕，御使曰欽命，俗曰欽差，皆取敬意図欽欽，思望意詩·秦風憂心欽欽毛傳思望之，心中欽欽然也図鐘聲有節詩·小雅鼓鐘欽欽諡法汲冢周書威儀悉備曰欽図州名。亦江名韻會梁安州，隋改欽州，取欽江名廣輿記屬廣東廉州府。州有欽江，有龍門江図山名山海經欽山多金玉而無石，師水出焉。又欽口前漢·地理志魏郡武安縣欽口山，白渠水所出図欽鴀、欽原，俱鳥名。見山海經図姓何氏姓苑吳人也。宋有欽德載，自號壽巖老人。図qìn去聲。按也。李翊俗呼小錄按謂之欽。欽，去聲王琚·射經欽身微曲，注目視的。又：開弓發矢，要欽身弤外，分明認帖図yín集韻魚音切音崟。與吟同。呻也山海經剛山多神魖，其音如欽郭璞註欽亦吟字假音。〇按漢志內曰恭，外曰欽。又鄭康成云敬事節用謂之欽。欽本兼內外言，不得專屬外也。卽敬事節用亦於欽義未全，故不入正訓。附記於此。鼂又憼18387欽62901

歈 yǒu_8.12 唐韻集韻𠀤於糾切音黝說文蹴鼻也。又集韻巨九切音臼。義同図ǒu集韻於口切音毆。與歐26454嘔𠀤同。吐也図集韻於候切，漚去聲。又廣韻平表切集韻被表切𠀤音麃。又集韻巨夭切音趫。義𠀤同。鼂又歈26311

歅 zì_8.12 廣韻集韻𠀤資四切音恣說文戰見血曰傷，亂或爲惛，死而復生爲歅図cì廣韻集韻𠀤七四切音次。義同。又sì集韻息利切音四博雅病也。或作歅。鼂又歅26810𣢬26407

款 kuǎn_8.12 唐韻韻會正韻苦管切集韻苦緩切𠀤音窾說文意有所欲也◆徐鉉曰窾，塞也。意有所欲而猶塞，款款然也謝靈運詩語往實款然註款然，謂如其所欲図博雅誠也，愛也楚辭·卜居寧悃悃款款朴以忠乎註悃悃款款，志純一也後漢·卓茂魯恭傳贊卓魯款款，情愨德滿註款款，忠誠也図叩也，求通也晏子·雜篇前驅款門史記·商君傳由余聞之，款關請見太史公自序重譯款塞図至也張衡·西京賦繞黃山而款牛首。図留也謝靈運詩斷絕雖殊念，俱爲歸慮款図款曲，猶委曲也後漢·光武紀諸母相與語曰：文叔少時謹言，與人不款曲，唯直柔耳謝靈運詩辛勤風波事，款曲洲渚言図科也。今章疏言列款，謂科條列之図誌也史記·封禪書汾陽得鼎，鼎大異於衆鼎，文鏤無款識前漢·郊祀志鼎細小，又有款識註師古曰款，刻也。識，

記也張世南·游宦記聞款謂陰字,是凹入者。識謂陽字,是挺出者博古圖款在外,識在內。夏器有款無識,商器無款有識圖空也。莊子·達生篇款啓寡聞之民註款,空也。啓,開也。如空之開,所見小也爾雅·釋器鼎款足者謂之鬲疏款,闊也。謂鼎足相去疎闊也索隱曰:款者,空也。言其足中空也。而郭氏云鼎曲腳者,以款訓曲,故云曲腳圖與窾同史記·太史公自序實中其聲者謂之端,實不中其聲者謂之窾,窾言不聽,姦狌不生前漢·司馬遷傳作款圖緩也後漢·馬援傳乘下澤車,御款段馬註款,猶緩也。言形段遲緩也杜甫詩點水蜻蜓款款飛圖水名,在宜陽水經注款水有二源,並發而川逕引,謂之大款水也,合而東南入於洛圖款冬,花名董仲舒·答雨雹問葶藶死於盛夏,款冬花於嚴寒急就篇註款東卽款冬,亦曰款凍,以其凌寒叩冰而生,故爲此名。圖xīn集韻許斤切音欣。人名。曹有公子款時。杜預讀說文作歁。或从柰作款玉篇俗作欵○按舊註引款乃,櫓聲。不知歀26329乃之欵本从矣从欠,音倚亥切,乃相應之聲,與款無取義,乃俗誤書耳。今訂正。鋆又欬26313欯26335欥26324歀26368款26318欯26440歀26375款26333牧32635

歔26359 12932 hū_8.12　歔字之譌呼昆切音昏。歔歔,不可知也。鋆又歔26399

歆26361 12934 hūn_8.12　廣韻集韻夻呼昆切音昏。歔歔,不可知也。鋆又歔26399

歆26360 12933 yù_8.12　玉篇集韻夻余六切音育。驚辭也。

欲26362 12935 tān_8.12　唐韻集韻夻他含切音貪說文欲得也玉篇貪惏曰欲。或作炊、歅。又集韻枯含切音龕。又廣韻胡感切集韻戶感切夻戶感切音頷。義夻同。亦作欱26433圖kǎn玉篇口感切集韻韻會正韻苦感切夻音坎。欲然,不自滿足意孟子如其自視欿然圖愁貌楚辭·哀時命欲愁悴而委惰圖博雅欲,窅坑也。同坎左傳·襄二十六年欲用牲,加書徵之釋文欲,苦感反說文長箋貪、欲音訓同,當卽一字正字通貪、欲義別長箋說非。

歆26363 12936 xī_8.12　字彙補與歆同。見漢·郭君碑文

歅26369 43968 àn_8.12　海篇音按　歅26364 12937 sǐ_8.12　五音篇海心子切,音使◇陸羽·茶經香美曰歅。

歅26365 12938 kǎn_8.12　字彙補口感切音坎。動貌揚子·太玄經雷椎歅窜,與物旁震註歅,口感切。窜音淡。

歅26366 12939 qiàn_8.12　玉篇集韻夻古文欠26217字。

歔26367 41369 hū_8.12　篇海類編音呼。溫吹氣息。鋆又歔26359

欯26368 43967 kuǎn_8.12　龍龕同款。鋆同欵,款款並俗款字。

歅26370 43969 chuī_8.12　搜眞玉鏡音吹。

歅26371 u2AD2E null_8.12　未詳。　歅26372 u2F8F0 yú_8.12　同炊26249

歔26373 u238DC yǒu_8.12　俗歅26267宋本玉篇於糾切。愁皃。元本玉篇作欷,於糾切。憂愁皃。

歔26374 u238D8 null_8.12　季木藏陶.0970歔川。

歆26375 u238D7 kuǎn_8.12　俗款26358　歆26376 u238D6 hàn_8.12　同莔49773

歆26377 u238D4 yù_8.12　俗欲26319　歅26378 u3C38 liǎn_8.12　同歅26490

歆26379 12940 xiān_9.13　廣韻許咸切集韻虛咸切夻音妗。含笑也。或作欱圖玉篇呼南切集韻呼含切夻音蛤。義同。亦作欱圖hǎn集韻虎感切音顃。氣盛也。又xiàn集韻許鑒切音闞。叫也圖集韻火占切音韱。貪欲也○按歔欱欲音義本相通,特小有同異,各註於本字下,以俟參考。

歅26380 12941 jǐ_9.13　集韻同歅　歅26383 12944 xiá_9.13　◆集韻何加切音遐。歅歅,咽病圖xià亥駕切音暇。飲也。

歅26381 12942 hùn_9.13　玉篇五困切音諢篇海氣逆也。

歅26382 12943 qiā_9.13　玉篇客加切集韻丘加切夻音舸。出氣也。

歅26384 12945 kuǎn_9.13　與款同說文款或从柰。

歅26385 12946 kǎn_9.13　唐韻集韻夻苦感切音坎。說文食不滿也圖集韻枯含切音龕。意不滿圖集韻丘咸切音嵌。又qiǎn丘檢切音顩。義夻同圖kè廣韻口答切集韻渴合切夻音匌。歁歅,癡貌。鋆又饁69262

歅26386 12947 chuán_9.13　唐韻集韻市緣切集韻淳沿切夻音遄說文口氣引也圖姓左傳有歅孫史記有歅師圖廣韻市兗切集韻豎兗切夻音膞。義同圖chuǎn集韻尺兗切音舛。與喘同說文疾息也。

歅26387 12948 xǐ_9.13　唐韻許其切集韻虛其切夻音憙◆說文卒喜也。或从喜作歅,从心作憙圖yǐ廣韻於几切集韻隱几切,夻伊上聲。歅歅,驢鳴圖集韻羽己切音矣。義同。

歅26388 12949 hóu_9.13　◆集韻胡溝切音侯。歅歅,氣出貌。鋆又周祖謨:歅37008譌字廣韻歅,胡遘切。石蜜膜也。

歅26389 12950 hóu_9.13　同歅。　歅26391 12952 shà_9.13　廣韻山輒切集韻色輒切夻音萐。愒欲也。一曰貪也圖qiè玉篇苦協切集韻詰叶切夻音篋。吹氣也。

歅26390 12951 shà_9.13　唐韻山洽切集韻韻會正韻色洽切夻音喢說文歠也。一曰歅血也。盟者以血塗口旁曰歅血淮南子·齊俗訓胡人彈骨,越人齧臂,中國歅血,所由異,其於信一也史記·平原君傳王當歅血而定從。通作喢後漢·馮衍傳喢血昆陽。又通作唼前漢·高帝紀唼血而盟集韻或作歃、哈圖廣韻山輒切集韻色輒切夻音萐。義同圖xiá集韻迄洽切音黠。與歃同博雅嘗也。或作欱。鋆又歃26328歃26409

歅26392 12953 yí_9.13　玉篇同歅唐韻弋支切音移。笑歅。

歅26393 12954 guā_9.13　玉篇廣韻古蛙切集韻公蛙切夻音媧。歅欨,猶歅媔也。一曰婬也,弱也圖集韻姑華切音瓜。義同。

歎 26394 12955 diàn_9.13 玉篇 集韻 丁練切 廣韻 都甸切夶音殿最之殿。與歎同。唸吚，呻也。亦作嚏屍，經典作歎屍。通作殿。

歐 26395 12956 yàn_9.13 玉篇 廣韻 集韻 夶於建切音堰。大呼用力也図怒腹也。或作堰図集韻伊甸切音宴。又於珍切音螾。義夶同。

歞 26396 12957 jiào_9.13 玉篇 公弔切 唐韻 古弔切夶音叫 說文 所謂也。正字通 今樂器壎篪之屬有歞子，俗稱叫觱。本作齱図玉篇公的切音激。義未詳。

歆 26397 12958 yīn_9.13 廣韻 於眞切 集韻 韻會 正韻 伊眞切夶音因。人名◆莊子有九方歆，善相者。一曰善相馬，秦穆公時人。或作諲淮南子作九方臯図yān集韻 韻會 因蓮切正韻因肩切夶音煙。又集韻煙奚切音鸒。義夶同。

歎 26399 12960 hūn_9.13 與歎同。

歆 26398 12959 xīn_9.13 唐韻許今切集韻正韻虛金切韻會虛音切夶音廞說文神食氣也徐曰禮周人上臭，灌用鬱邑。又曰：有飶其香，神靈先享其氣也詩·大雅上帝居歆図饗也周語王歆太牢班嘗之図動也詩·大雅假帝武敏歆図欣羨也，貪也詩·大雅無然歆羨。齹又廞15772歆67840

歇 26400 12961 xiē_9.13 唐韻 集韻 韻會 正韻 夶許竭切音蠍◆說文息也左傳襄二十九年未獲所歸，難未歇也孔稚圭·北山移文林慚無盡，澗愧不歇図爾雅·釋詁歇，竭也疏謂竭盡也老子道德經神無以靈將恐歇，谷無以盈將恐竭図博雅歇，泄也。謂氣越泄無餘也謝靈運詩芳草亦未歇図歇欸，幽邃之貌王延壽·魯靈光殿賦歇欸幽靄，雲覆霮霧図集韻許易切音喝。與獭、猲、獦夶同。短喙犬也詩·秦風載獫歇驕毛傳獫、歇驕，田犬也。長喙曰獫，短喙曰歇驕図yà集韻乙轄切音鷃。人名史記·高祖紀趙歇為王。徐廣音：烏轄反図集韻虛乂切音饢。亦息也。

歁 26401 12962 hé_9.13 與歎同。亦作歉。見六書故。

歈 26402 12963 yú_9.13 古文歈唐韻羊朱切集韻韻會容朱切夶音俞。巴歈，歌名。本作渝史記註渝水，獠人居。其人剛勇好舞，高祖募此以平三秦。後使樂府習之，因名巴渝舞図吳歌亦曰歈楚辭·招魂吳歈蔡謳，奏大呂些註歈、謳皆歌也庾信·哀江南賦吳歈越吟，荊豔楚舞。図歔歈，舞手相弄笑也。或作邪揄後漢·王霸傳市人皆大笑，舉手邪揄註揄音踰，或音由図廣韻度侯切集韻徒侯切夶音頭。義同。齹又廞15770

歀 26403 12964 xiā_9.13 集韻虛加切音谺。與歎同博雅息也。

歃 26404 12965 yǒu_9.13 集韻歐26424或省作歃。

歃 26405 12966 shà_9.13 集韻歃26390或作歃。

歆 26406 12967 xiè_9.13 集韻顯結切音肸。歆歆，气貌。

歆 26407 43970 zì_9.13 說文長箋與歆同。

歆 26410 43973 chǐ_9.13 龍龕同歆

歋 26408 43971 shè_9.13 五音篇海音舍。齹字彙補歋，世射切音舍。

歆 26409 43972 shà_9.13 龍龕音世。齹歋歎歎的訛字。

歆 26411 u2AD30 null_9.13 或欲譌字

歆 26412 u2AD2F è_9.13 或俗歇26505

歆 26413 u238F1 qí_9.13 俗歆26344

歆 26415 u238EA null_9.13 未詳。

歆 26414 u238EB null_9.13 慧琳音義瞥見：上片蔑反考聲云纔見也說文從目從敝聲也。經作歆，非也。徐時儀一切經音義三種校本合刊歆，據文意似作歆。

歇 26416 12968 xiè_10.14 唐韻虛業切集韻迄業切夶音脅說文翕氣也。或省作歇。齹又歇26501

歆 26417 12969 yáo_10.14 玉篇餘饒切唐韻集韻餘招切夶音遙說文歆歆，氣出貌。或作歆図集韻以紹切音溔。義同。或作歆。齹又歆26500

歇 26418 12970 tà_10.14 集韻達合切音沓。歇歇，聲也。

歆 26419 12971 yáo_10.14 集韻同歆〇按玉篇歆，餘饒切。歆，胡沼切。分二字。義同而音異集韻合為一字。

歆 26420 12972 xǐ_10.14 玉篇呼尹切集韻馨尹切夶音醯。歆息也。義與歆同。

歆 26421 12973 xiè_10.14 集韻許介切音譮。急氣貌。或作欬。

歆 26422 12974 chǐ_10.14 集韻充之切，音蚩。與嗤同。笑也陸機·文賦雖濬發於巧心，或受歆於拙目。或作岐26230

歉 26423 12975 qiàn_10.14 唐韻集韻韻會正韻夶苦簟切音嗛說文食不滿也博雅少也宋書·明帝詔歲久不登，公私歉敝文中子·立命篇仁生於歉，義生於豐図玉篇恨不出也図廣韻苦減切集韻口減切夶音槏。又廣韻集韻韻會夶口陷切音顑。義夶同博雅貪也。一曰歉喙図qiàn集韻韻會正韻夶詰念切音傔。義同韓愈·喜侯喜至詩孟生去雖索，侯氏來還歉。叶上店、驗，下豔、贍正字通經傳子史，歉嗛傔謙慊嫌，差互各出，無定詁孟子吾何慊乎哉穀梁傳一穀不升謂之嗛，則以慊、嗛為歉大學此之謂自謙，則以謙為慊漢書·文帝詔人民未有愿志史記作嗛志，則以嗛為愿相如·封禪書陛下嗛讓弗發，則又以嗛為謙孟子行有不慊於心則餒，則又以慊為慊呂覽·知士篇可以儑齊貌辨者吾無辭為也，則又以傔為慊荀子信而不處謙，則以謙為嫌。諸如此類，皆傳寫錯亂，義難強通。齹俗作敁21673

歆 26424 12976 yǒu_10.14 唐韻與久切集韻以九切夶音酉◆說文言意也。或省作歆。齹又邀26460歆26470

歆 26425 12977 xiāo_10.14 唐韻許嬌切集韻韻會正韻虛嬌切夶音囂◆說文歆歆，氣出貌班固·寶鼎詩吐金景兮歆浮雲註

歊，氣上出貌左思·吳都賦歊霧漨浮註言水霧之氣如雲蒸，昏暗不明也图氣盛貌前漢·敘傳曲陽歊歊，亦朱其堂图熱氣也前漢·揚雄傳浮滄雲而散歊烝。图凌歊，臺名廣興記凌歊臺，在太平府黃山顛，劉宋建離宮於此图hù廣韻火酷切集韻呼酷切丛音熇。又集韻正韻丛黑各切音靃。義丛同图噐也集韻从喬作歊。鼉龍龕歊俗，歊正。

歃 26426 12978
hè_10.14 玉篇火盍切廣韻呼盍切集韻黑盍切，並音盇。又集韻呼合切，音欱。大啜也△六書故與歃、歃丛同。

歘 26427 12979
chì_10.14 廣韻初紀切音剎。與歘同。齧也。

歉 26428 12980
kuǎn_10.14 說文从欠，寍省聲。苦管切〇按卽款26358之篆體图shì玉篇思萃切音崇。問也〇按說文楚人謂卜問吉凶曰歘，从又持祟，之芮切，讀若贅，與苦管切之歘字全別，恐玉篇沿歘字而轉訛耳。歘从又，非从欠也。當以說文爲正。

歆 26429 12981
shà_10.14 集韻所嫁切，沙去聲。與嗄同。聲變也。

歋 26430 12982
yí_10.14 唐韻以支切集韻余支切丛音移說文人相笑相歋瘉。或作擨，亦省作捓图廣韻以遮切集韻余遮切丛音耶。義同。亦作揶。鼉又歋26392偶02160

歌 26431 12983
gē_10.14 古文可哥唐韻古俄切集韻韻會正韻居何切丛音柯說文詠也徐曰長引其聲以詠也釋名人聲曰歌。歌者，柯也。以聲吟詠有上下，如草木有柯葉也揚子方言兗、冀曰歌聲如柯書·舜典詩言志，歌永言正義曰直言不足以申意，故令歌詠其詩之義以長其言禮·樂記詩言其志也，歌詠其聲也又歌之爲言也，長言之也。言之不足，故長言之图曲合樂也詩·魏風我歌且謠傳曲合樂曰歌，徒歌曰謠疏正義曰：謠既徒歌，則歌不徒矣，故曰曲合樂曰歌。歌謠對文如此，散則歌爲總名，未必合樂。又韓詩章句有章曲曰歌，無曰謠图古樂府註齊歌曰謳，吳歌曰歈，楚歌曰豔，奏樂曰登歌，曰升歌图鐘名左傳·襄十一年鄭人賂晉侯歌鐘二肆，晉侯以樂之半賜魏絳图山名廣興記歌山，在廣西平樂府富川縣图朝歌，地名，紂所都也。漢爲縣，屬河內郡。見前漢·地理志图叶古賀切音過左貴嬪·晉元后誄內敷陰教，外毗陽化。綢繆庶政，密勿夙夜。恩從風翔，澤隨雨播。中外禔福，遐邇詠歌。說見顏氏·刊謬正俗△說文或作謌集韻或作䓇。鼉又歌26463歌26464

歍 26432 12984
wū_10.14 唐韻哀都切集韻汪胡切丛音烏◆說文心有所惡，若吐也。一曰口相就也揚子·太玄經七脂牛正肪，不濯釜而烹，則歐歍之疾至註歐歍，吐逆聲也山海經共工臣名曰相繇，九首蛇身，自環食於九土。其所歍所尼，卽爲源澤註郭璞曰：歍，嘔，猶噴吒。尼，止也集韻亦作嗚。歍歆猶歍歇通雅伯牙·水仙操云歍歆傷宮仙不還伯姬引亦用歍欷何辜說文歍歇。歍卽嗚图古

音獦要歍音鴉。歍唈，失聲也淮南子·覽冥訓雍門子撫心發聲，孟嘗君爲之增欷歍唈註歍唈，音鴉遏謝朓·拜中軍記室辭隋王牋岐路西東，或以歍唈。

歊 26433 12985
hàn_10.14 集韻戶感切音頷。欲得也。或作欦。

欲 26434 12986
è_10.14 與歋同。鼉㘝，古益字。

欽 26435 12987
qīn_10.14 集韻欽26355古作欽。鼉金，古文金。

厭 26436 12988
è_10.14 字彙補與啞同。

歒 26437 12989
tái_10.14 玉篇徒來切音台。欯也篇海欯歒，喜也。

歐 26438 12990
chuán_10.14 字彙補與歂同。

歅 26439 12991
zhú_10.14 類篇朱欲切音燭。吹氣也。或作㰱。

歑 26440 12992
kuǎn_10.14 與歉同。見篇韻

㪚 26441 12993
ào_10.14 冷齋夜話洪駒父曰：柳子厚㪚藹一聲山水綠。㪚音奧，而俗分欵乃爲二，誤〇按字書無㪚字。洪氏不知何據。存以備考。

歈 26442 u2AD31
null_10.14 未詳。

歓 26443 u23907
què_10.14 歡26518本字

歐 26444 u23905
fěi_10.14 同歐21693趙歐，宋人。

歐 26445 u23905
null_10.14 未詳。

欲 26446 u23904
null_10.14 未詳。

歝 26447 12994
zé_11.15 集韻士革切音賾。欯歝，語笑聲。

歒 26448 12995
tān_11.15 集韻歂26362或作炊，又作歆。

歃 26449 12996
lā_11.15 玉篇廣韻盧合切集韻落合切丛音拉。歃歆，不滿貌。

歉 26450 12997
kāng_11.15 玉篇唐韻苦岡切集韻丘岡切丛音康說文饑虛也博雅四穀不升曰歉，五穀不升曰大侵。图與嗛通揚子方言嗛，空也註郭璞曰：嗛，窨空貌。或作歉，虛字也集韻通作康。

歎 26451 12998
tàn_11.15 玉篇他旦切唐韻集韻韻會他案切丛音炭說文吟也禮·檀弓戚斯歎疏歎，吟息也。慎恚轉深，故因發吟息也禮·曲禮當食不歎，臨樂不歎图稱美曰歎禮·郊特牲卒爵而樂闋，孔子屢歎之註歎，美也。图讚和曰歎。謂歌尾曳聲以助也禮·樂記壹倡而三歎。通作嘆图集韻韻會他干切正韻他丹切丛音攤。義同詩·大雅既順廼宣，而無永歎釋文歎，他安反。又楚辭·九思日暜暜兮西沒，道遐迴兮阻歎。志稸積兮未通，悵惝罔兮自憐曹大家·東征賦涉封丘而踐路兮，慕京師而竊歎。小人性之懷土兮，自書傳而有焉。俱从平聲讀。古寒、先、刪三韻通△說文籀文作歎。鼉又欢26222宋元以來俗字譜·歎引東臑記等。

歏 26452 12999
jìn_11.15 廣韻渠遴切集韻渠吝切丛音僅。欠也。图玉篇去靳切。又丘云切音䫕。義丛同。

歙 26453 13000 yǐn_11.15 廣韻集韻玉篇𣅥古文飲68949字。亦作㱃。

歐 26454 13001 ǒu_11.15 玉篇集韻韻會於口切唐韻烏后切𣅥音毆說文吐也。或作嘔急就篇註歐逆，吐而不下食也前漢·嚴助傳歐泄霍亂之病相隨屬山海經薄魚一目，其音如歐註郭璞曰：如人嘔吐聲也又海外歐絲之野，在大踵東，有女子跪據樹歐絲註郭璞曰：言噉葉而吐絲，蓋蠶類也白氏六帖跪樹歐絲，生桑得繭又與毆通，捶擊也史記·留侯世家良愕然，欲歐之又ōu廣韻集韻韻會正韻𣅥烏侯切音鷗。與謳同。氣出而歌也又歐歐，聲也魏繆襲·尤射雞鳴歐歐，明燈晢晢。晢音制又姓。歐冶子，古善鑄劒者，見越絕書。又歐侯、歐陽，俱複姓，見漢書又刀名後漢·虞詡傳寧伏歐刀以示遠近註歐刀，刑人之刀也又水名山海經滏水東流，注于歐水△集韻或作喀欲峪欯。瀛又欧26256

歑 26455 13002 hū_11.15 唐韻虎胡切集韻荒胡切𣅥音呼說文溫吹也玉篇出氣息也。出曰歑，入曰哈。或作呼。瀛字彙補欨同欨。

數 26456 13003 lòu_11.15 廣韻盧候切集韻郎豆切𣅥音漏。數歌，小兒凶惡也。

歠 26457 13004 chuài_11.15 玉篇叉快切廣韻楚夬切集韻楚快切𣅥音嘬。與嘬同。䜭也。一曰一舉盡臠也又chuò集韻姝悅切音啜。與歡同又chǐ集韻測紀切音剩。與䎋、歠26354𣅥同。齕也。瀛又嚽07194

歙 26458 13005 yáo_11.15 玉篇集韻𣅥與歈同。

歒 26459 13006 tì_11.15 集韻他歷切音逖。歒欶，小人喜笑貌。

歞 26460 13007 yǒu_11.15 字彙補與糾切，音有◇言意也〇按卽歋字之譌。

歌 26464 13011 gē_11.15 同歌。

歈 26461 13008 yú_11.15 字彙補古文歈26402字又徒樓切音頭廣雅動歈，歌也。

歟 26462 13009 yù_11.15 字彙補與欶同。

歌 26463 13010 gē_11.15 字彙補與歌同。

歎 26465 u2AD32 null_11.15 叔尸鎛歎命于外內之事。

歙 26466 u23917 yǐn_11.15 楚詞·大招清馨凍歙。注，歙一作飲68949

歠 26468 u23915 chuò_11.15 俗歠26511

歖 26467 u23916 xì_11.15 同歖26495玉篇殘卷呼伏（狄）反說文且逆聲也。一曰小笑也集韻歖，顯計切。唾聲。馨激切說文且唾聲。一曰小兒。

歈 26469 u23914 yú_11.15 集韻歈，揄歈，舉手相弄。按：揄歈，或作揄歈、邪揄20042，嘲弄、輕笑。

歞 26470 u23913 yǒu_11.15 俗歞26404

歡 26471 u6B53 huān_11.15 同歡26528

歔 26472 13012 xū_12.16 唐韻朽居切集韻韻會正韻休居切𣅥音虛說文欷也屈原·離騷曾歔欷余鬱邑兮註歔欷，懼貌又啼貌東方朔·七諫泣歔欷而霑衿又六書故鼻出氣爲歔，口出爲噓。瀛又歔26485歔26533

歟 26473 13013 hēi_12.16 玉篇呼勒切廣韻呼北切集韻迄得切𣅥音黑。咳也。一曰唾聲又mò集韻密北切音墨。與嘿同。靜也。通作默。

歕 26474 13014 pēn_12.16 唐韻普魂切集韻韻會正韻鋪魂切，𣅥噴平聲說文吹氣也玉篇口含物歕散也班固·東都賦欱野歕山又pèn廣韻集韻類篇𣅥普悶切，噴去聲。義同。一曰盛氣疾歕也穆天子傳·黃澤謠黃之池，其馬歕沙，皇人威儀。黃之澤，其馬歕玉，皇人受穀註歕，𩐭也，普悶切。

歖 26475 13015 xī_12.16 玉篇古文喜06501字又廣韻許其切集韻虛其切𣅥音僖。卒喜也又yǐ集韻隱几切，伊上聲。歖欯，驢鳴〇按歖與欯26387音義𣅥同。瀛又𡀘21749

歗 26476 13016 xiào_12.16 玉篇廣韻集韻𣅥與嘯同。◆說文吟也詩·王風條其歗矣毛傳條條然歗也。歗，籒文嘯字。

歘 26477 13017 xū_12.16 欻本字六書故氣翕歘如焱也關尹子·四符篇吾之神一歘無起滅，張衡·思玄賦歘神化而蟬蛻，石崇·思歸引序歘復見牽羈婆娑於九列，皆與欻26350同。忽也，疾也。瀛正字通㰲，俗歘字。

歔 26478 13018 shī_12.16 集韻山宜切音釃。喝聲。

歙 26479 13019 xī_12.16 唐韻正韻許及切集韻韻會迄及切𣅥音吸說文縮鼻也。一曰斂氣也老子道德經將欲歙之，必故張之淮南子·精神訓開閉歙張，各有經紀又與翕同前漢·韓延壽傳郡中歙然匡衡傳歙然歸仁。又詩·小雅翕翕訿訿漢書作歙歙訿訿荀子作噏噏呰呰又與脅通張衡·應閒干進苟容，我不忍以歙肩註歙，亦脅也。又𠦃歙，林木鼓動之聲司馬相如·上林賦蓊薆𠦃歙註𠦃，古卉字又歙赩，赤色盛貌王延壽·魯靈光殿賦皓壁皜曜以日照，丹柱歙赩以電烶又shè廣韻書涉切集韻韻會正韻失涉切𣅥音攝。義同又縣名前漢·地理志丹陽有歙縣師古註音攝廣輿記徽州府，晉曰新安，隋唐曰歙州，今爲縣，屬徽州府又xié集韻虛涉切音傑。懼貌。或作慄。瀛又傓01932

歊 26480 13020 xiāo_12.16 集韻與歊同。

歖 26481 13021 yì_12.16 集韻懿18664古作懿。又作歖。

歗 26482 13022 jiāo_12.16 集韻子肖切。與醮同。

歘 26483 13023 zuì_12.16 字彙補古文最23307字。

歡 26484 43974 zā_12.16 龍龕音帀

歔 26485 u2F8F1 xū_12.16 同歔26472

歟 26486 u2391E null_12.16 未詳。

歠 26487 u2391D ruì_12.16 俗叡05311

歘 26488 u2391B null_12.16 未詳。

歚 26489 u6B5A shàn_12.16 俗敾21790

歆 26490 13024
hàn_13.17 玉篇 集韻 夶呼濫切，蚶去聲 博雅 歆也，予也 廣韻 與甝通。戲乞物也 又 hān 玉篇 集韻 呼甘切 廣韻 呼談切夶音蚶。又 集韻 呼含切音峆。又丘凡切音颿。義夶同△與歛別。鼈又歆26378 又 六書正譌 歛21800，力弇切。收也。从攴僉聲。俗作歆、殮。竝非。

歍 26492 13026
yuē_13.17 集韻 同噦。 歑 26491 13025 xī_13.17 集韻 虛宜切音犧。相笑也。或作歑，通作嚱。鼈又戯19027

歏 26493 13027
yǒu_13.17 玉篇 集韻 夶與㰏同。

歠 26494 13028
sè_13.17 玉篇 唐韻 所力切 集韻 殺測切夶音色 說文 悲意。一曰小怖貌 又 xì 集韻 迄力切音扐。義同。鼈又歠21793 慧琳音義 歠歠：所力反 通俗文 小怖曰歠 埤蒼 歠歠，恐懼也，字從欠。經作㥾、嗇二形，非體也。

歐 26495 13029
xì_13.17 唐韻 許壁切 集韻 馨激切夶音闃 說文 且唾聲。一曰小笑 又 tì 廣韻 集韻 夶他計切音替。又 集韻 天黎切音梯。義夶同。鼈又軟26467 又 原本 玉篇 歐，呼狄反 說文 且逆聲。一曰小笑也。胡吉宣：二徐 說文 云：且唾聲。以上文「敆」爲「逆氣」推之，似作「且逆」是，許以義類列也。

歐 26496 13030
jǐn_13.17 集韻 渠飲切，噤上聲。人名。漢有劉歆。 又 集韻 巨禁切，擒去聲。義同。

歜 26497 13031
chù_13.17 廣韻 尺玉切 集韻 韻會 樞玉切夶音觸 說文 盛氣怒也 又 人名 左傳 有甘歜、邴歜 戰國策 有顏歜 又 廣韻 集韻 韻會 正韻 夶祖感切，蘉上聲 左傳·僖三十年 王使周公閱來聘，享有昌歜 杜註 昌歜，昌蒲菹 正義曰：周禮·醢人 朝事之豆，其實有昌本。鄭康成云昌本，昌蒲根，切之四寸爲菹，知昌歜即是昌蒲菹也。齊有邴歜，魯有公甫歜，其音爲觸，此昌歜之音，相傳爲在感反。徧檢書傳，昌蒲之草無此別名，未知其所由也 韓愈·贈無本詩 家住幽都遠，未識氣先感。來尋吾何能，無殊嗜昌歜 又 叔歜，海外國名 山海經 大荒之中，有叔歜國，顓頊之子 郭註 歜，乍感反。又音觸△廣韻 或作噣 集韻 或作歜。鼈又 正字通 歜26540俗歜字。

歒 26498 13032
yè_13.17 集韻 與喋同。

歙 26499 13033
yì_13.17 集韻 歖21799或作歙。

歛 26500 13034
yáo_13.17 篇海 與歆同。

歝 26501 43975
xié_13.17 字彙補 歅字之譌。

歞 26502 u23927
null_13.17 未詳。 歟 26504 u23924 null_13.17 未詳。

歟 26503 u23926
yóu_13.17 同鼇34728亦作鼇34623

歠 26505 13035
è_14.18 集韻 鄂合切音嗑。歠歠，癡貌。

歡 26506 13036
huò_14.18 玉篇 集韻 夶胡陌切音獲。吐聲 又 玉篇 於伯切 集韻 屋虢切夶音攫。義同。鼈又�05756 嘈07164 正字通 �701305476，咟05613字之譌，舊註音獲，與咟音同，

訓吐貌，非。按，咟咟竝俗書。

歠 26507 13037
chì_14.18 玉篇 廣韻 夶丑歷切音瓻。痛也。又 集韻 他歷切音逖。又亭歷切音狄。又竹力切音陟。義夶同。

歟 26509 43976
yì_14.18 龍龕 音亦。 歟 26508 13038 yú_14.18 廣韻 以諸切 集韻 韻會 羊諸切夶音余 說文 安氣也 徐曰 氣緩而安也。俗以爲語末之辭 班固·明堂詩 狷歟緝熙，允懷多福 王粲·登樓賦 昔尼父之在陳兮，有歸歟之歎音。經傳通作與 禮·祭義註 與者，不執定之辭 又 廣韻 余呂切 集韻 韻會 演女切夶音與。又 廣韻 集韻 韻會 夶羊茹切音豫。義夶同 正字通 歟無羽、豫二音 字彙 又音羽，又音豫。義同。不知羽爲與之本音，即賜與之與。豫爲與之轉音，即 魯論 吾其與聞之與。與字轉平，借作歟，義通歟，溷借上、去二聲，同與，則難通也○按此言誠是，因諸韻書相沿日久，故兩存之△說文 或書作欤。

歠 26510 u2392B
chóu_14.18 俗歠21821 歠 26511 13039 chuò_15.19 廣韻 昌悅切 集韻 韻會 姝悅切夶音啜 說文 飲也 禮·曲禮 毋歠醢 楚辭·漁父 餔其糟而歠其醨。又大飲也 禮·曲禮 毋流歠 鄭註 流歠，大歠，嫌欲疾也 枚乘·七發 小飱大歠，如湯沃雪△集韻 或作歠 㗱 ○按歠與口部啜字別。啜，泣貌 正譌 云俗作啜，非。鼈又 唲05790 正字通 唲05999俗歠字 又 直音篇 歠26468歠26354同歠。

歠 26512 13040
yōu_15.19 玉篇 於牛切 廣韻 集韻 韻會 於求切音憂。歠歠，慨也。一曰氣逆 老子道德經 終日號而不歠○按 老子 本作嗄 集韻 韻會 所引，皆未知執據。

歠 26513 13041
è_15.19 集韻 乙革切音厄。聲也。與嘖同。又 六書統 歠，氣逆，聲氣自幸中出也。鼈幸，籀文嗌，亦古益字 又 歠26434

歠 26514 43977
yuè_15.19 龍龕 音咢。鼈 龍龕 五角、許角二反。

歠 26515 43978
shú_15.19 川篇 音贖。又音樹。

感 26516 u2392E
null_15.19 未詳。 歟 26517 u2392D jiān_15.19 同鼸45026 說文 歟，監持意。口閉也。从欠緘聲。古咸切。

歠 26518 13042
què_16.20 廣韻 與塙同。本作歠。

歠 26519 13043
chán_16.20 玉篇 助咸切 集韻 鋤咸切夶音讒。笑也。

歠 26520 13044
è_16.20 六書統 與諤同。

歠 26521 43979
xī_16.20 五音篇海 音西。

雚 26522 u2AD33
null_16.20 未詳。 歠 26523 13045 xī_17.21 廣韻 許羈切 集韻 虛宜切夶音犧。吹歠，口聲。一曰與歑同，笑也

歠 26524 13046
yǐng_17.21 廣韻 集韻 夶於郢切音癭。怒氣。

歠 26525 13048
zā_17.21 字彙補 作答切音帀。鳴也。

歠 26526 u23938
ràng_17.21 俗戁21857同攘。亦譌作歠。

歠 26527 13047
cù_18.22 廣韻 集韻 𠀤子六切音蹙◆說文 歠歠也。一曰取氣貌。俗作嗾 冈 zā 廣韻 集韻 𠀤子答切音帀。歠歠,聲也 冈 zú 唐韻 才六切 集韻 仕六切𠀤音族。義同。𤣥又歠26531

歡 26528 13049
huān_18.22 古文 懽 唐韻 集韻 韻會 正韻 𠀤呼官切音讙。說文 喜樂也。徐曰 喜動聲氣,故从欠 禮·檀弓 啜菽飲水盡其歡。又 樂記 欣喜歡愛,樂之官也。亦作懽 孝經·孝治章 故得萬國之懽心,以事其先王 冈 作驩 孟子 驩虞如也 前漢·王襃傳 驩然交欣 冈 合歡,漢殿名 班固·西都賦 後宮則有合歡增成。又樹名 崔豹·古今注 合歡樹似梧桐,枝葉繁,互相交結,樹之階庭,使人不忿。又竹名 僧贊寧·筍譜 雙稍竹,出九疑山,筍長,獨莖。及生枝葉即分爲兩稍,謂之合歡竹。又橘名 廣輿記 荊州江陵有合歡橘 冈 歡伯,酒也 焦氏易林 酒爲歡伯,除憂來樂 △ 集韻 或作嬽。𤣥又欢26222歓26471

醥 26529 13050
jiào_18.22 唐韻 集韻 𠀤子肖切音醮 說文 盡酒也。〇按此字與醮、酺音義𠀤同。𤣥又糂43652

歒 26530 13051
yè_18.22 玉篇 於業切音腌。取也 冈 chè 集韻 尺涉切音謵。歒歒,氣動貌。

歮 26532 13053
sè_18.22 說文長箋 與色同 六書正譌 作㴁。

歔 26533 13054
xū_18.22 字彙補 與歔同。

攘 26535 u2393D
ráng_19.23 俗攘21175

歃 26531 13052
zā_18.22 字彙補 子答切音帀。聲也〇按此字當即歠字之譌。

孿 26534 13055
luán_19.23 唐韻 洛官切 集韻 盧丸切𠀤音鸞 說文 欠貌。一曰心惑不悟貌 冈 集韻 古倦切音眷。義同。

鱟 26536 43980
kūn_20.24 五音篇海 同歠。

歡 26538 u2393E
null_20.24 未詳。

歡 26537 u2AD34
null_20.24 殷周金文集成·15.9594·訊進壺 □訊進,乍父辛歡,亞束(刺)。

鱟 26539 13056
kūn_21.25 集韻 與歠同 類篇 亦作鱟。

歊 26540 13057
zhú_21.25 集韻 歊26439,或作歊。

歠 26541 13058
kūn_21.25 玉篇 公溫切 唐韻 古渾切 集韻 公渾切𠀤音昆◆說文 昆干,不可知也 通雅 昆于猶昆吾 說文 壺,昆吾,圜器也。因知昆吾、昆侖,古皆以爲圓渾之通稱,故山象之而名昆侖,言其狀混侖,猶言混沌也。昆吾是圓椎之象,吾之聲通爲于,古稱我爲吾,亦爲余 說文 訓歡,蓋言爲圓椎混侖之狀,不可知耳△ 六書索隱 歡,禹父名。今作鯀、鯀、鮌,𠀤非〇按此說無據,近鑿不可從。𤣥又歠26536鱟26539歠45687

歎 26542 13059
tàn_22.26 玉篇 同歎。

◆ 止部 ◆

止 26543 13060
zhǐ_0.4 唐韻 集韻 韻會 𠀤諸市切音芷 說文 下基也。象艸木出有址,故以止爲足 徐曰 初生根幹也 冈 廣韻 停也,足也 易·艮卦 艮,止也。時止則止,時行則行 老子道德經 知足不辱,知止不殆 冈 靜也 禮·玉藻 口容止 註 不妄動也 莊子·德充符 人莫鑒於流水,而鑒於止水,唯止能止衆止 冈 已也,息也 論語 止吾止也 史記·酷吏傳 寇盜不爲衰止 冈 居也 詩·大雅 乃慰乃止 冈 商頌 邦畿千里,惟民所止 冈 心之所安爲止 書·益稷 安汝止 孔傳 言當先安好惡所止 正義曰:止謂心之所止 大學 云爲人君止於仁,爲人臣止於敬,好惡所止,謂此類也。又朱子曰:止者,必至於是而不遷之謂 冈 留也 論語 止子路宿 孟子 可以止而止 冈 行師營曰:暫待文次。又凡戰而被獲曰止 左傳·隱十一年 公與鄭人戰於狐壤,止焉 杜註 內諱獲,故言止。又 僖十五年 輅秦伯將止之 冈 容止 詩·鄘風 人而無止 箋 止,容止。無止則無禮節也 孝經·聖治章 容止可觀 冈 舉止 齊書·張欣泰傳 欣泰著鹿皮冠衲衣。世祖曰:將家兒何敢作此舉止 冈 俗謂德行曰行止 外史檮杌 鄭奕教子 文選。其兄曰:莫學沈、謝嘲風弄月,汙人行止 冈 樂器 爾雅·釋樂 所以鼓柷謂之止 註 止者,其椎名也 書·益稷 合止柷敔 鄭註 柷,狀如漆桶,中有椎,合之者,投椎於其中而撞之 冈 鳥集亦曰止 詩·小雅 載飛載止 冈 三止,三禮也 班固·幽通賦 嬴取威於百儀兮,姜本支乎三止 註 謂齊之先伯夷典三禮也 冈 語辭 詩·周頌 百室盈止,婦子寧止 冈 首止,衛地名。在陳留襄邑 春秋·僖五年 齊侯會王世子于首止 冈 與趾同 儀禮·士昏禮 皆有枕北止 鄭註 止,足也。古文止作趾 山海經 韓流麟身,渠股豚止 郭註 止,足也◆前漢·郊祀歌 獲白麟,爰五止 師古註 止,足也。時白麟足有五蹄。

㳄 26544 13061
tà_0.4 唐韻 集韻 𠀤他達切音撻 說文 蹋也。从反止。轉注。本作㳄△與少別 佩觽篇 少,申兆翻,不多也。少,他末翻,蹋也。步字从此。𤣥又㳄26576

止 26545 u9FB0
jié_0.4 同屮12611 冈 漢字部件。即止之隸變。

止 26546 u2F4C
zhǐ_0.4 部 止26543

正 26547 13062
zhèng_1.5 古文 正 㞷 疋 足 唐韻 韻會 正韻 𠀤之盛切音政。說文 是也。从止一以止 註 守一以止也 新書·道術篇 方直不曲謂之正 易·乾卦 剛健中正 公羊傳·隱三年 君子大居正 冈 備也,足也 易·乾文言 各正性命 書·君牙 咸以正罔缺 爾雅·釋詁 正,長也 郭註 謂官長 左傳·隱六年 翼九宗五正 杜註 五正,五官之長。又 昭二十九年 木正曰句芒,火正曰祝融,金正曰蓐收,水正曰玄冥,土正曰后土 冈 官名 禮·王制 史以獄成告於正 鄭註 正,於周鄉師之屬,今漢有正平丞,秦所置 冈 柷載也 周禮·夏官 諸子大祭祀,正六牲之體 註 正謂柷載之。柷,亦作匕 冈 常也。朱子云物以正爲常。又正人,尋常之人也 書·洪範 凡厥正人 朱子語錄 是平平底人 冈 定也 周禮·天官 宰夫之羣吏,正歲會,正月要 註 正,猶定。冈 決也 詩·大雅 維龜正之 冈 治其罪亦曰正 周禮·夏官

大司馬九伐之法，賊殺其親則正之註正之者，執而治其罪王霸記曰：正，殺之也又直也易·坤文言直其正也爾雅·釋水濫泉正出。正出，直出也又平質也論語就有道而正焉屈原·離騷指九天以爲正註謂質正其是非也又以物爲憑曰正儀禮·士昏禮父戒女，必有正焉，若衣若笄註有正者，以託戒使不忘又鳌辨也論語必也正名乎又四月亦曰正月詩·小雅正月繁霜箋夏之四月，建巳之月疏謂之正月者，以乾用事，正純陽之月。又杜預·左傳·昭十七年註謂建巳正陽之月也。正，音政又預期也孟子必有事焉而勿正公羊傳·僖二十六年師出不正反，戰不正勝又三正史記·歷書夏正以正月，殷正以十二月，周正以十一月，蓋三王之正若循環然後漢·章帝紀王者重三正，慎三微註三正，天地人之正又人臣之義有六正，謂聖臣、良臣、忠臣、智臣、貞臣、直臣也。見說苑又七正，日月五星也書·舜典作七政史記·律書作七正又八正，謂八節之氣，以應八方之風史記·律書律歷，天所以通五行八正之氣。又大品經說八正，曰正見、正思惟、正語、正業、正命、正精進、正念、正定王中·頭陀寺碑文憑五衍之軾，拯溺逝川。開八正之門，大庇交喪又先正，先賢也書·說命昔先正保衡又謚法汲冢周書內外賓服曰正又與政通詩·小雅今茲之正禮·月令仲春，班馬正。皆與政同又朝覲曰朝正左傳·文四年昔諸侯朝正於王杜註朝而受其政教也。亦讀平聲杜甫詩不見朝正使又姓廣韻宋上卿正考父之後。漢有正錦後魏志有正帛。又複姓。漢有正令官又宗正，星名甘氏星經在帝座東南，主宗正卿大夫又zhēng廣韻之盈切集韻韻會諸盈切正韻諸成切𠀤音征。歲之首月也春秋春王正月公羊·穀梁傳註音征。或如字。今多讀征又室之向明處曰正詩·小雅噲噲其正又射侯中曰正周禮·夏官射人以射法治射儀，王以六耦射，三侯五正。諸侯以四耦射，二侯三正。孤卿大夫以三耦射，一侯二正。士以三耦射，豻侯二正詩·齊風終日射侯，不出正兮毛傳二尺曰正疏正大於鵠，三分侯廣，而正居一焉，其內皆方二尺。又儀禮·大射儀鄭註正者，正也。亦鳥名。齊魯之閒名題肩爲正。正，鳥之捷黠者，射之難中，以中爲儁，故射取名焉又與征通周禮·夏官諸子有兵甲之事，則授之車甲，以軍法治之，司馬弗正疏正，音征。謂賦稅也。唐武后作𠙺。鎣又衜53996匸04356恶17191又集韻正，古亦作疋。

𣥐 26548 13063 wàn_1.5 字彙補魚幻切。行貌又古太切音蓋。義同。鎣又𣥐00393

𤴓 26549 13064 fá_1.5 玉篇古與乏00285同說文春秋傳曰：反正爲乏。

𤴔 26550 13065 zhèng_2.6 說文正26547古从二作𤴔。二，古上字。又集韻定12009古作𤴔。

此 26551 13066 cǐ_2.6 唐韻正韻雌氏切集韻韻會淺氏切𠀤音佌說文止也。从止从匕。匕，相比次也徐曰匕，近也。近在此也爾雅·釋詁疏此者，彼之對詩·周頌在彼無惡，在此無斁老子道德經去彼取此又六書故此猶茲也，斯也大學此謂知本。鎣又𣥖26552

𣥖 26552 13067 cǐ_2.6 字彙補倉里切音此◇○按𣥖卽此之變體

𣥗 26553 u23946 chuò_2.6 同辵60630又或同𤴔26550，正、定古文。

𣥘 26554 13068 xìn_3.7 集韻思晉切音信。待也。

𣥙 26555 13069 huì_3.7 集韻會23314古作𣥙。亦作㣛、岁，又作㑹、㑹。鎣㑹35513古答字。

步 26556 13071 bù_3.7 唐韻正韻薄故切集韻韻會蒲故切𠀤音捕說文行也書·武成王朝步自周傳步，行也正義曰：爾雅·釋宮云堂上謂之行，堂下謂之步。彼相對爲名耳，散則可以通，故步爲行也楚辭·招魂步騎羅些註徒行爲步，乘馬爲騎又小爾雅跬，一舉足也。倍跬謂之步白虎通人踐三尺法天地人，再舉足步備陰陽也周禮·夏官射人則以貍步張三侯註鄭司農云貍步，謂一舉足爲一步，於今爲半步又司馬法六尺爲步，步百爲畝禮·王制古者以周尺八尺爲步，今以周尺六尺四寸爲步正義曰古者八寸爲尺，周尺八尺爲步，則一步六尺四寸史記·秦始皇紀數以六爲紀，六尺爲步註索隱曰：管子司馬法皆云六尺爲步，非獨秦制。又王制八尺爲步，今以六尺四寸爲步，步之尺數亦不同又輦行曰步韻會世稱輦車曰步輦，謂人荷而行，不駕馬也又徐行曰步屈原·離騷步余馬於蘭皐兮說苑·建本篇走者之速，步者之遲又促行曰趨，闊行曰步莊子·田子方步亦步，趨亦趨又任昉·述異記水際謂之步。上虞縣有石驰步，吳中有瓜步，吳江中有魚步、龜步，湘中有靈妃步。按吳楚閒謂浦爲步，語之訛耳水經注贛水逕豫章郡北爲津步，步卽水渚也青箱雜記嶺南謂村市爲墟，水津爲步又柳宗元·鐵爐步志江之滸，凡舟可縻而上下者曰步韓愈·孔戣墓誌蕃舶至泊步，有下碇之稅。通作埠。今人呼船儈曰埠頭。埠音如步又爾雅·釋樂徒擊鼓謂之步疏凡八音備作曰樂。一音獨作不得以樂名也。又人才特出謂之獨步晉書·王坦之傳江東獨步王文度又馬步，謂神爲災害馬者。一曰行神周禮·夏官·校人冬祭馬步又人物裁害之神皆曰步周禮·夏官·校人疏玄冥之步，人鬼之步是也。又地官·族師·祭酺註酺者，爲人物裁害之神。故書酺爲步，蓋步與酺字異而音義同也又習馬曰步馬左傳·襄二十六年左師見夫人之步馬者。又牽行也禮·曲禮步路馬必中道又行師曰步師左傳·僖三十三年寡君聞吾子將步師出于敝邑又行爵曰步爵禮·少儀未步爵，不嘗羞又推歷曰步歷左傳·文元年疏日月轉運於天，猶如人之行步，故推歷謂之步歷後漢·楊厚傳就同郡鄭伯山，受河洛書及天文推步之術陸機·演連珠儀天步晷，而修短可量又律歷書名五星爲五步，見漢制考又運也，國運曰國步，天運曰天步詩·大雅國步蔑資又小雅天步艱難又陟大位曰改步

◆周語改玉改步 🗵 步驟◆後漢·曹褒傳三五步驟，優劣
殊軌 註 孝經鉤命決 曰：三皇步，五帝驟，三王馳。宋
均註云步謂德隆道用，日月爲步，時事彌順，日月亦驟，
勤思不已，日月乃馳，是優劣也 🗵 姓 廣韻 晉有步場，
食采於步，後因氏焉。孔子弟子有步叔乘，三國吳丞相
步騭。又三字姓 後魏書 有步六孤氏，後改爲陸氏。又
西方步鹿根氏，後改爲步氏。又 北齊書 有步大汗氏。
🗵 百步，溪名 廣興記 在台州臨海縣，一呼惡溪 🗵 千
步，香名 任昉·述異記 南海山出千步香，佩之香聞千步。
今海嵎有千步草，是其種也 雜貢籍 曰：南郡貢千步香
🗵 步光，劍名，見 越絕書 🗵 步搖，婦人首飾名。見 採
蘭雜志 俗書正訛 从少，反止也。从少，非。鼇 𣥂生26576
步26588步13423 𣥂26617 🗵 直音篇 𣥂26574走26572同步。

𣥂 wàng_3.7 26557 13072
玉篇 武放切音望。谷在京。鼇 又址26592，
同址，俗汪。谷名，在京兆。

𣥂 fǒu_3.7 26558 13073
字彙補 方武切音甫。煮也。鼇 俗缶。

𣥂 huàn_3.7 26559 13074
胡貫切 字彙補 同幻。出釋典 辨正論。

𣥂 wǔ_3.7 26561 u3C50
同武26568缺筆避諱字。

𣥂 suì_3.7 26560 u3C51
俗歲26639

𣥂 zhǐ_4.8 26562 13070
字彙 同咫。

𣥂 jìn_4.8 26563 13075
玉篇 集韻 𣥄古文近60698字。

𣥄 zhàn_4.8 26564 13076
玉篇 古文戰19000字○按 集韻 本作𣥄。

𣥅 lǚ_4.8 26565 13077
正字通 古文旅字之譌。本从仏作𣥅，仏 人
𣥄卽人也 字彙 改作仄，誤。

𣥆 lǚ_4.8 26566 13078
說文 古文旅字。又以爲魯衛之魯古文。
○按旅、魯二字古篆本同，故古文亦同。

前 qián_4.8 26567 13079
唐韻 昨先切，音騗◆ 說文 不行而進也。今
作前 六書故 所向爲㑳，所背爲後。从止从舟。或作歬。

武 wǔ_4.8 26568 13080
唐韻 文甫切 集韻 韻會 罔甫切𣥄音舞 玉
篇 健也。一曰威也，斷也 書·大禹謨 乃武乃文。又 伊訓
布昭聖武。又 左傳·宣十二年 楚子曰：止戈爲武 又 夫
武，禁暴戢兵，保大定功，安民和衆，豐財者也。武有
七德 🗵 謚法之一 汲冢周書 剛彊理直曰武，威彊叡德
曰武，克定禍亂曰武，刑民克服曰武，夸志多窮曰武。
🗵 周樂名 前漢·禮樂志 武王作武。武，言以功定天下也
🗵 禮·樂記 始奏以文，復亂以武 鄭註 文謂鼓，武謂金 疏
金屬西方，可以爲兵刃，故爲武。鼓主發動衆音，無兵
器之用，故爲文 🗵 迹也 詩·大雅 履帝武敏歆 禮·曲禮 堂
上接武，堂下布武 🗵 禮·曲禮 牛曰一元大武 疏 牛肥則
迹大 🗵 爾雅·釋詁 武，繼也 詩·大雅 下武惟周 箋 言後
人能繼先祖者，惟有周也 🗵 冠卷曰武 禮·玉藻 縞冠玄
武，居冠屬武。又 雜記 委武 註 秦人曰委，齊東曰武。
🗵 冠名 蔡邕·獨斷 武冠或曰繁冠，今謂之大冠，武官服
之 🗵 水名 前漢·地理志 東郡有東武陽縣 應劭曰武水

之陽也。又：泰山郡南武陽縣，武水所出，南入泗。
🗵 關名 地理通釋 左傳·哀四年 楚人謀北方，將通於少
習，以聽命 杜註 少習，商縣武關也 輿地廣記 商洛縣東
有少習，秦謂之武關 賈誼·新書 所謂建武關函谷臨晉關
者，大抵爲備山東諸侯也 🗵 武都，州名 廣韻 本自白馬
氏地，魏文徙武都郡於美陽，今好畤縣界，武都古城是
也。後漢平仇池山築城，置武都鎮，卽今州是也。又 地
理通釋 唐大中五年，以原州之蕭關置武州 🗵 廣武，山
名，在滎陽 前漢·項籍傳 羽與漢王臨廣武，閒而語。
🗵 縣名，屬太原郡。又修武、陽武、原武，皆屬河內郡。
又靈武，今陝西環縣，唐肅宗卽位於此。又湖名 廣興記
在黃州府黃陂縣，相傳黃祖習射處 🗵 溪名。亦山名 廣
興記 在辰州府盧溪縣。馬援門生善吹笛，援作歌和之
曰滔滔武溪一何深，卽此。又武山，亦在盧溪縣。
🗵 眞武，湖名 六朝事迹 吳後主寶鼎元年，開城北渠，
引後湖水流入新宮。今城北十三里有古池，俗呼爲後湖
是也 🗵 星名 夢溪筆談 北方眞武七宿，起於東井，終於
角。又玄武，北方七宿也 禮·曲禮 前朱雀而後玄武。又
姓 廣韻 風俗通 云宋武功之後，漢有武臣。又漢複姓，
六氏。漢有乘黃令武安恭，出自武安君白起之後 風俗
通 云漢武强侯王梁，其後因封爲氏 世本 云夏時有武羅
國，其後氏焉 何氏姓苑 有廣武氏、武成氏、武仲氏，又
西秦錄 有武都氏 🗵 與斌通。石似玉者 史記·司馬相如
傳 瑌石武夫 🗵 正韻 微夫切。與無通 禮·禮器 周坐尸，
詔侑武方 鄭註 武讀爲無。鼇 又𣥄16040正26561
🗵 武18868 碑別字新編·武 引 隋王善來墓誌

𣥇 sè_4.8 26569 13081
歰本字 正譌 兩足相距不行也。从兩止上
下，會意。

歧 qí_4.8 26570 13082
廣韻 巨支切 集韻 翹移切，𣥄音衹 集韻 同
跂。足多指也。或作枝 🗵 歧路也 鮑明遠·舞鶴賦 臨歧
矩步 註 歧，歧路也 爾雅 曰：二達謂之歧 後漢·張堪傳 麥
穗兩歧 註 一莖兩穗，如歧路之二達 🗵 歧歧，飛行貌 潘
岳·笙賦 翾翾歧歧△通作岐 🗵 玉篇 古文郊61533字。
鼇 又歧21312 🗵 龍龕 此26575古，歧今。

𣥈 lǚ_4.8 26571 13083
同𣥆 廣川書跋 古篆魯、旅同文。劉炫謂有
文在手爲魯，疑不得若此。其後得古文虛字，傳模旣失，
又改爲朱字。李陽冰以文當如鹵，蓋爲魯也。

𣥉 bù_4.8 26572 13084
字彙補 同步。

𣥊 zhèng_4.8 26573 13085
玉篇 古文正26547字。

𣥋 zǒu_4.8 26574 13086
字彙補 子苟切音走。義闕○按此當卽走
字之譌。

此 qí_4.8 26575 13087
字彙補 具支切音岐。岐路也。鼇 又址26582
字之譌 直音篇 此，音鉢。𠈇同。

𣥌 tà_4.8 26576 13088
談薈 與少同，踏也。鼇 步26556本字。

扯 26577 13089　玉篇古文戶19039字。

㞾 26578 13090　wǎng_4.8　字彙補古康切音岡廣雅軮㞾，無賴也。**㞾**俗㞾45408廣雅疏證·卷六上·釋訓軮㞾45418，無賴也。王念孫疏證：方言央㞾，獪也。江湘之間，或謂之無賴。凡小兒多詐而獪，謂之央㞾。央㞾與軮㞾02712同。

岍 26580 43982　jiǎn_4.8　龍龕音簡

㞹 26579 43981　yán_4.8　五音篇海音延。**㞾**俗㞹27385經律異相·卷三一天神愍念，解縛愈傷，為生甘果，令地柔軟。兄弟摘果，更相授啖，曰：甘如苑中果，地柔軟如王邊甄㞹矣。

丳 26583 u2395F　zhàn_4.8　同㞾26564

㞹 26581 u2AD35　null_4.8　殷周金文集成·9.4637·楚子敦楚子㞹鄭之飤，子。

㞼 26584 u2395D　null_4.8　未詳。

址 26582 u23960　bō_4.8　㞽36673本字

政 26586 u2395B　null_4.8　未詳。類碑別字引魏元公夫人薛氏墓誌

㞽 26585 u2395C　shí_4.8　俗時22535偏

歪 26587 u2395A　zǒu_4.8　同㞾58187走本字。

㞾 26595 u3C54　xiē_5.9　俗些00591城寺正字通步26556俗从少作步。

步 26588 u6B69　bù_4.8　楊著碑步出

岢 26589 13091　hē_5.9　唐韻集韻㞾古文訶55748字。一曰止也。

歪 26590 13092　wāi_5.9　字彙烏乖切音崴。不正也○按此乃蠆之俗字正字通云說文蠆訓不正，俗合不正二字改作歪字彙訓與蠆41653同，不知歪卽蠆之譌。**㞾**又猌33435

岠 26591 13093　jù_5.9　唐韻其呂切集韻韻會正韻臼許切㞾音巨◆說文止也。从止巨聲。一曰搶也。徐曰搶，頭撞地也。一曰超岠㞾玉篇違也，庆也，至也。與距通前漢·食貨志元龜岠冉，長尺二寸註冉，龜甲緣。岠，至也，度背兩邊緣尺二寸也揚雄·羽獵賦騰空虛岠連卷註師古曰岠卽距字。**㞾**又岠13450

址 26592 13094　wàng_5.9　正字通址字之譌。

陂 26593 13095　bì_5.9　玉篇被義切，音祕◇義闕篇海被也。

㞾 26594 43983　kěn_5.9　搜眞玉鏡音肯。**㞾**俗肯46995

岭 26596 u3C53　null_5.9　未詳。古痕切音根說文跟或作岭，足踵也。

跟 26598 13097　gēn_6.10　廣韻集韻㞾

歬 26597 13096　qián_6.10　廣韻古文前03477字說文从止在舟上。

歭 26599 13098　chí_6.10　唐韻直离切集韻陳知切㞾音馳說文踞也，歭躇不前也。通作踟躕㞾zhì廣韻直里切集韻丈里切㞾音峙。與峙通。供具也書·費誓歭乃糗糧。石經从山作峙。**㞾**慧琳音義歭立：持里反說文歭，行步不前也，從止從寺。或作寺。傳文從立作㞾41537，非也。

齒 26600 13099　zhù_6.10　集韻箸古作㞾，六書統冊，古鄰字。从止，言立一物止於兩鄰之間，以爲界域之徵，故㞾爲明顯

義。今人猶立石爲之，謂之石隔㞾吳人謂盛物於器曰㞾，說見奇字韻△集韻別作齒。

㞾 26601 13100　zī_6.10　字彙津私切，音訾◇王延壽·王孫賦眈瞵瞵而踙㞾註皆言形狀乖劣也。

夢 26602 13101　shè_6.10　正字通同涉○按涉字古文作夢，當卽夢字之譌。

㞾 26603 13102　jìn_6.10　字彙補與近同。亦作㞾。

㞾 26604 13103　chǐ_6.10　集韻齒75554古作齒。

㞾 26605 13104　null_6.10　洪遵·泉志載梵字錢，有㞾㞾㞾㞾四字，文不可辨，存之以資博雅。

㞾 26606 13105　zhàn_6.10　集韻戰19000古作㞾。**㞾**又㞾26564

㞾 26607 43984　kuǐ_6.10　龍龕犬毀切。

㞾 26608 43985　zhì_6.10　五音篇海音緻。

㞾 26609 u2AD36　yuán_6.10　讀若起58328亞㞾，族徽。殷周金文習見。

㞾 26610 u23971　trài_6.10　喃同臋26696

㞾 26611 u2396F　zhǒu_6.10　方止有合文。只有越諺·卷上·事類之諺九㞾得窮親來過旰，無有富親來救難。大率名財而好客卷下·音義·兩字并音㞾，止有切。如言止有此等事物，則曰㞾得這種東西。

㞾 26612 13106　tú_7.11　集韻類篇㞾同都切音途。止也。

㞾 26613 13107　sǐ_7.11　集韻死26710古作㞾。

㞾 26614 43986　ruì_7.11　五音篇海同睿。

㞾 26616 u2AD37　null_7.11　未詳。

帉 26615 43987　tán_7.11　龍龕徒合切。**㞾**龍龕徒含反。張涌泉：俗覃。

㞾 26617 u23976　bù_7.11　清·鄭珍說文逸字㞾，古文步26556古文遠作㞾，陟作傪，㞾从此。本書㞾有此字，中从日。

跦 26618 u23975　chò_7.11　喃越·阮秉五千字譯國語梄，音綴，跦。

敊 26619 13108　chù_8.11　唐韻集韻㞾昌六切音俶說文至也。

歸 26620 13109　guī_8.12　廣韻集韻㞾籀文歸字。

崒 26621 13110　cuì_8.12　玉篇疾醉切集韻秦醉切㞾音萃博雅待也。一曰止也△與崒別佩觿集崒，秦醉翻，止也。崒，昨沒翻，山貌。

堂 26622 13111　chēng_8.12　唐韻丑庚切集韻抽庚切㞾音樘說文距也㞾集韻除庚切音根。又chǎng齒兩切音敞。義㞾同。一曰躇也㞾集韻式亮切音餉周禮·冬官考工記維角堂之註堂，讀如掌距之掌，取其正也。之亮反，又詩尚反△集韻作堂，與撐、蹚音義㞾同。

蹇 26623 13112　chěng_8.12　集韻丑拯切音庱。止也。或作踜。

齒 26624 13113
zhù_8.12 　集韻陟慮切音著。吳俗謂盛物於器曰齒。
鼆又齿26600

𪘨 26625 13114
dú_8.12 　玉篇集韻𪘨同蹖59113

𪘩 26626 13115
tà_8.12 　集韻達合切音沓。足趾重也△或作躢。

𦫼 26627 13116
shè_8.12 　集韻涉28364古作𦫼。鼆又𦫳26602

𦫶 26628 13117
null_8.12 　劉向·請雨華山賦有𦫶字，音義無考。

齔 26629 13118
sè_8.12 　字彙補與澀同漢·犍爲楊君頌𦫽路齔難。

齟 26630 13119
zhū_8.12 　字彙補與諸同。鼆又𡿨16468

齣 26631 13120
chū_8.12 　字彙補與初同。

祟 26634 43988
suì_8.12 　龍龕同祟

歬 26632 13121
jiǎn_8.12 　唐韻子善切音翦。齊斷也。俗作剪囟玉篇古文前03477字。

歮 26633 13122
xū_8.12 　集韻虛52174古作歮。

𪯸 26635 u2AD38
null_8.12 　殷周金文集成·8.4192·𦻏𥴨 令𪯸邦。讀往

𡿨 26636 u23986
trải_8.12 　喃同𡿨26696經歷。

澀 26637 13123
sè_9.13 　唐韻色立切集韻色入切𡿨音澀。說文不滑也。玉篇難轉也囟博雅澀，吃也揚子方言譖極，吃也。楚語也。或謂之軋，或謂之澀郭註語澀難也囟六書故水涸行艱謂之澀，味苦澀亦謂之澀囟shà集韻色甲切音籈。與翣同。棺羽飾也周禮·天官縫人衣翣柳之材註翣柳作接橷。鄭司農云接讀爲澀，橷讀爲柳，皆棺飾也檀弓曰：周人牆置翣春秋傳曰：四澀不蹕。今左傳澀作翣△說文从四止徐鉉曰四皆止，故爲澀。當作澀。經典作澀集韻或作𡿨歰、澀。鼆徐鉉曰：四皆止，故爲澀。

𨃸 26638 13124
zhǒng_9.13 　唐韻之隴切說文跟也囟玉篇古文踵59091字。

歲 26639 13125
suì_9.13 　古文戉𡿨唐韻相銳切集韻須銳切𡿨音帨釋名歲，越也，越故限也白虎通歲者，遂也易繫辭寒暑相推而歲成書·洪範五紀，一曰歲傳所以紀四時又王省惟歲傳王所省職，兼總羣吏，如歲兼四時也。囟星名爾雅·釋天唐虞曰載，夏曰歲，商曰祀，周曰年郭註歲，取歲星行一次也疏按律歷志分二十八宿爲十二次，歲星十二歲而周天，是年行一次也。◆周禮·春官馮相氏掌十有二歲又保章氏以十有二歲之相，觀天下之妖祥疏此太歲在地，與天上歲星相應而行。歲星右行於天，一歲移一辰，十二歲一小周，千七百二十八年一大周。太歲左行於地，一與歲星跳辰，年歲同。歲星爲陽人之所見，太歲爲陰人所不視，故舉歲星以表太歲。歲星與日同次之月，一年之中惟有一辰之上爲法。若元年甲子朔旦冬至，日、月、五星俱赴於牽牛之初，是歲星與日同次之月。十一月斗建子，子有太歲，至後年，歲星移向子上，十二月日月會於玄枵。十二月斗建

丑，丑有太歲。自此已後皆然。又歲星木會在東方，爲靑龍之象，天之貴神福德之星，所在之國必昌。又史記·天官書歲星，一曰攝提，曰重華，曰應星，曰紀星，營室爲清廟，歲星廟也孝經鉤命決歲星守心年穀豐左傳·昭三十二年史墨曰：越得歲而吳伐之，必受其凶。又岳珂·桯史今星家以太歲爲凶星王充·論衡抵太歲凶，負太歲亦凶。抵太歲名曰歲下，負太歲名曰歲破。囟年穀之成曰歲左傳·哀十六年國人望君，如望歲焉杜註歲，年穀也前漢·武帝詔爲歲事曲加禮囟周制有歲計、歲會周禮·春官職歲註主歲計者又歲終，則令百官各正其治，受其會。三歲則大計羣吏之治，而誅賞之又司會以參互攷日成，以月要攷月成，以歲會攷歲成囟史記·天官書臘之明日曰初歲四民月令亦曰小歲。又始歲曰獻歲楚辭·招魂獻歲發春註獻，進也。歲始來進，春氣奮揚也。又東京夢華錄除夕夜，士庶之家圍爐團坐，達旦不寐，謂之守歲。又風土記除夜祭先，竣事，長幼聚飲，祝頌而散，謂之分歲。又蘇軾·饋歲詩序蜀中值歲晚問遺，謂之饋歲。酒食相邀爲別歲囟萬歲，山名，在桂陽水經注萬歲山生靈壽木，溪下卽千秋水。水側居民號萬歲村。又水名伏琛·三齊略記曲城、齊城東有萬歲水，水北有萬歲亭。又湖名廣輿記萬歲湖，在建昌府南豐縣。又宮名三輔黃圖汾陽有萬歲宮。又木名爾雅·釋木疏杻一名檍，今宮園種之，名萬歲木，取名於億萬也囟集韻相絕切音雪。義同上曹植·平原公主誄城闕之詩，以日喩歲。況我愛子，神光長滅。歲亦讀雪囟suò集韻蘇臥切音髄。𢽾歲，穀名△說文从步戌聲。律歷書名五行爲五步。一說从步者，躔度之行，可推步也。从戌者，木星之精，生於亥，自亥至戌而周天。戌與歲亦諧聲。別作歳、𡻟，𡿨非。鼆又𡻮13613岜13340半13311歳26656岁13359𡻙14091嵗26645𡻝18937𡻞18922囟漢語大字典·P762崇13438同歳。

囟嵗14200偏類碑別字·歳引魏正平太守元仙墓誌。

囟歩26560宋元以來俗字譜引通俗小說等囟龍龕歘13833𡻆13704𡻖13504，古文，音歲。

𦜹 26640 13126
bì_9.13 　玉篇符逼切音愎。止也正字通指爲謁字，非。

𨄼 26641 13127
chú_9.13 　字彙補躇字省文。本作躇59448

𧾱 26642 13128
jiā_9.13 　篇海類編古洽切，音甲◇字彙補止也。

𨅦 26643 43989
māo_9.13 　五音篇海音猫。

𧿶 26644 43990
yì_9.13 　五音篇海音詣。

嵗 26645 u2B793
suì_9.13 　同歳26656，俗歲26639

𪨺 26646 u2AD3A
null_9.13 　未詳。

𧫹 26647 u2AD39
null_9.13 　喃未詳。

𨂎 26648 u2398E
thẳng_9.13 　喃同𨙦26666直。

𨂍 26649 u2398D
ngay_9.13 　喃从正宜nghi聲。貞，正，直△吶𨂍：直

言。𣦓苓：健全，正直善良。

𣦊 26650 u2398A chǐ_9.13 或俗齒75554

歳 26651 u6B73 suì_9.13 俗歲26639

嗅 26652 13129 xiū_10.14 玉篇香幽切音休。義闕字彙一曰息也。○按字見玉篇正字通泛云俗字，非。

豈 26653 43991 gāng_10.14 龍龕音剛。

馳 26654 43992 qū_10.14 搜眞玉鏡同駈。

𪴻 26655 u2AD3B null_10.14 喃未詳。

歲 26656 u2F8F3 suì_10.14 俗歲26639

𣦓 26657 u23993 giêng_10.14 喃从正貞trinh聲。亦作𦙫△腩𦙫：正月。

歴 26659 u6B74 lì_10.14 俗歷26670

𣦒 26658 u23992 ruì_10.14 俗睿37906遼易州興國寺太子誕聖邑碑𣦒智神武。

嘖 26660 13130 zé_11.15 玉篇助革切音齚◇正也，齊也，好也。亦作賾。鑾又䟩57874

整 26661 13131 zhěng_11.15 字彙補與整同。亦作整𣦂𣦂。

𣦎 26662 13132 duàn_11.15 字彙補與斷同。鑾古文斷字。

𣦏 26663 13133 gān_11.15 字彙補古刋切。與乾同。

𣦐 26664 13134 chǐ_11.15 字彙補同齒。

𪴼 26665 u2AD3C null_11.15 未詳。

𣦛 26666 u2399B thẳng_11.15 喃从正倘thẳng聲。直，一直△省作𨁼26648

𣦚 26667 u2399A pū_11.15 同𣦚00123

𣦙 26668 u23999 duǎn_11.15 同斷22114

𣦘 26669 u23998 cí_11.15 同雌66138亦作𪂔73034𡸣66087

歷 26670 13135 lì_12.16 古文𤪪唐韻郎擊切集韻韻會狼狄切𠀤音靂說文過也。一曰經歷◆書·梓材殺人歷人註歷人者，罪人所過前漢·天文志合散犯守，陵歷鬭食韋昭註自下往觸之曰犯，居其宿曰守，經之爲歷，突掩爲陵，星相擊爲鬭 又 次也禮·月令季冬，命宰歷卿大夫至於庶民註歷，猶次也 又 盡也。謂徧及之也書·盤庚歷告爾百姓于朕志前漢·劉向傳歷周唐之所進以爲法師古註歷，謂歷觀之 又 踰也，越也孟子不歷位而相與言大戴記竊盜歷法妄行 又 疎也宋玉·登徒子好色賦齞脣歷齒註歷，猶疎也後漢·列女傳蓬髮歷齒，未知禮則。又 錯也莊子·天地篇交臂歷指 又 亂也大戴記歷者，獄之所由生註歷，歷亂也鮑照詩黃絲歷亂不可治。又 歷歷，行列貌古樂府歷歷種白楡 又 釜鬲謂之歷史記·滑稽傳銅歷爲棺索隱曰歷卽釜鬲也 又 歷錄，文章之貌。見詩疏 又 寂歷，猶寂寞也張說詩空山寂歷道心生 又 山名括地志蒲州河東縣雷首山，一名中條，一名歷山，舜耕處廣輿記蒲州今屬平陽府。又濟南有歷山漢志充縣亦有歷山 又 縣名前漢·地理志信都國有歷縣。又歷城縣，屬濟南，卽齊州縣也地理通釋田廣罷歷下兵，卽其地。後漢安帝建光三年，黃龍見歷城。又 湖名廣輿記歷湖，在和州城西，周七十里，爲郡之巨浸 又 爰歷，書名說文序趙高作爰歷篇，所謂小篆 又 與曆日之曆同前漢·律歷志黃帝造歷。又世本曰容成造歷尸子曰：羲和造歷。或作曆 又 與霹靂之靂同前漢·天文志辟歷夜明後漢·蔡邕傳辟歷數發 又 與馬櫪之櫪同前漢·梅福傳伏歷千駟 又 同壢。坑也。鑾又历04789歴05021歴05017歷04972歴18051歴26659歴04970歷26678 又 韓小荊：𠍬02225，俗歷。

𡾋 26671 13136 qiāo_12.16 字彙與蹻同。

𡾐 26672 13137 cún_12.16 玉篇同蹲

𡾜 26674 43993 jiǎn_12.16 川篇同剪。

夔 26673 13138 kuí_12.16 廣韻俗夔字干祿字書或作𡕒。

𪴾 26675 u2AD3E null_12.16 喃未詳。

𡾔 26679 13139 chú_13.17 集韻與躇同

𣦠 26677 u239A0 chú_12.16 峙𣦠，同踟躇59448

𪴽 26676 u2AD3D null_12.16 喃未詳。

𪴿 26682 u2AD3F null_13.17 殷周金文集成·16.9996·曾子遌缶曾子𪴿之行缶。

歷 26678 uF98C lì_12.16 兼歷。

壁 26680 13140 bì_13.17 唐韻集韻𠀤必益切音璧說文人不能行也。與跛躄之躄同。

𡾗 26681 13141 null_13.17 音切未詳金液神氣經西嶽姓華，名𡾗君。

𣦥 26683 u239A5 null_13.17 或蹺59386譌字。

𣦤 26684 u239A4 null_13.17 未詳。

壓 26685 13142 yǎn_14.18 集韻同魘。

歸 26686 13143 guī_14.18 古文𨺔唐韻舉韋切集韻居韋切𠀤音騩。還也，入也詩·小雅薄言旋歸 又 還所取之物亦曰歸春秋·定十年齊人來歸鄆、讙、龜陰田。又禮·祭義父母全而生之，子全而歸之孟子久假而不歸。皆還復之義。又 春秋·隱元年歸惠公仲子之賵杜註歸者，不反之辭桓十一年突歸于鄭穀梁傳歸，易辭也 又 依歸也詩·曹風于我歸處毛傳歸，依歸也 又 歸附也穀梁傳·莊二年王者，民之所歸往也詩·大雅豈弟君子，民之攸歸 又 說文女嫁也詩·周南之子于歸禮·禮運男有分，女有歸。又穀梁傳·隱二年婦人謂嫁曰歸，反曰來歸註嫁而曰歸，明外屬也。反曰來歸，明從外至也左傳·莊二十七年凡諸侯之女歸寧曰來，出曰來歸。夫人歸寧曰如某，出曰歸于某 又 投也，委也左傳·襄三年請歸死于司敗。又前漢·申屠嘉傳鼂錯恐自歸景帝註師古曰自首于天子 又 與也，許也論語天下歸仁焉 又 合也禮·緇衣私惠不歸德註謂不合於德義 又 終也左傳·宣十一年以討召諸侯，而以貪歸之 又 歸妹，卦名 又 三歸，臺名史記註三歸，取三姓女也 又 指趨曰歸易繫辭殊途而同歸◆史記·李斯傳覩指而識歸 又 道家有八歸參同契九還、七返、八歸、六居註八歸者，天三生木，地八成汞戊己一合，木汞之眞，歸煉鼎中，故曰八歸 又 謝察微·算經有歸法，歸已入之數也 又 歸藏，黃帝易名。一曰殷易周禮·春官大卜掌三易之灋，二曰歸藏註歸藏者，萬物莫不歸而藏之于中。此易以純坤爲首，故名 又

雅·釋親 女子謂晜弟之子爲姪，謂姪之子爲歸孫図饋也 論語 歸孔子豚 晉語 不腆敝邑之禮，敢歸諸下執政図山名 山海經 太行之山，其首曰歸山，其上有金玉，其下有碧図州名 廣韻 本春秋夔子國，武德初，割夔州之秭歸、巴東二縣置州，取歸國爲名曰 廣輿記 今屬荊州府図姓図歸邪，星氣名 前漢·天文志 如星非星，如雲非雲，名曰歸邪。歸邪出，必有歸國者。邪音蛇図忘歸，矢名，見 公孫子図姊歸，鳥名。當歸，藥名図kuì 集韻 求位切音匱。同饋 說文 餉也。亦讀如字。義見上△籀省作婦。漢碑作趨。鎣又帰14933婦31212歸15193归16363隔65700餝26689迬60958歸61017歸65709歸10304嶊13850

巋 26687 13144
guì_14.18　字彙補 居胃切音貴。傷也。

巋 26688 13145
zhuì_14.18　字彙補 之芮切音贅。山名。鎣又巋26693

崍 26689 13146
guī_14.18　字彙補 與歸同。亦作𡴫。

䶀 26690 43994
gǔ_14.18　篇海類編 音古。

𪔠 26691 43995
bǐng_14.18　龍龕 音丙。

巋 26692 43996
yìn_14.18　海篇 音印。

巋 26693 u239AC
zhuì_15.19　同巋26688 玉篇 巋，之芮切。名山名。

𪔮 26694 u239AE
tuǒi_17.21　喃 同䡖15290歲。

歷 26696 u239B0
trài_18.22　喃 經歷。

歷 26695 13147
lì_18.22　集韻 郎狄切音歷。積也。鎣清刊本 集韻 从土作壢09650

巒 26697 13148
pèi_19.23　字彙補 與巒同。

蘂 26698 u239B2
ruì_19.23　俗叡05311亦作蘂26699

蘂 26699 13149
ruì_20.24　字彙補 同叡。鎣字又作蘂26698

鑫 26700 u239B4
bēn_20.24　同𪔬58600 正字通 奔，又 石鼓文 其戟鑫鑫。註云鑫同奔，亦非。

◆ 歹部 ◆

歹 26701 13150
dǎi_0.4　古文𠧪。同歺è，俗省。本作歺，隸作歹。俗書正誤歹，音遏 長箋 今誤讀等切，爲好字之反。鎣又歹26705𣦵04645觰55430 徐鍇·歹字源出藏文 說歹、歺字由藏文字母「ㄉ」訛變而來。

歺 26702 13151
è_0.4　唐韻 五割切 集韻 牙葛切𠀤音枿。◆ 說文 𡿩，骨之殘也。从半冎，凡歺之屬皆从歺。讀若櫱岸之櫱 徐鍇曰 冎剔肉置骨也。歺，殘骨也，故从半冎 徐鉉曰 義不應有中一。秦刻石文有之図 集韻 才達切音戳。歺骨餘也図居陵切音兢。義同△ 集韻 作歺。鎣户12912歺12928歺02564，並古文歺図歹26701𣦵04645

歺 26703 13152
dǎi_0.4　同歺。

歹 26705 uFA95
dǎi_0.4　同歹26701

歺 26704 13153
dǎi_0.4　字彙 多改切，戴上聲。好之反也 集要 悖德逆行曰歹。俗作歺，誤図 田汝成·炎徼紀聞 南蠻稱人曰歹，自稱亦曰歹，猶晉之言咱，楚之言儂也。

歹 26706 u2F4D
dǎi_0.4　同歹26701部首專用字。亦作歺26707

歺 26707 u2E9E
dǎi_0.4　部 歹26706

𣦶 26708 13154
zhá_1.5　集韻 與𡿪同

朽 26709 13155
xiǔ_2.6　唐韻 集韻 𠀤與朽同 說文 腐也 博雅 敗也，臭也 禮·月令 孟冬之月，其臭朽 鄭註 朽亦作殠字 林云腐也図割也 列子·殷湯篇 楚南有炎人之國。其親戚死，殠其肉而棄之，然後薶其骨 搜採異聞錄 作殠図殠塗，國名 山海經 大荒之中有山，名殠塗之山 註 殠音朽 楊慎外集 作殠塗，誤図 集韻 許救切音殠。義同。鎣又歼26718殈26746歼26781

死 26710 13156
sǐ_2.6　古文𣥚𣦸 廣韻 息姊切 集韻 韻會 正韻 想姊切，𠀤私上聲 白虎通 死之言澌，精氣窮也。◆ 釋名 死者，澌也。若冰釋，澌然盡也 莊子·知北遊 人之生，氣之聚也。聚則爲生，散則爲死 關尹子·四符篇 生死者，一氣聚散耳 禮·曲禮 庶人曰死 禮·檀弓 君子曰終，小人曰死。又 周禮·天官·疾醫註 少曰死，老曰終図 山海經 有不死國，在南海大荒中 郭璞贊 赤泉駐年，神木養命。稟此遐齡，悠悠無竟図 圓丘山有不死樹 郭璞贊 萬物暫見，人生如寄。不死之樹，壽蔽天地図 山海經 流沙之東，黑水之閒，有不死山。又 劉孟會云 祖州海島產不死草，一株可活一人図姓。自、死、獨、膊，代北四姓也。見 氏族略図葉息利切音四 宋玉·九辯 願徼幸而有待兮，泊莽莽與埜艸同死。叶上至 說文 从人作𠈇。鎣又殀26712殰16335殛26726𠇾02376𣦸14697図 集韻 死古作芫49220

𠈇 26711 13157
sǐ_2.6　同死。

殀 26712 13158
sǐ_2.6　同𠈇図 篇海 居月切音厥。短也○按此說無據，不可從。

殄 26713 13159
tiǎn_2.6　玉篇 古文殄26763字図 齊民要術 稅，殄，稻今年死，來年自生曰稅。鎣 齊民要術·卷第二·水稻第十一 字林曰：稅，力脂反。稻今年死，來年自生曰稅。楊寶忠：稅40444，俗稅。注音力脂反脫脂字，「力反」二字又誤合作殄。

叞 26714 13160
cán_2.6　唐韻 昨干切 集韻 財干切𠀤音殘 說文 殘穿也。亦作歽。鎣譌作歅21625

歼 26715 13161
cán_2.6　同叞 集韻 亦作歅△ 字彙 又作奻。引 國語 人三爲衆，女三爲奻○按 國語 本作奻，或省作奸，譌作奻。合奻、奻爲一，誤。

殔 26716 13162
sù_2.6　字彙補 古文𠈇09860字。

殂 26717 u239BE
zhá_2.6　同殈26749 篇海類編 五札切，音鴨。屬也 四聲篇海 殂26726，五札切。屬也。

歼 26718 13163
xiǔ_3.7　殠字之譌。

殘 26719 13164
hóng_3.7　字彙 舊藏作弘。

殠 26720 13165
xiǔ_3.7　篇海 許救切音殠。梟也○按音義與殠同。

殢 26721 13166
tǐ_3.7　廣韻 集韻 𠀤他計切音替 博雅 極也 玉篇

喘也。一曰殏殏，極困也△集韻或作殢。鼇又尥26724

死 26722 13167
dù_3.7　玉篇　集韻　尥與殬同。

歺 26723 13168
yì_3.7　集韻逆乙切音耴。水流貌。

歽 26724 13169
tǐ_3.7　字彙音義同殢○按此當即殢字之譌。

殙 26725 13170
xuè_3.7　篇海許劣切。同殘。盡也字彙補與殘同。

死 26726 13171
zhá_3.7　字彙補同死26710亦作歹。鼇俗歽26741又
尥26748歹26708

殘 26727 43997
dié_3.7　搜眞玉鏡度列切，音耋◇。

歼 26728 u6B7C
jiān_3.7　簡殲27008　　**歽** 26729 13172
zhé_4.8　集韻之列切
音折。夭死也○按經史本作折。

殀 26730 13173
jí_4.8　集韻歫26767或从及作殀。

殁 26731 13174
mò_4.8　唐韻　集韻尥莫勃切音沒說文終也左
傳·僖二十二年叔詹曰：楚王其不殁乎，爲禮而卒於無
別，將何以殁註不殁，言不以壽終也図呼骨切音忽。
盡也，揚子·太玄經詘其節，執其術，共所殁註術，道也。
殁，盡也。節于道，殁身而已。殁，音忽○按諸韻書無
忽音，今補入図wěn集韻武粉切音吻。與刎同。斷也
△玉篇古文沒字。鼇又殁08312殁26732殁26757

殁 26732 13175
mò_4.8　同殁玉篇古文沒字図殟殁，舒緩貌傅
毅·舞賦超踰鳥集，縱弛殟殁。鼇又殁08312殀26744
殁26757殟26836殘26883

殂 26733 13176
niǔ_4.8　集韻女九切音紐。殟殂，欲死貌。

殊 26734 13177
cì_4.8　篇海恣、次二音。死而復生也。亦作殀。

殘 26735 13178
xuè_4.8　篇海許劣切。同殀。

殀 26736 13179
yǎo_4.8　廣韻　集韻　韻會尥於兆切音夭玉篇殁也。
短折曰殀，壽之反也孟子殀壽不貳。亦作夭図斷殺也
禮·王制不殺胎，不殀夭鄭註殀，斷殺也。少長曰夭。
鼇又殀26747殘26849

殘 26737 13180
cán_4.8　玉篇昨安切唐韻昨干切集韻財干切尥
音殘。與胮同說文禽獸所食餘也。本作殘図廣韻祖贊
切集韻才贊切尥音儹。又wà廣韻集韻五刮切集韻五
活切，音刖。又集韻北末切音撥。義尥同。鼇又殀26759
図直音篇殤26816同殗。

殗 26738 13181
nè_4.8　廣韻内骨切集韻奴骨切尥音訥玉篇殟
殗，心亂也梵書比丘聽施經殟殗。鼇又殤26784

殘 26739 13182
guì_4.8　廣韻古惠切集韻涓惠切尥音桂博雅極
也。一曰殏殏，極殘也。死貌。

殘 26740 13183
kǎo_4.8　篇海苦浩切音考。殘打。又殘校○按此皆
俗說，無據。

殂 26741 13184
zhá_4.8　篇海側八切音札。屬也○按此當即歹字
之譌。

殈 26742 13185
xiōng_4.8　廣韻集韻尥古文凶03185字図前漢·藝文
志天文家，星事殈悍，非湛密者弗能由也註殈、凶同
△集韻通作兇。

殍 26743 13186
chuān_4.8　字彙昌兗切音喘。殘也，盡也。又對臥
也△一說古布字六書略商貨布字作殍。

殍 26744 13187
mò_4.8　五音篇海與殁同。詳上註。

殒 26745 13188
zhōu_4.8　玉篇古文州14565字。

殉 26746 13189
xiǔ_4.8　五音篇海同殉26781

妖 26747 13190
yāo_4.8　字彙補夭09984本字。鼇正字通殀同妖。

殂 26748 13191
zhá_4.8　廣韻集韻尥側八切音札。瘑疾字林夭死
也。或作歹△亦作殟。鼇又尥26717殀26727歽26726殂26741

殂 26749 13192
zhá_4.8　玉篇同殟　　**殘** 26750 43998
diàn_4.8　龍龕音殿。

殊 26751 43999
bài_4.8　五音篇海音拜。

殍 26752 44000
shí_4.8　篇海類編音食。

殂 26753 44001
pā_4.8　篇海類編音琶。

殊 26754 u239D8
chuān_4.8　俗殍48539見龍龕

殌 26755 u239D7
yóu_4.8　元·吳昌齡花間四友東坡夢·第一折妙舞
清歌本足誇，殌雲殢雨作生涯。又金瓶梅詞話·第七十
二回正是：常將壓善欺良意，權作殌雲殢雨心図越諺
殌殢：（音）尤異。圖賴人。

殌 26756 u3C5D
null_4.8　未詳。　　**殁** 26757 u6B81
mò_4.8　同殁26732

殂 26758 13193
cú_5.9　古文朏殂殂殂殂唐韻昨胡切集韻韻會
叢租切尥音徂說文往死也書舜典帝乃殂落爾雅·釋詁
疏謂之殂落者，蓋殂爲往也。言人命盡而往落者，若草
木葉落也△通作徂。鼇又殍06776殂26927

殂 26759 13194
cán_5.9　廣韻詞由切集韻徐由切尥音囚玉篇殘
也。鼇正字通同殤26816譌省。舊註殘也。改音囚，非。

殃 26760 13195
yāng_5.9　古文䄃唐韻廣韻集韻類篇韻會正韻尥
於良切音央說文咎也。一曰禍也，罰也，敗也書·伊訓
作不善，降之百殃周禮·天官·女祝掌以時招梗禬禳之
事，以除疾殃図集韻於郎切音鴦。義同。鼇簡文作
庚15519

殊 26761 13196
chì_5.9　玉篇丑利切集韻丑二切尥音瘛。鬼魅也
山海經剛山多神魃。或作殊図集韻敕栗切音扶。與魅
同。厲鬼。

殟 26762 13197
miǎn_5.9　集韻韻會尥彌兗切音緬。矜也図正韻美
辨切音免。義同図hūn集韻呼昆切。與殙同莊子·達生
篇以黃金注者殙。本亦作殟図集韻謨奔切音門。義同。

殄 26763 13198
tiǎn_5.9 古文 㱡 𣧑 唐韻 集韻 韻會 正韻 𡘋徒典切，堨上聲 說文 盡也。一曰絕也 書·舜典 朕堲讒說殄行 孔傳 言疾讒說，絕君子之行也。又 畢命 商俗靡靡，餘風未殄 図 周禮·地官·稻人 凡稼澤，夏以水殄草而芟夷之 註 殄，病也，絕也 図 與腆同 儀禮·燕禮 寡君有不腆之酒 鄭註 古文腆皆作殄 詩·邶風 籩餘不殄 箋 殄當作腆，善也 正義 曰：腆與殄，古今字之異，故 儀禮 註云腆古文字作殄，是也 図 集韻 或作堩 詩·小雅 哀我堩寡。堩，徒典切。鼉 又殄26764

㱢 26764 13199
tiǎn_5.9 廣韻 殄，俗作㱢。

㱥 26766 13201
tiǎn_5.9 俗殄字。

戝 26765 13200
xuè_5.9 集韻 許月切，𡘋音颰。盡也。鼉 又歽26725殘26735戝26795

岌 26767 13202
jí_5.9 玉篇 宜及切 廣韻 魚及切 集韻 逆及切 𡘋音岌。危也。或作岋 図 集韻 落合切音拉。朽折也。

歾 26768 13203
mò_5.9 集韻 莫葛切音末。朽餘也。

歌 26769 13204
gē_5.9 集韻 居何切音歌。死貌。

牲 26770 13205
shēng_5.9 集韻 師庚切，音生。死而更生也。

殦 26771 13206
yǒu_5.9 集韻 於九切音慢。殦殦，欲死。

殀 26772 13207
jiǎo_5.9 字彙 吉了切音皎。夭也。

妭 26773 13208
bá_5.9 集韻 蒲撥切音跋。腐氣。或作䫌。

㱱 26774 13209
zì_5.9 玉篇 慈罍切，音自◇今作殨。

殍 26775 13210
zhōng_5.9 玉篇 古文終43975字 図 博雅 歾殍，竟也。

破 26776 13211
pǐ_5.9 玉篇 孚彼切 廣韻 匹靡切 集韻 韻會 普靡切，𡘋披上聲。破，折也△通作披 戰國策 范雎說秦王曰：木實繁者披其枝 史記·魏其武安侯傳 枝大于本，不折必披 図 pī 廣韻 敷羈切 集韻 韻會 攀縻切 𡘋音披。剖肉也。或作攭 図 集韻 部縻切音被。義同。鼉 又劾36923

㱠 26777 13212
kū_5.9 玉篇 唐韻 苦胡切 集韻 空胡切 𡘋音枯 說文 枯也。一曰殦也 図 gū 集韻 攻乎切音孤。與辜同。鼉 又㱠26783

殐 26778 13213
jué_5.9 字彙 巨勿切音倔。殭也◇按卽殨字譌省。

殂 26779 13214
cú_5.9 集韻 殂26758古作歼。

殆 26780 13215
dài_5.9 唐韻 徒亥切 集韻 韻會 正韻 蕩亥切，𡘋駘上聲 說文 危也 禮·祭義 不敢以先父母之遺體行殆。図 近也 詩·小雅 無小人殆 箋 言無與小人近 図 始也 詩·豳風 殆及公子同歸 毛傳 殆，始也 図 將也，幾也 易繫辭 顏氏之子，其殆庶幾乎 禮·檀弓 殆不可伐 図 賈誼·新書 志操精果謂之誠，反誠爲殆 図 與怠通 左傳·昭五年 滋敝邑休殆。鼉 又殆38802

㱽 26782 13217
yuè_5.9 字彙 同殈 殈 26781 13216 xiǔ_5.9 隨函此字誤。合作歾，音朽。枯也。今俗鉤、苟二音。鼉 又殈26746

歼 正字通 殉卽殉26804字之譌。

姑 26783 13218
kū_5.9 篇海類編 與㱠26777同。

殇 26784 13219
nè_5.9 篇海 殇字之譌。

殘 26785 u2AD41
null_5.9 未詳。

殑 26786 u2AD40
null_5.9 未詳。

殎 26788 u239EF
null_5.9 未詳。

姍 26787 u239F1
shān_5.9 同姍26801 字彙 所間切，音山。匈奴名。又去聲，所晏切。義同。

殘 26789 u6B8B
cán_5.9 简 殘26869

殤 26790 u6B87
shāng_5.9 简 殤26941

殊 26791 13220
mǐ_6.10 集韻 母禮切音米。米半壞。

胳 26792 13221
luò_6.10 玉篇 集韻 力各切 廣韻 盧各切 𡘋音落。零也。一曰殂胳，死也。通作落。

㱿 26793 13222
yú_6.10 篇海 容朱切音俞。本作腴。

殈 26794 13223
xù_6.10 廣韻 集韻 韻會 正韻 𡘋呼昊切音洫。鳥卵裂也 禮·樂記 卵生者不殈 鄭註 殈，裂也 疏 今齊語稱裂爲殈 釋文 卵坼不成曰殈 図 集韻 弋質切音溢 禮·樂記 卵生者不殈。范宣讀 図 集韻 呼役切音瞁。又馨激切音鶪。義𡘋同。

䏿 26795 13224
xuě_6.10 集韻 相絕切音雪 博雅 盡也 図 集韻 雪律切音䏿。又翾劣切音威。義𡘋同○按殘、䏿同義 玉篇 有殘無䏿。䏿當卽戝字譌文。

㱷 26796 13225
piǎo_6.10 集韻 同殍 図 蒲候切音踣。與芟同。落也。

殔 26797 13226
duò_6.10 玉篇 丁臥切 集韻 都唾切 𡘋音剁。貧殥也。

殑 26798 13227
shēng_6.10 廣韻 山矜切 集韻 色矜切 𡘋音樁 玉篇 殑殑，欲死貌 図 廣韻 色廕切，陵上聲 集韻 韻會 正韻 色拯切，洗上聲。義𡘋同。

歆 26799 13228
zì_6.10 廣韻 資四切音恣 說文 死而復生爲歆。図 cì 廣韻 七四切音次 博雅 病也。亦作歆。鼉 又殙26734 歆26810 㱿26407

殯 26800 13229
èr_6.10 集韻 仍吏切音餌。春祭以除病。本作䄣。

姍 26801 13230
shān_6.10 廣韻 所姦切 集韻 師姦切 𡘋音刪。單于名 図 集韻 所晏切音訕。義同 玉篇 漢書 云稽侯姍。應劭：音訕。李奇：又音山。鼉 又姍26787

殨 26803 13232
kuì_6.10 集韻 與㷌同 博雅 倦也。一曰跛也。

殉 26804 13233
xùn_6.10 廣韻 辭閏切 集韻 徐閏切 韻會 正韻 松閏切 𡘋音徇 玉篇 用人送死也 禮·檀弓 子亢曰：以殉葬，非禮也 左傳·文六年 秦伯任好卒，以子車氏之三子爲殉。國人哀之，爲之賦 黃鳥 図 營也，求也 書·伊訓 殉于貨色 傳 殉，求也 正義 曰：殉者，心循其事，是貪求之意，故爲求也 前漢·李陵傳 殉國家之急 註 師古曰殉，營也。一曰從也。又 班固·幽通賦 豈余身之足殉兮，違世業之可懷 項岱註 亦訓營 図 凡以身從物皆曰殉 莊

子·騈拇篇 小人則以身殉利，士則以身殉名，天下盡殉也。彼其所殉仁義也，則俗謂之君子。其所殉貨財也，則俗謂之小人又 集韻松倫切音旬。義同書·伊訓殉于貨色。徐邈讀又 集韻余絹切音蟓。義同。鼇 又 殉26781

殘 26802 13231
cán_6.10 歾本字。音朘。恨也○按 說文 殩，有所恨也集韻 或作慅。殘疑即慅字譌文。鼇 正字通 惱17739字之譌。

㱚 26806 13235
miǎn_6.10 字彙 彌兗切音緬。矜也○按此音義同殢，當即殢字之譌。

殊 26807 13236
shū_6.10 唐韻 市朱切集韻韻會 慵朱切正韻 尚朱切丛音受 說文 死也。漢令曰：蠻夷長有罪，當殊之 莊子·在宥篇 殊死者相望也 註 廣雅 曰：殊，斷也。司馬云決也。一曰誅也 字林 云死也 前漢·宣帝詔 赦殊死以下又 絕也前漢·宣帝詔 骨肉之親，粲而不殊 師古註 粲，明也。殊，絕也。明於仁恩，不離絕也 前漢·韓信傳 軍皆殊死戰 師古註 殊，絕也。謂決意必死又 斷絕也 左傳·昭二十三年 斷其後之木而弗殊又 傷而未絕也 史記·蘇秦傳 齊大夫與蘇秦爭寵者，使人刺秦，不死，殊而走又 別也，異也 易繫辭 天下同歸而殊塗 禮·大傳 殊徽號，異器械又 過也 後漢·梁竦傳 母氏年殊七十 註 殊，猶過也又 語詞 詩·魏風 殊異乎公路又 殊庭，蓬萊仙人庭也 前漢·郊祀志 將以望祀蓬萊之屬，幾至殊庭。

殘 26808 13237
lì_6.10 玉篇 力祭切集韻 力制切丛音例。病也。

殌 26809 13238
luàn_6.10 字彙補 力換切音亂。諸物臨死之時，迷離沒亂之意。

歀 26810 13239
zì_6.10 字彙補 同欤26799

殐 26811 13240
cǐ_6.10 集韻 與胔同○按即殐字之譌。

殔 26812 44003
yú_6.10 五音篇海 同腴。

殥 26813 44004
dié_6.10 篇海類編 音至。鼇 字彙補 音豎。

㱡 26814 u2AD43
null_6.10 未詳。

殆 26815 u2AD42
nào_6.10 或同殅26805

㱠 26816 u2669B
cán_6.10 同殘26802 歾26737本字 六書正譌 殘，千干切。禽獸食餘也。从歹肉會意。俗用殘，非。

㱤 26817 u23A04
qià_6.10 殩26829譌字。

殭 26818 13241
lèi_7.11 玉篇 力會切集韻 魯會切丛音酹。病也。鼇 又 殤26948

殠 26819 13242
mào_7.11 集韻 眉教切。與餒同。飽憊也。

殦 26823 13246
piǎo_7.11 俗殍字。

殧 26820 13243
jué_7.11 字彙 居月切，音決○死也又 渠京切音擎。義同。

殓 26821 13244
mào_7.11 集韻 眉教切音貌 博雅 歹也。

殍 26822 13245
piǎo_7.11 廣韻 平表切集韻韻會 被表切丛音摽。餓死曰殍。或作莩，亦作苁。前漢·食貨志贊 塗有餓莩。與

殍同又 通作莩 孟子 野有餓莩又 唐韻集韻韻會正韻 丛芳無切音敷。義同 白居易·坐隅詩 俱化爲餓莩。莩作夫字押，是也 集韻 或从耳作聘又 廣韻 符鄙切 集韻 部鄙切丛音痞。義同。一曰草木枯落也。或作殘△ 韻會 按 說文 殘音艫，物落也。凡从殘者皆當作殘，从爪从又。今變爲孚，轉寫訛耳。本非孚信之孚，然今經史承訛難遽改，故韻書丛兩存之。鼇 又 殣26823

殱 26825 13248
chè_7.11 字彙 恥格切，音宅◇裂也。或曰與折同。

殦 26826 13249
xǐ_7.11 殦字之譌。

殣 26824 13247
hēng_7.11 玉篇 呼庚切 集韻 虛庚切丛音亨。彭殣，胖也。本作脝。

狼 26827 13250
láng_7.11 字彙 魯堂切音郎。死物。

殥 26828 13251
yàn_7.11 集韻 與唁同。亦作喭。

殨 26829 13252
qià_7.11 玉篇 苦甲切 類篇 乞洽切，並音恰◇姑殨也△ 集韻 作殆。鼇 殆為譌字。宋本 集韻 作殨，姑也。

殐 26830 13253
qiú_7.11 廣韻 巨鳩切 集韻 渠尤切丛音求 爾雅·釋詁 終也。亦作求。

殯 26831 13254
gǔ_7.11 • 玉篇廣韻集韻 丛古祿切音谷 博雅 殯殡，歹也。一曰臨死畏怯貌。俗作觳，非是又 集韻 徒谷切音牘。又 轄覺切音學。義丛同。

殜 26832 13255
tuǐ_7.11 玉篇 土罪切 廣韻集韻 吐猥切丛音骽。猥殜，弱也又 集韻 弩罪切音餒。義同。

殝 26833 13256
sù_7.11 玉篇 思祿切 廣韻 桑谷切 集韻 蘇谷切音速。殝殜，歹也。一曰殭也又 集韻 色角切音朔。義同。

殩 26834 13257
qíng_7.11 玉篇 巨升切 廣韻 其矜切 集韻 巨興切丛音殑。殩殩，欲死貌。一曰掔縮也。又 廣韻集韻 丛其拯切音㻳。又 jīng 集韻 其孕切。義丛同又 集韻 居陵切音兢。殩殩，鬼出又 集韻 巨興切 廣韻 其餕切，瑩去聲。殩伽，河名 大藏西域記 阿耨達池，在香山之南，大雪北，周八百里。東南流入海者曰殩伽河，西南流入海者曰縛芻河，西北流入海者曰徙多河。又潛流地下，出積石，東北流入海者，爲中國河源。釋典殩伽，華言天堂。見 翻譯名義集。鼇 又 殩26953殩26972

殰 26835 13258
cuō_7.11 字彙補 猜多切音蹉 楊廉夫·仙遊錄 曰殰西。

殮 26836 13259
mò_7.11 殁本字。見 說文長箋

殭 26837 13260
cú_7.11 集韻 殂26758古作殭。亦作㱑胟殭。

㱥 26838 13261
yì_7.11 玉篇集韻類篇 丛古文殪26967字。亦作壹。

殤 26839 44005
wù_7.11 篇海類編 音屋。

殫 26840 44006
tào_7.11 川篇 他告切，叨去聲。

殮 26841 u2AD44
null_7.11 未詳。

殯 26843 u23A12
null_7.11 未詳。

殤 giǎ_7.11 喃从歹呂lǎ聲。

殓 liàn_7.11 简殮26983

殞 yǔn_7.11 简殒26915

殂 cú_8.12 集韻殂26758古作殂 字彙 作殂○按字見 集韻 正字通 云俗殂字,非。鼌又殂06776殂26927殂26779

㱭 xǐ_8.12 玉篇先狄切 廣韻先擊切 集韻先的切丛 音錫 博雅 癖㱭,極也。一曰欲死之貌。鼌又㱭26848

㱭 xǐ_8.12 同㱭。

殀 yāo_8.12 集韻於喬切 音妖。害物也○按此與夭字義同。

殘 wěi_8.12 玉篇 唐韻於爲切 集韻邕危切丛音透 說 文病也。一曰枯死也。亦作瘃 又wèi 廣韻 集韻 韻會 丛 於偽切音萎 禮·內則註 益州有鹿殘,謂取鹿殺而埋地 中,令其臭乃出而食之,名鹿殘。

殜 yè_8.12 同殜。 麻去聲◇無也。鼌殜09941俗誤。切音字。

殪 yì_8.12 唐韻 集韻 丛羊至切音肆 說文 瘞也 小爾 雅 埋柩謂之殪 釋名 假葬於道側曰殪。與殔同。

殨 zú_8.12 玉篇 唐韻子聿切 集韻 類篇 卽聿切丛音 卒。終也。又 說文 大夫死曰殨。通作卒 禮·曲禮 大夫曰 卒,士曰不祿 又cù 廣韻 集韻 丛蒼沒切音猝。暴終也。

殂 yǔ_8.12 玉篇 於舉切 集韻 歐許切, 丛於上聲。殂 也。

殯 pěng_8.12 集韻 類篇 丛撫勇切音捧。死也。

殤 yì_8.12 集韻 以豉切音難易之易。芟夷草木曰殤。

殤 qīn_8.12 集韻七鳩切音沁。草木萎死。鼌 類篇 又 千尋切。蟊食苗心死也 又殤49751

殤 yuè_8.12 字彙 五角切音岳。卒死也。鼌又殤26782

殤 juè_8.12 玉篇 巨勿切 集韻 渠勿切丛音倔。殭也。 鼌又殤26778

殕 fǒu_8.12 玉篇 廣韻 丛方九切音缶 博雅 敗也,腐也 又 唐韻 芳武切 集韻 斐父切丛音撫。物敗生白曰殕。 又 集韻 奉甫切音父。義同 又bó 玉篇 步北切 集韻 鼻墨 切丛音蔔。與踣同。斃也,僵也 左傳·襄十四年 譬如捕 鹿,晉人角之,諸戎掎之,與晉踣之。亦作殕 杜光庭·錄 異記 趙鼇奴,長三尺餘,或拜跪跳躍,倒踣於地 又yè 廣 韻 愛黑切音餩。殪殕也。義同。

殭 jiàng_8.12 字彙 其亮切,强去聲。屍殭也。與殭通。

殤 xù_8.12 集韻 忽域切音洫。殘裂也。

殕 líng_8.12 玉篇 力升切 廣韻 力膺切 集韻 閭承切丛 音陵。殘殕,鬼出也。一曰病貌 又lèng 玉篇 廣韻 正韻 魯鄧切 集韻 郎鄧切,丛楞去聲。殘殕,困病貌。

殖 zhí_8.12 唐韻 常職切 集韻 韻會 正韻 丞職切丛音 植 說文 脂膏久殖也 徐曰 脂膏久則浸潤 玉篇 生也,種 也 書·湯誥 兆民允殖 呂刑 農殖嘉穀 左傳·昭二十五年 爲溫慈惠和,以效天之生殖長育 又 興生財利曰殖 書·仲虺之誥 不殖貨利 傳殖,生也。不生貨財利,言 不貪也 史記 有貨殖傳 又 封殖也 書·仲虺之誥 殖有禮 傳 有禮者封殖之 左傳·昭二年 宿敢不封殖此樹,以無 忘角弓 又 蕃也,長也 魯語 同姓不婚,惡不殖也 韋註 殖,蕃也。又 左傳·昭元年 內官不及同姓。其生不殖 杜 註 殖,長也 又立也 周語 以殖義方 又學殖 左傳·昭十 八年 夫學,殖也。不學將落 杜註 殖,生長也。言學之 進德,如農之殖苗,日新月益 又 殖殖,平正也 詩·小雅 殖殖其庭 又shì 集韻 仕支切音事。植也 左傳·襄三十年 子產從政,輿人誦之曰:我有田疇,子產殖之。子產而 死,誰其嗣之 註殖,時力反。徐,是吏反。叶下韻。

殤 péng_8.12 玉篇 集韻 丛與殤同。

殤 qī_8.12 唐韻 去奇切 集韻 丘奇切丛音欹 說文 棄 也。俗語謂死曰大殤 又 廣韻 集韻 丛居宜切音羈。義同 又 廣韻 居綺切 集韻 舉綺切丛音掎。義同 又 內經·素問 有大殤篇。通作大期 長箋 謂俗語,今作越豉○按殤、 豉音異義別 箋 說非。鼌又殤38570

殤 yè_8.12 玉篇 於劫切 廣韻 於業切 集韻 乙業切丛 音浥。病也◆揚子方言 殤殜,微也。宋衞之間曰殤。自 關而西,秦晉之間,凡病而不甚者曰殤殜 又 重也 左 思·吳都賦 重葩殤葉 註殤,重也。葉重疊貌 又 集韻 衣 廉切音淹。義同。一曰歿也 又yàn 集韻 於贍切音愔。 與魘同,污觸也。或作殤。鼌又殤26989

殘 cán_8.12 廣韻 昨干切 集韻 韻會 財干切丛音賤 說 文 賊也 詩·小雅 廢爲殘賊 孟子 賊義者謂之殘 又 釋名 殘,踐也。踐使殘壞也 書·泰誓 殘害于爾萬姓。又 史記·樊 噲傳 殘東垣 註 謂多所殺傷也 又 惡也 書·泰誓 取彼凶 殘 史記·陳餘傳 爲天下除殘 又 殺也 周禮·夏官 大司馬 九伐之法,放弒其君,則殘之◆揚子方言 揂殺也。晉魏 河內之北,謂揂殺爲殘。揂音燦。或洛感反 又 食餘也 杜 甫詩 殘杯與冷炙 又 爰肉之名 張協·七命 鶊髀猩脣,髦 殘象白 註 髦,髦牛也。殘白,蓋煮肉之異名 崔駰·博徒 論 鶊膿羊殘 又 殘缺也 劉歆·移太常博士書 專己守殘 註 師古曰 專執己所偏見,苟守殘缺之文 又 穿鑿傅會謂 之蕝殘 王充·論衡 蕝殘滿車,不成爲道。玉屑滿篋,不 成爲寶 又 惡罵曰殘罵 揚子方言 南楚凡人殘罵謂之鉗 又 貪暴吏曰殘吏 後漢·明帝紀 殘吏放手 又 五殘,星名 史記·天官書 五殘星,出正東東方之野,其星狀類辰星 正義曰 五殘,一名五鋒 前漢·藝文志 有 五殘雜變星二 十一卷 又 與戔通 易·賁卦 束帛戔戔 註引子夏 易 束帛 殘殘 又 魏志 辰韓名樂浪人爲阿殘。東方人名我爲阿, 謂樂浪人本其殘餘之人也 又 膾殘,魚名 皮日休詩 分 明數得膾殘魚 又 高僧傳 明瓚禪師,性懶而食殘,號懶

殘 図 夢溪筆談 王聖美治字學，演其義以爲右文。凡字其類在左，其義在右。如木類，其左皆从木。所謂右文者，如戔，少也，水之少者曰淺，金之小者曰錢，歹而小者曰殘，貝之小者曰賤，如此類皆以戔爲義〇按殘義本兼大小而言，姑附記於此。鏧又残26735努04013努04050残26789

殙 26870 13286
hūn_8.12　廣韻 集韻 正韻 丛呼昆切音昏 說文 瞀也。與惛同。一曰矜也 莊子·達生篇 以黃金注者殙 図 廣雅 殙，病也。一曰未立名而死曰殙 図 mèn 集韻 莫困切音悶。氣絶也△或作殙26887 鏧又殙26762殙26806殙26879顝68299

宛 26871 13287
wǎn_8.12　集韻 委遠切音宛。人死貌。或作宛 詩·唐風 宛其死矣 図 wò 烏括切音斡。臭氣。

碇 26872 13288
liàn_8.12　與殮同 路史 喪三日而碇。見昊英氏論

戔 26873 13289
xiān_8.12　集韻 殲27008古作戔。

雅 26874 44007
zhuī_8.12　龍龕 音雅。又音椎。

碑 26875 44008
luǒ_8.12　篇海類編 音裸。

猭 26876 44010
yǎn_8.12　字彙補 余冉切音琰。見藏經。

殮 26877 u2AD45
null_8.12　嘀 未詳。

殙 26879 u23A2F
hūn_8.12　殙26870本字

毩 26878 u23A30
thác_8.12　嘀 从死托thác聲△辁毩：生死。

殑 26880 u23A2E
giǎm_8.12　嘀 从歹呈dâm聲。

殣 26881 u23A2D
quàn_8.12　嘀 从歹官quan聲。停靈。

殥 26884 u23A27
giuộc_8.12　嘀 从歹育dục聲。

殬 26885 u3C69
dú_8.12　简 殬26998

殥 26882 u23A28
null_8.12　未詳。

殥 26883 u23A28
mò_8.12　同嫂26836

殫 26886 u6B9A
dān_8.12　简 殫26970

殙 26887 13290
hūn_9.13　說文 殙本字

殫 26888 13291
làn_9.13　玉篇 力翰切 集韻 郎旰切丛音爛 博雅 敗也。或作殲。

殢 26889 13292
huò_9.13　玉篇 集韻 丛與禍同。

殛 26890 13293
jí_9.13　唐韻 紀力切 集韻 韻會 訖力切丛音棘 說文 殊也 爾雅·釋言 殛，誅也 邢疏 謂誅責也 書·舜典 殛鯀于羽山 孔傳 殛竄放流皆誅也。異其文，述作之體 左傳·僖二十八年 明神先君，是糾是殛△一說斥死曰殛 図 集韻 竭億切音極。死也。鏧俗作殛。

殧 26891 13294
dù_9.13　集韻 徒故切音度。敗也。

猥 26892 13295
wěi_9.13　廣韻 烏賄切 集韻 鄔賄切丛音猥。猥殁，不知人也。一曰弱也。

鄉 26893 13296
xiàng_9.13　字彙 胡降切音巷。死腐。

殿 26894 13297
duàn_9.13　集韻 鍛27119或作殿。

媒 26895 13298
méi_9.13　集韻 湛28856或作媒。

殜 26896 13299
yè_9.13　廣韻 與涉切 集韻 弋涉切丛音葉。殗殜，病也。一曰微也 郭璞·方言註 殗殜，病半臥半起也 図 集韻 直涉切音牒。又 集韻 廣韻 丛余業切音鍱。義丛同。亦作殜。鏧又殘26851殘26968殘26976

殟 26897 13300
ài_9.13　集韻 薆26991亦作殟。

殨 26898 13301
huì_9.13　廣韻 韻會 許穢切 集韻 吁穢切丛音喙 博雅 殨殨，極也 揚子方言 殨偡，倦也 郭璞註 今江東呼極爲殨，倦聲之轉也 外傳 曰：余病殨矣△ 廣韻 或作瘣。引 詩 昆夷瘣矣〇按今 詩·大雅 昆夷駾矣，維其喙矣。本作喙△ 集韻 亦作噦。鏧又像01568

殤 26899 13302
huò_9.13　集韻 禍39936古作殤。

殕 26900 13303
lì_9.13　集韻 力制切音例。與癘同。疾疫也 公羊傳·莊二十年 大瘠者何，癘也。或作殕。亦作癘癧。通作屬。

痒 26901 13304
yàn_9.13　集韻 同唁06004

殦 26902 13305
gǔ_9.13　見 拾遺記 及 鉤命決 顧充·字義總略 音骨，義未詳。

嚎 26903 13306
kào_9.13　集韻 口到切音犒。與薧同。枯也。

殅 26904 44009
qíng_9.13　篇海類編 音星。鏧 玄應音義 便晴22704：古文殅、殅二形，同。藉盈反。

殥 26905 44011
biān_9.13　篇海類編 音編。

殰 26906 44012
hún_9.13　篇海類編 音渾。

卿 26907 u23A43
qīng_9.13　俗卿04762

殌 26909 u23A41
chiết_9.13　嘀 从死折chiết聲。亦作殌26908△離殌：免死。

殌 26908 u23A42
chết_9.13　嘀 同殌26909△殌折：壓死。殌澍：溺亡。官吏貪冗時殌民：官爺貪肥，百姓遭殃。

殐 26910 u23A3D
null_9.13　未詳。

殜 26911 u23A3C
tì_9.13　简 殜26934文字改革出版社 难字表（修订稿）音替。极困。

殨 26912 u3C6E
kuì_9.13　简 殨26960

殪 26913 13307
ái_10.14　唐韻 五來切 集韻 魚開切丛音皚 博雅 殪胎也 說文 殺羊出其胎也 図 唐韻 古哀切 集韻 柯開切丛音該。義同。

殱 26914 13308
zhēn_10.14　玉篇 側詵切 集韻 緇詵切丛音臻。盡也。

殞 26915 13309
yǔn_10.14　廣韻 于敏切 集韻 韻會 正韻 羽敏切丛音磒。歿也 図 落也 潘岳·秋興賦 槁葉夕殞。別作隕 図 集韻 羽粉切音抎。義同。鏧又殞26845

殟 26916 13310
wò_10.14　唐韻 集韻 丛烏沒切音唱 說文 胎敗也。一曰心悶。又殟殁，舒緩貌 傅毅·舞賦 超逾鳥集，縱殟殁 註 言縱弛之際又且舒緩弛捨也。殟，烏骨切。図 wēn 唐韻 烏渾切 集韻 烏昆切丛音溫 博雅 殙殟，病

也。一曰極也。鋻又殩26929

殩 26917 13311
zǎi_10.14 集韻子亥切音宰。滅也。

蒀 26918 13312
kè_10.14 廣韻集韻𣎴與溘同又集韻與殨同。

殠 26919 13313
kǎo_10.14 集韻苦浩切音考博雅胏殠，曝也。

殨 26920 13314
huì_10.14 廣韻胡罪切集韻戶賄切𣎴音匯玉篇殨殨，不平也。一曰不知貌。

殠 26921 13315
chòu_10.14 唐韻集韻韻會𣎴尺救切音臭說文腐氣也玉篇物傷氣也前漢·楊王孫傳其穿下不亂泉，上不泄殠。又楊惲傳單于得漢美食好物，謂之殠惡又集韻許救切音嗅。義同又廣韻集韻𣎴許久切音朽。臭也△集韻或省作臰韻會通作臭左傳註疏臭是氣總名，元非善惡之稱。旣謂善氣爲香，則專以惡氣爲臭。鋻又歺26720

殬 26923 13317
míng_10.14 俗冥字

盩 26922 13316
yì_10.14 廣韻集韻𣎴於賜切音繄。物彫死也。又脚手小病。

殩 26924 13318
fǔ_10.14 字彙補與腐同。

殛 26925 13319
cuó_10.14 玉篇廣韻集韻𣎴與瘥同。

壹 26926 13320
yì_10.14 集韻殪26967古作壹。

殖 26928 u2AD46
null_10.14 未詳。

殅 26927 44013
cú_10.14 龍龕與殂同

殥 26929 u2F8F4
wēn_10.14 同殟26916

殢 26930 u23A4C
fèng_10.14 同捧20346古文奉10071

殐 26931 u23A4A
zhé_10.14 俗磔39252可洪音義殐手：上知格反。

殏 26933 13321
lù_11.15 俗戮字

殢 26934 13322
tì_11.15 廣韻集韻韻會正韻𣎴他計切音替玉篇極困也又玉篇集韻𣎴大計切音第。義同又廣韻呼計切音欯。義同△集韻與殢26721同。鋻又𣎴云殢雨，戀辭又殢26911

殣 26935 13323
jǐn_11.15 唐韻集韻韻會渠吝切正韻具吝切𣎴音僅左傳·昭三年道殣相望杜註餓死爲殣詩·小雅尚或殣之。今文作墐傳云路冢也。一曰埋也又與觀通前漢·郊祀歌神裵回，若留放，殣冀親，以肆章註孟康曰：殣，音觀。師古曰言神靈裵回，留而不去，故使我得觀見，冀以親附而陳誠意，遂章明之。鋻又薽50786殣26993

殤 26939 13327
suō_11.15 同縮。

夢 26936 13324
mò_11.15 唐韻慕各切集韻末各切𣎴音莫說文死宗夢也。鋻又殤26937又可洪音義頭彈16285：下音莫，死也。正作殤也。

殣 26937 13325
mò_11.15 同夢。

殥 26938 13326
lù_11.15 集韻盧谷切音祿。殥殘，蜀人埋鹿，臭而食之。

殣 26940 13328
cuì_11.15 集韻摧內切音晬。殘敗。

殤 26941 13329
shāng_11.15 唐韻式羊切集韻韻會正韻尸羊切𣎴

音商。未成人喪也禮·喪服傳年十六至十九死爲長殤，十二至十五死爲中殤，八歲至十一死爲下殤，七歲以下爲無服之殤，生未三月不爲殤。又禮·檀弓周人以殷人之棺槨葬長殤，以夏后氏之堲周葬中殤、下殤，以有虞氏之瓦棺葬無服之殤。又周禮·地官·媒氏禁嫁殤者註殤十九以下又論法之一。汲冢周書短折不成曰殤，未家短折曰殤又死於國事、無主之鬼曰國殤楚辭有國殤篇。鋻又殇26790

殐 26942 13330
zāo_11.15 玉篇廣韻集韻𣎴同傮說文終也。

殓 26943 13331
jiǎo_11.15 俗剿字。

毊 26947 13335
suī_11.15 字彙補同衰

殨 26944 13332
guàn_11.15 集韻古患切音慣。殫也。

殨 26945 13333
zì_11.15 廣韻集韻𣎴疾賜切音漬玉篇病也，獸死也。一曰鳥獸殘骨。與胔、骴同周禮·秋官蜡氏掌除骴註故書骴作脊。鄭司農云脊讀爲殨，謂死人骨也月令曰掩骼埋骴。骨之尚有肉者，及禽獸之骨皆是△集韻亦作髊、殨。鋻又殨26984本字

殌 26946 13334
sū_11.15 篇海類編素姑切音蘇。爛也。

殯 26948 13336
lèi_11.15 字彙補殢字之譌。

殥 26949 13337
yín_11.15 字彙補翼眞切音寅淮南子·地形訓九州之外乃有八殥，八殥之外而有八紘註殥，猶遠也。

殍 26950 44014
ér_11.15 五音篇海音兒。

殱 26952 u2B794
jiān_11.15 俗殲27008

殦 26951 44015
diāo_11.15 龍龕音刁

殰 26953 u23A5C
qíng_11.15 殘殰，或作殘殗26834，病貌。明·康海東郭先生誤救中山狼·第三折·絡絲娘您花陰處一犁綠雨，笛聲中斜陽隴樹。爲甚殘殰瘦骨西風暮？只見他垂頭無語。

殰 26954 u23A5B
yǔ_11.15 同嫗11242孵化。宋·曾丰六經論·書胎生病於殰，卵生病於殈，羽生病於不殰，毛生病於不育。

殠 26955 u23A59
yān \ niān_11.15 同蔫50742清·朱駿聲說文通訓定聲·乾部蔫，菸也。字又作殠。

殥 26956 u23A58
null_11.15 未詳。

殲 26959 13340
xián_12.16 殲字之譌。

殮 26957 13338
cù_12.16 廣韻集韻𣎴子六切音蹙玉篇終也又集韻作答切音币。義同又廣韻疾僦切音就。殱，殄也。

殱 26958 13339
xián_12.16 集韻與癇同說文病也。

殨 26960 13341
kuì_12.16 唐韻集韻𣎴胡對切音潰說文爛也又集韻戶賄切音瘣。腫決也又集韻胡骨切音搰。義同。

殥 26961 13342
fèn_12.16 廣韻集韻𣎴方問切音糞博雅歺也玉篇殥也。

殰 26962 13343
dèng_12.16 唐韻徒亙切集韻正韻唐亙切𣎴音鄧玉篇殘磴，困病貌。

𣩡 26963 13344 sì_12.16 廣韻集韻丛斯義切音賜玉篇死也，盡也。亦作澌。

𣩻 26964 13345 suì_12.16 廣韻集韻丛先外切音礙玉篇瘦病也。

𣩳 26965 13346 liào_12.16 集韻力弔切音嫽。敗也。

殩 26966 13347 cuàn_12.16 廣韻七亂切音竄。殩孝，秦人曰饋喪家食。

殪 26967 13348 yì_12.16 古文𡚢𡚨唐韻正韻於計切集韻韻會壹計切丛音翳說文死也左傳·隱九年鄭伯禦戎，前後擊之，盡殪杜註殪，死也 又殄絕也書·康誥天乃大命文王殪戎殷 又盡也左傳·宣六年中行桓子曰：使疾其民，以盈其貫，將可殪也杜註殪，盡也 又仆也後漢·光武紀莽兵大潰，走者相騰踐，奔殪百餘里閒註殪，仆也。又一矢而死曰殪詩·小雅殪此大兕司馬相如·上林賦弦矢分，藝殪仆 又與瘞通儀禮·覲禮祭川，沈。祭地，瘞鄭註古文瘞作殪△◆又與翳通韓詩·大雅其菑其殪釋文菑，反草也。殪，因也。因高填下也。今詩作其菑其翳。鑾又𡚨09742

𣩑 26968 13349 yè_12.16 俗殜字。鑾又𣩲26976

𣩶 26969 13350 péng_12.16 玉篇蒲行切音彭。死人胖也 又bēng集韻晡橫切音祊。殍𣩶，胖也，或作𣩷。

𣩥 26973 u23A65 null_12.16 未詳。

殫 26970 13351 dān_12.16 唐韻都寒切集韻韻會多寒切丛音單◆說文殛盡也班固·西都賦百獸駭殫 又凡盡皆曰殫司馬相如·子虛賦殫覩人物之變態張衡·西京賦殫所未見△通作單詩·周頌單厥心禮·祭義歲既單矣。皆與殫同。鑾又殚26886

𣩹 26971 44016 shàn_12.16 龍龕音善

𣩤 26974 u23A64 è_12.16 或同惡17633

㱷 26975 u3C77 null_12.16 未詳。

𣩦 26972 u23A66 qíng_12.16 俗殑26834可洪音義殑伽：上巨陵反。正作殑。又新撰字鏡殑，其升反。欲死皃 又俗嬈11384可洪音義殑害：上奴了反。正作嬈 又ngoẻo喃从死堯nghiêu聲△𣨼殑：死亡。

𣩲 26976 13352 yè_13.17 正字通俗殜字。鑾又𣩑26968

殬 26977 13353 dù_13.17 唐韻當故切集韻多故切丛音妒說文敗也書·洪範彝倫攸殬○按今書本作斁。斁本有亦、妒二音正字通同死，不同斁，非 又劉勰·新論小利，大利之殬。小𡘿，大禍之津△集韻或作死。亦省作睪。

𣪁 26979 13355 bì_13.17 同𣪂。

𣪂 26978 13354 bì_13.17 廣韻集韻丛必歷切音壁博雅𣪂𣩡，歹也。一曰欲死貌 又廣韻扶歷切集韻蒲歷切丛音甓。義同。鑾又𣪁26979

𣩾 26980 13356 wèi_13.17 集韻烏廢切音薉。殘𣩾，死物。

殮 26988 uF9A5 liàn_13.17 兼殮。

殭 26981 13357 jiāng_13.17 玉篇廣韻集韻韻會丛居良切音薑。死不朽也。一曰蠶白也。今蠶死而白謂殭蠶 又玉篇居亮切，强去聲。義同。

𣩿 26982 13358 yè_13.17 集韻余業切音䤳。殗𣩿，病也。或作殜。

殮 26983 13359 liàn_13.17 廣韻集韻韻會丛力驗切音斂。殯殮也。◆釋名殮者，斂也，衣死也。經史丛作斂禮·檀弓小斂於戶內，大斂於阼。鑾又殓26844殎26872殮26988

𣪃 26984 13360 zì_13.17 同殰廣雅病也。

𣪄 26985 13361 mò_13.17 篇海類編音沒。物臨死之時曰𣪄𣩛。

𪵇 26986 u2AD47 lài_13.17 方方言用字。吳語。正字尚無編碼。

𣩮 26987 u23A6E kuài_13.17 改併四聲篇海音會字海音块。姓。

𣪅 26989 13362 diào_14.18 集韻與殦同玉篇𣪅殜，病也。

𣪆 26990 13363 diào_14.18 集韻徒弔切音掉類篇牛羊死也。

𣪇 26991 13364 ài_14.18 廣韻集韻丛於蓋切音藹玉篇死也。或省作殗。亦作殪 又kē◆集韻克盍切音榼博雅依也。鑾類篇𣪇殗26918殪26897，於蓋切。死也。或省。亦作殪。殗又克盍切。奄忽也。

殯 26992 13365 bìn_14.18 唐韻集韻韻會正韻丛必刃切音儐◆說文死在棺，將遷葬柩，賓遇之釋名於西壁下塗之曰殯禮·檀弓殯於五父之衢，人之見之者，皆以爲葬也。其慎也，蓋殯也鄭註慎讀爲引。殯引飾棺以輴，葬引飾棺以柳翣。又檀弓孔子曰：夏后氏殯於東階之上，則猶在阼也。殷人殯於兩楹之閒，則與賓主夾之也。周人殯於西階之上，則猶賓之也 又送葬歌曰虞殯左傳·哀十一年公孫夏命其徒歌虞殯 又使巫祓殯之凶邪曰祓殯左傳·襄二十九年祓殯而襚 又借爲埋沒意孔稚圭·北山移文道帙長殯，法筵久埋。鑾又𡐭09512殡26932𣩵26997

𣪈 26993 13366 jìn_14.18 殣本字。

𣩵 26997 u23A75 bìn_14.18 俗殯26992

𣪉 26994 13367 zàn_14.18 字彙補與殩同。

𣪊 26995 13368 jiàng_14.18 集韻巨兩切，强上聲。殭仆也。

𣪋 26996 44017 xiè_14.18 篇海類編下戒切音解。

殰 26998 13369 dú_15.19 古文𣧑唐韻集韻韻會正韻丛徒谷切音牘說文胎敗也。謂未及生而胎敗也禮·樂記胎生者不殰鄭註內敗曰殰△集韻通作贕 鑾又𣨛26885𪊟58075

𣪌 26999 13370 sū_15.19 集韻孫租切音蘇。爛也。或作𣩏。

𣩸 27000 u23A78 toi_15.19 喃从死碎toái聲。疫亡。

殱 27001 u6BB1 jiān_15.19 同殲27008

𣪍 27002 13371 lì_16.20 玉篇力的切集韻狼狄切丛音歷。殫𣪍也。一曰𣪍𣩡，欲死貌。

𣪎 27003 13372 guài_16.20 集韻與壞同。鑾俗字。

𣪏 27004 13373 lú_16.20 字彙湊如切音廬。皮殰也。本作臚。

𣪐 27005 13374 yù_16.20 字彙補余六切音欲。屈短貌。

壞 guài _16.20　俗壞字。見 正字通 壞字註。
27006 13375

瓓 làn _17.21　集韻 瓓26888或作瓓。
27007 13376

殲 jiān _17.21　古文𣦵 唐韻 廣韻 子廉切 集韻 韻會 將廉切，並音尖。又 集韻 思廉切音銛。義同 爾雅·釋詁 殲，盡也。邢疏 舍人曰：殲，眾之盡也。春秋·莊十七年 齊人殲于遂 穀梁傳 殲者，盡也。杜預曰：戍遂殲而無備，遂人討而盡殺之，故史書以自盡爲文 書·胤征 殲厥渠魁 詩·秦風 殲我良人。又 左傳·襄二十八年 其將聚而殲旃。義夶同。鑒 又歼26728殲27001殲26952
27008 13377

㙤 hōng _18.22　玉篇 同薨 管子·山至數 大夫旅壤而封。
27010 13378

瓖 ràng _17.21　新字典 瓖，同壤09620
27009 u23A7D

殈 luǒ _19.23　唐韻 郎果切 集韻 魯果切夶音裸 博雅 病也 說文 畜產疫病也 又 廣韻 魯過切 集韻 盧臥切，夶螺去聲。又 玉篇 力外切 廣韻 集韻 郎外切夶音酹。義夶同。
27011 13379

瓥 luò _19.23　玉篇 集韻 夶與癩同。
27012 13380

殱 diān _19.23　字彙補 丁天切音顛。殞也。
27013 13381

殲 cuán _19.23　俗攢21244 四部叢刊·初編集部·晦菴先生朱文公文集·卷第一百·公移·勸諭榜 勸諭遭喪之家，及時安葬。不得停喪在家，及殯寄寺院。
27014 u23A81

◈ 殳部 ◈

殳 shū _0.4　部 殳27015
27016 u2F4E

殳 shū _0.4　古文杸 唐韻 市朱切 集韻 韻會 慵朱切 正韻 尚朱切夶音殊。說文 以杸殊人也 又 兵器 周禮·夏官·司兵·掌五兵註 五兵者，戈、殳、戟、酋矛、夷矛 釋名 殳也。長一丈二尺，無刃，有所撞挃於車上，使殊離也 正義 曰：考工記 殳長尋有四尺。八尺曰尋，是丈二也。冶氏爲戈戟之屬，不言之刃，是無刃也 詩·衞風 伯也執殳，爲王前驅。又 戟柄之別名 揚子方言 三刃枝，南楚宛之、郢謂之匽戟。其柄，自關而西謂之殳 又 書法名 前漢·藝文志 八體六技。韋昭曰：八體，七曰殳書 歐陽詢·書法 殳書者，伯氏所職。文記笏，武記殳，因而制之 說文序 七曰殳書 徐鍇註 殳體八觚，隨其勢而書之，故八體有殳書 又 姓 又 打穀之架曰攝殳 揚子方言 僉，宋衞之閒謂之攝殳 註 僉，今連架，所以打穀者 △ 从几。几音殊，鳥短羽也。與几案之几別 又 與殳別 佩觿集 殳，示朱翻。殳戈也。殳，莫勿翻，沈也。鑒 又令16091殳05375
27015 13382

殹 hāi _3.7　集韻 呼來切音哈。殹27029殹，剛卯也。以逐鬼彪。从辰巳之巳 又 集韻 己亥切音改。又 倚亥切音唉。義夶同 ○ 按 說文 本作殹殹。从殳爲正。
27017 13383

殳 zhěn _4.8　唐韻 知朕切 集韻 陟甚切夶音黕 說文 下擊上也。一曰深擊也 又 集韻 知鴆切音揕。義同 又qín 廣韻 巨金切 集韻 渠金切夶音琴 玉篇 治也，制也。一曰禁也 又 集韻 都感切音黕 博雅 禁也。鑒 又㪣21407
27018 13384

般 bān _4.8　玉篇 補姦切 賈誼·弔屈原賦 般紛紛其離此郵兮 司馬相如·封禪頌 般般之獸 △ 與般別 佩觿集 般，博干翻，辟也，象舟之後，殳以進之 正字通 字彙作古文般字，非。般字古文作般。
27019 13385

殳 qín _4.8　五音篇海 音禽。鑒 疑欥字之譌。
27020 44018

殳 cù _4.8　同殳32436俗庭32465
27021 u23A83

殳 ōu _4.8　簡毆27109
27022 u6BB4

段 duàn _5.9　古文𢧵 唐韻 集韻 韻會 徒玩切 正韻 杜玩切夶音緞 說文 椎物也。一曰分段也。帛二曰緉，分而未麗曰匹，既麗曰段 張衡詩 美人贈我錦繡段 又 款段，馬名 後漢·馬援傳 御款段馬 註 款，猶緩也，言形段遲緩也 又 段谷，水名 通典 秦州上邽縣有段谷水，姜維爲鄧艾破於此 水經注 藉水又東合段溪水，出西南馬門溪，東北流 又 阿段，蠻獠之稱 北史·蠻獠傳 獠無名字，以長幼次第呼之，丈夫稱阿謩、阿段 又 姓。出武威 風俗通 段干木之後，有出遼西者，本鮮卑檀石槐之後。又段干，複姓 又 卵不成也。與鍛通 管子·五行篇 羽卵者不段 又 集韻 韻會 正韻 夶都玩切。同鍛。鍊也。一曰小冶也 周禮·冬官考工記 段氏爲鑄器 又 通煅 禮·昏義 婦執笲、棗、栗、段、脩以見。段，丁亂反 △ 从殳，尚省聲。與叚別。段乃假借之義，古馬切。俗通用，非是。鑒 又殷32442叚04932段64745段64764
27023 13386

殳 ōu _5.9　字彙補 同毆。
27024 13387

殺 shā _5.9　字彙補 同殺。
27025 13388

投 jiā _5.9　龍龕 音加。
27027 44019

投 zhù _5.9　字彙補 朱遇切。同注。◆ 呂氏春秋 引 莊子 以瓦投者翔，以鈎投者戰，以黃金投者殆 ○ 按 莊子 本作注。
27026 13389

殷 kāi _6.10　字彙 苦哀切音開。殷殷，笑聲。又多也。○ 按 廣韻 殷字註訓殷殷，笑聲。又殺字註訓多也。殷當卽殷、殺二字之譌。
27028 13390

殷 gāi _6.10　唐韻 古哀切 集韻 柯開切夶音該 說文 殷殷，大剛卯也。以逐精鬼 急就篇註 射魃謂大剛卯也，以金玉及桃木刻而爲之。一名殷殷 輟耕錄 剛卯者，按 王莽傳 服虔註曰：剛卯，以正月卯日作，佩之。長三寸，廣一寸，四方，或用玉，或用金，或用桃，著佩之。又 註當中央從穿作孔，以綵絲茸其底，刻其上，文曰：正月剛卯既央，靈殳四方，赤青白黃，四色是當。帝令祝融，以教虁、龍，庶疫剛癉，莫我敢當。又曰：疾日嚴卯，帝令虁化，順爾固化，伏茲靈殳。既正既直，既觚既方。庶疫剛癉，莫我敢當。凡六十六字。殷殷者，佩印也。以正月卯日作，故謂剛卯。又謂之大堅，以辟邪也 又 集韻 丘哀切音開。又 下改切音亥。義夶同。鑒 又殳27028
27029 13391

殻 què _6.10　唐韻 苦角切 集韻 韻會 克角切夶音確 說文 从上擊下也。一曰素也。又 玉篇 物皮空也 列子·黃帝篇 木葉幹殻 又 卵甲亦曰殻 仲長統·述志詩 飛鳥遺
27030 13392

蹟，蟬蛻亡殼。或作殼。又集韻空谷切音哭正韻乞約切音却。義夶同图hù◆集韻黑角切，與殼同。歐貌左傳·哀二十五年臣有足疾，若見之，君將殼之。或省作殼图叶丘候切音寇張載·七命析龍眼之房，剖椰子之殼。芳旨萬選，承意代奏△韻會作殻。鼇又殼27050殻09698殻27046殻27074殻37023图直音篇殼27058殼27042同殻27035

殷 27031 13393
yīn_6.10 廣韻集韻並於斤切，音慇說文作樂之盛稱殷易·豫卦先王以作樂崇德，殷薦之上帝图凡盛皆曰殷書·洛誥肇稱殷禮，祀于新邑。又呂刑三后成功，惟殷于民图爾雅·釋言殷，中也，正也書·堯典日中星鳥，以殷仲春。宵中星虛，以殷仲秋傳殷，正也，以正春秋之氣節。鄭玄曰：殷，中也。春分，陽之中。秋分，陰之中。又禹貢九江孔殷正義曰言甚得地勢之中也图衆也詩·鄭風殷其盈矣周禮·天官陳其殷，置其輔。又春官·大宗伯殷見曰同，殷覜曰視傳註俱訓衆。图大也禮·曾子問服除而後殷祭疏殷，大也。大祭謂之殷祭莊子·山木篇翼殷不逝，目大不覩註翼大逝難，目大視希，故不見人图當也史記·天官書衡殷中州河濟之閒正義曰衡，北斗衡也。殷，當也。言斗衡當黃河、濟水之閒地图國號史記契始封商，後盤庚遷都殷墟，改號曰殷書傳殷，亳之別名，在河南图姓史記·殷本紀其後分封，以國爲姓，有殷氏，北殷氏。又齊人言殷聲如衣。今姓有衣者，殷之冑。見禮記註疏图爾雅·釋訓殷殷，憂也詩·邶風憂心殷殷釋文殷，於巾切，又音隱图俗謂周致爲殷勤，別作慇图yǐn集韻倚謹切正韻於謹切夶音隱。雷發聲也詩·召南殷其雷，在南山之陽。或从石作磤图殷殷，盛貌史記·蘇秦傳轒輼殷殷，若有三軍之衆揚雄·羽獵賦殷殷軫軫图集韻韻會夶於靳切音億莊子·外物篇其不殷非天之罪註殷，當也，中也○按當среди皆去聲讀图yān廣韻正韻烏閑切集韻於閑切韻會幺閑切夶音嬿。赤黑色也左傳·成二年左輪朱殷杜註血色久則殷。殷，音近煙。今人以赤黑爲殷色杜甫詩曾閃朱旗北斗殷白居易詩白珠垂露凝，赤珠滴血殷。俱讀黰。鼇又殼27090殼27071

殳 27033 u2AD49
null_6.10 殷周金文集成·4.2522·武甥鼎武生殳乍其羞鼎，子子孫孫，永寶用之。讀若捏。

殳 27032 44020
pí_6.10 龍龕音及。鼇龍龕音皮图殳12943龍龕音皮。夶同皮。

殳 27034 u2AD48
null_6.10 未詳。

殸 27035 u23A8A
què_6.10 同殸27030

殺 27036 13394
jiù_7.11 字彙同救。又止也，禁也正字通俗救字。

殺 27037 13395
tóu_7.11 唐韻廣韻度侯切集韻類篇韻會徒侯切夶音頭說文豰擊也图玉篇廣韻正韻徒透切集韻大透切夶音豆。義同图duì集韻都外切。與殳同。殳也。古作殳○按◆說文訓豰擊，从殳豆聲。古文殳如此玉篇訓遙擊，古爲投字。豰卽遙也。以義求之，旣云豰擊，

則與殳義相背，未可合而爲一，當以玉篇爲正集韻欲兩存之，故增都外切，與殳同，似附會，存疑可耳。

殷 27038 13396
zhēn_7.11 廣韻職鄰切集韻之人切夶音眞。擊也图chén廣韻士臻切集韻鋤臻切夶音榛。殷殷，動而喜貌。見呂氏春秋註图廣韻植鄰切集韻丞眞切夶音辰。義同△集韻或从支作啟。鼇啟21507字之譌。

殸 27039 13397
qìng_7.11 唐韻苦定切集韻詰定切夶音磬說文磬，籀文省作殸。又玉篇口耕切廣韻口莖切夶音鏗。敵也图集韻聲46786古作殸。

殿 27041 13399
diàn_7.11 殿本字。

殹 27040 13398
yì_7.11 唐韻於計切集韻壹計切夶音翳說文擊中聲長箋擊中聲者，聲相應也图語詞石鼓文汧殹沔沔郭註殹，讀如繄，語助也图集韻煙奚切音鷖。義同图揚子方言殹，幕也郭璞註謂蒙幕也。殹音鷖。鼇又殹38553

殽 27042 13400
qiào_7.11 字彙殼字之譌。

殼 27043 13401
gǎn_7.11 集韻敢古作殼秦·詛楚文秦嗣王殼用吉玉宣璧註殼，同敢廣韻同瞰集韻別作敿21574

殺 27044 13402
shā_7.11 古文布殺徽殺秌敿觿唐韻所八切集韻韻韻會正韻山戛切夶音煞說文戮也图周禮·春官內史掌王之八柄之法，以詔王治。五曰殺疏太宰有誅無殺。此有殺無誅者，誅與殺相因，欲見爲過不止，則殺之也。又秋官·掌戮，掌斬殺賊諜而搏之註斬以鈇鉞，殺以刀刃图爾雅·釋詁殺，克也郭註隱元年·公羊傳曰：克之者何。殺之也图獲也禮·王制天子殺，則下大綏。諸侯殺，則下小綏。大夫殺，則止佐車註殺，獲也图同死孟子凶年不能殺图忘也莊子·大宗師殺生者不死註李軌云殺，猶亡也。亡生者不死也。崔云除其營生爲殺生图薙草曰殺禮·月令利以殺草图霜殺物曰殺春秋·僖三十三年隕霜不殺草左傳·桓五年始殺而嘗图以火炙簡爲殺青後漢·吳祐傳欲殺青簡，以寫經書註殺青者，以火炙簡令汗，取其青，易書，復不蠹，謂之殺青。亦爲汗青，義見劉向·別錄图矢名周禮·夏官·司弓矢殺矢、鍭矢，用諸近射田獵註殺矢，言中則死。又考工記冶氏爲殺矢，刃長寸，圍寸，鋌十之图刷也釋名摩挲，猶抹殺图sà集韻韻會夶桑葛切音薩。散貌史記·倉公傳望之殺然黃註徐廣曰：殺，蘇葛反正義曰：蘇亥反图掃滅之也前漢·谷永傳未殺災異图騷殺，下垂貌張衡·東京賦飛流蘇之騷殺图集韻私列切音薛。與躠同。躠躠，旋行貌莊子·馬蹄篇躠躠爲仁。向、崔本作弊殺图shài廣韻集韻韻會夶所界切音鎩。降也，減削也周禮·秋官·象胥國新殺禮，凶荒殺禮禮·大傳五世而緦，殺同姓也。又禮器禮不同，不豐不殺图shài正韻所賣切音曬。義同图毛羽敝曰殺詩·豳風予羽譙譙傳譙譙，殺也图周禮·天官·瘍醫劀殺之劑註殺謂以藥食其惡肉图噍殺，音也禮·樂記其哀心感者，其聲噍以殺註噍則竭而無澤，殺則減而不隆图剪縫也論

語非帷裳，必殺之。亦作襖図輡屍之具，上曰質，下曰殺儀禮·士喪禮輮殺掩足図疾也白居易·半開花詩西日憑輕照，東風莫殺吹自註殺，去聲△正字通今樂府家有元殺、旁殺之別，元人傳奇白鶴子一殺、二殺卽其遺聲也。俗讀生殺之殺，非△集韻或作翱煞。

図shì集韻韻會鈦所例切音嶣。亦降也図shì集韻式吏切音試。同弒前漢·高帝紀項羽放殺其主註殺當作弒。又班固·西都賦掎儦狡，挖猛噬，脫角挫脰，徒搏獨殺註殺，亦叶式吏切図叶式列切音設束晳·近遊賦繁複襦以御冬，脅汗衫以當熱。帽引四角之縫，裙爲數條之殺。殺一作襖。鑾又殺27059杀23564撽20940搬20444
杀21464斺21479敦21593敄21597㪩21595䑣21630㰥32265
毆21804殳27025殺27051殺27049殺27047㮣31353殺27088
殺05303緲65236㪭21488

殳27045 13403
chóu_7.11　玉篇 唐韻 鈦同穀。

殼27046 41370
què_7.11　龍龕 口角切。皮角也。

殺27047 44021
shā_7.11　五音篇海 同殺。

殺27049 uFA96
shā_7.11　兼 殺27044　**殽27048 u2AD4B** jiào_7.11　同教21502郭店楚簡·六德（又）殺者，又厰者。

㞸27050 u2F8F6
ké_7.11　同殼27058　**殺27051 u2F8F5** shā_7.11　同殺27044

㞸27053 u23A95
guǐ_7.11　同段27052古文篆42555

殿27054 u23A94
null_7.11　未詳。　**㞸27052 u23A98** guǐ_7.11　古文篆42555

殿27055 u23A93
gǎn_7.11　同殽27043　**㞶27057 u23A91** null_7.11　未詳。

殼27056 u23A92
gòu_7.11　俗彀16269天一閣藏正德十五年刻本 南康府志·卷之十·詩類·五言古詩·蘇子瞻·三峽橋 弯弯飛橋出，激激半月彀図同夠09900明萬曆 湖州府志·卷之十一·賦役 或折銀一錢五分，即彀原額正耗之數。

殼27058 u6BBB
qiào_7.11　同殼27063　**殺27059 uF970** shā_7.11　參見殺27044

毃27060 13404
kōng_8.12　集韻 枯公切音空。擊也。本作毃図玉篇音終。盡殺也。

㪰27061 13405
chéng_8.12　玉篇 丈耕切集韻 除耕切鈦音橙。推也。一曰揆也△集韻同敽。鑾又㪰21346敦21659撐20471

殼27063 13407
qiào_8.12　與殼同。　**殼27062 13406** jiù_8.12　唐韻 集韻 鈦居又切音救說文 揉屈也。从殳从𠭖。𠭖，古文更字徐鉉曰𠭖，小謹也。亦屈服之意図廣韻 强擊也図廣韻 去秋切集韻 尼猷切鈦音㤠。又集韻 祛尤切，音丘。又尼猷切，音㤠。義鈦同。鑾又㪰21592毄27065

殽27064 13408
xiáo_8.12　唐韻 胡茅切集韻 韻會正韻 何交切鈦音爻說文 相雜錯也。◆前漢·食貨志 鑄作錢布皆用銅，殽以連錫註連，錫之別名。謂以連與錫雜銅而爲錢也。図亂也。與淆同前漢·董仲舒傳 賢不肖混殽陳遵傳作溷殽。義同図豆食也。與肴同詩·小雅 殽核維旅毛傳

殽，豆實也鄭箋 豆實，菹醢也。凡非穀而食之曰殽周禮·天官 醢人掌四豆之實，韭菹醢醢之等，皆實之於豆図俎實也詩·大雅 爾殽既將鄭箋 殽，謂牲體也正義曰：歸俎者，以牲體實之於俎，故謂之俎實図肉帶骨曰殽。◆禮·曲禮 左殽右胾註殽，骨體也。殽在俎，胾在豆疏 熟肉有骨曰俎図yáo地名。亦山名。與崤同春秋·僖三十三年 晉敗秦師于殽杜預註殽，在弘農澠池縣西。本又作崤地理通釋 呂氏春秋 九塞，殽其一也春秋正義 云俗呼爲土殽、石殽，其陘道在兩殽之間史記·封禪書 自殽以東，名山五註殽，戶交反，亦音豪図集韻 胡刀切音豪。義見上図xiào集韻 後教切正韻 胡孝切，鈦與效同。象也禮·禮運 禮必本於天，殽於地疏 殽，效也。天遠故言本，地近故言效揚子·太玄經 密於腥臊，三日不覺殽註殽，效也。言相克害，終日不效矣。

㱿27065 13409
jiù_8.12　字彙補 與殽同〇按卽殽字之譌。

㱿27066 u2AD4E
null_8.12　未詳。　**㱿27067 u2AD4D** null_8.12　殷周金文集成·17.11161·新弨戟 新弨自㱿弗戟。讀若拎。又鄂君啟車節 裁㱿阽，爲鄂君啟之府賦鑄金節。讀若令。

㱿27068 u2AD4C
null_8.12　喃未詳。　**㱿27072 u23A9D** kū_8.12　俗塈09089土塈龍龕 苦谷反。土墼也五音集韻 土墼。

殿27069 u2F8F7
diàn_8.12　同殿27041殿本字。

殿27070 u23A9F
zhé_8.12　同轍60376郭店楚簡·緇衣.40 子曰：句又車，必見丝殿；句又衣，必見丝幣。

殿27071 u23A9E
yīn_8.12　陳士元 古俗字略 殷，俗殿27031

殿27073 u23A9C
null_8.12　未詳。　**殼27074 u23A9B** xuè_8.12　俗殼06689

散27075 u23A9A
sǎn_8.12　干祿字書 散散21578，上俗下正。

㪰27076 13410
xùn_9.13　玉篇 息俊切音峻字彙 築也。

殿27077 13411
diàn_9.13　唐韻 集韻 韻會 堂練切正韻 蕩練切鈦音電。堂高大者初學記 倉頡篇 殿，大堂也。商周以前，其名不載。按史記·秦始皇本紀 始作前殿漢書 則有甘泉、函德、鳳凰、明光、臬門、麒麟、白虎、金華諸殿。歷代殿名或沿或革，惟魏之太極，自晉以降，正殿皆名之摯虞·決疑要註 其制有陛，右城左平。平以文塼相亞次，城者爲階級也。九錫之禮，納陛以登，謂受此陛以上殿。顏師古曰古者屋高嚴皆名爲殿，不必宮中前漢·黃霸傳 令郡國上計吏條對，有舉孝子者先上殿註殿，丞相所坐屋也。今唯天子宸居稱殿図重殿。謂前後殿，天子之制也。◆前漢·佞幸傳 重殿洞門，皆言其僭図休息閑宴之殿曰便殿師古·漢書註 凡言便殿、便室、便坐者，皆非正大之處，所以就便安也図飛行殿，輦名王嘉·拾遺記 漢成帝好夕出遊，造飛行殿，方一丈，如今之輦。選羽林士負之以趨，帝於輦上，聞其中若風雷聲，名曰雲雷宮図殿下，次之陛下之稱葉適·石林燕語 制獨天子稱陛下，殿下則諸侯皆得通稱。至唐初制

令，惟皇太子、皇后，百官上疏稱殿下，至今循用之。囚廣韻都甸切集韻韻會正韻丁練切夶音唸。軍前曰啓，後曰殿左傳·襄二十六年析公奔晉，晉人寘諸戎車之殿，以爲謀主囚軍敗後奔曰殿左傳·宣十二年晉隨季殿其卒而退囚上功曰最，下功曰殿，戰功曰多。見史記·絳侯世家註。又前漢·宣帝紀丞相御史課殿最之閒註師古曰殿，課居後也。最，課居先也春秋繁露考試之法，九分，三三列之。一爲最，五爲中，九爲殿。囚鎭也，定也詩·小雅殿天子之邦毛傳殿，鎭也正義曰：軍行在後曰殿，取其鎭重之義左傳·成二年此車一人殿之，可以集事囚爾雅·釋訓殿屎，呻也註呻吟之聲詩·小雅民之方殿屎說文作唸集韻或作欠△說文本作殿，擊聲〇按殿擊本作殿，堂殿本作屍。今相沿已久，不能復正，附記於此。鑿殿屎或作殿屎囚殿27069殿27087屍12997

𣪩 27078 13412 jī_9.13　廣韻苦擊切音燉。與嗀同。攻也囚jī集韻吉詣切音計。與𦈈同前漢·景帝紀郡國或磽陿，無所農桑𣪩畜註師古曰𣪩，古𦈈字，謂食養也。

𣪙 27079 13413 huī_9.13　集韻敦，或从殳作𣪙。

毇 27080 13414 huī_9.13　古文毀唐韻許委切集韻韻會正韻虎委切夶音燬說文缺也。一曰壞也易繫辭乾坤毀，則無以見易詩·豳風無毀我室囚毀也論語誰毀誰譽囚去也禮·儒行毀方而瓦合鄭註去己之大圭角，下與小人合也囚折也戰國策王不搆趙，趙不以毀搆註搆，合其戰也。毀，折也。不收趙，趙不能以毀折之兵，獨與秦戰囚占歲法。金穰，水毀，木飢，火旱。見史記·貨殖傳囚禱祈除殃曰毀周禮·地官·牧人凡外祭毀事用尨註毀謂副辜侯禳毀除殃咎之屬囚哀毀禮·曲禮居喪之禮，毀瘠不形正義毀瘠，羸瘠也，形骨露形。居喪許羸瘦，不許骨露見山。又五十不致毀，六十不毀孝經·喪親章毀不滅性囚小兒去齒曰毀白虎通男八歲毀齒，女七歲毀齒囚huī廣韻集韻韻會夶況僞切音麾。義同囚叶後五切音戶易林臍詐龐子，夷窶盡毀。兵休卒發，矢至如雨△韻會毛氏曰：凡成敗之毀，上聲莊子其成也毀之類是也。非自壞而隳毀之則去聲孟子毀其宗廟之類是也。惡聲令聞之毀譽，則對上聲，譽去聲孟子不虞之譽求全之毀是也。忌其人而毀之，媚其人而譽之，則毀去聲，譽平聲論語誰毀誰譽之類是也。然論語譽字有音，毀字無音，經史子中成毀之毀，與隳毀之毀皆無音，姑從通用。讀書點校者，不可不知。鑿又毇75037毇09442毇21634毇27095碼39370𣨭56326𣩋56748𣪆27142

毈 27086 u2AD4F null_9.13　未詳。

毁 27081 13415 chéng_9.13　字彙補徒孟切音鄧。義闕〇按卽敦字之譌。

毅 27082 13416 yì_9.13　與毅同前漢·人物表樂毅書作毅。

勠 27083 13417 lí_9.13　字彙補音離〇按卽劋字之譌

𣪄 27084 41371 gòu_9.13　篇海類編古候切音遘。取牛羊乳也。

殷 27090 u23AA7 yīn_9.13　俗殷27031

殿 27085 44022 diàn_9.13　龍龕音殿。鑿或俗殿字囚字彙補殿，同殿（殿），張弓。

𣪦 27091 u23AA6 null_9.13　未詳。

𣪈 27089 u23AA8 xuè_9.13　俗毇33474類篇毇，呼木切。犬屬。又黑角切。

殿 27087 u23AAB diàn_9.13　同殿27069殿本字。

殺 27088 u23AA9 shā_9.13　段玉裁說文解字注殺，古文殺27059

𣪥 27092 u23AA5 xuè_9.13　同殼06689

毃 27093 u3C84 jué_9.13　俗毇34420雙玉相合囚kū同磬09089直音篇毇，音哭。土墼。

毂 27094 u6BC2 gǔ_9.13　简毂60296

毁 27095 u6BC1 huǐ_9.13　同毀27080

毁 27096 13418 zǎi_10.14　集韻子亥切音宰。殺也。通作宰。

毇 27097 13419 tóng_10.14　唐韻集韻夶徒冬切音彤說文擊空聲囚唐韻集韻夶火宮切音烘。義同。鑿又鼓21677

毇 27098 13420 wān_10.14　同剜。

毇 27099 13421 què_10.14　唐韻口卓切集韻韻會克角切夶音㩧說文擊頭也。一曰橫摘也左傳·定二年邾莊公與夷射姑飲酒，私出，閽乞肉焉，奪之杖以毇之。或作毃囚qiāo玉篇口交切音磽。又集韻口教切，磽去聲。義夶同。

殼 27100 13422 ái_10.14　同鼓。

毇 27101 13423 jī_10.14　玉篇居藝切廣韻古詣切，夶音計◇戕也。一曰係也，盡也囚類篇丘蓋切音磕。與殼同博雅辱也。一曰擊也。鑿余逎永：俗毇27102

殿 27105 u23AB5 null_10.14　譌字。

毇 27102 13424 jī_10.14　唐韻古歷切集韻吉歷切夶音激說文相擊中也。如車相擊，故从殳从𦰩周禮·冬官考工記廬人毇兵同强註毇兵，戈戟屬疏殳長丈二而無刃，可以毇打人，故曰毇兵囚拂也周禮·冬官考工記弓人和弓毇摩註和，調也。毇，拂也。將用弓，必先調之、拂之、摩之囚qì集韻韻會詰歷切正韻苦擊切夶音喫。勤苦用力曰毇。鑿又毇27101毇27078囚正字通瞖07340，毇字之譌。

毇 27103 13425 zuó_10.14　集韻毇，或省作毇廣韻亦作毇。

毇 27106 u23AB4 yì_10.14　俗毇27108

毇 27104 13426 xuē_10.14　玉篇許角切集韻黑角切，夶與毇同。亦省作毇27030

毇 27107 13427 shǎn_11.15　集韻所斬切音摻。擊也。

毅 27108 13428 yì_11.15　唐韻集韻魚旣切韻會疑旣切，夶音毅說文妄怒也。一曰有決也。从殳豙聲。豙，豕怒毛豎也正韻豙从辛者，剛也。下从豕會意，故借爲剛毅字書·皋陶謨擾而毅正義左傳·宣二年殺敵爲果，致果爲毅。謂爲致果敢殺敵之心是爲强毅。和順失於不斷，故順而能決，乃爲德也論語剛毅木訥近仁。又曾子曰：士不可以不弘毅劉劭·人物志溫直而擾毅，木之德也。剛塞而弘毅，金之德也囚州名輿地廣記武州，唐末置，領文德一縣，後唐長興元年改毅州囚鳥名。鶪稱毅鳥，

謂其性敢於鬥也，見 張華·禽經 囝 弈法，毅，提也。棋死而結局曰毅，既毅而隨手曰復毅，俗又謂之提。見 徐鉉·圍棋義例 △隸作毅。鼞 又毅27082毄57349㲋33072 囝 正字通 毅本作毅27156

殴 ōu_11.15 唐韻 烏后切 集韻 於口切丛音嘔 說文 捶殴物也 徐曰 以杖擊也 囝 kōu 集韻 墟侯切音摳 公羊傳·桓十二年 盟于殴蛇 註 殴，丘于反，又曲侯反。蛇音移，又音池 囝 qū 集韻 虧于切音區。與驅、毆音丛同 韻會 毛氏曰：殴擊字本从殳，或作攴。攴，敲也。今書作殳，與歐吐字不同，歐字从欠伸之欠，今俗殴擊字作歐，非。鼞 又殴27022殴27024 囝 四聲篇海 區，烏口切。區擊也。與殴同。

毁 huǐ_11.15 玉篇 集韻 丛古文毀27080字。

殻 kòu_11.15 集韻 毂73750，或省作殻。

殻 què_11.15 集韻 同毂27139或作殻。

㲋 gòu_11.15 44023 五音篇海 音恪。鼞 俗毂。

殻 fū_11.15 u2AD50 或俗敷。

毂 hú_11.15 u23ABA 俗毂44691

毂 záo_12.16 13433 唐韻 將毒切音慥。穿也 集韻 作毂27103

毁 huǐ_12.16 13434 唐韻 許委切 集韻 韻會 正韻 虎委切丛音毀 說文 米一斛舂爲八斗 囝 與毀通 左傳·桓二年·粢食不毀釋文 毀，精米也 字林 作毂，子沃反 淮南子·主術訓 作粢食不毂 註 毂音毀。細也。○按此知毀與毂義本同，但音別耳 說文 分二字，謂毂一斛舂八斗。毀一斛舂九斗。據此說，毂米較精 囝 zuò 集韻 即各切音作。 囝 租毒切音慥。丛與毀同。義見上 △廣韻 又作毀 集韻 或作粣、毂。鼞 又毀43111圉23099 囝 字彙 簚43120與毀同。亦作簚42847

毂 chéng_12.16 13435 集韻 除耕切音橙。與杕同 說文 撞也。或作掁敦捅。鼞 又殻21632殻27081毂21762毂27125

毈 duàn_12.16 13436 唐韻 集韻 丛徒玩切音段 說文 卵不孚也 玉篇 不成子曰毈 淮南子·原道訓 獸胎不贕，鳥卵不毈 高誘註 胎不成獸曰贕，卵不成鳥曰毈 揚子法言 雌之不才，其卵毈矣 張華·禽經 鸊，水鳥也。伏卵時數入水，冷則不毈 囝 集韻 杜果切音惰。義同 △或作殻26894

毂 jiǎo_12.16 13437 玉篇 居小切 集韻 舉夭切丛音矯。與敿21755同。

䂎 tóng_12.16 13438 集韻 離呈切音伶。多聲也。鼞 胡吉宣：俗擊27123

殳 chóu_12.16 13439 字彙 同毂。

毂 tóng_12.16 13440 正字通 俗擊字。

䂎 sháo_12.16 13441 廣韻 市昭切 集韻 時饒切 正韻 時昭切丛音佋。與韶同 周禮·春官 大司樂以樂舞。教國子，舞雲

門 大卷 大咸 大磬 大夏 大濩 大武 又 奏姑洗，歌南呂，舞 大磬，以祀四望 註 大磬 舜樂也。言其德能紹堯之道也 囝 táo 唐韻 集韻 丛徒刀切音陶。鼓名。與韜同。籀作磬。

磬 gǔ_12.16 44025 龍龕 音古

毂 chéng_12.16 13442 集韻 除庚切音根 博雅 捸也。或作振。亦作撜。

毂 gǔ_12.16 13443 字彙補 古祿切音谷。毂，土也。

毂 qiāo_12.16 13444 字彙補 與敲同。見 蒼頡篇

毂 kuài_12.16 44024 搜真玉鏡 音塊。鼞 同磬，俗稽。

殽 hú_12.16 u23AC8 直音篇 俗醤62451字。

毂 null_12.16 u23AC7 未詳。

毂 liáo_12.16 u23ACB 俗毂21726文 淵閣四庫本 六書故 毂，書曰：善毂乃甲胄。

磬 qìng_12.16 u23AC6 俗磬45341 可洪音義 磬絕：上苦定反。

毂 hú_12.16 u23AC5 同毂55483

散 sàn_12.16 u23AC4 同散21578

毂 gòu_12.16 u23AC3 亦作毂27138，毂字或體 直音篇 毂，乃后切。乳子。又音遘。毂，同毂。

毂 gǔ_12.16 u23AC2 俗毂60296从殳爲正。

毂 gòu_13.17 13445 集韻 同毂

毁 null_13.17 u2AD52 未詳

毂 què_13.17 13446 廣韻 苦角切 集韻 韻會 克角切丛音推。卵孚也。一曰鳥卵 束皙·近遊賦 貫鷄毂於歲首 韓愈·城南聯句 鵠毂攢瓊橙 納涼聯句 盤看饋禽毂 △一曰物之孚甲。或作毂、毂 囝 廣韻 集韻 丛空谷切音哭。卵已孚也。或作鷇。鼞 又磬27154鷇73836殻27163

粲 xiāo_13.17 u2AD51 簡磬27166

毂 sù_13.17 u23ACE 同毂25766，亦作毂25533 廣韻 毂，桑谷切。毂毂，動物。毂，丁木切。

毁 huǐ_13.17 u23ACF 殷周金文集成.8.4311.師毂殷 師毂乃祖考又勳于我家。宋·王俅 嘯堂集古錄·卷下 字作毁27095

毂 liǎn_13.17 u23ACD 俗斂21800 玉篇 廣韻 市流切 集韻 時流切丛音鐮。與毂同 說文 懸物毂擊也。又 集韻 陳留切音儔。義同。鼞 又殻27045

毂 chóu_14.18 13447 玉篇 廣韻

毂 chuàn_14.18 13448 玉篇 初萬切 集韻 叙萬切，丛與毈同。小舂也。或作𪒴。

磬 kēng_14.18 13449 玉篇 丘丁切 集韻 丘耕切丛音鏗。不可近也。鼞 又磬27171 囝 龍龕 磬37337磬，音輕。不可進兒。

毂 kū_14.18 13450 廣韻 集韻 丛空谷切音哭。麻毂也 說文 作鷇，未練治纑也。或作毂。徐鉉以爲後非聲，疑从復。○按沃韻有鷚字，蓋从沃。

毁 ruì_14.18 13451 字彙補 叡字之譌。鼞 字彙補 叡05317字之譌 囝 可洪音義 聰毂：以芮反。智聖也。

毇 27150 41372
gǔ_14.18　字彙補 公魯切音古 帝京景物略 小兒歌
曰: 禾場背了毇來了○疑是穀字之譌寫。

毅 27151 u23AD6
yì_14.18　同毅27156　毇 27152 u23AD4
　　　　　　　　　　　dú_14.18　毇毇27143

鹥 27153 13452
yì_15.19　廣韻 集韻 丛於其切。與醫同 揚子·太玄經
爲鹥,爲巫祝 又同毉 韻會補 松脂千年爲茯苓,千年爲
琥珀,千年爲鹥 又同毉,木名 崔豹·古今注 毉,或作鹥。
鹥木出交州,亦謂之烏文木。

𤲸 27154 13453
què_15.19　字彙補 同毇。

鼜 27155 13454
yì_15.19　字彙補 乙例切,音懿◇美也。

毅 27156 13455
yì_15.19　說文 毅本字。

鏧 27157 44026
qiāng_15.19　搜眞玉鏡 音腔。

𦤲 27158 44027
dào_15.19　搜眞玉鏡 音道。

毇 27159 u23ADB
hù_15.19　同毇57270　殼 27160 13456
　　　　　　　　　　　zuó_16.20　廣韻 在各切
集韻 韻會 正韻 疾各切丛音昨。與鑿同。

𤲳 27161 13457
dào_16.20　集韻 與𩛥同。

戇 27162 13458
kàn_17.21　集韻 苦紺切音勘。同戇。擊鼓也 又 苦濫
切音闞。義同。

鼞 27163 u23AE0
què_17.21　同毇27139 亦作毇73686 正作毇73750

廲 27164 13463
lí_18.22　字彙補 音切未詳。人名 呂氏春秋 禽滑釐
學於墨子,許犯學於禽滑釐。釐亦作黎。

籢 27165 13459
lián_19.23　集韻 離鹽切音廉 說文 本作籢。鏡毇也。
或作匲匳奩籢。鼞 龍龕 毇或作,毇正。

馨 27166 13460
xiāo_19.23　廣韻 許嬌切 集韻 正韻 虛驕切丛音囂。
大磬也 爾雅·釋樂 大磬謂之馨 郭註 馨,形似犁錧,以
玉石爲之。孫炎云馨,喬也。喬,高也。謂其聲高也。
李巡云大磬聲淸燥,故曰馨。馨,燥也 字林 云錧,田器
也。自江而南呼犁刃爲錧。此馨形似之,但大爾。鼞又
鏧27141

鑨 27167 13461
lóng_19.23　玉篇 力東切,音隆◇聲也。

鼟 27168 13462
tēng_19.23　玉篇 他曾切 集韻 他登切丛音膯。與鼟
同。鼓聲也。

𧲂 27169 13464
xì_20.24　說文 系,或從毇處,作鼜。

巌 27170 13465
lì_20.24　集韻 狼狄切音歷。刈也。鼞 又 殹05040

鑋 27171 41373
qīng_20.24　龍龕 音輕。不可進貌。鼞 龍龕 作盤37337

𤲓 27172 44028
záo_21.25　龍龕 同鑿。　屭 27173 u2AD53
　　　　　　　　　　　null_21.25　未詳。

鑋 27174 44029
záo_23.27　搜眞玉鏡 同𤲓。

馨 27175 44030
kuài_23.27　篇韻 音威。鼞 可洪音義 糠馨: 下苦外、
苦佮二反。正作糠穬。

• 毋部 •

毋 27176 13466
wú_0.4　唐韻 武扶切 集韻 韻會 正韻 微夫切丛音
無。說文 止之也。其字从女,內有一畫,象姦之形。禁
止之,勿令姦 禮·曲禮 毋不敬 註 毋,止之辭。古人云毋,
猶今人言莫也。又 儀禮·士相見禮 毋上于面,毋下于帶
鄭註 古文毋爲無 賈公彥疏 今不从者 說文 云毋,禁辭,
故不从有無之無也 又 將毋、毋乃,皆發問之辭,與無
通 韓詩外傳 客有見周公者,曰: 入乎將毋。公曰: 請入。
坐乎將毋。公曰: 請坐。言乎將毋。公唯唯 又 姓 廣韻 毋
丘或爲毋氏。又漢複姓,八氏 漢書·貨殖傳 有毋鹽氏,
巨富,齊毋鹽邑大夫之後。漢有執金吾東海毋將隆、將
作,大匠毋丘興 風俗通 有樂安毋車伯奇,爲下邳相,
有主簿步邵南,時人稱毋車府君步主簿 何氏姓苑 云有
毋終氏 左傳 魯大夫茲毋還、晉大夫綦毋張 漢書 有巨毋
霸,王莽改爲巨毋氏 又 甯毋,地名 穀梁傳 作寗毋。毋
音無。又茂后反 公羊傳 音同 又 móu 集韻 韻會 丛迷浮
切音謀。毋追,夏后氏緇布冠名 禮·郊特牲 毋追,夏后
氏之道也 又 wǔ 集韻 罔甫切音武。與鵡、鸚同。鸚鵡,
鳥名。或从武,亦省作毋△與父母之母不同。

毌 27177 13467
guān_0.4　唐韻 集韻 丛古丸切音官 說文 穿物持之
也。从一橫貫,象寶貨之形 又 guàn 廣韻 集韻 丛古玩
切音貫。義同。通作貫 又 毌丘,地名 史記·田完世家 宣
公伐衛,取毌丘 註 索隱曰: 毌,音貫。毌丘,古國名,
衛之邑。今作毌者,字殘缺耳 正義 曰: 括地志云故貫
城卽古貫國,今名濛澤城,在曹州濟陰縣南。又 字彙補
按 古音晷 貫高之貫音冠,本毌丘,複姓,後去丘爲毌
氏。又作貫氏。魏有毌丘儉,今多呼爲父母之母,非也。
據此,則毌丘氏當從沽歡切之毌字,不當從微夫切之毋
字矣。其誤已久,不可不辨△與毋、母俱別。

母 27178 13468
mǔ_0.4　唐韻 廣韻 正韻 莫厚切 集韻 韻會 莫後切
丛音某 廣雅 母,牧也。言育養子也 釋名 冒也,含生己
也 增韻 慕也。嬰兒所慕也。說文 从女,象懷子形一曰
象乳子也 蒼頡篇 其中有兩點,象人乳形。豎通者卽爲
毋 詩·小雅 母兮鞠我 又 天地爲大父母 書·泰誓 惟天地
萬物父母 易·說卦 乾,天也,故稱乎父。坤,地也,故稱
乎母 蔡邕·獨斷 天子父事天,母事地,兄事日,姊事月
又 老子道德經 有名萬物之母 又 曰爲陽德之精,故稱
日母 枚乘·七發 流攬無窮,歸神日母 又 元氣之本曰氣
母 莊子·大宗師篇 伏羲得之,以襲氣母 又 父母,尊親
之詞 詩·小雅 豈弟君子,民之父母 禮·表記 使民有父之
尊,有母之親 又 揚子方言 南楚瀑洭之閒,母謂之媓 江
南子·說山訓 西家子謂其母曰社 說文 蜀人謂母曰姐,
齊人謂母曰㜷,又曰嬿,吳人曰媒 眞臘風土記 呼父母
巴馳,呼母爲米。方音不同,皆自母而變 又 乳母亦曰
母 越語 生三人,公與之母 又 禽獸之牝皆曰母 孟子
母雞,二母彘 前漢·昭帝紀 罷天下亭母馬 張華·禽經
將生,子呼母應。雛旣生,母呼子應 蘇軾·仇池筆記

州縣有一小佛屋,俗謂之豬母佛图十母,謂甲乙之屬,十干也。十二支爲十二子。見史記·律書图西王母,神名,見山海經。大戴禮云舜時,西王母獻白玉琯图寶母,所以集寶者祥異記魏生常得一美石,後有胡人見之,曰:此寶母。每月望,設壇海邊上,可以集珠寶图嶺南有瘴母鄭熊·番禺雜記五羊嶺表見有物自空而下,始如彈丸,漸如車輪,遂四散。人中之即病,謂之瘴母。图鬼母,神名括異記南海小虞山有鬼母,一產千鬼。朝產之,暮食之。今蒼梧有鬼姑神是也图凡物之有大小者皆曰子母詩·鄭風·盧重環毛傳重環,子母環也疏謂大環貫一小環。又錢有子母錢周語註重曰母,輕曰子。子母相通,民乃得所欲。又牛有子母牛易·說卦坤爲子母牛正義曰:取其多蕃畜而順。又子母竹,今之慈竹也。見任昉·述異記。又子母瓜,取收瓜子,故名。見齊民要術图甯母,地名春秋·僖七年公會齊侯,盟于甯母後漢·郡國志山陽郡方與縣有泥母亭,或曰古甯母图慈母、雨母,皆山名。丹陽記江寧縣南三十里有慈母山,牛簫管竹荊州記湘東有雨母山图雲母,扇名。又屏名。西京雜記昭陽殿有雲母扇、雲母屏風。又雲母竹,竹之大者。見郭義恭·廣志。又贊寧·筍譜有雲母筍图益母、貝母、知母,俱藥草名。蟊母、鵜母,俱鳥名。喜母、蠱名。俱見爾雅註疏。又酒滓謂之酪母,見本草图胡母,複姓後漢·獻帝紀有胡母班風俗通云胡母,姓,本陳胡公之後,齊宣王母弟,別封母鄉。遠本胡公,近取母邑,故曰胡母氏图mú集韻蒙晡切正韻莫胡切丛音模。熬餌也禮·內則煎醢加芼上,沃之以膏,曰淳母鄭註母,讀曰模。模,象也。作此象淳熬。图叶母婢切音敉詩·鄭風豈敢愛之,畏我父母。叶上杞里魯頌魯侯燕喜,令妻壽母蔡邕·崔夫人誄昔人共姜,陪臣之母。勞謙紡績,仲尼是紀。

母 27179 u2F4F
wú_0.4 同毋27176部首專用字。亦作毋27180

毋 27180 u2E9F
wú_0.4 部毋27179

毌 27181 13469
móu_1.5 字彙補莫侯切,音牟◇與蒙義同○按毌有迷浮切一音,當即毋字之譌。

每 27183 13470
měi_3.7 唐韻武罪切集韻韻會母罪切正韻莫賄切丛音浼增韻常也,各也,凡也三蒼:每,非一定之辭詩·小雅每懷靡及莊子·外物篇聖人躊躇以興事,以每成功郭象註事不遠本,故其功每成图雖也爾雅·釋訓每有,雖也詩·小雅每有良朋箋言雖有良朋也图貪也前漢·賈誼傳衆庶每生註孟康曰:每,貪也敘傳致死爲福,每生作愧图姓。每當時,漢人。見印藪图mèi廣韻集韻韻會正韻丛莫佩切音妹。數也。一曰田美也左傳·僖二十八年原田每每註每有枚、昧二音。義同图méi集韻正韻謨杯切韻會謀杯切丛音枚。義同△正字通古尚書昧昧,與梅梅、媒媒、每每通聲。古人以聲狀義類如此△說文作苺,草盛上出也。从屮母聲徐鉉曰:屮則象上出也。隸省作每,今書作每毛氏

每 27182 u6BCE
měi_2.6 同每27183

曰今俗作每,非。鍪又苺13263苺13255每27182毎35377

苺 27184 13471
měi_3.7 俗每字。

毒 27186 u23AEE
null_3.7 未詳。

毐 27185 13472
ǎi_3.7 廣韻於改切集韻韻會倚亥切丛音唉◆說文人無行也,一說嫪毐,秦人,以淫坐誅,故世罵淫曰嫪毐通雅嫪毐,音勞嬈图āi廣韻烏開切集韻於開切丛音哀。義同玉篇古文娭字。鍪又妻08299

嫶 27187 u4E78
nǎ_3.7 粵同馳27188母的。光緒二十九年閏五月廿四日申報.1903. July.18·廣東同鄉京外各官上岑雲帥書至白鴿票賭日開數次,賣字嫶者叫囂街衢,問神卜者闐溢里巷。又台山工商雜志·1947. Num.8.P.6·香港婆嫶吳丹鳳七月廿七日香港一般無聊人舉辦「香港小姐」比賽。由瞄、看、評、度、秤,條件審定,選出吳丹鳳一名,吳丹鳳以婆嫶身,逃過了評判員的「慧眼」,卒能榮膺寶座。

馳 27188 13473
jiě_4.8 集韻姐10516古作馳图zuǒ集韻子我切音左博雅馳嬋,母也。鍪又肥27191嫶27187

毒 27189 13474
dú_4.8 古文蕎薫唐韻廣韻集韻類篇韻會丛徒沃切音碡博雅惡也。一曰害也書·盤庚惟汝自生毒禮·緇衣惟君子能好其正,小人毒其正图深害曰漸毒莊子·胠篋篇漸毒頡滑,苦也詩·大雅民之貪亂,寧爲荼毒後漢·蘇章傳分骸斷首,以毒生者註毒,苦也图恨也馮衍·顯志賦惡叢巧之亂世兮,毒縱橫之敗俗註毒,恨也後漢·袁紹傳令人憤毒图藥名周禮·天官·醫師掌醫之政令,聚毒藥以供醫事鄭註毒藥,藥之辛苦者。藥之物恆多毒。又瘍醫凡療瘍,以五毒攻之註今醫方有五毒之藥,作之合黃堥,置石膽、丹砂、雄黃、礜石、慈石其中,燒之三日三夜,取以注創,惡肉破骨則盡出图魚毒,木名。見爾雅·釋木急就篇註云芫華,一名魚毒。漁者投之水中,魚即死而浮出,故以爲名。芫,或作杬图雞毒,烏頭別名淮南子·主術訓天下之物,莫凶於雞毒,然良醫索而藏之,有所用也图狗毒、繩毒,俱草名,見爾雅·釋草疏图置毒於物曰毒左傳·襄十四年秦人毒涇上流图治也易·師卦以此毒天下,而民從之註王云毒,役也。馬云治也莊子·人間世無門無毒註毒,亦訓治图同育。亭毒,化育之意老子道德經亭之毒之註亭以品其形,毒以成其質。毒,徒篤反。今作育唐代宗詔書中孚及物,亭育爲心張說·撰姚崇碑亭育之功成。皆以亭毒爲亭育。古毒育音義通图dǔ韻會正韻丛都毒切音篤。身毒,西域國名。在大夏東南。一名捐毒,又名天篤。師古曰今之天竺。蓋身毒聲轉爲天篤,篤省文作竺,又轉爲竹音山海經東海之內,北海之隅,有國名天毒,其人水居郭璞註天毒,即天竺國图dài集韻待戴切正韻度耐切丛音代。同瑇。瑇瑁也。亦作毒冒前漢·地理志多犀象毒冒註師古曰毒,音代。冒,莫內反。通作玳瑁△◆說文纛,厚也。害人之草,往往而生。从屮从毒廣韻本作纛。今經史丛省

少，从𡳆作毒。𡲂 [正字通]劏03833，蒯50698字之譌。
[又][玉篇]毒13862徒篤切。苦也。害人草也。今作毒。
𥡲42631同蒯，古文。

莓 27190 13475
fán_4.8　[字彙補]古文蹯59365字。見[韻會小補]。
𡲂𥅫，古文蹯。

毐 27192 44031
qì_4.8　[篇韻]音弃。

毑 27191 13476
zǐ_4.8　[類篇]蔣氏切。
音子。母也〇按[集韻]本作毑，當以毑爲正。

𣎓 27193 u23AF2
đừng_4.8　[㖡]从毋仃đừng聲。同傗04297

冓 27194 44032
jiǎng_5.9　[龍龕]音講。又音溝。𡲂或俗蕁[龍龕]𢉁，
古候反。

毒 27195 13477
xié_6.10　[玉篇][廣韻][集韻]𠀤戸圭切音攜。姓也。與
蜀同。一曰蜀閫，梁四公子名。或作嵐、毒。𡲂[說文]作
𡔷09391隸作𡔝54981

毒 27197 13479
null_7.11　音切未詳。義見毒註。

𣎸 27198 u23AF8
null_7.11　未詳。

奎 27196 13478
null_7.11　音切未詳。[歸
藏易]大畜卦作毒畜[小畜卦]作毒畜。

𣎧 27199 u23AF7
vǎn_7.11　[㖡]从每半bán聲。

毓 27200 13480
yù_9.13　[廣韻][集韻]𠀤余六切音育。與育同[說文]養
子使作善也。一曰稚也[周禮•天官•大宰]以九職任萬民，
二曰田園毓草木。又[地官]以蕃鳥獸，以毓草木[註]毓，
古育字[班固•東都賦]豐圃草以毓獸[註]毓，同育[又]郁毓，
盛多也[左思•蜀都賦]密房郁毓被其阜。𡲂又薐29477
毓48685

𤲑 27201 41374
dài_9.13　[集韻]同璹

蔜 27202 13481
yù_10.14　[玉篇]余六切。
與育同。長也，養也，生也，撫也。

婁 27203 13482
lóu_10.14　[字彙補]與婁同。

𪅔 27204 u2AD54
null_10.14　未詳。

𦣹 27205 u2F8F9
yù_10.14　同蔜27202

𣎷 27206 u23AFC
null_10.14　未詳。

𦣾 27207 u23AFE
null_12.16　未詳。

𣎽 27208 u23AFD
xiàng_12.16　同𣎿25522

𣎿 27209 u23AFF
xiàng_13.17　同𣎿25522

𣎫 27210 u23B00
xiàng_15.19　同𣎿25522

𣎱 27211 u23B01
null_18.22　未詳。

• 比部 •

比 27212 13483
bǐ_0.4　古文夶𣬅[廣韻]卑履切[集韻][韻會]補履切
𠀤音匕。校也，夶也[周禮•天官]凡禮事，贊小宰，比官
府之具[註]比，校次之，使知善惡足否也[儀禮•大射儀]遂
比三耦[註]比，校也[齊語]比校民之有道者[又]類也，方
也[禮•學記]比物醜類[疏]謂以同類之事相比方，則學乃
易成[韓詩外傳]高比，所以廣德也。下比，所以挾行也。
比於善，自進之階。比於惡，自退之原[又][詩]有比體[毛
詩序]詩有六義：一曰風，二曰賦，三曰比，四曰興，五
曰雅，六曰頌。鄭司農云比者，比方於物，諸言如者，

皆比詞也。比之與興，同附託外物，比顯而興隱。
[又]比例[禮•王制]必察小大之比以成之[鄭註]已行故事曰
比。比，例也[後漢•陳忠傳]父寵在廷尉，上除漢法溢於
甫刑者，未施行，寵免。後忠略依寵意，奏上二十三條，
爲決事比[註]比，例也[又]綴輯書史曰比[前漢•儒林傳]公
孫弘比輯其義[唐藝文志]玄宗命馬懷素爲修圖書使，與
褚無量整比[又]諡法之一[左傳•昭二十八年]擇善而從之
曰比[詩•大雅]王此大邦，克順克比[註]比，必里反[正義]引
服虔云比方損益古今之宜而從之也[又]比部，官名。取
校勘亭平之義。即今刑部[正韻]音皮，誤[又]水名[前漢•地
理志]南陽郡有比陽縣。應劭曰：比水所出，東入蔡。
[又]pǐ[集韻][正韻]𠀤普弭切音諀。與庀同。治也，具也[周
禮•春官]大胥比樂官[註]錄具樂官也。與庀通[又][廣韻][韻
會]毗至切音鼻。又[集韻]毗義切音避[爾雅•釋詁]比，俌
也[郭註]俌，猶輔[易•比卦•象辭]比，輔也，下順從也[卜
氏傳]地得水而柔，故曰比[又]親也，近也[周禮•夏官]形
方氏使小國事大國，大國比小國[註]比，猶親也[又]和也
[周禮•春官]簭人辨九簭之名，六曰巫比[註]巫讀爲筮，
比謂筮與民和比也[又]近鄰之稱[周禮•地官]五家爲比，
使之相保。五比爲閭，使之相受[又]案比[周禮•地官]小
司徒掌九比之數，乃頒比法於六鄉之大夫，及三年，則
大比[又]鄉大夫大比考其德行道藝，而興賢者能者[疏]三
年一閏，天道有成，故每至三年則大案比[又]及也[詩•大
雅]比于文王，其德靡悔[註]比于，至于也[史記•高祖紀]自
度比至皆亡之[又]頻也[禮•王制]比年一小聘[漢志]比年，
猶頻年也。又比比，猶言頻頻[前漢•成帝紀]郡國比比地
動[又]𠀤也[書•牧誓]比爾干[正義]楯則𠀤以扞敵，故言比
[史記•蘇秦傳]騎不得比行[又]齊也[詩•小雅]比物四驪[註]
比物，齊其力也[又]偏也，黨也[書•洪範]人無有比德[正
義]人無阿比之德，言天下衆民盡得中也[論語]君子周而
不比[鄭註]忠信爲周，阿黨爲比[又]從也[論語]義之與比
[朱註]比，從也[晉語]事君者比而不黨[註]比謂比義。
[又]合也[禮•射儀]其容體比於禮，其節比於樂[註]比，親
合也[漢•劉歆•移太常博士書]比意同力，冀得廢遺[師古
註]訓合[又]密也[詩•周頌]其比如櫛[又]比余，櫛髮具[史
記•匈奴傳]漢文帝遺單于比余[漢書]作比疏[廣雅]比，櫛
也[蒼頡篇]靡者爲比，麤者爲疏。今亦謂之梳[顏師古•急
就篇註]櫛之大而麤，所以理鬢者，謂之疏，言其齒稀疏
也。小而細，所以去蟣蝨者，謂之比，言其齒密比也。
皆因其體以立名[又]矢括曰比[周禮•考工記]矢人爲矢，
夾其陰陽以設其比，夾其比以設其羽[鄭司農註]比，謂
括也[又][揚子方言]比，代也[又]bì[廣韻][集韻][韻會]𠀤必至
切音畀。近也，併也，密也。義同[又][正韻]兵媚切，音
祕◇先也[禮•祭義]比時具物，不可以不備[鄭註]比時，
猶先時也。比，必利反。又甫至反[又]pí[廣韻]房脂切[集
韻][韻會]頻脂切[正韻]蒲縻切𠀤音毗。和也。一曰次也，
𠀤也。比鄰，猶𠀤鄰[杜甫詩]不教鵝鴨惱比鄰[又]比蒲，
地名[春秋•昭十一年]大蒐于比蒲[又]臯比，虎皮也[左
傳•莊十年]蒙臯比而先犯之，後人以爲講席[戴叔倫詩]臯

比喜接連朱子·張載銘勇撤臯比又師比，胡革帶鉤也戰國策胡服黃金師比。通作毗紕又bì唐韻毗必切集韻韻會簿必切正韻簿密切𠀤音邲。比次也增韻比比，猶總總也張九齡·荔枝賦皮龍鱗而駢比顧況·持斧章榱之斯密，如鱗櫛比。皆讀如邲。又莊子·齊物論人籟則比竹是矣。李軌讀△◆說文二人爲从，反从爲比。鋈又玉篇芘49033，古文。按，毘，芘字之誤。

⽐ 27213 u2F50 bǐ_0.4 部比27212

毕 27214 u6BD5 bì_2.6 简畢35508

𣬂 27216 u23B02 guàn_3.7 同丳04555

𣬃 27215 44034 láo_3.7 龍龕同𣬅。鋈同𣬇27220𣬅27217，草書勞字。

𣬅 27217 13484 láo_4.8 勞字之譌

𣬆 27218 13485 bǐ_4.8 玉篇古文比27212字。鋈玉篇比字古文作芘49033

𣬈 27219 13486 péi_4.8 字彙補𠀤杯切音裴。日本有甲𣬈州。見平攘錄。鋈省文纂考俗裴54418

𣬇 27220 u23B07 láo_4.8 同𣬃27215𣬅27217，草書勞字。

毖 27221 13487 bì_5.9 唐韻集韻韻會正韻𠀤兵媚切音祕說文慎也書·酒誥汝劼毖殷獻臣正義曰毖訓爲慎詩·周頌予其懲而毖後患又勞也書·大誥無毖于恤正義曰言無勞于征伐之憂也又泉流貌詩·邶風毖彼泉水，亦流于淇毛傳泉水始出，毖然流也左思·魏都賦溫泉毖涌而自浪謝靈運·山居賦汎濫異形，首毖終肥原註汎濫、肥毖，皆是泉名。事見於詩。

㲋 27222 13488 chuò_5.9 唐韻丑略切集韻敕略切𠀤音逴說文獸也。似兔，青色而大又玉篇廣韻𠀤同㚇。鋈又𠈇02708㲋27229𡙇10248又㚇10196，同㚇33404，俗㲋。篆作𠈇03433

毗 27223 13489 pí_5.9 唐韻房脂切集韻韻會頻脂切𠀤音琵。明也，厚也，輔也詩·小雅天子是毗毛傳毗，厚也鄭箋毗，輔也正義曰以毗爲毗益，故爲厚，亦由輔弼使之厚，義與鄭同又爾雅·釋訓夸毗，體柔也李巡曰屈己卑身，求得於人，曰體柔詩·大雅無爲夸毗。又朱註夸，大。毗，附也又莊子·在宥篇人大喜，邪毗於陽。大怒，邪毗於陰註司馬云毗，助也。一曰并也又爾雅·釋詁毗劉，暴樂也邢疏木枝葉稀疎不均者爲暴樂又博雅毗，懣也又諸毗、彭毗，皆山名。見山海經又毗陵，漢縣名。師古曰舊延陵也。漢改曰毗陵，屬會稽郡。今常州曰毗陵又犀毗，革帶鉤也史記·匈奴傳孝文遺匈奴黃金胥紕一漢書作犀毗索隱曰戰國策云趙武靈王賜周紹具帶黃金師比。延篤云胡革帶鉤也。則帶鉤亦名師比。胥、犀與師，𠀤聲相近，而說各異耳班固·與竇憲牋賜犀比金頭帶是也。亦作鮮卑◆楚辭·大招小腰秀頸，若鮮卑只註鮮卑，帶頭，言腰頸細如帶束也又毗貍，鼠名澠水燕談契丹國產大鼠而足短，極肥。其國以爲殊味又毗盧，佛名。又佛家有毗耶居士。見維摩經。耶亦作邪王中·頭陀寺碑掩室摩竭，用啓息言之心。杜口毗邪，以通得意之路△說文本作𣬉。或作𣬊。鋈又毘27224𣬖27242眦37479又龍龕毗，舊藏作毗。

毘 27224 13490 pí_5.9 同毗。

𣬊 27226 13492 pí_6.10 同毘。

𣬉 27225 13491 pí_6.10 毗本字◆說文人臍也。从囟。囟取氣通也。囟音信，頭會𡿺蓋也。凡篦、榌等字从此。今作毗。鋈又𣬊27226毘27224

𣬋 27227 13493 bài_6.10 集韻拜19401古作𣬋。

毙 27228 u6BD9 bì_6.10 简斃21820

㲋 27229 13494 chuò_7.11 俗㲋字。

𣬍 27230 13495 cì_7.11 集韻次26219古作𣬍。

𣬛 27232 13496 jué_10.14 唐韻集韻𠀤古穴切音玦說文獸也。似狌狌。一曰似貍。鋈又𡙇10206𣬝27234𣬟27239

𣬜 27233 13497 juàn_10.14 字彙渠轉切音倦。柔毛又rú字彙人余切音如。義同△正字通毲字之譌。毲音軟。

𣬐 27231 44035 bēi_9.13 龍龕音卑

𣬝 27234 13498 jué_10.14 玉篇生冀切，音試◇獸似貍，與𣬛異音同義又周宣王·石鼓文䍤之𣬛𣬛註丑若反，音鐸，與此似別爲一字，姑存以俟考△集韻作𣬟。見下十二畫。鋈俗𣬛27232

𣬠 27235 41375 gǔn_10.14 集韻古本切音袞。與掍同。同也。

𪵕 27236 u2AD55 null_10.14 未詳。

𣬒 27237 u23B12 shì_11.15 同𣬟27239

𣬞 27238 13499 bài_12.16 說文長箋古文拜19401字。

𣬟 27239 13500 jué_12.16 集韻疏吏切音駛。江東呼貉爲𧳜。𧳜或作𣬟。鋈俗𣬛27232

毚 27240 13501 chán_13.17 廣韻士咸切集韻韻會正韻鋤咸切𠀤音讒◆說文狡兔也，兔之駿者詩·小雅躍躍毚兔，遇犬獲之張衡·西京賦毚兔聯猭又檀名孔子世家註皇覽曰：孔子冢有毚檀之樹索隱曰：毚檀，檀樹之別名也。又chān集韻初銜切音攙。辰星別名△集韻或从犬作獑。

𣬖 27242 13503 pí_15.19 與毗同。

𣬡 27241 13502 xiě_13.17 玉篇胥野切廣韻悉姐切集韻洗野切𠀤音寫說文獸名又集韻元具切音遇。又五故切音誤。義𠀤同。

𣬗 27244 u23B17 ruí_16.20 同𣬚27243

𣬚 27243 41376 ruí_16.20 五音篇海如隹切音蕤。拿扯也。鋈又𣬗27244

𣬣 27245 44036 jìng_18.22 字彙補渠敬切音競。出釋藏。

𣬤 27246 13504 pāi_23.27 集韻匹陌切音拍。疾貌。或从三兔，作𣬤 ○按說文本作𣬤，芳遇切，急疾也。義同音異。

◈ 毛部 ◈

毛 27247 13505 máo_0.4 唐韻莫袍切集韻韻會謨袍切𠀤音旄說文眉髮之屬，及獸毛也釋名毛，貌也，冒也，在表所以別形貌，且以自覆冒也詩·小雅不屬于毛註毛者，

體骨之餘氣末屬也周禮·秋官司儀王燕，則諸侯毛鄭註謂以須髮坐也齊語班序顛毛,以爲民紀註顛,頂也。毛，髮也。次列頂髮之白黑，使長幼有等又髮班白曰二毛禮·檀弓古之征伐者，不獲二毛又獸爲毛蟲周禮·地官以土會之灋，辨五地之物生。一曰山林，其動物宜毛物註毛物，貂、狐、貒、貉之屬，縟毛者也禮·月令孟秋之月，其蟲毛。又樂記羽者嫗伏，毛者孕鬻正義曰羽，鳥也。毛，獸也又犧牲純色曰毛史記·三王世家魯有白牡、騂剛之牲，羣公不毛註何休曰：不毛，不純毛也又草也左傳·隱三年澗溪沼沚之毛。又昭七年食土之毛，誰非君臣又桑麻五穀之屬皆曰毛周禮·地官·載師凡宅不毛者，有里布註鄭司農云謂不種桑麻也公羊傳·宣十二年錫之不毛之地註不毛者，磽确不生五穀。又崔豹·古今注地以名山爲輔，石爲之骨，川爲之脈，草木爲之毛又去毛曰毛詩·魯頌毛炰胾羹註毛炰，爓去其毛而炰之又柔毛，羊也禮·曲禮羊曰柔毛又莎草曰地毛。見廣雅。又扻毛，鹽草也。見雷斆·炮炙序又高麗方言謂苧曰毛,苧布曰毛施背,見雞林類事。又閩南人謂毛曰膜。見井觀瑣言。又梵言欽跋羅，此云毛。顩鉢羅西域記云織細羊毛。褐賴縭西域記云織野獸毛又國名。又姓左傳·僖二十四年魯衞毛聃，文之昭也◆廣韻周武王弟毛公，後以爲氏。本居鉅鹿，避讎滎陽。漢毛亨治詩，作訓詁傳以授從子萇，時稱亨爲大毛公，萇爲小毛公又竹名顧愷之·竹譜南嶺有毛竹劉美之·續竹譜毛竹生武夷山李商隱詩武夷洞裏毛生竹又與髦通儀禮·士喪禮馬不齊髦註今文髦爲毛△亦作毴周禮·天官·司裘註中秋鳥獸毴毨。△亦作旄史記·夏本紀羽旄齒革又mào集韻莫報切音帽。擇也。鄭康成說或从手作托。通作芼又mú蒙晡切音模佩觿集河朔謂無曰毛後漢·馮衍傳饑者毛食註太子賢曰：案衍集作無，今俗語猶然者，豈古語亦通乎。當讀如模△集韻又作耄。鑾又𣬤27264

毛 27248 13506 sān_0.4 字彙蘇甘切音三海篇毛郎，碑名。毛郎神，本三郎神也。蠻人呼參爲毛，轉聲爲三又毛陽鎮，在沂州費縣又村名。行唐西有毛趙村。

⽑ 27249 u2F51 máo_0.4 部毛27247

𪵖 27250 u2AD56 null_1.5 殷周金文集成·17.11150·蔡侯𪵖戟蔡侯𪵖之用戟。

秃 27251 13507 tū_2.6 玉篇籀文秃字。

𣬜 27252 13508 nìng_2.6 集韻尼證切，音甯◇毴𣬜，犬毛。

𣬞 27255 u23B1E null_2.6 未詳。

𣬠 27253 u23B20 jī_2.6 𣬠𣬶，男性生殖器。清·曹雪芹脂硯齋重評石頭記（甲戌本）·第二十八回薛蟠又道：女兒樂，一根𣬠𣬶往裏戳。

𣬟 27254 u23B1F null_2.6 古璽彙編.2979胎大𣬟。

𣬝 27256 u23B1D liáo_2.6 同屪13203男陰。

𣬸 27257 13509 huī_3.7 舉要與麾同。

㲏 27258 13510 pāo_3.7 廣韻集韻𠀤與㲏27275同〇按㲏、㲏二字正字通𠀤云俗字，非。

𣬡 27259 13511 hú_3.7 海篇俗鬍字。見字學元元

𣬧 27261 u23B27 hú_3.7 俗鬍71133亦作𣬦27262𣬡27259

𣬦 27262 u23B26 hú_3.7 同𣬧27261

𣬤 27264 u23B24 máo_3.7 从毛邑聲，姓氏古璽彙編·姓名私璽.2118𣬤遇2119𣬤義。

𣬨 27260 u23B28 null_3.7 未詳。

毝 27265 u6BDD cǎi_3.7 漢語大字典.V.2同彩16469又或同毵27527

𣬥 27263 u23B25 mān_3.7 毢11825字訛省。

毜 27266 u6BDC mī_3.7 方漢語方言大詞典毜毜，量詞，表示極少的數量，相當於一點點。閩語。福建仙遊又mi壯毜，亦作粍43220，細毛，汗毛。

毢 27267 13512 fēn_4.8 廣韻撫文切集韻韻會正韻敷文切𠀤音芬。毢毢，毛落也又玉篇孚云切集韻符分切𠀤音汾。義同。鑾又毰毢，同繽紛43852

𣭊 27268 13513 zhī_4.8 玉篇之移切廣韻集韻章移切𠀤音支博雅毤𣭊，罽也。一曰輕毛貌。

毞 27269 13514 pí_4.8 集韻頻脂切音毗。氐罽也。通作紕。鑾又毞27303

𣭪 27270 13515 bèi_4.8 玉篇布蓋切廣韻集韻博蓋切𠀤音貝。𣭪毲，多毛貌又集韻薄邁切音敗。義同。

𣭆 27271 13516 jiè_4.8 玉篇集韻𠀤居拜切音戒。獸毛細曰𣭆。

𣭍 27272 13517 lǘ_4.8 與氀同。

𣭃 27273 13518 sà_4.8 廣韻蘇合切集韻悉合切𠀤音颯。毺𣭃，眼睫長貌。

𣭋 27274 13519 rán_4.8 集韻如占切。與頿、髯𠀤同。頰須也。

𣭝 27277 44037 dì_4.8 龍龕音的

㲏 27275 13520 pāo_4.8 廣韻普袍切集韻普刀切𠀤音藨。毛起貌。一曰輕也又集韻叵到切音犥。義同△集韻或从巾作㲏。

𣭙 27276 13521 pèi_4.8 字彙補與髮同。

𪵘 27278 u2AD58 null_4.8 未詳。

𪵗 27279 u2AD57 null_4.8 未詳。

𣬷 27280 u23B37 bà_4.8 雞𣬷，同𣬠𣬶27281明·孫梅錫琴心記·第二十九齣·花朝舉觴鵝掌拖黃拌，雞𣬷帶糞嘗。

𣬶 27281 u23B36 bà_4.8 𣬠𣬶。參見𣬠27253

𣬵 27282 u23B35 máo_4.8 朝鮮本龍龕𣬵，俗。同旄22161類篇𣬵，謨袍切說文幢也。一曰獸名。又武道切。老稱。又莫報切。麠毛獵長也。

𣬳 27283 u23B33 null_4.8 未詳。

𣬲 27284 u23B32 null_4.8 未詳。

𣬱 27285 u23B31 null_4.8 未詳。

𣬰 27286 u23B30 null_4.8 未詳。

毢 27287 u23B2F
null_4.8　未詳。

毢 27288 u3C91
null_4.8　未詳。搉27398拔19644拔毛而少,會揪意。

毣 27289 u3C90
líng_4.8　或俗毣27318

毤 27290 u6BDF
liè_4.8　囗むしる。同

毦 27291 13522
tiáo_5.9　玉篇大幺切廣韻徒聊切集韻田聊切丛音迢。毦毦,鳥尾翹毛也。或从羽作翢囗集韻丁聊切音貂。毦毦,羽惡貌。

毨 27292 13523
líng_5.9　廣韻集韻韻會丛郎丁切音靈。毛結不理也。通作泠周禮·天官·內饔羊泠毛而毳羶。泠或作毨囗集韻靈年切音蓮。義同。鑒又毣27318

毩 27293 13524
shēng_5.9　集韻類篇丛師庚切音生。毩氄,毛起貌。

毪 27294 13525
zhěn_5.9　集韻阻引切,榛上聲。毛髮齊貌。

毫 27295 13526
jiā_5.9　集韻居牙切音嘉。與毠同。毛衣謂之毠裟。或作毣,亦作袈。西域記僧祇支,正云僧迦鵄,此云覆腋衣。竺道祖云魏時請僧於內,作此衣,因綴於左邊祇支上。今號兩袖曰偏衫,七條曰鬱多羅僧。用三種壞色,青、黑、木蘭。青謂銅青,黑謂雜泥,木蘭卽樹皮色。應法師舊作氍毣,葛洪改袈裟。具云迦羅紗曳,此云不正色〇按諸說,氍毣卽袈裟也。古織毛爲之,故从毛,後用布,故从衣。鑒又毬27327胅27464囗正字通毠,毠字之譌。

毬 27296 13527
pī_5.9　玉篇音披。毛也。鑒正字通毬,同披46047囗同屄12958女陰。

毭 27297 13528
mào_5.9　字彙莫候切音茂。毛密也。

毮 27298 13529
pī_5.9　與髹同。

毰 27299 13530
bào_5.9　字彙蒲報切音暴。鳥伏卵。義與菢同。鑒又毢27302毬27313

毱 27300 13531
zhè_5.9　玉篇中格切。毛初生也囗字彙直格切音宅。義同。

毲 27301 13532
zhān_5.9　正字通俗氈27597字。

毴 27302 13533
bào_5.9　篇海步報切音暴。鳥伏卵也。本作菢49775囗釋典作毮。鑒又毬27315

毵 27303 13534
pí_5.9　與紕同。毛毿類也。後漢·西南夷傳冉駹夷,其人能作旄氈、斑罽、青頓、毤毲、羊羧之屬註毤卽紕,氏罽也〇按毵應作頻脂切音毗字彙補作邦疑切音卑,非是囗字彙補一說毣字之譌。

毷 27304 13535
qú_5.9　篇海類編其俱切音瞿篇韻毛毵也。毤毵之屬〇按集韻氄或作毷,其俱切,氈毲之屬。音義旣同,字形亦近,當卽氄字之譌。

毸 27309 44038
dǒu_5.9　海篇音斗

毹 27305 13536
rú_5.9　字彙補人朱切音儒。毛也〇按此當卽毹字之譌。

毺 27306 13537
máo_5.9　與旄同。見篇海

毻 27307 13538
zhēn_5.9　字彙補說見囗08099字註。

毢 27308 13539
lǔ_5.9　字彙補力主切音縷。氀也。

氀 27310 44039
fú_5.9　篇海類編音拂。鑒又氄27326

氁 27311 44040
hāo_5.9　搜真玉鏡呼高切。

氂 27313 u2AD59
bào_5.9　直音篇氂,同氀27299

氃 27314 u23B5B
bǒm_5.9　喃从毛妑bǒm省聲△氃馭:馬鬃。

氄 27315 u23B5A
bào_5.9　同氀27302

氅 27312 u2AD5A
mau_5.9　喃拵氄:欋

氆 27316 u23B59
ní_5.9　清史稿·屬國傳三·緬甸丁酉,陳錦布、氆氇百餘端,獻經略將軍,而進魚鹽犒軍。氆氇,呢毯。

氇 27317 u23B55
null_5.9　未詳。

氈 27319 u23B53
null_5.9　未詳。

氉 27318 u23B54
líng_5.9　同毨27292可洪音義烏毣:力丁反。

氊 27320 u23B52
null_5.9　未詳。

氋 27321 u23B51
null_5.9　未詳。

氍 27322 u23B50
null_5.9　未詳。

氌 27323 u23B4F
null_5.9　未詳。

氎 27324 u23B4E
null_5.9　未詳。

氏 27325 u23B4D
null_5.9　未詳。

氐 27326 u23B4C
fú_5.9　俗氀27310

氒 27327 u23B4B
jiā_5.9　同毫27295

氓 27328 u23B4A
null_5.9　未詳。

气 27329 u23B49
null_5.9　未詳。

氕 27330 u23B48
bī_5.9　同屄12958明·佚名一片情·第四回再說那二姐,被方作義這一通入搗,把氕底都弄塌了。氕口邊紅瘇,把縫都瘇瞞了,要小解也解不出,又急又漲,無法可療金瓶梅詞話·第二十七回那婦人在枕畔,朦朧星眼,呻吟不已,沒口子叫:大氅氀達達,你不知使了甚麼行子,進去又罷了,淫婦的氕心子痒到骨髓裡去了,可憐見饒了罷。

氖 27331 u23B43
xù_5.9　喃从毛囚tù聲△氖氉:茸毛,起毛。

氘 27332 13540
sāi_6.10　玉篇廣韻蘇來切集韻正韻桑才切丛音鰓。氘氉,鳥羽張貌。或从思作氉劉禹錫·鴟詩氘氉鮑腹蹲枯枝△通作鰓潘岳·射雉賦敷藻翰之陪鰓註陪鰓,奮怒貌〇按鳥奮怒則羽張,與氘氉同義。

氙 27333 13541
mù_6.10　廣韻集韻韻會正韻丛莫卜切音木。思貌。一曰好也揚子方言純氙,好也郭璞曰氙氙,小好貌前漢·鮑宣傳願賜數刻之間,極竭氙氙之思註師古曰氙音沐,沐沐猶蒙蒙也。如淳曰:謹愿之貌囗風貌柳宗元·龍城錄台人旣辭去,舟回如飛,但覺風氙氙而過囗玉篇一曰毛濕也囗廣韻莫角切集韻墨角切丛音邈。義同囗mào集韻莫報切音帽。與氁同說文目少精也。鑒又氚27334

氚 27334 13542
mù_6.10　玉篇同氙

氜 27335 13543
gé_6.10　廣韻古沓切集韻葛合切丛音閣。目睞長貌。與四畫毢字義同。

氝 27336 13544
tuò_6.10　玉篇廣韻集韻丛與氊同管子·輕重篇文皮毣服以爲幣囗yuè集韻欲雪切音悅。義同。鑒又氋27390

毸 27337 13545
xún_6.10 玉篇思巡切音荀。毛初生貌 図xùn 集韻
徐閏切音殉。毛羽利也。

毦 27338 13546
ěr_6.10 唐韻 集韻 𦄼仍吏切音餌 說文 羽毛飾也。
博雅 毨、毦，屬也。一曰績羽爲衣。一曰兜鍪上飾 後
漢·單超傳 金銀罽毦，施於犬馬 註 毦，以羽毛爲飾。音
如志反。又 西南夷傳 齎黃金、旄牛毦 註 顧野王曰：毦，
結毛爲飾，即今馬及弓槊上纓毦也 魏略 劉備性好結毦，
有人以髦牛尾與備者，因手自結之。又 諸葛亮·答孫權
書 所遺白毦薄少，重見辭謝，益以增慙 女紅餘志 臨川
王宏妾江無畏善騎馬，翠毦珠羈，玉珂金鐙 庾信詩 金
羈翠毦往交河 図 冠上飾 董巴·輿服志 內常侍加黃金附
蟬毦尾，謂之惠文冠 図 拂名 晉東宮舊事 皇太子納妃，
有白毦拂二枚 図 錦名 內典·翻譯名義集 兜羅錦，亦翻
揚華，或稱兜羅毦 図 香草之稱 郭璞·江賦 揚皓毦，擢
紫茸 註 毦與茸皆香草也 図 藤名 齊民要術 毦藤，大小
如莩蒿，蔓衍生○按 服虔·通俗文 毛飾曰毦，則凡絲羽
革草之下垂者，𦄼可以毦名矣 △與目部眂不同 正韻 𢤻
補 毦从耳。誤从目，讀作眂，謂玄德好結帽，譌久矣。
鑒 又 㲝27340毦47036 図 可洪音義 㺾毦59653：人志反。
正作毦。

毧 27339 13547
róng_6.10 玉篇 而中切音戎。細毛也。鑒 正字通 毧，
俗氄字 篇海類編 或作毲。

㲥 27340 13548
ér_6.10 同毦。

毨 27341 13549
xiǎn_6.10 唐韻 集韻 韻會 正韻 𦄼蘇典切音銑。理也。
書·堯典 鳥獸毛毨 孔傳 毨，理也。毛更生整理也 正義 毛
羽美悅之狀。夏時毛羽希少，今則毛羽復生，故言更生
整理 ◆ 說文 仲秋鳥獸毛盛，可選取以爲器用。讀若選。
包氏言，霜後選毛。與 說文 義同 △ 集韻 或作雜。鑒 又
毨27344毶27342

毮 27342 13550
xiǎn_6.10 同毨。

毪 27343 13551
rú_6.10 玉篇 女於切 廣韻 女余切 集韻 女居切 𦄼
音袽。犬多毛貌。鑒 又 毣27305

毢 27344 13552
xiè_6.10 集韻 私列切音薛。鳥獸理毛。義同毨。

耄 27345 13553
mào_6.10 篇韻 與耄同。

氊 27346 13554
zhān_6.10 字彙補 章延切音氈。毛席也。

毺 27347 13555
shù_6.10 廣韻 傷遇切音戍。毛也。

毬 27348 41377
jú_6.10 篇海類編 渠竹切，音毬。皮毛之丸。

耗 27349 44041
máo_6.10 龍龕 與耄同。

耄 27350 44042
máo_6.10 五音篇海 音毛。

毵 27351 u2AD5C
null_6.10 未詳。

毡 27352 u2AD5B
null_6.10 未詳。

耗 27353 u23B70
mào_6.10 喃 从毛牟mào聲。同毦69607

毺 27354 u23B6F
ria_6.10 喃 从毛夷dì聲 △ 黼毺：髭 △ 亦作鬍71159

毺 27355 u23B6C
null_6.10 未詳。

毸 27356 u23B6B
null_6.10 未詳。

氎 27357 u23B6A
null_6.10 未詳。

毷 27358 u23B69
null_6.10 未詳。

氀 27363 u23B64
bì_6.10 簡 氀27549

毟 27359 u23B68
null_6.10 未詳。

毷 27360 u23B67
null_6.10 毷毷，同氀氀。

毡 27361 u23B66
null_6.10 未詳。

毱 27362 u23B65
null_6.10 未詳。

毵 27364 u6BEA
mú_6.10 清·徐珂 清稗類鈔·服飾類·太平人之服飾
四川太平，氣候和煦，與巴塘、裏塘相類。然以風多而
寒，五月披裘，不以為異。衣非布帛，其取材也，粗者
為羊毛所織之毡子，精者為羊領下白毛所織之毵毵。

毫 27365 13556
háo_7.11 古文 宨 廣韻 集韻 韻會 正韻 𦄼胡刀切音
豪。長銳毛也 老子道德經 合抱之木，生於毫末 前漢·鮑
宣傳 有益毫毛 図 言物細曰秋毫，言毫至秋極纖細也
孟子 明足以察秋毫之末 莊子·知北遊 秋毫爲小，待之
成體 前漢·高帝紀 沛公入關，秋毫無犯 図 謝察微·算經
十絲曰毫，十毫曰氂 禮經解 差若毫氂，謬以千里 晉
書·虞預傳 毫氂之失 図 筆謂之毫 陸機·文賦 或含毫而
邈然 唐書·劉知幾傳 每記事載言，則閣筆相視，含毫不
斷。又 蘸筆曰濡毫，落筆曰揮毫 図 姓。漢毫康，封安陽
侯 図 修毫，狗名 西京雜記 李亨好馳駿狗，有修毫、氂
睫、白望、青曹之名 △ 說文 作豪。籀文作毫 正字通 毫、
豪雖通，然 山海經 豪豬可借毫 孟子 豪傑之士 淮南子
智過百人謂之豪，當用豪，俗溷爲一，非。又 姓 譜 毫、
豪分二姓。鑒 又 亭00676 乚00375

毿 27366 13557
xiān_7.11 玉篇 思連切 廣韻 集韻 相然切 𦄼音仙 博
雅 毿毯，屬也 図 風俗通 毿翅，細葛也 図 集韻 疏臻切
音莘。義同。鑒 又 氄27457

氄 27367 13558
lèi_7.11 玉篇 力外切 廣韻 集韻 郎外切 𦄼音酹。毛
色斑也 図 玉篇 力拙切 廣韻 力輟切 集韻 龍拙切 𦄼音
劣。義同。一曰馬毛雜斑謂之氄。鑒 又 駵70025

毹 27368 13559
xiāo_7.11 玉篇 先幺切 廣韻 蘇彫切 𦄼音蕭。毹毹，
鳥尾翹毛也。一曰羽翼敝貌。一曰氄氄，氍毹也 図 集
韻 思邀切音宵 図 思留切音修。義𦄼同。鑒 又 毹27369

毹 27369 13560
xiāo_7.11 同毹。鑒 龍龕 毹或作，毹正。

氄 27370 13561
rǒng_7.11 集韻 與毰同。

毬 27371 13562
qiú_7.11 唐韻 渠鳩切 集韻 韻會 正韻 渠尤切 𦄼音
求 說文 鞠丸也 荊楚歲時記 寒食爲打毬、鞦韆、藏鉤之
戲 註 劉向·別錄曰：蹴鞠，黃帝所造，本兵勢也。或云
起於戰國。古人蹋蹴以爲戲 史記·霍去病傳 驃騎尚穿域
蹋鞠 註 索隱曰：鞠戲，以皮爲之，中實以毛，蹙蹋爲
戲 正義曰：按 蹵鞠書 有 域說篇，即今之打毬也。起戰
國時，程武士，知其材力 初學記 鞠即毬字，今蹴鞠曰
戲毬。古用毛糾結爲之。今用皮，以胞爲裏，噓氣，閉
而蹴之。或以韋爲之，實以柔物，謂之毬子。鞠，亦作

鞠。又蹴鞠之處曰毬場，勝者所得謂之毬采花毬，毳布也外國志哈烈，古大宛地，有瑣伏花毬，織鳥毳成文帶名夢溪筆談太宗命創方團毬帶，賜二府文臣，其後樞密使兼侍中張耆王貽永皆特賜邵氏聞見錄王拱辰出判北京時，賜笏帶毬露金帶佩魚魚名范正敏·遯齋閒覽朱崖之傍，有物如鞠，大小質狀無異，亦有紋如線，味極肥美。土人呼爲毬魚杖名杜光庭·錄異記蘇校書者，好酒，唱望江南，善製毬杖。每有所闕，即以毬杖干於人，得所酬之金以易酒錦名齊東野語御府臨六朝、羲、獻、唐人法帖，用毬露錦。又費著·蜀錦譜有盤毬錦、大窠馬大毬錦、眞紅雪花毬露錦燈名東京夢華錄元宵大內，宣德樓上，皆垂黃綠簾，簾中御座。簾外，兩朵樓各挂燈毬一枚，約方圓丈餘花果，名繡毬花，爲二月之花客卿。見屠本畯·餅史月表。又蹙金毬、探金毬、紫繡毬，皆牡丹名。寒毬、黃寒毬，皆柰名。見周氏·洛陽花木記。又星毬紅，荔枝名。見徐熚·荔枝譜。又玉毬、繡毬、毬子，皆菊名。見范成大·菊譜。△集韻或从皮作𨅯。鼇又毬27372

27372 13563 **毿** qiú_7.11 同毬。

27373 13564 **毦** fū_7.11 廣韻集韻㲚芳無切音敷。鳥解毛曰毦。一曰劚也。

27374 13565 **毹** shū_7.11 篇海霜俱切音輸。氍毹也。鼇又毹27375

27375 13566 **毹** shū_7.11 同毹。

27376 13567 **毩** jiē_7.11 與睫同。

27377 13568 **毤** bó_7.11 廣韻蒲沒切集韻薄沒切㲚音勃。毤毤，毛短貌。

27378 13569 **毢** hé_7.11 俗毻字。

27379 13570 **毥** dòu_7.11 廣韻田候切集韻大豆切㲚音豆博雅毥毥，劚也nuò集韻匿各切音諾。毥屬，極細，可以禦雨。

27380 13571 **毨** qú_7.11 氍字之譌張氏·代醉編巫覡號曰瑤毨。見本草。不知其解。

27381 13572 **毮** sōu_7.11 集韻與毵同。

27382 13573 **毼** hāo_7.11 字彙呼高切音蒿篇海撋也，揉也。

27383 13574 **毸** shā_7.11 廣韻所加切集韻韻會正韻師加切㲚音沙。與裟同。毛衣謂之毰毸。或从毛作毸。一曰毛長貌叶桑何切音梭韓愈·月蝕詩於菟蹲於西，旗旄衞毰毸。此外內外官，瑣細不足科。鼇又毿27391

27384 13575 **毷** nǎo_7.11 集韻女巧切，橈上聲。毷毷，氍毷，毛深亂者○按集韻本从毌，與辰別字彙正字通㲚作毷，與集韻異。今改正。鼇又髮71039

27385 13576 **毴** yán_7.11 字彙補夷然切音延。越毴，錦類。鼇又毴26579

27386 13577 **毸** niǎo_7.11 字彙補古文尿字○按尿與溺同。改从毛作毸，無義。且溺字古文作伙，目爲古文，尤屬臆造。

27387 44043 **毲** páo_7.11 字彙補蒲包切，音包◇亦作毲。鼇字彙補音包。音袍之誤。龍龕毲，俗。音袍可洪音義毲多：上巨六反，尊者名擾波毲多也。正作毲27407

27388 44044 **毰** suī_7.11 篇海類編音雖。

27389 u23B87 **毱** ngù_7.11 喃从毛吳ngô聲。流蘇。

27390 u23B86 **毱** tuò_7.11 玄應音義毱落：他臥反字書落毛也。經文作毱27458，近字，兩通。炘曰毱字見管子·輕重篇，與毺字同，讀若唾。毺字見方言并廣雅，郭璞謂解毺也。鳥獸解毛謂之毺。

27391 u23B85 **毸** shā_7.11 同毸27383毛長貌。明·單本蕉帕記·第三齣·下湖誰家遊女髻毰毸，兩點丁香未破瓜。

27392 u23B82 **毸** null_7.11 未詳。

27393 u23B81 **毸** null_7.11 未詳。

27394 u23B80 **毸** null_7.11 未詳。

27395 u23B7F **毸** null_7.11 未詳。

27396 u23B7E **毵** pū_7.11 方孵。

27397 u23B7D **毸** nǎo_7.11 同毸27384

27398 u6BEE **毮** liè_7.11 日むしる。同拷19644毛27290

27399 13578 **毴** zhǐ_8.12 集韻展里切音角徵之徵。獸毛多曰毴。

27401 13580 **毸** tǎn_8.12 同毯。

27400 13579 **毯** tǎn_8.12 廣韻集韻韻會吐敢切正韻他感切㲚音菼。毛席也。通作緂。鼇又毸27401毸27564菼49821骹31684緂44683袟54393

27402 13581 **尾** jué_8.12 字彙渠勿切音倔。鳥短毛△正字通俗屈字○按說文屈本作屈，从尾出出。尾當卽屈字譌文。

27403 13582 **毸** lí_8.12 玉篇力之切廣韻里之切•集韻陵之切㲚音釐。彊毛也。一曰毛起也。亦作毸、毤博物志周穆王有犬，名毸，毛白lái玉篇力才切廣韻落哀切集韻郎才切㲚音來。義同。鼇又毸27471緂44328

27404 13583 **毿** dé_8.12 玉篇多則切音德。毛少也廣韻集韻㲚丁力切音得。義同。鼇又毿27463

27406 13585 **毰** péi_8.12 廣韻薄回切集韻蒲枚切㲚音裴。毰毸，張羽貌。一曰鳳舞也•韓愈·雪詩興與酒毰毸王安石·鵞詩晴天鏡裏雪毰毸△集韻或作毸。

27407 13586 **毱** jú_8.12 玉篇巨六切廣韻集韻渠竹切㲚音鞠。與鞠同。皮毛丸也篇海別作毱。鼇又毱27419毱27544毱27387龍龕毱27428毱27421毲27348俗，毱正。

27405 13584 **毸** lí_8.12 與毿同。

27408 13587 **毸** rǒng_8.12 玉篇而勇切音宂。又而允切音螁。與毸、毸27501㲚同máo集韻謨袍切音旄。與毛27247同周禮·天官·司裘註中秋鳥獸毵毸mào廣韻莫到切集韻莫報切㲚音帽。毛盛也。一曰輕毛也。與鴇73014同 ○按玉篇同氄集韻同毛，又同鴇。其解不合，姑兩存之以俟考。

27409 13588 **毸** sū_8.12 廣韻集韻㲚蘇骨切音窣。毸毸，毛貌。又毛短謂之毸zú集韻昨沒切音捽。毛生貌。

𣯧 27410 13589
jié_8.12 集韻即涉切音接。與睫、䀹太同說文目旁毛也。或作𣯧，亦作䁝睫䎲。

𣯱 27411 13590
jié_8.12 集韻即涉切音接。義見𣯧。

𣯴 27412 13591
duó_8.12 集韻韻會太都括切音掇。蠻夷織毛罽也後漢·西南夷傳哀牢夷知染采文繡罽𣯴又冉駹夷，其人能作旄氊、斑罽、青頓、毞𣯴、羊羖之屬。

𣯷 27413 13592
gǔn_8.12 字彙古本切音袞。毛轉也。

毳 27414 13593
cuì_8.12 唐韻集韻韻會太此芮切音脆說文獸細毛也◆方言揄、鋪、㲚、㲜，毳也周禮·天官·掌皮共其毳毛爲氈，以待邦事鄭註毳毛，毛細縟者王褒·聖主得賢臣頌夫荷旃被毳者，難與道純綿之麗密又冕服名周禮·春官·司服四望山川則毳冕又子男之服，自毳冕而下，如侯伯之服尚書正義毳冕五章，虎蜼爲首。虎蜼毛淺，毳是亂毛，故以毳爲名詩·王風毳衣如菼毛傳毳衣，大夫之服箋古者天子大夫服毳冕，以巡行邦國。天子大夫四命，其出封五命，如子男之服，故得服毳冕又火毳，卽火浣布也後漢·西南夷傳論賨𧴮火毳馴禽封獸之賦，軨積於內府又鳥腹毛曰毳說苑·尊賢篇背上之毛，腹下之毳杜甫詩見輕吹鳥毳又毳幕，卽氈帳也李陵·答蘇武書韋鞲毳幕又僧服名法苑珠林衣中有四者：一糞掃衣，二毳衣，三衲衣，四三衣又小耎物易斷也荀子·議兵篇事小敵毳，則偷可用也文子·道原篇志弱者柔毳安靜△通作脆老子道德經其脆易破晉語臣脆弱，弗能忍俟又柔美之物曰甘毳史記·聶政傳旦夕得甘毳以養親前漢·丙吉傳數奉甘毳。亦與脆義同又通作膬管子·霸言篇釋堅而攻膬枚乘·七發甘膬腥醲又姓。出姓苑又集韻儒稅切音汭。又姝悅切音歠。義太同又qiāo集韻租悅切音蕝。與橇同前漢·溝洫志泥行乘毳史記作橇註孟康曰：毳竹如箕，擿行泥上。如淳云毳謂以板置泥上，以通行路也。師古曰毳讀如本字。鑾又毳27514𣰆27510又正字通𣰆27589同毳。

𣯻 27415 13594
jiān_8.12 集韻將先切音箋。羢屬。

𣯺 27416 13595
bì_8.12 廣韻房益切集韻毗亦切太音擗玉篇毛𣯺。

𣯽 27417 13596
jié_8.12 海篇同睫37810

𣯿 27418 13597
jié_8.12 五音篇海同睫37810

𣯰 27422 44045
chún_8.12 海篇音純

𣯸 27419 13598
jū_8.12 字彙補居六切音菊。亦作𣯳○按卽毱字之譌。

𣯶 27420 13599
qú_8.12 字彙補其俱切音衢。毹㲣之屬。

𣯵 27421 13600
jū_8.12 字彙補與毱27407同。

𣯹 27423 44046
bāng_8.12 五音篇海布黃切。

𣯾 27424 44047
róng_8.12 龍龕音散。鑾可洪音義𣯾疊：上而容反。

𫫞 27425 u2AD5E
null_8.12 未詳。

𣮦 27427 u23BA6
nài_8.12 同㲡27452龍龕𣮦𣮦：上音具。下音奈。𣮦𣮦，多毛也。

𣮥 27428 u23BA5
jū_8.12 同𣯸27419俗毱27407

𫫝 27426 u2AD5D
null_8.12 未詳。

𣮤 27429 u23BA4
zōng_8.12 俗鬃71051明·孫文胤丹臺玉案·卷四·諸血門立方寸金散，治鼻衄不止：黃蘗子，五錢；土馬騌，五錢，有足者，生古墻上，多有之；生甘草，一錢。右為末，每服二錢，新水調服

𣮣 27430 u23BA3
jié_8.12 同𣯿27418俗睫

𣮟 27431 u23B9F
sān_8.12 同毵27442

𣮞 27432 u23B9E
null_8.12 未詳。

𣮝 27433 u23B9D
huì_8.12 同彗16384

𣮜 27434 u23B9C
null_8.12 未詳。

𣮛 27435 u23B9B
jìng_8.12 𣮛毬，亦作彰𣮛，毛布。

𣮚 27436 u23B9A
null_8.12 未詳。

𣮙 27437 u23B99
null_8.12 未詳。

𣮗 27439 u23B97
zhān_8.12 同𣰰27479俗氈27582

𣮖 27440 u23B96
lí_8.12 同氂27536

𣮘 27438 u23B98
null_8.12 未詳。

毵 27441 u6BF6
sān_8.12 同毿27548韻學驪珠毵毵，毛長貌。

毴 27443 u6BF4
bī_8.12 民國商務印書館新字典·拾遺同屄12958

毵 27442 u6BF5
sān_8.12 简毿27527

𣯲 27446 13603
yǐng_9.13 玉篇於景切廣韻於丙切太音影。毛布。鑾字彙𣯲，於丙切音影。毛𣯲車也又平聲，於京切，毛也。

𣰃 27444 13601
bǎng_9.13 廣韻北朗切集韻補朗切太音榜博雅𣰃𣰂，罽也玉篇𣰃㲢，方文者。一說邪文曰𣰃。或从旁作㮄。鑾又𣯹27423𣰈27516㾊36129龍龕𣰊27538𣰄27507𣰒27563三俗，𣰁27515俗通，𣰃正。

𣰆 27445 13602
dié_9.13 字彙徒葉切音牒。西國毛布。

𣰅 27447 13604
rǒng_9.13 字彙同毴。

𣰇 27448 13605
róng_9.13 字彙如終切，音茸◇細毛。一曰俗𣰸字。

𣰉 27449 13606
mào_9.13 集韻莫報切音帽博雅觧也。鑾又𣰫27476

𣰋 27450 13607
lí_9.13 與氂同。俗省。

𣰌 27451 13608
jiā_9.13 玉篇廣韻太古牙切音嘉。𣰌毠，毛衣。或作毠27295

㲡 27452 13609
nài_9.13 玉篇廣韻帑帶切集韻乃帶切太音奈。𣮦㲡，多毛。一曰獸毛密曰㲡。鑾又𣮦27427

𣰍 27453 13610
sōu_9.13 類篇疎鳩切音搜。氍𣰍，織毛有文者集韻作𣯷。通作㲣異物志大秦國以野繭絲織成氍㲣，以羣獸五色毛雜之，爲鳥獸、人物、草木、雲氣，千奇萬變，惟意所作廣志云氍㲣、白氎，毛織之，近出南海。氍㲣本作氍𣰍，織毛褥也又玉篇素侯切，漱平聲。又類篇山於切音蔬。義太同。鑾又𣰍27524又類篇𣯷27482，山於切。毛席也。或作㲣毹27381又氍𣰍或作氍𣯺27517、

罷毹、氉毶、罷毸27534

27454 13611
毸 suī_9.13　廣韻素回切集韻蘇回切ㄊ音濢。毢毸，張羽貌。一曰鳳舞也。或从崔作氈 図sāi 集韻韻會ㄊ桑才切，音鰓。義同。亦作䄜27332 鼆又氉27530

27455 13612
毹 yú_9.13　唐韻羊朱切音俞 說文罷毹也 風俗通織毛褥曰罷毹 南史·夷貊傳梁大同中，高昌國獻蒲桃、良馬、罷毹等物 古樂府坐客氎罷毹，氆氈五木香 韓愈、李正封·鄆城聯句兩廂鋪罷毹，五鼎調勻藥△或書作毹 三輔黃圖溫室規地以罽賓毹△亦作氀 張衡·四愁詩美人贈我貂襜褕。或作氀罷氉 通俗文罷氉之細者名氀氀 図shū 廣韻山芻切集韻雙雛切ㄊ音毹。又集韻春朱切音毹。義ㄊ同△集韻亦作氄、毹。鼆又氀27475氉27485氀27606 図 龍龕氆毹俗，毹正。

27456 13613
毹 yú_9.13　同毹。鼆正字通毹，俗作毹27475氉27485。

27457 13614
氀 xiān_9.13　氉字之譌

27458 13615
毤 tuò_9.13　廣韻湯臥切集韻吐臥切ㄊ音唾 博雅解也。謂鳥獸解毛羽也 揚子方言隋、氉，易也 郭註謂解氉也 郭璞·江賦產氉積羽，往來勃碣 註氉，音唾，落毛也。與氉同 庾信·老子廟應詔詩氉毛新鵠小 図 玉篇他果切音妥 図 廣韻他外切集韻吐外切ㄊ音蛻。義ㄊ同。鼆又毤27336毹27465

27459 13616
毼 hé_9.13　廣韻胡割切集韻韻會正韻何葛切ㄊ音曷 博雅毼毼，罽也 後漢·烏桓傳婦人能刺韋作文繡，織毼氉 註廣雅曰：毼毼，罽也。毼，力氏反。氉，胡葛反 陳琳·神武賦鞘縕續組，罽毼皮服 図毛布也。或从衣作褐 図與氉同。羊名 後漢·西南夷傳冉駹夷有五角羊、麢香、輕毛毼雞、牲牲 註郭璞註 山海經曰：毼雞似雉而大，青色，有毛角，鬭敵死方止。今通作鶡 図kě 集韻丘葛切音渴。與褐同。豆不飾曰褐。或从毛作毼 儀禮·士喪禮毼豆兩 註毼，白也 図dā 字彙得合切音答 李翊·俗呼小錄今俗謂性劣者爲毼氉。毼音兜，氉音達。鼆 龍龕毼27378毼27483俗，毼正，氉27490同。

27460 13617
氉 biàn_9.13　廣韻薄泫切集韻婢典切ㄊ音辮 玉篇氉毛，毛毛也。一曰毛不理。

27461 13618
氄 méi_9.13　字彙補同眉。

27462 13619
氉 sōu_9.13　集韻同氉。或作氀 図 集韻與毹27455同。鼆又毹27453毹27482氉27517

27463 13620
氉 dé_9.13　字彙補氉字之譌。

27464 13621
氉 jiā_9.13　五音篇海與氉同。

27465 13622
毤 tuò_9.13　篇海類編與氉同。

27466 13623
毷 mào_9.13　海篇與毛46305同。

27467 13624
氄 jú_9.13　字彙補渠竹切音氄也。皮毛丸也。與鞠同。亦作鞠。

27469 44048
氉 zī_9.13　龍龕音咨

27470 44050
氈 zhān_9.13　龍龕之延切。又失延切。

27471 44051
氉 lí_9.13　搜真玉鏡音仙。鼆俗氉。

27472 u2AD5F
氉 mày_9.13　喃从毛从眉，眉mi亦聲。眉毛。

27473 u23BC4
毽 yàn_9.13　清·李調元 南越筆記卷一·廣東方言元夕……以鴿翎貫皮錢踢之曰踢毽。毽亦曰燕。

27474 u23BC2
毱 páo_9.13　同毱27387 字彙補毱，蒲包切，音袍，亦作毱。

27475 u23BC1
氉 yú_9.13　同氉27485俗作毹27456

27476 u23BC0
氉 mào_9.13　氉氉，亦作毣27449氉、氉瞇，失意貌。

27477 u23BBD
氉 null_9.13　未詳。

27478 u23BBC
氉 xū_9.13　同氉27566 疑俗鬚字 龍龕氉氉27572，音須。二同。

27479 u23BBB
氈 zhān_9.13　同氈27590亦作氈27439

27480 u23BBA
氉 null_9.13　未詳。

27481 u23BB9
氄 róng_9.13　同氄27504

27482 u23BB8
氉 sōu_9.13　同氉27462

27483 u23BB7
氉 hé_9.13　俗氉27459

27484 u23BB6
氉 null_9.13　未詳。

27485 u23BB5
氉 yú_9.13　俗氉27455

27486 13626
氉 sōu_10.14　玉篇與氉同。

27487 13627
氉 jì_10.14　廣韻集韻ㄊ與罽同 玉篇亦作繼 集韻或作繼。

27488 13628
氉 shuāi_10.14　集韻雙佳切音衰。氉氉，毛長貌。一曰狐貌△或作綏。

27489 13629
氄 qí_10.14　集韻渠伊切音耆。毛文會也。

27490 13630
氉 hé_10.14　字彙補胡葛切音曷。毛布也。

27491 13631
氉 tà_10.14　唐韻吐盍切集韻託盍切ㄊ音榻 說文氉氉也 後漢·西域傳天竺國有細布、好氉氉 註坤蒼曰：毛席也 釋名施之承大牀前小榻上，登以上牀也 班固·與弟超書月支氉大小相雜，但細好而已 正字通中天竺有氉氉，今曰氍毹，秦、蜀之邊有之，似褐，五色方錦。廣中洋舶亦有至者。又名多羅毹△或作氉，非。鼆又氉27492氉27565襜54718氉27519氉27577氉27525

27493 13633
氉 dié_10.14　玉篇廣韻集韻ㄊ與氉同。

27494 13634
氉 táng_10.14　廣韻集韻ㄊ徒郎切音唐 博雅氉、氉，罽也 玉篇罽曲文。一曰冠纓上飾。

27495 13635
氉 hàn_10.14　唐韻侯幹切集韻侯旰切ㄊ音翰 說文獸毫也 玉篇長毛也 図 集韻河干切音寒。義同。

27496 13636
氉 bǎng_10.14　集韻氉或从旁作氉。

27468 13625
毽 jiàn_9.13　字彙補經電切，音建◇拋足之戲具也 帝京景物略諺云楊柳兒青，放空鐘。楊柳兒死，踢毽子。鼆又毽27473

毿 27497 13637
sào_10.14 唐韻先到切音喿。毛貌。

氄 27498 13638
róng_10.14 集韻韻會如容切音茸 博雅氄氄，亂也。一曰翠飾也 又 集韻乳勇切音宂。氄氄，草亂貌 又 集韻而用切音鱅。與韝毦緷氄同。䍃翠飾。一曰亂也。 鑒又毧50428氄27424氄27503毿59763

氄 27499 13639
rù_10.14 玉篇而蜀切音辱。氄氄。

氄 27492 13632
tà_10.14 同氄。

氄 27500 13640
suō_10.14 正韻桑何切音娑。毛羽婆娑貌。通作娑、毿。

氄 27501 13641
rǒng_10.14 唐韻人勇切 集韻乳勇切音宂 說文毛盛也。引書鳥獸氄毛○按今書·堯典本作鳥獸氄毛。 又 唐韻而尹切 集韻乳尹切音蝡。義同。一曰毛聚。 △集韻或作韝毦縟。

氄 27502 13642
wù_10.14 集韻烏沒切音唱。氄氄，毛貌。

氄 27503 13643
rǒng_10.14 集韻乳勇切音宂。氄氄，猥雜貌。一曰不肖。鑒又氄27447 又 字彙補氄，而容切。與氄同。翠飾也。

氄 27504 13644
róng_10.14 字彙補而中切音茸。細毛。鑒又氄27481

氄 27505 13645
mào_10.14 鵡字之譌

氄 27506 13646
qú_10.14 與氄同。

氄 27507 13647
bǎng_10.14 同氄。亦作氄。

氄 27508 41378
lí_10.14 龍龕同氄。鑒龍龕氄氄氄氄氄氄氄氄俗，氄27536正。

氄 27509 41379
suō_10.14 字彙補與氄同 憨山大師塔銘須髮鬖氄

氄 27510 44052
cuì_10.14 篇海類編同氄。

氄 27511 u2AD60
null_10.14 喃未詳。

氄 27512 u23BE3
mén_10.14 簡氄27532

氄 27513 u23BE1
lóng_10.14 喃同猭46214羽毛。

氄 27514 u23BE0
cuì_10.14 俗氄27414

氄 27515 u23BDF
bǎng_10.14 俗氄27444

氄 27516 u23BDE
bǎng_10.14 同氄27444

氄 27517 u23BDC
sōu_10.14 同氄27453

氄 27518 u23BDB
lí_10.14 俗氄27536

氄 27519 u23BDA
tà_10.14 同氄27492亦作氄27491

氄 27520 u23BD9
null_10.14 未詳。

氄 27521 u23BD8
null_10.14 未詳。

氄 27522 u23BD7
null_10.14 未詳。

氄 27523 u23BD6
null_10.14 未詳。

氄 27524 u23BD4
sōu_10.14 俗氄27453

氄 27525 u3CA9
tà_10.14 同氄27491可洪音義 氄氄：上音塔。下音登。

氄 27526 13648
lí_11.15 集韻鄰知切音離。本作氄。接氄，白帽也。或作氄。通作摛。

氄 27527 13649
sān_11.15 玉篇先含切 集韻韻會 正韻蘇含切音鬖。毛長貌 詩·陳風值其鷺羽疏白鷺青脚，高尺七八寸，頭上有毛十數枚，長尺餘，氄氄然與衆毛異。鑒又

氄27442氄27548氄27441氄27556氄27265

氄 27528 13650
jiē_11.15 類篇與氄、氄氄同。

氄 27529 13651
jì_11.15 字彙古無此字 顏氏家訓曰：吳人以餼下作毛爲氊字。

氄 27530 13652
suī_11.15 集韻韻會氄蘇回切音雖。與氄27454同。毿氄，張羽貌。一曰鳳舞 又 cuǐ 集韻取猥切音漼。與氄71178同。毛髮貌。

氄 27531 13653
zōng_11.15 廣韻即容切 集韻將容切氄音蹤 博雅氄氄，亂也。

氄 27532 13654
mén_11.15 唐韻莫奔切 集韻謨奔切氄音門 說文以氄爲繝，色如蘽，故謂之氄。蘽，禾之赤苗也。引詩氄衣如氄○按今詩·王風本作氄衣如璊。傳云璊，玉赤色。或曰蘽本血祭，借爲赤色。疑方俗之稱如此，非正訓也。又說文蘽禾之赤苗，與詩·大雅維糜維芑之糜，字別而音義同。糜音門，赤粱粟 爾雅作虋 說文所稱蘽或卽此。存此以俟考。鑒又氄27512

氄 27533 13655
xǐ_11.15 字彙想里切音璽 篇海毛垂貌。鑒 正字通氄16501，舊註音史。毛巫也。按：毛部氄音義同。贅作氄，改音史，誤。

氄 27534 13656
lǘ_11.15 廣韻力朱切 集韻韻會龍珠切氄音慺 博雅氄氄，亂也 後漢·烏桓傳婦人能刺韋作文繡，織氄氄 又 shū 集韻雙雛切音疎。與氄27455同。織毛蓐也。 又 dōu 字彙當侯切音兜。人險爲氄氄，音兜達。見李翔·俗呼小錄 △集韻或書作氄。鑒又氄27272氄27618氄27603

氄 27535 13657
mú_11.15 字彙莫胡切音模。毛段也 又 輟耕錄凡調合服飾顏色，氄子，用粉、土黃、檀子，入墨一點合。又氄綾，用紫花底紫粉，搭花樣。鑒又氄27550

氄 27536 13658
lí_11.15 唐韻里之切 集韻韻會陵之切氄音釐 說文氄牛尾也 周禮·春官·樂師有旄舞註旄舞者，氄牛之尾 疏山海經潘侯之山有獸，如牛而四節生毛，名曰旄牛。又山海經荊山，其中多氄牛註旄，牛屬也，黑色，出西南徼外 杜甫詩天馬跋足隨氄牛 又馬尾亦曰氄 淮南子·說山訓馬氄截玉註氄，馬尾也 又毛之强曲者 前漢·王莽傳以氄裝衣註師古曰毛之强曲者曰氄，以裝褚衣中，令其張起也。又前漢·五行志天漢三年八月，天雨白氄 又 小爾雅雜毛曰氄 又長毛也 後漢·岑彭傳岑熙遷魏郡太守，輿人歌之曰：狗吠不驚，足下生氄註氄，長毛也。犬無追吠，故足下生氄 又亂也 爾雅·釋言氄，亂也 郭註毛氄，所以爲亂 邢疏織毛爲之。若今毛氄氄，以衣馬之帶鞅也 又凡言物之細者爲氄 列子·殷湯篇以氄懸蝨於牖 曹植·九華扇賦篾氄解而縷分 又與釐通 史記·蘇秦傳毫氄不伐，將用斧柯 前漢·律歷志不失豪氄註孟康曰：十豪爲氄 又 máo 廣韻莫袍切 集韻韻會謨袍切氄音毛。義同。亦作氂氄氄 又 集韻郎

才切音來。義同〇按 周禮·春官 註：氂，音毛。劉音來，沈音貍，或音茅，或作犛，或作氂。考 莊子·逍遙遊 氂牛，其大若垂天之雲。註：郭呂之反，徐、李音來，又音離，司馬云旄牛。據此知諸家音切雖異，而義丠通。氂 又氂27547氂27349氂27405 図 龍龕 氂27518氂27508俗，氂正 図 可洪音義 毛氂27450：力之反。正作氂。

氊27537 13659
lǔ_11.15 集韻 氀或作氊。

毪27538 13660
mǎng_11.15 集韻 母朗切音莽，氀毪，毛布。

毬27539 13661
niè_11.15 集韻 女介切音褹。毛髮衆貌。

毰27540 13662
jiē_11.15 篇韻 與毠同。氊 又 可洪音義 作眊氊：二同。子葉反。見 藏作睚37777眊音冒。下与睚同也。

氊27541 13663
suī_11.15 集韻 同氀

氊27545 44053
dì_11.15 龍龕 音的。

氊27542 13664
jiē_11.15 字彙補 與睫同。

陫27543 13665
péi_11.15 集韻 毰或書作陫。

毱27544 13666
jú_11.15 字彙補 與毱同。

氂27547 u23BF7
lí_11.15 氂27536本字。見 說文

毶27548 u23BF6
sān_11.15 同毿27527

氊27546 u2AD61
null_11.15 未詳。

氊27549 u23BF4
bì_11.15 氊氊，亦作嗶嘰，西文beige的音譯，一種斜紋毛呢料。類推簡化作毸27363

氋27550 u23BF3
mú_11.15 同氉27535
徒束切 正韻 徒紅切丠音同。氋氋，散毛貌 世說 羊祜有鶴善舞，嘗向客稱之。客試使驅來，氋氋而不肯舞。

氊27553 13669
tóng_12.16 集韻 韻會

氍27551 13667
qú_12.16 集韻 氍或作氉。

氉27552 13668
qiáo_12.16 集韻 渠嬌切音喬。氉氉，氍氍也。

氈27554 13670
dēng_12.16 唐韻 集韻 韻會 正韻 丠都騰切音登 說文 氈氊、氊氊，皆氈緂之屬 通俗文 氈氊之細者名氊氊 後漢·西域傳 天竺國有細布、好氊氊 註 毛席也。亦作毲毲 古樂府 毲毲五木香 又 類篇 氊氊，羽悴貌。

氋27555 13671
pú_12.16 玉篇 扶木切 廣韻 蒲木切 集韻 步木切丠音僕。氋氊，毛不理也△ 集韻 或作氋。

毵27556 13672
sān_12.16 俗毿字。

氛27557 13673
fēn_12.16 玉篇 方云切 廣韻 府文切 集韻 方文切，丠音分 博雅 氛氊，屬也 揚雄·蜀記 有毛氊 註 即今之氀氀也 図 集韻 符分切音汾。義同 図 集韻 彼義切音賁 図 類篇 逋邊切音班。義丠同

氄27558 13674
róng_12.16 廣韻 正韻 而隴切 集韻 韻會 乳勇切丠音宂。與犫同。鳥細毛也。一曰毛盛 書·堯典 鳥獸氄毛 孔傳 鳥獸皆生奥氄細毛以自溫。又馬融云溫柔貌 正義 云氄毛，謂附肉細毛 劉楨·烏生八九子詩 氄毛不自煖，張翼强相呼 図 ◆ 玉篇 而允切音蝡。義同 図 集韻 而融切音戎。又如容切音茸。義丠同 俞琰·席上腐談 北方毛段

細軟者曰子氄。子謂毛之細者也。今誤爲紫茸△ 說文 本作犫。从毛隼聲 集韻 或作毪氄縟 玉篇 增韻 亦作毸。氊 又氊27569氊27628氊35191氊35188氊54848 図 集韻 犫，乳勇切 說文 毛盛也。引 虞書 鳥獸犫髦。或作氉38480氊辑67432氊27370縟44690

氊27559 13675
sù_12.16 玉篇 思錄切 廣韻 相玉切 集韻 須玉切丠音粟。本作氊 廣雅 氊氊，屬也。

氊27560 13676
jiāo_12.16 玉篇 子姚切 廣韻 卽消切 集韻 茲消切丠音焦。兜鍪上毛飾。一曰羽殺也。與 詩·豳風 子羽譙譙音義同。氊 又氊75912

毞27561 13677
chǎng_12.16 唐韻 正韻 昌兩切 集韻 韻會 齒兩切丠音敞。毞鷩，鳥羽也。或从鳥作鷩 図 析羽爲裘衣之屬 世說 王恭著鶴毞。氊 又毞27567氊54776

毰27562 13678
bǎng_12.16 字彙 布廣切音榜。毰毰，西蕃織裓也。氊 又氊27444氊27563

氊27563 13679
bǎng_12.16 字彙補 與毰同。

燚27564 13680
tǎn_12.16 字彙補 與氊同 前涼錄 軌卽遣參軍杜勳獻馬五百匹，燚布三萬疋〇按此字當从炎，改从焱，無義。當卽氊字譌文。

毯27565 13681
tà_12.16 字彙補 氊字之譌。

氊27566 44054
xū_12.16 龍龕 音須。氊 字彙補 亦作氊27572

毞27567 u23C09
chǎng_12.16 商務印書館 新字典 毞，毞27561之譌字。

毸27568 u23C08
jī_12.16 氊毸。參見氊27549

氊27569 u23C07
rǒng_12.16 同氄27558

氊27572 u23C04
xū_12.16 俗鬚71206 字彙補 氊27566，心居切。音須。亦作氊。

氊27570 u23C06
dēng_12.16 毲氊，亦作氊氊27554

氊27571 u23C05
tà_12.16 同毯27565俗氊27491

氊27573 u23C02
null_12.16 未詳。

氊27574 u23C01
null_12.16 未詳。

氊27575 u23C00
null_12.16 未詳。

氊27576 u23BFF
lǔ_12.16 俗氊27621

毲27577 u3CAE
tà_12.16 同毲27519

氊27578 u6C07
lǔ_12.16 简氊27621

氊27579 13682
náng_13.17 廣韻 女江切 集韻 農江切丠音矃。與髞通 坤蒼 氊氊，髮亂。或从毛作氊。

氊27580 13683
qú_13.17 集韻 氍，或作氊。氊 又氊27625

氊27581 13684
hé_13.17 集韻 何葛切音曷。與藒同。水草，似蕨可噉。或从葛作氊 図 liè 集韻 力涉切音獵。車裧，以禦風塵也。或作毸 周禮·春官·巾車·輈有裧羽蓋 註 故書裧爲毸，亦或爲氊，丠音獵。

氊27582 13685
zhān_13.17 唐韻 集韻 韻會 正韻 丠諸延切音旃 說文 撋毛也。或曰撋，執也，蹂也。蹂毛成片，故謂之氊

釋名 氎，旄也。毛相著旄旄然也 周禮·天官·掌皮 秋斂皮，冬斂革，共其毳毛爲氎。又 掌次 王大旅上帝，則張氎案 疏 案謂牀也。牀上著氎，即謂之氎案 齊民要術 作氎法，春毛秋毛中半和用。秋毛緊強，春毛軟弱，獨用太偏，是以須雜。三月桃花水氎第一。凡作氎，不須厚大。唯緊薄均調乃佳耳△通作旄 前漢·王褒傳 荷旄被毳 王吉傳 細旄之上 蘇武傳 齧雪與旃毛。皆與旃同。鼇又 氈27439 氈27479 毡27301 毺27597 氀27470 㲲27590 韂67602 氎71236 囝 龍龕 毨27346俗，氎正。

氄 27583 13686 sào_13.17 玉篇 蘇到切音燥。毛也。一曰毛健 囝 唐國史補 舉子不捷而醉飽，謂之打氄氄，謂拂其煩悶也。鼇又 毿27592 囝 眊睒38265同氄氄，失意，煩憂。韋莊 買酒不得 停尊待爾怪來遲，手挈空缾氄氄歸。滿面春愁消不得，更看溪鷺寂寥飛。

氊 27584 13687 jié_13.17 同氎。

氋 27585 13688 shū_13.17 字彙補 霜俱切，音輸◇氊氊也。

氀 27586 13689 qiú_13.17 與裘同。

氂 27587 44055 cuì_13.17 篇海類編 與氄同。

氇 27588 44056 kùn_13.17 五音篇海 音困。

氊 27589 44057 cuì_13.17 搜真玉鏡 音毳。

瑹 27590 44058 zhān_13.17 海篇 同氈。鼇又 氈27479

氉 27592 u23C15 sào_13.17 同氄27583

氊 27591 u23C19 quǎm_13.17 喃 从毛禁cấm聲△氇氊：氊眉△亦作㲱38251

氊 27593 u23C13 null_13.17 未詳。

氊 27597 u6C0A zhān_13.17 同氎27582

氊 27596 u23C0F ngòi_13.17 喃 从毛鬼ngôi聲△氊筆：筆尖。

氊 27594 u23C12 null_13.17 未詳。

氊 27598 13690 cuì_14.18 玉篇 七芮切音毳。斷也。亦作斮。鼇又 氄27587

氊 27595 u23C11 null_13.17 未詳。

氊 27599 13691 méng_14.18 集韻 謨蓬切音蒙。氉氄，毛貌。鼇又 毿27615

氋 27600 13692 yè_14.18 玉篇 音謁。多毛也。

氊 27601 13693 bìng_14.18 集韻 皮孕切音凭。氊㲹，犬毛。

厊 27603 13695 lǔ_14.18 俗氎字。

氊 27602 13694 rán_14.18 玉篇 汝占切音髯 囝 音藍。氊氄也。鼇又 氊27614毿。

氊 27611 u2AD62 null_14.18 未詳。

氊 27604 13696 níng_14.18 玉篇 女庚切 廣韻 乃庚切 集韻 尼庚切㲱音獰。犬多毛謂之氊。

氊 27612 u23C2A null_14.18 未詳。

氊 27605 13697 jié_14.18 集韻 卽涉切音接。目旁毛也。與映睫毱毵27411睫㲱同。

氊 27606 13698 yú_14.18 玉篇 與氄27455同。

氍 27607 13699 qú_14.18 玉篇 同氍27640 集韻 作氍 囝 人名 南史·黃法氍傳 氍字仲昭，少勁捷，日步行二百里，能距躍三丈，

爲梁交刺史，終陳義陽郡公 冊府元龜 趫捷部有黃法氍之名 註 氍，音俱。鼇又 氍27625

氊 27616 u23C24 null_14.18 未詳。

氊 27608 13700 qú_14.18 字彙補 其居切音渠。細毛也。鼇又 㲹27617氊27609

㲹 27609 44059 qú_14.18 搜真玉鏡 音氍。

氊 27610 44060 cháo_14.18 搜真玉鏡 音巢。

氊 27613 u23C28 bīn_14.18 氊氄，同繽45086紛。周邦彥 汴都賦 飛仙降真之縹紗，翔鴹鵁鷗之氊氄。

氊 27614 u23C26 rán_14.18 氊27602氄或作氊毵。

㲹 27617 u23C25 qú_14.18 同㲹27608

毿 27615 u23C25 méng_14.18 同氊27599

厊 27618 u23C22 lú_14.18 正字通 厊，俗氎27534字。

氊 27619 13701 liè_15.19 集韻 力涉切音鬣。與鬣同 說文 髮鬣鬣也。从髟巤聲。氊，鬣或从毛。獵，或从豕。亦作鬣。

氊 27620 13702 dú_15.19 字彙 徒木切音讀。氊旗〇按軍中大旗曰纛。羽葆列乘輿車衡上左方者曰左纛，从毛，無義。玫古字書無氊字，當是後人臆造耳。鼇 可洪音義 槊氊：下徒木反。

氊 27622 13704 liè_15.19 與氊同。

氊 27621 13703 lǔ_15.19 字彙 郎何切音羅。氊氊，西番㲯毛織者。吐蕃貢霞氎，即今紅氊氊 囝 篇海 郎古切音魯。義同。鼇又 毿27578氎27626氊27644

氊 27626 u23C2F lǔ_15.19 同氊27621

氎 27624 13706 sù_15.19 廣雅 氎本字

氊 27623 13705 dié_15.19 篇海 與氎同。鼇又 氎27646

氊 27625 u23C30 qú_15.19 同氍27580 玉函山房輯佚書·三國·魏·李登·聲類 氍氄，毛席也。

厊 27627 44061 jī_16.20 字彙補 引 集韻 同㲿〇按 集韻 有㲿無厊。

氊 27628 44062 róng_16.20 字彙補 引 集韻 同氊〇按 集韻 有氊無氊。

氎 27635 13709 dié_17.21 俗氎字。

氊 27629 u23C35 lóng_16.20 喃 从毛龍long聲。毛，羽毛。亦作氊27513氊27630犭27630 46214

氊 27630 u23C34 lóng_16.20 喃 从毛篭lồng聲。

氊 27637 u23C39 null_17.21 未詳。

氊 27631 u23C33 lóng_16.20 喃 同氊27630

氊 27632 u23C31 null_16.20 未詳。

氎 27633 13707 ráng_17.21 玉篇 集韻 汝如羊切音穰。與氎同。氊氊，髮亂。或从毛 囝 nǎng 集韻 乃朗切音曩。氎氎、氊氄，毛深亂貌。

氊 27634 13708 xiān_17.21 集韻 思廉切音纖。毛也。

氊 27641 u23C3E null_18.22 未詳。

氊 27636 44063 táo_17.21 龍龕 徒刀切

氊 27638 13710 qú_18.22 正字通 氎字之譌。

㲜 27639 13711
niè_18.22　[集韻]日涉切，音讘。毛弱貌。

氀 27640 13712
qú_18.22　[玉篇]巨俱切[唐韻]其俱切[集韻]權俱切丛音衢[說文]氀毹、毨毹，皆氀緂之屬。蓋方言也[風俗通]織毛褥謂之氀毹△[玉篇]或作㲣[集韻]或作㲔、毺。鼄又毷27304毷27380䄰27506䵹27638㲞27642凶龍龕鼄27505俗，毹27420古，氀正凶字彙補䂺27609音義與氀同。

㲟 27642 u23C3D
qú_18.22　同氀27640

㲁 27645 u23C41
dié_19.23　同㲦27646

㲖 27643 13713
shū_19.23　[集韻]雙雛切音毹。毛磔起貌。八荒中有毛人，如猴，毛長牦㲖。東方朔說。

㲞 27644 13714
luó_19.23　正字通與氌同[蜀記]㲞氌之氀作㲞。

㲦 27646 13715
dié_22.26　[廣韻]徒協切[集韻][韻會]達協切丛音牒。細毛布也[唐書·地理志]隴右道，厥賦有毛㲨、白㲦。又吐蕃貢霞㲦[廣輿記]雲南永昌軍民府出縹㲦，即白㲦，布堅厚細密，頗類紬[梁·簡文帝·與廣信侯重述內典書]永謝瀉瓶，終慚染㲦[庾信·五張寺經藏碑]銀函東度，金㲦南翻凶織成衣亦曰㲦[賢愚經]一端金色之㲦奉上如來[註]㲦，織成大衣也△亦取作巾及手巾之屬[杜甫詩]光明白㲦巾[王昌齡詩]手巾花㲦淨△亦作氎[後漢·南蠻傳]哀牢夷知染采文繡，罽毲白氎。又[南史·夷貊傳]高昌國有草，實如繭，繭中絲如細纑，名曰白氎子。國人取織爲布，甚軟白，交市用焉。鼄又㲞27648㲁27645氎27623氎27635䌨27445㲸27493禮54944氊35758氊35763凶可洪音義白緤44485：音㲦，毛布也。正作㲦27649也。白纏45257：音㲦，細毛布也。白緤45152：音㲦，細毛布也。正作㲦。

㲝 27647 44064
kùn_22.26　[海篇]音困。

㲕 27648 u23C43
dié_22.26　同㲦27649

㲲 27649 u3CB2
dié_22.26　同㲦27646

㲣 27650 13716
rán_24.28　[集韻]顧，亦作㲣。

❋ 氏部 ❋

氏 27651 13717
shì_0.4　[唐韻]承旨切◆[集韻][韻會][正韻]上紙切丛音是。氏族也[白虎通]有氏者何，貴功德，下伎力，所以勉人爲善也[左傳·隱八年]天子建德，因生以賜姓，胙之土而命之氏。諸侯以字爲諡，因以爲族。官有世功，則有官族，邑亦如之[疏]釋例曰：別而稱之謂之氏，合而言之則曰族[趙彥衛·雲麓漫抄]姓、氏後世不復別，但曰姓某氏，雖史筆亦然。按姓者，所以統系百世，使不別也。氏者，所以別子孫所自出。如周姓姬氏，所以別子孫，如魯衛毛邘邗晉應韓之分，若夫[易]云黃帝堯舜氏作。堯舜雖非姓氏，旣是天子當一代，稱曰堯舜氏，義亦通。此又不拘姓氏之例[柳芳·論氏族]氏於國則齊魯秦吳，氏於諡則文武成宣，氏於官則司馬司徒，氏於爵則王孫公孫，氏於字則孟孫叔孫，氏於居則東門北郭，氏於志則三馬五鹿，氏於事則巫乙匠陶凶古者貴有氏，賤無氏，故其詛辭有曰：墜命亡氏，言奪爵失國也。詛辭見[左傳·襄十一年]凶婦人例稱氏[儀禮·士昏禮]祝

告稱婦之姓，曰某氏來婦凶樂氏，津名，在鄭[左傳·襄二十六年]涉於樂氏凶元氏、猗氏、盧氏、尉氏，皆縣名[廣輿記]元氏屬常山，今屬眞定府。猗氏屬河東，今屬平陽府。盧氏本漢縣，今屬河南府。尉氏本秦縣，今屬眞定府△[師古·漢書註]凡地名稱某氏者，皆謂因之而立名。如尉氏、左氏、緂氏、禺氏之類凶以氏名其物[大戴記]蘭氏之根，椵氏之苞凶[姓]吳志有氏儀，後改姓是凶猛氏，獸名[司馬相如·上林賦]鋋猛氏[郭璞曰]今蜀中有獸，狀似熊而小，毛淺有光澤，名猛氏凶◆[說文]巴蜀山名岸脅之旁著欲落墮者曰氏。氏崩，聞數百里[揚雄·解嘲]響若氏隤○按今[揚雄傳]作阺[玉篇]亦云巴蜀謂山岸欲墮曰氏，崩聲也。承紙切。又[元包經]剝氏氏。傳曰：山崩於地也。註：氏音蔡，氏音支。與[說文][玉篇]義同而音異凶[集韻]掌是切音紙。姓也。義同上凶zhī[廣韻][集韻][韻會]丛章移切音支。月氏，西域國名，在大宛西[史記·大宛傳]有大月氏，小月氏。亦作月支凶閼氏，單于后名[史記·韓王信傳]上乃使人厚遺閼氏[註]閼音燕，氏音支凶烏氏，縣名[史記·酈商傳]破雍將軍烏氏[註]烏音於然反，氏音支。屬安定[前漢·地理志]作閼氏。又[史記·貨殖傳]烏氏倮[註]韋昭曰：烏氏，縣名。倮，名也。索隱以烏氏爲姓，非是凶jīng[廣韻]子盈切[集韻]咨盈切丛音精。猭氏，縣名[前漢·地理志]代郡有猭氏縣[註]孟康曰：猭音拳，氏音精△亦作任[古今印史]任，承旨切，族下所分也。古者姓統族，族統任。適出繼位之餘，凡側出者皆曰任。故許愼從側出以見意△鼄又氏27656又[費氾碑]氏作姼10407[路史]正姓姼，職昏因，是曰神媒。

氏 27652 u2F52
shì_0.4　同氏27651部首專用字。亦作氏27653

氏 27653 u2EA0
shì_0.4　部氏27652，專用字。

氐 27654 13718
dǐ_1.5　古文图[唐韻]丁禮切[集韻]典禮切丛音邸[說文]氐，至也。从氏下著一。一，地也凶本也[詩·小雅]尹氏大師，維周之氐[毛傳]氐，本也[正義]曰：氐，讀從邸。若四圭爲邸，故爲本，言是根本之臣也。又[鄭箋]氐，當作桎鎋之桎[孝經鉤命決]云孝道者，萬世之桎鎋[說文]云桎，車鎋也，則桎是鎋之別名。以鎋能制車，喻大臣能制國也。桎，之寔反，又丁履反。鎋又作轄，胡瞎反。○按今[詩]從毛傳，讀若邸凶與抵同。歸也[前漢·食貨志]天下大氐無慮皆鑄金錢又大氐皆造告[註]師古曰氐，讀曰抵，歸也。大氐，猶言大凡也。又[左思·三都賦]作者大氐舉爲憲章[註]氐，音旨。義同。今俗書作抵。凶氐人，外國名，在建木西，人面魚身，無足。見[山海經]。氐，音觸抵之抵。舊註附入都奚切，今訂正。凶木之根氐也。亦作柢。義詳木部凶人所托宿亦曰氐。通作邸凶[集韻]軫視切音旨。氐道，地名，在廣漢。凶zhī[廣韻]丁尼切[集韻]張尼切丛音胝。氐池，縣名。或作旨而切音支，非是凶dī[廣韻]都奚切[集韻][韻會][正韻]都黎切丛音低。氐羌也[詩·商頌]自彼氐羌，莫敢不來享，莫敢不來王[正義]曰氐羌之種，漢世仍存。其居在

秦隴之西 路史 氏羌數十，白馬最大 前漢·地理志 隴西郡有氐道、羌道二縣 魚豢·魏略 漢置武都郡，排其種人，分竄山谷，或號靑氏，或號白氐 図 星名 爾雅·釋天 天根，氐也。孫炎曰：角亢下繫於氐，若木之有根 史記·天官書 氐四星，東方之宿。氐者，言萬物皆至也 甘氏星經 氐四星爲天宿宮，一名天根，二名天符 禮·月令 季冬之月，旦，氐中。又 前漢·地理志 韓地，角、亢、氐之分野 図 同低。俛也 前漢·食貨志 封君皆氐首仰給 註 師古曰氐首，猶俯首 図 賤也 前漢·食貨志 其價氐賤減半。図 墨神曰回氐。見 致虛閣雜俎 図 集韻 韻會 正韻 𠀤丁計切音帝。東方宿也。義見上。鼇 又 𡳜 16110

民 mín_1.5 古文 㞷 唐韻 集韻 韻會 正韻 𠀤彌鄰切音泯 說文 衆萌也。言萌而無識也 易·師卦 君子以容民畜衆 書·咸有一德 后非民罔使，民非后罔事 禮·緇衣 民以君爲心，君以民爲體 図 四民◆ 穀梁傳·成元年 古者有四民：有士民，有商民，有農民，有工民 註 德能居位曰士，辟土植穀曰農，巧心勞手成器物曰工，通財貨曰商。図 司民，星名 周禮·秋官·司民 及孟冬祀司民之日，獻其數于王 註 司民，軒轅角也 釋文 軒轅十七星，如龍形，有兩角，角有大民、小民 図 官名 周禮·秋官·司民 掌登萬民之數，自生齒以上，皆書於版 図 民曹，漢官名 後漢·百官志 民曹尚書主凡吏上書事 註 蔡質·漢舊儀曰：典繕治功作，監池、苑囿、盜賊事 図 民部，今戶部也 文獻通考 漢置尚書郎四人，其一人主財帛委輸。至魏文帝，置度支尚書寺，專掌軍國支計。吳有戶部，晉有度支，皆主籌也。後周置大司徒卿一人，如 周禮 之制，隋初有度支尚書，則并後周民部之職。開皇二年，改度支爲民部。永徽初，改民部爲戶部 図 北方有比肩民，見 爾雅·釋地。南方有裸民，見 呂氏春秋。又白民國，白身，背有角，乘之壽二千歲。羽民國，其民皆生羽毛。卵民國，其民皆生卵。毛民國，其民皆生毛。又有勞民、搖民、壎民、盈民、載民、蜮民諸國，𠀤見 山海經。又鶴民國，人長三寸，日行千里，見 窮神祕苑 図 姓。見 姓苑 図 叶彌知切音離 夏禹襄陵操 洪水滔天，下民愁悲。上帝愈咨，三過吾門不入。父子道衰，嗟嗟不欲煩下民 △ 六書統 民，象俯首力作之形〇按民字之義非一。有總言人者 詩 天生蒸民、厥初生民是也。有對君而言者 書 民惟邦本，是也。有別於在位而言者 詩 宜民宜人。註：人謂臣，民謂衆庶，是也。有對幽而言者 論語 務民之義 左傳 先成民而後致力于神，是也。有對己而言者 詩 民莫不穀，我獨于罹。是也。有對農而言者 漢·食貨志 粟甚貴傷民，甚賤傷農。是也。況四民兼士農工商，豈力田始稱民乎 六書略 之說穿鑿，不可從。鼇 又 甯 14175 民 27658

27656 u2B795
氏 shì_1.5 干祿字書 氏 27651 民，上通下正。

27657 13720
㞷 jué_2.6 唐韻 居月切音厥◆ 說文 木本，从氏，大於末 図 廣韻 古文厥 04940 字。

27658 u2B796
民 mín_2.6　俗民 27655 漢隸字源 引 帝堯碑

27659 13721
氓 máng_4.8 唐韻 武庚切 韻會 謨盲切 正韻 眉庚切 𠀤音盲 說文 民也 詩·衞風 氓之蚩蚩，抱布貿絲 石經註疏 作甿。甿與氓通 周禮·地官·遂人 凡治野，以下劑致甿，以田里安甿，以樂昏擾甿，以土宜教甿稼穡，以興鋤利甿，以時器勸甿，以彊予任甿 鄭註 變民言甿，異外內也。甿猶懵。懵，無知貌也。又 旅師 凡新甿之治，皆聽之，使無征役 註 新甿，謂新徙來者〇按此則氓本同甿 長箋 以氓爲民，甿爲民田，分爲二，非是 図 méng 集韻 謨耕切，音萌。義同 図 通作萌 前漢·劉向傳 民萌何以勸勉 註 萌，與甿同 図 楊愼·經說 氓从亡从民。流亡之民也。引 周禮 新甿之治，註：新徙來者〇按氓與民音別義同。从亡者，言民易散難聚，非專屬新徙之民而言 周禮註：新徙來者，釋新義，非釋甿義。遂人之安氓、教氓，氓猶民也，非皆他國新徙之民謂之氓也 孟子 受廛爲氓，猶受廛爲民，天下之民皆願爲氓，猶皆願爲民也。楊說迂泥。鼇 又 宦 27660 㲱 41506 㳽 48892

27660 13722
㲱 máng_4.8 篇海類編 俗氓字。

27661 u23C46
㲰 hǒ_4.8 喃 从氏戶 hô聲 △ 㳽㲰：一門，一族。㲰行：親族。㲵㲰：氐名 △ 亦作厫 22253

27662 13723
㳽 sì_5.9 字彙 市之切音時。伺也。鼇 正字通 俗伺字，舊註音時，非。

27663 13724
㳽 mín_5.9 字彙補 蒙貧切音民。平也。

27664 13725
㲵 mǐn_5.9 字彙補 美粉切音吻。㲵米也〇按此義不可解，當卽㲵字之誤。鼇 音吻，音閔。

27665 u23C4A
㳊 zhǐ_5.9 集韻 祇，古作㳊㳊 39777

27666 13726
㲱 dié_6.10 唐韻 集韻 𠀤徒結切音耋 說文 觸也 図 zhì 廣韻 陟栗切音窒。手拔物。

27667 13727
㲴 dī_7.11 字彙補 都兮切音低〇按此當卽衹字之誤。

27668 44065
㲴 dié_7.11 字彙補 同㲴

27670 u23C4C
㲴 null_7.11　未詳。

27669 44066
㲷 dàn_7.11 字彙補 音誕。鼇 古文誕。

27671 13728
㲼 wū_9.13 玉篇 古文於 22135 字。

27672 13729
㳋 yìn_10.14 唐韻 於進切 集韻 伊刃切 𠀤音印 說文 臥也 図 zhì 廣韻 集韻 𠀤陟利切音致。赴也。或作㳌 図 集韻 煙奚切音鷖。仆也。鼇 又 字彙補 㳊 27674 同㳋。

27673 13730
㳌 yìn_12.16 集韻 㳋或作㳌。

27674 u23C52
㳊 yìn_13.17 㳋 27672 本字。見 說文

27675 13731
㳑 xiào_14.18 廣韻 胡教切 集韻 後教切 𠀤音效 博雅 誤也 図 hào 集韻 下老切音皓。地名。鼇 又 皛 48408

27676 u23C54
㳒 null_14.18　未詳。

❖ 气部 ❖

气 27677 13732
qì_0.4
唐韻 去旣切 集韻 丘旣切 夶音炁。 說文 雲
气也。象形。一曰息也。或作氣、炁。又與人物也。今
作乞 図qì 玉篇 去乙切 廣韻 去訖切 集韻 類篇 欺訖切
夶音乞 博雅 求也。一曰取也。或省文作乞 徐官·古今印
史 氣，小篆本作气。氣爲火所化，其出必炎上，故象炎
上之形。凡求乞者必於上，因借爲求乞字。气、乞本同
一字也。後世隸楷以二字易混，乃省一筆以別之。
図 六書正譌 气，俗用氣，乃稟氣之氣。雲气必用气。
〇按天地人物之氣雖別，而气、氣字義實同，分屬則泥
矣 正譌 之說非是。

气 27678 u2F53
qì_0.4
部气27677

气 27679 u6C15
piē_1.5
从气丿聲
Protium漢譯，氫的同位素之一，原子核中有一個質子

氕 27680 13733
jǐ_2.6
集韻 與刉03272同。

气 27681 u23C56
qì_2.6
字學三正·第一冊·時俗杜撰字 氣27708俗
作气。

氘 27682 u6C18
dāo_2.6
从气刀聲。氫的同位素之一，也稱為重氫。
其原子核由一個質子和一個中子所組成。

气 27683 u6C17
qì_2.6
曰同氣。

氖 27684 u6C16
nǎi_2.6
化學元素
Neon的漢譯，符號Ne，序數10。舊譯作氝27696

氞 27686 u23C58
null_3.7
未詳。

氙 27685 44067
jǐ_3.7
字彙補 音冀。

氚 27687 u6C1A
chuān_3.7
从气川聲。亦稱超重氫，氫的同位素之
一。其原子核由一個質子和兩個中子所組成，具放射性

氙 27688 u6C19
xiān_3.7
化學元素xenon之漢譯。符號Xe，序數54。
舊亦譯作氥27715氭27705氲27732

氛 27689 13734
fēn_4.8
唐韻 集韻 類篇 夶符分切音汾 玉篇 氣也
左傳·襄二十七年 楚氛甚惡。又 昭二十年 梓愼望氛
又 楚語 先君莊王爲匏居之臺，高不過望國氛 註 皆訓氣
図 氛氳，祥氣也 謝惠連·雪賦 散漫交錯，氛氳蕭索 註 氛
氳，盛貌 図 氛祲，妖氣也 晉語 獻公田，見翟柤之氛 註
氛祲，氣象。凶曰氛，吉曰祥 左傳·昭十五年 吾見赤
黑之祲，非祭祥也，喪氛也 註 氛，惡氣 前漢·元帝詔 氛
邪歲增 杜甫詩 冥冥氛祲未全消 図 靈氛，古善占者 屈
原·離騷 命靈氛爲余占之 又 靈氛告余以吉占 図 廣韻
撫文切 集韻 韻會 正韻 敷文切 夶音芬。義同 △ 說文 或
从雨作雰 集韻 亦作氳。

氜 27690 13735
yáng_4.8
正字通 俗陽字。本作昜。鑾又氜27714舊
譯。中華書局民國三十七年合訂本 辭海 氜，一八六八
年英人羅絜（Lockyer）由日光中檢知之，故舊譯爲氜。

氤 27691 13736
yīn_4.8
正字通 俗陰字。本作会。

氞 27692 13737
jǐ_4.8
玉篇 古文刉03272字 集韻 書作氖 正字通
泛云俗字，非。

氟 27693 13738
qì_4.8
韻會 古文氣27708字。

氟 27694 13739
zhòng_4.8
字彙補 職送切音衆。心氣也。鑾又
鏢27738縲27747

云 27695 u2AD63
xǐ_4.8
簡 繥66830

氝 27696 u6C1D
nèi_4.8
氖27684之舊
譯 申報·1934·Jul.31·Num.22012·本市新聞 市上新發現
大來氝光廣告燈 △宏按，氝光燈，即今霓虹燈。

氞 27697 13740
yīn_5.9
字彙補 氤字之譌。

氞 27698 u2AD64
null_5.9
喃 未詳。

氲 27700 u23C5F
null_5.9
未詳。

氢 27699 u23C60
lì_5.9
化學元素氦27704舊譯。

氞 27701 u23C5E
jī_5.9
集韻 刏，斷也。刉也。鄭康成曰：刏羽牲
曰刉。或作幾53948氖。亦書作氖。

氝 27702 u23C5D
dōng_5.9
簡 氡27727

氢 27703 u6C22
qīng_5.9
簡 氫27719

氡 27704 u6C21
dōng_5.9
稀有氣體元素Radon的漢譯，序數86，符
號Rn 図 氡27727氢27699氢字舊譯。

氟 27706 u6C1F
fú_5.9
化學元素Fluorine漢譯。序數9，符號F

氞 27707 u6C1E
bǐng_5.9
人名用字

氦 27705 u6C20
shēn_5.9
氞27688舊譯

氣 27708 13741
qì_6.10
古文氖 唐韻 去旣切 集韻 韻會 類篇 丘旣
切 夶音气 玉篇 候也，息也 文子·守弱篇 形者，生之舍
也。氣者，生之元也 易·乾卦 同氣相求 繫辭 精氣爲物
禮·月令 孟春之月，天氣下降，地氣上騰。又 祭義 氣也
者，神之盛也 註 氣謂噓吸出入者也 図 天氣曰元氣 後
漢·明帝紀 升靈臺，望元氣 註 元氣，天氣也 図 陰陽曰
二氣 太極圖說 二氣交感，化生萬物 図 五氣。史記·五帝
紀 炎帝修德振兵，治五氣 註 王肅曰：五氣，五方之氣。
又 書·洪範 曰雨曰暘曰燠曰寒曰風 註 雨木氣，暘金氣，
燠火氣，寒水氣，風土氣爲五氣。又 素問 寒熱風燥濕，
五氣之聚也。寒生水，熱生火，風生木，燥生金，濕生
土 図 六氣 左傳·昭元年 六氣曰：陰陽風雨晦明也。又 莊
子·逍遙遊 乘天地之正，而御六氣之辨 註 平旦爲朝霞，
日中爲正陽，日入爲飛泉，夜半爲沆瀣，與天玄地黃爲
六氣 王逸·楚辭註 陵陽子明經 春食朝霞，日欲出時黃
氣也。秋食淪陰，日沒已後赤黃氣也。冬食沆瀣，北方
夜半氣也。夏食正陽，南方日中氣也。并天玄地黃之氣
爲六氣 図 年有二十四氣 內經 五日謂之候，三候謂之
氣 書正義 二十八宿，布於四方，隨天轉運，所以敘氣
節也。氣節者，一歲三百六十五日有餘，分爲十二月，
有二十四氣，一爲節氣，謂月初也，一爲中氣，謂月半
也，以彼迭見之星，敘此月之節氣 図 曆家有候氣法 司
馬彪·續漢書 候氣之法，爲室三重，塗釁周密，布緹幔
室中，以木爲案，每律各一，內庳外高，從其方位，加
律上，以葭灰抑其內端，案歷而候之。氣所動者，其灰
斯散，人及風所動者，其灰聚 図 有望雲氣法 周禮·春官
保章氏以五雲之物，辨吉凶、水旱降、豐荒之祲象 註 視
日旁雲氣之色，青爲蟲，白爲喪，赤爲兵荒，黑爲水，

黃爲豐 史記·天官書 雲氣有獸居上者，勝 又 日旁雲氣，人主象 又 金寶之上皆有氣，不可不察。海旁蜃氣象樓臺，廣野氣成宮闕。然雲氣各象其山川人民所聚積，精華實息者吉，虛耗者凶 邵諤·望氣經 鬱鬱蔥蔥，隱隱隆隆，佳氣也。綿綿絞絞，條條片片，兵氣也。澤澤㲠㲠，女子氣也。如藤蔓挂樹者，寶氣也。紫氣如樓者，玉氣也 図 道家有食氣法 參同契 食氣鳴腸胃，吐正吸外邪 図 以鼻觸物亦曰氣 禮·少儀 執食飲者勿氣 疏 執尊長飲食，不鼻臭之也 図 xì 唐韻 集韻 丛許旣切。與餼、槩丛通 說文 饋客芻米也。引春秋傳 齊人來氣諸侯 図 叶丘謁切音碣 嵆康·寒食散賦 當吐利之困患兮，守危殆而假氣。喜乳哺之遂安兮，信衆疾之日歇。鑾 今簡化作气。
図 昑22404 㐺30643 气36736 气27681 気27683 炁30647 炁30692

氤 27709 13742
yīn_6.10 廣韻 於眞切 集韻 韻會 正韻 伊眞切丛音因。與絪同。絪縕，天地合氣也 易繫辭 天地絪縕，萬物化醇。一作氤氳 王嘉·拾遺記 有鳥如雀，吐五色之氣，氤氳如雲，名曰憑霄 杜甫詩 惟南將獻壽，佳氣日氤氳 図 班固·典引 作烟烟熅熅 魏大饗碑 用烟熅 抱朴子 用絪緼 魏元丕碑 作壹緼。義丛同。鑾 又 氥27697 氳27718 図 直音篇 氜27691 同氤 図 正字通 雷66482俗氤字。

舦 27710 13743
xún_6.10 字彙補 相倫切音荀。氣逆也。

氬 27711 u6C29
yà_6.10 簡 氬27728

氧 27713 u6C27
yǎng_6.10 化學元素Oxygen之漢譯。符號O，序數8。亦譯作氱27734

妾 27712 u6C28
ān_6.10 無機化合物Ammonia的譯文，由氫與氮化合而成，為無色而有臭味的氣體。舊曾譯作䤲07089

氦 27714 u6C26
hài_6.10 化學元素Helium之漢譯。符號He，序數2，無色無臭氣體。民國 新字典 氦，讀如亥。化學原質之一，同氜27690

西 27715 u6C25
xī_6.10 氥27688舊譯

氥 27716 13744
xiāo_7.11 集韻 與霄同。 說文 雨霓爲霄。或从雲作䨣。

每氣 27717 u2AD65
null_7.11 未詳。

氫 27719 u6C2B
qīng_7.11 化學元素Hydrogen之漢譯。符號H，序數1。舊譯作氫27745

氪 27718 u23C63
yīn_7.11 俗氤27709

氪 27720 u6C2A
kè_7.11 化學元素Kryptonum之漢譯。符號Kr，序數36。民國 新字典 氪，讀如克。英名Krypton，非金屬原質之一。無色無臭無味之氣體也。在空氣中。僅含有二十萬分之一。

氥 27721 u23C65
null_8.12 未詳。

𠳐 27722 u23C64
yì_8.12 𠳐52156本字。黃侃 字通 𠳐，魚迄切，即書·秦誓 仡仡勇夫字。

氱 27723 u23C62
yǎng_8.12 氱27734譌字。

氰 27724 u6C30
qíng_8.12 一種無色、有苦杏仁臭味的氣體，毒性極強。舊譯𩇽66951

氯 27725 u6C2F
lǜ_8.12 化學元素Chlorine之漢譯。符號Cl，序數17。舊亦譯作氤27740

氮 27726 u6C2E
dàn_8.12 化學元素Nitrogen之漢譯。符號N，序數7，一種無色無臭的氣體。舊譯作氱27742

氩 27728 u6C2C
yà_8.12 化學元素Argon之漢譯。符號Ar，序數18。民國 新字典 氬，讀如亞。英名Argon。非金屬原質之一，無色無臭無味之氣體，不能與他原質合而生化合物。

氛 27729 13745
fén_9.13 廣韻俗氛字 集韻 氛亦作氛。

莿 27730 u2AD66
null_9.13 喃未詳。

氥 27727 u6C2D
dōng_8.12 氥27704舊譯 申報. 1939. Jan. 30 醫藥界驚人發明鐳氥錠之功效。

氱 27731 u23C68
null_9.13 未詳。

氱 27732 u23C67
zhòng_9.13 氜27688舊譯

氳 27733 u6C32
yūn_9.13 正字通 氳27735，本作氳。

㳖 27737 u2AD67
null_10.14 喃未詳。

氱 27734 u6C31
yǎng_9.13 化學元素氧27713舊譯 申報. Oct. 24. 1942. Num. 24639⑥廣告 仙女双氱香霜，爲香霜界放一異彩。保康公司監製。

氳 27735 13746
yūn_10.14 廣韻 集韻 韻會 丛於云切音熅。氳27709氳，氣也 図 氤氳，氣盛也 謝惠連·雪賦 氛氳蕭索。又作氳氤 李白詩 煙光草色俱氳氤△ 舉要 作霊，非是。鑾 又 氳27733

𣱠 27736 13747
xiāo_10.14 字彙補 與消同。

䙝 27738 13748
zhòng_11.15 字彙補 與氳同。

䰟 27739 44068
gǔ_11.15 字彙補 古託切，音泊◇。鑾 音汨之誤。

䰟 27740 u3CB6
lǜ_11.15 氯27725舊譯

氱 27742 u3CB7
dàn_12.16 氮27726舊譯

逓 27741 u28540
đit_12.16 喃从气迭đật聲。同逹27746屁。

氣 27743 u23C6D
bủm_13.17 喃打氣: 放屁。

𣱬 27744 u23C6C
hơi_13.17 喃从氣希hơi聲△𣱬渃: 水蒸氣。𣱬咀: 氣息，呼吸。

氱 27745 u23C6E
qīng_14.18 氫27719舊譯

䰤 27747 13749
zhòng_17.21 同䙝。

逹 27746 u285F5
đit_16.20 喃从气達đạt聲。屁△打逹: 放屁△與逓27741同。亦作氱27748

氱 27748 u23C70
rắm_17.21 喃从气鍖sắm聲△打氱: 放屁。

巳 集

◆ 水部 ◆

水 shuǐ_0.4 廣韻 正韻 並式軌切，音𢡖。說文 準也。北方之行，象眾水𣲖流，中有微陽之氣也 徐鉉曰眾屈爲水，至柔能攻堅，故一其内也 釋名 水，準也，準平物也 白虎通 水位在北方。北方者，陰氣，在黄泉之下，任養萬物。水之爲言濡也 書·洪範 五行，一曰水 又 水曰潤下 正義曰 天一生水，地六成之。五行之體，水最微，爲一。火漸著，爲二。木形實，爲三。金體固，爲四。土質大，爲五 易 乾卦 水流濕 說卦 坎爲水 管子·水地篇 水者，地之血氣，如筋脉之通流者也 淮南子·天文訓 積陰之寒氣爲水 𝕏 六飲之一 周禮·天官 漿人掌共王之六飲，水漿醴涼醫酏。又 禮·玉藻 五飲：上水漿酒醴酏 註 上水，水爲上，餘次之 𝕏 禮·曲禮 凡祭宗廟之禮，水曰清滌。𝕏 明水，所以共祭祀 周禮·秋官 司烜氏掌以夫遂取明火於日，以鑒取明水於月，以共祭祀之明齍、明燭共明水 註 鑒，鏡屬，取水者。世謂之方諸 𝕏 官名 左傳·昭十七年 共工氏以水紀，故爲水師而水名 前漢·律歷志 五聲，羽爲水 𝕏 天水，郡名，漢武帝所置。又 中水，縣名，屬涿郡。應劭曰：易、滱二水之中。𣲖見 前漢·地理志 𝕏 黑水，國名，卽靺鞨 𝕏 露爲上池水 史記·扁鵲傳 飲是以上池之水 註 上池水，謂水未至地，蓋承取露及竹木上水以和藥 𝕏 姓 𝕏 叶呼委切文毀 李白·游高淳丹陽湖詩 龜游蓮葉上，鳥宿蘆花裏。少女棹輕舟，歌聲逐流水 𝕏 韻補 音準。引白虎通水之爲言準也。○按準乃水之義，非水之音。蓋沿 周禮·考工記 鄭註，準讀爲水而誤。今不從。𝕏 又 氵 27755 𦫵28927 冰27949 水27751

水 chá_0.4 搜眞玉鏡 音查。

水 shuǐ_0.4 同水27749部首專用字。亦作氵27753氺27752

氺 shuǐ_0.4 部 水27751

氵 shuǐ_0.4 部 水27751

水 shuǐ_0.4 同水27749 廣碑別字引魏 元氏趙夫人墓誌

氺 shuǐ_0.4 同水27749偏旁。

承 zhěng_1.5 ◆ 廣韻 蒸上聲。與抍同。救助也。一曰縣名 𝕏 人名 晉書·宗室傳 譙王承 𝕏 chéng 集韻 辰陵切音丞。與承乘承義𣲖同。奉也，受也 𝕏 zhèng 集韻 諸應切音證。承19239鄉，漢侯國名。或作丞。

氷 bīng_1.5 俗冰字。

永 yǒng_1.5 唐韻 集韻 正韻 䏍于憬切音栐 說文 水長也。象水巠理之長 詩·周南 江之永矣 𝕏 爾雅·釋詁 遠也，遐也 揚子方言 凡施于眾長謂之永 書·大禹謨 萬世永賴 詩·周頌 永觀厥成 𝕏 州名 韻會 唐置以二水名 𝕏 姓 列仙傳 有永石公 𝕏 集韻 正韻 䏍與詠同書·舜典 詩言志，歌永言 傳 謂歌詠其義，以長其言也。音詠。又如字。𝕏 又永27766㿝03100

汔 xǐ_1.5 字彙補 許泣切音吸。水涸也。

乑 liú_1.5 字彙補 力求切音流。出 西江賦。𝕏 俗𣲖00646

汙 wū_1.5 五音篇海 同污。

氺 zhǐ_1.5 俗之00275魏 比丘道璄記銘 苦行授記氺後。

氹 dàng_1.5 亦作凼27795壋09481，水坑。清·嚴如煜 苗防備覽·險要考上 四面峻嶺中有田氹，廣里許，俗名五馬奔槽，象其地形也。又水池子。徐珂 清稗類鈔·經術類 氹，蓄水為池也。

氿 guǐ_2.6 韻會 苟起切 正韻 居里切，並音己。水涯也。𝕏 俗汍27773

氻 lè_2.6 廣韻 集韻 䏍歷德切音勒。泉聲 類篇 一曰水聲。

氷 yǒng_2.6 同永。𝕏 敦煌 P. 3861/4 金剛廿八戒 此等戒體識會者依時供養，持課念誦，心不散亂，一心明悟，漸漸成就，氷不退轉 𝕏 俗乖00317敦煌·S. 2967 究竟大悲經·卷四 如此契要和融甚深法輪，若人一聞於耳，氷與小乘四果，氷而不合。

氿 jí_2.6 廣韻 資悉切音喞。水出也 集韻 灑也。𝕏 又汣27829濈30119 𝕏 玄應音義 唾汣：將逸反 通俗文 迮而吐之曰汣。經文或從口作唊06376，音子旦反。

氻 bǔ_2.6 集韻 博木切音卜。水也。一曰水名。𝕏 俗濮30031

氼 nì_2.6 玉篇 古文溺字 元包經·大過 舟氼于水。○按 說文 溺字註與弱水之弱同，而灼切。氼字註：沒也，奴歷切音迎別。今 禹貢 弱水通作弱，無水旁，似宜從 禹貢 爲正。而沉氼之氼則𣼘作溺。今依 玉篇 作古文溺字，二字遂爲古今文，存以備考。

氼 nì_2.6 正字通 同氼。𝕏 宋·周去非 嶺外代答·卷四·風土門·俗字 廣西俗字甚多……氽27771，音泅，言人在水上也。氼，音魅，言沒人在水下也 𝕏 㳡27790

氽 tǔn_2.6 字彙 土懇切，吞上聲。水推物也 字林撮要 人在水上爲氽，人在水下爲溺。𝕏 人在水上，漂浮之意。明·佚名 白兔記·第二齣 淺水灘頭，氽下一個坐婆來 𝕏 湺29227同氽。

氾 27772 13763
fàn_2.6　唐韻 集韻 韻會 丛孚梵切音汎。水延漫也
孟子 氾濫於中國 前漢·武帝紀 河水決濮陽,氾郡十六
图 玉篇 普博也 禮·少儀 氾埽曰埽 疏 氾,廣也。大賓來,
主人宜廣埽之。又 郊特牲 氾埽反道 图 與汎同 左傳·襄
二十八年 慶封氾祭 杜註 氾祭,遠散所祭 正義曰 論語
汎愛衆。汎是寬博之語,故知氾祭爲遠散所祭,言其不
共也 图 不定之辭 楚辭·卜居 將氾氾若水中之鳧 前
漢·賈誼傳 氾乎若不繫之舟 图 搖動貌 楚辭·招魂 光風
轉蕙,氾崇蘭些 图 水名 水經注 河水東北出于定陶縣,
北屈左合氾水 前漢·高祖紀 漢王卽皇帝位于氾水之陽
註 張晏曰:在濟陰界,取其氾愛弘大而潤下也。師古曰
據 叔孫通傳 曰:爲皇帝於定陶,則此水在濟陰是也。
音敷劍反 史記索隱 音似,非。音似者,乃氾27816水,在
成臯 图 揚子方言 氾,洿也。自關而東或曰洼,或曰氾,
音汎 图 fán 廣韻 集韻 正韻 丛符咸切音凡。地名 左
傳·襄二十四年 王出適鄭,處于氾 杜註 鄭南氾也 正義
曰 南氾在襄城縣南,東氾在滎陽中牟縣南。又 襄二十
六年 楚伐鄭,涉氾而歸 正義曰 氾是地名,非水名,是
於氾地涉水耳 图 國名 图 姓 廣韻 出燉煌、濟北。皇甫
謐曰:本凡氏,遭秦亂,避地於氾水,因改焉。漢有氾
勝之,晉有氾毓△从巳,與从巳別。鑒 五經文字 氾27816
汜27839:上音似,水名,從辰巳之巳。下音凡,鄭地名,
從戊己之己。下又敷劍反,經典多用之 图 氾27937,碑
別字。

汎 27773 13764
guǐ_2.6　唐韻 居洧切 集韻 韻會 矩鮪切丛音軌 說
文 水厓枯土也。與屚同 爾雅·釋水 水醮曰屚 註 謂水醮
盡也 图 側出泉也 爾雅·釋水 氿泉穴出。穴出,氿出也 李
巡曰 水旁出名曰氿 詩·小雅 有洌氿泉,無浸穫薪。
图 qiú 集韻 渠尤切音求。水厓也。或作漸。鑒 又 汍27826
图 龍龕 汎27764俗,氿正。

汀 27774 13765
tīng_2.6　唐韻 他丁切 集韻 韻會 湯丁切 正韻 他經
切丛音廳 說文 平也。謂水際平地 謝靈運詩 汀曲舟已隱
註 汀,水岸也 图 州名 韻會 唐開撫、福二州山洞,置汀
州,改南州,宋復汀州 图 水名 廣輿記 汀水,其源自北
至汀州府境入海。凡水皆東行,獨汀水南下 图 洲渚 楚
辭·九歌 搴汀洲兮杜若 图 tíng 集韻 唐丁切音庭。義同
图 tìng 唐韻 集韻 正韻 丛他定切音聽。汀瀅,不遂志也。
一曰汀瀅,小水 图 dìng 集韻 待鼎切音挺。汀潭,泥淖
也△說文 汀或从平作洴。義同。別从亭作渟。鑒 又
屴00547汀02847

汁 27775 13766
zhī_2.6　唐韻 韻會 之十切 集韻 正韻 質入切丛音
執 說文 液也 禮·郊特牲 汁獻涗於醆酒 註 獻讀爲莎。秬
鬯者,中有煮鬱,和以盎齊,摩莎泲之,出其香汁,因
謂之汁莎 图 啜汁 史記·魏世家 客曰:彼勸太子戰攻,
欲啜汁者衆 註 喻冀功勛者衆也 图 雨雪雜下曰汁 禮·月
令 仲冬,行秋令,則天時雨汁,瓜瓠不成 图 xié 集韻 檄
頰切音協。與協通。和也 揚子方言 自關而東曰協,關
西曰汁 張衡·西京賦 五緯相汁,以旅於東井 左思·吳都

賦 皆與諧俗汁協,律呂相應 註 猶叶也 图 爾雅·釋天 太
歲在未爲協洽 史記·歷書 作汁洽 李巡云 言陰陽化生,
萬物和合,故曰協洽也 图 緯書 汁光紀,黑帝名 周禮註
黑曰汁光紀,顓頊食焉。汁音叶,劉昌宗讀。亦作叶 集
切 图 shí 集韻 實入切音十。邡邡,縣名,在蜀。或从邑
作邡。亦作汁。

求 27776 13767
qiú_2.6　唐韻 巨鳩切 集韻 韻會 渠尤切丛音裘 說
文 索也 增韻 覓也,乞也 易·乾卦 同氣相求 詩·大雅世
德作求 图 招來也 禮·學記 發慮憲,求善良 图 等也 書·康
誥 用康乂民作求 傳 求,等也。言爲等匹於商先王也。
图 山、水名 山海經 歷石山東南一百里曰求山,求水出
于其上,潛于其下 图 姓 三輔決錄 漢有求仲 图 與裘通
說文 裘字,古省作求 图 與球通 柳宗元·饗軍堂記 琉球
作流求 图 jū 集韻 恭于切音拘。與蛷同。肌蛷,蟲名。
或省作求 图 叶彊於切音渠 陳琳·大荒賦 雖遊目於西極
兮,大道卷而未舒。仍皇靈之攸暢兮,爰稽余之所求。
图 叶巨九切音臼 易林 春栗夏梨,少鮮希有,斗阡石萬,
貴不可求。鑒 忝17502內心追求 图 逑60872俅12084

汃 27777 13768
bīn_2.6　玉篇 彼銀切 唐韻 府巾切 集韻 悲巾切丛
音邠 說文 西極之水也。引 爾雅 東至於泰遠,西至於汃
國○按今 爾雅·釋地 本作邠國 图 pà 廣韻 集韻 韻會 丛
普八切,攀入聲。義同 图 水貌 張衡·南都賦 砏汃輣軋 註
波相激聲 韓愈·征蜀聯句 獠江息澎汃 註 與澎湃同○按
五音篇海 書作枛,譌。

汉 27778 13769
yì_2.6　廣韻 魚肺切 集韻 魚刈切丛音义。水名。
鑒 又俗汉27796 正字通 汉,舊註音蓺,汜云水名,或疑
汉卽汉之譌。明熊廷弼 答李夢白督餉 同一海汉,形如
菱角,登萊、天津、蓋套各居一角,而舟行其中間各指
其所至而至之。

汉 27779 13770
zè_2.6　集韻 汏27869或省作汏。

汅 27780 13771
miǎn_2.6　廣韻 俗沔字 五音篇海 書作汅,尤誤。
鑒 北魏 元璨墓誌 恩若春風,再光江汅。汅又俗污字 可
洪音義 染污:烏故反。正作汙27813

尿 27781 13772
huò_2.6　六書略 古文貨57562字。

汏 27782 44071
sì_2.6　龍龕 音似。鑒 古文似。

㳇 27784 44073
pā_2.6　五音篇海 普八切。

汖 27785 u2AD68
null_2.6　未詳。 汦 27783 44072 zhěn_2.6　龍龕 隻忍切
鑒 又壯 naiz 口水△吡汖:吐口水。

汃 27786 u23C7F
nhớp_2.6　喃 从污省入 nhập 聲。

汙 27787 u23C7E
wū_2.6　龍龕 汙,新藏作污 图 lèo 喃 从清省
了 liễu 聲△讞汙汙:清澈 图 lèo 同汙02848△冷汙:冰冷

汋 27788 u23C7C
dāo_2.6　汋汋,靈動貌。金·董解元 西廂記諸宮
調·卷一 小顆顆一點朱唇,溜汋汋一雙睡老 图 者汋鎗

王曰：者汈，女亦虔秉不淫。何琳儀 戰國古文字典 汈，疑沼 ⊠đao 喃 从水刀đao聲。

尓 27789 u23C79 ěr_2.6 俗爾32342

炏 27790 u23C78 nì_2.6 同炎27770

汉 27791 u6C49 hàn_2.6 简漢29400

凼 27795 u51FC dàng_2.6 同氹27763

汈 27792 u6C48 diāo_2.6 汈汊，湖名，在湖北省漢川市。

汇 27793 u6C47 huì_2.6 简匯04427彙16394

汆 27794 u6C46 cuān_2.6 一種烹飪方法。將食物放入沸水中短時間煮，隨即取出。亦作炊30628爨32094潲29709

汊 27796 13773 chà_3.7 集韻 韻會 丛楚嫁切音衩。水岐流也 韓愈·曹成王碑 行跐汊川 ⊠韻會 鴈汊，地名。今遼東有三汊河。鑒 又澩28141汊27778

汋 27797 13774 zhuó_3.7 廣韻 集韻 仕角切，音浞。又 集韻 側角切 說文 激水聲也 爾雅·釋水 井，一有水，一無水，爲瀱汋 玄中記 貴州有漏汋，一日百盈百竭，應漏刻，今貴州城外有之 ⊠水名，在丹水縣南 水經注 丹水南合汋水，謂之浙水 廣韻 市若切 集韻 實若切 韻會 是若切 正韻 裳灼切，並音杓◇義同 ⊠zhuó 集韻 正韻 丛職略切音酌。挹取也。與酌通 周禮·秋官 士師之職，掌士之八成，一曰邦汋 註 汋讀如酌。斟酌盜取國家密事，若今時刺探尚書事 ⊠yuè 集韻 弋灼切音藥。義同 ⊠地名 左傳·成十六年 鄭子罕伐宋，宋將鉏、樂懼敗諸汋陂，退舍於夫渠，不徹，鄭人覆之，敗諸汋陵 ⊠chuò 集韻 尺約切音綽。水聲。

汌 27798 13775 chuàn_3.7 玉篇 尺戀切音釧。水也。一曰水名。

沴 27799 13776 shān_3.7 集韻 師炎切音襂。瀺沴，波貌。

沅 27800 13777 wán_3.7 唐韻 集韻 韻會 正韻 丛胡官切音桓。汍瀾，泣貌 馮衍·顯志賦 淚汍瀾而雨集 作崔蘭 前漢·息夫躬傳 涕泣流兮萑蘭 註 同汍 ⊠玉篇 同洹○按 說文長箋 本書作汍27832，與汎字微別。

汎 27801 13778 fàn_3.7 唐韻 集韻 丛孚梵切音泛 說文 浮貌。一曰任風波自縱也 詩·邶風 亦汎其流 傳 汎汎其流，不以濟渡也 左傳·僖十三年 秦輸粟於晉，命之曰汎舟之役。⊠汎灑也 班固·東都賦 雨師汎灑 揚子方言 汎劋，輕也 左思·魏都賦 過以汎劋之單慧，歷執古之醇醲 ⊠水名 水經注 水出梁州閬陽縣，魏遣夏侯淵與張郃下巴西，進軍宕渠，劉備軍汎口，即是水所出也。汎水又東逕汎陽縣故城南，東流注於沔，謂之汎口。又 山海經 發爽之山，汎水出焉，南流注于渤海 ⊠鄉名，在琅邪郡不其縣。後漢卓茂封汎鄉侯 ⊠féng 廣韻 房戎切 集韻 韻會 符風切 正韻 扶中切 丛音馮。亦浮也 司馬相如·上林賦 汎淫泛濫 ⊠fá 集韻 扶法切音乏。汎建，聲微小貌。一曰波急聲 王褒·洞簫賦 又似流波，泡渡汎建△玉篇 同渢，今爲汎濫字，通作泛。鑒 又汎02851汎27828洰29342

汏 27802 13779 tài_3.7 古文 圸 唐韻 集韻 韻會 徒蓋切 丛音大 說文 淅灡也 徐鉉曰 水激過也 玉篇 洗也。⊠廣韻 濤汏也 楚辭·九章 齊吳榜而擊汏 ⊠tà 唐韻 集韻 韻會 正韻 丛他達切音闥。過也 ⊠tuó 唐韻 代何切 集韻 唐何切 丛音駝。亦淅也△集韻 或从太作汰 郭忠恕·佩觿集 汰與汏別。汰音太，沙汰也。汏音大，濤汏也。鑒 又汏28221

汐 27803 13780 xī_3.7 廣韻 集韻 韻會 正韻 丛祥亦切音席 類篇 水名。出陽城山下。一曰海潮汐池也。海濤早日潮，夕曰汐 東海漁翁·海潮論 地浮與大海隨氣出入上下。地下，則滄海之水入於江，謂之潮。地上，則江湖之水歸之滄海，謂之汐。鑒 又 字彙補 汐27923，汐字之譌。

汑 27804 13781 tuō_3.7 集韻 闥各切音託。滑也。

汱 27805 13782 zhōng_3.7 唐韻 職戎切 集韻 之戎切 丛音終 說文 水也。一曰水名，在襄陽△集韻 亦作汵。鑒 又汱28256

汒 27806 13783 máng_3.7 廣韻 莫郎切 集韻 韻會 正韻 謨郎切 丛音茫。谷名，在京兆 ⊠恩邊貌 莊子·天地篇 汒若於夫子之所言 ⊠mǎng 集韻 母朗切音莽 ⊠wàng 唐韻 丛巫放切音望。義丛同 ⊠màng 集韻 莫浪切，岜去聲。同漭。漭浪，大水貌。或作汒。亦作芒。通作茫。鑒 又汒28383

汓 27807 13784 qiú_3.7 唐韻 似由切 集韻 徐由切 丛音囚 說文 浮行水上也。古或以汓爲没。或作泅 集韻 亦作汓 ⊠yóu 集韻 夷周切音由。游斿旎汓音義丛同，旌旗之旒也，古作汓。

汔 27808 13785 qì_3.7 唐韻 集韻 韻會 丛許訖切音迄 說文 水涸也。一曰泣下 ⊠幾也 詩·大雅 汔可小康 傳 汔，危也 箋 幾也 正義 爾雅·釋詁 云鱉，汔也。孫炎曰：汔，近也。郭璞曰：謂相摩近○按諸家反覆相訓，是汔爲幾也 左傳·昭二十年 引此詩，杜預云汔，期也。然則期字雖別，亦是近義 ⊠水名 山海經 汔水出賈山，在大荒之中。鑒 又汔27822

汕 27809 13786 shàn_3.7 唐韻 集韻 韻會 正韻 丛所晏切音訕 說文 魚游水貌 ⊠以簿取魚曰汕 詩·小雅 南有嘉魚，烝然汕汕 傳 汕，樔也 釋文 樔或作罺 爾雅·釋器 篧謂之汕 疏 郭璞曰：今之撩罟 李巡曰：汕，以簿取魚也 韓愈詩 況住洛之涯，魴鱒可罩汕 ⊠水名 史記·朝鮮傳註 張晏曰：朝鮮有濕水、洌水、汕水，三水合爲洌水，疑樂浪、朝鮮取名於此 ⊠chǎn 唐韻 集韻 韻會 正韻 丛所簡切音產。又shān 集韻 師閒切音山。義丛同。

汖 27810 13787 pìn_3.7 字彙 普拜切，音派◇分臬皮也 ⊠chí 篇韻 澄知切音馳。義同。鑒 正字通 汖，氽（氼）字之譌 ⊠liú 同流。亦作汖13349峠13411 ⊠chán 大汖、青汖，古村落名，在山西盂縣。

汗 hàn_3.7 27811 13788

廣韻 集韻 韻會 侯旰切 正韻 侯幹切 𠀤音翰。說文 人液也 關尹子·八籌篇 心悲物淚出，心愧物汗出 本草 李時珍曰：汗出於心，在内爲血，在外爲汗。故曰奪汗者無血，奪血者無汗 易·渙卦 渙汗其大號 史記·蘇秦傳 揮汗成雨 前漢·劉向傳 出令如出汗，汗出而不反者也。出而反之，是反汗也 文心雕龍 其出如綍，不反若汗 又 泮汗，水無涯貌 左思·吳都賦 潰渱泮汗。又 澔汗，符采映耀貌 司馬相如·上林賦 采色澔汗。又 瀾汗，長貌 木華·海賦 洪濤瀾汗 又 汗汗，水廣大無際貌 郭璞·江賦 汗汗沺沺 又 貴汗，藥名 又 hán 唐韻 胡安切 集韻 韻會 正韻 河干切 𠀤音寒。可汗，酋長之稱。讀若克韓 又 番汗，漢縣名。音盤寒，屬遼東郡 又 gān 唐韻 古寒切 集韻 居寒切 𠀤音干。餘汗，縣名 前漢·地理志 屬豫章郡 應劭註 汗音干 又 韻補 叶彤甸切音莧 蘇轍·夏夜詩 老人氣如縷，枕簟亦流汗。褰帷竟不寐，夜氣淨如練。鍇 又 浖28452 汙27838

汗 qiān_3.7 27812 13789

唐韻 集韻 𠀤倉先切音千。說文 水也 玉篇 佩觿集 皆云水名，與汗別。

汙 wū_3.7 27813 13790

古文 汚 唐韻 屋孤切 集韻 韻會 汪胡切 𠀤音烏。與洿同 說文 濁水不流也。一曰窊下 詩·小雅 田卒汙萊 傳 下則汙，高則萊 正義 汙者，池停水之名 禮記 曰汙其宮而瀦焉是也 左傳·隱三年 潢汙行潦之水 疏 畜水謂之潢，水不流謂之汙 又 行濁亦曰汙 賈誼·新書·道術篇 放理潔靜謂之行，反行爲汙 書·胤征 舊染汙俗。又 降也，殺也 禮·檀弓 道隆則從而隆，道汙則從而汙 註 有隆有殺，進退如禮 又 勞事亦曰汙 左傳·昭元年 處不辟汙 正義 言事之勞身，若穢之汙物 又 汙邪，下地田也 史記·滑稽傳 甌窶滿篝，汙邪滿車 又 wù 唐韻 集韻 韻會 正韻 𠀤烏故切，惡去聲 說文 薉也。又染也。一曰去垢汙曰汙 詩·周南 薄汙我私 傳 汙，煩也 箋 煩撋之用功深也 字略 煩撋猶捼莎也。亦音烏 又 yú 唐韻 集韻 韻會 𠀤雲俱切音于。水名，在鄴西南 後漢·郡國志 鄴有汙水，有汙城 註 史記 項羽擊秦軍汙水上 又 曲也 左傳·成十四年 春秋 之稱，盡而不汙 杜註 言盡其事實，無所曲 又 wā 集韻 韻會 正韻 𠀤烏瓜切音窊。鑿地也 禮·禮運 汙尊而抔飲 註 汙尊，鑿地爲尊 又 叶文甫切音武 杜甫·雷詩 氣暍腸胃融，汗滋衣裳汙。吾衰尤拙計，失望築場圃。鍇 又 汀27787 汚27780 汚27845 淬28386 洚28264

洿 wū_3.7 27814 13791

同汙 玉篇 从亐者古文，从于者今文。歐陽氏曰：洿、汙本一字，今經傳皆以今文書之，蓋俗從簡 又 集韻 邕俱切音紆。深也。分汙、汚爲二字。

汛 xùn_3.7 27815 13792

唐韻 息晉切 集韻 韻會 正韻 思晉切 𠀤音信 說文 灑也 司馬相如·封禪書 况盡汛掃前聖數千載功業 又 shài 廣韻 集韻 𠀤所賣切音曬。義同。一曰水貌。又 xiàn 唐韻 蘇佃切 集韻 先見切 𠀤音霰。義同 又 sǎ 集韻 所蟹切。與灑同。鍇 又 汋27834

汜 sì_3.7 27816 13793

唐韻 詳里切 集韻 韻會 象齒切 正韻 詳子切𠀤音似 說文 水別復入水也 爾雅·釋水 水決復入爲汜 疏 凡水之岐流復還本水者 釋名 汜，止也。如出有所爲，畢，已復還而入也 又 說文 一曰汜，窮瀆也 爾雅·釋丘 窮瀆，汜 疏 謂困窮不通之瀆名汜也。亦得名谿 詩·召南 江有汜 木華·海賦 枝岐潭瀹，渤蕩成汜 又 水名。在河南成臯縣 山海經 浮戲之山，汜水出焉，北流注于河 前漢·高帝紀 漢數挑成臯戰，楚軍不出，使人辱之。大司馬咎怒，渡兵汜水。半渡，漢擊之，大破楚軍 註 臣瓚曰：今成臯東汜水是也。師古曰此水舊讀音凡，今彼鄉人呼之爲祀 又 縣名 廣輿記 汜水縣屬開封府，古東虢地，漢成臯，隋汜水 又 洲名 水經注 龍陽縣汜洲長二十里，吳丹陽太守李衡植柑於其上 又 濛汜，日入處也 楚辭·天問 出自湯谷，次于濛汜 又 yǐ 韻會 養里切音以。義同。

汢 niàn_3.7 27817 13794

唐韻 集韻 𠀤乃見切，音睍 說文 水也。出上黨 又 shāng 廣韻 式羊切 集韻 尸羊切 𠀤音商。水名 又 rěn 集韻 爾軫切音忍。汥汢，濕相著也。鍇 又 滴29329 俗作沟27944

汝 rǔ_3.7 27818 13795

唐韻 人渚切 集韻 韻會 正韻 忍與切 𠀤音茹。水名 說文 水出弘農盧氏還歸山，東入淮 水經 汝水出河南梁縣勉鄉西天息山 酈道元註 今汝水出魯陽縣之大盂山黃柏谷，至原鹿縣，南入於淮，謂之汝口。側有汝口成，淮汝之交會也 春秋·釋例 汝水至汝陰襃信縣入淮 詩·周南 遵彼汝墳 又 州名 廣輿 春秋時爲王畿及鄭楚之地 左傳 楚襲梁及霍，漢爲梁縣，後魏屬汝北郡，隋移于陸渾縣北，遂改爲汝州 廣輿記 今屬河南。州西有臨汝城古蹟 又 汝寧，郡名 廣輿記 秦屬潁川，漢曰汝南，元曰汝寧，郡有汝陽縣 又 姓 書·亡篇 有汝鳩、汝方，湯之賢臣 左傳 有汝寬 又 韻會 通作女 前漢·地理志 女陽、女陰，𠀤與汝同 又 爾女亦作爾汝 書·益稷 予欲左右有民，汝翼。予欲宣力四方，汝爲。鍇 又 𣲖41856 㳠61512

汞 gǒng_3.7 27819 13796

廣韻 正韻 胡孔切 集韻 戶孔切，音澒 集韻 韻會 虎孔切，音嗊。本作澒。丹砂所化，爲水銀也。又 hòng 集韻 胡貢切音哄。義同。鍇 又 銾63271

江 jiāng_3.7 27820 13797

唐韻 集韻 韻會 𠀤古雙切音杠。水名 風俗通·山澤篇 江者，貢也。出珍物，可貢獻也 釋名 江，公也，小水流入其中，公共也 說文 水出蜀湔氐徼外岷山，入海 書·禹貢 岷山導江 家語 夫江始於岷山，其源可以濫觴。及其至江津也，不舫舟，不避風雨，不可以涉。又 書·禹貢 三江旣入 韋昭·國語註 吳松江、錢塘江、浦陽江 郭璞·山海經註 岷山，大江水所出。崍山，南江水所出。崌山，北江水所出。南江、北江皆東流注於大江 庾闡·揚都賦註 松江，東北行七十里得三江口，東北入海爲婁江，東南入海爲東江，并松江爲三 前漢·地理志註 三江，謂北江、中江、南江 又 九江，在荆州 書·禹貢 九江孔殷 正義 江以南，水無大小，俗人皆呼爲江。又 州名。春秋時爲吳楚地，秦爲九江郡，晉爲尋陽郡，卽古江州 地理通釋 漢九江郡，本在江北，而今所謂江

州者,實武昌郡之柴桑縣。後以江北之潯陽幷柴桑而立郡,又自江北徙治江南,以故江南得有潯陽之名。後又因潯陽而改爲江州,實非古江州地也又姓。本伯益之後,爵封于江,後以國爲氏又星云史記·天官書天潢旁江星。江星動,人涉水又帝江,神鳥。出天山,識歌舞。見山海經。鑑又汒27840邔61675

池 27821 13798 chí_3.7　廣韻直離切集韻正韻陳知切韻會除知切丛音馳。說文沼也。孔安國曰:停水曰池周禮·秋官雍氏掌溝瀆澮池之禁註謂陂障之水道也禮·月令毋漉陂池註畜水曰陂,穿地通水曰池又城塹曰溝池禮·禮運城郭溝池以爲固班固·西都賦呀周池而成淵註城有水曰池又朝夕池,海也枚乘·諫吳王書游曲臺臨上路,不如朝夕之池註蘇林曰:以海水朝夕爲池又咸池,天神東方朔·七諫屬天命而委之咸池又咸池,黃帝樂名。又堯樂名大咸亦曰咸池周禮·春官大司樂舞咸池以祭地示註咸池,大咸也禮·樂記咸池備矣註咸,皆也。池之爲言施也,言德之無不施也又咸池,星名。主五穀。見史記·天官書又亢池,星名,在亢北,主度送迎之事。見甘氏星經爾雅·釋樂疏琴上曰池,言其平。下曰濱,言其服又棺飾禮·檀弓池視重霤疏池者,柳車之池也。織竹爲之,形如籠,衣以青布,以承霤甲,名之爲池,象重霤方面之數又小爾雅埤樞謂之湅,湅坎謂之池又銅池,承霤也。以銅爲之前漢·宣帝紀金芝九莖,產於函德殿銅池中又道家名腎中偃月爐爲玉池。黃庭經玉池清水灌靈根,審能行之可長存。又心之別名爲中池黃庭經中池有士衣赤衣,田下三寸神所居又裝潢家以卷縫罅處爲玉池楊慎·墐戶錄古裝裱卷軸,引首後以綾黏者曰膘,唐人謂之玉池又差池,飛貌詩·邶風燕燕于飛,差池其羽又黃池,地名春秋·哀十三年公會晉侯及吳子于黃池又天池,山名。在南陽又州名廣興記池州府,漢屬丹陽,三國吳爲石城侯邑,隋曰秋浦,曰池陽,唐宋曰池州又姓。漢中牟令池瑗。見風俗通又tuó唐韻徒何切集韻韻會唐何切正韻湯何切丛音駝。與沱通說文江別流也又虖池,水名,在幷州界周禮·夏官·職方氏幷州,其川虖池註虖池,出鹵城。池,徒多切〇按禮書作惡池山海經作滹沱戰國策作呼沲詛楚文作惡駝,音義丛同又陂池,或作坡陁刊謬正俗陂池讀如坡陁,猶言孊迆耳又楚辭·九歌少司命與女沐兮咸池,晞女髮兮陽之阿揚雄·羽獵賦相與集於靖冥之館,以臨珍池。灌以岐梁,溢以江河註池丛讀沱又正韻直列切音徹禮·檀弓主人既祖填池註填池當讀爲奠徹。鑑又新撰字鏡陂陁65588:長階陛也。猶孊迆也,不平也。

泣 27822 13799 qì_3.7　字彙補同汔。

洀 27823 13800 chuǎi_3.7　玉篇初委切音揣。北方也。

宷 27824 13801 yǔ_3.7　字彙補古文雨字遁甲圖雨師作宷帮。

㳫 27825 13802 dùn_3.7　字彙補與沌同。

汣 27826 13803 jiǔ_3.7　王穉登·荊溪疏宜興,古陽羨也,一名荊溪。城外有東西二汣,匯諸溪之流註太湖菰蘆之藪。汣字字書不載,當作九,土人以九里計程,故名。鑑又汣27843汣02855

疧 27827 44075 kè_3.7　搜眞玉鏡音克。

汎 27828 u2AD6C fàn_3.7　俗汎27801可洪音義汎舟:上芳梵反。

洷 27829 u2AD6B jí_3.7　可洪音義唖嗌06376:經音義作洖27767,廣濟藏作洪,同。子悉反。又讚、箭二音。

汳 27830 u2AD69 biàn_3.7　俗汳27862廣碑別字引唐王君妻梁氏墓誌又墨子·經說下汳埒者不得汳直也。或釋下00018

汩 27831 u2AAC6 mwz_3.7　壯回去。

汍 27832 u2F8FA wán_3.7　同汍27800

沈 27833 u23C8D ngut_3.7　喃从水兀ngôt聲。同宪66411

汛 27834 u23C8C xùn_3.7　同汛27815

汖 27836 u23C89 null_3.7　未詳。

汦 27835 u23C8B chí_3.7　說文坁08443,小渚也。汦,坁或从水从氏。

剎 27837 u23C88 null_3.7　未詳。

汜 27839 u23C86 fàn_3.7　俗汜27772博陵太守孔彪碑矚焉汜而不俗。

汗 27838 u23C87 hàn_3.7　汗27811字訛誤。名義汗,何旦反。小液。

江 27840 u23C85 jiāng_3.7　同江27820

汪 27841 u3CBF wǎng_3.7　简瀇30153

汤 27842 u6C64 tāng_3.7　简湯28913

汣 27843 u6C63 jiǔ_3.7　同汣27826

汢 27844 u6C62 tǔ_3.7　日水涌起

沚 27846 13804 zhǐ_4.8　唐韻集韻丛章移切音支說文水都也。一曰水分流也又廣韻渠羈切集韻翹移切丛音奇。義同又jī廣韻集韻丛奇寄切音芰。水戾也又bèi集韻平義切音被。義同。

污 27845 u6C61 wū_3.7　同汙27813

泜 27847 13805 chí_4.8　唐韻直尼切集韻陳尼切丛音墀說文著止也又蔡邕·釋誨皇道惟融,帝猷顯éé。泜泜庶類,含甘吮兹註泜泜,齊貌。又zhǐ廣韻諸氏切集韻掌氏切丛音只。義同又集韻與坻通

汧 27848 13806 qiān_4.8　正字通與汧同,俗省。

汨 27849 13807 mì_4.8　古文淜唐韻集韻韻會正韻丛莫狄切音覓說文長沙汨羅淵,屈原所沉之水一統志汨羅,江名,在湘陰縣北十里。源出豫章,流經湘陰,分二水,一南流曰汨水,一經古羅城曰羅水,至屈潭復合,故曰汨羅。西流入湘又gǔ廣韻集韻韻會正韻丛古忽切音骨。治也汨作書亡篇名孔安國·書序帝釐下土,方設居方,別生分類,作汨作傳汨,治。作,興。言治民之功興,故爲汨作之篇又水聲木華·海賦泫泫汨汨註波浪聲也又通也周語決汨九川又汨越九原韋昭註汨,通。越,揚也又亂也書·洪範汨陳其五行正韻言五行陳列皆亂也又汨沒也避暑錄今人言汨沒,當是浮沉之意

杜甫詩汩沒一朝伸 韻會 通作淈 又 hú 集韻 韻會 正韻 夶胡骨切音搰。涌波也 莊子·達生篇 與齊俱入，與汩偕出 註 司馬曰：汩，涌波也。郭云回伏而涌出者，汩也。△與汩別 佩觿集 汩，莫的翻。汩羅江。又音骨，沒也。或從曰，非。 鞏 從曰作汩 yù。

汩 27850 13808
yù_4.8　唐韻 于筆切 集韻 韻會 越筆切夶音颶。水流也。與昱同 楚辭·九章 浩浩沅湘兮，分流汩兮 王逸註 汩流也 又 疾貌 揚子方言 汩、遙，疾行也。南楚之外曰汩，或曰遙 司馬相如·上林賦 渾沸宓汩 註 宓汩，去疾也 又 淨貌 王延壽·魯靈光殿賦 汩磑磑以璀璨 註 汩，淨貌 又 汩越，光明貌 何晏·景福殿賦 羅疎柱之汩越 又 拂汩，鼓動之貌 揚雄·甘泉賦 帷弸彄其拂汩兮，稍暗暗而靚深。

汪 27851 13809
wāng_4.8　唐韻 集韻 韻會 正韻 夶烏光切音尫 說文 深廣也 淮南子·俶眞訓 汪然平靜，寂然清澄 後漢·黃憲傳 叔度汪汪若千頃波 又 池也 通俗文 停水曰汪，池之汙濁者 揚子方言 楚謂之汪，閩謂之洋 左傳·桓十五年 祭仲殺雍糾，尸諸周氏之汪 又 大貌 晉語 汪是土也 又 楊萬里·擬楚辭 誕寘之祝融之汪 註 謂南海也 又 水名 水經注 潢水一名汪水，與洈水合，至沛入泗 又 姓 廣韻 汪芒氏之後 姓苑 新安人 又 wǎng 廣韻 紆往切 集韻 嫗枉切夶音柱 後漢·郡國志 汪陶，縣名。屬鴈門 前漢志 作汪 又 wàng 廣韻 烏浪切 集韻 烏曠切夶音醠。停水臭也。或從廣作瀇，從枉作㴞 又 hóng 集韻 烏宏切。與泓同。水貌 △說文 作汪。 鞏 正字通 汪，篆作汪 28441 又 洴 28708 㳼 28420，同洴 28183 鄧福祿：洴 28342，俗。

洴 27852 13810
qíng_4.8　集韻 棄挺切音謦 玉篇 洴涏，小水貌也。 又 jǐng 祖醒切。洴瀅，水貌 又 jìng 疾正切音淨。義同。 鞏 又 giếng 喃井。

㵫 27853 13811
jǐng_4.8　玉篇 古文阱 65482 字。

汭 27854 13812
ruì_4.8　唐韻 而銳切 集韻 韻會 正韻 儒稅切夶音芮。水名 周禮·夏官·職方氏 雝州，其川涇、汭 註 汭在豳地 又 說文 水相入貌。一曰小水入大水也 又 水內也 書·堯典 釐降二女于嬀汭 傳 汭，水之內也。通作芮 詩·大雅 芮鞫之卽 箋 水內曰芮，水外曰鞫 又 水北也 書·禹貢 涇屬渭汭 傳 水北曰汭 疏 涇水南入渭，而名爲渭汭，知水北曰汭。又 五子之歌 徯于洛之汭 正義 待于洛水之北 又 水之隈曲爲汭 左傳 稱淮水之曲曰淮汭，漢水之曲曰夏汭，滑水之曲曰滑汭 又 沙邊曰沙汭 木華·海賦 雲錦散文，於沙汭之際 又 ruò 集韻 如劣切音爇。水北也。義同 江淹·擬古詩 昨發赤亭渚，今宿浦陽汭。方作雲峰異，豈伊千里別 又 tūn 他昆切音暾。與涒 28374 通。 鞏 又 汶，汭字或體 徐子㿺鼎 余子㿺之鼎，百歲用之。

沟 27855 13813
jūn_4.8　廣韻 居銀切音巾。水名。出沂縣 水經 沟水出沂縣北山，南流過其縣之東，又南入於沔 酈道元注 順陽縣有石山，南臨沟水。沟水又南流注於沔水，

謂之沟口 地理志 謂之涓水，言熊耳之山，涓水出焉，至順陽入沔 又 集韻 規倫切音均。又 龍春切音倫。又 俞倫切音勻。又 怡成切音盈。又 九峻切音昀。義夶同。

泓 27856 13814
hóng_4.8　集韻 乎萌切音宏。泓泓，迅流也。與浤同 又 玉篇 無舟涉水也 又 泓泓，水勢回旋貌 郭璞·江賦 泓泓洄�潒。

汰 27857 13815
tài_4.8　廣韻 集韻 韻會 正韻 夶他蓋切音泰 說文 淅也 賈誼·新書·道術篇 厚志隱行謂之潔，反潔爲汰 又 太過也 左傳·宣四年 伯棼射王汰輈 杜註 汰，過也。箭過車轅上 又 沙汰 莊子·天下篇 冷汰於物 註 猶沙汰也，謂沙汰使之冷然也 晉書·孫綽傳 沙之汰之，瓦礫在後 又 洮汰 淮南子·要略 所以洮汰滌蕩至意 註 洮汰，潤也 後漢·陳元傳 洮汰，學者之累惑 註 洮汰，猶洗濯也。亦作淘汰 齊民要術 作醬法，熱湯浸豆黃，良久淘汰，漉而蒸之 又 奢汰 荀子·仲尼篇 閨門之內，般樂奢汰 左傳·襄十四年 樂饜汰虐已甚 又 tì 集韻 他計切音替。水波也 又 dà 徒蓋切音大。淅瀾也，與汏同 又 tà 正韻 他達切音闥。亦滑也 蘇軾·秧馬歌 以我兩足爲四蹄，聳踴滑汰如鳧鷖。 鞏 又 坋 08348 坲 08458 汱 27858 溙 29070 汰 00917

汱 27858 13816
quǎn_4.8　廣韻 姑泫切 集韻 古泫切夶音畎 爾雅·釋詁 汱，墜也 註 水落貌 又 廣韻 伏水也 又 佩觿集 水名 又 xuàn 戶犬切音泫。義同。 鞏 又 汱 28221

浅 27859 13817
guò_4.8　廣韻 集韻 夶古臥切音過。水名。

汲 27860 13818
jí_4.8　唐韻 正韻 居立切 集韻 韻會 訖立切夶音急 說文 引水於井也 易·井卦 可用汲，王明夶受其福 莊子·至樂篇 綆短者，不可以汲深 又 廣韻 引也 周禮·冬官考工記 匠人大汲其版 註 汲，引也 郭璞·江賦 并吞沅澧，汲引沮漳 又 汲汲，不休息貌 博雅 孜孜汲汲，劇也 前漢·揚雄傳 不汲汲於富貴 文子·上德篇 君子日汲汲以成輝 又 縣名。屬河內郡 史記·魏世家 城垝津以臨河內，河內共、汲必危 廣輿記 汲縣，故汲郡治今屬衛輝府 又 姓。漢汲黯 又 集韻 極入切音及。與伋同。伋伋，虛詐貌。或作汲。

汳 27861 13819
biàn_4.8　唐韻 集韻 皮變切 正韻 毗面切夶音卞。水名。水受陳留浚儀陰溝，至蒙爲雝水，東入於泗 水經 汳水出陰溝，逕浚儀縣北。又東至梁郡蒙縣，爲雝水。餘波入睢陽城中 酈道元注 陰溝卽蒗蕩渠也，亦言汳，受旃然水。又云丹泌亂流於武德絕河，南入滎陽合汳，故汳兼丹水之稱。汳水東逕陳留，又東逕梁國睢陽縣，又東逕貫城。城在蒙縣西北。汳水自蒙縣南出，今無水。惟睢陽城南側有小水，南流入睢城。亦作汴 後漢·明帝紀 遣將作謁者王吳修汴渠，自滎陽至於千乘海口 註 汴渠卽蒗蕩渠也 宋曾鞏曰 昔禹於滎澤下分大河爲陰溝，出之淮泗，至浚儀西北，復分二渠。其後或曰鴻溝，或曰浪宕渠，或曰浚儀渠，或曰石門渠。石門渠東合濟水，與河渠東注，至於敖山之北而兼汳水，又東至滎陽之

北，而旃然之水東流入汴。滎陽之西有廣、武二城，汴水自二城閒小澗中東流而出，濟水至此乃絕。桓溫將通之而不果者，晉大和之中也。劉裕浚之，始有湍流奔注。以漕運者，義熙之間也。皇甫誼發河南丁夫百萬開之，起滎陽入淮，千有餘里。更名之曰通濟渠者，隋大業之初也，後世因其利焉[一統志]汴水源出開封府滎陽縣大周山，合京索須鄭四水，東南至中牟縣，北入於黃河。[又]fàn[廣韻]芳萬切[集韻]孚萬切𠀤音饭。義同△[集韻]或作汴。

汴 27862 13820
biàn_4.8 [集韻]同汳[又]州名[韻會]秦屬三川郡，漢爲陳留郡，東魏置梁州，後周改爲汴州，宋爲京師。[又]襄陽零水亦名汴水[水經注]夷水東南流，與零水合。零水卽汴水也。上通梁州沒陽縣之默城山。鎣又汴27830汴28093

汵 27863 13821
gàn_4.8 [唐韻][集韻]𠀤古暗切音紺。與淦同[說文]淦或从今作汵。水入舟中也。一曰水名[又][集韻]古南切音弇。義同[又]cén鉏簪切音岑。池也[又][山海經]號山多汵石[郭璞註]汵或音金。未詳[水經注]引經作泠石。

汆 27864 13822
yǐn_4.8 [說文]古文歙26453字。

汶 27865 13823
wèn_4.8 古文𣲖[唐韻][集韻][韻會][正韻]𠀤文運切音問。水名[書·禹貢]浮于汶，達于濟。又東北會于汶[前漢·地理志]泰山郡萊蕪縣原山，汶水出西南入泲[水經]汶水，出泰山萊蕪縣原山西南，過壽張縣，至安民亭入于濟[註]汶出牟縣故城西南阜下，俗謂之胡盧堆。牟縣，古牟國，故俗謂是水爲牟汶。汶水又右合北汶水，水出太山天門下谷東流西南逕汶陽縣，又西南逕桃鄉縣，自桃鄉四分，當其派別之處，謂之四汶口。左二水雙流至無鹽郈鄉平陸故城，合爲茂都澱。次一汶至壽張故城東，遂爲澤渚。右一汶逕壽張縣西南注長直溝，西流入泲[淮南子·地形訓]汶出弗其[高誘註]弗其，山名，在朱虛縣東。○按誘說乃東汶，非經所謂入濟者也[又][前漢·地理志]琅邪郡朱虛縣東泰山，汶水所出，東至安丘入維[說文]維作濰[水經]汶水出朱虛縣泰山[酈道元注]伏琛、晏謨𠀤言水出縣東南峿山，山在小泰山東[地理風俗記]曰：朱虛縣東四十里有峿城亭，故縣也。汶水逕峿城北，又北過淳于縣西。濰水過縣東，其城東北則兩川交會也[又][水經注]叟崮水有二源雙會東導。一川俗謂之汶水，東經蒙陰縣，注桑泉水，又東北流入於沂[又]汶上，縣名[廣輿記]本漢平陸，今屬兗州府[又]wěn[集韻]武粉切音吻。義同[又]wén[廣韻][集韻]𠀤無分切音文。黏唾也[又]遼東有汶城[盛輔之云]卽孤竹國也。音文[又]mín[廣韻]武巾切[集韻]眉貧切[正韻]彌鄰切𠀤音珉。與岷通。汶江也[禹貢]岷嶓既藝[又]岷山導江[史記]皆作汶[山海經註]大江出汶山[輿地廣記]汶山在茂州汶山縣西北，俗謂之鐵豹嶺。禹之導江，發跡於此[又]汶山，郡名。汶川，縣名[蜀王本紀]禹本汶山郡廣柔縣人，生於石紐。廣柔隋改曰汶川[廣輿記]今屬成都府[又]mén[集韻]謨奔切[韻會]謨昆切𠀤音門。汶濛，玷辱也[楚辭·漁父]安能以身之察察，受物之汶汶者乎△[正字通]汶水，今[一統志]列爲三，曰塹汶、徐汶、青汶。章本清曰：入濟之汶。見[禹貢][論語]。汶上[書傳]謂之北汶，卽今大清河。入濰之汶。見[漢書]。入沂之汶。見[水經]。齊有三汶，清河爲大[述征記]泰山郡水皆名汶，有北汶、嬴汶、柴汶、牟汶，皆源別流同，又在三汶之外。鎣又㴐28604𠠾65491

汥 27866 13824
yóu_4.8 [唐韻]以周切[集韻]夷周切𠀤音由。與攸同。行水也。秦刻石[嶧山文]攸字作汥△[集韻]或作攸[正字通]作汥。

汸 27867 13825
fāng_4.8 [唐韻]府良切[集韻]分房切𠀤音方。併船也[說文]本作方，或从水作汸[又]fāng[集韻]敷方切音芳。與滂同。水名也[山海經]箕尾之山，汸水出焉，南流注于淯[註]音芳[又]fáng符方切音房。義同[又]pāng[正韻]普郎切音滂。與滂同[荀子·富國篇]汸汸如河海。

汹 27868 13826
xiōng_4.8 [集韻]與洶同。

汷 27869 13827
zè_4.8 [廣韻]阻力切[集韻][韻會]札色切𠀤音側。湢汷，水勢。一曰水流貌。或省作汄。

決 27870 13828
jué_4.8 [廣韻][集韻][韻會]𠀤古穴切音玦。水名[水經]決水，出廬江雩婁縣南大別山[注]俗名爲檀山峴，蓋大別之異名也。其水歷山委注而絡其縣，西北流逕蓼縣故城，灌水注之，故[地理志]曰：決水北注蓼入灌，灌水於蓼亦入決[又]決決，北方水名[山海經]龍侯之山，決決之水出焉，東流注于河[又]行流也[管子·君臣下篇]決之則行，塞之則止[左傳·襄三十一年]不如小決使道[又]斷也，判也[禮·曲禮]夫禮者，所以定親疎，決嫌疑。又分爭辨訟，非禮不決[又]以齒斷物亦曰決[禮·曲禮]濡肉齒決，乾肉不齒決[周禮·冬官考工記·梓人]銳喙決吻[疏]鳥乃喙長，決物食之時，則以其近喙本決，故云決吻。決如字。又烏穴反[又]開也[儀禮·鄉射禮]袒決遂[註]決猶闓也。以象骨爲之，著右大擘指以鉤絃。闓，體也。闓音開[詩·小雅]決拾既佽[又]絕也，與訣同[前漢·蘇武傳]李陵與蘇武決去[註]決，別也[又]決曹，官名。主罪法者[後漢·黃昌傳]習文法，仕郡爲決曹[又]xuè[廣韻][集韻][正韻]𠀤呼決切音血。疾貌。一曰小飛也。與狘通[莊子·逍遙遊]決起而飛，搶楡枋。決或作狘[又]quē[集韻]苦穴切音闋。與缺同。或从血作䀗。亦作決[史記·秦始皇紀]譬猶騁六驥過決隙也[又]guì涓惠切音桂。疾貌[莊子·齊物論]麋鹿見之而決驟[註]決，徐邈讀古惠反。鎣又决02861浃28031[又][史記·秦始皇紀]。徐慧：[李斯傳]

汻 27871 13829
hǔ_4.8 [唐韻]呼古切。與滸同[說文]水厓也。[又]hǎng[廣韻]呼朗切[集韻]許朗切𠀤音酐。姓也。今涇州有之[又]huǎng[廣韻]虎晃切音慌。義同。

汼 27872 13830
niú_4.8 [集韻]魚尤切音牛。水也。一曰水名。

汽 27873 13831
qì_4.8 [唐韻]許訖切音迄。與汔同。近也，幾也[爾

雅·釋詁 作汽 **図**gài 集韻 居代切音溉。義同 **図**qì丘既切音氣。水气也 **図**yǐ億姞切音乙。水涸也。今謂去飯水爲汽。

汾 27874 13832
fén_4.8 唐韻 集韻 韻會 正韻 **丛**符分切音濆。水名 說文水。出太原晉陽山西南入河。或曰出汾陽北山冀州浸 周禮·夏官·職方氏 冀州，其浸汾潞 水經 汾水出太原汾陽縣北管涔山 山海經 管涔之山，其上無草木，而下多玉。汾水出焉，西流注于河 十三州志 出武州之燕京山，亦管涔之異名也 **図**地名，在襄城 左傳·襄十八年 楚子庚治兵于汾 司馬彪曰 襄城縣有汾丘 **図**縣名 前漢·地理志 汾陰、臨汾俱屬河東郡。汾陽屬太原郡 廣輿記 臨汾、汾西二縣，今俱屬平陽府 **図**郡名 廣輿記 山西汾州府，本漢太原郡，後魏曰汾州，唐曰浩州，宋曰汾陽 **図**pén 集韻 步奔切音盆。與溢28873同。溢水在潯陽。或省作汾 **図**fēn方文切音分。與紛同 揚雄·長楊賦 汾沄沸渭 註 衆盛貌。汾沄，音紛雲 **図**溫汾，水轉貌 枚乘·七發 所揚汩者，所溫汾者。**鑒**又窈41169汾02870

沿 27875 13833
yán_4.8 正字通 同沿，俗省。

汿 27876 13834
xù_4.8 集韻 象呂切音敘。溝也。

㛇 27877 13835
xù_4.8 集韻 象呂切音敘。姓也 正字通 古今無㛇姓，當卽汿字。从水與从彳一也。

沁 27878 13836
qìn_4.8 唐韻 集韻 韻會 正韻 **丛**七鴆切音鈙。水名 說文水。出上黨羊頭山 水經 沁水出上黨縣謁戾山，南過穀遠縣，東至滎陽縣北，東入于河 註 卽泊水 郡縣釋名 沁河源出沁源縣，有二，一自縣西北綿山東谷南流，一自縣東北馬圈溝南流，俱至交口村合流入黃河 **図**州名 廣韻 本漢穀遠縣，後魏置沁源縣，武德初置州，因沁水以名 廣輿記 沁源縣屬沁州，沁水縣屬澤州。**図**sěn 集韻 所錦切音瘁 **図**xǐn斯荏切音糝 **図**shèn所禁切音滲。義丛同 **図**以物探水也 韓愈詩 義泉雖至近，盜索不敢沁 註 北人以物探水爲沁 **図**xīn思林切音心。水名。

沂 27879 13837
yí_4.8 唐韻 集韻 韻會 **丛**魚衣切音澂。水名◇ 說文水。出東海費縣。一曰沂水出泰山，蓋青州浸 周禮·夏官·職方氏 青州，其浸沂、沭 水經注 沂水於下邳縣北西流，分爲二水，一水於城北西南入泗，一水逕城東屈從縣南亦注泗，謂之小沂水。水上有橋，徐泗閒以爲圯，子房遇黃石公卽此處 地理通釋 曾氏曰：徐州之水，以沂名者非一。酈道元謂出尼丘山西北逕魯之雩門，謂之沂水。出泰山武陽之冠石山，亦謂之沂水 **図**山名。四鎮之一 周禮·春官·大司樂 四鎮五嶽 註 青州之沂山。**図**地名 左傳·定五年 大敗夫槩王于沂 註 沂，楚地。**図**州名。本秦琅邪地，宋置北徐州，周改沂州，今屬兗州府。又沂水，縣名。本春秋鄆邑，今屬青州府。俱見 廣輿記 **図**姓◆一統志 有沭陽令沂州 **図**yín 集韻 正韻 **丛**魚巾切音銀。器之鈣鍔。鈣或作沂 爾雅·釋樂 大簌謂之

沂。又 杜篤·論都賦 奮彗光，埽項軍，遂濟人難，蕩滌於泗沂 班固·答賓戲 張良受書於邳沂。俱作魚巾切。

沃 27880 13838
wò_4.8 廣韻 集韻 韻會 **丛**烏酷切音鋈 說文 溉灌也 書·說命 啓乃心，沃朕心 正義 當開汝心所有，以灌沃我心也 **図**盛也 詩·衞風 其葉沃若 疏 沃若，沃沃然盛也 **図**壯姣也 詩·檜風 天之沃沃 傳 沃沃，壯姣也 **図**柔也 詩·小雅 其葉有沃 傳 沃，柔也 **図**土不磽曰沃壤 左傳·襄二十五年 楚蔿掩爲司馬，井衍沃 註 衍沃，平美之地 **図**盥手曰沃盥 周禮·夏官 小臣大祭祀、朝覲，沃王盥 疏 言爲王沃手，盥手也。又 左傳正義 盥謂洗手，沃謂澆手 **図**泉名 爾雅·釋水 沃泉縣出 **図**水名。在沃陽縣西北 水經注 中陵水東逕沃陽縣，又西北流注沃水。**図**九土之一 淮南子·地形訓 正南次州曰沃土 **図**閩南人謂雨淋爲沃。見 鄭瑗·井觀瑣言 **図**曲沃，晉邑名 詩·唐風 素衣朱襮，從子于沃 廣輿記 曲沃縣，屬山西平陽府 **図**姓。沃丁之後。吳有沃焦，著 神仙傳 **図**yuè 集韻 鬱縛切音籰。茂貌 詩·衞風 其葉沃若，徐邈讀△ 說文 本作㳅，今省。**鑒**又沃02871沃49408沃49658

沄 27881 13839
yún_4.8 唐韻 集韻 王分切 韻會 正韻 于分切 **丛**音雲 說文 轉流也 杜甫詩 沄沄逆素浪 **図**爾雅·釋言 沄，沆也 註 水流漭沄 **図**玄沄，沸貌 揚雄·冀州箴 冀土廉沸，泫沄如湯 **図**通絞 揚雄·長楊賦 汾沄沸渭 註 汾沄，與紛絞同。衆盛貌 **図**廣韻 戸昆切 集韻 韻會 正韻 胡昆切 **丛**音渾。義同 **図**hǔn 集韻 戸袞切，混上聲。水流貌。

沅 27882 13840
yuán_4.8 唐韻 集韻 **丛**愚袁切音元。水名 說文水。出牂牁故且蘭，東北入江 山海經 沅水出象郡鐔城西 註 象郡，今日南也 尚書·日記 楚中九江，五曰沅江，出沅州西蠻界 水經 沅水出牂牁且蘭縣，爲旁溝水，又東至鐔成縣，爲沅水 楚辭·九歌 沅有芷兮澧有蘭 **図**州縣名 廣輿記 屬湖廣辰州府，漢武陵也，唐沅州。又有沅陵縣。又常德府有沅江縣。又雲南有鎮沅府 **図**集韻 正韻 **丛**五遠切音阮。義同。**鑒**又阮00919

沆 27883 13841
hàng_4.8 唐韻 胡朗切 集韻 戸朗切 韻會 合朗切 **丛**音斻 說文 莽沆，大水也。一曰大澤貌 博物志 停水東方曰都，一名沆 張衡·西京賦 滄池漭沆 **図**沆茫，水草廣大貌 揚雄·羽獵賦 鴻濛沆茫 **図**沆瀁，水深廣貌 木華·海賦 沖融沆瀁 **図**沆瀣30273，露氣也 **図**háng 廣韻 胡郎切 集韻 寒剛切 正韻 下郎切 **丛**音航。水流貌。一曰渡也。**図**gǎng 集韻 舉朗切音斺。義與漭沆同 **図**kàng 正韻 口浪切音亢 前漢·郊祀歌 西顥沆碭 註 白氣也。沆或讀若抗。**鑒**龍龕 沆28071通沆正，胡朗反，漭沆也，亦沆瀣，北方之氣也。下一又直深反。沒也，止也。

㳅 27884 13842
yǎn_4.8 古文沿 唐韻 集韻 韻會 **丛**以轉切音兗。水名 說文水。出河東東垣王屋山 書·禹貢 道㳅水東流爲濟 山海經 聯水西北流，注于秦澤 註 聯、衍聲相近，卽㳅水也 水經注 濟水逕原城南，東合北水，亂流東南注分爲二水。一水東南流，俗謂之衍水，卽㳅水也 **図**沇

沇,流行貌 前漢·郊祀歌 沇沇四塞 図 與兗通 甘氏星經 兗州作沇州 前漢·天文志 角亢氏,沇州 図 集韻 庾準切 音尹。義同 図 wěi 愈水切,唯上聲。沇溶,水流澗谷中也 司馬相如·上林賦 沇溶淫鬻 △ 集韻 或从兗作渷。

沈 chén_4.8 唐韻 直深切 集韻 韻會 正韻 持林切 丛音霃 說文 陵上滈水也。一曰濁黕也 風俗通·山澤篇 沈者,莽也,言其平望,莽莽無涯際也。沈,澤之無水斥鹵之類也 前漢·刑法志 山川沈斥 註 斥即斥鹵,沈即川澤 莊子·達生篇 沈有履 註 沈,水污泥也 図 齊人謂湖曰沈 郭緣生·述征記 有鳥當沈 図 沒也 詩·小雅 載沈載浮 戰國策 智伯攻趙,圍晉陽而水之,城之不沈者三板 又 常民溺於習俗,學者沈於所聞 図 以毒沈水也 周禮·秋官 雍氏禁山之爲苑,澤之沈者 註 謂毒魚及水蟲之屬。図 五齊之一 周禮·天官·酒正 五齊,三曰沈齊 註 沈者,成而滓沈,如今造清酒 図 九天之一 揚子·太玄經 九天,八爲沈天 図 水名 後漢·光武紀 輔威將軍臧宮,與公孫述將延岑戰於沈水 註 沈水出廣漢縣 図 實沈,星次也。屬晉分 左傳·昭元年 參爲晉星,實沈,參神也 図 綠沈,畫工設色之名 鄴中記 石虎造象牙桃枝扇,或綠沈色 王羲之·筆記 有人以綠沈漆管見遺 野客叢書 物色之深者皆爲綠沈 図 zhèn 廣韻 集韻 韻會 丛直禁切 音鴆。亦沒也。一曰投物水中也。或作湛 周禮·春官 以貍沈祭山林川澤 註 沈如字,劉註直蔭反 図 shěn 廣韻 集韻 韻會 正韻 丛式荏切 音審。古國名 左傳·昭元年 沈姒蓐黃,實守其祀 註 四國臺駘之後 図 姓 廣韻 出吳興。本周文王第十子聃季食采於沈,子孫以國爲氏 図 沈丘,縣名 廣輿記 屬開封府,古沈子國,隋沈州,唐沈丘 図 chěn 集韻 正韻 丛昌枕切 音瞫。與瀋同。汁也 禮·檀弓 爲楡沈故設撥 註 以水澆楡白皮之汁,有急以播地,於引輴車滑也。図 tán 集韻 韻會 徒南切 正韻 徒含切 丛音覃。沈沈,宮室邃邃貌 ◆ 史記·陳涉世家 顆頤,涉之爲王沈沈者 註 應劭曰:沈,長含反。通作潭。亦作黕。鼇 又沈27886沉28051 國名古作邥61542亦姓。今沈亦瀋30159簡化字。

沉 chén_4.8 字彙 同沈。

妉 dàn_4.8 集韻 丁紺切 音黕。妉妉,水聲也。

沋 yóu_4.8 唐韻 羽求切 集韻 于求切 丛音尤。水名,在高密 図 枚乘·七發 魚鼈失勢,顛倒偃側。沋沋湲湲,蒲伏連延 註 沋沋湲湲,魚鼈顛倒貌。

沌 dùn_4.8 廣韻 徒損切 集韻 杜本切 正韻 徒本切 丛音囤。混沌,元氣未判也。亦作渾沌 揚子·太玄經 渾沌無端,莫見其根 図 不開通之貌 莊子·應帝王 中央之帝爲渾沌 註 渾沌,無孔竅也 図 渾沌,四兇之一。即讙兜也。本獸名 神異經 崑崙有惡獸,名曰渾沌 図 tún 廣韻 集韻 丛徒渾切 音屯。水勢也 枚乘·七發 沌沌混混,狀如奔馬 註 波相隨貌 図 博雅 混混沌沌,轉也 孫子·兵勢篇 渾渾沌沌,形圓而不可敗 図 chún 集韻 殊倫切 音淳。

與純同。粹也 図 dùn 都困切 音頓。與忳同。愚貌 老子·道德經 忳忳兮。或作沌 図 zhuàn 柱兗切 音篆。水名。在江夏 水經注 涉水,又逕沌水口水南通縣之太白湖,湖水東南通江,又謂之沌口。又有沌陽縣,處沌水之陽,故名。鼇 又汷27825

洰 hù_4.8 玉篇 胡故切 音護。閉塞也 左傳·昭四年 固陰洰寒 図 hè 集韻 曷各切 音鶴。與涸同。竭也 図 hè 轄格切 音垎。與洛同。堅凍也 列子·湯問篇 霜雪交下,川池暴洰 図 hú 洪孤切 音胡。漫洰,水貌。鼇 又冱27938 沍27891

浒 hù_4.8 集韻 同洰。

洰 hù_4.8 集韻 胡故切 音護。水漫也。

沎 huò_4.8 集韻 呼臥切 音貨。水名也。

淬 cuì_4.8 字彙 俗淬字

沏 qiè_4.8 廣韻 集韻 丛千結切 音切。水聲。一曰水流疾貌 木華·海賦 鬱沏迭而隆頹 註 沏迭,疾流貌。図 摩也 木華·海賦 飛澇相磢,激勢相沏 図 chi 玉篇 初乙切 集韻 測乙切,丛音刹。義同。

沴 lì_4.8 廣韻 林直切 音力。水凝合貌。

沐 mù_4.8 唐韻 集韻 韻會 正韻 丛莫卜切 音木 說文 濯髮也 詩·衛風 豈無膏沐 周禮·天官 宮人共王之沐浴 疏 沐用潘,浴用湯 図 漢官儀 五日一假,洗沐,亦曰休沐 図 潤澤之意 後漢·明帝紀 冬無宿雪,春不煥沐 註 沐,潤澤也。言無暄潤之氣 図 治也 禮·檀弓 夫子助之沐槨 図 溟沐,細密之雨也 揚子·太玄經 密雨溟沐 図 姓。漢有陳郡太守沐寵。鼇 又沭27969

沑 rǒu_4.8 唐韻 人九切 集韻 忍九切 丛音蹂 說文 水利也。一曰溫也 図 niǔ 集韻 女九切 音紐。濕也 図 nǜ 廣韻 集韻 丛女六切 音恧。縮沑,水文蹙聚 木華·海賦 葩華踧沑。

沒 mò_4.8 古文 歿殁殳昬 唐韻 集韻 韻會 正韻 丛莫勃切 音歿 說文 沈也 図 盡也 詩·小雅 曷其沒矣 傳 沒,盡也 疏 言不可盡服也 図 過也 禮·坊記 君子不以美沒禮 疏 沒,過也。不可以財物豐多,華美其事,沒過於禮。図 貪也 晉語 不沒爲後 図 乾沒 史記·酷吏傳 張湯始爲小吏乾沒 註 如淳曰:得利爲乾,失利爲沒 正義曰:乾沒,謂無潤澤而取他人也。又曰:陽浮慕爲乾,心內不合爲沒 図 水名 山海經 太水東南流,注于沒水 水經注 作役水 図 孫穆·雞林類事 高麗方言,謂水曰沒,井曰烏沒,熟水曰泥根沒,冷水曰時根沒 図 mèi 集韻 莫佩切 音妹。亦沈也 図 母果切 音麼。不知而問曰拾沒 △ 說文 本作沒。鼇 又沒27965沒28086没49527

沭 liú_4.8 玉篇 古文流28506 荀子·王制篇 其沭長矣

沓 tà_4.8 廣韻 集韻 韻會 正韻 丛達合切 音黵 說文

語多沓沓，若水之流🗵水沸溢也。今河朔方言謂沸溢爲沓🗵重也詩·小雅噂沓背憎。又合也揚雄·羽獵賦出入日月，天與地沓註言若天地相連合也🗵冒也，貪也唐書·王琳傳酋領沓墨🗵弛緩意孟子泄泄猶沓沓也🗵水名。遼東有沓水，沓縣因以名🗵姓北史·孝義傳沓龍超🗵集韻韻會正韻达託合切音鎝。義同。一曰行擊鼓也。鑒俗書刊誤沓，從水。取言出如水意。作沓28358嗒06209竝非。

沔 27903 13861
miǎn_4.8 廣韻集韻韻會彌兗切正韻美辨切达音緬。水名◆說文沔水出武都沮縣東狼谷書·禹貢浮于潛，逾于沔傳漢上曰沔🗵廣輿記沔口，在漢陽府城西南地理通釋漢入江處謂之沔口漢陽圖經漢、沔本一水也🗵州名廣韻春秋鄖國之地，戰國時屬楚，秦屬南郡，武德初置沔州廣輿記今爲漢陽府🗵沔陽州，屬安陸府，漢竟陵地，梁沔陽。又沔縣，屬漢中府，本漢沔陽縣。又沔池縣，屬河南府。达見廣輿記🗵水流滿也詩·小雅沔彼流水，朝宗于海🗵與湎通史記·樂書流沔沈佚🗵mǐn集韻美隕切音閔。水名書·禹貢註沔池。一音亡忍切🗵mǐ母婢切音弭。與瀰29989同。水盛貌。鑒又汈27761沔27780，达俗沔。

汅 27904 13862
wù_4.8 廣韻集韻韻會正韻达文拂切音勿。汅穆，深微貌賈誼·鵩鳥賦汅穆無窮🗵mì廣韻美筆切音密。潛藏也。一曰塵濁謂之汅🗵mèi集韻莫佩切音妹。義同賈誼·弔屈原賦汅深潛以自珍註徐廣曰：汅，亡筆反。鄧展曰：汅音昧。

沖 27905 13863
chōng_4.8 唐韻直弓切集韻韻會持中切达音蟲說文涌搖也🗵玉篇虛也老子道德經大盈若沖🗵廣韻和也，深也蕭慤詩重明豈凝滯，無累在淵沖🗵飛也史記·滑稽傳一飛沖天🗵幼小也書·盤庚肆予沖人傳沖，童子也🗵垂飾貌詩·小雅肇革沖沖🗵聲也詩·豳風鑿冰沖沖🗵姓。明洪武中香山縣丞沖敬🗵dòng集韻杜孔切音動。涌也。鑒又沖02860岫13368澍37187

汆 27906 13864
tiān_4.8 字彙即添字。與汆別。增添之汆从水，汆辱之汆从心。鑒又汆10054，即滼字。

沘 27907 13865
bǐ_4.8 廣韻卑履切集韻補履切达音比。水名。出盧江灊縣，今謂之㳻水前漢·地理志盧江灊縣沘山，沘水所出註沘音匕，又音鄙🗵唐州有沘水後漢·光武紀漢軍向甄阜、梁丘賜戰於沘水西註沘水在今唐州沘陽縣南。盧江灊縣亦有沘水，與此別也🗵pí唐韻房脂切集韻頻脂切达音毗。義同。

沙 27908 13866
shā_4.8 唐韻所加切集韻韻會正韻師加切达音紗說文水散石也。从水从少，水少沙見。楚東有沙水水經注逢澤陂東北流爲新溝，又東北注梁爲沙水🗵山海經盧其之山，無草木，多沙石，沙水出焉，南流注于涔水🗵潁水之别名爾雅·釋水潁爲沙註謂大水溢出別爲小水之名🗵疏土也易·需卦需于沙正義沙，水旁之

地詩·大雅鳧鷖在沙🗵州名，在西徼外，取沙角山爲名，即三秦記鳴沙山也廣輿記沙州鳴沙山，峰勢危峻，沙如乾糖。天氣清朗則沙鳴聞數里外🗵流沙，西境極遠之地書·禹貢西被于流沙🗵丘名爾雅·釋丘邐迤曰沙丘疏謂丘形斜行，連接而長者🗵長沙，郡名，屬楚廣輿記今湖廣長沙府有長沙縣🗵長沙，星名。在軫旁，主壽命。見史記·天官書🗵水中有沙者曰沙衍穆天子傳天子乃遂東征，南絕沙衍🗵沙汰27857🗵謝察微·算經十塵爲沙，十沙爲纖🗵木名范成大·桂海草木記沙木與杉同類，尤高大，葉尖成叢，穗少，與杉異🗵豆名崔豹·古今注貍豆，一名貍沙，一名獵沙。虎豆，一名虎沙。馬豆，一名馬沙🗵吹沙，魚名爾雅·釋魚鯊鮀郭璞註今吹沙也陸璣註魚狹而小，常張口吹沙，故曰吹沙🗵小而甘美之稱韓彥直·橘錄沙橘取其細而甘美，或曰種之沙州之上，故其味特珍。然邦人稱物之小而甘美者必曰沙，如沙瓜、沙蜜、沙糖之類，特方言耳。🗵沙門，謂勤行也佛說四十二章經辭親出家，識心達本，解無爲法，名曰沙門🗵姓。宋勇將有沙世堅。🗵借爲紗縠字周禮·天官内司服素沙註素沙，今之白縳也。以白縳爲裏，使之張顯。今世有紗縠者，名出于此🗵suō集韻蘇和切正韻桑何切达音養。亭名，在元城春秋·定七年齊侯、衛侯盟于沙註今陽平元城縣東南有沙亭🗵與犧通詩·魯頌犧尊將將鄭註素何反毛傳有沙飾也🗵酒名儀禮·大射儀兩壺獻酒註獻讀爲沙。沙酒濁，特沛之，必摩沙者也🗵shī集韻山宜切音釃。亦水傍也🗵shà廣韻集韻◆韻會达所稼切音嗄。聲澌也周禮·天官内饗：鳥皫色而沙鳴，狸註沙音所嫁反，或蘇他反疏沙，澌也〇按沙本有蘇何、山宜二切，不必又入歌支叶韻。今刪去。鑒又坐08677沚27910沙27945砂38681

沚 27909 13867
zhǐ_4.8 唐韻集韻韻會达諸市切音止爾雅·釋水小渚曰沚詩·召南于沼于沚🗵釋名沚，止也。小可以止息其上🗵zhī集韻職吏切音志。義同🗵韻補叶諸池切楚辭·九懷淹低佪兮京沚。與師、彝爲韻△玉篇或作渚。

沙 27910 13868
shā_4.8 玉篇集韻达同沙說文譚長說：沙或从⻊🗵博雅音聖。質也。鑒說文沙27945，譚長說：沙或从⺡🗵廣雅·卷第三下·釋詁有、常、沙、沚、性、質也。🗵或同沴28073篇海類編沙，子結切，小水也。

沛 27911 13869
pèi_4.8 唐韻集韻达普蓋切音霈。水名說文沛水出遼東番汗塞外，西南入海🗵澤名左傳·昭二十年齊侯田于沛🗵草生水曰沛公羊傳註草棘曰沛風俗通·山澤篇沛者，草木之蔽茂，禽獸之所匿也🗵縣名，屬沛郡漢書註秦泗水郡之屬縣🗵行貌楚辭·九歌沛吾乘兮桂舟左思·吳都賦直衝濤而上瀨，常沛沛而悠悠。🗵有餘貌公羊傳·文十四年沛若有餘🗵大貌前漢·五行志沛然自大🗵雨貌張衡·思玄賦凍雨沛其灑塗。又滂沛，雨盛貌。別作霈🗵旛幔也易·豐卦豐其沛。通作

施 図蓄水灌田之名 三餘贅筆 浙中少水人家，多于山上置閘蓄水，遇旱歲開以灌田，名之曰沛 図竹名 神異經 南方荒中有沛竹，可以爲大船 僧贊寧·筍譜 又沛竹筍 図沛艾，姿容俊偉貌◆ 司馬相如·大人賦 沛艾赳螑 図滭沛，奔揚貌 司馬相如·上林賦 奔揚滭沛 図姓。図bèi 廣韻 集韻 韻會 夶博蓋切音貝。義同 図疾也 前漢·郊祀歌 靈之來，神哉沛 註 沛，補盛反 図偃仆也 詩·大雅 顛沛之揭 傳 沛，拔也 正義 邊離根本之言。璽 又沊27954邶61530沬28078袡39742笰41744 図顛佈00859，顛沛。

沜 27912 13870
pàn_4.8 廣韻 集韻 韻會 夶普半切音判。水流也。一曰水厓 図玉篇 古文沜28052字。義與 詩 隰則有泮之泮同。沜，猶潒也 唐書·王維傳 輞川有芙蓉沜。璽 又渼29131

㳇 27913 13871
zhuǐ_4.8 唐韻 集韻 夶主蘂切音捶 說文 二水也 類篇 閩人謂水曰㳇○按鄭氏 易 坎爲水，水作㳇。郭忠恕 佩觿集 音義一而體別，水爲㳇，火爲炗。是水與㳇音義夶同，與 說文 小異。至楊慎 轉注古音 㳇音委，義如 禮記 或原或委之委 說文字原 㳇，古流字。皆曲說，今不從。璽 又 集韻 㳇，之誄切。閩人謂水曰㳇。

汰 27914 13872
qì_4.8 說文長箋 泣字。

沛 27915 13873
zā_4.8 廣韻 子苔切 集韻 作苔切 夶音帀。浯沛，纔濕。一曰沸貌。

沟 27916 13874
gōu_4.8 篇韻 古侯切音勾。水聲。

汢 27917 13875
tǒu_4.8 字彙補 他孔切音統。義闕 図汢鄉，地名 任昉·述異記 汢鄉西津有玉女岡，天當雨，輒先涌五色氣於石間，俗謂玉女披衣。璽 龍龕 俗，他口反。

泴 27918 13876
tān_4.8 集韻 他甘切音甜。本作坍。水壞岸也。

沠 27919 13877
liú_4.8 字彙補 與沤同。

氾 27921 44076
zhá_4.8 字彙補 汛字之譌 帝京景物略 汜汜活活。

浠 27923 44078
xī_4.8 龍龕 同浠 疏 蜀山折而南，可二十里曰湖汵。湖汵，山中大市也。宋時置務於此，權採山之利。今作汵，亦務字之譌。

沙 27926 u2AD6F
null_4.8 喃未詳。

泄 27924 44079
yì_4.8 奚韻 同泄 南謚記 京北倡伶人名繁玉，唱歌於社林亭。其妻甫二十歲，姿色甚美。夜，水泄至亭前，襲取彼妻而退。

㳇 27920 13878
fù_4.8 王穉登·荊溪

丼 27922 44077
yíng_4.8 龍龕 烏營切

冏 27925 u2AD70
null_4.8 俗漲29420 史

奔 27927 u2AD6E
null_4.8 未詳。

汚 27928 u2AD6D
null_4.8 未詳。

沋 27929 u2F8FB
guǐ_4.8 同沇28043

枝 27930 u23CB0
null_4.8 未詳。

㳫 27931 u23CAF
null_4.8 未詳。

氽 27932 u23CAE
null_4.8 未詳。

浝 27933 u23CAD
máo_4.8 古水名 水經注·卷三十八·湘水 湘水又東北，得浝口水，出永昌縣北羅山。

汻 27934 u23CAC
null_4.8 未詳。

尹 27935 u23CAB
null_4.8 或人名用字

沇 27936 u23CAA
yuè_4.8 汗簡沇，躍59499 義雲章 図 或概字俗譌 皇明經世文編·卷之一百五十五·陸文裕公文集·疏 正名祛弊以光治體事（三司體統）貫魚行隤之選，宜一沇而更張之。

汎 27937 u23CA9
fàn_4.8 俗汎27772 金石文字辨異 汎，漢脩華嶽碑：洪波汎臻。案，汎即汎字 図bā 汎溗溗。參見潫29025

汻 27938 u23CA8
hù_4.8 同汻27891俗汻27890 図 喃 大南一統志·卷九·平定省·橋梁 萬和橋：凡三。一號橋芒踏長三尺，一號橋汻止長四尺，一號橋渃汻長七尺。

沊 27939 u23CA7
huǒ_4.8 从水火聲。或同疢，見甲骨文。

尐 27940 u23CA6
shǎo_4.8 四聲篇海 音少 図séu 喃 从水少thiểu聲。

汈 27941 u23CA5
dān_4.8 紅色 睡虎地秦墓竹簡·效律 受、载、弩、鬃汈相易殿 図tān同汈27918水壞岸。光緒 日照縣志·卷七·考鑑志·祥異 道光十年，黑汈殺麥。

沶 27942 u23CA4
jiè_4.8 人名用字

沶 27943 u23CA3
è_4.8 俗阨65468 可洪音義 東沶：限也，迫也，礙也。正作阨。

沅 27950 u23C98
wǔ_4.8 簡潕29572

沟 27944 u23CA2
shāng_4.8 俗沟27817朝鮮本 龍龕 滴29329，音商。滴河，縣名。沟，水名。

沩 27951 u23C97
wéi_4.8 簡潿28864

沙 27945 u23CA1
shā_4.8 說文 沙，譚長說：沙，或从尐。又 正字通 沙27910，本作沙。

采 27947 u23C9B
null_4.8 未詳。

㳖 27946 u23C9D
níng_4.8 冰02857本字 說文 凝，俗冰从疑 字彙 欠，俗用㳖，乃凝字。

汇 27948 u23C9A
null_4.8 未詳。図俗冰02857 可洪音義 冰霜：上彼陵反 図俗水27749 可洪音義 河冰：下音水，誤，諸經有作求（氷）字呼，非於此用也。怏 図 直音篇 冰，同溺29123

冰 27949 u23C99
zhuǐ_4.8 同㳇27913

汝 27952 u3CCA
jǐ_4.8 俗激29875 可洪音義 汝水：上古（吉）歷反，疾流也，亦打也。正作激、擊二形也。又文、問二音，非 図汝，同攸 集韻 攸汝攸泅，說文 行水也。徐鍇曰支入水所杖也 図姓。秦刻石嶧山文作汝。或作攸。古作泗△宏按，汝亦俗激字，與汝27805別。

汨 27953 u3CC9
qīng_4.8 清28794無丰（主）。反汨復汨：反清復明。

沛 27954 u3CC8
pèi_4.8 正字通 沛27911，本作沛。

沈 27955 uF972
chén_4.8 兼沈。

沪 27956 u6CAA
hù_4.8 簡滬29318

沩 27957 u6CA9
wéi_4.8 簡溈29041

沨 27958 u6CA8
féng_4.8 簡渢28807

沧 27959 u6CA7
cāng_4.8 簡滄29140

沦 27960 u6CA6
lún_4.8 簡淪28607

沥 27961 u6CA5 lì_4.8 简瀝30264

沤 27962 u6CA4 ōu_4.8 简漚29386

沣 27963 u6CA3 fēng_4.8 简灃30405

沢 27964 u6CA2 zé_4.8 日同澤29823

没 27965 u6CA1 mò_4.8 同沒27900

沠 27966 u6CA0 pài_4.8 同派28204 碑別字新編引隋卞鑒墓誌 俗書刊誤派，作沠，非。

沫 27967 13879 mò_5.9 唐韻集韻正韻莫葛切韻會莫曷切𠀤音末。水名說文水。出蜀西徼外，東南入江 又浮沫也莊子·大宗師相呴以濕，相濡以沫 又涎沫也莊子·至樂篇乾餘骨之沫爲斯彌註沫，口中汁也 又噴沫，跳波也馬融·長笛賦瀉瀑噴沫 又湯華也陸羽·茶經凡酌置諸盌，令沫餑均。沫餑，湯之華也。華之薄者曰沫 又紅沫酉陽雜俎紅沫，煉丹砂爲黃金，碎以染筆，書入石中，削去逾明，名曰紅沫 又已也屈原·離騷身服義而未沫。又汗流貌前漢·郊祀歌霑赤汗，沫流赭註應劭曰：流沫如赭也。李奇曰：沫如靧面之靧。師古曰沬、沫兩通。沬者，言被面如類也，字從水傍，午未之未，音呼內反。沫者，言汗流沫出也，字從水傍，本末之末，音亦如之 又韻補叶謨杯切音枚屈原·離騷芳菲菲而難虧兮，芬至今猶未沫◇ 又叶莫結切音蔑郭璞·江賦濯翮疏風，鼓翅翻翩。揮弄灑珠，拊拂瀑沫。

沬 27968 13880 mèi_5.9 古文湏廣韻集韻莫貝切韻會正韻莫佩切𠀤音妹。衛邑名詩·鄘風沬之鄉矣。亦作妹書·酒誥明大命于妹邦 又易·豐卦日中見沬註王氏曰：微昧之明也。薛氏曰：斗之輔星 又wèi廣韻集韻𠀤無沸切音未。水名 又huì唐韻荒內切集韻呼內切正韻呼對切𠀤音誨說文灑面也。通類 又作靧禮·內則面垢燂潘請靧，足垢燂湯請洗。鎣說文湏，古文沬从頁。段氏改古文作頮68142 又靧68279𩓩67041頮68022𩔁68137

沭 27969 13881 shù_5.9 唐韻食聿切集韻韻會正韻食律切𠀤音術。水名◆說文沭水出青州浸周禮·夏官·職方氏青州，其浸沂、沭疏沭出東莞前漢·地理志琅邪郡東莞縣術水，南至下邳入泗註即沭水也 又縣名廣韻沭陽在海州廣輿記今屬淮安府 又yù集韻允律切音聿。義同。△或作潏。鎣又浾28858

沮 27970 13882 jū_5.9 唐韻集韻韻會正韻𠀤子余切音苴。水名說文水。出漢中房陵，東入江水經沮水出東汶陽郡沮陽縣 又前漢·地理志武都郡沮縣沮水，出東狼谷水經注沔水一名沮水 又漆、沮，二水名書·禹貢漆、沮既從詩·大雅自土沮漆水經漆水出扶風杜陽縣俞山，東北入于渭。沮水出北地直路縣北，東入于洛十三州志漆沮，即洛水也詩·地理攷段氏曰：漆沮有二，皆出雍州，東入于渭，特有上流、下流之別詩漆沮入于渭之上流書漆沮入于渭之下流 又水經注肥如縣故肥子國，有大沮水、小沮水 又沮中，地名。亦作柤吳志赤烏四年，諸葛瑾取柤中 又jū廣韻側魚切集韻臻魚切𠀤音菹。姓也。黃帝史官沮誦，三國沮授 又jǔ廣韻慈呂切集韻韻會在呂切𠀤音咀。止也，過也，壞也詩·小雅謀猶回遹，何日斯沮。又禮·儒行沮之以兵註沮，謂恐怖之也 又敗也晉語衆孰沮之 又沮泄，謂泄漏也禮·月令地氣沮泄，是謂發天地之房 又丘名爾雅·釋丘水出其後曰沮丘註沮，辭與切 又集韻象呂切，音敘。義同 又zǔ集韻壯所切音阻漢志沮陽，縣名。在上谷郡 又jù廣韻集韻正韻𠀤將預切音怚。沮洳，漸濕也詩·魏風彼汾沮洳註沮洳，水浸處下濕之地禮·王制山川沮澤註沮謂萊沛也 又jiān集韻將先切音箋。涓沮，小流。鎣又瀭30530沮28649泹28120

沲 27976 13888 tuó_5.9 集韻同沱

沵 27971 13883 hé_5.9 玉篇集韻𠀤胡戈切音禾。水也。一曰水名。鎣胡吉宣：疑即江西永新縣之禾水，源出禾山，亦名永新江。

沯 27972 13884 zá_5.9 集韻𣹰28920或省作沯。

沰 27973 13885 qiū_5.9 集韻祛尤切音丘。水也。

沰 27974 13886 tuō_5.9 廣韻他各切集韻闥各切𠀤音託玉篇落也，磓也 又廣韻赭也秦風·顏如渥丹釋文丹如字韓詩作沰。音撻各反。赭也 又duó集韻當各切音矺。滴也崔實·農家諺上火不落，下火滴沰。鎣又㴗28669

沱 27975 13887 tuó_5.9 唐韻徒何切集韻韻會唐何切正韻湯何切𠀤音駝說文江別流也。出嶓山。◆書·禹貢岷山導江東別爲沱註引爾雅·釋水水自江出爲沱，漢爲潛詩·地理攷蔡氏曰：南郡枝江縣有沱水，其流入江，而非出於江也。華容縣有夏水，首出於江，尾入於沔，亦謂之沱。此荊州之沱，蜀郡郫縣江沱在東，西入大江。汶江縣江沱在西南，東入江，此梁州之沱。戴侗曰：沱名不一，梁州之沱，特其大者耳 又滹沱，河名。在定州 又涕垂貌易·離卦出涕沱若 又大雨貌詩·小雅俾滂沱矣。又duò廣韻徒可切集韻韻會正韻待可切𠀤音柁。與㢠同。㵝㢠，沙水往來貌郭璞·江賦碧沙㵝㢠而往來。又與沲同。潭沲，隨波貌郭璞·江賦隨風猗萎，與波潭沲杜甫詩春光潭沲秦東亭。今作淡沱 又chí集韻陳知切音馳。與池同。鎣又沲28403𣶒28523𩃛66590𩃔66589

河 27977 13889 hé_5.9 唐韻乎哥切集韻韻會正韻寒歌切𠀤音何。水名說文水。出焞煌塞外崑崙山，發源注海春秋說題辭河之爲言荷也。荷精分布，懷陰引度也釋名河，下也。隨地下處而通流也前漢·西域傳河有兩源，一出蔥嶺，一出于闐。于闐在南山下，其河北流，與蔥嶺河合，東注蒲昌海，潛行地下。南出於積石，爲中國河云書·禹貢導河積石，至于龍門爾雅·釋水河出崑崙虛，色白，所渠幷千七百一川，色黃，百里一小曲，千里一曲一直 又九河書·禹貢九河既道傳九河，徒駭一，太史二，馬頰三，覆釜四，胡蘇五，簡六，絜七，鉤盤八，鬲津九 又三河，謂河南、河北、河東也後漢·光武紀三河未澄，四關重擾。又小學紺珠以黃河、析支河、湟中河爲三河 又兩河，謂東河、西河也爾雅·釋地兩河閒曰冀州 又州名廣輿記古西羌地，秦、漢屬隴西，唐曰

河州，明置河州衞⊠梗河。星名⊠甘氏星經⊠梗河三星，在大角帝座北⊠銀河，天河也⊠趙崇絢·雞肋⊠道家以目爲銀河⊠酒器也⊠乾饌子⊠裴鉶大宴有銀河，受一斗⊠淘河，鳥名。見⊠爾雅·釋鳥註⊠姓。明河清，長沙人。⊠又⊠蠶36916蠶14614蠶36918，丛同河。

泬 27978 13890
lì_5.9　⊠唐韻⊠集韻⊠韻會⊠郎計切⊠正韻⊠力霽切丛音麗◆⊠說文⊠水不利也⊠前漢·五行志⊠惟金沴木。又氣相傷謂之沴，沴猶臨苙不和意也⊠註⊠服虔曰：沴，害也。如淳曰：沴音拂戾之戾⊠妖氣也⊠前漢·孔光傳⊠六沴之作⊠註⊠沴，惡氣也⊠水渚也⊠揚雄·河東賦⊠秦神下讋，跖魂負沴⊠註⊠沴，河岸之坻也⊠tiǎn⊠集韻⊠韻會⊠正韻⊠丛徒典切音殄。陵亂也⊠莊子·大宗師⊠陰陽之氣有沴⊠集韻⊠乃結切音涅。義同。⊠又沴27979沴28067

汼 27979 13891
mǐ_5.9　⊠字彙⊠同沴⊠水名,在襄陽⊠水經注⊠零水東逕新城縣之汼鄕縣，謂之汼水。又東歷宜城西山，謂之汼谿。東流合於夷水，謂之汼口。

沶 27980 13892
yí_5.9　⊠唐韻⊠與之切⊠集韻⊠盈之切丛音飴。水名。⊠chí⊠集韻⊠陳尼切音墀。同坻⊠前漢·諸侯王表⊠沶陵康侯魏駟⊠shì神至切音示。沶鄕，縣名。見⊠左傳·桓十三年註⊠zhì直利切音緻。義同。

洰 27981 13893
pǒ_5.9　⊠集韻⊠普火切音頗。水貌。

汱 27982 13894
fā_5.9　⊠玉篇⊠府伐切音發。寒也。一曰漢也，通流也⊠木華·海賦⊠鑱臨崖之阜陸，決陂潢而相沷⊠註⊠沷，灌也。一曰凡壅水處決之使相沷蕩也⊠fú敷勿切，音弗◇義同。⊠集韻⊠沷02878，分物切。寒也⊠說文⊠一之曰潷沷。

沸 27983 13895
fèi_5.9　⊠唐韻⊠集韻⊠韻會⊠正韻⊠丛方味切音芾。涫也⊠詩·大雅⊠如沸如羹⊠水名⊠王子年·拾遺記⊠蓬萊山有沸水，飲者千歲⊠井名，潭名⊠水經注⊠曲阿季子廟前井及潭常沸，故名井曰沸井，潭曰沸潭⊠謝惠連·雪賦⊠沸潭無涌，炎風不興⊠集韻⊠敷勿切。灑也。分物切⊠說文⊠畢沸，濫泉⊠⊠觱沸，泉出貌⊠詩·小雅⊠觱沸檻泉⊠pèi⊠正韻⊠滂佩切音配。波涌貌⊠司馬相如·子虛賦⊠水蟲駭波鴻沸⊠怒貌⊠司馬相如·上林賦⊠沸乎暴怒⊠與潰29616同。沸渭，不安貌⊠王褒·洞簫賦⊠若雷霆輘輷，佚像以沸渭⊠註⊠沸或爲潰，扶味切△⊠集韻⊠或作濞。⊠又沸27984

潰 27984 13896
fèi_5.9　⊠字彙⊠同沸

油 27985 13897
yóu_5.9　⊠唐韻⊠以周切⊠集韻⊠韻會⊠夷周切⊠正韻⊠于求切丛音由。水名⊠說文⊠水。出武陵孱陵西，東南入江⊠水經注⊠孱陵縣有白石山，油水所出⊠江夏平春縣有油水⊠水經注⊠油水，出平春縣西南油溪⊠膏也⊠博物志⊠積油滿萬石，自然生火。⊠石油⊠水經注⊠高奴洧水肥可然⊠夢溪筆談⊠鄜延出石油⊠廣輿記⊠石油出肅州南山⊠猛火油⊠昨夢錄⊠猛火油，出高麗東數千里。日初出之時，因盛夏日力烘石極熱則出液，他物遇之，即爲火，惟眞琉璃器可貯之⊠緹油，

車飾⊠後漢·劉盆子傳⊠乘鮮車大馬，赤屛泥⊠註⊠赤屛泥，謂以緹油屛泥於軾前⊠橘名⊠韓彥直·橘錄⊠油橘，皮似以油飾之，中堅而外黑⊠油油，和謹貌⊠禮·玉藻⊠三爵而油油以退⊠禾黍光悅貌⊠束晢·補亡詩⊠厥草油油。⊠雲盛貌⊠孟子⊠天油然作雲⊠yòu⊠廣韻⊠集韻⊠丛余救切音狖。浩油，地名⊠公羊傳·定四年⊠公及諸侯盟于浩油⊠註⊠油音由，一音羊又反⊠與釉同⊠篇海⊠物有光也⊠蔡襄·茶錄⊠珍膏油其面。⊠又張按：鮮車，軒車之誤。

洤 27986 13898
tián_5.9　⊠廣韻⊠徒年切⊠集韻⊠亭年切丛音田⊠字林⊠洤洤，水勢廣大貌⊠郭璞·江賦⊠溟漭渺汧，汗汗洤洤。

押 27987 13899
yā_5.9　⊠集韻⊠乙甲切音押。押涵，下濕。

治 27988 13900
chí_5.9　古文乿　⊠唐韻⊠直之切⊠集韻⊠韻會⊠澄之切丛音持。水名⊠說文⊠水。出東萊曲城陽丘山，南入海⊠水。出泰山⊠前漢·地理志⊠泰山郡南武陽冠石山，治水所出，南至下邳入泗⊠集韻⊠湯來切音胎。水名。水出雁門郡⊠前漢·地理志⊠雁門郡陰館累頭山，治水所出，東至泉州入海⊠理也⊠周禮·天官⊠大宰以九職任萬民，七曰嬪婦，化治絲枲⊠盈之切音怡。義同⊠廣韻⊠直吏切，音值。亦理也⊠荀子·修身篇⊠少而理曰治⊠簡習也⊠周禮·春官·大宗伯⊠治其大禮⊠校也⊠戰國策⊠皆無敢與趙治。⊠有所求乞也⊠周禮·地官·旅師⊠凡新甿之治，皆聽之。⊠監督也⊠周禮·地官·鄕師⊠用役則帥其民而至，遂治之⊠聽獄之成辭亦曰治⊠周禮·秋官·方士⊠凡都家之士所上治，則主之⊠註⊠所上治，謂獄訟之小事，不附罪者也。⊠才多亦曰治⊠左傳·莊九年⊠鮑叔曰：管夷吾治於高傒，使相可也⊠註⊠言管仲治理政事之才多于敬仲⊠道家靜室曰治⊠六朝詩話⊠送謝靈運於杜治，猶今之宮觀也。⊠所都之處曰治⊠前漢·田儋傳⊠更王膠東，治卽墨⊠註⊠治，謂都之也⊠州郡所駐曰治，如蜀刺史曰治成都，揚刺史曰治會稽△⊠毛氏韻增⊠治字本平聲，脩治字借爲去聲⊠經典釋文⊠治字平聲皆無音，假借治道、平治字，丛直吏切。⊠又嗣32287駬12604沿28208臂47848亂00493

沼 27989 13901
zhǎo_5.9　⊠唐韻⊠之少切⊠集韻⊠正韻⊠止少切⊠韻會⊠止小切，丛昭上聲⊠說文⊠池也。一說圓曰池，曲曰沼⊠詩·召南⊠于沼于沚⊠zhào⊠集韻⊠之笑切音照。義同。

沽 27990 13902
gū_5.9　古文及　⊠唐韻⊠古胡切⊠集韻⊠韻會⊠正韻⊠攻乎切丛音孤。水名⊠前漢·地理志⊠沽水出漁陽塞外，東至泉州入海⊠水經注⊠沽河出塞外禦夷鎭西北丹花嶺⊠賣也⊠論語⊠求善賈而沽諸⊠買也，別作酤⊠詩·小雅⊠無酒酤我⊠gǔ⊠廣韻⊠公戶切⊠集韻⊠韻會⊠古五切⊠正韻⊠公五切丛音古。屠沽，賣酒者⊠尸子⊠屠者割肉知牛之多少，則沽者亦知酒之多也⊠略也⊠禮·檀弓⊠杜橋之母喪，宮中無相，以爲沽也⊠物之麤惡者曰沽⊠周禮·夏官·司兵⊠掌五兵、五盾，各辨其物與其等⊠註⊠謂功沽、上下⊠疏⊠沽謂麤惡者，爲下等也⊠gù⊠廣韻⊠集韻⊠韻會⊠正韻⊠丛古慕切音顧。義同。⊠又醢37280

沾 27991 13903
tiān_5.9 唐韻 集韻 韻會 夶他兼切音添。水名 說文 水。出壺關，東入淇 又 說文 一曰益也。義同添 徐鉉曰 今俗別作添，非是 又 zhān 廣韻 張廉切 集韻 韻會 正韻 之廉切，並音詹◇漬也，濡也 史記·滑稽傳 置酒而天雨，陛楯者皆沾寒 陳丞相世家 汗出沾背，通作霑 又 與覘通 禮·檀弓 國昭子曰：我喪也斯沾 註 沾讀爲覘，視也。 又 diàn 廣韻 集韻 夶都念切音店。亦水名 又 縣名，在樂平 漢志 屬上黨郡 廣輿記 太原府樂平縣，本漢沾縣 又 dié 集韻 正韻 夶的協切音牒。沾沾，自整貌 史記·魏其傳 沾沾自喜 註 師古曰輕薄也。徐廣曰：沾，昌兼反，又當牒反，一曰尺占反。

沿 27992 13904
yán_5.9 唐韻 與專切 集韻 韻會 余專切夶音鉛 說文 沿，緣水而下也 書·禹貢 沿于江海 傳 順流而下曰沿 又 循也 樂記 禮樂之情同，故明王以相沿也 註 沿猶因述也 疏 謂因而更改也 又 集韻 沇27884古作沿。卽沿字。俗作沿。鏊 又沿28082

洍 27993 13905
sī_5.9 集韻 新茲切音思。水名 又 玉篇 音移。又音司。義闕。

沚 27994 13906
zhǐ_5.9 廣韻 諸氏切 集韻 掌氏切夶音紙。水名 山海經 拘扶之山，沚水出焉 註 沚音枳。

況 27995 13907
kuàng_5.9 古文況 唐韻 許訪切 集韻 韻會 正韻 許放切夶音貺◆ 說文 寒水也 又 矧也，譬也 莊子·知北遊 每下愈況 又 益也 晉語 衆況厚之 又 茲也 詩·小雅 況也永歎 箋 來茲對之，長歎而已 又 滋也 詩·大雅 亂況斯削 又 賜也。與貺通 前漢·武帝紀 遭天地況施，著見景象。 又 臨訪曰來況 司馬相如·子虛賦 足下不遠千里，來況齊國 又 廣韻 修況，琴名 又 姓 蜀志 有況長寧○按 佩觿集 兄、況、況夶虛訪翻。兄，發語之端。況，寒冰也。況，形況。今多通用況字 又 集韻 或作湟 又 古與兄通。

洞 27996 13908
jiǒng_5.9 唐韻 戶褧切 集韻 韻會 戶茗切夶音迥 說文 滄也 又 集韻 或从冂 作洞。北燕謂禁曰洞 又 爾雅·釋詁 洞，遠也 詩·大雅 洞酌彼行潦 又 深廣也 郭璞·江賦 趙漲截洞 又 洞野，山名，在東北大荒之中。見 山海經。 又 yíng 集韻 玄扃切音熒。洞澤，地名，通作熒 又 jiōng 涓熒切音局。大洞，地名。一曰水貌。亦作古熒切。 又 與潁通 高士傳 卞隨投洞水而死 朱謀瑋曰 潁、洞古字通用。鏊 集韻 或从冫作洞。北燕謂禁曰洞。 集韻 洞洞，犬迴切，寒謂之洞。或从水。洞洞，戶茗切 說文 滄也。或从冂 洞，火迴切。北燕謂濛曰洞 又 洞28343 泂28657

洶 27997 13909
gōu_5.9 集韻 居侯切音溝。水聲也 又 jù 集韻 俱遇切音句。水名也 又 qú 正字通 其余切音朐。亦水名。漢臨洶，今三河縣。鏊 又沟27916

泄 27998 13910
yì_5.9 唐韻 余制切 集韻 韻會 正韻 以制切夶音曳。水名 說文 水受九江博安洵波，北入氏 水經 泄水，出博安縣，北過芍陂，西北入于淮 註 博安縣 地理志 之博鄉縣也 又 散也 詩·大雅 俾民憂泄 傳 泄，去也 箋 猶出

也，發也 又 泄泄，舒徐貌 詩·邶風 泄泄其羽 傳 飛而鼓其翼，泄泄然也 又 衆也 詩·魏風 桑者泄泄兮 傳 泄泄，多人之貌 又 爾雅·釋訓 憲憲、泄泄，制法則也 李巡曰 皆黨惡爲制法則也 又 詩·大雅 天之方蹶，無然泄泄 孟子 泄泄猶沓沓也 註 怠緩、悅從之貌 又 xiè 廣韻 集韻 夶私列切音薛。與渫28819同。除去也 又 漏也 管子·君臣下篇 古言墻有耳者，微言外泄之謂也 又 揚子方言 歇也。楚、揚謂之泄 又 發越也 禮·月令 季春之月，陽氣發泄 又 雜也 後漢·杜詩傳 頗泄用之 又 嫚也。與渫同 荀子·榮辱篇 憍泄者，人之殃也 又 與洩同 又 姓。魯泄柳。鏊 又泄27924泄28088

洰 27999 13911
niǔ_5.9 玉篇 尼九切 集韻 女九切夶音紐。水名，在汝南。

泹 28000 13912
nì_5.9 廣韻 尼立切音眘。濕泹也 類篇 濕泹，水貌 六書故 泡、泹、淹，濕狀。亦作澝。

泅 28001 13913
qiú_5.9 唐韻 似由切 集韻 韻會 徐由切夶音囚 說文 浮行水上也 列子·說符篇 人有濱河而居者，習於水，勇於泅△ 韻會 字本作汓。古以汓爲沒。或作泅 集韻 亦作洰。

洗 28002 13914
yì_5.9 唐韻 夷質切 集韻 韻會 正韻 弋質切夶音逸 說文 水所蕩洗也。與溢同 書·禹貢 入于河，溢爲滎 又 淫放 書·多士 大淫洗有辭 左傳·隱三年 驕奢淫洗 疏 洗，謂放恣無藝 又 洗陽，獸名，豹頭馬尾。一曰神名 莊子·達生篇 西北方之下者，則洗陽處之 又 鳥名 爾雅·釋鳥 寇雉洗洗 又 dié 廣韻 集韻 夶徒結切，音迭。洗蕩也。鏊 又洗28217

洳 28003 13915
jiā_5.9 集韻 居牙切音嘉 玉篇 水也。一曰水名。

泋 28004 13916
zhōng_5.9 集韻 與汝同。鏊 又溂37203浟28256 又 齊三孔布「亡泋」，讀「無終」，地名。

泉 28005 13917
quán_5.9 古文洤 唐韻 疾緣切 集韻 韻會 從緣切 正韻 才緣切夶音全 說文 水原也。象水流出成川形 易·蒙象 山下出泉 又 爾雅·釋水 濫泉正出。正出，涌出也。沃泉縣出。縣出，下出也。氿泉穴出。穴出，仄出也。 又 同出異歸曰肥泉 詩·衛風 我思肥泉，茲之永歎。 又 醴泉 禮·禮運 天降膏露，地出醴泉 又 泉有光華曰榮泉 前漢·郊祀歌 食甘露，飲榮泉 又 瀑布曰立泉 班固·終南山賦 立泉落落 又 州名 廣輿記 周時爲七閩地，隋曰溫陵，唐曰泉州 又 天泉，星名 甘氏星經 天泉十星，在鼈東。一曰大海，主灌漑溝渠之事 又 龍泉，劍名。卽龍淵也 杜甫詩 三尺獻龍泉 又 姓 南史 有泉企 又 貨泉，卽錢也 周禮·天官 外府掌布之出入 註 布，泉也。其藏曰泉，其行曰布，取名于水泉，其流行無不徧也。又 地官·泉府 註 泉或作錢 又 集韻 疾眷切，全去聲。義同△ 集韻 或作灥。鏊 又灥30585㟪36725㞑36723嵲13959㟨13996㵼28931㵼29179畎35437㘫35641

泊 28006 13918 bó_5.9 廣韻傍各切集韻韻會白各切丛音薄。止也。舟附岸曰泊杜甫詩漾舟千山内，日入泊枉渚。又水貌前漢·郊祀歌泊如四海之池又澹泊，恬静無爲貌老子道德經泊乎其未兆又紛泊，飛走衆多之貌張衡·西京賦霍繹紛泊又漂泊，流寓也庾信·哀江南賦下亭漂泊，高橋羈旅又與薄同王充·論衡·率性篇氣有厚泊，故性有善惡又pò集韻匹陌切音拍。嶼岶，竹密貌。或作漠泊王褒·洞簫賦密漠泊以獭猭又小波也。◆木華·海賦潤泊柏以迆颺註泊，匹帛切。鑾又洦28173淿28642㴬28591湐28869

沛 28007 13919 bù_5.9 集韻博故切音布。地名。周世宗遣將破賊於東沛州。

汴 28008 13920 biàn_5.9 集韻皮變切音卞。導水使平也。

沜 28009 13921 huì_5.9 廣韻許貴切集韻訏貴切丛音諱。水波紋也。一曰濯沜，水貌木華·海賦濯沜濩渭，蕩雲沃日。又huǐ玉篇許鬼切集韻訏鬼切丛音虺。與溾同。水流貌。

泌 28010 13922 bì_5.9 唐韻集韻韻會正韻丛兵媚切音祕說文俠流也。一曰泉貌詩·陳風泌之洋洋，可以樂飢疏泌者，泉水涓流不已，乃至廣大也又水名。◆水經注汶水過平章縣南，有泌水注之。水出肥城縣東北白源，西南注於汶又泌陽，縣名廣輿記屬河南南陽府，漢舞陰，唐泌陽又bì廣韻毗必切集韻韻會薄必切正韻薄密切丛音邲。亦俠流也又bǐ廣韻鄙密切集韻壁吉切丛音筆司馬相如·上林賦偪側泌瀄。

泍 28011 13923 bēn_5.9 集韻逋昆切音奔。水急也又pēn玉篇匹奔切集韻鋪魂切丛音歕。義同又bèn集韻部本切音笨。泉涌貌。鑾又泍28210漰29001

泎 28012 13924 zé_5.9 廣韻鋤陌切集韻實窄切，並音齚◇瀺泎，水落地聲。或作濤。

泏 28013 13925 zhú_5.9 唐韻集韻丛竹律切音絀說文水貌。一曰水出貌文子·通原篇原流泏泏，沖而不盈又集韻敕律切音黜。義同又kū廣韻集韻丛苦骨切音窟字林水定也。一曰漚池又與涉同班固·十八侯銘身泏項營，序功差德。鑾通原篇。道原篇。

泐 28014 13926 lè_5.9 唐韻盧則切集韻韻會正韻歷德切丛音勒說文水石之理也徐鍇曰言石因其脈理而解裂也周禮·冬官考工記石有時以泐又廣韻凝合也又潭名唐·裴休·題泐潭詩泐潭形勝地，祖塔在雲湄又lì集韻六直切音力。義同△或作氻、朸。鑾俗作泐28075

泑 28015 13927 yōu_5.9 唐韻集韻韻會正韻丛於糾切音黝。水黑色也說文澤在昆侖山下水經河水東注于泑澤註卽所謂蒲昌也又山名山海經泑山，神蓐收居之又廣韻集韻丛於虯切音幽。義同又正字通窑器色光滑者，俗曰泑又āo集韻於交切音坳。水名，在長沙。

泆 28016 13928 shì_5.9 集韻疏吏切，使去聲。水名，在河南。或从吏作浹。鑾龍龕洩，俗。

泋 28017 13929 kuài_5.9 集韻澮29843古作泋。

泒 28018 13930 gū_5.9 唐韻古胡切集韻攻乎切丛音孤。水名說文水起雁門葰人戍夫山，東北入海水經沽水至泉州縣與清河合，東入于海。清河者，泒河尾也註清、湛、漳、洹、滱、易、淶、濡、沽、虖沱，同歸於海，故曰泒河尾△俗混入派字，非佩觽集以水名之泒爲宗派者，訛。鑾又泒27919

泓 28019 13931 hóng_5.9 唐韻集韻韻會正韻丛烏宏切音弦說文下深貌。一曰水清貌郭璞·江賦極泓量而海運，狀滔天以淼茫又水名春秋·僖二十一年宋公及楚人戰于泓又龍泓，水名陝西通志龍泓有二，一在飛龍峽，一在天井山。鑾又泓28350

泔 28020 13932 gān_5.9 唐韻古三切集韻韻會正韻沽三切丛音甘。米汁也博雅泔、潘，瀾也說文周謂潘曰泔又荀子·大略篇曾子食魚有餘，曰泔之註泔者，烹和之名。又hàn集韻戶感切音頷。滿也揚雄·甘泉賦秬鬯泔淡註泔淡，滿也。一曰泔淡，水貌又別作瀲。鑾又粓43224

法 28021 13933 fǎ_5.9 古文金灋泛唐韻方乏切集韻韻會弗乏切，丛音妵爾雅·釋詁法，常也釋名法，偪也。偪而使有所限也禮·月令乃命太史守典奉法註法，八法也。又制度也禮·曲禮謹修其法而審行之又禮法也孝經·卿大夫章非先王之法服不敢服又刑法也書·呂刑惟作五虐之刑曰法又象也文心雕龍·書記篇申憲述兵，則有律令法制。法者，象也。兵謀無方，而奇正有象，故曰法又效法也易繫辭崇效天，卑法地又執法，星名史記·天官書註端門次東第一星爲左執法，廷尉之象。端門西第一星爲右執法，御史大夫之象又姓後漢·法雄傳齊襄王法章之後。鑾又灋28110浤28745灋30436

泋 28022 13934 tān_5.9 集韻同坍類篇作泋。鑾類篇作涆27918，他甘切。水壞岸也。

泖 28023 13935 mǎo_5.9 廣韻集韻丛莫飽切音卯。水名。在吳華亭縣有圓泖、大泖、長泖，共三泖。亦作茆春渚記聞陸魯望·賦吳中事云三泖涼波魚蕝動。註稱江左人目水之渟滀不湍者爲泖又liǔ集韻力九切音柳。水貌。

泗 28024 13936 sì_5.9 唐韻集韻韻會丛息利切音四。水名說文水受泲水，東入淮周禮·夏官·職方氏青州，其川淮、泗書·禹貢導淮自桐柏，東會于泗、沂正義泗水出濟陰乘氏縣水經注泗水，出魯卞縣故城東南，桃墟西北。又國名前漢·地理志泗水國，故東海郡也。元鼎四年，別爲泗水郡，郡有泗陽縣又州縣名廣輿記泗州屬江南鳳陽府，春秋時徐子國，漢厹猶，晉宿預，魏東楚，陳安州，後周泗州。又泗水縣，今屬兗州府又泗口，在宿遷縣通典兗州刺史劉遐自彭城退屯泗口又涕泗

也詩·陳風涕泗滂沱傳自鼻曰泗。

泘 28025 13937 hū_5.9 集韻荒胡切音呼。水名，與滹同。滹池，或省作泘。

泙 28026 13938 píng_5.9 唐韻符兵切集韻蒲兵切丛音平說文谷也。一曰水名又pēng集韻披庚切音磅。本作洴。水聲也柳宗元·晉問蹦泙洞踏者，彌數千里。

泚 28027 13939 cǐ_5.9 唐韻千禮切集韻韻會正韻此禮切丛音玼。水清也又鮮明貌詩·邶風新臺有泚又汗出貌孟子其顙有泚又廣韻正韻雌氏切集韻韻會淺氏切音此。義同又zǐ集韻蔣氏切音紫。水名◆山海經長沙之山，泚水出焉水經泚水，出泚陽東北大胡山又山海經石者之山，泚水出焉，西流注于河。東始之山，泚水出焉，東北注于海○按水出泚陽大胡山者後漢書·光武紀作沘27907水沘陽。而水經作泚水泚陽。鑾又泚28871

泛 28028 13940 fàn_5.9 唐韻集韻韻會丛孚梵切音汎說文浮也。一曰流也。通作汎前漢·郊祀歌泛泛滇滇從高斿。又fěng集韻方勇切音捧。覆也前漢·武帝紀泛駕之馬註本作覂，後通用又fá廣韻房法切韻會扶法切丛音乏。泛淁，聲微小貌。鑾泛28101本字又龍龕氾27816或作，泛汎二正，芳梵反。浮也。亦流皃也。

泜 28029 13941 dì_5.9 集韻韻會正韻丛丁計切音帝。水名，在常山一統志泜水，在臨城縣西北前漢·張耳傳斬餘泜水上註蘇林曰：泜音祇。晉灼曰：問其方人音柢。師古曰蘇、晉二說皆是也。蘇音祇敬之祇，音執夷反，古音如是。晉音根柢之柢，音丁計反，今其土俗呼之則然。又zhī廣韻旨夷切集韻韻會蒸夷切丛音脂又chí唐韻直尼切集韻韻會陳尼切丛音遲。義丛同又zhì集韻直几切韻會正韻丈几切丛音雉。與滍同。水出南陽左傳·僖三十三年楚子上與晉師夾泜而軍註泜水，出魯陽縣，東經襄城定陵入汝。

泝 28030 13942 sù_5.9 廣韻桑故切正韻蘇故切丛音訴。與溯、溯同爾雅·釋水逆流而上曰泝洄，順流而下曰泝游左傳·文十年楚子西沿漢泝江註沿，順流。泝，逆流。又向也張衡·東京賦泝洛背河又與遡通詩·秦風遡洄從之。鑾又溯29128溹29120又五經文字泝28238泝28087：上字林，下經典相承隸省。

泧 28031 13943 jué_5.9 說文決本字

沭 28033 13945 zhá_5.9 廣韻集韻丛槎轄切音鍘。沭沭，水流貌。一曰水聲。鑾又汍27921

泞 28032 13944 zhù_5.9 集韻韻會丈呂切正韻直呂切丛音宁。澄也，澹也木華·海賦泱漭澹泞，騰波赴勢。

泟 28034 13946 chēng_5.9 唐韻敕貞切集韻癡貞切丛音檉玉篇赤也。一曰棠棗汁也說文本作浾。或从水作浾，或从正作泟。

泠 28035 13947 líng_5.9 唐韻集韻韻會丛郎丁切音靈。水名說文水。出丹陽宛陵，西北入江又關中有泠水水經注泠水，出浮胏山又零陵有泠水水經注泠水，南出九疑山，北流經泠道縣又桂陽曲江縣有泠水水經注泠水出泠君山又清泠，水名張衡·西京賦耕父揚光於清泠之淵註在南陽西鄂山上又三江之水曰三泠又泠泠，水聲古樂府山溜何泠泠又風聲宋玉·風賦清清泠泠，愈病析酲莊子·逍遙遊御風而行，泠然善也又音聲洋溢曰泠泠陸機·文賦音泠泠而盈耳又泠風，和風，所以成穀也呂氏春秋·辨土篇帥爲泠風又邑名左傳·哀二十五年將適泠。又麊泠，漢縣名，屬交趾郡。泠道，亦漢縣名，屬零陵郡又與伶通左傳·成九年晉侯見鍾儀，問其族，曰：泠人也正義泠氏世掌樂官而善，故後世名樂官爲伶官又lǐng集韻朗鼎切音笭。水貌又lián靈年切音蓮。毛長總結也周禮·天官·內饔羊泠毛而毳羶註泠音靈，徐邈音朗年反。

泡 28036 13948 pāo_5.9 唐韻匹交切集韻韻會正韻披交切丛音抛。水名說文水。出山陽平樂，東北入泗水經注卽豐水之上源也又水上浮漚也梵書如夢幻泡景又páo廣韻薄交切集韻蒲交切丛音庖。泡泡，流也山海經其源渾渾泡泡註水濆涌之聲也又揚子方言泡，盛也。江淮之閒曰泡註泡肥洪張貌又泡溲，盛多貌王褒·洞簫賦泡溲汎淁又bāo集韻班交切音包。僗泡，盛也又pào皮教切音咆。水泉也又魚名張師正·倦游錄南海有泡魚，大如斗。泡，去聲。鑾又浥28247㵱28616

波 28037 13949 bō_5.9 唐韻博禾切集韻韻會正韻逋禾切丛音嶓說文水涌流也爾雅·釋水大波爲瀾，小波爲淪，直波爲徑又水名水經注波水，出霍陽西川大嶺東谷。又澤名書·禹貢滎、波既豬周禮·夏官·職方氏豫州，其川滎、雒，其浸波、溠註波讀爲播又洛之別名爾雅·釋水水自洛出爲波又潤也左傳·僖二十三年晉公子曰：其波及晉國者，君之餘也又搖動也莊子·外物篇且以狶韋氏之流觀今之世，其孰能不波又目光曰波曹植·洛神賦託微波以通辭又金波，月光也前漢·郊祀歌月穆穆以金波又沸波，鳥名禽經王雎，魚鷹也詩謂之雎鳩，淮南子謂之沸波又偃波，書名歐陽詢·書法偃波書，卽版書，狀如連文，謂之偃波又流波，山名。在東海中。見山海經又長年之稱范成大·吳船錄蜀中稱尊者爲波，祖及外祖皆曰波又李翊·俗呼小錄跑謂之波，立謂之站又縣名前漢·地理志河內有波縣又郡名廣輿記寧波府，屬浙江。本越甬東地，隋曰越州，唐曰明州，明曰寧波府又集韻班糜切，音羆。與陂同。阪也。一曰澤障也前漢·江都易王傳後游雷波天大風註波讀爲陂又bì集韻韻會丛彼義切音賁。循行水也前漢·西域傳傍南山北波河。鑾又溊28381

泣 28038 13950 qì_5.9 廣韻去急切集韻韻會正韻乞及切丛音湇說文無聲出涕也徐鉉曰泣，哭之細也禮·檀弓泣血三年又lì集韻力入切音立。飛泣，疾貌又與澀通。血

凝不消也素問寒氣容于背俞之脈，則血脈泣。

鎣又汏27914啦06244㕇05617

⿰氵以 28039 13951 sì_5.9 廣韻詳里切音似。與洍28142同。水也。

泥 28040 13952 ní_5.9 廣韻奴低切集韻韻會正韻年題切𠀤音泥。水名說文水。出北地郁郅北蠻中又滳水之別名長安志滳水，今名泥水又江州洣水又謂之泥水前漢·地理志長沙國茶陵泥水又水和土也書·禹貢厥土惟塗泥又汙也易·井卦井泥不食又丘名爾雅·釋丘水潦所止曰泥丘又泥中，衛邑也詩·邶風胡爲乎泥中又泥陽，縣名史記·酈商傳蘇駔軍於泥陽前漢·地理志北地郡有泥陽縣，王莽更曰泥陰又弱也爾雅·釋獸威夷長脊而泥又蟲名，出東海，得水則活，失水則如泥杜甫詩先拚一飲醉如泥又紫泥，以封璽書者西京雜記中書以武都紫泥爲璽室，加綠綈其上又青泥，水名長安志藍田縣南有青泥水，魏置青泥軍。又坊名杜甫詩飯煮青泥坊底芹又蜀人謂糊窻曰泥窻花蘂夫人·宮詞紅錦泥窻遶四廊又渤泥、佛泥，俱國名諸蕃風俗佛泥國在廣州東南。宋濂有渤泥入貢記又薛俊·日本寄語骨曰付泥，金曰空楷泥，銀曰失祿楷泥，船曰浮泥又姓。漢犍爲功曹泥和又nǐ廣韻奴禮切集韻韻會正韻乃禮切𠀤音禰。泥泥，露濃貌詩·小雅蓼彼蕭斯，零露泥泥。又柔澤貌詩·大雅方苞方體，維葉泥泥。亦作苨又nì廣韻奴計切集韻韻會正韻乃計切，𠀤昵去聲。滯也論語致遠恐泥又nìng集韻乃定切音甯。泥母，地名。又亭名左傳註高平方與縣東有泥母亭，讀如甯又與涅同史記·屈原傳皭然泥而不滓註泥音涅。鎣又星08462埿08804坭08821𡉏13005𡇯41515

⿰氵尻 28041 13953 jū_5.9 集韻與涺同

氿 28043 13955 guǐ_5.9 集韻矩鮪切音軌。仄出泉也。與厬同類篇同㵝。鎣又氿27929

泦 28042 13954 jú_5.9 廣韻集韻𠀤居六切音匊玉篇水文。一曰水厓外也。與阮同。或作垷。鎣又淗28573椈28068

泧 28044 13956 yuè_5.9 廣韻集韻𠀤王伐切音越。大水貌郭璞·江賦潰濩泧漷註皆水勢相激涌之貌又xuè廣韻集韻𠀤許月切音颰。義同又huò廣韻集韻𠀤呼括切音豁說文濊泧也。又博雅泧泧，流也又sà集韻桑葛切音薩。義同。鎣又泧28282類篇作泧28084泧28231又正字通泧28153，泧字之譌。

注 28045 13957 zhù_5.9 唐韻之戍切集韻韻會朱戍切𠀤音註說文灌也增韻水流射也詩·大雅豐水東注又引也前漢·溝洫志注塡淤之水，溉舄鹵之地又意所嚮曰注管子·君臣下篇君人者上注註上謂注意於上天又記也通俗文記物曰注，因支分派別之意又凡以傳釋經曰注，通作註又聚也周禮·天官獸人及弊田，令禽注于虞中又擊也◆莊子·達生篇以黃金注者殙又屬也爾雅·釋天注旄首曰旌註言以旄牛尾屬之竿首又屬矢於弦也左傳·襄二十三年樂射之不中，又注則乘槐本而覆又附藥亦爲注周禮·天官瘍醫掌祝藥劀殺之齊註祝當爲注。注謂附著藥又華不注，山名括地志在濟南。又句注，亦山名，在代州鴈門縣西北又仄注，冠名前漢·五行志註言形側立而下注也又日注，茶名歐陽修·歸田錄兩浙之品，日注爲第一又zhù集韻株遇切音駐。與註同又zhòu集韻陟救切正韻職救切𠀤音晝。蟲喙也。與咮、噣通周禮·冬官考工記以注鳴者又注張，星名。別見木部柳23858字註。

泪 28047 13959 lèi_5.9 字彙與淚同

泩 28046 13958 shēng_5.9 集韻師庚切音生玉篇水漲也。一曰水深廣貌。

泫 28048 13960 xuàn_5.9 唐韻集韻韻會正韻𠀤戶畎切音鉉◆說文湝流也又露光也謝靈運詩花上露猶泫又露垂貌謝惠連詩泫泫露盈條又流涕貌禮·檀弓孔子泫然流涕又xuán集韻韻會正韻𠀤胡涓切，音玄。㳙泫，水深廣貌郭璞·江賦瀇，滉㳙泫又水名，屬上黨前漢·地理志上黨郡有泫氏縣註山海經泫水所出者也後漢·萬修傳註今澤州高平縣也又xián集韻胡千切音賢。義同又xuàn熒絹切音縣。泫、湣，混合也。通作眩。

泬 28049 13961 xuè_5.9 廣韻集韻韻會正韻𠀤呼決切音血。又集韻古穴切音玦。義同說文水從孔穴疾出也又回泬，邪僻也。與回遹同潘岳·西征賦事回泬而好還又泬寥，空貌楚辭·九辯泬寥兮天高而氣淸又集韻古穴切，與潏同。水名水經作沈水顏師古·漢書註泬，卽今沈水。本作泬，與沈相似，因名沈水。

泭 28050 13962 fū_5.9 唐韻集韻韻會正韻𠀤芳無切音敷說文編木以渡也。一曰小木栰也爾雅·釋言舫泭也。又釋水庶人乘泭揚子方言泭謂之䉛註小筏曰泭又與桴通論語乘桴浮於海又fú廣韻防無切集韻馮無切𠀤音扶。義同。一曰水上泭漚△集韻亦作澓、柎。

鎣又艀48660

沉 28051 13963 rǒng_5.9 集韻乳勇切音宂。沉沉，水貌。

泮 28052 13964 pàn_5.9 古文㳈唐韻集韻韻會正韻𠀤普半切音判◆說文諸侯鄉射之宮，西南爲水，東北爲牆詩·魯頌思樂泮水箋泮之言半也。半水者，蓋東西門以南通水，北無也禮·王制作頖宮又通典兗州泗水縣有泮水。又散也詩·邶風迨冰未泮又與判同史記·陸賈傳自天地剖泮，未始有也又與畔通詩·衛風隰則有泮傳泮，坡也箋泮讀爲畔。鎣又泮02877㳈28070畔05739

泯 28053 13965 mǐn_5.9 唐韻武盡切集韻韻會正韻弭盡切𠀤音黽。水貌杜甫詩春流泯泯淸又爾雅·釋詁泯，盡也書·康誥天惟與我民彝大泯亂又泯泯，猶茫茫也書·呂刑泯泯棼棼又mín廣韻集韻韻會正韻𠀤彌鄰切音民。義同又澤名山海經靈桑之山，西望泯澤又miàn集韻暋見切音麪。泫泯，混合也。一曰目不安貌司馬相如·大人賦目眩泯而亡見。鎣又泯02894泜27847

泰 28054 13966 tài_5.9　古文夳 唐韻 集韻 韻會 正韻 𠀤他蓋切音太 說文 滑也 又大也 前漢·郊祀歌 揚金光，橫泰河。又通也 易·泰卦 天地交泰 又甚也 詩·小雅 昊天泰憮。又寬也，安也 論語 君子泰而不驕 又侈也 晉語 恃其富寵以泰於國 又丘名 爾雅·釋丘 右陵泰丘 又風名 爾雅·釋天 西風謂之泰風 註 西風成物，物豐泰也 又山名。爾雅·釋山 泰山爲東嶽。又有小泰山，在朱虛縣，汶水所出 又州名。本晉海陵郡，今屬揚州府。又泰安州，本唐泰州，屬濟南府。俱見 廣輿記 又澤名 山海經 瀤澤之水，東北流注于泰澤 又社名 蔡邕·獨斷 天子之宗社曰泰社 又尊名 禮·明堂位 泰，有虞氏之尊也△ 說文 亦省作太，从水。俗作𡙁，非是。鑾本作㚈10224 又𡗝10243 泰17209𡘙00736夳02850𡚇10054

泱 28055 13967 yāng_5.9　唐韻 集韻 韻會 正韻 𠀤於良切音央 說文 滃也。雲氣起貌 又泱泱，水深廣也 詩·小雅 維水泱泱。又宏大也 左傳·襄二十九年 泱泱乎大風 又 集韻 於郎切音鴦。義同 又ǎng 廣韻 烏朗切 集韻 韻會 倚朗切 正韻 於黨切𠀤音坱。泱漭，廣大貌 馮衍·顯志賦 覽河華之泱漭 又淴泱，水漂疾貌 郭璞·江賦 潏湟淴泱 又yīng 集韻 於驚切音英。泱泱，雲貌 潘岳·射雉賦 天泱泱以垂雲 註 泱與英古字通。別作霙 又àng於浪切，盎去聲。水貌。

泲 28056 13968 jǐ_5.9　玉篇 古文濟字 說文 泲，沇也。東流於海○按沇水，即濟水。發源爲沇，東流爲濟 又地名 詩·邶風 出宿于泲 又茜泲，釃酒也 周禮·天官·酒正註 泲，謂醴之清者。鑾又泍28081

泳 28057 13969 yǒng_5.9　唐韻 集韻 韻會 正韻 𠀤爲命切音詠 說文 潛行水中也 爾雅·釋言 泳，游也 詩·邶風 泳之游之。鑾又䘑48623

泹 28066 13978 zhàn_5.9　篇海 同湛

泾 28058 13970 guài_5.9　集韻 古壞切音怪 玉篇 水也。一曰水名。鑾又汯28105

泴 28059 13971 yì_5.9　集韻 溢字省文。

泈 28060 13972 náo_5.9　集韻 尼交切音鐃。匈沙，藥石。或作洶。

泍 28061 13973 zhí_5.9　集韻 質入切音執。脣聲。

沧 28062 13974 cāng_5.9　集韻 滄29140古作沧。

𣲖 28063 13975 kè_5.9　五音集韻 古文克02364字。鑾古文克作𠅪。

盗 28064 13976 guàn_5.9　字彙補 居玩切音貫。淨也，澡手灑也。又人名 宋史·宗室表 有崇盗○按即盥字之譌。

洼 28065 13977 jí_5.9　集韻 子悉切音聖。淖溉也。鑾亦作𣳊28102

𣲶 28067 13979 zhěn_5.9　集韻 沴27978或作𣲶。

梮 28068 41380 jú_5.9　川篇 音菊。水文也。

洴 28070 44081 pàn_5.9　五音篇海 同泮。

泒 28069 44080 liú_5.9　龍龕 同流

𣲡 28071 44082 hàng_5.9　五音篇海 胡朗切。又音沆。鑾 龍龕 瀣，𣲡瀣也。

泵 28072 44083 liú_5.9　五音篇海 音流。

泟 28073 44084 jié_5.9　搜眞玉鏡 子泄切。

海 28074 44085 mǔ_5.9　搜眞玉鏡 音母。

𪵶 28075 u2AD76 lè_5.9　俗泐28014 新撰字鏡 𪵶，里得反。散也。

𪵵 28076 u2AD75 null_5.9　未詳。

𣳡 28084 u23CE1 yuè_5.9　俗泧28044 類篇 泧，王伐切。大水皃 又mồ 喃 从水戊mậu聲。汗。

𪵴 28077 u2AD74 pèi_5.9　俗沛27911 可洪音義 𪵴王：上補盖反。

𪵳 28078 u2AD73 shǐ_5.9　見 𪵳伯寺簋，或同 矢伯卣 之矢。

𪵲 28079 u2AD72 null_5.9　喃 未詳。

𪵱 28080 u2AD71 lì_5.9　簡 濿30128

泍 28081 u2F8FD jǐ_5.9　同泲28056

𣳚 28086 u23CDA mò_5.9　俗沒27900 名義 沒，莫突反。失利。溺。貪。堪（湛）。

沿 28082 u2F8FC yán_5.9　兼 沿27992

𣳘 28088 u23CD8 xiè_5.9　直音篇 泄27998，音屑。漏泄。又以制切。𣳘，同上。

𣳢 28083 u23CE2 ngòi_5.9　喃 从溝省外ngoại聲。澮△瀝𣳢：澗溝。

𣳜 28085 u23CDC fàn_5.9　墨子·節葬下第二十五 既𣳜而後哭。畢沅注：𣳜，當為犯，窆41067字之假音也。

𣳙 28087 u23CD9 sù_5.9　俗泝28030敦煌·S. 388 正名要錄 𣳙泝：右字形雖別，音義是同。古而典者居上，今而要者居下。

𣳖 28090 u23CD6 null_5.9　未詳。

𣳗 28089 u23CD7 hǎi_5.9　俗海28338 碑別字新編 引 魏廉富及子天長造義井佛象記

𣳕 28091 u23CD5 null_5.9　未詳。

𣳔 28092 u23CD4 yǒng_5.9　俗湧28902敦煌·S. 343 願文範本等 天沐高（膏）雨，地𣳔甘泉。又dòng 喃 从水用dụng聲。水流，源流，苗裔。

𣳓 28093 u23CD3 biàn_5.9　俗汴27862 廣碑別字 引唐 處士王寶墓誌

𣳒 28094 u23CD2 null_5.9　未詳。

𣳐 28096 u23CD0 null_5.9　未詳。

𣳑 28095 u23CD1 yú_5.9　俗湨28184 可洪音義 湏𣳑：羊朱反。悞。△宏按，𣳑字亦見 侯馬盟書，用作人名。

𣳏 28097 u23CCF líng_5.9　俗淩28602

𣳍 28099 u23CCD yǎn_5.9　殷周金文集成·2.286·曾樂律鐘 獸鐘之𣳍歸。讀若衍。

𣳎 28098 u23CCE liú_5.9　俗流28506 可洪音義 金𣳎：音流。

𣳌 28100 u23CCC null_5.9　未詳。

𣳋 28101 u23CCB fàn_5.9　泛28028本字

𣳉 28103 u23CC9 null_5.9　未詳。

𣳊 28102 u23CCA jí_5.9　集韻 𣳊，子悉切。淖溉也。宏按，宋本作洼28065

氵山 28104 u23CC8 null_5.9 未詳。

汯 28105 u23CC7 guài_5.9 五侯鯖字海 泾28058，音恠。水名。汯，同上。

湺 28106 u23CC6 píng_5.9 简 濵29665

㳌 28108 u3CD4 duì_5.9 简 濧30016

㳕 28107 u3CD5 lán_5.9 同瀾29806濫29303見 二簡

㳓 28109 u3CD3 yòu_5.9 直音篇 沍，音佑 合併字學集篇 音右。又 u 韓 水名也。今平安道大同江之別稱。又人名。

㳒 28110 u3CD2 fǎ_5.9 同法28021

泥 28111 uF9E3 ní_5.9 兼 泥。

泌 28112 uF968 mì_5.9 兼 泌。

荥 28113 u8365 xíng_5.9 简 滎29159

浅 28114 u6D45 qiǎn_5.9 简 淺28630

泾 28115 u6CFE jīng_5.9 简 涇28360

泽 28116 u6CFD zé_5.9 简 澤29823

泼 28117 u6CFC pō_5.9 简 潑29565

泻 28118 u6CFB xiè_5.9 简 瀉30155

泺 28119 u6CFA luò_5.9 简 濼30122

泹 28120 u6CF9 jǔ_5.9 俗沮27970 可洪音義 沮懈:上七余反,止也。

泸 28121 u6CF8 lú_5.9 简 瀘30252

泷 28122 u6CF7 lóng_5.9 简 瀧30277

泶 28123 u6CF6 xué_5.9 简 澩29833

洁 28126 13982 jí_6.10 廣韻 居質切 集韻 激質切太音吉 玉篇 水也。一曰水名。

泿 28124 13980 yín_6.10 廣韻 語巾切 集韻 魚巾切太音銀。水名 山海經 禱過之山，泿水出焉 水經 泿水，出武陵鐔城縣北界沅水谷 又 玉篇 水厓也 集韻 亦作垠 又 tūn 廣韻 吐根切音吞。又 yìn 集韻 語靳切音憖。義太同。

洀 28125 13981 zhōu_6.10 集韻 之由切音周。水文也 又 pán 字彙 蒲官切。與盤同 管子·小問篇 桓公問：今寡人乘馬，虎望見寡人不敢行，何也。對曰：意者君乘駮馬而洀桓，迎日而馳乎。駮食虎豹，故虎疑焉 註 洀，古盤字。

洂 28127 13983 yè_6.10 集韻 液28518或作洂 又 姓 急就章 洂容調 姓苑 本作液。

洃 28128 13984 huī_6.10 字彙 呼恢切音灰。溲粉也。

洄 28129 13985 huí_6.10 唐韻 戶恢切 集韻 韻會 胡隈切 正韻 胡瑰切太音回 說文 溯洄也 爾雅·釋水 逆流而上曰泝洄 詩·秦風 溯洄從之 又 水流貌 後漢·王景傳 立一水門，令更相洄注 又 湖名，在襄陽 水經注 蔡州大岸西有洄湖。又 通禰 爾雅·釋訓 洄洄，惛也 註 洄或作禰，音韋。又 huì 集韻 胡對切音潰。洄湨，水清也。

洅 28130 13986 zhàn_6.10 廣韻 陟陷切音站。江岸上地名。考證 又 洅28066

洅 28131 13987 zài_6.10 唐韻 集韻 太作代切音再 說文 雷震洅洅也 又 廣韻 子罪切 集韻 祖猥切，並餒上聲。義同。

洆 28132 13988 dù_6.10 集韻 與渡同。

洆 28133 13989 chéng_6.10 集韻 辰陵切音承 博雅 潛洆，沒也。

洇 28134 13990 yīn_6.10 唐韻 於眞切 集韻 伊眞切太音因。與湮同。一曰水名 又 yē 集韻 一結切音噎。水流貌。或作渣。

洃 28135 13991 yī_6.10 集韻 於希切音衣 玉篇 水也。一曰水名。

洈 28136 13992 wéi_6.10 廣韻 魚爲切 集韻 虞爲切太音危。水名，在南郡 山海經 宜諸之山，洈水出焉 又 guǐ 唐韻 過委切 集韻 古委切太音詭。義同。

洉 28137 13993 hòu_6.10 集韻 下遘切音候。沾濡也。

洊 28138 13994 jiàn_6.10 廣韻 正韻 在甸切 集韻 才甸切太音荐 說文 本作瀳30342 又 通薦 詩·大雅 饑饉薦臻 又 cún 集韻 徂昆切音存。與郁同。郁鄏，縣名，在犍爲。或从水作洊 又 zùn 徂悶切音鐏。與荐同。再至也。或从水。又 粗本切音鱒。義同。

洋 28139 13995 xiáng_6.10 唐韻 似羊切 集韻 徐羊切太音詳。水名 說文 水。出齊臨朐高山，東北入鉅定 又 玉篇 水出昆侖山北 山海經 昆侖之丘，洋水出焉 又 藉水即洋水。出上邽縣西北 山海經 邽山，濛水出焉，南流注于洋水。又 蜀水名 水經 漢水東會洋水 又 州名 廣韻 本漢成固縣，秦爲漢中郡，魏置洋州 又 yáng 廣韻 與章切 集韻 韻會 余章切 正韻 移章切太音陽 爾雅·釋詁 洋，多也 詩·魯頌 萬舞洋洋 又 廣也 詩·大雅 牧野洋洋 中庸 洋溢乎中國 又 瀾也 莊子·秋水篇 望洋向若而歎 又 海名 徐兢·使高麗錄 洋中有白水洋，其源出靺鞨，故作白色。黃水洋即沙尾也，其水渾濁且淺 又 洋洋，水盛貌 詩·衞風 河水洋洋 又 與徉同 史記·吳王濞傳 方徉天下 註 方徉猶翺翔也 又 與養同 爾雅·釋訓 洋洋，思也 疏 詩·邶風 中心養養。洋、養音義同。考證 又 洑29242 又 洋28387，本字 慧琳音義 汪洋28387：下蘂章反 毛詩傳 云洋洋，盛大貌也。孔注 尚書 洋洋，美善也 說文 從水羊聲 字書 作洋，音訓並同。

洌 28140 13996 liè_6.10 唐韻 正韻 良薛切 集韻 韻會 力薛切太音列 說文 水清也 易·井卦 井洌寒泉食 又 酒清亦曰洌 歐陽修·醉翁亭記 泉香而酒洌 又 字林 洌，寒風也 宋玉·高唐賦 洌風過而增悲哀 又 水名，在朝鮮 揚子方言 朝鮮洌水之閒 又 lì 廣韻 集韻 太力制切音例 司馬相如·上林賦 轉騰潎洌 註 潎洌，相撇也 又 同冽 佩觿集 洌、冽太良薛翻，洌水清也，冽水寒也。◆集韻 同瀏。考證 瀏字 集韻 从氵从劉作 又 瀏28577

洡 28141 13997 chài_6.10 唐韻 集韻 楚解切 韻會 正韻 楚懈切，太差去聲。水浦也。考證 正字通 洡，俗汊27796字。舊註音瘥，水浦。誤分為二。

洍 28142 13998 sì_6.10 唐韻 詳里切 集韻 象齒切太音似 說文 水也。引 詩 江有洍〇按 詩 本作汜27816，則洍與汜同。又 yí 廣韻 與之切 集韻 盈之切太音飴。義同△或作洓。

流 28143 13999 chōng_6.10 廣韻 昌終切 集韻 昌嵩切太音充 玉篇

山下泉也。一曰洓淙，水聲。

洫 28144 14000
xì_6.10 唐韻蘇計切集韻思計切丛音細說文水。出汝南新郪，入潁 又 xìn 集韻思晉切音信。亦水名。

洎 28145 14001
jì_6.10 唐韻具冀切集韻韻會巨至切丛音暨說文灌釜也，與溉通周禮·士師沃尸及王盥洎鑊水註謂增其沃汁 又 潤也管子·水地篇越之水重濁而洎 又 及也張衡·東京賦百僚師師，於斯胥洎註言百官於此相連及而來朝賀也 又 水名水經注沁水，卽洎水 又 廣韻集韻韻會几利切正韻吉器切丛音冀。肉汁也左傳·襄二十八年去其肉，而以其洎饋△佩觿集作臮，俗作臮。

洏 28146 14002
ér_6.10 唐韻集韻正韻如之切韻會人之切丛音而◆說文洝也。一曰煑孰也 又 連洏，流涕貌王粲詩涕流連洏。

涓 28148 14004
xuàn_6.10 字彙俗涓字 **洐** 28147 14003 héng_6.10 廣韻戶庚切集韻何庚切丛音行◆說文溝水行也。

洑 28149 14005
fú_6.10 廣韻集韻丛房六切音伏。洄流也。一曰伏流杜甫詩洑流何處入 又 水泊之名范成大·吳船錄有魯家洑、長風洑△集韻與澓同。

洒 28150 14006
sǎ_6.10 廣韻正韻所買切集韻韻會所蟹切丛音躧說文滌也詩·唐風弗洒弗掃 又 正韻沙下切，沙上聲。義同 又 xiǎn 集韻韻會正韻丛蘇典切音銑。肅恭貌禮·玉藻君子之飮酒，受一爵而色洒如也 又 水深曰洒爾雅·釋丘望厓洒而高岸 又 xiàn 集韻先見切音霰禮·內則屑桂與薑，以洒諸上而鹽之 又 蘇很切。驚貌莊子·庚桑楚洒然異之。亦作悉禮反 又 洒洒，寒慄貌素問秋刺冬分病不已，令人洒洒時寒 又 xǐ 唐韻集韻先禮切正韻想禮切。丛與洗同左傳·襄二十一年洒濯其心，壹以待人 又 雪也孟子願比死者一洒之 又 cuǐ 集韻韻會正韻丛取猥切。與漼同。鮮貌。一曰高峻貌詩·邶風新臺有洒 又 xùn 集韻思晉切音信。與汛27815同。
瀅又洓28213滷28633漏28988洗28156 又 王力：集韻·寘韻洒同灑，所寄切說文汛也。當補入。

洓 28151 14007
sè_6.10 唐韻所責切集韻色責切丛音槭說文小雨零貌 又 qì 廣韻集韻丛七迹切音磧。水名，在北地。又 zì 集韻疾智切音胔。與漬29414同。漚也△从朿，與从束別。瀅又湶29678霂66501霂66516

洔 28152 14008
zhǐ_6.10 廣韻諸市切集韻渚市切丛音止說文水暫益且止，未減也。一曰與沚同穆天子傳飮於枝洔之中註水岐成洔。洔，小渚也 又 zhì 唐韻集韻丛直里切，音峙。水中高土 又 shì 集韻士止切音市。義同。瀅又澌29384

洫 28153 14009
xù_6.10 集韻休必切音矞。水流貌。瀅又淢28231 洫28044

洕 28154 14010
yìn_6.10 唐韻集韻丛羊進切音靷玉篇小水也。一曰小水文。瀅又涽28676

洖 28155 14011
wú_6.10 集韻訛胡切音吾。人名。唐有鐵利靺鞨洖地蒙。瀅今作洖28507

洗 28156 14012
xiǎn_6.10 唐韻集韻韻會正韻丛蘇典切音銑說文洒足也史記·高祖紀使兩女子洗足 又 潔也酒誥自洗腆，致用酒 又 姑洗，律名周語姑洗所以修百物，考神納賓白虎通·五行論洗者，鮮也 又 姑洗，鐘名。見左傳·定四年 又 洗馬，官名 又 姓 又 xǐ 廣韻集韻韻會先禮切正韻想禮切丛音銑。與洒同。滌也易繫辭聖人以此洗心，退藏于密 又 承水器也儀禮·士冠禮設洗于東榮 又 石名山海經華山之首曰錢來之山，其下多洗石 又 洗手，花名楓窻小牘雞冠花，汴人謂之洗手花。

洘 28157 14013
kǎo_6.10 唐韻集韻丛苦浩切音考。水乾也。瀅又㴊28466

洙 28158 14014
zhū_6.10 唐韻市朱切集韻韻會慵朱切丛音殊。水名◆前漢·地理志洙水，出泰山郡蓋縣，臨樂子山，西北入泗水經注泗水自汴會於洙水 又 姓。

洚 28159 14015
jiàng_6.10 廣韻集韻韻會正韻丛古巷切音絳說文水不遵道也孟子洚水警余。又水逆行謂之洚水 又 水名。與降同書·禹貢北過降水，至于大陸 又 hóng 廣韻戶公切集韻韻會正韻胡公切。丛與洪同六書故洚、洪實一字 又 廣韻戶冬切集韻戶攻切丛音碚。又廣韻下江切集韻胡江切，丛降平聲。又集韻韻會正韻丛胡貢切音哄。義丛同△集韻或作洚。瀅又浲28235

洛 28160 14016
luò_6.10 古文㳟唐韻盧各切集韻韻會正韻力各切丛音落春秋說題辭洛之爲言繹也。言水繹繹光耀也 又 水名書·禹貢伊洛瀍澗前漢·地理志洛水，出弘農上洛縣冢嶺山，東北至鞏縣入河山海經讙舉之山，洛水出焉 又 雍州之浸詩·小雅瞻彼洛矣，維水泱泱周禮·夏官·職方氏正西曰雍州，其浸渭、洛註洛出懷德。
又 蜀有洛水山海經岷山之首曰女几之山，洛水出焉水經注洛水，出廣漢郡洛縣漳山 又 東海郡有洛水水經注水出太山南武陽縣之冠石山 又 洛陽，地名一統志洛陽，成周之地。漢爲郡，宋初洛陽、河南二縣丛置。明屬河南府 又 洛南縣，屬西安府，本漢上洛。洛川縣，屬延安府，本漢鄜延。俱見廣輿記 又 洛洛，水溜下之貌山海經爰有淫水，其淸洛洛註淫與瑤同 又 與絡同莊子·大宗師洛誦之孫聞之瞻明註誦，通也。苞絡無所不通也△類篇通作雒○按周禮註，漢以火德王忌水，改爲雒。魏復改雒爲洛。瀅又洜，俗洛可洪音義岷洛16586：上美巾反，蜀地山名也。下郎各反，水名，東京是也。正作洛也。西蜀亦有洛水，出漳山。又音格，非。

洝 28161 14017
àn_6.10 唐韻烏旰切集韻於旰切丛音按說文渜水也 又 yàn 集韻於諫切音晏。水名 又 è 阿葛切音遏。窫洝，卑曲不平也。一曰濕潤也馬融·長笛賦運裛窫洝。

洞 28162 14018
dòng_6.10 唐韻 集韻 韻會 正韻 夶徒弄切音恫 說文 疾流也 班固·西都賦 潰渭洞河 又 深也,朗徹也 顏延之 詩 識密鑒亦洞 又 通也 司馬相如·大人賦 洞出鬼谷之堀礨崴魁 又 貫也,亦貫徹之意 史記·蘇秦傳 遠者括蔽洞胸 又 洞洞,質愨貌 禮·祭義 洞洞乎,屬屬乎,如弗勝。 又 洞疑,心不定也。 ◆ 史記·蘇秦傳 虛喝洞疑 又 幽壑曰洞 又 後漢·梁冀傳 連房洞戶 註 洞,通也。謂相當也。 又 洞庭,湖名 又 山名,在長沙 又 集韻 徒孔切 正韻 徒緫切夶音動。義同 又 tóng 廣韻 徒紅切 集韻 徒東切夶音同。洪洞,縣名 又 洚,水無涯貌 又 鴻洞,相連貌 淮南子·天文訓 天地鴻洞。亦作澒洞 枚乘·七發 澒洞兮蒼天 又 韻補叶徒當切音唐 道藏歌 開度飛元真,凝化淪空洞。帝眞始明精,號曰子元陽。 ◆ 俗訛作洞28711 又 史記·蘇秦傳虛喝洞疑。徐慧: 當改為「恫疑虛喝」。

洟 28163 14019
yí_6.10 古文 鮷 廣韻 以脂切 集韻 韻會 正韻 延脂切夶音夷 說文 鼻液也 禮·檀弓 待于廟垂涕洟 疏 自鼻曰洟 又 溫洟,澤名 水經注 汾水于大陵縣左逕為鄔澤 呂氏春秋 謂之大陸。又名之曰漚洟之澤 又 ti 廣韻 集韻 夶他計切音替。與涕同 禮·內則 不敢唾洟 註 本又作涕。 又 唐韻 他禮切 集韻 土禮切夶音體。義同。 ◆ 或作洟、鯡。

洎 28166 14022
duī_6.10 集韻 同堆字〇按 集韻,漨或作混,遂譌作洎。 ◆ 正字通俗涎字。

洈 28164 14020
xián_6.10 正字通俗涎字 正字通 涎,俗次字。涎本作次,別作漨洈洈,並非。

洠 28165 14021
móu_6.10 集韻 迷浮切音謀 廣雅 陣洠,厓也。

洡 28167 14023
lěi_6.10 集韻 魯猥切音磊。與耒同。洡陽,縣名,在桂陽 漢書 作耒。本水名 水經注 耒水,發源出汝城縣東烏龍白騎山 又 lèi 盧對切音纇。相瀆染也。

洢 28168 14024
yī_6.10 集韻 韻會 夶於夷切音伊。水名。在河南陸渾山入河 △通作伊 書·禹貢 伊洛瀍澗。

洣 28169 14025
mǐ_6.10 唐韻 集韻 正韻 莫禮切 韻會 母禮切夶音米。水名 水經注 出江州安城郡廣興縣太平山,西北流逕茶陵縣南。

洤 28171 14027
quán_6.10 玉篇 古文泉28005字。

津 28172 14028
jīn_6.10 古文 膌 膌 津 肂 肂 建 唐韻 將鄰切 集韻 韻會 正韻 資辛切夶音蓁 說文 水渡也 書·泰誓 大會于孟津 正義 孟是地名,津是渡處 又 潤也 周禮·地官 辨五地之物生,二曰川澤,其民黑而津 又 星次名 爾雅·釋天 析木謂之津。又星名 甘氏星經 天津九星在虛北河中,主津瀆津梁 又 河津 辛氏·三秦記 河津,一名龍門,魚不能上,上則爲龍 又 楚地名 左傳·莊十九年 巴人伐楚,楚子大敗于津 又 觀津,縣名 輿地廣記 本趙地,漢爲縣,屬信都郡 又 濟渡後學之意 劉勰·新論·崇學篇 道象之

沇 28170 14026
zī_6.10 廣韻 卽夷切 集韻 津私切夶音咨。具沇,山名,在滎陽。見 山海經 △ 集韻 或作茨、疾。

妙,非言不津。津言之妙,非學不傳 又 津津,溢也 莊子·庚桑楚 其中津津乎猶有惡。 ◆ 又津28980 肂48641

津28468 建61148 建61088

洦 28173 14029
mò_6.10 廣韻 集韻 夶莫白切音陌 說文 淺水也 集韻 或从陌作洦 又 pò 廣韻 普伯切 集韻 匹陌切夶音拍。義同 又 顏之推·家訓·勉學篇 古魄71504字 又 bǎi 集韻 博陌切音百。義同。或从柏作洦。

洧 28174 14030
wěi_6.10 唐韻 榮美切 集韻 韻會 羽軌切夶音鮪。水名 說文 水。出潁川陽城山,東南入潁 又 水名,出上郡高奴縣 水經注 清水東逕高奴縣,合豐林水 前漢·地理志 謂之洧水 又 洧槃,水名,出崦嵫 屈原·離騷 朝濯髮乎洧槃 又 曲洧,鄭地,見 左傳註

洨 28175 14031
xiáo_6.10 唐韻 下交切 集韻 韻會 何交切夶音爻。水名 說文 水。出常山石邑井陘,東南入于泜 又 水名,在沛郡 前漢·地理志 沛郡有洨縣 註 洨水所出,南入淮。洨音爻 又 斯洨,水名,在冀州 前漢·地理志 眞定國綿曼縣斯洨水,首受大白渠,東至鄡入河 又 集韻 居肴切音交。又後教切音效。義夶同。

汧 28176 14032
qiān_6.10 唐韻 正韻 苦堅切 集韻 韻會 輕煙切夶音牽。水名 說文 水。出扶風汧縣,西北入渭 水經注 汧水,出汧縣蒲谷鄉弦中谷 爾雅·釋水 汧出不流 註 水泉潛出,自停成汧池也。又水決之澤為汧 疏 凡水爲人所決,爲陂障者,亦與出不流者,名爲汧 又 汧陽,縣名 廣輿記 屬鳳翔府,漢隃麋,後周汧陽 又 唐韻 苦薦切 集韻 輕甸切夶音俔。又 集韻 詰定切音罄。義夶同 又 yán 集韻 倪堅切音妍。淨也。

洩 28177 14033
yì_6.10 廣韻 餘制切 集韻 韻會 正韻 以制切夶音曳。舒散也 左傳·隱元年 其樂也洩洩 又 飛翔貌 木華·海賦 翔霧連軒,淫淫洩洩 又 順風貌 木華·海賦 或掣掣洩洩于裸人之國 又 xiè 廣韻 集韻 夶私列切音薛 揚子·方言 洩,歇也 左思·吳都賦 馬踠餘足,士怒未洩 又 漏也 中庸 振河海而不洩 又 除去也。亦作渫28819 又 減也 左傳·昭二十年 濟其不足,以洩其過 又 谿名 水經注 諸暨縣洩谿 又 姓 左傳·僖七年 鄭有洩氏 △ 玉篇 同泄。

洪 28178 14034
hóng_6.10 唐韻 戶公切 集韻 正韻 胡公切夶音紅 說文 洚水也 書·堯典 湯湯洪水方割 又 大也 書·大誥 洪惟我幼沖人 又 水名,在東郡 水經 濟水故瀆又北,右合洪水 又 澤名 廣輿記 洪澤,在淮安府山陽縣界 又 揚子·方言 石阻河流爲洪 田藝蘅·煮泉小品 澤感而山不應,則怒而爲洪 漫叟詩話 灘石湍激,其中深僅可容舟者,謂之洪 又 射洪,縣名 廣輿記 潼川州有射洪縣 又 州名 韻會 漢豫章郡,隋置洪州 又 井名,在豫章郡散原山西北 水經注 洪井飛流,懸注無底 又 山名 廣輿記 在福寧州城南 又 輟耕錄 脈以浮而有力爲洪 又 姓 廣韻 共工氏之後,本姓共氏 又 通作鴻 史記·河渠書 禹抑鴻水。 又 jiàng 集韻 古巷切音絳。水名。義同洚水之洚。

鎣又洪02901㵪29445㵶29953瀐30216灊30512灃30513

洫 28179 14035 xù_6.10 唐韻況逼切集韻韻會忽域切太音侐。田閒水道也說文十里爲成。成閒廣八尺，深八尺，謂之洫又城池也詩·大雅築城伊洫又渠也後漢·鮑永傳作方梁石洫註猶今之水門又水名前漢·地理志洫水，出漁陽郡白檀北蠻夷又虛也管子·小稱篇滿者洫之。又濫也莊子·則陽篇所行之備而不洫註洫，濫也。王云壞敗也又yì集韻弋質切音逸。深貌。鎣又洫02904，俗譌。

浉 28180 14036 sù_6.10 唐韻先篤切集韻蘇篤切太音褩博雅浉浉，雨也又shuò集韻色角切音朔。大風雨貌。鎣又溹28643廣韻浉，雨聲。

浂 28181 14037 shì_6.10 廣韻集韻太疏吏切音駛。水名，在河南。本作浂又shǐ爽士切音史又lì良志切音吏。義太同。

洭 28182 14038 kuāng_6.10 唐韻去王切集韻韻會正韻曲王切太音匡。水名說文水。出桂陽縣盧聚山洭浦關爲桂水水經注山海經謂之湟水，亦曰洭水集韻本作滙，隸省作洭漢書作滙。

洼 28183 14039 wāng_6.10 說文汪本字

洩 28184 14040 yú_6.10 廣韻羊朱切集韻容朱切太音逾。汙也又yóu廣韻以周切集韻夷周切太音猷。皁也。一曰治帛也。鎣又沖28095俗洩

洮 28185 14041 tāo_6.10 唐韻土刀切集韻韻會正韻他刀切太音叨說文水。出隴西臨洮，東北入河又水名前漢·地理志零陵郡有洮陽縣水經注洮水，出洮陽縣西南大山又水名，在晉地左傳·昭元年宣汾、洮，障大澤，以處太原又地名左傳·莊二十七年公會杞伯姬于洮註洮，魯地僖八年盟于洮註洮，曹地又清汰也後漢·陳元傳洮汰學者之累惑註猶洗濯也又盥也書·顧命王乃洮頮水註洮，髮也正義洗手謂之洮又táo集韻韻會太徒刀切音桃。義同又yáo廣韻集韻正韻太餘招切音遙。湖名風土記陽羨縣西有洮湖又dào集韻杜皓切音道。水名史記·高祖紀漢將別擊布軍洮水南北又zhào直沼切音趙。義同。鎣又洮28351郷61674

洯 28186 14042 qiè_6.10 集韻詰結切音挈。水名，出雍州南山。又與潔29571同。

洦 28187 14043 xí_6.10 玉篇戶式切音檄。露光也。

洣 28188 14044 xiū_6.10 集韻虛尤切音休。水去貌。一曰水貌。

洰 28189 14045 jù_6.10 類篇臼許切音拒。水中物夥曰洰。

洱 28190 14046 ěr_6.10 廣韻而止切集韻忍止切太音耳。水名水經注洱水，出弘農郡盧氏縣之熊耳山又mǐ集韻母婢切音弭。義同又èr廣韻集韻太仍吏切音餌。水名楊愼·雲南山川志西洱海，在府城東，古葉楡河也。一名洱海。又名西洱河。

洲 28191 14047 zhōu_6.10 廣韻正韻職流切集韻韻會之由切太音周說文水渚也爾雅·釋水水中可居曰洲。又釋名聚也。人及鳥物所聚息之處也詩·周南在河之洲又靈洲，漢縣名，屬北地郡△說文本作州，後人加水以別州縣字。

洳 28192 14048 rú_6.10 廣韻人諸切集韻韻會正韻人余切太音如。水名，在南郡又rù廣韻人恕切集韻韻會如倨切太音茹說文作澤。漸濕也詩·魏風彼汾沮洳。

洴 28193 14049 píng_6.10 集韻泙本字又正字通洴字俗書俱省作洴。

洵 28194 14050 xún_6.10 廣韻相倫切集韻韻會正韻須倫切太音荀。說文過中水也爾雅·釋水過爲洵又水名常璩·漢中志洵陽縣，洵水所出漢志作旬陽又山海經軒轅之丘，洵水出焉，南流注于黑水。又洵山，洵水出焉，南流注于閼之澤又信也詩·鄭風洵美且都又遠也詩·邶風吁嗟洵兮又無聲出涕爲洵涕魯語無洵涕又xún廣韻詳遵切集韻松倫切太音巡。與旬同爾雅·釋言均也詩·大雅菀彼桑柔，其下侯旬又xuàn韻會翾縣切音絢。亦遠也。

洶 28195 14051 xiǒng_6.10 廣韻集韻韻會正韻太許拱切音詾說文涌也。一曰洶涌，水聲又洶洶，鼓動聲揚雄·羽獵賦洶洶旭旭又sǒng集韻筍勇切音竦。義同又xiōng廣韻集韻正韻許容切韻會虛容切太音匈。義同。一曰水勢左思·吳都賦濞焉洶洶。鎣又㴔29243汹27868洶28265

洷 28196 14052 zhì_6.10 玉篇直失切集韻直質切太音秩。水也。又集韻陟利切音致。與滍28921同。濕也。鎣又溞29551

洸 28197 14053 guāng_6.10 唐韻古黃切集韻韻會正韻姑黃切太音光說文水涌光也又水名水經泗水南過高平縣西，洸水從北西來，流注之註洙水也又爾雅·釋訓洸洸，武也註果毅貌詩·大雅武夫洸洸又怒貌詩·邶風有洸有潰又wāng廣韻集韻太烏光切音尪。與汪同。又huàng集韻正韻太戶廣切音幌。與滉同。水深廣貌又與恍通司馬相如·大人賦西望崐崙之軋沕洸忽。鎣又洸28237浤28266

洹 28198 14054 yuán_6.10 唐韻羽元切集韻韻會于元切太音袁。水名水經洹水，出上黨泫氏縣註音桓。一音怛。今土俗音袁又縣名輿地廣記相州臨漳縣本鄴縣，後周分東北界，置洹水縣又huán廣韻集韻韻會正韻太胡官切音桓。義同又博雅洹洹，流也又泥洹，即涅槃也。鎣又洹28446洹28693

洺 28199 14055 míng_6.10 唐韻武幷切集韻韻會彌幷切太音名。水名。在易陽又州名廣輿記廣平府，漢曰廣平，唐曰洺州，洺河在府城北，源出遼州太行山。

活 28200 14056 huó_6.10 廣韻集韻韻會正韻太戶括切音佸。水名水經活水，出壺關縣東玷臺下又生也詩·周頌實函斯活又孫穆·雞林類事高麗方言謂弓曰活又guō廣韻

集韻 韻會 正韻 𠀤古活切音括。與湉同。活活，水流聲 詩·衛風 北流活活 又 汩活，水流疾貌 馬融·長笛賦 汩活澎濞。𡒄又 名義 活02896，胡括反。生。

淲 28201 14057 piào_6.10 集韻 被表切音摽。水也。一曰水貌。𡒄 正字通 俗淼28632字。

洼 28202 14058 wā_6.10 唐韻 一佳切 廣韻 集韻 於佳切𠀤音娃。水名。渥洼水，在陝西行都司沙州境內 史記·樂書 嘗得神馬渥洼水中 又 wā 廣韻 集韻 韻會 正韻 𠀤烏瓜切音窊。同溛 揚子方言 洼，洿也。自關而東，或曰洼，或曰氾。又 深也，曲也 莊子·齊物論 似洼者，似汙者 又 集韻 烏雖切。義同 又 guī 廣韻 古攜切 集韻 涓畦切𠀤音圭。姓也 後漢·儒林傳 大鴻臚洼丹 又 wēi 集韻 烏乖切音崴。亦曲也。𡒄又 𣲧13292溛28531

洽 28203 14059 qià_6.10 唐韻 侯夾切 集韻 轄夾切 韻會 正韻 胡夾切𠀤音狹。和也，合也 詩·小雅 洽比其鄰 又 霑也 書·大禹謨 好生之德，洽于民心 正義 洽，謂沾漬優渥，洽于民心，言潤澤多也 又 後漢·杜林傳 京師士大夫咸推其博洽 註 洽，徧也 又 爾雅·釋天 太歲在未曰協洽。又 hé 集韻 葛合切音閤。水名。亦作郃 詩·大雅 在洽之陽 又 叶胡頰切音協 顏延之·赭白馬賦 武義粵其肅陳，文教迄已優洽。泰階之平可升，興王之軌可接。𡒄又 㓣02905霅66478

派 28204 14060 pài_6.10 廣韻 匹卦切 集韻 韻會 普卦切𠀤音𠂢。說文 別水也。一曰水分流也 左思·吳都賦 百川派別，歸海而會 又 博雅 水自汾出爲派 又 bài 集韻 卜卦切音粺。谷名，在安邑 又 mài 莫獲切音麥。泉潛通也。△或作泒，非。泒音孤，水名。𡒄又 厎04810派28228𠂢00299 又 直音篇 𣲖27966，同派 又 偏類碑別字·派 泒28069，引 唐將陵縣令張伯墓誌

洿 28205 14061 wū_6.10 唐韻 哀都切 集韻 正韻 汪胡切𠀤音烏 說文 濁水不流也。一曰窊下 孟子 數罟不入洿池 又 掘洿之也 禮·檀弓 洿其宮而豬焉 又 hù 唐韻 侯古切 集韻 後五切𠀤音戶。水深謂之洿 又 穢也 左傳·文六年 趙盾爲政，治舊洿 又 漫也 成公綏·嘯賦 大而不洿 又 洿染也 前漢·王莽傳 以墨洿色其周垣 又 hù 集韻 荒故切，諱去聲。抒水也 又 叶胡故切音互 楚辭·天問 九州安錯，川谷何洿△ 正字通 污洼㳙溛𠀤通。𡒄又 洿28264

洬 28206 14062 qū_6.10 正字通 與曲通。洬池，水名 左傳·桓十二年 盟于曲池 穀梁傳 作洬池 公羊傳 作毆蛇。

流 28207 14063 liú_6.10 古文𣲠 唐韻 集韻 韻會 正韻 𠀤力求切音留 說文 水行也 爾雅·釋言 流，覃也 疏 謂水之流，必相延及 詩·大雅 如川之流 又 爾雅·釋詁 流，擇也，求也 詩·周南 左右流之 又 下也 詩·豳風 七月流火 又 流漫無節制也 禮·樂記 樂勝則流 又 書·禹貢 二百里流 禮·王制 千里之外曰采，曰流 又 放也 書·舜典 流宥五刑 又 視不端諦曰流 左傳·成六年 鄭伯視流而行速 又 走也 戰國策 楚襄王流掩于城陽 註 謂走而自匿 又 周禮·冬官·玉人 註 鼻勺曰流，凡流皆爲龍口 又 前漢·食貨志 朱提銀重八兩爲一流 又 前漢·藝文志 儒家流、道家流、陰陽家流、法家流、墨家流、縱橫家流、雜家流、農家流、小說家流，各有所從出，分九家 又 流布也 易·謙卦 地道變盈而流謙 又 流轉也 禮·仲尼燕居 周流無不徧 又 張協·七命 傾罍一朝，流湎千日 註 齊顏色、均衆寡謂之流。又 長流，官名 顏之推·家訓 名治獄參軍爲長流 又 黃流，酒名 詩·大雅 黃流在中 又 雙流，縣名 廣輿記 屬成都府。𡒄又 㳅13411𣳚27810𣸣29139𣹙29434𣲰28429 又 泳28069 泒27919𣲼28098，並同𣲠，俗流 可洪音義 𣲠水：上力由反，行也，亦作𣹙29170流 又 㳅28240，唐代流字俗少點。

洺 28208 14064 zhì_6.10 字彙補 與治同 前漢·靈臺碑 復洺黃屋。𡒄又 lǚ 喃 从流省呂lữ聲△渃洺：冷水，生水。洺渃：滂滂，泫瀾。

滋 28209 14065 zī_6.10 集韻 滋29153古作滋。

涬 28210 14066 bēn_6.10 字彙補 邦春切，音奔◇水急也。

泐 28211 14067 jié_6.10 集韻 潔字省文。

涸 28212 14068 jiǎn_6.10 字彙補 古偃切音蹇。竇也 王盤農書 若塘偃之水，必置涸竇，以便通泄。

洒 28213 14069 sǎ_6.10 篇韻 與洒同。

浤 28214 14070 fǎ_6.10 字彙補 古文法28021字。

洭 28215 14071 kuāng_6.10 水經注 溱水又西南洭水入焉。音未詳。𡒄俗洭。

洃 28216 14072 jǐ_6.10 字彙補 湇字省。

泆 28217 14073 yì_6.10 字彙補 余日切音逸。淫也。𡒄亦俗泆 龍龕 泆俗泆正，音逸。淫泆也。

涇 28218 14074 pì_6.10 類篇 匹備切，音譬◇水名。

淜 28219 14075 píng_6.10 字彙補 皮冰切音憑。無舟渡河。

洪 28221 44086 quǎn_6.10 龍龕 同犬。𡒄當爲同𡙇 龍龕 洪，或作。𡙇，正 又 字彙補 洪，音義與𡙇同。

㳫 28222 u2AD7D null_6.10 未詳。

沖 28220 41381 chōng_6.10 餘文 敕中切。沖融，水平遠貌。又音蟲。𡒄又沖28341

㳬 28223 u2AD7C null_6.10 未詳。

泼 28225 u2AD7A null_6.10 或同浡28788

洶 28224 u2AD7B null_6.10 未詳。

派 28228 u2F900 pài_6.10 可洪音義 派演：上疋賣反 正字通 派28204字寫作派。

沲 28226 u2AD78 null_6.10 喃 未詳。

沰 28230 u23D1C thác_6.10 喃 从水托thác聲△沰渃：瀑布。沰淙：湍瀨。

滅 28231 u23D1B huò_6.10 俗㳸28044 類篇 㳸，又呼括切。一曰㳸㳸，

流也 又 nhúng 喃 从濡省戎nhung聲△浌渃：沾濕。

浅 28227 u2AD77 null_6.10 未詳。

㴚 28232 u23D1A hụp_6.10 喃 从水協hiêp省聲。氽水，潛入△亦作湓。

㴙 28233 u23D19 chī_6.10 直音篇 昌至切 合併字學集篇 音尺。

㴝 28229 u23D1D táo_6.10 或俗洮。

㴗 28235 u23D17 jiàng_6.10 俗洚28159 明·鄭若庸 玉玦記·第二十齣·觀潮·惜奴嬌 天塹錢塘，瀉滄溟千里灩觴。非妄分洪洚，帶東禹門巖障。

㴘 28234 u23D18 null_6.10 未詳。

㴖 28236 u23D16 zá_6.10 同潒28334 集韻 潒瀵，子末切。水濺也。或从贊。

㴕 28237 u23D15 guāng_6.10 洸28197本字。

㴔 28238 u23D14 sù_6.10 玄應音義 泝28030水：古文㴔，同。桑故反 三蒼 逆流行水曰㴔。泝，回也。亦行也。

㴓 28239 u23D13 cạn_6.10 喃 从淺省件kiện聲△滝㴓：淺川。㴓㘭：乾杯 又 cặn或音cợn，从滓省件聲△渃㴓：污水 又 gạn 从澄省件聲△㴓渃：清水。

㴑 28240 u23D11 liú_6.10 俗流28506敦煌·S.6557 南陽和尚問答雜徵義 自從佛法東流已來，所有大德，皆斷煩惱。

㴏 28242 u23D0F null_6.10 未詳。

㴐 28241 u23D10 lǎo_6.10 或同洘28266

㴎 28243 u23D0E yàng_6.10 羕45809字省文。

㴌 28245 u23D0C sì_6.10 俗涘28380 可洪音義 川涘：音仕。

㴋 28246 u23D0B null_6.10 未詳。

㴍 28244 u23D0D xì_6.10 北齊 李青報德象碑 分㴍濬源。馬向欣：㴍字疑係01230字之別。

㴊 28247 u23D0A pào_6.10 俗泡28036 可洪音義 㴊沫：上普交反。

㴉 28248 u23D09 wèn_6.10 同浘28656避諱旻字，參見旻22356

㴈 28249 u23D08 null_6.10 未詳。

㴇 28250 u23D07 null_6.10 未詳。

㴆 28251 u23D06 píng_6.10 俗淜28579 名義 㴆，㑹矜反。河徒陟。△宏按，說文 淜，無舟渡河也。从水朋聲 又 yǔ同雨66395 敦煌·P.3315 尚書釋文 雨，古作㴆、㒳。

㴅 28252 u23D05 null_6.10 未詳。

㴄 28253 u23D04 null_6.10 未詳。

㴃 28254 u23D03 hài_6.10 石窟寺晉東年造像 滓28401㴃。同辛亥。趙之謙 六朝別字記 武億云後魏以水為德，故從氵。

㴁 28256 u23D01 zhōng_6.10 汷27805本字。

㴀 28257 u23D00 sè_6.10 俗澁29650

㴂 28255 u23D02 null_6.10 未詳。

㳿 28258 u23CFF yǔ_6.10 同宇11951人名用字。

㳾 28259 u23CFE juàn_6.10 俗桊24016

㳽 28260 u23CFD pèi_6.10 佩01064譌字

㳼 28261 u23CFC duǒ_6.10 五侯鯖字海 音朵。水名也 又 順風相送·文萊回呂宋 丑癸五更取赤葉，水色清㳼。向達：㳼字不見字書，不知何義 又 duò 粵 垂涎。

㳻 28262 u23CFB jì_6.10 同臮48221

㳺 28263 u23CFA sè_6.10 俗澀29649 可洪音義 龎澁：所立反。正作澁29702

㳹 28264 u23CF9 wū_6.10 同洿28205 可洪音義 㳹戎：上烏故反。深㳹也。正作汙27813

㳸 28265 u23CF8 xiǒng_6.10 俗洶28195 可洪音義 㳸涌：上許勇反。下余隴反。水皃也。正作洶溶也。上又音凶。

洸 28266 u3CE3 guāng_6.10 俗洸28197 可洪音義 洸水：上烏光反。正作汪、洸二形，郭氏音老，非也 又 ro 韓 人名 清實錄·穆宗毅皇帝實錄·卷之三百一 朝鮮國使臣姜洸等三人於午門外瞻覲。

浒 28267 u3CE2 qiáo_6.10 简 滈29740

㳡 28268 u3CE1 guō_6.10 简 濄29880

汏 28269 u3CE0 tà_6.10 简 澾29871

㳟 28270 u3CDF gōng_6.10 俗恭17293

洞 28271 uFA05 dòng_6.10 兼 洞。

洛 28272 uF915 luò_6.10 兼 洛。

浕 28273 u6D55 jìn_6.10 简 濜29998

浔 28274 u6D54 xún_6.10 简 潯29620

浓 28275 u6D53 nóng_6.10 简 濃29879

浒 28276 u6D52 hǔ_6.10 简 滸29335

浑 28277 u6D51 hún_6.10 简 渾28841

浐 28278 u6D50 chǎn_6.10 简 滻29341

浏 28279 u6D4F liú_6.10 简 瀏30166

济 28280 u6D4E jì_6.10 简 濟30004

浍 28281 u6D4D huì_6.10 简 澮29843

浌 28282 u6D4C yuè_6.10 俗泧28044 新撰字鏡 浌潡：潡，胡各反。小（水）相擊聲也，潰灌（濩）也 又 beol 韓 灘。浌直：看守灘地的人。

测 28283 u6D4B cè_6.10 简 測28821

浊 28284 u6D4A zhuó_6.10 简 濁29877

浉 28285 u6D49 shī_6.10 简 溮29105

浈 28286 u6D48 zhēn_6.10 简 湞28890

浇 28287 u6D47 jiāo_6.10 简 澆29655

浆 28288 u6D46 jiāng_6.10 简 漿29433

净 28289 u6D44 jìng_6.10 同淨28601

浃 28290 u6D43 jié_6.10 简 浹28340

洜 28291 u6D1C luò_6.10 古文洛28160

浖 28292 14076 liè_7.11 唐韻 力輟切 集韻 龍輟切丛音劣 博雅 浖，埒，厓也。一曰山上有水曰浖。通作埒。

浗 28293 14077 qiú_7.11 集韻 渠尤切音求。水名。

浘 28294 14078 wěi_7.11 廣韻 無匪切 集韻 武匪切丛音尾。浘㵳，海洩 莊子·秋水篇 作尾閭 又 水流貌。與浼同 詩·邶風 河水浼浼 韓詩 作河水浘浘 又 類篇 一曰泉底。

浙 28295 14079 zhé_7.11 唐韻 旨熱切 集韻 韻會 正韻 之列切丛音折。江名 說文 江水東至會稽山陰爲浙江 史記·秦始皇紀 至錢塘，臨浙江 註 浙者，折也。蓋取其潮出海，曲折而倒流也 又 水名 水經注 浙水出浙縣西北弘農盧氏

縣大蒿山区廣韻淅米也類篇一曰汰也区zhǐ集韻征例切音制。通作淛,亦作制。義同区集韻或作漸水經漸江,卽浙江也。

溢 bèn_7.11　集韻蒲悶切音坌。水出貌。鎏又坌08736
溢28425熊加全：俗溢28873

浚 xùn_7.11　唐韻私閏切集韻韻會正韻須閏切丛音峻說文抒也徐曰抒取出之也左傳襄二十四年浚我以生註言取我財以自生也区深也春秋·莊九年冬浚洙区揚子方言稟、浚,敬也。秦、晉閒曰稟,齊曰浚。区須也書·皐陶謨夙夜浚明有家傳言早夜思之,須明行之也。馬融云大也区水名,在衞詩·地理攷浚水出浚儀,東逕邶地,入濟区邑名詩·邶風在浚之下傳浚,衞邑区jùn集韻祖峻切音俊。浚稽,山名,在武威北。区cún字彙補七均切。與竣通。伏也区劉歆·遂初賦鳥脇翼之浚浚△與溶、濬通。

浛 hàn_7.11　廣韻集韻丛胡紺切音憾玉篇水和泥也区gān集韻姑南切音弇。與淦28599同区hán集韻胡南切音含揚子方言沈也。或作區浛洤淦淊六書故涵別作浛、澹王子年·拾遺記浛天蕩蕩望蒼蒼区地名正字通浛洸,古英州屬縣。今連州江口之上有浛洸口,屬韶州英德縣。

浜 bāng_7.11　廣韻布耕切集韻晡橫切,並音坅◇安船溝也。一曰溝納舟者曰浜李翊·俗呼小錄絕潢斷港謂之浜区běng廣韻布梗切集韻百猛切丛音邴。浦名也。鎏又正字通通浜, 俗濱30041

汻 máng_7.11　廣韻集韻丛莫江切音尨說文水也。一曰水名。

浞 zhuó_7.11　唐韻集韻韻會丛士角切音浞說文濡也玉篇漬也。鎏集韻仕角切。

淲 yóu_7.11　廣韻以周切集韻夷周切丛音由玉篇水流貌木華·海賦淲淺瀲灔。通作漻区dí集韻亭歷切音狄。速也易·頤卦其欲淲淲。今作逐逐前漢·敍傳註淲淲,欲利貌。

浠 xī_7.11　集韻香依切音希。水名。

浡 bó_7.11　廣韻韻會正韻蒲沒切集韻薄沒切丛音孛爾雅·釋詁作也孟子則苗浡然興之矣区博雅盛也左思·吳都賦歆霧漨浡,沸瀑貌木華·海賦天綱浡潏区滂浡,憤鬱貌馮衍·顯志賦氣滂浡而雲披区玉篇渾也区海別名。與勃、渤丛通区南浡里,海外國名,見馬觀·瀛海勝覽。

浢 dòu_7.11　唐韻田候切集韻大透切丛音豆。水名水經注河北縣有浢水,其水南入于河,河水故有浢津之名穆天子傳天子自實輅,乃次于浢水之陽。

溣 mào_7.11　集韻眉教切音貌。大水貌。鎏又浼28399

浣 huàn_7.11　唐韻集韻丛胡玩切音換。濯衣垢也。一曰滌也史記·萬石君傳身自浣滌区guǎn廣韻正韻胡管切集韻戶管切丛音緩。又古緩切音管。義丛同。区huǎn戶版切音皖。水名,在江夏水經注辱水,出于鳥山,俗謂之秀延水,東流得浣水口区江口廣興記雲南臨安府寧州有浣江△本作瀚。亦作澣。鎏又浣28306浼28399

浤 hóng_7.11　廣韻戶萌切集韻乎萌切丛音宏玉篇海水騰湧貌木華·海賦浤浤汩汩集韻與泓通。

淑 shū_7.11　字彙與淑同。

浨 lòng_7.11　廣韻集韻丛盧貢切音弄。水名。

浥 yì_7.11　唐韻於及切集韻韻會乙及切正韻乙入切丛音邑說文濕也。又漬潤也詩·召南厭浥行露区廣韻於業切集韻乙業切丛音裛。義同区yà集韻乙俠切音踝。窊陷也前漢·司馬相如傳踰波趨浥註趨浥,輸于淵也区yā乙甲切音押。水流下貌郭璞·江賦乍浥乍堆。

浦 pǔ_7.11　唐韻滂古切集韻韻會頗五切正韻滂五切丛音普說文瀕也詩·大雅率彼淮浦区玉篇水源枝注江海邊曰浦風土記大水有小口別通曰浦区浦陽,江名廣興記浦江,本吳越三江之一区浦江,縣名,屬金華府。浦城,屬建寧府区合浦,漢郡名,屬交州。区荒浦,舒鳩地名,見左傳·襄二十四年区姓。晉起居注浦選。

浧 yǐng_7.11　廣韻以整切集韻以井切丛音郢。泥滓也区chéng集韻丑郢切音逞。義同区zhèng丈井切音徎。與澄同,通流曰管子·宙合篇聖人之動靜、開闔、詘信、浧濡、取與之必因于時註浧濡,猶言滑滯。区yìng於政切,纓去聲。水名。一曰澱也区韻寶古文澄29653字。鎏又淫29182

淰 lǎn_7.11　廣韻集韻丛盧感切音壈字林藏梨汁也。

浯 guō_7.11　唐韻集韻丛古活切音括。水流聲集韻或作湉。隷作活、湉。

浩 hào_7.11　唐韻正韻胡老切集韻戶老切韻會合老切丛音晧。大水貌書·堯典浩浩滔天区饒也禮·王制用有餘曰浩区gǎo集韻古老切音杲。以水沃酒曰浩。区姓。漢青州刺史浩賞区gào居號切音誥。水名。区gé廣韻古沓切集韻葛合切丛音閣。浩亹,漢縣名,屬金城郡前漢·地理志浩亹水在西塞外,東至允吾,入湟水註浩亹,音合門。鎏又浩28428湉29441湉29676灝30535灝30491

浲 bì_7.11　集韻逼密切音筆。與潷29631同。盜也。一曰去滓。

𣳚 28318 14102 xiè_7.11 [廣韻]胡介切[集韻]下介切𠀤音械。水名。[又]jiè[廣韻]古薤切[集韻]居拜切𠀤音戒。義同。鋈又滅28855

浪 28319 14103 láng_7.11 [廣韻]魯當切[集韻][韻會]盧當切[正韻]魯堂切𠀤音郎。滄浪，水名[水經注]水出荆山東，南流爲滄浪之水[又]康浪，水名[廣輿記]在青州臨淄[又]浪浪，流貌[屈原·離騷]霑余襟之浪浪[又]聊浪，放蕩貌[揚雄·羽獵賦]聊浪乎宇内[又]浶浪，驚擾貌[張衡·西京賦]樛蓼浶浪[又]博浪，地名[前漢·地理志]河南陽武縣有博浪沙。[又]樂浪，漢郡名，卽古朝鮮國[又]莊浪，縣名，屬平凉府[又]làng[唐韻]來宕切[集韻][韻會][正韻]郎宕切𠀤音閬。波也，水激石，遇風則浪[又]鼓也[孔稚圭·北山移文]浪栧上京[又]謔浪，不敬也[詩·邶風]謔浪笑傲[註]浪，意萌也[又]井名[張僧鑒·潯陽記]湓城有浪井[又]姓。晉浪逢。[又]lǎng[集韻]里黨切音朖。孟浪，猶較略也。一曰不精要之貌[莊子·齊物論]夫子以爲孟浪之言。徐邈讀莽朗，向秀讀漫瀾。鋈又浪28505

浫 28320 14104 hǎn_7.11 [集韻]許旱切音罕[玉篇]水也[類篇]水名。[又]浫洝，水溼潤貌。

淖 28321 14105 zào_7.11 [集韻]在早切音皁[玉篇]水也。一曰水名。

浬 28322 14106 lǐ_7.11 [集韻]陵之切音釐。泥浬，波斯酋長名。鋈又[古壯字字典（初稿）]浬rij，小溪。浛浬㵠㴬㴬，溪水㵠㵠流。亦作浰28326

浭 28323 14107 gēng_7.11 [廣韻]古行切[集韻]居行切𠀤音庚。水名[前漢·地理志]浭水，出右北平無終縣。

浮 28324 14108 fú_7.11 [唐韻]縛牟切[集韻][韻會]房尤切[正韻]房鳩切𠀤音罘[說文]氾也[論語]乘桴浮於海[又]順流曰浮[書·禹貢]浮于濟、漯[又]濟涉腰瓠曰浮[淮南子·釋山訓]百人抗浮[註]浮，瓠也[又]溢也，過也[禮·坊記]君子與其使食浮于人也，寧使人浮于食[又]先時曰浮[書·盤庚]鮮以不浮于天時[又]輕也[楚語]疏其穢而鎭其浮[又]浮浮，氣烝貌[詩·大雅]烝之浮浮[又]雨雪盛貌[詩·小雅]雨雪浮浮[又]衆彊貌[詩·大雅]江漢浮浮[又]浮沉，無定之意[詩·小雅]載沉載浮[又][小爾雅]浮，罰也。謂罰爵也[禮·投壺]無偝立，無踰言，若是者浮[又]水名[水經注]青河東北，浮水故瀆出焉[又]山名[山海經]竹山西百二十里曰浮山。又[廣輿記]廣東高州府城東有浮山。又羅浮，二山名[羅浮山記]在增城、博羅二縣境[又]竹名[戴凱之·竹譜]浮竹亞節，虛軟厚肉[又]石名[左思·吳都賦]浮石若桴[又]天浮，星名[甘氏星經]天浮四星，在左旗南北列。主漏刻[又][莊綽·鷄肋編]釣竿之半，繫以荻梗，謂之浮子[又][甄權·脈經]浮爲風爲虛[又]pōu[集韻]普溝切音捊。漂也。鋈又𦿵50525彩16464浡28469

浯 28325 14109 wú_7.11 [唐韻]五乎切[集韻][韻會][正韻]訛胡切𠀤音吾。水名[說文]水。出琅邪靈門壷山，東北入濰[又]溪名[廣輿記]浯溪，在永州府祁陽縣[又]江名[陳懋仁·泉南雜志]泉州有浯江。鋈[金石文字辨異]唐15521，唐唐廎銘。[又]峿13686，唐峿臺銘。案：[說文]只有浯字，峿唐皆俗體。

浰 28326 14110 liàn_7.11 [廣韻][集韻]𠀤郎甸切音練[玉篇]疾流也[司馬相如·子虛賦]倏眒倩浰[又]lì[集韻]力至切音利。又郎計切音麗。義𠀤同。

浱 28328 14112 chún_7.11 [集韻]與漘同

𣳾 28327 14111 zhuàng_7.11 [廣韻][集韻]𠀤側亮切音壯[玉篇]米入甑也[集韻]或作𤃯。

浲 28329 14113 féng_7.11 [集韻]與漨同[又]與洚同。

浂 28330 14114 yì_7.11 [集韻]逸織切音弋。肥澤也。

淢 28331 14115 yù_7.11 [字彙]俗淢字

𣵀 28332 14116 chè_7.11 [廣韻][集韻]𠀤叱涉切音謵[玉篇]浾浾，纔有水也。一曰水出[又]rè[集韻]日涉切音讘。水貌[又]敕涉切音銸。義同。

浴 28333 14117 yù_7.11 [唐韻]余蜀切[集韻][韻會]俞玉切𠀤音欲[說文]洒身也[周禮·天官·宮人]共王之沐浴[註]浴用湯。[又]借爲潔治意[禮·儒行]儒有澡身而浴德[又][夏小正]十月黑鳥浴。黑鳥，烏也。浴謂乍上乍下也[又]水名[山海經]泰冒之山，浴水出焉。又陰山，濁浴水出焉。又幽都之山，浴水出焉△[集韻]或作㕥。

𣳫 28334 14118 zá_7.11 [廣韻]姊末切◆[集韻]子末切𠀤音拶。水濺也。或作灒。鋈[集韻]作𣸸28236灒30123

㳩 28335 14119 tān_7.11 [集韻]他甘切音坍。㳩㳩，峻波貌。或作㵃。

浵 28336 14120 tóng_7.11 [廣韻][集韻][韻會]徒冬切[正韻]徒紅切𠀤音彤。汪浵，水深貌。一曰水名。鋈又浵28949

浶 28337 14121 láo_7.11 [集韻]郎刀切音勞。浶浪，驚擾貌[張衡·西京賦]樛蓼浶浪。

海 28338 14122 hǎi_7.11 [唐韻][正韻]呼改切[集韻][韻會]許亥切𠀤音醢[說文]天池也，以納百川者[釋名]海，晦也。主承穢濁水黑如晦也[書·禹貢]江漢朝宗于海[又]環九州爲四海[書·禹貢]四海會同[爾雅·釋地]九夷、八狄、七戎、六蠻謂之四海[又]物產饒富爲陸海[前漢·東方朔傳]所謂天下陸海之地[又]天海，星名[甘氏星經]天海十星，在壁西南[又]州名[廣韻][禹貢]徐州之域，七國時屬楚，秦爲薛郡，漢爲東海郡。後魏爲海州[又]叶火五切音虎[陸雲·陸丞相誄]靖共夙夜，匪寧匪處。經始綿綿，滂沱淮海△[集韻]或作㑃。鋈又㴇28074畮28089海28430

浸 28339 14123 jìn_7.11 古文𣹢[唐韻][集韻][正韻]𠀤子鴆切音祲。漬也[詩·曹風]浸彼苞稂[又]潤也[詩·小雅]浸彼稻田[又]漸也[易·臨卦]剛浸而長[又]沒也[史記·趙世家]城不浸者三版[又]涵也，沈也，澤之總名也[莊子·逍遙遊]大浸稽天[周禮·夏官·職方氏]揚州其浸五湖[又]通作湛[禮·內則]湛諸

美酒区qīn 廣韻七林切集韻千尋切达音侵。浸淫，漸漬也。◆王襃·洞簫賦浸淫叔子遠其類△或作㴐、寖。鑒又浸28427㴱12290渧28661浸28820浸29102漫29150㴱29459㴱29681寖41312㴐29280

浹 28340 14124 jié_7.11 唐韻子協切集韻卽協切达音浹爾雅·釋言徹也疏謂潤澤浹洽，相霑徹也前漢·禮樂志教化浹洽区周浹，猶周匝也荀子·君道篇先王審禮，以旁皇周浹于天下区左傳·宣九年浹辰之間，楚克三都註浹辰，謂自子至亥，周匝十二日也楚語近不過浹日註浹日，謂從甲至癸也区通作挾周禮·天官使萬民觀治象，挾日而斂之区xiá集韻轄夾切音洽。浹渫，水貌郭璞·江賦長波浹渫註浹渫，水滂溏也。鑒又浹28290

沖 28341 14125 chōng_7.11 廣韻集韻达敕中切音忡。沖瀜，水深廣貌。一曰水平遠貌木華·海賦沖瀜沈澹区chóng廣韻直弓切音蟲。義同。鑒篇海引餘文作沖28220

狂 28342 14126 kuáng_7.11 集韻渠王切音狂。水貌。

瀴 28343 14127 yǐng_7.11 廣韻集韻达烏猛切音㼒。瀴濙，水回旋貌郭璞·江賦泓汯瀴濙区jiǒng集韻俱永切音憬。義同。鑒又瀯28657

浼 28344 14128 měi_7.11 唐韻武罪切集韻韻會母罪切达音每揚子方言浼也。東齊海岱之間或曰浼孟子爾焉能浼我哉区集韻謨官切音瞞。又母伴切音滿。又莫半切音縵。義达同区miǎn美辨切音免。浼浼，水貌。一曰水流平貌詩·邶風河水浼浼区通作娓10702△類篇或作潤。鑒又沔02938

浽 28345 14129 suī_7.11 廣韻息遺切集韻韻會宣佳切达音綏。浽微，小雨区水名山海經貹山，淒水出焉註淒或作浽類篇或作又滾29178㥪区něi廣韻奴罪切集韻弩罪切达音餒博雅濁也。或作溞。

泾 28346 14130 chēng_7.11 唐韻敕貞切集韻癡貞切达音檉說文棠棗汁区jīn集韻資辛切音津区zhā廣韻側加切集韻莊加切达音樝。義达同△說文本作䅓集韻或作楨。亦作泈。鑒又淰28445

浿 28347 14131 pèi_7.11 唐韻集韻韻會达普蓋切音霈。水名說文水。出樂浪鏤方，東入海前漢·地理志浿水，出遼東塞外，西南至樂浪縣，西入海区縣名十三州志浿水縣，在樂浪東北区丘名括地志浿丘，在青州臨淄縣西北史記·楚世家朝發浿丘区pài廣韻普拜切集韻韻會佈拜切达音湃。又bèi集韻博蓋切音貝区bài薄邁切音敗。義达同。

見 28348 14132 xiàn_7.11 廣韻胡甸切达音現。水名山海經灃水東流注于㵞水区集韻輕甸切韻會經甸切达音倪。義同区jiǎn集韻吉典切音繭。小溝也区xì廣韻胡禮切集韻戶禮切达音奠。水名。在高陵。

澩 28349 14133 shèn_7.11 篇海所禁切音滲。漏也。亦與滲同。

澋 28350 14134 hóng_7.11 集韻與泓同。

泄 28351 14135 táo_7.11 字彙俗洮字

涂 28352 14136 tú_7.11 廣韻集韻韻會正韻达同都切音徒。水名說文水。出益州牧靡南山。西北入澠区水名水經注涂水，出陽邑東北大㟝山区溝涂也周禮·地官·遂人百夫有洫，洫上有涂註涂容乘車一軌区同塗周禮·夏官·司險設國之五溝五涂註五涂，徑、畛、涂、道、路也区堂涂也爾雅·釋宮堂涂謂之陳周禮·冬官考工記·匠人堂涂十有二分註謂階前，若今令甓褫也疏令甓。塼也。褫，塼道也区玉篇涂涂，露厚貌区爾雅·釋天十二月爲涂月区石名山海經箕尾之山多涂石区chú廣韻直魚切集韻陳如切达音除。水名。與滁同晉書·宣帝紀王淩詐言吳人塞涂水。涂水卽滁水区chá集韻韻會达直加切音秅。沮洳也。一曰飾也区yé集韻余遮切音耶。涿涂，山名，見史記·匈奴傳区與余同。涂吾，水名山海經註漢元狩二年，馬出涂吾水中。鑒又埐08719涂02937

涃 28353 14137 kùn_7.11 唐韻集韻达苦悶切音困。水名。

溥 28354 14138 pīng_7.11 類篇滂丁切，聘平聲◇水貌。

涅 28355 14139 niè_7.11 唐韻奴結切集韻韻會正韻乃結切达音捏。水名水經注涅水，東逕涅氏縣区縣名水經注涅水，出涅陽縣西北岐棘山区水名馬融·廣成頌丹水涅池註丹水、涅水在今鄧州区說文黑土在水中也淮南子·俶眞訓以涅染緇，則黑於涅区揚子方言涅，化也。燕朝鮮洌水之間曰涅，或曰譁，雞伏卵而未孚，始化之時謂之涅区涅石，藥名山海經孟門之山，其下多黃堊、涅石区qián集韻其兼切鬼谷子有飛鉗涅闇。劉昌宗讀。鑒又埿08635淖29053涅28426湼28483二字同形，俗湼字彙湼，俗从工。

沜 28356 14140 hàn_7.11 集韻侯旰切音翰玉篇乾也区沜沜，水迅流貌左思·吳都賦澎濞沜沜区與汗通郭璞·江賦汗汗沺沺区gàn集韻韻會达居案切音旰。義同。鑒又沜28524旰22556

浮 28357 14141 fú_7.11 集韻匹備切音澓。水名。或从㐀作泭。鑒熊加全：俗浯28508

沓 28358 14142 tà_7.11 字彙沓字之譌。

洎 28359 14143 bí_7.11 玉篇毗意切，音鼻◇涕也。鑒又洎02920

涇 28360 14144 jīng_7.11 唐韻古靈切集韻韻會堅靈切达音經。水名說文水。出安定涇陽开頭山書·禹貢涇屬渭汭周禮·夏官·職方氏雍州，其川涇、汭区丹陽有涇水前漢·地理志涇水，出蕪湖区交阯有涇水水經注涇水，出龍編縣高山区通也莊子·秋水篇涇流之大註涇，通也。謂通流也区州名韻會漢武分安定郡，元魏改涇州。区縣名。涇陽縣，屬西安府，本秦縣。涇縣，屬寧國府。

本唐猷州。夶見 廣輿記 囗qǐng 集韻 棄挺切音罄。泉也囗jìng古定切音徑。涇涏，直流也。鋻又泾28115

涁 28361 14145
bīn_7.11 集韻 濱30041古作海。

湃 28362 14146
pì_7.11 廣韻 匹詣切 集韻 匹計切夶音媲。水名 說文 水。出汝南弋陽垂山，東入淮囗bēi 唐韻 府移切 集韻 賓彌切夶音卑。義同△ 玉篇 與潷同。鋻又淠28781 渒28958

消 28363 14147
xiāo_7.11 古文酋 唐韻 相邀切 集韻 韻會 思邀切，夶音宵 說文 盡也。又減也 易·泰卦 小人道消囗釋也 禮·月令 冰凍消釋囗消耗 揚子·太玄經 九事，七爲消 註 消，意放散也囗消消，敝也 詩·豳風 予尾翛翛 疏 亦作消消囗地名 詩·鄭風 清人在消 傳 消，河上地囗疾名，與痟通 後漢·李通傳 通素有消疾 註 消，消中之疾也囗消石，藥名囗通道 禮·檀弓 消搖於門 註 消搖，又作逍遙。鋻又氝27736氟27739淛28935

涉 28364 14148
shè_7.11 古文㴽㴽 唐韻 時攝切 集韻 韻會 實攝切，並音紗◇ 說文 徒行厲水也 爾雅·釋水 繇膝以上爲涉囗經也 枚乘·七發 於是背秋涉冬囗 前漢·賈山傳 涉獵書記，不能爲醇儒 註 言若涉水獵獸，不專精也囗大涉，水名 前漢·地理志 犍爲郡南廣縣有大涉水囗縣名 廣輿記 屬彰德府，古涉侯國地，漢涉縣囗姓 左傳 有涉佗囗dié 廣韻 丁愜切 集韻 的協切夶音跕。與喋同。血流貌。鋻又㴽29412㵷26602淀28672涉28790

淀 28365 14149
xuán_7.11 唐韻 似沿切 集韻 旬宣切 正韻 旬緣切夶音旋 說文 回泉也囗xuàn 廣韻 辭戀切音錠。義同。△通作漩。

涊 28366 14150
niǎn_7.11 廣韻 集韻 韻會 正韻 夶乃殄切音撚 博雅 涊涊，垢濁也 陸機·文賦 謬玄黃之秩序，故涊涊而不鮮囗 玉篇 涊涊，惡醉貌囗汗出貌 枚乘·七發 涊然汗出囗rěn 唐韻 而軫切 集韻 爾軫切夶音忍。水名，在上黨。鋻 正字通 涊，同沴省。涊，涊字之譌。

洯 28367 14151
tū_7.11 篇海 他骨切，音凸。滑洯也。

涌 28368 14152
yǒng_7.11 唐韻 余隴切 集韻 韻會 尹竦切夶音勇 說文 滕也 司馬相如·上林賦 洶涌澎湃囗水名 水經 江水至華容縣，又東涌水注之△ 集韻 或作湧。

滰 28369 14153
xiāo_7.11 廣韻 許交切 集韻 韻會 正韻 虛交切夶音虓。水名，在南郡囗xiào 唐韻 呼教切 集韻 許教切夶音孝。水名，在南陽。

涎 28370 14154
xián_7.11 廣韻 夕連切 集韻 韻會 徐連切 正韻 徐延切夶音唌。與次同 說文 慕欲口液也 賈誼·新書 垂涎相告囗yàn 廣韻 予線切 集韻 延面切，衍去聲。涎涎，水流貌囗迆涎，邐迆相連也 木華·海賦 迆涎八裔。鋻又嗕07385深28394洈28449潃28646沇28543潙28647楸28644㳈28645潒29177漢29876㳹28164敇28675㴩28948陻65768斑34263

涏 28371 14155
tǐng_7.11 廣韻 徒鼎切 集韻 待鼎切夶音挺。涇寒也囗洴涏，小水。一曰波直貌 爾雅·釋水 直波爲徑 註 言徑涏也囗diàn 集韻 韻會 夶堂練切音電。涏涏，美好貌。一曰光澤貌。

涐 28372 14156
é_7.11 唐韻 五何切 集韻 牛河切夶音我 說文 水。出蜀汶江徼外，東南入江囗wǒ 集韻 語可切音我。義同。鋻 段氏改篆作㵄。蔣冀騁：段改誤。

涑 28373 14157
sōu_7.11 唐韻 速侯切 集韻 韻會 先侯切夶音鎪 說文 澣也。一說以手曰涑，以足曰澣囗 玉篇 濯生練也。囗shòu 集韻 所救切 正韻 先奏切夶音瘦。盪口也，與漱同。一曰水有所敗也囗sù 廣韻 桑谷切 集韻 正韻 蘇谷切 韻會 蘇木切夶音速。水名 左傳·成十三年 伐我涑川 註 涑水，出河東聞喜縣囗 集韻 韻會 夶須玉切音粟。義同。

涒 28374 14158
tūn_7.11 唐韻 集韻 夶他昆切音暾 說文 食已而復吐之囗 爾雅·釋天 太歲在申曰涒灘 註 涒史作汭。囗yūn 集韻 紆倫切音贇。涒鄰，水流曲折貌 郭璞·江賦 涒鄰圖潾囗俱倫切音麇。又於云切，音熅。義夶同。

涓 28375 14159
juān_7.11 唐韻 古玄切 集韻 韻會 圭玄切 正韻 圭淵切夶音蠲 說文 小流也 爾雅曰：汝爲涓 家語·金人銘 涓涓不壅，終爲江河囗水名 水經注 涓水出陸渾西山。囗 水經注 濰水逕諸縣故城東北，涓水注之，水出馬耳山囗擇也 左思·魏都賦 涓吉日，陟中壇囗除也 前漢·郊祀歌 涓選休成 註 除惡選取美成者也囗潔也 吳語 乃見其涓人 註 涓人，今之中涓，居中而涓潔者也囗姓 列仙傳 有齊人涓子常囗yuàn 集韻 縈絹切音餾。涓澴，流貌囗與泫通 列子·周穆王篇 乃涓然而泣 註 涓讀爲泫。鋻又涓28148

涔 28376 14160
cén_7.11 唐韻 鉏針切 集韻 韻會 正韻 鉏簪切夶音岑 說文 漬也。一曰涔陽渚，在郢中 楚辭·九歌 望涔陽兮極浦囗水名 水經注 涔水，出漢中南縣東南旱山，卽黃水也囗潦水亦曰涔 淮南子·俶眞訓 牛蹄之涔囗 爾雅·釋器 槮謂之涔 註 積柴養魚曰槮囗 韓詩章句 涔，漁池也 馬融·長笛賦 渟涔障潰囗涔涔，雨多貌囗淚下貌 江淹·雜體詩 涔淚猶在目囗 集韻 徐心切音尋。義同。囗qián 慈鹽切音潛 博雅 漫、涔，柠也。或作槮囗水名 山海經 大時之山，涔水出焉囗zàn 與潛同 書·禹貢 沱潛既道囗 集韻 仕濫切。窪也。囗zhàn 仕懺切音鑱。水涯。鋻又䟛58924

涕 28377 14161
tǐ_7.11 唐韻 正韻 他禮切 集韻 韻會 土禮切夶音體◆ 說文 泣也 玉篇 目汁出曰涕 詩·邶風 泣涕如雨。囗竹名 東方朔·神異經 南方荒中有涕竹囗兆卦之名 史記·宋世家 乃命卜筮曰涕 索隱 涕音亦 尚書作驛。孔安國曰：氣絡繹連續囗dì 集韻 待禮切音弟囗tì 廣韻 集韻 韻會 正韻 夶他計切音替。義夶同。鋻又洟28163 㵜75482

澺 28378 14162
lì_7.11 廣韻 集韻 夶郎計切音麗。一曰澺澺，下瀨水聲 司馬相如·上林賦 澺澺下瀨 図 臨也 詩·小雅 方叔澺止 図 視也 周禮·春官·大宗伯 眡滌濯，澺玉嚳 図 唐韻 力二切 集韻 力至切 正韻 力地切夶音利。義同 △ 亦作莅。

涗 28379 14163
shuì_7.11 唐韻 集韻 韻會 正韻 夶輸芮切音稅 說文 財溫水也。一曰沕灰汁 周禮·冬官考工記 慌氏涷絲，以涗水漚其絲七日 図 沕和也，清也 周禮·春官·司尊彝 盎齊涗酌 註 盎齊差清，和以清酒，沕之而已 図 suì 集韻 須銳切音歲。義同 図 xuě 相絕切音雪。拭匀以酌酒。鍪 又涗28504

涘 28380 14164
sì_7.11 唐韻 集韻 韻會 夶牀史切音俟 說文 水厓也 爾雅·釋丘 涘爲厓 詩·王風 在河之涘。鍪 又涘28245

浂 28381 14165
bō_7.11 正字通 波本字。

滋 28383 14167
máng_7.11 正字通 同沚〇按 字彙 書作茫，附艸部

浅 28384 14168
zāi_7.11 集韻 减或作浅。

浍 28385 14169
kuài_7.11 集韻 澮29843古作浍。

洿 28386 14170
wū_7.11 集韻 汙或作洿。

漫 28382 14166
mò_7.11 唐韻 同沒

洋 28387 14171
mǐ_7.11 玉篇 集韻 夶與瀰同。鍪 字當作洋28743。洋，洋28139本字。

湙 28388 14172
yù_7.11 集韻 浴或書作湙。

垟 28389 14173
shè_7.11 字彙補 古文社39641字。

氞 28390 14174
hǎi_7.11 玉篇 同海音誨。青黑色。隸作滒。或从忽作滒。

洄 28391 14175
hū_7.11 集韻 呼內切

洼 28392 14176
qī_7.11 玉篇 古文漆29354字。

渺 28393 14177
shā_7.11 篇海 所加切音沙。挖渺，開語也。鍪 又渺28755 集韻 抄，挖渺，開兒。

㳫 28394 14178
xián_7.11 篇海 似延切音涎。口液也。與次同。

㳦 28395 14179
yuān_7.11 字彙補 與淵同。

浇 28396 14180
jiāo_7.11 字彙補 釋藏澆字。

洇 28397 14181
yuān_7.11 字彙補 與淵同。

湿 28398 14182
sè_7.11 字彙補 色入切，不滑也。與澀同。

涢 28399 14183
huàn_7.11 字彙補 何管切音緩。洗濯也。與澣同。鍪 同涗，浣字之譌。

㳮 28400 14184
niào_7.11 字彙補 與尿同。

泮 28401 14185
cuì_7.11 字彙補 音義未詳。談薈 硯神曰泮妃。鍪 俗淬。

㳠 28402 14186
tàn_7.11 字彙補 音義未詳。長㳠，地名 穆天子傳 丙戌至于長㳠，重邽氏之西疆。鍪 穆天子傳 檀萃注疏：長㳠，山名。從㳠省。音炭。或曰㳠，疑沙字之譌。

施 28403 14187
tuó_7.11 字彙補 同沲。

洴 28404 14188
null_7.11 字彙補 音義俱未詳。引 管子 洴龍夏，其於齊國四分之一也。

汪 28405 41382
wāng_7.11 川篇 音狂。大水也。鍪 或同洭湦。

沴 28406 44087
tǔn_7.11 字彙補 唐穆宗子安王溶。一本作浯。蓋傳寫之誤也。

洕 28407 44088
xùn_7.11 五音篇海 音訓。

漆 28408 44089
luǒ_7.11 龍龕 郎果切。又郎号切。

润 28409 u2B797
mǐn_7.11 簡 潤29594

沏 28411 u2AD8A
null_7.11 喃 未詳

㴈 28413 u2AD88
null_7.11 未詳

㴇 28415 u2AD86
null_7.11 未詳

㴏 28417 u2AD84
shí_7.11 簡 溡29082

㴉 28419 u2AD82
null_7.11 未詳

㴛 28420 u2AD81
wāng_7.11 㳤28183譌字。

㴐 28422 u2AD7F
null_7.11 未詳

海 28424 uFA45
hǎi_7.11 兼 海28338

涅 28426 u2F905
niè_7.11 同涅28355與涅28483同形。

浸 28427 u2F904
jìn_7.11 同浸28339

流 28429 u2F902
liú_7.11 同流28207

海 28430 u2F901
hǎi_7.11 同海28338 羅振鋆 碑別字 海、氞28390，海也。一 魏溫泉頌，二 齊董洪達造象記

㵝 28410 u2AD8B
null_7.11 未詳

㵞 28412 u2AD89
null_7.11 未詳

㳖 28414 u2AD87
null_7.11 同㳖08699

㴘 28416 u2AD85
null_7.11 未詳

㴓 28418 u2AD83
null_7.11 未詳

㴈 28421 u2AD80
null_7.11 未詳

㴊 28423 u2AD7E
null_7.11 未詳

澄 28425 u2F906
bèn_7.11 同滏28296

浩 28428 u2F903
hào_7.11 浩28316本字。

卿 28431 u23E5C
jī_7.11 同卿06505

㴠 28432 u23DDA
qī_7.11 直音篇 㴠，俗桼24158

㴈 28433 u23D76
xuôi_7.11 喃 从水吹xuy聲。順△淓泏㴈：水順流。㴈疊：順風△亦作㪉00116

㴈 28434 u23D75
ngâp_7.11 喃 从水岌ngâp聲。淹沒△㴈洋：氾濫。冊報㴈昧：書報琳瑯滿目。

㴈 28435 u23D74
ngǔm_7.11 喃 从溺省吟ngâm聲△㴈㴈：猝死。

㴈 28436 u23D73
yǒng_7.11 或同涌。

洛 28438 u23D70
lǎn_7.11 喃 从沒省吝lǎn聲△洢洛：潛水，潛泳。洛蔀淓：潛入水中 図 越·阮秉 五千字譯國語·第三十六·花草菓實 沮泇，洛澮。

洴 28437 u23D72
bợn_7.11 喃 从水伴bạn聲。沙洲。

㴈 28439 u23D6F
xôi_7.11 喃 㴈43349俗譌。

28440 u23D6E 浺 bǔng_7.11 喃从沼省邦vâng聲△浼灒：沼澤，水鄉

28441 u23D6D 洼 wāng_7.11 汪27851本字。亦作洼28183

28442 u23D6C 洿 tāo_7.11 濤29928字之省。

28443 u23D6B 深 shēn_7.11 俗深28619 宋元以來俗字譜 引 白袍記

28444 u23D6A 洳 null_7.11 人名。鄭洳，兗州節度使。見 新唐書。图洳茫，洳茫 白石道人年譜 引宋·毛滂 游下渚湖詩 遠岫分蒼翠，微波映洳茫。此身萍梗耳，泊處即為鄉。

28446 u23D68 洹 yuán_7.11 洹28198本字。亦作洹28693

28447 u23D66 淀 diàn_7.11 同淀28542清·周家楣 順天府志·卷十五京師志十五·水道京西十五里海淀……說文無淀，傳寫者或作淊、或作澱、或作塾，皆非。

28448 u23D65 滔 tāo_7.11 俗滔29168 碑別字新編 引 隋張盈墓誌

28445 u23D69 淨 chēng_7.11 同添28346

28449 u23D64 洔 xián_7.11 阮元 經籍籑詁 涎28370，諸書作次、漢、洔，三形同。

28450 u23D63 溠 gě_7.11 字彙補 溠與菏49742同，集韻 澤名 集韻 菏49742，賈我切。澤名。或作蒴、荷。

28451 u23D62 沺 tān_7.11 同沺28651

28452 u23D61 浒 hàn_7.11 俗汗27811 可洪音義 流浒：寒案反。正作汗。又敦煌·P. 2212 佛說楞伽經禪門悉談章（并序）其經總有五卷，合成一部，文字浩浒，意義難知 图俗旱22337敦煌·S. 6315 祈雨圖家家苗樵浒（焦旱），慮恐三春狂（枉）力，九秋不登。

28453 u23D60 涿 zhuō_7.11 龍龕 涿俗，涿28541正。

28454 u23D5D 潊 null_7.11 未詳。

28455 u23D5C 添 null_7.11 未詳。

28456 u23D5B 涍 xiù_7.11 五侯鯖字海 音秀。水清澄澈貌。

28457 u23D5A 添 tiān_7.11 俗添28631

28458 u23D59 浤 yuān_7.11 或俗淵28624

28460 u23D57 湨 null_7.11 未詳。

28459 u23D58 湦 yuān_7.11 或俗淵28624

28461 u23D56 淏 null_7.11 未詳。

28462 u23D55 淁 null_7.11 或俗涯。

28463 u23D54 油 null_7.11 未詳。

28464 u23D53 沕 wěn_7.11 或同潕28604

28465 u23D52 涍 null_7.11 未詳。

28466 u23D51 澉 kǎo_7.11 同洘28157

28467 u23D50 溯 sù_7.11 或同溯29108亦作泝59915 六書統 溯，桑故切。逆流而上也。从水从車。車之遇水不能逕渡，故沿水而上，求其淺而渡也。古文。

28468 u23D4F 津 jīn_7.11 俗字 字學三正 津，津28172

28469 u23D4E 泭 fú_7.11 俗浮28324

28470 u23D4D 湄 méi_7.11 或俗湄28850

28471 u23D4C 渌 lù_7.11 俗淥28598

28472 u23D4B 浦 yǒng_7.11 同涌28368

28473 u23D4A 涵 hán_7.11 俗涵28527

28474 u23D49 淏 yì_7.11 淏28884譌字

28475 u23D48 洴 bīn_7.11 同洴28361 篇海 洴，必鄰切。水際也 字彙 洴，與濱同，水際也。

28476 u23D47 浏 liú_7.11 古今圖書集成·藝術典·第六百五十七卷·堪輿部彙考七·管氏地理指蒙三·五方旗第二十六 或如鞍橋而坳風吹急唇前深浏。原註：音溜，耕田田浏。

28478 u23D45 涹 null_7.11 未詳。

28477 u23D46 沋 null_7.11 或同沇28049

28479 u23D44 沬 null_7.11 未詳。

28483 u23D40 涅 niè_7.11 同涅28355

28480 u23D43 渊 yuān_7.11 同渊28771 渊28706俗 淵28624

28481 u23D42 淾 yǐn_7.11 同淾28641古文 飲68949

28482 u23D41 洇 yān_7.11 俗洇28556 名義 胡感反。泥水 图俗滔29168 可洪音義 洇天：上他刀反。盪也。亦水流也。正作滔。

28484 u3CF3 浣 kè_7.11 浣介子，即K介子，物理學用字。

28485 u3CF2 汰 null_7.11 未詳。

28486 u3CF1 湘 null_7.11 未詳。

28487 u3CF0 济 gōu_7.11 俗溝29077敦煌·S. 930.Ⅴ 立成筭經 大數有十，十万曰億，十億為兆，十兆為京，十京為垓，十垓為秮，十秮為壤，十壤為济，十济為間（澗），十見為正，十正為載。

28488 uF9CA 流 liú_7.11 同流28506

28489 u6DA9 涩 sè_7.11 简 澀29649

28491 u6DA7 涧 jiàn_7.11 简 澗29809

28490 u6DA8 涨 zhǎng_7.11 简 漲29420

28492 u6DA6 润 rùn_7.11 简 潤29595

28493 u6DA5 淳 null_7.11 淳于，複姓。俗作淳于 姓解 淳于：史 有淳于髡、淳于意，晉 有淳于智，後漢 袁紹大將軍淳于瓊。

28494 u6DA4 涤 dí_7.11 简 滌29156

28495 u6DA3 涣 huàn_7.11 同涣28798

28496 u6DA2 涢 yún_7.11 简 溳29113

28497 u6DA1 涡 wō_7.11 简 渦28812

28498 u6DA0 润 wéi_7.11 简 潙29648

28499 u6D9F 涟 lián_7.11 简 漣29402

28500 u6D9E 涞 lái_7.11 简 淶28626

28501 u6D9D 涝 lào_7.11 简 澇29656

28503 u6D9B 涛 tāo_7.11 简 濤30013

28502 u6D9C 渎 dú_7.11 日同瀆30150

28504 u6D9A 涚 shuì_7.11 同涚28379

28505 uF92A 浪 láng_7.11 参见浪28319

28506 u6D41 流 liú_7.11 俗流28207

28507 u6D16 浯 wú_7.11 浯28155今作浯

28508 14189 涪 fú_8.12 唐韻 縛牟切 集韻 韻會 房尤切 正韻 房鳩切达音浮。水名 水經注 涪水，出廣漢屬國剛氏道徼外 图 涪陵，漢縣名，今為州，屬重慶府 图 集韻 馮無切音扶。義同 图 póu蒲侯切音捊。涪漚，水泡也。鑾 又洁28709 浯28357

28509 14190 涫 guàn_8.12 廣韻 集韻 韻會 正韻达古玩切音貫 說文 灪也。荀子·解蔽篇 涫涫紛紛，孰知其形 图 huàn 集韻 胡玩切音換。義同 图 guān 唐韻 集韻 古丸切 韻會 正韻 沽

歡切㴽音官。樂涫，縣名，屬酒泉郡，見前漢·地理志。又滾涫，水名，即桑乾水，見水經注

滓 28510 14191
xìng_8.12 廣韻胡頂切集韻韻會正韻下頂切㴽音婞。瀯滓，大水貌。一曰混茫貌又溟滓，自然氣也莊子·在宥篇大同乎溟滓，物故自生又引也張衡·思玄賦無緜攣以滓巳兮註言勿牽制于俗，引憂于巳又姓。五代有滓寅遜△亦作涬。鼉又澤28928滓28970

浸 28511 14192
shòu_8.12 集韻是酉切音受玉篇水貌。

涮 28512 14193
shuàn_8.12 廣韻生患切集韻數患切㴽音攣。涮，洗也又集韻數眷切音篲。義同又shuā所劣切音刷。水名。

㴠 28513 14194
hán_8.12 集韻胡甘切音酣玉篇聲轉也揚子方言㴠，或也。沅澧之間，凡言如或如此者，曰㴠若是註此亦憨聲之轉耳。一曰㴠湖，不定也又hàn集韻侯旰切音翰。義同△或作欸。

涯 28514 14195
yá_8.12 唐韻五佳切集韻韻會正韻宜佳切㴽音崖玉篇水際也書·微子若涉大水，其無津涯又借作窮盡意莊子·養生主吾生也有涯，而知也無涯又朱涯，水名前漢·地理志在鬱陵郡臨塵縣又唐韻集韻魚羈切韻會疑羈切㴽音宜。義同。鼉又厓04844漄29351涯02960

沈 28515 14196
zhú_8.12 玉篇池六切音逐。水名。鼉正字通濬29577字之譌。

淈 28516 14197
chuò_8.12 集韻株劣切音輟玉篇泣也。通作啜。

漲 28517 14198
zhàng_8.12 集韻與漲同。

液 28518 14199
yè_8.12 唐韻羊益切集韻韻會正韻夷益切㴽音繹說文盡也。盡，氣液也字林液，汁也又淫液，謂音連延不絕之意禮·樂記咏嘆之，淫液之又姓急就章有液容調又與掖通前漢·王莽傳液庭媵未充又shì集韻施隻切音釋。漬也周禮·冬官考工記·弓人凡爲弓，冬析幹而春液角註液讀爲醳疏醳酒之醳，亦漬液之義。又解散也文子·上仁篇渙乎其若水之液。鼉又沴28127

湼 28519 14200
zhèng_8.12 廣韻丈井切音徎。通也。

淧 28520 14201
mì_8.12 集韻覓畢切音密。淧洼，泥淖也。

空 28521 14202
kōng_8.12 廣韻苦紅切集韻枯公切㴽音空◆說文直流也。一曰涳濛，細雨又廣韻口江切集韻枯江切音腔。又廣韻女江切集韻農江切㴽音聰。義㴽同。又kòng集韻苦貢切音控。亦直流也。

陏 28522 14203
duò_8.12 集韻待可切音柂。瀡陏，沙石隨水之貌郭璞·江賦碧沙瀡陏而往來又湑陏，水波相重之貌木華·海賦長波湑陏△集韻本作沱。亦作沲。

陀 28523 14204
duò_8.12 集韻同瀡

澉 28524 14205
gàn_8.12 廣韻古按切音旰。引文選澎澎渳渳〇按吳都賦渳本從日，非從目。六書有渳無渳，當是渳字之譌。

涴 28525 14206
wǎn_8.12 廣韻正韻於阮切集韻韻會委遠切㴽音宛。涴演，水迴曲貌郭璞·江賦洪瀾涴演而雲迴。又yuàn集韻紆願切音怨。水名山海經英鞮之山，涴水出焉註涴或作湲，音宛又於袁切音鴛又wò唐韻集韻韻會正韻㴽烏臥切，倭去聲。泥著物也。與汙同韓愈詩勿使泥塵涴。

湝 28526 14207
jì_8.12 集韻居悸切音季。水名。

涵 28527 14208
hán_8.12 廣韻集韻韻會正韻㴽胡南切音含說文水澤多也揚子方言涵，沉也。楚郢以南曰涵，或曰潛。又容也詩·小雅僭始既涵又集韻胡纔切音咸詩·小雅鄭康成讀又hàn廣韻胡感切音頷玉篇沒也。一曰水入船△集韻或從圅作涵，從岑作涔。鼉又淊28761浛28733涵29032

沱 28528 14209
tuō_8.12 唐韻集韻㴽土禾切音詑說文河津也，在西河西玉篇水在西河又tuò廣韻湯臥切集韻吐臥切㴽與唾同說文口液也。或從水作涶。鼉又湹29261

乳 28529 14210
nǒu_8.12 唐韻集韻㴽乃后切，音毇◇說文水也。一曰水名又rǔ集韻蕊主切音乳。與醹同說文酒厚也。鼉集韻乃后切說文水也。一曰酒也。

沃 28530 14211
wò_8.12 唐韻集韻㴽烏酷切音鋈說文溉灌也。與沃同又ào集韻於到切音奧。義同。

洼 28531 14212
wā_8.12 集韻與洼同。

凍 28532 14213
dōng_8.12 唐韻正韻德紅切集韻韻會都籠切㴽音東。水名說文凍水，出發鳩山，入于河又爾雅·釋天暴雨謂之凍註江東呼夏月暴雨爲凍雨又玉篇瀧凍，露貌。一曰沾漬貌又顆凍，草名本草款冬一名顆凍。又dòng廣韻集韻韻會正韻㴽多貢切音凍。義同。

涸 28533 14214
hé_8.12 唐韻下各切集韻韻會正韻曷各切㴽音鶴爾雅·釋詁竭也禮·月令仲秋之月，水始涸又hù集韻韻會正韻㴽胡故切音護。義同△說文亦作潮。鼉又洭27890瀬03069瀬03069

渦 28534 14215
wō_8.12 廣韻集韻㴽烏禾切音倭。濁也博雅溾渦，汙濊也又渦周禮·冬官考工記·㡛氏渦其絲註楚人曰渦，齊人曰涹山名山海經蔥聾山東十五里曰渦山又něi集韻弩罪切音餒。與渨同。亦濁也又wèi於僞切音萎。水所聚也。一曰渦也。

涺 28535 14216
jū_8.12 唐韻九魚切集韻斤於切㴽音居說文水也玉篇水名△集韻或從屈作淈，從尻作沕。

淴 28536 14217
hū_8.12 唐韻集韻㴽呼骨切音忽玉篇青黑貌。又大清也又合也楞嚴經心綿愛淴又wěn集韻武粉切音吻。水絕貌又tuì吐內切音退。漬去色曰淴△玉篇本

作淐,今作淐集韻與洄同。隸作淐。或从忽作洷。鐰又溜28983 图洷即溜28895,唐代避李世民諱 图楞嚴經心綿愛溜。經文原作「心愛綿溜」,宋本或作「心愛綿泯」。

涉 shè_8.12 唐韻始夜切集韻式夜切夶音舍。水名說文水。出北囂山,入邔澤。

涼 liáng_8.12 唐韻集韻韻會呂張切正韻龍張切夶音良說文薄也左傳·莊三十二年虢多涼德图風名禮·月令孟秋之月,涼風至图州名廣韻漢武帝改雍州爲涼州图姓。魏太子太傅山陽涼茂图與醸同周禮·天官漿人掌共王之六飮,水、漿、醴、涼、醫、酏图liàng唐韻集韻韻會力讓切正韻力仗切夶音亮。佐也詩·大雅涼彼武王。本亦作諒韓詩作亮图信也詩·大雅涼曰不可。鐰又涼02948

淆 hūn_8.12 集韻呼昆切音昏。淆淆,未定貌荀子·賦篇淆淆淑淑图hùn呼困切,昏去聲。淆淆,濁水。

溚 tà_8.12 唐韻徒合切集韻韻會正韻達合切夶音沓說文涾溢也。今河朔方言謂沸溢爲溚图•溚溾28522,水波相連貌。

涿 zhuō_8.12 唐韻集韻韻會正韻竹角切音斲說文流下滴也揚子方言瀧涿謂之霑濱图擊也周禮·秋官壺涿氏,掌除水蟲註壺,瓦鼓,涿,擊之也图水名,出上谷涿鹿縣水經注淶水,東逕涿縣故城下,與涿水合图州名地理通釋涿州,本漢涿郡图涿鹿,山名廣興記北直保安州,秦屬上谷郡,漢曰涿鹿城。西南有涿鹿山图集韻徒谷切音牘。義同图zhuó直角切音濁。地名。一曰澤名。亦作濁△玉篇亦作叺集韻或作潒。潒,潒29245之誤图涿29634涿28453

淀 diàn_8.12 集韻韻會堂練切正韻蕩練切夶音電玉篇淺水也。一曰陂淀,泊屬左思·魏都賦掘鯉之淀註淀如淵而淺。鐰又淐28447

沵 xián_8.12 玉篇同涎。本作次。

湞 qiè_8.12 唐韻集韻夶七接切音妾說文水也图jiē集韻即涉切音接。水名图jí卽入切音喋。與溙同。水瀁也。一曰水微轉細通貌。

淂 dé_8.12 廣韻都則切集韻的則切夶音德玉篇水也。一曰水貌图dī廣韻丁力切,音滴◇義同。

港 juàn_8.12 廣韻集韻夶逵眷切音倦。水名。一曰水迴旋貌。

涓 fú_8.12 玉篇防無切音扶。水名。鐰篇海類編涓,防無切。水名。其中有神,古人玉篇涓28901,防無切。水名。中有神,古人廣韻涓,防無切。水名。其中有神,古人△宏按,涓、涓並涓29437之譌。

淄 zī_8.12 廣韻側持切集韻韻會正韻莊持切夶音菑。水名水經淄水,出泰山萊蕪縣原山图州名廣韻春秋時屬齊,漢爲濟南郡,宋文帝改清和郡,隋置淄州。因水以名焉图縣名廣輿記淄川,屬濟寧府。臨淄,屬青州图通菑周禮·夏官·職方氏幽州,其浸菑時。图黑色曰淄後漢·皇后紀恩隆好合,遂忘淄蠹。△集韻俗作澠,非。鐰又淄29052

浙 xī_8.12 唐韻先擊切集韻韻會先的切夶音錫說文汰米也孟子接淅而行图淅瀝,雨聲夏侯孝若·寒雪賦集洪霰之淅瀝图淅川,縣名廣輿記屬河南南陽府,漢淅縣,後魏淅川△集韻或作粸鐰又糈43574淅28550

淅 xī_8.12 正字通俗淅字,同析。又作枑。

淆 xiáo_8.12 廣韻胡茅切集韻韻會正韻何交切夶音爻。混淆,濁水後漢·黃憲傳淆之不濁图水名土地名河南陽城縣東北山,淆水所出图亂也,雜也。

淇 qí_8.12 唐韻集韻韻會夶渠之切音其。水名說文水。出河內共北山,東入河水經淇水,出河內隆慮縣西大號山詩·邶風亦流于淇。又襄陽亦有淇水水經注瀾水東合夷水,與夷水亂流東出,謂之淇水图縣名廣興記屬彰德府,古朝歌地,周沫邑,元淇州。

洴 píng_8.12 廣韻薄經切集韻韻會旁經切夶音瓶。洴澼,漂絮聲莊子·逍遙遊世世以洴澼絖爲事註絖,絮也。洴澼絖者,漂絮于水上图pēng集韻披庚切音磅。水聲。或作泙、滂。鐰又洴28193

汨 gǔ_8.12 唐韻集韻韻會正韻夶古忽切音骨說文濁也。一曰汨泥楚辭·漁父淈其泥而揚其波图亂也張衡·應閒涉冬則淈泥而潛蟠避害图盡也荀子·宥坐篇其洸洸乎不淈盡似乎道图與汩同爾雅·釋詁淈,治也註淈書序作汨图廣雅淈淈,決流也司馬相如·上林賦淈滴淈淈图蒼頡篇淈,水通貌郭璞·江賦潛演之所汨淈图集韻韻會正韻夶胡骨切音搰。又廣韻下沒切集韻下扢切音扢。義夶同图hù集韻呼骨切音忽。與淴同水貌。鐰又濕29697滒29972

猓 guǒ_8.12 廣韻集韻夶古火切音果說文水也。图guàn集韻古玩切音貫。與祼同。灌祭也。

淊 hàn_8.12 唐韻胡感切集韻戶感切夶音頷說文泥水淊淊也。一曰繰絲湯图yǎn廣韻集韻夶以冉切音琰。灊淊,水滿也類篇與灩同。激灩,水滿貌图àn廣韻集韻夶於陷切音韽。淊淊,水淖。一曰沒也图hán集韻胡南切音含。與淦同。沈也图於咸切音揞。義同。鐰又洎28482

汇 huā_8.12 玉篇呼瓜切音花。水也。

淋 lín_8.12 唐韻力尋切集韻韻會犁針切正韻犁沈切夶音林說文以水沃也。一曰淋淋,山下水貌图淋濑渥貌。亦作淋灕揚雄·羽獵賦淋灕廓落图池名。即太

液池王子年·拾遺記昭帝元始元年穿淋池，廣千步。区與霖通区集韻力鴆切，臨去聲。亦水沃也△集韻或作霤。鼇又潎29762

洷 28559 14240
wǎng_8.12 集韻羽兩切，音往。往也。以其去水中，故从水揚雄·反騷因江潭洷記今註洷，往也区wàng于放切音旺。義同。

汪 28560 14241
wǎng_8.12 廣韻烏晃切集韻鄔晃切丛音潢。大水也。一曰水名，在譙郡区集韻于放切音旺。義同。区嫗往切音枉。與汪同。汪陶，縣名，在鴈門区wàng烏曠切音醃。亦作汪，停水臭。一曰水貌。

淌 28561 14242
chàng_8.12 集韻尺亮切音唱玉篇大波也区水貌淮南子·本經訓淌游瀁減註皆文畫擬象水勢之貌。

洀 28562 14243
zhōu_8.12 集韻之由切音周玉篇匜也。或作周類篇水名。一曰水匜。

淎 28563 14244
pěng_8.12 玉篇撫孔切集韻撫勇切丛音捧。水也。

淏 28564 14245
hào_8.12 集韻下老切音皓。清貌。

淐 28565 14246
chāng_8.12 玉篇尺羊切集韻蚩良切丛音昌。水名。

淑 28566 14247
shū_8.12 唐韻殊六切音孰說文清湛也区爾雅·釋詁淑，善也詩·曹風淑人君子区chù集韻昌六切音俶。淑汃，水貌区與俶通儀禮·聘禮俶獻無常數註古文俶作淑。鼇又淋28309区思，晚곱金文習見，讀如淑。

淒 28567 14248
qī_8.12 唐韻七稽切集韻韻會正韻千西切丛音妻說文雲雨起也詩·小雅有渰淒淒区寒涼也詩·邶風淒其以風区水名山海經翠山西二百五十里曰騩山，淒水出焉区qī集韻千咨切音郪。亦雲雨起也区此禮切音泚。義同区qiàn倉甸切音蒨。淒洌，疾貌。或从情作凊。通作凊司馬相如·子虛賦鯈眒淒洌漢書文選作凊洌。鼇又淒28725

淓 28568 14249
fāng_8.12 廣韻集韻丛敷方切音芳。水名山海經箕尾之山，淓水出焉。或从方作汸。

淔 28569 14250
chì_8.12 唐韻恥力切集韻蓄力切丛音敕說文水也。一曰出潁川区草名爾雅·釋草淔灌郭璞註未詳。区zhí集韻丞職切音殖。義同。

淕 28570 14251
lù_8.12 廣韻集韻丛力竹切音六。凝雨澤也。一曰澤名。

淖 28571 14252
nào_8.12 廣韻集韻韻會正韻丛奴教切音鬧說文泥也左傳·成十六年有淖於前，乃皆左右相違於淖。区字林濡甚曰淖前漢·郊祀志堅冰淖溺区水名山海經西北大荒之中有龍山，日月所入。有三澤，名曰三淖区姓路史楚淖國先爲淖氏区zhào集韻直教切音棹。和也儀禮·士虞禮嘉薦普淖註普大淖，和也。德能大和，乃有黍稷区chuò尺約切音綽。與鬻、綽丛同說

蘻也莊子·逍遙遊淖約如處子註淖約，柔弱貌。

潮 28572 14253
cháo_8.12 唐韻直遙切集韻馳遙切。丛與潮同說文水輖宗於海，从水、朝省。隷作潮。

淗 28573 14254
jú_8.12 玉篇集韻丛居六切音掬。水文。通作泃。

淘 28574 14255
táo_8.12 集韻韻會正韻丛徒刀切音陶博雅淘淘，水流也区韻會澄汰也，與洮同区淅米也齊民要術冷水淨淘区淘河，鳥名杜甫詩江中淘河嚇飛燕。

淙 28575 14256
cóng_8.12 唐韻藏宗切集韻韻會徂宗切音賨說文水聲也。一曰水流貌郭璞·江賦淙大壑與沃焦区盧鴻·終南十志有雲錦淙区廣韻士江切集韻鉏江切，丛音鬃。又集韻仕巷切，淙去聲。義丛同区shuāng廣韻正韻色降切集韻韻會朔降切丛音雙。水出貌。

淚 28576 14257
lèi_8.12 廣韻集韻韻會正韻丛力遂切音類。目液也本草淚者，肝之液譚子·化書珠玉篇悲則雨淚。区集韻劣戍切音律。義同区lì韻會郎計切正韻力霽切丛音麗。疾流貌張衡·南都賦潣淚減汨註引淮南子水淚破舟〇按淮南子·主術訓本作戾。淚與戾古通区liè集韻力結切音捩。義同区淒淚，寒涼貌前漢·武帝賦秋氣憯以淒淚。亦作戾。鼇又泪28047泪02891淚28652淚28795涙28722

洌 28577 14258
liè_8.12 唐韻良薛切集韻力蘗切丛音列說文水清也易曰:井洌寒泉。今作冽◆集韻作澩。鼇集韻涉、瀏等字丛从屮作。

淛 28578 14259
zhì_8.12 廣韻集韻韻會正韻丛征例切音制。江名山海經禹治水，以至淛河区zhé正韻之列切音折。與浙同。鼇又濇29110，本字。

淜 28579 14260
píng_8.12 集韻披冰切音砯。淜滂，水聲。一曰風擊物聲宋玉·風賦飄忽淜滂区玉篇古文馮69746字。鼇正字通與馮通区羽28251区龍龕淜29444淜二或作，淜28219正。

湨 28580 14261
jū_8.12 集韻同涺。

淝 28581 14262
féi_8.12 廣韻集韻韻會正韻丛符非切音肥。水名。出九江山，入淮。本作肥水經肥水，出九江成德縣廣陽鄉，北入芍陂区爾雅·釋水所出同，所歸異，曰肥泉詩·邶風我思肥泉区合肥，縣名廣輿記合肥縣，今屬廬州府。

潧 28582 14263
qióng_8.12 集韻去仲切音焪。水急貌。

淞 28583 14264
sōng_8.12 廣韻息恭切集韻韻會思恭切丛音鬆。江名。今作松。鼇又通淞02946通雅雺淞，凝霧也。宋·曾鞏冬夜即事詩香消一榻氍毹暖，月澹千門霧淞寒。

游 28584 14265
yóu_8.12 正字通俗游字。

灑 28585 14266
sǎ_8.12 集韻灑30471古省作灑。

淟 28586 14267
tiǎn_8.12 廣韻韻會正韻丛他典切音腆博雅淟涊，

垢濁也 楚辭·遠遊 切洇澀之流俗 図 泪沒也 唐書·贊 洇泪於隋 図 diǎn 集韻 多殄切音典。義同。鑒 玉篇入冫部，譌作渜02939澀。

洇 28587 14268
pì_8.12 唐韻 集韻 韻會 ㄊㄨ匹備切音濞。水名 說文 水。出汝南弋陽垂山，東入淮。亦作淠 水經 淮水又東北，淠水注之 図 玉篇 水聲也 図 pī 集韻 匹計切音媲。義同 図 博雅 洇洇，茂也，眾也 詩·小雅 萑葦洇洇 図 舟行貌 詩·大雅 洇彼涇舟 図 pèi 普蓋切音霈。動也 詩·小雅 其旆洇洇 註 匹弊反，又孚蓋反。鑒 又淠28362

潤 28588 14269
wǎng_8.12 集韻 文紡切，音罔。水名，在蜀。図 mǎng 母朗切，音莽。與潒同。水大貌。

渚 28589 14270
zé_8.12 廣韻 側伯切 集韻 側格切ㄊㄨ音 博雅 隁也。◆ 說文 所以攔水也 漢律曰：及其門首洒渚 唐韻 所責切 集韻 色責切ㄊㄨ音榛。又 廣韻 集韻 ㄊㄨ倉故切音措。又 集韻 存故切音祚。義ㄊㄨ同。

洿 28590 14271
hǔ_8.12 集韻 火五切音虎。舟中渫水器 図 hù 後五切音戶。義同。或作戽。

洦 28591 14272
mò_8.12 玉篇 莫百切 集韻 莫白切ㄊㄨ音陌。淺水也。與洦同。

淡 28592 14273
dàn_8.12 廣韻 徒敢切 正韻 徒覽切 集韻 韻會 杜覽切ㄊㄨ音啖 說文 薄味也 急就篇註 平薄謂之淡 史記·叔孫通傳 呂后與陛下攻苦食啖 註 啖，亦作淡 如淳曰 食無菜茹爲淡 図 甘之反也 禮·表記 君子淡以成，小人甘以壞 図 廣韻 洺淡，水滿貌 前漢·揚雄傳 秬鬯泔淡 図 yǎn 廣韻 集韻 正韻 ㄊㄨ以冉切音琰。澹淡，水播蕩貌 枚乘·七發 湍流遡波，又澹淡之 図 隨風貌 司馬相如·上林賦 隨風澹淡 図 淡淡，安流平滿貌 宋玉·高唐賦 潰淡淡而ㄊㄨ入 図 tán 廣韻 集韻 ㄊㄨ徒甘切音談。水貌也。或作澹。図 與痰通 王羲之·初月帖 淡悶千嘔 黃伯思云淡，古痰字 図 dàn 廣韻 集韻 韻會 正韻 ㄊㄨ徒濫切音餤。水味也 中庸 淡而不厭 図 yàn 集韻 以贍切音豔。水貌 列子·湯問篇 淡淡焉若有物存。張湛讀。鑒 又 可洪音義 六酢62361：徒濫反。水味也，無鹽也。正作淡。郭氏徒紺反。醶酢：上戶緘反。下徒濫反。下郭氏作徒甘反，非也。

㲩 28593 14274
bì_8.12 集韻 壁吉切音必。與瀣同。泉沸也。或省作㲩。亦从畢作潷。

淢 28594 14275
yù_8.12 唐韻 于逼切 集韻 正韻 越逼切ㄊㄨ音域。說文 疾流也 張衡·南都賦 潚淢淢汩 図 溳淢，水波鱗次貌 郭璞·江賦 溳淢瀣渭 図 yù 集韻 越筆切音颭。與洫同。汩同。水也 図 xù 廣韻 況逼切 集韻 忽域切。ㄊㄨ與洫同 詩·大雅 築城伊淢 傳 淢，城溝也 図 與恤同。惻淢，悲傷貌 潘岳·笙賦 湫愴惻淢。鑒 又淢28331

淜 28595 14276
zhè_8.12 集韻 之夜切音柘 類篇 臐屬。

淣 28596 14277
ní_8.12 集韻 研奚切音倪。水際也 図 yá 宜佳切音

厓。與倪同。極際也 莊子·大宗師 不知端倪。或作況。端，山顛也。況，水澌也 図 yì 研計切音詣。義同。

淤 28597 14278
yù_8.12 唐韻 集韻 韻會 正韻 ㄊㄨ依據切音飫 說文 澱滓濁泥也 玉篇 水中泥草 杜篤·論都賦 畎瀆潤淤 図 揚子方言 水中可居者爲洲，三輔謂之淤 図 yū 廣韻 央居切 集韻 韻會 正韻 衣虛切ㄊㄨ音於。義同 図 集韻 或从土作塤。通作閼 通鑑 秦鑿涇水爲渠，注填閼之水 集覽曰 閼，依據反。或作塤。通作淤 図 與飫通 馬融·廣成頌 擺牲班禽，淤賜犒功 註 淤與飫同。

淥 28598 14279
lù_8.12 唐韻 集韻 正韻 盧谷切，ㄊㄨ音祿 說文 與漉同。浚也，滲也。或作淥 図 水清也 張衡·東京賦 淥水澹澹 図 廣韻 力玉切 集韻 韻會 龍玉切，並音綠。水名，在湘東 水經注 醴泉縣淥水，亦曰淥水 図 澤名 前漢·郊祀歌 淫淥澤，渟然歸。鑒 又淥28787

淦 28599 14280
gàn_8.12 唐韻 集韻 韻會 正韻 ㄊㄨ古暗切音紺 說文 水入船中也。一曰泥也。或作汵 図 與灨同。水名 前漢·地理志 豫章郡有新淦縣 應劭曰 淦水所出 図 gān 廣韻 古南切 集韻 韻會 姑南切ㄊㄨ音弇。義同。又◆最也，沈也，汲也 図 hán 集韻 胡南切音含。義同。鑒 又淦02971 坅04478

淧 28600 14281
mì_8.12 唐韻 彌畢切 集韻 覓畢切ㄊㄨ音密。與溢同。

淨 28601 14282
jìng_8.12 廣韻 才性切 集韻 韻會 正韻 疾政切ㄊㄨ音穽。無垢也，潔也 韓愈詩 淥淨不可唾 図 灘名 水經注 漢水東爲淨灘 図 chéng 唐韻 士耕切 集韻 鋤耕切ㄊㄨ音崢 說文 魯北城門池也。亦作才性切 図 zhēn 集韻 緇詵切音臻。又鋤臻切，音榛。義ㄊㄨ同。鑒 又淨02913淨02947淨28289潀30295瀞30025瀞30265潁68222 図 古文四聲韻 彭66939，箱韻 図 字學三正 㲻27853溣30118，淨。古文。

淩 28602 14283
líng_8.12 唐韻 力膺切 集韻 韻會 閭承切ㄊㄨ音陵 博雅 淩馳也。一曰歷也。◆ 木華·海賦 汎海淩山 図 與掕通 廣雅·釋言 淩，慄也 註 淩慄，戰慄 疏 埤蒼云掕慄也。郭言淩慄，戰慄，則淩、掕音義同 図 水名 前漢·地理志 泗水郡淩縣 應劭曰 淩水所出 図 姓 三國志 吳淩統△與凌別。鑒 又淩29522

淰 28603 14284
mǐ_8.12 正字通 同瀰。俗省作淰。

潍 28604 14285
wěn_8.12 集韻 汶27865或从敃。

洲 28605 14286
zhuàng_8.12 集韻 助亮切音狀。水瀺潀貌。或作牀。

湐 28606 14287
pò_8.12 集韻 匹陌切音拍。與岶同。嵾岶，密貌。或作泊。

淪 28607 14288
lún_8.12 唐韻 力迍切 集韻 韻會 正韻 龍春切ㄊㄨ音倫 說文 水波也 爾雅·釋水 小波爲淪 詩·魏國 河水清且淪猗 傳 小風拂水成文，轉如輪也 韓詩外傳 順流而風曰淪。淪，文貌 図 爾雅·釋言 淪，率也 詩·小雅 淪胥以鋪

言牽率相引，而徧得罪☒博雅淪，沒也☒書·微子今殷其淪喪☒lùn集韻縷尹切音稐。盧困切音論。義丛同☒鱗淪，水相次貌馬融·長笛賦波瀾鱗淪☒垠淪，水迴旋貌郭璞·江賦垠淪㴸㴐☒潰淪，水勢相糾貌木華海賦澗瀆淪而溏㴐☒混淪，未分離之貌列子·天瑞篇氣形質具而未相離，故曰混淪☒水名山海經宣山，淪水出焉☒guān集韻姑頑切音鰥。姓也。古有泠淪氏☒lǔn魯本切，㥑上聲。混淪，水流轉貌。鼇又淪27960

淪02962

㳺 28608 14289
qiāng_8.12 集韻墟羊切音羌玉篇水也，本作羌。
鼇又㳺29103

㳫 28609 14290
jiē_8.12 廣韻即葉切集韻即涉切丛音接。㳫㴐，縴有水貌。一曰水出貌☒汎㳫，水微小貌。一云波急聲王褒·洞簫賦泡溲汎㳫☒集韻失涉切音攝。義同。☒dié的協切音喋。水貌。

淫 28610 14291
yín_8.12 古文㸒唐韻余箴切集韻韻會正韻夷針切丛音霪◆說文浸淫，隨理也徐曰隨其脈理而浸漬也周禮·冬官考工記善防者，水淫之註謂以淤泥淫液，使厚也☒放也禮·哀公問淫德不倦☒貪也禮·樂記聲淫及商☒溢也，過也書·大禹謨罔淫于樂☒甚也列子·黃帝篇黃帝曰：朕之過淫矣☒大也詩·周頌既有淫威☒僭也吳語掩王東海，以淫名聞於天子☒久也晉語底著滯淫註滯廢淫久也☒邪也禮·王制志淫好僻☒禮·曲禮毋淫視疏謂流移也☒小爾雅男女不以禮交，謂之淫☒歲星失次亦曰淫左傳·襄二十八年歲在星紀，而淫于元枵☒遠貌揚雄·羽獵賦淫淫與與註往來之貌☒水名淮南子·覽冥訓女媧氏積蘆灰以止淫水註平地出水爲淫☒泉名王子年·拾遺記日南之南，有淫泉之浦☒樹名採蘭雜志遜頓國有淫樹☒魚名淮南子·釋山訓瓠巴鼓瑟，而淫魚出聽。☒yàn集韻以贍切音豔。巴東有淫預堆古歌淫預大如馬。今作灩澦☒讀作涅周禮·冬官考工記幀氏涷帛，淫之以蜃註淫當爲涅☒讀作瑤山海經爰有淫水，其清洛洛註淫音遙，與瑤同。鼇又灘29689滛29312澩29215遙60950

淬 28611 14292
cuì_8.12 唐韻七內切集韻韻會取內切丛音倅說文滅火器也徐曰淬，劍燒而入水也。與焠同前漢·天文志火與水合爲焠王褒·聖主得賢臣頌清水淬其鋒☒廣韻染也，犯也史記·司馬相如傳肘割輪淬☒揚子方言淬，寒也☒zú集韻即聿切音卒。淬，沒水貌。☒zú昨律切音崒。流也☒淬27894

渠 28612 14293
qú_8.12 廣韻强魚切集韻求於切丛音渠揚子方言把，宋魏之閒謂之渠挐集韻或作據。通作渠。鼇俗渠☒揚子方言把宋魏之閒謂之渠挐。把，杷字之誤。

渫 28613 14294
xiè_8.12 集韻私列切音薛。同渫。除去也。一曰漏也班固·東都賦士怒未渫☒yì以制切音曳禮·曲禮蔥

漅處末註渫，烝蔥也。石經作渫。

淮 28614 14295
huái_8.12 唐韻戶乖切集韻韻會乎乖切丛音懷。水名說文水。出南陽平氏桐柏大復山，東南入海風俗通·山澤篇淮，均也。均其務也春秋說題辭淮者，均其勢也釋名淮，圍也。圍繞揚州北界，東至於海也周禮·夏官·職方氏青州，其川淮、泗書·禹貢導淮自桐柏。☒水出漢中前漢·地理志漢中郡房陵縣淮山，淮水所出☒淮安，郡名廣輿記秦屬九江郡，曰淮陰。漢曰臨淮，晉曰山陽，隋、唐曰楚州，宋曰淮安☒叶虛欺切音熙顏延之詩惜無爵雉化，何用充江淮。去國還故里，迷門樹蓬藜。鼇又灘，同淮蓼生甌王征南灘尸（淮夷）☒淮偏類碑別字·淮引魏始平文貞公國太妃靈氏墓誌

淯 28615 14296
yù_8.12 唐韻集韻丛余六切音育。水名說文水。出弘農盧氏山，東南入沔山海經攻離之山，淯水出焉，南流注于漢☒淯陽，縣名，在南陽郡前漢·地理志作育陽後漢·郡國志作淯陽。

淲 28616 14297
pào_8.12 集韻披教切音泡。漬也。一曰清也。

淰 28617 14298
niǎn_8.12 唐韻乃忝切集韻韻會乃玷切正韻乃點切丛音淰說文濁也。一曰水流貌☒廣韻集韻丛女減切音㻫坤蒼水無波也☒農具取水底淤泥曰淰。☒shěn廣韻集韻韻會正韻丛式荏切音審。淰潤，水動貌。一曰魚駭貌禮·禮運龍以爲畜，故魚鮪不淰註淰之言閃也☒shǎn集韻韻會正韻丛失冉切音閃。淰躍，踊逸也。或作㴱☒ǎn集韻鄔感切音唵。濁也☒nǎn乃感切音湳☒nán尼咸切音諵。義丛同☒諸經音義江南謂石水不派爲淰。淰，乃默切音與納近。鼇又淰02958湵29814

湒 28618 14299
jǐ_8.12 玉篇古文濟30004字。

深 28619 14300
shēn_8.12 古文㴱唐韻集韻韻會正韻丛式針切音葯。水名說文水。出桂陽南平，西入營道☒邃也增韻深者，淺之對詩·邶風深則厲，淺則揭☒深微也易·繫辭惟深也，故能通天下之志☒藏也周禮·冬官考工記梓人必深其爪☒衣名禮·深衣疏衣裳相連，被體深邃，故謂之深☒州名韻會後漢博陸郡，隋置深州廣輿記今屬眞定府☒shèn廣韻集韻韻會正韻丛式禁切音諗。度淺深曰深周禮·地官以土圭之法測土深。鼇又深28443潒29138

洶 28620 14301
xiōng_8.12 正字通俗洶字。

淲 28621 14302
biāo_8.12 廣韻皮彪切集韻皮虯切丛音漉說文水流貌。引詩淲池北流○按今詩本作滮☒hū集韻荒胡切音呼。與滹同。

淳 28622 14303
chún_8.12 古文濬唐韻常倫切集韻韻會正韻殊倫切丛音純。清也，樸也張衡·思玄賦何道眞之淳粹兮註不澆曰淳☒沃也周語王乃淳濯饗醴☒大也班固·幽

通賦 黎淳耀於高辛兮 図 兵車之耦曰淳 左傳·襄十一年
鄭人賂晉侯廣車、軘車淳十五乘 図 鹹也 左傳·襄二十
五年 楚蒍掩爲司馬，表淳鹵 註 淳鹵，埆薄之地 正義 淳
鹵，地薄，故表之，輕其賦稅 図 淳淳，流動貌 莊子·則
陽篇 禍福淳淳 図 zhūn 集韻 朱倫切音諄。漬也，沃也 周
禮·冬官考工記 鍾氏淳而漬之 註 淳，沃也 図 zhǔn 主尹
切音準。布帛廣幅也。與純通 周禮·地官 質人壹其淳制
註 淳作純。鍪 又厚04901 湻29054 淳29183

淴 28623 14304
wò_8.12 廣韻 集韻 夶烏沒切音唱。水出聲。
図 淴泱，水流疾貌 郭璞·江賦 滴湟淴泱 図 hū 集韻 呼
骨切音忽。水貌。或作淈 図 huì 呼内切音誨。與淈同。
鍪 淴或俗澀字 可洪音義 艱淴：上古閑反，下所立反。
下又烏沒反。悞。目淴：所立反。正作澀。

淵 28624 14305
yuān_8.12 古文開困剏 唐韻 烏玄切 集韻 正韻 縈玄
切 韻會 幺圓切夶音弼 說文 回水也。从水，象形。左右
岸也，中象水貌 管子·度地篇 出地而不流者，命曰淵水
図 深也 詩·邶風 秉心塞淵 図 潭名 水經注 伊水東爲淵
潭 図 淵淵，鼓聲 詩·小雅 伐鼓淵淵 図 姓 世本 有齊大
夫淵歂 図 yūn 集韻 一均切音蝹。亦深也。鍪 又囦08083
囨08058 囶08080 渊28789 抾19619 滟38397 渕28778 洝28681
渆28771 汌28480 瀭30246 滐29762 図 龍龕 洝28653 灡30510
潤29700 浌28395 瀾30377 淵30052 渊28793 七俗，渊28706 正。

開 28625 14306
yuān_8.12 集韻 淵古作開。註詳淵。鍪 又㶜43162

淶 28626 14307
lái_8.12 唐韻 洛哀切 集韻 韻會 郎才切夶音來。水
名 說文 水起北地廣昌，東入河 周禮·夏官·職方氏 并州，
其浸淶、易。鍪 又淶28500

混 28627 14308
hùn_8.12 唐韻 正韻 胡本切 集韻 韻會 戸衮切夶音
倱 說文 豐流也。一曰雜流。或作渾 図 混沌，元氣未分
也 老子道德經 有物混成，先天地生 図 hún 集韻 胡昆切
音魂。人名。漢有屬國公孫昆邪，或作混 図 kūn 集韻 韻
會 正韻 夶公渾切音昆。混夷，西戎名。或作緄。通作
昆 詩·大雅 混夷駾矣 図 同崑 周禮註 混淪，即崑崙。
図 gǔn 集韻 韻會 正韻 夶古本切音袞。與滾同。大水流
貌 孟子 原泉混混。鍪 又囻08132

清 28628 14309
qīng_8.12 古文㳄 唐韻 正韻 七情切 集韻 韻會 親盈
切夶音圊 說文 朖也。澂水之貌 釋名 清，青也。去濁遠
穢，色如青也 詩·鄭風 瀏其清矣 図 靜也，澄也，潔也
書·舜典 直哉惟清 図 水治曰清 詩·小雅 泉流既清 図 視
清明也 詩·邶風 子之清揚 註 視清明曰清。又 齊風 猗嗟
名兮，美目清兮 傳 目上爲名，目下爲清 図 酒名 周禮·天
官·酒正 辨四飮之物，一曰清 註 清謂醴之沛者 図 凡飮
皆曰清 周禮·天官·膳夫 凡王之饋飮，用六清 図 水名 山
海經 太時之山，清水出焉 水經 清水，出河南修武縣北
黑山 図 江名 廣輿記 清江，在臨江府城南 図 河名 水經
注 白溝水，東北過廣宗縣，東爲清河 図 邑名 春秋·隱
四年 夏公及宋公遇于清 註 清，衞邑 詩·鄭風 清人在彭

正義 清，鄭邑 図 姓。宋有進士清賢 図 jìng 集韻 韻會 正
韻 夶疾郢切音靜。潔也 図 jìng 集韻 正韻 夶疾正切音
淨。與瀞同 図 qìng 集韻 韻會 正韻 夶七正切音婧。與
清同。寒也。鍪 通作清28794 図 汧27953 捕20594

淹 28629 14310
yān_8.12 唐韻 英廉切 集韻 韻會 衣廉切 正韻 衣炎
切夶音醃。水名 說文 水。出越巂徼外，東入若水。
図 漬也 禮·儒行 淹之以樂好 図 爾雅·釋詁 淹留久也 左
傳·僖三十三年 吾子淹久於敝邑 △通作奄 前漢·郊祀歌
神奄留 図 揚子方言 淹，敗也。水敗爲淹 図 yǎn 集韻 衣
檢切音掩。水涯也。一曰纆絲出緒也 禮·祭義 夫人繅三
盆手 註 三盆手者，三淹也 図 yàn 廣韻 於劒切音俺。又
集韻 於贍切音愍。義夶同。又沒也 図 集韻 憶笈切音裛。
亦漬也。鍪 又淹淹29473，本字。

淺 28630 14311
qiǎn_8.12 唐韻 正韻 七衍切 集韻 韻會 此演切，夶遷
上聲 說文 水不深也 詩·邶風 就其淺矣 図 荀子·修身篇
少聞曰淺 図 虎皮也 詩·大雅 鞞琫淺幭 傳 淺，虎皮淺毛
也 図 凡獸之淺毛者，皆曰淺 周禮·春官·巾車 鹿淺裸 註
以鹿夏皮爲覆笭 疏 夏時鹿毛新生爲淺毛，故云 図 jiān
廣韻 則前切 集韻 將先切夶音箋。與濺同。淺淺，水疾
流貌 楚辭·九歌 石瀨兮淺淺 図 jiàn 集韻 在演切音踐 古
文尚書·堯典 寅淺納日。馬融讀。今作餞 図 zàn 則旰切
音贊。與瓚同。汙灑也 図 jiàn 子賤切音箭。與濺同。水
激也 儀禮·士虞禮 註 槃以盛棄水，爲淺汙人也 図 與翦
通 儀禮·士喪禮 用疏布緇翦 註 翦，淺也。鍪 又浅28114
灒30483 図 可洪音義 深溅：千演反。正作淺也。悞。

添 28631 14312
tiān_8.12 唐韻 集韻 韻會 正韻 夶他兼切，音忝平聲
玉篇 益也。通作沾、酟 図 tiàn 集韻 他念切音栝。味益
也 李翊·俗名小錄 呼下酒具爲添。鍪 又㳄27906 沗28457
添29006俗亦作添28695 図 直音篇 謟23340與添同。

淼 28632 14313
miǎo_8.12 唐韻 亡沼切 集韻 韻會 正韻 弭沼切夶音
眇。大水也 郭璞·江賦 狀滔天以淼茫。鍪 又沒28201
渳28830

洒 28633 14314
sǎ_8.12 正字通 與洒同。

沚 28634 14315
zhǐ_8.12 集韻 渚市切音止。水名。一曰原名，霸陵
在其上。

滅 28635 14316
hàn_8.12 字彙補 古文漢29400字 金石韻府 出 古尚
書

芝 28636 14317
fān_8.12 玉篇 匹凡切 集韻 甫凡切夶音芝。深也。
鍪 又芝28696

滙 28637 14318
kuāng_8.12 字彙補 湟本字 說文 湟水，出桂陽盧聚
山湟浦，爲桂水。隸省作湟。

洴 28638 14319
yì_8.12 五音篇海 伊昔切。太上作，張道忠添註。
與溢聲同義異。此字从水从天从井。洴者，添也，滿也，
是天井中水也，長滿不缺爲洴也。此是人口中之津液，

名天井水也，故人口中有水卽活，七日口中無水卽死。若人能將津液常服嚥之，可得虛其心，實其腹，便是長生之基本也。

溡 shī_8.12 字彙補音未詳。遲久也呂氏春秋得之同則遟爲上，勝之同則溡爲下。𪊓或同溡，俗濕。

㲆 yǐn_8.12 集韻歙26453古作㲆。

㴀 yǐn_8.12 集韻同㲆 **浡** bó_8.12 字彙補古文泊28006字石鼓文註从㠯从水，爲古泊字。𪊓二泊字，原誤作洦，今正石鼓文·汧洒㠯毲礫礫。

涑 sù_8.12 五音篇海音速。雨聲也。𪊓涑28180俗譌

㴉 xián_8.12 說文籀文次字。

傔 xián_8.12 集韻次或作傔、㴉，亦書作㳠。

㴖 xián_8.12 集韻同傔 **㴩** xián_8.12 集韻同㴖

浜 bēn_8.12 字彙補與奔音義同水經注傾瀾浜瀢囝去聲馬融·廣成頌浜，薄汾撓註浜，蒲艮切。

沮 jù_8.12 玉篇子御切音怚。浬也。𪊓集韻沮，將豫切。沮洳，浸潤也。一曰澤名。通作沮27970

沺 tān_8.12 廣韻他酣切音聃。澗沺，峻波也。亦作澗沺木華·海賦澗沺淲而爲魁。𪊓又㴉29507㴉29690沺28451㴩28335㴖29180

㴉 tān_8.12 註見沺28650字。又玉篇同沺。

㵐 lèi_8.12 玉篇俗淚字。

㳠 yuān_8.12 字彙補與淵同。或作㴩。

滄 cāng_8.12 玉篇古文滄29140字。

漆 qī_8.12 朝鮮國志慶尚道有漆原郡。或云音漆。

汶 wèn_8.12 字彙補古文汶27865字說文先訓古志，敘州驛名浸川。今省作汶囝與岷同異魚圖贊洞庭之魶，出於江浸。亦作㟰。𪊓又浸28248

洇 yǐng_8.12 集韻烏猛切音瀯。洇澋，水回旋貌。

㴊 xiāo_8.12 字義總略古消28363字。

渃 rè_8.12 集韻人夜切音偌。城名，在彭州。一曰渃城，在成都縣，近天彭關囝ruò日灼切音弱。濩渃，大水貌囝瀾渃，江名樊綽曰西國之水入南海者四，四曰瀾渃江。𪊓又同落玄應音義村渃：又作落，同。力各反廣雅落，居也。人所聚居也。

涳 càn_8.12 玉篇倉宴切，音粲◇水清貌。

浕 jìn_8.12 與浸、潃同史記·王子侯年表有扶潃侯。

滂 pāng_8.12 字彙補與滂同。

㳠 tuán_8.12 集韻徒官切音團。露多貌。同溥。

㴜 shè_8.12 字彙補古文涉28364字崔希裕·略古三水爲涉。

㴁 yìn_8.12 字彙補魚靳切音憖。滓謂之㴁。見釋典。

㴲 shā_8.12 字彙補所加切音沙。㴲石，漢地名。

濩 huò_8.12 五音篇海火麥切，音忽◇水聲。𪊓俗㴴28915

㴳 fēi_8.12 字彙補風微切音非。見藏經囝水名羅含·湘中記營水、㴳水，皆注湘。

洮 tuó_8.12 字彙補透各切音橐。雨貌田家占候上火不落，下火滴滴。亦省作沱。

滐 yīn_8.12 字彙於禽切音陰。水名。𪊓譌作滐29016

㴦 qī_8.12 字彙補雌卽切，音七◇水名。又姓。

淵 yuān_8.12 龍龕同淵 **㴱** shè_8.12 字彙補涉字之譌十六國春秋㴱奕干，人名也。

滷 sǔ_8.12 字彙補西古切。埏土也。

㴥 mèi_8.12 字彙補魅字之譌。見字義總略

㴦 xián_8.12 搜眞玉鏡音涎。𪊓字彙補同涎。

㴩 null_8.12 未詳。 **㴦** yìn_8.12 奚韻與㴦同

㴧 null_8.12 未詳。 **㴨** qī_8.12 字彙補同漆

㴩 shuò_8.12 川篇音朔。𪊓字彙補水也。

㴪 xǔ_8.12 · 五音篇海同消。

淵 yuān_8.12 俗淵28624偏類碑別字引魏王光造象

㴭 null_8.12 未詳。 **㴦** null_8.12 殷周金文集成·17.11398·三十一年鄭令戈卅一年，奠（鄭）㑗（令）郭㴦、司寇肖（趙）它、往庫工師皮㑊、冶㝵啟。

㴮 null_8.12 新撰字鏡淮淮，九兄反。佳也。

㴯 null_8.12 或俗澳。 **㴰** luó_8.12 簡灑30477

㴱 null_8.12 喃未詳。 **㴲** null_8.12 未詳。

㴳 deo_8.12 喃从水招chiêu聲。

㴴 null_8.12 未詳。 **㴵** yuán_8.12 洹28198本字

㴶 null_8.12 未詳。 **㴷** bến_8.12 喃俗灣30569

㴸 tiān_8.12 俗添28631 **㴹** sứa_8.12 喃从水使sứ聲△乳㴹：乳母。㴹㴹：㴹乳。

㴺 fān_8.12 㴺28636譌字類篇㴺，甫凡切。深也。

溁 28698 u23DF4 běu_8.12 嗰从漂省表聲△乏涙：漂移 図 věo滴。

派 28699 u23DF3 đáy_8.12 嗰从水从底，底亦聲△派淈：河底。

浙 28700 u23DF2 sửa_8.12 嗰从水所sõ聲△猹浙：乳豬。

涾 28702 u23DF0 nhơm_8.12 嗰从汚省岩nham聲。

逅 28703 u23DEF cặn_8.12 嗰从滓省近cận聲△逅把：渣滓。

洡 28704 u23DEE lội_8.12 嗰俗濡30200泳。

波 28705 u23DED bể_8.12 嗰从海省彼聲△波奇，大海。波椵dâu：滄海桑田 図 bê同披19975採，摘。

渊 28706 u23DEC yuān_8.12 俗淵28624

洼 28708 u23DEA wāng_8.12 浬28183譌字

潋 28707 u23DEB áo_8.12 或同潋29333人名用字 墨子·耕柱 子墨子使管黔潋游高石子於衛，衛君致禄甚厚，設之於卿 篇海 引 搜真玉鏡 音熬。

泘 28709 u23DE7 fú_8.12 正字通 涪28508，本作泘。

湖 28710 u23DE4 hū_8.12 段注改潹28536篆作湖。徐承慶·匡謬：不當依 玉篇 曰部作囘 玉篇 非篆書。

㝖 28720 u23DD6 null_8.12 未詳。

澗 28711 u23DE3 dòng_8.12 俗洞28162宋曾 類說 二十四引谷神子 博異志 澗門曲房之地（第也 図 水名。清·顧祖禹 讀史方輿紀要·卷四十四·山西六 奄遏下水海：府西北二百里。水潮無常，納大澗、小澗、大匯、小匯四河及銀海水諸細流，合而入於黄河

淑 28721 u23DD5 null_8.12 未詳。

泈 28712 u23DE1 zhōng_8.12 泉名。七泉 灙泉、滰泉、淬泉、汸泉、渻泉、漫泉、東泉。唐·元結 七泉銘·滰泉銘 我命滰泉，勸人事君。

溟 28713 u23DE0 míng_8.12 清·徐珂 清稗類鈔·會黨類·三合會 明22399作潟 図 mênh 嗰从水明minh聲△潟茫：溟潒，廣袤。

滓 28714 u23DDF xíng_8.12 同滓28510

湒 28715 u23DDE jí_8.12 同淶28859 石鼓文 迄湧湧盈，湒君子即夢。

澆 28716 u23DDD jiāo_8.12 俗澆29655 宋元以來俗字譜 引 古今雜劇

㵘 28718 u23DD8 shè_8.12 或同楸28664，古文涉。

聚 28719 u23DD7 jù_8.12 俗聚46665 偏類碑別字 引 唐鉅野縣令李璀墓誌

泿 28722 u23DD4 lèi_8.12 可洪音義 悲泿：力遂反。正作淚28576

湘 28723 u23DD3 hé_8.12 渲湘，水波翻騰 張融·海賦 濩藻泅渾，渲湘碅雍 図 日 風平浪靜。義同澒。

浲 28724 u23DD2 null_8.12 未詳。

淒 28725 u23DD1 qī_8.12 同淒28567

湜 28726 u23DD0 null_8.12 未詳。

涔 28727 u23DCF null_8.12 未詳。

淯 28728 u23DCE gōu_8.12 俗溝29077

𣷙 28717 u23DD9 null_8.12 未詳。

湄 28729 u23DCD méi_8.12 可洪音義 江湄：音眉。正作湄28850

瀰 28730 u23DCC null_8.12 未詳。

潤 28731 u23DCB null_8.12 未詳。

涵 28733 u23DC9 hán_8.12 俗涵28527亦作湦28761

浦 28734 u23DC8 sù_8.12 俗瀟29579

洂 28732 u23DCA null_8.12 未詳。

泍 28735 u23DC7 null_8.12 未詳。

漥 28736 u23DC6 wā_8.12 或俗漥28809

洛 28737 u23DC5 null_8.12 未詳。

淓 28738 u23DC4 null_8.12 未詳。

渤 28739 u23DC3 yuān_8.12 或俗淵

湼 28740 u23DC2 null_8.12 未詳。

滐 28741 u23DC1 null_8.12 未詳。

湉 28742 u23DC0 null_8.12 未詳。

泮 28743 u23DBF mǐ_8.12 同瀰30338

溱 28744 u23DBE qī_8.12 同溱28655

汾 28746 u23DBC null_8.12 未詳。

浤 28745 u23DBD hàn_8.12 俗漢29400 図 同法28021 古文四聲韻 浤瀁，並 崔希裕纂古

湴 28747 u23DBB null_8.12 未詳。

渭 28748 u23DBA ngwd_8.12 壯 形容詞後綴。軸渭渭：很光滑 図 地名用字。民國十二年鉛印本 道光瓊州府志·卷之九上·建置志五（都市）·瓊山縣 豐好鄉：在縣南，領一十五都……渭洲都。

湑 28749 u23DB9 null_8.12 未詳。

渫 28750 u23DB8 null_8.12 未詳。

焱 28751 u23DB7 null_8.12 未詳。

渁 28752 u23DB6 cǎi_8.12 俗彩16469敦煌·S.2832 願文等範本·律座主散講 散筆渁於覺明，振雲風於北魏（魏），英哲繼躅，律焰增明者誰。

泇 28753 u23DB4 null_8.12 未詳。

滏 28754 u23DB3 null_8.12 未詳。

淅 28755 u23DB2 shā_8.12 同沙28393

洳 28756 u23DB1 zhǐ_8.12 洳洬先生，知道先生。見唐·林慎思 伸蒙子

泂 28757 u23DB0 null_8.12 張融·海賦 汗灣潊況，碨決溰泂。

溿 28759 u23DAE sù_8.12 同溿28818 慧琳音義 沿溿：下蘇祚反。

澷 28760 u23DAD null_8.12 未詳。

㳯 28758 u23DAF mèn_8.12 泅渾，同們渾，肥滿也 張融·海賦 濩藻泅渾，渲湘碅雍。

洯 28769 u3D0C null_8.12 未詳。

淆 28762 u23DAB yì_8.12 簡淆29827

湦 28761 u23DAC hán_8.12 俗涵28527 俗書刊誤 涵，別作湦者，非。

泄 28763 u23DAA null_8.12 未詳。

湣 28764 u23DA9 huà_8.12 簡漢29654

淈 28765 u23DA8 null_8.12 未詳。

浚 28766 u23DA7 null_8.12 未詳。

溗 28767 u3D0E nài_8.12 同溗28843

潚 28770 u3D0B sù_8.12 簡瀟29579

㴍 28768 u3D0D seung_8.12 韓 地名。今在江原道杆城 晝永篇下 杆城稱迠城，又其邑里稱沙演、漸渶。

渊 28771 u3D0A yuān_8.12 俗淵28624

淋 28772 uF9F5 lín_8.12 兼 淋

淪 28773 uF9D6 lún_8.12 兼 淪。

淚 28774 uF94D lèi_8.12 兼 淚。

渗 **渗** shèn_8.12 简渗29327

渖 **渖** shěn_8.12 简潘30159

渊 **渊** yuān_8.12 俗淵28624亦作渊28706渊28771渊28793

淠 **淠** pì_8.12 同淠28362

渑 **渑** miǎn_8.12 简渑29818

渎 **渎** dú_8.12 简瀆30150

渏 **渏** yī_8.12 俗漪29411 永樂大典·卷之一萬八千七百六十五·十九敬·命·諸家星命百二十七·女命·前定易數渏波魚陣空跳躍，名園鶯語自優游 又 直音篇 渏，音奇。

渚 **渚** zhǔ_8.12 參見渚28799

渔 **渔** yú_8.12 简漁29347

溪 **溪** xī_8.12 日同溪29100

渐 **渐** jiàn_8.12 简漸29426

渍 **渍** zì_8.12 简漬29414

渌 **渌** lù_8.12 同淥28598

渖 **渖** sè_8.12 同澀29649 中文大字典 澀之簡字。

涉 **涉** shè_8.12 俗涉28364見漢 石門頌

济 **济** jì_8.12 玉篇 济，俗濟字。

渴 **渴** kě_8.12 同渴28829

渊 **渊** yuān_8.12 俗淵28624

清 **清** qīng_8.12 參見淸28628

泪 **泪** lèi_8.12 日同淚28576

渘 **渘** róu_9.13 14351 玉篇 而舟切 集韻 而由切丛音柔。水名。

渆 **渆** tuán_9.13 14352 集韻 與溥同。

渙 **渙** huàn_9.13 14353 唐韻 呼貫切 集韻 韻會 正韻 呼玩切丛音喚。水名 水經注 渙水東南流逕開封縣，睢、渙二水出焉 又 卦名 易正義 渙者，散釋之名。大德之人，建功立業。散難釋險，故謂之渙 詩·周頌 繼猶判渙 又 渙渙，水盛貌 詩·鄭風 溱與洧，方渙渙兮 又 渙爛，文章貌 後漢·延篤傳 渙爛分其溢目 又 hui 廣韻 呼會切 集韻 呼外切丛音翽。義同。鼟 又渙28495 漫30056

渚 **渚** zhǔ_9.13 14354 唐韻 章與切 玉篇 之與切丛音煮。水名 說文 水。在常山中丘逢山，東入湡 爾雅·釋水 小洲曰渚 釋名 渚，遮也。能遮水使旁迴也 詩·召南 江有渚 傳 水岐成渚 釋文引韓詩 一溢一否曰渚。鼟 又渚28775 澨29901

减 **减** jiǎn_9.13 14355 唐韻 集韻 韻會 正韻丛古斬切音鹼 說文 損也 玉篇 少也，輕也 禮·樂記 禮主其減 又 水名 山海經 番條之山，減水出焉。又岐山亦出減水，東南流注于江 又 姓 史記·酷吏傳 減宣 又 廣韻 集韻丛下斬切音鹻 又 集韻 公陷切音顑。義丛同△俗作减，非。

渜 **渜** nuǎn_9.13 14356 古文渜 唐韻 集韻 韻會 正韻丛乃管切音煗 說文 湯也 又 nuán 廣韻 集韻 韻會丛奴官切，煗平聲。水名，在遼西肥如縣 又 ruǎn 集韻 乳兗切音㬉。濯也 又 nuàn 廣韻 集韻丛奴亂切音偄。浴餘汁也。或作濡 儀禮·士喪禮 渜濯棄于坎 註 沐浴餘潘水也。古文渜作湪。荆沔之閒語 疏 潘水既經溫煮，名之爲渜 又 集韻 奴昆切音麞。義同。

渝 **渝** yú_9.13 14357 唐韻 羊朱切 集韻 韻會 容朱切丛音兪 說文 變汙也 爾雅·釋言 渝，變也 詩·鄭風 舍命不渝。 又 水名 說文 渝水，在遼西臨渝，東出塞 又 水名 水經注 宕渠郡，蓋古賨國，今賨城縣有渝水 又 州名 廣韻 本巴國，漢爲巴郡之江州縣，梁於巴郡置楚州，隋改爲渝州 廣輿記 今爲重慶府 又 yù 集韻 兪戍切音裕。義同。 又 dòu 大透切音豆。水名 又 韻補 叶夷周切音由 詩·鄭風 羔裘如濡，洵直且侯。彼其之子，舍命不渝。

湭 **湭** qiú_9.13 14358 字彙 才周切音酋。水源也 黃香·九宮賦 坎埏援以湭煬 註 湭水之源，煬火之熾也。

淳 **淳** tíng_9.13 14359 廣韻 特丁切 集韻 韻會 正韻 唐丁切丛音庭 埤蒼 淳，水止也 史記·李斯傳 決淳水致之海。或作亭 前漢·西域傳 其水亭居 又 與停同 後漢·趙岐傳 淳車呼與共載 又 tīng 集韻 湯丁切音廳。與汀同。水際平地也。

渠 **渠** qú_9.13 14360 唐韻 彊魚切 集韻 韻會 正韻 求於切丛音蕖 說文 水所居也 禮·曲禮 溝渠必步 又 水名 前漢·地理志 渠水首受江，北至射陽入湖 又 渠渠，勤也 詩·秦風 夏屋渠渠 箋 渠渠，猶勤勤也 註 深廣貌 又 大也 史記·司馬相如傳 誅其渠帥 又 樂章名 魯語 金奏肆夏樊遏渠 註 納夏一名渠 又 漸也 淮南子·氾論訓 渠幨以守 註 渠，漸也 又 軒渠，笑貌 後漢·方技傳 軒渠笑自若 又 俗謂他人爲渠儂 又 水名 水經注 水出鄭縣南巴嶺，流逕宕渠縣，謂之宕渠水 又 周禮·冬官考工記 謂車輞爲渠 山海經 韓流麟身渠股 註 渠，車輞，言胼脚也 又 犀渠，甲名。又楯也 吳語 文犀之渠十行 又 芋渠 馬融·廣成頌 囊荷芋渠 又 夫渠，荷名。別作蕖 又 姓 史記·年表 漢渠復絫 又 jù 集韻 其據切音遽。與詎同 字林 未知詞也 史記·張儀傳 且蘇君在，儀寧渠能乎 又 與遽通 史記·陸賈傳 使我居中國，何渠不若漢 又 正韻 臼許切音巨。義同。鼟 又渶28612, 俗可洪音義 溝渶：下巨魚反。

渡 **渡** dù_9.13 14361 唐韻 集韻 韻會 徒故切 正韻 獨故切丛音度 說文 濟也 廣雅 去也，通也 又 通作度 前漢·賈誼傳 度江河亡維楫 集韻 或作洓。鼟 又艢48755

渢 **渢** féng_9.13 14362 廣韻 房戎切 集韻 韻會 扶風切 正韻 符中切丛音馮 玉篇 水聲。一曰弘大聲 又 fán 集韻 正韻丛符咸切音凡。渢渢，中庸之聲也。一曰浮貌 左傳·襄二十九年 美哉渢渢乎 又 fàn 集韻 韻會 正韻丛孚梵切音泛。義同。鼟 又渢瀜29993

渣 **渣** zhā_9.13 14363 廣韻 側加切 集韻 莊加切丛音櫨。水名。出義陽。與溠同 又 zhà 集韻 助駕切音乍。義同△俗以此爲渣滓字。

窊 **窊** wā_9.13 14364 集韻 鄔瓜切音窊。池不流也。鼟 正字通

俗流29075字。滓29405古作窪[又]涳28736

渤 28810 14365 bó_9.13 廣韻集韻韻會正韻𠀤蒲沒切音孛。渤澥，海別支名司馬相如·子虛賦浮渤澥。亦作勃史記·高祖本紀北有勃海之利索隱勃，旁跌也。旁跌出者，橫在濟北，故齊都賦云海旁出爲勃，名曰勃海郡[又]滃渤，霧出貌郭璞·江賦氣滃渤以霧杳[又]湖渤，水聲郭璞·江賦鼓唇窟以湖渤△集韻或从教作潡。通作浡。◈又潡29360郣61721

渥 28811 14366 wò_9.13 唐韻於角切集韻韻會乙角切𠀤音握說文霑也詩·小雅既優既渥[又]厚漬也詩·邶風赫如渥赭正義言其顏色赫然而赤，如厚漬之丹赭也[又]水名水經注易水東逕容城縣故城南，又東，渥水注之[又]廣輿記贛州龍陽縣三江水，乃桃水、渥水、廉水之會[又]wū集韻烏谷切音屋。水聲[又]òu集韻韻會𠀤於候切，謳去聲。與漚同。久漬也。◈又㵾66792𩆷66651

渦 28812 14367 guō_9.13 廣韻集韻𠀤古禾切音戈。水名。與過同前漢·地理志·扶溝註渦水首受狼湯渠，東至向入海。[又]guā集韻姑華切音瓜。義同[又]wō廣韻集韻韻會正韻𠀤烏禾切音倭。水坳也爾雅·釋水渦辨回川註旋流也[又]姓三輔決錄有扶風太守渦尚。◈又涡28497

渧 28813 14368 dì_9.13 廣韻都計切集韻丁計切𠀤音帝埤蒼瀖漉也。一曰滴水說文本作滴梵書省作渧地藏經一毛一渧，一沙一塵[又]tí集韻田黎切音題。與啼同。號也。

渨 28814 14369 wēi_9.13 唐韻烏恢切集韻烏回切𠀤音隈說文沒也玉篇水澳曲也。或作隈[又]wěi集韻羽鬼切音韙。渨濡，水波涌起貌郭璞·江賦渨濡濆瀑[又]wěi烏賄切音猥。與溾同博雅穢也。

温 28815 14370 wēn_9.13 唐韻烏魂切集韻韻會正韻烏昆切𠀤音蘊。水名說文水。出犍爲涪南，入黔水。又水名山海經温水，出崆峒山，在臨汾南入河[又]洛水之別名乾鑿度王者有盛德之應，則洛水先温，故號温洛[又]水名水經温水，出牂柯夜郎縣[又]泉名潘岳·西征賦湯井温谷註卽温泉也[又]地名左傳·隱三年取温之麥註温，今河內温縣廣輿記今屬懷慶府[又]郡名。温州府，今屬浙江[又]色和曰温論語色思温[又]性純粹曰温詩·秦風温其如玉[又]爾雅·釋訓温，温柔也疏寬緩和柔也詩·大雅温温恭人[又]煖也王褒·聖主得賢臣頌襲狐貉之温者，不憂至寒之淒愴[又]燖也中庸温故而知新註温，如燖温之温，謂故學之熟矣，復時習之謂之温[又]風名禮·月令季夏，温風始至[又]姓廣韻唐叔虞之後，受封于河內温，因以命氏[又]yùn集韻韻會正韻𠀤紆問切音醞。温藉也。同蘊詩·小雅飲酒温克箋苞裹曰蘊，謂蘊藉自持，含容之義。經中作温者，蓋古字通用[又]dào讀作盜。史記·周本紀周繆王得驥温驪索隱温音盜，徐廣曰温，一作盜。盜竊也。淺青色。◈又溫29101㬈22903𥁕22484𥁫37126[又]㬈22829涼，溫涼。

㴐 28816 14371 miàn_9.13 唐韻莫甸切集韻韻會眠見切𠀤音麪。玉篇㴐㴐，大水貌左思·吳都賦㴐㴐淼漫註山水闊遠無崖之狀[又]miǎn集韻彌殄切音眄。洪㴐，水貌。

渪 28817 14372 rú_9.13 轉注古音同濡。晉人草書多用之。

泝 28818 14373 sù_9.13 唐韻桑故切集韻韻會正韻蘇故切𠀤音素說文逆流而上曰泝洄。泝，向也。水欲下，違之而上也。或作遡、溯，亦作訴。◈又㴑28759

渫 28819 14374 xiè_9.13 唐韻集韻韻會正韻𠀤私列切音薛說文除去也。一曰治井也易·井卦井渫不食註渫，不停汙也[又]散也前漢·食貨志農民有錢粟有所渫[又]揚子方言渫，歇也曹植·七啓爲歡未渫[又]漏也。與洩同莊子·秋水篇尾閭渫之而不虛[又]汙也王褒·聖主得賢臣頌去卑辱奧渫而升本朝註渫，狎也，汙也[又]慢也詩傳醉而不出，是渫宗也正義醉仍不出，是渫慢宗子也[又]水名水經注渫水，出建平郡，東逕渫陽縣[又]姓。古賢人渫子，見韓非子[又]shé集韻食列切音舌。亦除去也[又]zhá實協切。水名，在上黨[又]dié集韻韻會𠀤達協切音牒。渫渫，波連貌郭璞·江賦長波浹渫[又]前漢·王莽傳憒眊不渫註渫，徹也，通也[又]zhá集韻直甲切音霅。水貌。義同[又]yì以制切音曳。烝蔥也。亦作滐。◈又㵾29874𤣰34319㴶29194

浸 28820 14375 jìn_9.13 正字通與浸同史記·河渠書有餘則用溉浸[又]漳水註漳水，一名大漳水，兼有浸水之目。

測 28821 14376 cè_9.13 唐韻初側切集韻韻會察色切正韻初力切𠀤音惻說文深所至也玉篇度深曰測[又]凡測度之稱易繫辭陰陽不測之謂神[又]淸也周禮·冬官考工記·弓人漆欲測[又]測測，刃利意詩·周頌·畟畟良耜傳畟畟，猶測測。◈又测瀏30181[又]碑別字新編·測測，引魏元思墓誌

渭 28822 14377 wèi_9.13 廣韻集韻韻會𠀤于貴切音胃。水名春秋說題辭渭之爲言布也說文水。出隴西首陽渭首亭南谷周禮·夏官·職方氏雍州，其浸渭、洛書·禹貢導渭自鳥鼠同穴[又]州名廣韻秦始置隴西郡，後魏置渭州廣輿記今爲鞏昌府。又府有通渭縣。又渭源縣，屬臨洮。渭南縣，屬西安[又]濩渭，衆波聲木華·海賦灌泋濩渭。[又]埤蒼沸渭，不安貌王褒·洞簫賦若雷霆輘輷佚豫以沸渭。

渮 28823 14378 gē_9.13 唐韻古俄切集韻居何切𠀤音歌。水名說文渮澤水，在山陽湖陵書·禹貢導渮澤，被孟豬[又]hé集韻寒歌切音何[又]gě賈我切音哿。義𠀤同△或作荷、菏。◈又河28450[又]集韻渮，賈我切。澤名。或作菏、荷。

港 28824 14379 gǎng_9.13 唐韻集韻韻會正韻𠀤古項切音講。水分流也。一曰水中行舟道[又]hòng廣韻集韻𠀤胡貢切音哄。港洞，相通貌馬融·長笛賦港洞坑谷[又]xiàng集

韻胡降切音巷。水貌。鍙又渊29677港29867港28972

涍 yǎn_9.13 唐韻 集韻 韻會 衣檢切 正韻 於檢切夶音奄 說文 雲雨貌 詩·小雅 有渰淒淒 疏 天將降雨,則地氣上騰薰蒸爲濕潤渰浸萬物 集韻 或作霠 鍙又渰15994

淇 hóng_9.13 廣韻 戶公切 集韻 正韻 胡公切夶音洪 玉篇 水聲。一曰潰渱,水沸涌也 左思·吳都賦 潰渱泮汗 註 謂直望無涯也 图 gòng 集韻 古送切音貢。水貌。

渲 xuàn_9.13 廣韻 息絹切 集韻 須絹切夶音選 玉篇 小水也 图 畫家有渲刷之法 郭熙·林泉高致 擦以水墨,再三而淋之,謂之渲。

洣 mǐ_9.13 廣韻 綿婢切 集韻 韻會 母婢切夶音弭 說文 歙也。一曰水貌 图 浴尸曰洣 周禮·春官·小宗伯 大肆以秬鬯洣 图 楊慎·雲南山川志 西洱海在府城東,古葉榆河也。一名洣海 图 mǐn 集韻 美隕切音閔 图 miǎn 彌兗切音緬。義夶同。

渴 kě_9.13 古文 暍 唐韻 苦葛切 集韻 類篇 韻會 丘葛切夶音磕 說文 本作潟。从欠,渴聲 徐曰 今俗用渴字。 玉篇 欲飲也 詩·小雅 載飢載渴 图 急也 公羊傳·隱三年 不及時而日,渴葬也 图 jié 廣韻 渠列切 集韻 韻會 正韻 巨列切音傑。水涸也 周禮·地官·草人 凡糞種,渴澤用鹿 疏 渴,故時停水。今乃渴也 图 kài 集韻 丘蓋切音磕。與愒同,貪也。或从欠作憨 图 hé 廣韻 胡割切音褐 柳宗元·袁家渴記 楚越方言謂水之反流者爲渴。鍙又渴28792湯28991暍23022

洕 máo_9.13 集韻 謨交切音茅。大水貌。鍙熊加全:疑俗淼28632

渶 yīng_9.13 廣韻 集韻 夶於驚切音霙。水名。出青丘山。鍙 山海經·南山經 青丘之山,英水出焉。南流注於郥翼之澤。

滽 yǎn_9.13 廣韻 集韻 以轉切 正韻 以淺切音兗。水名。與沇同。濟水別名。

游 yóu_9.13 古文 汓 唐韻 以周切 集韻 韻會 夷周切夶音猷。水名 水經注 淮水於淮浦縣枝分,北爲游水。 图 浮行也 爾雅·釋水 順流而下曰遡游 詩·秦風 遡游從之 图 周禮·天官·閽人 王宮每門四人,圍游亦如之 註 游,離宮也 图 管子·首憲篇 分里以爲十游,游爲之宗 图 尚書·考靈曜 地有四游,常動而人不知 图 玩物適情之意 禮·少儀 士依於德,游於藝 图 閒曠也 禮·王制 無游民 图 自適貌 詩·小雅 慎爾優游 图 枝葉扶疎貌 詩·鄭風 隰有游龍 傳 龍紅草也 箋 游,猶放縱也。言紅草放縱枝葉于隰中 图 qiú 集韻 徐由切音囚。義同 图 liú 集韻 正韻 夶力求切音留。旌旗之斿也。本作斿。亦作旒 左傳·桓二年 鞶厲游纓 图 九游,星也 史記·天官書 九斿九星,在玉井西南。鍙又喀07232游29015游28584遙60901遶60835

淘 hōng_9.13 廣韻 集韻 韻會 正韻 夶呼宏切音轟 玉篇 水浪淘淘聲。一曰水石相激聲。或作瀥 图 吳音何乃淘,猶言那行 世說 劉眞長見王導,導以腹熨彈棊局,曰:何乃淘。劉出曰:未見他異,惟聞吳語 图 集韻 楚慶切。與潩同。冷也。吳人謂之潩 图 字觽 江東呼厭極爲淘,音罄。鍙又濙30255

渺 miǎo_9.13 廣韻 亡沼切 集韻 韻會 正韻 弭沼切夶音眇。渺溫,水貌。一曰水長也 管子·內業篇 渺渺乎,如窮無極。鍙又淼29282娺10212

涓 xǐng_9.13 唐韻 息幷切 集韻 韻會 正韻 息幷切夶音省 ◆ 說文 少減也。一曰水門,一曰水名 图 丘名 爾雅·釋丘 水出其前曰涓丘 图 姓 左傳 有涓竈 图 shěng 唐韻 所景切 集韻 所省切夶音眚。義同。鍙又涓29171郚61843

渼 měi_9.13 唐韻 無鄙切 集韻 韻會 毋鄙切夶音美。水名 長安志 渼陂,在鄠縣西四五里 图 類篇 一曰水波文。

浅 zāi_9.13 廣韻 將來切 集韻 祖才切夶音哉。水名 前漢·地理志 水出蜀郡汶江縣徼外 集韻 或作浅。鍙譌作淺29095

泝 yì_9.13 廣韻 羊益切 集韻 韻會 正韻 夷益切音繹 玉篇 水名。又泝泝,水流行貌 木華·海賦 泝泝潎瀎。鍙又涘28884

洈 guǐ_9.13 廣韻 居洧切 集韻 矩鮪切夶音軌 玉篇 水貌 图 與湀同 爾雅·釋水 水醮曰湀,謂水醮盡也。或作軌 图 類篇 同沈28043

渾 hún_9.13 唐韻 戶昆切 集韻 韻會 正韻 胡昆切音魂 說文 混流聲 枚乘·七發 沌沌渾渾 註 渾渾,波相隨貌 图 洿下貌。又濁也 老子道德經 渾兮其若濁 图 大也 班固·幽通賦 渾元運物 图 肧渾,言如肧胎之渾然也 郭璞·江賦 類肧渾之未凝 图 齊同也 孫綽·天台賦 渾萬象以冥觀 图 hùn 集韻 戶袞切音溷。豐流也。一曰雜流 前漢·劉向傳 賢不肖渾淆 揚子方言 渾,盛也 註 們渾,肥滿也 图 爾雅·釋詁 渾,墜也 註 水落貌 图 姓 左傳 鄭大夫渾罕 图 gǔn 古本切音衮。與滾同。大水流貌 荀子·富國篇 財貨渾渾如泉源。鍙又渾28277潩29128

漇 shāi_9.13 玉篇 山佳切 集韻 所佳切音崽。漉米也。

㳈 nài_9.13 唐韻 奴帶切 集韻 乃帶切夶音奈 ◆ 說文 沛之也 玉篇 㳈沛,水波貌。

湀 kuǐ_9.13 唐韻 求癸切 集韻 巨癸切夶音揆。泉出 爾雅·釋水 湀闢,流川 註 通流也 說文 湀辟,深水處也 图 guǐ 集韻 正韻 頸誄切 韻會 居誄切夶音癸 图 kuí 廣韻 苦圭切 集韻 傾畦切音睽 图 què 集韻 韻會 夶苦穴切音闋。義夶同。鍙又湀29281

滺 chì_9.13 唐韻 丑入切 集韻 敕立切夶音霫 說文 滺

淐，灂也司馬相如·上林賦淈潗鼎沸郭璞曰淈、潗皆水微轉細涌貌。

湑 tuǒ_9.13　玉篇他果切集韻吐火切夶音妥。水名。〔28846 14401〕

洿 huǐ_9.13　集韻詡鬼切音卼玉篇水流貌。亦作泋。〔28847 14402〕

湴 è_9.13　廣韻五各切集韻逆各切夶音咢。水名。〔28848 14403〕

湃 pài_9.13　廣韻普拜切集韻韻會怖拜切夶音湏玉篇澎湃，水勢司馬相如·上林賦洶涌澎湃註澎湃，波相戾也夊bèi集韻步拜切音憊。義同△集韻或作澎。〔28849 14404〕

湄 méi_9.13　唐韻武悲切集韻韻會旻悲切夶音眉。爾雅·釋水水草交爲湄釋名湄，眉也。臨水如眉也詩·秦風在水之湄傳水隒也正義曰：隒是山岸，湄是水岸，故曰水隒。亦與麋通詩·小雅居河之麋箋麋，本又作湄夊湖名水經注淮水左迤爲湄湖夊nuǎn集韻乃管切音煖。與澳同。湯也△集韻或作湝潗濂瀄。夊又滄29753湄28729〔28850 14405〕

湅 liàn_9.13　唐韻集韻韻會正韻夶郎甸切音練說文簡也玉篇湅絲絹熟也周禮·冬官考工記㡂氏湅絲。與練通。〔28851 14406〕

湆 qì_9.13　唐韻去急切集韻韻會正韻乞及切夶音泣說文幽濕也徐曰今人言浥湆湆也△从日與从月別佩觿集湆、湇夶丘及翻。湆，幽濕。湇，大羹。夊又yīn英文ink（墨水）的漢譯。胡懷琛簡易字說·第八章·簡易字表ink，湆。〔28852 14407〕

湇 qì_9.13　廣韻去急切集韻乞及切夶音泣。羹汁也博雅羹謂之湇。或作湆禮·少儀凡羞有湇者不以齊。夊qiè集韻迄業切音㤲夊qià迄洽切音恰，義夶同。〔28853 14408〕

津 jīn_9.13　集韻津28172古作津。〔28854 14409〕

湈 méi_9.13　集韻謨杯切音枚。壞也。或作殊。〔28856 14411〕

滃 xī_9.13　集韻迄及切音吸。與瀶同。水疾聲司馬相如·上林賦泪滃漂疾文選作泪瀷夊yì集韻域及切音熠。義同。〔28857 14412〕

減 xiè_9.13　正字通同減〔28855 14410〕

溆 xù_9.13　廣韻辛律切集韻雪律切夶音卹。溆溆，水流貌。〔28858 14413〕

湝 jí_9.13　與潗同石鼓文汔湧盩湝註湝，今作潗，私列反。夊又湝28715〔28859 14414〕

潧 zǎn_9.13　集韻子感切音昝。地濕。〔28860 14415〕

湭 guō_9.13　集韻古活切音括。水流聲。與湉湉活夶同。〔28861 14416〕

湉 tián_9.13　廣韻集韻夶徒兼切音甜。湹湉，安流貌左思·吳都賦潬湉漠而無涯。〔28862 14417〕

湊 còu_9.13　唐韻倉奏切集韻韻會正韻千候切夶音輳說文水上人所會也。一曰聚也汲冢周書周公將致政，乃作大邑成周于中土，以爲天下之大湊夊玉篇競進也戰國策士爭湊燕夊理也。與腠通文心雕龍·養氣篇湊理無滯夊題湊，棺外累木也史記·滑稽傳梗楓豫樟爲題湊△通作輳。古通奏。夊又湊02991潒29696〔28863 14418〕

湋 wéi_9.13　唐韻羽非切集韻韻會于非切夶音韋說文回也。一曰水名前漢·溝洫志關中靈軹，成國湋渠註水出韋谷。夊又沛27951〔28864 14419〕

湌 cān_9.13　唐韻七安切集韻千安切夶音餐。與餐同說文吞也。或从水。〔28865 14420〕

湍 tuān_9.13　唐韻他耑切集韻韻會正韻他官切夶音煓說文疾瀨也前漢·溝洫志水湍悍，難以行平地註急流曰湍夊zhuān集韻朱遄切音專。水名，在酈縣山海經荊山之首曰翼望之山，湍水出焉夊tuàn集韻類篇夶吐玩切音彖。亦疾瀨也。〔28866 14421〕

湎 miǎn_9.13　唐韻集韻韻會夶彌兗切音緬說文沈於酒也詩·大雅天不湎爾以酒箋飲酒齊色曰湎韓詩外傳飲酒閉門不出客曰湎夊溺而不反，皆謂之湎禮·樂記流湎而忘本夊湎湎，流移也前漢·敘傳風流民化，湎湎紛紛夊通作沔前漢·禮樂志湛沔自若△集韻或作醖、酗。夊又龍龕酾67089酾婳11005三俗，湎今。〔28867 14422〕

湏 mèi_9.13　說文古文沬27968字夊huì集韻虎猥切音賄。與湏同。水貌。〔28868 14423〕

湐 pò_9.13　廣韻集韻夶博陌切音百。淺水貌。與洦同。〔28869 14424〕

湑 xǔ_9.13　唐韻正韻私呂切集韻韻會寫與切夶音諝說文茜酒也。與醑同詩·小雅有酒湑我箋謂以茅泲之而去其糟也夊露貌詩·小雅零露湑兮正義湑湑，露在物之狀夊盛貌詩·小雅裳裳者華，其葉湑兮夊說文一曰浚也夊xū廣韻相於切集韻韻會正韻新於切夶音胥。義同。夊又湑28680〔28870 14425〕

湐 zǐ_9.13　廣韻將此切集韻蔣氏切夶音紫。水名，在長沙。或作沝。〔28871 14426〕

湒 jí_9.13　廣韻子入切集韻韻會卽入切正韻實入切夶音喋說文雨下也。一曰沸涌貌夊丘名鄒陽·酒賦麴湒丘之麥夊qī集韻七入切音緝。與潗同。湁湒，水沸貌夊jí側立切音戢。與濈同。和也。〔28872 14427〕

湓 pén_9.13　廣韻韻會正韻蒲奔切集韻步奔切夶音盆。水名地理通釋潯陽縣，本湓城唐志江州有湓城戍何晏·九江志青湓山有井，形如盆，因號湓水，城曰湓城，浦曰湓浦，江州故有湓江△一曰水涌也前漢·溝洫志河水湓溢夊pèn廣韻集韻正韻夶普悶切音噴蒼頡篇湓，水聲也郭璞·江賦湓流雷煦而電激夊bèn廣韻集韻韻會夶蒲悶切音坌。義同夊博雅漬也。亦作盆通雅溢溢，滿起也夊fèn集韻芳問切音湓。義同。〔28873 14428〕

或作唴。鑾 集韻 芳問切作盇37189又蒲悶切。塗08736，水出兌。

湔 28874 14429
jiān_9.13 廣韻 集韻 子仙切，音煎。水名 前漢·地理志蜀郡緜虒縣玉壘山，湔水所出 图 手瀚也，灑也，傍沾也 戰國策汗明見春申君曰：君獨無意湔袚僕也。图 jiàn 廣韻 正韻 丛側前切音箋。又 廣韻 集韻 丛子賤切音箭。義丛同 图 zàn 集韻 則旰切音贊。與灒同。汗灑也 图 qián 廣韻 昨先切音前。湔胡，藥名。鑾 又 湔29755灓28951渑29785濞29463

溲 28875 14430
biàn_9.13 篇海 毗面切音便。小便也。

湕 28876 14431
jiǎn_9.13 廣韻 居偃切 集韻 紀偃切丛音鍵。水名。出南郡。

湖 28877 14432
hú_9.13 唐韻 戶吳切 集韻 韻會 正韻 洪孤切丛音胡 說文 大陂也 周禮·夏官·職方氏 揚州，其浸五湖 水經注 五湖謂長塘湖、太湖、射貴湖、上湖、滆湖 图 水經注湖水，出桃林塞之夸父山 图 州名 廣輿記 屬浙江，吳曰吳興，隋唐曰湖州，今爲湖州府。

淜 28878 14433
fèng_9.13 集韻 芳用切音葑。深泥也 篇海 本作葑。

漙 28879 14434
pò_9.13 集韻 匹各切音粕。與濼同。或作潴。古國名。又陂濼也。

溲 28880 14435
sǒu_9.13 古文廄 唐韻 疏有切 集韻 所九切丛音醙 說文 浸沃也。一曰溲㲱 图 sōu 廣韻 所鳩切 集韻 疏鳩切丛音搜。小便也 晉語 少溲於豕牢而得文王 註 少溲，小便，言其易也。或作所遭切音騷△亦作溲。

滺 28881 14436
yōu_9.13 集韻 於虯切音幽。深也。

㳠 28882 14437
dá_9.13 集韻 陀葛切音達。水出貌 正字通 同澾，省。與㳠28510別。

湘 28883 14438
xiāng_9.13 唐韻 正韻 息良切 集韻 韻會 思將切丛音襄。水名 說文 水。出零陵陽海山，北入江 图 山名 史記·黃帝本紀 黃帝南至于江，登熊湘 图 地名 廣輿記 長沙府吳、晉曰湘州 图 湖名 廣輿記 在紹興府蕭山縣。图 烹也 詩·召南 于以湘之，維錡及釜 图 集韻 思莊切音霜。義同。

溢 28884 14439
yì_9.13 正字通 俗泲字。

湵 28885 14441
quǎn_9.13 集韻 古泫切音畎。淖耕也。

滑 28886 14442
yìn_9.13 字彙 羊進切音胤。水名。

湛 28887 14443
zhàn_9.13 古文淰 唐韻 宅減切 集韻 韻會 正韻 丈減切丛音偡 說文 沒也。一曰湛水，豫章浸 周禮·夏官·職方氏 荆州，其浸潁、湛 水經注 湛水出犫縣魚齒山西北 图 水名 水經 湛水，出河南犨縣 图 露盛貌 詩·小雅 湛湛露斯 图 重厚貌 楚辭·九章 忠湛湛而願進兮 图 深貌 楚辭·招魂 湛湛江水兮 图 增韻 澄也，澹也 謝混詩 水木湛清華 图 揚子方言 湛，安也 图 zhàn 集韻 韻會 正韻 丛丈陷切，儋去聲。姓也。晉湛方生 图 dān 廣韻 丁含切 集韻 韻會 都含切。丛與耽同 說文 作媅，樂也 詩·小雅 子孫其湛 傳 湛樂之久也 图 chén 廣韻 直深切 集韻 韻會 正韻 持林切丛音霃。與沈同 史記·司馬相如傳 湛恩汪濊 图 yín 集韻 夷針切音淫。與霪同。久雨也 王充·論衡 變復之象，以久雨爲湛 图 jìn 集韻 正韻 丛子鴆切音禁。與浸同。漬也 字林 投物水中也 禮·內則 湛諸美酒。图 jiān 集韻 韻會 正韻 丛將廉切音尖。亦漬也。與漸、瀸同 图 chěn 集韻 丑甚切音踸。湛潭，水貌 图 yǐn 以荏切，與潭同，水動也 图 zhèn 集韻 正韻 丛直禁切音鴆。沒也。鑾 又湛02986

湜 28888 14444
zhí_9.13 唐韻 常職切 集韻 韻會 正韻 丞職切丛音殖 說文 水清底見也。一曰持正貌 詩·邶風 湜以渭濁，湜湜其沚 箋 言持正守初如湜然不動搖也 類篇 或作渥。

湝 28889 14445
jiē_9.13 唐韻 古諧切 集韻 韻會 正韻 居諧切丛音皆 說文 水流湝湝也。从水，皆聲 徐曰 衆流之貌 詩·小雅 淮水湝湝 图 xié 廣韻 集韻 韻會 正韻 丛雄皆切音諧。寒也。一曰風雨不止也。

湞 28890 14446
zhēn_9.13 唐韻 陟盈切 集韻 知盈切丛音貞。水名 說文 水。出南海龍川，西入溱 前漢·地理志 桂陽郡有湞陽縣 图 chéng 廣韻 宅耕切 集韻 除耕切丛音橙。又 hēng 集韻 虛庚切音亨。又癡貞切音樘。義丛同 图 chēng 集韻 抽庚切音瞠。水貌。鑾 又湞28286

湟 28891 14447
huáng_9.13 唐韻 集韻 韻會 正韻 丛胡光切音黃。水名 說文 水出金城臨羌塞外，東入河 图 州名 韻會 漢西平郡，唐置鄯州，宋改湟州，又改樂州 图 水經注 桂陽含洭縣洭水 山海經 謂之湟水 图 滴湟，水流漂疾之貌 郭璞·江賦 滴湟漰泱 图 神名◆ 司馬相如·大人賦 前陸離而後滴湟 图 汩湟，音相切磨貌 馬融·長笛賦 絞槩汨湟，五音代轉 图 揚子方言 湟休也 图 kuàng 集韻 許放切音貺。與況同。寒水也。

淡 28892 14448
tàn_9.13 廣韻 他旦切 集韻 他案切丛音炭 玉篇 大水也 字林 淡漫，水廣貌 木華·海賦 渺瀰淡漫。

遇 28893 14449
yú_9.13 廣韻 遇俱切 集韻 元俱切丛音虞。水名 說文 水。出趙國、襄國之西山 图 集韻 語口切音偶。又吾蓉切，峿上聲。義丛同。

湢 28894 14450
bì_9.13 廣韻 彼側切 集韻 筆力切丛音逼 玉篇 湢洓，水驚涌貌 图 浴室謂之湢 禮·內則 外內不共湢浴 註 本又作偪 图 整肅貌 賈誼·新書·容經篇 軍旅之容，湢然肅然，固以猛。

湣 28895 14451
mǐn_9.13 集韻 美隕切 正韻 弭盡切丛音閔。諡也。與閔通。春秋宋閔公、魯閔公 史記 宋、魯世家作湣公。图 mín 集韻 眉貧切音珉。義同 图 miàn 眠見切音麫。元湣，混合也。或作湣。亦省作泯 司馬相如·大人賦 紅杏

眇以元渻註言光彩相耀。幽藹炫亂也図hūn呼昆切音昏。滑湣，未定之謂莊子·齊物論置其滑湣，以隸相尊。湣，徐邈音昏。鍪又瞶22785暗22827溷28536

溮 shī_9.13 集韻商之切音施玉篇水也。一曰水名。本作施水經施水，從九江廣陽鄉東南流，逕合肥縣，東注灉湖図王周·峽船記峽水湍峻，激石忽發者謂之瀆，泡狀而溮者謂之腦。

湥 tū_9.13 集韻他骨切音突。流也図阤沒切音搋。義同。

㳳 kè_9.13 字彙口个切，珂去聲。船著沙不能行集成類篇㳳書作㿻。

潑 pō_9.13 廣韻集韻𠀤普活切音鏺。棄水也。與潑同。

湦 shēng_9.13 集韻師庚切音生。人名。曹桓公終生史記註一作終湦。

湄 mào_9.13 集韻莫報切音冒。水漲也。鍪又湄28547

湧 yǒng_9.13 集韻涌28368或作湧。鍪又洶28092

淓 jú_9.13 廣韻正韻古闃切集韻韻會局闃切𠀤音臭。水名春秋·襄十六年會于淓梁註淓水出河內軹縣。

湩 dòng_9.13 唐韻集韻韻會正韻𠀤多貢切音楝說文乳汁也穆天子傳巨蒐之人具牛馬之湩，以洗天子之足図鼓聲管子·輕重篇湩然擊鼓，士忿怒図zhòng廣韻集韻韻會𠀤竹用切音堹。義同図dǒng廣韻多鵠切集韻覩鵠切𠀤音砅。義同。又水濁也図集韻或作䲚、氃図tóng集韻徒東切音同。湩容，車帷也。或作幢。鍪又獞57470獞57451㲚11851氋11570

湠 zhǎ_9.13 集韻側洽切音眨。湎湠，下濕。一曰滴水也図莊輒切音䪻。義同図zhá實洽切音䐑。與煠同博雅瀹也。或作詌。

湪 tuàn_9.13 廣韻通貫切集韻吐玩切𠀤音彖。水名。図與湪通周禮·澳濯註鄭康成曰：澳，古文作湪。荆、沔間語疏豫州人語。

湫 jiū_9.13 廣韻韻會正韻卽由切集韻將由切𠀤音啾。北人呼水池爲湫図水名說文有湫水，在周地史記·封禪書湫淵祠朝那註湫淵，在安定朝那縣図懸瀑水曰龍湫図憂愁貌春秋繁露·陽尊陰卑篇湫湫者，悲愁之狀図涼貌宋玉·高唐賦湫兮如風図jiāo唐韻集韻子了切，並音剿。又集韻子小切音勦。義同。湫，隘也左傳·昭元年雝閼湫底註湫謂氣寒，底謂氣止，皆停滯不散之意。又昭二年湫隘囂塵註湫，下也。図地名左傳·莊十九年楚子伐黃，還及湫図qiū集韻雌由切音秋。義同図jiù廣韻集韻𠀤在九切音愀。義同。一曰洩水瀆也。又jiāo集韻茲消切音焦。夫湫，亦地名

図zū宗蘇切音租。人名左傳魯有子服湫。鍪又湴28989㴾65785㳿28908

㴾 jiāo_9.13 正字通俗湫字。

湭 qiú_9.13 集韻徐由切，音囚。與汓、泅同，浮行水上也図玉篇才周切集韻字秋切，音酋博雅湭，液也。一曰水名，在雍州。或作蒱。

㳺 huài_9.13 廣韻火怪切集韻呼怪切𠀤音咶。瀇㳺，水相激聲郭璞·江賦漃漻㳺㳺。鍪又澴29223

㳜 suì_9.13 集韻徐醉切音遂。田閒小溝也。與遂同周禮本作遂。

湮 yīn_9.13 唐韻於眞切集韻韻會伊眞切𠀤音因爾雅·釋詁湮，落也說文湮，沒也。通作洇図水名水經注水出狂水東北湮谷図yān廣韻烏前切集韻因蓮切𠀤音烟。塞也左傳·昭二十九年鬱湮不育図yē集韻結切音噎。又yì壹計切音殪。義𠀤同図yàn伊甸切音宴。沒水中也。鍪又湮28971灛29619

湯 tāng_9.13 唐韻土郎切集韻韻會正韻他郎切𠀤音鏜說文湯，熱水也楚辭·九歌浴蘭湯兮沐芳図水名山海經上申之山，湯水出焉。又水經注江水，東逕瞿巫灘，左則湯谿水注之，源出胊忍縣北図谷名張衡·南都賦湯谷涌其後図州名韻會廣南化外，唐置湯州，天寶時爲湯泉郡図縣名廣輿記湯陰縣，屬彰德府図書·虞書書疏除殘去虐曰湯。馬融云雲行雨施曰湯。又風俗通·王霸篇湯者，攘也，昌也。言其攘除不軌，天下熾盛図shāng廣韻式羊切集韻韻會正韻尸羊切𠀤音商。湯湯，流貌。一曰波動之狀詩·大雅江漢湯湯。図tàng廣韻集韻韻會正韻𠀤他浪切音儻。熱水沃也禮·月令如以熱湯図yáng集韻余章切音陽。與暘同。暘谷，日所出也。亦作陽淮南子·天文訓日出于湯谷図tàng廣韻他浪切音盪。與盪通詩·陳風子之湯兮傳湯，蕩也箋言滂蕩無不爲也図與盪同前漢·天文志四星若合，是謂大湯。鍪又汤27842湯29398

滝 lóng_9.13 集韻良中切音隆。高下水也。或作瀧。鍪俗作滏29255

湱 huò_9.13 集韻韻會正韻𠀤霍虢切音嚄。漷湱，波相激聲郭璞·江賦漷湱澋澗図唐韻呼麥切音劃。濶湱水，出西谿。鍪又湱29503潅28667

湲 yuán_9.13 唐韻王權切集韻韻會正韻于權切𠀤音員。潺湲，水流貌楚辭·九歌觀流水兮潺湲。又廣韻獲頑切集韻胡鰥切正韻侯頑切𠀤音睆。又集韻韻會𠀤于元切音袁。義𠀤同。鍪又滾29061

湳 nǎn_9.13 唐韻集韻韻會𠀤乃感切音喃說文西河美稷保東北水水經注湳水，出西河郡美稷縣図地名後漢·西羌傳先零、卑湳，𠀤皆彊富。

澩 bàn_9.13 28918 14474
廣韻蒲鑒切集韻薄鑑切夶音𦫼。與湴同。深泥也図星命家祿後一辰爲澩河夢溪筆談澩河謂陷運,如今之空亡也図pán集韻皮咸切音碰。行潒中也。瑩又坢08887澩29290

渿 ná_9.13 28919 14475
集韻女加切音拏。渚渿,沾溼也。一曰卽渿字之譌。

㰖 zá_9.13 28920 14476
集韻子末切音拶。水激石貌。或省作㪇。

澂 zhì_9.13 28921 14477
集韻陟利切音致。溼也。或作洷。

淶 liáng_9.13 28922 14478
說文古梁24165字徐曰从兩木,一梁在中横,象从水,指事也。

渘 yǒu_9.13 28923 14479
集韻以久切音酉玉篇水也。一曰水名。○按正字通誤入八畫,今改正。瑩又渞29909,俗渘。

渧 tí_9.13 28924 14480
集韻田黎切音題。米瀾也。或从犀作渥。

澂 jǐ_9.13 28925 14481
字彙補與洎同楚辭·九歎澂楊舟于會稽兮,就申胥于五湖。

渠 qú_9.13 28926 14482
字彙補其居切音渠。溝也。

蔡 shuǐ_9.13 28927 14483
篇海同水

渻 xìng_9.13 28928 14484
玉篇同渻

黎 chí_9.13 28929 14485
字彙補俟淄切音詞。涎也。又順流也。通作黎○按此當卽黎字之譌。

淀 yí_9.13 28930 14486
集韻余支切音移。水文。

洤 quán_9.13 28931 14487
與泉同字牖引漢相孫君碑波障淀洤。瑩上博簡·周易.45寒洤。図同源郭店楚墓竹簡·成之聞之.14窮洤反本。

测 liè_9.13 28940 14496
集韻同冽

渊 tān_9.13 28932 14488
字彙補叨甘切音貪。水也。

漏 biàn_9.13 28933 14489
字彙補與徧同漢·張公碑聲洞漏兮。

虵 shé_9.13 28934 14490
字彙補崇斜切,音虵◇水也。

溯 shuò_9.13 28935 14491
集韻色角切音朔。溯,濯潘也。或作溯。瑩又xiāo俗消28363敦煌S.2499究竟大悲經·卷三阿梨耶龍雲中遊,伊離溯淪霏霓色。

盼 fēn_9.13 28936 14492
集韻敷文切音芬。翁鴛渀音義同。翁翁飛也。或从鳥,亦作渀,通作紛。瑩又鴻73506

㶴 xíng_9.13 28937 14493
字彙補何盈切,音行◇㶴水之貌也。

舂 zhuī_9.13 28938 14494
字彙補直追切音搥。水深聲也。

淼 màn_9.13 28939 14495
字彙補音義與漫同。

洌 yǒu_9.13 28941 14497
字彙補於糺切音颱。大澤也。

黎 lí_9.13 28942 14498
篇海鄰溪切音犁。眾也○按此當卽黎字之譌。

淶 qī_9.13 28943 14499
字彙補與漆同。

溹 null_9.13 28944 14500
音未詳。水名水經注雁門水屈而東北,積而爲潭,敦水注之,敦水東又溹水注之。又黑水,出縣鏡峽,西南入瓦亭川,有溹水自西東會。

浤 liàng_9.13 28945 41385
字彙補力樣切音亮。大水也。

浶 pì_9.13 28946 41387
字彙補延詣切,音吏◇水名。瑩龍龕疋脂反。

滰 tóng_9.13 28949 44099
龍龕同洆

渥 chán_9.13 28947 44097
篇海類編直連切音纏。水名○按卽澶字之譌。瑩金石文字辨異唐許洛仁碑王允跨據伊渥。案,渥30161作渥。

深 xián_9.13 28948 44098
五音篇海音涎。瑩字彙補深,同涎。

淳 null_9.13 28954 u2ADA7
未詳。

滾 gǔn_9.13 28955 u2ADA6
俗滾29344

溋 guàn_9.13 28950 44100
五音篇海同盥。

㿽 jiān_9.13 28951 44101
搜真玉鏡音濺。瑩字彙補㿽,同湔。

㶩 null_9.13 28952 u2ADA9
喃未詳。

洰 null_9.13 28956 u2ADA5
未詳。

溗 sè_9.13 28953 u2ADA8
俗澀29649可洪音義乏溗:生汲反。

㳵 null_9.13 28959 u2ADA2
字見殷周金文集成·3.1502·㳵鼎

㳹 null_9.13 28957 u2ADA4
未詳。

㳠 null_9.13 28961 u2ADA0
未詳。

㳣 pì_9.13 28958 u2ADA3
同㳣28781直音篇㳣,音祕。水名。

㳘 null_9.13 28960 u2ADA1
未詳。

㳞 null_9.13 28963 u2AD9E
未詳。

㳜 null_9.13 28962 u2AD9F
喃未詳。

㳛 null_9.13 28965 u2AD9C
未詳。

㳚 null_9.13 28964 u2AD9D
未詳。

㳗 null_9.13 28967 u2AD9A
喃未詳。

㳙 null_9.13 28966 u2AD9B
喃未詳。

㳘 tú_9.13 28968 u2AD99
可洪音義㳘香:上達胡反。㳘泥也。正作塗09071也。

㳑 null_9.13 28969 u2AD98
未詳。

渻 xìng_9.13 28970 u2AD97
俗渻28510可洪音義渜渻:莫頂反。下戶頂反。大水皃也。

湮 yīn_9.13 28971 u2F909
同湮28912

港 gǎng_9.13 28972 u2F908
同港28824

黎 lí_9.13 28973 u2A3ED
兼黎28942俗黎。

滌 dí_9.13 28974 u23EA2
俗滌29156金石文字辨異引唐虞書夫子廟堂碑

鍠 huáng_9.13 28975 u23E5B
或同湟28891

㳃 oc_9.13 28976 u23E59
喃从溢省郁úc聲。嘔吐。

㳂 dāi_9.13 28977 u23E58
喃从水待đãi聲。津液

渗 tràn_9.13 28978 u23E57
喃从水珍trân聲。洋溢,溢出。

洳 tò_9.13 28979 u23E56
喃从水殂tò聲△洳洳:湍急。

津 28980 u23E55
jīn_9.13　龍龕津，音津 合併字學集篇 津，津、孫二音 図 luṭ 嗕 从澇省律 luật 聲。洪水氾濫。

迥 28981 u23E54
hoành_9.13　嗕 从水迥 quýnh 聲。乾涸。

溚 28982 u23E53
đầy_9.13　嗕 从水苔 đầy 聲。盈溢。

溜 28983 u23E52
mǐn_9.13　滔28536 譌字，即淯28895 宋·吳聿 觀林詩話 溫庭筠 記狐書 兩篇，其一詞曰……拿尾羣狐，袜袜晤晤。溜用秘功，以嶺以穴。原註：（溜）音泯。

湢 28984 u23E51
zhǐ_9.13　俗湞29158 明史·卷四十二·志第十八·地理三·河南 葉州北，少東。北有黃城山，一名長城山，有汝水。又北有湛水，流入汝。東北有沙水，一名湢水，又名泜水 図 swiq 壯 洗。

渰 28985 u23E50
yǎn_9.13　水名 嘉慶重修一統志·卷三百二十四·臨江府·山川 渰水，在峽江縣北二十里，自新喻縣界來，東流六十里入贛江，亦名烏口。

澕 28986 u23E4F
zhuàn_9.13　清·王廷鼎 說文佚字輯說 澕，㑊下曰「讀若汝南澕水」，鍇本作澕29636，說文 無澕，亦無澕，疑當時之假借字。

潠 28987 u23E4E
xùn_9.13　潠29588本字。見 說文·水部·新附

湫 28989 u23E4C
jiū_9.13　湫28907篆作湫。見 說文

澠 28990 u23E4B
fú_9.13　同澠29813 類篇 澠，馮無切。水名。出桂陽。

湣 28991 u23E48
kě_9.13　俗渴28829 宋元以來俗字譜

嵞 28992 u23E47
kè_9.13　同嵞28898亦作艐48731

溢 28993 u23E46
kè_9.13　正字通 溢29069，本作溢。

涌 28994 u23E44
null_9.13　未詳。

洿 28988 u23E4D
xǐ_9.13　洒28150本字。今作洗 說文 滌也。从水西聲。古文為灑埽字。

溫 28995 u23E43
null_9.13　未詳。

澱 28996 u23E42
gǎn_9.13　清史稿·卷四百七十五·列傳二百六十二·洪秀全 連日乍浦賊熊建勳、海鹽澱浦賊皆反正。澱浦，澉29658浦之誤。

募 28997 u23E41
null_9.13　未詳。

滸 28999 u23E3F
null_9.13　未詳。

溝 28998 u23E40
gōu_9.13　同溝28728俗溝。

澢 29000 u23E3E
null_9.13　未詳。

萍 29001 u23E3D
bēn_9.13　同沐28011

源 29002 u23E3C
yuán_9.13　俗源29059敦煌P. 2160 摩訶摩耶經卷上 願時施甘露，消滅貪恚源。

蔝 29003 u23E3B
null_9.13　未詳。

漅 29004 u23E3A
null_9.13　疑俗渠。

潣 29005 u23E39
píng_9.13　㑓01527 譌字 慧琳音義 潣厠：蒲定反 字林 及 字統 皆云㑓，猶僻也 說文 从人，屏聲。

添 29006 u23E38
tiān_9.13　同添28631 直音篇 添，他廉切。益也。

滅 29009 u23E35
miè_9.13　合併字學集篇 滅，同滅29141

淴 29010 u23E34
null_9.13　未詳。

漆 29007 u23E37
qī_9.13　俗漆29354 合併字學集篇 漆漆，音七。水名。又膠漆。

滾 29011 u23E33
gǔn_9.13　或俗滾。 可洪音義 深滾：千滾反。正作淺也。恨。

淺 29008 u23E36
qiǎn_9.13　俗淺28630 可

瀉 29012 u23E32
xiè_9.13　字海 瀉，同糂。見 玄應 一切經音義 卷七。按，玄應音義·卷第七 未見此字。

㸛 29013 u23E31
null_9.13　未詳。

湢 29014 u23E30
null_9.13　未詳。

游 29015 u23E2F
yóu_9.13　俗游28833 碑別字新編 引 魏唐耀墓誌

濕 29017 u23E2D
jū_9.13　沮字之譌。

㴐 29016 u23E2E
yīn_9.13　㴐28670譌字

淌 29018 u23E2C
null_9.13　未詳。

㵪 29019 u23E2B
jǐ_9.13　俗濟30004 可洪音義 救㵪：即計反。古濟也。

復 29020 u23E2A
fù_9.13　俗復16716 図 渡29675 慐17802俗譌 可洪音義 㵪復：上他丹反。下音伏。正作灘渡。罡復：上古郎反。下符逼反。恨也。正作愎。

湭 29021 u23E29
dùn_9.13　或楯24692譌字 慧琳音義 㮶盾：下脣准反 文字集略 云盾，持板自蔽也 說文 盾，敽也。敽音扶發反。所以捍身蔽目，象形字也。或作湭也。

淡 29022 u23E28
yíng_9.13　簡 濚30047

深 29023 u23E27
shēn_9.13　古文深28619

㴤 29024 u23E26
kòu_9.13　俗㴱29559

㴱 29025 u23E25
yàn_9.13　地名用字。㴱㵍通，今作巴彥通，在黑龍江省依蘭縣。

淜 29026 u23E24
léng_9.13　地名。雙淜，在廣西 図 明·朱之蕃 輯 江南春詞集 風來淜拂烏紗巾，應知不是元規塵。

潰 29027 u23E23
fén_9.13　簡 潰29883

滏 29028 u3D24
null_9.13　未詳。

㵩 29029 u3D23
null_9.13　未詳。

㴐 29030 u3D22
null_9.13　未詳。

㴤 29031 u3D21
xiāng_9.13　地名。見甲骨文。

涵 29032 u3D20
hán_9.13　俗涵28527 增廣字學舉隅 卷二·正譌 涵，涵，非。音含。容也，水澤多也。

滔 29034 u3D1E
tāo_9.13　俗滔29168 可洪音義 滔天：上他刀反。

滯 29035 u6EDE
zhì_9.13　簡 滯29321

滑 29036 uF904
huá_9.13　參見滑29165

潑 29037 u6E8C
pō_9.13　俗潑29565

潯 29033 u3D1F
yuán_9.13　源29059譌字 四部叢刊·初編集部·徐公文集·卷第十八·御製雜詩序 皆天地之深心，聖賢之密意，禮樂之極致，教化之本潯。

溋 29038 u6E8B
yíng_9.13　俗盈37102 黃征 敦煌俗字典 溋，S. 2614 大目乾連冥間救母變文 錫杖敲門三五下，胸前不覺淚溋溋。明·王在晉 越鐫 卷十五·書牘寄太參章閩陳公 其不溋溋淚落者耶 図 giềng 嗕 从水盈 đềnh 聲。

洢 29039 u6E8A
bō_9.13　洢28381譌字　字學呼名能書·戈韻（合口呼）
普禾切：坡岠峻波洢。

溉 29040 u6E89
gài_9.13　同溉29370

溈 29041 u6E88
wéi_9.13　同溈29578

溇 29042 u6E87
lǚ_9.13　简溇29359　囝sâu嗊从水娄lâu聲。深。

潊 29043 u6E86
xù_9.13　同潊29423

溅 29044 u6E85
jiàn_9.13　简濺30116

潰 29046 u6E83
kuì_9.13　简潰29621

涔 29045 u6E84
cén_9.13　俗涔28376亦
作跨58924可洪音義牛涔：助今反。牛馬跡也。正作涔
也。蹄涔不容尺鯉也，謂小水也。

溁 29048 u6E81
yíng_9.13　简溁29996

溂 29047 u6E82
shòu_9.13　俗漱29419
可洪音義澡溂：所右反囝là日澄溂，魚兒跳躍。

滿 29049 u6E80
mǎn_9.13　同滿29345

湿 29050 u6E7F
shī_9.13　简濕29990

湾 29051 u6E7E
wān_9.13　简灣30551

淄 29052 u6E7D
zī_9.13　同淄28548

湼 29053 u6E7C
niè_9.13　同涅28355

湻 29054 u6E7B
chún_9.13　同淳28622

溍 29055 14501
jìn_10.14　集韻即刃切音晉　玉篇水也。一曰水名。
鋻胡吉宣：水經注智伯遏晉水以灌晉陽　集韻去聲綫
韻子賤切：晉，水名淮南子·墬形晉出龍山。高誘注：
龍山在晉陽之西北，晉水所出，東入汾。

湺 29056 14502
yàn_10.14　廣韻於甸切集韻伊甸切丛音宴。大水貌
囝gui集韻涓惠切音桂。水名。

溍 29057 14503
qiào_10.14　玉篇七肖切音㬠。峻波也。本作溍○按
正字通誤入九畫，今改正。

溏 29058 14504
táng_10.14　唐韻集韻韻會丛徒郎切音唐博雅溏、
溏，淖也。一曰池也。

源 29059 14505
yuán_10.14　廣韻集韻韻會丛愚袁切音元說文水
泉本也禮·月令爲民祈祀山川百源註衆水始出爲百源
囝水名水經注沁水東與丹水合，水出上黨高都縣故城
東北臯下，俗謂之源源水囝姓北魏書·源賀傳禿髮傉
檀之子賀入後魏，魏大武謂之曰：與卿同源，可爲源氏
△韻會本作厵，篆省作原。鋻又涼28931派29002厡
原04923潭29033囝字彙厵05045古源字。厵05048與源同。

潐 29060 14506
suǒ_10.14　廣韻蘇果切集韻損果切丛音鎖說文水
也。或作潹。

溒 29061 14507
yuán_10.14　唐韻雨元切集韻于元切丛音袁玉篇
水流貌。鋻胡吉宣：與瑗28916同，猶猿、猨一字也囝廣
韻溒，雨元切篆文云：姓也正字通偏考姓苑，有袁、
爰，無溒。

溓 29062 14508
lián_10.14　廣韻集韻丛勒兼切音溓♦說文中絕小
水。與濂同囝集韻離鹽切音廉。義同囝nián集韻正
韻丛泥占切音粘。與黏同說文相著也周禮·冬官考工
記·輪人雖有深泥，亦弗之溓也註溓讀爲黏。謂泥不黏

著輻也囝liàn廣韻良冉切集韻正韻力冉切丛音斂。
漬也。一曰薄冰潘岳·寡婦賦水溓溓以微凝囝liǎn廣
韻力忝切集韻盧忝切丛音槏。義同。又恬靜貌。一曰
小水囝xián集韻乎監切音銜。漬水沾物也囝xiàn乎
齛切音陷。沉物水中使冷囝liǎn兩減切音臉。味薄也
囝lín犁針切音林。與瀶同。一曰寒也。

溔 29063 14509
yǎo_10.14　廣韻以沼切集韻韻會以紹切丛音騕玉
篇浩溔，水無際也司馬相如·上林賦灝溔潢漾囝晶溔，
水色深白之貌郭璞·江賦沉濚晶溔。

溴 29064 14510
qiào_10.14　廣韻集韻韻會正韻丛七肖切音陗。溴
㵢，峻波也木華·海賦溴㵢溔而爲魁文選从口作溹。
鋻又溍29057

溕 29065 14511
méng_10.14　玉篇集韻丛蒙弄切，懞去聲。微雨也。

潯 29066 14512
zhǒng_10.14　集韻展勇切音冢。偃水也。鋻四聲篇
海作潯。

準 29067 14513
zhǔn_10.14　唐韻正韻之允切集韻韻會主尹切，丛
肫上聲說文平也前漢·律歷志繩直生準。準者，所以
揆平取正也書·立政準人正義準人，正法之人，謂士
官囝均也禮·月令先定準直正義謂輕重平均。
囝周禮·冬官考工記㮚之然後準之註謂準擊平正之也
囝平準，漢官名。武帝置平準官，籠天下鹽鐵囝則也，
倣也易繫辭易與天地準囝樂器，漢京房所作，以定律
數△亦作準莊子·天道篇平中准，大匠取法焉字林准
與準同囝zhuó唐韻職悅切集韻韻會正韻朱劣切丛
音拙史記·高祖本紀隆準而龍顏註服虔曰：準，頰權
也。文穎曰：準，鼻也囝shuǐ正韻式軌切，音水。亦平
也。一曰車轅脊不停水。鋻又準03009囝集韻準，主尹
切。或作韏45873俗作准，非是囝渻24981偏類碑別字引
唐騎都尉張玄景墓誌。

溗 29068 14514
chéng_10.14　廣韻食陵切集韻神陵切丛音繩。波前
後相淩也。一曰水不流也。一曰水名集韻或作溹。

溘 29069 14515
kè_10.14　唐韻口答切集韻韻會正韻克盍切丛音
榼說文奄忽也江淹·恨賦朝露溘至囝至也，依也。
囝kài唐韻苦蓋切音磕。船著沙也△集韻或作殣。
鋻又溢28993

溙 29070 14516
tài_10.14　集韻他蓋切音太。水貌。通作汰。

淦 29071 14517
gàn_10.14　唐韻集韻正韻丛古送切音貢。水名，出
豫章。或作灨。通作贛。

溎 29072 14518
guàn_10.14　廣韻居戎切集韻居雄切丛音弓玉篇
縣名，在酒泉。鋻方成珪：溎字之訛。酒泉郡樂涫縣。

㶊 29073 14519
yuān_10.14　廣韻集韻丛於袁切音駕。水名山海經
英鞮之山，㶊水出焉。或作洹。

溚 29074 14520
dá_10.14　集韻德合切音答。溼也囝zhá竹洽切音

劄。義同 囡 tǎ 篇海 他合切音塔。水名，在平原。鑒 字彙溚，同溚。

潙 29075 14521
wā_10.14 集韻 烏瓜切音窊。與窊、窳同 說文 汙衺下也 囡 潙漀，不平之貌 郭璞·江賦 埊淪潙漀。

溜 29076 14522
liù_10.14 唐韻 集韻 韻會 正韻 力救切音雷。水名 說文 水在鬱林郡 後漢·郡國志 鬱林郡有中溜縣 囡 水經注 漢水於棻頭郡南與溜水合 囡 水溜下也 孫綽·遊天台山賦 醴泉涌溜于陰渠。又 馬觀·瀛涯勝覽 弱水三千，舟行遇風，一失入溜，則水弱而沒溺 囡 發也 管子·宙合篇 減溜大成 註 減，盡也。溜，發也。言徧環畢莫不備得，故曰減溜大成 囡 與雷同 左傳·宣三年 三進及溜 正義 溜，謂簷下水滴之處 囡 liú 集韻 力求切音留。義同。囡 與留同 戰國策 成皐石溜之地 註 古作石留 囡 與流通 靈樞經 所溜爲滎 註 溜、流同。鑒 又潘29673灊30406

溝 29077 14523
gōu_10.14 唐韻 古侯切 集韻 韻會 正韻 居侯切音鉤 說文 水瀆，廣四尺，深四尺 釋名 田閒之水曰溝。溝，搆也。縱橫相交搆也 周禮·地官·遂人 十夫有溝 囡 爾雅·釋水 水注谷曰溝 囡 溝池，城塹也 禮·禮運 城郭溝池以爲固 囡 汙溝，馬中脊也 齊民要術 相馬法，汙溝欲其深 囡 gǎng 集韻 古項切音講。與港28824同。水分流也。鑒 又沟27916济溝29269 囡 可洪音義 購47654中：上古侯反，涑也，奇購脊購也，俗 囡 購閒：上古侯反。

溞 29078 14524
sāo_10.14 古文夊 廣韻 集韻 蘇遭切 韻會 正韻 蘇曹切音騷。爾雅·釋訓 溞溞，渐也 註 淘米聲 疏 詩·大雅 釋之溞溞 傳 釋淅米也。叟叟聲也。溞、叟音異義同。○按今 詩 本作叟叟 囡 sōu 集韻 疏鳩切音搜。義同。通作溲。

渚 29079 14525
chí_10.14 集韻 陳尼切音墀。與坻08443同 囡 博雅 渚，至也。

溟 29080 14526
míng_10.14 唐韻 莫經切 集韻 韻會 忙經切，並音冥 說文 小雨溟溟也 揚子·太玄經 密雨溟沐 註 溟沐，漸漬潤澤之意 囡 海也 十洲記 東王所居處，山外有員海。員海水色正黑，謂之溟海。通作冥 莊子·逍遙遊 北溟有魚 囡 澒溟，水勢絕遠杳冥之貌 木華·海賦 經途澒溟。囡 嶼溟，山氣暗昧之狀 左思·吳都賦 嶼溟鬱岪 囡 杳溟，水勢渺深激盪也 郭璞·江賦 霅注杳溟 囡 mǐng 廣韻 正韻 莫迥切 集韻 韻會 母迥切，並音茗。與澠同 囡 mì 集韻 莫逖切音覓。亦小雨也。

溠 29081 14527
zhà_10.14 唐韻 集韻 韻會 正韻 丛側駕切音詐。水名 說文 水在漢南荆州浸 周禮·夏官·職方氏 豫州，其浸波溠 囡 zhā 廣韻 側加切 集韻 莊加切，並音樝。又 廣韻 七河切 集韻 倉何切，並音蹉。又 集韻 又宜切音差。義丛同 囡 chá 集韻 鋤加切音查。水名，在北地 囡 zhà 助駕切音乍。水名，在美陽 △本作濹。

溡 29082 14528
shí_10.14 集韻 市之切音時。水名，在齊。通作時。

灄水所入也。見 左傳·昭十二年註。鑒 又洰28417

涵 29083 14529
hán_10.14 集韻 涵本字。

溢 29084 14530
yì_10.14 唐韻 夷質切 集韻 韻會 正韻 弋質切丛音逸 說文 器滿也 爾雅·釋詁 溢，盈也 孝經·諸侯章 滿而不溢 囡 爾雅·釋詁 溢，靜也 疏 盈溢者宜靜又慎也。舍人曰：溢行之慎 囡 洋溢也 中庸 洋溢乎中國 囡 匹溢，聲四散也 王褒·洞簫賦 穌紛離其匹溢 囡 儀禮·喪服 朝一溢米 註 二十四兩曰溢，爲米一升，二十四分升之一。囡 孔叢子·雜訓 兩手曰掬，一手曰溢 囡 同鎰 荀子·儒效篇 藏千溢之寶 囡 通佾 前漢·郊祀歌 千童羅舞成八溢 註 溢，與佾同。列也 囡 shí 集韻 食質切音實 儀禮 一溢米，劉昌宗讀 囡 shì 神至切音示 詩·周頌 假以溢我。徐邈讀。鑒 又洫28059

澀 29085 14531
sè_10.14 正字通 俗澀字。

滆 29086 14532
xī_10.14 廣韻 相卽切 集韻 悉卽切丛音息。水也。一曰水貌。

渜 29087 14533
rú_10.14 唐韻 人庶切 集韻 如倨切丛音茹 說文 漸溼也 集韻 或作洳28192 鑒 又濡28919

淪 29088 14534
lùn_10.14 廣韻 集韻 丛盧困切音論。水中曳船曰淪。

馮 29089 14535
mǎ_10.14 玉篇 莫把切。水也△干祿字書俗馮字。鑒 北魏 元舉墓誌 母馮氏，昌黎王第三女。

溥 29090 14536
pǔ_10.14 唐韻 滂古切 集韻 韻會 頗五切 正韻 滂五切丛音普 說文 大也 增韻 徧也 詩·商頌 我受命溥將。囡 通作普 詩·小雅 溥天之下 孟子 引 詩 作普 囡 fū 集韻 芳無切音敷。與旉同。布也 禮·祭義 溥之而橫乎四海。囡 同敷 書·禹貢 禹敷土 荀子·成相篇 作禹溥土 囡 bù 伴姥切音簿。塗也 囡 bó 集韻 正韻 丛伯各切音博。水名 囡 pò 集韻 匹各切音粕。溥漠，水貌△韻會 毛氏曰：从浦从寸。俗作溥，非。

潍 29091 14537
zhèn_10.14 集韻 直稔切音朕。水流貌。

溦 29092 14538
wēi_10.14 唐韻 集韻 丛無非切音微 說文 小雨也 集韻 或作溦、霺 囡 méi 類篇 旻悲切音眉。谷與潰通也 爾雅·釋丘 窮瀆汜。谷者溦。

溧 29093 14539
lì_10.14 唐韻 集韻 丛力質切音栗。水名 說文 水。出丹陽溧陽縣 囡 洲名 山謙之·丹陽記 江寧烈洲，吳舊津所也。亦曰溧洲。鑒 又凓29897，本字。

濪 29094 14540
qiàn_10.14 集韻 倉甸切音蒨。與淒同。淒洌，疾貌。或作濪。通作倩。

溨 29095 14541
zāi_10.14 廣韻 昨哉切音裁。水名。鑒 正字通 溨28838字之譌。

滃 29096 14542
yōng_10.14 玉篇 同灉

潙 29097 14543
wù_10.14 廣韻 安古切 集韻 於五切丛音塢。水潙也。一曰水名。一曰水大貌

溰 29098 14544 集韻倪結切音齧。水名。鍇俗溰。敦煌.P. 2011 王仁昫刊謬補缺切韻一溰,具器反,水名名義溰,渠致反。

潩 29099 14545 玉篇公困切集韻古困切𠀤音睔。水名。一曰大水 圖jùn集韻具運切音郡。義同 圖yá牛加切音牙。縣名,在馮翊。

溪 29100 14546 廣韻苦奚切集韻韻會牽奚切𠀤與谿同說文山瀆無所通者。又水注川曰谿△廣韻或作磎。鍇又溪28780

溫 29101 14547 說文溫28815本字。

寖 29102 14548 正字通同濅○按諸韻書濅或作寖,無書作濅者。寖已載宀部。此即寖字譌文。

溬 29103 14549 正字通俗浭字。

溭 29104 14550 唐韻士力切音崱玉篇波也。又溭淢,水勢郭璞·江賦溭淢瀼淢,龍鱗絡結註波勢參差相次,如龍之鱗連結交絡也。

溮 29105 14551 集韻霜夷切音師。水名水經注溮水,源出大潰山 圖佩觽集溮則,申州川名。鍇又溮28285

窄 29106 14552 集韻疾各切音昨玉篇水也 圖zhà側駕切音詐。溠也。

瀉 29107 14553 廣韻集韻韻會𠀤辭夜切音謝山海經瞻諸之山,瀉水出焉 圖yè集韻夤謝切音夜。義同。鍇又潝29645

溯 29108 14554 集韻蘇故切音素。逆流而上也。與游28818同 圖shuò色角切音朔玉篇水也 圖與潲28935同。潲濯,潘也。鍇又溯28679沂28030溮29128溱29120遡61140

溰 29109 14555 廣韻集韻韻會𠀤魚衣切音沂。與澹同博雅溰溰,霜雪也。或从白作皚,从水作溰。

淛 29110 14556 說文淛本字。今通作浙。

溱 29111 14557 唐韻正韻側詵切集韻韻會緇詵切𠀤音臻。水名說文水。出桂陽臨武,入匯 圖水名,在河南。春秋時屬鄭 詩·鄭風溱與洧,方渙渙兮 圖水名,出汝南水經注溱水,出浮石嶺北青衣山 圖溱溱,衆也 詩·小雅室家溱溱 圖班固·靈臺詩百穀溱溱註溱溱,盛貌 圖舒也揚子·太玄經陽引而進,物出溱溱 圖至也,與臻同前漢·王褒傳萬祥畢溱 圖通蓁詩·周南其葉蓁蓁齊詩作其葉溱溱。見詩攷 圖州名廣輿記河南汝寧府,漢曰汝南,後周曰溱州。

溲 29112 14558 廣韻疎有切集韻韻會正韻所九切𠀤音醙玉篇與浽同,浸沃也。又水調粉麪也禮·內則爲稻粉糔,溲之以爲酏 圖sōu集韻韻會正韻𠀤疎鳩切音搜。與叜同。叜叜,淅米聲 圖與醙同儀禮·士虞禮明齊溲酒註明齊,新水也。言以新水溲釀此酒也 圖溲謂之溲後漢·張湛傳遺失溲便 圖泡溲,盛多貌王褒·洞簫賦泡溲汎㵶 圖水名,在南陽水經注溲水,出湖陽北山。圖sāo集韻蘇遭切音騷。亦便也。鍇又㵾48443

溳 29113 14559 唐韻集韻𠀤王分切音雲。水名水經注溳水出蔡陽縣東南大洪山 圖州名廣輿記德安府,春秋爲鄖子國,後周曰溳州 圖yǔn廣韻于敏切集韻韻會羽敏切𠀤音隕。瀟溳,波相次也郭璞·江賦溟溟瀟溳。鍇又溳28496

溴 29114 14560 玉篇尺又切音臭。水氣也。

溵 29115 14561 廣韻集韻𠀤於斤切音殷。與溵30015濦同。水名,在潁川。

溶 29116 14562 唐韻集韻韻會𠀤餘封切音容說文水盛也。一曰安流揚雄·甘泉賦溶方皇于西清註溶然,閒暇之貌。一曰盛貌 圖yǒng唐韻余隴切集韻韻會正韻尹竦切𠀤音勇。義同 圖鴻溶,竦踊貌司馬相如·大人賦紛鴻溶而上厲。

潝 29117 14563 廣韻虛業切集韻迄業切𠀤音脅。水流貌。

溕 29118 14564 廣韻莫袍切集韻謨袍切𠀤音毛。水名,出諸與山。

溷 29119 14565 唐韻集韻韻會正韻𠀤胡困切音恩說文亂也。一曰水濁貌屈原·離騷世溷濁而不分 圖穢也。與圂通●禮·少儀君子不食圂腴儀禮·旣夕禮鄭註圂作溷 圖厠也晉書·左思傳門庭藩溷,皆著紙筆 圖集韻戶袞切音混。又huàn胡慣切音患。義𠀤同 圖hún集韻韻會𠀤胡昆切音魂。鬱熱也宋玉·風賦憞溷鬱邑註憞溷,煩濁貌。一曰熱鬱貌。鍇又溷16492

溯 29120 14566 正字通俗游字。鍇又溮29128

淼 29121 14567 集韻伊鳥切音杳。淼淼,深不測。

溹 29122 14568 廣韻蘇各切集韻昔各切𠀤音索。水名,在滎陽。一曰出聞喜縣 圖水名山海經敦與之山,溹水出于其陽 圖cè廣韻山責切音策。溹溹,雨下貌。與溂通。

溺 29123 14569 古文休廣韻奴歷切集韻韻會乃歷切𠀤音怒。沒也釋名死于水曰溺。溺,弱也,不能自勝之言也詩·小雅載胥及溺 圖凡人情沈湎不反亦曰溺禮·樂記姦聲以濫,溺而不止 圖nuò集韻昵角切音搦。亦沒也 圖ruò唐韻而灼切集韻韻會日灼切正韻如灼切𠀤音若。水名說文水自張掖刪丹西至酒泉、合黎餘波入于流沙書·禹貢作弱水 圖niào集韻奴弔切。與尿同,小便也史記·范雎傳賓客飲者,醉便溺雎。鍇又溦29956 圖13124 圖字彙灻27770,與溺同字林撮要人在水上爲汆,人在水下爲溺 圖直音篇冰27949休灻,並同溺。

漯
29124 14570
tā_10.14 集韻託盍切,音榻 玉篇 淫也。

溼
29125 14571
shī_10.14 唐韻 集韻 韻會 夶失入切音騪◆ 說文 幽溼
也。从水,一,所以覆也。覆土而有水,故溼也 爾雅·釋
地 下者曰溼 易·乾卦 水流溼 図 吏治太急曰束溼 前
漢·酷吏傳 急如束溼 註 言其急之甚也。溼物則易束。
図 溼溼,水光開合之貌 木華·海賦 瀼瀼溼溼 図 揚子方
言 溼,憂也。宋、衞謂之慎,或曰昭。陳、楚或曰溼,
或曰濟。自關而西,秦晉之閒,凡志而不得、欲而不獲、
高而有墜、得而中亡謂之溼。或謂之惄 註 溼者,失意
潛沮之名 △俗作濕 徐鉉曰 今人不知,以濕爲此字。濕
乃水名,非此也 毛氏曰 濕,本合韻,託合切,水名。後
誤以爲乾溼字。鍇 說文覆土而有水故溼也。劉尚慈:
康熙五十五年本所引 說文解字 作「覆而有土」段注
及 繫傳 作「覆而有水」。可以據小徐本出校,但王引
之徑以小徐本改大徐本引文,不當 図 湿29248溼30280

渮
29126 14572
xiè_10.14 集韻 先結切音屑。與濗同。濊濗,水貌。

湄
29127 14573
zhī_10.14 廣韻 旨夷切 集韻 蒸夷切夶音脂。水名。
一曰水貌。

溳
29128 14574
hún_10.14 正字通 渾字之譌。鍇 又sù 名義 浉28030,
蕬故反。逆流上洄。溳,同上。

溽
29129 14575
rù_10.14 唐韻 而蜀切 集韻 韻會 儒欲切夶音辱 說
文 溼暑也 禮·月令 土潤溽暑 博雅 濕也 郭璞·江賦 林
無不溽 図 濃厚也 禮·儒行 其飲食不溽 註 恣滋味爲溽,
溽之言欲也 疏 言飲食尚質,不濃厚也 図 水名 穆天子
傳 己酉,天子飲于溽水之上 図 楊氏古音 人余切 古歸
藏易 需卦作溽字,同濡。

溾
29130 14576
wāi_10.14 廣韻 乙皆切 集韻 烏乖切夶音崴 博雅 溾
渨,汙濁也 図 玉篇 沒也。一曰回淵 図 水名 水經注 溾
水,出竟陵郡新陽縣 図 集韻 烏回切音隈。又 廣韻 胡罪
切 集韻 戶賄切夶音瘣。又 集韻 虎猥切音賄。又 烏賄切
音猥。或作溰。義夶同。

溿
29131 14577
pàn_10.14 字彙 普半切音判。水涯也。

滀
29132 14578
chù_10.14 廣韻 丑六切 集韻 敕六切夶音蓄。水聚也
木華·海賦 渨濆淪而滀漯 註 滀漯,攢聚貌 図 莊子·大宗
師 滀乎進我色也 註 色憤起貌 図 急意 後漢·公孫瓚傳
滀水陵高 註 滀喩急也。

縠
29133 14579
hú_10.14 廣韻 集韻 夶同漱。

滰
29134 14580
néng_10.14 玉篇 集韻 夶奴登切音能。水名。

滁
29135 14581
chú_10.14 唐韻 直魚切 集韻 韻會 陳如切 正韻 長魚
切夶音除。水名,出簸箕山,入海 図 州名 廣輿記 秦屬
九江郡,東晉曰南譙,北齊曰北譙,隋唐宋曰滁州。

滂
29136 14582
pāng_10.14 唐韻 正韻 普郎切 集韻 韻會 鋪郎切夶
音霧 說文 沛也 詩·小雅 俾滂沱矣 図 水名 山海經 虖勺

之山,滂水出焉 図 滂洋,饒廣也 前漢·郊祀歌 福滂洋。
図 溯滂,風擊物聲 宋玉·風賦 飄忽溯滂 図 滂人,掌山
澤之官 淮南子·時則訓 令滂人納材葦 図 韻會 正韻 夶
普浪切。義同 図 pēng 集韻 披庚切音澎。與洴、泙同。
水聲 史記·司馬相如傳 洶涌滂濞 図 páng 集韻 蒲光切
音傍。水流聲 前漢·司馬相如傳 滂濞沆溉。郭璞讀。
△集韻 或作雾雱雾。霊 霧霈、霧霈,同滂沱 図 汸27867
洶28662滴29184霏66727㳎10054㳲27906

滃
29137 14583
wěng_10.14 唐韻 韻會 正韻 烏孔切 集韻 鄔孔切夶
音蓊 說文 雲氣起也 焦氏易林 潼滃蔚薈 図 說文 大水
貌 図 滃渤,霧出貌 郭璞·江賦 氣滃渤以霧杳 図 湖名。
范致明·岳陽風土記 灕湖在州南。春冬水涸,昔人謂之
乾湖 水經 謂之滃湖。

滦
29138 14584
shēn_10.14 集韻 深28619古作滦。

滷
29139 14585
liú_10.14 與㵦同 図 石鼓文 霝雨曰滷。

滄
29140 14586
cāng_10.14 古文 㳻沧 唐韻 七剛切 集韻 韻會 千剛切
夶音倉。水名 書·禹貢 嶓冢導漾,東流爲漢。又東爲滄
浪之水 図 河名 水經注 濕水左會清夷水,亦謂之滄河
図 湖名 廣輿記 在詔州府樂昌縣 図 州名 廣韻 後魏所
置,蓋取滄海爲名 図 說文 寒也 逸周書 天地之道有滄
熱 △亦作倉 揚雄·甘泉賦 東燭倉海 図 chuàng 集韻 楚
亮切音創。與滄同。鍇 又沧27959滄30057滄30112

滅
29141 14587
miè_10.14 古文 盛威 唐韻 亡列切 集韻 莫列切夶音
搣 說文 盡也◆周禮·夏官·大司馬 九伐之灋,外內亂,鳥
獸行,則滅之 註 毀其宗廟社稷曰滅 図 沒也 易·大過 過
涉滅頂 図 火熄也 書·盤庚 若火之燎于原,不可嚮邇,
其猶可撲滅。鍇 又灭30592㦅18887㦅18939媙11153威30857
㓕03008㓕29009

涸
29142 14588
hé_10.14 廣韻 集韻 夶下革切音覈◆湖名,在陽羨 水
經注 中江東南左合涸湖 図 gé 集韻 各核切音隔。義同。
鍇 又滆29613

滇
29143 14589
diān_10.14 唐韻 集韻 韻會 正韻 夶都年切音顛 說文
益州池名 前漢·地理志 水在益州滇池縣 図 本西南夷名
史記·西南夷傳 西南夷君長以什數,夜郎最大,其西靡
莫之屬以什數,滇最大 図 tián 廣韻 徒年切 集韻 韻會
正韻 亭年切夶音田。滇污,大水貌 図 盛貌 前漢·郊祀
歌 泛泛滇滇從高斿 図 tiàn 廣韻 集韻 夶他甸切音瑱。
滇泗,大水 左思·吳都賦 滇泗淼漫 註 滇泗,水闊無涯
之狀 図 diàn 集韻 堂練切音電。義同 図 zhēn 集韻 之人
切 韻會 知鄰切夶音眞。滇陽,縣名,屬汝南 前漢·地理
志作眞陽 續漢書 又作滇陽 図 zhèn 集韻 之刃切音震。
義同 図 通作顛 司馬相如·上林賦 文成顛歌 註 益州顛
縣,其人能西南夷歌。顛與滇同。鍇 又滇29217

漇
29144 14590
sī_10.14 唐韻 息移切 集韻 韻會 相支切夶音斯。水
名 說文 水。出趙國襄國,東入湡 図 集韻 一曰水厓。

溿 29145 14591
pì _10.14 廣韻 集韻 夶同浰 又與潎30002通。

漧 29146 14592
lǒng _10.14 說文 漧，涂也。从水从土龙聲，讀若隴 ○按字本从土 正字通 譌从工，今改正 又 篇海 母緫切 音矇。漧鴻，無知也。 鼚 又漉29219

滈 29147 14593
hào _10.14 唐韻 胡老切 集韻 下老切 韻會 合老切 夶 音皓。說文 久雨也。一曰水名，在鄂 括地志 滈水，源出 雍州長安縣西北滈池 地名 揚雄·羽獵賦 經縈鄠滈註 通作鎬。亦作鄗 又 滈汗，水貌 郭璞·江賦 滈汗六州之 域 又 滈滈，水白光貌 司馬相如·上林賦 翯乎滈滈。 又 xuè 廣韻 許角切 集韻 黑角切 夶音嗃。滈瀑，水沸涌 貌。或作濯濯 又 hù 集韻 呼酷切 音熇。亦久雨也。 又 huò 黑各切音瓁。又 guō 光鑊切音郭。義夶同。

澕 29148 14594
xùn _10.14 集韻 須閏切音峻。水名，在魯。

滉 29149 14595
huàng _10.14 廣韻 胡廣切 集韻 韻會 正韻 戶廣切 夶 音幌。水深廣貌 郭璞·江賦 潢滉困泫 集韻 或作潢、潢。

漫 29150 14596
jìn _10.14 集韻 同潯

漇 29151 14597
xì _10.14 玉篇 許氣切 集韻 許既切 夶音欷。水名 又 xiē 集韻 許竭切音歇 字林 鹽池。一曰以甘水和鹹水爲鹽曰漇。

溓 29152 14598
zhàn _10.14 說文 古文湛28887字。

滋 29153 14599
zī _10.14 古文 灃茲 唐韻 子之切 集韻 韻會 津之切 夶音茲。水名 說文 水。出牛飲山白陘谷 又 霸水之別名 水經注 霸陵縣霸水，古曰滋水 又 蒔也，長也，益也 書·泰誓 樹德務滋 又 液也 禮·檀弓 必有草木之滋焉。 又 多也，蕃也 左傳·僖十五年 物生而後有象，象而後有 滋 又 滋味也 禮·月令 薄滋味，無致和 又 濁也 左傳·哀 八年 武城人拘鄫人之漚菅者曰：何故使我水滋。 又 與孳、孜通 又 通作茲 前漢·五行志 賦斂茲重。 又 cí 廣韻 疾之切音慈。水名，出高麗山 山海經 高是之 山，滋水出焉。 鼚 又 滋29316 潗30039 潗30184 滋29218

潶 29154 14600
xiá _10.14 集韻 迄協切音歃。潶濈，湍流。

溫 29155 14601
mì _10.14 集韻 覓畢切音密。溢，溢水貌。或作溢 亦省作泌。

滌 29156 14602
dí _10.14 唐韻 徒歷切 集韻 韻會 亭歷切 正韻 杜歷 切夶音狄 說文 洒也 詩·豳風 十月滌場 正義 洗器謂之滌 又 旱氣也 詩·大雅 滌滌山川 又 煬風也 歲華紀麗 風惟 滌滌，木漸欣欣 又 浩酒也 周禮·春官·司尊彝 凡酒脩酌 註 脩讀如滌。滌之以水和而泲之。今齊人名浩酒曰滌 又 養牲室也 禮·郊特牲 帝牛必在滌三月 又 diào 集韻 徒弔切音調。亦養牲室也。 鼚 又 涤28494 滌28974 滌29505 又 直音滌 瀂30179同滌。

灌 29157 14603
què _10.14 唐韻 口角切 集韻 克角切 夶音碻 說文 灌 也 又 huò 集韻 忽郭切音霍。又 guō 光鑊切音郭。義夶 同 又 jué 訖岳切音覺。漬也 又 hú 胡沃切音鵠。水聲。

潪 29158 14604
zhì _10.14 唐韻 集韻 直几切 韻會 正韻 丈几切夶音 雉。水名 說文 水。出南陽魯陽堯山，東北入汝 又 集韻 韻會 或作泜 又 集韻 丈里切音峙。又 直利切音治。義夶 同。 鼚 又 渑28984

滎 29159 14605
xíng _10.14 唐韻 集韻 韻會 夶戶扃切音熒。說文 絕 小水也 又 水名 書·禹貢 滎、波旣豬 周禮·夏官·職方氏 豫 州，其川滎、洛 又 滎陽，郡名 地理通釋 滎陽，漢屬河 南，今鄭州滎陽、滎澤二縣 又 山名 山海經 南海之外有 滎山，滎水所出 又 yíng 集韻 娟營切音縈。滎瀅，波浪 涌起貌 郭璞·江賦 漩澴滎瀅 又 yǐng 玉篇 集韻 夶烏迥 切音熒。與瀅同。汫瀅，小水貌 又 集韻 縈定切音鎣。 義同。亦作瀅。 鼚 又 荥28113

滏 29160 14606
fǔ _10.14 廣韻 扶雨切 集韻 韻會 奉甫切夶音釜。水 名 山海經 神囷之山，滏水出焉 註 滏水，今出臨水縣西 釜口山 郡縣志 滏水，出磁州滏陽縣西北四十二里鼓山， 亦名滏山 左思·魏都賦 北臨漳、滏。 鼚 又 滏29803

湛 29161 14607
dān _10.14 集韻 都含切音耽。湮也 又 集成 湮也。

溧 29162 14608
jié _10.14 唐韻 渠列切 集韻 巨列切夶音傑。水激迴 旋 木華·海賦 渒㵦溧而爲魁 註 溧與傑同。

渧 29163 14609
tí _10.14 廣韻 杜奚切 集韻 田黎切夶音題。研米槌 也 玉篇 本作渧 廣韻 亦作榯。 鼚 又 渌28924

潤 29164 14610
shǎn _10.14 廣韻 集韻 韻會 正韻 夶失冉切音陝。水 動貌。一曰水流漂疾之貌 木華·海賦 潤泊洎而迆颺。 鼚 又 潣30403

滑 29165 14611
huá _10.14 廣韻 集韻 韻會 正韻 夶戶八切音猾 說文 利也 周禮·天官·食醫 調以滑甘 疏 滑者，通利往來。所 以調和五味 又 達也 杜甫詩 霜濃木石滑 又 州名 舊唐 書·地理志 滑州，隋東郡，武德元年改爲滑州 又 水名 山 海經 求如之山，滑水出焉。又 廣輿記 滑河，經滑縣北 而東，滑最大，自洛以西，百水皆會於滑 又 古國名 左 傳·襄二十九年 虞虢焦滑 又 鄭地名 春秋·莊三年 公次 于滑 又 珠名 沈懷遠·南越志 走珠之次爲滑珠 又 姓。漢 滑興 又 gǔ 廣韻 集韻 韻會 正韻 夶古忽切音骨。亂也 晉 語 置不仁以滑其中 又 治也 莊子·繕性篇 滑欲於俗思， 以求致其明 又 滑稽，謂俳諧也 楚辭·卜居 將突梯滑稽， 如脂如韋 又 混也 楚辭·漁父 滑其泥而揚其波 又 與汨 同。滑滑，水流貌 焦氏易林 涌泉滑滑 又 hú 廣韻 戶骨 切 集韻 韻會 正韻 胡骨切夶音搰。亦亂也。 鼚 又 滑29036

渮 29166 14612
gē _10.14 唐韻 古俄切 集韻 居何切夶音歌 說文 多 汁也 廣韻 渮，溏淖也 淮南子·原道訓 甚淖而渮。

滓 29167 14613
zǐ _10.14 唐韻 阻史切 集韻 韻會 壯士切音第 說 文 澱也 李陵·與蘇武書 動增泥滓 又 汁滓 周禮·天官·醢 齊 註 醢，猶醓也。成而汁滓相將 又 滓方，器名 陸羽·茶 經 滓方以集諸滓滌器 又 平聲 史記·屈原傳 泥而不滓 註

滓音淄。䕌 可洪音義 糟粹43516：上子曹反，下争史反。

滔 29168 14614
tāo_10.14 唐韻 土刀切 集韻 韻會 正韻 他刀切太音叨 說文 水漫漫大貌 書·堯典 浩浩滔天 又 流貌 詩·齊風 汶水滔滔 又 慢也 左傳·昭二十六年 士不濫，官不滔。又 水名 穆天子傳 庚辰至於滔水 又 八風之一 呂氏春秋 東方曰滔風 又 九土之一 淮南子·地形訓 西南戎州曰滔土 又 táo 集韻 徒刀切音陶。聚也 莊子·田子方 滔乎前而不知其所以然 說文 从水舀聲。舀音由。凡慆蹈韜縚等字，皆从舀。上从爪，下从杵臼之臼。凡陷閻諂欿等字太从臽，音陷。與舀義別。䕌又㴞28448滔29034滔29203

滕 29169 14615
téng_10.14 唐韻 集韻 韻會 正韻 太徒登切音騰。說文 水超涌也。與騰通 詩·小雅 百川沸騰 又 張口騁辭貌 易·咸卦 滕口說也 又 爾雅·釋詁 滕，虛也 又 國名。左傳·僖二十四年 郜雍曹滕，文之昭也 集韻 或書作滕。䕌又滕23446𣿪30243𦡨48798滕29387滕23460𧸀32000

渻 29171 14617
shěng_10.14 廣韻 所景切音眚。水名。

㴯 29170 14616
liú_10.14 集韻 同流

㴸 29172 14618
nà_10.14 廣韻 女法切 集韻 暱法切太音𤓰。㴸㴸，水貌。䕌 集韻 昵法切。水皃。㵋29567，昵洽切。水動皃。

㴹 29173 14619
chuǎ_10.14 玉篇 初瓦切 集韻 楚瓦切太音䂳。泥也。

㴺 29174 14620
liáng_10.14 玉篇 古文梁24165字。

㴻 29175 14621
téng_10.14 集韻 同滕

㵊 29186 14632
xuè_10.14 字彙補 何月切，音穴◇滅也。䕌亦作㵊29250

㴼 29176 14622
miè_10.14 集韻 滅29141古作㴼。

㴾 29178 14624
suī_10.14 集韻 宣隹切音綏。與浽同。

㴿 29179 14625
quán_10.14 篇韻 與泉同。

㵀 29180 14626
tān_10.14 集韻 他甘切音㴂。與㶌同。

㵁 29181 14627
bǐ_10.14 集韻 逼密切音筆。與潷同 博雅 㵁也。

㴽 29177 14623
xián_10.14 韻會 同涎

㵂 29182 14628
zhèng_10.14 集韻 丈井切音徎。通流也。或省作浧。䕌 集韻 作㵂。

㵃 29183 14629
chún_10.14 字彙補 同淳。

㵄 29184 14630
pāng_10.14 字彙補 同滂。

㵅 29185 14631
wǔ_10.14 字彙補 罔古切，音侮◇淸也。

𣽿 29190 u2B79B
zhū_10.14 簡 𣿉30253

㵉 29187 44102
pì_10.14 龍龕 與潎同

𣾍 29188 44103
bǐ_10.14 五音篇海 同潷。

𣾈 29189 44104
jiāo_10.14 龍龕 音交。又yáo音爻。

𪶾 29193 u2ADBE
null_10.14 喃 未詳。

𫞺 29191 u2B79A
zī_10.14 簡 澬29840

𪶼 29195 u2ADBC
null_10.14 喃 未詳。

𫞙 29192 u2B799
gōng_10.14 俗㳟29272

𪶽 29194 u2ADBD
xiè_10.14 慧琳音義 渫28819何：仙列反 毛詩傳 云泄去也 廣雅 泆也 說文 從水，枼聲。正作渫。枼，音牒也。

𪶻 29196 u2ADBB
null_10.14 鄂君啟車節 內㴇、沅、澧、滁。讀若資。

𪶺 29197 u2ADBA
null_10.14 未詳。

𪶹 29198 u2ADB9
null_10.14 未詳。

𪶸 29199 u2ADB8
wěn_10.14 湘 溺亡。

𪶷 29200 u2ADB7
null_10.14 未詳。

𪶶 29201 u2ADB6
null_10.14 未詳。

𪶵 29202 u2ADB5
null_10.14 喃 未詳。

𪶴 29203 u2ADB4
tāo_10.14 俗滔29168

𪶲 29205 u2ADB2
null_10.14 未詳。

𪶳 29204 u2ADB3
dàm_10.14 喃 五千字譯國語 蹢跡，駿浼。

𪶱 29206 u2ADB1
null_10.14 未詳。

𪶰 29207 u2ADB0
qī_10.14 同漆29354

𪶯 29208 u2ADAF
null_10.14 未詳。

𪶮 29209 u2ADAE
wū_10.14 簡 㵲29604

𪶭 29210 u2ADAD
rét_10.14 喃 俗冽03005寒冷。

𪶬 29211 u2ADAC
null_10.14 未詳。

𪶪 29213 u2ADAA
mbaeq_10.14 壮 濕△雰涕祎𪶪：挨雨淋濕衣服。亦作潰、沫、涀。

𪶫 29212 u2ADAB
null_10.14 未詳。

漢 29214 uFA9A
hàn_10.14 同漢29400

滛 29215 uFA98
yín_10.14 兼 淫29312

㴳 29216 u2F90D
shā_10.14 同㴳29328

滇 29217 u2F90C
diān_10.14 同滇29143

滋 29218 u2F90B
zī_10.14 同滋29316

瀧 29219 u2F90A
lǒng_10.14 同瀧29146

淹 29221 u23F1C
yān_10.14 同淹29473

𣛶 29220 u26D36
tú_10.14 或𣛶50368譌字。

𣻫 29223 u23ECB
huài_10.14 同瀤28910

𣻬 29222 u23ECC
yàng_10.14 俗漾29432 可洪音義 溢漾：羊亮反。正作瀁。

𣻩 29225 u23EC9
zhì_10.14 俗滯29321 又 dưới 喃 从水帶đai聲。

𣻨 29226 u23EC8
bổng_10.14 喃 从水俸bổng聲。（熱水）燙。

𣻪 29224 u23ECA
chí_10.14 俗𣻪29407

𣻧 29227 u23EC7
tǔn_10.14 同汆27771 明·田藝蘅 留青日札·卷三·惜花人 蘇詩云：只恐夜深花𣻧去，故燒高燭照紅妝。𣻧，吞稛切，上聲，水流物去也。其去聲即為褪，蓋方言也。亦可以補字書之不備者 又 xối 喃 从注省退thoái聲。淋，澆△𣻧渃：傾注。

𣻦 29228 u23EC6
tuôn_10.14 喃 从流省孫tôn聲△𣻦𣻦：涌出。

𣻥 29229 u23EC5
cát_10.14 喃 从沙吉cát聲。

𣻤 29230 u23EC4
sờ_10.14 喃 从淺省徐chờ聲△農𣻤：淺。

𣻣 29231 u23EC3
bụi_10.14 喃 从泥省倍bội聲△𣻣紅：紅塵。

𣻢 29232 u23EC2
yí_10.14 同洍05981 集韻 噬，牆之切。𣻢滋，愧皃。

晢听，魚衣切。晢滋，媿兒。或省 㘝 sết 喃 从濃省哲聲。

澍 29233 u23EC1 chăm_10.14 喃 从水針châm聲。吸乾，擦乾。

𣻀 29234 u23EC0 nuột_10.14 喃 从水納nạp聲。光滑貌。

澲 29235 u23EBF null_10.14 未詳。

漟 29238 u23EBC dăng_10.14 簡 灙30502 㘝 đoảng 喃 从水党đảng聲。淡而無味。

𣺾 29236 u23EBE nhựa_10.14 喃 从液省茹nhà聲△𣺾核：樹脂，樹膠。

澤 29237 u23EBD bài_10.14 簡 灑30125 㘝 bãi 喃 同壩09570灘地。

𣺻 29239 u23EBB đắm_10.14 喃 从水盎áng聲。沉沒，沉迷。

𣺺 29240 u23EBA dò_10.14 喃 从水徒đồ聲。滲漏。

𣺹 29241 u23EB9 zāng_10.14 同髒70778清·蒲松齡 增補幸雲曲·第十五回（萬歲）說道：二姐放着琵琶不彈給我聽，弄那塊臭裹腳頭子怎的，不怕𣺹了手？

𣺸 29242 u23EB8 xiáng_10.14 同洋28139義和團新造字。清·柴萼 庚辛紀事 改洋字為𣺸，其意蓋謂水火交攻也。

𣺷 29243 u23EB7 xiǒng_10.14 五侯鯖字海 音洶。水聲也。明·宗渭 芋香詩鈔·卷一·次韻酬袁介人 千言浩浩氣未盡，學海𣺷𣺷原無津。

𣺶 29244 u23EB6 chí_10.14 俗漦29407

𣺵 29245 u23EB5 zhuó_10.14 集韻 涿28541，直角切。地名。一曰澤名。或作𣺵。

𣺰 29247 u23EB0 qiào_10.14 同𣷭29064

𣺴 29246 u23EB4 jǐ_10.14 濟30004本字

𣺯 29248 u23EAF shī_10.14 正字通 溼29125俗作濕。

𣺮 29249 u23EAE tào_10.14 水湾。也作套。清·顧祖禹 讀史方輿紀要·湖廣三·岳州府（臨湘）縣東二十五里又有青菱𣺮，東連荷葉𣺮，水漲則合為一，水消則隔為二，有魚利，產野菱，因名。

𣺭 29250 u23EAD xuè_10.14 同瀎29186 合併字學集篇 音血。滅也。

𣺫 29252 u23EAB xiǔ_10.14 同滫29317

𣺪 29253 u23EAA null_10.14 未詳。

𣺩 29254 u23EA9 sù_10.14 或同溯。

𣺬 29251 u23EAC huāng_10.14 俗作㡃29388 玉篇 㡃，水廣也 㘝 廣韻 㡃，同㠩14566

𣺨 29255 u23EA8 lóng_10.14 俗瀧28914

𣺧 29256 u23EA7 yín_10.14 或俗淫28610

𣺦 29257 u23EA6 hù_10.14 祭名，見甲骨文，讀濩。

𣺥 29258 u23EA5 chú_10.14 金瓶梅詞話·第二十八回 這經濟向袖中取出來，提𣺥着鞋拽靶兒，笑道：你看這個好的兒是誰的？又 第二十九回 滑滑𣺥𣺥怎住停，攔攔濟濟難存站。

𣺤 29259 u23EA4 null_10.14 未詳。

𣺣 29260 u23EA3 hù_10.14 俗滬29318

𣺡 29261 u23EA1 tuò_10.14 同涶28528

𣺠 29262 u23EA0 null_10.14 未詳。

𣺟 29263 u23E9F null_10.14 未詳。

𣺜 29266 u23E9C null_10.14 未詳。

𣺞 29264 u23E9E pài_10.14 或同湃50220澼30109譌字。

𣺝 29265 u23E9D shī_10.14 俗濕29990見 佛教難字字典

𣺚 29268 u23E9A null_10.14 未詳。

𣺛 29267 u23E9B jiàng_10.14 或俗洚28159

𣺙 29269 u23E99 gòu_10.14 俗溝29077

𣺘 29270 u23E98 null_10.14 未詳。

𣺗 29271 u23E97 piāo_10.14 俗漂29348

𣺖 29272 u23E96 null_10.14 未詳。

𣺕 29273 u23E95 null_10.14 未詳。

𣺔 29274 u23E94 null_10.14 未詳。

𣺓 29275 u23E93 gǔn_10.14 俗滾29344

𣺒 29276 u23E92 gǔn_10.14 或俗滾。

𣺑 29277 u23E91 mì_10.14 俗滵29331

𣺐 29278 u23E90 zhì_10.14 阮元 經籍纂詁 猘46051，莊子·山木·釋文 猘猘或作𣺐𣺐。

𣺏 29279 u23E8F mǎn_10.14 俗滿29345

𣺎 29280 u23E8E jìn_10.14 同濅29150

𣺌 29282 u23E8C miǎo_10.14 俗渺28835

𣺍 29281 u23E8D kuǐ_10.14 湀28844本字

𣺋 29283 u23E8B null_10.14 未詳。

𣺊 29284 u23E8A null_10.14 未詳。

𣺉 29285 u23E89 null_10.14 未詳。

𣺇 29287 u23E87 null_10.14 未詳。

𣺈 29286 u23E88 yī_10.14 漣𣺈，俗作漣漪29411天一閣藏正德六年刻本 潁州志·卷之六·歌·採桑子 無風水面琉璃滑，不覺船移，微動漣𣺈，驚起沙禽掠岸飛。

𣺆 29288 u23E86 null_10.14 或同漁。

𣺅 29289 u23E85 null_10.14 未詳。

𣺄 29290 u23E84 bàn_10.14 同𣲷28918

𣺃 29291 u23E83 jǐ_10.14 俗𣺴29246

𣺂 29292 u23E82 null_10.14 𣺂官，縣名，在汶山郡。見 南齊書

㴻 29293 u3D3B shù_10.14 俗澍29667

㴺 29294 u3D3A null_10.14 未詳。

㴹 29295 u3D39 mi_10.14 韓 扎猛子 訓蒙字會 㴹，俗呼㴹水。

溺 29296 uF9EC nì_10.14 同溺29123

溜 29297 uF9CB liū_10.14 兼 溜。

滪 29298 u6EEA yù_10.14 简 澦29826

滩 29299 u6EE9 tān_10.14 简 灘30481

滨 29300 u6EE8 bīn_10.14 简 濱30041

滝 29310 u6EDD lóng_10.14 六書分類 瀧30277滝 朱育集字 㘝 sông 喃 从水竜long聲。俗瀧。江、河△滯滝：一衣帶水 㘝 suông 同𥹳43411空，空泛。△理論瀧：空論。吶滝：空談。

滧 29301 u6EE7 yáo_10.14 字海 滧，方 ㈠天然港汊。㈡地名用字。六滧港、五滧鄉。均在上海市崇明縣 㘝 xiào 中國方言大詞典 滧，河。吳語。上海崇明。

滦 29302 u6EE6 luán_10.14 简 灤30564

滥 29303 u6EE5 làn_10.14 简 濫30026

滤 29304 u6EE4 lǜ_10.14 简 濾30124

滣 29305 u6EE3 chún_10.14 同漘29382

滢 29306 u6EE2 yíng_10.14 简 瀅30146

满 29307 u6EE1 mǎn_10.14 简 滿29345

澁 29308 u6EE0 shè_10.14 简灄30407

灏 29309 u6EDF yàn_10.14 简灊30572

滜 29311 u6EDC gāo_10.14 正字通滜29603本作滜。

滛 29312 u6EDB yín_10.14 俗淫28610

滚 29313 u6EDA gǔn_10.14 同滚29344

滙 29314 u6ED9 huì_10.14 正字通匯04427或作滙。

滘 29315 u6ED8 jiào_10.14 俗滘29798

滋 29316 uFA99 zī_10.14 參見滋29153

滫 29317 14633 xiǔ_11.15 唐韻思酒切集韻韻會正韻息有切丛音醜說文久泔也。淅米汁禮·內則滫瀡以滑之註滫，泔也凸溲也。秦人謂溲曰滫史記·三王世家蘭根與白芷，漸之滫中凸唐韻息流切集韻思流切丛音脩。又xiù集韻疏鳩切音搜。又息救切音秀。義丛同。鋬又滫29252滫29449

滬 29318 14634 hù_11.15 唐韻候古切集韻後五切丛音戶。玄滬，水名也凸陸龜蒙·漁具詠序網罟之流，列竹於海滋曰滬註吳人今謂之簄。鋬又沪27956

滭 29319 14635 bì_11.15 廣韻集韻韻會正韻丛壁吉切音必。泉沸也。同滭詩·小雅滭沸檻泉凸司馬相如·上林賦滭弗宓汩註滭弗，盛貌△集韻與滭同。鋬又滭30567

滮 29320 14636 piáo_11.15 廣韻皮彪切集韻皮虯切韻會正韻皮休切丛音滮說文水流貌詩·小雅滮池北流凸水名水經注郭水西北注，與滮池合凸biāo集韻平幽切音滮。義同△說文本作彪。鋬又滮30183凸正字通瀌，俗滮字。

滯 29321 14637 zhì_11.15 唐韻集韻韻會正韻丛直例切音彘說文凝也周語震雷出滯凸積也魯語敢告滯積，以紓執事凸漏也詩·小雅此有滯穗凸周禮·地官·廛人凡珍異之有滯者，斂而入于膳府疏謂沈滯不售者凸左傳·成十八年晉悼公命百官振廢滯凸集韻尺制切，音掣。音敗不和也。或作懘。亦作懘懘凸chì丑例切音跐。水灑散貌凸韻補叶直帶切音與鱁近楚辭·九章乘舲船余上沇兮，齊吳榜以擊汰。船容與而不進兮，淹回水而凝滯。鋬又滯29035滯29225

滹 29322 14638 dàng_11.15 正字通與潒同。

滰 29323 14639 jiàng_11.15 唐韻其兩切集韻韻會正韻巨兩切，並音勥說文浚乾漬米也凸揚子方言乾黏曰滰凸jìng集韻渠映切音競。盝也。

滱 29324 14640 kòu_11.15 唐韻苦候切集韻韻會丘候切丛音寇。水名說文水起北地靈丘，東入河水經注滱水，卽溫夷之水也山海經高是之山，滱水出焉凸kōu廣韻恪候切集韻墟候切丛音彄。義同。鋬又滱29559滱29024滱29904

滶 29325 14641 jiāo_11.15 廣韻古堯切集韻正韻堅堯切丛音驍。與澆同。沃也。一曰薄也。鋬又滶25815滶30051

滷 29326 14642 jū_11.15 唐韻側加切集韻莊加切丛音樝。水名說

文水。出北地，直路西東入洛凸廣韻七余切集韻千余切丛音疽。義同。

滲 29327 14643 shèn_11.15 唐韻集韻韻會正韻丛所禁切音㴸說文下漉也司馬相如·封禪書滋液滲漉凸滲灉，流貌揚雄·河東賦澤滲灉而下降凸澤名穆天子傳甲辰，獵於滲澤凸sēn集韻韻會丛疏簪切音森。淋滲，毛羽始生貌木華海賦鶴子淋滲凸qīn集韻類篇丛千尋切音侵。與浸同。浸淫，漸漬也。或作滲。鋬又滲28349滲28776滲29643

滠 29328 14644 shā_11.15 廣韻所八切音殺。水也。一曰寒也。鋬又滠29216

滳 29329 14645 shāng_11.15 集韻尸羊切音商。水名凸列子·力命篇鬱鬱芊芊，若何滳滳註滳，讀如商。一作洶，與汸通。鋬又沟27944洶27817

滴 29330 14646 dī_11.15 廣韻都歷切集韻韻會正韻丁歷切丛音的說文水注也增韻涓滴，水點。又瀝下也王子年·拾遺記香露滴滴瀝△廣韻亦作滴法華經作渧。與滴異。鋬直音篇滴29751同滴。

滵 29331 14647 mì_11.15 廣韻美必切集韻莫必切丛音密。水流貌張衡·南都賦玉膏滵溢流其隅。鋬又滵29277滵57959

滽 29332 14648 sù_11.15 玉篇思六切集韻息六切丛音肅類篇淫也凸chù玉篇集韻丛初六切音珿。義同。

滶 29333 14649 áo_11.15 唐韻五勞切集韻牛刀切丛音敖。水名說文水。出南陽魯陽，入城父。鋬又滶29889，本字。滶28707同。

滷 29334 14650 lǔ_11.15 廣韻正韻郎古切集韻籠五切丛音魯。與鹵同說文西方鹹地，象鹽形。安定有鹵縣，東方謂之㡿，西方謂之鹵。亦作滷爾雅·釋言滷，苦也疏滷，苦地也。謂斥鹵可煑鹽者凸cǐ廣韻集韻正韻丛昌石切音尺。或从舄作潟。又唐韻徒歷切集韻亭歷切丛音狄。義丛同。鋬又卤04657塯09186

滸 29335 14651 hǔ_11.15 唐韻呼古切集韻韻會正韻火五切丛音虎說文水厓也爾雅·釋丘岸上滸疏岸上平地，去水稍遠者名滸詩·王風在河之滸凸淮水之別出者爾雅·釋水淮爲滸△說文本作許，或作滹玉篇同汻。鋬又許28276凸龍龕滸俗，滸正。

滻 29337 14653 jīng_11.15 集韻同滜

滺 29336 14652 jīng_11.15 廣韻子盈切集韻咨盈切丛音精。水名，在南郡集韻或作潊。

滹 29338 14654 hū_11.15 廣韻集韻韻會正韻丛荒胡切音呼。滹沱，水名，在信都北入海。或作灅澤惡滹浮周禮作虖池凸姓前漢下摩侯滹毒泥凸hǔ集韻火五切音虎。與滸29335同。鋬又滹29454滹30053

滺 29339 14655 yōu_11.15 廣韻以周切集韻韻會丛夷周切丛音由。水。

流貌詩·衛風淇水滺滺集韻通作悠。

⿰氵悉 29340 14656 xiè_11.15 廣韻集韻丛先結切音屑玉篇瀎⿰氵悉，水流也。一曰水貌集韻或作㴮，亦作泧。

滻 29341 14657 chǎn_11.15 唐韻集韻韻會所簡切正韻楚簡切丛音產。水名說文水。出京兆藍田谷司馬相如·上林賦終始灞滻又水經注沔水，又東得滻口，其水承大滻馬骨諸湖又博雅滻滻，衆也又類篇一曰出涕貌△前漢·郊祀志作產。鎣又浐28278

⿰氵梵 29342 14658 fàn_11.15 字彙符諫切，音梵◇浮貌。見釋藏。鎣張涌泉：俗氾27801

滽 29343 14659 yōng_11.15 廣韻集韻丛餘封切音容。水名山海經宜蘇之山，滽滽之水出焉○按水經作庸庸，出河南垣縣又山海經扶豬山西曰釐山，滽滽之水出焉名勝志釐山，在嵩縣西水經注今水出陸渾縣之西南王母澗。

滾 29344 14660 gǔn_11.15 集韻古本切音袞。大水流貌。或作混、渾又gùn古困切音睔。滾滾，水流貌。鎣又滚29275浪28955滾29313滖29639

滿 29345 14661 mǎn_11.15 古文𦚓唐韻正韻莫旱切集韻母伴切丛音懣說文盈溢也書·大禹謨不自滿假傳滿謂盈實正義滿以器喻，故爲盈實管子·霸言篇地大而不爲命曰土滿，人衆而不理命曰人滿，兵威而不止命曰武滿。又姓。晉滿奮又mèn集韻莫困切音悶。同懣說文煩也。或省作滿前漢·霍光傳憂滿不食。鎣又𦚓08209滿29506満29049㴂29279㒼02197满29307𤃩30215𦽷51523鏋69437𣿡29706𧂇50795

漀 29346 14662 qǐng_11.15 唐韻去挺切集韻棄挺切丛音謦說文側出泉也又玉篇出酒也釋名漀，猶傾也。側器傾水漿也又qīng集韻牽盈切音輕。又苦丁切音磬。義丛同。

漁 29347 14663 yú_11.15 唐韻語居切集韻韻會正韻牛居切丛音魚。說文捕魚也易繫辭以佃以漁又侵取無擇曰漁禮·坊記諸侯不下漁色註漁色，取象捕魚，然中網取之，是無所擇又或作䱷周禮·天官·䱷人掌以時䱷又水名，在漁陽水經注漁水，出縣東南又姓。宋漁仲脩又yù集韻正韻丛牛據切音御。義同△韻會本作瀺徐曰从二魚，魚多也。篆文从省。鎣又渔28779㴸29906澚30040魰71774魰71813䱷72526鮫71967金文或从収作𢍏71742或从罒从𩺰作䲆32300，並同漁。

⿰氵⿱覀火 29349 14665 piāo_11.15 集韻同漂 **漂** 29348 14664 piāo_11.15 唐韻匹消切集韻韻會正韻紕招切丛音飄說文漂，浮也書·武成血流漂杵又動也前漢·中山靖王傳衆喣漂山又與飄同詩·鄭風風其漂女傳漂猶吹也又漂漂，高飛貌賈誼·弔屈原賦鳳漂漂其高逝又寒也馬融·長笛賦正瀏漂以風洌註瀏漂，清涼貌又杜篤·論都賦漂槩朱崖註漂槩，謂摩近之也又biāo集韻卑遙切音猋。與瘭同。疽病也又piào廣韻集韻韻會正韻丛匹妙切音剽。水中擊絮也史記·淮陰侯傳竟漂數十日集韻或作𤄷。又水名山海經隗山南有山，漂水出焉註漂，音票。又漂撇，餘響少騰相擊之貌王褒·洞簫賦吟氣遺響，聯緜漂撇又piǎo集韻匹沼切音縹。義同。又浮也△說文本作㶠廣韻亦作⿰氵⿱覀火。鎣又㗩06560⿰氵⿱覀火29271𤄷30003

漃 29350 14666 jì_11.15 集韻前歷切音寂。與宋寂誅諔家丛同說文無人聲。一曰水淨也枚乘·七發漃漻薵蓼。

漄 29351 14667 yá_11.15 集韻宜佳切音厓。與涯同。水畔也。

⿰氵麻 29352 14668 mó_11.15 字彙眉波切音摩。水⿰氵麻也。

漅 29353 14669 jiǎo_11.15 廣韻集韻韻會丛子小切音勦。湖名後漢·明帝紀漅湖，出黃金註在今廬州合肥縣。亦作巢。又cháo集韻韻會正韻丛鋤交切音巢。義同又suǒ集韻損果切音鎖。與溑同。水也。

漆 29354 14670 qī_11.15 古文㳻唐韻親吉切集韻韻會正韻戚悉切丛音七。水名說文水。出右扶風杜陵岐山書·禹貢導渭自鳥鼠同穴，東會于澧，又東會于涇，又東過漆沮山海經羭次之山，漆水出焉又縣名前漢·地理志屬右扶風又古邑名春秋·襄二十一年邾庶其以漆閭丘來奔又海名張說·梁四公記黑谷之北有漆海又木名詩·鄘風椅桐梓漆又木汁，可髹物書·禹貢厥貢漆絲又物之黑者曰漆周禮·春官·巾車漆車藩蔽註漆車，黑車也。又qiè集韻七結切韻會正韻千結切丛音切。祭禮之容禮·祭義濟濟漆漆註漆漆者，專致之容又cì集韻七四切音次。與髹髤絿同。以漆塗器也△本作桼，亦作柒。鎣又桼24077㓞16460㓞16487柒23758涂28677涑28943㳬29007㯃02968髤29207漆29638黍75054又龍龕涑28671漆俗，漆29747正。

⿰氵⿱⺕儿 29355 14671 nóu_11.15 玉篇奴候切音耨。水漚⿰氵⿱⺕儿也。

漇 29356 14672 xǐ_11.15 集韻韻會丛所綺切音躧。流貌。一曰潤也楚辭·招隱士凄凄兮漇漇註衣毛若濡也。

漈 29357 14673 jì_11.15 玉篇節例切集韻子例切丛音祭。水涯也又吾學編琉球國西有彭湖島，海水漸低，謂之落漈，舟行誤入者，百無一反。

漉 29358 14674 lù_11.15 唐韻集韻韻會正韻丛盧谷切音祿說文浚也。一曰滲也戰國策漉汁灑地又釋文竭也禮·月令仲春，毋漉陂池又水名水經漉水，出醴陵縣東漉山註水出安成鄉翁陵山△集韻與淥盝盪通。鎣又㴖29528漉29456

漊 29359 14675 lǚ_11.15 唐韻力主切集韻韻會隴主切丛音縷說文雨漊漊也。一曰小雨不絕貌又揚子方言汝南謂飲酒習之不醉曰漊又lǘ集韻韻會丛龍珠切音慺。義同又lǒu廣韻正韻郎斗切集韻韻會郎口切丛音塿。通

水溝也 図lóu 集韻 郎侯切音婁。水名 後漢·章帝紀 武陵
漊中蠻叛 註 漊水，源出今澧州崇義縣西北山 図 水名
山海經 虖沱水東流，注于漊水 図 漊中，縣名 廣興記 岳
州慈利縣，吳漊中 図 三國志·東夷傳 高句麗名城爲溝
漊。鑒 又溇29042

澂 29360 14676
bó_11.15　集韻 與渤同

漌 29362 14678
jǐn_11.15　唐韻 居隱切
集韻 几隱切𠀤音謹。清也。一曰濆也。

瀧 29361 14677
lóng_11.15　集韻 與瀧同

漍 29363 14679
guó_11.15　唐韻 集韻 𠀤古獲切音蟈。水也。

湏 29364 14680
dǐng_11.15　集韻 都挺切音頂。與濎同。水貌 木華·海
賦 湏濘潗濘。

迻 29365 14681
yí_11.15　集韻 余支切音移。與沶同 埤蒼 冰室也。

淙 29366 14682
cóng_11.15　集韻 徂聰切音叢。與潨瀧漴𠀤同。水會
也 杜甫·大淸宮賦 中淙淙以回復 韻會 鉏江切音淙。
又 玉篇 色講切，霜上聲。義𠀤同 図 sǒng 玉篇 所莕切，
音竦◇淙淙，疾貌 揚雄·甘泉賦 風淙淙而扶轄兮。

漏 29367 14683
lòu_11.15　唐韻 靈候切 集韻 韻會 正韻 郎豆切𠀤音
陋。滲漏也 說文 漏，以銅壺，受水，刻節，晝夜百刻。
亦取漏下之義 周禮·夏官 挈壺氏，掌漏刻之官 図 泄也
左傳·僖四年 齊寺人貂始漏師于多魚 疏 言漏洩師之密
謀也 図 遺失也 荀子·修身篇 易忘曰漏 図 爾雅·釋宮 西
北隅謂之屋漏 詩·大雅 尚不愧于屋漏 箋 漏，隱也 図
窾也 白虎通·聖人篇 禹耳三漏，是謂大通 図 穿也
淮南子·泰族訓 朱絃漏越 註 漏，穿越琴瑟兩頭也。
図 德澤下究也 前漢·吾丘壽王傳 天下漏泉 註 言潤澤下
霑，如屋之漏 図 江名 水經注 榆水東逕漏江縣伏流山
下，復出蝮口，謂之漏江 図 井名。漏井，所以受水潦者。
見 周禮·地官鄭註 図 lóu 正韻 盧侯切音樓 禮·內則 馬黑
脊而般臂漏 周禮·作蔞 註 漏當爲蔞。言如蔞蛄臭也。
鑒 又扁13057扁15549漏09285漏29504漏29757嘔07107

溯 29368 14684
shuò_11.15　集韻 色角切音朔。澩瀟，水聲。

𩆈 29369 14685
zhí_11.15　集韻 直立切音蟄。汗出貌。一曰𩆈𩆈，小
雨不輟也。

漑 29370 14686
gài_11.15　唐韻 古代切 集韻 韻會 居代切𠀤音概。水
名 說文 水。出東海桑瀆覆甑山 図 漑注也 史記·河渠書
西門豹引漳水漑鄴 図 滌也 詩·檜風 漑之釜鬵 図 沆漑，
徐流也 司馬相如·上林賦 滂濞沆漑 図 jì 廣韻 居豙切 集
韻 韻會 居氣切𠀤音既。義同 図 與旣通 史記·五帝紀 帝
嚳漑執中而徧天下 註 古旣字 図 xiè 集韻 戶代切。與濊
同。鑒 又漑29040

漒 29371 14687
qiáng_11.15　集韻 渠良切音強。水名，在河南郡。晉
桓溫封漒川侯 通雅 沙漒洮強之漢也。洮水出強臺山東
北謂之強川。強與漒通。

㴉 29372 14688
lín_11.15　集韻 犁針切音林。與灘同。谷也。一曰寒
也。

沭 29373 14689
shù_11.15　集韻 食律切音術。與沭同 玉篇 水在琅邪。

漓 29374 14690
lí_11.15　廣韻 呂支切 集韻 鄰知切𠀤音離。水滲入
地 図 淋漓，雨聲。本作灕。或作離。

漴 29375 14691
zhuāng_11.15　廣韻 都江切 集韻 株江切𠀤音樁。
◆深水立漴也。

浮 29376 14692
fú_11.15　廣韻 防無切 集韻 馮無切𠀤音扶。與泭同。
編木以渡也 図 fū 集韻 芳無切音敷。義同。

演 29377 14693
yǎn_11.15　唐韻 集韻 韻會 正韻 𠀤以淺切音衍 說文
長流也 木華·海賦 東演析木 図 通此也，潤也 周語 夫水土
演而民用 図 引也 班固·西都賦 留侯演成 図 廣也，延也
前漢·外戚傳 推演聖德 図 水潛行也 左思·蜀都賦 演以
潛沫 図 與衍同 易繫辭大衍註 王弼曰：演天地之數。
図 浼演，水迴曲貌 郭璞·江賦 洪瀾浼演而雲迴 図 yǐn 集
韻 以忍切音引。水名 唐韻 亦作以淺切 図 yàn 集韻 延
面切，衍去聲。淺流也。鑒 又演29949

漕 29378 14694
zào_11.15　唐韻 集韻 韻會 正韻 𠀤在到切，曹去聲。
◆說文 水轉轂也。一曰人之所乘及船也 前漢·武帝紀 穿
漕渠通渭 註 水轉曰漕 図 水運曰漕 史記·蕭相國世家
轉漕給軍 図 姓 史記·游俠傳 西河漕中叔 図 cáo 廣韻
昨勞切 集韻 韻會 正韻 財勞切𠀤音曹。衛邑名 詩·邶風
土國城漕 図 zōu 集韻 徂侯切音鯫。亦水運也。鑒 又
漕30509 図 史記·游俠傳。徐慧：前漢·游俠傳

潐 29379 14695
jiào_11.15　集韻 居效切音教 玉篇 水也。

潜 29380 14696
qiǎn_11.15　集韻 淺28630或作潜。

漗 29381 14697
cōng_11.15　字彙 倉紅切音蔥。汲也。

湣 29382 14698
chún_11.15　廣韻 食倫切 集韻 韻會 船倫切𠀤音脣
說文 水厓也。◆詩·王風 在河之湣 傳 湣，水隈也 疏 引爾
雅 云夷上洒下，不湣。郭云涯上平坦而下水深爲湣 集
韻 或省作湣。鑒 又湣29305

漙 29383 14699
tuán_11.15　唐韻 度官切 集韻 韻會 正韻 徒官切𠀤音
團。露多貌 詩·鄭風 零露漙兮△亦作團 杜甫詩 玉露漙
淸影。漙或作團 図 chuān 集韻 樞兗切音舛。義同。
図 zhuān 朱遄切音專。與湍同。水名，出酈縣。或作溥
△集韻 或作漙。亦省作溥、漙。

㳟 29384 14700
zhǐ_11.15　集韻 士止切音市。水中小渚也。與沚28152
同。一曰水益未減爲㳟。

漱 29385 14701
zú_11.15　字彙 昨木切音族。水貌。鑒 字見 上博
簡·七·凡物流形。何家興：或泧28301之異體。

漚 29386 14702
òu_11.15　唐韻 烏候切 集韻 韻會 正韻 於候切，𠀤謳

去聲 說文 久漬也 詩·陳風 東門之池，可以漚麻 傳 漚，
柔也 正義 考工記 註：漚，漸也。楚人曰漚。此云漚柔
者,謂漸漬之,使柔韌也 又 漚鬱,香氣盛也 司馬相如·上
林賦 芬芳漚鬱 又 或作浥 周禮·冬官考工記 浥淳其帛
註 浥與漚同 又 ōu 廣韻 集韻 韻會 正韻 夶烏侯切音謳。
浮漚 又 楞嚴經 空生大覺中,如海一漚 又 通鷗 列子·黃
帝篇 海上有好漚鳥者。鬯 又 沤4831膒47750 又 正字
通 灃30141,漚字之譌。舊註鷗去聲,飲水,誤。

漨 téng_11.15 字彙 徒登切音縢。波浪也。鬯 正字通俗
縢29169字。譌誤與滕30243同。

㳾 huāng_11.15 唐韻 集韻 夶呼光切音荒。與㲹同 說文
水廣也。鬯 與㲹同。與㲹同 又 㳾29251俗作㳾 名義 㳾,
呼光反。

臧 zāng_11.15 正字通 滅字之譌。

㵰 shù_11.15 廣韻 集韻 夶商署切音恕 玉篇 水也。一曰
水名。

埜 yě_11.15 集韻 以者切音野。泥淖也。或作埜。

㴛 xié_11.15 集韻 徐嗟切音邪 玉篇 水名。

潶 xí_11.15 集韻 席入切音習。影也。一曰潶潶,水貌
又 shí 實入切音十。義同。

覓 mì_11.15 廣韻 集韻 夶莫狄切音覓。與汨同。
又 石名。可爲研 米芾·硯史 遠遊覒石硯。

漟 táng_11.15 玉篇 集韻 夶徒郎切音唐。溪也。鬯 胡
吉宣：（漟溪）疑卽古棠谿。熊加全：漟溪與堂谿、棠
谿、棠溪、堂溪並同。

漠 mò_11.15 唐韻 慕各切 集韻 韻會 正韻 末各切夶音
莫 說文 北方流沙也。與幕通 文選·嘯賦 註：沙土曰幕。
幕,漫也。程大昌·北邊備對 幕者,漠也。言沙磧廣莫,
望之漠漠然也 又 爾雅·釋言 漠,清也 又 廣韻 施也,茂
也 又 淡漠,恬靜貌 文子·上仁篇 非淡漠無以明德。
又 與寞通 楚辭·遠遊 野寂寞其無人 又 與莫通 爾雅·釋
詁 漠,謀也 詩·小雅 聖人莫之。莫、漠音義同 又 漠漠,
布列貌 陸機詩 街巷紛漠漠 又 漠陽,江名 廣輿記 在肇
慶府陽江縣 又 集韻 莫白切音陌。與嗼同。或从水,亦
作瘼。鬯 又 磩39304

㴲 shé_11.15 玉篇 時邪切 集韻 時遮切夶音闍。水也。
一曰水名。

瀁 shāng_11.15 集韻 尸羊切音商。瀁瀁,水流貌〇按
詩·大雅 作湯湯。

濮 làng_11.15 唐韻 來宕切 集韻 郎宕切夶音浪。濮蕩,
渠名,在譙 水經 河水東過滎陽縣,濮蕩渠出焉 又 láng
集韻 盧當切音郎。與㺞同。㺞毒,藥草。或从浪。鬯 集

韻 濮蕩,渠名,在譙郡。

漢 hàn_11.15 古文 㵻 㴋 唐韻 呼旰切 集韻 虛旰切 韻會
正韻 虛汗切夶音熯。水名 書·禹貢 嶓冢導漾,東流爲漢
又 天河也 爾雅·釋天 箕斗之閒,漢津也 史記·天官書 漢
者,亦金之散氣 揚泉·物理論 漢,水之精也 詩·大雅 倬
彼雲漢 又 漢中,郡名,秦惠王置 廣輿記 今爲漢中府。
又 漢口,地名 廣輿記 漢陽府,本春秋鄖國地,漢屬江
夏,唐曰沔州,亦曰漢陽 又 州名,屬成都府 韻會 漢屬
廣漢郡,唐置州 又 半漢,形容之辭 張衡·東京賦 天馬
半漢 又 輟耕錄 今人謂賤丈夫爲漢子 又 高麗方言謂白
日漢。見 孫穆·雞林類事 又 tān 集韻 他干切音攤。太歲
在申曰汭漢。亦作涒灘。鬯 又 汉27791漢29214 㵻30088
莫49646㳻28745僕01817

㵻 hàn_11.15 說文 古文漢字。註詳上。

漣 lián_11.15 唐韻 力延切 集韻 韻會 陵延切 正韻 靈年
切夶音連。風行水上成文曰漣 詩·魏風 河水清且漣猗
又 垂涕貌 詩·衞風 泣涕漣漣 又 水名 水經注 漣水,出邵
陵縣界 又 桂陽有漣水 水經注 漣水源出桂陽縣西北之
石塘村 郡縣志 泩水俗名漣水 又 lán 韻會 郎干切音
闌。與瀾同。大波也。鬯 又 漣28499

㿻 lǎn_11.15 廣韻 集韻 夶盧感切音壈。鹽漬果也。一
曰汁也 又 龜兆名 龜經 㿻如水滴下也△ 六書故 灠或作
㳣。

濱 tān_11.15 集韻 他含切音貪 玉篇 水也。一曰水名。
又 tàn 集韻 他紺切音僋。與爛同。

漥 wā_11.15 唐韻 屋瓜切 集韻 韻會 正韻 烏瓜切夶音
窊 說文 清水也。一曰窊下 玉篇 牛蹄跡水也 老子道德
經 漥則盈。亦同窊 又 wā 集韻 於佳切音娃。與洼同。
深池也 又 集韻 以井切,音郢。又 yǐng 集韻 庾頃切音潁。
義夶同。

㳫 tōng_11.15 玉篇 禿聾切 集韻 他東切夶音通。水聲。

漦 chí_11.15 唐韻 集韻 韻會 夶俟甾切音狋 說文 順流
也。一曰水名 又 爾雅·釋言 漦,盝也 李巡云 吐沫,漦
也 又 集韻 升基切音欺。又 充之切音蚩。又 陵之切音釐。
又 魚其切音疑。義夶同 又 郞才切音來。地名,在扶風
美陽 史記·樊噲傳 從攻雍漦城。通作釐,又作釐。
又 湯來切音胎。與郃同 又 ◆棧山切。魚龍身濡滑者。
鬯 又 漦29244氂29224 又 字彙補 㲋28929,通作漦。馮燕:
漦字今讀考。

乾 gān_11.15 玉篇 古文乾00486字。

漨 féng_11.15 廣韻 集韻 夶符容切音逢。水名 山海經
單狐之山,漨水出焉 又 péng 集韻 蒲蒙切音蓬。漨浮,
煩鬱也 左思·吳都賦 欱霧漨浮 又 bèng 蒲蠓切音菶。漨

滃，水瀇貌△集韻或作泽。

漩 29410 14726
xuán_11.15 廣韻似宣切集韻韻會旬宣切正韻旬緣切丛音旋。與淀同說文回泉也郭璞·江賦漩澴滎瀯註皆波浪回旋之貌又集韻韻會正韻丛隨戀切音鏇。義同。

漪 29411 14727
yī_11.15 廣韻於離切集韻韻會正韻於宜切丛音猗。水波也初學記水波如錦文曰漪左思·吳都賦刷盪漪瀾。鎣又渏28784漪29286

㴇 29412 14728
shè_11.15 唐韻涉本字。

漫 29413 14729
màn_11.15 廣韻集韻韻會正韻丛莫半切音縵。大水也。一曰水浸淫敗物揚子方言溼敝爲漫又水名後漢·郡國志成皐有漫水又澗名水經注槖水，出槖山，北流出谷，謂之漫澗又漫漫，長遠貌左思·吳都賦廓廣庭之漫漫又雲色也◆尚書大傳卿雲爛兮，禮漫漫兮又徧也公羊傳·宣三年郊牛死，不言其所食，漫也註徧食牛身又放也前漢·藝文志漫羨而無所歸心又汗漫，渺茫貌關尹子·九藥篇勿以汗漫曰道之廣又澶漫，猶縱逸也莊子·馬蹄篇澶漫爲樂又川原之形張衡·西京賦澶漫靡迤又爛漫，分散之形王延壽·魯靈光殿賦流離爛漫又揚子方言漢漫，懣也。朝鮮洌水之閒煩懣謂之漢漫又與墁同。塗也莊子·徐無鬼郢人堊漫其鼻端又mán集韻韻會正韻丛謨官切音瞞。水大貌又博雅漫漫，平也又漫漫，路長貌。與曼通又màn集韻莫晏切音謾。與慢同。惰也。亦作僈。鎣又滿28939漫29839滂29854熳31649又胡懷琛·簡易字說坔08344，讀作漫，意思也就是漫，謂水流土上為坔，陝西臨潼俗字。

漬 29414 14730
zì_11.15 古文洓唐韻前智切廣韻集韻韻會疾智切丛音胔說文漚也又浸漬也史記·貨殖傳漸漬於失教又染也周禮·冬官考工記·鍾氏染羽淳而漬之。又獸死也禮·曲禮四足曰漬註漬謂相瀸汙而死。鎣又渍28786瀆29896䞴43297

漭 29415 14731
mǎng_11.15 廣韻模朗切集韻韻會母朗切正韻母黨切丛音莽玉篇平也，廣也，野也司馬相如·上林賦過乎泱漭之壄又水廣遠貌宋玉·高唐賦涉漭漭，馳苹苹又泱漭，曉色不明之貌謝朓詩晨光復泱漭又廣韻集韻正韻丛莫浪切，芒去聲。義同。鎣又㵄28588漭29766

漮 29416 14732
kāng_11.15 唐韻苦岡切集韻丘岡切丛音康說文水虛也詩·小雅酌彼康爵箋康，空也。漮、康音義同。又水名，在伊闕。鎣又㵾65867又正字通漮，通作康12286本作漮29752

漯 29417 14733
tà_11.15 廣韻他合切集韻韻會正韻託合切丛音錔。水名前漢·地理志漯水，出東郡東武陽縣又漯陰，縣名，屬平原郡，漢有漯陰侯又湁漯，水攢聚貌木華·海賦㵐濆淪而湁漯又lěi集韻魯水切音壘。水名。出鴈門。或作灅、瀃○按說文本作濕。或省作㬎。後以濕爲乾溼之溼，而濕又轉爲漯字。鎣或省作㬎。而濕又轉爲漯字。二濕字右从日下糸。

漰 29418 14734
pēng_11.15 廣韻普朋切集韻披朋切丛音堋。漰渤，水擊聲郭璞·江賦鼓唅窟以漰渤又漰口，地名，在彭川杜甫詩漰口江如練又與堋同寰宇記漰作堋。蜀人謂堰爲堋又集韻披耕切音怦。義同。

漱 29419 14735
shòu_11.15 唐韻所右切集韻所救切丛音瘦說文盪口也禮·內則註以水曰漱又澣也禮·內則冠帶垢和灰請漱註手曰漱。又公羊傳·莊二十二年臨民之所漱浣也註無垢加功曰漱又齧也馬融·長笛賦秋潦漱其下趾又廣韻蘇奏切集韻韻會正韻先奏切，丛音瘶。又sōu集韻正韻丛先侯切音鎪。義丛同。鎣又涑28373漱29558瀨30334

漲 29420 14736
zhàng_11.15 廣韻集韻韻會正韻丛知亮切音帳。水大貌焦氏易林水漲無船又溢也杜甫詩春日漲雲岑又南海名謝承·後漢書交趾七郡土獻，皆從漲海出入又zhǎng集韻展兩切，長上聲。義同。或从長作淁。又zhāng廣韻陟良切集韻韻會中良切丛音張。義同郭璞·江賦趦漲截泂。鎣又涨28490

漳 29421 14737
zhāng_11.15 唐韻集韻韻會諸良切正韻止良切丛音章。水名周禮·夏官·職方氏冀州，其川漳山海經發鳩之山，漳水出焉。又東北百二十里曰少山，淸漳水出焉又水出南郡臨沮山海經荆山，漳水出焉又州名韻會唐析福州西南境，置漳州。

漴 29422 14738
chóng_11.15 集韻韻會鉏弓切正韻鉏中切丛音崇。水聲又chuáng集韻鉏江切音淙。雨急謂之漴。又chuáng仕莊切音牀。義同。亦作霖又zhuàng廣韻韻會正韻士絳切集韻仕巷切，丛淙去聲。水所衝也。通作淙又zhuàng集韻助亮切音狀。雨疾下也。

漵 29423 14739
xù_11.15 唐韻徐呂切集韻韻會正韻象呂切丛音敘。水名廣輿記楚辰州漵浦縣，有漵溪，出鄜渠山。又水浦也杜甫詩舟人漁子入浦漵。別作潊、溆。鎣又溆29043潊29553

漶 29424 14740
huàn_11.15 廣韻集韻丛胡玩切音換。漫漶，不可知也前漢·揚雄傳爲其泰曼漶註曼漶，不分別貌。猶言濛鴻也又huǎn集韻戶管切正韻胡管切丛音緩。又集韻韻會正韻丛呼玩切音喚。義丛同。

漷 29425 14741
kuò_11.15 唐韻正韻苦郭切集韻闊鑊切丛音廓。水名說文水在魯春秋·襄十九年取邾田自漷水又縣名，屬北直廣輿記漢泉州地遼漷陰又廣韻虎伯切正韻霍虢切丛音砉。又集韻光鑊切音郭。又廓擭切音鄺。又廓獲切音虢。義丛同又huò集韻忽郭切音霍。淢漷，水勢相激貌郭璞·江賦濆濩淢漷。鎣又灁30521灩30576㲉23330㗥23024

漸 29426 14742 jiàn_11.15 唐韻慈冉切集韻韻會疾染切正韻秦冉切，𡘋蔪上聲。水名說文水。出丹陽黟南蠻中，東入海又漸次也，進也，稍也，事之端先覩之始也易·漸卦正義漸者，不速之名。凡物有變移，徐而不速，謂之漸。又通作蔪書·禹貢草木漸包釋文如字，本又作蔪字林才冉反。草相包裹也又chán集韻鋤銜切音鑱。與巉通。高也。或作嶄詩·小雅漸漸之石，維其高矣又zhān側銜切音饞。流貌楚辭·九章涕漸漸兮又jiān廣韻子廉切集韻韻會正韻將廉切𡘋音尖。流入也書·禹貢東漸于海又漬也，濕也詩·衛風漸車帷裳又浸也，染也前漢·董仲舒傳漸民以仁又臺名水經注太液池中有漸臺，三十丈又星名甘氏星經漸臺四星，屬織女東足。又集韻子艷切音㦸。漸洳，溼貌也又zhè之列切音折。同浙。江名又qián類篇慈鹽切音潛。涉水也。與潛通書·洪範沉潛剛克左傳史記皆作沉漸。〓又㴭28783 𤂈72550𧗾01808

漹 29427 14743 yān_11.15 唐韻乙虔切集韻於虔切𡘋音焉。水名說文水。出西河中陽北沙又集韻於閑切音黫。又尤虔切音嫣。義𡘋同又yàn廣韻集韻𡘋於建切音堰。水名。在襄陽宜城。

漺 29428 14744 chuǎng_11.15 唐韻初兩切集韻楚兩切𡘋音磢玉篇淨也，冷也又揚子方言註漺，錯也。與磢同。又shuǎng廣韻踈兩切集韻韻會正韻所兩切𡘋音爽。義同。又浮也。

漻 29429 14745 liáo_11.15 唐韻洛蕭切集韻韻會憐蕭切正韻連條切𡘋音聊說文清深也又寂漻，高遠貌前漢·郊祀歌寂漻上天知厥時又水名水經漻水，出江夏平春縣又liú集韻正韻𡘋力求切音留。與瀏同。水清貌又韻會正韻𡘋力救切音溜。義同又liǎo集韻朗鳥切音了。與漻同。漻洌。或省作漻又漻瀨，小水別名又xiào集韻下巧切音㶾博雅清也。一曰水中絕。一曰湅也又lì郎狄切音歷。變化貌莊子·知北遊油然漻然。李軌讀。〓又𣻋29457𣽋30017㵳29618

漼 29430 14746 cuǐ_11.15 唐韻七罪切集韻韻會正韻取猥切𡘋音璀說文深也詩·小雅有漼者淵。或作滜又鮮明也詩·邶風新臺有洒。洒，韓詩作漼又涕垂貌陸機·弔魏武帝文指季豹而漼焉又壞貌崔駰·慰志賦王綱漼以陵遲又折貌傅毅·舞賦漼以摧折又水名山海經湟水，亦曰漼水又cuī集韻昨回切韻會正韻徂回切𡘋音摧。漼溰，雪霜積聚貌。或作㵏。

漽 29431 14747 tí_11.15 玉篇音義與湀29163同。

漾 29432 14748 yàng_11.15 古文瀁唐韻韻會正韻餘亮切集韻弋亮切𡘋音𢬵。水名說文水。出隴西柏道書·禹貢嶓冢導漾又水搖動貌又長也王粲·登樓賦川既漾而濟深。△亦作養。〓又㨾29222𣿰29531

漿 29433 14749 jiāng_11.15 古文𣲖唐韻即良切集韻韻會正韻資良切𡘋音將說文本作𤖶，酢漿也周禮·天官·酒正辨四飲之物，三曰漿又黎漿，水名水經注芍陂東注黎漿水。又寒漿，草名，葴也。見爾雅·釋草又周禮註蚌曰合漿，亦曰含漿。〓又𥻨43585浆28288𩟄69425𩟈69432𩟉69364

𤄷 29434 14750 liú_11.15 正字通㵟字之譌。

潨 29435 14751 cóng_11.15 正字通潀本字。〓又潨29366𣿂29584瀡30411

潁 29436 14752 yǐng_11.15 唐韻余頃切集韻韻會正韻庾頃切𡘋音穎。水名周禮·夏官·職方氏荆州，其浸潁、湛水經潁水，出潁川陽城縣西北少室山又前漢·地理志潁陽、潁陰、臨潁三縣皆屬潁川郡○按正字通入頁部，今依說文，凡熲穎潁頴俱改入火禾木水等部。〓又𩔈68122𤂄29450㵎29652頳29756頴68200

涺 29437 14753 fú_11.15 廣韻防無切音扶。水名。其中有神。見韻寶。〓又涺28547

滃 29438 14754 hàn_11.15 集韻浛或作滃。

滄 29439 14755 niǎn_11.15 集韻淰或作滄。

漏 29440 14756 niào_11.15 字彙補同尿。

澔 29441 14757 gǎo_11.15 字彙補與澔同。或書作澔。〓字彙補無澔字集韻澔，古老切。澔汧，大水皃。

滭 29442 14758 zhí_11.15 字彙補直格切音宅。土得水也。與澤同。

潄 29443 14759 shū_11.15 五音篇海時六切。清淳也。

淜 29444 14760 píng_11.15 龍龕皮冰切。無舟渡河也。

澂 29445 14761 hóng_11.15 字彙補古文洪28178字。亦作澂。

澯 29446 14762 càn_11.15 字彙補青散切音燦。清貌。

盪 29447 14763 dàng_11.15 字彙補與盪同。

𣸫 29448 14764 niè_11.15 字彙補五刮切音刖。屈也。〓俗𩑶48235

潃 29449 14765 xiǔ_11.15 史記·倉公列傳病得之流汗出潃。潃者，去衣而汗晞也註潃，音巡。〓俗潃29317

潍 29451 14767 wéi_11.15 字彙補音未詳。水名水經注洈水，上承潍水於下邑縣界。〓中華大字典睢66141訛字。

澅 29452 14768 zhòu_11.15 字彙補陟救切音晝。水名水經注水出時水東，所謂澅中也。俗以澅水爲宿留水。又作澅。

澅 29453 14769 zī_11.15 集韻淄俗作澅。

滹 29454 41388 hū_11.15 字彙補與滹同晉書音義滹水或作滹。

㳄 29455 44105 yǎn_11.15 川篇音兗。水名。

漉 29456 44106 lù_11.15 川篇同漉

𣽁 29450 14766 yǐng_11.15 正字通余頃

切。水名 說文 潁水，出潁川陽城乾山〇按 正字通 十二畫潁字註云潁字之譌。而十一畫內缺潁字，今補入。

滐 29457 44107 liáo_11.15 龍龕 同潦

渷 29458 44108 yán_11.15 篇韻 音延。鎣或侃沇龍龕溫，俗。看、延二音。

淽 29459 44109 jìn_11.15 字彙補 同浸。鎣 正字通 渡29882字之訛。

潃 29460 u2ADCA null_11.15 未詳。

泚 29461 u2ADC9 null_11.15 喃 未詳。

澗 29463 u2ADC7 jiān_11.15 同渮28874

潰 29462 u2ADC8 guenq_11.15 壯 灌30425

溟 29464 u2ADC6 míng_11.15 同溟29509俗溟03000

淡 29465 u2ADC5 null_11.15 未詳。

漑 29466 u2ADC4 null_11.15 喃 未詳。

涳 29467 u2ADC3 làn_11.15 俗灠30541

慕 29468 u2ADC2 mù_11.15 俗慕18089

浙 29470 u2ADC0 null_11.15 未詳。

澂 29469 u2ADC1 chéng_11.15 俗澂29651

漱 29471 u2ADBF kuǎn_11.15 俗漱29662 四聲篇海 音款。水也。

淹 29473 u2F90E yān_11.15 同淹29221淹28629本字。

瀹 29474 u23F42 yūn_11.15 同瀹10255

漢 29472 uFA47 hàn_11.15 兼 漢29400

溄 29476 u23F40 ngáu_11.15 喃 从水榖ngạo聲。漚。

耣 29477 u23F3F yù_11.15 同毓27200

濠 29475 u23F41 null_11.15 未詳。

澌 29478 u23F3E lèo_11.15 喃 从水聊liêu聲。清澌貌。亦作汀27787

潣 29479 u23F3D lǎng_11.15 粵潣口齒：漱口杯 图 lǎng 喃 从澱省朗聲。渣△潣鉒：沉澱。又láng从溢省朗聲 图 lǎng淹潣。安靜 图 lǔng潣嘵：彷徨。

潓 29480 u23F3C tràn_11.15 喃 从水陳trần聲。溢出。

漫 29481 u23F3A mèm_11.15 喃 从水爰mầm聲。

澴 29482 u23F39 dợn_11.15 喃 从水眼nhắn聲。起波紋。

湲 29483 u23F38 nhợt_11.15 喃 从水戛giát聲。粘液△洳湲：污濁。

瀨 29484 u23F37 lè_11.15 地名用字。馬瀨港、大瀨口，在南匯縣。图 lót 喃 从淺省勒聲 图 laeg 壯 深。

潣 29485 u23F36 vẩn_11.15 喃 从水問vấn聲。△潣濁：渾濁。

漱 29486 u23F35 null_11.15 未詳。

潷 29488 u23F33 null_11.15 从水執聲。或殷商方國名 甲骨文合集.36536其伐潷利。

漱 29487 u23F34 nhẵng_11.15 喃 从水軟nhuyễn聲。悠長。

漼 29489 u23F32 doi_11.15 喃 从水唯dõi聲。沙堤。

渦 29490 u23F31 ngàu_11.15 喃 从水偶ngẫu聲。渾濁。

漇 29491 u23F30 lùng_11.15 喃 从水悉lòng聲。

培 29492 u23F2F vùi_11.15 喃 从深省培bồi聲。

澠 29493 u23F2E thìa_11.15 喃 从湯省从匙會意△丐澠：羹匙。

濉 29494 u23F2D đồi_11.15 喃 从滿省堆đôi聲△濉濉：豐富。

渧 29495 u23F2C đểnh_11.15 喃 从水髯đỉnh聲△潹涗：淡而無味。

澍 29496 u23F2B chà_11.15 喃 从水野dã聲。

减 29497 u23F2A bớt_11.15 喃 从减八bát聲。同蘞30074

澬 29498 u23F29 yìn_11.15 俗瘞36408可洪音義 涎澬：於禁反。俗。澹澬：上徒甘反。下枒禁反。心上水也。正作痰癊 图 ẩm 喃 从水陰âm聲。潮濕。

潯 29499 u23F28 null_11.15 明·楊慎 升菴詩話·卷十 嵐彩飛瓊：劉伯溫 憶山中 篇：四時嵐彩飛瓊雪，百道泉流湛玉霜。上句本种放詩「嵐沉玉膏冷」，下句秸含 山居賦 涕潯之膏玉△宏按，或俗潯29636江總 貞女峽賦 含照耀之銀燭，涕潯湲之膏玉。

漌 29500 u23F27 shuài_11.15 潚漌，亦作潚率，斂聚也。見楊雄 羽獵賦 图 宋史·卷一百九十五·志第一百四十八·兵九 二年二月，樞密院言：馬軍自九月至三月，每十日一次出城漌渲，教習回苔野戰走驟向背施放，遇風雪假故權住。從之。

澤 29501 u23F26 zé_11.15 同澤29823穆天子傳·卷一 天子舍于漆澤。

澒 29502 u23F25 kuàng_11.15 同曠23193馬王堆漢墓帛書·老子乙本·道經 澒呵其若浴。今本作曠兮其若谷 图 人名用字。王勛澒，見明·王世貞 弇山堂別集·卷三十五·郡王·太祖以下郡王宗系

潗 29503 u23F24 huò_11.15 同潗28915四部叢刊·續編史部·嘉慶重修一統志·卷一百五十八·沁州·山川 潗河。

漏 29504 u23F23 lòu_11.15 俗漏29367秦公 碑別字新編 引 寶梁經

滌 29505 u23F1D dí_11.15 滌29156本字

淋 29507 u23F1A tān_11.15 同沜28650亦作淋 玉篇 淋，託藍切。水名。胡吉宣：水名當為水波。

滿 29506 u23F1B mǎn_11.15 俗書刊誤 滿29345，俗作滿，非。

漀 29508 u23F18 null_11.15 未詳。

渆 29510 u23F16 null_11.15 未詳。

溟 29509 u23F17 míng_11.15 俗溟03000亦作溟29464

淪 29511 u23F15 yuè_11.15 俗瀹30357清·褚人穫 堅瓠補集·卷之三·餉茶詩 瓦壺欲燥爐烟冷，汲得清泉思淪茗。

潕 29513 u23F13 xì_11.15 人名，見 古陶文彙編.3.995

潃 29514 u23F12 null_11.15 未詳。

潕 29515 u23F11 null_11.15 未詳。

潤 29516 u23F10 rùn_11.15 俗潤29595廣碑別字 引隋 爾朱端墓誌

滿 29517 u23F0F hàn_11.15 或俗菡。亦作菡50571蒳51106

潅 29518 u23F0E què_11.15 俗潅29157

㴽 29512 u23F14 null_11.15 未詳。

𣿍 29519 u23F0D són_11.15 喃从漏省崙lôn聲。遺溺△㴾帶：尿失禁。

𣿌 29520 u23F0C null_11.15 未詳。

𣿋 29521 u23F0B kuǎn_11.15 俗㵎29662

𣿊 29522 u23F0A líng_11.15 淩28602譌字 又 民國鉛印本光緒金華縣志·卷十二·志食貨第四·物產榨柿以為淩，蒸笥以為脯。

𣿉 29523 u23F09 null_11.15 未詳。

𣿈 29524 u23F08 null_11.15 未詳。

𣿇 29525 u23F07 null_11.15 未詳。

𣿆 29526 u23F06 null_11.15 或俗凜。

𣿅 29527 u23F05 null_11.15 未詳。

𣿄 29528 u23F04 lù_11.15 或俗漉29358

𣿃 29529 u23F03 null_11.15 未詳。

𣿂 29530 u23F02 jùn_11.15 俗濬30029

𣿁 29531 u23F01 yàng_11.15 同漾29432

𣻿 29533 u23EFF cuǐ_11.15 類篇滓，取猥切。深也△宏按，汲古閣本作滓29606

𣿀 29532 u23F00 null_11.15 未詳。

𣻾 29534 u23EFE nít_11.15 喃同𣾼12713

𣻽 29535 u23EFD kênh_11.15 喃从水脛cảnh聲。河渠。

𣻻 29537 u23EFB null_11.15 未詳。

𣻼 29536 u23EFC háo_11.15 俗濠30007敦煌·S.388正名要錄·右本音雖同字義各別例滜：城。

𣻺 29538 u23EFA null_11.15 未詳。

𣻸 29540 u23EF8 null_11.15 未詳。

𣻹 29539 u23EF9 null_11.15 未詳。

𣻶 29542 u23EF6 yīn_11.15 同𤅋29619

𣻷 29541 u23EF7 null_11.15 張融·海賦汨泧𣻷滓，窣石成窟。

𣻵 29543 u23EF5 è_11.15 同滆29796亦作㴉28848渾濁。

㵉 29545 u3D49 null_11.15 未詳。

𣻳 29544 u23EF3 qīng_11.15 俗傾01820天一閣藏明嘉靖刻本池州府志·卷第九·雜著篇下·王一槐·銅陵疏河狀每至春水暴漲，潁洞而下 又 清·陳康祺郎潛紀聞初筆·卷五·學問從餖飣得來班、馬等賦所以令人魄眼潁耳，政由時出奇字襯貼之也。

㵈 29546 u3D48 null_11.15 未詳。

滌 29551 u6F4C zhì_11.15 同淫28196 1892年冬季號格致彙編·禽鳥簡要編青鶴：身高三尺五寸，形與灰鶴相似，各處皆有，喜居曠野溼濕之地。

㵇 29547 u3D47 null_11.15 未詳。

漣 29548 uF992 lián_11.15 兼漣。

漏 29549 uF94E lòu_11.15 兼漏。

潍 29550 u6F4D wéi_11.15 简潍30037

潋 29552 u6F4B liàn_11.15 简瀲30341

潊 29553 u6F4A xù_11.15 同漵29423

潉 29554 u6F49 kūn_11.15 人名用字 又 大字典同混。

潇 29555 u6F47 xiāo_11.15 简瀟30266

潆 29556 u6F46 yíng_11.15 简瀠30267

潅 29557 u6F45 guàn_11.15 俗灌30425四部叢刊·初編集部·張右史文集·卷第十·古詩·種蔬縱横数席間，潅溉亦勤劬。

潄 29558 u6F44 shù_11.15 俗漱29419

滱 29559 u6EF1 kòu_11.15 同滱29324

潎 29560 14770 pì_12.16 唐韻匹蔽切集韻匹曳切並音𡚶說文於水中擊絮也 又 揚子方言清也 又 魚遊水貌潘岳·秋興賦㵎游儵之潎潎 又 piào集韻匹妙切音勡。義同玉篇波浪貌 又 piē廣韻芳滅切集韻韻會正韻匹滅切並音瞥。潎洌，流輕疾貌司馬相如·上林賦轉騰潎洌註潎洌，相撇也 又 bǐ集韻補履切音比。以水激物△集韻韻會或作潎。鎣又㵕29187

潏 29561 14771 jué_12.16 唐韻集韻韻會並古穴切音玦說文涌出也木華·海賦天綱浡潏 又 水中坻也爾雅·釋水水中可居曰洲，人所爲爲潏 又 水名，在京兆司馬相如·上林賦酆鎬潦潏註潏水，出杜陵 又 shù廣韻食聿切集韻韻會正韻食律切並音術。義同 又 yù廣韻餘律切集韻允律切韻會正韻以律切並音聿。水流貌張衡·南都賦沒滑潏潏註亦音決△集韻或作泬。

澹 29562 14772 dàn_12.16 集韻與澹同。

潐 29563 14773 jiào_12.16 唐韻集韻並子肖切音醮說文盡也。又 jiǎo集韻子小切音勦。與釂30350同說文釂酒也。一曰浚也，漉也，盡也 又 qiáo慈焦切音樵。水名山海經常烝之山，潐水出焉。

㵧 29564 14774 jì_12.16 正字通與㶇同。

潑 29565 14775 pō_12.16 集韻韻會正韻並普活切音鏺玉篇水漏也。一曰弃水也 又 李翊·俗呼小錄雨一番一起爲一潑 又 孫穆·鷄林類事高麗方言謂足曰潑△集韻或省作泼。鎣又潑29037泼28117

潒 29566 14776 dàng_12.16 唐韻徒朗切集韻待朗切，並音蕩說文水潒瀁也。讀若蕩博雅浩浩潒潒，流也張衡·西京賦彌望廣潒。或作瀉 又 xiàng廣韻徐兩切集韻韻會似兩切並音象。漭潒，水急貌 又 yǎng集韻以兩切音養。與瀁同。

㵫 29567 14777 nà_12.16 玉篇女狎切集韻呢洽切並音囲。影動也。一曰水動貌。鎣胡吉宣：㵫29172譌字。

潓 29568 14778 huì_12.16 廣韻集韻並胡桂切音慧。水名說文水。出廬江，入淮。

潰 29569 14779 mǎi_12.16 唐韻莫蟹切集韻母蟹切並音買。水名說文水。出豫章艾縣，西入湘 又 mì廣韻莫狄切音覓。與汨同。亦作浿。

㴮 29570 14780 guō_12.16 廣韻集韻並戶括切。與活、涽並同。水流聲。

潔 29571 14781 jié_12.16 唐韻古屑切集韻韻會正韻吉屑切並音結。清也廣韻經典用絜儀禮·宗人舉鼎鼏告絜 又 新書·道術篇厚志隱行謂之潔△集韻或作絜。亦省作洯。鎣又㓗03025洁28126

潕 29572 14782 wǔ_12.16 唐韻文甫切集韻罔甫切並音武。水名說

文水。出南陽舞陰区縣名水經注葉陂水，東逕潕陽縣故城北区潕溪，武陵五溪之一後漢·馬援傳註潕，一音武。今溪在辰州界。鋆又沋27950灊30492灙30008

湻 29573 14783
xún_12.16 集韻松倫切音旬。流貌。

潖 29574 14784
pá_12.16 玉篇集韻蒲巴切音琶。水名。

濈 29575 14785
jí_12.16 廣韻子入切集韻韻會即入切音㗱。泉出也。一曰水濈也区浕濈，水微轉細通貌司馬相如·上林賦浕濈鼎沸区濈濈，沸聲木華·海賦潰濞濈潎区qì集韻七入切音緝。義同△或作溗28544淃28872石鼓文作溹

潘 29576 14786
pān_12.16 唐韻普官切集韻韻會正韻鋪官切音拌說文淅米汁也禮·內則面垢，燂潘請靧区水名說文在河南滎陽区古邑名禮·檀弓與縣潘氏区泉名水經注濕水，又東逕潘縣故城，左會潘泉故瀆区pán正韻蒲官切音盤列子·黃帝篇鯢旋之潘爲淵区fān集韻韻會芳袁切音翻。米瀾也。或作潑区bō集韻逋禾切音波。潘浹，縣名，在臨淮区pàn普半切音判。縣名，在上谷。或省作番。鋆又糈43587

潗 29577 14787
zhú_12.16 集韻佇六切音逐。水名。與筑同前漢·地理志漢中郡房陵縣有筑水，東至筑陽入沔。鋆又浾28515

潙 29578 14788
guī_12.16 廣韻集韻韻會正韻居爲切音媯。水名書正義水在河東虞鄉縣歷山西区wéi廣韻薳支切集韻于嬀切音爲。水名水經注潙水，出益陽縣馬頭山区零陵有潙水水經注潙水，出西北邵陵縣界。鋆又沩27957潙29041

潚 29579 14789
zú_12.16 唐韻子叔切集韻子六切音蹙說文深清也区疾也張衡·思玄賦迅颷潚其媵我兮区sù廣韻息逐切集韻息六切音肅。義同区姓奇姓通漢有雁門太守潚何区xiāo廣韻蘇彫切集韻先彫切音蕭。與瀟同区與溲同。淘米也。鋆又浦28734淋28770

潛 29580 14790
qián_12.16 唐韻昨鹽切集韻韻會正韻慈鹽切音灊說文涉水也揚子方言潛、涵，沉也。又游也註潛行水中，亦爲游区藏也易·乾卦陽氣潛藏区爾雅·釋言潛，深也詩·小雅潛雖伏矣区漢水之別名◆爾雅·釋水水自江出爲沱，漢爲潛書·禹貢沱、潛既道区丘名爾雅·釋丘晉有潛丘区地名春秋·隱二年公會戎于潛。区邑名史記·楚世家吳取楚之六、潛区潛江，縣名廣輿記屬安陸府区牛名酉陽雜俎句漏縣大江中有潛牛区姓。宋安撫使潛說友区小爾雅魚之所息謂之潛詩·周頌潛有多魚傳潛，椮也区jiàn廣韻集韻慈艷切音瞻。義同。一曰伏流。鋆又潜29581潜30046

潜 29581 14791
qián_12.16 字彙俗潛字。

潝 29582 14792
xī_12.16 唐韻正韻許及切集韻韻會迄及切音吸說文水疾聲。一曰水流貌。或作潝司馬相如·上林賦汨潝漂疾区詩·小雅潝潝訿訿爾雅·釋訓莫供職也。一曰附和也韓詩不善之貌区yà集韻乙洽切音鴨。與浥同。水宓陷也。

潞 29583 14793
lù_12.16 唐韻洛故切集韻韻會正韻魯故切音路。水名周禮·夏官·職方氏冀州，其浸汾、潞註潞，出歸德区江名廣輿記雲南永昌軍民府城北有潞江区州名廣韻春秋初爲黎國，唐爲潞州区古齊邑名左傳·哀十七年齊人伐衞，執般師以歸，舍諸潞。

潀 29584 14794
cóng_12.16 集韻徂聰切音叢。與淙同。水會也。

濡 29585 14795
rú_12.16 字彙與濡同。

溽 29586 14796
rú_12.16 集韻汝朱切音儒。與濡同。霑溼也莊子·大宗師相溽以沫。

潟 29587 14797
xì_12.16 廣韻集韻韻會正韻思積切音昔。鹵地也。鹹土逆水之處，水寫去，其地爲鹹鹵周禮·地官·草人凡糞種，鹹潟用貆註潟，鹵也△亦作舄48359区集韻七約切音碏。義同区chǐ昌石切音尺。與滷同。苦地。與斥通区亭歷切音狄。義同。鋆又瀉29988

潠 29588 14798
xùn_12.16 唐韻集韻韻會正韻蘇困切音巽說文含水噴也後漢·郭憲傳含酒三潠区xuàn集韻須絹切音選。與潠同。亦噴也△別作哫、喫六書故潠，刷洗也。一作潯。鋆又潠28987

潡 29589 14799
dùn_12.16 玉篇徒損切集韻杜本切音囤。大水也区與敦同。

濬 29590 14800
jùn_12.16 玉篇古文濬30029字。

潢 29591 14801
huáng_12.16 唐韻集韻韻會正韻胡光切音黃說文積水池木華·海賦決陂潢而相沷区水名後漢·東夷傳偃王處潢池東区河名廣輿記潢河，出南陽分水嶺区星名史記·天官書旁有八星，絕漢曰天潢。又西宮咸池曰天五潢。又德成衡觀成潢区guāng集韻姑黃切音光。與洸同。水涌光也区huàng集韻正韻戶廣切音幌。與滉同。水深廣貌司馬相如·上林賦灝溔潢漾区廣韻集韻胡曠切音眶釋名染紙也齊民要術有裝潢紙法唐六典崇文館有裝潢匠五人。

潣 29592 14802
mèn_12.16 玉篇亡本切集韻母本切音懣。水盈貌。

澗 29593 14803
jiàn_12.16 唐韻古莧切集韻居莧切音覵說文山夾水也詩·召南于澗之中区水名書·禹貢伊洛瀍澗。区前漢·地理志澗水出金城郡令居縣西北塞外区jiān集韻居閑切音閒。義同△別作磵、㵎。鋆又涧28491㵎57019瞷23089区直音篇㵎，與澗同。㵎14221，同上。磵與澗同。磵39374，同上区正字通磵57024，澗、磵並通郭璞江賦：幽磵積阻。李善曰：磵與澗29809同。舊本闕

潣 29594 14804
mǐn_12.16 唐韻眉殞切集韻韻會美殞切丛音閔說文水流浼浼貌又měi廣韻武罪切集韻母罪切丛音每。同浼又集韻美辨切音免。義同又huǐ集韻虎猥切音賄。水貌。或作湏。鎏又潤30050润28409

潤 29595 14805
rùn_12.16 唐韻如順切集韻韻會正韻儒順切丛音閏。澤也，滋也，益也易·說卦雨以潤之又水名水經淮水又東北，左會潤水又水名，出金城水經注潤水，出令居縣西又州名韻會漢丹陽郡，隋置潤州又黃潤，蜀布名。鎏又润28492潤29516

潥 29596 14806
sù_12.16 字彙蘇谷切音粟。水名。

澔 29597 14807
hào_12.16 字彙澔字之譌。

澉 29598 14808
kǎn_12.16 集韻苦感切音坎。濁也。

潦 29599 14809
lǎo_12.16 唐韻盧皓切集韻韻會正韻魯皓切丛音老說文雨水大貌禮·曲禮水潦降又路上流水也詩·大雅泂酌彼行潦又lào廣韻集韻韻會正韻丛郎到切，勞去聲。與澇同。淹也。一曰積水又láo集韻正韻丛郎刀切音勞。水名司馬相如·上林賦酆鎬潦潏註水出鄠縣西南潦谷又潦倒，蘊藉貌嵇康·絕交書潦倒麤疎又liáo集韻憐蕭切音聊。水名山海經潦水，出衛皐東。鎏又澇29971

溍 29600 14810
zhēn_12.16 唐韻側詵切集韻緇詵切丛音臻。水名水經注溍水，出鄭國西北平地〇按詩與國語本作溱又zēng集韻咨騰切音增。義同。

潗 29601 14811
jì_12.16 唐韻其冀切集韻渠至切丛音暨說文水也。鎏又湶29786同潗。湶29098，俗潗。

潨 29602 14812
cóng_12.16 唐韻正韻徂紅切集韻韻會徂聰切丛音叢說文小水入大水曰潨詩·大雅鳧鷖在潨傳潨，水會也又zhōng廣韻職戎切集韻之戎切丛音終。義同。一曰厓也又廣韻藏宗切集韻正韻徂宗切丛音賨。又集韻將容切音蹤。義丛同又zhuàng集韻仕巷切，淙去聲。與淙同。水聲也△集韻或作灇潀漎。鎏又漴29435濛29811

滜 29603 14813
gāo_12.16 正韻姑勞切音高。與睾同。澤也又háo胡刀切音號。與嘷同史記·曆書秭鳺先滜又zé直格切。與澤通史記·天官書其色大圓黃滜〇按滜字玉篇唐韻集韻韻會俱不載。鎏又滜29311

潓 29604 14814
wū_12.16 正字通俗污字。鎏又洿29209亦俗惡17633

潩 29605 14815
yì_12.16 唐韻與職切集韻韻會逸職切丛音弋。水名說文水。出河南密縣大隗山又集韻吒力切音瀷。又廣韻集韻丛羊吏切音異。義丛同△六書故潩，亦作瀷。

漼 29606 14816
cuǐ_12.16 玉篇與漼同。鎏又滜29533

潪 29607 14817
zhì_12.16 廣韻直炙切音擲說文土得水沮也。本作澌。或省作潪又廣韻竹隻切集韻竹益切，丛音蹢。義同又廣韻集韻丛知義切音智。水名。鎏又䧴38590澌30144

潫 29608 14818
wān_12.16 廣韻集韻丛烏關切音彎。水深廣貌。又左思·吳都賦泓澄奫潫註奫潫，迴復之貌又廣韻於緣切集韻縈緣切丛音娟。義同又yuān廣韻集韻丛紆權切音蝹。義同。一曰大水。

潏 29609 14819
jué_12.16 廣韻去月切集韻丘月切丛音闕。水名水經注潏水，出桐柏山之陽又玉篇國名△集韻或作瀱。

潬 29610 14820
dàn_12.16 廣韻徒旱切集韻蕩旱切正韻徒亶切丛音但。沙渚也爾雅·釋水潬，沙出註今江東呼水中沙堆爲潬又地名地理通釋河陽縣有三城，其中潬城東魏築又shàn集韻正韻丛上演切音善。水相薄也司馬相如·上林賦宛潬膠盭註宛潬，展轉也。又文心雕龍·封禪篇潬潬嗚嗚，萬物盡化，言至德所被也又tān集韻他干切音攤。義同。通作灘金石文秦蜀守李冰官堰碑云深淘潬，淺包隔註潬，古灘30481字。

潭 29611 14821
tán_12.16 唐韻正韻徒含切集韻韻會徒南切丛音覃。水名。◆說文水。出武陵鐔成玉山又深也前漢·揚雄傳潭思渾天又州名廣輿記長沙府，隋唐曰潭州。又xún集韻正韻丛徐心切音尋。旁深也。與潯同揚雄·解嘲或橫江潭而漁又yín集韻正韻丛夷針切音淫。浸潭，與浸淫同司馬相如·上林賦浸潭促節漢書作浸淫又yǐn廣韻集韻丛以荏切音檃。潭濼，水動搖貌。或作潭灤又rěn集韻忍甚切音荏。義同。鎏又潭30085灛30548

潿 29619 14829
yīn_12.16 說文湮本字

澒 29612 14822
hè_12.16 廣韻胡个切集韻何佐切丛音賀玉篇水也。一曰水名。鎏胡吉宣：水經注賀水東出近川，西南至滄交入滄。

滆 29613 14823
gé_12.16 正字通俗滆字。

澾 29614 14824
tà_12.16 正字通俗澾字。

澮 29615 14825
xiè_12.16 廣韻集韻丛私列切音薛。注也。

濆 29616 14826
fèi_12.16 玉篇集韻丛方味切。與沸同。泉涌出也又fèi廣韻扶沸切集韻父沸切丛音狒。濆渭，水溢貌又bì集韻兵媚切音祕。人名史記鄭悼公濆又pài集韻怖拜切音湃。與湃同。水聲。

潮 29617 14827
cháo_12.16 唐韻直遙切集韻韻會馳遙切丛音晁說文水朝宗於海王充·論衡水者，地之血脈，隨氣進退而爲潮初學記水朝夕而至曰潮皇極經世海潮者，地之喘息也。隨月消長，早曰潮，晚曰汐又州名廣輿記本南海揭陽地，隋曰潮州，唐曰潮陽，明爲潮州府又伺潮，雞名述異記伺潮雞，潮水上則鳴又望潮，魚名，出台州臨海縣△說文本作淖。鎏通作潮29810又嘲14263

潦 29618 14828
liáo_12.16　正字通俗潦字。

潯 29620 14830
xún_12.16　唐韻徐林切集韻韻會正韻徐心切丛音尋說文旁深也。一曰水厓也。或作潯、潭图水名，在琅邪水經注潯水，出巨公之山图潯陽，地名，漢屬廬江郡郭璞•江賦流九派乎潯陽图州名，漢桂林郡，唐置潯州廣輿記今爲潯州府图yín集韻夷針切。與淫同图tán徒南切音覃。義同。鋻又潯28274

潰 29621 14831
kuì_12.16　唐韻集韻韻會正韻丛胡對切音繪前漢•文帝紀大水潰出註旁決曰潰图亂也詩•大雅潰潰回通图散也左傳•文三年民逃其上曰潰公羊傳國曰潰，邑曰叛图遂也詩•小雅是用不潰于成图怒也詩•邶風有洸有潰韓詩潰潰，不善之貌图水相交過曰潰宋玉•高唐賦潰淡淡而潰入图潰濩，水勢相激貌郭璞•江賦潰濩泧漷图集韻胡隈切音回。義同图戶代切音懛。與澮同图胡骨切音搰。決也。鋻又潰29046潰30038濆30310

湜 29623 14833
shí_12.16　集韻與湜同

澄 29622 14832
yē_12.16　集韻一結切音噎。與洇同。水流貌焦氏易林黃落澄鬱。

漚 29624 14834
òu_12.16　玉篇集韻丛於候切，漚去聲。冞也。冬月積草水中，以取魚。鋻又潜29860

潲 29625 14835
shào_12.16　廣韻集韻丛所教切，稍去聲。水激也。一曰汛潘以食豕博雅潲、濯，潲也图集韻山巧切音稍。義同。鋻又餚69160图廣韻雨潲也。

潻 29626 14836
tú_12.16　集韻同都切音徒。山名後漢•南蠻傳南郡潻山，蠻雷遷等始反叛图zhā陟加切音奓。潻潻，沾淫也。

潴 29627 14837
zhū_12.16　集韻與瀦同。

潵 29628 14838
sàn_12.16　集韻先旰切音繖。水散也。

濖 29629 14839
chě_12.16　集韻齒者切音觰。濆濖，不絜也。吳俗語。

潶 29630 14840
hēi_12.16　唐韻呼北切音黑。水名書•禹貢潶水西河惟雍州○按今書作黑水。

潷 29631 14841
bì_12.16　廣韻鄙密切集韻逼密切丛音筆博雅盅也。一曰去汁也。或作浭。亦作汹。鋻又淨29188

濺 29632 14842
jiān_12.16　集韻濺或作濺。

潸 29633 14843
shān_12.16　廣韻所姦切集韻韻會正韻師姦切丛音刪說文涕流貌詩•小雅潸焉出涕图廣韻集韻韻會丛數版切音霰。又集韻韻會正韻丛所晏切音訕。義丛同。俗从林，誤。鋻又潜29808潚29793

瀦 29634 14844
zhuō_12.16　正字通涿字之譌。

潹 29635 14845
chán_12.16　正字通俗潺字。

潺 29636 14846
chán_12.16　玉篇士山切集韻韻會正韻鋤山切丛音屠。潺湲，流水貌。一曰水流聲謝靈運詩乘月弄潺湲图借作流涕貌楚辭•九歌橫流涕兮潺湲图水名水經注涪縣有潺水图唐韻昨閑切音棧。義同。

潧 29637 14847
chéng_12.16　集韻溮本字。

漆 29638 14848
qī_12.16　玉篇尸煮切音黍。水名。瓽熊加全：俗漆29354

滾 29639 14849
gǔn_12.16　正字通俗滾字。

潼 29640 14850
tóng_12.16　唐韻正韻徒紅切集韻韻會徒東切丛音同。水名說文水。出廣漢、梓潼北界图水名水經注潼水，出江夏郡之曲陵縣西北潼山图水名潘岳•西征賦愬黃巷以濟潼註潼水，在華陰縣界图海名王子年•拾遺記北極之外，有潼海之水图潼潼，高貌宋玉•高唐賦沫潼潼而高屬图tōng廣韻集韻韻會丛他東切音通。義同图chōng廣韻尺容切集韻昌容切丛音衝。義同。一曰水壞道图潼容，車裳也，見周禮•巾車註图zhōng集韻類篇丛諸容切音鍾。潼貌。

瀷 29641 14851
zhí_12.16　集韻質力切音職。與膱、昵丛同。粘也。

潽 29642 14852
pǔ_12.16　集韻頗五切音普。水也。

滲 29643 14853
shèn_12.16　正字通俗滲字。

溍 29644 14854
zhá_12.16　玉篇竹洽切音劄。淫也。鋻又潜29074

潡 29645 14855
xiè_12.16　廣韻辭夜切音謝。水名，出瞻諸山。亦作潟图集韻食亦切音躲。義同。

潾 29646 14856
lín_12.16　廣韻力珍切集韻韻會正韻離珍切丛音鄰玉篇水清貌。通作粼詩•唐風揚之水，白石粼粼图廣韻水名图金潾，交趾地名張籍詩行人幾日到金潾图lán廣韻力閑切集韻韻會正韻離閑切丛音斕。水貌图lìn玉篇力刃切正韻良刃切丛音吝初學記水出山石閒曰潾。

潒 29647 14857
hǒng_12.16　玉篇集韻丛虎孔切音嗊。水風也。

潿 29648 14858
wéi_12.16　唐韻羽非切集韻于非切丛音韋說文不流濁也。與潿通。鋻又潤28498

澀 29649 14859
sè_12.16　唐韻韻會色立切集韻正韻色入切丛音濇。與涩同說文不滑也風俗通•十反篇冷澀比于寒蜒图牆叠石作水文爲澀浪溫庭筠詩澀浪浮瓊砌图竹名范成大•桂海草木志澀竹，膚麤澀如砂紙集韻或作濇兂澁。鋻又埾08298砨26629泚28398涩28489涩28788泅28257澀29085涩28623濇29905涩28953灄30058瑡07214泲28263图可洪音義補踓58905：色立反。正作濇26637龕忽17024：所戢反。正作濇。龕悩17307：同澀，不滑也。正作濇澀兊17634三形也。

澀 29650 14860
sè_12.16　玉篇同澀。

澂 29651 14861
chéng_12.16　唐韻直陵切集韻韻會持陵切丛音懲揚子方言清也後漢•儒林

贊千載不作,淵源誰澂又澂江,郡名廣輿記雲南澂江府,古滇國地集韻或作澄,亦作澄。鑒又澂29469

㴊29652 14862 jiǒng_12.16 玉篇居詠切。清也。

澄29653 14863 chéng_12.16 古文涅集韻持陵切音懲增韻水靜而清也謝靈運詩秋水共澄鮮又曹植詩明月澄清景註澄,湛也又酒名禮·禮運澄酒在下又山名廣輿記在南昌豐城縣又集韻除庚切音棖。又直拯切,懲上聲。又澄應切音瞪。義丛同又dèng集韻唐互切音鄧。清濁分也。鑒又澂29651澂30175

㶇29654 14864 huà_12.16 廣韻集韻丛胡卦切音畫。水名水經注臨淄惟有㶇水,西北入沛又集韻胡麥切音劃◆前漢·功臣表㶇清侯參顏註㶇,音獲。又戶卦反。鑒又洈28764

澆29655 14865 jiāo_12.16 唐韻古堯切集韻韻會正韻堅堯切丛音驍說文㳫也。一曰薄也後漢·循吏傳澆淳散樸又姓。明總兵澆或又liáo集韻類篇丛力交切,音顤。水洄狀貌王逸·楚辭註回波為澆又yào廣韻韻會五弔切集韻倪弔切丛音顤。人名。寒浞子又ào集韻魚到切音傲。義同。或作㵴。鑒又澆28287浇28396澆28716㵴30051㵤25815

澇29656 14866 láo_12.16 廣韻魯刀切集韻韻會正韻郎刀切丛音勞。水名說文水。出扶風鄠北。亦作潦司馬相如·上林賦酆鎬潦潏註潦,即澇水又灘名水經注漢水,又東謂之澇灘又大波也木華·海賦飛澇相磢又lǎo廣韻盧晧切集韻魯晧切丛音老。義同又lào廣韻集韻韻會丛郎到切,勞去聲。義同。一曰淹也。鑒又澇28501

澈29657 14867 chè_12.16 廣韻集韻韻會丛直列切音轍玉篇水澄也關尹子·九藥篇論道者或曰澄澈又易·坤鑿度地道距水澈註地道以水盡為澈。鑒又瀓30149

澉29658 14868 gǎn_12.16 廣韻集韻韻會正韻丛古覽切音敢。澉饜,無味也。一曰澉饌,味淡也又澹澉,猶洗滌也。枚乘·七發澹澉手足又浦名廣輿記嘉興海鹽縣有澉浦又tàn廣韻集韻丛吐濫切音賧。亦味薄也。鑒又䤅69480鐕69465澉28996

㳘29659 14869 nǜ_12.16 集韻尼據切,女去聲。淫也。

澊29660 14870 cūn_12.16 玉篇七昆切集韻麤尊切丛音村。水名又cún集韻徂昆切音存。水貌。

㵽29661 14871 guǐ_12.16 集韻與屢同說文或作漸、沈28043 鑒又㵽29726

漱29662 14872 kuǎn_12.16 集韻苦緩切音款。水名。一曰流貌。鑒又漱29521漱29471,並俗漱。

溾29663 14873 pǐ_12.16 集韻溦或作溾。

澋29664 14874 hǒng_12.16 玉篇戶猛切集韻胡猛切丛音撟。洞澋,水回旋貌又水名水經注蒲圻縣蒲圻洲上有白面洲,洲南又有澋口又hòng廣韻呼瞢切音忢。義同又jǐng集韻俱永切音憬。與泂同。

凭29665 14875 píng_12.16 廣韻扶冰切集韻皮冰切丛音凭玉篇水聲也。一曰凓渼,水勢相激貌又bīng集韻蒲萌切音弸。又悲陵切音冰。義丛同。

澌29666 14876 sī_12.16 唐韻息移切集韻韻會相支切丛音斯說文水索也揚子方言澌,盡也又集韻山宜切音釃。義同又xī集韻韻會正韻丛先齊切音西。與嘶同。本作㺮說文散聲也徐曰若今謂馬鳴為嘶也又sì廣韻集韻韻會斯義切正韻息漬切丛音賜。亦水索也△與漸別。漸為流水之漸,俗誤作澌。鑒又㺮26963

澍29667 14877 zhù_12.16 廣韻之戍切集韻韻會朱戍切,並音注說文時雨澍生萬物又借作霔濡滋植意司馬相如·難蜀父老文羣生澍濡又與注同。水流射也王褒·洞簫賦聲礚礚而澍淵註澍與注,古字通又shù唐韻廣韻常句切集韻韻會正韻殊遇切,並音樹。義同。鑒又霔66866霆66574澍29293

溥29668 14878 bó_12.16 玉篇補各切集韻伯各切丛音博。溥溙,水貌。

潩29669 14879 yì_12.16 集韻乙力切音億。水名說文水。出汝南上蔡黑閭澗,入汝。隸作澺○按說文本作溰,水注也。从水啻聲,都歷切。

澎29670 14880 pēng_12.16 廣韻撫庚切集韻韻會披庚切丛音磅。澎濞,水貌。一曰水聲又péng廣韻薄庚切集韻蒲庚切丛音彭。縣名,在東海。一曰擊水聲。

澏29671 14881 hán_12.16 集韻洺或作澏。

澑29673 14883 liū_12.16 正字通同溜。

澐29672 14882 yún_12.16 唐韻集韻丛王分切音雲說文江水大波謂之澐。

澒29674 14884 hòng_12.16 唐韻呼孔切集韻韻會虎孔切,並音嗊。又廣韻正韻胡孔切,並音汞。義同說文丹砂所化為水銀也又濛澒,元氣未分貌王充·論衡溟涬濛澒又澒溶,水深廣貌左思·吳都賦澒溶沆瀁又澒洞,相連貌杜甫詩澒洞不可掇又xiàng集韻戶講切音項。義同。又hòng胡貢切音哄。亦水銀也。

澓29675 14885 fú_12.16 廣韻集韻韻會正韻丛房六切音伏玉篇澓流也增韻水洄也郭璞·江賦迅澓增澆又集韻方六切音福。姓也,漢東海澓中翁集韻或作洑。鑒俗作澓29020

澔29676 14886 hào_12.16 集韻同浩又司馬相如·上林賦采色澔汗註言玉石符采映耀也。鑒又澔29441澔29597

港29677 14887 gǎng_12.16 六書故港本字。

溮29678 14888 sè_12.16 廣韻山責切集韻韻會正韻色責切丛音

榛。小雨零貌集韻與涑同。又作霖。

29679 14889
澖 àn_12.16 集韻魚旰切音岸。灡澖，水貌。

29680 14890
瀸 jiàn_12.16 集韻灡30026或作瀸。

29681 14891
濅 jìn_12.16 集韻子朕切音醮。淫也，漸也，或作濅。

29683 14894
湄 méi_12.16 集韻湄28850或作湄。

29684 14895
澕 hé_12.16 集韻胡戈切音和。水深貌。

29685 14896
漺 sōng_12.16 字彙補先公切，音松◇水聲。

29686 14897
瀾 xián_12.16 字彙補何山切音閑。無垠虛之貌淮南子·俶眞訓甘暝於瀾瀾之域。

29682 14893
瀀 yóu_12.16 集韻與斿同

29687 14898
㵂 hán_12.16 字彙補與寒同呂氏春秋萌芽始震，凝㵂以形。

29688 14899
溋 mèng_12.16 篇海名鄧切，音孟◇溋津河也。亦作溋鎣卽孟津河，又作盟津河，水名。孟津，古黃河津渡名

29689 14900
滺 yín_12.16 篇海余針切音淫。久雨也。與淫霪同。

29690 14901
灉 tān_12.16 字彙補通甘切，音貪◇水名。

29691 14902
漍 guō_12.16 字彙補何末切，音括◇流也。

29692 14903
濟 jǐ_12.16 音未詳◆揚子方言芒、濟，滅也。鎣中華大字典今本方言·十三芒、濟，滅也。濟卽濟之異文。

29693 14904
㵗 null_12.16 音切未詳。人名馭交記安南黎㵗。

29694 14905
瀗 xiàn_12.16 字彙補而宣切音擩。傔也。鎣俗瀗30129，懸水貌。

29695 14906
湏 wèi_12.16 木華·海賦湏潰淪而滀漯註音謂，亂貌。

29696 14907
湊 còu_12.16 字彙補與湊同。

29697 14908
湀 gǔ_12.16 字彙補與湒同。鎣俗湀29972

29698 41389
澸 màn_12.16 字彙補音漫。大水也。又音袞。義同。

29699 41390
湆 zhǔ_12.16 字彙補之暑切，音主◇水涯也。

29701 44111
溚 tà_12.16 五音篇海同溚

29702 44112
瀒 sè_12.16 川篇同澀

29700 44110
淵 yuān_12.16 龍龕同淵

29703 44113
瀖 qì_12.16 五音篇海音炁

29704 44114
澋 zhǎng_12.16 搜眞玉鏡音掌。

29707 u2ADDC
潹 null_12.16 未詳

29705 44115
澢 qīng_12.16 字彙補音未詳天文大成澢圀圈。或云淸字之譌。

29708 u2ADDB
澢 null_12.16 未詳
別字新編引明涿州石經山琬公塔院碑

29706 u2B79C
滿 mǎn_12.16 俗滿29345碑

29709 u2ADDA
潯 cuān_12.16 同氽27794見字海

29710 u2ADD9
瀯 null_12.16 或俗瀯。

29711 u2ADD8
瀯 null_12.16 喃未詳。

29712 u2ADD7
瀯 null_12.16 喃未詳。

29713 u2ADD6
瀯 null_12.16 未詳。

29714 u2ADD5
瀯 null_12.16 未詳。

29715 u2ADD4
瀯 null_12.16 喃未詳。

29716 u2ADD3
瀯 null_12.16 未詳。

29717 u2ADD2
瀯 null_12.16 未詳。

29718 u2ADD1
瀯 null_12.16 未詳。

29719 u2ADD0
瀯 null_12.16 未詳。

29720 u2ADCF
洇 null_12.16 未詳。

29721 u2ADCE
瀯 null_12.16 未詳。

29722 u2ADCD
瀪 qìng_12.16 簡瀪30118

29723 u2ADCC
瀯 null_12.16 未詳。

29724 u2ADCB
澤 null_12.16 未詳。

29725 u2F911
濈 jí_12.16 同濈29776

29726 u2F910
瀵 guǐ_12.16 同瀵29661

29728 u23FC4
瀯 huì_12.16 俗瀯29891

29727 u2401F
瀯 shǐ_12.16 直音篇濕、瀯並同濕29990

29729 u23FC3
瀯 ngấu_12.16 喃从水隅ngung聲。瀯熱。

29730 u23FC2
瀯 sui_12.16 同瀯30271

29731 u23FC1
瀯 null_12.16 未詳。

29732 u23FBF
瀯 oi_12.16 喃瀯煨：悶熱。亦作煨。省作瀯。

29733 u23FBE
瀯 bui_12.16 喃从沙倍bội省聲。塵埃。

29734 u23FBD
瀯 xối_12.16 喃从水毳tuyệt聲。澆。

29735 u23FBC
瀯 vượt_12.16 喃从水从越，越việt亦聲△瀯溲：渡海。

29736 u23FBB
瀯 chả_12.16 喃从水啫gia聲。同瀯29496

29737 u23FBA
瀯 khơi_12.16 喃从水開khai聲。遠海図khoi浚。

29738 u23FB9
瀯 giặt_12.16 喃从水逸dật聲。浣濯。

29739 u23FB8
瀯 tí_12.16 俗醍62396可洪音義瀯湖：正作醍醐。図đia喃从溜省提聲△潭瀯：沼澤。亦音dè図rè从濡省提đề聲。同瀯30453△氿ướt瀯：濕透。

29741 u23FB6
瀯 sui_12.16 或同瀯29863人名古璽彙編·姓名私璽0628：王瀯図dội喃从水隊đội聲。

29742 u23FB5
瀯 choẹt_12.16 喃从淺省絕聲△濃瀯：極淺。

29743 u23FB4
瀯 pú_12.16 俗濮30031

29740 u23FB7
瀯 qiáo_12.16 字彙補瀯，姓

29747 u23FB0
瀯 qī_12.16 俗漆29354

29749 u23FAE
瀯 diàn_12.16 瀯29848本字

29744 u23FB3
瀯 null_12.16 太平天國新造字。參見瀯29947

29745 u23FB2
瀯 null_12.16 太平天國新造字。參見瀯29947

29746 u23FB1
瀯 null_12.16 太平天國新造字。參見瀯29947

29748 u23FAF
瀯 jǐ_12.16 字彙補瀯，同濟30004

29750 u23FAD
瀯 tāo_12.16 同瀯29928亦省作瀯28442

澪 yōu_12.16 馬王堆漢帛書·老子甲本·道經 澪呵鳴呵，中有請吔 道德經古本篇 幽15317兮冥兮，其中有精。

瀸 jiān_12.16 灛28874本字。亦作瀸29785

頺 yǐng_12.16 俗穎29436 可洪音義 頺川：上以頃反。

潋 liàn_12.16 俗潋30341元·徐碩 至元嘉禾志（清刻本）卷第三十·題詠（四）·松江府（三）·陳祖安·湖光亭 如夢令：月直金波潋瀲，此去水仙不遠。

滴 null_12.16 未詳。 滴今，滴29330滴二正，音的。水滴也。

濠 null_12.16 未詳。

潜 null_12.16 未詳。

薿 null_12.16 未詳。 音篇漏，同漏。清·尤珍 滄湄詩鈔·卷六今體詩·汎水夜泊同陸舒成過南昀小飲次韻 竟忘叟漏永，惟覺酒栖清

滀 dī_12.16 龍龕滀俗

凍 kāng_12.16 凍29416本字

渻 méi_12.16 湄28850本字

漏 lòu_12.16 俗漏29367 直音篇

淵 yuān_12.16 同漆28653俗淵28624 図俗淋28558 可洪音義 水淵：音林。以水澆沃也。正作淋也。愠。

凱 null_12.16 未詳。

瀿 null_12.16 未詳。

潋 null_12.16 未詳。

潢 líng_12.16 同菱50665

潄 null_12.16 未詳。 可洪音義 潢然：上莫朗反。潢沆，大水兒也 慧琳音義 潢沆：莫朗反。下胡朗反 通俗文 水廣大謂之潢沆。

潢 mǎng_12.16 俗潢29415

潯 null_12.16 未詳。

濊 null_12.16 字見甲骨文

瀐 yù_12.16 楊宗義 難字大字典 瀐，界域。

瀳 null_12.16 未詳。

漪 null_12.16 未詳。

漸 null_12.16 未詳。

瀃 null_12.16 未詳。

漣 null_12.16 未詳。

瀐 null_12.16 未詳。

漓 null_12.16 未詳。

瀀 null_12.16 未詳。

濱 null_12.16 未詳。

滯 bīn_12.16 俗濱30041

濱 níng_12.16 同潭29994

潴 null_12.16 未詳。

漢 zhèng_12.16 或讀鄭鄭伯甗 漢白筍父乍寶獻，永寶用。

濜 jì_12.16 同濜29601

瀸 jiān_12.16 灛28874本字

潲 null_12.16 未詳。

澐 è_12.16 同灣28848亦作灣29543 張融·海賦 汙灣溿況，硯決溿泂。

灢 ngót_12.16 喃 从減兀ngọt聲△灢扒：減少。

淇 null_12.16 未詳。

瀘 null_12.16 未詳。

澏 null_12.16 未詳。

澏 null_12.16 未詳。

潛 shān_12.16 同潛29633

溿 null_12.16 張融·海賦 汙灣溿況，硯決溿泂。

濘 níng_12.16 同潭29994

潐 jiào_12.16 粵 河口。滘29315譌。

澩 null_12.16 未詳。

潠 seon_12.16 韓 从水善聲 永才遇賊歌 阿耶，唯只伊吾音之叱恨隱潠陵隱。

滏 fǔ_12.16 同澁29160

潰 pēn_12.16 潰29883通作潰。

瀾 lán_12.16 简瀾30370

潛 shān_12.16 俗潛29633

潨 zong_12.16 同潨29602

澗 jiàn_12.16 同澗29593

蘫 dǒng_13.17 集韻 覩動切音董。物墮水聲。

瀘 yú_13.17 廣韻 遇俱切 集韻 韻會 元俱切丛音虞 爾雅·釋山 山夾水澗，陵夾水瀘。

滴 yì_13.17 廣韻 餘制切 集韻 韻會 正韻 以制切丛音曳。溶滴，水貌 宋玉·高唐賦 洪波淫淫之溶滴。

凜 lǐn_13.17 集韻 力錦切音廩。凄清也。

澠 shéng_13.17 廣韻 食陵切 集韻 韻會 正韻 神陵切丛音繩。水名 春秋·釋例 澠水，出齊國臨淄縣北 図水名，在蜀 山海經 巴國有巴遂山，澠水出焉 図mǐn 廣韻 武盡切 集韻 韻會 弭盡切丛音泯。澠池，水名。亦縣名。亦作電池 水經注 漢景帝三年，因崤電之地以目縣。図miǎn 廣韻 集韻 韻會 丛彌兗切音緬。義同。通作沔。鎣又㞄14348澠28782

澗 null_12.16 未詳。

滐 null_12.16 未詳。

滲 shěn_13.17 集韻 式荏切音審。滲洇，水動貌。鎣又淰28617洇。

濙 fú_13.17 廣韻 防無切 集韻 馮無切丛音扶。水名 揚子·方言 沉涌濙幽之語 郭璞註 濙水，今在桂陽。鎣 類篇 作濙28990

潮 cháo_12.16 參見潮29617

澡 zǎo_13.17 唐韻 集韻 韻會 正韻 丛子皓切音早。與璪同 說文 玉飾如水藻之文。或从水作澡 図澡，洗也 東觀漢記 以手飲水澡頰 図借作修潔意 禮·儒行 儒有澡身而浴德 図澤名 穆天子傳 郿伯絮觴天子於澡澤之上 図cāo 集韻 倉刀切音操。澡澡，欲沸。鎣 澡澡欲沸。澡澡，漾溢之訛。

濘 sù_13.17 玉篇 桑沒切 集韻 蘇骨切丛音窣。沒也。

澢 29821 14918
dāng_13.17　玉篇 集韻 丛都郎切音當。水也。

澣 29822 14919
huàn_13.17　廣韻 正韻 胡管切 集韻 戶管切 韻會 合管切丛音緩。濯衣垢也 詩·周南 薄澣我衣 鄭康成 內則註 足曰澣 图 俗以上澣、中澣、下澣，爲上旬、中旬、下旬 楊慎曰 本唐官制，十日一休沐，今襲用之。或省作浣 图hàn 集韻 侯旰切音翰。同瀚△ 說文 本作澣。鎣浣字或譌作洀、洀。

澤 29823 14920
zé_13.17　古文臭 唐韻 丈伯切 集韻 韻會 正韻 直格切丛音宅 周語 澤，水之鍾也 風俗通 山澤篇 水草交厝，名之爲澤。澤者，言其潤澤萬物，以阜民用也 图 光潤也 禮·少儀 澤劍首 图 雨澤 易·夬卦 澤上于天 图 德澤 書·畢命 澤潤生民 图 洗濯曰澤 禮·曲禮 共飯不澤手 疏 以手宜潔淨，不得臨食始捼莎也 图 褻衣曰澤 詩·秦風 與子同澤 箋 袴也 图 香澤 梁·簡文帝·樂府 八月香油好煎澤。又澤宮 禮·射儀 必先習射于澤。澤者，所以擇士也 图 州名 韻會 秦上黨郡，隋爲澤州 图shì 集韻 正韻 丛施隻切音適。與釋同 詩·周頌 其耕澤澤 疏 釋釋然土皆解散也 图duó 集韻 韻會 正韻 丛達各切音鐸。格澤，星名，音鶴鐸 史記·天官書 格澤，星如炎火之狀 图yì 集韻 夷益切音繹。與醳同 禮·郊特牲 舊澤之酒 註 澤讀爲醳。鎣又沢27964 泽28116 澤29946 隆65972 濢29501。

滱 29824 14921
chóu_13.17　唐韻 士尤切 集韻 鉏尤切丛音愁 說文 腹中有水氣也 图 憂貌 賈誼·新書·容經篇 滲然滱然憂以湫 图 集韻 字秋切音酋。又子小切音湫。義丛同。鎣又滱29900。

澥 29825 14922
xiè_13.17　唐韻 正韻 胡買切 集韻 韻會 下買切丛音蟹。 說文 渤澥，海之別名也。 司馬相如·子虛賦 浮渤澥 註 斷水曰澥 图 滲澥，小水別名 張衡·西京賦 摘滲澥。图。 類篇 一曰澥，谷也。鎣又澥29982。

滪 29826 14923
yù_13.17　廣韻 集韻 韻會 正韻 丛羊茹切音豫。灔滪，水名，在瞿唐峽口 集韻 或作澦。鎣又澦29298。

澬 29827 14924
yì_13.17　集韻 研計切音詣。燒松枝取汁曰澬。鎣又澬28762。

澧 29828 14925
lǐ_13.17　唐韻 盧啓切 集韻 韻會 里弟切，丛音禮。水名 說文 水。出南陽雉衡山 山海經 雅山，澧水出焉 图水名 前漢·地理志 武陵郡充縣歷山，澧水所出 書·禹貢 岷山導江，東別爲沱，又東至于澧 图 州名 韻會 漢屬武陵郡，隋置澧州 廣輿記 今屬岳州府 图 通作醴 列子·湯問篇 甘露降，澧泉涌。

溦 29829 14926
méi_13.17　廣韻 武悲切 集韻 旻悲切丛音眉。與湄同。水草交也 图wēi 廣韻 集韻 韻會 丛無非切音微。與溦同。小雨也。鎣又溦30073 图 正字通 溦，俗溦字 說文 本作溦 集韻 作溦。

滋 29830 14927
shì_13.17　唐韻 集韻 韻會 正韻 丛時制切音誓 說文 坿增水邊土人所止者 楚辭·九歌 夕濟兮西滋 图 水名

書·禹貢 過三滋，至于大別 图 集韻 以制切音曳。義同。鎣又隘65971 篕42483。

潄 29831 14928
liàn_13.17　廣韻 集韻 丛郎甸切音練 說文 辟潄，鐵也。

溜 29832 14929
kū_13.17　集韻 苦骨切音窟 玉篇 水深貌 王充·論衡 無溶溜而泉出。

泉 29833 14930
xué_13.17　唐韻 胡角切 集韻 韻會 正韻 轄覺切丛音學。涸泉也 爾雅·釋山 夏有水，冬無水，曰泉 图 博雅 水自渭出爲泉 图 集韻 或作淉30251 图 廣韻 集韻 丛仕角切音浞。又 集韻 呼酷切音熇。義丛同 图xiāo 廣韻 集韻 丛下巧切音攪。水聲 郭璞·江賦 漰湱泉潒。鎣又泶28123。

淬 29834 14931
hū_13.17　集韻 與淴同。

澃 29835 14932
báo_13.17　集韻 弼角切音雹 玉篇 水激也。

泠 29836 14933
líng_13.17　廣韻 集韻 韻會 丛郎丁切音靈。水名。

罍 29837 14934
léi_13.17　玉篇 力堆切 集韻 盧回切丛音罍。澤名。通作雷○按雷澤，地在城陽。

過 29838 14935
hé_13.17　集韻 何葛切音曷。水貌。鎣又uò 喎 淋濕。

潫 29839 14936
màn_13.17　周宣王·石鼓文 潫潫又鯊 註 潫，即漫字。

澬 29840 14937
zī_13.17　唐韻 卽夷切 集韻 韻會 正韻 津私切丛音咨 說文 久雨涔澬也。一曰水名。本作資 水經注 資水，出武陵郡無陽縣界唐紃山 图cí 集韻 疾資切音茨。水名，在常山郡。鎣又澬30084 资29191。

滩 29841 14938
yōng_13.17　廣韻 集韻 丛於容切音邕。水名 呂氏春秋·察今篇 荊人欲襲宋，使人先表滩水 图yòng 集韻 正韻 丛於用切，雍去聲。與滩同。水自河出爲滩。

潠 29842 14939
kě_13.17　說文 渴，本作潠。今通作渴 图 遲也 晉語 今玩日而潠歲。

澮 29843 14940
kuài_13.17　古文巜 沛涾 唐韻 集韻 韻會 正韻 丛古外切音儈。水名 說文 水。出靃山，西南入汾 水經注 澮水，出詳高山 图 涓澮，小流也 郭璞·江賦 商攉涓澮 图 爾雅·釋水 水注溝曰澮 周禮·地官·遂人 千夫有澮 疏 澮，廣二尋，深二仞 图 廣韻 集韻 丛古邁切音夬。義同。图wèi 集韻 烏外切音薈。與濊同。深廣也 图huá 戶八切音滑。兩水合也。鎣又浍28281。

澯 29844 14941
càn_13.17　玉篇 七旰切 集韻 蒼案切丛音燦。清也。一曰澯瀾，水貌。鎣俗作溁29446。

溼 29845 14942
shà_13.17　玉篇 矢甲切 集韻 色洽切，並音歃◇溢也

溢 29846 14943
mì_13.17　集韻 覓畢切音密。與溢同。溢溢，水貌。

澰 29847 14944
liǎn_13.17　廣韻 集韻 丛力冉切音斂。與瀲同。激澰水溢貌 图liàn 玉篇 集韻 丛力驗切，斂去聲 博雅 清也

囜lǎn 集韻 盧感切音壏。義同。又漬也。

澱 29848 14945
澱 diàn_13.17 唐韻 集韻 韻會 丛堂練切音電 說文 滓垽也囜爾雅·釋草荶，馬藍註今爲澱者是也囜通雅湖淀波之瀁者曰澱 水經注汝水又西合一水，西南入茂都澱。澱，陂水之異名也。亦與淀通玉篇或作靛。通作垫。鋻又靛75038囜正字通澱，本作澱29749

渨 29849 14946
渨 yè_13.17 唐韻 魚怯切 集韻 逆怯切丛音業。橫水大版。

澳 29850 14947
澳 yù_13.17 唐韻 於六切 集韻 韻會 正韻 乙六切丛音郁 說文 隈厓也。通作隩 荀悦·申鑒若亂之墜於澳也註澳，崖內近水之處囜ào 廣韻 烏到切 集韻 韻會 正韻 於到切丛音奧。深也。一曰水名。鋻又灣29807灣29958澗30086囜字彙補澳29913篇韻與澳同。

澴 29851 14948
澴 huán_13.17 廣韻 戶關切 韻會 正韻 胡關切丛音還。水名廣輿記澴河，在江西德安府孝感縣，唐置澴州囜漩澴，水潰起貌。一曰波流轉貌郭璞·江賦漩澴榮瀯囜集韻 濙緣切音翾。義同囜xuàn 縈絹切音縣。聚流也囜xuàn 翾縣切音絢囜xuàn 俞絹切音蠉。義丛同集韻或作還。

漸 29852 14949
漸 chèn_13.17 正字通 漸字之譌。鋻楊寶忠：說文之「潧」、經傳之「溱」易聲俗字。

澶 29853 14950
澶 chán_13.17 唐韻 市連切 集韻 韻會 時連切丛音蟬說文 澶淵，水在宋。一曰衛地名囜集韻 澄延切音纏。義同囜zhān 張連切音邅。水靜貌囜dàn 廣韻 集韻 韻會 丛徒案切音憚。漫也，縱也莊子·馬蹄篇澶漫爲樂。囜澶漫，遠也司馬相如·子虛賦案衍澶漫囜tàn 集韻 他案切音炭。義同。

漫 29854 14951
漫 màn_13.17 正字通 俗漫字。

漉 29855 14952
漉 lù_13.17 唐韻 集韻 正韻 丛盧谷切音祿。與盝同。去水也，瀝也，竭也。亦作淥。通作漉。

澵 29856 14953
澵 dǎn_13.17 集韻 都感切音黕。水滗。

藏 29857 14954
藏 zhēn_13.17 類篇 音義與蔵同。

澹 29858 14955
澹 dàn_13.17 廣韻 正韻 徒覽切 集韻 韻會 杜覽切，丛談上聲。澹淡，水貌司馬相如·上林賦隨風澹淡註淡，音琰囜水名水經注澹水承澧水于作唐縣囜恬靜也老子道德經澹兮其若海囜平澹也韓愈詩姦窮怪變得，往往造平澹囜動也前漢·郊祀歌相放怫，震澹心。囜dàn 唐韻 集韻 韻會 正韻 丛徒濫切音啖。水搖動貌宋玉·高唐賦水澹澹而盤紆囜安也前漢·郊祀歌澹容與，獻壽觴囜tán 廣韻 集韻 韻會 徒甘切 正韻 徒監切丛音談。澹臺，複姓。一曰水貌囜dān 集韻 都甘切音儋史記·馮唐傳破東胡，滅澹林註澹林，一作襜褴。囜shàn 集韻 時豔切。與贍同前漢·食貨志竭天下資財，以奉其政，猶不足以澹其欲註古與贍通。鋻又詹06628澹29562

澺 29859 14956
澺 yì_13.17 唐韻 於力切 集韻 乙力切丛音億。水名水經注汝水東南，左會澺水。說文 本作澢。鋻又滴29669

漚 29860 14957
漚 òu_13.17 正字通 與漚同。

濉 29861 14958
濉 suǐ_13.17 集韻 思累切音稜。滑也。與灙同。

溉 29862 14959
溉 zài_13.17 廣韻 集韻 丛昨代切音在博雅 測也。囜zé 廣韻 昨則切 集韻 疾則切丛音賊。義同。

邃 29863 14960
邃 suì_13.17 廣韻 集韻 韻會 正韻 丛徐醉切音遂。田間小溝也。本作遂周禮·地官大閒有遂，遂上有徑集韻或作涤。鋻又潒29741或同遂。

漹 29864 14961
漹 gé_13.17 廣韻 古達切 集韻 正韻 居曷切丛音葛。水名囜漻漹，波勢也。一曰水深廣貌木華·海賦漻漹浩汗囜yi 玉篇 乙例切 集韻 於例切丛音瘞博雅 清也。一曰蓋也囜集韻 於蓋切音藹。義同。

澼 29865 14962
澼 pì_13.17 廣韻 普擊切 集韻 韻會 匹歷切丛音霹。漂也莊子·逍遙遊世世以洴澼絖爲業註漂絮者囜集韻 詰歷切音喫。義同囜匹辟切音僻。腸間水。

漀 29866 14963
漀 pì_13.17 廣韻 匹賜切 集韻 匹智切丛音譬。蜀漢人呼水洲曰漀囜玉篇 集韻 丛卑義切音臂。義同囜bó 集韻 博厄切音薛。水分流。鋻又辟60550

港 29867 14964
港 gǎng_13.17 說文 港本字○按正字通 誤入十二畫，今改正。

潅 29868 14965
潅 cuǐ_13.17 唐韻 七罪切 集韻 取猥切丛音漼說文 新也。一曰新水狀。鋻又漼29869

潀 29869 14966
潀 cuǐ_13.17 集韻 同潅囜玉篇 七悔切，清也。

據 29870 14967
據 jù_13.17 廣韻 居御切音據廣雅 乾也囜廣韻 集韻 丛其據切音遽。又集韻 求於切音渠。義丛同囜jǔ 集韻 臼許切音柜博雅 曝也。鋻又灟30152

澾 29871 14968
澾 tà_13.17 廣韻 集韻 韻會 正韻 丛他達切音闥字林 滑也韓愈詩礛䃃澾拳跼。鋻又汰28269㳿28882溚29614溚29872澾30045囜滯漕裰54823

遂 29872 14969
遂 tà_13.17 正字通 同澾。

漌 29873 14970
漌 qín_13.17 廣韻 集韻 丛渠金切音琴。水名。鋻俗潒龍龕潒，渠飲、渠禁二反，身寒潒也名義潒，渠錦反，寒。

潩 29874 14971
潩 yì_13.17 廣韻 餘制切 集韻 韻會 正韻 以制切丛音曳。烝蔥也。或省作渫。鋻又藻51122

激 29875 14972
激 jī_13.17 唐韻 集韻 韻會 吉歷切 正韻 訖逆切丛音擊說文 礙衺，疾波也。一曰半遮也前漢·溝洫志爲石隄，激使東注。激者，聚石於隄旁衝要之處，所以激去其水也囜衝也潘岳詩驚湍激巖阿囜水經注沔水北

岸數里,有大石,名五女激 图言論過直爲激切 後漢·陳
寵傳言事者必多激切 图感激也 後漢·蔡邕傳感激忘身
图違俗立異爲激詭 後漢·范冉傳冉好違時絕俗,爲激
詭之行。冉或作丹 图激楚,清聲也 楚辭·招魂宮庭震
驚,發激楚些 图姓 前漢·淮南王傳有激章 图jiào 廣韻
古弔切 集韻吉弔切 夶音叫。湍流貌。一曰風聲 图jiào
集韻堅堯切音驍。與憿同。幸也。通作僥、徼。
鼇又汝27952

漢 xián 29876 14973 _13.17 集韻徐連切音唌。與次同。口液也。
图yǎn延面切音衍。水溢貌。

濁 zhuó 29877 14974 _13.17 唐韻 集韻 韻會 正韻夶直角切音濯。水
名。◆說文水。出齊郡屬嬀山 图括地志濁水,源出蒲州
解縣東北平地 图水經注濁水,上承雲陽縣東大黑泉
图水經注南昌有濁水 图水不清也 詩·邶風涇以渭濁
图星名 爾雅·釋天濁謂之畢 史記·律書濁者,觸也 图姓
史記·貨殖傳濁氏連騎 图集韻竹角切音斲。人名 史
記·孔子世家主於子路妻兄顏濁鄒家。鼇又浊28284

濓 lián 29878 14975 _13.17 廣韻 集韻勒兼切 韻會離鹽切 正韻力鹽
切夶音廉。與溓同。一曰薄也 图溪名 廣輿記在永州府
道州 图xiǎn 集韻燮玷切音幟。濓涑,輕薄貌。

濃 nóng 29879 14976 _13.17 廣韻女容切 集韻 韻會尼容切夶音醲。
厚也 增韻濃淡之對。通作醲 图說文露多也 詩·小雅零
露濃濃 图集韻 韻會奴冬切 正韻奴宗切夶音農。義同
△玉篇亦作襛。鼇又浓28275濃30508濃30523濃30496

過 guō 29880 14977 _13.17 唐韻 集韻 韻會 正韻夶古禾切音戈。水
名 說文水。受淮陽扶溝浪蕩渠,東入淮 图wō 廣韻烏
禾切音倭。義同。一曰水回也△集韻或作渦。

濺 jiàn 29881 14978 _13.17 集韻濺或作濺。

濅 jìn 29882 14979 _13.17 唐韻 集韻 韻會 正韻夶子鴆切音浸。水名
說文水。出魏郡武安,東北入呼沱水 图一州大濩曰濅
前漢·地理志揚州川曰三江,濅曰五湖 註濅,古浸28339
字 图水漬也 图益也,漸也 前漢·成帝紀濅以成俗
图jǐn 集韻 韻會子朕切 正韻子袵切夶音醭。濅丘,縣
名。見 前漢·地理志。鼇又濅12408浧29459

濆 fén 29883 14980 _13.17 唐韻 集韻 韻會夶符分切音汾 說文水厓
也 詩·大雅鋪敦淮濆 图爾雅·釋水汝爲濆 註大水溢出,
別爲小水之名 水經注汝水逕奇雒城西北,濆水出焉
图pēn 廣韻普䰻切 集韻鋪䰻切夶音歕。濆水也。通作
噴 图fèn 玉篇扶刎切 集韻 韻會父吻切 正韻房吻切夶
音憤。涌也 公羊傳·昭五年濆泉者何,直泉也。直泉者
何,涌泉也 图去聲 杜甫詩撒漩捎濆無險阻 註今川語
漩、濆皆去聲○按字从賁,十三畫 正字通附十二畫,
非,今改正。鼇又濆29027濆29804

瀌 piāo 29884 14981 _13.17 集韻漂或作瀌。

濇 sè 29885 14982 _13.17 玉篇 廣韻所力切 集韻殺測切,夶音色。
不滑也 淮南子·要略瀄濇肌膚 图唐韻 廣韻色立切 集
韻色入切,夶音澀。義同。鼇又濇30169

溺 nì 29886 14983 _13.17 廣韻尼立切 集韻昵立切夶音眢。溇溺,
水文貌。一曰沸聲 木華·海賦灪㳍溇溺。

濈 jí 29887 14984 _13.17 唐韻阻立切 集韻 韻會側立切 正韻側入
切夶音戢 說文和也 詩·小雅其角濈濈 图坤蒼濈水行
出也 張衡·南都賦流湍投濈 图疾貌 曹植·七啓濈然鳧
沒 图shà 集韻實洽切音萐。濈溼,湍流。鼇又浿28872

濉 suī 29888 14985 _13.17 廣韻息遺切 集韻宣佳切夶音綏。水名 正
字通與睢同 括地志睢水,首受浚儀縣浪蕩渠水,東經
臨慮縣入泗。

激 áo 29889 14986 _13.17 集韻激本字

瀎 tāng 29890 14987 _13.17 集韻待朗
切音盪。同蕩。水名,在河內蕩陰,東入黃澤。

濊 huì 29891 14988 _13.17 唐韻呼會切 集韻呼外切夶音翽 說文水
多貌 图wèi 廣韻 集韻 韻會 正韻烏外切音薈。汪濊,
深廣也 前漢·郊祀歌澤汪濊,輯萬國 註汪濊者,言饒
多也 图wèi 廣韻於廢切 集韻 韻會烏廢切 正韻烏胃切
夶音穢。義同。一曰濁也。亦與穢通 前漢·李尋傳盪滌
濁濊 图水名 水經注清漳自章武縣故城西,故濊邑也,
枝瀆出焉,謂之濊水 图huò 廣韻 集韻 韻會 正韻夶呼
括切音豁。與瀖同。礙流也。一曰罦入水聲也 詩·衞風施
罦濊濊。鼇俗作濊29728

濋 chǔ 29892 14989 _13.17 廣韻創舉切 集韻 韻會創所切夶音楚。水
名 爾雅·釋水濟爲濋 註大水溢出,別爲小水之名。

鰖 tà 29893 14990 _13.17 廣韻他合切 集韻託合切夶音嗒。積厚也。
與沓通 图黑也。一曰鰖鰖,無賢不肖之辨 晉書·羊曼傳
曼任達頹縱,州里稱曼爲鰖伯。

濍 sōng 29894 14991 _13.17 玉篇先公切 集韻蘇叢切,夶音松◇水
聲。

濎 dǐng 29895 14992 _13.17 廣韻 集韻夶都挺切音頂。濎濘,水貌。
或作湏 图集韻他頂切音珽。濎淡,小水貌 揚雄·甘泉
賦梁弱水之濎淡 图他定切音聽。義同。鼇俗作濎03035

漬 zì 29896 14993 _13.17 集韻漬本字 揚子方言瀧涿謂之霑漬。

㯝 lì 29897 14994 _13.17 集韻溧本字

瀯 yíng 29898 14995 _13.17 集韻以成
切音盈。人名。魯有大夫瀯。鼇又膡47523

濄 guō 29899 14996 _13.17 說文濄或从旤作濄。

濤 chóu 29900 14997 _13.17 說文長箋與濤同。

渚 zhǔ 29901 14998 _13.17 字彙補之暑切,音主◇沚也,遮也。

澍 fèng 29902 14999 _13.17 字彙補芳送切,音賵◇泥澍也。

濼 lǐ 29903 15000 _13.17 字彙補力几切,音里◇地名。濼濛驛,在

曲江縣。

滱 29904 15001 kòu_13.17 字彙補苦候切音寇。水名也。

澀 29905 15002 sè_13.17 字彙補與澀同。

漫 29906 15003 yú_13.17 字彙補同漁說文長箋按石鼓文君子漫之。从魚从水从又，三體會意。亦象形。後人妄臆，誤以又字爲二體之重文，遂改作瀫△或从寸。

灘 29907 15004 niǎn_13.17 字彙補音未詳。布名洞冥記武帝求海肺之膏，以爲燈焉，取靈灘布爲纏。䨻同灘。

濍 29908 15005 xiào_13.17 字彙補下巧切音皛。泥也。

溭 29909 15006 yǒu_13.17 字彙補余朽切音酉。水名。䨻俗渼。

瀡 29910 15007 null_13.17 字彙補音義未詳賈誼·新書以匈奴之饑，飯羹啗膹炙，嗶瀡多飲酒。䨻又滫29983

澳 29913 44116 ào_13.17 龍龕同奥。䨻字彙補澳篇韻與澳同，深也。又於六切音郁。隈也。

潚 29914 44117 yù_13.17 搜真玉鏡音御。

瀷 29915 u2B79D jué_13.17 簡濼30426

澀 29911 15008 sè_13.17 字彙補音未詳。水名水經注魚水北與澀澀水合。

灉 29916 u2ADE7 null_13.17 喃未詳。

潅 29912 41391 chún_13.17 字彙補當倫切，音純◇清水也。䨻字彙補常倫切。

漣 29917 u2ADE6 null_13.17 未詳。

濊 29918 u2ADE5 null_13.17 喃未詳。

澟 29919 u2ADE4 lǐn_13.17 俗凜03048可洪音義澟，力審反。

鼜 29920 u2ADE3 null_13.17 未詳。

滮 29921 u2ADE2 null_13.17 未詳。

灡 29922 u2ADE1 null_13.17 喃未詳。

濩 29923 u2ADE0 null_13.17 未詳。

濛 29924 u2ADDF méng_13.17 俗濛29997可洪音義濛汜：上莫孔反。下样里反。

灆 29925 u2ADDE lán_13.17 簡灆30410

灑 29926 u2ADDD null_13.17 未詳。

瀹 29927 u2F913 yuè_13.17 俗瀹30357

濤 29928 u2405F tāo_13.17 濤30013本字。

瀼 29929 u24021 null_13.17 未詳。

瀃 29930 u24020 xī_13.17 俗熙31246可洪音義瀃怡：上喜之反。下与之反。

瀦 29931 u2401E chứa_13.17 喃从溢省著trứ聲△瀦滇：溢出。

瀞 29932 u2401C tành_13.17 喃从水睛tình聲。

瀨 29933 u2401B lầy_13.17 喃从泥來lai聲。泥濘。

瀾 29934 u2401A lượn_13.17 喃俗瀾△瀾迭：漩渦，迴旋。

瀶 29935 u24019 ồ_13.17 喃从流省嗚ô聲△泏瀶砲：流入。

瀜 29936 u24018 vùng_13.17 喃从浪省嵐bông聲。亦作滏。

濾 29937 u24017 rửa_13.17 喃从洗呂lữ聲。

瀤 29938 u24016 ngòi_13.17 喃从溪省嵬ngôi聲△滝瀤：河川。

瀒 29939 u24015 ráy_13.17 喃从水塞tắc聲。

澰 29940 u24014 yìn_13.17 俗瀶36408可洪音義淡澰：上徒甘反。下於禁反 ⊠ẩm喃从水飲ẩm聲。同瀶29498潮濕。

瀌 29941 u24013 lọc_13.17 喃从濾省祿聲。越·阮秉五千字譯國語餃餉，音交陶。粰瀌。

瀗 29942 u24012 rũa_13.17 喃从漬省愈dũ聲△湟瀗：腐敗。

濘 29943 u24011 níng_13.17 同濘29994

澤 29946 u2400E zé_13.17 澤29823本字。

滯 29944 u24010 đáy_13.17 喃从水蒂đế聲。

濊 29945 u2400F thía_13.17 喃从水試thí聲△浸濊：滲透。

瀋 29947 u2400D null_13.17 太平天国新造字太平天國史料·太平天國文書之四·義興公司告示滲淽澐滀義興公司出示告民。

瀃 29948 u2400C jiāng_13.17 可洪音義尸瀃：居良反。正作僵02034 ⊠水名。光緒高明縣志·高明縣志卷之二·地理志·八景瀃瀶水，即官棠水也。出官棠諸山，溪流經高要古耶羅岸高明阮涌新村，至官渡頭入倉步水。

瀢 29949 u2400B yǎn_13.17 演29377本字。

瀩 29950 u2400A kěn_13.17 篇海類編瀩，口狠切，遲也△宏按，玉篇作隁65960

瀚 29951 u24009 hàn_13.17 或同浛28298直音篇瀚，音頷，瀚泥合併字學集篇瀚，音汗，泥也。

瀿 29952 u24007 fàn_13.17 段玉裁說文解字注䡬30422，泉水也。段玉裁注：泉水者，泉出之水也淮南書云莫鑒於流瀿，而鑒於澄水。許注云楚人謂水暴溢為瀿。瀿即䡬字。泉水暴溢曰䡬也。

濛 29954 u24004 mèng_13.17 同溞29688

滹 29955 u24003 háo_13.17 同號52200 睡虎地秦墓竹簡·封診式·厲令滹，其音氣敗。

澋 29953 u24006 hóng_13.17 同浤29445古文洪。

瀊 29956 u24002 nì_13.17 龍龕瀊，舊藏作溺29123

淼 29957 u24001 miǎo_13.17 或同淼28632

瀝 29959 u23FFF null_13.17 未詳。

澳 29958 u24000 yù_13.17 俗澳29850 中西聞見錄·1872.Num.4·日本救護難民前有吣魯船載粵工三百名，由澳門出洋赴吣魯。

瀟 29960 u23FFE null_13.17 未詳。

濺 29961 u23FFD jiàn_13.17 俗濺30116天一閣藏明嘉靖刻本武城縣志·第八卷文章志·詩·邑人王問（參政）·題王烈女祠血濺青苔蘚，名登白玉堂。

濬 29962 u23FFC jùn_13.17 俗濬30029

澿 29963 u23FFB null_13.17 未詳。

澣 29964 u23FFA
null_13.17 未詳。

潯 29965 u23FF9
null_13.17 未詳。

瀾 29966 u23FF8
null_13.17 未詳。

瀋 29967 u23FF7
null_13.17 未詳。

滾 29969 u23FF5
null_13.17 未詳。

滀 29968 u23FF6
null_13.17 或俗演29377

蕩 29970 u23FF4
dàng_13.17 俗蕩51004 漢隸字源 引 圉令趙君碑

澇 29971 u23FF3
lǎo_13.17 潦29599本字。見 說文

瀉 29973 u23FF1
xiě_13.17 俗瀉30155

淈 29972 u23FF2
gǔ_13.17 淈28554本字

潵 29976 u23FEE
null_13.17 未詳。

瀁 29977 u23FED
yàng_13.17 俗瀁30132

可洪音義 汎瀁：音樣。正作漾29432

濬 29974 u23FF0
jùn_13.17 俗濬30029 碑別字新編 引 魏穆子岩墓誌

濅 29975 u23FEF
shēn_13.17 同漫51208入濅

滙 29978 u23FEC
huì_13.17 俗匯04447天一閣藏明隆慶刻本 趙州志•卷之十•雜考•集覽 春上諸水，鍾滙於此 图 僵02040，譌字 類篇 僙，滙僙，長大皃△宏按，集韻 作僵僙。

澻 29979 u23FEB
null_13.17 未詳。

瀅 29981 u23FE9
null_13.17 未詳。

潲 29980 u23FEA
dào_13.17 洝28756潲，知道。

澥 29982 u23FE8
xiè_13.17 同澥29825

潛 29983 u23FE7
null_13.17 同潛29910

瀆 29984 u23FE6
dú_13.17 瀆30150譌誤。 墨子•大取 聖人之附瀆也，仁而無利愛。梅季林金保注：瀆，當是瀆之形誤。

濂 29985 u6FD3
lián_13.17 俗濂29878

瀕 29986 u6FD2
bīn_13.17 简瀕30242

瀉 29988 u6F99
xì_13.17 俗瀉29587獅谷蓮社刻本 慧琳音義 瀉鹵：上音昔，鹹鹵之地而又墊溼也。

瀨 29987 u6FD1
lài_13.17 简瀨30278 集韻 常恕切丛音署。溝也 水經注 博水東逕陽城縣，散爲澤渚，渚水瀨漲方數里。

瀏 29991 15011
shù_14.18 玉篇 常預切

濔 29989 15009
nǐ_14.18 唐韻 奴禮切 集韻 韻會 正韻 乃禮切丛音禰 說文 水滿也。與瀰同 图 衆也 詩•齊風 垂轡濔濔 图 鮑昭•蕪城賦 瀰迤平原 註 瀰，相連漸平之貌 图 mǐ 廣韻 綿婢切 集韻 母婢切丛音弭。義同 △ 集韻 或作洋、沔。鑒 又洣27979瀹30158瀰30543泙28743

濕 29990 15010
tà_14.18 古文霤 唐韻 他合切 集韻 正韻 託合切丛音沓。水名 說文 水。出東郡東武陽入海 水經注 濕水，出累頭山。一曰治水 图 shī 廣韻 集韻 韻會 失入切，音瞷。與溼同 說文 幽溼也。或作濕 图 集韻 叱入切音卙。濕濕，牛呞動耳貌 詩•小雅 其耳濕濕 图 è 鄂合切音嗑。濕陰，漢侯國名 图 xí 席入切音習。與隰同。坂下溼也。或作濕 △ 通雅 濕溼漯顯顯以形相借 集韻 漯灤濕三字同。水出鴈門〇按 說文 濕水，即 禹貢 孟子 濟漯之漯。蓋濕乃漯本字也。後以漯爲濕，又轉以濕爲乾溼之溼。鑒 又湿29050湿29248溼29727灁30260湿29265瑔34542

漞 29992 15012
mì_14.18 廣韻 集韻 丛莫狄切音覓。水淺貌 水經注 漳津故瀆水舊斷溪東北出，涓流漞注而已 集韻 通作渳。

灃 29993 15013
féng_14.18 集韻 符風切音馮。水聲。

濘 29994 15014
nìng_14.18 唐韻 集韻 韻會 正韻 丛乃定切音甯。淖也 左思•吳都賦 流汗霡霂而中逵泥濘 图 集韻 一曰清也 图 nǐng 唐韻 集韻 正韻 乃挺切，寧上聲。義同 图 汀濘，水沸貌 图 汀濘，小水 張協•七命 何異促鱗之游汀濘。图 níng 集韻 囊丁切音寧。亦小水也 图 nì 乃計切，泥去聲。涵也。鑒 又汶28032潚29805濘29797溼29782

濙 29995 15015
yíng_14.18 唐韻 集韻 韻會 正韻 丛烏迥切音瑩。瀅濙，小水貌 揚雄•甘泉賦 梁弱水之瀅濙兮 註 濙，絕小水也 图 集韻 韻會 丛玄扃切音熒。義同 图 澄濙，水回旋貌 杜甫詩 洪波左澄濙 △ 集韻 熒澄縈濙音義同，丛烏迥切。

濴 29996 15016
yíng_14.18 玉篇 同濙 集韻 濃濙，水回貌。鑒 又濴29048

濛 29997 15017
méng_14.18 唐韻 正韻 莫紅切 集韻 韻會 謨蓬切丛音蒙 說文 微雨也 詩•豳風 零雨其濛。或作霿 图 濛鴻，元氣未分貌 春秋•命曆序 濛鴻萌兆 图 水名 水經注 水出上邽縣西北邽山 图 水名 山海經 邽山，濛水出焉，南流注於洋水 图 měng 廣韻 莫孔切 集韻 韻會 正韻 母摠切丛音蠓。濛汛，大水。一曰小溝。鑒 類篇 潒，展勇切，偃水也。又蒙弄切，微雨也 图 正字通 濛，濛本字。

濜 29998 15018
jìn_14.18 廣韻 慈忍切 集韻 韻會 在忍切丛音盡。濜溳，水流急貌。一曰水波參差相次貌 郭璞•江賦 濆淪濜溳 图 唐韻 集韻 丛鉏引切。義同 图 jìn 廣韻 集韻 丛徐忍切音燼。水名 水經注 襄陽濜水，出襄鄉縣東北陽中山 图 水名 水經 沔水東逕白馬戍南，濜水出焉 图 jīn 廣韻 將鄰切音津。氣之液也。本作盡。鑒 又沴28273

溆 29999 15019
xù_14.18 玉篇 詞與切 集韻 象與切丛音敘。與漵同。水名。

濝 30000 15020
qí_14.18 集韻 渠之切音其。水名 山海經 沮洳之山，濝水出焉 图 水名 水經注 水出垣縣王屋西山濝溪。

煖 30001 15021
huǎn_14.18 玉篇 集韻 丛火管切，歡上聲。弄水也。

濞 30002 15022
pì_14.18 唐韻 集韻 韻會 丛匹備切音淠 說文 水暴至聲 左思•吳都賦 濞焉洶洶 图 滂濞，水聲 司馬相如•上林賦 滂濞沆漑 图 彭濞，蘊積貌 淮南子•俶眞訓 譬若周雲之蘢蓯，遼巢彭濞而爲雨 图 懿濞，深邃貌 王延壽•魯靈光殿賦 屑蠾嶜以懿濞 图 bì 集韻 平祕切音備鼻 图 pì 廣韻 韻會 匹詣切 集韻 匹計切丛音媲。義丛同 图 水名 通典 吐蕃有西洱海，東南流入西洱河，合流而東，號曰漾濞水 △ 六書故 濞與湃通 集韻 濞通作湃。鑒 又懤18589

澟 30003 15023
piāo_14.18 集韻匹沼切音縹。水貌。鑋又piāo 龍龕
澟俗，漂29348今。敦煌·S.2109 佛說小法滅盡經 世人不
信，不問豪賤，沒溺浮澟，魚鱉食噉。

濟 30004 15024
jǐ_14.18 古文泲㴉 唐韻 集韻 韻會 正韻 妐子禮切
音泲。水名。說文水。出常山郡房子縣贊皇山 釋名濟，
濟也，源出河北濟河而南也 風俗通·山澤篇濟者齊，齊
其度量也 書·禹貢導沇水，東流爲濟 傳泉源爲沇，流
去爲濟 又水名，出酈縣 山海經支離之山，濟水出焉。
又濟南，郡名 廣興記漢初爲濟南國，景帝時分郡。
又濟濟，衆盛之貌。一曰多威儀也 詩·大雅濟濟多士。
又jǐ 廣韻 集韻 韻會 正韻 妐子計切音霽。渡也 揚子方
言過渡謂之涉濟 詩·邶風濟有深涉 又止也 詩·鄘風既
不我嘉，不能旋濟 又霽通。亦止也 爾雅·釋天濟，謂
之霽 疏濟，止也。今南陽人呼雨止爲霽 又成也 左傳·僖
二十年以欲從人則可，以人從欲鮮濟 又利用也 易繫
辭白杵之利，萬民以濟 又益也 左傳·桓十一年莫敖曰：
盍請濟師于王。又賙救也 易繫辭知周乎萬物，而道濟
天下 又相助也 易·謙卦天道下濟而光明 又揚子方言
濟，憂也。陳、楚或曰溼，或曰濟 又讀作擠，滅也 晉語
二帝用師，以相濟也 註濟，當讀爲擠 又qí 集韻前西切
音齊。濟濟，祭祀容 又jǐ在禮切音薺。與霽同。鑋又济
28280济28791泲28216㴉28925㴑29019㴞29748溳29291溳29692
㴞29246𥽘48854

濄 30005 15025
suō_14.18 廣韻 集韻 妐先活切，算入聲 說文飲歃
也。一曰吮也 又廣韻衫洽切 集韻色洽切妐音霎。又集
韻須絹切，音渲。義妐同 又shàn所晏切音訕。洗馬也
又cuì此芮切音脆。飲也，嘗也。與㳑同 又山芮切音㕜。
義同。鑋段氏改篆作潅30240

濿 30006 15026
pài_14.18 唐韻 集韻妐匹卦切音派 說文水。在丹
陽。或省作㳠 又pī 玉篇普計切 集韻匹計切妐音譬。
義同。鑋 說文本作㵫30109，篆作㴻42518

濠 30007 15027
háo_14.18 廣韻 集韻 韻會 正韻妐胡刀切音豪。水
名，在鍾離 水經注水出莫耶山東北之溪 又州名 廣興
記江南鳳陽府，秦屬九江郡，東漢爲鍾離侯國，隋、唐、
宋曰濠州 又城下池也。通作壕。鑋又滈29536

濡 30008 15028
wǔ_14.18 玉篇無斧切 集韻罔甫切妐音武。與潕同。
水出南陽。

濡 30009 15029
rú_14.18 唐韻人朱切 集韻 韻會汝朱切妐音儒。水
名 說文水。出涿郡故安東，入漆洓 廣興記濡水，出易
州窮獨山。一名聖女水 又水出蒼梧 水經注水出永豐
縣西北濡山 又漬也 詩·邶風濟盈不濡軌 又滯也 孟子
是何濡滯也 又鮮澤也 詩·小雅六轡如濡 又溺也 史
記·倉公傳不亟治病，必入濡腎 又溼也 禮·曲禮濡肉齒
決 又含忍曰濡 史記·聶政傳無濡忍之心 註濡，潤也。
人性溼潤則能含忍 又ér 集韻 韻會妐人之切音而。水
名 左傳·昭七年公與齊侯、燕人盟于濡上 註濡水，出

高陽縣東北至河閒鄭縣，入易水 又與腝通 禮·內則濡
豚，濡雞 註濡，謂亨之以汁和也 又集韻詢趨切音須。
義同 又rú人余切音如。安也 莊子·徐無鬼有濡需者 註
濡需，謂偷安須臾之頃 又nuán 唐韻乃亘切 集韻奴官
切妐音渜。水名，在遼西 水經注濡水，出禦夷鎮東南。
又róu 集韻而由切音柔。柔忍也。或作輮 又ruǎn 集韻
正韻妐乳兗切音耎。與輭、軟同。柔也。通作耎 又rù 集
韻儒遇切音孺。亦沾溼也 又nuǎn奴亂切，與渜同。沐
浴餘潘也 又nuò奴臥切，懦去聲。水貌。鑋又濡66652
蘪04348渦28817㶛29586㶜29585

澬 30010 15030
zuǐ_14.18 唐韻遵誄切 集韻祖誄切妐音嘴 說文小
溼也。一曰汁漬也 又cuì 廣韻 集韻妐七醉切音翠。義
同。一曰下溼也。

澣 30011 15031
wò_14.18 玉篇烏活切 集韻烏括切妐音斡。取水也。
鑋胡吉宣：本作斜21972

澵 30012 15032
là_14.18 集韻郎達切音剌。灘之名也。鑋又𤃡39411
潈30318

濤 30013 15033
tāo_14.18 唐韻 集韻 韻會 正韻妐徒刀切音陶。
說文大波也 郭璞·江賦激逸勢以前驅，乃鼓怒而作濤。
又集韻陳留切音儔。義同 又shòu是酉切音受。與欜
同。水名，在蜀。或作濤 又dào大到切音導。與燾同。
說文溥覆照也。鑋又涛28503㶞30287滔28442没28511
㵦29750㶞29928

濥 30014 15034
yǐn_14.18 廣韻羊忍切 集韻 韻會 正韻以忍切妐音
引。說文水脈行地中濥濥也。一曰水門 又廣韻 集韻妐
羊晉切音酳。義同。鑋本作潩30308

濦 30015 15035
yīn_14.18 唐韻 正韻於謹切 集韻 韻會倚謹切妐音
隱。水名 說文水。出穎川城陽少室山，東入穎。或作溵，
亦作㶠 又汨濦，水聲也 司馬相如·上林賦汨濦漂疾。
又集韻 韻會妐於斤切音殷。又集韻於靳切音億。義
妐同。

濧 30016 15036
duì_14.18 廣韻 集韻妐徒對切音隊 博雅漬也。一曰
濡也 又濧濧，猶濧涾也 杜甫詩倒影垂澹濧。一作㶟。
又集韻都內切音對。義同。鑋又㳀28108

濬 30017 15037
liáo_14.18 字彙落蕭切音聊。水清也。本作潦。

濩 30018 15038
chán_14.18 正字通俗瀺字。

濊 30019 15039
cáng_14.18 集韻慈郎切音藏。沒也。鑋又減29389

濨 30020 15040
cí_14.18 廣韻疾之切 集韻牆之切妐音慈。澗水名，
在定州。或作滋。

㴘 30021 15041
zhòu_14.18 集韻鉏救切音驟。水流急也 又jù 字彙
慈與切音聚。水聲。鑋又瀔30418鄧福祿：㴘乃聚的增
旁字。

濩 30022 15042
huò_14.18 唐韻胡郭切 集韻 韻會黃郭切妐音穫 說

文雨流雷下貌 又玉篇 羡也 詩·周南 是刈是濩 又濆濩,水勢相激貌 郭璞·江賦 濆濩汍潏 又蠖濩,宮室深邃貌 揚雄·甘泉賦 蝹蜎蠖濩之中 又水名 山海經 松果之山,濩水出焉 又濩濩,水名 山海經 泰戲山北三百里曰石山,濩濩之水出焉 註 濩,音如尺蠖之蠖 又鳥名 山海經 青丘之山有鳥名灌灌 註 灌灌或作濩濩 又huò 廣韻 一號切 集韻 韻會 屋郭切 夶屋音攫。濩澤,縣名 前漢·地理志 屬河東郡 又 集韻 胡陌切夶音獲。義同 又hù 廣韻 胡誤切 集韻 韻會 正韻 胡故切夶音護。布濩,流散也 張衡·東京賦 聲教布濩 又大濩,湯樂名 周禮·春官·大司樂疏 濩,卽救護也。救護使天下得所也。一作護,亦音獲 左傳·襄二十九年 見舞韶濩者。徐邈讀。鍫 又嬳51286濩30397

瀧 jìng_14.18 集韻 千定切音艵 說文 冷寒也。

潊 dòu_14.18 廣韻 田候切 集韻 大透切夶音豆。與瀆同。水也。

瀞 jìng_14.18 正字通 俗瀞字。

濫 làn_14.18 唐韻 集韻 韻會 正韻 夶盧瞰切音纜 說文 氾也 增韻 水延漫也 家語 其源可以濫觴 註 濫,謂泛濫,小流貌 又溢也 水經注 其水陽焊不耗,陰霖不濫。又刑溢曰濫 詩·商頌 不僭不濫 又竊也 賈誼·新書·道術篇 反禮爲濫 又瀆也 魯語 宣公濫于泗淵 註 瀆苦于泗水之淵,以取魚也 又失實曰濫 左傳·昭八年 民聽濫也 又浮辭也 陸機·文賦 每除煩而去濫 又音之速疾而僭差曰濫 禮·樂記 狄成滌濫之音作,而民淫亂 又dàn 集韻 韻會 夶杜覽切音啖。竹聲也 樂記 竹聲濫濫以立會 註 濫之意猶擥聚也 又jiàn 廣韻 胡黯切 集韻 韻會 戶黤切夶音檻。泉名 爾雅·釋水 濫泉正出。或作泛,通作檻 又水名 前漢·地理志 降狄道東有白石山濫水。又lǎn 集韻 魯敢切音覽。與灠同。漬果也 禮·內則 漿水醷濫。鄭註 濫以諸和水也。紀莒之閒,名諸爲濫 釋文 乾桃、乾梅皆以諸濫 又lán 集韻 盧甘切音藍。邑名 春秋·昭三十一年 黑肱以濫來奔 又hàn 胡暫切。與鑑同。陶器,如甄,大口,以盛冰 周禮·天官 春秋治鑑。或從水,亦作灠、覽 又浴器也 莊子·則陽篇 同濫而浴。鍫 又濫29303汢28107鑑11550灠11715

眔 xiàn_14.18 集韻 胡懺切音覽。沉物水中使冷也。又jiàn 居懺切音鑑。義同。

瀤 pō_14.18 集韻 滂禾切音坡。水貌。鍫 可洪音義 瀤椑:上普波、普果、普臥三反。下奴達反 七佛咒經 作頗椑也。

濬 xùn_14.18 古文 浚睿 唐韻 私閏切 集韻 韻會 正韻 須閏切夶音浚 說文 深通川也 書·舜典 封十有二山濬川 又凡深皆曰濬 爾雅·釋言 濬,幽深也 詩·商頌 濬哲惟商 又州名 廣韻記 大名府濬縣,古衞邑,漢黎陽,五代濬州△ 玉篇 同浚。鍫 又濬30221濬30315濬30104濬29962濬29974鐏57028濬29530容56979

瀡 ǎi_14.18 集韻 韻會 夶於蓋切音藹。晻瀡,鬱陰也。一曰雲氣之貌 前漢·郊祀歌 露夜零,晝晻瀡 又kài 集韻 丘蓋切音礚。船著沙。

濮 pú_14.18 唐韻 集韻 韻會 正韻 夶博木切音卜。水名 說文 水。出東郡濮陽,南入鉅野 水經 瓠子河,出東郡濮陽縣北河東至濟陰句縣爲新溝,又東北過廩丘縣爲濮水 又州名 廣輿記 屬東昌府,春秋衞成公都此,漢鄄城,隋濮州 又竹名 後漢·哀牢夷傳 其竹節相去一丈,名曰濮竹 又 孫穆·雞林類事 高麗方言謂鼓曰濮。鍫 又濮30213瀤30099濮30323濮29743嫨11364 又 正字通 濮,本作濮30309汴27768俗濮字。

瀢 zuǒ_14.18 集韻 宗括切音繓。滿也 又jī 類篇 資昔切音積。水出也。

辡 biàn_14.18 集韻 婢典切音辯。旋流 又 批眄切音便。急流也。鍫 玉篇 作辨30049,水波也。胡吉宣:即 爾雅 過辨回川之辨60563,與湴30034爲一字。

渼 fèn_14.18 集韻 同潀 集韻 邦免切夶音辯。水貌。鍫 胡吉宣: 集韻 獼韻湴,水皃。又 銑韻辨30033,旋流。又去聲 霰韻辩,急流也。本書:辨30049,水波也。辨、辩、湴並同。即 釋水 過辨回川之辨,郭注:旋流也。湴之言卞急,旋流必急疾也

湴 biǎn_14.18 玉篇 方免切

濯 zhuó_14.18 唐韻 集韻 韻會 正韻 夶直角切音濁 說文 瀚也 詩·大雅 可以濯罍 傳 濯,滌也 儀禮·特牲饋食禮 反告濯具 註 濯,漑也 又 洗心亦曰洒濯 左傳·襄二十一年 洒濯其心 又 爾雅·釋詁 濯,大也 詩·大雅 王公伊濯 又 光明也 詩·大雅 鉤膺濯濯 又 博雅 濯濯,肥也。一曰娛遊也 詩·大雅 麀鹿濯濯 又 山無草木之貌 孟子 是以若彼濯濯 又 飲也。◆ 禮·少儀 將飲之而跪之,曰賜濯。濯,猶飲也 又 湖名 廣輿記 濯湖,在江西瑞州府新昌縣 又shuò 集韻 式灼切音爍。水貌 又zhào 廣韻 集韻 韻會 正韻 夶直教切音棹 博雅 淖濯,淖也。一曰浣衣 又 同櫂 前漢·元后傳 輯濯越歌 註 濯,與櫂同。

濰 wéi_14.18 唐韻 以追切 集韻 韻會 夷佳切夶音惟。水名 書·禹貢 濰淄其道 前漢·地理志 水出琅邪箕屋山,北至都昌縣,入海 又縣名 廣輿記 濰縣,屬萊州府,本漢膠東地,隋北海,唐濰州。鍫 又濰29550

潰 kuì_14.18 正字通 潰字之譌。

潗 zī_14.18 石鼓文註 鄭云今作滋。郭云溓也。

澞 yú_14.18 正字通 與漁、歔、叞夶同 石鼓文 君子澞之。鍫 石鼓文 君子漁之。

濱 bīn_14.18 古文 洴頗陝 唐韻 必鄰切 集韻 韻會 正韻 卑民切夶音賔。水際也 書·禹貢 海濱廣斥 又 地近亦曰濱 史記·貨殖傳 鄒、魯濱、洙、泗 又pín 韻會 毗賔切。與頻通 詩·大雅 池之竭矣,不云自頻 箋 頻作濱,厓也

△集韻或作瀕。鋈集韻濵30114，水厓也。或从頻。古作涄顭68361𩓐又顭68472㳅28475滨29300濵29781浜28299

瀹 30042 15062 yuè_14.18 集韻同瀹，省文。

澙 30043 15063 xuè_14.18 集韻滈或作澙。亦作瀥。

瀫 30044 15064 gǔ_14.18 廣韻集韻𣲙古祿切音穀。水名。在河內顏延之詩伊瀫絕津濟。或作穀。鋈集韻作瀫30238

澾 30045 15065 tà_14.18 集韻澾本字。

濳 30046 15066 qián_14.18 正字通濳，字書作潛〇按說文从水朁聲。朁字上从二先，自應以濳字爲正。今依說文將音義俱移入潛字下，此不備載。

瀠 30047 15067 yíng_14.18 廣韻余傾切音營玉篇水泉貌。一曰波勢回貌集韻同瀯。鋈又濴29022

瀵 30048 15068 mò_14.18 集韻莫白切音陌玉篇波也。一曰與嵲同。嵲帕，密貌。或作漠。

辮 30049 15069 biàn_14.18 玉篇皮戀切音卞。水波也。鋈篇海類編辯30033，同辮。

澠 30050 15070 mǐn_14.18 字彙補與潣同。

瀀 30051 15071 jiāo_14.18 字彙補與澆同莊子·繕性篇瀀醇散樸。一本作澆。鋈又澩25815

淵 30052 15072 yuān_14.18 字彙補烏絹切，音淵◇深也。

瀘 30053 15073 hū_14.18 集韻滹或作瀘。

瀵 30055 41393 fèi_14.18 搜眞玉鏡音沸。溢也。

瀵 30056 44118 huàn_14.18 五音篇海同渙。

澀 30058 44120 sè_14.18 龍龕同澀

滄 30057 44119 cāng_14.18 川篇同滄

瀍 30059 u2ADF2 null_14.18 未詳。

㵋 30054 15074 wèi_14.18 集韻以醉切，遺去聲。㵋津，漢侯國名。一曰藥草名。

瀃 30060 u2ADF1 sài_14.18 地名用字。瀃口，在安徽省。

濷 30061 u2ADF0 null_14.18 喃未詳。

潈 30062 u2ADEF null_14.18 未詳。

澹 30063 u2ADEE null_14.18 喃未詳。

潤 30064 u2ADED null_14.18 未詳。

瀿 30065 u2ADEC null_14.18 未詳。

漾 30066 u2ADEB null_14.18 未詳。

瀩 30067 u2ADEA null_14.18 喃未詳。

瀝 30069 u2ADE8 null_14.18 未詳。

瀶 30068 u2ADE9 chắm_14.18 喃从水寫trăm聲。澤。

瀾 30071 u2405D null_14.18 未詳。

遙 30070 u24060 rào_14.18 喃从流省遙diêu聲△昆遙：溪流。湄遙：陣雨。

瀣 30072 u2405C null_14.18 未詳。

瀓 30073 u2405A wéi_14.18 俗瀓29829

澔 30076 u24057 null_14.18 未詳。

瀨 30078 u24055 nhạt_14.18 喃从澹省辣lạt聲△瀨繞：乏味，冷淡。哄瀨：冷笑△也音lạt。瀨汀：淡而無味又越·阮秉五千字譯國語酴酥，音徒蘇。醽瀨△亦作𤄷nhạt。𤄷嫖：乾巴巴，索然無味。

瀎 30074 u24059 bớt_14.18 喃从減扒bắt聲。減少。亦作㵣29497

瀜 30075 u24058 trong_14.18 喃从水融trong聲。同𤄷30451清澈。

瀖 30077 u24056 lõa_14.18 喃从水裸khoả聲△瀖渃：涌沸。

瀔 30079 u24054 kuí_14.18 人名用字又khơi喃海又guìj壯小溪。

瀑 30080 u24053 dào_14.18 喃从溢省瑤dao聲△澾瀑：充盈又giào瀑澾：溢出又rào从流省瑤聲。同遙30070

凝 30081 u24052 níng_14.18 俗凝03049碑別字。

瀼 30082 u24051 null_14.18 未詳。

瀾 30083 u24050 null_14.18 未詳。

濈 30084 u2404F jí_14.18 同𨜋62069古今圖書集成·職方典·第六百三十一卷·邛州部彙考一·邛州山川考·州縣志合載濈水：在州西二里，源自大邑縣，鳳凰山來至州，俗呼西河，南合邛水，以發源處地名濈也考異云濈字，舊志皆𨜋，無點水又同澬29840明·楊慎升菴詩話·卷十·張方詩濈水右旋江會合，天台曲直卦文明大字典同資，水名。引明·曹學佺蜀中廣記·卷八·資陽縣近掘得宋張方題資溪橋詩，有「資水右旋江會合」之句也。

澳 30086 u2404C yù_14.18 澳29850本字。見說文

澄 30089 u24048 gàn_14.18 或同淦。

潭 30085 u2404E tán_14.18 俗潭29611可洪音義潭思：上徒南反。深水也。又以審反。

瀋 30090 u24047 null_14.18 未詳。

瀝 30087 u2404B lì_14.18 俗瀝30264可洪音義瀝瞻：上音歷，瀉去也。下都感反。悮。

瀛 30092 u24045 null_14.18 未詳。

漢 30088 u24049 hàn_14.18 漢29400本字

瀍 30093 u24044 chán_14.18 俗瀍30161

澴 30091 u24046 xuàn_14.18 同澴29851四聲篇海胡絹、胡涓二切。聚流皃。

瀟 30094 u24043 null_14.18 未詳。

瀆 30095 u24042 null_14.18 未詳。

澎 30097 u24040 null_14.18 未詳。

濟 30096 u24041 null_14.18 或俗濟30004

瀡 30098 u2403F null_14.18 未詳。

漪 30100 u2403D null_14.18 未詳。

濮 30099 u2403E pú_14.18 同濮30323俗濮30031

瀗 30101 u2403C null_14.18 未詳。

瀋 30102 u2403B shēn_14.18 同蓡50633

瀛 30103 u2403A jiā_14.18 元·駱天驤類編長安志·卷之八·數目故事三小川：三曰瀛川，在長安東南三十里地里志瀛川即滻川也又新撰字鏡瀛，浛瀛也。堤下也。

濬 30104 u24039 jùn_14.18 俗濬30029

瀌 30105 u24038 null_14.18 未詳。

30106 u23FC0
㵀 null _14.18 未詳。

30107 u3D7C
瀉 xiè _14.18 同瀉30155

30108 u3D7B
溇 sǒu _14.18 同溇30134

30110 uF922
濫 làn _14.18 兼濫。

30109 u3D7A
潷 pài _14.18 同潷30006 說文 潷，水。在丹陽。从水，箪聲。篆作簿42518段玉裁注：未聞。桂馥義證：或省作潷28781又 廣雅 潷，種也 囡 同簿42518 慧琳音義 潷橙：上敗鞋反。下煩轞反 考聲 云潷亦橙也。案，潷橙者，縛竹木浮之水上也。又云大桴也 古今正字 潷，從水箪聲。箪音必耳反。橙，海中大船也。從木發聲 囡 譌作薄。

30113 u6FF6
潤 kuò _14.18 俗闊65222

30111 u6FF9
澝 mò _14.18 日 地名用字

30114 u6FF5
濱 bīn _14.18 俗濱30041

30112 u6FF8
滄 cāng _14.18 四部叢刊·續編集部·茗齋集·明詩五言古·李夢陽·巳丑除夕追徃憤五百字 狐狸叫破壘，落日悄滄漭。

30115 15075
溦 lěi _15.19 廣韻 落猥切 集韻 魯猥切丛音磥。與潷同。水名，在右北平 囡 集韻 魯水切音壘，溦溦，水波湧起貌 郭璞·江賦 溟溦潰瀑

30116 15076
濺 jiān _15.19 廣韻 則前切 集韻 韻會 將先切丛音箋。濺濺，水疾流貌 沈約詩 出浦水濺濺 囡 jiàn 廣韻 集韻 丛子賤切音餞。水激也。通作淺 史記·藺相如傳 相如請得以頸血濺大王 囡 zàn 集韻 則旰切音贊。與潷同。汙瀺也 囡 才線切音賤。激也 △ 集韻 或作淺。又作濺。通作碊。鋆 又濺29044濺29961

30117 15077
潭 dàn _15.19 廣韻 集韻 丛徒紺切，醰去聲。沒也。

30118 15078
瀳 qìng _15.19 唐韻 千定切，青去聲。說文 冷寒也。楚人謂冷曰瀳 囡 集韻 差梗切，鏗上聲 廣韻 楚敬切 集韻 楚慶切，義並同 廣韻 正韻 丛古文淨字。一曰魯北城門地也 △ 集韻 或作倩。亦作淘。鋆 又瀳29722

30119 15079
濽 zá _15.19 廣韻 姊末切 集韻 子末切丛音撮。水湍頭起。一曰滿也 囡 jié 玉篇 廣韻 丛子結切音節。類篇 小水出也。一曰瀸也 囡 jī 玉篇 子昔切 廣韻 資昔切丛音積。小水。

30120 15080
潿 wěi _15.19 集韻 澧或作潿。

30121 15081
潚 xiào _15.19 廣韻 集韻 韻會 丛胡了切音晶。渺晶，水遠也。一曰潚濛，水深白貌。鋆 可洪音義 潚漫：上戶了反，渺潚，水深兒。

30122 15082
漉 lù _15.19 唐韻 集韻 丛盧谷切音祿 說文 齊、魯閒水也 玉篇 水在濟南 水經注 漉水，出歷縣故城西南泉源上 囡 集韻 韻會 丛盧督切音碡 囡 pū 廣韻 集韻 丛普木切音朴 囡 luò 廣韻 盧各切 集韻 韻會 正韻 歷各切丛音洛。義丛同 囡 pò 廣韻 集韻 韻會 正韻 丛匹各切音粕 玉篇 陂漉也。一曰大池，山東名漉，幽州名淀，俗作泊 囡 lì 廣韻 郎擊切 集韻 郎狄切丛音歷。藥草名 爾雅·釋草 漉，貫衆 囡 yuè 集韻 弋灼切音藥。又shuò 式灼切音爍。義丛同。或从艸作藻 △ 集韻 或作潭。亦省作潷。

鋆 又泳28119霖66763

30123 15083
瓚 zàn _15.19 正字通 俗瓚字。

30124 15084
濾 lǜ _15.19 集韻 正韻 良據切 韻會 良豫切丛音慮 玉篇 濾水也。一曰洗也，澄也。唐白行簡有 濾水羅賦 註 羅者，濾水具，用輕紗粗葛為之。滓在上，水在下，則水潔淨。鋆 又濾29304

30125 15085
灞 bài _15.19 玉篇 方買切 集韻 部買切，並音擺 ◇ 水名。鋆 又浧29237

30126 15086
灘 hàn _15.19 正字通 俗灘字。

30127 15087
濘 niǎn _15.19 玉篇 力淺切 集韻 力展切丛音輦。水也。

30128 15088
瀝 lì _15.19 正字通 與砅同 說文 力制切音例。履石渡水也 集韻 通作厲。鋆 又沥28080

30129 15089
灦 xiàn _15.19 玉篇 胡減切 集韻 戶黤切丛音檻。懸水貌。鋆 俗作灁29694

30130 15090
澳 yōu _15.19 唐韻 集韻 韻會 正韻 丛於求切，音優 說文 澤多也 玉篇 渥也，寬也，漬也。今作優 金石錄·楚相孫叔敖碑 優游作澳嗂。

30131 15091
瀒 sè _15.19 集韻 色入切音澀。蠻夷酋長名。唐有渤達國王摩俱瀒思。

30132 15092
瀁 yàng _15.19 說文 古文漾29432字 書·禹貢 嶓冢導漾 史記·夏本紀 作嶓冢導瀁 廣韻 余兩切 集韻 韻會 正韻 以兩切丛音養。瀁瀁，水貌。一曰瀁瀁，無涯際也。囡 沉瀁，亦廣大之貌 左思·吳都賦 潢溶沆瀁 集韻 或作瀁。鋆 又瀁30329瀁29977

30133 15093
灅 lǔ _15.19 集韻 鹵，或从水作灅。亦作澷。鋆 又澷30239

30134 15094
溇 sǒu _15.19 廣韻 許由切音休◆汗面。亦作腬○按 廣韻 本作溇。鋆 新修玉篇 或作瞍37985

30135 15095
瀃 sì _15.19 集韻 韻會 丛斯義切音賜。泄水門。一說停水曰瀃 增韻 障水也。鋆 又瀃29799

30136 15096
瀄 zhì _15.19 正字通 瀄字之譌。

30137 15097
滑 huá _15.19 廣韻 下刮切 集韻 呼刮切丛音頢 玉篇 不淨也。一曰言不了。

30138 15098
瀙 chuā _15.19 廣韻 集韻 丛丑刮切音顋。瀙瀙，不淨也。

30139 15099
瀥 sōng _15.19 玉篇 先公切音鬆。水聲。

30140 15100
潷 bì _15.19 集韻 壁吉切音必。泉沸也。或省作粜。亦作潷。鋆 正字通 潷，譌字。舊註音畢，水沸泉出貌。與 詩 觱55467沸檻泉義近，改作潷，非。

30141 15101
漚 òu _15.19 集韻 於候切，漚去聲 玉篇 飲水也。

瀄 30142 15102
zhì_15.19 　廣韻阻瑟切集韻韻會正韻側瑟切丛音櫛。瀄汩，水聲。一曰水流貌嵇康·琴賦瀄汩澎湃区增韻水相揳也司馬相如·上林賦偪側泌瀄。

灂 30143 15103
liè_15.19 　集韻力涉切音獵。水聲庾闡·涉江賦山水洴灂而鱗布。

瀄 30144 15104
zhì_15.19 　唐韻竹隻切集韻竹益切丛音麵說文土得水沮也区玉篇直尺切集韻直炙切丛音擲。又廣韻碭伯切音宅。又dí集韻亭歷切音狄。義丛同△說文本作瀦集韻或省作溜。鏊又潴29442

瀥 30145 15105
jiāo_15.19 　廣韻古肴切集韻居肴切丛音交玉篇水名区瀥藹，水貌木華·海賦瀥藹浩汗。

瀅 30146 15106
yìng_15.19 　廣韻烏定切集韻韻會正韻縈定切丛音瑩。汀瀅，小水。一曰水澄也韓愈詩曲江汀瀅水平盃区yíng玉篇集韻丛烏迴切音熒。與濴同区jiōng集韻涓熒切，扃上聲。水名，在襄陽区jǐng吉成切音頸。絕小水也。鏊又濙29306

瀫 30147 15107
guó_15.19 　廣韻古伯切集韻郭攫切，丛音虢說文水裂去也揚子方言激水也区huò集韻霍虢切音砉。與滈同。水聲韓愈·藍田廳壁記水瀫瀫循除鳴。

瀁 30148 15108
cài_15.19 　集韻七蓋切音蔡。水名。

澈 30149 15109
chè_15.19 　唐韻直列切音徹玉篇水澄也。本作澈。

瀆 30150 15110
dú_15.19 　唐韻集韻韻會徒谷切正韻杜谷切丛音牘說文溝也爾雅·釋水注瀆曰瀆区江河淮濟爲四瀆釋名瀆，獨也。各獨出其所而入海也白虎通·巡狩篇瀆者，濁也。中國垢濁，發源東注海，其功著大，故稱瀆風俗通·山澤篇瀆者，通也，所以通中國垢濁区小渠賈誼·弔屈原賦彼尋常之汙瀆兮，豈能容吞舟之魚。区恩也，重複也易·蒙卦再三瀆瀆則不告区慢也易·繫辭君子上交不諂，下交不瀆区易也左傳·成十六年瀆齊盟而食話言区山名史記·封禪書瀆山，蜀之汶山也。区dòu集韻韻會正韻大透切音豆。句瀆，地名。左傳·桓十二年公及宋公盟于句瀆之丘区與竇同。左傳·襄三十年伯有自墓門之瀆入。瀆，徐邈音豆。鏊又涜28502渎28785瀆30446瀆29984

霅 30151 15111
zhá_15.19 　廣韻丈甲切集韻韻會正韻直甲切丛音霅。水名，在吳興。通作霅。

澽 30152 15112
jù_15.19 　集韻濾或作澽。

瀇 30153 15113
wǎng_15.19 　廣韻烏晃切集韻鄔晃切丛音枉。瀇瀁，水深廣貌淮南子·覽冥訓瀇瀁極望区huàng集韻戶廣切音幌。與滉同区wàng烏曠切音醖。與汪同。停水臭也。一曰水貌。鏊又汪27841洭28560

翬 30154 15114
huī_15.19 　唐韻許歸切集韻吁韋切丛音揮。竭也。一曰振去水也。通作揮。

瀉 30155 15115
xiě_15.19 　廣韻息姐切集韻韻會洗野切正韻先野切丛音寫玉篇傾也。一曰瀉水也謝靈運詩石磴瀉紅泉。或作寫周禮·稻人以澮寫水区類篇一曰鑑形。区xiè廣韻正韻司夜切集韻韻會四夜切丛音卸。鹵也王充·論衡·書解篇地無毛，則爲瀉土区吐瀉也釋名揚、豫以東，以吐爲瀉区泄也揚子方言泄瀉爲注下之症。鏊又泻28118瀉30107瀉29973

潘 30156 15116
pán_15.19 　集韻韻會正韻丛蒲官切音盤。泂也。区韻會通作盤韓愈詩流水盤迴三百轉△亦作潘。列子·黃帝篇鯢旋之潘爲淵注潘音盤。水之盤迴。鏊玉篇潷，蒲楦切。迴也。胡吉宣：卽海賦「盤猛」字，涉「猛」而變从水，盤者般（盤）旋，迴者運轉。

閭 30157 15117
lú_15.19 　廣韻力居切集韻凌如切丛音間。泥閭，泄海水出外者莊子作尾閭。

瀋 30159 15119
shěn_15.19 　廣韻集韻韻會正韻丛昌枕切音沈說文汁也元結詩煮鰦爲作瀋区chèn集韻鴟禁切，審去聲。置水于器也。鏊又沈28777

瀌 30160 15120
biāo_15.19 　唐韻甫嬌切集韻韻會悲嬌切丛音鑣。瀌瀌，雨雪盛貌詩·小雅雨雪瀌瀌区集韻蒲嬌切音藨。又廣韻皮彪切集韻皮虯切丛音淲。又集韻毗召切音驃。又卑妙切，標去聲。義丛同。

瀰 30158 15118
nǐ_15.19 　玉篇同瀾

瀍 30161 15121
chán_15.19 　廣韻直連切集韻韻會澄延切丛音纏。水名書·禹貢東北會于澗瀍。鏊又漣28947瀍30093瀍30387

滴 30162 15122
dī_15.19 　廣韻都歷切集韻丁歷切丛音的。與滴同。水注也。

漻 30163 15123
liáo_15.19 　廣韻盧鳥切集韻朗鳥切丛音了。漻冽，水清。或省作漻区玉篇漻澥，小水別名。

瀖 30164 15124
huò_15.19 　廣韻呼麥切集韻忽麥切丛音剨玉篇流也。一曰水貌。

瀎 30165 15125
mò_15.19 　廣韻莫撥切集韻莫葛切丛音末說文拭滅貌。一曰塗也揚子方言淨巾謂之瀎布区miè廣韻集韻丛莫結切音蔑。瀎潏，疾流貌張衡·南都賦沒滑瀎潏。鏊又灖30398

瀏 30166 15126
liú_15.19 　廣韻集韻韻會正韻丛力求切音留。水清貌詩·鄭風瀏其清矣傳瀏，深貌区風疾貌楚辭·九歎秋風瀏以蕭蕭区瀏莅，林木鼓動之聲司馬相如·上林賦瀏莅芔吸区瀏亮，清明之稱陸機·文賦賦體物而瀏亮区水名水經注瀏水，出江州豫章縣首裨山区liǔ唐韻集韻韻會正韻力九切音柳。義同区飂瀏，風聲也左思·吳都賦飂瀏飀飀。鏊又嚠07728浏28279瀏30388

瀸 30167 15127
jiān_15.19 　正字通俗瀸字。

瀑 30168 15128
bào_15.19 　廣韻平報切韻會薄報切丛音暴說文疾

雨也 図沫也 郭璞·江賦 拊拂瀑沫 図pù 廣韻 蒲木切 集韻 韻會 正韻 步木切丛音僕。飛泉懸水也 孫綽·遊天台山賦 瀑布飛流以界道 図bó 集韻 弼角切音電。濿瀑，水沸聲 左思·蜀都賦 龍池濿瀑 図濆瀑，波浪涌起之貌 郭璞·江賦 浤濿濆瀑△本作瀑。鑿又瀋30367

澝 30169 15129 sè_15.19 集韻 同澀

浹 30170 15130 zhā_15.19 集韻 溠本字

瀸 30171 15131 biān_15.19 集韻 邊或省作瀸○按 正字通 誤入十四畫，今改正。

瀙 30172 15132 lì_15.19 字彙 與瀙同。

瀯 30173 15133 yǐng_15.19 集韻 烏猛切音瀴。水淨貌。

瀬 30174 15134 lèi_15.19 玉篇 力兌切 集韻 郎外切丛音纇。與醊、酹同 說文 饋祭也。一曰以酒祭地也 図 玉篇 力活切。義同。

澂 30175 15135 chéng_15.19 玉篇 直陵切 集韻 持陵切丛音懲。與澄同。清也 張衡·西京賦 集重陽之清澂。

潿 30176 15136 wěi_15.19 玉篇 羊水切，音偉◇水貌。

瀌 30177 15137 biē_15.19 字彙補 兵匹切音必。行不止也。鑿亦作奰10234俗奰10190

澣 30178 15138 guó_15.19 字彙補 古獲切，音國◇水名。

澖 30179 15139 dí_15.19 字彙補 同逆切，音笛◇蕩也。

澩 30180 15140 pì_15.19 字彙補 疋閉切音媲。水漬散也。

澺 30181 15141 cè_15.19 字彙補 與測同。見 漢三老袁君碑

瀞 30182 15142 jìng_15.19 字彙補 與淨同 石鼓文 避水旣瀞。鑿避水旣瀞。

瀌 30183 15143 biāo_15.19 字彙補 同滮。

澋 30185 41392 hóng_15.19 川篇 音宏。潢也。

潡 30186 44121 yǎn_15.19 搜眞玉鏡 羊嶮切。

瞓 30188 u2ADF9 null_15.19 喃未詳。

瀯 30184 15144 zī_15.19 字彙補 同滋

瀘 30189 u2ADF8 null_15.19 未詳。

瀺 30187 44122 zhuàn_15.19 篇韻 音篆

潦 30190 u2ADF7 liáo_15.19 河名，在江西省。

澈 30191 u2ADF6 null_15.19 喃未詳。

潝 30192 u2ADF5 null_15.19 未詳。

澈 30193 u2ADF4 null_15.19 喃未詳。

澼 30194 u2ADF3 null_15.19 未詳。

潈 30195 u240B1 lí_15.19 水名。明·文震亨 長物志·卷七·器具·研潈 溪石：出湖廣常德辰州二界，石色淡青，內深紫，有金線及黃脈，俗所謂紫袍金帶者也。塞爾赫 曉亭詩鈔·卷二三餘集 寄謝甘立軒中丞送潈溪紫石硯及石水器。図raez 壯 涇潈：水藻 図rawz 瀨潈：原來 図rè 喃

淲 30196 u240B0 lì_15.19 俗瀨30270

泓 30198 u240AE hóng_15.19 碑別字瀜，鴻73238晉·范式碑 図an 韓 水名 牧民心書·第六卷·平賦·下 泗沘水（白馬江），泓水（良定浦）。

瓚 30197 u240AF zàn_15.19 同瓚30472

澹 30202 u240AA dǎn_15.19 喃从涉省震chấn聲。涉身△澹跳：努力，上進。

潗 30199 u240AD toé_15.19 喃从水醉túy聲。泄，濺。

澢 30200 u240AC suối_15.19 喃溪水，泉△渚澢：溪流。尬濲：九泉。図lôi泳△捵澢：游泳△俗作湃28704

潠 30201 u240AB phùn_15.19 喃从水噴phún聲。冒出。

潻 30203 u240A9 rửa_15.19 喃从洗者giả聲。

潕 30204 u240A8 mò_15.19 喃从水模mô聲。

澎 30205 u240A7 bồng_15.19 喃从漂省蓬bồng聲△泙澎：漂移。

灌 30206 u240A6 guàn_15.19 俗灌30425 宋元以來俗字譜 引 嬌紅記

潪 30207 u240A5 zhí_15.19 潪30144本字

瀟 30208 u240A3 xiāo_15.19 俗瀟30266 宋元以來俗字譜 引 太平樂府 等。

灑 30209 u240A2 sǎ_15.19 俗灑30471

臩 30210 u2409F null_15.19 未詳。

顬 30211 u2409E qú_15.19 同顬30285

潃 30212 u2409C null_15.19 未詳。

濮 30213 u2409B pú_15.19 俗濮30031

潎 30214 u2409A null_15.19 未詳。

滿 30215 u24099 mǎn_15.19 俗滿29345

瀾 30217 u24097 null_15.19 未詳。

藏 30216 u24098 hóng_15.19 直音篇 滋藏，並古文洪28178字。

澎 30218 u24096 yǐng_15.19 俗影16503 宋·史能之 咸淳毗陵志·卷第二十三·詞翰四·詩·題宣興迎華驛 風搖湖水動山澎，天壓隴雲低鴈行。又明·康海 對山集·卷之二·五言古·仙遊潭同蒙溪作 我愛此潭水，澄徹涵澎靈 図瀘30536譌字。

濬 30221 u24093 jùn_15.19 俗濬30029

瀕 30220 u24094 bīn_15.19 俗瀕30242天一閣藏明嘉靖刻本 光山縣志·卷之五·官師志·宦蹟 覽不肖率俾而謁者，非公典弗入，瀕行澹然。

潤 30219 u24095 null_15.19 未詳。

濃 30223 u24091 nóng_15.19 俗濃29879 申報. 1933. Dec. 1 本埠增刊·廣告·南京大戲院 一九三三年式冶蕩宮闈巨片 禁苑春濃

灒 30224 u24090 null_15.19 未詳。

瀟 30222 u24092 null_15.19 未詳。

瀝 30225 u2408F null_15.19 未詳。

潙 30226 u2408E null_15.19 未詳。

蓬 30227 u2408D null_15.19 未詳。

瀨 30228 u2408C null_15.19 未詳。

藻 30229 u2408B null_15.19 未詳。

滿 30231 u24089 null_15.19 未詳。

澌 30230 u2408A zhuó_15.19 同澌30351 集韻 澌，竹角切。水名，在臨湘。

潕 30233 u2405E
null_15.19 未詳。

潡 30232 u24088
null_15.19 或俗濠29897

頤 30234 u3D8A
yí_15.19 俗頤68084

潕 30235 u3D83
null_15.19 未詳。

潢 30236 u3D82
null_15.19 未詳。

滷 30239 u6F9B
lǔ_15.19 簡滷30133

濾 30237 uF984
lǔ_15.19 兼濾。

漱 30238 u7014
gǔ_15.19 亦作漱30044
集韻漱，古祿切。水名，在河內。

瀿 30240 15145
xuàn_16.20 玉篇息面切廣韻息絹切，丛選去聲。飲也，歇也，吮也图cuì廣韻此芮切音毳。義同。

瀧 30241 15146
xǐ_16.20 正字通俗瀧字。

瀕 30242 15147
bīn_16.20 集韻正韻丛卑民切音賓。水厓也前漢·成帝紀瀕河之郡图同濱書·禹貢海濱廣斥前漢·地理志引作瀕图pín玉篇浦民切正韻毗賓切，並音頻◇義同△說文本作頻。鑒頻68472頬68361並頻之誤。从芻不从毕图瀕29986瀕30220

滕 30243 15148
téng_16.20 字彙徒登切音滕。水超涌也。與滕同。

濩 30244 15149
huò_16.20 廣韻虛郭切集韻忽郭切丛音霍。濩泋，衆波聲木華·海賦濩泋澒渭图濩渢，采色眩曜不定之貌王延壽·魯靈光殿賦濩渢燐亂。

潾 30245 15150
lìn_16.20 玉篇力刃切集韻良刃切丛音吝。水名。

潫 30246 15151
yuān_16.20 玉篇烏割切集韻阿葛切丛音遏。水名。金國有金潫水宋·周輝·北轅錄三十日，就館宴天使。燕山酒固佳，是日所餉極醇厚，名金潫，言用金潫水以釀之也。鑒又可洪音義潫極：上烏玄反，深也。正作渕28778也。川音音遏，非也，乖之甚。

潿 30247 15152
yán_16.20 唐韻集韻丛余廉切音鹽揚子方言洿也。東齊海岱之間或曰洠，或曰潿图集韻一曰水進也。或作灧图徐廉切音爓。又以冉切音琰。義丛同。

濣 30248 15153
chún_16.20 集韻淳28622古作濣。

潭 30249 15154
yǐn_16.20 集韻以荏切音栖。潭藻，水動也。或作潭湛。

濾 30250 15155
xiàn_16.20 唐韻集韻丛許建切音獻。水名。

澩 30251 15156
xué_16.20 說文泉29833从水，學省聲，讀若學。胡角切。

瀘 30252 15157
lú_16.20 廣韻洛乎切集韻韻會正韻龍都切丛音盧。水名，出牂牁。一名苦水水經注禁水北注瀘津水益州記瀘水，源出曲羅，又下合諸水而總其目，故有瀘江之名图州名廣輿記本巴國地，梁曰瀘州。鑒又泸28121

諸 30253 15158
zhū_16.20 廣韻章魚切集韻專於切丛音諸。水名，在北嶽图chú集韻陳於切音除。與涂同。水名，在堂邑。鑒又渚29190

瀾 30254 15159
làn_16.20 正字通俗灡字。

沁 30255 15160
qìn_16.20 唐韻七音切集韻七刃切，丛親去聲。水名說文水。出南陽舞陽中陽山，入潁图chèn廣韻集韻丛初覲切音襯。又廣韻側詵切集韻緇詵切，丛音臻。又集韻雌人切音親。義丛同。鑒又渐29852

橫 30256 15161
hèng_16.20 唐韻集韻正韻丛戶孟切，橫去聲說文小津也。一曰以船渡也博雅筏也揚子方言方舟謂之橫图héng廣韻戶盲切集韻胡盲切丛音橫。義同。或从舟作艎。

澦 30257 15162
yù_16.20 玉篇集韻丛同澦。澦澦，水名。或作澦。

瀚 30258 15163
hàn_16.20 廣韻集韻韻會正韻丛侯旰切音翰。北海名史記作翰海霍驃騎傳登臨翰海集韻亦作澣。图混瀚，水貌图浩瀚，廣大貌文心雕龍·事類篇載籍浩瀚。

繇 30259 15164
yào_16.20 正字通見亳州老君碑。音與藥同。義無所考。鑒疑指唾液。

濕 30260 15165
tà_16.20 集韻濕本字。

濊 30261 15166
huò_16.20 廣韻集韻丛呼括切音豁。與濊同。水聲。

瀛 30262 15167
yíng_16.20 唐韻以成切集韻怡成切正韻餘輕切丛音盈。海也史記·孟子荀卿傳乃有大瀛海環其外图楚辭·招魂倚沼畦瀛兮遙望博註楚人名澤中曰瀛图山名廣輿記瀛山，在重慶府城南图瀛洲，神山名史記·始皇本紀海中有三神山，名曰蓬萊、方丈、瀛洲图州名韻會漢河閒王國。後魏立瀛州，以瀛海名。宋河閒府。鑒又瀛30384瀛30497瀛30532瀛30526瀛30527

瀜 30263 15168
róng_16.20 廣韻以戎切集韻韻會余中切正韻以中切丛音融。沖瀜，水深廣貌木華·海賦沖瀜沆瀁。亦作沖融。

瀝 30264 15169
lì_16.20 唐韻郎擊切集韻韻會正韻狼狄切丛音歷說文浚也。一曰水下滴瀝王延壽·魯靈光殿賦動滴瀝以成響飲酒將盡，餘滴曰瀝史記·滑稽傳時賜餘瀝图瀝液，微流也張衡·思玄賦漱飛泉之瀝液图淅瀝，雨雪聲謝惠連·雪賦霰淅瀝而先集△集韻或作瀝。鑒又沥27961瀝30087瀝30324

瀞 30265 15170
jìng_16.20 唐韻集韻丛疾正切音淨說文無垢薉也。與淨通。

瀟 30266 15171
xiāo_16.20 唐韻蘇彫切集韻韻會正韻先彫切，丛音蕭。瀟瀟，風雨暴疾貌詩·鄭風風雨瀟瀟图水名廣輿記瀟江，在永州府城外，原出九疑山水經注瀟者，水清深也△集韻或作瀟。鑒又瀟30208潚29555瀟30429

瀅 30267 15172
yíng_16.20 玉篇類篇丛烏迴切音瑩。與濙同。小水图集韻維傾切音營。與瀅同。鑒又瀠29556

瀅 30268 15173
yíng_16.20 集韻同淡
切 集韻須絹切，㳠音渲。口含水噴也。或省作潠。

選 30269 15174
xuàn_16.20 廣韻息絹

潷 30270 15175
lì_16.20 廣韻 集韻 㳠郎計切音麗 埤蒼 渧潷，漉也
玉篇 滴也。鋻又潄30196 濿30172

瀡 30271 15176
suǐ_16.20 廣韻 集韻 思累切 韻會 正韻 息委切㳠音
髓 玉篇 滑也。禮·內則 滫瀡以滑之 註 齊人滑曰瀡 又 集
韻 髓隨切。義同。鋻又灕30570 又 直音篇 渐29730 遀29861
並同瀡。

遺 30272 15177
wěi_16.20 廣韻以水切 集韻愈水切㳠音唯。潰潰，
魚行相隨貌。一曰魚盛謂之潰。一曰水流貌。通作唯。
亦作遺 又 集韻一曰膏液 又 dui 唐韻徒對切 集韻杜罪
切㳠音鐓。潰沱，水泛沙動貌 郭璞·江賦 碧沙潰沱而往
來。或从隋作潧 又 集韻都外切水役。義同。鋻又 可
洪音義 隨陁：上徒罪反，下徒可反。正作潰沱。隨陁，
沙水徃來皃，又水汎沙動皃 又 別本作隨陁，並恐也。

瀣 30273 15178
xiè_16.20 唐韻胡介切 集韻 韻會 正韻 下介切㳠音
械。沆瀣，海氣。一曰露氣。一曰北方夜半之氣 東方朔·七
諫 含沆瀣以長生 又 集韻胡對切音潰。義同 又 廣韻胡
代切 集韻 韻會 戶代切㳠音恢。義同。一曰水貌。或作
溉。鋻俗作瀣30489

瀤 30274 15179
huái_16.20 唐韻戶乖切音懷 說文北方水也 山海經
嶽法之山，瀤澤之水出焉 又 wāi 集韻烏乖切音威。浼
瀤，水不平貌 郭璞·江賦 泛淪浤瀤。

瀥 30275 15180
xuè_16.20 集韻同滈

瀦 30276 15181
zhū_16.20 唐韻陟魚切
集韻 韻會 張如切㳠音豬 說文 水所停也 周禮·地官 稻
人以瀦畜水 又 集韻本作豬 書·禹貢 大野既豬 又 dū 東
徒切音都。義同 △ 集韻或作潴。鋻又潴30286

瀧 30277 15182
lóng_16.20 廣韻盧紅切 集韻 韻會 盧東切㳠音籠 說
文 雨瀧瀧貌 又 瀧涑，沾漬也 揚子方言 瀧涑，謂之霑漬
又 水名，在梁鄹縣 水經注 瀧水，即古袁水也 又 集韻力
鍾切 正韻 盧容切㳠音龍。義同 又 shuāng 廣韻 所江切
集韻 韻會 疎江切㳠音雙。水名 水經注 桂陽藍豪山，廣
圓五百里，悉曲江縣界，巖嶺千天，交柯雲蔚，霾天晦
景，謂之瀧中 又 州名 廣興記 廣東羅定州，梁曰瀧州，
隋曰瀧水，今州有瀧水縣 又 láng 廣韻 呂江切 集韻 韻
會 閭江切㳠音瓏。奔湍也。南人名湍曰瀧 又 lòng 集韻
盧貢切音弄。瀧涑，涇也。義同。鋻又泷28122淹29310

瀨 30278 15183
lài_16.20 唐韻洛帶切 集韻 韻會 正韻 落蓋切㳠音
賴 說文 水流沙上也 楚辭·九歌 石瀨兮淺淺 又 湍也◆前
漢·武帝紀 遣甲爲下瀨將軍 註 瀨，湍也。吳越謂之瀨，
中國謂之磧 又 水名 水經注 瀨水，出蒼梧荔浦縣西北
魯山之東。鋻又瀨29987瀨30334

瀩 30279 15184
duì_16.20 正字通杜貴切，音隊◇水帶沙往來之貌
夏侯湛詩水溏瀩于井幹 廣韻作澍 集韻作灙。

瀋 30280 15185
shī_16.20 正字通與洰同。

鐼 30281 15186
fán_16.20 集韻符袁切音煩。泉名，在魏郡。

瀫 30282 15187
hú_16.20 集韻胡谷切音穀。水聲 又 水名 廣興記 瀫
水，在金華府城南，西至蘭谿界 △ 集韻或作縠。

潯 30283 15188
xún_16.20 玉篇辭林切 集韻徐心切㳠音尋。旁深也。
亦作潯。

瀿 30284 15189
fān_16.20 集韻孚袁切音翻。大波也。

礴 30285 15190
qú_16.20 字彙補音義未詳 穆天子傳 爰有㲉溲 郭
註 今西有渠搜國。疑㲉溲爲渠字。鋻又㲉30211翾14439

灌 30288 u2B79E
guàn_16.20 俗灌30425

瀦 30286 41394
zhū_16.20 字彙補音未
詳 武林舊事補 韓侂冑鑿山爲園，作流觴曲水，自青衣
下注于壑，十有二折，瀦于閱古堂前。疑是瀦字之譌。

瀧 30290 u2ADFE
null_16.20 未詳。

濤 30287 44123
tāo_16.20 字彙補同濤

讃 30291 u2ADFD
zàn_16.20 簡潛30472

瀾 30289 u2ADFF
rǎnh_16.20 喃同瀤30301

灟 30292 u2ADFC
null_16.20 未詳。

錢 30293 u2ADFB
null_16.20 未詳。

瀛 30294 u2ADFA
null_16.20 未詳。

瀞 30295 u2F914
jìng_16.20 同瀞30265

撻 30296 u240E7
thướt_16.20 喃从水撻thát聲 △ 洌撻：漫長。

瀹 30297 u240E6
jiǎn_16.20 俗瀾30417陳昌治刻本 說文 汏，淅瀾也。

瀮 30298 u240E5
rèm_16.20 喃从水蓉đắng聲。

遶 30299 u240E4
nhão_16.20 喃从漿省遶nháo聲。似漿的。

凜 30300 u240E2
lõm_16.20 喃从水稟lẫm聲 △ 濂凜：涉水聲。

瀬 30301 u240E1
rǎnh_16.20 喃从水穎dĩnh聲。溝渠。

浽 30302 u240E0
nỗi_16.20 喃从浮省餒nuôi聲 △ 沈澀：沉浮。

瀜 30303 u240DF
úng_16.20 喃从灉省壅ǔng聲。淤塞 △ 潅水：內澇。

瀟 30304 u240DE
mương_16.20 喃从水瞞man聲。溝渠。

瀝 30305 u240DD
rách_16.20 喃从水曆lịch聲 △ 唷瀝：潺潺。

遼 30306 u240DC
leo_16.20 喃从水遼liêu聲。

瓢 30307 u240DB
bều_16.20 喃从漂省瓢bầu聲。漂浮。

瀶 30313 u240D4
null_16.20 未詳。

濱 30308 u240DA
yǐn_16.20 濱30014本字

澀 30314 u240D3
null_16.20 未詳。

濮 30309 u240D9
pú_16.20 濮30031本字

瀆 30316 u240D1
null_16.20 未詳。

潰 30310 u240D8
kuì_16.20 潰29621本字

瀶 30317 u240D0
null_16.20 未詳。

灌 30311 u240D7
guàn_16.20 可洪音義
澡灌：音貫 直音篇 與盥37237同。

瀣 30312 u240D6
wò_16.20 同㲉72114 古今圖書集成·博物彙編·禽蟲
典·第一百四十八卷·雜魚部彙考一·臨海水土記 瀣魚：

似蒲魚，長三尺。

潏 jùn_16.20 黃洪村：同潏30029字見宋代黃庭堅在建黃氏祠堂江夏堂時寫的一副對聯：
世澤潏源長，孝友無雙，千秋俎豆昭前烈；
家聲遺韻遠，文章第一，百代衣冠推後賢。

潝 là_16.20 俗漤30012

澶 null_16.20 未詳。

澼 null_16.20 未詳。 30320

潩 null_16.20 未詳。 30321

潰 null_16.20 未詳。 30322

瀁 yàng_16.20 瀁30132本字

潽 pú_16.20 俗濮30031亦作瀑、濮。 30323

瀝 lì_16.20 俗瀝30264 可洪音義 淋瀝：音歷。 30324

瀼 nǎng_16.20 俗瀼30550 30325

瀌 null_16.20 未詳。 30326

澴 huán_16.20 人名。王寵澴。見 明史 30327

潭 tán_16.20 人名。施潭。見 明武宗毅皇帝實錄 30328

漻 null_16.20 未詳。 30330

潹 null_16.20 未詳。 30331

淋 lián_16.20 同霖66717 30332

瀚 null_16.20 未詳。 30333

瀨 lài_16.20 俗瀨30278 可洪音義 磧瀨：音賴。雅瀨：郎太反。淺急水 俗籟43017 可洪音義 管瀨：郎太反。正作籟 俗漱29419 可洪音義 瀨口：上所右反。下（正）作漱。澡瀨：上音早。下音瘦。下正作漱也。 30334

濙 yíng_17.21 集韻 韻會 𠀤維傾切音縈。濙潏，水迴旋貌 淳濙，小水也 杜篤·論都賦 去洛邑之淳濙。亦作汀濙 濙濙，水聲也 白居易·冷泉亭記 濙濙之聲與耳謀△集韻 或作瀯。亦作瀯。 又瀯30268 15191

瀾 làn_17.21 廣韻 集韻 𠀤郎紺切音偣。瀾瀾，浮貌也。 又瀾67103 15192

泠 líng_17.21 集韻 郎丁切音靈。水曲也。別作灃。亦作泠。 15193

瀰 mí_17.21 廣韻 武移切 集韻 韻會 民卑切𠀤音彌。瀰瀰，水曠遠之貌 木華·海賦 渺瀰淡漫 mǐ 廣韻 綿婢韻會 母婢切𠀤音弭。瀰瀰，水流貌 詩·邶風 河水瀰瀰。 水滿也 詩·邶風 有瀰濟盈 廣韻 奴禮切 集韻 韻會 正韻 乃禮切𠀤音禰。 又集韻 母禮切 正韻 莫禮切𠀤音米。義𠀤同。 又洋28387 15194

澗 jì_17.21 廣韻 集韻 𠀤居例切音劇 玉篇 井水也。一曰泉出貌 爾雅·釋水 井一有水一無水曰瀱汋 集韻 許劇切，音鬩。義同。 又澗29564瀱30458瀱45663 15195

漣 lián_17.21 廣韻 力延切 集韻 陵延切𠀤音連。水名 山海經 王屋之山，漣水出焉。 15196

㲺 liǎn_17.21 廣韻 良冉切 集韻 韻會 正韻 力冉切𠀤音 15197

斂。㲺灪，水溢貌 木華·海賦 潋澸㲺灪 波際也 潘岳·西征賦 青蕃蔚乎翠潋 泛也 郭璞·江賦 或泛潋於潮波 liàn 廣韻 集韻 韻會 力驗切音殮。義同△集韻 或省作潋。瀯 又潋29552潋29758 四聲篇海 潋30399亦作潋。

瀳 jiàn_17.21 唐韻 在甸切 集韻 才甸切𠀤音荐 說文 水至也。瀳或作淊 易·坎卦 水洊至 zūn 集韻 租昆切音尊。義同 jiān 唐韻 則前切 集韻 將先切𠀤音箋。義同。一曰水名 qián 集韻 才先切音前。義同 zùn 祖悶切，存去聲。水出貌。瀯或作瀳。 15198

瀯 yǐng_17.21 廣韻 烟涬切 集韻 烟頂切𠀤音濙。瀯涬，大水貌 yīng 伊盈切音嬰。瀯溟，水絕遠貌 木華·海賦 經途瀯溟 mǐng 廣韻 莫迥切音茗。義同 yìng 廣韻 集韻 𠀤於孟切音㯯。瀯瀴，冷也。 15199

瀵 fèn_17.21 唐韻 集韻 韻會 𠀤方問切音糞。水名 爾雅·釋水 瀵大出尾下 疏 尾，猶底也。言其源出於底下者名瀵。瀵猶灑散也 水經注 南瀵水，出汾陰縣南 神瀵 出終北國 列子·湯問篇 終北國有山，名壷領，狀如甔甄，頂有口，名曰滋穴，有水湧出，名曰神瀵，臭過椒蘭，味同醪醴 集韻 普悶切音噴。義同 廣韻 匹問切 集韻 韻 芳問切，𠀤溢去聲。水浸也 郭璞·江賦 翹莖瀵蘂。瀯 正字通 本作灖30456譌作瀵30035 𡨋30460 15200

瀿 xiǎn_17.21 玉篇 思剪切 集韻 息剪切，𠀤鮮上聲。水也。 15201

瀻 xī_17.21 廣韻 許羈切 集韻 虛宜切𠀤音犧。水名，在新豐。通作戲。瀯 又瀻30241 15202

潢 hōng_17.21 廣韻 呼肱切 集韻 呼弘切𠀤音薨。與淘同。水相激聲 郭璞·江賦 㵒渹潢淴。 15203

潾 lín_17.21 唐韻 力尋切 集韻 犁針切𠀤音林 說文 谷也。一曰寒也。一曰漻漻，雨也 集韻 或省作溓。又從兼作漻。又或書作潾。 15204

瀚 huàn_17.21 說文 瀚作瀚。瀯 又說文 浣28307，瀚或從完。 15205

瀿 jiǎo_17.21 唐韻 集韻 𠀤子小切音勦 說文 釃酒也。一曰浚也 類篇 㲚也，盡也 類篇 樵小切。義同。△本作瀿。 15206

瀿 zhuó_17.21 集韻 竹角切音斲。水名，在臨湖。瀯 集韻 作瀿30230，水名，在臨湘。 15207

瀷 yì_17.21 廣韻 與職切 集韻 逸職切𠀤音弋。與淢同。水名 說文 水。出河南密縣，東入潁 湊漏之流曰瀷 郭璞·江賦 磴之以瀄瀷 廣韻 昌力切音㚴。義同 chì 集韻 蓄力切音敕。水貌也◆淮南子·本經訓 㵿游瀷淢。 15208

瀷 hé_17.21 說文 下各切。與涸同 六書統 從水從鹵從 15209

舟。水乾則鹵生，舟在鹵旁也。

瀸 30354 15210
jiān_17.21 唐韻子廉切集韻韻會正韻將廉切𠀤音尖爾雅·釋水泉一見一否爲瀸註瀸，纔有貌疏言泉水有時出見，有時不出而乾涸也又漬也，洽也淮南子·要略瀸濇肌膚又滅也，通殲公羊傳·莊十七年夏齊人瀸于遂傳瀸者何。瀸，積也，衆殺戍者也。二傳作殲。又通漸史記·天官書瀸臺星近天漢。一作漸臺又集韻思廉切音纖。義同。鎣又瀸30167

⿰氵縻 30355 15211
méi_17.21 集韻湄或作⿰氵縻。又作⿰氵麋。

⿰氵還 30356 15212
huán_17.21 玉篇集韻𠀤胡關切音還。水也。一曰水漬起貌，與澴同。

瀹 30357 15213
yuè_17.21 唐韻以灼切集韻韻會正韻弋灼切𠀤音藥說文漬也儀禮·既夕禮菅筲三，其實皆瀹註皆湛之湯，不用食道，所以爲敬又玉篇煮也齊民要術有瀹雞子法又篇韻同鬻。謂內肉及菜湯中薄熟出之又疏瀹，開滌也莊子·知北遊疏瀹而心，澡雪而精神又潭瀹，動搖之貌又瀾瀹，水流漂疾貌郭璞·江賦瀺灂瀾瀹。又yào集韻弋笑切音燿。水清也△集韻或作⿰氵籥。鎣又瀹29927瀹30042瀹29511瀹30559又正字通鬻71433瀹本字。

⿰氵麋 30358 15214
méi_17.21 廣韻集韻𠀤與湄同。

⿰氵縶 30359 15215
zhí_17.21 集韻直立切音蟄。⿰氵縶⿰氵縶，小雨也。

瀿 30360 15216
fān_17.21 唐韻集韻𠀤孚袁切音翻說文大波也。元結·引東泉詩此流又高懸，瀿瀿在長空。鎣說文作瀿30455俗作瀿30284

⿰氵薉 30361 15217
huò_17.21 唐韻集韻𠀤呼括切音豁說文礙流也。與濊同又集韻於月切音苑。義同又wèi烏廢切音薉。濁也。鎣段氏改篆作濊。

瀺 30362 15218
zhàn_17.21 廣韻集韻𠀤士減切音嶄。瀺灂，水聲司馬相如·上林賦瀺灂霣墜又瀺灂，魚浮沉貌潘岳·閑居賦游鱗瀺灂又集韻士冉切音嚵。義同又chán鋤咸切音讒。瀺灂，水落貌又水注聲馬融·長笛賦碓投瀺穴註瀺穴，瀺注隙穴也又手足液也史記·倉公傳出及瀺水。鎣又瀺30018又字典琢屑倉公傳·瀺水註手足液，身體汋也。

⿰氵戴 30363 15219
dài_17.21 集韻丁代切音戴。酒不淸也。

瀼 30364 15220
ráng_17.21 唐韻汝羊切集韻韻會正韻如陽切𠀤音穰。露濃貌詩·小雅零露瀼瀼。通作囊又náng集韻奴當切音囊。義同又rǎng集韻汝兩切音壤。水淤也前漢·溝洫志杜欽曰：來春必羨溢，有塡淤反瀼之害。或从土作瀼又nǎng集韻韻會乃朗切正韻乃黨切𠀤音曩。水流貌木華·海賦涓流泱瀼又水名寰宇記夔州大昌縣西有千頃池，水分三道，一道南流爲奉節縣西瀼水又溪名廣輿記唐元結僦居瑞昌之瀼溪上又xiāng集韻思將切音襄。水貌。通作蘘又ràng人㨾切音讓。義同又木華·海賦瀼瀼溼溼註瀼瀼，水光開合之貌。音傷〇按字書𠀤無傷音。鎣又瀼30534瀼30557

⿰氵隱 30365 15221
yīn_17.21 唐韻集韻正韻𠀤於謹切音隱。與濦同。水名說文水。出潁川陽城少室山，東入潁又廣韻集韻𠀤於斤切音殷。義同又集韻韻會𠀤於靳切，隱去聲。義同。

⿰氵蹇 30366 15222
jiǎn_17.21 字彙吉典切，音蹇◇水也。

⿰氵譽 30367 15223
bó_17.21 集韻瀑或作⿰氵譽。滈⿰氵譽，水沸聲。

澄 30368 15224
tēng_17.21 廣韻集韻𠀤他登切音鼟。小水相添益貌又dēng集韻都騰切音登又dèng廣韻正韻台鄧切集韻台隥切𠀤音⿱雨登。義𠀤同又通作墱左思·魏都賦墱流十二，同源異口。鎣又鼟57147

⿰氵闇 30369 15225
ǎn_17.21 唐韻乙感切集韻鄔感切𠀤音晻說文水大至也又àn集韻烏紺切音暗又yǐn廣韻集韻𠀤於錦切音飮。義𠀤同。

瀾 30370 15226
lán_17.21 唐韻洛干切集韻韻會郎干切𠀤音蘭。大波也爾雅·釋水大波爲瀾註瀾，言渙瀾也釋名瀾，連也。言波體轉流相連及也又廣韻集韻韻會𠀤郎旰切音爛。義同又瀾漫，淋漓貌。一曰分散也王褒·洞簫賦惏悷瀾漫又瀾汗，長貌木華·海賦洪濤瀾汗又米汁也周禮·地官·槀人註潘瀾戔餘，不可褻也禮·內則註爛，力旦反。或作灡。鎣（爛）瀾又漣29402瀾29806泶28107

⿰氵緐 30371 15227
fán_17.21 廣韻附袁切集韻符袁切𠀤音煩玉篇水暴溢也淮南子·俶眞訓樹木者，灌以⿰氵緐水。

⿰氵霜 30372 15228
shuàng_17.21 字彙色壯切，霜去聲。殺物也。鎣又⿰氵霜66778正字通霜66624字之譌。

⿰氵霸 30373 15229
pò_17.21 集韻與濼同。鎣又⿰氵革28879

⿰氵磿 30374 15230
lì_17.21 集韻瀝或作⿰氵磿。

⿰氵蕁 30375 15231
xún_17.21 字彙補旬心切音尋。出金鏡

⿱畾水 30376 15232
lěi_17.21 字彙補音切未詳穆天子傳至於⿱畾水山之上。鎣穆天子傳·卷四仲冬壬辰，至⿱畾水山。癸巳，天子飲于⿱畾水山之上。顧實講疏：⿱畾水山即今陝西同州府韓城縣西之三累山。檀萃曰⿱畾水，古累字水經注橫溪之水出三累山是也。

⿰氵閊 30377 15233
yuān_17.21 字彙補烏涓切音淵。深也。

⿰氵臧 30378 15234
zāng_17.21 字彙補則郎切音臧。水也。

⿰氵鮪 30379 15235
huǐ_17.21 字彙補呼委切，音悔◇水名。

瀊 30380 15236
jiǎo_17.21 佩觿集瀊翻居沼，其轂音有如此者註沼，當爲湁。王存乂說：陸氏切韻誤也〇按字彙補書作⿱竹瀊，入竹部，訓⿰女盧字之譌，今𠀤存以俟考。

㫂 30381 u2AE02 null_17.21 未詳。

瀷 30382 u2AE01 null_17.21 㖞未詳。

瀘 30383 u2AE00 null_17.21 未詳。

瀛 30384 u2F915 yíng_17.21 同瀛30262

瀏 30385 u2410D rượu_17.21 㖞从酒留lưu聲△旺瀏：喝酒。

瀲 30386 u2410B tǒng_17.21 㖞从流省總tǒng聲△瀲瀲：淙淙。

瀍 30387 u2410A chán_17.21 俗瀍30161

瀏 30388 u24109 liú_17.21 同瀏30166

㵉 30389 u24108 lín_17.21 集韻瀶30348，又書作㵉。

瀾 30390 u24107 null_17.21 未詳。

瀾 30391 u24106 null_17.21 未詳。

瀏 30392 u24105 null_17.21 未詳。

漢 30395 u24102 null_17.21 未詳。

瀨 30393 u24104 chì_17.21 瀨74004俗譌韻學驪珠瀨，瀨瀨。

瀾 30394 u24103 kuò_17.21 俗闊65222嘉靖二十九年刻本 武康縣志·卷第五·藝文志下·五言律詩十九首·下渚湖 春渚連天瀾，春風夾岸香。

蟄 30396 u24101 zhōu_17.21 音蟄。張融 海賦 增長風以舉波，漨天地而為勢。澄澤潸洽，來往相拿。

濊 30398 u240FF miè_17.21 俗濊30165名義泧，荣結反。濊。

瀲 30399 u3D91 liǎn_17.21 俗瀲30341

瀵 30397 u24100 hù_17.21 俗瀵30022可洪音義瀵澤：上烏虢反，縣名也。正作瀵也。

瀝 30400 u3D90 yīng_17.21 唐·趙蕤 長短經·卷一·文上·察相第六 瀝澄抲蒦者，掘強人也。瀝澄，或作應徵。

瀳 30401 15237 zhuó_18.22 廣韻 集韻 韻會 正韻 丛仕角切音浞 說文 水小聲 㖞瀯瀳，石在水出沒之貌 宋玉·高唐賦 巨石溺溺之瀯瀳。 㖞遊魚出沒貌 潘岳·閑居賦 遊鱗瀯瀳。 㖞眾瀳，波相激聲 郭璞·江賦 潚㳉眾瀳 㖞zé 集韻 實窄切音齚。與洂同。瀯洂，水落貌。或作瀳 㖞jiào 集韻 韻會 正韻 丛子肖切音醮。車轅漆也 周禮·冬官考工記 良輈環瀳 㖞與瞧通 山海經 鴟鵂食之不瀳 註 不瞧目也。或作瞧△本作瀳，亦作瀯。 鑒又濾30546瀯30555

瀷 30402 15238 xì_18.22 廣韻 許激切 集韻 馨激切 丛音闃。瀷沐，怖遽也 揚子方言 瀷沐、征伀、遑遽也。江湘之間，凡窔猝怖遽，謂之瀷沐 註 瀷沐，喘㗧之貌 㖞hè 集韻 郝格切音赫。義同 㖞通作愅。心不自安謂之愅。

瀋 30403 15239 shěn_18.22 集韻 式稔切音審。瀋瀹，水流漂疾貌 郭璞·江賦 瀥洞瀋瀹 㖞所感切音糝。義同 㖞tàn 廣韻 集韻 丛他紺切，貪去聲。瀋汜，水浮貌 㖞shǎn 廣韻 集韻 丛式冉切音撒。水貌。一曰果勇貌 㖞集韻 失冉切音閃。與㴉同。流貌。

瀠 30404 15240 hóng_18.22 玉篇 戶公切音洪。大波也。

灃 30405 15241 fēng_18.22 廣韻 敷隆切 集韻 韻會 敷馮切，丛音豐。水名 前漢·地理志 水出扶風鄠縣東南 書·禹貢 灃水攸同 㖞作豐 詩·大雅 豐水東注△亦作酆 潘岳·關中記 酆鄗

潦滴。鑒又灃27963酆62049

瀏 30406 15242 liù_18.22 字彙與瀏同。

灄 30407 15243 shè_18.22 廣韻 書涉切 集韻 失涉切丛音攝。水名 水經 江水，左為湖口。水通太湖，又東合灄口 㖞niè 集韻 日涉切，音讘。義同。 㖞ni 昵立切音香。澀灄，雨露貌 㖞春秋繁露·山川頌 小者可以為舟輿浮灄 註 灄，浮栿之類。鑒又灄29308

瀨 30408 15244 lěi_18.22 唐韻 力軌切 集韻 魯水切丛音壘。水名。 水經 水出右北平俊靡縣 㖞集韻 魯猥切音磊。義同。 㖞與濼、灅同。或省作灅。

藏 30409 15245 cáng_18.22 字彙 祖郎切音藏。沒也。

藍 30410 15246 lán_18.22 玉篇 力甘切 集韻 盧甘切丛音藍。水清也 㖞lǎn 玉篇 力敢切音攬。瓜菹也 㖞集韻 呼濫切音歁 㖞làn 盧瞰切音濫。義丛同△或作濫。鑒又濫29925

瀺 30411 15247 cóng_18.22 集韻 㵾或作灇 謝靈運詩 仰聆大壑灇。

瞿 30412 15248 qú_18.22 唐韻 其俱切 集韻 韻會 權俱切丛音衢。水名 水經 瞿水，出汝南吳房縣西北興山 後漢·吳漢傳 二十八年，封成子旦為瞿陽侯 註 瞿陽，縣名，屬汝南郡。

瀲 30413 15249 fàn_18.22 集韻 孚萬切，音嬎。水名，在睢陽。

瀤 30414 15250 bài_18.22 廣韻 蒲拜切 集韻 步拜切丛音憊。水波也 郭璞·江賦 㲻瀤瀄淑 㖞集韻 旁卦切音粺。水名。

灉 30415 15251 yōng_18.22 唐韻 集韻 韻會 正韻 丛於容切音邕 說文 河灉水，在宋 爾雅·釋水 灉反入。又水自河出為灉 註 即河水決出復還入者，河之有灉，猶江之有沱 書·禹貢 灉、沮會同 㖞或作澭、㳛，亦通作雍 㖞通作維 周禮·夏官·職方氏 兗州，其浸盧維 註 維，於恭切 㖞湖名 范致明·岳陽風土記 灉湖，在州南 㖞廣韻 集韻 韻會 正韻 丛於用切，雍去聲。義同。

灊 30416 15252 qián_18.22 唐韻 昨鹽切 集韻 韻會 慈鹽切丛音潛。水名 說文 水。出巴郡宕渠，西南入江 㖞縣名 史記·吳世家 以兵圍楚之六、灊 註 灊在盧江六縣西南 㖞廣韻 徐林切 集韻 徐心切丛音尋。又qín 集韻 才淫切 廣韻 昨淫切。又 集韻 鋤簪切，音岑。義丛同○按 說文 从水鬵聲。鬵，上从先 正字通 誤从无，非。今改正。鑒又灊30470 灊30435灊30558隒66037

灡 30417 15253 jiǎn_18.22 唐韻 古限切音簡 說文 淅也。鑒又瀷30467 涆30297

灇 30418 15254 cóng_18.22 玉篇 祖紅切音葼。水聲。

灟 30419 15255 shù_18.22 廣韻 集韻 丛式竹切音叔。水波也 郭璞·江賦 瀥洞瀋瀹。鑒又灟30444

瀸 30420 15256 zá_18.22 集韻 才達切音囐。雨聲。

濥 30421 15257 yú_18.22 集韻同濥。沸貌 [圖] zá昨合切音雜。絕貌。

鯵 30422 15258 fàn_18.22 唐韻符萬切音飯 說文泉水也 [圖] 集韻孚萬切音娩。義同○按說文字本从絲 正字通誤从縣，今改正。鎣又灦29952 [圖] 字彙補 鯵30281疑與鱉爲一字。

灗 30423 15259 cā_18.22 集韻七盍切音囃。絕貌。

灋 30424 15260 fǎ_18.22 玉篇古文法28021字 說文刑也。平之如水，故从水。廌所以觸不直者去之，故从廌从去 周禮·天官·太宰以八灋治官府。

灌 30425 15261 guàn_18.22 唐韻 集韻 韻會 正韻 夶古玩切音貫。水名 說文水。出廬江雩婁，北入淮 [圖] 水名 山海經 石脆之山，灌水出焉。又 羅含·湘中記 營水、湃水、灌水皆注湘 [圖] 縣名 廣輿記 屬成都府 [圖] 溉也 莊子·逍遙遊 時雨降矣，而猶浸灌 [圖] 注也 莊子·秋水篇 百川灌河。[圖] 飲也 禮·投壺 奉觴曰賜灌 [圖] 博雅 灌，聚也 [圖] 木叢生曰灌 詩·周南 黃鳥于飛，集于灌木 [圖] 盡誠相告曰灌灌 詩·大雅 老夫灌灌 [圖] 鳥名 山海經 青丘山有鳥如鳩，其音若呵，名曰灌灌 [圖] 駢雅 灌灌，九尾狐 [圖] 與祼通。周禮·春官 以肆獻祼享先王 註祼之言灌也 疏以鬱鬯灌地降神，取澆灌之義，故从水 [圖] huàn 集韻胡玩切音換。與澣同。水流盛貌 [圖] guǎn古緩切音管。與盥同。澡手也。鎣俗作淮50853洤29557潅30288灌30206

灂 30426 15262 jué_18.22 集韻 瀄或作灂。鎣又灂29915

瀑 30427 15263 bào_18.22 集韻瀑本字。

瀀 30428 15264 yōu_18.22 玉篇古文幽15317字 六書統水中深隱處也。與幽義稍別。

瀟 30429 15265 xiāo_18.22 玉篇思焦切音消。水名。一曰與瀟同。

瀌 30430 15266 piāo_18.22 集韻瀌本字。

潬 30431 15267 diàn_18.22 廣韻徒玷切 集韻徒點切夶音簟。潬瀊，水滿也○按止字通誤入十九畫，今改正。

瀩 30432 15268 duì_18.22 集韻徒對切音隊 玉篇沱也。

潘 30433 15269 fān_18.22 集韻孚袁切音翻 廣韻米汁也。

瀳 30434 15270 yàn_18.22 字彙補與灡同。

灋 30439 u2AE07 null_18.22 未詳。

灊 30435 15271 qián_18.22 字彙俗灊字

瀊 30438 44126 pàn_18.22 搜眞玉鏡音判。

灋 30440 u2AE06 null_18.22 未詳。

灋 30436 44124 fǎ_18.22 字彙補同灋。

null 30442 u2AE04 _18.22 喃未詳。

濾 30437 44125 lǜ_18.22 龍龕與濾同。

null 30441 u2AE05 _18.22 鄂君啟車節内滄、沅、澧、瀓。讀若油。

瀥 30443 u2AE03 tiān_18.22 瀟瀟，天09979地。

瀪 30444 u2F916 shù_18.22 同瀪30419

瀽 30445 u24138 jìn_18.22 瀽30484俗謁。

null 30447 u24133 _18.22 未詳。

瀆 30446 u24134 dú_18.22 瀆30150本字

灗 30448 u24132 cǎn_18.22 喃从水謹cǎn聲。渣滓。

灛 30449 u24131 gián_18.22 喃从浸省鎮trấn聲△瀙伱：浸泡。

灦 30450 u24130 nhǎn_18.22 喃从水顏nhan聲。

瀵 30460 u24124 fèn_18.22 俗瀵30344

竉 30451 u2412F trong_18.22 喃从清竜long聲。清澈△竉灗：清潔，純潔△亦作澑30075

瀿 30452 u2412E nhiêu_18.22 喃从水鳌nhiêu聲。

灂 30453 u2412D rè_18.22 喃从濡省題đề聲。同渜29739

灗 30454 u2412C xǐ_18.22 同灗74039字見 劉知遠諸宮調

null 30461 u24123 _18.22 未詳。

灒 30455 u2412B fān_18.22 灒30360本字

null 30462 u24122 _18.22 未詳。

瀵 30456 u2412A fèn_18.22 瀵30344本字

灂 30457 u24129 jiǎo_18.22 灂30350本字。見 說文

灂 30458 u24128 jǐ_18.22 灂30339本字。見 說文

null 30463 u24121 _18.22 未詳。

灗 30459 u24125 tà_18.22 集韻鑞，託合切。物濕附箸也△宏按，或作醛23347

null 30465 u2411F _18.22 未詳。

瀕 30464 u24120 pín_18.22 賓51370謁字

瀛 30466 u2411E yíng_18.22 同瀛30262

灛 30467 u3D95 jiǎn_18.22 同灛30417

瀅 30468 u7050 yíng_18.22 字海同澄30146

灝 30469 u704F hào_18.22 简灝30536

灊 30470 u704A qián_18.22 俗灊30416

灑 30471 15272 sǎ_19.23 古省灑 廣韻 集韻 韻會 正韻 夶所蟹切音洒 說文汛也 詩·大雅 灑埽庭内 註言以水灑地而埽，令塵不起也 [圖] 分也 張衡·南都賦 開寶灑流 [圖] 風汛物也 陸機·演連珠 時風夕灑 [圖] 灑釣 潘岳·西征賦 灑釣之投網 註灑，亦投也 [圖] 灑然，驚貌 莊子·庚桑楚 庚桑子之始來，吾灑然異之。通作洒 [圖] 爾雅·釋樂 大瑟謂之灑 [圖] shǎ 廣韻 正韻沙下切 集韻 韻會所下切，夶沙上聲。落也，汛也 [圖] 廣韻 集韻 韻會 夶所綺切音躧。義同。[圖] 與洗通 謝朓詩 輕生諒昭灑 [圖] 廣韻 集韻 韻會 夶寄切音躧。又 集韻 韻會 正韻 夶所賣切音曬。義夶同。鎣又灑30209灑43133

灒 30472 15273 zàn_19.23 唐韻 集韻 夶則旰切音贊 說文汙灑也。一曰水中人。亦作淺灒灒 [圖] cuán 集韻徂丸切音欑。水集貌 [圖] qián財仙切音錢。汛也 [圖] zá子末切音鬢。與潵同。水濺也。鎣又灒30123灒30197潒28334灒30291嚓06376

灓 30473 15274 luán_19.23 唐韻洛官切 集韻盧丸切夶音鑾 說文漏流也。一曰漬也 戰國策 灓水齧其墓 [圖] luàn 廣韻郎段切 集韻盧玩切夶音亂。沙丘絕水横流也。一曰正絕流

渡曰灓。通作亂 図liàn 廣韻 力眷切 集韻 龍眷切 丛音
戀。義同△ 集韻 或作灤，亦書作灤。

瀲 30474 15275
yàn_19.23 正字通 俗瀲字。

藥 30475 15276
yào_19.23 廣韻 以灼切 集韻 弋灼切 丛音藥。水名。
本作藥 張衡·南都賦 爾其川瀆，則㶖澧藥瀘 註 字書曰：
藥水出㶖陽 図 淇藥，波前却之貌 木華·海賦 䟰踔淇藥
図勺藥，熱貌 張衡·思玄賦 心勺藥其若湯 図shuò 集韻
式灼切音鑠。與爍同。草名 爾雅·釋草 藥，貫衆。或从艸。

灕 30476 15277
lí_19.23 廣韻 呂支切 集韻 韻會 鄰知切，丛音離。
滲灕，流貌。一曰水滲入地 揚雄·河東賦 澤滲灕而下降
図 水名 前漢·地理志 灕水，出白石縣西塞外。又水名，
出湘南 水經 灕水，出陽海山，南至廣信縣入鬱水。
図 山名 廣輿記 灕山，在廣西桂林府城東南 図 形容之
辭 揚雄·甘泉賦 灕乎滲灕 図 淋灕，秋雨也。亦省作漓。
又與漓通，薄也。

灑 30477 15278
luó_19.23 廣韻 魯河切 集韻 韻會 良河切 正韻 郎河
切丛音羅 玉篇 汩灑，水名，在長沙羅縣。今省作羅。
鍪 又㳟28686

灖 30478 15279
mǐ_19.23 玉篇 文彼切 集韻 母被切 丛音靡。水流貌
淮南子·原道訓 雪霜瀼灖。

瀕 30479 15280
bīn_19.23 音切未詳 揚雄·交州牧箴 池竭瀕乾〇按
箴 本用 詩·大雅 池之竭矣，不云自頻。傳云頻，厓也。
與濱同。俗作瀕。則瀕字當在頻、瀕之閒。

墠 30480 15281
shàn_19.23 集韻 澶或作墠。

灘 30481 15282
tān_19.23 古文㳛 唐韻 集韻 韻會 他干切 正韻 他丹
切丛音攤。水灘也 增韻 瀨也 図tān 集韻 他含切音貪 爾
雅·釋天 太歲在申曰㳛灘 図tàn 集韻 韻會 丛他案切音
炭。義同 図hǎn 廣韻 呼旱切 集韻 許旱切丛音罕。水濡
而乾也。與暵同 說文 作灘 図nàn 廣韻 奴案切 集韻 乃
案切，丛難去聲。水奔流貌。鍪 又灘29299 㶁30126 厱68805
㶒30579瀡30578

邊 30482 15283
biān_19.23 唐韻 布玄切 集韻 卑眠切 丛音邊。水名，
出番侯山。或省作㳻。

㳴 30483 15284
qiǎn_19.23 金石韻府 與淺28630同。

㶏 30484 15285
jìn_19.23 玉篇 慈忍切音盡。水名。鍪 又㴒30445

灅 30485 15286
lì_19.23 集韻 郎計切音戾。滿也，塞也 莊子·大宗
師 陰陽之氣有沴 註 崔本沴作灅，滿也。

灉 30486 u2AE09
null_19.23 未詳。

㬸 30487 u2AE08
null_19.23 未詳。

瀼 30488 u24149
ráng_19.23 㘞从水㰀ráng聲。

灄 30489 u24148
xiè_19.23 俗灄30273宋·吴自牧 夢梁錄·卷十三·夜市
又有擔架子賣香辣罐肺、香辣素粉羹、腊肉、細粉科頭、

薑蝦、海蟄鮓、清汁田螺羹、羊血湯胡瀣、海蟄螺頭瀣、
餶飿兒瀣面等，各有叫聲。又明·程敏政 篁墩文集·卷六
十六·飲龍口泉 斟此沆瀣汁，清我塵土心。

灤 30490 u24147
luán_19.23 集韻 欒30473灤，盧丸切 說文 漏流也。一
曰漬也。或从樂。亦書作灤。

灝 30491 u24146
hào_19.23 俗灝30535

灂 30501 u3D99
null_19.23 未詳。

潕 30492 u24145
wǔ_19.23 潕29572本字。見 說文

灦 30493 u24144
null_19.23 未詳。

瀺 30494 u24143
null_19.23 未詳。

瀬 30495 u24142
null_19.23 未詳。

濃 30496 u24141
nóng_19.23 俗濃30523

瀛 30497 u24140
yíng_19.23 俗瀛30262

灤 30498 u2413F
null_19.23 未詳。

㬅 30499 u2413E
null_19.23 馬融 長笛賦 徬徨縱肆，曠㬅敞罔，老莊
之概也。清·胡克家 文選考異 曠㬅敞罔：袁本、茶陵本
㬅作澋，下有余兩二字。案，此尤本譌耳。但善應有音，
今注中不見，然則善音失舊甚明。

㶚 30500 u3D9A
bà_19.23 直音篇 同灞30539

灙 30502 15287
dǎng_20.24 玉篇 多㖷切 集韻 底朗切丛音黨。水名
水經 漢水東至灙城，南與洛谷水合 図 類篇 潒灙，水貌
図 集韻 坦朗切音曭。義同。鍪 又㳺29238

灟 30503 15288
yú_20.24 唐韻 以諸切 集韻 羊諸切，丛音余 說文 水
也。一曰水搖蕩貌。鍪 俗作灟30421

灚 30504 15289
jiǎo_20.24 集韻 吉巧切音絞。攪水聲。

灛 30505 15290
chǎn_20.24 廣韻 昌善切 集韻 齒善切丛音闡。水名
爾雅·釋水 汶爲灛 註 大水溢出，別爲小水之名。

灜 30506 15291
yàn_20.24 唐韻 集韻 丛魚列切音孽。與讞同 說文 議
罪也。从水、獻，與灙同意△ 集韻 或从口作嚥。亦作嶭。

竇 30507 15292
dòu_20.24 集韻 大透切音豆 玉篇 水也。或作瀆。

濃 30508 15293
nóng_20.24 說文 濃本字。

漕 30509 15294
cáo_20.24 ◆說文 在到切。漕本字。水轉轂也。一曰
人之所乘及船也。

灡 30510 15295
yuān_20.24 字彙補 與淵同。

灟 30511 15296
màn_20.24 字彙補 莫半切音縵。灟灡，水貌。

㵒 30512 15297
hóng_20.24 字彙補 與㵒同。

灢 30514 15299
rǎng_20.24 集韻 汝兩切音壤。同瀼，淤也。

灝 30516 15301
guó_20.24 音未詳 周必大·吴郡諸山錄 碧霄峰下有
泉出石中流入寺，灝灝有聲。鍪 灝灝，俗澺澺，水流聲。

瀳 30517 u2AE0B
null_20.24 未詳。

澄 30513 15298
hóng_20.24 字彙補 古
冬切，音供◇義未詳。鍪 同潢，俗澄（澄），古文洪

灕 30518 u2AE0A null_20.24 㖞未詳。

瀺 30515 15300 càn_20.24 字彙補清贊切，參去聲◇息絕也乾坤鑿度天地之道不瀺。

潞 30519 u2415F roh_20.24 壯漏。

灞 30520 u2415E null_20.24 未詳。

濶 30521 u2415D kuò_20.24 潣29425本字。亦作灝30576

飄 30522 u2415C veo_20.24 㖞从水飄phiêu聲。空淨貌。

灒 30524 u2415A mén_20.24 同灒30542四聲篇海灒，莫奔切。浩灒也。

瀯 30526 u24158 yíng_20.24 俗瀯30262

濃 30523 u2415B nóng_20.24 濃29879本字。

瀛 30527 u24157 yíng_20.24 俗瀯30262

灝 30525 u24159 yán_20.24 字海同灝03073見集韻△宏按，集韻未見。

瀨 30528 u24156 null_20.24 未詳。

濤 30529 u24155 null_20.24 未詳。

灂 30530 u24154 jū_20.24 同沮27970銀雀山漢墓竹簡·孫臏兵法·威王問 請問此六者有道乎？孫子曰：有。患兵者地也，困適者險也，故曰三里灂泇將患軍。

瀘 30531 u3D9D null_20.24 未詳。

灢 30534 15303 nǎng_21.25 玉篇奴朗切集韻乃朗切丛音曩。與灢同。水流貌。一曰水名。

瀛 30532 u705C yíng_20.24 俗瀯30262

灝 30535 15304 hào_21.25 集韻下老切音皓博雅灝灝，大也。鍪又灝30491

瀺 30533 15302 shuàn_21.25 字彙灡字之譌。

灝 30536 15305 hào_21.25 唐韻正韻胡老切集韻下老切韻會合老切丛音皓。灝溔，水勢遠也図灝灝，夷曠也揚子法言商書灝灝爾註灝灝，猶漫漫也。通作暤図說文豆汁也長箋禮用豆汁沐髮，故特制字。釋氏以灝浴身，故四月八日用豆浴佛図集韻古老切音杲。又廣韻集韻丛古禪切音感。義丛同。鍪又灝30469

灅 30537 15306 léi_21.25 唐韻力追切集韻倫追切丛音纍。水名說文水。出鴈門陰館累頭山。一曰治水也図lěi廣韻力軌切集韻魯水切丛音壘。義同△集韻亦作潔、灅。

瀹 30538 15307 yuè_21.25 集韻瀹或作灂酉陽雜俎有灂鮎法。與瀹同。

灞 30539 15308 bà_21.25 廣韻集韻韻會•正韻丛必駕切音霸。水名水經注水出藍田縣藍田谷，所謂多玉者也。通作霸。鍪又灞30500

灟 30540 15309 zhú_21.25 集韻朱欲切音燭博雅灟灟，恭也禮·祭義作屬屬図淮南子·天文訓馮馮翼翼，洞洞灟灟，故曰大昭註馮翼，洞灟，無形之貌図zhǔ集韻珠玉切音瘃。目汁。

灠 30541 15310 làn_21.25 玉篇集韻丛盧瞰切音纜。湧泉也図lǎn集韻魯敢切音覽。灡果也。一曰染也△集韻同灠。鍪又灠30254湤29467

亹 30542 15311 mén_21.25 廣韻莫奔切集韻謨奔切丛音門。與亹同。山絕水也。一曰浩灒，縣名，在金城郡前漢·地理志作浩亹。鍪篇海作灒30524

瀰 30543 15312 mǐ_21.25 唐韻武移切音彌。與瀰、瀰同說文大水也。

瀾 30544 15313 lán_21.25 唐韻洛干切集韻韻會丛音闌。說文潘也周禮地官·稾人註潘瀾戔餘。通作瀾図集韻韻會丛魯旱切音嬾。又集韻郎旰切音爛。義丛同。

灄 30545 u2AE0C null_21.25 未詳。

瀮 30547 u24167 xǒn_21.25 㖞从水蠢xuǎn聲△瀮瀮：唰唰（水淋聲）。

澀 30546 u24168 zhuó_21.25 同澀30549濁30401本字。

潭 30548 u24166 tán_21.25 潭29611本字。見說文

澀 30549 u24165 zhuó_21.25 濁30401本字。亦作灂濽灂。

灢 30550 15314 nǎng_22.26 廣韻奴朗切集韻乃朗切丛音曩。泱灢，水濁図nàng廣韻奴浪切集韻韻會正韻乃浪切丛音儾。義同。

灣 30551 15315 wān_22.26 廣韻集韻韻會丛烏關切正韻烏還切丛音彎。水曲也沈佺期詩舟險萬重灣。鍪又嶎14548湾29051

灘 30552 15316 hàn_22.26 唐韻呼旰切集韻虛旰切丛音漢說文水濡而乾也図tān廣韻集韻丛他干切音攤。通作灘。又hǎn集韻許旱切音罕。義丛同。

澀 30553 15317 zhuó_22.26 集韻澀本字。

泠 30554 15318 líng_22.26 字彙補與零同。

澀 30555 u2416F zhuó_22.26 同澀30549濁30401本字。

瀼 30557 u2416D ráng_22.26 瀼30364本字。見說文

灊 30558 u2416C qián_22.26 俗灊30416

灔 30556 u2416E null_22.26 未詳。

瀹 30559 15319 yuè_23.27 廣韻同瀹図水名，在泚陽。亦作藥。

盬 30560 15320 gǔ_23.27 集韻果五切音古。水盨，蟲名。

瀺 30561 15321 yì_23.27 玉篇羊隻切集韻夷益切丛音驛。水流貌。

灩 30562 15322 yàn_23.27 廣韻集韻韻會正韻丛以贍切音艷。潋灩，水動貌木華·海賦㴑溰潋灩図yǎn廣韻集韻韻會正韻丛以冉切音琰。義同。或作洧淡△本作灧。又作灩。俗作瀲。

灡 30563 15323 shuàn_23.27 玉篇所患切集韻數患切丛音攣。洗馬也。鍪又灡30533

灤 30564 15324 luán_23.27 廣韻落官切集韻韻會盧丸切正韻盧官切丛音鸞。漏流也。與灤同図水名廣輿記灤河，在永平府図州名廣輿記直隸永平府灤州，商孤竹國，漢海陽，五代灤州。鍪又灤29302

鱐 30565 15325

xún_23.27 唐韻詳遵切集韻松倫切丛音旬 說文三
泉也 図chuān 廣韻 集韻 丛昌緣切音穿。義同。一曰衆
流也 図quán 集韻 從緣切音全。與泉同。

灦 30566 15326

xiǎn_23.27 集韻 呼典切音顯 玉篇 水也。一曰灝渙,
水貌 郭璞·江賦 混瀚灝渙 註 水勢清深而澄徹光明也
図 集韻 馨甸切音韅。義同。

潷 30567 15327

bì_23.27 集韻 壁吉切音必。泉沸也。或省作潷。
鍪 又灊30140

灅 30568 15328

dì_23.27 字彙補 與地同。出道藏。鍪瀷灅, 天地。

灘 30570 u24175

suǐ_23.27 同灕30271

灒 30569 u24176

běn_23.27 嘀 从海省

灒bié聲△灒渡: 碼頭△俗省作浚28697

灃 30571 15329

líng_24.28 集韻 瀶或作灃。

灔 30572 15330

yàn_24.28 正字通 俗灠字。

灚 30573 15331

yàn_24.28 玉篇 廣韻 集韻 丛與灠同 図 廣韻 以贍切
音豓。以鹽醃也。

灙 30574 15332

bì_24.28 集韻 平祕切音避。水貌。

灨 30575 15333

gǎn_24.28 廣韻 集韻◆韻會 正韻 丛古禪切音感。水
名也。前漢·地理志 豫章灨縣, 水出西南, 北入大江。
図gàn 廣韻 集韻 韻會 丛古暗切音紺。通作淦。
又gòng 集韻 韻會 正韻 丛古送切音貢。通作贛。省作
灨。義丛別。鍪 又灨58053

鑫 30577 u2417A

null_24.28 未詳。

灝 30576 u2417B

kuò_24.28 瀾29425本字

灘 30578 15334

tān_25.29 玉篇 與灘同。

灤 30579 u2417D

tān_25.29 同灘30578俗作灤30481

灠 30580 u2417E

null_26.30 未詳。

灥 30581 u2417F

yàn_27.31 灥30562本字

灤 30582 15335

yàn_28.32 正字通 灤本字。鍪 又灤29309灤30434

灤30474灤30572灥30581

灧 30583 15336

yù_29.33 廣韻 集韻 丛紆物切音鬱。灧溹, 大水貌
図 木華·海賦 澎濞灧碨 註 灧碨, 高峻貌。

灩 30584 15337

biāo_30.34 集韻 必幽切, 音滮。水聲也。鍪 又灙29320

灪 30585 44127

chéng_32.36 字彙補 徐庚切音撑。

◆ 火部 ◆

火 30586 15338

huǒ_0.4 古文灷 唐韻 集韻 呼果切 韻會 正韻 虎果
切, 丛貨上聲 說文 火, 燬也。南方之行, 炎而上。象形
釋名 火, 化也, 消化物也。亦言毀也, 物入中皆毀壞也
玉篇 火者, 化也, 隨也。陽氣用事, 萬物變隨也 古史考
燧人氏初作火 書·洪範 五行, 一曰水, 二曰火 図星名
書·堯典 日永星火 傳 火, 蒼龍之中星 図 大火、鶉火,
辰次之名 図 禮·王制 昆蟲未蟄, 不以火田 前漢·成帝紀

火耕水耨 図 周禮·夏官·司爟 變國火以救時疾 註 春取
楡柳之火, 夏取棗杏之火, 季夏取桑柘之火, 秋取柞楢
之火, 冬取槐檀之火 論語 鑽燧改火 図 盛陽曰炎火
詩·小雅 田祖有神, 秉畀炎火 傳 炎火, 盛陽也 箋 螟螣
之屬, 盛陽氣嬴則生之。明君爲政, 田祖之神不受此害,
持之付與炎火, 使自消亡 図 官名 左傳·昭十七年 炎帝
氏以火紀, 故爲火師, 而火名 疏 春官爲大火。夏官爲
鶉火, 秋官爲西火, 冬官爲北火, 中官爲中火 図 春秋·宣
十六年 成周宣榭火 左傳 人火也。凡火, 人火曰火, 天
火曰災 図 南史·齊武帝紀 魏地謠言, 赤火南流, 有沙門
從北齋此火至, 色赤而微, 云以療疾, 貴賤爭取之, 多
得其驗, 咸云聖火 図 唐書·兵志 府兵, 十人爲火, 火有
長。曠騎, 十人爲火, 五火爲團 通典·兵制 五人爲烈,
烈有頭目, 二烈爲火, 立火子。五火爲隊 図 司馬法 人
人, 正正, 辭辭, 火火 註 言一火, 與一火猶人人殊之人
人也。卽俗謂火伴 古木蘭詩 出門看火伴 図 人身有火
本草綱目 心藏神爲君火, 包絡爲相火 図 陰火, 海中鹽
氣所生。凡海水遇陰晦, 波如然火, 有月卽不復見 木
華·海賦 陰火潛然 図 山名 山海經 崑崙之丘, 其下有弱
水之淵環之。其外有炎火之山, 投物輒然。又 正字通 陸
游曰: 火山軍, 其地鋤深, 則有烈燄, 不妨耕種 図 井名
左思·蜀都賦 火井沈熒於幽泉 註 火井, 在臨邛縣。欲出
其火, 先以家火投之。須臾隆隆如雷聲, 焰出通天, 光
輝十里, 以筒盛接, 有光無灰 図 寒火 抱朴子·地眞篇
南海蕭丘火, 春生秋滅。生木小, 焦黑 図 火傳 莊子·養
生主 指窮於爲薪, 火傳也。不知其盡也 図 南方有食火
之國, 其人能食火炭 図 爾雅·釋魚 十龜, 一曰火龜 疏 龜
生火中者 図 火鼠 山海經 火山國, 其山雖霖雨, 火常燃。
火中白鼠, 時出山邊求食, 人捕得之, 以毛作布, 名火
澣布 図 姓 明紀事本末 火濟, 從諸葛亮南征孟獲有功,
封羅甸國王 正字通 洪武時, 翰林火原潔 図 廣東通志
古人一年四時改火。今瓊州西鄉音謂一年爲一火, 火音
微。東鄉人謂一年爲喜, 或爲之化, 乃喜之變音○按 唐
韻正 火, 古音毀, 轉聲則爲喜, 故灰字从火得聲。而 左
傳·襄三十年 或叫于宋太廟, 曰譆譆, 出出, 鳥鳴于亳
社。如曰譆譆, 則爲火之徵也。是直以爲火當讀作毀,
非止叶音矣 図 叶虎何切 莊子·外物篇 利害相摩, 生火
寔多, 衆人焚和, 月固不勝火 韻會小補 今人謂兔岐
脣曰火。蓋古音也△ 集韻 或作灬。鍪 又风30596燒31390

灬 30587 15339

biāo_0.4 集韻 同火 図 集韻 類篇 丛卑遙切音標。
烈火也 正字通 灬卽火字變體。凡四點在下者俱屬火部,
猶水之从氵也。別音標, 非○按 灬卽火字, 而 集韻 類
篇 別有標音, 必非無據 正字通 太泥。鍪 又仈02558

火 30588 u2F55

huǒ_0.4 同火30586部首專用字。亦作灬30589

灬 30589 u2EA3

huǒ_0.4 部 火30588

灮 30591 u2AE0D

null_1.5 殷周金文集
成 17.11284·菕夫戈 灮月, 菕夫冰、冶辛。讀若燕。

炗 30590 15340

kuì_1.5 說文長箋 古文熭50991字。

灭 30592 u706D
miè_1.5 简滅29141

光 30593 15341
guāng_2.6 說文光本字。明也。从火，在人上，光明意也波羅密多經譬如影光，雖可顯說，無實法，可令執取而有所顯照。又無上內祕藏經譬夜室輝光，隨孔而照，光雖萬殊，本之者一

灯 30594 15342
dēng_2.6 集韻當經切音丁玉篇火也類篇烈火也字彙正字通丛云俗燈字〇按玉篇集韻類篇灯、燈分載，音切各異，强合爲一，非。

炱 30595 15343
tái_2.6 五音集韻徒哀切音臺。煤也。同炱。

风 30596 15344
huǒ_2.6 玉篇呼果切音火。義闕五音集韻火發色正字通火古作灭。舊本因篆文近几，譌作风。

灰 30597 15345
huī_2.6 唐韻呼恢切集韻韻會正韻呼回切丛音虺說文死火餘妻也。从火从又。又，手也。火既滅，可以執持禮·月令毋燒灰註爲傷火氣也。火之滅者爲灰。又內則冠帶垢，和灰請漱。衣裳垢，和灰請澣周禮·地官·掌炭掌灰物、炭物之徵令，以時入之，以權量受之，以共邦之用。凡炭灰之事後漢·杜篤傳燔康居，灰珍奇又葭灰前漢·天文志候氣之法，竹爲管，葭莩爲灰，爲室三重，布緹幔，木爲案，內庳外高，加律其上，氣至灰飛又劫灰高僧傳漢武穿昆明池，得黑灰。問東方朔，朔曰：可問西域梵人。後竺法蘭至，問之，云此劫火灰也又自然灰酉陽雜俎凡雕刻琉璃，先以自然灰煑令軟。陳藏器曰：灰生南海，狀如黃土，可澣衣。玉石以此灰霾之爛如泥又不灰木太平寰宇記俗爲鋌子，燒之成炭而不灰△說文本作灵。鑾又灰30605

灱 30598 15346
xiāo_2.6 廣韻集韻丛虛交切音熇玉篇乾也，暴也，熱也集韻同熇又集韻丑交切音颲。熱也。鑾又灲30599

灲 30599 15347
xiāo_2.6 篇海與灱同

災 30600 15348
zāi_2.6 集韻火30586古作災又集韻將來切。同災30623

灳 30601 15349
shè_2.6 字彙補古文赦58123字。

灰 30602 15350
huī_2.6 說文灰30597本字。

㶣 30603 15351
huī_2.6 字彙補與輝同。見雲臺碑

灾 30604 44128
zāi_2.6 川篇同灾。鑾又灾，古文赦字。

灰 30605 u2F835
huī_2.6 干祿字書灰灰30597：上俗下正。

𤆡 30606 u2418C
yán_2.6 俗炎30665宋元以來俗字譜引金瓶梅等。

炞 30607 u2418A
bào_2.6 二簡爆31958簡作炞又道法會元·卷之一百六十九·背六·混元飛捉四聖伏魔大法澶水呪：熷爛烽炞，寅申己亥又boek壯炞燛：火把。

𤆉 30608 u24189
null_2.6 未詳。

𤆇 30610 u24187
huā_2.6 俗花49074敦煌·S.6204字寶燈𤆇四聲篇海𤆇，音花。

𤆈 30609 u24188
nǎy_2.6 喃从火乃nāi聲△奶焇：起火。

灮 30611 u3DA2
guāng_2.6 俗光02358字學呼名能書姑黃切。

灴 30612 15352
hōng_3.7 集韻類篇丛胡公切音洪玉篇火盛也集韻燎也。本作烘。

灵 30613 15353
líng_3.7 廣韻郎丁切音靈字類小熱貌又正字通俗靈字。

灶 30614 15354
zào_3.7 五音集韻則到切音躁。俗竈字。鑾又灶30710䆏45302

㶣 30615 15355
chán_3.7 廣韻直廉切集韻持廉切丛音蟾◆說文小熱也又tán廣韻集韻丛徒甘切音談。義同又燎也。又yín集韻夷斟切音淫揚子方言明也。或作炏△正字通說文內引詩憂心㶣㶣詩無此語，或是炎炎之異文耳。陳氏九經考異憂心如惔韓詩作炎說文作㶣。㶣，如惔如焚韓詩漢書丛引作如炎，以此足證。鑾又炏49099𤆎30812

灷 30616 15356
zhuàn_3.7 五音集韻士戀切音饌。火種也△正字通同妻管子·弟子職註折，即作折灷。今作灷〇按弟子職櫛之遠近，乃承厥火。房註但云櫛謂燭盡，不註音切，亦丛無折即作折灷字。惟韻會小補賸註云弟子職左手正櫛譚苑曰：櫛假借字，正作灷，从火从収，音燼。或古本管子櫛作灷，有燼字一音也。然說文賸本作倂，从人灷聲。徐鉉曰：灷不成字，當从賸省，則灷字似可刪廣韻諸書俱不載，今以玉篇所收，特存之。鑾从賸省即从朕省又尖02572𤆪30695𤇈30741又俗弄15974

灸 30617 15357
jiǔ_3.7 唐韻正韻舉友切集韻韻會己有切丛音九說文灼也玉篇㸑也增韻灼體療病也史記·倉公傳形弊者，不當關灸鑱石及飲毒藥也又通作久儀禮·士喪禮冪用疏布久之註久讀爲灸。謂以蓋鬲口也疏灸塞，義謂直用疏布蓋鬲口爲塞也又jiù廣韻集韻韻會正韻丛居又切音救。義同又周禮·冬官考工記·廬人灸諸牆，以眡其橈之均也註灸猶柱也疏柱之兩牆，觀其體之强弱均否又本草綱目天灸、白灸，毛茛艸別名。山人截瘧，采茛葉挼貼寸口，一夜作泡，如火燎，故名又姓。見姓苑△集韻或書作久。

灹 30618 15358
zhà_3.7 廣韻集韻丛陟駕切音吒玉篇火焱也廣韻火聲又集韻㸐31805古作灹。

灺 30619 15359
xiè_3.7 唐韻徐野切集韻韻會似也切，丛斜上聲說文燭妻李商隱詩香灺燈光奈爾何又duò集韻待可切音舵。本作炧。燭餘也五音集韻作炨。鑾俗作炧30650

赤 30621 15361
chì_3.7 海篇與赤同

灻 30620 15360
chì_3.7 唐韻集韻丛昌石切音尺。赤58115本字說文南方色也。从大从火。

灼 30622 15362
zhuó_3.7 唐韻之若切集韻韻會正韻職略切丛音酌◆說文炙也玉篇熱也廣韻燒也魯語如龜焉灼其中，必文於外前漢·霍光傳灼爛者在於上行又玉篇明也書·洛誥無若火始燄燄，厥攸灼敘弗其絕。又立政我其

克灼知厥若．図玉篇灼灼，花盛貌．詩·周南灼灼其華．図揚子方言灼，驚也．註猶云恐焫也．後漢·楚王傳既知審寔，懷用悼灼．図唐韻正之邵反．同炤．禮·中庸引詩亦孔之炤．作亦孔之灼○按今文作昭．図越絕書灼龜作炤龜．鼇又炤30956焝30712

災 30623 15363
zāi_3.7
古文扰𤎥 唐韻祖才切 集韻韻會正韻將來切𠀤音哉 說文天火也 春秋·桓十四年御廩災．
図玉篇害也 書·舜典眚災肆赦 傳過而有害，當緩赦之 左傳·僖十三年天災流行，國家代有救災恤鄰道也．
図作菑 詩·大雅無菑無害△亦作甾 史記·秦始皇紀甾害絕息△說文本作烖．或作灾．籀文作災．鼇又𣹻14562 戴16048 㞃30600 炎30682 烖30994 烱31088 燼31299 㶿39647 衬39650 逬60897 図直音篇㷎59692災同．

扰 30624 15364
zāi_3.7
說文古文災30623字．

灾 30625 15365
zāi_3.7
說文同災

火土切也．鼇又同爨32094，今作㸑27794 金瓶梅·第六十七回一碗黃芽韭灾䑚肉，一碗鲊灾餛飩雞．

烑 30628 15368
còu_3.7
海篇奴句切，

炃 30626 15366
wò_3.7
集韻類篇𠀤烏臥切音涴．猶言煖也．

然 30627 15367
jiǔ_3.7
集韻同灸30617

烝 30629 15369
zhì_3.7
字彙補音致．平也．

叅 30630 44129
guà_3.7
字彙補音卦．鼇同叴，俗卦．

炒 30631 44130
chǎo_3.7
龍龕同炒

炖 30632 44131
tún_3.7
字彙補同炖

旰 30633 44132
gān_3.7
龍龕音干

水．鼇同灵16126，音氷，俗兵．

炳 30634 44133
bīng_3.7
搜眞玉鏡音

烱 30635 u2AE10
rèn_3.7
或俗飪68937

炘 30636 u2AE0F
xì_3.7
同燦31416

烠 30637 u2AE0E
ngút_3.7
㘞同炚30639

㕙 30640 u24197
null_3.7
未詳．

焉 30638 u2419B
yǔ_3.7
俗與48370敦煌·S.2073 盧山遠公話願捨此身焉將軍為奴，情願馬前驅使．又 金石文字辨異引 後晉聖字山崆峒巖記

杰 30641 u24196
null_3.7
未詳．

烆 30639 u2419B
ngút_3.7
㘞同烆30894

越·阮秉五千字譯國語氤氳，宜炚．

忍 30642 u24195
rèn_3.7
同炌30635

㕙 30643 u24194
qì_3.7
可洪音義正

㕙：音氣．正作炁30647栢梯藏作炁．

炉 30644 u24193
kuàng_3.7
簡爌31966

煬 30645 u7080
yáng_3.7
簡煬31287

灿 30646 u707F
càn_3.7
简燦31815

炁 30647 15370
qì_4.8
廣韻去旣切 集韻丘旣切𠀤同氣27708 關尹子·六匕篇以一炁生萬物

烬 30648 15371
zhōng_4.8
廣韻職容切 集韻諸容切𠀤音鍾 廣韻熱化也 集韻暍什也 字彙熟汁也．

焚 30649 15372
fén_4.8
集韻類篇𠀤符分切．同焚31069 図bèn 集韻蒲悶切 類篇符悶切𠀤音坌 集韻火豔也．或作燌．

烬 30650 15373
jìn_4.8
海篇詳刃切音燼．焰餘也．図音信．義同．鼇又炟30619炬30736 龍龕烬燼二俗．

扭 30651 15374
niǔ_4.8
集韻女久切音紐．燃扭，欲乾．一曰半乾 字彙一作烟烼22432

炅 30652 15375
jiǒng_4.8
唐韻古迥切 集韻畎迥切𠀤音潁·說文見也．廣韻光也 集韻或作吞 図jǐng 集韻類篇𠀤俱永切音憬 集韻光也，或作耿 図yǐng 五音集韻於警切音影．煙出貌 図guì 廣韻古惠切 集韻涓惠切𠀤音桂 玉篇本作炔．義同 図姓 廣韻後漢太尉陳球碑 城陽炅橫，漢末被誅．有四子：一守墳墓，姓炅．一避難徐州，姓炔．一居幽州，姓桂，一居華陽，姓炔．此四字皆古惠切．鼇炅，同熱．

炆 30653 15376
wén_4.8
集韻無分切音文．熅也．

炇 30654 15377
pū_4.8
字彙同炆 正字通俗字．

烞 30655 15378
pú_4.8
廣韻集韻𠀤匹角切音璞 廣韻火烈也．図pū 集韻類篇𠀤普木切音撲．義同．鼇又炇30654

焲 30656 15379
yì_4.8
廣韻集韻𠀤營隻切音役 玉篇陶竈窗也 廣韻喪家塊竈．與殳、垼同．

炉 30657 15380
lú_4.8
篇海俗爐32007字．

煦 30658 15381
xù_4.8
篇海許勿切音欻．火氣盛貌 図海篇音旭．義同．

炊 30659 15382
chuī_4.8
唐韻正韻昌垂切 集韻姝爲切 韻會樞爲切𠀤音吹 說文爨也．从火，吹省聲 揚子方言爨，齊謂之炊 公羊傳·宣十五年易子而食之，析骸而炊之 図史記·封禪書先炊之屬 註正義曰：先炊，古炊母之神也 前漢·郊祀志作族人炊之屬 図炊鼻，地名 左傳·昭二十六年師及齊師戰于炊鼻 図與吹同 荀子·仲尼篇可炊而僆也 註與吹05504同 図chuì 集韻類篇𠀤尺僞切，吹去聲．炊累，動升也 莊子·在宥篇從容無爲而萬物炊累焉 註炊去聲．或作吹．鼇又笶26370

炳 30660 15383
nèn_4.8
集韻奴困切音嫩 玉篇熱也 図něn 廣韻乃本切 集韻弩本切，𠀤嫩上聲 博雅爛炳，煨也．

㶚 30661 15384
pī_4.8
篇海音丕．火也．鼇又炙30718㶚30662

烎 30662 15385
pī_4.8
篇海同怀．鼇又俗丕00043 敦煌俗字譜引祕四.039.右六

炌 30663 15386
kài_4.8
集韻類篇並口戒切，揩去聲 玉篇明火也 集韻與炫30860烗30969同○按 玉篇有炌無烗 廣韻有烗無炌．當因二字重文，而各收其一也 玉篇炌、炫分載，然炌既同烗，而 廣韻又云烗同炫，則三字之爲一字可知．

炍 30664 15387 pàn_4.8 集韻普半切音判。㬇也。本作叛。

炎 30665 15388 yán_4.8 唐韻集韻于廉切，曄平聲說文火光上也玉篇熱也，焚也書·胤征火炎崑岡，玉石俱焚。又洪範火曰炎上又爾雅·釋訓爞爞、炎炎，熏也詩·大雅赫赫炎炎又吳語日長炎炎註進貌又正韻熾也又禮·月令其帝炎帝註此赤精之君炎帝大庭也又呂氏春秋南方曰炎天，東北曰炎風又集韻類篇䒤于凡切，橵平聲。義同又tán類篇徒甘切音談。美辨也莊子·齊物論大言炎炎註美盛貌又yàn集韻以贍切音豔史記·司馬相如傳獲耀日月之末光絕炎，以展采錯事註覩日月末光殊絕之用，以展其官職又通焰前漢·五行志人之所忌，其氣炎以取之蔡邕·釋誨懼煙炎之毀熸又列子·湯問篇楚之南有炎人之國註炎，去聲△集韻本作爓。亦同錟、燄○按說文玉篇類篇炎字俱自爲部。鎣又尖10051叜30606睒36821又正字通炏30666俗炎字。

炏 30666 15389 kài_4.8 篇海苦戒切◇熾火盛也。鎣又烗30860

炐 30667 15390 pàng_4.8 集韻類篇䒤匹降切音胖集韻火聲六書故完物遇火，張起也。

炑 30668 15391 mù_4.8 玉篇莫卜切音木五音集韻火熾也。

炒 30669 15392 chǎo_4.8 廣韻初爪切集韻韻會正韻楚絞切䒤音吵集韻熬也說文本作鬻徐鉉曰今俗作煰30882，別作炒，非是玉篇本作煼31083廣韻本作熘31403 鎣又熖31128𤋾31084𤍐31404𤎅31511㷶31446𩱦16336𤎈31483𧺆58258𢿭74521又龍龕灱30631𤏷31978𤎏俗，炒𤋱31127今。

炓 30670 15393 liào_4.8 玉篇落嘯切廣韻力弔切䒤音料玉篇火光貌。

炔 30671 15394 guì_4.8 廣韻古惠切集韻涓惠切䒤音桂玉篇同炅30652又前漢·儒林傳齊炔欽幼卿爲文學又jué集韻類篇䒤古穴切音玦。煙貌。或作焆又娟悅切音抉。義同又xuè翾劣切音翃。炦炔，火始然也。鎣又烠30757炥30752

炕 30672 15395 kàng_4.8 唐韻苦浪切集韻韻會正韻口浪切䒤音抗說文乾也玉篇乾極也韻會㤟陽曰炕旱前漢·五行志炕陽暴虐註炕陽者，枯涸之意韻會炕陽，張皇自大貌又玉篇炙也廣韻火炕詩·小雅燔之炙之傳炕火曰炙疏炕，舉也。謂以物貫之而舉於火上以炙之又絕也揚雄·解嘲炕其氣註師古曰炕，絕也又正字通北地煖牀曰炕又韻會通作亢前漢·王莽傳皆炕龍絕氣註易亢龍有悔又同抗揚雄·甘泉賦炕浮柱之飛榱註師古曰炕，與抗同。舉也，言舉立浮柱而駕飛榱又hāng廣韻呼郎切集韻虛郎切䒤音炛廣韻煑肱集韻張也爾雅·釋木守宮槐，葉晝聶宵炕註槐葉晝日聶合而夜炕布者，名守宮槐疏炕，張也又kāng集韻類篇䒤丘岡切音康。灼也又苦朗切音慷爾雅·宵炕釋文炕，吁朗切○按五音集韻二唐炕字註云，又苦朗切，而二蕩失載。今从爾雅釋文及五音集韻註增。鎣又炾30694炛30766熀31130㷻31297

炖 30673 15396 tūn_4.8 集韻他昆切音暾玉篇風與火也集韻風而火盛貌揚子方言炖，𤆵貌也註火盛熾之貌又玉篇赤色也又tún集韻徒渾切音屯。火盛貌又dùn類篇杜本切，遯上聲。義同。鎣又炨30632

炗 30674 15397 guāng_4.8 玉篇古文炛30593字。

炘 30675 15398 xīn_4.8 廣韻集韻韻會正韻䒤許斤切音欣玉篇本作焮31104又◆揚雄·甘泉賦乘景炎之炘炘註師古曰光盛貌又xìn集韻類篇䒤許謹切音蠁博雅爇也。

炙 30676 15399 zhì_4.8 唐韻集韻韻會正韻䒤之石切音隻說文炮肉也。从肉，在火上詩·小雅·瓠葉傳炕火曰炙書·泰誓焚炙忠良疏焚、炙，俱燒也又詩·大雅既之陰女，反予來赫傳赫，炙也疏王肅云我陰知汝行矣。乃反來赫炙我，欲有以退止我言者也又親近也孟子況於親炙之者乎註親近而薰炙之也又玉篇熱也又唐韻集韻韻會正韻䒤之夜切音蔗。義同△說文籀文作𤊱。鎣說文籀文作𤊱。𤊱，俗𤊱31903又熫31555䏑47512䏑47331又正字通𢑴46967舊註同炙。

災 30678 15401 zāi_4.8 說文籀文災字。

炚 30679 15402 sī_4.8 篇海音思。炚，熄𤊶也。

炛 30680 44134 guāng_4.8 龍龕同昳 昳 30677 15400 guāng_4.8 篇海居匡切，音光◇明照也。鎣王力原書作莫匡不切光。

炇 30681 44135 shì_4.8 五音篇海音仕。

炈 30682 44136 zāi_4.8 字彙補俗灾字。

炉 30683 44137 zhǔ_4.8 搜眞玉鏡同煮。

炋 30684 44138 huāng_4.8 川篇音荒。火也。

炍 30685 44139 tū_4.8 搜眞玉鏡音突。

炯 30686 44140 huì_4.8 川篇音賄。又亡罪切。鎣篇海音賄，又亡罪切，烱爤。張涌泉：燗的訛俗字。

炭 30687 44141 nuǎn_4.8 五音篇海同暖。

炕 30688 u2AE17 null_4.8 人名用字 炎 30689 u2AE16 null_4.8 未詳。

炛 30690 u2AE15 xì_4.8 簡熂31416 灶 30691 u2AE14 null_4.8 喃未詳。

炁 30692 u2AE13 qì_4.8 同炁30647類篇炁，丘既切，雲气也。

炕 30694 u2AE11 kàng_4.8 俗炕30672海篇直音炕，音亢。乾極也。炙也又hāng新撰字鏡炕，呼郎反，平。煑肱。

烟 30696 u241BB thét_4.8 喃从熔省切thiết聲。

烘 30697 u241BA kǒng_4.8 四川方言詞典烘，㈠一種烹飪法，加少

量水，緊蓋鍋蓋，用微火把食物燜熟：炆紅苕。把米濾起來炆飯吃。㈡氣溫高，濕度大，使人悶熱難受：炆倒熱。這個天氣才怪，才五月間就這麼炆人。

炠 30698 u241B9 nhá_4.8 喃从火牙nha聲△歪炠焟：暮色蒼茫。

炡 30699 u241B8 tom_4.8 喃从火心tâm聲。

㶲 30695 u2F919 zhuàn_4.8 同弆30616

炛 30700 u241B7 huā_4.8 直音篇音花

炻 30693 u2AE12 null_4.8 未詳。

炃 30701 u241B6 fén_4.8 俗焚31069敦煌·S.5431 開蒙要訓 煎熬炃熇。

炬 30702 u241B5 pā_4.8 方 軟。炬和，便宜。

炥 30703 u241AE fū_4.8 炥炭，即烰30951炭。

炰 30706 u241AB páo_4.8 同炰30747

炘 30704 u241AD liào_4.8 或同炓30670

炞 30707 u241AA zhōng_4.8 或同忠。

炏 30705 u241AC chuā_4.8 閩 同孚11787炏路：引路。炏頭：帶頭 又 娶。

炑 30708 u241A9 tū_4.8 同炑30685

炶 30709 u241A8 xǔ_4.8 俗煦06514

炑 30710 u241A7 zào_4.8 俗灶30614

灼 30712 u241A5 zhuó_4.8 俗灼30622 偏類碑別字 引 魏王誦妻元氏墓誌

炷 30711 u241A6 zhù_4.8 炷30756譌字 又 vueng 壯 炷，猛燒。

炕 30713 u241A4 dim_4.8 閩 同鎮。隔水加熱。或冷卻。

炈 30714 u241A3 shà_4.8 粵 煮。

炝 30715 u241A2 yuè_4.8 簡 爚31211

炍 30716 u241A1 wǔ_4.8 簡 熓31441

炫 30717 u241A0 null_4.8 未詳。

炋 30718 u3DAA pī_4.8 同炋30661亦作炁30662

炕 30719 u3DA9 null_4.8 未詳。

炙 30720 uF9FB zhì_4.8 兼 炙。

炝 30722 u709D qiàng_4.8 简 熗31524

炞 30721 u709E biān_4.8 人名用字。趙炞，元代四川人 又 炞炮，鞭炮。天津 益世報.1935.Jan.16·本市新聞 春節中禁放炞炮。公安局佈告：省會公安局長李俊襄，以春節在邇，商民狃於積習，往往燃放鞭炮，殊礙公安，昨特通令所屬，切實查禁云。

炜 30723 u709C wěi_4.8 简 煒31243

炟 30724 15403 dá_5.9 唐韻 集韻 厷當割切音怛 說文 火起也 玉篇 爆也。又 後漢·章帝紀 肅宗孝章皇帝諱炟。𤐫 又焻31003

炠 30725 15404 xiá_5.9 廣韻 胡甲切 集韻 轄甲切厷音狎 廣韻 火貌 集韻 火乾也 又 廣韻 五音集韻 厷呼甲切音呷。義同。

炡 30726 15405 zhēng_5.9 集韻 諸盈切音征。炡爚，煠也。

炤 30727 15406 liào_5.9 正字通 尞本作寮。尞爲寮字之譌○按 說文 玉篇 廣韻 集韻 類篇 篇海 海篇 諸書，不惟無尞字，厷無寮字。惟 字彙補 云寮字見 六書索隱，亦不足爲據 正字通 既以尞爲寮字之譌，則本部自應載寮字，乃亦止收賫字，無寮字，殊不可解。蓋寮、尞皆譌字也，應刪。

炢 30728 15407 zhú_5.9 廣韻 集韻 厷直律切音朮 玉篇 烼也 廣韻 煙出。

炷 30729 15408 zhǔ_5.9 玉篇 中呂切 集韻 展呂切厷音貯 玉篇 燸也。

炣 30730 15409 kě_5.9 玉篇 口我切 集韻 枯我切厷音可 集韻 火也。

炤 30731 15410 zhào_5.9 廣韻 之少切 集韻 正韻 之笑切厷音詔。本作照 晉語 明耀以炤之 荀子·儒效篇 炤炤兮其用知之明也 註 炤炤，明見貌。與照同 又 爾雅·釋蟲 熒火，即炤 註 夜飛，腹下有火 疏 熒火，一名即炤 又 zhǎo 集韻 正少切音沼。光也 又 zhāo 集韻 正韻 厷之遙切音招 集韻 本作昭22471 淮南子·俶眞訓 是釋其炤炤，而道其冥冥也 又 集韻 亦姓 又 zhuó 集韻 正韻 厷職略切音酌 集韻 明也。引 詩 亦孔之炤。通作灼30622○按今 詩·小雅 作昭。又 唐韻正 之邵反。

炥 30732 15411 fú_5.9 唐韻 符弗切 集韻 符勿切厷音佛 說文 火貌 又 集韻 普活切音鏺。義同 又 fú 集韻 分物切音弗。又敷勿切音拂。本作𤈦31105 又 fèi 集韻 方未切音沸。火貌。又氣熱也。𤐫 又炥30767

炦 30733 15412 bá_5.9 唐韻 集韻 厷蒲撥切音跋 說文 火氣也。又 bié 玉篇 步結切 集韻 類篇 蒲結切厷音蹩 玉篇 氣上也。

炢 30734 15413 mò_5.9 五音集韻 莫撥切音末。火色。

炧 30735 15414 xiè_5.9 集韻 待可切音舵。燭餘也。同灺30619

炨 30736 15415 xiè_5.9 五音集韻 同炧。

炩 30737 15416 lìng_5.9 篇海 力正切音令。火也。

炪 30738 15417 zhuō_5.9 唐韻 職悅切 集韻 朱劣切厷音拙 說文 火光 又 chù 廣韻 丑律切 集韻 敕律切厷音黜 玉篇 鬱也 集韻 炪爩，煙貌 又 火聲 又 zhú 集韻 竹律切，音窋。義同。

炫 30739 15418 xuàn_5.9 廣韻 黃絢切 集韻 韻會 正韻 熒絹切厷音眩 玉篇 耀光也 廣韻 明也 戰國策 炫熿于道 又 廣韻 火光也 又 唐韻 胡畎切音鵩 說文 燜燿也。

炬 30740 15419 jù_5.9 廣韻 其呂切 集韻 韻會 正韻 臼許切厷音巨 玉篇 火炬 集韻 束葦燒也 史記·田單傳 牛尾炬火，光明炫燿△ 說文 本作苣 徐鉉曰 今俗別作炬，非 集韻 或作筥。𤐫 又焗30999炬30946

炭 30741 15420 zhuàn_5.9 篇海 仕倦切音饌。火種也○按 篇海 音義同弆。

炲 30742 15421 yí_5.9 集韻 延脂切音夷。火貌。𤐫 玉篇 火燒皃。熊加全：同焲30902

煩 30743 15422
yǒu_5.9　集韻於九切音懮。煩扭，欲乾也。或作呦
囡集韻類篇达於糾切音黝。義同。

炭 30744 15423
tàn_5.9　唐韻集韻韻會达他案切音歎說文燒木
餘也。从火，岸省聲玉篇坦也，火也禮·月令草木黃落，
乃伐薪爲炭囡塗炭，塗泥也。炭火也書·仲虺之誥民
墜塗炭囡䃜炭周禮·秋官·赤友氏掌除牆屋，以䃜炭攻
之囡正字通石炭，即今西北所燒之煤前漢·地理志豫
章郡出石，可燃爲薪徐陵·春情詩石炭擣輕紈囡烌炭，
俗作麩炭白居易詩日暮半爐麩炭火本草煎藥焙火，
宜用麩炭囡懸炭，古候氣法也後漢·律曆志權土炭，
放陰陽。日冬至，陽氣應，則景長極，黃鐘通，土炭輕，
而衡仰。日夏至，陰氣應，則景短極，蕤賓通，土炭重，
而衡低淮南子·天文訓水勝，故夏至濕。火勝，故冬至
燥。燥，故炭輕，濕，故炭重梁·簡文帝詩月暈蘆灰缺，
秋還縣炭枯囡姓西京雜記炭虬，長安人。鑿烌炭或
作炑炭囡炭30781峿13405埁09023

炮 30745 15424
páo_5.9　唐韻薄交切集韻韻會正韻蒲交切达音
庖。同炰說文毛炙肉也廣韻一曰裹物燒也詩·小雅炮
之燔之傳毛曰：炮加火曰燔疏此述庶人之禮，當是合
毛而炮之禮·內則炮取豚若將註炮者，以塗燒之爲名
也禮運以炮以燔註炮，裹之也周禮·地官·封人毛炮之
豚註爓去其毛而炮之，以備八珍〇按註、疏，合毛、去
毛總曰炮廣韻止訓合毛炙物，義猶未全囡周禮·春
官·大祝九祭，三曰炮祭註炮祭，燔柴也囡周禮·秋
官·壺涿氏掌除水蠱，以炮土之鼓毆之註炮土之鼓，瓦
鼓也囡與庖通前漢·律歷志炮犧氏之王天下也師古註
炮，與庖同囡pào集韻披教切音砲。灼也。◆齊民要術蒸
焦法有胡炮肉註炮，普教反。

炯 30746 15425
jiǒng_5.9　廣韻正韻戶頂切集韻韻會戶茗切达音
迥玉篇炯炯，明察也囡唐韻韻會正韻古迥切集韻畎
迥切达音頲說文光也廣韻火明貌集韻或作耿。鑿又
炯30910炯30933㷗30909囡正字通炯30952俗炯字。

炰 30747 15426
páo_5.9　廣韻集韻达同炮詩·小雅炰鱉膾鯉魯頌
毛炰胾羹囡詩·大雅女炰烋于中國傳炰然，彭亨也箋
自矜氣健之貌囡炰然，亦作咆烋左思·魏都賦克翦方
命，吞滅咆烋。雲撤叛換，席卷虔劉囡fǒu集韻俯九切
音缶。同炰45271。鑿又魚30879炰30796炰30706囡báo圍
炙烤。

炱 30749 15428
tái_5.9　集韻同炱 **炱** 30748 15427
tái_5.9　唐韻徒哀切
集韻韻會正韻堂來切达音臺說文灰炱，煤也集韻或
書作炲囡tāi集韻湯來切音胎玉篇炱煤，煙塵也。
鑿又炛30595炢31133爐31943爨32032燩31841炶30908

㶮 30750 15429
shāo_5.9　五音集韻式招切音燒。太上作。見亳州
老君碑五音類聚張道忠添註釋曰：从一从內从火。一
者，坎也，爲水也。內者，是身有水有火也。不燒柴薪，
用自己身內水火自燒，榁去頑礦，要其靖正麤砂，㶮榁

自身，心性不能散失，得成大繠，便得長命石老之術也
〇按字彙同燒正字通同炳，不知音與燒同，義有微別。
至云同炳，則尤無據矣。鑿終南山古樓觀說經台太上
老君作石刻楹聯：讃卵炅椏愈薥繠，靖傳慥䶹㳒儔馗。
釋文：玉爐燒煉延年藥，正道行修益壽丹。

炳 30751 15430
bǐng_5.9　唐韻兵永切集韻韻會正韻補永切达音
丙說文明也玉篇明著也易·革卦大人虎變，其文炳也
囡集韻百猛切音浜。義同囡bìng陂病切音柄。火明也
△玉篇亦作昺集韻或作昞。鑿又炅30750可洪音義
牞12849燿：上兵永反，光也，明燦也。正作昞、炳二形
也，俗。

炴 30752 15431
yǎng_5.9　廣韻於兩切集韻倚兩切达音鞅玉篇火
光也囡yǐng集韻於郢切音瘦。又於境切音影。義达同
囡yǎng倚朗切音坱。氣貌。

烔 30753 15432
tōng_5.9　廣韻集韻达他冬切音佟玉篇火焱也廣
韻火色集韻火盛貌囡tóng廣韻集韻达徒冬切音彤
廣韻火威貌。

炶 30754 15433
hān_5.9　廣韻集韻达胡甘切音酣玉篇火行貌。作
䶹集韻或作䵉囡shǎn集韻類篇达舒贍切音閃。義同
集韻本作焰，或作烱。

㶯 30755 15434
liù_5.9　五音集韻力救切音溜。火㶯也。鑿胡吉
宣。與燉31559同。

炷 30756 15435
zhù_5.9　廣韻之戍切集韻韻會朱成切达音注玉
篇燈炷也正韻火炷爐所著者讀曲歌然燈不下炷，有
油那得下囡zhǔ廣韻之庾切集韻韻會正韻腫庾切达
音主。義同△集韻本作主〇按說文主字註云鐙中火主
也。徐鉉曰：今俗別作炷，非是。然炷與主分，相沿已
久。今皆从火。

煃 30757 15436
guì_5.9　正字通炔本字〇按玉篇廣韻集韻類篇
俱有炔無煃正字通作炔本字。未知何據。

炚 30758 15437
yīn_5.9　集韻因古作炚奇姓通遂人四族有炚氏。

炴 30759 15438
hán_5.9　篇海音含。火也。

查 30760 15439
gài_5.9　字彙補古文蓋50444字。

炋 30761 41395
qiū_5.9　字彙補俗秋字四史纂要琨瓜炋霜。

炛 30762 44142
gē_5.9　龍龕古何切。鑿楊寶忠：俗怒。

炘 30763 44143
chè_5.9　龍龕與坼同。

炋 30764 44144
hū_5.9　川篇音呼字彙補得也。

炴 30765 44145
xuán_5.9　五音篇海音玄。

㶲 30766 44146
kàng_5.9　龍龕同炕。

炈 30767 44147
fú_5.9　字彙補同炯

炪 30768 44148
mín_5.9　五音篇海音旻。

敠 30769 44149
gài_5.9 字彙補 敠字之譌。

烮 30771 u2AE21
null_5.9 未詳。

烣 30772 u2AE20
null_5.9 未詳。

烞 30773 u2AE1F
null_5.9 喃未詳。

烠 30774 u2AE1E
xiǎn_5.9 簡爛31896

焏 30775 u2AE1D
nhánb_5.9 喃燨炥：閃爍。

烟 30776 u2AE1C
null_5.9 未詳。

炡 30770 u2AE22
null_5.9 从火疋聲。人名子炡觝子炡才亹，乍文父乙彝。

烻 30777 u2AE1B
null_5.9 未詳。

炫 30780 u2AE18
qū_5.9 同焌30990接觸火引燃図或同祛甲骨文合集.28189炫王受又。

烌 30779 u2AE19
mò_5.9 烌30734譌字直音篇烌，音未。火色。

炭 30781 u2F91A
tàn_5.9 兼炭30744 炎 30784 u241EC zī_5.9 字海同貴
57612元·劉時中朝天子·同文子方鄧永年泛洞庭湖宿鳳凰臺下十首之七：海樣情緣，天來歡愛，罄山炎不當災。按：隋樹森全元散曲引樂府群玉·卷一作賞。

焛 30778 u2AE1A
null_5.9 未詳。

炥 30785 u241EA
chín_5.9 喃同燊32043

烪 30782 u241EE
fá_5.9 方油炸図bếp喃从炊省乏phạp聲。灶，廚房△希烪：灶王爺。燉烪：燒火做飯。烪淁：燒水。

烺 30783 u241ED
lóng_5.9 簡爐32022

炋 30787 u241E8
pēi_5.9 炋煉，鍛煉正統道藏·鉛汞甲庚至寶集成·卷之一·見寶靈砂澆淋長生湧泉靈大救法，用銀砵四十兩，煮過靈砂一十兩，依前火候日足，同炋作錠，截塊下汞養。

炧 30786 u241E9
tắt_5.9 喃从火必tất聲。熄滅△亦作烗31593

炶 30788 u241E7
sấy_5.9 喃从火仕sĩ聲。焙△炶蠹：烘乾頭髮。図suởi熱：爐炶：暖爐。

烕 30789 u241E6
mò_5.9 喃从火戌mậu聲△烕烘：煤。

炇 30790 u241E5
lì_5.9 道教密咒用字。見道法會元·卷之二十六·持三·清微道法図yaeb壯動詞後綴図lập喃从火立lập聲△炇烘：倏爍，倏閃。

炠 30791 u241E4
xáo_5.9 喃从火巧xảo聲。炒燴。

烊 30792 u241E3
xìng_5.9 龍龕烊，俗。音性図xên喃从火生sinh聲。

魚 30796 u241D7
páo_5.9 俗魚30747

焰 30793 u241E2
yàn_5.9 譌字古今圖書集成·博物彙編·藝術典·第八百十卷·巫覡部紀事二·鄭幾雜誌：京師神巫張氏，燈焰燒指，針療諸疾，多效△宏按，宋·江休復江鄰幾雜誌焰字作焔31108図vặc喃从火白bạch聲。明亮，明晃晃。

焉 30794 u241DF
yān_5.9 俗焉30987宋元以來俗字譜引列女傳

烮 30795 u241D8
jù_5.9 俗聚46665可洪音義堅烮：下載与反。

焠 30797 u241D6
null_5.9 未詳。

炑 30798 u241D5
qiū_5.9 同秋40241

炑 図 同炑30806朝鮮本龍龕炑，人名。

炒 30799 u241D4
null_5.9 未詳。

焦 30800 u241D3
null_5.9 未詳。

烱 30801 u241D2
null_5.9 未詳。

炎 30802 u241D1
xué_5.9 簡燆31809

炰 30803 u241D0
xǐ_5.9 俗熙31522

丞 30804 u241CF
chéng_5.9 俗丞00066可洪音義丞相：上時陵反。佐也。正丞相図zhēng俗蒸50410可洪音義丞熱：上之勝反。

焲 30805 u241CE
null_5.9 未詳。

烁 30808 u241CB
null_5.9 未詳。

杰 30806 u241CD
jié_5.9 亦作杰23644集韻杰，魏杰，梁四公子名。

炤 30807 u241CC
zhào_5.9 俗照31280可洪音義炤濟：上之曜反。正作炤、照二形図方姑焴gūdu，長時間煮。

炗 30809 u241CA
pīng_5.9 冶煉合併字學集篇炗，音砅図bừng喃从火平bình聲。熾盛貌△飭離炗炗：生氣勃勃。炗醒：恍然大悟△亦音bàng，同。炗蓋：火勢熊熊。

烮 30810 u241C9
null_5.9 未詳。

烥 30811 u241C8
shí_5.9 同炻30830

烫 30812 u241C7
chán_5.9 同灻30615

炟 30813 u241C6
yān_5.9 俗煙31257

炟 30814 u241C5
null_5.9 未詳。

炠 30815 u241C4
shǎn_5.9 簡燗31430

炘 30816 u241C3
lì_5.9 簡爐31954

烔 30818 u3DB2
yòng_5.9 物理學概念，與燗相反，指能夠轉化和利用的能量。

烃 30817 u241C2
null_5.9 未詳。

荧 30820 u8367
yíng_5.9 简熒31437

烼 30819 u3DB1
bal_5.9 韓答烼，百濟人名，見日本書紀·神功紀図地名。比自烼，一作比自火，慶尚道昌寧之古地名。

畑 30821 u7551
tián_5.9 日陸田。亦作畠36770同文通考·國字畑，漢語抄作火田申報.March. 7. 1944畑大將派員祭掃蔣母墓新華字典畑，日本人姓名用字。毛澤東評蔣介石在雙十節的演說敵酋畑俊六，派遣代表到奉化祭了蔣介石的祖墳△宏按，畑俊六，日陸軍元帥，中國派遣軍司令，第二次中日戰爭戰後甲級戰犯中軍銜最高者，然美國人未判其死刑図đèn喃从燈省田điền聲。△粥畑：開燈。熖畑：點燈。燧畑：熄燈。

烃 30822 u70C3
tīng_5.9 簡烴30955

烂 30823 u70C2
làn_5.9 簡爛32075

烁 30824 u70C1
shuò_5.9 簡爍31967

烀 30825 u70C0
hū_5.9 方燴。烀餅：貼餅。烀藥：上藥。烀豬頭：呼呼大睡。

炾 30827 u70BE
huǎng_5.9 同烷31413爌烷，又作爌炾。

炽 30828 u70BD
chì_5.9 簡熾31661

炼 30829 u70BC
liàn_5.9 簡煉31233

炻 30830 u70BB
shí_5.9 炻器，指介於陶器和瓷器之間的一種陶瓷製品，如砂鍋等図一種烹飪法，指用油煎炸。

為 30831 u70BA
wèi_5.9 同爲32228

烐 30826 u70BF
zhōu_5.9 或俗烐30850

点 30832 u70B9 diǎn_5.9 简 點74932

炸 30833 u70B8 zhà_5.9 戊種本 辭海 炸，⑴讀如詐。火藥暴裂也。參閱炸彈、炸藥各條。⑵讀如札zhá。油煎食物也。或作煠31267參閱煠字注。

烄 30834 15440 jiǎo_6.10 唐韻 集韻 丛古巧切音狡 說文 交木然也 玉篇 交木然之，以燎祭天也。同𤆵、敥 又 gào 集韻 類篇 丛居号切音誥。義同 又 yào 集韻 魚教切，音覞。煎也。𤍽又𢾣31155𢿡31124𢿵31103𤏯31916

烅 30835 15441 xù_6.10 集韻 類篇 丛忽域切音洫 集韻 火光也。

烆 30836 15442 héng_6.10 篇海 戶庚切音行。火炬也。

衮 30837 15443 ēn_6.10 唐韻 集韻 丛烏痕切音恩 說文 炮炙也。以微火溫肉也 玉篇 同煾 集韻 同爊。亦作袄 又 áo 集韻 於刀切音麏。本作爊，煨也。𤍽又燜31801

烇 30838 15444 quǎn_6.10 玉篇 七選切音縓。火貌。

烈 30839 15445 liè_6.10 古文𤈦 唐韻 正韻 良辥切 集韻 韻會 力蘖切丛音列 說文 火猛也 玉篇 熱也 書·胤征 天吏逸德，烈于猛火 又 詩·鄭風 火烈具舉 傳 烈，列也 箋 列人持火具舉，言衆同心 又 爾雅·釋詁 烈，業也 書·伊訓 伊尹乃明言烈祖之成德 傳 湯有功烈之祖，故稱焉 又 詩·小雅 烝衎烈祖 箋 烈，美也 又 爾雅·釋詁 烈，光也 詩·周頌 休有烈光 又 爾雅·釋訓 烈烈，威也 詩·小雅 烈烈征師 箋 烈烈，威武貌 又 詩·小雅 憂心烈烈 箋 烈烈，憂貌 又 詩·小雅 南山烈烈 傳 烈烈然，至難也 疏 值時寒甚，視南山則烈烈然，愴其至役之勞苦，而情以爲至難也 又 爾雅·釋詁 烈，餘也 註 陳鄭之閒曰烈 揚子方言 晉衛之閒曰烈 又 詩·大雅·雲漢序 宣王承厲王之烈 箋 烈，餘也 又 孟子 於今爲烈，如之何其受之 註 於今爲烈烈明法，如之何受其餽也 又 韻會 毒也 前漢·公孫弘傳 若湯之旱，則桀之餘烈也 又 戰國策 聞弦者，音烈而高飛 註 烈，猛也 又 揚子方言 烈，暴也 史記·酷吏傳 皆以酷烈爲聲 又 諡法 有功安民曰烈。秉德遵業曰烈 又 集韻 忠烈也 韻會 剛正曰烈 史記·伯夷傳 烈士徇名。又 聶政傳 乃其姊亦烈女也 又 爾雅·釋草疏 本草 石芸，味甘。一名螫烈。又 通典·兵制 五人爲烈，烈有頭目。詳火30586字註 又 姓 拾遺記 烈裔工畫 又 與裂通 前漢·王莽傳 軍人分烈莽身支節 又 唐韻正 古音例 詩·豳風 一之日觱發，二之日栗烈。無衣無褐，何以卒歲 傳 栗烈，寒氣也。又 大雅 載燔載烈，以興嗣歲 傳 貫之加于火曰烈 楊戲·楊季休贊 征南厚重，征西忠克。統時選士，猛將之烈 註 克，苦代反〇按 字彙 引此云叶力質切，非。朱子於 詩 七月 生民 烈字，俱云叶力制反 唐韻正 直以爲古音例。所引經、傳、子、集甚詳，皆確有明據，應从之 又 與厲通 詩·大雅 烈假不瑕 釋文 烈，鄭作厲。力世反。又 禮·祭法 厲山氏之有天下也 註 厲山氏，炎帝也。起于厲山，或曰烈山氏 魯語 作㤠山 左傳 作𠜂山 水經注 賜水西逕厲鄉南，水南有重山，即烈山也。山下一穴，相傳神農所生處，故 禮 謂之烈山氏 唐韻正 莊子·齊物論 厲風濟，則衆竅爲虛。厲卽烈字 又 音賴。見 詩·大雅·烈假註 鄭虔讀 又 與洌通 詩·小雅 有洌氿泉 疏 七月 云二之日栗洌。是洌爲寒氣也△ 說文 本作𤈦。𤍽又𤇽30903𤊠31787𤊠31576烮31478烮30937𠛱10608

𤇍 30840 15446 fá_6.10 篇海 音伐。火也。

𤈛 30841 15447 huàn_6.10 篇海 呼貫切音喚。火光明也 又 古文奇字 煥31278古作𤈛。

烊 30842 15448 yáng_6.10 廣韻 集韻 丛余章切音陽 玉篇 炙也 廣韻 焇烊。出 陸善經·字林△ 集韻 本作煬31287

烋 30843 15449 xiāo_6.10 集韻 韻會 正韻 丛虛交切音虓。㷂30747烋 集韻 或作咻 又 xiū 廣韻 集韻 丛香幽切音飍 玉篇 美也，福祿也，慶善也 又 集韻 微也 又 xiū 集韻 韻會 正韻 丛虛尤切音休 集韻 美也，和也，善也，通作休 又 正韻 熏也 又 字彙補 作烋。明欒平王冲烋。𤍽又咻06727

烌 30844 15450 xiū_6.10 集韻 虛尤切音休。吳俗謂灰爲烌。

烐 30845 15451 nǎo_6.10 集韻 乃老切音腦。本作𤏶31222 𤍽又俗惱17739 劉知遠諸宮調·知遠走慕家庄沙佗村入舍弟一 見他喜笑也懽欣，見煩烐也將眉聚。

烍 30846 15452 xiǎn_6.10 集韻 蘇典切音銑。熪也。

烎 30847 15453 yín_6.10 集韻 夷針切音淫。本作炏30615

𤇾 30848 15454 jìn_6.10 唐韻 集韻 丛徐刃切音藎 說文 火餘也 玉篇 火餘木 又 說文 薪也 又 玉篇 灺也 廣韻 燭餘也。又 廣韻 同燼 說文徐註 俗別作燼，非。

烏 30849 15455 wū_6.10 古文𦤀於於 唐韻 哀都切 集韻 正韻 汪胡切丛音污 說文 孝鳥也。象形 埤雅 林罕以爲全象鳥形，但不注其目睛。烏體全黑，遠而不分別其睛也 詩·邶風 莫黑匪烏 小爾雅 純黑而反哺者謂之烏 又 前漢·眭弘傳 石立，後有白烏數千，下集其旁 又 爾雅·釋鳥 燕白脰烏 註 小爾雅 云白項而羣飛者，謂之燕烏 又 鸐山烏 又 周禮·夏官·羅氏 掌羅烏烏 註 烏謂卑居，鵲之屬 又 小爾雅 去陰就陽者，謂之陽烏，鴻雁是也 又 韻會 日中有三足烏 又◆ 說文 孔子曰：烏盱，呼也。取其助气，故以爲烏呼 註 徐鉉曰：俗作嗚，非是 埤雅 烏又爲歎詞者，烏見異則噪，故以爲烏雹。烏雹，歎所異也 又 玉篇 語辭也。又 廣韻 安也 正韻 何也 史記·司馬相如傳 烏有先生者，烏有此事也 註 徐廣曰：烏，一作惡 又 史記·天官書 聚一十五星蔚然，曰郎位 註 索隱 曰：蔚然 漢書 作哀烏，星之狀貌 正字通 星經 作依烏，後人因謂郎官爲依烏府 又 韻會 黑色曰烏 史記·匈奴傳 北方盡烏驪馬 五代史·梁符彥卿傳 太祖賜以所乘愛馬一丈烏 又 前漢·楊惲傳 仰天拊缶而呼烏烏 註 師古曰烏烏，秦聲。關中舊有此曲，亦作嗚 史記·李斯傳 歌呼嗚嗚。又縣名。烏氏，因水而名 前漢·地理志 安定郡烏氏 註 烏水出西北，入河。氏音支。又烏程、烏傷，屬會稽郡 又 烏孫、烏桓，

皆西域國名図廣韻姓也。齊大夫烏枚鳴，見左傳。図赤烏，殿名左思·吳都賦飾赤烏之暐曄図yā集韻類篇丛於加切音鴉前漢·西域傳烏秅國註師古曰烏，一加反。秅，直加反図◆漢鼓吹曲朱鷺魚以烏，路訾邪。鷺何食，食茄下。不之食，不以吐，將以問誅者？下叶音鰕，者叶音遮図yàn集韻類篇丛於諫切音晏前漢·西域傳烏秅國註鄭氏曰：烏秅音鷃拏。師古曰急言之，聲如鷃拏耳。非正音也図韻會古文借作顧字。見義雲章。亦轉聲也。鑾又烏00281縕09958㶾09895烏00319

焆 30850 15456
zhōu_6.10 集韻之由切音周玉篇火行也。鑾又焆30826輪船龍龕戗由切。火行也。

姚 30851 15457
yáo_6.10 廣韻集韻丛餘昭切音遙玉篇光也。淮南子·要略篇挾日月而不姚，潤萬物而不耗。

斌 30852 15458
shì_6.10 廣韻賞職切集韻設職切丛音式廣韻火貌。

俒 30853 15459
rèn_6.10 集韻類篇丛忍甚切音稔。本作飪。或作餁69056餁玉篇書作焦。

娃 30854 15460
wēi_6.10 廣韻烏攜切集韻韻會正韻淵畦切丛音蛙玉篇行竈也図集韻一曰明也図廣韻與蟈同。図qǐng集韻類篇丛犬穎切音頃博雅明也図一曰小竈爾雅·釋言焆娃也註今之三隅竈疏娃者，無釜之竈，其上燃火，謂之烘。本爲此竈，上以燃火、照物，若今之火爐也図qǐng唐韻口迴切音䙫說文亦行竈也。図集韻犬縈切音頸。義同図集韻韻會丛於避切音恚。義同図揚子方言娃，明也註娃，口類反図guì集韻涓惠切韻會古惠切丛音桂集韻明也。通作吞、奰。図qìng集韻口定切音綡。小竈也図yuè類篇一決切音抉。亦明也。鑾又煋31440煨31490

烔 30855 15461
tóng_6.10 廣韻徒紅切集韻徒東切丛音同玉篇熱貌廣韻熱氣烔烔，出字林博雅烔熱也集韻或作燑、煟図dòng集韻類篇丛徒弄切音洞。火貌。

炂 30856 15462
chǐ_6.10 唐韻昌氏切廣韻尺氏切集韻韻會敞尒切丛音侈說文盛火也図玉篇盛也。鑾又糸30883

威 30857 15463
xuè_6.10 唐韻許劣切集韻韻會翻劣切丛音戌說文威，滅也。从火、戌。火死於戌。陽氣自戌而盡詩·小雅褒姒威之図miè集韻莫列切音滅。火滅也唐詩古音考滅與威。義同而字異。

戕 30858 15464
zāi_6.10 集韻災30623本字禮·中庸戕及其身者也図詩·大雅不戕我躬篆戕，謂見誅伐図爾雅·釋詁戕，危也△說文本作烖30994从火戈。

烌 30859 15465
xù_6.10 集韻休必切音矞。狂也。齊人語図一曰怒也△◆正字通同威六書怒與狂皆псчивое義，非烌義。

烗 30860 15466
kài_6.10 廣韻苦戒切集韻口戒切，並揩去聲玉篇熾也図廣韻盛也。同烍図集韻同炌30663図kāi集韻丘哀切音開。亦熾也。鑾又烌31114炊30666

炱 30861 15467
yí_6.10 玉篇弋支切音移。然也図集韻居之切音姬。義同図xī正字通與熙同六書故闕31522，別作炱。

烘 30862 15468
hōng_6.10 唐韻呼東切集韻韻會呼公切正韻呼洪切丛音𪒪爾雅·釋言烘，燎也廣韻火貌詩·小雅卬烘于煁図hóng廣韻戶公切集韻胡公切丛音洪。義同。図gòng集韻居容切音恭詩·小雅卬烘于煁釋文孫炎音恭図集韻類篇丛渠容切音蛩。義同図hòng廣韻集韻丛胡貢切音閧廣韻火貌図集韻一曰火乾物。図hòng廣韻集韻韻會正韻丛呼貢切音戇廣韻火乾也△集韻或作烑。鑾又㷒52268烑31200㷷52271図龍龕熮41240俗，正作烘。

烙 30863 15469
luò_6.10 唐韻盧各切集韻韻會正韻歷各切丛音洛說文灼也廣韻燒也史記·殷本紀有炮烙之法莊子·馬蹄篇燒之烙之図增韻火鍼曰烙図音閣史記·殷本紀註索隱曰：烙，一音閣○按字彙正字通俱云又音格。當因閣有格音而誤也。

烚 30864 15470
xiá_6.10 集韻轄夾切音洽。火貌。

烗 30865 15471
hài_6.10 正字通字彙㐬倉子害字。焦竑略記字始㐬倉奇字烗音害。又炗音衝。丛無意義。譌文不必从。

烛 30866 15472
chóng_6.10 集韻持中切音蟲。旱灼也。本作爞。或省。通作蟲△字彙俗作燭字，非。

烜 30867 15473
xuǎn_6.10 廣韻況晚切集韻火遠切正韻況遠切丛音咺易·說卦日以烜之疏烜，乾也図玉篇火盛貌。図廣韻光明也図韻會正韻引詩赫兮烜兮○按詩衞風本作咺釋文韓詩作宣禮·中庸引詩作喧。無作烜者図huī廣韻許委切集韻韻會正韻虎委切丛音毀周禮·秋官·司烜氏掌以夫遂取明火于日，以鑒取明水於月，以共祭祀之明齍，明燭，共明水註烜，火也。讀如衞侯燬之燬○按說文爟或从亘作烜，古玩切集韻類篇正韻仍之正字通云周禮·夏官引燭與秋官司烜所掌不同，音切亦異。烜非爟字重文說文合爲一，誤。今廣韻二十九換止收爟字，無烜字集韻類篇正韻俱仍說文之誤也図易·說卦日以烜之陸德明音義況晚反，又香元反。鑾又烜31031煥31443

烝 30868 15474
zhēng_6.10 唐韻煑仍切集韻韻會諸仍切丛音蒸說文火气上行也詩·大雅烝之浮浮疏炊之于甑，爨而烝之爾雅·釋詁君也詩·大雅文王烝哉図爾雅·釋詁進也書·堯典烝烝。又詩·周頌烝畀祖妣図爾雅·釋詁眾也書·益稷烝民乃粒図書·立政夷微盧烝蔡傳烝，或以爲眾，或以爲夷名。又爾雅·釋言塵也註人眾所以生塵埃図詩·豳風烝在桑野傳烝，實也。又小雅烝然罩罩箋烝，塵也。塵然，猶言久如也朱傳烝，發語辭。図詩·魯頌烝烝皇皇傳烝烝，厚也図爾雅·釋訓烝烝，

作也 註 物興作之貌 囡 爾雅·釋天 冬祭曰烝 註 進品物
也 書·洛誥 烝祭歲 囡 禮·月令 大飲烝 疏 烝, 升也。升
此牲體于俎之上 周語 禘郊之事, 則有全烝。王公立飫,
則有房烝。親戚宴饗, 則有殽烝 囡 儀禮·特牲饋食禮 棗
烝栗擇 註 果實之物多皮核, 優尊者可烝裹之也。
囡 揚子方言 烝, 婬也 左傳·桓十六年 衛宣公烝于夷姜
註 上淫曰烝 韻會 通作蒸 囡 zhēng 五音集韻 支庱
切, 蒸上聲。氣上遠貌 囡 zhèng 廣韻 集韻 烖諸應切音
證 廣韻 熱也 正韻 鬱熱 囡 集韻 氣之上達也。或作蒸。
鑾 又 饢 69544 烝 31415 丞 30804 烝 30869

烝 30869 15475
zhēng_6.10 篇海 煑仍切。熱氣也。

烟 30871 15477
yān_6.10 唐韻 烏前切 集韻 韻會 因蓮切 正韻 因肩
切 烖音燕 說文 本作煙 31257 荀子·富國篇 鼂雁若烟海
囡 yīn 廣韻 於眞切 集韻 正韻 伊眞切 烖音因 廣韻 烟熅,
天地氣 易 作絪緼 集韻 或作氤 班固·典引 烟烟熅熅 劉
楨·魯都賦 曳髮編芒, 蔚若霧烟, 九采灼爍, 華藻紛縝。

焴 30872 15478
huí_6.10 廣韻 戶恢切 集韻 胡隈切 烖音回 玉篇 光
色也 囡 duī 集韻 都回切音塠。義同 囡 huī 類篇 虎限切,
音魁 ◇火也 囡 ǎi 集韻 倚亥切音欸。爛也 囡 huì 類篇 胡
對切音潰。火色也。鑾 又 煠 31743

烾 30873 15479
guāng_6.10 篇海 音光。照也。

烢 30874 15480
chè_6.10 篇海 音宅。裂也。

烌 30875 15481
ēn_6.10 集韻 同衮 **烞** 30870 15476 pò_6.10 集韻 匹角切
音朴。烞烞, 竹火聲。鑾 省文篆考 俗爆 31958

烋 30876 41396
xiū_6.10 字彙補 即烋字。明樂平王仲烋。

烰 30877 41397
fóu_6.10 篇海類編 方九切音缶。蒸炙也。亦脯也 廣
雅 烰, 謂之炙。又芳武切音府。義同。鑾 又 烰 30905

烆 30878 44150
rèn_6.10 五音篇海 同飪。

烇 30879 44151
páo_6.10 龍龕 同炰 **烣** 30880 44152 huī_6.10 龍龕 與恢同

烑 30881 44153
chí_6.10 龍龕 直尼切, 音池 ◇ 鑾 張涌泉: 俗炡。

烒 30882 44154
chǎo_6.10 龍龕 音炒 **烝** 30883 44155 chǐ_6.10 字彙補 同烊

為 30884 u2B79F
wéi_6.10 同為 30831 **烞** 30885 u2AE2A null_6.10 未詳。

烪 30886 u2AE29
huī_6.10 簡 煇 31229 **燦** 30887 u2AE28 null_6.10 未詳。

焀 30888 u2AE27
null_6.10 喃 未詳。 **煑** 30889 u2AE26 null_6.10 未詳。

烠 30890 u2AE25
null_6.10 未詳。 **烖** 30891 u2AE24 null_6.10 未詳。

烖 30892 u2AE23
null_6.10 未詳。 **烒** 30894 u24221 ngút_6.10 喃 从火
兀 ngút 聲。煙, 霧 △ 亦作烓 30639 兀 66411, 省作兀 13345

焖 30893 u24224
hông_6.10 喃 从火匃 hung 聲。(用算子)蒸。

焳 30895 u24220
sốt_6.10 喃 从火聿 duột 聲。發熱。

烐 30896 u2421F
nhừ_6.10 喃 从爛省如 nhừ 聲 △ 尬烐: 泡漲, 淡散。

煍 30897 u2421E
lùi_6.10 喃 从燒省耒 lòi 聲 △ 煍恢: 炭燒。

烎 30898 u2421D
nghẹ_6.10 喃 从火艾 ngải 聲。

烴 30899 u2421C
jǐng_6.10 龍龕 烴俗, 煙 30955 正, 古頂反。焦臭也。
又音經 囡 cháy 喃 从火至 chí 聲。焚, 燒。

烶 30900 u2421B
guāng_6.10 可洪音義 焊烶: 下古黃反, 盛也。正作
㷇 01107 下又黃廣反。明也, 暉也。正作晄 22537 也。俗

烵 30901 u2421A
null_6.10 未詳。明 葉子奇 草木子·卷之二下 鉤玄
篇 司馬溫公之潛虛五十五行, 其象以丨為原。‖ 為烵。
川為本……具五生數也。

烬 30902 u24219
yí_6.10 燒煉。明 鄭若庸 玉玦記·第十八齣 截髮生
慚污跡同蠅電, 死留香骨蘭荃。紅爐任百烬, 真金自堅
△ 亦作炬 30742

烮 30903 u24218
liè_6.10 同烈 30839 儒林外史·第十六回 那火轟轟
烮烮, 煇煇烞烞, 一派紅光, 如金龍亂舞。

焣 30904 u24217
chǎo_6.10 俗熬 31404 慧琳音義 自炒: 古文顟焣聚烞
四形, 今作煼。崔寔 四民月令 作炒 古文奇字 作煲, 同。
初狡反 方言 熬、煎、儵皮逼反, 火乾也 說文 熬也。

烸 30905 u24212
fǒu_6.10 同烰 30877 **焆** 30906 u24211 dí_6.10 同焰 30948

烼 30907 u24210
zhū_6.10 俗字 龍龕 烼, 俗。音珠 宋會要輯稿·樂
八·鼓吹導引樂歌·南郊鼓吹歌曲 六州: 美玉奠, 照熒烼。

烡 30908 u2420F
tái_6.10 焰 30749 譌字。文淵閣四庫本 明文衡·卷五
十九·傳·攖寧生傳 舌黑如烡, 燥無津潤 △ 宏按, 明·李
濂 醫史·卷八·攖寧生傳 舌黑如焰, 燥無津潤 囡 徐在國
隸定古文疏證·卷十·驗 烡, 蓋焰字異體。

焌 30909 u2420E
jiǒng_6.10 兼焗。 **焗** 30910 u2420D jiǒng_6.10 俗炯 30746
可洪音義 焗電: 上音迥, 又古迥反。

照 30911 u2420C
null_6.10 未詳。 **焜** 30912 u2420B null_6.10 未詳。

焙 30913 u2420A
dòn_6.10 喃 从火存 tồn 聲 △ 顛焙: 黑亮。

焘 30914 u24209
gōng_6.10 俗恭 17293 **焺** 30916 u24207 qī_6.10 俗栖 23946
偏類碑別字 焺, 引 魏金城郡主墓誌

焚 30915 u24208
gōng_6.10 俗恭 17293 亦作焘 30914

焭 30917 u24206
gēng_6.10 俗煙 31018 **焢** 30918 u24205 null_6.10 未詳。

焛 30920 u24203
null_6.10 未詳。 **焲** 30921 u24202 huì_6.10 俗惠 17631

焟 30922 u24201
null_6.10 未詳。 **焳** 30923 u24200 null_6.10 未詳。

焼 30924 u241FF
mịj_6.10 壯 鍋底灰 **焞** 30925 u241FE róng_6.10 方濬益 綴遺
齋彝器款識考釋 焞, 即榮 24906 之古文, 象木枝柯相交

之形。其端從炊，木之華也。華之義為榮。

烌 30926 u241FD nhūn_6.10 喃從熟戎nhung聲△尨烌：熟過頭了。

烎 30927 u241FC null_6.10 人名用字。見明實錄

烰 30928 u241FB null_6.10 未詳。

烽 30929 u241FA fēng_6.10 俗烽30970 可洪音義 烽燧：上音峯。下音遂。

烨 30930 u241F9 bì_6.10 簡煒31529

焌 30919 u24204 jí_6.10 閩熬（酒）

焿 30931 u241F8 yí_6.10 俗焿30861 五音集韻焿，然也。

燮 30932 u3DB8 xié_6.10 同燮31414 又吸取。明·盧之頤本草乘雅半偈·卷九·別錄下品·木瓜如磁運鐵，珀拾芥，雖凌空物障，猶互為噓燮，況無情及諸有情者乎。

烱 30933 u3DB7 jiǒng_6.10 俗炯30746 可洪音義 沈烱：上尸茬反。下古逈、戶茗二反。別本及川音並作烱30910也。

烶 30934 u3DB6 nóng_6.10 簡燶31889

烙 30936 uF916 lào_6.10 兼烙。

热 30938 u70ED rè_6.10 簡熱31565

烫 30940 u70EB tàng_6.10 簡燙31706

烩 30942 u70E9 huì_6.10 簡燴31891

烧 30944 u70E7 shāo_6.10 簡燒31692

炬 30946 u70E5 jù_6.10 可洪音義 燃炬：音巨。火炬也。正作炬30740

烤 30947 u70E4 kǎo_6.10 同燺31898民國新字典烤，考去聲。以或乾物也。如燒烤。

烈 30935 uF99F liè_6.10 兼烈。

烈 30937 u70EE liè_6.10 同烈30839

烬 30939 u70EC jìn_6.10 簡燼31902

炊 30941 u70EA null_6.10 或同炊

烨 30943 u70E8 yè_6.10 簡燁31802

烦 30945 u70E6 fán_6.10 簡煩31283

炪 30948 15482 dí_7.11 唐韻都歷切集韻丁歷切丛音的說文望火貌。從火出聲，讀若馰顙之馰 囝廣韻集韻丛他歷切音逖。義同。鑒段氏改篆作炪30906從火出聲。

烯 30949 15483 xī_7.11 集韻香依切音希。火色玉篇亦晞22628字。

烠 30950 15484 huǐ_7.11 唐韻許偉切集韻韻會詡鬼切丛音咄說文火也。從火尾聲詩曰：王室如烠〇按詩·周南王室如毀釋文云燬字書作烠。一曰火尾反。或曰楚人名曰燥，齊人曰燬，吳人曰烠，此方俗訛語也。又廣韻齊人云火囝集韻韻會正韻丛虎委切音毀玉篇烈火也。同燬△集韻與燬同。

烰 30951 15485 fú_7.11 唐韻縛牟切集韻韻會房尤切正韻房鳩切丛音浮爾雅釋訓烰烰，烝也註氣出盛疏大雅云烝之浮浮。浮、烰音義同囝呂氏春秋有侁氏女子採桑，得嬰兒于空桑之中，獻之其君，其君令烰人養之註烰，猶庖也囝biāo集韻平幽切音滮。火氣也。鑒又炦炭，同烰炭。

烱 30952 15486 jiǒng_7.11 集韻俱永切音憬。炎烝也。

烲 30953 15487 xiè_7.11 廣韻集韻丛許列切音焎廣韻火氣也。本作焎篇海一作烓囝chè集韻敕列切音徹。火然也。

烳 30954 15488 pǔ_7.11 廣韻滂古切集韻頗五切丛音普玉篇火貌囝玉篇把火行也廣韻火行貌。

烴 30955 15489 jǐng_7.11 廣韻古挺切集韻古頂切丛音剄玉篇溫也囝廣韻焦臭集韻焦貌囝集韻經郢切音頸。烴撕，焦貌囝五音集韻五到切音暘。焦臭也。鑒又烴30822烴30899

焯 30956 15490 zhuó_7.11 集韻類篇丛職略切音酌。焯爍，草木花色盛貌△正字通俗灼30622字字彙誤分為二〇按字彙本之集韻類篇。灼字義甚多玉篇亦有花盛一義，似可與焯通，然其他義固與焯無與正字通以焯為俗灼字，而駁字彙之誤分，非是。

烶 30957 15491 tǐng_7.11 集韻類篇丛待鼎切音挺。火貌。鑒又烶31170

烷 30958 15492 wán_7.11 集韻胡官切音完。火也。

烸 30959 15493 méi_7.11 集韻許亥切音海。燥也。鑒同煤 可洪音義爐烸：下莫迴反。

烹 30960 15494 pēng_7.11 古文亯𦎫𦎫唐韻正韻普庚切集韻韻會披庚切丛音磅說文本作亯廣韻俗亨00645字左傳昭二十年以烹魚肉〇按說文玉篇類篇亯字俱自為部說文玉篇無烹字類篇火部內始收烹字。經傳本作亨，今俗用皆作烹矣。鑒又烹31046醛62511烹31139

烘 30961 15495 hōng_7.11 集韻戶孔切類篇胡動切丛音澒。烘烘，火貌。

煄 30962 15496 hé_7.11 廣韻下革切音覈。燒麥也。

烅 30963 15497 chǎ_7.11 五音集韻楚洽切音鍤。火乾也集韻同㷮。

烺 30964 15498 lǎng_7.11 集韻類篇丛里黨切音閬。爛烺，火貌正字通與朗通。有平、上、去三音篇海專屬去聲，太泥。

焂 30965 15499 tiàn_7.11 篇海他念切音栝。火光也囝hán胡甘切音含。義同。鑒楊寶忠：俗黏31245

烻 30966 15500 shān_7.11 集韻尸連切音羶。光也囝lián集韻類篇丛抽延切，音梴。義同囝yàn延面切音衍。光烻也王延壽·魯靈光殿賦丹柱歙赩而電烻註烻，光盛起也。弋戰切。

烼 30967 15501 xù_7.11 廣韻集韻丛許勿切音欻玉篇燲也。烼烌火煨廣韻火煨起貌博雅曝也，煨也集韻或作煐。

羨 30968 15502 zhǎ_7.11 集韻側下切，鮓上聲博雅曝也囝zhà集韻類篇丛仕下切，柞上聲。亦束炭也〇按五音集韻二音俱同羨集韻類篇羨、羨分載，羨別有平、去四音，羨止此上聲二音，然其義實相同，當為一字，

而六音各互見也。分爲二字者，非正字通云同羨，俗省。考說文古燹不作羨正字通亦非字彙於羨註卽云楚宜切音差。而羨註內僅云同羨，不知楚宜切爲羨字正音，當見于羨註內。羨爲本字，燹爲省文，不得轉以羨爲同羨也。

㶲 kài_7.11 30969 15503
廣韻本作炫30860集韻同炌30663

烽 fēng_7.11 30970 15504
廣韻集韻韻會𠀋敷容切音丰廣韻本作㷭史記•司馬相如傳烽舉燧燔註索隱曰：篆要云烽見敵則舉，燧有難則焚。烽主晝，燧主夜漢書作㷭孟康曰㷭如覆米䉤，縣著桔槹，如有寇則舉之。燧積薪，有寇則燔然之也前漢•五行志後，章坐走馬上林，下烽馳逐，免官註晉灼曰：冠首曰烽，競走曰逐hóng玉篇戶東切音洪。義同。又烽30929㷭30971㷭31918燧31542

㷭 fēng_7.11 30971 15505
韻會同烽揚雄•校獵賦舉㷭烈火正字通烽字。虞世南省作㷭。

赨 chì_7.11 30972 15506
說文古文赤58115字。或作赩31639

烿 róng_7.11 30973 15507
集韻韻會余中切正韻以中切𠀋音融集韻火氣正字通字彙从丹無義。當从彤。火色赤也。

烸 āi_7.11 30974 15508
廣韻烏開切集韻韻會於開切𠀋音哀玉篇炫也，熱也廣韻熱甚也博雅烸，蒸也xī廣韻許其切集韻虛其切𠀋音熙廣韻火盛也韻會許羈切音犧。義同。

㶇 hú_7.11 30975 15509
廣韻集韻𠀋胡谷切音斛玉篇火貌集韻類篇𠀋呼木切音嗀。義同。

尉 wèi_7.11 30976 15510
唐韻於胃切音畏•說文从上案下也。从𡰥又，持火以尉申繒也註徐鉉曰：今俗別作熨31551，非○按玉篇廣韻集韻類篇俱作尉31102廣韻韻會正韻本作尉12554集韻類篇云隷作尉。又玉篇廣韻亦作㷉，俱無尉字。惟說文作尉。廣韻誤云說文作尉。

㶣 xī_7.11 30977 15511
廣韻許羈切集韻虛宜切𠀋音犧廣韻㶣歛，貪者欲食貌廣韻集韻𠀋香支切音詑廣韻㶣歛，乞人見食貌集韻香依切音希。義同。

焂 shū_7.11 30978 15512
集韻式竹切音菽。光動貌。

烢 hè_7.11 30979 15513
廣韻呼麥切集韻郝格切，並音嚇◇廣韻赤也集韻本作赫。亦作爀、赤，火赤貌。一曰明也。huò集韻類篇𠀋霍虢切音謋集韻本作㷥。火光又赤也xì集韻馨激切音闃。赤也，赫也揚子方言烢，㨾貌也○按烢有三音字彙汎云同赫正字通又云俗赫字，俱非類篇收入赤部。又㷥31611

焄 xūn_7.11 30980 15514
廣韻集韻韻會正韻𠀋許云切音薰玉篇火上出也集韻香臭之氣也禮•祭義焄蒿悽愴註焄，謂香臭也史記•王溫舒傳舞文巧詆下戶之猾，以焄大

豪註焄，猶熏炙之也△玉篇亦作熏。又㷱31038

嫑 piāo_7.11 30981 15515
集韻紕招切音漂玉篇本作㷠31901biāo集韻正韻紕幺切音標。詳㷠31530字註。piào類篇毗召切音票。勁直貌五音集韻作票。○按玉篇作㷠，多一畫集韻類篇平聲二音俱作㷠，少一畫。惟類篇去聲一音作㷠。蓋㷠與嫑當爲筆畫之譌，雖有三音，其實一字也。

焅 kù_7.11 30982 15516
唐韻苦沃切集韻枯沃切𠀋音酷說文旱氣也廣韻熱氣也kào玉篇苦告切集韻口到切𠀋音靠。義同△集韻本作熇。

焒 bó_7.11 30983 15517
廣韻韻會正韻蒲沒切集韻薄沒切𠀋音勃玉篇煙起貌正韻𣇄焒，烝熱也集韻或作焍。又焍31195燉31723㷊31694燉31562烞31092

焆 yuè_7.11 30984 15518
唐韻於決切集韻一決切𠀋音抉說文焆焆，煙貌玉篇火光也類篇火始然也yè廣韻集韻𠀋於列切音咽。煙氣集韻娟悅切音妜。義同。亦作炔古穴切音抉。義同juān廣韻古玄切集韻圭玄切𠀋音涓廣韻明也yuān集韻類篇𠀋縈玄切音淵。火貌。

焇 xiāo_7.11 30985 15519
廣韻相邀切集韻思邀切𠀋音宵玉篇乾也廣韻爍也集韻曝也玉篇亦作銷shāo集韻師交切音梢。乾也。

煕 xī_7.11 30986 15520
集韻熙31522古作煕。

焉 yān_7.11 30987 15521
廣韻於乾切集韻韻會於虔切正韻因肩切𠀋音嫣•說文焉鳥，黃色，出於江淮。象形廣韻鳥雜色禽經黃鳳謂之焉玉篇安也，疑也廣韻何也詩衛風焉得諼草。言樹之背史記•歷書太初元年，歲名焉逢註索隱曰：漢書作閼逢山名史記•匈奴傳過焉支山國名前漢•西域傳焉耆國，治員渠城yān唐韻有乾切集韻韻會尤虔切正韻夷然切𠀋音蔫玉篇語已之辭也。是也易•坤卦爲其嫌于無陽也，故稱龍焉廣韻語助詩•邶風已焉哉。又鄘風終焉允臧。淮南子•時則訓天子焉始乘舟，薦鮪于寢廟註焉，猶於也yí正韻延脂切音夷周禮•秋官•行夫焉使介之釋文焉，劉音夷註夷使使於四夷，則行夫主焉之介。一謂夷，發聲○按周禮本作焉，而註直改作夷，是焉、夷古通用，不獨音同也正字通云周禮焉字連上句讀。居於其國，則掌行人之勞辱事焉，使則介之。焉，語助也。當如字讀。讀作夷，非正字通之說，於文義極順。但二鄭作夷，必非無據，今仍之yān廣韻謁言切集韻依言切𠀋音蔫廣韻安也。又不言也叶於堇切劉向•列女贊齊女徐吾，會績獨貧。夜托燭明，李吾絕焉讀書通焉通作案禮•三年問焉使倍之荀子•禮論篇作案使倍之○按荀子內案字頗多，皆係方言，不與焉通讀書通非說文焉鳥之焉，徐鉉作有乾切，讀若蝘

韻會因之。今从玉篇廣韻讀媽。鎣又焄72910偽30794

焊 30988 15522
hǎn_7.11　廣韻呼旱切集韻許旱切,丛罕上聲廣韻
火乾也。同熯集韻本作暵。鎣又焊,簡作奸30633見1977
年第二次漢字簡化方案（草案）

奘 30989 15523
zhuàng_7.11　集韻類篇丛側亮切音壯集韻本作
洍。實米於甑也図篇海火貌字彙熏烝也。今炊粉餈,
謂之奘糕。

焌 30990 15524
jùn_7.11　廣韻韻會子峻切集韻祖峻切丛音俊說
文然火也周禮·春官·菙氏凡卜,以明火爇燋,遂歆其
焌契,以授卜師註杜子春云焌,讀如英俊之俊。書亦
或爲俊図zùn廣韻子寸切集韻韻會正韻祖寸切丛音
捘。義同集韻或作焞、燇図zùn集韻祖悶切音鐏周
禮·春官·菙氏註康成謂讀如戈鐏之鐏疏讀爲俊者,意
取荊樵之中英俊者,爲楚燃用之灼龜也。讀爲鐏者,意
取銳頭以灼龜也集韻或作燇図zuǎn集韻祖管切音
纂。義同。本作焞〇按周禮·春官釋文焌音俊。又存悶
反,又祖悶反,又祖管反。四音皆可讀図qū廣韻倉聿
切集韻韻會促律切丛音黢廣韻火燒図廣韻亦火滅
也。鎣又炔30780

燮 30991 15525
wàn_7.11　集韻萬50032古作燮。

煍 30992 15526
dì_7.11　集韻大計切音第。灼龜木也史記·龜筴傳
持龜以卵周環之。祝曰:今日吉,謹以梁卵煍黃祓去玉
靈之不祥註索隱曰:煍龜木也。音次第之第,言燒荊
枝,更遞而灼之,故有煍名図tī集韻天黎切音梯史
記·龜筴傳註索隱曰:煍,一音梯,言灼之以漸,如有
階梯也図音題史記·龜筴傳註正義曰:煍音題。焦也。

焱 30993 15527
chōng_7.11　正字通宂倉子古衝字。按害作焱,衝
作焱,義無所取,必後人臆造,宜削之。

裁 30994 15528
zāi_7.11　說文栽30858本字。

烐 30995 15529
yù_7.11　玉篇與燠31805同。

烿 30996 15530
yù_7.11　集韻燠31805古作烿。

奠 30997 15531
xiè_7.11　篇海與炗30953同。

厌 30998 15532
shù_7.11　字彙補古文庶字石鼓文弓矢孔厌。

煜 31003 44156
dá_7.11　龍龕同炟
焪 30999 41398
jù_7.11　龍龕其呂切
束薪爲火炬。鎣龍龕煜俗炬正。

烝 31004 44157
jí_7.11　龍龕同烾
炎 31000 41399
liào_7.11　字彙補力照
切,音料◇柴祭天也。从少炎。古庭炎束葦爲之,少卽
葦也詩庭炎之光。俗作燎,非。見六書索隱

㸁 31001 41400
rè_7.11　龍龕而列切。蓺也。

灵 31009 u2B7A0
líng_7.11　簡爐32165
拆 31002 41401
xiè_7.11　川篇許列切。
火氣也。鎣又炗30953炱30997奠31055

斌 31010 u2AE35
null_7.11　未詳。
裂 31005 44158
xián_7.11　龍龕除廉切。
鎣或俗斂47874龍龕裂烮31034二俗,徐廉反。

燆 31006 44159
shào_7.11　五音篇海市照切。

烨 31007 44160
lào_7.11　搜眞玉鏡力告切。

煦 31008 44161
shì_7.11　搜眞玉鏡音視。鎣俗熙31296

綤 31011 u2AE32
null_7.11　未詳。
炷 31012 u2AE31
null_7.11　未詳。

烟 31013 u2AE30
null_7.11　未詳。
煐 31014 u2AE2F
null_7.11　喃未詳。

煙 31018 u2AE2B
gēng_7.11　日和字正俗通·和制一·乾坤煙,モヘク
ノ。王寶平:此字以訓讀方式注音。

汰 31019 u24260
chườm_7.11　喃从火沈đẩm聲。罨,熱敷。

煠 31015 u2AE2E
null_7.11　未詳。
烖 31017 u2AE2B
null_7.11　殷周金文集
成·5.2638·戜侯弟鼎戜侯賜弟口嗣烖。讀若烖。

焺 31016 u2AE2D
null_7.11　未詳。
烌 31020 u2425C
ràng_7.11　喃五千字譯
國語彰灼,燴烌。又:露,燴烌。

煋 31021 u2425B
toà_7.11　喃从火坐tọa聲。

炊 31022 u2425A
sôi_7.11　喃从火吹xuy聲。煮沸。

烆 31025 u24257
héo_7.11　喃枯萎。
焹 31023 u24259
qún_7.11　閩林寶卿普
通話閩南方言常用詞典在水裡久煮。

焙 31024 u24258
ngún_7.11　喃从燃省言ngôn聲△焙烓:熊熊燃燒。

炖 31035 u24248
null_7.11　未詳。
胐 31029 u24253
tro_7.11　喃同㷇31027

煇 31026 u24256
se_7.11　喃从燥省車xa聲。乾旱。

㷇 31027 u24255
tro_7.11　喃从灰由do聲。灰燼。

炸 31028 u24254
tác_7.11　喃从火作tác聲。

㷒 31030 u24252
giãi_7.11　喃从火豸trãi聲△㷒油:暴曬。

烜 31031 u24251
xuǎn_7.11　烜30867本字。

焄 31038 u24245
xūn_7.11　同焄30980
嵩 31032 u24250
zhuó_7.11　俗爇15825玉
篇嵩,仕角切。遠也廣韻嵩,士角切。速也。或作遄61218

怸 31040 u24243
null_7.11　未詳。
烝 31033 u2424B
chéng_7.11　俗丞00066
廣碑別字引隋馮忱妻叱李綢子墓誌図zhēng俗
蒸50410可洪音義烝民:上之陵反。眾也。

烮 31034 u24249
xián_7.11　龍龕裂31005烮二俗,徐廉反。

属 31041 u24242
huī_7.11　同烣30950
煦 31036 u24247
xù_7.11　俗煦31285新
撰字鏡煦,許其、許与二反。佐加利尔毛由。

煔 31037 u24246
càn_7.11　人名用字。或同燦。

煙 31042 u24241
yān_7.11　或俗煙。
烝 31039 u24244
xù_7.11　或同烰30967

炡 31043 u24240 null_7.11 未詳。

淡 31045 u2423E null_7.11 未詳。

焯 31047 u2423C null_7.11 未詳。

朩 31044 u2423F jié_7.11 俗杰30806紅

格鈔本明實錄·崇禎長編·卷之三·天啟七年十一月工部尚書孫朩，劾免△宏按，孫朩，他處作孫杰。

焨 31046 u2423D pēng_7.11 直音篇焨，同烹30960

炫 31048 u2423B null_7.11 未詳。

焭 31049 u2423A qióng_7.11 俗煢31271

炎 31050 u24239 liào_7.11 同寮12695

煀 31051 u24238 gǔ_7.11 同鼓75241 金瓶梅詞話·第七十五回 婦人（孟玉樓）道：拏來，等我自家吃。會那等喬劬勞旋蒸勢賣兒的，誰這里爭你哩。今日日頭打西出來，稀罕往俺這屋裡來走一走兒。也有這大娘，平白你說他爭出來煀包氣。

焰 31052 u24237 xiān_7.11 簡燹31822

焌 31053 u24236 yún_7.11 簡煩31426

焅 31054 u24235 guā_7.11 或俗焻31131

臾 31055 u24234 xiè_7.11 同炨30953謂作臾30997人名。宋人張臾，著石經注文考異四十卷。

聚 31056 u24233 shù_7.11 同叕31072明也。

煢 31058 u3DC0 qióng_7.11 俗煢31271 高麗史·卷七十七·百官志·諸司都監各色條 火烔都監。辛禑三年，判事崔茂宣建議置之。辛昌罷，屬軍器寺。

烔 31057 u3DC1 tong_7.11 韓火烔

炳 31059 u3DBD guā_7.11 簡焻31305

焘 31060 u7118 dào_7.11 簡燾31906

焗 31061 u7117 jú_7.11 一種烹飪方法，蓋緊鍋蓋，慢火燜煮。

焖 31062 u7116 mèn_7.11 簡燜31801

焓 31064 u7113 hán_7.11 熱力學名字。舊稱熱函，指單位質量的物質所含的全部熱能。

焕 31063 u7115 huàn_7.11 簡煥31278

焆 31065 u7112 lǔa_7.11 喃从火吕㖇聲△焯焆：燒傷。焆兵：兵燹，戰火。焆悉：情慾。

烠 31066 u7111 kǔn_7.11 俗悃17380 可洪音義烠幅：上苦本反。正作悃（悃）也，下普逼反，至誠也。

焐 31067 u7110 wù_7.11 元·馬致遠 江州司馬青衫淚·第二折 大姐拜揖，小子久慕大名，拿着三千引茶，來與大姐焐脚。先送白銀五十兩。做見面錢。又 四部叢刊·續編集部·雍熙樂府·卷之十七·雜曲 醉太平·風流病叟 就輕紅焐手，喚小玉扶頭，少年狂翻做老來羞。不傷春，便中酒。又民國 嘉定縣續志·卷五·風土志·方言 實詞焐，俗言溫之使暖或乾也 通俗編 元雜劇 硃砂擔曲 有溼衣焐乾語。焐讀若好惡之惡。焐與煨31100通。

焙 31068 15533 bèi_8.12 集韻蒲昧切 正韻步昧切並音佩。焙也 集韻本作焙 圖六書故烘也。本作炶。鋆又焯31118

焚 31069 15534 fén_8.12 古文燔 廣韻 集韻 韻會 正韻並符分切音汾 玉篇燒也 集韻火灼物也 書·胤征 玉石俱焚 易·離卦 焚如 春秋·桓七年 焚咸丘 註 焚，火田也 禮·月令 仲春 毋焚山林 圖fèn 集韻方問切音奮 左傳·襄二十四年 象

有齒，以焚其身 註杜預曰：焚，斃也。服虔曰：焚，讀曰僨。僨亦同 集韻本亦作僨△ 說文本作燓 集韻或作炃、燌。鋆又棥31134 棥10193 妢30701

閦 31070 15535 lìn_8.12 唐韻 集韻並良刃切音吝 說文火貌。从火，雨省聲，讀若粦 集韻或不省作閦31429 鋆又閦65046

焜 31071 15536 hùn_8.12 唐韻 正韻胡本切 集韻 韻會戶衮切並音混 說文煌也 玉篇光也 廣韻火貌 左傳·昭三年 焜燿寡人之望 揚子方言 焜，賑也 集韻或作煇 圖hún 集韻胡昆切音魂 左傳·焜燿 釋文服虔云明也 圖與昆通 揚雄·甘泉賦 樵蒸焜上，配藜四施 註師古曰焜，同也 文選作昆 李善註言燔燎之盛，故樵蒸之光同上，而披離四布也。鋆又煇31073 煇31648 焜22960

署 31072 15537 shù_8.12 玉篇署與切音墅。義闕 五音集韻明也。鋆又聚31056

焝 31073 15538 hùn_8.12 集韻 類篇並呼困切音惛 玉篇火也 集韻火貌。

衰 31074 15539 chuǐ_8.12 玉篇丑水切音揣。義闕 五音集韻火久也。鋆胡吉宣：俗偽造字 圖人名用字。安南世子陳日衰。見 元史

焞 31075 15540 tún_8.12 集韻徒渾切音屯 說文作燉。隸作焞 玉篇焞焞，無光耀也 圖 集韻灼龜貌也 圖tūn 集韻 韻會 正韻並他昆切音暾 左傳·僖五年 鶉之賁賁，天策焞焞，火中成軍，虢公其奔 註天策，傅說星。時近日，星微。焞焞，無光耀也 圖 集韻一曰灼龜炬 圖chún 廣韻常倫切 集韻 韻會 正韻殊倫切並音純 廣韻明也 韻會火色也 圖tuī 集韻 正韻通回切 韻會吐雷切並音推 玉篇焞焞，盛貌 詩·小雅 戎車嘽嘽，嘽嘽焞焞，如霆如雷 傳焞焞，盛也 釋文焞，本又作啍 前漢·韋玄成傳引詩 又作推。圖zuǎn 集韻祖管切 韻會作管切並音纂 集韻灼龜也。或作焌 圖zùn 集韻祖悶切音鐏。然火以灼龜。或作焌 圖jùn 集韻 類篇並祖寸切音捘 儀禮·士喪禮 楚焞置于燋，在龜東 註楚，荊也。荊焞所以鑽灼龜者 疏荊是草名。古法鑽龜用荊謂之荊焞也〇按 廣韻 十八諄焞字註云又他昆切。而二十三䰟內止收燉字，無焞字。疑焞屬燉之重文。又 周禮·菙氏註 引楚焞疏與 釋文 皆作燉31671 是焞、燉古通用也 六書游原 作燽。

焟 31076 15541 xī_8.12 集韻 類篇並思積切音昔 玉篇乾也。與晰同 博雅曝也。鋆又熻31716 爍32126 玉篇思亦切。乾也亦腊47425，同。胡吉宣：腊原訛暗，今正。

㕚 31077 15542 sì_8.12 字彙徐姊切，詞上聲◇如野牛而青 集韻兕本字 正字通俗兕字〇按 說文 篆本作㕚。古文从儿作兕。其云凡㕚之類，皆从㕚 玉篇 廣韻作兕，又作㕚，俱無㕚字，益可証㕚為譌。

焲 31078 15543 xiàng_8.12 玉篇古文象57191字。

淬 31079 15544
cuì_8.12 唐韻七内切集韻韻會取内切夶音倅說文堅刀刃也玉篇火入水也。煥也史記·天官書火與水合爲淬註晉灼曰:火入水爲淬。又荆軻傳使工以藥淬之註索隱曰:淬,染也前漢·王褒傳清水淬其鋒註師古曰淬,謂燒而内水中以堅之也図韻會燒也荀子·解蔽篇有子惡臥而淬掌,可謂能自忍矣註淬,灼也韻會通作焠。

煨 31080 15545
huī_8.12 廣韻呼罪切集韻虎猥切夶音賄玉篇楚人呼火爲煨揚子方言煨,火也。楚轉語也。猶齊言炪火也図guàn集韻古玩切音貫。義同。

無 31081 15546
wú_8.12 古文橆䡓亾唐韻武扶切廣韻武夫切集韻韻會正韻微夫切夶音巫說文亡也玉篇不有也書·舜典剛而無虐,簡而無傲。又益稷懋遷有無化居。図爾雅·釋詁虛無之言閒也註虛無皆有閒隙老子道德經萬物生于有,有生于無周子·太極圖說無極而太極図禮·三年問無易之道也註無,猶不也図縣名前漢·地理志越嶲郡會無縣図姓正字通漢無且明無能図廣韻漢複姓無庸、無鉤,俱出自楚図文無,藥名古今注相別贈之以文無。文無,一名當歸図說文奇字作无玉篇虛无也周易無字俱作无図集韻或作亡詩·衛風何有何亡図通作毋書無逸史記·魯世家作毋逸。図通作毛後漢·馮衍傳飢者毛食註衍集毛作無。今俗語猶然。或古亦通乎佩觿集河朔謂無曰毛通雅江楚、廣東呼無曰毛図集韻或作武○按禮器詔侑武方註:武,當爲無聲之誤也。鄭註明言其誤。集韻合無、武爲一,非△集韻無或作橆韻會橆,本古文蕃橆字。篆借爲有無字。李斯變隸,變林爲四點○按說文橆,从亡無聲,在亡部。至蕃橆之橆,在林部。音義各別,不云相通。且有無與蕃橆義尤相反,不應借用玉篇集韻韻會俱非韻會蕃橆作蕃橆,尤非図按讀書通云通作勿莫末沒蔑微不曼瞀等字。或止義通,或止音近,實非一字也讀書通誤図梵言:南無呼那謨。那,如挐之上聲,謨音如摩,猶云歸依也。夶又𣠋10274 橪14668 䅲24045 橆25921 𣞤26099 𣠤31306 橆31727

烘 31082 15547
hōng_8.12 集韻呼公切音烘。火氣貌。

煼 31083 15548
chǎo_8.12 集韻韻會夶楚絞切音謅揚子方言煼,火乾也。凡以火而乾五穀之類,秦晉之閒或謂之煼註卽䶂字六書故煼,鬲中烙物也図廣韻楚洽切音鍤義同○按集韻作煼30963玉篇同㶶、炒集韻本作䶂,類篇本作爨。夶同爝。夶又炒31084

㶦 31084 15549
jù_8.12 篇海同炒30669図字彙慈與切音聚。姓也。夶又可洪音義㶦邑:上疾禹反。正作聚46665

腐 31085 15550
fǔ_8.12 集韻奉甫切音輔。本作腐。爛也。

爊 31086 15551
wò_8.12 廣韻集韻夶烏括切音幹玉篇爐爊也廣韻火煙出集韻煙起貌図yuè集韻於月切音䫻。煙火貌図集韻於伐切音䫻。義同図ài於代切音愛。爐爊也。

煙氣。

焦 31087 15552
jiāo_8.12 唐韻卽消切集韻韻會正韻茲消切夶音蕉說文本作爵。火所傷也玉篇火燒黑也。又炙也禮·月令其味苦,其臭焦註火之臭味也。凡苦焦者,皆屬焉左傳·哀二年卜戰,龜焦禮·問喪傷腎,乾肝,焦肺史記·越世家苦身焦思図史記·扁鵲傳別下于三焦膀胱註正義曰:八十一難云三焦者,水穀之道路也,氣之所終始也。上焦在心下,下鬲在胃上也。中焦在胃中脘,不上不下也。下焦在臍下,當膀胱上口也廣韻別作膲図國名左傳·襄二十九年虞虢焦滑霍揚韓魏,皆姬姓也註焦在陝縣史記·周本紀褒封神農之後于焦註地理志弘農陝縣有焦城,故焦國也。又秦本紀圍焦降之註括地志云焦城在陝州城内東北百步,因焦水爲名。周同姓所封○按左傳之焦姬姓,神農之後乃姜姓,其所封當別是一焦周本紀註亦云在陝縣,誤図姓廣韻神農後,以國爲氏,出南安図晉邑名左傳·僖三十一年許君焦瑕註晉河外五城之二邑図詩·小雅整居焦穫爾雅·釋地十藪,周有焦穫註今扶風瓠中是也図晏子·外篇東海有蟲,巢于蟁睫,命曰焦冥図焦明,鳥名司馬相如·上林賦掩焦明註焦明似鳳。通作鷦図韻會通作燋31682集韻或作雙図qiáo集韻慈焦切正韻慈消切夶音樵。集韻焦夷,楚地名左傳·僖二十三年楚伐陳,取焦夷。註焦,譙縣也。夷,一名城父。皆陳邑図與憔通班固·答賓戲朝爲榮華,夕而焦瘁図jiū集韻將由切音啾。釜屬。夶又燋32010 魷71797 隼31172 䶂32168 㦬18734

菑 31088 15553
zāi_8.12 集韻同災30623嶧山碑菑害威除。夶字典琢屑秦碑威當作滅△宏按,李斯嶧山刻石菑31299害滅除,黔首康定,利澤長久。

焊 31089 15554
fù_8.12 廣韻房久切集韻扶缶切夶音婦玉篇熾也集韻熾盛也。夶正字通按:詩火烈具阜65437注:盛也。俗作焊。

熜 31090 15555
cōng_8.12 篇海倉紅切音聰。熜氣也正字通俗熜字。

焨 31091 15556
fèng_8.12 ◆篇海孚諷切音賵。火氣也。夶俗焻31265

熚 31092 15557
biē_8.12 集韻必結切音彆。灼物焦也。或作㷄。

㷸 31093 15558
píng_8.12 篇海音憑。火貌。夶亦作熚。或俗烹。

烮 31094 15559
jiǔ_8.12 字彙姜酉切音九。出罪也正字通譴字。

㵦 31095 15560
guài_8.12 字彙枯回切音魁。大也,多也正字通俗烓字。夶又銨09918

熍 31096 15561
qióng_8.12 廣韻集韻夶去仲切音誇玉篇盡也,乾也廣韻火乾物也図廣韻去宮切集韻丘弓切夶音穹廣韻乾也集韻曝也,爐也。或作焙。夶又晇22715

掩 31097 15562
è_8.12 集韻遏合切音姶。藏火也図正字通今人

謂藏火使復然曰㶣。讀若遏。鑒又煂31503

煏 ruò_8.12 廣韻集韻如劣切韻會正韻儒劣切夶音呐玉篇本作𪍿31960燒也禮·郊特牲旣奠，然後煏蕭合羶薌戰國策秦且燒煏獲君之國△○按玉篇書作煏，多一畫，今以廣韻爲正。

煬 xǐ_8.12 集韻先的切音錫。乾也夶yì集韻類篇夶夷益切音繹集韻本作焫31110亦同焱。

矮 wō_8.12 集韻烏禾切音倭。煖貌。鑒又焐31067

煢 qióng_8.12 廣韻渠營切集韻葵營切夶音瓊廣韻本作𤑗31271夶集韻本作惸。憂也楚辭·九章冤識路之煢煢註憂也夶與營通楚辭·九章一作營營△字彙顏氏家訓云古爲大博則六箸，小博則二煢。二煢，義無所考○按廣韻博撆子，一名投子，二煢當卽二撆也正字通作檠，从木，誤。

尉 wèi_8.12 集韻尉12554古作尉△說文作𡱝廣韻俗作熨。

敫 jiǎo_8.12 唐韻集韻夶古巧切音狡＊說文交灼木也。从火，敫省聲玉篇本作烄30834○按說文分烄、敫爲二。鑒譌作敥21604

焮 xìn_8.12 廣韻集韻韻會夶香靳切，欣去聲玉篇炙也廣韻火氣左傳·昭十八年司馬、司寇列居火道，行火所焮註焮，炙也小爾雅暴映，晒也，焮也杜甫·火詩光彌焮宇宙夶集韻一曰藝也玉篇同炘夶xīn玉篇許勤切音欣。義同。亦同炘。鑒杜甫火詩光彌焮宇宙。杜甫·火勢俗焚崑崙，光彌焮洲渚夶欣31178

惑 fú_8.12 唐韻集韻夶敷勿切音拂說文煇惑也。本从正倒二或。不便於楷。今省作戜。又玉篇火盛貌。夶集韻類篇夶分物切音紱集韻煇惑，火不時出而滅也廣韻作㷋集韻亦作烗。鑒又㷊32048燅32057熚32030焀31201

焯 zhuō_8.12 唐韻之若切集韻韻會正韻職略切夶音酌說文明也。引書焯見三有俊心○按今書·立政作灼揚雄·羽獵賦焯爍其波夶廣韻火氣也夶集韻爇也。通作灼增韻或作炤夶dǔ集韻都毒切音篤。明也。夶zhuó集韻類篇夶竹角切音琢。小熱也夶chuò尺約切音淖。魯有孟公焯。或省作卓。通作綽。鑒又煓31575

烈 liè_8.12 說文烈本字。从火列聲。

焰 yàn_8.12 廣韻集韻韻會正韻夶以贍切音豔。玉篇光也廣韻本作熖32015集韻亦作炎30665鑒又熑31929爓32089焰31221焰31275焴30793燄48374鮫72228集韻燄32113，以贍切。火光。或作焰31525炎㷠31669燄32077夶直音篇焱，同焰。

焱 yàn_8.12 唐韻集韻夶以冉切音琰說文火華也。从

三火夶廣韻集韻韻會正韻夶以贍切音豔。義同。夶班固·東都賦焱焱炎炎，揚光飛文。吐燄生風，欲野歇山註夶戈矛車馬之光夶huò廣韻韻會正韻呼昊切集韻呼役切夶音焃玉篇火華廣韻又火焰也夶yì集韻夷益切音繹。本作焫31110亦同焱夶yì營隻切音役。火貌夶xì馨激切音闃。亦火華也。

焫 yì_8.12 廣韻羊益切集韻夷益切夶音繹玉篇火光也集韻或作焱、煬夶集韻弋灼切音藥。義同。鑒又煠31659

燉 xiāng_8.12 篇海音湘。義闕海篇火坑也。見釋藏。

熦 jué_8.12 集韻卽約切音爵。本作爝32100，或作燋、熦。

焴 yù_8.12 廣韻集韻夶余六切音育玉篇本作煜31261

烗 kài_8.12 篇海苦戒切，劝去聲。熾火盛貌字彙與炫同。

焵 gàng_8.12 玉篇古浪切音摃。刀也字彙堅刃也。凡兵器經燒則堅，故今鐵工燒刀曰焵。鑒又焵31220

然 rán_8.12 古文燃唐韻集韻類篇韻會正韻夶如延切音蒸說文燒也註徐鉉曰：俗作燃。蓋後人增加孟子若火之始然管子·弟子職蒸閒容蒸，然者處下劉績曰古者束薪蒸以爲燭。蒸，細薪也。稍寬其束，使其蒸閒可各容一蒸，以通火氣。又使已然者居下，未然者居上，則火易然也集韻通作蘸夶玉篇許也，如是也。譍言也史記·張耳陳餘傳此固趙國立名義，不侵爲然諾者也夶廣韻語助禮·檀弓歲旱，穆公召縣子而問然註然之言焉也夶廣韻如也詩·邶風惠然肯來禮·檀弓貿貿然來夶承上接下語禮·曲禮然後客坐。又檀弓然則盍乎文王世子然而衆知父子之道矣夶禮·祭義國人稱願，然曰：幸哉有子如此註然猶而也夶果然，獸名。周禮·春官·巾車然褨髤飾註然，果然也○按埤雅作㺒33600夶率然，蛇名孫子·九地篇率然者，常山之蛇也。擊其首，則尾至。擊其尾，則首至。擊其中，則首尾俱至夶連然，縣名前漢·地理志益州郡連然有鹽官。夶燕然，山名前漢·匈奴傳至速邪烏燕然山夶姓左傳楚然丹。鄭然明。鑒又蘸52105藜52104難32115狀33339肰46997嘫07149爓18753㸣31734直音篇㷈31203難32123爇燃32136並同然。

煠 zhá_8.12 篇海士洽切。湯瀹菜也正字通俗煠字。

焷 pí_8.12 廣韻符支切集韻頻彌切夶音脾玉篇煮也集韻火熟也夶bēi類篇班糜切音碑。義同夶pì集韻畋亦切音擗。義同。

煚 guàng_8.12 廣韻公戶切音古。人名。出漢書。夶xiǒng集韻類篇夶火迥切音詗。火光○按煚爲火光

字彙 正字通 誤收入日部 字彙 云於驚切音英 正字通 云
譌字。俱非。鎣俗𥂑48178 図 㶀31218

31120 15585
炚 guāng_8.12 集韻 光02358古作炚。

31121 15586
焙 bèi_8.12 六書故 焙31249本字。

31122 15587
㲉 yú_8.12 集韻 魚71707古作㲉。

31123 41402
燂 tán_8.12 篇海類編 徒甘切音談。爐也。

31124 41403
敽 jiāo_8.12 奚韻 古巧切。敽,木然也。鎣亦作敫31155
敫31103,同烄30834

31125 41404
朓 tǔn_8.12 篇海類編 他袞切音疃。朓肉也。鎣又
朓31154或作豚47759正作朓。烹肉。

31126 41405
焺 shēng_8.12 字彙補 詩兵切,音升◇焺點,鼓鑄也。

31127 44162
煼 chǎo_8.12 龍龕 同炒

31133 44168
炱 tái_8.12 字彙補 同炱

31128 44163
煼 chǎo_8.12 五音篇海 同炒。

31129 44164
烻 yān_8.12 搜眞玉鏡 同烟。

31130 44165
炕 kàng_8.12 五音篇海 苦浪切。鎣 龍龕 炕俗,炕正。

31131 44166
焻 guā_8.12 字彙補 古誇切音瓜。見釋藏。又川向切,
音暢◇氣也。鎣 龍龕 焻,舊藏作蝸,音瓜。

31132 44167
熜 cōng_8.12 字彙補 燦字之譌。

31134 44169
焚 fén_8.12 字彙補 俗焚字。

31135 u2AE43
null_8.12 未詳。

31136 u2AE42
null_8.12 喃未詳。

31137 u2AE41
焳 měng_8.12 直音篇 音猛。

31138 u2AE40
null_8.12 未詳。

31139 u2AE3F
烹 pēng_8.12 俗烹30960 可
洪音義 烹殺:上普庚反。下所八反。

31140 u2AE3E
null_8.12 未詳。

31141 u2AE3D
null_8.12 喃未詳。

31142 u2AE3C
null_8.12 未詳。

31143 u2AE3B
null_8.12 未詳。

31144 u2AE3A
null_8.12 未詳。

31146 u2AE38
đèn_8.12 喃從燈省
典điển聲△熰冊:燈火辛勤。迸薛熰冊:十年寒窗。

31149 u2AE34
jǐ_8.12 道法會元·卷之六十七·雷霆玄論·虛靜召
役廟貌神祇法 召十字:焗,午,音畸。

31148 u2AE36
null_8.12 未詳。

31151 uFA9C
煮 zhǔ_8.12 兼 煮31214

31152 u242B1
xiàng_8.12 同爲31078古文象。

31145 u2AE39
null_8.12 未詳。

31153 u242B0
bén_8.12 喃同爨32162

31154 u242AF
朓 tǔn_8.12 俗朓31125

31156 u242AD
lốm_8.12 喃從火
廩lẫm聲。星星點點,稀疏。亦作爤。

31155 u242AE
jiǎo_8.12 同敽31124俗敫31103

31157 u242AC
phơi_8.12 喃从火非phi聲。

31158 u242AB
phơi_8.12 喃从火坡pha聲。烘乾。

31147 u2AE37
null_8.12 未詳。

31159 u242AA
rõ_8.12 喃同煟31935

31160 u242A9
rom_8.12 喃从火林lâm聲。

31161 u242A8
null_8.12 人名。明代有韓王沖烕。

31150 u2AE33
null_8.12 未詳。

31162 u242A7
rực_8.12 喃从煌省
直trực聲△熌熌:閃耀,明亮。熌焏:燦爛。

31163 u242A6
phỏng_8.12 喃从火放phóng聲△燉焏:燒傷。

31164 u242A5
lừng_8.12 喃从火夌lăng聲。

31165 u242A4
nhem_8.12 喃从火岩nham聲。

31166 u242A3
tro_8.12 喃从灰朱cho聲。同㷇31027

31167 u242A2
ngời_8.12 喃从燦省碍ngai省聲△熌焊:輝煌。

31173 u24296
null_8.12 未詳。

31168 u242A1
bồng_8.12 喃从火
俸bồng省聲。燙灼。被焊:引火燒身。

31174 u24295
null_8.12 未詳。

31169 u242A0
rọi_8.12 喃俗焸31987

31170 u2429F
tíng_8.12 龍龕 烃30957烃,俗。音庭 可洪音義 烃燎:
上特丁反。燈燭也。正作庭燎也。樹於門外曰大燭,於
內曰庭燎也。又上音定,非 図 龍龕 烃,俗。音定。

31171 u2429E
null_8.12 咒符用字。宋·甯全真 上清靈寶大法·卷之
四十五·圖三·齋法符篆門·長生符散形 炳焕煋煋煋燁
三叩齒,了冥心,長引西南炁一口,入筆方書君字。
図zāng 方 劉復 劉半農的瓦釜集·第十二歌「我說新婦
小姐」你兩根頭燈草點得煋煋響,你要曉得棉油豆油總
要銅錢買。自注:煋煋響,火光極明狀。

31172 u24299
jiāo_8.12 焦31087本字 說文 㷋,隻,或省。

31175 u24294
null_8.12 未詳。

31176 u24293
null_8.12 未詳。

31177 u24292
lừ_8.12 粵 燙 図luộc 喃 同燩31859 㷝燥:水煮蛋。

31178 u24291
xīn_8.12 同焮31104

31181 u2428E
null_8.12 未詳。

31179 u24290
shòu_8.12 人名用字 直音篇 音受。

31180 u2428F
píng_8.12 同烹31093或俗烹30960

31182 u2428D
null_8.12 未詳。

31183 u2428C
null_8.12 未詳。

31184 u2428B
null_8.12 未詳。

31185 u2428A
null_8.12 未詳。

31186 u24289
míng_8.12 道法會元·卷之六十七·雷霆玄論·虛靜召
役廟貌神祇法 召十字:悧,艮,音離。煝,震。

31188 u24287
null_8.12 未詳。或同琰34273

燇 31187 u24288
null_8.12 未詳。

㷖 31189 u24286
piào_8.12 同㷖 30981 玉篇 㷖,匹姚切。火飛也。㷖,同上。

㷅 31190 u24285
null_8.12 未詳。

㷄 31191 u24284
méi_8.12 俗煤 31274

煯 31192 u24283
null_8.12 未詳。

㷒 31193 u24282
null_8.12 未詳。

湵 31194 u24281
null_8.12 未詳。
洪音義 燧㷍:上蒲紅反。下蒲沒反 図 xué 簡 㷍 32052

㷏 31195 u24280
bó_8.12 俗㷍 30983 可

亯 31196 u2427F
null_8.12 未詳。

燦 31197 u2427E
null_8.12 未詳。

㷍 31198 u2427D
null_8.12 未詳。

㷉 31199 u2427C
juǎn_8.12 人名用字。見 明世宗蕭皇帝實錄

熒 31201 u24279
fú_8.12 同戫 31105

焊 31200 u2427B
hōng_8.12 烘 30862 本字

焗 31202 u24278
jū_8.12 人名。見清·王頌蔚 明史考證攟逸

焱 31203 u24277
rán_8.12 同然 31116

煔 31204 u24276
null_8.12 未詳。

煦 31205 u24275
xū_8.12 同煦 06514

烼 31207 u24273
null_8.12 未詳。

煝 31206 u24274
wèi_8.12 合併字學集篇 煝,音未。

焤 31208 u24272
liáo_8.12 同燎 31686 見甲骨文。

焉 31209 u24271
xì_8.12 俗焉 48352

焱 31210 u24270
xǐ_8.12 同熙 31522

㷍 31211 u3DCD
yuè_8.12 俗㷍 32074 図 lún 化合物苯舊稱 國語辭典 㷍,一名安息油,舊稱輪質,為無色液體,得自煤之蒸餾產物中,能自燃,有特殊之臭氣,可作發動機之燃料等用。㷍醇:即石碳酸。

煮 31213 u7151
zhǔ_8.12 同煮 31214 龍龕 稀,將几反。千億也。又稀焊,縣名。

焅 31212 u3DCC
guī_8.12 俗歸 26686 龍龕

㷀 31215 u7140
yù_8.12 粵 燻。

煮 31214 u716E
zhǔ_8.12 參見煮 31242

㷁 31216 u713F
gēng_8.12 連橫 臺灣通史·卷二十六·工藝志 燒㷁:山居之民,採伐雜木,積火燒之,而取其灰,煮㷁。㷁有二種:固者曰㷁砂,用以合染;流者曰㷁油,可調食,色黃有毒,助消化。燒㷁之木,以山蕉貫眾為佳,亦有配出 図 指一種需經㷁芡、加料的濃稠羹湯。吳瀛濤 臺灣民俗·第九章·食住·飲食攤 㷁類:魷魚㷁、肉㷁、蠔仔㷁。

㷎 31217 u713E
nám_8.12 喃从火念niệm聲。焦灼,燒焦。

㷌 31218 u713D
jiǒng_8.12 同焸 31119

㷐 31220 u7139
gàng_8.12 同焗 31115

焰 31219 u713C
shāo_8.12 俗燒 31692

焰 31221 u7114
yàn_8.12 俗焰 31108

熘 31222 u15588
nǎo_9.13 集韻 乃老切音腦。熱貌。或作燩㷎。

煁 31223 u15589
chén_9.13 唐韻 氏任切 集韻 正韻 時任切𠀤音諶 說文 烓也 詩·小雅 樵彼桑薪,卬烘于煁 毛傳 烓竈也。郭璞曰:今三隅竈。

熇 31224 15590
hè_9.13 集韻 郝格切音赫 玉篇 燒也。

煃 31225 15591
kuǐ_9.13 集韻 犬榮切音跬 玉篇 火貌。

煄 31226 15592
zhǒng_9.13 玉篇 之隴切音種。義闕 五音集韻 火燒起。𠀤俗燻 31900

煆 31227 15593
duàn_9.13 正字通 同鍛○按諸韻書皆有鍛無煆。疑為譌字。𠀤又煆 31396

煆 31228 15594
xià_9.13 廣韻 呼訝切 集韻 虛訝切𠀤音嚇 玉篇 熱也,乾也 図 廣韻 赫也 図 博雅 爇也 図 xiǎ 集韻 許下切音閜 揚子方言 煦煆,熱也。乾也。吳越 図 煦煆 図 xiā 廣韻 許加切 集韻 虛加切𠀤音呀 廣韻 火氣。

煇 31229 15595
huī_9.13 唐韻 況韋切 廣韻 許歸切 集韻 吁韋切 韻會 吁歸切𠀤音揮 說文 光也 玉篇 燿光也 易·大畜 剛健篤實煇光 禮·玉藻 煇,如也。又 樂記 德煇動于內 図 前漢·平帝紀 分京師,置前煇光、後丞烈二郡 図 集韻 火之光 図 廣韻 同輝、暉 集韻 或作煒。又 xūn 集韻 許云切音熏 張衡·西京賦 金乜玉階,彤庭煇煇。珊瑚琳碧,瑞珉璘彬 図 集韻 灼也 史記·呂后紀 去眼煇耳 唐韻正 張弨曰:煇,从火,其用皆熏燎之屬。俗改从光 図 xuān 集韻 許元切音萱。光也 図 hún 廣韻 戶昆切 集韻 胡昆切𠀤音㡣 廣韻 赤色 図 hùn 廣韻 胡本切 集韻 戶袞切𠀤音混 廣韻 煇煌,光也 前漢·司馬相如傳 煥炳煇煌 集韻 本作焜 図 xuàn 集韻 呼願切音楥。本作韗。治鼓工也 禮·祭統 夫祭有畀、煇、胞、翟、閽者,惠下之道也 註 煇周禮作韗。謂韗,䩸皮革之官 図 yùn 集韻 王問切音運 周禮·春官 眂祲掌十煇之法,以觀妖祥,辨吉凶 註 煇,日光炁也 張率·舞馬賦 在庸臣之方剛,有從軍之大願,必自茲而展采,將同畀于庖煇 図 與暈、運通 周禮·春官·保章氏註 日有薄食、暈珥 釋文 暈,本又作煇。亦作運。𠀤又煒 31972 炜 30886

熚 31230 15596
fēng_9.13 玉篇 非鳳切音諷。義闕 五音集韻 焚也。

煬 31231 15597
yē_9.13 廣韻 集韻 𠀤於歌切音謁 玉篇 中熱 廣韻 本作暍。亦作瘱。

㷀 31232 15598
yǒng_9.13 集韻 委勇切音雝。吳王孫休子字。𠀤又㷀 10305

煉 31233 15599
liàn_9.13 唐韻 集韻 𠀤郎甸切音練 說文 鑠治金也 王充·論衡 女媧氏銷煉五色石,以補蒼天 玉篇 今亦作鍊 図 làn 集韻 郎旰切音爛。本作爛。或作爛 32075 爛。𠀤又炼 30829 桎 38951 㼮 58157 㸀 02455

煊 31234 15600
xuān_9.13 集韻 許元切音萱。本作煖。溫也。或作暄。

煋 31235 15601
xīng_9.13 集韻 桑經切音星。火熱也 類篇 火烈也。

煌 31236 15602
huáng_9.13 唐韻 集韻 韻會 正韻 𠀤胡光切音皇 說文 煇也 玉篇 光明也 詩·陳風 東門之楊,明星煌煌。又 大雅 檀車煌煌 図 廣韻 火狀 図 前漢·地理志 敦煌郡,武

帝後元年，分酒泉置註應劭曰：敦，大也。煌，盛也。囚前漢·息夫躬傳烏孫兩昆彌弱，卑爰寔强盛，居彊煌之地註是其國所都地名囚通作皇詩·小雅朱芾斯皇箋皇，猶煌也集韻或作熿、鞃héng集韻胡盲切音橫。火光囚huǎng集韻戶廣切音幌。本作晄。明也。亦同熿、爌囚huàng胡曠切音愰。耀也。鑒又煌31484 鞃67526 爌74768 煌36852

㷱 31237 15603 jiǎo_9.13 玉篇子了切音剿。變色也。囚jiǔ慈糾切音愀。義同。鑒又秋31350 囚楊寶忠：愀17767俗訛。

焦 31238 15604 huò_9.13 集韻霍虢切音謋。火光。亦作烡。鑒又烡31611 烡31497

煎 31239 15605 jiān_9.13 廣韻集韻子仙切韻會將仙切夶音湔說文熬也玉篇火去汁也廣韻熟煮也揚子方言火乾也。凡有汁而乾謂之煎禮·內則煎醢儀禮卽夕凡糗不煎周禮·天官內饔掌王及后、世子膳羞之割亨煎和之事。又冬官考工記㮚氏為量，改煎金錫則不耗註重煎謂之改煎也。又揚子方言煎，盡也囚正韻則前切音箋。義同。又jiǎn集韻韻會子淺切音翦集韻減也囚前漢·趙充國傳先零豪封煎等通使匈奴註師古曰煎讀曰翦。又jiàn廣韻集韻韻會子賤切音箭廣韻甲煎南史·范曄傳甲煎淺俗，比徐湛之囚甲煎，香名貞觀紀聞隋主每除夜焚沉香數車，光暗則以甲煎沃之，香聞數里。△集韻或書作煎。鑒又熋31718 煎31717 煎31374 煎31485 爁31882

煏 31240 15606 bì_9.13 集韻弼力切音愎玉篇火乾也集韻本作煏煏31893 鑒又穖40885

煐 31241 15607 yīng_9.13 集韻於驚切音英。人名，張煐。見南史

煮 31242 15608 zhǔ_9.13 唐韻章與切集韻掌與切夶音渚說文亨也周禮·天官·亨人職外、內饔之爨亨煮，辨膳羞之物爾雅·釋訓是刈是濩。濩，煮之也囚煮棗，地名戰國策秦懼，遽劾煮棗註屬濟陰冤句說文或作鬻玉篇亦作鬻。鑒又煮31214 鬻31308 炙30683 弼16333 鬻31996 囚煮31332 濬29901，俗煮31214 可洪音義：湯濬：之与反。正作鬻31213

煒 31243 15609 wěi_9.13 唐韻于鬼切集韻韻會羽鬼切夶音偉說文盛赤也玉篇明也。亦盛貌廣韻光煒詩·邶風彤管有煒傳煒，赤貌囚huī集韻吁韋切音揮。本作煇31229 前漢·王莽傳靑煒登平註服虔曰：煒音暉。如淳曰：靑氣之光煇也。鑒又炜30723

煓 31244 15610 tuān_9.13 廣韻他端切集韻韻會正韻他官切夶音湍玉篇火熾也囚揚子方言煓，赤貌也囚洞冥記遶臣入雲煓之幕。

煔 31245 15611 tiàn_9.13 廣韻集韻夶他念切音桥玉篇火光也集韻本作煔囚shǎn唐韻集韻夶舒贍切音閃說文火行也集韻或作炶焴囚集韻以贍切音豔。義同囚hān廣韻集韻夶胡甘切音酣廣韻火上行貌。同烔集韻或作

甛囚集韻徐廉切音鹽。本作熬31671或作爓焈燂囚集韻慈鹽切音潛。本作燂31701或作爓楚辭·大招炙鴰烝鳧，炶鶉臇只朱註炶音潛。爓囚xiān集韻思廉切音銛。木名囚集韻師銜切音衫。義同囚爾雅·釋木柀，炶註炶似松，生江南，可以為船作柱，埋之不腐疏柀，一名炶。俗作杉釋文炶音杉集韻或作杉正字通爾雅本作樤。俗本譌作炶。按木名似應從木作樤，今作炶者，省文也。鑒又烇30965

熙 31246 15612 xī_9.13 古文娱唐韻許其切集韻韻會虛其切正韻虛宜切夶音僖爾雅·釋詁緝熙，光也詩·大雅於緝熙敬止囚爾雅·釋詁熙，興也詩·周頌時純熙矣朱傳亦光也囚周語熙，廣也書·堯典庶績咸熙舜典有能奮庸熙帝之載史記·吳世家歌大雅曰：廣哉，熙熙乎囚廣韻和也老子道德經衆人熙熙囚說文燥也囚人名左傳·昭二十九年少皞氏有四叔：曰重、曰該、曰修、曰熙，實能金木及水囚韻會州名。土蕃地。宋置熙州。囚正韻與禧同前漢·禮樂志熙事備成註師古曰福熙之事也囚與嬉通宋玉·登徒子好色賦出咸陽，熙邯鄲註熙，戲也囚淮南子·脩務訓木熙者，非眇勁註木熙，今之走高竿緣繩者。言其援豐條舞，扶疎踴躍，舒徐自如也囚yí集韻盈之切音飴揚子方言鬱熙，長也註謂壯大也囚人名左傳·襄八年鄭公子熙〇釋文熙，許其反，徐音怡，二音俱可讀〇六書故別作烒〇按字彙正字通熙字音義，俱詳十畫熙31425註。考說文玉篇廣韻諸書俱作熙，不作熙，則熙當為俗字。今特將音義備載於此。鑒又熙31348 娱31072 娱29930 凞03050 娱31519 炏31210 燍31953 娱31387 娱31293 娱31494 怐30803

焻 31247 15613 jí_9.13 玉篇集韻夶子悉切音堲集韻本作焻博雅煨也。

㶿 31248 15614 là_9.13 集韻郎達切音辢。火貌。或作爛。

焙 31249 15615 bèi_9.13 集韻蒲昧切音佩。焙也。或作焙。

煊 31250 15616 xuān_9.13 唐韻況袁切集韻韻會許元切夶音萱說文溫也廣韻本作暄集韻或作煊囚人名戰國策齊人有馮煊者囚nuǎn廣韻集韻韻會正韻夶乃管切音餪玉篇溫也禮·王制七十非帛不煖。又樂記煖之以日月囚孫綽·三月三日詩嘉卉萋萋，溫風煖煖囚廣韻火氣也。鑒又暖22830 煖31251 煗31506 爈31729

煖 31251 15617 nuǎn_9.13 唐韻集韻韻會正韻夶同煊說文溫也魯語海多大風冬煖前漢·王褒傳襲貂狐之煖。

㶉 31252 15618 chán_9.13 五音集韻直廉切音天。鉗也。

煝 31253 15619 guàn_9.13 正字通譌字六書統爟作煝字彙集亦云同爟。誤。

煀 31254 15620 huǐ_9.13 篇海許委切音毀。與媿同。

炨 31255 15621 fú_9.13 廣韻分勿切音紱。煇炨，鬼火。同戝〇按

說文本从正倒二或玉篇从或作戜，惟廣韻从咸，當爲戜字重文。

煿 31256 15622
bó_9.13 集韻薄没切音字。本作焞30983

煙 31257 15623
yān_9.13 古文䆩烟㷈唐韻烏前切集韻韻會因蓮切正韻因肩切，丛胭說文火气也周禮·秋官·蜩氏以其煙被之図姓。見字彙図yīn於眞切音因周禮·春官·大宗伯註禋之言煙也。周人尚臭煙氣之臭聞者註煙音因柳宗元·祭從兄文留連遊歡，涉月彌旬。夜蓺膏炬，晝凌風煙△說文或作烟集韻籀亦作烣鍪又㷠31129䁀31258煙31608歅02834㷿31666烟30813焴31498㷼31747燂32058

䆩 31258 15624
yān_9.13 篇海與煙同。

焸 31259 15625
jiǒng_9.13 古文焸廣韻集韻丛俱永切音憬廣韻火也，図集韻一曰日光也図正字通唐毌焸，開元含象亭十八學士之一。又孟蜀毌焸，毌昭裔之子，藏書甚富。鍪俗㶳48178

煜 31260 15626
yú_9.13 廣韻遇俱切集韻元俱切丛音虞廣韻拔器熹食。

煜 31261 15627
yù_9.13 唐韻集韻韻會正韻丛余六切音育說文燿也。前漢·班固敍傳其餘焱飛景附，煜霅其閒者，蓋不可勝載註師古曰煜霅，光貌図玉篇火焰也廣韻火光図玉篇盛貌班固·東都賦管絃曄煜註曄煜，盛貌。図yì廣韻爲立切集韻域及切韻會弋入切丛音熠廣韻火貌△廣韻同焴。鍪又暚22889煜31547

煦 31262 15628
xù_9.13 集韻許勿切音欻。本作烅30967

煝 31263 15629
mèi_9.13 廣韻集韻丛明祕切音媚玉篇烌也廣韻炟熱集韻旱熱図集韻蜜二切音寐。旱气。

煞 31264 15630
shā_9.13 廣韻所八切集韻正韻山戛切丛音鎩廣韻俗殺字白虎通五祀。春木主煞上，故以所勝祭之也図五行。金味所以辛冇，西方煞傷成物，辛所以煞傷之也。猶五味得辛，乃委煞也図shà集韻所介切音襪。本亦作殺27044鍪又殺31449煞31322煞17882

煿 31265 15631
fōu_9.13 玉篇孚誅切音秠。火乾也。鍪字彙匹尤切，音呼。火乾物。一曰火氣。又方鳳切，音俸。義同。熊加全：俗作焟31091

煒 31266 15632
wèi_9.13 廣韻集韻丛于貴切音胃玉篇光貌詩·小雅嘖嘖其冥箋嘖嘖，猶煒煒也。寬明之貌図廣韻火光。

煠 31267 15633
yè_9.13 廣韻與涉切集韻弋涉切丛音葉玉篇煸也図廣韻丑輒切集韻敕涉切丛音謵。義同図zhá廣韻士洽切集韻實洽切，並音眨◇廣韻湯煠博雅瀹也。或作煠△篇海作煠。鍪又炸30833龍龕煠31874煠二或作，煠今。

烻 31268 15634
shǎn_9.13 集韻胡甘切音酣玉篇火行貌集韻本作黏31245或作炶30754

熜 31269 15635
zǒng_9.13 唐韻作孔切集韻祖動切丛音總說文本作熜。然麻蒸也玉篇熅也図cōng廣韻靑公切集韻麤叢切丛音聰。義同集韻本作熜。鍪又熜31588熜31090熜31132熜31991

焮 31270 15636
xìn_9.13 篇海許刃切音釁。焰餘也。

煢 31271 15637
qióng_9.13 古文惸唐韻渠營切集韻葵營切丛音瓊說文回疾也。从卪營省聲図玉篇單也，無兄弟也，無所依也。或作嬛嬛廣韻獨也。同煢図玉篇憂思也。左傳·哀十六年煢煢余在疚△亦作惸孟子詩云哿矣富人，哀此煢獨〇按詩·小雅今本作悼。鍪又傏01841煢03165煢31101䇾49284炔49281炔49126㷀31049

燎 31272 15638
liào_9.13 玉篇力弔切音料。柴燎，祭天也図liào唐韻力照切音療說文柴祭天也。从火从眘。眘，古文慎字。祭天所以慎也廣韻凡从尞者作眘，同△集韻本作尞。同燎、褾〇按說文廣韻燎、燎俱从㷠図liáo集韻憐蕭切音聊。義同。通作尞図liǎo朗鳥切音了。放火也。本作燎。

煣 31273 15639
rǒu_9.13 唐韻人久切集韻忍九切丛音蹂說文屈申木也図玉篇以火屈木曲廣韻本作楺集韻或作揉。図ròu廣韻人又切集韻如又切丛音輮廣韻蒸木使曲也集韻火揉木也。鍪又燸32130

煤 31274 15640
méi_9.13 廣韻莫杯切集韻韻會正韻謨杯切丛音枚玉篇炱煤廣韻炱煤，灰集屋也呂氏春秋嚮者煤室入甑中，棄食不詳，回攫而飯之図正韻煙墨。図石炭30744曰煤。鍪棄食不詳。棄食不祥。図壋埖08650、爐埖30959，即炱煤，指物體燃燒後留下的煙灰図名義煤，莫来反，炱烘図烘炒，同煤炒。

焰 31275 15641
yàn_9.13 篇海俗焰字。

熐 31276 15642
miè_9.13 唐韻集韻丛莫結切音蔑說文火不明也。从昔从火，昔亦聲。又說文周書曰：布重熐席，織蒻席也。讀與蔑同〇按周書今本作敷重篾席図mò五音集韻莫撥切音末。義同。鍪又蒠50272

焬 31277 15643
chè_9.13 玉篇丑涉切音鍤篇海火燒殘也。

煥 31278 15644
huàn_9.13 古文灷唐韻呼貫切廣韻火貫切集韻韻會正韻呼玩切丛音喚說文火光也図玉篇明也論語煥乎其有文章△玉篇亦作奐。鍪又焕31063煥31606図奇字韻映22828，煥或从日。

煦 31279 15645
xù_9.13 唐韻香句切集韻吁句切丛音姁說文烝也玉篇熱也禮·樂記天地訢合，陰陽相得，煦嫗覆育萬物註氣曰煦，體曰嫗疏天以氣煦之，地以氣嫗之，是天煦覆而地嫗育図說文一曰赤貌玉篇赤色也。

又說文一曰溫潤也 又玉篇恩也韓愈·原道煦煦之謂仁 又玉篇亦作昫廣韻日光也 又xǔ廣韻況羽切集韻火羽切太音詡禮·樂記·煦嫗釋文煦，徐音，况甫反。又xiōng集韻詡拱切音洶。亦與昫22468同。日出溫也。又xū集韻匈于切音訏揚子方言煦，熱也李嵩·述志賦稟玄光而陶衍，承景靈之冥符。蔭朝雲之奄靄，仰朗日之照煦 又xiū集韻虛尤切音休。本作咻05800痛念聲。鑾本作哅31365俗作煦31466

照 31280 15646 zhào_9.13 唐韻之少切集韻韻會正韻之笑切太音詔說文本作炤增韻明所燭也易·離卦大人以繼明照于四方書·泰誓若日月之照臨 又正字通北齊劉縚兄弟，父名照，一生不作照字，惟依火旁作炤廣韻同炤集韻或省作昭。唐武后作曌。鑾又曌22924㷖22995曌38229燳31360燳31843曌38093曌38240曌23061炶30807

煨 31281 15647 wēi_9.13 唐韻烏灰切集韻韻會烏回切正韻烏恢切太音隈說文盆中火玉篇盆中火爊也六書故火中熱物廣韻煻煨火集韻煻火曰煨戰國策犯白刃，蹈煨炭 又人名後漢·獻帝紀中郎將段煨 又yù集韻紆勿切音鬱。畜火也。鑾又龍龕煨31835俗，煨正。

𤑔 31282 15648 qiú_9.13 篇海自秋切音酋。耳中聲也 又卽由切音啾。義同。鑾亦俗猷33402 又正字通猷，與煪62200同。張涌泉：𤑔46705訛俗。楊寶忠：𤑔62187之變。

煩 31283 15649 fán_9.13 唐韻附袁切集韻韻會符袁切太音樊說文熱頭痛也 又增韻不簡也書·說命禮煩則亂。又玉篇干煩也左傳·僖二十九年敢以煩執事 又禮·樂記衛音趨，數煩志註煩，勞也 又左傳·定四年嘖有煩言註煩言，忿爭 又增韻悶也史記·倉公傳病使人煩懣 又鳥名司馬相如·上林賦煩鶩鷛𪇰註徐廣曰：煩鶩，一作番𪆳漢書音義煩鶩，鳧也。郭璞云煩鶩，鴨屬 又地名戰國策襲燕樓煩數縣註樓煩，屬鴈門 又叶汾沿切嵇康·琴賦更唱迭奏，聲若自然。流楚窈窕，懲躁雪煩。鑾又烦30945

煪 31284 15650 qiú_9.13 唐韻自秋切集韻字秋切太音酋玉篇熮也。同煎集韻熮也 又zhōu集韻張流切音輈。燥也。又jiū集韻將由切音啾。火貌 又yǒu以九切音酉。亦火也。

煦 31285 15651 xù_9.13 篇海火覓切音殈。驚貌。同䀬 又音吸。義同。鑾又煦31036䀬31367

㷜 31286 15652 suì_9.13 篇海同燧31816

煬 31287 15653 yàng_9.13 唐韻韻會正韻餘亮切集韻弋亮切太音漾說文炙燥也揚子方言煬，炙也註今江東呼火熾猛爲煬莊子·盜跖篇冬則煬之 又玉篇對火也廣韻向也戰國策若竈則不然，前之人煬，則後之人無從見也。又揚子方言煬，烈，暴也春秋·定元年立煬宮註煬公，伯禽子也。其廟已毀。季氏禱之而立其宮 又玉篇熱也揚雄·甘泉賦南煬丹崖 又xiǎng集韻式亮切音餉。燥也 又yáng廣韻與章切集韻韻會余章切正韻移章切太音陽廣韻釋金也集韻爍金也。或作烊 又shāng集韻尸羊切音商。魯煬公。徐邈說。鑾集韻魯煬公集韻煬，謚也。魯有煬公 又炀30645𤋮31288𥡝40627

煚 31289 15655 zhào_9.13 說文照本字

𤋮 31288 15654 yáng_9.13 集韻余章切音陽。炙燥也○按𤋮，音義同煬。當爲煬字重文。

𤊿 31290 15656 mó_9.13 玉篇莫割切音末。不明也。

𤋔 31291 15657 qiú_9.13 玉篇與煪31284同。

𤋕 31292 15658 wù_9.13 玉篇武遇切音務。義闕○按𤋕，當卽務字。

㷡 31293 15659 jiǒng_9.13 字彙補音迥前漢·古今人表伯㷡註師古曰穆王太僕也。㷡音居永反◇。○按伯冏五音集韻通作𦏵、㷡。疑㷡或爲㷡字之譌。

𤋗 31294 15660 liè_9.13 字彙補古文烈30839字。

𤋘 31295 15661 dào_9.13 字彙補古文盜37176字。

𤋙 31296 15662 shì_9.13 字彙補古文視55073字。

𤋚 31297 41406 kàng_9.13 龍龕苦浪切。乾也。

𤋛 31298 41407 jiē_9.13 字彙補古齋切音皆。煏也。

𤋜 31299 41408 zāi_9.13 六書統灾字。鑾又𤋜31088

𤋝 31300 41409 tái_9.13 篇海類編徒哀切音臺。𤋝，煤也。

𤋞 31301 41410 zào_9.13 五音篇海果到切。乾燥也。鑾龍龕㷮𤋞二俗，燥正。

𤋟 31302 41411 sù_9.13 川篇音肅。火熾貌。鑾俗𤋟31660

𤋠 31303 41412 duò_9.13 搜真玉鏡徒臥切。火也。

𤋡 31304 44170 zhù_9.13 五音篇海同助。

𤋢 31314 u2AE51 null_9.13 未詳。

𤋣 31305 44171 guā_9.13 字彙補古誇切音瓜。鑾又煱31059 又火煱，火鍋。

𤋤 31306 44172 wú_9.13 字彙補同無。

𤋥 31307 44173 nǎo_9.13 龍龕音惱。鑾俗惱。

𤋦 31308 44174 zhǔ_9.13 龍龕同煮

𤋧 31309 44175 duò_9.13 字彙補同𤋠

𤋨 31310 44176 jī_9.13 字彙補居溪切音稽。鑾俗稽40675

𤋩 31311 44177 bào_9.13 龍龕同爆

𤋪 31312 44178 rè_9.13 字彙補同熱

𤋫 31313 44179 yū_9.13 五音篇海同㷒。

𤋬 31315 u2AE50 null_9.13 未詳。

𤋭 31317 u2AE4E null_9.13 喃未詳。

𤋮 31316 u2AE4F meiz_9.13 壯煤 又maej燒。㚘𤋮邑：火燒山。

燚 31318 u2AE4D null_9.13 未詳。

芻 31319 u2AE4C null_9.13 未詳。

焟 31320 u2AE4B null_9.13 未詳。

媮 31321 u2AE4A null_9.13 容庚·金文續編 媮說文所無。�川大子家盧。

煞 31322 u2AE49 shà_9.13 同煞31264

煋 31323 u2AE48 null_9.13 未詳。

燄 31324 u2AE47 null_9.13 未詳。

烟 31325 u2AE46 null_9.13 未詳。

爤 31326 u2AE45 null_9.13 未詳。

焵 31327 u2AE44 null_9.13 未詳。

煅 31328 u2F91C duàn_9.13 同煅31396

滋 31329 u2434F null_9.13 未詳。

煋 31330 u24306 null_9.13 未詳。

煑 31332 u24304 zhǔ_9.13 俗煮31214 可

煋 洪音義 煋麥：上之与反。正作夒。

爆 31331 u24305 nháng_9.13 喃 从燦省降giáng聲△霸爆：閃閃發光。

煣 31333 u24300 kíp_9.13 喃 从火急cấp聲。

烟 31334 u242FF đốt_9.13 喃 从燃省苗đốt聲。亦作灶。

焓 31335 u242FE hâm_9.13 喃 燈31863略字。

炶 31336 u242FD sới_9.13 喃 烂炶：燦爤。

煩 31339 u242FA null_9.13 未詳。

焪 31337 u242FC kho_9.13 喃 从火，苦khổ聲。同灶31340 図hoj 壯窮苦，艱難。

派 31338 u242FB phới_9.13 喃 从熱省派phái聲。

焑 31340 u242F9 kho_9.13 喃 从火枯khô聲△魤焑：紅燒魚。魤焑：紅燜肉△亦作焪31337 煇31459

燍 31341 u242F8 khét_9.13 喃 从焦省契khiết聲△味燍：焦糊味。

烰 31342 u242F7 nấu_9.13 喃 从火奏tấu聲△烰呔：煮飯。

剼 31345 u242F4 liè_9.13 同烈31294

烂 31343 u242F6 rành_9.13 喃 从火苓linh聲。清楚，明瞭△烂烂：昭然，昭彰。

熏 31347 u242F1 xūn_9.13 俗熏31433

焇 31344 u242F5 dãi_9.13 喃 从火待đãi聲。曝露△焇曬：曝晒。焇油：日曬雨淋。

炳 31346 u242F2 ruò_9.13 亦作蒻50183 玉篇 炳，同爇31959

熙 31348 u242EE xī_9.13 俗熙31522

黗 31349 u242E7 null_9.13 未詳。

秋 31350 u242E6 jiāo_9.13 直音篇 同燋31237

煞 31351 u242E5 null_9.13 未詳。

魹 31352 u242E4 null_9.13 未詳。

煞 31353 u242E3 shā_9.13 集韻 殺，或作煞。

熘 31354 u242E2 null_9.13 未詳。

煠 31355 u242E1 null_9.13 未詳。

煟 31356 u242E0 null_9.13 未詳。

焃 31357 u242DF null_9.13 字見甲骨文

魤 31358 u242DE null_9.13 未詳。

㷐 31359 u242DD null_9.13 未詳。

炤 31360 u242DC zhào_9.13 直音篇 同照31280

焛 31361 u242DB null_9.13 未詳。

哭 31362 u242DA null_9.13 未詳。

烠 31363 u242D9 miáo_9.13 火苗 華英字錄 烠，flame。

熄 31364 u242D8 sī_9.13 人名用字

煦 31365 u242D7 xù_9.13 煦31279本字

燉 31366 u242D6 null_9.13 未詳。

肰 31367 u242D5 xù_9.13 同肰31442

裛 31368 u242D4 null_9.13 未詳。

煢 31369 u242D3 null_9.13 未詳。

熱 31370 u242D2 null_9.13 未詳。

煃 31371 u242D1 null_9.13 未詳。

招 31372 u242D0 null_9.13 未詳。

煣 31373 u242CF lóu_9.13 簡 嘍31540

煎 31374 u242CE jiān_9.13 同煎31239

焱 31375 u242CD null_9.13 或螢字之譌

燊 31376 u242CC suì_9.13 俗燧31817

煥 31377 u242CB null_9.13 未詳。

燀 31378 u242CA null_9.13 未詳。

煜 31379 u242C9 null_9.13 未詳。

熬 31380 u242C8 null_9.13 未詳。

焊 31381 u3DDE hu_9.13 韓 華城城役 儀軌·卷一·傳教·丙辰正月二十二日 禿城中軍金焊，其勞甚鉅，為先熟馬一匹，特為賜給。

煝 31382 u3DDD dol_9.13 韓 溫煥也，煖煥也。火炕，暖炕 三國遺事·卷二·南扶餘·前百濟 百濟王欲幸王興寺禮佛，先於此石望拜佛，其石自煖，因名煝石。

煥 31383 u3DDC null_9.13 清·黃宗羲 南雷集·學箕初稿卷一·神燈賦 神燈煥煥兮，何者非鬼神之跡兮。神燈焱焱兮，何者非鬼神之功兮。

煲 31384 u3DDB bāo_9.13 同煲31395

煎 31386 u3DD9 jiān_9.13 同煎31239

煙 31385 u3DDA đoành_9.13 喃 从爆省亭đình聲△胒煙：爆竹聲。

煚 31387 u3DD7 jiǒng_9.13 同焭48178

煉 31388 uF993 liàn_9.13 兼 煉。

煸 31389 u7178 biān_9.13 烹調法的一種，將菜肴快炒至半熟，以備再加作料烹熟。

煷 31390 u7177 huǒ_9.13 同火30586太平天国新造字。

煤 31391 u7176 dawz_9.13 壯 煤，着（火），燃。

煏 31392 u7175 nǎn_9.13 方 字海 煏，微炒。

煴 31393 u7174 yūn_9.13 同煴31421

煳 31394 u7173 hú_9.13 俗糊43458焦煳，烤煳。

煲 31395 u7172 bāo_9.13 廣東俗字，煲煮或熬。亦作煲31384 図指煲湯的鍋。亦从瓦作甂35108

煅 31396 u7145 duàn_9.13 同煅31227

煼 31397 15663 gòu_10.14 廣韻 古候切 集韻 居候切夶音遘 廣韻 舉火也。

煺 31398 15664 tuì_10.14 廣韻 他回切 集韻 通回切夶音推 廣韻 煺毛。出 字林 集韻 以湯除毛。或作煺。璺 又煺31399

煺 31399 15665 tuì_10.14 字彙 同煺

焵 31404 15670 chǎo_10.14 廣韻 同燩

31400 15666 粦 lín_10.14 唐韻類篇夶良刃切音吝說文兵死及牛馬之血爲粦。粦，鬼火也。从炎舛博物志戰鬪死亡之處，有人馬血積年化爲粦。著地及草木，如露不可見，行人觸之，著體有光，拂拭卽分散無數，又細吒聲如磷豆，靜坐良久尋滅又lín玉篇力仁切廣韻力珍切夶音鄰。義同廣韻集韻作粦。同燐集韻又作㷠。

31401 15667 䲊 bì_10.14 篇海普逼切，義闕○按䲊當爲㷶31679字重文。

31402 15668 煻 táng_10.14 廣韻集韻夶徒郎切音唐廣韻煻煨火集韻熱灰謂之煻煨又正字通煻煨池，在遼東。北有唐太宗烽火臺。五里間有火穴，名煻煨池。夜明如晝。或有物，去池三十步，無巨細脅入池中。

31403 15669 熪 chǎo_10.14 廣韻初爪切集韻韻會正韻楚絞切夶音謅廣韻熬也。同鬻煼炒集韻同爨鬹㷜31083

31405 15671 煽 shàn_10.14 唐韻集韻韻會正韻夶式戰切音扇爾雅·釋言煽，熾也說文熾，盛也詩·小雅豔妻煽方處。又廣韻火盛貌新論·防慾篇煽燿章臺又shān廣韻式連切集韻韻會正韻尸連切夶音羶廣韻火盛也。△集韻本作傓。

31406 15672 煛 jiǒng_10.14 篇海古迥切。目驚貌。鑒又熲37878

31407 15673 煴 ēn_10.14 廣韻集韻夶烏痕切音恩。同衰30837又wēn集韻烏昆切音溫。本作熅31421

31408 15674 羨 cī_10.14 唐韻楚宜切集韻又宜切夶音差說文束炭也又集韻仕知切音齜。又玉篇才和切音槎。義夶同又cí集韻才支切音疵博雅曝也又疾智切音漬。義同又zhǎ玉篇俎下切音鮓。亦束炭也○按五音集韻羡30968同羨集韻類篇二字分載。然音義相同，筆畫相近，當是一字。

31409 15675 熚 xīng_10.14 集韻思營切音騂博雅赤也類篇作烍。

31410 15676 爃 bó_10.14 集韻伯各切音博。本作爆31958鑒又爃31612

31411 15677 寀 zǎi_10.14 集韻子亥切音宰。烹也。

31412 15678 㷉 hù_10.14 廣韻集韻夶呼木切音㲉廣韻本作㲉。日出赤貌又hú集韻胡谷切音縠。赤貌又xuè黑角切音吒。火聲。

31413 15679 煌 huǎng_10.14 篇海爲輞切，音暈◇煒煌，火光盛貌又王延壽·魯靈光殿賦鴻爌炾以爣閬註寬明也。鑒又炾30827

31414 15680 㷍 xié_10.14 廣韻虛業切集韻迄業切夶音脅廣韻火氣㷍上集韻火迫也。鑒又㷆30932

31415 15681 烝 zhēng_10.14 篇海袁仍切音蒸。熱氣也。又冬祭名○按烝當同烝。

31416 15682 熺 xì_10.14 廣韻集韻夶許旣切音餼玉篇燎除旁草也廣韻爇火也詩·大雅·旱麓箋柞棫之所以茂盛者，乃人熺燎其旁草，養治之使無害也釋文芟草燒之曰熺。許氣反。又虛刈反又xiē集韻許竭切音歇。火焚山草也。鑒又炂30636炘30690爔32069

31417 15683 煨 huǐ_10.14 集韻虎委切音毀玉篇火也，烈火也。同烜、煇篇海同煇。

31418 15684 燬 wù_10.14 篇海武遇切音務。土火也○按燬當與玉篇燉同。

31419 15685 滎 yǐng_10.14 唐韻集韻夶烏迥切音濙說文深池也玉篇澤地也又集韻庚頃切音穎。義同△說文載井部。鑒又滎31634霙66428

31420 15686 熄 xī_10.14 唐韻相卽切集韻韻會悉卽切夶音息說文畜火也又說文一曰滅火也孟子安居而天下熄。

31421 15687 熅 yūn_10.14 唐韻集韻韻會夶於云切音氳說文鬱煙也前漢·蘇武傳置熅火註師古曰熅，聚火無焱者也。又玉篇煙熅也，氣也，煗也◆班固·東都賦降烟熅，調元氣又新書·道術篇欣憓可安謂之熅。反熅爲鷔。又通作蘊詩·大雅蘊隆蟲蟲釋文蘊，紆粉反。本又作熅。紆文反又wēn集韻烏昆切音溫。燀熅，火微。或作熅又wěn鄔本切音穩。熅炳，熱也又yùn紆問切音醞。以火伸物又wù烏沒切音搵。煙鬱貌又一曰熱貌新書·禮篇天淸澈，地富熅。鑒又熅31393又或作熅。或作煴31407之誤。

31422 15688 熇 hú_10.14 唐韻集韻夶胡沃切音鵠說文灼也又集韻類篇夶吾沃切音鑊。又集韻光鑊切音郭。義夶同。

31423 15689 熆 hé_10.14 廣韻胡臘切集韻轄臘切夶音盍廣韻吹火也。鑒又𤑩18017

31424 15690 熇 huò_10.14 廣韻火酷切集韻韻會呼酷切夶音臛說文火熱也玉篇熾也，燒也廣韻熱貌詩·大雅多將熇熇，不可救藥傳熇熇然，熾盛也疏熇熇，是氣熱之盛，故爲熾盛也又hù唐韻火屋切集韻韻會正韻呼木切夶音嗀義同韻會或作歊又hè廣韻呵各切集韻韻會正韻黑各切夶音郝。與謞同爾雅·釋訓謞謞，崇讒慝也疏引詩多將熇熇，多行慘毒之惡。謞熇音義同釋文謞，虛各切又xiāo集韻虛嬌切音囂。炎氣也。或作喬又虛交切音虓。本作灶30598暴也又kǎo集韻類篇夶苦浩切音考集韻本作燺31898燥也又kào口到切音犒。焅也。或作烤30982鑒又熇31673熇31840㷱25780

31425 15691 熙 xī_10.14 俗熙31246字。

31426 15692 熤 yún_10.14 集韻王分切韻會正韻于分切夶音雲集韻黃貌前漢·郊祀歌照紫幄，珠熤黃註師古曰言光照紫幄，故其珠色熤然而黃也又集韻羽粉切音抎。義同。鑒又煩31053

熊 31427 15693
xióng_10.14 古文羆 集韻 韻會 夶胡弓切音雄◆ 說文 熊獸似豕，山居冬蟄。从能炎省 爾雅·釋獸 熊，虎醜 疏 醜，類也 書·禹貢 熊羆狐狸織皮 詩·小雅 維熊維羆，男子之祥 又 赤熊 爾雅·釋獸 魋如小熊 註 今建平山中有此獸。俗呼爲赤熊 又 史記·天官書 熊熊赤色，有光 山海經 槐江之山，南望崑崙。其光熊熊，其氣魂魂。 又 山名 書·禹貢 熊耳外方桐柏 史記·黃帝紀 南至于江，登熊、湘 註 二山名。熊卽熊耳山。又 封禪書 南伐至于召陵，登熊山 又 山海經 熊山有穴焉。熊之穴，恆出神人，夏啓而冬閉 又 西熊，侯國。見 史記·建元以來王子侯者年表 又 人名 書·舜典 益拜稽首，讓于朱虎熊羆。 又 史記·五帝紀 黃帝爲有熊 韻會 有熊，國名。黃帝所都 又 廣韻 亦姓 左傳 賢者熊宜僚。又 複姓 左傳 楚大夫熊率且比 又 集韻 矣殊切。義同 唐韻正 正音，音羽陵反 春秋·宣八年 葬我小君敬嬴 公羊 穀梁傳 夶作頃熊。頃音近敬，熊音近嬴 正義 不得其解，乃云一人有兩號。非矣 左傳·昭七年 正義曰：張叔皮論云實爵下革，田鼠上騰，牛哀虎變，鯀化爲熊，久血爲燐，積灰生蠅。王劭曰：古人讀熊于陵反。張叔用舊音也。熊當改入蒸韻。 又 集韻 囊來切。同能 左傳·昭七年 晉侯夢黃能入于寢門 釋文 熊亦作能47196，如字。一音奴來反。三足鼈也 △ 集韻 或作猥能狁。 鼇 又 㷱31428熊31646

㷱 31428 15694
nái_10.14 集韻 類篇 夶囊來切音能。熱也 △ 正字通 同熊。俗書分兩音兩義。誤○按熊、㷱似爲一字而異文。然㷱於字爲能火 集韻 類篇 訓作熱，當亦有據。今兩存之。

閵 31429 15695
lìn_10.14 廣韻 集韻 夶良刃切音吝 玉篇 火貌 集韻 同閵31070又 集韻 里刃切 類篇 力刃切夶音嶙 集韻 燭息火存謂之閵。 鼇 又 閵65046

爛 31430 15696
shǎn_10.14 集韻 類篇 夶舒贍切音閃 集韻 本作熌 黏31245或作炶。火行也。 鼇 又 炶30815

焪 31431 15697
qióng_10.14 集韻 丘弓切音芎。本作焭31096

燿 31432 15698
yào_10.14 集韻 一笑切音要。爐也。

熏 31433 15699
xūn_10.14 唐韻 集韻 韻會 正韻 夶許云切音薰 說文 本作熏 玉篇 本作煇 類篇 隸作熏 說文 火煙上出也。从屮从黑。屮黑，熏象也 玉篇 熱也 廣韻 火氣盛貌。同燻 詩·豳風 穹窒熏鼠。又 大雅 憂心如熏 傳 熏，灼也 釋文 熏，本又作燻 周禮·秋官·蟈氏 以莽草熏之 又 詩·大雅 公尸來止熏熏 傳 熏熏，和悅也 箋 熏熏，坐不安之貌 釋文 熏 說文 作醺。醉也 又 蔡邕·釋誨 下獲熏胥之辜 註 謂相熏炙得罪也 又 呂氏春秋 東南曰熏風 又 後漢·趙壹傳 陟遂與言談，至熏夕，極歡而去。又通作薰 易·艮卦 屬薰心 後漢·馬廖傳 聲薰天地 又 xùn 集韻 吁運切音訓。灼也 又 與釁通 齊語 三釁三沐之 註 釁，或爲熏 △ 正譌 中从四。與囪同。俗从田，誤。 鼇 又 燻32067熏31347爓31997 又 可洪音義 薽51763殺：上許云反，下所八反 又 慧琳

音義 㷹13280習：上訓憚（憚）反 考聲 云：熏，熱也 說文 云：火氣也。從黑從中作裹14395今俗作熏，行用以久難改。亦作煙31226

㷓 31434 15700
wěng_10.14 廣韻 集韻 夶烏孔切，翁上聲 廣韻 㷓然煙氣。

煤 31435 15701
míng_10.14 集韻 類篇 夶忙經切音冥。煤蠹，匈奴聚落也 又 mì 集韻 莫狄切音覓。義同。 鼇 正字通 爛，煤本字。

爈 31436 15702
lián_10.14 廣韻 集韻 夶勒兼切音鬑◆ 說文 火煣車網絕也 周禮曰：煣牙外不爈○按今本 周禮·冬官考工記·輪人 煣作揉。爈作廉 玉篇 絕也 廣韻 煣軔 又 集韻 火不絕也。或作爐 又 qiān 集韻 苦兼切音謙。燥輞也。 鼇 又 爈31999

熒 31437 15703
yíng_10.14 唐韻 戶扃切 集韻 懸扃切 韻會 互扃切夶音螢 說文 屋下燈燭之光。从焱冖 前漢·班固敘傳 守突奧之熒燭 註 師古曰熒熒，小光之燭也 又 玉篇 熒熒，猶灼灼也 廣韻 光也，明也 史記·趙世家 美人熒熒兮，顏若苕之榮 杜牧·阿房宮賦 明星熒熒 又 熒惑，星名 史記·天官書 察剛氣以處熒惑。亦作營 又 莊子·人間世 而目將熒之 註 使人眼眩也 又 熒陽，縣名 左傳·宣十二年 及熒澤，見六麋 註 熒澤，在熒陽縣東 又 水經注 火山。似火，从地中出，名熒臺 又 草名 爾雅·釋草 熒，委萎 註 藥草也 又 與螢通 爾雅·釋蟲 熒火卽炤 後漢·靈帝紀 逐熒光行數里 又 hóng 集韻 乎萌切音宏。火光 又 維傾切音營。義同 又 xíng 集韻 類篇 夶翾營切音駉 集韻 本作熒。水名 又 yíng 集韻 烏迥切音濙。同濙。聽濙，疑惑也 莊子齊物論 是黃帝之所聽熒也 又 yǐng 五音集韻 烏絅切音鎣。火光貌 又 yìng 集韻 胡鎣切，濙去聲。暫明貌。 鼇 又 熒30820

煸 31438 15704
hàn_10.14 集韻 類篇 夶戶感切音頷。灼爛也。

燢 31439 15705
biāo_10.14 正字通 煻本字○按 說文 煻本作奧。此字諸韻書皆不載，不知何據。

煨 31440 15706
wēi_10.14 集韻 與娃同。

熓 31441 15707
wǔ_10.14 五音篇海 烏沒切 字彙補 火熄也 又 烏古切音鄔。義同。 鼇 又 熓30716

煦 31442 15708
xù_10.14 篇海 與煦31285同。

煊 31443 15709
xuàn_10.14 集韻 古玩切音貫。本作爟。或作烜30867○按烜本與爟字異。煊之同爟。又因烜而誤。 集韻 非

然 31444 15710
nán_10.14 五音集韻 女閑切音羂。語聲。

燰 31445 15711
duò_10.14 字彙補 同煏。

煼 31446 15712
chǎo_10.14 五音篇海 初巧切音眇。熬炒也。火乾物也○按卽煼字之譌。

煋 31447 15713 null_10.14 字彙補 典奧略 云蔡邕祖餞祝文，神龜吉兆，休氣煋煋 太平御覽 作皇皇。音義未詳。

熂 31448 44180 xì_10.14 字彙補 許計切，音戲◇。

㷑 31449 44181 shā_10.14 奚韻 所殺切。

㷒 31450 44182 jī_10.14 五音篇海 音疾。鎣 龍龕 㷒，俗。音疾。図 昌㷒，道教雷霆四箭符之一。見 道法會元

㷓 31451 44183 shāo_10.14 奚韻 同燒

㷔 31452 44184 xiǎng_10.14 龍龕 音享

㷕 31453 44185 guà_10.14 搜真玉鏡 同卦。

𫞡 31454 u2B7A1 róng_10.14 簡 爃31919

𪹠 31455 u2AE60 tān_10.14 簡 灘32136

𪹟 31456 u2AE5F null_10.14 喃 未詳。

𪹞 31457 u2AE5E null_10.14 未詳。

𪹜 31459 u2AE5C kho_10.14 喃 从火庫kho聲。同烳31340

𪹝 31458 u2AE5D null_10.14 未詳。

𪹛 31460 u2AE5B null_10.14 未詳。

𪹕 31466 u2AE55 xù_10.14 俗煦31279 新撰字鏡 煦，虛句反。去。氣暖也。

𪹚 31461 u2AE5A bangh_10.14 壯 烘烤△㷠㷄：烤火。

𪹙 31462 u2AE59 null_10.14 未詳。

𪹘 31463 u2AE58 null_10.14 喃 未詳。

𪹗 31464 u2AE57 null_10.14 未詳。

𪹖 31465 u2AE56 null_10.14 未詳。

𪹔 31467 u2AE54 null_10.14 未詳。

𪹓 31468 u2AE53 null_10.14 未詳。

𪹒 31469 u2AE52 null_10.14 未詳。

𤑊 31473 u2434A tỏ_10.14 喃 从煌省素tố聲。明亮。㷠排：說明，表白。

𤑎 31470 u2434E sáng_10.14 喃 暵𤑎：光線。熼𤑎：輝煌。

𤑌 31471 u2434C thiêng_10.14 喃 从灵声thanh聲。神，靈。亦作靘31595

𤑋 31472 u2434B hực_10.14 喃 从火訖hất聲。

𤑉 31474 u24349 ngùn_10.14 喃 从火訔ngân聲△𤑉𤑉：濃煙滾滾。

𤑈 31475 u24348 qǐ_10.14 人名用字

𤑇 31476 u24347 nấu_10.14 喃 俗𤏋32041

𤑆 31477 u24346 ngốt_10.14 喃 从熱省軏ngột聲△𤑆馭趷：悶熱。

𤑅 31478 u24345 liè_10.14 同烈30839碑別字 図 rệt 喃 从火烈liệt聲。

𤑃 31480 u24343 hây_10.14 喃 从火海hải聲。燃。

𤑂 31481 u24342 yín_10.14 讀書雜志·淮南內篇第二·俶真 九𤑂。王念孫案：𤑂當為埜09330字之誤也。

𤐽 31483 u2433D chǎo_10.14 同𤏎31404

𤐾 31482 u2433E hè_10.14 曹氏楝亭本 集韻 𤐾，黑各切。火也。宋本 集韻 作𤐾70819，大也。

𤐼 31484 u2433C huáng_10.14 煌31236本字。

𤐻 31486 u24339 gàn_10.14 集韻 𤐻𩏑22913，居案切。乾也。

𤐸 31487 u24336 null_10.14 未詳。

𤑄 31479 u24344 tổ_10.14 喃 从火祖tổ聲。光亮△𤑄𤑄家門：光宗耀祖，光耀門楣。

𤐵 31488 u24335 yàn_10.14 俗焰31108

𤐺 31485 u2433A jiān_10.14 煎31239本字

𤐴 31489 u24334 càn_10.14 俗燦31815 脂硯齋重評石頭記（庚辰本）·第八回 宝釵被纏不过，因說道：也是个人給了両句吉利話兒，所以鏨上了，叫天天带着，不然，沉甸甸的有什庅趣兒。一面說，一面解了排扣，從里面大紅袄上，将珠宝晶瑩、黄金𤐴爛的瓔珞掏将出来。

𤐳 31490 u24333 wēi_10.14 俗烓30854 新撰字鏡 煨、烓，口回反。行竈 図 道法會元·卷之六十七·雷霆玄論·虛靜召役廟貌神祇法 召十字：炔，中。烜，坤。㷟，子，𤐳。

𤐱 31491 u24331 null_10.14 未詳。

𤐰 31492 u24330 bì_10.14 俗熚31529

𤐯 31493 u2432F null_10.14 未詳。

𤐮 31494 u2432E jiǒng_10.14 同熲48178

𤐭 31495 u2432D chén_10.14 合併字學集篇 音臣 崇禎實錄·卷之九 懷宗端皇帝 辛未，皇五子慈𤐭生，皇貴妃田氏出也。

𤐬 31496 u2432C null_10.14 古陶文彙編.3.231 匋里人𤐬。

𤐫 31497 u2432B huò_10.14 同㸌31238

𤐪 31498 u2432A nuǎn_10.14 同煗31506俗煗31251庚辰本 脂硯齋重評石頭記·第四十一回 宝玉先禁不住，拿起壺來斟了一杯，一口飲盡。復又斟上，才要飲，只見王夫人也要飲，命人換𤐪酒，宝玉連忪将自己的杯捧了過來，送到王夫人口邊。

𤐩 31499 u24329 fà_10.14 同髮70929俗髮70949

𤐨 31500 u24328 mān_10.14 同𡰴11825

𤐦 31502 u24326 null_10.14 未詳。

𤐧 31501 u24327 sāng_10.14 煒𤐧：亦稱煨桑，藏傳佛教的一種燎祭

𤐥 31503 u24325 yān_10.14 同𤐥31097

𤐤 31504 u24324 null_10.14 未詳。

𤐣 31505 u24323 rát_10.14 喃 从燒省栗lật聲△疠𤐣：燒灼感。

𤐢 31506 u24322 nuǎn_10.14 同煗31251

𤐠 31508 u24320 lín_10.14 俗粦31400

𤐡 31507 u24321 yíng_10.14 俗熒31437 龍龕 𤐡，俗。音熒。

𤐟 31509 u2431F null_10.14 或俗粲。

𤐞 31510 u2431E null_10.14 未詳。

𤐝 31511 u2431D chǎo_10.14 俗𤏎31404亦作炒30904

𤐜 31512 u2431C yǎn_10.14 段注 𤐜，各本篆體作𤐜48500

𤐛 31513 u2431B xiào_10.14 同熽31660亦作𤏋31302

𤐚 31514 u2431A null_10.14 未詳。

𤐙 31515 u24319 tā_10.14 北京方言詞典 𤐙絲密：加糖燒製的羊肉。亦作它似蜜。

𤐘 31516 u24318 null_10.14 未詳。

𤐇 31517 u24307 jiǒng_10.14 俗熲48178

燶 31518 u3DEA zuì_10.14 同熶31712

熙 31519 u3DE9 xī_10.14 同熙31246

熢 31520 u3DE8 fēng_10.14 或同烽

熙 31522 u7199 xī_10.14 同熙31246

熿 31521 u3DE7 yuán_10.14 新撰字鏡熿，五玄反。野火也。

熘 31523 u7198 liū_10.14 國語辭典同餾69353

熗 31524 u7197 qiàng_10.14 同嗆06707 元曲選·沙門島張生煮海雜劇·第三折我則見水晶宮血氣從空撞，聞不得鼻口內乾烟熗。音釋：熗，妻相切図國語辭典熗，烹飪法之一，以蔬菜或蛤、蝦等置沸水中微煮，佐以青醬、油、醋等，如言熗芹菜、熗青蛤図同槍24952火熗。

熖 31525 u7196 yàn_10.14 同焰31108 集韻燄32113，以贍切。火光。或作焰。

熕 31526 u7195 gòng_10.14 炮。亦作鎮63938熕船，亦作熕顆48770，炮船。發熕，亦作發鑛，指火炮、開炮。

熔 31527 u7194 róng_10.14 同鎔63863用高溫使金屬或固體物質變為液體狀態。

攑 31528 15714 tuì_11.15 集韻類篇丛通回切音推集韻本作熪31398

燀 31529 15715 bì_11.15 唐韻卑吉切集韻璧吉切丛音必說文燀燶，火貌玉篇燀沸，火貌図玉篇火聲也鋆說文燀，燀爕，火兒図烞30930燑31864爗32080熚31492

熛 31530 15716 biāo_11.15 唐韻補遙切集韻韻會正韻卑遙切丛音標說文本作熛。火飛也。从火，票聲詩·小雅·燎之方揚箋燎之方盛之時，炎熾熛怒史記·淮陰侯傳熛至風起図揚雄·甘泉賦前熛闕而後應門註晉灼曰：熛闕，赤色之闕。南方之帝曰赤熛怒。應門正在熛闕之內也。△·集韻或作熛図集韻紕招切音漂。本作熛。義同。鋆又熛30981熛31439

熜 31531 15717 zǒng_11.15 說文熜本字。

熽 31532 15718 lù_11.15 集韻盧谷切，音祿。煉也。

熞 31533 15719 jiān_11.15 集韻經天切音堅。灼鐵淬之。

熲 31534 15720 qǐng_11.15 集韻棄挺切音罄。火乾出也。

熴 31535 15721 mò_11.15 集韻末各切音莫玉篇火貌集韻或書作慕。

熮 31536 15722 zhāo_11.15 集韻類篇丛莊交切音抓。然也。或作㷰。

熟 31537 15723 shú_11.15 古文𤎧玉篇市六切廣韻殊六切丛音淑說文本作𤏂。食飪也玉篇爛也禮祭義亨熟羶薌図廣韻成也書·金縢歲則大熟図戰國策願王熟慮之図史記·齊悼惠王世家灌將軍熟視笑曰：人謂魏勃勇，妄庸人耳図史記·大宛傳多齎熟於天子註漢書音義曰：進熟，美語。如成熟者也図釋名荊豫人謂長婦曰熟。熟，祝也。祝，始也△韻會熟，本作孰。後人加火，而

孰但爲誰孰字矣。鋆又孰11906孰31633孰31789孰32060孰32034図四聲篇海烞31312音熟字。

熠 31538 15724 yì_11.15 廣韻爲立切集韻域及切丛音煜說文盛光也詩·豳風倉庚于飛，熠燿其羽箋羽鮮明也集韻同爗、爆図廣韻熠燿，螢火詩·豳風熠燿宵行傳熠燿，燐也。燐，螢火也唐韻羊入切集韻韻會正韻弋入切丛音習。又集韻席入切音習。義丛同。鋆又熠46237

㷱 31539 15725 shù_11.15 玉篇署與切音墅篇海野火也。鋆楊寶忠：俗堅09207

熡 31540 15726 lóu_11.15 玉篇勒侯切音樓篇海火炎也。鋆龍龕熡，舊藏作樓25171図熡31373

熢 31541 15727 fēng_11.15 唐韻集韻韻會丛敷容切音丰。同烽30970◆說文熢候表也。邊有警則舉火揚子方言熢，虞望也前漢·韓安國傳置熢燧。

熢 31542 15728 péng_11.15 集韻蒲蒙切音蓬。熢㶿，煙鬱貌。図bèng蒲蠓切音嗙。熢㶿，火氣。鋆蓬勃俗作熢㶿、熢㶿。

熿 31543 15729 qǐng_11.15 字彙同㷿25747

榎 31544 15730 yǒu_11.15 篇海余紐切音酉。積木燎祭天。亦作楢。鋆又槱25116

糟 31545 15731 zāo_11.15 唐韻作曹切集韻臧曹切丛音糟說文本作熸。焦也玉篇燒也廣韻火餘木也般若經有人持小火，熸燒乾草木△六書㳺原作燋。

熣 31546 15732 suī_11.15 集韻蘇回切音崔。熣，煤煙塵〇按類篇又胡沃、吾沃二切集韻惟熣字有此二音，熣止平聲一音類篇誤。

熤 31547 15733 yì_11.15 集韻夷益切音繹。人名。後魏有張熤。図集韻類篇丛逸織切音弋。義同。

熥 31548 15734 tōng_11.15 集韻他東切音通。以火煖物也。

熦 31549 15735 jué_11.15 集韻卽約切音爵。火具也。本作爝32100図疾雀切音嚼。義同。

熧 31550 15736 zōng_11.15 廣韻卽容切集韻將容切丛音縱玉篇火行廣韻火行穴中集韻火出穴中。

熨 31551 15737 wèi_11.15 廣韻於胃切音慰。同尉31102史記·扁鵲傳案抗毒熨註毒熨，謂毒病之處，以藥物熨貼也図廣韻集韻丛紆物切音鬱廣韻火展帛也図集韻一曰火斗。或作爩〇按集韻入聲，尉尉熨爩分載。鋆又尉22010尉30976熨31534尉05238

熰 31552 15738 hù_11.15 集韻類篇丛後五切音戶玉篇光也図字彙音虎。義同。

熸 31553 15739 jiān_11.15 篇海子廉切音尖。火熸也。図盡也。

熪 31554 15740 yí_11.15 廣韻弋支切集韻余支切𠀤音移玉篇熑熪廣韻熑熪，火不絕貌。

熫 31555 15741 zhì_11.15 顏氏家訓吳人以火旁作庶，爲炙字。

熢 31556 15742 bèng_11.15 集韻蒲蠓切，蓬上聲。熢㶿，煙塵雜起貌。

熬 31557 15743 áo_11.15 唐韻五牢切集韻韻會正韻牛刀切𠀤音敖說文本作𤍽。乾煎也揚子方言凡以火而乾五穀之類，自山而東，齊、楚以往謂之熬禮·內則煎醢加于陸稻上，沃之以膏，曰淳熬周禮·地官·舍人共飯米熬穀後漢·邊讓傳少汁，則熬而不可熟㊀與嗸通前漢·陳湯傳衆庶熬熬苦之註愁聲△說文或作𩞑集韻或作鏖。䜭又𤌑31609敖74524𩞑74682𣯌74549𡫤74663

熭 31558 15744 wèi_11.15 五音集韻于劌切音衞說文暴乾火也玉篇曝乾也前漢·賈誼傳黃帝曰：日中必熭㊀huì或作彗六韜·守土篇日中必彗㊀集韻胡桂切音慧。又yuè王伐切音越。義𠀤同△集韻或作𤑔。亦作𦞦。䜭又𤑔42981

熮 31559 15745 liǔ_11.15 廣韻集韻𠀤力久切音柳說文火貌㊀玉篇燒也，爛也㊀liáo唐韻烙蕭切集韻韻會憐蕭切正韻連條切𠀤音聊。義同說文逸周書曰：味辛而不熮。㊀liú集韻力求切音留。又liào力弔切音料。義𠀤同。䜭又𤆍30755

熯 31560 15746 rǎn_11.15 唐韻人善切集韻韻會忍善切𠀤音橪說文乾貌。从火，漢省聲玉篇火盛貌管子·伯形篇楚人攻宋、鄭，燒焫熯焚鄭地王充·論衡熯一炬火，爨一鑊水㊀爾雅·釋詁敬也詩·小雅我孔熯矣，式禮莫愆。㊀hǎn廣韻韻會呼旱切集韻正韻許旱切𠀤音罕廣韻本作焊30988㊀韻會正韻乾也。又炙也㊀hàn廣韻韻會呼旰切集韻虛旰切正韻虛汗切𠀤音漢廣韻火乾易·說卦燥萬物者，莫熯乎火集韻本作暵。䜭又𤒀31845𤓍31938

熰 31561 15747 ōu_11.15 集韻烏侯切音謳玉篇炮熰也管子·侈靡篇古之祭有時而熰註熰，熱甚也。謂旱熱甚而祭。㊀òu集韻於候切，漚去聲。煖也。或作嘔、蓲。

熷 31562 15748 bó_11.15 篇海蒲沒切音勃。煙起白也。䜭煙起皃。

熪 31563 15749 chī_11.15 廣韻丑知切集韻抽知切𠀤音摛玉篇火焱也㊀lí廣韻呂支切集韻鄰知切𠀤音離廣韻帷中火也。

熨 31564 15750 bīn_11.15 字彙古賓字○按集韻賓古亦作賔、賔篇海火部，賔亦在十二畫內，無作賔者，當是賓字之譌。

熱 31565 15751 rè_11.15 唐韻如列切集韻韻會正韻而列切𠀤音茶說文溫也釋名熱，爇也。如火所燒爇增韻炎氣詩·大雅誰能執熱，逝不以濯禮·月令大雨時行，燒薙行水。利以殺草，如以熱湯㊀唐韻正如例反束晳·近遊賦繫複襦以御冬。脅汗衫以當熱。帽引四角之縫。裙爲數條之殺餅賦三春之初，陰陽交際。寒氣既除，溫不至熱◇△正字通說文本作爇，十二畫。省作熱，非。䜭又热30938烕31312𤇾74521𤊫31641炅30652㊀龍龕𤍠31613𤍰31001二俗，𤍠通，𤑉31960正，而列反。爇也。

熲 31566 15752 jiǒng_11.15 唐韻韻會正韻𠀤古迥切音炯說文火光也廣韻輝也詩·小雅無思百憂，不出于熲傳熲，光也㊀集韻涓熒切音扃。義同。或作耿㊀五音集韻古文耿46549字○按熲字說文玉篇篇海俱在火部，訓作火光字彙正字通收入頁部，非。今特改正。䜭又颎68121熲68267

熴 31567 15753 xián_11.15 廣韻徐鹽切集韻徐廉切，𠀤音燅。本作燅31671

熸 31568 15754 wàn_11.15 集韻萬50032古作𤎤。

熤 31569 15755 xiè_11.15 集韻悉協切音躞。籀文燮31829字○按說文又部燮31828字云籀文作燮。炎部燮字不云作燮。

熰 31570 15756 zào_11.15 篇海先老切音掃。義闕揚子方言註㷔則乾熰漢·析里橋郙閣頌徙朝陽之平熰○按集韻燥俗作熰，非是。據此，是熰爲俗燥字也。

熌 31571 15757 càn_11.15 五音篇海倉旦切。輝也。

熀 31572 15773 yè_11.15 廣韻筠輒切集韻域輒切𠀤音曄玉篇火光貌集韻火盛也㊀集韻域及切音熤。義同△本作爗。䜭避清聖祖康熙帝玄燁31802諱㊀烨30943爗32066𤒿32023𤓖32093𤋮31616𤒦02479瑋34652㊀煒燁或作瑋瑋、暐曄。

𤎛 31573 41413 jí_11.15 奚韻音亟。疾也，急也。

𤎜 31574 41414 shāng_11.15 五音篇海尸光切。明也。

𤎝 31575 41415 zhuō_11.15 字彙補之若切。與焯、灼同說文引周書焯見三有俊心。

𤎞 31576 44186 liè_11.15 奚韻同烈。䜭或从岜作𤎞31787，並譌。

𤎟 31577 44187 cuàn_11.15 字彙補與爨同。

𪫩 31578 u2AE69 null_11.15 未詳。

𪫨 31579 u2AE68 null_11.15 未詳。

𪫧 31580 u2AE67 null_11.15 未詳。

𪫦 31581 u2AE66 null_11.15 未詳。

𪫤 31583 u2AE64 null_11.15 未詳。

𪫣 31584 u2AE63 xū_11.15 合併字學集篇音虛㊀hơ喃从火虛hư聲△爐焻：烤乾。

𪫢 31585 u2AE62 null_11.15 未詳。

𪫡 31586 u2AE61 null_11.15 未詳。

龦 31587 u9FA6 null_11.15 未詳。

𪫥 31582 u2AE65 càn_11.15 俗燦31815敦煌變文集·維摩詰經講經文日照珍珠光燦爛。又可洪音義炳燦：上兵永反。下倉賛反。

熜 31588 u2F91E cōng_11.15 同熜31269

爙 31589 u2439C rạng_11.15 喃 五千字譯國語 光明：創爙。炳彪：爦爙。

䎲 31590 u2439B rấm_11.15 喃 从火淫dâm聲。捂，封爐灶。

䉳 31591 u2439A liáo_11.15 同䉳14272 正字通 尞12695，篆作䉳。

㷆 31592 u24396 kāng_11.15 㷆火，同糠火。

𤎕 31593 u24395 tắt_11.15 喃 从熄省悉tạt聲△𤎕烟：熄燈。摺𤎕：窒息△亦作𤇤30786 ⊠ 同蹳59335呐𤎕：簡而言之。

爣 31594 u24394 rạng_11.15 喃 从火樣dạng省聲。亦音dạng。明亮。△爣焻：光彩，榮耀，烜赫。

䏣 31595 u24393 thiêng_11.15 喃 同䏣31471

爇 31596 u24392 phấp_11.15 喃 从火執chấp聲△爇㸁：忐忑不安。

㷻 31597 u24391 mõm_11.15 喃 从火㚕mảm聲△華果炒㷻：水果爛熟。

㷾 31598 u24390 nực_11.15 喃 从炎省匿nặc聲△務㷾：熱季，熱天。又 五千字譯國語·第二十六舉動 欝惚，㷾濃。

𤎏 31599 u2438F nóng_11.15 喃 从熱省眾chúng聲△渃𤎏：熱水。歪𤎏：天氣炎熱。

爢 31600 u2438E mờ_11.15 喃 从火麻ma聲△烟爢：燈火朦朧。⊠ 越·阮秉 五千字譯國語 緗，鐄爢。

熿 31602 u2438C táng_11.15 燒烤 敦煌變文集·妙法蓮華經講經文 或屍糞熿煨，或磨摩碓搗，終日淩持，多般搥考。

榮 31604 u2438A tì_11.15 字海 同𤏉25539

𤎗 31605 u24389 lián_11.15 俗廉15646

爴 31601 u2438D quắc_11.15 喃 从火國quốc聲△眛爴爴：目光炯炯。爴爍：矍鑠。

㷼 31608 u24386 yān_11.15 同煙31257

爒 31603 u2438B cuì_11.15 俗悴17538 敦煌變文集·韓朋賦 形容燋爒，無有心情。

燴 31606 u24388 huàn_11.15 俗煥31278 新撰字鏡 燴，呼換反。明也。

㷬 31607 u24387 yù_11.15 同禦40037 馬王堆漢墓帛書·春秋事語·燕大夫章 燕大夫子囗衛市以㷬晉人，勝之。

熇 31611 u24383 huò_11.15 同熇31238

嗸 31609 u24385 áo_11.15 同熬31557

焉 31610 u24384 yān_11.15 同蔫50742精神不振 ⊠ 俗嫣11258明·朱升 朱楓林集·卷之二·賦·前東園賦 焉然淑女，欽袂來前。

㸍 31613 u2437D ruò_11.15 同爇31959

爆 31612 u2437F bó_11.15 爆31410俗譌 類篇 爆，伯各切。火乾也。一曰熱也。或作爆。

爚 31614 u2437C yuè_11.15 俗爚32074

熑 31615 u2437B xián_11.15 俗嫌11182 龍龕 嫌熑，刑兼反。疑也，悪也，不平拎心也。

㶷 31616 u2437A yè_11.15 同燁31802

煞 31617 u24379 shà_11.15 俗煞31264

熖 31618 u24378 null_11.15 未詳。

𤍷 31619 u24377 null_11.15 未詳。

爅 31620 u24376 lòa_11.15 喃 从炫省累luỵ聲△烇爅：耀眼△亦作瞜 ⊠ loè从煌省累聲△焍爅：輝煌。炛爅：閃閃發光。

奬 31621 u24375 jiǎng_11.15 俗奬33531 龍龕 奬，即兩反。

蕉 31623 u24373 jiāo_11.15 或同蕉50939 新撰字鏡 蕉，即尞反。草名。

熄 31624 u24372 null_11.15 未詳。

熶 31622 u24374 chén_11.15 或同煁31223

熏 31625 u24371 null_11.15 未詳。

煕 31626 u24370 null_11.15 未詳。

熌 31627 u2436F null_11.15 未詳。

熲 31628 u2436E null_11.15 未詳。

熛 31629 u2436D null_11.15 未詳。

熾 31630 u2436C null_11.15 未詳。

焦 31631 u2436B jiāo_11.15 俗燋31682 可洪音義 卷焦：下子消反。⊠ 俗坻08443金剛寺藏 玄應衆經音義 婆焦：丁禮反。

燉 31632 u2436A tún_11.15 俗燉31676 可洪音義 燉煌：上徒㲉反。正作燉 ⊠ 人名用字。周郡王（朱）有燉。見明·王世貞 弇山堂別集·卷二十一 ⊠ 宋·許洞 虎鈐經·卷第二十·祭八神文第二百一 天門地戶，人門鬼戶，震靈洞洞，火靈燉燉。

熟 31633 u24368 shú_11.15 俗熟31537

煢 31634 u24367 yǐng_11.15 煢31419本字

煽 31635 u24366 null_11.15 未詳。

煦 31636 u24365 null_11.15 未詳。

熗 31637 u24364 zhàng_11.15 炮仗，或作炮熗 金瓶梅詞話·第二十四回 小鐵棍兒笑嘻嘻在根前，舞旋旋的且拉着經濟，問姑夫要炮熗放。這經濟恐怕打攪了事，巴不得與了他兩個元宵炮熗，支的他外邊耍去了。又清 圖畫日報·第四冊·第一百七十九號·第七頁·上海新年之現象（七）·放炮熗 炮竹聲聲歲序新，不驅山魈却迎神。神明聽見呵呵笑，耗費金錢笑世人。又 第一百八十四號·第八頁·營業寫真·賣炮熗 百子炮响月炮亮，多是徽州好炮熗。

熴 31638 u24363 kūn_11.15 或同焜31071

熪 31640 u24361 null_11.15 未詳。

熱 31641 u24360 rè_11.15 俗熱31565 可洪音義 熱石：上人折反。

票 31642 u2435F biāo_11.15 人名用字 元史·列傳第五十五·趙與票 趙與票，字晦叔，宋宗室子，嘗登進士第，為鄂州教授。

燃 31643 u24351 chong_11.15 喃 从灯省終chung聲。燈火長明。

熏 31644 u24332 null_11.15 未詳。

𡊮 31639 u24362 chì_11.15 汗簡 𡊮，赤。出 義雲章。又 六書統 古文赤字 正字通 𡊮30972，古文赤。从炎从土 六書統 作𡊮，非 ⊠ 正統道藏·上方天尊說真元通仙道經·釋音·下篇 𡊮，音中。

熵 31647 u71B5 shāng_11.15 熱力學名詞。

熳 31649 u71B3 màn_11.15 爛漫29413或俗作爛熳。

㷱 31646 u3DF1 xióng_11.15 同熊31427

㷲 31645 u3DF2 tòng_11.15 俗慟18103 四

部叢刊·初編集部·文山先生全集·卷之十四·別集·指南後錄卷之三·胡笳曲爋哭秋原何虜村，千村萬落生荊杞囝xūn越諺·卷下·音義·單辭只義爋31900，雞、鵝、羊、魚不鑊煮而懸熟火上者。俗作爋。

煋 31648 u71B4 hùn_11.15 同焜31071

鴈 31651 15759 yàn_12.16 篇海同臒。

臒 31650 15758 yàn_12.16 唐韻五晏切集韻魚澗切丛音鴈說文火色也囝廣韻五旰切集韻魚旰切丛音岸玉篇火也。△篇海或作臒。鋆又臒31886爛31724臒31975

爨 31652 15760 cuàn_12.16 集韻取亂切音竄。本作爨32169或作爨。鋆又龍龕爨爧，俗。倉括反。正作撯20718手取也。

熷 31653 15761 zēng_12.16 廣韻作滕切集韻咨騰切丛音增廣韻蜀人取生肉於竹中炙○按說文集韻本作爩玉篇本作熷囝集韻慈陵切音繒。義同○按集韻本亦作爩。

爉 31654 15762 là_12.16 集韻力盍切音臘。火貌囝liè力涉切音獵。火聲△類篇本作爉。

熸 31655 15763 jiān_12.16 廣韻集韻韻會正韻丛將廉切音尖玉篇火滅也孔叢子·廣詁一熸，滅也左傳·襄二十六年王夷師熸註吳楚之間謂火滅為熸。又昭二十三年楚師熸註其軍人無復氣勢劉向·說苑卜戰軀熸囝集韻慈鹽切音潛。義同。鋆又熸31763爐31553爐32090

熹 31656 15764 xǐ_12.16 唐韻許其切集韻韻會虛其丛音僖說文炙也玉篇熱也，烝也囝玉篇熾也廣韻盛也，博也後漢·桓帝紀改元延熹。又靈帝紀改元光熹囝謚法有功安人曰熹囝人名宋史·朱熹傳字元晦，號仲晦囝正字通微陽也陶潛·歸去來辭恨晨光之熹微囝通作炘禮·樂記天地訢合註訢讀為熹。熹，猶烝也疏言天地之氣烝動，猶若人之熹也△說文本作熹玉篇同熺。或作暚、熙。鋆又熹31786

熺 31657 15765 xǐ_12.16 廣韻集韻丛同熹管子·侈靡篇古之祭，有時而星熺註熺，星之明。或有祭明星者囝同熾。炊也禮·月令湛熺必潔淮南子·時則訓作湛熺必潔。

熻 31658 15766 xǐ_12.16 廣韻許及切集韻迄及切丛音吸玉篇熱也博雅爇也。

熼 31659 15767 yì_12.16 廣韻與職切集韻逸職切丛音弋廣韻火光集韻火貌。鋆熊加全：烄31110之異體字。

熽 31660 15768 xiào_12.16 廣韻蘇弔切集韻先弔切丛音嘯玉篇火爇也廣韻火貌。鋆又爐31513爐31302

熾 31661 15769 chì_12.16 古文㷀戠玉篇唐韻廣韻集韻韻會正韻丛昌志切音幟爾雅·釋言熾，盛也詩·小雅獫狁孔熾魯頌俾爾熾而昌囝同熺。炊也左傳·昭十年柳熾炭于位周禮·冬官考工記鍾氏染羽，以朱湛丹秌，三月而熾之囝與儆通詩·小雅儆載南畝箋儆讀為熾，載讀為葘疏謂耕之熾而入地，以葘殺其草。故方言入地曰熾，反草

曰葘也。又周頌儆載南畝箋儆載當作熾葘○按正字通云朱傳：儆，始也。載，事也。箋說非。然箋必非無據，今存之。鋆又戨18993炽30828爇31892戴19025

熿 31662 15770 huáng_12.16 集韻胡光切音黃玉篇本作煌31236囝類篇火貌囝huǎng集韻戶廣切音幌。本作眺。明也。同爌、煌戰國策炫熿于道囝司馬相如·封禪書熿炳輝煌。

燀 31663 15771 chǎn_12.16 唐韻充善切集韻齒善切，丛音闡說文炊也左傳·昭二十年燀之以薪周語火無炎燀註燀，焱起貌囝史記·秦始皇紀威燀旁達前漢·敘傳燀耀威靈註師古曰燀，燃也囝廣韻然也囝韻會光明貌。囝zhǎn廣韻集韻丛旨善切音膳。義同囝dǎn集韻黨旱切音亶。厚燠也呂氏春秋衣不燀勢囝chān廣韻尺延切集韻韻會稱延切丛音嘽廣韻火起貌何晏·景福殿賦冬不凄寒，夏無炎燀，鈞調中適，可以永年。

厯 31664 15772 lì_12.16 集韻狼狄切音歷。爏32006字省文。

窯 31666 15775 yān_12.16 說文籀文煙字。

燲 31667 15776 nǎo_12.16 集韻同燤。

燖 31665 15774 qián_12.16 廣韻昨鹽切集韻慈鹽切，丛音潛說文火爇也博雅燠也禮·內則五日，則燖湯請浴釋文燖，溫也囝玉篇灰爛也周禮·冬官考工記·弓人摍角欲孰于火而無燖註燖，炙爛也。囝◆新書·勸學篇雖王公大人，孰能無恔燖養心，而巔一視之囝xún集韻徐心切音尋。火孰物也。或作燣爇囝tán廣韻徒含切集韻徒南切丛音覃廣韻火爇也。囝xián唐韻徐鹽切集韻徐廉切丛音燖集韻本作爇31671說文本作爐。鋆又爨41645

燃 31668 15777 rán_12.16 廣韻俗然31116字元經光熙元年夏五月，范陽地燃囝拾遺記周武王六年，燃丘之國獻比翼鳥。鋆又燹32121爘32123

燄 31669 15778 yàn_12.16 唐韻集韻韻會丛以冉切音琰說文火行微燄燄也囝集韻疾染切，漸上聲。義同囝yàn集韻韻會丛以贍切音豔玉篇火行貌書·洛誥無若火始燄燄。厥攸灼敘，弗其絕左傳·莊十四年人之所忌，其氣燄以取之，妖由人興也集韻本作焰32015

餡 31670 15779 hàn_12.16 集韻胡紺切音憾。本作腤47419食肉不厭也。

爇 31671 15780 xián_12.16 玉篇似廉切，音燖。◆說文於湯中爇肉。从炎从熱省。或作爇囝玉篇溫也囝唐韻徐鹽切集韻徐廉切丛音燖義同廣韻同焇燖爛臁集韻或作爇燖黏囝xún集韻徐心切音尋儀禮·有司徹乃爇尸俎註爇，溫也集韻本作燖31665鋆又爇31672爇47874

爇 31672 15781 xián_12.16 字彙同爇正字通譌字。

燆 31673 15782 qiāo_12.16 集韻牽幺切音鄡。火行也囝xiāo虛嬌切

音囂。本作熇31424

熶 31674 15783 jùn_12.16 集韻祖寸切音捘玉篇火也集韻本作焌30990或作焞。

燈 31675 15784 dēng_12.16 廣韻集韻韻會正韻丛都騰切音登玉篇燈火也春明退朝錄上元然燈，自昏至晝西京雜記元夕，然九華燈于南山上，照見百里又咸陽宮有青玉五枝燈，高七尺五寸，作蟠螭，以口銜燈，燈然，鱗甲皆動，炳若列星又釋書以燈喻法，有傳燈錄杜甫詩傳燈無白日又正字通金燈草，一名山慈姑，醫方取此合爲丸，名玉樞丹，詳本草綱目△集韻本作鐙說文鐙，錠也註徐鉉曰：錠中置燭，故謂之鐙。今俗別作燈。非是。鎣又灯30594𨫼58180

燉 31676 15785 tún_12.16 玉篇徒昆切集韻徒渾切正韻徒孫切丛音屯玉篇火盛貌廣韻火色又燉煌，郡名漢書作敦煌。煌31236，大也又廣韻集韻丛他昆切音暾。義同。又與焞通○按周禮·春官·菙氏疏引士喪禮楚焞作楚燉釋文云燉，吐敦反。又徒敦反。又在悶反。又祖悶反。一音純本反。一音祖館反。是燉、焞31075通也。鎣又𦎧45884𨚰31632

爅 31677 15786 mò_12.16 篇海音墨。火也。

𤓌 31678 15787 è_12.16 集韻遏合切音姶。烹菜也正字通俗字。

㷶 31679 15788 bì_12.16 集韻弼力切音愎揚子方言火乾也。關西隴、冀以往謂之㷶又bó集韻鼻墨切音菔。趙、魏謂熬曰㷶又bì集韻平祕切音備。火乾也玉篇本作煏集韻本作𤇿，亦書作㷶、僰類篇亦書作𤏘○按類篇㷶、𤏘二字分見，非。

燊 31680 15789 shēn_12.16 唐韻所臻切集韻疏臻切丛音莘說文盛貌。从焱在木上又玉篇炎盛和貌廣韻熾也又◆說文一曰役也又huá集韻類篇丛胡瓜切音譁。熾也。又suì五音集韻蘇內切音碎。盛也。

𤎬 31681 15790 láo_12.16 集韻郎刀切音勞。𤎬𤎬，物未精。

燋 31682 15791 jiāo_12.16 唐韻卽消切集韻韻會正韻茲消切丛音椒說文所以然持火也玉篇炬火也又廣韻傷火禮·內則肝膋，取狗肝一，幪之以其膋，濡炙之，舉燋其膋，不蓼釋文焦字又作燋。子消反管子·七臣七主篇火暴焚地燋草前漢·霍光傳燋頭爛額爲上客。又後漢·朱浮傳上下燋心○按上二義與焦通又qiáo集韻慈焦切正韻慈消切丛音樵集韻灼龜木周禮·春官·菙氏掌共燋契，以待卜事註杜子春云燋讀爲細目燋之燋。或曰如薪樵之樵，謂所爇灼龜之木也。故謂之樵。契謂契龜之鑿釋文祖堯反又jiào集韻子肖切音醮。灼龜炬也儀禮·燕禮註燭，燋也釋文燋，哉妙反又zhuō集韻類篇丛側角切音捉禮·少儀主者執燭抱燋註未爇曰燋釋文燋，側角反又jué集韻卽約切音爵周禮·春官·燋契註楚焞置於燋，在龜東。楚焞，卽契所用灼龜也。燋謂炬其存火疏子春讀燋樵二者，皆作俗讀爲柴樵之樵。後鄭不從，依音爲雀意，取莊子爝火之義，熒熒然也釋文燋，哉約反集韻本作爝32100或作焳、燋又zhuó集韻職略切音勺。本作灼30622又jí資昔切音積。亦灼龜炬。又jì集韻則歷切音績。持荊然火以灼龜也。鎣又𩵋71797𤍽31631

燌 31683 15792 fén_12.16 廣韻集韻丛符分切音汾王充·論衡中身則皮膚灼燌△玉篇本作焚。鎣亦作燌31743

黬 31684 15793 tǎn_12.16 廣韻集韻丛吐敢切音菼玉篇青黑繒。亦作𢅡廣韻本作緂。青黃色集韻本作繳說文帛騅色詩曰：毳衣如繳○按詩·王風今本作菼又chān廣韻集韻丛處占切音襜廣韻黬黬，衣動貌集韻或作袩、佔，亦通作襜。

燍 31685 15794 sī_12.16 廣韻息移切集韻相支切丛音斯玉篇焦氣也廣韻火焦臭也集韻煋也又xī集韻先齊切音西。煋燍，焦貌又xǐng銑挺切音醒。焦也。

燎 31686 15795 liào_12.16 玉篇正韻丛力弔切音料玉篇庭燎，國之大事，樹以照衆也詩·小雅庭燎之光釋文鄭云在地曰燎，執之曰燭，樹之門外曰大燭，於內曰庭燎，皆是照衆爲明禮·月令以共郊廟及百祀之薪燎周禮·天官·閽人設門燎註地燭也又玉篇放火也又詩·陳風佼人燎兮朱傳燎，明也又詩·小雅燎之方揚箋火田曰燎又廣韻集韻韻會正韻丛力照切音療廣韻照也又廣韻一曰宵田又廣韻放火也詩·大雅瑟彼柞棫，民所燎矣。又集韻本作尞前漢·郊祀志尞禋有常用註師古曰尞與燎同又liǎo廣韻力小切，音繚集韻朗鳥切，音了說文本作燎，亦放火也書·盤庚若火之燎于原註燎，力召反，又力鳥反又集韻或作尞。亦作轑前漢·杜欽傳欲以熏轑天下註師古曰轑，讀曰燎。假借用字又liáo集韻憐蕭切音聊。縱火焚也又liáo離昭切音撩。火在地曰燎詩·小雅·庭燎釋文徐遼音，力燒反。鎣正字通尞，本作㶫31000，俗作炗30727篆作𡨄31591，亦作𡨄14272又𥜖40059爒31536燎32003𨭽32014𡨄31208又可洪音義火熗：力小、力照二反，炙也，放火也，燒也。正作燎。

燏 31687 15796 yù_12.16 廣韻餘律切集韻允律切丛音聿玉篇光貌廣韻火貌。

𤎷 31688 15797 jiǎo_12.16 正字通俗烄字○按篇海作𤎷。疑是敫字譌省。

燐 31689 15798 lìn_12.16 廣韻集韻韻會正韻丛良刃切音吝說文本作粦31400淮南子·氾論訓老槐生火，久血爲燐。又詩·豳風·熠耀宵行傳熠燿，燐也。燐，螢火也又lín廣韻力珍切集韻韻會離珍切丛音鄰。又集韻里忍切音嶙。義丛同。鎣又𤒦32049粦43289𦻨51000𤑳51884𤐐31899𥖆39376

燑 31690 15799 tóng_12.16 集韻徒東切音同。本作烔30855

𤑼 31691 15800
zhù_12.16 集韻鑄64451古作𤑼。

燒 31692 15801
shāo_12.16 唐韻式昭切集韻韻會正韻尸招切太音繇說文爇也玉篇燔也禮·月令仲夏,毋燒灰戰國策以責賜諸民,因燒其券又燒當,羌名後漢·西羌傳至研十三世孫燒當立又shào廣韻集韻韻會正韻太失照切音少廣韻放火韻會野火曰燒。鎏又烧31219烧30944𤇏31451𤑢51959㶿30750

燓 31693 15802
fán_12.16 唐韻附袁切集韻符袁切太音煩說文燒田也又fén集韻符分切音汾。本作焚31069

𤒅 31694 15803
biē_12.16 集韻必結切。同𤇾31092

燧 31695 15804
suì_12.16 唐韻集韻太徐醉切音遂說文塞上亭守𤑞火者廣韻同燧。

㷳 31696 15805
zuì_12.16 廣韻集韻太遵爲切音觜集韻䐣也。又juǎn集韻子兗切音雋。義同玉篇廣韻本作臇。同𤒉。

燔 31697 15806
fán_12.16 唐韻附袁切集韻韻會符袁切太音煩說文爇也玉篇燒也廣韻炙也詩·小雅或燔或炙箋燔,燔肉也。炙,炙肝也。又大雅載燔載烈傳傳火曰燔。又與膰通左傳·襄二十二年與執燔焉釋文燔,又作膰。祭肉也。又◆定·十四年脹曰脤。熱曰燔孟子燔肉不至又集韻焚31069古作燔。鎏又𤓕32086

𡒢 31698 15807
bì_12.16 正字通㷶字之譌。

𤒎 31699 15808
guāng_12.16 說文古文光02358字。鎏又𤒎31842𤒎31934𤒎31741

燕 31700 15809
yàn_12.16 唐韻於甸切集韻韻會正韻伊甸切太音宴◆說文玄鳥也。籋口,布翄,枝尾,象形爾雅·釋鳥燕燕,鳦疏燕燕,又名鳦。古人重言之詩·邶風燕燕于飛玉篇俗作鷰集韻亦作鷰又禮·學記燕朋逆其師,燕辟廢其學註燕,猶褻也又與醼通廣韻醼飲,古無酉,今通用詩·小雅我有旨酒,嘉賓式燕以敖儀禮燕禮第六又集韻與宴通。安也,息也易·中孚初九虞吉,有他不燕疏燕,安也詩·小雅悉率左右,以燕天子傳以安待天子又或燕燕居息傳燕燕,安息貌齊語昔聖王之處士也,使就閒燕註閒燕,猶清淨也又yān廣韻烏前切集韻韻會因蓮切正韻因肩切太音煙玉篇國名爾雅·釋地燕曰幽州詩·大雅溥彼韓城,燕師所完朱傳燕召公之國〇按鄭箋云燕,安也。讀去聲。今从朱傳又左傳·隱五年衛人以燕師伐鄭註南燕國,今東郡燕縣疏燕有二國,一稱北燕,故此註言南燕,以別之世本燕國,姞姓地理志東郡燕縣,南燕國,姞姓,黃帝之後也又姓廣韻邵公奭封燕,爲秦所滅,子孫以國爲氏。漢有燕倉〇按史記·仲尼弟子傳燕伋,字思。是春秋時卽有燕姓也又yǎn集韻於殄切音蝘。本作宴。引爾雅宴宴,居息也〇按爾雅疏引小雅·北山或燕燕居息。考爾雅釋文及北山釋文,俱無作上聲讀者,惟大雅·韓奕韓姞燕譽釋文云燕,于遍反,又於顯反。可証燕之有上聲也。鎏又𤎎31795鷰74180

燖 31701 15810
xún_12.16 集韻韻會正韻太徐心切音尋玉篇本作燂31665又集韻或作𤎼儀禮·有司徹乃𤎼尸俎註古文𤎼皆作尋。記或作燖春秋傳曰:若可燖也,亦可寒也〇按左傳·哀十二年,今本作若可尋也又qián集韻慈鹽切韻會昨鹽切太音潛玉篇本作燂集韻沈肉於湯也。或作爓、𤇼儀禮·聘禮註膚,豕肉也。惟燖者有膚釋文燖,劉音尋。一本作爓,音潛又xián廣韻徐鹽切集韻徐廉切,並音撏廣韻本作𤎼31671

爛 31702 15811
làn_12.16 廣韻集韻太郎旰切,灡去聲說文本作爤32145

燘 31703 15812
měi_12.16 廣韻武罪切集韻毋罪切太音浼玉篇燘燘,爛也集韻熟謂之燘又huì廣韻呼罪切集韻虎猥切太音賄。又huī集韻呼回切音灰。義太同。鎏又烸30686

燮 31704 15813
xiè_12.16 正字通燮字之譌集韻燮31829,籀文作燮。

𤒳 31705 15814
lǐn_12.16 唐韻力荏切廣韻力稔切集韻力錦切太音廩說文侵火也。从炎㐭聲玉篇火貌廣韻火舒集韻侵火也又shěn集韻式荏切音審。義同又yǐn集韻以荏切音棆。火盛也。

燙 31706 15815
dàng_12.16 字彙徒浪切音宕篇海音盪,滌燙也。出釋典又táng篇海徒郎切音唐。義同。鎏又烫30940

㶾 31707 15816
rè_12.16 說文熱本字。

燁 31708 15817
yè_12.16 唐韻筠輒切集韻域輒切太音饁說文本作爗。盛也玉篇或作曅集韻或作爗。

𤎺 31709 15818
zēng_12.16 說文熷本字。置魚笭中炙也玉篇作䰝廣韻作熷31653

𤏁 31710 15819
zēng_12.16 玉篇集韻太同熷。

燚 31711 15820
yì_12.16 五音篇海以日切,音亦◇火貌。

燋 31712 15821
zuì_12.16 廣韻集韻太遵爲切音觜。同㷳31696又jiǎn集韻類篇太子兗切音雋。火貌。鎏又㷪31518

燥 31713 15822
zhào_12.16 廣韻集韻太直教切音棹廣韻火急煎貌集韻爨急也。或作燿又shào集韻類篇太所教切音稍。熾火急然謂之燥。鎏又𤈦51134

㷗 31714 15823
jiǒng_12.16 類篇俱永切音暻。火名。一曰日光。鎏俗㷗48178

㷲 31715 15824
xù_12.16 篇海許勿切。火熴也。鎏又㷲31836㷲32079

熷 31716 15825
xī_12.16 篇海音昔。火乾也廣韻熷,曝也。

薫 31717 15826 jiān_12.16 說文長箋 與煎31239同。

薫 31718 15827 jiān_12.16 篇海同煎 廣雅 薫，曝也。

燬 31719 15828 huǐ_12.16 字彙補 音義未詳 新書·審微篇 衞侯更其名曰燬〇按 篇海 九畫有燬字，音愧，義闕。當卽此字。鑾俗煅。

戮 31720 15829 chì_12.16 玉篇 古文熾31661字。

燃 31721 15830 yè_12.16 集韻 業24689古作燃。

燸 31729 44193 nuǎn_12.16 龍龕同暖

熖 31722 41416 xiàn_12.16 集韻 乎籀切 音陷。魚名 山海經 留水多熖父之魚，其狀如鮒而彘身〇按 山海經 作鮒。又 字彙補 作古然切，非。

燉 31723 41419 bó_12.16 龍龕 蒲沒切。烟起貌。

燤 31724 44188 yàn_12.16 字彙補 與應同。

歔 31725 44189 kuì_12.16 龍龕 音愧。鑾同燬，俗煅。

僙 31726 44190 bì_12.16 字學指南 與僙同。

燷 31727 44191 mú_12.16 搜真玉鏡 同無。鑾古模字。

燊 31728 44192 shěn_12.16 龍龕 生錦切。

燥 31730 44194 zào_12.16 字彙補 俗燥字。

燉 31732 u2AE72 null_12.16 未詳。

熰 31731 u2AE73 zhú_12.16 俗燭32147 可洪音義 不熰：之玉反。正作燭。

熟 31733 u2AE71 null_12.16 未詳。

燋 31734 u2AE70 tān_12.16 俗燂32136

燋 31735 u2AE6F null_12.16 未詳。

羴 31736 u2AE6E null_12.16 未詳。

貼 31737 u2AE6D null_12.16 未詳。

黑 31738 u2AE6C null_12.16 未詳。

熤 31740 u2AE6A oq_12.16 壯火炭熤紅△熤斐：火旺。

羮 31741 u2F91F guāng_12.16 同羹31699古文光。

熹 31742 u243F4 xǐ_12.16 熹31656本字。

煬 31739 u2AE6B null_12.16 未詳。

燌 31743 u243F3 fén_12.16 俗焚31069亦作燌31683 可洪音義 炎出爲燌：上音焰，下宜作燌31683

燇 31744 u243F2 zhuó_12.16 同燋31812著火。

熴 31745 u243F1 chù_12.16 集韻 芻數切，火行謂之熴。或書作熹51041

煙 31747 u243EF yān_12.16 煙本字。

燩 31746 u243F0 biē_12.16 俗憋18256 曹雪芹·脂硯齋重評石頭記（庚辰本）·第六十二回 香菱听了，紅了臉，忙要起身擰他，笑罵道：我把你這個燩了嘴的小蹄子，滿嘴里汗燩的胡說了。

勵 31751 u243E9 null_12.16 未詳。

燁 31749 u243EB vuột_12.16 喃 从火筆bút聲△燁胲：脫皮。趙燁：逃脫。

熮 31748 u243EC rạng_12.16 喃同鼎23080明亮。

燳 31750 u243EA rao_12.16 喃 从火勞lao聲。

烯 31752 u243E9 se_12.16 喃 从火稀hi聲。乾燥。亦作烯31756

熻 31753 u243E7 thắp_12.16 喃 从火答đáp聲△熻畑：點燈。

潔 31754 u243E6 khét_12.16 喃 从火潔khiết省聲。同燦31341

催 31755 u243E5 thui_12.16 喃 从火催thòi聲。燒，烤。

烯 31756 u243E4 hơ_12.16 喃 从火稀hi聲。烤△亦作烯。烯朱枯：烘乾 图 se 烯悉：痛心。

燧 31758 u243E2 nhội_12.16 喃 从火隊đội聲。

熿 31762 u243D8 huò_12.16 廣漢和字典 熿，熒熿，星の名。熒惑。

熸 31763 u243D6 jiān_12.16 俗熸31655

烞 31757 u243E3 tỏ_12.16 喃 从煌省訴tố聲。與燦31473畑31479同△烞焀：申明。烞冪：表露（情感）图 rõ 同燴31993△烞扛：明瞭。

燍 31764 u243D5 null_12.16 未詳。

僰 31759 u243E1 bó_12.16 六書正譌 僰01953，犍爲蠻夷也。从人棘聲。俗作僰，从火。非。

燳 31765 u243D4 null_12.16 未詳。

烾 31761 u243DD xián_12.16 說文 烾31671，於湯中烾肉。从炎，从熱省。烾，或从炙。

燠 31766 u243D3 ào_12.16 同燠31805

燐 31760 u243DE lín_12.16 燐43382本字

歔 31767 u243D2 null_12.16 未詳。

燁 31768 u243D1 null_12.16 未詳。

燗 31769 u243D0 làn_12.16 同燗31702俗爛32075

煨 31770 u243CF null_12.16 未詳。

煙 31771 u243CE null_12.16 或俗煙。

堧 31772 u243CD null_12.16 未詳。

燦 31773 u243CC null_12.16 未詳。

燧 31774 u243CB null_12.16 未詳。

勳 31775 u243CA null_12.16 未詳。

焗 31776 u243C9 null_12.16 未詳。

燴 31777 u243C8 null_12.16 未詳。

燦 31778 u243C7 null_12.16 未詳。

燦 31779 u243C6 null_12.16 未詳。

然 31780 u243C5 jù_12.16 合併字學集篇 然，聚、醋二音。

瀸 31781 u243C4 jiān_12.16 同瀸28874敦煌·P. 2011 王一瀸，洗。一曰水名。在蜀玉壘山。又子先（反）。

嵤 31782 u243C3 null_12.16 未詳。

燦 31783 u243C2 null_12.16 未詳。

潕 31784 u243C1 xǐ_12.16 俗潕03050

爽 31785 u243C0 zhǎ_12.16 爽30968本字

燶 31790 u243BB xiāo_12.16 簡 爔32004

熹 31786 u243BF xǐ_12.16 同熹31656 漢隸字源 引 孫叔敖碑。又 碑別字 引 漢孔宙碑

劉 31787 u243BE liè_12.16 或作劉31576俗烈30839

熟 31789 u243BC shú_12.16 俗熟31537 名義 腢，治輒反。爓。生熟半。

煿 31788 u243BD
null_12.16 未詳。

燌 31791 u243BA
zuǎn_12.16 簡燌32001

鎣 31793 u24369
null_12.16 未詳。

熈 31792 u243B9
xǐ_12.16 同熙03050

燼 31794 u3DFD
null_12.16 人名用字。

爓 31795 u3DFC
yàn_12.16 燕31700本字

燉 31796 u3DFA
null_12.16 未詳。

燐 31797 uF9EE
lín_12.16 兼燐。

歘 31799 u71DE
jiào_12.16 俗歘26482同醮62630

燝 31800 u71DD
jǐng_12.16 程少軒：同景22695顧況十月之郊丹桼之燝兮，椒桂之馥兮図zhǔ龍龕燝，俗。音煮。

燜 31801 u71DC
mèn_12.16 一種烹調法，用微火煮或炖。段玉裁說文解字注表30837，微火溫肉所謂㸒也，今俗語或曰烏，或曰焊，或曰燜，皆此字之雙聲疊韵耳。

燎 31798 uF9C0
liáo_12.16 兼燎。

燁 31802 u71C1
yè_12.16 參見煜31572

營 31804 u71DF
yíng_13.17 唐韻集韻余傾切韻會維傾切𠀤音塋。◆說文市居也。从宮，熒省聲図玉篇度也廣韻造也詩·大雅經之營之箋營，表其位。又小雅肅肅謝功，召伯營之箋營，治也易繫辭四營而成易疏四度經營著策乃成易之一變也韻會東西爲經，周迴爲營。図詩·小雅營營青蠅傳營營，往來貌釋文營說文作营。小聲也図禮·禮運營窟疏地高則穴，地下則營，壘其土爲窟図韻會軍壘曰營史記·黃帝紀以師兵爲營衛註正義曰：環繞軍兵爲營以自衛，轅門卽其遺象。図老子道德經載營魄抱一，能無離乎註營，蒐也。一曰衛也図營室，星名禮·月令孟春之月，日在營室。図前漢·王莽傳人民正營註師古曰正營，惶恐不安之意也。正音征図後漢·清河王慶傳夙夜屏營註屏營，彷徨也図前漢·劉向傳所以營惑耳目註師古曰營謂回繞之。又敘傳營信巫史註鄧展曰：營，惑也図廣韻州名。舜分青州爲營州爾雅·釋地齊曰營州註自岱東至海疏博物志云齊有營丘，豈是名乎爾雅·釋丘水出其左營丘註今齊之營丘，淄水過其南及東図縣名前漢·地理志北海郡營陵註或曰營丘。又營道、營浦，皆屬零陵郡図營漢，侯國。在濟南。見史記·惠景閒侯者年表図鉤營，地名前漢·李陵傳遮鉤營之道図姓風俗通周成王卿士營伯之，後漢有京兆營郃図與熒31437通。熒惑，星名。亦作營図yíng集韻懸局切音熒。辯解也莊子·人閒世口將營之郭註自救解不暇也。鍪又营50010营12707憕18718帯15045

燠 31805 15832
yù_13.17 古文炸燠廣韻於六切集韻韻會正韻乙六切𠀤音郁說文熱在中也爾雅·釋言燠，煖也註今江東通言燠書洪範曰燠曰寒前漢·王褒傳不苦盛暑之鬱燠図通作奧詩·唐風不如子之衣，安且燠兮註奧，本又作燠。又小雅日月方奧禮·內則問衣燠寒註燠，本又作奧〇按漢書·五行志李尋、王莽傳，燠皆作奧。図與隩同書·堯典厥民隩史記·堯本紀作其民燠集韻或作墺図ào唐韻烏到切集韻韻會正韻於到切𠀤音

奧。義同図廣韻燠釜，以水添釜図yù集韻威遇切音嫗。燠休，痛念聲。或作噢図集韻類篇𠀤於求切音憂。義同左傳·昭三年民人痛疾，而或燠休之註燠休，痛念之聲疏燠，厚也。休，美也〇按釋文休，虛喻反。燠，徐音憂。又於到反。又乙六反。三音皆可讀集韻或亦作奧図廣韻集韻𠀤烏皓切音襖廣韻甚熱也。鍪又熰31766

燡 31807 15834
yì_13.17 篇海同燡

燡 31806 15833
yì_13.17 廣韻羊益切集韻夷益切𠀤音亦廣韻火甚之貌王延壽·魯靈光殿賦赫燡燡而燭坤△集韻本作爍。光也。或作暉〇按廣韻暉訓光，燡訓火甚，分爲二。似不應分。鍪又燡31807

燩 31808 15835
āo_13.17 廣韻韻會𠀤於刀切音麛廣韻埋物灰中令熟類篇煨也韓愈·陸渾山火詩焊炮煨燩熟飛奔△集韻正韻別作燨。鍪又鑣32071

熿 31809 15836
xué_13.17 集韻轄覺切音學。燥也。

燗 31810 15837
lán_13.17 廣韻集韻𠀤盧感切音壈玉篇黃色廣韻黃焦。鍪又爛32070燣31888

爨 31811 15838
cuàn_13.17 唐韻七亂切集韻取亂切𠀤音竄說文籀文爨32169字。

燋 31812 15839
zhuó_13.17 篇海音著。義闕字彙職略切音灼。火燋也。鍪又燋31744

燤 31813 15840
tài_13.17 集韻他代切音貸。燤婉，煙貌図類篇他達切音闥。義同図liè力蘖切音列。火斷也〇按集韻十七薛無燤字，惟有婉字，訓火斷也類篇疑誤。

燥 31814 15841
zào_13.17 唐韻蘇到切集韻韻會正韻先到切𠀤音喿說文从火喿聲。乾也易·乾卦火就燥說卦燥萬物者，莫熯乎火集韻俗作燥，非是図戰國策燥于秦註猶㷳也図sào廣韻集韻韻會正韻𠀤蘇老切音嫂。義同。鍪又燥31730焻31301

燦 31815 15842
càn_13.17 唐韻集韻韻會𠀤倉案切音粲說文燦爛，明瀞貌図集韻通作粲詩·唐風角枕粲兮，錦衾爛兮。鍪又燦31571灿30646㜆02114焅31037燦31582㸑31489

燧 31816 15843
suì_13.17 古文㸂鐩廣韻集韻韻會正韻𠀤徐醉切音遂玉篇以取火於日禮·內則左佩金燧，右佩木燧註金燧取火於日。木燧鑽火也左傳·文十年命夙駕載燧。又定四年鍼尹固與王同舟，王使執燧象，以奔吳師註燒火燧繫象尾図周禮·冬官考工記金有六齊，金錫半，謂之鑒燧之齊註鑒燧取水火於日月之器也図史記·三皇紀自人皇之後，有五龍氏、燧人氏。又周禮·秋官·司烜氏掌以夫遂取明火于日註夫遂，陽遂也疏取火於日，故名陽遂。猶取火於木，爲木遂也。又史記·韓安國傳攻烽30970燧△玉篇同㷭。亦作鐩。鍪又㸌31286㷭31376燧31695㸂66049爒32091図攅撽20899鑽燧之俗訛。

燧 31817 15844
suì _13.17 玉篇同燧

爝 31818 15845
jué _13.17 集韻極虐切音噱。火爝。

爔 31819 15846
xī _13.17 篇海許其切。火也。

爙 31820 15847
bì _13.17 類篇弼力切音愎。同爑31679

爒 31821 15848
què _13.17 廣韻苦角切集韻克角切夶音碻玉篇火乾物博雅曝也又qì集韻詰歷切音喫廣韻乾燥也。

燹 31822 15849
xiān _13.17 集韻虛嚴切音杴玉篇火貌集韻字林云燹，焴熱也。鍙又焱31052又龍龕燹俗，焰31525今省，爓32113正又玄應音義燹，味辛也。

燪 31823 15850
cōng _13.17 集韻類篇夶儱叢切音怱博雅燿燪，炬也。一曰溫也。或省作熜。

爉 31824 15851
lián _13.17 廣韻集韻夶勒兼切音鬑玉篇爉炓，火不絕又集韻離鹽切音廉。義同△集韻本作㷠。鍙又爝32061㷠31999

燬 31825 15852
huǐ _13.17 唐韻許委切集韻虎委切夶音毀爾雅·釋言燬，火也玉篇烈火也廣韻火盛詩·周南王室如燬釋文齊人謂火曰燬又說文人名春秋·僖二十五年衞侯燬滅邢又huò集韻呼臥切音貨爾雅·釋言火也。郭璞讀詩·周南·如燬釋文亦讀貨△玉篇同㷐、燬。鍙又爈31865煋31254㷇31041

燭 31827 15854
zhú _13.17 唐韻之欲切集韻韻會朱欲切夶音囑。◆說文庭燎火燭也廣韻燈燭禮·曲禮燭至起周禮·秋官·司烜氏以共祭祀之明齍明燭又玉篇照也前漢·武帝紀日月所燭，莫不率俾又爾雅·釋天四時和謂之玉燭註道光照也梁書·簡文帝紀太平玉燭，爾乃議之。又楚辭·天問日安不到，燭龍何燿又星名史記·天官書燭星，狀如太白，其出也不行，見則滅，如星非星，如雲非雲，名曰歸邪。歸邪出，必有歸國者。漢元鳳四年，燭星見奎婁閒又南天燭，藥名。赤者名文燭。木而似草。故又名南燭草。又石燭，一名水肥，一名石脂，一名石液又姓左傳·僖二十八年若使燭之武見秦君，師必退去聲前漢·武帝紀見光如燭於靈壇，一夜三燭註服虔曰：燭，音炷。師古讀如字又唐韻正音朱張衡·東京賦德寓天覆，輝烈光燭。狹三王之趢趗，軼五帝之長驅◇又唐韻正後魏渴燭渾民，亦作可足渾民，又作可朱渾民。鍙又烛30866燭23252燭32147爥31875

爕 31828 15855
xiè _13.17 唐韻蘇叶切集韻韻會正韻悉協切夶音蜨說文从言从又炎爾雅·釋詁爕，和也書·洪範爕友柔克周官爕理陰陽詩·大雅爕伐大商又姓正字通宋御史爕玄圖又玉篇大熟也說文籀文作燮。从羊。羊音飪。讀若淫註徐鉉曰：爕、燮二字義相出入○按說文玉篇合爕燮爲一集韻爕專訓和。燮本作㷈，專訓大熟。鍙又變09843燮31970爕31704燮31971燮21837爕21949又可洪音義和變32131：上蘸叶反。

爖 31826 15853
áo _13.17 說文熬本字

燮 31829 15856
xiè _13.17 唐韻蘇俠切廣韻蘇協切集韻悉協切夶音蜨說文大熟也。从又持炎辛。辛者，物熟味也集韻籀作爕○按爕字本訓和。據說文玉篇云籀作爕，則亦可訓作大熟。至爕、燮二字，但有大熟一義，不可訓作和也。

燿 31830 15857
líng _13.17 集韻郎丁切音靈。本作燐32165

爓 31831 15858
rèn _13.17 集韻忍甚切音稔。本作飪68937同燃。

爍 31832 15859
xīng _13.17 類篇思營切音騂博雅赤也△集韻作煋。

爝 31833 15860
zhēng _13.17 集韻諸盈切音征。本作胚47065

賢 31834 15861
miè _13.17 玉篇亡結切音蔑。不明也。

燰 31835 15862
wēi _13.17 篇海烏灰切音隈。煨火也。

爐 31836 15863
hū _13.17 篇海許勿切音欻。火煨也。鍙又燼32079爐31715

焒 31837 41417
yàn _13.17 五音篇海羊贍切。火光也。

燨 31839 41421
xié _13.17 篇海類編虛業切音脅。火氣也。

爤 31840 41422
hè _13.17 龍龕呼各切。熱貌。鍙又熇31424爡31673

爐 31841 41423
tái _13.17 龍龕徒哀切。炱煤也。

爒 31842 41424
guāng _13.17 五音篇海音光。明照瑩潔也。

燳 31843 44195
zhào _13.17 字彙補同照。

爘 31844 44196
zhǎn _13.17 字彙補與盞同。

爨 31846 44198
tán _13.17 龍龕音談

爀 31838 41420
yì _13.17 字彙補於戲切，音意◇人名高子遺書恭和王次子惟爀。

燥 31848 u2AE7B
null _13.17 未詳。

爤 31845 44197
hàn _13.17 五音篇海同嘆。鍙程少軒：爤用同㷊，焜爤，同焜爤。或用同㷊。清·杜韶唐詩叩彈集·卷十抑鬱胸襟事，名爤兩未從。又人名用字。明廣濟王朱定煓、晚明藏書家祁承爤。

煩 31849 u2AE7A
null _13.17 未詳。

輝 31847 44199
huī _13.17 字彙補同輝

爔 31850 u2AE79
tà _13.17 簡爔32099

鉢 31851 u2AE78
null _13.17 未詳。

爣 31852 u2AE77
nǎng _13.17 喃俗爣32153

曉 31853 u2AE76
null _13.17 未詳。

燧 31854 u2AE75
null _13.17 未詳。

燧 31855 u2AE74
null _13.17 未詳。

燉 31857 u24422
null _13.17 未詳。

爛 31856 u24423
dǐng _13.17 人名古璽彙編.2092䵺爛。何琳儀戰國古文字典疑鼎之繁文，或爛之省文。

塊 31858 u24421
khói _13.17 喃从煙省塊khối聲△甕塊：煙囪。

爔 31859 u24420
luộc _13.17 喃从火祿luộc聲。煮。俗省作爔31177

爝 31860 u2441D soi_13.17 嘓鑒，照△爝魛：利用燈火捕魚。

燬 31861 u2441C ngòi_13.17 嘓从火鬼ngôi聲△燬烠：導火索図ngui 从煙省鬼聲△燬烖：煙霧瀰漫。

爛 31862 u2441B nấu_13.17 嘓从炊闹náo聲。同爐32041△爛餂：煮飯。

燉 31863 u2441A hâm_13.17 嘓从熱省歆hâm聲。

燡 31864 u24419 bì_13.17 同爝31529火聲。明·王秀楚揚州十日記城中四週火起，近者十餘家，遠者不計其數，赤光相映如霞電。燡烞聲轟耳不絕。

燫 31865 u24418 huǐ_13.17 俗燬31825清·查繼佐罪惟錄·帝紀·太祖高皇帝寺為亂兵所燫，帝竊無之，禱於神，從雄吉。

燼 31867 u24416 jìn_13.17 字海燼,同爐31902遼·佚名特建尊勝陀羅尼塔記去清寧六年孟夏月二日，遘疾而終，積薪焚□，燼其舌乃不灰矣。

煃 31868 u24413 khê_13.17 嘓从火溪khe聲。焦，糊。

爒 31869 u24411 null_13.17 未詳。

燎 31866 u24417 liǎo_13.17 燎31686本字

燫 31870 u24410 zhān_13.17 同詹55929梁·僧祐弘明集·卷八渡危厄於遐川，燫釣星於懸瘤可洪音義燫釣星：上之廉反。中丁叫反。下或作鯷。上正作詹淮南子曰詹父釣千歲之鯉。詹父，古善釣者也図xiǎn直音篇燫，許儉切。

稬 31871 u2440F null_13.17 未詳。

熵 31872 u2440E null_13.17 未詳。

罳 31873 u2440D null_13.17 未詳。

煤 31874 u2440C zhá_13.17 同煠31267

爥 31875 u2440B zhú_13.17 俗燭31827

爧 31876 u2440A null_13.17 未詳。

燫 31877 u24409 null_13.17

壞 31878 u24408 xūn_13.17 俗壎09486

爿 31880 u24406 null_13.17 未詳。

燷 31879 u24407 null_13.17 胡懷琛簡易字說·第七章·簡易字的提倡者燷，電燈。

癄 31881 u24405 biāo_13.17 俗麃74333慧琳音義煎憂：上節煙反，譜作爛，俗字也可洪音義爛憂：上子仙反。合爛：子仙反，袞也。正作煎，又音箭。

燗 31882 u24404 jiān_13.17 俗煎31239

爓 31883 u24403 xiè_13.17 俗蟹53506串雅·內編卷四·單方·外治門乳巖，硬如石者：槐花炒黃為末，黃酒下，三錢即消。此病先因乳中一粒大如豆，漸漸大如雞蛋，七八年後方破爛，一破即不可治矣。宜服此藥：生爛殼數十枚，放砂鍋內焙焦為末。每服二錢，好酒調下，須日日服之，不可間斷。得活蠏所脫之殼尤效。

勦 31884 u24402 qín_13.17 俗勤04115道光刻本續纂江寧府志·卷之九下·藝文下勦恤民隱，憶被鄰邑。

㲣 31885 u24401 yàn_13.17 俗㲣10270（樹葉）枯黃。㲣口㲣面：板著臉。

濃 31889 u71F6 nóng_13.17 粵焦糊，

㲣 31886 u222D7 yàn_13.17 同㲣31650唐韻殘卷㲣，五旰反說文云火色。加五音集韻㲣，說文云火色也。讀若贗。

點 31887 u3E03 diǎn_13.17 俗點74932

燷 31888 u71F7 lán_13.17 同爐31810

燵 31890 u71F5 dá_13.17 地名用字。民國赤溪縣志·卷三·建置志第二·津梁·橋梁燵梨坑橋：在田頭堡，民國五年建図正統道藏·太平部·法海遺珠·卷二·次二·洞玄秘旨又咒：天靈天靈，鬱羅燵烱。排紛解難，玉樞大神図日炬燵、火燵，古暖爐図ndat壯燵，熱。又燵气：生氣。

燴 31891 u71F4 huì_13.17 清·徐珂清稗類鈔·豪侈類·孝欽后之飲食品蘿蔔煨肉、櫻桃燒肉、葱燴肉片、竹笋炒肉絲之屬。民國商務新字典·拾遺燴，讀如劊。烹飪之法。此物與彼物合而煑之曰燴，如雜燴之類。

戩 31892 15864 chì_14.18 篇海戩字之譌。鑿字彙戩，古文熾31661字。

稢 31893 15865 bì_14.18 唐韻符逼切集韻弼力切夶音愎說文以火乾肉。从火稫聲註徐鉉曰：說文無稫字，當从稫省，疑傳寫之誤集韻或作䵨煏。亦作爆。鑿篆作稢40885図儵31401儵31726儵31679稢40833儵31948儵32146禍31931燹31930燹31698六書正譌稢，符逼切。目火乾肉，从火稫聲。稫音愊。禾密兒。別作福43449煏31240，並非。鑿32155，籀文。

燸 31894 15866 rú_14.18 集韻汝朱切，音儒。溫也，燒也。鑿又nuǎn集韻偄01519，奴亂切說文弱也。或从心作偄。亦作需懦燸奕。

燹 31895 15867 xiǎn_14.18 唐韻集韻韻會正韻夶蘇典切音銑說文火也図玉篇先踐切廣韻集韻息淺切夶音鮮玉篇野火廣韻字林云逆燒。亦作爤図xì集韻許利切韻會虛器切夶音獚。火也図bìng集韻妨正切音聘。火貌。図fēn敷文切音芬。義同。鑿又燹32159図正字通燹，燹字之譌。

爤 31896 15868 xiǎn_14.18 廣韻集韻夶息淺切音鮮。本作燹31895鑿又炓30774

燺 31897 15869 kài_14.18 集韻丘蓋切音磕玉篇火也。

燥 31898 15870 kǎo_14.18 廣韻集韻夶苦浩切音考玉篇燥也廣韻火乾集韻或省作熇鑿又熒25780烤30947

燐 31899 15871 lín_14.18 篇海力珍切音鄰。鬼火也図lìn篇海力刃切音吝。義同△正字通俗粦字。

燻 31900 15872 xūn_14.18 廣韻許云切音勳。同熏列子·湯問篇燻則煙上集韻熏，俗作燻。非是図xùn集韻吁運切音訓庾肩吾詩柏燻起厨文。鑿又熉31645

爂 31901 15873 biāo_14.18 唐韻方昭切正韻卑遙切，音猋。又piāo廣韻撫招切集韻紕招切,音漂說文火飛也◆集韻或作燹、熛図正韻卑遙切音焱。又匹妙切音勡。義夶同。

○按廣韻引周禮輕㶾云今作票。考今本周禮作㶾，不作㶾。又正韻二音，亦引周禮作㶾。查集韻㶾、㶾分見，音義各別。惟㶾字有此二音，疑正韻二音當改入㶾字註。

燼 31902 15874 jìn_14.18 廣韻集韻韻會正韻𠀤徐刃切音賮玉篇同㶳30848左傳·襄四年收二國之燼註燼，遺民吳語安受其燼註燼，餘也。㸚又𤆀30616𤉴30939𤎻31867𤆂30619𤇮30736𤆖30650㶳31270𢢌18571

燣 31903 15875 zhì_14.18 說文籀文炙字。

燽 31904 15876 chóu_14.18 廣韻直由切集韻陳留切𠀤音儔廣韻著也△集韻本作燾。

燽 31905 15877 chóu_14.18 字彙俗燽字。

燾 31906 15878 dào_14.18 唐韻徒到切廣韻徒到切集韻韻會大到切正韻杜到切𠀤音導說文普覆照也小爾雅燾，覆也公羊傳·文十三年周公盛，魯公燾註盛者，新穀。燾者，冒也。故上以新也疏燾詁爲覆。若周書燾以黃土之類是也。周公盛者，謂新穀滿其器。魯公燾者，謂下故上新，裁可半平釋文燾，徒報反。一本作濤。音同廣韻同幬集韻或作幬又通作敦周禮·春官·司几筵·每敦一几註敦讀曰燾。覆也又tāo廣韻集韻韻會𠀤徒刀切音陶。義同又集韻陳留切音儔。義同△集韻或書作燽正字通別从巾。作幬。㸚又焘31060𤑴32084

燿 31907 15879 yào_14.18 唐韻集韻韻會正韻𠀤弋笑切音鷂說文照也玉篇光也晉語光明之燿也鄭語黎爲高辛氏火正，以淳燿惇大又熠31538燿又玉篇與曜23157同韻會通作耀46274又shào五音集韻所教切音稍。本作䏚。同矅、哨。凡物之殺鋭曰䏚又yáo集韻餘招切音遙。昭也又shuò式灼切。同鑠前漢·藝文志後世燿金爲刃註師古曰燿讀與鑠同，謂銷也又yào集韻弋灼切音藥。本作鑠。烙也。

爀 31908 15880 hè_14.18 廣韻呼格切集韻郝格切𠀤音嚇玉篇火色也集韻本作赫。或作𤆍、㶴。㸚又𤎓32055又可洪音義炎㶴17438：上於廉反。下呼格反。與爀同也。前作㶴，音㶴，非也，傳寫久悮也。

㸏 31909 15881 tái_14.18 字彙見石鼓文○按周宣王第一鼓：𨘼𨘼㸏㸏。本作㸏。註鄭云㸏今作㸏，潘云㸏作炱，義皆未詳。或曰㸏，衆多也字彙譌作㸏，非。

爁 31910 15882 làn_14.18 廣韻集韻𠀤盧瞰切音濫玉篇火焱行廣韻火貌淮南子·覽冥訓火爁焱而不滅又人物志·材理篇立事要則爁炎而不定又liàn集韻力驗切音瀲。爁焱，火延又lǎn廣韻盧敢切集韻魯敢切𠀤音覽廣韻火爁集韻火焚也又lán集韻盧甘切音藍。火延貌。㸚又爦32156

爚 31911 15883 yuè_14.18 字彙爚32074字省文。

㸌 31912 15884 huò_14.18 廣韻胡郭切集韻黃郭切𠀤音擭廣韻㸌，熱。

㸎 31913 15885 liè_14.18 集韻力協切音甄。火聲。

爨 31914 15886 cuàn_14.18 篇海七亂切音竄。灼爆也。出籀文。

燆 31915 15887 jì_14.18 正字通與齌同。㸚又𤒓32088

㸐 31916 15888 jiǎo_14.18 集韻吉巧切類篇古巧切𠀤音絞玉篇本作烄30834同敫31103集韻類篇本作敫。

㶾 31917 15889 biāo_14.18 集韻卑遙切音猋。輕脆也又彌遙切音蜱。又匹妙切音縹。義𠀤同周禮·地官·草人輕㶾用犬註輕㶾，輕脆者○按釋文㶾，孚照反，李音婦堯反。二音皆可讀又集韻祖芮切音蕝。義同周禮·地官疏㶾、脆二音，聲相近，故知㶾卽脆也。

𤒦 31918 41418 fēng_14.18 說文長箋烽字。

㷝 31919 41425 róng_14.18 字彙補于平切音榮。朱日㷝，崑山人，萬曆中營繕司員外郎。㸚又㷝31454

𤒪 31920 41426 null_14.18 字彙補音未詳三尊譜錄金明七眞法字𤒪。

𤒬 31921 44200 yǎn_14.18 五音篇海與偃同。

𤒭 31922 44201 rè_14.18 搜眞玉鏡音熱。

𤒮 31923 44202 dào_14.18 字彙補盜字。見古老子

𪺀 31924 u2AE80 null_14.18 未詳。

𪹿 31925 u2AE7F null_14.18 未詳。

𪹾 31926 u2AE7E sét_14.18 喃从火察sát聲。同𩆩66702雷霆，霹靂。

𪹽 31927 u2AE7D null_14.18 未詳。

𪹼 31928 u2AE7C null_14.18 未詳。

𤑑 31929 u24451 yàn_14.18 亦作爓32089新書·卷第二·審微語曰：爓爓弗滅，炎炎柰何。按，或作𤇾𤇾、焰焰。

𤑐 31930 u24450 bì_14.18 俗㸟31893

𤑎 31932 u2444E null_14.18 未詳。

𤑏 31931 u2444F bì_14.18 俗㸟31893亦作𤑐31930

𤑍 31933 u2444D hửng_14.18 喃从火興hưng聲。晴朗△𤑍𤑍：晨光熹微。

𤑋 31934 u2444B guāng_14.18 同㷕31842俗㷕31699，古文光。

𤑇 31937 u24447 cuàn_14.18 俗爨32169

𤑉 31935 u24449 biāo_14.18 或俗㶾32104合併字學集篇𤑉，音飄又rỡ喃从火與dữ聲。璀璨，輝煌△𤑉𤑉：燦爛貌△俗作𤐤31159

𤑆 31938 u24446 rǎn_14.18 㜣31560本字。見說文

𤑁 31939 u24441 null_14.18 未詳。

𤑈 31936 u24448 chang_14.18 喃从火徵trưng聲。同晿22589△曬𤑈𤑈：烈日如焚。

𤑀 31940 u24440 null_14.18 未詳。

𤐿 31941 u2443F null_14.18 未詳。

燸 31942 u2443E
null_14.18 未詳。

爐 31943 u2443D
tái_14.18 同炱30748

鑾 31944 u2443C
null_14.18 未詳。

鑾 31945 u2443B
null_14.18 未詳。

燊 31946 u2443A
null_14.18 未詳。

爔 31947 u24439
null_14.18 未詳。

穛 31948 u24438
bì_14.18 同爝31893

爔 31950 u24436
null_14.18 未詳。

燍 31951 u24435
null_14.18 未詳。

爣 31949 u24437
āo_14.18 同爐31808俗

爐31964 慧琳音義:炮爐:上鮑苞反 韻英 云火熟物也。或作魚。下襖蒿反 集訓 云熱炙煨物令熱。或作燠。亦作爐。古文作衰30837集中從鳥作鷉鷄，未詳。

燶 31952 u24434
null_14.18 人名。明代有朱多燶，奉國將軍 図thấp
嘲 从火濕thấp省聲。點火△燶香：焚香△燶32085，不省
△亦作燴31753

熙 31953 u24424
xī_14.18 同熙31522

燄 31953-1 u269A8
yán_14.18 同燗32015

爛 31954 15890
lì_15.19 集韻 力制切音例。止火也 図liè力蘗切音
列。火斷也。鑾 又炣30816

燆 31955 15891
wèi_15.19 集韻 同燨31558

燡 31956 15892
yuè_15.19 玉篇 以灼切音藥 篇海 火氣也。

燢 31957 15893
mò_15.19 集韻 密北切音墨 玉篇 火貌。鑾 又煤31677

爆 31958 15894
bào_15.19 集韻 弼角切音雹 玉篇 爆，落也，灼也。熱也 集韻 或作爣 図pù唐韻 蒲木切音曝 說文 灼也。从火暴聲 図pò集韻 达匹角切音璞。爇也 集韻 亦作爣。図bó廣韻 集韻 韻會 达北角切音剝 廣韻 火裂 集韻 爇也。一曰火聲。亦作爣 図bó廣韻 補各切 集韻 正韻 伯各切达音博 廣韻 迫于火也 図 集韻 火乾也。一曰熱也。或作爆 図 廣韻 北教切 韻會 巴校切达音豹 說文註 徐鉉曰：本蒲木切。今俗音豹。火裂也 白虎通 卜，赴也。爆見兆○按 集韻 書作爆。鑾 又煜31311爆31980炐30870扑30607

爇 31959 15895
ruò_15.19 唐韻 集韻 韻會 如劣切 正韻 儒劣切达音爇 說文 本作爇。燒也。从火蓺聲 註 徐鉉曰：說文 無蓺字，當从火从艸，熱省聲 左傳·僖二十八年 爇僖負羈氏 周禮·春官·菙氏 凡卜，以明火爇燋 史記·秦始皇紀 入火不爇 廣韻 與焫同 図 唐韻 正 如銳反。義同。鑾 又爇21939 蒳50183爇31346爇50595

爇 31960 15896
ruò_15.19 正字通 俗爇字。

爐 31961 15897
lǜ_15.19 廣韻 力居切 集韻 凌如切达音閭 玉篇 燒也 廣韻 火燒山界 図 集韻 良據切音慮。義同 南史·羊元保傳 山澤燋爐。

爉 31962 15898
là_15.19 類篇 爉本字。

㸀 31963 15899
jié_15.19 廣韻 集韻 达子結切音節 廣韻 燭餘 集韻 爐謂之㸀 図 集韻 韻會 达節八切音卽。義同 図 集韻 子悉切音堲 博雅 煨也。或作炌。通作聖。

爐 31964 15900
āo_15.19 集韻 正韻 达於刀切音鏖 玉篇 溫也 集韻 煨也 前漢·楊惲傳 烹羊炰羔 註 師古曰魚毛炙肉也。卽今所謂爐也。爐，一高反 集韻 或作衮○按 廣韻 類篇 韻會 別作爐。鑾 又衰30837爐31949

爛 31965 15901
xūn_15.19 篇海 音訓。火乾物也 正字通 俗熏字。

爐 31966 15902
kuàng_15.19 唐韻 集韻 韻會 达苦謗切音纊 玉篇 光明也 廣韻 本作曠 図huǎng廣韻 呼晃切 集韻 韻會 虎晃切达音恍 廣韻 爐朗，寬明也 図kuǎng廣韻 丘晃切 集韻 苦晃切达音軦。義同 集韻 或作㼑、爌 図 廣韻 火光 図huàng集韻 韻會 正韻 达戶廣切音愰。本作晄，明也。或作爌爐煌 揚雄·甘泉賦 北爐幽都。鑾 又黢32118 図 龍龕 俞，俗。呼廣反。正作爐，開朗也。

爍 31967 15903
shuò_15.19 唐韻 書藥切 集韻 韻會 正韻 式灼切达音鑠 說文 灼爍，光也 図 呂氏春秋 人民淫爍不同。図 與鑠通 周禮·冬官考工記 爍金以爲刃 釋文 爍音余灼反。義當作鑠。始灼反 集韻 或作鑠 図yuè集韻 弋灼切音藥。本作爌32074又歷各切音樂。暴爍，木枝葉缺落貌。通作樂 図luò力角切音犖。義同。或作樂。鑾 呂氏春秋 人民淫爍不同。徐慧：不固 図 烁30824爌32120

爨 31968 15904
cuàn_15.19 正字通 古文爨32169字。

爒 31969 15905
liào_15.19 玉篇 力照切音療。炙也 図liǎo集韻 朗鳥切音了。義同 図zhāo集韻 類篇 达莊交切音鐎。然也 △ 集韻 本作燎。

爕 31970 15920
xiè_15.19 字彙 俗爕字。

燦 31971 15921
xiè_15.19 字彙 俗爕字。

輝 31972 41427
huī_15.19 字彙補 與輝同 漢·孟郁修堯廟碑 俵著輝銘。

爣 31973 44203
xún_15.19 搜眞玉鏡 音燖。

爧 31975 44205
yàn_15.19 川篇 音鴈。又音岸。

爐 31976 44206
cuō_15.19 龍龕 同撮

爇 31974 44204
xiè_15.19 川篇 呼戒切

爐 31977 44207
shì_15.19 龍龕 音吞。又音商。又音適。

爐 31978 44208
chǎo_15.19 五音篇海 音炒。鑾 字彙補 爐，音義與炒同。

爐 31979 44209
shā_15.19 五音篇海 音煞。

爆 31980 44210
bào_15.19 龍龕 音爆

爐 31981 u2AE82
null_15.19 未詳。

爐 31982 u2AE81
null_15.19 未詳。

爐 31983 u24472
null_15.19 未詳。

爐 31984 u24470
null_15.19 未詳。

爐 31985 u2446F
sém_15.19 嘲 从焦省
劍kiếm聲。微燎，曬焦△鉗爐：鍋巴。

爐 31986 u2446E
mồ_15.19 嘲 从火暮mồ聲△爐烘：烟食。

燸
lói_15.19 嗝从点省磊lǒi聲△燸畑：點燃燈火。又
五千字譯國語·第二十六舉動 赫奕，烓燸。

燦
lóe_15.19 嗝从火黎lê聲。光亮△燦昧：奪目。

熢
bùng_15.19 嗝从火蓬bǒng聲△熢弩：爆發。烓熢
熊熊燃燒。

爟
zhǔ_15.19 同煮zh1214

熜
cōng_15.19 同熜31823

燅
null_15.19 未詳。

燼
renz_15.19 壯火灰。

燗
rō_15.19 嗝同燶02489△燗桾：魁梧。

熮
null_15.19 未詳。

爣
zhǔ_15.19 同燅31990

爋
xūn_15.19 同燻31900

燅
null_15.19 未詳。

爎
lián_15.19 俗爎31824
作滕。古國名，在今山東滕縣。

滕
téng_15.19 同滕29169亦

燎
liáo_15.19 同燎31686

熽
zuàn_15.19 俗鑽64691 可
洪音義 熽火：上子官反。正作鑽。熽熮：上子乱反。下
音遂。火母也。上正作鑽 図zuǎn煎熽，煎炸。元·關漢
卿 望江亭中秋切鱠旦·第三折 張稍，拏了去，與我薑辣
煎熽了來。臧晉叔·音釋：熽，鑽上聲。

熇
kào_15.19 方用微火燒菜，將湯汁變濃或耗乾。

爣
xiāo_16.20 集韻先彫切音蕭。炳也。鎣又熽31790

煇
tūn_16.20 說文焞本字。

歷
lì_16.20 集韻郎狄切音歷。火貌。或作厤。

爐
lú_16.20 玉篇洛乎切音盧。火爐也。范致能詩何如
田舍火爐頭。鎣又炉30657舻59647

燢
chǎo_16.20 集韻楚絞切音抄。同爥炒聚。

歚
xián_16.20 篇海徐廉切音撏。以湯沃毛令脫也。
○按歚當同燖。

爵
jué_16.20 集韻疾雀切音嚼。本作燘32100同燘、燘。

爗
yé_16.20 集韻乙業切音腌。火不明貌。

燗
lǎn_16.20 篇海音覽。火亂。鎣又燗32156

燡
yì_16.20 廣韻羊益切集韻夷益切夶音繹 廣韻 災
也。出 字林

燎
liáo_16.20 唐韻集韻夶力照切音療 說文 本作尞。炙
也。从炙尞聲集韻或作膋 図liǎo集韻朗鳥切 義
同△類篇或作爒。

爓
yán_16.20 唐韻集韻夶余廉切音鹽 說文 火門也。
从火，閻聲 玉篇 火焰也 図xián 廣韻徐鹽切 集韻 韻會
正韻徐廉切夶音燖 廣韻本作燅31671 禮禮器 三獻爓註

爓，沈肉于湯也 釋文 似廉切。又 郊特牲 三獻爓 釋文 爓，
本作膶。夕廉反 図qián 集韻慈鹽切音潛。本作燅31701
図xún 正韻徐心切音尋 禮·祭義 爓祭 註 湯肉曰爓 釋
文 音尋 図yàn 廣韻集韻韻會正韻 炏以贍切音豔 廣
韻 光也。同焰集韻火光。同炎 燄 班固·西都賦 光爓
朗以景彰。又 東都賦 吐爓生風。鎣 龍龕 㷖31837爐31423
燆31822炎俗，燄31953-1通，熖31525今省，爛32113正。

雙
jiāo_16.20 集韻茲消切。同焦31087

爔
xī_16.20 玉篇許其切音僖。火也 図 集韻虛宜切音
犧。本作曦。赫曦，日光。或作曦。鎣又爔31819

爡
mì_16.20 集韻莫狄切音覓 ◆揚雄·長楊賦 燒爡蠡 註
張晏曰：爡蠡，乾酪也。以爲酪母。燒之，壞其養生之
具也 集韻或作釀、醿。

爤
là_16.20 集韻郎達切音辢 玉篇 毒也 図 集韻本作
爛。火貌 図lài 廣韻集韻 炏落蓋切音賴 廣韻 火之毒貌。

爗
yè_16.20 唐韻筠輒切音鰪 說文 本作爗。盛也 詩·小
雅 爗爗震電 前漢·禮樂志 華爗爗 揚雄·反離騷 颺爗爗之
芳苓 註 爗爗，光盛 図yì 集韻域及切音煜。本作曄。光
也。同熠、曅 図yè 正韻 弋涉切音葉。煒爗，明盛也。
亦作焩△廣韻集韻本作爗。鎣又爗32066

燔
fán_16.20 唐韻集韻 炏附袁切音煩◆說文 宗廟火孰
肉。从炙番聲 春秋傳 曰：天子有事燔焉，以饋同姓諸
侯 玉篇 亦作膰 集韻或作燔。

爖
lóng_16.20 玉篇魯紅切音龍。火也。鎣又烼30783

爆
yè_16.20 集韻業24689古作爆。

燧
suì_16.20 前漢·韓安國傳 置烽燧，然後敢牧馬 註 燧，
古燧31816字。

爆
yè_16.20 說文爗本字

爣
liǎn_16.20 廣韻力展切
音輦。小然火也。鎣又爤32073

爚
yuè_16.20 廣韻以灼切音藥。仰也。

爆
bào_16.20 集韻巴校切音豹。火裂。同爆。

難
yào_16.20 字彙補古文曜23157字。

爨
fú_16.20 字彙補敷勿切音拂。爆爨，火貌。

爨
yào_16.20 字彙補太上老君碑有爨、爨二字,皆音藥。

爤
bó_16.20 五音篇海音煿。

爨
shú_16.20 字彙補與熟同。

爤
null_16.20 未詳。

爨
tái_16.20 字彙補大來
切音臺。烟塵也 石鼓文 趚趚爨爨。鎣又爨60590

爤
null_16.20 嗝未詳。

爩
hōng_16.20 嶜14473俗

譌。清·顧炎武唐韻正（文淵閣）磕，亦作磕。宋玉高唐賦礫碨磥而相摩兮，熂震天之磕磕。

爴 32036 u2AE84 jué_16.20 同爝32106俗爝32100

爔 32039 u244A0 đỏ_16.20 喃从火覩đủ聲。紅，赤。

爕 32040 u2449F nhùi_16.20 喃从火頹đồi聲。

爗 32041 u2449B nấu_16.20 喃从炊省耨nậu聲△爗咹：準備飯菜。

爥 32042 u2449A nung_16.20 喃从火濃nống聲。烘燒，煅燒。

爨 32043 u24499 chín_16.20 喃从熟参chẩn聲。亦作炵30785成熟，煮熟。

爩 32044 u24498 dủ_16.20 方姑爩，長時間煮漢語方言大詞典爩，小火慢煮。㊀江淮官話。㊁吳語。又申報.1934.Oct.30·第四張·⑬·笑話總動員·爩肉王先生聽了，氣得無言可說，隔了好久，才道：我說的是爩肉，是把肉洗乾淨了，放到火上清爩，不是叫你這樣丟肉啊 又 đuốc 喃 燭，火把 又 đúc同鐫64606鑄造。餇爩：饚。

爪 32045 u24497 zhì_16.20 𤏙31903譌字。从東爲正。

爫 32046 u24496 zāo_16.20 正字通𤏙31545，滂原作𤐪，泥。

爬 32047 u24495 cāo_16.20 集韻澡，倉刀切。澡澡，欲沸。

爭 32048 u24493 fú_16.20 㶠31105本字。亦作爩。

爮 32049 u24491 lín_16.20 同𤏳51884集韻粦，或作𤏳、燐。

爯 32050 u24490 cuàn_16.20 俗爨32169　32051 u2448F null_16.20 未詳。

爰 32053 u2448D yè_16.20 同𤎩。古文業24689

爱 32054 u2448C null_16.20 未詳。　32052 u2448E xué_16.20 人名用字。

爲 32055 u2448B hè_16.20 俗爀31908　32058 u24488 yān_16.20 俗煙31257敦煌·S.2832願文等範本·公惟公五百間生，當代英哲。門傳鼎族，玉葉相承。量呑江海，氣灌𤐋霞。搖鳳筆而端（瑞）落花開，動清文而日下舒錦。

32056 u2448A null_16.20 未詳。　32057 u24489 fú_16.20 同𤏸32048

32059 u24487 null_16.20 未詳。　32060 u24486 shú_16.20 同熟31537

32061 u24484 lián_16.20 俗𤏉31824　32062 u24483 yè_16.20 同爗32066

32064 uF932 lú_16.20 兼爐。　32063 u3E0C huò_16.20 可洪音義爟窘：上呼活反。爟達也 又 爟然：上呼郭反。正作霍66562

32065 u7218 càn_16.20 俗燦31815 1891年夏季號格致彙編·格物雜說·電光慶喜事吉時將至，賓客咸集，電氣一通，各燈忽明，耀耀焉，爘爘焉，光如白晝，眾客無不駭異驚訝，恍入不夜之城 又 cān 漢語大字典.V.2野炊。

32067 u720B xūn_16.20 俗熏31433可洪音義香爋：許云反。

爗 32066 u7217 yè_16.20 同爗31802　32069 15935 xì_17.21 集韻香義切音戲。燒也。鎏熊加全：疑俗熺31416

32068 15934 liàn_17.21 斂字之譌〇按玉篇本作𤑔。从斂从火。斂字本从攴，不从欠字彙作𤑔，誤。

32070 15936 lán_17.21 篇海盧感切，音覽◇黃焦也〇按爁當爲燣字之譌。鎏又燣31888

32071 15937 āo_17.21 字彙爊字之譌。

32072 15938 rǎng_17.21 集韻汝兩切音攘玉篇火也。

32073 15939 liǎn_17.21 玉篇𤒎32026，書作𤒎。

爚 32074 15940 yuè_17.21 唐韻以灼切集韻韻會正韻弋灼切𡘋音藥說文火飛也集韻或作爍 又 說文一曰爇也 又 玉篇光也，電光也廣韻煜爚，光明 又 莊子·胠篋篇外立其德而以爚亂天下者也 又 班固·西都賦震震爚爚註奔走貌 又 shuò 廣韻書藥切集韻類篇式灼切𡘋音爍。義同 又 廣韻爚爚，光貌 又 唐韻正爚，與燿通荀子·致仕篇夫燿蟬者，務在明其火，振其樹而已呂氏春秋作爚蟬。鎏本作爚32114俗作爚31211 又 龍龕𤒹32148爍32120爚31614三俗，爚31911正。

爛 32075 15941 làn_17.21 廣韻集韻韻會𡘋郎旰切，瀾去聲廣韻火熟揚子方言自河以北趙魏之間，火熟曰爛左傳·定三年邾子自投于牀，廢于鑪炭爛 又 廣韻明也詩·鄭風明星有爛。又唐風錦衾爛兮。又大雅爛其盈門史記·蕭何世家贊何之勳爛焉司馬相如·子虛賦明爛龍鱗。又 公羊傳·僖十九年魚爛而亡註魚爛從內發 又 司馬相如·上林賦麗靡爛漫于前註索隱曰：列女傳云桀造爛漫之樂△廣韻本作爤集韻與燗、煉𡘋同 又 lán 正韻離閑切，音闌◇楚辭·九章曾枝剡棘圓果摶兮，青黃雜糅文章爛兮韓愈·江漢詩淒風結衝波，狐裘能禦寒。終宵處幽室，華燭光爛爛〇按集韻類篇別作爤，亦作爤。鎏又爤32145烂30823𦾫54926燗31769𣩞26888𦢊48095

32076 15942 liàn_17.21 玉篇力焰切音殮。火也〇按集韻類篇書作爁字彙譌作𤑔32068，非。

32077 15943 yàn_17.21 集韻以贍切音豔。本作燗32015 又 liàn 力驗切音瀲。火也。鎏又𤑔32068𤑔32076

32079 44213 hū_17.21 搜真玉鏡同爐。

32081 u244B8 null_17.21 未詳。　32078 15944 liǎo_17.21 說文燎本字

32082 u244B7 null_17.21 未詳。　32080 u244B9 bì_17.21 或俗熚31529

32083 u244B6 null_17.21 未詳。　32084 u244B5 tāo_17.21 或同燾。

32085 u244B4 thắp_17.21 喃同㸌31952

32087 u244B2 chờn_17.21 喃从火廛triền聲。

32088 u244B1 jì_17.21 同𤒃31915　32086 u244B3 fán_17.21 或俗燔31697

燄 32089 u244B0 yàn_17.21 亦作爓31929或同焰31108

熸 32090 u244AF jiān_17.21　慧琳音義熸31655夷：上接鹽反。杜注左傳云吳楚之間謂火滅為熸。下似進反。鄭箋毛詩云火餘曰夷。杜注左傳謂：火餘木也說文並從火，晉、聿皆聲。經本從戠作熾，非也。從盡作熸，通俗字也。

黫 32092 u244AD mì_17.21 同黫75046

燫 32091 u244AE suì_17.21 燧31695本字

爗 32093 u244AB yè_17.21 燁31802本字。或作燁。亦譌作爆32066爆32062

爛 32095 uF91E làn_17.21　兼爛。

燌 32094 u244AA cuān_17.21 同爘27794三俠五義 • 第六十三回」用鯉魚燌湯，拿他開胃。

燪 32096 15945 cóng_18.22　集韻徂聰切音叢。火貌。

𤎹 32097 15946 niè_18.22　廣韻尼輒切集韻呢輒切丛音聶玉篇煉也。或作曘廣韻本作曘。小煉也。

爆 32098 15947 bào_18.22　正韻布恔切音豹。火裂也。廣韻書作爆集韻書作爆。

燫 32099 15948 tà_18.22　廣韻徒盍切集韻敵盍切丛音蹋廣韻燫也。又墮也。鎣又燫31850

爝 32100 15949 jué_18.22　廣韻卽略切集韻韻會正韻卽約切丛音爵說文苣火祓也。莊子 • 逍遙遊日月出矣，而爝火不息呂氏春秋湯得伊尹，祓之于廟，爝以爟火。釁以犧假。集韻或作熦燋爝〇按廣韻爝、燋分訓，與集韻異。図廣韻在爵切集韻疾雀切丛音嚼図jiào廣韻集韻丛子肖切音醮。義丛同図唐韻正呂氏春秋爝火作焦火。鎣又爟32149燋32010爝32110

燑 32101 15950 tóng_18.22　廣韻集韻韻會丛徒冬切音彤玉篇熏也，熱也廣韻旱熱也集韻或作蟲図chóng廣韻直弓切集韻韻會正韻持中切丛音蟲。義同爾雅 • 釋訓燑燑，炎炎，熏也疏大雅 • 雲漢云蘊隆蟲蟲。燑、蟲音義同爾雅或省作烔。通作蟲。又tóng集韻徒束切音同。本作炯30855或作燑〇按爾雅釋文本音同。

爟 32102 15952 guàn_18.22　廣韻集韻韻會丛古玩切音貫◆說文舉火曰爟周禮 • 夏官 • 司爟註杜子春云爟為私火。鄭謂爟讀如予若觀火之觀。今燕俗名湯熱為觀，則爟爟謂熱火歟釋文觀，古煥反。又司爟掌行火之政令，四時變國火以救時疾。又凡祭祀則爇爟疏謂祭先出火之人。図廣韻烽火也図quán集韻逵員切音權。亦烽火也図周禮 • 夏官 • 司爟註故書爟為爟〇按杜子春云爟當為爟。疏云子春不從古書爟還從爟。然註有此音，今存之。鎣又烜30867槶31253㷭31443

燳 32103 15953 zhào_18.22　集韻直教切音棹。本作燁51134詳燁31713字註。鎣集韻燁，燴急也。或作燳。

熛 32104 15954 biāo_18.22　說文熛本字。

爦 32105 u2AE87 null_18.22　喃未詳。

爝 32106 u2AE86 jué_18.22　俗爝32100

爌 32107 u244C7 quǎng_18.22　喃从火瓊quỳnh聲。光量△爌巖：月量。

爝 32110 u244C4 jué_18.22　俗爝32100

爁 32108 u244C6 ram_18.22　喃从炎省藍lam聲△爁酤：烤肉図rám胈爁：曬黑的皮膚。

爑 32111 u244C3 null_18.22　未詳。

㿔 32109 u244C5 diàn_18.22　同黫75038正字通黫，譌字。澱、黫或作黫74968从殿省聲。篆作黫。

爔 32112 u244C2 xūn_18.22　俗熏31433可洪音義烟爔：許云反。

爗 32113 u244C1 yàn_18.22　爗32015集韻作爛。

爇 32115 u244BF rán_18.22　俗爇32121古文然。

爉 32116 u244A9 yì_18.22　人名用字

爚 32114 u244C0 yuè_18.22　爚32074本字

爠 32117 u7220 qú_18.22　字海爠，姓図爠31907譌字。

㿶 32118 15951 huǎng_19.23　篇海古晃切音廣。光貌。

爡 32119 15955 chè_19.23　集韻丑伐切，音察◇玉篇爡爡，燒起也図集韻敕列切音少。爡煷煙貌図他達切音闥。義同。

爍 32120 15956 shuò_19.23　集韻式灼切音鑠。本作爍31967

爇 32121 15957 rán_19.23　集韻然31116古作爇陸倕 • 石闕銘刑酷爇炭。

麋 32122 15958 mí_19.23　唐韻靡為切集韻韻會忙皮切丛音糜說文爛也玉篇爛熟也図廣雅熱貌図集韻一曰壞也。△亦作糜孟子糜爛其民而戰之前漢 • 賈山傳萬鈞之所壓，無不糜滅者△韻會或作爢離騷作爢。鎣又麋7473

爇 32123 15959 rán_19.23　字彙同爇前漢 • 五行志見巢爇。又陳湯傳至爇脂火夜作。

麋 32124 15960 mí_19.23　同麋屈原 • 離騷精瓊麋以為粻註瓊麋，特之珍者。鎣又麋74706藶15850爢32133

爆 32125 15961 bō_19.23　集韻北角切音剝。同爆31958図báo匹角切音璞。又弼角切音雹。丛同爆。

熺 32126 41431 xī_19.23　龍龕音昔。火赫也。

爨 32127 41432 zuì_19.23　五音篇海子芮切。火輕脆。鎣張涌泉：俗爨（爨）。

鬺 32128 44214 jì_19.23　五音篇海古歷切。出道地經。鎣張涌泉俗鬺。

懸 32129 44215 gěng_19.23　字彙補同耿。

燲 32130 u2AE88 rǒu_19.23　殷周金文集成 • 5.2831 • 九年衛鼎舍溓宦燲奔古文字譜系疏證古燲31273字。

爈 32132 u244D3 luó_19.23　粵烱味

變 32131 u244D6 xiè_19.23　俗變31828洪音義變理：上蒨叶反，和也。

爢 32133 u244D2
mí_19.23 同糜32124 集韻 麼,忙皮切 說文 爛也 廣雅
熱皃。一曰壞也。或書作爢。

爐 32135 u244CD
null_19.23 未詳。

熷 32134 u244CE
zuǎn_19.23 煎爦，煎燴

爐 32137 u244CB
null_19.23 未詳。

爦 32136 u244CC
tān_19.23 同攤21247 金
瓶梅詞話·第四十四回 須臾，迎春拿了四碟小菜，一碟
糟蹄子劬，一碟醃雞，一碟爦雞蛋 图 同然31116

爤 32140 41434
xǐ_20.24 海篇 音希。爤火也。

爥 32141 u2AE89
null_20.24 未詳。

爥 32138 15962
tǎng_20.24 廣韻 他朗切
集韻 坦朗切 夶音帑 廣韻 爥朗，火光寬明。

爤 32142 u244DB
dìu_20.24 喃 从火耀diệu聲。柔和，徐徐然。

爤 32143 u244D9
null_20.24 未詳。

熷 32139 15963
zāo_20.24 說文 熷本字

爤 32145 15964
làn_21.25 唐韻 集韻 夶郎旰切，瀾去聲 說文 熟也。
同爛 廣韻 同爛 集韻 亦作煉。

勸 32144 u244D8
null_20.24 未詳。

爡 32146 15965
bì_21.25 玉篇 皮逼切。
本作熩。同燋。鍫 玉篇 爡，籀文熩31240

燭 32147 15966
zhú_21.25 韻會 朱欲切音囑。本作曘。照也。一通作
燭 班固 東都賦 散皇明以爥幽。鍫 又煰31731

爚 32148 15967
yuè_21.25 集韻 弋灼切音藥。本作礿。夏時祭也。同
禴、礿 图 韻會 同爚 摰虞·思遊賦 要華電之煜爚。

爝 32149 41433
jué_21.25 字彙補 爝本字。

穐 32150 u2AE8B
qiū_21.25 同穐40989，古文秋。

爩 32153 u244E2
nǎng_21.25 喃同曑23255晴 图nến燭△熦爩:點燃蠟
燭。

爐 32151 u2AE8A
null_21.25 未詳。

爦 32152 u244E3
yù_21.25 俗爩32172

爐 32154 u244E0
tán_21.25 燂31665本字。見 說文

爡 32155 u244DE
bì_21.25 同爡32146 六書正譌 燹，籀文殭31893

爤 32156 u7226
làn_21.25 同爛31910 朱子語類·卷十八·傳五章 格物
一章，前面說許多，便是藥料。它自有箇炮爛炙煿道理，
這藥方可合 图lǎn同爛32012 直音篇 爤，音覽。火亂。

爨 32157 15968
cuàn_22.26 集韻 麤尊切音村。爨爨，鼎欲沸貌。
鍫俗爨32169

爨 32158 44216
cuàn_22.26 字彙補 與爨同。

爨 32159 44217
xiǎn_22.26 川篇 先踐切。鍫張涌泉:俗爨。

爡 32160 15969
zhuò_23.27 集韻 椿劣切音啜。竈中煙。

爡 32161 u2AE8C
null_23.27 未詳。

爨 32163 u244E8
null_23.27 未詳。

爤 32162 u244E9
bén_23.27 喃 从燃省爨bén聲△爤焀:曼燒，燎燒

△俗作煍31153

爤 32164 u244E7
null_23.27 未詳。

爧 32165 15970
líng_24.28 廣韻 集韻 夶
郎丁切音靈 廣韻 火光貌 集韻 或作煐。鍫煐31009

爨 32166 15971
jiāo_24.28 唐韻 卽消切 集韻 茲消切夶音椒 說文
焦31087本字。火所傷也 廣韻 籀文焦字。

爨 32167 15972
suì_24.28 集韻 燧31816古作爨。

爨 32168 41435
jiāo_24.28 篇海類編 卽遙切音焦。火燒黑也。又音
捉。炬也。

爨 32170 u2F920
cuàn_25.29 同爨32169

爨 32169 15973
cuàn_25.29 古文爨 廣韻
七亂切 集韻 韻會 正韻 取亂切夶音竄◆說文 齊謂之炊
爨。臼象持甑，冂爲竈口，廾推林內火 玉篇 竈也 詩·小
雅 執爨踖踖 傳爨，饔爨，廩爨也 疏 饔爨以亯肉，廩爨
以炊米 周禮·天官·亨人 職外內饔之爨亯煮 註爨，今之
竈。主於其竈亯物 儀禮·士昏禮 大羹湆在爨 註爨，火
上 图 姓 華陽國志 昌寧大姓有爨習 蜀志 建寧大姓蜀
錄有交州刺史爨深 图 集韻 或作爨31652 图quàn取絹
切音絭。炊也 图cuán七丸切音攢。義同 周禮·夏官·挈
壺氏 及冬，則以火爨鼎水而沸之而沃之 註 以火炊水。
○按周禮詩傳釋文爨俱音七絃切，釋經傳爨字之義，
大約動音爲平聲，靜音爲去聲。然 左傳·宣十五年 傳:
析骸以爨。註:爨，炊也。及 孟子 以釜甑爨，似皆宜讀
平聲。乃 孟子 無釋文 左傳釋文 亦音七亂反，則平去又
未嘗拘也。鍫 又爨32170 爨31577 爨31937 爨32050 爨00750
爨48444爨10326 图 字彙 爨31811，籀文爨字 图 通龠。敦
煌S.5636新集書儀·又寒食相迎屈上墳書·答書 渌水遊
魚，躍鱗騰爨32158，千般景媚，萬種芳菲。

爤 32171 15974
yù_26.30 字彙俗爡字。見 篇海

爤 32172 15975
yù_29.33 廣韻 紆物切 集韻 紆勿切夶音鬱 玉篇 煙
出也 集韻 炪爤煙出 廣韻 煙氣。鍫 又爤32171爤32152

爨 32173 15976
yùn_29.33 集韻 紆勿切音鬱。本作熨31551

◆ 爪部 ◆

爪 32174 15977
zhǎo_0.4 古文叉 唐韻 集韻 夶側絞切音抓◆說文 覆
手曰爪 詩·小雅 祈父，予王之爪牙 周禮·冬官考工記·梓
人 凡攫閷援簭之類，必深其爪，出其目，作其鱗之而 廣
韻 手足甲也 集韻 本作叉。或作蚤、搔○按 韻會 云 說
文 爪本爲抓爪之爪，非手足甲也。亦太迂泥，不可從。
图zhào 集韻 類篇 夶阻敎切音笊 集韻 覆手取物。一曰
扎也。鍫 又爪32179爪32177爪32176爪32181扴19225

爪 32175 15978
zhǎng_0.4 唐韻 諸兩切 集韻 止兩切夶音掌 說文 亦
丮也。从反爪 正字通 古掌字。

爪 32176 uFA49
zhǎo_0.4 兼爪32181

爪 32177 u244F0
guā_0.4 俗瓜34865亦俗爪32174字。

爫 32178 u2F56
zhǎo_0.4 同爪32174部首專用字。亦作爫32180⺥32179

⺥ 32179 u2EA5
zhǎo_0.4 部爪32178

爫 32180 u2EA4
zhǎo_0.4 部爪32178

爫 32181 u722B
zhǎo_0.4 同爪32174 図lǎn喃 爲32228字省文。

爪 32182 44218
jiū_1.5 搜眞玉鏡同糺。

芎 32183 15979
biàn_2.6 玉篇古文采62647字。鋆亦作芎32184

芎 32184 u200A0
biàn_2.6 同芎32183,古文采62647

爬 32186 44219
zǔ_3.7 搜眞玉鏡音祖。

爭 32187 u2AE8D
null_3.7 未詳。

卵 32185 15980
luǎn_3.7 字彙魯管切音卵。無乳卵生也。見釋典 〇按卵字諸書皆不載字彙音義同卵,當卽卵字之譌。鋆俗印04727慧琳音義破卵:卵,於胤反。言苦報盡處方顯滅諦,故名滅諦為破卵。有經本而云破卵。卵,盧管反。謂由破於生死轂卵顯得滅諦故也龍龕卵,於刃反,今作印,同。又可洪音義實卵:一進反。法卵:一信反。

爰 32188 u244F4
liè_3.7 叟32217段改篆作爰,從叉乙聲。

叹 32189 15981
ná_4.8 字彙音拏。爬叹以收除也正字通俗字。鋆又叹32193叹32206

爬 32190 15982
pá_4.8 廣韻集韻韻會正韻竝蒲巴切音琶廣韻搔也韓愈·進學解爬羅剔抉。又月蝕詩爬沙脚手鈍。図姓廣韻本杞東樓公之後,避難改爲,西魏襄州刺史爬秀△廣韻或作把韻會或作杷。鋆又杷23615

爭 32191 15983
zhēng_4.8 古文朵事唐韻側莖切集韻甾耕切竝音筝說文引也。從叉厂徐鉉曰厂所曳。叉,二手也。而曳之,爭之道也廣韻競也書·大禹謨汝惟不矜,天下莫與汝爭能。汝惟不伐,天下莫與汝爭功図玉篇諫也図訟也增韻理也,辨也禮·曲禮分爭辨訟,非禮不決図姓正字通印藪有爭不識、爭同図zhèng集韻側迸切,箏去聲。義同図廣韻本作諍,諫諍也,止也図孝經·諫諍章天子有爭臣七人△韻會俗作爭,非。鋆又旱23272字學三正·體製上·古文異體朵黽00099,爭正字通爭字學三正誤以朵黽為古文爭。並非。

坚 32192 15984
yín_4.8 唐韻集韻竝余箴切音淫。說文近求也。從爪壬。壬,微幸也図rén集韻如林切音壬。義同。

叹 32193 15985
ná_4.8 廣韻女加切音拏。爬叹以收除也〇按叹字彙書作叹,誤。集韻類篇別作叹字。

旲 32194 15986
wéi_4.8 字彙補古文爲32228字。

𪠌 32195 u244FC
null_4.8 未詳。

奚 32196 u244FB
xī_4.8 俗奚10139可洪音義奚天:上胡雞反。正作奚同文通考·省文奚,奚也。凡從奚字,如鷄、溪等从奚,並非。

𪠺 32197 u244FA
vấu_4.8 喃从爪斗đấu聲△𪠺虎:虎爪。

𪠹 32198 u244F9
píng_4.8 古文平15243

咠 32199 u3E13
mì_4.8 同否22387俗覓。

柔 32200 15987
fú_5.9 說文古文孚11753字。

受 32201 15988
dào_5.9 廣韻都導切音到。姓也。出河内字彙下從丈,與又字不同〇按集韻類篇受字,去聲,有後到、刀號、大到三切,皆曰姓也。下亦從又,不從丈。與上聲受字同,非字彙依廣韻作受,下從丈,最是說文玉篇類篇受字俱載叉部字彙併叉爪爲一部。將受字分出,另入又部。鋆又受21904

受 32202 15989
liè_5.9 唐韻力輟切集韻龍輟切竝音劣說文撮也。從叉從己註己者,物也。又叉,撚取之。指事。鋆又叟32217受32188俗作授20086

爮 32203 15990
páo_5.9 字彙蒲交切音庖。爮,刮〇按爮字諸書皆不載,疑爲爮字之譌。然廣韻六豪搔註云爮刮。繹爮刮之義,當从爪,必因其爲俗用之字,故不載耳。

爭 32204 15991
chēng_5.9 古文稱唐韻處陵切集韻蚩承切竝音稱。•說文幷舉也。從爪,冓省図chèng集韻昌孕切音偁。大也,舉也。

爰 32205 15992
yuán_5.9 唐韻羽元切集韻韻會于元切竝音袁說文引也。從叉從于集韻謂引詞也爾雅·釋詁粵于爰曰也。爰粵于也註轉相訓書·咸有一德爰革夏正傳爰,於也詩·小雅爰及矜人箋爰,曰也図爾雅·釋訓爰爰,緩也詩·王風有兔爰爰傳爰爰,緩意図揚子方言爰,恚也。楚曰爰図廣韻哀也図左傳·僖十五年晉於是乎作爰田註分公田之稅,應入公者,爰之於所賞之眾疏爰,易也。謂舊入公者,乃改易與所賞之眾図史記·張湯傳劾鼠掠治,傳爰書註爰,換也。古者重刑嫌有愛惡,故移換獄事,使他官考實之図爾雅·釋鳥爰居,雜縣疏爰居,大如馬駒。一名雜縣魯語海鳥曰爰居。又說文籀文爰爲車轅字図姓廣韻袁或作爰。出濮陽,舜裔胡公之後。鋆爰氏古作𡙇、趚。

委 32207 15994
píng_5.9 字彙補古文平15243字。

圣 32208 41436
jīng_5.9 五音篇海音經。織也。鋆又圣32192

爭 32209 44220
shì_5.9 字彙補秦碑事字。

爬 32210 44221
zǔ_5.9 龍龕音祖。

叹 32206 15993
ná_5.9 集韻女加切音拏。爬叹,搔也。又斂也〇按廣韻音義與叹同。

爬 32211 44222
páo_5.9 龍龕音庖。又音把。

爬 32212 44223
jù_5.9 五音篇海音巨。

𪢎 32213 u2AE8E
null_5.9 未詳。

𤔅 32214 u24505
dié_5.9 俗𤓱34878集韻𤔅,說文㕩也。引詩縣縣爪𤔅。

哥 32215 u24504
gē_5.9 俗哥05956

叟 32217 u24502
liè_5.9 說文撮也。

从叏从己。亦作叚32202段玉裁改篆作爰32188

孚 32216 u24503 fú_5.9 采32200殘譌 古今圖書集成·字學典·字學總部彙考四·宋鄭樵通志二·會意第三上·孚 芳無切 說文 卵孚也。从爪从子。古作孚。

㕟 32218 15995 yǐn_6.10 玉篇 古文隱65989字。

𤔔 32219 15996 bǎo_6.10 集韻 保01269古作𤔔。

𤔏 32220 u2450F null_6.10 未詳。

爱 32222 u7231 ài_6.10 简 愛17829

𤔎 32221 u2450E qià_6.10 同𤓶34891 吳下方言考 爴𤔎，音裸搯。韓昌黎 征蜀聯句 怒鬚猶𤔎鬡，斷臂仍爴𤔎。案，二字俱從爪。舊從瓜，誤也。爴指大動也，𤔎，爪微動也。吳諺謂廣攄為爴，重搔為𤔎。

𤔑 32223 15997 luàn_7.11 說文 古文𤔔32229字。

𤔒 32224 15998 lǐ_7.11 字彙補 古文禮40087字。

𤔓 32225 15999 luàn_7.11 玉篇 同𤔑

𤔓 32227 u24513 null_7.11 未詳。

𤔐 32226 u2AE8F zhì_7.11 朝鮮本 龍龕 豸57330正。豸，今俗。

爲 32228 16000 wéi_8.12 古文 唐韻 薳支切 集韻 于嬀切 太音潙◆說文 母猴也。其爲禽好爪。爪，母猴象也。下腹爲母猴形。王育曰爪，象形也 又 爾雅·釋言 作造爲也 書·益稷 予欲宣力四方汝爲 洪範 有猷有爲有守 又 治也 晉語 疾不可爲也 註 爲，治也 又 使也 魯語 其爲後世昭前之令聞也 註 爲，猶使也 又 語詞 前漢·武帝紀 何但亡匿幕北寒苦之地爲 又 姓 廣韻 風俗通 云漢有南郡太守爲昆 韻會 魯昭公子公爲之後 又 wèi◆ 廣韻 集韻 韻會 太于僞切音隔 廣韻 助也 增韻 所以也，緣也，被也，護也，與也 書·咸有一德 臣爲上爲德，爲下爲民 釋文 爲上爲下之爲，于僞反。徐云四爲字皆于僞反。又 多士 惟我下民秉爲 詩·大雅 福祿來爲 箋 爲，猶助也 釋文 于僞反，協句如字。𡐿又為30831为00231𤔡16236爲32246為30884𤔢62657

𤔘 32229 16001 luàn_8.12 古文 唐韻 郎段切 集韻 盧玩切 太音亂 說文 治也。幺子相亂，𠬪治之也。讀若亂同。一曰𤔘，理也。𡐿又𤔣32263𤕊05268

𤔙 32230 16002 jīng_8.12 集韻 經44208古作𤔙。

𤔚 32232 44225 shàng_8.12 搜眞玉鏡 音上。

𤔛 32233 u2AE93 null_8.12 喃 未詳。

𤔜 32231 44224 chà_8.12 龍龕 疎瓦切。又初瓦切。𡐿或作𤔝35656搖撓聲。

𤔞 32234 u2AE92 null_8.12 未詳。

𤔟 32235 u2AE91 null_8.12 未詳。

𤔠 32236 u2AE90 null_8.12 未詳。

爴 32239 u24516 luǒ_8.12 爴𤔎32221

𤔤 32237 u2451B sụ_8.12 喃 从爪取thủ聲。

𤔥 32238 u24518 yǎo_8.12 舀48331本字。見 說文

𤔦 32240 41437 ài_9.13 字彙補 同愛。見 漢婁先生碑

𤔧 32241 44226 luǒ_9.13 搜眞玉鏡 力果切。

𤔨 32242 44227 fú_9.13 龍龕 同福

𤔩 32243 44228 fēn_9.13 龍龕 音分。

𤔪 32244 u2AE95 null_9.13 殷周金文集成·10.5379·小臣𤔪卣

爲 32246 u24521 wéi_9.13 新撰字鏡 為爲，二形作平。作也，使也，有也，治也，數也，施也，成助也，行也，被也，欲也。

𤔫 32247 u2451E null_9.13 宋·洪遵 泉志·外國品中·屋馱國梵書錢 載「梵字錢」有「𤔬26605𤔫貎貐」四字，云「文不可辨」。

𤔭 32245 u2AE94 null_9.13 未詳。

𤔮 32249 16004 bào_10.14 廣韻 薄報切音暴。姓也。出 姓苑。𡐿同𤔮05271

𤔯 32248 16003 sāo_10.14 字彙 同搔 正字通 俗字。

𤔰 32250 16005 ài_10.14 字彙補 古文愛17829字。

𤔱 32251 41439 luàn_10.14 字彙補 與亂同 亢倉子 共工稱𤔱矣。

𤔲 32252 44230 jué_10.14 字彙補 與攫同。

𤔳 32253 44231 cháo_10.14 五音篇海 與巢同。

𤔴 32254 u7233 hān_10.14 方 重要。

𤔵 32256 16007 lì_11.15 集韻 狼狄切音歷。以爪擇物也。𡐿从厤得聲。

𤔶 32255 16006 cí_11.15 集韻 辭60587古作𤔶。

𤔷 32257 16008 jué_11.15 篇海 同攫21269

𤔸 32258 16009 luán_11.15 字彙補 古文䜌56648字。

𤔹 32259 44229 jué_11.15 篇海類編 同𤔷。

𤔺 32260 u2AE97 null_11.15 未詳。

𤔻 32261 u2AE96 null_11.15 喃 未詳。

𤔼 32262 u2452D luàn_11.15 同𤔸05330古文亂。

𤔣 32263 u2452C luàn_11.15 同𤔘32229

𤔽 32264 u2452B xiòng_11.15 俗敻09827

𤔾 32265 16010 shā_12.16 玉篇 古文殺27044字。𡐿亦作𣪩21778

𤔿 32266 41438 shāng_12.16 字彙補 籀文觴字。

𤕀 32267 41440 tāo_12.16 篇海類編 土刀切音滔。古器。𡐿又𦥒03229 又 集韻 𤕀，籀作𠥪04458，或作𦦈48426

𤕁 32268 u2452F vuốt_12.16 喃 从爪筆bút聲。獸爪△亦作𤕂33623

𤕃 32269 16011 cí_13.17 說文 籀文辭字 又 字彙補 古文司05364字

𤕄 32270 44232 dāng_13.17 搜眞玉鏡 音當。

𤕅 32271 u2AE99 null_13.17 未詳。

𤕆 32272 u2AE98 null_13.17 喃 未詳。

𤕇 32273 u24538 jué_13.17 俗爵32278

𤕈 32274 u24537 dành_13.17 喃 从爭

盈děnh聲。儲蓄。亦作䟧14660睁57714 又 爭辭：取得。

𤔵 32275 u24535 yàn_13.17 俗餤31669

𤔴 32276 u24534 jué_13.17 同爵32278

𤔳 32277 u24533 yí_13.17 俗彝16412

爵 32278 16012 jué_14.18 古文𤔲𤕙𤕦𤔷 唐韻 卽略切 集韻 韻會 正韻 卽約切太音雀◆說文 禮器也。象爵之形，中有鬯酒。又持之也。所以飲器象爵者，取其鳴節節足足也 字彙 取其能飛而不溺於酒，以示儆焉 埤雅 一升曰爵。亦取其鳴節，以戒荒淫 詩·小雅 發彼有的，以祈爾爵。又酌彼康爵。鄭箋康虛也。又 禮記·投壺 正爵既行，請立馬。又 儀禮·鄉飲酒禮 揖讓如初升乃差無算爵 又 玉篇 竹器，所以酌酒也 又 集韻 爵位也 廣韻 封也。殷爵三等。周爵五等。三等法三光也。五等法五行也 周禮·天官·大宰 以八柄馭羣臣，一曰爵 註 爵謂公、侯、伯、子、男、卿、大夫、士也 疏 以德詔爵以賢乃受爵也 又 埤雅 大夫以上與燕賞。然後賜爵，以章有德，故謂命秩爲爵祿、爵位 書·武成 列爵惟五 傳 公、侯、伯、子、男也 又 廣韻 爵，量也。量其職，盡其才也 又 官名 前漢·汲黯傳 爲主爵都尉 又 鳥名 孟子 爲叢歐爵者鸇也 疏 鸇能食鳥雀 又 叶子結切音節 蘇軾·補龍山文 宰夫揚觶，兕觥舉罰，請歌相鼠，以侑此爵 註 罰，房穴反△玉篇 本作爵。

鑾 爵32280𤔲41191时12531爵32273爵32281爵71334爵12595爵01634爵41255爵71329爵02731爵25820爵15829爵71332爵32276

爯 32279 16013 chēng_14.18 集韻 再32204古作爯。

爵 32280 uFA9E jué_14.18 同爵32278

爵 32281 u2F921 jué_14.18 同爵32278

𤔾 32282 u2453E móng_14.18 喃 同𤔽32283

𤔽 32283 u2453D móng_14.18 喃 从爪蒙mông聲△𤔽𤕠：指甲。𤔽蹎：趾甲。𤔽𤞼：牛蹄。

𤔻 32284 u2453B móng_14.18 喃 从爪夢mộng聲。同𤔽32283

𤕋 32285 41441 luán_15.19 篇海類編 呂孕切音稱 字彙補 夆也。

鑾 俗孌11698 新修玉篇 𤕋，力兗切。美好也。

𤔺 32287 u2453A zhì_15.19 同𦤄12604

𤔿 32286 u2453F hūn_15.19 古文婚10866

𤕊 32290 44234 zhǎng_16.20 搜眞玉鏡 音掌。

𤕃 32291 u24543 yí_16.20 俗彝16412

𤕌 32288 41442 null_16.20 字彙補 音未詳。見 穆天子傳。鑾 亦作𨗨14603𩟐45347 穆天子傳 天子觴重𨗨之人鯤鬣，乃賜之黃金之罌二九，銀烏一隻。

𤕂 32292 u24542 chú_16.20 同雛66282

𤕉 32289 44233 luàn_16.20 字彙補 同亂

𤕍 32293 44235 sǒu_17.21 海篇 音叟。又tuǒ音妥。

𤕎 32294 44236 piáo_19.23 字彙補 𤕏字之譌。

𤕈 32295 u24548 liàn_19.23 古文戀18752見 集韻

𤕐 32296 44237 shén_20.24 龍龕 音神。鑾 同禮（神）。

𤔋 32297 u2454B shòu_20.24 古文壽09736

𤕑 32298 41443 luàn_21.25 篇海類編 音亂。不理也。

𤕌 32299 u2454C chóng_21.25 同緟44478字亦作𦡑35701𩰴60522見清·孫詒讓 古籀餘論·卷三。或紳束之紳字的古文。

𪺚 32300 u2AE9A yú_33.37 殷周金文漁29347，从爫从鱻。

◈ 父部 ◈

父 32301 16014 fù_0.4 唐韻 扶雨切 集韻 韻會 奉甫切太音輔 說文 矩也。家長率教者。从又，舉杖 釋名 父，甫也。始生己者 書·泰誓 惟天地萬物父母 爾雅·釋親 父爲考。父之考爲王父。王父之考爲曾祖王父。曾祖王父之考爲高祖王父。父之世父、叔父爲從祖祖父。父之晜弟，先生爲世父，後生爲叔父。父之從父晜弟爲從祖父。父之從祖晜弟爲族父 又 詩·小雅 以速諸父 傳 天子謂同姓諸侯，諸侯謂同姓大夫，皆曰諸父 又 老叟之稱 史記·馮唐傳 文帝輦過，問唐曰：父老何自爲郎 又 fǔ 廣韻 方矩切 集韻 韻會 匪父切太音府 集韻 同甫 廣韻 男子之美稱 詩·大雅 維師尚父 箋 尚父，呂望也。尊稱焉○按管仲稱仲父。孔子稱尼父。范增稱亞父。皆倣此 又 野老通稱 戰國策 田父見之 又 詩·小雅 祈父 傳 司馬也 又 春秋·桓十二年 盟于武父 註 武父，鄭地 釋文 音甫，地名有父字者，皆同甫音 又 廣韻 漢複姓。三氏孔子弟子宰父黑，漢主父偃 左傳 宋之公族皇父充石。漢初皇父鸞，改父爲甫 又 fù 正韻 防父切音附。父母○按父字古無去聲 正韻 始收入五暮。俗音从之。防父切，父字，誤。鑾 又㕚69792仪00899㕚13381

父 32302 u2F57 fù_0.4 部 父32301

爷 32303 u7237 yé_2.6 简 爺32323

𤕏 32304 u2454F null_3.7 未詳。

𤕎 32305 u2454E fǔ_3.7 俗斧。

爻 32306 16015 xū_4.8 玉篇 與盱22345同。鑾 名義 怸俱反。舉眼也 篇海類篇 匈于切，音吁。古文盱字。

爸 32307 16016 bà_4.8 玉篇 蒲可切 廣韻 捕可切 集韻 部可切，太婆上聲 玉篇 父也 正字通 夷語稱老者爲八八或巴巴。後人因加父作爸字。蜀謂老爲波。宋景文謂波當作皤。黃山谷貶涪號涪皤 又 bà 集韻 必駕切音霸。吳人呼父曰爸。鑾 又爸32316 又 逢61364，音dà。

斧 32308 44238 fǔ_4.8 龍龕 音甫。器也，工人所用○按卽斧字之譌。

𤕓 32309 41444 qū_5.9 字彙補 七余切音趨。藏菜也。

𤕔 32310 44239 gě_5.9 篇海類編 古我切音哿。

爹 32311 16017 duò_6.10 廣韻 屠可切 集韻 韻會 待可切太音舵 廣雅 爹，父也 南史·梁始興王憺傳 詔徵還朝，人歌曰：始

興王，人之爹，赴人急如水火，何時復來哺乳我。荆土方言謂父爲爹，故云 廣韻 爹，北方人呼父，與 南史 不合 韓愈·祭女挐女文 阿爹，阿八〇按 集韻 云 說文 爹，箸父也 說文 本無父部，又不載多部 集韻 引 說文 誤。

囝 diē 廣韻 集韻 陟邪切 正韻 丁邪切 廣韻 羌人呼父也。

爺 32313 16019 yé_6.10 字彙補 古文爺32323字。

釜 32314 u2AE9B fǔ_6.10 同釜62735

爸 32312 16018 tóng_6.10 五音集韻 徒紅切音同。父也 正字通 从父从同。謂親之如父，與淮南假母義同。非生母故謂之假，非生父故謂之同。

哆 32315 u24554 cha_6.10 嗜 从父吒cha聲。爸。

爸 32316 16020 bà_7.11 篇海 爸字之譌。

挐 32317 16021 wàn_7.11 玉篇 古文萬50032字。

叟 32319 u24557 null_8.12 未詳。

爺 32318 u2AE9C yé_7.11 或俗爺32323

最 32320 u24556 yé_8.12 或俗爺

爺 32323 16024 yé_9.13 古文爺 玉篇 以遮切音耶。俗呼爲父爺字 古木蘭詩 軍書三十卷，卷卷有爺名。鎣又爷32303駬59688妠10609

爱 32321 16022 yū_9.13 五音集韻 古文於22135字。

奢 32322 16023 zhē_9.13 廣韻 正奢切 集韻 之奢切夶音遮 玉篇 父也 廣韻 吳人呼父 囝 唐書·竇懷貞傳 世謂媼壻爲阿奢，懷貞每謁見奏請，輒自署皇后阿奢，而人或謂爲國奢，軒然不恧，以自媚于后。

贇 32325 u24559 null_10.14 未詳。

褒 32324 41445 huī_10.14 字彙補 音灰。恣也。鎣 玉篇 許維切。恣也。或為睢37794

犛 32326 41446 chè_12.16 五音篇海 充勢切，牽也。

◆ 爻部 ◆

爻 32327 16025 yáo_0.4 唐韻 胡茅切 集韻 韻會 正韻 何交切夶音肴 說文 交也。象 易 六爻頭交也 易繫辭 爻者，言乎變者也。又爻也者，效此者也。又爻也者，效天下之動者也 囝 xiào 集韻 後教切音斅。本作效，象也。一曰功也。或作傚、効。通作詨 正韻 易 爻法之謂坤陸。音胡孝切，按 易繫辭 今文作效。鎣俗作05169

爻 32328 u2F58 yáo_0.4 部 爻32327

爻 32329 u2455C null_1.5 未詳。

爻爻 32330 16026 lǐ_4.8 廣韻 力紙切，音纚 說文 二爻也 廣韻 爻爻尒，布明白。象形也 囝 yǐ 集韻 類篇 夶演爾切音迤。布明貌 囝 li 廣韻 集韻 夶郎計切音麗 廣韻 止也。系也 集韻 二爻也。鎣 爻爻尒，麗爾 囝 布明貌。希明兒。

犛 32332 u2AE9D null_4.8 人名用字 殷周金文集成·18.11565·廿三年司寇矛 襄田俞（令）犛名。

爻爻 32331 16027 jiào_4.8 集韻 教21502古作爻爻。鎣又斅21411爻爻21421

囝 字彙 烋，伯各切音博。與斍67856同，指聲也。又居效切音教。與教同。

竚 32333 16029 zhù_5.9 集韻 丈呂切音宁。進貌〇按丈呂切 集韻 本作竚 正字通 誤作竚。此竚字係平聲。今特改正。

㐬 32334 16030 shū_5.9 唐韻 所菹切 集韻 山於切夶音梳 說文 道也。从爻从㐬，㐬亦聲 玉篇 㐬，通也，達也 月令曰：其器㐬以達。今文作疏 囝 集韻 一曰遠也 囝 姓 集韻 或作竚疏疎。

㸖 32335 16031 zǔ_5.9 正字通 㸖字之譌〇按 說文 玉篇 類篇 俱列且部，从爻，不从爻 字彙 云㸖俗㸖字，非 正字通 是。

爽 32337 u24561 null_6.10 未詳。

竚 32336 16032 shū_6.10 集韻 同㐬 揚子·太玄經 竚首 註 范叔明曰：陽氣在內，陰氣在外，萬物扶竚而上，故謂之竚〇按 集韻 㐬亦作竚 正字通 誤以爲丈呂切。與竚字溷。又誤入五畫。今夶改正。

爽 32338 16034 shuǎng_7.11 古文㸖 唐韻 疏兩切 集韻 所兩切夶音塽 說文 明也。从㸖从大 註 徐鍇曰：大，其中隙縫光也 書·仲虺之誥 用爽厥師 傳 爽，明也。又 盤庚 故有爽德自上 傳 湯有明德在天〇按蔡傳：故有爽德爲句。自上二字連下，其罰汝三字爲句，爽訓失也。與孔傳異。又 康誥 爽惟民迪吉康。又 大誥 爽邦由哲 左傳·昭四年 二惠競爽。又 昭七年 是以有精爽至于神明 囝 書·太甲 先王昧爽不顯。又 牧誓 時甲子昧爽 傳 昧爽，早旦。囝 左傳·昭三年 請更諸爽塏者 註 爽，明也〇按 增韻 云又清快也。卽爽塏之義。又 史記·屈原賈誼傳 爽然自失矣 囝 爾雅·釋言 爽，差也，忒也 揚子方言 爽，過也 書·洛誥 惟事其爽侮 周語 晉侯爽二 列子·黃帝篇 昏然五情爽惑 囝 揚子方言 爽，猛也。齊、晉曰爽 囝 廣韻 烈也。囝 貴也 囝 星名。細爽，免星七之一。見 史記·天官書。囝 左傳·昭十七年 爽鳩氏，司寇也 註 爽鳩，鷹也。囝 人名。左爽，見 戰國策 囝 shuāng 類篇 師莊切音霜。義同 詩·衛風 淇水湯湯，漸車帷裳。女也不爽，士貳其行。又 小雅 其德不爽，壽考不忘〇按朱子 詩傳 爽叶師莊反 集韻 爽本載十陽韻中。古有此音，不必叶也。囝 老子道德經 五味令人口爽。馳騁田獵令人心發狂 囝 楚辭·招魂 露雞臛蠵，厲而不爽些 註 敗也。楚人謂羹敗曰爽 囝 左傳·定三年 唐成公如楚，有兩肅爽馬 釋文 爽，音霜 疏 馬無肅爽之名。爽或作霜。賈逵云色如霜紈。馬融說肅爽，駿也。馬似之〇按 廣韻 十陽韻中作驦。同驦。不載爽字。惟 集韻 驦註云通作爽。鎣又爽32340唰06637奭10125奭00129爽32343爽10189

㪟 32339 16035 guī_8.12 集韻 龜75895古作㪟〇按 說文 本作㪟字彙仍之 正字通 從 集韻 改作㪟 玉篇 別書作㪟。

爽 32340 16036 shuǎng_9.13 說文 篆文爽字。

䯔 32341 16037 fà_9.13 字彙補 古文髮70949字。

爾 32342 16038
ěr_10.14　唐韻 兒氏切 集韻 韻會 忍氏切夶音邇 說文 麗爾，猶靡麗也。本作爾。从冂从爻，其孔爻，尒聲。此與爽同意 囗 玉篇 爾，汝也。書·大禹謨 肆予以爾衆士奉辭伐罪 囗 禮·檀弓 爾毋從從爾。爾毋扈扈爾 註 爾，語助 廣韻 尒義與爾同。詞之必然也 囗 應詞 古詩 爲焦仲卿妻作：諾諾復爾爾 世說 聊復爾耳 囗 同邇 詩·大雅 戚戚兄弟，莫遠具爾 箋 爾，謂進之也 疏 邇是近義，謂揖而進之 儀禮·少牢饋食禮 上佐食，爾上敦黍于筵上右之 註 爾，近也。或曰移也。右之，便尸食 周禮·地官 肆長實相近者，相爾也 註 爾，亦近也。又 前漢·藝文志 爾雅三卷二十篇 註 張晏曰：爾，近也。雅，正也 囗 nǐ 集韻 乃禮切音禰 集韻 本作㺸。滿也 囗 一曰爾爾，衆也 囗 詩·小雅 彼爾維何，維常之華 註 爾，華盛貌 釋文 爾，乃禮反 囗 爾雅·釋草 綦，月爾 疏 綦，一名月爾，可食之菜也。鑑 又㒼 23346 尔 12622 尓 12623 尒 27789 仒 00902 尔 05068 薾 25261 𤔔 00136 𤕰 32349 𠀁 12614

尒 32343 44240
shuǎng_10.14　耳目資 與爽同。

畾 32344 16039
níng_11.15　古文㲷 唐韻 女庚切 集韻 尼庚切 廣韻 乃庚切，夶音㣼 說文 亂也。从爻工交吅。一曰窒畾 註 徐鍇曰：二口噂沓也。爻物相交質也。工人所作也。已象交構形○按 玉篇 書作畾，誤 囗 說文 讀作襄○按 韻書無此音。籀文作畾。鑑 又㲷 06359 畾 32348。

㲷 32345 16040
níng_11.15　說文 籀文畾字。

爾 32346 16041
ěr_11.15　說文 爾本字。

樊 32347 41447
fán_12.16　五音集韻 附袁切音煩。鶯不行也。

畾 32348 44241
níng_15.19　字彙補 與畾同。

𤔔 32349 44242
ěr_15.19　同文鐸 與爾同。

爿部

爿 32350 16042
qiáng_0.4　古文曰 篇海 疾羊切。見 龍龕，義闕 說文 牀，从木爿聲 註 徐鍇曰：爿則牀之省。象人衺身有所倚著。至於牆、壯、戕、狀之屬，夶當从牀省聲●李陽冰言木右爲片，左爲爿 說文 無爿字，故知其妄 鄭樵·六書略 爿，戕也。亦判木也。音牆。隸作爿 周伯琦·正譌 爿，疾羊切。判木也。从半木，左半爲爿，右半爲片 正字通 唐本 說文 有爿部。張參 五經文字 亦有之。周、鄭二家皆以李說爲然。與徐說相反。然鄭謂爻卽爿，誤也。判木之說近是○按徐鉉素稱博洽。果唐本 說文 有爿部，鉉卽唐宋間人，不應云無。且 玉篇 亦無爿部 類篇 爿字偏旁歸爿片部 篇海 止有牀部，亦俱無爿部。司馬光曰：傳寫之譌，片或作爿。此皆祖述 說文。若據周、鄭二家，而廢徐氏之說，亦未爲當，存以俟考。又 字彙 蒲閑切音瓣。爿、片未知所據，然爿、片二字，今俗音有之。鑑 又爿 32354

爿 32351 16043
qiáng_0.4　六書略 爿古作爿。註詳爿。

爿 32352 u2F59
pán_0.4　同爿 32350 部首專用字。亦作爿 32353

爿 32353 u2EA6
pán_0.4　部 爿 32352

爿 32354 u4E2C
qiáng_0.4　同爿 32350

㕬 32355 u2456C
nè_1.5　疒 35797 篆作㕬。

㕫 32356 u2456B
nè_1.5　同疒 35797

取 32357 16044
jiāng_2.6　字彙 同將。

她 32358 16045
yí_3.7　集韻 與㰯同。

牂 32359 16046
jiāng_4.8　玉篇 古文漿 29433 字。又與㳆同。

牀 32360 16047
chuáng_4.8　唐韻 集韻 仕莊切 正韻 助莊切，夶狀平聲 說文 安身之坐者 廣韻 簀也 釋名 人所坐臥曰牀。牀，裝也。所以自裝載也 廣雅 棲謂之牀 通俗文 八尺曰牀 易·剝卦 剝牀以足 註 牀者，人所以安也 囗 井榦曰牀 樂府·淮南王篇 後園鑿井銀作牀 囗 爾雅·釋草 旴，虺牀 註 蛇牀也。一名馬牀 △ 廣韻 俗作床。鑑 又牀 32638 牀 35838 㡖 14929 㽱 35908 抹 19300 宐 11991

牁 32361 16048
mǎo_4.8　字彙補 古文卯 04725字。

㺁 32362 16049
jùn_4.8　字彙補 古文夋字○按卽㺁字之譌。

㸁 32363 16050
sháo_5.9　廣韻 市昭切 集韻 時饒切夶音韶 廣韻 牀別名 集韻 通作招 廣雅 浴牀謂之招 玉篇 類篇 作㸁。

牁 32364 16051
kē_5.9　廣韻 古俄切 集韻 正韻 居何切夶音歌 廣韻 所以繫舟 囗 牂牁，郡名。亦江名 前漢·南越傳 下牂牁江 △ 集韻 本作戕。同哦。通作柯○按 廣韻 云同戕。疑戕爲哦字之譌。戕本應作牫，从弋，不从戈。在十一 唐韻 中，與牂牁之牂通用，不應再與牁同也。鑑 又牁 32659

牁 32365 16052
zǔ_5.9　集韻 壯所切音阻。本作爼 01246亦同俎。

㸁 32366 16053
bá_5.9　字彙 胈字之譌○按六書皆無㸁字。

㸁 32367 16054
yí_5.9　類篇 㰯 24600本字。榻前几也。

牁 32368 16055
líng_5.9　集韻 郎丁切音靈。本作㯥 32427同㯥。

牂 32369 16056
zhuāng_6.10　字彙補 古文莊 49531字。

牂 32370 16057
diào_6.10　廣韻 集韻 夶徒了切音窕 廣韻 牂，牀子 集韻 牀版 廣雅 簀、笫、樹、㸁，杠也 囗 zhào 集韻 類篇 夶直紹切音兆 博雅 版也 集韻 或作桃、㸁 囗 集韻 以紹切音溔，牀板。鑑 又牂 32480 㸁 32379

牂 32371 16058
zāng_6.10　唐韻 則郎切 集韻 韻會 正韻 茲郎切夶音臧●說文 牡羊也。从羊爿聲 爾雅·釋畜 牡羒，牝牂 詩·小雅 牂羊墳首 囗 盛也 詩·陳風 東門之楊，其葉牂牂 傳 牂牂然，盛貌 囗 干支名 爾雅·釋天 太歲在午曰敦牂 囗 雲也 前漢·天文志 牂雲如狗，赤色，長尾三枚，夾漢西行 囗 牂牁 32364 囗 人名 左傳·僖二十八年 長牂守門 註 長牂，衞大夫也 宣二年 見叔牂 註 叔牂，羊斟也。

囝 左傳·定十四年 楚滅頓，以頓子牂歸 釋文 牂，子歸反 公羊 作牄○按歸字疑誤△ 集韻 或作將、牂○按 廣韻 云牂，牝羊，从牛旁。牂附見戕18845字註云戕、牁，亦書作牂。考 詩 爾雅 本俱作牂羊，从爿爲正 廣韻 牂字見註中，不另列出，亦非。且戕應从弋。今作戕。尤非。
鑒 又牂45754牂45780牂32727牂32384牂45734 囝 敦煌·S.2496 釋肇斷序抄義 太歲在午，應曰敦䍐55402 又P.2580 淨名經關中釋抄·卷上 弘始八年，太歲在午，應云歲次敦牂39767，而云鶉火者，以月命年也。

32372 u2457A
疾 jí_6.10 同牪38537古文疾。

32373 u24579
㻿 jí_6.10 或痍35970譌字 囝 或同㻿32383未詳。

32374 u24578
牂 null_6.10 未詳。

32375 16059
牾 wú_7.11 牾字之譌○按 集韻，牾係五乎切。獸名 五音集韻 因譌作牾字，以筆畫相似而誤也。

32376 16060
疾 jí_7.11 說文 古文疾35925字。本从疒。疒爲疒之篆文。形雖似爿，實與爿異 廣韻 書作疾，註云籀文 玉篇 集韻 類篇 書作牂，註云古文。皆遵 說文 之舊 說文 玉篇 類篇 俱在疒部 字彙 仍 篇海 之失作疾，改入爿部，非。

32377 16061
牆 qiáng_7.11 集韻 慈良切音牆。本作牆25617或作牆。

32378 16062
㺵 qiú_7.11 集韻 渠尤切音求 廣雅 牆㺵，枏也○按 廣雅 本作㺵枏。㺵與枏通 囝 集韻 樑實也。一曰鑿首。囝 fú 字彙 䒔古切，音府◇節樂也△ 類篇 作㺵。

32379 44243
牀 diào_7.11 搜眞玉鏡 余嬌切。鑒 字彙補 牀，同㺄32370

32380 44244
㸪 fēng_7.11 篇海類編 音峰。

32382 u24583
牴 null_7.11 未詳。

32381 u2AE9E
牂 zhuāng_7.11 同莊49531，敬 古璽彙編.2630 行牂 楚帛書 民祀不牂 囝 人名 塞公孫牂父匜 寅公孫牂父自乍盥匜。

32383 u24582
牀 null_7.11 未詳。

32384 u24581
牂 zāng_7.11 牂32371本字

32385 16064
牮 kòng_8.12 廣韻 集韻 丛苦貢切音控 廣韻 穿垣，出 文字集略 篇海 又作牮。收片部。

32386 16065
牂 zhuāng_8.12 玉篇 古文莊49531字。

32387 16066
牂 jiāng_8.12 唐韻 即良切 集韻 資良切丛音將 說文 酢牂也。从水，將省聲△俗作漿。古省作牂。

32388 16067
牂 zhàn_8.12 集韻 仕限切音棧。牂羊屋也。或作牂。

32389 16068
牂 kē_8.12 集韻 苦果切音顆。本作棵，俎名。

32390 16069
牂 zhuāng_8.12 字彙補 古文莊49531字。

32391 16070
牂 bìng_8.12 字彙補 同病35940

32392 u2AE9F
牂 zhuàng_8.12 同壯09691 趞亥鼎 宋牂公之孫趞亥。

古璽彙編·官璽.0176 武開牂鈢。

32394 u2458A
牂 zhuāng_8.12 同牂32386古文莊。

32393 u2458B
牂 zāng_8.12 同槭24699

32396 16072
牒 dié_9.13 廣韻 徒協切 集韻 達協切丛音牒 廣韻 牀版 集韻 牀簀也。或作牒。○按 揚子方言 作牒。鑒 又牒32763

32395 16071
牀 yí_9.13 集韻 以豉切，移去聲。本作牀，榻前几也。

32397 16073
牂 yì_9.13 集韻 逸60967古作牂。

32398 u2458E
牂 dǐng_9.13 俗鼎75220

32399 16074
牂 qiāng_10.14 唐韻 七羊切 集韻 韻會 正韻 千羊切丛音鏘 說文 鳥獸來食聲。从倉爿聲 虞書 曰：鳥獸牂牂○按今 書·益稷 作蹌 囝 公羊傳·定十四年 楚滅頓以頓子牂歸 左傳 作牂32371 集韻 或作鶬 鑒 龍龕 牄32829，俗。七羊反。正作牄。香嚴又七剛反。牛也。

32400 16075
疾 jí_10.14 字彙補 古文疾35925字。

32401 16076
牂 bài_10.14 集韻 敗21516古作牂。

32402 44245
牂 dié_10.14 篇海類編 音牒。

32403 u24591
牂 pù_10.14 或同鋪。牀牂。

32404 16077
牂 zé_11.15 集韻 側革切音責。本作簀42526牀棧也 玉篇 書作牂。

32406 u2AEA0
牂 null_11.15 未詳。

32407 u24595
牂 jiàng_11.15 醬62508本字

32405 16078
牂 yōng_11.15 集韻 餘封切音容。本作墉09214城垣也。或作陠、䧹。

32408 u24594
牂 zāng_11.15 俗臧48169偏類碑別字 引 隋奉車都尉段瑋墓誌

32409 16079
牂 guāng_12.16 集韻 姑黃切音光。牀下橫木。鑒 又牂32536

32410 16080
牂 sè_12.16 集韻 色入切音澀。㲋立貌。

32411 16081
牂 fén_12.16 集韻 符分切音汾。牂，枏樹也 囝 fèn 集韻 類篇 丛父吻切音憤。牀版。○按 玉篇 書作牂。牂當與橨同 廣雅 橨，枏樹也。本从木旁 集韻 橨、牂各見，不類列，非是。

32412 41448
牂 jiāng_12.16 字彙補 子兩切音獎 六書略 大也。囝 祖古切音俎。義同。

32413 44246
牂 yì_12.16 五音篇海 同逸。

32414 u24599
牂 jiàng_12.16 同䕤62410，籀文醬。

32415 16082
牂 líng_13.17 集韻 郎丁切音靈。本作牀32427同牕。

32416 16083
牂 yán_13.17 集韻 余廉切音鹽。本作檐25589與簷同。

鐀 又牆32542

藏 zhì_13.17 集韻側立切音戠。及立貌。

牆 qiáng_13.17 古文牆 唐韻才良切 廣韻在良切 集韻 韻會 正韻慈良切𠀤音嬙 說文本作牆。垣蔽也。从嗇爿聲 爾雅·釋宮牆謂之墉 書·五子之歌 峻宇雕牆 詩·鄘風 牆有茨 傳牆，所以防非常 又 禮·檀弓周人牆置翣 註柳衣也 儀禮·旣夕 巾莫乃牆 註牆，飾柩也 又 論語 蕭牆之內 註鄭曰：蕭，肅也。牆屏也。君臣相見之禮，至屏而加肅敬焉，是以謂之蕭牆 又 前漢·司馬遷傳幽于圜牆之中 師古註圜牆，獄也 又複姓 左傳·襄二十六年寺人惠牆伊戾 註惠牆氏。伊戾名 釋文牆或作嗇，音檣 又 廣韻同廧 穀梁傳·成三年晉卻克、衛孫良夫伐牆咎如。又 左傳作廧 又通作嬙 前漢·匈奴傳元帝，以後宮良家子王牆，字昭君，賜單于 △ 說文籀文作牆 廣韻俗作墙。

鐀 又庙15562牆32545牆32421嗇12417墙09611墙09533墙09456墙09290

牆 null_14.18 人名。見 殷周金文集成·5.2532.乃牆子鼎

𤰀 bò_13.17 同𤰀32541亦作𤯐47940 廣韻𤯐，博厄切。豆中小硬者。出 新字林

牆 qiáng_15.19 說文牆本字。

㑩 riu_15.19 㑩从爿寮liêu聲。錛子。

瀝 lì_16.20 集韻狼狄切音歷。牀簀。

牆 qiáng_18.22 說文籀文牆字。

㿄 pì_19.23 六書統與備同。鐀六書統作癮36671，省作𤻴36643

櫺 líng_23.27 俗櫺32427見 異體字字典.c18432-003

櫺 líng_24.28 集韻郎丁切音靈。牀笫。或作㯠、柃。

鐀 又櫺32426

牆 qiáng_24.28 玉篇古文牆32418字。

• 片部 •

片 piàn_0.4 部首32429

片 piàn_0.4 唐韻 集韻 韻會 正韻𠀤匹見切，音騗 說文判木也。从半木 廣韻析木也 玉篇半也，判也，開坼也 論語片言可以折獄者，其由也與 註孔曰：片，猶偏也。聽獄必須兩辭，以定是非。偏信一言以折獄者，惟子路可 朱註片言，半言也。又 增韻瓣也。又茶亦以片計 白居易詩綠芽十片火前春 蘇軾詩建茶三十片 又 pàn 集韻 類篇𠀤普半切音泮 集韻本作牉32447 莊子·則陽篇雌雄片合。鐀 又㤑17337

𣥵 null_1.5 未詳。

𣥈 fān_3.7 字彙補同帆

妝 zhuāng_3.7 字彙中匡切音莊。畫飾 正字通妝字之譌。

謉。

䚦 yí_3.7 玉篇余之切，音移◇ 字彙䚦，美也○按 集韻爿部杝字，音余之切，疑卽杝字之譌。

版 bǎn_4.8 廣韻布綰切 集韻 韻會 正韻補綰切𠀤音𠲲 說文判也。从片反聲 又 詩·大雅縮版以載 爾雅·釋器大版謂之業 註築牆版也 管子·宙合篇修業不息版 史記·趙世家城不浸者三版 註何休云八尺曰版 又 周禮·天官·小宰八成，三曰聽閭里以版圖 註版，戶籍也。布綰反。又 宮伯掌王宮之士庶子凡在版者 註版，名籍也，以版爲之。今時鄉戶籍用戶版 管子·版法解版法者，法天地之位。象四時之行，以治天下 又 周禮·秋官·職金旅於上帝，則共其金版 註鉼金謂之版 韻會通作鈑 又 史記·太史公自序金匱玉版 又 爾雅·釋訓版版，僻也。疏 大雅上帝版版。傳云版版，反也 又 蟲名 爾雅·釋蟲傳，負版 註未詳 又 後漢·范滂傳投版棄官而去 註版，笏也 又 廣韻同板 又 集韻蒲限切音版。籍也 集韻或作板。又音反 左傳·僖三十年朝濟而夕設版焉 註設版築以拒秦 釋文反版。

殹 cù_4.8 篇海七主切音取。迫也。鐀俗𢩙32465 新修玉篇·片部引龍龕殹，七玉切。迫也 又 殹27021

㕭 pán_4.8 集韻步還切。片也。

㽧 gōu_4.8 五音篇海同句。

㳅 xiān_4.8 集韻虛嚴切音㺇。本作枚，鍫屬也。或作㯽 又 玉篇音坎。板也。

㸭 zhé_4.8 篇海音折。版也。

㹀 péi_4.8 集韻晡枚切音杯。本作焙32484

𣦵 jiǎ_4.8 五音篇海同段27023 鐀同牊32504改併四聲篇海·片部引川篇𣦵，音段。姓。

牉 hé_5.9 廣韻戶戈切 集韻胡戈切𠀤音禾 玉篇棺牉也 廣韻棺頭 廣雅柩棺也。其當謂之牉 集韻或作桸。通作和。

牉 kū_5.9 字彙同枯○按枯，从片無義 說文有㭏字，音義同。枯疑卽㭏字之譌。

牉 pèng_5.9 五音集韻蒲迸切音軯。析木聲。

牉 chè_5.9 廣韻丑格切 集韻恥格切𠀤音趣 廣韻牉開 集韻或作牊 玉篇今作坼○按 玉篇合坼、牉爲一 廣韻墌亦作坼。與牉分列。

牉 pàn_5.9 廣韻 集韻 韻會 正韻𠀤普半切音泮 玉篇半也，分也 楚辭·九章背膺牉以交痛兮，心鬱結而紆軫 又 儀禮·喪服傳夫婦，牉合也 集韻牉合，合其半，以成夫婦也 △ 廣韻亦作判 集韻或作片。

牊 32448 16107
cháo_5.9
玉篇 直遙切，音韶◇同㫈 類篇 㸥別名。

㾱 32449 41449
chè_5.9
篇海 類編 丑格切，音冊◇ 字彙補 音斥。皺也。

牁 32450 44249
jù_5.9
搜眞玉鏡 音句。

牉 32451 u245B9
dip_5.9
壯 果瓣 図 lóp 喃 从片立 lập 聲。層次。

牪 32452 u245B8
chūa_5.9
喃 从片主 chúa 聲 △ 㿷牪：三片。

牳 32453 u245B6
bánh_5.9
喃 从片丙 bính 聲。餅狀物。

牐 32454 16108
zhī_6.10
篇海 章移切音支。蓋舍也。

牐 32455 16109
diào_6.10
集韻 同㗦32370

牐 32456 16110
liè_6.10
集韻 力蘖切音烈。剖也。亦通作㨠。

牐 32457 16111
cháo_6.10
集韻 馳姚切音潮 玉篇 几也 廣雅 牐，俎几也 図 qiáo 廣韻 渠遙切 集韻 祁堯切 丛音翹 図 shì 廣韻 集韻 丛施智切音翅。義丛同。

牐 32458 16112
pò_6.10
集韻 匹麥切音擺 玉篇 或作劈 集韻 分也 図 廣韻 普伯切 集韻 韻會 匹陌切丛音拍 廣韻 牐，破物也 △ 韻會 通作鈑。

牐 32460 16114
shū_6.10
廣韻 市朱切 集韻 慵朱切丛音殊 玉篇 牐樓，所以遏水也 集韻 牐樓，遏水版 △ 一曰橫木渡水。

牐 32461 44250
xiàng_6.10
龍龕 同牐

牐 32459 16113
xiàng_6.10
集韻 許亮切音曏。本作向05414北出牖也。

牐 32463 u2AEA2
null_6.10
未詳。

牐 32462 44251
pì_6.10
龍龕 普覓切

牐 32464 16115
luǒ_7.11
玉篇 力可切。艫別名。

牐 32465 16116
cù_7.11
廣韻 七玉切音促。迫也。鍪 又牐58734

牐 32466 16117
zhá_7.11
篇海 同牐 牐 32467 16118 qiú_7.11 類篇 渠尤切音求 廣雅 牐牐桴也 △ 集韻 書作牐。

牐 32468 44252
yìn_7.11
川篇 與胤同。

牐 32469 44253
yǒu_7.11
搜眞玉鏡 羊父切。鍪 俗牐。

牐 32470 44254
chuāng_7.11
搜眞玉鏡 與牐同。

牐 32471 u2AEA4
null_7.11
喃未詳。

牐 32472 u2AEA3
shòu_7.11
簡 牐32548

牐 32473 u245C6
múi_7.11
喃 从片每 mỗi 聲。瓣 △ 牐柑：橘子果肉。

牐 32474 16119
jiān_8.12
古文牐 廣韻 正韻 則前切 集韻 韻會 將先切丛音湔 玉篇 表也。後漢·黃香傳 所著賦牐奏書凡五篇 廣韻 本作牋。鍪 又槧24608

牐 32475 16120
kòng_8.12
篇海 與腔32385同。

牐 32476 16121
xiè_8.12
廣韻 蘇協切 集韻 悉協切音燮 玉篇 牐牒，小契 集韻 牐牒，小楔。一曰簡也。或作楪。

牐 32477 16122
chuāng_8.12
篇海 俗牐字。

牐 32478 16123
dié_8.12
篇海 同牒

牐 32480 16125
diào_8.12
玉篇 步皆切音排 篇海 與牌同。鍪 楊寶忠：牐32370字之變。

牐 32479 16124
pái_8.12
廣韻 薄佳切 集韻 韻會 蒲街切丛音簰 玉篇 牌牐 博雅 簰牌，籍也 周禮·天官·職幣·以書楬之註 楬之若今時爲書，以著其幣 疏 謂府別各爲一牌，書知善惡價數多少，謂之楬 図 廣韻 正韻 步皆切 集韻 蒲皆切丛音排。義同 正韻 標牌，俗呼盾爲牌。又 正字通 牙牌，今戲具。俗傳宣和二年設，高宗時詔頒行天下，謂之骨牌，如博塞、格五之類。

牐 32481 16126
bèi_8.12
篇海 音倍。偏牐 △ 字彙 與牐同。

牐 32482 16127
wǎn_8.12
廣韻 於阮切音婉。船牐木。

牐 32483 16128
yǎn_8.12
廣韻 衣儉切 集韻 衣檢切丛音掩 玉篇 屋牐雀 集韻 屋檐尚版也。

牐 32484 16129
péi_8.12
唐韻 扶來切 集韻 蒲來切音榰 玉篇 版也 図 péi 廣韻 薄回切 集韻 蒲枚切丛音裴。又 bēi 集韻 牐枚切音杯。或作杯。義丛同。

牐 32485 41450
xià_8.12
龍龕 呼嫁切。孔也。

牐 32487 44256
dòng_8.12
五音篇海 與棟同。

牐 32488 u2AEA5
null_8.12
未詳。

牐 32486 44255
chéng_8.12
奚韻 音承。

牐 32490 u245D4
xīn_8.12
俗新22072 隸辨 引魯峻碑陰 南陽牐墅

牐 32492 u245D1
xià_8.12
亦作牐32485 直音篇 牐，與鱈同，孔牐。

牐 32493 u245D0
null_8.12
未詳。

牐 32489 u245D6
mǎnh_8.12
喃 从片孟 mạnh 聲。片，塊，條 △ 牐牐：一片。

牐 32494 u724D
dú_8.12
簡 牘32551

牐 32491 u245D2
bǎng_8.12
同牓32511 說文 榜24873，臣鉉等案：今俗作牐，非。

牐 32495 16130
tí_9.13
集韻 田黎切音題。壁方丈。

牐 32496 16131
tuò_9.13
集韻 闥各切音託。本作榻。或作柝23830 図 chè 集韻 恥格切音坼。本作牐32446

牐 32497 16132
chuāng_9.13
唐韻 楚江切 集韻 韻會 初江切丛音搊 ○按 說文 本作囪。在牆曰牖。在屋曰囪。或作窗 玉篇 始書作牐，亦作窓41241 廣韻 俗作窗。至 正韻 又書作牐，云俗作牐 字彙 仍之。蓋以 說文 从囱不从匆也，不知篆从囱，隸从匆。故 玉篇 廣韻 集韻 有牐無牐 正韻 以牐爲俗字，非也 図 cōng 集韻 麤叢切音怱。本作窻。義同。

牐 32498 16133
bì_9.13
廣韻 符逼切 集韻 弼力切丛音愎 說文 判也。从片畐聲 集韻 坼也 図 廣韻 牐版。出 通俗文 図 pì 唐韻 芳逼切 集韻 拍逼切丛音堛。義同 △ 集韻 本作副。或作䐶、罷。

牐 32499 16134
liàn_9.13
廣韻 集韻 丛郎甸切音練 玉篇 木解理也。

鑿又牒32487

牏 zhù_9.13 廣韻持遇切集韻厨遇切𠀤音住 說文築牆短版也史記·萬石君傳建爲郞中令,洗沐歸謁親入子舍,竊問侍者,取親中裙厠牏,身自浣滌註徐廣曰,牏,築垣短版。音住。謂厠溷垣牆,隱於其側浣滌也 图 玉篇之句切集韻朱戍切𠀤音注。又集韻類篇𠀤俞戍切音裕。義𠀤同。又hòu集韻火透切音豆史記·萬石君傳註徐廣曰:一讀牏爲竇。竇音豆。言自洗蕩厠竇。厠竇,瀉除穢惡之穴也。呂靜曰:楲竇,褻器也。音威豆。图通作窬。亦見史記·萬石君傳註 图 tóu唐韻度侯切集韻韻會正韻徒侯切𠀤音頭玉篇築牆短版也 图 集韻亦與牏通史記·萬石君傳註蘇林曰:牏,亦作牏。音投。賈逵解周官云楲,虎子也。窬,行清也。孟康曰:厠,行清,窬,行中。受糞者也。東南人謂鑿木空中如曹,謂之牏。又史記註晉灼曰:今世謂鑿閤小袖衫爲侯窬厠此最厠近身之衣也。漢書註師古曰厠牏者,近身之小衫。若今汗衫也。蘇音晉說是矣 图 yú廣韻羊朱切集韻韻會容朱切,𠀤讀若俞說文从片,俞聲廣韻亦築垣短版也 图 說文一曰讀若紐。度侯切。義同。

牐 zhá_9.13 廣韻韻會士洽切集韻實洽切,並音煠◇廣韻下牐,閉城門 图 集韻一曰版有所蔽。鑿又牐32466牐32526牐32505閘64973

牑 biān_9.13 唐韻布田切集韻卑眠切,𠀤讀若邊。牀版也揚子方言牀上版。或曰牑 图 pián集韻蒲眠切音駢。義同 图 biàn集韻婢典切音編。牀簀說文本從片,扁聲 图 miàn集韻眠見切音麪。本作櫋。屋簀也。

牒 dié_9.13 唐韻徒叶切集韻韻會達協切𠀤音疊說文札也。从片,枼聲廣韻書板曰牒左傳·昭十五年右師不敢對,受牒而退疏牒,札也戰國策孟嘗君乃取所怨五百牒削之,不敢以爲言前漢·路溫舒傳取澤中蒲,截以爲牒註小簡曰牒。又匡衡傳但以無階朝廷,故隨牒在遠方註隨牒,謂隨選補之恆牒 图 玉篇譜也史記·封禪書有玉牒書太史公自序取之譜牒 图 淮南子·本經訓積牒旋石,以備修碕 图 後漢·王符傳皆服文組綵牒註牒即今疊布 图 揚子方言牀上板。衞之北郊趙魏之閒謂之牒 图 增韻官府移文謂之牒。又韻會訟辭亦曰牒△說文本作牒韻會通作諜。鑿又牒32478牒32515

叚 jiǎ_9.13 字彙舉下切音賈。人姓也正字通諻字。鑿又叚32442

牐 zhá_9.13 龍龕土洽切。下牐,閉城門也。鑿士洽切,俗牐(閘)。

牌 tíng_9.13 五音篇海音亭。

䐀 null_9.13 疑同堵。

新 xīn_9.13 俗新22072 可洪音義牧新:上徒侯反。下息津反。正作投薪。

牍 null_9.13 未詳。

牓 bǎng_10.14 廣韻北朗切集韻補朗切𠀤音榜玉篇牌也廣韻題牓杜甫詩天門日射黃金牓集韻本作榜。木片也 图 pāng集韻鋪郎切音滂。履鞥模也。鑿又牓32491

牴 tī_10.14 集韻天黎切音梯。牌也。

牔 bó_10.14 集韻伯各切音博。屋尙板。鑿又牘,牔字之譌。

牬 bèi_10.14 廣韻集韻𠀤平祕切音備玉篇牬模也图集韻牬也 图 一曰牀橫桄。鑿又牖32481牖32521

牒 dié_10.14 集韻同牒。鑿俗牒32514

牖 gé_10.14 篇海類編同隔。

牘 cǒng_10.14 喃同虞19125

牘 kuài_10.14 疑同塊。

牒 dié_10.14 說文牒本字

牒 dié_11.15 廣韻徒協切集韻達協切𠀤音牒集韻治也。

牕 chuāng_11.15 正韻初莊切◇通孔也。亦作窗、囪。俗作牕○按牕非俗字玉篇廣韻集韻本作牕32497正韻始作牕。併入陽韻。

牖 bèi_11.15 正字通俗牖字。

牌 shù_11.15 集韻朔律切音蟀。板也。

牖 lí_11.15 集韻鄰知切音離。破木爲牖。

牖 lǔ_11.15 廣韻力朱切集韻龍珠切𠀤音慺玉篇牀32460牖。

牌 xià_11.15 集韻虛訝切音嚇。本作墠,墢也。或作陣,塞。

牘 zhá_11.15 玉篇仕革切。義闕○按集韻書作牘32404 图 正字通與牐同。楊慎曰:槽牘堰在舒城縣。牘、閘𠀤同元史作牐。鑿參見牘32531 图 牘32404

牖 yǒu_11.15 唐韻與久切集韻韻會以九切𠀤音酉說文穿壁以木爲交窻也。从片戶甫。譚長以爲甫上日也非戶也。牖所以見日廣韻向也易·坎卦納約自牖詩召南宗室牖下詩·大雅天之牖民傳牖,道也疏牖與誘通,故以爲導也 图 地名史記·陳平世家陽武戶牖絕人也 图 與羑通前漢·景十三王傳文王拘于牖里。鑿說文牖32530,所以見日 图 牖32532牖20562

牘 cuī_11.15 集韻倉回切音崔玉篇牘牘,屋破狀集韻本作牘 图 suī廣韻素回切集韻蘇回切𠀤音毸。義𠀤同。

牘 tǎm_11.15 喃从片參tham聲△牘影:相片。牘悉,寸心,心意。

牖 32530 u245F1
yǒu_11.15 說文 牖32527，穿壁以木爲交窻也。从片、戶、甫。譚長以爲甫上日也，非戶也。牖，所以見日。

䐬 32531 u245F0
cáo_11.15 漕或槽的譌字。明·楊慎 秇林伐山 䐬牘堰：在舒城縣。牐、閘同 元史 作牐。

牗 32532 u7257
yǒu_11.15 俗牖32527 廣碑別字 引 魏三級浮圖頌

牔 32533 16155
bō_12.16 字彙 補各切音博。牔風版 正字通 俗字。○按音義與䑈同。當卽䑈字之譌。

牕 32534 16156
tuí_12.16 廣韻 杜回切 集韻 徒回切𠀤音頹 玉篇 牕32528牘。

牒 32535 16157
pú_12.16 集韻 博木切音卜。牆板之大者。

牓 32536 16158
guāng_12.16 篇海 古黃切音光。牀橫木也 集韻 書作橫。

牘 32537 16159
lìn_12.16 字彙 良愼切音吝。䑊牘 正字通 杺棱。从棱爲正。棱平聲。

牋 32538 16160
fèn_12.16 玉篇 扶忿切。義闕 又 類篇 符分切音汾。牋牀，柎也○按二音 集韻 俱書作牘32411

牐 32539 u2AEA6
null_12.16 喃 未詳。

牖 32542 16162
chàn_13.17 集韻 昌豔切音襜。屋檐耑版也。鑾 正字通 同牖32416

牖 32540 u245F9
phướn_12.16 喃 从片从旛省。幡 又 phên 竹片。

牖 32541 16161
bò_13.17 廣韻 集韻 𠀤博厄切音擘 廣韻 豆中小硬者。出 新字林。鑾 又牖32419牖47940

牒 32543 16163
yè_13.17 字彙 魚怯切音業。築牆版。又筍虡上橫版，鋸齒刻之。指其縣鐘鼓者，則名簨。指其橫版之飾，則名牒 正字通 經史俱作業。俗加片作牒，非。

牖 32544 44260
dāng_13.17 篇海類編 音當。

牆 32545 u245FC
qiáng_13.17 俗牆32418 四聲篇海 墻，疾羊切。垣墻。正作牆。

辦 32546 16164
piàn_14.18 廣韻 普麪切 集韻 匹見切𠀤音片◆玉篇 爾雅 云革中絕謂之辦，車轡勒也 廣韻 本亦作辨○按今 爾雅·釋器 又書作辨 又◆爾雅·釋木 桑辦有葚梔 註 辦，半也。

牖 32547 16165
tāi_14.18 集韻 坦亥切音嚎。吳人謂逆剡木曰牖。

牖 32548 16166
shòu_14.18 集韻 是酉切音受 玉篇 牖棺 集韻 棺也 又 dào 集韻 大到切音導。本作檮。棺也。鑾 又牖32472

牖 32549 u24602
mỏng_14.18 喃 从片夢 mộng 聲。同牖32550

牖 32550 u24601
mỏng_14.18 喃 从片蒙 mông 聲。薄，單薄△亦作牖12755牖32549

牘 32551 16167
dú_15.19 唐韻 集韻 韻會 徒谷切 正韻 杜谷切𠀤音讀 說文 書版也 莊子·列禦寇 小夫之知，不離苞苴竿牘 戰國策 取筆牘受之 註 牘，書版也 史記·倉公傳贊 緹縈通尺牘 前漢·昌邑王傳 持牘趨謁 註 師古曰牘，木簡也 又 樂器 周禮·春官·笙師 舂牘應雅，以教 祴樂 註 牘應雅，教其舂者，謂以築地 疏 舂牘以竹，大五六寸，長七尺，短者一二尺，其端有兩孔，髤畫，以兩手築地。牘應雅，教其舂者，謂賓醉而出奏 祴 夏以此三器築地，謂之行節 釋名 舂，撞也。牘，筑也。以舂築地爲節也。△ 韻會 毛氏曰：說文 从片賣聲。當作賣。从罒，非。鑾 又牍32494牘32554

牖 32552 16168
lì_16.20 集韻 狼狄切音歷。木障。

牖 32553 16169
chàn_17.21 廣韻 集韻 𠀤仕懺切音鑱 玉篇 版也 廣韻 本作欃。水門○按 廣韻 牖，附見欃字註。

牘 32554 u24604
dú_17.21 牘32551本字。見 說文

◈ 牙部 ◈

牙 32555 16170
yá_0.4 古文㸦 唐韻 五加切 集韻 類篇 韻會 正韻 牛加切𠀤音芽。齒也 說文 牡齒也。象上下相錯之形 易·大畜 豶豕之牙 又 戰國策 投之一骨。輕起相牙 註 以牙相噬 又 詩·周頌 設業設虡，崇牙樹羽 疏 栒之上刻爲崇牙。以鋸齒捷業然，故謂之業牙卽業之上齒也 禮·明堂位 殷之崇牙 又 禮·玉藻 佩玉有衝牙 疏 其形似牙也 又 周禮·春官·典瑞 牙璋以起軍旅，以治兵守 註 牙璋瑑以爲牙，牙齒，兵象，故以牙璋發兵 又 集韻 旗名 張衡·東京賦 牙旗繽紛 註 古者天子出，建大牙旗，竿上以象牙飾之 又 韻會 立于帳前，謂之牙門 後漢·公孫瓚傳 拔其牙門 又 史記·東方朔傳 遠方當來歸義，而騶牙先見，其齒前後若一，齊等無牙，故謂之騶牙 又 姓 風俗通 周大司徒君牙之後 又 與芽通 前漢·金日磾傳 霍氏有事萌牙 註 師古曰萌牙者，言始有端緒，若草之始生。又 yǎ 集韻 語下切音雅。車罔 又 yà 集韻 魚駕切 韻會 五駕切𠀤音訝 周禮·冬官考工記·輪人 牙也者，以爲固抱也 註 牙讀如訝。謂輪輮也 疏 訝，迎也。此車牙亦輮之，使兩頭相迎，故讀從之 又 唐韻正 古音吾 詩·小雅 祈父，予王之爪牙。胡轉予于恤，靡所止居 又 唐韻正 與虞、吾𠀤通 詩·召南 吁嗟乎騶虞 山海經 墨子 𠀤作騶吾 前漢·東方朔傳 作騶牙 又 叶五紅切 詩·小雅 誰謂鼠無牙，何以穿我墉 又 叶音峨 晉京洛童謠 遙望晉國何嵯峨，千歲髑髏生齒牙。鑾 又㸦32564㸦32573㸦32566，並同㸦，古文牙。明·陳士元 古俗字略 牙，五加切，牙齒，㸧32559㸨59632㸦，並古 又 可洪音義 㸪惧：上五加反，下巨之反。正作牙旗也。下又音忌，非。䄰39665祺：上五加反，下巨之反。正作牙旗也。上又音方，悮。

⽛ 32557 u2F5B
yá_0.4 部 牙32555

㸪 32556 16171
hù_0.4 廣韻 互俗作㸪 韓愈·贈張籍張徹詩 交驚舌㸪䚢 柳宗元·夢歸賦 㸪參差之白黑 註 㸪卽互字 唐韻正 周禮·牛人 凡祭祀共其牛牲之互。徐音㸪 詩·楚茨 傳曰：或陳于互 正義 亦引 周

禮文，丛誤作牙，陳氏 禮書 曰：互、牙，古字通用，非也 中山詩話 云古稱駔儈，今謂牙，非也。劉道原云本稱互郎，主互市。唐人書互爲乇，乇似牙字，因訛爲牙耳 舊唐書·史思明傳 互市郎 安祿山傳 互市牙郎，蓋爲後人添一牙字，今 通鑑 亦作互市牙郎 漢書·劉向傳 宗族磐互，師古曰字或作牙，謂若犬牙相交之意也 谷永傳 百官盤互，註同。是昔人以乇爲互字，後轉而作牙，師古乃曲爲之說耳○按史書中以牙作互字用，非一 唐韻正 深辨其非，并引古碑碣中之書互爲乇者甚詳，皆歷歷可據，應從之。蓋牙有相錯義，故互字俗借作乇，可附牙部。若竟書互爲牙，并讀如牙字之音，誤矣。

牙 32558 16172 yá_3.7　集韻 牛加切音牙。吳人謂赤子曰痙牙。

羽 32559 44261 yá_4.8　字彙補 牛加切音牙。

狭 32560 u2EA7 null_4.8　未詳。　**艮 32562 16173** qiǎn_6.10　集韻 起限切，慳上聲 玉篇 齧也 集韻 本作齦。

玷 32561 44262 zhān_5.9　篇海類編 竹咸切音詀。

香 32563 16174 yá_6.10　玉篇 古文牙32555字 集韻 作䶒。

䶒 32564 44263 yá_6.10　韻會 古文牙字○按古文本作䶒。

桼 32565 44264 yí_7.11　五音篇海 音夷。又dì音弟。

狱 32567 u2460B ngà_7.11　喃 从牙我ngã聲△狱狝：象牙。

䶋 32570 u2EA8 null_8.12　喃未詳。　**䶒 32566 u2F923** yá_7.11　䶒32563譌字

猗 32571 u2460F null_8.12　未詳。　**猗 32568 16175** qī_8.12　唐韻 去奇切 集韻 丘奇切丛音崎 說文 虎牙也△篇海 邪也。

猎 32572 u2460E null_8.12　未詳。　**掌 32569 16176** chèng_8.12　廣韻 他孟切 集韻 恥孟切丛音儻 廣韻 邪柱也 集韻 支柱也。 chēng 集韻 抽庚切音瞠。義同。本作橕。或作樘樬。

䶒 32573 u2460D yá_8.12　古文牙。亦作䶒32563

猵 32574 16177 qǔ_9.13　唐韻 區禹切 集韻 顆羽切丛音踽 說文 齒蠹也。或作齲○按 廣韻 有齲無猵。

皚 32575 16178 ái_10.14　集韻 魚開切音皚。本作齜 說文 齫牙也。 gāi柯開切音該 wù 篇海 欵紇切。義丛同。

獒 32576 u24612 áo_11.15　同聱46779獒牙，聱牙。

獰 32577 u24613 nanh_14.18　喃 从牙寧ninh聲。獠牙。獰惡：猙獰。

◆ 牛部 ◆

牛 32578 16179 niú_0.4　唐韻 語求切 集韻 魚尤切 韻會 疑尤切，並鼻平聲。◆ 說文 大牲也。牛，件也。件，事理也。象角頭三，封尾之形 註 徐鍇曰：件，若言物一件二件也。封，高起也 玉篇 黃帝服牛乘馬 易·无妄 或繫之牛。又 說卦 坤爲子母牛 禮·曲禮 凡祭宗廟之禮，牛曰一元大武。又

月令 出土牛，以送寒氣 疏 月建丑，土能克水，故作土牛，以畢送寒氣也 又 樹化牛 玄中記 千年樹精，化爲青牛。始皇伐大樹，有青牛躍出入水 又 官名 周禮·地官 牛人，掌養國之公牛，以待國之政令 又 牽牛，宿名 爾雅·釋天 星紀，斗牽牛也 註 牽牛斗者，日月五星之所終始，故謂之星紀 又 天牛，蟲名。一曰天水牛 爾雅·釋蟲 蠰，齧桑 註 似天牛 又 紫金牛，藥名。見 本草綱目 又 姓 廣韻 微子裔，司寇牛父子孫以王父字爲氏 風俗通 漢有牛崇 又 人名 史記·虞舜紀 瞽瞍父曰橋牛。 璺 又蚒52459

牛 32579 u2F5C niú_0.4　同牛32578部首專用字。亦作牜32580

牜 32580 u2EA7 niú_0.4　部牛32579　**牛 32581 u725C** niú_0.4　同牛32578偏旁

牜 32582 41452 hù_1.5　篇海類編 胡故切音護。叓也。璺俗互。

牝 32583 16180 pìn_2.6　古文匕 唐韻 毗忍切 集韻 韻會 正韻 婢忍切丛音牝 說文 畜母也。从牛，匕聲 玉篇 牝牡也 易·坤卦 利牝馬之貞 書·牧誓 牝雞無晨 詩·鄘風 騋牝三千 禮·月令 遊牝於牧 又 古詩 哀壑叩虛牝 韓愈·贈崔立之詩 有似黃金擲虛牝 註 牝，谿谷也 又 bǐ 集韻 補履切音匕。義同 又 biàn 集韻 類篇 婢善切音槾。亦畜母也 書·牧誓釋文 徐音扶忍反 又 廣韻 扶履切 集韻 並履切丛音牪。義同。璺 又牝32621 麗74377

牞 32584 16181 jiū_2.6　玉篇 居求切。牛大力○按 廣韻 劜，居玉切，大力。當卽此字。

牞 32585 16182 jiū_2.6　集韻 居尤切音鳩。大牡謂之牞 類篇 書作牞，非。

牟 32586 16183 móu_2.6　古文牫 唐韻 莫浮切 集韻 韻會 迷浮切丛音謀 說文 牛鳴也。从牛，象其聲气从口出 柳宗元·牛賦 牟然而鳴，黃鍾滿脰 又 玉篇 取也，奪也，過也 戰國策 上干主心，下牟百姓 註 牟，取也 韓非子·七反篇 牟食之民 史記·平準書 富商大賈，無所牟大利 前漢·景帝紀 侵牟萬民 註 李奇曰：牟，食苗根蟲也。侵牟食民，比之蛑賊也 又 玉篇 倍也 楚辭·招魂 成梟而牟，呼五白些 註 倍勝爲牟 又 玉篇 大也。淮南子·要略篇 原道者盧牟六合，混沌萬象 又 揚子方言 愛也。宋魯之閒曰牟 又 後漢·禮儀志 仲夏，以朱索連葷菜，彌牟樸蠱鍾 正字通 赫敬曰：彌牟，禁止塗抹之義 又 玉篇 進也 又 前漢·霍光傳 輦道牟首 註 孟康曰：牟首，地名。如淳曰牟首，屏面以屏面自隔也。瓚曰牟首，池名。師古曰瓚說是 左思·吳都賦 長塗牟首 註 劉逵曰：牟首，閣道有室屋也 又 國名 春秋·桓十五年 邾人、牟人、葛人來朝 前漢·地理志 泰山郡牟 註 故國 晉語 成王盟諸侯於岐陽，楚爲荊蠻，置茅蕝，設望表，與鮮牟守燎，故不與盟 註 鮮牟，東夷國 又 地名 春秋·隱四年 莒人伐杞，取牟婁。又 左傳·宣九年 取根牟。又 論語 佛肸以中牟畔 前漢·地理志 河南郡中牟 又 東萊郡東牟 又 釋名 牟追牟冒也。言其形冒追追然也 又 姓 風俗通 牟子國，祝融之後，後因氏焉 又 記·田敬仲完世家 大夫牟辛 後漢·牟融傳 牟融，北海

丘人。又廣韻複姓。三氏禮記有實牟賈東萊先賢傳有曹牟君卿何氏姓苑有彌牟氏図麥也詩・周頌貽我來牟傳牟，麥也釋文牟，字書作麰，或作麳器也禮・內則敦牟卮匜註牟，讀曰堥。敦牟，黍稷器也釋文齊人呼土釜爲牟後漢・禮儀志卮八，牟八図後漢・禰衡傳著岑牟單絞之服註通史志曰：岑牟，鼓角士冑也韻會鍪，通作牟図與眸通荀子・非相篇堯舜參牟子註牟與眸同。參眸子，謂有二瞳之相參也図mǒu 集韻莫後切音母。中牟，地名○按中牟地名多讀平聲集韻又收上聲，未知何據図mào 集韻莫候切音茂。本作務。昏也。図與務同荀子・成相篇天乙湯，論舉當。身讓卞隨，舉牟光註牟，與務同。鏊又牟05067

牙丁 32587 44265 tīng_2.6 川篇同廳
牝 32588 u24617 null_2.6 未詳。
牝 pìn_2.6 牝32583譌字 32589 u24615
牙干 ān_3.7 32590 16184 集韻俄干切音豻。止牛也正字通止牛當用扞，不必別從牙干字。

牛它 tuó_3.7 32591 16185 字彙徒禾切音扡。同牞。見篇海
牛川 xùn_3.7 32592 16186 玉篇似訓切。牛行遲也図chún 廣韻食倫切集韻船倫切丛音脣。又xún 廣韻詳遵切集韻松倫切丛音巡。義丛同正字通與馴同。

牡 mǔ_3.7 32593 16187 唐韻集韻韻會正韻丛莫后切音母說文畜父也。从牛土聲詩・邶風雄鳴求其牡傳飛曰雌雄，走曰牝牡箋喻夫人所求非所求。疏雌雄鳴也。乃鳴求其走獸之牡，非其道図禮・檀弓牡麻絰儀禮・喪服傳牡麻者，枲麻也図前漢・郊祀志以牡荊畫幡，日月北斗登龍註李奇曰：以牡荊作幡柄也。如淳曰：牡荊，荊之無子者。晉灼曰：牡，節閒不相當也。月暈刻之爲券，以畏病者図前漢・天文志長安城門門牡自亡註師古曰牡，所以下閉者也。以鐵爲之図牡丘，地名春秋・僖十五年盟于牡丘図山名山海經牡山，多文石図集韻滿補切音姥。禽雄曰牡△集韻或作牻。鏊又坲08389駔69770図牡09689，敦煌俗字。

牢 láo_3.7 32594 16188 古文奧唐韻魯刀切集韻韻會正韻郎刀切丛音勞說文閑，養牛馬圈也。从牛，冬省，取其四周帀也玉篇牲備也詩・大雅執豕于牢周禮・地官充人掌繫祭祀之牲牷，祀五帝，則繫於牢註牢，閑也。必有閑者，防禽獸觸齧管子・輕重戊篇殷人之王，立帛牢，服牛馬図牛曰太牢，羊曰少牢禮・王制天子社稷皆太牢，諸侯社稷皆少牢図周禮・天官・小宰牲牷之濡註三牲牛羊豕，具爲一牢齊語環山於有牢註牢，牛羊豕舍也。言雖山險，皆有牢牧図玉篇廩食也史記・平準書願募民自給費，因官器作煮鹽，官與牢盆註如淳曰：牢，廩食也。古人名廩爲牢也。盆者，煮鹽盆。蘇林云牢，價直也。今世人亦雇手牢盆。樂彥云牢乃盆名後漢・西羌傳諸將多盜牢稟註牢，價直也應劭傳多其牢賞図唐韻堅也，固也史記・外戚世家欲連固根本牢甚図前漢・揚雄傳惜誦以下至懷沙一卷，名曰畔牢愁註李奇

曰：畔，離也。牢，聊也図司馬相如・上林賦牢落陸離図馬融・廣成頌臬牢陵山註臬牢，猶牢籠也。孫卿子曰：臬牢天下而制之，若制子孫也。諸本有作牢柵者，非也図晉書・姚萇載紀陛下將牢太過耳註將牢，猶俗言把穩図韻會猈犴曰牢史記・天官書赤帝行德，天牢爲之空図地名左傳・莊二十一年自虎牢以東註虎牢，河南成皋縣。又成五年同盟于蟲牢後漢・郡國志陳留郡封丘有桐牢亭。或曰古蟲牢。又史記・秦本紀伐趙皮牢，拔之図山名後漢・南蠻哀牢夷傳其先有婦人，名沙臺，居於牢山図姓廣韻孔子弟子，琴牢之後後漢・佞幸傳僕射牢梁図廣韻蒲牢，海獸名図廣韻同牢41040図lóu 廣韻類篇丛郎侯切音樓儀禮・士喪禮握手，用玄，纁裏，長尺二寸，廣五寸，牢中旁寸註牢讀爲樓。樓謂削約握之中央，以安手也疏讀從樓者，義取縷斂狹少之意。云削約者，謂削之使約少也図易林失志懷憂，如坐狴牢図音潦後漢・董卓傳卓縱放兵士，突其廬舍，淫略婦女，剽虜資物，謂之搜牢註言牢固者，皆搜索取之也。一曰牢，漉也。二字皆從去聲。今俗有此言図淮南子・本經訓牢籠天地註牢讀屋霤之霤。楚人謂牢曰霤。鏊又夆09780悷17441牟32634図可洪音義窂41024閉：上力刀反。大窂：音勞図龍龕窂41083俗牢正。

牣 rèn_3.7 32595 16189 唐韻集韻韻會正韻丛而振切音刃說文滿也図小爾雅杜實充牣塞也。實牣，滿也詩・大雅於牣魚躍図玉篇益也図呂氏春秋白所以爲堅也，黃所以爲牣也。黃白雜，則堅且牣，良劒也△集韻或書作牱。

牝口 kǒu_3.7 32596 16190 廣韻苦后切集韻去厚切丛音口集韻牛名廣韻本作牰32697

牝羊 zāng_3.7 32597 44266 篇海類編與牂同。牝牁，郡名，亦作牂。

牝屯 null_3.7 32599 u2AEA9 未詳。

牝屯 chún_3.7 32598 44267 篇海類編與牞同。鏊字彙補牝，常倫切音純。遲也。

牢 láo_3.7 32601 uF946 兼牢

牧 null_3.7 32600 u24619 俗妆10410新撰字鏡牧，徂良反。餝也，謂女子粉黛自餝也。

牤 māng_3.7 32602 u7246 方公牛。亦作牻。

牪 fāng_4.8 32603 16191 廣韻府良切集韻分房切丛音方玉篇良牛名。日行二百里穆天子傳用牪牛二百，以行流沙註此牛能行流沙中如橐駝。

牛尤 yóu_4.8 32604 16192 字彙羽求切音由。不動也正字通譌字。鏊李國英：忧字之譌，心動也。

牛斤 jiān_4.8 32605 16193 篇海居乾切。與犍同。鏊又補遺重出：篇海類編同犍図字彙補苦禾切音科。義與牉同。

牦 máo_4.8 32606 16194 集韻謨袍切音毛。牛名。今所謂犏牛者。師古說正字通牦牛，出甘肅臨洮及西南徼外，野牛也。人多畜之，狀如水牛，髀膝尾背胡下黑毛長尺許，尾長

大如斗，嘗自愛護。古取爲旌旄，今人以爲縷帽。毛雜白色者，以茜染紅色用之 山海經 潘侯之山有牛，四足節生毛，即此。或作髦，亦作犛，又作旄。或省作毛。師古言即編牛，非。

牸 32607 16195 bèi_4.8　唐韻 集韻 丛博蓋切音貝 說文 二歲牛。从牛，市聲 冈 玉篇 牛體長○按 爾雅·釋畜 體長，牸。註云長身者。疏云凡牛之身長者名牸，皆書作牸。牸、牸古今文也 冈 集韻 一曰牛足長大曰牸△或作犋 鏊 又犺 32633 犵 32682

牰 32608 16196 bā_4.8　集韻 邦加切音巴。牛角相背謂之牰。

牵 32609 16197 fèn_4.8　集韻 方問切音奮。跳躍也 山海經 依䩤之山有獸焉，其狀如犬，虎爪，有甲，其名曰獦。善馳牵，食者不風 註 郭璞曰馳牵，跳躍自撲也。

牥 32610 16198 fén_4.8　集韻 符分切音汾。牡牛。鏊 補遺 重出：川篇 音分。牛四歲也△宏按，或牥 32622 譌字。

牱 32611 16199 nuó_4.8　玉篇 奴多切音那。獸似牛△廣韻 集韻 丛書作牁。鏊 與牃 32671 牁 32653 犵 32612 同。那父。

牁 32612 16200 nuó_4.8　廣韻 諾何切 集韻 囊何切丛音那 廣韻 獸似牛，白尾△玉篇 本書作牱。鏊 又牁 32653

牭 32613 16201 tiān_4.8　集韻 他甸切音瑱 玉篇 餧牛草 集韻 牛食草。

牧 32614 16202 mù_4.8　廣韻 集韻 韻會 丛莫六切音目 說文 本作牧，養牛人也。从攴牛 玉篇 畜養也 廣韻 放也，食也 揚子方言 牧，飯也 註 謂放飯牛馬也 書·禹貢 萊夷作牧 傳 萊夷，地名，可以放牧 詩·小雅 爾牧來思 周禮·地官 牧人 掌牧六牲而阜蕃其物，以供祭祀之牲牷。又 夏官·校人 夏祭先牧 註 始養馬者。又牧師掌牧地 左傳·僖二十八年 不有行者，誰扞牧圉 註 牛曰牧，馬曰圉。又 哀元年 少康爲仍牧正 冈 爾雅·釋地 郊外謂之牧 疏 言可放牧也 書·牧誓 云王朝至于商郊牧野乃誓，是也 書傳 紂近郊三十里地名牧 冈 易 謙卦 謙謙君子，卑以自牧也 註 牧，養也 冈 小爾雅 牧，臨也 揚子方言 牧，司也，察也 韻會 治也 書·舜典 旣月乃日，覲四岳羣牧 傳 九州牧監。又 呂刑 非爾惟作天牧 禮·曲禮 九州之長，入天子之國曰牧 周禮·天官·大宰 九兩，一曰牧。以地得民 註 牧，州長也 前漢·成帝紀 罷部刺史官，更置州牧 冈 詩·邶風 自牧歸荑 傳 牧，田官也。又 禮·月令 舟牧覆舟 註 主舟之官也 冈 周禮·地官·小司徒 乃經土地，而井牧其田野 註 隰皐之地，九夫爲牧，二牧而當一井。今造都鄙，授民田，有不易，有一易，有再易，通率二而當一，是之謂井牧 冈 周禮·地官·遂師 經牧其田野 註 經牧，制田界與井也 冈 廣韻 使也 冈 爾雅·釋畜 黑腹，牧 疏 牛黑腹者名牧 冈 左傳·隱五年 鄭人侵衛牧 註 牧，衛邑 冈 廣牧，縣名。屬朔方郡。見 前漢·地理志 冈 人名 史記·黃帝紀 舉風后、力牧 註 班固曰：力牧，黃帝相也 冈 姓 風

俗通 漢有越嶲太守牧稂 冈 mào 集韻 莫候切音茂。地名 尚書大傳 牧之野。劉昌宗讀 冈 一曰畜牧 書·禹貢 萊夷作牧 釋文 徐音目，一音茂。鏊 又犻 19316 坄 08321

牶 32615 16203 jīn_4.8　唐韻 集韻 丛巨禁切音噤 說文 牛舌病也△玉篇 或作犐 廣韻 或作齡

牱 32616 16204 kē_4.8　集韻 苦禾切音科。本作犐 廣韻 鄧牱，牛屬 冈 jiū 類篇 居尤切音鳩。大牡謂之牱○按 集韻 書作牱，从乚爲正。鏊 鄧牱或作郭牱。

牱 32617 16205 gāng_4.8　廣韻 古郎切 集韻 居郎切丛音岡 玉篇 水牛。又 集韻 本作犅。特牛也。通作剛○按 廣韻 牱，從 玉篇 訓水牛。犅，從 說文 訓特牛。分二義 集韻 合爲一，當以 廣韻 爲正。

牶 32618 16206 pī_4.8　篇海 符悲切音邳。使牛聲 正字通 俗字。○按 五音集韻 从丕作牶

牶 32619 16207 chén_4.8　廣韻 直深切 集韻 持林切丛音湛 玉篇 水牛 集韻 吳牛謂之牶。通作沈 冈 集韻 式荏切音審。牛名。鏊 又牱 32617

牮 32620 16208 pī_4.8　玉篇 音譬。牛具。

牝 32621 16209 pìn_4.8　篇海 毘忍切。同牝。

牮 32622 16210 sì_4.8　集韻 居拜切音介 玉篇 牛四歲也 正字通 本草綱目 五歲曰牮 字彙 四歲，與牭 32647 涸。

物 32623 16211 wù_4.8　唐韻 文弗切 集韻 韻會 正韻 文拂切丛音勿 說文 萬物也。牛爲大物。天地之數，起於牽牛，故从牛，勿聲 玉篇 凡生天地之間，皆謂物也 易·乾卦 品物流形。又 无妄 先王以茂對時，育萬物 周禮·天官·大宰 九貢，九曰物貢 註 物貢，雜物，魚鹽橘柚 冈 玉篇 事也 易·家人 君子以言有物，而行有恆 疏 物，事也 禮·哀公問 敢問何謂成身，孔子對曰：不過乎物 註 物，猶事也 周禮·地官·大司徒 以鄉三物教萬民，而賓興之 冈 詩·小雅 比物四驪 傳 物，毛物也 又 三十維物，爾牲則具 周禮·春官·雞人 掌共雞牲，辨其物 註 謂毛色也。又 夏官·校人 凡軍事，物馬而頒之 疏 物即是色 楚語 毛以示物 冈 周禮·地官·卝人 若以時取之，則物其地，圖而授之 註 物地，占其形色，知鹹淡也。草人，以物地相其宜而爲之種 左傳·昭三十二年 物土方 註 物，相也，相取土之方面 冈 玉篇 類也 左傳·桓六年 丁卯，子同生。公曰：是其生也，與吾同物 註 物，類也。謂同日 冈 周禮·天官·酒正 辨三酒之物 疏 物者，財也。以三酒所成有時，故豫給財令作之也 冈。周禮·地官·司門 幾出入不物者 註 不物，衣服視占不與衆同，及所操物不如品式者 冈 周語 神之見也，不過其物 註 物，物數也 冈 廣韻 旗名 周禮·春官·司常 雜帛爲物 冈 叶微月切 蘇軾·四達齋銘 孰如此間，空洞無物。戶牖盍開，廓焉四達。達，陀悅切。鏊 又扬 19297

犿 32624 16212
yàn_4.8　玉篇牛眷切五音集韻魚變切丛音彥玉篇牛件也△正字通六書統犿，古文友。引詩或羣或友。又備考犿，音友。字見鐘鼎文。按鳥獸相友，丛借友。二說丛非。

牫 32625 16213
guǐ_4.8　五音集韻居洧切，音宄。牛也△玉篇同牯。

牫 32626 41453
gē_4.8　篇海類編伐字之譌字彙補古珂切音歌。羣角也。

牴 32627 44268
dǐ_4.8　篇海類編與牴同。

牀 32628 44269
zhuàng_4.8　川篇音壯。正也。

犀 32629 44270
hú_4.8　篇海類編音斛。

牫 32630 44271
shù_4.8　搜眞玉鏡音述。

犉 32631 44272
chǒu_4.8　篇海類編音丑。

牪 32633 u24631
bèi_4.8　正字通牪32607本作牪。

牢 32634 u24630
láo_4.8　俗牢32594碑別字，見隋尉富娘墓誌

牢 32636 u2462E
null_4.8　未詳。

牧 32632 u24634
mù_4.8　牧32614本字

牫 32637 u2462D
null_4.8　未詳。

牧 32635 u2462F
kuǎn_4.8　二簡款26358

牷 32639 u2462B
chún_4.8　同牷32598　龍龕俗。士庄反。林榻也。

牀 32638 u2462C
chuáng_4.8　俗牀32360　可洪音義林榻上助庄反。

牪 32640 u2462A
null_4.8　未詳。

翆 32641 u24629
null_4.8　未詳。

牪 32642 u24628
null_4.8　未詳。

牪 32643 u726C
bèi_4.8　同牪32607

牁 32645 16215
kē_5.9　篇海同牁　牁 32644 16214　tuó_5.9　廣韻集韻丛徒和切音牁廣韻牛無角也玉篇或作牁集韻或作牁圝kē廣韻類篇丛苦禾切音科。義同廣韻同牁集韻本作牁32805或作牠、牁圝集韻唐何切音駝。義同集韻或作牁。鑾又牠32591牁32645牁55377

牫 32646 16216
tāo_5.9　唐韻土刀切集韻他刀切丛音滔說文牛徐行也。从牛，安聲廣韻牛行遲貌。鑾又犠32733

牭 32647 16217
sì_5.9　唐韻集韻丛息利切音四說文四歲牛。从牛从四，四亦聲圝廣雅牭，很也△說文籀作牭。鑾俗作牭32622

牁 32648 16218
zuó_5.9　集韻即各切音作玉篇牛名，肉重千斤，出華陰山集韻山牛圝廣韻在各切集韻疾各切丛音昨。義同山海經小華之山，其獸多牁牛註郭璞曰：今華陰山中多山牛，肉千斤，即此牛也。吳任臣曰：牁牛即犖32889牛又牝山、夸父之山，多牁牛。

牷 32649 16219
pī_5.9　玉篇符悲切音邳。使牛聲。鑾又怀32618

牷 32650 16220
rǒng_5.9　集韻乳勇切音宂。吳牛名。玉篇廣韻丛書作牜。

牸 32651 16221
líng_5.9　唐韻集韻丛郎丁切音靈玉篇牛名集韻本作牸。

牸 32652 16222
rǒng_5.9　廣韻而隴切音宂。玉篇水中牛〇按廣韻內同宂，故集韻類篇書作牸字彙以牸爲牸字之譌，非。

牸 32653 16223
nuó_5.9　篇海奴可切，那上聲。義闕字彙牸字之譌。

牮 32654 16224
jiàn_5.9　字彙作甸切音薦。屋斜用牮圝以土石遮水亦曰牮。鑾又方扶正。

牱 32655 16225
hǒu_5.9　唐韻呼后切集韻許后切丛音吼玉篇牛鳴也。亦作呴圝廣韻本作牻。夒牛子也。爾雅釋畜註今靑州呼犢爲牱圝gǒu集韻舉后切音苟。義同。

牯 32656 16226
gǔ_5.9　廣韻公戶切集韻韻會果五切丛音古玉篇牝牛集韻牛名。

牰 32657 16227
pēng_5.9　古文牻唐韻普耕切集韻披耕切丛音怦說文牛駁如星。从牛平聲。

牰 32658 16228
yòu_5.9　廣韻集韻丛余救切音狖玉篇牛眼黑廣韻牛黑脊圝xiù廣韻似祐切集韻似救切丛音袖爾雅釋畜黑脊，牰註眼脊黑釋文牰，音袖圝jiù集韻疾僦切音就。出字林。義同。

牁 32659 16229
kē_5.9　篇海音哥。郡名字彙俗牁32364字管子·中匡篇南至吳越巴牁牁史記·司馬相如傳南至牂牁爲徼。

牪 32660 16230
bèi_5.9　集韻補妹切音背。本作牪32760

牲 32661 16231
shēng_5.9　唐韻所庚切集韻韻會正韻師庚切丛音生說文牛全完。从牛，生聲易·萃卦用大牲吉。書·微子今殷民乃攘竊神祇之犧牷牲用傳色純白曰犧，體完曰牷，牛羊豕曰牲，器實曰用疏經傳多言三牲，知牲是牛羊豕也周禮·天官·膳夫膳用六牲註馬牛羊豕犬雞也。又庖人註六畜，六牲也。始養之曰畜，將用之曰牲春秋·僖三十一年四卜郊，不從，乃免牲左傳牛卜日曰牲註旣得吉日，則牛改名曰牲〇按周禮·秋官·掌客云上公牲三十有六。註云牲當爲腥，聲之誤也釋文依註音星，蓋周禮本當作腥，誤作牲。鄭註明言其誤。正韻引此，另音星，非是。

牫 32662 16232
mǔ_5.9　集韻莫後切音母。牛名。

牴 32663 16233
dǐ_5.9　唐韻都禮切集韻韻會典禮切丛音邸說文觸也，从牛氏聲唐韻角觸揚子方言牴，會也。雍梁之間曰牴，秦晉亦曰牴圝玉篇角牴，雜技樂也圝玉篇略也。大牴，言大略也△玉篇或作觝韻會通作抵邸氏圝dǐ集韻都黎切音氐。本作牴。羊也圝zhāi集韻椿皆切音齋。獬牴，獸名，性忠直。鑾又牴32679牴32627牰32668牴32768

牰 32664 16234
pēng_5.9　字彙補古文牰32657字。

牰 32665 41456
qù_5.9　篇海類編丘踞切音去。牛行貌。

㹽 bèi_5.9　32666 44273　字彙補同㸬。

牠 nǐ_5.9　32667 44274　篇海類編與你同。

牣 dǐ_5.9　32668 44275　龍龕與牴同。

牱 bài_5.9　32669 44276　搜眞玉鏡布外切。

牰 zhì_5.9　32670 44277　篇海類編音秩。

牻 nuó_5.9　32671 44278　搜眞玉鏡挱字之譌。麤與牱32653牻32612牪32611同。

牶 xiá_5.9　32672 44279　篇海類編音匣。

牽 qiān_5.9　32673 44280　搜眞玉鏡輕近切。麤俗牽。

牷 tāo_5.9　32674 44282　搜眞玉鏡他高切。

犚 zhì_5.9　32675 u2B7A2　簡犚32931

犫 null_5.9　32676 u2AEAB　未詳。

牨 máng_5.9　32677 u2AEAA　俗犹32713

牫 null_5.9　32678 u24650　未詳。

牰 null_5.9　32679 u24646　或同互00584字見古璽彙編 图 dǐ牣32668字之誤。俗牴32663見中華大字典

犁 null_5.9　32680 u24644　未詳。

牪 null_5.9　32681 u24643　未詳。

牰 bèi_5.9　32682 u24642　同㸬32643

牥 null_5.9　32683 u24641　宋·孔甯之犛牛賦奔逸躅而倫牥，載賨首而亂牨。

荦 luò_5.9　32685 u8366　簡犖32843

军 so_5.9　32684 u3E34　韓古姓氏芝峰類說東方僻姓，星州有军氏，军音小。蓋方言呼牛為小，故也。军，或云東國史有石末天衢者，疑石末二字訛為军字也。但宛委餘編複姓有石牛氏，疑即此也。

牽 qiān_5.9　32686 u7275　簡牽32718

牁 jiā_6.10　32687 16235　集韻居迓切音架玉篇牁車也集韻籀文駕字。

牶 quàn_6.10　32688 16236　集韻區願切音券玉篇牛鼻桊集韻牛繩鼻謂之牶。

牷 quán_6.10　32689 16237　唐韻疾緣切集韻韻會從緣切正韻才緣切丛音全說文牛純色。从牛，全聲書·微子傳體完曰牷疏以牷爲言，必是體全具也禮·表記牷牲禮樂齊盛釋文牷，本亦作全周禮·地官·牧人凡時祀之牲，必用牷物左傳·桓六年吾牲牷肥腯註牷，純色，完全也。

犗 xié_6.10　32690 16238　廣韻胡頰切集韻檄頰切丛音叶玉篇牛健。

牾 guǐ_6.10　32691 16239　五音集韻居洧切音宄。牛聲也玉篇與牟同。麤楊寶忠：俗狗32655

牁 yān_6.10　32692 16240　集韻於閑切音咽。牛尾色謂之牁。或作㹩。

犁 shì_6.10　32693 16241　玉篇示勢切。一角仰也正字通同觢易·睽卦六三，其牛掣釋文鄭作犁。義同說文作觢。

牁 tóng_6.10　32694 16242　集韻徒東切音童。本作犝32912

牁 zhào_6.10　32695 16243　玉篇音兆。人姓。

牁 huī_6.10　32696 16244　玉篇呼乖切，音虺◇獸名。

牁 ǒu_6.10　32697 16245　廣韻烏后切集韻於口切丛音嘔玉篇亦作牁，義闕廣韻牨牛集韻或作㸸 图 kǒu廣韻苦后切集韻去厚切丛音口◆廣韻牿牁。同牁 图 hǒu廣韻呼后切集韻許后切丛音吼廣韻集韻丛同狗32655

㸸 mán_6.10　32698 16246　玉篇呼今切。出神呪。同㸸。

牸 zì_6.10　32699 16247　廣韻集韻韻會丛疾置切音字廣韻牝牛孔叢子·陳士義子欲速富，當畜五牸牛，生子而大，賣之而買駒 图 牝馬亦曰牸廣雅牸，雌也史記·平準書天下亭，亭有畜牸馬，歲課息前漢·食貨志乘牸牝者，擯而不得會聚韻會通作字 图 玉篇疾利切正韻疾二切丛音自。義同。麤又牸32743

特 tè_6.10　32700 16248　唐韻徒得切集韻韻會正韻敵得切丛音棏◆說文朴特，牛父也玉篇牡牛也書·舜典格于藝祖，用特傳特，一牛也禮·郊特牲註郊者，祭天之名。用一牛，故曰特牲 图 禮·內則庶人特豚，士特豕 图 詩·魏風胡瞻爾庭有懸特兮傳獸三歲曰特 图 爾雅·釋獸豕生三，豵。二，師。一，特 图 牡馬亦曰特廣韻特，雄也周禮·夏官·校人凡馬，特居四之一註三牝一牡又頒馬攻特註攻特，謂騬之 图 詩·鄘風髧彼兩髦，實維我特傳特，匹也。又小雅不思舊姻，求爾新特傳新特，外昏也 图 韻會挺立曰特詩·秦風維此奄息，百夫之特箋百夫之中最雄俊也。又小雅瞻彼阪田，有菀其特箋菀然茂特之苗禮·聘儀珪璋特達。又儒行特立獨行 图 禮·閒傳輕者包，重者特註特其葛不變之也 图 周禮·夏官·司士孤卿特揖註特揖，一一揖之 图 爾雅·釋水士特舟註單船 图 韻會但也史記·秦始皇紀博士雖七十人，特備員弗用 图 廣韻亦姓左傳晉大夫特宮△玉篇或作犆集韻或作得32745○按廣韻得與特音同義別，與集韻異。麤又牸32737 图 字彙補犆，音義與特同。

牁 fāng_6.10　32701 16249　字彙補古方22126字。

牁 shōu_6.10　32702 16250　集韻尸周切音收玉篇牛名。

牁 qiáo_6.10　32704 u2AEAD　簡犞32916

牁 null_6.10　32705 u2AEAC　喃未詳。

牦 máo_6.10　32706 u2465A　俗牦32606

牽 qiān_6.10　32703 u2AEAE　俗牽32718又可洪音義牽牾：上去堅反。下音叶。

牁 nǐ_6.10　32707 u24659　牁牁32667或作牁牁，忠直獸四部叢刊·初編集部·秋澗先生大全集·卷第六十六·贊·牁牁贊·序郡譙門兩根下，有石獸，左曰牁，右曰牁。

牁 xǐ_6.10　32708 u727A　簡犠32961

牁 fū_7.11　32710 16252　唐韻力輟切集韻龍輟切丛音埒說文牛白脊也。从牛守聲 图 廣韻郎括切音捋。駁特。麤又犘32838

徐 tú_7.11 〔唐韻〕同都切音徒〔說文〕黃牛虎文〇按〔集韻〕今本遺去徐字，而於駼字下誤註黃牛虎文，非。

牰 shā_7.11 〔集韻〕師加切音沙。牛名。

㹅 sì_7.11 〔集韻〕㾦史切音俟〔玉篇〕牛也〔集韻〕牛一歲謂之㹅。

牻 máng_7.11 〔唐韻〕〔集韻〕㽺莫江切音厖〔說文〕白黑雜毛牛。〔鏞〕又牻32964牻32677

㹩 fēng_7.11 〔廣韻〕〔集韻〕㽺敷容切音峰〔玉篇〕牛也〔又〕〔集韻〕方容切音封。野牛也。或書作㹳32799

㹠 shào_7.11 〔集韻〕所教切音稍。本作㹠，角銳上也。

牼 kēng_7.11 〔廣韻〕口莖切〔集韻〕〔韻會〕丘耕切㽺音鏗〔說文〕牛膝下骨也〔又〕人名春秋·襄十七年郳子牼卒〔左傳·昭二十年〕使少司寇牼以歸孟子宋牼將之楚〔又〕jīng〔廣韻〕戶耕切〔集韻〕何耕切㽺音莖。義同〔春秋·郳子牼釋文〕徐音戶耕反〔又〕〔集韻〕丘閑切音慳。又〔集韻〕古定切〔類篇〕吉定切㽺音徑。義㽺同。

牁 liáng_7.11 〔篇海〕力薑切音良。牻也〔正字通〕㹁字之譌。〔鏞〕梁春勝：俗㹁61550〔新修玉篇·牛部〕引〔類篇〕牁，音邦。

牽 qiān_7.11 古文摼摼〔唐韻〕苦堅切〔集韻〕〔韻會〕輕煙切㽺音岍〔說文〕引前也。從牛，象引牛之縻也〔易·夬卦〕牽羊悔亡〔書·酒誥〕肇牽車牛〔禮·曲禮〕效馬效羊者，右牽之。效犬者，左牽之〔又〕〔周禮·天官·小宰〕掌其牢禮，委積膳獻，飲食賓賜之殽牽〔註〕殽，夕食也。牽，牲牢可牽而行者〔左傳·僖三十三年〕惟是脯資餼牽竭矣〔註〕牽，謂牛羊豕〔又〕〔玉篇〕挽也〔左傳·襄十年〕牽帥老夫，以至於此〔玉篇〕連也〔易·小畜〕九二，牽，復吉〔疏〕牽謂牽連〔又〕〔玉篇〕速也〔禮·學記〕君子之教喻也，道而勿牽〔疏〕牽，謂牽逼。人苟不曉知，亦不偪急，牽令速曉也〔又〕〔管子·法法篇〕令出而不行，謂之牽〔又〕拘也〔史記·六國表〕學者牽於所聞。〔又〕牽牛，星名〔禮·月令〕旦牽牛中〔又〕地名〔春秋·定十四年〕公會齊侯、衞侯于牽〔註〕魏郡黎陽縣東北有牽城。〔又〕人名〔左傳·成十七年〕鮑牽見之〔又〕姓〔後漢·皇甫規傳〕實賴兗州刺史牽顥之淸猛〔又〕qiàn〔廣韻〕苦甸切〔集韻〕輕甸切㽺音倛〔廣韻〕牽，挽也〔又〕〔增韻〕挽舟索，一名百丈牽△〔韻會〕亦作擎。〔鏞〕又俕01891繾44794牟32673㸬19410摼20643牽32686牽32781牽32703

㹀 bèi_7.11 〔集韻〕博蓋切音貝。本作㹀32607

㹰 bì_7.11 〔廣韻〕傍禮切〔集韻〕部禮切㽺音陛〔廣韻〕㹰㹰，牛馬行。

悟 wú_7.11 〔集韻〕〔正韻〕㽺訛胡切音吾。獸名〇按悟，俗刻誤作牾〔前漢·王莽傳〕亡所牾意〔後漢·桓典傳〕以牾宦官賞不行〔揚子方言〕適牾也〔穆天子傳〕白鹿一牾。皆牾字

之譌。其善本原作悟〔字彙〕云五故切。與忤同。譌甚。〔鏞〕又牾32375

㹴 rèn_7.11 〔集韻〕而振切音刃。本作牣32595

㹝 chū_7.11 〔玉篇〕音初。牛角也。

㹢 qiú_7.11 〔廣韻〕〔集韻〕㽺渠幽切音虯〔玉篇〕角貌〔又〕〔集韻〕渠尤切音裘。義似△〔集韻〕書作㹢。或作㹢。通作拔。

牿 gù_7.11 〔廣韻〕古沃切〔集韻〕〔韻會〕姑沃切㽺音梏〔說文〕牛馬牢也〔易·大畜六四，童牛之牿，元吉〔疏〕處艮之始，履得其位，能抑止剛健之初，距此牿九，不須用角，故用童牛牿，止其初也〔書·費誓〕今惟淫舍牿牛馬〔傳〕今軍人惟大放舍牿牢之牛馬。

牲 xīng_7.11 〔廣韻〕息營切〔集韻〕思營切㽺音垶〔玉篇〕赤牛〔小爾雅〕牲，朱也〔玉篇〕亦作騂〔廣韻〕〔集韻〕本作騂。

牂 zāng_7.11 〔廣韻〕則郎切音臧。牝羊〔又〕牂牁32659〔又〕〔戰國策〕有狂兕牂車〔註〕今本作牂△〔正字通〕本作牂。從牛，誤。〔鏞〕〔戰國策〕楚王遊於雲夢，有狂兕牂車依輪而至。牂音詳，戕〔又〕牂32371

犀 xī_7.11 〔唐韻〕先稽切〔集韻〕〔韻會〕〔正韻〕先齊切㽺音西〔說文〕南徼外牛，一角在鼻，一角在頂似豕。從牛尾聲〔爾雅·釋獸〕犀，似豕〔註〕犀似水牛，豬頭大腹庳脚，脚有三蹄，黑色。三角，一在頂上，一在額上，一在鼻上。鼻上者卽食角也。小而不橢，好食棘。亦有一角者〔疏〕〔交州記〕曰：犀，出九德，毛如豕，蹄有甲，頭似馬〔埤雅〕〔異物志〕犀兼五種，肉舌有棘，常食草木棘刺，不啖莖葉。舊說犀之通天者，惡影常飲濁水，重霧厚露之夜不濡其裏白星徹端。世云犀望星而入角，可以破水駭雞。南人呼犀角爲黑暗，言難別也。三角者，水犀也。二角者，山犀也。在頂者，謂之頂犀。在鼻者，謂之鼻犀。犀四豐〔前漢·平帝紀〕黃支國獻犀牛〔山海經〕琴鼓之山多白犀〔註〕此與辟寒、蠲忿、辟塵、辟暑諸犀，皆異種也〔又〕〔山海經〕釐山有獸，狀如牛，食人，其名犀渠〔又〕〔集韻〕兵器堅也〔前漢·馮奉世傳〕器不犀利〔註〕晉灼曰：犀，堅也〔又〕〔集韻〕一曰瓠中〔詩·衞風〕齒如瓠犀〔傳〕瓠犀，瓠瓣也〔疏〕〔正義〕曰：〔釋草〕云瓠棲，瓣也。孫炎曰：棲，瓠中瓣也。棲與犀，字異音同〇按〔廣韻〕瓠犀〔說文〕遲也。別作犀，從尸辛〔集韻〕犀專訓遲，犀兼訓瓠中〔又〕〔玉篇〕棲遲或作犀。〔鏞〕又犀32775〔又〕龍龕犀13010犀32764俗，屭13171古，犀正。

䑏 mán_7.11 〔玉篇〕同犿。〔鏞〕鄭賢章：犞32819殘誤。

牰 rún_7.11 〔玉篇〕音浮。牛黑脣〔又〕〔集韻〕芳無切音敷。義同。〔鏞〕〔正字通〕犉32761字之譌。

犂 lí_7.11 〔正韻〕鄰溪切。同犁32747〔鏞〕又鏖63816

犃 fǔ_7.11 〔海篇〕音輔。牛肉乾也。

㹱 tāo_7.11 〔龍龕〕他刀切。牛行遲貌。

犆 32734 44281 zhì_7.11 字彙補與廌同。

㹊 32735 44283 jiè_7.11 搜真玉鏡音介。

㹋 32736 44284 shù_7.11 篇海類編俗束字。

㹌 32737 44286 tè_7.11 龍龕犆字之譌。

㹍 32738 u2466F láo_7.11 簡憦32921

㹎 32739 u2466C wú_7.11 北牛曰犊，南牛曰㹎。㹎音吴。㹎牛又作吴牛。

䂐 32740 u24667 null_7.11 未詳。

㹏 32741 u24666 null_7.11 未詳。

㹐 32742 u24665 null_7.11 未詳。

㹑 32744 u3E3F dú_7.11 日同犢32946

㹒 32743 u3E40 zì_7.11 俗牸32699母牛。

㹓 32745 16274 tè_8.12 廣韻徒得切集韻敵德切丛音犆玉篇牛也集韻書作特32700，同犆又廣韻鈍也。

㹔 32746 16275 shè_8.12 集韻式夜切音舍玉篇馬名廣雅㹔牸，牝雌也玉篇亦作騇集韻本作騇正字通牝之通稱，非專指馬言。

犁 32747 16276 lí_8.12 廣韻郎奚切集韻韻會憐題切丛音黎玉篇耕具也廣韻墾田器山海經曰后稷之孫叔均所作魏略曰：皇甫隆爲燉煌太守，教民作樓犁管子·乘馬篇丈夫二犁，童五尺一犁正字通宋淳化五年，武允成獻踏犁一具，不用牛，以人力運又廣韻耕也前漢·匈奴傳犁其庭註師古曰犁，耕也又史記·呂后紀犁明註徐廣曰犁，猶比也，將明之時。又南越傳犁旦，城中皆降伏波註徐廣曰呂靜云犁，結也。結，猶連及逮至也。又史記·犁旦註索隱曰犁，黑也。天未明而尚黑也又史記·歷書祝犁協洽註祝犁，巳也又前漢·匈奴傳其國稱之曰撐犁孤塗單于。匈奴謂天爲撐犁，謂子爲孤塗。又汲冢周書孅犁註北狄之別名史記·秦本紀丹、犁臣蜀註丹、犁，二戎號也。臣伏於蜀。又匈奴傳薪犁之國前漢·西域傳蒲犁國王治蒲犁國又地名左傳·哀十年取犁及轅註犁，一名隰。濟南有隰陰縣。又史記·西南夷傳以笮都爲沈犁郡前漢·地理志犁縣，屬東郡。又育犁縣，屬東萊郡後漢·安帝紀攻夫犁營註夫犁，縣名，屬遼東屬國又人名左傳·昭二十九年顓頊氏有子曰犁，爲祝融註犁爲火正△廣韻同䴽集韻本作䴽，或省作秝類篇或作𥞩正韻亦作犂又廣韻力脂切集韻韻會良脂切丛音棃廣韻牛駁論語犁牛之子註犁雜文又集韻一曰耕也又泰誓播棄犁老傳駘背之耉稱犁老疏孫炎曰耉，面凍棃色，似浮垢也釋文犁，力私反，又力兮反又春秋·定六年晉人執宋行人樂祈犁。又左傳·哀十年取犁釋文丛力兮反，又力之反，二音皆可讀△集韻或作𥞩、𪎭韻會俗作犂又集韻力求切音留。犁然，栗然也。按莊子·山木篇犁然有當於人之心音義不音留。鎣又𥞩32943䴽32955秝40265犂32723𪎭74834𪎭21835犂。

㹕 32748 16277 shì_8.12 集韻時制切音誓。本作㹷，或作㸼。一角仰也又一曰牛角立△玉篇作㸼。

㹖 32749 16278 bèi_8.12 篇海音備。牛見齒也正字通俗犕字。

㹗 32750 16279 chāo_8.12 集韻丑交切音颮。角挑也又chào集韻類篇丛敕教切音踔。義同。

㹘 32751 16280 pǒu_8.12 廣韻蒲口切集韻薄口切丛音部玉篇雄也廣雅豱㹘，雄也又玉篇短頭牛又廣韻㹘牯，偏高。

㹙 32752 16281 liáng_8.12 唐韻集韻呂張切正韻龍張切丛音良說文牻牛也。从牛京聲廣韻牻牛，駁色說文引春秋傳曰牻㹙○按今左傳·閔二年本作尨涼，音義與此全異說文未知何據又liàng廣韻集韻力讓切正韻力仗切丛音諒。義同。鎣又㹙32796牨32717

犄 32753 16282 yī_8.12 廣韻於離切集韻於宜切丛音漪廣韻犗也集韻牛名又同猗廣韻長也，倚也，施也。又犗犬也。出字林。或作犄又qī集韻丘奇切音攲。牛名。

㹚 32754 16283 yuè_8.12 集韻川隹切音推玉篇牛名。鎣俗犨32833

㹛 32755 16284 gāng_8.12 唐韻古郎切集韻韻會正韻居郎切丛音岡說文特牛也玉篇特牛赤色也公羊傳·文十三年魯公用騂犅集韻通作剛△集韻或作犺○按廣韻犺另訓水牛集韻合爲一，非。鎣又㹜32816

犆 32756 16285 tè_8.12 集韻韻會正韻丛敵德切音螣玉篇本作特禮·王制天子犆礿註犆，猶一也又諸侯礿犆註互明犆礿釋文犆，音特又禮·少儀犆豕又禮·少儀喪俟事不犆弔疏謂不非時而獨弔也又穀梁傳·隱十一年犆言，同時也註犆言，謂別言也又zhí廣韻除力切集韻韻會逐力切丛音直廣韻犆犆，牛也又集韻緣也禮·玉藻君羔幦虎犆註犆，讀如直道而行之直。直謂緣也集韻或作犆。鎣又㹝，犆字之譌。

㹞 32757 16286 bēn_8.12 廣韻博昆切音賁。牛驚又集韻奔10113古作㹞○按廣韻奔、㹞音同義異集韻合爲一字，今兩存。

㹟 32758 16287 quán_8.12 廣韻巨員切集韻逵員切丛音權爾雅·釋畜黑脚，犈疏牛之黑脚者名曰犈。鎣又𤛓32780

㹠 32759 16288 qiǎn_8.12 唐韻喫善切廣韻去演切丛音繾說文牛很不從引也。从牛从臤，臤亦聲又說文一曰大貌又集韻牽典切音窒。義同又xiàn廣韻胡簡切集韻下簡切丛音限。義同集韻不从羈謂之㹠又qiàn集韻輕甸切音俔博雅很也又xié廣韻胡結切集韻奚結切丛音纈。義同。

㹡 32760 16289 fěi_8.12 唐韻府尾切集韻非尾切丛音匪。說文兩壁耕也。从牛非聲。一曰覆耕種也。讀若匪又玉篇甫胃切集韻類篇父沸切丛音翡。義同又fèi集韻方未切音沸博雅耕㹡，耕也又bèi集韻補妹切音背廣雅耕也集韻或作㹡。

犉 32761 16290
rún_8.12 廣韻如勻切 集韻濡純切 韻會儒純切，閏平聲 爾雅·釋畜黑脣，犉 詩·小雅九十其犉 傳黃牛黑脣曰犉。又 周頌殺時犉牡 图 爾雅·釋畜牛七尺爲犉 疏犉有二義，黑脣者爲犉，七尺者亦爲犉 尸子說六畜云大牛爲犉，七尺 图 集韻 韻會 正韻 妠而宣切音胹。義同。本作犙○按韻書無肰音，字彙音肰，非 正字通義取醇色，亦鑿。鑾又犉32836犉32957犎32730

㸓 32762 41459
xū_8.12 篇海類編音須。牛狠也。

牒 32763 41460
dié_8.12 篇海類編音牒。牛也。鑾俗牒32396 新修玉篇·牛部引川篇牒，音牒，牀也。

犀 32764 44285
xī_8.12 五音篇海與犀同。

犇 32765 44287
bēng_8.12 篇海類編音奔。鑾改併四聲篇海引搜眞玉鏡布耕切。

牻 32766 44288
yuè_8.12 篇海類編音惰。又音岳。鑾俗犣32833

犫 32767 44289
chōu_8.12 篇海類編與搝同。

牴 32768 44290
dǐ_8.12 搜眞玉鏡與牴同。

犎 32769 44291
rán_8.12 海篇音然。鑾又犎32779

㹁 32770 44292
cǎi_8.12 篇海類編音采。

牱 32771 44293
hǒu_8.12 篇海類編音吼。

犐 32772 44294
mú_8.12 海篇音模

物 32773 44295
chōu_8.12 龍龕同搝。

㹊 32774 u2AEAF
null_8.12 未詳。

犀 32775 u2468C
xī_8.12 同犀32728

㹋 32776 u2468B
null_8.12 未詳。

犡 32781 u2467A
qiān_8.12 俗牽32718

犧 32777 u24687
nghé_8.12 喃俗犧。从牛義nghĩa聲。小水牛。

牨 32778 u24686
bê_8.12 喃昆牨：小牛。

犖 32779 u2467C
rán_8.12 同犎32769 龍龕如延反 四聲篇海音然。

㹇 32780 u2467B
quán_8.12 同犈32758

㹏 32782 u24679
zǒng_8.12 同惣17637 俗總44810 可洪音義㹏令：上子孔反。又音窟，怱 图 nǎo 俗媷10984 可洪音義欲㹏：音慆。

牍 32783 u24678
dú_8.12 俗犢32946 宋元以來俗字譜

牂 32784 u24677
zōng_8.12 同犅71051

觔 32786 u728B
jù_8.12 拉力單位，能拉動一張犁的畜力叫做一觔。蒲松齡 日用俗字索頭穿緪繳上觔，多加吆喝少加鞭。

犍 32785 u24676
jiān_8.12 俗犍32791

牯 32787 u728A
dú_8.12 简犢32946

犣 32788 16291
chǎn_9.13 集韻丑展切音蔵。牛緩謂之犣。

犏 32789 16293
yú_9.13 集韻容朱切音兪 玉篇黑牛 南史·蕭穎冑傳建武二年，賜以常所乘白犏牛。

㹮 32790 16294
jiā_9.13 廣韻古牙切 集韻居牙切 妠音嘉 玉篇牛有力 爾雅·釋畜絕有力，欣㹮 图 xiá 集韻何加切音遐。義同。

犍 32791 16295
jiān_9.13 唐韻 集韻 韻會 妠居言切音犍 說文犗牛也 图 玉篇獸似豹。人首，一目 山海經單張之山有獸，狀如豹而長尾，人首而牛耳，一目，名曰諸犍。善叱行則銜其尾，居則蟠其尾 註郭璞曰：音如犍牛之犍 图 前漢·地理志犍爲郡 註武帝建元六年開，在益州 图 qián 集韻渠言切音籛。郡名 图 qián 廣韻 集韻 韻會 正韻 妠渠焉切音虔 廣韻犍爲在嘉州 图 jiān 集韻紀偃切音湕。獸名。似牛△玉篇或作犙 集韻或作犗。鑾又犻32605 犍32785

犝 32792 16296
zhòng_9.13 篇海持用切音重。牛有孕。

犏 32793 16297
máo_9.13 篇海莫包切音毛。犛牛也 司馬相如·上林賦庸旄貘犛 註師古曰犛牛，卽今之貓牛○按貓牛，當卽犏牛。

㹇 32794 16298
shè_9.13 集韻神夜切音射。本作麝74441 獸名。

惣 32795 16299
zǒng_9.13 廣韻作孔切。俗揔字 左思·吳都賦惣有流而爲長○按惣或作揔，因譌作惣。俗用已久，故 廣韻存之。

惊 32796 16300
liáng_9.13 篇海同悰◇按牛文○按 廣韻惊，里之切，微畫也 說文載文部 篇海譌作惊 正字通犁，犛之譌。亦非。

犣 32797 16301
lí_9.13 篇海力支切，音黎◇牛文

牋 32798 16302
huī_9.13 集韻吁韋切音暉 玉篇犂牛頭 图 集韻牛名。鑾熊加全：俗楎24637

犎 32799 16303
fēng_9.13 廣韻甫容切 集韻 韻會方容切 妠音封 玉篇野牛也 集韻牛名。領上肉犦胅起如橐駞 爾雅·釋畜 註犦牛，卽犎牛 司馬相如·上林賦庸旄貘犛 註師古曰庸牛，卽今之犎牛 图 或作封 前漢·西域傳罽賔出封牛 註師古曰封牛，項上隆起者也△亦作峰 後漢·順帝紀疏勒國獻獅子、封牛 註封牛，其領上肉隆起，若封然，因以名之。卽今之峰牛△集韻或作犎。

㹝 32800 16304
shōu_9.13 集韻疏鳩切音搜。牛三歲也。或作㹝。

犚 32801 16305
yān_9.13 集韻於閑切音豣。本作牰32692

犗 32802 16306
jiān_9.13 集韻居言切音犍。本作犍32791 或作犙 廣雅駩犗羯牬獷猗㹀攻，犗也 图 hé 集韻何葛切音曷。牛名。

㹀 32803 16307
jiāng_9.13 集韻居良切音薑。本作犅32927

犏 32804 16308
piān_9.13 正字通匹焉切音偏。師古曰犎牛卽犏牛 水東日記曰：犎牛與封牛合，則生犏牛。狀類犎牛，偏氣使然，故謂之犏。據此說，犏又犎之遺種，非卽犎牛也○按字書無犏字 正字通新增。顏師古 上林賦註曰：旄牛，卽今所謂偏牛。本作偏。惟吳任臣 山海經註云李東壁曰：旄牛一名犏牛。卽 爾雅之犉牛。犏从牛旁，

與 正字通 合。

犐 32805 16309
kē_9.13 廣韻 集韻 夶苦禾切音科•博雅 郭犐,牛屬 玉篇 無角牛 廣韻 本作牠32644 集韻 或作斜、觽。鋆又 犐20162

㺂 32806 16310
jú_9.13 廣韻 古闃切 類篇 局闃切夶音臭 玉篇 牛屬 爾雅·釋畜 㺂牛 註 未詳 釋文 古覓反○按㺂从昊,與 㺂異 玉篇 廣韻 集韻 類篇 俱有㺂無㺂 篇海 㺂㺂夶收,音義各異 字彙 正字通 收㺂刪㺂,非。

㺭 32807 41461
zhēn_9.13 字彙補 照新切音眞 石鼓文 㺭㺭憂古。

㺲 32808 44296
méi_9.13 篇海類編 音眉。

㺱 32809 44297
tí_9.13 篇海類編 音蹄。

㺝 32810 44299
dù_9.13 篇海類編 音度。

特 32811 44300
táo_9.13 搜眞玉鏡 徒勞切。

犢 32812 44301
dú_9.13 篇海類編 音毒。

牰 32813 44302
miǎn_9.13 篇海類編 音緬。

犅 32814 44303
huáng_9.13 篇海類編 音皇。

牲 32815 44304
shēng_9.13 搜眞玉鏡 音生。

㹀 32816 44305
gāng_9.13 龍龕 音剛。牛也。

牻 32817 u2AEB0
null_9.13 未詳。

䑠 32819 u246A5
mán_9.13 牟含反。梵語譯音用字。亦作㸯45836俗作斜32729斜32698鈝62843

犚 32818 u246A7
sao_9.13 喃吒牢切。何,什麼。

㹠 32820 u246A0
jì_9.13 同㹠32935 中文大辭典 即㹠牛,羅牛也。

㹙 32821 u24699
null_9.13 未詳。

㹘 32822 u24698
null_9.13 未詳。

㹗 32823 u24697
null_9.13 未詳。

㹏 32824 u3E48
lí_9.13 同犂32747

㹫 32825 16292
jì_10.14 廣韻 子力切 集韻 節力切夶音卽 廣韻 牛名 集韻 羅也。鋆又㹠32820㹠32935

犙 32826 16311
qín_10.14 廣韻 匠鄰切 集韻 慈鄰切夶音秦 玉篇 牛名 本草 北牛曰犙。小於水牛。鋆南牛曰㺂。

牝 32827 16312
pì_10.14 集韻 匹計切音媲 玉篇 牛名。

犌 32828 16313
táng_10.14 廣韻 集韻 夶徒郞切音唐 玉篇 牛名。或作犌。

㹌 32829 16314
qiāng_10.14 集韻 千剛切音倉 玉篇 牛名。鋆熊加全:㹌32399字之譌。

㹓 32830 16315
yuán_10.14 廣韻 集韻 夶愚袁切音元 玉篇 獸似牛,三足 集韻 山海經 曰:乾山有獸,狀如牛而三足,名曰㹓○按今 山海經 作獂 廣韻 㹓訓獸如牛,獂訓豕屬,二字迥異 山海經 之獂當从牛 集韻 所引必是善本。今刻作獂,非也。玄覽從獂六足,㹓三足 wán 集韻 吾官切音岏。野牛名。角可爲窐材。

㺣 32831 16316
yáo_10.14 集韻 餘招切音遙。牛名。

犒 32832 16317
kào_10.14 廣韻 苦到切 集韻 韻會 正韻 口到切夶音靠 玉篇 餉軍 左傳·僖二十六年 齊孝公伐我北鄙,使展喜犒師 註 勞齊師 周禮·地官·牛人 軍事共其犒牛 註 犒師之牛。鋆㹠47673犒69341犒62481

犞 32833 16318
yuè_10.14 唐韻 五角切 集韻 逆角切夶音嶽 說文 白牛也。从牛雀聲 玉篇 或作犖 集韻 力角切音犖 又 玉篇 五沃切 集韻 吾沃切夶音犢 又 集韻 類篇 夶胡沃切音鵠 又 集韻 五郭切音瓁。義夶同。鋆 正字通 犞,俗作犞32766犞,俗犖字。犞32883,犞字之譌。犞32754,犞字之譌。

犓 32834 16319
chú_10.14 唐韻 測愚切 集韻 窓兪切夶音芻 說文 以芻莝養牛也。从牛、芻,芻亦聲 春秋國語 曰:犓豢幾何 玉篇 今作芻。鋆又犓32866犓32773

犠 32835 16320
xì_10.14 廣韻 集韻 夶許旣切音餼 玉篇 牛病 集韻 牛饉謂之犠 一曰牛餉。

犉 32836 16321
rún_10.14 篇海 如勻切,音淳◇黃牛黑脣。卽犉字。正字通 犉字之譌。

㺚 32837 16322
xiù_10.14 篇海 許救切音齅。獸似熊○按㺚與㺂32806異。

犕 32838 16323
bāng_10.14 集韻 逋旁切,音幫◇将牛也。

犏 32839 16324
gǔ_10.14 集韻 古忽切音骨 玉篇 牛也。

犕 32840 16325
bèi_10.14 唐韻 集韻 韻會 夶平祕切音備 說文 本作犕△ 集韻 書作犕△ 玉篇 服也。以窐裝馬也 廣韻 牛具齒 玉篇 牛八歲也 fú 集韻 房六切音伏。用牛也。通作服 說文 易 曰:犕牛乘馬○按今 易繫辭 作服牛 後漢·皇甫嵩傳 義眞犕未乎。註:犕,古服字。今河南人有此言。鋆又犕32861犕32749

犇 32841 16326
gòu_10.14 廣韻 古候切 集韻 居候切夶音遘 玉篇 取牛乳也 廣韻 書作犇,取牛乳。亦作犇。鋆又犇27084犇32903犇45906犇11863犇20062犇32860犇32859

犍 32842 16327
jiān_10.14 集韻 居言切音犍。犗牛也 玉篇 本作犍32791 集韻 或作犗。

犖 32843 16328
luò_10.14 唐韻 呂角切 集韻 韻會 力角切夶音犖 說文 駁牛也。从牛,勞省聲 廣韻 駁犖,牛雜色 廣雅 丁犖,牛屬 司馬相如·上林賦 赤瑕駁犖 註 司馬彪曰:駁犖,采點也 史記·天官書 此其犖犖大者 註 索隱曰:犖犖,事之分明也 廣韻 卓犖 韻會 卓犖,超絕也 班固·典引 卓犖乎方州 人名 左傳·莊三十二年 圉人犖 集韻 力各切音樂。牛駁色。鋆又犖32685犖22007

礦39327

犆32844 16329
duǒ_10.14　正字通牥犕，醜牛狀淮南子·說山訓凱屯犂牛，既牥以犕字彙補心秋切音修。無尾也。䖝又

犞32899犒32923

牋32845 16330
jiè_10.14　唐韻古拜切集韻韻會正韻居拜切夶音戒說文騬牛也莊子·外物篇任公子爲大鉤巨緇，五十牋以爲餌註牋，騬牛也図玉篇騰也增韻凡畜健强者曰牋。

犕32846 16331
mǔ_10.14　集韻莫後切音母。本作牡32593

䖝又獁69772

犅32847 16332
bù_10.14　廣雅犅，雄也註音部○按字書闕，今從廣雅增。

綒32848 16333
wū_10.14　字彙補古文烏30849字。䖝亦作繜09958省作烾09895於22135

㸬32849 44298
zhèn_10.14　字彙補同振。䖝石鼓文㸬㸬優古。振字從牛，應爲从手之訛。或作㸬32807㸬32855

犇32850 44306
gòu_10.14　篇海類編同㲃。䖝直音篇犇，同。

㹁32851 44307
wèn_10.14　篇海類編烏困切音搵。

㹂32852 44308
wěi_10.14　篇海類編音委字彙補㹂字之譌。

犉32853 44309
chù_10.14　五音篇海丑六切。䖝字彙補犉，丑六切音畜。義同。

犄32854 44310
jì_10.14　五音篇海音薺。

㹃32855 44311
zhèn_10.14　字彙補同振。

㹄32856 44312
tè_10.14　五音篇海音特。

犂32858 u2AEB3
null_10.14　未詳。

㹀32857 u2AEB4
wěng_10.14　簡犙32950

㹇32859 u2AEB2
gòu_10.14　俗㹇32860新撰字鏡㹇，古候反。牛乳也。

㹆32860 u2AEB1
gòu_10.14　同㲃32841可洪音義㹇32859乳:上古候反，取牛乳也。正作犇32850㹇二形。

㹛32861 u2F925
bèi_10.14　同犕32840

犟32863 u246C8
null_10.14　未詳。又犇45940

㹎32864 u246C7
chǎn_10.14　喃从牛真chán聲。放牧。

犛32865 u246C6
máo_10.14　同犛32889

㹡32866 u246C3
chú_10.14　俗犓32834

㹊32867 u246BD
bó_10.14　同犕45887

㯓32868 u246BB
null_10.14　未詳。

㹏32870 u246B9
null_10.14　未詳。

㹍32869 u246BA
tà_10.14　或同犙32907

㹌32872 u246B7
null_10.14　未詳。

㹋32871 u246B8
kào_10.14　或同犒32832

犞32873 16334
lā_11.15　廣韻盧合切集韻落合切夶音拉玉篇牛牴也廣韻犞拉集韻摺拉，牛牴也。䖝集韻作犞拉，

牛牴也。

㹃32874 16335
chǎn_11.15　唐韻集韻韻會夶所簡切音產說文畜牲也。从牛，產聲廣韻畜㹃，畜牲韻會通作產。図shèng五音集韻所迸切音眚。牸牛。

牰32875 16336
dí_11.15　廣韻徒歷切集韻亭歷切夶音荻玉篇特牛廣雅牰，雄也集韻或作㹋。

摩32876 16337
má_11.15　廣韻莫霞切集韻謨加切夶音麻玉篇牛名廣韻重千斤，出巴中司馬相如·上林賦註李束壁云犘牛爾雅之摩牛。

犗32877 16338
táng_11.15　集韻徒郎切音棠。同犙32828正字通廣志曰：犗牛出日南及潯州大賓縣，色青黃，與蛇同穴，人裹手塗鹽取之。角如玉，可以爲器。

犙32878 16339
sān_11.15　唐韻集韻夶蘇含切音毿說文三歲牛。図cān玉篇且含切集韻倉含切夶音參。義同正字通當是牛車之副，與馬部驂義同図sōu廣韻集韻夶山幽切。又廣韻所鳩切集韻疎鳩切夶音搜。本作㹘。義夶同。䖝又㹘32908

㹌32879 16340
wèi_11.15　廣韻於胃切集韻紆胃切夶音尉玉篇牛名爾雅·釋畜黑耳㹌集韻或書作犚。

犚32880 16341
wèi_11.15　集韻同㹌

㹟32881 16342
léi_11.15　玉篇力追切類篇倫追切夶音纍玉篇求子牛類篇或作㹜○按集韻書作累図字彙補魯偉切淮南子時則訓乃合㹟牛騰馬註㹟牛，特牛。讀如葛蘲之蘲。䖝又㹜32985

㹨32882 16343
jǐn_11.15　廣韻居隱切集韻几隱切夶音謹玉篇善也，柔也廣韻牛馴也博雅柔也。謂牛柔馴。

㹩32883 16344
yuè_11.15　集韻昨回切音摧。牛白色也正字通㹩字之譌字彙分爲二，誤○按此字見集韻。義同音異，不得竟以字彙爲非也。

犥32884 16345
mǐn_11.15　廣韻眉隕切集韻美隕切夶音敏玉篇獸似牛，蒼黑，出黃山集韻山牛山海經黃山有獸，狀如牛，蒼黑，大目，其名曰犥註郭璞曰：犥，音敏。吳任臣曰：卽軸犥牧捲之屬図廣韻無鄙切集韻母鄙切夶音美。義同。

㹪32885 16346
cǔ_11.15　字彙采五切，麤上聲。使牛也正字通俗字。

犨32886 16347
chóng_11.15　集韻常容切音鱅。本作㹟，引船淺水中図通俗文革乾也。

㹝32887 16348
ōu_11.15　集韻於口切音嘔玉篇特牛集韻本作牯32697，牛名図廣韻集韻夶區遇切，驅去聲。又集韻類篇夶烏侯切音謳。義夶同。

犝32888 16349
yōng_11.15　廣韻集韻夶餘封切音容玉篇牛胅領集韻牛名，領有隆肉司馬相如·上林賦犝旄貘犛註郭璞曰：犝，犝牛。領有肉堆，卽今之犎牛。師古曰卽今

之犎牛廣韻本作犝，或作犝。互詳豸犬二部○按集韻犝犝與犝分訓文選·上林賦作犝。與廣韻合漢書作庸。

犛 32889 16350
máo_11.15 唐韻集韻莫交切韻會正韻謨交切𠀤音茅說文西南夷長髦牛也。从牛，𠩺聲玉篇獸如牛而尾長，名曰犛牛楚語巴浦之犀犛兕象註犛，莫交切司馬相如·上林賦犝旄貘犛註犛，一音茅，或以爲貓牛，毛可爲翿是也集韻或作氂𣯛髦，通作貓廣韻書作犛。又集韻謨袍切音毛。本作氂。犛牛尾也。或作𣯛楚語·犀犛註犛，亦作旄又lí廣韻里之切集韻韻會陵之切𠀤音氂。義同又玉篇牛黑色司馬相如·上林賦貘犛註張揖曰：犛牛，黑色，出西南徼外班固·西都賦曳犀、犛。又méng集韻鳴龍切音氂。羌中牛名。李登說又lái廣韻落哀切集韻郎才切𠀤音來廣韻關西有長尾牛集韻或作氂。䜭又犛32865牦32606犛32793犛21700

㹗 32890 16351
tāo_11.15 唐韻徒刀切音叨說文牛羊無子也△集韻玉篇𠀤書作犒。

犕 32891 41462
bèi_11.15 字彙補房六切。與犕同。用牛也。

𤛓 32892 44313
sù_11.15 龍龕所六切。

犛 32893 44314
máo_11.15 搜眞玉鏡莫交切。䜭疑犛字。

𤛚 32894 44315
huān_11.15 五音篇海呼關切。

𤛛 32895 44316
dǐng_11.15 搜眞玉鏡音頂。

𤛜 32896 44317
jiāng_11.15 搜眞玉鏡音姜。

𤛠 32897 u246E0
trâu_11.15 喃从牛婁lâu聲。水牛。

𤛞 32898 u246DE
nghé_11.15 喃从牛閉bế聲。同犠，小水牛。

𤛛 32899 u246DB
duǒ_11.15 同犞32844俗犞32923

𤛕 32901 u246D5
null_11.15 未詳。

𤛘 32900 u246D8
māng_11.15 同牤32602

𤛔 32902 u246D4
null_11.15 未詳。

𤛓 32903 u246D3
gòu_11.15 同㲄32841

犦 32904 16352
léi_12.16 集韻倫追切音纍。本作犦32985集韻或作累類篇或作㹎。

𤛬 32905 16353
céng_12.16 集韻慈陵切音繒玉篇牛名。

犙 32906 16354
sì_12.16 唐韻集韻𠀤息利切音四說文籀文牭字。
䜭正字通說文犙，籀文牭。舊註因之。按：四籀作亖。據說文牭犙二訓，犙當為二歲牛，何以言犙卽牭。犙義既與牭不協，即訓牭為四歲牛，犙為三歲牛，犕為二歲牛，亦猶馬部之𩡧為一歲，馴為八，歲皆迂泥之說耳六書統犙註疑許氏以犙為牭，不能正其誤，止云从參者作三歲，从貳者當作二歲。不知牛之一二三四歲者，直作一二三四呼之，今貳參四加牛旁，非。

犝 32907 16355
tà_12.16 集韻敵盍切音蹋。抵也。

犙 32908 16356
sān_12.16 正字通俗犙字。

𤛘 32909 16357
dūn_12.16 集韻都昆切音敦玉篇牛也。

犷 32910 16358
huáng_12.16 集韻胡光切音黃。牛名。

𤛵 32911 16359
jué_12.16 五音集韻居月切音厥。牛也。䜭玉篇㹟，音㹟。熊加全：疑卽橛25389字之訛。

犝 32912 16360
tóng_12.16 唐韻正韻徒紅切集韻韻會徒東切𠀤音銅說文無角牛也爾雅·釋畜犝牛註無角牛易曰童牛之牿是也說文古通用僮玉篇亦作㼿、童集韻或作犝又dǒng集韻覩動切音董。牛名。

犦 32913 16361
pǔ_12.16 廣韻集韻𠀤匹角切音璞玉篇特牛廣韻牛未劇。

犝 32914 16362
xún_12.16 集韻徐心切音尋玉篇牛也。

犢 32915 16363
yǎo_12.16 集韻魚小切音鷕玉篇獸名又集韻趙、魏謂牛馬騰躍曰橈又玉篇音鐃。義同。

犞 32916 16364
qiáo_12.16 音未詳淮南子·泰族訓以奉宗廟鮮犞之具。䜭乾肉淮南子·泰族湯之初作囿也，以奉宗廟鮮犞之具。高誘注：生肉爲鮮，乾肉爲犞又犞32704

𤛶 32918 44319
xīng_12.16 字彙補與騂同。

𤛷 32919 44320
xiòng_12.16 五音篇海香仲切。䜭又㦠18467

𪺵 32920 u2AEB5
null_12.16 喃未詳。

𤛭 32917 44318
qún_12.16 篇海類編音羣。䜭古俗字略羣06777𤛭，並古文羣。

𤛮 32921 u246EE
láo_12.16 同勞04092犒勞皇明經世文編·卷之二百六十三·陳膚見以贊修攘疏（制虜）以募兵言之，徃年大同之變，葢常召募而罕有應者。縱有之，則見伍之軍，不敷支給，而新募之兵，將何𤛮饟耶。

𤛬 32922 u246EC
null_12.16 或讀密。安寧睡虎地秦墓竹簡·為吏之道治則敬自賴之，施而息之，𤛬而牧之。

𤛩 32923 u246E9
duǒ_12.16 犐𤛩，亦作科𤛩。俗作犐犞32844

𤛨 32924 u246E8
null_12.16 未詳。

犟 32925 u729F
jiàng_12.16 同勥。

犢 32926 16365
dú_13.17 集韻徒谷切音獨。本作犢32946

犟 32927 16366
jiāng_13.17 廣韻集韻𠀤居良切音薑說文牛長脊也又玉篇白牛也廣韻白脊牛△集韻或作犟。

犨 32928 16367
huān_13.17 篇海同犨。䜭正字通犨犨並俗字。

犨 32929 16368
huān_13.17 ◆篇海火頑切。劣也。䜭又犨32928

犨 32930 16369
huàn_13.17 字彙同豢57197莊子·達生篇吾將三月犨汝。

犨 32931 16370
zhì_13.17 玉篇音秩。人姓。䜭又犨32675

犩 32932 16371
wěi_13.17 集韻羽鬼切音韙玉篇牛也又wéi集韻語韋切。與犩32972同。

犅 32933 16372
xiè_13.17 集韻下買切音蟹。本作獬33655，獬豸。或作觟。

牉 32934 16373
tāo_13.17 集韻徒刀切音叨。同犜32940說文作牉。

犧 32935 16374
jì_13.17 音未詳爾雅·釋畜註㹱32949牛，今之犌牛也。鼟又㹱32820㹱32825

犡 32936 16375
lì_13.17 玉篇力勢切。牛白脊也㸦力大切。義同○按二音廣韻集韻丛作犡，从犡爲正。

牆 32937 44321
sè_13.17 龍龕音色。又音稷。

犠 32939 u72A0
xǐ_13.17 俗犠32961

犘 32938 44322
mǎn_13.17 字彙補烏感切音唵。見釋典。鼟俗犘32956

犜 32940 16376
tāo_14.18 集韻徒刀切音陶玉篇牛羊無子說文作牉集韻本作牉㸦tāo廣韻土刀切集韻他刀切丛音叨。又廣韻集韻丛昌來切。又當來切音㹽。又集韻類篇丛蚩招切音㿂。又去久切音糗。義丛同。

犞 32941 16377
rù_14.18 廣韻而遇切集韻儒遇切丛音孺•廣韻牛莖集韻牛名。

犦 32942 16378
wò_14.18 廣韻五沃切集韻吾沃切丛音烇玉篇白牛㸦yuè玉篇五角切集韻逆角切音岳。義同。

犛 32943 u246FA
lí_14.18 集韻犁，良脂切。牛駁文。一曰耕也。或作犛、犛。

牆 32944 16379
zāng_15.19 篇海作郎切。善也。鼟又犗32976

犡 32945 16380
lài_15.19 唐韻洛帶切集韻落蓋切丛音賴說文牛白脊也集韻或作犡㸦lì廣韻集韻丛力制切音例。義同玉篇書作犡。

犢 32946 16381
dú_15.19 唐韻集韻韻會丛徒谷切音獨說文牛子也。从牛賣聲爾雅·釋畜其子，犢禮·月令犧牲駒犢，舉書其數。又禮器天子適諸侯，諸侯膳以犢㸦前漢·溝洫志河決清河靈鳴犢口註師古曰清河之靈縣鳴犢河口也㸦前漢·地理志北海郡桑犢縣。雲中郡犢和縣。鼟又犊32781犢32783㸦可洪音義犢60459車：上徒木反，犢轆榾柳小車子。又郎木反，轆轆也，非此呼也切韻無此字，但風俗通呼耳。

犡 32947 16382
liè_15.19 廣韻良涉切集韻力涉切丛音獵玉篇牛名廣韻㹸牛名爾雅·釋畜犡牛註㹸牛也。髀膝尾皆有長毛山海經潘侯之山有獸焉，其狀如牛，四節生毛，名㹸牛註㹸牛，一名犏牛。即爾雅之犡牛。

犛 32948 16383
lí_15.19 集韻良脂切音梨。本作犁32747或作犛。△說文集韻丛書作犛。

㹱 32949 16384
pí_15.19 集韻班糜切，音陂玉篇牛名爾雅釋畜㹱牛註㹱牛，庫小，今之犌牛也。又呼果下牛，出廣州高涼郡集韻或作犤㸦玉篇平爲切廣韻符羈切廣韻蒲糜切丛音皮。又廣韻薄街切集韻蒲街切音牌。義丛

同㸦bà集韻部買切音罷。牛短足。

犗 32950 16385
wěng_15.19 集韻烏猛切音瞽玉篇喚牛聲㸦集韻犗也㸦一曰牛鳴五音集韻作犗㸦yìng集韻類篇丛於杏切。吳人謂犗曰犗。鼟又犗32857

犪 32951 16386
rǎo_15.19 字彙同犪。

犥 32952 16387
piāo_15.19 廣韻撫招切集韻批招切丛音漂說文牛黃白色㸦集韻普刀切音麃。義同㸦廣韻敷沼切集韻匹沼切丛音縹玉篇牛色不美澤㸦牛黃白色㸦玉篇普橐切集韻滂表切，並音麃◇義同㸦集韻被表切音藨。毛羽朱色不澤也。本作麃36897㸦集韻滂保切。牛白蒼色㸦迫到切音㬠。牛名。

犪 32953 16388
rǎo_15.19 玉篇與犪同。

犦 32954 16389
bó_15.19 廣韻蒲角切集韻正韻弼角切丛音雹玉篇犎牛韻會緯略云此獸抵觸百獸，無敢當者，故金吾刻犦牛於梁首正韻亦作犦㸦bú廣韻博沃切集韻逋沃切音襮。又集韻逋玉切，音襥◇又集韻類篇丛伯各切音博。又韻會巴校切音豹。義丛同。鼟又犦32967

犛 32955 16389
lí_15.19 唐韻郎奚切集韻憐題切丛音黎說文耕也。从牛，黎聲。與犁32747同。

犘 32956 u24701
mǎn_15.19 佛經切切音字，記牟感切之音。亦譌作犘32938龍龕犘，牟感反。響梵音也慧琳音義稱犘：莫敢反。響梵音。

犉 32957 u24700
rún_15.19 同犉32959犉32761本字。

犚 32958 16391
wèi_16.20 五音集韻於劇切音衞說文牛蹢犚也。㸦guì廣韻居衞切集韻姑衞切音劇廣韻蹄犚，牛展足㸦集韻巨內切音饋。舐也㸦廣韻渠穢切集韻杜穢切丛音蹶廣韻牛觸人。

犉 32959 16392
rún_16.20 說文犉本字。黃牛黑脣也。

犤 32960 16393
huái_16.20 廣韻戶乖切集韻乎乖切音懷玉篇獸似牛，四角，人目。鼟諸懷。

犧 32961 16394
xī_16.20 唐韻許羈切集韻韻會正韻虛宜切丛音義說文宗廟之牲也書·微子今殷民乃攘竊神祇之犧牷牲傳色純曰犧疏曲禮云天子以犧牛。天子祭牲，必用純色，故知色純曰犧也詩·小雅我齊明，與我犧羊，以社以方。又魯頌享以騂犧傳犧，純也禮·曲禮凡家造，祭器爲先，犧賦爲次註犧賦，以稅出牲㸦禮器犧尊疏布冪疏刻爲犧牛之形，用以爲尊㸦suō集韻韻會正韻丛桑何切音娑集韻酒尊名。飾以翡翠。鄭司農說詩·魯頌犧尊將將傳犧尊，有沙飾也釋文犧，素何反集韻或作獻、戲。鼟又牻犧溙25413

犨 32962 16395
chōu_16.20 唐韻赤周切集韻丛周切丛音趍說文牛息聲㸦牛名㸦姓。風俗通晉大夫郤犨之後㸦玉篇

出也呂氏春秋南家之牆，犛於前而不直囝縣名史
記·高祖紀與南陽守齮戰犛東前漢·地理志南陽郡犛註
犛，昌牛反△廣韻本作犛。璽又犛04631

犠 yuè_16.20 篇海五沃切，音同屋◇白牛也囝篇海音
岳。義同。

犪 máng_16.20 俗犪32713
犩 null_17.21 未詳。

犜 yǐng_17.21 五音集韻烏猛切，營上聲。犢也。一曰
牛鳴也篇海喚牛子聲集韻作犝。璽撗21202俗誵。

犢 zhàn_17.21 集韻仕懺切音鑱。牛角貌。

犤 bó_17.21 篇海音雹。犎牛。與犡同。

犱 yīng_17.21 集韻類篇夶伊盈切音嬰玉篇牛也。

犣 huì_17.21 搜眞玉鏡音會字彙補獸名。

犥 gē_17.21 五音篇海音哥。

犪 wéi_18.22 廣韻集韻韻會夶語韋切音巍玉篇牛名
爾雅·釋畜犪牛註卽犪牛也。如牛而大，肉數千斤。出
蜀中集韻或作犩囝廣韻魚貴切集韻韻會虞貴切正
韻魚胃切夶音魏。義同集韻或作犩。璽又犺32852

犦 rǎo_18.22 唐韻而沼切集韻爾紹切夶音擾說文牛
柔謹也囝玉篇從久，安也，馴也尚書犦而毅〇按今
書·皋陶謨作擾玉篇同犦囝玉篇而照切。義同囝ráo
廣韻集韻夶如招切音饒廣韻牛馴伏。

犤 bó_18.22 正韻弼角切音雹。本作犤◆爾雅·釋畜犤
牛註卽犎牛也。領上肉犤胅起，高二尺許，狀如橐駝
肉鞍一邊，健者日三百餘里。交州合浦徐聞縣出此牛
囝集韻巴校切音豹。義同。

犈 quán_18.22 集韻巨班切音虥。牛角。

犦 zāng_18.22 篇海類編音藏字彙補牛善也。

犪 null_18.22 未詳。

犡 pái_19.23 廣韻彼爲切
集韻班縻切，夶音陂廣韻牛名集韻本作犡。

犡 lì_19.23 集韻落蓋切音賴。本作犡32945

犣 liè_19.23 搜眞玉鏡力却切。

犡 lì_19.23 字彙補同犡

犪 kuí_20.24 廣韻渠追切集韻韻會渠嬀切夶音逵廣
韻犪牛，出岷山爾雅·釋畜疏山海經岷山，其獸多犪
牛。註：今蜀中有大牛，重數千斤，名犪牛。晉太興元
年，此牛出上庸郡。人弩射殺之，得三十擔肉，卽爾雅
所謂犪牛是也〇按今山海經書作夔。

犚 jú_20.24 玉篇巨六切。牛也。

犡 bà_20.24 搜眞玉鏡音霸。

犡 mán_21.25 篇海類編音蠻。

犡 null_21.25 未詳。

犢 léi_21.25 廣韻力追切
集韻倫追切夶音纍廣韻求子牛囝集韻一曰騰犢也
△集韻或作㹎、累類篇或作㹎。

犨 chóu_23.27 玉篇尺由切。同犨32962囝左傳·昭元年
楚公子圍使公子黑肱、伯州犁城犨註犨縣，屬南陽釋
文犨，尺州反。又昭十三年王奪鬬韋龜中犨註中犨，
邑名囝人名左傳·僖二十七年荀林父御戎，魏犨爲右。
又成十一年晉侯使郤犨來聘釋文犨，尺由反囝chōu
廣韻赤周切集韻蚩周切，並音赳◇義同呂覽陳有惡
人焉，曰敦洽犨糜，狹顙廣額，顏色如漆。陳侯悅之。

犡 líng_24.28 集韻郎丁切音靈。牛名。或作牨。

◆ 犬部 ◆

犬 quǎn_0.4 唐韻集韻韻會正韻夶苦眩切，閥上聲◇
說文狗之有縣蹏者也。象形。孔子曰：視犬之字，如畫
狗也埤雅傳曰：犬有三種，一者田犬，二者吠犬，三者
食犬。食犬若今菜牛也書·旅獒犬、馬非其土性不畜
禮·曲禮效犬者，左牽之疏狗、犬通名。若分而言之，
則大者爲犬，小者爲狗。故月令皆爲犬，而周禮有犬
人職，無狗人職也。但燕禮亨狗，或是小者，或通語耳
囝禮·曲禮犬曰羹獻周禮·秋官·司寇·犬人疏犬是金屬，
故連類在此。犬有二義，以能吠止人則屬艮，以能言則
屬兌囝史記·司馬相如傳其親名之曰犬子囝左傳·隱
八年遇於犬丘註犬丘，垂也。地有兩名。璽集韻廣
韻並苦泫切囝犮32993

犬 quǎn_0.4 部犬32990亦作犮32992

犮 quǎn_0.4 部犬32991

犭 quǎn_0.4 部犬。偏旁

犮 bá_1.5 唐韻集韻韻會正韻夶蒲撥切音跋◆說
文走犬貌。从犬，而丿之，曳其足，則剌发也囝周禮·秋
官赤犮氏註赤犮，猶言拂拔也。主除蠹芥自埋者疏拂
拔，除去之也釋文犮，徐音畔末反，劉音房末反。璽又
夰33001夌05174囝正字通狱33111俗犮字。

犭 zhì_1.5 俗豸57330
凡上聲說文侵也正字通同犯。

犯 fàn_2.6 唐韻防險切
凡上聲說文侵也正字通同犯。

犯 fàn_2.6 古文犾犯廣韻防錂切集韻韻會父錂切，
夶凡上聲玉篇抵觸也廣韻干也，侵也，僭也，勝也爾
雅·釋詁犯，勝也註陵犯，得勝也書·大禹謨茲用不犯
于有司禮·曲禮介胄則有不可犯之色。又檀弓事親有
隱而無犯周禮·夏官大馭掌馭玉路，以祀及犯軷註行
山曰軷。犯之者，封土爲山象，以菩芻棘柏爲神主。旣
祭之，則以車軷之而去，喩無險難也。璽又犹32997
犯33018

犱 32998 16416 lì_2.6 集韻六直切音力 玉篇犬爭貌。

犻 32999 16417 jǐ_2.6 集韻舉履切音几 玉篇似兔獸名，兔喙而蛇尾。鼇 正字通 犯33000字之譌。

犰 33000 16418 qiú_2.6 廣韻巨鳩切 集韻渠尤切 丛音裘 廣韻犰狳，獸，似菟，蛇尾，豕目。見人則佯死 山海經 餘峩之山，有獸焉，其狀如菟而鳥喙，鴟目，蛇尾，見人則眠，名曰犰狳。其鳴自訆。見則螽蝗爲敗 事物紺珠 作犰狳。鼇又鳩72942 図 楊寶忠：俗犻32999

犮 33001 41465 bá_2.6 字彙補邦潑切音撥。犬走也。鼇同犮。

犲 33002 u24720 nái_2.6 喃从犬乃nāi聲。牝畜△猪犲：母猪。

犴 33003 u2471F pān_2.6 屯13241譌字 玄應音義扳稱：又作攀21050犴二形，同。普姦、布姦二反 字林扳，引也 廣雅扳，援也 釋文云攀，翻也。連翻上及之言也。

犴 33004 u2471E null_2.6 明·薛近兗 繡襦記·第三十一齣·襦護郎寒 五花馬兒騎着，獅犴狗兒隨着。

邚 33005 16419 huí_3.7 篇海戶恢切音回。義闕 字彙鄉名，在睢陽。鼇又郂61727雅33332

犼 33006 16420 xìn_3.7 廣韻息晉切 集韻思晉切 丛音信 廣韻小獸，有臭，居澤，色黃，食鼠 正字通 貍屬，似貓而小。鼇又犼33023

狾 33007 16421 shì_3.7 廣韻承紙切 集韻上紙切音是 玉篇獸如狐，白尾 廣韻狾狼 集韻狼屬 山海經 蛇山有獸，其狀如狐，白尾長耳，名狾狼 駢雅 狾狼、獮猴，狐屬也。図 廣韻神紙切音碭。又 集韻時遮切音闍。義丛同。鼇又狏33109 図直音篇狋33050，同狏。

狋 33008 16422 jǐ_3.7 集韻訖逆切音戟。本作狘33187

狇 33009 16423 zhé_3.7 廣韻 集韻 丛陟格切音磔 廣韻狇狪 集韻本作駝。駝駏，獸名。驢父馬母。或作駓、狇〇按 廣韻狇、駝二字分訓。

犲 33010 16424 chái_3.7 集韻牀皆切音儕 玉篇犲狼也。本作豺57336又山名 山海經 犲山，多堪予之魚。

狌 33011 16425 zhuó_3.7 廣韻之若切 集韻職略切丛音灼 玉篇獸，豹文 山海經 宏陽之山，其獸多犀兕虎狌 註 郭璞曰：狌音之藥反 字海 云狌，皮有虎文 又 羸母之山，其神狀如人而犬尾 集韻狌，獸名，出隄山，狀如豹而無文〇按 山海經·西山經 隄山有狌。本作狗33120，郭璞音幺 集韻引以訓狌，誤。鼇 字彙補 狗，狌字之譌。

犴 33012 16426 án_3.7 廣韻 正韻俄寒切 集韻俄干切丛音雅 廣韻本作豻。北地野狗，似狐而小 正字通 陸佃曰：黑喙，善守。故字從干。干，扞也 淮南子·道應訓 青犴白虎。図hán 集韻 韻會丛何干切音寒。本亦作豻。義同。図àn 唐韻五旰切 集韻 正韻魚旰切 韻會疑旰切 丛音岸 說文豻，或从犬。引詩宜犴宜獄。今詩·小雅作宜岸宜獄 釋文韓詩作犴。鄉亭之繫曰犴，朝廷曰獄 後漢·崔駰傳 獄犴塡滿 図 人名 左傳·昭二十四年 越大夫胥犴，勞王于豫章之汭 史記·梁孝王世家 睢陽人類犴反者 註 人姓名也。反字或作友 集韻本作豻，野犬也。犬所以守，故謂獄爲豻〇按 廣韻犴，獄也。豻，野狗也。分二義 集韻本說文合爲一。應从 集韻 図yàn 集韻 類篇丛魚澗切音鴈。本作干。或作犴 図jiàn 居莧切音襇。逐虎犬。亦作犴。鼇又犴33140狴33251猂33316

狢 33013 16427 hé_3.7 篇海音紇。義闕 図jié 正字通去逸切音詰。狢狫，蠻也。明田汝成 炎徼紀聞 狢狫，一曰狢獠。種有五，蓬頭赤脚，輕命死黨。以布一幅，橫圍腰間，旁無襞積，謂之桶裙，男女同制。花布者，爲花狢狫，紅布者謂紅狢狫。各有族屬，不通婚姻。又打牙狢狫，慓悍尤甚。又剪頭狢狫，男女蓄髮寸許。又豬屎狢狫，喜不潔，與犬豕同牢，得獸卽咋食如狼。又狄狢。俗與狢狫同。掘地爲爐，厝火煨臥，以牛衣藉之，不施被席。又猫狢狑獠四種，皆溪洞民，廣西桂林有狢、獞。

狩 33014 41466 null_3.7 字彙補音未詳 印藪有狪狩相印。

㹠 33015 44328 tún_3.7 奚韻同独

犯 33018 uFA9F fàn_3.7 俗犯32996 可洪音義 毁犯：音范。侵也，借也，勝也，法也。正作犯。

狍 33016 44329 bō_3.7 搜眞玉鏡音鉢

狗 33017 44330 zhuó_3.7 搜眞玉鏡音灼

狩 33019 u2472D tǔ_3.7 喃越·阮秉 五千字譯國語 獅犴，獠與。

狥 33020 u2472C shàn_3.7 或同訕55609 郭店楚墓竹簡·六德 而狥詈亡繇迻也 図sǎn 喃从狩省山sơn聲。打獵。

狥 33022 u2472A null_3.7 从犬亡聲。見甲骨文。或讀狼字 図地名用字。達狥壤，狥字音未詳。清·嚴如熤 苗防備覽·卷十二 達狥壤土堡，城北五十餘里，堡址周五十三丈。

狫 33024 u24725 null_3.7 未詳。

狫 33021 u2472B chā_3.7 清·檀萃 說蠻 狫獠，閩、潮流人也，自東莞七都抵惠陽，多有之 中華大字典 讀若叉。狫獠，蠻也。

犸 33025 u72B8 mà_3.7 简獁33469

狤 33023 u24726 xìn_3.7 俗犼33006黃貍。似貓貍而小，黃斑色，居澤中，食蟲鼠草根。

犷 33026 u72B7 guǎng_3.7 简獷33711

状 33027 u72B6 zhuàng_3.7 简狀33049

犳 33028 16428 chā_4.8 廣韻楚洽切 集韻測洽切丛音插 玉篇犬食。

犹 33029 16429 yòu_4.8 集韻尤救切音宥。獸名。鼇今简猶33401

犱 33030 16430 jīng_4.8 字彙居卿切音京。獸名 正字通 俗字

犹 33031 16431 kàng_4.8 唐韻苦浪切 韻會 正韻口浪切丛音抗 說

文健犬也図玉篇猾也図◆廣韻獥狯，不順図gǎng集韻舉朗切音㹦。狯狼，獸名正字通出暹羅之崛壠。短小精悍，目圓睛黃，木食，如猿猱，古樾蒙密者，率數十巢山居，夷獠畜之，備驅使。蒙以敝絮。飲以醹酒，食以鯤鮍，輒喜，舉族受役，至死不避。常令入山採鶴頂、象齒、犀角，皆如期而獲，輸其主。雖它姓奪之，必不與。舶人編竹爲籠。置狯所往來之逕，機取之。詳見黃衷·海語。鋻又狯33185狚字之譌。

犯 bā _4.8_ 33032 16432
集韻邦加切音巴。本又作犯57175鋻又酸犯兒，一種食品。宋·吳自牧夢粱錄·卷十三·夜市又有沿街頭盤叫賣薑豉、膘皮膔子、炙椒、酸犯兒、羊脂韭餅、糟羊蹄、糟蟹。

猷 bèi _4.8_ 33033 16433
集韻博蓋切音貝。犬張齗貌。

狛 bó _4.8_ 33034 16434
唐韻蒲沒切集韻薄沒切丛音勃說文過弗取也。从犬市聲。讀若孛図pèi集韻類篇丛蒲昧切音佩。犬過也。又一曰犬怒貌△集韻或書作狨〇按廣韻狨，拂取也。音與此同，當即此字図fèi集韻房廢切音茷。本作吠。犬鳴也。或作狨。鋻說文狛，過拂取也。段玉裁注：此有誤字玉篇但云犬過廣韻但云拂取，疑當合之曰：犬過拂取図狨33077袚14884袚14891

狋 shī _4.8_ 33035 16435
集韻霜夷切音師。本作獅33482，通作師。

狖 yòu _4.8_ 33036 16436
集韻余救切音柚。本作狖57367或作狖33121貁。

犴 yàn _4.8_ 33037 16437
唐韻五旰切廣韻吾旰切集韻倪旰切，並音豻說文獡犬也。一曰逐虎犬集韻書作犴図廣韻五晏切集韻魚澗切丛音鴈廣韻逐獸犬集韻本作干。或作狃。

狐 zhǎo _4.8_ 33038 16438
集韻側絞切音爪。本作獟33530鋻又狐57340図俗狐33110可洪音義狐疑：上户吳反。

狟 hù _4.8_ 33039 16439
集韻瑚故切音護。獸名。似玃，尾長。鋻又狟33068

犯 è _4.8_ 33040 16440
集韻類篇丛乙革切音厄玉篇豕名集韻本作貌。

狗 hǒu _4.8_ 33041 16441
集韻許后切音吼玉篇似犬集韻北方獸名。似犬，食人。

狳 yú _4.8_ 33042 16442
廣韻羊朱切集韻容朱切丛音俞廣韻狳狳，呼犬子也集韻或作欻，亦書作狳。鋻又欤26284狳26249狳33079

狎 yà _4.8_ 33043 16443
廣韻集韻丛吾駕切音迓玉篇獸似玃。図集韻牛加切音牙。義同。

狋 yín _4.8_ 33044 16444
唐韻語斤切集韻魚斤切丛音齗說文兩犬相齧也。从二犬廣韻犬相吠也集韻亦書作狋。

狋 yín _4.8_ 33045 16445
集韻同狀。

狌 yán _4.8_ 33046 16446
篇海延面切◇㺿狌，大獸名。長八尺字彙狌33247字省文。

狉 bì _4.8_ 33047 16447
集韻丛履切，毗上聲。獸名，似豕図pí頻脂切音毗。本作貔57461，或作狉。

狚 huān _4.8_ 33048 16448
廣韻集韻丛呼官切音歡廣韻本作獾33752野豚図集韻相從貌〇按集韻獾、狚分訓，與廣韻異図fān集韻方煩切音藩。連狚，宛轉貌莊子·天下篇其書雖瓌瑋，而連狚無傷也△或作拤図集韻孚袁切音翻。又fān甫遠切，音反。義丛同。鋻又狚33084

狀 zhuàng _4.8_ 33049 16449
唐韻鉬亮切集韻韻會助亮切丛音狀說文犬形也。从犬，爿聲図玉篇形也易繫辭知鬼神之情狀図韻會形容之也，陳也莊子·德充符自狀其過，以不當亡者衆。不狀其過，以不當存者寡図史記·夏本紀巡狩，行視，鯀之治水無狀註索隱曰：言無功狀戰國策春申君問狀図增韻扎也正韻牒也。鋻又狀33081図可洪音義旡戕：助亮反。正作狀，今作狀也。

狋 shì _4.8_ 33050 16450
字彙承紙切，音視◇獸如狐，出則有兵正字通譌字。鋻又狐33129図龍龕狋或作，狋33007正。

狋 yín _4.8_ 33051 16451
唐韻語斤切集韻魚斤切丛音齗說文犬吠聲。从犬，斤聲玉篇同狺図廣韻語巾切集韻魚巾切丛音銀。又yá玉篇牛佳切集韻宜佳切丛音崖。義丛同図犬欲齧也集韻本作唯，或作喱図yǐn集韻擬引切音听。本作齗。犬爭也。

狖 jué _4.8_ 33052 16452
集韻古穴切音決。獸走也類篇獸名図集韻古邁切音夬集韻本作獪33650，或作猾図guài正韻古壞切音怪。亦作獪。

狗 chuán _4.8_ 33053 16453
集韻胡涓切，音玄。又崇玄切。獸名。似豹而少文〇按狗字與狗字義同音異正字通云狗字之譌，非。

狆 nà _4.8_ 33054 16454
篇海女滑切，音近納。與貀同字彙與貀同正字通豸部貀即俗貀字。又譌从犭作狆韓愈詩跳鋒壯驚狆。狆，本作貀。

狁 yǔn _4.8_ 33055 16455
廣韻余準切集韻韻會庾準切丛音尹玉篇玁狁集韻玁狁，匈奴別號詩·小雅玁狁孔棘又薄伐玁狁史記·匈奴傳唐、虞以上有山戎、獫狁、葷粥。鋻又㤉10436

狂 kuáng _4.8_ 33056 16456
古文悭廣韻巨王切集韻渠王切丛音軖廣韻病也。心不能審得失之地則謂之狂書·微子我其發出狂疏狂生於心，而出於外。應璩詩云積念發狂癡，此其事也図書·洪範曰狂，恆雨若疏鄭康成以狂爲倨慢，以對不敬，故爲慢也図集韻一曰躁也◆詩·鄘風衆穉且狂傳是乃衆幼穉且狂，進取一檠之義疏論語云

狂者進取,仰法古例,不顧時俗,是進取一樂之義論語
古之狂也肆,今之狂也蕩又詩·鄭風不見子都,乃見狂
且傳狂,狂人也疏都是美好,狂是醜惡又鳥名爾
雅·釋鳥狂,茅鴟註今鵁鴟也,似鷹而白疏茅鴟一名
狂〇按廣韻作鴷。又爾雅·釋鳥狂,瘮鳥疏瘮鳥一名
狂山海經栗廣之野,有五彩之鳥,有冠,名曰狂鳥。
〇按集韻作鴷。亦作巂又山水名山海經狂山無草木,
冬夏有雪,狂水出焉,西流,注于浮水。又大嚳之山,
狂水出焉,西南流,注于伊水註國名記云狂水逕繪氏
城,在今南陽又集韻本作狅說文狅犬也。或作默,恚
又kuàng廣韻正韻渠放切集韻具放切丛音誆廣韻
狂,輒為也又guàng集韻古況切音誆。惑也又jué集
韻局縛切音攫。狂狂,犬走貌。鍫又呈05530又正字通
怰,譌字又瘇36064,舊註爲狂,熱病内經本作狂又古
文四聲韻狾33208崔希裕篆古

狕 33057 16457
tún_4.8
廣韻集韻徒渾切正韻徒孫切丛音屯廣
韻本作豚。豕子也。或作狕57164集韻本作豛,或作遯。
通作肫46987鍫又犿33015狖33071牫45732豘45759牪32598
豮32639

狃 33058 16458
niǔ_4.8
唐韻女久切集韻韻會正韻女九切丛音
紐說文犬性驕也又玉篇狎也,習也,就也,復也爾
雅·釋言狃,復也註狃忕,復也疏狃忕,前事復爲也鄭
風云將叔無狃。毛傳云狃,習也左傳·桓十三年莫敖狃
于蒲騷之役杜註狃,忕也。狃忕,串習之義書·君陳狃
于姦宄傳習也又小爾雅狃,忕也又晉語狃中軍之司
馬註狃,正也又玉篇狐狸等獸跡也爾雅·釋獸闕洩多
狃註說者云脚饒指。未詳疏舊說以爲闕泄,獸名,其
脚多狃。狃,指也。然其形所未詳聞又人名左傳·定五
年告公山不狃註不狃,季氏臣又韻會通作忸17017
又廣韻集韻韻會正韻丛女救切音褏廣韻習也,就也
又狐貍也又nǜ集韻女六切音朒。獸名。鍫字彙補
狳16708與狃同。

狄 33059 16459
dí_4.8
唐韻徒歷切集韻韻會亭歷切丛音敵爾
雅·釋地八狄禮·王制北方曰狄明堂位五狄周禮·職方
氏六狄書·仲虺之誥南面而征,北狄怨春秋·莊三十二
年狄伐邢穀梁傳·莊十年荆者,楚也。何爲謂之荆,狄
之也又下士書·顧命狄設黼扆綴衣傳狄,下士禮·祭
統狄者,樂吏之賤者也又鹿名爾雅·釋獸絕有力,狄疏
絕異壯大有力者,名狄也又地名史記·陳涉世家周市
北徇地至狄註徐廣曰:今之臨濟又人名史記·殷本紀
殷契母曰簡狄又姓左傳襄十年狄虒彌建大車之輪註
虒彌,魯人史記·張湯傳博士狄山廣韻春秋時狄國之
後又與翟通禮·玉藻夫人揄狄疏揄,讀如搖。狄,讀
如翟。謂畫搖翟之雉于衣。又樂記干戚旄狄以舞之疏
狄,羽也前漢·地理志羽畎夏狄又泉名。在洛陽公羊
傳僖二十九年盟於狄泉〇按二傳作翟又tì又韻集正韻
丛他歷切音惕集韻本作逖。遠也詩·大雅舍爾介狄

維子胥忌傳狄,遠也又詩·魯頌桓桓于征,狄彼東南
箋狄,當爲剔。剔,治也釋文韓詩云鬄除也又禮·樂
記流辟、邪散、狄成、滌濫之音作註狄、滌,往來疾貌
又與易通王充·論衡狄牙之調味也。經史俱作易牙。

狤 33060 16460
jí_4.8
廣韻几劇切音戟。狤獸名集韻作狤、狤。

狂 33061 16461
qíng_4.8
春秋·哀十四年莒子狂卒釋文狂,其廷反。

狑 33063 41468
yuán_4.8
韻會同猿。

独 33062 41467
zhòng_4.8
字彙補音未
詳。独宗,苗人名也。見諸苗考。鍫本作仲。

狆 33064 41469
rì_4.8
篇海類編音日。狩也字彙補獸也。

狋 33065 41470
bīng_4.8
字彙補音未詳。廣西苗種也。鍫正作
狋33143或作狋33165李調元·奇字名音陰。

狀 33066 41471
lù_4.8
篇海類編勒沒切音捋。箭射也。

狅 33067 44331
yě_4.8
搜眞玉鏡音野。

狐 33068 44332
hù_4.8
五音篇海同狐。

狐 33069 44333
zhōng_4.8
搜眞玉鏡音中。

狨 33070 44334
yè_4.8
川篇音夜

狨 33072 44336
yì_4.8
龍龕丁侯切。
又魚訖切。鍫可洪音義猛狨:牛既反。正作毅。

狁 33071 44335
tún_4.8
龍龕音毛。鍫俗独字。

狢 33073 u2AEB7
cāng_4.8
簡猶33510

狫 33074 u2474B
vǎn_4.8
喃从犬
文vǎn聲△馭狫:斑馬。狫隁:斑紋。

狨 33075 u2474A
cù_4.8
龍龕狨俗猝33335正可洪音義欻狨:倉沒
反四聲篇海狨,倉没切。疾也。倉狨也。

狳 33076 u24746
yú_4.8
同炊33042

狢 33078 u24741
tài_4.8
字見甲骨文

狛 33077 u24742
bó_4.8
狛33034本字。見說文

狄 33079 u24740
yú_4.8
同炊33042

狤 33080 u2473F
jí_4.8
或同狤33187

狀 33081 uF9FA
zhuàng_4.8
兼狀。

狘 33083 u72C7
chuáng_4.8 俗狦32360
敦研.108(2-2)大般涅槃經轉輪王不與一切旃陀羅
等同坐一狘又狘猲,今稱仫00828佬族。

狙 33082 u72C8
bèi_4.8
简狙33245

狆 33084 16462
biàn_5.9
集韻皮變切
音卞玉篇犬爭貌集韻本作猵。

狝 33085 16463
hào_5.9
集韻後到切音號。犬聲。鍫熊加全:俗
猻(嗥)。

狛 33086 16464
fàn_5.9
集韻犯32996古作狛。

狪 33087 16465
nà_5.9
篇海類編尼八切,音納◇獸名。似猩,蒼
黑色,無前兩足,善捕鼠字彙同貀正字通俗貀字。

狧 33088 16466
tiè_5.9
集韻託協切音帖。本作牒48508犬小舐也。

狪 33089 16467
fù_5.9
集韻方遇切音付。本作犕45887獸名,似羊

△山海經作狦。

狿 xuán_5.9　33090 16468　集韻胡涓切，音玄。性獧急也。

狪 jiā_5.9　33091 16469　篇海音加。玃也。図gē音哥。義同。

狨 mǔ_5.9　33092 16470　廣韻集韻夶莫厚切音母玉篇狐狨。

狉 pī_5.9　33093 16471　集韻韻會夶攀悲切音丕集韻本作狉，狸子也。図pēi集韻貧悲切音邳柳宗元封建論草木榛榛，鹿豕狉狉。鋬榛榛或作獉獉図貊57410図正字通狉，俗狉字。

狆 zǎi_5.9　33094 16472　字彙側買切音獬。豹文正字通俗字。

狋 tián_5.9　33095 16473　集韻亭年切音田。本作敗。平田也。或作甸、畋。

狆 zhōng_5.9　33096 16474　集韻之戎切音終。犬名。

狊 jú_5.9　33097 16475　唐韻古闃切集韻局闃切夶音郹▪說文犬視貌。从犬，目聲図廣韻獸名。猨屬，脣厚而碧色。図爾雅·釋獸鳥曰狊註張兩翅疏張兩翅，狊狊然搖動図xù集韻呼狊切音殈。犬視。

狋 yí_5.9　33098 16476　集韻廣韻並牛肌切，音狋說文犬怒貌玉篇兩犬爭也。前漢·東方朔傳狋吽牙註師古曰狋，五伊切図▪說文一曰犬難得図地名說文代郡有狋氏縣図zuī集韻遵綏切音嶉。犬怒図chí俟甾切音齝。狋觺，獸角貌図一曰不平貌図說文讀若銀前漢·東方朔傳狋吽牙。註應劭曰：狋，音銀図quán廣韻巨員切集韻逵員切夶音權前漢·地理志代郡狋氏註孟康曰：狋氏，音權精集韻或作玃。

猛 qiè_5.9　33099 16477　唐韻去劫切集韻乞業切夶音胠。怯本字說文多畏也。从犬，去聲。杜林說，从心作怯17152

狜 zhù_5.9　33100 16478　廣韻之戍切集韻朱戍切夶音注說文黃犬黑頭也。从犬，主聲。讀若注。

狌 shēng_5.9　33101 16479　集韻正韻夶師庚切音生玉篇本作猩33375爾雅·釋獸疏王會曰：都郭狌狌欺羽，狌狌若黃狗，人面，能言山海經誰山有獸，狀如禺而白耳，伏行，人走，其名曰狌狌。食之善走淮南子·畢萬術歸終知來，狌狌知往図xīng集韻桑經切音星。義同○按集韻十五青韻猩又與狌別図xìng集韻息正切音性。鼠屬莊子·秋水篇騏驥驊騮，一日而馳千里，捕鼠不如狸狌。△集韻或作鮏。鋬又狌35308猩57341

狐 hú_5.9　33102 16480　集韻洪孤切音乎。犬聲。

狟 jù_5.9　33103 16481　集韻白許切音巨。本作駏69857通作岠。

狢 diāo_5.9　33104 16482　集韻丁聊切音貂。犬之短尾者。

狍 páo_5.9　33105 16483　廣韻薄交切集韻蒲交切夶音庖玉篇獸也山海經鉤吾之山有獸焉，羊身人面，目在腋下，虎齒人爪，音如嬰兒，名曰狍鴞。是食人郭註曰：爲物貪惏，食人未盡，還害其身。像在夏鼎左傳所謂饕餮是也。狍，音咆東觀餘論以飾器之狍腹，象其本形。示爲食戒。鋬又麃57377

狎 xiá_5.9　33106 16484　唐韻廣韻胡甲切集韻類篇韻會轄甲切夶音匣廣韻習也說文犬可習也。从犬，甲聲爾雅·釋詁狎，習也。又釋言甲，狎也註謂習狎禮·曲禮賢者，狎而敬之註狎，近也，習也。謂附而近之，習其所行也周語未狎君政図玉篇易也書·泰誓狎侮五常傳輕狎五常之教疏狎，慣忽之，言慣見而忽也左傳·昭二十年水懦弱，民狎而玩之註狎，輕也穀梁傳·莊十七年齊人殲焉，此謂狎敵也昭二十一年不狎鄙図更也左傳·襄二十七年且晉、楚狎主諸侯之盟也久矣疏更代主諸侯之盟也図神異經八荒之中有毛人焉，名髯公。俗曰髯麗。一名髯狎。小兒髯狎可畏也玉篇亦作狹。鋬又伊01025

狆 chēn_5.9　33107 16485　集韻癡鄰切音獜玉篇狂也。

狏 tuó_5.9　33108 16486　集韻唐何切音駝。獸名。或作狏。

狏 tuó_5.9　33109 16487　集韻唐何切音駝。本作狏，獸名図yí余支切音移。本作狋33174或作狋。

狐 hú_5.9　33110 16488　唐韻戶吳切集韻韻會正韻洪孤切夶音胡▪說文妖獸也，鬼所乘之。有三德，其色中和，小前豐後爾雅·釋獸貍狐貒貈醜埤雅狐性疑，疑則不可以合類，故从孤省。又曰：狼、狐搏物，皆以虛擊狐，狐从孤省。又或以此故也，音胡，疑詞也易·解卦田獲三狐。又未濟小狐汔濟，濡其尾詩·邶風狐裘蒙戎。又北風莫赤匪狐周禮·地官·草人凡糞種，勃壤用狐山海經靑丘國，其狐四足九尾図爾雅·釋獸貔，白狐註一名執移，虎豹之屬疏貔，一名白狐。或曰似熊図倗鵝一名訓狐。因其聲以名之。見唐書·五行志。韓愈有射訓狐詩図地名左傳·僖二十三年濟河圍令狐晉語使令狐文子佐之。註令狐，邑名。又史記·趙世家秦伐我，至陽狐。又孝文帝紀軍飛狐註如淳曰：在代郡。蘇林曰：在上黨図姓廣韻晉有狐氏，代爲卿大夫晉語狐氏出自唐叔。又令狐，複姓。鋬又狐45793狐57363狐33038狐57340狐33210

狒 fèi_5.9　33111 16489　集韻房廢切音茷。本作吠。或作狒33034

狑 líng_5.9　33112 16490　廣韻集韻夶郎丁切音靈玉篇犬名集韻良犬也。秦有狑玉篇亦作獜。鋬又狑33733獜33742

狭 yāng_5.9　33113 16491　集韻於良切音央。獸名。狢也。

狝 mí_5.9　33114 16492　集韻民卑切音彌。本作獼33739或作猕。

狒 fèi_5.9　33115 16493　廣韻扶沸切集韻韻會父沸切夶音翡爾雅·釋獸狒狒，如人，被髮，迅走，食人註梟羊也山海經曰：其狀如人而長，脣黑，身有毛，反踵，見人則笑。

交、廣及南康郡山中亦有此物，大者長丈許，俗謂之曰
山都 疏 山海經 謂之梟羊，又謂之𪁀 周書·王會 云北方
謂之吐嘍 郭璞·梟羊讚 狒狒，怪獸，被髮操竹。獲人則
笑，脣蔽其目。終亦號咷，反爲我戮 廣韻 本作𪏰。或作
𪊍 集韻 本作𪏰。或作𪊍𪂫𪁀𪁀 鼇 又𪊍 40181 𪁀 40188 𪁀
40183 𪁀 40185 𪁀 38367 𪊍 40182 正字通 𤟭 33117 俗狒字 玉篇
作𪁀 14615

狖 33116 16494 chù_5.9 廣韻 丑律切 集韻 敕律切𠀤音黜 廣韻 獸
名 集韻 本作𧳭 山海經 流沙之東有獸，曰跊踢 註 屛蓬，
兩首獸也。左右有首。 鼇 又chuột 𡃤 老鼠。

𤟭 33117 16495 fèi_5.9 玉篇 音沸。犬貌。

狓 33118 16496 pī_5.9 廣韻 敷羈切 集韻 攀糜切，並音披 集韻 狓
猖貌。出 新字林 集韻 狓猖，飛飈也。

狔 33119 16497 nǐ_5.9 廣韻 女氏切 集韻 乃倚切𠀤音柅 廣韻 猗
狔，從風貌 集韻 弱貌 又ní 集韻 女夷切音尼。義同。
鼇 又狔 33170 又nai 𡃤 麋鹿。

狋 33120 16498 yáo_5.9 廣韻 集韻 𠀤於絞切音拗 玉篇 獸名。
又yáo音幺 山海經 隄山有獸，其狀如豹而文首，名曰
狋 註 郭璞曰：音幺〇按 集韻 誤狋狋 33011 音職略切，非。

狖 33121 16499 yòu_5.9 廣韻 集韻 韻會 𠀤余救切音柚 玉篇 黑猿
也 廣韻 獸似猿 楚辭·九歌 猨啾啾兮狖夜鳴。狖，一作
又 廣韻 亦作𤟺 集韻 本作𤡣 57367 或作𤡣、犹。 鼇 集韻
狖，一曰禺屬。或作狖𤡣犹 又𤡣 33710 又 龍龕 独 33134
俗，狖正。又𤠫 33317 俗，狖 33133 又二正，犹，正。

狗 33122 16500 gǒu_5.9 唐韻 古后切 集韻 韻會 正韻 舉后切𠀤音
苟。 說文 孔子曰：狗，叩也。叩气吠以守。从犬，句聲 爾
雅·釋畜 未成毫，狗 註 狗子未生乾毛者 又 㫄，狗也 易 說
卦 艮爲狗 禮·曲禮 尊客之前不叱狗 又 汲冢周書 正西
崑崙、狗國 五代史 狗國人身狗首，長毛不衣，語爲犬
嘷。其妻皆人，生男爲狗，生女爲人。自相婚嫁，穴居
食生 又 星名 史記·天官書 天狗，狀如大奔星 又 鳥名 爾
雅·釋鳥 鷢，天狗 註 小鳥也。青似翠，食魚，江東呼爲
水狗 又 揚子方言 螻蛄，南楚謂之杜狗 又 木狗 正字通
熊大古冀越集 云木狗生廣東左、右江山中，形如黑狗，
能登木。皮爲衣褥，能運動腳氣。元世祖足疾，取其皮
爲袴 又 溪狗，蟲名 正字通 陳藏器曰：生南方溪澗卑處，
狀如蝦蟇，尾長三、四寸，治溪毒遊蠱 又 草名 爾雅·釋
草 蘮，狗毒 疏 蘮，一名狗毒 又 地名 齊語 以燕爲主，
反其侵地柴夫、吠狗 註 燕之二邑 又 人名 左傳·襄二十
九年 吳公子札適衛說遽瑗史狗 又 姓 正字通 漢狄狗未
央。見 印藪 又 韻會 通作猗 荀子 曰不如相雞狗之可以
爲名也 埤雅 狗从苟 韓子 曰：蠅營狗苟。狗苟，故从苟
也〇按 荀子·儒效篇 今本作狗 又hòu 集韻 許候切音
詬。本作貆。熊、虎子名。或作狗 爾雅·釋獸 熊、虎醜，
其子狗 註 律曰：捕虎一，購錢三千，其狗半之 疏 郭引
當時之律，以證虎子名狗之義也。 鼇 又豹 16400

狘 33123 16501 xuè_5.9 廣韻 集韻 韻會 𠀤許月切音颭 說文 獸走
貌 禮·禮運 麟以爲畜，故獸不狘 註 狘，走貌也 疏 狘，
驚走也 釋文 況越反 又 廣韻 獸名〇按 說文 本作狘 正
字通 云俗本 說文 譌从戌，非。

狙 33124 16502 qù_5.9 唐韻 親去切 集韻 韻會 正韻 七慮切𠀤音
覻 說文 玃屬。从犬，且聲 戰國策 兵固天下之狙喜也 註
狙，玃屬而狡黠，言兵家如之而可喜 又 管子·七臣七主
篇 從狙而好小察 註 狙，伺也，謂既任臣有所爲，必從
而伺之 又 史記·留侯世家 良與客狙擊秦皇帝博浪沙中 註
服虔曰：狙，伺候也。七預反。應劭云狙，伺也。一云
伏伺也。狙之伺物，必伏而候之，故今云狙候是也 又 說
文 一曰狙，犬也。暫齧人者。一曰犬不齧人也 又zù 集
韻 莊助切音詛。猿類 莊·齊物論 狙公賦芋。朝三而暮
四，衆狙皆怒。曰然則朝四而暮三，衆狙皆悅。又 徐無
鬼 吳王浮于江，登于狙之山，衆狙見之，恂然棄而走。
又jū 廣韻 韻會 七余切 集韻 千余切𠀤音疽 廣韻 猿也
集韻 猨屬 又 前漢 諸侯王表 騙狙詐之兵 註 應劭曰：狙，
伺也。音若蛆。師古：音千絮反 又 山海經 倚帝之山有
獸，如獻鼠，白耳白喙，名曰狙如 註 狙如，鼠耳銳喙。
又jū 集韻 正韻 𠀤子余切音苴。猿屬 又 山海經 北號之
山，有獸焉，其狀如狼，赤首而鼠目。其音如豚，名曰
猲狙 註 郭璞曰：猲狙，音葛苴〇按韻書引 山海經 皆作
猲狙。

狚 33125 16503 dàn_5.9 廣韻 集韻 韻會 𠀤得按切 正韻 得爛切𠀤音
旦 廣韻 獫狚，獸名，似狼 集韻 獫狚，巨狼也 又 莊子·齊
物論 猨猵狚以爲雌 註 猵狚，一名獺牂。似猿，狗頭，
其雄喜與雌猿爲牝牡 又dǎn 廣韻 多旱切 集韻 黨旱切
韻會 當旱切𠀤音亶 廣韻 獫狚 集韻 獫亶 又 揚子方
言 掩、索，取也。自關而東曰掩，自關而西曰索。或曰
狚 又dá 廣韻 集韻 韻會 當割切 正韻 當拔切𠀤音怛 廣
韻 獫狚，出 山海經 〇按 山海經 本作狚。郭讀平聲。諸
書引之皆作狚，疑誤。 鼇 字彙補 狚，狚字之譌。

狛 33126 16504 pò_5.9 廣韻 集韻 𠀤匹各切音粕 說文 如狼，善驅
羊。从犬，白聲，讀若蘗。甯嚴讀之若淺泊 又bó 集韻 伯
各切音博。又筆戟切音碧。又步化切音杷。義𠀤同△ 集
韻 或作狘。

狘 33127 16505 dú_5.9 集韻 獸 33608 古作狘。

狛 33128 16506 bó_5.9 廣韻 白駕切音杷。獸名。似狼 集韻 同狛。

狋 33129 41472 dǐ_5.9 篇海類編 音抵。犬名 又shì 龍龕 承紙切。
獸名。似狐，出則有兵也。又矛紙切。義同。 鼇 楊寶忠：
即狋 33050 字 又 狂 33193

狍 33130 44337 bào_5.9 龍龕 音豹

狣 33131 44338 chái_5.9 龍龕 同犲

狣 33132 44339 shù_5.9 五音篇海 羊北切。又常預切。 鼇 龍龕 猣
狣𤟓三俗，羊苦、常預二反。正作墅字。

狖 33133 44340 yòu_5.9 五音集韻 同狖。

独 33134 44341 yòu_5.9 海篇 音右

狶 33135 44342 cǎi_5.9 五音篇海 側買切。

狤 33136 u2B7A3 chǎn_5.9 簡 㹭33310

狒 33139 u2476B nhím_5.9 喃昆狒：針鼠。

猂 33140 u2476A án_5.9 同豣33012

狔 33142 u24764 zhǐ_5.9 同貌57182

猂 33144 u24762 zé_5.9 簡 擇33672

猂 33148 u72DD xiǎn_5.9 簡 獮33676 猂猄，種族名，古羌人。今稱拉祜族，居雲南。

猂 33146 u3E69 null_5.9 未詳。

狞 33147 u72DE níng_5.9 簡 獰33683 婆上聲。玀狞，謂僂腰而行也。出釋典。

狼 33151 16508 wán_6.10 唐韻 五還切 集韻 吾還切 𠀤音瘝 說文 犬鬬聲也。从犬，艮聲 𠗳yán 玉篇 五閑切 集韻 牛閑切 𠀤音訮。義同○按 廣韻 集韻 附見獂字註 𠗳 集韻 獸名。𠗳yín 集韻 魚巾切音銀。義同 𠗳kěn 口很切音懇。本作 狠57204 齦也。鏊 又 眼05942

猲 33152 16509 yí_6.10 集韻 延脂切音彝。獸也。

狡 33154 16511 jiǎo_6.10 唐韻 集韻 韻會 正韻 𠀤古卯切音絞 說文 少狗也。匈奴地有狡犬，巨口而黑身 玉篇 獸名。少狗也。又 山海經 玉山有獸，狀如犬而豹文，角如牛，名曰狡，音如吠犬，見則其國大穰 註 郭璞曰：太康七年，邵陵檻得一獸，狀如豹文，有兩角，無前兩脚，時人謂之狡。疑非此。盧柟 蠛蠓集 云狡音龐吠，豹文，純擾 𠗳玉篇 猾也，獪也 左傳·成八年 夫狡焉思啓封疆，以利社稷者，何國蔑有 註 狡猾之人 𠗳 廣韻 狂也 左傳·僖十五年 亂氣狡憤 註 狡，戾也 疏 言馬之亂，氣狡戾而憤滿。𠗳 詩·鄭風 不見子充，乃見狡童 箋 狡童，言有貌而無實 疏 狡童，謂狡好之童 𠗳 玉篇 疾也，健也 戰國策 狡兔有三窟 𠗳 釋名 狡，交也。與物交錯也 𠗳 人名 左傳·宣二年 狂狡輅，鄭人。鏊 又 猇33320 妭10459

狢 33155 16512 hé_6.10 集韻 類篇 𠀤曷各切音涸 玉篇 狐狢 廣韻 本作貉57392亦作貉57393 集韻 亦作貃、貘 穆天子傳 白狐、元狢。

狃 33138 u2AEB8 niǔ_5.9 簡 獨33500

奴 33137 u2AEB9 null_5.9 喃 未詳。

狌 33141 u24765 nǐ_5.9 或同狃33119

狋 33143 u24763 bīng_5.9 戌種本 辭海 狋，讀如冰。蠻族名，與猺獞爲類似種。閔敍 粤述 大要不出猺獞兩種，狋人依山谷爲生，而不甚繁。

狦 33145 u3E6A shàn_5.9 同狦33172

狜 33149 u72DC kǔ_5.9 狜猔，種族名，

狟 33150 16507 huán_6.10 唐韻 集韻 𠀤胡官切音桓• 說文 犬行也。从犬，亘聲。引 書尚狟狟 ○按今 周書·牧誓 作桓桓 𠗳 韻會 貆，通作狟。貉類 淮南子·齊俗訓 狟狢得埵防，弗去而緣○按 廣韻 集韻 狟訓犬行，貆57387訓狢類，二字分見 韻會 狟字不另列出，亦訓狢類。至 正韻 竟收狟刪狟，專訓狢類，非 𠗳xuān 集韻 許元切音萱。本作狟，狢類。鏊 又 狟33271 貆57418

狱 33153 16510 pǒ_6.10 篇海 蒲可切。

狧 33156 16513 dá_6.10 廣韻 都合切 集韻 德合切 𠀤音答 廣韻 犬食。

狣 33157 16514 zhào_6.10 廣韻 治小切 集韻 直紹切 𠀤音兆 廣韻 犬有力也 爾雅·釋畜 絕有力，狣 疏 犬壯大絕有力者名狣 𠗳dào 集韻 杜皓切音道 𠗳cháo 馳遙切音潮。義 𠀤同。鏊 又 狣33254

狽 33158 16515 yè_6.10 廣韻 烏結切 集韻 一結切 𠀤音噎 玉篇 獩狽，獸名 山海經 三危之山，有獸焉，狀如牛，白身四角，毫如披蓑，名曰獩狽。是食人 𠗳yān 集韻 因蓮切音煙。義同。鏊 獩狽或作傲狽16610

猴 33159 16516 wú_6.10 集韻 訛胡切音吾。本作猰33227

狏 33160 16517 yǐ_6.10 集韻 養里切音以 玉篇 獠姓也。

狺 33161 16518 yàn_6.10 篇海 五見切，音彥◇逐虎犬也。

狂 33162 16519 kuáng_6.10 唐韻 巨王切 集韻 渠王切 𠀤音軒 說文 狾犬也。从犬，㞷聲 𠗳 集韻 躁也△ 集韻 隸作狂。或書作㹵、恇。

狪 33163 16520 kuáng_6.10 集韻 同狂

狉 33164 16521 xiáng_6.10 集韻 胡江切音降 玉篇 雍狉 集韻 雍狉，犬不服牽也。

狓 33165 16522 bǐ_6.10 集韻 邊迷切音笓。狓犴，獸名。鏊 狓犴 同狂犴。

狤 33166 16523 jí_6.10 廣韻 居質切 集韻 激質切 𠀤音吉 玉篇 狂也 𠗳 一曰猗猰，獸名，出西域，噉熏陸香，身無毛 𠗳jí 廣韻 巨乙切 集韻 極乙切 𠀤音姞 廣韻 狂猗 𠗳jié 廣韻 古屑切 集韻 吉屑切 𠀤音結 廣韻 猗猰，獸名 類篇 作猗猰 𠗳kuài 集韻 古邁切音夬。本作獝33650或作狘。

狋 33167 16524 shǐ_6.10 集韻 爽士切音史。獸名。似犬。或作㹴。

狖 33168 16525 zhū_6.10 廣韻 章俱切 集韻 鍾輸切 𠀤音朱 廣韻 狖獳 集韻 獸名 山海經 云耿山有獸，狀如狐而魚鱗，有翼，名曰狖獳。通作朱○按今 山海經·東山經 作朱獳。

狥 33169 16526 xùn_6.10 字彙 俗徇字○按狥字諸書不載，當爲徇字之譌。

狃 33170 16527 nǐ_6.10 篇海 同狃

独 33171 16528 yì_6.10 廣韻 餘制切 集韻 以制切 𠀤音曳 廣韻 貍子 集韻 本作貄57420 鏊 又 林獨，即狖狮猻，亦名土豹，簡稱狖狮。

狦 33172 16529 shàn_6.10 唐韻 集韻 𠀤所晏切音訕 說文 惡健犬也。从犬，刪省聲 𠗳 廣韻 獸名。似狼 𠗳 人名 前漢·宣帝紀 呼韓邪單于稽矦狦來朝 註 應劭曰：狦，音訕 𠗳shān 廣韻 所姦切 集韻 師姦切 𠀤音刪 廣韻 惡健犬也 𠗳 博雅 狼也 𠗳 人名 前漢·稽矦狦 註 師古：音刪。李奇音山。𠗳shān 集韻 相干切音珊。漢有單于稽矦狦 漢書註 師古：又音先安反。鏊 又 狦33145 狦57380 狦57205 𠗳 正字通

狚，本作狚33270

33173 16530
狧 tà_6.10
廣韻吐盍切音榻說文犬食。从犬、舌。讀若比目魚鰈之鰈玉篇作猺，同猠图猪猪，貪欲意揚子·太玄經營㺔猪猪图揚子方言犬不吠而齧人曰冷猪图唐韻他合切集韻託合切夶音鍇。義同集韻或作猺图shì集韻甚爾切音舐。犬以舌取物前漢·吳王濞傳語有之曰猪糠及米註師古曰用舌食也。蓋以犬爲喻也。鎣正字通狧，猪字之譌。狧，俗猪字图廣韻碣，同猪。

33174 16531
狋 yí_6.10
廣韻弋支切集韻余支切夶音移廣韻獸名。似犬，尾白、目、喙赤。山海經鮮山有獸，其狀如膜犬，赤喙、赤目、白尾，見則邑有火，名曰狋卽註談薈曰：火獸，兆火。狋卽火獸，見則邑有火災也集韻或作狏、狏。鎣又狏33109

33175 16532
狏 zhì_6.10
集韻狏33329古作狏。

33176 16533
狨 róng_6.10
廣韻如融切集韻韻會而融切正韻而中切夶音戎廣韻細布。亦作絨〇按別本廣韻云狨，猛也。絨，細布。分二義正韻云禺屬，毛可爲布。當是因其毛可爲布，故名細布爲絨也图集韻獸名。禺屬。其毛柔長可藉本草似猴而大，毛黃赤色，生廣南山谷間。皮作鞍褥埤雅狨蓋猿狖之屬。輕捷善緣木，大小類猿，長尾，尾作金色。今俗謂之金線狨生川峽深山中，人以藥矢射之，取其尾爲臥褥、鞍被、坐毯。狨甚愛其尾，中矢毒，卽自齧斷其尾以擲之，惡其爲深患也。狨，一名猱。

33177 16534
狢 mò_6.10
廣韻集韻夶莫白切音陌廣韻犹狢，驢父牛母。亦作駝駱山海經·崍山註郭璞曰：邛來山，在漢嘉嚴道縣，江水所自出，山有九折坂，出狢。狢似熊而黑白駁，亦食銅鐵集韻本作駱。

33178 16535
狿 yàn_6.10
集韻倪甸切音硯。同狿图jiàn集韻居莧切音襇。本作狿33012图qiān集韻類篇夶輕煙切音牽。犬名。鎣正字通狿，狿字之譌。

33179 16536
狾 sì_6.10
集韻羊至切音肆。本作獤，或作獤57384

33180 16537
猫 nǎo_6.10
篇海乃老切音惱。雌猺也字彙同猺

33181 16538
狂 kuāng_6.10
集韻曲王切音匡。本作㹳03980

33182 16539
狩 shòu_6.10
唐韻書救切集韻韻會正韻舒救切夶音獸。說文犬田也。从犬，守聲。爾雅·釋天冬獵爲狩△左傳·隱五年冬狩註狩，圍守也。冬物畢成，獲則取之，無所擇也白虎通義冬謂之狩，守地而取之也图爾雅·釋天火田爲狩註放火燒草獵亦爲狩图或作守孟子天子適諸侯曰巡狩。巡狩者，巡所守也禮·王制天子五年一巡守註狩或作守图shǒu集韻韻會正韻夶始九切音手集韻冬獵詩·鄭風叔于狩，巷無飲酒。又小雅田車既好，四牡孔阜。束有甫草，駕言行狩。

33183 16540
狪 tóng_6.10
集韻他東切音通山海經泰山有獸，其狀如豚而有珠，名曰狪狪。其鳴自訓註郭璞曰：音如吟恫之恫駢雅曰：狪狪，珠豚也亶爰子曰：召蟱狪，使先驅郭璞·狪狪圖贊蚌則含珠，獸何不可。狪狪如豚，被褐懷禍。患難無由，招之自我图tóng集韻徒東切音同。本作狪。野彘。或作狪。

33184 16541
狖 xiū_6.10
廣韻許尤切集韻虛尤切夶音休廣韻本作貅57386集韻或作狖。

33185 16542
狼 kàng_6.10
篇海戶浪切，狂去聲。猈也正字通狷字之譌。

33186 16543
狫 lǎo_6.10
正字通魯考切，勞上聲。犵33013狫。

33187 16544
狘 jǐ_6.10
集韻訖逆切音㦸。獸名，窮獲也。或作狘。鎣又狘33060狘33080

33188 16545
狴 zhì_6.10
元覽蠽狴，九頭山海經作狴。

33189 41473
犲 chái_6.10
龍龕音柴字彙補獸名。

33190 44343
猱 náo_6.10
川篇奴刀切。

33191 44344
猰 shù_6.10
龍龕羊北切。又常預切。鎣俗墅。

33192 44345
猰 shù_6.10
搜真玉鏡音戌。

33193 44346
狟 dǐ_6.10
川篇與狟同。

33194 44347
狊 zǎo_6.10
搜真玉鏡音早。

33195 44348
狴 zhì_6.10
五音篇海宅解切音豸。鎣白狴，白澤。

33196 44349
狤 liè_6.10
搜真玉鏡音列。

33197 u2AEBB
狧 náo_6.10
簡獶33644

33198 u2AEBA
狪 null_6.10
未詳。

33199 u24798
狧 sè_6.10
喃同獸33493

33200 u24796
猍 lòi_6.10
喃从犬末lòi聲。

33201 u24795
猵 tấy_6.10
喃从犬再tái聲。水獺。

33202 u24794
狋 thức_6.10
喃从犬式thức聲。

33203 u24793
狾 săn_6.10
喃五千字譯國語·第三十毛族馺，狾。

33204 u24792
狋 ngổng_6.10
喃从犬共cộng聲。

33205 u24791
狟 huí_6.10
俗回08010天津益世報. 1929. Apr. 13.本市新聞禁用狟字，以示一律平等图hòi喃狹狟：狹隘。

33206 u24790
狧 chồn_6.10
喃从犬存tồn聲。貛，貂。

33207 u2478F
狶 xī_6.10
人名古璽彙編. 2048 邢狶图si壯老虎图shī狮33482新加坡簡體字。見學生簡體字字典

33208 u24787
狂 kuáng_6.10 古文狂33056四聲篇海狴，音狂。古文图wá小犬。亦作娃图唐公房碑休謁狴狨，轉景即至。狴狨，往來。

狋 33209 u24786 null_6.10　未詳。

狌 33210 u24785 hú_6.10　俗狐33110

猄 33212 u24783 huì_6.10　简獩33649

猄 33211 u24784 qiāng_6.10　或同猐33313

狲 33214 u72F2 sūn_6.10　简孫33447　也。黃鼠狼，黃鼬五洲衍文長箋散稿猻音猻。潛谷金埩筆談作黃猻。一作獳，黃鼠也，即鼠狼也。其尾可作筆。獳，說文之犬獳不可附也。

狲 33213 u3E87 gwang_6.10　韓獷也，鼪也。

猞 33217 u72EF kuài_6.10　简獪33650

狱 33215 u72F1 yù_6.10　简獄33513

狮 33218 u72EE shī_6.10　简獅33482

狰 33216 u72F0 zhēng_6.10　简猙33330

狭 33219 u72ED xiá_6.10　简狹33240　切，音和◇狭狢，小犬。亦作狖。

独 33220 u72EC dú_6.10　简獨33647

狳 33222 16547 yú_7.11　玉篇與魚切集韻羊諸切丛音余。犰33000狳。鎣又猶33393

猍 33223 16548 bī_7.11　廣韻邊兮切集韻邊迷切丛音鎞玉篇獸名廣韻狴犴，獸也囻廣韻本作陛，牢也集韻或作陛65797囻bi集韻部禮切音陛。狴犴，獄名。

狋 33224 16549 què_7.11　廣韻七雀切集韻七約切丛音鵲玉篇宋良犬廣韻韓獹、宋狋集韻或作猎、獡囻cù廣韻七玉切集韻趨玉切丛音促。義同。

猇 33225 16550 xiāo_7.11　廣韻許交切集韻虛交切丛音虓玉篇犬驚廣韻豕驚。本作猇，或作獢囻xiào集韻許教切音孝。本作猇57219

狵 33226 16551 máng_7.11　廣韻莫江切音厖玉篇犬多毛也廣韻亦作尨囻zhuó集韻竹角切音琢。本作狵57222，或作犹。

猇 33227 16552 wú_7.11　廣韻五胡切集韻訛胡切丛音吾廣韻猿屬集韻獸名。如猿，善啼。或作猱囻wù集韻五故切音誤。猿類犬，而有髯，色黃。

猇 33228 16553 xiāo_7.11　廣韻相邀切集韻思邀切丛音宵玉篇狂病廣韻狂犬也。出文字集略

狶 33229 16554 xǐ_7.11　玉篇許里切音喜。楚人呼豬聲囻馬融·廣成頌拪封狶註狶，豬也。虛起反囻shǐ集韻賞是切音豕通鑑·三皇紀狶韋氏莊子·外物篇以狶韋氏之流，觀今之世囻xǐ集韻許豈切音唏集韻本作豨囻chī集韻抽遲切音絺。狶韋氏，因氏命官也囻yí盈之切音飴。狶韋，太史官名。李軌說囻xī虛宜切音憘。豕也列子·黃帝篇食狶如食人囻集韻香依切音希。義同。鎣又獻33253

奘 33230 16555 zàng_7.11　唐韻徂朗切集韻在朗切，並音奘說文妄彊犬也。從犬從壯，壯亦聲囻廣韻在良切集韻慈良切丛音牆。又集韻側羊切音莊。義丛同囻zhuàng玉篇阻亮切集韻類篇側亮切丛音壯。妄彊也。

狉 33231 16556 pēi_7.11　篇海鋪杯切音坏。貍子也。

猄 33232 16557 gēng_7.11　字彙古行切音庚。獸名。又犬也正字通俗字。

豸 33233 16558 zhài_7.11　集韻丈蟹切玉篇俗豸字◆集韻或作觟、觟，通作豸囻zhi玉篇音稚。義同。

谷 33234 16559 yù_7.11　唐韻余蜀切集韻余玉切丛音欲說文獨谷，獸也。從犬，谷聲集韻一曰豕毛，長尾囻gǔ集韻古祿切音穀廣韻獸，如赤豹，五尾山海經北嚻之山有獸焉，其狀如虎而白身，犬首，馬尾，彘鬣，名獨谷註郭璞曰：谷音谷。

狟 33235 16560 dòu_7.11　集韻大透切音豆玉篇犬吠聲也。

猰 33236 16561 chà_7.11　篇海初轄切音刹。水獸名△集韻作猰，下從木。

狃 33237 16562 yīng_7.11　篇海五郢切，音脛◇狩也。

狷 33238 16563 juàn_7.11　唐韻古縣切韻會規縣切丛音絹說文褊急也。從犬，肙聲集韻有所不爲也論語狷者，有所不爲也晉語小心狷介，不敢行也後漢·陰興傳豐亦狷急註狷，疾也囻廣韻正韻吉掾切集韻規掾切丛音眷。又集韻韻會丛古泫切音玄。或作獧。義丛同囻juān集韻圭玄切，音涓。亦有所不爲也囻玉篇疑，猶豫也。鎣又獝16736獌57460猣33090囻字彙惡17283，吉饌切音絹，與狷同。

貍 33239 16564 lí_7.11　廣韻里之切集韻陵之切丛音釐玉篇似貓詩·豳風取彼狐貍，爲公子裘禮·內則貍去正脊左傳·襄十四年狐貍所居莊子·逍遙遊子獨不見貍狌乎卑身而伏，以候敖者。又徐無鬼是貍德也囻史記·封禪書貍首者，諸侯之不來者註徐廣曰：貍，一名不來。囻揚子方言貔，關西謂之狸囻史記封禪書殺一狸牛，以爲俎豆牢具○按註作犛牛，當與犛通。鎣本作貍57407

狹 33240 16565 xiá_7.11　玉篇下甲切正韻胡夾切丛音匣玉篇同狎。今爲闊狹書·咸有一德無自廣以狹人釋文狹，戶夾反囻廣韻侯夾切集韻轄夾切正韻胡夾切，並音洽。又玉篇下甲切音匣廣韻陝狹禮·禮器禮之大倫，以地廣狹釋文狹，音洽，又戶夾反史記·滑稽傳臣見其所持者狹，而所欲者奢。鎣又狭33219陜65611厌04866

猆 33241 16566 xié_7.11　集韻徐嗟切音邪玉篇猶猆，獸也。

狺 33242 16567 yín_7.11　廣韻語斤切集韻魚斤切，音齗。又集韻魚巾切，音銀廣韻犬爭也。本作狺33051楚辭·九辯猛犬狺狺以迎吠正韻亦作犾囻yǐn集韻擬引切音釿。本作斷75579

狻 33243 16568 suān_7.11　唐韻素官切集韻韻會正韻蘇官切丛音酸說文從犬，夋聲爾雅·釋獸狻麑如虦貓，食虎豹註即獅子也。出西域穆天子傳狻猊、野馬，走五百里廣韻或作猻集韻或作麂囻xùn集韻須閏切音浚。犬急也。

狼 láng_7.11 33244 16569 唐韻魯當切集韻韻會盧當切正韻魯堂切丛音郎說文似犬,銳頭白頰,高前廣後。从犬,良聲。埤雅狼,大如狗,青色。作聲,諸竅皆沸,善逐獸。里語曰:狼卜食。狼將遠逐食,必先倒立,以卜所向,故獵師遇狼輒喜。狼之所嚮,獸之所在也,其靈智如此。古之烽火用狼糞,取其煙直而聚,雖風吹之,不斜爾雅·釋獸狼,牡貛,牝狼註牡名貛,牝名狼,辨狼之種類也詩·齊風並驅從兩狼兮周禮·天官·獸人冬獻狼註狼膏聚,聚則溫図狼藉孟子樂歲粒米狼戾註狼戾,猶狼藉也。又周禮·秋官條狼氏註條,當爲滌器之滌。狼,狼扈道上疏狼,狼扈道上者,謂不蠲之物在道,猶今言狼藉也図星名史記·天官書東有大星曰狼。狼角變色,多盜賊。又律書西至於狼。狼者,言萬物可度量。斷萬物,故曰狼図杜篤·論都賦寠狼邛莋註寠狼,猶攣擾也図地名左傳·文九年楚子師於狼淵,以伐鄭史記·秦本紀白起攻趙,取代光狼城。又白狼縣,屬右北平郡。皋狼縣,屬西河郡。皆見前漢·地理志図後漢·明帝紀西南夷白狼、動黏諸種,前後慕義貢獻図草名爾雅·釋草孟,狼尾註似茅,今人亦以覆屋図姓左傳·文二年狼瞫取戈以斬囚図lǎng集韻里黨切音朗。狼犺,獸名。似猴図郁狼,漢侯國韋昭曰屬魯。狼,音盧黨反。見史記·建元以來王子侯者年表図làng集韻韻會丛郎宕切音浪。博狼,地名。在陽武前漢·張良傳秦皇帝東遊,至博狼沙中註師古曰狼音浪○按史記本作浪。鏊又狼33290獙33492𤟤57419図字典琢屑爾雅·釋草孟,狼尾。舊混書作孟。

狽 bèi_7.11 33245 16570 廣韻集韻丛博蓋切音貝玉篇狼狽也集韻獸名。狼屬也。生子或欠一足,二足者,相附而行,離則顛,故猝遽謂之狼狽。◦後漢·儒林傳狼狽折札之命。鏊又狈33082

狾 zhì_7.11 33246 16571 唐韻集韻丛征例切音制說文狂犬也前漢·五行志宋國人逐狾犬集韻或作猘、瘈○按說文引春秋傳曰:狾犬入華臣氏之門。今本左傳·襄十七年傳作瘈狗図集韻居例切音劀。本作猘。或作瘈𤝝狇。又集韻類篇丛尺制切音掣。或作猘、瘈。又集韻吉詣切音計。本作猘。義丛同。鏊又狾33506𤡭43344瘈33730瘈33722

狿 yán_7.11 33247 16572 廣韻以然切集韻夷然切丛音延玉篇獸名廣韻獌狿,大獸,長八尺集韻似狸而長,或作蜒史記·司馬相如傳窮奇、獌狿揚雄·校獵賦斲巨狿図玉篇丑延切集韻抽延切丛音脡。又廣韻予線切集韻延面切丛音衍。義丛同。鏊又狿33046

狅 tíng_7.11 33248 16573 廣韻特丁切集韻正韻唐丁切丛音庭廣韻猓狅,猿屬也集韻或作猠。

羊 yáng_7.11 33249 16574 正字通移長切音楊。羒獚33583,犬也。

狟 dàn_7.11 33250 41474 龍龕音旦。獨狟,似狼。

犐 zào_7.11 33252 41476 海篇音皁。黑犬。

猇 xī_7.11 33253 44350 篇海同猕漢外黃令高君碑獟猇生中,邦無怨聲。

㹭 àn_7.11 33251 41475 字彙補與犴同

狣 zhào_7.11 33254 44351 搜眞玉鏡同狨。

㹟 jué_7.11 33255 44352 搜眞玉鏡音角。鏊可洪音義㹟勝:上古岳反。正作角、挏19718二形。

㹤 zhài_7.11 33256 44353 五音篇海宅買切。

㹯 bào_7.11 33257 44354 五音篇海音豹。

猊 mào_7.11 33258 44355 篇海類編同貌。鏊又猊33304

㹲 hú_7.11 33259 44356 龍龕同狩

㹞 bǎo_7.11 33260 44357 龍龕同保。鏊龍龕㹞,誤。音保直音篇㹞五音篇音保。㹞守。字本从犬。

狾 zài_7.11 33261 44358 五音篇海音在。

狳 yin_7.11 33262 u2AEBD 簡狳33306

𪺼 u2ABC 未詳。

𤝂 náo_7.11 33265 u247C1 同猱13659

𤞂 độc_7.11 33264 u247C2 喃从犬从育hoang。

𤟽 mường_7.11 33266 u247BD 喃同趌10241

𤞼 lợn_7.11 33267 u247BC 喃从豕省合吝聲△䐒猹:豬肉。猹浙:豬仔。猹艮:閹豬。

猵 hùm_7.11 33268 u247BB 喃同貔57415老虎。

猎 null_7.11 33269 u247BA 漢語大字典.V.2 猎,猎猖腔,秦腔曲牌名図喃从犬告cáo聲△昆猎:狐狸。

獮 shàn_7.11 33270 u247B9 獮33172本字。

𤞘 huán_7.11 33271 u247B8 狟33150本字。

狱 yì_7.11 33272 u247B7 同埶08793見殷周金文集成 4.2141狱父鼎、7.3976狱駿簋、15.9300狱駿觥蓋

猠 bīn_7.11 33273 u247B1 同豩57226

㹎 hān_7.11 33273 u247B6 漢語方言大詞典駝鹿。東北官話。吉林図hanj壯野狸。

狇 qiú_7.11 33275 u247B0 獨龍族之舊稱新字典狇,讀如求。雲南西邊野夷,居瀾滄江大雪山外。

狽 null_7.11 33276 u247AD 未詳。

猙 null_7.11 33277 u247AC 未詳。

狨 rái_7.11 33278 u247AB 喃从犬戒giới聲△狨魛:水獺。

𤞉 rọ_7.11 33279 u247AA 喃从獸省呂lữ聲。

狇 rọ_7.11 33280 u247A9 喃从獸省助trợ聲。

狪 bò_7.11 33281 u247A8 喃从犬甫phủ聲。黃牛。

狪 khọn_7.11 33282 u247A7 喃从猿省困khốn聲。

獉 33283 u247A6
mǒi_7.11 喃从犬每mǒi聲。蠻夷 ⊠mui 壯熊。

狝 33284 u247A4
xiǎn_7.11 簡獮33762

狼 33290 uF92B
láng_7.11 參見狼33244

猷 33285 u247A3
yàn_7.11 玉篇殘卷猷，說文亦猷33318字也。

獫 33286 u7303
xiǎn_7.11 簡獫33651

猂 33287 u7302
hàn_7.11 同悍17398

猁 33288 u7301
lì_7.11 猋猞猁，英吉利的蔑稱。

猕 33289 u7300
shā_7.11 民國新字典讀如沙。種族名。廣西有之。緣江遷流，居無定所。

猄 33291 16575
jīng_8.12 玉篇九卿切音荆。義闕 字彙 獸名。

猅 33292 16576
pái_8.12 集韻 類篇 丛蒲皆切音排。犬短首謂之猅。

猆 33293 16577
fēi_8.12 廣韻 甫微切音飛。姓也 左傳 晉有猆豹。○按 左傳·襄二十三年 本作斐豹△正字通 猆字之譌 姓譜 有非、猆，無斐。

猈 33294 16578
gēng_8.12 集韻 居行切音庚。猈猈，犬名。

猋 33295 16579
tà_8.12 廣韻 他合切 集韻 託合切丛音鰨 玉篇 犬食 廣韻 亦作猺 集韻 本作猺33173 鏊 正字通 猺猛，俗字，舊註丛同猺，非。猋，同猺。

猍 33296 16580
shà_8.12 玉篇 所甲切音霎。豕母也○按 廣韻 集韻 書作猳。鏊 又猈57236猍33545

猺 33297 16581
yáo_8.12 集韻 于包切音侉 玉篇 虎欲齧人聲也。⊠集韻 一曰國名 ⊠一曰犬聲 ⊠xiāo 廣韻 許交切 集韻 虛交切丛音哮 集韻 本作猇，或作唬。又 廣韻 胡茅切 集韻 何交切丛音肴。義丛同 ⊠ 廣韻 縣名 前漢·地理志 濟南郡猺註 侯國。師古曰今東朝陽有猺亭 ⊠xiáo 集韻 吁嬌切音鴞 前漢·地理志註 蔡晉音鴞 ⊠chí 類篇 陳知切音馳。義同 ⊠yóu 集韻 夷周切音由 前漢·地理志註 師古：音于虬反。鏊 正字通 猺，俗猺字。

猡 33298 16582
qiāng_8.12 集韻 枯江切音腔。本作腔47439或作控。

猈 33299 16583
bài_8.12 唐韻 薄蟹切 集韻 部買切丛音矲 說文 短脛狗也 ⊠廣韻 一曰案下狗也 ⊠pí 集韻 蒲糜切，音皮 春秋·昭十三年 楚有史猈。或作猈 ⊠pí 集韻 頻彌切音陴。又蒲街切音牌。義丛同。亦作猈 ⊠pái 廣韻 步皆切 集韻 蒲皆切音排 廣韻 短頭狗也 ⊠• 集韻 人名。

猉 33300 16584
qí_8.12 集韻 渠之切音其。汝南謂犬子爲猉。

猥 33301 16585
wō_8.12 集韻 烏和切音倭 玉篇 本作猧。犬名 集韻 小犬 ⊠wēi 集韻 邕危切音透。猥猗，犬屬。

猢 33302 16586
jú_8.12 廣韻 集韻 丛居六切音菊 廣韻 石猢，獸名。食猴也 集韻 黃腰也。

猭 33303 16587
xiàn_8.12 集韻 呼豏切音陷。犬聲。

猊 33304 16588
ní_8.12 廣韻 五稽切 集韻 研奚切丛音倪 廣韻

狻33243猊，師子屬。一走五百里 廣韻 亦作麑。鏊 猻猊，野獸名 ⊠猊33258猊57423

猋 33305 16589
biāo_8.12 唐韻 甫遙切 集韻 韻會 正韻 卑遙切丛音標 說文 犬走貌。从三犬 ⊠爾雅·釋天 扶搖謂之猋 註 暴風从下上 疏 李巡曰：猋，上也 釋文 猋，必遙反 ⊠爾雅·釋草 猋，藨，芀 註 皆芥菜之別名 疏 芀，一名猋。又名藨，雚茅之屬 ⊠piāo 集韻 紕招切音漂。回風也 禮·月令 猋風，暴雨總至 註 回風爲猋 釋文 本又作飄。徐音方遙反。鏊 又猋10115

猌 33306 16590
yìn_8.12 唐韻 集韻 丛魚僅切音憖 說文 犬張斷怒也。从犬，來聲 ⊠說文 讀若銀。義同。鏊 又猌33262

猍 33307 16591
lái_8.12 廣韻 落哀切 集韻 郎才切丛音來 玉篇 貍也 廣韻 本作狳57427 ⊠lí 集韻 陵之切音犁。本作貍57407 或作狸、狳。

猎 33308 16592
jí_8.12 廣韻 集韻 丛秦昔切音藉 玉篇 獸名。或作猲。獸，似熊 ⊠xī 集韻 祥亦切音席 山海經 先民之山，有黑蟲，如熊狀，名曰猎猎 註 郭璞曰：或作猲，音夕。⊠集韻 思積切音昔。義同 ⊠què 集韻 韻會 七約切。正韻 七雀切丛音鵲 彙雅 宋良犬。一名猎猎 集韻 本作狑33224或作猲。鏊 又狖33601 ⊠玉篇 秦亦切。獸名。或作猲33548 廣韻 秦昔切。獸名。似熊。出 山海經 王一秦昔反。黑狩。似熊。

猁 33309 16593
chǐ_8.12 字彙 昌止切音齒。獸名 正字通 獺字之譌。

猌 33310 16594
chǎn_8.12 唐韻 初版切 集韻 楚綰切丛音鏟 說文 齧也。从犬，戔聲 ⊠玉篇 犬食也 ⊠zhàn 集韻 楚限切音剗。齧也 ⊠仕限切音棧。犬食曰猌。鏊 又狨33136

猏 33311 16595
jiān_8.12 廣韻 古賢切 集韻 經天切丛音肩 廣韻 俗豜57203字。同猏 呂氏春秋 懼虎而刺猏。

狘 33312 16596
yǎn_8.12 集韻 以冉切音琰 山海經 女和月母之國有人，名曰鹓。北方曰鹓，來之風曰狘。是處東極隅，以止日月，使無相間出沒，司其短長 註 言北方亦有兩名，曰鹓，曰狘。任臣云人名曰鹓，亦曰狘，處東隅以止日月。

猐 33313 16597
qiāng_8.12 廣韻 去羊切 集韻 墟羊切丛音蜣 廣韻 本作羌。

猍 33314 16598
dōng_8.12 集韻 都籠切音東。本作猍45856

猑 33315 16599
kūn_8.12 廣韻 古渾切 集韻 公渾切丛音昆 廣韻 獸名 ⊠集韻 大犬也 ⊠• 馬融·廣成頌 絹猑蹏 註 猑蹏，野馬也○按 爾雅·釋畜 作駃騠。

猏 33316 16600
àn_8.12 篇海 音岸，今作犴。獸名 正字通 俗豻字

猏 33317 16601
yòu_8.12 篇海 余救切，音右◇獸名。似猿 正字通 字之譌。

猒 yàn _8.12　唐韻 集韻 於鹽切 廣韻 一鹽切 韻會 幺鹽切 丛音懕 說文 飽也。从甘从肰 玉篇 足也 說文 或作猒 玉篇 亦作猒 廣韻 亦作壓 図 廣韻 集韻 正韻 丛於豔切音懕。義同 廣韻 亦作壓 集韻 亦作厭、懕 図 玉篇 於甲切音押 集韻 益涉切音魘。義丛同△ 集韻 本作猒，或作壓。鏊 又猒33543

猓 guǒ _8.12　廣韻 集韻 丛古火切，音果 玉篇 猓然，獸也 集韻 似猴。通作果。

狡 jiǎo _8.12　篇海 古巧切音皎。疾也，健也，猾也，狂也 正字通 俗狡字。

將 jiāng _8.12　唐韻 卽兩切 集韻 子兩切 丛音奬 說文 豯犬屬之也。从犬，將省聲。

猔 zòng _8.12　玉篇 子宋切音綜。犬生一子○按 廣韻 集韻 韻 有猭無猔。音義丛同。鏊 又猵33535 図 猐kǔ 猔，種族名，古羌人，今稱拉祜族，居雲南。

獼 mí _8.12　集韻 民卑切音彌。本作彌33739或作狝。

猲 zhé _8.12　唐韻 集韻 丛陟革切音摘 說文 犬張耳貌。从犬，易聲 廣韻 犬怒張耳。

猖 chāng _8.12　廣韻 尺良切 集韻 韻會 蚩良切 正韻 齒良切 丛音昌 玉篇 狂駭也 廣韻 猖狂 莊子·山木篇 猖狂妄行，乃蹈乎大方 後漢·李通傳 猖狂無妄之福 図 或作昌 屈原·離騷 何桀紂之猖披 註 一作昌被。鏊 又猖19998

獝 jué _8.12　集韻 九勿切音屈。猾猵，西域獸名。食香，無毛，但自鼻有毛，廣寸許，至尾。燒、刺不能傷。

猋 piāo _8.12　廣韻 平表切 集韻 被表切 丛音受 玉篇 獝也。又 集韻 巨夭切音驕。又俾小切音標。義丛同。図 jiào 集韻 類篇 丛巨小切音蹻 博雅 猋狁，健也。

猗 yǐ _8.12　唐韻 於離切 集韻 韻會 正韻 於宜切 丛音漪 說文 犗犬也。从犬，奇聲 図 玉篇 歎辭也 詩·周頌 猗與漆沮 箋 猗與，歎美之言也。又 商頌 猗與那與 晉語 猗兮違兮 呂氏春秋 塗山女歌曰：侯人兮猗。實始作為南音 図 廣韻 長也，倚也 詩·小雅 有實其猗 傳 猗，長也 箋 猗，倚也 図 詩·衞風 綠竹猗猗 傳 猗猗，美盛貌 班固·西都賦 曄曄猗猗 図 玉篇 猗氏，縣名 史記·貨殖傳 猗頓用鹽鹽起 註 以興富於猗氏。故曰猗頓 図 與漪通 詩·魏風 河水清且漣猗 釋文 本亦作漪 図 與兮通 書·秦誓 斷斷猗，無他伎 疏 猗者，足句之辭，不爲義也 禮·大學 引此作斷斷兮。猗是兮之類 図 與猗通 詩·齊風 猗嗟昌兮 傳 猗嗟，歎辭 釋文 或作猗 図 與依同 前漢·孔光傳 猗違者連蔑 図 yǐ 廣韻 於綺切 集韻 韻會 正韻 隱綺切 丛音倚 廣韻 猗狁，猶窈窕也 集韻 猗狁，弱貌 詩·衞風 寬兮綽兮，猗重較兮 釋文 猗，於綺反。依也 図 詩·豳風 猗彼女桑 傳 角而束之曰猗 釋文 於綺反。徐於宜反。図 詩·小雅 楊園之道,猗于畝丘 傳 猗，加也 図 ē 集韻 倚

可切 正韻 烏可切 丛音妸 集韻 柔貌 詩·檜風 隰有萇楚，猗儺其枝 傳 猗儺。柔順也 釋文 猗，於可反 集韻 或作阿 図 yǐ 集韻 於義切音輢。相附著也 詩·小雅 兩驂不猗 疏 不相依倚 釋文 猗，於害反。又於綺反 図 韻會 於記切音意。義同。鏊 又猗57428

猘 zhì _8.12　古文 狾 集韻 征例切音制。本作狾33246，或作瘈 図 集韻 韻會 丛居例切音罽。義同 淮南子·氾論訓 猘狗之驚，以殺子陽 集韻 或作狾瘈 毉 図 ji 集韻 吉詣切音計。或作狾。義同。鏊 又猤33337狾33514

狰 zhēng _8.12　廣韻 側莖切 集韻 甾莖切 丛音爭 廣韻 獸名。似豹，一角，五尾 山海經 章峨之山有獸焉，狀如赤豹，五尾一角，音如擊石，其名曰狰 註 一曰似狐，有翼 黃氏續騷經曰：梟授翼於狰狰 図 zhēng 集韻 中莖切音玎。狰獰，犬毛 図 jìng 廣韻 集韻 丛疾郢切音靜 廣韻 獸，似狐，有翼 集韻 飛狐也 山海經·如狰註 郭璞曰：本音靜。鏊 又狰33216

猭 zhuó _8.12　集韻 直角切音濁 玉篇 猛犬 集韻 大猛噬 図 zhào 玉篇 豬孝切 集韻 陟教切丛音罩 玉篇 狩也。図 集韻 獸名。

雅 yǎ _8.12　唐韻 五佳切音涯 說文 鳥也。从佳犬聲。図 水名 說文 睢陽有雅水 図 yǐ 集韻 魚其切音疑。鳥名 図 lěi 廣韻 力軌切 集韻 魯水切丛音壘 玉篇 似獼猴 廣韻 本作蜼 集韻 或作蜼 図 yòu 集韻 余救切音柚。義同。本作蜼。或作猶。鏊 朱駿聲 說文通訓定聲 雅，雅鳥也。从佳犬聲。睢陽有雅水。按：玉篇 有邪33005字，睢陽鄉名。此水當在此鄉也。惟雅篆大徐五佳切，玉篇 邪字胡灰切，似从犬隹聲，疑未能明也。又按：中山經 首山多狱鳥。注：音如鉗鈦之鈦。从鳥與从佳同，疑即雅字之誤。

猛 měng _8.12　古文 座 唐韻 莫杏切 集韻 韻會 正韻 母梗切丛音蜢 說文 健犬也 図 猛氏，獸名 司馬相如·上林賦 鋋猛氏 註 郭璞曰：今蜀中有獸，狀如熊而毛淺，有光澤，名猛氏 図 玉篇 健也 廣韻 勇猛 禮·郊特牲 虎豹之皮，示服猛也 図 玉篇 嚴也 左傳·昭二十年 惟有德者能以寬服民，其次莫如猛 図 玉篇 惡也，害也 禮·檀弓 苛政猛于虎 図 虎猛縣，屬西河郡。猛陵縣，屬蒼梧郡。皆見 前漢·地理志 図 山名 淮南子·地形訓 汝出猛山。図 姓 廣韻 左傳 晉大夫猛獲之後。鏊 又懞17714勐04046

猜 cāi _8.12　唐韻 集韻 韻會 正韻 丛倉才切音偲 說文 恨賊也 揚子方言 猜，恨也 左傳·僖九年 送往事居，耦俱無猜，貞也 註 兩無疑恨 図 玉篇 疑也，懼也 左傳·昭七年 雖吾子，亦有猜焉 図 小爾雅 猜，很也 史記·吳起傳 猜忍人也。鏊 又悆17615賊37884

猝 cù _8.12　唐韻 麤沒切 集韻 韻會 正韻 蒼沒切丛音縒 說文 犬从艸暴出逐人也 図 玉篇 言倉卒，暴疾也，

突也揚子方言葉，猝也△玉篇今作卒。鋻又狲33075
猝16694 図正字通猝57421猝字之譌。

猍 33336 16620
shū_8.12 ‧正字通與倏同同文備考从走狗立類，
叔聲。爲凡倏忽字。小篆上从攸，蓋叔之誤。俗書下从
火，乃犬之誤也。

厀 33337 16621
zhì_8.12 正字通同猘○按集韻猘字有征例、居例
二切，丛同。瘈从疒，不从厂，丛無厀字正字通从厂，
非是。

猍 33338 16622
lì_8.12 音戾山海經樂馬之山有獸焉，其狀如彙，
赤如丹火，其名曰猍註郭璞曰：音戾。

猌 33339 41477
rán_8.12 字彙補與然同石鼓文眞猌會同。

猿 33340 44359
yuán_8.12 龍龕與猨同。

猍 33341 44360
lè_8.12 字彙補力末切，音勒◇。

猱 33342 44361
náo_8.12 龍龕同猱

猍 33343 44362
cǎi_8.12 川篇音采。

猍 33344 44363
lù_8.12 搜眞玉鏡力谷切。

猍 33345 44364
xū_8.12 五音篇海同猯

猍 33347 u2AEC1
null_8.12 未詳。

猿 33346 u2B7A4
yuán_8.12 俗猿33458

宋元以來俗字譜引太平樂府、目連記

猍 33350 u2AEBE
null_8.12 未詳。

猪 33351 uFAA0
zhū_8.12 兼猪33355

獮 33348 u2AEC0
xiān_8.12 獮33743初文獮作旅彝卤獮乍旅彝

猍 33349 u2AEBF
muông_8.12 喃从犬門mōn聲。與獮33566同。狗，獸。

猍 33352 u247DB
thỏ_8.12 喃从犬从兔thỏ。兔。

猪 33355 u732A
zhū_8.12 參見猪33380

猍 33353 u247D4
chàng_8.12 字海同
悵17539字見清·鈕琇觚賸·粵觚上語字之異

猍 33356 u7321
luó_8.12 简獵33759

猍 33354 u247D2
jiāng_8.12 獎33531本字
說文猻，嗾犬厲之也。从犬，將省聲。

独 33357 u7320
jeon_8.12 韓山羊朴通事諺解·上店裏買独皮去來。

猎 33358 u731F
liè_8.12 同獵33705

猍 33359 u731E
shē_8.12 猞猁，獸名。

猢 33360 16623
hú_9.13 廣韻戶吾切集韻洪孤切丛音胡廣韻獅
猢，獸名。似猨集韻本作貙75402或作㹱，亦書作貑。
○按廣韻猢、貙分列。鋻亦書作貑。貑75424譌字。宋
本集韻作䝤75407

猍 33361 16624
zōng_9.13 廣韻子紅切集韻祖叢切丛音猣玉篇犬
生三子爾雅·釋畜犬生三，猣○按爾雅·釋畜本音宗。
鋻又猣33448

猍 33362 16625
xiàn_9.13 字彙見周宣王石鼓文，薛作獻○按石鼓
文第十鼓有猍字，薛作獻字彙引石鼓文作獻，譌。

猍 33363 16626
nǎo_9.13 廣韻奴皓切集韻乃老切丛音腦廣韻貐
狫集韻雌豿廣韻或作貓集韻或作貓貕鋻又貓33180
貓57383貕57467貓57498

獖 33364 16627
guì_9.13 廣韻集韻丛其季切音悸廣韻壯勇貌集
韻武猛也左思·吳都賦狂趡獷獖註獖，壯勇之貌。其
翠切図kuí集韻渠惟切音葵。義同図kuǐ巨癸切音獷。
獷悍也。

猍 33365 16628
xià_9.13 篇海火嫁切音塅。猶聲也。

猥 33366 16629
wěi_9.13 唐韻集韻韻會正韻丛烏賄切音腲說文
犬吠聲。从犬，畏聲図玉篇犬生三子也図多也詩·大
雅·卷阿箋賢者則猥來就之疏猥者，多而疾來之意前
漢·溝洫志水猥盛，則放溢註師古曰猥，多也図集韻一
曰并雜左傳·隱五年·皁隸註取此雜猥之物，以資器備
図史記·律書猥云德化，不當用兵前漢·文帝三王傳何
故猥自發舒註師古曰猥，曲也図盛也前漢·賈山傳江
皐河瀕，雖有惡種，無不猥大註師古曰猥，盛也図積
也前漢·董仲舒傳科別其條，勿猥勿并註師古曰猥，
積也。又五行志兼受其猥註師古曰猥，積也。謂積斂
也図廣韻鄙也洞冥記黃安自云卑猥図wèi集韻烏
潰切音䢃。犬衆吠也。鋻又猥狣，卽猥瑣図很16731

猍 33367 16630
xiào_9.13 集韻後教切音效。猍猍，犬吠。

猎 33368 16631
yān_9.13 唐韻乙咸切集韻於咸切丛音洛說文窨
中犬聲。从犬从音，音亦聲廣韻犬吠聲図廣韻集韻丛
於陷切音窨。義同。

猦 33369 16632
fēng_9.13 廣韻方戎切集韻方馮切丛音風玉篇猦
狒，獸名。有尾，小打卽死，因風更生廣韻猦母，狀如
猿，逢人則叩頭，小打便死，得風還活。出異物志正
字通猦貍，狀如猿而小，目赤，尾短如無尾，身無毛，
自鼻至尾一道有青毛，廣寸許，見人若慙，屈頸叩頭，
擊之卽死，以口向風，須臾復活。本作風酉陽雜俎一
名猺猦。

猍 33370 16633
xū_9.13 集韻新於切音胥。猨屬。鋻又猍33345

猍 33371 16634
wō_9.13 集韻烏和切音倭玉篇犬名。亦作猨元
之詩嬌猍睡猶怒。

猨 33372 16635
yuán_9.13 廣韻雨元切集韻于元切丛音袁玉篇似
獼猴而大，能嘯埤雅猨，猴屬。長臂，善嘯，便攀援，
故其字从援省。或曰猨性靜緩，故从爰。爰，緩也論衡
曰：猨伏於鼠。今人取鼠以繫猨頸，猨不復動史記·
廣傳廣爲人長，猨臂，其善射，亦天性也司馬相如·上
虛賦赤猨蠷蛫後漢·方術傳五禽之戲，四曰猨図司
相如·子虛賦註象俗呼爲江猨図玉篇亦作蝯集韻本
作蝯。亦作猿狿猨。

（右上角）鋻石鼓文獻禽其冎。用獻用祀。獻字卢下从古作。

猨
yuán_9.13 字彙俗猨字。鎣又猿33419，同形字。

徨
huáng_9.13 集韻胡光切音黃。本作獚33583

猩
xīng_9.13 唐韻集韻丛桑經切音星。說文猩猩，犬吠聲。从犬，星聲图shēng廣韻所庚切集韻韻會正韻師庚切丛音生玉篇猩猩，如狗，面似人廣韻猩猩，似猿爾雅·釋獸猩猩，小而好啼註山海經曰：人面豕身，能言語。今交阯封谿縣出猩猩，狀如貛独，聲似小兒啼禮·曲禮猩猩能言，不離禽獸玉篇亦作狌。

猴
gǎn_9.13 集韻古襌切音感。犬名图yán廣韻五咸切集韻魚咸切丛音嵒廣韻羊有力也集韻羊牝謂之猴

猵
dùn_9.13 集韻徒困切音遁玉篇道犬集韻犬也。

猊
yíng_9.13 廣韻以成切集韻怡成切丛音盈玉篇似狐廣韻似狐，色黃集韻獸名。黃狐也。

狟
huī_9.13 唐韻許韋切集韻吁韋切丛音暉山海經獄法之山，有獸焉，其狀如犬而人面，善投，見人則笑，其名山狟。其行如風，見則天下大風註郭璞曰：狟，音暉爾雅翼曰：鬶鬶，亦名山狟。吳任臣曰狒狒，人形。山狟，獸狀。故有差別图hún廣韻戶昆切集韻胡昆切丛音魂。義同左思·吳都賦狟子長嘯註狟，胡奔切。图xūn集韻類篇丛許云切音薰。本作獂33682
鎣又輝33415狟57457鬒75399

豬
zhū_9.13 廣韻俗豬字。鎣通作猪33355

貓
māo_9.13 廣韻武瀌切集韻眉鑣切丛音苗玉篇夏田也。图廣韻俗貓57448字。

猬
wèi_9.13 集韻于貴切音胃玉篇毛刺也集韻本作蝟。隸作彙。或作蝟、貁。

猵
tí_9.13 集韻田黎切音睼玉篇犬也。

猭
chuān_9.13 廣韻丑緣切集韻椿全切丛音剟玉篇玀猭廣韻玀猭，兔走貌集韻獸走貌。或作逐图集韻重緣切音傳。又余專切音沿。義丛同图shān集韻類篇丛尸連切音羶。獸名。似兔集韻抽延切音脡。義同。图chuàn廣韻丑戀切集韻寵戀切丛音鶨廣韻獸走草馬融·廣成頌獸不得猭註猭，走也。丑戀反集韻或作篴。鎣又趣58537

獻
xiàn_9.13 篇海同獻字彙俗獻字。

猯
tuān_9.13 集韻他官切音湍玉篇野豬集韻本作貒57444

猍
nóu_9.13 集韻奴侯切音羺。犬怒貌。或作獳。

猰
yà_9.13 唐韻烏黠切集韻正韻乙黠切，並音揠說文猰貐，獸名淮南子·本經訓殺猰貐图玉篇烏八切音

婨。義同图jiá集韻訖黠切音戛玉篇雜犬也集韻犬也图廣韻古鎋切集韻居鎋切丛音䫠廣韻雜犬集韻雜也图qiè廣韻苦結切集韻詰結切丛音挈◆廣韻猰犺，不仁图集韻獸名图yè一結切音噎。猰貐，似貙。或作貜图集韻煙奚切音鷖。又壹計切音翳。義丛同。△廣韻集韻本作貜57439鎣又猣33416

猱
náo_9.13 廣韻集韻韻會正韻丛奴刀切音猲玉篇獸也廣韻猴也詩·小雅毋教猱升木傳猱，猨屬箋猱之性，善登木疏猱則猿之輩屬，非猨也。陸璣云猱，獼猴也。楚人謂之沐猴，老者爲玃，長臂者爲猿，猿之白腰者爲獑胡，獑胡、猨、駿捷於獼猴，然則猱猨其類大同也坤雅狨，一名猱。顏氏以爲其尾柔長可藉。制字从柔，以此故也爾雅·釋獸猱猨善援疏猱，一名蝯。善攀援樹枝图爾雅·釋獸蒙頌，猱狀疏蒙頌，一名蒙貴。狀似猨，故曰猱狀△集韻本作夒，或作獿獿蛱图róu集韻而由切音柔。或作夒，通作蝚。又廣韻集韻丛女救切音糅。義丛同图集韻乃豆切音耨。義同詩·小雅猱升木。沈重讀。鎣又惣33342

愢
xǐ_9.13 廣韻胥里切集韻想止切丛音葸廣韻不安貌。又作偲。

狗
gǒu_9.13 韻會本作狗33122

猂
zhù_9.13 類篇朱成切音注。鄉名，在河南〇按廣韻集韻作獰。鎣類篇作獰33630

猶
yú_9.13 篇海同狳正字通俗貐字。

豰
dú_9.13 集韻默33608古作豰图廣韻獸名。如鼠。鎣又猷33423默33608狆33127

猲
xiē_9.13 廣韻集韻韻會正韻丛許竭切音歇說文短喙犬也爾雅·釋畜短喙，猲獢詩·秦風載獫猲獢图廣韻集韻韻會正韻丛許葛切音喝。義同集韻本作歇。或作獚、猲图廣韻恐也前漢·王子侯表葛魁節侯寬，坐縛家吏，恐猲受賕，棄市。又王莽傳各爲權勢，恐猲良民註師古曰猲，以威力脅之也。音呼葛反图廣韻起法切集韻气法切丛音妡。義同。或作獥图gé集韻居曷切音葛。猲狙，巨狼。或作獨图hài集韻虛艾切音餀犬臭也。

猳
jiā_9.13 廣韻古牙切集韻居牙切丛音嘉廣韻俗貑字管子·戒篇東郭有狗嘩嘩，旦暮欲齧我猳，而不使也。

猰
tú_9.13 集韻陀沒切音突。獸名。

猴
hóu_9.13 唐韻乎溝切廣韻戶鉤切集韻胡溝切，並音侯說文本作猴，夒也。从犬，矦聲廣韻獼猴，猱也坤雅猴，善候，其字从矦白虎通曰：侯，侯也。楚人謂之沐猴。舊說此獸無脾，以行消食。猨之德靜以緩，猴之德躁以囂史記·項羽紀人言楚人沐猴而冠耳，果然。图果名西京雜記上林苑初修，羣臣各獻名果。查有三

種，內有猴查。梅有七種，內有猴梅。鋆 又猴33508

獀 sōu_9.13 唐韻所鳩切音蒐 說文南越名犬獿獀。从犬，叟聲 图玉篇秋獵也。亦作蒐。同獀○按廣韻集韻俱作獀 集韻先侯切音涑。與說文義同。

猵 biān_9.13 唐韻布玄切 集韻卑眠切 夶音邊 說文獺屬。从犬，扁聲。或作獱淮南子·兵略訓畜池魚者，必去猵獺 图piān 集韻韻會紕延切 正韻紕連切夶音篇 玉篇獺屬 集韻猵狙，猿類。一曰非類，爲牝牡也。○按猵狙莊子作猵狙33125 图pìn 廣韻毗忍切 集韻婢忍切夶音牝。獺屬 图pín 集韻毗賓切音頻。本作獱。義同 图fèi 五音集韻芳未切音費。猵狙，獸名。似猿而狗頭 图piàn 集韻匹羨切音騗。義同。

猶 yóu_9.13 唐韻以周切 集韻韻會夷周切夶音由 說文玃屬。从犬，酋聲 集韻居山中，聞人聲，豫登木，無人乃下。世謂不決曰猶豫。或作猷 爾雅·釋獸猶，如麂，善登木 註健上樹 禮·曲禮所以使民決嫌疑，定猶與也 疏猶、與二獸，皆進退多疑。人多疑惑者似之，故謂之猶與 淮南子·兵略訓擊其猶猶，凌其與與 图說文隴西謂犬子爲猶 图廣韻似也 詩·召南寔命不猶 傳猶，若也。又 小雅淑人君子，其德不猶 禮·喪服兄弟之子猶子也 集韻可止之辭也 詩·魏風上慎旃哉，猶來無止 傳猶，可也 图本作猷 詩·小雅克壯其猶 傳猶，道也 箋猶，謀也，兵謀也 疏能光大其運謀之道 又謀猶回遹 箋謀爲政之道。又 大雅王猶允塞 箋猶，謀也 图廣韻尚也 禮·檀弓仲子亦猶行古之道也 图詩·周頌隋山喬嶽，允猶翕河 箋猶，圖也。小山及高嶽，皆信於山川之圖而次序祭之 图夷猶 禮·檀弓君子蓋猶猶爾 註疾舒之中 楚辭·九歌君不行兮夷猶 图管子·地員篇下土曰五猶。五猶之狀如糞 图前漢·地理志夶猶縣，屬臨淮郡。图姓 正字通宋猶道明 图yáo 集韻 正韻夶餘招切音遙 集韻本作猷。徒歌也。或作謠 图與搖通 禮·檀弓咏斯猶，猶斯舞 註猶當爲搖，謂手動搖也。秦人猶、搖聲相近 釋文猶，依註作搖，音遙 图廣韻 集韻夶居祐切音究 爾雅·釋獸·音義弋 又反 图廣韻 集韻韻會夶余救切音柚 爾雅·釋獸音義羊救反。鋆又犹33029猶33432

猷 yóu_9.13 廣韻以周切 集韻韻會夷周切夶音由。爾雅·釋詁猷，謀也 疏猷者，以道而謀也 大雅·文王云厥猷翼翼。猷、猶音義同書·盤庚汝猷黜乃心，無傲從康 又聽余一人之作猷。又 君陳爾有嘉謀、嘉猷，則入告爾后于內 图爾雅·釋詁猷，言也 註猷者，道。道亦言也 图爾雅·釋言猷，圖也 周禮·春官以猷鬼神祇。註猷謂圖畫 图爾雅·釋宮猷，道也 註道路之異名 图爾雅·釋言猷，可也 詩·魏風猷來無止 箋猷，可也。图爾雅·釋言猷，若也。引詩寔命不猷○按今 詩·召南作猶 傳猶，若也 图書·大誥猷大誥爾多邦 傳猷，道也。順大道，以誥天下衆國 疏鄭本猷在誥字下，此本在大字上，言以道誥衆國，於文爲順。又周官若昔大猷 傳言

當順古大道 图爾雅·釋詁猷，己也 註義未詳 图揚子方言猷，詐也 註猶者，言故爲詐。鋆又猷62219獻33626 图猷31282，俗猷 碑別字新編引魏元詮墓誌

猴 hóu_9.13 說文猴本字。

猲 tà_9.13 集韻同猶

臬 chuò_9.13 廣韻 集韻夶同龟 山海經緱山，其獸多麢、臬 註臬，似兔而鹿腳，青色 顏延之·自陳表息臬庸微，過宰近邑 图司馬相如·大人賦蜩蟉偃蹇，怵臬以梁倚 註怵臬，奔走也。

猸 méi_9.13 類篇旻悲切。獸名。

猼 gé_9.13 字彙補古客切，音革◇人名。

猳 jiā_9.13 搜眞玉鏡古退切 字彙補豕也。

猻 null_9.13 字彙補音未詳。西南苗人名，明季都司傅元勳，攻白蕩毛臺，斬獲大頭目阿獨猻苗級二十一。

猿 xuān_9.13 五音篇海音宣。

猠 tí_9.13 五音篇海音啼。

猳 jí_9.13 字彙補猳字之譌。

猽 hōng_9.13 搜眞玉鏡音匋。

輝 huī_9.13 五音篇海同揮。

猺 shé_9.13 字彙補與鉇同。

猍 chái_9.13 搜眞玉鏡音柴。鋆俗豺57336 直音篇猍同豺。

猠 null_9.13 未詳。

猯 null_9.13 囒未詳。

猿 yuán_9.13 兼猨33373亦作猨。今作猿。

猶 zá_9.13 龍龕祖葛切

猏 yà_9.13 龍龕與猏同

猵 xún_9.13 俗循16720 乾隆潮州府志·卷十二·風俗文義：尺牘詩文中字體之變殊難悉數……又多僞字，如華爲華，泥爲坭，誕爲誑，循爲猵。

猷 dú_9.13 同猷33394

猻 lǔ_9.13 簡獲33528

猽 yīng_9.13 猽猹猁，英吉利的蔑稱。

猿 ươi_9.13 囒从犬哀ai聲。同猴33497

猛 voi_9.13 囒从猷省盃bôi聲。大象。亦作猡。

猳 jiā_9.13 俗猳33465 图gà囒从犬哥ca聲。

猘 kěnh_9.13 囒从犬勁kinh聲△翁猘：虎。

猫 đười_9.13 囒从猿省苔đầy聲△猫埃：類人猿。

猶 yóu_9.13 俗猶33401 碑別字猶，猶·漢張遷碑 廣碑別字猶引唐麓山寺碑 图同獢69609古文髮 殷周金文集

成 1.35 猷鐘福無彊，熵其萬年，子子孫孫永寶。

犿 33434 u247F8
chēn_9.13 同㺐33533 類篇 㹨，癡鄰切。㹨㺜，連延兒。

猹 33435 u247F7
wāi_9.13 猹狹口，歪26590咧嘴 西遊記·第八十九回
（小妖）糟鼻子，猹狹口，獠牙尖利。

猒 33436 u247F6
yàn_9.13 說文猒，猒33318或从目。

㺀 33437 u247F3
null_9.13 未詳。

猹 33433 u247F9
yù_9.13 同禹40165
宋·晁補之是是堂賦前夔魖後虎豹兮，猹㺔笑而施施

猸 33438 u247F2
null_9.13 未詳。

猺 33439 u247F1
null_9.13 未詳。

猁 33440 u247F0
null_9.13 未詳。

獀 33443 u3E86
null_9.13 未詳。

猦 33441 u247EF
miǎn_9.13 地名用字 高宗純皇帝實錄·卷之四 元江
所屬善政里豬山者、鬼布林、臘猛三鄉，上、下猛猦、
猛松、左戛，及惠遠里之磨鋪薩等寨，應改歸普洱管轄。

猒 33442 u247EE
fú_9.13 俗獙75136亦作獻33503

猹 33444 u7339
chá_9.13 獾類。魯迅所造字，見 吶喊·故鄉

猒 33425 u2480A
null_9.13 未詳。

猺 33445 16670
yáo_10.14 廣韻集韻丛
餘招切音遙 廣韻獸名 区 獏猺，狗種也。

㺱 33446 16671
pán_10.14 廣韻薄官切集韻蒲官切丛音盤 廣韻 㺱
狐，犬也 集韻㺱狐，犬短尾。鞏 正字通 㺱，舊註音盤。
㺱狐，犬也。按：桂海虞衡志有盤瓠蠻，今辰州地，即
古五溪蠻也 風俗通 載高辛之犬盤瓠討滅犬戎，高辛以
少女妻之，封盤瓠氏。世稱狗封氏。一作槃弧。事雖誕
不可信，獙足證㺱狐之誤，宜刪。

孫 33447 16672
sūn_10.14 廣韻思渾切集韻韻會蘇昆切丛音孫 玉
篇猴孫也。鞏 又㺨33214

㺄 33448 16673
jí_10.14 廣韻子力切集韻節力切丛音卽 玉篇犬
生三子〇按 正字通 爾雅 云犬生三，㺄，非㺄也。其誤
本之 玉篇，而 廣韻集韻類篇 皆仍其失。

㺍 33449 16674
nǎo_10.14 集韻乃老切音腦。本作猶，或作貀、貀。

㺏 33450 16675
tà_10.14 集韻敵盍切音蹋。獸走貌。

㽞 33451 16676
liú_10.14 廣韻集韻丛力求切音留 廣韻本作㺠
75376〇按 集韻 㺠、㺍分訓 区 集韻 執㺍，狗名。言善執
留禽獸。鞏 又猺33627獠57474㺖75418㺕75350

㽞 33452 16677
bó_10.14 廣韻補各切集韻伯各切丛音博 廣韻犬
名 区 集韻獸名。似人，有翼 山海經 基山有獸，狀如羊，
九尾四耳，目在背，名曰猼訑，佩之不畏註郭璞曰：猼
訑，音博施〇按 廣韻 別書作猼訑 区 pò 集韻韻會 丛匹
各切音粕◆司馬相如·子虛賦諸虎猼且註 索隱 曰：猼，
音普各反 集韻 本作㺊50386，或作㺊。又 páo 集韻 匹沃
切音䩢 司馬相如·子虛賦註 徐廣曰：猼，音匹沃反〇按
漢書 作㺊。鞏 又獶57458 区 王力：按，集韻 還有匹角

一切音璞。當補入△宏按，匹角切無猼。

猽 33453 16678
míng_10.14 廣韻莫經切集韻忙經切丛音冥玉篇
小豕廣韻本作猽57272

獄 33455 16680
sī_10.14 篇海同獄

獄 33454 16679
sī_10.14 唐韻息茲切
集韻新茲切丛音思◆說文司空也。从狀，匝聲。復說：
獄司空玉篇辦獄官也，察也廣韻辦獄相察 区 集韻相
吏切，音笥。義同玉篇今作伺、覗△篇海或作獄。

㺕 33456 16681
xī_10.14 集韻弦雞切音奚。東北夷名也。通作奚。

猾 33457 16682
huá_10.14 廣韻集韻韻會正韻丛戶八切音滑玉篇
亂也書·舜典蠻夷猾夏傳猾，亂也区玉篇黠也揚子
方言小兒多詐而獪，或謂之猾左傳·昭二十六年無助
狡猾史記·高祖紀爲人儇悍猾賊。又叔孫通傳不能進
臣等，專言大猾註狡猾也区晉語齒牙爲猾註猾，弄
也区山海經堯光之山，有獸焉，狀如人而彘鬣，穴居
而冬蟄，名曰猾裹，音如斲木，見則縣有大繇区正字
通海獸名，猾無骨，入虎口，虎不能噬。處虎腹中，自
內齧之。

猿 33458 16683
yuán_10.14 廣韻雨元切集韻韻會于元切丛音袁
玉篇俗援字戰國策猿、獼猴錯木據水，則不若魚鼈。
鞏 又狁33063㺜33340猿33459㺜57450猦57460猦33373猦33419
蝯53009㺜33346猿33466

猿 33459 16684
yuán_10.14 字彙同猿。俗字。鞏 又猦33373

猶 33460 16685
chù_10.14 集韻許救切音嗅。本作畜35479

獢 33461 16686
xiāo_10.14 集韻虛交切音虓。本作獥33538或作猇。

獀 33462 16687
sōu_10.14 廣韻所鳩切集韻疏鳩切丛音蒐玉篇本
作㺝。秋獵也禮·祭義放乎獀狩区廣韻獶獀，南越人
名犬区類篇先侯切音涑。義同区集韻所九切音溲。
春獵名周語獀于農隙。鞏 又㺜33552

獂 33463 16688
xióng_10.14 集韻胡弓切音雄。本作熊31427或作能
狁難。

猺 33464 16689
sāo_10.14 集韻蘇遭切音騷。獸名。

猳 33465 16690
jiā_10.14 廣韻古牙切集韻居牙切丛音嘉玉篇玃
也。鞏 又狑33429猳33396区直音篇猳33091，同猳。

㺂 33466 16691
sù_10.14 集韻蘇故切音素玉篇獸也。鞏 正字通
㺂，譌字篇海別作㺂33660，牲白貌，亦作素。並非。
区chó嗍从犬素tő聲。狗。亦从朱作㹤，从注省作狋。
鞏 俗猿33458朝鮮本龍龕㺂、猨二正，音袁。大猴也，
獼猴之屬。

猺 33467 16692
huāng_10.14 集韻呼光切音荒。狼屬。鞏 又猺33507
区狼猺，狼忙。

狚 33468 16693
chī_10.14 集韻充之切音蚩玉篇狩也区集韻膿

猫，犬也。

獁 33469 16694
mà_10.14 集韻莫駕切音罵。獸名。鎏又犸33025

獂 33470 16695
yuán_10.14 廣韻集韻太愚袁切音元玉篇豕屬。又◆山海經乾山有獸，狀如牛而三足，名曰獂。其鳴自詨註郭璞曰：獂，音元集韻本作貆又huán集韻胡官切音桓。本作貆57275或作狟又史記·秦本紀孝公西斬戎之獂王註地理志天水有獂道縣。鎏又貆57465

獇 33471 16696
tíng_10.14 集韻唐丁切音庭玉篇猱也集韻本作狅33248

㺜 33472 16697
cuō_10.14 玉篇七何切音蹉。義闕字彙犬狂。

獃 33473 16698
dāi_10.14 廣韻五來切集韻魚開切太音皚廣韻獃癡，象犬小時未有分別集韻癡也。一曰懛獃，失志貌。或作痴。

㱿 33474 16699
hù_10.14 集韻類篇太呼木切音嗀◆說文犬屬。腰已上黃，腰已下黑。食母猴又說文或曰㱿，似牂羊，出蜀北囂山中，犬首而馬尾○按廣韻作㲉集韻㱿與㲉音同義異又xuè集韻黑角切音吒。獸名又gòu集韻居候切音遘。獸名。似犬，食猴。鎏又㲉27089㺉33518

貔 33475 16700
pí_10.14 篇海同貔。

獇 33476 16701
yàng_10.14 廣韻餘亮切集韻弋亮切太音漾廣韻獇，獸，如師子，食虎豹及人集韻如狻猊，食熊羆又神異經北方大荒中有獸，咋人則疾，名曰獇。獇，恙也。常入人室屋，黃帝殺之，人無憂疾，謂之無恙△集韻或作㺊。

獖 33477 16703
tà_10.14 集韻類篇太託盍切音榻玉篇犬食也。亦作䑜集韻或作㺚。鎏又狧33173

㺋 33478 16704
wēng_10.14 集韻烏公切音翁玉篇豬也。

獲 33479 16705
shuāi_10.14 集韻雙隹切音衰玉篇犬名。

猛 33480 16706
tà_10.14 篇海他合切音塔。義闕字彙同猹。

獫 33481 16707
jiàn_10.14 唐韻胡黯切說文犬吠不止也。从犬，兼聲。讀若檻又說文一曰兩犬爭也又xiàn廣韻集韻太下斬切音豏。又廣韻胡忝切集韻下忝切太音鼸。又集韻午陷切。義太同。

獅 33482 16708
shī_10.14 廣韻疏夷切集韻韻會霜夷切太音師玉篇猛獸也爾雅·釋獸狻麑註即獅子也。漢順帝時疏勒王來獻犎牛及獅子東觀記疏勒王遣使文時詣闕，獻獅子，似虎，正黃有䫇耏，尾端茸毛大如斗○按後漢書·順帝紀作師正字通獅，牡者有耏䫇，尾大如斗。怒則威在齒，喜則威在尾。每一吼，百獸辟易。一名白澤。又廣韻犬生二子○按爾雅·釋畜犬生二師，作師。鎏又狮33035㹹33218㾌33207

獋 33483 16709
háo_10.14 正字通獆本字。鎏又獆33574

㺝 33484 41480
yà_10.14 五音篇海音揳字彙補獸名。

獖 33485 41482
diān_10.14 海篇丁年切音顛。

獙 33486 44368
shè_10.14 搜眞玉鏡音射。

獢 33487 44375
xiāo_10.14 搜眞玉鏡同獢。

㺐 33488 44376
yì_10.14 搜眞玉鏡音亦。

獣 33489 44377
fú_10.14 五音篇海音伏。

㹻 33490 u2AEC7
null_10.14 未詳。

𪻆 33491 u2AEC6
guǐ_10.14 同鬼71440正字通䰟字注：舉要鬼71440䰟71492二文外別出䰟，註云同䰟，如犬鬼。按：鬼類變怪非一，古人制字，必不因似犬之鬼，另立䰟文，曲說不足信。

𤠸 33492 u24838
láng_10.14 直音篇同狼33244

𤠷 33493 u24837
sề_10.14 喃从犬蚩si聲。大笴箕，指多次生育的獸類。

𤠴 33494 u24834
vượn_10.14 喃从犬院viện聲。亦作獂33668

𤠳 33495 u24833
khỉ_10.14 喃从猿省起khỉ聲△昆䶈：猿。

𤠲 33496 u24832
khỉ_10.14 喃从猿省豈khỉ聲。同䶈33495又gix壯屎。

𤠱 33497 u24831
ươi_10.14 喃从犬埃ai聲△獶猴：猩猩△亦作猥33427

𤠰 33498 u24830
gấu_10.14 喃从犬冓cấu聲。熊，羆。

𤠯 33499 u2482F
táng_10.14 猼猊，野獸名。

𤠫 33501 u2482B
lì_10.14 㹍㹍，今作傈01679傈族。

𤠩 33502 u24829
null_10.14 未詳。

𤠮 33500 u2482E
niǔ_10.14 或俗狃33058 獨杖，古代刑具名隋書·刑法志齊文宣時，有司折獄皆酷法訊囚，則用車輻獨杖，夾指壓踝。

𤠧 33504 u24827
null_10.14 未詳。

𤠨 33503 u24828
fú_10.14 俗𤢽75136亦作㹿33442可洪音義黼獻：下方勿反。

𤠦 33505 u24826
null_10.14 未詳。

𤠥 33506 u24825
zhì_10.14 㹀33246本字

𤠤 33507 u24824
huāng_10.14 同獇33467詳校篇海呼光切，音荒。獸屬又hoǎng喃从犬荒hoang聲。

㺏 33509 u3E8D
pín_10.14 简獱33684

𤠣 33508 u24823
hóu_10.14 俗猴33398四部叢刊·三編子部·太平御覽·卷第十三·天部十三·霹靂搜神記曰：扶風楊道和，於田中，霹靂擊之，道和以鋤格，折其左肱，遂落地，不得去。色如丹，目如鏡，毛角，長三尺，狀如六畜，似獼猴。

獉 33511 u7349
zhēn_10.14 同榛24872

獊 33510 u734A
cāng_10.14 獊囊：紛亂

貌　莊子·在宥天下將不安其性命之情，之八者（明、聰、仁、義、禮、樂、聖、知）乃始臠卷獊囊而亂天下也。郭慶藩·注引盧文弨曰：今本獚作傖01701 図狢33073

猻 33512 u7347
qiāng_10.14　古俗字略猻，同羌45753

獄 33513 16702
yù_11.15　古文圖唐韻正韻魚欲切集韻韻會虞欲切夶音玉說文确也。从狀从言。二犬，所以守也釋名獄，确也。确實人之情偽也玉篇二王始有獄。殷曰羑里，周曰囹圄。又謂之牢，又謂之圜土廣韻皋陶所造易·賁卦象曰：山下有火，賁，君子以明庶政，無敢折獄書·立政文王罔攸，兼于庶言、庶獄，庶慎詩·召南誰謂女無家，何以速我獄図星名史記·天官書獄漢星，出正北北方之野。星去地可六丈，大而赤，數動，察之中青。鋻又獄33215図原部外十畫，誤。

猘 33514 16710
chì_11.15　玉篇尺世切集韻尺制切夶音掣玉篇狂犬也集韻本作狾。或作憇。

狴 33515 16711
bì_11.15　集韻壁吉切音必。獸名。

狄 33516 16712
dí_11.15　唐韻集韻夶亭歷切音敵集韻狄，特雄也。本作犹32875

獋 33517 16713
háo_11.15　廣韻集韻夶胡刀切音豪玉篇犬呼也，鳴也，咆也廣韻本作嘷07176集韻或作獆図gāo集韻居勞切音高。人名。晉靈公夷獋公羊傳·宣二年釋文獋，戶刀反，又古刀反○按二傳作夷皋。鋻又獋33574
獋33483狗33085嘷06918

獒 33518 16714
gòu_11.15　海篇古候切音搆。獸名。似犬，食猴。字彙榖33474字之譌。

蹙 33519 16715
cù_11.15　集韻子六切音蹙。勁也。

猥 33520 16716
màn_11.15　唐韻舞販切集韻無販切夶音萬說文狼屬也。廣韻猥狿，獸。長百尋爾雅·釋獸貓猥，似狸疏字林云貓似狸而大，一名猥廣韻或作貓集韻通作蝝。図廣韻集韻夶莫半切音縵。義同廣韻或作貆集韻亦作貓図廣韻集韻夶母官切集韻謨官切夶音瞞。義同集韻或作貓、貓。鋻又猥33664貓57283貓57513

獍 33521 16717
jìng_11.15　廣韻集韻韻會正韻夶居慶切音敬玉篇獸名廣韻獸名。食人述異記獍之爲獸，狀如虎豹而小。始生，還食其母，故曰梟獍韻會通作鏡前漢·郊祀志註孟康曰：梟，鳥名，食母。破鏡，獸名，食父。破鏡如貙而虎眼。鋻又貌57489

貙 33522 16718
chū_11.15　篇海敕魚切音樞。獸名正字通俗貙字。

摼 33523 16719
qiān_11.15　集韻丘閑切音慳。獸名。

獉 33524 16720
yàng_11.15　集韻弋亮切音漾玉篇獸名集韻本作猄33476

獩 33525 16721
yōng_11.15　廣韻集韻夶餘封切音容玉篇猛獸也。

或作貓廣韻本作貓57481，或作犒。

貓 33526 16722
màn_11.15　廣韻母官切集韻謨官切夶音瞞廣韻獸，似狸集韻本作猥33520，或作貆。

攂 33527 16723
lěi_11.15　集韻魯水切音壘。鼠形，飛走且乳之鳥也。一曰以其鬐飛。本作鸓，或作蝠貓33708雕鸓図léi篇海力追切音雷。獸名，似狸。

獌 33528 16724
lǔ_11.15　廣韻力朱切集韻龍珠切夶音慺玉篇豬求子図yú集韻類篇夶容朱切音俞。義同△集韻本作䝞。鋻又㺄33424

獄 33529 16725
sù_11.15　集韻蘇谷切音速。山名山海經東山之首曰獄蝨。按今山海經作楸蝨。

猺 33530 16726
zhǎo_11.15　集韻側絞切音爪。西南夷種。或作狐。図◆集韻竹狡切音杳。又lǎo集韻類篇夶魯皓切音老。義夶同。西南夷也。一曰土人自謂。獠，猺別種。本作獠，或作獠、僚。

獎 33531 16727
jiǎng_11.15　廣韻即兩切音槳玉篇助也，成也，欲也，譽也，喉犬屬之也。今作弊廣韻說文本作奬集韻从大作獎10257鋻又奖10133奨10250獎31621

獏 33532 16728
mú_11.15　集韻蒙晡切音模。獸名。

獫 33533 16729
chēn_11.15　篇海丑人切音嗔。獫獫，連延貌正字通洞簫賦處幽隱而奧屏兮，密漠泊以猭獫。註：漠泊，竹密貌。獫猭，竹相連貌。一說陳或作敕、㩧文選作猭獫。獫，从敕省，譌作獫，改音嗔，夶非△集韻作獫類篇作獫。

猭 33534 16730
shǎn_11.15　篇海所檻切，衫上聲。犬吠聲也○按猭當同獑。

猣 33535 16731
zòng_11.15　玉篇子宋切，音縱◇犬生一子。同猔。図zōng集韻類篇夶祖叢切音㚇集韻本作猣57286

獑 33536 16732
shǎn_11.15　唐韻集韻夶山檻切音摲◆說文犬容頭進也図廣韻獑獫，犬聲図說文一曰賊疾也図廣韻集韻夶所斬切音摻。義同図shàn集韻仕檻切音嶃。犬齧貌図sāo集韻蘇遭切音騷神異經西方深山有人，長尺餘，祖身，捕蝦蟹以食，名山獑図shān玉篇山監切集韻師銜切夶音衫。犬容頭進也又集韻疏簪切音森。又廣韻所咸切集韻師咸切夶音攕。又集韻仕懺切音鑱。義夶同図shàn集韻所鑑切音釤。犬毛。鋻又猭33553猻33534猭33658

獐 33537 16733
zhāng_11.15　廣韻集韻諸良切正韻止良切夶音章集韻麖屬廣韻本作麞74449

獢 33538 16734
xiāo_11.15　廣韻火包切集韻虛交切夶音烋說文犬獷獷咳吠也集韻或作猇、獝図集韻力交切音䝤。又於交切音膮。又集韻類篇夶何交切音爻。義夶同図集韻

韻一曰獢也 又 qiāo 集韻 類篇 丛丘交切音敲 博雅 擾也 又 集韻 一曰獟忬，多誶訥澀貌◆列子·力命篇 獟忬、情露、讓懥、凌誶，四人相與遊於世 又 揚子方言 獢也。沅湘之閒或謂之獥 又 xiào 廣韻 集韻 丛下巧切音榜 玉篇 犬擾駭也 又 廣韻 事露也 又 nǎo 廣韻 奴巧切 集韻 女巧切丛音撓 廣韻 擾亂 又 揚子方言 獌也 又 jiǎo 集韻 吉巧切 類篇 古巧切丛音絞。擾也。

獮 33539 16735
chán_11.15 廣韻 士咸切 集韻 鋤咸切丛音讒 玉篇 獮猢，獸名。似猨 廣韻 似猿而白 集韻 或作蟬 又 廣韻 鋤銜切音嶄。義同。鍌 又 獮57478 又 獮猢，或作斬翻。翻字作攦䶂䶂。

獒 33540 16736
áo_11.15 唐韻 五牢切 集韻 韻會 正韻 牛刀切丛音敖◆說文 犬如人心可使者 爾雅·釋畜 狗四尺爲獒 書·旅獒 西旅底貢厥獒 左傳·宣二年 公嗾夫獒焉 註 猛犬也 公羊傳·宣六年 靈公有周狗，謂之獒。鍌 又 獒33667 又 字彙 獙33541同獒。

獙 33541 16737
áo_11.15 集韻 類篇 丛牛刀切音敖。獙狪33158

貆 33542 16738
hāo_11.15 正字通 呼刀切音蒿。貉類，色白尾小如狗。北人謂之皮狐子。亦曰獋子。讀若薅。蓋北人讀貉之入聲，轉而成薅音也。見 通雅。

猒 33543 41483
yàn_11.15 龍龕 於閻切。飽也，犬甘肉。又 字彙補 飽也。鍌 同猒。

狴 33544 41484
bì_11.15 字彙補 邊兮切，音卑◇牢獄也 揚子法言 狴犴使人多禮乎 宋咸註 狴，當作猈。

猠 33545 41485
shà_11.15 川篇 所甲切。豕母也。

㹪 33546 41486
huàn_11.15 五音篇海 音患 字彙補 獸名。

猥 33547 41488
nóng_11.15 龍龕 女江切。多毛犬也。又 乃刀切，又女交切。義丛同。鍌 獴字之譌。

猵 33548 41489
xī_11.15 字彙補 詳亦切音夕。與猎同 山海經 黑蟲如熊，名猎猎 註 或作猵。

猒 33549 44378
xiàn_11.15 字彙補 與獻同。

㹶 33551 44380
shù_11.15 龍龕 羊者切。又常預切。鍌 俗墅。

㹡 33552 44381
sōu_11.15 篇海類編 同㹴。

獑 33553 44382
shān_11.15 川篇 同㺚 又 可洪音義 猵獑：自刀反。正作槽也。悮。

猹 33550 44379
cáo_11.15 字彙補 前逃切音曹。鍌 可洪音義 猹獑：自刀反。正作槽也。悮。

㺉 33554 44383
wò_11.15 搜眞玉鏡 烏國切。

獥 33555 44384
hǎn_11.15 字彙補 與㺔同。

㹡 33556 44385
yán_11.15 搜眞玉鏡 音顏。

㺇 33557 44386
liè_11.15 龍龕 音吻。鍌 龍龕 舊藏作㺉 字彙補 㺇，微本切音吻。

㺤 33558 44387
chì_11.15 海篇 音赤

獙 33559 44389
huàn_11.15 五音篇海 音患。鍌 楊寶忠：同獂，俗猯。

㺢 33561 u24862
chī_11.15 類篇·犬部 㺢，抽知切。鷙獸。又 豸部 㹡57475，抽知切。鷙獸 集韻 作獙33637

㺴 33562 u2485A
khái_11.15 喃 从犬既 kỳ 聲。老虎。

猇 33563 u24854
xiāo_11.15 俗梟24201 徐霞客遊記·卷十八·滇遊日記十一 目今瓦酉，猇悍稱雄，諸彝悉聽號召。倘經略失馭，其造亂者，尤以甚於昔也。

獦 33564 u24851
piào_11.15 獤16781 漬或作獤猜，輕盈迅疾。

㺉 33560 u2AEC8
null_11.15 喃 未詳。

㺋 33566 u2484C
muông_11.15 喃 从犬囷 muôn 聲。與猂33349同。獸 △ 類猖：獸類。

㺍 33565 u2484B
chēn_11.15 同獤33607

㺎 33565 u2484D
null_11.15 喃 未詳。

㺊 33568 u2484A
lù_11.15 㺊㺍，古族名。見明·曹學佺 蜀中廣記 又 loeg 壯 鹿。

獤 33571 u3E93
zé_11.15 獤猜，亦作獤漬，輕盈迅疾 又 俗猜33334 可洪音義 斷猜：倉來反，疑也。正作猜。

獛 33572 u2485B
níng_11.15 同㺾33683

獲 33569 u24849
null_11.15 未詳。漢·桓寬 鹽鐵論·卷第六·散不足第二十九 今富者繡茵翟柔，蒲子露林。中者獲皮代旃，闐坐平莞。

猚 33573 u7355
cuī_11.15 猥猚，猥瑣平庸的樣子 水滸傳·第一回 原來這婦人見武大身材短矮，人物猥猚，不會風流，這娘倒諸般好，為頭的愛偷漢子。

猏 33570 u24848
null_11.15 未詳。

獹 33575 16739
xū_12.16 集韻 休居切音虛。驅驢，獸名。本作驢70386通作虛。

猂 33574 u7354
háo_11.15 同㺾33483

獖 33576 16740
fèn_12.16 玉篇 扶粉切 集韻 父吻切丛音憤 玉篇 羊名 又 廣韻 狂獖，犬屬。又 bèn 廣韻 蒲本切 集韻 部本切丛音笨 廣韻 守犬。又 fén 集韻 符分切音汾。本作獖57295 鍌 又 獖57496

獶 33577 16741
náo_12.16 集韻 奴刀切音猱。本作猱。或作㺄33644 又 nà◆集韻 諾盍切音納。犬食貌。鍌 又 獙57502

獗 33578 16742
jué_12.16 字彙 居月切音決。賊勢猖獗〇按居月切當音厥。

獘 33579 16743
bì_12.16 唐韻 集韻 丛毗祭切音幣 說文 頓仆也。从犬，敝聲。引春秋傳 與犬，犬獘〇按今 左傳·僖四年 本作斃 爾雅·釋木 木自獘柛 註 獘，踣也 又 廣韻 困也，息也 又 biē 集韻 蒲結切音蹩。仆也。或作獙 又 便滅切音㢠。義同 說文 或从死，作斃。

獙 33580 16744
bì_12.16 集韻 毗祭切音斃 山海經 姑逢之山有獸焉，狀如狐而有翼，音如鴻鴈，名曰獙獙 註 獙獙，狐屬也。

㺡 33582 16746
yán_12.16 集韻 同㺱

㺱 33581 16745
yán_12.16 廣韻 五閒切 集韻 牛閒切丛音訮 玉篇 犬爭貌 廣韻 犬鬥聲。或作狺

集韻或作獮。通作𡀔 又玉篇音簡。義同 又xiàn廣韻集韻丛下赧切音僩廣韻猛也。

獚 33583 16747
huáng_12.16 廣韻集韻丛胡光切音黃玉篇犬也博雅楚獚，犬屬也△集韻通作黃。鎣又㺂33374

𤢊 33584 16748
nǎo_12.16 五音集韻睢氏切音此玉篇雌狢也 又集韻秦醉切音萃。又廣韻胡介切集韻下介切丛音械。又集韻才瘵切。義丛同。鎣俗𤠐33363

㺦 33585 16749
lián_12.16 正字通獵字之譌。

獛 33586 16750
pú_12.16 廣韻集韻丛博木切音卜廣韻獛鉛，南極之夷。尾長數寸，巢居山林。出山海經

獜 33587 16751
lín_12.16 廣韻力珍切集韻離珍切丛音鄰說文健也，从犬粦聲。引詩盧獜獜〇按今詩·齊風作令令玉篇令令，聲也。亦作䉮 又玉篇力丁切廣韻集韻郎丁切丛音靈。義同 又集韻里忍切音嶙博雅健也 又lìn集韻良刃切音吝山海經依軲之山有獸焉，狀如犬，虎爪，有甲，名曰獜。善駚牟，食者不風註郭璞曰：體有鱗甲。音吝。鎣又𤢽33690𤜼33588

𤜼 33588 16752
lín_12.16 篇海力丁切音鈴。同獜。

𤡘 33589 16753
huī_12.16 集韻吁爲切音麾神異經西荒之中有人焉，長短如人，著敗衣，手虎爪，名獏𤡘。伺人獨自，欲食人腦集韻獏𤡘，出舌丈餘。東方朔說 又hài廣韻呼艾切音餀。獸名。出音譜。鎣又𤡘57504

𤢬 33590 16754
suǐ_12.16 集韻選委切音髓。牸豚。或作𤣉 又五音集韻隨婢切音𥝩。義同。或作𤣉廣韻一作𤢬 又wěi集韻尹捶切音蔿。本作𤢬57292，或作𤢬、豫。

獝 33591 16755
xù_12.16 廣韻況必切集韻休必切，並音𤟠◇玉篇狂也集韻驚遽貌禮·禮運鳳以爲畜，故鳥不獝註獝，飛之貌也疏獝，驚飛也釋文矞字又作獝。況必反集韻本作矞。或作𩙵、𤟠 又玉篇巨聿切集韻允律切丛音遹。義同 又集韻獸走也 又jué韻會揆聿切音繘揚雄·甘泉賦梢夔魖而抶獝狂註孟康曰：獝狂，惡鬼。師古曰獝，揆聿反。鎣又𩙵19006

𤢺 33592 16756
lì_12.16 集韻狼狄切音歷。本作㺡。或作𤢖、㸚。

獖 33593 16757
fán_12.16 唐韻附袁切集韻符袁切丛音煩說文犬鬭聲。从犬，番聲 又biàn廣韻集韻丛皮變切音卞。義同集韻或作犿。鎣又㹕33084

獞 33594 16758
tóng_12.16 集韻徒東切音童。犬名。

𤢧 33595 16759
xì_12.16 廣韻集韻丛虛器切音齂廣韻夏后氏有獟、𤢧，寒浞子名集韻本作豷 又集韻許利切類篇許位切丛音燹集韻本作豷57299

獭 33596 16760
hǎn_12.16 唐韻荒檻切集韻虎檻切丛音𤏬說文小犬吠。从犬，敢聲 又說文南陽新亭有獭鄉 又hǎn集韻虎覽切音喊。犬聲 又àn集韻乙減切音黯。亦小犬吠。又廣韻楚鑑切集韻叉鑑切丛音儳。又廣韻集韻丛下瞰切音憨。又集韻類篇丛呼濫切音濫。又集韻許鑒切音𠊥。義丛同。鎣又𤠐33555

獟 33597 16761
yào_12.16 唐韻五弔切集韻倪弔切丛音顤說文猘犬也廣韻狂犬集韻獸名 又xiào集韻火弔切。狂也。又qiào集韻類篇丛丘召切音趬。勇也史記·匈奴傳誅獟駻註晉灼曰：獟，欺譙反集韻通作趬 又yào集韻魚教切，音𩴂。狂犬也 又xiāo集韻類篇丛馨幺切音膮。獥也 又集韻丘祆切音蹺。義同。

𤢿 33598 16762
péng_12.16 集韻晡橫切，音祊。犬也。

獠 33599 16763
liào_12.16 唐韻集韻韻會丛力照切音療說文本作𤢧，獵也。从犬，尞聲 又liáo廣韻落蕭切集韻韻會憐蕭切正韻連條切丛音聊廣韻夜獵也爾雅·釋天宵田爲獠註今江東呼獵爲獠。或曰：卽今夜獵載鑪照也管子·四稱篇獠獵畢弋司馬相如·子虛賦乃相與獠於蕙圃集韻或作𤢧、𤢧 又lǎo廣韻盧皓切集韻魯皓切丛音老集韻西南夷謂之獠。或作僚、獔 又zhǎo廣韻張絞切集韻類篇竹絞切，丛嘲上聲廣韻本作𤢧57492集韻或作獔。鎣又狐33038𤝈57340

獵 33600 16764
rán_12.16 廣韻集韻丛如延切音燃廣韻猓㺜，獸名。如猿，白質，黑文埤雅㺜獸似猨，青身黑頰，有髯，髯黑，手亦黑，性好理髯。又愛其類，生相序，死相赴，殺一可以致百，故周官駹車然複，以明安則相求，患難則相赴也。舊說㺜皮五色，中爲茵毯。

獡 33601 16765
shuò_12.16 唐韻式略切廣韻書藥切集韻式灼切丛音爍◆說文犬獡獡不附人也集韻或作㹿 又玉篇獡獡，犬不附人而驚貌 又揚子方言獡，驚也。宋、衞、南楚相驚曰獡 又廣雅𧽑獡，虐也 又què集韻類篇丛七約切音鵲。本作䂎33224，或作猎 又xī集韻思積切音昔。本作猎33308 鎣又𤞟33636𤟅33548

獢 33602 16766
chān_12.16 廣韻集韻類篇丛充山切，幝平聲玉篇噬也集韻犬噬也 又五音集韻於權切音䳣。義同。

獢 33603 16767
xiāo_12.16 唐韻許驕切集韻韻會虛嬌切正韻吁驕切丛音䫿說文𤞣33395獢也。从犬，喬聲。鎣又猲33487𤢴33616

獩 33604 16768
guì_12.16 正字通古惠切音桂。獴獩，雌之小者。紫黑色，能捕鼠廣志曰：獴獩，有黑白黃者，暹羅最良，捕鼠捷於家貓。一名蒙頌。本作蒙貴。俗作獴獩〇按爾雅·釋獸云蒙頌，猱狀。郭璞云卽蒙貴也。二字皆無犬旁。

𤢀 33605 16769
zhàn_12.16 玉篇阻懺切集韻莊陷切丛音蘸集韻獸名。

獃 33606 16770
kāi_12.16 集韻丘哀切音開玉篇獸也。鎣胡吉宣：卽山經之開明獸也。

獤 **chēn** 33607 16771
_12.16　[集韻]癡鄰切音獞。獤獤,連延貌[王褒·洞簫賦]密漠泊以獤獤○按今[選]賦書作獤,从欠,筆畫小異[類篇]書作㹐[篇海]書作獤。[玉篇]狆33107,丑珍切。狂也。胡吉宣:卽[洞簫賦]獤獤之獤33628譌省,卽獙33727獙也。

歞 **dú** 33608 16772
_12.16　古文歞狖[集韻]徒谷切音犢。歞狢,獸名也。如虎而豕鬛。又通作獨。

獻 **lì** 33609 16773
_12.16　[集韻]戾19061古作獻。

㺇 **xù** 33610 16774
_12.16　[集韻]許勿切音颮。獸名。

獖 **bān** 33611 41487
_12.16　[集韻]逋還切音班。獸名。

巘 **yán** 33612 41490
_12.16　[五音篇海]音顏。犬也。

獹 **lù** 33613 41491
_12.16　[字彙補]盧故切音路[駢雅]子獹,熊也。
[鋆]又獹獹,舊時彝族蔑稱。

歞 **è** 33614 44388
_12.16　龍龕烏各切。

㹮 **rán** 33615 44390
_12.16　[篇海類編]同㹠。

獢 **xiāo** 33616 44391
_12.16　[字彙補]與獢同。

㰛 **lì** 33617 44392
_12.16　[篇韻]音戾。法也。

獵 **chǎng** 33618 44393
_12.16　[搜眞玉鏡]音敞。

獪 **xǐ** 33619 44394
_12.16　[搜眞玉鏡]音希。

獪 **null** 33620 u2AEC9
_12.16　[喃]未詳。

獤 **null** 33621 u24889
_12.16　未詳。

㿲 **sǎn** 33622 u24888
_12.16　[喃]从犬登đăng聲。打獵,獵取。

獇 **vuốt** 33623 u24887
_12.16　[喃]同㺊32268獇虎:虎爪。

獰 **níng** 33624 u24886
_12.16　同㺊33683亦作獰33629

獉 **sù** 33625 u24882
_12.16　獉獉。今作傈傈02032

猵 **liú** 33627 u2487C
_12.16　同㺊33451

歄 **yóu** 33626 u2487D
_12.16　俗歄33402
[可洪音義]鴻歄:音由。圖也。正作歄。

獤 **chēn** 33628 u2487B
_12.16　俗獤33607亦作㹐33567

獰 **níng** 33629 u2487A
_12.16　同㺊33683亦作獰33624明·徐霞客[霞客遊記·卷二·閩遊日記·後]苻石籠崖,獰惡如奇鬼。

獨 **zhù** 33630 u24879
_12.16　同獨33392[類篇]獨,鐘輪切。鄉名。

㺗 **ciengh** 33631 u24878
_12.16　[壯]象。

獬 **null** 33632 u24877
_12.16　未詳。

㺙 **null** 33633 u3E99
_12.16　未詳。

獤 **don** 33634 u7364
_12.16　[韓][新字典·朝鮮俗字部]貂皮,見[戶曹定例]。

獸 **shòu** 33635 u7363
_12.16　俗獸33712

獨 **shuò** 33636 u7361
_12.16　同獨33601

獙 **chī** 33637 16775
13.17　[集韻]抽知切音摛。鷩獸。或作貔[類篇]書作摛。

㺳 **tǎ** 33638 16776
_13.17　[集韻]他達切音闒。本作獺33728

㺟 **suì** 33639 16777
_13.17　[廣韻]隨婢切音㼐。牸豚。或作獢[集韻]作獢。

獬 **zhù** 33640 16778
_13.17　[廣韻]之成切[集韻]朱成切夶音注[玉篇]鄉名[廣韻]在河南[図][玉篇]亭名。[鋆]又㺗獬33392

㺭 **dāng** 33641 16779
_13.17　[玉篇]都郎切音當。義闕[篇海]獸名。

㺬 **dǎn** 33642 16780
_13.17　[字彙]音亶。獸名。

獥 **jiào** 33643 16781
_13.17　[廣韻]乎狄切[集韻]刑狄切夶音檄[廣韻]狼子[爾雅·釋獸]狼,牡玁,牝狼,其子獥[図][爾雅釋文]音亦。又[廣韻]古歷切[集韻]吉歷切夶音激。又[集韻]堅堯切音驍。又[廣韻]古弔切音叫。義夶同。

獿 **náo** 33644 16782
_13.17　古文玃[廣韻][集韻]夶奴刀切音猱[說文]犬惡毛也[玉篇]多毛犬也[廣韻]長毛犬[爾雅·釋獸註]㾓毛,獿長[疏]㾓毛,獿長毛也[集韻]或作獳,通作猱[図][nóng][廣韻][集韻]夶奴冬切音農[図][集韻]尼容切音醲。又[玉篇]女江切音淙。又[廣韻]女交切[集韻]尼交切夶音鐃。義夶同。[鋆]又獳33577

獦 **gé** 33645 16783
_13.17　[玉篇]古曷切[集韻]居曷切夶音葛[玉篇]獦狚,獸名[集韻]本作獦33395[図][xiē][集韻]許葛切音嗽。本作歇獦33395[図][liè][廣韻]良涉切[集韻]力涉切夶音獵[廣韻]戎姓。俗作田獵字,非。[鋆]又獦33666

玃 **juàn** 33646 16784
_13.17　[唐韻]古縣切[集韻]扃縣切夶音睊[說文]疾跳也[集韻]或作蹻[図]一曰急也[孟子]必也狂玃乎。[図][xuān][集韻][韻會]夶縈緣切音翾[玉篇]跳也,急也[集韻]疾也[図][xuán][集韻]胡涓切,音玄。犬疾躍也[図][quǎn][集韻]古泫切音犬。本作狷33238[鋆]又蹻59441跍58864[図][正字通]㣆16843,玃字之譌。

獨 **dú** 33647 16785
_13.17　[唐韻][集韻][韻會]徒谷切[正韻]杜谷切夶音犢[說文]犬相得而鬬。从犬蜀聲。羊爲羣,犬爲獨也。[図][獸名][埤雅]類從曰:獨一叫而猨散,鼉一鳴而龜伏。或曰:鼉鳴夜,獨叫曉。獨,猨類也。似猨而大,食猨。今俗謂之獨猨。蓋猨性羣,獨性特,猨鳴三,獨叫一,是以謂之獨也[図]獨狢33234,獸名[図][廣韻]單獨[詩·小雅]哀此惸獨[傳]獨,單也[又]念我獨兮[爾雅·釋山]獨者蜀[疏]蟲之孤獨者名蜀,是以山之孤獨者亦名曰蜀也[揚子方言一],蜀也。南楚謂之獨[図]山名[山海經]獨山,多金玉美石[図][廣韻]複姓有獨孤氏[後魏書]西方獨孤渾氏,後改爲杜氏[図][姓][正字通]明獨立、獨善。[鋆]又独33220猷33394猷33663觸59807[図][玉篇]猷33423㹸33127二古文獨字。

㹰 **yāng** 33648 16786
_13.17　[玉篇]烏江切[集韻]於江切夶音胦。㹰犂,犬不服牽也。

獩 **wèi** 33649 16787
_13.17　[廣韻]於廢切[集韻]烏廢切夶音穢[廣韻]本作濊,濊貊,夫餘國名。或作䃽[集韻]通作薉、穢○按[廣韻][集韻][類篇]俱書作獩。[鋆]又㹟33212猤57506

獪 33650 16788
kuài_13.17 唐韻 集韻 韻會 古外切 正韻 吉外切丛音澮 說文 狡獪也。从犬，會聲 揚子方言 劋、躄，獪也。秦晉之閒曰獪 又 集韻 古邁切音夬。義同 集韻 或作狯、狤 又 博雅 擾也。本作狯。狡也 又 huá 集韻 戶八切音滑。本作猾 33457 鋻 又 狯 33217

獫 33651 16789
xiǎn_13.17 唐韻 集韻 韻會 正韻 丛虛檢切音險 說文 長喙犬 爾雅 釋畜 長喙，獫 詩 秦風 載獫歇驕 又 說文 一曰黑犬黃顡 又 廣韻 夏曰獫鬣，周曰獫狁。或作玁。又 liǎn 玉篇 力儉切 廣韻 良冉切 集韻 力冉切丛音斂 廣韻 犬長喙也 又 廣韻 集韻 正韻 丛力驗切音殮。又 集韻 力劍切。又 廣韻 力鹽切 集韻 離鹽切丛音廉。義丛同。鋻 又 狤 33286 斂 12382

獲 33652 16790
guì_13.17 玉篇 音葵。又音悸。義丛闕 正字通 與獚同。

獮 33653 16791
zhǎi_13.17 集韻 都買切，腦上聲◇豪強貌。後魏時語：莫獮獬。或作傿。鋻 又 傿 16850

獲 33654 16792
jù_13.17 集韻 居御切音據。本作豦 57208 獸名。

獬 33655 16793
xiè_13.17 廣韻 正韻 胡買切 集韻 下買切丛音蟹 玉篇 獬豸也 集韻 獬豸，獸名 淮南子·主術訓 楚文王好服獬冠 廣韻 字林 字樣 俱作解廌 廣雅 作貀狤，陸作獬豸 集韻 或作獬、犗 又 jiě 集韻 舉蟹切音解。獬獬，豪強貌。或作懈。鋻 又 懈 16851 豸 45832 獬 45951 獬 57512 又 hǎ 清·徐珂 清稗類鈔·動物類上 哈叭狗：俗名獅子狗，亦作獬犰狗，蓋始於明萬曆時。神宮監掌印太監杜用養小獬犰小狗最為珍愛也，孝欽后絕愛之。

獻 33656 16794
xiē_13.17 廣韻 集韻 丛許竭切音蠍 廣韻 本作歇。又 hè 玉篇 許曷切 集韻 許葛切丛音嚇 集韻 本作歇。或作獻、獻 又 qià 集韻 气法切 類篇 乞法切丛音妷 集韻 本作獻 33395

戟 33657 16795
dù_13.17 篇海類編 徒故切音度。敗也 又 yì 音亦。義同 字彙 斁字之譌。

猱 33658 16796
sāo_13.17 ◆ 正字通 先雕切，音宵◇山猱，亦作山獟。

貍 33659 16797
lái_13.17 正字通 郎才切音來。物怪也 張端義·貴耳集 宮禁中有物，曰貍。塊然一物，無頭眼手足，毛如漆，夜有聲如雷。禁中人皆云貍來。

獟 33660 16798
sù_13.17 廣韻 桑故切音素。牲白也。亦作素。鋻 又 獟 33466 熊加全：牲白爲生白（帛）之譌。

獠 33661 16799
liáo_13.17 說文 獠本字。

猷 33662 16800
shòu_13.17 字彙補 與獸 33712 同。見 漢樊嘉碑

猷 33663 44395
dú_13.17 字彙補 與獨同。

獌 33664 44396
màn_13.17 龍龕 同獌 獀 33665 44397
ráng_13.17 川篇 同獷。

獬 33666 44398
xiē_13.17 龍龕 與獬同。

獒 33667 44399
áo_13.17 篇海類編 同獒。

獢 33668 u248A5
vượn_13.17 喃 从犬萬 vạn 聲。

獷 33669 u248A4
bẩm_13.17 喃 从犬稟 bẩm 聲。

猟 33671 u248A1
liè_13.17 俗獵 33705 可洪音義 獵入：上力葉反。

擇 33672 u2489F
zé_13.17 白擇，亦作白澤、白狇。

獬 33673 u2489B
null_13.17 未詳。 獬 33670 u248A3
bì_13.17 亦作蠶 57326 類篇 獬，必益切。辟邪，獸名。鳥喙。或作獬。

獺 33674 u736D
tǎ_13.17 簡獺 33728 獮 33676 16802
xiǎn_14.18 廣韻 集韻 韻會 丛息淺切音蘚 爾雅 釋詁 獮，殺也 釋文 秋獵爲獮 註 順殺氣也 周禮·春官·肆師 獮之日涖，卜來歲之戒。又 夏官·大司馬 中秋，教治兵，遂以獮田 說文 本作獮。或作狝 集韻 亦作獮。鋻 又 玃 34834 獮 33753 獮 33746

獬 33675 16801
hàn_14.18 廣韻 胡黯切 集韻 戶黤切丛音檻 玉篇 虎聲 廣韻 惡犬吠不止也 集韻 犬獷謂之獬。

獷 33677 16803
yìn_14.18 集韻 於靳切音億。獸名，山驢也。形如殺羊。

獬 33678 16804
shuò_14.18 篇海 書藥切。犬驚貌 字彙 同獬。

獬 33679 16805
yú_14.18 廣韻 以諸切 集韻 羊諸切丛音余 玉篇 歡聲 又 豬兒聲 又 廣韻 獸名 又 集韻 一曰猗獬，犬子也。

獬 33680 16806
hāo_14.18 集韻 呼高切音蒿。豕名。

獺 33681 16807
suì_14.18 集韻 選委切音髓。與獺 33590 同。

獬 33682 16808
xūn_14.18 廣韻 集韻 正韻 丛許云切音薰 玉篇 獫鬣 廣韻 夏曰獫鬣，周曰獫狁，漢曰匈奴 孟子 大王事獫鬣 集韻 或作獯。通作熏。

獰 33683 16809
níng_14.18 集韻 尼耕切 韻會 泥耕切丛音儜。猙獰，犬毛 又 一曰惡也。鋻 又 猙 33572 狩 33147 獰 33624 獰 33629

獬 33684 16810
pín_14.18 廣韻 符眞切 集韻 毗賓切丛音頻 玉篇 獺屬 廣韻 獺之別名 孟子註 獺，貧也 集韻 或作獱 又 bīn 集韻 卑民切音賓。獺屬。似狐，青色，居水中，食魚 揚雄·校獵賦 蹈獱獺 註 蘇林曰：獱，音賓。師古曰獱，小獺也 又 biān 唐韻 布懸切 集韻 卑眠切丛音邊 說文 獱或作玸。義同。鋻 又 猵 33509

玃 33685 16811
zhuó_14.18 廣韻 集韻 丛直角切音濁 玉篇 似獼猴而黃 集韻 似鹿白尾 玉篇 亦作蠾◇按 廣韻 集韻 玃、蠾分訓。

獲 33686 16812
huò_14.18 唐韻 胡伯切 集韻 韻會 胡陌切丛音韄 說文 獵所獲也 周禮·夏官·射人 三獲 釋文 劉音胡伯反。又 集韻 獸名 又 集韻 亦姓 又 廣韻 胡麥切音畫。得也 書·太甲 弗慮胡獲 詩·小雅 笑語卒獲 傳 獲，得時也 又 爾

雅·釋詁 馘、穧，獲也 註 獲賊耳爲馘，獲禾爲穧 詩·秦風 舍拔則獲。又 小雅 執訊獲醜 又 廣韻 臧獲 方言 云荆淮海岱雜齊之閒，罵奴曰臧，罵婢曰獲 又 門名 左傳·昭二十年 公孟有事于蓋獲之門外 註 蓋獲，衞郭門。 又 回獲，縣名。屬北地郡。見 前漢·地理志 又 廣韻 亦姓。宋大夫尹賈之後 又 huò 集韻 黄郭切音鑊。隕獲，困迫失志貌 禮·儒行 不隕獲于貧賤，通作穫 又 huò 集韻 類篇 忒忽郭切音霍。恢廓貌 又 hù 集韻 胡故切音護 禮·曲禮 毋固獲 又 huà 集韻 胡化切音話。爭取也 周禮·春官·司常 凡射，共其獲旌 註 獲旌，獲者所持旌 釋文 李音胡霸反。鍪 又 获49700獲51289攫20976

獵 33687 16813 liè_14.18 字彙俗獵字。

獳 33688 16814 nòu_14.18 唐韻 奴豆切 集韻 乃豆切忒音槈 說文 怒犬貌。讀若槈 玉篇 犬怒也 又 唐韻 乃侯切 廣韻 奴鈎切 集韻 奴侯切忒音羺。義同 山海經 獳犬，如獳犬 註 獳犬，怒犬也。 范櫧·蜀都賦 叫窲之獳 又 人名 左傳·僖二十八年 曹伯之豎侯獳 又 rú 廣韻 人朱切 集韻 汝朱切忒音儒 山海經 獄山有獸，狀如狐而魚翼，名曰朱獳。其鳴自叫。見則其國有恐△ 集韻 本作獄。鍪 又 龍龕 獳33577通獳正。

獉 33689 16815 méng_14.18 正字通 與蒙通。獉獉33604

獊 33691 44400 yáng_14.18 五音篇海 音羊。

獝 33692 44401 shì_14.18 搜眞玉鏡 音適。

獦 33693 u2AECA null_14.18 喃 未詳。

獜 33690 41492 lín_14.18 說文 獜本字

獟 33694 u248B3 xiù_14.18 同臭48207亦作獃75463

獘 33695 u248B2 null_14.18 未詳。

獯 33696 u248B1 null_14.18 未詳。

獏 33697 u248B0 null_14.18 未詳。

獥 33698 u248AD háo_14.18 本草綱目·卷五十·獸部·獸之一 狗： 釋名 犬 說文 地羊。時珍曰：生一子曰獥、曰獅，二子曰獅，三子曰猵 又 獥豬。

獚 33699 u248AC đười_14.18 喃 从犬臺đài聲△獚猴：猩猩。

獒 33700 u248AB ngáo_14.18 喃 馬虎子（嚇唬小孩子的怪獸）。

獤 33701 16816 shuò_14.18 集韻 式灼切音爍。本作猰33601 又 lì 狼狄切音歷。本作𤢏57516或作獤、獡。

獺 33702 16817 lài_15.19 集韻 落蓋切音賴 玉篇 狂也。

獻 33703 16818 qióng_15.19 集韻 渠弓切音窮 玉篇 獸，似虎 正字通 獸屬。名窮奇。本作窮，俗加犬。

獗 33704 16819 xiān_15.19 玉篇 音纖。獸名 字彙 俗獵字。

獵 33705 16820 liè_15.19 唐韻 良涉切 集韻 韻會 正韻 力涉切忒音鬣。 說文 放獵，逐禽也 廣韻 取獸也 白虎通 曰：四時之田，總名爲獵，爲田除害也 尸子 曰：虙羲氏之世，天下多獸，故教人以獵也 爾雅·釋言 獵，虙也 疏 獵謂從禽

也。必暴害於物，故云 爾雅·釋天 春獵爲蒐，夏獵爲苗，秋獵爲獮，冬獵爲狩 詩·魏風 不狩不獵 禮·王制 豺祭獸，然後田獵 蔡邕·月令章句 獵者，捷取之名 正字通 獵以供俎豆，習兵戎，皆國家重事 又 震也 吳語 今大夫國子，興其衆庶，以犯獵吳國之師徒 註 獵，震也 又 揚雄·校獵賦 鴻絧緁獵 註 師古曰緁獵，相差次也 又 龜名。 • 爾雅·釋魚 龜後弇諸獵 疏 謂甲後弇覆者名獵 周禮·春官·龜人 南龜曰獵屬 又 山名 淮南子·地形訓 洛出獵山 又 車名 前漢·宣帝紀 太僕以軨獵車奉迎曾孫 註 文穎曰：軨獵，小車。 鍪 又 狨33671猟33358猎33308獻09963獵33687 又 經典文字辨證書 獵正，獵33645俗。

獠 33706 16821 liáo_15.19 集韻 憐蕭切音聊。本作獠33599或作獠。

獿 33707 16822 nǎo_15.19 玉篇 奴巧切音橈。犬驚貌 又 禮·樂記 獶雜子女 註 獶，獮猴也。言舞者如獮猴戲也。獶或作猱。 又 yōu 廣韻 集韻 忒於求切音優 廣韻 獿獿，犬名。 又 nóu 集韻 奴侯切音羺。南越謂犬爲獿狻 又 náo 集韻 類篇 忒奴刀切音猱 集韻 本作夒，或作獿猱33389蛛。

獝 33708 16823 lěi_15.19 廣韻 魯軌切 集韻 魯水切忒音壘 廣韻 飛獝，獸名 又 集韻 本作鼺74146或作蠝玃雗。

獗 33709 16824 xié_15.19 集韻 奚結切音纈 山海經 釐山有獸，名曰獗，狀如獳犬，而有鱗。其毛如彘鬣 註 郭璞曰：獗，音倉頡之頡。毛生鱗閒。

猶 33710 16825 yòu_15.19 玉篇 羊就切。本作狖33121

獛 33713 u2AECB null_15.19 喃 未詳。

獷 33711 16826 guǎng_15.19 唐韻 集韻 韻會 正韻 忒古猛切音礦 說文 犬獷獷不可附也 廣韻 犬也 又 前漢·敍傳 獷獷亡秦 註 師古曰獷獷，麤惡之貌 後漢·祭彤傳 政移獷俗 關尹子·五鑑篇 耕夫習牛則獷。 又 guǎng 廣韻 居往切 集韻 俱往切忒音䚯 廣韻 獷平，縣名。在漁陽 又 集韻 犬獷獷不可附 又 jǐng 集韻 俱往切音憬。惡貌 又 前漢·地理志 獷平 註 師古曰獷音九永反 又 gǒng 集韻 古勇切音拱 前漢·地理志 獷平 註 服虔曰：獷，音鞏。鍪 又 犷33026橫40796獷33731禶40121

獵 33717 u248C1 null_15.19 未詳。

獸 33712 16827 shòu_15.19 唐韻 集韻 韻會 正韻 忒舒救切音狩 說文 守備者。从嘼从犬 爾雅·釋鳥 四足而毛謂之獸 書·益稷 百獸率舞，庶尹允諧 周禮·天官 獸人掌罟田獸，辨其名物。又 天官·庖人 六獸 註 鄭司農云六獸：麋、鹿、熊、麕、野豕、兔也 又 儀禮·特牲饋食禮 桥在其南，南順。實獸于其上，東首 註 獸，腊也。鍪 又 兽02614獸33635獸33662

獴 33714 u248C4 beo_15.19 喃 同貆57377豹。

獷 33715 u248C3 lǔ_15.19 獷獠33613，舊時對彝族的蔑稱。

𤣩 33716 u248C2 bèi_15.19 俗𤣩10308

𤣩 33718 u248C0 null_15.19 未詳。

猺 33719 u248BF sói_15.19 喃 从犬磊lỗi聲。狼。

𤢾 33720 u248BE nhím_15.19 喃 从犬劍kiếm聲。刺猬。

𤢽 33721 u248BD nhắt_15.19 喃 从犬質chất聲△犾𤢽：小老鼠。

𤢻 33722 u248BB zhì_15.19 同𤣃33730

獵 33723 uF9A7 liè_15.19 兼 獵。

𤢒 33724 16828 lì_16.20 集韻 狼狄切音歷。本作𧲞57516或作㹳、𤟤。

𤢬 33725 16829 què_16.20 篇海 苦角切，音却◇至也，高也。

獹 33726 16830 lú_16.20 廣韻 落胡切 集韻 龍都切太音盧 玉篇 韓獹，天下駿犬 廣雅 韓獹、宋浞△ 集韻 通作盧。

𤣃 33727 16831 lián_16.20 廣韻 力延切 集韻 陵延切太音連 玉篇 𤣃猭，兔走貌 集韻 猨狖緣木貌 又 廣韻 犬走草 又 廣韻 直閑切 集韻 丈山切。又 廣韻 丑人切 集韻 韻會 癡鄰切太音縝。又 集韻 澄延切音纏。又抽延切音脡。又丑刃切音趁。義太同。鑾又㺦33748貚33585

獺 33728 16832 tǎ_16.20 唐韻 集韻 韻會 正韻 太他達切音闥 說文 如小狗，水居，食魚 玉篇 獺如猫 禮·王制 獺祭魚，然後虞人入澤梁 孟子 爲淵毆魚者，獺也。◆埤雅 獺獸，西方白虎之屬，似狐而小，青黑色，膚如伏翼，取鯉於水裔，四方陳之，進而弗食，世謂之祭魚。舊說，蟾肪合玉，獺膽分巵。又曰：熊食鹽而死，獺飲酒而斃 淮南子 曰：獺穴知水之高下，猨鳴而獺候之。故束晳 發蒙記 曰：猨以獺爲婦 又 正字通 山獺出廣之宜州嵠峒，性淫。山中有此，牝獸皆去 范成大·虞衡志 曰：山獺，土人呼爲插翹，聞山中婦人氣，必躍來相抱。無偶，則抱木枯死。又海獺，生海中，似獺而大，毛著水不濡。李時珍曰：今人取其皮爲風領，亞於貂。又蘇頌云諸畜肝葉皆有定數，獨獺肝一月一葉，十二月十二葉。其間又有退葉，用之須見形乃可驗，不爾多僞也 又 廣韻 他鎋切 集韻 韻會 正韻 狄鎋切，讀若呾。義同△ 集韻 或作㺚。鑾又獺33674獺57517獺33735

獻 33729 16833 xiàn_16.20 唐韻 集韻 韻會 正韻 太許建切音憲 說文 宗廟犬名羹獻，犬肥者以獻之。从犬，鬳聲 禮·曲禮 犬曰羹獻 又 廣韻 進也 爾雅·釋詁 享獻也 疏 致物於尊者曰獻。◆周禮·天官·小宰 膳獻 註 膳獻，禽羞俶獻也。又 膳夫 王燕飲酒，則爲獻主 又 書·益稷 萬邦黎獻 傳 獻，賢也 論語 文獻不足故也 又 爾雅·釋言 獻，聖也 諡法 聰明叡哲曰獻，知質有聖曰獻 又 爾雅·釋天 太歲在亥曰大淵獻 又 姓 風俗通 秦大夫獻則 又 suō 集韻 桑何切音娑。酒尊名，飾以翡翠，鄭司農說。本作犧32961，或作戲 又 禮·明堂位 周獻豆 註 獻，疏刻之 疏 正義曰：獻，音娑。娑是希疏之義，故爲疏刻之 釋文 素何反 又 yí 集韻 魚羈切音宜。儀也 周禮·春官·司尊彝 鬱齊獻酌 註 鄭司農云獻讀爲儀。儀酌，有威儀多也 又 xī 正韻 虛宜切音羲 前漢·王莽傳 建華蓋，立斗獻 註 師古曰獻音犧，謂斗魁及杓末如勺之形也。鑾又献33385猷33362𤢺33736

𤢺 33733 44404 líng_16.20 龍龕 同𤣝

𤣃 33730 16834 zhì_16.20 篇海類編 音熾。狂犬別名。鑾又㹢33246𤢻33722

𤣍 33731 44402 guǎng_16.20 搜真玉鏡 同獷。

𤣎 33732 44403 xiào_16.20 五音篇海 下巧切，音晶◇。

𪻌 33734 u2AECC null_16.20 未詳。

獺 33735 u2F928 tǎ_16.20 同獺33728

㺢 33738 u3EA2 huò_16.20 㺢㹢狓：一種非洲特產的珍貴哺乳動物。

𤣉 33736 u248C9 xiàn_16.20 俗獻33729

獼 33739 16835 mí_17.21 廣韻 武移切 集韻 民卑切太音彌 玉篇 獼猴 博雅 猱狙，獼猴也 又 正字通 通雅 曰：沐猴、獼猴，母猴也 前漢·西域傳·沐猴 註 沐猴，卽獼猴。母音轉爲馬，又轉爲彌。方言呼母曰㜷，此其證也。獸以雌强，今獼猴亦謂其大者，猶凡物之大者曰馬，藍馬薊之類 集韻 或作猕、狝。鑾又猕33148

𤣈 33737 u248C8 lián_16.20 同𤣃33748

獽 33740 16836 ráng_17.21 廣韻 汝陽切 集韻 如陽切太音穰 集韻 獸名。狨屬。鑾又𤜯33665

𤣏 33741 16837 xī_17.21 廣韻 許羈切 集韻 虛宜切太音犧 廣韻 獸名 又 豕也 集韻 本作𧲣57320

𤣐 33742 16838 líng_17.21 集韻 郎丁切音靈。良犬也。本作狑33112或作𤢺。

𤣑 33743 16839 xiān_17.21 集韻 思廉切音纖。獸名。鑾又𤝕33348𤢑33704

𤣒 33744 16840 chán_17.21 ◆集韻 鋤銜切音巉 玉篇 犬聲 又 廣韻 士咸切音讒。本作毚，狡毚。

𤣓 33745 16841 yīng_17.21 正字通 伊卿切，音嬰◇獸名 山海經 皋塗之山，有獸焉，其狀如鹿而白尾，馬足人手而四角，名曰𤣓如 註 郭璞曰：𤣓音猳嬰之嬰。

𤣐 33746 u248D0 xiǎn_17.21 直音篇 獮同獮33676

𤣏 33747 u248CF xiàn_17.21 同獻33729 四部叢刊·初編集部·後村先生大全集·卷之八十五·周禮講義·夏官司馬下 獸人掌罟田獸，辨其名物。冬獻狼，夏獻麋，春、秋獻獸。

㺦 33748 u3EA6 lián_17.21 同𤣃33727亦作獵、䝤。兔走。唐·韓偓 感事三十四韻 鹿窮唯觝觸，兔急且㺦猭。

𤣔 33749 16842 xī_18.22 玉篇 音攜。獸名。鑾胡吉宣：卽 馬部 之驨70530

𤣕 33750 16843 zhé_18.22 集韻 質涉切音讋 博雅 豕屬 集韻 本作𧳮57324

𤣖 33751 16844 jū_18.22 類篇 恭于切音拘。搏也 又 jué 集韻 厥縛切音矍。本作玃33765或作蠼。

獾 33752 16845 huān_18.22 廣韻 集韻 太呼官切音歡 廣韻 野豚，或作犿 集韻 本作貛。或作貆貒，互詳豸豕二部註。又 quán 集韻 逵員切音權。本作狟33098

獮 33753 16846
xiǎn_18.22　唐韻 集韻 丛息淺切音蘚 說文 秋田也。从犬爾聲。或作祿 廣韻 本作獮33676 集韻 或作獮。

獿 33754 16847
náo_18.22　唐韻 女交切 集韻 尼交切丛音鐃 說文 獿,獶也。从犬,夒聲 集韻 犬吠 囟náo 廣韻 集韻 正韻 丛奴刀切音猱 廣韻 獸名 集韻 本作夒。或作獶猱33389蹂 囟 前漢·揚雄傳 獿人亡,則匠石輟斤而不敢妄斲 註 服虔曰:獿,古之善塗塈者也。師古曰塈,即今之仰泥也。獿,扲拭也。故謂塗者爲獿人。獿,乃高反 囟néi 集韻 奴回切音醅。古之善塗塈者 漢書·獿人註 師古曰獶,又乃廻反 集韻 或作優,通作嬈 囟náo 廣韻 奴巧切 集韻 女巧切丛音撓 廣韻 犬驚 集韻 犬驚吠貌 囟rǎo 集韻 類篇 丛爾紹切音擾。義同。

獖 33755 u248D6
fēng_18.22　獍獖,太平天囯新造詞,專指咸豐。

獕 33756 u248D5
null_18.22　族名 四部叢刊·初編集部·罕經室集·續集 卷七·文選樓詩存第十四·雲南督署宜園十詠·陇嶺怡雲阿雅維摩沿里寨,儂人樊子異衣裁。原註:儂樊獕玀等數十種,相隔一村,即殊衣異俗。

賿 33757 41493
líng_19.23　五音集韻 郎丁切音靈 通俗文 猪糞曰賿。

獌 33758 41494
yōu_19.23　字義總略 與俳優之優同。

玀 33759 44405
ē_19.23　龍龕 同阿。見 佛經音義。瑩 又㺾33356

獺 33760 u248DA
nhím_19.23　喃 从犬艷diệm聲。刺猬。

璽 33761 u248D7
xiǎn_19.23　獮33676本字。

獫 33762 16848
xiǎn_20.24　廣韻 集韻 韻會 正韻 丛虛檢切音憸。獫狁33055 廣韻 本作獫。瑩 又猃33284宷12382

瀜 33763 16849
yòu_20.24　集韻 余救切音柚。本作狖。或作狖33121狖。

獬 33764 16850
qí_20.24　廣韻 集韻 丛渠希切音祈 玉篇 犬生一子 爾雅·釋畜 犬生三,猣。二,師。一,玂。

玃 33765 16851
jué_20.24　唐韻 俱縛切 廣韻 居縛切 集韻 厥縛切丛音矍 說文 母猴也。从犬,矍聲 爾雅 云玃父善顧,攫持人也 廣韻 大猿也 呂氏春秋 狗似玃,玃似母猴,母猴似人 新論 犬似玃,玃似狙,狙似人 司馬相如·上林賦 蜼玃飛鸓 廣韻 或作蠼 集韻 或作蠼、玃 囟 集韻 正韻 丛俱碧切 集韻 本作攫。搏也 韓詩外傳 齊使使獻鴻於楚。鴻渴,使者道飲鴻,玃笞潰失。

獳 33766 16852
nóng_20.24　字彙補 古文獳33644字。

獮 33767 44406
xiǎn_20.24　篇海類編 同獮。

玁 33768 u248DE
dǎng_20.24　貉玁,族名。清·顧祖禹 讀史方輿紀要·雲南七·車里軍民宣慰使司 古西南夷地,蠻名車里。後為倭泥、貉玁、蒲刺、黑角諸蠻雜居,不通中國。

覽 33769 16853
lǎn_21.25　正字通 魯感切音覽。犸狫之屬。見 邕管雜記 溪蠻叢笑

獢 33770 16854
xiāo_21.25　廣韻 許嬌切 集韻 虛嬌切丛音嚣 廣韻 犬黃白色△ 玉篇 書作獢。瑩 又 字彙補 獢,與獢33772同

玀 33771 u248E2
null_21.25　未詳。

獢 33772 u3EA7
xiāo_21.25　同獢。

玪 33774 16856
líng_24.28　廣韻 集韻 丛郎丁切音靈 集韻 良犬也 玉篇 本作狑33112 集韻 或作狑。

獢 33773 16855
xiāo_22.26　玉篇 許苗切音嚣。犬黃色也。

午 集

• 玄部 •

玄 33775 16857 yuán_0.5 廣韻集韻胡涓切韻會正韻瑚涓切,並音懸易·坤卦天玄而地黃疏玄,天色揚雄·甘泉賦將郊上玄定泰時註上玄,天也隋書·高帝紀受命上玄,廓清區宇。聖靈垂祐,文武同心梁書·朱异傳聖明御寓,上應蒼玄又黃庭經心爲上玄又說文長箋黑而有赤色者爲縹,有黃色者爲玄禮·王制疏玄衣法天禮運·五色六章疏五色加天玄爲六章又干支名。爾雅·釋天壬曰玄默又月建九月爲玄月又理之微妙者爲玄參同契惟昔聖賢,懷玄抱眞顏延之詩探道好淵玄,觀書鄙章句姚嵩·上述佛義表理玄者,非可以言稱。事妙者,固非常詞之所贊又清靜也前漢·揚雄傳人君以玄默爲神,澹泊爲德。又西域傳値文景玄默,養民五世,天下殷富,財力有餘,士馬强盛又深也前漢·揚雄傳麗哉神聖,處於玄宮又北方之神禮·曲禮前朱雀而後玄武又神仙名號神仙傳老子,上三皇時爲玄中法師,下三皇時爲金闕帝君又葛仙翁,名玄,從左元放受九丹金液仙經續仙傳張志和,號玄眞子仙傳拾遺薛玄眞,遨遊雲泉,得長生之道舊唐書·明皇紀徵恆州張果,賜號通玄先生太平廣記處士伊祁玄解,繢髮童顏,氣息香潔,與人話千百年事,皆如目擊又姓世本黃帝臣玄壽列仙傳玄宿,河間人又山名神仙傳天門子,年二百八十歲,猶有童子之色。服珠醴得仙,入玄洲山去。又玄圃,天帝都也。淮南子·覽冥訓昆侖,去地一萬八千里,上有曾城九重。或上倍之,是謂閬風。或上倍之,是謂玄圃又玄都十洲記玄洲在北海,去岸三十六萬里,上有太玄都,仙伯眞公所治玉京經玄都,玉京山有七寶城,太上無極大道虛皇君之所治也又禮·禮運玄酒在室註玄酒,水也。又爾雅·釋親曾孫之子爲玄孫韋誕·親蠶頌苞繁祐於萬國,卷福釐以言旋。美休祚於億載,啓百世之曾玄又書名前漢·揚雄傳雄以爲經莫大於易,故作太玄又與炫同司馬相如·封禪書采色玄耀註玄,讀曰炫。鑒玄33777作玄,避清聖祖康熙帝諱,讀音元又卓06379 ㄓ15298 眩30765 駴69868

玄 33776 u2F5E xuán_0.5 部玄33777

玄 33777 u7384 xuán_0.5 參見玄33775

玅 33778 16858 miào_4.9 玉篇廣韻ㄊ彌笑切,眇去聲玉篇今作妙廣韻與妙10404同。鑒又玅12668

紭 33779 u248E6 hóng_4.9 俗竑41486道光刻本泰州志·卷之七·公署明景泰二年,以副都御史王竑督運。

兹 33780 16859 zī_5.10 古文絲廣韻子之切集韻韻會津之切ㄊ音孜說文黑也玉篇濁也,黑也。或作黻滋左傳·哀八年何故使吾水滋註滋,本又作兹。子絲反字林云黑也又姓左傳·定十年孔丘使兹無還揖對又說文徐鍇註借爲兹此字爾雅·釋詁此也又書·大禹謨念兹,在兹○按爾雅尚書本作兹正字通仍韻會之譌,改入兹字註,反駁从玄之非,誤。又引孫氏說,今年亦曰今兹,从艸木兹生紀也,尤鑿又神名山海經西海陼中有神,人面鳥身,珥兩靑蛇,踐兩赤蛇,名曰弇兹又xuán 廣韻集韻ㄊ胡涓切,音玄。黑也左傳·哀八年釋文兹,音玄。○按兹、兹二字,音同義別。从玄者,子之、瑚涓二切,訓黑也,此也,姓也。从艸者,子之、牆之二切,訓艸木多益也,蓐也,國名。今各韻書互相蒙混,如廣韻韻會兹字訓國名集韻兹字訓蓐也韻會字彙正字通兹字訓此也,非當時編輯之譌,卽後人刊刻之誤。正韻有兹無兹,合兹、兹二字訓義爲一,尤爲疎漏。今从說文幷各書,重爲訂正。鑒又兹49337

率 33781 16860 shuài_6.11 古文ㄌ廣韻所律切集韻韻會正韻朔律切ㄊ音蟀說文捕鳥畢也。象絲罔,上下其竿柄也又玉篇遵也廣韻循也書·太甲率乃祖攸行詩·大雅率西水滸註循也又廣韻領也,將也左傳·宣十二年率師以來,惟敵是求。又襄十年牽率老夫,以至於此又廣韻用也,行也又集韻從也,自也又增韻皆也,大略也前漢·宣帝紀率常在下杜註總計之說也。下杜,地名梁書·王僧儒傳齊學士刻燭爲詩,四韻則刻一寸。以此爲率又增韻募也又率先也晉書·顧榮傳榮身當士卒,爲衆率先又通韻表之也後漢·何武傳刺史古之方伯。方伯,一方表率也又正字通差等也前漢·李廣傳諸將率爲侯者,而廣軍無功註率謂軍功封賞之科,著在法令者也又高率世說新語晉劉驎之好遊山澤,高率善史傳又率略盧氏雜記宋五坦率聞見錄司馬溫公與洛中諸公作眞率會又輕率論語子路率爾而對註輕邊貌又前漢·東方朔傳率然高舉,遠集吳地註率然,猶颯然又孫子·九地篇善用兵者,辟如率然。率然者,常山之蛇也。擊其首則尾至,擊其尾則首至,擊其中則首尾俱至又姓正字通明有率慶又兜率天太平廣記心在兜率天彌勒宮中聽法又shuài 唐韻集韻正韻ㄊ所類切音帥廣韻鳥網也又正韻同帥詩·邶風庬丘序方伯連率之職註率,所類反史記·建元以來侯者年表渠率註與帥同又lèi 集韻韻會正韻ㄌ力遂切音類集韻計數之名周禮·天官·大宰賦貢以馭其用註賦,口率出泉也疏采地之民,口率出泉爲賦釋文率,徐、劉音類,威音律。一音所律反又正韻總率也易·王弼略例率相比而無應。率,音類,又如字又lǜ 集韻韻會正韻ㄊ劣戌切音律。約數也又官名前漢·百官公卿表詹事屬官,有太子率更師古註掌知刻漏,故曰率更又算經·少廣章宋祖冲之有密率乘除法又觳率,彎弓之限也孟子羿不爲拙射,變其觳率又與繂同禮·玉藻凡帶,有率無箴功註率,繂也。言帶用單帛,密緝,兩邊

不見用箋之功也 釋文 率，音律 図 左傳·桓二年 漢率鞞
轑 註 藻率，用韋爲之，所以藉玉也。率，音律 図 shuā 五
音集韻 所滑切音刷。量名。與銲同 史記·周本紀 其罰百
率 註 率即鍰也。音刷。孔安國曰：六兩曰鍰。率，舊本
亦作選。鎣又衛54017衛54042

率 33783 uF9DB
lǜ_6.11　　兼率。

旅 33782 16861
lú_6.11　　唐韻 落乎切
集韻 正韻 龍都切 韻會 籠都切 忬音盧。 說文 黑色也。 廣
韻 黑弓 左傳·僖二十八年 王賜晉侯旅弓，矢千。 鎣又
張16234張16179旅33785賦74954旅16331

率 33784 uF961
lǜ_6.11　　兼率。

旅 33785 16862
lú_7.12　　字彙補 龍都
切音盧。疑即旅字。 鎣俗旅33782

竭 33786 16863
yì_9.14　　字彙 於訖切音意。不成，遂急戾也○按 說
文 本作竭 字彙 作竭，非。 鎣 集韻 作竭15333

• 玉部 •

玉 33787 16864
yù_0.5　　古文玉 唐韻 正韻 魚欲切 集韻 韻會 虞欲
切 忬音獄。 說文 石之美者。玉有五德，潤澤以溫，仁之
方也。䚡理自外，可以知中，義之方也。其聲舒揚，專
以遠聞，智之方也。不撓而折，勇之方也。銳廉而不技，
絜之方也 五音集韻 烈火燒之不熱者，眞玉也 易·鼎卦
鼎，玉鉉 疏 正義曰：玉者，堅剛而有潤者也。又 說卦 乾，
爲玉爲金 疏 爲玉爲金，取其剛之清明也 詩·大雅 金玉
其相 禮·聘義 君子比德於玉焉。溫潤而澤，仁也。縝密
以栗，知也。廉而不劌，義也。垂之如隊，禮也。叩之
其聲清越以長，其終詘然，樂也。瑕不掩瑜，瑜不掩瑕，
忠也。孚尹旁達，信也。氣如白虹，天也。精神見于山
川，地也。圭璋特達，德也。天下莫不貴者，道也 管子·侈
靡篇 玉者，陰之陰也 白虎通 玉者，象君子之德，燥不
輕，溫不重，是以君子寶之 図 水玉，水精也 史記·司馬
相如傳 水玉磊砢 註 水玉，水精也 図 美貌也 公羊傳·宣
十二年 是以使寡人得見君之玉面，而微至乎此 疏 言玉
面者，亦美言之也 史記·陳丞相世家 如冠玉耳 図 珍食
曰玉食 書·洪範 惟辟玉食 釋文 漢書 云玉食，珍食也。
図 時和曰玉燭 爾雅·釋天 四時和謂之玉燭 疏 四時和
氣，溫潤明照，故曰玉燭 図 地名 左傳·哀十二年 宋鄭
之閒有隙地焉，曰：彌作，頃丘，玉暢，嵒、戈，錫 註 凡
六邑 図 河名 正字通 後晉天福中，鴻臚卿張匡鄴使于
闐，著 行程記。言玉河在于闐城外，其源出昆山，西流
一千三百里，至于闐界，疏爲三河，一白玉河，二綠玉
河，三黑玉河。五六月水漲，玉隨流而至，多寡視水小
大。七八月，水退，可取，彼人謂之撈玉 図 關名 前漢·張
騫傳 酒泉列亭鄣至玉門矣 註 玉門關，在龍勒界。
図 星名 後漢·郎顗傳 從西方天苑趨，左足入玉井 註 參
星下四小星爲玉井 図 木名 山海經 開明北有文玉樹 註
五采玉樹 図 草名 爾雅·釋草 蒙，玉女 註 女蘿別名。
図 正字通 寒玉，竹別名。亦曰綠玉 図 鳥名 前漢·司馬
相如傳 駕鵝屬玉 郭註 屬玉似鴨而大，長頸，赤目，紫

紺色 図 觀名 前漢·宣帝紀 行幸萯陽宮屬玉觀 註 晉灼
曰：屬玉，水鳥，以名觀也 図 蚌名 爾雅·釋魚 蜃小者
珧 註 珧，玉珧，即小蚌 図 姓 史記·封禪書 濟南人公玉
帶 註 公玉，姓。帶，名 風俗通 齊濟王臣有公玉冉。
図 愛也，成也 詩·大雅 王欲玉女，是用大諫 註 玉，寶
愛之意 張載·西銘 貧賤憂戚，庸玉女于成也 図 sù 廣韻
息逐切 集韻 息六切忬音肅 廣韻 朽玉。又琢玉工 集韻
或作璹、璛 図 姓 史記·封禪書公玉帶 註 索隱 曰：玉又
音肅 後漢·光武紀 陳留太守王況爲大司徒 註 玉，音肅，
京兆人 図 sù 廣韻 相玉切 集韻 須玉切忬音粟。西戎國
名。亦姓 図 xiù 五音集韻 許救切音釁。琢玉工也。
図 叶音龠 易林 桑華腐蠹，衣敝如絡。女工不成，絲帛
爲玉 図 叶音迂 洞玄頌 韞產寶玉，叶含耀明珠△ 說文
玉，象三玉之連，丨，其貫也 註 徐曰：玉中畫近上，
王，三畫均。李陽冰曰：三畫正均，如貫王也。 類篇 隷始
加點，以別帝王字 六書精蘊 帝王之王，一貫三爲義。
三者，天、地、人也。中畫近上，王者法天也。珠王之
王，三畫相均，象連貫形。俗書不知帝王字中畫近上之
義，加點于旁以別之。 鎣又王33790玉40193玉59828王33788
図 圖08216，玉字的輪廓字 図 玉05080玉05074丙10016，古
文玉字的變體字。

玉 33788 16865
sù_0.5　　正韻 玉、玉二字不同。點在下畫之旁者，
寶玉字也。點在中畫之旁者，須玉、許救、息六三切也。
玉工也。朽玉也。又國名。又人姓。俗書玉、玉不辨◆ 正
字通 禮 六工，土、金、木、石、艸、獸皆名工。琢玉者
謂之玉工，猶刻木者謂之木工。因物殊名，不必別制玉
字爲琢玉者之稱，讀玉爲粟、釁二音也。今玉工通作玉，
不作玉，益見玉爲贅文。雖載 正韻，後世不信從也。
鎣又璛34586

王 33789 16866
wáng_0.5　　廣韻 集韻 韻會 忬雨方切，往平聲 廣韻 大
也，君也，天下所法 正韻 主也，天下歸往謂之王 易·坤
卦 或從王事。又 隨卦 王用享于西山 書·洪範 無偏無黨，
王道蕩蕩 詩·小雅 宜君宜王 註 君，諸侯也。王，天子也
○按秦漢以下，凡諸侯皆稱王，天子伯叔兄弟分封于外
者亦曰王 図 諸侯世見曰王 詩·商頌 莫敢不來王 箋 世
見曰王 図 凡尊稱亦曰王 爾雅·釋親 父之考爲王父，父
之妣爲王母 図 法王，象王，皆佛號 華嚴偈 象王行處落
花紅 岑參詩 況值廬山遠，抽簪禮法王 註 法王，佛尊號
也 図 姓 謚法 仁義所往曰王 図 王屋，山名 書·禹貢
至于王屋 疏 正義曰：王屋在河東垣縣東北 図 弓名 周
禮·冬官考工記·弓人 往體寡，來體多，謂之王弓之屬。
図 王連，遠志也。見 博雅。夫王，芏草也。見 爾雅·釋
草 疏 図 王鴡，鳥名 爾雅·釋鳥 鴡鳩，王鴡 郭註 鵰類，
今江東呼之爲鶚 図 王鮪，魚名 周禮·天官·䱷人 春獻王
鮪 註 王鮪，鮪之大者 図 蛇名 爾雅·釋魚 蟒，王蛇 註 蟒，
蛇最大者，故曰王蛇 図 蟲名 爾雅·釋蟲 王，蛈蝪 註 即
螲蟷，似䗱𧑓，在穴中，有蓋。今河北人呼蛈蝪 博雅·釋
蟲 虎，王蛈也 図 wàng 廣韻 集韻 韻會 正韻 忬于放切

音旺。霸王也正韻凡有天下者，人稱之曰王，則平聲。據其身臨天下而言曰王，則去聲詩·大雅此大邦箋王，君也釋文王，于況反前漢·高帝紀項羽背約而王君王於南鄭師古註上王字，于放反囡廣韻盛也莊子·養生主神雖王，不善也註謂心神長王釋文王，于況反囡音往詩·大雅昊天曰明，及爾出王傳王，往也朱註音往○按王本古文玉33787字。鼚又君05698舌03197坣12640

王 33790 u2F929
yù_0.5　古文玉33787三畫相均，象連貫形。

玉 33792 u2F5F
yù_0.5　同玉33787部首專用字。亦作𤣩 33793

王 33791 u248E9
yù_0.5　同玉33787

玌 33795 16868
qiú_1.6　字彙渠尤切音虬。玉名。亦作蚪。鼚又刊33804

王 33793 u2EA9
yù_0.5　部玉33792

㪷 33796 44407
dǒu_1.6　字彙補斗字。見說文○按說文作斗字彙補譌。

玊 33794 16867
yù_1.6　玉篇古文玉33787字。

生 33797 u738D
gǎ_1.6　方吝嗇；調皮；脾氣乖僻。生古，亦作生固：吝嗇。又閩陰莖。生核：睾丸。生脬：膀胱。

玒 33798 16869
sī_2.7　唐韻息夷切集韻相夷切从音私說文石之似玉者。鼚篇海類編玑，相咨切音思。石似玉。作玊，訛。

玐 33799 16870
jiù_2.7　玉篇疎逸切音瑟。玉器也囡巨幼切，音舊◇義同。鼚又玌33795刊33804

玎 33800 16871
dīng_2.7　唐韻集韻韻會正韻从當經切音丁說文玉聲也囡說文齊太子仮謚曰玎公韻會謚法述義不勉曰玎囡zhēng廣韻集韻从中莖切音杼廣韻玎玲，玉聲。

玏 33801 16872
lè_2.7　廣韻盧則切韻會正韻歷德切从音勒說文本作𤥨，鈐𤥨也。今省作玏，謂石之次玉者司馬相如·子虛賦瑊玏玄厲集韻亦書作瓈。

玐 33802 16873
pú_2.7　廣韻匹角切。與璞同玉篇玉未成器也類篇玉素也。

玑 33803 16874
bā_2.7　廣韻博拔切集韻布拔切从音八。玉聲五音集韻玉名。

刘 33804 44408
qiú_2.7　奚韻同玌

玑 33807 u7391
jī_2.7　簡璣34598

坙 33805 44409
wū_2.7　五音篇海音污。

玑 33806 u2AECD
null_2.7　人名，見小屯南地甲骨.2613玑啟彎方。

玑 33808 16875
gǒng_3.8　集韻古勇切音拱。璧也。本作玒，通作拱囡xìn玉篇息進切音信。玉名。鼚集韻作玑33830

玒 33809 16876
hóng_3.8　唐韻戶工切集韻胡公切从音洪說文玉也集韻或作珙囡jiāng廣韻集韻韻會从古雙切音江。

又gōng廣韻正韻古紅切集韻韻會沽紅切从音公。義从同囡人名朝鮮紀事朝鮮王子義昌君玒。

鼚又玽33837

玠 33810 16877
xìn_3.8　集韻思晉切音信。遍也。

玡 33811 16878
yì_3.8　字彙音乙。高也正字通按高當作屹。從王，非。

玦 33812 16879
tuō_3.8　類篇闥各切音託。玉名。

玓 33813 16880
dì_3.8　唐韻都歷切集韻丁歷切从音的說文玓瓅，明珠色史記·司馬相如傳玓瓅江靡註應劭曰：言明月之珠，其光耀照於江邊也。

玨 33814 16881
bǔ_3.8　五音集韻博古切音補玉篇玉器。

玼 33815 16882
zǐ_3.8　玉篇借里切。玉名。

玔 33816 16883
chuàn_3.8　集韻樞絹切音釧玉篇玉玔也集韻玉環也。

玕 33817 16884
gān_3.8　古文玕唐韻古寒切集韻韻會正韻居寒切从音干說文琅玕也廣韻美石，次玉書·禹貢厥貢惟球琳琅玕爾雅·釋地西北之美者，有崑崙虛之璆琳琅玕焉註琅玕，狀如珠也囡樹名韻會崑崙山有琅玕樹◆本草綱目流離之類，有五色，火劑瑞也。以青者入藥。

玖 33818 16885
jiǔ_3.8　唐韻舉友切韻會己有切，从音九說文石之次玉黑色者詩·衛風投我以木李，報之以瓊玖傳瓊玖，玉名釋文玖，音久書云玉黑色囡jiù五音集韻居祐切音救。義同。鼚又玖33824坅08303囡四聲篇海玖33862，音久。黑玉皃也。

玗 33819 16886
yú_3.8　唐韻羽俱切集韻正韻雲俱切从音于說文本作玗，石之似玉者玉篇玉屬爾雅云東方之美者，有醫無閭之珣玗琪焉列子·湯問篇珠玗之樹皆叢生。囡洞名正韻元結自釋云逃入猗玗洞，始稱猗玗子。囡玗琪，樹名山海經開明北有玗琪樹註玗琪，赤玉屬也。

玘 33820 16887
qǐ_3.8　唐韻去里切韻會去綺切正韻墟里切从音起說文玉名廣韻佩玉。鼚从己作玘33834為正。

玙 33821 16888
yú_3.8　說文玙本字。

玢 33822 41495
bā_3.8　奚韻音八。玉也。

㖊 33823 44410
jīn_3.8　五音篇海音金。

玒 33825 u2F92A
gǒng_3.8　同玑33830

玖 33824 44411
jiǔ_3.8　篇海類編同玖○按字彙補音私。玉名。尤為無據。

㝿 33827 u248F4
wǎng_3.8　俗㝿09694

玟 33826 u248F7
hǎo_3.8　同玟16366俗敄10411字學呼名能書玟，呼皓切。

㹙 33829 u3EAF
nòng_3.8　俗弄15937

玕 33828 u248F3
gān_3.8　玕33817譌字

玑 33830 u3EAC gǒng _3.8 同珙33808

玛 33831 u739B mǎ _3.8 简瑪34406

㺱 33832 u739A chàng _3.8 简瑒34297

玙 33833 u7399 yú _3.8 简璵34712

玘 33834 u7398 qǐ _3.8 說文玘，玉也。从玉己聲。按，俗作珔33820

珐 33835 16889 fǎ _4.9 川篇音法。玉名。

玿 33836 16890 zhǎo _4.9 集韻側絞切音爪。與瑵同。車蓋玉瑵。

玒 33837 16891 hóng _4.9 集韻古雙切音江。玉名。與玒同 図 五音集韻古紅切音公。義同。

㺥 33838 16892 wǔ _4.9 集韻阮古切音五。人名。後蜀有李㺥。

玞 33839 16893 fū _4.9 廣韻甫無切 集韻韻會風無切夶音膚 廣韻美石，次玉。同砆 山海經會稽之山，下多砆石 註郭璞曰：武砆石，似玉。今長沙臨湘縣出之，赤地白文，色蔥蘢不分之也。吳任臣曰：砆水經注作玞 図 集韻通作夫 前漢·董仲舒傳猶武夫之與美玉。

珆 33840 16894 shī _4.9 川篇音師。玉名。鋆字彙珆，同瑚。

玺 33841 16895 réng _4.9 五音集韻如乘切音仍。玉器。

玟 33842 16896 mín _4.9 集韻眉貧切 正韻彌鄰切。夶與珉同。瑻玟，石次玉 禮·玉藻士佩瑻玟而縕組綬 孔融詩玟璇隱曜，美玉韜光 図 wén 集韻無分切音文。玉文。或从彣。鋆又玟33863 瑻34066 瑉34172 瑉34164 瑉34287 砇38688 砇38766 磭39040 磭39131

玠 33843 16897 jiè _4.9 唐韻古拜切 集韻韻會正韻居拜切夶音戒 說文大圭也。引書·顧命稱奉玠圭 爾雅·釋器圭大尺二寸謂之玠 図 集韻通作介 詩·大雅錫爾介圭，以作爾寶 △ 類篇或作瑎。鋆又玠34207至10095

玡 33844 16898 yà _4.9 集韻魚駕切音訝。骨似玉者。

玢 33845 16899 bīn _4.9 廣韻府巾切 集韻悲巾切夶音彬 廣韻文采狀也 集韻玉文理貌 前漢·司馬相如傳玢豳文磷 註玢豳，文理貌 図 集韻方文切音分 玉篇玉名 集韻玉文也 図 集韻逋閑切音編。又通還切音班。又敷文切音妢。義夶同 △ 類篇亦作璸。鋆又龍龕玢62835，相承方貧反。玉名。

弁 33846 16900 biàn _4.9 集韻皮變切音卞。玉飾弁也 左傳·僖二十八年子玉自爲瓊弁玉纓 釋文弁，本又作玣。皮彥反。△ 類篇或作玣。

玤 33847 16901 běng _4.9 唐韻補蠓切 集韻韻會補猛切 正韻邊孔切夶音琫 說文石之次玉者，以爲系璧。讀若蚌 徐曰系璧，飾玉系也 図 bàng 廣韻正韻步項切 集韻韻會部項切夶音棒。義同 図 廣韻地名 左傳·莊二十一年虢公爲王宮玤 註蚌，虢地 釋文玤，蒲項反 △ 說文本作玨 類篇或作玤。鋆又砯38695

㺗 33848 16902 mò _4.9 唐韻集韻夶莫勃切音沒 說文本作瑻，玉

屬 穆天子傳采石之山有玞瑤 郭璞註玉名。鋆又玞33883

玥 33849 16903 yuè _4.9 廣韻集韻夶魚厥切音月。神珠也。鋆又珴33877

班 33850 16904 niǔ _4.9 韻會古文鈕62834字。

玦 33851 16905 jué _4.9 唐韻集韻韻會古穴切 正韻居穴切夶音決 說文玉佩也 廣韻佩如環而有缺，逐臣待命於境，賜環則返，賜玦則絕。義取訣 史記·項羽紀范增數以手循玦示項羽 前漢·五行志佩之金玦 註師古曰半環曰玦 白虎通君子能決斷則佩玦。玦，環之不周也 図 射者著於右手大指以鉤弦者亦謂之玦 禮·內則右佩玦 詩·衞風·童子佩韘傳韘，玦也 疏玦，挾矢時所以持弦飾也 釋文玦，本又作決 小雅決拾旣佽 図 詩話紫玉玦，茶也。烏玉玦，墨也 蘇軾·謝惠茶詩空煩赤泥印，遠致紫玉玦 孫莘老·寄墨詩近者唐夫子，遠致烏玉玦 △ 集韻或作璚。鋆又玦33895，本字。

玧 33852 16906 yǔn _4.9 廣韻余準切 集韻庾準切夶音尹。充耳玉 集韻瑱也 図 yán 集韻余專切音沿。玧珸，蠻夷充耳。図 mén 謨奔切音門。玉赤色也。與璊同。

玨 33853 16907 jué _4.9 唐韻古岳切 集韻韻會正韻訖岳切夶音覺 說文二玉相合爲一玨 徐鍇曰雙玉曰玨 集韻或作瑴 図 gǔ 類篇古祿切音穀。義同。鋆又玨33978 玨33946 図 龍龕瑴27093角、穀二音。雙玉名也。

玩 33854 16908 wán _4.9 唐韻集韻韻會正韻夶五換切音翫 說文弄也 玉篇戲也 書·旅獒玩人喪德，玩物喪志 列子·黃帝篇海上人有好漚鳥者，每旦從漚鳥遊，漚至者百數。其父曰：取來吾玩之。明日，漚鳥舞而不下也 図 習也 易繫辭所樂而玩者，爻之辭也 疏言君子愛樂而習玩者，是六爻之辭也 陸機·豪士賦序心玩居常之安，耳飽從諛之說 図 珍也 陸機·辨亡論奇玩應響而赴韻府 手不持珠玉之玩 図 韻補叶音彥 庾敱·意賦物咸定於無初分，候時至而後驗。飄顆玄曠之域兮，深漠暢而靡玩。鋆又玩57559 忨16986 図 名義 玩10422，五館反。好玩46177，好也。或玩字，弄也。

玪 33855 16909 jiān _4.9 唐韻古函切 廣韻古咸切 集韻居咸切夶音緘 說文玪玏，石之次玉者 玉篇米石山有玪珩琪 集韻或作瑊 図 qián 集韻其淹切音箝。玉名 図 yín 集韻魚音切音吟。義同 集韻琳34195古作玪。鋆又砪38736

玫 33856 16910 méi _4.9 唐韻莫桮切 集韻謨杯切 韻會謨桮切夶音枚 說文火齊，玫瑰也。一曰石之美者 前漢·司馬相如傳其石則赤玉玫瑰 註晉灼曰：玫瑰，火齊珠也。師古曰火齊珠，南方之出火珠也 図 人名 韻會唐史有朱玫。鋆又玫33868 玟33842 珻34079

玬 33857 16911 dǎn _4.9 川篇音亶。玉名。

塧 ruò_4.9 33858 16912　奚韻仁劣切，音熱。塧塧，動貌也。

玥 mào_4.9 33859 16913　玉篇古文瑁34279字。

玭 pín_4.9 33860 16914　唐韻步因切集韻毗賓切夶音頻說文珠也。宋弘云淮水中出玭珠。玭，珠之有聲者書·禹貢作蠙図pián廣韻部田切集韻蒲眠切夶音蹁。義同何晏·景福殿賦垂環玭之琳琅註玭，蒲眠反。珠也図pí五音集韻部迷切音輦。淮糸也。鍇又珌34154璸34716図正字通玭，俗玭字。舊註音瓶，玉名。又音餅，夶非。

玖 bā_4.9 33861 41496　五音篇海補戛切。神名。

玖 jiǔ_4.9 33862 41497　川篇音久。黑玉貌。鍇俗玖33818

珉 mín_4.9 33863 41498　字彙補與瑉同周禮·弁師註珉，惡玉名。

珋 dà_4.9 33864 44412　五音篇海音大。

珔 bù_4.9 33865 44413　龍龕音步。

玹 hú_4.9 33866 44414　篇海類編同瑚。

玺 jì_4.9 33867 44415　龍龕音記。鍇又玦33880

玟 méi_4.9 33868 44416　篇海類編同玫。

珃 bèi_4.9 33869 u2B7A5　簡珼34081

玩 null_4.9 33870 u2AED4　人名用字。

玴 null_4.9 33871 u2AED3　人名用字

珐 null_4.9 33872 u2AED2　未詳。

玒 null_4.9 33873 u2AED1　人名用字

玏 cōng_4.9 33874 u2AED0　簡璁34488

玐 jí_4.9 33875 u2AECF　方以智通雅·卷三十三·器用·古器哥窯淺白斷文，號百玐碎△宏按，後世訛作百圾碎。

玧 null_4.9 33876 u2AECE　人名用字

玥 yuè_4.9 33877 u2F92B　同玥33849

釜 fǔ_4.9 33878 u2490E　俗金62735

玒 null_4.9 33879 u2490C　未詳。

玦 jì_4.9 33880 u24907　朝鮮本龍龕玺33867，音記。玦，俗。

玗 qí_4.9 33881 u24906　俗圻08310四聲篇海璘，持轉切。珪有玗鄂也図衆玗耳越。見宋書·卷七十五図人名用字。

玽 null_4.9 33882 u24905　未詳。

玤 null_4.9 33884 u24903　未詳。

玞 mò_4.9 33883 u24904　同玞33848

玗 yǔ_4.9 33885 u24902　人名用字図天一閣藏明嘉靖刻本始興縣志·卷之下·題詠·王大用（兵儲副使）·玲瓏仙室仙翁已乘玉龍去，玗衲猶結茅齋棲。

玚 fāng_4.9 33886 u24901　人名用字

玗 null_4.9 33887 u24900　未詳。

玽 null_4.9 33888 u248FF　未詳。

玹 null_4.9 33889 u248FE　未詳。

玣 jiū_4.9 33890 u3EB6　同糾43762奇字韻玣，糾或从玉。漢隸。

玱 qiāng_4.9 33891 u73B1　簡瑲34418

玵 xiàn_4.9 33892 u73B0　簡現34085

环 huán_4.9 33893 u73AF　簡環34674

玮 wěi_4.9 33894 u73AE　簡瑋34290

玦 jué_5.10 33895 16915　說文玦本字。

玲 líng_5.10 33896 16916　唐韻集韻韻會夶郎丁切音靈說文玉聲揚子·太玄經唐素不貞，亡彼瓏玲註瓏玲，金玉聲前漢·揚雄傳前殿崔巍兮，和氏瓏玲註師古曰玲音零。孟康曰：以和氏璧爲梁璧帶也。其聲瓏玲也。晉灼曰：以黃金爲璧帶，合藍田璧。瓏玲，明見貌也。師古曰晉說是図集韻力耕切音磷。義同。鍇又瓅34864玪34144

玳 dài_5.10 33897 16917　集韻待戴切音代。瑇瑁也図玉篇俗以瑇瑁作玳瑁異物志如龜，生南海。大者如蓮簰，背上有鱗，鱗大如扇，有文章。將作器，則煮其鱗，如柔皮漢·鐃歌雙珠玳瑁簪，用玉紹繚之范雲·贈張謖詩儐從皆珠玳。鍇又瞞27201瑇34224蟕53016玳35496

珬 xù_5.10 33898 16918　集韻雪律切音䎎玉篇玉名。一云珂珬，與珬同。

玴 yì_5.10 33899 16919　集韻吉曳切音瘞。石似玉者図五音集韻餘制切音曳。義同。鍇同瑰34008

玵 án_5.10 33900 16920　集韻五甘切音䔃。美玉也。

玶 píng_5.10 33901 16921　集韻蒲兵切音平。玉名。

玶 píng_5.10 33902 16922　奚韻皮榮切音平。玉名。鍇又坕33945坕33944

玷 diàn_5.10 33903 16923　集韻韻會正韻夶都念切音坫集韻玉病增韻缺也詩·大雅白圭之玷傳玷，缺也前漢·韋玄成傳玄成復作詩，自著復玷缺之蠅難図廣韻集韻韻會正韻夶多忝切音點。義同図diān集韻丁兼切音髻。與玷同。玷操，以手稱物玉篇或作刮。鍇俗作玷33943

珼 fú_5.10 33904 16924　廣韻防無切集韻馮無切夶音扶廣韻玉文集韻玉名。鍇胡吉宣：疑卽孚以旁達之珏34097字。

玿 sù_5.10 33905 16925　廣韻桑故切集韻蘇故切夶音訴。玉名。

玹 xuàn_5.10 33906 16926　廣韻黃絢切韻會正韻熒涓切夶音縣廣韻玉名図xuán廣韻集韻夶胡涓切，音玄玉篇玉色廣韻石次玉図人名後漢·趙岐傳中常侍唐衡兄玹，爲京兆虎牙都尉図xián集韻胡干切音賢。姓也。

玺 xǐ_5.10 33907 16927　字彙俗璽字。

玻 bō_5.10 33908 16928　廣韻韻會夶滂禾切音頗玉篇玻瓈，玉也。廣韻玻瓈玉，西國寶正字通一名水玉，瑩如水，堅如玉，碾開有雨點者爲眞。明三保大監出西洋，攜燒玻瓈人來中國，故中國玻瓈頓賤。燒者有氣眼而輕図正字通或作頗黎。因頗黎國所出，故名玄中記大秦有五色頗黎梁四公記扶南人來賣碧頗黎，鏡廣一尺半，內外瑩潔，向明視之，不見其質，重四十斤。鍇曾榮汾：玻33951同玻。

玼 cuō_5.10 33909 16929　唐韻千禮切韻會正韻此禮切夶音泚說

文玉色鮮也。引詩新臺有玼○按詩·邶風今本作泚。圖正字通凡物之鮮盛者，皆曰玼詩·鄘風玼兮玼兮，其之翟也傳翟衣，夫人祭服，刻繒爲翟雉形，采畫之以爲飾。玼者，言宣姜服飾之盛，如玉色也圖與疵通後漢·黃憲傳靡不服深，遠去玼吝註玼，音此說文曰：鮮色也。據此文當爲疵。作玼者，古字通也圖cuǒ集韻此我切音瑳圖cǐ廣韻正韻雌氏切集韻淺氏切丛音此。義玼同圖cí廣韻疾移切集韻韻會才支切丛音疵廣韻玉病圖集韻玉中石也。鎣又䂣36749

珣33910 16930
gǒu_5.10　唐韻古厚切集韻韻會正韻舉后切丛音苟說文石次玉者圖gòu集韻居侯切音冓。玉名。

珘33911 16931
jiǎ_5.10　廣韻古狎切音甲。玉名。

玿33912 16932
sháo_5.10　廣韻市昭切集韻時饒切丛音韶。美玉

珀33913 16933
pò_5.10　廣韻正韻普伯切集韻韻會匹陌切丛音拍玉篇琥珀也集韻出罽賓國正字通如血色，拭熱能吸芥。色黃明瑩，名蠟珀。色似松香，紅而且黃，名明珀。無紅色，如淺黃，多皺文，名水珀。如石重，色黃者，名石珀。文一路赤一路黃者，名花珀。淡者名金珀。黑者名驀珀。陶弘景曰：松脂千年化爲茯苓，又千年爲琥珀。孫愐曰：楓脂入地爲琥珀。韓保昇曰：木脂皆化，松楓多脂耳。段成式曰：龍血入地爲琥珀。又有燒成者南蠻記寧州沙中有蜂，岸崩則蜂出，土人燒治以爲琥珀博物志亦云燒蜂窠所作，如近日之玻璨。亦番燒也圖集韻通作魄前漢·西域傳罽賓國出珠璣，珊瑚，虎魄，璧流離圖琥珀詞，樂器。卽火不思元志天樂一部，有琵琶箜篌二，火不思二。火不思制似琵琶，直頭有小槽，圓腹如半瓶，以皮冒面，四絃，皮絣同一孤柱。今山陝中州彈琥珀詞，其制似之。蓋火不思之轉語也。鎣又砶38801

瓷33914 16934
cí_5.10　字彙同瓷。鎣又䃽34982圖或俗瓨34964篇海·玉部引類篇瓨，音瓷新修玉篇·玉部引類篇瓨，音瓷。

珂33915 16935
kē_5.10　唐韻苦何切韻會正韻丘何切丛音軻說文玉也玉篇石次玉也。亦碼碯，潔白如雪者圖玉篇一云螺屬也。生海中通俗文勒飾曰珂爾雅翼貝大者珂，皮黃黑，骨白，可飾馬具。一名馬珂螺李時珍曰珂馬勒飾也。此貝似之，故名韓愈詩送以紫玉珂圖諫珂，鳥名。文身而朱足，憎鳥而愛狐。見說苑圖金名事物紺珠有珂金△集韻或作砢。鎣又䃶57645

珃33916 16936
rǎn_5.10　字彙而琰切音冉。玉也。

玣33917 16937
biàn_5.10　廣韻集韻丛皮變切音卞廣韻玉名圖集韻玉飾弁也△類篇或作玝。

珄33918 16938
shēng_5.10　廣韻所庚切音生。金色。

珅33919 16939
shēn_5.10　集韻升人切音申。玉名。

珒33920 16940
qióng_5.10　字彙其凶切音卭。玼也。

珆33921 16941
yí_5.10　集韻盈之切音飴。石似玉也五音集韻同珥圖廣韻以脂切音姨。義同圖tāi類篇湯來切音胎。龍之圭曰瓏珆玉篇玉名。

玐33922 16942
bā_5.10　字彙百轄切音八。玉名。鎣又玡33954玞33822玖33861玑33803

珇33923 16943
zǔ_5.10　唐韻則古切集韻韻會總古切正韻總五切丛音祖●說文琮玉之瑑廣韻珪上起也增韻珪琮之瑑凸起也圖或作駔周禮·冬官考工記駔琮五寸，宗以爲權。駔琮七寸，鼻寸有半寸，天子以爲權圖揚子方言好也，美也圖jù集韻在呂切音咀。玉文。

珈33924 16944
jiā_5.10　唐韻古牙切韻會正韻居牙切丛音嘉說文婦人首飾詩·鄘風副笄六珈傳珈笄，飾之最盛者，所以別尊卑箋副旣笄而加飾也，如今步搖上飾。錢氏曰：今人步搖加飾，以珠飾之。小者六，多者倍蓰至三十六詩六珈，然則古玉數凡六也。孔氏曰：王后之衡笄，皆以玉爲之，垂於副之兩旁，當耳，其下以紞縣瑱，謂之珈者由副旣笄而加此飾，故謂之珈古器圖珈，加於副之飾也。狀如門，長廣僅寸。

珉33925 16945
mín_5.10　唐韻武巾切集韻韻會眉貧切正韻彌鄰切丛音岷說文石之美者廣韻美石，次玉韻會珉似玉而非也禮·玉藻君子貴玉而賤珉山海經岐山，其陰多白珉圖人名戰國策韓珉處於趙註珉，蓋韓人之善於齊秦而處趙者圖bīn集韻悲巾切音份。與瑉同史記·司馬相如傳琳瑉昆珸。劉伯莊讀△廣韻亦作玟、碈。

珊33926 16946
shān_5.10　唐韻蘇干切集韻韻會相干切正韻師妥切丛音珊說文珊瑚，生於海，或生於山徐曰珊瑚，石也。或靑，或紅，高一二尺，裏以繒帛，燒之不熱，蓋生海島之根，亦可刻琢爲器，爲樹者乃交柯可愛本草珊瑚樹紅油色者，細縱文，如鉛丹色者，無縱文。入藥，紅油色者良。生海中磐石上，白如菌，一歲變黃，二歲變赤，枝幹交錯，高三四尺。今廣州亦有之，明潤如紅玉，中有孔，亦有無孔者，枝柯多者爲上。李時珍曰：生海底，五七株成林，謂之珊瑚林。居水中直而軟，見風則曲而堅，變紅色。漢趙佗謂之火樹是也。亦有黑色碧色者。碧色者亦良前漢·司馬相如傳珊瑚叢生註珊瑚生水底石邊，大者樹高三尺餘，枝格交錯無有華。圖史記·司馬相如傳燊珊勃窣上金隄註索隱曰：燊珊匍匐上下也圖韻會珊珊，佩聲杜甫詩自是秦樓厭鄭谷，時聞雜佩聲珊珊圖魏文帝·釣竿行釣竿何珊珊，魚尾何簁簁圖韻會闌珊，彫散貌李後主詞簾外雨潺潺，春意闌珊圖集韻桑葛切，音撒。珊瑚之珊亦讀入聲。鎣又珊33935璬34574圖刪38809珊，珊瑚。

珋33927 16947
liǔ_5.10　集韻力九切音柳。石也正字通俗珋字。

珌33928 16948
bì_5.10　古文理唐韻卑吉切集韻韻會正韻壁吉

切㘔音必 說文 佩刀下飾。天子以玉 詩·小雅 鞞琫有珌 傳 珌，下飾 前漢·王莽傳 瑒琫瑒珌 註 佩刀之飾，上曰琫，下曰珌 図 人名 後漢·獻帝紀 督軍校尉周珌 図 bié 集韻 必結切音弼。義同。鑿 又鞞67329

珍 zhēn_5.10 古文鑫 唐韻 陟鄰切 集韻 知鄰切，鎮平聲 說文 寶也 玉篇 貴也，美也，重也 禮·儒行 儒有席上之珍以待聘 盧諶詩 不待卜而顯，自爲命世珍 図 瑞也 詩·周頌 將受厥明傳 我周家大受其光明，謂爲珍瑞，天下所休慶也 図 爾雅·釋詁 珍，獻也 図 奇也 書·旅獒 珍禽奇獸，不育于國 公羊傳·昭三十一年 食必坐二子於其側而食之，有珍怪之食 註 珍怪，猶奇異也 図 正字通 食之美者亦曰珍 禮·王制 八十常珍 註 常食皆珍味也 又九十者，天子欲有問焉，則就其室，以珍從 註 九十者，專指有爵者言，天子就而問，珍味從之以往，致尊養之義也。又 周禮·天官·膳夫 珍用八物 註 謂淳熬、淳母、炮豚、炮牂、擣珍、漬、熬、肝膋也 陸佃云 珍用八物，牛、羊、麋、鹿、麕、豕、狗 図 坤珍，洛書云 後漢·班固傳 聖皇乃握乾符，闡坤珍 図 正字通 州名。漢牂牁郡，唐置珍州 図 字彙補 讀作鎮 周禮·春官·典瑞 珍圭以徵守，以恤凶荒 註 杜子春云珍，當作鎮 図 韻補 叶張連切音遭 陳琳馬瑙勒賦 遭時顯價冠世珍兮，君子窮達亦時然兮 玉篇 俗作珎 五音集韻 俗作珎。鑿 又鉁62950

鉁63016 璽54975 鑫63935 鑫63567

珎 zhēn_5.10 玉篇 俗珍字。鑿 北魏 敬羽高衡造像記 減己家珎，玄心獨拔 干祿字書 珎珍：上通下正 図 日 寶12452字省體。和同開珎，日本古錢幣，讀若和銅開寶。

珇 mào_5.10 說文 古文瑁34279字○按 說文 集韻 類篇 作珇 玉篇 作玥 字彙 正字通 刪珇存玥。今兩存之。

珋 xǐ_5.10 川篇 音徙。玉印。

玒 kǒng_5.10 川篇 音孔。玉也。

珊 shān_5.10 龍龕 同珊 理 bàng_5.10 說文 玤本字

珋 yóu_5.10 篇海類編 音由。

瑤 tuó_5.10 篇海類編 音陀。鑿 又 龍龕 音陁。

珊 tián_5.10 篇海類編 音田。又音佃。

珇 guī_5.10 龍龕 同瓛 字彙補 珇字之譌。

玏 yòu_5.10 篇海類編 音幼。

玣 wài_5.10 龍龕 音外 玷 diàn_5.10 俗玷33903

明·何喬遠 名山藏·卷之七十六·臣林記（嘉靖臣五）·馮恩 兵部左侍郎錢如京，自居安靜，操守無玷。

玲 null_5.10 未詳。 坒 píng_5.10 同坒33902

坒 píng_5.10 同坒33902亦作坒33944

珏 jué_5.10 同珏33853 玼 null_5.10 未詳。

玻 boz_5.10 壯 堆。玼獦：一堆屎 図 vua 喃 从王布bố 聲。亦作帮13008壽34326帝王，君△鼗玼：王位。

玡 yǒng_5.10 人名用字 珠 null_5.10 未詳。

玲 dōng_5.10 玎玲，亦作玎瑓34229

玻 bō_5.10 同玻33908元·周致中 異域志·卷下 麻離技國 其國產異香龍涎、珍珠、玻璃、犀角、象牙。

珏 null_5.10 未詳。 瑊 bā_5.10 同玻33922

珋 null_5.10 未詳。 玦 yāng_5.10 四聲篇海 音央 図 宋·陳景元 上清大洞真經玉訣音義·藏四·太極主四真人元君道經第二十七 精玦，一本作瑛，音英。

珥 null_5.10 未詳。 珀 null_5.10 人名用字。見 金石萃編·卷三十二·焦延昌造象碑

玩 wú_5.10 俗珷34571 柄 bǐng_5.10 人名用字。

珓 null_5.10 未詳。 垃 null_5.10 未詳。

珏 null_5.10 人名用字 明實錄·崇禎長編·卷之三·天啟七年十二月 命刑部侍郎李若珏，掌部事。

珇 null_5.10 未詳。 珊 null_5.10 未詳。

埀 qiū_5.10 同坴08465 說文 丘，坴，古文从土。

珇 ní_5.10 佛經記音用字 可洪音義 摩珇：音昆。

玸 null_5.10 未詳。 玚 null_5.10 未詳。

珦 jiǒng_5.10 人名用字。亦作瑒34115

环 pēi_5.10 环珓，亦作桮笅，占卜用具。

珬 xuán_5.10 俗琁34089 廣碑別字 引唐 □忠墓誌

珋 null_5.10 未詳。 玲 líng_5.10 兼玲

莹 yíng_5.10 简瑩34405 珑 lóng_5.10 简瓏34802

珐 fà_5.10 珐琅，同琺34271瑯34412

珏 jué_5.10 同珏33853 肆 jīn_6.11 古文肆 集韻 資辛切音津。玉名。鑿 又珒34362

珓 jiào_6.11 廣韻 古孝切音教。杯珓，古者以玉爲之 類篇 巫以占吉凶者 演繁露 杯珓，用兩蚌殼，或用竹根。図 或作教 荊楚歲時記 秋社擬教於神 註 教，言教，令也 図 或作笅 石林燕語 高辛廟有竹栯笅，一俯一仰爲聖笅。鑿 又籡42630

珢 bàng_6.11 正字通 玤字之譌。

珔 jiàn_6.11 集韻 才甸切音荐。玉名。

珕 lì_6.11 唐韻 集韻 韻會 郎計切 正韻 力霽切夶音麗 說文 蜃屬 韻會 蓋今牡蠣之屬 郭璞·江賦 珕珋璿瑰 註 珕，音麗。蜃屬 又 玉篇 佩刀飾 詩·小雅·鞞琫有珌 傳 士珕琫而珧珌 又 廣韻 力智切音詈。義同△ 集韻 或作蛎。

瓊 qióng_6.11 廣韻 集韻 夶渠容切音蛩。佩也。

珖 guāng_6.11 集韻 韻會 夶姑黃切音光 玉篇 瑂也 集韻 玉名 又 人名 後漢·馮魴傳 孫珖，官至城門校尉。

珗 xiān_6.11 集韻 蕭前切音先。石次玉也。夶 又 硆38857

珘 zhōu_6.11 集韻 之由切音周 玉篇 玉也。夶 熊加全：疑與硐38851同。

珙 gǒng_6.11 唐韻 拘竦切 集韻 韻會 古勇切夶音拱 說文 玉名也 玉篇 大璧也 集韻 或作玒。通作拱 老子道德經 雖有拱璧 又 gōng 廣韻 九容切 集韻 居容切夶音恭。義同 左傳襄三十一年 竊其拱璧。徐邈讀 又 hóng 集韻 韻會 夶胡公切音洪。玉也。同玒 又 韻會 人名。唐有王珙。夶 集韻 或作玒33830 又 玒33825 珠34473 璑34540 塎09179

珆 duī_6.11 集韻 都迴切音塠。治玉也 五音集韻 亦作追。夶 又 瑎34399

珚 yān_6.11 集韻 因蓮切音煙。玉名 山海經 傅山，谷水出焉，其中多珚玉 註 珚，玉名 水經注 作珉玉 一統志 引經作珝玉。

琛 duò_6.11 字彙 徒臥切音惰。玉名。

琇 xiù_6.11 唐韻 集韻 夶許救切音繡 說文 朽玉也。又 集韻 呼玉切音旭。義同。

珜 yáng_6.11 篇海 音羊。珜蠻，縣名。

珦 yí_6.11 唐韻 與之切 集韻 盈之切夶音飴 說文 石之似玉者 玉篇 五色之石也 廣韻 玉名 又 集韻 居之切音姬。義同△ 類篇 或作玲。

珝 xǔ_6.11 唐韻 況主切 集韻 韻會 夶火羽切音詡 說文 玉也 又 人名 玉篇 吳志 有薛綜，子珝 韻會 晉·藝術傳 有卜珝。

珞 luò_6.11 廣韻 盧各切 集韻 韻會 正韻 歷各切夶音洛 玉篇 瓔珞，頸飾 又 lì 五音集韻 郎擊切音靂。與礫同。小石曰礫。

珿 sù_6.11 廣韻 息逐切 集韻 息六切夶音肅 廣韻 朽玉也。又姓 又 集韻 琢玉工 正字通 按諸家以王字點在中畫者，朽玉也，姓也，音粟。本註音義與前珿註同。改作珿，非。考姓譜有夙姓，無珿姓，諸家皆誤也。夶 又 塎34024 珬33788 風03146

珠 zhū_6.11 唐韻 章俱切 集韻 鍾輸切 正韻 專于切夶音朱 說文 蚌之陰精 春秋 國語 曰：珠以禦火災，是也 通雅 古有辟塵珠，辟寒珠，夜光，照乘，大者徑寸，或出於龍魚異物腹中，非獨出於蚌也。陸佃云龍珠在頷，蛇珠在口，魚珠在眼，鮫珠在皮，鼈珠在足，蛛珠在腹，皆不及蚌珠 沈懷遠·南越志 珠有九品，寸五分以上至寸八九分者爲大品，有光彩，一邊小平似覆釜者名璫珠，璫珠之次名走珠，走珠之次爲滑珠，滑珠之次爲磊砢珠，磊砢珠之次爲官珠、雨珠，官、雨珠之次爲稅珠，稅珠之次爲蔥珠。見續博物志 書·禹貢 淮夷蠙珠暨魚 周禮·天官·玉府 若合諸侯，則共珠槃玉敦 又 博物志 江珠，琥珀別名 又 正字通 山海經·濫水注 漢水，多鰼鮼之魚，狀如覆銚，是生珠玉數，歷山楚水多白珠，蜀郡平澤出青珠。左思云青珠黃環，西國琅玕碧珠，皆寶石名之以珠者也 又 地名 前漢·武帝紀 珠厓、儋耳 註 二郡在大海中，崖岸之邊出眞珠，故曰珠崖 穆天子傳 天子舍于珠澤 註 珠澤在越嶲 水經注 若水旁有光珠穴。又 木名 山海經 開明北有視玉珠樹 註 論衡云珠樹似珠，非眞珠也 又 連珠，文家篇名 傅玄序 連珠興於漢章帝之世，班固，賈逵，傅毅三子受詔作之，不指說事情，假喻達旨，合古詩勸興之義，欲使歷歷如貫珠，易睹而可悅也 沈約·註連珠表 竊尋連珠之作，始於子雲，謂辭句連續，互相發明，若珠之結排也。

珡 qín_6.11 字彙補 古琴字 漢魯君碑 珡書自娛。

瑛 yú_6.11 廣韻 羊朱切音逾。美石，次玉。夶 又 瑜34225，同瑜。或从石作碈38911 碈38850 碈39177 瑜39144

珪 guī_6.11 字彙 同瓌 珸 jí_6.11 集韻 同琳。

垠 yín_6.11 唐韻 語巾切 集韻 正韻 魚巾切 韻會 疑巾切夶音銀 說文 石之似玉者 又 集韻 古痕切音根 五音集韻 古恨切音艮。義夶同 又 kèn 正韻 苦恨切音硍。玉有起跡曰垠。

珣 xún_6.11 唐韻 相倫切 集韻 韻會 正韻 須倫切夶音荀 爾雅·釋地 東方之美者，有醫無閭之珣玗琪焉 註 珣玗琪，玉屬 說文 玉名 徐曰 醫無閭，幽州之鎮，在遼東 又 玉篇 一曰器名 說文徐註 玉器 又 xùn 集韻 須閏切音陵。玉名。

珤 bǎo_6.11 玉篇 古文寶12465字 八俊歌 天下珤金劉叔林 後漢·光武紀 今若破敵，珍珤萬倍。

珥 ěr_6.11 唐韻 集韻 韻會 夶仍吏切音餌 說文 瑱也 徐曰 瑱之狀，首直而末銳，以塞耳 玉篇 珠在耳 韻會 一名耳璫 史記·外戚世家 夫人脫簪珥叩頭 前漢·東方朔傳 廼下殿去簪珥 註 珥，音餌。珠玉飾耳者也 又 博雅 劍珥謂之鐔 楚辭·九歌 撫長劍兮玉珥，璆鏘鳴兮琳琅 註 珥音餌 又 同珥 淮南子·覽冥訓 薑珥絲而商弦絕 註 珥，或作珥，弄絲于口也 又 插也 左思詩 七葉珥漢貂 通典 漢侍中插左，常侍插右 又 日旁氣也 前漢·天文志 抱珥重蜺 註 孟康曰：皆日旁氣也。珥，形點黑也。如淳曰：珥，

氣在日上爲冠爲戴，在旁直對爲珥 ⊠ 周禮·地官·山虞 致禽而珥焉 註 珥者，取禽左耳以效功也 ⊠ 與衈同 周禮·春官·肆師 以歲時序其祭祀，及其祈珥 註 珥當爲餌。鄭曰：珥，當爲衈。祈衈者，釁禮之事 ⊠ 集韻 韻會 正韻 𠀤忍止切音耳。義同 ⊠ réng 集韻 如蒸切音仍。割牲以釁也。引 周禮 珥于社稷〇按 夏官·小子 掌珥于社稷 鄭註 珥當爲衈。今从玉。

珒 píng_6.11 集韻 旁經切音餅。玉名 ⊠ 必郢切音餅。義同。
34007 16981

瑰 yì_6.11 唐韻 余制切音曳 說文 石之似玉者 ⊠ jiè 集韻 吉曳切音瘞。義同 △ 類篇 或作玴。鍇 又瑰 34233 瑰 34142
34008 16982

珦 xiàng_6.11 唐韻 集韻 韻會 正韻 𠀤許亮切音向 說文 玉也 ⊠ 廣韻 集韻 正韻 𠀤式亮切音餉。義同 △ 集韻 或作瓀。
34009 16983

珧 yáo_6.11 唐韻 余昭切 集韻 韻會 正韻 餘招切𠀤音遙 說文 蜃甲也 爾雅·釋魚 蜃小者珧 註 珧，玉珧，卽小蚌 山海經 曰：激汝之水，其中多蜃珧 郭璞·江賦 玉珧海月 註 珧，音姚。亦蚌屬 正字通 江珧，形似蚌，殼中肉柱長寸許，似搔頭尖，謂之江珧柱。甲可飾物 本草 一名玉珧，一名海月，又名馬頰，馬甲。廣州謂之角帶子 ⊠ 古者天子以爲刀飾 詩·小雅·鞞琫有珌 傳 天子玉璪而珧珌 ⊠ 弓名 爾雅·釋器 以蜃者謂之珧 註 用金蚌玉飾弓兩頭，因取其類以爲名。珧，小蚌 楚辭·天問 馮珧利決，封豨是射 註 馮，挾也。珧，弓名也 ⊠ 玉名 抱朴子·窮達卷 珧華黎綠，連城之寶也。鍇 又蚗 52615
34010 16984

玿 xiá_6.11 廣韻 侯夾切 集韻 轄夾切𠀤音洽 玉篇 玉蛤，一云蜃器 集韻 蜃飾器 ⊠ yā 五音集韻 烏甲切音鴨。開閉門也。
34011 16985

珩 héng_6.11 唐韻 戶庚切 集韻 韻會 正韻 何庚切𠀤音行 說文 佩上玉也，所以節行止也 正韻 佩上珩下璜 詩·鄭風·雜佩以贈之 傳 雜佩，珩、璜、琚、瑀、衝牙之類 釋文 珩，佩上玉也 ⊠ 通作衡 禮·玉藻 一命縕韍幽衡 註 衡，佩玉之衡也 ⊠ 張衡·東京賦 珩紞紘綎 註 音行。杜預曰：珩，維持充者 ⊠ 人名 陸機·辨亡論 奉使則趙咨，沈珩。鍇 又珩 34055
34012 16986

珪 guī_6.11 玉篇 古文圭 08277 字。鍇 又圭 08587
34013 16987

珫 chōng_6.11 廣韻 昌終切 集韻 韻會 昌嵩切 正韻 昌中切𠀤音充 廣韻 珫玉，耳玉名也。通作充 詩·衛風 充耳琇瑩。
34014 16988

珬 xù_6.11 廣韻 辛律切 集韻 韻會 正韻 雪律切𠀤音恤 廣韻 珂屬 集韻 珂，謂之珬 左思·吳都賦 致遠流離與珂珬 註 劉達曰：老雕入海所化 △ 類篇 或作球。鍇 又珬 34075
34015 16989

班 bān_6.11 說文 班本字。分瑞玉。从珏从刀 徐曰 刀以割剖之也。
34016 16990

班 bān_6.11 古文斑 廣韻 布還切 集韻 韻會 正韻 逋還切𠀤音頒 書·堯典 班瑞于羣后 ⊠ 爾雅·釋言 班,賦也 註 謂布與 書·洪範 武王旣勝殷，邦諸侯，班宗彝 傳 賦宗廟彝器酒罇賜諸侯 左傳·襄二十六年 班荊相與食 註 班，布也 公羊傳·僖三十一年 晉侯執曹伯，班其所取侵地于諸侯 ⊠ 博雅 班，秩序也 左傳·文六年 趙孟曰：辰嬴賤班在九人 註 班，位也 ⊠ 集韻 次也 左傳·桓六年 諸侯之大夫戍齊，齊人饋之餼，使魯爲其班 註 班，次也。⊠ 集韻 別也 左傳·襄十八年 有班馬之聲 註 班，別也。夜遁馬不相見，故作離別聲也 ⊠ 徧也 晉語 車班外內，順以訓之 註 班，徧也 ⊠ 揚子方言 班，徹列也。北燕曰班，東齊曰徹 易·屯卦 乘馬班如 疏 六四應初，故乘馬也。處二妨上路，故初時班如旋也 書·大禹謨 班師振旅 ⊠ 雜也 禮·王制 班白者不提挈 註 雜色曰班 ⊠ 班班，車聲 後漢·五行志 車班班入河間 ⊠ 姓 風俗通 楚令尹鬬班之後 ⊠ 縣名 前漢·地理志 班氏 註 屬代郡 ⊠ 班茅，蟲名 古今注 藥種有五物，五曰班茅，戎鹽解之 ⊠ 集韻 或作辨 前漢·王莽傳 辨社諸侯 ⊠ 韻會 通作般 左傳·成十三年 鄭公子班自訾求入于大宮 釋文 班，本亦作般 前漢·郊祀歌 先以雨，般裔裔 註 先以雨，言神欲行，令雨先驅也。般，讀與班同，布也。裔裔，飛流之貌 △ 廣韻 俗作頒 正韻 亦作頒扮。鍇 又班 34016 本字。
34017 16991

珮 pèi_6.11 集韻 蒲昧切 韻會 蒲妹切 正韻 步昧切𠀤音佩 玉篇 玉珮也。本作佩 01064 或从玉 廣韻 玉之帶也 三禮圖 凡玉佩上有雙衡，衡長五寸，博一寸，下有雙璜，璜徑三寸，衝牙蠙珠，以納其間，上下爲衡，半璧爲璜，璜中橫以衝牙，以蒼珠爲瑀。鍇 又珮 34359
34018 16992

瑙 nǎo_6.11 集韻 與碯同 古今注 魏武帝以馬瑙石爲馬勒。
34019 16993

琰 yǎn_6.11 唐韻 韻會 𠀤以冉切音剡 說文 璧上起美色也。从玉、炎，炎亦兼聲 廣韻 玉名 韻會 琰之言炎也。光炎起也 ⊠ 圭之銳上者 周禮·春官·典瑞 琰圭以易行，以除慝 註 琰圭有鋒芒，爲誅討之象。諸侯有不善，使者征之，執以爲瑞節。又 冬官考工記 琰圭九寸 註 凡圭琰上寸半，琰圭琰半以上又半爲瑑飾 ⊠ 人名。詳前琬 34189 字註。鍇 琰字避清仁宗顒琰諱 ⊠ 龍龕 㺊 26876，舊藏作琰。
34020 17075

豐 qū_6.11 篇海類編 音曲。敬曲也。又玉也。鍇 又圌 03225 玉 04375
34021 41501

珷 xǐ_6.11 搜眞玉鏡 音西。
34022 44424

鿎 qīn_6.11 搜眞玉鏡 音欽。
34023 44425

塐 sù_6.11 篇海類編 與玩同。鍇 又園 03146
34024 44426

珞 null_6.11 字彙補 音未詳。出釋藏 鍾字函。
34025 44427

鑒又珞34134

玷
bǎo_6.11　川篇與寶同。
34026 44428

瑼
jì_6.11　簡璙34724
34027 u2B7A6

耇
null_6.11　喃未詳。
34028 u2AEDF

玹
gǎi_6.11　同改21381見字海
34029 u2AEDE

珒
null_6.11　未詳。
34030 u2AEDD

琳
null_6.11　未詳。
34031 u2AEDC

珦
null_6.11　从玉同聲，見曾侯乙墓（竹簡）
34032 u2AEDB

玫
null_6.11　未詳。
34033 u2AEDA

珷
null_6.11　未詳。
34034 u2AED9

珇
null_6.11　未詳。
34035 u2AED8

珵
null_6.11　未詳。
34036 u2AED7

珢
vòng_6.11　喃从玉妄vọng聲。鐲子。
34037 u24951

珤
jié_6.11　璡珤，同璡蛞52603
34038 u24950

琰
null_6.11　未詳。
34040 u2494D

壐
yín_6.11　可洪音義行
34039 u2494F
壐：羊林反。正作姪10887 図nyawh 壯 玉。

珓
null_6.11　未詳。
34043 u2494A

珋
liú_6.11　俗珋33927 名
34041 u2494C
義珋34072珋，力九反新撰字鏡珋，力尤反。石有光。

珅
yìn_6.11　字學呼名能書饘識切。
34042 u2494B

珃
null_6.11　未詳。
34044 u24949

珇
null_6.11　未詳。
34047 u24946

珡
null_6.11　未詳。
34045 u24948

珵
zhí_6.11　或俗埕08549
34046 u24947

珊
null_6.11　喃地名大南一統志卷五廣南省橋梁琅
34048 u24945
珊石寶在琅珊社。長三尺八寸。

珠
null_6.11　未詳。
34049 u24944

珢
null_6.11　未詳。
34050 u24943

珋
null_6.11　未詳。
34051 u24942

珞
null_6.11　未詳。
34052 u24941

珍
null_6.11　未詳。
34053 u24940

珩
héng_6.11　或俗珩34012
34055 u2493E

珍
zhēn_6.11　俗珍33929
34056 u2493D

珀
null_6.11　未詳。
34054 u2493F

玨
zhù_6.11　類篇朱成切。邑名。
34057 u20D26

玷
gòu_6.11　俗垢08547類篇玷，舉后切。濁也四部叢
34058 u3EC8
刊·初編集部·梅溪王先生文集·後集卷第二十八·祭周運
使文學有根蔕，行無瑕玷。又明·王同軌耳談類增·卷
七精技篇·倪雲林畫湯生砥玷出墨，呵氣造紙，俯仰一
月製成。

珒
quán_6.11　人名用字
34059 u3EC7

玹
xuàn_6.11　同玹34093
34060 u3EC6

琿
huì_6.11　简璙34671
34061 u3EC5

珞
luò_6.11　兼珞
34062 uF917

琿
hún_6.11　简琿34276
34063 u73F2

瑛
yīng_6.11　同瓔34821
34064 u73F1

璫
dāng_6.11　简璫34663
34065 u73F0

珷
bǎo_7.12　字彙俗玟字
34067 16995

玟
wén_7.12　集韻無分切音文。玉文。
34066 16994

珴
é_7.12　集韻牛何切音莪。奉珪璋貌○按詩·大雅
34068 16996
奉璋莪莪，从山不从玉。

珵
chéng_7.12　廣韻直貞切集韻韻會馳貞切夶音呈。
34069 16997
◆玉篇美玉也。埋六寸，光自輝廣韻玉名集韻佩玉也。
珩謂之珵。一曰玉大六寸相玉書大六寸，光自照屈
原·離騷覽察草木其猶未得兮，豈理美之能當註珵，美
玉也。音呈。一曰佩珩也図tǐng◆集韻他頂切。與珽同。
大圭長三尺禮·玉藻天子搢珽釋文珽，他頂反。本又
作珵。

珶
tí_7.12　集韻田黎切音題。與瑅同。瑅瑭，玉名。
34070 16998
図dì韻會正韻夶大計切音第。佩玉曹植·洛神賦抗瓊
珶以和予兮。

珷
wǔ_7.12　集韻罔甫切音武玉篇石似玉也。與碔同。
34071 16999
鑒又珷，武王之專用字大盂鼎在珷王嗣玟作邦應公
鼎珷帝日丁利簋珷征商。

珋
liú_7.12　唐韻集韻夶力求切音留◆說文石之有
34072 17000
光，璧珋也。出西胡中郭璞·江賦瑯珋璘瑰正字通或
曰方書有菩薩石，就明能出五色光。今名山多有之，
俗稱放光石是也。最貴者曰金剛寶石，其光可以射遠，
梵書數珠經金剛得福無量図廣韻力久切音栁。義同
△玉篇亦作珋。鑒俗作珋34041

珤
bù_7.12　篇海類編薄故切音步。珤瑤，美玉。
34073 17001

珸
wú_7.12　廣韻五乎切集韻訛胡切夶音吾博雅琨
34074 17002
珸，石次玉者五音集韻琨珸，美石史記·司馬相如傳琳
珸琨珸索隱註琨珸，石之次玉也河圖云流州多積石，
名琨珸石。鍊之成鐵，以作劍，光明如水精図山名前
漢·司馬相如傳音義琨珸，山名。出善金△類篇本作珸。

珹
chéng_7.12　廣韻是征切集韻時征切夶音成玉篇
34075 17003
玉名図廣韻珠類集韻美珠也。鑒楊寶忠：俗珹34015

瑰
mén_7.12　正字通俗瑂字。
34076 17004

瑓
là_7.12　集韻與瓎同。
34077 17005

珺
jùn_7.12　字彙音郡。美玉也。
34078 17006

瑂
méi_7.12　集韻謨杯切音枚。玉名。
34079 17007

瑈
mò_7.12　正字通珗字之譌。鑒正字通瑍34250，瑈
34080 17008
字之譌図瑈金部鋄，馬首飾也。譌作鋄。玉無瑈名，
亾凡、亾汎二切，誤。瑈同瑈，尤誤。宜刪。

珼
bèi_7.12　集韻博蓋切音貝。貝飾。鑒又珼33869
34081 17009
図珂珼，亦作珂貝57522

珽
tǐng_7.12　唐韻他鼎切韻會他頂切夶音挺廣韻玉
34082 17010
名博雅珽，笏也左傳·桓二年衮冕黻珽註珽，玉笏也
禮·玉藻天子搢珽，方正於天下也註笏也。珽之言挺然
無所屈也。謂之大圭，長三尺，杼上終葵首。終葵首者，

於杅上又廣其首，方如椎頭，是謂無所屈，後則恆直【相玉書】曰：斑玉六寸，明自照【图】人名。唐有姚斑【图】tīng【集韻】湯丁切音聽。大圭，長尺二寸△【集韻】或作珽。

瑗 wán _7.12_ 【集韻】亡凡切，錢平聲。玉名。鍌又瓊34126瓊34422瓊34080，丛俗。

瑹 tú _7.12_ 【集韻】通都切音瑹。美玉。或作瑹【图】同都切音徒。義同。

現 xiàn _7.12_ 【集韻】【正韻】丛形甸切音見【集韻】玉光【图】【正韻】顯也，露也【抱朴子·至理卷】或形現往來【图】【集韻】胡典切音蜆。石之次玉者。鍌又現33892

玗 gān _7.12_ 【說文】古文玕33817字。

琡 chù _7.12_ 【集韻】初六切音蹴【玉篇】等也，齊也【图】【五音集韻】測角切音娖。義同。

琀 hàn _7.12_ 【唐韻】【韻會】【正韻】丛胡紺切音憾【字彙】賵賻琀襚，皆贈喪之物。珠玉曰琀【图】或作含【周禮·春官·典瑞】共含玉【註】含玉柱左右顩，及在口中者【图】通作唅【晉書·皇甫謐傳】殯唅之物【图】hán【集韻】胡南切音含。義同。鍌又玲34239

琁 xuán _7.12_ 【廣韻】似宣切【集韻】旬宣切【正韻】旬緣切丛音旋。與璿同【說文】美玉也【後漢·安帝紀】據琁璣玉衡，以齊七政【荀卿子·賦篇】琁玉瑤珠，不知佩也【图】qióng【集韻】葵營切音瓊。赤玉也。鍌又珴33972【图】【龍龕】瑍34111俗，璇34503瑒34132二或作，琁正，似泉反。美石次玉也。

珸 wú _7.12_ 【廣韻】五乎切【集韻】【韻會】【正韻】訛胡切丛音吾【博雅】珸琝，石之次玉者【廣韻】琨珸，美石【图】【玉篇】琨珸，劒名△【集韻】或作珸。

琂 yán _7.12_ 【唐韻】語軒切【集韻】魚軒切丛音言【說文】石之似玉者。

球 qiú _7.12_ 【唐韻】巨鳩切【集韻】【韻會】【正韻】渠尤切丛音求【說文】玉磬也【書·益稷】夔擊鳴球傳球，玉磬也【图】【廣韻】美玉也【書·顧命】天球河圖在東序【詩·商頌】受小球大球傳球，玉也【琉34099球，國名【图】【集韻】渠幽切音虯。美玉名△【集韻】或作璆。鍌又璆34125

珬 xuàn _7.12_ 【廣韻】乎畎切【集韻】【韻會】【正韻】戶犬切丛音泫【廣韻】玉貌【集韻】佩玉貌【爾雅·釋訓】珬珬，刺素食也。○按【詩·小雅】鞙鞙佩璲，不以其長。註：刺無才而尸位佩玉也。本从革，作鞙【图】【集韻】戶茗切音迥。義同【爾雅·釋訓註】郭璞讀【图】quǎn【集韻】姑泫切音畎。玉貌。鍌又珬34060

琅 láng _7.12_ 古文瑯琅【唐韻】魯當切【集韻】【韻會】盧當切【正韻】魯堂切丛音郎【說文】琅玕，似珠者【玉篇】琅玕，石似玉【廣韻】琅玕，玉名【書·禹貢】厥貢惟球琳琅玕傳琅玕，石而似珠【山海經】崑崙山有琅玕樹【本草】寇宗奭曰：西

域記云天竺出琅玕。蘇恭云是琉璃之類，琉璃乃火成者，非琅玕也。李時珍曰：【山海經】云開明山北有珠樹【淮南子】云曾城九重，有珠樹，在其西，珠樹卽琅玕。在山爲琅玕，在水爲珊瑚【图】琅邪，郡名。今沂州。俗作瑯【山海經】琅邪臺在渤海閒，琅邪之東【註】今琅邪在海邊，有山嶕嶤特起，狀如高臺【括地志】琅邪山在密州諸城縣東南，始皇立層臺於山上，謂之琅邪臺【图】姓【五音集韻】齊有大夫琅過【图】倉琅，宮門縮首銅鐶◆【前漢·趙后傳】木門倉琅根【图】琅當，長鏁也【前漢·王莽傳】以鐵鏁琅當其頸。或作琅璫【图】琳琅，玉聲【楚辭·九歌】撫長劍兮玉珥，璆鏘鳴兮琳琅【图】【周禮·夏官·司馬振鐸】司馬法曰：鼓聲不過閶，鼙聲不過闐，鐸聲不過琅【疏】鼓聲與鐸，聲之有異也【图】làng【字彙補】力宕切音浪◆【管子·宙合篇】以琅蕩凌轢人。鍌琅邪或作瑯邪、瑯琊、琅琊【珊34561琊34412【图】琺瑯，珐琅。

理 lǐ _7.12_ 【唐韻】良止切【集韻】【韻會】兩耳切【正韻】良以切丛音里【說文】治玉也【徐曰】物之脈理，惟玉最密，故从玉【淮南子·覽冥訓】夏桀之時，金積折廉，璧襲無理【註】用之煩數，皆鈍而無文【图】【說文徐註】治玉治民皆曰理【書·周官】論道經邦，燮理陰陽【前漢·循吏傳】政平訟理。【图】【玉篇】正也【左傳·成二年】先王疆理天下【註】理，正也。【图】【玉篇】道也【廣韻】義理【易·繫辭】易簡而天下之理得矣【史記·平原君傳】謂公孫龍曰：公無復與孔子高辨事也。其人理勝於辭，公辭勝於理，辭勝於理，終必受詘【皇極經世】天下之數出於理，違理則入於術，世人以數而入於術，故失於理也【图】性也【禮·樂記】天理滅矣【註】理，猶性也【图】條理也【易·繫辭】俯以察於地理【疏】地有山川原隰，各有條理，故稱理也。又【說卦】和順於道德而理於義【禮·中庸】文理密察【朱註】理，條理也【图】【禮·樂記】理發諸外，而民莫不承順【註】理，容貌之進止也【图】【玉篇】文也【前漢·周勃傳】縱理入口【唐書·太宗紀】木心不正，則脈理皆斜【图】【增韻】膚肉之間爲湊理，以其有脈理也【禮·內則】薄切之，必絕其理【杜甫詩】肌理細膩骨肉勻【图】分也【禮·樂記】樂者，通倫理者也【註】理，分也【釋文】分，扶問反【图】賴也【孟子】大不理於口【图】【廣韻】料理【晉書·桓冲傳】冲謂徽之曰：卿在府日久，當相料理【图】【韻會】治獄官曰理【禮·月令】孟秋之月，命理瞻傷，察創視折【註】理，治獄官也【史記·循吏傳】李離者，晉文公之理也【图】媒也【屈原·離騷】解佩纕以結言兮，吾令蹇修以爲理【註】使古賢蹇修而爲媒理也。五臣云令蹇修爲媒，以通辭理【图】姓【五音集韻】皋陶爲大理，因官氏焉，殷有理徵【图】紙名【博物志】南海以海苔爲紙，其理倒側，故名側理【图】【正字通】大理，古滇夷國名。自唐始通中國，歷蒙趙揚段四姓，俱僭稱帝。至元始臣服中國，稱總管，及明而亡，改爲大理府，屬雲南【图】與李通【左傳·昭十三年】行理之命【註】使人也【周語】行理以節逆之。賈逵註小行人也。孔晁註亦作李【前漢·天文志】騎官左角曰理【史記·天官書】作李。鍌徐慧：曰騎官。左角，理【图】可洪音義】膿中冔：下力耳反。文也。正作理、里二形【中陰經】云掌相千福理是

也。下又朱句、徒木二反。網也。非也。

琇 34096 17024
xiù_7.12　廣韻 集韻 韻會 尛息救切音秀 說文 石之似玉者 廣韻 玉名 博雅 琇，美也 詩衞風充耳琇瑩 傳 琇瑩，美石也 図 廣韻 與久切 集韻 韻會 以九切尛音酉。義同 △ 類篇 或作琇。

琈 34097 17025
fú_7.12　廣韻 縛謀切 集韻 房尤切尛音浮 玉篇 琈筍，玉采色 廣韻 玉名 集韻 美玉 山海經 小華之山，其陽多琈琈之玉 図 fū 集韻 芳無切音敷。與璷同。璕璲，美玉也。鋆又珃33904

㼬 34098 17026
sè_7.12　玉篇 古文瑟34316字。

瑠 34099 17027
liú_7.12　集韻 力求切音留。與瑠同。瑠璃，珠也。古詩 移我瑠璃榻，出置前牕下 図 國名 正字通 國有大瑠球，小瑠球，在泉州之東，王姓歡斯，所居多聚髑髏。其人鬃手去髭，毛衣羽冠，無禮節，有壽安鎮國山，永樂初御製碑文賜之。鋆又瑠34594

琊 34100 17028
yá_7.12　字彙 余遮切音耶。琅琊，即琅邪，地名。山海經 琅琊臺在渤海閒。鋆又琊34307

珢 34101 17029
yín_7.12　說文 垠本字。

瓔 34102 17030
mò_7.12　說文 歿本字。

瑎 34103 17031
xī_7.12　字彙補 虛宜切，音希 ◇ 人名。晉天福十年，遼太宗以劉瑎爲西京留守 通鑑考異 實錄 作禧。或云名瑎。

瑼 34104 17032
null_7.12　字彙補 音未詳 劉歆·遂初賦 天烈烈以屬高兮，廖瑼牎以臬牢。鋆又埻08729

瑺 34105 17033
null_7.12　字彙補 音無考。玉名。見 穆天子傳

瑢 34106 17034
líng_7.12　字彙補 疑即陵字 穆天子傳 勒七萃之士，于羽瑢之上。

鋆 34107 41502
quán_7.12　龍龕 音全。石似玉也。又音旋。

璘 34108 44429
lín_7.12　篇海類編 與璘同。

瑹 34109 44430
zhū_7.12　搜真玉鏡 責朱切。

瑮 34110 44431
lí_7.12　篇海類編 音梨。

瑄 34111 44432
xuán_7.12　字彙補 與琁同。

瑁 34112 44433
mào_7.12　篇海類編 莫豹切音貌。

瑝 34113 u2AEE5
null_7.12　未詳。

珐 34114 u2AEE4
null_7.12　未詳。

瑐 34115 u2AEE3
jiǒng_7.12　同珦33970

瑳 34116 u2AEE2
zhé_7.12　龍龕 珫，之列反。

玴 34117 u2AEE1
duǎn_7.12　可洪音義 橿玴：都管反。不長也。正作短38554桓 図 直音篇 音偸。

瑪 34118 u2AEE0
null_7.12　未詳。

瑍 34119 u2497A
huàn_7.12　同瑔34292

瓥 34120 u24979
null_7.12　未詳。

琊 34121 u24976
nà_7.12　元·王奕 玉斗山人集（文淵閣本）·卷一·東行斐稿 持歸刻琊石何勒燕然。

琜 34122 u24975
null_7.12　未詳。

瑟 34123 u24974
null_7.12　未詳。

珺 34124 u24973
jùn_7.12　俗珺34156

璆 34125 u24972
qiú_7.12　龍龕 璆或作，球34092今。音求。玉名。

瑍 34126 u24971
wán_7.12　俗瑌34083 字彙 瑍，亡凡切，萬平聲。玉名。又亡汎切，音萬。義同。瑍，同上。

琛 34127 u2496F
bǎo_7.12　同寶12465 馬王堆漢墓帛書·老子乙本·德經 我恒有三琛，持而之琛：一曰慈，二曰儉，三曰不敢爲天下先。

珲 34128 u2496D
chē_7.12　珲瑊，同硨38960磲。

瑹 34129 u2496C
null_7.12　未詳。

㻌 34130 u2496B
cốc_7.12　喃 从瑠省谷 cốc聲 △丐玲：玻璃。

珊 34131 u2496A
null_7.12　未詳。

㻓 34132 u24969
xuán_7.12　俗琁34089

瑳 34134 u24967
null_7.12　同珞34025

瑘 34133 u24968
zhuó_7.12　龍龕 琢俗 琢34178正，音卓。工玉也 可洪音義 琢磨：上竹角反。

珽 34135 u24966
null_7.12　未詳。

瑓 34136 u24965
null_7.12　未詳。

瑺 34137 u24964
null_7.12　未詳。

琬 34138 u24963
kè_7.12　人名用字

瑞 34139 u24962
hào_7.12　人名用字。

瑸 34140 u24961
biàn_7.12　或珃字之譌。

瑴 34142 u2495F
yì_7.12　俗瑔34008 直音篇 瑴，音曳。石之似玉。

珱 34141 u3ED0
hóng_7.12　人名用字 北齊書·劉逖傳 逖從子頲。頲父濟、濟弟珱，俱奔江南。武定中，頲從珱還北。珱賜爵臨潁子。

瑃 34143 u3ED0
null_7.12　人名 北齊書·劉逖傳 逖從子頲。頲父濟、濟弟珱，俱奔江南。武定中，頲從珱還北。珱賜爵臨潁子。

現 34144 u3ECF
líng_7.12　簡 瓅34864

理 34145 uF9E4
lǐ_7.12　兼理。

瑠 34146 uF9CC
liú_7.12　兼瑠。

瑄 34147 u7413
wan_7.12　韓 國名 三國遺事·第二卷·紀異·駕洛國記 忽有琓夏國含達王之夫人妊娠，彌月生卵，卵化為人，名曰脫解。

琗 34148 u7412
fēng_7.12　人名用字

瑣 34150 u7410
suǒ_7.12　簡 瑣34397

瑳 34149 u7411
suǒ_7.12　新撰字鏡 瑠，俗，瑣34397瑣瑣三正。

璉 34151 u740F
liǎn_7.12　簡 璉34506

璡 34152 u740E
jìn_7.12　簡 璡34593

琔 34153 17035
diàn_8.13　集韻 堂練切音電。玉色。或从殿。

璸 34154 17036
pín_8.13　廣韻 部田切 集韻 蒲眠切尛音蹁 集韻 珠名。同玭 五音集韻 班珠，與蠙同 図 與蠙同。刀室也 詩·小雅 鞞琫有珌 △bǐng 釋文 鞞或作琕。補頂反。刀室也 釋名 刀下末之飾曰琕。琕，卑也，在下之言也。

瑈 34155 17037
jì_8.13　集韻 居悸切音季。玉名。

珚 34156 17038
yǔn_8.13 集韻牛吻切音齫博雅珚,齊也又集韻
牛尹切音輑。又jùn廣韻渠隕切集韻巨隕切夶音窘
義夶同又博雅珚,玉名註渠慇。鋆又珚34124

瑂 34157 17039
zōu_8.13 集韻甾尤切音鄒。玉文。鋆同瑃,俗
鋆34404新修玉篇瑂,丁貫切。石之似玉。

琮 34158 17040
cōng_8.13 字彙與璁同。

瓈 34159 17041
yū_8.13 集韻衣虛切音於。玉名。

瑅 34160 17042
qú_8.13 篇海類編求於切音渠。耳環。

玻 34161 17043
yì_8.13 集韻夷益切音睪。玉采。

琖 34162 17044
zhǎn_8.13 唐韻韻會夶阻限切音醆說文玉爵也。
夏曰琖,殷曰斝,周曰爵廣韻玉琖,小杯禮·明堂位爵
用玉琖仍雕釋文夏爵名,用玉飾之△說文或作盞玉
篇亦作醆集韻亦作渧醆。

瑧 34163 17045
sè_8.13 集韻色櫛切音瑟。同瑟又cuì取內切音
倅。珠玉光郭璞·江賦瑤珠怪石琗其表註琗,音子會
反。瑧琗,謂文采相雜也又思晉切音信。義同。

瑉 34164 17046
mín_8.13 正字通珉玟同玉博雅石之次玉者又郭
璞·江賦水碧潛瑉註潛瑉,水玉也。

瑜 34165 17047
yù_8.13 廣韻雨逼切集韻越逼切夶音域。人名東
觀漢記玄菟太守公孫域。

琸 34166 17048
duǒ_8.13 篇海類編都火切音朵。玉名。鋆又琩46669

珺 34167 17049
jué_8.13 集韻渠勿切音倔。玉名。

琚 34168 17050
jū_8.13 唐韻九魚切集韻韻會正韻斤於切夶音
居說文瓊琚詩·衞風投我以木瓜,報之以瓊琚傳琚,
佩玉名。佩有琚瑀,所以納閒疏謂納衆玉與珩上下之
閒。朱氏曰:佩有珩者,佩之上橫者也。下垂三道,貫
以蠙珠。璜如半璧,繫於兩旁之下端。琚如圭而正方,
在珩璜之中,瑀如大珠,在中央之中,別以珠貫,下繫
於璜,而交貫於瑀,復上繫於珩之兩端。衝牙如牙,兩
端皆銳,橫繫於瑀下,與璜齊,行則衝璜出聲也。又錢
氏曰:佩玉之雙璜,上繫於珩。又有組以左右交牽之,
使得因衡之抑揚,以自相衝擊,而於二組相交之處,以
物居其閒,交納而拘捍之,故謂之琚。或以大珠,或雜
用瑀石詩言琚用瓊,則佩之美者也又集韻求於切音
渠。義同詩·衞風瓊琚註徐邈讀△類篇亦作瑈。
鋆又璩34830璩34771

瑬 34169 17051
mí_8.13 五音集韻武移切音彌。玉名。

琛 34170 17052
chēn_8.13 集韻韻會癡林切正韻丑森切夶音琛爾
雅·釋言琛,寶也疏美寶曰琛詩·魯頌來獻其琛木華·海
賦天琛水怪註天琛,自然之寶又集韻式針切音深。
義同△集韻亦作眒。鋆又璨34395琛34524

琜 34171 17053
lái_8.13 唐韻落哀切集韻郎才切夶音來說文本

作琜,琜璜玉也。玉篇玉屬博雅玉名。

瑉 34172 17054
mín_8.13 正字通俗玟字。

聖 34173 17055
wàng_8.13 五音篇海古文聖字正字通同望。姓也。
宋有聖儼,明有聖本,聖增△shèng字彙同聖,非。
鋆又聖22776璧34206

璗 34174 17056
dài_8.13 集韻待戴切音代。玉名。

瓗 34175 17057
wéi_8.13 唐韻以追切集韻夷佳切夶音惟說文石
似玉者。讀若維又yù集韻虞欲切音玉。與瑪同。鸐瑪,
鳥名。

琠 34176 17058
diǎn_8.13 唐韻集韻夶多殄切音典說文玉也。
又tiǎn廣韻集韻韻會正韻夶他典切音腆。義同。
又tiàn集韻他甸切音瑱。與琪同。以玉充耳也。
△集韻或作瑱。亦作瑌。

琡 34177 17059
chù_8.13 唐韻韻會夶昌六切音俶說文玉名爾
雅·釋器璋大八寸謂之琡註璋,半圭也又廣韻集韻夶
之六切音粥。又集韻韻會夶神六切音孰。義夶同。

琢 34178 17060
zhuó_8.13 唐韻集韻韻會正韻夶竹角切音斲說文
治玉也。爾雅·釋器雕謂之琢註治玉名詩·衞風如琢如
磨史記·禮書爲之琢磨圭璧,以通其意又詩·周頌敦琢
其旅註敦琢,選擇也。旅,卿大夫從行者又與琢同
禮·郊特牲大圭不琢,美其質也註琢當爲琢。
鋆又琢34133碡39011琢34223

琣 34179 17061
běng_8.13 ◆集韻補孔切。同菶。佩刀下飾。
又pěi集韻普罪切音俖。人名。唐有滕王循琣。

琤 34180 17062
chēng_8.13 唐韻楚耕切集韻韻會初耕切夶音錚
說文玉聲又正字通凡物戛擊有聲皆曰琤孟郊詩前
溪忽調瑟,隔林寒琮琤韓愈詩竹影金鎖碎,泉聲玉琮
琤。俗作琤,非又chéng集韻鋤耕切音崢。亦玉聲。
鋆又鐺64167

琥 34181 17063
hǔ_8.13 唐韻呼古切韻會正韻火五切夶音虎說
文發兵瑞玉,爲虎文長箋漢銅虎符,全體中分,作漢
篆,又古玉虎符,扁體不全,形不敢體,亦無字,故曰
龍文。與瓏同義。當卽虎字加玉,轉注以別于銅符也。
又玉器左傳·昭三十二年賜子家子雙琥註琥,玉器
禮·禮器琥,璜爵周禮·春官以白琥禮西方註爲虎形,
琥猛,象秋嚴又韻會琥珀33913,松脂入地所化易·乾
卦則各從其類也疏異類相感者,若琥珀拾芥,皆冥理
自然,不知其所以然也前漢·西域傳作虎魄。
鋆又琥34234

琦 34182 17064
qí_8.13 廣韻韻會渠羈切正韻渠宜切夶音奇玉
篇垺蒼云琦瑋也。宋玉·對楚王問夫聖人瑰意琦行。
又廣韻玉名前漢·西域傳綺繡雜繒琦珍,凡數千萬後
漢·仲長統傳琦賂寶貨,巨室不能容抱朴子·博喻卷溝
澮之中,無霄朗之琦又韻會玩也。荀子·非十二子篇好

治怪說，玩琦辭，甚察而不惠囟韻會大貌。
鍙又琦34382

鋗 wàn_8.13　集韻烏貫切音惋。石之次玉者囟侯旰切音翰。義同。

堊 è_8.13　字彙烏各切音惡。白玉。鍙又琊34230龍龕堊，俗。正作坖08815，白土也。

琨 kūn_8.13　唐韻古渾切集韻韻會正韻公渾切达音昆說文石之美者廣韻琨珸，玉名韻會一曰石似珠正韻瑤琨，美玉書·禹貢瑤琨篠簜傳瑤琨，皆美玉疏王肅云瑤琨，美石次玉者釋文琨，馬本作瑻囟史記·司馬相如傳琳瑉琨珸漢書音義琨珸，山名，出善金。
鍙又瑻34535

琩 chāng_8.13　廣韻尺良切集韻蚩良切达音昌玉篇琩玩，蠻夷充耳廣韻耳璫。

琪 qí_8.13　廣韻集韻渠之切，音其廣韻玉也集韻玉屬爾雅·釋地東方之美者，有醫無閭之珣玗琪焉註玉屬囟玗琪，樹名山海經開明北有玗琪樹△集韻或作瑅。鍙又基34235

琫 běng_8.13　唐韻正韻邊孔切集韻韻會補孔切达音琫說文佩刀上飾。天子以玉，諸侯以金，从玉，奉，意兼聲徐曰刀削上飾也。琫之言捧也，若捧持之也。上謂首也釋名刀室口之飾曰琫。琫，捧也，捧束口也詩·小雅鞞琫有珌傳鞞，容刀鞞也。琫上飾，珌下飾。又大雅鞞琫容刀傳上曰琫，下曰鞞疏古之言鞞，猶今之言鞘也禮·內則註鞞，刀鞞，琫上飾，珌下飾。毛傳言下曰鞞者，又因琫爲在上之飾，下則指鞞之體言也韻會按說文詩傳皆言鞞，刀鞞上，琫上飾，珌下飾爾雅刀室謂之鞞鞛。鞛與琫同。故亦言鞛上飾，鞞下飾。如公劉詩毛傳是也左傳藻率鞞鞛。杜註：鞞，刀削上飾。鞛下飾。蓋誤以鞞鞛爲上下飾也，諸韻今皆註爲刀下飾，蓋承用杜註，而未詳說文詩傳之義也。鍙又琣34179鞳67333

琬 wǎn_8.13　唐韻正韻於阮切韻會委遠切达音宛說文圭有琬者徐曰琬，謂宛然窊也，琬之言婉也，窊然象柔婉也廣韻圭也周禮·春官·典瑞琬圭以治德，以結好註琬圭無鋒芒。又冬官·玉人琬圭九寸註琬，猶圓也前漢·司馬相如傳鼂采琬琰註琬琰，美玉名囟人名史記·司馬相如傳垂綏琬琰註郭璞曰：汲冢周書桀伐岷山，得女二人，曰琬曰琰。桀愛二女，斲其名于苕華之上，苕是琬，華是琰也囟廣韻烏貫切音惋。義同。
鍙又瑔34546

瑮 lù_8.13　廣韻韻會正韻达盧谷切音祿廣韻玉名韻會玉貌老子道德經不欲瑮瑮如玉，珞珞如石註瑮瑮喻少，珞珞喻多。一云承上文，貴以賤爲本言。蘇轍註：非若玉之瑮瑮，貴而不能賤，石之珞珞，賤而不能

貴也。

琮 cóng_8.13　唐韻藏宗切韻會徂宗切，达音叢說文瑞玉，大八寸，似車釭徐曰謂其狀外八角而中圓玉篇琮玉，八角，象地周禮·春官以黃琮禮地註琮之言宗，八方所宗，故外八方，象地之形。中虛圓，以應無窮，象地之德，故以祭地冬官考工記璧琮九寸，諸侯以享天子又璧琮八寸，以頫聘。駔琮五寸，宗后以爲權。大琮十有二寸，射四寸，厚寸，是謂內鎮，宗后守之。駔琮七寸，鼻寸有半寸，天子以爲權。瑑琮八寸，諸侯以享夫人註員曰璧，方曰琮。聘禮享君以璧，享夫人以琮。衆來曰頫，特來曰聘。駔讀爲組，謂以組繫琮爲稱錘權重也。大琮如王之鎮圭，射謂其外之鉏牙也。頫，音眺。射，音石。瑑，音篆囟姓姓譜宋進士琮師古，開封人囟人名繆襲·平南荊曲劉琮據襄陽，劉備屯樊城囟五音集韻戎稅也囟zòng集韻子宋切，綜去聲。半璧也。鍙又瑽34544

琯 guǎn_8.13　廣韻古滿切集韻韻會正韻古緩切达音蜎·說文本作管。如篪六孔，十二月之音，物開地牙，故謂之管。或从玉。古者琯以玉玉篇舜以天德嗣堯，西王母來獻其白琯集韻前零陵文學姓奊，於冷道舜祠下得笙玉琯，夫以玉作音，故神人以和，鳳皇來儀也。囟gùn廣韻集韻达古困切音輥廣韻治金出光也集韻治金玉使瑩曰琯囟guān集韻古丸切音官。石似玉。囟guàn五音集韻古患切音慣。貫玉飾也。鍙又璭3466

琱 diāo_8.13　唐韻都寮切集韻韻會正韻丁聊切达音貂說文治玉也。一曰石似玉廣韻琱琢前漢·郊祀志黼黻琱戈師古註琱戈，刻鏤之戈也張衡·南都賦圓方琱琱抱朴子·名實卷鴛塞矯首於琱輦，駑驪委牧乎林坰囟畫也前漢·貢禹傳牆塗而不琱師古註琱與彫同。畫也囟通作雕爾雅·釋器玉謂之雕，雕謂之琢禮·王制雕題交趾囟通作彫孟子使玉人彫琢之後漢·杜林傳斲彫爲樸囟通作鋼·荀子·富國篇鋼刻黼黻文章，以塞其目囟或作敦詩·周頌敦琢其旅註敦，與琱同囟集韻或作剛03547

琲 pěi_8.13　唐韻普乃切音俖說文珠五百枚也左思·吳都賦珠琲闌干註琲，貫也。珠十貫爲一琲。張子曰：草木華未㪅，琲磊如珠囟廣韻集韻蒲昧切韻會達妹切正韻步昧切达音佩。又bèi廣韻蒲罪切集韻韻會正韻部浼切达音蓓。義以同。鍙又韝34262囟玉篇珇蒲㴨、蒲愷二切。珠五百枚也。亦作韝。胡吉宣：韝韝34202正。

琳 lín_8.13　古文玲唐韻力尋切集韻犂針切正韻犂沈切达音林說文美玉也廣韻玉名書·禹貢厥貢惟球琳琅玕傳球，琳，皆玉名前漢·司馬相如傳琳瑉昆吾師古註琳，玉也囟人名史記·高祖功臣年表蓼侯孔臧琳位至諸吏囟國名洞冥記琳國去長安九千里，生玉葉李，色如碧玉。

琴 34196 17079
qín_8.13 古文 瑟 琹 珡 珡 閤 唐韻 巨今切 集韻 韻會
正韻 渠金切夶音黔◦ 說文 本作珡，禁也。象形。神農所
作。洞越，練朱五絃，周加二絃 徐曰 君子所以自禁制
也 白虎通 琴以禁制淫邪，正人心也 琴論 伏羲氏削桐爲
琴，面圓法天，底方象地，龍池八寸通八風，鳳池四寸
合四氣。琴長三尺六寸，象三百六十日。廣六寸，象六
合。前廣後狹，象尊卑也。上圓下方，法天地也。五絃
象五行，大絃爲君，小絃爲臣，文武加二絃，以合君臣
之恩 三禮圖 琴第一絃爲宮，次商角羽徵，次少宮，次
少商。琴有絃有徽，有首有尾，有脣有足，有腹有背，
有腰有肩有越。脣名龍脣，足名鳳足，背名仙人，腰名
美女。越長者龍池，短者鳳沼。臨岳琴首，絾絃者也。
岳山琴尾高起，絾絃者也。城路，岳山下路也。鴈足支
肩下，繫絃者也。軫支足下，轉扭調絃者也 正字通 琴
名奇雅者，如伏羲，嬰硯貢梓。帝命下相柏皇爲琴，曰
丹維，曰祖牀。帝俊琴曰電母。俊之子晏龍琴曰菌首，
曰白民。伊陟琴曰國阿。周宣王琴曰嚮風，銘曰情有耳，
伏寇在。是祝琴曰太古。楚玉子無虧撫琴爲洞庭木秋之
歌琴曰青翻。崔駰琴曰臥冰。戴逵琴曰黑鵠。逵之子仲
若琴曰躍魴。兄勃琴曰應谷。柳文暢琴曰春風。此數名
可與號鍾，露越，綠綺，焦尾同備藻繪也 図 地名 公羊
傳·定八年 甲起於琴如 註 琴如，地名 図 山海經 西南黑
水之閒有廣都之野，冬夏播琴 註 郭曰：播琴猶播殖，
方俗言耳 図 姓。琴張，孔子弟子，字子開。見 左傳·昭
二十年 図 人名 山海經 赤水之西有先民之國，有芒山，
有桂山，有榣山。其上有人，號曰太子長琴 図 蟲名 山
海經 肅慎氏之國有蟲，獸首蛇身，名曰琴蟲 註 郭曰：
亦蛇類也 図 琴城，冢名 水經注 楚人謂冢爲琴，六安縣
都陂中有大冢。民曰公琴，世傳卽皋陶之冢 図 簷前鐵
馬曰風琴 王半山詩 風鐵相敲固可鳴，朔兵行夜響行營。
如何清世容高枕，翻作幽牕枕上聲。鎜又鎜34831
琹25049 珡34370 琹24800 珡24535 珡34272 莃34609 鎜63567
鎜63910 鎜63911 閤65166 黄34475

琵 34197 17080
pí_8.13 唐韻 房脂切 集韻 韻會 頻脂切 正韻 蒲糜
切夶音毗◦ 說文 琵琶，樂器。馬上弦索。从珡，比，意
兼聲 廣韻 推手爲琵，引手爲琶，取其鼓時，以爲之名 集
韻 馬上所鼓，推手前曰批，引手後曰把。或从手 風俗
通 長三尺五寸，象三才五行。四絃象四時。唐書自下逆
鼓曰琵，自上順鼓曰琶。近代樂家所作，不知所起，傳
玄琵琶序云漢送烏孫公主，念其道遠，思慕故國，使知
音者於馬上作之 古今樂錄 琵琶出於絃鞀，杜摯以爲興
之秦末，蓋古長城役，百姓絃鞀而鼓之 図 魚名 左思·吳
都賦 鮫鯔琵琶 註 會稽琵琶魚無鱗，形似琵琶 図 容齋
隨筆 白樂天以琵字作入聲讀。如云四絃不似琵琶聲，
亂瀉眞珠細撼鈴。又：忽聞水上琵琶聲，主人忘歸客不
發。皆入聲也。鎜又鎜34423，本字。

琶 34198 17081
pá_8.13 唐韻 集韻 韻會 正韻 夶蒲巴切音爬。琵
琶。註詳上 図 韻補 叶蒲波切音婆 白居易·小庭有月詩

菱角執笙簧，谷兒挾琵琶。紅綃信手舞，紫綃隨意歌。
鎜又鎜34425，本字。

璏 34199 17082
guó_8.13 佩觽集 古文國字〇按 集韻 當作馘。

琜 34200 17083
lái_8.13 說文 珱本字。

瓆 34201 17084
zhì_8.13 字彙補 音閟 穆天子傳 天子賜之狗瓆采
註 疑玉名。又有瓆字。音瀆，似是一字。鎜玲瓏庆瓅，
注音鈐瓆 図 璏09237

琲 34202 17085
bèi_8.13 集韻 琲，書作琲。

瑂 34203 17086
null_8.13 字彙補 音闕。人名 唐書·南蠻傳 乾符四年，
南詔遣陀西段瑂詣邕州節度使辛讜，請畫好。鎜又
瑂34432 段瑂寶 唐會要·卷九十九·南詔蠻 作段瑳寶。

琸 34204 17087
zhuó_8.13 字彙補 竹角切音卓。人名 宋史·崔與之傳
有都統劉琸。

瑅 34205 41503
zhì_8.13 篇海類編 直意切音治。玉也。

璑 34206 44434
shèng_8.13 字彙補 與聖同。鎜朝鮮本 龍龕 璑，古
文。音聖。璑，古文。同上。聖，同。

珓 34207 44435
jiè_8.13 字彙補 同玠。

現 34208 44436
xiàn_8.13 篇海類編 五夅切音倪。鎜現字之訛 可洪
音義 現報：上音現，諸錄皆云 行七行現報經

璂 34209 u2B7A7
láo_8.13 簡 璆34582

珃 34211 u2AEF1
null_8.13 未詳。

珃 34214 u2AEEE
null_8.13 未詳。

瑄 34215 u2AEED
null_8.13 未詳。

瑚 34217 u2AEEB
null_8.13 未詳。

琳 34219 u2AEE9
null_8.13 未詳。

瑝 34221 u2AEE7
null_8.13 未詳。

琢 34223 uFA4A
zhuó_8.13 兼 琢34178

琗 34227 u249AC
null_8.13 未詳。

瑷 34228 u249AB
líng_8.13 俗 陵65685

瑇 34231 u249A7
null_8.13 未詳。

瓗 34210 u2AEF2
kūn_8.13 簡 瓗34485

琰 34212 u2AEF0
null_8.13 未詳。

玖 34213 u2AEEF
fàng_8.13 直音篇 音放

瑤 34216 u2AEEC
null_8.13 未詳。

珊 34218 u2AEEA
null_8.13 未詳。

瓄 34220 u2AEE8
dú_8.13 簡 瓄34761

琮 34222 u2AEE6
null_8.13 未詳。

璹 34224 u2F92E
dài_8.13 同 璹34285

琙 34225 u249D9
yú_8.13 或作 琙34000
直音篇 琙，音于，美石次
玉 篇海類編 琙，羊朱切，美石似玉。

靖 34226 u249AD
jīng_8.13 未詳。字見
清·胡聘之 山右石刻叢編·卷八·唐·段干木廟銘

琤 34229 u249AA
dōng_8.13 玎琤，同玎
玲，象聲詞，金玉聲。元·鄭光祖 白敏中僞梅香·第二折
那吒令 搖玎琤玉聲，蹴金蓮步輕。

琶 34230 u249A9
è_8.13 同瑿34184白玉 清稗類鈔·服飾類 皇貴妃
貴妃妃嬪服飾 吉服冠頂，用碧琶弘，餘皆如貴妃。

斑 34232 u249A6 bān_8.13 　廣韻 班34017俗作斑。

琥 34234 u249A3 hǔ_8.13 　同琥34181

瑑 34233 u249A5 yì_8.13 　瑑34008本字

基 34235 u249A2 qí_8.13 　集韻 琪34187，或書作基。

聖 34236 u2499F wàn_8.13 　俗聖34404

瑝 34237 u2499E null_8.13 　未詳。

瑐 34238 u2499D null_8.13 　未詳。

琀 34239 u2499C hàn_8.13 　俗玲34088 四聲篇海玲，胡紺切，送終口中玉也。

瑁 34240 u2499B mèi_8.13 　俗瑁34279

瑱 34241 u2499A null_8.13 　未詳。

琁 34242 u24999 null_8.13 　未詳。

瑨 34243 u24998 null_8.13 　人名用字。

瑑 34244 u24997 null_8.13 　未詳。

毛 34245 u24996 null_8.13 　未詳。

猛 34246 u24995 null_8.13 　未詳。

瑃 34247 u24994 juǎn_8.13 　人名用字 皇明經世文編·卷之四百十八·沈龍江文集二·疏·議秦府進封疏一 宣王懷瑃，原係鎮國中尉。

璿 34248 u24993 null_8.13 　未詳。

瑙 34253 u2498E null_8.13 　未詳。

璽 34249 u24992 guó_8.13 　同璽34199 直音篇璽，古文國字。

瓊 34250 u24991 mò_8.13 　俗玟33848 正字通瓊，瑅字之譌。

瑼 34251 u24990 ái_8.13 　俗捱19836瑼撒，遣去。元·關漢卿 閨怨佳人拜月亭雜劇·第三折 阿，我付能把這殘春瑼撒。

瑙 34252 u2498F nǎo_8.13 　俗瑙34308 可洪音義 馬瑙：音瑙。圖俗腦47547 可洪音義 瑙中：上奴老反。

珮 34254 u2498D null_8.13 　未詳。

瑄 34255 u2498C null_8.13 　未詳。

瑔 34256 u2498B null_8.13 　未詳。

瑢 34257 u2498A null_8.13 　未詳。

玢 34259 u24988 null_8.13 　未詳。

聖 34258 u24989 shèng_8.13 　俗聖46636 廣碑別字 引魏李次等全邑百人造石像碑頌

瑡 34260 u24987 null_8.13 　未詳。

瑤 34261 u24986 tāo_8.13 　同瑤34407

琲 34262 u24985 bèi_8.13 　同琲34202 六書統 琲34194琲，或从王扗下。

瑜 34263 u2497B yán_8.13 　龍龕瑜，俗。音延 圖瑻瑜，或作綖緶、蜒蜒 圖瑻瑜，同瑻琰 圖俗瑢34725 可洪音義 瑜機：上序全反。下居依反 圖 可洪音義 瑜液：上序延反。正作涏。恢 圖地名。光緒 吉林通志·卷十八·輿地志六·山川一·賓州廳 螞蟻頂子，即瑪瑜山也，在廳界距吉林城東北三百一十五里。

瑢 34264 u3EDC cōng_8.13 　俗瑢34488

瑒 34265 u3EDB chàng_8.13 　瑒34297俗譌

珶 34266 u3EDA bēng_8.13 　从玉朋聲。人名 包山楚簡 迅大毀珶

瑃 34267 u3ED9 yù_8.13 　或埔08814譌字。多見於人名。

瑈 34268 u3ED8 shěn_8.13 　簡璿34782

琼 34269 u743C qióng_8.13 　簡瓊34769

瑩 34270 u743B null_8.13 　人名用字。見清·顏元 習齋記餘

琺 34271 u743A fà_8.13 　辭海 琺瑯，Enamel，或作珐瑯。塗料名。又清·徐珂 清稗類鈔·工藝類·製景泰藍 景泰藍者，始於明代宗景泰時，今都人能製之。其製法，銅器之表面塗以琺瑯質，燒成花鳥人物等種種花紋，花紋之周廓，或界以細銅絲，或否。日本謂之七寶燒，因其光色璀璨，若有各種寶玉雜於其中也。

栞 34272 u7439 qín_8.13 　明·焦竑 俗書刊誤 琴34196，俗作栞，非。

琰 34273 u7430 yǎn_8.13 　參見琰34020 圖 瑻琰34263，同瑻琰。

瑝 34274 17088 dǔ_9.14 　集韻 董五切音賭。玉名。

瑝 34275 17089 jiè_9.14 　集韻 居拜切音戒。與玠同。大圭也。

琿 34276 17090 hún_9.14 　古文瑂 廣韻 戶昆切 集韻 胡昆切丛音鼋 廣韻 玉名 集韻 美玉。璽又琿34063

瑓 34277 17091 là_9.14 　唐韻 盧剌切 集韻 郎達切丛音剌 說文 玉也。類篇 或作瑓。亦作瓓。

瑀 34278 17092 yǔ_9.14 　唐韻 集韻 韻會 丛王矩切音羽 說文 石之似玉者 徐曰 按 詩 傳：佩玉，琚瑀，以納其閒 後漢·輿服志 乃爲大佩衝牙雙瑀璜，皆以白玉 註 詩 云雜佩以贈之。毛萇曰：珩璜琚瑀，衝牙之類 月令章句 曰：佩上有雙衡，下有雙璜，琚瑀以雜之，衝牙蠙珠，以納其閒 纂要 曰：琚瑀，所以納閒，在玉之閒，今白珠也。璽又瑀34388 圖俗璃34497 可洪音義 瑠瑀：音禹。經音是璃。又瑠瑀：下音离。下又音禹，悮也。

瑁 34279 17093 mào_9.14 　古文珇玥 唐韻 集韻 韻會 正韻 丛莫報切音褐 說文 諸侯執圭朝天子，天子執玉以冒之。似犂冠 徐曰 冒，上有物冒之也。犂冠，即犂鑱也。今字書作犂鋀，音義同 正字通 禮，諸侯卽位，天子賜以命圭，圭上邪銳，瑁方四寸。其下亦邪刻之，闊狹長短如圭頭。諸侯執圭來朝，天子以瑁之刻處，冒彼圭頭，以齊瑞信，猶今之合符然。又通作冒 周禮·冬官考工記 天子執冒四寸 註 名玉曰冒，言德能覆蓋天下也。四寸者，以尊接卑，小爲貴也 圖 廣韻 集韻 丛莫代切音穩。義同。 圖mèi 廣韻 集韻 韻會 正韻 丛莫佩切音妹。鼅屬。身似鼅，首尾如鸚鵡，甲有文 異物志 生南海，大者如籧篨，背上有鱗，鱗大如扇，有文章，將作器，則煮其鱗，如柔皮。應劭曰：雄曰瑁瑁，雌曰觜蠵 史記·司馬相如傳 瑁瑁鼅電 註 似觜蠵，甲有文，出南海，可以飾器物 漢·鐃歌 雙珠玳瑁簪，用玉紹繚之 圖 廣韻 莫沃切 集韻 謨沃切丛音媢。義同△韻會 或作瑁。亦作冒。璽又璊27201瑁，同瑁34285瑁 圖玥33849同玥。圖 龍龕 玥34240，音妹。瑁玥也。

瑂 34280 17094 méi_9.14 　唐韻 武悲切 集韻 旻悲切丛音眉 說文 石之似玉者。璽又瑂34624

瑃 34281 17095 chūn_9.14 　廣韻 丑倫切 集韻 敕倫切丛音椿 廣韻 玉名。

瑄 xuān_9.14　唐韻須緣切集韻韻會筍緣切正韻息緣切丛音宣說文璧六寸也前漢·郊祀志有司奉瑄玉孟康註璧大六寸謂之瑄図集韻通作宣爾雅·釋器璧六寸謂之宣註漢書所云瑄玉是也。鎣又瑄34467

瑅 tí_9.14　廣韻杜奚切集韻韻會田黎切正韻杜兮切丛音題集韻瑅瑭，玉名。或作瑅。

瑆 xīng_9.14　集韻桑經切音星。玉光。

瑇 dài_9.14　廣韻徒耐切集韻韻會待戴切正韻度耐切丛音代廣韻瑇瑁正字通瑇瑁生南海，介屬，狀似龜黿，殼稍長，背有甲十二片，黑白班文，邊缺如鋸齒，無足，有四鬣，前長後短，煮其甲，柔如皮，因以作器。顧玠海槎錄云老者甲厚，色明，小者甲薄，色暗。世言鞭血成班，謬也。取時必倒懸其身，用熱醋潑之，甲逐片墜下。陸佃曰：瑇瑁不再交，望卵影抱，謂之護卵。應劭曰：雄曰瑇瑁，雌曰觜蠵。一說瑇瑁六葉，厚而黃。其僞者則以石灰鉛粉麟水點牛角爲之図瑇瑁34279遺精，蛟魚吞食，吐出，年深結塊者爲撒八兒，價如金。見劉郁西域記図dú廣韻集韻徒沃切正韻徒谷切丛音毒。義同△正字通瑇，俗作玳文選从虫作蝳蝐。歐陽詢飛白書从字詁崔希裕略古，皆从甲作疇瑁王莽傳省作毒冒。

瑈 róu_9.14　廣韻耳由切集韻韻會正韻而由切音柔廣韻玉名也。鎣又瓇34764瓇34840

瑉 mín_9.14　集韻眉貧切。與珉同。石之美者周禮·夏官·弁師諸侯之繅斿九就，瑉玉三采史記·司馬相如傳琳瑉琨珸図bīn五音集韻府巾切音彬。石次玉者史記琳瑉琨珸。劉伯莊讀。

瑊 zhēn_9.14　廣韻職深切集韻正韻諸深切丛音斟廣雅瑊，石次玉也史記·司馬相如傳瑊功玄厲註瑊功，次玉者山海經葛山其下多瑊石註勁石似玉也図jiān廣韻古咸切集韻韻會居咸切丛音緘。或作玪。又集韻胡讒切音咸。義丛同。

瑌 bīn_9.14　廣韻府巾切集韻悲巾切丛音份埤蒼璘瑞，文采貌前漢·揚雄傳璧馬犀之瞵瑉註瞵瑞，文貌。言以馬腦犀角飾殿之壁也図bān集韻逋閑切音斒。義同。

瑋 wěi_9.14　廣韻于鬼切集韻韻會羽鬼切丛音韙廣韻玉名図博雅瑋，重也又瑰瑋，琦玩也図人名前漢·王子侯表就鄉節侯瑋図wèi集韻紆胃切音尉。瑰瑋，亦讀上聲。鎣又玮33894

瑍 ruǎn_9.14　廣韻而兗切集韻乳兗切丛音蝡。石次玉者山海經狀脂之山，其上多瑌石郭註白者如冰，半有赤色者史記·司馬相如傳瑌石武夫註石似玉漢書音義瑌石出鴈門図ruán廣韻而緣切集韻而兗切丛音瞕。義同図廣韻瑌，珉也，玉佩也詩·鄭風青青子佩傳士

佩瓀珉而青組綬釋文瓀，本又作瑌図nuàn五音集韻奴亂切音偄。水濱地。一曰城下田。

瑍 huàn_9.14　字彙呼玩切音喚。玉有文采。通作煥。鎣又瑓34601㻨34119

瑎 xié_9.14　唐韻戶皆切集韻雄皆切丛音諧說文黑石似玉者図jiē集韻居諧切音皆。義同。鎣又碏39122

瑏 chuān_9.14　集韻昌緣切音穿。玉也。

瑐 jiǎn_9.14　集韻子淺切音翦。玉名。

瑑 zhuàn_9.14　唐韻直戀切集韻韻會正韻柱戀切丛音傳說文圭璧上起兆瑑也◆徐曰瑑，謂起爲攏，若篆文之形周禮·春官·典瑞瑑圭璋璧琮註瑑有圻鄂瑑起前漢·董仲舒傳良玉不瑑註瑑謂琢刻爲文也図廣韻持兗切集韻韻會正韻柱兗切丛音篆。又集韻柱允切音蝽。又陳尼切音堚。義丛同。鎣又瑃34281

瑒 chàng_9.14　唐韻集韻韻會丑亮切正韻尺亮切丛音悵說文圭尺二寸有瓚，以祠宗廟者徐曰瑒，亦杓也図通鬯周語奉玉鬯往獻註鬯酒之圭，長尺二寸，有瓚，所以灌地降神之器図廣韻徒杏切集韻丈梗切韻會杜梃切正韻杜梗切，根上聲。義同図dàng集韻待朗切正韻徒黨切丛音蕩前漢·王莽傳瑒琫瑒珌註瑒，音蕩。玉名也図yáng廣韻與章切集韻韻會余章切丛音陽。義同図人名曹丕·典論論文汝南應瑒德璉。又唐有申屠瑒。鎣又场33832瑒34265

瑓 liàn_9.14　集韻郎甸切音練。玉名。

瑔 jīn_9.14　玉篇古文珒33979字。

瑕 quán_9.14　玉篇絕緣切音全。玉名図字彙貝名。鎣胡吉宣：元刊本云貝名，是卽爾雅·釋魚「餘泉白黃文」之泉。

瑖 liú_9.14　正字通俗瑬字。

瑗 qióng_9.14　字彙渠營切音煢。赤玉也。同瓊。

瑕 xiá_9.14　唐韻乎加切集韻韻會正韻何加切丛音遐說文玉小赤也前漢·司馬相如傳赤瑕駁犖註赤瑕，赤玉也図玉玷也左傳·宣十五年瑾瑜匿瑕禮·聘義瑕不揜瑜註瑕，玉之病也図過也詩·大雅烈假不瑕註烈，光。假，大。瑕，過也左傳·僖七年予取予求，不汝疵瑕也註不以汝爲罪釁也図博雅瑕，裂也図遠也詩·衞風不瑕有害傳瑕，遠也箋瑕，猶過也図管子·制分篇故凡用兵者，攻堅則軔，乘瑕則神註瑕，謂虛脆也図管子·法法篇令入而不至謂之瑕註相閒曰瑕。図字彙補嚴利之狀周禮·冬官考工記深瑕而澤。図國名左傳·成六年晉人謀去故絳，諸大夫皆曰：必居郇瑕氏之地註郇瑕，古國名図地名左傳·桓六年楚武王侵隨，使薳章求成焉，軍於瑕以待之註瑕，隨地春

秋·哀六年城邾瑕大全邾瑕如魯濟之類，魯有負瑕，故稱邾以別之禮·檀弓公叔文子升于瑕丘。又◆滋陽，古瑕縣，宋大觀四年，因犯宣聖諱，以西北有嶧山，改爲嶧陽图姓左傳周大夫瑕禽。又複姓史記·項羽紀瑕丘申陽註文穎曰：姓瑕丘。臣瓚曰：瑕丘，縣名五音集韻漢複姓有瑕呂氏图獸名史記·司馬相如傳格瑕蛤前漢書音義瑕蛤，獸名图與遐通禮·表記引詩小雅瑕不謂矣，註瑕之言胡也图與霞同前漢·揚雄傳翕青雲之流瑕文選作霞图jiā五音集韻古牙切音嘉。垂瑕，地名图jiǎ古下切音檟。已也詩·大雅烈假不瑕。鄭康成讀图xiā字彙補呼加切。與蝦同張衡·南都賦駿瑕委蛇註瑕，蝦通。

瑘 34307 17121
yá_9.14　廣韻同瑘音鍛。石之似玉者。鎣俗璺34404

瑖 34304 17118
duàn_9.14　集韻都玩切音鍛。石之似玉者。鎣俗璺34404

瑗 34305 17119
yuàn_9.14　唐韻王眷切集韻韻會于眷切夶音援說文大孔璧，人君上除陛，以相引爾雅·釋器好倍肉謂之瑗，肉倍好謂之璧，肉好若一謂之環郭璞註好倍肉，孔大于邊也图玉篇玉名图正韻人名。邃瑗字伯玉。图yuǎn集韻韻會夶於願切音遠。義同图集韻紆願切音怨。玉名图huán胡關切音還。與環同。引說文璧也。或从爰。

璖 34306 17120
qú_9.14　集韻求於切音渠。環屬。戎夷貫耳。本作璩。通作鎼正字通亦作硨、磲。

瑙 34308 17122
nǎo_9.14　廣韻集韻韻會正韻夶乃老切音腦博雅瑪瑙，石次玉也廣韻寶石增韻文石韻會此寶色如馬腦，因以爲名曹昭·格物論出北地南番西番，非石非玉，堅而且脆，其中有人物鳥獸形者貴顧薦·負暄錄瑪瑙，品類甚多，有名柏枝者，花如柏枝。有名夾胎者，正視則白，側視若凝血，一物二色。有名截子者，黑白相間。有名合子者，漆黑中有一白線間之。有名錦紅者，色如錦。有名纏絲者，紅白如絲，皆貴品。有名漿水者，淡水花。有名醬斑者，紫紅，皆價低。試瑪瑙法，以硴木不熱者爲眞。梵言摩羅迦隸，此言瑪瑙图韻補叶乃后切音毃王粲·馬瑙勒賦總彙材而課美，信莫臧於瑪瑙，被文采之華飾，雜朱綠於蒼阜△類篇亦作瑂正韻亦作碯。鎣與腦惱等字不同，瑙字沒有被簡化图磓39159磳38890碴39067瑉34252愵17689瑙34019碯39174图慧琳音義馬瑙：遏濕摩揭婆，此云杆濕藏。遏濕摩，杆義。揭婆，藏義。或言胎，取其堅實。言馬瑙者，色如馬腦故也。諸書作瑪瑙字者，玉類故也。或作碼磂39397字，石之類也。

瑚 34309 17123
hú_9.14　唐韻戶吳切集韻洪孤切夶音胡說文珊33926瑚图瑚璉，宗廟盛黍稷器禮·明堂位夏后氏之四璉，殷之六瑚。鎣又玞33866翸63711碅39191

瑛 34310 17124
yīng_9.14　唐韻正韻於京切集韻韻會於驚切夶音英說文玉光也符瑞圖玉瑛仁寶，不斲自成，光若白華。漢文帝時，渭陽玉瑛見。一云五常修則玉瑛見。今白石

紫石瑛，皆石之有光者玉篇美石似玉，水精謂之玉瑛也古豔歌姮娥垂明璫，織女奉瑛琚。鎣又璞34560图石瑛又作石瑛09011、石瑛，石英。

瑣 34311 17125
suī_9.14　集韻旬爲切音隨。瑣瑈，玉名。

瑜 34312 17126
yú_9.14　唐韻羊朱切韻會容朱切夶音俞說文瑾瑜，美玉也徐曰瑜亦玉之光采也左傳·宣十五年瑾瑜匿瑕禮·玉藻世子佩瑜玉而綦組綬。又聘義瑕不掩瑜註瑜，其中閒美者图前漢·禮樂志象載瑜白集西師古註象載，象輿也。山出象輿，瑞應車也。瑜，美貌，言此瑞車瑜然色白而出西方也图人名曹植·靈芝篇伯瑜年七十，綵衣以娛親。鎣又瑜34340

瑝 34313 17127
huáng_9.14　唐韻乎光切集韻正韻胡光切夶音黃說文玉聲也图héng廣韻戶盲切集韻韻會胡盲切夶音橫。義同。

瑞 34314 17128
ruì_9.14　唐韻是僞切集韻韻會樹僞切正韻殊僞切夶音倕說文以玉爲信也玉篇信節也。諸侯之珪也書·舜典輯五瑞釋文信也周禮·春官以玉作六瑞，以等邦國註公、侯、伯、子、男所執圭璧。又典瑞掌玉瑞玉器之藏註人執以見曰瑞。瑞，符信也图韻會祥瑞也。天以人君有德符，將錫之以歷年，錫之以五福，先出此，以與之爲信也春秋左傳杜序麟鳳、五靈，王者之嘉瑞也唐書·百官志禮部郎中員外郎掌圖書祥瑞，景星慶雲爲大瑞，其名物六十四。白猿赤兔爲上瑞，其名物二十八。蒼烏、赤雁爲中瑞，其名物三十有二。嘉禾、芝草、木連理爲下瑞，其名物十二图州名。本唐筠州，以土產筀竹名。宋改瑞州图姓。

瑑 34315 17129
tú_9.14　集韻陁沒切音揆。玉瑱。

瑟 34316 17130
sè_9.14　古文㻳㻱琵琶唐韻所櫛切集韻韻會正韻色櫛切夶音璱說文庖犧氏所作弦樂也◆徐曰黃帝使素女鼓五十絃琴，黃帝悲，乃分之爲二十五絃。今文作瑟樂書朱襄氏使士達制五絃之瑟，後瞽瞍判五絃瑟爲十五絃，復增以八爲二十三。又禮圖雅瑟八尺一寸，廣一尺八寸，二十三絃，其常用者十九絃，頌瑟七尺二寸，廣同，二十五絃盡用爾雅·釋樂大瑟謂之灑註長八尺一寸，廣一尺八寸，二十七絃書·益稷搏拊琴瑟詩·周南窈窕淑女，琴瑟友之图集韻衆多貌詩·大雅瑟彼柞棫傳瑟，衆貌图集韻矜莊貌詩·衞風瑟兮僩兮傳瑟，矜莊貌朱註瑟，嚴密之貌图詩·大雅瑟彼玉瓚箋瑟，潔鮮貌朱註瑟，縝密之貌图正字通瑟瑟，珠類。元仁宗時，啟金州獻瑟瑟洞，請采之，不從通雅曰或以爲寶石緯略以爲珠。程泰之則曰：世所傳瑟瑟，皆燒石爲之。然瑟瑟有三種，寶石如珠，眞者透碧。番燒者員而明，中國之水料燒珠，亦借名瑟瑟图瑟瑟，風聲古樂府·陌上桑風瑟瑟，木搜搜，思念公子徒以憂。图蕭瑟，陰令促急風疾暴也楚辭·九辯蕭瑟兮草木搖落而變衰图人名戰國策公叔之攻楚也，以幾瑟之存

焉註幾瑟，韓愛子 釋文 幾瑟 史記 作蟣虱 図 與索通 梁
武帝詩瑟居超七淨 図 shī 集韻 疏吏切音駛。樂器。
図 韻補 叶式吏切音試 禰衡鸚鵡賦 少昊司晨，蓐收整
轡。嚴霜初降，涼風蕭瑟。𥔿又庚15658瑟34517瑟17694

瑋 34317 17131
hún_9.14　字彙補 古文琿34276字。

瑯 34318 17132
láng_9.14　字彙補 古文琅34094字。

瑳 34319 17133
xuē_9.14　史記·建元以來王子侯者年表 牟平侯劉瑳
註瑳音薛〇按漢書作渫，應卽渫字之譌。

蟲 34320 41504
ruǎn_9.14　五音篇海 音阮。光也。

瑻 34321 44437
líng_9.14　五音篇海 音苓。

璘 34322 44438
lín_9.14　龍龕 與璘同。

瓓 34323 44439
huán_9.14　龍龕 同環。

㼂 34324 u2AF02
null_9.14　未詳。

㼀 34325 u2AF01
null_9.14　未詳。

㼀 34326 u2AF00
vua_9.14　喃 从王从
帝。同㼀33948 五千字譯國語 皇，㼀。可汗，㼀睨。

璏 34327 u2AEFF
dù_9.14　人名用字。見漢 曹全碑·碑陰

㼾 34328 u2AEFE
null_9.14　未詳。

瑢 34329 u2AEFD
null_9.14　未詳。

㼬 34330 u2AEFC
null_9.14　未詳。

㼭 34331 u2AEFB
null_9.14　未詳。

玨 34333 u2AEF9
null_9.14　未詳。

璝 34332 u2AEFA
guī_9.14　簡 瓌34589

琦 34334 u2AEF8
null_9.14　未詳。

瑒 34335 u2AEF7
null_9.14　未詳。

瑝 34336 u2AEF6
null_9.14　未詳。

瑜 34340 u2F92F
yú_9.14　同瑜34312

㻹 34337 u2AEF5
null_9.14　或俗瓓34774 新撰字鏡 直連反。口行也。

瑧 34338 u2AEF4
zhēn_9.14　古文珍33929 篇海 瑧鑫63935，二音珍。

㽲 34339 u2AEF3
nán_9.14　琪㽲，亦名琦㽲，香名。明·張應文 清秘
藏·卷上·論名香 凡琪㽲、沉水等香，居常以錫盒盛諸香
花、蜂蜜養之，則氣味尤美。又 大南一統志·卷十一·慶
和省·土產 琦㽲：按 黎桂堂雜錄 云琦㽲出平康、延慶二
府爲第一，出富安、歸仁爲第二。乃是楮樹心結成。

㓩 34341 u249E9
wàn_9.14　同聖34404

瑯 34342 u249E8
yá_9.14　瑯34307譌字

秋 34343 u249E6
null_9.14　未詳。

望 34344 u249E5
null_9.14　未詳。

鈺 34345 u249E4
null_9.14　未詳。

瑔 34346 u249E3
jiàn_9.14　人名用字。

邪 34347 u249E1
lín_9.14　同瑯34322俗璘34581

亭 34348 u249DF
null_9.14　未詳。

璞 34349 u249DE
null_9.14　未詳。

勉 34356 u249D4
null_9.14　未詳。

瑃 34350 u249DD
hóu_9.14　俗侯01202羅
振鋆 碑別字·卷二 瑃侯也。魏王偃墓誌銘。

㗦 34351 u249DC
zhì_9.14　同瑻34201

瑅 34352 u249DB
tí_9.14　金石文字辨
異·蹈 後周 同琋氏造像記。邢澍案，同蹄59129見 姓苑

図 dì 大字典 瑪琋脂：一種瀝青膏。

瑽 34353 u249DA
cōng_9.14　同瑽34495

瑚 34354 u249D7
hé_9.14　文選·盧諶·覽
古 趙氏有和璧，天下無不傳。李善·注：蔡邕琴操曰昭
王得瑚氏璧。瑚，古和05669字 說文通訓定聲 咼，叚借
為和 淮南·說山 咼氏之璧。字亦作瑚。

㴪 34355 u249D5
yì_9.14　龍龕 㴪，俗。烏計切。

㻓 34357 u249D3
null_9.14　未詳。

㻒 34358 u249D2
null_9.14　未詳。

珮 34359 u249D1
pèi_9.14　可洪音義 腰珮：步昧反。正作珮34018也。

瑤 34361 u249CF
yáo_9.14　俗瑤34398

㻍 34363 u249CD
null_9.14　未詳。

瑾 34362 u249CE
jīn_9.14　同瑾34299古文瑾33979

㻐 34360 u249D0
null_9.14　未詳。

㻌 34364 u249CC
null_9.14　未詳。

㻋 34365 u249CB
null_9.14　未詳。

㻊 34366 u249CA
null_9.14　未詳。

㻈 34368 u249C8
null_9.14　未詳。

㻉 34367 u249C9
sù_9.14　或俗瑓34457

㻇 34369 u249C7
xiāng_9.14　人名用字

㻆 34370 u249C6
qín_9.14　俗琴34196

㻅 34371 u249C5
null_9.14　未詳。

㻄 34372 u249C4
yāo_9.14　人名用字。許
必瑤，見民國鉛印本 杭州府志

㻃 34373 u249C3
null_9.14　未詳。

琴 34374 u249C2
qín_9.14　或琴字之譌。

㻁 34375 u249C1
null_9.14　未詳。

㻀 34376 u249C0
mǒu_9.14　人名用字。

瑢 34377 u249BF
null_9.14　未詳。

㻂 34378 u249BE
null_9.14　未詳。

㻼 34379 u249BD
null_9.14　明·顧璘 顧華玉集（文淵閣四庫）·息園存
稿文·卷三·序·送馮子靜序 已而吾諸弟㻼也告曰：仕者
鄙遠民而蔑禮教，獨不曰居夷桴海，何心乎。

㻿 34380 u249BC
wàn_9.14　同聖34404，石似玉 図 兼 㓩34341

瑓 34381 u249BB
null_9.14　未詳。

㻺 34382 u249BA
qí_9.14　俗琦34182

瑱 34383 u249B9
tiàn_9.14　新撰字鏡 瑱瑱34417，同作。他見反。鎮也。

㻸 34384 u249B8
null_9.14　未詳。

㻷 34385 u249B7
null_9.14　未詳。

瑗 34387 u249B5
yàn_9.14　人名。釋洪瑗 図 琅瑗，山名。在廣東。

瑀 34388 u3EE6
yǔ_9.14　同瑀34278

㻶 34386 u249B6
null_9.14　未詳。

瑡 34389 u3EE5
null_9.14　未詳。

㻴 34390 u3EE4
null_9.14　未詳。

㻳 34391 u3EE3
shèn_9.14　人名用字

㻲 34392 u3EE2
shī_9.14　人名。陳㻲，
見 明英宗睿皇帝實錄·卷之一百四

瑠 34393 17134
liú_10.15　字彙 俗瑠字。

㻗 34394 17135
shī_10.15　集韻 霜夷切音師。玉名。𥔿又珊33840

琛 34395 17136
chēn_10.15　廣韻 丑林切音賝。琛寶。正字通 琛本字。

瑢 34396 17137
róng_10.15　廣韻 集韻 韻會 叢餘封切音容 廣韻 瑽
瑢，佩玉行也 集韻 佩音 正韻 佩玉行聲。

瑣 34397 17138 suǒ_10.15 唐韻蘇果切集韻韻會損果切𠀤音貨說文玉聲又正韻玉屑又韻會細也，小也荀子·非十二子篇註爲奸細之行曰瑣前漢·司馬相如傳豈特委瑣握齱，拘文牽俗仲長統·述志詩古來繚繞，委曲如瑣。又詩·衛風瑣兮尾兮，流離之子傳瑣尾，少好之貌。又韻會瑣瑣，繁碎猥屑貌爾雅·釋言瑣瑣，小也註才器細陋易·旅卦旅瑣瑣疏瑣瑣，細小卑賤之貌詩·小雅瑣瑣姻婭，則無膴仕傳瑣瑣，小貌又博雅瑣，連也。又地名左傳·襄十一年諸侯之師次于瑣註滎陽宛陵縣西有瑣侯亭又韻會青瑣，門名。漢制給事黃門之職，日暮入對青瑣門拜，名曰夕郎屈原·離騷欲少留此靈瑣兮，日忽忽其將暮註瑣，門鏤也。文如連瑣，楚王之省閣也。一云靈神之所在也。瑣門有青瑣也前漢·元后傳僭上赤墀青瑣註以青畫戶邊鏤中，天子制也。如淳曰：門楣格再重，如人衣領，再重裏者青，名曰青瑣，天子門制也。師古曰青瑣者，刻爲連鎖文，而以青塗之也。又韻會凡物刻鏤罥結交加爲連瑣文者，皆曰瑣。非特門鏤也左思·吳都賦畢罕瑣結又邊瑣前漢·丙吉傳案邊長吏，瑣科條其人註瑣，錄也蘇軾詩論兵臨老付邊瑣又地名春秋·成十二年公會晉侯衛侯于瑣澤。

又姓正字通宋政和進士瑣政又人名禮·檀弓縣子瑣曰註瑣，縣子名又韻會或作璅晉書·習鑿齒傳璅璅常流離。鎏又琐34150又龍龕琑34149璔34575瓆34784三俗，瑣瑣34448璅三正，璅今可洪音義前序：骨瑣變為骨琑，……並是書人筆誤也又新撰字鏡琑34149思果、思拓二反。鏁月字。

瑤 34398 17139 yáo_10.15 唐韻余招切集韻韻會正韻餘招切𠀤音遙說文玉之美者書·禹貢瑤琨篠簜傳瑤琨皆美玉疏王肅云瑤琨，美石次玉者詩·衛風投我以木桃，報之以瓊瑤前漢·禮樂志偏觀此眺瑤堂註瑤，石而似玉者也又詩·大雅惟玉及瑤箋玉瑤，容刀之佩又山名山海經有瑤碧之山又池名列子·周穆王篇遂賓于西王母，觴于瑤池之上又星名楚辭·九歎騰羣鶴于瑤光註瑤光，北斗杓星也又人名左傳·哀二十三年晉荀瑤伐齊註荀瑤，荀躒之孫晉語知宣子將以瑤爲後註瑤，知伯也。鎏又瑶34482瑤34682瑤34361

⿰王追 34399 17140 duī_10.15 韻會都回切音堆。治玉也。本作追。

瑥 34400 17141 wēn_10.15 集韻韻會𠀤烏昆切音溫。人名晉載記乞伏乾使冠軍翟瑥伐禿吐渾。

瑦 34401 17142 wǔ_10.15 唐韻正韻安古切集韻於五切𠀤音隖說文石之似玉者又廣韻哀都切集韻汪胡切𠀤音烏。義同。

瑧 34402 17143 zhēn_10.15 字彙資辛切音津。玉名。鎏同臻月燈三昧經普賢林處甚端妙，衆仙瑧萃香芬馥。

瑨 34403 17144 jìn_10.15 廣韻集韻韻會正韻𠀤即刃切音晉廣韻美石，次玉韻會石之似玉者集韻或作璡。鎏又瑨34460瑨34638

⿱臤玉 34404 17145 wàn_10.15 唐韻集韻𠀤烏貫切音琬說文石之似玉者。又類篇侯旰切音翰。又於袁切音鴛。義𠀤同。鎏又堅34183堅34236堅34478瑖34304瑕34157又duàn名義堅34341，都瓘反。似玉。

瑩 34405 17146 yíng_10.15 廣韻永兵切集韻正韻于平切音榮。又集韻維傾切音營。義同廣韻玉色又集韻石似玉詩·衛風充耳琇瑩傳琇瑩，美石也詩·齊風尚之以瓊瑩乎而傳瓊瑩，石似玉韻會詩詁曰淇奧詩充耳琇瑩。註：毛云琇瑩，美石也詩尚之以瓊華，尚之以瓊英，尚之以瓊瑩。註：毛云瓊英，石似玉。鄭云石似瓊，似瑩。今詳琇瑩與琇實同文，瓊瑩與瓊英瓊華同文，則瑩非玉石矣。毛說非也。況瓊旣爲玉之美，瑩又爲次玉之石，則一瑱乃似二物，鄭說非也。凡玉之生，以及其成，有榮有英，有華有實，猶草木也。瑩卽榮也，謂玉之始生，如草木之榮也。英謂一玉之中最美者，如草木之英華。謂玉之方成，如草木之英華。實謂玉之旣成，如草木之實，皆可用之玉也又明也揚子·太玄經一生一死，性命瑩矣註瑩，明也又六瑩，樂名列子·周穆王篇奏承雲六瑩九韶晨露以樂之又人名前漢·功臣表祝茲侯呂瑩註師古曰瑩，音榮。又烏瞑反又凋也楚辭·九思菫荼茂兮扶疎，蘅芷彫兮瑩嫇又yíng集韻韻會𠀤維傾切音營。玉似石又yìng唐韻烏定切集韻韻會正韻縈定切𠀤音瀅。玉色光潔也逸論語如玉之瑩又正字通鏡瑩晉書·樂廣傳此人水鏡，見之瑩然隋書·高熲傳獨孤公猶鏡也。每被磨瑩，皎然益明又心精明亦曰瑩江淹·雜體詩開袠瑩所疑韓愈·寄孟簡詩抱照瑩疑怪。

又yǐng集韻韻會正韻𠀤烏迥切音濙集韻聽瑩，惑也正韻引莊子是黃帝之所聽瑩，謂聞之而惑也○按莊子·齊物論本作熒。鎏又莹33975瑩34793瑩34835

瑪 34406 17147 mǎ_10.15 集韻母下切音馬。瑪瑙34308，石之次玉者。亦作碼。鎏又玛33831

瑫 34407 17148 tāo_10.15 廣韻土刀切集韻他刀切𠀤音饕廣韻玉名集韻美玉也又集韻一曰玉飾劒。鎏又瑫34428瑫34261

⿰王旁 34408 17149 páng_10.15 集韻蒲光切音旁。⿰王旁瑭，玉名。

瑬 34409 17150 liú_10.15 唐韻集韻正韻𠀤力求切音留說文垂玉也。冕飾集韻通作旒又旗之下垂者宋書·禮志鸞輅駕四馬，旒九瑬又玉篇美金也。亦作璆。鎏又瑬09132又元刊本玉篇瑬，亦作鏐，善金。

瑭 34410 17151 táng_10.15 廣韻集韻韻會𠀤徒郎切音唐玉篇玉也博雅玉名。

瑮 34411 17152 lì_10.15 廣韻集韻𠀤力質切音栗說文本作瓅。玉英華羅列，秩秩也逸論語玉粲之璱兮，其瓅猛也。鎏又瑮34507瑮34694瑮34634

琅 34412 17153
láng_10.15 廣韻俗琅字。

瑰 34413 17154
guī_10.15 唐韻公回切集韻韻會正韻姑回切丛音傀說文玫瑰也。一曰圓好珠也博雅玫瑰，珠名左傳·成十七年聲伯夢涉洹，或與己瓊瑰食之註瓊瑰，珠也前漢·司馬相如傳其石則赤玉玫瑰註晉灼曰：玫瑰，火齊珠也。師古曰火齊珠，今南方之出火珠图瓊瑰，石次玉詩·秦風瓊瑰玉佩傳瓊瑰，石而次玉图郭璞·江賦珫瑯瑹瑰註瑰，古回反山海經曰：西王母之山，爰有璿瑰，亦玉名也图博雅瑰瑋，琦玩也後漢·班固傳因瑰材而究奇註坤蒼曰：瑰瑋，珍奇也图宋玉·對楚王問夫聖人瑰意琦行，超然獨處图樹名抱朴子·對俗卷昆侖有珠玉，沙棠，琅玕，碧瑰之樹图唐韻戶恢切集韻胡隈切韻會胡隈切正韻胡傀切丛音回。義同图guì正字通音貴。玫瑰，花名△集韻或作瓅璝。鑒又珝33939珝34001瑰34655

瑱 34417 17158
tiàn_10.15 字彙俗瑱字。

璪 34415 17156
duò_10.15 字彙同琢龍龕珠33991璪34414璪，徒臥反，玉名也。

璪 34414 17155
duò_10.15 字彙徒臥切音惰。玉名。

瑱 34416 17157
tiàn_10.15 唐韻集韻韻會正韻丛他甸切音昳說文以玉充耳也詩·鄘風玉之瑱也傳瑱，塞耳也衛風充耳琇瑩傳充耳謂之瑱。天子玉瑱，諸侯以石禮·檀弓練角瑱註小祥後以角爲之图廣韻玉名江淹·雜體詩巡華過盈瑱註盈瑱，盈尺之玉也图郭璞·江賦金精玉英，瑱其裏註瑱，他見反。瑱，謂文采相雜也图zhèn廣韻集韻韻會丛陟刃切音鎮。充耳玉也釋名瑱，鎮也。懸珠當耳旁，不使妄聽，自鎮重也图玉名周禮·秋官·小行人王用瑱圭釋文瑱，宜作鎮音楚辭·九歌瑤席兮玉瑱註瑱，音鎮图人名正韻唐將來瑱图tiǎn集韻他典切音腆。玉也图diàn堂練切音電。玉名图zhēn正韻之人切音眞。同鎮。又玉充耳图tián音田後漢·班固傳雕玉瑱以居楹，裁金璧以飾璫註廣雅曰：瑱，音田。礦也。又陳琳·神女賦紆玄靈之鬒髢兮，珥明月之雙瑱。結金鑠之婀娜兮，飛羽袿之翩翩韻補叶亭年切音田。△說文或作䶊集韻亦作瑱璖。鑒又瑱34417瑱34444瑱34383𤩙46546玉篇䶊亦作瑱46752，本亦作瑱。

瑲 34418 17159
qiāng_10.15 唐韻七羊切集韻韻會正韻千羊切丛音鏘說文玉聲也集韻一曰樂聲詩·小雅八鸞瑲瑲傳瑲瑲，聲也釋文瑲，亦作鎗又朱芾斯皇，有瑲蔥珩傳瑲珩，聲也釋文瑲，本又作創。亦作鎗图chēng集韻楚庚切，音鎗。聲也图cāng類篇千剛切音蒼。玉色。鑒又瑲33891

瑳 34419 17160
cuō_10.15 唐韻七何切集韻韻會倉何切丛音磋說文玉色鮮白也图與磋同詩·大雅顒顒卬卬傳王者有賢臣，與之以禮義相切磋釋文磋或作瑳图cuǒ廣韻正韻千可切集韻韻會此我切丛音瑳玉篇玉色鮮白也图正字通凡物鮮盛亦曰瑳詩·鄘風瑳兮瑳兮，其之展

也朱註瑳，上聲。鮮盛貌图正韻笑貌詩·衛風巧笑之瑳傳瑳，巧笑貌釋文瑳，七可反○按韻會引詩云瑳有平、上二音。鑒又瑅34766瑳34515

𤩩 34420 17161
jué_10.15 廣韻古岳切集韻韻會正韻訖岳切丛音覺廣韻同玨正韻二玉相合左傳·僖三十年公爲之請，納玉於王與晉侯，皆十𤩩註雙玉曰𤩩图gǔ廣韻韻會丛古祿切音穀。義同图廣韻玉名。鑒又𤩩27093

瑵 34421 17162
zhǎo_10.15 唐韻集韻丛側絞切音爪說文車蓋玉瑵前漢·王莽傳金瑵羽葆師古註瑵，讀曰爪。謂蓋弓頭爲爪形張衡·東京賦萑瑵曲莖註瑵，音爪。萑瑵，悉以金作華形，莖皆曲也图廣韻玉名△集韻或作釰。鑒集韻或作釰。集韻或作33836图瑵34514

瑌 34422 17163
wán_10.15 玉篇亡凡切。玉也○按集韻作瑳。

琵 34423 17164
pí_10.15 說文長箋琵本字。

釳 34429 44443
yǐ_10.15 龍龕同竪音未詳穆天子傳至于㳚釳河之水。

璃 34424 17165
null_10.15 字彙補地名。

琶 34425 17166
pá_10.15 說文長箋琶本字。

瓃 34426 44440
qú_10.15 搜眞玉鏡音渠。

瑮 34427 44441
lù_10.15 搜眞玉鏡音六。鑒俗翍03612古文勠04109

瑝 34428 44442
xǐ_10.15 龍龕同璽。又川篇同瑂。

瓓 34430 u2B7A8
lán_10.15 簡瓓34722

璨 34431 u2A0F
null_10.15 未詳。

瑌 34432 u2A0E
null_10.15 同瑌34203

瑄 34433 u2A0D
null_10.15 未詳。

瓄 34434 u2A0C
zhī_10.15 人名用字。嚴寶瓄。見清·王昶金石萃編·卷三十三·北齊一·在孫寺造象記

瑓 34435 u2A0B
null_10.15 未詳。

璇 34436 u2A0A
null_10.15 未詳。

釷 34437 u2A09
null_10.15 未詳。

釜 34438 u2A08
null_10.15 未詳。

瓘 34439 u2A07
null_10.15 未詳。

瑓 34440 u2A06
null_10.15 未詳。

瑑 34441 u2A05
null_10.15 未詳。

瑓 34443 u2A03
null_10.15 未詳。

瑗 34442 u2A04
huán_10.15 同環34674瑗璋，讀環璋，見師遽方彝

瑱 34444 uFAA1
tiàn_10.15 同瑱34416

瑤 34446 u24A12
null_10.15 未詳。

瑹 34445 u24A13
shū_10.15 同瑹34483遼·慧鑑澄贊上人塔記至若旃檀藉上，瑹五色之雲容，舍利光中，渙如蓮之舌相。

瑭 34447 u24A11
tǎ_10.15 俗塔09065吳詩集覽·卷十六下·五言排律下岑參詩：塔勢如湧出图dá譯音用字。

瑣 34448 u24A0F
suǒ_10.15 同瑣34397

瑽 34449 u24A0C
cōng_10.15 俗瑽34495

璂 34450 u24A0B
null_10.15 未詳。

瑳 34451 u24A0A
guī_10.15 新撰字鏡珪34013瑝，同。古攜反。平安也。

瑊 34452 u24A09
null_10.15 未詳。

剡上玉也。以青玉餝弓也。

瑞 null_10.15 u24A08 未詳。

璇 tū_10.15 u24A07 俗璠34510

瑳 null_10.15 u24A05 未詳。

琄 huǎng_10.15 u24A06 黃征 敦煌 俗字典 琄，S. 298 太上靈寶洞玄滅度五練生尸經 有道士姓琄，字信然。按：此字 大字典 所不收，據其右旁推測應即「燒」或「娛」之異體字。

瑮 sù_10.15 u24A04 人名用字 龍龕 瑮，音素。

瑣 suí_10.15 u24A02 俗隨65958 偏類碑別字 引 魏王偃墓誌銘

琩 null_10.15 u24A03 未詳。

瑨 jìn_10.15 u24A01 同瑨34403

瑜 null_10.15 u24A00 未詳。

璙 què_10.15 u249FC 搞09074謁字

瑞 chai_10.15 u249FF 嘺越 · 阮秉 五千字譯國語 璸，玉瑞。

璇 null_10.15 u249FE 未詳。

瑄 xuān_10.15 u249FA 瑄34282本字

瑑 zhǒng_10.15 u249FD 塚09075謁字

璇 null_10.15 u249FB 未詳。

滋 null_10.15 u249F9 未詳。

瑲 null_10.15 u249F8 未詳。

瑗 null_10.15 u249F6 犍瑗，古地名，見 南齊書 · 卷十五 · 志第七 · 州郡下

瑱 siǎn_10.15 u249F7 嘺从玉展triển聲。

璝 null_10.15 u249F5 未詳。

瑹 null_10.15 u249F3 未詳。

瑟 qín_10.15 u249A1 篆文琴34196 集韻 琴，古作瑟鼙蘭。

璲 suì_10.15 u3EEA 同璲34662

珙 gōng_10.15 u249F4 宋 · 莊季裕 雞肋編 · 卷下 有伯珙33988者，輒為抱券人誤寫作瑽，遂仍其謬△字亦作瑬34540 字海 認為瑬是瑽09179的訛字。

鋆 wàn_10.15 u3EE8 同鋆34404

璉 lián_10.15 u3EE9 龍龕 璉，音廉。鄭賢章：璉疑即碑39246的換旁異體。

瑩 yíng_10.15 uF9AE 兼瑩。

璸 bīn_10.15 u7478 简璸34716

瑷 ài_10.15 u7477 简瑷34654

瑶 yáo_10.15 u7476 同瑤34398

瑜 shū_11.16 17167 廣韻 傷魚切 集韻 韻會 正韻 商居切夶音書 玉篇 廣雅 云瑜、班，夶笏也。或作荼 禮 · 玉藻 諸侯荼，前詘後直 註 詘，謂圜殺其首，不爲椎頭。諸侯惟天子詘焉，所詘在前也 又 玉篇 美玉 又 tū 集韻 通都切音琓。義同。 鋆 瑜班並笏也。班，珽字之誤 又 瑜34445

瑺 cháng_11.16 17168 集韻 辰羊切音常。玉名。

瑻 kūn_11.16 17169 廣韻 古渾切 集韻 公渾切夶音昆 說文 石之美者 書 · 禹貢 瑤琨篠簜 釋文 琨，音昆。美石也。本作瑻，韋昭音貫 前漢 · 地理志 引書 亦作瑤瑻 註 師古曰瑻，音昆。美玉名也。

瑨 bì_11.16 17170 玉篇 古文瑑33928字。

塼 zhuān_11.16 17171 集韻 朱遄切音專。玉名。

瑽 cōng_11.16 17172 集韻 七恭切音樅 玉篇 瑽瑢，佩玉行貌 集韻 佩玉聲。 鋆 又琮34264 玜33874

瑾 jìn_11.16 17173 唐韻 居隱切 集韻 韻會 几隱切夶音謹 說文 瑾瑜，美玉也 左傳 · 宣十五年 瑾瑜匿瑕 山海經 鍾山之陽，瑾瑜之玉爲良。堅栗精密，潤澤而有光 又 廣韻 渠遴 集韻 韻會 渠吝切 正韻 具吝切夶音僅。義同。 又 jìn 類篇 巨靳切音僅。赤玉也。 鋆 又瑾34742

瑿 yī_11.16 17174 集韻 煙奚切音鷖。美石，黑色 正韻 黑玉 舊註美石黑色，誤 本草 琥珀千年者爲瑿，狀似玄玉，黑如純漆，大如車輪。永昌有黑玉鏡，卽瑿也。 鋆 又瑿34429 醫39311

瑵 tū_11.16 17175 集韻 韻會 正韻 夶抽居切音攄 集韻 玉名 山海經 小華之山，其陽多瑵珌之玉 註 瑵浮，玉名 又 集韻 通都切音琓。義同。

環 huán_11.16 17176 字彙 俗環字。

瑷 sè_11.16 17177 集韻 同瑟

璀 cuǐ_11.16 17178 唐韻 七罪切 集韻 韻會 正韻 取猥切夶音漼 說文 璀璨，玉光也 孫綽 · 遊天台山賦 琪樹璀璨而垂珠 註 璀璨，珠垂貌 又 抱朴子 · 知止卷 戈甲璀錯 又 廣韻 玉名。

瑮 cōng_11.16 17179 唐韻 正韻 倉紅切 集韻 麤叢切夶音恩 說文 石之似玉者 又 zǒng 集韻 祖動切音總。美石。 鋆 又瑽34158 琮34353 璁34449

琪 qí_11.16 17180 唐韻 集韻 韻會 夶渠之切音其 周禮 · 夏官 · 弁師 王之皮弁，會五采玉琪 註 鄭康成曰：讀如綦，結也。皮弁之縫中，每貫結五采玉十二以爲飾 詩 曰 會弁如星是也。

璃 lí_11.16 17181 廣韻 呂支切 集韻 韻會 鄰知切夶音離 玉篇 瑠璃也 博雅 琉璃，珠也 古詩 · 爲焦仲卿妻作 移我琉璃榻，出置前牎下 又 或作流離 前漢 · 西域傳師古註 大秦出赤白黑黃青綠縹紺十種流離，此自然之物。今所用，皆銷冶石汁，加以衆藥，灌而爲之。始於元魏，月氏人商販至京，採礦鑄之 又 篜色 韓愈 · 鄭羣贈簟詩 攜來當晝不得臥，一府傳看黃瑠璃。體堅滑淨又藏節，盡眼凝瑩無瑕疵 蘇軾 · 寄簟與蒲傳正詩 愧此八尺黃瑠璃 註 瑠璃，象簟色，假借語也 又 藥師琉璃光如來本願經 佛告曼殊室利，東方去此過十殑伽沙等佛土，有世界名淨琉璃，佛號藥師琉璃光如來，明行圓滿 又 韻會 玻璃，亦西國寶。此云水玉千年冰化，亦書作頗黎。 鋆 又磩39336 璚34765 瓈34851 瑀34278

勒 lè_11.16 17182 唐韻 盧則切 集韻 韻會 歷德切夶音勒 說文 本作塦，玲塦也 玉篇 玉名 廣韻 美石，次玉 △ 類篇 亦作玏。

璟 yǐng_11.16 17183 廣韻 於丙切 集韻 於境切夶音影 玉篇

光彩[廣韻]同璟。

璨 34500 17184
càn_11.16 [正字通]俗璨字。

璪 34501 17185
zǎo_11.16 [唐韻][集韻][韻會]丛子晧切音早[說文]石之似玉者[又]suǒ[集韻]損果切[正韻]蘇果切丛音貮。玉聲也。與瑣同[又]門鏤也屈原[離騷]欲少留此靈瑣兮[註]靈瑣,謂楚宮,不敢斥言君,猶後代稱陛下之意[又]小也[張衡·東京賦]既璅璅焉[註]璅璅,小也[又]猥屑意[晉書·習鑿齒傳]璅璅常流離。[鏊]又瑣34720瓒34784珧34149

璆 34502 17186
qiú_11.16 [廣韻]巨鳩切[集韻]渠尤切丛音求。與球同。玉磬也[晉語]籩豆蒙璆[註]蒙,戴也。璆,玉磬也[前漢·禮樂志]璆磬金鼓師古[註]璆,美玉名。以爲磬也[又]玉聲[史記·孔子世家]環珮玉聲璆然[又][集韻]一曰美玉[書·禹貢]厥貢璆鐵銀鏤砮磬[傳]璆,玉名[釋文]璆音虯。又居虯反,又閭幼反[詩·小雅·鞞琫有珌傳]諸侯璗琫而璆珌[釋文]璆,玉也[楚辭·九歌]撫長劍兮玉珥,璆鏘鳴兮琳琅[註]璆,琳琅,皆美玉也[又][廣韻][集韻]丛渠幽切音虯。又[集韻]居尤切音鳩。又居虯切音樛。又夷周切音由。又張流切,音輈。又力救切音溜。義丛同。

璇 34503 17187
xuán_11.16 [廣韻]似宣切[集韻]旬宣切丛音旋[廣韻]同琁[山海經]王母之山,有璿瑰瑤碧[註]璿瑰,亦玉名。[又]星名[史記·天官書·北斗七星註]春秋運斗樞云斗,第二璇[又][揚子方言]簿謂之蔽。或謂之匴璇[註]竹器所以整頓簿者[又]人名[後漢·楊璇傳]楊璇字機平。

璈 34504 17188
áo_11.16 [集韻][韻會]丛牛刀切音敖。樂器[漢武帝·內傳]王母命侍女彈八琅之璈,吹雲和之曲吳均詩鳳舞龍璈奏。

琥 34505 17189
hù_11.16 [集韻]後五切音戶。玉也。[鏊]胡吉宣:疑琥04827之後出或體。

璉 34506 17190
liǎn_11.16 [廣韻][集韻][韻會][正韻]丛力展切音輦[說文]本作槤,瑚槤也。从木,連聲。或作璉[禮·明堂位]夏之四璉,殷之六瑚,周之八簋[論語]瑚璉也[註]宗廟中黍稷器[又]lián[集韻]陵延切。與連60896同。[鏊]又璉34151

尰 34507 17191
luǒ_11.16 [字彙]郎佐切音邏。玉華○按卽尰字之譌。

璊 34508 17192
mén_11.16 [唐韻]莫奔切[集韻][正韻]謨奔切[韻會]謨昆切丛音門[說文]玉經色也。禾之赤苗謂之虋,言璊,玉色如之[詩·王風]毳衣如璊[傳]璊,赬也[又][集韻]模元切音樠。義同△[類篇]或作玧。亦作璊。[鏊]又璊34525瑞34538

班 34509 17193
bān_11.16 [集韻]逋還切音班。駮也,文也。

瑹 34510 17194
tū_11.16 [集韻]通都切音珠。玉名。[鏊]又璹34454

璋 34511 17195
zhāng_11.16 [唐韻][集韻][韻會]丛諸良切[正韻]止良切丛音章[說文]剡上爲圭,半圭爲璋。禮六幣:圭以馬,璋以皮,璧以帛,琮以錦,琥以繡,璜以黼[徐曰]剡削之也[詩·小雅]載弄之璋[傳]半圭曰璋◆[周禮·春官·大宗伯]以赤

璋禮南方。玉人之事,大璋、中璋九寸。邊璋七寸,射四寸,厚寸,牙璋中璋七寸。射二寸,厚寸[又]璋,邸射[註]射,剡出者,邸射,剡而出也[又]祭祀之禮,王祼以圭瓚,諸臣助之亞祼以璋瓚,左右奉之[詩·大雅]濟濟辟王,左右奉璋。[鏊]又璋34537

瑋 34512 17196
wèi_11.16 [五音集韻]于劌切音衞。劍鼻玉[類篇]本作瑍。

塂 34513 17197
lè_11.16 [說文]瓅本字。

瑵 34514 17198
zhǎo_11.16 [王融·曲水詩序]重英曲瑵之飾[註]瑵,側絞反○按卽瑵字之譌。

瑳 34515 17199
cuō_11.16 [字彙補]子何切,音佐◇人名[前漢·古今人表]景瑳師古[註]卽景差也。

瑯 34516 17200
láng_11.16 [五音集韻]古文琅34094字。

瑟 34517 17201
sè_11.16 [玉篇]瑟34316本字。

瑾 34518 17202
jīn_11.16 [字彙補]音未詳[汲冢周書]商王紂取天智玉,琰瑾身,厚以自焚[註]瑾,環以自厚也。[鏊]或爲人名用字,梁王瑾。也作瑾。

瑎 34526 u2AF1A
null_11.16 未詳。

瑱 34519 17203
yín_11.16 [集韻]夷眞切音寅。場也。[鏊][集韻]本作壖09262

瓓 34520 17204
lǔ_11.16 [五音集韻]力求切音劉。立秋祭名。[鏊][五侯鯖字海]音樓。又音呂。玉也。

璩 34521 17215
qú_11.16 [正字通]俗璩字。

璒 34522 41505
lìng_11.16 [五音篇海]音令。以玉事人。

瑹 34523 44444
tū_11.16 [篇海類編]同瑹。[鏊][正字通]璹,俗瑹字。

琛 34524 44445
chēn_11.16 [字彙補]同琛。

瑜 34529 u2AF14
null_11.16 未詳。

瑱 34527 u2AF16
null_11.16 [殷周金文集成·1.187-90·沜其鐘]用瑱光梁其身。

瑠 34530 u2AF13
null_11.16 未詳。

璊 34525 u2B7A9
mén_11.16 同璊34508

瑴 34528 u2AF15
zú_11.16 人名用字。又或璇字之譌。

瑔 34531 u2AF12
null_11.16 未詳。

瑘 34532 u2AF11
kēng_11.16 [新撰字鏡]瑘,口耕、苦還二反。堅也。強也。固之皃。玉名[龍龕]俗口耕皃[直音篇]音阬[五侯鯖字海]音坑。

璙 34533 u2AF10
null_11.16 未詳。

璐 34534 u24A3F
qiāng_11.16 俗鏘64054[偏類碑別字]引[魏廣川孝王元煥墓誌]

瑻 34535 u24A3E
kūn_11.16 同瑻34185[文苑英華·卷八百五十五·釋六·宣州大雲寺碑·李嶠]或隱鱗求志,蓄美價於瑤瑻。或撫翼俊時,貢珍名於笥籙。

璗 34536 u24A3D
null_11.16 未詳。

璋 34537 u24A3C
zhāng_11.16 同璋34511

璊 34538 u24A38
mén_11.16 正字通 璊34508，俗作璊。

璪 34539 u24A37
bǎo_11.16 同寶12465 馬王堆漢墓帛書·老子乙本·德
經 道者，萬物之注也，善人之瓃也，不善人之所保也。

瑑 34540 u24A36
gōng_11.16 同珙34473珙33988譌字。

珍 34541 u24A35
zǎo_11.16 俗璪34660亦作璪34607

瓃 34542 u24A34
luó_11.16 俗螺53279 可洪音義 螺髻：上郎禾反。正
作螺 图shì 可洪音義 毗瓃：失入反。正作漯29990

璊 34543 u24A33　　　瑅 34545 u24A31
null_11.16 未詳。　　　null_11.16 未詳。

瑽 34544 u24A32
cóng_11.16 朱駿聲 說文通訓定聲 琮34191，字亦作瑽
韓勑碑 兩側題名：丁瑽叔舉△宏按，韓勑造孔廟禮器
碑 左側：故丞魏令河南京丁瑽舒舉五百。

琬 34546 u24A30
wǎn_11.16 同琬34189 五侯鯖字海 璹，音琬。璹琰，
美玉也。

珕 34548 u24A2E
zhì_11.16 光緒蘇州府志·卷第七·山二 引元·郭翼 鳳
凰石 金鵾徒爲珕，雨燕漫飛影。按，清·顧嗣立 元詩選 卷
十九·東郭生郭翼·鳳凰石 作：金鵾徒為滯29321

瑢 34549 u24A2D　　　琦 34547 u24A2F
yōng_11.16 俗墉09214　　　null_11.16 未詳。

璃 34550 u24A2C
dì_11.16　　　龍龕 璃，俗。音的△宏按，或同璃34773

瓅 34551 u24A2B　　　璨 34552 u24A2A
null_11.16 未詳。　　　càn_11.16 俗璨34657

璇 34553 u24A29
xiū_11.16 俗鑴69412 正統道藏·北斗本命延壽燈
儀 為二 以今然燈，弟子某人修德省躬，勵心悔過，虔
施醮禮，潔辦珍璇。

璈 34554 u24A28　　　璟 34555 u24A27
null_11.16 未詳。　　　piāo_11.16 人名用字。

璣 34556 u24A26　　　琦 34557 u24A25
null_11.16 未詳。　　　null_11.16 未詳。

珍 34558 u24A24　　　瑬 34559 u24A23
null_11.16 未詳。　　　null_11.16 未詳。

瑛 34560 u24A22
yīng_11.16 俗瑛34310玉精華 可洪音義 珠瑛：抡京反。
惧。瑛雄：上抡京反。正作瑛。

瑯 34561 u24A21
lǎng_11.16 字海 同瑯34412 图人名用字 清實錄·聖祖
仁皇帝實錄 丙申，理藩院尚書阿穆瑚瑯，奉命調科爾
沁等蒙古兵三千名，期以八月先後入京。

瑭 34562 u24A20　　　珹 34563 u24A1F
táng_11.16 人名用字　　　qī_11.16　　　或同城。

瓏 34564 u24A1E　　　瑌 34566 u3EF3
null_11.16 未詳。　　　null_11.16 未詳。

瑷 34565 u3EF4
màn_11.16 人名用字。戴瓔瑷。見光緒 廣州府志·卷
六十選舉表二十九·封廕·國朝

璉 34567 uF994　　　瓔 34568 u748E
liǎn_11.16 兼璉。　　　yīng_11.16 簡 瓔34821

璏 34569 17205
zhì_12.17 唐韻 集韻 丛直例切音滯 說文 劍鼻玉也。
前漢·王莽傳 碎玉劍璏 图wèi 廣韻 集韻 韻會 丛于歲切
音衛。義同 图 通作衛 前漢·匈奴傳 賜單于玉具劍註 標

首鐔衛用玉。師古曰劍口旁橫出曰鐔，鼻曰衛，與璏同
图 通作璏 前漢·王莽傳 美玉可滅瘢，欲獻其璏 註 璏
璏。本音篆，雕刻也。古字通用 正字通 按 莽傳，進玉
璏于孔休。服虔曰：璏，音衛。蘇林曰：劍鼻。皆未詳。
璏，譌作璏。師古曰璏字本作璏，从玉彘聲。後轉寫者
譌璏，自雕璏字。師古說是 图 集韻 王伐切音越。義同
△ 類篇 亦作瑌。

璐 34570 17206
lù_12.17 唐韻 洛故切 集韻 韻會 正韻 魯故切丛音
路 說文 玉也 玉篇 美玉也 楚辭·九章 被明月兮珮寶璐
註 寶璐，美玉也 謝惠連·雪賦 逶似連璐。

璑 34571 17207
wú_12.17 唐韻 武扶切 集韻 韻會 微夫切丛音無 說
文 三采玉也 徐曰 三采，朱蒼白也 博雅 玉名 周禮·夏
官·弁師 諸侯之繅斿九就瑉三采註 瑉作璑。璑，惡玉
名 疏 以其三采，又非璠璵，故曰惡玉名。瑿玞33959
玞33863並俗。

璒 34572 17208
dēng_12.17 唐韻 集韻 丛都騰切音登 說文 石之似
玉者。

璓 34573 17209
xiù_12.17 唐韻 集韻 丛息救切音秀 說文 石之次玉
者 图yǒu 集韻 以九切音酉。玉名△ 集韻 或省作琇。

璐 34574 17210
shān_12.17 正字通 俗珊字。

璔 34575 17211
zēng_12.17 集韻 咨騰切音曾。玉貌。

璕 34576 17212
xún_12.17 字彙 徐心切音尋。美石，次玉。

瑻 34577 17213
zhàn_12.17 集韻 仕諫切音棧。玉名。

璖 34578 17214　　　瑧 34579 17216
qú_12.17 字彙 同渠　　　bǐ_12.17 廣韻 鄙密切
集韻 逼密切丛音筆 玉篇 靑白玉管。

璗 34580 17217
dàng_12.17 廣韻 徒朗切 集韻 韻會 待朗切 正韻 徒
黨切丛音蕩 說文 金之美者，與玉同色 爾雅·釋器 黃金
謂之璗 郭璞註 金之別名 詩·小雅·韓奕有玭傳 諸侯璗琠
而瑇玭△ 集韻 通作瑒。

璘 34581 17218
lín_12.17 廣韻 力珍切 集韻 韻會 正韻 離珍切丛音
鄰 玉篇 璘瑞，文貌 图 韻會 通作瞵 揚雄·甘泉賦 壁馬
之瞵瑞 註 文貌 古樂府·董逃行 遙望五嶽端，黃金爲闕
班璘，但見芝草，葉落紛紛 图 玉篇 玉色光彩 張衡·西
京賦 瑌珉璘彬 註 璘彬，玉光色雜也 图 集韻 韻會 里
切 正韻 良忍切丛音粦。義同 图 韻補 叶陵延切音連
甫謐·釋勸 忽金白之輝耀，忘靑紫之斑璘。辭容服之
燦，抱敝褐之終年 正字通 瞵、璘音同義別。詩賦凡璘
瑞、斑瞵，皆璘字譌文 韻會 引 揚雄賦 通作瞵，誤。
瑿 又珛34108珛34347珛34322璘34729

璙 34582 17219
láo_12.17 廣韻 魯刀切 集韻 郎刀切丛音勞。玉名
瑿 又珗34209

璙 34583 17220
liáo_12.17 唐韻 洛蕭切 集韻 韻會 憐蕭切 正韻 連

切垚音聊 說文 玉也。 図liào 集韻 韻會 正韻 垚力弔切音
料。又liǎo 廣韻 力小切 集韻 朗鳥切垚音繚。 義垚同。
図與鐐同 詩·小雅·韓奕 鞶厲有秘傳 大夫鐐琫而璆珌 釋文
鐐，本又作璙。鑒又瓊34695

琼 34584 17221
qióng_12.17 廣韻 正韻 渠營切 集韻 葵營切垚音瓊。
•說文 赤玉也 廣韻 同瓊 嵆喜答嵆康詩 俯漱神泉，仰嚼
琼枝 図字彙補 老鹿年久，角中生玉。名曰鹿琼 図jué
集韻 古穴切。同玦，玉佩也。鑒又瑓34302

琳 34585 17222
jí_12.17 廣韻 紀力切 集韻 訖力切垚音殛 集韻 垂
琳，地名 字林 本作棘，以其出美玉，故从玉。或謂玉曰
垂琳△類篇 亦作瓅。通作蘈。

璛 34586 17223
sù_12.17 廣韻 息逐切 集韻 息六切垚音肅 玉篇 姓
也図集韻 琢玉工△類篇 亦作璻。

璜 34587 17224
huáng_12.17 唐韻 戶光切 集韻 韻會 正韻 胡光切垚
音黃 說文 半璧也 詩·鄭風·雜佩以贈之傳 雜佩，珩璜琚
瑀衝牙之類 釋文 半璧曰璜。佩上有衡，下有二璜，作
牙形於其中，以前衝之，使關而相擊也。璜為佩下之飾，
有穿孔冒繫之處 周禮·春官·大宗伯 以玄璜禮北方 註 半
璧曰璜，象冬閉藏，地上無物，唯天半見也 後漢·輿服
志 乃為大佩，衝牙雙瑀璜，皆以白玉 図揚子法言 武義
璜璜 註 猶煌煌 図正字通 黃石為璜，海虞有璜涇，涇底
有石而黃，以石名水，以水名地 図héng 韻會 正韻 垚
胡盲切音橫 周志 文王夢天帝服玄纁，立於令狐之津，
曰：賜汝望。望則於河，得玉璜，刻曰：克郗者姬昌，
日衣青光 註 璜，音橫 韓愈·城南聯句 鵝肪截佩璜，作
橫，音押。

琫 34588 17225
zēn_12.17 唐韻 側岑切 集韻 緇岑切垚音先 說文 石
之似玉者 図集韻 鋤簪切音岑。又才淫切音鱏。又咨林
切音涔。義垚同。

賮 34589 17226
guī_12.17 字彙 與瑰同。鑒又瓗34332

樸 34590 17227
pú_12.17 廣韻 韻會 匹角切 正韻 匹各切垚音樸 玉
篇 玉未治者 增韻 玉未琢 韻會 玉素也 老子道德經 樸散
則為器 図姓 正字通 明璞俊。鑒又卦33802璞34708

景 34591 17228
jǐng_12.17 集韻 與璟同。

璠 34592 17229
fán_12.17 唐韻 附袁切 集韻 符袁切垚音煩 •說文 璵
璠，魯之寶玉。孔子曰：美哉，璵璠。遠而望之，奐若
也。近而視之，瑟若也。一則理勝，二則孚勝 左傳·定
五年 陽虎將以璵璠斂 註 璵璠，美玉 阮德如·答嵆康詩
良玉須切磋，璵璠就其形 図集韻 韻會 垚孚袁切音翻。
義同。

進 34593 17230
jīn_12.17 唐韻 將鄰切 集韻 韻會 正韻 資辛切垚音
津 說文 石之似玉者 図人名 劉峻·辯命論 近世有沛國
劉瓛，瓘弟璡，垚一時之秀士也 図jìn 廣韻 集韻 垚即
刃切音晉。義同。鑒又珒34152

瑠 34594 17231
liú_12.17 廣韻 集韻 韻會 正韻 垚力求切音畱。瑠
璃34497，珠也 図liù 廣韻 力救切音溜。瓦飯器也。
鑒又瑠34700瑠34393琉34099

瓀 34595 17232
è_12.17 集韻 遏合切音姶。婦人首飾。鑒又瓀34683

瑄 34596 17233
xuān_12.17 字彙 許緣切，音喧◇隙也。鑒俗磚
（罅）。

瑑 34597 17234
zhuàn_12.17 廣韻 士戀切 集韻 雛戀切垚音饌 廣韻
珍瑑。

璣 34598 17235
jī_12.17 唐韻 居衣切 集韻 韻會 居希切垚音機 說
文 珠不圓者 書·禹貢 厥篚玄纁璣組 傳 璣，珠類，生于
水 釋文 璣，珠不圓也。字書云小珠也 前漢·景十三王傳
遺建荃葛珠璣 註 師古曰璣，珠之不圜者 図鏡名 說文
徐註 按 符瑞圖 有璣鏡。註：大珠而琕，有光曜，可爲
鏡 図器名 書·舜典 在璿璣玉衡，以齊七政 註 在，察也。
璣，正天文之器，璣爲轉運，衡爲橫簫，運璣使動。璣
徑八尺，圓周二尺五寸而強。衡長八尺，孔徑一寸，下
端望之，以占星辰吉凶之象。七政者，日、月、五星也。
得失由政，故稱政焉 図星名 史記·天官書 北斗七星 註
春秋運斗樞 云斗，第三璣 図集韻 渠希切音祈。又 集
韻 韻會 其既切 正韻 吉器切音機。又 集韻 巨至切音
泉。義垚同。鑒又玑33807璣34795璣34770

瓥 34599 17236
lì_12.17 集韻 狼狄切音歷。玉名。

璿 34600 17237
xuán_12.17 說文 古文璿34725字。

瓊 34601 17238
huàn_12.17 字彙補 與瑍同。

璹 34602 17239
shú_12.17 說文 璹本字。

璹 34603 17240
shú_12.17 玉篇 同璹。

瑹 34604 17241
shú_12.17 集韻 同璹。

璬 34605 17242
null_12.17 字彙補 音未詳。人名 宋史·新編 雍熙時，
授西南蠻龍漢璬寧遠大將軍，封歸化王。

璇 34606 17243
xuán_12.17 集韻 璿34725古作璇。

璪 34607 41506
zǎo_12.17 字彙補 戶散切音旱。玉色也。
鑒同珍34541 龍龕 璪34660琭，音旱。玉色也。二同。

瓥 34608 41507
hào_12.17 川篇 音号。玉也。鑒俗瓅34661

瓊 34609 44447
qín_12.17 搜真玉鏡 同琴。

璬 34610 u2AF20
null_12.17 未詳。

珵 34611 u2AF1F
chí_12.17 埋09199譌字。
北宋·楊億 武夷新集（文淵閣四庫本）·卷二·詩二·次韻
和史館盛學士朝退書懷之什 金壺待傳點，瑤珵初辨色

璒 34612 u2AF1E
null_12.17 未詳。

瑊 34613 u2AF1D
null_12.17 未詳。

璙 34614 u2AF1C
null_12.17 人名用字。趙若璙。見 台州府志·卷二十
九·選舉表九·武科

瑝 34615 u2AF1B
null_12.17 未詳。

瑨 34617 u2AF18
null_12.17 未詳。

璑 34616 u2AF19 rùn_12.17 人名用字 直音篇 璑, 五音篇 音閏。

瑷 34618 u2AF17 null_12.17 未詳。　玜 34621 u24A66 null_12.17 未詳。

璚 34619 u24A6A xiàng_12.17 璚柶同象觚 武威漢簡·甲本·泰射 賓降, 洗璚柶, 升酌膳, 坐鄭于薦南。

瑻 34620 u24A67 chán_12.17 俗蟬53420明·劉宇 安老懷幼書·卷三·小兒諸病 四米湯: 治小兒泄注。粱米、稻米、黍米, 各三, 合蠟, 如半瑻丸大。

璿 34622 u24A65 null_12.17 未詳。　瑧 34632 u24A59 null_12.17 未詳。

璽 34623 u24A64 yóu_12.17 同歔26503　瑂 34624 u24A63 méi_12.17 瑂34280本字

瑒 34625 u24A62 gāo_12.17 人名用字　璕 34626 u24A60 xǐ_12.17 人名用字。

璦 34627 u24A5E qióng_12.17 俗瓊34769　珇 34629 u24A5C null_12.17 未詳。

璬 34628 u24A5D qiáo_12.17 地名用字。琅璬, 在台灣恒春。

璬 34630 u24A5B suì_12.17 字學呼名能書 先外切。

璥 34631 u24A5A lì_12.17 同璥34666 直音篇 音歷。玉名。

藁 34633 u24A58 jiǎn_12.17 俗葉。　瑃 34634 u24A57 lì_12.17 或俗璬34411

璿 34636 u24A55 shàn_12.17 璿璵村, 同善璵村。見光緒 蘇州府志·卷第九十九·人物二十六·孫樓

瑈 34637 u24A54 tóng_12.17 人名用字　璭 34635 u24A56 null_12.17 未詳。

瑰 34640 u24A51 null_12.17 未詳。　璔 34638 u24A53 jìn_12.17 俗瑨34403見 永樂大典殘卷·卷之一萬三千五百七 引 夏文莊公集

瑡 34641 u24A50 null_12.17 未詳。　璕 34639 u24A52 qí_12.17 直音篇 璕 34717, 音其。弇飾。璕34496璕, 並同上 图 清·薛熙 明文 在·卷六十一·記·吳訥·常熟縣重建城隍廟記 者民時璕。

瑏 34642 u24A4F null_12.17 未詳。　珊 34643 u24A4E jiān_12.17 俗間64930 可洪音義 珊錯: 上古莫反, 廁也。

瑴 34644 u24A4D null_12.17 未詳。　璂 34645 u24A4C null_12.17 未詳。

璿 34646 u24A4B xuán_12.17 同璿34606古文璿34725

璺 34647 u3F02 wèn_12.17 廣韻 璺34719, 破璺。亦作璺 方言 曰秦晉器破而未離謂之璺。

瑭 34648 u3EFC tán_12.17 人名用字　璘 34650 uF9EF lín_12.17 兼璘。

璥 34649 u3EFB dūn_12.17 人名用字。又或俗墩字。

璡 34651 u74A4 huì_12.17 人名用字　瑒 34652 u748D yè_12.17 俗燁31802

璥 34653 u17244 jǐng_13.18 唐韻 居領切。又 廣韻 居影切 集韻 舉影切, 音警 說文 玉也 图 集韻 居慶切音敬。義同。

瑷 34654 u17245 ài_13.18 廣韻 烏代切 集韻 於代切丛音愛。美玉也。
璽 又瑷34481熊加全: 疑卽瑷34305字之譌。

瓌 34655 17246 guī_13.18 字彙 同瓗。

璧 34656 17247 bì_13.18 唐韻 北激切 正韻 必歷切。又 廣韻 集韻 必益切 說文 瑞玉圜也 玉篇 瑞玉, 圜以象天也 白虎通 璧者, 外圜象天, 內方象地 詩 衛風 如圭如璧 爾雅 釋器 肉倍好謂之璧 註 肉, 邊也。好, 孔也 图 星名 詩 衛風 定之方中 疏 璧居南則在室東, 故因名東璧也。通作辟。图 韻補 叶必洛切, 音近博 江淹·擬曹植雜詩 君王禮英賢, 不吝千金璧。從容冰井臺, 清池映華薄。璽 又璧34705

璨 34657 17248 càn_13.18 唐韻 倉案切 集韻 韻會 蒼案切 正韻 倉晏切丛音粲 說文 玉光也 图 廣韻 美玉 图 廣韻 璀璨 孫綽·遊天台山賦 琪樹璀璨而垂珠 註 璀璨, 珠垂貌。
璽 又璨34500瑳34552

璩 34658 17249 qú_13.18 唐韻 彊魚切 集韻 正韻 求於切丛音渠 說文 環屬。見 山海經 ○按 山海經 今本作鐻 图 姓 正韻 與蘧同 图 人名。應璩, 魏侍中大將軍長史 图 jū 廣韻 九魚切 韻會 斤於切丛音居。義同 類篇 或作璖。亦作栗。
璽 又璩34521 图 龍龕 璖或作, 璖正。

瑯 34659 17250 xiàng_13.18 集韻 許亮切音向。玉名。同珦。

璪 34660 17251 zǎo_13.18 唐韻 集韻 韻會 正韻 丛子晧切音早。雜采絲貫玉爲冕飾 禮·郊特牲 戴冕璪十有二旒 图 通作藻 說文 玉飾, 如水藻之文。引 虞書 曰: 璪火粉米○按 書·益稷 今本作藻 禮·禮器 天子之冕朱綠藻 註 藻繅而文, 衆采如之, 故曰藻 图 通作繅 儀禮·聘禮 啓櫝取圭垂繅 註 今文繅作璪。璽 又珍34541瑵34607

瓃 34661 17252 hào_13.18 唐韻 乎到切 集韻 後到切丛音號 說文 石之似玉者 图 類篇 下老切音皓。義同。璽 俗作瑤34608

璿 34662 17253 suì_13.18 玉篇 似睡切, 音遂◇玉名 图 xuán 集韻 旬宣切音旋。與琁同。璽 又璿34476

璫 34663 17254 dāng_13.18 唐韻 集韻 韻會 正韻 丛都郎切音當 說文 華飾也 图 廣韻 耳珠 集韻 充耳也 古詩 爲焦仲卿妻作 腰若流紈素, 耳著明月璫。又◆ 後漢·宦者傳 秦漢中常侍參用士人冠, 皆銀璫左貂。明帝改金璫右貂, 悉用奄人爲之 後漢·輿服志 中常侍冠加黃金璫, 附蟬爲文貂尾爲飾 图 璧璫 前漢·司馬相如傳 華榱璧璫 師古註 璧璫以玉爲椽頭。當卽所謂璇題, 玉題者也。一曰以璧飾瓦之當也 文選·班固·西都賦 裁金璧以飾璫 註 璫, 椽頭飾也 图 金琅璫, 鈴鐸也 杜甫詩 夜深殿突兀, 風動金琅璫 正韻 亦作銀鐺 图 丁璫, 玉佩聲 詩緝 玉佩鳴丁璫 韻會 一作丁當。一作丁東 图 琅34094璫, 鎖也 图 草名 詩·周南·采采卷耳疏 卷耳, 如婦人耳中璫。今或謂之璫。璽 又珰34065

瓗 34664 17255 jiāo_13.18 唐韻 古了切 集韻 韻會 正韻 吉了切丛音皎 說文 玉佩也。

璃 34670 17261 lì_13.18 說文 瓅本字　瑄 34665 17256 guǎn_13.18 廣韻 集韻

丛古困切音㻦。同琨。治金玉使瑩也。

瓅 lì_13.18 唐韻郎擊切 集韻郎狄切丛音歷 說文玉也。䥐 又瓅34743瓅34631 䥐34668瓃34819歷34599

䥐 yōng_13.18 廣韻 集韻丛於容切，音邕 玉篇玉器也 図集韻石次玉。䥐瓃34837，本字。

鏧 lì_13.18 正字通同瓅。

瓊 tǎn_13.18 集韻儻旱切音坦。玉名。

璯 kuài_13.18 廣韻 集韻丛苦夬切音快。人名。晉有錢璯 図huì 廣韻 集韻丛黃外切音會。玉飾冠縫也 図五音集韻古外切音儈。義同。䥐又珒34061

鏧 diàn_13.18 集韻堂練切。與琔同。玉色也 図tiàn 集韻他甸切。與瑱同。以玉充耳也 図tiǎn 集韻他典切。與瑱同。玉也。䥐又瓃34679

璠 gé_13.18 集韻居曷切音葛。石似玉者。

環 huán_13.18 唐韻戶關切 集韻 韻會 正韻胡關切丛音還 說文璧也。玉篇玉環 爾雅·釋器肉好若一謂之環 註邊孔適等 禮經解行步則有環佩之聲 註環取其無窮 図玉篇繞也 正韻回繞也 禮·雜記小斂環絰 疏環絰，是周迴纏繞之名 周禮·冬官考工記環涂七軌 註故書環或作繯，環涂，謂環城之道 図周禮·春官·樂章環拜以鐘鼓為節 註環，猶旋也 図儀禮·士喪禮布巾環幅不鑿 註環幅，廣袤等也 図釋名刀本曰環，形似環也。図詩·秦風游環脅驅 傳游環，靷環也 図周禮·冬官考工記良鼓瑕如積環 疏瑕與環皆謂漆之文理 図姓史記·田敬仲世家環淵之徒七十六人 註楚人 孟子傳云環淵著書上下篇 五音集韻古有楚賢者環淵，後有環齊，撰要略一部 図人名 左傳·襄十四年今余命女環 註齊靈公名 戰國策楚王問於范環 釋文環，史作蠉 図官名左傳·文元年且掌環列之尹 註宮衞之官 周禮·夏官環人掌致師，察軍慝，環四方之故 註巡察內外，若環之相循不窮。致師，謂犯敵以誘其出。軍慝，謂敵懷詐潛入我師也。四方有兵戎之故，則環繞而巡之 図器名揚子方言橾，宋魏陳楚江淮之閒謂之繯。或謂之環 註橾，絲䚢簿橫也 図水名山海經泰山環水出焉 図州名 韻會古朔方鳴沙之地，隋置環州，以大河環曲名焉。又廣南化外，唐開生獠，置環州 図韻會環玉，國名。又環狗，海外國名山海經環狗，其爲人，獸首人身 図通作圜周禮·冬官考工記畫繢火以圜 註圜形似火，如半環然 図通作瑗前漢·五行志宮門銅瑗 図huàn 集韻 韻會 正韻丛胡慣切音患 集韻卻也 周禮·夏官環人。劉昌宗讀 図韻會繞也，周迴也 前漢·高帝紀守濮陽環水 註環，音宦，決水以自環守爲固也。又 項羽傳故因環封之三縣 註繞南皮三縣以封之。環音宦。䥐又環34783 琔34442环33893環34323䥐34492鐶64648瓃34833

瑟 sè_13.18 唐韻所櫛切 集韻 韻會 正韻色櫛切丛音

瑟 說文玉英華相，帶如瑟弦 詩曰:瑟彼玉瓚○按 詩·大雅今本作瑟 図玉篇清淨鮮潔也 廣韻玉鮮潔貌 図韻會一曰瑟瑟，碧珠也。通作瑟瑟△ 類篇亦作璱。

䥐 又瘁34163瑟34736

瓃 shǔ_13.18 廣韻市玉切 集韻殊玉切丛音蜀。玉名。

璲 suì_13.18 廣韻 集韻 韻會 正韻丛徐醉切音遂 玉篇玉璲，以玉爲佩也 廣韻玉也 爾雅·釋器璲，瑞也 疏璲者，瑞玉名也 詩·小雅鞙鞙佩璲 傳璲，瑞也 後漢·輿服志於是解去綏佩，留其係璲 図韻會通作遂 詩·衞風容兮遂兮 傳佩玉遂遂然 箋瑞也。䥐又剟03636

瓆 fén_13.18 字彙補音未詳 郭璞·山海經註引世本云顓頊娶於騰瑣氏，謂之女祿，產老童 路史·國名記作勝瑣。

瑂 diàn_13.18 集韻同鏧 | **玜** jū_13.18 集韻同琚。

瓋 tián_13.18 篇海類編音田。玉光。

瑤 yáo_13.18 龍龕同瑤 | **瓀** è_13.18 餘文同瑸。

瑕 xiá_13.18 川篇同瓂 | **璉** lián_13.18 人名用字。陳璉。見八閩通志·卷之五十六·選舉·歲貢·福州府

璟 null_13.18 未詳。 | **瞻** chiēm_13.18 喃越·阮秉五千字譯國語·第二十一寶玉瞻，璲soĭ。

璈 ào_13.18 人名用字。俞璈。見清·道光瓊州府志·卷之二十五·職官志三·武職

瓈 null_13.18 人名用字 | **瑲** null_13.18 未詳。

瑬 cừơm_13.18 喃从珠省鈴（鈴）kiềm聲。同硎38818

瑝 zhèng_13.18 唐武后以「永主久王」造新證56651字。

瑝 shèng_13.18 同璧64816武后造聖字。

瑮 lì_13.18 同瓃34670 | **璙** liáo_13.18 同璙34583

瑓 null_13.18 未詳。 | **環** null_13.18 未詳。

瑷 null_13.18 未詳。 | **瑟** null_13.18 未詳。

瑠 liú_13.18 俗瑠34594 | **瓛** xiàn_13.18 同瓛34854見文淵閣四庫本 說文解字繫傳

璇 tíng_13.18 俗璇34466 | **璲** suí_13.18 俗璲34800朝鮮本 龍龕璲，音隨。珠也。或作隨。

瑗 null_13.18 未詳。 | **瓁** yǐ_13.18 同瓁34709

瑢 xuán_13.18 俗璿34725 | **璧** bì_13.18 璧34656本字

璞 pú_13.18 璞34590譌字 五侯鯖字海同璞，籀文。

瓁 yǐ_13.18 龍龕瓁，音蟻。

璀 null_13.18 未詳。

璌 chǔ_13.18 同礎39452

遼·耶律興公靜安寺碑銘長木下而翠色移，貞璌出而雲光破。明·方孝孺郊祀頌金鋪瑤璌，勢切穹蒼。

璵 yú_14.19 唐韻以諸切集韻韻會羊諸切夶音余說文璵，璠34592也。夶又玙33833舉34730瓀34827

璶 jìn_14.19 唐韻集韻夶徐刃切音贐說文石之似玉者。

璼 lán_14.19 集韻居銜切音監。玉名。璼俗瓓34722

璷 lú_14.19 廣韻力居切集韻凌如切夶音臚。玉名。図fū集韻芳無切音敷。璼璷，美玉也。或作玶。

璸 pián_14.19 集韻蒲眠切音蝙。珠名図bīn悲巾切音份。玉文理貌図五音集韻文采狀也史記·司馬相如傳璸斒文鱗△類篇或作玭。亦作玢。鑑又瑸34480

璂 qí_14.19 唐韻集韻渠之切，音其說文弁飾往往冒玉也。徐曰謂綴玉於武冠，若棊子之列布也玉篇飾弁也図集韻或作璕。鑑又璂34639

璹 shú_14.19 古文厥廣韻殖酉切集韻是酉切夶音受。玉名図集韻大到切音導。義同図廣韻殊六切集韻神六切，並音孰◇玉器也。鑑又璹34602瑂34603

璺 wèn_14.19 廣韻亡運切集韻韻會正韻文運切夶音問集韻玉破也正韻璺罅揚子方言秦晉器破而未離謂之璺廣雅裂也書·洪範用靜吉用作凶疏灼龜爲兆，其璺拆形狀有五種図集韻許慎切音釁。義同。

鑑又璺34647璺64551璺64516璺34772

璅 suǒ_14.19 正字通瑣本字。鑑瑣同璅。

璴 zuǐ_14.19 集韻祖誄切音濢。玉色。

璼 lán_14.19 集韻盧甘切音藍。玉名。璼瓓34430璼34714

璽 xǐ_14.19 廣韻斯氏切韻會想氏切夶音徙說文王者印也。本作壐玉篇天子諸侯印也釋名璽，徙也。封物使可轉徙，而不可發也韻會信也。古者尊卑共之，秦漢以來唯至尊以爲稱左傳·襄二十九年公在楚，季武子使公冶問璽書，追而與之疏此諸侯大夫印稱璽也周禮·地官·司市凡通貨賄，以璽節出入之註璽節，印章，如今斗檢封矣蔡邕獨斷皇帝六璽後漢·輿服志璽皆玉螭虎紐。文曰皇帝行璽，皇帝之璽，皇帝信璽，天子行璽，天子之璽，天子信璽，凡六。外有大藍田玉璽。文曰：受天之命，皇帝壽昌正字通又舊制，乘輿六璽，唐改爲寶，唐末亡失，周廣順中，詔作二寶，曰皇帝承天受命之寶，皇帝神寶。初，太宗刻受命元璽，以白玉爲螭首。文曰：皇天景命，有德者昌。武后改諸璽皆爲寶，中宗卽位復爲璽。開元六年，復爲寶。初改璽書爲寶書，再改傳國寶爲承天大寶図姓姓譜明有璽書図人名山海經稷之弟曰台璽，生叔均図國名山海經璽暎在崑崙墟東南，在流沙中字彙補抱朴子有璽產國。

鑑又坬08506㘪08507壐33907璽34428璽64497璽34807鈢62996鉥62926璽64704

璿 jì_14.19 集韻在禮切音薺。玉病謂之璿図zī津私切音咨。黍稷在器，以祀者。與齍同。鑑又玠34027

璇 xuán_14.19 古文璿璃唐韻似沿切集韻韻會旬宣切正韻旬緣切夶音旋說文美玉也廣韻玉名書·舜典在璇璣玉衡，以齊七政傳璇，美玉穆天子傳天子之寶璿珠註玉類也山海經西王母之山，爰有璇瑰郭璞·江賦瑎玏璿瑰図集韻朕桂切音祛図俞芮切音叡。義夶同。△集韻籀作叡叡。或作琁璇瓗。鑑又璿34646璿34707璿34781璿34779珺34263

璕 xiá_14.19 唐韻胡捌切集韻下瞎切夶音牽說文石之似玉者図集韻何葛切音曷。義同。

瓀 ruán_14.19 集韻韻會夶而宣切音輭珉也韻會石似玉禮·玉藻士佩瓀玫而縕組綬釋文瓀，徐又作碝山海經扶豬之山。號水出焉。其中多瓀石図ruǎn集韻正韻夶乳兖切音輭。義同張衡·西京賦瓀珉璘彬註瓀，而兖反△類篇亦作瓗。

璱 yóu_14.19 唐韻以周切集韻夷周切夶音猷說文遺玉也類篇玉名山海經平丘有遺玉図yǒu廣韻與久切集韻以九切夶音酉。又yào廣韻弋照切集韻弋笑切夶音耀。義夶同△類篇或作璱。鑑又歔26503璱34791

璘 lín_14.19 正字通璘本字博雅璘，文也。

瓁 wò_14.19 廣韻集韻夶五郭切音捱廣韻朴瓁也集韻玉璞図水名管子·輕重篇決瓁洛之水，通之杭莊之閒。

璵 yú_14.19 集韻同璵

瑎 gài_14.19 集韻居太切音蓋。人名。晉有建平夷王向瑎。

瑝 zhēng_14.19 搜眞玉鏡音爭。

瑧 null_14.19 未詳。

璿 null_14.19 未詳。

瓎 sè_14.19 同瑟34675

瓈 náo_14.19 俗瓔34840

璹 fèng_14.19 人名用字。民國南昌縣志·卷四十一·人物志十二·善行邵正璹，字雲從，生平多善。弟正璹，自幼寄食他所。正璹既溫飽，亟招之歸，爲之授室，仍予以田產之半。

瓃 null_14.19 未詳。

瓘 níng_14.19 人名用字。

瓅 róng_14.19 人名用字

瑾 jǐn_14.19 瑾34489本字。

瓐 lì_14.19 同瑮34666

璹 xūn_14.19 或同繡45098，見隨縣竹簡

34745 u24A9F 璞 pù_14.19 字海 姓。

34746 u24A9E 瓊 qióng_14.19 俗瓊34769

34747 u24A9D 瓈 null_14.19 未詳。

34748 u24A9C 璓 null_14.19 未詳。

34749 u24A9B 瓘 null_14.19 未詳。

34750 u24A9A 瓙 null_14.19 未詳。

34751 u24A99 瓛 ěr_14.19 人名用字

34753 u24A97 璿 null_14.19 未詳。

34752 u24A98 瓖 jiā_14.19 同嘉06956 文淵閣四庫全書 玉山名勝集·卷五·聽雪齋題句（杜本隸顏）·分題詩序 旃瓃問得夜字△宏按，旃瓃問，明鈔本作旃嘉問。

34754 u24A96 璥 null_14.19 未詳。

34755 u24A95 瓓 null_14.19 未詳。

34756 u24A94 瑨 null_14.19 未詳。

34757 u24A93 璿 xuán_14.19 俗璿34725

34758 u24A92 璪 null_14.19 未詳。

34759 u24A91 璊 méng_14.19 人名用字。

34760 17293 瓃 léi_15.20 唐韻魯回切 集韻 韻會盧回切 夶音雷 說文玉器也 集韻或作瓃図 廣韻力追切 集韻倫追切 夶音灅。義同 集韻或作瓃図 廣韻力遂切 集韻玉類。又 集韻力偽切 音累。義同。

34761 17294 瓄 dú_15.20 廣韻 集韻 韻會 夶徒谷切音獨 玉篇 崑山出瓄玉也 廣韻 圭名図 集韻 玉器。鍪又球34220

34762 17295 瓅 lì_15.20 唐韻郎擊切 集韻 韻會狼狄切 正韻郎狄切 夶音歷 說文 玓瓅 增韻明珠 史記·司馬相如傳上林賦 玓瓅江靡 註 言明月之珠，其光耀乃照于江邊也。鍪又瓅34819瓅34797

34763 17296 瓆 zhì_15.20 集韻 韻會 夶職日切音質。人名。後漢有劉瓆。

34764 17297 瓇 róu_15.20 五音集韻 耳由切音柔。玉名也。見聲類。

34765 17298 瓈 lí_15.20 廣韻郎奚切 集韻 韻會 憐題切 正韻類溪切 夶音黎 廣韻玻33908瓈，寶名 集韻玉名 韻會寶玉名 本草作頗黎，云西國寶。

34766 17299 瑳 cuō_15.20 說文 瑳本字。

34767 17300 瑑 zhuàn_15.20 集韻柱兗切音篆。圭璧上起兆。與瑑同図chūn 集韻 敇倫切音杶。玉名。或作瑃。

34768 17301 瓉 zàn_15.20 正字通俗瓚字。

34769 17302 瓊 qióng_15.20 廣韻 正韻渠營切 集韻葵營切 夶音瓗。◆說文赤玉也 詩·衛風投我以木瓜，報之以瓊琚傳瓊，玉之美者 韻會錢氏曰：詩言玉以瓊者多矣。瓊華，瓊英，瓊瑩，瓊瑤，瓊琚，瓊玖，皆謂玉色之美爲瓊，非玉之名也。許叔重云瓊，赤玉也。然木瓜所謂瓊玖，玖乃黑玉。亦非赤也図 玉篇 積石爲樹，名曰瓊枝，其高一百二十仞，大三十圍，以琅玕爲之寶 前漢·司馬相如傳咀嚼芝英兮嘰瓊華 張揖註 瓊樹生崑崙西流沙濱，大三百圍，高萬仞，華蘂也，食之長生図 人名 古今注 魏文帝宮人絕愛者，有莫瓊樹，薛夜來，田尚衣，段巧笑，四人日夕在側図 州名。漢朱厓郡。唐析置瓊州。

図xuán 集韻 句宣切音旋。同琁図 韻補叶渠陽切音強 楚辭·招魂 砥室翠翹，挂曲瓊些。翡翠珠被，爛齊光些。鍪又琼34269瓊34746琦34584瑾34836瓊34778

34770 17303 璣 jī_15.20 集韻 其旣切音曁。珠不圓者。

34771 17304 瓐 jū_15.20 五音集韻 與琚同。

34775 u2AF2B 瓘 null_15.20 未詳。

34772 17305 璺 wèn_15.20 博雅璺，裂也 釋文音問〇按卽璺字之譌。

34776 u2AF2A 瓐 null_15.20 未詳。

34773 17306 瓃 tì_15.20 字彙補音摘。瑕也 呂氏春秋寸之玉必有瑕瓃。鍪亦作瑕適。

34774 17307 瓚 chàn_15.20 字彙補呈練切，廛去聲。瓏瓚，粉糖果名 武林舊事諸色瓏瓚蜜煎。

34777 u2AF29 瓖 null_15.20 人名用字

34778 u2F932 瓊 qióng_15.20 同瓊34769

34779 u24ABD 璿 xuán_15.20 同璿34725 直音篇 璿，音旋。美玉。一曰美石次玉 字學三正 璿、琁、璿。

34780 u24ABC 璉 lián_15.20 人名用字図 俗璉34506 明抄本 新編翰苑新書·後集·卷之十 警聯幸學：褚得肉，歐得骨，虞得筋，克兼眾好；夏之璉，商之瑚，周之簋，仍獲餘珍。

34781 u24ABB 璿 xuán_15.20 同璿34725

34782 u24ABA 璠 shěn_15.20 人名用字。

34783 u24AB9 環 huán_15.20 環34674本字。

34784 u24AB8 瓆 suǒ_15.20 俗瑣34397

34785 u24AB7 瓐 null_15.20 未詳。

34786 u24AB6 璟 null_15.20 未詳。

34787 u24AB5 瑷 null_15.20 未詳。

34788 u24AB3 瓗 huì_15.20 人名用字

34789 u24AB2 璃 null_15.20 未詳。

34790 u24AB1 璲 null_15.20 未詳。

34791 u24AB0 璗 yóu_15.20 同瑬34728

34792 u24AAF 瑝 null_15.20 未詳。

34796 u3F06 瓘 null_15.20 未詳。

34793 u3F06 瑩 yíng_15.20 同瑩34405 駢雅訓纂 琇瑩，美石也 詩·淇奧 充耳琇瑩 傳 琇瑩，美石也 按 瑩從玉。此作瑩，未詳。

34794 u3F05 璜 kuǎng_15.20 璜銘，同壙銘。

34795 u3F04 璣 jī_15.20 同璣34770璣34598或體 集韻璣，珠不圓者。或作璣。

34797 17308 瓅 lì_16.21 字彙狼狄切音歷。玉名。同瓅。

34798 17309 瓌 guī_16.21 廣韻與瑰同〇按 正字通入十五畫，非。今改正。

34799 17310 璃 qióng_16.21 正字通俗璃字。

34800 17311 璲 suí_16.21 集韻旬爲切音隨。珠也。蛇銜之以報隨侯 楚辭 因從玉。鍪又璲34702

34801 17312 瓎 là_16.21 集韻郎達切音刺。玉也 類篇 或作瑐。亦

作琜。

瓏 34802 17313 lóng_16.21 唐韻集韻力鍾切韻會正韻盧容切䓁音龍說文禱旱玉，龍文，从玉从龍。會意，龍亦聲又廣韻盧紅切集韻韻會盧東切䓁音籠玉篇玲瓏，玉聲前漢·揚雄傳前殿崔巍兮，和氏瓏玲註孟康曰：以和氏璧爲梁璧帶，其聲瓏玲也。晉灼曰：以黃金爲璧帶，合藍田璧。瓏玲，明見貌也揚子·太玄經唐素不貞，亡彼瓏玲註瓏玲，金玉聲又增韻明貌左思·吳都賦珊瑚幽茂而玲瓏抱朴子·地真卷朱草蒙瓏，白玉嵯峨又韻會一曰風聲△集韻亦作攏。鑒又珑33976

瓐 34803 17314 lú_16.21 集韻龍都切韻會籠都切䓁音盧韻會碧玉也博雅碧瓐，玉名。

瓌 34804 17315 guī_16.21 廣韻同傀01665 鑒又珂33939珂34001瑰34589

璿 34805 17316 xuán_16.21 玉篇籀文璿字。

瓂 34806 44451 bì_16.21 龍龕同碧

瓗 34808 u2AF2F null_16.21 人名用字

瓕 34807 44452 xǐ_16.21 搜真玉鏡同璽

瓖 34809 u2AF2E null_16.21 未詳。

瓙 34810 u2AF2D null_16.21 未詳。

瓛 34811 u2AF2C null_16.21 未詳。

瓔 34812 u24AC8 null_16.21 未詳。

瓖 34813 u24AC7 null_16.21 未詳。

瓗 34814 u24AC4 héng_16.21 人名用字。

瓖 34815 u24AC3 null_16.21 未詳。

瓗 34816 u24AC2 null_16.21 未詳。

瓍 34817 u24AC1 null_16.21 未詳。

瓑 34819 u74D1 lì_16.21 正字通俗瓅34762字御定歷代賦彙補遺·卷五·明·顧起元·帝京賦厥產白金，朱提蚿珍，琉璃玓瓑，礌礧珋瑞，雍伯所植瑅瑭璪璨。珀琢章相，罔致其盡又四聲篇海瓑，音歷。玉名篇海類編瓅34666亦作瓑。

瓒 34818 u74D2 zàn_16.21 简瓚34844

瓔 34821 17318 yīng_17.22 廣韻於盈切集韻韻會伊盈切䓁音嬰玉篇埤蒼云瓔琅，石似玉也又廣韻瓔珞，頸飾又集韻於莖切正韻於京切䓁音罌。義同。鑒又珱34064瓔34568鑍64649

瓓 34820 17317 làn_17.22 集韻韻會郎旰切正韻郎患切䓁音爛集韻玉采〇按正字通入十六畫，非。今改正。

瓕 34822 17319 xiè_17.22 唐韻蘇叶切集韻悉協切䓁音燮說文石之次玉者。鑒又瓔34852

瓕 34823 17320 mí_17.22 廣韻武移切集韻民卑切䓁音彌。玉名。又集韻息淺切音獮。義同又xǐ想氏切音徙。弛弓也。△類篇或作璽。

瓖 34824 17321 xiāng_17.22 廣韻正韻息良切集韻韻會思將切䓁音襄玉篇馬上飾廣韻馬帶飾韻會馬帶玦◆晉語亡人之所懷挾纓瓖，以望君之塵垢者註瓖，馬帶班固·東都賦鉤膺玉瓖馬融·廣成頌金鋄玉瓖又正字通婦女釵釧加飾，俗謂之瓖嵌。或金或玉不同，其爲瓖一也。

靈 34825 17322 líng_17.22 廣韻集韻韻會郎丁切正韻離呈切䓁音齡◆說文靈巫，以玉事神。

瓆 34826 17323 bǎo_17.22 字彙補玉名穆天子傳玲瓏㡿瓆。音未詳王世貞·太和山賦㡿瓆玗琪。鑒同瓆34846

瓇 34827 17324 yú_17.22 字彙補與璵同。見漢碑。

瓈 34828 17325 qín_17.22 集韻琴34196古作瓈。

瓉 34829 u2AF30 null_17.22 未詳。

瓆 34830 u24AD3 jū_17.22 同琚34680

瓈 34831 u24AD2 qín_17.22 俗瓈64117古文琴。

瓌 34832 u24AD1 null_17.22 未詳。

瓌 34833 u24AD0 huán_17.22 俗環34674可洪音義琨瓌：上古門反。下戶關反。

瓕 34834 u24ACF xiǎn_17.22 俗瓕33753

瓔 34835 u24ACE yíng_17.22 俗瑩34405見魏元歞墓誌

瓗 34836 17326 qióng_18.23 集韻葵營切正韻渠營切，䓁同瓊。赤玉也又集韻玄圭切，音攜。義同又廣韻以睡切集韻弋睡切䓁音繘廣韻玉名又集韻睽桂切音睽。又津垂切音厜。義䓁同。鑒又瓗34799

瓕 34837 17327 yōng_18.23 正字通甕本字。

瓘 34838 17328 guàn_18.23 唐韻工玩切集韻韻會正韻古玩切䓁音貫說文玉也左傳·昭十七年鄭裨竈曰：若我用瓘斝玉瓚，鄭必不火註瓘，珪也又人名左傳·哀十一年陳瓘陳莊涉泗註二陳，齊大夫。

瓙 34839 17329 dào_18.23 玉篇徒到切音導。玉也。

瓇 34840 17330 róu_18.23 唐韻耳由切集韻而由切䓁音柔說文玉也又náo廣韻集韻䓁奴刀切音猱。又ráo集韻如招切音饒。義䓁同〇按字彙作瓇正字通从夓作瓇，仍入十七畫，非。今改正。

瓗 34842 u24AD7 null_18.23 未詳。

瓆 34843 u24AD6 bǎo_18.23 同瓆34846

瓇 34841 41509 náo_18.23 五音篇海奴刀切。玉名。鑒同瓇34840

瓚 34844 17331 zàn_19.24 唐韻徂贊切集韻正韻才贊切韻會在但切䓁音𪏭說文三玉二石也。禮天子用全，純玉也。上公用駹，四玉一石。侯用瓚，伯用埒，玉石半相埒也徐曰瓚，亦圭也。圭狀，剡上邪銳之。于其首爲勺形，謂之瓚。于其柄爲注水道，所以灌。瓚之言贊，進也，以進于神也集韻一曰裸器韻會宗廟裸器，形如槃詩·大雅瑟彼玉瓚傳玉瓚，圭瓚也疏正義曰：瓚者，器名。以圭爲柄，圭以玉爲之，指其體謂之玉瓚，據成器謂之圭瓚。漢禮，瓚槃大五升，口徑八寸，下有槃口，徑一尺，則瓚如勺，有槃以承之也。天子之瓚，其柄之圭長尺有二寸，其賜諸侯，蓋九寸以下又釐爾圭瓚傳九命錫圭瓚前漢·揚雄傳玄瓚觩觵註服虔曰：以玄玉飾之，故曰玄瓚。張晏曰：瓚受五升，口徑八寸，以圭爲柄，

用灌邑。鯀鰺，其貌也 [又] [廣韻]藏旱切 [集韻]在坦切 [韻會]才旱切太音趲。義同 [又]人名 [正韻] [漢書]註：臣瓚不言姓。按 [水經注]引薛瓚註 [漢書]，是姓薛也 [又] [集韻]則旰切音贊。圭也。一曰雜名。鏊又瓚34768瓚34818

瓗 34845 44453 jì_19.24 [篇海類編]居偈切，音計◇。又音芰。又音給。又音挈。又音傑。

瓆 34846 44454 tián_19.24 [龍龕]音田。又音佃。鏊亦俗寶字。又瓆34843瓚34826

𪼱 34847 u2AF31 null_19.24 未詳。

𤫟 34848 u24ADF null_19.24 未詳。

𤫜 34849 u24ADC null_19.24 未詳。

𤫛 34850 u24ADB null_19.24 未詳。

𤫚 34851 u24ADA lí_19.24 同璃34497 [可洪音義]流𤫚：力支反。

𤫙 34852 u24AD9 xiè_19.24 同瓊34822

㼈 34853 u3F08 null_19.24 未詳。

瓛 34854 17332 huán_20.25 [唐韻] [集韻] [韻會] [正韻]太胡官切音桓 [說文]桓圭，公所執。从玉獻，會意 [集韻]通作桓 [又]人名 [劉峻·辨命論]近世有沛國劉瓛，瓛弟琎，太一時之秀士也 [又] [正韻]字書又音钀，馬鑣也 [又]xiàn [集韻]許建切音獻。桓圭也。鏊又瓛34701瓛09664

𪼲 34855 u2AF32 null_20.25 未詳。

𤫢 34856 u24AE2 null_20.25 未詳。

𤫠 34857 u24AE0 null_20.25 未詳。

𤫦 34862 u24AE6 bà_21.26 壩09667譌字。

甗 34858 17333 yǎn_21.26 [廣韻]魚蹇切 [集韻] [韻會] [正韻]語蹇切太音巘。玉甑。

瓃 34859 17334 léi_21.26 [集韻]倫追切。同瓃。玉器。

瓃 34860 17335 léi_21.26 [集韻]盧回切。同瓃。玉器。

瓐 34861 44455 hǎo_21.26 [搜眞玉鏡]音好。鏊同瓐，古文好。

璕 34863 17336 xín_22.27 [集韻]徐心切音尋。石似玉。

𤫩 34864 u24AE9 líng_24.29 同玲33896 [法言·五百]瓏𤫩其聲者，其質玉乎。

◈ 瓜部 ◈

瓜 34865 17337 guā_0.5 [唐韻] [正韻]古華切 [集韻] [韻會]姑華切太音騧◆ [說文]瓜也。象形 [詩·豳風]七月食瓜 [禮·曲禮]爲天子削瓜者副之。又 [月令]孟夏之月，王瓜生 [註]王瓜，萆挈也 [前漢·食貨志]菜茹有畦，瓜瓠、果蓏 [齊民要術]二月辰日宜種瓜 [廣雅]龍蹄、獸掌，羊骹、兔頭，桂支、蜜筩，瓞瓲、貍頭，皆瓜屬也 [又]木瓜 [詩·衛風]投我以木瓜，報之以瓊琚 [傳]木瓜。楙木也。可食之木 [周禮·冬官考工記·弓人]凡取幹之道七，柘爲上，檍次之，檿桑次之，橘次之，木瓜次之，荆次之，竹爲下 [又]天瓜，栝樓別名。見 [本草綱目] [又]昆侖瓜，茄子別名。見 [酉陽雜俎]。[又]匏瓜，星名 [史記·天官書]匏瓜有青黑星守之，魚鹽貴 [註]匏瓜，一名天雞。在河鼓東。匏瓜明，則歲大熟也。[又]守瓜，蟲名 [爾雅·釋蟲]蠸，輿父，守瓜 [註]今瓜中黃甲小蟲，喜食瓜葉。故曰守瓜也 [又]地名 [左傳·宣十五年]晉侯賞桓子狄臣千室，亦賞士伯以瓜衍之縣。又 [襄十四年]昔秦人迫逐，乃祖吾離于瓜州 [註]瓜州，地在今燉煌 [正字通]今鎭江有瓜州，異地同名 [又]國名 [正字通]柯枝國別種曰木瓜。穴居，男女裸體，紉結草木葉蔽前後。見 [星槎勝覽] [又]瓜田，複姓 [前漢·王莽傳]有瓜田儀。△ [集韻]俗作苽，非。鏊又瓜32177

⽠ 34866 u2F60 guā_0.5 [部]瓜34865

瓝 34867 17338 bó_3.8 [廣韻]蒲角切 [集韻] [韻會] [正韻]弼角切太音雹。小瓜 [爾雅·釋草]瓞瓝，其紹瓞 [註]俗呼瓝瓜爲瓞。紹者，瓜蔓緒。亦著子，但小如瓝 [又]草名 [爾雅·釋草]瓝九葉 [疏]此草九葉叢生一莖 [又] [集韻]匹角切音璞。義同。鏊又瓟34881瓝34888

瓲 34868 17339 tún_3.8 [字彙補]徒昆切音屯。瓜屬也。今或作瓲。

𪼳 34869 u2AF33 null_3.8 未詳。

㼉 34870 17340 zhèn_4.9 [廣韻] [集韻]太直禁切音鴆 [廣韻]青皮，瓜名。鏊又瓭34875

瓰 34871 17341 bān_4.9 [集韻]逋還切音班。瑞瓜。

瓲 34872 17342 tún_4.9 [玉篇]徒門切音屯 [博雅]瓞瓲，瓜屬也 [類篇]作瓲。鏊又瓲34868

𪼴 34876 u2AF34 null_4.9 [簡]瓺34909

瓬 34873 17343 bĕng_4.9 [集韻] [韻會]太補孔切音琫。瓜多實貌。通作唪 [詩·大雅]瓜瓞唪唪。

𤫮 34877 u24AEE null_4.9 未詳。

瓲 34874 17344 tún_4.9 [類篇]與瓲同

瓭 34875 44456 zhèn_4.9 [字彙補]同㼉。見 [廣韻]○按 [廣韻]作㼉。

瓞 34878 17345 dié_5.10 [唐韻] [集韻] [韻會]太徒結切音絰 [說文]瓝也 [詩·大雅]緜緜瓜瓞 [傳]瓞，瓝也 [疏]瓜之族類有二種，大者瓜，小者瓞。瓜蔓近本之瓜，必小于先歲之大瓜，以其小如瓞，故謂之瓞。瓞是瓝之別名 [潘岳·在懷縣作詩]瓜瓞蔓長苞△ [集韻]或作瓞。亦作瓞瓞。鏊又瓞32214瓞00110 [又] [龍龕]瓞34886瓞34879二俗，瓞正，徒結反。瓜瓞也。

瓞 34879 17346 dié_5.10 [集韻]同瓞

𤬏 34880 17347 gōu_5.10 [唐韻]古侯切 [集韻]居侯切太音鉤 [博雅]𤬏瓠，王瓜也 [又] [集韻]胡溝切音侯。又居候切音構。義太同。鏊又𤬏34912

瓟 34881 17348 bó_5.10 [廣韻]蒲角切 [集韻] [韻會] [正韻]弼角切太音雹。與瓝同 [楚辭·九懷]援瓟瓜兮接糧 [又]醬名 [宋孝武帝四時詩]瓟醬調秋菜，白醝解冬寒 [又] [廣韻]薄交切 [集韻] [韻會]蒲交切，太音庖 [廣韻]瓟瓠可爲飲器 [類篇]匏也。从包，取其可包藏物也。

𤬋 34882 17349 gū_5.10 [廣韻]古胡切 [集韻]攻乎切太音孤。王瓜也。或作菰 [又]rŭ [廣韻]人渚切音汝，乾菜。

瓴 34883 17350 líng_5.10 [廣韻] [集韻]太郎丁切音靈。小瓜名。出南海。

㼌 34884 17351 yǔ_5.10 [唐韻]以主切[集韻]勇主切𠀤音庾[說文]本不勝末，微弱也[六書故]㼌，瓜實繁也。故引之有本不勝末之義[又][玉篇]㽺病也。鎣又㽱00337

𤫲 34885 17352 shǐ_5.10 [五音集韻]俗菇字。

𤫴 34886 u24AF4 dié_5.10 俗瓞34878[四聲篇海]𤫴，大結切。小瓜也。

㼍 34887 17353 lěi_6.11 [集韻]魯猥切音磥。㼍㼋，瓜中[又]◆[正字通]一曰傷熱瓜。

瓝 34888 17354 bó_6.11 [廣韻][集韻]𠀤蒲角切音雹[說文]小瓜也。鎣又瓟34867

𤫷 34889 17355 kuò_6.11 [廣韻]苦栝切[集韻]苦活切𠀤音闊。瓜𤫷。[又]guó[集韻]古活切音括。與苦同。苦蔞，果蓏也△[集韻]亦作㼘。

瓠 34890 17356 hú_6.11 [廣韻]戶吳切[集韻][韻會][正韻]洪孤切𠀤音胡[廣韻]瓠𤬏，瓢也[詩·小雅]幡幡瓠葉，采之亨之◆[前漢·食貨志]菜茹有畦，瓜瓠、果蓏[正字通]瓜類分甘苦二種，甘者大，苦者小。陶弘景曰：瓠或有苦者，味如膽，不可食，非別生一種也。又陸佃[埤雅]長而瘦上曰瓠，短頸大腹曰瓠。瓠性甘，匏性苦。故[詩]曰匏有苦葉[左傳]叔向曰苦匏不材于人，共濟而已。後人皆合匏瓠爲一。據此說[說文]瓠，匏也[陸璣詩疏]匏，瓠也。𠀤非[正韻]亦作葫[又][爾雅·釋器]康瓠謂之甈[註]瓠，壷也[疏][說文]云破罌也[前漢·賈誼傳]斡棄周鼎兮而寶康瓠。[又]hù[廣韻]胡誤切[集韻][韻會][正韻]胡故切𠀤音護。義同[禮·月令]仲冬之月行秋令，則天時雨汁，瓜瓠不成[釋文]瓠，戶故反[莊子·逍遙遊]惠子謂莊子曰：魏王貽我大瓠之種[註]瓠，徐音護[正字通]瓠有平、去二音。孫愐[唐韻]一音壷，一音護。義同。非康瓠必讀若湖，瓜瓠必讀若互[字彙]音湖，器也。音互，匏也。非[又][集韻]瓠子，隄名[前漢·武帝紀]夏四月，還祠泰山，至瓠子臨決河[註]服虔曰：瓠子，隄名也。在東郡白馬。蘇林曰：在鄄城以南，濮陽以北[又][集韻]亦姓[列子·湯問篇]瓠巴鼓琴而鳥舞魚躍[又]gū[集韻]攻乎切音孤。瓠讘，漢侯國名，在河東[正字通]按[漢·地理志]有瓡讘，無瓠讘[又]huò[集韻]黃郭切，音穫[莊子·逍遙遊]剖之以爲瓢，則瓠落無所容[註]瓠落，猶廓落。梁·簡文帝讀。鎣又𤬥34933𤬄34910𪼵34907𦼦50512𤫸34894[又][前漢·賈誼傳]斡棄周鼎兮而寶康瓠。徐慧：而字衍。

𤫸 34894 u24AF8 hù_6.11 同瓠34890

㼘 34891 17357 qià_6.11 [廣韻]恪八切[集韻]丘八切𠀤音揭。勁也。鎣[類篇]作𤔭32221从爪為正

㼎 34892 17358 jiào_6.11 [字彙]古孝切音教。瓜名。

𡘋 34893 44457 ēn_6.11 [五音篇海]烏痕切音恩。

𤬂 34895 17359 yáo_7.12 [字彙]弋昭切音遙。瓜名。鎣又𤬍34919 𤬚34928[又][正字通]𤬂，同䌛34932俗省。

㼋 34896 17360 něi_7.12 [廣韻]奴罪切[集韻]弩罪切𠀤音餧[玉篇]傷熱瓜也[又][集韻]㼍㼋，瓜中。

𤬃 34897 17361 dū_7.12 [字彙]丁木切音督。器以盛醋。鎣朝鮮本[龍龕]𤬇34904冬毒切。瓠也。𤬃，同上。用盛醋也。今增。

𤬆 34898 17362 dié_7.12 [集韻]與瓞同。

𤬀 34899 u24B00 dưa_7.12 [喃]从瓜余dư聲。瓜類，醃菜。

𤫿 34900 u24AFF dưa_7.12 [喃]同𤬀34899

𤫾 34901 u24AFE sāo_7.12 黄侃[蘄春語]：[說文·瓜部]䌛34932瓜也。餘昭切[廣韻]又式昭切。吾鄉有此瓜，五六月間生，大如拳，可生食，曰𤫾瓜，音蘇遭切。𤫾，俗字也。

𤫽 34902 u24AFD mì_7.12 俗覛55057[直音篇]𤫽同覓。

𤬈 34903 17363 huǒ_8.13 [字彙]胡果切，音祼◇瓜也。

𤬇 34904 17364 dǔ_8.13 [集韻]都毒切音篤。瓠名。鎣又𤬃34897

𤬉 34905 17365 pēi_8.13 [集韻]鋪枚切音胚。瓜𤬉也。

瓡 34906 17366 zhí_8.13 [集韻]質入切音執。縣名。在北海[前漢·地理志]瓡縣[註]師古曰瓡，卽執字[又][前漢·王子侯表]瓡節侯息[註]師古曰瓡，卽瓠字也[又][史記·建元以來侯者年表]瓡讘侯扜者[註]徐廣曰：瓡，音胡[索隱]曰：縣名。按[表]在河東[志]亦同。卽狐字〇按三說不同，未知孰是，存以備考。

𪼵 34907 u2AF35 hú_8.13 同瓠34890

𤬆 34908 u24B06 wēn_8.13 俗𤬦34921後魏·賈思勰[齊民要術]種瓜：[廣雅]曰土芝，瓜也。其子謂之𤭁。然瓜有龍肝、虎掌、羊骹、兔頭、𤬆𤬃、貍頭、六𤬊△宏按，[廣雅]作𤭈𤬃、貍頭、白𤬊。

𤬅 34909 u24B05 null_8.13 地名，字音義不傳[管子·小匡]桓公九合諸侯，南至吳、越、巴、牂牁、𤬅、不庾、雕題、黑齒。

𤬄 34910 u24B04 hú_8.13 同瓠34890

𤬊 34911 17367 pián_9.14 [廣韻]部田切[集韻]蒲眠切𠀤音蹁[廣韻]黃瓜名[博雅]白𤬊，瓜屬。鎣又𤬊34918

𤬎 34912 17368 gōu_9.14 [五音集韻]戶鉤切音侯，王瓜也。

𤬏 34913 17369 liàn_9.14 [廣韻][集韻]𠀤郎甸切音練。瓜中瓤。

𤬐 34914 17370 tǎng_9.14 [廣韻]他朗切[集韻]坦朗切𠀤音倘。大瓜名[又]𤬐𤬐，瓜長貌。

𤬑 34915 17371 kuí_9.14 [廣韻]古攜切[集韻]涓畦切，𠀤同䕫51412

𤬒 34916 41510 yuán_9.14 [川篇]音緣。瓜𤬒。

𤬋 34917 u24B0B null_9.14 未詳。

𤬊 34918 u24B0A pián_9.14 同𤬊34911

𤬍 34919 17372 yáo_10.15 [集韻]餘招切音遙。瓜也。

𤬓 34920 17373 liǎn_10.15 [唐韻]力忝切[集韻]盧忝切𠀤音稴。瓜名七[又]lián[集韻]離鹽切音廉。瓜子也[博雅]冬瓜，菰也。水

芝，瓜也。其子謂之㼓 [釋文] 瓝，力占切 [又] [集韻] 歷店切，穄去聲。義同。[瓬] 又㿿34936

㼜 34921 17376
wēn_10.15　[集韻] 烏昆切音溫 [博雅] 㼜㿇，瓜屬。

[瓬] 又㽍34923㼜34908

㽅 34922 17377
yíng_10.15　[唐韻] 戶扃切音熒 [說文] 小瓜也 [又] xíng [廣韻] 戶經切音刑。又 [韻會] 維傾切音營。義丛同○按 [正字通] 入十一畫，非。今改正。

㽍 34923 44458
wēn_10.15　[字彙補] 同㼜。見 [廣韻] ○按 [廣韻] 作㼜。

㿇 34924 44459
xī_10.15　[川篇] 音悉

㿀 34925 u24B14
yáo_10.15　同㼝34919

㼞 34926 u24B13
lián_10.15　同㼙34920 [類篇] 㼞，離鹽切 [博雅] 水芝瓜也。其子謂之㦿。又盧黍切。又歷店切。

㽆 34927 u24B19
yǔ_10.15　俗㿉。

㿁 34928 u24B07
yáo_10.15　同㽪34932

㿕 34929 17374
dié_11.16　[集韻] 同㽠音屇 [爾雅·釋草] 鉤藈姑註 鉤瓝也。一名王瓜，實如瓝瓜，正赤味苦 [博雅] 㼩瓝，王瓜也 [又] [正字通] 瓝瓝與瓝類相似，而形實別。蘇恭曰：瓝形似越瓜，長尺許，夏中熟，秋末枯。瓝瓝狀大小非一，夏末始實，秋中方熟，霜後堪爲器 [又] [本草] 李時珍曰：栝樓作甒瓝，轉爲瓜蔞。亦名天樓，地樓，其根卽天花粉。今俗作瓜瓝。與瓝名實異 [又] [類篇] 郞侯切音婁。義同。

㿀 34931 17378
piáo_11.16　古文瓢 [廣韻] 符霄切 [集韻] [韻會] 毗霄切 [正韻] 毗招切丛音瓢 [玉篇] 瓝瓜也 [廣韻] 瓝 [正字通] 㿉瓝，剖開可爲酒尊，爲要舟浮水 [周禮·春官·鬯人] 禜門用瓢齎 [註] 瓝，謂瓝蠡也 [莊子·逍遙遊] 剖之以爲瓢，則瓝落無所容 [前漢·東方朔傳] 以瓝測海 [揚子方言] 蠡或謂之瓝 [古今注] 瓝亦瓝也。瓝其總，瓝其別也。[瓬] 又㿴34943㿇32294瓝34946㿹34947㿱35140

㽪 34932 17379
yáo_11.16　[唐韻] [集韻] 丛余昭切音遙 [說文] 瓜也。[又] shāo [廣韻] 式昭切音燒。瓜名。[瓬] 又㿇34901㿀34925㼝34919

㼬 34933 17380
hú_12.17　[字彙] 同瓝 [廣韻] [集韻] 丛都郞切音當 [玉篇] 瓜中實 [廣韻] 瓝瓝，瓜中也 [正字通] 瓜底曰㼬。[瓬] 又㿇32270，俗㿷。

㿱 34934 17381
dāng_13.18

㿇 34935 17382
xī_13.18　[集韻] 虛宜切音犧。瓝瓝也。

㼪 34937 u24B19
null_13.18　未詳。

㿇 34936 44460
lián_13.18　[字彙補] 同㼞

㿇 34938 17383
bàn_14.19　[唐韻] 蒲莧切 [韻會] 皮莧切 [正韻] 備莧切丛音辦 [說文] 瓜中實 [徐曰] 瓜也。一名瓝犀也 [廣韻] 瓜㿇瓝也 [增韻] 瓜之瓝㿇 [爾雅·釋草] 瓝棲瓝 [註] 瓝中㿇也 [疏] 㿇，瓝中瓝也。一名瓝棲，人之齒美者似之 [謝惠連·祭古冢文] 及梅李核瓜㿇瓝 [又] 果瓝 [仙傳拾遺] 羅公遠取柑嗅之，後明皇取食，千餘枚皆缺一瓝 [又] [集韻] [韻會] 薄閑切 [正韻] 蒲閑切，丛辦平聲。又 [集韻] 匹見切音片。義丛同。

㿷 34939 17384
lú_16.21　[韻會] 籠都切 [正韻] 龍都切丛音盧 [玉篇] 瓝瓝也 [正字通] 瓝瓝，匏而圓者 [又] 水名 [五代史·四夷附錄] 牛蹄突厥，其水曰瓝瓝河。通作胡盧 [王綸詩] 胡盧河上淚沾巾△ [正字通] 瓝，一名壺。盧本作盧，俗作瓝瓝。壺，酒器。盧，飯器。瓝各象其形，又可爲酒飯器，因以爲名。壺盧卽瓝瓝也，俗謙爲葫蘆，非。葫，蒜名。蘆，葦屬也。[瓬] 又㿷34940

㿷 34940 17385
lú_16.21　[字彙] 同㿷

㿴 34941 17386
yàn_16.21　[廣韻] 語堰切 [集韻] 牛堰切丛音㘔 [博雅] 瓝也 [又] [集韻] 語偃切，言上聲。又魚戰切音彥。又魚寒切音鄹。義丛同。

㿰 34942 17387
ráng_17.22　[廣韻] 汝陽切 [集韻] 如陽切丛音穰 [廣韻] 瓜實 [集韻] 㿰㿰，瓜中 [正字通] 按㿰爲瓜中實，與犀相包連，白虛如絮，有汁 [本草] 謂之瓜練 [字彙] 訓瓜中犀，非 [又] [廣韻] 女良切音孃。又 [集韻] 奴當切音囊。義丛同。[瓬] 又朝鮮本龍龕㿰，正。㿰、娘二音。瓜實也。㿱34944俗。

㿲34952同上，俗。

㿸 34943 u24B1F
piáo_17.22　瓝34946譌字。

㿱 34944 u24B1E
ráng_17.22　[四聲篇海] 㿰㿱，穰、娘二音。瓜實也。

㿳 34945 17388
quán_18.23　[類篇] 逵員切音權。瓜轉也。

㿰 34946 41511
piáo_18.23　[字彙補] 瓝本字。

㿹 34947 17389
piáo_19.24　[正字通] 同瓝○按 [集韻] 古文瓝字書作㿹。

㿺 34948 17389
lì_19.24　[字彙] 瓝與㿻同。此字諸本不同，展轉淆誤。[字彙] 作㿻 [王逸·楚辭章句] 作蠡。任臣按：字書蠡爲蠡字之省。又 [篇海] 有㿺、㿻二字，同義。是蠡爲㿻之省文也。

㿻 34949 17391
lì_21.26　[集韻] 郞計切，音麗。瓝子 [又] 瓝杓 [揚子方言] 㿻，瓝瓝也 [楚辭·九歎] 㾈㿻臺于筐籠 [丹鉛錄] 今閩廣之地以㲠魚殼爲瓝，江淮閒或用螺之大者爲瓝，是以蠡殼代瓜匏用也。故㿻字取義兼之。[瓬] 又㿺34948㿲34951

㿱 34950 17392
piáo_21.26　[集韻] 瓝34931古作㿹。[瓬] 又㿹34947

㿲 34951 u24B24
lì_21.26　同㿻34949

㿲 34952 44461
ráng_24.29　[五音篇海] 音穰。又音娘。[瓬] 古俗字略㿰，古瓝字。

• 瓦部 •

瓦 34953 17393
wǎ_0.5　[唐韻] [集韻] [正韻] 丛五寡切音邸 [說文] 土器已燒之總名 [廣韻] 古史考 夏時昆吾氏作瓦 [史記·龜筴傳] 桀爲瓦室 [註] 世本 曰：昆吾作陶。張華 [博物記] 亦云桀作瓦，蓋是昆吾爲桀作也 [史記·廉頗傳] 秦軍鼓譟，勒兵武安，屋瓦盡震 [正字通] 後世瓦制不古，其類非一 [漢武故事] 起神屋以銅爲瓦，漆其外。又 [吳國傳] 大秦國王宮殿水精爲瓦。[明皇雜錄] 虢國夫人恩寵傾一時，奪韋嗣立宅，以廣其居。後復歸韋氏，因大風折屋，墜堂上，不損。視之，瓦皆堅木也。又 [王縉傳] 五臺山祠鑄銅爲瓦，金塗之 [又] [詩·小雅] 載弄之瓦 [傳] 瓦，紡塼也 [又] [儀

禮·燕禮公尊瓦大兩註大音泰。瓦大，有虞氏之尊也。図左傳·昭二十六年射之中楯瓦註瓦，楯脊図瓦合禮·儒行毀方而瓦合註呂氏曰：陶者爲瓦，必圓而割，分之則瓦，合之則圓，而不失其瓦之質図瓦解史記·匈奴傳其困敗則瓦解雲散矣図人名左傳昭二十三年楚囊瓦爲令尹註囊瓦，子囊之孫子常也図地名春秋·隱八年宋公、齊侯、衛侯盟于瓦屋註瓦屋，周地。又定八年公會晉師于瓦註瓦，衛地後漢·郡國志東郡有瓦亭図wà廣韻五化切集韻吾化切丛音迓廣韻泥瓦屋集韻施瓦於屋也図wěi集韻韻會丛五委切音頠。屋甍也莊子·駢拇篇駢於辯者，纍瓦結繩竄句註瓦，五委反。當作丸。鏧又窊41090△俗亦作坬34963図瓦，日本grammer的譯字。今作克。

瓦 wǎ_0.5 部瓦34953

瓺 tíng_2.7 廣韻特丁切集韻唐丁切丛音庭博雅瓺瓶也。

𡎲 zú_2.7 龍龕音卒瓦去聲。施瓦於屋也正韻作宄。鏧又厒04838

瓦 wà_2.7 集韻吾化切，瓦去聲。施瓦於屋也正韻作宄。鏧又厒04838

瓩 shíwǎ_2.7 民國新字典瓩，日本所製字。法衡特卡克蘭姆之簡寫。瓦之十倍也。同𤭯02405參看𤭯。

㞲 wǎ_3.8 字彙五寡切音瓦。山貌。鏧張融·海賦流柴斷㞲。㞲，五窟切。

瓱 fàn_3.8 集韻扶泛切音梵。瓦也。

瓷 yì_3.8 廣韻與職切集韻逸職切丛音弋廣韻缾瓷骨集韻瓦坯也。鏧又或18874

㼋 zhòu_3.8 玉篇古文甃35093字。

坥 dù_3.8 廣韻徒古切集韻動五切丛音杜廣韻瓶也博雅坥，甖也図kān廣韻口含切集韻枯含切丛音龕。瓦器図dù集韻徒故切音度。土瓶也。

砕 suì_3.8 龍龕音碎

㼁 jiāng_3.8 唐韻集韻丛古雙切音江說文似罌，長頸，受十升前漢·貨殖傳醯醬千㼁註師古曰㼁，長頸甖也。受十升図hóng集韻乎攻切音㘰。義同図gāng胡江切音牨。與缸同図háng寒剛切音斻博雅瓶也。図hóng胡公切音洪。陶器也。鏧又泓02862坥34963瓷35023㼁33914

㼶 null_3.8 新撰字鏡㼶𠤎，二字万利。

瓩 qiānwǎ_3.8 電功率「千瓦」図民國新字典瓩，日本所製字，法衡啓羅克蘭姆之簡寫，瓦之千倍也，同𤭯02415

瓪 bǎn_4.9 唐韻布綰切集韻補綰切丛音版說文敗瓦也図集韻一曰牝瓦図廣韻博管切集韻補滿切音皈。又集韻甫遠切音反。義丛同。鏧牝瓦，或仰瓦，受覆瓦之流図㿲10343㿳10356㼤15383

瓫 pén_4.9 集韻步奔切，與盆同。盎也図與溢同。

水溢也前漢·溝洫志河水溢溢晉書·食貨志水潦瓫溢。

瓾 zhòu_4.9 字彙側救切音皺。甃井也。鏧又㽿34981

㼶 pī_4.9 集韻韻會丛鋪枚切音胚。瓦未燒者。或作培。通作坏。

瓨 gāng_4.9 集韻韻會丛居郎切音岡玉篇罌也集韻大瓮爲瓨博雅瓨，瓶也揚子方言甖，靈桂之郊謂之瓨図gǎng集韻舉朗切音航。罌屬△集韻或作瓨甌。鏧又瓶12128坥34963瓶34964図馬王堆一號漢墓遣冊：鹽一坑08338豉一坑。

瓶 píng_4.9 字彙同瓶。

瓬 fāng_4.9 唐韻分兩切集韻韻會甫兩切丛音倣◆說文周家搏埴之工也徐註搏，團也。埴，黏土也。引周禮·冬官考工記瓬人爲簋豆〇按周禮今本作旊図字彙補人名。宋王安石姪瓶字元鈞，旋字元龍，皆以不附安石而貶。

瓭 dǎn_4.9 廣韻集韻丛都感切音黕博雅瓭，瓶也図chén集韻一曰瓦屬図集韻持林切音沈揚子方言甖，靈桂之郊謂之瓨。其小者謂之瓭釋文都感反，亦音沈図dān都含切音耽。大甖。可受一石。

瓨 xíng_4.9 廣韻戶經切集韻乎經切丛音形。似鍾而頸長。一曰酒器図集韻何耕切音莖。義同△類篇或作甄。

埳 hán_4.9 唐韻胡男切集韻胡南切丛音含◆說文治橐榦也図集韻一曰似缾有耳図qiàn廣韻丘釅切集韻去劍切丛音欠。陶器，小瓶有耳者△五音集韻或書作瓶。鏧朱駿聲說文通訓定聲瓬34979，治橐榦也。從瓦，今聲。轉橐鼓火，此其所執之柄。鍇本說文作橐輪。按：後人以木為之，字又作橄25149

瓮 wèng_4.9 唐韻集韻韻會正韻丛烏貢切，翁去聲說文罌也博雅瓮，瓶也揚子方言趙魏之郊謂之瓮抱朴子·喻蔽卷四瀆之濁，不方瓮水之清。巨象之瘦，不同羔羊之肥△集韻或作甕。鏧又甖35208甕45361

瓹 hán_4.9 五音集韻與埳同。

砌 xù_4.9 篇海類編許勿切。

㼸 zhòu_4.9 或同瓾34970

㼷 cí_4.9 和字正俗通·和制一·言辭㼷，ヨハシ。

俞忠鑫、王寶平：同瓶33914

𤓲 ngói_4.9 喃从瓦内nội聲。

砘 dūn_4.9 日同頓07500廣漢和辭典砘，重量の単位tonの訳字。

甌 ōu_4.9 简甌35144

瓱 háokè_4.9 今作「毫克」民國新字典瓱，日本所製字。法衡密理克蘭姆之簡寫瓦之千分之一也。同𤭯02424

34986 u74F0
砏 fēn_4.9
新字典砏，日本所製字。法衡特西克蘭姆之簡寫。瓦之十分之一下。同甂02425

34988 17414
瓨 gǒng_5.10
廣韻居悚切集韻古勇切丛音拱。缾也集韻亦作罋。鑋正作瓨35030

34989 17415
瓳 hú_5.10
廣韻戶吳切集韻洪孤切丛音胡廣韻瓠瓳博雅瓳，甀也。鑋又瓵35099硴38738

34990 17416
瓴 líng_5.10
唐韻集韻韻會郎丁切，音靈◆說文瓮，似瓶也廣韻瓵瓴，似罌有耳淮南子·修務訓夫救火者，汲水而趍之。或以甖瓴，或以盆盂囩六書故瓴，牝瓦仰蓋者。仰瓦受覆瓦之流，所謂瓦溝爾雅·釋宮瓴甋謂之甓◆前漢·高帝紀譬猶居高屋之上建瓴水也司馬相如·長門賦緻錯石之瓴甓兮，象瑇瑁之文章。鑋又瓸35003甎35218霝35203

34991 17417
瓵 yí_5.10
唐韻與之切集韻韻會盈之切丛音移爾雅·釋器瓵瓴謂之瓵註瓵甀，小罌，長沙謂之瓵。鑋又瓽35026甌34993瓵35000囩正字通瓵35009俗瓵。

34992 17418
瓮 àng_5.10
集韻韻會正韻丛於浪切，與盎同。盆也莊子·人間世甕瓮大癭說齊桓公註甕瓮，大癭貌。囩yǎng集韻韻會倚朗切正韻於黨切丛音块。又集韻倚兩切音軮。義丛同。

34993 17419
瓵 yí_5.10
集韻象齒切音似博雅瓵，甀也。

34994 17420
瓮 wǎn_5.10
唐韻烏管切集韻鄔管切丛音盌說文小盂也徐曰今俗別作椀，非玉篇亦作盌集韻或作埦。

34995 17421
瓱 dì_5.10
廣韻都計切集韻丁計切丛音帝廣韻瓵甀，大瓮。

34996 17422
瓮 yòng_5.10
集韻余頌切音用。大罌。亦作盅。

34997 17423
瓲 nà_5.10
廣韻集韻丛女刮切音呐。甀也集韻或作罠，亦書作瓾。鑋又瓾35052瓵35067瓵35070罠35132

34998 17424
瓶 pèng_5.10
集韻普孟切，烹去聲。罌屬囩bèng蒲孟切音膨。瓶屬。

34999 17425
瓵 bó_5.10
集韻薄陌切音白。瓦屋不泥也。

35000 17426
瓲 tuó_5.10
廣韻徒何切集韻唐何切丛音陀廣韻瓦盌集韻缶也。

35001 41512
瓹 gāng_5.10
字彙補古湯切音岡。大甕。

35002 44465
瓮 àng_5.10
篇海類編同瓮

35003 44466
瓸 líng_5.10
篇海類編同瓴

35004 u2AF39
null_5.10
或同缽

35006 u24B39
威 null_5.10 未詳。

35005 u24B3C
瓾 nà_5.10
廣韻瓲34997，女刮切。甀也。亦作瓾。

35007 u24B38
甠 sành_5.10
喃从瓦生sinh聲。陶器△亦作埕08482砳。

35008 17427
瓶 shū_6.11
廣韻市朱切集韻韻會慵朱切正韻尚朱切丛音殊廣韻小罌韻會罃也博雅瓶，瓶也揚子方言罃，陳魏宋楚之間曰瓶，或曰瓶。

35009 17428
瓵 yí_6.11
廣韻與之切集韻盈之切丛音怡玉篇瓶也廣韻甂瓵，甀也。鑋又瓵35049瓵03126

35010 17429
瓶 píng_6.11
正字通俗瓶字。

35011 17430
瓵 bó_6.11
廣韻博白切集韻韻會正韻博陌切丛音百玉篇甀瓵，井甃也博雅瓶，甃也。鑋廣韻甄瓵，井甃。

35012 17431
甀 duò_6.11
廣韻徒果切集韻杜果切丛音墮廣韻長沙呼甌也囩tuó集韻徒禾切音佗。飛甀戲也。與磆同。

35013 17432
瓿 qiè_6.11
廣韻苦結切集韻詰結切丛音猰廣韻瓶受一斗者類篇北燕謂瓶爲瓿囩qì集韻詰計切音契。義同。鑋又瓿35137

35018 17437
甌 tóng_6.11
廣韻同甂

35015 17434
瓷 cí_6.11
唐韻疾資切集韻韻會正韻才資切丛音慈說文瓦器也類篇陶器堅緻者潘岳·笙賦傾縹瓷以酌醽醁集韻或作瓻瓻。鑋又瓮33914甀34982瓷35126

35014 17433
瓸 xié_6.11
集韻玄圭切，音攜。甀空也。本作甀。囩guī集韻涓畦切音圭。義同。本作甀。

35016 17435
瓷 ruǎn_6.11
集韻乳兗切音阮。籀文甓字。

35017 17436
甃 kǎo_6.11
集韻苦皓切音考。器也囩tǒu五音集韻天口切音甃。瓶也。鑋音甃，音甃之誤。

35021 17440
瓶 xíng_6.11
廣韻瓶本字。

35019 17438
瓶 niè_6.11
字彙補乃牒切，音臬◇瓶甀，不安貌九經考異易·困九五，劓刖。舊本作瓶甀。

35020 17439
瓵 liè_6.11
集韻韻會丛力協切，音頰。甀字省文。

35022 41513
甌 guó_6.11
龍龕古獲切。瓦器也。又烏耕切。義同。鑋又瓵35029瓵35149瓵35098字彙補瓵，烏耕切音甖35185出釋典·道地經△宏按，或並俗瓵35144

35023 u24B4A
瓨 gāng_6.11
敦煌·S.2682太子成道經撥棹乘船過大江，神前傾酒三五瓨。傾杯不爲諸餘事，男女相兼乞一雙。黃征敦煌俗字典瓨，擬音爲缸。王筠說文解字句讀·弟十二下瓨34964字與缶部缸同史記貨殖傳醯醬千瓨。徐廣曰：瓨，長頸罌。字又作瓨齊民要術有蒲桃瓨。

35025 u24B48
瓶 diào_6.11
同鉶63128繡像小說·Num.15·P.3老殘遊記卷之十蒼頭捧了一箇小紅泥爐子，外一箇水瓶子，一箇小茶壺，幾箇小茶杯，安置在矮腳几上。又：蒼頭進前，取水瓶，將茶壺注滿，將清水注入茶瓶，即退出去。

35024 u24B49
瓨 huāng_6.11 同瓨35048廣州府志·卷一百六十雜錄一引賓退錄廣州人多好酒。生酒行兩面

35026 u24B47
瓵 null_6.11

羅列皆是女人招呼鄙夫，先嘗酒盎上白瓷甌，謂之⿰舌瓦，(刮）一⿰舌瓦三文。不持一錢，來去嘗酒致醉者，當壚嫗但笑弄而已 嶺表錄異 唐之書也，今不然。⿰舌瓦字不見於字書 說文 云甌瓿謂之瓴。瓴，盈之切。疑是瓴字傳寫之誤。或南方俗字自有⿰舌瓦字，亦不可知也。

𤭆 35027 u24B46 null_6.11 未詳。

𤭅 35028 u24B45 píng_6.11 俗瓶35010

𤭄 35029 u24B44 guó_6.11 同⿰國瓦35022

㼦 35030 u3F26 gǒng_6.11 類篇 㼦，古勇切。瓶也 玉篇 㼦34988，居隴切。缾名。胡吉宣校釋：疑与㼦、缸同，方音轉變耳。

瓸 35031 u74F8 liǎng_6.11 一百公克，hectogram，的舊譯。同兡02438 民國 新字典 瓸，日本所製字。法衡海克脫克蘭姆之簡寫。瓦之百倍也。

瓹 35032 17441 juàn_7.12 廣韻 古縣切 集韻 扃縣切𠀤音睊 玉篇 瓮底孔下取酒也 廣韻 盆底孔 集韻 盎下竅 ⿴囗又 juān 集韻 圭玄切，音涓。陶器。

⿰弟瓦 35033 17442 tí_7.12 集韻 田黎切音題。同題。甌甂也。

⿰瓦頁 35034 17443 fàn_7.12 字彙 扶汎切音梵。瓶貌 ⿴囗又 瓦也。

⿰同瓦 35035 17444 tóng_7.12 廣韻 徒紅切 集韻 徒東切𠀤音同 廣韻 ⿰同瓦瓦 集韻 ⿰同瓦⿰同匚，小牡瓦也 類篇 或作⿰同匚。

⿰武瓦 35036 17445 wǔ_7.12 集韻 同甒

⿰含瓦 35037 17446 hán_7.12 廣韻 胡男切 集韻 胡南切𠀤音含。似瓶有耳 類篇 𤭙⿰含瓦，小鉼 ⿴囗又 gān 集韻 姑南切，音弇。器斂口者。

⿰谷瓦 35038 17447 chī_7.12 廣韻 集韻 𠀤丑亦切音彳 廣韻 瓶也 集韻 盛酒器也。與瓻同。

⿰成瓦 35039 17448 chéng_7.12 集韻 時征切音成。甗也 ⿴囗又 shèng 類篇 時正切音盛。器也。

⿰每瓦 35040 17449 méng_7.12 集韻 謨耕切音萌。俗甍字 揚子方言 ⿰每瓦，謂之⿰留瓦 註 即屋檼也。今字作甍，音萌。⿰留瓦，音霤。

瓺 35041 17450 cháng_7.12 廣韻 直良切 集韻 仲良切𠀤音長 博雅 瓺，瓶也 揚子方言 罃，燕之東北，朝鮮洌水之閒，謂之瓺 ⿴囗又 zhàng 集韻 直亮切音仗。又chàng丑亮切音悵。義𠀤同。

⿰吾瓦 35042 17451 pǒu_7.12 集韻 訛胡切音吾。甌也。鑾 正字通 瓿35069字之譌。

⿰良瓦 35043 17452 láng_7.12 集韻 盧當切音郎。器也。

⿰巠瓦 35044 17453 xíng_7.12 集韻 與瓶同。

瓻 35045 17454 chī_7.12 唐韻 丑脂切 集韻 韻會 抽遲切𠀤音絺 說文 酒器 集韻 畜瓻，瓶也。一曰盛酒器。古以借書 韻會 大者一石，小者五斗 聞見錄 俗語借書與人爲一癡，還書爲一癡，嘗疑借書還書，理也，何癡之云。後見王樂道與錢穆四書，云 出師頌 最絕妙，古語借書一瓻，還書一瓻，乃知今人訛以瓻爲癡也 ⿴囗又 韻會 通作鴟 黃庭堅詩 時送一鴟開鎖眉 ⿴囗又 集韻 丑亦切音彳。義同。或作⿰谷瓦。

⿰車瓦 35046 17455 píng_7.12 字彙 蒲明切音瓶。罌屬△ 正字通 一說甎或作⿰車瓦。

⿰夾瓦 35047 17456 jié_7.12 廣韻 子協切 集韻 即協切𠀤音浹 廣韻 半瓦 ⿴囗又 集韻 一曰瓦相掩也 ⿴囗又 集韻 即涉切音接。義同。

⿰荒瓦 35048 17457 huāng_7.12 集韻 呼光切音荒。器也。鑾 又⿰巟瓦35024 ⿰𦲸瓦35115

⿸厂瓵 35049 44467 yí_7.12 字彙補 俗瓵字。

𤭚 35050 u24B5A gáo_7.12 喃 从瓦告cáo聲△㡿斗。𤭚⿰若瓦：水瓢。

𤭙 35051 u24B59 hán_7.12 𤭙⿰虒瓦，同⿰含瓦35037⿰虒瓦，小鉼有耳者。

𤭗 35052 u24B57 nà_7.12 ⿱取瓦35070譌字。牡瓦。

𤭖 35053 u24B56 cháng_7.12 同瓺35041

瓼 35054 u74FC null_7.12 日 倭名類聚抄 瓼，本朝式云瓼，辨色立成云淺甕。

⿰岡瓦 35058 17461 gāng_8.13 集韻 同⿰亢瓦

⿰果瓦 35055 17458 huàn_8.13 集韻 戶管切音緩。瓦器大口 ⿴囗又 huà 戶瓦切音踝。罌大口曰⿰果瓦。或省

⿰幸瓦 35056 17459 xìng_8.13 廣韻 胡耿切 集韻 下耿切𠀤音幸 博雅 ⿰幸瓦、⿰頁瓦，瓶也 玉篇 瓶有耳 ⿴囗又 集韻 下頂切音婞。義同。

⿱占瓦 35057 17460 diàn_8.13 廣韻 集韻 𠀤徒念切音磹 廣韻 支也 集韻 楮也 字彙 支物不平 集韻 通作磹。鑾 又⿱甚瓦35080

⿱𥝢瓦 35059 17462 lí_8.13 集韻 憐題切音黎。小瓶。

瓽 35060 17463 dàng_8.13 唐韻 集韻 韻會 正韻 𠀤丁浪切音讜 說文 大盆也 五音集韻 大甕 ⿴囗又 集韻 井以甎爲甃者 揚雄·酒箴 一旦叀礙，爲瓽所轠 註 叀，縣也。瓽，井以甎爲甃也。轠，擊也。言瓶忽縣礙不得下，而爲井瓽所擊，則破碎也 ⿴囗又 姓 姓譜 後秦姚弋仲將瓽耐虎。唐有瓽金毗。金有瓽懷英，善篆書，自書其姓，誤作鄭 ⿴囗又 dǎng 集韻 底朗切音黨 博雅 瓽，甖也 ⿴囗又 通作党 吳越春秋 甘密百党 註 當作瓽。鑾 又嘗45309

⿰孟瓦 35061 17464 měng_8.13 字彙 母耿切，音猛◇甑帶也 ⿴囗又 淮南子·說山訓 敝箄甑⿰孟瓦在袇茵之上，雖貪者不搏 註 ⿰孟瓦讀鼃黽之黽。

⿰差瓦 35062 17465 chāi_8.13 廣韻 楚佳切 集韻 初佳切𠀤音釵 博雅 ⿰差瓦⿰爽瓦，磨也 廣韻 一曰屑瓦，滌器 ⿴囗又 集韻 謨皆切音埋。又初加切音叉。義𠀤同 ⿴囗又 qì 五音集韻 七計切音砌。甈也。

⿰埶瓦 35063 17466 qì_8.13 集韻 同甈

⿰東瓦 35066 17469 dòng_8.13 廣韻 集韻 𠀤多貢切音凍 博雅 ⿰東瓦⿰東瓦，甗也。

⿰享瓦 35064 17467 dūn_8.13 廣韻 集韻 𠀤都昆切音敦。陶器似甌。

⿰阜瓦 35065 17468 fù_8.13 集韻 扶缶切音婦。瓦器。

𡋡 35067 17470 nà_8.13 字彙與甀同。

甈 35068 17471 pí_8.13 唐韻部迷切集韻韻會駢迷切夶音鼙說文罃謂之甈廣韻瓦器揚子方言罃謂之甈又集韻頻彌切音陴義同又集韻部鄙切音否博雅甈，瓶也釋文步美反。

瓿 35069 17472 pǒu_8.13 唐韻蒲口切集韻薄口切夶音部說文甈也廣韻瓿甊五音集韻瓿甊，小罌正韻甒也。甈卽罌也爾雅·釋器瓾、瓿之罃註瓿甊，小罌博雅瓿，缶也。又瓶揚子方言河汾之間其大者謂之甀，其中者謂之瓿甊戰國策夫鼎者，非效壺醷醬瓾耳註瓿，瓾也前漢·揚雄傳吾恐後人用覆醬瓾也註師古曰瓾，小罌也又銅瓿，以盛醷醷罃醬博古圖周方斜瓿。肩作電形，類古文申字。環腹象雷文，如盤絲髮，微起乳形。中作黃目狀。又魚瓿，肩腹閒飾以魚形。又蟠虬瓿二，饕餮瓿四，皆周制又廣韻防無切集韻韻會馮無切夶音扶。又集韻蒲侯切音捊。又正韻薄胡切音蒲。義夶同。篆又瓾35042錇45314

𫂠 35075 17478 sī_8.13 集韻同甈

甈 35071 17474 zhuì_8.13 廣韻集韻韻會夶馳僞切音縋。小口罌也淮南子·氾論訓抱甈而汲註今兗州曰小甈爲甈，幽州曰瓦揚子方言自關而西，晉之舊都，河汾之閒，其大者謂之甀。罌，其通語也博雅甈，瓶也又地名史記·黥布傳遂西，與上兵遇蘄，西會甀註正義曰：甀，音遂瑞反。蘄，沛郡蘄城又chuí集韻是爲切音垂。義同列子·湯問篇當國之中有山，山名壺領，狀若甔甀釋文甀，音垂又廣韻直垂切集韻重垂切夶音錘。又集韻韻會傳追切正韻直追切夶音椎。義夶同。篆又甀35125斲22071錘45312罍45316錊45332鎚45354

瓶 35072 17475 píng_8.13 廣韻薄經切集韻韻會旁經切夶音萍。與缾同玉篇汲器也揚子方言缶謂之瓶甈。其小者謂之瓶易·井卦汔至亦未繘井，羸其瓶左傳·襄十七年衞孫蒯田于曹隧，飲馬于重丘，毀其瓶儀禮·士喪禮新盆、槃、瓶，廢敦、重鬲註瓶以汲水也又炊器也禮·禮器夫奧者，老婦之祭也。盛於盆，尊於瓶註盆、瓶，炊器也。又地名後漢·郡國志河南郡有瓶丘聚又姓風俗通漢有太子少傅瓶守後趙錄有北海瓶子然。篆又瓶35010瓵34973缾74420缾35028缾45286瓶45325

甇 35073 17476 suì_8.13 唐韻集韻夶蘇對切音碎說文破也。

𤬗 35074 17477 jùn_8.13 古文皸廣韻子峻切集韻祖峻切夶音儁。柔韋也廣韻𤬗之韋袴又ruǎn集韻乳兗切音臠。義同△六書正譌治皮革者，以瓦爲竈，而反覆熏揉之，故从四从瓦从北。北者，反覆之狀。篆說文𤬗，柔韋也。从北，从皮省，从夐省又从皮省作𩏢05306又夐05267皸32362𪆰41277𩏞41030𩏺37020𩏶41377𪆰67710𪄾48555𩏘35199集韻𤬗，籀作𤬗35016𪁠12948

甆 35076 44468 sī_8.13 篇海類編同甈。

𪫻 35077 u2AF3B null_8.13 未詳。

𪫺 35078 u2AF3A null_8.13 未詳。

𤭲 35079 u24B72 nà_8.13 牡瓦。从瓦奴聲。俗作𡋡35052𡋡35067𡋡35070𫂠35132類篇甈，女刮切。甈也。或作𡋡。亦書作𡕅。

𤭥 35080 u24B65 diàn_8.13 俗𡊆35057支物曰𤭥。今作墊。

𤭤 35081 u24B64 rǔ_8.13 甊甆，同盧乳，仙人名。見伸蒙子

甈 35082 17479 liè_9.14 唐韻零帖切集韻力協切夶音颲◆說文蹋瓦聲玉篇甈甈，蹋瓦聲集韻一曰瓦薄也又正字通凡損破聲，通謂之歷甈△集韻類篇或作瓾。篆又甈35130

皆 35083 17480 jiē_9.14 廣韻古諧切集韻居諧切夶音皆。牡瓦。

甈 35084 17481 shěng_9.14 廣韻集韻夶所景切音省博雅甈，瓶也廣韻甈甈，有耳瓶。

甌 35085 17482 ǒu_9.14 唐韻五口切集韻語口切夶音偶玉篇盎也揚子方言缶謂之瓶甈釋文卽盆也。

甈 35086 17483 tuó_9.14 集韻徒禾切音砣。飛甈戲也。

甖 35087 17484 qìng_9.14 字彙苦徑切音磬，石器。

甈 35088 17485 chuǎng_9.14 集韻同甀。

甂 35089 17486 biān_9.14 廣韻布玄切集韻卑眠切夶音邊玉篇小盆，大口而卑下揚子方言自關而西，盆盎小者曰甂淮南子·說林訓狗彘不擇甂甌而食抱朴子·嘉遁卷拊甂瓺於洪鐘之側東方朔·七諫甂甌登于明堂，周鼎潛于深淵又唐韻芳蓮切集韻紕延切夶音篇。義同。

甄 35090 17487 yīng_9.14 字彙於京切，音罌◇見釋藏。

甈 35091 17488 dì_9.14 唐韻徒禮切集韻待禮切夶音弟玉篇小盆也廣韻小瓮博雅甈，甌也揚子方言甌，陳魏宋楚之閒謂之甈註今河北人呼小盆爲甈子又tí集韻田黎切音題。義同。或作瓶。篆又䰑45323

甈 35092 17489 yú_9.14 廣韻羊朱切集韻韻會容朱切夶音臾玉篇瓶也正韻罃也揚子方言罃，陳魏宋楚之閒曰甈又正韻于求切音尤。義同。

甃 35093 17490 zhòu_9.14 古文𤭛唐韻集韻韻會正韻夶側救切音縐說文井壁也易·井卦六四，井甃无咎註結，砌也。馬云爲瓦裹下達上疏甃，亦治也。以塼壘井，修井之壞，謂之甃莊子·秋水篇缺甃之崖又李賀詩光明藹不發，腰龜徒甃銀註唐官制，四品以下龜袋飾銀。甃，猶飾也。篆篆作𤭛35105又龍龕炕34970俗。

甈 35094 17491 chuán_9.14 集韻淳緣切音遄。江東呼盆曰甈又zhuān集韻韻會夶朱遄切音專。燒墼。與甎同。

甈 35095 17492 xiáng_9.14 字彙戶江切音降。罌也。

甄 35096 17493 zhēn_9.14 唐韻居延切集韻韻會稽延切夶音籈說

文陶也前漢·董仲舒傳夫上之化下，下之從上，猶泥之在鈞，惟甄者之所爲註師古曰甄，作瓦之人也後漢·班固傳孕虞育夏，甄殷陶周図化也左思·魏都賦玄化所甄，國風所稟註甄，成也。言宮殿之制不侈泰，國俗奉爲程式也何晏·景福殿賦甄陶國風註李晊曰：埏埴爲器曰甄陶，王者亦甄陶其民也図博雅甄，土也図廣韻察也抱朴子·正郭卷甄無名之士於草萊図廣韻一曰免也図增韻表也潘岳·西征賦甄大義以明責註宋均曰：甄，表也図增韻明也後漢·光武紀靈覎自甄註甄，明也謝瞻·張子房詩聖心豈徒甄，惟德在無忘図集韻亦姓陳留·風俗傳舜陶河濱，後爲氏前漢·趙充國辛慶忌傳用甄豐、甄邯，以自助図地名張悛爲吳令謝詢求爲諸孫置守冢人表破董卓於陽人，濟神器於甄井釋文甄，音堅註吳書曰：初堅入洛，軍城南，甄官井上，每旦有五色氣，堅命人浚探，得漢傳國璽図陣名左傳·文十年·子朱及文之無畏爲左司馬註將獵，張兩甄，故置二左司馬。兩甄，猶兩翼也世說新語桓元好獵，雙甄所指，不避林壑晉書·周魴傳擊賊杜曾于楊口，令李桓督左甄，梁裴遂，壽楊之戰，爲四甄待之図甄甄，鳥飛貌楚辭·九思鵙蹊兮躑躅，貒貉兮蟫蟫，鸋鴂兮軒軒，鶹鶹兮甄甄図謚法汲冢周書醜心動懼曰甄。

図zhēn廣韻職鄰切集韻韻會正韻之人切丛音眞。義同韻會毛氏曰：甄陶字，眞僊二韻通押莊季裕·雞肋篇甄徹字見獨，登進士時，林攄自樞密，當唱名讀堅音，上以爲眞音，攄辯不遜，坐貶吳志孫堅入洛，屯軍城南，甄官井上，旦有五色氣，令人入井，探得傳國璽，以甄與己名音叶，爲受命之符，則三國以前未有音之人切者。孫權卽位，尊堅爲帝，江左諸儒爲吳諱，故改音眞孫奕·示兒編甄有二音，學者皆押甄字在先韻，獨眞韻反未嘗押，此皆相承之久，信耳不信目之過文選：張華女史箴散氣流形，旣陶旣甄，在帝包羲，肇經天人，則已押入眞韻矣○按女史箴在三國後，孫氏未詳考，前此甄無眞音也図博雅埻下謂之甄釋文甄，只實反図博雅甄，甀也釋文音眞図zhān集韻諸延切音饘。察也，勉也図quàn廣韻苦掾切音券。視也。

図juàn集韻規掾切音絹。同鄄。衞地。今齊陰郅城或作甄史記·齊太公世家七年，諸侯會桓公於甄杜預曰甄，衞地。今東郡甄城也。又田敬仲·完世家昔日趙攻甄，子弗能救註正義曰：甄，音絹。卽濮州甄城縣北。

図zhèn集韻韻會正韻丛之刃切音震集韻鐘病聲周禮春官·典同薄聲甄註甄讀爲甄燿之甄。甄，猶掉也釋文音震図jī字彙古奚切音稽春秋·命曆敍神農甄四海，白阜脉山川。白阜，人名。佛經甄明之甄。亦音稽。

鋻又甄35167甄35133

35097 41515
瓾 sù_9.14　字彙補心卜切，音宿◇不能行也。

35098 44469
甌 guó_9.14　篇海類編同甌。

35099 44470
瓳 hú_9.14　篇海類編音湖。

35100 u2AF3C
䂀 null_9.14　字見新撰字鏡·瓦部

35101 u24B78
瓸 bìng_9.14　喃从瓦屏bìng聲。瓶。

35102 u24B77
瓷 chậu_9.14　喃从瓦輸thâu省聲。盆。

35103 u24B76
甊 hông_9.14　喃从瓦胃hông聲。甌。亦作𭄀09140

35104 u24B75
䂀 ấm_9.14　喃从瓶省音âm聲。水壺。

35105 u24B70
甃 zhòu_9.14　甃35093篆作甃。

35109 u7506
瓷 cí_9.14　俗瓷35015

35106 u24B6F
硴 null_9.14　和字正俗通·和制一罷財硴，ツチタゝエ。

35107 u24B6E
甋 tóng_9.14　同甋35154新撰字鏡甋，徒東反。井甃。

35108 u24B6D
煲 bāo_9.14　同煲31395壁較陡直，用於煲湯的鍋。

35110 u7505
䴙 lí_9.14　同䴙02466民國新字典䴙，日本所製字。法衡生的格蘭姆之簡寫。瓦之百分之一也。

35111 17494
甊 róng_10.15　唐韻與封切集韻餘封切丛音容說文器也玉篇甖也博雅甊，瓶也図集韻常容切音鏞。器也。一曰瓶也類篇或作瓶。

35112 17495
甏 àng_10.15　字彙烏浪切音盎。盆也。

35113 17496
甇 yīng_10.15　集韻於莖切音鶯。同罌玉篇長頸瓶也。

35114 17497
甌 gāng_10.15　正字通俗甌字。

35115 17498
甕 qiāng_10.15　廣韻苦江切集韻枯江切丛音腔廣韻甕，甄瓠也集韻瓨也。與甌同図kāng廣韻苦岡切集韻丘岡切丛音穅。義同図huāng集韻呼光切音侊。器也。本作甕図kuāng集韻枯光切音𤬜。瓶瓠，破甕。

35116 17499
甌 gē_10.15　集韻居何切音歌。居結楝謂之合甌。

35117 17500
甎 tà_10.15　五音集韻五盍切音儑。瓦器。鑒玉篇五合切。胡吉宣：五合切，五當爲土，形之誤也。甎45282之或體。

35118 17501
甌 xù_10.15　字彙卒律切音恤。不能行也。

35119 17502
甈 qì_10.15　廣韻集韻韻會丛去例切音憩爾雅·釋器康瓠謂之甈註康，空也図博雅甈，甄也釋文甈，去滯反揚子方言甖瓶謂之盎釋文甈，卻𩅸反図韻會燥也，破裂也博雅甈，裂也揚子法言甄陶天下者在和。剛則甈，柔則坯註甈，破瓦。又破罌也。坯土疎不黏，治天下亦猶是也図yì唐韻魚例切集韻韻會牛例切正韻倪制切丛音詣。義同。說文康瓠，破罌図集韻九芮切音厥。又魚列切音孽。義丛同図qiè丘傑切音朅。甈也。△集韻或作甇甈。

35120 17503
甌 xián_10.15　廣韻戶監切集韻乎監切丛音銜玉篇瓦屋也集韻瓦施屋也図廣韻集韻丛下斬切音鹻。又集韻莊陷切音蘸。又叉鑑切音懺。義丛同。

甊 35121 17504
táng_10.15 廣韻 集韻 夶徒郎切音唐 玉篇 瓷也。
図 類篇 小缾有耳者曰甊甊。

甌 35122 41514
guó_10.15 篇海類編 古獲切，音國◇瓦器。

甍 35123 44471
méng_10.15 字彙補 同甍。

瓹 35124 u2AF3E
null_10.15 未詳。

甆 35125 u2AF3D
zhuì_10.15 同甀35071

甆 35126 uFAA2
cí_10.15 俗瓷35015

瓻 35131 u24B80
cí_10.15 俗瓷35015

甋 35127 u24B84
gạch_10.15 喃 从瓦鬲lịch聲。磚△甋坊：磚窰。

甕 35128 u24B83
áng_10.15 喃 从瓦盎áng聲。大瓦盆。

甊 35129 u24B82
táng_10.15 甊甊，同甊甊35121，小缾有耳者。

甄 35130 u24B81
liè_10.15 甄35082譌字 玄應音義 甄甄：又作甄，同，力頰反 通俗文 瓦破聲曰甄。

甃 35132 u24B7F
nà_10.15 俗甃35079

甃 35133 u24B7E
zhēn_10.15 俗甄35096

甊 35134 17505
qì_11.16 集韻 與甄同

甊 35136 17507
róng_11.16 廣韻 同甊

甊 35135 17506
xī_11.16 五音集韻 許羈切，音希◇缶也，器也。

甃 35137 17508
qiè_11.16 字彙 苦結切音怯。瓶也。図 正字通 一說瓦坏未燒，與甃同義。甃 龍龕 甃，俗。苦結反。正作甃35013 瓶也。図jī 四聲篇海 甃，音擊09270正作甃。土擊也。

甃 35138 17509
cóng_11.16 廣韻 士江切 集韻 鉏江切夶音淙 玉篇 甕也 揚子方言 甕，江湘之間謂之甃 博雅 甃，瓶也。図cóng 廣韻 藏宗切 集韻 徂宗切夶音賨。義同。

甄 35139 17510
léi_11.16 集韻 力偽切音累 博雅 甄也。

甄 35140 17511
piáo_11.16 正字通 俗瓢字。

甊 35141 17512
lǒu_11.16 廣韻 正韻 郎斗切 集韻 韻會 朗口切夶音塿 玉篇 甊甊 爾雅·釋器 甌甊謂之瓵註 甊甊，小甕 博雅 甊，瓶也。

甋 35142 17513
dì_11.16 廣韻 都歷切 集韻 韻會 正韻 丁歷切夶音的 玉篇 甋甋 爾雅·釋宮 瓴甋謂之甓 詩·陳風·中唐有甓傳 甓，瓴甋也 張協·雜詩 瓴甋夸瑠璠，魚目笑明月。

甀 35143 17514
chuǎng_11.16 唐韻 初兩切 集韻 韻會 正韻 楚兩切夶音磢 說文 礛垢瓦石 徐註 以碎瓦石去垢也図 韻會 或作磢 韓愈·聖德詩 滌濯剷磢図 集韻 韻會 正韻 夶所兩切音爽 玉篇 半瓦也図 博雅 甀，磨也 釋文 音爽△ 類篇 或作想。甃 又覒55200

甌 35144 17515
ōu_11.16 唐韻 集韻 韻會 正韻 夶烏侯切音謳 說文 小盆也 廣韻 瓦器 正韻 今俗謂盌深者為甌 爾雅·釋器 甌瓿謂之瓵 揚子方言 罃甈謂之盎，其小者謂之升甌。図 金甌 唐書·崔琳傳 初，明皇每命相，皆先書其名。一日書琳等名案上，會太子入，覆以金甌，曰：此宰相名，若自意之，即中且賜酒。太子曰：非崔琳、盧從愿乎？

帝曰：然図 韻會 西甌，地名。駱越別種。又東甌，閩中地 史記·趙世家 夫翦髮文身，錯臂左衽，甌越之民也註 索隱曰：劉氏云今珠崖儋耳謂之甌人，是有甌越 正義曰：屬南越，故言甌越 輿地志 云交阯，周時為駱越，秦時曰西甌。文身斷髮避龍，則西甌駱又在番吾之西南。又 東越傳 乃立搖為東海王，都東甌註 索隱曰：姚氏云甌，水名 永嘉記 水出寧城十餘里，去郡城五里入江。昔有東甌王都城，有亭，積石為道，今猶在也 山海經 甌居海中註 今臨海永寧縣卽東甌，在岐海中也図 史記·滑稽傳 甌窶滿簋註 正義曰：甌窶，謂高地狹小之區，得滿簋籠也図 史記·匈奴傳 中有棄地，莫居千餘里，各居其邊為甌脫註 韋昭曰：界上田也守處 索隱曰：服虔云作土室以伺漢人。又 纂文曰：甌脫，土穴也図 姓。甌冶子，吳人，善鑄劍図ǒu 集韻 於口切音毆。西甌，駱越別種。甃 又甌45340甌35029甌35022甌35149甌35098甌35122甌04487甌34987

甍 35145 17516
méng_11.16 唐韻 莫耕切 集韻 謨耕切夶音萌 說文 屋棟也。从瓦，夢省聲 徐鍇曰 所以承瓦，故从瓦 左傳·襄二十八年 猶援廟桷，動於甍註 甍，屋棟 晉語 譬之如室，既鎮其甍矣。註：棟也 張衡·西京賦 鳳騫翥於甍標註 甍，棟也。標，末也図 釋名 屋脊曰甍。甍，蒙也。在上覆蒙屋也図mèng 集韻 母亙切音懜。棟也図 集韻 忙成切，音名。義同△ 類篇 或作瓾。甃 又檬25840甍35123

甋 35146 17517
kāng_11.16 廣韻 苦岡切 集韻 韻會 丘岡切夶音穅 廣韻 瓦也 集韻 甋瓠，陶器図 通作康 爾雅·釋器 康瓠謂之甋 賈誼·弔屈原賦 寶康瓠兮図 集韻 枯江切音腔。義同△ 類篇 或作瓶。

甄 35147 17518
zhuān_11.16 廣韻 職緣切 集韻 韻會 朱遄切夶音專 玉篇 甄甄 廣韻 甄，瓦 古史考 烏曹作甄 集韻 燒墼也 韻會 甄詩 小雅·載弄之瓦註 瓦，紡甄也図 韻會 或作塼 前漢·尹賞傳註 令辟甄籂也図chuán 集韻 淳沿切音遄。義同△ 類篇 或作瓶。甃 又塼45340塼35152

甊 35148 17519
lù_11.16 廣韻 集韻 夶盧谷切音祿 博雅 瓴甋，甋甋也 玉篇 甓也。

甌 35149 17520
guó_11.16 字彙補 古獲切音國。瓦器。甃 又甌35022甌35029甌35098

甃 35150 41516
piè_11.16 字彙補 音未詳 武林舊事 大度金甃。甃 通雅 匹結切。

甃 35151 44472
jiē_11.16 字彙補 足妾切音接。

塼 35152 44473
zhuān_11.16 餘文 市緣切。同塼。甃 又甄35147

甄 35153 17521
léi_12.17 集韻 倫追切音纍 博雅 甄甋，甄也。甃 又甄35139

甋 35154 17522
tóng_12.17 廣韻 徒紅切 集韻 徒東切夶音同 博雅 甋甌，甃也図zhòng 廣韻 之用切 集韻 朱用切，夶音種。

甖屬。鎣又甎35107

甏 35155 17523 bèng_12.17 字彙蒲孟切，彭去聲，瓶甕。鎣字彙甆75253，疑甏字之譌[又]瓶34998

甑 35156 17524 zhèng_12.17 廣韻集韻太直正切音鄭揚子方言甖，秦之舊都謂之甑博雅甑，瓶也。鎣又埕08754甖37278

甐 35157 17525 lìn_12.17 廣韻集韻韻會正韻太良刃切音吝玉篇器也[又]正韻動也，蔽也周禮·冬官考工記是故輪雖敝，不甐於鑿註不甐於鑿，謂不動於鑿中也。鄭云甐亦敝也。以輪厚石，雖齧之不能敝，其鑿旁使之動[又]韻會正韻太離珍切音鄰。義同。鎣楊寶忠：俗𤮹43382

甆 35158 17526 lì_12.17 唐韻郎擊切集韻郎狄切太音歷。瓦器。或作甋。

甒 35159 17527 héng_12.17 唐韻戶盲切集韻胡盲切太音橫集韻小瓦，謂之甒[又]集韻寒剛切音杭。義同。

𤮸 35160 17528 sà_12.17 集韻悉合切音趿。器破。

甑 35161 17529 zèng_12.17 唐韻集韻韻會正韻太子孕切，繒去聲◆說文甗也廣韻古史考曰：黃帝始作甑◆韻會鬵屬也。甗無底曰甑周禮·冬官考工記·陶人甑實二鬴，厚半寸註量六斗四升曰鬴史記·項羽紀皆沈船，破釜甑，燒廬舍[又]攀倒甑，草名本草綱目生郊野，葉如薄荷，治風熱。遇煩渴、狂躁諸症，擣汁服，效[又]céng集韻慈陵切音繒。炊器。鎣又甗23334鬵71427

𤮺 35162 17530 pān_12.17 廣韻普官切集韻鋪官切太音潘玉篇𤮺㼧，大甂甎也[又]集韻符袁切音煩。義同。

甒 35163 17531 wǔ_12.17 廣韻文甫切集韻韻會罔甫切正韻罔古切太音武玉篇盛五升小甖也揚子方言甖，周魏之閒謂之甒禮·禮器君尊瓦甒註壺大一石，瓦甒五斗儀禮·士冠禮側尊一甒醴疏甒爲酒器，中寬下直，上銳平底。[又]韻補叶方九切音否晉書·五行志·童謠洿如白坑破，合集持作甒。揚州破換敗，吳興覆瓿甊。甊，樓上聲。見古音餘△集韻或作甒𤭛。

甎 35164 17532 zūn_12.17 集韻租昆切音尊。酒器也。

甀 35165 17533 sī_12.17 廣韻息移切集韻相支切太音斯博雅甀，瓶也揚子方言甖謂之甀[又]字林甕破聲釋典·大般若涅槃經譬如瓦瓶，破而聲甀，金剛寶瓶則不如是。解脫者亦無甀破。金剛寶瓶，眞解脫，即是如來[又]xī集韻先齊切音西。義同△集韻或省作㽄，亦書作甀。

鎣又甚35076慧琳音義甀破：先奚反，或作厮、作嘶。

𤮗 35166 u24B97 lọ_12.17 喃从瓶省路lộ聲△𤮗花：花瓶。

𤮓 35168 u24B93 sī_12.17 同甀35165

𤮔 35167 u24B94 zhēn_12.17 甄35096本字

𤮒 35169 u24B92 hũ_12.17 喃从瓦屢lũ聲。罈子。

𤮑 35170 u24B91 be_12.17 喃从瓶省悲bi聲。樽△𤮑罌：酒瓶。

㽅 35171 u3F45 dēng_12.17 集韻㪅16006，說文禮器也。从廾持肉在豆上。或作登57059甑。通作鐙。

甑 35172 17534 dēng_13.18 廣韻都滕切集韻正韻都騰切太音登。與登同。禮器也玉篇瓦豆也廣韻瓦器唐書·韋縚傳盛以甑。

甓 35173 17535 pì_13.18 唐韻扶歷切集韻韻會蒲歷切，太屏入聲說文瓴甓也爾雅·釋宮瓴甋謂之甓博雅甓，甎也詩·陳風中唐有甓傳甓，瓴甋也司馬相如·長門賦緻錯石之瓴甓兮，象瑇瑁之文章註江東呼甓爲甗甎晉書·陶侃傳侃在州無事，輒朝運百甓于齋外，暮運于齋內[又]集韻博厄切音薜。義同。

甔 35174 17536 dān_13.18 廣韻丁含切集韻韻會都含切太音耽集韻罃也揚子方言齊東北海岱之閒謂之甔五音集韻大甖可受一石史記·貨殖傳醬千甔註徐廣曰：大罌缶。○按玉篇韻會正韻以爲小甖，與諸解異[又]集韻通作儋前漢·蒯通傳守儋石之祿註應劭曰：受二斛。又揚雄傳家無儋石之儲註孟康曰：儋石，甖石。甖受一石，故云儋石[又]韻會通作擔揚子法言吾見擔石矣後漢·明帝紀生者無擔石之儲[又]dàn廣韻集韻韻會正韻太都濫切音擔。又集韻覩敢切音膽。又乂濫切音甔。義太同。鎣又㼭34975䃫45365

甗 35175 17537 xī_13.18 字彙虛宜切，音希◇缶也。

甑 35176 17538 dāng_13.18 集韻都郎切音當玉篇甈瓦也類篇甌屬。一曰甈瓦謂之甑溝。

甑 35177 17539 léi_13.18 廣韻魯回切集韻盧回切太音雷。屋棟瓦。

甗 35179 17541 shàn_13.18 廣韻集韻太時戰切音善。瓦器緣也。或作鏄[又]集韻尺戰切音硟。義同。

甓 35178 17540 jī_13.18 字彙同墼

甕 35180 17542 hú_13.18 廣韻集韻太胡谷切音斛。瓦器[又]玉篇坯也。

甕 35181 17543 wèng_13.18 廣韻集韻韻會正韻太烏貢切。同瓮玉篇甖也韻會汲瓶也易·井卦井谷射鮒，甕敝漏禮·檀弓醯醢百甕李斯·上秦始皇書夫擊甕扣缶，彈箏搏髀，而歌呼嗚嗚，快耳目者，眞秦之聲也[又]禮·儒行蓬戶甕牖疏甕牖者，謂牖牕圓如甕口也。又云以敗甕口爲牖莊子·讓王篇桑以爲樞，而甕牖二室註屈桑條爲戶樞，破甕爲牖，各一室也[又]莊子·人閒世甕㼜大癭，說齊桓公註甕㼜，大癭貌[又]集韻亦作罋。又作罌前漢·張騫傳大宛國獻大鳥卵，如甕註一作罌[又]yōng集韻韻會正韻太於容切音雍前漢·西域傳烏弋國有大鳥卵，如甕師古註音平聲[又]集韻委勇切音壅。又於用切，壅去聲。義太同。鎣又𪁷45385甖35208甕00243

甗 35182 17544 yǎn_13.18 釋名小山別大山曰甗。甗，甑也。甑一孔者，甗形孤，出處似之也釋文音彥○按卽甗字之譌。

𤮟 35183 u24B9F ngói_13.18 喃从瓦塊khối聲。同瓰34983△𤭸𤮟：磚

瓦。

甎 35184 u24B9E
ngói_13.18 喃从瓦鬼ngôi聲。

甇 35185 17545
yīng_14.19 廣韻烏莖切集韻於莖切𡘋音罌玉篇坯也廣韻瓦器揚子方言趙魏之郊謂之甇,或謂之罌劉伶·酒德頌先生於是方捧罌承槽,銜杯漱醪𡥀集韻於正切音縈。義同△類篇或作甇。墾又甈57883

甆 35186 17546
yì_14.19 廣韻集韻𡘋魚記切音懿玉篇大甇也博雅甆,瓶也揚子方言東齊海岱之間謂之甆。甇,其通稱也。

甇 35187 17547
xiàn_14.19 廣韻集韻韻會胡懺切正韻胡監切𡘋音㽋博雅甇坯,甇也玉篇大盆也廣韻大瓮,似盆增韻瓮甇之屬,可以盛冰續漢書盜伏於甇下𡥀韻會或作鹽亦作鑑周禮·天官·凌人春始治鑑又祭祀共冰鑑註鑑如甇,大口,以盛冰,置食物于中,以禦溫氣𡥀集韻胡暫切,音鑑。又居銜切,音監。又呼濫切,音歘。義𡘋同。

甇 35188 u24BA1
róng_14.19 同甇35191

甇 35191 44474
róng_15.20 字彙補同甇

甇 35189 u24BA0
muǒng_14.19 喃从瓦蒙mông聲。

甒 35190 17548
wǔ_15.20 集韻罔甫切音武。同甒博雅甒,瓶也揚子方言甇,周魏之間謂之甒。

甌 35192 u24BA5
âu_15.20 喃从瓦歐âu聲。△丐甌:小盆。甌鑱堵涅:金甌殘毀,國破家亡。

甗 35193 u24BA3
null_15.20 未詳。

甔 35194 17549
tán_16.21 集韻徒南切音覃。與壜同。甒屬。一曰酒器。

甗 35195 17550
lú_16.21 廣韻落胡切集韻韻會龍都切𡘋音盧玉篇酒器。墾又甕甒子,仙人名。

甗 35196 17551
yǎn_16.21 唐韻魚塞切集韻韻會正韻語塞切𡘋音讞◆說文甗也。一曰穿也韻會無底甑也揚子方言甑,自關而東謂之甗左傳·成二年齊侯使賓媚人賂以紀甗玉磬與地周禮·冬官考工記·陶人甗實二鬴,厚半寸,脣寸註甗,無底甑正字通博古圖甗之爲器,上若甑,可以炊物,下若鬲,可以飪物,蓋兼二器而有之。或三足而圓,或四足而方考工甗註:鄭玄謂無底甑。王安石則曰:从虍从瓦。鬲獻其氣,甗能受之,然後知甑無底者,所以言其上,鬲獻氣者,所以言其下也說文止訓爲甑,蓋舉其具。體言之耳。商有父己甗二,父乙甗,祖己甗,鬲甗二,饕餮甗。周有垂花雷紋甗盤,雲饕餮甗,純素甗二。漢有偃耳甗,皆銅爲之方言梁謂甑爲鉹。鉹字从金,既从金,則甗未必皆如考工陶器也。𡥀爾雅·釋山重甗陳註謂山形如累兩甗疏山基有重岸也𡥀地名春秋·僖十八年宋師及齊師戰于甗註甗,齊地𡥀前漢·司馬相如·上林賦巖陁甗錡,崔娒崛崎註甗錡,隆屈窊折貌文選註甗,甑也。錡,敧也。上大下小,有似敧甑也𡥀廣韻語軒切集韻韻會魚軒切𡘋音言。又廣韻魚變切集韵魚戰切韻會疑戰切,𡘋音彥。

又集韻韻會𡘋語偃切音甗。又集韻牛堰切音唁。義𡘋同。墾又甇35182

甗 35197 17552
lóng_16.21 廣韻盧紅切集韻盧東切𡘋音龍集韻築土礧毂。一曰瓦礧物𡥀玉篇古文甃39559字。

甗 35198 17553
duì_16.21 集韻都內切音對。器名。

甗 35199 17554
rǒng_16.21 唐韻而隴切集韻乳勇切𡘋音宂。羽獵韋綯𡥀jùn廣韻韻會𡘋子峻切音俊。又ruǎn集韻乳兗切音㮃。又rǔn乳尹切音吮。義𡘋同。墾又褻54611褻54806褻54773甗48555

甗 35200 u24BAB
zhǔ_16.21 同甗45345

甗 35202 17556
chàn_17.22 唐韻楚鑒切集韻又鑑切𡘋音懺。罌屬𡥀zàn集韻仕懺切音鏨。大盎以盛濟者𡥀類篇藏濫切音鏨。義同。

甗 35201 17555
xiè_17.22 集韻悉協切音燮。瓦破聲。墾又甗35215

甗 35203 17557
líng_17.22 集韻郎丁切音靈。俗瓴字。

甗 35204 41517
xié_17.22 五音篇海音攜。宇下空也。墾俗甗35206甗下通蒸汽之孔篇海·瓦部引類篇甗,音攜字。下空也新修玉篇·瓦部引類篇甗,音攜。甗下空也玉篇·瓦部甗,胡圭、古畦二切,甗下空也。

甗 35205 u2AF3F
null_17.22 字見新撰字鏡·瓦部

甗 35206 17558
wā_18.23 廣韻古攜切集韻涓畦切𡘋音圭。同窐。甗下孔𡥀廣韻烏攜切集韻淵畦切𡘋音蛙。又集韻玄圭切,音攜。義𡘋同。墾又瓲35014甀71355甗35204

甗 35207 17559
zhé_18.23 集韻質涉切,音讋。盎屬。墾又壜09636

甗 35208 17560
wèng_18.23 正字通甕本字。

甗 35209 17561
zhuān_18.23 字彙補昭穿切,音專◇行不正。

甗 35210 44475
zhǔ_18.23 搜眞玉鏡同甗。

甗 35211 u24BB5
liè_18.23 俗甗57124直音篇甗同甗。

甗 35212 u24BB4
guàn_18.23 俗罐45380亦作甗35209

甗 35213 u3F4C
liù_18.23 同甗35216

甗 35215 u24BB6
xiè_19.24 同甗35201朝鮮本龍龕甗,踈叶切。瓦破也。

甗 35214 17562
luó_19.24 五音集韻力華切,瓦器也𡥀正字通或曰䜌,猶圝也,取圓完相連之義。今竈突煙囱員瓦,如竹筒不析開者是也。故俗名之曰甗。

甗 35216 17563
liù_20.25 廣韻集韻𡘋力救切音溜玉篇屋檼也博雅甇謂之甗。墾又甗35213甇35177甗35217

甗 35217 17564
lié_22.27 五音集韻盧回切音罍。屋棟瓦也。又屋檼也。

甗 35218 17565
líng_24.29 集韻郎丁切音靈。同瓴。

• 甘部 •

甘 35219 17566
gān_0.5 古文凵𠚪 唐韻 古三切 集韻 韻會 正韻 沽三切，𠀤敢平聲 說文 美也 徐曰 物之甘美者也 韻會 五味之一 正韻 甜也 書·洪範 稼穡作甘 傳 甘味生於百穀 詩·衛風 誰謂荼苦，其甘如薺 禮·月令 中央土，其味甘。又 言之悅耳。亦曰甘 左傳·昭十一年 幣重而言甘。又 詩·衛風 願言思伯，甘心首疾 傳 甘，厭也 疏 謂思之不已，乃厭足於心，用是生首疾也。凡人飲食口，甘遂至于厭足，故云甘，厭也 又 左傳·莊九年 管召，讎也。請受而甘心焉 註 甘心，言欲快意戮殺之 又 易·臨卦 六三，甘臨，无攸利 註 甘者，佞邪說媚不正之名也 又 玉篇 樂也 淮南子·繆稱訓 故人之甘甘非正爲蹠也 註 人之甘甘，猶樂樂而爲之 又 淮南子·道應訓 大疾則苦而不入，大徐則甘而不固 註 甘，緩意也 又 姓 書·說命 台小子舊學于甘盤 註 甘盤，殷賢臣。又甘茂甘羅，𠀤秦人。又 抱朴子·辯問卷 子韋甘均，占候之聖也。又漢複姓，有甘莊、甘士、甘先三氏 又 地名 書·甘誓 大戰于甘 傳 甘，有扈郊地名 左傳·僖二十四年 初，甘昭公有寵於惠后 註 甘昭公，王子帶也，食邑於甘。又 昭十七年 陸渾子奔楚，其衆奔甘鹿 註 甘鹿，周地 又 山名 山海經·中山經 薄山之首曰甘棗之山 又 水名 山海經 鹿蹄之山，甘水出焉 註 按 水經 甘水出南山甘谷 又 州名 五音集韻 元魏西涼州改甘州 又 前漢·郊祀志 武帝作甘泉宮 又 木名 詩·召南 蔽芾甘棠 傳 甘棠，杜也 疏 郭璞曰：今之杜梨 山海經 有不死之國，阿姓，甘木是食 註 甘木，即不死樹 又 正韻 果名，俗作柑 風土記 甘，橘之屬，滋味甘美。又 古今注 甘實形如石榴者，謂之壺甘 又 草名 博雅 陵澤，甘遂也 又 美丹，甘草也 又 gàn 集韻 古暗切，音紺。土之味也 又 hān 集韻 韻會 正韻 𠀤胡甘切，音酣 書·五子之歌 甘酒嗜音 又 熟也 莊子·徐無鬼 甘寢〇按 正韻 別作戶甘切，胡、戶同母。不宜分列。𨽡 又坩00236
目35220柑17086草35225芊48995

甘 35221 u2F62
gān_0.5 部35219

曰 35220 17567
gān_0.5 說文 甘本字 六書正譌 从口含一，物之甘美者。會意。

𣅀 35222 17568
zhǐ_3.8 玉篇 古文旨22319字。

𣅁 35223 17569
dài_3.8 廣韻 徒耐切 集韻 待戴切𠀤音代。甘也。𨽡 又甉16052 又 集韻 武35228酨62183酤62229 博雅 甜、甙，甘也。一曰酤（酤）也。或从酉。亦作酨 又 玉篇 酨62172，徒戴、與職二切。酒色也，甘也。胡吉宣校釋：甙與酨同。

𣓀 35225 u24BC0
gān_3.8 同甘35219

𣓀 35224 17570
gān_3.8 集韻 沽三切 音甘。南方有肝瞻林。東方朔說。

甙 35228 u7519
dài_3.8 同𣅁35223

𩆲 35227 u24BBE
ngọt_3.8 喃 从甜省 兀ngọt聲。亦作呮05438甘甜，鮮美。

甝 35226 u24BBF
ngọt_3.8 喃 同𩆲35227甜。

昏 35229 17571
guā_4.9 集韻 昏05477古作昏。

甚 35230 17572
shèn_4.9 古文㝏算 唐韻 集韻 韻會 正韻 𠀤時鴆切，忱上聲 說文 尤安樂也 廣韻 劇過也 韻會 尤也，深也 易·繫辭 其道甚大，百物不廢 詩·小雅 彼譖人者，亦已大甚 淮南子·修務訓 由此觀之，則聖人之憂勞百姓，甚矣。又 唐韻 常枕切 集韻 韻會 食荏切 正韻 食枕切，並忱上聲。義同 潘岳·關中詩 主憂臣勞，孰不祗懍。愧無獻納，尸素以甚。叶上寢稔。𨽡 又算16007昙04403甚35233甚35236

查 35234 u24BC3
null_4.9 或同柑。

㕢 35231 17573
wú_4.9 字彙補 古文吳字。見 玉篇 〇按 玉篇 吳字古文作𠯷 字彙補 譌作㕢。

眠 35232 44476
shì_4.9 字彙補 牀自切，音是。

甚 35233 u2B7AA
shèn_4.9 俗甚35230見 佛教難字字典

瓶 35235 17574
gān_5.10 集韻 枯甘切。瓹也。

甚 35236 44477
shèn_5.10 字彙補 食枕切音甚。𨽡 碑變字 隸辨·上聲·寢韻 引 魏上尊號奏

甛 35237 17575
tián_6.11 古文餂 唐韻 集韻 韻會 正韻 𠀤徒兼切音恬 說文 美也。从舌作甛。舌，知甘者 博雅 甛，甘也 張衡·南都賦 酸甜滋味，百種千名 又 蘇軾·發廣州詩 三杯頓飽後，一枕黑甜餘 註 頓飽謂飲酒，黑甜謂臥睡也。又 水名 洞冥記 甜水去虞淵八十里△ 集韻 亦書作甜。𨽡 又䑙38818甛37578䝟57727甜57726酟62268胡48475餂68957 又 可洪音義 𩜊74563如：上徒兼反，甘也。正作甜。

𫽀 35239 u2AF40
null_7.12 未詳。

甜 35238 17576
tián_6.11 集韻 與甛同

𣯆 35240 u24BC6
ngon_7.12 喃 从甘言ngôn聲。香甜，可口。

唅 35241 17577
yǎn_8.13 集韻 以冉切音琰。甘也。

魁 35242 17578
hán_8.13 廣韻 集韻 韻會 𠀤胡甘切音酣 爾雅·釋獸 魋，白虎。

嘗 35243 17579
cháng_8.13 集韻 同嘗06985

𪙛 35244 17580
tán_8.13 廣韻 徒含切 集韻 徒南切，音覃 集韻 都含切，音耽。𪙛𪙛，室宇深邃貌 又 dàn 徒感切音毯。盛也 又 xīn 廣韻 許金切 集韻 虛金切𠀤音欣。火盛貌。

䐗 35245 17581
zhè_9.14 集韻 之夜切音柘。同蔗。

𣽏 35246 u3F4F
gàn_9.14 地名用字。

豏 35247 17582
xiān_10.15 廣韻 許兼切 集韻 馨兼切𠀤音馦。與蘞同 博雅 豏豏，香也 又 集韻 火占切音襳。義同。

齜 35248 17583
dān_10.15 字彙補 古文耽46547字。

𣲊 35249 u24BCA
chè_10.15 喃 从甘茶trà聲。甜羹。亦作糈43532

曭 35250 17584
zhè_11.16 集韻 同蔗。

麢 35251 17585
gān_11.16 唐韻 集韻 𠀤古三切音甘 說文 和也 又 廣韻 集韻 𠀤胡甘切音酣。又

廣韻口含切集韻枯含切丛音堪。又集韻徒南切丛音覃。又葛合切音閤。義丛同。鏊又曆74707曆35253曆35254

墰 tán_12.17 35252 17586
廣韻徒含切集韻徒南切丛音覃。長味也図dàn廣韻徒紺切集韻徒紺切丛音窨。甘也。

曆 gān_12.17 35253 u24BCD
王筠說文釋例曆35251，曆字之譌。

曆 gān_13.18 35254 17587
字彙同曆。鏊又曆35253

曆 yán_16.21 35255 17588
集韻余廉切音鹽，味甘。

曆 lǎm_17.22 35256 u24BD1
喃从甚稟bẩm聲。同孴09968△嶢孴：很多。

馨 xīn_23.28 35257 u24BD2
馨69710本字。

• 生部 •

生 shēng_0.5 35258 17589
古文坐唐韻所庚切集韻韻會正韻師庚切丛音甥說文進也玉篇起也莊子·外物篇凡道不欲壅，壅則哽，哽而不止則跈，跈則衆害生註生，起也。図玉篇產也博雅人十月而生穀梁傳·莊二年獨陰不生，獨陽不生，獨天不生，三合然後生図出也易·觀卦上九觀其生，君子無咎註生，猶動出也図養也周禮·天官·大宰五曰生以馭其福註生，猶養也。賢臣之老者，王有以養之左傳·哀元年越十年生聚，而十年教訓。図韻會死之對也孟子生，亦我所欲也前漢·文帝紀世咸嘉生而惡死図造也公羊傳·桓八年遂者何，生事也註生，猶造也。專事之詞図性也書·君陳惟民生厚，因物有遷傳言人自然之性敦厚，因所見所習之物，有遷變之道図左傳·僖二十七年於是乎出定襄王，入務利民，民懷生矣疏懷生者，謂有懷義之心図詩·邶風既生既育，比予于毒箋生，謂財業也前漢·高帝紀不事家人，生產作業図周禮·冬官考工記·矢人凡相笴，欲生而摶註相猶擇也，生謂無瑕蠹也。摶謂圓也図不熟也史記·項羽紀與一生彘肩図語辭李白·戲杜甫詩借問別來太瘦生歐陽修詩問向青州作麼生図平生，疇昔也阮籍詩平生少年時，趙李相經過杜甫詩平生爲幽興，未惜馬蹄遠図正字通凡事所從來曰生。宋高宗朝，孫楙入覲，嘗論公生明。上問何以生公。曰：廉生公。問何以生廉。曰：儉生廉。上稱善図所生，父祖也詩·小雅凤凰夜寐，毋忝爾所生疏當早起夜臥，行之無辱汝所生之父祖已図友生，朋友也詩·小雅矧伊人矣，不求友生図先生，師之稱。諸生，弟子之稱韓愈·進學解國子先生晨入太學招諸生前漢·高帝紀高祖謂酈食其，以萬戶封生註師古曰生猶言先生。文穎曰：諸生也。図先生，父兄也論語有酒食，先生饌図儀禮·士冠禮遂以摯見於鄉大夫鄉先生註鄉先生，鄉中老人爲卿大夫致仕者史記·五帝紀薦紳先生難言之図詩·商頌以保我後生朱註我後生，謂後嗣子孫也図門生裴皞詩三主禮闈年八十，門生門下見門生図蒼生，民也晉書·謝安傳安石不肯出，將如蒼生何張協雜詩冲氣扇

九垠，蒼生衍四垂図前漢·郊祀志故神降之嘉生註師古曰嘉生謂衆瑞図楚語滯則不震，生乃不殖註生，人物也図水名山海經北二百二十里曰盂山。生水出焉，而東流注于河註卽奢延水也。水西出奢延縣西南赤沙阜，東北流図姓正字通漢生臨，明生甫申。又微生，浩生，俱複姓図與牲同前漢·昭帝紀今破烏桓，斬虜獲生，有功註獲生口也図與狌同汲冢周書郭都生生図shèng廣韻正韻所敬切集韻韻會所慶切丛音眚。產也字彙俗謂雞生卵図shěng集韻韻會丛所景切音眚。育也論語註四乳生八子陸德明·音義生，所幸反。又如字。鏊史記·鄘生傳前漢·高帝紀之誤。
図画04472圭35260

坐 shēng_0.5 35259 17590
玉篇古文生字。註詳上。

圭 shēng_0.5 35260 u9FB6
同坐，古文生図壽09736字的簡省。
図敦煌佈色符號：夕綠，工紅，圭青66938

生 shēng_0.5 35261 u2F63
部生35258

生 rén_1.6 35262 17591
字彙補與人同，唐武后製。

卟 null_2.7 35263 u2AF41
喃未詳。

牧 xìng_3.8 35264 17592
字彙與姓同秦惠文王詛楚文伐滅我百牧。

姓 suī_3.8 35265 41518
五音篇韻心追切音雖。不正也。

牣 shì_4.9 35268 44479
龍龕音勢

奎 wěn_3.8 35266 44478
字彙補同穩

胜 qíng_4.9 35267 17593
字彙同姓09874

坒 zhōng_4.9 35269 44480
字彙補初充切音終。人亡絕。鏊俗終。

牧 shēng_4.9 35270 44481
龍龕與笙同。

青 qīng_4.9 35271 u24BDE
慧琳音義紺耖：下青字，從生從丹也。

青 shěng_4.9 35272 u24BDD
同耖37500五侯鯖字海耖，音省。清心也。

牧 null_4.9 35273 u24BD9
未詳。

牲 shēn_5.10 35275 17594
唐韻所臻切集韻韻會正韻疏臻切丛音莘說文衆生並立之貌詩·大雅瞻彼中林，牲牲其鹿傳牲牲，衆多也聲類云聚貌。徐曰：丛生而齊盛也，若鹿角然。

斗 dǒu_4.9 35274 u24BD8
龍龕音斗

毒 yù_5.10 35276 17595
字彙補余獨切音育字義總略亭之毒之，从生从母。俗作亭毒，誤

胜 yīn_6.11 35277 17596
集韻伊眞切音因。同姻。

牲 shèng_6.11 35278 17597
集韻所敬切，生去聲。刺也。

產 chǎn_6.11 35279 17598
唐韻集韻韻會丛所簡切，音汕說文生也正字通婦生子曰產，物生亦曰產禮·鄉飲酒禮產萬物者，聖也註聖之言生也周禮·春官·大宗伯以天產作陰德，以中禮防之。以地產作陽德，以和樂防之註天產者動物，謂六牲之屬。地產者植物，謂九穀之屬前漢·昭帝紀金芝九莖，產于函德殿銅池中図本其所生

長之地曰產 孟子 陳良，楚產也 左傳·僖二年 屈產之乘 註 屈地生良馬。趙岐以屈產爲地名，誤 又 民業曰產 孟子 有恆產者有恆心 前漢·高祖紀 常有大度，不事家人生產作業 又 五音集韻 大簫似笛，三孔而短 爾雅·釋樂 大簫謂之產 又 水名。與潼同 前漢·郊祀志 霸產豐勞。 又 與嵼同 楚辭·九章 思蹇產而不釋 又 姓 何氏姓苑 彭城人也 正字通 明產麟，產瓚 又 shàn 五音集韻 所晏切音訕。生育也 △ 或作嶘嵼。 璽 又產35285产00644陥65625 又 前漢·郊祀志 霸產豐勞。徐慧：霸產豐渧。

35280 17599
埕 xīng_6.11 集韻 星22454古作埕。

35281 17600
𡇐 xìng_6.11 字彙補 古文姓10522字。

35282 u2AF42
𡇂 tǒu_6.11 簡 甡74555

35284 u24BE4
𡣤 null_6.11 未詳。

35283 u24BE5
𡣥 chǎn_6.11 方 徐珂 清稗類鈔·經術類 廣西人所用者如下……𡣥，音近產。假子也。

35285 u7523
産 chǎn_6.11 同產35279

35287 17602
𡣧 nèn_7.12 字彙 俗嫩字

35286 17601
甤 ruí_7.12 唐韻 集韻 韻會 儒佳切 正韻 如佳切丛音緌 說文 草木實甤也 徐曰 甤豕聲相近，又生子之多，莫若豕也 正韻 華榮之生，有類豕豪。會意 又 ruǐ 廣韻 正韻 如累切 集韻 類篇 乳捶切丛音蘂。義同 正字通 俗作蕤。 璽 又甤35292

35288 17603
甥 shēng_7.12 唐韻 所更切 集韻 韻會 正韻 師庚切丛音◆ 廣韻 外甥也。姊妹之子曰甥 詩·大雅 韓侯娶妻，汾王之甥 傳 姊妹之子爲甥 又 爾雅·釋親 謂我舅者，吾謂之甥 韻會 女之壻亦曰甥 孟子 帝館甥于貳室。 又 韻會 外孫曰甥，據外祖而言。一說外孫曰彌甥 左傳·哀二十三年 以肥之得備彌甥 又 爾雅·釋親 姑之子爲甥，舅之子爲甥，妻之晜弟爲甥，姊妹之夫爲甥 註 四人體敵，故更相爲甥。甥，猶生也 又 姓。晉大夫呂甥之後。 璽 又甡35290

35289 17604
甦 sū_7.12 正字通 俗甦字。

35290 17605
甡 shēng_7.12 字彙補 與甥同。見 石墨鑴華

35291 17606
𡇑 xìng_7.12 集韻 姓10522古作𡇑。

35292 u2F934
甤 ruí_7.12 同甤35286

35293 u24BEB
𡣫 null_7.12 未詳。

35294 u24BEA
𡣪 null_7.12 未詳。

35296 u24BE8
𡣨 sòng_7.12 喃 从生弄lòng聲 △ 𡣨甦：生死。𡣨群：生存。

35295 u24BE9
𡣩 sòng_7.12 喃 同𡣨35296 △ 蒌甡：生菜。

35298 44482
𡣧 nèn_8.13 龍龕 同嫩

35297 17607
𡇐 xìng_8.13 字彙補 與姓同。見 字學指南 ○ 按卽𡇐字之譌。

35299 u2AF45
𡽅 null_8.13 喃未詳。

35300 u2AF44
𡽄 null_8.13 喃未詳。

35301 u2AF43
𡽃 null_8.13 喃未詳。

35303 u24BF0
𡯰 đẻ_8.13 喃 从生底đế

聲 △ 生𡯰：分娩 △ 亦作𤅄35317

35302 u24BF1
𡯱 gã_8.13 喃 从生奇kỳ聲。你這傢伙，那傢伙。 △ 亦作𡕨35568刴11785𤅈02092

35304 u24BEE
𡯮 null_8.13 未詳。

35305 17608
𤅁 lóng_9.14 字彙 隆本字

35306 17609
𤅂 sū_9.14 字彙 同甦 璽 字彙 甦同甦，甦同甦 正字通 甦同甦，甦俗甦字。

35307 41519
𤄇 sēn_9.14 字彙補 所音切音森。眾也。

35308 u24BF4
𤄋 shēng_9.14 五侯鯖字海 音生。亦作甡33101，同。光緒 蘇州府志·卷第三十三·津梁一 萬壽亭橋：橋畔舊有紅甡亭，後改建萬壽亭，故名。今亭已廢。

35309 u24BF5
𤄕 null_10.15 未詳。

35310 u3F53
㽓 null_10.15 未詳。

35312 u3F54
㽔 ruí_11.16 俗蕤50997

35311 u24BF6
𤄖 cǔ_11.16 喃 同𤄁35322

35314 u24BF9
𤄹 ruí_12.17 俗蕤50997

35313 17610
𤄳 huáng_12.17 古文䭫 廣韻 集韻 丛胡光切音黃。華榮也。同䭫 璽 說文 䭫，或从艸皇。段改篆作䭫，从舜生皇聲 又 䭫48551䭫48553

35315 u24BF8
𤄸 yìn_12.17 方 徐珂 清稗類鈔·經術類 廣東人所用者如下……𤄸，銀去聲，牽扯不斷也。

35316 44483
𤅀 měng_14.19 龍龕 莫孔切。

35317 u24BFF
𤅄 đẻ_14.19 喃 从生底đế聲。分娩，生產。

35318 u24BFE
𤅃 ruí_14.19 俗蕤50997

35319 u24BFC
𤅁 ruí_14.19 俗蕤50997

35320 17611
𤅞 huáng_16.21 集韻 䭫古作𤅞。註詳上。

35321 44484
𤅟 ráng_17.22 篇海類編 音穰。又 rǎng 音壤。

35322 u24C01
𤅁 cǔ_17.22 喃 从生舉cử聲。禁忌，忌諱 △ 俗作𤄖35311

• 用部 •

35323 17612
用 yòng_0.5 古文𤰃𤰇 唐韻 集韻 韻會 正韻 丛余頌切，容去聲 說文 可施行也 易·乾卦 初九，潛龍勿用 疏 唯宜潛藏，勿可施用 書·皋陶謨 天討有罪，五刑五用哉 又 廣韻 使也 左傳·襄二十六年 雖楚有材，晉實用之 杜甫詩 古來才大難爲用 又 功用 易·繫辭 顯諸仁，藏諸用 疏 謂潛藏功用，不使物知，是藏諸用也 論語 禮之用，和爲貴 又 貨也 書·大禹謨 正德、利用、厚生 疏 謂在上節儉，不爲糜費，以利而用，使財物殷阜 禮·王制 冢宰制國用，必於歲之杪，五穀皆入，然後制國用 又 以也 詩·小雅 謀夫孔多，是用不集 古樂府 何用識夫壻，白馬從驪駒。 又 庸也 論語 則四方之民，襁負其子而至矣，焉用稼。 又 增韻 器用也 書·微子 今殷民乃攘竊神祇之犧牷牲用，以容 傳 器實曰用 左傳·襄二十五年 我先王賴其利器用也 又 廣韻 通也 又 姓。漢有用蚪，爲高唐令 又 六書正譌 周伯琦曰：用，古鏞字，鐘也。古款識，商鐘寅簋鐘字皆作用，後人借爲施用字。 璽 又用35328𤰃00310𤰆35334

用 35324 u2F64
yòng_0.5 部用35323

甩 35325 u7529
shuǎi_0.5 亦作攧20408
國語辭典 (一)拋棄。(二)掄，擺，如言：甩尾巴。

甪 35326 17613
lù_1.6 正字通角55318字之譌。

甩 35327 u2AF46
null_1.6 未詳。

甩 35328 u24C03
yòng_1.6 用35323本字。亦作甩00310

甫 35329 17614
fǔ_2.7 唐韻方矩切集韻韻會匪父切正韻斐古切夶音斧說文男子美稱也禮‧檀弓臨諸侯畛於鬼神曰：有天王某甫疏某是天子之字，甫是男子美稱也儀禮‧士冠禮永受保之，曰伯某甫仲叔季，唯其所當註甫是丈夫之美稱。孔子爲尼甫，周大夫有嘉甫，宋大夫有孔甫雜記疏甫，且也。五十以伯仲，是正字。二十之時曰某甫，是且字。言且爲之立字也又爾雅‧釋詁甫，大也詩‧小雅倬彼甫田。傳甫田謂天下田也。明乎彼大古之時，以丈夫稅田也又玉篇始也又廣韻衆也博雅甫甫，衆也詩‧大雅魴鱮甫甫又爾雅‧釋詁甫，我也又國名詩‧大雅維申及甫，維周之翰箋甫，甫侯也又地名詩‧小雅東有甫草，駕言行狩箋甫草者，甫田之草也。鄭有圃田，今開封府中牟縣西圃田澤是也春秋‧定十年冬，齊侯、衞侯、鄭游速，會于安甫穀梁傳昭二十三年吳敗頓胡沈蔡陳許之師于雞甫註雞甫，楚地又山名詩‧魯頌徂來之松，新甫之栢傳新甫，山也又章甫，冠名禮‧郊特牲章甫，殷道也又姓風俗通甫侯之後，周甫瑕，明甫轍，甫輶。又皇甫，複姓。宋戴公之子曰皇父，因命族曰皇父。至秦改爲皇甫又bǔ集韻彼五切音補。種菜曰圃，或省作甫。

甬 35330 17615
yǒng_2.7 唐韻余隴切集韻韻會正韻尹竦切夶音勇說文草木華甬甬然也徐曰甬之言涌也，若泉涌出也又甬道史記‧秦始皇紀築甬道註應劭曰：謂馳道外築牆，天子於中，外人不見也項羽紀註應劭曰：恐敵鈔輜重，故築牆垣如街淮南子‧本經訓修爲牆垣甬。道相連註甬道，飛閣複道也韓愈詩雲韶凝禁甬註宮禁巷道也正字通按甬道之名雖同，或馳道外，或軍伍中，或宮巷道，其用不一又周禮‧冬官考工記‧鳧氏鳧氏爲鍾，舞上謂之甬，甬上謂之衡註此二名者，鍾柄也又揚子方言自關而東，陳魏宋楚之間，保庸謂之甬又地名左傳‧哀二十二年越滅吳，請使吳王居甬東。註：甬東，越地，會稽句章縣，東海中洲也又量名禮‧月令仲春之月，日夜分，則同度量，鈞衡石，角斗甬註甬，今斛也又博雅甬，常也又dòng集韻韻會夶杜孔切音動，候管也。與箭同。又桶24151

甪 35331 u24C04
jiǎo_2.7 同角55318又文用字〇按玉篇古文用作甪

甮 35332 17616
xiáng_3.8 字彙胡江切音降。具也。

甩 35333 17617
yòng_3.8 玉篇古文用35323字。

甩 35334 44485
yòng_3.8 篇海類編古文用作甩

崩 35335 44486
bēng_3.8 字彙補同用。又黃征敦煌俗字典崩，俗崩。浙敦.026普賢菩薩說證明經咒山能崩，咒河能竭，日月崩落，三千大千世界六種震動。

备 35336 44487
bèi_3.8 字彙補同備。

甯 35337 u752E
fèng_4.9 方越諺‧卷上‧格致之諺第四惄心寬，甯屋寬國語辭典甯，紹興語謂不用為甯，猶北平語之甯35338

甯 35338 u752D
béng_4.9 龍龕甯，音弃錢大昕‧十駕齋養新錄‧宋時俗字龍龕手鑑多收鄙俗之字，如甯為棄。甯又方言字，合「不用」的音義。

甫 35339 17618
bèi_5.10 玉篇皮祕切，與備同。具也。正字通俗甫字。

甯 35340 44488
bèng_5.10 篇韻方蹬切。同甯。

甯 35341 17619
bèi_6.11 唐韻集韻韻會夶平祕切音精。與備同說文具也。

甯 35343 u24C09
null_7.12 未詳。

甯 35342 17620
nìng_7.12 唐韻集韻韻會正韻夶乃定切音佞說文所願也徐曰甯，猶寧也。今俗言寧可如此爲甯可如此又姓又邑名春秋‧僖七年公會齊侯，宋公，陳世子款，鄭世子華，盟于甯母註高平方與縣東有泥母亭左傳‧文五年晉陽處父聘于衞，反過甯，甯嬴從之註甯，晉邑，汲郡修武縣也水經注武王伐紂，勒兵于甯，更名甯曰修武又集韻韻會囊丁切正韻奴經切，夶與寧同前漢‧郊祀歌周流常羊思所并，穰穰復正直往甯註言獲福既多，歸於正道，克當往日所願。又王莽傳永以康甯。又寍12241寕12235甯12263

霽 35344 u24C0A
null_9.14 未詳。

庸 35345 17621
zhī_10.15 周宣王‧石鼓文薛作庸。鄭云音義未詳。又甹35619

甹 35346 44489
chuán_10.15 五音篇海音傳。

甫 35347 u24C0D
fǔ_13.18 同甫51664俗甫75138

甯 35348 17622
yōng_14.19 廣韻集韻夶餘封切音容。城垣也。

甯 35349 44490
chuān_17.22 字彙補充先切，音川◇。

甯 35350 41520
pú_18.23 字彙補皮夫切音蒲。甯甯，螟蛉也。

甯 35351 u24C10
fǔ_20.25 同甫75138

• 田部 •

田 35352 17623
tián_0.5 唐韻待年切集韻韻會正韻亭年切夶音闐。說文陳也。樹穀曰田，象四口。十，阡陌之制也玉篇土也，地也正韻土已耕曰田釋名填也。五稼填滿其中也易‧乾卦見龍在田詩‧小雅雨我公田通典古有井田，畫九區如井字形，八家耕之，中爲公田，乃公家所藉。圭田者，祿外之田，以供祭祀。加田者既賞之，又

重賜之田也囝爰田，卽轅田左傳·僖十五年晉於是乎
作爰田註分公田之稅，應入公者，爰之於所賞之衆晉
語作轅田前漢·食貨志歲耕種者爲不易上田，休一歲
者爲一易中田，休二歲者爲再易下田，三歲更耕之，自
爰其處。農民戶人已受田，其家衆男爲餘夫，亦以口受
田如比註師古曰爰，更互也，比例也囝名田前漢·董
仲舒傳古井田法，雖難卒行，宜少近古。限民名田，以
贍不足通典名田，占田也。各爲立限，不使富者過制，
則貧弱之。家可足也囝代田通典漢武征和三年，以趙
過爲搜粟都尉。過能爲代田，一晦三甽，歲代其處，每
耨必附根，根深能水旱。一歲之收，常過縵田，一斛以
上，用力少而得穀多囝屯田正字通漢晉率兵屯，領以
帥，唐率民屯，領以官。宋率營田，以民。漢趙充國於
金城，留步士萬人屯田，擊先零，條上屯田十二事，宣
帝從之。明初兼行官屯，民屯，兵屯，商屯，腹屯，邊
屯諸法。永樂時爵令，每一都司另撥旗軍十一，名耕種，
號樣田。據所收子粒多寡，以辨別歲之豐凶，軍之勤惰。
雖養軍百萬，不費民間一粒。兵法所謂屯田一石，可當
轉輸二十石也囝營田通典宇文融括隱田曰：浮戶十
共作一坊，官立廬舍，謂之營田戶。言爲官營田，非屯
田戶也囝職田，職分田也文獻通考隋開皇中，始給職
田，又給公廨田。唐貞觀，以職田給逃還貧戶，每畝給
粟二斗，謂之地子。十八年復給職田。永泰元年，百官
請納職田，充軍糧。宋眞宗復職田。慶曆均公田，復
限職田。紹興復職田。金元志官皆有職田囝方田，卽
均田通典宋熙寧五年重修方田法，元豐罷之。郭諮攝
肥鄉令，以千步方田法。四出量括，遂得其數，收逋賦
八十萬囝區田氾勝之書湯有七年之旱，伊尹作爲區
田法，教民糞種，負水澆稼。賈思勰曰：區田，以糞氣
爲美，不必皆良田。又不耕旁地，庶盡地力囝籍田，
天子親耕之田也禮·月令孟春，天子帥三公九卿，躬耕
帝籍囝弄前漢·昭帝紀上耕於鉤盾弄田師古註謂
宴游之田，天子所戲弄囝一井爲田魯語季康子欲以
田賦註田，一井也管子·乘馬篇五制爲一田，二田爲
一夫囝書·無逸文王卑服，卽康功、田功註康者，安
民之功。田者，養民之功。言文王不侈服飾，專安養斯
民也囝獵也，與畋佃通。俗作畑易·恆卦田无禽疏田
者，田獵也詩·鄭風叔于田傳，取禽也囝姓五音集
韻出北平，敬仲自陳適齊，後改田氏史記·田敬仲完世
家註敬仲奔齊，以陳、田二字聲相近，遂爲田氏囝黃
庭經尺宅寸田可治生註尺宅，面也。寸田，兩眉閒爲
上丹田，心爲絳宮田，臍下三寸爲下丹田囝官名詩·豳
風田畯至喜傳田畯，田大夫也左傳·昭二十九年稷，
田正也疏稷爲田官之長周禮·夏官·田僕上士十有二人
囝星名。蒼龍之宿石氏星傳龍左角曰天田囝神名
詩·小雅以御田祖傳田祖，先嗇也周禮·地官·大司徒設
其社稷之壝，而樹之田主註田主，田神，后土、田正之
所依也囝鼓名詩·周頌應田縣鼓傳，大鼓也釋文田
如字，鄭作鼕，音胤囝車名周禮·夏官·田僕掌馭田路註

田路，木路也囝地名爾雅·釋地鄭有圃田左傳·隱八年
鄭伯請釋泰山之祀而祀，周公以泰山之祊易許田疏許
田，魯國朝宿之邑。又僖二年虢公敗戎于桑田註桑田，
虢地，在弘農陝縣東北。又成六年晉遷于新田註今平
陽絳邑縣是也後漢·郡國志京兆藍田出美玉囝州名韻
會廣南化外，唐開蠻洞置囝草名爾雅·釋草皇守田註
似燕麥，子如彫胡米，可食，生廢田中，一名守氣囝何
晏·景福殿賦駢田胥附註駢田胥附，羅列相著也。
囝禮·問喪殷殷田田，如壞牆然疏言將欲倒也囝蓮葉
貌江南曲江南可採蓮，蓮葉何田田囝chén集韻地因
切，樹穀曰囝diàn正韻蕩練切音電詩·齊風無田甫
田朱註田，謂耕治之也釋文無田，音佃囝chén字彙
補池鄰切音陳晉語佞之見佞，果喪其田釋文田音，與
陳同囝轉音亭韓愈·越裳操敦荒于門，敦治于田，四
海旣均，越裳是臣。又法苑珠林頌賢人慕高節，志願
菩提音。御鶴翔伊水，策馬出王田。又易林邪徑賊田，
惡政傷民。夫婦呪詛，太山覆顛。顛，音丁。鏊前漢·食
貨志農民戶人已受田。戶人，戶主。囝

由 35353 17624
yóu_0.5 廣韻以周切集韻韻會夷周切丛音猷廣
韻从也韻會因也爾雅·釋詁自也註猶从也論語觀其
所由註經也，言所經從禮·內則由衣服飲食，由執事註
由，自也儀禮·士相見禮願見無由達註言久無因緣，
以自達也囝博雅由，行也書·微子之命率由典常，以
蕃王室禮經解是故隆禮由禮，謂之有方之士疏由，行
也囝於也詩·大雅無易由言箋由，於也囝博雅由，
用也書·盤庚沖人非廢厥謀，弔由靈註弔，至，由，用，
靈，善也。言我非廢衆謀，乃至用爾衆謀之善者，指臣
民以爲當遷者言也詩·小雅君子無易由言箋由，用也
左傳·襄三十年以晉國之多虞，不能由吾子註由，用也
囝博雅式也囝揚子方言胥由，正輔也。燕之北鄙曰
由註胥，相也。由，正皆謂輔持也囝揚子方言由迪，
正也。東齊靑徐之閒相正謂之由迪囝所由，州郡官名
唐書·崔成傳舉觴罰裴度曰：丞相不宜與所由呫囁耳
語，度笑受之囝孟子由由然與之偕，而不自失焉註由
由，自得之貌管子·小問篇至其成也，由由乎茲免註由
由，悅也實貌。茲免，謂益有謹屬囝由庚、由儀丛笙詩
也。見束晳·補亡詩囝國名戰國策昔智伯欲伐仇由，
遺之大鐘註仇由，國名釋文漢志由作猶囝縣名後
漢·郡國志吳郡由拳搜神記秦始皇東巡，望氣者云五
百年後，江東有天子氣。始皇至，令囚徒十萬人掘汙其
地表，以惡名，曰拳縣囝姓史記·秦本紀戎王使由
余於秦囝由吾，複姓囝由胡，草名爾雅·釋草繁，由
胡囝夷由，鳥名爾雅·釋鳥鼯鼠夷由囝雒由，蟲名爾
雅·釋蟲雒由，樗繭註食樗葉囝與猶通。尚可之辭孟
子王由足用爲善囝通作繇董仲舒·賢良策道者所繇，
適於治之路註繇與由同。又許由前漢·古今人表作許繇
囝通作猶前漢·宣帝紀上亦無繇知囝楊慎·丹鉛錄由
與農通韓詩外傳東西耕曰橫，南北耕曰由呂氏春秋管

子歷紀皆云堯使后稷爲大由。註:大由,大農也。錢譜神農幣文,農作由圖借作甹。類篇按說文徐曰:說文無由字,惟甹字註:木生條也,古文省马,而後人因省之,通用爲因由等字。書·盤庚若顛木之有由蘖。註古作甹,顛仆也。甹,木生條也〇按說文註:古文省马,則甹係正字,由乃古省。據尚書註則甹屬古文,似誤。圖正字通音妖。冶由,女子笑貌。鋻管子註茲免謂益有謹屬。張按:屬當作勵。

甲 35354 17625
jiǎ_0.5 古文 甲 命 唐韻 集韻 韻會 𠀤古狎切音胛。草木初生之莩子也。易·解卦雷雨作而百果草木皆甲坼。疏百果草木皆甲開坼,莫不解散也。後漢·章帝紀方春生養,萬物孚甲。註葉裏白皮也。圖十干之首。爾雅·釋天歲在甲曰閼逢,月在甲曰畢。易·蠱卦先甲三日,後甲三日。疏甲者,造作新令之日。書·益稷娶于塗山,辛壬癸甲。禮·郊特牲社日用甲,用日之始也。圖凡物首出羣類曰甲。戰國策臣萬乘之魏,而甲秦楚。釋文甲,一作申,言居二國之上也。張衡·西京賦北闕甲第。註第,館也。甲,言第一也。蘇軾·表忠觀碑吳越地方千里,象犀珠玉之富甲於天下。圖始也。書·多方因甲于內亂。註甲,始也。圖科甲。正字通漢有甲乙丙科,平帝時歲課甲科四十人爲郎,乙科二十人爲太子舍人,丙科四十人補文學掌故。順帝陽嘉元年,增甲乙科員。圖爾雅·釋言甲,狎也。註謂習狎。詩·衛風雖則佩韘,能不我甲。毛傳甲,狎也。朱註甲,長也。言才能不足以長於我也。圖兵甲。易·說卦離爲甲胄。疏爲甲胄,取其剛在外也。左傳·襄三年組甲三百。註組甲,漆甲成組文。禮·王制命大司徒教士以車甲。周禮·冬官考工記函人爲甲,犀甲七屬,兕甲六屬,合甲五屬。圖揚子方言汗襦,自關而東謂之甲襦。正字通衣亦曰甲,元世祖制一衣,前有裳無衽,後長倍於前,亦無領袖,綴以雨兩,名比甲,以便弓馬。圖爪甲。管子·四時篇陰生金與甲。註陰氣凝結堅實,故生金爲爪甲也。圖甲帳,殿也。圖甲庫。正字通唐制,甲庫,藏奏鈔之地也。程大昌曰:唐中書、門下、吏部,各有甲歷,凡三庫以若干人爲一甲,在選部則名團甲。貞元四年,吏部奏三庫敕甲,又經失墜,乃至制敕旨甲,皆被改毀。據此則甲非但乙之申。龐元英文昌雜錄謂甲庫如令甲令丙,誤也。宋時有敕甲旨甲之稱,猶今言底言案也。遼史有架閣庫管句,元有左右部架閣庫,卽唐之甲庫也。圖淮南子·覽冥訓質壯輕足者爲甲卒。註甲,鎧也。圖令甲,法令首章也。亦曰甲令。戰國策臣敬循衣服,以待令甲。史記·惠景閒侯者年表長沙王者,著令甲,稱其忠焉。註瓚曰:漢以芮忠,故特王之。以非制,故特令。漢時決事,集爲令甲三百餘篇。如淳曰:令有先後,故有令甲,令乙,令丙。師古曰若今第一,第二篇。後漢·皇后紀向使因設外戚之禁,編著甲令。圖官名。周禮·夏官司甲。疏司甲,兵戈盾官之長者。圖保甲。正字通編籍民戶,彼此詰察,防容隱姦宄也。又宋元豐,以諸路義勇改爲保甲。紹興閒,詔淮漢閒,取主戶之雙丁,十戶爲甲,五甲爲團,團有長。乾道閒,漕臣馮忠嘉言教閱保

甲,皆義勇民兵也。圖國名。春秋·宣十六年晉人滅赤狄甲氏及留吁。註甲氏留吁,赤狄別種。傳·昭十六年徐子及郯人、莒人會齊侯盟于蒲隧,略以甲父之鼎。註甲父,古國名。高平昌邑縣東南有甲父亭。圖姓。莊子·庚桑楚昭,景也,甲氏也。釋文一說昭、景、甲三者,皆楚同宗也。昭景甲,三姓雖異,論本則同也。圖赤甲,山名。杜甫詩卜居赤甲遷居新。註白鹽,赤甲,皆峽口大山。赤甲山高,不生草木,上皆赤色,望之如人袒胛,在夔州。圖蟲介曰甲。圖鳥名。博雅定甲,鵃鳩也。鋻又命 35357圖可洪音義胛 58752角:上古狎反。圖希麟音義胛 62948綌:上古狎反。音譜云鎧胛也。五經文字𠀤單作甲,云兵甲也。

申 35355 17626
shēn_0.5 古文 串 𣍱 唐韻 集韻 韻會 失人切 韻會 正韻升人切𠀤音身。十二支之一。爾雅·釋天太歲在申,曰涒灘。釋名申,身也。物皆成,其身體各束之,使備成也。史記·律書七月也。律中夷則,其於十二子爲申。申者,言陰用事,申賊萬物。圖重也。易·巽卦重巽以申命。書·堯典申命義叔。傳申,重也。後漢·朱暉傳願將軍少察愚言,申納諸儒。圖致也。禮·郊特牲大夫執圭,而使所以申信也。圖舒也。武王弓銘屈申之義,廢興之行,無忘自過。班彪·北征賦行止屈申,與時息兮。圖欠伸也。莊子·刻意篇熊經鳥申。圖博雅申申,容也。論語子之燕居,申申如也。朱註申申,其容舒也。圖姓。史記·三皇本紀神農五百三十年,而軒轅氏興焉,其後有州甫申呂,皆姜姓之後,𠀤爲諸侯。又申屠,複姓。圖國名。詩·王風彼其之子,不與我戍申。傳申,姜姓之國。左傳·隱元年鄭武公娶於申。註申國,今南陽宛縣。圖州名。韻會春秋時屬楚,秦南陽郡,後魏爲鄄州,周爲申州。圖山名。山海經申山,其上多穀柞,其下多杻橿。又北百二十里曰上申之山。圖池名。左傳·文十八年夏五月公遊于申池。註齊南城西門名申門,左右有池。圖矢名。晉語乾時之役,申孫之矢集於桓鉤。註申孫,矢名。圖草名。淮南子·人閒訓申茇,杜茝,美人之所懷服也。註申茇、杜茝,皆香草也。圖xìn 集韻 韻會 正韻思晉切音信,伸也。圖shèn 集韻試刃切音眒。引也。鋻又屓 22664 敃 05260 㲹 37708 申 48316 圖可洪音義屈电 35359:音申。圖集韻申,古作串 06379 甼 16380

𠙸 35356 44491
zhá_0.5 篇海類編士甲切,音扎◇。

命 35357 u24C12
jiǎ_0.5 同命 13253古文甲。

田 35358 u2F65
tián_0.5 部 田 35352

电 35359 u7535
diàn_0.5 简 電 66458

由 35360 17627
fú_1.6 唐韻分勿切集韻敷勿切,𠀤音拂◇說文鬼頭也。圖集韻方未切音沸。義同。

田 35361 44492
yān_1.6 五音篇海一田切。

由 35362 u24C14
null_1.6 或古邦 61543字。

男 35363 17628
nán_2.7 集韻 韻會 正韻𠀤那含切音南。說文丈夫

也。从田从力，言用力於田也白虎通男，任也。任，功業也易繫辭乾道成男図爵名禮·王制公侯伯子男，凡五等図姓史記·夏本紀其後有男氏。鑒又傄01222 俌01655魉52234助35369

畎 35364 17629
quǎn_2.7　正韻同畎周禮·冬官考工記·匠人一耦之伐，廣尺深尺謂之畎註畎，畎也釋文畎，古犬反，與畎同。

甸 35365 17630
diàn_2.7　唐韻集韻韻會厹堂練切音電說文天子五百里地書·禹貢五百里甸服傳規方千里之內謂之甸服，爲天子服。治山去王城面五百里図六十四井之地禮·郊特牲註十六井爲丘，四丘六十四井曰甸疏一甸之中，出長轂一乘，甲士三人，步卒七十二人図周禮·地官·載師以公邑之田任甸地註公邑爲六遂餘地。又縣師掌邦國都鄙稍甸郊里之地域註自邦國以及四郊之內左傳·襄二十一年罪重於郊甸，無所伏竄註郭外曰郊，郊外曰甸図治也書·多士乃命爾先祖，成湯革夏俊民甸四方傳天命湯更代，夏用其賢人治四方詩·小雅信彼南山，維禹甸之傳甸，治也釋文甸，毛讀田見反，鄭讀繩證反図挺也揚子·太玄經天何其道註言天挺立其道于上也図官名禮·文王世子磬于甸人註甸人，掌郊野之官周禮·天官甸師註甸師，主共野物官之長。又春官甸祝註甸之言田也，田祝之官図† .少儀納魚於有司註甸謂田野之物図tián集韻韻會正韻厹亭年切音田五音集韻取禽獸也周禮·春官·小宗伯若大甸，則帥有司而饁獸于郊註甸，讀曰田周禮·春官·肆師凡師甸用牲于社宗，則爲位疏師謂出師征伐，甸謂四時田獵釋文甸，音田図shèng韻會實證切，音剩左傳·哀十七年良夫乘衷甸註衷甸，一轅卿車周禮·地官·小司徒四丘爲甸，四甸爲縣註甸之言乘也，讀如衷甸之甸。甸，方八里釋文甸，繩證反図yìng字彙補以證切音媵。漢地名。甸氏道，屬廣漢郡。李奇讀。

甹 35366 17631
yóu_2.7　唐韻以周切集韻韻會夷周切厹音由．說文木生條也。从马，象枝條華函之形，由聲。引商書若顚木之有甹枿徐曰謂已倒之木，更生孫枝也。甹者，猶可也，止之言也今文尚書作由。鑒又柚24388櫾25098卪12971甴04740蕕51945

甹 35367 17632
pīng_2.7　唐韻普丁切集韻韻會滂丁切，厹音娉說文俜詞也徐曰甹者，任俠也。由用也，便捷任氣自由也爾雅·釋訓甹，曳也註謂相掣曳入于惡也。三輔謂輕財者爲甹。鑒又甹48321号48327甹48340

町 35368 17633
tīng_2.7　唐韻集韻韻會厹他頂切音珽．說文田踐處曰町．廣韻田區畔埒也詩·鄭風·東門之墠傳墠，除地町町者左傳·襄二十五年町原防註隄防閒地，不得方正如井田，別爲小頃町也図國名前漢·武帝紀鉤町侯註町，音若挺，西南夷也図縣名前漢·地理志句町縣註音劬挺図監町，山名後漢·郡國志益州郡監町山，出銀鉛図廣韻正韻徒鼎切集韻待鼎切厹音挺莊

子·人閒世彼且爲無町畦，亦與之爲無町畦註町，徒頂反。畦，尸圭反。畔埒也。無畔埒，無威儀也図集韻湯丁切音聽。義同図dǐng都挺切音頂。田畝謂之町。図zhèng丈梗切音塲。町，除地爲墹也図tiǎn五音集韻他典切音腆。町畽，鹿跡詩·豳風町畽鹿場傳町畽，鹿迹也釋文町，他典反。又他頂反朱註町畽，舍旁隙地也△集韻或作圢、塘。鑒又𤰋35380

𤰉 35369 44493
liú_2.7　篇韻俗留字。鑒又男字異體。

𤰊 35370 44494
liú_2.7　篇海類編俗留字。

𤰋 35371 44495
shēn_2.7　字彙補詩眞切音申。

𤫇 35372 u2AF47
kē_2.7　地名用字。𤫇畓王，在河南鄭州西郊。

𤰜 35373 u24C1C
mǔ_2.7　俗畝35480

旮 35375 u24C19
gé_2.7　　旮旯35374，也作旮旯、旮旯，角落五侯鯖字海音葛。

旯 35374 u24C1A
lá_2.7　　四聲篇海旮旯，音葛刺。墙旮旯図越諺·越諺賸語·卷上潑旯，（音）辣。揮金如土。

畂 35376 u24C18
mǔ_2.7　俗畝35480亦作畂。

𤰖 35378 u24C16
tián_2.7　俗畋35420直音篇𤰖，音田。

𤰗 35379 u3F57
mǔ_2.7　俗畝35480

甶 35377 u24C17
měi_2.7　每27183俗譌

𤭼 35380 u753C
tīng_2.7　同町35368見佛教難字字典

畫 35381 17634
huà_3.8　字彙胡卦切，與畫同。繪也。鑒又画35402

畎 35382 17635
quǎn_3.8　玉篇古文畎字前漢·食貨志后稷始畎田，以二耜爲耦，廣尺深尺曰畎後漢·章帝紀每尋前世舉人貢士，或起畎畝図類篇松倫切音旬。山下受雷處釋名山下根之受雷處曰畎。畎，吮也，吮得山之肥潤也呂氏春秋丁亥弃畎図zhùn集韻朱閏切音稕。溝也。鑒又畎35364畎35383蚧52368

畎 35383 17636
quǎn_3.8　集韻同畎前漢·溝洫志一畮三畎。

甾 35384 17637
zī_3.8　集韻同䆉図與淄同前漢·地理志惟甾其道図與雖同周禮·天官·染人註翟類有六：曰翬，曰搖，曰鷊，曰甾，曰希，曰蹲。鑒又甴03190凶03201𤰜03199甾03217甾35407

甿 35385 17638
méng_3.8　唐韻武庚切正韻眉庚切，並音盲。又廣韻莫耕切集韻謨耕切，並音甍。義同說文田，民也周禮·地官·遂人以下劑致甿，以田里安甿註變民言甿，異外內也。甿，猶懵懵無知貌也管子·輕重篇桓公憂北郭民之貧，召管子而問曰：北郭者，盡屨縷之甿也図五音集韻武登切音瞢。義同図máng集韻莫郎切音茫。曠野，或書作甿図mèng每亘切音懵博雅癡也。一曰田民。

畁 35386 17639
bēi_3.8　正字通俗卑字。

盰
35387 17640
hǎng_3.8 　唐韻呼朗切集韻許朗切，並壑上聲。鹵
地名。鑋又骯74246

畁
35388 17641
chì_3.8 　玉篇恥力切，音尺◇田器。

畀
35389 17642
bì_3.8 　古文畁集韻必至切音庇爾雅·釋詁畀，賜
也書洪範不畀洪範九疇傳畀，與也詩衛風彼姝者子，
何以畀之傳畀，予也図人名。楚昭王妹季芊，字畁我。
見左傳·定四年△正韻从田从丌。或从廾，誤。
鑋又挊20011挊19828畁15957畁15955

畁
35390 17643
bì_3.8 　集韻畁古作畁。註詳畁。鑋集韻畁畁畁，
必至切說文相付與之，約在閣上也。或作挊。古作畁
△宏按，畁35389从丌田聲，畁15955从収由03190聲，二字
形、音、義皆不同，但隸變以後，因形體相似，多有相
混者。畁及其異體字畁、畁字典並失收。

畂
35391 17644
liù_3.8 　玉篇古文坴08639字。

畃
35392 17645
xún_3.8 　字彙補思刃切，令也。

畆
35393 17646
máng_3.8 　集韻同畆
釋文沽浪反〇按卽畆字之譌。

畇
35394 17647
gǎng_3.8 　博雅畇，竟也

畕
35395 17648
wèi_3.8 　集韻畏35424古作畕。

畚
35396 44496
jiù_3.8 　龍龕音舅

画
35397 44497
huà_3.8 　字彙補同畫

畔
35398 44498
zhà_3.8 　五音篇海吒。

畛
35401 u2AF48
chàng_3.8 　簡暢35627
鵙同。鑋海篇直音畛，音胥。泲酒具。出釋典。

畝
35399 44499
xū_3.8 　五音篇海與

画
35402 uFAA3
huà_3.8 　同画35381
鑋篇海·甲部引餘文畠，子老切，晨也新修玉篇·甲部
引餘文畠22486子皓切，晨也。早同。

畠
35400 44500
zǎo_3.8 　字彙補同早

畤
35403 u24C25
null_3.8 　未詳。

畢
35404 u24C24
null_3.8 　未詳。

略
35405 u7545
chàng_3.8 　簡暢22911

畦
35406 u7544
liú_3.8 　俗留35473

畧
35407 17649
zī_4.9 　玉篇側飢切，與菑同◇

畩
35408 17650
gāng_4.9 　唐韻古郎切集韻韻會正韻居郎切並音
岡說文境也。一曰陌也。趙魏謂陌爲畩図gǎng廣韻各
朗切集韻韻會舉朗切正韻舉盎切並音骯廣韻同酐
鹽澤也図gàng集韻居浪切，鋼去聲。亦境也。
鑋又畆35394

畫
35409 17651
mǔ_4.9 　玉篇與畮同。

畮
35410 17652
yún_4.9 　廣韻羊倫切集韻韻會俞倫切並音勻爾
雅·釋訓畮，畮田也。註言墾辟也詩·小雅畮畮原隰註墾
辟貌図xún廣韻相倫切集韻須倫切並音荀。又廣韻
詳遵切集韻相倫切並音旬。義並同図jūn集韻韻會正
韻并規倫切均六書故原田一往平均也図xuàn集
韻戶犬切音畎。義同図tián廣韻徒年切集韻亭年切

畯音田。地名。在絳図diàn集韻堂練切音甸。義同。
鑋又畇35521畚35645

畯
35411 17653
yú_4.9 　玉篇古文畬35549字。

畱
35412 17654
fèn_4.9 　集韻父吻切音憤。畱泉，地名。在魯。通
作濆。

畯
35413 17655
fàn_4.9 　廣韻集韻韻會並方願切音販廣韻田畯
集韻田也韻會平疇也。

畯
35414 17656
fú_4.9 　玉篇防無切音扶字彙耕田也。鑋熊加
全：疑畯35451字之譌。

畯
35415 17657
fēng_4.9 　說文古文邦61543字。鑋畯，古文封。

畯
35416 17658
chào_4.9 　字彙楚孝切音鈔。俗謂耕田曰畯田。

畯
35422 17664
jiè_4.9 　玉篇同界。鑋或俗畿龍龕畯，音祈。王畯

畯
35417 17659
zī_4.9 　集韻莊持切，
音菑。耕也。

畯
35418 17660
guì_4.9 　廣韻古惠切，音桂。畯畷。

畯
35419 17661
gēng_4.9 　玉篇古文耕字。晏子春秋·諫上今齊國丈
夫畯，女子織図楊愼·丹鉛錄畯，上聲唐六典論府兵
之制云居無事時畯於耕。以此證之，畯耕音義有別。

畋
35420 17662
tián_4.9 　廣韻徒年切集韻韻會正韻亭年切並音
田說文平田也書·多方今爾尚宅爾宅，畋爾田疏治田
謂之畋。今人以營田求食謂之畋食図廣韻取禽獸也
書·五子之歌畋于有洛之表張衡·西京賦盤于游畋，其
樂只且。或作佃。亦作畋戲。通作田佃図diàn廣韻集
韻韻會並堂練切音電。義同。鑋又畧35490畋35378

界
35421 17663
jiè_4.9 　唐韻古拜切集韻韻會正韻居拜切並音
戒說文境也。爾雅·釋詁界，垂也孟子域民不以封疆之
界図增韻分畫也，限也後漢·馬融傳奢儉之中，以禮
爲界註界，猶限也図增韻離閒也揚雄·解嘲范睢界涇
陽註界者，界其兄弟使疏也図地名後漢·獻帝紀袁紹
及公孫瓚戰於界橋註今冀州宗城縣東有古界城，近枯
漳水，則界橋在此也図與也後漢·桓譚傳非身力所得，
皆以臧界告者註界，與也。音必二反△集韻本作畍。
或作堺、畍。鑋又介00901唭06548介15927畁23273

畎
35423 17665
quǎn_4.9 　古文甽唐韻姑泫切集韻韻會正韻古泫
切並音狷說文本作く，水小流也書·益稷予決九川，
距四海，濬畎澮距川傳一畝之閒，廣尺深尺曰畎。
図疏通流注皆曰畎乾坤鑿度聖人畎流大道，萬彙滋溢
図山谷通水處書·禹貢羽畎夏翟註羽山之谷。
図jiǒng集韻畎迥切音潁。義同書畎畎，絲、枲。劉昌
宗讀図苦泫切音犬字彙補西方地名史記·匈奴傳周
西伯昌伐畎夷氏△集韻亦作畖。鑋又甽35364甽35536
図正字通浰28885畎字之譌。

畏
35424 17666
wèi_4.9 　古文畏畕唐韻於胃切集韻紆胃切並音

尉。惡也廣韻畏懼增韻忌也。又心服也。怯也易·震卦雖凶无咎,畏鄰戒也書·呂刑永畏惟罰傳當長畏懼,惟爲天所罰図wēi集韻於非切音威書·皋陶謨天明畏,自我民明威傳天明可畏,亦用民成其威釋文畏如字。徐音威〇按古文尚書威畏同,天威棐忱,今文作畏禮·表記引書德威惟威。註:讀作畏図考工記弓人夫角之中,恆當弓之畏,畏也者必橈。杜子春云畏當作威。威謂弓淵,角之中央與淵相當。鄭謂畏讀如秦師入隈之隈釋文畏,烏回反図wěi集韻鄔賄切音猥。同喂。崴壘,山名。或省。鼹又畠35502壘35430尗35426図可洪音義畏35445懼:上扵貴反,心服也。正作畏35431畏畏00330三形。

畏35425 17667
cè_4.9　正字通畏字之譌。

畏35426 17668
wèi_4.9　正字通篆文畏字之譌。

画35427 17669
huà_4.9　正字通画本字六書故画,田界也。今作畫,非字彙誤作画。

畏35428 17670
wèi_4.9　玉篇古文畏35424字。

畬35429 17671
jǐng_4.9　字彙補古鼎切,音警◇高駢發塚取甊甇,城鬼趙畬現形獻書。書載古文品外錄

畠35430 17672
wēi_4.9　集韻威10627古作畠。鼹畠,古文畏,同畠。

畏35431 17673
wèi_4.9　字彙補與畏同洞靈眞經刑之而不畏。

畷35432 17674
jùn_4.9　字彙補古文允02345字。

畐35433 17675
fú_4.9　廣韻集韻絋房六切音伏說文滿也。从高省,象高厚之形図fù集韻芳六切音蝮。又bì廣韻芳逼切集韻拍逼切絋音堛。義絋同図fú集韻方六切音福。與幅同。布帛廣也。鼹黃侃·說文外編箋識畐卽偪。図富35471

串35434 17676
shēn_4.9　玉篇古文申字。註詳一畫。鼹又串35446

畎35437 44501
quán_4.9　龍龕音泉

畢35435 41521
chì_4.9　篇海類編昌石切音尺。田器。又地名。鼹又畔35456廣韻恥力切。

畘35436 41522
rán_4.9　字彙補汝鹽切音髯。巨龜。

畬35438 44502
tóng_4.9　龍龕音同

畎35441 44505
liè_4.9　龍龕音劣。

畘35439 44503
nà_4.9　搜眞玉鏡音納。又音図。鼹図,図。

畘35440 44504
nà_4.9　龍龕音納。出道經。

畎35442 u2AF4C
liù_4.9　叶韻彙輯畎,韻會小補力救切。

畘35443 u2AF4B
liú_4.9　俗留35473

畎35444 u2AF4A
null_4.9　未詳。

畏35445 u2AF49
wèi_4.9　俗畏35424碑別字新編引隋陳叔榮墓誌

串35446 u2F935
shēn_4.9　同串35434

畄35447 u24C4A
liú_4.9　俗留35473

畎35448 u24C49
huì_4.9　畷畎35558,又作畷畎。

畎35449 u24C48
mǔ_4.9　俗畝35480

畎35451 u24C41
fú_4.9　同畝35557

畎35453 u24C3F
mǔ_4.9　字海畎,同畝。

畎35454 u24C3E
xū_4.9　字彙畎,音胥。渧酒具也,見篇海△宏按,亦作畎35399図甲骨文有畎字。

畎35455 u24C3D
null_4.9　未詳

畬35458 u24C3A
null_4.9　未詳

畎35459 u24C39
null_4.9　未詳

畎35461 u24C37
null_4.9　未詳

畎35463 u7552
mǔ_4.9　俗畝35480可洪音義十畝:音母。

畎35450 u24C42
méng_4.9　畎字之譌。

畎35452 u24C40
null_4.9　未詳。

畔35456 u24C3C
chì_4.9　同畢35435

畄35457 u24C3B
xī_4.9　俗昔22410偏類碑別字引魏臨淮王元彧墓誌

畜35460 u24C38
xù_4.9　俗畜35479敦煌·S.6537Vg慈父遺書一道舍田家産畜牧等。

畓35462 u7553
dap_4.9　韓水田,稻田

畬35464 17677
zǔ_5.10　五音集韻則古切音祖玉篇田也。

畘35465 17678
gōu_5.10　集韻居侯切音鈎。畦也図qú類篇權俱切音衢。畘町王,西戎君長號。

畔35466 17679
pàn_5.10　廣韻集韻正韻絋薄半切音叛說文田界也左傳·襄二十五年行無越思,如農之有畔史記·周本紀耕者皆讓畔図博雅畔,離也書·胤征畔官離次。図倍也禮·王制革制度衣服者爲畔,畔者君討前漢·高帝紀漢王并關中而齊梁畔之図詩·大雅無然畔援箋畔援,猶跋扈也釋文韓詩云畔援,武强也図轉注古音畔,讀作盤漢碑引易·屯卦畔桓居貞。

畺35467 17680
jiāng_5.10　唐韻集韻絋居良切音薑說文比田也。从二田。

畝35468 17681
pī_5.10　廣韻敷羈切集韻攀縻切絋音披博雅耕也,同秛図集韻攀悲切音坏。義同図pǒ類篇普火切音叵。畝畝,小高貌。

畝35469 17682
yǒu_5.10　集韻於糾切音黝。黑壤。

畝35470 17683
wā_5.10　集韻烏瓜切音窊。畝留,地名。在絳。

畐35471 17684
dá_5.10　集韻答41909古作畐図五音集韻古文福39938字。

畘35472 17685
nán_5.10　五音集韻那含切音南。田十畝曰畘。

留35473 17686
liú_5.10　正字通俗畱字。鼹又集韻循16742,㳅循,行相待也。或作留。方成珪考正㳅循卽宿留異文。

畚35474 17687
běn_5.10　廣韻布忖切正韻布袞切絋音本廣韻草器左傳·宣十一年稱畚築註畚,盛土器。以草索爲之,筥屬周禮·夏官·掣壼氏掣畚以令糧註畚,所以盛糧之器図揚子方言䉛也。江淮南楚之閒謂之䈹,沅湘之閒

謂之畚，趙魏之閒謂之臬，東齊謂之梩。鎣又畚10140奄10138畓24547畬35602畚35608畚05105 [又] [龍龕] 畬10259畬10188畚10093三俗，畬10188正，音本。草器也。又古朗反。

畛 35475 17688 zhěn_5.10 古文眕 [唐韻] 之忍切 [集韻] [韻會] [正韻] 止忍切𠀤音軫 [說文] 井田閒陌也 [詩·周頌] 徂隰徂畛 [傳] 畛，埸也 [左傳·定四年] 封畛土略 [註] 畛，塗所徑也 [周禮·地官·遂人] 十夫，有溝，溝上有畛 [註] 十夫，二鄰之田。溝廣深各四尺，畛容大車 [莊子·齊物論] 爲是而有畛也 [註] 畛謂封域畛陌也 [又] [爾雅·釋言] 致也 [禮·曲禮] 臨諸侯，畛于鬼神，曰有天王某甫 [註] 畛，致也。天子巡狩至諸侯之國，必使祝史致祭鬼神。呂氏曰：猶畦畛之相接然，言交際也。方氏曰：望秩之禮，必於野外祭於畛，謂之畛。猶祭於郊，謂之郊也 [又] [爾雅·釋詁] 告也 [又] [爾雅·釋言] 殄也 [註] 謂殄絕 [又] [揚子·太玄經] 黃純於潛，不見其畛 [註] 畛，根也 [又] 水名 [山海經] 青要之山，畛水出焉 [又] zhēn [廣韻] 職鄰切 [集韻] [韻會] [正韻] 之人切𠀤音眞。義同 [張衡·東京賦] 殿未出乎城闕，旆已迴乎郊畛。叶上陳，轔下神。鎣又畍35476畻35551眕35583

畍 35476 17689 zhěn_5.10 [字彙] 同畛。鎣 [集韻] 畛，俗作畍。

疋 35477 17690 shū_5.10 [字彙] 𤴙字之譌。

畹 35478 17691 wǎn_5.10 [集韻] 同畹

畜 35479 17692 chù_5.10 古文𤰔 [唐韻] 丑六切 [集韻] 敕六切，𠀤音矗◆ [說文] 田畜也。引 [淮南子註] 言：田之汙下黑土者，可畜牧也○按 [淮南] 無此語。[又] 積也 [禮·月令] 仲秋之月，乃命有司，趣民收斂，務畜菜 [註] 始爲禦冬之備 [釋文] 畜，丑六反。又 [內則] 子婦無私貨，無私畜 [又] 止也 [孟子] 畜君何尤 [註] 畜，止也。敕六反 [又] 大畜，小畜，𠀤 [易] 卦名 [又] xù [廣韻] [集韻] [韻會] [正韻] 𠀤許六切音旭。養也 [易·師卦] 地中有水師，君子以容民畜衆 [論語] 君賜生，必畜之 [史記·樂毅傳] 臣恐侍御者不察先王之所以畜幸臣之理 [又] 容也 [左傳·襄二十六年] 天下誰畜之 [註] 畜，猶容也。許六反 [又]◆六畜 [左傳·桓六年] 奉牲以告曰：博碩肥腯，謂民力之普存也。謂其畜之碩大蕃滋也 [釋文] 畜，許六反 [註] 六畜既大而滋也 [禮·曲禮] 問庶人之富，數畜以對 [疏] 謂雞豚之屬 [釋文] 許六反，鄭註：[周禮] 云始養曰畜○按六畜之畜，古俱許六反，今人𠀤讀作昌六反 [又] 起也 [詩·小雅] 拊我畜我 [箋] 畜，起也 [釋文] 喜郁反 [又] 順也 [禮·祭統] 孝者，畜也。順于道，不逆于倫，是之謂畜 [註] 畜謂順於德教 [釋文] 許六反。[又] 孝也 [禮·孔子閒居] 無服之喪，以畜萬邦 [註] 畜，孝也。使萬邦之民競爲孝也 [又] [莊子·徐無鬼] 許由曰：堯畜畜然仁，吾恐其爲天下笑 [又] 留也 [禮·儒行] 易祿而難畜也 [註] 難畜，難以非義久留也 [又] 姓。漢畜客，畜意，天水有畜氏 [又] xiù [廣韻] [集韻] [正韻] 𠀤許救切音齅 [左傳·僖十九年] 古者六畜不相爲用 [疏] 養之曰畜，用之曰牲 [釋文] 畜，許又反 [周禮·天官·庖人] 掌共六畜 [註] 六畜，六牲也 [釋文] 畜，許又反 [又] chòu [集韻] 丑救切，惆去聲 [周禮·天官·獸醫疏] 在野曰獸，在家曰畜 [前漢·尹翁歸傳] 掌畜官，音義𠀤與獸同。鎣又畜35460𤜮33460𦳊35647㽔05117犔32853

畝 35480 17693 mǔ_5.10 古文畮 [唐韻] 莫厚切 [集韻] [韻會] 莫後切，𠀤音母 [司馬法] 六尺爲步，步百爲畝。秦孝公制，二百四十步爲畝。宋程頤曰：古者百畝，止當今之四十畝。今之百畝，當古之二百五十畝 [書·盤庚] 惰農自安，不昬作勞，不服田畝 [詩·小雅] 南東其畝 [朱註] 畝，壟也 [又] 丘名 [爾雅·釋地] 如畝，畝丘 [註] 丘有隴界，如田畝 [釋名] 畝丘，丘體滿一畝之地也 [詩·小雅] 楊園之道，猗于畝丘 [傳] 畝丘，丘名 [又] 地名 [左傳·桓二年] 晉穆侯之夫人姜氏，以條之役生太子，命之曰仇。其弟以千畝之戰生，命之曰成師 [註] 西河界休縣南有地，名千畝 [又] [韻補] 叶莫補切，模上聲◆ [班固·西都賦] 士食舊德之名氏，農服先疇之畎畝。商循族世之所鬻，工用高曾之規矩△ [說文] 本作晦。鎣又毗35373畂35379畆35376畒35391亩00653畞35409畝35463畝21540畞05232畆35449畝35504畡35506畮35453畮35614畮06861

畮 35481 17694 mǔ_5.10 [廣韻] 古文畝字。註詳上。

畟 35482 17695 cè_5.10 [廣韻] 初力切 [集韻] [韻會] 察色切𠀤音測 [說文] 治稼畟畟進也 [爾雅·釋訓] 畟畟，耜也 [註] 言嚴利 [詩·周頌] 畟畟良耜 [傳] 畟畟，猶測測也 [釋文] 嚴利也 [又] jì [集韻] 節力切音卽。義同。鎣又㔼03654稷46461畟35425 [又] 敦煌·P.3432 [龍興寺器物曆] 大銅金渡畟方四脚香爐，花葉有上（上有）寶子三箇 [可洪音義] 畟方：上楚力反。畟，四方也。

𡐦 35483 17696 lù_5.10 [字彙補] 古文陸65689字。

𤰪 35484 17697 shēn_5.10 [談薈] 式神切音伸。申也。重也。

𤰻 35485 41523 nán_5.10 [字彙補] 那含切音南。龜有甲。

昭 35486 44506 sháo_5.10 [搜眞玉鏡] 時招切音韶。

𤱈 35487 44507 gǎo_5.10 [五音篇海] 古皓切。

𤱆 35488 44508 liè_5.10 [龍龕] 音劣

畨 35489 44509 xiāng_5.10 [五音篇海] 音收。鎣俗香69654敦煌·S.4624 [受八關齋戒文] 第六不得着花鬘瓔珞、香油指（脂）粉塗身。又P.2115.V：中臺射香（麝香），善除夭（妖）魅。

𤱉 35490 44510 tián_5.10 [龍龕] 與畋同。

界 35491 u2AF50 null_5.10 [喃] 未詳。

畍 35492 u2AF4F lèng_5.10 [方] 計算田畝的量詞。光緒 [廣州府志·卷十五·風俗] 謂田多少曰幾畍。

𪽍 35494 u2AF4D null_5.10 同畇35493

畇 35493 u2AF4E null_5.10 人名。亦作𪽍35494 [古今圖書集成·字學典·第一百五卷·書家部法書名家列傳十一·唐六] 阿畇：按 [雲南通志] 唐，阿畇，馬龍納垢酋之後，隱居山谷，撰爨字如蝌蚪，二年始成，字母一千八百四十，號曰韙書，爨人至今猶習之，占天時

人事亦多應驗 又 句畇，畇町之誤。古縣名。亦作句町。

⿰田宁 35495 u24C64 zhǔ_5.10 同竚45281 玉篇 ⿰田宁，同⿰齒宁。

⿰田代 35496 u24C62 dài_5.10 同玳33897 集韻 ⿰田冒，⿰田代⿰田冒，水蟲。

⿰田全 35497 u24C5D tuǎn_5.10 方 同疃35685南莊北⿰田全：南北相鄰的村莊。

⿱卯田 35498 u24C5A liú_5.10 俗留35473

⿰田本 35499 u24C59 null_5.10 未詳。

⿰男乙 35500 u24C58 null_5.10 未詳。

⿱田豆 35501 u24C57 null_5.10 未詳。

⿱田民 35502 u24C56 wèi_5.10 正字通 畏35424本作⿱田民。

⿰田民 35503 u24C55 máng_5.10 字學三正·第一冊·古文異體 ⿰田民，氓27659

⿰田厶 35504 u24C54 mǔ_5.10 俗畝35480

留 35505 uF9CD liú_5.10 兼 留。

畞 35506 u755E mǔ_5.10 俗畝35480

畡 35507 17698 gāi_6.11 集韻 柯開切音該。同垓◆鄭語 居九畡之田 註 九畡，九州之極也。

畢 35508 17699 bì_6.11 廣韻 卑吉切 集韻 韻會 正韻 壁吉切太音必 博雅 畢，竟也 書·大誥 子曷敢不于前，寧人攸受休畢 左傳·莊二十九年 日至而畢 註 日南至，微陽始動，故土功畢 又 皆也。盡也 詩·小雅 畢來既升 禮·月令 仲春之月，乃修闔扇，寢廟畢備 註 畢，猶皆也。又 郊特牲 唯爲社田，國人畢作 疏 畢，盡也 又 月名 爾雅·釋天 月在甲曰畢 又 星名 詩·小雅 有捄天畢 朱註 天畢，畢星也。狀如掩兔之畢 禮·月令 孟夏之月，日在畢 又 小網也 詩·小雅 鴛鴦于飛，畢之羅之 疏 罔小而柄長謂之畢 禮·月令 田獵罝罘，羅網畢翳 揚雄·校獵賦 荷垂天之畢 又 簡也 爾雅·釋器 簡謂之畢 註 今簡札也 禮·學記 今之教者，呻其佔畢 疏 佔，視也。畢，簡也。不曉經義，但諷吟長咏，以視篇簡而已 又 貫牲。體木也 禮·雜記 畢用桑 註 主人舉肉時，以畢助之。喪祭用桑，吉用棘。畢，狀如叉，博三寸，長八寸，柄長二尺四寸，丹漆兩頭 儀禮·特牲饋食禮 宗人執畢先入 註 畢狀如叉，蓋爲其似畢星，取名焉 又 儀禮·大射儀 司馬正東面，以弓爲畢 註 畢，所以助教執事者 疏 畢是助載鼎實之物，故司馬執弓爲畢以指授 又 揚子方言 車下鐵，陳宋淮楚之閒謂之畢 又 字彙補 畢門，路門也 又 地名 爾雅·釋地 畢，堂牆 註 今終南山道名，畢其邊，若堂室之牆 詩·秦風·終南 何有有紀有堂箋 畢，終南山之道名，邊如堂之牆然。又 國名 左傳·僖二十四年 畢原酆郇，文之昭也 史記·建元以來王子侯年表 畢梁侯劉嬰 又 姓 左傳·閔元年 畢萬爲右 晉語 得畢陽 註 畢陽，晉士 又 神名 博雅 木神謂之畢方 張衡·東京賦 況魃蜮與畢方 註 畢方，老父神，如鳥兩足一翼者，常銜火在人家作怪災 又 鳥名 山海經 章莪之山有鳥焉，其狀如鶴，一足，赤文青質而白喙，名曰畢方 又 與彃同 歸藏·鄭母經 昔者羿善射，畢十日果畢之 又 與縪同 儀禮·覲禮 冠六升外畢 註 外畢者，冠前後屈而出縫於武也 疏 外畢者，前後兩畢之末而向外攝之也○按 既夕 畢作縪 又 與韠同 荀子·正論篇 共，艾畢。鑾 又畢35579毕27214畢22580畢35609罼45630彃57108

鑾71635

⿰田臣 35509 17700 zhěn_6.11 玉篇 古文畛35475字。

⿰田光 35510 17701 guāng_6.11 集韻 姑黃切音光。與垙同，陌也。

⿰田朵 35511 17702 tuǒ_6.11 集韻 吐火切音妥。⿰田朵⿰田皮，小高貌。

⿰田共 35512 17703 gōng_6.11 廣韻 九容切 集韻 居容切太音恭 埤蒼 ⿰田共⿰田匈，韭畦也。或作⿰田恭。

畣 35513 17704 dá_6.11 集韻 答41909古作畣。鑾 ⿱亼田23286，古文會，从合从曰。畣由⿱亼田訛變 又 畗35471

⿰田兆 35514 17705 diào_6.11 廣韻 集韻 太徒了切音窕 廣韻 ⿰田兆⿰田翏，田中穴 集韻 田界也 又 zhào 集韻 直紹切音趙。與垗同。

畤 35515 17706 zhì_6.11 唐韻 周市切 集韻 渚市切 韻會 諸市切太音止◆說文 天地五帝所基址祭地也 史記·秦本紀 祠上帝西畤 索隱註 襄公始列爲諸侯，自以居西畤。西畤，縣名，故作西畤，祠白帝。畤，止也。言神靈之所依止也 前漢·郊祀志 作畦畤。師古註如種韭畦之形於畦中，各爲一土封也。又祠之必於高山之下畤，命曰畤。註名其祭處曰畤 括地志 秦文公夢黃蛇自天而下屬地，其口止於鄜衍，作畤郊祭白帝，曰鄜畤。秦宣公作密畤於渭南祭青帝，秦靈公作吳陽上畤祭黃帝，作下畤亦祠黃帝 又 chóu地名 左傳·襄三十年 成愆奔平畤 註 平畤，周邑。又 哀四年 國夏伐晉，取邢任欒鄗，逆畤陰人盂壺口 後漢·光武紀 杜茂與賈覽戰於繁畤 註 繁畤，縣名，屬鴈門郡。今代州縣 又 廣韻 時止切 集韻 士止切太音市 又 廣韻 直里切 集韻 韻會 丈里切太音峙。義太同 又 集韻 時吏切，音蒔。與蒔同 又 五音集韻 池爾切音豸。儲也。鑾 又同疇35723

⿱刕田 35516 17707 lì_6.11 五音集韻 力制切音例。陷也。

略 35517 17708 lüè_6.11 唐韻 離灼切 集韻 韻會 正韻 力灼切太音掠 說文 經略土地 左傳·昭七年 天子經略 註 經營天下，略有四海。故曰經略 博雅 略，治也 又 廣韻 謀略 前漢·趙充國傳 百聞不如一見，臣願馳至金城，圖上方略 李康運命論 張良受 三略 之說 註 上中下三計 又 廣韻 用功少者皆曰略 書·禹貢 嵎夷既略 傳 用功少曰略 木華·海賦 羣山既略 又 博雅 要也 莊子·知北遊 將爲汝言其崖略 淮南子·本經訓 其言略而循理 註 略，約要也 又 不詳也 禮·孔子閒居 子夏曰：三無既得，略而聞之矣 荀子·非相篇 傳者久則論略，近則論詳 又 公羊傳·哀五年 喪曷爲以閏數，喪數略也 註 略，猶殺也。以月數恩殺，故幷閏數 又 道也 左傳·定四年 吾子欲復文武之略而不正其德，將如之何 註 略，道也 又 博雅 取也 左傳·宣十五年 晉侯治兵于稷，以略狄土 註 略，取也 淮南子·兵略訓 攻城略地，莫不降下 又 揚子方言 求也 又 瀘也 又 博雅 行也 左傳·隱五年 公曰：吾將略地焉 註 略，總攝巡行之名。又 宣十一年 略基趾 註 趾，城足。略，行也 又 界也 左傳·莊廿一年 鄭伯享王于闕西辟，樂備，王與之武公

之略，自虎牢以東註略，界也。又僖十二年略秦伯以河外列城五，東盡虢略図路也書·武成敢祇承上帝，以遏亂略傳略，路也図犯也晉語及桓子驕泰奢侈，貪欲無藝，略則行志註略，犯也。則法也図利也詩·周頌有略其耟傳略，利也図正字通書篇名。漢劉歆總羣書爲七略有輯略六藝略諸子略詩賦略兵書略術數略方伎略図揚雄·甘泉賦蠖略蕤綏，灕虖橃纚註蠖略蕤綏，龍行貌図姓姓譜三國略統，吳人図奪也。與掠同齊語犧牲不略則牛羊遂註略，奪也史記·外戚世家少君年四五歲，爲人所略賣。又龔遂傳渤海多劫略相隨者，遂下教令，即時解散図渠略，蟲名詩·曹風·蜉蝣之羽傳蜉蝣，渠略也釋文略，本或作螻。

鑿又畧35545

書 35518 17709
huà 6.11 集韻畫35548古作書。

畦 35519 17710
qí 6.11 唐韻戸圭切集韻韻會玄圭切，玄音攜說文田五十畝曰畦屈原·離騷畦留荑與揭車兮，雜杜衡與芳芷註五十畝爲畦莊子·人間世彼旦爲無町畦，亦與之爲無町畦図廣韻菜畦史記·貨殖傳千畦薑韭註徐廣曰：千畦，二十五畝。驪案，韋昭曰：畦猶壠前漢·食貨志還廬樹桑，菜茹有畦，瓜瓠果蓏註師古曰畦，區也図地名史記·封禪書故作畦畤櫟陽，而祀白帝索隱註漢舊儀云祭人先於隴西西縣人先山，山上皆有土人，山下有時，如種韭畦，畦中各有二土封，故云畦畤也図guī集韻涓畦切音圭。田起堮埒也図集韻勻規切音薈。又五音集韻息遺切音綏。義玄同。鑿又畷35721畷35750

畇 35521 17712
yún 6.11 玉篇同畇。

畏 35520 17711
wēi 6.11 集韻威10627古作畏。

畬 35522 17713
dāng 6.11 字彙補古文當35601字。

畫 35523 41524
guì 6.11 字彙補古位切，音檜◇畫埂，映暖，畎畷，映畷。鑿畫埂，映暖，畎畷，映畷。

畢 35524 44511
bāng 6.11 搜眞玉鏡音邦。

畦 35526 44513
měng 6.11 五音篇海莫鄧切。

畡 35527 44514
zài 6.11 字彙補同載。

細 35528 44515
sì 6.11 搜眞玉鏡音祀。鑿俗耙。

畼 35529 44516
xié 6.11 搜眞玉鏡音叶。

畏 35530 44517
mèi 6.11 字彙補與魅同。鑿又袞35540畏35578

畏 35531 u2B7AB
yī 6.11 同畎35543戸籍用字。

畸 35532 u2AF52
null 6.11 未詳。

畔 35534 u2F937
píng 6.11 俗畔35590

畔 35533 u2AF51
niú 6.11 直音篇魁71467，音牛，鬼也。畔，俗。

畛 35535 u24C79
tǐng 6.11 類篇畛，他鼎切。田器也。

畎 35536 u24C76
quǎn 6.11 俗畎35423

畎 35537 u24C73
guāng 6.11 同畎35510亦作畎65559畎08536

畮 35539 u24C6F
null 6.11 未詳。

畎 35538 u24C70
null 6.11 未詳。

袞 35540 u24C6E
mèi 6.11 同袞35530

留 35541 u3F5E
liú 6.11 同留35555

略 35542 uF976
lüè 6.11 兼略。

畮 35543 u7569
yī 6.11 日从卩、衣會裂裳意。

番 35544 u7568
fán 6.11 俗番35547

畧 35545 u7567
lüè 6.11 同略35517

畮 35546 17714
liè 7.12 集韻類篇劣龍輟切音劣。耕田起土也。

番 35547 17715
fán 7.12 古文采毉廣韻附袁切集韻符袁切，玄音煩。說文獸足謂之番，从釆，田象其掌。或作蹯蹞。図fān廣韻集韻韻會孚袁切正韻孚艱切，玄音翻。數也，遞也。前漢·武帝紀賢良直宿更番図山名山海經番條之山，無草木，多沙図pó集韻蒲波切正韻蒲禾切，玄音婆。鄱陽，豫章縣史記·伍子胥傳闔閭使太子夫差將兵伐楚，取番註索隱曰：蓋鄱陽也図番吾，趙地戰國策秦甲涉河，踰漳據番吾，則兵必戰於邯鄲之下矣釋文番，音婆。又音蒲。亦音盤◇括地志蒲吾，故東今之眞定府平山縣，即漢番吾。番，當音蒲図姓史記·河渠書河東守番係註番，音婆。又音潘詩·小雅云番維司徒。番，氏也前漢·高帝紀故衡山王吳芮與子二人，兄子一人，從百粵之兵，以佐諸侯、誅暴秦，有大功，諸侯立以爲王項羽侵奪之地，謂之番君釋文番，音蒲何反正字通姓譜潘姓爲周文王畢公之後，食采於潘，因氏。讀判平聲。番姓爲吳芮封番君，支孫因氏，讀婆字彙番姓亦音潘，合潘番二姓爲一番。誤図pān廣韻普官切集韻韻會鋪官切，玄音潘。番禺，南海地名史記·貨殖傳番禺，亦其一都會也。珠璣，犀，瑇瑁，果布之湊左思·蜀都賦蒟醬流味於番禺之鄉釋文番，音潘註西北牂牁江廣數里，出番禺城下図pán廣韻薄官切集韻蒲官切，玄音槃。番和，縣名。在張掖郡。見前漢·地理志。又後漢·來歙傳歙從番須、回中徑至略陽註番，音盤。番須、回中，玄地名図bō廣韻博禾切集韻韻會逋禾切正韻補禾切，玄音波爾雅·釋訓番番，勇也書·秦誓番番良士傳武勇番番之士詩·大雅申伯番番傳番番，武勇貌図bò廣韻集韻玄補過切音播。獸足図fàn集韻孚萬切韻會甫患切，玄音販。與音翻義同。杜甫詩番須上番看成竹，獨孤及詩舊日霜毛一番新，別時芳草兩回春図pàn集韻普半切音判。縣名。在上谷。本亦作潘図史記·扁鵲倉公傳切之得番陰脈，番陰脈入虛裏乘肺脈註番音芳遠反。鑿又庬15388畬35544

畬35691

畫 35548 17716
huà 7.12 古文書畵畫唐韻集韻韻會正韻玄胡麥切◇卦畫也図分畫也。界限也左傳·襄四年芒芒禹迹，畫爲九州註畫，分也禮·檀弓哀公使人弔蕢尚，遇諸道，辟於路，畫宮而受弔焉註畫地爲宮象図計策也鄒陽·上吳王書故願大王審畫而已史記·荊燕世家齊人田

生游，乏資，以畫干營陵侯澤註服虔曰：以計畫干之也囜截止也論語今女畫囜丘名爾雅·釋地途出其右，而還之畫丘註言爲道所規畫釋名道出其右曰畫丘。人尚右，凡有指畫，皆用右也囜地名史記·田單傳燕之初入齊，聞畫邑人王蠋賢註正義曰：括地志云戟里城在臨淄西北三十里，春秋時棘邑。又云澅邑，蠋所居卽此邑，因澅水爲名也囜廣韻集韻韻會正韻丛胡卦切音話爾雅·釋言畫，形也註畫者爲形像釋名畫，挂也。以五色挂物象也。俗作畫周禮·天官·典絲凡祭祀共黼畫組就之物疏凡祭服皆畫衣繡裳儀禮·鄉射禮大夫布侯，畫以虎豹。士布侯，畫以鹿豕囜官名後漢·百官志畫室署長一人，四百石，黃綬囜韻補叶胡對切音惠秦瑯琊刻石方伯分職，諸治經易。舉錯必當，莫不如畫。易音異。鏿又圖35397画35427西03212畵35666疍13045書46886

畬 35549 17717

yú_7.12　古文畭唐韻以諸切音余◦說文三歲治田也易无妄不耕穫，不菑畬詩·周頌如何新畬傳一歲曰菑，二歲曰新田，三歲曰畬禮·坊記引易不菑畬鄭註田一歲曰菑，二歲曰畬，三歲曰新詩詁一歲爲菑，始反草也。二歲爲畬，漸和柔也。三歲爲新田，謂已成田而尚新也。四歲則曰田。若二歲曰新田，三歲則爲田矣，何名爲畬正字通據此則詩傳爾雅說文謂三歲爲畬。皆不足信。當從鄭註囜yù集韻羊茹切音豫。治田也。或書作畭囜shē詩車切音奢。火種也。鏿又畭35550畬35587佘08732畚畚60072峯13714蓄51066

畭 35550 17718

yú_7.12　集韻同畬。

畍 35551 17719

zhěn_7.12　正字通與畛同。

畮 35552 17720

mǔ_7.12　廣韻集韻韻會正韻丛莫後切音牡。畝本字說文六尺爲步，步百爲畮周禮·地官·大司徒不易之地，家百畮註不易之地，歲種之地美。故家百畮前漢·食貨志理民之道，地著爲本，故必建步立畮。

畯 35553 17721

jùn_7.12　唐韻子俊切集韻韻會正韻祖峻切丛音俊說文農夫也。一曰典田官詩·豳風田畯至喜傳田畯，田大夫也註司嗇，今之嗇夫詩詁周禮無田畯之職，蓋六遂中，鄰里酇鄙縣遂之長。高者爲大夫，卑者爲士，通稱爲田畯，蓋農田之俊也。一曰農神周禮·春官籥章龡豳，雅擊土鼓，以樂田畯註鄭司農云古之先教田者禮·郊特牲註司嗇，后稷是也囜◦正字通野人曰寒畯。唐鄭光祿勳薰舉引寒畯，士類多之。俗讀寒酸。鏿又夏35561畂35432

異 35554 17722

yì_7.12　古文异唐韻集韻韻會丛羊吏切，頤去聲說文分也，从廾从畀。畀予也博雅異分也史記·商君傳民有二男以上，不分異者，倍其賦囜不同也書·旅獒王乃昭德之，致于異姓之邦禮·儒行同弗與異弗非也疏謂彼人與己之疏異，所爲是善，不不非毀之也。囜怪也釋名異者，異於常也左傳·昭二十六年據有異

焉註異，猶怪也史記·賈誼傳化爲異物兮，又何足患。囜奇也周禮·地官·質人掌成市之貨賄，人民，牛馬，兵器，珍異註珍異，四時食物史記·仲尼弟子傳受業身通者七十有七人，皆異能之士也囜違也囜姓。唐異牟尋歸唐，冊封南詔王，今白水蠻有此姓囜異翹，草名爾雅·釋草連異翹囜無名異，藥名，主治金創折傷。囜弋質切音逸詩·小雅亦祇以異朱註逸織反無名氏樂德歌所見奇異，叶甘美酒食。鏿又异15929興02640異35569

畱 35555 17723

liú_7.12　唐韻集韻韻會正韻丛力求切音流說文畱，止也史記·秦本紀臣知虞君不用臣，臣誠私利祿爵且畱。又越世家莊生曰：可疾去矣，慎毋畱囜遲也易·旅卦君子以明慎用刑，而不畱獄史記·匈奴傳然而諸宿將常坐畱落不遇註謂遲畱零落，不遇合也。囜久也禮·儒行悉數之，乃畱更僕，未可終也註畱，久也囜徐也吳語一日惕，一日畱註惕，疾也。畱，徐也囜已去而止之也正字通李元紘治潤有惠政，及代去，吏民遮畱囜楚語舉國畱之註畱，治也囜佁便也莊子·刻意篇執彈而畱之囜戰國策使秦而欲屠趙，不顧一子以畱計註畱，不決也◦左思·魏都賦朝無刓印，國無費畱註凶命曰費畱囜姓詩·王風丘中有麻，彼畱子嗟傳畱，大夫氏。子嗟，字也韻會出會稽，本衞大夫，畱封人之後吳志有左將畱贊囜地名左傳·襄元年楚子辛救鄭，侵宋呂畱註呂畱二縣，今屬彭城郡。又襄十八年夏，晉人執衞行人石買于長子，執孫蒯于純畱註長子、純畱二縣，屬上黨郡前漢·張良傳封爲畱侯。又地理志陳畱註畱，鄭邑，爲陳所并，故曰陳畱囜國名春秋·宣十六年晉人滅赤狄甲氏，及畱吁註甲氏，畱吁，赤狄別種山海經畱利之國，人足反折。囜山名山海經西二百里曰長畱之山囜博雅畱，黃緂也囜釋名畱幕，冀州所名，大褶下至膝者也。畱也。幕，絡也。言牢絡在衣表也囜鳥名正韻栗畱，黃鳥囜獸名山海經柢山有魚焉，其音如畱牛註莊子曰：執犂之狗，謂此牛也囜草名司馬相如·上林賦雜以畱夷註顏監云畱夷，香草囜果名張衡·南都賦楟柰若畱註廣雅曰：若畱，石榴也囜與流通嵇康·琴賦忽飄颻以輕邁，乍畱聯而扶疏囜liù廣韻力救切音溜。宿畱，停待也前漢·武帝紀宿畱海上囜liù五音集韻力久切音柳。昴星別名史記·律書北至於畱。畱者，言陽氣之稽畱也索隱曰畱卽卯也。毛傳亦以畱爲卯，丹鉛錄畱，音柳。註以畱爲卯，恐非。如其說陽氣稽卯，殊不成文△韻會毛氏曰：从田从丣，丣音酉，當作畱。今經史皆作留，傳寫譌也。鏿又㽞35498畱35443㽞35406㽞35447畱35613畮35369㽞35370畱35541

畩 35556 17724

xiá_7.12　廣韻侯夾切集韻轄夾切丛音洽。溝相挟也五音集韻作畩。

畝 35557 17725

fú_7.12　廣韻房無切集韻防無切丛音扶。小畚器也博雅畩，畚也。鏿又畉35451畩35414

敤 35558 17726
huì_7.12 集韻胡桂切音慧。䁤敤,大笮博雅敤,籄也図guì涓惠切音桂。䁤也。鼇又䁱35448

㾝 35559 41525
xiá_7.12 字彙補下甲切,音轄◇相著也。

畺 35560 44518
fēng_7.12 搜眞玉鏡音豐。鼇字彙補畺,音義與豐同。

畧 35563 u2AF57
null_7.12 㛹未詳。

嚿 35561 44519
jùn_7.12 龍龕同畯。

畳 35562 44520
guì_7.12 搜眞玉鏡音桂。

畼 35565 u2AF55
null_7.12 㛹未詳。

畮 35564 u2AF56
nà_7.12 壯同田35352

眳 35566 u2AF54
null_7.12 未詳。

畧 35567 u2AF53
null_7.12 未詳。

刡 35568 u2A7E1
gā_7.12 㛹从男可khả聲△刡箕:年輕人。

異 35569 u2F938
yì_7.12 同異35554

畏 35570 u24C90
null_7.12 未詳。

晥 35571 u24C8F
null_7.12 未詳。

細 35573 u24C8C
ruõng_7.12 㛹从田弄lõng聲△㐫細:耕田△亦作曠35736疇35742

畷 35572 u24C8E
tiăn_7.12 俗畷35596類篇畷,地典切。畷瞳,鹿跡。

冕 35574 u24C88
miăn_7.12 譌字。

農 35576 u24C86
nóng_7.12 殷周金文集成·3.890·田農甗田晨乍寶尊彝。

畗 35575 u24C87
null_7.12 未詳。

疇 35585 u7574
chóu_7.12 简疇35723

菴 35577 u24C85
ān_7.12 俗菴49808可洪音義菴屋:上烏含反。

袂 35578 u24C84
mèi_7.12 同袂35530亦作㝠57213籀文魅71505

晹 35580 u24C81
null_7.12 未詳。

畢 35579 u24C83
bì_7.12 畢35508本字。

畢 35581 u24C80
null_7.12 殷周金文集成·1.48·畢鐘宮令宰僕賜畢白金十勻(鈞),畢敢拜頴首。讀若畀。

寷 35582 u24C7F
wèi_7.12 篆文寷15987,从界不从畀。

畛 35583 u24C7B
zhěn_7.12 俗畛35509

異 35584 uF962
yì_7.12 兼異。

畳 35586 u7573
dié_7.12 日同叠05296正作㬜35747

畬 35587 u7572
shē_7.12 同畬35549畬族。古作畭。

疗 35588 17727
zhǔ_8.13 廣韻丁呂切集韻㲃呂切,叢音貯。幨也,所以載盛米者博雅幨裵疗也。疗,音㲃呂反。鼇又畤35495疗45281

畫 35589 17728
huà_8.13 正字通俗畫字。

甁 35590 17729
píng_8.13 廣韻薄經切音瓶。織蒲爲器正字通按說文㲹也,杜林以爲竹笘,揚雄以爲蒲器。讀若耕。本作甁字彙譌作甁35534,非。

崍 35591 17730
lái_8.13 廣韻落哀切集韻郎才切,叢音來廣韻耕外舊場集韻舊場休不耕者。通作萊図dāi集韻當來切音鼊。義同。鼇又集韻當來切。荒田。

峙 35592 17731
zhì_8.13 集韻丈里切音峙。儲置屋下也。鼇又

畤 35640 庤15458

畀 35593 17732
bēi_8.13 集韻班糜切音碑。田也正字通俗壅水溉田曰畀田。鼇又畀35612

唵 35594 17733
ǎn_8.13 集韻鄔感切音唵。種田也図yè乙業切,音腌。義同。鼇又稴40482稴46434

畣 35595 17734
lǔn_8.13 集韻縷尹切音稐。墾土。

畷 35596 17735
tiǎn_8.13 玉篇他典切音腆。餉田貌図類篇畷瞳,鹿跡。鼇類篇譌作畷35572

畩 35597 17736
yù_8.13 玉篇古文域08762字。

畧 35598 17737
rǎn_8.13 玉篇二典切◇高也。

暢 35599 17738
chàng_8.13 集韻與暘同。

畼 35600 17739
jú_8.13 廣韻集韻叢居六切音菊。韭畦。

當 35601 17740
dāng_8.13 古文畵唐韻集韻韻會正韻都郎切,黨平聲。說文田相值也。从田,尚聲。又玉篇任也論語當仁不讓於師晉語夫幸,非福非德不當雍註當,猶任也図廣韻敵也禮·王制次國之上卿,位當大國之中,中當其下,下當其上大夫史記·廉頗藺相如傳學兵法,言兵事,以天下莫能當図直也禮·內則妻不在,妾御莫敢當夕遇也左傳·昭七年聖人有明德者,若不當世,其後必有達人禮·曲禮當食不歎図適可也易·履卦夬履貞厲,位正當也左傳·哀元年逢滑當公而進註當公,不左不右禮·學記當其可之謂時史記·禮書好惡以節,喜怒以當図主也左傳·襄二十七年慶封當國註當國,秉政儀禮·喪服童子唯當室緦註當室者爲父,後承家事者爲家主図偶也前漢·司馬相如傳及飮,卓氏弄孫。文君竊從戶窺,心說而好之,恐不得當也註師古曰當謂對偶也図抵也史記·屈原傳以一儀而當漢中地,臣請往如楚図增韻蔽也左傳·昭二十年使祝鼃實戈於車薪以當門李白·蜀道難一夫當關,萬夫莫開図斷罪日當,言使罪法相當也史記·張釋之傳廷尉奏當,一人犯蹕,當罰金註當謂處其罪也路溫舒·緩刑書奏當之成図正韻猶合也儀禮·特牲饋禮佐食當事,則戶外南面註當事,將有事而未至史記·萬石君傳內史慶醉歸,入外門不下車,萬石君讓曰:內史貴人入閭里,里中長老皆走匿,而內史坐車中,自如固當註固當者,反言之,以見其不當如是,責讓之甚也図過當史記·霍去病傳斬首捕虜過當註言不啻相等図勾當歐陽修·歸田錄曹彬平江南,詣閤門求見。其榜子云奉敕收江南勾當公事回。又職官分紀奏舉京朝官,知縣資序二人,充本司勾當図官名前漢·宣帝紀詔單于毋謁,其左右當戶之羣皆列觀註左右當戶,匈奴官名図排當,宋宮中宴飮名図州名韻會本羌地,唐置當州,蓋取燒當羌以名之後漢·明帝紀秋九月,燒當羌寇隴西図縣名正字通鳳州兩當縣後漢·郡國志南郡有當陽。又劉隆傳遣隆屯田武當註武當,今均州

縣也 又馬當，武當，並山名 又當康，獸名 山海經 欽山有獸焉，其狀如豚而有牙，其名曰當康 註 牙豚也 又當魱，魚名 爾雅·釋魚 鰽當魱 註 海魚也 又姓 又dàng 唐韻 集韻 韻會 正韻 丛丁浪切，黨去聲。事理合宜也 禮·樂記 古者天地順而四時當 韓詩外傳 君子行不貴苟難，惟當之爲貴 又底也 韓非子·外儲說 堂谿公見韓昭侯曰：人主漏泄羣臣語，譬猶玉卮之無當 又 正字通 凡出物質錢，俗謂之當 後漢·劉虞傳 虞所賚賞，典當胡夷，瓚復抄奪之 註 當，音丁浪反。 鎣又儅02056䉼65976当12632当12630㞳16368㐯12636 龍龕 字彙補 並古文當字。

畚 35602 17741
běn_8.13 唐韻 布忖切 集韻 韻會 補衮切 正韻 布衮切並音本 說文 蒲器，𦉋屬，所以盛種 博雅 畚，臿也 集韻 或作畚。亦作𠧪。 鎣又畚24547

畷 35603 17742
zhuì_8.13 唐韻 陟劣切 集韻 株劣切，並音叕 說文 兩陌閒道也，廣六尺 廣韻 田閒道◆ 禮·郊特牲 饗農及郵表畷禽獸 疏 畷者，謂井畔相連畷之所，造此郵舍，田畯處焉 左思·吳都賦 其四野則畛畷無數 註 畛畷，謂地廣道多也。舊井田閒，有畷有畛 又 唐韻 陟衛切 集韻 韻會 株衛切並音綴。又 集韻 稱芮切音啜。義並同。
鎣又畷35649

畸 35604 17743
jī_8.13 唐韻 韻會 並居宜切音羈 說文 殘田也。从田，奇聲 正字通 井田爲正，零田不可井者爲畸，地勢多邪曲，井田取正方，則田必有畸零。畫井者，必計零以足其數 又凡數之零餘者皆曰畸 莊子·大宗師 畸人者，畸於人而侔於天 又 吳語 董褐將還，王稱左畸 註 左畸，軍左部稱呼也 又qí 集韻 渠羈切音奇。異也。

畹 35605 17744
wǎn_8.13 唐韻 正韻 於阮切 集韻 韻會 委遠切並音宛◆ 說文 田二十畝也 屈原·離騷 余既滋蘭之九畹兮，又樹蕙之百畮 註 十二畮爲畹 左思·魏都賦 右則疎圃曲池，下畹高堂 註 班固曰：畹，三十畝也 又戚畹，國戚 宋史·李處耘傳 幸聯戚畹之貴 又yuàn 集韻 紆願切音怨。田畝。 鎣又畱35478

畺 35606 17745
jiāng_8.13 唐韻 集韻 正韻 並居良切音薑◆ 說文 界也。从畕，三，其界畫也 博雅 畺，竟也 周禮·地官·載師 以大都之田任畺地 註 畺，五百里，王畿界也 周語 畺有寓望 註 畺，境也 又qiàng 集韻 丘亮切音喨。死不朽也。或从弓。

𤳉 35607 17746
dōng_8.13 集韻 都籠切音東。地名。

畚 35608 17747
běn_8.13 字彙補 與畚同 列子·湯問篇 荷擔者三夫，叩石墾壤，箕畚運於渤海之尾 釋文 音本。

畢 35609 17748
bì_8.13 字彙補 與畢同 饒仲學海 畢勒國人長三寸○按卽畢字之譌。

畓 35610 17749
sè_8.13 集韻 嗇06709古作畓。

𤳅 35611 44521
yán_8.13 搜眞玉鏡 音炎。

𤳳 35612 44522
bēi_8.13 字彙補 同𤳿。

𰯚 35615 u2AF5A
null_8.13 未詳。

畱 35613 44523
liú_8.13 龍龕 同留

𰯙 35616 u2AF59
null_8.13 未詳。

𤳶 35614 44524
mǔ_8.13 川篇 同畝。

𤲪 35618 u24CAA
reung_8.13 韓 土地面積單位 經世遺表卷七地官修制·田制九·井田議一 其可井而未耕者，其終不可為井者，乃皆打量，算其實積。凡方六尺為步，十步為一𤲪，十𤲪為一畝，十畝為一𤳛，十𤳛為一𤳛。

𤲥 35619 u24CA5
zhī_8.13 同𤳓35345

𰯘 35617 u2AF58
null_8.13 未詳。

𤲤 35620 u24CA4
null_8.13 字典 之譌字。參見𤳳35612

𤲡 35622 u24CA1
null_8.13 未詳。

𤲣 35621 u24CA3
chā_8.13 同𤳿35670 玉篇 𤲣，楚洽、子廉二切。古文臿。

𤲠 35623 u24CA0
null_8.13 未詳。

𤱿 35624 u24C9F
null_8.13 未詳。

𤲞 35625 u24C9E
fán_8.13 俗番35547 又梅子畬，地名。在廣東。

塍 35626 17750
chéng_9.14 集韻 神陵切音繩。稻田畦也。亦作塖塍。

暢 35627 17751
chàng_9.14 唐韻 集韻 並丑亮切音悵◆ 說文 不生也。从田，昜聲 又 博雅 暢，長也 說文徐註 借爲通暢之暢。今俗別作暢，非 又地名 史記·秦始皇紀 將軍蒙驁攻魏氏暢有詭 索隱曰 音暢，魏之邑名 又zhàng 集韻 直亮切音仗。田不生也。或作暢 又仲良切音長。義同。
鎣又暘35401

畽 35629 17753
tuǎn_9.14 廣韻 同疃

畽 35628 17752
tǔn_9.14 廣韻 韻會 他衮切 集韻 吐衮切並音䐪 廣韻 畽怨，行無廉隅 集韻 或作𪐴 又tuǎn 廣韻 集韻 韻會 正韻 並土緩切，湍上聲。與疃同 詩·豳風 町畽鹿場 釋文 畽，本又作疃，他短反。又作墥 傳 町畽，鹿迹也 朱註 町畽，舍旁隙地也 通雅 毛萇因町疃鹿場，訓町疃爲鹿跡。許慎亦云町疃，禽獸所踐處，可謂泥矣 又tōng 集韻 他東切音通。義同。 鎣又疃35629𤳹35745𤴀35760𤴁35761

𤳙 35630 17754
róu_9.14 唐韻 耳由切 集韻 韻會 正韻 而由切並音柔 說文 和田也。从田，柔聲 廣韻 良田 又地名 鄭語 若克二邑，鄢、蔽、補、丹、依、𤳙、歷、華，君之土也。

㬉 35631 17755
ruán_9.14 唐韻 而緣切 集韻 韻會 而宣切並音䙪 說文 城下田也 又 韻會 卻也。隙地也 前漢·申屠嘉傳 寢廟㬉垣 註 外垣之內，內垣之外曰㬉 又或作堧。亦作壖 前漢·食貨志 田其宮壖地 又或作𤳶 廣韻 㬉，江河邊地。又ruǎn 廣韻 而兗切 集韻 正韻 乳兗切 韻會 儒兗切並音軟。又ruàn 廣韻 人絹切 集韻 韻會 正韻 儒轉切並音輭。又nuò 廣韻 乃臥切 集韻 韻會 奴臥切 正韻 乃个切並音糯。義並同。 鎣又𤳶35702𤳴35694

𤳚 35632 17756
dǎn_9.14 集韻 覘敢切音膽。𤳚𣟶，蔭也。
鎣又𣟶40939

35643 u24CB1
null_9.14　未詳。

35633 17757
疇 chóu_9.14　說文 疇本字

35634 17758
畫 huà_9.14　集韻 畫35548古作畫。

35635 44525
壘 fèn_9.14　搜真玉鏡 同糞。

35638 u2AF5C
null_9.14　未詳。

35636 44526
嬲 niǎo_9.14　字彙補 同嫐

35637 44527
畎 juàn_9.14　搜真玉鏡 音卷。鼍 今部外八畫。

35639 u2AF5B
null_9.14　嘸未詳。

35640 u24CB5
畤 zhì_9.14　集韻 庤15458

畤，說文 儲置屋下也。或从田△宏按，俗作畤35592

35641 u24CB4
峋 quán_9.14　俗泉28005龍龕 畖35437峋二俗，音泉。

35642 u24CB3
畀 fèi_9.14　俗鬮40189狒字或體。

35644 u24CB0
瑁 mào_9.14　疇瑁，亦作瑁瑁34279

35645 17759
畟 xún_10.15　廣韻 詳遵切集韻 松倫切丛音旬廣韻 均
也区jūn集韻 韻會 正韻 丛規倫切音鈞。墾田也。或作
昀敂区xún集韻 須倫切音荀。又舒均切，舜平聲。又
船倫切音脣。又堂練切音電。義丛同区xuàn胡畎切音
泫。田平均也。鼍又筬21401

35646 17760
穡 sè_10.15　五音集韻 古文穡40861字。

35647 17761
畜 chù_10.15　廣韻 同畜。从田从兹，兹益也区集韻 同
畜35648鼍古文畜区補遺重出：五音篇海 音茲。魯郊
禮畜。又益也。

35648 17762
畜 zī_10.15　集韻 津之切音茲。地名。或書作畜。

35649 17763
畷 chóu_10.15　正字通 俗畷字。鼍可洪音義 庸畷：上
音容，下直由反。正作塘畷也。下亦作畷、霭二形也。

35650 17764
畦 xī_10.15　集韻 弦雞切音兮。與蹊同。徑也。

35651 17765
瘥 cuó_10.15　唐韻 昨何切集韻 韻會 正韻 才何切，丛
座平聲說文 殘蔵田也。引詩·小雅 天方薦瘥〇按詩今
本作瘥区jiē集韻 咨邪切音嗟。義同。鼍又瘥35735

35652 17766
畾 léi_10.15　唐韻 魯回切集韻 盧回切丛音雷。田閒也
区lěi集韻 魯水切音壘。義同。鼍又畾00150

35653 17767
畿 jī_10.15　唐韻 集韻 韻會 丛渠希切音祈•說文 天子
千里地，以遠近言之，則曰畿詩·周頌 邦畿千里傳 畿
疆也周禮·地官·小司徒 九畿疏 王畿外仍有九畿，謂侯
甸男采衞要內六服，夷鎮藩外三服，四面皆有此九畿，
相去各五百里正字通 古者王國千里曰王畿。自是以往，
每五百里爲一畿，通天下爲九畿，故因之約方千里爲一
畿区門內曰畿詩·衞風 不遠伊邇，薄送我畿傳 畿，門
內也区限也增韻 門限也韓愈詩 白石爲門畿区或作
圻左傳·襄二十五年 天子之地一圻註 封圻也。當作畿。
鼍又撼09297畿35665

35654 17768
㛒 gōng_10.15　集韻 居容切音恭。同畖。

35655 17769
颩 jiào_10.15　字彙補 古文校23965字。

35656 41527
畷 chà_10.15　字彙補 初瓦切。瘥上聲。畷字甲聲也。又
雪中行。鼍又孤32231畷35729△畷字篇海 作畷字。

35657 44528
㽣 chéng_10.15　龍龕 音乘。

35658 44529
㽤 má_10.15　五音篇海 音麻。

35659 u2AF5E
蹂 ruǒng_10.15　嘸同疇35742田。

35660 u2AF5D
畞 bǒi_10.15　嘸俗疈35734

35661 u24CC7
耰 trai_10.15　嘸从男來lai聲。也作㾄35662耙01768男子
△耰才妷色：郎才女貌。

35665 u24CC0
畿 jī_10.15　俗畿35653

35663 u24CC4
畞 bǒi_10.15　嘸俗疈35733

35662 u24CC6
㾄 trai_10.15　嘸同耰35661男人△懍㾄：美男子。

35664 u24CC3
畦 qī_10.15　同畷35708玉篇 畦，口奚切。畷峽，大簁也。

35666 u24CBF
畫 huà_10.15　同畫35589俗畫35548

35667 u24CBE
畖 à_10.15　公畝Are的舊譯。

35668 u24CBC
畏 dái_10.15　嘸从畏曳dǎy聲。懼怕。

35669 17770
疃 càn_11.16　唐韻 集韻 丛七紺切，參去聲。田隴相聯
也〇按此字下正字通 尚有顋字，已入頁部，重出，今
刪。鼍又瞭35681瞭35686

35670 17771
䢓 chā_11.16　唐韻 楚洽切集韻 測洽切丛音插•說文 䢓
也，古田器，揚麥枚也•爾雅·釋器 䢓謂之䢓区集韻 便
滅切音䟆。又千結切音竊。又磣歃切音舀。義丛同。
鼍又疀35621疀35726

35671 17772
畼 shāng_11.16　廣韻 式羊切集韻 韻會 正韻 尸羊切丛
音商。與塲同。

35672 17773
疄 hàn_11.16　廣韻 呼旰切集韻 虛旰切丛音漢玉篇 耕
麥地区集韻 許旱切音罕。義同△亦作疄。

35673 17774
疁 liú_11.16　唐韻 集韻 韻會 正韻 丛力求切音留說文
燒穜也漢律 曰：疁田茠艸，从田翏聲正字通 謂以火燒
田而種也区姓正字通 疁子岱，宋人，號蕭閒居士，著
蕭閒詞一卷区集韻 許六切音畜。又呼酷切音熇。義丛
同。

35674 17775
𤲺 píng_11.16　韻會 同畔〇按畔35590𤲺二字皆譌文。
鼍又翩35720蹪13193

35675 17776
㽰 sè_11.16　集韻 嗇06709古作㽰。

35679 u2AF60
null_11.16　嘸未詳。

35676 17777
疇 zhù_11.16　廣韻 章恕切
音著。畜也。鼍又疇35682疇35725

35677 44530
嘖 jī_11.16　字彙補 足昔切音積。

35678 u2AF61
嘔 và_11.16　嘸从番巴ba聲。

35680 u2AF5F
null_11.16　从魚田聲。人名 殷周金文集成·4.2506·黑

鼎己亥，王易黑貝，用乍且乙尊，田告亞。

矖 35681 u24CD1
càn_11.16 高麗本 龍龕 七紺反。矖鈑兒也 篇海類編
矕35669，七紺切，音粲。田隴塴也。或作矖，譌。

矙 35682 u24CD0
zhù_11.16 同矙35725 玉篇 矙，之庶切。畚也。

矍 35683 u24CCD
guī_11.16 俗龜75895　　矗 35684 u7582
dié_11.16 同疊35747

矕 35685 17778
tuǎn_12.17 唐韻 土短切 集韻 韻會 正韻 土緩切，坛
湍上聲 說文 禽獸所踐處。引 詩·豳風 町矕鹿場○按 詩
今本作畽。鋆 又盷35497村莊。

矖 35686 17779
càn_12.17 正字通 俗矕字。

翼 35687 17780
lì_12.17 字彙 力霽切，音例◇別也。

膌 35688 17781
chéng_12.17 玉篇 與塍同。

畱 35689 17782
yù_12.17 廣韻 余六切音育。生田也。鋆 同彃16325，
俗矕71398

疄 35690 17783
lìn_12.17 唐韻 集韻 坛良刃切音吝◦ 說文 轢田也。
或作躏 又 lín 廣韻 力珍切 集韻 韻會 正韻 離珍切坛音
鄰。田壘 又 lǐn 集韻 里忍切音嶙。義同。鋆 又疄35717，
本字。

蟠 35693 17786
bān_12.17 字彙 同畋　　酜 35691 17784
bān_12.17 廣韻 北潘切
集韻 韻會 正韻 逋潘切坛音般 博雅 耋也。一曰部也 增
韻 黨也 又 字彙補 人名 遼史 興宗時婆離八部虎畋內附
又 fān 集韻 孚萬切音娩。更次也。鋆 又蟠35693 畬62666

矒 35692 17785
zěng_12.17 集韻 子等切，增上聲。水田也。

矖 35694 41528
ruán_12.17 字彙補 而宣切音堧。城下田也。

矖 35695 41529
chóu_12.17 川篇 音紬。田也。

矖 35696 44531
chóu_12.17 五音篇海 音稠。

矚 35697 u2AF62
null_12.17 未詳。　　暉 35698 u24CE3
null_12.17 未詳。

矖 35699 u24CE2
trống_12.17 喃 从男貢cống聲。雄性△躬矖：公雞。

矖 35700 u24CE1
null_12.17 未詳。　　矖 35701 u24CDE
shēn_12.17 同矖60522

矖 35702 u24CDC
ruán_12.17 名義 矖，仁緣反 新撰字鏡 矖矖，同。仁
緣、好（奴）過二反。城下田也。却也。陪也。堧字也 篇
海類編 同堧35631

矖 35703 u24CDA
null_12.17 未詳。　　矖 35704 u24CD9
null_12.17 未詳。

矖 35705 17788
yōng_13.18 集韻 於容切音邕。塞也。正字通 與壅通。
培田也。芡實名雞雍，非从畬。鋆 字彙 畬，雞頭，即
芡實 正字通 舊註誤。土部壅註芡也，亦非。

矖 35706 17789
jiāng_13.18 集韻 韻會 坛居良切音姜。界也。

畐 35707 17790
fù_13.18 集韻 敷救切音覆。貳也。

暴 35709 44532
xī_13.18 龍龕 音希。
音谿 博雅 鵽，篍也 釋文 鵽，音溪。篍，音呂。鋆 集韻
鵽，牽奚切 博雅 鵽缺，筲篍也 玉篇 鵽35664峡，大篍也

矖 35708 17791
qī_13.18 集韻 牽奚切

矓 35710 44533
bì_13.18 字彙補 扑益切音辟。鋆 楊寶忠：俗鼀75214

矖 35711 u2AF63
ruộng_13.18 喃 亦作矖35659同矖35742田。

矖 35712 u24CE8
rôc_13.18 喃 从由祿luộc聲。

矖 35713 u24CE7
la_13.18 喃 同矖10329奇異。

矖 35714 u24CE6
bèi_13.18 俗畀10308 龍龕 音俻。媚也。

矖 35715 u23AD5
đền_13.18 喃 从田殿điện聲。同坮08485

疆 35716 17792
jiāng_14.19 唐韻 集韻 韻會 正韻 坛居良切音薑 說
文 本作畺，界也 易·坤卦 坤厚載物，德合无疆 書·泰誓 我
武惟揚，侵于之疆 詩·小雅 萬壽無疆 箋 疆，竟界也 左
傳·桓十七年 夏，及齊師戰於奚，疆事也 註 爭疆界也。
又 詩·大雅 迺疆迺理 朱註 疆謂畫其大界 左傳·宣八年
楚伐舒蓼滅之，楚子疆之 註 正其界也 又 官名 周禮·夏
官 掌疆 疏 掌守疆界，亦是禁戒之事 又 集韻 或作壃 賈
誼·新書 衞侯名辟疆。辟疆，天子之事也。諸侯弗得用，
衞侯更名燬 又 或作壃 史記·晉世家 出壃乃免 又 正韻
疊白也 又 jiàng 集韻 正韻 坛巨兩切，強上聲 周禮·地
官·草人 疆壆用蕡 註 疆壆，疆堅者 釋文 疆，其兩反。
又 字彙補 北方謂土焦曰疆。見 轉注古音。鋆 又
疅35706 隯66021 又 可洪音義 開僵09345：居良反。惧。

矖 35718 17794
ruán_14.19 集韻 同堧　　疄 35717 17793
lìn_14.19 說文 疄本字

矖 35719 17795
yè_14.19 集韻 益涉切，淹入聲。地名。

矖 35720 17796
píng_14.19 字彙 同畊　　疄 35721 17797
qí_14.19 字彙 同畦

矖 35722 17798
guǎng_14.19 字彙 同曠。

疇 35723 17799
chóu_14.19 古文 畤畮 唐韻 直由切 集韻 陳留切 正韻
除留切坛音酬。耕治之田也 又 禮·月令 季夏之月，可以
糞田疇 疏 穀田曰田，麻田曰疇 齊語 陸、阜、陵、墐、
井田疇均，則民不憾 註 麻地曰疇 又 左傳·襄三十年 取
我田疇而伍之 註 坛畔爲疇 史記·秦始皇紀 男樂其疇，
女修其業 又 爾雅·釋詁 疇，誰也 書·堯典 帝曰：疇咨若
時登庸 傳 疇，誰也 又 韻會 曩也 左傳·宣二年 羊斟曰：
疇昔之羊子爲政 註 疇昔，猶前日也 左思·蜀都賦 嗟見
偉於疇昔 又 史記·歷書 故疇人子弟分散 如淳註 家業世
世相傳爲疇 又 類也 書·洪範 帝乃震怒，不畀洪範九疇
傳 疇，類也 戰國策 今氓賢者之疇也 註 疇，類也。
又 匹也 易·否卦 九四，有命无咎，疇離祉 疏 疇謂疇匹
嵇康·贈秀才入軍詩 咬咬黃鳥，顧疇弄音 註 疇，匹也。
又 五音集韻 雍也 淮南子·俶真訓 今夫樹木者，灌以濬
水，疇以肥壤 註 疇，雍也 又 等也 前漢·宣帝紀 疇其爵
邑 註 漢律 非始封，十減二。疇者，等也，言不復減也

後漢·祭遵傳疇,等也。言功臣子孫,襲封與先人等。☒澤名淮南子·本經訓堯乃使羿誅鑿齒於疇華之野。註疇華,南方澤名也☒國名周語摯疇之國也,由太任註摯,疇,二國名☒姓。摯疇之後左傳·哀十三年疇無餘,謳陽,自南方註二子,越大夫。鍪又叶03616 畕00445 甼16183 畤35585 畘35633 畹35649 畤35515 ☒同畮,古文☒疇23171 壽35695 壽62706,俗疄。

35724 17800
艡 chéng_14.19 正字通與塍09056同。

35725 17801
疄 zhù_14.19 廣韻集韻玆章恕切音薯。筐疄博雅疄,畚也。鍪又疄35676 疄35682 疄74423 集韻亦作籧43104 疄35743

35726 u24CF2
疄 chā_14.19 朱駿聲說文通訓定聲疄35670,字亦作疄。

35727 17802
畕 huǐ_15.20 集韻雷66450古作畕☒集韻詡鬼切音虺。人名。仲畕,湯左相。或作蘬畕。通作虺○按史記本作畕。

35728 17803
畕 bì_15.20 廣韻芳逼切集韻拍逼切,玆音堛。磛性也周禮·春官·大宗伯以畕辜祭四方百物註畕,牲胷也。畕而磛之☒凡劈物使分析亦曰畕王維詩簞食伊何,畕瓜抓棗☒集韻芳六切音蝮。又博厄切音檗。義玆同。鍪又畕03887

35729 44534
畕 chà_15.20 字彙補清夏切,音擦◇。鍪或同畕35656

35730 44535
畕 léi_15.20 龍龕郎迴切音雷。

35731 44536
畕 xīng_15.20 龍龕同星 **35732 u2AF64** 畕 null_15.20 未詳。

35733 u24CF8
畕 bǒi_15.20 畕同畕35734由於。

35734 u24CF7
畕 bǒi_15.20 畕由於。畕爲:由於。畕在:對於。

35735 u24CF6
畕 cuó_15.20 畕35651本字。見說文

35736 u24CF1
畕 ruǒng_15.20 畕从田廣quǎng聲。同畕35573

35737 17804
畕 huǐ_16.21 正字通與虺同史記·殷本紀湯歸至於泰卷陶,中畕作誥註孔安國曰:仲虺,湯左相奚仲之後正字通按:畕,古雷字六書統篆作畕。因詩虺虺其靁傳云畕將發未震之聲,故又音虺九經考異作仲畕,石經作仲傀荀子引作仲蘬,以左相一人,傀蘬虺畕各出,今皆不可考,必有譌誤。

35739 u2AF66
畕 null_16.21 未詳。 **35738 44537** 畕 lěi_16.21 龍龕與累同

35740 u2AF65
畕 null_16.21 未詳。 **35741 u24CFE** 畕 null_16.21 未詳。

35742 u24CFD
畕 ruǒng_16.21 畕从田龍long聲。同畕35573

35743 u24CFC
畕 zhù_16.21 集韻畕35725,章恕切博雅獣畕,畚也。亦作籧畕。

35744 u24CFA
畕 null_16.21 未詳。 **35745 17805** 畕 tuǎn_17.22 字彙與疃同石鼓文原隰既坦,疆理畕畕。

35746 17806
畟 gǒng_17.22 字彙古猛切音獷。死禾也☒正字通俗磙字篇海作畟。

35747 17807
疊 dié_17.22 廣韻徒叶切集韻韻會達協切玆音牒玉篇重也。累也左思·吳都賦雖累葉百疊,而富強相繼。☒震懼也詩·周頌薄言震之,莫不震疊傳疊,懼也。☒布名後漢·南蠻傳知染采文繡,罽毲帛疊註外國傳曰:諸薄國女子,織作白疊花布。南史高昌國有草,實如繭,中絲爲細纑,名曰白疊。安子國人取以爲布,甚輭而白。亦作白氎☒人名後漢·竇融傳與步兵校尉鄧疊親屬數往來京師△通雅揚雄以爲古理官決罪,三日得其宜,乃行之,故字从宜。新室以爲三日太盛,改爲三田。鍪又疊35748 叠05296 疊07461 疊22739 疊23190 疊35749 疊23203 疊35684 疊22626 疊35586

35748 17808
疊 dié_17.22 字彙同疊 **35749 u7589** 叠 dié_17.22 同疊35747

35750 17809
畽 qí_18.23 集韻同畦 **35751 u24D04** 畕 huǐ_18.23 同畕35737

35752 u24D03
畕 null_18.23 未詳。 **35753 u24D02** 畕 lüè_18.23 同畕53787 畕 畕爾雅·釋蟲第十五渠畕:或作畕,音同。

35754 17810
疄 lú_19.24 集韻龍都切音盧。與疄同。鼜也。

35755 u24D06
疄 null_20.25 未詳。 **35756 17811** 畕 xīng_21.26 管子·侈靡篇若是者,必從是畕亡乎註卽夐字,敗也。鍪清·俞樾古書疑義舉例·卷七·不識古字而誤改例畕,古儷字也漢語大字典畕35759(櫩)的訛字。

35757 44538
畕 lěi_21.26 五音篇海同累。

35758 44539
疊 dié_21.26 五音篇海音氎。鍪俗氎,同氎27646

35759 u24D0A
畕 léi_21.26 同畕45386籀文疊45371

35760 17812
畕 tuǎn_22.27 正字通石鼓文疃字△字彙作畕,誤。

35761 41530
畕 tuǎn_22.27 字彙補疃字。見石鼓文字彙作畕,誤。

35762 44540
畕 léi_22.27 搜眞玉鏡同雷。

35763 u24D0D
疊 dié_22.27 朝鮮本龍龕手鑑·田部疊,與氎27649同。

35764 u24D0F
畕 la_25.30 畕同畕10329奇異。

35765 17813
畕 léi_27.32 玉篇古文雷66450字。

35766 17814
畕 léi_28.33 字彙補古文雷66450字。

35767 u24D12
畕 lěi_31.36 籀文疊74146譌作畕74238

• 疋部 •

35768 17815
疋 shū_0.5 唐韻所菹切集韻韻會山於切玆音蔬說文足也弟子職問疋何止☒集韻寫與切,音醑。又所據切音絮。義玆同☒廣韻疎擧切集韻爽阻切玆音所記也☒yǎ廣韻五下切集韻韻會正韻語下切玆音雅。

正也。古文爲詩·大雅字晉書·南陽王模傳安定太守賈疋 pi 五音集韻譬吉切音匹 小爾雅倍兩謂之疋。二丈爲兩，倍兩四丈也 韻會 按古文大、小雅爾雅，字本作疋，今文皆作雅，而疋字但音匹矣 集韻 疋58638古作疋。

疋 35769 17816 zhèng_0.5　五音集韻之盛切音政。古文正26547字。 字彙 此字上畫直，音雅。正也。疋字上畫鉤出，音蔬，足也 字彙補 按說文疋字古文。以爲詩·大雅字，亦以爲疋字，或曰胥字據此，則大雅小雅古文亦作疋字。分疋、疋作兩字，亦後人強析之耳，未可從也。 廣韻 匹04464俗作疋 可洪音義 疇疋：上直由反，下普一反。

疋 35770 u24D14 shū_0.5　同疋35768偏旁。

疋 35771 u2F66 pǐ_0.5　同疋35768部首專用字。亦作疋 35772

疋 35772 u2EAA pǐ_0.5　部疋35771

疋 35773 17817 zú_1.6　字彙補 古文足字○按集韻疋，古文足字。遂譌增作疋。

疌 35774 17818 niè_3.8　說文 尼輒切音聶。機下足所履者。 說文作疌35777

疌 35775 u24D16 null_3.8　未詳。

疌 35777 u24D18 niè_4.9　疌35774本字

疌 35776 17819 jié_4.9　說文 疾葉切音倢。疾也。从止从又。又，手也。止，足也。手足丛用會意。屮聲。別作捷 廣韻集韻韻會正韻 丛从宀作疌。 又畫59213疌35774踕59002

疍 35778 u758D dàn_5.10　疍民。也作疍戶 說文作蜑52732南方夷也 同蛋52531

疏 35779 17820 shū_7.12　唐韻集韻 丛山於切音梳 說文 門戶疏窗也 列女傳 琅玕籠疏 古詩 交疏結綺囧。 又疏35477 正字通 脮35784，疏字之譌。

疏 35780 17821 shū_7.12　正韻同疏。

疏 35781 17822 shū_7.12　唐韻 所菹切 集韻韻會 山於切丛音梳 說文通也。本作疏。今作疏 禮·樂記 清廟之瑟，朱絃而疏越 註 越，瑟底孔也。畫疏之，使聲遲也 疏 疏，通也。使兩頭孔相連而通，孔小則聲急，孔大則聲遲 經解 疏通知遠 遠也 詩·大雅 予曰有疏附 傳 率下親上曰疏附 箋 疏附，使疏者親也 禮·曲禮 夫禮者，所以定親疏 麤也 詩·大雅 彼疏斯粺 箋 疏，麤也。謂糲米也 禮·玉藻 客飧，主人辭以疏 註 飧者，美主人之食也。疏之言麤也。又郊特牲 疏布之尚，反女功之始也 分也 孟子 禹疏九河 史記·黥布傳 疏爵而貴之 稀也 穀梁傳·隱八年 庚辰大雨雪 傳 志疏數也 疏 遠者爲疏，近者爲數也 禮·祭義 祭不欲疏，疏則怠，怠則忘 楚辭·九歌 疏緩節兮安歌 註 使曲節希緩，而安音清歌 治也 謝靈運·登石門最高頂詩 疏峰抗高館，對嶺臨迴溪 註 疏，治也 刻也 禮·明堂位 疏屏，天子之廟飾也 疏 疏，刻也。

屏，樹也。謂刻於屏樹，爲雲氣蟲獸也 又殷以疏勺 註 疏，通刻其頭 後漢·梁冀傳 窗牖皆綺疏青瑣 註 鏤爲綺文也 畫也 管子·問篇 大夫疏器 註 疏，飾畫也 何晏·景福殿賦 羅疏柱之汩越 註 疏柱，畫柱也 徹也 晉語 公伐原，令以三日之糧，三日而原不降，公令疏軍而去之 註 疏，徹也 布也 楚辭·九歌 疏石蘭兮爲芳 疏，布陳也 大也 揚子·太玄經 方州部家，三位疏成 註 疏，大也 菜也。與蔬同 周禮·天官·大宰 以九職任萬民，八曰臣妾，聚斂疏材 註 疏材，百草根實可食者，疏不熟曰饉 釋文 菜也。又地官·委人 凡疏材、木材。凡畜聚之物。註：疏材，艸木有實者 淮南子·道應訓 子佩疏揖，北面立於殿下 註 疏，徒跣也 扶疏，枝葉盛貌 揚子·太玄經 見小勿用，以我扶疏 註 秋木扶疏而大，故可用 正韻 渠疏，杷也 疏躍，布散也 淮南子·俶眞訓 今夫萬物之疏躍枝舉，百事之莖葉條桴，皆本於一根，而條循千萬也 疏疏，衣服盛貌 韓詩外傳 子路盛服見孔子，孔子曰：由，疏疏者何也 揚子·太玄經 穀不穀，失疏數 註 疏數，不平之行也 姓。漢疏廣，疏受。 國名 潛夫論 捿疏猗姓 路史 夏世侯伯也 山名 山海經 貳負之臣曰危，危與貳負殺窫窳，帝乃梏之疏屬之山 註 按文中子云疏屬之南，汾水之曲，卽斯山也。 鳥名 禮·曲禮 雉曰疏趾 疏 雉肥則兩足開張，趾相去疏也 獸名 山海經 帶山有獸焉，其狀如馬。一角有錯，其名曰臟疏 韻會 與梳通。揚雄頭蓬不暇疏 sū 集韻 孫租切音蘇。粗也 shù 廣韻 所助切 集韻 所據切，並梳去聲。條陳也 揚雄·解嘲 獨可抗疏時道是非 記注也。 又对32336疎35780䟱43946跣58980踈58930㰰61400

疐 35782 u24D1B zhì_7.12　同疐35787

疭 35783 u24D1A null_7.12　未詳。

脮 35784 17823 shū_8.13　字彙 所菹切音疎。清疏也。

梳 35785 44541 shū_8.13　五音集韻 同梳。

疐 35786 44542 zhì_8.13　篇韻 陟利切，音致。

疐 35787 17824 zhì_9.14　唐韻集韻韻會 丛陟利切音至。頓也。說文 礙不行也。人欲去而止之也 頓也，跲也 爾雅·釋言 疐，仆也 詩·豳風 狼跋其胡，載疐其尾 傳 疐，跲也。老狼有胡，進則躐其胡，退則跲其尾 疏 退則跲其尾，謂卻頓而倒于尾上也 dì 廣韻 都計切 集韻韻會正韻 丁計切，丛與蒂同 爾雅·釋木 棗李曰疐之 疏 謂治棗李，皆去其疐。疐者，柢也 禮·曲禮 爲天子削瓜者，副之，巾以絺。爲國君者華之，巾以綌，爲大夫累之，士疐之 疏 疐謂脫華處。 又擿20964疌59110疐35792踕59533 五音集韻 疐09746擿21014踕59487嚔07589疐35782，礙不行也 頓也 詩 曰載嚔其尾。疐，跲也。

疑 35788 17825 yí_9.14　古文娸 唐韻 語其切 集韻 魚其切 韻會 凝其切，丛音嶷。惑也 廣韻 不定也 易·乾卦 或之者，疑之也 禮·坊記 夫禮者，所以章疑別微。以爲民坊者也 疏 謂是非不決，當用禮以章明之 度也 儀禮·士相見禮

凡燕見于君,必辨君之南面,若不得,則正方不疑君註疑,度也,不可預度君之面位,邪立嚮之囡廣韻恐也囡增韻似也,嫌也囡爾雅·釋言戾也囡山名淮南子·原道訓九疑之南,陸事寡而水事衆註九疑,山名也。在蒼梧囡神名山海經符惕之山,其上多樱柟,下多金玉,神江疑居之囡官名禮·文王世子虞夏商周有師保,有疑丞疏古者天子必有四鄰,前曰疑,後曰丞,左曰輔,右曰弼囡níng韻會疑疑切正韻魚陵切丛音凝,定也詩·大雅靡所止疑,云很何往傳疑,定也疏正義曰:疑,音凝。疑者,安靜之義,故爲定莊子·達生篇用志不分,乃疑于神囡yì集韻魚乞切韻會正韻魚乞切,丛猗入聲儀禮·鄉射禮賓升西階,上疑立註疑,止也。有矜莊之色釋文疑,魚乙切。又士昏禮婦疑立于席西註疑,正立自定之貌囡nǐ集韻韻會丛偶起切。同擬易文言陰疑于陽禮·射義不以公卿爲賓,而以大夫爲賓,爲疑也註疑,自下上之辭也疏疑,擬也。是在下比擬於上,故云自下上之辭也鋆又圯14716 㞾04340 㞶38519 圯04330 㞽04329 齱67125 囡㠶13690,同㜩。

㠣 35789 17826 xià_10.15　玉篇與夏09809同。

㠥 35790 17827 zhì_11.16　玉篇之世切,姓也。王莽時有㠥惲。

㠦 35791 17828 qiāng_11.16　集韻千羊切音槍。赵走也。

㠧 35792 17829 zhì_11.16　正字通之侍切,音至◇踣也。俗省作㠧,非是囡字彙補人名前漢·匈奴傳烏孫庶子卑援㠧。

㠨 35793 44543 zhì_11.16　字彙補支義切音智。鋆疑㠨59256

㽙 35794 u2AF67 null_12.17　殷周金文集成·14.8781·亞走爵·亞走㽙。

㠩 35795 44544 bì_13.18　字彙補匹覓切,音匹◇。鋆或同㠪59436

㠪 35796 17830 líng_17.22　字彙補與靈同◆廣雅五帝廟蒼曰㠪府。

◆ 疒部 ◆

疒 35797 17831 nè_0.5　唐韻女戹切集韻尼厄切丛音聑。疾也。◆說文倚也。人有疾病,象倚著之形集韻籀作疒。囡chuáng廣韻士莊切集韻仕莊切丛音牀。義同。鋆又疒35829 疒35813 丬32355

疒 35798 u2F67 nè_0.5　部疒35797

疚 35799 44531 jiū_1.6　川篇音鳩。病也。鋆又疚瘮,同疚瘮。

疞 35800 17832 nǎi_2.7　廣韻如亥切集韻汝亥切,丛苗上聲。病也囡集韻囊亥切音乃。又女蟹切音妳。義丛同。

疛 35801 17833 jiū_2.7　字彙居尤切音鳩。病也。鋆俗疛35804字彙補疚35799,亦作疛。

疔 35802 17834 dīng_2.7　集韻當經切音丁。病創方書疔形有十三種,紅絲疔宜急用針刺斷疔腫,痛者取菊花葉,搗汁傅之。冬月用菊根,效同囡集韻籀文疒35797字。

疌 35803 17835 　玉篇疒,籀文疒。

疫 35803 17835 yì_2.7　集韻魚刈切,音义。病也。

疘 35804 17836 jiǎo_2.7　唐韻古巧切集韻吉巧切丛音絞◆說文腹中急也廣韻腹中急痛方書濊氣感觸,邪熱而發之病。俗作疞集韻或作疚囡jiū廣韻集韻丛居虯切音樛。又廣韻居求切音鳩。義丛同囡類篇疒瘤,肉起貌。囡niú集韻尼猷切音牰。小痛。鋆又疘35808 疘35809 疘35811 疘35799 疘35801

疘 35805 17837 jiǎo_2.7　篇海同疘囡xiǔ廣韻集韻丛許九切音朽。病也。

疕 35806 17838 bǐ_2.7　唐韻卑履切集韻補履切丛音匕說文頭瘍也集韻一曰頭痛也周禮·天官·醫師凡邦之有疾病者,疕瘍者造焉註疕,頭瘍。亦謂禿也囡博雅疕,痂也字彙補瘡上甲囡人名前漢·功臣表煇渠慎侯應疕囡廣韻匹鄙切集韻普鄙切丛音啚。又集韻韻會丛普弭切音庀。又集韻篇夷切音批。義丛同。

疢 35807 17839 yòu_2.7　唐韻于救切集韻尤救切丛音宥說文顚也囡集韻云九切音有。顚疢,搖頭貌。鋆又痏35982 頏68016 顊67976 疣35845 頛67927 正字通疢35803,疢字之譌。

疘 35808 41532 jiū_2.7　龍龕居幽切。腹急病也。

疘 35809 44545 jiū_2.7　龍龕同疘。鋆又ghě喃疘瘡。

亣 35810 44546 zè_2.7　龍龕與仄同。

疘 35811 u24D2D jiǎo_2.7　俗疘35804龍龕疘疘俗,疘35809正,居幽反。腹急病也。

疠 35812 u24D2C đau_2.7　喃疼痛△疠抱:劇痛囡ndauh壯酒葉。一種樹葉,咬嚼後牙齒變黑,起健齒作用。

疒 35813 u24D2B nè_2.7　玉篇疒,籀文疒35797

疗 35814 u7597 liáo_2.7　简療36443

疖 35815 u7596 jiē_2.7　简癤36591

疘 35816 17840 gāng_3.8　唐韻古紅切集韻沽紅切丛音公。脫疘,下部病。

疧 35817 17841 xū_3.8　集韻匈于切音訏博雅疧,病也。或作疞。鋆亦俗疧35833可洪音義疧㾆:上古寒反。

疙 35818 17842 yì_3.8　集韻韻會正韻魚乞切,丛音起集韻癡貌博雅癡也囡jì集韻居氣切音既。又軼乙切音暨。義丛同囡正字通按疙,頭上瘡突起也。俗呼疙禿淮南子·齊俗訓親母爲其子治疙禿,血流至耳,見者以爲愛之至也。使出于繼母,則過者以爲嫉。事之情一也,所從觀者異也。鋆又㿎16933 疢35841 囡gē疙瘩,或作疙疸、疙瘩、肐膝、腫塊,引申指塊狀物,亦作屹嶝、紇縫、疙饉、絡餎等第二次漢字簡化方案(草案)·第二表·同音代替字疙瘩、圪垯、纥繨,簡作咯嗒。

疚 35819 17843 jiù_3.8　廣韻居右切 集韻 韻會 正韻居又切丛音
詎 廣韻病也 集韻久病也 釋名疚，久也。在體中也 易·履
卦 履帝位而不疚，光明也 疏能以剛中而居帝位，不有
疚病，由德之光明故也 詩·小雅憂心孔疚 傳疚，病也。
鍌又瘵36095

疛 35820 17844 zhǒu_3.8　唐韻 集韻丛陟柳切音肘。說文小腹病 玉
篇心腹疾也 呂氏春秋身盡疛腫 図zhòu 廣韻 集韻丛
直祐切音胄。又zhòu 集韻陟救切音晝。又zhú佇六切
音逐。義丛同△ 類篇或作疛。鍌又癄36563臁47998

痪 35821 17845 huàn_3.8　廣韻 集韻丛胡玩切音換。搔生創也 廣韻
癱，疽屬也 類篇或作癱。

疰 35822 17846 zhàng_3.8　廣韻直兩切 集韻雉兩切丛音丈。病也。

疣 35823 17847 wù_3.8　廣韻與疝同。

疕 35824 17848 dù_3.8　廣韻當故切 集韻都故切丛音妬 玉篇乳
癰 廣韻乳病。鍌名義疕，竹故反。乳癰也。妒10467字。

疜 35825 17849 xià_3.8　集韻亥駕切音下。痢疾也。

疝 35826 17850 shàn_3.8　唐韻 集韻 韻會 正韻丛所晏切音訕 說文
腹痛也 廣韻病也 釋名疝，詵也。氣詵詵然，上入而痛
也 素問黃帝曰：疹得心脈而急，爲何病。岐伯曰：病名
心疝，少腹當有形也 方書三陽急爲瘕，三陰急爲疝。
男子有七疝，寒水筋血氣狐癩是也 史記·扁鵲倉公傳牡
疝在鬲下，上連肺，病得之內 又臣意胗之曰：湧疝也。
令人不得前後溲◆後漢·律曆志白露暑長六尺二寸八
分，未當至而至，多病，水腹閉疝瘕 図shān 廣韻所閒
切 集韻師閒切丛音山。義同。

庄 35827 17851 zhuāng_3.8　唐韻俗莊字。

疞 35828 17852 xū_3.8　集韻同疞　疒 35829 44547 nè_3.8　五音篇海音
子 字彙補籀文疒字。見 集韻○按 集韻作疗 字彙補誤

疢 35830 44548 chén_3.8　龍龕同瘄　庄 35831 u24D36 sǒi_3.8　喃同疷35958

疒 35832 u24D35 dức_3.8　喃从痛省弋dǎc聲△疒嗒：痛。

疳 35833 u24D32 gān_3.8　俗乾00486亦作疒35817疒15359 可洪音義疒
痁：上音乾。下音枯。疒痁：上古寒反。正作乾也。俗 慧
琳音義乾痁：律文作疒。非也。

疤 35834 u3F76 null_3.8　或同疔35799　瘍 35835 u75A1 yáng_3.8　简瘍36212

疠 35836 u75A0 lì_3.8　简癘36523　疟 35837 u759F nüè_3.8　简瘧36323

痳 35838 17853 shù_3.8　正字通疢字之譌。

疢 35839 17854 chèn_4.9　唐韻 集韻 韻會 正韻丛丑刃切音疹 說文
熱病也 詩·小雅疢如疾首 箋疢，猶病也 禮·樂記疾疢不
作，而無奸祥 図美嗜爲病 左傳·襄二十三年臧孫曰：
美疢不如惡石。夫石猶生我，疢之美，其毒滋多 図 集
韻 韻會 正韻丛丑忍切音趁。義同△俗作疹，別作癩。

痳。鍌 龍龕瘀36047疒35960二俗，疹疢二或作，疢正，
疢今。

疣 35840 17855 shuì_4.9　廣韻釋類切 集韻式類切丛水去聲 集韻
腫病黃帝靈樞經風疢膚脹。

疫 35841 17856 yì_4.9　集韻同疙　疕 35842 17857 zǐ_4.9　字彙阻史切，
音止◇病也○按即疕字之譌。

疢 35843 17858 chén_4.9　正字通疢字之譌。

疢 35844 17859 chén_4.9　字彙同瘄　疣 35845 17860 yóu_4.9　廣韻羽求切
集韻 正韻于求切，丛音尤 玉篇結疢也。今疣贅之腫也
釋名疣，丘也，出皮上，聚高如地之有丘也 莊子·大宗
師附贅縣疣 山海經求如之山，滑水出焉，其中多滑魚，
食之已疣 註疣，贅也。音由，結肉也 図yòu 集韻尤救
切音宥。顫也。鍌又肬46988默74905疒35807疣36128

疤 35846 17861 bā_4.9　集韻邦加切音巴。筋節病 図 正字通瘡痕
曰疤，本作瘢。

疯 35847 17862 fàn_4.9　廣韻芳萬切 集韻孚萬切，丛音娩 揚子·方
言疯，惡也。南楚凡人殘罵詈謂之鉗，又謂之疯，癡騃也
図 集韻方願切音販。義同 図fǎn芳反切，翻上聲。心
惡吐疢也。

疢 35848 17863 táo_4.9　五音集韻徒刀切音陶。疾也。鍌 新修玉
篇疫35928，玉篇从疢，悷。

疢 35849 17864 qiè_4.9　廣韻去劫切 集韻乞業切丛音怯。欠氣
図zī 集韻津私切音咨。與汝同。具汝，山名 図cí才資
切，音茨。義同。

疢 35850 17865 jí_4.9　唐韻 集韻丛呼合切音欱 說文病劣也。
図 廣韻居立切 集韻訖立切丛音急。義同 図hè 廣韻呼
盍切音歃。胞疢。

疹 35851 17866 qín_4.9　五音集韻巨金切音琴。寒也。

疥 35852 17867 jiè_4.9　唐韻 集韻 韻會 正韻丛居拜切音戒 說文
瘙也 廣韻瘡疥 釋名疥，齘也。癢搔之齒齘齘也 禮·月
令仲冬，行春令，民多疥癩 周禮·天官·疾醫夏時有痒
疥之疾 疏四月純陽，五月陰起，惟水淰火，爲甲疥之
甲。故有痒疥疾 後漢·鮮卑傳蔡邕議邊垂之患，手足之
疥瘙，中國之困，胷背之瘭疽 図 酉陽雜俎大曆中，玄
覽禪師住荊州陟岵寺，張璪嘗于寺壁閒畫古松，符載贊
之，衛象詩之，時稱三絕。師見曰：何爲疥吾壁，命加
塈 図人名 史記·酈生陸賈傳酈食其子酈疥數將兵 前
漢·功臣表樗頃侯溫疥 図與痎同。兩日一發瘧也 左
傳·昭二十年齊侯疥遂痁 釋文疥，舊音戒。梁元帝音該，
依字則當作痎 說文云兩日一發瘧也。詳後痎字注△ 類
篇或作瘥、蚧。鍌又庎15378瘬36230疥35885疥35869 可洪
音義 癩疥19225：上息淺介反，下古拜反，瘡也。正作癩
疥也。上又郭氏音介，下又古黠、古拜二反，並非。

疒 35853 17868 xìn_4.9 集韻香靳切音炘。瘡中冷。別作瘀。鏖又瘃36043胅47430腂48079

疦 35854 17869 xuè_4.9 廣韻集韻𠀤呼決切音血廣韻瘡裏空也集韻瘡大者疦囟jué唐韻集韻𠀤古穴切音玦◆說文瘑也五音集韻瘑者，口喝也。

疓 35855 17870 chān_4.9 唐韻赤占切集韻處占切𠀤音襜說文皮剝病也正字通皮膚多蚌如風疾，故曰皮剝病，亦曰皮蛀囟集韻如占切音䫡。又式劔切音閃。又昌豔切音襜義𠀤同△五音集韻亦作瘥。鏖又疒35923痕35965說文痹，皮剝也。从疒冄聲。痕35880籀文从𠕂。

疩 35856 17871 jì_4.9 集韻居氣切音既。癥也。或作疙。

疶 35857 17872 qí_4.9 唐韻渠支切集韻韻會翹移切正韻渠宜切𠀤音祇爾雅·釋詁痕，病也詩·小雅之子之遠，俾我疶兮傳疶，病也囟zhī集韻韻會𠀤章移切音支。又正韻典禮切音邸。義𠀤同。鏖又痕35866疷35861

疷 35858 17873 xiā_4.9 廣韻許加切集韻虛加切𠀤音鰕。喉病。囟yá集韻牛加切音牙。痄疷，病甚也囟語下切音訝。義同。

疺 35859 17874 zhǐ_4.9 字彙直里切，音雉◇下部病。

瘁 35860 17875 cuì_4.9 正字通俗瘁字。

疻 35861 17876 zhī_4.9 廣韻集韻𠀤章移切音支。病也。

疭 35862 17877 qìn_4.9 集韻七鴆切音沁。痛也。

疕 35863 17878 bì_4.9 集韻必至切，音畀。脚冷濕病囟人名前漢·衞霍傳雁疕為煇渠侯註雁，音鷹。疕，音庇麋之庇囟與庇同後漢·清河王傳魂靈有所依疕囟bèi類篇毗至切音備。義同△類篇或作痹。

疫 35864 17879 yì_4.9 唐韻集韻韻會𠀤營隻切音役說文民皆疾也釋名疫，役也。言有鬼行役也◆周禮·春官·占夢遂令始難毆疫註疫，癘鬼也史記·歷書茂氣至，民無夭疫囟集韻以醉切，遺去聲。義同。鏖又瘐36066

瘁 35865 17880 chōu_4.9 字彙丑鳩切音抽。病差愈。

疢 35866 44549 zhī_4.9 字彙補與疷同。疑有誤。

瘁 35867 44550 chì_4.9 龍龕同斥。

疤 35868 44551 dù_4.9 搜眞玉鏡多故切。

疥 35869 44552 jiè_4.9 龍龕同疥

疫 35870 44553 wén_4.9 川篇音文。

疣 35871 44554 ǒu_4.9 龍龕烏狗切音毆。

疧 35872 44555 zhī_4.9 篇海類編同疧。

疬 35873 44556 chén_4.9 龍龕同疢 疒 35874 u2AF6B zhuǎ_4.9 成都話方言詞典(一)手指彎曲不能伸直。(二)呆。

疷 35876 u2AF69 null_4.9 喃未詳。

痕 35875 u2AF6A zhàng_4.9 簡痕36110

疫 35877 u2AF68 null_4.9 喃未詳。

疽 35878 u24D56 vết_4.9 喃从痕省曰viết聲△疽跡：痕跡。疽傷：傷痕。

疒 35879 u24D55 khờ_4.9 喃从疒兮hè聲。昏愚△疒㤲：愚蠢。

痕 35880 u24D53 chān_4.9 同痕35965籀文疓35855

疡 35881 u24D50 wù_4.9 方疡子，同瘔36073子。

疴 35886 u24D46 null_4.9 未詳。 疹 35882 u24D4C shā_4.9 俗痧36106

疢 35883 u24D49 null_4.9 中國諺語資料·一般諺語要和疢瘋睡同牀，不和生疥住對門。注：疢瘋，麻風的俗名。

疗 35884 u24D48 xù_4.9 俗序15384隷辨·上聲·語韻引堯廟碑龍龕疗，俗。音予可洪音義痒疗：上似羊反。下似与反。

疢 35885 u24D47 jiè_4.9 同疥35869俗疥35852

疣 35888 u24D44 xuán_4.9 俗疢35937 痀 35887 u24D45 xiāng_4.9 簡瘍35981

痐 35889 u3F7C yinx_4.9 壯瘟。灿烟提痐：吸菸上癮。

疯 35890 u75AF fēng_4.9 簡瘋36207 疮 35891 u75AE chuāng_4.9 簡瘡36307

疭 35892 u75AD zòng_4.9 簡瘲36380 疠 35893 u75AC lì_4.9 簡癘36616

疰 35894 17881 zhù_5.10 唐韻之戍切集韻朱戍切𠀤音註博雅疰，病也。

疱 35895 17882 pào_5.10 集韻披教切音砲。腫病。通作皰囟bào皮教切，疱去聲。面生氣也。鏖又疱36009

痼 35896 17883 gù_5.10 唐韻集韻𠀤古慕切音顧說文久病也。通作固。俗作痼囟玉篇小兒口瘡。

疲 35897 17884 pí_5.10 唐韻符羈切集韻韻會正韻蒲糜切，𠀤音皮說文勞也玉篇乏也增韻倦也前漢·萬石君傳慶慙不任職，上書曰：臣幸得待罪丞相，疲駑無以輔治後漢·光武紀我自樂此，不爲疲也囟增韻止也囟管子·小匡篇諸侯以疲馬犬羊為幣註疲謂瘦也囟集韻或作罷左傳·成十六年奸時以動，而疲民以逞釋文疲，亦本作罷囟zhī類篇章移切音支。病也△類篇或作痕。鏖正字通勯，俗疲字。

疳 35898 17885 gān_5.10 集韻沽三切音甘。病也正字通小兒食甘物，多生疳病。疳有五，心肝肺脾腎也。治疳先辨冷熱肥瘦，初病為肥熱疳，久病為瘦冷疳，五疳諸積，腹大筋青，面黃肌瘦，或腹痛。以葱椒煑蝦蟇食之，大效。

痏 35899 17886 wù_5.10 唐韻集韻𠀤五忽切音兀說文病也正字通一說婦人帶下有出病，出當卽痏類篇或作㾉。

痧 35900 17887 guō_5.10 廣韻集韻𠀤古禾切音戈玉篇瘡也集韻禿也。一曰創也。春發為燕痧，秋發為鴈痧囟kē集韻苦禾切音科。義同。或作瘑。鏖又疷15433鄧福祿：瘯36391。

俗。

疴 35901 17888
ē_5.10 唐韻烏何切集韻韻會於何切夶音阿。病也前漢·五行志時即有口疴。亦作痾 ☒qià 廣韻枯駕切集韻丘駕切夶音髂。小兒驚病。

疵 35902 17889
cī_5.10 廣韻疾移切集韻韻會才支切，音玼。又唐韻疾咨切正韻才資切，音茨。義同說文病也易繫辭悔吝者言乎其小疵也疏言說此卦爻有小疵病也左傳·僖七年予取予求，不女疵瑕也註不以女為罪釁前漢·景十三王傳今或無罪，為臣下所侵辱，有司吹毛求疵註病也 ☒木名。爾雅·釋木椴，無疵 ☒韻會亦作玼後漢·黃憲傳去玼吝 ☒或作呰前漢·翟義傳王莽大詬，故知我國有呰災。又敘傳閹尹之呰 ☒人名史記·楚世家少子執疵為越章王。又趙世家趙疵與秦戰敗。
☒zǐ 集韻將支切音貲。卑疵，佞人貌史記·日者傳卑疵而前，孅趨而言註疵，音貲 ☒水鳥司馬相如·上林賦箴疵鵁盧釋文疵，音資註張揖曰：箴疵似魚虎而倉黑色 ☒zhài 集韻仕懈切音瘵。同玼。玼睚，恨視。 ☒jì 集韻才詣切音嚌。病也。又短也 ☒zǐ 集韻蔣氏切音紫。毀也。荀子·不苟篇非毀疵也註或曰讀為訾。

疨 35903 17890
xiè_5.10 廣韻集韻夶私列切音薛廣韻痢也。亦作瘎 ☒yì 集韻以制切音曳。義同△類篇或作瘱。

痀 35904 17891
qiè_5.10 廣韻去劫切集韻乞業切夶音怯。病劣。與怯通 ☒qǔ 集韻口舉切，去上聲。病也。

疕 35905 17892
bù_5.10 集韻博古切音布。痞病 ☒普故切音怖。義同。

疷 35906 17893
zhǐ_5.10 正字通同疧。鎣廣韻胝47105，丁尼切。皮厚也。疷，同上。

疸 35907 17894
dǎn_5.10 唐韻丁榦切集韻得案切夶音旦說文黃病也內經目黃，溺黃赤，安臥者黃疸，已食如饑者胃疸方書疸有五，黃胖，黃疸，酒疸，穀疸，女勞疸 ☒廣韻多旱切集韻黨旱切夶音亶。義同 ☒惡創也。亦作癉。

疶 35908 17895
shù_5.10 唐韻食聿切音術說文狂走也玉篇狂走貌 ☒字彙補借作趀踢之趀。獸名。續騷經顧疶踢以中理 ☒廣韻集韻夶呼骨切音忽。又集韻敕律切音黜。又休必切，音畜◇義夶同。

痎 35909 17896
hāi_5.10 唐韻集韻夶呼來切音咍。病也。

疹 35910 17897
zhěn_5.10 集韻韻會正韻夶止忍切音軫說文脣瘍也 ☒釋名疹，診也。有結氣可得診見也玉篇癮疹，皮外小起也正字通俗呼痘瘡曰疹 ☒chèn集韻丑刃切。同疢。熱病越語令孤子寡婦疾疹貧病者納宦其子。張衡·思玄賦思百憂以自疹註疹，疾也 ☒五音集韻奴結切音涅。義同 ☒jǐn集韻頸忍切音緊。脣瘍也。鎣又胗47094疢35960癮36447 ☒北魏元思墓誌遇疹35922，薨於正寢。

痹 35911 17898
bì_5.10 集韻兵媚切音祕。病也方書前後不利曰潷。亦借用閟，俗作疪。

痙 35912 17899
shěng_5.10 字彙所景切音眚。瘦痙也。

痈 35913 17900
tuó_5.10 集韻唐何切音駝。病也。本作疣。

疣 35914 17901
tuó_5.10 集韻痈本字。鎣又痈35963正字通痈疣夶俗字。又諧聲品字箋傴僂，背曲不伸也。俗謂之疣子。

疺 35915 17902
fá_5.10 集韻韻會夶扶法切音乏玉篇瘦也 ☒正字通疲也明永樂北征錄駕發鳴鑾驛，天氣清爽，人馬不渴。若喧熱，人皆疺疺矣 ☒biǎn集韻悲檢切音貶。病也。

疷 35916 17903
zhǐ_5.10 唐韻正韻諸氏切集韻韻會掌氏切夶音紙說文毆傷也前漢·薛宣傳遇人不以義而見疻者，與痏人之罪均，惡不直也註應劭曰：以杖手擊人，剝其皮膚，腫起青黑而無創瘢者，律謂疻痏 ☒廣韻旨夷切集韻蒸夷切夶音脂。又集韻商支切音施。又章移切音支。又類篇敞尒切音侈。義夶同。

瘝 35917 17904
dú_5.10 集韻讟56956古作瘝。

疼 35918 17905
tóng_5.10 廣韻集韻夶徒冬切音彤博雅痛也。☒téng五音集韻徒登切音騰。義同△集韻或作痋。鎣又朝鮮本龍龕癑36596，徒登切。癑痛也。又病之甚也。瘏36390，同。瘇36448，俗。又音作疼。

疽 35919 17906
jū_5.10 唐韻七余切集韻千余切韻會七餘切夶音苴說文久癰也醫書癰者，六腑不和之所生。疽者，五藏不調之所致，陽滯於陰則生癰，陰滯於陽則生疽左傳襄十九年荀偃瘴疽註瘴疽，惡創疏疽癰也史記·孫吳傳卒有病疽者，起為吮之正字通癰之深者曰疽。疽深而惡，癰淺而大 ☒jǔ集韻子與切正韻再呂切，夶苴上聲集韻瘺疽，痒病。鎣又疽35926

痏 35920 17907
zǐ_5.10 唐韻側吏切集韻壯仕切夶音滓說文瑕也博雅痏，病也。鎣又痏35842

痋 35921 17908
bēi_5.10 玉篇補回切音杯。癥結痛也。鎣又痊36071

疢 35922 17909
chèn_5.10 ◆玉篇俗疹字曹植·贈白馬王彪詩憂思成疾疢，無乃兒女仁。

痻 35923 17910
chān_5.10 正字通俗瘡字。

痗 35924 17911
mǔ_5.10 廣韻莫厚切集韻莫後切夶音母。病也正字通痗字之譌。

疾 35925 17912
jí_5.10 古文㽷㽷㽷疒疾唐韻秦悉切集韻韻會昨悉切夶音嫉說文病也。一曰急也。徐曰病來急，故从矢。矢，急疾也易·復卦復，亨。出入无疾書·說命若藥弗瞑眩，厥疾弗瘳 ☒玉篇患也左傳·桓六年謂其不疾瘯蠡也疏不疾者，猶言不患此病也 ☒玉篇速也廣韻急也易繫辭惟神也，故不疾而速詩·大雅昊天疾威傳

疾猶急也 禮·月令 季冬之月,征鳥厲疾 疏 疾,捷速也 張衡·南都賦 總括趣欱,箭馳風疾 又 增韻 惡也 左傳·昭九年 辰在子卯,謂之疾日 註 疾,惡也 又 爾雅·釋言 疾、齊,壯也 疏 急速、齊整,皆于事敏速壯也 又 虐也 詩·大雅 疾威上帝 朱註 疾威,猶暴虐也 又 怨也 管子·君臣篇 有過者不宿其罰,故民不疾其威 註 疾,怨也。

又 毒害也 左傳·宣十五年 山藪藏疾 註 山之有林藪,毒害者居之 又 姓 姓譜 元魏疾陸眷 又 車轅前之下垂在地者曰前疾 周禮·秋官 大行人立,當前疾 又 劉疾,鳥名 爾雅·釋鳥 鵧,劉疾 又 與嫉通 書·君陳 爾無忿疾于頑。又 秦誓 人之有技,冒疾以惡之 傳 見人之有技藝,蔽冒疾害以惡之 史記·孫臏傳 龐涓恐其賢於己,疾之 又 與蒺同 前漢·揚雄傳 及至獲夷之徒蹻,松柏掌疾黎。

鋻 又疢32372 㽵36574 遝61168 㾂15429 瘄36069 又 籕文疾作㽺38582 㿙38598㿁38620,與古智作㽧溷 又 可洪音義 疢35819重:上居右反。病也 辨正論 作疾重。

疽 35926 17913 jū_5.10 廣韻 集韻 丛莫六切音目。病也。鋻 俗疽35919 龍龕 疽,又俗。七余反。

痊 35927 17914 jìn_5.10 字彙 巨禁切,音靳◇牛舌病。

瘔 35928 17915 táo_5.10 集韻 徒刀切音陶。疾也。鋻 詳校篇海㾂35848,定浊。徒刀切,音陶。狀疾。本作瘔。

府 35929 17916 fù_5.10 唐韻 方矩切 集韻 匪父切丛音甫 說文 俛病也 博雅 府,短也 揚子方言 桂林之中謂短矲。矲,通語也。東陽之閒謂之府 註 言府視之,因名 又 fú 集韻 馮無切音扶。義同 又 fù 廣韻 扶雨切 集韻 奉甫切丛音父。病腫。又俛病也 集韻 或作痡 又 五音集韻 甫無切丛音跗。義同。

疹 35930 17917 líng_5.10 廣韻 集韻 丛郎丁切音靈。瘦貌。鋻 廣韻 疹,同顧68520 集韻 疹,疲病 又 俗痊字 可洪音義 未疹:音詮。疹愈:上七全反。

痢 35931 17918 liáo_5.10 集韻 憐蕭切音聊。疾也。

沸 35932 17919 fèi_5.10 廣韻 方味切 集韻 方未切丛音沸 玉篇 熱生小瘡 集韻 熱瘍也 黃帝·素問 汗出見濕,乃生痤痹 正字通 今俗以觸熱膚疹如沸者曰痹子。鋻 正字通 瘄36462俗痹字。

痀 35933 17920 jū_5.10 唐韻 其俱切 集韻 權俱切丛音劬 說文 曲晉也 莊子·達生篇 仲尼適楚,出於林中,見痀僂者承蜩 又 廣韻 舉朱切 集韻 韻會 恭于切丛音拘。又 集韻 委羽切,迂上聲。又郡羽切音寠。義丛同。鋻 又瘟36405佝00995 佝00894

痁 35934 17921 shān_5.10 唐韻 失廉切 集韻 韻會 正韻 詩廉切丛音苫 說文 有熱瘧 玉篇 瘧疾也 左傳·昭二十年 齊侯疥遂痁 顏延年·陶徵士誄 年在中身,疢維痁疾 蘇軾詩 人閒寒熱無窮事,自笑疎頑不受痁 方書 有單瘧,有一日二日

至十日瘧,二日一發瘧曰痎,多日之瘧曰痁 又 廣韻 集韻 丛都念切音店。又 韻 舒贍切音閃。義丛同 唐書·姚元崇傳 崇病痁,移告 註 式瞻切。

痐 35935 17922 jiā_5.10 唐韻 古牙切 集韻 韻會 居牙切丛音嘉 說文 乾瘍也 徐曰 今謂瘡生肉所蛻乾為痐 正字通 瘡弇也 南史·劉穆之傳 子邕為太守,嗜創痐。鋻 又胥47119胛47087

痑 35936 17923 hú_5.10 集韻 同瘄

痃 35937 17924 xuán_5.10 廣韻 胡田切 集韻 胡千切丛音賢 玉篇 痃,癖也 廣韻 癖病 六書故 癖積也,弦急也 本草 陳藏器曰:昔有患痃癖者,取大蒜,合皮截去兩頭,吞之,名曰內灸,果獲效。鋻 又疝35888疝35938

疝 35938 17925 xuán_5.10 字彙 同痃。

痹 35941 17928 bìng_5.10 字彙 同病。

疳 35939 17926 zhà_5.10 集韻 鉏加切音茶。疳疹,病甚 又 廣韻 集韻 丛側下切音鮓。瘡不合也 朱氏集驗方 宋仁宗患疳腮,道士贊寧用赤小豆七粒為末,傅之,立愈 又 集韻 仕下切音柞。義同。鋻 又瘥36039

病 35940 17927 bìng_5.10 唐韻 集韻 正韻 丛皮命切音寎 說文 疾加也 玉篇 疾甚也 釋名 病,丛也。丛與正氣在膚體中也。又 廣韻 憂也 禮·樂記 病不得其眾也 註 病,猶憂也。以不得衆心為憂 又 苦也 書·呂刑 人極于病 傳 欲使惡人極于病苦,莫敢犯者 左傳·襄二十四年 范宣子為政,諸侯之幣重,鄭人病之 又 恨也 左傳·文十八年 閻職曰:與刖其父,而弗能死者,何如 註 言不以父刖為病恨 又 困也 禮·表記 君子不以其所能者病人 註 病謂罪咎之 疏 謂不以己之所能使他人必能。若他人不能,則為困病 又 辱也 禮·儒行 今衆人之命儒也妄,常以儒相詬病 註 詬病,猶恥辱也 又 短也 晉語 公曰:舅所病也 註 病,短也 又 病坊,間曹也 類要 唐以祕書監望雖清雅,實非要劇,以監為宰相病坊,丞及著作郎為尚書郎病坊,祕書郎及著作佐郎為監察御史病坊。鋻 又㾇32391痹35941 瘂36014

疿 35942 17929 niè_5.10 廣韻 集韻 韻會 丛女黠切音痆 廣韻 瘡痛也 韓愈·征蜀聯句 視傷悼瘢疿 又 字彙補 婆羅疿斯,國名 又 集韻 尼質切音暱。癢也。

痕 35943 17930 mín_5.10 集韻 眉貧切音瑉。病也。本作瘠。

痳 35944 17931 zhòu_5.10 字彙補 從陶切音曹 博雅 痳,病也。鋻 廣雅疏證 疛,病也。王念孫:各本疛字譌作痳,曹憲音內青字又譌作曹 又 越諺卷中疾病痳,音魈。飢也卷中。水族黃蜆:似白蛤而小,黃邊黑漚。味鮮而痳 清虛雜著

痄 35945 17932 zhá_5.10 音未詳 釋名 痄,截也。氣傷人,如有斷截也。鋻 俗歹26726歹歹26741殊26748歹26708... 天死。或作札23529天夘、疫夘曰札。

瘐 35946 41533 yǔ_5.10 龍龕 以主切。病也,憂心也。

疹 chá_5.10　龍龕同瘥

瘂 zhòu_5.10　篇海類編側救切，音奏◇。瑬龍龕疸36008疛瘧36170三俗，瘕36226正。

疾 kuí_5.10　川篇音魁

疻 chǐ_5.10　川篇音侈

疣 yìn_5.10　搜眞玉鏡魚刃切音釿。

痙 jìng_5.10　俗瘞36026

疠 lú_5.10　簡癧36613

疧 si_5.10　喃俗癡36569

疢 jiàn_5.10　簡瘦36118見殷周金文集成·11.6319.疢父辛觶

疩 sǎy_5.10　喃从疹省仕聲。瘢疹△亦作疰。

疭 bón_5.10　喃劦疭：便秘。

疹 zhěn_5.10　同疹35910

疨 guài_5.10　同壞09586宋·蘇軾物類相感志·果子香員蒂上安芋片則不疨。

疱 zhāo_5.10　从疒召聲。疱宗，讀昭宗，廟號名兆域圖銅版疱宗宮方百尺。又人名古璽彙編·複姓私璽·3800司馬疱。

疤 tuó_5.10　同疱35914

痩 shòu_5.10　龍龕痩俗瘦36318正図yǔ同痩35946俗瘦36221四聲篇海痩，以主切。病也，憂心也。

痕 chān_5.10　籀文痟35855亦作痕35880

痙 jìng_5.10　簡痙36026

症 zhēng_5.10　俗癥36598

痈 yōng_5.10　簡癰36645

痊 quán_6.11　廣韻此緣切集韻韻會逡緣切正韻且緣切夶音詮玉篇病瘳也集韻病除也抱朴子·用刑卷是以灸刺慘痛而不可止者，以痊病也。

痛 sè_6.11　廣韻山責切集韻色責切夶音㮡。瘆痛，寒病集韻或作癏図ci集韻七賜切音刺。風痛，膚疾。図玉篇古文瘠36304字。瑬又瘶36094

痳 xiū_6.11　廣韻許尤切集韻虛尤切夶音休玉篇息下痢病也図xiù集韻許救切音齅。瘯痳。瑬又瘳36498

疼 téng_6.11　唐韻集韻夶徒冬切音彤。說文動病也図chóng集韻類篇夶持中切音蟲。病也。瑬又癗36648

痌 tōng_6.11　廣韻他紅切集韻他東切夶音通。痛也。図tóng集韻徒東切音同。瘡潰也。瑬又癌36435

瘆 chān_6.11　五音集韻同痟。

癏 pāng_6.11　廣韻匹江切集韻披江切。夶同胮。脝，肛腫也図集韻皮江切音龐。義同図lóng良中切音隆。罷病也。

痍 yí_6.11　唐韻以脂切韻會正韻延脂切夶音夷說文傷也廣韻瘡痍釋名痍，侈也。侈開皮膚為創也史記·蒙恬傳天下之心未定，傷痍者未瘳図韻會通作夷左傳·成十六年命軍吏察夷傷。瑬史記·蒙恬傳傷痍者未瘳。徐慧：傷痍，痍傷。

痦 qià_6.11　字彙苦八切，音恰◇用力疲也。瑬龍龕痦，俗。正作劼03982用力也。

瘞 yì_6.11　廣韻餘制切集韻以制切，夶曳去聲。病也図xiè集韻私列切音泄。與疶同。

虎 xuǎn_6.11　正字通同癬。

痎 jiē_6.11　唐韻古諧切集韻韻會正韻居諧切夶音皆說文二日一發瘧也顏氏家訓左傳齊侯痎遂痁說文痎，二日一發之瘧，痁有熱瘧。按齊侯之病，本是閒日一發，漸加重，故為諸侯憂。今北方猶呼痎瘧音皆，世閒傳本多以痎為疥。杜預無解釋，徐仙民音介。俗儒通云病疥，令人惡寒，變成瘧。此臆說也。疥癬，小疾，豈有患疥轉作瘧乎図集韻丘哀切音開。又柯開切音該。又戶代切音瀣。義夶同。瑬又瘖36220

痯 xiāng_6.11　集韻虛江切音肛。腫也。瑬集韻肛，虛江切博雅脿肛，腫也。或作痯図痫35887

痏 wěi_6.11　唐韻榮美切集韻韻會羽軌切夶音洧說文瘡痏也玉篇瘡也廣韻瘡痏前漢·薛宣傳遇人不以義而見痏者，與痏人之罪鈞，惡不直也註應劭曰：以杖手擊人，剝其皮膚腫起，青黑而無創痏者，律謂痏痏。師古曰痏，音鮪抱朴子·擢才卷生瘡痏於玉肌張衡·西京賦所惡成瘡痏註瘡痏謂瘢痕図說文長箋方言謂之翻痏，又謂之翻胃，食下咽不受也正字通按痏胃音義各別箋以痏作胃，誤図yòu集韻尤救切音宥。顔也図yù于六切。病也。瑬又疣35807図玄應音義痏疛：諸書作侑，籀文作㿈。案，通俗文于罪反。痛聲曰痏，驚聲曰㿈。然音于簡反。律文作嘽06511喂二形，非也。籀音除救反。

痱 nái_6.11　廣韻奴來切集韻韻會囊來切，夶乃平聲。病也。一曰停劣也図集韻汝來切音荋。疾也。

痞 shàng_6.11　廣韻集韻正韻夶式亮切音餉說文憂也廣韻同愓集韻一曰痛也図shāng集韻尸羊切音商。義同△類篇或作痞。瑬又痖36164

痐 huí_6.11　集韻胡隈切音回。腹中長蟲。

疴 yā_6.11　集韻乙治切，音跮。江淮之閒謂病劣曰疴正字通或曰禿瘡下窊貌。

瘓 tān_6.11　唐韻丁可切音軃說文馬病也引詩·小雅瘓瘓駱馬〇按詩今本作嘽玉篇力極也博雅瘓瘓，疲也図廣韻丁佐切集韻丁賀切夶音跢図廣韻集韻夶他干切音攤。又集韻他佐切音拕。又湯河切音佗。又

他案切音炭。義兹同 図shǐ 集韻賞是切，弛上聲前漢·司馬相如傳衍曼流爛，疼以陸離 註 張揖曰：疼，衆貌。師古曰疼，自放縱也。音式爾反。

疫 35988 17952
hài_6.11 廣韻呼艾切 集韻虛艾切，兹音餀。疫病也。或作癞。

痎 35989 17953
jiè_6.11 廣韻古隘切 集韻居隘切兹音懈。病也。 図yá 集韻宜佳切音厓。癍貌 図研奚切音倪。義同。

疺 35990 17954
chā_6.11 集韻抽加切音侘。癍貌。

痒 35991 17955
yáng_6.11 唐韻似陽切 集韻徐羊切兹音詳 說文瘍也 図yáng 集韻余章切 正韻移章切兹音陽 博雅痒，病也 詩·小雅癙憂以痒 傳痒，病也。又大雅稼穡卒痒。 図與瘍同。創也 周禮·天官·疾醫夏時有痒疥疾 後漢·律曆志註春分，晷長七尺二寸四分，當至不至，多病耳痒 図yǎng 廣韻餘兩切 集韻韻會以兩切兹音養 玉篇痛痒也 廣韻皮痒 集韻膚欲搔也 抱朴子·塞難卷人不能自知其體老少痛痒之何故 図集韻或作癢36611通作養 図yàng 集韻弋亮切音漾。創也。詳後癢36592字註。 鏊又痒36096今痒為癢36611簡化字。

痓 35992 17956
chì_6.11 唐韻充自切 集韻充至切◇ 博雅痓，惡也 集韻一曰風病◆正字通痓證有五，秦越人難經督脈為病，脊强而厥。張仲景金匱脊强者，五痓之總名，其證卒口噤，背反張而瘈瘲 図山名山海經大荒之中有山，名曰去痓。

痢 35993 17957
lì_6.11 廣韻 集韻兹力制切音例 公羊傳·莊二十一年大災者何，大瘠也。大瘠者何，痢也 註民疾疫也 集韻或作癘癗。通作屬。

瘺 35994 17958
lòu_6.11 正字通俗瘻字。

痔 35995 17959
zhì_6.11 唐韻直里切 集韻韻會丈里切，兹持上聲 說文後病也 增韻隱瘡也 釋名痔，食也。蟲食之也 莊子·列禦寇舐痔者得車五乘 抱朴子·暢玄卷若夫操隋珠以彈雀，舐秦痔以屬車。 鏊龍龕症痔二俗，痔正。直里反。下部病也。

疛 35996 17960
jiǎo_6.11 集韻與疝同。

瘩 35997 17961
dá_6.11 廣韻都合切 集韻德合切兹音答 字林肥貌 図集韻鄂合切音嗑 玉篇病寒也 五音集韻寒瘩瘩 図呼合切音欱。義同。

痨 35998 17962
lǎo_6.11 集韻魯皓切音老。痩痨，疥瘡。 鏊龍龕痨，俗。音虐。鄭賢章：或俗瘡。

痕 35999 17963
hén_6.11 唐韻戶恩切 集韻韻會 正韻胡恩切兹音鞎 說文胝瘢也 玉篇瘢痕也 趙壹疾世刺邪賦所好則鑽皮出其毛羽，所惡則洗垢索其瘢痕 図凡物有迹者皆曰痕，如啼痕，苔痕，水痕，墨痕之類 図yín 集韻五斤切音垠 博雅腫也 図gèn 古恨切音艮。腫病。 鏊正字通

痕，本作瘒36098 図 直音篇痕36030胡恩切，瘢也。

疾 36000 17964
jí_6.11 說文古文疾35925字。

痴 36001 17965
rú_6.11 集韻人余切音如。病也 図rù 如倨切音洳。痴瘰，不達也。

瘹 36002 17966
nǎo_6.11 集韻與瘻同。

痷 36003 41534
zhǐ_6.11 篇海類編音旨。小疾。

瘀 36004 41535
jiù_6.11 龍龕音救。病也。

瘆 36005 44563
yìn_6.11 字彙補瘆字之譌。

疸 36008 44566
zhòu_6.11 龍龕同疛。

痖 36006 44564
xǐ_6.11 龍龕音西龍龕痖36072病二俗。音西。 鏊又痑y 喃瘡腫起。

痍 36007 44565
yǔ_6.11 五音篇海同瘐。 鏊俗痩。或俗庾 隸辨 堯廟碑：倉痍充塞。

疱 36009 44567
pào_6.11 搜眞玉鏡音薄。 鏊可洪音義疱起：步孝反 五侯鯖字海疱，正作疱35895。

瘦 36010 44568
shòu_6.11 搜眞玉鏡同瘦。

痲 36011 u2AF6F
null_6.11 喃未詳。

痩 36012 u2F93A
yǔ_6.11 同瘐36221

疞 36013 u24D92
ben_6.11 喃从疒边biên聲△郎疞：白癜風病。

痫 36014 u24D91
bìng_6.11 或同病35940文淵閣四庫全書仁齋直指·卷二·證治提綱·附證治賦脈痫攣痹者，療以針刺。又敦煌·S.5737灸經明堂殘卷·第20行人諸灸，所以行散痫疢並於迅速風（以下殘缺）図人名。或同茵。見包山楚簡湘痫 図in 壯痛，疼愛、可惜 図nhẳn 喃从疒因nhân聲△瘩痫：疲憊，辛勞。

疘 36018 u24D87
null_6.11 未詳。

瘄 36015 u24D90
chồn_6.11 喃从疒存tồn聲。疲憊△瘄蹟：腿痠。盆瘄：忐忑，侷促不安。

痞 36021 u24D82
null_6.11 未詳。

痮 36016 u24D8F
choáng_6.11 喃从疒光quang聲。頭暈，暈眩。△亦作疪。

痳 36017 u24D8E
chau_6.11 喃从疒朱cho聲。鞏蹙。

症 36019 u24D84
nhắm_6.11 喃从疒任nhậm聲△症眛：眼睛刺癢。

痻 36020 u24D83
diào_6.11 閩林寶卿普通話閩南方言常用詞典痻，白癜。痻仔子，痤瘡。王心怡：又音tiáo。

痖 36022 u75D6
yǎ_6.11 簡痖36159

痌 36023 17967
yuān_7.12 廣韻烏玄切 韻會幺玄切，兹音淵 廣韻骨節疼也 集韻骨酸也 內經痿厥腨痌 註足肚痠疼為腨痌 図正字通煩鬱也 列子·楊朱篇薦以梁肉蘭橘，心痌體煩。

痗 36024 17968
mèi_7.12 廣韻 集韻 韻會 正韻兹莫佩切音昧。病也 詩·衞風使我心痗。又小雅悠悠我里，亦孔之痗 傳痗，病也 謝惠連詩積憤成疢痗 図廣韻荒內切 集韻呼內切兹音誨。又集韻韻會每罪切 正韻莫賄切兹音浼。

又 集韻 虎猥切音悔。義疛同。鍫又痗35924

痘 dòu_7.12 字彙 大透切音豆。痘瘡 方書 胎毒也。有終身不出者,神痘法,凡痘汁納鼻,呼吸卽出。

痙 jìng_7.12 廣韻 其頸切 集韻 巨井切夶音涇 說文 彊急也 內經 諸痙項强,皆屬於濕 方書 以中寒濕發熱惡寒,頸項强急,身反張如中風狀,或掣縱口張為痙。俗作痓。鍫又痙35966痙35953

痞 lǚ_7.12 集韻 類篇 夶兩舉切音呂。瘡病 図久病。鍫 玉篇 痞,力與切 埤蒼 云:晉大夫冀叔痞也 図 譌作㾷15483

痒 shěn_7.12 唐韻 所臻切 集韻 疏臻切夶音莘 說文 寒病也 正字通 今感寒體戰曰痒 皮日休詩 枕上聞瀟湃,肌上生瘭痒 韓愈·孟郊鬪雞聯句 磔毛各噤痒,怒瘦爭碨磊 韓偓詩 噤痒餘寒酒半醒 図 廣韻 疏錦切 集韻 韻會 正韻 所錦切,夶森上聲。又 廣韻 蘇本切 集韻 鎖本切夶音損。又 集韻 斯人切音辛。義夶同。鍫又瘮36499

痢 lǐ_7.12 廣韻 良巳切 集韻 兩耳切夶音里 爾雅·釋詁 痢病也 図 廣韻 里之切 集韻 陵之切夶音釐。義同。

痕 liàng_7.12 唐韻 力讓切音亮。目病 正字通 與目部䁑字義同。

痜 tùn_7.12 集韻 類篇 夶佗恨切音捆。病善食也。

痟 xiāo_7.12 集韻 類篇 夶虛交切音嚻。痟瘕,喉病 正字通 一說久欬不已,連喘,腰背相引,坐寢有音者。俗名為痟病。

痒 fú_7.12 集韻 房尤切音浮。火瘍。

痎 dāi_7.12 唐韻 五駭切 集韻 語駭切夶音娾。與騃,獃夶同 図 集韻 魚開切音皚。義同。

痛 tòng_7.12 唐韻 集韻 韻會 正韻 夶他貢切音衕 說文 病也 內經 有舉痛論 図 增韻 楚也。疼也 易·說卦 坎為耳痛 後漢·鄧皇后紀 后曰:非不痛也,難傷老人意,故忍之耳 図 玉篇 傷也 左傳·成十三年 斯是用痛心疾首 前漢·楚元王傳 言多痛切,發於至誠 史記·秦本紀 寡人思念先君之意,常痛於心 図 字彙補 甚也 前漢·食貨志 以稽市物痛騰躍 図 凡事盡力為之者,皆曰痛 世說新語 痛飲酒,熟讀離騷 便可稱名士 図 姓 姓譜 本盛國後,實姬姓也。周穆王嬖寵盛姬早卒,穆王哀痛不已,遂改其族,謂之痛氏。鍫又癰36429

痡 tū_7.12 集韻 他谷切音禿。首瘍也。

痐 hū_7.12 廣韻 呼骨切音忽。多睡。

痝 máng_7.12 廣韻 集韻 夶莫江切音尨。病困。一曰病酒。

痄 zhà_7.12 字彙 與㾆同。

痯 gěng_7.12 集韻 古杏切音梗。病也。

痆 niè_7.12 唐韻 奴結切 集韻 乃結切夶音涅。病也。

疙 yì_7.12 字彙 伊習切音邑。鬱病。通作悒。

瘁 xìn_7.12 廣韻 集韻 夶興腎切。與胂同。熱氣著膚也 図 yǐn 集韻 許謹切音蚓。創肉反出也 玉篇 腫起也 図 xìn 廣韻 集韻 夶香靳切音焮。義同 図 xì 集韻 許旣切音呬。痛也。

痒 zhuàng_7.12 集韻 側亮切音壯。熱病。

痎 xiē_7.12 字彙 思遮切音些。癢也。鍫 字彙 瘑,同瘥。

痞 pǐ_7.12 唐韻 符鄙切 集韻 韻會 部鄙切夶音否 說文 痛也 徐曰 又病結也 增韻 氣隔不通 玉篇 腹內結病 廣韻 腹內結痛 正字通 方書 不痛者為痞滿,痛者為結胷。胷痹,有因下而結者,從虛及陽氣下陷治之。有不因下而痞者,從上虛及痰飲食鬱濕熱治之 図 廣韻 方美切 集韻 補美切夶音鄙。義同 図 集韻 俯九切音缶。病也 図 pēi 廣韻 芳杯切音肧。弱也 図 bēi 集韻 晡枚切音桮。弦病。鍫又瘺36400胚47377痓35921

瘲 chèn_7.11 字彙 丑忍切,嗔上聲。病也。

痟 xiāo_7.12 唐韻 相邀切 集韻 韻會 思邀切 正韻 先雕切夶音宵 說文 酸痟,頭痛 周禮·天官·疾醫 春時有痟首疾 註 痟,酸,削也。首疾,頭痛也 疏 頭痛之外,別有酸削之痛。酸,嘶也 管子·地員篇 五沃之土,其澤多魚,其泉白靑,其人終無痟酲 左思·蜀都賦 芳追氣邪,味蠲痟痟 註 痟,頭病也 図 玉篇 痟,渴病也。漢司馬相如痟渴疾○按 漢書 本傳作消渴 図 通作消 後漢·李通傳 素有消疾 註 消中之疾。鍫又尦12830疳15509

瘦 qǐn_7.12 廣韻 集韻 韻會 夶七稔切音寢 廣韻 瘦陋。又貌醜 集韻 體陋也 図 韻會 或作侵 史記·魏其傳 武安者貌侵短小 註 謂醜惡也 △ 集韻 或作顉 韻會 亦通作寑。

瘈 qiè_7.12 唐韻 苦叶切 廣韻 苦協切 集韻 詰叶切夶音愜 說文 病息也 集韻 或作瘱。

痠 suān_7.12 廣韻 素官切 集韻 蘇官切夶音酸。痠疼 博雅 痠,痛也 図 石名 山海經 風伯之山,多痠石。鍫又痟36174痠36068

痡 pū_7.12 唐韻 普胡切 集韻 韻會 正韻 滂模切夶音鋪 說文 病也 書·泰誓 毒痡四海 傳 痡,病也 詩·周南 我僕痡矣 図 廣韻 芳無切 集韻 奔模切夶音敷。又 集韻 奉甫切音父。義夶同 図 pù 集韻 普故切音怖。痡病。

痢 lì_7.12 廣韻 集韻 夶力至切音利。瀉也 正字通 方書 分血痢,氣痢,赤痢,白痢,泄痢,酒痢,虛痢,五色痢,水穀痢,赤白痢,噤口痢,休息痢,勞痢,暴痢,

久痢。諸證皆濕熱積滯，暑毒虛滑所致。

痽 36054 17998
chè_7.12 字彙充夜切，車去聲。泄也正字通瀉通作寫，譌作痽。

瘽 36055 17999
lóng_7.12 正字通籀文癃字之譌。

痠 36056 18000
shòu_7.12 正字通瘦字之譌。

𤸣 36057 18001
yóu_7.12 廣韻以周切集韻夷周切丛音由博雅𤸣，病也又集韻久屋朽木臭周禮·天官·內饔牛夜鳴則𤸣註𤸣，朽木臭也又集韻余救切音狖。義同。

痣 36058 18002
zhì_7.12 廣韻集韻韻會丛職吏切音志集韻黑子也又通作誌史記·高祖紀左股七十二黑子師古註今中國通呼黶，黑子，吳楚俗謂之誌。鑾又胑47288又史記·漢高祖紀左股七十二黑子。徐慧：前漢·高帝紀

瘵 36059 18003
chá_7.12 廣韻宅加切集韻直加切丛音茶。瘢瘵，瘡痕又chú集韻陳如切音除。又廣韻集韻丛陟加切音咤。義丛同。鑾又痆35947瘵36312

𤵽 36060 18004
zhǒu_7.12 正字通俗疛字。

痤 36061 18005
cuó_7.12 唐韻昨禾切集韻徂禾切正韻才何切丛音矬說文小腫也。一曰族絫徐曰今別作瘯蠡，非是玉篇癤也博雅痤，癤也韓非子·六反篇彈痤者痛，飲藥者苦後漢·律曆志註白露，晷長六尺二寸八分，當至不至，多病痤疽泄山海經金星之山多天嬰，其狀如龍骨，可以已痤註癤，痤也又人名史記·秦本紀與魏、晉戰少梁，虜其將公孫痤。

𤸫 36062 18006
duó_7.12 唐韻集韻丛徒活切音奪◆說文馬脛瘍也。一曰將傷又chuò集韻椿劣切音啜。傷也。

𤶭 36063 18007
bù_7.12 集韻蒲故切音步。復病也。

𤸎 36064 18008
kuáng_7.12 字彙渠王切音狂。熱病。

𤷎 36065 18009
chī_7.12 正字通俗癡字。

痠 36068 18012
suān_7.12 字彙補心官切音酸。痠也。

𤹪 36069 18013
jí_7.12 廣韻籀文疾字。

𤷕 36066 18010
yì_7.12 集韻同疫

𤸂 36070 41536
wāng_7.12 搜眞玉鏡烏光切音汪。瘦也。鑾又𤸗36074

𤸧 36071 41537
bēi_7.12 五音篇海補回切。結痛也。

𤵴 36072 44569
xī_7.12 龍龕音西

𤺥 36075 44572
chuāng_7.12 龍龕同瘡

𤸇 36067 18011
què_7.12 集韻同瘸

𤸠 36073 44570
pēi_7.12 龍龕普杯切音坏。鑾或𤸠36140字之訛又wù五侯鯖字海音悟。心癡也又𤸠子：凸起的黑痣。方言亦作𤵴35881子。

𤸗 36074 44571
wāng_7.12 搜眞玉鏡與𤸂同。

𤸷 36076 44573
xíng_7.12 五音篇海戶呈切，音形◇。

𤹙 36077 44574
dù_7.12 五音篇海音度。

瘦 36078 44575
shòu_7.12 龍龕音瘦

𤶷 36079 44576
shēn_7.12 龍龕俗音身。鑾可洪音義𤶷吟：上音呻，正作呻。

𤺆 36081 44578
nǎo_7.12 龍龕音惱。鑾俗𤺆36199

𤸬 36080 44577
jiǎo_7.12 龍龕音角

𪽰 36083 u2AF70
null_7.12 正字通𤵹，舊注音目。目病。按，目病非一，本作目。信如舊注，則足病作𪽰，非古制字本義，繆舛宜刪。

𪽱 36082 u2AF71
null_7.12 喃未詳。

𤶿 36084 u24DBF
hẩu_7.12 喃从疒，厚hậu省聲。咽炎又haeuj壯麻瘋。

𤶾 36085 u24DBE
lẫn_7.12 喃从疒吝lận聲。痕。

𤶽 36086 u24DBD
mụt_7.12 喃从疒孛bột聲。瘡癤。

𤶼 36087 u24DBC
mưng_7.12 喃从疒芒mang聲△𤶼糞：膿瘡。

𤶻 36088 u24DBB
nghén_7.12 喃从疒見kiến聲。

𤶺 36089 u24DBA
xoải_7.12 喃从疒吹xuy聲。

𤶹 36090 u24DB9
guộc_7.12 喃从瘦省局cuộc聲。

𤶸 36091 u24DB8
nā_7.12 粵同𤺥36321疤痢。痘𤶸：種牛痘後的疤痕。補𤶸：打補丁。

𤶱 36092 u24DB1
chuàn_7.12 越諺·卷中·疾病瀝𤶱：（音）歷串。又名痰核。見方書。清·陶承熹惠直堂經驗方·卷三·瘰癧瘻瘤門癧𤶱方：蜒蝣，無殼者。用鹽水浸一宿，陰於瓦焙為末，沙糖為丸，桐子大。每服三錢，蜜酒漿調勻下，任久遠不能收攻者，無不見效。

𤶭 36093 u24DAD
ái_7.12 周靖篆隸考異𤶭，俗。篆作顡68396，魚開切，不慧也醫宗必讀·金石部·朱砂多用令人𤶭悶。

𤶬 36094 u24DAC
sè_7.12 俗瘷35970集韻瘷，蘇谷切。痒瘷，寒病。

𤶫 36095 u24DAB
jiù_7.12 龍龕𤶫俗疚正，音救。病也字彙補𤶫，古咒切，音救。病也。

𤶪 36096 u24DAA
yáng_7.12 同痒35991

𤶩 36097 u24DA9
xiū_7.12 同脙47280駢雅嫉冥𤶩𤸷㥏耆臞脙，瘠也續方言齊人謂瘠為𤶩。

𤶧 36099 u24DA7
yùn_7.12 簡𤺞36283

𤶦 36100 u24DA6
lòng_7.12 或同瓏，俗聾又庨15500譌字五音集韻𤶦，𤶦屏。

痢 36101 uF9E5
lì_7.12 兼痢。

痫 36102 u75EB
xián_7.12 简癇36461

痪 36103 u75EA
huàn_7.12 同瘓36236

痩 36104 u75E9
shòu_7.12 俗瘦36318

痨 36105 u75E8
láo_7.12 简癆36455

𤶨 36098 u24DA8
hén_7.12 痕35999本字

痧 36106 u75E7
shā_7.12 亦作疹35882民國新字典痧，音沙。(一)霍亂病之屬。由飲食不潔而起，吐瀉兼作，四肢厥冷之病也，有傳染性。(二)痲疹，俗亦謂之痧子。詳痲36116

癍 ài_8.13　廣韻 集韻 丝洛代切音賽。惡病 博雅 癍，癘也 ⊠ 唐韻 落哀切 集韻 郎才切丝音來。義同 ⊠ 類篇 久疾也 △俗作癩。

瘍 yì_8.13　唐韻 羊益切 集韻 夷益切丝音繹 說文 脈瘍也 廣韻 病相染也 集韻 關中謂病相傳為瘍 ⊠ 博雅 瘍，癥也 ⊠ 集韻 施隻切音釋。義同。鋆 又癢36527

痭 bēng_8.13　集韻 報朋切音崩 玉篇 婦人癥，血不止也 ⊠ péng 蒲萌切音弸。腹滿也 ⊠ 皮孕切音凭。腫滿貌。

痕 zhàng_8.13　唐韻 丑亮切，音悵。又 廣韻 集韻 韻會 知亮切，音帳 玉篇 痕，滿也。亦作脹 集韻 腹大也 正字通 脾胃不和，冷氣客之爲脹滿。通用張。
鋆 又瘷36368痕35875

瘖 qīn_8.13　玉篇 口金切音欽。疾瘖，惡寒證也。⊠ kè 類篇 渴合切音溘。病寒也。

痯 guǎn_8.13　廣韻 古滿切 集韻 韻會 古緩切丝音管 玉篇 病也 詩·小雅 四牡痯痯 傳 痯痯，罷貌 爾雅·釋訓 痯痯，病也 註 賢人失志，懷憂病也 ⊠ guàn 廣韻 集韻 韻會 丝古玩切音貫 廣韻 與癏同。鋆 又瘑36577

痰 tán_8.13　廣韻 韻會 丝徒甘切音談 廣韻 胷上水病 類篇 病液 正韻 液所以養筋血，濇不行，則痰聚於鬲上，而手足弱。舊云病液，非也 正字通 痰有六：淫熱風寒食氣也 抱朴子·至理卷 甘遂葶歷之逐痰癖。

痱 féi_8.13　廣韻 集韻 韻會 正韻 丝符非切音肥 玉篇 風病也 廣韻 同痏 集韻 一曰小腫 爾雅·釋詁 痱，病也 前漢·賈誼傳 非疽宿縣而已，又類辟且病痱 註 辟，足病。痱，風病 ⊠ 唐韻 蒲罪切 集韻 韻會 部浼切丝音琲。又 集韻 簿亥切音倍。義丝同 ⊠ fèi 廣韻 扶沸切 集韻 韻會 父沸切丝音帗 廣韻 熱瘡 ⊠ 韻會 避也 ⊠ fěi 集韻 妃尾切音斐。鬼痛病。鋆 又腓47438痱35932胇37848

痳 má_8.13　廣韻 莫霞切 集韻 謨加切丝音麻 正字通 痳風，熱病。本作麻 方書 麻是氣虛，木是濕痰死血。

痳 lìn_8.13　唐韻 力尋切 集韻 犂鍼切丝音林 說文 疝痛 玉篇 小便難也 博雅 痳，病也。

瘳 jiàn_8.13　廣韻 慈演切 集韻 在演切丝音踐 玉篇 小痒也 廣韻 瘑、瘳，蜱也。鋆 又 方 爬痕35955：搔痒。

痴 chī_8.13　集韻 抽知切音螭。痴疵，病也。一曰不廉 正字通 俗癡字 ⊠ 廣韻 丑之切 集韻 超之切，音癡。痴瘷，不達之貌。鋆 又徥01233痁36065

痵 jì_8.13　唐韻 集韻 丝其季切音悸 說文 气不定也 玉篇 心動也。亦作悸 廣韻 病中恐也。

瘈 quán_8.13　廣韻 巨員切音權。手屈病也 程曉·嘲熱客詩 疲瘈向之久，甫問君極那。

痱 féi_8.13　玉篇 同痱 ⊠ yà 牛懈切音睚。目瘵也。

痍 yì_8.13　集韻 研計切音詣。痍眦，恨也 ⊠ yà 牛懈切音睚。目瘵也。

瘷 dōng_8.13　集韻 都籠切音東。吳俗謂惡氣所傷爲瘷病。

瘙 qiāng_8.13　廣韻 苦江切 集韻 枯江切丝音腔 集韻 喉痸也 五音集韻 喉中病 ⊠ 廣韻 空谷貌。鋆 又唴06224

瘷 xù_8.13　唐韻 吁逼切 集韻 忽域切丝音洫 說文 頭痛也 ⊠ huò 廣韻 呼麥切音劃。義同。

瘝 nà_8.13　廣韻 奴曷切 集韻 乃曷切丝音捺 博雅 痛也。一曰瞖也 ⊠ 廣韻 集韻 丝女黠切音褹。又 集韻 女瞎切音箬。義丝同。鋆 又瘝36237

瘷 jí_8.13　字彙 紀力切，音吉◇疾也。氣急也。

瘷 yóu_8.13　字彙 于求切音尤。瘡也。

瘱 bǎng_8.13　字彙 字出 釋典，疑㾋字之譌。

瘷 tiǎn_8.13　廣韻 集韻 丝他典切音腆。瘷瘷，病貌。

瘷 ān_8.13　集韻 韻會 丝烏含切音諳。瘷瘱，泛意 王沈·釋時論 瘷瘱者，以博約爲通濟。眠瘷者，以難入爲凝洓 ⊠ 集韻 乙業切音腌 博雅 病也。本作殗 玉篇 瘷殜，半臥半起病也。亦作殗 ⊠ yà 乙洽切音跦。病也。或作瘖 ⊠ yè 五音集韻 於輒切音敏。瘦病 ⊠ è 烏合切音姶。跛疾也。通作跦。鋆 又瘷36358

瘨 zhěn_8.13　廣韻 居忍切 集韻 頸忍切丝音緊。脣瘍也。鋆 又服47403

瘄 qí_8.13　字彙 渠宜切音其。人名。魏孺子瘄，魏駒之子也。鋆 又羸48089瘄，不堅固。

瘌 chì_8.13　玉篇 同瘷 ⊠ 字彙 補瘷病 山海經 鵺可以已瘌。

瘖 duī_8.13　集韻 都回切音塠。腫也。或作胝。鋆 正字通 瘖，同瘖。

瘉 yín_8.13　集韻 夷針切音淫。疾也。

瘖 máng_8.13　集韻 眉庚切，音萌。同盲，俗字。

瘷 chù_8.13　集韻 敕六切音蓄。腹痛 ⊠ zhú 張六切音竹。瘷瘷，病貌。

瘖 jiù_8.13　廣韻 其九切 集韻 巨九切丝音臼。病也。鋆 胡吉宣：本止爲咎05672俗因增益偏旁爲瘖。

瘖 pèi_8.13　集韻 滂佩切音配 博雅 瘖疕，痂也 ⊠ pēi 廣韻 芳杯切 集韻 鋪枚切丝音胚 博雅 瘖，瘡也 釋文 普迴反。

瘪 bì_8.13　唐韻 集韻 丝必至切音畀 說文 濕病也 正

字通 内經 曰：風、寒、濕三氣雜至，合而爲痺。風氣勝者爲行痺，寒氣勝者爲痛痺，濕氣勝者爲著痺。註：風屬陰中之陽，善行而數變，凡走注歷節之類，俗名流火是也。陰寒之氣，乘於肌肉筋骨，則凝閉不通，故爲痛痺，卽痛風也。著痺者，重著不移，濕從上化，故病在肌肉，不在筋骨也。有心痺、肺痺、肝痺、腎痺、腸痺、胞痺。凡痺之類，逢寒則急，逢熱則縱。言寒則筋攣，故急。熱則筋弛，故縱也。程子曰：醫眚以手足痿痺爲不仁。按 病能篇 云痺而不仁，發爲肉痿。痿與痺分爲二 内經 痺論 痿論 兩存，程子既舉而兼言之，以痿痺相續而至，其爲不仁，一也 淮南子·俶眞訓 谷氣多痺 抱朴子·至理卷 菖蒲乾薑之止痺濕 嵆康·與山巨源絕交書 危坐一時，痺不得搖 註 痺，濕病也 図 矢名 周禮·夏官·司弓矢 恆矢痺矢，用諸散射 註 恆矢，安居之矢。痺矢象焉，二者可以散射也。痺之言僻比也 図 集韻 毗至切音鼻 集韻 病也 △ 本作瘻。鋻 又疪35863痺36367

疭 xìn_8.13　集韻 同疹

痺 bì_8.13　廣韻 府移切音卑。鳥名。爾雅·釋鳥 鵯鶋，其雄鵯，牝痺 山海經 柜山有鳥焉，其音如痺 △ 字彙 與痿痺字不同。鋻 又痺36196

瘌 kuò_8.13　廣韻 集韻 丛苦臥切音課 廣韻 禿瘌 集韻 禿病 図 luǒ 集韻 魯果切音蠃。瘌病。

瘖 mín_8.13　廣韻 武巾切 集韻 韻會 眉貧切 正韻 彌鄰切丛音民。病也 詩·大雅 多我覯瘖 図 hūn 集韻 韻會 正韻 丛呼昆切音昏。義同。鋻 又痕35943瘖36222

癗 lún_8.13　字彙 盧昆切音倫。指病。鋻 楊寶忠：疑癗36566俗省。

痼 gù_8.13　集韻 韻會 正韻 丛古慕切音顧 說文 本作痼。久病也 正韻 久固之疾 後漢·光武紀 京師醴泉湧出，飲之者痼疾皆愈 抱朴子·微旨卷 抱痼疾而言精和鵲之伎 図 韻會 通作固 禮·月令 國多固疾 △ 亦通作錮 前漢·賈誼傳 必爲錮疾。

猗 yǐ_8.13　廣韻 於離切 集韻 於宜切丛音漪 廣韻 身急，又弱也 図 集韻 一曰痤也 図 qǐ 廣韻 墟彼切 集韻 去倚切丛音綺 廣韻 痤也，喪也 図 集韻 病疽也 図 yǐ 集韻 隱綺切音倚 博雅 痤也 集韻 庋藏也 図 ǎi 集韻 倚蟹切，音隑。矬也。又 五音集韻 於駭切，音挨。短兒。並矬38574字別體。鋻 集韻 猗，隱綺切。庋藏也。張按：宋本 集韻 猗作庪15531 図 綺38570

痽 duī_8.13　字彙 丁回切音堆。病名。

瘁 cǎi_8.13　集韻 此宰切音采。病也。

痾 ē_8.13　廣韻 烏何切 集韻 韻會 正韻 於何切丛音阿 玉篇 同痾，病也 前漢·五行志 及人謂之痾。痾，病貌。言淅深也 後漢·五行志 貌之不恭，是謂不肅。時則有下體生上之痾 潘岳·閑居賦 常膳載加，舊痾有痊 図 集韻

阿个切音椏。義同。鋻 又痾15586

痿 ruí_8.13　唐韻 集韻 韻會 正韻 丛儒佳切音甤 說文 痺也 正韻 濕病。一曰兩足不能相及 内經 陽明虛則宗筋縱，帶脈不引故足痿。當各補其營，通其俞，調其虛實，和其逆順，筋脈骨肉，各以其時，受月則病 史記·韓王信傳 僕之思歸，如痿人不忘起 註 不能行 前漢·哀帝紀 痿痺 註 如淳曰：兩足不能過曰痿。師古曰痿亦痺病也 枚乘·七發 出輿入輦，命曰蹶痿之機 図 史記·五宗世家 端爲人賊戾，又陰痿 註 正義曰：不能御婦人 図 廣韻 於危切 集韻 韻會 邕危切丛音透。又ruí 廣韻 人垂切 集韻 儒隹切丛音捼。又wèi 廣韻 集韻 丛於僞切，委去聲。義丛同 図 wěi 集韻 鄔賄切音猥。痿瘣，風病。或作痿。鋻 正字通 痿36223俗痿字。

痿 lìng_8.13　集韻 里孕切音餕。風病也。

瘀 yū_8.13　廣韻 依倨切 集韻 韻會 正韻 依據切丛音飫 說文 積血也 楚辭·九辯 形銷鑠而瘀傷 註 銷鑠瘀傷，身體燋枯，疲病久也。又 揚子·太玄經 八爲疾瘀 註 瘀，疾也 図 集韻 衣虛切音於。義同。鋻 又瘀26855

瘖 guāi_8.13　廣韻 古懷切 集韻 公懷切丛音乖 廣韻 惡瘡 集韻 疥疾。

瘁 cuì_8.13　廣韻 集韻 韻會 丛秦醉切音萃 廣韻 病也 韻會 勞也 詩·小雅 僕夫況瘁 又 匪舌是出，唯躬是瘁 註 瘁，病也 図 陸機·歎逝賦 悼堂構之隤瘁 註 瘁，猶毀也 図 前漢·刑法志 是以纖微痒瘁之音作，而民思憂。鋻 刑法志 禮樂志之誤 図 瘁35860 醉69246

瘪 biē_8.13　集韻 必列切音別。腫瀄也。

痬 dào_8.13　字彙 杜到切音悼。傷也。鋻 正字通 與悼17549義近，當从悼 可洪音義 鄙痬：徒到反 陁羅尼集 作鄙悼。

瘂 yǎ_8.13　廣韻 烏下切 集韻 正韻 倚下切丛音啞 玉篇 瘖，瘂也 廣韻 同啞 集韻 瘖也 図 方書 人身項後入髮際五分爲瘂門。鋻 又痖36022癌36473 図 龍龕 瘂36168俗，瘂36467瘂二通，烏雅反，不言也。

瘃 zhú_8.13　唐韻 陟玉切 集韻 韻會 珠玉切丛音劅 說文 中寒腫覈 玉篇 手足中寒瘃 正韻 寒瘍 前漢·趙充國傳 手足皸瘃 註 文穎曰：瘃，寒創也 又 霜雪疾疫，瘃墮之患 註 謂因寒瘃而墮指 正字通 今俗呼足跟凍瘡曰電瘃 玉篇 或作瘃。鋻 又瘃36163

痬 dé_8.13　集韻 的則切音德。病也。鋻 又痔36407

瘄 cù_8.13　博雅 疾也，音未詳。鋻 龍龕 倉故反 図 俗眉04891 図 人名。肖瘄，見 古璽彙編·姓名私璽.1034

瘃 zhú_8.13　玉篇 同瘃

痯 shàng_8.13　字彙補 與痌同。憂病也。見釋真空 貫珠集

36165 18072
瘖 yìn_8.13　字彙補古文癮36408字。

36166 41538
瘱 wài_8.13　篇海類編烏外切。潔病也。

36167 41539
瘧 è_8.13　龍龕烏合切。短氣也。瑩龍龕瘂俗瘂36300正。

36168 41540
瘂 yǎ_8.13　龍龕烏雅切。不言也。

36169 44579
瘄 jù_8.13　龍龕音具。瑩黃憲外史夫仙者潛于山澤之間，垢衣痕形。義未詳。

36170 44580
瘶 zhòu_8.13　篇海類編側救切音皺。瑩俗瘶36226

36171 44581
瘑 xiáo_8.13　龍龕胡交切音肴。

36172 44582
瘈 jīng_8.13　搜真玉鏡音京。

36173 44583
瘀 yū_8.13　字彙補瘀字之譌。

36174 44584
痠 suān_8.13　篇海類編同痠。

36175 44585
痝 wò_8.13　龍龕於臥切音涴。

36176 u2AF72
null_8.13　喃未詳。

36178 u24DF5
phờ_8.13　喃从疲省坡pha聲△巴瘦：疲憊。癀瘦：癱軟。

36177 u24DF6
biểu_8.13　喃从瘤省表biểu聲△丐痍，腫瘤。

36179 u24DF4
ê_8.13　喃从疒依y聲。麻木，痠痛。

36180 u24DF3
nhom_8.13　喃从瘦省岩nham聲△瘖瘩：羸弱。

36181 u24DF2
sằn_8.13　喃从疒牀sàng聲。疙瘩。

36182 u24DF1
mòn_8.13　喃从瘦省門môn聲△痫瘊：損耗。圐金雲翹傳油痫碑磘，敢差畩鐥：海枯石爛，此志不渝。

36183
pàng_8.13　同胖46983瘊痕，腫脹。見新蔡葛陵楚簡.乙三35圐bǔng 喃从疒奉phụng聲△瘊瘊：面帶菜色（指黃疸病人）。

36184 u24DEF
loét_8.13　喃从疒刷loát聲。潰瘍。

36185 u24DEE
váng_8.13　喃从疒往vãng聲。昏眩△瘲瘷：暈眩。

36186 u24DED
điếc_8.13　喃同瓕46837聲。瘷聰：震耳欲聾。

36187 u24DEC
lóng_8.13　慧琳音義𤺊瘷：上音𤺊。風瘡也。下力沖反。風結皮起病也玉篇云疲病也。老痾病也說文罷病也。形聲字△宏按，說文作癃36449

36188 u24DEB
là_8.13　俗瘌36208類篇瘌，落蓋切。楚人謂藥毒曰痛瘌。又郎達切。傷也，疥也。

36189 u24DEA
máng_8.13　粵同𢤱17714惱怒。

36190 u24DE9
shǎ_8.13　字海同傻01816陶庵夢憶·天硯（秦）一生癡瘖，口張而不能翕。

36191 u24DE3
zuī_8.13　可洪音義三瘒：宜作厜04890嶵11257，二同。姊危反。厜嶬，山巔皃也。尖也。嶵，盈姿之皃也也江西音作之芮反，非也郭氏音作直類反，亦非也。今宜取厜△龍龕瘒，隨函云合作厜。姊危反。山巔皃。在僧伽羅刹經。又俗他猥反。

36192 u24DE1
xǐ_8.13　俗瘍36284 圐俗瘄36323

36193 u24DDF
la_8.13　疤瘂，亦作疤瘌，瘢痕。

36194 u24DDE
null_8.13　未詳。

36195 u24DDD
null_8.13　未詳。

36196 u24DD2
bì_8.13　俗痹36142

36197 u7606
shèn_8.13　简瘮36370

36198 u7605
dān_8.13　简瘅36464音瘩。病也。或作瘅瘄。瑩直音篇瘋同瘩。

36199 18073
nǎo_9.14　集韻乃老切音堖。病也。或作瘑瘑。瑩直音篇瘑同瘑。

36200 18074
zhǒng_9.14　集韻豎勇切。與腫同。脛氣足腫也前漢·賈誼傳天下之勢，方病大瘇註如淳曰：腫足曰瘇。

36201 18075
shěng_9.14　唐韻集韻韻會正韻𠀤所漀切，生上聲。瘦也。瑩又骼70699

36202 18076
zhì_9.14　集韻吉詣切音計。狂也左傳·襄十七年國人逐瘈狗，瘈狗入于華臣氏釋文狂犬也。又哀十二年國狗之瘈，無不噬也圐zhì集韻居例切音狘。又征例切音制。義𠀤同圐詰計切音契。瘈瘲，癇疾圐吉曳切◇。又胡計切音系。義𠀤同圐chì廣韻集韻𠀤尺制切音掣。與瘛同。

36203 18077
yù_9.14　唐韻以主切集韻韻會勇主切𠀤音庾說文病瘉也徐曰今別作愈，非是玉篇小輕也前漢·高帝紀漢王疾瘉釋文瘉，病差也圐廣韻病也詩·小雅父母生我，胡俾我瘉傳瘉，病也又不令兄弟，交相為瘉圐yú廣韻羊朱切集韻韻會容朱切𠀤音俞。又yù韻會俞成切音裕。義𠀤同圐賢也晉語東方之士孰為瘉註瘉，賢也釋文瘉，羊茹反前漢·藝文志不猶瘉於野乎。瑩又偸02097瘉36512

36204 18078
xiāng_9.14　五音集韻息良切音襄。疾也圐息兩切音想。義同。

36205 18079
hóu_9.14　廣韻戶鉤切集韻胡溝切𠀤音侯廣韻疣瘦正字通疣小者，俗謂之瘊子方書地膚子，白礬各等分，煎湯，洗數次，瘊子盡消。

36206 18080
què_9.14　唐韻去約切集韻乞約切𠀤音却。瘧疾也集韻或作瘧。

36207 18081
fēng_9.14　集韻方馮切音風。頭瘋病方書偏頭風，在右屬痰屬熱，在左屬風屬血。瑩又疯35890

36208 18082
là_9.14　唐韻盧達切集韻郎達切𠀤音刺說文楚人謂藥毒曰痛瘌博雅瘌，痛也揚子方言凡飲藥、傅藥而毒，南楚之外謂之瘌圐玉篇辛也圐廣韻瘍瘌不調圐集韻傷也。疥也。或作癩圐lài集韻落蓋切音賴。義同。瑩又鬎71132瘌36188疤36193䶛71276

㴻 piān_9.14 唐韻匹連切集韻紕延切夶音篇說文半枯也廣韻身枯集韻公孫綽有㴻枯之藥,以起死者方書㴻病者,善發四支,其狀赤脈起如編繩,急痛壯熱。

㿤 qiè_9.14 廣韻集韻夶去涉切音喋。病少氣也。又集韻詰叶切音医。與痿同。病息也。

痜 tū_9.14 字彙徒骨切音突。下部病。

瘍 yáng_9.14 唐韻與章切集韻韻會余章切正韻移章切夶音陽說文頭創也廣韻傷也集韻一曰創瘍左傳襄十九年荀偃瘅疽,生瘍於頭疏瘍,頭創也禮·曲禮身有瘍則浴周禮天官瘍醫註瘍,創瘍也。又醫師凡邦之有疾病者,疕瘍者造焉註身傷曰瘍㐅dàng集韻大浪切音宕。畜病泄△類篇或作癢。亦作癢。

鍂又疡35835癢36539

痟 xǔ_9.14 集韻寫與切,胥上聲。痛病。

痒 chén_9.14 廣韻氏任切集韻時任切夶音諶玉篇腹病也廣韻腹內痟病揚子方言秦晉之閒謂病曰痒㐅集韻丈減切音湛。又時鳩切音甚。又五音集韻余廉切音鹽。義夶同△類篇或作疢。鍂又疢35830疢35843疢35873

痜 tú_9.14 唐韻集韻韻會夶同都切音徒說文病也詩·周南我馬痜矣傳痜,病也。鍂又疭04269瘏36289瘏36441

瘣 huì_9.14 集韻許潓切音喙玉篇困極也揚子方言瘣,極也註江東呼極爲瘣。倦聲之轉也㐅巨畏切音饋。義同。鍂又㥄01568

瘦 shòu_9.14 字彙與瘦同。

瘦 shòu_9.14 唐韻所又切集韻韻會正韻所救切,夶颼去聲。俗作瘦說文臞也淮南子·修務訓堯瘦臞,舜徵黑范雲詩是妾愁成瘦,非君愛細腰。

㿗 guān_9.14 集韻姑頑切音鰥書·康誥恫㿗乃身,敬哉傳恫,痛。㿗,病也㐅曠切書·囧命若時㿗厥官蔡註言不於其人之善,而惟以貨賄爲善,則是曠厥官。鍂又瘝36343

瘄 jiē_9.14 正字通同痎本草老瘧發作無時,名瘄瘧。俗呼妖瘧。

瘐 yǔ_9.14 集韻韻會夶勇主切音庾爾雅·釋訓瘐瘐,病也註賢人失志,懷憂病也集韻囚以飢寒而死曰瘐前漢·宣帝紀瘐死獄中註蘇林曰:病也。囚徒病,律名爲瘐㐅集韻容朱切音俞。或作瘉。義同。鍂又瘐35964瘐36012痓36007㿉35946

痻 mín_9.14 字彙與痻同。

㾈 wěi_9.14 ◆集韻羽鬼切音䠋玉篇病也集韻弱病。鍂楊寶忠:俗瘓36309

癃 lóng_9.14 集韻同癃史記·平原君傳臣不幸有罷癃之疾註罷癃,背疾,言腰曲而背癃高也淮南子·覽冥訓平公癃病。

瘑 guā_9.14 集韻同疤㐅姑華切音瓜。病也。

瘱 zhòu_9.14 廣韻集韻夶側救切音縐博雅瘱,縮也㐅集韻即就切音僦。義同。鍂龍龕瘃36008瘃35948瘗36170三俗,瘱正㐅通俗文縮小曰瘱皺。

瘊 yóu_9.14 字彙于求切,音由◇息惡肉。鍂又疣36057

瘣 tuí_9.14 字彙杜回切音頹。陰病。

瘱 dài_9.14 集韻蕩亥切,音怠。病也。

療 jiè_9.14 字彙同疥。

瘽 huáng_9.14 集韻胡光切音皇。病也。

瘖 yīn_9.14 廣韻集韻韻會夶於禁切音蔭。心中病。本作癮。鍂又膆47593

瘟 wén_9.14 廣韻牛昆切集韻吾昆切夶音餫。瘟貌。

瘵 zhài_9.14 正字通瘵字之譌。

瘑 kě_9.14 廣韻苦曷切集韻丘葛切夶音渴。內熱病也正字通本作暍方書受暑中暍,受涼中暑㐅集韻於歇切音謁。義同㐅hài虛艾切音餲。病也。鍂又疫35988

瘓 huàn_9.14 廣韻吐緩切集韻土緩切夶音疃。痪瘓,病貌正字通癱瘓,四體麻痺不仁,皆因風寒暑濕所致。鍂慧琳音義痪瘓:上天典反。下湍卵反。案痪瘓,俗語熱毒風髮落之狀也。字書並無此字也。並從疒,典奐皆聲。奐音喚㐅痪36103瘓36413痪36423㐅直音篇癱36576,同痪。

瘩 nà_9.14 字彙同瘩。

瘔 kù_9.14 集韻苦故切音庫。困也。今人病不善乘曰瘔車。

瘕 jiǎ_9.14 唐韻乎加切集韻何加切夶音遐說文女病也㐅與瑕同郝敬·讀書通舊唐書韋后稱制,負犯痕瘕。又明皇開元二十七年,大赦諸色痕瘕人,咸從洗滌。瘕,音霞。與瑕同㐅jiǎ廣韻古馬切集韻舉下切夶音賈集韻腹中久病正字通癥瘕,腹中積塊堅者曰癥,有物形曰瘕方書腹中雖硬,忽聚忽散,無有常準,謂之瘕。言病瘕而未及癥也。經曰:小腸移熱于大腸爲伏瘕註小腸熱已,移入大腸,兩熱相搏,故血溢而爲伏瘕也史記·扁鵲倉公傳遺積瘕也註犬狗魚鳥,不熟食之,成瘕病又臣意診其脈曰蟯瘕註索隱曰:音饒橏正義曰:人腹中短蟲山海經招搖之山,麗麐之水出焉。其中多育沛,佩之無瘕疾註瘕,蟲病也㐅廣韻古訝切集韻居迓切夶音駕。又廣韻古牙切集韻居牙切夶音嘉。義夶同㐅xiā集韻虛加切音煆。喉病。或作疨。鍂又瘕36420

36240 18114
癐 huī_9.14 廣韻呼恢切集韻呼回切丛音灰。本作㿉，㿉爐，馬病。亦作㿈囡集韻呼乖切，義同囡wěi鄔賄切音猥。痕瘣，風病。或作瘷囡tuí徒回切音頹。陰病。囡huí胡隈切音回。病也。一曰腫旁出囡wèi烏潰切音隈。與㿉同類篇㿉㿈，病痱也。

36241 18115
𤻪 hú_9.14 廣韻戶吳切集韻洪孤切丛音胡。𤻪瘦，癩也。物阻咽中也囡集韻一曰物螫也。或作痒。

36242 18116
瘑 shí_9.14 集韻實職切音食。與蝕同。瑩又瘡36268。

36243 18117
㿈 fù_9.14 廣韻集韻丛敷救切音副玉篇勞也，再病也集韻再發之疾曰㿈囡廣韻集韻丛房六切音伏。又集韻扶富切音復。義丛同。瑩又瘦36442瘦36406。

36244 18118
瘖 yīn_9.14 唐韻於今切集韻韻會於金切正韻於禽切丛音音◆說文不能言病◆釋詁瘖，唵然無聲也禮·王制瘖聾跛躃斷者侏儒百工，各以其器食之疏瘖謂口不能言史記·淮陰侯傳吟而不言，不如瘖聾之指麾也淮南子·主術訓故皋陶瘖而為大理，天下無虐刑囡蟲名◆揚子方言蠑謂之寒蜩。寒蜩，瘖蜩也囡yìn集韻於禁切音蔭。瘖劇也囡韻會小補古文陰65672字。

36245 18119
瘉 yù_9.14 廣韻牛具切集韻元具切丛音遇。尤病也囡集韻元俱切音虞。義同。瑩又俗癒36523敦煌P.2854文樣·禮佛發願文所冀四王護世，八部㝵（冥）加。攦搶掃於天門，疫癘藏於地戶。

36246 18120
瘛 zhǐ_9.14 集韻展豸切音揥。下病。

36247 18121
癌 ái_9.14 正字通匹錦切音品。癌瘡，上高下深，壘垂如瞽眼，其中帶青，頭上各露一舌，毒孔透裏，用生井蛙皮煨存性，蜜水調傅，良。見本草·鼉部直指方。瑩又癌36506。

36248 18122
㿉 hān_9.14 字彙補呼甘切。同憨。癡甚也。

36249 18123
㿈 āi_9.14 字彙補烏台切音哀。憂疾也。

36250 18124
㿈 fù_9.14 字彙補奉武切音父。朽也。

36251 18125
瘨 diān_9.14 博雅瘨，狂也註丁田反〇按即瘨字之譌。

36252 18126
瘂 è_9.14 說文瘂本字。

36254 44586
瘠 miào_9.14 龍龕同廟。兔子也。瑩又庿15566，俗貌。

36253 41541
瘹 nóu_9.14 龍龕奴侯切。

36255 44587
㿈 zhǐ_9.14 篇海類編同痔。

36256 44588
㿈 yāng_9.14 搜真玉鏡於香切音央。

36257 44589
瘦 shòu_9.14 搜真玉鏡音瘦。

36258 44590
瘩 zuī_9.14 字彙補厜字之譌。

36260 44592
瘱 nǎo_9.14 龍龕同惱

36259 44591
瘥 chán_9.14 篇海類編士連切，音讒◇。瑩楊寶忠：屛11845義旁變異字。

36261 u2AF75
𪽵 null_9.14 喃未詳。

36262 u2AF74
𪽴 shè_9.14 簡癢36460。

36263 u2AF73
𪽳 null_9.14 喃未詳。

36264 uFAA5
瘟 wēn_9.14 兼瘟36299。

36265 u24E28
𤸨 xiū_9.14 喃从疒㳙xiú聲△要瘹：衰弱。

36266 u24E27
𤸧 hoen_9.14 喃玷污，污染。

36267 u24E25
𤸥 tíng_9.14 同聤46708宋·吳彥夔傳信適用方·卷上·治眼目耳鼻治聤耳：青橘皮燒灰，研為末，用綿裹如雞頭大，窒耳中，日三四易。

36268 u24E24
瘡 chuāng_9.14 俗瘡36307可洪音義瘡痕：上楚莊反。正作瘡囡shí類篇瘡，實職切。敗創也說文瘡餙。又集韻餙蝕瘡，說文敗創也。或省。亦从疒。又篇海類編瘡，牀濁。乘力切，音食。日蝕也說文曰敗瘡囡作瘡36242正字通瘡乃後人臆造。

36269 u24E1E
㿞 chì_9.14 㿞瘲，亦作瘛36282瘲、瘲36290瘲。

36270 u24E1D
𤸝 null_9.14 未詳。

36271 u24E1C
瘍 yǎng_9.14 簡癢36611。

36272 u24E1B
瘶 sāi_9.14 俗顋68281文淵閣四庫本本草綱目·卷九·金石之三·石類上三十二種·石灰疰瘶腫痛△宏按，疰瘶，金陵初刻本作疰腮。

36273 u24E1A
𤸚 null_9.14 未詳。

36274 u3FB5
瘈 jì_9.14 胎記。甲戌本脂硯齋重評石頭記·第四回他眉心中原有米粒大小的一點胭脂瘈，從胎裏帶來的，所以我却認得。

36275 u3FB4
瘄 zhā_9.14 同齇75499元·危亦林世醫得效方·卷十·大方脈雜醫科·鼻病治酒瘄，白鹽常擦為妙。

36276 u3FB3
𤸓 null_9.14 未詳。

36277 u3FB2
瘢 null_9.14 未詳。

36278 u3FB1
瘷 fèi_9.14 廣漢和辭典癈36463の略字。

36279 u7618
瘘 lòu_9.14 简瘻36396。

36280 u7617
瘗 yì_9.14 简瘞36298。

36281 18127
瘒 gǔ_10.15 廣韻古忽切集韻吉忽切丛音骨。刔病。

36282 18128
瘛 chì_10.15 唐韻集韻丛尺制切音掣說文引縱曰瘛。別作瘛囡集韻征例切音制。又尺列切音掣。義丛同。瑩又瘲36290瘲36269瘛15663

36283 18129
瘨 yùn_10.15 廣韻集韻丛王問切音運說文病也。又廣韻云粉切集韻羽粉切丛音抎。又集韻羽敏切音隕。義丛同。瑩又瘨36099。

36284 18130
瘶 xī_10.15 廣韻先稽切集韻先齊切丛音西。瘲瘶，疼痛也囡博雅病也囡集韻相支切音斯。義同。瑩又瘶36192瘶36006瘶36072屙13171廣韻瘝36446同瘶。

36285 18131
瘙 sào_10.15 廣韻蘇到切集韻韻會正韻先到切丛音喿博雅瘙，創也囡集韻蘇遭切音騷。義同。瑩又瘵36520瘙36339蛶53085囡龍龕瘮53453，舊藏作瘙36457蘇到反。疥蛶囡可洪音義疥瘙36430：蘓到反。

癀 shuāi_10.15 唐韻楚追切說文減也。一曰耗也玉篇癀損,今作衰廣韻病也圖廣韻正韻所追切集韻雙佳切,並音衰。又集韻楚危切,音夊。又蘇禾切音蓑。義夶同。鼈又瘻36409

㿜 gǎo_10.15 集韻古老切音杲。㿜疮,疥病。

癥 jué_10.15 唐韻集韻韻會正韻夶居月切音厥說文屰气也廣韻氣逆博雅癥,病也韓詩外傳無使小民飢寒,則癥不作圖正字通作厥內經厥論陽氣衰于下爲寒厥,陰氣衰于下爲熱厥註厥者,逆也。下氣逆上,卒乍眩仆,輕者漸蘇,重者不起,陰陽之氣衰于內,故二厥由之而生圖集韻其月切音臭。義同△集韻或作欮。鼈又癥36497

㾑 tú_10.15 字彙同都切音徒。病也。鼈龍龕與瘏36215同。

瘛 chì_10.15 唐韻集韻夶尺制切音掣說文小兒瘛瘲病也急就篇癰疽瘛瘲痿痹痕。又前漢·藝文志有瘛瘲方圖人名前漢·功臣表宋子惠侯許瘛圖集韻尺列切音掣。義同。又xì胡計切音系博雅瘛,瘲也釋文瘛,乎計反。鼈又瘛36469

瘉 sù_10.15 集韻蘇骨切音窣。瘉瘺,癡貌。

瘥 chái_10.15 廣韻士佳切集韻鉏佳切夶音柴。瘦也圖zhài廣韻士懈切集韻仕懈切夶音眦。疾也圖chí集韻仕知切音茬。淹瘥,疫病。

瘶 sǎng_10.15 集韻寫朗切韻會蘇朗切夶音顙。馬病。

瘜 xī_10.15 唐韻相卽切集韻悉卽切夶音息說文寄肉廣韻惡肉方書鼻肬曰瘜肉,亦謂之瘜菌,鼻通息,故从息聖濟總錄咽生瘜肉,先刺破,令血出,用鹽豉和搗塗之,效。鼈又臆47662

雍 yīng_10.15 ◆集韻於陵切音膺。爽鳩,鷲鳥也正字通雍,隨人所指縱,故从人,从隹,取其飛迅也。从隹,會意。俗作鷹。

瘜 mà_10.15 唐韻集韻夶莫駕切音禡說文目病。一曰惡气著身也。一曰蝕創圖集韻莫晏切音慢。義同。圖nàn乃諫切音晏。牛馬病。

瘝 guān_10.15 字彙瘝本字。鼈又癏36507

瘞 yì_10.15 古文塸唐韻於罽切集韻壹計切,並音詍◇說文幽薶也爾雅·釋言瘞,幽也疏謂埋藏。又釋祭名祭地曰瘞薶註旣祭埋藏之詩·大雅上下奠瘞釋文瘞,埋也禮·禮運故先王秉蓍龜,列祭祀瘞繒註埋牲曰瘞圖儀禮·覲禮祭川沈,祭地瘞註古文瘞作塸。祭地瘞者,祭月也圖爾雅·釋詁瘞,微也圖集韻壹計切,医去聲。義同。鼈又墜15650墜09085瘞36280瘞36477陸65819圖龍龕圠08248丑08250,於罽反圖玉篇同瘞,埋也。

瘟 wēn_10.15 集韻烏昆切音溫。疫病抱朴子微旨卷經瘟疫則不畏圖wò集韻烏沒切音頞。心悶貌圖yūn於云切音熅。瘟瘟,小痛貌。鼈又瘟36264

瘂 è_10.15 唐韻烏盍切廣韻安盍切,並音鮿。又廣韻烏合切,音頜。義同說文跛病也圖五音集韻短氣也圖kè集韻克盍切音榼。疲病圖kài丘蓋切音磕。喉病圖yà乙洽切。與瘂同。病也。鼈又瘂36252瘂36427瘂36568瘂36167圖名義瘂,於闍反。跛病。踦字。

瘎 zhěng_10.15 五音集韻支庱切音拯。骨瘎,病也。正字通本作骨蒸。

㿜 ái_10.15 集韻魚開切音豈。癡病圖五對切音磑。又牛代切音礙。義夶同。

瘶 suǒ_10.15 集韻色窄切,音索。脉動。

瘠 jí_10.15 古文膌廣韻集韻韻會夶秦昔切音籍說文瘦也。本作膌。今作瘠廣韻病也易說卦乾爲瘠馬疏瘠馬,骨多也左傳·襄二十九年何必瘠魯以肥杞書·微子多瘠罔詔傳紂故使民多瘠病,而無詔救之者。圖禮·樂記使其曲直、繁瘠,廉肉、節奏,足以感動人之善心而已矣疏瘠謂省約圖姓圖zì音漬前漢·食貨志故堯有九年之水,湯有七年之旱,而國亡捐瘠者,以畜積多而備先具也註孟康曰:肉腐爲瘠。蘇林曰:瘠,音漬。師古曰瘠,瘦病也。言無相棄捐而瘦病者耳,不當音漬也圖或作胏前漢·婁敬傳羸胏老弱。鼈又磧39271俗作膌15665

瘙 bù_10.15 廣韻薄故切集韻蒲故切夶音步。瘙瘺,痞病圖唐韻集韻夶普故切音舖。又集韻博故切音布。義夶同△集韻或作疕。鼈又瘙36052

瘖 bèi_10.15 廣韻蒲拜切集韻步拜切,夶與備同。

瘡 chuāng_10.15 古文創廣韻集韻韻會初良切正韻初莊切夶音瑲玉篇瘡,痍也集韻疕也韻會瘍也,痍也釋名瘡,戕也,戕毀體使傷也張衡·西京賦所惡成瘡痏註創痏謂瘢痕南史·宋武帝紀虎魄療金瘡圖集韻楚霜切。義同。鼈又疮瘡36075瘉36478瘡36268

瘢 bān_10.15 唐韻薄官切集韻韻會正韻蒲官切夶音槃說文痍也徐曰:痍處已愈,有痕曰瘢玉篇瘡痕也釋名瘢,漫也。生漫故皮也後漢·馬援傳吳王好劍客,百姓多瘡瘢圖馬脊瘡瘢曰瘢胸揚雄·長楊賦呿鋋瘢胸,金鏃淫夷註瘢胸,馬脊創瘢處也。鼈又瘢36600瘢36585瘢36505瘢36363

瘰 wán_10.15 廣韻五還切集韻吾還切,夶虤平聲廣韻痹也字彙手足麻痹也圖qún廣韻渠云切集韻衢云切夶音羣。義同△集韻或作癃。鼈又癃36518

瘣 huì_10.15 唐韻胡罪切集韻韻會戶賄切正韻乎罪

切丛音賄說文病也。一曰腫旁出又廣韻木病無枝也韻會木瘤也爾雅·釋木瘣，木苻婁註謂木病，尫傴癭腫無枝幹詩·小雅·譬彼壞木傳壞，瘣也。謂傷病也釋文瘣，胡罪反。木瘤腫也又山高峻貌史記·司馬相如傳崴磈嵔瘣註正義曰：瘣，音胡罪反，高峻貌又人名史記·始皇本紀王翦羌瘣盡定取趙地又韻會胡隈切正韻胡瑰切丛音回。又集韻姑回切音傀。又苦對切，音塊。義丛同又lěi集韻路罪切音累。魁瘣。木枝節盤結貌又lěi魯猥切音磊。義同。

瘤 36311 18157 liú_10.15 正字通俗瘤字。

瘯 36312 18158 zhù_10.15 廣韻遲倨切集韻遲攄切丛音箸廣韻癡瘯，不達又博雅瘯，尰也又廣韻抽攄切集韻楮御切，丛音悇。義同又chú廣韻直魚切集韻陳如切丛音除。與瘵同。瘢也。

㿓 36313 18159 yì_10.15 集韻類篇丛於賜切音縊。病也。

瘣 36314 18160 tuǐ_10.15 集韻吐猥切音骽。瘣瘣，風病又五音集韻他內切音退。與尵同。

瘥 36315 18161 cuó_10.15 唐韻才他切集韻韻會正韻才何切，並音醝說文瘉也廣韻病也詩·小雅天方薦瘥傳瘥，病也左傳·昭十九年寡君之二三臣札瘥夭昏註小疫曰瘥。又廣韻子邪切集韻咨邪切丛音嗟。義同又chài唐韻集韻正韻丛楚懈切音衩玉篇疾愈也博雅瘥，瘉也。又集韻楚嫁切音汊。義同△本作瘥。鎣又瘥26925 又字彙補瘥，與瘥同。

瘁 36316 18162 cuì_10.15 集韻以冉切音琰。傷也。鎣楊寶忠：俗瘌03649

瘷 36317 18163 kài_10.15 正字通俗欬字。

瘦 36318 18164 shòu_10.15 廣韻所祐切集韻韻會正韻所救切。丛同瘦。臞也又sōu集韻疎鳩切音捜。瘠也揚子·太玄經山殺瘦。鎣又瘦36010瘦36056瘦36104瘦36217瘦36410瘦36573瘦36416瘦36602腹47653膄48049瘦35964瘦36078 又字彙補瘦36257同瘦。

瘇 36319 18165 zhuì_10.15 集韻馳僞切音縋埤蒼病也玉篇與膇同集韻足腫也又吐猥切音骽。重瘇，踵疾又tuí徒回切音頹。陰病。

瘬 36320 18166 xiān_10.15 廣韻許兼切集韻馨兼切丛音馦廣韻瘬瘬，病也集韻喉病也又集韻堅嫌切音兼。又虛嚴切音脅。又火占切音姭。義丛同又lián離鹽切音廉。臞疾。

瘳 36321 18167 nà_10.15 集韻乃嫁切，拏去聲。病也。鎣又瘳36091

瘑 36322 18168 wǔ_10.15 集韻於五切音隖。疾也。

瘧 36323 18169 nüè_10.15 唐韻魚約切集韻韻會逆約切丛音虐說文熱寒休作玉篇或寒或熱病釋名瘧，酷虐也。凡疾或寒或熱耳，而此疾先寒後熱，兩疾似酷虐者也禮·月令孟秋之月，寒熱不節，民多瘧疾周禮·天官·疾醫秋時有瘧寒疾疏秋時陽氣漸消，陰氣方盛，惟火沴金，兼寒兼熱，故有瘧寒之疾正字通瘧有風，寒，暑，熱，濕，食，瘴，邪八種。久瘧腹有痞塊，名瘧母。獨寒不熱為牝瘧，獨熱不冷爲牡瘧。發無期度爲鬼瘧，先寒後熱爲寒瘧，先熱後寒曰溫瘧，熱而不寒曰癉瘧，卽脾瘧。皆痰中中脘，脾胃不和所致。詳見靈樞經·瘧論。鎣又疟35837瘧36192瘧36472瘧36421虐15621瘧字今部外九畫。

瘨 36324 18170 diān_10.15 唐韻都年切集韻韻會正韻多年切丛音顛說文病也玉篇狂也詩·大雅胡寧瘨我以旱傳瘨，病也戰國策瘨而殫悶註瘨，狂也。殫，氣絕也又通作塡詩·小雅哀我塡寡朱傳病也。與瘨同又說文一曰腹張又字彙補與傎同。倒也。揚雄瘨眩又集韻韻會正韻丛徒典切音殄。又集韻丁練切音殿。又亭年切音田。又之刃切音震。義丛同又chēn集韻稱人切音瞋，腹脹病。鎣又瘨36251

瘋 36325 18171 láng_10.15 字彙補力岡切音郎唐椿原病集病危喉中瘠瘋聲。

瘗 36326 18172 yì_10.15 字彙補音未詳汲冢周書樹惠不瘗註瘗，巓也。鎣俗瘗。

瘦 36332 44594 shà_10.15 龍龕同廈

瘠 36327 18173 jì_10.15 五音集韻古文瘠36567字。鎣瘠字當从𠂹作。

瘦 36328 18174 dù_10.15 字彙補與度同。見漢孟郁碑

瘖 36329 41542 yíng_10.15 篇海類編音營。病也。

瘛 36330 41543 chén_10.15 五音篇海音沉。腹病也。

痢 36331 44593 lì_10.15 字彙補音未詳。見呂氏春秋。字疑有誤。鎣漢語大字典·P2689同枥（利）。

瘫 36333 44595 yàn_10.15 五音篇海同𤸰。

瘑 36334 44597 shī_10.15 五音篇海音師。

瘜 36335 44598 luán_10.15 龍龕呂圓切。病也。

瘚 36336 44599 jué_10.15 搜真玉鏡音厥。又音越。鎣字彙補古雪切音厥。病也。

瘬 36337 44600 yǎ_10.15 搜真玉鏡烏賈切，音雅◇。鎣同瘂。

瘵 36338 44601 shuò_10.15 龍龕音歷。鎣同㾖74699高麗本龍龕瘵，俗。音落。

瘙 36339 44602 sào_10.15 龍龕桑力切，音昔◇。鎣桑刀切。俗瘙36285

瘶 36340 u2B7AD cái_10.15 方發瘶，即長疱。見梅縣方言詞典

瘛 36341 u2AF77 yì_10.15 簡瘛36378

瘝 36343 uFAA4 guān_10.15 兼瘝36219

癘 36342 u2AF76
lì_10.15　或俗癘36523嘉慶 重刊宜興縣舊志·卷之
八·列女 邵陳氏：維林妻。曾刺血寫 黿經 十三卷，以祝
姑壽。姑患癘，割股救療。

臧 36344 u24E5A
nhức_10.15　喃俗癓36649

瘲 36345 u24E59
chốc_10.15　喃从疒祝chúc聲。禿瘡△瘲垪：瘡痍。

瘲 36346 u24E58
nhọc_10.15　喃从疒辱nhọc聲。勞累，微恙△瘲悉：
操心。

瘲 36347 u24E57
ổng_10.15　喃从疒翁ông聲。（因肚內有寄生蟲而）
鼓腹，（面色）蒼白。

瘒 36348 u24E56
hen_10.15　喃从疒軒hiên聲△痒瘒：喘息。

瘟 36349 u24E55
ươn_10.15　喃从疒恩ân聲△瘟躭：微恙也 又 ngaen
壯貧窮；瘦弱。

瘔 36350 u24E54
byangj_10.15　壯辣痛 又 字海 瘔，音未詳。瘔疽，一
種病。見中國醫學大詞典 又 báng 喃从疒旁bàng聲
△病瘔：脾腫。

瘓 36351 u24E53
quẩn_10.15　喃从痛省郡quận聲△疒瘓：扭痛。

瘒 36352 u24E52
khừ_10.15　喃从疒祛khư聲。

瘑 36353 u24E51
rôm_10.15　喃从痹省儉nộm聲。熱痱。

瘐 36354 u24E50
liè_10.15　漢語方言大詞典 瘐，結；圪節。粵語。廣
東廣州。

瘦 36355 u24E46
huó_10.15　或同瘻36560人名，見郝本性 新鄭出土戰
國銅兵器部份銘文考釋.30

療 36356 u24E45
liáo_10.15　同療36594
韻 療，淹療，疫病 又 liáo俗療36443

淹 36358 u24E43
yè_10.15　同淹36131 集
可 洪音義 淹飢：上
力照反 辯正 作療飢。又 烏合反，病也。悞。

癃 36357 u24E44
null_10.15　未詳。

瘍 36359 u24E42
gāo_10.15　从疒羔聲。人
名 古璽彙編·姓名私璽.2347 韓瘍。

瘍 36360 u24E41
null_10.15　未詳。

瘍 36361 u24E40
null_10.15　未詳。

瘰 36362 u3FC1
xiāo_10.15　同瘮36434

瘢 36363 u3FC0
bān_10.15　同瘢36505

癱 36364 u762B
tān_10.15　简瘫36653

瘪 36365 u762A
biě_10.15　简瘪36566

瘩 36366 u7629
dá_10.15　瘩 外科證治全書·卷一·論痒 痒雖屬風，亦
各有因。風初起作痒者，風熱相搏，搔甚即痛是也。潰
後作痒者，膿漚冒風，突起顆瘩是也 又 da疙35818瘩。

痹 36367 18175
bì_11.16　唐韻 集韻 丛毗至切，音鼻 說文 足气不至
也 玉篇 足氣不至，轉筋也 正字通 俗謂腳冷濕病 又 集
韻 韻會 丛必至切，音畀。又 集韻 必結切丛音弊。義丛同。

痮 36368 18176
zhàng_11.16　字彙 知亮切音帳。滿也 正字通 俗痕
字。本作脹。古借切張。

瘭 36369 18177
biāo_11.16　古文瘭 廣韻 甫遙切 集韻 卑遙切丛音森。

瘭疽，病名 千金方 肉中忽生點，大者如豆，細者如黍
粟，甚者如梅李，有根，痛傷應心，久則四面腫泡，曰
瘭疽 後漢·鮮卑傳 中國之困，胸背之瘭疽 又 通作漂 莊
子·則陽篇 漂疽疥癰 又 集韻 匹妙切音勡。義同。
鑒 又 廩15712

瘮 36370 18178
shèn_11.16　集韻 楚錦切音墋。駁恐貌 又 廣韻 疎錦
切 集韻 所錦切，並森上聲。義同 又 玉篇 寒病也 又 集
韻 所禁切音滲。義同。鑒 又 瘮36197瘆36457瘆36430

癥 36371 18179
zhēng_11.16　字彙 陟里切，知上聲◇腸病。鑒 又 龍
龕 癥或作，癥36598今。

瘯 36372 18180
cù_11.16　廣韻 集韻 韻會 丛千木切音蔟 玉篇 瘯蠡，
皮膚病 左傳·桓六年 謂其不疾瘯蠡也 疏 瘯蠡，畜之小
病，瘯族生疥類是也。蠡則緣生癬類是也 又 集韻 作木
切音鏃。義同。

痔 36373 18181
zhì_11.16　廣韻 集韻 丛竹例切音蛭 玉篇 半頭瘡也
又 玉篇 赤白痢也 又 韻會 正韻 丛直例切音滯。又 集韻
丁計切音帝。義丛同 又 dài 廣韻 集韻 韻會 丛當蓋切音
帶 正字通 赤瘡，白瘡，婦人下部病。

瘈 36374 18182
chè_11.16　集韻 丑厄切音樀。瘈瘲，寒病。

瘬 36375 18183
shàng_11.16　集韻 尸羊切音商。憂疾。

瘰 36376 18184
luǒ_11.16　廣韻 郎果切 集韻 魯果切丛音裸。瘰癧，
筋結病也 正字通 瘍繞頸項紊紊也 方書 瘰癧，或在耳
後，頤項缺盆，手少陽三焦經主之。或在腦及腦之側，
皆爲馬刀瘡，足少陽膽經主之 又 集韻 與蠡同。瘰蠡，
皮肥也。一曰疥病 左傳·桓六年 謂其不疾瘯蠡也 釋文
蠡 說文 作瘰。瘯瘰，皮肥也 又 集韻 盧戈切音蠃。義同
又 魯猥切音磊。瘰病。鑒 又 癧36666廲15811瘰36558
瘰36595瘰36664

癌 36377 18185
ài_11.16　唐韻 於賣切 廣韻 集韻 烏懈切丛音隘 說
文 劇聲也 又 集韻 一曰羸也。鑒 又 癌36579廮15684

瘱 36378 18186
yì_11.16　集韻 壹計切 正韻 於計切，丛音翳。同嬒
靜也 前漢·外戚傳 婉瘱有節操 註 師古曰瘱，靜也。
又 揚子方言 瘱譖，審也。齊楚曰瘱，秦晉曰譖。
又 王褒·洞簫賦 其妙聲則清靜厭瘱，順敘卑述，若孝子
之事父母也 註 瘱，深邃也。鑒 又 嬒18056嬑11239瘱36326
應17988瘱36341

瘯 36379 18187
xiǎn_11.16　集韻 韻會 丛息淺切音鮮。同癬 史記·句
踐世家 吳王伐齊，子胥諫曰：吳有越腹心之疾，齊與吳，
疥瘯也。

瘲 36380 18188
zòng_11.16　唐韻 子用切 集韻 足用切丛音縱 玉篇
瘈瘲，小兒病 集韻 風病 前漢·藝文志 金創瘛瘲方 三十
卷 註 師古曰瘲，音子用反。小兒病也 又 集韻 將容切，
縱平聲。義同。鑒 又 瘲35892

瘠 36381 18189
jí_11.16　[字彙]情亦切音籍。瘦病[正字通]瘠字之譌。

瘳 36382 18190
chōu_11.16　[唐韻]敕鳩切[集韻][韻會][正韻]丑鳩切夶音抽[說文]疾瘉也[徐曰]忽愈,若抽去之也[書·說命]若藥弗瞑眩,厥疾弗瘳[詩·鄭風]旣見君子,云胡不瘳[傳]瘳,愈也[左傳·昭十三年]使事齊楚,其何瘳於晉[註]瘳,差也[又]損也[晉語]君不度而賀,大國之襲,於己何瘳[註]瘳,損也[又][集韻]憐蕭切音聊。義同。[鏊]又瘵36502瘵36431[又][龍龕]痒35865俗,瘳正。

瘡 36383 18191
zhā_11.16　[廣韻]側加切[集韻]莊加切夶音查。瘡痂甲也。

瘴 36384 18192
zhàng_11.16　[廣韻][集韻][韻會]夶之亮切音障[玉篇]瘴,癘也[廣韻]熱病[正字通]中山川厲气成疾也[陸游·避暑漫抄]嶺南或見異物從空墜,始如彈丸,漸如車輪,遂四散,人中之卽病,謂之瘴母。[鏊]又庫偏類碑別字瘴引[唐劉庭訓墓誌]

瘰 36385 18193
tuǒ_11.16　[字彙]他果切音妥。腰病。

瘝 36386 18194
hù_11.16　[集韻]荒故切音戽。江淮謂始病曰瘝。

瘵 36387 18195
zhài_11.16　[唐韻]側介切[集韻]側界切夶音瘵◆[說文]勞病也[廣韻]病也[詩·小雅]上帝甚蹈,無自瘵焉[傳]瘵,病也[戰國策]上天甚神,無自瘵也[註]瘵,病也[木華·海賦]爲涸爲瘵[又]jì[集韻]側例切。病也[詩·無自瘵焉鄭箋]瘵,接也。音際[正義]曰:鄭讀爲交際之際,故云接也。[又]zhì[集韻]征例切音制。引縱病也。[鏊]又瘵36234

瘶 36388 18196
sòu_11.16　[廣韻]蘇奏切[集韻]先奏切夶音嗽。欬瘶也。與口部嗽同。

瘷 36389 18197
sè_11.16　[集韻]色責切音索。瘠瘷,寒貌。

瘯 36390 18198
téng_11.16　[集韻][韻會]夶徒登切音滕。痛也。[鏊]又癉36624

瘑 36391 18199
gē_11.16　[五音集韻]古禾切音戈。禾苗蟲傷有病。[又][字彙]瘡病。

瘜 36392 18200
xí_11.16　[集韻]席入切音習。痺疾也[又]息入切音靸。小痛也。

瘸 36393 18201
qué_11.16　[唐韻][韻會][正韻]巨靴切[集韻]衢靴切。腳手病。[鏊]又儠01809

瘹 36394 18202
diào_11.16　[廣韻][集韻]夶多嘯切音弔[博雅]瘹,狂也。[又][集韻]一曰小兒病。

瘺 36395 18203
lòu_11.16　[字彙]力候切音漏。瘺瘡。亦作瘻。[鏊]又瘻36279瘻35994

瘻 36396 18204
lòu_11.16　[唐韻]力豆切[集韻][韻會]郎豆切夶音扁[說文]頸腫也。一曰久創[玉篇]瘡也[山海經]半石之山,合水出于其陰,多騰魚,食者不癭,可以爲瘻[註]瘻,癰屬也。

中多有蟲[柳宗元·捕蛇者說]可以已大風、攣踠、瘻癘。[又][集韻]力救切音溜。又龍遇切音屨。義夶同[又]lú[廣韻]力朱切[集韻]龍珠切夶音慺。痀瘻,曲脊△[字彙]亦作痛。

瘿 36397 18205
yìng_11.16　[集韻]噎甯切音罃。歐聲。

瘼 36398 18206
mò_11.16　[唐韻]慕各切[集韻][韻會][正韻]末各切夶音莫[說文]病也[詩·小雅]亂離瘼矣[傳]瘼,病也[揚子方言]瘼,病也。東齊、海岱之閒曰瘼。

瘽 36399 18207
qín_11.16　[唐韻]巨斤切[集韻][韻會]渠斤切夶音勤[爾雅·釋詁]瘽,病也[前漢·文帝紀]瘽身從事[又][廣韻]渠遴切[集韻][韻會]渠吝切[正韻]具吝切夶音覲[又][廣韻]其謹切[集韻]巨謹切夶音近。義夶同。

癗 36400 18208
bǐ_11.16　[集韻]補美切音鄙。腸中結病。或作痞。

瘝 36401 18209
níng_11.16　[五音集韻]女耕切音儜。病也。

瘣 36402 18210
liàn_11.16　[廣韻][集韻]夶連彥切,音捷。惡病。

癰 36403 18211
yōng_11.16　[字彙補]於容切音雍。疑卽癰、瘫二字之譌[王充·論衡]鼻不知香臭曰癰。

瘜 36404 18212
xìn_11.16　[字彙補]相印切音信。鳥奮也。

瘟 36405 18213
yǔ_11.16　[集韻]同痀

瘐 36406 18214
fù_11.16　[博雅]瘐,瘇也○按此字六書不載,疑卽瘐字之譌。

瘝 36407 18215
dé_11.16　[類篇]的則切音得。病也。

癮 36408 18247
yìn_11.16　古文瘖[廣韻][集韻]夶於禁切,音蔭。心病。見釋典[佛母大孔雀明王經][集韻]或作膽,亦省作瘖。[鏊]又膽47499瘖36232澄29498澂29940

瘒 36409 41544
shuāi_11.16　[龍龕]所追切。病也。[鏊]俗瘝。

瘍 36411 44603
dǎo_11.16　[篇海類編]都老切音島。[鏊]同癇鴈。[又]俗倒字。

瘦 36410 44596
shòu_11.16　[龍龕]同瘦

瘓 36413 44605
huàn_11.16　[龍龕]同瘓

癆 36412 44604
mó_11.16　[篇海類編]同麼

癍 36414 44606
nǎo_11.16　[龍龕]與惱同

癃 36415 44607
mó_11.16　[篇海類編]音磨

瘦 36416 44608
shòu_11.16　[五音篇海]同瘦

癙 36417 44609
bèi_11.16　[搜眞玉鏡]音備。

癪 36418 44610
qí_11.16　[字彙補]心其切,音齊◇

瘖 36419 44611
duī_11.16　[搜眞玉鏡]多回切音堆。

瘕 36420 44612
jiǎ_11.16　[龍龕]同瘕

瘧 nüè u24E9E
nüè_11.16　俗瘧36323

瘨 36422 u24E82
null_11.16　未詳。

瘓 huàn u24E7F
huàn_11.16　俗瘓36236

[可洪音義]瘓瘓:上他典反。下他短反。髮病也。正作

囡ngσ 喃瘂咢，亦作愕咢：發呆，震驚。

瘷 36424 u24E7E
hǔi_11.16 喃从疒晦hǒi聲。麻瘋△寨瘷：麻瘋病院。

癗 36425 u24E7D
nốt_11.16 喃从疒訥dốt聲。皮膚上的疵痕△癗痘：痘疤。

瘔 36426 u24E7C
bưỏu_11.16 喃从瘤省彪bưn聲。肉瘤。

瘺 36427 u24E7A
è_11.16 同瘚36300 直音篇瘺36568同瘚。

瘲 36428 u24E70
null_11.16 未詳。

癯 36429 u24E6F
tòng_11.16 俗痛36035
可洪音義眼癯：他貢反。傷苦也。正痛。

瘮 36430 u24E6E
shèn_11.16 俗瘆36370

瘰 36431 u24E6D
chōu_11.16 俗瘳36382

瘿 36432 u763F
yǐng_11.16 简癭36635

癮 36433 u763E
yǐn_11.16 简癮36636

瘙 36434 18216
xiāo_12.17 集韻馨幺切音膮。腫欲潰也。或作膮。
囡jiāo堅堯切音梟博雅腫也。鋆又瘑36526麿15773瘙36362

瘇 36435 18217
zhǒng_12.17 唐韻時勇切集韻豎勇切丛音徸說文脛气足腫囡tóng集韻徒束切音同。創潰也△玉篇或作尰集韻或作腫。鋆又瘴36200

瘣 36436 18218
huáng_12.17 廣韻集韻丛胡光切音黃。疸病類篇或作瘣。

癀 36437 18219
tuí_12.17 廣韻杜回切集韻徒回切丛音頹倉頡篇陰病囡dui集韻徒對切音隊。下潰△集韻或作癪、痕、癀。鋆又癀36625瘃36228

癥 36438 18220
zhuì_12.17 集韻朱芮切音贅。瘤腫。通作贅。

瘱 36439 18221
yì_12.17 字彙與力切音弋。痒瘱，又曰淫瘱。

瘺 36440 18222
biàn_12.17 字彙毗面切音卞。肉瘺。

瘏 36441 18223
tú_12.17 正韻同都切音徒。病也。鋆正字通俗瘏36215字。

瘊 36442 18224
fú_12.17 集韻房六切音伏。病也揚子方言瘊，病也。東齊海岱之間曰瘊。或曰瘊五音集韻同瘦囡集韻一曰勞復也。

療 36443 18225
liáo_12.17 廣韻集韻丛力照切音燎說文治也揚子方言療，治也。江湘郊會謂醫治之曰愭，或曰療周禮·天官·瘍醫凡療瘍，以五毒攻之註止病曰療四皓采芝操曄曄紫芝，可以療饑囡shuò集韻式灼切音鑠。與爍同。病也。鋆又疗35814瘩36358

瘣 36444 18226
wěi_12.17 唐韻韋委切集韻羽委切丛音蔿說文口咼也。

瘆 36445 18227
cǎn_12.17 廣韻七然切集韻親然切丛音遷。痛也前漢·谷永傳大以掫庭獄，大為亂附，榜箠瘆於炮烙註師古曰瘆，痛也囡jǐn集韻子朕切音醬。痛疾。囡cǎn集韻韻會正韻丛七感切。與慘同。前漢·異姓諸侯王表響

應瘆于所謗議註服虔曰：瘆，音慘。應劭曰：秦法，誹謗者族。今陳勝奮臂大呼，天下莫不響應。響應之害，更瘆烈于謗議也。師古曰：瘆，痛也。

瘀 36446 18228
xī_12.17 唐韻先稽切集韻先齊切丛音西說文散聲也揚子方言瘀，披散也。東齊聲散曰瘀，秦晉聲變曰瘀，器破而不殊其音，亦謂之瘀囡sī集韻相支切音斯揚子方言瘀，噎也。楚曰瘀註音斯。鋆廣韻瘀，同瘀。

瘨 36447 18229
zhěn_12.17 集韻止忍切音軫。瘴病正字通俗疹字。

瘈 36448 18230
dēng_12.17 集韻都騰切音登。病甚。鋆又療36390

癃 36449 18231
lóng_12.17 唐韻力中切集韻韻會正韻良中切丛音隆說文罷病也正韻老也前漢·高帝紀年老癃病勿遣後漢·光武紀高年、鰥、寡、孤、獨及篤癃、無家屬，貧不能自存者，如律註癃，病也囡正字通梵言優樓頻螺，此云木瓜癃，胷前有癃如木瓜故△類篇或作瘽。亦作癃。鋆又瘩36055瘒36187

瘄 36450 18232
qiáo_12.17 集韻慈焦切正韻慈消切丛音樵。與憔同囡jiāo集韻韻會丛子肖切音醮集韻病也博雅瘄，縮也釋文子笑反前漢·禮樂志是以纖微瘄瘁之音作，而民思憂註瘄瘁，謂減縮也。音子笑反囡廣韻側教切集韻阻教切，丛音抓。義同。

瘚 36451 18233
hān_12.17 正字通俗憨字。

瀉 36452 18234
xiē_12.17 集韻思嗟切音些。癢也。

癌 36453 18235
pān_12.17 廣韻普官切集韻鋪官切丛音潘。病死。

瘤 36454 18236
liú_12.17 古文瑠唐韻集韻韻會正韻丛力求切音留說文腫也玉篇瘜肉也廣韻肉起疾釋名瘤，流也。血流聚所生瘤腫也正字通瘤，胏二病，似同實異。與肉偕生者為胏，病而漸生者為瘤抱朴子·勗學卷粉黛至，則西施以加麗，而宿瘤以藏醜囡韻會或作瘤。通作旒公羊傳·襄十六年君若贅旒然囡集韻韻會正韻丛力救切音溜。義同。鋆通作瘤36311又瑠38599膤47746腤47682嚠06862

癆 36455 18237
lào_12.17 唐韻集韻丛郎到切，勞去聲說文朝鮮謂藥毒曰癆◆廣韻癆，瘌惡人揚子方言凡飲藥傅藥而毒，北燕朝鮮之間謂之癆註癆、瘌，皆辛螫也囡博雅痛也囡liáo集韻憐蕭切音聊。又láo郎刀切音勞。義丛同。囡láo正字通今人以積勞瘦削爲癆病。鋆又癆36105勝47918膀47369勝47348

癖 36456 18238
niè_12.17 集韻五紇切音臬。瘠瘺，癭貌。

瘆 36457 18239
shèn_12.17 正字通俗瘆字。鋆又俗瘄36285俗瘆亦作瘮36430

瘠 36458 18240
zǐ_12.17 集韻同嘗

癟 36459 18241
bié_12.17 字彙必列切音別。腫滿悶而皮裂。鋆又癟36157

癝 36460 18242
shè_12.17 集韻神夜切音射 玉篇 多病也。

鋆又癀36262

癇 36461 18243
xián_12.17 唐韻戶閒切 集韻 韻會 何閒切夶音閑 說文 病也 玉篇 小兒瘨病 正字通 癇有風熱，有驚邪，皆兼虛與痰 方書 小兒有五癇，五臟，各有畜所屬。心癇，其聲如羊。肝癇，其聲如犬。脾癇，其聲如牛。肺癇，其聲如雞。腎癇，其聲如豬。發則卒然倒仆，口眼相引，手足搐搦，口吐涎沫，食頃乃甦 後漢·王符傳 哺乳多則生癇病。鋆又癇26958癇26959癇36102癇36470癇36504

癈 36462 18244
fèi_12.17 集韻父沸切音屝。癈痛，熱悶 又 一曰腫盛貌。鋆又疿35932 又 楊寶忠：俗癈36538

癈 36463 18245
fèi_12.17 唐韻方肺切 集韻 韻會 放吠切夶音廢 說文 固病也 增韻 固疾不復可用者。通作廢。鋆又癈36278

癉 36464 18246
dàn_12.17 唐韻丁榦切 集韻 韻會 得案切 正韻 得爛切夶音旦 說文 勞病也 書·畢命 彰善癉惡 傳 明其為善，病其為惡 左傳 襄十九年 荀偃癉疽 註 癉疽，惡創 疏 癉，勞病也 又 黃病 前漢·嚴助傳 南方暑濕，近夏癉熱 註 師古曰癉，黃病。音丁幹反 又 與僤同。亦作癉 詩·大雅下民卒癉 傳 癉，病也 釋文 癉，本又作僤。沈本作瘤 又 唐韻 集韻 韻會 丁賀切 正韻 丁佐切夶音跢。義同 又 爾雅·釋詁 癉，勞也 釋文 丁賀反 又 博雅 癉，苦也 釋文 多賀反 又 duǒ 廣韻 正韻 丁可切 集韻 韻會 典可切夶音癉 廣韻 勞也。怒也 正韻 亦作憚 又 dān 廣韻 都寒切 集韻 韻會 多寒切夶音單 廣韻 火癉，小兒病也 集韻 勞病也 史記·倉公傳 風癉客脬，難於大小溲，溺赤 註 正義曰：癉，音單。旱也。脬，膀胱也。言風癉之病，客居在膀胱 前漢·藝文志 癉十二病方四十卷 註 師古曰癉，黃病。音丁韓反 又 tán 廣韻 徒干切音壇。風在手足病 又 集韻 他干切音灘。義同 又 dǎn 集韻 黨旱切音亶。風病 又 張衡·東京賦 飛廉雨散，剛癉必斃 註 癉，難也。言鬼之剛而難者，皆盡死也 釋文 癉，音亶。鋆又癉36198膚15568

癭 36465 18248
mǐn_12.17 集韻美隕切音愍。病也。鋆 玉篇 癭，癇病也。胡吉宣：改癇為癭，並注曰：字本止為関64932

癋 36467 18250
è_12.17 廣韻同啞 癡 36466 18249
qì_12.17 集韻去例切音愒。頭瘍。一曰傷肢也 又 jì 居例切音猘 博雅 禿也。

痗 36468 18251
nǎo_12.17 集韻同瘤 瀿 36469 18252
chì_12.17 集韻同痸。

癇 36470 18253
xián_12.17 韻會何閒切音閑。即癇字。

癪 36471 18254
dǎo_12.17 集韻癢36563古作癪。

癥 36472 18255
nüè_12.17 博雅 瘲癥也 釋文 癥，音瘧。

癋 36473 41545
hè_12.17 字彙補何各切音鶴。心病。鋆又俗瘂36159 可洪音義 瘂癋：上抒金反，下烏雅反。正作瘂。

瘂 36474 41546
jí_12.17 篇海類編音極。病也。

癐 36475 41547
wèi_12.17 龍龕烏對切。癐慐也。

膚 36476 44613
fū_12.17 搜真玉鏡同膚。

瘞 36477 44614
yì_12.17 龍龕同瘞 癋 36479 44618
suǒ_12.17 搜真玉鏡音銷。鋆字彙補心可切音瑣。病也。

瘡 36478 44616
chuāng_12.17 篇海類編同瘡。

瘍 36480 44619
yáng_12.17 字彙補瘍字之譌。

癗 36481 u2AF79
null_12.17 喃未詳。 瘣 36482 u2AF78
null_12.17 喃未詳。

癙 36483 u24EB6
ngứa_12.17 喃从疒馭ngựa聲。癢。

癮 36484 u24EB5
ốm_12.17 喃从疒暗âm聲。患病，生病。

癭 36485 u24EB4
bướu_12.17 喃同瘰36426

癥 36486 u24EB3
tê_12.17 喃从疒犀tê聲。麻痺，癱瘓。

瘆 36487 u24EB2
sởn_12.17 喃从疒敞thưởng聲。

瘶 36488 u24EB1
nhện_12.17 喃从疒然nhiên聲。

癬 36489 u24EB0
xīn_12.17 龍龕癬，俗。許今反。正作廞15733興也。陳也。

癭 36490 u24EAF
mụn_12.17 喃从病悶muốn聲△癭瘆：小膿疱，瘡疹。

瘑 36491 u24EAE
gúa_12.17 喃从疒雇cố聲。

癷 36492 u24EAD
buốt_12.17 喃从痛省筆聲△疘瘆：切膚之痛。

膨 36493 u24EAC
pèng_12.17 同膨47830明·汪廷訥 獅吼記·第十三齣·鬧祠 這丈夫軟似羊，這婦人狠似狼，我見了他肚裏先膨脹。

癯 36494 u24EAA
shàn_12.17 癯貢頭，也作蟮拱頭，即螻蛄癯。清·熊應雄 推拿廣意·卷下·附方·雜症門 治小兒癯痕頭癰。膿血不止。擠去一泡。複起一泡 又 人名 殷周金文集成 17.11389·十六年鄭令戈 十六年，奠倫肖（趙）距、司寇彭璋、往庫工師皇佳、冶癯。

瘭 36495 u24EA9
null_12.17 中華大字典·疒部 瘭，音未詳。攞階瘭，鞦韆戲名 角山樓類腋 引張籍詩：惟有一年寒食節，女兒相喚攞階瘭。注：瘭字，玉篇 廣韻 諸字書不載，惟見此詩，唐人呼鞦韆戲為攞階瘭。

瘩 36496 u24EA5
da_12.17 同瘩36366 癩 36497 u24EA4
jué_12.17 類篇癩，其月切 博雅 病也 直音篇 同癩36288

瘳 36498 u24EA3
xiū_12.17 龍龕瘳俗疢35971正，音休。疢，息下病也。

疹 36499 u24EA2
sěn_12.17 同痻36028唐·孫思邈 千金方·卷六十八 惡核病者，肉中忽有核，累累如梅李核，小者如豆粒，皮肉疹痛，壯熱疹索惡寒是也。與諸瘡根瘰癧結筋相似。

凜 36500 u24EA1
lǐn_12.17 凜03067譌字。

瘱 36501 u24EA0
kuài_12.17 字海通膾,細切的肉。馬王堆漢墓竹簡軑侯妻辛追墓隨葬遣策牛膾一器。唐蘭考釋:瘱即瘣36509字,集韻病甚,此處假作膾,說文細切肉也。

瘲 36502 u24E9F chōu_12.17 俗瘳36382

療 36503 uF9C1 liáo_12.17 兼療。

癎 36504 u764E xián_12.17 同癇36461

瘢 36505 u764D bān_12.17 本草綱目·卷五十上·獸之一·羊 赤瘢瘰子:身面卒得赤瘢或瘰子腫起,不治殺人。殺羊角燒灰,雞子清和塗,其妙肘后。又國語辭典瘢,皮膚病,因血液不淨而生之斑點。

癌 36506 u764C ái_12.17 同癌36247 宋·東軒居士 衛濟寶書·卷上·癰疽五發 一曰癌,赤色 辭海 讀如嵒。腫瘍也 图 腫瘤。癌腫,見大槻玄澤 瘍醫新書

癏 36507 18256 guān_13.18 廣韻古還切 集韻 韻會 正韻 姑還切丛音關。同瘝。

癉 36508 18257 dǎn_13.18 廣韻多旱切 集韻 黨旱切丛音亶。病也。與癉同 爾雅·釋詁 癉,病也 詩·大雅 下民卒癉 釋文 癉,沈本作瘴 禮·緇衣 有國家者,章善癉惡,以示民厚 註 癉,病也 图 集韻 丁賀切音跢。義同 图 dàn 得案切音旦。癉病 图 tán 唐干切音壇。疫病。

瘣 36509 18258 guì_13.18 集韻古外切音儈。病甚 图 wēi 字彙補影規切,音威 ◇喊聲也 輟耕錄 淮人寇江南,齊聲大喊阿瘣瘣。鋆 又瘱36501

癑 36510 18259 nòng_13.18 唐韻奴動切 集韻 正韻 乃湩切,並音穠 ◇說文痛也 集韻 一曰瘡潰 图 廣韻 集韻 丛奴凍切音齈。義同 图 nóng 奴冬切音農。腫血也 图 集韻 奴宋切,病也。鋆 又癑36662

瘣 36511 18260 juàn_13.18 廣韻徂兗切,全去聲。又 集韻 粗兗切,詮去聲 廣韻大痒 廣雅 瘣、瘊,蛽也 集韻 才尹切音雋。義同。

癒 36512 18261 yù_13.18 集韻 韻會 丛勇主切。病瘉也。與瘉同。鋆 又瘉36203 愈02097

癧 36513 18262 lù_13.18 集韻力竹切音六。病也。

癓 36514 18263 wēi_13.18 廣韻 集韻 丛無非切音肥。足上瘡 图 集韻 通作微 詩·小雅 既微且尰 朱傳 骭瘍為微,腫足為尰。鋆 無非切音肥。無非切音微 图 集韻 癓36598,足瘡。誤。

癔 36515 18264 yì_13.18 廣韻於力切 集韻 乙力切丛音憶。心意病也。

癰 36516 18265 yōng_13.18 五音集韻於容切音邕。同癰 史記·穰侯傳 如以千鈞之弩決潰癰也。

癖 36517 18266 pǐ_13.18 廣韻芳辟切 集韻 韻會 匹辟切 正韻 匹亦切丛音僻 玉篇 食不消 廣韻 腹病 增韻 瘕癖,腹積聚 方書 小兒有癖疾,始如錢大,發熱,漸長,如龜,如蛇,如豬,肝內有血孔通貫,外有血筋盤固,其筋直通背脊,下與臍相對,有動脉處,爲癖疾之根 抱朴子·極言卷 飲過則成痰癖 图 正字通 嗜好之病 晉書·杜預傳 臣有左傳癖 白居易詩 人皆有一癖,我癖在章句 图 廣韻 普擊切 集韻 匹歷切丛音霹。義同。鋆 又瓣47940 玉篇 食不消 名義癖,僻不能行,宿食不消。

癗 36518 18267 qún_13.18 集韻與瘳同。

癨 36519 18268 ào_13.18 集韻於到切音奧。痛也。

癩 36520 18269 sào_13.18 玉篇與瘙同。

癗 36521 18270 lěi_13.18 廣韻落猥切 集韻 魯猥切丛音壘 玉篇 皮起也 集韻 小腫 五音集韻 痱癗,皮外小起。鋆 又癟36609

癆 36522 18271 lù_13.18 集韻魯故切音路。同癆。

癘 36523 18272 lì_13.18 廣韻 集韻 韻會 丛力制切音例。惡瘡疾也 禮·月令 仲冬,行春令,民多疥癘 史記·曹相國世家 時病癘,歸國 图 玉篇 疫氣也。與癘同 左傳·昭四年 癘疾不降 註 癘,惡氣也 後漢·順帝紀 上干和氣,疫癘為災。图 韻會 通作厲 史記·豫讓傳 桼身為厲 註 人體著桼,多生瘡。又 嚴安傳 民不夭厲 註 病也 图 字彙補 借作勵 漢衡方碑 砥仁癘義 帝堯碑 癘我以仁 图 管子·五行篇 不癘雛鷇 註 癘,殺也 图 管子·問篇 戈戟之緊,其癘何若 註 其淬癘可用如何 图 lài 集韻 韻會 正韻 丛落蓋切音賴。義同。今作癩。鋆 又殢26900 疠35836 癗36608 癘36658 癘36245

癎 36524 18273 xiān_13.18 集韻火占切音韱。物毒喉中病。或作癪 图 虛嚴切音轞。義同 图 馨兼切音馦。蘁瘍也。

癨 36525 18274 huì_13.18 字彙烏胃切,音穢 ◇惡也。

癃 36526 18275 xiāo_13.18 五音集韻餘招切音遙。痤瘻亦名瘤也。按卽瘻字之譌。

癉 36527 18276 yì_13.18 集韻夷益切音亦。病相染。

癙 36528 18277 shǔ_13.18 廣韻舒呂切 集韻 韻會 正韻 賞呂切丛音暑 集韻 憂病也。通作鼠 爾雅·釋詁 癙,病也 詩·小雅 癙憂以痒。傳:癙,病也 註 呂氏曰:鼠憂,幽也。劉氏曰:鼠病而憂在于穴內,所不知。范氏曰:凡物之多畏者,惟鼠為甚,故謂癙憂 图 扁創也◆淮南子·說山訓 貍頭療癙 图 集韻 商署切音恕。義同。

癙 36529 18278 shǔ_13.18 集韻賞呂切音暑。中暑之病。鋆 玉篇 式與切。癙熱疾也 集韻 暍疾 正字通 本作暑22793

癈 36530 18279 suì_13.18 集韻雖遂切音祟。風癈病。

癚 36531 18280 dàn_13.18 集韻都濫切音擔。癥也。

癛 36532 18281 lǐn_13.18 廣韻力稔切 集韻 力錦切丛音廩 廣韻 粟體 集韻 寒病 图 集韻 渠金切音琴。義同。本作凜。图 bǐng 筆錦切音稟。疾也。鋆 又癛36555 图 凜,癛本作澟,从仌廩聲 集韻 澟澟 說文 寒也。或从廩。

癤 jiè_13.18　正字通俗疖字。

瘋 wèi_13.18　字彙烏對切音痕。瘈，瘻也。鼈龍龕瘻瘲痕三俗，烏對反。正作㾇，㾇㾜也。䐈，俗。烏對反。囩篇海類編瘐，痤也△宏按，䐈或以為俗嬡36878字。

癏 wán_13.18　集韻韻會蚢五鰥切音頑。痹病。鼈又俗頑67975四部叢刊·續編集部·吳騷合編卷之三·代呂姬霏茵賦別想後思君病漸癏，怕春深花落重門悄，夜永蘭膏照影單，空長嘆。

瘑 chǔ_13.18　集韻舠所切音楚。俗作痛楚字。

癜 diàn_13.18　正字通都見切音殿。癜，風斑片也。有紫白二種本草綱目李時珍曰:治癜用茄蒂蘸硫黃末摻之，取其能散血。白癜用白茄蒂，紫癜用紫茄蒂，各從其類也。又治紫癜方，醋磨知母擦之，日三次，效。

癀 fèn_13.18　廣韻扶問切集韻符問切，並墳去聲廣韻癀痌，瘨悶集韻癀㾖，熱腫也囩fèn廣韻房吻切集韻父吻切蚢音憤。病悶也囩fén集韻符分切音汾。癀沮，憂貌。熱瘍也△〇按字彙附十二畫，非，今改正。鼈又癀36462

瘍 yáng_13.18　集韻與瘍同。

癅 yàn_13.18　字彙補與鴈同漢衡方碑鴈門太守作癅門。

𤸱 qún_13.18　篇海類編同瘏。

𤷉 yú_13.18　字彙補俗揄字。

瘂 wò_13.18　篇海類編音臥。又音畏。

瘩 ngứa_13.18　喃从疒著trứ聲。癢。

𤸓 gầy_13.18　喃同瘠。瘦。

瘭 biě_13.18　俗瘪36566

疪 toi_13.18　喃从疒碎toái聲△豿瘭:動物發瘟而死△亦作㿕27000屛13195

瘭 rêm_13.18　喃从疒廉liêm聲。

瘱 hom_13.18　喃从瘦省歆hâm聲△瘱瘭:瘦骨嶙峋。

瘶 huǐ_13.18　直音篇音毀囩hắt喃忆瘶:虐待。

療 cúm_13.18　喃病療：感冒。

癲 tuí_13.18　簡癲36614

瘆 null_13.18　宋·楊士瀛仁齋直指卷二十四·諸瘡·諸瘡證治神降散:治走皮瘆。

癩 lài_13.18　簡癩36621

瘭 lǐn_13.18　俗㿝03067

癰 yōng_14.19　韻會於容切音雍。與癰同。瘤腫前漢·鄭崇傳發頸癰。

癪 bì_14.19　集韻毗至切音鼻。病也玉篇手冷也。或作痹。

瘰 luǒ_14.19　字彙力火切音𤹞。瘰也正字通瘰字之譌。

癮 yǐn_14.19　廣韻於謹切集韻倚謹切蚢音隱。癮疹，皮外小起類篇或作癮。

瘊 huó_14.19　廣韻胡郭切集韻黃郭切蚢音穫集韻瘊瘊，物在喉。鼈又瘊36355

𤻴 yào_14.19　廣韻以灼切集韻弋灼切蚢音藥。淫𤻴，病也。

癗 bèi_14.19　字彙蒲拜切，音敗◇疲極正字通俗痛字。

燾 dǎo_14.19　古文癟廣韻都皓切集韻視老切蚢音倒。病也囩zhòu廣韻集韻蚢直祐切音胄。與疛同。小腹疾也囩集韻陟柳切音肘。義同囩chóu集韻陳留切音儔。心悸。鼈直音篇癟同癟。

瘕 jiā_14.19　廣韻古洽切集韻訖洽切蚢音夾玉篇羊蹄閒瘕疾集韻獸足病謂之瘕囩博雅瘕，創也囩qià集韻乞洽切音恰。創也。義同。

癥 jiē_14.19　正字通與瘤、癥蚢同博雅癥，癰也。

癟 biě_14.19　廣韻集韻蚢蒲結切音蟞玉篇不能飛也。枯病也廣韻戾癟，不正囩廣韻芳滅切集韻匹滅切蚢音瞥。義同。鼈又瘪36365痈36146瘪36551瘪36670

癠 jì_14.19　古文瘠廣韻在詣切集韻韻會正韻才詣切蚢音嚌爾雅·釋詁病也禮·玉藻親病，色容不盛，此孝子之疏節也註癠，病也。方氏曰:人氣體和則齊，不和則害於齊，故謂之癠囩博雅癠，短也囩jì廣韻徂禮切集韻韻會正韻在禮切蚢音薺揚子方言江、湘閒凡物生而不長大曰癠註今俗呼小爲癠囩集韻子禮切音濟。義同囩qí前西切音齊。病也。鼈又齌75531齏75539

瘟 kài_14.19　玉篇口蓋切，音慨◇喉疾囩è字彙烏合切，音遏◇短氣也。鼈又瘟36427

癡 chī_14.19　唐韻丑之切集韻韻會正韻超之切，並音笞說文不慧也徐曰癡者，神思不足。亦病也前漢·韋賢傳今子獨壞容貌，蒙恥辱，爲狂癡，光曜晻而不宣後漢·高士傳侯霸遣使徵嚴光，光曰:侯君房素癡，今小瘥耳晉書·王湛傳湛有隱德，人皆以爲癡囩◆古人借書一瓻，還書一瓻，以盛酒酬之也。亦有作癡者藝苑雌黃李濟翁云借書一癡，惜書二癡，索書三癡，還書四癡。囩顏氏家訓人無才思，自謂清華，江南號爲詅癡符。鼈又可洪音義滛怒癡36229:上羊林反，中奴故反，下丑之反，三毒也，亦名貪嗔癡也，下正作瘥、痴36119二形囩佂01100亿00804反，並俗癡慧琳音義癡憃:上恥持反。俗字也。正從心作懸18536考聲懸，愚也。衛宏從人從乏作佂。會意字也卷第九十六·音弘明集·第十卷佂行:上珍栗反考聲云佂、亿不前皃也，亦癡皃也文字典說從人，至聲。

癑 36570 18304
níng_14.19 　集韻尼庚切，音鬡。病也。

癇 36571 18305
chèn_14.19 　字彙補疑卽疢字鮑照謝賜藥啓癇同山嶽。蒙靈藥之賜。又初學記吞道元牋次婢良信，有桓公司馬之癇。

應 36572 41548
yīng_14.19 　字彙補應本字。

癋 36573 44615
shòu_14.19 　字彙補同瘶。

癘 36580 u2AF7A
null_14.19 　未詳。

癰 36574 44622
jí_14.19 　字彙補同疾

癘 36575 44623
zhāi_14.19 　龍龕則皆切，音近齋。鑒楊寶忠：俗齋75534

癘 36586 u24EE6
lì_14.19 　俗癘36616
他短切音疃。瘶癘。鑒直音篇癘，同瘓36236

癏 36576 44624
huàn_14.19 　篇海類編

癇 36587 u24EE1
null_14.19 　未詳。

癏 36577 44625
guǎn_14.19 　龍龕同瘤

癘 36578 44626
yàn_14.19 　龍龕伊琰切音奄。鑒俗厴69545

癘 36579 44627
ài_14.19 　字彙補烏懈切，病聲也。見集韻〇按集韻本作癌。

癘 36588 u24EE0
null_14.19 　未詳。

癋 36582 u24EEC
thượt_14.19 　喃从疲省辢lạt聲△瘆癋：筋疲力盡因lạt从疒辢聲。

瘖 36581 u24EED
ngứa_14.19 　喃从疒語ngữ聲。癏五千字譯國語·第二十六擧動癢疴，癏疴△亦作癌36483瘔36544

癧 36583 u24EEB
nhối_14.19 　喃从疒對đối聲△癧癧：刺痛。

癧 36584 u24EEA
nhó_14.19 　喃从疒儒nho聲。

癍 36585 u24EE7
bān_14.19 　直音篇同瘢36308

癦 36589 u24EDF
mèng_14.19 　同癦12476說文繫傳考異癦，從疒從夢。今說文云從宀從疒、夢

癬 36590 u7663
xuǎn_14.19 　简癬36634

癤 36591 18306
jiē_15.20 　廣韻集韻丛子結切音節廣韻癰也正字通瘍類，與癰疽別，瘍之小者爲癤。鑒又疖35815藏36565藏36597

癢 36592 18307
yǎng_15.20 　廣韻餘兩切集韻正韻以兩切丛音養玉篇同瘁集韻膚欲搔也釋名癢，揚也。其氣在皮中，欲得發揚，使人搔，發之而揚出也禮·內則問衣燠寒、疾痛、苛癢，而敬抑搔之列子·黃帝篇指撾無痛癢。因伎癢顏氏家訓應劭·風俗通云太史公記高漸離變姓易名，爲人傭保，匿作于宋子，久之作苦，聞其家堂上有客擊筑，伎癢，不能無出言。按伎癢，懷其伎而腹癢也。是以潘岳·射雉賦亦云徒心煩而伎癢。今史記作傍徨不能無出言，蓋俗傳寫誤耳因字彙補汪癢，猶言汪洋也因通作蛘荀子·榮辱篇骨體膚理，辨寒暑疾蛘。鑒又痒35991癢36611瘁36271蟻53662曘07706

癧 36593 18308
lù_15.20 　廣韻洛故切集韻魯故切丛音路廣韻瘺癧，痞病博雅癧，痞也類篇或作瘺。亦作瘶。

癆 36594 18309
liáo_15.20 　唐韻集韻力照切，音燎說文治也詩·陳風·泌之洋洋可以樂飢箋泌水之流洋洋然，飢者見之，可飲以癆飢因廣韻靈各切集韻歷各切丛音落。義同因shuò集韻弋灼切音藥博雅病也。一說病消曰癆。因集韻式灼切音鑠。義同△類篇或作瘵。鑒又瘵36356

癋 36595 18310
luǒ_15.20 　集韻魯猥切音磊。癋病。或作瘰。鑒又癋15811

癆 36596 18311
téng_15.20 　韻會同疼

癤 36597 18312
jiē_15.20 　玉篇子結切音節。癰也。瘡也。

癥 36598 18313
zhēng_15.20 　廣韻陟陵切集韻知陵切丛音徵玉篇腹結病也廣韻腹病史記·扁鵲傳以此視病，盡見五藏癥結王叔和脈經左手脈橫癥在左，右手脈橫癥在右抱朴子·用刑卷夫癥瘕不除，而不修越人之術者，難圖老彭之壽也。鑒又症35968癥36371

癟 36599 18314
biàn_15.20 　廣韻薄泫切集韻婢典切丛音辮。骨風疾也因集韻毗面切音便。義同。

癳 36600 18315
pán_15.20 　字彙補丛瞞切音盤。足疾。鑒又慧琳音義灸瘢：蒼頡篇瘢，痕也。經作癳，俗字也。

瘥 36601 18316
chài_15.20 　說文瘥本字。

癋 36602 44628
shòu_15.20 　篇海類編同瘦

癳 36603 u24EFF
guì_15.20 　同臏47786龍龕癳，俗。古外反。

癉 36604 u24EFE
rạn_15.20 　喃从疒彈đàn聲。皸裂。

癋 36605 u24EFD
xải_15.20 　喃从疒齒xỉ聲。

癆 36606 u24EFC
rỗ_15.20 　喃从疒魯lỗ聲△麵癆：麻子臉。

癆 36607 u24EFB
mệt_15.20 　喃从疲省蔑miệt聲△癆瘆：疲倦。癆予：疲軟。痗癆：疲憊因miệt从痹省蔑聲。

蟲 36608 u24EF9
lì_15.20 　蠆36523段玉裁改篆為蟲。鈕樹玉段氏說文注訂按，蠆省者，省虫也。厲省者，省厂也。而萬則同。今改爲蟲，從無此體。

癅 36609 u3FD4
léi_15.20 　同癅36521

癢 36611 u7662
yǎng_15.20 　參見癢36592

癋 36610 u7666
mò_15.20 　粤瘄子，痣。亦作膟48064癋屎：雀斑。

癌 36612 18317
yán_16.21 　廣韻集韻丛余廉切音鹽廣韻病走因博雅癌，創也。

癆 36613 18318
lú_16.21 　廣韻落胡切集韻龍都切丛音盧。癰類。因與廬同漢碑廬江太守作癆江因lù廣韻洛故切集韻魯故切丛音路。與癧同。痞也。鑒又疣35954

癩 36614 18319
tuí_16.21 　集韻徒回切音穨。陰病正字通癩疝。經言丈夫陰器連少腹急痛也。鑒又癩36552積40837

癋 36615 18320
sū_16.21 　集韻孫租切音蘇。病也。

癧 36616 18321
lì_16.21 　廣韻郎擊切集韻韻會狼狄切丛音曆。

瘰36376癠。鎣又瘺36586疬35893

癨 huò_16.21　廣韻 虚郭切 正韻 忽郭切 夶音霍 玉篇 癨病也 廣韻 吐病 類篇 病亂也 正字通 按方書作霍亂，皆濕熱寒氣，七情內傷，六氣外感所致。或轉筋腹痛，或煩悶脹滿，或中惡吐逆。各證不一。

瘇 méng_16.21　字彙 彌登切音瞢。病人行也。

癊 xiǎn_16.21　集韻 許偃切音幰。寒病。

瀧 lòng_16.21　集韻 梁用切音朧。癃瀧，病也。

癩 lài_16.21　唐韻 集韻 韻會 正韻 夶落蓋切音賴 說文 惡疾也 論語 伯牛有疾 註 先儒以爲癩也。本作瘌 図 廣韻 盧達切 集韻 郎達切夶音辣。與瘌同。鎣又癩36631

痳36107癩36554癗15831

癏 biāo_16.21　字彙補 古文瘭36369字。

癐 qì_16.21　集韻 去冀切音器。病也。

癤 téng_16.21　集韻 同疼

癊 tuí_16.21　瀆36437本字

懨 hān_16.21　俗憨18300

癲 null_16.21　金文用作氏族名 侯馬盟書 㢲癲。用爲人名。

癬 null_16.21　未詳。

癲 diān_16.21　简 癲36654

癩 lài_16.21　參見癩36621

癪 jī_16.21　粤 疳積。癪滞：消化不良 図 日 癪，しゃく，胸腹急痛，痙攣之病

癚 chàn_17.22　集韻 又鑑切，音懺。病也。

癭 yíng_17.22　集韻 維傾切音營。病作也。

癬 xuǎn_17.22　唐韻 集韻 韻會 夶息淺切音獮 說文 乾瘍也 釋名 癬，徙也，浸淫移徙處曰廣也。故青、徐謂癬爲徙也 左傳·桓六年 謂其不疾瘯蠡也 註 皮毛無疥癬 図 集韻 相然切音儃。義同△或作瘤。鎣又癬36533

疦35979癬。

癭 yǐng_17.22　唐韻 集韻 於郢切 韻會 幺郢切夶音瘿 說文 頸瘤也 釋名 癭，嬰也。在頸嬰喉也 嵇康·養生論 頸處險而癭 張華·博物志 山居多癭，飲泉水之不流者也 方書 癭有五，肉色不變爲肉癭，筋脈現露爲筋癭，筋脈交絡爲血癭，憂惱消長爲氣癭，堅硬不移爲石癭 図 地名 後漢·桓帝紀 勃海王恪降爲癭陶王 註 癭陶縣，屬鉅鹿郡。又 集韻 伊盈切音嬰。義同△ 集韻 或作瘤、癭。鎣又癭閦48016 図 龍龕 腰俗，正作癭。

癮 yǐn_17.22　集韻 同癏。鎣又癮36433

癔 yì_17.22　廣韻 與職切 集韻 逸織切夶音弋 廣韻 痒癔淫癔 集韻 病也。

癰 null_17.22　未詳。

癤 háng_17.22 • 字彙補 呼剛切音忼。聲也。見 原病集·釋音

癞 liǎn_17.22　醫宗金鑑·卷七十六·編輯外科心法要訣·嬰兒部 胎癞瘡：癞瘡始發頭眉間，胎中血熱受風纏。乾癞白屑濕溼水，熱極紅暈類火丹。註，此證生嬰兒頭頂，或生眉端，又名奶癬 図 俗歛21800 字海 癞，（瘡口等）收歛，收攏 外科大成·卷一（瘡口）肉黯而不癞者，爲陽氣虛寒。

癯 qú_18.23　廣韻 其俱切 集韻 權俱切夶音衢。與臞同。瘠也 前漢·司馬相如傳 列仙之儒，居山澤閒，形容甚癯 沈約·齊故安陸昭王碑文 癯瘠改貌。

癏 guàn_18.23　廣韻 集韻 韻會 夶古玩切音貫。病也。本作痯。

癟 pì_18.23　廣韻 集韻 夶匹備切音淠。氣滿也 図 bèi 集韻 平祕切音備。滿也。鎣 六書統 癟36671平祕切。滿也。从疒覉聲。癟36663或从贔聲 字彙補 寫作澝32425

癢 mó_18.23　廣韻 莫婆切音摩。偏病也○按卽癠字之譌。

癰 yōng_18.23　唐韻 集韻 韻會 正韻 夶於容切音邕 說文 腫也 廣韻 癰，癤 釋名 癰，壅也。氣壅否結，裹而潰也 正字通 惡瘡也。有疽癰，赤施、兔齧、走緩、四淫、厲癰，脫癰諸名。皆氣血稽留，榮衛不通之所致也 後漢·律曆志 驚蟄，晷長八尺二寸，未當至而至，多病癰疽脛腫 図 地名。與雍州之雍通 後漢·獻帝紀 分涼州河西四郡爲癰州 註 謂金城，酒泉，墩煌，張掖 図 邕上聲 戰國策 夫痤雖癰腫胞疾 釋文 癰，委勇反△ 集韻 亦作臃。又書作癕 韻會 或作雍。鎣又痈35967癕36403癰36516

癳 wěi_18.23　唐韻 以水切 集韻 愈水切夶音唯 說文 創裂也。一曰疾癳 図 集韻 尹捶切音菙。又羽委切音蔿。義夶同 図 huà 呼卦切音諣。愚也△ 集韻 或作膬。

癴 jué_18.23　川篇 居月切。倒病也。鎣 張涌泉：俗歷59381

癴 téng_18.23　正字通 痋35972俗作癴。

癨 nhức_18.23　喃 从疒職chức聲△癨頭：頭痛。

癴 ngợm_18.23　喃 从疒驗nghiệm聲。鬼怪。

癴 rôm_18.23　喃 从痱省藍lam聲△癴浽：痱子△亦作瘎36353

癳 luò_19.24　廣韻 集韻 夶郎佐切，邏去聲。病也。鎣 癳瘑，瘻痀 図 癴27012

癱 tān_19.24　字彙 他丹切音灘。風癱 正字通 筋脈拘急，瘋痺不仁也。鎣又癱36364

癲 diān_19.24　廣韻 都年切 集韻 韻會 多年切夶音顚。與瘨同 図 集韻 狂也 正字通 喜笑不常，顚倒錯亂也 黃

帝·素問註多喜爲顚，多怒爲狂。喜爲心志，故心熱則喜而爲顚。怒爲肝志，火制金，不能平木，故肝實則怒而爲狂也。鹽又癲36629

癏 léi_19.24　集韻倫爲切音赢。病疲也。36655 18346

癗 lí_19.24　唐韻集韻丛郎計切音麗。說文癗也。一曰瘦黑图lí廣韻集韻丛力智切音罣。又集韻鄰知切音離。又輦尒切音邐。義丛同图lí集韻狼狄切音歷。與癗同。鹽又癗36586 36656 18347

癴 luán_19.24　廣韻落官切集韻盧丸切丛音鸞廣韻病也。瘦也集韻與臠同图廣韻呂員切集韻閭員切丛音攣。病體拘曲也△或作癴癴癴，通作攣。36657 18348

癩 lài_19.24　唐韻落帶切音賴說文惡疾也图lí集韻力制切音例。疾疫也。與痢同。36658 18349

癪 pí_20.25　集韻同臕 36660 18350

癴 yàn_19.24　篇海類編伊琰切，音演◇。鹽同癪36578俗曆69545 36659 44629

癵 gày_20.25　喃同瘫36545瘦弱。36661 u24F1E

癮 nòng_20.25　癮36510本字。36662 u24F1D

癰 pì_21.26　正字通俗癰字。36663 18351

鷹 yīng_21.26　同鷹74152籀文鷹。36665 u24F21

癴 luǒ_21.26　廣韻同癪 36664 18352

癴 luǒ_21.26　同癪36376清·鄭珍說文逸字癴，族癴，皮肥也。从疒，纍聲。36666 u7673

癴 huǎn_22.27　集韻火管切音澣。痛也。36667 18353

癴 luán_23.28　字彙呂員切音攣。癴病。俗癴字。36668 18354

癴 luán_23.28　集韻同癴 36669 18355

癴 pì_24.29　說文癴本字 36671 18356

癴 biě_23.28　同癴36566鹽又臠48126图龍龕癴癴二俗，癴正。36670 u3FDC

癴 luán_25.30　集韻同癴 36672 18357

◆ 癶部 ◆

癶 bō_0.5　唐韻集韻丛北末切音鉢說文足剌癶也六書本義兩足張，有所撥除也元包經昆北癶癶。傳曰：兩人相背也註北，背也又漸走之癶。傳曰：足有所行也註走，足也。癶，行也△字彙从二止相背。有分癶之象。別作撥、蹳，非。鹽又癶01003址26582址26575 36673 18358

癶 bō_0.5　部同36673 36674 u2F68

癶 bá_2.7　川篇丁角切 36676 44630

癶 jī_2.7　六書統古文蹐字。从癶从卩。升高當自卩也。詳足部十四畫集韻或作卺。36675 18359

癶 bō_3.8　人名用字。36677 u7677

癸 guǐ_4.9　古文癸唐韻居誄切集韻韻會頸誄切丛音溪。十幹之末說文冬時水土平，可揆度也正韻癸者，歸也。於時爲冬，方在北，五行屬水，五運屬火史記·律書癸之爲言，揆也。言萬物可揆度也前漢·律歷志陳揆于癸图歲月日名爾雅·釋天太歲在癸曰昭陽。月在癸曰極。禮·月令孟冬之月，其日壬癸註日之行，東北從黑道，閉藏萬物，月爲之佐，時萬物懷任于下，揆然萌芽，又因以爲日名爲图呼庚癸，軍中隱語也左傳·哀十三年吳申叔儀乞糧于公孫有山氏。對曰：若登首山以呼曰庚癸乎，則諾註庚，西方主穀。癸，北方主水疏軍中不得出糧與人，故作隱語爲私期也图天癸，天乙所生之癸水黃帝·素問女子二七，而天癸至方書男之精，女之血，先天得之以成形，後天得之以有生，故曰天癸图姓姓苑出齊癸公。後宋癸仲知嚴州軍△說文本作癸，象水从四方流入地中之形。癸承壬，象人足六書正譌交錯二木，度地以取平也。義同準。篆从二木，象形。因聲借爲壬癸字。隸則作癸，揆、楑，丛通。鹽又岜13706屮14839奔13583呆23558 36678 18360

癹 pō_4.9　唐韻集韻丛普活切音潑說文以足蹋夷屮也左傳·隱六年癹夷薀崇之。今本作芟韻會芟，亦作癹集韻或作蹳、撥图bá廣韻集韻丛蒲撥切音跋。除屮也史記·司馬相如·上林賦崔錯癹戯師古註崔錯，交雜也。癹戯，蟠戾也集韻或作茇。鹽又癹36680癹36689蹳59107 36679 18361

癹 pō_4.9　正字通俗癹字。36680 18362

癹 fā_4.9　俗發36691宋元以來俗字譜 36682 u767A

癹 fā_5.10　俗發36691 36685 u24F2B

朵 chéng_4.9　古文乘00324 36681 u24F28

癸 guǐ_5.10　五音集韻古文癸字六書統癸，度長短也。从癶，步之也。从矢，知長短之度也。俗加手，作揆。36683 18363

羒 dēng_5.10　字彙補古文登36690字。36684 18364

癹 bān_6.11　字彙古文班34017字。36686 18365

癸 guī_6.11　海篇音圭。鹽疑癸字之譌。36687 44631

蚤 zǎo_6.11　俗蚤52429新撰字鏡蚤，子孝反。36688 u24F2D

癹 bá_7.12　正字通癹字之譌。36689 18366

登 dēng_7.12　古文羍奔唐韻集韻韻會正韻丛都騰切，等平聲爾雅·釋詁陞也玉篇上也。進也易·明夷初登于天書·堯典疇咨若時，登庸左傳·僖九年王使宰孔賜齊侯胙，下拜，登受禮·月令農乃登麥周禮·秋官司民，掌登萬民之數前漢·食貨志進業曰登註進上百工之業也图爾雅·釋詁成也增國熟也書·泰誓以登乃辟詩·大雅誕先登于岸周禮·地官·小司徒頒比法于六鄉之大夫，使各登其鄉之衆寡、六畜車輦註登，成也。成，猶定也孟子五穀不登註登，成熟也图尊之曰登禮·月令登龜註龜言登者，尊之也图博雅登登，衆也。又築牆用力相應聲詩·大雅築之登登图登聞鼓院宋史·職官志隸司諫正言，掌受文武官及士民章奏表疏图榻登

釋名 施于大牀之前，小榻之上，所以登牀也 說文 作縪
甂 囝 星名 晉書·天文志 歲星之精流，爲及登 囝 鳳皇朝
鳴曰登晨。見 軒轅黃帝記 囝 州名。古萊子國，隋牟州，
唐改登州，取文登山而名 囝 姓。出南陽，蜀有闗中流
人，始平登定 囝 dèng 集韻 丁鄧切，等去聲。履也。或
作蹬 囝 dé 字彙補 東職切，等入聲 公羊傳·隱五年 公曰
爲遠而觀魚，登來之也 註 登，讀言得。齊人名求得爲
得來。作登來者，其言大而急，由口授出 囝 叶都籠切
音東 前漢·宣元敘傳 元之二王，孫後大宗。昭而不穆，
大命更登 囝 叶都郎切音當 易林 南山高岡，回隫難登。
道里遼遠，行者無糧△ 說文 上車也。从癶、豆，象登車
形 集韻 或作僜 字彙 登與豆登之登，从月从又者別。
鐙又藏36702至08384

發 36691 18368
　fā_7.12　　　唐韻 集韻 韻會 正韻 𢿙方伐切音髮 說文
𨈟，發也 詩·召南 壹發五豝 傳 發，矢也 前漢·匈奴傳 矢
四發 註 射禮三而止，每射四矢，故以十二矢爲一發。
師古曰發，猶今言箭一放、兩放也 囝 廣韻 起也 孟子 舜
發於畎畝之中 囝 舒也，揚也 易·乾卦 六爻發揮 疏 發，
越也。又 坤卦 發於事業 疏 宣發也 左傳·桓二年 聲名以
發之 註 發揚此德也 博雅 開也 書·武成 發鉅橋之粟
疏 謂開出也 詩·小雅 明發不寐 註 謂將旦而光明開發也
囝 玉篇 進也，行也 博雅 去也 詩·齊風 履我發兮 疏 行
必發足而去，故以發爲行也 禮·玉藻 疾趨則欲發，而手
足無移 註 謂起屨也 囝 釋名 發，撥也。撥使開也 禮·王
制 有發，則命大司徒教士以車甲 疏 謂有軍旅以發士卒
也 囝 廣韻 明也 論語 亦足以發 註 謂發明大體也 囝 廣
韻 舉也 增韻 興也 前漢·王吉傳 愼毋有所發 註 謂興舉
衆事也 囝 亂也 詩·邶風 毋發我笱 囝 伐也 詩·周頌 駿發
爾私 疏 以耜擊伐其私田，使之發起也 囝 遣也 禮·檀弓
晉獻文子成室，晉大夫發焉 註 發禮往賀也 囝 見也
禮·禮器 君子樂其發也 註 樂多其外見也 囝 動也 老子
道德經 地無以寧，將恐發 囝 洩也 楚辭·大招 春氣奮發。
又 曆法 春夏曰發，秋冬曰斂 囝 發發，疾貌 詩·小雅 飄
風發發 箋 寒且疾也 囝 詩傳 長發，大禘也 疏 大禘之樂
歌也 唐書·禮樂志 懿祖曰：長發之舞 囝 昏禮以發齊 荀
子·禮論 大昏之未發齊也 註 謂未有威儀節文。象太古
時也 史記·禮書作廢齊 囝 玉篇 發，駕車也 ◆ 揚子方言
發、稅，舍車也。東齊、海岱之閒謂之發，宋趙陳魏之
閒謂之稅 註 舍宜音寫，今通發言，寫也。稅，猶脫也。
囝 後漢·五行志 東方神鳥曰發明 博雅 鳳皇晨鳴曰發明
囝 汲冢周書 發人鹿鹿者，若鹿迅走 註 發，東夷也。
囝 清發，水名。見 左傳 囝 縣名 前漢·地理志 餘發縣，
屬九眞郡。發干縣，屬東郡 囝 姓 史記·封禪書 游水發
根 註 游水，縣名。發根，人姓名 囝 bō 韻會 正韻 𢿙北
末切音撥 詩·衞風 鱣鮪發發 傳 盛貌。馬融曰：魚尾著
網，發發然 韓詩 作鱍 說文 作鈸。鐙又𨇠05182𨇤16276
㠥36694𥙷36682𥙷36685𥙷36697𤕝21538𧪝56665 囝 字彙補
𤼳36676同𤼰 囝 古文四聲韻 㠥36686 崔希裕纂古

 𤼦 36692 18369
　fèi_7.12　　　正字通 譌𤼬字。
蕤 36693 18370
　wàn_7.12　　　集韻 亡咸切，姍平聲。蔢也。鐙俗蔢49948
𤼲 36694 u24F32
　fā_7.12　　　俗發36691 隸辨 引魯峻碑 榷然疏𤼲。
𦥷 36695 41550
　jú_8.13　　　龍龕 九六切。兩手𦥷。
𤼬 36697 u24F35
　fā_8.13　　　俗發36691 說文通訓定聲 發，亦作𤼬。
𦥻 36698 44633
　dēng_9.14　　　海篇 音登
𦥼 36696 44632
　jú_8.13　　　字彙補 同𦥷
𤼷 36699 18371
　dēng_10.15　　　玉篇 古文登36690字。
𤼸 36700 18372
　fèi_11.16　　　字彙 同𤼬〇按卽𤼬字省文。註詳𤼬。
𤼺 36701 18373
　fèi_11.16　　　廣韻 方肺切 集韻 放吠切 𢿙音廢 博雅 税
也 廣韻 賦斂也△ 篇海 亦作𤼬，或作𤼷。譌作𤼸。
𤼭 36702 u24F3C
　dēng_11.16　　　同𦥻36699 說文 𤼭，籀文登36690从𠬞。
鐙 36703 17787
　tēng_12.17　　　五音集韻 他登切音鼟，伸之長也 字彙補
他登切，忒平聲。伸之長也。鐙鐙 豆部 田部 重出，今
依 漢語大字典.V.2 之分部，合併歸入 癶 部

𤼼 36704 u24F3B
　nüè_15.20　　　同虐52133 漢·賈誼 新書·道術 兄敬愛弟謂
之友，反友爲𤼼。

　　　• 白部 •

白 36705 18374
　bái_0.5　　　古文 𦣺𦣼 唐韻 旁陌切 集韻 韻會 正韻 薄
陌切 𢿙音帛 說文 西方色也。陰用事，物色白。从入合
二，二陰數也 釋名 啓也。如冰啓時色也 爾雅·釋天 秋
爲白藏 疏 秋之氣和，則色白而收藏也 周禮·冬官考工
記 畫繢之事，西方謂之白 書·禹貢 冀州，厥土惟白壤。
青州，厥土白墳。又 禮·檀弓 殷人尚白 囝 增韻 素也。
潔也 易·賁卦 白賁无咎 註 其質素，不勞文飾也。又 說
卦 巽爲白 疏 風吹去塵，故潔白也 囝 明也 禮·曾子問 當
室之白 註 謂西北隅得戶明者也 荀子·正名篇 說不行，
則白道而冥窮 註 白道，謂明道也 前漢·谷永傳 反除白
罪 註 罪之明白者，皆反而除之 囝 白屋，以茅覆屋也 前
漢·蕭望之傳 恐非周公相成王致白屋之意 囝 白衣，給
官府趨走者 前漢·兩龔傳 聞之白衣，戒君勿言也。
囝 白徒，猶白身 管子·乘馬篇 白徒三十人奉車兩。
囝 白丁 北史·李敏傳 周宣帝謂樂平公主曰：敏何官。
對曰：一白丁耳 囝 白民 魏書·食貨志 莊帝班入粟之制，
白民輸五百石，聽依第出身 囝 白著 唐書·劉晏傳 稅外
橫取謂之白著 春明退朝錄 世人謂酒酣爲白著。言刻薄
之後，人必顚沛，不堪其困弊則酩酊，如飲者之著也。
囝 禮·玉藻 君衣狐白裘 陳註 以狐之白毛皮爲裘也。
囝 爾雅·釋器 白金謂之銀 囝 唐書·食貨志 隋末行五銖
白錢 囝 前漢·惠帝紀 爲鬼薪白粲 註 坐擇米，使正白，
三歲刑也 囝 古今注 白筆，古珥筆，示君子有文武之備
焉 囝 字學淵源 飛白書，蔡邕見施堊帚而作 囝 星名 博
雅 太白謂之長庚 囝 旗名 禮·明堂位 殷之大白 囝 罰爵

名說苑魏文侯與大夫飲，使公乘不仁爲觴政，曰：飲不醻者，浮以大白圖酒名◆禮·內則酒清白註白事酒，昔酒也。色皆白，故以白名之圖稻曰白，黍曰黑周禮·天官·籩人其實蘽黃白黑圖馬名詩·秦風有馬白顛疏額有白毛，今之戴星馬也圖猛獸名汲冢周書義渠以茲白註茲白，一名駁，能食虎豹圖蟲名爾雅·釋蟲蟫，白魚註衣書中蟲也。又大戴禮白鳥者，謂蚊蚋也。圖草名前漢·西域傳鄯善國多白草圖三白，正月雪也西北農諺要宜麥，見三白圖五白，簙箸五木也宋玉·招魂成梟而牟，呼五白些圖梵言一年爲一白傳燈錄我止林間，已經九白圖山名後漢·耿恭傳竇固前擊白山，功冠三軍註冬夏有雪，故名白山金史·禮志有司言，長白山在興王之地，禮合尊崇水名桑欽水經白水出朝陽縣西圖州名唐書·地理志武德四年置白州，因博白溪而名圖海外有白民國。見山海經圖白狄，狄別名。見春秋·成九年圖戎類有六，一曰老白。見風俗通圖姓。黃帝後左傳秦大夫白乙丙。又複姓史記·秦本紀白冥氏，秦族潛夫論吉白氏，莘姓後。又白楊提，代北三字姓圖謚法外內貞復曰白圖玉篇告語也正字通下告上曰稟曰。同輩述事陳義亦曰白前漢·高帝紀上令周昌選趙壯士可令將者，白見四人後漢·鍾皓傳鍾瑾常以李膺言白皓圖唐書·宦者傳宣宗時，諸道歲進閹兒，號私白○按說文入聲有白部，去聲白部內亦載白字。在白部內者讀疾二切，曰此亦自字也。省自者，詞言之氣从鼻出，與口相助也。是告語之白讀自，西方之白讀帛，音義各別。許氏分爲二部玉篇合而爲一，今从之圖bà集韻步化切音杷。亦西方色也圖bó博陌切。與伯同。長也。一曰爵名。亦姓印藪有白鸞氏註卽伯字。鼇又帕36751

白 bái_0.5 36706 u2F69 部白36705

百 bǎi_1.6 36707 18375 古文百唐韻集韻韻會正韻夶博陌切音的說文十十也。从一白。數十十爲一百。百，白也。十百爲一貫。貫，章也◆徐曰章，以詩言之，一章也。百亦成數。會意字前漢·律歷志紀于一，協于十，長于百，大于千，衍于萬圖衆多也易繫辭百官以治書·堯典平章百姓後漢·明帝紀百蠻貢職圖百里，劍名。百鍊，刀名。見古今注圖百鷳鳥名。見大戴禮圖百足，蟲名博物志百足，一名馬蚿圖百合，草名譚子化書山蚯化爲百合圖bó地名。隋百泉縣，唐百丈縣圖國名北史·百濟傳百濟國，馬韓之屬，在遼東之東圖姓。百豐，列子弟子。又複姓風俗通秦百里奚之後，其先虞人，家于百里，因氏焉△mò韻會正韻夶莫白切音陌。勱也左傳·僖二十八年距躍三百，曲踊三百註言每跳皆勉力爲之圖唐謂行杖人曰五百後漢·曹節傳註五百字，本爲伍佰。伍，當也。佰，道也。使之導引，當道陌中，以驅除也續志五百赤幘絳褠，卽今行鞭杖者，亦作伍佰易林營城洛邑，周公所作。世建三十，歷年八百。鼇又会05064

𦣹 bái_1.6 36708 18376 字彙補古文白36705字。

𦥑 qié_1.6 36709 18377 字彙補具遮切音伽宋史·龐籍傳元昊陷金明等處，籍至，使部將悉復所亡地，築十一城，及開𦥑名、平戎道圖談薈外國有白馬尺，卽羊甸皮也圖姓宋史·眞宗紀咸平六年，李繼遷寇洪德砦，蕃官𦥑移慶擊走之。又明成化時，𦥑加思蘭進貢圖書作皀字彙補罕東衞姓也。

皀 qié_1.6 36710 44634 字彙補與𦥑同。

皀 jí_2.7 36711 18378 唐韻廣韻皮及切，音皲說文穀之馨香也。象嘉穀在裹中之形。匕所以扱之。或說，皀，一粒也圖集韻北及切音鵖。又廣韻彼及切圖bì廣韻彼側切集韻筆力切夶音逼。義夶同圖xiāng廣韻許良切集韻虛良切夶音香。穀香也△正字通本作皀。卽古香字字彙補別作皁，非。

皁 zào_2.7 36712 18379 唐韻昨早切集韻韻會正韻在早切,夶曹上聲博雅皁隸，臣也類篇賤人也左傳·昭七年士臣皁，皁臣輿，輿臣隸疏服虔云皁，造也。造，成事也圖博雅櫪也集韻馬閑周禮·夏官·校人三乘爲皁，一皁一趣馬註馬十二匹爲皁，一皁之馬，趣馬一人主之史記·鄒陽傳牛驥同皁註韋昭曰：皁，養馬之官。郭璞云養馬之器漢書音義食牛馬器，以木作如槽揚子方言梁、宋、齊、楚、北燕之閒謂櫪曰皁圖玉篇色黑也博雅緇謂之皁廣韻黑繒也史記·秦本紀錫爾皁斿前漢·賈誼傳自衣皁綈後漢·禮儀志曰冬至，召太史，令各板書，封以皁囊漢官儀凡章表皆啓封，其言密事得皁囊也。圖皁白，猶黑白也北史·魏臨淮王傳中山皁白太多，未若濟南風流寬雅圖鳥名唐陸璣毛詩鳥獸疏鸐雀，一名皁裙圖釋名皁，早也。日未出時，早起視物皆黑，此色如之也周禮·地官·大司徒山林，其植物宜皁物。註皁，柞栗之屬。或作早韻會今世謂柞實爲皁斗。柞卽橡也，其房可以染黑，俗因謂黑色爲皁正字通俗讀若竈。義同圖tāo字彙補湯勞切音韜楊氏古音周禮皁物之皁，音如韜。柞栗皆有韜橐也圖叶子苟切音走詩·小雅旣方旣皁，旣堅旣好註穀實未堅曰皁。好，音吼◇。又揚雄·太僕箴庶尞問人，仲尼深醜。僕臣司駕，敢告執爭△說文草，自保切。草斗，櫟實也。一曰象斗子。从艸，早聲徐鉉曰今俗以此爲艸木之艸。別作皁字，爲黑色之皁。按櫟實可以染皁爲黑色，故曰草。通用爲草棧字。今俗書皁或从白从十。或从白从七，皆無意義。鼇又皀22354皂36713

皂 zào_2.7 36713 18380 正字通俗皁字。

皃 mào_2.7 36714 18381 唐韻莫教切集韻眉教切,夶茅去聲說文頌儀也。从人，白，象人面形徐曰頌，古容字圖mò唐韻莫角切集韻墨角切,夶尨入聲。容也廣韻人類狀△集韻籀作貌。或作須。鼇又皇36740

皉 xiāng_2.7 36715 18382 正字通古香字○按皀字之譌。

＄^{36716 41551}
zhǐ_2.7
　海篇音支。白也。

皀^{36717 44635}
xiāng_2.7
　搜眞玉鏡音香。鑒字彙補與皀同。

皃^{36718 u24F40}
trèo_2.7
　喃从白了liễu聲△皀皃：潔白。

皯^{36719 18383}
hàn_3.8
　集韻同皯晉·張協玄武館賦璀璨皓皯，華瑠四垂。

的^{36720 18384}
dì_3.8
　唐韻集韻韻會正韻丁歷切，丁入聲說文明也徐曰光的然也博雅白也玉篇遠也，明見也中庸小人之道，的然而日亡註表見也史記·司馬相如·上林賦皓齒粲爛，宜笑的皪註鮮明貌陳書·徐陵傳的的宵烽☒增幮實也魏志·崔林傳各國遣子來朝，林恐或非眞的南齊書禮志泛之爲言，無的之辭宋史·歐陽修傳的的有表證☒正韻端的也。又指的，要處也☒玉篇射質也正韻射侯之中前漢·鼂錯傳矢道同的註射之準臬也荀子·勸學篇質的張而弓矢至焉註質，射侯也。的，正鵠也☒平的，縣名前漢·地理志屬青州☒婦人面飾曰的王粲神女賦施華的兮結羽儀仙經鮑姑以艾灼龍女額，後人效之，謂之龍的集韻作勺。☒蓮子曰的爾雅·釋草其實蓮，其根藕，其中的註，的蓮中子也集韻通作菂馬名易·說卦其於馬也爲的顙註額有白毛，今之戴星馬爾雅·釋畜作駒☒xiào集韻胡了切音皛。亦蓮子也☒叶丁藥切，當入聲詩·小雅發彼有的，以祈爾爵傳發，矢也。的，質也☒叶之若切音灼潘岳·芙蓉賦丹輝拂紅，飛鬟拆的。斐披艶赫，散煥熠燭☒楊慎曰：的，音灼。婦人以點飾額也史記·五宗世家程姬註的，以丹注面，婦人有月事，妨于進御，難于自言，故點之以見○按釋名以丹注面曰的。勺，灼也。謂有月事者注面，灼然爲識，是的、勺同爲一字△說文本作的類篇或作的音學五書的字在入聲，則當入藥，音都略切。轉去聲，則當入嘯，音都料切。後人誤音爲滴，轉上聲，爲底。宋人書中凡語助皆作底，丛無的字。又今人小的字，亦當作小底。如宋史內班小底遼史承應小底之類是也。鑒又彴16100的22344

帛^{36721 18385}
mèi_3.8
　集韻彌蔽切音袂。布帛幅邊。鑒正字通曻14573字之譌。舊註音謎，布帛幅邊，誤。

皉^{36722 44552}
zhǐ_3.8
　五音篇海音支。白也。

皀^{36723 41553}
quán_3.8
　篇海類編音全。水泉。

皖^{36724 44636}
huàn_3.8
　搜眞玉鏡胡貫切。

皀^{36725 u24F44}
quán_3.8
　同泉28005亦作皀36723

皋^{36726 18386}
gǎo_4.9
　正字通臭字之譌。

盼^{36727 18387}
pā_4.9
　字彙普巴切音葩靈樞經與天地同紀，紛紛盼盼，終而復始註謂雜亂紛紜，而仍有明白之分度也。

皅^{36728 18388}
pā_4.9
　集韻披巴切，怕平聲。艸華之白也說文本作皅☒bà集韻步化切音杷。色不眞也廣韻作皅。鑒又岥13437

皆^{36729 18389}
jiē_4.9
　唐韻古諧切集韻韻會正韻居諧切，丛音階說文俱詞也小爾雅同也易·解卦雷雨作，而百果草木皆甲坼。鄭康成讀皆如懈，非☒字彙補居之切音箕前漢·孟喜傳箕子者，萬物方荄茲也師古註荄，音皆。古皆、荄與箕音同☒叶舉里切音几詩·周頌以洽百禮，降福孔皆傳皆，遍也。與偕通荀易·東西廂歌降福孔偕△說文白字兩見，一在自部，自部之白，疾二切，卽自字。皆字載自部中，則應从自集韻或作皆，非。

皘^{36730 18390}
bǐ_4.9
　廣韻補米切音故。明白也。鑒又皀36748

皇^{36731 18391}
huáng_4.9
　古文皐皇甹甹甹唐韻集韻韻會正韻丛胡光切音黃說文大也風俗通天也爾雅·釋天疏尊而君之，則稱皇天書·大禹謨皇天眷命。又湯誥惟皇上帝傳皇，大。上帝，天也☒三皇，伏犧，神農，黃帝是也尚書序疏稱皇者，以皇是美大之名。言大於帝也風俗通三皇道德元泊，有似皇天，故稱曰皇。皇者，中也，光也，弘也☒有天下者之通稱爾雅·釋詁君也白虎通號也。號之爲皇者，煌煌人莫違也書·呂刑皇帝清問下民詩·大雅皇王維辟春秋繁露德侔天地者稱皇帝蔡邕·獨斷皇帝，至尊之稱也。上古天子庖犧氏，神農氏稱皇。堯，舜稱帝。夏，殷，周稱王。秦幷以爲號，漢因之不改前漢·高帝紀漢王卽皇帝位，尊王后曰皇后，太子曰皇太子。又尊太公爲太上皇註太上，極尊之稱。天子之父，故號曰皇。不預治國，故不言帝明制太子稱皇，諸王以下不稱皇，皇族各戚屬，宗人府掌之。☒禮·曲禮祭王父曰皇祖考，王母曰皇祖妣，父曰皇考，母曰皇妣，夫曰皇辟註更設稱號，尊神異于人也☒宋史·眞宗紀祥符五年，親祀玉皇於朝元殿註玉皇，天帝聖號。又鴻苞博蒐佛一稱覺皇☒博雅美也詩·大雅思皇多士☒爾雅·釋言皇，正也詩·豳風四國是皇。☒莊盛也儀禮·聘禮賓入門皇☒美盛貌詩·大雅穆穆皇皇☒猶煌煌也詩·小雅皇皇者華爾雅·釋言皇，華也疏草木之華，一名皇☒猶熒熒也揚子·太玄經物登明堂，喬喬皇皇☒猶栖栖也禮·檀弓皇皇如有，望而弗至☒於皇，歎美辭詩·周頌於皇來牟註於，音烏。☒聿皇，疾貌前漢·揚雄·校獵賦武騎聿皇☒遹皇，往來貌張衡·思玄賦察二紀五緯之綢繆遹皇☒冠名。上畫羽飾也禮·王制有虞氏皇而祭☒屏風名。王坐所置也周禮·天官掌次設皇邸☒舞名。析五采羽，持以舞也，周禮·地官舞師掌教皇舞，帥而舞旱暵之事註皇，或爲望☒鳳皇，靈鳥也書·益稷鳳凰來儀傳雄曰鳳，雌曰皇。皇，通作凰集韻亦作鶭☒爾雅·釋鳥疏皇，一名黃鳥。俗呼爲黃離留☒爾雅·釋草疏皇，一名守田。似燕麥，子如彫胡米，生廢田中坤雅驩馬黃白曰皇詩·豳風皇駁其馬☒星名前漢·天文志歲星，十月出，名天皇。又國皇星大而赤☒餘皇，舟名左傳·昭十

七年楚敗吳師，獲其乘舟餘皇。俗作艅艎☒喬皇，神名前漢·司馬相如傳前長離而後喬皇史記作滴湟。☒冢前闕曰皇左傳·莊十九年葬于經皇☒寢門闕曰皇左傳·宣十三年履及于窒皇☒室無四壁曰皇前漢·胡建傳列坐堂皇上博雅作塃，非☒澗名詩·大雅夾其皇澗☒山水名山海經皇人之山，皇水出焉☒地名春秋·昭二十二年劉子、單子以王猛居于皇☒姓左傳疏宋戴公子皇父，其子孫以皇爲氏。又皇甫，複姓☒諡法靖民則法曰皇☒與遑、偟、徨坒通左傳·昭三十二年不皇啓處詩·小雅作遑爾雅·釋訓作偟，暇也。

◆前漢·揚雄·甘泉賦溶方皇于西清註猶仿偟也。一作彷徨☒huǎng正韻戶廣切，黃上聲禮·少儀祀之美，齊齊皇皇。陸德明讀☒正韻于放切，黃去聲。義同。徐邈讀☒wǎng集韻羽兩切音往。皇皇，祭祀之儀禮·少儀註皇，讀如歸往之往疏謂心所繫往，孝子祭祀，威儀嚴正，心有繼屬，故齊齊皇皇然詩·魯頌烝烝皇皇箋皇皇，當作眰眰。猶往往也△說文本從自，始也徐曰自，從也。故爲始也。今省作白。鑋又䣑36830皇，本字。皇，亦古文皇字。

𥣡 dòu_4.9　集韻豆57035古作𥣡△字彙作㿭，非。

㿮 mào_4.9　正字通俗毛字。

帥 pō_4.9　集韻普活切音潑。帥眛，淺白色。

皈 guī_4.9　字彙補與歸同魏書·釋老志佛道四，其始修心，則依佛、法、僧，謂之三歸梵書作皈依李頎·禪房聞梵詩頓令心地欲皈依☒人名宋史·宗室表有公皈。鑋歸，皈。見S.388正名要錄

皗 xì_4.9　字彙補古文氣27708字○按卽晸字之譌。

㿯 yīn_4.9　玉篇古文陰65672字。

㿰 mù_4.9　集韻亡幽切，繆平聲。細也。鑋俗㿰。

皀 huàn_4.9　海篇音喚。鑋與㿱同。

㿲 mào_4.9　字彙補如支切音兒。鑋俗兒36714字彙補音兒，音兒之誤。

㿼 null_4.9　人名用字

㿻 null_4.9　未詳。

㑔 ngươi_4.9　喃俗嘰36893

㑕 dòu_4.9　同𥣡36732古文豆。

㑒 null_4.9　未詳。

㑑 pò_4.9　俗皈21427

㑏 bǐ_4.9　同皉36730

㑐 pò_4.9　皈21427本字

皉 cǐ_5.10　集韻此禮切音泚。白也。一曰色鮮潔。☒淺氏切音此。與玼同。鑋又皆36763

䪴 líng_5.10　集韻同䶬。鑋又䶬36879䶼36907

帕 bái_5.10　集韻薄陌切音帛。白色。與白同☒廣韻匹白切集韻匹陌切坒音拍☒jiǎo廣韻古了切集韻吉了切坒音皎。義坒同。鑋又昢22518

皋 gāo_5.10　唐韻古勞切集韻韻會居勞切正韻姑勞切坒音高。說文从夲从白。禮祝曰皋，登謌曰奏，故皋、奏皆从夲。夲，進趣也周禮·春官樂師詔來瞽皋舞註皋，告之也，告國子當舞者舞也☒長聲也禮·禮運升屋而號告曰：皋某復疏皋者，引聲之言也☒緩也左傳·哀二十一年齊人歌曰：魯人之皋，數年不覺，使我高蹈疏緩聲而長引之，是皋爲緩也☒玉篇澤也韻府岸也詩·小雅鶴鳴于九皋傳九折之澤。☒左傳·襄二十五年牧隰皋疏皋爲澤之坎，是水岸也前漢·賈山傳江皋河瀕註皋，水邊淤地也☒集韻局也張衡·西京賦實惟地之奧區神皋註謂神明之界局也☒廣韻高也禮·明堂位天子皋門註皋之言高也☒釋名高祖。高，皋也。最在上皋，韜諸下也☒爾雅·釋訓皋皋，刺素食也疏皋皋，不治之貌詩·大雅皋訿訿傳皋皋，頑不知道也。☒月名爾雅·釋天五月爲皋☒神名史記·武帝紀祀皋山用牛封禪書一作澤山☒禽名汲冢周書文翰者若皋雞註皋雞似鳧，冀州謂之澤特。◆乾皋，鸚鵡別名埤雅乾皋斷舌，則坐歌。孔雀拍尾，則立舞。又寒皋，鸜鵒別名本草綱目皋，告也。天寒欲雪，羣飛如告。故名寒皋☒皋比，虎皮也左傳·莊十年蒙皋比而先犯之。☒皋蘭，山名前漢·武帝紀西至皋蘭☒水名山海經皋水出章山☒皋舟，吳地左傳·襄十四年吳人自皋舟之隘要而擊之☒姓。皋陶之後左傳越大夫皋如。又複姓。東山皋落氏，赤狄別種☒同鼛周禮·冬官考工記輈人爲皋鼓註大鼓也又爲皋陶註鼓木也☒一作睾荀子·大略篇望其壙，皋如也註高貌莊子·危言篇列子·天瑞篇俱作睾如。又後漢·馬融傳皋牢陵山註皋牢，猶牢籠也荀子·王霸篇作睾牢☒或作澤史記·歷書百艸奮興，秭鳩先澤註子規先出，野澤而鳴也☒與羔通禮·檀弓高子皋註孔子弟子，名柴論語作子羔。皋羔古字通用☒háo集韻乎刀切正韻胡刀切坒音嘷。呼也周禮·春官·大祝來瞽令皋舞註皋讀爲嘷。謂呼之入也。與號、号、嘷通☒hào集韻後到切韻會胡到切坒音號周禮皋舞。劉昌宗讀。或作譹☒gū集韻攻乎切音姑。橐皋，地名。在壽春前漢·孟康註橐皋，音拓姑。△類篇隸作臯經傳作皋。鑋又皋48228臯36775塓09284☒龍龕臯48231，舊藏作皋，音高。

眛 mò_5.10　五音集韻莫撥切音末。見帥36734字註。鑋又眛36769

㝵 zhōng_5.10　字彙古終字亢倉子·全道篇其㝵存乎，千載之後，必有人與相食者矣。

畠 huáng_5.10　字彙補古文皇36731字。

畠 huáng_5.10　字彙補古文皇36731字。

⿱白卩 36757 18406 jí_5.10 字彙補古文即04755字。

皨 36758 18407 xīng_5.10 字彙補古文星22454字。

⿱少白 36759 44639 chàng_5.10 五音篇海音暢。

⿱白王 36760 44640 huáng_5.10 龍龕音皇。

𫞮 36761 u2B7AE null_5.10 日戶籍用字。

𪽽 36762 u2AF7D null_5.10 喃未詳。 𤽤 36763 u24F64 cǐ_5.10 同皉36749

𤽡 36764 u24F61 null_5.10 未詳。 𤽠 36765 u24F60 chàng_5.10 俗㿬71324

𤽟 36766 u24F5F gǎo_5.10 同杲10066 𤽞 36767 u24F5E null_5.10 未詳。

𤽝 36768 u24F5D zuì_5.10 俗辠60542敦煌·Дx.06232.V佛經難字抄辠，罪。

𤽜 36769 u24F5C mò_5.10 俗皌36753類篇皌，莫葛切。皌皌，淺白。

畠 36770 u7560 huáng_5.10 新校經史海篇直音·白部畠，音皇，古文 又 tián 日同畑30821同文通考·國字畠，陸田也倭名鈔引続搜神記云畠，一曰陸田。

⿰白各 36771 18408 luò_6.11 廣韻盧各切集韻歷各切丛音落。白色。與皪同。

皎 36772 18409 jiǎo_6.11 唐韻古了切集韻韻會正韻吉了切丛音璬說文月之白也詩·陳風月出皎兮傳月光也 又 日光也王褒·九懷晞白日兮皎皎 又 廣雅白也。明也詩·小雅皎皎白駒傳潔白也楚辭·漁父安能以皎皎之白，蒙世俗之塵埃乎史記·屈原傳作皓皓 又 姓五代史·南漢世家交州牙將皎公羡△玉篇通作曒集韻或作皦。
鎏又叒10212㚇10294㬋22777㬓23495 又 龍龕皎57697，新藏作皎，皎然，在廣弘明集第十二卷。

皏 36773 18410 pěng_6.11 廣韻集韻丛普幸切，怦上聲博雅皏皜，白也玉篇淺薄色也黃帝·素問肺風之狀，色皏然白。

⿰白缶 36774 18411 fǒu_6.11 集韻俯九切音缶。白也。

皐 36775 18412 gāo_6.11 玉篇同皋 ⿱白鳥 36778 44642 dōu_6.11 字彙補與兜同神異經驩皃民，烏足，杖翼而行。疑字有誤。

⿱白皇 36776 18413 huáng_6.11 字彙補古文皇36731字。

⿱白冬 36777 44641 zhōng_6.11 龍龕音終。鎏㚇（冬）字的訛寫。

𤽪 36779 u24F6A null_6.11 同晩36795 𤽩 36780 u24F69 null_6.11 未詳。

𤽨 36781 u24F68 chòu_6.11 俗臭48207字亦作臰48223

皑 36783 u7691 ái_6.11 简皚36841 㿠 36782 u3FE0 huàng_6.11 面色蒼白發光。清·林之翰四診抉微·卷之三·附兒科望診·觀面部五色歌脾怯黃疳積，虛寒㿠白光。

皒 36784 18414 é_7.12 集韻牛河切音娥。皒皒，白色。

皓 36785 18415 hào_7.12 唐韻正韻胡老切集韻下老切丛音昊爾雅·釋詁光也小爾雅白也博雅皓皓，明也詩·陳風月出皓兮揚子·淵騫篇明星皓皓 又 集韻潔白也詩·唐風揚之水，白石皓皓朱註又胡暴反，叶下鵠。鵠，音告。又 虛曠貌大戴禮常以皓皓，是以眉壽 又 皓膠，水凍貌楚辭·大招霧雨淫淫，白皓膠只 又 廣韻顥，今作皓。
◆說文商山四顥，白首人也史記·留侯世家四人從太子，鬚眉皓白師古註所以謂之四皓 又 通作昊。太皓，天也後漢·郎顗傳太皓悅和，靁聲乃發荀子·賦篇皓天不復楊註皓，同昊 又 天皓，星名史記·天官書歲陰在丑，星居寅，以十二月與尾、箕晨出，曰天皓前漢·天文志作天昊 又 與皞同楚辭·遠遊歷太皓以左轉註即太皞也 又 gǎo 唐韻韻會正韻丛古老切音杲。皓皓，潔白精瑩貌 又 姓吳越春秋句踐大夫皓進 又 huī 集韻呼回切音灰。髮皓落也。劉昌宗說△玉篇同皜集韻或作皞、暠、顥廣韻从日作晧。鎏又叒10294皓23412

皔 36786 18416 hàn_7.12 廣韻胡笴切集韻下罕切，丛翰上聲博雅白也廣韻皔皔，白貌 又 集韻侯旰切音翰。義同。或省作皯。

⿱白冬 36787 18417 zhōng_7.12 集韻終43975古作㚇△字彙補㚇字出亢倉子字彙以㚇字亦爲亢倉子所製，誤。

皕 36788 18418 bì_7.12 唐韻彼力切集韻筆力切丛音逼說文二百也 又 集韻兵媚切音祕。義同。

⿰白男 36790 44643 nán_7.12 海篇音男 皖 36789 18419 huàn_7.12 廣韻集韻丛戶版切，還上聲廣韻明星也集韻明貌 又 wǎn 集韻胡官切音桓。地名，在舒地理通釋舒州，春秋時皖國。漢爲皖縣。縣西有皖山，皖水後漢·馬援傳攻沒皖城註在皖水之北。又宋史·黃庭堅傳初遊灊皖，樂其林泉之勝註灊山，一名皖公山。皖伯始封地。今屬安慶府。又桐城。一曰皖江，皖桐 又 集韻戶袞切音混。義同△集韻或从日作晥韻箋逸字註皖與皖桐之皖別。

⿰白叟 36791 44644 sǒu_7.12 海篇音叟。鎏同傻09820，俗傻01626

⿰白足 36792 44645 zú_7.12 搜眞玉鏡音足。又音拍。

⿰身凡 36793 44646 shēn_7.12 字彙補與𦬸同。

⿱白𠂢 36794 44647 xiǎo_7.12 搜眞玉鏡音曉。

𪽿 36795 u2AF7F null_7.12 未詳。 𤽷 36797 u24F77 null_7.12 未詳。

𤽸 36796 u24F78 trắng_7.12 喃白五千字譯國語徐，㑔㿃。

𤽶 36798 u24F76 vía_7.12 喃从魄省尾vĩ聲△魂𤽶：魂魄。

𤽵 36799 u24F75 phau_7.12 喃从白拋phao聲。

𤽴 36800 u24F74 hếu_7.12 喃从白孝hiếu聲△㿃𤽴：潔白。

𤽯 36801 u24F6F chóu_7.12 简皬36883 𤽭 36803 u24F6D null_7.12 未詳。

𤽮 36802 u24F6E zuì_7.12 俗辠60542龍龕㿃36831辠，二同，音罪。

36804 18420
皣 bài_8.13 ｜集韻｜旁卦切音粺。白皮。鑒又皀36823

36805 18421
䳲 chóu_8.13 ｜玉篇｜直流切音籌。明也。囷｜篇海類編｜繪白也。

36806 18422
睩 lù_8.13 ｜廣韻｜｜集韻｜夶盧谷切音祿。白獸。

36807 18423
皘 qiàn_8.13 ｜集韻｜倉甸切音蒨。白貌。囷人名｜宋史·宗室傳｜士皘，太宗之後。

36808 18424
皤 pó_8.13 ｜字彙｜同皤

36809 18425
皠 luò_8.13 ｜廣韻｜盧各切｜集韻｜歷各切夶音落。鳥之白也。與皠同。鑒又皠36858

36810 18426
皙 xī_8.13 ｜唐韻｜先擊切｜集韻｜｜韻會｜先的切夶音錫｜說文｜人色白也｜左傳·昭二十六年｜有君子白皙｜周禮·地官｜大司徒｜壏衍，其民皙而瘠囷棗名｜爾雅·釋木｜皙，無實棗囷韻會｜曾點，字皙，本从白論語｜孟子｜史記·孔子世家｜俱从日囷｜集韻｜｜正韻｜夶思積切音昔。白色。監本作皙囷叶征例切音制｜詩·鄘風｜象之揥也，揚且之皙也。○按皙，本从析从白。與日部晰、晳二字義別。

36811 18427
瞾 yào_8.13 ｜字彙｜同耀。出｜廣說志｜

36812 18428
皞 tǐ_8.13 ｜正字通｜同皤。

36813 18429
皢 pò_8.13 ｜宋史·宗室表｜人名。必皢。音未詳。鑒疑為琥珀的珀字異體。

36815 44648
睨 dōu_8.13 ｜龍龕｜音兜。

36814 18430
晱 niàn_8.13 ｜字彙補｜乃店切音念。船木也。見陳侃｜使琉球錄｜

36818 44651
皉 hú_8.13 ｜五音篇海｜胡谷切。

36819 u2AF81
泈 null_8.13 ｜喃｜未詳。鑒俗兜，碑別字，見｜常嶽造像記｜

36816 44649
皃 dōu_8.13 ｜龍龕｜與皔同。

36820 u2AF80
皥 null_8.13 ｜喃｜未詳。鑒同呑22395｜新修玉篇·白部｜引｜類篇｜皥，音桂。

36817 44650
皋 guì_8.13 ｜五音篇海｜音柱。

36821 u24F83
暥 yán_8.13 ｜俗炎30665｜四部叢刊·初編集部·元·袁桷·清容居士集·卷第十六·開平第四集（壬戌）·開平昔賢有詩片雲三尺雪一日四時天曲盡其景遂用其語為十詩（第十）暥暥三伏日，沉沉九秋天。

36822 u24F82
皖 wǎn_8.13 ｜俗皖22726｜囷俗皖36789

36823 u24F81
皀 bài_8.13 ｜同皣36804

36824 u24F80
晴 zé_8.13 ｜簡｜晴36855

36825 18431
曷 hē_9.14 ｜廣韻｜｜集韻｜夶許葛切音喝。見皕36773字註囷｜集韻｜何葛切音曷。義同。

36826 18432
暉 huī_9.14 ｜五音集韻｜許歸切音暉。白也。

36827 18433
皥 tǎng_9.14 ｜集韻｜同皩。囷夶與皥同｜說文｜詞也。引書·堯典｜帝曰皥咨囷｜集韻｜時流切音僻。義同△｜集韻｜或作皥皥皥｜字彙補｜亦作皥。鑒夶與皥同。宏按｜說文｜皥，詞也。从白亏聲。亏，與皥同。夶與皥同囷皥16260，俗作。

36828 18434
皥 chóu_9.14 ｜唐韻｜直由切｜集韻｜陳留切。夶與皥同｜說文｜詞也。

36829 18435
䵯 chǔn_9.14 ｜玉篇｜昌尹切音蠢。白也。

36831 44653
皐 zuì_9.14 ｜五音篇海｜音罪。

36832 44654
皖 dōu_9.14 ｜搜眞玉鏡｜音兜。

36833 u2AF83
暐 null_9.14 未詳。

36830 44652
皴 huáng_9.14 ｜海篇｜音皇。

36836 u24F8F
皥 hào_9.14 ｜俗皥22902

36834 u2AF82
皥 null_9.14 人名｜殷周金文集成·6.3654·皥作父壬簋皥乍父壬寶尊彝｝，射。

36835 u24F93
皥 trăm_9.14 ｜喃｜从百林lâm聲△皥華蹢芟：百花齊放。

36837 u24F8E
暐 null_9.14 未詳。

36838 u24F8D
皥 null_9.14 未詳。

36839 u24F8C
皥 null_9.14 未詳。

36840 u24F8B
皥 shòu_9.14 古文壽09736

36841 18436
皚 ái_10.15 ｜唐韻｜五來切｜集韻｜｜正韻｜魚開切｜韻會｜疑開切，夶礙平聲｜說文｜霜雪之白也｜漢·劉歆·遂初賦｜漂積雪之皚皚｜晉·左貴嬪·離思賦｜霜皚皚而依庭｜杜甫·晚晴詩｜崖沈谷沒白皚皚囷｜集韻｜魚衣切音沂。義同。又｜劉楨·贈五官中郎將詩｜涼風吹沙礫，霜氣何皚皚。明月照緹幕，華燈散炎輝△｜集韻｜或作霺、澄、澄。鑒又暟22904皚36783

36842 18437
皛 xiǎo_10.15 ｜廣韻｜｜集韻｜｜韻會｜夶胡了切音皎｜說文｜顯也｜潘岳·關中詩｜虛皛湳德，繆彰甲吉｜註｜湳，甲，二羌號。德，吉，其名也。皛，顯也囷｜博雅｜白也｜郭璞·江賦｜沉灩皛溔｜註｜皛溔，深白貌。囷｜玉篇｜明也｜陶潛·江陵夜行詩｜皛皛川上平｜註｜皛皛，明也囷｜皛飯｜曾慥·高齋漫錄｜錢穆父召東坡食皛飯。及至，設飯一盂，蘿蔔一碟，白湯一盞，蓋以三白爲皛也囷jiǒng｜集韻｜戶茗切音迥。亦白也。囷｜集韻｜歓迥切｜正韻｜古迥切夶音潁。亦明也囷pò｜廣韻｜普伯切｜集韻｜匹陌切夶音拍。打也｜左思·蜀都賦｜皛獝岷于蓂艸｜註｜皛，當爲拍，拊也。

36843 18438
皜 hé_10.15 ｜唐韻｜｜集韻｜並胡沃切音鵠｜說文｜鳥之白也。與皞同｜何晏·景福殿賦｜皜皜白鳥｜詩·大雅｜作鶴皜囷｜集韻｜歷各切音落。義同。或作睢囷xué｜廣韻｜胡覺切｜集韻｜｜韻會｜｜正韻｜轄覺切夶音學｜類篇｜白也。與皞皜夶通囷hè｜集韻｜曷各切音鶴。義同。與皞通。

36844 18439
皞 tì_10.15 ｜唐韻｜｜集韻｜｜韻會｜｜正韻｜夶他計切音剃◆｜說文｜廢一偏下也。从竝，白聲。或从曰作皞。或从旡作皞｜徐鉉曰｜竝立而一下也。俗作替23306，非。

36845 18440
皞 hào_10.15 ｜集韻｜下老切｜韻會｜合老切夶音昊。白貌｜孟子｜皞皞乎不可尚已｜隋書·煬帝紀｜大頓見二大鳥，皞身朱足｜孔叢子·陳士義篇｜火浣布垢，必投諸火，出火振之，皞然疑乎雪焉囷gǎo｜正韻｜古老切音杲。義同△｜集韻｜與顥同。通作皓、皞、暠、皞｜正韻｜作皞。鑒又皞36851

36846 18441
皞 huàng_10.15 ｜廣韻｜胡廣切｜集韻｜戶廣切夶音幌。氣容貌囷人名｜晉書·載記｜前燕主慕容皞△｜韻會｜｜正韻｜謁作皞。

36847 18442
皞 hào_10.15 唐韻 正韻 胡老切 集韻 下老切 韻會 合老切 夶音昊 廣韻 明也 類篇 白貌 又 皞皞，廣大自得之貌 孟子 王者之民，皞皞如也 又 太皞，伏羲氏。少皞，金天氏。皆古帝號也 禮·月令 孟春之月，其帝太皞。季秋之月，其帝少皞 又 姓 蜀錄 本出武落鍾離山黑穴中者 又 通作昊 前漢·鄭崇傳 皞天罔極 詩·小雅 作昊天。又 通作顥 前漢·房中歌註 韋昭曰：西顥，西方太皞也。又 通作皓 36785 △ 集韻 或作皜、皞 廣韻 从日作暤 六書故 暤之从白，日之譌也。俗作皡，非。鼇 又 暤 22971

皥 36871 暤 23108

36849 u2AF84
暇 null_10.15 未詳。

36850 u24F9A
皡 hào_10.15 同皞 36847

36851 u24F98
皜 hào_10.15 俗皜 36845

36853 u24F96
皞 null_10.15 未詳。

36848 44655
䁢 cāng_10.15 字彙補 與䁢 48780 同。

36852 u24F97
煌 huáng_10.15 同煌 31236 許子鐘 元鳴孔煌，穆穆龢鐘 可洪音義 煌煌：音皇，火光皃也。正作煌也。又 戶廣反，俗 直音篇 燧煌，並音晃，同光，明暉光也 中西聞見錄·第十三號·日新居士·英國水晶宮 以鐵為梁柱，上下四旁，鑲嵌玻璃，遙望之金碧輝煌，悅人心目，故名為水晶宮。

36854 u24F94
暎 vang_10.15 喃从白榮 vinh 聲。

36855 18443
皘 zé_11.16 集韻 側革切音責。淨也。一曰深白也。又 字彙補 瘠也 管子·輕重篇 皘山，諸侯之國也 又 cè 廣韻 楚革切 集韻 測革切夶音策。義同。鼇 又 皘 36824

36856 18444
皛 miào_11.16 集韻 彌笑切音妙。白色。

36857 18445
皛 biān_11.16 正字通 皛字之譌。按 說文 宀字，重文作皛，武延切，讀若縣，非與縣同 字彙 作古文縣字，非。

36858 18446
皠 cuī_11.16 廣韻 七罪切 集韻 韻會 正韻 取猥切，夶催上聲 玉篇 高峻貌 又 廣韻 霜雪白狀也 又 類篇 白也 韓愈·鬪雞聯句 腷膊戰聲喧，繽翻落羽皠。

36859 18447
皤 bó_11.16 玉篇 傍伯切音白 同文舉要 麻白也。

36860 18448
皙 zhì_11.16 字彙補 與智同 漢杜尚碑 皙含淵藪。

36861 18449
皟 nìng_11.16 集韻 乃定切音甯 類篇 告也 ○按 類篇 从白，與曰部晉字音別義同 玉篇 廣韻 从曰 鼇 又 晉 23325

36862 u24F9F
皢 hố_11.16 喃从白許 hứa 聲 △嵒皢：純白色。

36863 u76A1
皞 hào_11.16 俗皞 36847

36864 18450
皥 dì_12.17 類篇 同的。

36866 18452
嘩 yè_12.17 正字通 同皣

36867 18453
皡 wěi_12.17 正字通 同皡

36865 18451
皢 xiāo_12.17 唐韻 呼鳥切 集韻 馨鳥切夶音曉 說文 日之白也 博雅 白也 玉篇 明也。

36868 18454
皤 pó_12.17 唐韻 薄波切 集韻 蒲波切 韻會 正韻 蒲禾切夶音婆 說文 老人白也 博雅 白也 玉篇 素也 易·賁卦 賁如皤如 疏 皤是素白之色 又 大腹也 左傳·宣二年 城

者謳曰：皤其腹 疏 皤是腹之狀 又 腹下白處 韓愈·月蝕詩 弊蛙拘送主官府，帝箠下腹嘗其皤 又 豐多貌 左思·魏都賦 行庖皤皤 又 草名 爾雅·釋草 繁，皤蒿 疏 凡艾白色為皤蒿 又 與番通 班固·辟雍詩 皤皤國老 註 鬢白貌 書·秦誓 史記·秦本紀 俱作番番 又 廣韻 博禾切 集韻 逋禾切夶音波。義同 又 pán 集韻 蒲官切音槃。馬足橫行曰皤 易·賁卦 賁如皤如。董遇說 △ 說文 或作額。

鼇 又 皤 36808 皤 51727 皤 59799

36869 18455
瞪 děng_12.17 集韻 得肯切音等。白也。

36870 18456
暡 pū_12.17 集韻 普木切音撲。物氣灮白。

36871 18457
皞 hào_12.17 正字通 俗皞字。

36872 18458
皢 guī_12.17 字彙補 古文歸字 古音駢字 古文 易 歸藏 作 皢皢

36873 18459
皞 sōng_12.17 集韻 蘇叢切音鬆。素白也。鼇 又 皞 23044

皞 38137

36874 41555
皢 chóu_12.17 海篇 音儺。詞也。

36875 u2F93B
皢 wěi_12.17 同皡 36867

36877 18461
皢 jiǎo_13.18 唐韻 古了切 集韻 韻會 正韻 吉了切夶音皎 說文 玉石之白也 廣韻 珠玉白貌 又 玉篇 白也 廣韻 皎也 詩·王風 有如皢日 又 明也 論語 皢如也 註 樂之音節明也 又 星光明貌 魏書·張淵·觀象賦 三台皢皢以雙列 又 姓。明萬曆時有皢生光，北方人 △ 玉篇 與皎同。鼇 又 皢 23116

36876 18460
皢 yè_13.18 篇海 魚怯切音業。草木白花。

36879 18463
皢 líng_13.18 集韻 同皢

36878 18462
皢 ài_13.18 集韻 於代切音愛。淨也。又白也。鼇 俗或作皢 47978

36880 18464
皢 xīng_13.18 字彙補 古文星 22454 字。

36882 u24FA9
皢 null_13.18 未詳。

36881 44656
皢 xīng_13.18 篇海 同星

36883 18465
皢 chóu_14.19 集韻 陳留切音儔。詞也。與疇同。本作皢。鼇 又 皢 56792 皢 36801 皢 36874 皢 16260

36884 18466
皢 yào_14.19 集韻 韻會 正韻 夶弋照切音耀。白色。

36885 18467
皢 méng_14.19 集韻 謨蓬切音蒙。浮醶也 又 měng 廣韻 莫孔切 集韻 母總切，夶蒙上聲。物上白醶。

36886 18468
皢 huàng_14.19 正字通 皝字之譌 晉書 本作皝，俗加日，非。

36887 18469
皢 lóng_14.19 字彙補 盧窮切音龍 大内規制記 左右小門，曰皢歷左門，曰皢歷右門 篇韻 亦作皢。

36889 41556
皢 lián_14.19 五音篇海 音廉。白光。

36890 44657
皢 bié_14.19 餘文 不滅切。

36891 u24FB3
皢 lóng_14.19 同皢 36887

36888 18470
皢 null_14.19 字彙補 音未

詳。船底木也。見陳侃·使琉球錄

皠 36892 u24FB1 nhênh_14.19 喃从白寧ninh聲。

皡 36893 u24FB0 ngươi_14.19 喃从伯省疑nghi聲。君，公。用于人物名稱前△俗省作皓36743

皥 36894 u24FAF mởn_14.19 喃从白滿mãn聲。同皧11339△皥皥：鮮嫩。

皣 36895 18471 yè_15.20 唐韻筠輒切集韻域輒切太音饁說文艸木白華也同文舉要光華盛也。凡華白者易見篇海類編明也 又廣韻域及切音熤。義同△說文本作皣。

又曄36866皣36906

皪 36896 18472 lì_15.20 廣韻郎擊切集韻韻會狼狄切正韻朗狄切太音瀝廣韻的皪，白狀左思·魏都賦丹藕凌波而的皪註光明也。或作皪 又玉篇明珠也史記·司馬相如·上林賦明月珠子，的皪江靡註明珠光也。與玓瓅同。又luò集韻歷各切音洛。白色。或作皪 又bō北角切音剝。皪犖，雜色。

皫 36897 18473 piǎo_15.20 廣韻敷沼切集韻匹沼切正韻普沼切，太飄上聲玉篇白色 又鳥毛變色也周禮·天官·内饔鳥皫色而沙鳴貍註失色，不澤美也。皫，本又作皫。貍，音鬱禮·内則鳥皫色而沙鳴鬱註皫，通作麃 又正字通凡物色不澤美者皆曰皫 又集韻韻會太滂表切音藨。又集韻滂保切，橐上聲。義太同。

皬 36899 u24FB8 wěi_15.20 同皬36901　　皭 36898 41557 zuó_15.20 餘文俗皭字

皩 36900 u24FB7 phếch_15.20 喃从白撲phốc聲。褪白之色。

皬 36901 18474 wěi_16.21 廣韻韋委切集韻韻會羽委切太音蔿玉篇華也禮部韻略草榮也隋書·禮志裳有圓花，於禮無礙，疑是畫師加葩皬耳唐書·高麗傳王服烏羅冠，飾以金皬，羣臣飾冠以銀皬宋史·儀衛志蓋黃帝時有雲氣，爲花皬之象，因而作也△集韻或作皬。又皬36875

蘤51848

皠 36902 18475 hé_16.21 集韻韻會太曷各切音鶴博雅白也史記·司馬相如傳皠然白首前漢書作翯。通作皠。

皪 36903 18476 lì_16.21 集韻郎狄切。與皪同。的皪，白貌。

皫 36904 44658 lǚ_16.21 搜眞玉鏡力拒切。又字彙補來雨切音呂。

皭 36905 u2AF85 null_16.21 未詳。　　皭 36909 u24FBC yè_17.22 皣36866本字

皣 36906 u24FB9 yè_16.21 同皣36895玉篇·華部皣，于劫切。草木花。

皭 36907 18477 líng_17.22 集韻同皭　　皭 36908 u24FBD jiào_17.22 同皭36910

皭 36910 18478 jiào_18.23 廣韻在爵切集韻韻會正韻疾雀切太音嚼埤蒼白色玉篇淨貌史記·屈原傳皭然泥而不滓者也左思·蜀都賦皭若君平 又廣韻集韻韻會正韻太子肖切音醮博雅皭皭，白也。或作皭 又jué集韻卽約切音爵。義同△字彙俗从日，誤。又皭23231皭36914皭36908

皭48114

皪 36911 18479 lì_18.23 字彙同皪。見周宣王石鼓文註。

皭 36912 44659 sè_18.23 字彙補山責切，音色◇。

皭 36913 18480 zuó_19.24 集韻子末切，鑽入聲。白也△俗作皭，非。

皭 36914 41558 jiào_19.24 字彙補字爵切音嚼廣雅皭皭、景景，白也。

皭 36915 u24FC2 null_19.24 未詳。　　皭 36916 u24FC1 hé_19.24 或同皭14614

皭 36917 18481 tǎng_20.25 廣韻他朗切集韻坦朗切太音儻玉篇明也集韻白色。與暘同。或作皭。

皭 36918 44660 cún_20.25 海篇音存。又或與皭14614同字彙補從門切音存。義未詳 又或同皭30565詳遵切音旬。亂泉也。

皭 36919 18482 líng_24.29 集韻郎丁切音靈。白色。或作皭、皭、皭。

◈ 皮部 ◈

皮 36921 u2F6A pí_0.5 部皮36920　　皮 36920 18483 pí_0.5 古文𠰏𡰻唐韻符羈切集韻韻會正韻蒲糜切太音疲說文剝取獸革者，謂之皮。从又，爲省聲長箋从爲形義俱遠。當作从又从尸徐曰又，手也。生曰皮，理之曰革，柔之曰韋◆書·禹貢梁州，厥貢熊羆狐狸織皮傳貢四獸之皮，織金罽周禮·天官掌皮掌秋斂皮，冬斂革，春獻之註有毛爲皮，去毛爲革 又釋名被也。被，覆體也韻會皮膚，肌表也史記·酈生傳足下以目皮相，恐失天下士 又揚子方言秦、晉言非其事，謂之皮傅註謂强語也後漢·張衡傳後人皮傅，無所容篡註皮膚淺近，强相傅會也。又博雅皮弁，冠也禮·郊特牲祭之日，王皮弁以聽祭報，示民嚴上也 又正韻狐貉之裘曰皮也莊子·讓王篇冬日衣皮毛 又皮侯周禮·冬官考工記張皮侯而棲鵠論語射不主皮註皮，革也。布侯而棲革於其中以爲的，所謂鵠也 又皮幣前漢·武帝紀請收銀錫，造白金及皮幣以足用 又腹心部曰皮室遼史·百官國語解軍制，有南北左右皮室及黃皮室，皆掌精兵 又博雅重皮，厚朴也。又古今注長安兒童呼苦蒇爲皮弁。又本草·釋名仰天皮掬天皮，地衣草別名。卽濕地上苔衣也 又皮氏，縣名前漢·地理志屬河東郡 又皮山，山名。見山海經 又姓。鄭大夫子皮，後漢皮揚，唐皮日休。又皮05195

皮12943皮36930 又𥹼36964篱，同皮籬。

皯 36922 18484 zhěng_2.7 集韻張梗切，趟上聲。皮膚急貌。

皮 36923 18485 pǐ_2.7 字彙補匹美切音嚭。枝折也篇海亦作破。

皯 36924 18486 huán_3.8 廣韻集韻太胡官切音桓博雅皯，瘤病也。一曰皺皯，矢藏。

皯 36925 18487 gǎn_3.8 唐韻集韻太古旱切，干上聲說文面黑氣

也博雅病也列子·黃帝篇焦然肌色皯黣　図gàn廣韻
工旦切集韻韻會居案切夶干去聲。義同△集韻或作
皯皯廣韻亦書作皯。

玻
36928 18490
gǎn_3.8　　廣韻同皯

皳
36927 18489
báo_3.8　　字彙補同皷

皵
36926 18488
bó_3.8　　集韻弼角切音雹。肉膚起。一曰皮破。同
朘　図北角切，邦入聲。同皵。

財
36929 18491
què_3.8　　字彙補七雀切音鵲。皮皺也。

皯
36932 u24FCD
vǒ_3.8　　喃从皮于vu聲。外皮，外殼，外套。

屁
36930 44661
pí_3.8　　龍龕音皮

皳
36933 18492
bì_4.9　　篇海兵媚切
音祕。劈麻苧皳頭也図皳皺，不伸也。

皮
36931 u2AF86
null_3.8　　喃未詳。

皰
36935 18494
bā_4.9　　廣韻伯加切
集韻邦加切夶音巴。皰皰，鼻病△正字通同疤。

坡
36934 18493
pī_4.9　　廣韻敷羈切集韻攀糜切夶音披。揚子方
言南楚之閒，器破未離謂之坡図廣韻匹鄙切集韻韻
會普鄙切，夶嚭上聲。又廣韻符鄙切集韻部鄙切，夶
邳上聲。義夶同△集韻亦作皷。

皴
36936 18495
nàn_4.9　　集韻奴紺切，南去聲。柔革。鼇又皷36940
皷67180皷67628

皴
36937 18496
cū_4.9　　字彙與皴同。鼇或作皴47093，俗皴37026，
見龍龕

皴
36938 18497
bǐ_4.9　　字彙匹卑切音披篇海開張也図皴覣，開
口貌王延壽·王孫賦脣皴嗼以皴覣。

皷
36939 18498
bǒ_4.9　　唐韻布火切集韻韻會補火切夶音簸。塞
也図bò集韻補過切，簸去聲。足橫病△說文皷，曲脛
也。从大，象偏曲之形。與跛通。

皷
36942 44663
pào_4.9　　龍龕音皰

皷
36940 18499
bèi_4.9　　字彙補同皷

皷
36941 44662
fā_4.9　　搜眞玉鏡音發。

皷
36943 u2AF87
pī_4.9　　枝里瘟戈公蟄里雎之大夫皷之卒。皷，
讀若披。

皴
36944 18500
chè_5.10　　集韻恥格切音坼。皴皴也図lè力摘切音
礫。姓也。出東平郡〇按字彙謂从斥，入四畫内。今改
正。

皷
36945 18501
mǐn_5.10　　廣韻武盡切集韻彌盡切夶音泯玉篇皮
理細皳。

皰
36946 18502
pào_5.10　　唐韻旁教切集韻韻會皮教切，夶庖去聲
說文面生氣也徐曰面瘡也博雅病也正字通凡手足臂
肘暴起如水泡者謂之皰淮南子·說林訓潰小皰而發痤
疽韓愈·食蝦蟇詩雖然兩股長，其奈脊皺皰図廣韻匹
貌切集韻披教切夶音砲。義同△集韻亦作皷皰疱。或
作胞、脬。鼇又皰67043皰48927皰48912皰48944皰36942

膃47964図龍龕醴62567，舊藏作皰。

皷
36947 18503
mò_5.10　　五音集韻莫撥切音抹。皮也。

麻
36948 18504
wà_5.10　　集韻勿發切。同皺。俗韉字。

皷
36949 18505
zhāo_5.10　　集韻之遙切音昭。肉之魄膜也△或作皷。

皷
36950 18506
yàng_5.10　　廣韻集韻夶於驚切音英玉篇青貌。
図yàng廣韻集韻正韻夶於亮切音怏。義同。又青血
也。一曰面蒼。

皷
36951 18507
zhì_5.10　　廣韻集韻夶爭義切音裝玉篇皮不伸也
図廣韻集韻夶平義切音被。義同。鼇又皷04324

皷
36952 18508
cū_5.10　　集韻聰租切音麤博雅皷、皷，皷也廣韻
皮皷惡也。又皺、皷，皮裂也図qǔ廣韻七與切集韻此
與切，夶蛆上聲。義同△玉篇今作麁類篇通作皷。
鼇龍龕皷俗，皷或作。

皷
36953 18509
gū_5.10　　字彙補同辜。

皷
36954 44664
nǎn_5.10　　海篇與皷同。

皷
36955 u24FDE
gù_5.10　　元·周致中異域志·卷下皷臨國：與大食
相近，國人黑色，好事弓弩。中國船往大食，必自故臨
易小舟而去，往返二年，彼多爲盜△宏按，文獻多作故
臨國，或即故字之譌。

皷
36957 u76B1
zhòu_5.10　　簡皺37026

皷
36956 u24FDD
zhāo_5.10　　正字通皷
36949，俗皷37055字韻會皷或作皷。舊註訓同皷，改音昭，
分二字，非。又皺俗省从占作皷。

食
36958 18510
dá_6.11　　廣韻都合切集韻德合切夶音答玉篇皮
寬也。

皷
36959 18511
xún_6.11　　集韻須倫切音荀。足坼也△正字通俗皷
字。

皷
36960 18512
jí_6.11　　廣韻居質切集韻激質切夶音吉玉篇黑
皷類篇皮黑也。鼇又皷36974

皷
36961 18513
guì_6.11　　字苑九僞切。同劼顏氏家訓人問蔣濟書
云弊劼之民何字。余曰：意劼即皷倦之皷耳△集韻作
皷，疲極也。

皷
36962 18514
áo_6.11　　集韻牛交切音聱。皮堅也図bì必歷切音
壁。皮乾聲。

皷
36963 44665
chéng_6.11　　龍龕音皮。鼇音成，音成之誤。字彙
補皷，時平切音成。

笈
36964 44666
pí_6.11　　龍龕音皮

皺
36965 u2A80F
yǎn_6.11　　簡慶37062

皷
36966 u24FE6
da_6.11　　喃从皮多đa聲△鞋皷：皮鞋△亦作胮。

皷
36967 u24FE5
zhòu_6.11　　玉篇皺37026，側救切。面皺也。皺，俗

皷
36968 u24FE2
null_6.11　　未詳。

皷
36969 u76B2
jūn_6.11　　簡皷37006

皵 36970 18515
hàn_7.12 廣韻 集韻 韻會 侯旰切 正韻 侯幹切夶音翰。射鞲以皮皵臂△玉篇 射皵。或作捍。

皵 36971 18516
xué_7.12 廣韻 寺絕切 集韻 似絕切，夶旋入聲。枯也。一曰撮取皮也。鼇 又授20086捼20353皵21499

皵 36972 18517
qiú_7.12 集韻 巨鳩切。同毬。丸鞠也。

皵 36973 18518
xiào_7.12 集韻 私妙切。同鞘。刀室也。

皵 36974 18519
què_7.12 廣韻 苦角切 集韻 克角切夶音確。毊皵，皮乾也。鼇 俗作皵36960

皵 36975 18520
zhǎ_7.12 廣韻 集韻 夶側洽切音眨。皺皵，老人皮膚貌△類篇 本作皵 字彙補 亦作皵。

皵 36976 18521
cūn_7.12 唐韻 集韻 韻會 夶七倫切音逡 說文 皮細起也 玉篇 皵也 梁書·武帝紀 執筆觸寒，手為皴裂。圝繪法 湯垕畫鑒 曹弗興善畫，作人物衣紋皴縐。又董元畫山石，作麻皮皴 圝字義總略 楊朴詩：數个湖皴徹骨乾。陸放翁 筆記謂：不知皴為何物。湖卽詩 狼跋其胡之胡，獸項下縣肉也。胡皴，乃牛項下垂皮，言其味薄也 圝蘇軾 龍眼詩 獨使皴皮生，弄色映瑠俎 註皴皮，指荔枝。鼇 又皴48917

皵 36977 18522
chuò_7.12 玉篇 他活切音脫。皮剝也 圝集韻 徒活切音奪。又椿劣切音疣。義夶同 圝集韻 他骨切，吞入聲。皮壞也 圝廣韻 丑悅切，㺟入聲。皮破也。

皵 36978 44667
fǔ_7.12 篇海類編 音甫。

皵 36979 44668
jī_7.12 龍龕 音皵 **皵** 36981 u24FF1 bit_7.12 喃 从皮別biết聲。包裹，遮掩，搗緊。亦作刨04282

趍 36980 u24FF2
fū_7.12 同皵74536俗皵74517

皵 36982 u24FF0
trống_7.12 喃 同皵36984俗皵75275皵空：空曠，空無一物。

皵 36983 u24FEE
zhòu_7.12 同皵36967俗皵37026

皵 36984 u24FEC
trống_7.12 喃 从皮弄lộng聲。同皵36982

皵 36985 18523
què_8.13 廣韻 正韻 七雀切 集韻 韻會 七約切夶音鵲。皮皴也。又木皮甲錯也 爾雅·釋木 大而皵楸，小而皵榎 疏 樊光云皵，措皮也。謂樹皮粗也 鄒浩四柏賦 皮皴皵以龍鶩 圝廣韻 集韻 韻會 正韻 夶七迹切音磧。義同 圝廣韻 皮細起也 圝集韻 思積切音昔。又倉各切音錯。義夶同△本作皵。通作橉。鼇 又皵48903 圝龍龕 財36929俗，皵36999或作，皵正，皵今，七雀、七昔二反。皮皴也。

皵 36986 18524
qǐn_8.13 廣韻 弃忍切音螼。皮厚貌。

皵 36987 18525
lù_8.13 集韻 盧谷切音祿。皵瘰，皮肉瘦惡也。

皵 36988 18526
què_8.13 玉篇 七絕切，詮入聲。皮斷也。

皵 36989 18527
diǎn_8.13 篇海 他典切音腆。皮起也。

皵 36990 18528
qiān_8.13 玉篇 口咸切音鹼 篇海 不平貌。鼇熊加全：俗皵21570

皵 36991 18529
jī_8.13 字彙補 與欹同。一作騎。

皵 36992 44669
bēi_8.13 篇海類編 音卑。

皵 36993 44670
tà_8.13 篇海類編 音沓。

皵 36994 44671
chǎng_8.13 篇海類編 昌兩切音敞。

皵 36995 44672
zhòu_8.13 篇海類編 與皺同。

皵 36996 44673
fā_8.13 搜眞玉鏡 音發。鼇 字彙補 皵，同皵36941

皵 36997 u24FFA
bǒ_8.13 可洪音義 皵如：上跛、播二音。正作簸42799也。

皵 36998 u24FF9
tà_8.13 同皵37003俗皵37053 直音篇 皵，音撻。皮起也。皵，同上。

皵 36999 u24FF8
què_8.13 篇海類編 七雀切，音鵲。皮皴也。又七昔切，音戚。或即皵36985又清·蒲松齡 日用俗字·疾病章 第十九 眼瞖耳聾妨視聽，齇鼻黗皵損容顏。

皵 37000 18530
dā_9.14 廣韻 都盍切 集韻 德盍切，夶擔入聲 玉篇 皵皵，皮瘦寬貌 圝篇海類編 腥膻也△集韻 或作膼。鼇 又皵36958皵36993

皵 37001 18531
zhā_9.14 正字通 俗皵字。

婑 37002 18532
rǎn_9.14 集韻 與皵同。

皵 37003 18533
tà_9.14 正字通 譌皵字。

皵 37004 18534
dù_9.14 廣韻 徒古切 集韻 動五切夶音杜 字林 桑皮也。今作杜 圝廣韻 當古切 集韻 董五切夶音睹。義同。鼇 又𥾊09020

皵 37005 18535
gǔ_9.14 正字通 俗鼓字。

皵 37006 18536
jūn_9.14 唐韻 矩云切 集韻 拘云切 韻會 拘雲切夶音君 說文 足坼也 類篇 皴也，皵也。又手足坼裂也 前漢·趙充國傳 將軍士寒，手足皵瘃 唐書·李甘傳 凍膚皵瘃 註皵，凍裂也 金壺字考 皵瘃，凍瘡也 圝廣韻 正韻 居運切 集韻 俱運切，夶君去聲。又 集韻 區倫切音困。義夶同。鼇 又皵36969皵36959皵37021

皵 37009 18539
hòu_9.14 集韻 同儌 **𡙕** 37007 18537 běng_9.14 集韻 補孔切音琫。梟履也。一曰小兒皮屨 圝集韻 補講切，邦上聲。義同 圝bāng 集韻 悲江切音邦。皮裹屨也△說文 本作緷 集韻 亦作裴，與幫鞤夶通。

儌 37008 18538
hòu_9.14 集韻 下遘切音後 墂蒼 石蜜膜也。一曰石墓 圝集韻 胡溝切，後平聲。義同。鼇 石蜜膜也一曰石墓。集韻 皵37009 墂倉 石疆膜也。一曰石蕢 圝字彙 僽26388胡遘切音後，石蜜膜也。又胡鈎切音侯，僽歔。

㿉 zī_9.14 ｜集韻｜莊持切音菑。手足膚黑。37010 18540

皻 zhǎ_9.14 ｜奚韻｜同皻。鏊四聲篇海則中切，破皻皮毛也。又皮老也。37011 44674

𪏉 null_9.14 ｜喃｜未詳。37013 u2AF89

韚 wéi_9.14 ｜龍龕｜與韋同。37012 44675

㿄 null_9.14 未詳。37014 u2AF88

㿉 zī_9.14 ｜四聲篇海｜㿉37030，側持切。与㿉37035同。37016 u2500B

㿌 giày_9.14 ｜喃｜从皮苔đày聲。鞋，靴△亦作鞑67412 37015 u2500C

皾 má_9.14 ｜初學記·卷二十九·獸部·猴第十五·賦·後漢王延壽王孫賦｜口噓眒以皾齬齱，脣皾嗋以破䫏。原註：皾，制佚反｜正字通｜皾37027，｜初學記｜作皾，非。37018 u25007

皾 null_9.14 未詳。37019 u25006

破 zhǎ_9.14 同皻36975｜類篇｜皻，側洽切。皻皻，老人皮膚皃。37017 u25008

䞋 ruǎn_9.14 同㲺35074 37020 u25005

敝 bāng_10.15 ｜集韻｜逋旁切音㨔。治履邊也。與幫幫綁幫同。37024 18543

䚍 jūn_9.14 同皸37006｜玉篇｜䚍，居云切。足坼裂也。37021 u76B9

皵 pí_10.15 ｜玉篇｜古文羆45672字｜集韻｜作皴。37022 18541

㲉 què_10.15 ｜集韻｜克角切音確。卵孚也。一曰物之甲孚。與㲉㲉同△｜正字通｜俗殼字。加皮，非。37023 18542

皵 cuó_10.15 ｜廣韻｜楚媿切｜集韻｜楚類切，皆推去聲｜玉篇｜粟體也｜類篇｜膚如粟也又｜集韻｜楚委切音端，又才何切音醝。義皆同又｜cāo｜廣韻｜｜集韻｜皆七到切音慥｜廣韻｜米穀雜也｜類篇｜米未舂也。與糙同△｜字彙補｜譌作皵，非。37025 18544

皺 zhòu_10.15 ｜廣韻｜｜集韻｜｜韻會｜｜正韻｜皆側救切音縐｜玉篇｜面皺也｜增韻｜眉攢也又｜類篇｜皺也｜韓愈·南山詩｜爛熳堆衆皺｜朱子註｜謂高陵深谷如皺物蹙摺之文耳又｜孟郊·南城聯句｜紅皺曬檐瓦｜許·彥周詩話｜紅皺是說乾棗又｜zhōu｜集韻｜菑尤切，縐平聲。革文蹙也。與鞠同又｜貫休湖頭別墅詩｜饑鼠掀菱殼，新蟬避栗皺｜註｜皺栗，蓬也。叶上頭下休△｜玉篇｜亦作皵｜字彙補｜亦作皴。俗作皺。鏊又墊16401皵67059皺67264鞧67350皵47093皺36957皺36983雛66177又｜直音篇｜皺37039，同皺。37026 18545

皾 má_10.15 ｜字彙｜蜜沙切音麻。皾嗋，閉口貌。見䫏字註△｜初學記｜作皾，非。37027 18546

䩖 hán_10.15 ｜集韻｜何干切音寒。膜也。37028 18547

皵 liú_10.15 ｜篇海類編｜音留。37029 44676

㿑 zī_10.15 俗㿉37035 37031 u25011

㿒 zī_10.15 ｜四聲篇海｜㿒37016㿒，側持切。與㿑37031同。37030 u25012

皻 zhā_11.16 ｜廣韻｜側加切｜集韻｜莊加切，皆音渣｜類篇｜鼻上皰黃帝·素問勞汗當風寒，薄爲皻｜註｜俗謂之粉刺。又｜正字通｜紅暈似瘡，浮起。著面鼻者，俗謂酒皻又｜五

音集韻｜采古切音蘆｜博雅｜皸、皻，皻也△｜玉篇｜今作皻｜類篇｜通作皶。俗作皻。鏊又臚47819 37033 18549

皻 lù_11.16 ｜集韻｜盧谷切音祿。獸皮有文貌△或从文作皺。支部謂作皺，非。

皻 bì_11.16 ｜廣韻｜畢吉切｜集韻｜壁吉切皆音必｜玉篇｜畫韋曰皺｜類篇｜皺也△｜集韻｜與韠、韠同。通作縪。37034 18550

㿒 zī_11.16 ｜廣韻｜側持切音緇。手足生堅皮也△本作㿌字彙補別作㿑，亦作㿑。鏊又㿒37030皻37045 37035 18551

㿂 wǎn_11.16 ｜廣韻｜無遠切｜集韻｜武遠切皆音晚｜博雅｜離也。謂皮脫離也又｜廣韻｜｜集韻｜皆無販切，晚去聲。義同△｜廣韻｜作皵｜玉篇｜亦作皖。鏊又㿂37052 37036 18552

皻 mán_11.16 同㿂又｜集韻｜謨官切音漫。皮也。37037 18553

皺 pǐ_11.16 ｜篇海｜匹美切音諀。列名也。37038 18554

皺 zhòu_11.16 ｜字彙補｜側救切音縐。皮縮。37039 18555

皵 cuó_11.16 ｜龍龕｜楚貴切。粟體也。37040 41559

糟 zāo_11.16 ｜篇海類編｜音遭。37041 44677

皵 niǔ_11.16 ｜篇海類編｜女六切音忸。37042 44678

繸 tói_11.16 ｜喃｜从皮細tói聲。纜繩。37043 u260EF

㿜 zī_11.16 ｜明·焦竑俗書刊誤·卷十一·俗用雜字｜手足勞苦生堅皮曰㿜。音淄。俗音疹。37044 u2501C

㿚 zī_11.16 同㿜37044 37045 u2501A

皵 què_12.17 ｜集韻｜皵本字。37046 18556

皵 huì_12.17 ｜篇海類編｜胡對切，音會◇。37047 44679

皵 pí_12.17 同皵37022敦煌·P.3315尚書釋文羆，彼皮反。古文作皵。37048 u25021

皷 gǔ_12.17 俗鼓75241｜可洪音義｜皷聲：上公五反。37049 u76BC

皵 fén_13.18 ｜玉篇｜扶分切音焚。鼓也○按｜詩·大雅｜賁鼓維鏞。註：大鼓也。亦作鼖。俗加皮作皵，又加革作鞼，皆非。37050 18557

皵 xué_13.18 ｜廣韻｜胡覺切｜集韻｜轄覺切皆音學。見皾36974字註。37051 18558

㿂 wǎn_13.18 俗㿂字。37052 18559

䶢 tà_13.18 ｜集韻｜他達切音闥。皮起也又俗譌作皻。鏊又皺36998 37053 18560

皵 là_13.18 ｜集韻｜同皵。37054 18561

皵 zhǎn_13.18 ｜廣韻｜知演切｜集韻｜知輦切皆音展｜博雅｜離也｜廣韻｜皮寬也。又皮肉之上魄膜也｜禮·內則｜濯手以摩之，去其皵又｜廣韻｜｜集韻｜｜韻會｜旨善切｜正韻｜之輦切，皆鸛上聲又｜zhāo｜廣韻｜止遙切｜集韻｜之遙切皆音昭。義皆同又｜dǎn｜集韻｜黨旱切音亶。面膚病也△｜集韻｜同破。俗省作破。37055 18562

皵 pí_13.18 ｜玉篇｜古文羆45672字。37056 18563

皮部

鼙 37057 18564
pí_13.18 字彙補 古文羆45672字。

䮻 37058 u4680
yùn_13.18 篇海類編 音映。鼙 字彙補 䮻,羊正切音孕。亦作䴉37060

皽 37059 u2502A
ǔng_13.18 喃 从皮雍ǔng聲。

䴉 37060 u25028
yùn_13.18 同䮻37058 龍龕䴉,羊正反 玄應音義 空孕:古文䴉,同。翼證反。依字,含實曰孕。孕,妊子也。坧曰:䴉當為腜23494 玉篇孕,古文作腜。

皸 37061 18565
rǎn_14.19 集韻 忍善切音醮。柔皮也 図 nóu 奴侯切音糯,革也△ 說文 本作皮 集韻 或作䩭。亦作䩭。

皼 37062 18566
yǎn_14.19 集韻 於琰切音黶。瘍痂也。鼙 又厴36965

䩭 37063 18567
rǎn_14.19 集韻 與皸同。

臘 37064 44681
nǎo_14.19 搜眞玉鏡 音惱。

皾 37065 18568
dú_15.20 唐韻 集韻 𠀤徒谷切音瀆 廣韻 滑也 玉篇 貯弓器。又皾籔,箭器也 集韻 弓矢韇也。今謂之胡鹿 揚子方言 所以藏箭弩,謂之箙,謂之韇。或謂之皾 註 牛犢也△ 說文 本作韇。

皺 37066 18569
báo_15.20 廣韻 集韻 𠀤北角切音剝。墳起也。一曰皮破也 図 báo 玉篇 步角切音雹。肉膜起也△ 集韻 或作皴。亦省作暴。鼙 字典琢屑 玉篇 肉膜起也。此誤寫作膜。

䩺 37067 18570
wà_15.20 集韻 勿發切,晚入聲 類篇 足衣也△ 說文 本作韤。通作韈、襪。俗作妺。

韇 37071 u25032
dú_15.20 同皾37065

皻 37068 18571
là_15.20 廣韻 盧盍切 集韻 力盍切𠀤音臘。見皾37000字註△ 類篇 亦作皻

䫸 37069 18572
guǎng_15.20 集韻 古晃切音廣。張大貌。

䑋 37070 u25033
mo_15.20 喃 从皮模mô聲。同䑋43090

皲 37072 18573
jī_16.21 字彙補 與歆同。

矑 37073 18574
lú_16.21 集韻 凌如切 五音集韻 力居切𠀤音廬。皮也。一曰腹前皺。與臚、膚𠀤通○按◆ 集韻 又龍都切音盧,與皸字義同。疑卽皸字之譌。

䬊 37074 18575
ràng_17.22 正字通 譌皻字。

䉶 37075 44682
niǔ_17.22 五音篇海 女六切。

鼙 37076 u25037
pí_17.22 可洪音義 鳴鼙:毗兮反。正作鼙75279均鼙:毗兮反。鼙又:上步兮反。擊鼙:步迷反。

皽 37077 18576
jiǎn_19.24 廣韻 集韻 韻會 𠀤古典切音繭。皮起也 図 類篇 胝也 図 足指約中斷皮也。與跰同 韻會 通作繭。鼙 又皽21869周靖 篆隸考異 皽,俗。篆作繭,古典切,皮起也。

皺 37078 18577
xiè_19.24 字彙補 先叶切音燮。和也。

皿部

Ⅲ 37080 u2F6B
mǐn_0.5 部 皿37079

皿 37079 18578
mǐn_0.5 唐韻 武永切 集韻 韻會 正韻 眉永切,𠀤明上聲 說文 飯食之用器也 增韻 盤盂之屬 左傳·昭元年 於文皿蟲為蠱 註 皿,器也 孟子 牲殺器皿 註 皿,所以覆器者 図 集韻 母梗切音猛義同△ 說文 象形。與豆同意。讀若猛 佩觿集 說文 但音猛。今更立一音者,非。鼙 又鈕63012㠭00075

盯 37081 18579
tíng_2.7 正字通 盯字之譌。

盉 37082 18580
qǐ_2.7 字彙補 孔几切,音起◇ 玉篇 器也。図 人名。崇盉。見 宋史·宗室表

盈 37083 41560
yíng_2.7 字彙補 漢靈臺碑 盈字。

盈 37084 u25040
null_2.7 盈探,見 曾侯乙墓·竹簡.171

盅 37085 18581
guǒ_3.8 集韻 古火切音果。盤也。

盂 37086 18582
jié_3.8 集韻 居謁切,建入聲 博雅 盂謂之槃 類篇 齊人謂盤曰盂。鼙 楊寶忠:盂是盂37088字之變。

盅 37087 18583
màng_3.8 集韻 莫浪切音漭 類篇 盅浪,不精要貌。△ 集韻 盂,或作盅。與血部盅字別。

盂 37088 18584
yú_3.8 廣韻 古寒切 集韻 居寒切𠀤音干 玉篇 盤也 廣韻 大盌名○按 佩觿集 字从干祿之干 正字通 云譌盂字,失攷正。鼙 又盂37086胡吉宣:盂37089之訛分。

盂 37089 18585
yú_3.8 唐韻 羽俱切 集韻 韻會 正韻 雲俱切𠀤音于 說文 飯器也 揚子方言 宋楚魏之閒,盌謂之盂 史記·滑稽傳 酒一盂 韓非子·外儲篇 君猶盂也,民猶水也。盂方水方,盂圓水圓 文中子·禮樂篇 刻之盤盂 図 書名 史記·武安君傳 田蚡學盤盂諸書 註 黃帝使孔甲所作銘也。孟康曰:儒墨名法雜家書也 図 田獵陳名 左傳·文十年 宋公爲右盂,鄭伯爲左盂 図 草名◆ 爾雅·釋草疏 盂,草似茅者。一名狼尾。一作盂 図 山名 山海經 盂山,其陰多鐵,其陽多銅 図 宋地名 左傳·僖二十一年 諸侯會宋公于盂 図 縣名 前漢·地理志 秦置盂縣,屬太原郡。図 姓 左傳 衞有盂黶 図 與杅通 後漢·崔駰傳 刻諸盤杅 註 杅亦盂也。鼙 又鼾75233盂37086盂37088盂37090盂37093盍49796

盂 37090 18586
yú_3.8 說文 盂本字。

盋 37091 18587
bō_3.8 字彙補 兵捉切音剝 海篇心鏡 器也。

盂 37093 u2F93D
yú_3.8 盂37089本字。見 說文

盔 37095 18589
yán_4.9 俗盌字。

盈 37092 u2B7AF
yíng_3.8 俗盈37102 碑別字新編 引 隋苟夫人宋玉艷墓誌

盃 37096 18590
bēi_4.9 俗杯字。

盄 37098 18592
zhāo_4.9 唐韻 止遙切 集韻 之遙切𠀤音昭 說文 器也△ 類篇 或作盈 字彙補 亦作盄 說文長箋 引 博古圖 有盄盂鐘銘。又作盂。

盇 37094 18588
yǎ_4.9 玉篇火牙切音蝦 篇海類編 盂也。鑒 新撰字鏡盇,五賈反,上。酒器。胡吉宣:同盉37121

盁 37097 18591
xī_4.9 五音集韻胡雞切音兮。小盆也。

盅 37099 18593
chōng_4.9 唐韻直弓切集韻韻會正韻持中切达音蟲 說文器虛也 老子道德經道盅而用之 註通作沖。図字彙補穀盅,器名。見王氏農書図廣韻集韻达敕中切音忡。義同△篇海或作盎,非。

盆 37100 18594
pén_4.9 唐韻集韻步奔切韻會正韻蒲奔切,达坌平聲說文盎也図廣韻瓦器揚子方言自關而西盎或謂之盆禮·禮器盛於盆周禮·冬官考工記陶人爲盆,實二鬴図史記·藺相如傳竊聞秦王善爲秦聲,請奉盆缻以相娛樂註盛酒瓦器,秦人鼓之以節歌也図前漢·食貨志募民煑鹽,官與牢盆註牢,價值。盆,煑鹽器図汲冢周書堂後東北爲赤奕焉,浴盆在其中図荀子·富國篇土生五穀,人善治之,則畝數盆註當時以盆爲量也。図釋文淹也禮·祭義夫人繅三盆手註置繭盆中,以手三次淹之,振出其緒也図缺盆。人乳房上骨名史記·倉公傳疽發乳上,入缺盆図藥名本草·釋名蓬藟。一名覆盆図地名南史·齊世祖紀上據盆口城,爲戰守備。図姓風俗通盆成括仕齊,其子逃難,改氏成爲図bèn字彙補步悶切音坌。與溢通通雅盆溢滿起也後漢·陳忠傳徐、岱之濱,海水盆溢前漢·溝洫志作溢溢△廣韻亦作瓫。鑒又盆37097

盍 37101 18595
hé_4.9 唐韻胡臘切集韻轄臘切达音閤說文覆也図姓図集韻何不也△隸作盍。通作蓋○按說文本从血、大玉篇類篇俱載血部六書正譌从皿,器也。从一者,所覆之物。象形。別作盍盖蓋。达非同文舉要从大从皿。象形。牲蓋覆器皿形図正字通盍37112有去、入二音,去讀蓋,入讀盍,从太得蓋聲,會覆蓋意。

盈 37102 18596
yíng_4.9 唐韻以成切集韻韻會怡成切正韻餘輕切达音嬴說文滿器也爾雅滿也,充也易·豐象天地盈虛,與時消息詩·齊風雞旣鳴矣,朝旣盈矣左傳·莊十年彼竭我盈,故克之図禮·禮運月生三五而盈,三五而闕。又祭義樂主其盈註猶溢也図揚子方言魏盈,怒也。燕之外郊,朝鮮洌水之閒,凡言呵叱者,謂之魏盈。図國名山海經大荒南有盈民之國図州名唐書·地理志諸蠻有盈州図姓。晉樂盈之後図古通作嬴正韻盈縮,過曰盈,不及曰縮史記·蔡澤傳進退盈縮天官書作嬴縮古詩盈盈樓上女註盈同嬴,容也△說文徐註㫐,古乎切,益多之義也。古者以買物多得爲㫐,故从㫐。鑒又溢29038嶫13972盁37083

盀 37103 18597
kuī_4.9 字彙補丘規切音闚。鉢也。

盋 37104 18598
bō_4.9 字彙補兵末切音鉢海篇心鏡器也。

盥 37105 18599
guàn_4.9 五音篇海與盥37237同。

盈 37106 u2B7B0
yíng_4.9 俗盈37102碑別字。

盓 37107 u2AF8B
lêm_4.9 喃五千字譯國語·第二十四軍器鞀,盓。

盈 37109 u2504D
quē_4.9 集韻缺盈決,苦穴切。破也。或从皿。亦作決類篇作盈53908,譌。

盒 37110 u2504C
ān_4.9 俗盦37240 新撰字鏡盒37256,烏含反。覆蓋皀,推也。盒盒,二,上字。

盔 37111 u2504A
bō_4.9 俗盋37123

盍 37108 u2AF8A
null_4.9 未詳。

盍 37112 u76C7
hé_4.9 同盍37101盍本字。

盉 37113 18600
hé_5.10 唐韻戶戈切集韻胡戈切达音禾說文調味也廣韻調五味器博古圖商有阜父丁盉,執戈父癸盉。周有單從盉,嘉仲盉,龍首盉,雲雷盉,三螭盉,蛟螭盉,麟盉,螭虬盉,粟紋盉,細紋熊足盉。漢有鳳盉,螭首虬紋盉,凡一十四器。其款識或謂之彝,或謂之尊,或謂之卣,取調和五味之義則一也図廣韻集韻达胡臥切,禾去聲。義同△玉篇今作和。鑒又鉌63563銴63527盉63572

盅 37114 18601
yòng_5.10 集韻余頌切音用。大罌也。或作瓶。

盅 37115 18602
zhāo_5.10 集韻同盅。

盉 37116 18603
hǎi_5.10 集韻許亥切音海。器盛酒△集韻與楛、醢同。

盛 37117 18604
mì_5.10 唐韻彌畢切集韻覓畢切达音蜜•說文械器也。

盒 37118 18605
zhù_5.10 唐韻直呂切集韻丈呂切达音宁說文器也△集韻亦作盬。鑒又盬52313

盛 37119 18606
yào_5.10 集韻於教切音鞠。器中不平。

益 37120 18607
yì_5.10 古文蒤唐韻集韻达伊昔切,嬰入聲。饒也。加也。廣韻增也,進也書·大禹謨滿招損,謙受益詩·邶風政事一埤益我左傳昭七年三命茲益共禮·曲禮請益則起論語益者與註疑童子學有進益也春秋繁露有益者謂之公,無益者謂之私図多也史記·酷吏傳上問張湯曰:吾所爲,賈人輒先知之,益居其物図盈溢也莊子·列禦寇有貌愿而益図易卦名釋文益,增長之名。又以弘裕爲義図金史·國語解益都,次第之通稱図六書正譌二十四兩爲益,假借別作鎰、溢図草名詩·王風疏菫卽芜蔚。一名益母。又爾雅·釋草疏蛇牀,一名思益図果名博雅益智,龍眼也図州名。古蜀國,漢武帝置益州釋名益,阨也。所在之地險阨也図姓印藪漢有益強、益壽。宋有益畅,紹興進士△六書正譌益,器滿也,故从水从皿。會意。鑒又盆37145益37136菇50585鄑61881

盇 37121 18608
yǎ_5.10 廣韻五下切集韻語下切达音雅。酒器揚子方言杯也。秦晉之郊謂之盇△通作雅字彙補譌作盦,非。鑒又盇37180盇37094

盇 37122 18609 yòu_5.10 玉篇 同盇

盋 37123 18610 bō_5.10 唐韻 集韻 韻會 正韻 㑲北末切音撥 說文 盋,食器也。盂屬 程大昌 演繁露 盂,食器。若盋而大,今之所謂盋盂也△ 唐韻 同鉢 六書正譌 从皿犮聲。別作鉢,非。鋆又盋37111

溫 37124 18611 fán_5.10 五音集韻 符炎切,音凡◇ 博雅 栖也 揚子 方言 趙魏之閒或曰㲻 廣韻 集韻 韻會 㑲孚梵切音泛 五音集韻 匹凡切音芝 義㑲同△ 玉篇 通作淊㳂㳃 集韻 或作釩、釩。鋆又㳃37159

㲹 37125 18612 fàn_5.10 正字通 俗溫字。

盈 37126 18613 wēn_5.10 唐韻 烏渾切 集韻 烏昆切㑲音溫 說文 仁也。从皿从囚。以皿食囚也 玉篇 和也 通雅 瞶也。㲹 人名。宋光祿卿張盈之△ 類篇 隸省作㽎。或作溫。

盌 37127 18614 wǎn_5.10 唐韻 正韻 烏管切 集韻 韻會 鄔管切,㑲剜上聲 說文 小盂也 揚子方言 宋楚魏之閒,盂謂之盌 吳志·甘寧傳 孫權特賜米酒衆殽,寧先以銀盌酌酒,自飲兩盌 南史·沈炯傳 茂陵玉盌,遂出人閒△ 集韻 或作鋺、埦 正譌 俗作椀。鋆又碗39117

盇 37128 18615 hé_5.10 唐韻 胡臘切 集韻 韻會 轄臘切 正韻 胡閣切。㑲與盍同 說文 覆也 爾雅·釋詁 合也 易·豫卦 朋盇簪 疏 羣朋合聚而疾來也㲹 何不也 左傳桓十一年 盇請濟師於王 論語 盇各言爾志㲹 魏略·西域傳 氏人分竄山谷閒,其種非一,自相號曰盇稚㲹 姓。宋盇著,嘉祐七年,以殿中丞知常熟縣事 韻會 或作蓋 詩·小雅 蓋云歸處 孟子 則蓋反其本矣㲹 kě 集韻 丘葛切音渴。盇旦,鳥名 禮·坊記 詩 云相彼盇旦,尚猶患之 註 夜鳴求旦之鳥 集韻 與鴠曷鶡㑲同㲹 集韻 丘葛切音嘅。義同△ 字彙補 別作葢,非。鋆又盇37112同盇37101,盇本字。

盎 37129 18616 àng_5.10 唐韻 集韻 烏浪切 韻會 正韻 於浪切,㑲音块 說文 盆也 爾雅·釋器 盎謂之缶 疏 瓦器也。可以節樂,可以盛水,盛酒 揚子方言 㼟瓶謂之盎 後漢·逢萌傳 首戴瓦盎 古樂府·東門行 盎中無斗儲 譚子化書 湯盎投井,所以化黿㲹 盛貌 孟子 盎於背 註 其背盎盎然盛 樓異·嵩山賦 方春陽之盎盎㲹 盎齊,酒名 周禮·天官 酒正,辨五齊之名,三曰盎齊 註 盎,猶翁也,成而翁翁然,蔥白色㲹 門名 三輔黃圖 長安城南,出東頭,第一門曰覆盎門㲹 姓。見 姓苑㲹 廣韻 烏朗切 集韻 韻會 倚朗切 正韻 於黨切,㑲块上聲。義同△ 說文 或作瓮。鋆又瓵35002甀35112

壺 37130 18617 hú_5.10 字彙補 籀文壺字。見 字義總略

盄 37131 41561 zhāo_5.10 龍龕 音昭。器也。鋆音昭。昭,俗昭字。

盉 37134 u2AF8D null_5.10 未詳。

盄 37132 41562 zhāo_5.10 說文長箋 止遙切音招。器名也 博古圖 有盄、盂、鐘銘 字彙 作盄

益 37136 uFAA6 yì_5.10 兼益37120

盌 37133 44683 méng_5.10 玉篇 同盈

盁 37135 u2AF8C null_5.10 字見 殷周金文集成·16.10374·子禾子釜

盞 37137 u2506B zhǎn_5.10 俗盞37194 从子从八从皿。盞37158,俗作。

㑲 37139 u25059 máng_5.10 未詳。字見 越諺

盏 37140 u25058 zhǎn_5.10 俗盞37194

㝡 37141 u25057 null_5.10 未詳。

監 37142 u76D1 jiān_5.10 简監37214

盐 37143 u76D0 yán_5.10 简鹽74307

盏 37144 u76CF zhǎn_5.10 简盞37194

益 37145 uFA17 yì_5.10 參見益37120

盡 37146 18618 jìn_6.11 正字通 俗盡字。

盨 37147 18619 yòu_6.11 唐韻 于救切 集韻 尤救切㑲音宥 說文 小甌也 玉篇 抒水器也㲹 廣韻 云久切 集韻 云九切,㑲宥上聲。又 集韻 胡隈切音槐。義㑲同△或作盫。

盒 37148 18620 hé_6.11 廣韻 侯閤切 集韻 曷閤切 正韻 胡閣切㑲音合 類篇 盤屬 廣韻 盤盎也 字彙 俗作器名㲹 ān 集韻 烏含切音諳。器口斂也。

盠 37149 18621 lì_6.11 集韻 力制切音例。器也。

溫 37150 18622 yū_6.11 廣韻 憂俱切 集韻 韻會 邕俱切㑲音迂。盤溫,旋流也 木華·海賦 盤溫激而成窟㲹 wū 廣韻 哀都切 集韻 汪胡切㑲音烏。義同㲹 wù 集韻 烏故切,烏去聲。與汙洿同△ 類篇 本作盓 正字通 溫與汙洿別 集韻 合三字爲一,誤。

盐 37151 18623 yán_6.11 廣韻 五堅切 集韻 倪堅切㑲音妍 玉篇 椀也 廣韻 醆也。鋆又盉37095

盔 37152 18624 kuī_6.11 廣韻 苦回切 集韻 韻會 枯回切,並音魁。盂器㲹 玉篇 鉢也㲹 正字通 俗呼首鎧曰盔。鋆又鑫64113鋼63403㲹 可洪音義 鋼64325攔20766:二同,苦迴反 慧琳音義 大魁:苦迴反 說文 盠斗也。律文作欄25485鋼二形,非也。

溫 37154 18626 fàn_6.11 玉篇 同溫

盅 37153 18625 juàn_6.11 集韻 居願切音鄄 博雅 盂也 揚子方言 海岱、東齊北燕之閒,盂或謂之盅㲹 集韻 古倦切音眷。義同㲹 quán 廣韻 巨員切 集韻 逵員切㑲音權。盅也㲹 quān 集韻 韻會 㑲驅圓切音棬。屈木盂也。與桊棬圈盅㑲通。

盦 37155 18627 ān_6.11 廣韻 烏寒切 集韻 於寒切㑲音安 博雅 盦盤,盂也 揚子方言 河濟之閒,謂之盫盤。

蓋 37156 18628 gài_6.11 正字通 俗蓋字。

溫 37157 18629 yū_6.11 類篇 同溫

溫 37159 44684 fàn_6.11 龍龕 同溫

孟 37158 41563 mèng_6.11 字彙補 與孟同。見 韓敕修孔子廟後碑

盨 37160 u2AF8E null_6.11 未詳。

盈 37161 u26C06 yíng_6.11 从皿芳聲。人名 靜簋 伾幽盈自邦君射于大池。

盨 37162 u25068 null_6.11 未詳。

盒 37163 u25067 null_6.11 未詳。

盋 37164 u25066
null_6.11　未詳。

盌 37165 u25065
null_6.11　未詳。

盌 37166 u25064
null_6.11　未詳。

盗 37167 u25063
null_6.11　未詳。

盔 37168 u25062
qiáo_6.11　簡盉37260

盛 37169 u76DB
shèng_6.11　參見盛37175

盤 37170 u76D8
pán_6.11　简盤37224

盗 37171 u76D7
dào_6.11　字彙盗37176，俗从次，誤。

盙 37172 18630
fǔ_7.12　唐韻方矩切音甫 說文 黍稷圜器，本作簠。

盦 37173 18631
guǐ_7.12　唐韻居洧切音軌 說文 黍稷方器。本作簋。 六書正譌 从皀，米粒也。从皿。皆會意。

盚 37174 18632
qiú_7.12　集韻渠尤切音求。姓也。見 直音 又 正字通俗以盚為盒名。

盛 37175 18633
chéng_7.12　唐韻氏征切 集韻 韻會 正韻時征切达音成 說文 黍稷在器中，以祀者也 書·泰誓 犠牲粢盛 傳 黍稷曰粢，在器曰盛 周禮·天官 甸師，掌帥其屬，耕耨王藉，以共齍盛 註 謂黍稷稻粱之屬，可盛簠簋者也。又 器名 左傳·哀十三年 旨酒一盛 註 一器也 禮·喪大記 食粥於盛，不盥 註 謂今時杅杆也 又 廣韻 受也 詩·召南 于以盛之，維筐及筥 古今注 城者，盛也，所以盛受民物也 又 成也 周禮·冬官考工記 白盛 註 盛之言成也。以蜃灰堊牆，所以飾成宮室 又 盛服，嚴飾也 左傳·宣二年 宣子盛服將朝 註 盛，音成。本或作成 又 防隄也 爾雅·釋山 山如防者盛 疏 盛，讀如粢盛之盛，形隤而高峻，若黍稷之在器也 又 山名 前漢·郊祀志 日主祠盛山 註 在東萊不夜縣 註 盛，音成 又 國名 公羊傳·隱五年 秋，衛師入盛 註 盛，音成 左傳 作郕 又 shèng 唐韻 丞政切 集韻 韻會 正韻時正切，达成去聲 博雅 多也 廣韻 長也 增韻 大也。茂也 易·繫辭 日新之謂盛德 禮·月令 生氣方盛，陽氣發泄 中庸 官盛任使 史記·循吏傳 世俗盛美 呂氏春秋 樹木盛則飛鳥歸之 又 極也 莊子·德充符 平者，水停之盛也 又 猶嘉也 張衡·東京賦 盛夏后之致美，爰敬恭於神明 又 受物曰盛 前漢·東方朔傳 盂者，所以盛也 師古 註 叶音去聲 又 地名 前漢·武帝紀 南巡狩至於盛唐 魏書·神元帝紀 魏始祖遷於定襄之盛樂 又 姓 後漢·西羌傳 北海太守盛苞，其先ናࢪ爽，避元帝諱，改姓盛。一曰周穆王時盛國之後 穆天子傳 姬姓也。盛柏之子也。天子賜之。上姬之長，是曰盛門 註 國名，盛姬，王同姓也。 𥃱通作盛37169 又 城10694 嫲11301 成13692

盗 37176 18634
dào_7.12　古文厥灱威戝 唐韻徒到切 集韻 韻會大到切 正韻杜到切达音導 說文 私利物也 易 說卦 坎為盜 疏 取水，行潛竊如盜賊也 左傳·文十八年 竊賄為盜，盜器為姦 周禮·秋官 司隸帥其民而搏盜賊 詩·小雅君子信盜，亂是用暴 傳 盜，逃也 風俗通 言其晝伏夜奔，逃避人也 又 正字通 凡陰私自利者皆謂之盜 穀梁傳·哀四年 春秋有三盜，微殺大夫，謂之盜。非所取而取之，謂之盜。辟中國之正道以襲利，謂之盜 又 泉名 後漢·郡國志 徐州有盜泉 說苑 水名。盜泉，孔子不飲，醜其名

也 又 星名 宋史·天文志 客星東南，曰盜星。主大盜。 又 千里馬名 穆天子傳 右服盜驪 爾雅·釋畜 疏 駿馬小頸，名曰盜驪 又 草名 爾雅·釋草 疏 蕧，一名盜庚。 △ 六書正譌 次卽涎字，欲也。欲皿為盜，會意。从次。俗从次，誤。 𥃱又厥04926 賤31923 盗37171 陜65589

𥂖 37177 18635
tǎn_7.12　同盌 類篇 載血部 字彙 从皿，誤。

盔 37178 18636
tuí_7.12　集韻徒回切音頹。器名。𥃱同盉37210 龍龕 盔，郎奚反。以瓢為飲噐也。

盜 37179 18637
diào_7.12　廣韻 集韻达徒弔切，迢去聲。草田器。 又 集韻 田聊切音迢。義同 △ 說文 本作莜。亦作蓧。 集韻 通作甌、𡃕。

盔 37180 18638
yǎ_7.12　集韻 又足切音觸。盂也 又 測角切音齪。杯也。𥃱 正字通 盔37121字之譌。

盟 37181 18639
méng_7.12　集韻 盟本字〇按 說文 本从朙从血 集韻 从皿，誤。今改存血部。𥃱盟53931字之譌。

盍 37182 18640
yǎ_7.12　字彙補 烏馬切音啞。盛也 海篇心鏡 酒器也〇按卽盔字之譌。

盌 37183 18641
suō_7.12　曹植·樂府 妾薄命 促樽合，坐行觴。主人起，舞盌盤。音未詳。𥃱盌盤，亦作娑娑10699

盟 37184 41564
méng_7.12　字彙補 與鎵同。見 楊慎·奇字韻

盋 37185 u2AF90
null_7.12　未詳。

盖 37186 u2AF8F
yǒu_7.12　同卤04654字見 甲骨文

盌 37187 u25075
chōng_7.12　同沖27905虛 馬王堆漢墓帛書·老子甲本·德經 大盈若盅，其用不窮。

盆 37188 u25074
null_7.12　未詳。

盆 37189 u25073
fèn_7.12　同溢28873 集韻 溢嗌06447，芳問切。水聲。或从口。

盟 37190 18642
méng_8.13　廣韻莫紅切 集韻謨蓬切达音蒙。盛器滿貌 玉篇 豐盟，滿也 集韻 與鎵同。或作盟 楊慎·奇字韻 亦作䀄。

盌 37191 18644
fàn_8.13　玉篇 同溢 字彙補 又作溢，非。

盌 37192 18645
quān_8.13　集韻 與盩桊达通。

盝 37193 18646
lù_8.13　廣韻 集韻 韻會 正韻达盧谷切音祿 爾雅·釋詁 竭也 揚子·方言 涸也 玉篇 瀝也 廣韻 去水也 周禮·冬官考工記 帺氏 涑帛，清其灰而盝之 又 集韻 通作漉 禮·月令 毋漉陂池 註 漉，竭也 又 集韻 或作盩 詩·小雅 釃酒有衍 註 以筐盝酒。盩，濾也 又 檟匣小者曰盝 唐書·李德裕傳 敬宗詔浙西貢脂盝妝具 宋史·輿服志 皇帝承天受命之寶，納於小盝 集韻 與籠通 又 州名 元史·安南國傳 鎮南王趨盝州，間道以出 又 人名 宋史·交阯傳 交阯世子阮盝。𥃱又盩51311 溢29855

盞 37194 18647
zhǎn_8.13　唐韻 集韻 韻會 正韻达阻限切音醆 博雅

杯也揚子方言趙魏之閒或曰盞註酒盞，最小杯也。图說文本作琖。重文作盞廣韻通作㦤集韻亦作㦧。

鍌又爁31844盉37144盞37137盇37140籃42861

楚
shè_8.13 廣韻常者切音社。器名。鍌熊加全：俗益37197

盥
tǎn_8.13 字彙同䀛〇按說文从血作盥。當卽盥字之譌。鍌又盥37245

㽅
shè_8.13 玉篇神夜切音射。器也。鍌俗作楚37195

盟
méng_8.13 古文䚪唐韻武兵切集韻韻會正韻眉兵切丛音明。釋名盟，明也。告其事於神明也。類篇誓約也。又信也書·呂刑罔中于信，以覆詛盟周禮·春官詛祝註：盟詛主於要誓。大事曰盟，小事曰詛疏盟者，盟將來。詛者，詛往過春秋正義凡盟禮，殺牲歃血，告誓神明，若有背違，欲令神加殃咎，使如此牲也禮·曲禮涖牲曰盟疏割牲左耳，盛以珠盤。又取血，盛以玉敦，用血爲盟書。書成，乃歃血讀書图盟府，司盟之官也左傳·僖五年藏於盟府图集韻武永切，明上聲。義同图集韻眉病切，明去聲莊子·齊物論其留於詛盟。郭象讀图字彙補謨耕切音萌。義同上。徐邈讀图méng廣韻集韻韻會正韻丛莫更切。與孟通。地名左傳·隱十一年註盟，今盟津。河內邑名史記·周本紀武王東觀兵於盟津書·禹貢作孟津图澤名前漢·地理志道荷澤，被盟豬註今南京虞城縣西北孟諸澤是也書·禹貢作孟豬△說文本作盟，从血。篆作盥字彙俗通从皿，故附皿部。

鍌又盥37181盟53937盟37206图字彙補謨耕切。字彙補莫耕切。

眈
tǎn_8.13 五音篇海同盥。

㲂
zhī_8.13 唐韻直宜切音馳。與汦同說文汦，㳠也。或从皿作溾。皿，器也图廣韻旨夷切集韻蒸夷切丛音脂。又集韻陳尼切音墀。義丛同△集韻亦作䀈。

㽈
null_8.13 未詳。

盘
měng_8.13 海篇音猛

塩
yán_8.13 同塩09178图日戶籍用字。

溢
zhōng_8.13 同浺28004國名。見溢叔壺溢叔之行戈

抱
null_8.13 未詳。

溢
null_8.13 未詳。

塩
yán_8.13 同塩09178俗鹽74307

盟
méng_8.13 俗盟37198可洪音義盟誓：上音明。約也。

盤
pán_8.13 周志鋒：疑俗盤字。

鑫
lí_9.14 廣韻郎奚切集韻憐題切正韻鄰溪切丛音黎。博雅瓢也。廣韻以瓢爲飲器也。一曰簞也图廣韻盧啓切集韻韻會里弟切，丛黎上聲。義同△集韻與劙同。亦作鑫。

盡
jìn_9.14 唐韻正韻慈忍切集韻韻會在忍切，丛秦上聲說文器中空也小爾雅止也玉篇終也廣韻竭也集韻悉也易繫辭書不盡言，言不盡意左傳·哀元年去惡莫如盡穀梁傳·定十年孔子歷階而上，不盡一等禮·曲禮君子不盡人之歡中庸天地之道，可一言而盡也史記·禮書明者，禮之盡也荀子·正名篇欲雖不可盡，可以近盡也註適可而止也图韓鄂歲華紀麗大酺小盡註月三十日爲大盡，二十九日爲小盡图姓。見萬姓統譜图jǐn唐韻正韻卽忍切集韻韻會子忍切，丛津上聲類篇極也正韻盡之也書·康誥往盡乃心詩·小雅孔惠孔時，維其盡之左傳·閔二年晉侯使太子申生伐東山皋落氏，曰：盡敵而反禮·樂記殷周之樂盡矣图韻會皆也左傳·昭二年韓宣子曰:周禮盡在魯矣图類篇任也增韻縱令也左傳·文十四年公子商人，盡其家貸於公禮·曲禮虛坐盡後，食坐盡前。俗作儘图盡盡，極視盡物之貌荀子·非十二子篇學者之嵬盡盡然，盱盱然。图韻會徐刃切正韻齊進切，丛秦去聲◇亦竭也周語齊國佐其語盡註盡其心意，善惡褒貶，無所諱也世說新語可以累心處都盡註盡，猶空也。鍌又尽12923

盡37146盡37212

盡
jìn_9.14 說文盡本字。从皿聿聲。與爁別字彙訓火餘木，非。

盬
xù_9.14 集韻呼昊切音殈。山名前漢·地理志益州律高縣東南盬町山出銀鉛。

監
jiān_9.14 古文䚕䚔䚕唐韻正韻古銜切集韻韻會居銜切，丛減平聲說文臨下也。徐曰安居以臨下，監之也揚子方言察也廣韻領也詩·小雅何用不監箋女何用爲職，不監察之禮·王制天子使其大夫爲三監。監於方伯之國註使佐方伯，領諸侯，監臨而督察之也。上監去聲，下監平聲周禮·天官·大宰之職邦國立其監註謂公侯伯子男，各監一國莊子·天運篇監臨下土，天下戴之，此謂上皇图韻府攝也◆左傳·閔公二年君行則守，守曰監國图韻會小補觀也魯語長監于世。图監寐，猶寢寐也後漢·桓帝紀監寐寤嘆註言雖寢而不寐也图雲氣臨日也周禮·春官眡祲掌十煇之灋，四曰監疏謂有赤雲氣在日旁，如冠珥。珥，卽耳也。图星名史記·天官書歲陰在寅，歲星居丑，正月晨出東方，名曰監德图jiàn唐韻格懺切集韻韻會居懺切正韻古陷切，丛減去聲。義同图爾雅·釋詁視也書·太甲天監厥德，用集大命詩·大雅監觀四方，求民之莫。图官名史記·五帝紀黃帝置左右監。又唐書·百官志官寺之別曰寺，曰監。又韻會牧苑及鹽鐵官所治皆曰監图宦寺亦曰監史記·秦本紀衛鞅因景監求見孝公註監，奄人也图姓風俗通衛康叔爲連屬之監，其後氏焉史記·田齊世家監止爲齊簡公相註監，一作闞图韻會通作鑑、鑒書·酒誥人無于水監，當于民監毛晃·自傷賦陳女圖以鏡監图監監，如金之監而明察也靈樞經陽明之上，監監然图kàn集韻苦濫切音闞。地名，

在東平郡[史記·封禪書]蚩尤在東平陸監鄉，齊之西境也[註]監，音闞[又][前漢·韋孟諫詩]我王如何，曾不斯覽。黃髮不近，胡不時監。監叶覽，覽音濫[又]叶古嫌切音兼[韓愈·子產頌]在周之興，養老乞言。及其已衰，謗者使監△[六書正譌]从臨省聲，兼意。从血者，與盟同義。古者歃血爲盟，書其辭曰：明神監之。故盟與監皆从血，會意。鎣又监37142監53939鹽37302

𪾔 37216 u2AF94 xǔ_9.14 [簡]盨37263

𥂖 37215 18659 gòng_9.14 [正字通]櫕、匵二字之譌[說文]本作櫕盨[字彙]譌作𥂖，改音具，非。

𪾓 37217 u2AF93 null_9.14 未詳。

𥂆 37218 u25086 null_9.14 未詳。

𥂅 37219 u25085 null_9.14 未詳。

䀈 37221 u4008 jì_9.14 同𥃀37238

𥂄 37220 u25084 jiān_9.14 [四聲篇海]晵38086監，二同。音監。視也。

𥁰 37222 18660 mǎng_10.15 [廣韻][集韻]𠀤盧谷切音禄。吴王孫休子名○按三國[吴録]孫休詔，本作𥁰，音如草莽之莽[廣韻]譌作𥁰，改音禄[集韻]又譌作𥂽[類篇]載皿部，𠀤非。

𥂕 37223 18661 bū_10.15 [唐韻]博孤切[集韻]奔模切𠀤音逋。籀文餔字[說文]申時食也。鎣又𥂕53950

盤 37224 18662 pán_10.15 古文鎜[唐韻]薄官切[集韻][韻會][正韻]蒲官切，𠀤畔平聲[說文]承槃也[正字通]盛物器。或木，或錫、銅爲之。◆[左傳·僖二十三年]乃饋盤飧，寘璧焉[史記·滑稽傳]杯盤狼籍[呂氏春秋]功名著于盤盂[又]浴器亦曰盤[禮·喪大記]沐以瓦盤[大學]湯之盤銘[註]沐浴之盤也。[又]國名[南史·梁武帝紀]盤盤國遣使朝貢[又]首出御世曰盤古氏[任昉·述異記]盤古氏，夫婦陰陽之始也，天地萬物之祖也。今南海中盤古國，人皆以盤古爲姓。[又]犬名[干寶搜神記]高辛帝有犬，其文五色，名盤瓠。[又]姓。明隆慶中有盤銘[又][博雅]盤桓，不進也[後漢·張楷傳]前此徵命，盤桓未至[又]與般通[爾雅·釋詁]槃也[書·五子之歌]乃盤遊無度[孟子]般樂怠傲[又]與蟠通[集韻]曲也[史記·司馬相如·子虛賦]其山則盤紆岪鬱[諸葛亮贊]初九龍盤[又]盤庚，殷王名[前漢·古今人表]作般庚。[又]鉤盤，九河之一[爾雅·釋水註]水曲如鉤，流盤桓也。[又]門名[陸廣微吳地志]盤門，古作蟠門。嘗刻木作蟠龍，以此鎮越[又]通作磐[前漢·文帝紀]盤石之宗[成公綏·嘯賦]坐盤石[註]盤，大石也[又]與鎜通。◆[春秋·隱元年疏]郭璞云蜚卽負盤，臭蟲[集韻]作負蠜[又]叶蒲延切，便平聲[古詩]上枝似松柏，下根據銅盤。雕文各異類，離婁自相聯[又]叶似宣切音旋[張衡·南都賦]翹遙遷延，蹴躤蹁蹮，結九秋之增傷，怨西荊之折盤[註]西荊卽楚舞也。折盤，舞貌[又]蜀江三峽中，水波圓折不定者，名曰盤。亦作旋[張蠙·過黃牛峽詩]盤渦逆入嵌空地，斷壁高分繚繞雲[袁桷詩]教民風揜草，化俗水旋渦△[說文]本作槃[廣韻]俗作柈。鎣又盤37253𥂐37230洀28125盘37170槃24505𥁞37208[又][正字通]瀊30156，水迴旋。亦借盤[又][直音篇]𠹷10082同盤。

𥂀 37225 44686 nóng_10.15 [龍龕]奴冬切。

𥂁 37226 44687 hé_10.15 [篇海類編]同盇。

𥂂 37227 44688 tú_10.15 [五音篇海]音涂。

𥂑 37229 u25091 null_10.15 未詳。

𪾕 37228 u2AF95 dēng_10.15 [殷周金文集成·9.4663·哀成叔豆]哀成弔之𪾕。讀若登57059

𥂍 37233 u2508D null_10.15 未詳。

𥂎 37232 u2508E zhōu_10.15 俗盩37265

𥂐 37230 u25090 pán_10.15 俗盤37224見[宋元以來俗字譜]

𥂏 37231 u2508F pán_10.15 同𥂐37230俗盤37224

𥂉 37235 u25089 trộm_10.15 [喃]从盜屯đồn聲。偷△𥂉劫：竊賊。

𥂌 37234 u2508C null_10.15 未詳。

𥃇 37236 18663 gǔ_11.16 [唐韻]公戶切[集韻]果五切𠀤音古[說文]器也△[玉篇]亦作𥃈。

盥 37237 18664 guàn_11.16 [唐韻][集韻][韻會][正韻]𠀤古玩切音貫[說文]澡手也[增韻]以盤水沃洗曰盥[易·觀卦]盥而不薦[註]盥，將祭而潔手也[左傳·僖二十三年]奉匜沃盥[禮·鄉飲酒義]盥洗揚觶[魏書·武帝紀]臨祭就洗，以手擬水而不盥[又][集韻]灌祭也。或作灌[正韻]通作祼、果[又][廣韻]古滿切[集韻][韻會][正韻]古緩切，𠀤貫上聲。義同△[說文]从臼水臨皿[正字通]澡潄者兩手掬水。象形。鎣又𣹟28950瀊30311盘37105盗28064

𥃀 37238 18665 jì_11.16 [集韻]其既切音穊。器名[又][類篇]居𥃀，獸名。似蝟，毛赤[山海經]作居暨[又][廣韻]去既切[集韻]丘既切𠀤音氣。又[廣韻][集韻]𠀤許既切音餼。又[集韻]居氣切音既。又巨至切音洎。又[廣韻][集韻]𠀤去吏切音亟。義𠀤同。鎣又䀈37221

𥃁 37239 18666 mó_11.16 [廣韻]莫婆切[集韻][韻會][正韻]眉波切𠀤音摩[博雅]杯也[揚子方言]齊右平原以東，或謂之𥃁[又][廣韻]莫霞切[集韻]謨加切𠀤音麻。義同。

盦 37240 18667 ān_11.16 [廣韻]烏合切，諳入聲。又[集韻]乙盍切，音鰪。義同[說文]覆盇也[博古圖]周有交虬盦，蓋鼎之盇也[又]ǎn[集韻]鄔感切，諳上聲[又]ān[廣韻][集韻]𠀤烏含切音諳。義𠀤同△鼎文作盦。徐鉉曰：俗作署，非。

鎣又盦37255

𥃂 37241 18668 jiǎo_11.16 [集韻]同𥃄

𥃃 37242 18669 zhōu_11.16 [正字通]盩字之譌[張有·復古編]从㚔、攴。俗从執作𥃃，非。

𥃅 37243 18670 lù_11.16 [集韻]𥂝，漉𠀤同。

𥃆 37244 18671 méng_11.16 [集韻]同盟○按[說文]从血[集韻]从皿，誤。

𥃉 37245 18672 tǎn_11.16 [正字通]醓、𥂼𠀤同。本从血。按[字彙]已載酉部。重收皿部，誤。鎣又𥂼37199醓62412

盧 37246 18673 lú_11.16 [唐韻]洛乎切[集韻][正韻]龍都切[韻會]籠都切，𠀤路平聲[說文]飯器也[字彙]盛火器也[六書正譌]別

作鑪、爐,非 與鑪壚壚坴通 類篇 賣酒區也 前漢·食貨志 令官作酒,率開一盧以賣。又 司馬相如傳 文君當盧 註 累土爲盧,以居酒瓮,四邊隆起,其一面高,形如鍛盧 史記 作當鑪 晉書·阮籍傳 作當壚 王戎傳 作酒壚 借爲黑色之稱 集韻 黑弓也。通作旅。或作黸 書·文侯之命 盧弓一,盧矢百 左傳·僖二十八年 作旅弓矢 揚子法言 作黸 釋名 土黑曰盧。盧然解散也 水經注 奴盧縣有黑水,故池水黑曰盧,不流曰奴,因以爲名。 韻會 湛盧,越劍名,歐冶子所鑄。言湛然如水黑也 勃盧,矛屬 集韻 長殳謂之勃盧 呼盧,樗蒱戲,五子皆黑曰盧,最勝采也 晉書·劉毅傳 挼喝五木成盧 與矑通。目中黑子也 前漢·揚雄·甘泉賦 玉女無所,眺其清盧 註 盧,目童子也 文選 作矑 與獹通。良犬名 詩·齊風 盧令令 傳 盧,田犬 張華·博物志 韓國有黑犬,名盧 博雅 作韓獹 與顱通。頭盧,首骨也 前漢·武五子贊 頭盧相屬於道 史記 作頭顱。俗作顲 當盧,馬首飾 詩·大雅·鉤膺鏤鍚箋 眉上曰鍚,刻金飾之,今當盧也 正義 當馬之額盧 的盧,馬名 埤雅 顙有白毛,謂之的盧。俗云的顱,非也 與鸕通。水鳥名 前漢·司馬相如·上林賦 箴疵鵁盧 註 鸕鷀也 史記 作鶿 與蘆通。觟盧,草名 前漢·司馬相如·子虛賦 蓮藕觟盧 註 扈魯也 史記 作菰蘆 廣韻 葦未秀者曰蘆 禮·中庸 夫政也者,蒲盧也 朱註 蒲,葦也 鄭註 蒲盧,蜾蠃,謂土蜂也 爾雅·釋蟲 果蠃,蒲盧 註 卽細腰蜂也 解頤新語 瓠細腰者曰蒲盧。蜂細腰者一曰蒲盧 與瓠通。胡盧,匏面圓者。本作瓠瓡 水名 宋史·河渠志 有胡盧河 五代史·突厥傳 牛蹄突厥,其水曰瓠瓡河 與櫨通。柱上枅,卽今之斗栱 釋名 盧,在柱端,都盧,負屋之重也 爾雅·釋宮 作櫨 疏 斗栱也 與籚、蘆通。都盧,國名。一曰戲伎名 前漢·地理志 南入海有都盧國 註 其國人勁捷,善緣高,故張衡 西京賦 云都盧尋橦 程大昌·演繁露 唐人以緣橦爲都盧緣 ○按 晉語 侏儒扶盧,韋氏謂扶緣也。盧矛戟之柲,緣之以爲戲 說文 作扶籚 周禮·冬官考工記 作盧器。註:盧,力吾反,戈戟殳矛之柄也。是盧與籚、盧古字通 與轤通。鹿盧,圜轉木也 禮·喪大記註 以絭繞碑閒之鹿盧,輓棺而下之 鹿盧,劍名 宋書·禮志 劍不得施鹿盧形 註 古劍首以玉作鹿盧,謂之鹿盧劍 果名 爾雅·釋木·邊腰棗註 今謂之鹿盧棗 若盧,官名。主弩射 前漢·百官公卿表 少府屬官有若盧令丞 獄名。主鞠將相大臣 禮·月令疏 囹圄,漢曰若盧 盧牟,猶規矩也 淮南子·要略篇 盧牟六合 ◆盧胡,笑也。一作胡盧 後漢·應劭傳 掩口盧胡而笑 孔叢子·抗志篇 衛君胡盧大笑 地名 左傳·隱三年 尋盧之盟也 註 齊地,今濟北盧縣故城 山名 前漢·揚雄·校獵賦 後陳盧山 註 單于南庭山也 姓 廣韻 姜氏封於盧,以國爲氏。又複姓 列子 有長盧子,古有尊盧氏,後氏焉。又有盧胥,善弋 左傳 有盧蒲嫳,漢有索盧恢 姓苑 有盧妃氏,湛盧氏 五代周書 有豆盧寧 魏書 有叱盧,沓盧等氏。又三字姓 魏書 有吐伏盧,奚斗盧 北史 有莫胡盧 léi 字

彙盧回切音雷 周禮·夏官·職方氏 兗州,其浸盧維。鄭康成讀○按 水經注 漢封劉豨爲盧縣侯國 前漢·王子侯表 作雷侯豨。是盧雷古字通 lú 正韻 凌如切音閭。與臚同 唐書·和逢堯傳 攝鴻臚卿 前漢·百官公卿表 作鴻臚,秦爲典客,漢武帝更名大鴻臚 與閭同 前漢·霍去病傳 濟弓盧 註 水名 史記 作弓閭 △ 說文 本从虍从皿。俗从田作盧,非。𧅓 又卢04644 𥁰66655 盧37306 𢊣18692

𥁋 37247 18674
fèn_11.16 篇海 方問切音奮。𥁋迅也。𧅓俗畚10287 可洪音義 𥁋發:上方問反,揚也。正作奮。

𥁌 37251 u2AF96
null_11.16 未詳。

盍 37248 44689
chà_11.16 龍龕 同盍

𥁍 37249 44690
guō_11.16 五音篇海 音郭。

𥁎 37250 44694
hǎi_11.16 篇海類編 與醢同。

𥁏 37252 u250A2
áo_11.16 清·顧祖禹 讀史方興紀要·卷三十一·山東二 𥁏山,在縣東南十里。志云卽敖14150山也 左傳 申繻曰:先君獻、武廢二山,謂具、敖也。獻公名具,武公名敖。具山在敖山東南二十五里。

盤 37253 u250A9F
pán_11.16 俗盤37224

𥂞 37254 u250A9E
guàn_11.16 或俗盥37237

盦 37255 u250A9D
ān_11.16 俗盦37240 四聲篇海 盦,安合、与合二切。

盦 37256 u250A9C
ān_11.16 俗盦37240

盡 37257 u250A9B
null_11.16 未詳。

𥂚 37258 u250A9A
null_11.16 未詳。

盧 37259 uF933
lú_11.16 兼盧。

𥂡 37260 18675
qiáo_12.17 廣韻 巨嬌切 集韻 渠嬌切夶音喬 博雅 盂也 揚子方言 椀謂之𥂡。𧅓又盂37168

𥂢 37261 18676
hú_12.17 集韻 洪孤切音胡。器也。

盞 37262 18677
cán_12.17 廣韻 昨干切 集韻 韻會 財干切夶音殘。詳皿37155字註。𧅓又盞37284

盨 37263 18678
xǔ_12.17 唐韻 相庾切,須上聲。◆ 說文 橫盨,負戴器也 廣韻 疎舉切 集韻 爽阻切夶音所。義同 △ 字彙補 譌作盨,非。𧅓又盨37216 𨨎64214 槙25478

盩 37264 18679
dūn_12.17 集韻 都昆切音敦 博雅 盂也 dūi 都回切音堆。歃血器 禮·曲禮疏 周禮·天官·玉府 夶作敦。音義同。

盩 37265 18680
zhōu_12.17 唐韻 集韻 韻會 夶張流切音輈 說文 引擊也 地名 前漢·地理志 右扶風有盩厔縣,今屬陝西西安府 正字通 山曲曰盩,水曲曰厔,因以名縣。 zhòu 集韻 直祐切音胄 詩傳 諸盩,太王古公父名。 chóu 集韻 陳留切,胄平聲。義同 字彙補 古抽字 呂氏春秋 涉血盩肝以求之 △ 說文 本作盩,从幸支,見血也 字彙 誤載皿部。又譌作盩,分二音二義,夶非 字彙補 譌作盩,尤非。𧅓 集韻 盩,直祐切。闕。人名。周大王父諸盩。又盩,陳留切。諸盩,周先公名。

𥂣 37266 18681
hǎi_12.17 卽醢62463字 字彙 重出。

盪 37267 18682

盪 dàng _12.17 唐韻徒朗切 集韻韻會待朗切 正韻徒黨切，丛唐上聲。與蕩同 說文滌器也 又 廣韻滌盪，搖動貌 又 集韻韻會徒朗切，唐上聲 增韻推，盪也 易繫辭 八卦相盪 註 言運化之推移也 釋文 諸家作蕩，唯王肅音唐黨切 又 類篇 動也 左傳·昭二十六年 震盪播越者 史記·樂書 音樂者，所以動盪血脈也 又 滌也。一曰放也 前漢·藝文志 盪意平心。又 丙吉傳 候伺胡組郭徵卿，不得令晨夜去皇孫敖盪 註 放也。又 爾雅·釋訓 盪盪，僻也 疏 弗思之僻也 前漢·郊祀志 求之盪盪，如繫風捕景 又 大貌 揚雄·河東賦 參天地而獨立兮，廓盪盪其亡雙 又 直盪，官名。見 隋書·百官志 又 直盪，旗名。見 宋史·儀衞志 又 跳盪，軍名 唐書·百官志 矢石未交，陷堅突衆敵，因而敗者曰跳盪 又 漢宮名 三輔黃圖 駘盪宮。又作駘盪，云春時景色駘盪也 註 蕩，盪字同 又 韻會小補 通作湯 前漢·天文志 四星若合，是謂大湯 註 猶盪滌也 又 姓。見 姓苑 又 dàng 集韻 大浪切 正韻徒浪切，丛音宕。亦動也 又 táng 廣韻 正韻 丛徒郎切音唐。盪突，亦作傏俀，通作唐突 又 tāng 廣韻 吐郎切 集韻 他郎切，丛音湯。亦盪突也。又 隋大業末童謠 上山喫鹿麞，下山喫牛羊。忽聞官軍至，提刀向前盪 又 鄭熊·番禺記 廣俗，壻未見妻之父母，先飲一大杯，曰盪風。今俗有盪風冒雪之語 又 tàng 廣韻 集韻 韻會 正韻 丛他浪切，湯去聲。亦滌器也 又 行也 論語 奡盪舟 註 陸地行舟也。

鎣又盪03058盪29447盪09367

盪 37268 18683

盪 jiǎo _12.17 字彙補 古巧切音絞 篇海類編 器也。

盬 37269 18684

盬 gǔ _12.17 玉篇 同盬 又 人名。汝盬。見 宋史·宗室表

監 37270 18685

null _12.17 字彙補 音未詳。鹽塊也 星槎勝覽 忽魯謨斯，山連五色，皆鹽監爲盤盂，用盛食物，不復加鹽矣。

盡 37271 41565

盡 jīn _12.17 五音集韻 將鄰切音津。氣之液也。

盦 37272 44691

盦 mǎng _12.17 字彙補 距字之譌。

盧 37277 u250B6

盧 chà _12.17 同盧37299

盦 37273 44692

盦 zhōu _12.17 龍龕 同盦

蓋 37274 44693

蓋 zū _12.17 字彙補 精楚切音俎。見 石鼓文

鑑 37275 u2AF98

null _12.17 殷周金文集成·16.09976·蔡侯申缾 蔡侯蠱之鑑。

飯 37276 u2AF97

null _12.17 未詳。

蠱 37278 u250B4

蠱 zhèng _12.17 見 伯戔蠱。宋·呂大臨 考古圖·卷五 蠱，同甑35156

盤 37279 u250B1

盤 zhōu _12.17 盤53959譌字。見血也。从血爲正。

盬 37280 u250B0

盬 gū _12.17 同沽27990 睡虎地秦墓竹簡·秦律·田律 百姓居田舍者毋敢盬酉。盬酉，酤酒。

盚 37281 u250AE

盚 mò _12.17 俗默74908天一閣藏明正德刻本 大名府志·卷之七·人物志·孝義 張弖居親喪盧墓盚哀。成化甲辰詔旌之。

監 37282 u250AD

監 lán _12.17 可洪音義 監呵：上郎甘反。正作鹽67091

盧 37283 u250AC

盧 chà _12.17 俗盧37299亦作盧。

盪 37284 u250AB

盪 cán _12.17 同盪37262

楊 37285 18686

楊 yáng _13.18 廣韻 與章切 集韻 余章切丛音陽 博雅 栖也 揚子方言 吳越之閒曰楊 又 集韻 側羊切音莊。義同。

盦 37286 18687

盦 ān _13.18 說文 同盦 六書索隱 亦借爲庵舍字。古人印章多用之。

醢 37287 18688

醢 hǎi _13.18 廣韻 呼改切音海。肉醬也 △ 說文 本作醢，籀文作醢。鎣又醢37250

鹽 37288 18689

鹽 gǔ _13.18 唐韻 公戶切 集韻 韻會 果五切 正韻 公五切丛音古 說文 河東鹽池，袤五十一里，廣七里，周行十六里 左傳·成六年 必居郇瑕氏之地，沃饒而近鹽 註 郇瑕，古國名，在河東解縣。鹽，鹽也。猗氏縣鹽池是 周禮·天官·鹽人 凡齊事，鬻鹽以待戒令 疏 鹽出於鹽池，今之顆鹽是也 史記·貨殖傳 倚頓用鹽鹽起 註 謂出鹽直用不練也。一說鹽鹽，河東大鹽。散鹽，東海煑水爲鹽 又 不攻緻也。一曰不堅牢也 詩·唐風 王事靡鹽 前漢·息夫躬傳 器用鹽惡 又 嗽也 左傳·僖二十八年 晉侯夢楚子伏己而鹽其腦 又 玉篇 姑也 揚子方言 且也。又 雜猝也 註 皆倉卒也 又 gù 集韻 古慕切，古去聲。攻緻也 又 gū 廣韻 古胡切 集韻 韻會 正韻 攻乎切，丛古平聲。陳楚人謂鹽池爲鹽。鎣又鹽74287 又 龍龕 鹽俗，鹽今。

䶂 37289 18690

䶂 yì _13.18 玉篇 於革切 集韻 乙革切丛音搤。鼠屬。或作貓。又作鼹。

盨 37290 41566

盨 xǔ _13.18 篇海類編 始土切音所。載器也。鎣俗盨。

醲 37291 u2AF99

醲 nóng _13.18 俗醲53963

蘁 37293 u250BF

null _13.18 未詳。

盧 37292 u250C0

盧 chà _13.18 同盧37299 集韻 救洽切，和五味以烹也 五音集韻 盧，丑图切。五味調肉菜。出 文字音義

亂 37294 u250BD

null _13.18 未詳。

醨 37295 u250BC

醨 lí _13.18 同醨37296

醨 37296 18691

醨 lí _14.19 集韻 蠡醨丛通。鎣又醨37295

盪 37297 18692

盪 jiǎo _14.19 唐韻 古巧切 集韻 吉巧切丛音狡 說文 器也 類篇 撓使濁也 又 xiāo 廣韻 下巧切，効上聲 廣韻 盪器也 類篇 鎢銷也 又 集韻 後教切音効。義同 又 lù 集韻 力竹切音六。亦器也 △ 或省作盪。亦从犬作㺜。鎣又楊25942

盪 37300 18695

盪 jiǎo _14.19 集韻 同盪

盧 37299 18694

盧 chà _14.19 正字通 救洽切音眨。與盂同 六書略 和五味以烹也 △ 集韻 作盧 廣韻 作盧 字彙補 譌作盧，非。鎣又盧37283盧37277

盭 37298 18693

盭 lì _14.19 正字通 盭字之譌。

糯 37301 u2AF9A

null _14.19 殷周金文集成·5.2807·大鼎 王在糯侲宮。

醖 37302 u250C6

醖 hǎn _14.19 集韻 樂25744虎覽切。堅土也。或作壋。亦書作醖。按，宋本作醞09507 又 同監37214 古俗字略 監，

瞽瞽盬，並古。

鈯 37303 u250C5 null_14.19 未詳。

醓 37304 u250C4 null_14.19 未詳。

罍 37305 18696 léi_15.20 唐韻魯回切集韻盧回切𠀤音雷說文酒器。與櫑、壘𠀤同。籒文作罍集韻亦作鐳、壘。

盧 37306 18697 lú_15.20 類篇籒文盧字。

盭 37307 18698 lì_15.20 唐韻集韻韻會𠀤與戾同史記·司馬相如傳盭夫爲之垂張揖註狼戾之夫也前漢·膠西于王傳爲人賊盭註古戾字史記作戾 又 違也前漢·張耳陳餘贊何鄉者慕用之誠，後相背之盭也 又 疾名◆賈誼·治安策病非徒瘇也。又苦跋盭師古註跋，同蹠。言足蹠反戾，不可行也 又 胝也呂氏春秋陳有惡人，長肘而盭。又 山名史記·霍去病傳率戎士，踰烏盭 又 與綟通前漢·百官公卿表諸侯王金璽盭綬註盭，草名。出琅邪平昌縣，似艾，可染綠，因以名綬也晉書·載記作綠綟綬 又 廣韻練結切集韻力結切𠀤音苵。義同△說文本作盭。省从盭，讀若戾徐鉉曰盭者繫辠人見血也。弼戾之意說文長箋亦作盭。𠁣盭53959从血 又 𢿢21724紋43901𥂓37298盭37317盭37314盭37326盭37311縪45005

盬 37308 18699 gǔ_15.20 字彙補公苦切音古。師也。不固也。又 海篇心鏡鹽也。𠁣字典琢屑字彙補師也。師疑盬37288誤。

盭 37309 41567 lì_15.20 說文長箋與盭同。

盩 37310 41568 chà_15.20 廣韻丑囚切音踔。五味調肉菜。𠁣又盩37299

盭 37311 44695 lì_15.20 五音篇海音灰。𠁣新修玉篇·皿部引類篇盭，音戾。梁春勝：俗盭37307

盈 37312 u2701F đầy_15.20 喃从盈苔đầy聲。滿溢。

盤 37313 u250D1 mâm_15.20 喃从盤省㚇mâm聲。與楳25243同。

盭 37314 u250CF lì_15.20 俗盭37315廣韻郎計切。綠色。又綬名。或作綟。又云弼也。周祖謨校勘記：當從說文作盭37317

盭 37315 u250CE lì_15.20 同盭37307說文盭，弼戾也。从弦省，从盭37279段注：此乖戾正字。今則戾行而盭廢矣。

鱸 37316 u250CB null_15.20 未詳。

盭 37317 u250CA lì_15.20 同盭37315

盤 37318 44696 pán_16.21 五音篇海音盤。

鐳 37320 u250D2 null_16.21 未詳。

盪 37319 u2AF9B null_16.21 殷周金文集成·3.900·伯媦父甗白盪父乍旅獻。

盬 37321 u400B yán_16.21 類篇鹽74307或作盬。

盬 37322 18700 zhù_17.22 集韻同宔

盬 37323 18701 qú_17.22 廣韻其俱切音衢聲類樹種也字彙補一作盬。

盬 37324 18702 kē_17.22 集韻同榼

盬 37327 u250D7 null_17.22 未詳。

盬 37325 18703 yú_17.22 集韻雲俱切音于。種穫田器。與𦥷同。

盭 37326 u2AF9C lì_17.22 俗盭37307大南一統志·卷四·承天府（下）·土產（下）·草類藎51438草：字典註：本草一名黃草，一名盭草。可以染黃。

盡 37328 u400C xì_17.22 俗衋53970从血爲正。

盬 37329 18704 huī_18.23 字彙補與䰎同。見石經周禮亦作𥃀。又 呼規切音徽。義同。

盬 37330 44697 zēng_18.23 搜眞玉鏡音繒。又音梗。𠁣字彙補𥃁，將贈切音繒44901義同。

盬 37332 u2AF9D null_19.24 喃未詳。

盬 37331 u250DE hết_18.23 喃从盡歇hiết省聲△盬㷆：逝世。盬悉：忠誠△俗省作𣤩23329

盬 37333 u250DD zhào_19.24 召05349金文作盬。見殷周金文集成14.9078盬父丁角、10.5020盬卣、16.10360盬圜器

盬 37334 u250DC qú_19.24 同盬37323，樹種。

盬 37335 u250DB mâm_19.24 喃从盤音miệt聲。大盤子。亦作盬37336或从㚇聲作盬37313楳25243

盬 37336 u250DA mâm_19.24 喃同盬37335

罄 37337 44698 qīng_20.25 搜眞玉鏡音輕。

盬 37338 44699 yì_20.25 龍龕余弃切。𠁣新修玉篇徐弃切。

盬 37339 18705 jiǎn_21.26 說文長箋與鹼同。

盬 37340 18706 kàn_24.29 玉篇空紺切音勘韻會箱類增韻器蓋字彙器也。與从血者別 又 正字通小杯也。與匳、槏𠀤同。

盬 37342 44700 kǎi_28.33 海篇音慨

盬 37341 u2AF9E null_24.29 殷周金文集成·7.4104·賢簋公命事（使）晦賢百晦盬。

◈ 目部 ◈

目 37343 18707 mù_0.5 古文𡇢𦣻𥄎唐韻集韻韻會𠀤莫六切音牧說文人眼，象形，重童子也春秋·元命苞肝之使也韓詩外傳心之符也禮·郊特牲氣之清明者也易·說卦離爲目註南方之卦主視。故爲目書·舜典明四目註廣四方之視，以決天下壅蔽 又 博雅視也。凡注視曰目之史記·陳丞相世家陳平去楚渡河，船人疑其有金，目之。又 動目以諭也前漢·高帝紀范增數目羽擊沛公 又 含怒側視也周語國人莫敢言，道路以目 又 小爾雅要也周禮·春官簭人掌三易，以辨九簭之名，四曰巫目疏是要目之事 又 見也公羊傳·桓二年內大惡諱，此其目言之何遠也註目，見也，斥見其惡也 又 稱也穀梁傳·隱元年段，鄭伯弟也。以其目君，知其爲弟也註謂稱鄭伯 又 條目論語請問其目註條件也前漢·劉向傳校中祕書，各有條目 又 節目禮·學記善問者如攻堅木，先其易者，後其節目。方氏曰：節則木理之剛，目則木理之精 又 題目◆後漢·許劭傳曹操微時，常求劭爲己目註

命品藻爲題目[晉書·山濤傳]甄拔人物，各有題目，時稱山公啓事[又]凡目[周禮·天官·宰夫]師掌官成，以治凡。司掌官法，以治目[公羊傳·僖五年]一事而再見者，前目而後凡也[春秋繁露]目者，偏辨其事也。凡者，獨舉其事也[又]科目[舊唐書·懿宗紀]以宋震胡德融，考科目舉人[宋史·選舉志]宋之科目有進士，有諸科，有武舉，常選外又有制科，有童子舉，而進士得人爲盛[又]黄目，周彝名[禮·明堂位]鬱尊用黄目[又]暉目，鴆鳥也[淮南子·繆稱訓]暉目知晏[註]晏，無雲也。天將晏靜，暉目先鳴[又]◆比目，魚名。不比不行。亦謂之鰈。見[爾雅·釋地][又]横目，傳草別名。鬼目，苻草別名。俱見[爾雅·釋草]。[又]海外有一目國，一目中其面而居。見[山海經][又]天目，山名[元和地志]上有兩峰，峰頂各一池，若天左右目。[又]縣名[前漢·地理志]河目縣，屬并州[又]州名[唐書·地理志]目州隸隴右道[又]姓[潛夫論]目夷氏，子姓，宋微子後[又]目宿，草名。通作苜[前漢·西域傳]馬耆目宿[史記·大宛傳]作苜蓿。鑾又[古文四聲韻]目，𠃋05053見[崔希裕纂古][又][字典琢屑][後漢書註]今品漢。今字舊誤寫作命。

⽬ 37344 u2F6C mù_0.5　同目37343部首專用字。亦作⺫37345

䀀 37346 18708 jiǎo_1.6　[字彙]居小切，音絞◇目重皮也△[篇海]或作䀊、𥄎。鑾[玉篇]䀊37349，九小切。目重瞼也。

⺫ 37345 u2EAB mù_0.5　[部]目37344

䀎 37350 18711 miǎn_2.7　[玉篇]俗眄字

𥃥 37347 u250E5 null_1.6　未詳。

䀊 37349 18710 chōu_2.7　[唐韻]敕鳩切[集韻]丑鳩切𠀤音抽[說文]眣也。本作瞀[又]jiǎo[廣韻]居夭切[集韻]舉夭切𠀤音矯。義同[又][玉篇]目重瞼也。[又]yǎo[集韻]於絞切音拗。深目也。與窅同。通作䆙曉眑△[字彙補]譌作𥄎，非。鑾又䀏37623䀀37346

㒱 37348 18709 mù_2.7　[字彙]古文目37343字。

䀑 37351 18712 bǔ_2.7　[玉篇]補木切音卜。目骨。

盯 37352 18713 chéng_2.7　[廣韻]直庚切[集韻]除庚切𠀤音棖△dīng[玉篇]矃盯，視貌[廣韻]直視也[孟郊·城南聯句]眼瞟强盯矃[又][集韻][韻會]𠀤抽庚切音撐。又[廣韻][集韻]𠀤張梗切，趟上聲。又[集韻]豬孟切，趟去聲。義𠀤同△[類篇]或作朾[集韻]與瞠同。或作瞪。

䀏 37353 18714 xuàn_2.7　[唐韻]黃絢切[集韻]熒絹切𠀤音縣[說文]目搖也。或从旬作眴[又][廣韻]胡畎切，縣上聲。義同。[又]xún[集韻]須倫切音荀。目眩也。

䀜 37354 18715 gèn_2.7　[說文]艮本字。从匕、目。匕、目，猶目相上不相下也○按[五音集韻]作𥃲[又][集韻]眼37614古作𥃲[六書本義]目也。从匕，取二目相比𠀤也○按[廣韻][集韻]𠀤音幺，望遠也。乃𥃲22320字之譌。

𥃳 37355 18716 jiāo_2.7　[字彙補]古敲切，音嬌◇地名。亦作県。鑾俗県37410

䀉 37356 18717 zhī_2.7　[字彙補]照昔切音隻。目病也。鑾楊寶忠：俗䀉37447[改并四聲篇海]引[川篇]䀉音汁。目病[新修玉篇]引[川篇]䀉音汗。目病[集韻]䀉，下罕切。捍目。

𠓗 37357 44701 wèn_2.7　[五音篇海]音同。鑾音同，音問之誤。或同㒱，古文目字。

𥃮 37358 44702 bīn_2.7　[海篇]音賔。鑾同容，賔字俗省。

𥃱 37359 u250F1 nhắp_2.7　[喃]从目人nhân聲。閉眼。

𥃯 37360 u250EF yǎo_2.7　同窅41066[廣韻]𥃯，於絞切。深目。

𥃭 37361 u250ED zì_2.7　[直音篇]𥃭、𦣹48198古自48192字。

𥃬 37362 u250EC null_2.7　未詳。

䀐 37363 18718 shān_3.8　[廣韻]所咸切[集韻]師咸切𠀤音攕[廣韻]瞻視也[又][類篇]暫見也。與睒同[又][集韻]所鑑切，攕去聲。義同。

䀘 37364 18719 wò_3.8　[正字通]譌䀉字。

盰 37365 18720 gǎn_3.8　[唐韻][集韻]𠀤古旱切，干上聲[說文]目多白也[又]張目也[白虎通]盰目陳兵，天下富昌[又]人名[後漢·西羌傳]隴西太守劉盰[又]gàn[廣韻]古按切[集韻][韻會]居案切[正韻]古汗切，𠀤干去聲。義同。

䀒 37366 18721 qiān_3.8　[集韻]倉先切音千。䀒瞑，遙視也[張衡·南都賦]青冥䀒瞑[註]遙視，闇未明也[又]通作芉[楚辭·九懷]遠望兮芉眠[註]芉眠與䀒瞑音義同。

𥄂 37367 18722 jù_3.8　[說文]具02587本字。从廾，貝省。古以貝爲貨。

䀓 37368 18723 huàn_3.8　[廣韻][集韻]𠀤胡玩切音換。睕䀓，轉目。一曰大目貌。鑾又䀓37372䀓37373䀓37371

盱 37369 18724 xū_3.8　[唐韻]況于切[集韻][韻會]匈于切𠀤音吁[說文]張目也[六書故]張目企望者，必猶豫不進也◆[揚子方言]燕、代、朝鮮洌水謂矑瞳子爲盱[註]謂舉眼也[易·豫卦]盱豫悔[註]上視也[前漢·王莽傳]盱衡厲色[註]眉上曰衡。盱衡，舉眉揚目也[又][爾雅·釋詁]憂也[詩·小雅]云何其盱[鄭箋]病也[朱傳]望也[又]盱盱，張目貌[荀子·非十二子篇]學者之嵬盱盱然[又]視周章貌[莊子·寓言篇]而睢睢盱盱，而誰與居[又][博雅]睢睢盱盱，元氣也[又][集韻]睢盱，小人喜悅貌[又]質朴之形[王延壽·魯靈光殿賦]鴻荒朴略，厥狀睢盱[又]縣名。盱眙，屬臨淮郡。又盱水，西北至南昌，入湖漢，𠀤見[前漢·地理志][又]通作訏[詩·鄭風]洵訏且樂[註]洵訏，樂貌。韓詩作恂盱[前漢·地理志]亦作恂盱[註]恂，信。盱，大也[又]草名[爾雅·釋草]盱，虺牀[註]蛇牀也。一名馬牀[又]姓[集仙傳]漢盱烈，豫章人[墉城集]有盱母[萬姓統譜]或从目从干，音幹[又]人名[公羊傳·昭三十一年]顏夫人有子，名盱[註]盱，又許孤反。本或作晇。一音夸[又]yú[集韻]雲俱切音于。亦蛇牀也。與芋同[又]hū[集韻]荒胡切音呼。亦張目也。與晇同。鑾又盱37370盱37392肝46956盱57550

37370 18725
昉 xū_3.8　說文盰本字。

37371 18726
眪 xiòng_3.8　集韻虛政切，音夐。目轉也。

37372 18727
眅 fàn_3.8　字彙扶泛切音梵。大目。

37373 18728
眅 fàn_3.8　同眅，俗字。

37375 18730
聏 rèn_3.8　集韻而振切音認。視貌。一曰眩也。或作眂。

37374 18729
㝵 dé_3.8　正字通釋典㝵字之譌。

37376 18731
盲 máng_3.8　唐韻武庚切集韻正韻眉庚切，夶音甿說文目無牟子。釋名盲，茫也，茫茫無所見也淮南子·泰族訓盲者，目形存，而無能見也图盲風，疾風也禮·月令仲秋，盲風至图wàng正韻巫放切。與望同周禮·天官·内饔豕盲眡而交睫腥註盲，當爲望禮·内則作望視图叶謨郎切，莽平聲荀况·俛詩天地易位，四時易鄉。列星隕墜，旦暮晦盲图叶謨蓬切音甍越絕書内視者盲，反聽者聾△集韻或作瞢崩痟。鑒又暗37765盰37377

37377 18732
盳 máng_3.8　集韻謨郎切音芒。盳洋，仰視貌。图wàng蒲光切音旁。無放切音妄。義夶同。△正字通俗盲字。从亡目，失明也，何能仰視。

37378 18733
眣 yí_3.8　眤字之譌字彙補譌作眣，尤非。

37379 18734
聬 chuàn_3.8　集韻樞絹切音釧。視專貌。

37380 18735
直 zhí_3.8　古文枺㯱唐韻除力切集韻逐力切，夶音値說文正見也博雅正也玉篇不曲也易·坤卦直其正也書·洪範王道正直图準當也禮·投壺馬各直其算史記·平準書以白鹿皮爲皮幣，直四十萬图增韻當也儀禮·士冠禮主人立于阼階下，直東序西面疏謂當堂上東序牆也图伸也孟子枉尺而直尋图玉篇侍也晉書·羊祜傳悉統宿衛，入直殿中图順也詩·鄭風洵直且侯图猶宜也詩·魏風爰得我直图猶但也孟子直不百步耳图猶故也史記·留侯世家張良嘗遊下邳，圯上有一老父至良所，直墮其履圯下图理枉曰直韓愈·王仲舒墓誌公知制誥，友人得罪公，獨爲直其冤图直來，無事而來也公羊傳·莊二十七年直來曰來图禮·月令田事既畢，先定準直，農乃不惑疏準謂輕重平均，直謂繩墨得中也图骨直，謂强毅也周禮·冬官考工記·弓人骨直以立图語發聲史記·龜筴傳神龜知吉凶，而骨直空枯正義曰直，語發聲也图柄也禮·明堂位玉豆雕篹註篹，籩屬，雕刻飾其直者也疏雕鏤其柄也图殖也揚子·太玄經直，東方也，春也。質而未有文也註直之言殖也。萬物甲始出殖立，未有枝葉也图方言袒飾謂之直衿郭註婦人初嫁所著上衣，直衿也图韻會小補器直，曲尺也。梓人用之图官名鄧析子·轉辭篇湯有司直之人。又通典漢時繡衣直指，即秦時御史大夫。图直人，邑名左傳·昭二十三年劉子取直人图泉名公羊傳·昭五年直泉者何，涌泉也图門名三輔黃圖長安城西出第二門曰直城門图姓。漢有直不疑图諡法肇

敏行成曰直图zhi集韻韻會直吏切正韻直意切夶音治。與值通史記·項羽紀直夜潰圍註直，讀曰值。當也索隱曰古字例以直爲值前漢·酷吏傳無直甯成之怒史記作值图物價曰直北史·齊景思王傳食雞羹，何不還他價直也图備作得錢亦曰直柳宗元·送薛存義序向使傭一夫於家，受若直，怠若事，則必甚怒而黜罰之矣。△六書正譌从乚从十目。乚，古隱字。十目所視，雖隱亦直。會意。俗作直，非。鑒又直37394鹵08106枺24781枺24548㯱40619枺24780㯱00708

37381 18736
晃 yào_3.8　字彙於教切音靿。深目也廣韻作眑集韻作昋，與窅眑曉眑同。

37382 18737
眑 qi_3.8　廣韻去既切集韻丘既切夶音氣。姓也。

37383 18738
省 shǒu_3.8　字彙補古文首69599字。

37384 18739
眹 róng_3.8　字彙補音義同融53116鑒楊寶忠：俗肜46951

37385 18740
盰 yāng_3.8　字彙補烏姜切音央青箱雜記羊目盰瞳者，毒害人也。

37386 44703
昰 yǎn_3.8　龍龕音服。鑒字彙補昰，五簡切音眼。

37387 44704
肚 dù_3.8　川篇音杜。鑒俗肚46949

37388 44705
叟 méng_3.8　搜眞玉鏡音蒙。鑒楊寶忠：俗叟37425

37390 u2AF9F
null_3.8　喃未詳。

37389 u2AFA0
眲 tián_3.8　俗眲37398图敦煌·S.6204字寶人瞳眲：上矅，下酌。

37391 uFAA8
直 zhí_3.8　兼直37396

37392 u2F941
盰 xū_3.8　盰37369本字。正字通盰37370，同盰。當作盰。

37393 u2F811
具 jù_3.8　同具02587

37394 u25102
直 zhí_3.8　九經字樣直直：正見也。下從乚。乚音隱。上說文，下隸省。

37396 u76F4
直 zhí_3.8　參見直37380

37395 u25100
昆 yǎo_3.8　集韻窅41066，於交切。深目皃。或作昆。又於絞切。於教切。

37397 18741
眅 ruǎn_4.9　集韻五遠切音阮。視也王延壽·王孫賦眅矊矊而踜欵註皆言形狀乖戾。

37398 18742
眲 tián_4.9　廣韻亭年切音田。目貌大戴禮·本命篇人生三月而徹眲，然後能有見註眲，精也，轉視貌图廣韻地名，在絳图xián集韻胡千切音賢。大目也。一曰國名图xuán廣韻集韻夶胡涓切，音玄。眲暝，大目也图mín集韻眉貧切音珉。視貌。與眠同。

37399 18743
旮 mì_4.9　譌旮字說文本作否，美畢切，不見也。从日，否省聲類篇或作旮，載日部字彙从目，非。

37400 18744
眜 mò_4.9　正字通譌眜字。

37401 18745
眪 hù_4.9　正字通譌眪字。

37402 18746
相 xiāng_4.9　唐韻正韻息良切集韻韻會思將切夶音

襄說文省視也囝廣韻共也正韻交相也易·咸卦二氣感應以相與公羊傳·桓三年胥命者何，相命也註胥，相也。相與胥，音別義通囝質也詩·大雅追琢其章，金玉其相囝相思，木名左思·吳都賦相思之樹註大樹也。東冶有之囝xiàng唐韻正韻丛息亮切，襄去聲爾雅·釋詁視也左傳·隱十一年相時而動囝集韻助也易·泰卦輔相天地之宜書·立政用勱相我國家囝爾雅·釋詁導也。又勱也註謂贊勉疏鄉飲酒云：相者二人。教導，即贊勉也囝增韻擯也周禮·春官·大宗伯朝覲會同，則爲上相註相，詔王禮也。出接賓曰擯，入詔禮曰相。相者，五人卿爲上擯囝廣韻扶也禮·禮器樂有相步註扶工也囝小爾雅治也左傳·昭九年陳，水屬也，火水妃也，而楚所相也註楚之先祝融，主治火事囝選擇也周禮·春官·簭人上春相簭註謂更選擇其蓍也囝送杵聲禮·曲禮鄰有喪，春不相註相者，聲以相助，歌以助春，猶引重者呼邪許也囝相術左傳·文元年內史叔服能相人囝月名爾雅·釋天七月爲相囝官名呂覽相者，百官之長也古三墳伏犧氏，上相共工，下相皇桓前漢·百官公卿表相國，丞相，皆秦官囝計相史記·張丞相傳張蒼遷爲計相註專主計籍囝內相唐書·陸贄傳贊爲翰林時，號內相囝家相禮·曲禮士不名家相註主知家務者囝周禮·春官有馮相氏夏官有方相氏囝樂器禮·樂記治亂以相註相即拊也。亦以節樂，以韋爲表，裝之以穅。穅，一名相，因以名焉囝星名石申星經相星在北極斗南囝江神，名奇相。見博雅囝太史候部有相風竿傅休奕·相風賦表以靈鳥，鎮以金虎。以候祥風，以占吉凶古今注作伺風鳥，夏禹所作也囝藥名本草綱目卑相，麻黃別名。相鳥，馬蘭別名囝地名商書序河亶甲居相註在河北。今魏郡有相縣囝州名。後魏置相州，唐曰鄴都囝姓後漢·南蠻傳武落鍾離山出四姓，一曰相氏後漢相雲北齊相願。又相里，務相，空相，熊相，倚相，京相，沂相，俱複姓囝字彙補音襄禮·祭法相近於坎壇，祭寒暑也註相近當爲禳祈。王肅又作祖迎囝叶思必切音悉杜甫·漫興絕句恰似春風相欺得，夜來吹折數枝花陸游詩話白樂天用相字，多作思必切，如爲問長安月，如何不相離是也。此詩相欺，亦當讀入聲△說文易緯文曰：地可觀者，莫可觀於木，故从目从木正字通相，俗作眛，轉注。相，思將切，省視也。眛，莫卜切，目不明也。分相、眛爲二，非。鍪又采45424盃23913拍19372囝篇海麑59779䣝59773，二音相。

眕 37403 18747
zhèn_4.9　廣韻直引切集韻丈忍切丛音朕。瞋怒目貌囝類篇目之精也後漢·盧植傳註無目眕曰瞽。與朕通。

眤 37404 18748
shì_4.9　正字通俗眛字。

眠 37405 18749
tiān_4.9　集韻他年切音天。視也囝他甸切，天去聲。義同囝篇海仰視也△集韻或作瞋瞑。

眣 37406 18750
shì_4.9　◆集韻與眠同。一作同瞎省。

眣 37407 18751
mù_4.9　集韻莫六切音目。敬也。通作穆字彙與睦同。

眪 37408 18752
zhūn_4.9　集韻朱倫切音諄。與睧同類篇鈍目也篇海目藏也囝dǔn廣韻集韻丛之閏切，諄去聲。義同。

映 37409 18753
jué_4.9　唐韻集韻丛古穴切音玦◆說文涓目也廣韻目患也囝xuè集韻呼決切音血。驚視也囝顧眄不定貌王延壽·王孫賦眹矔睫以映睫集韻與瞲、眑同沴原通作曼△說文从目夬聲徐鉉曰當從決省。鍪又眏22409

県 37410 18754
jiāo_4.9　唐韻古堯切集韻堅堯切丛音澆◆說文到首也。賈侍中說，斷首到，縣也廣韻漢三族，令先黥劓，斬左右趾，県首，菹其骨，謂之具五刑△六書正譌俗用梟，非。梟，不孝鳥也。鍪又昇37411早37355県37472

眲 37412 18756
xié_4.9　正字通同眲。鍪又昇37628瞢37582

䁂 37413 18757
nǜ_4.9　集韻女六切音衄。視也。

県 37411 18755
jiāo_4.9　字彙同県

眕 37414 18758
xīn_4.9　集韻許斤切音欣玉篇喜也囝類篇視不明貌。

䀘 37415 18759
suì_4.9　正字通俗睟字。

眫 37416 18760
xì_4.9　唐韻集韻韻會正韻丛胡計切音係說文恨視也魏志·許褚傳馬超問，虎侯安在。魏太祖顧指褚，褚瞋目眫之，超不敢動囝勤苦貌孟子使民眫眫然趙註勤苦不休息貌朱註恨視也囝廣韻五計切集韻研計切丛音詣。又集韻吾禮切，詣上聲。義丛同△字彙眫字乃眫恨之眫，今人混作盼眜之盼，非。

盼 37417 18761
pàn_4.9　唐韻集韻韻會匹莧切正韻匹襉切，丛音辦玉篇目黑白分明也詩·衛風巧笑倩兮，美目盼兮註盼，叶匹見反囝佩觿集美人動目貌◆宋玉·神女賦目若微盼，精彩相接囝正韻顧也，視也宋書·謝晦傳同被齒盼魏書·昭成子孫元暉傳亦蒙恩盼囝木名山海經浮山多盼木，枳葉而無傷，木蟲居之囝州名唐書·地理志隴右道有盼頓州囝水名山海經黃山，盼水出焉，西流注於赤水囝人名史記·楚世家齊將田盼子囝姓山海經深目民之國盼姓，食魚註黃帝時姓也囝pān集韻披班切音攀。亦美目也囝fén字彙補符分切音汾。瞵盼，天旦欲明也王褒·九懷進瞵盼兮上丘墟○按說文盼、眕、眜音義各別韻補盼一作眜舉要盼亦同眕。丛非。鍪又眪37350冊37829盻46561囝可洪音義衮盼：下普辨反，美目視也，亦作辮38283

眖 37418 18762
guó_4.9　集韻古獲切音幗。目貌。

眲 37419 18763
fēng_4.9　集韻與睧同七計切音砌玉篇視也類篇察也。一曰衮視。與瞭同。

眮 37420 18764
qì_4.9　廣韻集韻丛

盾 37421 18765
shǔn_4.9　唐韻廣韻食尹切，脣上聲。又集韻韻會豎尹切，純上聲說文瞂也，所以扞身蔽目，象形釋名遮

也。跪其後，避以隱遯也 詩·秦風 龍盾之合 傳 盾，干也。畫龍於盾，合而載之，以蔽車也 左傳·定八年 虞人以鈹盾夾之 周禮·夏官 司兵掌五盾 註 干櫓之屬 齊語 管子曰：制輕罪，贖以鞼盾一戟 註 綴革有文，如繢也。◆ 管子·幼官篇 兵尚脅盾 註 署之于脅，故名 宋史·兵農志 楊偕獻所製神盾 元史·世祖紀 馬八國進銅盾 图 鉤盾，宦者近署 前漢·昭帝紀 上耕于鉤盾弄田 图 官名 唐書·百官志 鉤盾署令二人，掌供薪炭，鵝鴨、蒲蘭、陂池、藪澤之物 图 星名 史記·天官書 杓端外一星，爲盾天鋒。图 國名 魏書·世祖紀 頞盾國獻獅子 图 言不相副曰矛38400盾 图 yǔn 集韻 庾準切 正韻 羽敏切 夶音允。亦干也 图 中盾，太子詹事之屬 前漢·班固敘傳 數遣中盾，請問近臣 師古曰 盾，讀曰允。今作中允 图 dùn 廣韻 徒損切 集韻 韻會 杜本切 正韻 徒本切，夶豚上聲。人名。晉卿趙盾 △ 集韻 通作楯。別作戲，非。鎏 又楯25491 遁29021 图 可洪音義 矛楯38448：食尹反。障箭排也。正作楯也。亦單作盾也 山海經 曰：羿与鑿齒戰於疇（華）之野，羿持弓矢，鑿齒持楯自障 图 刀盾04904：食準反。正作盾。干也，所以御箭龍龕盾，正作盾字，干盾。图 慧琳一切經音義 矛楯24692：上莫侯反，下述尹反。楯，大排也。見 字書 云。

昳 xuè_4.9

唐韻 火劣切 集韻 翾劣切 夶音颰 說文 舉目使之也。从攴从目 图 廣韻 況逼切 集韻 忽域切 夶音洫。又 廣韻 望發切 集韻 勿發切 夶音韈。又 廣韻 集韻 夶七役切音復。義夶同 图 類篇 目小動也 △ 沠原 與曮同六書故 別作眒。鎏 又昳09803

眐 chī_4.9

正字通 俗眵字。

眩 mín_4.9

廣韻 武巾切 集韻 眉貧切 夶音珉。視貌。△ 或作眗睯昳。

睯 mín_4.9

字彙 同眩。鎏 又昮37388

眹 fú_4.9

廣韻 防無切音扶。望也。鎏 又眹46545

眳 xuē_4.9

集韻 許胅切音靴。目動也。

明 míng_4.9

集韻 正韻 夶眉兵切音鳴。視暸也 ○ 按 正字通 云 莊子·外物篇 目徹爲明，不借用明。从日、月，會明意。目明與明暗之明義同。田藝衡曰：古皆从日月作明。漢乃从目作明 廣韻 禮部韻略 俱不收明字 正韻 沿 玉篇 集韻 之誤，分明、明爲二，非。

省 xǐng_4.9

古文 眚甾 唐韻 集韻 韻會 正韻 夶息井切，騂上聲 說文 視也 爾雅·釋詁 察也 易·觀卦 先王以省方觀民設教 論語 吾日三省吾身 图 廣韻 審也 正字通 明也 列子·楊朱篇 實僞之辨，如此其省。又孟孫陽曰：一毛微於肌膚，肌膚微於一節，省矣 爾雅·釋詁 善也 詩·大雅 帝省其山 箋 省，善也 禮·大傳 省于其君 註 善于其君，謂免于大難也 图 小爾雅 過也 史記·秦始皇紀 飾省宣義 註 飾，文飾也。省，過也 图 博雅 省省，不安

也 揚子方言 秦晉之間謂不安爲省省 图 shěng 唐韻 集韻 韻會 正韻 夶所景切，生上聲。禁署也 前漢·昭帝紀 帝姊長公主共養省中 蔡邕云 本爲禁中，避元后父名改曰省中 師古曰 省，察也。言人此中者當察視，不可妄也。又 唐書·百官志 官司之別曰省，曰臺，如尚書，黃門，中書，祕書，殿中，内侍六省是也 韻會 本作眚。或作閣 图 集韻 簡也 韻會 少也 左傳·僖二十一年 貶食省用 禮·鄉飲·酒義 拜至獻酬，辭讓之節繁，及介省矣 註 小减曰省 史記·李將軍傳 莫府省約文書籍事 註 省，少也 图 釋名 省，嗇也。曜嗇約少之言也 图 藕名 清異錄 北戎藕止三孔，漢語轉譯其名曰省事三 图 姓 左傳 宋大夫省臧 图 與眚通 書·洪範 王省惟歲 史記·宋世家 作眚 公羊傳·莊二十二年 春王正月，肆大省 左傳 穀梁 作眚 图 xiǎn 集韻 息淺切音蘇。同獮。秋田也 禮·玉藻 惟君有黼裘，以誓省 註 省，當爲獮 △ 說文 本作眚。从眉省，从屮 徐鉉曰 屮，通識也 同文舉要 舊从目从屮，徹於目者，能省視。又从少从目。凡物少經目則省事。眇同意 字彙補 又作眚。鎏 又省37480

香 mì_4.9

37430 18774

集韻 方鳩切，缶平聲。見也 ○ 按字从不目，與見義遠，疑是否字之譌。鎏 同覔55044 新修玉篇 卷四 目部 引 餘文 香，甫鳩切。見也。又美筆切。

眂 shì_4.9

37431 18775

唐韻 常利切 集韻 時利切 夶音嗜 說文 眂貌 图 與視通 周禮·天官·大宰 王眂治朝，則贊聽治。又 食醫 凡食齊眂春時 疏 眂，猶比也 師曠·禽經 白鶂相眂而孕 註 雄雌相視而孕也 图 博雅 語也 正韻 與眂37485通 图 shì 廣韻 承旨切 正韻 善指切，夶嗜上聲。亦與視同 图 chí 唐韻 是支切 集韻 常支切，並音匙 玉篇 視也 廣韻 眂眂，役目 图 集韻 章移切音支。義同 △ 說文 見部，古視字从氏 舉要 亦作眂 ○ 按从氏非，視音諧聲，當从氏爲正。鎏 又昏37406眂37404

眃 yún_4.9

37432 18776

集韻 王分切音雲。眃眃，視不明貌。图 hùn 集韻 戸袞切音混。眃眃，疾視貌 後漢·張衡·思玄賦 儵眃眃兮反常閒 註 眃眃，音縣混。

昂 áng_4.9

37433 18777

集韻 魚剛切音印。舉目視也。

眄 miàn_4.9

37434 18778

唐韻 莫甸切 集韻 韻會 眠見切 正韻 莫見切 夶音麪 說文 目偏合也 图 衺視也 揚子方言 自關而西，秦晉之間曰眄 史記·鄒陽傳 按劒相眄 前漢·班固敘傳 虞卿以顧眄，而捐相印 陶潛·歸去來辭 眄庭柯以怡顏 图 流眄，轉眼貌 張衡·西京賦 略綽流眄，一顧傾城。图 淮南子·覽冥訓 臥倨倨，興眄眄 註 眄眄然，視無智巧貌也 图 miǎn 廣韻 集韻 韻會 彌殄切 正韻 莫辨切，夶麪上聲。義同 △ 俗作眄。鎏 又眴37453眄46928眄46528

眅 pān_4.9

37435 18779

唐韻 普班切 集韻 韻會 正韻 披班切 夶音攀 說文 多白眼也 图 六書故 反目貌 图 人名 左傳 鄭游眅，字子明 图 pǎn 廣韻 集韻 韻會 正韻 夶普版切，攀上聲。義同 图 正字通 膜侵睛，謂之眅睛 图 pàn 集韻 普

患切,攀去聲。義同△集韻或作瞽。鑑又瞮38014瞥37959
图直音篇瞽,音槃。轉目視。

眆 37436 18780
fǎng_4.9 集韻撫兩切正韻妃兩切夶音紡玉篇眆
昲,見似不諦正字通與仿彷夶同图集韻微見也。
或作眪图正韻與倣同唐·袁楚客·規魏元忠書非眆桀
歟。

眮 37437 18781
pèi_4.9 廣韻集韻夶普蓋切音霈眮眛,目不明
也图bèi廣韻集韻夶博蓋切音貝玉篇不明貌集韻或
从日作昲图pō集韻普活切音鏺。與曹同。

眊 37438 18782
mò_4.9 唐韻莫撥切音末說文目不正也。从艹从
目徐鍇曰艹角戾也图廣韻集韻夶徒結切音垤。義同
图miè集韻莫結切音蔑。義同。或書作苜△字彙从艹
與从艸者不同。鑑又眉48216茜49380

眇 37439 18783
miǎo_4.9 唐韻亡沼切集韻韻會正韻弭沼切夶音
藐◆說文一目小也釋名目匡陷急曰眇。眇,小也正韻偏
盲也易·履卦眇能視穀梁傳·成元年晉郤克眇图正韻
微也,細也,末也前漢·昭帝詔朕以眇身,護保宗廟。
图博雅遠也莊子·庚桑楚藏其身也,不厭深眇而已矣
图增韻盡也荀子·王制篇王者仁眇天下,義眇天下,
威眇天下图細視也前漢·班固答賓戲離婁眇目於毫分
图杳眇,遠視貌史記·司馬相如傳俛杳眇而無見。
图miào集韻正韻夶彌笑切音妙類篇成也易繫辭眇
萬物而爲言。王肅說。今本作妙图集韻眇然,微細貌
图幼眇;精微也前漢·元帝贊窮極幼眇註師古讀要妙
图要眇,好貌楚辭·九歌美要眇兮宜修。鑑又憎38017
憿38092睄38197眇46562

眈 37440 18784
dān_4.9 唐韻丁含切集韻韻會正韻都含切夶音
酖說文視近而志遠易·頤卦虎視眈眈釋文虎下視貌
图樂也書·無逸惟眈樂之從傳過樂之謂眈中庸和樂
且眈詩·小雅作湛爾雅·釋詁作妉說文作媅,音義夶同
图dǎn廣韻集韻夶都感切,酖上聲。亦虎視也图廣
韻徒含切集韻徒南切夶音潭。義同图dàn集韻徒感
切,潭上聲。徐視也。與覘同图chěn集韻丑甚切音踸。
出頭視也。通作闖△正字通眈與耽別。耳聚之耽从耳,
眈樂之眈从目易書詩本作眈,譌作耽正韻耽一作眈,
非。俗作妉,尤非。

眉 37441 18785
méi_4.9 古文智唐韻武悲切集韻韻會旻悲切夶
音麋說文目上毛也釋名媚也。有嫵媚也春秋·元命包
天有攝提,人有兩眉,爲人表候,陽立于二,故眉長二
寸註攝、提二星頗曲,人眉似之图揚子方言東齊謂老
曰眉郭璞註言秀眉也詩·豳風爲此春酒,以介眉壽註
豪眉也图渠眉,玉飾之溝瑑也周禮·春官·典瑞駔圭璋,
璧琮,琥璜之渠眉图井邊地曰眉前漢·游俠傳揚雄酒
箴曰:觀瓶之居,居井之眉註若人目上之有眉也图姓。
宋眉壽,明眉旭图韻會通作麋大戴禮·主言篇孔子愀
然揚麋荀子·非相篇伊尹之狀,面無須麋图通作嵋。

峨嵋山,在蜀嘉定府峨眉縣南百里,兩山相對如峨眉
图州名。魏置眉州,因峨眉山爲名〇按說文本作睂,
从目,象睂之形。上象額理也。徐曰:ㄑ,額理也。指
事。隸作眉字彙補又作睂、睂,非。鑑又屁27461尸00395

眤 37442 18786
xī_4.9 玉篇許乙切音迄。視也。鑑又眄37451

眽 37443 18787
mèi_4.9 唐韻莫佩切音妹說文目冥遠視也。一曰
久也图旦明也班固·幽通賦眽眽寱寱而仰思註眽眽,晨
旦明也图博雅眽眽,視也图玉篇亡拜切廣韻莫拜切
集韻暮拜切,夶霾去聲。義夶同图廣韻眽眼久視也。
图mò玉篇亡撥切廣韻莫撥切夶音末。遠視也。一曰
不正視貌图wù集韻文拂切音勿類篇瞇也字彙補冥
莫也劉歆·遂初賦飄寂寥以荒眽图mà集韻莫八切音
傮。視也图惡視也。與眽同。鑑又智37444

智 37444 18788
mèi_4.9 正字通同眽图hū篇海呼骨切音忽。急視
貌。

眊 37445 18789
mào_4.9 唐韻亡報切集韻韻會正韻莫報切夶音
帽說文目少精也。一曰不明貌孟子·眊中不正,則眸子
眊焉前漢·息夫躬傳憒眊不知所爲封龍子御對篇眊眊
乎其猶醉也图唐國史補進士不捷而飲,謂之打眊矂
蘇軾·與潘三失解後飲酒詩顧我自爲都眊矂。一作氉毷
图與毷同。言老而視眊前漢·武帝紀哀夫老眊註眊,
古耄字。老稱也图玉篇廣韻莫角切集韻墨角切,夶
龙入聲。義同图博雅眊眊,思也。或作瞤图mèi集韻
莫佩切音妹博雅好也图集韻慕各切音莫。目不明也。
與瞙同。

看 37446 18790
kān_4.9 唐韻苦寒切集韻韻會正韻丘寒切夶音
刊說文睎也博雅視也吳志·周魴傳看伺空隙簡文
帝·對燭賦迴照金屏裏,眽眽兩相看图宋史·禮志大宴
前一日,御殿閱百戲謂之獨看图遼史·地理志大東丹
國新建南京,分南北,市中爲看樓,晨集南市,夕集北
市图姓。見姓苑图kàn唐韻苦旰切集韻韻會墟旰切
正韻袪幹切,夶刊去聲。義同△說文从手下目。徐曰:
以手翳目而望也。重文作翰37989俗作看。鑑又圐08204
睂12941睗37943覝55203鞘60043

取 37447 18791
wò_4.9 唐韻集韻夶烏括切音斡說文掯目也。
图集韻鄔管切,斡上聲。義同图nài·集韻女夬切。睥
取,目惡。鑑俗作搲37364取37356取46533

省 37448 18792
shǎn_4.9 佩觿集失冉切音陝。姓也。鑑佩觿貧貧:
上皮巾翻,乏財。下失冉翻,蕃姓图省37478

眎 37449 18793
shì_4.9 說文古文視55073字。

眡 37450 18794
shì_4.9 字彙補古文視55073字。鑑又眎37462

眄 37451 18795
xī_4.9 字彙補許乙切音迄。眄響也。鑑朝鮮本
龍龕眄,許乙反。眄響也。正作眤37442

眅 37452 18796
qì_4.9 字彙補丘乙切音乞。視也。鑑俗眅37467

眄
37453 18797
miàn_4.9
字彙補 莫見切音面。邪視。

眪
37454 18798
bǐng_4.9
字彙補 菲朗切音仿。眪，見也。

䚡
37455 41569
tāo_4.9
字彙補 湯勞切音叨。目重瞼也。見㑗字註。

眈
37456 44706
dǎn_4.9
搜眞玉鏡 丁感切，音瞻◇。鋆音瞻爲音膽之誤。

眘
37457 44707
qí_4.9
龍龕 同耆

眎
37462 u2F943
shì_4.9
兼 眂37450

眺
37458 44708
jiāo_4.9
篇海類編 同瞗。

眝
37459 u2AFA3
zhǔ_4.9
簡 眝37504

睍
37460 u2AFA2
xiàn_4.9
簡 睍37704

眊
37461 u2AFA1
yóu_4.9
从目尤聲 班簋 亡不成眊天畏。讀若訧。
図 yaeuz 壯 瞭望。

昦
37463 u2F942
jù_4.9
具02587本字。亦作昇37367

眤
37464 u25130
nhơn_4.9
喃 从目仁nhân聲△眤眤：傲慢。

眒
37465 u2512F
ngom_4.9
喃 从目吟ngâm聲△眒睉：牽掛。

眽
37466 u2512E
nhắm_4.9
喃 从目壬nhăm聲。同眠37642 図 nhòm 喃 同睰37842窺視△眽睰：偷看。

眲
37467 u2512D
qì_4.9
新修玉篇·目部 引 川篇 眲，音迄。視也。
図 ngù 喃 同眅37468睡覺。狀眲：寢臺。

眅
37468 u2512C
ngù_4.9
喃 从目五ngũ聲。眠。

眊
37469 u2512B
jí_4.9
粤 盯 図 光緒 東平洲志 微視曰眊。
図 mập 喃 五千字譯國語 眇眊，眊畸。

眐
37471 u25128
chǒu_4.9
俗瞅37956陳衍 石遺室詩話續編·卷一 植木宜樗樹，入山怯眐狐 図 二簡 瞅37956简作眐。

昻
37472 u25127
jiāo_4.9
同昇37411，俗鼎37410

胆
37473 u25124
null_4.9
未詳。

晉
37470 u2512A
wù_4.9
同悟17435 馬王堆漢墓帛書·經法·六分 其主不晉則社稷殘。

眹
37474 u25123
gěng_4.9
俗耿46549

眽
37475 u25122
xiāng_4.9
俗眹相37402 廣碑別字 引唐 工部尚書崔泰之墓誌 図 yù 眽37501謳字 集韻 越筆切。目動 五音集韻 作眽，于筆切。目動。

眑
37476 u25121
null_4.9
未詳。

眗
37477 u25120
null_4.9
未詳。

眚
37478 u2511F
shǎn_4.9
同眚37448姓 湖南通志·卷一百七十二人物志十三·明八 眚貴衡：麻陽人。景泰中，由貢知曲陽縣，有循聲，歸里後親故空乏者，多賴其周濟。

省
37480 uF96D
shěng_4.9
兼 省。
類碑別字 引 隋中散大夫口公靜墓誌

眹
37479 u401D
pí_4.9
俗毗27223偏

県
37482 u770C
xiàn_4.9
同縣44695

眍
37481 u770D
kōu_4.9
简 膒38065

瞕
37484 18800
fèi_5.10
同曹

曹
37483 18799
fèi_5.10
唐韻 扶沸切 集韻 父沸切丛音狒 說文 目不明也 図 集韻 芳未切音

費。義同 図 pō 廣韻 集韻 丛普活切音鏺。曹眛，目不明貌。或作眳 図 fú 集韻 敷勿切音拂。視貌 図 類篇 亦書作眳。與髴佛弗丛通。眳37436眛 鋆又輹55088

眎
37485 18801
shì_5.10
玉篇 古文視55073字 魏志·武帝紀 袁紹虎眎四州 宋史·流球國傳 眎月盈虧以紀時 文子·微明篇 眎于冥冥，聽于無聲 図 人名 南史·蕭思話傳 蕭惠明子眎素 図 廣韻 神至切音示 玉篇 語也 廣韻 呈也 前漢·趙充國傳 以眎羌虜 註 眎，亦示字。

眏
37486 18802
yāng_5.10
廣韻 烏郎切 集韻 於郎切丛音鴦 玉篇 目不明也 図 廣韻 眏䁒，目貌 図 集韻 倚朗切，块上聲。義同 図 yǎng 集韻 倚兩切音怏。恨視 図 yìng 集韻 於慶切音映。視也。與瑛同。

眐
37487 18803
zhēng_5.10
廣韻 集韻 丛諸盈切音征 玉篇 獨視貌 図 zhèng 集韻 之盛切，征去聲。尚視也。

胃
37488 18804
mié_5.10
字彙 彌邪切音哶。目小也。

睍
37489 18805
jù_5.10
唐韻 九遇切 集韻 俱遇切丛音句 說文 左右視也 元包經 大有睍鼚于頁。傳曰：目之覽也 註 睍，目。頁，首也 図 彥睍，人名。見 宋史·宗室表 図 廣韻 舉朱切 集韻 恭于切，丛句平聲。義同△ 玉篇 與瞿同 集韻 或作奭、朐 六書故 通作界。鋆又奭37805

眑
37490 18806
yǎo_5.10
集韻 韻會 正韻 丛伊鳥切音杳 類篇 視貌 図 韻會 深遠也 前漢·禮樂志 安世房中歌 淸思眑眑 図 廣韻 集韻 韻會 正韻 丛於糾切，幽上聲。義同 図 ǎo 集韻 於絞切音拗。深目也。與眘同 図 āo 廣韻 集韻 韻 丛於交切，拗平聲。與顑同。面目不平也。見 趙叔向 肯綮錄

眒
37491 18807
shèn_5.10
古文瞋 廣韻 集韻 韻會 丛試刃切，申去聲。張目也。又引目也 図 玉篇 疾貌 史記·司馬相如·子虛賦 儵眒淒洌 張揖註 皆疾貌 図 廣韻 鳥獸驚貌 左思·蜀都賦 鷹犬倏眒 李善註 眒，驚也 図 shēn 廣韻 失人切 集韻 升人切丛音申。義同△ 集韻 或作瞋。鋆又眒37676睒46645 図 可洪音義 一眒47059：音申，舒引也。正作眒雙37708二形。又尸忍、尸刃二反。又丑人反，申也。睒46583息：音申，喘息舒氣，引也。正作眒軟26258雙三形。

眓
37492 18808
huò_5.10
唐韻 集韻 丛呼括切音豁 說文 視高貌 博雅 眓眓，視也 図 集韻 呼哲切音颰。義同。鋆又眓37552賊57654眓37605

眔
37493 18809
dà_5.10
唐韻 徒合切 集韻 達合切丛音沓 說文 目相及也。本作眔。从目从隶省。凡鰥、懷等字皆从此。鋆又眔37554

眕
37494 18810
zhěn_5.10
唐韻 之忍切 集韻 韻會 正韻 止忍切丛音軫 說文 目有所恨而止也 図 爾雅·釋言 重也 左傳·隱三年 石碏曰：憾而能眕者，鮮矣 註 安重貌。戴侗曰：有

忍意又人名。晉右衛將軍陳眕晉書音義又音眞。△篇海或作眡37771 鑾又覞55080覛55068眎37537眡48159

眖 37495 18811
kuàng_5.10 集韻許放切音況玉篇視也又人名。孟眖。見宋史·宗室表

眗 37496 18812
jū_5.10 廣韻舉朱切集韻恭于切丛音拘玉篇左右視也。與䀠同又xū集韻匈于切音吁。眗瞜，笑也。本作煦又kōu集韻墟侯切音摳埤蒼目深貌。或作瞘瞘。

眘 37497 18813
shèn_5.10 玉篇古文慎18082字史記·虞卿傳趙王割縣媾秦。卿曰：王眘勿予南史·王融傳州閭鄉黨，見許愚眘又國名前漢·武帝紀海外肅眘又人名宋史孝宗諱眘又姓。見直音△說文本作眘廣韻作昚正韻亦作脊讀書通通作慶。鑾字彙補畣13271說文古慎字。又眘13883慐17964昚22446

眖 37498 18814
xuè_5.10 集韻呼決切音血。驚視也王延壽·魯靈光殿賦仡欺猥以鵰眖註如鵰之視也聲類與瞲同集韻或作眏又jué集韻古穴切音玦。目深貌。同瞲省。

眙 37499 18815
chì_5.10 唐韻集韻韻會正韻丛丑吏切，音癡說文直視也徐曰視不移也史記·滑稽傳目眙不禁又揚子方言眙，逗也。西秦謂之逗註逗卽今住字，謂住視也又字林驚視貌班固·西都賦雖輕迅與僄狡，猶愕眙而不能階又廣韻丈證切，澄去聲。直視貌。一作瞪。又集韻丑證切，敕去聲。義同。一作覴又yí廣韻與之切集韻韻會盈之切丛音怡。舉目貌又盱眙，縣名，在楚州。通作台。

眚 37500 18816
shěng_5.10 唐韻集韻韻會正韻丛所景切，生上聲說文目病，生翳也又廣韻過也，災也易·訟卦无眚釋文子夏傳云妖祥曰眚。馬云災也。鄭云過也書·舜典眚災肆赦傳眚謂過誤左傳·僖三十三年不以一眚掩大德註眚謂微傷後漢·郎顗傳景雲降集，眚沴息矣註眚沴，謂災氣又妖病也前漢·外戚傳中山小王未滿歲，有眚病孟康註妖病也。蘇林曰：名爲肝厥，發時唇口手足指甲皆青又裁省也◆周禮·地官·大司徒荒政十二，七曰眚禮註荒政，殺禮也又通作瘖，瘦謂之瘖周禮·夏官·大司馬馮弱犯寡則眚之註眚，損也。四面削其地，猶人眚瘦也又通作省37429又集韻息井切，騂上聲。義同。鑾又眚35272

眓 37501 18817
xù_5.10 廣韻許聿切集韻休必切，丛熏入聲。深目貌。與瞲，晛同又yù五音集韻于聿切音減。目動也。

眛 37502 18818
mèi_5.10 唐韻集韻韻會正韻丛莫佩切音妹說文目不明也廣韻目暗也左傳·僖二十四年目不別五色之章爲眛又廣韻集韻正韻丛莫貝切音沬。義同。

眜 37503 18819
mò_5.10 唐韻莫撥切音末說文目不明也又人名。項羽將鍾離眜又miè集韻莫結切正韻彌列切，丛同蔑。地名春秋·隱元年公及邾儀父盟于蔑公羊傳穀梁傳丛作眜。鑾又mắt喃眼睛。

眝 37504 18820
zhǔ_5.10 唐韻陟呂切集韻展呂切丛音貯說文長眙也。一曰張目也陸機·弔魏武帝文眝美目其何望。又zhù廣韻正韻直呂切集韻韻會丈呂切丛音佇。義同△字彙補亦作眝。鑾又眝37459

眮 37505 18821
sī_5.10 集韻與覗同。竊見也。通作伺。

眧 37506 18822
chàn_5.10 廣韻丑黶切集韻敕黶切，丛諂去聲玉篇視也類篇窺也。與覘同又chān集韻韻會丛癡廉切，諂平聲。亦同覘類篇闚也揚子方言凡相竊視，南楚或謂之眧又集韻之廉切音詹。目垂也又diān廣韻集韻丛丁兼切，店平聲類篇竊視也。又廣韻目垂貌又廣韻丁念切集韻都念切丛音店。義同又青箱雜記眧賺者，淫亂也又tàn集韻吐濫切，榻去聲。候視也。

眞 37507 18823
zhēn_5.10 古文𡗓唐韻職鄰切集韻韻會正韻之人切，丛軫平聲說文仙人變形而登天也司馬子·坐忘樞翼篇鍊形爲氣，名曰眞人又玉篇不虛假也韻會實也。僞之反也正韻神也，淳也，精也，正也莊子·漁父篇眞者，精誠之至也前漢·宣帝詔使眞僞毋相亂後漢·馬援傳帝王自有眞也又南齊書·顧歡傳佛號正眞，眞會無生天隱子·神解篇本一性而言，謂之眞如又舊唐書·明皇紀莊子文子列子庚桑子所著書，改爲眞經又天曰眞宰莊子·齊物論若有眞宰，而特不得朕又天眞，天乙，始生之眞元也黃帝·素問有上古天眞論又畫像曰寫眞張君房麗情集蒲女崔徽寫眞，寄裴敬中又星名晉書·天文志京房風角集·星章妖星，一曰眞若。歲星所生也又茶名博物志飲眞茶，令人少眠。任昉云眞，香茗，出巴東又香名洪芻香譜降眞香，生南海諸山。又金名本草·釋名陶弘景曰：仙方名金爲太眞又玉名抱朴子·僊藥篇玄眞者，玉之別名也又州名。漢廣陵地，宋置眞州。又四川化外，唐置眞州又姓。漢長史眞祐，宋學士眞德秀。又複姓。唐將軍眞郭待封又南齊書·魏虜傳北魏呼官吏爲眞。如直眞，烏矮眞之類△◆六書正譌人受氣以生，目最先，神之所聚，無非實也，故从目从乚。乚，化也。从丌，氣之狀也。會意孫季昭曰六經之中無眞字。鑾又眞37553𡗓04345又集韻古作𡗓04335俗作真37508，非是又可洪音義瑱34417珠臺：上之人反。正作眞02609真37571二形。下徒來反。上又徒見、他見二反，並非也。

真 37508 18824
zhēn_5.10 同眞。俗字

眗 37509 18825
jǔ_5.10 集韻果羽切音矩玉篇視也類篇驚視貌。與瞿同。

眊 37510 18826
mǎo_5.10 集韻莫飽切音卯。眑眊，邪視。

眠 37511 18827
mián_5.10 古文𥈇唐韻莫賢切集韻韻會民堅切正韻莫堅切，丛緜平聲說文翕目也釋名眠，泯也。無知泯泯也玉篇寐也後漢·第五倫傳竟夕不眠三國志·趙雲傳先主與雲同牀眠臥列子·周穆王篇西極古莽國，其民不食不衣而多眠，五旬一覺。東極阜落國，其民常覺

而不眠🖼凡草木之偃者亦曰眠三輔故事漢苑有柳，如人形，一日三眠三起🖼凡鳥獸之偃息皆曰眠杜甫詩沙上鳧雛傍母眠。又宋史·禮志諸王聘妃有眠羊臥鹿等物🖼芊眠，茂密貌陸機·文賦清麗芊眠註文采茂密貌🖼色深貌。一曰遙視闇未明也◆張衡·南都賦青冥旰眠註言林木衆色幽昧也。旰37366暝與芊眠同🖼姓。見姓苑🖼miǎn集韻彌殄切，莫上聲揚子方言楚郢謂欺謾爲眠娗。一曰偄劣。又列子·力命篇眠娗諈諉註眠娗，不開通貌。一曰以言相嗤弄也🖼miàn集韻眠見切音莫類篇偃息也🖼博雅眠眩，亂也揚子方言凡飲藥傅藥而毒，東齊海岱之閒謂之眠。或謂之眩🖼韻會或作泯史記·司馬相如·大人賦視眩眠而無見前漢書作眩泯師古曰目不安也🖼mǐn集韻彌盡切丛音泯。視也△說文本作瞑。从目、冥，會意。鍙又瞖38018低01013瞙46593

眂 37512 18828
dī_5.10　廣韻都奚切集韻都黎切丛音低類篇視貌🖼玉篇古文視55073字△正字通俗眠字。眠同視。分爲二，誤。

皰 37513 18829
bào_5.10　集韻皮教切，庖去聲。目怒貌🖼集韻弼角切音雹。義同。

智 37514 18830
wān_5.10　唐韻一丸切集韻韻會烏丸切正韻烏歡切丛音剜說文目無明也六書故眸子枯陷也🖼井枯無水，亦謂之智左傳·宣十二年目於智井而拯之註廢井也🖼yuān廣韻集韻韻會丛於袁切音宛。義同🖼廣韻目空貌🖼集韻邕危切音透。義同。

瞚 37515 18831
shùn_5.10　廣韻舒閏切集韻正韻輸閏切丛音舜。與瞬瞚眴丛通玉篇目動也。以目通指也公羊傳·文七年瞚晉大夫使與公盟疏言其用目瞬之，而幷使向魯，若今時瞬眼矣。本又作眹，譌作眹，非🖼shěn廣韻集韻丛式荏切音審廣韻瞚也類篇視也🖼廣韻書之切音詩。瞚的也。見聲韻

眹 37516 18832
dié_5.10　古文眣唐韻丑栗切集韻韻會敕栗切丛音扶說文目不正也。从目失聲徐曰其視散，若有所失也🖼廣韻集韻韻會徒結切正韻杜結切丛音絰。義同🖼類篇目出貌。或作眰、睦🖼zhá廣韻陟鎋切音哳。目露貌🖼集韻瞵37980古作眹〇按眹與眹別韻會眹註，存說文本訓，復載增韻以目通指曰眹。誤。正韻及字彙譌誤與增韻同。又類篇眹，或作眹，音升基切。引春秋傳眹魯衛之使，亦誤。鍙眹，眹字之訛。

眹 37517 18833
dié_5.10　玉篇古文眹字。註詳上。

眊 37518 18834
ni_5.10　正字通眊字之譌，字彙音義混同瞤，非。

眙 37519 18835
yí_5.10　集韻余支切音移。視也。

瓜 37520 18836
guā_5.10　集韻同瞷

眥 37521 18837
jì_5.10　唐韻在詣切集韻韻會正韻才詣切丛音劑說文目匡也史記·司馬相如·子虛賦弓不虛發，中必決眥前漢書作眦列子·湯問篇拭眥，揚眉而望之註眥，目際也靈樞經·癲狂篇目眥，決于面者爲銳眥，在內近鼻者爲內眥註眥者，睛外之眼角也🖼衣交領處曰眥爾雅·釋器衣眥謂之襟註謂領交處，如人眼，脣，眥，頭也集韻又音貲🖼zī廣韻集韻韻會丛疾智切音漬。亦目厓也🖼zhài集韻仕懈切韻會士懈切，丛柴去聲博雅眦眥裂也類篇恨視也。又舉目相忤貌史記·范雎傳睚眥之怨必報集韻或作眦晉書載記譌作疵，非🖼正韻資四切音恣集韻鉏佳切音柴。義丛同。鍙又眥22600

眦 37522 18838
zì_5.10　類篇與眥同。

昭 37523 18839
chǎo_5.10　廣韻尺沼切集韻齒紹切，丛弨上聲玉篇目弄人也類篇以目玩人謂之昭。

眨 37524 18840
zhǎ_5.10　唐韻集韻丛側洽切音吒說文目動也集韻或作眣。鍙又瀸46152睫46134

眩 37525 18841
xuàn_5.10　唐韻黃絢切集韻韻會正韻熒絹切丛音衒說文目無常主也博雅惑也。亂也中庸敬大臣則不眩前漢·元帝紀俗儒好是古非今，使人眩於名實師古註眩，亂視也🖼眠37511眩，亂也。瞑38004眩，劇也。🖼眩疾，風疾也後漢·姜肱傳言感眩疾，不欲出風。🖼眩雷，地名。在烏孫北。見漢書🖼韻會或作玄荀子·正論篇上周密則下疑玄矣註玄與眩同，謂幽深難知🖼與眴37603通🖼廣韻集韻韻會正韻丛胡涓切，衒平聲。義同🖼釋名眩，懸也。目視動亂，如懸物遙遙然不定也靈樞經·衛氣篇上虛則眩🖼揚子方言眩，懣也。朝鮮洌水之閒，顚眴謂之眩眩註眩音懸。🖼huàn集韻胡辦切韻會正韻胡慣切。丛與幻同。相詐惑也史記·大宛傳安息王以黎軒善眩人，獻于漢師古註今吞刀吐火，屠人截馬諸術是也🖼jiàn集韻扃縣切音罥。行且賣也。與衒、衒同。鍙史記·大宛傳云云。徐慧：漢書·張騫傳以大鳥卵及犛軒眩人獻於漢。師古曰：即今吞刀吐火，植瓜種樹，屠人截馬之術皆是也。

眑 37526 18842
bì_5.10　唐韻集韻丛兵媚切音祕說文直視也。🖼博雅愬也揚子方言趙魏曰眑。或从目🖼集韻莫筆切音密。義同🖼mà廣韻集韻韻會丛莫八切，蠻入聲博雅視也。一曰惡視孟郊·征蜀聯句獷眼困逾眑集韻或作眫。

省 37530 18846
xǐn_5.10　集韻省本字。

眊 37529 18845
mào_5.10　字彙補莫豆切音茂青箱雜記省眫者，嫉妒人也。

眪 37527 18843
bǐng_5.10　集韻補永切音丙。視也🖼類篇目明也🖼人名。柳眪，見唐書·宰相表🖼fǎng集韻撫兩切紡。微見也。與眆同△字彙補或書作昺。

眤 37528 18844
ni_5.10　集韻女利切音膩。視也。

眙 37531 18847
yí_5.10　玉篇古文瞔37591字。

眤 37532 18848
dǐng_5.10　字彙補漢碑鼎字。

昨 37533 18849 zuò_5.10 篇海靖故切音祚。目也。

督 37535 18851 nǔ_5.10 字彙補農魯切音弩。督目也帝京景物篇四壁金剛，振臂拳旅，督瞭攄指。

眽 37536 18900 mò_5.10 玉篇同脈

眦 37534 18850 null_5.10 字彙補音未詳。人名。梁時仰公眦，墮洞庭穴中。

昣 37537 41570 zhěn_5.10 龍龕之忍切。明也。鋈又昈48159

昺 37538 41571 bǐng_5.10 篇海類編音丙。明也。

眑 37539 44709 cū_5.10 龍龕倉胡切音粗。鋈俗皻 又 古壮字，音pjo4，从目皮聲，眼朦。

眫 37540 44710 mí_5.10 五音篇海同眯。

眭 37541 44711 zhù_5.10 龍龕陟雨切，音貯◇。鋈同眝37504 又 jaɯ3 壮看。

眤 37542 44712 yì_5.10 篇海類編同瓲。

昬 37543 44713 sì_5.10 龍龕音俟。鋈 龍龕 昬，古文，同俟。

眉 37544 44714 méi_5.10 五音篇海同眉。

眄 37545 44715 fàn_5.10 五音篇海音梵。

眲 37546 44716 diàn_5.10 搜真玉鏡音簟。

眡 37547 44717 shì_5.10 搜真玉鏡音是。

眞 37548 u2B7B2 zhēn_5.10 俗眞37507見中國書法大字典·目部

昤 37549 u2AFA7 null_5.10 未詳。

眝 37550 u2AFA6 lú_5.10 簡矑38336

盻 37551 u2AFA5 null_5.10 未詳。

眓 37552 u2AFA4 huò_5.10 俗眓37492 新撰字鏡眓，許畫反。高視也 又 mù 喃 同瞀38101盲。

真 37553 u2F947 zhēn_5.10 同眞37507

眔 37554 u2F944 dà_5.10 同眔37493

督 37555 u25150 dǔ_5.10 俗督37709

眕 37556 u2514E null_5.10 未詳。

肣 37557 u2514D null_5.10 未詳。

貴 37558 u2514C guì_5.10 貴57614殘譌

眥 37559 u2514B null_5.10 未詳。

眨 37560 u2514A null_5.10 未詳。

盲 37561 u25149 null_5.10 或俗窅。

眑 37563 u25147 null_5.10 未詳。

眡 37562 u25148 là_5.10 粵看 又 yaep 壮 眨（眼）。

眒 37564 u25146 dān_5.10 俗聃46571

眛 37565 u25145 mù_5.10 簡睦37803

眂 37566 u25143 tǎn_5.10 眂22467譌字集韻眂，儻旱切。明也。又眂暺，徒案切。明也。或从單 又 nhớn 喃 从胆省眼nhản省聲△眂略：目瞪口呆△亦作睓37932瞮10263

眙 37567 u4026 gǔ_5.10 方瞪。

眎 37568 u4025 shuò_5.10 简矂38302

看 37569 u3E14 kàn_5.10 俗看37446

眬 37570 u772C lóng_5.10 简矓38352

眔 37572 u7714 dà_5.10 同眔37493

真 37571 u771F zhēn_5.10 參見眞37507

眭 37573 18852 huī_6.11 唐韻許規切集韻翾規切丛音觿說文深目也 又 廣韻眭盱，健貌 又 xié 廣韻戶圭切音攜。目深惡視集韻或作矊 又 huī 集韻呼維切音倠。仰目也。與睢同 又 suī 廣韻息爲切集韻宣爲切，丛髓平聲。姓也。出趙郡，前漢眭弘，北魏眭夸 又 guì 集韻涓惠切音桂。亦姓也 又 淮南子·原道訓眭然能視 又 wèi 集韻於避切音恚。目小怒貌。同睳省。鋈 正字通睳，眭字之譌。

眪 37574 18853 hǒng_6.11 集韻虎孔切音嗊。矇眪，目不明也。

眗 37575 18854 xū_6.11 集韻同盱。鋈又眗46697

昦 37576 18855 xù_6.11 玉篇同睉集韻或作眣。亦作眓。

眓 37577 18856 xù_6.11 同昦〇按洊原眓與旻、睉同字彙沿徐本說文之譌，以眓爲瞋重文，非。互詳眓37669字註。

眲 37578 18857 huà_6.11 集韻荒刮切。視也埤蒼怒視貌 又 人名。希眲。見宋史·宗室表 又 廣韻集韻丛呼八切音傄。義同。或作睧 又 guā 集韻古活切音括類編目暗也△正字通與耳部聒字義別。

略 37579 18858 luò_6.11 唐韻盧各切集韻歷各切丛音落說文眄也博雅視也揚子方言吳揚江淮謂眄曰略。又吳、揚謂視曰略。東齊亦曰略 又 廣韻離灼切集韻力灼切丛音略。義同。

眮 37580 18859 tóng_6.11 廣韻徒紅切集韻徒東切丛音同。目眶也 又 揚子方言轉目也。吳、楚謂瞋目顧視亦曰眮 又 廣韻正韻徒總切集韻韻會杜孔切，丛同上聲。又廣韻集韻丛徒弄切。同去聲。義丛同。

眪 37581 18860 jī_6.11 唐韻苦兮切集韻牽奚切丛音谿說文蔽人視也。一曰直視也 又 集韻堅奚切音雞。躁視也。又 xié 廣韻戶圭切音攜。能視也。又直視貌 又 集韻詰計切音契。義同△說文或作眘集韻或作昪。鋈又眪37412

眘 37582 18861 xié_6.11 說文同眪。

眡 37583 18862 shì_6.11 集韻設職切音式。目所記也。鋈又眡22582

眆 37584 18863 háng_6.11 集韻寒剛切音航。與翃、鴻同。通作頏篇海鳥飛高下也揚雄·甘泉賦魚頡而鳥眆註頡眆，猶頡頏，謂魚躍鳥翔也 又◆埤雅禽經曰：燕以狂眆視也。

眯 37585 18864 mǐ_6.11 唐韻正韻莫禮切集韻韻會母禮切丛音米說文艸入目中也廣韻物入目中也。又塵粃迷視也莊子·天運篇播糠眯目文子·上德篇蒙塵而欲無眯，不可得絜 又 měi 集韻母鄙切音美。義同 又 mì 集韻蜜二切音寐。與寐同博雅厭也莊子·天運篇彼不得夢，必且數眯焉註眯，魘夢也 又 mí 集韻民卑切音彌。眇目也。與眤、瞴同△集韻或作冞。鋈又眫37540

眑 37586 18865 jiǎo_6.11 集韻吉巧切音狡。詳眑37510字註。

眃 37587 18866
hòu_6.11 集韻許候切，齁去聲。怒目視貌揚子·太玄經遠眃近楛，失父類也。

眰 37588 18867
diè_6.11 集韻徒結切音垤。目出貌。一曰目不正也。與眣同。或作眰囜人名五代史·唐本紀盧臺軍將龍眰囜集韻敕栗切音抶。義同囜zhì職日切音質。視也。與眕同。

眲 37589 18868
ér_6.11 胹字之譌○按集韻眲，人之切。或作聏。訓和調正韻胹聏丛收支韻。聏註引莊子以聏合驪讀書通忸惡通作聏。引揚子·太玄經聏于中。未詳莊子本從肉作胹。註：胹，和萬物也太玄本從心作恧。註：與恧同，慚也說文肉部載胹肭，耳、目二部丛無聏、眲字字彙沿集韻正韻之譌，眲、聏二字註丛引莊子胹合字彙補又沿讀書通之譌，聏註增引太玄恧中，俱失考正舉要眲訓調和，聏訓調聲，未詳眲、聏俱胹譌文，强分眲、聏爲二，亦非。

瞛 37590 18869
zōng_6.11 正字通瞛字之譌。

䁯 37591 18870
yí_6.11 古文眤眤廣韻以脂切集韻延脂切丛音姨玉篇目小視也囜廣韻熟視不言也囜博雅儬䁯，直視也囜集韻田黎切音題。義同囜dì大計切，題去聲。與睇同。璺又眤37518

睼 37592 18871
dì_6.11 玉篇古文眤字。註詳上集韻作眤。

眤 37593 18872
jiā_6.11 廣韻古洽切集韻訖洽切丛音夾。眤細暗。又眇也。一曰目睫動。或作映囜dǔn字彙丁本切，敦上聲。朦朧欲睡貌。

眲 37594 18873
nè_6.11 廣韻集韻丛尼戹切，儜入聲類篇輕視也列子·黃帝篇顧見商丘開，衣冠不檢，莫不眲之囜揚子方言揚越之郊，凡人相侮以爲無知，謂之眲。眲，耳目不相信也郭璞註因字名也囜唐韻集韻丛仍吏切音餌。又集韻竹力切音陟。又眤格切音搦。義丛同。

戠 37595 18874
zāi_6.11 玉篇同職

眅 37596 18875
yǎn_6.11 正字通眅、暖二字之譌。璺又暖37904睰38342

眰 37597 18876
quán_6.11 廣韻集韻丛莊緣切音恮玉篇目瞬也廣韻目眇視也囜quán廣韻疾緣切集韻從緣切丛音全。義同囜quán集韻逡緣切音筌。目不明也。

眩 37598 18877
gāi_6.11 集韻柯開切音該。目大貌囜眩矚，衆相視貌囜人名。陳眩，宋理宗時人。

睞 37599 18878
lài_6.11 集韻盧對切音攂。目不正也。璺正字通俗睞37786字。

衁 37600 18879
xuè_6.11 廣韻集韻丛呼決切音血。瞲衁，視惡貌。

眼 37601 18880
gèng_6.11 集韻居鄧切音亙。目起貌。

眳 37602 18881
míng_6.11 集韻彌幷切音名博雅眳睛，讋也玉篇不悅貌囜眉睫之間爲眳張衡·西京賦眳藐流眄註眳，

眉睫之間，菲好視容也囜mǐng廣韻亡幷切集韻母幷切，丛名上聲。又廣韻莫迥切集韻母迥切丛音茗。義丛同囜類篇目暗也。

眴 37603 18882
xuàn_6.11 唐韻黃絢切集韻熒絹切丛音縣。與眴同說文目搖也廣韻目動也史記·項羽紀項梁眴籍曰：可行矣註謂動目私視之也囜眩也。◆楚辭·九章眴兮杳杳囜眴轉，視不明也班固·西都賦目眴轉而意迷囜冥眴，視不諦也揚雄·甘泉賦目冥眴而亡。見文選註。昏亂之貌囜眴眴，目搖動不明也素問腎癉者，目眴眴然。囜柔順貌管子·小問篇苗始其少也，眴眴乎何其孺子也註穀苗始則柔順，故似孺子也囜鮮明貌宋玉·風賦眴煥粲爛囜人名。熊眴。見史記·楚世家囜與眩通揚雄·劇秦美新文臣嘗有顛眴病註眩，惑也。眴與眩古字通囜廣韻許縣切集韻韻會翾縣切正韻翾眩切丛音絢。義同囜shùn廣韻舒閏切集韻韻會正韻輸閏切丛音舜。目自動也。與瞚瞬眩瞲丛通囜rún廣韻如勻切音犉。亦同瞚囜xún廣韻相倫切集韻須倫切丛音荀。亦同旬，目眩也囜鱗眴，無涯也張衡·西京賦坻崿鱗眴囜xún集韻松倫切音旬前漢·地理志眴卷，縣名，屬安定郡。

眵 37604 18883
chī_6.11 唐韻叱支切集韻韻會侈支切，並侈平聲說文目傷眵也。一曰瞢兜廣韻目汁凝也韓愈·短燈檠歌兩目眵昏頭雪白囜廣韻集韻丛章移切音支。義同△正韻與瞝同。俗作眿。

眽 37605 18884
huò_6.11 正字通眽字之譌。

眶 37606 18885
kuàng_6.11 廣韻去王切集韻韻會正韻曲王切丛音筐玉篇眼眶也集韻目厓也列子·仲尼篇矢來注眸子，而眶不睫張衡·西京賦隅目高眶註高眶，深童子也囜通作匡史記·淮南王安傳涕滿匡而橫流△集韻或作頤。

眷 37607 18886
juàn_6.11 唐韻居倦切集韻韻會古倦切正韻吉掾切丛音卷說文顧也博雅嫥也。又回視也書·大禹謨皇天眷命囜與睠通詩·小雅睠睠懷顧韓詩作眷眷，勤厚之意也。又大雅乃眷西顧箋眷，本又作睠囜親屬也五代史·裴皞傳裴氏自晉魏以來，世爲名族。居燕省者，號東眷。居涼者，號西眷。居河東者，號中眷囜或作婘史記·樊噲傳誅諸呂婘屬囜姓。見姓苑。又茂眷，代北複姓。又壹斗眷，代北三字姓△集韻亦作券。璺又睠62658眷62662婘11319

眸 37608 18887
móu_6.11 唐韻莫浮切集韻韻會迷浮切丛音謀說文目童子也釋名眸，冒也。相裹冒也孟子存乎人者，莫良於眸子囜集韻通作牟荀子·非相篇堯舜參牟子註牟同眸。謂二瞳相參也。

眹 37609 18888
zhèn_6.11 唐韻直引切集韻韻會丈忍切正韻直忍切，丛陳上聲說文目精也。俗謂目童子周禮·春官·瞽矇註無目眹謂之瞽。有目眹而無見謂之矇音義眹，又

作眀。或作映[又][類篇]目兆也[佩觿集]吉凶形兆，謂之兆眹，字从目[又]jiē[正韻]卽涉切音接。亦目童子也△[說文]本作瞚。从目弅聲○按勝字賸字皆从眹，疑古以眹爲眹。

眺 37610 18889 tiào_6.11 [唐韻][集韻][韻會][正韻]太他弔切音糶[說文]目不正也[潘岳·射雉賦]邪眺旁剔[註]視瞻不正，常驚惕也[又][玉篇]眺望也[類篇]遠視也[禮·月令]可以遠眺望。[又]臺名[三輔黃圖]影蛾池，一曰眺蟾臺[又][集韻][正韻]土了切[韻會]吐了切，太糶上聲。義同△或作覜。鎣又䀏37742

睊 37611 18890 juàn_6.11 [字彙]俗睊字。鎣又睊37639

瞅 37612 18891 shōu_6.11 [集韻]尸周切音收。瞭瞅，斂容視貌。[又][集韻]居虯切音樛。義同。

眻 37613 18892 yáng_6.11 [廣韻]與章切[集韻][韻會]余章切太音陽。美目也[又][玉篇]眉閒曰眻[又][廣韻]餘亮切[集韻]弋亮切，太陽去聲。義同△[集韻]或作暘。通作揚。

眼 37614 18893 yǎn_6.11 古文𥃩[唐韻]五限切[集韻][韻會][正韻]語限切，太訮上聲[說文]目也[靈樞經·大惑論]五藏六府之精氣，皆上注于目，爲之精。精之窠爲眼，骨之精爲童子，筋之精爲黑眼，氣之精爲白眼，故童子黑眼法于陰，白眼赤䀣法于陽[釋名]眼，限也。瞳子限限而出也[易·說卦]巽其於人也，爲多白眼◆[史記·孔子世家]眼如望羊[晉書·阮籍傳]籍能爲青白眼[南史·陶弘景傳]仙書云眼方者壽千歲。弘景末年，一眼有時而方[又]馬有夜眼[本草綱目]馬夜眼在馬足膝上，有此能夜行[又]果名[嵇含·草木狀]南方之果珍異者有龍眼[又]香名[洪芻香譜]白眼，香黃熟之別名[又]彪眼泉，地名。見[北史·常景傳][又]姓。見[姓苑][又]wěn[集韻][韻會][正韻]太魚懇切，垠上聲[周禮·冬官考工記·輪人]望其轂欲其眼也[註]眼，出大貌。一曰突出貌。鄭康成讀△[說文]本作䀔。俗或誤從耳作𦔮。

睆 37615 18894 huāng_6.11 [廣韻][集韻]太呼光切音荒[玉篇]目不明也[靈樞經·脈篇]目睆睆如無所見[註]腎虛則瞳神昏眩。俗本譌作睆，非[又]máng[廣韻]莫郎切[集韻]謨郎切太音茫。又huǎng[集韻]虎廣切，荒上聲。義太同△[集韻]或作曂[字彙補]譌作眖睬睍，太非。鎣又眖37626

脈 37616 18895 mò_6.11 [唐韻][集韻]太莫獲切音麥[說文]目財視也[徐曰]目略視之也[又][廣韻]相視也[古詩]盈盈一水閒，脈脈不得語[又][玉篇]脈脈，姦人視也[又][韻會]莫白切音陌。義同[又]mì[集韻]莫狄切，銘入聲[類篇]衺視也。又[揚子方言]脈蜴，欺謾也。楚人通語[又]通作覓[前漢·揚雄河東賦]脈隆周之大寧[註]脈，視也。卽覓字[正譌]通作覛。義同[讀書通]通作覔，非。鎣又眽37400脉37536覛55086

眾 37617 18896 zhòng_6.11 古文𥆥㐺[唐韻][廣韻][集韻][類篇][韻會][正韻]太之仲切，終去聲[說文]多也[徐曰][國語]三人爲眾。數成於三也[易·說卦]坤爲眾[疏]取其地載物非一也[書·湯誓]格爾眾庶[詩·周頌]命我眾人[鬻山子·損益篇]寡者，爲人上者也。眾者，爲人下者也[又]眾雨[禮·月令·淫雨蚤降註]雨三日以上爲霖，今[月令]曰衆雨[又]星名[史記·天官書]婁爲聚眾[又]縣名[前漢·地理志]安眾縣，秦置，屬南陽郡[又][唐韻]職戎切[集韻][韻會]之戎切太音終。義同[又]草名◆[爾雅·釋草疏]眾，一名秫。稷之黏者也。又濼，一名貫眾，藥草也[又]姓[左傳]有眾仲，眾父，以字爲氏△[正字通]从橫目，从㐺，人數多也。目，數也[字彙]作衆，列血部，非。鎣又众00888𠊱01950𠀫05829𠔍14587𠁣00291

𥆥 37618 18897 zhòng_6.11 [字彙補]古文眾字。註詳上。

睊 37619 18898 juān_6.11 [字彙補]音涓。清明也。

眡 37620 18899 shì_6.11 [集韻]視55073古作眡。

𥄉 37621 18901 méi_6.11 [字彙補][字義總略]古眉37441字。

䀿 37622 41572 jiāng_6.11 [奚韻]吉羊切。梵語，鉢羅䀿，此云智也。

䏝 37623 41573 tāo_6.11 [篇海類編]他刀切音滔。目通白[楊氏古音]唐小說：術士相裴夫人目䏝而緩，主淫。俗誤作脩長之脩，非。又作𦟌。

䀠 37624 41574 mào_6.11 [轉注古音]䀠，與貿同。王柏云貿，相易也，而爲䀠矇之貿[素問]目䀠䀠然。

𥇒 37625 41575 chuàng_6.11 [篇海類編]丑絳切，音創◇與𥉿同，直視也。

䀥 37627 41584 xù_6.11 [川篇]音役。視也。鎣俗䀥37691

𥅸 37628 44718 xié_6.11 [篇海類編]與䀣同。

睎 37630 44720 xī_6.11 [龍龕]同睎

眖 37626 41578 huāng_6.11 [龍龕]音荒。目不明也。又狼眖也。又音忙。義同。鎣俗睆。

𥄳 37631 44721 shǒu_6.11 [龍龕]音首

䏶 37629 44719 shèng_6.11 [字學指南]與聖同。鎣聖古文亦作𦔻46606聀46539

𥅹 37632 44722 jìng_6.11 [龍龕]音竟。鎣疑同䀴。

𥄿 37633 44723 xù_6.11 [五音篇海]許役切。

𥇦 37634 44724 ruì_6.11 [搜眞玉鏡]揚隹切音帷。鎣同睿，俗睿。

𫞳 37635 u2B7B3 fēng_6.11 同䩬37664

𪾪 37636 u2AFAA null_6.11 未詳。

𪾩 37637 u2AFA9 null_6.11 未詳。

𥆄 37640 u25184 quáng_6.11 [喃]从眩省光quang聲[又]hoáng同晃△𥆄昧：耀眼。

𥆃 37641 u25183 nhơ_6.11 [喃]从目如như聲△眼𥆃：悠閒。

𥆂 37642 u25182 nhắm_6.11 [喃]从目任nhậm聲△𥆂昧：閉眼。𥆂的瞄準靶子[又]nhằm同𠂆00198𥆂𠣝：目標。𥆂欺：恰好。

𪾨 37638 u2AFA8 null_6.11 未詳。

𥆁 37643 u25181 liếc_6.11 [喃]从目

列liè聲。瞭。亦作㶸38030△眲昧：怒目瞪眼。

眶 37644 u25180 giương_6.11 㗁从目江giang聲△眶昧：睜眼。

睊 37639 u2F948 juàn_6.11 同睊37611

眑 37645 u2517F chộp_6.11 㗁同瞅38110

眐 37646 u2517E null_6.11 未詳。

果 37645 u2517C mǐ_6.11 同眯37585 集韻眯，說文艸入目中也。或書作果。

倉 37647 u2517D null_6.11 未詳。

睆 37649 u2517B chòng_6.11 方打瞌睆。
評彈玉蜻蜓·第三一回在打瞌睆哉。

映 37650 u25174 jié_6.11 簡㗁映37695

睂 37652 u25171 xǐng_6.11 省37429本字

眛 37651 u25172 zhū_6.11 睛眛，眼珠図chau㗁从目朱cho聲△眛眉：顰眉図trô从目誅tru省聲△祉眛眲：睜大眼睛看。

眍 37653 u2516F null_6.11 未詳。

睜 37655 u7741 zhēng_6.11 正字通睜37783初庚切。音崢。張目不悅視也。俗作睁。

戠 37654 u25164 null_6.11 未詳。

眉 37656 18902 méi_7.12 說文眉本字

睗 37657 18903 bǔ_7.12 玉篇卜古切音補。視貌。鑾可洪音義睗至：上布胡反，晚也。正作晡。

盷 37658 18904 gǔ_7.12 廣韻集韻丛古祿切音穀玉篇目開也廣韻大目也類篇目動也。與眳同。

琢 37659 18905 xù_7.12 集韻許勿切音欻。目動也。與瞲同。

眳 37660 18906 jué_7.12 集韻訖岳切音角。目動也図胡谷切音斛。義同図gǔ廣韻集韻丛古祿切音穀。與盷同。鑾可洪音義眳張：上音角。目不正也。又或作盷。同古屋反。大目也。作眳：依字音穀。

畯 37661 18907 suō_7.12 集韻祖峻切音俊。視也図juān遵全切音鑴。人名前漢·諸侯王表魯文王睃。晉灼讀。

眂 37662 18908 shè_7.12 集韻同矔音丰。目瞭也。或作眰。鑾又眰37635

睒 37664 18910 fēng_7.12 集韻敷容切音丰。目瞭也。或作眰。鑾又眰37635

眕 37663 18909 jiǎo_7.12 篇海類編同眮，亦作眑。

睮 37670 18916 yú_7.12 類篇同瞻

睄 37665 18911 shào_7.12 集韻所教切音稍。小視也図人名。汝睄。見宋史·宗室表

睅 37666 18912 hàn_7.12 唐韻集韻戶版切韻會合版切丛音莞說文大目也廣韻目出貌左傳·宣二年睅其目疏目大則出見。或作睆図集韻下罕切音旱。義同。或作暖。

睆 37667 18913 huǎn_7.12 說文同睅図實貌詩·小雅有杕之杜，有睆其實図明星貌詩·小雅睆彼牽牛図美好貌禮·檀弓華而睆，大夫之簀與疏刮削木之節目，使其睆睆然好也。徐邈又音刮図六書故睆，目圜轉也詩·邶風睆睆黃鳥傳睆睆，好貌朱註其音清和圜轉也図睆睆，窮視貌莊子·天地篇睆睆然在繯繳之中，而自以爲得正韻音緩集韻又音湲図人名。與睆。見宋史·宗室表
図字彙補古侯國，少昊之後也路史·國名記舒之懷寧

有睆故城。睆與皖通図集韻鄔管切音盌。小嫵媚也。或作睕。鑾又睆37807睆37672

瞙 37668 18914 mù_7.12 集韻莫六切音牧。目病。鑾又俗晦22638可洪音義晦瞙：上荒昧反，下一計反。

賝 37669 18915 chēn_7.12 吳元滿·溁原瞋37969重文作賝〇按說文瞋，从目眞聲。祕辭或从成。徐本誤从戌，非是，以賝與瞋，義合相牴牾也。又字彙時正切音盛，明也。與日部賝字音義相溷，亦非。鑾又瞟38145

眰 37671 18917 tìng_7.12 集韻待鼎切，庭上聲玉篇目出也。

睆 37672 18918 huǎn_7.12 正字通睆字之譌。

睞 37673 18919 là_7.12 類篇同瞷。省文。

睇 37674 18921 dì_7.12 唐韻特計切集韻韻會正韻大計切丛音第說文目小視也揚子方言南楚謂眄曰睇禮·內則在父母舅姑之所，不敢睇視註傾視也楚辭·九歌既含睇兮又宜笑註微眄貌集韻或作睼図tí集韻田黎切，第平聲。迎視也。與睼同図tí廣韻土雞切集韻天黎切丛音梯。視也。

瞑 37675 18922 yǐng_7.12 廣韻五到切集韻研頂切，丛鸎上聲玉篇直視也図yà廣韻五夾切，喦入聲埡蒼視貌図kēng集韻丘耕切音硻。與瞑同。

聏 37676 18923 shēn_7.12 正字通俗眒字。

睒 37677 18924 shùn_7.12 同眹類篇同眹，誤図shī廣韻式其切集韻升基切丛音詩。眴也。

睲 37678 18925 xiāo_7.12 字彙虛交切音哮篇海睲也。鑾玄應音義睲瞎：許交反。下許鎋反。目盲也可洪音義睲瞎：上呼交反。乾也。亦宮殿形狀也。正作灼30598庌15482二形上方經作哮瞎。鄧福祿：睲瞎，眼睛乾澀不明。

膏 37679 18926 gāo_7.12 正字通膏字之譌。

瞗 37680 18927 dōu_7.12 廣韻集韻丛當侯切音兜類篇目蔽垢也図廣韻瞗眵，目汁凝也△集韻與覯、瞪丛同。

睏 37681 18928 chěng_7.12 廣韻集韻丛丑郢切音逞玉篇睏睏，照視也図廣韻意不盡也。

睉 37682 18929 cuó_7.12 唐韻昨禾切集韻徂禾切，丛音矬說文目小也図集韻粗果切，脞上聲。義同図zhuài仕夬切，膗去聲。睉賏，目惡△徐鉉曰按尚書元首叢睉哉。叢睉，猶細碎也。今从肉，非。鑾又睳38038

眼 37683 18930 liàng_7.12 唐韻集韻力讓切正韻力仗切丛音亮說文目病也玉篇一作睒図qiàng集韻丘亮切，却去聲。義同。或作睒、睒盧當切音郎。又郎宕切，郎去聲。義丛同図lǎng里黨切，郎上聲。目明也。與睲同。鑾又痕36030睒37910

睼 jié_7.12 廣韻居怯切 集韻訖業切 丛音劫 玉篇急視也 廣韻視貌。

奠 quán_7.12 唐韻況晚切 集韻火遠切 丛暄上聲 說文大視也 總要从大、夒，會意 集韻與覱同 図 廣韻巨員切 集韻逵員切 丛音權。義同 図 guàn 集韻古玩切音貫。大目也。鋆又奠10221與奠10204別。

睻 guó_7.12 集韻郭攫切，音虢 類篇閉目貌 神異經八荒有毛人，見人則睻目開口。

眵 máng_7.12 廣韻 集韻 丛莫江切音尨 玉篇目暗也。

眐 wāng_7.12 集韻烏光切音汪。眐眐，目欲泣貌。

晢 chì_7.12 廣韻 集韻 丛丑例切音懘 玉篇瞥也 廣韻目光也。又目明也 類篇目美也 図 唐韻 集韻 丛征例切音制。又 廣韻旨熱切 集韻之列切 丛音浙。義丛同△ 集韻或作晣 正字通與睳同。

睊 juàn_7.12 唐韻於絢切，淵去聲 說文視貌 図 廣韻古縣切 集韻扃縣切 韻會規縣切，丛涓去聲。睊睊，側目相視貌 孟子睊睊胥讒 図 廣韻古懸切 集韻恚懸切 正韻圭淵切 丛音涓。義同。鋆 廣韻古懸切 集韻恚懸切。廣韻古玄切 集韻圭玄切 図 睊37611

眫 xù_7.12 廣韻 集韻 丛呼臭切音殈。與瞁同。又 集韻呼役切，炯入聲。義同 玉篇視也 廣韻眼也 図 集韻營隻切音役。義同。

眧 wàng_7.12 集韻于放切音旺。視也〇按 字彙音往。光也，美也，祭祀之豐也。溺同日部眰字，非。

省 suō_7.12 廣韻素何切 集韻桑何切 丛音娑 廣韻偷視也 類篇視之略也。或作眵。

眹 shǎn_7.12 集韻 韻會 丛失冉切音閃。眹眹，目數動貌△ 韻會作覢 集韻通作睒。

睫 jié_7.12 唐韻子葉切 集韻卽涉切 丛音接 說文目旁毛也 史記·扁鵲傳忽忽承睫 集韻或作睫瞜睞趝棱矆 図 集韻失涉切音攝。目動貌。與矊同 図 zhǎ側洽切音眨。目動也。與眨同 図 yà五洽切音謀。婍睫，戲謔貌。図 jiá訖洽切音夾。目睫動。一曰眇也 韓非子·說林篇惠子曰：今有人見君，則睫其一目，奚如。鄒君曰：我必殺之。惠子曰：瞽兩目睫，君異爲不殺。君曰：不能勿睫 集韻與睑同。鋆又睫37650睫37725

眮 yuè_7.12 集韻欲雪切音悅。目玩也。鋆轉目 集韻从允作。

睂 chōu_7.12 唐韻敕鳩切 集韻丑鳩切 丛音抽 說文眣也。盽本字 図 chāo 集韻丑交切音颮。目不正也 図 tāo 廣韻土刀切 集韻他刀切 丛音韜 類篇目不明也。一曰目通白也 字彙補目重瞼也〇按 楊氏古音 唐小說，術士相裴夫人，目睂而緩，主淫。俗誤作脩長之脩，非。

鋆又脩37623盽37349

晬 huà_7.12 集韻同晬。

眤 é_7.12 廣韻 集韻 韻會 正韻牛何切 丛音我 玉篇望也 廣韻視也 公羊傳·定八年眤而鍥其板 班固·西都賦眤北阜。

眪 píng_7.12 集韻匹正切音聘 玉篇視也 図人名。希眪。見 宋史·宗室表△本从粤。俗作眪，非。

眒 chēn_7.12 唐韻昌眞切 集韻稱人切 丛音嗔 說文與瞋同 図 rèn 廣韻 集韻 丛而振切音認 類篇視貌。一曰眩也。又眒眩37525，瀡也 集韻與眒同 図 zhěn 玉篇之忍切音軫。亦眩瀡也。

睻 yàn_7.12 唐韻予線切，延去聲 說文本作𧣓。相顧視而行也 博雅視也 図 yán 廣韻以然切 集韻 韻會 正韻夷然切，衍去聲。義丛同 図 quàn 廣韻七絹切音縓。更視貌。鋆又睻37750睻22614 𧣓61152 図 直音篇𧣓15914音延，睻46660同。視也。

睌 mǎn_7.12 唐韻武限切 集韻武簡切，並音上聲 說文睌瞖，目視貌 図 廣韻無畏視也 博雅睌睌，視也。△ 廣韻書作眅。

睍 xiàn_7.12 唐韻 集韻 韻會 正韻 丛胡典切，賢上聲 說文出目也 図小視也 唐書·韓愈傳低首下心，伈伈睍睍 伈伈，恐貌。睍睍，視貌。或作倪 図 睍睆37667，好貌 図人名。李睍上表求立 陸襄碑。見 梁書。又李睍，夏國主。見 宋史 集韻形甸切，賢去聲。目小也。鋆又睍37460

睎 xī_7.12 唐韻香衣切 集韻 韻會香依切 丛音希 說文望也 玉篇眣也 揚子方言東齊青徐閒謂眣曰睎 班固·西都賦睎秦嶺 郭璞·江賦飛廉無以睎其蹤 図慕之 揚子法言睎驥之馬，亦驥之乘也。睎顏之人，亦顏之徒也 韓愈·南山詩蒼黃忘遐睎，所矚纔左右 図 韻會通作希 孝經序希升堂者，必自開戶牖 疏希，望也。又 前漢董仲舒傳公孫弘希世用事 註希，觀相也△ 字彙補或作晞。鋆俗作睎46659

睔 hán_7.12 正字通 字彙 音含。視也。出釋典。按訓視作睔，非。鋆鄭賢章：俗肣46972

眼 yǎn_7.12 說文眼本字。

叟 shēn_7.12 玉篇舒仁切音申。引目也。鋆又叟37879盽37491 図 楊寶忠：俗叟05257

督 dǔ_7.12 集韻董五切音睹 篇海多也 図 類篇仉督，梁公子名 図 字彙補譌作督，非。鋆又督47363

䀂 mù_7.12 字彙補古文目37343字。

睋 xié_7.12 字彙補許頻切音諜。昏暗貌。

睟 liú_7.12 字彙補力求切音留。臥視也。

耎 37713 41576
rán_7.12 餘文 如延切。犬肉也。

睯 37714 41577
nì_7.12 篇海類編 女利切音膩。目深貌。又烏活切音斡。義同。

眇 37715 41579
suō_7.12 篇海類編 先何切音梭。偷見貌。

鑿 又省37693憎38017瞄38197

睗 37716 41580
chì_7.12 字彙補 昌志切音熾。瞥也。

眯 37717 41585
mí_7.12 川篇 音彌。眇目曰眯。

暧 37718 44725
jiù_7.12 海篇 音僦

眃 37720 44728
huāng_7.12 龍龕 同眃。

眫 37719 44726
bì_7.12 篇韻 音被

睕 37721 44729
wàn_7.12 龍龕 同腕。

鑿 同胖、擘、擘，俗擘。今作腕。

瞓 37722 44730
nào_7.12 搜眞玉鏡 奴到切。

眍 37723 u2AFAC
null_7.12 未詳。

勖 37724 u2AFAB
null_7.12 未詳。

映 37725 u2F949
jié_7.12 兼映37695

眲 37731 u251BE
nhìn_7.12 喃看△眲

認：認識。眈眈眲，亦作眲沈沈：盯看。

睏 37726 u251C8
nhốn_7.12 喃從目囷đốn聲。

刪 37727 u251C2
bét_7.12 喃從目別biết聲△刪眛：結膜炎。

眭 37728 u251C1
trố_7.12 喃從目住trú聲△眭眛：瞪大眼睛。

眃 37729 u251C0
huāng_7.12 俗眃37615 新撰字鏡 眃，魚岡反。目暗 可洪音義 眃眃：莫郎、虎光二反。目不明也。誤。

眛 37730 u251BF
quàu_7.12 喃從目求cầu聲△眛妬：皺眉

盻 37732 u251BD
ngồm_7.12 喃盻47355俗諳。

眲 37733 u251BC
lǐ_7.12 集韻 作俚46637，並䢃61690諳字 直音篇 眲，音里。地名。

昭 37734 u251BB
rử_7.12 喃從目呂lử聲。

晒 37735 u251BA
dấu_7.12 喃從目酉dậu聲△晒占：隱蔽。

獥 37737 u251B8
yuè_7.12 俗默21647

暖 37736 u251B9
ngớp_7.12 喃從目炗ngập聲。亦从心作惸17482眇暖：牽掛。

朁 37739 u251B4
dū_7.12 俗督37800

眹 37738 u251B5
zhèn_7.12 联37609本字

朁 37740 u251B3
dū_7.12 俗督37800 直音篇 朁，同督。

眺 37742 u251AE
tiào_7.12 同眺37610 可洪音義 迴眺：他吊反。

脬 37744 u251AC
null_7.12 未詳。

眕 37741 u251B1
cén_7.12 元·王元鼎 河西後庭花 走將來涎涎瞪瞪冷眼兒眕

眼 37745 u251AB
null_7.12 未詳。

眹 37743 u251AD
null_7.12 未詳。降魔變文 瞿曇何如眹六師，擇善而行慶好事。

睹 37746 u251AA
null_7.12 未詳。

眤 37747 u251A9
nì_7.12 俗眤37807

晄 37748 u251A8
huāng_7.12 俗晄37615

眴 37749 u251A7
shùn_7.12 簡瞤38133

睚 37750 u2518A
yán_7.12 同逪15909

睑 37752 u7751
jiǎn_7.12 簡瞼38227

鼎 37751 u4040
dǐng_7.12 俗鼎75220 碑別字新編 引 隋暴永墓誌

睐 37753 u7750
lài_7.12 俗睞37786 可洪音義 睞睞：上古岳反。下来代反△宏按，睞睞，或作角睞，眼角斜視。

睏 37754 u774F
kùn_7.12 國語辭典 睏，睡。民國 嘉定縣續志·卷五·風土志·方言·實詞 困，俗言臥也，新方言 說文 困，故廬也。有居處之義。古文作朱。今江浙謂寢曰困，亦取從止之義。俗作睏。

睒 37755 18961
shǎn_8.13 唐韻 集韻 韻會 正韻 丛失冉切音閃 說文 暫視貌 郭璞·江賦 獱獺睒瞯乎廞空 図 窺也 揚子·太玄經 瞢復睒天，不視其軫 註 瞢而窺天，天道高遠，故不見其軫界也 図 電光也 元包經 電烜烜，其光睒也 韓愈·寄崔立之詩 雷電生睒睗 図 晶熒貌 韓愈·東方半明詩 太白睒睒 図 地名 唐書·南蠻傳 越睒之西，產善馬，世稱越睒駿。又 元史·地理志 廣南西路，北勝府順州，俗名牛睒 図 國名 晉法顯佛國記 西北有國名拘睒彌 図 shàn 集韻 舒贍切，閃去聲。視速貌 図 tàn 廣韻 集韻 丛吐濫切，榻去聲。候視也 図 部落名 唐書·南蠻傳 突羅朱閤婆部落，名伽龍睒△ 韻會 一作覢 集韻 通作映。或作睼。

睊 37756 18943
juàn_8.13 唐韻 居倦切 集韻 古倦切丛音眷◆ 說文 目圍也 図 集韻 醜62453古作睊。

睴 37757 18962
tiǎn_8.13 集韻 韻會 丛他典切音腆。慙也。與恔同 図 人名。汝睴。見 宋史·宗室表

晓 37759 18964
qiǎng_8.13 集韻 與眼睺丛同。

睔 37760 18965
gùn_8.13 唐韻 集韻 丛古本切音袞 說文 目大也 南齊書 張融海賦 睴睔煥七曜之文 図 人名 春秋傳 有鄭伯睔 図 廣韻 集韻 韻會 丛古困切，袞去聲。大目露睛也 図 集韻 古患切音慣。義同 図 lǔn 廣韻 盧本切 集韻 魯本切，丛論上聲。睔目貌 図 huán 集韻 胡關切音還。大目貌。同睘 図 hùn 廣韻 胡本切 集韻 戶袞切丛音混。義同。或作眠。鑿 又睔46701睴37881

睴 37758 18963
liàng_8.13 玉篇 同眼

睕 37762 18967
wǎn_8.13 廣韻 於遠切 集韻 委遠切丛音婉 類篇 目開貌 玉篇 小嫵媚也 図 廣韻 集韻 丛烏括切，剜入聲。義同 図 wàn 廣韻 集韻 丛烏貫切，剜去聲。睕睒，大目。又轉目也 図 wǎn 集韻 鄔管切，剜上聲。與睆同 図 wān 烏丸切音剜。睕睕，深目貌 晉書·載記 孫珍患目，崔約戲曰：溺中則愈。珍曰：目何可溺。約曰：卿目睕睕，正耐溺中。

睔 37761 18966
gùn_8.13 同睔

睍 37763 18968
xiàn_8.13 唐韻 侯簡切 集韻 下簡切丛音限 說文 大目也 図 晚37703睍。

睤 37764 18969
biāo_8.13 字彙 必昭切音標。著眼視也 篇海 亦作瞟

矔。

矊 máng_8.13 正字通俗盲字。瞢龍龕矃矊：上烏耕反，下莫耕反，眼作媚也。

矋 hàn_8.13 集韻胡紺切音憾。目深貌図qià乞洽切音恰。目陷也。與瞰同。

矤 zhuó_8.13 集韻竹角切音卓。目明也。

矤 mí_8.13 集韻民卑切音彌。眇目也類篇或作矆、眛。

矦 xìng_8.13 集韻下頂切音悻。瞑目貌図人名。與矦見宋史·宗室表

矎 xù_8.13 字彙許役切，兄入聲◇驚貌。瞢直音篇瞋，同瞋37913

眣 zhěn_8.13 同眕。丑升切音徵。矎矒，直視貌図集韻閭承切音陵。義同。

矨 lèng_8.13 廣韻集韻丛

矃 fǎng_8.13 玉篇古文朗23405字図集韻目明也。或作眼図集韻撫兩切音紡。微見也。與眆同。

矈 shì_8.13 唐韻集韻韻會正韻丛施隻切音釋說文目疾視也廣韻眹矈，急視也左思·吳都賦忘其所眹矈庾信·枯樹賦木魅矈眹。

矋 měng_8.13 集韻母梗切音猛。矒矋，有餘視也。又集韻喜也図類篇恚貌図廣韻武幸切，電上聲。義同。図mèng廣韻集韻丛莫更切，猛去聲。矋盯，目怒貌。或作矓。

矐 jié_8.13 集韻同眹

矎 qióng_8.13 同矏。俗省。

矏 dìng_8.13 玉篇多佞切音訂。見也図集韻徒徑切音定。義同。

矑 liè_8.13 集韻力結切，蓮入聲。轉視也。瞢又矎37934

矁 yè_8.13 廣韻於業切集韻乙業切丛音浥。目閉也図玉篇烏感切，諳上聲。義同△本作矁。瞢又矁38098，同矁38026，本字。

矌 yá_8.13 唐韻五佳切集韻韻會宜佳切丛音崖說文目際也類篇舉目也前漢·杜欽傳報矌眦怨註矌，舉眼也。眦，目匡也。言舉目相忤者，必報之也正字通睚眦，謂忤眠也。忤眠者，正眠則目上指，側眠則目指眥図六書故通作厓前漢·孔光傳厓眥莫不誅傷図廣韻五隘切集韻牛解切正韻牛懈切，丛崖去聲。又集韻魚駕切音訝。義丛同△集韻或作矌曠疢。瞢又眼55147

睛 jīng_8.13 廣韻正韻子盈切集韻韻會咨盈切丛音精玉篇目珠子也靈樞經陽氣上走，于目而爲睛管輅曰人眼有方睛者多壽◆吳志·孫皓傳歸命侯橫睛逆視

韓愈·月蝕詩念此日月者，爲天之眼睛師曠·禽經鷦鶒睛交而孕図雙睛，鳥名拾遺記堯時祇支國獻重明鳥，一名雙睛。能逐猛獸，使羣惡不爲害。今人元旦，或刻木鑄金，或畫雞牖上，卽其遺像図qǐng廣韻正韻七靜切集韻韻會此靜切丛音請字林眳睛，不悅目貌。図jìng集韻疾郢切音穽。與眝同。

睜 zhēng_8.13 廣韻集韻丛疾郢切音穽字林眳睜，不悅視也。或作睛。俗作睜。瞢俗作眝37655

眥 lí_8.13 集韻良脂切音黎類篇目閉也。

睖 chàng_8.13 廣韻集韻丛丑亮切音暢玉篇失志貌類篇望恨也図zhāng集韻中良切音張。目大貌。

睞 lài_8.13 唐韻集韻韻會正韻丛洛代切音賚說文目童子不正也六書故遊眺也廣韻傍視也陳思王洛神賦明眸善睞南史·梁·簡文帝紀昕睞則目光燭人図正字通盻睞，眷顧貌図lái集韻郎才切，賚平聲。目偏也図梵書謿作睞，非。瞢又睞23437睞37599

睿 mì_8.13 廣韻亡逼切集韻密逼切玉篇暫視也廣韻細視也吳萊尚志賦睿瞭目以霧披図廣韻莫北切集韻密北切丛音墨。義同。

睯 qì_8.13 唐韻苦系切集韻詰計切丛音契說文省視也玉篇窺也図字彙區里切音起。義同△說文本作啟。从目，啟省聲，與肉部脊字別。瞢又睯37789

睯 qì_8.13 字彙同睯

睟 suì_8.13 廣韻集韻韻會丛雖遂切音粹類篇視正貌正字通目清明也図廣韻潤澤貌孟子睟然見於面南齊書·高帝贊端已雄睟図純也揚子·太玄經睟君道也註陽氣純也図天名揚子·太玄經九天，五爲睟天図zuì集韻祖對切音晬。目際也。瞢又眤37415睟46699粹43264

睠 juàn_8.13 玉篇同眷図叶逵員切音權劉向·九歎思念郢路兮，還顧睠睠。流涕交集兮，泣下漣漣。

睡 shuì_8.13 唐韻是偽切集韻韻會樹偽切正韻殊偽切丛音瑞說文坐寐也史記·商君傳衞鞅語事良久，孝公時時睡弗聽前漢·賈誼·治安策將吏被介冑而睡。図花名清異錄盧山一比丘晝寢石上，夢中聞花香，旣覺，尋香求之，因名睡香。四方奇之，謂乃花中祥瑞，遂以瑞易睡図草名洞冥記末多國有五味草，食之使人不眠，名曰却睡草述異記桂林有睡草，見之則令人睡。亦呼爲懶婦箴△說文本作睡，从目坐聲六書故睡卽古寐字。瞢又睡38006睡38021

睼 zhì_8.13 集韻征例切音制。目明也。

睢 huī_8.13 唐韻許惟切集韻呼維切丛音倠說文仰目也聲類大視也前漢·五行志萬眾睢睢，驚怪連日註仰目視貌。又睢盱37369図恣睢，恣意怒視也史記·伯夷

傳暴戾恣睢註睢，仰目怒貌。又禮書暴慢恣睢註恣睢，猶毀訾也後漢·崔駰傳羿浞狂以恣睢註自用之貌。又韻會小補睢音雖又廣韻許規切集韻韻會翾規切丛音觿。又廣韻香季切集韻韻會正韻香萃切，丛倠去聲。義丛同又xī集韻翾畦切，音近醯。睢睢，元氣貌又suī廣韻息遺切集韻韻會正韻宣隹切丛音綏。水名。在梁郡，受汴入泗。或作濉左傳·成十五年出舍于睢上又睢陽、睢陵，丛縣名。又睢州，今屬歸德府。又姓。趙大夫食采于睢邑，因以爲氏。明有睢稼，洪武初請立臥碑又wěi字彙補曰唯切，音偉◇星名史記·天官書歲星與翼軫，晨出曰天睢△集韻或作眭△說文从目隹聲。與隹部从且不同。鑾又褰32324

昔 37795 19000 fēi_8.13 唐韻集韻丛芳微切音霏說文大目也。又廣韻府巾切。又卜巾切集韻悲巾切丛音彬。義同。

䁥 37796 19001 jiá_8.13 集韻訖黠切音戛。眇䁥，視貌△類篇本作䁥。鑾又䁥37854

䁯 37797 19002 jùn_8.13 五音集韻渠殞切音窘。大目也。

瞀 37798 19003 huò_8.13 廣韻呼或切，儩入聲。睡目貌又集韻忽域切音洫。義同△字彙補一作䁺。

䝷 37799 19004 qī_8.13 廣韻去奇切音崎。目一隻也。鑾踦46667譌字。

督 37800 19005 dū_8.13 唐韻冬毒切集韻韻會正韻都毒切丛音篤說文察也廣韻率也，勸也增韻催趣也正韻董也。又敕戒也前漢·車千秋傳宜有以教督唐書·裴度傳請身督戰又說文目痛也又爾雅·釋詁正也左傳·僖十二年謂督不忘疏謂管仲功德正而不忘也又增韻責也史記·項羽紀聞大王有意督過之註督，責也又考也韓非子·揚權篇督參鞠之註考驗盡之也又中也周禮·冬官考工記·匠人註督旁之脩疏中央爲督，所以督率兩旁莊子·養生主緣督以爲經註督，中也。謂中兩閒而立，俗所謂騎縫也六書故人身督脈當身之中，貫徹上下，故衣縫當背之中，達上下者，亦謂之督。別作裻又奇經攷督者，都也，督脈爲陽脈之都綱又家督，長子也史記·越世家朱公不聽。長男曰：家有長子曰家督又大將曰督後漢·郭躬傳軍征校尉，一統於督又督郵，督護，都督，皆官名又地名左傳·成十六年我師次于督揚註卽祝柯縣，今屬濟南郡。又史記·燕世家荊軻獻督亢地圖於秦註督亢，燕地。徐廣曰：涿有督亢亭又姓。望出巴郡，晉有督戎又通作篤毒竺書·微子之命曰篤不忘孔傳篤，厚也。本又作竺左傳謂：督不忘。林註謂：督厚不可忘也前漢·張騫傳身毒在大夏東南李奇曰一名天篤師古曰今之天竺，蓋身毒，聲轉爲天篤，篤省文作竺，又轉爲竹音後漢·杜篤·論都賦摧天督註卽天竺國。按此是督與篤竺毒古丛通。鑾又䀀22768𥆨37739𥆩37740又廣韻督，俗作𢼊22770

䁜 37802 19007 pì_8.13 字彙同睥

睤 37801 19006 pì_8.13 廣韻匹詣切集韻韻會匹計切丛音媲玉篇左睤右睨集韻睤睨，邪視也又通作俜史記·信陵君傳俜睨，故久立又通作辟前漢·息夫躬傳辟倪兩宮閒又通作睥晉書·列傳睥睨漢廷又宋史·儀衞志睤睨，如華蓋而小唐書·儀衞志作俾倪又釋名城上垣曰睤睨。言於其孔中睤睨非常也。一作埤堄。與陴，壀丛通又集韻普米切，媲上聲。義同。鑾又䁝38196䁝38222睥37802

睦 37803 19008 mù_8.13 古文𥈮集韻韻會丛莫六切音牧說文目順也。一曰敬和也博雅信也廣韻親也書·堯典九族既睦禮·禮運講信修睦又州名。唐置睦州又姓正字通北齊散騎常侍睦豫又與穆通史記·司馬相如傳旼旼睦睦前漢書作穆穆△六書故睦，目諧也。凡人喜愠，必形于面目，故和爲睦，乖爲睽。別作㒬。鑾又𥄲37565𡚶09265

睧 37804 19009 hūn_8.13 集韻呼昆切音昏。目暗也淮南子·原道訓漠睧於勢利註漠睧，猶鈍睧不知足也集韻亦省作昏。鑾又昏37406

䀠 37805 19010 jū_8.13 唐韻舉朱切集韻恭于切丛音拘說文目邪也又集韻矢長六指也又人名。彥䀠。見宋史·宗室表又集韻果羽切，拘上聲。義同又jù集韻俱遇切，拘去聲。左右視也。與䀠同又xì集韻迄力切音䖅。邪視貌。與䀠同△六書統从目，在大之兩旁。施目於旁，不正也。許氏曰斜視，或視人之左，或視人之右也。一作䀠。鑾又䀠37891奭10269

䁮 37806 19011 zhūn_8.13 唐韻之閏切集韻朱閏切，丛諄去聲說文謹鈍目也廣韻亦作盹又廣韻章倫切集韻朱倫切丛音諄。又集韻殊倫切音純。義丛同又tūn他昆切音暾。視不明也又guō光鑊切音郭。目張貌。與曠同△說文本作䁮。

睨 37807 19012 nì_8.13 唐韻集韻韻會丛研計切音詣說文衺視也左傳·哀十三年余與褐之父睨之史記·藺相如傳持璧睨柱屈原·離騷忽臨睨夫舊鄉又禽鳥斜視亦曰睨埤雅禽經曰雞以嗔睨王楙補禽經鴨以怒睨又日斜亦曰睨莊子·天下篇日方中方睨衍義日斜如人睨目又人名，睨夫。見宋史·宗室表又與倪堄通。睤37801睨又集韻吾禮切，詣上聲。義同。鑾又䀾37672䁉37747覞55152䚹46702又清·吳景旭歷代詩話·卷五十一·納納眈眈：字學集要云蓋女牆開箭眼以窺望城下，因名睥睨正異作埤堄史記·魏其傳作辟倪三蒼作䚹䚷00738說文作俾倪韻會作壀堄正韻作睥睨。

睩 37808 19013 lù_8.13 唐韻集韻韻會正韻丛盧谷切音鹿說文目睞謹也廣韻視貌宋玉·招魂蛾眉曼睩，目騰光些王逸·九思哀世兮睩睩又集韻龍玉切音錄。謹視貌。鑾正字通䁖38051俗睩字又睩老，眼睛。金·董解元西廂記諸宮調·卷一小顆顆一點朱唇，溜汈汈一雙睩老。

睪 37809 19014 yì_8.13 古文𡚽唐韻羊益切集韻韻會正韻夷益切丛音亦◆說文伺視也。令吏將目捕罪人也又字彙引

也，給也 囡 玉篇 罨罨，生也，樂也，好也 囡 廣韻 引繒
貌 囡 罨黍，山名 戰國策 罨黍，梁父之陰 囡 六書本義
與懘、繹同 囡 niè 廣韻 尼輒切 集韻 昵輒切 达 音聶。亦
伺視也 囡 zé 正韻 直格切 音宅。與澤同 荀子·正論篇 側
載罨芷以養身 註 罨芷，香草也。或曰罨當爲澤，澤蘭
也 囡 正韻 擇，亦作罨 囡 dù 集韻 都故切 音妒。敗也。
與殬斁通 △ 說文 本作罨。从橫目，从卒。鍫 又 羍05181
暈45863罜37905 囡 正字通 睪38224俗罨字。

睫 37810 19015
jié_8.13　唐韻 子葉切 集韻 即涉切 达 音接。同𥋒 說
文 目旁毛也 釋名 插接也。插于眼眶而相接也 禮·內則
冢望視而交睫腥 註 目睫毛交也 莊子·庚桑楚 向吾見若
眉睫之間，吾因以得女矣 皇極經世 走之類，上睫接下。
飛之類，下睫接上。類使之然也 囡 集韻 七接切音妾。
義同 囡 書涉切音攝。目動貌。與瞱同。鍫 又 睫37946
矮27411䞣27410䞣27605䞣27430睞37694 囡 龍龕 䮴27417
䞣27528烆27376甄27542䞣27418䞣27540𥋋37818八俗，即荣
反。正作睫。目眶也 囡 龍龕 睫38100𥋋27584睫俗，睫37887
睫38085二今，睫37777正，音接。目睫也。目傍毛也。

睬 37811 19016
cǎi_8.13　字彙補 此宰切音彩。俅睬，俗言也。詞家
多用此字。俅音秋。鍫 又 保01511

暈 37812 19017
yì_8.13　類篇 古文罨37809字。

睭 37813 19018
zhǒu_8.13　字彙補 知丑切，音帚◇深也 淮南子·兵略
訓 深哉睭睭。

睼 37814 19019
diàn_8.13　字彙補 丁念切音店。目垂貌。

眑 37815 19020
jiǎo_8.13　字彙補 故巧切，嬌上聲◇青箱雜記 應徵
拗眑者，崛強人也。

畬 37816 19021
yā_8.13　字彙補 烏插切音鴨。媚也。鍫 楊寶忠：
俗晻37861

睪 37817 19022
yì_8.13　說文 罨本字。

𦬊 37818 41581
jiē_8.13　龍龕 即葉切音接。目𦬊也。

𣪘 37819 41582
biàn_8.13　字彙補 邦見切音遍。視也。鍫 新修玉
篇·目部引 川篇 𣪘，音遣。梁春勝：俗𣪘37966

𨅂 37820 41583
mǎn_8.13　篇海類編 母版切，蠻上聲。與睌同。𨅂腎，
目視貌。

䁯 37821 41586
xù_8.13　篇海類編 呼昊切，音旭◇視䁯。
鍫 又 䁦37798

歔 37822 41587
qǐ_8.13　說文 啓本字，視也。

臭 37823 41588
jù_8.13　龍龕 音俱。左右視貌。

眲 37824 44727
huāng_8.13　龍龕 同眀。鍫 俗眀37615

䁫 37825 44731
guī_8.13　五音篇海 音歸。

睸 37826 44732
méi_8.13　五音篇海 同眉。鍫 又 睸37656

脚 37827 44733
zhì_8.13　龍龕 音知。鍫 五侯鯖字海 音智。目明察
囡 俗踟。鄧福祿：梵文咒語譯音字 囡 cij 壯 脚假：假裝。

㳒 37828 44734
shí_8.13　五音篇海 音食。

瓣 37829 44735
pàn_8.13　搜眞玉鏡 普患切。

睩 37830 44736
mài_8.13　五音篇海 音賣。

𪬰 37831 u2AFB0
null_8.13　喃 未詳。

𪪯 37832 u2AFAF
null_8.13　喃 未詳。

𪪮 37833 u2AFAE
null_8.13　喃 未詳。

𪪭 37834 u2AFAD
null_8.13　喃 未詳。

逞 37835 u25201
nghễnh_8.13　喃 从目迎nghênh聲。引長。亦作
逺00137

𥇽 37836 u251FD
nhõ_8.13　喃 从目乳nhũ聲。

睴 37837 u251FC
nhõi_8.13　喃 从目磊lõi聲。

睭 37838 u251FB
trố_8.13　喃 从目瞪省宙trụ聲。瞪目△亦作睵37728

𥇺 37839 u251FA
trọn_8.13　喃 从目狀trạng聲。同矓38320

睚 37840 u251F9
ngái_8.13　喃 从目碍ngai省聲△睚盰：睡眼惺忪。
囡 ngươi同睚38103瞳。

睮 37841 u251F8
nhác_8.13　喃 从目岳nhạc聲△睮倪：乍見。

𥇷 37842 u251F7
nhòm_8.13　喃 从目岩nham聲。窺視。亦作旺37466
睄37930

睑 37843 u251F6
him_8.13　喃 从目金kim聲。瞇。

𥇵 37844 u251F5
jiá_8.13　同睴37796

睞 37845 u251F1
xiè_8.13　同睞37862 古
今圖書集成·字學典·第四十四卷·音義部雜錄二 世字因
唐太宗諱世民，故今睞、荣、弃，皆去世而從云。

𥇰 37846 u251F0
hū_8.13　方 或作𢚊17871从入睡到醒來為一𥇰 申報
. March. 1. 1935 睡美人一𥇰兩年另九個月：世界罕有奇
症羣醫束手，今已清醒能認字分皂白 囡 俗腦47547 可洪
音義 髓𥇰：音惱。又作腦。正作腦。

睞 37847 u251EC
wǒ_8.13　俗睞22713 五音集韻 睞，五果切。明也。

睋 37848 u251EA
féi_8.13　王仁昫刊謬補缺切韻一. P. 2011 睋，病
增修校正押韻釋疑 痱，亦作睋。病也。又微睋韻。

睼 37849 u251E9
ping_8.13　俗聘37700

睿 37850 u251E8
rui_8.13　俗睿37906

睞 37851 u251E7
null_8.13　未詳。

睎 37852 u251E6
null_8.13　未詳。

睒 37853 u251E5
jiǎn_8.13　俗睒38227

睴 37854 u251E4
jiá_8.13　同睴37844

睞 37855 u251E3
null_8.13　未詳。

睎 37856 u251E2
jiǎn_8.13　簡 睎38127

睚 37857 19023
jí_9.14　集韻 訖力切音棘。張目也。

睮 37858 19024
yú_9.14　集韻 韻會 达容朱切音俞。睮睮，媚貌 前
漢·韋賢傳 睮睮諂夫。

瞍 37859 19025
sǒu_9.14 唐韻 集韻 韻會 丛蘇后切音叟 說文 無目也 玉篇 無眸子也 周語 瞍賦矇誦 又 通作瞍 周禮·春官·瞽矇註 有目無眸子謂之瞍 音義 瞍本作瞍 又 正韻 先侯切,叟平聲。義同。

瞀 37860 19026
hūn_9.14 字彙 呼昆切音昏。悶也。

瞃 37861 19027
wò_9.14 唐韻 集韻 丛烏括切音斡 說文 短深目貌 廣韻 目深黑貌 又 博雅 塞也 又 nà 集韻 女刮切音妠。目深貌 又 廣韻 集韻 丛女利切音膩。義同 △ 字彙補譌作晻,非。璧 又 瞃37916

睞 37862 19028
xiè_9.14 廣韻 呼喋切 集韻 虛涉切丛音弽 玉篇 閉一目也 類篇 目眇視也 集韻 與瞆、瞷通 又 dié 廣韻 徒協切 集韻 達協切丛音牒。義同 又 zhé 集韻 直涉切音睫。視不正貌。璧 又 睞37845睞55205

睰 37863 19029
mà_9.14 廣韻 莫八切,蠻入聲。視睰。

瞢 37864 19030
chuàng_9.14 廣韻 集韻 韻會 正韻 丛丑降切,踔去聲。直視也 △ 集韻 或作覨、覵,亦書作瞤 字彙補 譌省作昔,非。

眼 37865 19031
xià_9.14 集韻 亥駕切音下。閒暇,視也。一曰緩視也 又 xiá何加切,下平聲。目白貌。

瞔 37866 19032
tiǎn_9.14 篇海 他典切音腆。面慙貌。與靦同。

睮 37867 19033
yù_9.14 廣韻 集韻 丛王勿切,雲入聲 類篇 暫見也 又 廣韻 睮睮,見也。

瞀 37868 19034
mào_9.14 唐韻 亡保切 集韻 武道切,丛帽上聲 說文 低目視也 集韻 俯目細視謂之瞀,通作冒 書·君奭 武王惟冒 說文 引作瞀 又 廣韻 莫到切 集韻 莫報切丛音帽。又 廣韻 許竹切 集韻 許六切丛音蓄。義丛同 又 集韻 莫候切音茂。義同。又目不明也。與瞀同。璧 俗作瞉23454

瞁 37869 19035
ruán_9.14 玉篇 而緣切,軟平聲。目垂也。

煦 37870 19036
xū_9.14 廣韻 況于切 集韻 匈于切丛音吁。煦瞁,笑貌 △ 或省作昫。

睲 37871 19037
xǐng_9.14 廣韻 集韻 丛息井切,騂上聲 玉篇 視也 廣韻 睲睲,照視 又 xīng 集韻 桑經切音星。目睲照也。又 xìng 廣韻 蘇佞切,星去聲。義同。

瞕 37872 19038
huī_9.14 廣韻 呼攜切 集韻 翾畦切丛音近醯 埤蒼 瘇人視貌。一曰健而無德 又 玉篇 目瞕也 又 映37409睳

瞯 37873 19039
huàn_9.14 廣韻 呼貫切 集韻 呼玩切丛音喚 玉篇 山海經 有瞯映國,在崑崙墟之東南流沙中 △ 或作瞏映。璧 又 瞵38182瞏映,或作瞏映,參見映22828

睞 37874 19040
qià_9.14 唐韻 苦夾切 集韻 乞洽切丛音恰 說文 目陷也 六書故 眸子枯陷也 集韻 或作眙 又 集韻 口陷切,恰去聲 又 kān口減切,恰上聲。義丛同 又 kān枯含切音堪 博雅 視也。

瞔 37875 19041
shà_9.14 集韻 色洽切音霎。目睫動貌。

瞔 37876 19042
jǔ_9.14 集韻 果羽切音矩 博雅 驚也 類篇 驚視貌 △ 或作眶。

瞤 37877 19043
tì_9.14 正字通 睇字之譌。

瞏 37878 19044
jiǒng_9.14 廣韻 古迴切 集韻 畎迴切丛音熲。大目也 又 六書統 目光也 又 人名。師瞏。見 宋史·宗室表。又 與冏通 書·冏命序傳 伯冏,臣名。亦作瞏 又 集韻 目驚貌 又 集韻 瞏31259古作瞏。璧 俗𥉒48178

瞏 37879 19045
shēn_9.14 正字通 瞏字之譌。

瞠 37880 19046
chéng_9.14 廣韻 宅耕切 集韻 除耕切丛音橙。安審視貌 又 人名。希瞠。見 宋史·宗室表 又 tíng 集韻 唐丁切音庭。目眇也 又 chēng 集韻 抽庚切音撐。直視也。同瞠 類篇 通作盯。

睴 37881 19047
gùn_9.14 唐韻 集韻 丛古鈍切,滾去聲 說文 大目出也 六書故 目急出也 又 類篇 睴睴,視貌 又 人名。南唐大將軍皇甫睴 又 集韻 五困切音諢。又 廣韻 胡本切 集韻 戶袞切丛音混。義丛同。

瞎 37882 19048
xiā_9.14 玉篇 同瞎

瞑 37883 19049
yǎo_9.14 集韻 伊鳥切音杳。瞑眇,遠視也 木華·海賦 朱燄綠烟,瞑眇蟬蜎 註 皆烟豔飛騰之貌 △ 類篇 或作瞗。璧 俗作瞑22861

瞮 37884 19050
cāi_9.14 廣韻 集韻 丛倉才切音猜 博雅 瞮、瞭,視也。一曰睞也 又 廣韻 祖才切 集韻 將來切丛音哉。義同 △ 或省作瞮。璧 又 瞮47611瞮22874瞮46735瞮57876 又 玄應音義 猜度:古文瞮、猜二形。今作保17615,同。𠡠來反。猜,疑也 又 甲骨文有𣁍字,或同。

瞝 37885 19051
yīng_9.14 集韻 於驚切音英。深目也 又 yìng於慶切,英去聲。視也。亦作映。

瞤 37886 19052
chǔn_9.14 集韻 尺尹切音蠢。大目也 又 人名 元史·世祖紀 高麗王王瞤來朝。璧 高麗王王瞤22839

瞷 37887 19053
jiān_9.14 集韻 居言切,建平聲。目數也 王守仁·九華賦 瞷異景於穹坳。璧 俗睥 又 俗瞷。

瞴 37888 19054
mèi_9.14 集韻 蜜二切音寐。目合也 又 明祕切音媚。義同 △ 本作瞴。

睹 37889 19055
dǔ_9.14 古文覩 唐韻 當古切 集韻 韻會 正韻 董五切丛音賭 說文 見也 禮·禮運 以陰陽為端,故情可睹也 前漢·武帝詔 此子大夫之所睹聞也。

瞷 37890 19056
yáng_9.14 集韻 余章切音陽。與眻同。眉閒曰眻。一曰美目也。通作揚。

睞 37891 19057
kǒng_9.14 正字通 瞏字之譌 字彙 音訓溷同界,非。璧 俗界37973

眥 37892 19058
zì_9.14 玉篇 同眦

瞜 37893 19059
hóu_9.14 廣韻 戶鉤切 集韻 胡溝切丛音侯。半盲也

揚子方言半盲爲睺囜集韻深目也囜釋典阿脩羅食
月，時名羅睺羅囜廣韻胡遘切集韻下遘切，夶侯去聲。
又集韻呼侯切音齁。義夶同。鑾又睺37894

睺 37894 19060
hóu_9.14 集韻同睺

瞯 37895 19061
guān_9.14 集韻姑還切
音關。瞯瞯，視貌△本从絲。譌从卝，非。

睭 37896 19062
jí_9.14 廣韻子入切集韻即入切夶音喋。眨睭，
目動也囜集韻側立切音戢。淚出貌。同瞧。

瞓 37897 19063
guā_9.14 集韻姑華切音瓜 類篇目也。或作眍。

瞛 37898 19064
zōng_9.14 集韻祖叢切音㯇 類篇視也囜zǒng廣
韻作孔切集韻祖動切，夶㯇上聲揚子方言伺視也。凡
相竊視，南楚或謂之瞛囜廣韻集韻夶作弄切，㯇去聲。
義同囜類篇矇瞛，視貌囜jiè廣韻古拜切集韻居拜切
夶音戒。怒也。鑾又瞛37590

暖 37899 19065
xuān_9.14 唐韻況袁切集韻韻會許元切夶音暄 說
文大目也。韓愈陸渾山火詩電光礚礚頍目暖集韻與暄
同囜廣韻況晚切集韻韻會火遠切正韻況遠切，夶暄
上聲。義同囜huǎn廣韻正韻胡管切集韻戶管切韻會
合管切夶音緩 玉篇大目皃也囜hàn集韻下罕切音旱。
與暥同△濟原通作覸。鑾又暄37900

暄 37900 19066
xuān_9.14 同暖。

晭 37901 19067
ti_9.14 唐韻集韻夶他計切音剃 說文迎視也。班
固東都賦弦不睼禽 張衡思玄賦親所睼而弗識囜tí集
韻韻會夶田黎切音題。義同。又遠視也。又坐見也。
或作睇囜tiàn廣韻集韻夶他甸切，天去聲。視也。與
眹、瞋夶同△濟原或作暀。鑾可洪音義車暀22843；上
尺遮反，下徒兮反日藏經作睇提。下又他見反，非呼。

暌 37902 19068
kuí_9.14 唐韻苦圭切集韻韻會傾畦切夶音奎 說
文目不相聽也玉篇目少精也六書故反目也，因之爲
暌乖 易·序卦暌者，乖也。雜卦暌，外也囜集韻涓畦切
音圭。義同囜廣韻異也唐書·柳宗元傳暌焉而鬭囜宋
史·沈起傳內自暌疑囜張目貌 韓愈·鄆州谿堂詩萬目
暌暌囜楚邑名 左傳·僖二十七年楚子使子文治兵于暌
囜jí集韻其季切音悸。暌睢，張目貌 王延壽·魯靈光殿
賦頤頷顟頟而暌睢〇按說文本作睽舉要別作暌，非正
韻賤暌孤之暌从目，暌達之暌从日，睾聯之聯从耳。
俗溷用，非濟原又以暌即睽之譌，亦非。

暋 37903 19069
mín_9.14 廣韻武巾切集韻眉貧切夶音瑉。與旼同
玉篇視貌囜廣韻集韻夶彌鄰切音民。俯視也。通作
閔。

暥 37904 19070
yǎn_9.14 集韻與暖37963同囜玉篇仰視也廣韻視
貌〇按說文本作暥，訓目相戲。暥即俗暖字 玉篇廣韻
分暖、暥爲二，非。鑾又暥46712

睪 37905 19071
gāo_9.14 正韻古勞切音高。與皋同。澤也列子·天
瑞篇望其壙，睪如也金壺字考睪如，澤貌囜腎丸也靈

樞經腰脊控睪而痛註睪，陰丸囜字彙補睪蘇，木名。
一名白䓛囜荀子·王霸篇睪牢天下而制之，若制子孫
註睪，或作畢，言盡牢籠天下也新序作宰牢後漢·馬
融傳皋牢陵山註引荀子睪牢作皋囜hào字彙補何襖
切音皞。廣大貌荀子·解蔽篇睪睪廣廣，孰知其德△正
字通字彙與皋同，亦與澤同。不知皋澤岸也，訓澤非
音澤。又正韻七陌睪字兩見，音亦者，訓伺視。音宅
者，與澤同十三爻皋亦作睪。睪註引列子釋文：音皋，
蓋未詳考，皋卽皋字，皋之同睪，睪之音澤，皆轉寫錯
互相承不改。睪譌从血，猶皋譌从半。凡經傳子史作睪，
皋者，皆譌文也干祿字書亦云睪，俗皋字。

睿 37906 19072
ruì_9.14 唐韻以芮切集韻韻會俞芮切正韻于芮
切夶音銳 說文深明也。通也玉篇聖也，智也書·洪範思
曰睿，睿作聖 蔡傳睿者，通乎微也徐幹·中論修本篇睿
莫大乎自慮△說文本作叡，籀文作䜭 前漢·五行志亦
作睿六書正譌从叀从目，从谷省。叀取其穿，目取其
明，谷取其響應不穿。別作叡，非。俗作睿，尤非。
鑾又叡26614 睿37634 㸕37850 䜭52236 碑別字作睿26658
字彙作睿37950 㸐52261 䜭52220 睿52262並俗睿。

矆 37907 19073
mí_9.14 集韻民卑切音彌。汙面謂之矆△或作矊。

眰 37908 19074
dié_9.14 集韻與眹、眰夶同。

頔 37909 19075
bì_9.14 玉篇薄意切，音避◇眥也。

瞀 37911 19077
mào_9.14 唐韻集韻韻會正韻夶莫候切音茂 說文
低目謹視也囜玉篇目不明貌晉書·天文志眼瞀精絀，
故蒼蒼也揚子·太玄經視也見，而晦也瞀亢倉子·全道
篇夫瞀視者，以難爲赤註難同黃韓愈·南山詩淚目苦
矇瞀囜亂也北史·房豹傳是非瞀亂楚辭·九章中悶瞀
之忳忳註煩亂也囜不敢正視貌荀子·非十二子篇
弟之容瞀瞀然囜被髮也淮南子·道應訓去其瞀而載之
木註木，鷿鳥冠也囜蟲名埤雅蝥似蚊而小。一名瞀
芮列子·天瑞篇瞀芮生乎腐蠸囜姓左傳莒有瞀胡。
囜通作瞀禮·檀弓瞀瞀然來註瞀瞀，不明貌。與瞀同
囜通作霿廣韻霧瞀集韻作霰霿，鄙吝，心不明也正
韻無識也荀子·儒效篇愚陋傋瞀註傋音寇，愚也。瞀，
無知也前漢·五行志作傋霿囜通作愗楚辭·九辯直怐
愗以自苦註愗音茂，愚貌。與瞀通。互詳瞀37966字註。
囜集韻韻會夶迷浮切音謀。義同囜王逸·九思復顧
兮彭瞀，叶上憂下投。本作務。務光，古介士也。一作
牟光。古瞀瞀牟夶通囜廣韻莫角切集韻墨角切，夶尨
入聲。目不明也囜集韻韻會夶亡遇切音務。義同。
囜俯視也黃帝·素問民病肩臂瞀重註低目俯首曰
瞀靈樞經交兩手而瞀爲臂厥註瞀，目垂貌囜集韻微夫
切，務平聲前漢·地理志雒瞀，縣名，屬上谷郡註孟康
音句無囜mào字彙補莫到切音冒。視眩易也莊子·徐
無鬼予適有瞀病囜mù埤雅莫卜切音木。雀目夕昏，
人有至夕昏不見物者，謂之雀瞀△集韻或作瞷。
鑾又瞀38040 瞀22822 瞀22987囜龍龕瞀俗，瞀正。

瞡 37912 19078
là_9.14 廣韻盧達切集韻郎達切丛音瘌玉篇目子不正也△類篇或省作睞。

瞁 37913 19079
xù_9.14 廣韻許役切集韻呼役切，丛兄入聲◇驚視貌周邦彥·汴都賦心駭神悸，瞁瞁而不敢進盛恩北固山賦瞁然失色図廣韻集韻韻會正韻丛呼臭切，馨入聲。義同。或作昍。鑒龍龕煦31285聬31442俗，正作瞁図盷37770眗37627

戝 37914 19080
fá_9.14 唐韻扶發切音伐說文盾也揚子方言自關而東謂之干，或謂之戝。關西謂之盾汲冢周書請令以鮫戝利劍爲獻張衡·西京賦植鎩懸戝，用戒不虞。図通作伐詩秦風蒙伐有苑註伐，中干也。盾之別名玉篇引詩作戝△說文从盾友聲。鑒又廠04985戝18929鞁67236

瞇 37915 19081
shǎn_9.14 玉篇式冉切音閃。瞇瞇，目貌図式涉切音攝。義同。

瞇 37916 19082
wò_9.14 字彙補烏沒切音頠。惡視也。

瞉 37917 19083
jué_9.14 篇海盧谷切，音六◇深目也図字彙補奉無切音扶。義同。鑒四聲篇海引川篇瞉，音扶（抶）図瞉37967

奭 37918 19084
xì_9.14 廣韻許極切集韻迄力切丛音盡類篇邪視也△或省作奭。

䫜 37919 41589
kū_9.14 奚韻苦骨切音窟。目衰䫜。

瞕 37921 41591
xǐ_9.14 字彙補何其切，音移◇人姓。

奰 37922 44737
yīng_9.14 龍龕音甖◇

東 37920 41590
guī_9.14 篇海類編居爲切，音歸◇廣雅曳也。鑒又敁21352

舁 37924 44739
zūn_9.14 川篇同尊同書。鑒又昔37625覼55186覽55242

睰 37923 44738
chuāng_9.14 篇海類編

睞 37925 u2AFB4
null_9.14 未詳。

瞱 37926 u2AFB3
null_9.14 未詳。

暗 37927 u2AFB2
àn_9.14 俗暗22833可洪音義月暗：音闇。

瞱 37928 u2AFB1
null_9.14 未詳。

昭 37929 u2523A
qià_9.14 俗眮38015

瞭 37930 u25239
nhòm_9.14 喃从目从穿會意。亦音dòm。窺視。

瞒 37931 u25236
nom_9.14 喃从目南nam聲△矓瞒：照顧。占瞒：悉心照料図nhẩm瞒澄：預見。

睞 37932 u25235
nhớn_9.14 喃从目柬giản聲。同眮37566

瞲 37933 u25234
ngược_9.14 喃从目虐ngược聲。仰望，舉目而望。

眲 37934 u25233
liè_9.14 同眲37779四聲篇海音列図chột喃从目突đột聲。獨眼。亦作眲。

瞶 37935 u25232
ngấp_9.14 喃从目急cấp聲。窺△瞶犠：覷覴。

矊 37936 u25231
nhìn_9.14 喃从目盈dềnh聲。看。

眱 37937 u25230
hóng_9.14 喃从目洪hồng聲。

瞾 37938 u2522F
láy_9.14 喃从目俚lái聲△瞾眜：目語。

睖 37939 u2522E
léng_9.14 方瞪金瓶梅詞話·第六十一回那胡秀趄來，推揉了揉眼，睖睖睜睜，跟道國往舖子里去了。

睺 37942 u25228
null_9.14 未詳。

睕 37940 u2522D
è_9.14 睕眙，同愕17821眙。又正字通覤55185與睕通。舊註久視，誤。図ngác喃从目愕省聲ngạc △憷睕：驚呆。

睎 37943 u25227
kàn_9.14 俗看37446

瞴 37941 u2522C
ōu_9.14 古文苑·王延壽·王孫賦眼眶瞴以昡邺，視瞴睫以映睡。章樵注：眶，音崖，瞴，五流反，昡，許聿反，皆眸子不正貌。

瞷 37944 u25226
null_9.14 未詳。

眼 37945 u25225
null_9.14 未詳。

睫 37946 u25224
jié_9.14 俗睫37810

睧 37947 u25223
null_9.14 未詳。

暥 37948 u25222
mí_9.14 喃从瞼省美mỹ聲△眜沒暥：單眼皮。

睸 37949 u25221
null_9.14 未詳。

睿 37950 u25220
ruì_9.14 俗睿37906

睃 37951 u2521F
sǒu_9.14 敦煌·P. 3315尚書釋文曰瞍37985：字或作睃。素后反。

瞞 37952 u2521E
mán_9.14 同瞞38077

瞛 37953 u2521D
cōng_9.14 聰46713譌字

睺 37954 u4056
lóu_9.14 简瞜38073

瞆 37955 u7786
kuì_9.14 简瞆38175

瞅 37956 u7785
chǒu_9.14 亦作憪18465瞅37471聰38266民國辭海瞅，讀如偢01559視也。元·楊景賢劉行首·第一折·油葫蘆我這般窮身潑命誰瞅問，蓬頭垢面粧癡鈍兒女英雄傳·第四十回他聽了這話，扎巴着兩隻大眼睛，瞅着安老爺。

瞄 37957 u7784
miáo_9.14 國語辭典瞄，注視。

瞇 37958 19085
mǐ_10.15 集韻母婢切音弭。眇目也図mì彌計切音謎。眳也〇按字彙補譌作睞，改音彌，亦訓眇目，非。鑒俗譌作睞47731睞暥，亦作睞睞，媚視。

瞥 37959 19086
pán_10.15 唐韻薄官切集韻蒲官切丛音盤說文轉目視也博雅瞥瞥，視也図pān集韻披班切音攀。又普患切，攀去聲。丛同販。

瞡 37960 19087
kǎi_10.15 玉篇苦改切音凱。明也。鑒又篇海類編瞡，照也。胡吉宣：疑爲瞡22904之譌字。

瞭 37961 19088
yǎo_10.15 集韻餘招切音遙。美目也図廣韻以沼切集韻正韻以紹切，丛遙上聲。義同図集韻眇瞭，視貌木華·海賦羣妖遘连，眇瞭泠夷図集韻正韻丛伊鳥切音杳類篇遠視也。與瞭同。

瞹 37962 19089
wěng_10.15 字彙烏孔切音塕。瞹矇，目不明也。

暥 37963 19090
yǎn_10.15 唐韻集韻丛於殄切音蝘說文目相戲也揚子方言視也。東齊曰暥。凡以目相戲曰暥図或作燕說文引詩·邶風暥婉之求。今詩作燕図集韻伊甸切，

蝘去聲。又廣韻烏澗切集韻於諫切𠀤音晏。又廣韻於黠切集韻乙黠切，𠀤晏入聲。義𠀤同△集韻或作𥈑、𥌥。亦作𥊙。鑾又眏37596

䀼 37964 19091
sǔn_10.15 集韻鎖本切音損。目病 又 滂原 睴37994，俗作䀼。

䁁 37965 19092
sè_10.15 集韻悉則切，僧入聲。𥈁䁁，視無見也。

瞉 37966 19093
kòu_10.15 廣韻苦候切集韻丘堠切𠀤音寇。瞉霿，鄙吝，心不明也 又 通作傋 荀子·儒效篇 愚陋傋瞀 註 傋瞀，無知也。俗本譌作溝 前漢·五行志 不敬而傋，霿之所致也 又 集韻通作怐 楚辭·九辯 直怐愗而自苦 註 愚貌。遘、寇二音，怐愗與瞉瞀37911義同 釋文 作怐 又 集韻或作佝。怐愗，或从人作佝 又 集韻居候切音構。義同 又 jì 玉篇 古例切，音計◇篇海 久視也△ 字彙補 譌作瞀。註云瞀瞀，無暇也。通作瞉，非。鑾又瞉37819

䀏 37967 19094
yuè_10.15 唐韻於決切集韻一決切，並音抉 說文 目深貌 又 jué 集韻 古穴切音玦。義同△ 六書總要 窅，俗作䀏 集韻 或作眏。鑾又䀏37917

䁑 37968 19095
dàng_10.15 字彙 徒黨切音蕩。不明也。

瞋 37969 19096
chēn_10.15 唐韻昌眞切集韻韻會正韻稱人切𠀤音嗔 說文 張目也 廣韻 怒也 史記·項羽紀 項王瞋目叱之，樓煩目不敢視 魏略·苛吏傳 濟陰王思瞋怒無度。又 埤雅 禽經 曰：鴟以怒，瞋視也 又 集韻 稱脂切音鴟。義同 又 chēn 癡鄰切，疢平聲。盛貌 又 tián 亭年切音田。眠瞋，低目貌 又 zhèn 之刃切音震。恚也 又 shèn 試刃切，申去聲。與眒同 又 tiàn 他甸切，天去聲。與𥇍、䁄𠀤同△ 說文 祕書或从戌从辰。鑾又瞋38044䁍37577
䀼37701嗔06730

䁓 37970 19097
hòng_10.15 集韻 呼貢切，烘去聲。瞢䁓，不明也。

瞌 37971 19098
kē_10.15 集韻 克盍切音磕。眼瞌，欲睡貌 正字通 人勞倦，合眼坐睡曰瞌睡 貫休·畫羅漢詩 瞌睡山童欲成夢。

䁜 37972 19099
guàn_10.15 集韻 古幻切，瘝去聲 類篇 視貌。與鰥同。

界 37973 19100
jù_10.15 唐韻 九遇切 集韻 俱遇切𠀤音句 說文 舉目驚界然也 玉篇 恐也 又 kǒng 廣韻 集韻 𠀤苦礦切，坑上聲。義同。一曰好貌 又 jiǒng 集韻 畎迥切音熲。目驚也△ 六書統 界，放目而視。从目从夰。夰，放也。戴侗合䀠、瞿、界爲一。鑾又狊37891

𥊐 37974 19101
huāng_10.15 集韻 與䀮同○按狼䀮國人，夜能𩨬金卽知好惡 左思·吳都賦 烏滸狼𥊐是也。本从肉 玉篇 類篇 俱誤引从目 字彙 已見肉部䀮字註，又誤引訓𥊐字，殊失考正。

䁎 37975 19102
nài_10.15 集韻 乃代切音耐。視不明也。

䁖 37976 19103
huá_10.15 集韻 戶八切音滑。眲䁖，直視貌。

䁢 37977 19104
gé_10.15 廣韻 古核切 集韻 各核切𠀤音隔 玉篇 目不正也。

䚌 37978 19105
lì_10.15 廣韻 集韻 𠀤郎計切音麗 玉篇 視也 又 類篇 求也。一曰索視貌 郭璞·江賦 䚌雰祲於清旭 又 揚子方言 伺視也。凡相竊視，南楚或謂之䚌 又 集韻 力智切音詈。義同△ 類篇 書作䁦。或作𥈖 集韻 與䚌同。
鑾又䚌25498

覯 37979 19106
gòu_10.15 集韻 居候切音搆。視也△通作覯。

䁆 37980 19107
tì_10.15 古文𠐂眣 唐韻 集韻 𠀤他歷切音剔 說文 失意視也 左思·魏都賦 䁆焉失所 註 狀其聞言駭伏也 又 廣韻 集韻 𠀤丑鳩切音抽。義同△ 說文 本作䁆，俗作䁆。譌作䁆。鑾又䁆38023

䁆 37981 19108
tì_10.15 正字通 䁆字之譌。

䁠 37982 19109
mà_10.15 集韻 莫駕切音罵 類篇 視貌。

䁫 37983 19110
téng_10.15 廣韻 徒登切音騰。美目貌。鑾俗䲍48796

䁛 37984 19111
kuì_10.15 廣韻 俱位切 集韻 基位切𠀤音媿。大視也 又 視貌。與矆同。或作𧢦。鑾又䁛22947

瞍 37985 19112
sǒu_10.15 集韻 韻會 正韻 𠀤蘇后切音叟。與瞍同 字林 目有眹無珠子也 詩·大雅 矇瞍奏公 註 古者樂師皆以瞽者爲之，以其善聽審音也 又 長老之稱 書·大禹謨 祇載見瞽瞍 蔡傳 瞍，長老之稱。亦作叟 又 正韻 先侯切，叟平聲。又 集韻 先彫切音簫。義𠀤同。鑾又䁉37951
又 清·任大椿 字林考逸 䏂38039，先幺反。目有眸無珠子也。

瞎 37986 19113
dā_10.15 字彙 得合切音答。大垂目貌。鑾亦作䁯38187俗瞎46751

䁹 37987 19114
chī_10.15 正韻 與眵同。

覘 37988 19115
chēn_10.15 廣韻 丑林切音琛。私出頭視也△ 正字通 䚀字之譌○按 說文·見部 䚀讀若郴。訓私出頭視 廣韻 譌从目 字彙 改音探，𠀤非。鑾 廣韻 作䚀38034

𥉂 37989 19116
kàn_10.15 說文 與看同。

瞎 37990 19117
xiā_10.15 廣韻 許鎋切 集韻 韻會 正韻 許轄切𠀤音𥈧 玉篇 一目合也 類篇 目盲也 十六國春秋 苻生無一目，七歲，其祖洪戲之曰：吾聞瞎兒一淚，信乎。生怒引刀自刺出血曰：此亦一淚耶 孟郊·寄張籍詩 西明寺後窮瞎張太祝，縱爾有眼誰爾珍 又 吐蕃名 宋史·仁宗紀 西蕃瞎氈來貢。又 神宗紀 河州首領瞎藥等來降△ 集韻 一作䁊。鑾瞎，俗。

䁯 37991 19118
qī_10.15 集韻 牽奚切音溪。目動也 又 廣韻 胡禮切 集韻 戶禮切𠀤音徯。義同。

睮 yù _10.15 廣韻 集韻 夶余六切音育 博雅 望也 図 廣韻 目明貌 図 廣韻 下各切 集韻 曷各切 夶音涸。義同。図 集韻 黑各切音郝。失明也。與瞘同 図 jué 訖岳切音角。去目睛也。亦同瞘。

瞁 jiǎo _10.15 字彙 古了切音皎 篇海類編 明也。通作瞰 図 魚列切音櫱。義同。

睘 qióng _10.15 唐韻 正韻 渠營切 集韻 韻會 葵營切 夶音瓊 說文 目驚視也 黃帝·素問 少陽終者。百節皆縱，目睘絕系 註 直眠如驚貌 図 睘睘，無所依也 詩·唐風 獨行睘睘 註 睘，本作夐。又作煢 正字通 與趵通 図 憂也 詩·周頌 睘睘在疚 正字通 今詩作嬛，字譌義同○按睘與惸通。俗作僙婘僢學，夶非 図 xuán 集韻 旬宣切音旋。復返也。與還儇夶同。通作旋△說文 从目袁聲。俗作睘。譌作睘。

瞇 miè _10.15 廣韻 集韻 夶莫結切音蔑 玉篇 汙面也。図 廣韻 武移切 集韻 民卑切夶音彌。義同△玉篇 作瞇。

睆 huàng _10.15 集韻 戶廣切，黃上聲。目大貌。図 huǎng 廣韻 呼晃切 集韻 虎晃切夶音恍，睜睆，目疾也。出 新字林

瞢 gěng _10.15 廣韻 集韻 夶古幸切音耿。瞢瞙37775，有餘視也。

瞀 mào _10.15 集韻 同眊

瞢 mèng _10.15 正字通 與矒38282同 図 集韻 蒙弄切，蒙去聲。瞢瞢，視貌。

瞤 wèi _10.15 集韻 於避切音恚。目小怒貌。或作眭。

瞤 tí _10.15 廣韻 杜奚切 集韻 田黎切夶音提 玉篇 視也 廣韻 困視貌 図 類篇 顯也 図 集韻 大計切，提去聲。義同△集韻 與睼同。

睗 shì _10.15 集韻 視55073古作睗 図 與靚同。瑩又瞦38122

瞐 mò _10.15 廣韻 莫角切 集韻 墨角切，夶尨入聲 玉篇 美目也 図 類篇 目深也△六書故 亦作瞐。

瞑 míng _10.15 唐韻 莫經切 集韻 韻會 忙經切夶音溟 說文 翕目也 廣韻 合目瞑瞑也 後漢·馬援傳 甘心瞑目 皇極經世 在水者不瞑，在風者瞑 註 魚在水，其目晝夜不瞑也 図 集韻 目不明也 晉書·山濤傳 臣耳目聾瞑，不能自勵 図 呂覽 瞑者，目無由接也 汲冢周書師曠曰：請使瞑臣往與之言 註 無目故稱瞑 図 春秋繁露 民者，瞑也。瞑也者，名其別離分散之貌 荀子·非十二子篇 酒食聲色之中，則瞑瞑然 淮南子·覽冥訓 其視瞑瞑 図 集韻 韻會 母迥切 正韻 莫迥切，夶溟上聲。又 集韻 韻會 夶莫定切，溟去聲。義夶同 図 mián 廣韻 莫賢切 集韻 民堅切 正韻 莫堅切，夶麪平聲。與眠通 玉篇 寐也 莊子·德充符 據槁梧而瞑 図 弓名 唐書·南蠻傳 永昌野桑生石上，其材上屈兩向而下植，取以為弓，

不筋漆而利，名曰瞑弓 図 菜名 本草綱目 瞑菜，一名睡菜，南海人食之思睡，故名 図 肝瞑，與芊瞑同 張衡·南都賦 攢立叢駢，青麗肝瞑，杳藹蓊鬱于谷底，森尊尊而刺天。李善讀。夶詳肝37366瞑37511二字註 図 miàn 廣韻 莫甸切 集韻 韻會 眠見切 正韻 莫見切夶音麫。瞑眩劇也。又憒亂也 書·說命 若藥不瞑眩，厥疾弗瘳。一作眠37511眩 図 méng 集韻 謨耕切音萌。與矇同 図 叶武巾切音旻 楚辭·招魂 致命於帝，然後得瞑些，歸來歸兮。往恐危身些 註 瞑，臥也△正字通 古無眠字，瞑卽眠。今通用眠 正譌 从瞑廢眠，泥。

瞢 yíng _10.15 唐韻 戶扃切 集韻 玄扃切，夶迥平聲 ● 說文 惑也 図 廣韻 余傾切 集韻 維傾切夶音營。義同 図 集韻 於莖切音甇。目淨貌 図 yǐng 廣韻 集韻 夶烏猛切音溫。亦惑也 図 廣韻 清潔也。瑩 又瞹38350覮55221

瞤 shuì _10.15 正字通 睡本字。

瞢 xǐng _10.15 集韻 省37429古作瞢。

瞹 yǎn _10.15 集韻 同暖。或作瞵。

瞶 chá _10.15 字彙補 鋤加切音槎 淮南子·原道訓 所謂人者，偶瞶智故，曲巧偽詐，所以俯仰於世人，而與俗交者。

瞵 chén _10.15 字彙補 時斤切，音秦◇青箱雜記 貼瞵眠瞵者，淫亂也。

瞜 dōu _10.15 集韻 當侯切音兜。瞜瞜，目深也 図 類篇 目蔽垢也△集韻 或作眍。與覷同 字彙補 譌作眍。

瞤 lián _10.15 集韻 勒兼切音鬑。瞤貼，目垂也。

瞢 méng _10.15 字彙補 莫登切，懵上聲。目不明也。

瞂 pán _10.15 字彙補 夶桓切音槃 篇海類編 迴瞂也。

瞢 qià _10.15 餘文 苦洽切。陷也，通作瞸 図 hàn 胡紺切。目深貌。瑩 又瞶37929眏37766

瞤 ruò _10.15 搜眞玉鏡 音若。瑩 黃沛榮：為若之異體，見於 四聲篇海·目部，云音若，字義同 字彙補·目部 亦云日略切音若。義同。此字取義不明。

憼 miǎo _10.15 藏經字義 與眇同。瑩 又同眇37715 五侯鯖字海 聰38092，音梭。偷眼睃視也。憼，同上。

瞤 mián _10.15 龍龕 同眠

睜 pín _10.15 簡 曋38286

瞤 zuī _10.15 同瞤38371

瞟 null _10.15 未詳。

睡 shuì _10.15 朝鮮本 龍龕 睡，俗（睡）。

瞶 tǐ _10.15 同瞝37980

瞤 liū _10.15 掃視 金瓶梅詞話 第二十四回 却說西門慶席上，見女婿陳經濟沒酒，分付潘金蓮連忙下來滿斟一杯酒，笑嘻嘻遞與經濟，說道：姐夫，你爹分付，好歹飲奴這杯酒兒。經濟

一壁接酒，一面把眼兒不住斜瞷婦人。

瞵 38025 u25272 trợn_10.15 喃从目展triển聲。同矊38320△瞵眜：瞋怒直視貌。

睦 38026 u25271 yè_10.15 同奄38098奄本字。

眭 38027 u2526F khóe_10.15 喃从目桂quế聲。眼角。

瞅 38028 u2526E sọc_10.15 喃从目朔sóc聲△瞅瞅：眼睛滴溜溜地轉。

睭 38029 u2526D trít_10.15 喃从目哲triết聲△睭睭眛：緊閉雙眼。

煭 38030 u2526C lét_10.15 喃从目烈liệt聲。眹△沒煭：一瞥 区liếc 同眲37643矊38248

眹 38031 u2526B trông_10.15 喃同韻38033覾，看，望，瞧。

睞 38032 u2526A háy_10.15 喃从目海hải聲。睨視，蔑視。

韻 38033 u25269 trông_10.15 喃同韻23519望。亦作眹38031

瞪 38035 u25265 null_10.15 未詳。

眖 38034 u25268 chēn_10.15 艍55198譈字。亦作睅37988廣韻丑林切。私出頭視也。又丑鳩切

眯 38036 u25264 null_10.15 未詳。

睃 38039 u25261 sǒu_10.15 同睃37859洪武正韻睃37985，韻會或作睃。

睡 38038 u25262 cuó_10.15 眭37682本字。見說文

瞀 38040 u25260 mào_10.15 俗瞀37911

眳 38037 u25263 null_10.15 未詳。

睒 38041 u4061 shǎn_10.15 或同睒37755庾信枯樹賦木魅睒睒。山精妖孽。清·查慎行敬業堂詩集·卷三十·隨輦集·十二日上親射金錢豹恭紀十八韻貍首斑斑血，貓睛睒睒眵。

睬 38042 u7793 fǎn_10.15 粵睡。睬街：露宿街頭。

睮 38043 u7792 mán_10.15 简瞞38077

瞋 38044 u778B chēn_10.15 同瞋37969

瞂 38045 19142 xuán_11.16 廣韻似宣切集韻旬宣切丛音旋玉篇好貌。靈樞經陰陽和平之人，其狀瞂瞂然註目好貌。区人名。希瞂。見宋史·宗室表△集韻與嫙同。

瞆 38046 19143 zé_11.16 集韻側革切音責。張目也。

瞕 38047 19144 zhàng_11.16 等韻之亮切音障字彙目生瞕翳。△正字通通作障。

瞇 38048 19145 mì_11.16 廣韻美畢切集韻莫筆切丛音密。瞇瞇，不可測也。又廣韻彌畢切集韻覓畢切丛音蜜。義丛同。鎣廣韻作瞇38254

瞡 38049 19146 má_11.16 集韻謨加切音麻。緩視貌。

瞤 38050 19147 chuán_11.16 集韻食川切音船。目動也。鎣又俗賻57918碑別字新編引周賀屯植墓誌

瞣 38051 19148 lù_11.16 廣韻集韻丛盧谷切音鹿。瞣瞣，眼淨也。又目明也。鎣俗譌作臉47753龍龕臉，俗。音鹿。正作

瞣。臉臉，眼眩也。

瞰 38052 19149 qī_11.16 集韻倉歷切音戚。見也。

睤 38053 19150 kēng_11.16 廣韻客庚切音坑。睤睤，視不分明也王延壽·魯靈光殿賦屹睤曨以勿罔註言殿東西廂奧祕高邃，視之不明，望之不審也区集韻丘耕切音硻。義同。或作睤。

矅 38054 19151 léi_11.16 玉篇同矅。鎣又矅38170区loà喃眩。

瞠 38055 19152 dié_11.16 廣韻集韻丛丁結切，顛入聲。詳眰37600字註。

瞩 38056 19153 qì_11.16 唐韻戚細切集韻韻會正韻七計切丛音砌說文察也博雅視也類篇一曰袞視嵇康·琴賦明嬬瞩惠顏延之·贈王太常詩聆龍瞩九泉区廣韻集韻丛丑例切音憩。又廣韻初八切集韻初戛切丛音察。義丛同△類篇或作眲。

瞦 38057 19154 jiāo_11.16 集韻堅堯切音澆。視也。

瞖 38058 19155 yì_11.16 廣韻正韻於計切集韻韻會壹計切丛音翳玉篇眼疾也正字通目障也宋史·謝皇后傳后生而瞖一目区藥名本草·釋名羅勒。一名瞖子草，以其子治瞖也。鎣又瞖23480矅38189覽55233

瞗 38059 19156 kāng_11.16 廣韻苦岡切集韻丘岡切丛音康玉篇映瞗廣韻映瞗集韻暖瞗，丛目貌。

瞘 38060 19157 chè_11.16 集韻丑彳切，音痻。澤眼也区瞘瞠，目明貌区zhé陟革切音摘。目豎也区huī廣韻火癸切，倠上聲。恚視也区火季切，倠去聲。義同。鎣廣韻作瞘38119

瞙 38061 19158 nì_11.16 集韻尼質切音怩。小目也区五音篇海作眤。

鵰 38062 19159 diāo_11.16 唐韻都僚切集韻丁聊切丛音雕說文目熟視也区dōu集韻當侯切音兜。鵰鵰，鳥名。人面鳥啄，有翼不能飛。鎣亥集中·鳥部重出：集韻當侯切音兜。鳥名区diāo丁聊切音貂。目熟視也廣韻鵰，視也△宏按，集韻鵰，鵰鵰，鳥名。人面鳥啄，有翼不能飛。鵰鵰又作鵰鵰区俗雕66141偏類碑別字引魏彭城武宣王妃李氏墓誌

瞚 38063 19160 qiāo_11.16 玉篇口交切音敲。眢瞚，面不平也。鎣又矅68517区廣韻瞚47782，口交切。面不平也。

瞛 38064 19161 mì_11.16 字彙莫狄切音覓。邪視也王延壽·王孫賦眙睕瞛睒。本作眯。

瞜 38065 19162 ōu_11.16 廣韻集韻丛烏侯切音歐。深目貌。或作瞚区kōu集韻墟侯切音摳。與眗同区qǔ字彙丘舉切祛上聲。目往也。鎣又眍37481瞜46798

瞝 38066 19163 mò_11.16 廣韻慕各切集韻韻會正韻末各切丛音莫字統目不明也。俗謂目瞖曰瞝△集韻或作眊。

瞲 38067 19164 qù_11.16 集韻與覻同。

瞚 38068 19165 shùn_11.16 唐韻舒閏切 集韻 韻會 正韻輸閏切丛音舜 說文開闔目數搖也 史記·扁鵲傳目眩然而不瞚 莊子·庚桑楚終日視而目不瞚註目動曰瞚△集韻或作瞬 昫昳瞚。鼇又瞚38255

瞗 38069 19166 cōng_11.16 集韻七恭切音瑽。目光也 張協·七命怒目電瞗 図人名。孟瞗。見 宋史·宗室表 図 集韻 韻會 丛將容切音蹤。義同。鼇又瞗22977

瞤 38070 19167 wàn_11.16 玉篇無昭切音描。張目也。鼇元本 玉篇無肝切。

瞝 38071 19168 shān_11.16 集韻師咸切音攕。暫見也。或作肜。図sǎn桑感切音糝。視也。

瞡 38072 19169 suì_11.16 字彙同瞡 図曘瞡，古明目者孟子作離婁。図lú 廣韻力朱切 集韻龍珠切丛音瘻。昀瞡，笑也。図瞘瞡，微視也 說文作瞘婁。鼇又睃37954

瞗 38073 19170 lóu_11.16 廣韻落侯切 集韻郎侯切丛音樓 玉篇視也 図 類篇瞗瞑，偏盲也。一曰細視。或作覷

瞝 38075 19172 xǐ_11.16 集韻同曘 抽知切音螭。視也 賈誼·弔屈原賦瞝九州而相君分，何必懷此都也註瞝謂歷視也 漢書作歷。鼇又瞝22965

瞵 38071 19171 chī_11.16 集韻 韻會丛

瞤 38076 19173 huò_11.16 廣韻虛郭切 集韻忽郭切丛音霍 玉篇驚視也揚雄·蜀都賦龍睢瞤兮罘布列△集韻或作曜。

瞞 38077 19174 mán_11.16 唐韻母官切 集韻 韻會 正韻謨官切，丛滿平聲 說文平目也 徐曰目瞼低也。杜林曰：目旮平貌。図 廣韻目不明也 荀子·非十二子篇酒食聲色之中，則瞞瞞然註閉目貌。図匿情相欺亦曰瞞 汲冢周書淺薄閒瞞，其謀乃獲 図人名 魏志·武帝紀太祖姓曹，諱操，小字阿瞞 図鄭瞞，長翟國名 左傳·文十一年鄭瞞侵齊。図城名 舊唐書·地理志西域：於解蘇城所治數瞞城，置以其王領之 図姓 風俗通荊蠻之後，本姓蠻，後爲瞞氏 図mén 集韻謨奔切音門。慚貌 莊子·天地篇子貢瞞然慙註又音蠻 図母版切，蠻上聲。義同 図mèn母本切，門上聲。暗也△ 正字通瞞與橫刊 韻會引莊子，以爲門戶則液瞞，謝惠連詩：永保液瞞。叶音綿，不知莊本作橫，以瞞爲橫，誤。鼇又瞞38043瞹38121瞞37952 図宋·祖琇僧寶正續傳（卍新纂續藏本）·卷第二·寶峰準禪師僧云：和尚莫瞞22968人好。

瞟 38078 19175 piǎo_11.16 唐韻敷沼切 集韻 韻會匹沼切 正韻普沼切，丛飄上聲 說文瞭也 図 埤蒼一目病也 図 類篇目小貌 図piào 集韻匹妙切，飄去聲。曬也。図piāo 廣韻撫招切 集韻紕招切丛音飄。瞟瞟，明察也。図瞟眇，視不明之貌 王延壽·魯靈光殿賦忽瞟眇以響像△ 說文本作曜 篇海類編亦作瞟 集韻或作曜、飄。鼇又曖38312

瞠 38079 19176 chēng_11.16 廣韻丑庚切 集韻 韻會 正韻抽庚切丛

音撐 倉頡篇直視也 莊子·田子方夫子奔軼，絕塵，而回瞠若乎後矣 宋史·孔宗旦傳宗旦始官京東，與李師道、徐程尚、同等爲監司耳目，號爲四瞠，人多惡之。図玉篇與瞵同 馬融·長笛賦留际瞠眙 文選作瞵。図通作悻 前漢·外戚傳武問客，陛下得武書，意如何。曰：悻也註直視貌。師古曰字本作瞠，其音同耳。図 集韻 韻會恥孟切 正韻敕静切，丛撐去聲。又 五音集韻徒杏切音瑒。又 集韻抽良切音倀。義丛同。図tāng他郎切音湯。亦直視也。或作瞠 図除更切，棖去聲。定視也。與瞵同△ 韻會亦作町、睜 正字通或作瞪。鼇 正字通瞠，俗瞠字。

瞡 38080 19177 guī_11.16 集韻 韻會均窺切 正韻居爲切丛音規。瞡瞡，自得貌。一曰眇視也。又增韻小見貌 荀子·非十二子篇學者之鬼瞡瞡然註同規。図guì 廣韻 集韻丛規恚切，規去聲 博雅視也 埤蒼眇視貌 図類篇瞡視 図jì 廣韻居悸切音季。視貌 図jì 集韻其季切音悸。亦視也。與覯同。

瞢 38081 19178 méng_11.16 唐韻木空切，音蒙。又 集韻 韻會謨中切，夢平聲 說文目不明也 文中子·魏相篇執謂齊文宣瞢，而善揚遵彥也 図晦也 揚子·太玄經瞢，陰征南，陽征北，物失明，莫不瞢瞢 廣韻武登切 集韻 韻會彌登切，丛氋平聲。又 集韻忙肯切，氋上聲。又 集韻 韻會丛母亙切，氋去聲。義丛同 図不光明也 周禮·春官眂祲掌十煇之法，六曰瞢註日月瞢瞢無光也 楚辭·天問冥昭瞢闇，誰能極之註言日月晝夜清濁晦明也。図 博雅慚也。一曰悶也 左傳·襄十四年戎子駒支對士匄曰：不與於會，亦無瞢焉 左思·魏都賦有覰瞢容註瞢，愧也○按瞢俗作懵、懜 正韻瞢同懵。讀若孟，改莫更切，非 図miè 集韻莫結切音蔑。亦目不明也。或作瞢 図máng 集韻 正韻丛眉庚切。與盲同 山海經甘棗山有草，名蘀，可以已瞢 図mèng 廣韻 集韻 韻會丛莫鳳切。與夢同。澤名 周禮·夏官·職方氏荊州其澤藪曰雲瞢 爾雅·釋地作雲夢 前漢·班固敘傳令尹子文初生，棄於瞢中註瞢，雲瞢澤也。瞢同夢 図 集韻謨蓬切 正韻莫紅切丛音蒙。雲瞢，李軌讀平聲 正韻 左傳 漢書夢字有二音，則瞢字亦宜通用△ 說文本作瞢，从目，从橫目，从旬。旬，目數搖也 六書正譌旬卽眩字，會意，通用夢。別作瞢、懜，丛非。鼇通作瞢38129瞢23010又瞴38013瞢38083瞳38284瞳38341莫49862瞢50190瞢50290瞢50211薨23410瘖36137盲37376蕶51558懜18535

瞜 38082 19179 yú_11.16 廣韻語居切 集韻 正韻牛居切 韻會魚居切丛音魚 爾雅·釋畜馬二目白，瞜註似魚目也。陸佃云今之環眼馬，馬最下者。通作魚 詩·魯頌有驔有魚。△字書作驦 類篇或作晤。鼇又晤47339鵒47779，並譌。

瞢 38083 19180 méng_11.16 說文瞢本字。

瞱 38084 19181 yá_11.16 集韻同睚

瞯 38086 19183 jiān_11.16 字彙補古晏

切，音監◇視也△亦作監。鑒今作部外十畫。

瞎 38085 19182
jié_11.16　集韻同睫。

睩 38087 19184
lí_11.16　字彙補 力其切，音黎◇目眂也△篇海類編與瞝同。

瞌 38088 19185
kè_11.16　集韻渴合切，堪入聲。困悶眼也 類篇欲睡貌。

瞁 38089 19186
xù_11.16　類篇琢本字。

瞉 38090 41593
kòu_11.16　奚韻苦搆切。瞉瞀，無暇也。鑒 廣韻作 廣韻婺11213瞉。

瞀 38091 41594
lì_11.16　餘文力智切。竊視也。又力計切。義同。鑒又韜25498瞜38359瞤55309瞉38314

慁 38092 44742
miǎo_11.16　字彙補同眇。鑒又改併四聲篇海引俗字背篇：慁憎，二，与眇37715同。偷視兒。俗呼徐何切。偷眼邪視也。出春秋中。

瞾 38093 44744
zhào_11.16　龍龕同照。鑒同瞾曌，俗瞾。

瞮 38094 44745
chàn_11.16　字彙補音剗。

雧 38095 u2AFBB
null_11.16　未詳。

龤 38096 u2AFBA
null_11.16　或同龤47801

瞯 38097 u2AFB9
null_11.16　未詳。

瞱 38098 u2F94B
yè_11.16　晹37780本字。

瞡 38099 u252D6
xū_11.16　方眛眼看。

睫 38100 u252A9
jié_11.16　俗睫37810

瞀 38101 u252A6
mù_11.16　喃从瞀省務vụ聲△瞀疘：文盲。

睯 38102 u252A5
dòm_11.16　喃从目陷hãm聲。同暗38245

時 38103 u252A4
ngươi_11.16　喃从瞀省得đắc聲图ndaek壯睡著。

矃 38104 u252A3
thẳng_11.16　喃从直倘thẳng省聲△矃矃：正直，耿直。

瞓 38105 u252A2
thẳng_11.16　喃同矃38104直。亦作矃38104脼26648 傖26666△矤矃：直行。

瞮 38106 u252A1
nhờn_11.16　喃从目軟nhuyễn聲。

睺 38107 u252A0
sòng_11.16　喃从目崇sùng聲。

脮 38108 u2529F
nhăn_11.16　喃从眉忍nhẫn聲。皺眉。

睏 38109 u2529E
quắc_11.16　喃从目國quốc聲。瞪。

瞌 38110 u2529D
chớp_11.16　喃从眨省執chấp聲△瞱昧：眨眼，瞬息間图chợp假寐，瞌睡△俗作瞝37645

睽 38111 u2529C
nguýt_11.16　喃从睍省訣quyết聲。怒視。

睻 38112 u2529B
trông_11.16　喃从目从望，望vọng亦聲。觀看，盼望。

瞙 38113 u2529A
mờ_11.16　喃从目麻ma聲。模糊。

睡 38114 u25299
mòm_11.16　喃从睡省麥mầm聲△盰瞂：熟睡。

睸 38115 u25298
nghía_11.16　喃从目寄gửi聲。觀望图ghé睸昧：斜

睕，側目窺視。

睒 38116 u25297
gườm_11.16　喃从目淡đạm聲。

瞕 38117 u25296
đui_11.16　喃从盲省堆đôi聲△眦瞕：瞎眼。眛瞕：失明。

瞍 38118 u25295
tỉ_11.16　瞍37980本字。見說文

瞆 38119 u25294
huǐ_11.16　同瞆38060 廣韻瞆，恚視。火癸切。又火季切集韻作瞆38371

瞢 38120 u25292
fèng_11.16　瞢瞢，眼皮合而不閉。

曼 38121 u25291
mán_11.16　俗矕38077元·張養浩朝天子·述世情造物曼人，誰曾省悟，功名心無厭足。自今古細數，能有幾個歸山去图破邪論·卷二列國都城方之脫屣，嬌娥曼瞴棄似遺塵。

瞯 38122 u2528F
shì_11.16　俗瞯38002

晞 38123 u2528E
null_11.16　未詳。

瞁 38124 u2528D
xiè_11.16　俗瞁23011

睰 38125 u2528C
zhāo_11.16　俗睰46782

眱 38126 u2528B
mì_11.16　同睗38064

瞯 38127 u406A
jiǎn_11.16　同瞯38227 龍龕瞯，俗。音斬 可洪音義瞯眼：上居奄反。正作瞯也。第一卷作瞯眼，是也 南岳音音斬，非也。

瞈 38128 u77A3
wàn_11.16　購58029譌字 類篇瞈，烏患切。妄弃財物。

瞢 38129 u77A2
méng_11.16　瞢38081通作瞢。

瞡 38130 19187
wěi_12.17　集韻五委切，危上聲。瞡瞡，目好貌。鑒又聅46737

瞡 38131 19188
guàn_12.17　字彙古患切音慣。直視貌。

瞁 38132 19189
jí_12.17　唐韻阻立切集韻側立切夶音戢 玉篇目出淚也图目動貌王延壽·王孫賦际瞁睫以映睞△類篇或省作瞁。

瞤 38133 19190
rún_12.17　廣韻如勻切集韻濡純切韻會儒純切夶音犉說文目動也西京雜記陸賈曰：目瞤得酒食黃帝·素問肉瞤瘛註動掣也類篇或作瞤图集韻而宣切頓平聲。義同图shùn集韻韻會夶輸閏切音舜。開闔目數搖也。與瞋瞬眒眴夶同。鑒又瞤38183惆18403

瞥 38134 19191
piē_12.17　唐韻普蔑切集韻韻會正韻匹蔑切夶音撆說文過目也。一曰財見也徐曰瞥然暫見也張衡·思玄賦遊塵外而瞥天梁書·王筠傳余少好書，雖偶見瞥觀，皆卽疏記淮南子·說林訓鼈無耳，而目不可以瞥，精於明也註瞥之則見也。又說文目翳也图廣韻普派切，篇入聲。又集韻必列切音鱉。又匹曳切，音潎。夶同图bì集韻必袂切音蔽。瞥也图叶匹昧切音配思融·廣成頌投殳狂瞥，頭陷顱碎，獸不得猱，禽不得瞥集韻亦作覕、覭。鑒又瞴38191瞥46810

瞣 38135 19192
hú_12.17　集韻胡骨切，魂入聲。濁垢也图mèng彙蒙弄切，蒙去聲。目不明也。

瞕 38136 19193
zùn_12.17 集韻祖寸切，尊去聲。赤目也。

瞶 38137 19194
céng_12.17 廣韻昨棱切集韻徂棱切夶音層。目小作態，曹瞶也又類篇曹瞶，目不明貌。鼇又矰36873 矰23044 集韻曹矰，日無光。

矆 38138 19195
huò_12.17 廣韻呼麥切集韻忽麥切，夶轟入聲玉篇目病也。

瞷 38139 19196
xié_12.17 廣韻胡結切集韻奚結切，並音襭。瞷瞷，目赤貌。

瞟 38140 19197
biāo_12.17 集韻卑遙切音標。惡視貌又篇海望也。

瞦 38141 19198
xǐ_12.17 唐韻許其切集韻虛其切夶音熙說文目童子精也。

瞧 38142 19199
qiáo_12.17 字彙慈消切音樵。偸視貌嵇康·難自然好學論覘文籍則目瞧又叶才笑切，樵去聲郭璞·鶬鶊黃鳥贊鶬鶊之鳥，食之不瞧。爰有黃鳥，其鳴自叫。婦人是服，矯情易操。鼇又噍38190

瞨 38143 19200
pú_12.17 集韻匹角切音朴。目暗也。

瞠 38144 19201
chēng_12.17 集韻中庚切，韙平聲。直視也。

瞷 38145 19202
chēn_12.17 正字通瞋字之譌字彙音稱，訓怒目，義與瞋同〇按瞋重文作䀼，改从盛，非。

矇 38146 19204
chēng_12.17 集韻與瞠瞠夶同。

瞁 38147 19205
qián_12.17 廣韻昨鹽切集韻慈鹽切夶音潛。閉目內思也又廣韻漸念切集韻慈豔切，夶潛去聲。義同。又博雅憂也又jiàn集韻子念切音僭揚子方言宋、衞謂憂或曰瞁註瞁者，憂而不動也△俗作瞌。

瞻 38151 19209
zhǎn_12.17 玉篇同瞫。

瞲 38148 19206
xǐ_12.17 集韻許及切音吸。視貌又xié虛涉切音諜。目眇視也。與瞷瞷同。

瞩 38149 19207
zhǔ_12.17 正字通俗矚字。

瞪 38150 19208
dèng_12.17 廣韻直庚切集韻韻會正韻除庚切夶音棖。直視也晉書·郭文傳瞪眄不轉，跨躡華堂，如行林野唐書·杜甫傳甫嘗醉登嚴武牀，瞪視曰：嚴挺之乃有此兒宋史·盛度傳度體肥，艱於拜起，賓客有拜之者，則瞪視而詬詈之又廣韻宅耕切音橙又廣韻直陵切集韻持陵切夶音澄又dèng廣韻丈證切集韻韻會澄應切，夶澄去聲。義夶同△集韻與町、眙同正字通通作瞠。鼇又覴55255

瞫 38152 19210
shěn_12.17 唐韻集韻韻會正韻夶式荏切音審說文深視也。一曰下視也。又竊見也禮部韻略平視也。又姓後漢·南蠻傳武落鍾離山有黑穴，出四姓，瞫氏一也又shèn集韻式禁切，審去聲。低目視也又tán徒南切音潭。視也又廣韻集韻夶徒紺切，潭去聲。義同又chēn集韻昌枕切，覘上聲。人名左傳·文二年晉有狼瞫註尺甚反前漢·古今人表師古音審△說文本作

瞰，隸省作瞯玉篇或作覸。鼇又瞯46805又後漢·南蠻傳云云。徐慧：巴郡南郡蠻，本有五姓：巴氏、樊氏、瞫氏、相氏、鄭氏。皆出於武落鍾離山。其山有赤黑二穴，巴氏之子生於赤穴，四姓之子皆生黑穴。

瞁 38153 19211
suì_12.17 廣韻集韻夶先外切音碎。流盼也△篇海或作瞁。

頖 38154 19212
xiǎng_12.17 集韻虎項切音傋。邪視也。本作頖。

瞬 38155 19213
shùn_12.17 廣韻舒閏切集韻韻會正韻輸閏切夶音舜。目自動也列子·湯問篇紀昌學射於飛衞，衞曰：爾先學不瞬，而後可言射矣宋史·韓世忠傳目瞬如電又埤雅木槿朝生夕隕，一名舜。蓋瞬之義取諸此陸機·文賦觀古今之須臾，撫四海於一瞬司馬法·嚴位篇一人之禁，無過瞬息△玉篇與瞚同集韻亦作眴昳瞤。鼇又眴37491瞚23100

瞸 38156 19214
dài_12.17 字彙他蓋切音太。曖瞸，不明也△正字通正韻·六泰收曖瞸，訓日不明，諸韻書皆然，無从目作曖瞸者，日謁从目，非。

曉 38157 19215
ōu_12.17 廣韻集韻夶烏侯切音歐玉篇深目貌。又kōu廣韻恪侯切集韻墟侯切夶音摳。又集韻於絞切音拗。又於教切，拗去聲。義夶同△集韻與窋同。亦作眗瞘眗䀼。

瞭 38158 19216
liǎo_12.17 廣韻盧鳥切集韻韻會朗鳥切正韻盧皎切夶音了廣韻目睛明也周禮·春官·大師眡瞭三百人註瞭，目明者孟子胷中正則眸子瞭焉又師曠·禽經瞭曰鸛張華註能遠視也。又楚辭·九辯瞭冥冥而薄天註瞭，音了，一音杳。亦通作杳又liáo廣韻落蕭切集韻韻會憐蕭切正韻連條切，夶了平聲。義同。

瞏 38159 19217
ruǎn_12.17 字彙而兗切音軟王延壽·王孫賦阮瞏曘而跋㢟註皆言形狀乖戾。

瞮 38160 19218
chè_12.17 字彙敕列切音徹。明也。鼇又瞸23035

瞥 38161 19219
mò_12.17 正字通譌瞥字。

瞩 38162 19220
tè_12.17 廣韻他德切集韻惕得切夶音忒。瞺瞥，目欲臥貌字彙補亦作瞺。鼇又瞺46802

瞯 38163 19221
xián_12.17 唐韻戶間切集韻韻會何閒切正韻何艱切夶音閑說文戴目也徐曰謂目望陽也揚子方言瞯也，吳揚江淮之閒或曰瞯又廣韻人目多白也又爾雅·釋畜疏馬一目白者名瞯張協·七命天驥之駿，眸瞯黑照註瞯，馬目也說文作瞯又漢書音義瞯，小兒癇病也又姓史記酷吏傳濟南瞯氏又集韻居莧切，閒去聲。又韻會居諫切正韻居晏切，並諫去聲。視也。又覸也孟子王使人瞯夫子宋史·鎮王竑傳丞相史彌遠，使美人瞯竑，動息必以告△集韻同覵正字通與瞯覸瞯覵瞯夶通。鼇又瞯38208瞯47877瞯38165又瞯姓，字亦作瞯23089

䀴 38164 19222 yīng_12.17 集韻同䁝

瞱 38167 19225 yè_12.17 廣韻筠輒切集韻域輒切太音饁。目動貌。一曰怒視也。鑾俗曄23047 可洪音義煒瞱：下于輒反，為立反。

瞯 38165 19223 xián_12.17 正字通俗瞯字。

瞰 38166 19224 kàn_12.17 廣韻集韻韻會正韻太苦濫切音闞博雅視也揚雄·校獵賦東瞰目盡班固·東都賦瞰四裔而抗稜張衡·思玄賦瞰瑤谿之赤岸又俯視曰瞰後漢·光武紀雲車千餘，瞰臨城中又埤雅王褒曰：魚瞰雞睨註瞰，魚目不瞑也△集韻或作矙、矙。鑾又矙38384瞰46827

瞲 38168 19226 xù_12.17 玉篇呼聿切五音集韻况必切，並熏入聲類篇目深貌。或作晛、眓又xuè廣韻集韻太呼決切音血。驚視貌荀子·榮辱篇瞲然視之集韻或作昳、眏溯原亦作旻。

瞳 38169 19227 tóng_12.17 廣韻正韻徒紅切集韻韻會徒東切太音同玉篇目珠子也釋名瞳子。瞳，重也，膚幕相裹重也。靈樞經骨之精爲瞳子註腎之精也又通作童史記·項羽本紀舜目蓋重瞳子，項羽亦重瞳子前漢書作童神仙傳李根兩目童子皆方仙經云八百歲人，童子方也。又無心直視之貌莊子·知北遊女瞳焉如新生之犢。又chuàng集韻丑降切，踔去聲莊子·知北游郭註瞳，菟絳反李註未有知貌正韻又音充。鑾又曈38241

䁤 38170 19228 léi_12.17 同𥌰。俗省。

買 38171 19229 mái_12.17 唐韻集韻太莫佳切，買平聲說文小視也廣韻視貌又叶莫婆切音摩揚子·太玄經旌旗絓羅，干戈蛾蛾。師孕唁之，哭且瞶註瞶，竊視也△說文本作瞶集韻或作覭。

瞴 38172 19230 móu_12.17 唐韻莫浮切集韻迷浮切太音謀說文瞴婁，微視也又廣韻武夫切集韻微夫切太音無。義同又wǔ廣韻文甫切集韻罔甫切，太無上聲博雅好也廣韻微視貌又mí集韻忙皮切音糜。美目貌。鑾又瞴38275

瞪 38173 19231 zèng_12.17 廣韻集韻正韻太除更切，棖去聲。定視也。或作瞠、䁐。鑾又瞕38205

瞵 38174 19232 lín_12.17 唐韻力珍切集韻韻會正韻離珍切太音鄰說文目精也又倉頡篇視不了也類篇視貌左思·吳都賦鷹瞵鶚視潘岳·射雉賦瞵悍目以旁睞又篇海瞵瞵，下視貌又瞵盼37417，天旦欲明也又韻會通作璘埤蒼瞵瑞，文貌揚雄·甘泉賦璧馬犀之璘瑞又lǐn集韻里忍切，鄰上聲。視不明貌又lìn廣韻集韻韻會正韻太良刃切，鄰去聲。義同又lián集韻靈年切音憐。怒目貌。一曰以目隨也又皇甫謐·釋勸忽金白之輝曜，忘青紫之班瞵。辭容服之光粲，抱弊褐之終年。瞵，叶年。△說文本作瞵。

瞶 38175 19233 guì_12.17 廣韻正韻居胃切集韻韻會歸謂切太音貴倉頡篇極視也又類篇目無精也又wèi廣韻韻會太以醉切，遺去聲。義同類篇別作𦗴△正字通本作瞶。與耳部聵字別。鑾又瞆37955

𥈆 38176 19234 kūn_12.17 唐韻古魂切集韻韻會公渾切太音崐說文周人謂兄曰𥈆。从弟从眔徐鉉曰眔目相及也。兄弟親比之義六書本義从眔，及也。及在弟上者。兄之義精薀从弟在後，其前眔者，首得父母之氣相連逮也△爾雅·釋親省作𡙈玉篇省作𡙈。今通作昆。

䁅 38177 19235 mǎng_12.17 廣韻模朗切集韻母朗切太音莽玉篇無一目曰䁅又廣韻矘䁅，目無精也。一曰目不明也楚辭·遠遊作矘莽。鑾又䁅23475

䪿 38178 19236 xiǎng_12.17 集韻䚜本字。

𥉂 38179 19237 mián_12.17 字彙補明連切音綿。遠視也。

䁛 38180 19238 shēn_12.17 類篇古文眒37491字。

䍲 38181 19239 xì_12.17 玉篇雖一切音悉。罪止也。

瞣 38182 19240 huàn_12.17 五音篇海同瞣。國名，在流沙。

瞤 38183 19241 shùn_12.17 字彙補俗瞤字。

䁯 38185 u2AFC0 null_12.17 喃未詳。

瞟 38184 19242 piǎo_12.17 篇海同瞟

瞢 38186 u2AFBF méng_12.17 俗瞢23010可洪音義瞪瞢：上都鄧反。下莫鄧反。正作䔰薨。或作䔰懵也。上徒登反。下莫登反。並睡纏惽悶也。並悞。

䁲 38187 u2AFBE dā_12.17 俗聕46813大垂耳貌。

曀 38189 u2AFBC yì_12.17 俗曀23041慧琳音義雲曀：下緊計反爾雅云陰而風為曀也毛詩云日有曀是也說文從日壹聲。緊音硏兮反可洪音義陰曀：一計反。雲曀：同上。敦煌P.2538毛詩詁訓傳第三曀曀其陰又俗瞖38058慧琳音義瞖目：於計反韻略云目障也。從目，殹聲也。殹音於計反。經作曀，非也。目字，說文云人眼也。象形，從二重童子也。元·岑安卿栲栳山人集·卷下·近體詩·八月十六日夜月蝕皇天一眼曀，下土萬民驚。

瞧 38190 uFA9D qiáo_12.17 俗瞧38142

瞯 38188 u2AFBD null_12.17 未詳。

瞥 38191 u252D7 piē_12.17 字海瞥，同瞥38134

瞪 38192 u252D5 trộm_12.17 喃从目盜會意。偷窺△咹瞪：盜竊。

瞰 38193 u252D4 trừng_12.17 喃从目徵trưng省聲。瞪，盯。

䁳 38194 u252D3 ngảnh_12.17 喃䁳趷：背過臉去。

瞕 38195 u252D2 tré_12.17 喃从目智trí聲△昧瞕：斜視。

𥊝 38196 u252D1 pì_12.17 俗𥊝38222清刊本集韻睥，睥睨，視也。或作俾𥊝辟。按，宋本作𥊝。

瞄 38197 u252D0 miǎo_12.17 中華大字典同眇37439見藏經字義。

△宏按，憎38017譌字。

瞓 38198 u252CF
zhí_12.17　臘47856俗譌 廣韻 職，之翼切。油敗。周祖謨校勘記：職，故宮 王韻 唐韻 作臘，與 玉篇 合。

瞎 38199 u252CE
mèi_12.17　瞎37888本字。 類篇 瞎，蜜二切。目合。又明祕切。

睡 38200 u252CD
shuì_12.17　睡37792本字。見 說文

瞎 38201 u252CB
qián_12.17　俗瞎38147

瞗 38202 u252CA
null_12.17　未詳。

瞝 38203 u252C9
null_12.17　未詳。

翹 38204 u252C8
null_12.17　未詳。

瞠 38205 u252C7
zhèng_12.17　同瞠38173 区chèng 粵 瞠。瞠眼：晃眼。

瞰 38206 u252C6
tūn_12.17　俗暾23038明·王行 半軒集·卷十·詩·酬韓蒙庵永夏倦炎燠，頹陽劇朝瞰。

瞥 38207 u252C5
null_12.17　未詳。

瞷 38208 u77B7
jiàn_12.17　同瞷38163

瞸 38209 19243
yè_13.18　 集韻 弋涉切音葉。瞸也 区 類篇 目眇視也 区 集韻 虛涉切音渫。義同。或作喋、瞸。

曖 38210 19244
ài_13.18　 廣韻 於蓋切音藹。隱也 区曖睫38156 鞏亦作曖霴，同靉靆。

曝 38211 19245
è_13.18　 廣韻 五盍切 集韻 玉盍切，丛玪入聲。曝，睡也。又 類篇 睡貌。

蔑 38212 19246
miè_13.18　 唐韻 集韻 丛莫結切音蔑◆ 說文 目眵也 廣韻 目赤也△六書本義 同蔑 集韻 或作瞲。

瞻 38213 19247
huì_13.18　 廣韻 集韻 丛烏外切音薈 玉篇 眉目閒貌。

瞻 38214 19248
zhǎn_13.18　 唐韻 集韻 丛旨善切，鸇上聲 說文 視而止也 玉篇 一作瞵 区shǎn 廣韻 式善切 集韻 矢善切，丛瓕上聲。視面色變也。

瞩 38215 19249
zhǔ_13.18　 正字通 矚字之譌。

瞤 38216 19250
zōu_13.18　 集韻 甾尤切音鄒。瞵也。

矈 38217 19251
biǎn_13.18　 唐韻 集韻 丛邦免切，音辨◆ 說文 兒初生瞥者。从目睘聲。言兒始生，目有瞖也 区 集韻 馨兗切，音蠉。義同 区huán 胡關切音還。大目貌 王延壽·王孫賦瞩瞩歷而騾離 類篇 或作瞶。鞏又瞩38327

瞵 38218 19252
jī_13.18　 集韻 吉歷切音激。目不瞬也 区jiǎo 字彙 吉了切音皎 篇海 明也。一曰清別貌。亦作瞵。

矒 38219 19253
měng_13.18　 廣韻 莫杏切 集韻 母梗切丛音猛。視也 区矒盯，直視也 区 廣韻 武庚切 集韻 眉庚切 韻會 謨盲切，丛猛平聲。又 廣韻 莫耕切音萌。義丛同 区mèng 集韻 莫更切，猛去聲。與矒同。

瞯 38220 19254
jué_13.18　 廣韻 古岳切 集韻 訖岳切丛音覺。目明也 区wù 廣韻 集韻 丛烏酷切音沃。瞯目也 区 正字通 古文覺字 字彙 音覺，訓明也，與覺義近。又音屋，瞯目也。

分爲二，非○按諸韻書覺、瞯俱丛收。覺訓寤也，瞯訓目明也，且覺無瞯義，似屬臆斷。

曨 38221 19255
náng_13.18　 廣韻 女江切 集韻 濃江切丛音瀧 玉篇 目不明也 区nóng 集韻 奴冬切音農 玉篇 怒目也。

瞥 38222 19256
pì_13.18　 集韻 同瞑

曘 38223 19257
líng_13.18　 集韻 同矓。

瞾 38224 19258
shì_13.18　 廣韻 集韻 丛施隻切音釋。視貌 区 集韻 昌石切音尺。義同 区yì 夷益切音亦 類篇 目明貌 揚子方言 瞁瞾，明也 繆襲·尤射 上下瞾，爰易犛 註 瞾，明也。区 人名 吳越春秋 越王无壬生無瞾△本作瞾。

瞻 38225 19259
zhān_13.18　 唐韻 職廉切 集韻 韻會 正韻 之廉切丛音詹 說文 臨視也 韻會 仰視曰瞻 詩·邶風 瞻彼日月 禮·曲禮 視瞻無回 区 官名 魏書·官氏志 有瞻人郎。区 國名 唐書·南蠻傳 瞻博，或曰瞻婆，北距兢伽河。区 山水名 山海經 有瞻諸山。又瞻水，出婁涿山，東流注於洛 区 姓 正字通 元有瞻思，通經學 区 通作詹 史記·周本紀 顧詹有河 区zhàn 集韻 章豔切，詹去聲。視也。鞏又瞻23120略22549

曦 38226 19260
xī_13.18　 字彙 同曦

瞼 38227 19261
jiǎn_13.18　 唐韻 集韻 韻會 正韻 丛居奄切音檢 說文 目上下瞼也 北史·姚僧垣傳 瞼垂覆目，不得視 王叔和脈經 脾之候在瞼，瞼動則知脾能消化。脾病則瞼澀，嗜臥 註 瞼，眼弦也。又 埤雅 鸚鵡兩瞼俱動，如人目 区 蠻語謂州爲瞼 唐書·南蠻傳 有十瞼△六書正譌 別作臉，非 佩觿集 臉，七占翻，𦢊也。瞼，已冉翻，目也。鞏又臉37752瞼37853瞯38127瞯37856

瞽 38228 19262
gǔ_13.18　 唐韻 公戶切 集韻 韻會 果五切 正韻 公五切丛音古◆ 說文 目但有朕也 博雅 盲也 釋名 瞽，鼓也。瞑瞑然目平合如鼓皮也 周禮·春官·瞽矇 註 無目朕謂之瞽 莊子·逍遙遊 瞽者無以與乎文章之觀 区 瞽，樂官也 書·胤征 瞽奏鼓 詩·周頌 有瞽有瞽，在周之庭 註 目無明則耳聰，使爲樂官，名之曰瞽，因其所掌而命名也。区 御瞽，侍御樂工也 禮·玉藻 御瞽幾聲之上下 区 學名 禮·明堂位 瞽宗，殷學也 註 樂師，瞽矇之所宗，故謂瞽宗 周禮·春官·大司樂 樂祭祀於瞽宗 区 舜父名瞽瞍 書·堯典 瞽子傳 無目曰瞽。舜父有目不能分別好惡，故時人謂之瞽，配字曰瞍，又通作鼓 前漢·古今人表 鼓叟蟜牛子，生舜。鞏又瞽38300瞽67448

瞾 38229 19263
zhào_13.18　 字彙 同照○按 正字通 唐武后自制十九字，以瞾爲名，與照音義同，从明，非从二目也。後譌爲瞾略記字始譌爲瞾 字彙 改作瞾 字彙補 又作瞾，丛非。

瞿 38230 19264
jù_13.18　 唐韻 九遇切 集韻 韻會 俱遇切丛音句 說文 鷹隼之視也 徐曰 驚視貌，會意。又 禽經 雀以猜覺視也 埤雅 雀俯而啄，仰而四顧，所謂瞿也 区 廣韻 視貌 集韻 心驚貌 禮·檀弓 曾子聞之瞿然。又 雜記 見似目瞿，聞名心瞿 註 瞿然驚變也 区 瞿瞿，驚遽不審貌 禮·玉藻

視容瞿瞿　図瞠視貌　荀子·非十二子篇　學者之鬼瞿瞿然
図無守貌　詩·齊風狂夫瞿瞿　註謂精神不立,志無所守
図爾雅·釋訓儌也詩·唐風良士瞿瞿　疏李巡曰：良士
顧禮節之儌也図qú　唐韻其俱切　集韻韻會權俱切丛
音衢。義同図驊瞿,走貌　張衡·西京賦百禽㥤遽,驊瞿
奔觸図句瞿,斗也　山海經陽山有獸,其頸腎狀如句瞿,
名曰領胡　註言頸上有肉腎如斗也図鳥名　山海經禱過
山,鳥名瞿,如其鳴自號也図山名　山海經瞿父之山,
無草木,多金玉図灘名　寰宇記瞿塘在夔州東一里,古
西陵峽也図人名　竹書紀年殷武乙,名瞿図姓。漢有
漢南太守瞿茂。又複姓　前漢·儒林傳魯商瞿子木,受易
孔子　註商瞿,姓也　遼史·禮志西域淨梵王子姓瞿曇氏
図與戳通　書·顧命一人冕執瞿　註戟屬図與衢通　韓詩
外傳直曰車前,瞿曰苿苢,蓋生於兩旁謂之瞿丹鉛錄
楚辭·天問摩萍九衢。衢,本作瞿図與蘧通　爾雅·釋草
大菊,蘧麥　註卽瞿麥,藥草也集韻亦作蘜図jù　集韻衢
遇切　正韻忌遇切,丛衢去聲。與懼通。恐也禮·檀弓瞿
然失席　註瞿,本又作懼　前漢·東方朔傳吳王懼然易容
図jí　集韻訖力切音亟。瞿瞿,居喪視不審貌禮·檀弓瞿
瞿如有求而弗得。徐邈讀。

瞺 38231 19265 piāo_13.18　類篇同瞟

䁱 38233 19267 xiū_13.18　玉篇許尤切
音休。目多汁也△類篇亦作䁱。

䂁 38232 19266 táng_13.18　玉篇徒郞切音唐。䂁視也。

瞔 38234 19268 jià_13.18　集韻居迓切音駕。視也。

矀 38235 19269 méi_13.18　廣韻武悲切集韻旻悲切丛音眉。伺視也
図廣韻集韻丛無非切音微。義同。瞽又職46856瞽38259

嘗 38236 19270 cháng_13.18　字彙補殊羊切音嘗。目也。

覒 38237 19271 jí_13.18　字彙補古役切,音橘◇見也。

矃 38238 19272 biāo_13.18　篇海䁭、矃丛同。

瞻 38239 44746 zhuó_13.18　搜眞玉鏡支若切音灼。瞽又瞻38256海
篇直音音占。

觘 38240 44747 zhào_13.18　龍龕同照。瞽同學學,俗鏧。

瞳 38241 u252FE dǒng_13.18　矇矇,亦作矇矇,糊塗。元·陳致虛上陽
子金丹大要仙派·第五·法事提惺瞳睡漢,發明矇矇仙。

暉 38242 u252FD tráo_13.18　喃從目罩trạo聲。瞞騙。

䁦 38243 u252FC guờm_13.18　喃從睉省禽cầm聲△䁦䁦：怒目橫眉。

瞔 38244 u252FB mái_13.18　正字通瞙38171本作瞔。

瞗 38245 u252FA dòm_13.18　喃從目宮dòm聲。偷看,窺測。

瞴 38246 u252F9 ngáy_13.18　喃同睚07482

瞴 38247 u252F8 soi_13.18　喃從目雷lôi聲。照（鏡子）。

瞭 38248 u252F7 liếc_13.18　喃從目落lạc聲△瞭瞭：怒視図nhác同

略37579瞥。

瞩 38249 u252F6 lấm_13.18　喃從目廩lẫm省聲△瞩㷫：發覺,察覺。

瞰 38250 u252F5 him_13.18　喃從目歆hâm聲。眯縫眼。

瞭 38251 u252F4 ngấm_13.18　喃觀望△瞭瞱：凝視図quầm同
氍27591顰眉△瞭瞭：苦澀。

瞵 38252 u252F3 coi_13.18　喃從目鬼ngôi聲。看,看待△瞵輕：輕視。

瞵 38253 u252F2 lim_13.18　喃從目廉liêm聲△瞵瞵：眯眼△亦作
瞵38012

瞵 38254 u252F1 mì_13.18　廣韻瞵,瞵瞵,不測也。周祖謨校勘記：
瞵,敦煌王韻作瞵38048,集韻同。本韻美畢切下亦作
瞵。按,敦煌·P.2011王一瞵,名必反。瞵瞵,不可測量。

瞚 38255 u252F0 shùn_13.18　瞚38068本字。

瞻 38256 u252EF zhuó_13.18　同瞻38239

暍 38257 u252ED shì_13.18　暉38224本字

矈 38258 u252EC mián_13.18　矕38270本字。

徵 38259 u252EA méi_13.18　同矀38235

睿 38260 u252E9 ruì_13.18　或俗叡05311

瞟 38261 u252E8 biāo_13.18　字彙補瞟,篇韻同瞟38309

瞸 38262 u252E7 sã_13.18　四處探視。元·孟漢卿張孔目智勘魔合
羅·第一折醉中天：我這里捻土焚香畫地爐,我拜罷也
頻瞻瞸。字亦作瞤38264,或譌作瞝23115

晹 38263 u252D8 shào_13.18　粵瞧,掃視。亦作眪37665

瞤 38264 u252CC sã_13.18　亦作瞸38262四處探視。明·馮惟敏勉姪長
安走馬人如畫,金貂客手插,玉樓人眼瞤。

矂 38265 u77C2 sào_13.18　眊矂,同眊氉27583,失意,煩憂。

瞅 38266 u77C1 chǒu_13.18　同瞅37956元·石君寶魯大夫秋胡戲妻·第
三折你瞅我一瞅驀了你那額顱,扯我一扯削了你那手
足。

瞒 38267 19273 hè_14.19　廣韻呼格切集韻郝格切丛音赫玉篇目
赤也。

瞟 38268 19274 chá_14.19　字彙初戛切音察。視貌。

瞱 38269 19275 qì_14.19　集韻乞及切音泣。目睛中枯也。

矕 38270 19276 mián_14.19　廣韻莫賢切集韻民堅切丛音眠玉篇
視也廣韻與瞵同図míng集韻忙經切音銘類篇密也
△本作矈。通作矗。

瞇 38271 19277 mí_14.19　集韻眯、眯丛通。瞽又昣37537

瞲 38272 19278 kū_14.19　廣韻集韻丛苦骨切音窟。目突矞類篇目
出貌△字彙補譌作䀅,非。

瞱 38273 19279 yè_14.19　集韻益涉切,靨入聲。目動貌。

瞩 38274 19280 zhōu_14.19　集韻張流切音輈類篇瞩眼,目動貌。

眸 38275 19281
móu_14.19 正字通 眸字之譌。

眰 38276 19282
nǐng_14.19 玉篇 乃頂切,寧上聲。盯眰,視也 吳萊·尚志賦 守盯眰謂眞矑。

瞷 38277 19283
jiān_14.19 唐韻 古衒切 集韻 居衒切,並音監 說文 視也 又 jiàn 廣韻 格懺切 集韻 居懺切,夶減去聲。瞷也。△ 集韻 通作覸。

矐 38278 19284
yào_14.19 正字通 同矐。

矄 38279 19285
xūn_14.19 集韻 許云切音熏。目暗也。

矅 38280 19286
yào_14.19 集韻 同矐 曤 38281 19287
huò_14.19 唐韻 許縛切 集韻 怳縛切,夶況入聲 說文 大視也 又 yuè 矅睒,電光也 木華·海賦 虠昱絕電,百色妖露,呵嗽掩鬱,矅睒無度 註 言羣妖吞吐光色,眩惑無定也 玉篇 亦作曤。又 wò 集韻 屋虢切音攉。視邊貌。或作矆。

矇 38282 19288
méng_14.19 廣韻 正韻 莫紅切 集韻 韻會 謨蓬切夶音蒙 說文 童矇也。一曰不明也 釋名 有眸子而失明,蒙蒙無所別也 博雅 盲也 詩·大雅 矇瞍奏公 傳 有眸子而無見曰矇 疏 矇即今靑盲 禮·仲尼燕居 昭然若發矇矣。又 王充·論衡 人未學問曰矇 又 徐幹·中論 見人而不自見者,謂之矇 又 měng 集韻 母總切音蠓。瞻矇,目不明也△通作蒙。別作瞄。

辬 38283 19289
bàn_14.19 唐韻 蒲莧切音瓣◆ 說文 小兒白眼也。又 pàn 廣韻 匹莧切 集韻 普莧切夶音盼。義同。或曰視貌。

矒 38284 19290
méng_14.19 正字通 俗瞢字 集韻 作矒。

瞑 38285 19291
mián_14.19 廣韻 莫賢切 集韻 韻會 民堅切夶音眠 說文 目旁薄緻宀宀也 爾雅·釋詁 密也 又 集韻 彌殄切,眠上聲。義同△ 說文 本作瞑 集韻 或作瞑。通作眇。又瞑 38329 瞑 38179 又 四聲篇海 矊 38317,戶犬、戶蠲二切,目瞳子也 又 正字通 矏,同矏,本作鼏 38258 又 矏 38287 俗瞑字。

矉 38286 19292
pín_14.19 唐韻 符眞切 集韻 正韻 毗賓切夶音頻 說文 恨張目也。引 詩 國步斯矉。今 詩 作頻 又 正字通 與顰通。心恨額蹙也 莊子·天運篇 西施病心,而矉其里。又 廣韻 必鄰切 集韻 卑民切夶音賓。義同。又矉 38019 矉 23173

矏 38287 19293
mián_14.19 廣韻 武延切 集韻 彌延切夶音綿。瞳子黑也 揚子方言 南楚江淮之閒,黸瞳之子謂之矏 註 黸,黑也。矏,言矏邈也 又 脉也 楚辭·招魂 靡顏膩理,遺視矏些 註 言諸女心中矏脉,時時竊視,安詳審諦,志不可動也 又 矏眇,視貌 郭璞·江賦 江妃含嚬而矏眇 又 集韻 彌殄切音眄。義同△◆ 玉篇 同瞞,亦書作矏。又瞑 38285 矊 46848

暘 38293 44749
yáng_14.19 龍龕 同陽 瞵 38288 19294
lín_14.19 說文 瞵本字。

矄 38289 19295
huī_14.19 集韻 翾畦切音睢。矄矄,面有垢也。

瞤 38290 19296
shùn_14.19 類篇 與瞤同。

矏 38291 19297
míng_14.19 集韻 彌幷切音名。眉闊謂之矏。

齹 38294 u2AFC1
null_14.19 喃未詳。 矑 38292 19298
liù_14.19 篇海類編 良秀切音溜。凡書生重玩溫故曰矑。又定意也。

膓 38295 u25319
nhó_14.19 喃 从眉庫kho聲。

睡 38296 u25318
shuì_14.19 四聲篇海 音稅。目明也。

瞞 38297 u25317
mián_14.19 瞞 38329 本字。

瞚 38301 u25311
jùn_14.19 人名用字 瞔 38298 u25314
xuān_14.19 或俗矊 38310

矔 38299 u25313
shǔ_14.19 俗曙 23150 可洪音義 侵曙:常去反。

瞽 38300 u25312
gǔ_14.19 俗瞽 38228 可洪音義 龍瞽:音古 慧琳音義 盲瞽:下音古 釋名 云目冥合如鼓皮。因以為名也 海篇 直音瞽,音古。目病。

矅 38302 19299
shuò_14.19 唐韻 書藥切 集韻 式灼切夶音爍。美目也 又 lì 集韻 狼狄切音歷。目暫視也 又 晄 37568 又 龍龕 矅 38313 俗矅 38382 或作矅正,書藥反。美目皃也。

矌 38303 19300
mò_15.20 集韻 密北切音墨。見瞏字註。

曠 38304 19301
kuàng_15.20 唐韻 集韻 夶苦謗切音曠 玉篇 目無朕也 又 guàng 集韻 古曠切,光去聲。目無色也 又 guō 集韻 光鑊切,光入聲 類篇 張目貌 又 倉頡篇 曠曠,視貌 江淹·雜體詩 曠曠盡都旬。

矙 38305 19302
liè_15.20 廣韻 良涉切 集韻 力涉切夶音獵 玉篇 目暗也 類篇 病視也。

矈 38306 19303
mài_15.20 集韻 莫懈切音賣。邪視也 又 yà 牛懈切,崖去聲。與睚同。目際也。一曰怒視 又 shù 殊遇切音樹。視貌。

矖 38307 19304
lí_15.20 廣韻 郎奚切 集韻 憐題切夶音黎。視也 又 集韻 郎計切,黎去聲。義同△ 篇海 或作矖。

夒 38308 19305
jué_15.20 唐韻 九縛切 集韻 韻會 正韻 厥縛切夶音攫 說文 走欲逸走也。从又,持之夒夒也 徐曰 左右驚顧也。一曰視邊貌 易·震卦 視矍矍 疏 不專視之容。鄭康成曰:目不正也。徐邈讀若謕 又 夒踢,驚動貌 揚雄·河東賦 河靈夒踢 又 夒鑠,輕健貌 後漢·馬援傳 矍鑠哉,是翁也 又 夒相,地名 禮·射義 孔子射于矍相之圃 又 姓 正字通 唐刺史矍璋,博士矍參 又 韻會 或作懼 後漢·班固傳 矍然失容。又 李固傳 秦使懼然 又 集韻 怳縛切,況入聲。義同。又蒦 10322 蒦 10318

瞟 38309 19306
biāo_15.20 篇海 同睠。又瞟 38238 瞟 38261

矎 38310 19307
xuān_15.20 廣韻 集韻 夶火玄切,音鋗 博雅 視也 玉篇 直視也 張志和·鸞鸒篇 睢肝矎賊察乎瞳 又 廣韻 休

正切集韻虛政切正韻呼正切，夶聘去聲。義同。
囨xuàn集韻翾縣切，絹去聲。瞔瞔，目不正也王延
壽·魯靈光殿賦目瞔瞔而喪精。

瞥 38311 19308
miè_15.20 廣韻集韻韻會夶莫結切音蔑釋名目眥
傷赤曰瞥。瞥，末也。創在目兩末也廣韻瞥瞭，目赤貌
篇海目眥也呂覽·季春紀氣鬱，處目則爲瞥爲盲。高誘
曰：蔑，眵也。瞥與蔑古字通囨正字通目不明曰瞥。
義與眛同囨叶莫筆切音密宋玉·風賦中脣爲胗，得目
爲瞥。咭齰嗽獲，死生不卒文選作蔑△玉篇本作薎。
俗作瞥○按今書冊通書作瞥。

瞟 38312 19309
piǎo_15.20 六書故瞟本字說文作瞟。

瞲 38313 19310
shuò_15.20 字彙補扶艱切，音樊◇美目貌。
鋆俗眣38302

瞖 38314 19311
lì_15.20 字彙補五其切音疑。視也。鋆俗瞖38091
新修玉篇·目部引川篇瞖，音綠。視也。

䁑 38315 41595
xiē_15.20 龍龕火結切。目不明。

矊 38316 41596
tè_15.20 篇海類編他則切音忒。矊瞖，欲臥貌。

瞧 38317 44748
mián_15.20 篇海類編與瞤同。

瞤 38319 u2532C
nhìn_15.20 喃从目廛triền聲。看，顧。

瞝 38321 u2532A
xiū_15.20 同瞡38233

矓 38320 u2532B
trợn_15.20 喃从目
篆triện聲。瞡目△亦作瞤38025瞤37839

瞜 38318 u2AFC2
null_15.20 未詳。

瞵 38323 u25326
lén_15.20 喃从目
舝liễn聲。潛入，私底下。或作蹕59542

矑 38322 u25327
ló_15.20 喃从目魯lô聲△矑畑：燈照亮。

瞡 38324 u25325
khoé_15.20 喃从目課khoá聲△瞡眛：眼睛。

瞵 38325 u25324
lì_15.20 同瞵38359

矊 38326 u25322
null_15.20 未詳。

矊 38327 u25321
biǎn_15.20 同瞚38217

矊 38329 u77CF
mián_15.20 同瞷38285

矑 38328 u25320
ló_15.20 眼六十種曲·酉集·義俠記·第十二齣·萌奸
淨：我愛殺他玉亭亭軀老兒嬌。丑：是好個身材兒。淨：
愛殺他滴溜溜矑老兒好。丑：是好雙俊眼兒。

瞗 38330 u77CB
lì_15.20 同覼55288矊

矊 38331 19312
xuàn_16.21 唐韻集韻夶戶犬切音鉉說文盧童子也
囨廣韻集韻夶胡涓切，鉉平聲。又廣韻許緣切集韻縈
緣切音翾。義夶同△玉篇通作瞤。鋆又矊38317

矊 38332 19313
lì_16.21 廣韻郎擊切集韻狼狄切夶音歷。矊矊，
視明貌。鋆又矊48082

矇 38333 19314
méng_16.21 廣韻莫耕切集韻謨耕切夶音萌。見
矊38053字註△或作瞑。鋆譌作瞢38363

矐 38334 19315
hè_16.21 廣韻呵各切集韻韻會黑各切夶音郝。重
目。又光明也囨類篇失明也史記·荆軻傳秦始皇惜高
漸離善擊筑，重赦之，乃矐其目索隱以馬矢熏，令失
明。司馬氏一音角集韻或作矐囨huò廣韻虛郭切集
韻忽郭切夶音霍。目開也囨類篇駭視也。與矐通。

矑 38335 19316
wéi_16.21 廣韻以追切集韻夷隹切夶音遺。目病也
囨集韻以醉切，遺去聲。義同。鋆正字通瞶38175字
之譌。

矑 38336 19317
lú_16.21 廣韻落胡切集韻正韻龍都切韻會籠都
切夶音盧玉篇視也囨廣韻目童子也。通作盧揚雄·甘
泉賦玉女亡所眺其清矑漢書作盧。鋆又眹37550

矑 38337 19318
mò_16.21 集韻密北切音墨。矊矑，目欲臥貌。一曰
驚也。鋆又黵75005黵75043矊38161囨名義矊75050，亡北
反。瞙（矊）。

矊 38338 19319
xī_16.21 集韻虛宜切音羲。目動也。鋆又矊38226

矊 38339 19320
méng_16.21 集韻謨中切音曹。寐言也。

矊 38340 19321
zhūn_16.21 說文瞳本字。

矊 38341 19322
méng_16.21 集韻與瞢同。

矊 38342 19332
yǎn_16.21 廣韻與瞼同。

矊 38343 u2AFC4
null_16.21 喃未詳。

矊 38348 u25336
guì_16.21 瞶38175本字

矊 38344 u2AFC3
null_16.21 未詳。

矊 38349 u25335
jiān_16.21 艱48898本字

矊 38345 u25339
ngǎm_16.21 喃从目錦gấm聲。瞄，觀望，端詳。

矊 38346 u25338
dim_16.21 喃从目閻diêm聲△矊矊：微眝開眼。

矊 38347 u25337
hiếng_16.21 喃从目憲hiến聲。斜視。

矊 38350 u25334
yíng_16.21 字海矊，同瞢38005敦煌變文集·維摩詰
經講經文一群群矊目漫空，一隊隊遮雲滿霧。

矊 38351 u25333
qián_16.21 龍龕矊，俗。正作瞁38147閉目內思也。

矊 38352 u77D3
lóng_16.21 朦朧23510，也作矇矊。

矊 38353 19323
chán_17.22 玉篇助咸切音讒篇海怒視也囨目深
貌。

矊 38354 19324
yào_17.22 廣韻弋照切集韻弋笑切夶音耀玉篇眩
矊也類篇視誤也囨廣韻以灼切集韻弋灼切夶音藥。
矐矊，視貌△說文本作覞集韻或作曜。鋆又矊38278

矊 38355 19325
lán_17.22 集韻離閑切音爛。視貌。

矊 38356 19326
líng_17.22 集韻郎丁切音靈。目光也△或作矊。

矊 38357 19327
yīng_17.22 集韻於莖切音鶯。矊矊，目無光也。
鋆鄧福祿：矊暗、矊萌、嫈媵，眉目嬌羞作態。

矊 38358 19328
yīng_17.22 集韻於陵切音鷹。矊睖，定視也△或作
矊。

瞵 lì_17.22 38359 19329 集韻 觀、緢汰同。

矙 jiǎn_17.22 38360 19330 集韻子冉切，尖上聲。笑貌。

曚 méng_17.22 38363 u25347 俗矇38333

矆 guī_17.22 38361 19331 玉篇居韋切音歸。目也 図 類篇與瞶37984同△集韻或作覽。

膎 xiè_17.22 38364 u25346 同曚38376

瞡 suī_17.22 38362 19333 本草序例目辟眼瞡，有五花而自正註五加皮，三葉爲雄，五葉爲雌。取五葉者，酒浸飲之，其目瞡者正。音未詳。鋆吳下方言考音雖。吳諺謂眼稍曰眼瞡。

瞷 guān_17.22 38365 u25345 古文觀55302亦作籥43082

瞿 qú_18.23 38366 19334 集韻權俱切音劬。義闕。人名。漢有瞿丘 図 jù 篇海其遇切，劬去聲 字彙姓也。鋆又矐23229

翼 fèi_18.23 38367 19335 正字通闟字之譌。

瞲 shè_18.23 38368 19336 廣韻書涉切集韻失涉切汰音攝。目動貌。或作眹、睫 図 集韻尼輒切音聶。義同。或作眣。

瞷 guàn_18.23 38369 19337 唐韻集韻韻會正韻汰古玩切音貫 說文目多精也 玉篇轉目貌揚子方言梁益之閒，瞋目曰瞷，轉目顧視亦曰瞷劉歆·遂初賦空下岂而瞷世兮，自命己之取患 図 廣韻張目也 図 集韻閉一目也 図 人名左傳·文七年鱗瞷爲司徒 図 guàn 集韻古患切音慣。亦轉目也 図 quán 逵員切音權。目眶也。

舊 guān_18.23 38370 19338 玉篇古文觀55302字。一作籥

瞻 zuī_18.23 38371 19339 集韻津垂切，音厜。瞻睚，視也 図 xié 集韻玄圭切，音攜。目惡視也。與眭同 図 huǐ 虎癸切，隹上聲。患視也。鋆又瞘38060瞗38119

矁 jiào_18.23 38372 19340 廣韻集韻汰子肖切音醮 玉篇目冥也 類篇瞋目也 図 貝名朱仲·相貝經矁貝使胎消，勿以示孕婦，赤帶通脊是也 図 jué 集韻卽約切音爵。亦目瞑也 図 咨盈切音精。義同。

瞟 piǎo_18.23 38373 19341 說文瞟本字。

顋 ngóng_18.23 38374 u2534E 喃从目顒ngóng聲。盼望。

矗 lom_18.23 38375 u2534D 喃从目藍lam聲。矗矗：瞪，睁睁（注視貌）図 矗矏：傴僂。矗炗：微火緩燃貌。竹內与之助：从目或从足之誤。

膎 xiè_19.24 38376 19342 集韻悉協切音愶。閉目也 図 類篇作瞕。

矕 mǎn_19.24 38377 19343 唐韻武版切集韻韻會正韻母版切，汰蠻上聲 說文目矕矕也 類篇目美貌 図 博雅視也 廣韻視貌後漢·馬融·廣成頌右矕三塗韓愈·贈張籍詩親戚相覘矕 図 被也班固·答賓戲矕龍虎之文舊矣 図 mán 集韻謨官切音瞞。亦視也 文選·馬融·長笛賦長矕遠引。李善讀 図 mán 謨還切音蠻。目暗也 図 luán 盧丸切音欒。目昏也。

曬 xǐ_19.24 38378 19344 廣韻集韻韻會汰所綺切音屣 玉篇視也 倉頡篇索視之貌魏書·張淵·觀象賦曬目八荒劉勰·通塞篇登峰而長曬集韻或作覷、睢 図 sǎ 集韻所蟹切音灑。亦視也後漢·馬融·廣成頌目曬鼎俎註曬，音灑。図 lí 廣韻呂支切集韻韻會鄰知切。汰與離同。曬瞷38073矖46868

矗 chù_19.24 38379 19345 廣韻丑六切集韻韻會敕六切，汰仲入聲 玉篇齊也。草木盛也左思·吳都賦櫹矗森萃 図 廣韻直也元包經語其義則矗然而不誣註直而不妄也 図 集韻長直貌謝靈運·山居賦直陌矗其東西杜牧·阿房宮賦蜂房水渦，矗不知其幾千萬落 図 增韻聳上貌正韻高起也司馬相如·上林賦崇山矗矗 図 廣韻集韻初六切正韻昌六切汰音珿。又集韻丑眾切，仲去聲。義汰同

瞌 chǎm_19.24 38380 u25352 喃从目意đam聲。注視，凝視。

矯 ghẹo_19.24 38381 u25351 喃从目矯kiệu聲。調戲。

矂 shuò_19.24 38382 u25350 直音篇同矆38302

瞠 tǎng_20.25 38383 19346 唐韻他朗切集韻坦朗切汰音儻 說文目無精直視也後漢·梁冀傳冀鳶肩豺目，洞精瞠眄。図 目之不明也楚辭·遠遊肯晻瞠其瞠莽 図 tāng 字彙補他郎切，儻平聲青箱雜記瞠瞠晃者，悫人也。

矙 kàn_20.25 38384 19347 集韻韻會汰苦濫切音闞。視也。又窺也孟子·陽貨矙孔子之亡也，而饋孔子蒸豚註音勘△集韻同瞰。與矙瞯汰通。

矙 kàn_20.25 38385 19348 集韻苦濫切音闞。與瞰同。視也 図 五音集韻五犯切音儼。與儼通。

矆 huò_20.25 38386 19349 廣韻許縛切集韻怳縛切，汰況入聲博雅視也玉篇大視也 図 揚子·太玄經唫於血，矆自肥也註矆省而自肥也 図 左思·魏都賦矆焉相顧註矆，懼也。△集韻同曤。鋆又敦煌·S. 6204字寶人矆38398盯：上鋆，下酌。

獨 dọc_20.25 38387 u248E1 喃从直獨độc聲。縱，循。

矚 zhǔ_21.26 38388 19350 廣韻之欲切集韻韻會朱欲切汰音燭。視也類篇視之甚也魏書·張淵傳凝神遠矚晉書·桓溫傳眺矚中原△俗作矚。譌作瞩。

矋 léi_21.26 38389 19351 廣韻力追切集韻倫追切，汰類平聲。視貌△類篇或作矖、瞜。

矔 guān_21.26 38390 19352 字彙補與觀同△一作矑。

瞧 nheo_21.26 38391 u25358 喃从目饒nhiêu聲。微閉雙睫。

矕 trõm_21.26 38393 u25356 喃从瞴省覽lām聲。

矊 biàn_22.27 38394 19353 字彙卑見切，音變◇閉目也。

矗 null_22.27 38395 u25359 未詳。

矡 tán_21.26 38392 u25357 瞫38152本字

矔 38396 u2535B
ngom_23.28　喃 从目巖nham聲。

矕 38397 u2AFC5
null_24.29　未詳。

矖 38398 u2535C
huò_24.29　同矖38386。

矖 38399 19354
xiān_25.30　字彙補 呼閒切音籼。出 青箱雜記。見前 矚38383字註。鍪宋·吳處厚 青箱雜記·卷四 人之心相，外見於目……矎矖矓晃者，愚人也。

• 矛部 •

矛 38400 19355
máo_0.5　古文𨯾𥎊鉾𥎊 唐韻 莫浮切 集韻 韻會 迷浮切丛音謀 說文 酋矛也。建於兵車，長二丈，象形 徐曰 鉤兵也 書牧誓 立爾矛 傳 矛長，故立之於地 詩·秦風 厹矛鋈錞 傳 三隅矛也 禮·曲禮 進矛戟者，前其鐓 疏 矛如鋌而三廉也 周禮·冬官考工記·廬人 酋矛常有四尺，夷矛三尋 註 八尺曰尋，倍尋爲常。酋、夷，長、短名 史記·仲尼弟子傳 越使大夫種，以屈盧之矛賀吳王 尉繚子·制談篇 殺人於五十步之內者，矛戟也 揚子方言 矛，吳揚江淮南楚五湖之閒謂之鏦，或謂之鋋，或謂之鏦 图 言不相副曰矛盾 韓非子·難一篇 楚人譽其盾之堅曰：物莫能陷也。又譽其矛之利曰：物無不陷也。或曰以子之矛，陷子之盾，何如。其人弗能應。此矛盾之說也 图 星名 史記·天官書 杓端有兩星，一內爲矛招搖，一外爲盾天鋒 註 招搖爲天矛，近北斗者也 图 藥名 本草綱目 衞矛，一名鬼箭 李時珍曰 齊人謂箭羽爲衞，此物榦有直羽如箭羽，矛刃自衞之狀，故名。鍪又杽24035 枡23706矛38413鋅63145臷18941戎18871矡38483

矛 38401 u2F6D
máo_0.5　部 矛38400。

𛀁 38402 44750
shǔ_1.6　龍龕 音暑。

矜 38403 19356
qì_3.8　集韻 詰歷切音喫。矛也 图 xù 呼臭切音殈。義同△ 廣韻 作矞 類篇 與秱同 集韻 或作矞、殳。

矵 38404 19357
nù_3.8　字彙補 女六切音恧。利也。

矵 38405 19358
niǔ_4.9　唐韻 女久切 集韻 女九切丛音紐 說文 刺也 图 廣韻 集韻 丛女六切音朒。義同。

殳 38406 19359
xù_4.9　廣韻 集韻 丛呼臭切音殈。矛也。與矞同 图 xí 集韻 馨激切音闃。義同。或作矞、殳 图 xí 刑狄切音檄。義同。長殳謂之勃盧 图 yì 營隻切音役。小矛也。與鈘、鍛同。

矜 38407 19360
qín_4.9　唐韻 集韻 巨巾切 韻會 正韻 渠巾切丛音揵 說文 矛柄 史記·主父偃傳 起窮巷，奮棘矜 註 矜者，戟鋋之杷也 揚子方言 矜謂之杖 註 矛戟矜，卽杖也 集韻 或作稜、柭，通作杛。又 qín 廣韻 巨斤切 集韻 渠巾切丛音勤。又 集韻 渠京切音擎。義丛同 图 jīn 廣韻 集韻 韻會 丛居陵切音兢 六書略 矜本矛柄，因音借爲矜 憐之矜 爾雅·釋訓 矜矜，撫掩之也。又 釋言 苦也 註 可矜憐者亦辛苦 書·泰誓 天矜于民 詩·小雅 爰及矜人 註 貧窮可憐之人也 公羊傳·宣十五年 見人之厄則矜之 註 矜，憫也 图 小爾雅 惜也 書·旅獒 不矜細行，終累大德 註 矜，憐惜之意 傳 矜持也 图 博雅 危也 詩·小雅 居以凶矜

篆 凶危之地，謂四裔也 图 哀也 揚子方言 齊魯之閒曰矜 图 遽也 揚子方言 秦、晉或曰矜。或曰遽 图 自賢曰矜 書·大禹謨 汝惟不矜，天下莫與汝爭能 公羊傳·僖九年 矜之者何。猶曰莫若我也 註 色自美大之貌 管子·法法篇 彼矜者滿也，細之屬也 註 滿招損，小人之類也。图 莊以持己曰矜 論語 君子矜而不爭 图 敬也 孟子 使諸大夫國人皆有所矜式 图 尚也 賈誼·治安策 嬰以廉恥，故人矜節行 图 竦也 張衡·思玄賦 魚夸鱗而幷凌。图 詩·小雅 矜矜兢兢 註 羊羣堅强也 图 jìn 集韻 居覲切，巾未聲。亦憐也 图 guān 集韻 韻會 丛姑頑切。與瘝同 後漢·和帝紀 寤寐恫矜 註 病也 图 同鰥 詩·大雅 不侮矜寡 禮·王制 老而無妻者謂之矜 集韻 通作罤、矝 琅邪代醉編 鰥寡之鰥 禮記 作矜。哀矜之矜 前漢·于定國傳 作鰥。二字通聲互用也△ 六書正譌 矜从令。鍪 段氏改篆作矜38416 矝17815矜38478

祈 38409 u2AFC6
null_4.9　未詳。

矟 38408 19361
xù_4.9　廣韻 許激切 集韻 馨激切丛音闃 玉篇 長矛也 左思·吳都賦 長矟短兵。亦作殳 图 集韻 刑狄切音檄。又 詰歷切音喫 图 韻會 呼臭切音殈。義丛同△ 與矞矞矞丛通。鍪矜38412俗

矵 38410 19362
zé_5.10　正字通 俗矟字。

矓 38411 19363
shī_5.10　集韻 與矦同。

矝 38412 19364
xù_5.10　玉篇 許进切，轟去聲 類篇 矛病 图 集韻 下老切音昊。義同。鍪 正字通 矝38408字之譌。

矛 38413 19365
máo_5.10　篇韻 同矛。

矛 38415 u25366
wù_5.10　字海 矛，同務04073字見宋本 大唐西域記·漕矩吒國

矦 38414 19366
máo_5.10　字彙補 古文矛38400字。

矜 38416 u77DD
líng_5.10　矛38407古作矜。誤从今。段玉裁 說文解字注 矜，各本篆作矜，解云今聲。今依 漢石經論語、溧水校官碑、魏受禪表 皆作矜正之。蔣冀騁：段說可從。

矞 38417 19367
xù_6.11　集韻 馨激切音闃 博雅 矛也 图 韻會 呼臭切音殈。義同△ 集韻 或作殳矞。

矞 38418 19368
guǐ_6.11　集韻 古委切音詭。短矛也。

喬 38420 u25369
yù_6.11　俗喬38421。

矞 38419 19369
tóng_6.11　廣韻 集韻 丛徒冬切音彤 博雅 刺也 玉篇 刺矛也。

喬 38421 19370
yù_7.12　唐韻 餘律切 集韻 允律切 韻會 正韻 以律切丛音聿 說文 以錐有所穿也。从矛从冏。一曰滿有所出也 图 揚子·太玄經 物登明堂，喬喬皇皇 註 喬喬，物長春風之聲貌也 图 喬似，人名 左傳·文十年 楚范巫喬似 註 范邑之巫也 图 喬雲，瑞雲也 前漢·董仲舒·雨雹對 雲五色爲慶，三色成喬 埤雅 或曰二色爲喬，外赤內青謂之喬雲。喬同雩 图 喬皇，神名 前漢·司馬相如·大人賦 前長離而後喬皇 史記 作滴湟 图 xù 五音集韻 況必切，熏入聲 玉篇 飛貌 類篇 驚邊貌 禮·禮運 鳳以爲畜，

瞝 38359 19329
lì_17.22 集韻 觀、謧𠀤同。

瞤 38360 19330
jiǎn_17.22 集韻 子冉切，尖上聲。笑貌。

曚 38363 u25347
méng_17.22 俗矇38333

瞯 38361 19331
guī_17.22 玉篇 居韋切，音歸。目也 又 類篇 與睨37984同△集韻 或作覽。

瞹 38364 u25346
xiè_17.22 同矖38376

瞗 38362 19333
suī_17.22 本草序例 目辟眼矖，有五花而自正 註 五加皮，三葉爲雄，五葉爲雌。取五葉者，酒浸飲之，其目矖者正。音未詳。鑒 吳下方言考 音雖。吳諺謂眼稍曰眼矖。

鑵 38365 u25345
guān_17.22 古文觀55302亦作籊43082

瞿 38366 19334
qú_18.23 集韻 權俱切音劬。義闕。人名。漢有瞿丘 又 jù 篇海 其遇切，劬去聲 字彙 姓也。鑒 又瞿23229

翾 38367 19335
fèi_18.23 正字通 翿字之譌。

瞸 38368 19336
shè_18.23 廣韻 書涉切 集韻 失涉切𠀤音攝。目動貌。或作映、睫 又 集韻 尼輒切音聂。義同。或作眲。

瞺 38369 19337
guàn_18.23 唐韻 集韻 韻會 正韻𠀤古玩切音貫 說文 目多精也 玉篇 轉目貌 揚子方言 梁益之間，瞋目曰瞺，轉目顧視亦曰瞺 劉歆·遂初賦 空下岂而瞺世兮，自命己之取患 又 廣韻 張目也 又 集韻 閉一目也 又 人名 左傳·文七年 鱗瞺爲司徒 又 guàn 集韻 古患切音慣。亦轉目也 又 quán 逵員切音權。目眶也。

舊 38370 19338
guān_18.23 玉篇 古文觀55302字。一作籊。

瞻 38371 19339
zuī_18.23 集韻 津垂切，音厜。瞻睢，視也 又 xié 集韻 玄圭切，音攜。目惡視也。與睢同 又 huǐ 虎癸切，傩上聲。恚視也。鑒 又瞯38060瞯38119

矯 38372 19340
jiào_18.23 廣韻 集韻𠀤子肖切音醮 玉篇 目冥也 類篇 瞋目也 又 貝名 朱仲·相貝經 瞯貝使胎消，勿以示孕婦，赤帶通脊是也 又 jué 集韻 卽約切音爵。亦目瞋也 又 咨盈切音精。義同。

瞟 38373 19341
piǎo_18.23 說文 瞟本字。

矃 38374 u2534E
ngóng_18.23 喃 从目顒ngóng聲。盼望。

矃 38375 u2534D
lom_18.23 喃 从目藍lam聲。矃矃：瞪，眝眝（注視貌）又 矃彊：偏僂。矃炊：微火緩燃貌。竹內与之助：从目或从足之誤。

瞵 38376 19342
xiè_19.24 集韻 悉協切音燮。閉目也 又 類篇 作瞹。

矕 38377 19343
mǎn_19.24 唐韻 武版切 集韻 韻會 正韻 母版切，𠀤蠻上聲 說文 目矕矕也 類篇 目美貌 又 博雅 視也 廣韻 視貌 後漢·馬融·廣成頌 右矕三塗 韓愈·贈張籍詩 親戚相覘矕 又 被之 班固·答賓戲 矕龍虎之文舊矣 又 mán 集韻 謨官切音瞞。亦視也 文選·馬融·長笛賦 長矕遠引。李善讀 又 mán 謨還切音蠻。目暗也 又 luán 盧丸切音孌。目昏也。

矖 38378 19344
xǐ_19.24 廣韻 集韻 韻會 𠀤所綺切音屣 玉篇 視也 倉頡篇 索視之貌 魏書·張淵·觀象賦 矖目八荒 劉勰·通塞篇 登峰而長矖 集韻 或作覹、瞡 又 sǎ 集韻 所蟹切音灑。亦視也 後漢·馬融·廣成頌 目矖鼎俎 註 矖，音灑 又 lí 廣韻 呂支切 集韻 韻會 鄰知切。𠀤與離同。矖矖38073 鑒 又矖46868

矗 38379 19345
chù_19.24 廣韻 丑六切 集韻 韻會 敕六切，𠀤忡入聲 玉篇 齊也。草木盛也 左思·吳都賦 橚矗森萃 又 廣韻 直也 元包經 語其義則矗然而不誣 註 直而不妄也 又 集韻 長直貌 謝靈運·山居賦 直陌矗其東西 杜牧·阿房宮賦 蜂房水渦，矗不知其幾千萬落 又 增韻 聳上貌 正韻 高起也 司馬相如·上林賦 崇山矗矗 又 廣韻 集韻 初六切 正韻 昌六切𠀤音珿。又 集韻 丑衆切，忡去聲。義𠀤同。

矘 38380 u25352
chǎm_19.24 喃 从目慜đam聲。注視，凝視。

矞 38381 u25351
gheọ_19.24 喃 从目轎kiệu聲。調戲。

矊 38382 u25350
shuò_19.24 直音篇 同矂38302

矘 38383 19346
tǎng_20.25 唐韻 他朗切 集韻 坦朗切𠀤音儻 說文 目無精直視也 後漢·梁冀傳 冀鳶肩豺目，洞精矘眄 又 目之不明也 楚辭·遠遊 岂晻曀其矘莽 又 tāng 字彙補 他郎切，儻平聲 青箱雜記 矘矘晃者，憨人也。

矙 38384 19347
kàn_20.25 集韻 韻會 𠀤苦濫切音闞。視也。又窺也 孟子·陽貨 矙孔子之亡也，而饋孔子蒸豚 註 音勘△集韻 同瞰。與覵矙𠀤通。

矚 38385 19348
kàn_20.25 集韻 苦濫切音闞。與瞰同。視也 又 五音集韻 五犯切音儼。與儼通。

矆 38386 19349
huò_20.25 廣韻 許縛切 集韻 忕縛切，𠀤況入聲 博雅 視也 玉篇 大視也 又 揚子·太玄經 唅於血，矆自肥也 註 矆省而自肥也 又 左思·魏都賦 矆焉相顧 註 矆，懼也。△集韻 同矐。鑒 又敦煌·S.6204字寶 人矆38398的：上鑵，下酌。

獨 38387 u248E1
dọc_20.25 喃 从直獨độc聲。縱，循。

矚 38388 19350
zhǔ_21.26 廣韻 之欲切 集韻 韻會 朱欲切𠀤音燭。視也 類篇 視之甚也 魏書·張淵傳 凝神遠矚 晉書·桓溫傳 眺矚中原△俗作瞩。譌作矚。

矖 38389 19351
léi_21.26 廣韻 力追切 集韻 倫追切，𠀤類平聲。視貌△類篇 或作瞜、睩。

矔 38390 19352
guān_21.26 字彙補 與觀同△一作矔。

矘 38391 u25358
nheo_21.26 喃 从目饒nhiêu聲。微閉雙睫。

矚 38393 u25356
trõm_21.26 喃 从矚省覽lãm聲。

矕 38394 19353
biàn_22.27 字彙 卑見切，音變◇閉目也。

矗 38395 u25359
null_22.27 未詳。

矙 38392 u25357
tán_21.26 矙38152本字

矔 ngom_23.28 38396 u2535B 喃 从目嚴nham聲。

曨 null_24.29 38397 u2AFC5 未詳。

矆 huò_24.29 38398 u2535C 同矆38386。

矘 xiān_25.30 38399 19354 字彙補 呼閒切音羴。出 青箱雜記。見前 矘38383字註。鍌宋·吳處厚 青箱雜記·卷四 人之心相，外見於目……矇矘曨晃者，惡人也。

• 矛部 •

矛 máo_0.5 38400 19355 古文 釾 𥍴 鉾 𥍵 唐韻 莫浮切 集韻 韻會 迷浮切 夶音謀 說文 酋矛也。建於兵車，長二丈，象形 徐曰 鉤兵也 書牧誓 立爾矛 傳 矛長，故立之於地 詩 秦風 厹矛鋈錞 傳 三隅矛也 禮 曲禮 進矛戟者，前其鐓 疏 矛如鋋而三廉也 周禮 冬官考工記 廬人 酋矛常有四尺，夷矛三尋 註 八尺曰尋，倍尋爲常。酋、夷、長、短名 史記 仲尼弟子傳 越使大夫種，以屈盧之矛賀吳王 尉繚子·制談篇 殺人於五十步之內者，矛戟也 揚子方言 矛，吳揚江淮南楚五湖之閒謂之鏦，或謂之鋋，或謂之鏦 又 言不相ияд曰矛盾 韓非子·難一篇 楚人譽其盾之堅曰：物莫能陷也。又譽其矛之利曰：物無不陷也。或曰以子之矛，陷子之盾，何如。其人弗能應。此矛盾之說也 又 星名 史記·天官書 杓端有兩星，一內爲矛招搖，一外爲盾天鋒 註 招搖爲天矛，近北斗者也 又 藥名 本草綱目 衛矛，一名鬼箭 李時珍曰 齊人謂箭羽爲衛，此物幹有直羽如箭羽，矛刃自衛之狀，故名。鍌又枒24035 枒23706 矜38413 鈘63145 戕18941 矤18871 矡38483

矛 máo_0.5 38401 u2F6D 部 矛38400。

圣 shǔ_1.6 38402 44750 龍龕 音暑。

矛 qì_3.8 38403 19356 集韻 詰歷切音喫。矛也 圀xù呼臭切音殈。義同△ 廣韻 作矜 類篇 與積同 集韻 或作矜、殳。

矛 nǔ_3.8 38404 19357 字彙補 女六切音恧。利也。

矜 niǔ_4.9 38405 19358 唐韻 女久切 集韻 女九切夶音紐 說文 刺也 圀 廣韻 集韻 夶女六切音朒。義同。

矜 xù_4.9 38406 19359 廣韻 集韻 夶呼臭切音殈。矛也。與矜同 圀xì 集韻 馨激切音閱。義同。或作矜、殳 圀xì刑狄切音檄。義同。長殳謂之勃盧 圀yì營隻切音役。小矛也。與毅、鍛夶同。

矜 qín_4.9 38407 19360 唐韻 集韻 巨巾切 韻會 正韻 渠巾切夶音擒 說文 矛柄 史記·主父偃傳 起窮巷，奮棘矜 註 矜者，戟鋋之杷也 揚子方言 矜謂之杖 註 矛戟矜，卽杖也 集韻 或作橧、棥，通作槿。又qín 廣韻 巨斤切 集韻 渠巾切夶音勤。又 集韻 渠京切音擎。義夶同 圀jīn 廣韻 集韻 韻會 夶居陵切音兢 六書略 矜本矛柄，因音借爲矜憐之矜 爾雅·釋訓 矜憐，撫掩之也。又 釋言 苦也 註 可矜憐者亦辛苦 書·泰誓 天矜于民 詩·小雅 爰及矜人 註 貧窮可憐之人也 公羊傳·宣十五年 見人之厄則矜之 註 矜，憫也 圀 小爾雅 惜也 書旅獒 不矜細行，終累大德 註 矜，憐惜之意 傳 矜持也 圀 博雅 危也 詩·小雅 居以凶矜

箋 凶危之地，謂四裔也 圀 哀也 揚子方言 齊魯之閒曰矜 圀 邊也 揚子方言 秦、晉或曰矜。或曰邊 圀 自賢曰矜 書·大禹謨 汝惟不矜，天下莫與汝爭能 公羊傳·僖九年 矜之者何。猶曰莫若我也 註 色自美大之貌 管子·法法篇 彼矜者滿也，細之屬也 註 滿招損，小人之類也。圀 莊以持己曰矜 論語 君子矜而不爭 圀 敬也 孟子 使諸大夫國人皆有所矜式 圀 尚也 賈誼·治安策 嬰以廉恥，故人矜節行 圀 竦也 張衡·思玄賦 魚矛鱗而井凌 圀 詩·小雅 矜矜兢兢 註 羊羣堅强也 圀jìn 集韻 居覲切，巾去聲。亦憐也 圀guān 集韻 韻會 夶姑頑切。與瘝同 後漢·和帝紀 寠寀恫矜 註 病也 圀 同鰥 詩·大雅 不侮矜寡 禮·王制 老而無妻者謂之矜 集韻 通作罷、鰥 琅邪代醉編 鰥寡之鰥 禮記 作矜。哀矜之矜 前漢·于定國傳 作鰥。二字通聲互用也△ 六書正譌 矜从令。鍌段氏改篆作矜38416 圀 愁17815 𥏪38478

矜 null_4.9 38409 u2AFC6 未詳。

矞 xù_4.9 38408 19361 廣韻 許激切 集韻 馨激切夶音閱 玉篇 長矛也 左思·吳都賦 長矞短兵。亦作殳 圀 集韻 刑狄切音檄。又 詰歷切音喫 圀 韻會 呼臭切音殈。義夶同△ 與矜矞矟夶通。鍌矞38412俗

矜 zé_5.10 38410 19362 正字通 俗矠字。

矜 shī_5.10 38411 19363 集韻 與矤同。

矞 xù_5.10 38412 19364 玉篇 許进切，轟去聲 類篇 矛屬 圀 集韻 下老切音昊。義同。鍌 正字通 矞38408字之譌。

矛 máo_5.10 38413 19365 篇韻 同矛。

𥍦 wù_5.10 38415 u25366 字海 矜，同務04073字見宋本 大唐西域記·漕矩吒國

矛 máo_5.10 38414 19366 字彙補 古文矛38400字。

矜 líng_5.10 38416 u77DD 矜38407古作矜。誤从今。段玉裁 說文解字注 矜，各本篆作矜，解云今聲。今依 漢石經論語、溧水校官碑、魏受禪表 皆作矜正之。蔣冀騁：段說可從。

矞 xù_6.11 38417 19367 集韻 馨激切音閱 博雅 矛也 圀 韻會 呼臭切音殈。義同△ 集韻 或作殳矜。

矞 guǐ_6.11 38418 19368 集韻 古委切音詭。短矛也。

喬 yù_6.11 38420 u25369 俗矞38421。

殈 tóng_6.11 38419 19369 廣韻 集韻 夶徒冬切音彤 博雅 刺也 玉篇 刺矛也。

矞 yù_7.12 38421 19370 唐韻 餘律切 集韻 允律切 韻會 正韻 以律切夶音聿 說文 以錐有所穿也。从矛从冏。一曰滿有所出也 圀 揚子·太玄經 物登明堂，矞矞皇皇 註 矞矞，物長春風之聲貌也 圀 矞似，人名 左傳·文十年 楚范巫矞似 註 范邑之巫也 圀 矞雲，瑞雲也 前漢·董仲舒·雨雹對 雲五色爲慶，三色成矞 埤雅 或曰二色爲矞，外赤內青謂之矞雲。矞同霱 圀 矞皇，神名 前漢·司馬相如·大人賦 前長離而後矞皇 史記 作潏湟 圀xù 五音集韻 況必切，熏入聲 玉篇 飛貌 類篇 驚邊貌 禮·禮運 鳳以爲畜，

耿 37713 41576
rán_7.12 [餘文] 如延切。犬肉也。

睯 37714 41577
ni_7.12 [篇海類編] 女利切音膩。目深貌。又烏活切音幹。義同。

眇 37715 41579
suō_7.12 [篇海類編] 先何切音梭。偷見貌。
鑾 又省37693惛38017暗38197

斯 37716 41580
chì_7.12 [字彙補] 昌志切音熾。瞥也。

睞 37717 41585
mí_7.12 [川篇] 音彌。眇目曰睞。

睃 37718 44725
jiù_7.12 [海篇] 音僦

睯 37720 44728
huāng_7.12 [龍龕] 同眐。

睤 37719 44726
bì_7.12 [篇韻] 音被
鑾 同脾、擘、擘，俗擘。今作腕。

睯 37721 44729
wàn_7.12 [龍龕] 同腕。

瞤 37722 44730
nào_7.12 [搜眞玉鏡] 奴到切。

眮 37723 u2AFAC
null_7.12 未詳。

勗 37724 u2AFAB
null_7.12 未詳。

睽 37725 u2F949
jié_7.12 [兼] 睽37695

眪 37731 u251BE
nhìn_7.12 [喃] 看△眪
認：認識。眈眈眪，亦作眪沈沈。町看。

睏 37726 u251C8
nhốn_7.12 [喃] 从目囤đốn聲。

睩 37727 u251C2
bét_7.12 [喃] 从目別biết聲△睩眛：結膜炎。

睢 37728 u251C1
trố_7.12 [喃] 从目住trú聲△睢眛：瞪大眼睛。

眫 37729 u251C0
huāng_7.12 俗睯37615 [新撰字鏡] 眫，魚岡反。目暗 [可洪音義] 眫眫：莫郎、虎光二反。目不明也。誤。

球 37730 u251BF
quàu_7.12 [喃] 从目求cầu聲△球姤：皺眉。

盻 37732 u251BD
ngổm_7.12 [喃] 盻47355俗謅。

睲 37733 u251BC
lí_7.12 [集韻] 作睴46637，並郢61690謅字 [直音篇] 睲，音里。地名。

眧 37734 u251BB
rử_7.12 [喃] 从目呂lử聲。

睲 37735 u251BA
dấu_7.12 [喃] 从目酉dậu聲△睲占：隱蔽。

獣 37737 u251B8
yuè_7.12 俗獣21647

暖 37736 u251B9
ngớp_7.12 [喃] 从目炭ngập聲。亦从心作慺17482俗睯睯：牽掛。

瞀 37739 u251B4
dū_7.12 俗督37800

眹 37738 u251B5
zhèn_7.12 朕37609本字

瞀 37740 u251B3
dū_7.12 俗督37800 [直音篇] 瞀，同督。

眫 37742 u251AE
tiào_7.12 同眺37610 [可洪音義] 迴眫：他吊反。

瞂 37744 u251AC
null_7.12 未詳。

睖 37741 u251B1
cén_7.12 [元·王元鼎 河西後庭花] 走將來涎涎瞪瞪冷眼兒睖。

睒 37745 u251AB
null_7.12 未詳。

眻 37743 u251AD
null_7.12 [未詳降魔變文] 瞿曇何如眻六師，擇善而行應好事。

睎 37746 u251AA
null_7.12 未詳。

睍 37747 u251A9
nì_7.12 俗睨37807

睯 37748 u251A8
huāng_7.12 俗睯37615

睛 37749 u251A7
shùn_7.12 [簡] 瞔38133

眫 37750 u2518A
yán_7.12 同逪15909

睭 37752 u7751
jiǎn_7.12 [简] 瞼38227

睩 37751 u4040
dǐng_7.12 俗鼎75220 [碑別字新編] 引 [隋暴永墓誌]

睞 37753 u7750
lài_7.12 俗睞37786 [可洪音義] 睞睞：上古岳反。下來代反△宏按，睞睞，或作角睞，眼角斜視。

睏 37754 u774F
kùn_7.12 [國語辭典] 睏，睡。[民國 嘉定縣續志·卷五·風土志·方言·實詞] 困，俗言臥也，[新方言 說文] 困，故廬也。有居處之義。古文作朱。今江浙謂寢曰困，亦取從止之義。俗作睏。

睒 37755 18961
shǎn_8.13 [唐韻][集韻][韻會][正韻]丛失冉切音閃 [說文] 暫視貌 [郭璞·江賦] 獱獺睒瞰乎廢空 [又] 窺也 [揚子·太玄經] 曹復睒天，不視其軫 [註] 曹而窺天，天道高遠，故不見其軫界也 [又] 電光也 [元包經] 電炟炟，其光睒也 [韓愈·寄崔立之詩] 雷電生睒睗 [又] 晶熒貌 [韓愈·東方半明詩] 太白睒睒 [又] 地名 [唐書·南蠻傳] 越睒之西，產善馬，世稱越睒駿。又 [元史·地理志] 廣南西路，北勝府順州，俗名牛睒 [又] 國名 [晉法顯佛國記] 西北有國名拘睒彌 [又]shàn [集韻] 舒贍切，閃去聲。視速貌 [又]tàn [廣韻][集韻]丛吐濫切，榻去聲。候視也 [又] 部落名 [唐書·南蠻傳] 突羅朱閣婆部落，名伽龍睒△[韻會] 一作覒 [集韻] 通作映。或作睰。

罥 37756 18943
juàn_8.13 [唐韻] 居倦切 [集韻] 古倦切丛音眷◆[說文] 目圍也 [又] [集韻] 醜62453古作罥。

睴 37757 18962
tiǎn_8.13 [集韻][韻會]丛他典切音睓。慙也。與惉同 [又] 人名。汝睴。見 [宋史·宗室表]

睎 37759 18964
qiǎng_8.13 [集韻] 與眼睍丛同。

睔 37760 18965
gùn_8.13 [唐韻][集韻]丛古本切音袞 [說文] 目大也 [南齊書·張融海賦] 睴睔煥七曜之文 [又] 人名 [春秋傳] 有鄭伯睔 [又] [廣韻][集韻][韻會]丛古困切，袞去聲。大目露睛也 [又] [集韻] 古患切音慣。義同 [又]lǔn [廣韻] 盧本切 [集韻] 魯本切，丛論上聲。睔目貌 [又] huán [集韻] 胡關切音還。大目貌。同睘 [又]hùn [廣韻] 胡本切 [集韻] 戶袞切丛音混。義同。或作眠。鑾又睔46701睴37881

睴 37758 18963
liàng_8.13 [玉篇] 同眼

睕 37762 18967
wǎn_8.13 [廣韻] 於遠切 [集韻] 委遠切丛音婉 [類篇] 目開貌 [玉篇] 小嫵媚也 [又] [廣韻][集韻]丛烏括切，剜入聲。義同 [又]wàn [廣韻][集韻]丛烏貫切，剜去聲。睕眓，大目。又轉目也 [又]wǎn [集韻] 鄔管切，剜上聲。與睆同 [又]wān 烏丸切音剜。睕睕，深目貌 [晉書·載記] 孫珍患目，崔約戲曰：溺中則愈。珍曰：目何可溺。約曰：卿目睕睕，正耐溺中。

睴 37761 18966
gùn_8.13 同睔

睍 37763 18968
xiàn_8.13 [唐韻] 侯簡切 [集韻] 下簡切丛音限 [說文] 大目也 [又] 晚37703睍。

睸 37764 18969
biāo_8.13 [字彙] 必昭切音標。著眼視也 [篇海] 亦作睶

矓。

眲 máng_8.13　[正字通]俗盲字。[鳌][龍龕]矓眲：上烏耕反，下莫耕反，眼作媚也。

睰 hàn_8.13　[集韻]胡紺切音憾。目深貌[又]qià乞洽切音恰。目陷也。與瞰同。

睤 zhuó_8.13　[集韻]竹角切音卓。目明也。

眯 mí_8.13　[集韻]民卑切音彌。眇目也[類篇]或作瞷、眯。

睲 xìng_8.13　[集韻]下頂切音悻。瞑目貌[又]人名。與瞔同。見[宋史·宗室表]

眒 xù_8.13　[字彙]許役切，兄入聲◇驚貌。[鳌][直音篇]眒，同瞁37913

眕 zhěn_8.13　同眕。

睖 lèng_8.13　[廣韻][集韻]丛丑升切音倰。睖瞪，直視貌[又][集韻]閭承切音陵。義同。

瞓 fǎng_8.13　[玉篇]古文朗23405字[又][集韻]目明也。或作眪[又][集韻]撫兩切音紡。微見也。與眆同。

睗 shì_8.13　[唐韻][集韻][韻會][正韻]丛施隻切音釋[說文]目疾視也[廣韻]睒睗，急視也[左思·吳都賦]忘其所眡睗[庾信·枯樹賦]木魅睒睗。

瞢 měng_8.13　[集韻]母梗切音猛。瞥瞢，有餘視也。又[集韻]喜也[又][類篇]恚貌[又][廣韻]武幸切，黽上聲。義同。[又]mèng[廣韻][集韻]丛莫更切，猛去聲，瞢盯，目怒貌。或作瞢。

睫 jié_8.13　[集韻]同睞

還 qióng_8.13　同䙼。俗省。

睖 dìng_8.13　[玉篇]多佞切音訂。見也[又][集韻]徒徑切音定。義同。

眳 liè_8.13　[集韻]力結切，蓮入聲。轉視也。[鳌]又睩37934

腌 yè_8.13　[廣韻]於業切[集韻]乙業切丛音浥。目閉也[又][玉篇]烏感切，諳上聲。義同△本作腌。[鳌]又睉38098，同腌38026，本字。

睚 yá_8.13　[唐韻]五佳切[集韻][韻會]宜佳切丛音崖[說文]目際也[類篇]舉目也[前漢·杜欽傳]報睚眦註睚，舉眼也。眦，目匡也。言舉目相忤者，必報之也[正字通]睚眦，謂忤眄也。忤眄者，正眠則目上指，側眠則目指眥[又][六書故]通作厓[前漢·孔光傳]厓眥莫不誅傷[又][廣韻]五隘切[集韻]牛解切[正韻]牛懈切，丛崖去聲。又[集韻]魚駕切音訝。義丛同△[集韻]或作睚矑疨。[鳌]又睍55147

睛 jīng_8.13　[廣韻][正韻]子盈切[集韻][韻會]咨盈切丛音精[玉篇]目珠子也[靈樞經]陽氣上走，于目而爲睛[管輅]曰人眼有方睛者多壽•[吳志·孫皓傳]歸命侯橫睛逆視

[韓愈·月蝕詩]念此日月者，爲天之眼睛[師曠·禽經]鶄鶄睛交而孕[又]雙睛，鳥名[拾遺記]堯時祇支國獻重明鳥，一名雙睛。能逐猛獸，使羣惡不爲害。今人元旦，或刻木鑄金，或畫雞牖上，即其遺像[又]qǐng[廣韻][正韻]七靜切[集韻][韻會]此靜切丛音請[字林]睛睛，不悅目貌[又]jìng[集韻]疾郢切音穽。與瞔同。

睜 zhēng_8.13　[廣韻][集韻]丛疾郢切音穽[字林]睛睜，不悅視也。或作睛。俗作睜。[鳌]俗作睜37655

瞀 lí_8.13　[集韻]良脂切音黎[類篇]目閉也。

睸 chàng_8.13　[廣韻][集韻]丛丑亮切音暢[玉篇]失志貌[類篇]望恨也[又]zhāng[集韻]中良切音張。目大貌。

睞 lài_8.13　[唐韻][集韻][韻會][正韻]丛洛代切音賚[說文]目童子不正也[六書故]遊睞也[廣韻]傍視也[陳思王·洛神賦]明眸善睞[南史·梁·簡文帝紀]眄睞則目光燭人[又][正字通]盻睞，眷顧貌[又]lái[集韻]郎才切，賚平聲。目偏也[又][梵書]譌作睞，非。[鳌]又脒23437眛37599

窋 mì_8.13　[廣韻]亡逼切[集韻]密逼切[玉篇]暫視也[廣韻]細視也[吳萊尚志賦]窋瞭目以霧披[又][廣韻]莫北切[集韻]密北切丛音墨。義同。

䁈 qì_8.13　[唐韻]苦系切[集韻]詰計切丛音契[說文]省視也[玉篇]窺也[又][字彙]區里切音起。義同△[說文]本作䁈。從目，啓省聲，與肉部肯字別。[鳌]又䁈37789

䁈 qì_8.13　[字彙]同䁈

睟 suì_8.13　[廣韻][集韻][韻會]丛雖遂切音粹[類篇]視正貌[正字通]目清明也[又][廣韻]潤澤貌[孟子]睟然見於面[南齊書·高帝贊]端已雄睟[又]純也[揚子·太玄經]睟君道也[註]陽氣純也[又]天名[揚子·太玄經]九天，五爲睟天[又]zuì[集韻]祖對切音晬。際也。[鳌]又睟37415睟46699粹43264

睠 juàn_8.13　[玉篇]同眷[又]叶逡員切音權[劉向·九歎]思念鄭路兮，還顧睠睠。流涕交集兮，泣下漣漣。

睡 shuì_8.13　[唐韻]是僞切[集韻][韻會]樹僞切[正韻]殊僞切丛音瑞[說文]坐寐也[史記·商君傳]衞鞅語事良久，孝公時時睡弗聽[前漢·賈誼·治安策]將吏被介胄而睡。[又]花名[清異錄]盧山一比丘畫寢石上，夢中聞花香，既覺，尋香求之，因名睡香。四方奇之，謂乃花中祥瑞，遂以瑞易睡[又]草名[洞冥記]末多國有五味草，食之使人不眠，名曰却睡草[述異記]桂林有睡草，見之則令人睡。亦呼爲懶婦箴△[說文]本作睡，從目坐聲[六書故]睡即古寐字。[鳌]又睟38006睡38021

睫 zhì_8.13　[集韻]征例切音制。目明也。

睢 huī_8.13　[唐韻]許惟切[集韻]呼維切丛音倠[說文]仰目也[聲類]大視也[前漢·五行志]萬衆睢睢，驚怪連日[註]仰目視貌。又睢盰37369[又]恣睢，恣意怒視也[史記·伯夷

故鳥不矞[註]矞又作獝，驚飛也[左思·吳都賦]驫駥驈矞[註]衆馬走貌。矞同獝[集韻]或作䘻、𥎣[又]jué[集韻]古穴切音玦。權詐也[荀子·非十二子篇]矞宇嵬瑣[註]矞同譎。鎣又矞38420

𥍯 38422 19371 zhài_7.12 [玉篇]丈買切[集韻]丈蟹切𠀤音廌。矛也。鎣又𥎊38436

䂅 38423 19372 láng_7.12 [唐韻]魯當切[集韻]盧當切𠀤音郎[說文]矛屬[廣韻]短矛也△[說文]本作𥎦。

𥍰 38424 19373 cuān_7.12 [字彙]七桓切，攛平聲[篇海]矛也。

矟 38425 19374 shuò_7.12 [廣韻]所角切[集韻][韻會][正韻]色角切𠀤音朔[博雅]矛也[釋名]矛長丈八尺曰矟，馬上所持，言其矟矟便殺也[晉書·劉邁傳]桓敬道戲馬廳事前，以矟擬殷仲堪。邁謂敬道曰：馬矟有餘，精理不足[宋史·儀衛志]矟，長矛也。木刃黑質畫雲氣[又]䂆矟，唐金吾將軍執之。宋制，鹵簿出則八枚前導[又][王羲之·題衛夫人筆陣圖]紙者，陣也。筆者，刀矟也。墨者，鍪甲也。水研者，城池也。心意者，將軍也△[集韻]亦作槊、𨭚。

𥍶 38426 19375 zhì_7.12 [廣韻][集韻]𠀤征例切音制。矛謂之𥍶。

𥍷 38427 19376 féng_7.12 [廣韻][集韻]𠀤符容切音逢[字林]矛有二橫曰𥍷𥎂[又]fēng[集韻]敷容切音峰。矛屬△[玉篇]一作𥏀。

𥍲 38429 19378 xù_7.12 [廣韻]同矜

𥍱 38428 19377 qīn_7.12 [廣韻]子心切[集韻]咨林切𠀤音祲[玉篇]錐也[又][廣韻]七林切[集韻]千尋切𠀤音侵。又[集韻]將廉切音尖。又子鴆切，祲去聲。義𠀤同△[集韻]與鋟鋟鐫𠀤通。

𥍸 38430 19379 zé_7.12 [字彙補]精百切，音嘖◇[海篇]矛屬。

𫿇 38431 u2AFC7 null_7.12 [殷周金文集成·2.425·徐諮尹鉦]正月初吉，日在庚，郄諮尹者故蛘，自乍征城，次□升𫿇，儆至鐱兵。

𥍹 38432 19380 nà_8.13 [集韻]諾盍切音䟜。柔也。

𥍺 38433 19381 niǔ_8.13 [集韻]女九切音紐。𥍹𥍺，輭也。

矠 38434 19382 zé_8.13 [唐韻]士革切音賾[說文]矛屬[廣韻]以矛取物也[又]cè[廣韻]楚革切[集韻]測革切𠀤音策。義同。[又]刺取也[魯語]矠魚鱉[又]zhuó[集韻]仕角切音浞。刺也△本作矠[集韻]亦作捔搩簎[正譌]別作擉。鎣又矠38410

𥍻 38435 41597 qín_8.13 [五音篇海]巨巾切。矛柄。鎣又矜38459

𥎊 38436 44751 zhài_8.13 [篇海類編]音易。鎣俗𥍯38422[名義]𥎊，丈買反。矛。

𥎦 38439 19384 hóu_9.14 [集韻]同𥎋

𥎁 38441 19386 shé_9.14 [廣韻]視遮切[集韻]時遮切𠀤音佘。短矛也[又]shī[集韻][韻會]𠀤商支切音施。義同△與鉈、鍦𠀤同。或省作𥎁。

𥎇 38437 44753 mào_8.13 [字彙補]與敄同。

𥎋 38438 19383 hóu_9.14 [集韻]胡溝切音侯。矛屬。鎣又𥎦38439

𥎨 38440 19385 cōng_9.14 [正字通]俗𥎨字。

𥎌 38442 19387 jiǎn_9.14 [唐韻]居偃切[集韻]紀偃切𠀤音揵[博雅]矛也[又][集韻]九件切音蹇。義同。

𥎍 38443 19388 zōng_9.14 [集韻]祖叢切音椶。錐也。

𥎪 38444 19389 yǎn_9.14 [集韻]隱幰切音偃。戟三刃者謂之𥎪。△或作𨬖。鎣[方言]作匽戟。

𥏁 38446 19391 chōng_9.14 [玉篇]同𥏁

𥎬 38445 19390 yīng_9.14 [集韻]於莖切音罌。以羽飾矛也。通作英△[正字通]詩·鄭風二矛重英。註：以朱羽爲矛飾。加矛作𥎬，非。

𥎂 38447 19392 róng_9.14 [字彙]與𥎂同。

𥎑 38448 19393 dùn_9.14 [字彙補]同盾。

𥎒 38449 44752 ruǎn_9.14 [字彙補]如遠切，音軟◇。鎣又黃征[敦煌俗字典]預：俗預[S.6659.太上洞玄靈寶妙經衆篇序章]預以有心，皆得神仙。

𥎁 38450 u25381 mèm_9.14 [喃]从柔粘niêm省聲△黏要：懦弱，孱弱。

𥎓 38451 19394 róng_10.15 [廣韻]而容切[集韻][韻會]如容切𠀤音茸。𥍷38427𥎂。鎣又𥎂38447

𥎔 38452 19395 xì_10.15 [字彙]許意切音戲[篇海類編]戰也[又]弩具。

𥎰 38453 19396 qiāng_10.15 [字彙]同槍[通俗文]剡木傷盜謂之𥎰。

𥎕 38454 19397 guān_10.15 [集韻]居陵切音兢。寡也。通作矜。

𥎖 38455 19398 kè_10.15 [唐韻]苦蓋切[集韻]丘蓋切𠀤音㗣[說文]矛屬也[又][集韻]渴合切音佮。義同。

𥎗 38456 19399 láng_10.15 [說文]䂅本字。

𥎯 38457 41598 mào_10.15 [龍龕]莫角切。目不明也。又莫候切。瞀𥎯也。又莫胡切。𥎯，榆子醬也。

𥎘 38458 44754 wù_10.15 [字彙補]未付切音務。鎣同瞀。

矜 38459 19400 qín_11.16 [廣韻]巨巾切[集韻][韻會][正韻]渠巾切𠀤音㨷[玉篇]矛柄也。又鉏耰也[又][廣韻]巨斤切[集韻][韻會]渠斤切𠀤音勤。義同△[正字通]同矜[字彙補]譌作𥎞，非。

𥎙 38461 19402 féng_11.16 [玉篇]同𥍷

𥎨 38460 19401 chuāng_11.16 [廣韻]楚江切[集韻]初江切𠀤音牎。短矛也[又]cōng[集韻]七恭切音樅。矛也。一曰矟小者△與鏦同。俗作𥎨[字彙補]譌作𥎶，非。鎣[字彙補]又作𥏂38477

𥎚 38462 19403 zé_11.16 [集韻]側革切音責。矛屬[類篇]同矠。

𥎛 38463 19404 yù_12.17 [集韻]羊茹切音預。𢇓豫，矛屬。鎣俗豫57251[又]𢇓豫，𢇓𥍯38422之譌。

𥎜 38464 19406 chōng_12.17 [廣韻]尺容切[集韻][韻會]昌容切𠀤音衝

廣雅短矛也△玉篇或作種。

矞 38466 19408 yù_12.17　集韻允律切音聿。出也。

穭 chuāng_12.17　38467 41599　川篇音窻。矛也。

穳 zàn_12.17　38468 44755　字彙補從站切，音暫◇。鋬疑同穳。

穮 rǒu_12.17　38469 u408B　或同鞣　　稄 zé_12.17　38465 19407　說文𥝩本字

穧 xiè_13.18　38470 19405　集韻下買切音蟹。註見穳38463一曰穧移。

禮 lǐ_13.18　38471 19409　集韻里弟切音禮。戟屬。鈒謂之禮。

穬 lǐ_13.18　38472 19410　篇海類編良以切，音禮◇小矛也。

鹹 xù_13.18　38473 u25395　驚懼貌。喬38421字之異體。見集韻

穪 mí_14.19　38474 19411　集韻民卑切音彌。矛屬。

穳 xù_14.19　38475 19412　廣韻徐呂切集韻象呂切丛音敘。矛也。

穤 ruǎn_14.19　38476 19413　字彙補而兖切音輭。軟弱也。

鋬又穤38629

穪 chuāng_14.19　38477 19414　字彙補充莊切音瘡。短貌字彙補穪，充莊切音窻。短貌。又穭38467，充莊切音窻。矛也。龍龕穭38460穪二俗，穳正。楚江反。短矛也。

穛 qín_14.19　38478 19415　說文長箋同穜。

穧 wéi_14.19　38479 44756　篇海類編音檟。鋬俗𥟖可洪音㘝紵維：上分物反，大素葬者引車也。下音惟，持也。或作穧，音維，旌也。

穱 róng_14.19　38480 u2539C　敦煌·P.3315尚書釋文穱27628，本又作穱27558又作穱。乳勇反。又而兖反△集韻穱，而融切。頯毳細毛。古作穱。

穮 bó_15.20　38481 19416　集韻弼角切音雹。穮稍，唐衛仗名金元儀衛仗志俱有穮稍△正字通開寶禮本作穮稍。穮、穮丛同。

穱 máo_15.20　38482 44757　五音篇海莫侯切。

穳 zuǎn_15.20　38484 u2539E　俗穳38489　　穳 máo_15.20　38483 44758　五音篇海音矛。鋬同矛字彙補·矛部穳，莫尤切音矛。義同。

穳 zuǎn_16.21　38485 u2539D　簡穳38489

穳 jué_18.23　38486 19417　集韻同穳字彙補改音矜，非。

穳 cuàn_18.23　38487 44759　篇海類編音竄。鋬同鑹64670

穳 cuàn_18.23　38488 44760　五音篇海七亂切。鋬俗穳，同鑹64670

穳 zuǎn_19.24　38489 19418　廣韻作管切集韻韻會正韻祖管切丛音纂博雅穳謂之鋋北史·王思政傳東魏來攻潁川，思政作火穳，火箭，焚其攻具隋書·煬帝紀五年，民間穳刃之類，皆禁絕之元史·儀衛志穳制如戟，鋒刃兩旁微

起，下有鐏銳图zuàn廣韻子算切集韻祖算切，丛纂去聲。義同图cuàn廣韻七亂切集韻取亂切丛音竄。小稍也图cuān集韻七丸切，竄平聲。遙捉矛也。△集韻同鑹玉篇亦作穳。俗作穳韻會同鐏，非。

鋬又穳38485穳38491錄63664

穳 jué_20.25　38490 19419　玉篇居縛切集韻厥縛切丛音矍。矛屬。图字彙補錐也。

穳 cuàn_30.35　38491 u253A4　同穳38489小稍。亦作穳38492

穳 zuǎn_31.36　38492 19420　玉篇同穳。

◆　矢部　◆

矢 38493 19421 shǐ_0.5　古文𠤎夰唐韻廣韻式視切集韻類篇韻會矧視切，丛尸上聲。◆說文弓弩矢也。从入，象鏑括羽之形。古者夷牟初作矢宋衷云黃帝臣也荀子·解蔽篇浮游作矢山海經少皞生般，始爲弓矢爾雅·釋詁矢，弛也疏以弓釋弦曰弛釋名矢，指也，言其有所指向，迅疾也揚子方言箭，自關而東謂之矢易·繫辭剡木爲矢書·顧命垂之竹矢周禮·夏官司弓矢，掌八矢之灋。枉矢，絜矢，利火射，用諸守城車戰。殺矢，鍭矢，用諸近射田獵。矰矢，茀矢，用諸弋射。恆矢，痺矢，用諸散射史記·孔子世家肅慎貢楛矢石砮，長尺有咫。图嚆矢，響箭也莊子·在宥篇焉知曾、史之不爲桀、跖嚆矢也。一作嗃矢。黃庭堅曰：安能爲人作嗃矢註射者必先以嚆矢定其遠近也图爾雅·釋詁陳也虞書序臯陶矢厥謨春秋·隱五年公矢魚于棠詩·大雅無矢我陵傳矢，陳也箋猶當也正義矢實陳義，欲言威武之盛，敵不敢當，以其當侵而陳，故言矢猶當也图爾雅·釋言誓也書·盤庚出矢言詩·衞風永矢勿諼图博雅正也。直也易·解卦得黃矢貞吉詩·小雅其直如矢图施也詩·大雅矢其文德图投壷之籌曰矢禮·投壷主人奉矢图星名史記·天官書枉矢，類大流星，蛇行而蒼黑，望之如有毛羽然图釋名齊、魯謂光景爲枉矢，言其光行若射矢之所至也图鈚矢、篷矢，諸羌州名。見唐書·地理志图廣韻屎本作矢左傳·文十八年埋之馬矢之中史記·廉頗傳一飯三遺矢图複姓前漢·馬宮傳本姓馬矢，宮仕學，稱馬氏云△集韻或作笶。鋬莊子·在宥篇桀紂，桀跖图矣04325笑41836笑41837

矢 38494 u2F6E shǐ_0.5　部矢38493

矣 38495 19422 yǐ_2.7　古文𠈉唐韻集韻于己切韻會羽已切丛音涘說文語已辭也徐曰矣者，直疾。今試言矣，則出氣直而疾會意柳宗元曰決辭也图叶于姬切音依詩·小雅徹我牆屋，田卒汙萊。曰予不戕，禮則然矣。萊音釐△正字通通作已。音以。與己別。

厌 38496 19423 hóu_2.7　說文古文矦38502字。

知 38497 44761 shěn_2.7　龍龕同矧　　知 38498 19424 shěn_3.8　說文矧本字

从矢，引省聲。从矢，取詞之所之如矢也 又 長也 揚子方言 東齊曰㚤，宋、魯曰吕△ 玉篇 或作敄 廣韻 作訵 字彙補 別作矤欸，非。 𨭉 又䂓16204

知 38499 19425 zhī_3.8 古文疾㢡 唐韻 陟离切 集韻 韻會 珍離切，㐲智平聲。◆ 說文 詞也。从口从矢 徐曰 知理之速，如矢之疾也 又 玉篇 識也，覺也 增韻 喻也 易·繫辭 百姓日用而不知 書·臯陶謨 知人則哲，能官人 又 漢有見知法 史記·酷吏傳 趙禹與張湯論定諸律令，作見知法 註 吏見知不舉劾爲故縱 又 相交曰知 左傳·昭四年 公孫明知叔孫于齊 註 相親知也。又 昭二十八年 魏子曰：昔叔向適鄭，鬷蔑一言而善，執手遂如故知 楚辭·九歌 樂莫樂兮新相知 又 爾雅·釋詁 匹也 詩·檜風 樂子之無知 註 匹也 又 廣韻 欲也 禮·樂記 好惡無節於內，知誘於外 又 猶記憶也 論語 父母之年，不可不知也 又 猶主也 易·繫辭 乾知大始 左傳·襄二十六年 公孫揮曰：子產其將知政矣 魏了翁·讀書雜抄 後世官制上知字始此 又 揚子方言 愈也。南楚病愈者，或謂之知 黃帝·素問 二刺則知 註 上古以小便利腹中和爲知 又 藥名 日華志 預知子，取綴衣領上，遇有蠱毒，則聞其有聲 又 地名 左傳·昭二十七年 公徒敗于且知 又 zhì 集韻 韻會 太知義切。與智同 易·臨卦 知臨，大君之宜 荀子·修身篇 是是非非謂之知 又 姓 左傳 晉有知季，卽荀首也。別食知邑，又爲知氏 又 諡法 官人應實曰知。 𨭉 又㹷38548䂻38522

𥎦 38500 u253A8 yí_3.8 同矣04325 說文 㲋，未定也。从匕𥎦聲。𥎦，古文矢字。段注：矢篆下不載。

矣 38501 19426 zú_4.9 集韻 族22194古作矣 類篇 矢鋒也 正字通 作古疑字譌文，非。

矦 38502 19427 hóu_4.9 唐韻 乎溝切 集韻 韻會 胡溝切。太同侯01202◆ 說文 春饗所躲侯也。从人从厂，象張布，矢在其下。天子射熊虎豹，服猛也。諸侯射熊豕虎。大夫射麋，麋，惑也。士射鹿豕，爲田除害也。其祝曰：毋若不寧矦，不朝于王所，故伉而射汝也△ 集韻 或作帿。
𨭉 又矦10128

矧 38503 19428 shěn_4.9 廣韻 式忍切 集韻 韻會 正韻 矢忍切太音哂 玉篇 况也 書·大禹謨 至誠感神，矧茲有苗 詩·小雅 矧伊人矣，不求友生 又 與斷通 禮·曲禮 笑不至矧 註 齒本曰矧，大笑則見△ 說文 本作弞 玉篇 亦作敒。
𨭉 又矤38497訠55652 又 直音篇 㹷欽，同矧。
又 古文四聲韻 弞，古文。

𥎪 38504 19429 shěn_4.9 玉篇 同矧

𥎫 38505 19430 yǐng_4.9 廣韻 五剄切，娙上聲。短小貌。 𨭉 直音篇 娙，同𥎫。

𥎬 38506 19431 zú_4.9 字彙補 與鏃64024同 石鼓文 彤矢𥎬𥎬。

𥎭 38507 44762 duǎn_4.9 搜眞玉鏡 音短。

𥎮 38508 44763 shěn_4.9 龍龕 音矧。 𨭉 同矤，俗矧。

𥎯 38509 44764 wū_4.9 搜眞玉鏡 於谷切音屋。

𥎰 38510 44765 jī_4.9 篇海類編 牋西切音賫。𥏂𥎰，短小也。
〇按卽𥏂字之譌。

𫋉 38511 u2AFC9 null_4.9 未詳。

𫋈 38512 u2AFC8 null_4.9 未詳。

𥎱 38513 19432 fǎ_5.10 廣韻 孚法切，汎入聲。矢貌。

矩 38514 19433 jǔ_5.10 廣韻 俱雨切 集韻 韻會 果羽切太音踽。正方之則也 爾雅·釋詁 常也 疏 度方有常也 玉篇 圓曰規，方曰矩 禮經解 規矩誠設，不可欺以方圓 前漢·律歷志 矩者，所以矩方器械，令不失其形也 管子·輕重已篇 心生規，規生矩，矩生方 又 爾雅·釋詁 法也 論語 不踰矩 前漢·敘傳 淏之受吳，疆土踰矩 註 矩，法制也 又 增韻 儀也，廉隅也 又 周禮·冬官考工記·輪人 凡斬轂之道，必矩其陰陽 註 矩，謂刻識之也 又 揚子·太玄經 天道成規，地道成矩，規動周營，矩靜安物 陸倕·石闕銘 製模下矩 註 地也 又 周髀算經 智出於句，句出於矩 註 矩，謂之表，表不移亦爲句，爲句將正，故曰句出於矩焉。
又 規矩，戎名◆ 汲冢周書 規矩以麟者，獸也 又 通作萬 周禮·冬官考工記 輪人爲輪，可規可萬 又 通作句 莊子·田子方 履句屨者知地形△ 說文 本作巨，从工，象手持之。重文作榘，从木、矢。矢者，其中正也 六書正譌 巨从工，中象方形，亦會意。

𥎲 38515 19434 diāo_5.10 廣韻 都聊切 集韻 丁聊切太音刁 博雅 短也 玉篇 犬短尾。 𨭉 又貂33104

𥎳 38516 19435 bá_5.10 廣韻 集韻 太蒲八切音拔。𥎳𥎴，短貌也。

𥎴 38517 19436 zhuō_5.10 集韻 拙19398古作𥎴 又 集韻 姝悅切音啜。短貌△或作𪇰𡭃𥏔。

𥎵 38518 19437 jǐ_5.10 廣韻 祖稽切音齎 博雅 𥏂𥎵，短小貌 又 集韻 將支切音貲。義同△或从比，非。

𥎶 38519 19438 yí_5.10 說文長箋 古文疑35788字。

𥎷 38520 41600 qià_5.10 川篇 去法切。矢也。

𥎸 38521 44766 duǎn_5.10 海篇 與短同。

𥏉 38529 19442 zhōu_6.11 字彙 同𥏈

𥎹 38522 44767 zhī_5.10 字彙補 同知

𥎷 38523 u253B7 duǎn_5.10 俗短38554 龍龕 矩𥎷𥏓三俗，音短。

𥎴 38524 u253B4 null_5.10 未詳。

𥎳 38525 u253B3 null_5.10 未詳。

𥎺 38526 19439 zhì_6.11 廣韻 集韻 太陟栗切音窒。短也。

𥎻 38527 19440 tiào_6.11 玉篇 集韻 太徒了切，條上聲。矢也。

𥏈 38528 19441 zhōu_6.11 廣韻 集韻 太張流切音輈。射鳥箭也。
△或作𥏉。 𨭉 又䑟48676䑳48675

𥏊 38530 19443 zú_6.11 集韻 族22194古作𥏊。

𥎦 38531 19444 zú_6.11 字彙籀文族字。見周宣王石鼓文

䂕 38532 19445 kuì_6.11 集韻苦委切音蛫博雅倦也。一曰跂也。△與尯㞜殈太同。

䂒 38533 19446 qià_6.11 廣韻恪八切集韻丘八切太音劼。見犮38516字註。

𥎿 38534 19447 zhī_6.11 類篇古文知38499字。

𥏀 38535 19448 zú_6.11 六書正譌鏃本字。矢鋒也。从矢从㐺，㐺，古衆字，會意。借音爲宗族字。

𥏂 38536 19449 zú_6.11 字彙補古文族22194字。

𥏇 38537 19450 jí_6.11 六書本義古文疾35925字。

𥏁 38538 44768 chóu_6.11 五音篇海音惆。

𥏅 38539 44769 zhì_6.11 川篇音智。鎣張涌泉：疑俗智字。

𥏆 38540 44770 zhí_6.11 搜眞玉鏡音直。

𥏄 38541 44771 zhì_6.11 奚韻同彘

𥏈 38542 44772 duǎn_6.11 龍龕音短。

𥏉 38543 44773 huàn_6.11 五音篇海音患。鎣疑豢字之譌。

𪿊 38544 u2AFCA yà_6.11 簡䂚38571

𥏌 38545 u253CC tên_6.11 喃同𥏋38546

𥏋 38546 u253CB tên_6.11 喃从矢先tiên聲△弓𥏋：弓箭。

𥏊 38547 u253CA zhì_6.11 黑色駢雅訓纂·卷三下·訓纂七·釋服食小祀則服鷩衣，採桑則鳲衣，聽女教則鵗衣，歸寧則𥏊衣。原註：𥏊，元（玄）色，音袟。

𥏃 38548 u253C3 zhī_6.11 古知38499字。鎶鐈从𥏃。

矫 38549 u77EB jiǎo_6.11 简矯38613

䠶 38550 19451 shè_7.12 說文射本字。弓弩發於身而中於遠也。从矢从身徐曰䠶者，身平體正，然後能中也。篆文作射12547，从寸，亦法度也。鎣酉集中·身部重出：廣韻與射同。按，今併入矢部

矬 38551 19452 cuó_7.12 廣韻昨禾切集韻韻會徂禾切，太坐平聲博雅短也北史·宋世景傳孝王學涉，形貌矬陋，而好臧否人物[又]鹽場名元史·百官志廣東鹽場十三所，一曰矬峒場。鎣又𥏥38581𨗨61371[又]龍龕侳01211，昨禾反。与矬同。侳短也[又]周志鋒：矬38604同矬。

𥏔 38552 19453 yǐng_7.12 集韻研頂切，音脛。𥏖𥏔，小貌。

殹 38553 19454 yì_7.12 正字通殹字之譌。

短 38554 19455 duǎn_7.12 唐韻正韻都管切集韻韻會覩緩切，太端上聲說文有所長短，以矢爲正徐曰若以弓爲度也廣韻促也，不長也書·堯典日短星昴，以正仲冬禮·月令度有長短[又]長短術史記·六國年表謀詐用，而縱橫長短之說起註長短術興於六國時，行長入短，其語隱謬，用相激怒[又]短功唐書·百官志凡工匠，十月至正月爲短功。又短人史記·孔子世家僬僥三尺，短之至也荀子·非相篇帝堯長，帝舜短。文王長，周公短。仲尼長，子弓短張華·博物志伊尹黑而短[又]凡指人過失曰短史記·屈原傳上官大夫短屈原於頃襄王前漢·蕭望之傳鄭朋數稱述望之短車騎將軍師古註短謂毀其短惡也△集韻或作拞。鎣又欘26087𥏈38523𥏈38521𡘲57048𤤊34117[又]直音篇𥐡38600𥏈38507𥏈38542並同短。[又]可洪音義長桓24215：都管反。正作短也。又音豆，悮。祚婠10705：音短。不長也。又音豆，非。

䂓 38555 19456 guī_7.12 正字通規55040本字。䂓、矩太从矢。

𫸸 38556 44774 bēi_7.12 搜眞玉鏡音卑。

𥏖 38557 44775 xìng_7.12 龍龕同𥏖

𥏗 38561 u253D7 null_7.12 未詳。

𥏘 38558 44776 shěn_7.12 搜眞玉鏡尸忍切，音審◇。

𥏙 38559 44777 wù_7.12 五音篇海音悟。

𥏚 38560 44778 zhì_7.12 奚韻與彘同。

𥏕 38562 u253D5 hóng_7.12 五侯鯖字海音宏。壯大貌。

𥏑 38563 u253D1 null_7.12 未詳。

𥏐 38564 u253D0 null_7.12 未詳。

䂗 38565 19457 jué_8.13 字彙渠勿切音倔篇海類編䂗䂗，短貌。

𥏡 38566 19458 kuì_8.13 廣韻丘吠切集韻去穢切，並音㱮。又集韻苦對切音凷玉篇𥏡𥏢，短小貌[又]五音集韻苦對切音塊。義同。

䂘 38567 19459 xìng_8.13 集韻下頂切音悻。小貌。鎣又𥏖38584𥏤38583[又]海篇直音𥏖38557𥏖38576，二。音幸。小㒵。

𥏩 38568 19460 yì_8.13 字彙篆文肄字。

𢧵 38569 19461 chì_8.13 字彙見周宣王石鼓文。音闕施云按說文古熾字與此相類正字通熾字从火不从矢，施說誤。

䂙 38570 19462 yǐ_8.13 集韻隱綺切音椅。短貌[又]博雅痤也類篇與痔同。

䂚 38571 19463 yà_8.13 集韻衣駕切音亞。䂚䂚，短也。鎣又𪿊38544

䂛 38572 19464 zhuō_8.13 集韻株劣切音綴博雅短也。與黜同。或作䂝。

𥏫 38573 19465 biè_8.13 集韻必結切，邊入聲。弓戾也。通作彆彆弊。

矮 38574 19466 ǎi_8.13 唐韻烏蟹切集韻韻會倚蟹切正韻鴉蟹切，太隘上聲說文短人也類篇矬也易林猨墮高木，不矮手足王楙·野客叢談黃魯直詩：䂚矮金壺肯送持。註引玉篇䂚，短也。矮，不長也。不知䂚、䂙二字。見周禮·春官·典同註：䂚，皮買反。䂙，苦買反方言桂林之閒謂人短爲䂚䂙，䂙正作矮字呼也△集韻或作㾢矮。鎣又𡚁70827𡙾64752[又]正字通𥎶38505，同矮。俗省。

38576 44779 矬 xìng_8.13 龍龕同獉

38575 19467 𥓠 bǐ_8.13 廣韻邊兮切 集韻邊迷切丛音篦。互見妭38518獬38612二字註⊠集韻賓彌切音卑。又旁卦切音𥖽。義丛同。

38577 44780 㭘 qiān_8.13 五音篇海音千。

38578 44781 㺄 hú_8.13
38579 u2AFCB null_8.13 未詳。

38580 u253E8 㐲 zhāo_8.13 五侯鯖字海音招。矢也。

38581 u253E7 矬 cuó_8.13 俗矬38551敦煌·S.5431 開蒙要訓 矬矮侏儒 龍龕 矬矬，蔵禾反。矬短也。

38582 u253E6 㹟 jí_8.13 矫38598俗譌。籀文疾35925

38583 u253E4 㿶 xìng_8.13 獉38576譌字。

38584 u253E3 㿵 xìng_8.13
38585 u253E1 㵎 null_8.13 同獉38567

38586 19468 㿤 kǎi_9.14 廣韻苦駭切集韻口駭切丛音楷。矲矬短貌揚子方言桂林謂人短爲矲矬，矬或作矪，亦作河。

38587 19469 㺌 huì_9.14 廣韻呼吠切集韻許濊切丛音喙。見矬38566字註⊠集韻牛吠切音朳。義同。

38588 19470 鍚 shāng_9.14 唐韻式陽切集韻尸羊切丛音商說文傷也⊠集韻千羊切音槍。義同△與鍚同。亦作鎗。

38589 19471 㵎 táng_9.14 集韻唐06023古作歅𥫣字見唐碧落文有歅又十弍禩，龍龕𥪡𥯤⊠𣋌22922

38590 14601 𥄗 zhè_9.14 川篇智宅切，音摘◇得水也。𥄗俗𥄗。

38591 14602 𥅿 zhì_9.14 字彙補音滯。姓也。𥄗同𥅿。

38594 u253EE 㹠 àn_9.14 五侯鯖字海音闇，小也。

38592 u2AFCC null_9.14 未詳。
38595 u253ED 㺓 dié_9.14 堆堞08914，或訛作矬堞。民國崇明縣志·卷十六·藝文志·金石 萬曆中卜居此地，迄今已三百年，矬堞崇塇，民居比櫛。

38593 u253F1 null_9.14 未詳。
38596 19472 䞞 shāng_10.15 類篇同鍚。

38597 19473 䞟 sì_10.15 唐韻集韻丛牀史切，嗣上聲爾雅·釋訓不𥨥，不來也疏𥨥，待也。既云不待，是不來也△說文或作俟。與竢、涘丛同。

38598 19474 䞐 jí_10.15 唐韻籀文疾字。

38599 19475 𥄤 liú_10.15 字彙補古文瘤36311字。

38601 44784 𥄥 zhì_10.15 五音篇海同雉。

38603 u2AFCD null_10.15 喃未詳。
38602 u2AFCE null_10.15 殷周金文集成·18.11816·佗仲矧子削 唯佗仲矧子用。

38600 44783 𥄣 duǎn_10.15 龍龕音短
38604 u253FA 矬 cuó_10.15 俗矬38551 明·馮夢龍 情史類略·卷二十二情外類 先生爲吳語謔之云個樣新郎忒煞矬，看看面上肉無多。思量家公真難做，不如依舊做家婆。時傳以爲笑。

38605 u253F9 縞 jiāo_10.15 俗矯38613
38606 u253F6 矮 null_10.15 未詳。

38607 19476 䞏 shāng_11.16 說文同鍚。

38608 19477 矯 zhì_11.16 唐韻古文智22719字說文識詞也。从白从亏从知徐曰知者必有言，故文白知爲矯。白者，詞之氣也。亏亦氣也，知不窮，氣亦不窮也。

38609 44782 矯 zhì_11.16 字彙補同智，見蘇子由類篇敘〇按卽古文智字之譌。

38610 u253FF 矘 vǎn_11.16 喃矘38638俗省。

38611 u253FD null_11.16 未詳。
38612 19478 矤 sī_12.17 集韻相支切音斯。矲矲，短小貌⊠先齊切音西。義同。

38613 19479 矯 jiāo_12.17 唐韻居夭切集韻韻會舉夭切，丛驕上聲說文揉箭箝也博雅直也禮部韻略揉曲爲矯易說卦坎爲矯輮疏使曲者直爲矯，使直者曲爲輮史記·平津侯傳矯矢累弦註正曲使直也前漢·成帝詔民彌惰怠，將何以矯之註矯，正也劉勰·新論搒榜者，矯不正也。⊠玉篇詐也，擅也類篇妄也字彙託也。通作撟書·呂刑奪攘矯虔前漢·高帝詔作撟虔註稱詐爲撟，強取爲虔左傳·昭二十六年矯誣先王史記·汲黯傳矯制持節，發河南倉廩，以振貧民前漢·高帝紀羽矯殺卿子冠軍註托懷王命而殺之也大戴禮非其事而居之，矯也⊠爾雅釋訓矯矯，勇也博雅武也詩·魯頌矯矯虎臣周頌作蹻蹻註武貌⊠强也禮·中庸强哉矯荀子·臣道篇作撟然剛折註强貌⊠類篇舉也陶潛·歸去來辭時矯首而遐觀揚雄·甘泉賦作撟首博雅飛也孫綽·遊天台山賦整輕翮而思矯揚子方言作翻⊠姓風俗通晉大夫矯父之後，前漢右將軍矯望，後漢逸民矯慎。矯，一作蟜⊠jiào韻會嬌廟切，驕去聲。與撟同。又詐也。又强亢貌。又高舉貌。本毛氏韻增⊠jiāo集韻韻會丛居妖切音驕。矢躍出也神異·東荒經東王公與玉女投壺，每投千二百矢矯⊠矯矯，高舉貌前漢·敘傳賈生矯矯，弱冠登朝師古曰合韻音驕⊠qiáo字彙補其嬌切音橋。亦姓也史記·仲尼弟子傳江東人矯子庸疵註矯，音橋。師古云矯疵，字子庸△與撟蹻蟜丛通正韻作同橋，非。鍌又矫38549縞38605

38614 19480 䞚 pú_12.17 廣韻蒲木切集韻步木切丛音僕廣韻短人類篇侏儒也。

38615 19481 矰 zēng_12.17 唐韻作滕切集韻韻會咨騰切正韻咨登切丛音增說文䲔䲔矢也玉篇結繳於矢也周禮·夏官矰矢用諸弋射註矰，高也。可以弋飛鳥史記·老子傳飛者可以爲矰班固·西都賦矰繳相纏吳越春秋吳師中軍素羽之矰，左軍朱羽之矰，右軍烏羽之矰註矰，短矢。韋昭曰：矢名⊠韻會通作繒三輔黃圖俠飛具繒繳，以射鳧鴈註箭有繩曰繒繳，卽繒也△集韻或作䌶。鍌又䧢19003

38617 44786 䞜 ǒu_12.17 海篇音偶
38616 44785 𥄦 wéi_12.17 五音篇海同

韋。鼙同冀10291，籀文韋。又𥐺38619

𥐆 38618 u25406
vǎn_12.17　喃从短半bán聲△𥐆畯：長短△亦作
𥑐38638

𥐅 38619 u25405
wéi_12.17　籀文韋67619　五侯鯖字海　冀38616音韋。古
文，𥐅，同上。籀文。

𥐃 38620 u25403
jí_12.17　集韻疾，昨悉切　說文病也。古作廿。籀
作𥐃𥒷△宏按，𥐃宋本作𥑣38598，與說文同。

𥐛 38621 u2540B
ngủi_13.18　喃从短艾ngài聲△𥐛𥐛：短小。

𥐚 38622 u2540A
zhuó_13.18　同𥓠45016唐·蔣偕李相國論事集卷一·上
問德賢興化事對 設弓弋之𥐚，以羅垂天之翼。

𥐫 38623 u25409
ngǎn_13.18　喃同𥐭38625

𥐪 38624 u25408
số_13.18　喃从矢从數，數số亦聲。

𥐭 38625 u25407
ngǎn_13.18　喃从短痕ngân省聲△𥐭畯：長短。𥐭𥐛：
極短。

𥑥 38626 19482
yuē_14.19　集韻韻會丛鬱縛切音臒。與鑊同。度也
屈原·離騷 求榘𥑥之所同後漢·崔駰傳協準𥑥之貞度 註
準，繩也。𥑥，尺也。

𥐯 38627 u2540F
cộc_14.19　喃从短局cuộc聲△袄𥐯：短衣。

𥐨 38628 u27E12
vủi_14.19　喃从短貝buổi聲。

𥐮 38629 u2540E
ruǎn_14.19　俗𥒍38476

𥐌 38631 u2540C
null_14.19　未詳。

𥐰 38630 u2540D
ngǎn_14.19　喃俗𥐭38625

𥑦 38632 19483
bà_15.20　廣韻薄蟹切集韻部買切，丛牌上聲博雅
短也。丛見短38571矮38574𥐺38586三字註 図與罷通周
禮·春官·典同註短罷，或作𥑦。音同 図集韻蒲楷切，
排上聲。又步化切音杷。義丛同△集韻亦作𥑦𥐿。

𥑏 38633 u2AFCF
null_15.20　喃越·阮秉五千字譯國語矮傃，濕𥑏。

𥑐 38634 u2AFD0
null_16.21　喃未詳。

𥒊 38635 19484
yīng_17.22　集韻伊盈切音嬰。短也。

𥑌 38636 u25412
cụt_17.22　喃从短骨cốt聲。切短。

𥑫 38637 19485
huān_18.23　玉篇呼官切音歡。短也。

𥑐 38638 u25414
vǎn_18.23　喃从短問vấn聲△𥑐𤷾：簡明，概要。

𥐬 38639 u25410
ngủn_18.23　喃从短袞gọn聲△桐𥐬：極其短暫。

• 石部 •

石 38640 19486
shí_0.5　古文后唐韻集韻正韻常隻切韻會常亦
切丛音碩增韻山骨也釋名山體曰石易·說卦傳艮為
山，為小石楊泉物理論土精為石，石，氣之核也。氣之
生石，猶人筋絡之生爪牙也春秋說題詞石，陰中之陽，

陽中之陰，陰精補陽，故山含石 図樂器，八音之一 書·益
稷擊石，拊石註石，磬也 図樂聲不發揚亦曰石周禮春
官·典同厚聲石註鐘太厚，則如石，叩之無聲 図堅也前
漢·揚雄傳石畫之臣師古註言堅固如石。亦作碩。
図星亦稱石左傳·僖十六年隕石于宋五，隕星也。
図量名。十斗曰石前漢·食貨志夫治田百晦，歲收晦一
石半，為粟百五十石。又官祿秩數稱石師古曰漢制，
三公號稱萬石，以下遞減至百石 図粗布皮革之數亦稱
為石唐書·張弘靖傳汝輩挽兩石弓，不如識一丁字。
図水亦稱石水經注河水濁，清澄一石水六斗泥。
図酒亦稱石史記·滑稽傳臣飲一斗亦醉，一石亦醉。
図衡名。百二十斤為石書·五子之歌關石和鈞註三十
斤為鈞，四鈞為石禮·月令仲春，鈞衡石前漢·律歷志石
者，大也，權之大者 図州名廣韻秦伐趙取離石，周因
邑以名州 図姓左傳衞大夫石碏。又複姓。孔子弟子有
石作蜀。鼙又石38643石38645后38644

石 38641 u2F6F
shí_0.5　部石38640

后 38644 u25416
shí_1.6　同石38640

矹 38642 19487
yà_1.6　集韻乙黠切音軋。石貌。

𦈌 38643 u2F94C
shí_1.6　同石38640或作𥐾38645后38644

𥐾 38645 u4096
shí_1.6　同石38640亦作𦈌38643直音篇𥐾，常隻切。
山骨。

矴 38646 19488
dìng_2.7　廣韻集韻韻會正韻丛丁定切音釘。錘舟
石。或作碇。亦作矴。鼙又碇39422 図龍龕碇39126碇磸
三俗，矴正，丁定反，石矴也 可洪音義到碇：丁定反。
正作矴。

𥐃 38647 19489
biān_2.7　集韻同砭字。从已不从己。

后 38648 19490
shí_2.7　集韻石38640古作后。

矻 38649 19491
bā_2.7　唐韻集韻丛普八切，攀入聲。石破聲也。
鼙明·萬曆本金瓶梅詞話·第二十九回嘩嘩礴礴鎗付
劍，矻矻嘓嘓弄响聲（按，嘩嘓二字原並从石旁）。又晚
晴簃詩匯·卷八十二·朱筠·龍翻石石皮皴剝骨，流刀猶
自刷。萬千百丈石，激落聲裂矻 図玑33803，玉聲 図bad
壯 鉢45292

矵 38650 19492
diāo_2.7　正字通俗砌字。鼙俗刐03340

矼 38651 19493
pǔ_2.7　五音集韻匹角切音朴。矼硝38935，藥名。
鼙矼，朴字俗譌。矼硝，同朴硝。

砒 38652 19494
kū_2.7　字彙補口骨切音窟。用心也。

矷 38653 u2541C
null_2.7　未詳。

矶 38655 u77F6
jī_2.7　简磯39360

矴 38654 u2541B
qì_2.7　俗砌38697敦煌·S.2832願文等範本·十二
月時景兼陰晴雲雪諸節 中旬：淑景甚暄，暮春將半。
家家淥桑，繞碧矴以垂帷；片片落花，灑庭而（如）碎
錦 図俗防65483可洪音義律矴：下伏（伏）亡反。禁也。
正作防。樓藏經音作砌，七細反。非也。

矷 zǐ_3.8　五音集韻將几切，音子◇玉篇石名。

矵 dí_3.8　廣韻都歷切集韻丁歷切夶音的，博雅礃也。同䃉。鑒又矵38674礭39519

矸 gàn_3.8　廣韻古案切集韻居案切夶音旰。山石貌図．集韻碙石図石淨貌甯戚飯牛歌南山矸，白石爛，生不逢堯與舜禪図集韻魚旰切韻會疑旰切正韻魚幹切夶音岸。又gān集韻居寒切音干。義夶同図丹矸荀子·正論篇加之以丹矸註丹砂也図gǎn廣韻古旱切音稈。擊也図hàn廣韻集韻夶侯旰切音翰。礁也。

矹 wù_3.8　廣韻集韻韻會正韻夶五忽切音兀。硉矹，石崖不穩貌郭璞·江賦巨石硉矹以前却註硉矹，沙石隨水貌図與兀通杜甫詩骨骼硉兀如堵牆柳宗元集乘水潦之波，以入於河而流焉，盪突硉兀。

矻 máng_3.8　廣韻莫郎切集韻謨郎切夶音茫。矻碭，山名。本作芒△一曰山石貌。鑒又屸13327磓39006

矺 zhé_3.8　廣韻集韻夶陟格切音乍。同磔39252省。図廣韻磔也図tuō廣韻他各切音託。矺鼠，木名。一曰王棘儀禮·士喪禮註王棘，矺鼠図dā廣韻都盍切集韻德盍切，並音眒。擲地聲図五音集韻竹亞切音吒。義同。亦作砐。

矷 chāi_3.8　集韻矷38675初佳切音釵。石名，又小石。鑒集韻矷38675，初佳切，小石。

矻 kū_3.8　廣韻集韻韻會正韻夶苦骨切音窟。矻矻，勞極也図前漢·王褒傳勞筋苦骨，終日矻矻如淳曰健作貌韓愈·進學解矻矻窮年図qià集韻丘八切音劼。與硈同。石堅貌。

矼 qiāng_3.8　廣韻集韻韻會正韻夶枯江切音腔。慤實貌莊子·人間世德厚信矼図kòng集韻苦貢切音控。義同図gāng廣韻集韻韻會夶古雙切音江。聚石爲步，渡水也。通作杠孟子·歲十一月徒杠成爾雅·釋宮石杠謂之徛註今石橋。

矽 jiè_3.8　川篇同价。

矷 lǒi_3.8　喃俗磊。

矺 jǐ_3.8　砵38996矺，求己図矺38647字之訛正字通矺，同砡。從已非從己。俗本正韻譌作矺。

矾 fán_3.8　同矾38679

矿 shān_3.8　同嵒13502

砃 null_3.8　或俗矾

矿 chāi_3.8　同砐38662直音篇矿，音釵。石名。

码 mǎ_3.8　简碼39214

矿 kuàng_3.8　简礦39522

砒 dǐa_3.8　喃俗砒38899

砏 null_3.8　未詳。

矸 null_3.8　未詳。

矿 dí_3.8　同矵38657

砀 dàng_3.8　简碭39151

矾 fán_3.8　同礬39531

矽 xī_3.8　同硅38847化學元素。舊譯作鉨62804

砂 shā_4.9　廣韻所加切集韻師加切夶音紗廣韻俗沙字集韻沙，或作砂○按史記·孝武紀李少君言於上曰：祠竈則致物，致物而丹砂可化爲黃金。丹砂，卽今硃砂也集韻韻會於沙字下註亦作砂廣韻并斥砂爲俗字。惟正字通云砂類不一本草朱砂性甘味寒。又廣輿志粤西慶遠府宜山縣產砂，生山北者曰辰砂，生山南者曰宜砂，地脉不殊，砂亦無別。又◆縮砂蜜，其子一團八隔，如黍米辛香可調食。今砂仁，卽縮砂子。又◆硼砂，生西南番，分黃白二種。又兔矢曰明月砂，亦名兔蕈。又蝙蝠矢曰夜明砂本草綱目砂載玉石部，與水部沙音同義異，不宜合而爲一，此足正舊說之謬矣。

研 dān_4.9　篇海都干切音丹。白石也。

砄 jué_4.9　集韻古穴切音決。石也。

砏 yún_4.9　集韻兪倫切音勻。石也。

砅 lì_4.9　唐韻集韻夶力制切音例。說文履石渡水也。从水从石。爾雅·釋宮以衣涉水，繇帶以上爲厲論語深則厲說文作砅図集韻鄰知切音離。義同○按字彙於此字，音聘平聲，註：水激山崖。引郭璞·江賦砅崖鼓作李白詩砅衝萬壑會。於五畫砅字，亦音砰，訓水擊石聲，音義相近，似混爲一字，不知郭賦，李詩，砅字當从水作砅。其从水作砅者，後人傳寫之譌耳正字通特正其謬，定从水者音例，與厲通。與說文合。从水者爲水擊石聲是也。鑒又瀕30128

硡 hōng_4.9　廣韻戶萌切集韻乎萌切夶音宏。博雅硡礚聲也。或作硡。鑒又硱39136礏39314礚39577

砆 fū_4.9　廣韻甫無切音膚。同玞山海經會稽山下多砆石司馬相如·子虛賦碝石砆砆註碝砆，石次玉，赤地白采，蔥蘢不分。

砇 mín_4.9　集韻眉貧切音民。美石次玉。亦作玟瑉珉。

砈 ě_4.9　五音集韻奴果切，捼上聲。碌砈，石貌。鑒又砈38816

砿 kuàng_4.9　集韻礦39382或作砿。

砉 xū_4.9　廣韻集韻韻會夶呼狊切音殈。皮骨相離聲莊子·養生主砉然嚮然，奏刀騞然註砉音翕，騞音畫，騞聲大於砉沈佺期·霹靂引始戛羽以騞砉図廣韻虎伯切集韻正韻霍虢切夶音謋。又集韻胡麥切音畫。義夶同。鑒又砉38910硅38847磧39066礔39282礕39326磬38800図五侯鯖字海砉38893，同砉。

砍 yáo_4.9　廣韻胡茅切音肴。石名図篇海石不平也。

矹 yú_4.9　篇海羊諸切音予。石名。鑒張涌泉：俗硢38945

38694 19517
硫 kàng_4.9 廣韻苦浪切集韻正韻口浪切丛音抗。硫硡，石聲図廣韻客庚切集韻丘剛切音康。義同図kāng集韻丘剛切音康。硫礚，雷聲張衡·思玄賦凌驚雷之硫礚。

38695 19518
砰 bàng_4.9 集韻步項切音棒。石貌図正字通同玤，石次玉。

38696 19519
砠 zhǐ_4.9 集韻渚市切音止。擣繒石揚子·太玄經較於砠石。一曰礪石。

38697 19520
砌 qì_4.9 廣韻集韻韻會正韻丛七計切，妻去聲說文階甃也班固·西都賦玄墀釦砌，玉階彤庭註謂以玉飾砌也図作切張衡·西京賦刊層平堂，設切厓嵰李註切，古通砌△亦作城三輔黃圖未央前殿，左城右平註城，音砌。鼞又礩39293刉38650矵38654柶23729珝08731

38698 19521
砍 kǎn_4.9 篇海苦感切音坎。砍，斫也。鼞又玖26232

38699 19522
砎 jiè_4.9 廣韻古拜切集韻居拜切丛音戒。硬也。図jié集韻訖黠切音拮。礚砎，小石図xiá玉篇下瞎切，音黠◇石貌。鼞又矴38665硏39153

38700 19523
砏 pīn_4.9 集韻披巾切，宋平聲博雅砏磤，聲也楚辭·九懷鉅寶遷兮砏磤註砏磤，石聲図廣韻砏磤，大雷也図bīn廣韻府巾切音彬。水名。又石図fēn集韻敷文切音芬。大聲也。

38701 19524
砐 è_4.9 玉篇五合切音磘。砐磈，山高貌郭璞·江賦陽侯砐磈以岸起註砐磈，搖動貌。

38702 19525
砑 yà_4.9 ◆廣韻吾駕切集韻魚駕切韻會正韻五駕切丛音訝。碾砑也玉篇光石也。鼞又列03303拊19263碈38879

38703 19526
砒 pī_4.9 正字通同磇。

38704 19527
矻 gǔ_4.9 集韻古忽切音骨。磨也。

38705 19528
砓 zhé_4.9 字彙補之烈切，音哲◇砓砠貌。

38706 41603
硈 qià_4.9 龍龕苦八切。石狀也。

38707 41604
硎 kēng_4.9 川篇音坑。破石。

38708 44787
砥 dǐ_4.9 篇海類編同砥。

38709 44788
砓 zhé_4.9 篇海類編同砓。

38711 44790
硢 hú_4.9 龍龕胡谷切音斛。

38712 44792
硇 náo_4.9 奚韻同硇

38710 44789
砭 biān_4.9 餘文與砭同

38713 44793
砳 zhé_4.9 川篇知革切音摘。

38714 u2AFD3
砥 null_4.9 未詳。

38715 u2AFD2
矽 ngai_4.9 喃俗礙。

38716 u2AFD1
硫 kāng_4.9 新撰字鏡硫，口康反，破硫。朝鮮本龍龕硫38694，硫硡，石声也。又苦浪反。硫，俗。

38717 u25443
砛 běn_4.9 喃从石卞biện聲。堅硬，牢固。

38718 u25442
破 chai_4.9 喃从石支chi聲△丐破：瓶。

38719 u25440
砷 shěn_4.9 五侯鯖字海音沈。美石似玉。

38721 u2543B
硇 náo_4.9 同硇38712俗硇38858

38720 u2543E
硭 null_4.9 礵硭。

38722 u25439
硏 xíng_4.9 六書故硏，戶經切。底石也。別作硎、砈。莊周曰：刀刃若新發於硎図dǎn宋·周去非嶺外代答·卷四·風土門·俗字廣西俗字甚多。硏，東敢切。言以石擊水之聲也。

38723 u25438
硍 yǐn_4.9 四聲篇海音尹。

38724 u25437
硤 null_4.9 未詳。

38725 u25436
硅 null_4.9 未詳。

38726 u25435
砒 pǐ_4.9 閩漢語方言大詞典砒，量詞，相當於碟

38727 u25434
硆 null_4.9 未詳。

38728 u25433
砸 null_4.9 未詳。

38729 u25432
砜 fán_4.9 同矾38679

38730 u25431
硞 null_4.9 未詳。

38731 u25430
硇 qū_4.9 簡礴39345

38732 u2542F
硵 null_4.9 簡礶39418

38733 u2542E
砳 zé_4.9 日同礋39443図方俗磁39201重慶方言

38734 u2542D
础 chǔ_4.9 同杵23649天一閣藏明嘉靖刻本江陰縣志·卷之五·食貨記第四上·田賦礎砳圩，田一頃五十五畝。又清·鄭用錫北郭園詩鈔·卷三·七言律詩·秋礎白帝城高風又霜，聲聲亂砳為誰忙。

38735 u781C
砜 fēng_4.9 簡砜39203

38737 u781A
砚 yàn_4.9 簡硯38967

38736 u781B
砼 gaemz_4.9 壯大團，大塊図砼軻，坎坷図大字典砼，同玲33855

38738 u7819
砐 hú_4.9 瓳34989譌字硐34971譌字。俗坏08428図俗瓦34953崇禎長編·卷之二·天啟七年九月工部以營建大行皇帝陵寢，條十欵上請……一議燒造磚砐。

38739 u7818
砘 dùn_4.9 四聲篇海引搜真玉鏡砘，碌碡也，種田具也。元·耶律楚材湛然居士集·卷八·請某菴主開堂疏和尚拽砘子，不離寺內；老鼠拖葫蘆，只在倉中。元·王禎農書·耒耜門砘車，石碡也。

38740 u7817
砗 chē_4.9 簡硨38960

38741 u7816
砖 zhuān_4.9 簡磚39287

38742 u7815
碎 suì_4.9 俗碎39046

38743 u7814
研 yán_4.9 參見研38873

38744 19529
硈 jié_5.10 廣韻居怯切集韻訖業切丛音劫。硬也。図gé居盍切音鴿。石聲。

38745 19530
硃 mò_5.10 集韻莫葛切音抹玉篇碎石也。鼞硃3882...俗譌。

38746 19531
砟 zhà_5.10 玉篇仕亞切集韻助駕切丛音乍篇海砟，碎石也図zuó廣韻在各切音昨宋書·樂志遊君山，其爲眞，礎砟砟硌，爾自爲神図廣韻石上也図人名。

38747 19532
硃 qū_5.10 廣韻韻會七餘切集韻正韻千余切丛音

疽說文作岨爾雅·釋山土戴石爲砠詩·周南陟彼砠矣△韻會詩詁云土山戴石，行者以爲苦，故云馬瘏僕痡。毛傳：石山戴土。誤。鑾又碹39256礷39302

砌 38748 19533 jiā_5.10 玉篇居麻切集韻居牙切𠀤音加。石名。鑾又砎38749

砎 38749 19534 jiā_5.10 同砌。

砤 38755 19540 tuó_5.10 同砣。

砡 38750 19535 yù_5.10 廣韻魚菊切集韻逆菊切。齊頭貌馬融·長笛賦篰積頵砡又五音集韻魚欲切音玉字林齊也。

砢 38751 19536 luǒ_5.10 唐韻來可切集韻韻會朗可切，並羅上聲說文磊砢也又司馬相如·上林賦水玉磊砢註磊砢，魁壘貌又玉篇磊砢，衆小石貌又正字通人性體卓特者亦曰磊砢又司馬相如·上林賦坑衡閜砢註坑衡，木枝徑直貌。閜，烏可切。閜砢，相扶持也又水名水經注洓水與紫水合，北出聖人城北大亘下，東南流，左會壘砢溪水又kē集韻丘何切。同珂。石次玉。鑾又礲39604

砆 38752 19537 dié_5.10 廣韻徒結切音迭。砲砆。

矢 38753 19538 shǐ_5.10 集韻矧視切音矢。石墮聲。鑾又碳38957，俗硋39014又海篇砍，石矢鏃也。

砣 38754 19539 tuó_5.10 五音集韻徒和切音碢。飛磚戲也又篇海碾輪石也△正字通或作碢。鑾又砤38755碢39132

砥 38756 19541 zhǐ_5.10 廣韻韻會正韻諸氏切集韻掌氏切𠀤音紙。磨石也書·禹貢荆州礪砥砮丹註砥細於礪山海經崦嵫之山，其中多砥礪又平也，均也詩·小雅周道如砥又借言節操禮·儒行砥礪廉隅又砥砨，玉名史記·范雎傳周有砥砨△說文本作厎。或作底書·禹貢厎柱析城註厎柱，山名。在河水中前漢·梅福傳爵祿束帛，天下之底石又dǐ集韻曲禮切音邸。義同。鑾又砇38708砋38757碪38826𥓓39163砿38885砾38884磾39343

砋 38757 19542 dǐ_5.10 正字通俗砥字。

矴 38758 19543 tīng_5.10 集韻湯丁切音廳。碑材也又篇海玉矴。

砼 38759 19544 dǒng_5.10 集韻覩動切音董。石墜聲。

砒 38760 19545 cí_5.10 篇海此茲切，音雌◇砒黄石也。鑾砒，雌字俗譌。砒黄，同雌黄。

砦 38761 19546 zhài_5.10 廣韻豺夬切集韻韻會士邁切正韻助邁切𠀤音寨。藩落也。山居以木柵又壘也。通作柴、寨。鑾又㟙09081磔39129

砧 38762 19547 zhēn_5.10 唐韻集韻𠀤知林切，音椹。擣衣石也庾信詩秋砧調急節又藁砧，農家擣草石古樂府藁砧今何在△通作碪。鑾又砧38807

砆 38763 19548 fù_5.10 集韻符遇切音附。白石。本作坿司馬相如·子虛賦雌黄白坿。蘇林曰：白坿，白石英也。鑾又砮38814

砨 38764 19549 ài_5.10 集韻烏懈切音隘。砥38756砨，玉名。又è集韻乙革切音厄。義同。鑾又砈38689

砈 38765 19550 è_5.10 同砨。

砇 38766 19551 mín_5.10 正字通同珉、瑉。从玉从石，義通。詳砇38688字註。

砩 38767 19552 fèi_5.10 廣韻方肺切集韻放吠切𠀤音廢。以石遏水曰砩又fú玉篇扶勿切音佛。石名。

碾 38768 19553 niǎn_5.10 廣韻韻會正韻𠀤女箭切音輾。碾本字。所以轢物器也○按正譌尼，尼展切，柔皮也。从尸，人側身狀。从又，手用力，會意。又女箭切，通作碾。別作碾，非。又正字通云字彙省叉作又，入五畫，誤。鑾又碾38980

砪 38769 19554 mǔ_5.10 ◆集韻莫後切音母。雲砪，藥石。通作母。

砫 38770 19555 zhǔ_5.10 玉篇之縷切集韻腫庾切𠀤音主。宗廟宔石。亦作宔。鑾又砫38995

砬 38771 19556 lì_5.10 廣韻集韻𠀤力入切音立。砬礰，石聲。一曰石藥，能制藥毒。鑾字海磖，同砬。

砭 38772 19557 guài_5.10 古文礭廣韻集韻正韻𠀤古壞切音怪。砭石似玉。鑾直音篇硁，同砭。

砭 38773 19558 biān_5.10 集韻韻會正韻𠀤悲廉切，貶平聲說文以石刺病也廣韻石針山海經東山高氏之山，多針石史記·倉公傳年二十，是謂易貿，法不當砭灸又廣韻方驗切音窆。義同。鑾孫思邈傳救以鋑62949劑又砉38901砭38710碑39090矿38668

砮 38775 19560 nǔ_5.10 字彙同砮

砮 38774 19559 nǔ_5.10 古文𥑥㕓廣韻正韻奴古切集韻韻會暖五切𠀤音弩說文石可爲矢鏃書·禹貢礪砥砮丹魯語仲尼曰：肅慎氏貢楛矢石砮，長尺有咫又nú唐韻乃都切集韻韻會正韻農都切𠀤音奴。義同。鑾又㕓15700砮38775

砯 38776 19561 pīng_5.10 集韻韻會𠀤披冰切音淜。水擊出巖聲郭璞·江賦砯崖鼓作又五音集韻蒲應切，憑去聲。義同又正字通韓愈詩：戩墅輾砯砰韻會合砯、砰爲一，非。鑾水擊出巖聲。水擊山巖聲又砅38903砅38685𥐿02879

砵 38777 19562 pán_5.10 篇海蒲官切音磻。大石也。

砰 38778 19563 pēng_5.10 古文𨐡廣韻普耕切集韻韻會正韻披耕切𠀤音怦。石聲司馬相如·上林賦砰磅訇礚又廣韻砰礚，如雷之聲列子·湯問篇砰然聞之如雷前漢·禮樂志休嘉砰隱註砰隱，盛也又五音集韻蒲迸切音軿。石落聲。鑾又㟀00340龍龕磅俗，研或作，砰正。

砢 38779 19564 qiōng_5.10 集韻欽熒切音坰。石聲。

砞 38780 19565 shǐ_5.10 篇海師止切音史。石名。

砱 38781 19566 líng_5.10 廣韻 集韻 夶郎丁切音零。石砱也。図 正字通 石孔開明也。一曰石聲。鏊 又礇39454 礷39622

砷 38782 19567 jiǎ_5.10 玉篇 廣韻 夶古狎切音甲。山側。亦作岬。鏊 又同押、壓 可洪音義 砷頭：上音甲，砷，束也。正作押。垼砷：上都迴反，下烏甲反。正作砸壓也，下又音甲，非。

砲 38783 19568 pào_5.10 正字通 同礮39553省。鏊 又礉39221 礘39494破。

砌 38784 19569 ào_5.10 集韻 於教切音抝。石不平貌。通作凹。

砍 38785 19570 zhěn_5.10 韻會 正韻 夶止忍切音軫。以石致川之廉也 図 zhēn 玉篇 集韻 夶之人切音眞。石不平貌。図 砨砍，難致之貌 揚子·太玄經 拔石砨砍，力沒以盡。鏊 又砥38790 図 正字通 砍，俗譌作砾38880

砳 38786 19571 lè_5.10 廣韻 力摘切音礐。石聲。同礐△ 六書略 二石相擊成聲。

破 38787 19572 pò_5.10 古文版 唐韻 集韻 韻會 夶普過切，頗去聲。壞也，剖也，裂也，劈也，坼也 正字通 凡物壞，及行師敗其軍，奪其地，皆曰破 說文 專訓石碎，泥 図 韻會 曲破，樂名 樂書 云唐明皇天寶樂章，多以邊地名曲。如伊州，甘州之類。曲終繁聲，名爲入破 図 pī 字彙補 披義切，音媲◇壞也 図 叶博屑切音鷩 呂覽 膏以明自煎，鐸以聲自穴。翠以羽殃身，蚌以珠致破◇ 鏊 又砍06285

砐 38788 19573 nǎ_5.10 集韻 女下切音餶。磋砐，石垂貌。

砓 38789 19574 pǐn_5.10 玉篇 集韻 夶匹刃切。石也。

砥 38790 19575 zhěn_5.10 字彙補 之忍切音軫 前漢·司馬相如傳 磐石裖崖 孟康註 裖，砥致也。師古曰謂重密而累積也。○按：砥疑與砍同。

砑 38791 19576 jiá_5.10 字彙補 古札切音戛。小石。

砘 38792 41605 dú_5.10 字彙補 徒木切音獨。種田具。

砏 38793 41606 guài_5.10 龍龕 古壞切音怪。石似玉也。鏊 又硂38882 砭38887

碞 38794 41607 qióng_5.10 篇海類編 音切。石也。鏊 音切。音卬之誤。俗碞。

砠 38795 41608 shàn_5.10 字彙補 漢·武梁碑 埵字。

砵 38796 44794 è_5.10 龍龕 於合切，音遏◇

砃 38797 44795 dù_5.10 五音篇海 當故切，音肚◇ 鏊 俗蠹53814

砨 38798 44796 zhè_5.10 龍龕 之夜切音蔗。

砤 38799 44797 chǎ_5.10 奚韻 初瓦切。鏊 或俗碴38953

砫 38801 44799 pò_5.10 奚韻 同珀。鏊 字彙補 砉，霍國切音或。疑砉字之譌。

砉 38800 44798 xū_5.10 奚韻 呼麥切。

硪 38802 u2AFD8 dài_5.10 俗殆26780 明·嘉靖刻本 寶應縣志略·卷之四·附錄詩文·遺愛碑文 脩築湖堤，甃矸啓閉，硪無寧日。

硈 38806 u2AFD4 null_5.10 未詳。

砨 38803 u2AFD7 null_5.10 喃 未詳。

砀 38805 u2AFD5 hòu_5.10 郭店楚墓竹簡·老子（甲本）砀藏。釋厚。

硋 38804 u2AFD6 null_5.10 未詳。

砧 38807 u2546E gǔ_5.10 砧碌，同硝碌 図 zhēn 俗砧38762 可洪音義 刀砧：知林反。

砠 38808 u2546D qú_5.10 字海 砠，同碟39365 成都晚报 1988年1月14日第三版：碩大的砗砠貝，光一扇就重一百多公斤。

硼 38809 u2546C shān_5.10 古音駢字續編 硼硼，珊33926瑚，班馬異同

硪 38810 u2546B kān_5.10 方 清·徐珂 清稗類鈔·經術類 俗字之訓詁各地通行之俗字頗多，今略舉……廣東人所用者如下：硪，音勘。巖洞也。

硇 38813 u25468 náo_5.10 俗硇38858

硇 38811 u2546A náo_5.10 同硇38904 並音連聲字學集要 硇，硇砂，藥也。

硇 38812 u25469 náo_5.10 同硇38813俗硇38858

砮 38814 u25467 fù_5.10 同砮38763 大字典 引 海篇 砮，白石也。△宏按，海篇直音 作砮，音付，白石。

釉 38815 u25464 yòu_5.10 俗釉62654 晚晴簃詩匯·卷七十八·錢夢鈴·瓶山古瓶歌 吾聞光堯内府法物傳，汝定官哥陶器全。遍體光硪牷其邊，青銅裹之色蔦然。

砨 38816 u25463 ě_5.10 同砨38689

硸 38817 u25462 bù_5.10 化學元素 硼39016舊譯。1880年秋季號 格致釋器·第二部化學器·第二十一類化學所需各料 淨硸：每釐銀二圓銅六圓。硸養（三）：每磅銀一圓銅六圓。民國 新字典 硸，讀如布。英名Boron，化學非金屬原質之一。結晶極堅硬，有金屬光彩。天然產生者，多雜於硼酸中。一名硼素。

甜 38818 u25460 tián_5.10 俗甜35238 敦煌變文集茶酒論 中山趙母，甘甜美苦。一醉三年，流傳今古 図 俗鉛62978 元史·卷八十八·志第三十八·百官】寶昌庫：提領一員，大使一員，掌受金銀甜鐵之課，以待儲運 図 cuǎm 喃 从石鉗kièm省聲△紇鉗鑽：磨光飾物。紳甜：珍珠項鏈△亦作璲34691

砸 38821 u2545C bei_5.10 壯 碑

硤 38819 u2545E yāng_5.10 地名用字。光緒 湖南通志·卷一百八十一·人物志二十二·國朝七 王世泰，花翎副將權肅州鎮屬金塔協副將。同治七年五月，擊賊於硤田，戰死。從優議卹（褒忠錄）。

硲 38822 u2545B null_5.10 未詳。

砯 38820 u2545D null_5.10 或俗砯38891

硇 38823 u2545A náo_5.10 同硇38813俗硇38858

碞 38824 u25459 gǒng_5.10 同碞38794俗碞38862

硃 38825 u25458 mò_5.10 俗硃38745碎石。天一閣藏明嘉靖刻本 溫州府志·卷之三·貢賦 銀硃四十斤。

砥 38826 u25457 dǐ_5.10 俗砥38756 可洪音義 如砥：音紙。

砒 38827 u25456 bì_5.10 同嗶06919象聲詞 金瓶梅詞話·第七十二回 他還嘴裡砒裡剝剝的，教我一頓捲罵。

破 38828 u25455 null_5.10 未詳。

硁 38830 u7841 kēng_5.10 简硁38934 同酌。計謀△唑迚趫斫：三十六計。

硃 38837 u783A lì_5.10 简礪39529

砃 38829 u40A8 chuò_5.10 喃 亦作斫。

础 38831 u7840 chǔ_5.10 简礎39452

砅 38833 u783E lì_5.10 简礫39530

砿 38832 u783F kuàng_5.10 日同礦39522

砼 38835 u783C tóng_5.10 混凝土。

硼 38834 u783D pēng_5.10 或俗硼39016

砻 38836 u783B lóng_5.10 简礱39559

砹 38838 u7839 ài_5.10 非金屬元素Astatium漢譯。符號At，序數85。

砸 38839 u7838 zá_5.10 同摷21226 金瓶梅詞話·第八十四回 吳大舅砸開方丈門，問月娘道：姐姐，那廝玷污不曾 辭海砸，讀如雜。以重物擊碎之也，拋擲也曰砸，並今北方通語。

砷 38840 u7837 shēn_5.10 化學元素Arsenic之漢譯。符號As，原子序33。舊譯作鉮63081砒38703

碔 38841 19577 róng_6.11 玉篇 如充切 集韻 而融切丛音戎。石也。

硂 38842 19578 quán_6.11 廣韻 此緣切 集韻 逡緣切丛音詮。同 銓63119

硃 38843 19579 zhū_6.11 廣韻 章俱切 集韻 鐘輸切丛音朱。丹砂也。

砬 38844 19580 yǐ_6.11 集韻 隱豈切音扆。石聲。

硄 38845 19581 kuāng_6.11 玉篇 口光切 集韻 枯光切，並音觥。石聲 又 正字通 讀若光。石色之光澤者。

砑 38846 19582 yàn_6.11 五音集韻 吾甸切。與硯同 又 字彙 元結文，怪石臨淵，砑砑石顯。自註：砑，綺競切，義近螢 唐韻 韻會 以爲硯字，非。

硅 38847 19583 huò_6.11 廣韻 虎伯切音劃。硅破也 正字通 者字之誤。又 guī 化學元素Silicon的漢譯，符號Si，原子序數14。亦譯作矽38680舊譯作鉨62804

硾 38848 19584 duī_6.11 集韻 同碓

硃 38849 19585 lěi_6.11 正字通 同礧

硬 38850 19586 yú_6.11 廣韻 羊朱切 集韻 容朱切丛音俞。石次玉。 又 硬39177确39144瑌34225

硘 38851 19587 zhōu_6.11 集韻 之由切音舟。石也。

硢 38852 19588 qiǎo_6.11 廣韻 苦皎切。同礉。山田也 又 口交切音敲。義同 又 diào 集韻 徒了切音宨。同碆。硗碆，石名。

硁 38853 19589 hóng_6.11 廣韻 戶公切 集韻 胡公切丛音洪。硁磅，石隉聲。

硳 38854 19590 kuā_6.11 集韻 枯瓜切音誇。磐石。

硆 38855 19591 é_6.11 集韻 鄂格切音額。礃硆，西方獸名。 又 亦作礃碽39226

硈 38856 19592 è_6.11 廣韻 五合切，音覬。與礘39482同 又 篇海 石硈也。

硂 38857 19593 xiān_6.11 廣韻 正韻 蘇前切 集韻 韻會 蕭前切丛音先。石次玉。同珗 又 五音集韻 蘇本切音損。義同。

硇 38858 19594 náo_6.11 玉篇 女交切 集韻 尼交切丛音鐃。硇砂，藥石。或作礦 又 硇38813 又 05178硇38721硇38712硇38812硇38987礦39598礱39611硇38904硇38811硇39115硇38823

硾 38859 19595 diàn_6.11 篇海 徒念切音簟。俗呼爲簟、硾，房屋也 正字通 字彙 牛部，簟，音薦。此又音簟，改作硾，皆俗書，宜刪。

硌 38860 19596 nuò_6.11 五音集韻 奴果切，挼上聲。碨硌，石貌。

硈 38861 19597 qià_6.11 唐韻 恰八切 集韻 丘八切丛音劼 爾雅·釋言 硈，鞏也 註 硈然堅固 說文 石堅也。一曰突也 又 集韻 訖黠切音戛。義同 又 廣韻 石狀。 又 矻38663唐04856硈38706 又 正字通 礐38946，譌字，本作硈。

硈 38862 19598 gǒng_6.11 唐韻 正韻 居竦切 集韻 古勇切丛音拱 說文 水邊石 又 集韻 渠容切音蛩。義同。 又 硈38991硈38824硈38794

硉 38863 19599 lù_6.11 廣韻 集韻 勒沒切 韻會 正韻 盧沒切，丛論入聲。硉矹38659本作硉 又 礪也 枚乘·七發 上擊下硉。 又 峍13751硉39088硉39171

硊 38864 19600 wěi_6.11 廣韻 魚毀切 集韻 五委切，丛危上聲。魂硊，石貌 又 玉篇 魂硊，足曲也 又 guì 集韻 居偽切音愧。石硊，江名，在宛陵西。

硈 38865 19601 è_6.11 集韻 牙葛切音檗。礏硈，石貌 又 集韻 作硈38983 四聲篇海 硈，五割切。礏硈，石皃。

硋 38866 19602 ài_6.11 集韻 韻會 丛牛代切，音礙。同礙 玉篇 止石 又 韻會 列子·黃帝篇 雲霧不硋其視 後漢·方術傳·序 雖云大道，其硋同 南史 引浮屠書作导，與硋、礙同。別作閡、輆，義通。

硌 38867 19603 luò_6.11 廣韻 盧各切 集韻 韻會 正韻 歷各切丛音洛。山上大石也 山海經 西上申之山，無草木而多硌石 又 玉篇 石次玉 又 韻會 磊硌，石貌 又 硌硌，石堅不相入貌 又 嵇康·琴賦 礛硌磥硌，美聲將興 註 礛硌，壯大貌 又 lì 集韻 郎狄切。同礫。小石也。

硧 38868 19604 yōng_6.11 玉篇 集韻 丛於宮切音悁。石名。

硍 38869 19605 xiàn_6.11 廣韻 胡簡切音限。石聲 又 kèn 集韻 正韻

丛苦恨切，懇去聲。吳俗謂石有痕曰硍 图 釋名 雷硍也。如轉物有所硍雷之聲也 图 jiān 集韻 居閑切音閒。鐘高聲。鑒又硍38988

硗 qiāo_6.11 廣韻 口交切 集韻 丘交切丛音敲。硗磽，城名。今濟州是也。

硎 xíng_6.11 廣韻 戶經切 集韻 韻會 乎經切 正韻 奚經切丛音形。砥石 莊子·養生主 刀刃若新發於硎 图 谷名 尚書序疏 始皇令冬月種瓜於驪山硎谷之中溫處。图 kēng 廣韻 客庚切。同阬 左思·吳都賦 左稱彎崎，右號臨硎 註 彎崎，宮東門。臨硎，宮西門。鑒又硎39076 研38722 硩38956

礇 lüè_6.11 廣韻 離灼切 集韻 韻會 正韻 力灼切丛音掠。同礜。磨刃也 爾雅·釋詁 剢礜，利也 图 通作略 詩·周頌 有略其耜 註 字書作礇。

研 yán_6.11 唐韻 五堅切 集韻 韻會 倪堅切丛音妍 說文 礦也 图 窮究也 易繫辭 能研諸侯之慮 图 水名 水經注 河水又東北流，歷清川，謂之研川水 图 關名 前漢·地理志 上黨郡有石研關 師古註 研音形 图 yàn 集韻 倪甸切。或作硯 郭璞·江賦 綠苔鬖髿乎研上 註 研，滑石也。與硯同 图 潘尼·釋奠頌 精氣既研 註 音去聲〇按 說文 研、硯分爲二 韻會 正韻 皆云硯，通作研。但研究不得借硯也。鑒又硎38743 硅38971 硯39008 掔20046 羣39065

硐 tóng_6.11 廣韻 徒紅切 集韻 徒東切丛音同 博雅 磨也 图 dòng 集韻 杜孔切音硐 馬融·長笛賦 鍭硐隕墜 註 硐，動上聲。鍭硐，謂以刀通竹節爲笛也。鑒又硐38958

研 wù_6.11 玉篇 於故切，汙去聲。硾研也。鑒楊寶忠：俗研38658，硙也。

硎 kēng_6.11 字彙補 口庚切音坑。石聲也。

砒 pī_6.11 字彙補 普擊切音霹。霆也。

硑 pēng_6.11 集韻 同砰38778

砑 yà_6.11 川篇 音訝。石光也。鑒俗研38702

硉 lù_6.11 字彙補 力谷切音祿。難致貌 揚子·太玄經 拔石硉硉，力沒以盡。

砿 kuàng_6.11 篇海類編 古猛切音礦。金銀璞也。

硅 guài_6.11 龍龕 同砧。鑒 龍龕 硅硅二或作，砧今，古壞反。石似玉△宏按，字原從左作。或作硅38772

硇 pāo_6.11 龍龕 音拋。鑒同礮，即今炮字。鄭賢章 隨函錄 俗別字譜 礮，硇。

硴 cuǒ_6.11 龍龕 音碓 鑒音正，音止之誤。同砥38885，俗砥。

砥 zhǐ_6.11 海篇 音正。

砥 zhǐ_6.11 五音篇海 音止。

硅 guài_6.11 五音篇海 同砧。

碢 nǎo_6.11 龍龕 音例。鑒 龍龕 碢例二音。

磷 lín_6.11 龍龕 力忍切。鑒碆，良忍切，石貌。

硇 nǎo_6.11 篇海類編 同碯。

砅 jí_6.11 搜眞玉鏡 音及。

砰 yáng_6.11 五音篇海 音羊。

硅 huò_6.11 搜眞玉鏡 呼麥切。

砉 fán_6.11 俗礬39531 痢疾證候方議·白餅子 北砉。

磈 null_6.11 未詳。

硈 róng_6.11 俗融53116 五音集韻 硐，安硐。鎔硐。見 馬碙·長笛賦

砖 null_6.11 未詳。

碟 dīa_6.11 喃 从碟省 地đia聲。亦作碟38923△碟使：瓷盤。碟鉢：餐具。

硵 vôi_6.11 喃 石灰。从石从灰會意。

磘 đá_6.11 喃 石頭。碑磘：石碑。

硫 chòng_6.11 同銃63102

砭 biān_6.11 同砭38773 馬王堆漢墓出土醫書 用砭啟脈者，必如式。

砯 pīng_6.11 同砯38776 郭璞·江賦 砅砯岩鼓作。

硇 náo_6.11 同碯38858亦作硇38811

砏 xún_6.11 同峋13553

砘 dù_6.11 俗妒10397 可洪音義 嫉砘：丁故反。正作妒砘38786二形△宏按，于闐傳 于闐謂金翅鳥為砘麟。砘，音未詳。

砉 xū_6.11 俗砉38691

碓 duī_6.11 俗碓38848 五侯鯖字海 碓，音碓。石聲也 图 漢語大字典.V.2.P.2600 行走。元·狄君厚 介子推·第三折 你與我疾忙上馬，你一程程乘騎去他邦，我則索慢慢的步碓還家。

硬 yú_6.11 同硬39177

碇 chàn_6.11 徐承慶 說文解字注匡謬 段氏碇38940改作碇，从石延聲。注云，各本作延聲，今依脡、脠字正。徐按，改篆無義。

硂 zhì_6.11 黃德寬 古文字譜系疏證 疑礎39528異文。

碊 jiān_6.11 同碊39042

砲 null_6.11 或俗砲38783

硫 null_6.11 未詳。

硃 null_6.11 或同粜43468

砶 fǒu_6.11 同缶45261見 包山楚簡·遣冊

硌 null_6.11 未詳。

硼 hóng_6.11 或俗翃46019

砼 chà_6.11 砼砼，象聲詞。明·姚茂良 精忠記·第七齣·驕虜 一來一往，戰了一百二十合，惱了那入娘的，提起大刀，砼砼，連人帶馬砍做七八段。

38919 u25487 null_6.11 未詳。

38920 u25486 null_6.11 未詳。

38921 u25485 gài_6.11 【唐】从石吏lài聲△硙刀：磨刀。

38923 u25483 diǎ_6.11 【唐】俗砃38899碟。

38924 u785B jī_6.11 【大字典】同跡。

38925 u785A qiáo_6.11 简礄39428

38926 u7859 wéi_6.11 简礃39248

38927 u7858 huí_6.11 同坦08591陶瓷，陶藝。硘手，陶工。明·黃仲昭〈八閩通志〉卷之六·地理·山川·建寧府 硘坑洞。道光〈政和縣志·山川〉作「坦坑洞」。

38928 u7857 qiāo_6.11 简礄39388

38929 u7856 xiá_6.11 简硖38950

38930 u7855 shuò_6.11 简碩39147

38931 u7854 hóng_6.11 同鍧56982

38932 u7853 lǎo_6.11 連橫〈臺灣通史〉卷二十八·虞衡志·礦之屬 砳砳：產於淡水、澎湖海濱，狀極離奇，用以築隄煅灰。

38933 u7852 xī_6.11 非金屬元素Selenium，符號Se，序數34。

38934 19615 kēng_7.12 【廣韻】口莖切【集韻】丘耕切𠀤音鏗。石聲〈史記·樂書〉石聲硜硜以立別〈註〉硜聲果勁⊗【廣韻】硜硜，小人貌〈論語〉硜硜然小人哉⊗通作硻〈晉書·范弘之傳〉雖有硻硻之稱，而非大雅之致〈音義〉硻當作硜△亦作硜〈韓愈詩〉焉能守硜硜⊗【集韻】磬39323古作硜。鑒又鏗39013

38935 19616 xiāo_7.12 【廣韻】相邀切【集韻】【韻會】思邀切𠀤音宵。硝硝，藥名〈正字通〉方書硝有七種：朴硝，芒硝，英硝，馬牙硝，硝石，風化硝，玄明粉。本作消，俗譌爲硝。⊗qiào【集韻】七肖切音悄。石堅貌。

38936 19617 láo_7.12 【集韻】郎刀切音勞。石器。本作砦。或从牢从勞。鑒又磋39364

38937 19618 què_7.12 【唐韻】苦角切【集韻】【韻會】克角切𠀤音確〈說文〉石聲⊗kè【集韻】克革切音礊〈郭璞·江賦〉礐硞礋礚〈註〉皆水激石，峻險不平貌⊗kù【集韻】枯沃切音酷。磟硞，石狀。

38938 19619 fú_7.12 【集韻】披尤切音紑【玉篇】破聲。

38939 19620 là_7.12 【玉篇】盧合切，音臘◇石也。

38940 19621 chàn_7.12 【廣韻】昌戰切【集韻】【韻會】尺戰切，𠀤闡去聲。◆〈說文〉以石扞繒也⊗【集韻】相然切音仙。義同。鑒又礤38908

38941 19622 láng_7.12 【唐韻】魯當切【集韻】【韻會】盧當切【正韻】魯堂切𠀤音郎〈說文〉石聲〈司馬相如·子虛賦〉礧石相擊，硠硠礚礚⊗雷硠，大聲〈左思·吳都賦〉菈擸雷硠⊗磅硠◆〈張衡·思玄賦〉伐河鼓之磅硠⊗lǎng【集韻】里黨切音㟃〈博雅〉硠硠，堅也⊗làng郎宕切音浪。砏38694硠。鑒又元刊〈玉篇〉娘21519，魯當切。其也。胡吉宣：娘亦爲擊聲〈子虛賦〉礧石相擊，硠硠礚礚，若雷霆之聲。

38942 19623 ruì_7.12 【集韻】俞芮切音銳。磨使消也。

38943 19624 sǎn_7.12 【篇海】桑感切音糝。碎石。

38946 19627 jié_7.12 【集韻】同砎。

38944 19625 hōng_7.12 【正字通】同硡 ⊗【集韻】火宏切音轟。石落聲〈潘岳·藉田賦〉鼓鞞硡隱以砰磕。鑒或作鼓礊硡礊以砰磕。

38945 19626 yú_7.12 【集韻】羊諸切音余。石名。鑒又矿38693

38947 19628 chù_7.12 【集韻】初六切音畜。小石。

38948 19629 xiāo_7.12 【集韻】虛交切音哮。硣磢，山勢。

38949 19630 wěi_7.12 【集韻】武斐切音尾。磈硓，磨也。齊人語⊗wéi無非切音微。義同△【正字通】硙磈碨磊砓通。俗作硙。

38950 19631 xiá_7.12 【廣韻】侯夾切【集韻】【韻會】轄夾切【正韻】胡夾切𠀤音洽〈水經注〉淮水又北逕山硤中，謂之硤石〈廣韻〉硤石縣，亦州名。秦將白起攻楚，燒夷陵，卽其地，後周以居三峽之口，因爲峽州。鑒又硖38929

38951 19632 liàn_7.12 【篇海】郎甸切。與煉同。見〈亳州老君碑〉〈正字通〉按：硓與煉義難通。如漢碑致作祾，載在〈焦竑·略記字始〉，以爲此皆古字之通用者。然據〈六書正義〉考之，非譌卽妄，皆可刪。

38952 19633 fǔ_7.12 【廣韻】方矩切【集韻】匪父切𠀤音甫。硴硣，礎也。

38953 19634 cuǒ_7.12 【廣韻】倉果切【集韻】取果切𠀤音脞。碎石也⊗chǎ【玉篇】又瓦切音碜。好雌黃也。鑒又砈38799⊗【龍龕】硵38886俗，硪正。

38954 19635 mǎng_7.12 【正字通】同硥⊗【篇海】武項切音佲。石貌。

38955 19636 luò_7.12 【廣韻】【集韻】𠀤盧穫切。磝硺，石聲⊗lòng【集韻】盧貢切音弄。穴也。

38956 19637 kēng_7.12 【玉篇】苦耕切【集韻】丘耕切𠀤音硜。臨硜，山名，在吳郡。吳宮以爲門名。一曰磨石，一曰谷名。○按〈廣韻〉有硘無硜【集韻】分見，音義𠀤同，疑卽一字。

38957 19638 suǒ_7.12 【集韻】牀史切，音俟。石墮聲。鑒俗硪。

38958 19639 yǒng_7.12 【玉篇】尹竦切音涌。磨石△【集韻】同硐。

38959 19640 kàng_7.12 【集韻】口浪切音抗。磝硴，高下不平貌〈正字通〉譌字○按【集韻】取義，意本韓愈詩。今考〈韓·記夢詩〉我亦平行蹋磝硴，神完骨蹻脚不掉。𠀤不作硴〈正字通〉斥爲譌字，宜矣。

38960 19641 chē_7.12 ◆【廣韻】尺遮切【集韻】【正韻】昌遮切𠀤音車〈博雅〉硨磲，石次玉。通作車渠〈玄中記〉車渠出天竺國△〈正字通〉或讀若居。義同。鑒又砗38740珅34128軒59961

38961 19642 chè_7.12 【唐韻】丑列切【集韻】【韻會】【正韻】敕列切𠀤音

徹。挑摘也說文上摘山巖空青、珊瑚墮之[图]周禮·秋官砉蔟氏掌覆夭鳥之巢註蔟，巢也。以石投擲其巢而毀之也。鄭司農註：砉讀爲摘[图]ti玉篇天歷切音惕。石中火也。鎣段氏改篆作砉39105

硪 38962 19643 é_7.12 廣韻五何切集韻牛何切，达同莪說文石巖也[图]wǒ集韻五可切音我。破38701硪。

硫 38963 19644 liú_7.12 廣韻集韻达力求切音留。石硫黃，藥名△正字通淮南子，夏至硫黃澤，蓋陽入地，遇陰而成者，舶硫似蜜黃，中有金紅處，擊開如水晶有光，今青硫不佳。本作流，因其似石，故唐韻從石。亦作䃋。俗又作磂。

硬 38964 19645 yìng_7.12 廣韻五更切集韻正韻魚孟切，达額去聲。堅牢也，强也杜甫詩書貴瘦硬方通神[图]硬黃，唐紙名蘇軾詩硬黃小字臨黃庭△集韻亦作鞕。鎣又靽67177靽67224

硭 38965 19646 máng_7.12 廣韻集韻达武方切音亡。硭硝，藥名。山石中採之，布於苂上，沃以水，以盎覆之，經宿飛盡，故曰硭硝。其布於木皮曰朴硝。通作苂[图]集韻謨郎切音滮。硭碭，山名。

确 38966 19647 xué_7.12 唐韻胡覺切集韻韻會正韻轄覺切达音學。磽确，石地。與境埆同韓愈詩山石犖确行徑微。[图]堅正也後漢·崔寔傳指切時要，言辯而[图]què集韻苦角切音碻後漢·寇恂傳論不復質确其過註質，正也。确，實也[图]與角音同前漢·李廣傳數與虜确註競勝負也。鎣又穀39251砮39276今為确39212簡化字。

硯 38967 19648 yàn_7.12 唐韻吾甸切集韻韻會正韻倪甸切达音覎釋名硯，研也，研墨使和濡也說文石滑也長箋滑訓利，利猶厲也，與研磨同義文房四譜黃帝得玉一紐，治爲墨，篆曰帝鴻氏之硯周武王·硯銘石墨相著而黑，邪心讒言無得汙白[图]姓元文類國子監司業硯彌堅[图]jiǎn字彙補古典切音蹇。濡石也△正字通說文研、硯音義俱分，今俗合爲一。鎣又砚38737[图]字典琢屑文房四譜治爲墨毒。此脫海字。

砂 38968 19649 shā_7.12 廣韻所加切集韻韻會師加切达音沙。砂石，地名。在樓煩西史記·灌嬰傳從擊韓信，破於砂石[图]集韻千可切音瑳。又千臥切音剉。義达同。

硱 38969 19650 jūn_7.12 廣韻苦本切音悃。硱碖，石落貌楚辭·招隱士硱磳磈硊。鎣俗硱39034

砈 38970 19651 yì_7.12 正字通伊昔切音益。地名元結·虎蛇頌序猗玗子逃亂在砈。鎣字彙補砈，都回切音堆，亦作邧。

硍 38971 19652 yán_7.12 字彙補五堅切音研。硍考也。

硴 38972 19653 huà_7.12 字彙補何瓦切音踝。聲也。

砮 38973 41612 lǐn_7.12 篇海類編良忍切，音廩◇石貌。

碧 38974 41613* dǔ_7.12 龍龕都毒切音篤。砥也。

磻 38975 44812 lì_7.12 篇韻音歷。

砶 38976 u2AFE3 null_7.12 喃未詳。

硶 38978 u2AFE1 null_7.12 未詳。

碎 38977 u2AFE2 bì_7.12 龍龕碎，舊藏作砭60541新撰字鏡碎，必益反，入。君也，法也。

碃 38979 u2AFE0 null_7.12 未詳。

碾 38980 u2ADF niǎn_7.12 俗碾39216新撰字鏡碾碾碾，三同。箸面反。舂麥碓也。

磚 38981 u2AFDE null_7.12 簡礴39504

硈 38984 u254C5 võ_7.12 喃俗硇39405

碱 38982 u254C9 sành_7.12 喃从石成thành聲△碱礴：老練。

碎 38983 u254C8 è_7.12 集韻牙葛切。礍碎，石兒字彙作硏38865

砐 38985 u254C4 lǐ_7.12 漢語方言大詞典砐硬仔：很小的甕。閩語。福建永春[图]mài喃俗碑39270磨。

磜 38986 u254C2 hán_7.12 磜研，亦作䂖56987砏、嵰岈，山谷深空貌[图]五侯鯖字海音啥。石也。

硇 38987 u254C1 náo_7.12 俗硇38858

砊 38989 u254BF null_7.12 未詳。

硍 38988 u254C0 kèn_7.12 正字通硍38869，从皀。本作硍。

硆 38990 u254BE yǔ_7.12 砠硆，同岨峿13686

碧 38991 u254BD gǒng_7.12 同碧38862

碜 38992 u254BC null_7.12 未詳。

硎 38993 u254BB null_7.12 未詳。

碪 38994 u254BA null_7.12 未詳。

碰 38995 u254B9 zhǔ_7.12 俗砫38770名義碰，之庾反。宝。

碩 38999 u40B5 gǒng_7.12 簡碩39215

硴 38996 u254B8 qiú_7.12 碪砣先生，求己先生。見唐·林慎思伸蒙子

砯 38997 u254B7 bāng_7.12 砯砰，象聲詞。砯砰響：兵乓作響。

砌 38998 u40B6 jié_7.12 石砌，同石蛣52731

硫 39000 uF9CE liú_7.12 兼硫。

碇 39001 u7877 jiǎn_7.12 简鹻74304

磣 39002 u7876 chěn_7.12 同磣39307

硵 39003 u7875 lǔ_7.12 簡磠39300

硲 39005 u7872 yù_7.12 同峪13637[图]日廣漢和辭典硲，峽。

碦 39004 u7873 jeok_7.12 韓地名用字

硭 39006 u786D máng_7.12 同砿38660

硊 39007 19654 guāi_8.13 篇海公懷切音乖。石貌[图]碎也。

硯 39008 19655 yán_8.13 正字通同研[图]人名吳越春秋大夫計硯。

碐 39009 19656 nüè_8.13 集韻逆約切音虐。碐碢，大唇貌△一曰碏也。

磢 39010 19657 sōng_8.13 廣韻息弓切集韻思融切达音嵩。地名。在遼。

琢 39011 19658 zhuó_8.13 篇海竹角切音卓。擊也。鎣俗琢字四明尊者教行錄全德難名，大璞琢不。

碱 guó_8.13 廣韻 集韻 夶古獲切音馘。碱，破也 又 集韻 擊石。

硁 kēng_8.13 唐韻 口莖切 集韻 丘耕切夶音鏗 說文 餘堅也。从石，堅省 又 kěng 集韻 苦杏切音侃。剛也 △ 正字通 與硜同。鑾 朱駿聲 說文通訓定聲 硁，亦作硜，作鏗，作銵，作礦，作砼。

硰 suǒ_8.13 廣韻 山戟切 集韻 色窄切，並音索 說文 碎石隕聲。鑾 原本玉篇 硰，山栢反 說文 猝（碎）也。石墮聲也 又 碎39086 隊65687 砕38753 硥38957

磋 qiǎng_8.13 集韻 丘仰切，羌上聲。石名〇按 唐本草 有礓石 李時珍·釋名 云卽硌礒石是也。

硼 pēng_8.13 玉篇 匹耕切 廣韻 披耕切夶音怦。石名。亦作碰 △ 或讀若朋。硼砂，藥石。鑾 又 péng 化學元素 Boron的漢譯，符號B，原子序數5。亦譯作硴38817

碔 wǒ_8.13 玉篇 烏火切 集韻 鄔果切夶音媒。碔砈38689

碒 yǎn_8.13 集韻 衣檢切音掩 正字通 山巖兩相合也 又 yān 集韻 衣廉切音淹。石名。鑾 又 碞39265

硾 zhuì_8.13 唐韻 集韻 韻會 夶馳僞切音縋 說文 擣也 玉篇 鎮也，筭也 呂氏春秋 硾之以石 又 duǒ 集韻 都果切音朵。石貌。鑾 又 磓39412 磓39492 碓39437

磳 zèng_8.13 廣韻 集韻 夶除更切，根去聲。磨也。與鋥同 又 廣韻 塞也。

硿 kōng_8.13 廣韻 苦紅切 集韻 楛公切夶音空。硿青，藥石。出會稽。通作空青 又 hōng 集韻 呼公切音哄。石落聲。

碜 chéng_8.13 玉篇 仕耕切 集韻 鋤耕切夶音崝。破聲 又 正字通 石聲。與玎通。

碁 qí_8.13 廣韻 集韻 夶渠之切。同棊24333 圍碁也 揚子法言 圍碁、擊劒，反目眩刑。

硊 niè_8.13 集韻 乃結切音涅。石名。

碂 zòng_8.13 集韻 子宋切音綜。碎也 又 cóng 正字通 才紅切音叢。石聲。

碡 dú_8.13 廣韻 冬毒切 集韻 都毒切夶音督。落石也。

碉 diào_8.13 廣韻 集韻 夶徒了切音掉。磢碉，石名。鑾 又 硃38852

磥 lěi_8.13 集韻 里亥切，來上聲。磨也。鑾 又 磊39100

碃 qìng_8.13 玉篇 集韻 夶千定切音聲。石也。

碄 lín_8.13 集韻 犂針切音林。碄碄，深貌 張衡·思玄賦 漂通川之碄碄。

磋 tà_8.13 唐韻 徒合切 集韻 達合切夶音沓 說文 巳復擣之曰磋 正字通 今俗設臼，以腳踏碓舂米曰磋。

硾 cuì_8.13 廣韻 七內切 集韻 取內切夶音倅。磈也 又 chuāi 五音集韻 楚懷切。瓵也。

碌 lù_8.13 集韻 碑本字。

硐 jūn_8.13 集韻 區倫切音囷。硐碖，石危貌。鑾 又 硐38969

砵 bō_8.13 廣韻 博禾切 集韻 韻會 正韻 逋禾切夶音波。石可爲弋鏃 史記·楚世家 砵新繳 馬融·廣成頌 繒砵飛流。本作磻 又 pó 廣韻 薄波切音婆。繳繳石。亦音盤。鑾 又 磻42156 砵49947

硨 dài_8.13 集韻 待戴切 正韻 度耐切夶音代。與埭同。壅水也。

碇 dìng_8.13 集韻 同矴 唐書·孔戣傳 戣爲嶺南節度使，蕃舶泊步有下碇稅，戣禁絕之 △ 本作磸。鑾 又 椗24584 艇48709

硰 jié_8.13 集韻 疾葉切音捷 正字通 礚硰，山連屬貌。

硳 chuò_8.13 玉篇 測角切音戳。石也。

碈 mín_8.13 正字通 同碈。

碉 diāo_8.13 篇海 都聊切音凋。石室。

碊 jiān_8.13 玉篇 子田切 集韻 將先切夶音箋。與濺同 又 qián 集韻 財仙切音錢。坂也 又 zhàn 集韻 仕限切音棧 博雅 歧也。鑾 又 碊38912

碻 hè_8.13 集韻 下可切，荷上聲。礭碻，山貌。見 司馬相如·梓桐山賦

碌 lù_8.13 唐韻 集韻 韻會 正韻 夶盧谷切音祿 說文 石貌 又 luò 集韻 力角切音犖。碌碌，石地不平也 又 lù 龍玉切音錄。石青色 又 與錄通。碌碌，隨從之貌 史記·酷吏傳贊 九卿碌碌奉其官 論語註 碌碌，庸人 又 老子道德經 不欲碌碌如玉 註 喻少也。鑾 又 磟39118 碌39075 㠼13886 㟼13889 又 磟碌，也作碌碌。

碍 ài_8.13 正字通 俗礙字。

碎 suì_8.13 廣韻 蘇內切 集韻 韻會 蘇對切夶音誶 說文 䃺也 又 散也，細破也 史記·趙世家 臣頭與璧，俱碎於柱 又 煩碎也 前漢·黃霸傳 米鹽靡密，初若煩碎。又 王通·中說·事君篇 謝莊、王融，古之纖人也，其文碎。鑾 又 名義瓶35073，桼對反。碎38742字，破 又 全遼文·卷八遼佚名 沙門志果爲亡師造塔幢記 思念法□之恩，粉骨粹43356 骨難。

硾 yā_8.13 廣韻 集韻 夶於加切音鴉。石名 又 碨硾，地形不平 郭璞·江賦 玄蠣魂碟而碨硾。

硲 kàn_8.13　集韻 苦紺切音勘。同磡。嵓崖之下。図 xiàn 乎籒切音陷。石名。鼇 又磠39273

碏 què_8.13　廣韻 正韻 七雀切 集韻 韻會 七約切 夶音鵲 玉篇 敬也 図 人名 說文 衞大夫石碏 図 石雜色。図 xī 集韻 思積切音昔。礙也。

硋 léng_8.13　集韻 閭承切音陵。硋硋，石貌 図 盧登切音楞。義同。

碑 bēi_8.13　廣韻 彼爲切 集韻 韻會 班麋切，夶音陂 說文 豎石也 禮 • 祭義 君牽牲，旣入廟門，麗於碑 疏 君牽牲，入廟門，繫著中庭碑也。陳用之曰：公食 • 大夫禮 庶羞陳於碑內，庭實陳於碑外 燕禮 聘禮 皆云實自碑內聽命。又 士昏禮 實入廟門 鄉飲酒 實入庠門 鄉射 實入序門，皆有當碑揖，則諸侯大夫士之宮皆有碑。鄭氏曰：宮必有碑，所以識日影，引陰陽。凡碑引物者，宗廟則麗牲焉，以取毛血。其材，宮廟以石，窆用木。又 檀弓 公室視豐碑 註 豐碑，斵大木爲之，形如石碑，於椁前後四角樹之，穿中於間爲鹿盧，下棺以絲繞 図 釋名 碑，被也。本王莽時所設也。施其轆轤，以繩被其上，以引棺也。臣子追述君父之功美，以書其上，後人因焉，無故建於道陌之頭，顯見之處，名其文就謂之碑。又 徐鉉曰 古宗廟立碑，以繫牲耳。後人因於其上紀功德。又 劉熙言，葬時所設者，蓋今神道碑也 図 初學記 碑，以悲往事也。今宮室廟屋墓隧之碣，鐫文於石皆曰碑。鼇 又砶39052碑39074砠38821

碑 bēi_8.13　正字通 俗碑字。

硍 gǔn_8.13　廣韻 集韻 韻會 正韻 夶古本切音袞。鐘病聲 周禮 • 春官 • 典同 高聲硍 註 鐘形大上高，則聲上藏，袞然旋曰裹也 図 石聲 六書故 石從上輥下也。

硳 yín_8.13　集韻 正韻 夶魚音切音吟。碦硳，猶嵌嵓也 左思 • 吳都賦 碦硳乎數州之閒 註 深險連延貌△ 集韻 通作崟。

硊 wěi_8.13　集韻 與碨同。

碓 duì_8.13　廣韻 集韻 韻會 正韻 夶都內切音對。舂具 說文長箋 鳥食似舂碓然，故从隹 馬融 • 長笛賦 碓投瀺穴 註 碓之所投，瀺注隙穴也 桓譚 • 新論 宓犧制杵臼之利，後世加巧，借身踐碓而利十倍。又 通俗文 水碓曰輠車 註 今俗依水涯壅上流，設水車，轉輪與碓身交激，使自舂，卽其遺制。又杜預作連機碓。孔融曰：水碓之巧，勝於聖人之斷木掘地 図 duī 集韻 都回切音堆。岸也。與堆隼塠通 前漢 • 地理志 離隼 河渠書 作離碓。

硍 wǔ_8.13　廣韻 文甫切 集韻 韻會 罔甫切 夶音武。同珷。碔砆38687一作武夫。鼇 又礑39391 図 碔砆，亦作珷34071玞。

碕 qí_8.13　廣韻 集韻 韻會 渠羈切 正韻 渠宜切 夶音奇。曲岸也 揚雄 • 羽獵賦 探巖排碕 図 長邊也 郭璞 • 江賦 碕嶺爲之㟀嶟 図 qī 廣韻 去奇切，音敧。石矼 図 qī 墟彼切音綺。碕礒，石貌 楚辭 • 招隱士 嶔岑碕礒 註 山阜崎嶇也。鼇 又埼08801碕39196

碖 lǔn_8.13　廣韻 盧本切 集韻 魯本切，夶論上聲。碖硍39034 図 lùn 集韻 盧困切音論。石貌 図 lún 龍春切音倫。石也。鼇 又碖39356

硻 qìng_8.13　正字通 古文磬39323字。

碙 gǎo_8.13　廣韻 集韻 夶古老切音杲。女碙，石名。燕珉也。

碯 nǎo_8.13　龍龕同碯 硇39062 19709

硶 chěn_8.13　字彙補 初朕切，參上聲。毒也 図 沙土，惡食也。

硲 dào_8.13　搜眞玉鏡 音到。鼇 又碧39087

磅 hōng_8.13　龍龕 虎冬切，音胸◇。鼇 疑同硠。

硏 yán_8.13　五音篇海 音研。鼇 俗硏20453

碔 hè_8.13　川韻 虎伯切音赫。

硪 null_8.13　未詳。　**硑** null_8.13　未詳。

硑 kuàng_8.13　俗㻂38881 四聲篇海 硑，音礦。

碌 null_8.13　未詳。　**砍** null_8.13　喃未詳。

碕 null_8.13　未詳。　**硎** xíng_8.13　同硎38871

碑 bēi_8.13　兼碑39051　**碌** lù_8.13　同碌39044

砵 sòm_8.13　喃从石衫sam聲。

硬 canh_8.13　喃从石庚canh聲。

碚 võ_8.13　喃从石備bị聲。

砥 đía_8.13　喃从碟省底đế聲。

硴 cù_8.13　或俗磋39296 四聲篇海 音簇。石也。図 mài 喃同碑39270

破 bể_8.13　喃从破省彼bǐ聲△破湟，粉碎。

磌 zī_8.13　唐 • 羊士諤 和蕭侍御覽鏡詩 南宮有高步，歲晏豈磷磌。磷磌，磷緇44354之訛。

磅 páng_8.13　正字通 磅39232，本作磅。

碢 táo_8.13　俗陶65686 申報 May. 15.1921. Num. 17322 ⑦ 國內要聞 • 日商團聯袂抵京 碢罐商家濱田榮藏。図 宋 • 趙汝适 諸蕃志 • 卷下 • 志物 • 黃蠟 擠去蜜，其滓卽蠟也，鎔範成磑，或雜灰粉鹽石 図 地名。鄭振鐸 晚清文選 • 卷上 • 嚴如熤 • 洋防輯要序 我國家於崇明、舟山、玉環、海壇、金門、澎湖、南澳、碢洲，島嶼深阻之處，皆特設鎮將。

碐 39086 u254ED
null_8.13 譌字 大字典 碐,同碤 集韻·陌韻 碤, 說
文 碎石隕聲。或从阜△宏按,从阜作隊, 大字典 誤。

硬 39087 u254EC
dào_8.13 同硇39063 五侯鯖字海 音到。石名。

硶 39089 u254E7
null_8.13 未詳。 硪 39088 u254EA
lù_8.13 或同硉38863
南朝·梁·江淹 學梁王兔園賦 礚硶嵺嵕,泪湎成岫。

碅 39091 u254E5
null_8.13 未詳。 碆 39090 u254E6
biān_8.13 古砭字。見方
詩銘、王修齡 古本竹書紀年輯證·周紀

碤 39092 u254E4
null_8.13 未詳。 硍 39093 u254E3
null_8.13 未詳。

硢 39094 u254E2
null_8.13 未詳。 硤 39095 u254E1
null_8.13 未詳。

碥 39096 u254E0
null_8.13 未詳。 砠 39097 u254DF
null_8.13 未詳。

硴 39098 u254DE
null_8.13 未詳。 㟷 39100 u254DC
lái_8.13 同硩39028

硤 39099 u254DD
dōng_8.13 漢語方言大詞典 硤,溪堤。吳語。

硫 39102 u254DA
sī_8.13 同硻39230 硺 39101 u254DB
guó_8.13 或同硴39012

硹 39103 u254D9
niǎn_8.13 同㭖24717 碭 39104 u254D8
dàng_8.13 俗碭39151

硩 39105 u254CA
chè_8.13 說文 硩,上擿山巖空青珊瑚陊之。從石
析聲。段玉裁·注:析各本作折,篆體作硩38961,今正。
囝 四聲篇海 七例切 直音篇 音錫。摘也。

碅 39108 u40C5
dǐ_8.13 简碅39389 硑 39106 u40C7
jǐn_8.13 俗錦63502
明·楊慎 丹鉛雜錄·器用·印色 今之碅砂,古謂之丹腃。

碁 39107 u40C6
qí_8.13 同棋24334 直音篇 碁同碁39023

碂 39109 u40C4
ghènh_8.13 喃 从岩省京kinh聲。亦作峺13842

碃 39110 u40C3
gāng_8.13 或碙39115譌字

碰 39111 u78B0
pèng_8.13 俗挬20034亦作硼39295

碜 39112 u789C
chěn_8.13 简碜39307 碛 39113 u789B
qì_8.13 简磧39317

碗 39117 u7897
wǎn_8.13 俗盌37127 碚 39114 u789A
bèi_8.13 碚礌,亦作碚
礧,同蓓蕾,花苞。南朝梁簡文帝 有所思 入林看碚礌,
春至定無賒囝 地名用字。北碚,在重慶。

碙 39115 u7899
náo_8.13 同硇38858囝gāng山崗。碙洲,島名 宋史
本紀·卷四十七·本紀第四十七·瀛國公 四月戊辰,昰殂
于碙洲,其臣號之曰端宗。

碌 39118 uF93B
lù_8.13 參見碌39044 碘 39116 u7898
diǎn_8.13 非金屬元素
Iodine漢譯。符號I,序數53。

硴 39119 u7874
huā_8.13 日 廣漢和辭典 牡蠣。石花の合字。

碞 39120 19710
máo_9.14 集韻 謨袍切音毛。前高後下之丘名。本作
岆。

碝 39121 19711
ruǎn_9.14 廣韻 而兗切 集韻 韻會 正韻 乳兗切达音
蝡。與瑌同 說文 石次玉者 司馬相如·子虛賦 碝石碔砆

註硬石白者如冰,半有赤色。

碏 39122 19712
jiē_9.14 集韻 居諧切音皆 玉篇 山名△ 正字通 一
說碏同瑎,黑石似玉。

碞 39123 19713
yán_9.14 廣韻 五咸切 集韻 正韻 魚咸切 韻會 疑咸
切达音諴 說文 磛碞也 書·召誥 用顧畏于民碞 註 碞,險
也,顧視民情之碞險 正字通 言民情參差不齊,會碞險
可畏意。孔傳訓僭謂小民僭差禮義,誤也囝 韻會 魚音
切音吟。義同△ 正字通 與嵒巖同。

碟 39124 19714
shé_9.14 集韻 食列切音舌。治皮也囝 字彙補 碟
里,國名。在東南海中。見 象胥錄 。鑋 又梫楪,同碗
碟△亦作鰈45331

碳 39125 19715
zōng_9.14 廣韻 子紅切 集韻 祖叢切达音椶。石也。

碠 39126 19716
dìng_9.14 篇海 丁定切音釘。石亭。

碟 39127 19717
qú_9.14 廣韻 强魚切 集韻 韻會 正韻 求於切达音
渠。同碟省。碠38960碟。鑋 又碟砸38808

磺 39128 19718
dú_9.14 廣韻 集韻 达徒谷切音讀。碌磺,田器。
用以磨田使平也△ 正字通 碌,通作碡、碌。亦借鹿、轆、
碌,或作磟、磟。義同。

碟 39129 19719
zhài_9.14 正字通 俗砦字。

硈 39130 19720
qì_9.14 集韻 測入切音扱。石貌。

碈 39131 19721
mín_9.14 正字通 砇碈珉玟达同 禮·聘義 君子貴玉
而賤碈囝 叶彌延切音眠 傅毅·洛都賦 通谷岅峒,石瀨
寒泉。砥碈所出,爰有碈碈。

碢 39132 19722
tuó_9.14 正字通 同砣。

砠 39133 19723
jǔ_9.14 廣韻 集韻 达子與切音咀。碅砠,場外名
囝 礙也囝 集韻 資昔切音積。義同。

碻 39134 19724
tuó_9.14 正字通 同砣。又同堷。飛磚戲也。

碣 39135 19725
jié_9.14 唐韻 渠列切 集韻 正韻 巨列切,达音傑 說
文 特立之石,東海有碣石山 書·禹貢 夾右碣石入于河
史記·漢武紀 東巡至碣石 文穎曰 在遼西,今屬臨楡,
此石著海旁。又 揚雄·羽獵賦 碣以崇山 註 碣,山特立
貌囝 碑、碣。方者爲碑,圓者爲碣,李斯所造 廣韻 碣
石,本山名。今爲碑碣字,或作嵑囝 形容羽族也 • 郭
璞·江賦 往來勃碣囝 kě 集韻 丘葛切音渴。石貌囝 yà
乙轄切音軋。碣碣,勁怒貌。鑋 又㠆07710㠖07771㟪23345
囝 集韻 碣,或从葛作碣39450囝 史記·漢武紀 東巡至碣
石。徐慧: 前漢·武帝紀

碅 39136 19726
hōng_9.14 玉篇 呼宏切音轟。石聲。通作訇。

碤 39137 19727
yīng_9.14 集韻 於驚切音英 正字通 石之有文采者。
本借用英。舊訓水中石,非也。

碥 39138 19728
pǐ_9.14 篇海 普逼切音堛。石落也。

碥 39139 19729 biǎn_9.14 廣韻方典切集韻補典切丛音匾玉篇將登車履石也。亦作扁又正字通水疾厓傾曰碥。又蜀江自嘉州至荆門，水路有燕子碥，閻王碥，皆險地。

碦 39140 19730 kè_9.14 集韻乞格切音客。石堅也。鑾直音篇碦，同磬。

⿰石亙 39141 19731 gèng_9.14 廣韻古鄧切集韻居鄧切丛音亙。石相連貌。

⿰石威 39142 19732 wěi_9.14 正字通俗磈字。

碧 39143 19733 bì_9.14 廣韻彼役切集韻兵役切韻會兵亦切說文石之青美者山海經高山多青碧郭註亦玉類也。今會稽縣東山出碧班固·西都賦珊瑚碧樹註崐崘山有碧樹張衡·南都賦綠碧紫英註碧有縹碧，有綠碧又增韻碧，深青色。唐官制，八品九品服碧代青也又韻會竹書紀年惠成王七年，雨碧於郢又度人經·碧落註東方第一天有碧霞遍滿，是云碧落又姓。明洪武中訓導碧潭。

⿰石俞 39144 19734 yú_9.14 集韻同碶。詳碶38850字註。鑾又碶38911

碨 39145 19735 wěi_9.14 廣韻集韻丛烏賄切音猥。碨磊，石貌。又碨碓，不平又wēi集韻烏回切音隈。石不平又馬融·長笛賦嗔菌碨柍註碨柍，聲競奮貌△正字通磈磋硊磈丛通集韻合爲一。俗作⿰石威。

⿰石圼 39146 19736 niè_9.14 廣韻奴結切集韻韻會正韻乃結切丛音涅。礬石別名。鑾礬石一名羽⿰石圼，亦作羽砶38823

碩 39147 19737 shuò_9.14 廣韻集韻正韻常隻切韻會常亦切丛音石爾雅·釋詁大也易·蹇卦往蹇來碩詩·衛風碩人其頎。又陳風碩大且卷左傳·桓六年博碩，肥腯，皆訓大也。又增韻充實也又與石通。鑾又硕38930

碪 39148 19738 zhēn_9.14 正字通同砧又ǎn集韻五感切音頷。碪碍，山形◆左思·魏都賦恆碣碪碍於青霄○按唐·陳藏器·本草拾遺有霹靂碪，云出雷州幷河東山澤閒，雷震後得之正字通作⿰石替。

碫 39149 19739 duàn_9.14 廣韻丁貫切集韻韻會正韻都玩切。同鍛○按說文·殳部·段註椎物也。金部鍛註：小冶也。意實相足詩·大雅取厲取鍛。毛傳云鍛，石也。鄭箋云鍛石，所以爲鍛質也。言取鍛厲斧斤之石陸德明·音義則云本又作碫。是碫與鍛通用無疑正字通因說文石部有碬無碫，必欲以碬爲碫字之譌，且斥正韻碫同鍛爲誤，非也。

碬 39150 19740 xiá_9.14 廣韻胡加切集韻韻會正韻何加切丛音遐說文厲石也春秋傳曰：鄭公孫碬，字子石又玉篇磍碬，高下也○按說文叉部叚註：借也，古雅切，與殳部段字迥別。石部此字註：厲石也，从石叚聲。則孫愐胡加切，非謬矣正字通斥爲碫字之譌，不知何據。
鑾段氏改篆作碫又⿰阝叚65782⿰阝段65738

碭 39151 19741 dàng_9.14 唐韻正韻徒浪切集韻韻會大浪切丛音宕說文文石也何晏·景福殿賦墉垣碭基，其光昭昭。又芒碭，山名前漢·高帝紀隱芒碭山澤閒應劭註芒屬沛，碭屬梁。又水經注仙者涓子，主柱，丛隱碭山，得道又沆碭，白氣貌前漢·禮樂志西顥沆碭，秋氣肅殺。又過也揚雄·甘泉賦回猋肆其碭駭兮馬融·長笛賦犇遯碭突又碭，溢也莊子·庚桑楚吞舟之魚，碭而失水註謂碭溢而失水也又正韻待朗切音蕩。又集韻徒郎切音唐。義丛同。鑾又砀38677⿰氵碭14430⿸厂長04912

⿰石垔 39152 19742 zhēn_9.14 集韻之人切音眞。石也又yīn伊眞切音因。山名山海經東山之南有⿰石垔山。

⿰石界 39153 19743 jiè_9.14 正字通俗砎字。

⿰石㒸 39154 19744 zhuì_9.14 唐韻集韻丛徒對切音隊。墜本字。从土从石，會隕隊意說文陊也爾雅·釋詁落也前漢·天文志長庚星見起兵，星⿰石㒸至地則石。又敘傳薄姬⿰石㒸魏。△亦作隊左傳·僖二十八年俾隊其師晉語敬不隊命。又作隧班固·荅賓戲厥宗亦隧又zhú字彙補直律切音朮。隕也。

碮 39155 19745 tí_9.14 集韻田黎切音提。碮，砧也。dī正字通同隄。

⿰石奓 39156 19746 zhǎ_9.14 玉篇張下切集韻竹下切丛音砟。⿰石奓砟，石垂貌。

⿰石星 39157 19747 xīng_9.14 集韻桑經切音星。石名。

⿰石囟 39158 19748 xí_9.14 正字通古文席14918字。

碯 39159 19749 nǎo_9.14 廣韻奴晧切集韻韻會乃老切。丛同瑙34308博雅碼碯，石次玉也。

⿰石⿱穴谷 39160 19750 kōng_9.14 集韻口觥切音⿱穴谷。⿰石⿱穴谷⿰石⿱穴谷，石聲。

⿰石厗 39161 19751 tí_9.14 集韻田黎切音提說文本作厗。唐厗石也。或从石。

⿰石筱 39162 19752 xiǎo_9.14 集韻先了切音篠。小石。鑾又⿰石攸39193 ⿰石叟39267

⿱旨石 39163 19753 zhǐ_9.14 字彙補照以切音旨。礪石也。

⿰石师 39164 41614 zā_9.14 篇海類編子末切音拶。逼也。

⿱启石 39165 41615 qǐ_9.14 龍龕康札切。問也。鑾又龍龕⿱启石或作，啓06234今，康礼反。與啓同，開也。

⿰石川 39166 41616 chěn_9.14 五音篇海初錦切。反土也。鑾廣韻初朕切：墋，土也。磣，食有沙磣。

磉 39167 41617 sǎng_9.14 篇海類編音顙。鼓磉石。

⿱香石 39168 44818 shè_9.14 餘文音射。鑾慧琳音義麝香：時夜反。郭注山海經云麝香，獸也，似麞，而處深山險徑中。雄者口有牙，臍中有香。雌者無牙亦無香。經文作⿱香石，非

也。

碅 39169 u2AFEB
pào_9.14 簡礸39553

䃿 39170 u2AFEA
bài_9.14 地名用字。硨頭，亦作拜頭，見 台州府志

硹 39171 u25527
lù_9.14 文苑英華·卷九十五·人事六·夢舞鍾馗賦 聖魂悄恍以方寐，怪狀朦朧而遝至。硹矶標衆，顑顟特異。原註：硹矶，疑作硨38863矶。

硨 39172 u25527
zhōng_9.14 玄應 衆經音義 硨碡：案字體宜作碈39322 碈二形，子容、其俱反 廣雅 碬碈，礱石也 通俗文 細碈謂之碜碈，碈碈治玉，碈碈治金 淮南子 云待碈礱而成器，是也 図chồng 喃 从石重 trọng 聲。疊。

硴 39173 u25526
vôi_9.14 喃 同砄38898石灰。

磂 39174 u25525
nǎo_9.14 俗磂39159

碤 39175 u25524
null_9.14 未詳。

碢 39176 u25523
jiāng_9.14 碢磂，同硨39458礓，臺階。

硬 39177 u25522
yú_9.14 同砙38850亦作瑈34225

硲 39178 u25520
null_9.14 未詳。

碟 39179 u2551F
gǎo_9.14 同碬39061

磕 39180 u2551E
null_9.14 未詳。

硯 39181 u2551D
null_9.14 未詳。

硵 39182 u2551C
shè_9.14 同礨39168俗礸74441

碄 39183 u2551B
null_9.14 未詳。

硾 39184 u2551A
null_9.14 未詳。

碗 39185 u25519
null_9.14 未詳。

碼 39186 u25518
null_9.14 未詳。

碥 39187 u25517
null_9.14 未詳。

硬 39188 u25516
null_9.14 未詳。

硔 39189 u25515
zhí_9.14 或俗塷。

碌 39190 u25514
null_9.14 未詳。

硼 39191 u25513
hú_9.14 同瑚34309參見冊38809

硳 39193 u25511
xiǎo_9.14 俗碻39267

碢 39192 u25512
null_9.14 本草綱目·卷八·金石之一·自然銅 今人以大碢石爲自然銅，誤矣。

磕 39194 u25510
kē_9.14 同碚39253

碕 39196 u2550E
qí_9.14 同碕39058

礜 39195 u2550F
fán_9.14 王士禎 池北偶談·卷二十·談異一·奇姓 予在儀曹時，見有宛平人礜某者，吏誤呼作碧，其人不應。問之，云礜音如樊，此 萬姓統譜 奇姓通 諸書所不載者

㳇 39197 u2550D
qiū_9.14 礨石而建 地名用字。見 清實錄·宣宗成皇帝實錄·卷之三百三十八

碝 39198 u2550C
yǎn_9.14 地名用字。

㓐 39200 u40D0
dol_9.14 韓 同煫31382 畢依齋遺稿·庚午燕行錄 初九日丁丑，陰。夜裡房㓐過溫。

磁 39201 u78C1
cí_9.14 參見磁39228

碙 39199 u2550B
null_9.14 未詳。

硶 39202 u78B9
xuàn_9.14 同磏39355拱門 回教月刊·1939. Jun. V. 2. Num. 1 麥加朝覲·插圖·十 麥勒臥山頂之硶門。

硝 39204 u78B7
dùn_9.14 人名用字

碸 39203 u78B8
fēng_9.14 化工用字 衛育月刊. 1940. V. 1. Num. 7. P. 3 氯苯碸胺及其衍化物。

碶 39205 u78B6
gye_9.14 韓 鑿石為水道。

磄 39206 u78B5
yìng_9.14 硬38964譌字。敦煌·P. 2058 字寶 公困反，直磄反 図zhēn 日地名用字。

碴 39207 u78B4
chá_9.14 亦作鑡45328 國語辭典 碴兒：謂碎屑；彼此爭意氣不和睦之事；謂事端；謂勢頭。二碴兒：謂物之芟除復生者。

碳 39208 u78B3
tàn_9.14 化學元素Carbonium漢譯。符號C，序數6

碲 39209 u78B2
dì_9.14 化學元素Tellurium漢譯。符號Te，序數52。

鹹 39210 u78B1
jiǎn_9.14 同鹻74304又同城08975

磌 39211 19754
suǒ_10.15 廣韻 蘇果切 集韻 損果切 夶音鎖。小石。△通作瑣。鑿又礩39320

確 39212 19755
què_10.15 廣韻 苦角切 集韻 韻會 克角切 夶音殻。堅也，靳固也 易·乾卦 確乎其不可拔 莊子·應帝王 確乎能其事 註 堅貌 図 剛也 易繫辭 夫乾確然，示人易矣。△亦作塙碻。鑿又确38966 図 字彙補 硈38861，與確同。見 韻寶

碻 39213 19756
què_10.15 正字通 同確 図 地名 魏書·孝文紀 行幸碻磝○按碻，又作部 左傳·宣公十二年 晉師在敖、鄗之間。註：鄗，苦交反。敖、鄗二山在滎陽縣西北。

碼 39214 19757
mǎ_10.15 廣韻 正韻 莫下切 集韻 母下切 夶音馬。碼碯，石似玉。亦作瑪。鑿又码38676

礲 39215 19758
gōng_10.15 廣韻 古紅切 集韻 沽紅切 夶音公。擊石聲 図 字彙補 亦姓 太常寺志 明世妃礲氏。鑿又磩38999

碾 39216 19759
niǎn_10.15 正字通 俗硙字 字彙 同輾，非。鑿又磩39544碾38980碾39608

磻 39217 19760
bān_10.15 集韻 補還切音班。石文。本作斑。図 石鋪貌。

䃍 39218 19761
qián_10.15 玉篇 集韻 夶巨焉切音乾。磌也。鑿 胡吉宣：樓25094與䃍同。

碅 39219 19762
huì_10.15 集韻 胡對切音憒。石貌。

磍 39220 19763
hé_10.15 唐韻 集韻 夶下革切音覈。說文 石地惡也 長箋 地貴土厚，故以石隔爲惡 図 集韻 各核切音隔。義同。

磢 39221 19764
pào_10.15 集韻 披教切，拋去聲。砲亦作磢 正字通 俗礮字。

磟 39222 19765
gòu_10.15 廣韻 古候切 集韻 居候切 夶音姤 玉篇 罰也，碅磟 図 廣韻 甃井也 図 集韻 磢也 図gōu 集韻 居侯切音鉤。磟碅，堅也。

硡 39223 19766
hóng_10.15 廣韻 戶冬切音洚。硡礐，石落聲。

図 qióng 集韻 丘弓切音穹。又胡宋切音嗊。義丛同。

礌 39224 19767
sù_10.15 集韻 蘇骨切音窣。磨也 図 正字通 一說碎石也。當讀如屑。

礪 39225 19768
shàn_10.15 集韻 式戰切音扇。攻玉石。

礎 39226 19769
é_10.15 集韻 同砑38855

砮 39227 19770
láo_10.15 正字通 同硓38936 図 luò 廣韻 呂角切音犖。砮礭,石相扣聲。

磁 39228 19771
cí_10.15 廣韻 疾之切 集韻 韻會 牆之切丛音慈。本作礠。省从兹 說文 石名。可以引鍼 本草 山之陽產鐵者,陰必有磁石,蓋二物同氣也 文選·曹植矯志詩 磁石引鐵,於今不連 水經注 鏑水,北經靈臺西,又經磁石門西,門在阿房前 図 韻會 州名。古邯鄲地,隋置磁州,唐改惠州,尋復爲磁 前漢·藝文志 作慈。鑿 又磁39201 俗作矿38733

磂 39229 19772
liù_10.15 集韻 同硫38963 図 集韻 力救切音溜。同鎦。梁州謂釜曰磂。

硳 39230 19773
sī_10.15 廣韻 息移切 集韻 相支切丛音斯。館名 前漢·郊祀志 上林硳氏館。又 武帝紀 作躧氏觀 図 tí 集韻 田黎切音題。硳硞,怪石。鑿 又硳39102

磄 39231 19774
táng_10.15 廣韻 集韻 丛徒郎切音唐。磄硠,見硠字 図 廣韻 磄屖,石也。

磅 39232 19775
pāng_10.15 廣韻 正韻 普郎切 集韻 韻會 鋪郎切丛音滂。石落聲 司馬相如·上林賦 砰磅訇礚 図 山名 王子年·拾遺記 扶桑東五萬里,有磅硠山 図 磅唐 馬融·長笛賦 駢田磅唐 図 páng 註 磅唐,廣大盤礴也 △bàng 磅硠38941 図 集韻 披庚切音烹。義同。鑿 又硠39084

碍 39233 19776
è_10.15 集韻 逆各切音鄂。磕39148碍,石危貌。

矹 39234 19777
wù_10.15 廣韻 正韻 安古切 集韻 於五切。塢隖丛同 說文 本作隖,小障也。一曰庫城也 図 正韻 山阿也。図 廣韻 哀都切音烏。義同。

猾 39235 19778
huá_10.15 廣韻 集韻 正韻 丛戶八切音滑。猾石,藥名。本作滑 図 kě 集韻 丘葛切音渴。石可爲器。

硾 39236 19779
pī_10.15 集韻 篇迷切音批。硾霜,石藥。出道書。亦作砒。

硠 39237 19780
bō_10.15 集韻 北角切音剝 篇海 石硠岸也 図 zhuó 廣韻 測角切音齪。硠礫。

魂 39238 19781
wěi_10.15 唐韻 集韻 丛於鬼切音委。山名 水經注 麗山之西,川中有阜,名曰風涼原,在魂山之陰 図 神名 山海經 西山長留山,實惟員神魂氏之宮 図 廣韻 魂硞,石山貌。又危也 図 kuǐ 口猥切音傀。魂礧,石也。鑿 又磈14433磈39461

礠 39239 19782
sǎng_10.15 廣韻 蘇朗切 集韻 韻會 寫朗切 正韻 寫曩切丛音顙。柱下石 正字通 俗呼礎曰礠。鑿 又錄63883

磊 39240 19783
lěi_10.15 • 唐韻 落猥切 集韻 韻會 正韻 魯猥切丛音儡。同磥 說文 衆石也 楚辭·九歌 石磊磊兮葛蔓蔓 古詩 磊磊澗中石 図 磊砢 司馬相如·上林賦 水玉磊砢 註 魁壘貌。又 世說 孫楚云其人磊砢而英多 図 與礧通 晉書·石勒載記 大丈夫行事,當礌礌落落如日月 註 礌作磊。鑿 又嵔14484磥39535磥39593 図 直音篇 硃38849,同磊。

磋 39241 19784
cuō_10.15 廣韻 七何切 集韻 韻會 正韻 倉何切丛音蹉。磨治也 詩·衛風 如切如磋 傳 治象曰磋。通作瑳 図 五音集韻 麁臥切音剉。義同。

磌 39242 19785
tián_10.15 廣韻 徒年切 集韻 韻會 正韻 亭年切丛音田。石落聲 公羊傳·僖十六年 實石聞其磌然 図 柱下石也 班固·西都賦 雕玉磌以居楹 註 磌,礎也 図 集韻 之人切音眞。義同。鑿 又磌39243磌39266

磌 39243 19786
tián_10.15 正字通 俗磌字。

磍 39244 19787
xiá_10.15 集韻 韻會 下瞎切 正韻 胡八切丛音轄 玉篇 磍磍,搖目吐舌也。盛怒也 前漢·揚雄·長楊賦 建碭磍之虛 孟康註 虞刻猛獸,形碭磍而盛怒 図 qià 廣韻 枯轄切音磍。剝也 図 yà 集韻 乙轄切音圠。磍硠,石地不平。

磎 39245 19788
qī_10.15 廣韻 苦奚切 集韻 韻會 正韻 牽奚切丛音鸂。同谿 爾雅·釋水 水注川曰谿 說文 山通者 馬融·長笛賦 瀆無所臨,萬仞之石磎 図 地名 水經 濟水又東至北礫磎。

磏 39246 19789
lián_10.15 集韻 韻會 離鹽切 正韻 力鹽切丛音廉•說文 厲石也。一曰赤色 図 磏仁 韓詩外傳 仁道有四磏爲下,仁磏則其德不厚 註 磏者,言刻意求仁,與聖仁,智仁,德仁異也 図 字彙補 古文廉15646字。鑿 又礛39449璤34477

磐 39247 19790
pán_10.15 廣韻 薄官切 集韻 韻會 正韻 蒲官切丛音槃。大石也 易·漸卦 鴻漸于磐 註 磐,山石之安者 疏 山中石磐紆,故稱磐也 図 磐礴 郭璞·江賦 荊門闕竦而磐礴 註 磐礴。廣大之貌 図 磐牙 後漢·滕撫傳 盜賊羣起,磐牙連歲 註 磐牙,謂相連結 図 通作盤 前漢·孝文紀 磐石之宗 荀子·富國篇 國安於磐石。又或作硂。鑿 又胎47361胎23413礎39521

磑 39248 19791
wèi_10.15 唐韻 集韻 五對切 韻會 魚對切丛音䃅。磨也 正字通 礳,碎物之器,古公輸班作磑。晉王戎有水磑。今俗謂之磨。或訓磑爲碓下石,不知碓下石卽今石臼,非磑也 図 wéi 韻會 魚回切音嵬。積也 前漢·禮樂志 磑磑卽卽 註 磑磑,崇積。卽卽,充實 図 yí 集韻 魚衣切音沂。礦石 図 居希切音機。義同 図 gāi 玉篇 公哀切音該 揚子方言 磑磑,堅也 張衡·思玄賦 行積冰之磑磑。図 ái 集韻 魚開切音皚 周武王·刀銘 刀利磑磑 枚乘·七

發白刃磑磑図mó 字彙補 蒙破切音磨 揚子·太玄經陰
陽相磑，物咸雕離 註磑，音磨。鍖又硳38926

碩 39249 19792
yǔn_10.15 唐韻 于敏切 集韻 正韻 羽敏切 ㄙ 音 殞。同
隕 說文 落也 春秋·僖十六年 碩石于宋五 図 列子·周穆
王篇 王若碩虛焉 註墜也。

磓 39250 19793
duī_10.15 廣韻 集韻 韻會 正韻 ㄙ 都回切 音 堆。聚石
也。又以石投下也。亦作塠 図zhuī 集韻 傳追切音椎。
義同 図zhuì 正韻 直類切音墜。同硾 木華·海賦 岑嶺飛
騰而反覆，五岳鼓舞而相磓 註 波濤遞相觸激也。
鍖又硾38848硾38907

㲄 39251 19794
què_10.15 正字通 同确38966

磔 39252 19795
zhé_10.15 唐韻 集韻 韻會 ㄙ 陟格切音摘。張也，開
也，裂也，剔也 前漢·景帝紀 諸死刑皆磔於市。景帝中
二年，改磔曰棄市，勿復磔 師古曰 謂張其尸也 図 裂牲
亦謂之磔 禮·月令 季春，命國難，九門磔攘，以畢春氣
図 書法，右下為磔 崔瑗·永字八法歌 磔騰峻而速進，
磔憶昔以遲移 図 爾雅·釋天 祭風曰磔 孫炎曰 既祭，披
磔其牲，以散風也。或省作砳 図 叶竹棘切音陟 蘇轍·除
日詩 念同去鄉里，此節已三失。楚人重歲時，爆竹鳴硳
磔。鍖又躠59212躠59201殐26931磔39447埓09143図 龍龕
墢09339墢09109埠08865三俗。陟格反。正作磔。張也。開
也図 可洪音義 躠59254身：上知挌反，張開也，剔也。
正作磔、厇04792二形。郭氏作倉結反，非也図 可洪音
義 挓19554口：上知格反，張開也。正作磔、厇。張桗24116：
知格反。正作磔。或作秅40290，涉加、陟駕二反，開張
也。

磕 39253 19796
kài_10.15 廣韻 苦蓋切 集韻 韻會 正韻 丘蓋切 ㄙ 音
嘅 正字通 兩石相擊聲。別作礚 図kē 集韻 克盍切音榼。
石聲 図 叶去例切音器 揚雄·甘泉賦 登長平兮雷鼓磕，
天聲起兮勇士厲。叶方沛、世。鍖又碐39275磕39194
磕39346

磖 39254 19797
lā_10.15 廣韻 盧合切 集韻 落合切 ㄙ 音拉。磖磜，
破物聲。

磤 39255 19822
yǐn_10.15 廣韻 正韻 於謹切 集韻 倚謹切 ㄙ 音隱。雷
聲 何晏·景福殿賦 聲訇磤其若震 図 集韻 同殷 詩·召南
殷其雷。鍖又 集韻 磤，於斤切。吩磤，聲也 図 原誤入
部外十一畫。

㽉 39256 41618
qū_10.15 篇海類編 七余切。同砠。石山戴土。
鍖又岨13473

磿 39257 41619
lì_10.15 字彙補 初錦切，參上聲 黃香·九宮賦 抶礜
磿而朴雷公 註磿，一作硺。

磌 39258 41620
dǎ_10.15 篇海類編 都瓦切音打。雌黃也。

碊 39259 41621
chàn_10.15 字彙補 楚扇切，音懺◇碊繒石也。鍖字
彙補音懺。

磯 39260 44819
jī_10.15 五音篇海 子兮切。鍖俗磯39509 龍龕 磯，
俗。祖兮反。

磣 39261 44820
chěn_10.15 龍龕 與磣同。

䃐 39262 44821
qiū_10.15 五音篇海 音丘。鍖 正字通 礦字附記：䃐，
音神。

磤 39263 u2AFEE
null_10.15 未詳。

磢 39264 u2AFED
null_10.15 未詳。

礅 39265 u2AFEC
yǎn_10.15 同磼39018

磌 39266 uFAAB
tián_10.15 兼 磌39243

硞 39267 u2554B
xiāo_10.15 直音篇 磢39162，音小。小石。磢，同上。

硥 39268 u2554A
mǎng_10.15 喃 从石莽māng聲。

磇 39269 u25549
cuò_10.15 集韻 厝04891磳 說文 厲石也。引 詩 他山
之石，可以為厝。或从石。

硾 39270 u25544
mài_10.15 喃 从磨省埋mai聲。礦。

磇 39271 u25542
jí_10.15 同瘠36304

磥 39272 u25540
wēng_10.15 象聲詞。明·劉侗·于奕正 帝京景物略·卷
之六·西山上·石景山 每踱山有聲，應杖及履，琅然而絃，
其下峰壁也；磥然而鐘，其下岩洞也。

磥 39273 u2553F
kàn_10.15 同磍39048 魏·劉邵 人物志·體別第二 樸露
之人，中疑實磥，不戒其實之野直，而以譎為誕，露其
誠，是故可與立信，難與消息。

磕 39274 u2553E
kuàng_10.15 同礦39522

磈 39275 u2553D
kè_10.15 同磕39253石聲。南朝·齊·張融 海賦 牟浪
碨搒，朋山相磈。

磬 39276 u2553C
què_10.15 同㲄39251

硲 39277 u2553A
null_10.15 未詳。

硽 39278 u25539
null_10.15 未詳。

礤 39279 u25538
null_10.15 未詳。

礌 39280 u25537
null_10.15 未詳。

磑 39281 u25536
geng_10.15 壯硬

砕 39282 u25534
huǒ_10.15 同碧，俗書38910

磊 39283 uF947
lěi_10.15 兼磊。

磘 39285 u78D8
yáo_10.15 地名用字。灰
磘，在台北中和。亦寫作碴39338

磙 39284 u78D9
gǔn_10.15 碌。亦作磙39344

磚 39286 u78D7
tuó_10.15 同磚39287 慧琳音義 金磚：墮和反 考聲 云
磚，圜兒。也作碢。

磚 39287 19798
tuán_11.16 集韻 徒官切音團。人名。鄭有石磚。
図zhuān與甎同 古史考 烏曹作甎 後漢·列女傳 曹世叔
妻内助訓，古者生女，三日臥之牀下，弄之瓦磚，而齋
告焉図tuó 集韻 徒禾切音砣。圜貌。鍖又磚39286
甎35094砖38741

磛 39288 19799
chán_11.16 集韻 鉏銜切音巉。磛嵒，山險貌図 廣
韻 慈染切音漸。義同図zhàn 集韻 士減切音劖。高峻
貌。鍖又礒39289

磛 39289 19800 chán_11.16 集韻同磛

硜 39290 19801 kēng_11.16 正字通同硻。本作硜鹽鐵論器多堅硜。皇甫謐釋勸篇龍潛九淵，硜九淵。又韓愈詩亦用硜。从硻爲正，加土，非。

磌 39291 19802 lǒu_11.16 集韻郎口切音塿。石也。

磟 39292 19803 lù_11.16 篇海盧谷切音鹿。石也△正字通碌、磟㕥通。

磜 39293 19804 qì_11.16 篇海七計切音砌。階磜也。與砌通。

磝 39294 19805 áo_11.16 廣韻五交切集韻正韻牛刀切韻會牛交切㕥音聱。與嶅同釋名山多小石曰磝。磝，嶢也。每石嶢嶢獨處而出見也韓愈文山磝磝而相軋 [又] 碻39213磝△集韻或作磽、磝。

磞 39295 19806 pēng_11.16 玉篇普耕切音烹。擊石也成公綏·嘯賦磞硠震隱 [又] 集韻披庚切音平。與磅通。瑩又俗掽20034孔尚任桃花扇·逢舟香君懼怕，磞死在地脂硯齋重評石頭記(庚辰本)·第十九回这还了得！倘或磞見了人，或是遇見了老爺，街上人擠車磞，馬轎紛紛的，若有個閃失，也是頑得的。

磩 39296 19807 cù_11.16 廣韻集韻㕥千木切音簇。碌磩，石地不平貌 [又] 集韻仕角切音濯。義同 [又] zú 正字通一說與鏃通李賀·黃家洞詩雀步蹙沙聲促促，四尺角弓青石磩。註：漢書挹婁國，弓長四尺，砮以青石爲鏃，因箭鏃用石，故俗作磩。瑩或訛作碳39081

磏 39297 19808 kāng_11.16 集韻丘岡切音康。石聲。

磟 39298 19809 lù_11.16 廣韻集韻㕥力竹切音六正字通磟碡，石輥也。平田器。一作碌碡 [又] 集韻盧谷切音錄。義同。

磆 39299 19810 kuò_11.16 集韻口穫切音鞹。石硬聲。

磠 39300 19811 lǔ_11.16 集韻籠五切音魯。砂也。

磃 39301 19812 dì_11.16 集韻𥐻本字 [又] 集韻一曰水𥐻，番車。

磖 39302 19813 qiē_11.16 玉篇集韻㕥七邪切，且平聲。石也。瑩正字通俗砠38747字。

磋 39303 19814 cuò_11.16 集韻倉各切音錯。厲石也說文本作厝。瑩篇海引餘文礪石也。

磗 39304 19815 mò_11.16 集韻末各切音莫玉篇沙磗也。本作漠。

磡 39305 19816 kàn_11.16 廣韻集韻㕥苦紺切音勘。巖崖之下。[又] 集韻山岩△或作碪。

磢 39306 19817 chuǎng_11.16 廣韻初兩切集韻正韻楚兩切，並瘡上聲。瓦石洗物也郭璞·江賦奔溜之所磢錯。瑩又摤20487𤭛35143

磣 39307 19818 chěn_11.16 廣韻初朕切集韻楚錦切，並參上聲。物雜沙也 [又] cà 集韻錯合切，參入聲。義同。瑩又硶39002磣39112𥗏39386𥖲39166墋09216㶍09448 [又] 龍龕砛39062硶39261二古，磣今。初朕反。磣毒也。[又] 砂土惡食也。

磏 39308 19819 lián_11.16 廣韻力延切集韻陵延切。㕥同鏈64031鉛鑛也 [又] 集韻抽延切。義同。

䃫 39309 19820 dǎn_11.16 篇海都敢切音膽。石䃫，藥名。

磍 39310 19821 xià_11.16 篇海呼嫁切音罅。石裂也。通作罅。瑩又𡐤34596

䃜 39311 19823 yī_11.16 集韻韻會㕥烟奚切音緊。美石，黑色。或作鷖。

磥 39312 19824 lěi_11.16 集韻同磊洪适·隸釋磥，通作磊。出朱龜碑。又王延壽·魯靈光殿賦層櫨磥垝以岌峩嵇康·琴賦𨅃碑磥硌。皆同磊 [又] 磥硍38949 瑩又𨅃59327𥗊39615𥕢39461

磚 39313 19825 guō_11.16 集韻光鑊切。同椁。蓋古或用石，故从石。

磘 39314 19826 hōng_11.16 廣韻集韻㕥呼宏切音轟。石落聲。△集韻硡䃔磘㕥同。

磦 39315 19827 biāo_11.16 集韻卑遙切音標。山峰出貌。

磝 39316 19828 qiào_11.16 集韻口教切，敲去聲。石不平也。

磧 39317 19829 qì_11.16 唐韻集韻韻會㕥七迹切音皵說文水陼有石者水經注佷子潭有石磧州，長六十丈，廣十八丈司馬相如·上林賦下磧歷之坻註磧歷，淺水中沙石也韻會吳、楚謂之瀨，中國謂之磧 [又] 沙漠亦曰磧杜甫·送人從軍詩今君渡沙磧，絫月斷人烟△正字通或讀戚、責二音。義同。瑩又磧39113

磨 39318 19830 mó_11.16 廣韻莫婆切集韻韻會正韻眉波切㕥音摩說文本作礳爾雅·釋器石謂之磨詩·衛風如琢如磨 [又] mò 去聲唐韻模臥切集韻莫臥切㕥音座說文石磑也正字通俗謂磑曰磨，以磑合兩石，中琢縱橫齒，能旋轉碎物成屑也天文志如蟻旋磨 [又] 韻會通作摩左傳·昭十二年摩厲以須前漢·董仲舒傳摩民以誼梅福傳厲世摩鈍 [又] 地名水經注沮水又東南逕驢城西，磨城東。傳云子胥造驢磨二城，以攻麥邑。瑩又𪋈15629𪎊51498䃺25999𥖂39475礳39330 [又] 玉篇殘卷𥗋39605莫賀反說文石磑也埤蒼𥗋，磑也。野王案，以石相摩，所用以研破穀麦也。

磩 39319 19831 qī_11.16 廣韻集韻㕥倉歷切音戚。磢磩，石次玉班固·西都賦磢磩綵緻 [又] zhú 集韻側六切音𧵠。磩謂之磩。

磦 39320 19832 cháo_11.16 集韻鉏交切音巢。附國之民，壘石爲巢而居曰磦 [又] 同䃰39211

磪 39321 19833 cuī_11.16 集韻昨回切音摧說文本作崔。山高也嵇康·琴賦磪嵬岑嵓註高峻貌 [又] 洪适·隸釋磪，通作摧

出費鳳碑陰[冈]cuǐ集韻取猥切，崔上聲。絲大貌。

礛 39322 19834
zhōng_11.16 廣韻即容切集韻將容切丛音蹤廣雅礛礲，礪也△一曰石路。鏊又礘39581[冈]新撰字鏡硬39172碳，夗作礛礲。

磬 39323 19835
qìng_11.16 古文硜声硁唐韻苦定切集韻韻會詰定切丛音謦◆說文樂石也。籀文作殸，象縣虡之形，殳擊之也五經要義磬立秋之樂白虎通磬者，夷則之氣，象萬物之成禮·明堂位叔之離磬註叔之離磬者，叔之所作編離之磬。又周禮·冬官考工記磬氏爲磬，倨句一矩有半註先度一矩爲句，一矩爲股，而求其弦。既而以一矩有半，觸其弦，則磬之倨句也[冈]編磬，特磬陳用之曰叔之離磬，特懸之磬也三禮圖股廣三寸，長尺三寸半，十六枚同一筍虡，謂之編磬[冈]笙磬，頌磬周禮·春官·眡瞭凡樂，擊頌磬笙磬註磬在東方曰笙。笙，生也。在西方曰頌。或作庸。庸，功也[冈]玉磬，石磬◆書·益稷夔擊鳴球禮·明堂位拊搏玉磬左傳成二年齊侯使賓媚人，賂以紀甗，略以玉磬魯語臧文仲以玉磬如齊告糴禮·樂記石聲磬磬以立辨書·禹貢泗濱浮磬傳泗水中見石，可以爲磬。陳澔曰：玉磬，天子樂器。諸侯當擊石磬，故郊特牲以擊玉磬爲諸侯之僭禮[冈]磬控詩·鄭風抑磬控忌註騁馬曰磬，謂使之曲折如磬。止馬曰控，謂有所控制不令[冈]磬折禮·曲禮立則磬折垂佩疏帶佩於兩邊，臣則身宜傴折如磬之背，故云磬折周禮·冬官考工記韗人倨句磬折註磬折，中曲之不參正也。[冈]禮·文王世子磬于甸人註縊之如縣樂器之磬也。[冈]掉磬韻會齊人相絞訐爲掉磬，北海人以激事爲掉磬[冈]與磬通，垂盡也魯語室如縣磬左傳作縣罄[冈]qǐng集韻棄挺切音謦。擊石聲。鏊正字通声09693俗声。

礑 39324 19836
chuò_11.16 廣韻昌約切音綽。大脣貌[冈]集韻擬引切音斷。義同。

礞 39325 19837
shú_11.16 廣韻殊六切音孰集韻石名[冈]廣韻石聲。

磆 39326 19838
huò_11.16 五音篇海呼麥切，音黑◇石裂聲。鏊同砉38691篇海作磆。

硌 39327 19839
luò_11.16 字彙補摯字之譌。

碍 39328 44822
zhé_11.16 川篇陟華切。又音的。

礠 39331 u2AFF2
null_11.16 未詳。

礎 39329 u2AFF4
shā_11.16 羅翽雲客方言·釋宮室柱曰礎柱。礎，俗造字，本字爲杉。

礏 39332 u2AFF1
null_11.16 嗮未詳。

矿 39330 u2AFF3
mò_11.16 說文釋例礦，此許石礦字，故曰石磴也，俗省作磨39318

磧 39333 u2AFF0
null_11.16 未詳。

磤 39334 u2AFEF
null_11.16 未詳。

礣 39335 u2556F
sù_11.16 磠砂，同宿砂，草藥名飲膳正要·卷第二·食療諸病·鯽魚羹治脾胃虛弱，泄痢久不瘥者，食之

立效：大鯽魚二斤，大蒜二塊，胡椒二錢，小椒二錢，陳皮二錢，磠砂二錢，蓽撥二錢。右件葱醬塩料物蒜入魚肚內，煎熟作羹，五味調和令勻，空心食之。

礪 39336 u2556E
lí_11.16 磟磟，同琉璃34497宋·李燾續資治通鑒長編·卷二百四十二·神宗先是，修諸宮觀，皆用黃丹燒磟磟瓦。

礊 39337 u2556D
què_11.16 同礜39455

礌 39338 u2556C
yáo_11.16 同磘39285

磩 39339 u2556B
zhǐ_11.16 俗磩39528

磢 39340 u2556A
xiāo_11.16 或俗磢38948

礝 39342 u25568
null_11.16 未詳。

礰 39341 u25569
chǔ_11.16 或俗礎39452

磰 39344 u25566
gǔn_11.16 同磙39284

礋 39343 u25567
dǐ_11.16 俗砥38756金瓶梅詞話·第七十二回正面欽賜牌額，金字題曰世忠堂，兩邊門對，寫着：啟運元勳第，山河礋礋家。

礱 39349 u25560
null_11.16 未詳。

磇 39345 u25565
qū_11.16 俗區04483碑別字[冈]ōu字海姓。台灣南投、屏東等地有此姓。又漢語方言大詞典茶磇：茶杯。閩語。

磕 39346 u25564
kē_11.16 可洪音義磕齒：上苦盍反。亦作磕39253

礐 39347 u25562
cáo_11.16 礐硐，採礦的坑道。清·林則徐查勘礦廠情形試行開採摺夏秋礐硐多水，宣洩倍難，往往停歇。

礲 39348 u25561
láo_11.16 同唠06957佩文韻府礲嘈：嘯賦礲硍震隱，匌磕礲嘈。礲音勞△明·柳如是戊寅草·賦·秋思賦時既容與，勢則漂濊。將有體之相宜，固礲聲之潔變。

礌 39350 u2555F
lòu_11.16 陶器。

礑 39351 u2555E
null_11.16 未詳。

礫 39352 u2555D
null_11.16 未詳。

礵 39353 u2555C
null_11.16 未詳。

礜 39354 u2555B
jī_11.16 地名用字青浦縣續志·卷二·疆域下·村莊一里橋外五厫浜重礜橫港奚家埭。

礠 39356 u78EE
lún_11.16 同磮39059

碹 39355 u40E0
xuàn_11.16 拱形建築結構，如碹門、碹窰、碹涵洞、碹拱。亦作碹39202

礤 39357 19840
xū_12.17 集韻休居切音虛。石貌。

礇 39358 19841
jīn_12.17 玉篇子林切集韻咨林切丛音祲。石也。[冈]qín集韻才淫切音岑。石門[冈]正字通玉門西南有一國，山中歲產石礇數千枚，名霹靂礇，春雷起礇減，至秋礇盡陳藏器·本草拾遺作碪。

礮 39359 19842
péng_12.17 正字通同硼39016、硼39295

磯 39360 19843
jī_12.17 廣韻居依切集韻韻會居希切丛音機玉篇水中磧也增韻石激水曰磯孟子不可磯也疏云磯者，蓋磯激也。譬如石之激水，順其流而激之耳。[冈]玉篇摩也。鏊原本玉篇殘卷磯，野王案：謂摩切也淮南「磯摩勿釋」是也。與剴03655字義同，在刀部△宏按，今本淮南子·說山作：劘03777靡勿釋，牛車絕轔[冈]矶38655巆14292

磰 39361 19844
shàn_12.17 廣韻常演切集韻上演切𠀤音善。同墡。白土。

礊 39363 19846
jué_12.17 集韻同礈

礈 39362 19845
jué_12.17 廣韻集韻𠀤居月切音厥。發石。鎏又礊39363

磱 39364 19847
láo_12.17 集韻同硑

磝 39366 19849
qīn_12.17 玉篇去金切集韻祛音切𠀤音欽。同嶔。山高險也公羊傳·僖三十三年殽之嶔巖㕛磝硂39054㕛玉篇石名。

磲 39365 19848
qú_12.17 正字通同磲。硨38960磲。鎏又砠38808

磟 39367 19850
lì_12.17 集韻同礫

礙 39368 19851
gǎn_12.17 集韻古覽切音敢。礙密模末膩，大食國酋長名。

磃 39369 19852
sī_12.17 廣韻息移切集韻相支切𠀤音斯。磃磨也。

碼 39370 19853
huǐ_12.17 集韻韻會正韻𠀤虎委切音毀。敗也。同毀列子·天瑞篇事有破碼，而後有舞仁義者。又黃帝篇形若飛鳥揚於地，骪骨無碼。鎏又碼39401

磳 39371 19854
zēng_12.17 廣韻作滕切集韻咨騰切𠀤音增。硱磳，石貌㕛集韻鋤耕切音琤。義同。

磭 39372 19855
sù_12.17 廣韻息逐切集韻息六切𠀤音肅。黑砥石山海經京山有玄磭㕛集韻先了切，音篠。義同。

磴 39373 19856
dèng_12.17 廣韻都鄧切集韻正韻丁鄧切𠀤音鐙。同嶝玉篇巖磴也水經注羊腸坂，在晉陽西北，石磴縈委若羊腸焉㕛石橋曰磴孫綽·游天台山賦跨穹隆之懸磴㕛石磴，山名水經注漳水歷鹿臺山，合醍水，出銅醍縣西北石磴山㕛tēng集韻台隥切音鼟。小水相益也㕛dēng都騰切音登。益石也。

磵 39374 19857
jiàn_12.17 玉篇古晏切音諫。水磵也正字通與澗通。

磸 39377 19860
dìng_12.17 集韻同矴

磶 39375 19858
xì_12.17 廣韻集韻韻會正韻𠀤思積切音昔。柱下石博雅礎磶，磌磌也張衡·西京賦雕楹玉磶，繡栭雲楣。鎏又磶39518

磷 39376 19859
lín_12.17 廣韻力珍切集韻正韻離珍切𠀤音鄰。同粼。水在石閒司馬相如·上林賦磷磷爛爛註玉石符采映耀也㕛líng集韻力耕切音玲。砰磷，峻貌司馬相如·大人賦徑入雷室之砰磷鬱律㕛lǐn集韻里忍切音凜。石貌㕛lìn良刃切音吝。薄石也論語磨而不磷㕛玉篇雲母之別名㕛增韻石礫也。

碝 39378 19861
ruǎn_12.17 正字通俗碝字。

磹 39379 19862
diàn_12.17 廣韻集韻𠀤徒念切音簟。磯磹，電光元包經噬嗑列䟴，搏磯磹灼。

䃕 39380 19863
suì_12.17 廣韻集韻𠀤先外切音䆳。小石也。

礄 39381 19864
què_12.17 廣韻七絕切音䏙。石破也。

磺 39382 19865
gǒng_12.17 古文卝玉篇古猛切，讀若穬說文銅鐵樸石也㕛玉篇强也㕛huáng集韻胡光切音黃。石名。

礃 39383 19866
chuáng_12.17 集韻傳江切音幢。石貌。

礅 39384 19867
dūn_12.17 集韻都昆切音敦。石可踞者。鎏又礅39427

磻 39385 19868
pán_12.17 廣韻薄官切集韻韻會正韻蒲官切𠀤音盤。磻溪，太公釣處，在鳳翔虢縣㕛bō唐韻博禾切。同碆說文以石著惟繁也張衡·西京賦磻不特絓㕛bō集韻補過切音播。石名。可爲矢鏃。

磣 39386 19869
chěn_12.17 篇海七合切音趻。石磣磣也正字通俗磣字。

礁 39387 19870
zá_12.17 廣韻徂合切集韻昨合切𠀤音雜。礁礁，山高貌前漢·司馬相如傳嵯峨嶕嶫史記作礁礁㕛shé集韻士劫切。磼礁，破物聲。

磽 39388 19871
qiāo_12.17 唐韻口交切集韻韻會正韻丘交切𠀤音敲。與墝同。石地說文礊石也玉篇堅硬也孟子則地有肥磽雨露之養前漢·景帝紀郡國或磽陿，無所農桑註磽謂磽埆瘠薄㕛集韻輕皎切。同硗。山田㕛魚教切音䂚。義同。鎏又墽09409驍35746硗38928礉39438

磾 39389 19872
dī_12.17 廣韻都奚切集韻韻會正韻都黎切𠀤音低。染繒黑石，出琅琊山㕛人名。漢金日磾㕛與堤通漢石經公羊傳以磾爲堤。鎏又磾39108鍗64262

礲 39390 19873
lóng_12.17 集韻正韻𠀤良中切音隆。碚礲，石落聲韓愈詩投奅鬧碚礲㕛廣韻力冬切韻會盧冬切，𠀤音籠。又集韻魯宋切。義𠀤同。

磼 39391 19874
wú_12.17 集韻微夫切音無。磼磼，石也㕛wǔ罔甫切音武。與碔同。

磿 39392 19875
lì_12.17 唐韻郎擊切集韻韻會郎狄切𠀤音曆說文石聲玉篇磿磿，石小聲㕛周禮·地官遂師及窆抱磿註磿者，適歷，執綍者名也。適，音的疏謂千人分布於綍上，稀疏得所，故名適歷。遂師抱持版之名字，巡行而校錄之，以知在否，故云抱磿也㕛字彙補磿室，燕宮名史記·樂毅傳故鼎反乎磿室戰國策作曆室。今作磨室，誤。又史記磿侯程黑漢·表作歷侯。今本亦作磨侯。皆沿寫之誤。鎏又礰39556㕛磿𣙗54772，樓𣙗。㕛正字通厤04828，本作磿。通作砺38771與厤15404別。

䃭 39393 19876
yán_12.17 玉篇魚兼切集韻牛廉切𠀤音噞。山名。鎏熊加全：疑同嶮14134

磠 39397 44823
nǎo_12.17 餘文同磠

磞 39394 19877
pèng_12.17 集韻普孟切音膨。磅磞，石聲。鎏又磞39440

礁 39395 19878
xiǎo_12.17 字彙補相鳥切，音小◇破也。

磻 39396 19879
pān_12.17 字彙補鋪官切音潘。磻砥，大甎也。

礄 39398 u2AFF7 null_12.17 未詳。

礠 39399 u2AFF6 null_12.17 未詳。

礥 39400 u2AFF5 niǎn_12.17 簡礥39544

碢 39401 u2F951 huǐ_12.17 同碢39370

礷 39402 u25596 võ_12.17 喃从破把bã聲。同礊39405破碎△礷礷：瓦解。

礊 39403 u25595 võ_12.17 喃俗礊39405

礦 39404 u25594 sạn_12.17 喃从砂省棧sàn聲。

礊 39405 u25593 võ_12.17 喃从破呂lừ聲△礊散：粉碎。

礏 39406 u25592 quành_12.17 喃从石悍quỳnh聲。乾硬貌。

礑 39407 u25591 võ_12.17 喃从破尾vĩ聲。同礊39405

礤 39408 u25590 đọi_12.17 喃从碗省隊đội聲。

礩 39409 u2558F gonj_12.17 壯石塊。

礬 39410 u2558E fán_12.17 俗礬39531

瀨 39411 u2558D là_12.17 同瀨30012 集韻瀨，郎達切。灘名。

礍 39413 u2558A null_12.17 未詳。

硾 39412 u2558C zhuì_12.17 硾39019本字

礍 39414 u25589 null_12.17 未詳。

礐 39415 u25588 null_12.17 未詳。

礴 39416 u25587 xún_12.17 地名用字。浮礴渡，見乾隆潮州府志

硼 39417 u25586 null_12.17 未詳。

礋 39418 u25585 null_12.17 未詳。

礤 39419 u25584 xiàn_12.17 閩金剛石

礠 39420 u25583 null_12.17 未詳。

礦 39421 u25582 null_12.17 未詳。

礦 39423 u25580 null_12.17 未詳。

碇 39422 u25581 dìng_12.17 同矴38646 可洪音義下碇：丁定反 敦煌變文集·季布詩咏 开山碇磚路行難，那個是我家鄉道。

礓 39424 u40E8 qiáng_12.17 嘉慶如皋縣志·卷七·鹽法·拆鹽每一晝夜務須較定額產食鹽一千勱，每年三百六十日，除每月裝修敲礓停煎四日，計月大小每年扯除六日，歲時伏臘每年放閒六日，除去六十日，只有三百日為煎鹽之期，雖風雨寒暑，無有閒斷者也。

礤 39425 u40DF sǎn_12.17 地名用字

磻 39426 uF964 pán_12.17 兼磻。

礅 39427 u7905 dūn_12.17 同礅39384

磋 39430 u7902 xǐ_12.17 地名用字。

礄 39428 u7904 qiáo_12.17 俗橋25359清·唐訓方里語徵實·卷上石礄曰礜图地名用字國語辭典礄把溷：在湖南麻陽縣，產鉛。礄口市：在湖南彬縣東北五十里。

礃 39429 u7903 zhǎng_12.17 礃子，亦名掌子，坑道礦井掘進或採礦的工作面。

礁 39431 u7901 jiāo_12.17 新字典礁，讀如焦。海洋中小島，舟誤觸之，往往破沈。字書無此字，疑即嶣14233字之訛。中華書局民國三十七年合訂本辭海礁，讀如焦。海洋中岩石之隱現水面者曰礁，舟誤觸之，往往破沈。舊無此字，疑即嶣字之訛，如岬之作砷，碣之作碣也。

磵 39432 u7900 jiàn_12.17 直音篇磵，與澗同。

礆 39433 19880 xiǎn_13.18 正字通許檢切音狹。同險。

碔 39435 19882 yù_13.18 集韻乙六切音郁。石似玉。

礣 39436 19883 tán_13.18 集韻唐干切音壇。石礣也。通作壇。

礈 39437 19884 zhuì_13.18 集韻同墜路史義軒而降，淫於禮，亂於樂，淳風礈矣。舊註同礧，誤。

礉 39438 19885 hé_13.18 集韻下革切音核。實也。又刻也。與礉通史記·韓非傳韓子慘礉少恩註用法慘急而鞠礉深刻。图qiāo口教切音墩。石不平。又丘交切音敲。同磽。鏊又礉39316

礊 39439 19886 kè_13.18 ◆唐韻楷革切集韻克革切夶音礊說文堅也图huò廣韻呼麥切音劃。鞭聲。鏊本作礊39503

礘 39440 19887 bèng_13.18 集韻蒲孟切，膨去聲。礥礘，石聲。○按礘當作礘。

磱 39434 19881 náo_13.18 集韻同砳

礨 39441 19888 zhěn_13.18 玉篇竹其切集韻陟甚切夶音抌。用石抌也。

礋 39442 19889 jí_13.18 集韻側立切音戢。石貌。

礋 39443 19890 zé_13.18 集韻直格切音宅神異經西方有獸，長短如人，羊頭猴尾，名礋碏，健行。鏊亦作礋碏，亦作礋礋，古農具图矴38733

礲 39444 19891 kū_13.18 集韻苦骨切音窟。同嚱。嚱岲，山貌。一曰童山。

礧 39445 19892 lèi_13.18 集韻盧對切。同礧。推石自高而下也。图lěi魯猥切。同磊。眾石也。

礋 39446 19893 zhuó_13.18 正字通同斫。

碟 39447 19894 zhé_13.18 玉篇集韻夶居飲切音錦。石名。鏊可洪音義礋拾：上知格反。正作磔。

礘 39448 19895 dǎn_13.18 廣韻都敢切集韻韻會覩敢切夶音膽。◆玉篇石礘，藥名，出蜀中正字通本草綱目石膽，石中有汁，如膽汁，酸辛氣寒，治諸癇、石淋、目痛。俗作礘。鏊又龍龕礜39309俗，礘39493或作，礘正。

礦 39449 19896 lián_13.18 正字通同磏。

礘 39450 19897 kě_13.18 集韻丘葛切音渴。石貌。

礥 39451 19898 kěn_13.18 集韻口很切音懇。石貌。鏊集韻原从狠。

礎 39452 19899 chǔ_13.18 唐韻創舉切集韻韻會創所切夶音楚。柱下石說文礎也正字通礎與礩異名同實，其為楹石則一，無二義。鏊又璎34711礎39543础38831

礜 39453 19900 yè_13.18 廣韻五合切集韻逆及切夶音姶。礜礜

礸 líng_13.18 集韻 同砱38781

礐 què_13.18 廣韻苦角切 集韻 韻會 克角切𠀋音確 爾雅·釋山 山多大石也 說文礐，石聲 又 xué 廣韻胡覺切音學 正字通礐與嶨通。有却、學二音，兼山多石、石聲二義。字雖有从石从山之別，然山石一類 說文嶨訓山多大石，礐訓石聲，誤分爲二 集韻合之，是也 又 hú 廣韻胡沃切音鵠。又胡谷切音斛。義𠀋同 又 lè 力摘切音礰。礐硞，水石聲 郭璞·江賦 幽礐積岨，礐硞礯礌 註 皆水激石嶮峻不平貌 又 集韻 離宅切，音力。義同。

礨 又 㙳09593 砳38786 礐39276 磷39567 礐39337

礑 dàng_13.18 篇海丁浪切音擋。底也。

礒 yǐ_13.18 廣韻魚倚切 集韻 韻會 語綺切𠀋音螘。石巖也 又 碕39058礒，石貌。

礓 jiāng_13.18 廣韻 集韻 韻會 正韻𠀋居良切音薑。礓石也。礨 又 磋39176 又 直音篇 礓39580，同礓。

礇 dú_13.18 集韻同碡。詳碡字註 又 篇海石名。

礔 pī_13.18 集韻匹歷切。同霹 張衡·西京賦 礔礰激而增響。礨 又 礕39465礔39597

磈 wěi_13.18 廣韻五罪切 集韻五賄切𠀋音頠。眾石貌 又 kuǐ 集韻苦猥切音傀。磈礨，石也 又 lěi 力罪切音壘 左思·吳都賦 磈磈魂巍 註 眾石攢積貌。礨 又 礫39312

礠 gǎn_13.18 廣韻 集韻 韻會 正韻𠀋古禫切音感。石笶。見封禪議。一曰以石蓋也 又 集韻 姑南切音姏。義同。

礗 xiǎng_13.18 字彙補同響。出 漢·孟郁碑

礎 dá_13.18 字彙補徒曷切音達。石礎也。

礕 pī_13.18 五音篇海普擊切。與礔同，礕礰，石聲也。

礌 null_13.18 字彙補音未詳 太清金液神氣經 東嶽姓歲名礌。

礋 null_13.18 未詳。

砀 null_13.18 嘸未詳。

礥 null_13.18 嘸未詳。

碓 null_13.18 未詳。

礎 cuǒi_13.18 嘸从砂省會聲△移礎。礫石。

礤 zào_13.18 砂礤。明·謝讜 四喜記·第十二齣·椿庭慶壽 記着，後日不應，將礤石撝你光頭。又 清實錄·高宗純皇帝實錄·卷之二百六十八 直隸總督那蘇圖奏：保定以南之天、河、正、大、順、廣等屬地畝，有黑土白土之分。黑土性多滋潤，白土挾砂礤礫，若十日不雨，即覺土乾灰動 又 地名用字。

礮 null_13.18 未詳。

礬 fán_13.18 俗礬39531

礰 mó_13.18 龍龕礰俗，礳、磨39318二正。

礢 null_13.18 未詳。

礪 lì_13.18 可洪音義 硪礪：上音紙。下力世反。磨石也。下正作礪39529

礫 lì_13.18 俗礫39530 四部叢刊初編集部 後村先生大全集·卷第十二·詩·羊城使者廟 山川殊壯麗，井邑亦繁雄。獨有羊城廟，蕭然瓦礫中。

礖 yǔ_13.18 俗嶼14375 民國鉛印本 杭州府志·卷二十八·山水九·昌化縣 今許氏所居之東南隅為中洲，一名上黿洲。洲前伏象屏名挂榜山，洲後長湖潭接東塢水，洲下石壁灣礖礖如畫。

礦 pīn_14.19 集韻紕民切音繽。碎石聲。礨 又 礦39501

礰 lè_14.19 廣韻 集韻 𠀋力摘切，音礫。礰礰，打草田器。出 字林

礒 qì_14.19 集韻乞及切音泣。碎礒，石聲 又 è 廣韻五合切 集韻 鄂合切𠀋音齾。礒礒，石貌。亦作硈砐。

磩 qī_14.19 篇海倉歷切音戚。守夜鼓也。礨 又 磩39582

礙 ài_14.19 唐韻五漑切 集韻 韻會 牛代切𠀋音硋。或作硋。通作閡 南史引浮屠書作㝵 說文止也。又距也，妨也，阻也，限也 揚子法言聖人之治天下，礙諸以禮樂 又 集韻魚其切音疑。礙礒，靑石。礨 廣韻礙，磤礙，靑礙 又 导37374碍39045导22601 又 正字通㝵，导字之譌。

礚 kài_14.19 集韻同磕 說文硍礚，石聲 又 下礚，地名 北史·李璨傳 宋將張永、沈攸之等先屯下礚。

礛 jiān_14.19 廣韻古銜切 集韻居咸切𠀋音監。礛硾，治玉石，靑礛也 戰國策被礛磻。本作廲 又 lán 集韻盧甘切音藍。礛省文。詳廲字註。礨 字典未收礛39602字。

礜 yù_14.19 唐韻 集韻 韻會 正韻𠀋羊茹切音預 說文毒石，出漢中 山海經 西山皋塗之山，有白石，名礜，可毒鼠 註 鼠食之死，蠶食之肥 又 集韻羊諸切音余。義同。

礝 ruǎn_14.19 集韻同碝39121亦同瓀瑌。礨 又 礝39378

礙 bìng_14.19 集韻皮孕切，凭去聲。礙甏，石聲。

礤 cā_14.19 字彙補七煞切音擦。姜礤石，出 大內規制記

礞 méng_14.19 〇按李時珍 本草綱目·石部 有靑礞石，云出宋嘉祐補註 本草。江北諸山往往有之，以盱山者爲佳，氣甘鹹，無毒，性下行，消食，治驚痼。王隱君、湯衡嘗用之。註：謨蓬切音蒙。又漢 鐃歌十八曲其三爲 艾如張，末有爲此倚欲，誰肯礞室句，則此字幷非 本草 始見。舊本失收，今特補入。

礜 zhuì_14.19 字彙補同硾。

礥 dǎn_14.19 龍龕同磹。

礥 null_14.19 嘸未詳。

礮 pào_14.19 篇海類編同礮。

磌 39496 u2AFFC null_14.19 未詳。

礏 39497 u2AFFB null_14.19 未詳。

磩 39498 u255BA mè_14.19 㖞从破美mǐ聲。崩缺，崩塌。

磴 39499 u255B9 null_14.19 未詳。

礦 39501 u255B6 pīn_14.19 同磧39480

礐 39500 u255B8 oè_14.19 㖞从石槐hoè聲。

礥 39502 u255B5 yǐn_14.19 象聲詞 晉書·卷五十五·列傳第二十五·潘岳 簫管嘲哳以啾嘈兮，鼓聲磌礥以砰磕。又 元·耶律楚材 湛然居士集·卷五·西域從王君玉乞茶因其韻七首其五 蕭蕭暮雨雲千頃，礥礥春雷玉一芽。

磤 39505 u255B1 null_14.19 未詳。

礒 39504 u255B2 null_14.19 未詳。宋·曾慥 類說 卷十九引畢仲詢 幕府燕閑錄 有人得青石，大如磴。背有鼻，穿鐵索數丈，循環無相接處。

礐 39506 u255B0 null_14.19 未詳。

磬 39503 u255B3 kè_14.19 磬39439本字

礬 39507 u255AF fán_14.19 同礬39531

磁 39511 u7920 cí_14.19 同磁39201

礋 39508 u255AE cuì_14.19 礋礋，或同滴翠。

礩 39509 u255AD jì_14.19 砭礩，同砭劑，藥劑。

磚 39510 u7921 bó_14.19 同磚39579 慧琳音義 磅磚：上蒲忙反。下旁博反 考聲 磅磚，廣大貌也。

磦 39512 19924 mà_15.20 廣韻 集韻 夶莫八切音䣓。磦砑，堅也。 又小石也 又 集韻 莫結切音蔑。義同。㸺 譌作磦39586

礤 39513 19925 cā_15.20 廣韻 集韻 夶七曷切音攃 玉篇 粗石也。 又 集韻 子末切音嵃。義同 又同攃，摩也。

礥 39514 19926 xín_15.20 廣韻 集韻 韻會 夶下珍切音韻 玉篇 難貌 又 廣韻 鞭也 又xián 廣韻 胡田切音賢。艱險。又剛強也 揚子·太玄經 陽氣微動，動而礥礥，物生之難也。

礮 39515 19927 sǒu_15.20 集韻 蘇后切音叟。石也。

礧 39516 19928 lǜ_15.20 集韻 良據切音慮。石名。

礱 39517 19929 xiàn_15.20 集韻 先念切音獵。礱39574礟，電光。

礤 39518 19930 xì_15.20 正字通 俗碼字。

礔 39519 19931 dí_15.20 集韻 與礵同。或作矵。詳矵38657字註。

磧 39520 19932 dú_15.20 篇海 徒谷切音讀 玉篇 石名 又 正字通 與磚礛同。

磐 39521 19933 pán_15.20 正字通 同磐。亦借作盤。俗作砰。

礦 39522 19934 kuàng_15.20 集韻 同礦 周禮·地官·卝人註 卝之言礦也。金玉未成器曰礦 郭璞·江賦 其下則金礦丹礫 又谷名 水經注 倚亳川水出北山礦谷。㸺 又卝00186 矿38678矷38690砵38881矿39069釚62933矴09180礦39274 鉱63078砿38832釚62933鉀63306鑛64531

磖 39523 19935 là_15.20 集韻 力盍切音臘 玉篇 石墮也 又liè 集韻 力涉切音獵。磖嶪，山連屬貌。

磠 39524 19936 liǎo_15.20 廣韻 盧鳥切 集韻 朗鳥切夶音蓼。磠磞，石垂貌。

磛 39525 19937 zhuó_15.20 集韻 陟略切音椓◆ 說文 斫也。一曰碎石 正字通 與磛斲斫同。

礧 39526 19938 lěi_15.20 廣韻 落猥切 集韻 魯猥切夶音磊。礧硌，大石 又lěi 集韻 魯水切音壘。碨礧，山貌。或作礧礧。亦作㠢㟪 又lěi 盧回切音雷。擊也。石轉突也 郭璞·江賦 駭崩浪而相礧 又lěi 盧對切音纇 廣韻 礧礧，重也。 又同礧 埤蒼 推石自高而下也 司馬相如·子虛賦 礧石相擊 又 字彙補 同傀儡之儡 唐書·音訓 窟儡子，亦曰魁礧子。作偶人以戲。㸺 又嶵14493礨39527

礨 39527 19939 lěi_15.20 集韻 魯猥切音磊。礨空，小穴也。一曰小封 莊子·秋水篇 礨空之在大澤註 礨空，小穴。又 司馬相如·上林賦 丘虛堀礨。㸺 又硃38849

礩 39528 19940 zhì_15.20 唐韻 之日切 集韻 正韻 職日切夶音質 說文 柱下石 又 集韻 脂利切音至。義同 又 字彙補 同窒 周書熊安生傳 宿疑礩滯。㸺 又硾38909碩39339

礪 39529 19941 lì_15.20 唐韻 集韻 韻會 夶力制切音例◆ 書·費誓 礪乃鋒刃 傳 磨石也 正義 屬以粗糲爲稱，故砥細於礪 玉篇 崦滋山礪石，可磨刃 說文 經典通用厲。㸺 又砅38837礪39590鑢64572䃺39476

礫 39530 19942 lì_15.20 唐韻 郎擊切 集韻 韻會 正韻 郎狄切夶音歷 說文 小石也 張衡·西京賦 爛若磩礫 註 石細者曰礫 又丹沙亦曰丹礫 郭璞·江賦 其下則金礦丹礫 又黃礫，木名 司馬相如·上林賦 鮮支黃礫 顏監云 黃礫，今用染者，黃屑木也。㸺 又砾38833礫39478

礬 39531 19943 fán_15.20 廣韻 附袁切 集韻 韻會 符袁切夶音煩。礬石 山海經 女牀山，其陰多涅石 郭註 礬石也。楚人名涅石，秦人名羽涅 韻會 一名羽澤，有青白黃黑絳五種。 又 山礬，花名 正字通 俗名桤花，木高數尺，葉密枝肥，冬不凋，花白而香。一名瑒花。黃庭堅曰：江南野中桤花，土人採葉燒灰，染紫爲黝，不借礬而成。因易名爲山礬 韻會 譌爲鄭花，且云卽唐玉蘂花，謬也。㸺 又矾38679矾38669矾38729礬39507礬39474礬39410礬64328鑻63973卷38894

礳 39532 19944 mó_15.20 字彙補 同摩。見 洪武通韻

矗 39533 41624 dù_15.20 字彙補 與蠹同 穆天子傳 矗書於羽林

磢 39534 44827 chuǎng_15.20 篇海類編 瘡上聲。㸺 同磢39306 又碙磢，地名，在浙江 龍龕 磢，初兩反。

磊 39535 44828 lěi_15.20 搜眞玉鏡 與磊同。

磈 39537 u255D0 sǒi_15.20 㖞从石磊lǒi聲△塘磈：砂石路。

礐 39538 u255CF
quánh_15.20 嗘 从石瑩donah聲。

礎 39539 u255CE
ghè_15.20 嗘 从石稽ghê聲△礈礎:崎嶇,凹凸不平。

礫 39540 u255CD
rè_15.20 嗘 从石黎lê聲。

礡 39541 u255CC
gach_15.20 嗘 礡辣:舖石。

礐 39536 u255D1
null_15.20 人名用字

碊 39542 u255CB
bó_15.20 同嚗07632李冶測圓海鏡序老大以來,得洞淵九容之說,日夕玩繹,而鄉之病我者,始碊然落去而無遺餘。

礅 39546 u255C5
null_15.20 未詳。

碾 39544 u255C7
niǎn_15.20 同碾39216洛陽伽藍記礛碾舂簸,皆用水功。

礄 39547 u255C4
null_15.20 未詳。
典 礄礎兒:凸肚的瓦罐。亦作獨魯兒、瑀琭兒、髑髏。

碌 39545 u255C6
lǔ_15.20 北京方言詞

碄 39548 u255C3
null_15.20 未詳。

礎 39543 u255C8
chǔ_15.20 礎39452本字。

礪 39549 uf985
lì_15.20 兼礪。

礝 39550 u7922
yǎng_15.20 人名用字。

確 39551 19945
què_16.21 ◆篇海 苦角切音殼。鞭也 図郭璞·江賦礐磐確註皆水激石,嶮峻不平貌。

礯 39552 19946
chèn_16.21 集韻 初覲切音襯。水石也。

碳 39553 19947
pào_16.21 廣韻 匹貌切 集韻 韻會 正韻 披教切,竝拋去聲。俗作砲。機石也 前漢·甘延壽傳 投石絕等倫 張晏曰 范蠡兵法,飛石重十二斤,為機發行二百步,碳蓋出此 魏略曰 諸葛亮起衝車,郝昭以繩連石磨壓之,衝車折,即碳事 唐書·李密傳 以機發石,為攻城械,號將軍碳 図 通作拋 後漢書·袁紹傳 曹操發石車擊袁紹,軍中呼霹靂車 註 即今拋車 集韻 亦作礮。鋆又砲39169

礩 39554 19948
tà_16.21 篇海 他達切音闥。石名。

礮 39555 19949
yíng_16.21 集韻 娟營切,音縈 玉篇 石也。

礰 39556 19950
lì_16.21 集韻 同礐39392 図 與礰同 張衡·西京賦 礰礰激而增響 註 霹靂也 図 的礰 張衡·思玄賦 顏之礰以遺光 註 的礰,明也 図 磢礰,石名。見 本草。鋆又礰39257

礌 39557 19951
zhū_16.21 廣韻 章魚切 集韻 韻會 正韻 專於切竝音諸。礌39486礌。

礔 39558 19952
niǎo_16.21 廣韻 奴鳥切 集韻 乃了切竝音嫋。山曲謂之礔△一曰硃石。鋆又礔39568

礱 39559 19953
lóng_16.21 古文礱 唐韻 盧紅切 集韻 韻會 盧東切竝音籠 說文 礱也 晉語 趙文子為室,斲其椽而礱之 荀子·性惡篇 鈍金必將礱厲,然後利 揚子法言 有刀礱諸 図 玉篇 磨穀為礱 図 集韻 盧貢切音弄。義同。鋆又碞38836礱39573

礳 39560 19954
huái_16.21 集韻 乎乖切音懷。石不平也 図guī姑回切音瑰。小石 図叶胡限切音佷。堅峻貌 前漢·司馬相如傳 鑽羅列聚叢以籠茸兮,衍曼流爛疚以陸離。徑入雷室之硑磕鬱律兮,洞出鬼谷之崛礧鬼礳 図集韻硅38772古作礳。鋆 字典琢屑 司馬相如傳 攢字,舊混从金作鑽。

礦 39561 19955
yíng_16.21 集韻 怡成切音盈。石名 図 甎習也。

礋 39562 44829
mó_16.21 字學指南 與摩同。

礴 39563 u2AFFE
null_16.21 未詳。

碜 39564 u255DC
chén_16.21 嗘 从碗省戰chiến聲△丐碜:茶碗。洐碜,亦作洐嚦07786:乾杯。

鐎 39565 u255DB
null_16.21 未詳。

碻 39567 u255D9
què_16.21 同礐39455南朝·梁·江淹 學梁王兔園賦 哮碻碻碻,紫蕪丹駁。

磬 39566 u255DA
dào_16.21 同礘07796 五音集韻 磬,年九十曰磬。

礤 39568 u255D7
niǎo_16.21 同礔39558

礵 39570 u255D5
null_16.21 未詳。

礲 39569 u255D6
null_16.21 大南一統志·卷九·平定省·橋梁 上安橋凡五:一號橋悉芒、一號橋礲磢、一號橋加茶、一號橋濡瀨,俱長三尺五寸。一號橋妃塒,長十一尺五寸。

礐 39571 u255D4
dàng_16.21 礧礐,同砳碭,山名。明·萬曆本 金瓶梅詞話·第一回 那漢王劉邦,原是泗上亭長,提三尺劍,礧礐山斬白蛇起手。

礰 39572 u7933
lì_16.21 同礰66871 可洪音義 礕礰:上普擊反。下音歷。悮 図 俗磨39318亦地名用字。礰石渠,在山西省。

礱 39573 u7932
lóng_16.21 直音篇 同礱39559

礥 39574 19956
xiàn_17.22 廣韻 集韻 竝先念切,變去聲。礥礻39379 図jīn 集韻 咨林切音祲。楔也。或从木。鋆又礥39517

礤 39575 19957
rǎng_17.22 廣韻 如兩切 集韻 汝兩切竝音壤。雌黃之惡者。

礪 39576 19958
làn_17.22 五音集韻 郎旰切音爛。礪礪,玉石貌。△集韻作礦。

礮 39577 19959
hōng_17.22 集韻 與礮同。

礛 39578 19960
pò_17.22 五音集韻 匹角切音璞。石聲。

礴 39579 19961
bó_17.22 廣韻 傍各切 集韻 韻會 白各切竝音泊。旁礴,混同貌。又廣被也。又充塞也 莊子·逍遙遊 旁礴萬物 揚子·太玄經 昆侖旁礴幽。註:昆侖,天之象。旁礴,地之形。幽,人之心也。人心幽微,具天妙用 図 槃礴 莊子·田子方 畫史解衣槃礴 註 箕坐也 図 通薄 前漢·揚雄傳 旁薄羣生 図 通魄 司馬相如·封禪書 旁魄四塞。鋆又礴39510

礓 39580 41625
jiāng_17.22 篇海類編 音薑。石也。

礩 39581 44830
zhōng_17.22 龍龕 音鐘。鋆同硳39172鍾63725,俗礄 可洪音義 礩碖:上子容反,下其俱反,青礩石也 音義 云細礩謂之碔礩,礩礩治玉,礩礩治金,是也。正作碔礩也。上又郭氏音鍾,下其魚反,非用也。

𥖩 39582 44831 qī_17.22 五音篇海 與磬同。

𥗊 39583 44832 xiē_17.22 海篇 音歇。𡨸俗𥗊 可洪音義 𥗊虿：上都故反 ㄡ 龍龕 𥗊𥗊，二俗，音蠍。

𥗩 39584 u255E9 gạch_17.22 喃 从石擊kích聲。

𥗨 39585 u255E8 nén_17.22 喃 壓。 𥗥 39586 u255E5 mà_17.22 廣韻 䃹，䃹斫。莫鎋切。按，鉅宋廣韻 作䃹39512，䃹斫。

𥗤 39587 u255E4 dù_17.22 俗蠹53814 可洪音義 𥗤簡：上都故反。

𥗢 39588 u255E2 null_17.22 未詳。 𥗡 39589 u255E1 null_17.22 未詳。

礵 39591 u7935 shuāng_17.22 砒礵，同砒霜66624 ㄡ 山名。

𥗠 39590 u255E0 lì_17.22 同礪39529 𥗸 39598 44835 náo_18.23 篇海類編 同硇。𡨸 篇海類編 原作𥗸39611

礭 39592 19962 qú_18.23 廣韻 其俱切 集韻 權俱切𠀤音衢。磔礭，青礪石 ㄡ 集韻 舉朱切音拘。義同。

礧 39593 19963 lěi_18.23 正字通 俗磊字。

䃿 39594 19964 cà_18.23 集韻 七盍切。石多貌。或作磼。

礲 39595 19965 quē_18.23 玉篇 音闕。石也。

𥗻 39596 44833 cà_18.23 篇海類編 同䃿。

𥗼 39597 44834 pī_18.23 五音篇海 同礔。

𪿿 39599 u2AFFF yán_18.23 俗礹39609 𥗯 39601 u255EF null_18.23 未詳。

𥗳 39600 u255F3 gạch_18.23 喃 从石額ngạch聲。磚。

礶 39603 u7936 guàn_18.23 俗罐45380 礷 39602 u7937 lán_18.23 集韻 㼌05004 礷礷，盧甘切 說文 㼌諸，治玉石。或作礷。亦省。

礭 39604 19966 luǒ_19.24 集韻 同砢 礳 39605 19967 mó_19.24 說文 磨本字

礸 39606 19968 cǎ_19.24 集韻 子末切音撥。同礤。粗石也。𡨸亦俗鑽64691上海復刊版 申報.1938.Oct.25.第十三版 老寶盛金店廣告：收兌珠寶礸石。

𥗷 39607 19969 què_19.24 字彙補 音巷。山有大小石。𡨸楊寶忠：俗磐39455，山多大石。

𥗷 39608 u255F7 niǎn_19.24 同碾39216 礹 39609 19970 yán_20.25 唐韻 五銜切 集韻 魚銜切，並音巖。◆說文 石山也 ㄡ 玉篇 礷礹也。亦作巖 ㄡ 五音集韻 五犯切音儼。義同。𡨸又𪿿39599

𥗹 39610 u255F9 tô_20.25 喃 从石蘇to聲。大碗，大砵。

𥗻 39616 u255FB null_21.26 未詳。 𥗸 39611 u255F8 náo_20.25 篇海類編 同硇38858△宏按，字典 誤作𥗸39598

礵 39612 19971 bà_21.26 集韻 必駕切音霸。同壩。土堰也。

礸 39613 19972 làn_21.26 集韻 郎旰切音爛。礸礸，玉石貌。同礷。

𥗽 39614 u255FD lởm_21.26 喃 从石覽lãm聲。同㠸14460

𥗼 39615 u255FC lěi_21.26 同磥39312 ㄡ 叶韻彙輯 窟，唐韻正 苦雷反 通典 窟礧子，亦曰魁礧子，通作傀儡。

礹 39617 19973 nàng_22.27 集韻 乃浪切，囊去聲。山限也。本作㠳。

䃸 39618 19974 luǒ_22.27 玉篇 勒可切 集韻 朗可切，並羅上聲。䃸砢，山貌。出 司馬相如·梓桐山賦 字彙補 作䃸。

𥘀 39619 u25600 nặng_22.27 喃 同䡇62715車礹：輜重。

𥘂 39620 u25602 bến_23.28 喃 从石變biến聲。碼頭。

𥘁 39621 u25601 luǒ_23.28 同䃸39618 字彙補 勒可切音橇。䃸砢，山

礹 39622 41626 líng_24.29 五音集韻 力丁切音靈。石砱也。

礴 39623 19975 yù_29.34 廣韻 紆物切 集韻 紆勿切𠀤音鬱。礴磈，小石。

◈ 示部 ◈

示 39624 19976 qí_0.5 古文𠀀 廣韻 巨支切 集韻 翹移切 正韻 渠宜切𠀤音岐。同祇 周禮·春官 大宗伯掌天神人鬼地示之禮 釋文 示或作祇 ㄡ 姓 史記·晉世家 示眯明 左傳 作提彌明 ㄡ 地名 前漢·地理志 越嶲郡有蘇示縣 ㄡ shì 唐韻 集韻 韻會 𠀤神至切，音諡。垂示也 說文 天垂象，見吉凶，所以示人也。从二，三垂，日、月、星也。觀乎天文，以察時變。示，神事也 徐曰 二，古上字。左畫爲日，右爲月，中爲星。畫縱者取其光下垂也。示，神事也。故凡宗廟社神祇皆从示 玉篇 示者，語也。以事告人曰示也 易繫辭 夫乾確然，示人易矣，夫坤隤然，示人簡矣 禮·檀弓 國奢則示之以儉，國儉則示之以禮 書·武成 示天下弗服 ㄡ 與視通 詩·小雅 視民不恌 箋 以目視物，以物示人，同作視字 禮·曲禮 幼子常視毋誑 疏 示視古字通 前漢·高帝紀 視項羽無東意 師古註 漢書 多以視爲示 ㄡ 姓。明宣德中賢良示容。𡨸又不12613眎37485眡57625

𠀀 39625 19977 shì_0.5 集韻 示39624古作𠀀。

⺬ 39626 u2F70 shì_0.5 同示39624部首專用字。亦作礻 39628礻 39627

⺭ 39627 u2EAD shì_0.5 部 示39626 ⺬ 39628 u2EAC shì_0.5 部 示39626

礻 39629 u793B shì_0.5 同示39624偏旁。

礼 39630 19978 lǐ_1.6 集韻 禮40087古作礼。𡨸又礼39632

𥘆 39631 u25606 lǐ_1.6 同礼39630 說文長箋 𥘆，古文禮。

礼 39632 u793C lǐ_1.6 同礼39630亦 简 禮40087

祕 39633 19979 bǐ_2.7 集韻 同祉39664，省。

礽 39634 19980 réng_2.7 廣韻 如乘切 集韻 如蒸切𠀤音仍 玉篇 福也。又就也。亦作仍。

𥘉 39638 u25609 chū_2.7 俗初03335 𥘌 39635 u2560C jī_2.7 同几03075 可

洪音義 礼橙：上居履反。正作机。敦煌·S. 2832 **時文軌範** 机前桑側，無聞哭泣之聲;帳後堦前，永絕悲號之響。

示 nài_2.7 u25608　俗奈23855

初 chū_2.7　俗初03335敦煌·S. 498 **大雅·民勞** 厲王暴虐，初則戁然矣，而述其始有功者，誘掖之耳 **囻 龍龕** 初，俗。音勤 **四聲篇海** 音勒。

礼 jiào_2.7 u2560A　**海篇** 音叫。祝也。

补 bok_2.7 u40FC　**韓** 福也 **日用集** 疾病消除增补壽。又下02759貴，富貴。补、下之卜並畐之省。

社 shè_3.8 u19981　古文 袿禘袿 **唐韻** **集韻** **韻會** **正韻** 丛常者切，闍上聲。土地神主也 **禮·祭義** 建國之神位，右社稷而左宗廟 **詩·小雅** 以社以方 **疏** 社，五土之神，能生萬物者，以古之有大功者配之。共工氏有子句龍爲后土，能平九州，故祀以爲社。后土，土官之名，故世人謂社爲后土。杜預曰：在家則主中霤，在野則爲社 **白虎通** 人非土不立，封土立社，示有土也 **禮·祭法** 王爲羣姓立社曰大社，王自爲立社曰王社，諸侯爲百姓立社曰國社，諸侯自爲立社曰侯社，大夫以下成羣立社曰置社。又 **郊特牲** 社祭土而主陰氣也。天子大社，必受霜露風雨，以達天地之氣也〇按：社爲地祭，但祭有二祭法，大社卽 **郊特牲** 所云受霜露風雨，以達天地之氣者，曰方丘，亦曰太折。夏日至，地示之祭，於此行焉，此北郊之社與郊對舉者也。又王社 **載芟** 詩序所謂春籍田而祈社稷 **良耜** 詩序所謂秋報社稷者，於此行焉，祭土穀之神，而以句龍后稷配，此庫門內右之社，不與郊丛稱者也。蓋大社以祭率土之地示，王社以祭畿內之土穀，均名爲社，而大小則不同耳 **囻 私社 前漢·五行志** 建昭五年，兗州刺史浩賞，禁民私所自立社 **臣瓚註** 舊制二十五家爲一社，而民或十家五家共爲田社，是私社也 **囻 書社 史記·孔子世家** 楚昭王將以書社地封孔子 **註** 二十五家爲里，里各立社。書社者，書其社之人名於籍 **囻 社日 月令廣義** 立春後五戊爲春社，立秋後五戊爲秋社 **囻** 後世實朋會聚曰結社 **事文類聚** 遠公結白蓮社，以書招淵明。又謝靈運求入淨社，遠師以心雜止之 **囻** 江淮謂母爲社 **淮南子·說山訓** 社何愛速死，吾必悲哭社 **囻** 複姓 **風俗通** 齊昌徙居社南，因以爲氏 **何氏姓苑** 有社北氏。**鎏** 又社39656杜40225柱28389 **囻 集韻** 社古作祉08387袿24276

礿 yuè_3.8 u19982　**唐韻** 以灼切 **集韻** **正韻** 弋灼切 **韻會** 弋約切丛音藥。亦作禴。祭名 **禮·王制** 天子四時之祭，春曰礿，夏曰禘，秋曰嘗，冬曰烝 **疏** 礿，薄也，春物未成，祭品鮮薄〇按礿禘嘗烝爲四時之祭，乃三代通禮。鄭康成泥 **天保** 詩及 **周官** 有禴、祠、烝、嘗語，遂指此爲夏殷之禮。周則春曰祠，夏曰禴，不知 **天保** 詩作於武王時，而禴、祠、烝、嘗實諸侯之禮。武王未受命，典禮未定，故止春禴、夏禘、秋嘗、冬烝，未遑追王上祀，至周公相成王而後定，不必執彼疑此也。若 **周官** 所言，先儒多謂爲周公未成之書，更不必泥耳。餘詳禘39948

字註 **囻 集韻** 弋笑切音燿。義同。**鎏** 又爥32148

祀 sì_3.8 39643 19983　古文 禩 **唐韻** 詳里切 **集韻** **韻會** 象齒切 **正韻** 詳子切丛音似。祭也 **書·洪範** 八政，三曰祀 **禮·祭法** 聖王制祭祀也，法施於民則祀之，以死勤事則祀之，以勞定國則祀之，能禦大菑則祀之，能捍大患則祀之。又 **月令** 春祀戶，夏祀竈，秋祀門，冬祀行，中央土祀中霤。又 **祭法** 王爲羣姓立七祀，諸侯爲國立五祀，大夫立三祀，適士二祀，庶士庶人，一祀 **囻** 年也 **書·伊訓** 惟元祀 **傳** 取四時祭祀一訖也 **釋名** 殷曰祀。祀，巳也。新氣升，故氣巳也 **囻 孝經·士章疏** 祀者，似也。似將見先人也。△ **集韻** 或作祖。**鎏** 又祐39731禩40130禩40062

祁 qí_3.8 39644 19984　**廣韻** 渠脂切 **集韻** 渠伊切，並音耆。又 **集韻** **韻會** 翹移切 **正韻** 渠宜切，並音岐。盛也，大也 **書·君牙** 冬祁寒 **詩·小雅** 瞻彼中原，其祁孔有 **囻** 舒遲貌 **詩·召南** 被之祁祁。又 **小雅** 興雨祁祁 **囻** 衆多也 **詩·豳風** 采蘩祁祁。又 **大雅** 誕娣從之，祁祁如雲 **註** 祁祁，徐靚也。如雲，衆多也 **囻** 姓 **囻** 通作者 **史記·五帝紀註** 堯姓伊祁 **禮·郊特牲** 作伊耆 **囻** 縣名。在太原 **囻** 謚 **左傳·莊六年** 鄧祁侯 **疏** 謚法，經典不易曰祁。衛有石祁子。又 **史記·謚法** 治典不殺曰祁 **註** 秉常不衰也 **囻** zhǐ **廣韻** 職雉切 **集韻** 軫視切丛音旨。地名。**鎏** 又郖61614

祓 null_3.8 39645 u2B001　未詳。

祆 null_3.8 39646 u2B000　未詳。

灾 zāi_3.8 39647 u25614　同災30623 **馬王堆漢墓帛書·老子乙本卷前古佚書** 刑名出聲，聲實調合，禍灾廢立，如景之隋刑，如向之隋聲，如衡之不臧重與輕。

祇 chà_3.8 39648 u25613　俗衩54078 **元·馬致遠 半夜雷轟薦福碑·第三折** 這張鎬，你听者：莫瞞天地昧神祇，祇福稲如同燭影隨 **囻 字學三正** 禍39936俗作祇 **囻** 俗村23582祇戌。見 **可洪音義**

衩 zāi_3.8 39650 u25611　俗灾39647

衪 yì_3.8 39649 u25612　**海篇** 衪，音亦。祀也 **囻** 楚帛書·甲篇 下民之衪，敬之毋弌。衪或讀式，或讀戒。

衦 gǎn_3.8 39651 u2560F　俗衦54073 **可洪音義** 衦戌：上古旱反。

衫 shān_3.8 39652 u2560E　俗衫54083 **可洪音義** 衫襖：上所銜反。下烏老反。

衵 null_3.8 39653 u2560D　未詳。

禡 mà_3.8 39654 u7943　简 禡39996

社 shè_3.8 39656 uFA4C　參見社39641

祂 tā_3.8 39655 u7942　用作對上帝、耶穌等神明的第三人稱代詞。

祪 guǐ_4.9 39657 19985　**廣韻** 過委切 **集韻** 古委切丛音詭。同庪庋 **爾雅·釋天** 祭山曰庋縣。又zhǐ **集韻** 同禔39943

祄 xiè_4.9 39658 19986　**集韻** 下介切音械。祐也 **囻 字彙** 居拜切音戒。義同。

祅 yāo_4.9 39659 19987　**唐韻** **集韻** **韻會** 於喬切丛音妖◆ **說文** 本作

袄。天反時爲災，地反物爲袄 前漢·天文志 迅雷風袄 禮·樂志 姦僞不萌，袄孽伏息 又 叶衣虛切音於 孔臧·鴞 賦 觀之歡然，覽考經書。在德爲祥，棄常爲袄。

祆 39660 19988
xiān_4.9　 廣韻 呼烟切音訐◆ 說文 關中謂天爲袄。 又 廣韻 呼烟切 集韻 馨烟切，並音訐。又 集韻 他年切 音天。義丛同 又 官名。唐官品有袄正。 鼇 又袄39659

祇 39661 19989
qí_4.9　 唐韻 巨支切 集韻 韻會 翹移切 正韻 渠宜 切丛音岐。同示，地神 說文 地祇，提出萬物者也。 又 安也 詩·小雅 壹者之來，俾我祇也 註 壹者之來見我， 我則知之，是使我心安也 又 大也 易·復卦 不遠復，無 祇悔 韓康伯云 祇，大也。既能速復，是無大悔。 又 zhǐ 廣韻 集韻 韻會 章移切音支。適也，但也 詩·小雅 祇攪我心△ 韻會 孫奕 示兒編曰：祇兩音，音岐者，神 祇之祇。音支者，訓適是也，如 詩 亦祇以異。揚子曰： 茲苦也，祇其所以爲樂也歟。陸德明、司馬溫公丛以爲 音支。今杜詩、韓詩或書作祗，从禾从氏，而俗讀曰質 者，非也 玉篇 祇，竹尸切 廣韻 祇，丁尼切。皆註曰： 穀始熟也 又 通作坁 左傳昭十二年 是以獲沒於祇宮 馬 融云 坁內遊觀之宮。

祈 39662 19990
qí_4.9　 廣韻 集韻 韻會 正韻 丛渠希切音旂 說文 求福也 書·召誥 祈天永命 詩·小雅 以祈甘雨 又 爾雅·釋 言 叫也 周禮·春官 大祝掌六祈，以同鬼神示 註 祈，嘄 也，謂爲有災變，號呼告於神以求福。嘄，音叫 又 報也， 告也 詩·大雅 以祈黃耇 疏 報養黃耇之老人，酌大斗而 嘗之，以告黃耇將養之也△ 亦有斬 荀子·儒效篇 跨天下 而無斬 又 通坼 書·酒誥 坼父薄違 詩·小雅 作祈父 毛萇 曰 祈折畿丛同 又 同祁 書·君牙 冬祁寒 禮·緇衣 作祈寒 又 guǐ 集韻 古委切音詭。同技，祭山名 周禮·冬官考工 記·玉人註 其祈沈以馬。 鼇 又祈39698 蘄22284 圻22038

祉 39663 19991
zhǐ_4.9　 唐韻 正韻 敕里切 集韻 韻會 丑里切丛音 恥 說文 福也 徐曰 祉之言止也，福所止不移也 易·泰卦 以祉元吉 詩·小雅 既多受祉。 鼇 又祉39697 祉40272 祉54157

祕 39664 19992
bǐ_4.9　 唐韻 卑履切 集韻 韻會 補履切丛音匕 說 文 以豚祠司命。漢津曰：祠祕司命 又 集韻 毗至切音庳。 又必至切音庇。義丛同。

祊 39665 19993
bēng_4.9　 集韻 韻會 丛晡橫切音閍◆ 說文 作祊。从 示，彭聲。或从方，門内祭先祖，所以彷徨也 詩·小雅 祝 祭于祊 傳 祊，門内也。孝子不知神之所在，使祝博求 之門内之旁，待賓客處也 禮·禮器 設祭於堂，爲祊乎外 註 祊，明日繹祭也。謂之祊者，於廟門之旁，因名焉 疏 祊有二義，一正祭時，祭神於廟，復求神於廟門内。一 明日繹祭時，設饌於廟門外西室 又 邑名 春秋·隱八年 鄭伯使宛來歸祊 註 祊，鄭祀泰山之邑，在琅邪費縣東 南 又 通邴 公羊·隱八年 作來歸邴 註 彼命反，又音丙 △ 正字通 周禮·大司馬 中秋教治兵，羅弊致禽以祀祊。

鄭註：祊，當爲方，主祭四方，報成萬物。引 詩 以社以 方。據此是 周禮 方謂作祊，非方祊同也 字彙 祊音方， 合方、祊爲一字，誤。 鼇 又禓39932 祣40069 祊54148

祈 39666 19994
qí_4.9　 集韻 祺39869古借祈。

祋 39667 19995
duì_4.9　 廣韻 丁外切 集韻 韻會 都外切丛音毃 說 文 殳也。或說，城郭市里高縣羊皮，有不當入而欲入者， 暫下以驚牛馬曰祋，故从示殳 詩 曰：何戈與祋 又 祋栩， 縣名。在馮翊 前漢·郊祀志 鳳皇集祋栩 又 廣韻 丁活切 音掇。義同 前漢·郊祀志 顏師古讀 又 姓。漢光祿勳祋 諷。 鼇 又祋39739

祔 39668 19996
fū_4.9　 廣韻 甫無切音夫。祭名 又 玉篇 祭疏也。

神 39669 19997
zhòng_4.9　 玉篇 集韻 丛直衆切音仲。神名 又 chōng 字彙補 川中切。與冲同 荀子·非十二子篇 神禫其詞 註 卽冲澹也。 鼇 荀子非十二子篇神禫其詞。註卽冲澹也。 荀子：神禫40088其辭，禹行而舜趨。注即冲澹。

頭 39670 19998
tóu_4.9　 字彙補 古文頭68141字。

祟 39671 44836
suì_4.9　 龍龕同祟

祄 39672 u2B003
nà_4.9　 俗衲54108

祂 39673 u2B002
null_4.9　 未詳。

祄 39676 u25629
jūn_4.9　 俗衹54126 集 韻 衹，規倫切。戒衣也。偏裻謂之衹。通作均。

祋 39674 u2F952
shè_4.9　 同祋21444俗敇58123

祦 39675 u2562A
ngó_4.9　 喃 从示午ngo聲。

祊 39677 u25628
chū_4.9　 俗初03335 可洪音義 祊无：上楚魚反。正 作初39638又 金瓶梅詞話·第八十六回 起祊時，月娘不觸 犯龐兒變了。

祡 39678 u25627
zuì_4.9　 俗祽39875 龍龕 神39851，子對反，月祭名 也。神，同上。

祏 39679 u25625
dǒu_4.9　 俗科54099 四聲篇海 刀口切。

祊 39680 u25624
biāo_4.9　 俗祊54110 龍龕 標衫，卑小反。袖端也。 正從衣 又 chāo俗抄19249 可洪音義 經衫：初孝反。正作 抄。

祗 39682 u25622
zhī_4.9　 俗祗39713亦俗坻08443 可洪音義 祗記：上 旨夷反。敬也。又丁兮反。短也。又 鄰祗：丁兮反 四聲 篇海 諸時切。敬也。又 唐·玄奘 大唐西域記·羯若鞠闍 國 諸王覯異，重增祗懼。已而顏色不動，辭語如故。

祂 39684 u25620
yì_4.9　 同祂39702

祏 39683 u25621
zhī_4.9　 隸辨 祏，史 晨後碑：祏肅屑偈。按 廣韻 祗祗俗從互。

祟 39681 u25623
suì_4.9　 俗祟39722

衿 39686 u2561E
jīn_4.9　 俗襟54800 唐 靜感塔記 悲感德者，涕流沾衿。

祺 39685 u2561F
yún_4.9　 同芸49081 馬王堆漢墓帛書·老子乙本·道 經 夫物祺祺，各復歸於其根。

衭 39687 u2561D
null_4.9　未詳。

衱 39688 u2561C
jí_4.9　俗衱54107 龍龕 衱，笈、刧二音。衣交領也。正從衣。

衽 39689 u2561B
rèn_4.9　俗衽54123 可洪音義 左衽：而甚反，衣衿也 ⊠ 俗衽23676 可洪音義 衽費：於往反。

祕 39690 u2561A
xīn_4.9　从示心聲。義未詳 甲骨文合集·26896 叀祕行用戈羌人。

秌 39691 u25619
ēn_4.9　或俗秌30875

衻 39692 u25618
rán_4.9　俗衻54159 奇字韻 衻，古衵字 淮南子

衵 39693 u25617
nì_4.9　俗衵54113 唐韻殘卷 衵，昵質反。近身衣。

衺 39694 u4100
huò_4.9　同禍39936

袆 39695 u794E
yī_4.9　简 褘39945

衽 39696 u794D
rèn_4.9　俗衽54123 可洪音義 左衽：而甚反，衣襟也。

祉 39697 uFA4D
zhǐ_4.9　參見祉39663

祈 39698 uFA4E
qí_4.9　參見祈39662

祏 39699 19999
shí_5.10　唐韻 集韻 正韻 常隻切 韻會 常亦切 夶音石。宗廟中藏主石室也 左傳·莊十四年 命我先人，典司宗祏 疏 慮有非常火災，於廟之北壁內爲石室，以藏木主，有事則出而祭之，既祭，納於石室。祏字从示，神之也 說文 周禮有郊宗石室。一曰大夫以石爲主。璽 又祐39810

祐 39700 20000
yòu_5.10　古文 䆳 集韻 類篇 韻會 夶尤救切音又。神助也 易·大有 自天祐之 繫辭 祐者，助也 ⊠ 通作右 詩·周頌 維天其右之 箋 神享其德而助之 書·太甲 皇天眷佑有商。璽 又祐39763 禩65063 禍40011 祏39810

祑 39701 20001
zhì_5.10　集韻 正韻 夶直質切音姪。祭有次也 ⊠ 韻會 秩40313或作祑。

祂 39702 20002
yì_5.10　玉篇 翌制切音異。祭也。璽 又祂39684 袮39649

祒 39703 20003
tiáo_5.10　集韻 田聊切音迢。人名。巫咸祒。見 莊子 ⊠ 五音集韻 尺招切音弨。又 集韻 市沼切音紹。義夶同。璽 據 馬王堆漢墓帛書·肆，巫咸祒或巫成招之誤，卽務成子。

祠 39704 20004
hē_5.10　集韻 虎何切音呵。祭也 ⊠ 何佐切音賀。義同。

袖 39705 20005
liù_5.10　集韻 褵39988古作袖。

祓 39706 20006
fú_5.10　唐韻 集韻 韻會 正韻 夶敷勿切音拂。除災求福也。又潔也，除也 周禮·春官 女巫掌歲時祓除釁浴 註 祓除，如今三月上巳如水上之類 左傳襄二十五年 祝祓社 司馬相如·封禪書 祓飾厥文 師古註 祓飾者，除去舊事，更飾新文 ⊠ fèi 五音集韻 方肺切音廢。義同。⊠ 縣名。在琅邪郡 ⊠ 通作弗 爾雅·釋詁 祓，福也 註 詩 祓祿爾康矣。今詩本作茀 ⊠ 通作弗 詩·大雅 以弗無子 註 弗之言祓也。祓除其無子之疾。璽 又祓39707

祓 39707 20007
fú_5.10　正字通 同祓。

祖 39708 20008
zhǔ_5.10　集韻 腫庾切音主。宗廟主祏 說文 本作宔。

祵 39709 20009
jū_5.10　五音集韻 羣朱切音拘。禰祵，山名。璽 又俗拘19396 可洪音義 不祵：音俱。正作拘。郭氏音狗，非。

祔 39710 20010
fù_5.10　唐韻 集韻 韻會 夶符遇切音附。祭名 說文 後死者合食於先祖 禮·檀弓 以吉祭易喪祭，明日祔於祖父 ⊠ 合葬亦曰祔 禮·檀弓 周公蓋祔 註 謂合葬自周公以來始。又孔子曰：衛人之祔也離之，魯人之祔也合之，善夫△ 或省作付 周禮·春官 大祝付練祥 註 付當爲祔，祭先王以祔後死者。

祕 39711 20011
bì_5.10　唐韻 集韻 韻會 正韻 夶兵媚切，音閟 說文 神也。徐曰 祕之言閟，祕不可宣也 廣韻 祕也，密也，藏也 史記·孝文紀 祕祝之官 註 祕祝移過於下，國家諱之，故曰祕 前漢·劉向傳 詔向領校中五經祕書 註 言中以別外 班固·兩都賦 校理祕文 ⊠ 官名 唐書·百官志 書省監一人，又祕書郎三人 ⊠ 姓 西秦錄 有僕射祕宜 ⊠ 字彙補 卑吉切音必。邠正釋讚 無遠不至，無幽不悉。挺身取命，幹茲奧祕△ 正字通 从示从必。俗从禾作秘，譌。璽 又祕54175

祖 39712 20012
zǔ_5.10　古文 祖 唐韻 則古切 集韻 韻會 揔古切 正韻 揔五切 夶音組 玉篇 父之父也。又先祖，始祖，通謂之祖 詩·小雅 似續妣祖 禮·喪服小記 別子爲祖 ⊠ 說文 始廟也 周禮·冬官考工記 匠人 左祖右社 ⊠ 廣韻 始也，上也，本也 禮·中庸 祖述堯舜 仲尼燕居 如此則無以祖洽於衆 前漢·食貨志 舜命后稷，以黎民祖饑 孟康註 謂黎民始饑也 ⊠ 法也 禮·鄉飲酒義 亨狗於東方，祖陽氣之發於東方也 ⊠ 習也 魯語 祖識地德 ⊠ 祭道神曰祖。共工之子曰修，好遠遊，舟車所至，靡不窮覽，故祀以爲祖神。祖者，徂也 詩·大雅 仲山甫出祖 註 祖，將行犯軷之祭也 左傳·昭七年 公將往，夢襄公祖 ⊠ 姓。祖己之後，出范陽 ⊠ jiē 集韻 咨邪切音罝 前漢·地理志 安定郡有祖厲縣 ⊠ 神名 山海經 祖狀之尸 註 音如俎藜之俎。璽 又祖39762 祖39735 祖39756 ⊠ 祖54181 碑別字新編 引 隋右翊衛大將軍張壽墓誌銘 ⊠ 禩40033 金石文字辨異 引 漢宗俱碑 ⊠ 字彙補 俎32210，音義與祖同。⊠ 祖32186，同俎。

祗 39713 20013
zhī_5.10　古文 祗 廣韻 旨夷切 集韻 韻會 烝夷切 夶音脂 爾雅·釋詁 敬也 書·大禹謨 祗承于帝 周禮·春官·大司樂 以樂德教國子，中和祗庸孝友△ 正譌 从示，氏聲。見 神示則敬。會意 正字通 同祇通。郝敬曰：祇从氏下一，韻書別出，其實同。璽 集韻 祗，古作祗27665 祗39777 ⊠ 禘35619 禟35345 祗39682 祗54193 祗54087 祗39791 ⊠ 龍龕 祗39730俗，祗39795通，祗39683正，音脂。敬也 ⊠ 祗39683 承代 ⊠ 祗54112 廣碑別字 引 唐北平田在卞墓誌

祘 39714 20014
suàn_5.10　唐韻 集韻 夶蘇貫切音算 說文 明視以算之，从二示 逸周書曰：士分民之祘，均分以祘之也。讀

若算正譌从二示,會意。

袜 mèi_5.10 集韻明祕切音媚。老精物也山海經袜其為物,人身黑首,從目郭註卽魅也楊慎曰魖魅字,漢碑作褙袜。从示,蓋魖魅亦鬼山神。

祚 zuò_5.10 廣韻昨誤切集韻韻會存故切正韻靖故切夶音胙。福也,祿也,位也詩·大雅永錫祚胤註祚,福祚左傳·宣三年天祚明德又歲也曹植·元會詩初歲元祚晉書·王沈傳彈琴詠典,以保年祚。又祚40312祚54240

祔 yāng_5.10 廣韻集韻正韻夶於良切音央說文本作殃26760,咎也。

祛 qū_5.10 集韻韻會正韻夶丘於切音墟。禳也,遣也,逐也,散也前漢·兒寬傳封禪告成,合祛於天地註李奇曰:祛,開散合閉也又彊健也詩·魯頌以車祛祛。又集韻或作祛韻會小補祛與祛同。見荀子註。又炔,或同祛甲骨文合集.28189辛亥卜炔王受又。

祜 hù_5.10 唐韻正韻侯古切集韻韻會後五切夶音戶說文福也。爾雅·釋詁厚也疏祜者,福厚也詩·小雅受天之祜禮·禮運是謂承天之祜。又祜54237

祝 zhù_5.10 古文祝唐韻集韻韻會正韻夶之六切音粥。贊主人饗神者說文祝,祭主贊詞者,从人口,从示。一曰从兌省易曰:兌,為口,為巫徐曰按易兌,悅也,巫所以悅神也詩·小雅工祝致告周禮·春官大祝掌六祝之辭又屬也詩·鄘風素絲祝之箋祝,當作屬。屬,著也毛傳訓織也又祝融,神名虞翻曰祝,大。融,明也韋昭曰祝,始也又斷也公羊傳·哀十四年子路死,子曰:噫,天祝予穀梁傳·哀十三年祝髮文身又丁寧也,請求之辭又國名禮·樂記封帝堯之後於祝又姓左傳鄭大夫祝聃,後漢司徒祝恬又zhòu集韻類篇夶職救切,周去聲詩·大雅侯作侯祝傳祝,詛也疏祝。無用牲之文,口告而祝詛之也書·無逸否則厥口詛祝疏以言告神謂之祝,請神加殃謂之詛又zhù朱戍切,音注周禮·天官瘍醫掌祝藥註祝,讀如注病之注,謂附著藥也△集韻或作呪。亦作說詶。又祝39761飥69011

神 shén_5.10 古文禥唐韻食鄰切集韻韻會乘人切夶音晨說文天神,引出萬物者也徐曰申卽引也,天主降氣,以感萬物,故言引出萬物又皇極經世天之神棲乎日,人之神棲乎目又神明書·大禹謨乃聖乃神孔傳聖無所不通,神妙無方又易·繫辭陰陽不測之謂神王弼云神也者,變化之極,妙萬物而為言,不可以形詰孟子聖而不可知之謂神又鬼神。陽魂為神,陰魄為鬼氣之伸者為神,屈者為鬼又謚法史記民無能名曰神又姓漢騎都尉神曜又shēn升人切音伸。張衡·東京賦神荼副焉註海中神名。神,音伸。荼,音舒○按:顧炎武金石文字記曰:神,古碑多作禥,下从旦禮·郊特牲所以交於旦明之義。鄭康成云旦當為神,篆字之譌莊子有

旦宅而無情死,亦讀為神。蓋昔之傳書者遺其上半,因譌為旦耳。此說甚是,非旦可作神也。又神39760禮40136檻32296玃57518神39841褃39955种40300魌71494神39736,古文。

祟 suì_5.10 唐韻集韻韻會夶雖遂切音粹說文神禍也徐曰禍者,人之所召,神因而附之。祟者,神自出之以警人左傳·昭元年實沈、臺駘為祟。又哀六年河為祟前漢·江充傳祟在巫蠱師古註禍咎之徵,鬼神所以示人也,故从出从示又集韻雪律切音卹。義同。又景39671蘴40148又龍龕祟26634祟二俗,雖醉反。正作隟65824,禍祟又可洪音義灾祟23870:雖醉反。請祟:相遂反,禍也。妖祟:相遂反。正作祟。

祠 cí_5.10 唐韻似茲切集韻韻會正韻詳茲切夶音詞。祭也詩·小雅禴祠烝嘗公羊傳·桓八年春曰祠註祠,猶食也,猶繼嗣也。春物始生,孝子思親,繼嗣而食之,故曰祠,因以別死生又報賽也周禮·春官小宗伯禱祠於上下神示註求福曰禱,得求曰祠又神祠史記·封禪書立時郊上帝,諸神祠皆聚云又廟也朱子家禮君子將營宮室,先立祠堂於正寢之東司馬光·文潞公家廟碑先王之制,天子至官師皆有廟。秦尊君卑臣,無敢營宗廟者。漢世多建祠堂於墓所又生祠史記·萬石君傳慶為齊相,大治,為立石相祠又祠官朱子語錄王介甫更新法,慮天下議論不合,於是剏為宮觀祠祿,以待異議之人。

紫 chái_5.10 古文瞨廣韻士佳切集韻韻會鉏佳切夶音柴◆說文燒柴燎燎,以祭天神揚雄·甘泉賦欽紫宗祈又同柴書·舜典至于岱宗柴說文引書作紫正字通按紫本作柴23860,後人因祭天,改从示。

祀 sì_5.10 廣韻集韻夶同祀、禩。

祢 nǐ_5.10 集韻乃禮切音鐊揚雄·蜀都賦宗厥祖祢字彙補同禰。又袗39750

祝 zhù_5.10 集韻祝39720古作祝。

祖 zǔ_5.10 集韻祖39712古作祖。

袡 chuì_5.10 篇海類編蚩瑞切,吹去聲。祟也。

祇 zhī_5.10 篇海類編同祇。

祐 sì_5.10 龍龕音似。年也。與祀同。

咸 null_5.10 未詳。(火)蔓延又xem嗮同貼。看,觀。

祜 cemh_5.10 壯閃爍,

袍 null_5.10 未詳。

褖 duì_5.10 龍龕褖、袯39667,都活、丁外二反。褖祂。縣名也。

祖 zǔ_5.10 同祖39728古文祖39712

神 shén_5.10 古文神39721見三體石經·多方

𥙊 39738 u2564A
jì_5.10 干祿字書 祭祭39778，上俗下正。

𥙇 39740 u25647
yí_5.10 五侯鯖字海 音迤。又音移。宛曲也。

𥙌 39737 u2564C
null_5.10 未詳。

𥙆 39741 u25646
xiàn_5.10 龍龕 音現。新唐書 瑋蚤卒，中宗追封朗陵王。子𥙆，出繼蜀王愔。又xuàn俗袨54210 可洪音義 袨服：上音縣。好衣也。

𥙅 39742 u25645
pèi_5.10 俗沛27911 篇海 𥙅，郡名。漢祖起兵之處。

𥙄 39743 u25644
nǐ_5.10 玉篇 禰，年禮切。父廟也。祢，同上 直音篇 祢祢39726并同禰。

𥙃 39744 u25643
pò_5.10 同魄71504 馬王堆漢墓帛書·老子乙本·道經 戴營𥙃抱一，能毋離乎。

𥙁 39745 u25641
yí_5.10 俗袘54189

𥙀 39746 u25640
zuǒ_5.10 俗佐00982 遼·靳信 造塔記 德感賢臣，匡𥙀內外。

𥘿 39747 u2563F
qín_5.10 俗秦40310 漢隸字源 引 樊毅脩華嶽碑。又 碑別字新編 引 魏王悅墓誌

𥘾 39748 u2563E
jì_5.10 俗祭39778 又nài 同文通考·譌字 𥘾，奈也。

𥘽 39749 u2563D
null_5.10 未詳。

𥘼 39750 u2563C
zhěn_5.10 俗袗54188 又同祢39726 朝鮮本 龍龕 𥘼，音縝。又奴禮切。

𥘻 39751 u2563B
null_5.10 未詳。

𥘹 39753 u25639
null_5.10 未詳。

𥘺 39752 u2563A
zhēng_5.10 俗征16576 敦煌·P.3200.V 雜詩叢鈔十二首 四塞無𥘺俠，三冬羆（罷）戰夫。

𥘸 39754 u25638
wèi_5.10 靈位之位的專字 包山楚簡 卲吉為𥘸。

𥘷 39755 u25637
trẻ_5.10 喃 年輕。𥘷疎：童稚。

𥘵 39756 u25635
zǔ_5.10 俗祖39712 可洪音義 法𥘵：子古反。又音但，悮。又 廣碑別字 引隋 晉王祭酒車誂墓誌 又tǎn俗袒54180 可洪音義 褊𥘵：上音偏。下音但。

𥘴 39757 u25634
chèng_5.10 俗秤。敦煌P.3833 王梵志詩 生時不須歌，死時不須哭。天地捉𥘴量，鬼神用斗斛 可洪音義 上𥘴：尺證反。𥘴量：上尺陵反。𥘴身：上尺陵反。正作秤 又碑別字。羅振鋆輯 碑別字·卷二 𥘴，稱也，隋 李則墓誌銘 又俗枰 可洪音義 𥘴閣：上步盲反。正作棚。𥘴閣：上步盲反。正作棚。

𥘳 39758 u25633
null_5.10 未詳。

𥘯 39759 u2562F
mèi_5.10 俗袂39715

神 39760 uFA19
shén_5.10 參見神39721

祝 39761 uFA51
zhù_5.10 參見祝39720

祖 39762 uFA50
zǔ_5.10 參見祖39712

祐 39763 uFA4F
yòu_5.10 參見祐39700

祣 39764 20029
lǚ_6.11 廣韻 力舉切 集韻 韻會 正韻 兩舉切𠀤音呂。祭山川名。通作旅 周禮·春官·大宗伯 國有大故，則旅上帝及四望 註 旅，陳也。陳其祭祀以祈焉，禮不如祀之備也。又 論語 季氏旅於泰山 又 韻會 或作禯。亦作臚 史記·六國表 臚於郊祀。鎏 正字通 祣，旅字之譌。

⿰礻𠂢 39765 20030
mò_6.11 玉篇 莫伯切音陌。神也。

祤 39766 20031
yǔ_6.11 廣韻 集韻 𠀤王矩切音羽。祋祤，縣名 史記·孝景紀 置祋祤爲縣 漢書 註：亦音戶 又 廣韻 況羽切 集韻 火羽切𠀤音詡。義同。

祥 39767 20032
xiáng_6.11 唐韻 似羊切 集韻 韻會 正韻 徐羊切𠀤音詳 說文 福也。一云善也 禮·禮運 是謂大祥 書·泰誓 襲于休祥 又 凡吉凶之兆皆曰祥 徐鉉曰 祥，詳也。天欲降以禍福，先以吉凶之兆詳審告悟之也 前漢·五行志 妖孽自外來謂之祥 左傳·昭十八年 鄭之未災也，里析曰：將有大祥 註 祥，變異之氣 疏 祥者，善惡之徵 中庸 必有禎祥，吉祥也。必有妖孽，凶祥也。則祥是善事，而析以災爲祥者，對文言耳 書·序 亳有祥桑 五行傳 時有青眚青祥，白眚、白祥之類，皆以惡徵爲祥。是祥有善有惡，故杜云變異之氣 又 祭名 禮·閒傳 父母之喪，期而小祥，又期而大祥 疏 大祥，二十五月 又 通詳 史記·自序 陰陽之術大祥 漢書 作詳。鎏 又祥39812祥39858殍45745䄗45785 又 字彙補 羊45730，卽祥字。見 古文老子 又 字彙 彸16461古祥字。

祵 39768 20033
yīn_6.11 集韻 同禋39931 又 玉篇 成就也。

⿱龹示 39769 20034
juàn_6.11 玉篇 居倦切 集韻 古倦切𠀤音眷。常山謂祭爲𥜔。或从示。

祦 39770 20035
wú_6.11 廣韻 五乎切 集韻 訛胡切𠀤音吳。福也。

祧 39771 20036
tiāo_6.11 古文䄻 廣韻 吐彫切 集韻 韻會 正韻 他彫切𠀤音挑 說文 遷廟也 禮·祭法 遠廟爲祧，去祧爲壇 註 祧之言超也，超上去意也 周禮·春官 守祧，掌守先王先公之廟祧 註 遷主所藏曰祧 左傳·襄九年 以先君之祧處之 註 諸侯以始祖之廟爲祧△ 集韻 通作庣。

票 39772 20037
biào_6.11 集韻 卑遙切音摽。本作㶾。省作票。今作票 說文 火飛也 揚子·太玄經 見票如累明，利以正於王 註 君子之道，重明麗正，光輝宣著，故利正於王也 又 前漢·禮樂志 票然逝旗逶蛇 師古註 票然，輕舉意 揚雄·羽獵賦 亶觀夫票禽之紲隃 師古註 票禽，輕疾之禽也。又 piào 毗召切音驃。義同 又 前漢·霍去病傳 爲票姚校尉 師古曰 票，頻妙反 服虔曰 音飄。鎏 又㶾30981

祩 39773 20038
zhū_6.11 集韻 韻會 𠀤鍾輸切音朱。咒祩 博雅 詛也 又 集韻 韻會 𠀤追輸切音株。又zhù 廣韻 之戍切音注。義𠀤同。鎏 又拀19515秼40388

祮 39774 20039
huó_6.11 廣韻 集韻 𠀤戶括切音活 說文 祀也。本作䄆，从示昏聲 又 集韻 古活切音括。義同 又 huá 集韻 乎刮切音䛡 廣雅 法也 又 guā 廣韻 古頒切音刮。䄆祭名 又 huàn 集韻 胡玩切音換。報神祭也。

祪 39775 20040
guǐ_6.11 唐韻 過委切 集韻 韻會 正韻 古委切𠀤音詭 爾雅·釋詁 祪，祖也 疏 毀廟之主曰祪 又 集韻 虎委切音礣。通作毀。又歸謂切音貴。義𠀤同。

祫 39776 20041 xiá_6.11 唐韻侯夾切集韻韻會轄夾切正韻胡夾切𠀤音洽說文大合祭先祖親疏遠近也公羊傳·文二年大事者何，大祫也。大祫者何，合祭也。毁廟之主陳於太祖，未毁廟之主皆升，合食於太祖禮·王制天子犆礿，祫禘，祫嘗，祫烝○按凡合祭曰祫，禘嘗烝皆合祭，故皆言祫。據此則知天子別無祫祭。凡諸經傳所言祫皆指禘、嘗、烝之祭也。但烝、嘗二祭，止太祖及羣廟，而禘則上追太祖所自出，下及毁廟之主，其祫較烝、嘗爲大，故春秋於文二年八月之禘，書爲大事，而公羊釋之爲大祫也。互詳禘39948字註。

䄺 39777 20042 zhī_6.11 集韻祗39713古作䄺。

祭 39778 20043 jì_6.11 唐韻集韻韻會太子例切，音際說文祭祀也。从示，以手持肉 又 尚書大傳祭之言察也。察者，至也，言人事至於神也 又 孝經·士章疏祭者，際也，人神相接，故曰際也。詳見禮記祭法祭統祭義諸篇。又zhài廣韻集韻𠀤側界切音瘵。周大夫邑名 又 姓。周公子祭伯，其後爲氏。䥯又䕓62513祭39738祭39748

䄻 39779 20044 yāng_6.11 集韻殃26760古作䄻。

祸 39780 41628 huò_6.11 川篇胡果切。祸，惠也。

䄼 39782 44840 dǎo_6.11 五音篇海同禱。

䄽 39783 44841 rú_6.11 搜真玉鏡音如。

祰 39781 44839 gào_6.11 龍龕同祰

䘗 39785 u2B00A lǚ_6.11 俗旅22163可洪音義軍䘗：力与反。正作旅㧖二形。

祭 39784 u2B7B4 jì_6.11 同祭39778

𫀉 39786 u2B009 null_6.11 殷周金文集成·5.2763·我鼎我乍御𫀉祖乙。讀若恤。

𫀇 39788 u2B007 null_6.11 未詳。

𥙩 39789 u25669 lǎy_6.11 喃以，拿，取△爭𥙩：爭取，贏得。貶𥙩：緊隨。卜𥙩：捏。

𫀈 39787 u2B008 tǒng_6.11 祠54273譌字集韻袳，袳祠曰袳。

𥙧 39790 u25667 nhẽ_6.11 喃从礻尔𫅷聲。同𨬌62700

𥙣 39792 u25663 xún_6.11 俗栒23941或亦俗袀。

𥙡 39794 u25661 zhān_6.11 俗旃22160

𥙥 39791 u25665 zhī_6.11 俗祗39713碑別字帝堯碑宜崇𥙥濯桐柏廟碑𥙥慎慶祀。

𥙠 39795 u25660 zhī_6.11 同祗39713

𥙢 39793 u25662 null_6.11 字海𥙢，音義待考。元·錢霖（般涉調）哨遍·十煞恨不得櫃頭錢五分息招人借，架上𥙢一周年不放贖。

𥙟 39796 u2565F èr_6.11 同衈53923明·劉侗、于奕正帝京景物略·卷三·關帝廟萬國朝者，退必謁。輻輳者，至必祈𥙟也。

𥙚 39801 u2565A qí_6.11 俗旂22158

𥙞 39797 u2565E guì_6.11 俗桂24007唐陳子良·辯正論注序玉移荊岫，皎潔之性彌彰。𥙞徙幽林，芬芳之風更遠 又 guī俗袿54267

𥙝 39798 u2565D xiān_6.11 先公、先王專字司馬楙編鎛𥙝公正德。

𥙗 39804 u25657 null_6.11 未詳。

𥙜 39799 u2565C fú_6.11 或袱字之譌

𥙛 39800 u2565B rèn_6.11 俗衽54123可洪音義左𥙛：而蔭反，衣襟也。正作衽也。

𥙖 39805 u25656 null_6.11 未詳。

𥙙 39802 u25659 diāo_6.11 或俗𥙙54102

𥙘 39803 u25658 xī_6.11 可洪音義𥙘隸：上音西、細二音 又 寺名。𥙘禪寺，見洛陽伽藍記·卷第五·城北

𥙕 39806 u25655 null_6.11 未詳。

𥙔 39807 u25654 ān_6.11 人名用字高宗純皇帝實錄·卷之一千四百六十三並令黎維祁之母，及黎維𥙔，當面識認，彼此俱屬相識，指認明確。

𥙓 39808 u25653 rúng_6.11 喃𥙓𥙓：輕視。

𥙑 39809 u25651 shuì_6.11 俗稅40426可洪音義𥙑奪：上書銳反。正作稅。

𥙐 39810 u25650 yòu_6.11 可洪音義福𥙐：音右。正作祐39700又敦煌·S.318洞淵神咒經·斬鬼品第七家神不𥙐人。又shí可洪音義宗𥙐：時隻反。宗廟𥙐主也。正作祏39699 又 zhè可洪音義留𥙐：遮夜反。正作柘23824悲花經作留遮 又 墨子·明鬼下昔者宋文君鮑之時，有臣曰𥙐觀辜，固嘗從事於厲，株子杖楫出與言曰：觀辜，是何珪璧之不滿度量，酒醴粢盛之不淨潔也。孫詒讓閒詁：𥙐當即祝39720之譌。

禎 39811 u796F zhēn_6.11 简禎39937

祥 39812 uFA1A xiáng_6.11 參見祥39767

䄾 39813 20045 yǒu_7.12 說文槱25116亦作䄾。䥯又𥛗40466

䄿 39814 20046 chéng_7.12 字彙音呈。人姓正字通譌字。

䅀 39815 20047 shāo_7.12 玉篇所交切，音梢。祐也。

䅁 39816 20048 gào_7.12 唐韻集韻𠀤苦浩切音考。禱也，告祭也。或从高 又 gào集韻居號切音告。義同。䥯又祰39781 禞39991

䅂 39817 20049 dòu_7.12 廣韻田候切集韻大透切𠀤音豆。祭福也。䥯或俗旋22189，見齊靜明造像記

祱 39818 20050 shuì_7.12 集韻式瑞切音餽。小祭也 又 shuì輸芮切音稅博雅祭也 又 lèi魯外切音酹。門祭謂之祱。或作餽。

䄊 39819 20051 é_7.12 集韻牛何切音莪。祭名。䥯玉篇䄊，音俄。盛皃。或作娥10736

祲 39820 20052 jìn_7.12 廣韻子心切集韻韻會咨林切𠀤音駸說文精氣感祥。又日旁氣左傳·昭十五年吾見赤黑之祲註祲，妖氛也疏陰陽氣相侵漸成祥者周禮·春官眡祲掌十煇之法。一曰祲疏祲，陰陽氣相侵。赤雲爲陽，黑雲爲陰 又 盛也班固·東都賦天官景從，祲威盛容註祲，亦盛也 又 廣韻集韻韻會正韻𠀤子鴆切音浸。又qǐn

[集韻]七稔切音寑。義𠀤同[又]祲祥，地名[春秋·昭十一年]盟于祲祥[音義]七林反。鼞又祲39956祲39994祲54383

䄕 39821 20053 shè_7.12 [說文]古文社字○按[說文]社註：[周禮]二十五家爲社，各樹其土所宜之木。字从木，會意也。鼞段改重文作䄕。

禒 39822 20054 xiǎn_7.12 [廣韻][集韻]𠀤息淺切音蘚。同獮33676 △[說文]獮。或从豕，宗廟之田也，故从豕示。

祳 39823 20055 shèn_7.12 [唐韻]時忍切[集韻]是忍切[正韻]時軫切，𠀤辰上聲。同脤。祭社生肉也[說文]社肉盛以蜃，故謂之祳，天子所以親遺同姓[春秋傳]曰：石尚來歸祳。

祴 39824 20056 gāi_7.12 [唐韻]古哀切[集韻][韻會][正韻]柯開切𠀤音該。祴夏，古樂章名[周禮·春官]鐘師以鐘鼓奏九夏，有[祴夏][註]祴讀爲陔鼓之陔。客醉而出，奏[陔夏]。又[笙師]春牘、應、雅，以教[祴樂][註]祴夏之樂有牘應雅三器，皆舂於地以作聲，客醉而出，奏之以爲行步之節，明不失禮也[又]通作陔[儀禮·鄉飲酒禮]賓出奏[陔][註]陔[陔夏]也。陔之言戒也[又][集韻]訖黠切音頡。義同[又]jiā[韻會]居膎切音佳。墆道也[周禮·冬官考工記·堂涂註]若今令甓祴[疏]令音零。甓，薄歷反。今之墆也。祴則墆道者也。

祵 39825 20057 kǔn_7.12 [正字通]梱字之譌。

𥚄 39826 20058 huò_7.12 [集韻]禍39936古作禍。

禉 39827 20059 shòu_7.12 [玉篇]市救切[集韻]承呪切𠀤音授。祈久年也[又][集韻]是酉切音受。久祭。鼞又椖24240熊加全：俗埾09096

䄜 39829 20061 shè_7.12 [玉篇]古文社39641字。

𥙊 39830 20062 fǔ_7.12 [集韻]俌01244古作𥙊。鼞[汗簡]𥙊，古文輔。

祶 39831 44842 dì_7.12 [龍龕]同禘

𥙯 39828 20060 huó_7.12 [說文]栝本字

𥘷 39832 44843 zhé_7.12 [五音篇海]同折。

𫞵 39833 u2B7B5 null_7.12 [日]戶籍用字。

𫞐 39834 u2B010 null_7.12 未詳。

𫀏 39835 u2B00F null_7.12 未詳。

𫀎 39836 u2B00E null_7.12 未詳。

𫀍 39837 u2B00D yì_7.12 俗裨54254

𫀌 39838 u2B00C shī_7.12 [簡]襹40147

𫀋 39839 u2B00B null_7.12 未詳。

視 39840 uFAB8 shì_7.12 [兼]視55073

神 39841 u2569E shén_7.12 同神39721

𥚆 39842 u25686 nhìn_7.12 [喃]从視省忍nhẫn聲△𥚆覔：觀察。

𥚅 39843 u25685 nhễ_7.12 [喃]从礻lễ耳nhĩ雙聲△𥚅奈：大汗淋漓。

𥚄 39844 u25684 lạy_7.12 [喃]同禮40020禮，拜[又]lãi同䄂03726

𥚃 39845 u25683 lĩ_7.12 俗裡54390[又]俗梩24214

𥚁 39847 u25681 huò_7.12 同禍39936

𥚂 39846 u25682 jùn_7.12 䘦54342譌字

𥚀 39848 u25680 fú_7.12 桴24147檻，俗作𥚀檻，木名。

𥙿 39849 u2567F yù_7.12 俗裕54337

𥙾 39850 u2567E yǒu_7.12 俗琇40423

𥙽 39851 u2567D zuì_7.12 同䘹39875[龍龕]䘹，子對反，月祭名也。

𥙼 39852 u2567C null_7.12 未詳。

𥙻 39853 u2567B null_7.12 未詳。

𥙺 39854 u2567A null_7.12 未詳。

𥙹 39855 u25679 qiú_7.12 人名用字。同治[如皋縣續志·卷十一·列女傳二·節婦]李氏，吳𥙹妻。

𥙸 39856 u25678 dǎo_7.12 同禱40107

𥙷 39857 u25677 bǔ_7.12 俗補54349敦研.270[佛經]往補像額，還住視之，一無縫際。

𥙶 39858 u25676 xiáng_7.12 同祥39767[漢隸分韻]祥，[堯母碑]

𥙵 39859 u25675 miǎn_7.12 [龍龕]䘃，音免。

䄊 39861 u410A null_7.12 未詳。

𥙴 39860 u25674 null_7.12 或俗梗24189

祸 39862 u7978 huò_7.12 [简]禍39936

祷 39863 u7977 dǎo_7.12 [简]禱40107

䄋 39864 20063 yǎn_8.13 [集韻]衣檢切音掩。䙪也。又yàn於贍切音厭。污觸也。

䄌 39865 20064 bì_8.13 [正字通]禆字之譌。

祹 39866 20065 táo_8.13 [玉篇]徒勞切音陶。福也[又][集韻]徒刀切音濤。神也。鼞又祹39979

䄍 39867 20066 zhuì_8.13 [廣韻]陟衛切[集韻]株衛切𠀤音綴。重祭也[又]chuò[廣韻]陟劣切音輟。酹謂之䄍。或从酉。

䄎 39868 20067 zhà_8.13 [廣韻][集韻][韻會][正韻]𠀤助駕切音乍。年終祭名[廣雅]夏曰清祀，商曰嘉平，周曰大䄎，秦曰臘。通作蜡52809 鼞本作禟40075俗或作䄎54474

祺 39869 20068 qí_8.13 古文禥[唐韻][集韻][韻會]𠀤渠之切音其[說文]吉也[爾雅·釋言]祥也[詩·大雅]壽考維祺[荀子·非十二子篇]儼然，壯然，祺然[註]祺，安泰不憂懼之貌[又]州名。古㺿騩國也。宋置祺州[又]jī[集韻]居之切音姬。籀从基。義同。鼞[龍龕]禥39963古，𥜋40036籀文，祺今。

祻 39870 20069 huò_8.13 [五音集韻]古暮切音固。祭也。鼞又祻54459[又]俗禍39936宋·徐夢莘[三朝北盟會編·卷二]陛下儻優游不斷，異時祻稔蕭墻，姦生帷幄，追悔何及。又[大正藏]本清·劉道開纂述[楞嚴說通·卷四]三五百年，人之享福者，福終祻起。

䄐 39871 20070 qǐ_8.13 [玉篇]乞喜切音起。好貌。

䄏 39872 20071 yāo_8.13 [集韻]同祅39659[說文]地反物爲䄏。通省作祅[韻會小補]亦通作妖10401

䄑 39873 20072 zī_8.13 [篇海]旨而切音淄。安也。

祼 39874 20073 guàn_8.13 古文𥛒[唐韻][集韻][韻會][正韻]𠀤古玩切音貫。祭酌鬯以灌地[詩·大雅]祼將于京[周禮·春官·大宗伯]以肆獻祼享先王[註]祼之言灌，灌以鬱鬯，謂始獻尸求

神時也書·洛誥王入大室祼疏以圭瓚酌鬱鬯之酒以獻尸，尸受祭而灌於地，因奠不飲謂之祼冈周禮·春官·典瑞祼圭有瓚，以肆先王，以祼賓客疏祼皆據祭而言，至於生人飲酒，亦曰祼，故禮記·投壺云奉觴賜灌，是生人飲酒爵行亦曰灌也△按此則祼與灌通。鋻又祼28555

裡 zuì_8.13 廣韻子對切集韻韻會祖對切丛音晬。月祭名冈cui集韻取內切音倅。祭也。鋻又神39678
神39851

祾 líng_8.13 廣韻力膺切集韻閭承切丛音陵。祭名。又神之福也冈集韻魯登切音楞。義同。

祿 lù_8.13 唐韻集韻韻會正韻丛盧谷切音鹿。說文福也廣韻善也詩·商頌百祿是何箋當擔負天之多福冈俸也。居官所給廩禮·王制位定然後祿之周禮·天官·大宰以八柄詔王馭羣臣，二曰祿疏以功詔祿。祿，所以富臣下，故云禮·曲禮士曰不祿疏士祿以代耕。不祿，不終其祿也冈司祿，星名史記·天官書文昌宮，六曰司祿冈回祿，火神左傳·昭十八年鄭禳火於回祿冈姓。紂子祿父後冈州名。嶺南化外有福祿州，唐總章二年置冈天祿，獸名前漢·西域傳註似鹿，長尾，一角者爲天祿，兩角者爲辟邪。漢有天祿閣，因獸立名，藏祕書冈廣韻龍玉切音錄。祿祿，形貌爲禮也。陸德明說。鋻又祿39924祿39923襐40091祿40469冈祿54399从衣，俗偏類碑別字引魏寇胤哲墓誌

稟 lǐn_8.13 正字通俗稟字。

禁 jìn_8.13 唐韻集韻韻會丛居蔭切，今去聲。制也，勝也，戒也，謹也，止也易繫辭禁民爲非曰義冈天子所居曰禁蔡邕曰漢制，天子所居門閣有禁，非侍御之臣不得妄入，稱禁中。避元后父名，改省中冈承酒尊之器禮·禮器大夫士棜禁疏承者皆用禁，名之禁者，因爲酒戒也冈樂名周禮·春官鞮鞻氏掌四夷之樂註東方曰韎，南方曰任，西方曰侏離，北方曰禁。亦作傑。冈說文吉凶之忌冈小爾雅禁，錄也冈姓冈jīn廣韻集韻韻會正韻丛居吟切音金。力所勝也，當也，劫持也前漢·咸宣傳猶弗能禁冈同紟。紟，帶也◆荀子·非十二子篇其纓禁緩。鋻又裣54481檢24513冈桼24387碑別字新編引魏司馬元興墓誌銘

禂 dǎo_8.13 唐韻都皓切集韻韻會老切丛音倒。與禱通說文禱牲馬祭也周禮·春官甸祝，禂牲禂馬，皆掌其祝號註杜子春云禂，禱也。爲馬禱無疾，爲田禱多獲禽牲詩·小雅旣伯旣禱疏伯，馬祖，天駟房星之神，爲田而禱馬祖，求馬强健〇按杜說詩疏禂牲禂馬，總是馬祭一事。鄭康成註周禮，不取杜說，謂禂讀如伏誅之誅，今俻大字也。爲牲祭求肥大，爲馬祭求肥健，據此則禂止釋肥大，不切禱意，而禂牲、禂馬爲兩事矣，與杜說迴不同集韻韻會主鄭說，音追輪切，而又止釋

云爲牲祭求肥充，反脫却祭馬一事，不知何解冈集韻刀號切音到。義同。或作騚騚。鋻又騚70417

䃹 quàn_8.13 玉篇丘倦切集韻區願切，丛音券◇祠也，福也廣韻作䃹。鋻俗作䃹61975䃹61905

䃳 lù_8.13 廣韻力竹切，音六。見也。

禃 zhí_8.13 集韻承職切音值。專一也。

禈 dǎo_8.13 龍龕同禱

凯 xù_8.13 廣韻辛律切集韻雪律切丛音卹。不能行也。

祼 guàn_8.13 集韻祼39874古作祼。

禍 huò_8.13 字彙補古文禍39936字。

禥 huó_8.13 字彙補何沬切音活。祠也。

禨 rěn_8.13 篇海類編同稔。

祕 null_8.13 未詳。

禄 null_8.13 未詳。

祝 ní_8.13 或俗祝54438冈字海音兒。

視 null_8.13 未詳。

褙 null_8.13 未詳。

裱 null_8.13 未詳。

裡 mǐn_8.13 簡褪40095

䃍 zhé_8.13 龍龕裡，俗。知革反。

袦 chǐ_8.13 俗裀39908

禓 null_8.13 未詳。

襂 thǒ_8.13 嗬从礼蜍thǔ省聲。禮，拜△襂供：祭祀△亦作鞍00561襂40001

禠 huò_8.13 同禍39936亦作禍39847禍39905禍39962

祟 suì_8.13 可洪音義禍祟：息遂反。正作祟39722

祭 yǒng_8.13 俗祭39987明·張存紳雅俗稽言字學祭祭，禳風雨祭。祭从示，音詠。

禈 zhùn_8.13 俗稕40486冈zhūn俗諄56172可洪音義世禈：之順反，告之，丁寧也。正作諄。

禍 huò_8.13 俗禍39936

袴 null_8.13 未詳。

裍 xǔ_8.13 俗稍39944

裈 kūn_8.13 俗褌54396龍龕裈，川韻同褌。音昆。內衣也。明·樓英醫學綱目卷之三十三·傷寒部·陰陽易燒裈散：取婦人中裈近隱處，剪，燒灰△金瓶梅詞話·第二十七回西門慶……把李瓶兒按在一張涼椅上，揭起湘裙，紅裈初褪，倒蹺着隔山取火幹了半晌，精還不洩。兩人曲盡于飛之樂冈五侯鯖字海音裈。祭名冈kāi可洪音義具裈衣：中苦皆反。正作楷20103也。裈揋，摩拭也。謂研令有光也。

裌 chǐ_8.13 海篇裌，裪也。

禜 null_8.13 未詳。

禴 yuè_8.13 俗禴40135

禒 39912 u25696
null_8.13　　未詳。

褕 39913 u25695
mào_8.13　俗帽14989可
洪音義 作褙：莫告反。頭衣也 圖 人名用字。

裉 39914 u25694
kē_8.13　　俗裹41202

袴 39915 u25693
kù_8.13　　俗袴54250

褋 39916 u25692
null_8.13　　未詳。

裾 39917 u25691
jū_8.13　　或俗裾54437

裎 39918 u25690
null_8.13　　未詳。

褯 39919 u2568F
null_8.13　　未詳。

褮 39920 u2568E
xuàn_8.13　　同袨54210 永樂大典殘卷 • 卷之一萬三千
四百五十三 • 二寘 • 士 鼎士： 西漢書 • 鄒陽傳 武力鼎士,
褮服叢臺之下者, 一旦成市。師古曰：鼎士, 舉鼎之士
也。

禆 39921 u7986
bì_8.13　　俗裨54395

禪 39922 u7985
chán_8.13　简 禅40064

祿 39923 u7984
lù_8.13　　同祿39877

祿 39924 uF93C
lù_8.13　　參見祿39877

褚 39925 20086
chǔ_9.14　正字通 褚字之譌 姓譜 無褚姓。

禈 39926 20087
huī_9.14　等韻 許歸切音暉 篇海 祭也。

褎 39927 20088
yǒu_9.14　正字通 褎字之譌。鼇 龍龕 褎俗酉正, 由、
酉二音。

禳 39928 20089
huáng_9.14　廣韻 戶盲切音橫。榜禳, 祭名 圖 玉篇
戶光切音皇。義同。

祦 39929 20090
hóu_9.14　集韻 胡溝切音侯。祭求福也。

禊 39930 20091
xì_9.14　廣韻 集韻 正韻 𠀤胡計切音係。祓禊, 除
惡祭名 正字通 禊有二 論語 浴乎沂, 王羲之蘭亭脩禊
事。此春禊也。劉楨魯都賦 素秋二七, 天漢指隅, 人胥
祓禳, 國子水嬉, 用七月十四日。此秋禊也。又 西京雜
記 載高祖與戚夫人正月上辰出百子池邊, 灌濯以祓妖
邪。三月上巳, 張樂於流水。則漢宮中春亦兩禊也 圖 集
韻 訖黠切音頡。義同。

禋 39931 20092
yīn_9.14　古文 䃾𥜩 唐韻 於眞切 集韻 伊眞切𠀤音
因 說文 潔祀也。一曰精意以享爲禋 書 • 舜典 禋于六宗
周禮 • 春官 • 大宗伯 以禋祀祀昊天上帝 註 禋之言煙, 周
人尚臭, 煙氣之臭聞者 圖 yān 集韻 韻會 𠀤因蓮切音燕
詩 • 周頌 禋祀, 徐邈讀若煙〇按：禋, 又作烟。見魏受
禪表。鼇 又𥛱12425 禍39768𥜩40030禋40074𥛱12471

禕 39932 20093
bēng_9.14　正字通 同祊39665

褆 39933 20094
chái_9.14　說文 古文紫39724字。

祪 39934 20095
jǔ_9.14　集韻 果羽切音矩。姓也 正字通 按 姓苑 有
楀無禑。

禌 39935 20096
zī_9.14　篇海 子絲切音茲。息也。

禍 39936 20097
huò_9.14　古文 𥛰禍𥚵禍 唐韻 正韻 胡果切 集韻 戶
果切 韻會 合果切, 𠀤和上聲 說文 害也, 神不福也 釋名
毀也, 言毀滅也 增韻 殃也, 災也 詩 • 小雅 二人從行, 誰
爲此禍 禮 • 表記 君子慎以避禍 圖 作𥚵 前漢 • 五行志 六

畜謂之旤, 言其著也 圖 作𥛰 晉書 • 文帝紀 𥛰同發機。
圖 叶後五切, 戶上聲 馮衍 • 顯志賦 昔三后之純粹兮,
每季世而窮禍。弔夏桀於南巢兮, 哭殷紂於牧野。野,
音豎。鼇 又禍39985旤22309殟26889𥛱39694禍39862𥚵39847
禍39901禍39905禍40000袊54293𥟵59764𥜻59791隓18495
𥛱40605𥛱46455 圖 直音篇 𥟰59713禍同。

禎 39937 20098
zhēn_9.14　唐韻 陟盈切 集韻 韻會 知盈切𠀤音貞 說
文 祥也, 休也 徐曰 禎者, 貞也。貞, 正也。人有善, 天
以符瑞正告之 禮 • 中庸 必有禎祥 疏 本有今異曰禎, 如
本有雀, 今有赤雀來, 是禎也。本無今有曰祥, 本無鳳,
今有鳳來, 是祥也。鼇 又禎39984禎39811

福 39938 20099
fú_9.14　古文富 唐韻 集韻 韻會 𠀤方六切, 風入聲。
祐也, 休也, 善也, 祥也 禮 • 祭統 福者, 備也 易 • 謙卦 鬼
神害盈而福謙 書 • 洪範 嚮用五福 圖 釋名 福, 富也。其
中多品如富者也 圖 祭祀胙肉曰福 周禮 • 天官 • 膳夫 祭祀
之致福者, 受而膳之 穀梁傳 • 僖十年 祠致福於君。
圖 福猶同也。張衡 • 西京賦 仰福帝居, 陽曜陰藏 薛註 言
今長安宮, 上與五帝所居之太微宮, 陽時則見, 陰時則
藏, 同法也 圖 州名。秦閩中郡, 陳立閩州, 唐改福州。
圖 姓。元忠臣福壽 圖 fù 集韻 韻會 𠀤敷救切音副。藏
也 史記 • 龜筴傳 邦福重龜 註 徐廣讀。鼇 又福39983
𥛪32242福40005福40577禣39966补39640𥚼12320

禐 39939 20100
yuàn_9.14　篇海 王眷切音瑗。佩也。

禑 39940 20101
wú_9.14　五音集韻 五乎切音吳。福也 圖 玉篇 同
禖。

禒 39941 20102
xiǎn_9.14　篇海 息淺切音癬。祭餘肉△ 正字通 祿字
之譌。

禓 39942 20103
yáng_9.14　廣韻 與章切 集韻 韻會 余章切 正韻 移章
切𠀤音陽 說文 道上祭也。一曰道神 圖 shāng 廣韻 式
羊切 集韻 韻會 正韻 尸羊切𠀤音商。逐强鬼也 禮 • 郊特
牲 鄉人禓 註 禓, 强鬼, 謂時儺索室, 毆疫逐强鬼△ 集
韻 或作禓。鼇 譌作禓54552

禔 39943 20104
zhī_9.14　廣韻 集韻 𠀤章移切音支。福也, 安也。
圖 廣韻 正韻 杜奚切 集韻 韻會 田黎切𠀤音題。又 廣韻
是支切 集韻 韻會 正韻 常支切𠀤音時。義𠀤同 圖 韻會
同祇 易 • 復卦 無祇悔。王肅、陸績本作禔 史記 • 韓長孺
傳 禔取辱耳 註 禔, 一作祇。鼇 又祬39657 圖 龍龕 禠俗
禔正。

稰 39944 20105
xǔ_9.14　唐韻 私呂切 集韻 類篇 寫與切𠀤音醑 說
文 祭具也。鼇 又𥚊39906

禕 39945 20106
yī_9.14　廣韻 於離切 集韻 韻會 正韻 於宜切, 並
漪。又 集韻 於希切, 音衣 爾雅 • 釋詁 美也 疏 歎美也。
圖 廣韻 珍也。鼇 又袆39695

禖 39946 20107
méi_9.14　唐韻 莫栝切 集韻 韻會 正韻 謨杯切𠀤音

枚。天子求子祭名禮·月令仲春之月，以太牢祠于高禖，天子親往，后妃率九嬪御，乃禮天子所御，帶以弓韣，授以弓矢，于高禖之前陳澔曰高禖，先禖之神。高，尊之之稱。變媒言禖，神之也○按禮·月令鄭康成註：娀簡吞卵生契，後王以爲媒官，嘉祥而立祠，蓋以高辛爲禖神也。據孔疏云毛詩傳，姜嫄從帝祠郊禖，又簡狄從帝祈郊禖，是先有禖神矣，此亦足證鄭說之鑿。

禗 sī_9.14　廣韻息茲切集韻新茲切丛音思。禗禗，神不安欲去意前漢·郊祀歌靈禗禗，象輿輬図韻會正韻丛想里切，音枲。義同。

禘 dì_9.14　唐韻特計切集韻韻會正韻大計切丛音第。王者大祭名禮·大傳禮，不王不禘，王者禘其祖之所自出，以其祖配之○按：禘祫之說，千古聚訟。鄭康成據禮緯三年一祫，五年一禘，謂祫大禘小。王肅、張融、孔晁輩，謂祫小禘大，確分禘祫爲兩祭。通考禮經，禘祫實一事，而禘卽時祭中之一也，夫祫从示从合，是凡合祭皆爲祫。禘从示从帝，蓋帝祭之稱，其制始帝舜，夏、商、周因之，其義取審諦昭穆，上追祖所自出，下及毀廟、未毀廟之主，天子四時之祭，春礿、夏禘、秋嘗、冬烝祭統王制每丛舉之，而要莫大於禘，故春秋獨書大事公羊亦以禘之祫爲特大而著之曰大祫也。先儒以春秋公羊於此俱不言禘，遂謂別有祫祭，獨杜預以左傳無祫祭之文，因以禘釋大事。孔穎達疏曰：祫卽禘也，取其序昭穆謂之禘，取其合羣祖謂之祫，誠不易之解矣。趙匡又泥以祖配之之文，謂不及羣祖，夫始祖下皆曰祖，以祖配之，獨不able諸祖乎。且爾雅釋祭云禘，大祭也。若止禘祖所自出，非大合昭穆，得爲大祭乎。元儒黃楚望曰：始祖率有廟無廟之主，以共享於所自出，所以使子孫皆得見其祖，又以世次久遠，見始祖之功德爲尤盛也，斯深得制禘之旨矣。鑒又禘39831

禒 zhāi_9.14　說文齋75534本字。

禓 shè_9.14　字彙補古文社39641字。

襂 yǎn_9.14　集韻與褗39864同。

禎 zhēn_9.14　唐韻職鄰切集韻之人切，丛音貞說文以眞受福也。鑒避世宗雍正帝胤禎諱。又禛40077

禉 zhū_9.14　篇海類編音朱。咒人詛名。又音注。義同。

㲉 suì_9.14　篇海類編想恚切，音碎◇方言楚人問吉凶曰禉。

神 shén_9.14　說文神本字。

禨 jìn_9.14　五音篇海同祲。

禩 yǔn_9.14　俗福54572図俗蘊51741可洪音義裹褞：上古火反。下捹粉反，藏也。正作裹蘊字也。又經音義作裹蘊，抌云反，裹而燒之也。

𖓁 quàn_9.14　同𖢁39881龍龕𖓁，去眷反。祭祀也。

褛 yìng_9.14　五侯鯖字海音縢。祭也。

褽 zōng_9.14　五侯鯖字海音宗。神祗也図慫17762譌字五音集韻褽，因褽，刻賊不通也。李頤說之。甯忌浮·校訂：褽、因二字誤，集韻作慫、困，當從。

禖 huò_9.14　同禍39905俗禍39936

禋 qí_9.14　古文祺39869

禔 duān_9.14　俗禔54509

𖒁 jiá_9.14　高麗本龍龕楷，俗。皆八切。正作稭40553又新撰字鏡楷，古黠反，入。祭天席△宏按，唐韻殘卷稭，古黠反。祭天席。

㊁ null_9.14　未詳。

褊 biǎn_9.14　俗褊54499可洪音義褊狹：上卑典反。下户反図piān可洪音義褊祖：上疋田反。正作偏01536図fú可洪音義有褊：方伏反。吉也。爵命也。正作福39938也。又卑緬反，非。

褘 null_9.14　未詳。

褗 wèi_9.14　謂56354俗譌可洪音義俗褗：音胃，言也。正作謂也。

褖 null_9.14　未詳。

褕 null_9.14　未詳。

褔 guī_9.14　可洪音義禑畕：上居隨反。正作規55040

褃 chèng_9.14　俗褃40593朝鮮本龍龕尺孕切。

褁 yīn_9.14　玉篇殘卷廮，猗禁反坤蒼廮，庇也字書蔭字在草部。或為褁字，在示部。

褀 null_9.14　祭名包山楚簡褀新母肥豜

褯 dě_9.14　喃容易。

褫 null_9.14　未詳。

褮 null_9.14　未詳。

褭 táo_9.14　同禂39866

褝 yú_9.14　人名用字図俗褕54523

褜 null_9.14　未詳。

褞 null_9.14　未詳。

褟 yuàn_9.14　俗褟54400

褗 bèi_9.14　俗褗54535

福 fú_9.14　參見福39938

禎 null_9.14　參見禎39937

禍 huò_9.14　參見禍39936

禚 zhuó_10.15　玉篇之若切集韻正韻職略切丛音灼。齊地名春秋·莊二年夫人姜氏會齊侯于禚。

禜 yǒng_10.15　唐韻集韻韻會正韻丛爲命切音詠。祭名左傳·昭元年山川之神，則水旱疫癘之災，於是乎禜之。日月星辰之神，則雪霜風雨之不時，於是乎禜之周禮·春官大祝掌六祈，以同鬼神示，四曰禜說文設緜蕝爲營以禳之禮疏禜，壇域也。爲營域而祭之，是除去凶災之祭也図róng廣韻永兵切音榮。又yíng集韻維傾切音營。義丛同。鑒又禜39903

禞 gào_10.15 集韻同祮 唐韻集韻忼力救切音溜 說文祝禞也 図集韻陳留切音儔 義同。鋻又禞40076譖56473禞40006

禝 jì_10.15 集韻節力切音卽。堯臣，能播五穀，有功於民，祀之。通作稷40664

禤 péng_10.15 廣韻薄庚切音彭。禤徨，祭名。

禍 huò_10.15 川篇同禍

禖 míng_10.15 集韻忙經切音冥。福也。

禟 táng_10.15 玉篇集韻忼徒郎切音唐。祐也。

禗 sī_10.15 唐韻息移切集韻韻會相支切忼音斯爾雅·釋詁福也張衡·東京賦祈禗禳災 図集韻常支切音匙。又余支切音移。又翹移切，音岐。又演爾切，音匜。義忼同。鋻又禗40009

禡 mà_10.15 古文禡 唐韻集韻韻會正韻忼莫駕切音罵。師旅所止地，祭名詩·大雅是類是禡傳於內曰類，於野曰禡禮·王制禡於所征之地 図集韻或作貉周禮·春官肆師凡四時之大甸獵，祭表貉，則爲位註貉，師祭也釋文莫駕反，鄭音陌疏師祭者爾雅云是類是禡，故知貉爲師祭也。祭先世首造軍法者。鋻又禡39654 図尾禡，亦作尾牙，東家年終宴請伙計之宴席。

禢 dǎo_10.15 玉篇同禱40107

禣 dǎo_10.15 集韻禱40107古作禣。

禤 yīn_10.15 五音篇海音因。敬也，塞也。

禤 null_10.15 未詳。

禥 null_10.15 未詳。

禤 thǒ_10.15 喃从祀蜍thừ省聲。祭祀△黍奉：孝順。

禤 null_10.15 殷周金文集成·8.4130·敳叔簋蓋敳叔敳禤于西宮，嗌貝十朋，用乍寶段。

禥 fú_10.15 同福39938

禤 liù_10.15 同禞39988

禤 nhòm_10.15 喃从示旨diểu聲。

禥 null_10.15 未詳。

禥 sī_10.15 俗禗39995

禥 lì_10.15 字海㣻，同隸。見元包經傳·太陽李江注。

禥 yòu_10.15 俗祐39700 龍龕禤，舊藏作祐。

禥 rù_10.15 俗褥54592 可洪音義禤，而欲反。

禥 kē_10.15 俗㯶24928 宋會要輯稿·帝系八·公主錦禥□玉鞭、玳瑁鞭各一 図人名。明·田藝蘅詩女史·第十二卷高氏阿禥主。又清·顧祖禹讀史方輿紀要·卷一百十九·雲南七明年，官軍討却之，立罕欽守其地。欽死，其叔罕禥約暹羅攻緬，緬恨之。

禛 null_10.15 未詳。

禝 qí_10.15 俗旗22243 可洪音義禝幡：上音其。正作旗。

禤 null_10.15 宰甫卣王來獸自豆蘬，在禤次，王鄉酉，王光宰甫貝五朋，用乍寶龗。

禡 null_10.15 或禛39937俗譌。

禨 sǎng_10.15 俗禨54601

禤 zhuàn_10.15 俗禤40050

禤 lạy_10.15 喃从礼拜會意△禤唄：哀求 図vái从礼从拜，拜bái亦聲。揖拜△供禤：祭拜。懇禤：祈拜。

禤 null_10.15 未詳。

禤 tà_10.15 同禤40029朝鮮本龍龕禤，他合切。禤54718，同字彙補禤，姓也。

禤 zhēn_10.15 參見禛39952

禪 bì_11.16 廣韻卑吉切集韻壁吉切忼音畢。竈上祭。

禓 yāng_11.16 集韻同禓39942

禬 cáo_11.16 廣韻昨勞切集韻才勞切忼音曹。祭也，祐也△一曰祭豕先。鋻又禬40068

禮 lú_11.16 玉篇力侯切集韻郎侯切忼音婁。飲食祭也。冀州八月，楚俗二月。亦作腰 図集韻龍珠切音婁。義同。

禓 chì_11.16 廣韻丑歷切音歡。福也 図集韻他歷切音逖。又亭歷切音狄。義忼同。

禤 xuān_11.16 字彙呼淵切，音喧◇篇海姓也。鋻亦作禤54693 図正字通禤，舊註音喧。姓也。本作禤40022千家姓有禤，楊慎非之。

禤 yīn_11.16 說文籀文裡字。

禤 lí_11.16 玉篇力之切，音離◇福祥也△正字通亦作魖。

禤 chuāng_11.16 廣韻集韻忼丑江切音窻。祠不恭也 図玉篇祭壇不毀也 図集韻株江切音椿。義同。

禤 zǔ_11.16 廣韻集韻忼同詛前漢·五行志劉屈氂復坐祝禤，要斬師古註禤，古詛字。

禤 féng_11.16 廣韻集韻忼符容切音逢廣韻大黃負山之神，能動天地氣，昔孔甲曾遇之集韻黃山神。鋻集韻訛作禤。

禤 lù_11.16 廣韻集韻忼盧谷切音祿。祭名。鋻又禤40045

禤 qí_11.16 說文籀文祺字。

禤 yù_11.16 集韻牛據切韻會正韻魚據切忼音御。扞也，拒也易·蒙卦利禤寇註爲之扞禤，則物咸附之左傳·隱九年北戎侵鄭，鄭伯禤之 図止也易繫辭以言乎

遠,則不禦 疏 謂無所止息也 左傳·昭十六年 孔張後至,立於客閒,執政禦之 註 禦,止也 又 廣韻 魚巨切 集韻 偶舉切 韻會 魚許切 正韻 偶許切夶音語。義同 又 說文 祀也 又 古通御 詩·邶風 亦以御冬 毛傳 御,禦也 △亦通語 史記·東越傳 禦兒侯 正義 禦,今作語 又 韻會 禦亦作圄,守之也 △亦作圉 前漢·王莽傳 不畏强圉 又 莊子·繕性篇 其來不可圉 ○按 說文 圉,守也。圉,令圉也。禦,祀也。今文圉爲圄圉字,圉爲牧圉字,禦爲守禦字,相承久矣,而禦祀義不復見。鍐 又衡16804御16612衙54023邀61213㺜31607

40038 20141 視 pǔ_11.16 玉篇 廣韻 夶匹角切音璞。久視也。

40039 20142 禃 shén_11.16 集韻 神39721古作禃。

40040 20143 禋 yīn_11.16 集韻 禋39931古作禋。

40042 u2B020 禕 null_11.16 未詳。

40041 u2B021 複 null_11.16 殷周金文集成·5.2674·天君鼎 天君鄉（饗）複酉（酒）。

40043 u256EC 綵 lì_11.16 同隸43537俗隸66065

40044 u256EB 禄 liáng_11.16 朝鮮本 龍龕 音梁 △宏按,疑俗樑。

40045 u256EA 禄 lù_11.16 俗裱40035 五侯鯖字海 音鹿。祭名。

40049 u256E6 禤 biāo_11.16 俗禤54653

40046 u256E9 禑 yǔ_11.16 大字典引海篇 禑,音庾。祭器。盛黍稷△宏按,海篇 未見此字。

40047 u256E8 裎 shī_11.16 俗裎54640 龍龕 裎襩,所宜反。攝裎,毛羽大也△宏按,類篇 襩裎,山宜切。襦襩,毛羽衣兒。

40051 u256E4 禩 yǐng_11.16 同潁68158

40048 u256E7 褶 zhé_11.16 四聲篇海 直輒切。褶蟄也。舊藏作塴09484 玉篇 塴,直輒切。蟄也。

40052 u256E3 褅 dài_11.16 同褅25133

40050 u256E5 禣 zhuàn_11.16 俗搏20527改併四聲篇海 引川篇 褓,百羽曰褓也。

40053 u256E2 襜 chóng_11.16 或俗襜54689

40054 u411E 禨 jì_11.16 禨或禨字之譌。

40055 20144 禢 fán_12.17 正字通 同旛47851

40056 20145 禰 jué_12.17 玉篇 集韻 夶古穴切音玦。不祥也。

40057 20146 禴 cuì_12.17 五音集韻 充稅切音礥 博雅 謝也 又 說文 數祭也。讀若春麥爲禴之禴 徐鉉曰 春麥爲禴,今無此語 又 集韻 千短切音礥。義同。鍐 又禴25349礥43597

40058 20147 禧 xǐ_12.17 唐韻 許其切 集韻 韻會 虛其切夶音僖。福也,吉也 又 爾雅·釋詁 禧,告也 又 通釐 史記·孝文紀 祠官祝釐 師古註 釐,本作禧,假借用耳 又 賈誼傳 上方受釐宣室 註 言受神之福△亦通熙 前漢·禮樂志 熙事備成 師古註 熙與禧同。鍐 又禧40081

40059 20148 禭 liào_12.17 集韻 力照切音療。袻禭,燔柴祭天也 周

禮作燎 說文 作尞。从火从眘。眘,古文慎字。祭天所以慎也。

40060 20149 禱 bēng_12.17 說文 祊本字。

40061 20150 禨 jī_12.17 廣韻 居依切 集韻 韻會 居希切夶音機。祥也 列子·說符篇 楚人鬼而越人禨 又 崇也 又 jì 集韻 居氣切音旣。沐而飲酒也 禮·玉藻 進禨 疏 新沐體虛,必進禨酒,補益氣也。

40062 20151 禩 sì_12.17 集韻 同祀

40063 20152 禮 jiào_12.17 正字通 醮62536本字○按禮字見 說文 六書游原 斥爲俗字,非。

40064 20153 禪 shàn_12.17 唐韻 集韻 韻會 正韻 夶時戰切音繕。封禪 韻會 築土曰封,除地曰禪。古者天子巡守,至於四岳,則封泰山而祭天,禪小山而祭山川 舜典 歲二月東巡守至于岱宗,柴望秩于山川是也。齊桓公欲封泰山,管仲設辭拒之,謂非有符瑞,不可封禪。至秦始皇惑於神仙之說,欲禱祠以求長生,遂以封禪爲異典。項氏曰:除地爲墠,後改曰禪,神之矣 又 代也。禪讓,傳與也 孟子 唐虞禪△一作嬗 前漢·律歷志 堯嬗以天下 師古註 嬗,古禪讓字也 又 通作擅 荀子·正論篇 堯舜擅遜 註 與禪同 又 作僐 揚子·法言 允哲堯僐舜之重 註 同禪 又 漢書 禪多作襢40085 又 chán 廣韻 市連切 集韻 韻會 時連切夶音蟬。靜也。浮圖家有禪說 傳燈錄 禪有五,外道禪,凡夫禪,小乘禪,大乘禪,最上乘禪 杜甫詩 虛空不離禪。鍐 又禅39922

40065 20154 禫 dàn_12.17 唐韻 集韻 韻會 正韻 夶徒感切,覃上聲。除服祭名 禮·閒傳 父母之喪,期而小祥,又期而大祥,中月而禫 疏 中,閒也,大祥後更閒一月爲禫,二十七月也 釋名 禫,孝子之意澹然,哀思益衰也○按祥禫之說,鄭康成主異月,王肅主同月,今通考 禮文·檀弓云 孔子旣祥,五日彈琴而不成聲,十日而成笙歌。又魯人朝祥暮歌,孔子謂踰月則善。又祥而縞,是月禫,徙月樂 喪服四制 云祥之日,鼓素琴 三年問 云三年之喪,二十五月而畢,則王肅之言爲可據 士虞禮 閒傳 皆言中月而禫,謂禫在祥月中也。卽令喪事先遠日,祥或在下旬,然祥後卽禫,亦不害爲中月。鄭氏特據 喪服小記 中一以上 學記 中年考校兩文,釋中爲閒,遂定爲二十七月,實與經不合。然先儒司馬光、朱元晦皆知王說爲是,而不敢昌言正之者,親喪寧厚,且相延已久,不容猝變也 又 同澹 荀子·非十二子篇 神禫其辭。鍐 又禫40139禫54746褝40156

40066 20155 褕 xū_12.17 集韻 休居切音虛。本作魖 說文 耗鬼也。

40067 20156 禩 sì_12.17 集韻 祀39643古作禩。

40068 44848 禮 cáo_12.17 字彙補 同禮。

40069 44849 禭 bēng_12.17 字彙補 與禩同。

40070 u2B7B6 撫 null_12.17 或俗憮

40071 u25702 頡 sè_12.17 或古文色。

礁 40072 u25701
null_12.17 未詳。

襨 40073 u25700
vǎi_12.17 喃从祖尾vī聲。

禯 40074 u256FF
yīn_12.17 正字通禋39931，說文作禋。

礷 40075 u256FE
zhà_12.17 襠39868本字

禷 40076 u256FD
liù_12.17 同襠39988

禛 40077 u256FA
zhēn_12.17 俗禛40023

襺 40078 u256F9
chí_12.17 俗褲54667

禕 40082 u256F5
null_12.17 未詳。

禭 40079 u256F8
suì_12.17 俗穗40808光緒曹縣志·卷十八·雜稽志·災祥哀帝建平元年乙卯，嘉禾生於濟陽，一莖九穗。

禣 40080 u256F7
lín_12.17 祥麟，即祥麟74453光緒武進陽湖縣志·卷首·巡幸恭紀康熙四十四年：聖祖仁皇帝南巡，三月十六日過常州，賜耆老櫻桃，賜太平寺僧祥麟。

禧 40081 u256F6
xǐ_12.17 人名用字。李禧，見明仁宗昭皇帝實錄（紅格鈔本）卷二中·永樂二十二年九月中。史語所校勘記：舊校改禧作禔40058

禩 40083 20157
yì_13.18 集韻韻會正韻弋夷益切音亦。祭之明日图祭名。經傳弋作繹45033

襘 40084 20158
guì_13.18 唐韻正韻古外切音膾。除殃祭也图周禮·天官女祝掌以時招梗禬禳之事也註除災害曰禬，禬猶刮去也。卻變異曰禳。禳，攘也图周禮·春官·大宗伯以禬禮哀圍敗註同盟者會合財貨，以更其所喪。图說文會福祭也图廣韻集韻韻會古黃外切音會。義弋同。

禪 40085 20159
shàn_13.18 集韻時戰切音繕。祭天也。一曰讓也前漢·異姓諸侯王表舜禹受禪韻會禪漢書每作襢，後世遂多通用，惟連言墠壇，則須分別耳。

禭 40086 20160
suì_13.18 玉篇詞隨切篇海徐醉切弋音遂。祭名。图神名後漢·東夷傳高句驪在遼東之東千里，國東有大穴，號襚神，以十月迎而祭之。

禮 40087 20161
lǐ_13.18 古文礼禮禮廣韻盧啓切集韻韻會里弟切弋音蠡說文禮，履也，所以事神致福也釋名禮，體也。得其事體也韻會孟子言禮之實節文斯二者，蓋因人心之仁義而爲之品秩，使各得其敘之謂禮图姓左傳衛大夫禮孔△徐鉉曰五禮莫重於祭，故从示。豊者，其器也。鑒又禮40105礼39631禮40137禮40144禮18509礼40195秋40204禮57126禮56775图礼39633，俗可洪音義礼昃：上力底反，拜也。正作禮礼39632二形。

禪 40088 20162
chān_13.18 正字通襜字之譌○按史記李牧傳滅襜襤，兩字俱从衣字彙重入示部，誤。

襛 40089 20163
nóng_13.18 玉篇尼龍切音醲。厚祭也。

禈 40090 20164
guān_13.18 字彙補古丸切音官。縣名。

禭 40091 20165
lù_13.18 字彙補同祿杜尚碑匪襚是榮。

禍 40092 41634
liù_13.18 龍龕力又切音溜。祀也。

襛 40093 44850
guì_13.18 五音篇海同跪。

禕 40095 u25710
mǐn_13.18 禕俛，同僶02035勉，勤勉別雅·卷三閔免、禕俛，黽勉也漢書·谷永傳閔免遁樂。師古曰：閔免，猶黽勉也。又唐姚恭公碑作禕俛，義亦同。

襉 40094 u2B022
null_13.18 喃未詳。

禕 40096 u2570E
null_13.18 人名用字。岳州長史李禕，見新唐書·宗室世系表下

禲 40097 u2570D
lì_13.18 同襰40118

襝 40099 u2570B
chān_13.18 俗襝54795

襖 40098 u2570C
ǎo_13.18 俗襖54782可洪音義衫襖：上所銜反。下烏老反。

襖 40100 u2570A
ǎo_13.18 俗襖54824

襗 40101 u25709
qún_13.18 俗裙54344

襟 40102 u25708
dié_13.18 俗褋54791

禩 40103 u25707
yì_13.18 或俗禩。

瓥 40104 u25706
null_13.18 或俗漂。

禮 40105 uF9B6
lǐ_13.18 參見禮40087

禰 40106 20166
nǐ_14.19 廣韻奴禮切集韻韻會乃禮切弋音瀰說文親廟也增韻父廟曰禰公羊傳隱元年秋七月註生稱父，死稱考，入廟稱禰疏禰字示旁爾，言雖可入廟是神示，猶自最近於己，故曰禰图行主亦曰禰禮·文王世子其在軍則守於公禰註公禰，行主也，行以遷主言禰，在外親也图地名詩·邶風飲餞於禰图姓。魏禰衡。○按公禰，註疏讀如字，不必依陳澔讀作桃字彙乃據此入蕭韻，非也。鑒又祢39726祢39743禮40132禮40142

禱 40107 20167
dǎo_14.19 古文禱禰唐韻正韻都皓切集韻韻會覩老切弋音倒說文告事求福也周禮·春官大祝作六辭，以通上下、親疏、遠近，五曰禱註如趙文子成室，張老曰：歌於斯，哭於斯，聚國族於斯，君子謂之善頌善禱图廣韻正韻都導切集韻韻會刀號切弋音到。義同。鑒又裯39782襬39856裯39863禱39888禱40128褽40158

襹 40108 20168
yǎn_14.19 廣韻集韻弋於琰切音奄嬸。禰，襦也。又集韻於豔切音厭。義同。鑒俗作襺54857

襤 40109 20169
lán_14.19 正字通襤字之譌。詳襤40088字註。

禠 40110 20170
tiāo_14.19 集韻桃39771古作禠。

襘 40111 20171
zhāi_14.19 字彙補同齊。見漢碑文。鑒淮廟碑齋作禱字彙補誤。

禶 40112 44851
zàn_14.19 龍龕才敢切。

襮 40113 44852
bó_14.19 五音篇海音逼。鑒字彙補蒲北切音跋。

稟 40115 u25718
bǐng_14.19 俗秉40220可洪音義稟性：上兵錦反。图俗廩15774可洪音義倉稟：力錦反。正作廩。

襦 40116 u25717
rú_14.19 俗襦54841

襋 40117 u25715
jí_14.19 俗襋54721慧琳音義衣襋：下紀憶反。或作襋。

禳 40114 u2B023
null_14.19 未詳。

禑 40119 20173
yǒu_15.20 玉篇於柳切集韻於九切，弋憂上聲。福也。

禲 40118 20172
lì_15.20　正字通俗属字禮記作属周禮俗本譌作禲。鎣集韻或省作禱40097或又訛作禱。

纇 40120 20174
lèi_15.20　正字通纇本字游原音類轉上聲。又與祶通。

禶 40121 44853
guǎng_15.20　龍龕獷字之譌。

鸞 40122 u2571E
null_15.20　未詳。

禶 40123 u2571D
xié_15.20　襭54874
攟21025之譌。明·周拱辰聖雨齋詩餘·卷之一·踏莎行·哭陸仲昭玉樹剛摧，蘭英猶襭，騷魂何處空悲咽。

禶 40124 u2571C
null_15.20　未詳。

禶 40125 u4123
dú_15.20　譌字。檳25869譌字。文淵閣四庫五音集韻輪，輪禶図或禶54866譌字

禶 40126 20175
lǔ_16.21　集韻同祿
墮壞也図lǎn集韻魯旱切音孄。惰於祭也図lài集韻韻會正韻坴落蓋切音賴。袜襭，祝詛也。

禶 40127 20176
là_16.21　玉篇力大切。

禱 40128 41635
dǎo_16.21　字彙補與禱同廣雅禱祭，禳祭也。

禶 40130 u25725
sì_16.21　同祀39643
殞切。鎣海篇音窘図禶40140擭21216

禶 40129 44854
jùn_16.21　五音篇海俱

禶 40131 u25721
nhē_16.21　喃从礼从鍾。同祂39790

禶 40132 20177
nǐ_17.22　正字通同獼33676

禳 40133 20178
ráng_17.22　廣韻集韻韻會如陽切正韻如羊切坴音穰說文磔攘祀，除癘殃也図徐曰攘之爲言攘也周禮·天官·女祝註卻變異曰攘。

禶 40134 20179
líng_17.22　集韻郎丁切音靈。神名。或作禮△正字通同靈。

禴 40135 20180
yuè_17.22　集韻同礿39642詩·小雅禴祀烝嘗易·萃卦孚乃利用禴疏四時之祭最薄者也。鎣又禶40143禴54915禴39911，並俗。

禶 40136 44855
shén_17.22　龍龕同神

禮 40137 u25728
lǐ_17.22　禮40105本字
九經字樣禮禮：上說文，下隸省。

題 40138 20181
zhǐ_18.23　字彙補音題。福也。

禶 40139 41636
dàn_18.23　說文長箋禫本字。

磨 40140 u2572E
jùn_18.23　龍龕禶，舊藏作禶40129居運反五侯鯖字海音郡。祭名也図可洪音義禶擭：上居運反。下之石反。拾取也。上正作擭21216捐二形。

亶 40141 u2572D
guō_18.23　海篇禫，音㔨24415神享也。

爾 40142 u2572C
nǐ_18.23　說文禰40106，親廟也。从示爾聲。一本云古文禮也。

龠 40143 u2572B
yuè_18.23　俗禴40135

禮 40144 u2572A
lǐ_18.23　俗禮40087

禶 40145 20182
zàn_19.24　廣韻藏旱切音趲。祭名図集韻則旰切音贊。祝神也。

禷 40146 20183
lèi_19.24　唐韻韻會正韻坴力遂切音類說文以事類祭天神爾雅作禷，經傳多作類書·舜典肆類于上帝図師祭禮·王制天子將出征，類乎上帝詩·大雅是類是禡傳於内曰類，於野曰禡〇按周禮·小宗伯凡天地之大裁，類社稷宗廟，則爲位鄭註禱祈禮輕，類者依其正禮而爲之。則知凡言類者，皆謂依事類而爲之，如郊祀爲祭天之常祭，今非常祭，而亦依郊祀爲之，則曰類，非有專稱，故許慎釋之以事類祭天神也△本作禷。

禶 40147 20184
shī_19.24　玉篇所宜切集韻山宜切坴音釃。祭名。
鎣又禶39838熊加全：疑禶54929字之譌。

龥 40148 20185
suì_19.24　說文籀文崇字。

禶 40149 20186
jiǎn_19.24　玉篇古典切，音繭。祇也篇海敬也。

禶 40150 u25733
pàn_19.24　俗襻54931

禶 40152 u2B024
null_20.25　未詳。

禶 40151 20187
qiān_20.25　玉篇去言切音攐。祭也。

禶 40153 u25735
què_20.25　五侯鯖字海禶，音卻。除災祭也。

禶 40154 20188
zhāi_21.26　說文籀文齋字。

禶 40155 41637
yuè_21.26　集韻同禴

禶 40156 u25738
dàn_21.26　禫40065本字。

禶 40157 u25736
kuí_21.26　大字典引海篇禶，音葵。祭夫也△宏按，海篇未見此字。

龥 40158 20189
dǎo_22.27　說文籀文禱字。

禶 40160 41638
líng_24.29　集韻同禶

禶 40159 u2573A
null_22.27　未詳。

◆ 内部 ◆

内 40161 20190
róu_0.5　唐韻集韻人九切韻會忍九切坴音蹂說文獸足蹂地也。象形。九聲。爾雅·釋獸貍狐貒貈醜，其足蹯，其跡内疏蹯，掌也。此四獸之類，皆有掌蹯，其指頭著地處名内図niǔ廣韻集韻坴女九切音鈕爾雅·釋獸陸德明讀△正字通篆文内本三畫。舊本沿俗作厶，入五畫，非〇按徐鉉·新附篆文作蹂正譌斥爲俗字，非。又秦風厹矛。陸德明：厹音求。鄭註：三隅矛也字彙内讀柔上聲。又云與厹同，亦非。鎣又凵40162瓜03085

内 40162 u2F71
róu_0.5　部内40161

禹 40163 u2573B
null_1.6　未詳。

禹 40164 20191
yǔ_4.9　古文命㝢唐韻集韻韻會坴王矩切音羽。夏王號顏師古曰禹湯皆字，三王去唐之文，從高古之質，故夏商之王皆以名爲號図姓王僧孺·百家譜蘭陵蕭道游娶禹氏図謚法史記·裴註受禪成功曰禹書疏淵源流通曰禹図玉篇舒也図說文蟲也。

禺 40165 20192
yù_4.9　唐韻集韻牛具切韻會元具切坴音遇。獸名，猴屬正字通禺似獼猴而大，赤目長尾，山中多有

之 說文 專指爲母猴屬，誤 囟 yú 廣韻 遇俱切音虞。山名 史記·孔子世家 汪罔氏之君，守封禺之山 韋昭曰 封，封山。禺，禺山。在吳郡永安縣 囟 番禺，越地名。在南海 囟 禺彊，神名 莊子·大宗師 禺彊得之，立乎北極 山海經 北海之渚有神，人面鳥身，名禺彊 囟 區也 管子·侈靡篇 是爲十禺 註 每里爲一禺 囟 事端初見也 管子·侈靡篇 將合可以禺 囟 禺禺，魚名 司馬相如·上林賦 禺禺鮐鰈 郭璞曰 禺禺魚，皮有毛，黃地黑文 囟 日在巳曰禺中 囟 姓 囟 yóng 集韻 魚容切音顒。義同 囟 通作寓 爾雅·釋獸 寓鼠曰嗛 郭註 寓謂獼猴之類，寄寓木上，此屬及鼠皆頰裏貯食 六書故 寓卽 說文 之禺△亦通作虞 山海經 夸父追日景，逮之於禺谷 註 禺淵，日所入也。今作虞△亦通作偶 史記·封禪書 木禺龍欒車一駟 索隱曰 禺，音偶。謂偶其形於木，禺馬亦然 囟 讀作務 左傳·哀十一年 公叔禺人 禮·檀弓 作禺人。鏊又 楀24662 猳33433

禸 40166 20193
yǔ_4.9　集韻 禹40164古作禸。

离 40167 20194
chī_6.11　古文离 廣韻 丑知切 集韻 正韻 抽知切达音摛。同魑。又 韻會 鄰知切。同離。明也，麗也 易卦名 囟 散也，違也 晉書·宣帝紀 司馬公尸居餘氣，形神已离。亦同離。

卨 40168 20195
xiè_6.11　集韻 私列切音薛。與卨同。

萬 40169 20196
fèi_7.12　集韻 同䝠40185 左思·吳都賦 猩猩啼而就擒，萬萬笑而被格。

卨 40170 20197
xiè_7.12　唐韻 廣韻 私列切，音薛。與偰契达同 前漢·百官表 卨作司徒 囟 說文 蟲也。象形。鏊又 离40168 禼04690 卨04700 蠵53333 嵩04698 㴇04702 寫04705

嵩 40171 u2573E
xiè_7.12　同离40170

萬 40172 20198
xiè_8.13　廣韻 古文偰01581字。

禽 40173 20199
qín_8.13　古文㩒 唐韻 集韻 巨今切 韻會 正韻 渠今切达音琴 爾雅·釋鳥 二足而羽謂之禽，四足而毛謂之獸 白虎通 禽，鳥獸總名，言爲人禽制也 孔穎達云 王用三驅失前禽，則驅走者亦曰禽 于越志 臨川吳澄問東隅吳正道禽獸二字，正道曰：禽卽獸也。曰：兩翼爲禽，四足爲獸，何以言。曰： 禮 不云乎，猩猩能言，不離禽獸 囟 韻會 鳥獸未孕曰禽 囟 戰勝執獲曰禽 左傳·僖三十三年 外僕髡屯禽之以獻。通作擒 囟 姓 左傳 魯大夫禽鄭 高士傳 禽慶 囟 lí 字彙補 支切音離 魏志·和洽傳 謚簡侯子禽。鏊又 猰33637 禽40176 漸備一切智德經·卷四 地獄處所，猰獸餓鬼性行，何因墮此。

虣 40174 44856
huò_8.13　字彙補 何果切音禍，亦作騧。

䝠 40175 20200
fèi_9.14　集韻 同䝠 正字通 以爲俗字，誤。

禽 40176 44857
qín_9.14　字彙補 與禽同。見 漢孔耽碑

萬 40177 41639
yú_10.15　字彙補 音未詳 荀子·禮論篇 絲末彌龍 註

絲末未詳，蓋亦喪車之飾。或曰末讀爲魚，謂以銅魚懸於地下，纑讀爲柳，末字誤爲纑字耳。鏊 懸懸於地下。懸於池下。

萬 40178 41640
wàn_10.15　字彙補 萬本字 埤雅 蜂名。

萬 40179 44858
shòu_10.15　字學指南 與曽同。

萬 40180 41641
wàn_11.16　說文長箋 與萬同。

萬 40181 44860
fèi_11.16　篇海類編 同萬。

萬 40182 u25747
fèi_11.16　俗䝠40189

萬 40183 u25746
fèi_11.16　俗䝠40189

䎘 40184 44859
luǒ_12.17　金鏡 音裸。

䝠 40185 20201
fèi_13.18　廣韻 扶沸切 集韻 符未切，达音痱。亦作狒。獸名 說文 周成王時，州靡國獻䝠，人身，反踵自笑，笑卽上脣掩其目，食人。北方謂之土螻 爾雅·釋獸 狒狒，如人，被髮迅走 註 梟羊也。交廣及南康山中有之，大者長丈許，俗呼之曰山都 郭璞贊 狒狒怪獸，被髮操竹，獲人則笑，脣蔽其目。終亦號咷，反爲我戮 正字通 今本 爾雅 作狒狒 逸周書 前漢書 作費費，俗呼山都，又名土螻，亦作吐嘍 山海經 作嘄陽，亦作梟羊。又謂之贛巨人，隨地異名。其爲䝠䝠一也。

䝠 40186 u25749
huò_13.18　字彙補 魖，何果切，音禍，亦作騧。

䝠 40187 u2B025
null_14.19　喃未詳

䝠 40188 41642
fèi_17.22　龍龕 扶味切。獸名。又扶喟切。義同。

䝠 40189 20202
fèi_20.25　說文 䝠本字。

• 禾部 •

禾 40192 u2F72
hé_0.5　部 禾40190

禾 40190 20203
hé_0.5　唐韻 正韻 戶戈切 集韻 韻會 胡戈切达音和。 說文 嘉穀也。二月始生，八月而孰，得時之中，故謂之禾。禾，木也。木王而生，金王而死。从木从𠂹省，𠂹象其穗 春秋·莊二十八年 大無麥禾 疏 麥熟於夏，禾成在秋 囟 凡穀皆曰禾 詩·豳風 十月納禾稼，黍稷重穋，禾麻菽麥 疏 苗生既秀謂之禾，禾是大名，非徒黍稷重穋四種，其餘稻秫苽粱皆名禾，惟麻與菽麥無禾稱，故專言禾以總之 囟 山海經 玉山王母所居。昆侖之墟，其上有木禾，長五尋，大五圍，二月生，八月熟 註 木禾，穀類，可食 鮑照詩 遠食玉山禾 囟 禾，和也 尚書序 唐叔得禾，異畝同穎，王命歸周公於東，作 歸禾 周公得命禾，旅天子命作 嘉禾 孔傳 異畝同穎，天下和同之象 疏 後世同穎之禾，遂名嘉禾，由此 囟 姓。鏊又 沬27971

禾 40191 20204
jī_0.5　廣韻 古兮切 集韻 堅兮切达音雞 說文 木之曲頭，止不能上也。凡禾之屬皆从禾 長箋 禾从木，屈首。象形也 囟 玉篇 廣韻 达五溉切音礙。義同〇按木禾二字，眞書易混 說文 禾自爲部，稽旁从禾，又自爲部。今分見本部各畫之中，禾頭左出而𠂹，禾頭右出而平，宜分別觀之。

禾 40194 u2B026 null_1.6　未詳。

私 40195 u2574F lǐ_1.6　俗禮40087[可]
洪音義畨私：下音礼。謂礼佛行道也。

禾 40193 20205 yù_1.6　[字彙補]同玉○按卽盂字之譌。

私 40196 u2574E gǎt_1.6　[喃]从禾乙ất聲。同稏40828

禿 40197 20206 tū_2.7　[唐韻][集韻][韻會][正韻]夶他谷切，通入聲[說文]無髮也。从人，上象禾粟之形，取其聲。王育說：倉頡出，見禿人伏禾中，因以制字，未知其審。又[徐鍇曰]言禿人髮不纖長若禾稼也[穀梁傳·成元年]季孫行父禿，聘于齊，齊使禿者御之[史記·灌夫傳]與長孺共一老禿翁[又]凡物落盡皆曰禿[後漢·張衡傳]蘇武以禿節效貞。又[孔融傳]禿巾微行[註]謂不加幘。又[杜甫詩]漱壑松柏禿[又]姓。祝融後八姓，禿居一。出[國語]。又複姓。南凉主禿髮烏孤[又]與鵚同。禿鶖，鳥名。[集]又禿27251禿40207[又]直音篇秃40201同禿[又]正字通痬，本作禿。

秀 40198 20207 xiù_2.7　[唐韻][集韻][韻會][正韻]夶息救切音繡。榮也，茂也，美也，禾吐華也[詩·大雅]實發實秀○按[爾雅]云禾謂之華，草謂之榮，不榮而實者謂之秀，榮而不實者謂之英。漢儒據此釋[詩]，遂以秀爲不榮而實。李巡曰：分別異名以曉人，故以英、秀對文，其實黍、稷皆先榮後實[詩·出車篇]云黍稷方華[生民篇]云實發實秀，是黍、稷有華亦稱秀也。此說甚是[論語]明言不秀不實，秀實自不容混。朱子釋[論語]秀曰吐華，釋[生民]秀曰始穟。足正漢儒之誤[又]凡草皆得言秀[詩·豳風]四月秀葽[禮·月令]孟夏，苦菜秀[又]三秀，芝草[楚辭·九歌]采三秀於山閒[又]秀氣[禮·禮運]人者，五行之秀氣[周子·太極圖說]惟人也得其秀而最靈[又]秀士，秀才[禮·王制]命鄉論秀士，升之司徒曰選士[史記·賈誼傳]吳廷尉爲河南守，聞其秀才，召置門下[韻會]秀才之名始此，後光武名秀，改爲茂才[又]州名。漢屬會稽郡，五代晉錢元瓘奏置秀州，宋慶元改嘉興府[又]姓[又]與綉通[石鼓文]秀弓寺射[註]綉弓，戎弓也。[集]又秀40234

取 40199 20208 bǐng_2.7　[正字通]鐘鼎文秉字。

私 40200 20209 sī_2.7　[唐韻]息夷切[集韻][韻會][正韻]相咨切，並死平聲[說文]禾也。北道名禾主人曰私主人[又]對公而言謂之私[書·周官]以公滅私[詩·小雅]雨我公田，遂及我私[禮·孔子閒居]天無私覆，地無私載，日月無私照[又]家臣稱私[儀禮·士相見禮]見於大夫曰：某也，夫子之賤私。◆[禮·玉藻]士自稱於大夫曰外私[註]此大夫非己所臣，則稱外私[又]恩私也[儀禮·燕禮]寡君，君之私也[註]謂獨受恩厚[禮·郊特牲]婦餕餘，私之也[釋名]私，恤也，所恤念也[又]爾雅·釋親]女子謂姊妹之夫曰私[詩·衛風]譚公維私[又]天子以下皆曰私[前漢·張放傳]大官私官[服虔註]私官，皇后之官[後漢·百官志]中宮私府令一人[又]姓[又]漢私匝[又]便[左傳·襄十五年]師慧過宋，朝將私焉[註]謂小便○按[說文]專以禾訓私，而厶自爲部，訓姦衺也[又]爾雅·釋親]女子謂姊妹之夫曰私[詩·衛風]譚公維私[又]天子以下皆曰私[前漢·張放傳]大官私官[服虔註]私官，皇后之官[後漢·百官志]中宮私府令一人[又]姓[又]漢私匝[又]便[左傳·襄十五年]師慧過宋，朝將私焉[註]謂小便○按[說文]專以禾訓私，而厶自爲部，訓姦衺也。引韓非、倉頡作字，自營爲厶，則私不兼公私義也。今經

傳公厶字皆作私，不復作厶矣。[集]又私40228[又]和05669[碑別字新編]私引[唐]張對墓誌

禾 40201 20210 rén_2.7　[集韻]而鄰切音人。禾欲結者。

秆 40202 20211 liǎo_2.7　[字彙補]力天切，音了◇秀也。

秒 40203 20212 réng_2.7　[集韻]如蒸切音仍。禾名。

秕 40204 44861 bǐ_2.7　[餘文]同秕

禿 40207 u79C3 tū_2.7　同禿40197

秄 40205 44862 zhǐ_2.7　[川篇]音支。又音知。[集]俗秖40315[新修玉篇·禾部]引[川篇]秄，音支。穗也。又音知。禾再生。

秋 40206 44863 guà_2.7　[海篇]音卦。[集]疑卦字之譌。

秄 40208 20213 zǐ_3.8　[廣韻]祖里切[集韻][正韻]祖似切夶音子[說文]壅禾本也[詩·小雅]或耘或秄，从耒作耔[前漢書]引[詩]作芓[又]zi[集韻]將吏切音仔。俗謂禾猥生曰秄。

秸 40209 20214 jié_3.8　[集韻]吉列切音子。禾把[又]篇海吉屑切音結。禾名。

秅 40210 20215 chá_3.8　[唐韻]宅加切[集韻][韻會][正韻]直加切夶音茶。數名[儀禮·聘禮]禾三十車，車三秅，四秉曰筥，十筥曰稯，十稯曰秅，四百秉爲一秅[又]國名[前漢·西域傳]烏秅國，去長安九千九百五十里[又]集韻][韻會][正韻]夶都故切音妒。義同。[集]又秅40375

垂 40226 u2B027 null_3.8　未詳。

私 40211 20216 máng_3.8　[集韻]武方切音邙。稻秅也△正字通通作芒。[集]又秬40443

秎 40231 u2575C yú_3.8　同秎40212

秎 40212 20217 yú_3.8　[玉篇]羽俱切[集韻]雲俱切夶音于。禾不秀也。[集]又秎40231

秆 40213 20218 gǎn_3.8　[唐韻][集韻][韻會][正韻]夶古旱切音笴。同稈[左傳·昭二十七年]或取一秉秆焉[註]秉，把也。秆，槀也。

秋 40214 20219 yì_3.8　[集韻]藝51581古作秋。

私 40215 20220 xiān_3.8　◆[廣韻][集韻]夶相然切音仙[揚子方言]江南呼稉爲私。或作秈。[集]秪40272

杞 40237 u412B qǐ_3.8　同秅40219

秋 40216 20221 yì_3.8　[廣韻]與職切音弋。禾秋[又]集韻]麥鞠也。同軼[集]又秅40832[又]可洪音義若秋：宜作秋、秋，二同，麥皮殼也。又音數，非。

季 40238 uF995 nián_3.8　[兼]季。

秒 40217 20222 diāo_3.8　[唐韻]都了切[集韻]丁了切，夶貂上聲。禾穗垂貌。亦懸物。

秅 40218 20223 hé_3.8　[廣韻]下沒切[集韻]下扢切夶音紇。同粏，秸也。春粟不潰也[又]xié[集韻]奚結切音絜。屑米細者曰秅○按[說文]秋，从禾气聲。气與氣同。徐鉉[韻補]气，去旣切，此作居气切，始相聯貫。今諸韻書俱讀入聲，無作居气者，似誤。[正字通]云从气，四畫[字彙]省作乞，入三畫，亦誤。

秖 qǐ_3.8　集韻口已切正韻墟里切丛音起。禾名管子·地員篇其種穆秖正字通同芑詩·生民疏白粱粟。

鑾又秖40237芑49008

秉 bǐng_3.8　唐韻兵永切集韻韻會正韻補永切丛音丙。禾盈把也詩·小雅彼有遺秉疏秉,把也禮·聘禮四秉曰筥註此秉謂刈禾盈手之秉,筥,稭名,今萊易聞刈稻聚把有名爲筥者図米數禮·聘禮十斗曰斛,十六斗曰籔,十籔曰秉。又小爾雅鍾二謂之秉。秉,十六斛〇按儀禮禾米之秉,字同數異。惟徐氏韻譜二石爲秉,又是一說。蓋石卽斛也。冉子與粟五秉,據儀禮爲八十石,據徐氏止十石,多寡迥別,俟考正図執持也禮·禮運天秉陽垂日星,地秉陰竅於山川詩·大雅民之秉彝書·君奭秉德明恤図bìng去聲,陂病切。與柄同史記·天官書二十八舍主十二州,斗秉兼之絳侯世家許負相周亞夫曰:君後三歲而侯,侯八歲爲將相,持國秉。図姓〇按說文秉,从又持禾正字通兼載鐘鼎文秉字,重出。鑾又秉23714秉49885秉40115

秊 nián_3.8　唐韻奴顚切集韻寧顚切丛年本字說文穀熟也。从禾,千聲春秋·宣公十六年大有秊穀梁傳·桓三年五穀皆熟爲有年疏取歲穀一熟之義△正字通俗俱作年。鑾又秊40230秊40238秊40288秊40348

秏 yǒu_3.8　海篇音酉。謂穀不成也。

秏 yí_3.8　廣韻集韻丛同移。

秏 lì_3.8　說文長箋同利。

秏 shè_3.8　海篇音杜。鑾俗社39641音杜,音社之誤。可洪音義垝杜:上丁礼反。下時夜反。悮。

秊 nián_3.8　同秊40221　**彩** cǎi_3.8　俗彩16469廣碑別字引唐亡宮人九品墓誌

秷 zhí_3.8　玉篇秷,朱立切。古文執08794拘也。

私 sī_3.8　干禄字書私私40200上俗下正。

秋 qiū_3.8　俗秋40241抄秋。見可洪音義

秌 qiū_3.8　或焌30761譌字。俗秋。

秀 xiù_3.8　字海同秀40198字見漢衡方碑

秀 ut_3.8　喃从秀乙ất聲。

秊 nián_3.8　年15244字或體。見集韻

秠 pī_4.9　正字通同秠40304省。

秗 fū_4.9　廣韻甫無切集韻韻會風無切丛音膚。黑稻図玉篇再生稻也。

秋 qiū_4.9　古文穐龝秌龝唐韻七由切集韻韻會雌由切正韻此由切丛音鰌。金行之時爾雅·釋天秋爲白藏註氣白而收藏也釋名秋,就也,言萬物就成也。又緒也,緒迫品物,使時成也図說文禾穀熟也禮·月令孟夏,麥秋至陳澔曰秋者,百穀成熟之期。此於時雖夏,於麥則秋,故云麥秋書·盤庚乃亦有秋図禮·鄉飲酒義西方者秋,秋之爲言愁也。愁之以時察,守義者也註愁讀爲揫,斂也。察嚴殺之貌春秋繁露秋之言猶湫也。湫者,憂悲狀也図九月爲三秋詩·王風一日不見,如三秋兮図四秋管子·輕重乙図歲有四秋,而分有四時。故曰:農事且作,請以什伍農夫賦耜鐵。此謂春之秋。大夏且至,絲纊之所作,此謂夏之秋。大秋成,五穀之所會,此謂秋之秋。大冬營室中,女事紡績緝縷之所作,此謂冬之秋図廣韻藻竹秋,三月也。蘭秋,七月也。図秋秋,馬騰驤貌前漢·禮樂志飛龍秋游上天。又揚雄·羽獵賦秋秋蹌蹌入西園荀子·解蔽篇鳳凰秋秋註秋秋,猶蹌蹌。謂舞也図春秋,魯史名図大長秋,皇后官名◆前漢·百官表景帝更將行爲大長秋師古註將行,秦官名。秋者,收成之時,長者,恆久之義図姓。図qiāo七遙切音鐰。揚雄·賦秋秋蹌蹌。蕭該讀。又荀子·解蔽篇鳳凰秋秋,其翼若干,其音若簫。秋與簫爲韻図chú楚俱切音蒭水南翰記北方老嫗八九十歲,齒落更生者,能於夜出,食人嬰兒,名秋姑。秋讀如蒭酒之蒭。鑾又秋40232龝40917龝75941龝40708龝40792龝40716龝40989龝40997龝52273龝32150図可洪音義扟30624麗:上七由反。正作秋図字學三正·古文異體龝40963龝75924炑40242,秋。

炑 qiū_4.9　說文秋本字。

种 chóng_4.9　廣韻直弓切集韻韻會正韻持中切丛音蟲。稚也図姓。後漢司徒种暠。

秎 fèn_4.9　集韻符分切音汾。穧也。關中語正字通穧,禾束也管子·立政篇歲雖凶旱,有所秎穫劉績註秎亦穫也△一曰秎穧,禾有限也図fèn集韻父吻切音憤図fèn廣韻扶問切集韻符問切丛音分。義丛同。

秎 jiǎn_4.9　集韻吉典切,音繭。小束也玉篇十把曰秎△亦作藆。

秎 lì_4.9　集韻利03354古作秎△字彙補作秎。

秏 hào_4.9　唐韻呼到切集韻韻會正韻虚到切,丛蒿去聲說文稻屬。伊尹曰:飯之美者,南海之秏図廣韻荒內切集韻呼內切丛音誨。義同図韻補通作耗。減也,敗也,虛也前漢·董仲舒傳秏矣哀哉。今文皆作耗46395図謨袍切,音毛。義同図mào集韻莫報切音媢。秏亂,不明也図姓。鑾又秏23672

秷 jié_4.9　集韻訖業切音劫。草名。

秈 niǔ_4.9　集韻女九切音紐。禾莢弱。

秏 yún_4.9　集韻于分切,音雲。除苗間穢也。同耘。

科 kē_4.9　唐韻集韻韻會正韻丛苦禾切音窠說文

程也。从禾从斗。斗者，量也徐曰會意☒廣韻條也，本也，品也戰國策科條既備☒坎也孟子盈科而後進☒等也論語爲力不同科☒科，斷也釋名科，課也。課其不如法者，罪責之也☒取人條格曰科第前漢·元帝紀詔丞相、御史，舉質樸、敦厚、遜讓有行者，光祿歲以此科第郎從官註始令丞相御史舉此四科人，以擢用之，而見在郎及從官，又令光祿每歲依此科考校，定其第高下，用知其人賢否也後漢·徐防傳立博士十有四家，設甲乙之科註歲課，甲科四十人爲郎中，乙科二十人爲太子舍人，丙科四十人補文學掌故☒木中空也易·說卦科上稿☒科頭史記·張儀傳跣跔科頭註謂不著兜鍪入敵☒科斗，蝦蟆子。一名活東，頭圓大而尾細。古文書形似之☒科雉，獸名劉向·說苑楚莊王獵於雲夢，射科雉☒地名水經注汳水，又東逕科城北。☒kè廣韻苦臥切音課。滋生也正字通植禾本也。鑿俗作秙40273

秠 bà_4.9　廣韻白駕切集韻步化切夶音杷。杷稏，稻名。與稰同。

秒 miǎo_4.9　唐韻亡沼切集韻韻會弭沼切夶音眇說文禾芒也。春分而禾生，夏至晷景可度。禾有秒，秋分而秒定韻會秒之言妙也，微妙也前漢·敘傳產氣黃鐘，造計秒忽註秒，禾芒。忽，蛛網細者。

秖 zhǐ_4.9　玉篇章移切音支。稈也☒篇海禾名。

秔 gēng_4.9　廣韻古行切集韻韻會居行切正韻古衡切夶音庚。稻之不黏者玉篇秈稻也前漢·東方朔傳馳騖禾稼稻秔之地註稻，有芒之穀總稱也。秔，其不黏者也△或作稉。俗作粳。鑿俗亦作秔40329秔40284

秚 yá_4.9　集韻牛加切音牙。稜也☒字彙稜也。☒正字通與芽牙通。苗初苗也。

秛 fāng_4.9　廣韻府良切集韻分房切夶音方。禾名。

秗 yú_4.9　字彙衣虛切音於。草也。鑿俗於。

秕 bǐ_4.9　唐韻卑履切集韻韻會補履切，並音匕。不成粟也書·仲虺之誥若粟之有秕左傳·定十年夾谷之會，孔丘曰：若其不具，用秕秠也註秕，穀不成者。☒喻穢也後漢·安帝贊秕我王度☒集韻頻脂切音毗。義同△或作粃莊子·逍遙遊塵垢粃糠註粃糠，猶煩碎△或省作秕。

秖 zhǐ_4.9　集韻章移切音支。適也前漢·鄒陽傳秖怨結而不見德。

秀 suì_4.9　唐韻集韻夶徐醉切音遂說文禾成秀也，人所以收。从禾爪六書正譌从禾从爪，象秀實之形博雅粲黍稻，其采謂之禾△集韻或从惠。

秞 ruì_4.9　廣韻而瑞切集韻而睡切夶音衲。內也。一曰人心薄言而語，謂之秞衲☒集韻女恚切音諉。義同。

秇 jì_4.9 20253　集韻几利切音冀。稠也。

秈 yù_4.9 20254　集韻飫68938古作秇。

秎 lí_4.9 20255　集韻憐題切音黎。耕也。或作犁。

秏 hé_4.9 20256　說文居气切音既。稌也字彙譌作秏☒集韻胡骨切音汩。麤屑也。或从麥。

秢 zì_4.9 20257　集韻側吏切，音葘。榖貌○按卽秋字之譌。

秨 cuán_4.9 44865　川篇同穳切，音支◇穗生也☒音知。禾再生也。

秝 zhì_4.9 20258　字彙補終基切。鑿俗秖40315

秛 bēn_4.9 20259　玉篇與奔10113同。

秬 kē_4.9 44868　龍龕音科。

秈 gǔ_4.9 44866　餘文與穀同

秬 xiān_4.9 44867　搜眞玉鏡音仙。鑿秈40215字之譌。

秚 hé_4.9 44869　搜眞玉鏡音和。

秪 tí_4.9 44875　字彙補稊字之譌。

秴 cuán_4.9 u2B029　同秨40270

秛 jiān_4.9 u2B028　簡稅40432

秝 cǎy_4.9 u2577D　喃耕種，插秧。亦作秷40454穊46482

秎 gēng_4.9 u25777　干祿字書耕俗秎46393正☒可洪音義耕塾。

秜 sōng_4.9 u25776　俗松23660四部叢刊·初編子部·翻譯名義集·集·集三·眾香篇第三十四羯布羅：此云龍腦香。羯或作劫三藏傳云秜身異葉，華、果亦殊。

秙 gài_4.9 u25775　玄應音義杚工：古文杚、槩二形。今作槩，同慧琳音義杚土：古文杚、秙二形。今作槩，同。公礙反。杚，量也廣雅云杚，摩也。杚亦平也。平升斛曰杚也。

秜 null_4.9 u25774　未詳。

秭 null_4.9 u25773　未詳。

秜 gēng_4.9 u25772　俗秔40255可洪音義秜米：上古萌反。朝鮮本龍龕秔，正，音更。稻也。秜、粳，或作。今增。

秷 null_4.9 u25771　未詳。

秫 shú_4.9 u25770　俗秫40316可洪音義秫馱：上殊律反。又五侯鯖字海音述。糯米。

秊 nián_4.9 u4135　俗秊40221

乿 út_4.9 u200F7　喃从季乙冗聲。最小的△琨乿：老幺。△亦作垇12615

秿 shuò_4.9 u4134　同朔47041俗朔☒zhū鬼名女青鬼律·卷之二空流之鬼，名活秿。音朱。

秮 dù_5.10 20260　集韻都故切音妒。漢侯國名。通作秺。

秱 jiā_5.10 20261　集韻居牙切音加。禾也。

秘 mì_5.10 20262　集韻兵媚切音祕。密也。通作祕☒bié轉注古音蒲結切音蹩。香草也。

同。

秙 40293 20263 kù_5.10 集韻苦故切音庫。秙穬，禾不實也。

秕 40294 20264 yí_5.10 正字通俗移字。

秠 40295 20265 bàn_5.10 集韻部滿切音伴。物相和也。

秡 40296 20266 pī_5.10 廣韻敷羈切音鈹。禾租也囝集韻攀糜切音披。又攀悲切音坯。又披義切，音帔。義丛同。

秜 40297 20267 ní_5.10 集韻韻會丛女夷切音尼說文稻今年落，來年自生，謂之秜長箋尼訓从後至，故从尼囝玉篇小麥也囝廣韻力脂切集韻良脂切丛音棃。義同囝ní集韻尼質切音暱。稻先熟者。鼝又稏40398稺40444

秝 40298 20268 lì_5.10 唐韻集韻丛郎擊切，讀若歷說文稀疏適也。凡歷、曆等字從此囝或作秠。鼝又可洪音義秝陁：上輪律反。正作秝40316經自切。

秘 40299 20269 bì_5.10 廣韻房密切集韻薄密切丛音弼。秘穤，禾重生也囝bó廣韻蒲沒切集韻薄沒切丛音孛。秘粹，禾所秀不成蕘向上貌。鼝又秄40419

秱 40300 20270 chēn_5.10 篇海丑人切音胂。禾名。鼝俗神。敦研.018佛說阿難律經諸天龍秱，帝王人民無鞅數。

秎 40301 20271 fū_5.10 正字通俗稃字。

秞 40302 20272 yóu_5.10 廣韻以周切集韻餘周切丛音猶。禾黍盛也△一曰物初生貌囝元結樂歌其生如何兮秞秞。

租 40303 20273 zū_5.10 唐韻則吾切集韻韻會正韻宗蘇切，丛祖平聲說文田賦也長箋且，古祖字。田賦用以給宗廟，故从且史記孝文紀賜天下民田租之半囝凡稅皆曰租史記馮唐傳軍市之租註謂軍中立市，市有稅，卽租也前漢昭帝紀罷榷酤官，令民得以律占租註謂令民賣酒，以所得利占均輸其租囝廣韻積也詩豳風予所蓄租囝六書故田中禾稿也正字通豳風蓄租，對上將茶言。租當訓禾稾。蓄謂拾取餘稾待用也囝地名前漢地理志樂浪郡夫租囝jū集韻子余切音苴。包也囝zōu集韻韻會丛將侯切音諏。包裹也周禮春官司巫菹館註或作租，音諏。

秠 40304 20274 pī_5.10 唐韻敷悲切集韻韻會攀悲切丛音坯爾雅釋草秠，黑黍。秠，一稃二米詩大雅維秬維秠疏秬，黑黍之大名。黑黍中有二米者，別名爲秠。宗廟之祭，唯秬爲重，二米，嘉異之物，鬯酒宜用之。漢和帝時，任城縣生黑黍，或三四實，實二米。得黍三斛八斗者是囝韻會百穀之中，一稃二米，惟麥爲然說文解秠字，一稃二米。而解來字云來麰，一來二縫。是秠正从來麰爾囝廣韻匹鄙切集韻韻會普鄙切丛音嚭。又集韻韻會丛匹九切音剖。又集韻俯九切音缶。又廣韻匹尤切集韻韻會披尤切丛音呸。又五音集韻敷羈切音披。義丛同。鼝又秠40239稖40436

秡 40305 20275 bó_5.10 玉篇蒲活切音鈸。禾傷也。

秢 40306 20276 líng_5.10 廣韻集韻丛郎丁切音靈。禾始熟曰秢。囝玉篇年也字彙補漢碑與齡同。

秣 40307 20277 mò_5.10 唐韻莫撥切音末說文食馬穀也。本作秣。今借作秣詩周南言秣其馬傳秣，養也周禮天官大宰芻秣之式註芻秣，養牛馬禾穀也囝地名前漢地理志丹陽郡有秣陵縣囝mèi集韻莫佩切音昧。飼也詩小雅乗馬在廄，摧之秣之。鼝又稬40782稄51501稄51322稑40929囝集韻秣40344，莫佩切。飼也。

秤 40308 20278 chèng_5.10 廣韻昌孕切，稱去聲。正斤兩也古之奇縣令箴如秤之平太平御覽諸葛亮曰：我心如秤，不能爲人低昂。又：姚崇有執秤誡囝數名小爾雅斤十謂之衡，衡有半謂之秤，秤二謂之鈞△廣韻俗稱字。鼝又秤39757

秥 40309 20279 nián_5.10 玉篇女占切音黏。禾也。鼝龍龕秥，俗女廉反。正作黏74840

秦 40310 20280 qín_5.10 古文秦唐韻廣韻匠隣切集韻類篇韻會正韻慈隣切丛音螓。國名說文伯益之後所封國。地宜禾詩秦風車鄰註秦，隴西谷名。在雍州鳥鼠山之東北疏今秦亭，秦谷也韻會春秋秦國，漢置天水郡，後魏改秦州釋名秦，津也。其地沃衍有津潤也囝三秦史記項羽紀三分關中，王秦降將章邯雍王，司馬欣塞王，董翳翟王，爲三秦囝大秦國後漢西域傳大秦在海西，亦云海西國。其人民長大平正，有類中國，故謂之大秦囝姓。秦自顓頊後，子嬰旣滅，支庶以爲秦氏囝說文一曰秦，禾名。鼝又秦40820秦40679秦39747囝字彙補秦40916五音集韻古秦字篇海又作秦。

秧 40311 20281 yāng_5.10 唐韻集韻韻會正韻丛於良切音央。禾苗正字通苗始生，尚釋，分科植之，非秧卽栽禾也韻會蒔謂之秧集韻訓栽，丛非囝yǎng廣韻於兩切集韻倚兩切丛音鞅。秧穰，禾密貌。鼝又秩40629

秨 40312 20282 zuó_5.10 唐韻在各切集韻疾各切丛音昨說文禾搖貌囝廣韻昨誤切集韻存故切音祚。義同。

秩 40313 20283 zhì_5.10 古文豒廣韻直一切集韻韻會正韻直質切丛音姪廣韻次也，常也，序也書堯典平秩東作傳次序東作之事以務農舜典望秩于山川傳如其秩次望祭之囝增韻職也，官也，整也周禮天官宮伯行其秩敘註秩，祿廩也疏謂依班秩受祿左傳文六年委之常秩註常秩，官司之常職囝爾雅釋訓秩秩，智也註智慮深長囝爾雅釋訓秩秩，清也註德音清泠詩大雅德音秩秩箋教令清明也囝詩小雅秩秩斯干註流行貌箋流出無極已也囝詩小雅左右秩秩註秩秩然肅敬也囝官名書舜典汝作秩宗疏主郊廟之官，序鬼神尊卑後漢百官志鄉置有秩，三老游徼註有秩，郡所置。秩百石，掌一鄉人風俗通卽田間大夫，言其官裁有秩耳囝姓字彙伊秩，複姓囝十年爲一秩容齋隨筆白公詩云已開第七秩，飽食仍安眠。又云年開第七秩，屈指

幾多人。是時年六十二，元日詩也[又][韻會]毛氏曰：从禾，形也。从失，聲也。本再生稻，刈而重出，後先相繼，故借爲秩序字〇按[說文]秩訓積也。引[詩]稽之秩秩。今[詩]無此句，不取[又]yì[集韻]弋質切音逸[爾雅·釋鳥]秩秩，海雉[註]如雉而黑，在海中山上，施乾讀。
鑾又袟39701䛗57107

秳 40314 20284
shí_5.10 [唐韻][集韻]丛常隻切音石◆[說文]百二十斤也。稻一秳爲粟二十升，禾黍一秳爲粟十六升。[又]或作石[楚辭·九章]重任石之何益[註]石，一作秳。

秖 40315 20285
zhī_5.10 [廣韻]丁尼切[集韻]張尼切，並音胝。禾始熟曰秖。一曰再種。或作秨。鑾又秪40260秐40268杍40205

秫 40316 20286
shú_5.10 [唐韻]食聿切[集韻][韻會][正韻]食律切丛音術。穀名[爾雅·釋草]衆，秫[疏]衆一名秫，謂黏粟也。北人用之釀酒，其莖稈似禾而麤大者是也[禮·月令]仲冬，乃命大酋，秫稻必齊[周禮·冬官考工記]染羽以朱湛丹秫[註]丹秫，赤粟也[又]shù與鉥同[戰國策]鯷冠秫縫[註]秫，綦鍼也。言女工之拙。卽鉥字通借。鑾又秫40335朮23530桼40536林40286秝40298

秬 40317 20287
jù_5.10 [唐韻]其呂切[集韻][韻會][正韻]臼許切丛音巨[說文]黑黍也。本作䝤。或从禾作秬[詩·大雅]維秬維秠[書·洛誥]以秬鬯二卣[傳]秬鬯，黑黍香酒也[又][集韻]求於切音渠。義同。鑾[可洪音義]玄秬46406：音巨，黑黍也。正作秬。

秭 40318 20288
zǐ_5.10 [唐韻]將几切[集韻][韻會]蔣兕切丛音姊。數也[說文]五稯爲秭。一曰數億至萬曰秭[徐曰]六萬四千斤也[詩·周頌]萬億及秭[傳]數萬至萬曰億，數億至億曰秭。又[風俗通]千生萬，萬生億，億生兆，兆生京，京生秭，秭生垓，垓生壤，壤生溝，溝生澗，澗生正，正生載，載地不能載也[又]秭歸，縣名[廣韻]在歸州，屈原此縣人，被放姊來，因名其地。秭與姊同[又]秭鳺，鳥名[史記·歷書]秭鳺先滜。鑾秭鳺，秭鴂之誤。文淵閣本[龍龕]秭秧40324二俗，秭40340正，將几反。千億也。又秭歸。縣名。

秡 40319 20289
pò_5.10 [玉篇][集韻]丛匹各切音粕。禾不實也。

秕 40320 20290
chuì_5.10 [廣韻][集韻]丛尺僞切，吹去聲。糶也。

秌 40321 20291
hé_5.10 [玉篇]胡戈切音和。棺頭也[又]胡臥切，和去聲。義同△或作𥝌。

秕 40322 20292
zhǎi_5.10 [玉篇]側買切音扯。禾也。

秫 40323 20293
shǔ_5.10 [字彙補]漢碑與黍同。又[三尊譜錄]太上眞君法姓黍。

秧 40324 41644
zǐ_5.10 [龍龕]都了切。禾穗垂貌。鑾俗秭40318，非俗杓40217字。

秳 40325 41645
huó_5.10 [字彙補]音未詳[呂氏春秋]秳米而不香。鑾秳字之譌。

积 40326 44870
zhǐ_5.10 [五音篇海]音枳。

秭 40327 44871
zǐ_5.10 [搜眞玉鏡]音子。鑾疑秭字之譌。

柯 40328 44872
hé_5.10 [五音篇海]胡羅切。

柷 40329 44873
zhú_5.10 [海篇]音祝。鑾柷23863柷40255的俗字[字彙補]柷，之六切音竹，義未詳[可洪音義]柷柷：之六反。柷米：上古盲反。正作秔。

秺 40330 44874
tuó_5.10 [字彙補]陀字之譌。見[錢士晉·神道碑]

稈 40331 u2B02D
null_5.10 未詳。

稆 40332 u2B02C
chú_5.10 [簡]稸40663

粤 40333 u2B02B
yuè_5.10 俗粵43369

秈 40334 u2B02A
null_5.10 未詳。

秫 40335 u2F957
shú_5.10 同秫40316

秕 40337 u25795
bié_5.10 同䴤69682[玉篇]䴤，匹結切。小香。秕，同上。

稇 40336 u25796
giống_5.10 [喃]从種省用dụng聲。種類△稤稇：穀種。

秛 40338 u25794
mín_5.10 [方]莊稼晚收。蒲松齡[農蠶經·農經·三月種穀]秛穀宜早，稞穀宜晚△亦作苠49164[日用俗字·莊農章]苠麥打完纔上囷，稙（質）穀秀齊已墜圈。

秨 40339 u25793
zhī_5.10 [集韻]秖40315或作秨。

秙 40341 u25790
sì_5.10 俗耜46402[可洪音義]耒秙：下辝子反。

秄 40345 u25789
hú_5.10 或同稃。

秭 40340 u25791
zǐ_5.10 俗秭40318[四聲篇海]秭，秭音。千億也。又秭帰，縣名。

秥 40346 u25788
xiāng_5.10 同香69654

香 40342 u2578C
xiāng_5.10 同馫74845[篇海]香馘，上音香。芳氣也。下音馘。義同。

秪 40343 u2578B
null_5.10 人名用字[宋會要輯稿·帝系二·濮秀二王雜錄·雜錄]慶元三年四月四日，詔：武功郎、添差淮東兵馬鈐轄趙不秪除觀察使，襲封嗣濮王。

秣 40344 u2578A
mò_5.10 俗秣40307[可洪音義]秣之：上莫鉢反。

秷 40347 u25787
jī_5.10 俗稽13934[碑別字新編]引[隋楊秀墓誌]

秊 40348 u4139
nián_5.10 俗季40221

称 40349 u79F0
chēng_5.10 俗稱。今[简]

秱 40350 20294
tóng_6.11 [玉篇]徒聾切[集韻]徒東切丛音同。禾盛貌[正字通]禾稾節閒，猶竹之筒，得時則長[呂氏春秋]得時之禾，長秱而穗大。得時之麥，長秱而頸黑。

秴 40351 20295
zùn_6.11 [玉篇]徂悶切音鐏。禾積也。

稊 40352 20296
tí_6.11 [集韻]同稊

秛 40353 20297
cháo_6.11 [廣韻]直交切[集韻]除交切，丛棹平聲。禾穭生[又]tiāo[集韻]他彫切音祧。稻也[又]他刀切音慆。義同。鑾又秖40523秖40392

秲 40354 20298
zhì_6.11 [廣韻]直里切[集韻]丈里切丛音峙。秲穲，稻名[又]shì[玉篇]時至切[廣韻]時吏切丛音侍。與蒔同。

秳 40355 20299
huó_6.11 [唐韻][集韻]丛戶括切音活。舂粟不潰也。一曰生也，謂禾生[又][集韻]乎刮切音滑。義同△[說文]本

作稭。鋈又稭40534

稇 40356 20300 tiǎn_6.11 廣韻 集韻 丛他玷切音忝。鄉名，在濟北蛇丘縣。鋈又稇40357

稇 40357 20301 xiān_6.11 正字通 稇字之譌 字彙 同秈。

稆 40358 20302 hé_6.11 集韻 曷閤切音合 博雅 秡稆也。亦作稆。又 gé 葛合切音佮。種也。

稇 40359 20303 yīn_6.11 集韻 伊眞切音因。禾葉。又禾華也。

稑 40360 20304 rù_6.11 玉篇 如叔切音肉。厚也 又 rǒng 集韻 乳勇切音宂。秬黍。

稊 40361 20305 huāng_6.11 玉篇 集韻 丛呼光切。同荒。凶年也。空也 又 果不熟也△ 集韻 作稊，从穛省。鋈又穛40717

秵 40362 20306 rú_6.11 玉篇 女魚切音袽。臭草也。

粢 40363 20307 zī_6.11 集韻 津私切音咨 說文 稷也。本作齋。或从次 又 同粢43281

稞 40364 20308 duò_6.11 玉篇 集韻 丛徒臥切音惰。禾積也。鋈清·桂馥 札樸·卷九·鄉里舊聞·禾稼 積穰曰稞。

稃 40365 20309 jiàng_6.11 集韻 古巷切音絳。禾垂也。

稅 40366 20310 yì_6.11 廣韻 餘制切 集韻 以制切丛音曳。白稅，稻名。鋈又粺43287

秷 40367 20311 zhì_6.11 廣韻 集韻 丛陟栗切音窒。刈禾聲 又 或作挃 詩·周頌 穫之挃挃。鋈又穉40744

秾 40368 20312 liè_6.11 古文梨 唐韻 良薛切音列 說文 黍穰 又 廣韻 集韻 丛力制切音例。義同。或作穲 又 正字通 一說禾行列齊也，故从列。與木行生者作栵。義同。

鋈又剿40450 正字通 茢，本作薊 六書故 又作槷40531，黍穰也，引徐鍇曰：以黍穰為帚洒桃湯。按：經傳茢卽芀帚，不必以黍穰亂之，薊梨40403分可也 又 裘錫圭：朿23742，梨字初文。

案 40369 20313 àn_6.11 唐韻 烏旰切 集韻 於旰切丛音按。轢禾也。鋈又稄40399

稆 40370 20314 hé_6.11 廣韻 下各切 集韻 曷各切，並音涸。禾屬，似黍而小。

秸 40371 20315 jiē_6.11 廣韻 古黠切 集韻 韻會 正韻 訖黠切丛音戛。禾稾。本作稭 書·禹貢 三百里納秸服 孔傳 秸，稾也 蔡註 刈禾半稾曰秷。半稾去皮曰秸 又 或作鞂 禮·禮器 稾鞂之設 註 治穗去實曰鞂△亦通作戛 前漢·地理志 三百里戛服 註 師古曰稾也 又 jí 集韻 激質切音吉。秸鞠，鳴鳩也。鋈又秲40401䅯74501𦮼18898𦾔74546 又 正字通 藍51930亦作稭 又 廣韻 稭40553同藍 又 可洪音義 𦾔74516草：上古八反，稾也，稈也。正作秸也 經音義 作𪎰74568，應和尚以秸替之，是也。又稾秸40420：上古老反。下古八反。禾稈也。正作稾秸。

梁 40372 20316 qióng_6.11 廣韻 集韻 韻會 丛渠容切音蛩。稰也。又 jiòng 廣韻 巨壠切 集韻 巨勇切，蛩上聲。穫也。又 集韻 丘勇切音恐。義同。鋈又粱40385粱40405粱43279粱24084

秹 40373 20317 rěn_6.11 集韻 忍甚切音荏。禾弱也。

秝 40374 20318 lì_6.11 玉篇 力帝切 集韻 良計切，並音荔。長禾也。鋈又秫40397

稌 40375 20319 dù_6.11 廣韻 當故切 集韻 丁故切丛音妒。地名 史記·年表 稌侯金日磾 前漢·功臣表 稌侯商丘成 註 在濟陰成武。丛音妒 又 五音集韻 陟加切音奓。義同○按 正字通 云秅有荼、妒二音，俗作秺、稌，是合三字爲一字矣，但考 說文 广部有庑字，註開張屋也。濟陰有庑縣，是稌與庑通，非卽秅字，特荼、妒二音同耳。諸書俱合秅、稌爲一，并釋稌爲禾束，與 正字通 斥稌爲俗字，皆非也。

秸 40376 20320 guī_6.11 玉篇 古攜切音圭。同鞋。田器 又 wā 集韻 烏蝸切音鼃。耕也。

移 40377 20321 yí_6.11 唐韻 弋支切 集韻 韻會 余支切丛音匜 說文 禾相倚移也 六書故 移秧也。凡種稻先苗之後移之 又 說文 一曰禾名 又 遷也 韻會 今遷徙之迻借作移 書·多士 移爾遐逖 又 廣韻 易也，延也 博雅 轉也 書·畢命 世變風移 禮·大傳 絕族無移服 疏 在旁而及曰移。言不延移及之。又 玉藻 疾趨則欲發，而手足毋移 疏 移謂靡匜，搖動也 又 廣韻 遺也 博雅 移，脫遺也 又 官曹公府不相臨敬，則爲移書，箋表之類也 前漢·公孫弘傳 弘乃移病免歸 註 移書言病 後漢·光武紀 於是致僚屬，作文移 註 文書移於屬縣 又 姓 風俗通 漢弘農太守移良 又 山名 水經注 沅水源出許山，流注於熊溪，熊溪南帶移山，山本在水北，夕中風雨，旦而山移水南，故名。又 通作施 前漢·衞綰傳 劍者，人之所施易，獨至今乎 如淳註 施，讀曰移。言劍者人所好，故多數移易貿換之也 又 yì 集韻 韻會 丛以豉切，音易 禮·郊特牲 以移民也 註 移之言羨也 疏 以蜡祭豐饒，皆醉飽酒食，使人歆羨也。又 曹植·鷂雀賦 雀得鷂言，意甚不移目如擘椒，跳蕭二翅 註 移，遷也 又 chǐ 集韻 敞尒切音侈。禮·表記 衣服以移之 註 移讀如水氾移之移。猶廣大也 又 叶牛何切音俄 楚辭·七諫 淸泠泠而殲滅兮，溷湛湛以日多。梟鴞旣以成羣兮，玄鶴弭翼而屛移。鋈又迻09920秜40223稺40522 可洪音義 玉迻：羊支反。遷也，易也。亦作移稚40294二形 又 移 廣碑別字·移 引 唐張綱墓誌

稯 40378 20322 zōng_6.11 說文 籀文稷字。鋈 補遺 重出。

秧 40379 20323 zì_6.11 集韻 側吏切，菑去聲。穊也。鋈又秧40267

稽 40380 20324 jī_6.11 字彙補 古奚切音雞。滯也。

40381 20325 粟 sù_6.11　字彙補 古文粟43271字。

40382 41646 秨 zú_6.11　◆龍龕 則骨切。秨秨也。

40383 41647 秅 chá_6.11　五音篇海 直宗切。秅，張開屋也。
鍌 又庀15529 秅40375 秅40290

40384 41649 秐 dì_6.11　字彙補 音未詳 奇姓通 游秐，複姓也 英賢傳 游秐子著書，言法家之事。鍌秐（棣）字之譌。

40385 44876 栔 qióng_6.11　字彙補 同栔。

40386 44877 秷 héng_6.11　龍龕 音行。鍌 字彙補 秷，烏仍切音行。囝 秷40409或同秷。

40387 44878 秫 mò_6.11　龍龕 音米。鍌 龍龕 秫俗，秫40307正。音末。秫馬也。又俗音米。

40388 44879 秫 zhū_6.11　搜真玉鏡 音朱。鍌 又袜54238

40389 44880 秦 juàn_6.11　搜真玉鏡 音院。鍌 楊寶忠：俗秦24016

40390 u2B7B7 秞 kuài_6.11　簡 檜40855

40392 u2B030 乑 cháo_6.11　同桃40353

40391 u2B031 秮 hòu_6.11　朝鮮本 龍龕 胡勾切 五侯鯖字海 音後。

40393 u2B02F 秫 null_6.11　未詳。

40395 u2F958 秆 jiǎn_6.11　同秆40245

40394 u2B02E 档 dāng_6.11　簡 檔40856

40396 u257C5 乑 qiāo_6.11　同乑24784 類篇 乑，千遥切。匕也 廣韻 乑，七遥切。抄飯匙。

40397 u257AE 秘 lì_6.11　同秘40374 集韻 秘，長禾。

40398 u257AD 秖 ní_6.11　俗秖40297

40399 u257AC 秨 àn_6.11　同案40369

40400 u257AB 柔 shǔ_6.11　俗黍74821 修華嶽碑 成我稷柔。

40401 u257A8 秸 jiē_6.11　俗秸40371

40402 u257A6 秸 jiá_6.11　俗秋40434

40403 u257A5 梨 liè_6.11　同梨40519

40406 u257A2 秭 null_6.11　未詳。

40404 u257A4 彙 gǔ_6.11　同穀40678 馬王堆漢墓帛書·老子乙本·德經 人之所亞（惡），唯孤寡不彙，而王公以自稱也。

40405 u257A3 栔 qióng_6.11　俗栔40372

40407 u257A1 秭 null_6.11　未詳。

40408 u257A0 秏 lǎo_6.11　漢語方言大詞典 大秏。閩語 囝明·何喬新 勘處播州事情疏 水田八百秏，陸地二十處。

40410 u4149 秳 yà_6.11　简 秳40472

40409 u2579F 秷 héng_6.11　或同秷40386

40411 u79FE 秾 nóng_6.11　简 秾40860

40412 u79FD 秽 huì_6.11　简 穢40867

40413 20326 稃 fū_7.12　廣韻扶甫切 集韻 韻會奉甫切 兯音釜。禾穧積也 囝 廣韻 集韻 兯芳無切音敷。義同 囝 bū 廣韻博孤切 集韻 奔模切 兯音逋 廣韻 刈禾治稃 集韻 刈禾也 囝 pū 集韻 滂摸切音鋪。大豆也 △或作稃。鍌 又穄40739

秉00123 秉00128 秝24530 補24152

40414 20327 稀 xī_7.12　唐韻 集韻 韻會 兯香依切音希 說文 疏也 徐曰 當从爻从巾。爻者，希疏之義，與爽同意，巾象禾之根莖。至於莃晞皆當从稀省，何以知之 說文 無希字故也 囝 姓。見 姓苑 △ 集韻 通作希。

40415 20328 稝 biē_7.12　字彙 必列切，音鱉 ◇ 正字通 禾行列不齊也。鍌 楊寶忠：稝19703，俗作棚24190，譌作稝。

40416 20329 槀 gǎo_7.12　正字通 同槀40676

40417 20330 稂 láng_7.12　唐韻 魯當切 集韻 韻會 盧當切 正韻 魯堂切 兯音郎。草名。似莠 詩·曹風 浸彼苞稂。又 小雅 不稂不莠 註 稂莠，皆害苗 爾雅·釋草 稂，童粱 註 莠類 爾雅翼 稂，惡草，與禾相雜，故詩人惡之。古者以飤馬 囝 集韻 呂張切音良。義同 △ 廣韻 亦作蓈。

40418 20331 稅 wǎn_7.12　集韻 武遠切音晚。禾名。

40419 20332 秼 bì_7.12　集韻 薄沒切音孛 字林 稴稡，禾秀。或作秼。

40420 20333 秸 kù_7.12　廣韻 苦沃切 集韻 韻會 枯沃切 兯音酷。禾熟也 韻會 通作酷 揚子方言 自河以北，趙魏之郊，謂穀熟爲酷。鍌 又稀40671 秸40564 秸40371

40421 20334 稍 juān_7.12　唐韻 古淵切 集韻 韻會 圭淵切 兯音涓 說文 麥莖也 囝 作蠲 潘岳·射雉賦 闚闒蠲葉。或作蜎。

40422 20335 秵 tǐng_7.12　集韻 待鼎切，定上聲。稻麥傑立貌。
鍌 又稃40477

40423 20336 秀 yǒu_7.12　字彙 云九切，音酉 ◇ 分別也，各異也。見 釋藏。鍌 又莠49561 囝 龍龕 秀39850，相承。音誘 可洪音義 秄秀：上蒲拜反，下余柳反。韓小荊：今 大正藏 對應經文正作稴秀 囝 龍龕 穄40778，相承。又敗反。

40424 20337 稃 fū_7.12　唐韻 集韻 韻會 正韻 兯芳無切音敷 說文 稆也 徐曰 稃卽米殼。草木之華房爲柎，麥之皮爲麩，音義皆同 廣韻 穀皮也 囝 fú 集韻 房尤切音浮。義同。△或作稃。亦作秿柎。鍌 正字通 秿，俗稃字。

40425 20338 稄 zè_7.12　廣韻 阻力切 集韻 韻會 正韻 札色切 兯音稜。稻稄，禾密貌。鍌 新撰字鏡 稄，阻力反，入。稻稄，禾密滿。囝 集韻 稄，須切切。秉四謂之莒（筥），莒（筥）十謂之稄。楊寶忠：俗稷。

40426 20339 稅 shuì_7.12　廣韻 舒芮切 集韻 韻會 正韻 輸芮切 兯音帨 說文 租也 廣韻 斂也 禮·王制 古者公田藉而不稅 春秋·宣十五年 初稅畝 周禮·天官·司書 凡稅斂，掌事者受法焉 前漢·食貨志 有賦有稅。稅謂公田什一，及工商虞衡之入也。賦共車馬甲兵士徒之役，充實府庫，賜予之用。稅給郊社宗廟百神之祀，天子奉養百官祿食庶事之費 囝 爾雅·釋詁 稅，舍也 註 舍，放置 史記·李斯傳 我未知所稅駕 註 稅駕，猶解駕，言休息也 囝 韻會 以物遺人曰稅 禮·檀弓 未仕者不稅人，如稅人則以父兄之命 註

謂遺人図姓盛弘之荊州記建州信陵縣有稅氏千家姓云河閒人。宋有進士稅挺図與說通詩·鄘風說于農郊註說，本或作稅。毛云舍也図tuì集韻韻會吐外切音嬨禮·檀弓曾子曰：小功不稅，則是遠兄弟，終無服也，而可乎註日月已過，聞喪而服曰稅。又服問大功之葛，以有本爲稅註稅，變易也図tuàn集韻吐玩切音彖禮·雜記夫人稅衣揄狄疏稅謂黑衣也図tuō集韻他括切音脫左傳·成九年晉侯見鍾儀，問之，有司對曰：鄭人所獻楚囚也。使稅之註稅，解也図shuō集韻輸藝切音說。田賦名図與悅通史記·禮書凡禮始乎脫，成乎文，終乎稅註稅作悅，言禮終卒和悅人情△亦與襚通史記·陸賈傳平原君朱建母喪，辟陽侯乃奉百金往稅註稅，贈終服也。鑒又稅40471涗58940祧39809

稆 40427 20340
lǚ_7.12　　集韻穭本字後漢·獻帝紀尚書郎以下，自出採稆註稆音呂。自生稻也。

稤 40428 20341
wèi_7.12　　廣韻無匪切集韻武斐切丛音尾。饎也。図集韻無沸切音未。義同。

稛 40429 20342
kǔn_7.12　　廣韻韻會正韻丛苦本切音閫。成熟也。△正韻从困。與稇字不同。鑒清·邵瑛說文解字羣經正字·稇按稛載，今亦作稇。

稈 40430 20343
gǎn_7.12　　集韻古旱切音笴。與杆同博雅稻穰謂之稈說文禾莖也。引春秋傳或投一秉稈。今左傳·昭二十七年作或取一秉秆。鑒又馬王堆漢墓帛書·老子乙本卷前古佚書·十六經·明君卷（圈）馬食叔（菽）粟，戎馬食苦芊（枯稈）復庾。

稉 40431 20344
jīng_7.12　　集韻同秔前漢·揚雄傳馳騁稉稻之地。

稥 40436 20349
pī_7.12　　集韻同秠音縞。小束也。與秆同。鑒又稅40277

秔 40432 20345
jiǎn_7.12　　集韻吉典切音繭。

稄 40433 20346
ruí_7.12　　廣韻集韻韻會丛儒佳切音蕤。長沙謂禾四把曰稄。或作稂図五音集韻息遺切音綏。義同。

秡 40434 20347
jiá_7.12　　廣韻古協切集韻吉協切丛音頰博雅秡，穧也図集韻檄頰切音協。義同。鑒又秡40402

稊 40435 20348
tí_7.12　　廣韻杜奚切集韻韻會田黎切正韻杜兮切丛音題說文本作稊。藊芙也。從艸，梯聲郭璞曰似稗，布地生穢草也。今文作稊爾雅翼稊有米而細莊子·秋水篇稊米之在太倉註稊米，小米。李云草也，似稗図通作荑易·大過枯楊生稊王弼註楊之秀也鄭註作荑，木更生也。鑒又稊40352稈40699稈40563秷40275

程 40437 20350
chéng_7.12　　唐韻直貞切集韻韻會馳貞切丛音呈。◆說文品也。十髮爲程，十程爲分，十分爲寸徐曰程者，權衡斗斛律曆也荀子·致仕篇程者，物之準也註程度，度量之總名禮·月令按度程註度，爲制大小，程謂器所容疏容受多少図廣韻期也，式也，限也增韻量也，銓也，課也禮·儒行引重鼎不程其力前漢·高帝紀張蒼

定章程。又刑法志自程決事日縣石之一註縣，稱也。石，百二十斤也。讀文書，日以百二十斤爲程。又東方朔傳程其器能，用之如不及図驛程，道里也図示也張衡·南都賦致飾程蠱図秦人謂豹曰程莊子·秋水篇青寧生程，程生馬註程，豹也図地名帝王世紀文王居程，徙都豐後漢·郡國志雒陽有上程聚註古程國，重黎之後，伯休甫之國名図姓。出廣平、安定二望，本顓頊重黎之後，周宣王時，程伯休父入爲大司馬，封於程，後遂爲氏，與司馬氏同。鑒又裎39814

稌 40438 20351
tú_7.12　　廣韻他胡切集韻通都切，並音塗。又集韻正韻同都切，音徒。秔稻也韻會稻利下濕者詩·周頌豐年多黍多稌図廣韻他魯切集韻韻會統五切音土。又唐韻徒古切集韻動五切丛音杜。義同。図shǔ集韻常如切音蜍。藥草。署預也。或作藷蒣。鑒又糈43357図正字通稌40723俗稌字。

稍 40439 20352
shāo_7.12　　唐韻集韻韻會正韻丛所教切音哨◆說文出物有漸也儀禮·聘禮惟稍受之註稍，廩食也疏以其稍稍給之，故謂米廩爲稍図廣韻均也，小也周禮·天官·膳夫凡王之稍事註鄭司農云：謂非日中大舉時而閒食，謂之稍事。玄謂有小事而飲酒図韻會漸也韓愈·答柳柳州食蝦蟆詩余初不下喉，近亦能稍稍図周禮·地官·稍人註距王城三百里曰稍疏案載師家邑任稍地，在三百里內，故云図shǎo集韻韻會丛山巧切音稍。亦漸也図shāo集韻師交切音筲。稅也。

稙 40440 20353
jì_7.12　　說文古文稷40664字○按說文從禾，省文作稙。非從禾從鬼集韻古作稧，誤。

秳 40441 20354
huó_7.12　　說文秳本字。

梁 40442 20355
liáng_7.12　　玉篇力畺切集韻呂張切丛音良。米名。與粱同。

秿 40443 20356
máng_7.12　　集韻與秠同。

稺 40444 20357
ní_7.12　　字彙補側角切，音齇◇今年稻死，來年自生也。鑒楊寶忠：稺40297字之譌。

稫 40445 20358
bì_7.12　　玉篇集韻丛蒲結切，音別◇禾香也。鑒同稬40763，通作苾49201俗或作稲40541稫40942図稫字當部外八畫。

稝 40452 u2B037
lí_7.12　　或俗稬74848

椒 40446 20359
jǔ_7.12　　集韻果羽切音矩。木曲枝図積椒，不伸之意△一曰果名。

稵 40447 20360
xiū_7.12　　集韻思留切音脩。禾名。

程 40455 u2B034
null_7.12　　未詳。

稱 40448 41650
chēng_7.12　　龍龕隨函云合是稱字。經文名稱，世界也。

虠 40449 44881
hé_7.12　　搜眞玉鏡音和。

劙 liè_7.12 44883　五音篇海 同秐。

税 null_7.12 u2B036　未詳。

稴 jú_7.12 u2B038　俗稬46419

図漢語方言大詞典 稬，稬。閩語。

秮 cấy_7.12 u2B035　喃插秧，種植。

糜 null_7.12 20370　殷周金文集成·5.2654·亳鼎 公侯賜亳杞土、麋土、糜禾、虢禾、亳敢對公仲休，用乍尊鼎。

税 null_7.12 u2B032　字見殷周金文集成·14.8771·夨亞税爵

秱 bông_7.12 u257CC　喃从穗省芄（菎）bông聲。

梧 ngô_7.12 u257CA　喃从禾吾ngô聲△秣梧，亦作稆梧：玉米。

秃 thóc_7.12 u257C9　喃从禾禿thóc聲。

秼 null_7.12 u257C7　未詳。

秮 jiǎn_7.12 u257C8　俗葉15273 新撰字鏡 秮，古殄反，上。小束也図thóc喃从稻省束thút聲△秮粘：稻穀。庾秮：穀倉。旺秮：晾曬稻穀。

稕 zhùn_7.12 u257C6　合併字學篇韻便覽 同稕40486

稕 jì_7.12 u257C4　龍龕稕，古稷40664字。

秮 lái_7.12 u257C2　簡秮40487

稴 yǒu_7.12 u257C1　稴39813譌字 廣韻 檽，積木燎以祭天也；稴，上同。敦煌·P.2011 王仁昫刊謬補缺切韻一稴，小醮。

稜 léng_7.12 u257C0　俗稜40501 新撰字鏡 稜稜，二同。力恒反。平禾。朝鮮本 龍龕 稜，魯登切。廉威。又菜名。正作稜。稜，舊作図俗稜24391 可洪音義 訥稜：勒登反。

犁 null_7.12 u257BF　未詳。

税 shuì_7.12 u7A0E　同税。今简

祿 lù_7.12 u257BE　俗祿39877 碑別字新編 引 隋薛保興墓誌

秄 zǐ_7.12 u257BD　俗秄24185 可洪音義 来秄：音子。

稏 yà_8.13 20361　廣韻 集韻 衣稼切 韻會 幺駕切 正韻 衣架切丛音亞•穲稏，稻名。又通作罷亞。鋆又秠40410

秕 fěi_8.13 20362　集韻 妃尾切音斐。禾穗貌。

穄 shèng_8.13 20363　集韻 書蒸切音昇。麻屬。鋆 正字通 穄，稬40489字之譌。楊寶忠：穄蓋巨勝之勝。

稆 zī_8.13 20364　集韻 莊持切音菑。耕也図 玉篇 禾死也。鋆又稆40694

稿 yī_8.13 20365　集韻 於宜切，音漪。禾茂貌。

税 tǐng_8.13 20366　集韻 同稦。論上聲。禾束也。鋆又稞46438稐46433

稐 lǔn_8.13 20367　集韻 魯本切，

稆 jū_8.13 20368　集韻 斤於切音居。蜀人謂黍曰稴稆。

稑 lù_8.13 20369　唐韻 集韻 韻會 丛力竹切音六 說文 疾熟也。先種後熟曰稑，後種先熟曰稑 周禮·天官·內宰 上春，

詔王后帥六宮之人，生種稑之種，而獻之于王図 集韻 或作穋 詩·豳風 黍稷重穋 說文 引 詩 作稑。

稇 gù_8.13 20370　廣韻 集韻 韻會 丛古慕切音顧。縣名 前漢·地理志 五原郡有稇陽縣。鋆又捆19823

稬 ān_8.13 20371　集韻 烏含切音諳 博雅 稬稬，香也。或从禾図yān 集韻 衣廉切音淹。稬稬，禾美也図ǎn鄔感切音晻。種田也図yǎn衣檢切音奄。禾不實図yè乙業切音腌。禾敗不生也。

綏 ruí_8.13 20372　集韻 儒佳切。同稬図sui 五音集韻 雖遂切音邃。義同。或作稬。

稓 zuó_8.13 20373　集韻 疾各切音昨。鄉名，在臨邛図姓。

稔 rěn_8.13 20374　廣韻 如甚切 集韻 韻會 正韻 忍甚切丛音荏 說文 穀熟也 左傳·襄二十七年 不及五稔 註 稔，年也，熟也。穀一熟爲一年図凡積久者亦曰稔 任彥昇·奏彈 惡積釁稔。鋆又 可洪音義 一稔39889：而審反。年也。恔。

稕 zhùn_8.13 20375　古文稕 唐韻 之閏切 集韻 韻會 正韻 朱閏切，丛肫去聲 說文 束稈也。鋆 五音集韻 稕稕51247，之閏切。束稈也。稕40956稕40840並古文龍龕 稕40463之譌反。束稈也。又稕39904正作稕。

秮 lái_8.13 20376　唐韻 洛哀切 集韻 韻會 正韻 郎才切丛音來 說文 齊謂麥曰秮 廣韻 秮麰之麥，一麥二稃，周受此瑞麥 韻會 詩·周頌 貽我來牟。來卽秮，今小麥也。或作秶図 韻會補 通作釐 劉向·封事 貽我釐麰図 集韻 韻會 丛陵之切，音釐。義同。鋆又秮40465毅74688

稇 hùn_8.13 20377　集韻 戶袞切音混。束草也。

稆 quǎn_8.13　廣韻 去阮切 集韻 苦遠切，並音綣。禾相近謂之稆図 集韻 苦倦切，音靶。義同。

稢 bàng_8.13 20379　篇海 步項切音棒。粔屬。同稢。

稗 bài_8.13 20380　廣韻 集韻 韻會 丛傍卦切音牌 說文 禾別也。徐曰似禾而別也。稊稗也 廣韻 草似穀而實細 孟子 苟爲不熟，不如荑稗 後漢·光武紀 建武三十一年，陳留雨穀，形如稗實 註 稗，草之似穀者 六書故 稗，萊純似稻，節閒無毛，實似黍，害稼 正字通 有水稗、旱稗二種 韻會 一曰生水中 謝靈運詩 蒲稗相因依図 細也 前漢·藝文志 小說謂之稗說。又稗官 師古註 小官也 唐書·陸贄傳 算稗販之緡。稗，謂小販之民。鋆又稗40492稗51362図 正字通 稗，稗字之譌。

稗 bài_8.13 20381　正字通 同稗

稭 jié_8.13 20384　五音集韻 尺良切音昌。穗也。鋆 楊寶忠：稭40585字俗訛。

稜 zhuì_8.13 20382　集韻 株衛切音綴。禾貌。

稝 kuǎn_8.13 20383　集韻 苦緩切音款。禾病也。

稘 40496 20385 jī_8.13 唐韻集韻太居之切音姬。朞本字。周年爲稘說文復其時也唐書·溫彥博傳我見其不逮再稘 又玉篇稈也 又qí集韻渠之切，音奇◇豆莖也。鎣又舙22339㫷22733期23427棋24469稘40535稘40520稘40554

稙 40497 20386 zhì_8.13 廣韻韻會太竹力切音陟。早種禾也詩·魯頌稙稺菽麥傳先種曰稙，後種曰穉 又釋名青徐人謂長婦曰稙長。禾苗先生者曰稙，取名於此也 又集韻丞職切音寔。義同。

稚 40498 20387 zhì_8.13 廣韻直利切音治。幼稚，亦小也，晚也。同稺穀梁傳·僖十年驪姬有二子，長曰奚齊，稚曰卓子 又姓史記·商本紀贊契爲子姓，其後分封，以國爲姓，有稚氏。鎣又稺40352稺40616穉40746𥢑40875𥢑40920𥢑40927穉51214

稛 40499 20388 kǔn_8.13 唐韻集韻太苦本切音梱說文絭束也。又集韻韻會正韻太苦隕切，音僒。滿也齊語稛載而歸△正韻从倉困之困，與稇40429字不同。鎣又𡈼08234麇44807 又國語·齊語垂櫜而入，稛46438載而歸。又圞08239，見中文大辭典

稜 40500 20389 duò_8.13 廣韻徒果切集韻韻會杜果切太音惰。小積也 又集韻是棰切音捶。又聚㯳切音惢。又樹僞切音瑞。又五音集韻隨婢切音𦧌。義太同 又tuǒ集韻吐火切音妥。禾穗也。鎣又稑40835𥠛40822

稜 40501 20390 léng_8.13 廣韻魯登切韻會正韻盧登切太音楞前漢·李廣傳威稜憺乎鄰國註李奇曰：神靈之威曰稜。又稻名。烏稜 又藥名。三稜。又香附子名水三稜 又廣韻俗棱字。凡物有廉角者曰觚稜班固·西都賦上觚稜而棲金爵註稜，柧也。柧與觚同 又lèng韻會魯鄧切，楞去聲。農人指田遠近多少曰幾稜。鎣又稜40467

稑 40502 20391 kōng_8.13 廣韻苦紅切集韻枯公切太音空。稻稈也。

稝 40503 20392 péng_8.13 玉篇集韻太蒲庚切音彭。禾密也△正字通禾相比成列也。

稞 40504 20393 kē_8.13 廣韻集韻太苦禾切音科。青州謂麥曰稞 又huà唐韻集韻太胡瓦切音踝。穀之善者 又luǒ集韻魯果切音裸。無皮穀。鎣又稨40573

稟 40505 20394 lǐn_8.13 唐韻集韻韻會太力錦切音懍說文賜穀也。从㐭从禾徐曰公稟賜之也廣韻與也增韻供也，給也，受也禮·中庸旣稟稱事歐陽氏曰古者給人以食，取之倉廩，故因稱稟給，稟食前漢·孝文紀吏稟當受鬻者師古註稟，給也 又bǐng唐韻集韻韻會太筆錦切，賓上聲。受命曰稟書·說命臣下罔攸稟令傳稟，受也。毛氏曰：今俗以白事爲稟，古無此義 又水名水經注長社北界有稟水 又bìn集韻逋鴆切，賓去聲。受也△韻會俗作禀，非。鎣又稟24477廩15705

稄 40506 20395 zè_8.13 集韻札色切，音側。禾束也。鎣又稄40626

稴 40507 20396 xiān_8.13 廣韻集韻太虛嚴切音薟。禾傷肥也。

稠 40508 20397 chóu_8.13 唐韻直由切集韻韻會陳留切正韻除留切太音儔說文多也廣韻概也增韻密也。又穊也戰國策書策稠濁束晳·補華黍詩黍發稠華 又地名北史·魏本紀永熙三年二月，帝至稠桑 又姓前漢·功臣表常樂侯稠雕 又增韻通作綢詩·小雅綢直如髮箋綢，密也 又tiáo集韻田聊切音迢莊子·天下篇可謂稠適而上遂矣註音調。本亦作調 又diào集韻徒弔切，音調。動搖貌前漢·揚雄傳天下稠嶻註稠，徒弔反。鎣又裯碑別字新編·稠引魏元襲墓誌

稡 40509 20398 zú_8.13 廣韻集韻韻會正韻太臧沒切音卒。䅭40299稡 又zuì韻會子外切。與萃通。聚也郭璞·爾雅序會稡舊說疏聚也。鎣又稡40382

稶 40510 20399 yù_8.13 玉篇於鞠切集韻乙六切太音郁。黍稷盛貌。鎣又稶40662

棃 40511 20400 lí_8.13 六書正譌憐題切，音離◇黑木名。䄟，古利字，諧聲，下象木之根。又借爲棃黑字。此字見秦泰山石刻。俗篆从黍，繆。別作黎黧，太非○按諸韻書俱不載此字，惟字彙引正譌存此正字通則斥爲非，而曰同棃省。存再考正。

稗 40512 20401 bì_8.13 集韻必至切音畀。縣名。在琅琊。鎣又椑24439

稖 40513 20402 hé_8.13 字彙補何戈切音和。棺頭也 又hè戶臥切音賀。義同。見戰國策註。鎣又秌40321𤔏32443杯23805 又龍龕秌，北萌反 又俗耕字可洪音義秌田：上古莖反。秌駕：上古萌反。正作耕。

稊 40514 20403 yì_8.13 集韻夷益切音易。禾終畝。鎣楊寶忠：疑為易之加旁俗字。

稈 40515 20404 nè_8.13 集韻匿德切音䘇。稻穀穰也。

䅁 40516 20405 mù_8.13 字彙補古文穆字秦·詛楚文昔我先君䅁公及楚成王。

稖 40517 20406 chàng_8.13 字彙補丑樣切音暢。穧稖也。

稷 40518 20407 jì_8.13 篇海同稷。見漢史晨碑。與稷異。

䅔 40519 20408 liè_8.13 集韻秝40368古作䅔。

稦 40520 20409 jī_8.13 集韻朞23426古作稦△字彙補作稦。

稿 40521 41651 duān_8.13 川篇音朶字彙補穗下曰稿。鎣同穑。

稨 40522 41652 yí_8.13 篇海類編音移。遷稨，易轉也。

稚 40523 44882 cháo_8.13 字彙補徒巢切，音陶◇。鎣同秾40353

稓 40524 44884 chú_8.13 篇海類編同穊。

稉 40526 u2B03B null_8.13 未詳。

棟 40525 u2B7B8 null_8.13 或同稯40632

黎 40527 u2B03A null_8.13 未詳。

䏶 40528 u2B039 null_8.13 未詳。

秿 40529 u257FC bǎp_8.13 㕲从禾苿búp聲。肌肉△秿胅，筋肉。

桋 40530 u257F9 lụi_8.13 㕲从禿吏lại聲。

䅸 40531 u257F8 liè_8.13 同梨40519秾本字。

稽 40533 u257F5 jī_8.13 俗稽40675
麥名。晉郭義恭 廣志·卷上 椀麥似大麥，出涼州。

椀 40532 u257F6 wǎn_8.13 龍龕 音宛。

䅴 40534 u257F4 huó_8.13 俗稽40441 龍龕 稽俗，秮正。

秮 40535 u257F3 jī_8.13 同秾40554俗秮。

䅵 40536 u257F2 shú_8.13 古秫40316字 睡虎地秦墓竹簡·倉律 計禾，別黃、白、青䅵，勿以稟人。

稰 40539 u257EE xū_8.13 俗稰40592
琳音義 珠柄拂：中兵命反。或作稯。

稉 40537 u257F1 bǐng_8.13 俗棟24327 慧

稥 40541 u257EC bì_8.13 俗秞40445
鮮本 龍龕 秞，正。初六、初甲二切。種也。秞，舊作.

秖 40538 u257F0 qì_8.13 俗秖40578朝

椐 40540 u257ED jū_8.13 孫詒讓·墨子閒詁·卷十·經上篇旁行句讀 儇椐衹（說作儇昫民。案：當爲環俱氏）法同則觀其同。

稡 40542 u257EC sù_8.13 俗稡43450粟本字。

稓 40544 u257E9 null_8.13 未詳。

秏 40543 u257EA mào_8.13 集韻 芼49085
秏，莫報切 說文 艸覆蔓。引 詩 左右芼之。或从禾。柳建鈺：或从禾，並不是指芼从禾旁作秏，而是指秏40247

稂 40545 u257E8 null_8.13 未詳。

秌 40546 u257E7 null_8.13 未詳。

梨 40547 u257E6 lí_8.13 干祿字書 梨黎74825上俗下正。

稓 40548 u257E5 null_8.13 未詳。

稬 40550 u257E3 null_8.13 未詳。

棟 40549 u257E4 null_8.13 未詳。

秋 40551 u257E2 null_8.13 或同焋31350

稯 40552 u257E1 zòng_8.13 俗粽43384 龍龕 稯，作夫反。

秮 40554 u257DE jī_8.13 同秾40520

稭 40553 u257E0 jiē_8.13 俗稭40580 龍龕 稭，音皆。麻禾之稭也。與稭同。

穇 40556 u415F shān_8.13 同穇40741

穆 40555 u257D9 mù_8.13 古穆40736字

稜 40557 uF956 léng_8.13 兼稜

香 40558 u7A25 null_8.13 韓 人名用字

穌 40560 u7A23 sū_8.13 简穌40749
宋·佚名 花心動慢 妝罷低雲未穌，葉葉地仙衣，剪輕裁薄 図su 韓 書永篇·下 倉庫稱穌。

稤 40559 u7A24 lüè_8.13 掠19901譌字

稏 40561 20410 wū_9.14 玉篇 烏祿切 集韻 烏谷切 丛音屋。禾芒。

稊 40563 20412 tí_9.14 集韻 同稊

稦 40562 20411 yī_9.14 集韻 稦本字

稨 40564 20413 kù_9.14 正字通 稨字之譌。

稰 40565 20414 xǔ_9.14 廣韻 相庾切，須上聲。草名。

矮 40566 20415 wō_9.14 廣韻 集韻 丛烏禾切音窊。燕人謂多曰矮 図 集韻 烏果切音婑。又鄔毀切音委。義丛同。 鋆補遺·丑集·夕部 重出：字彙補 於果切音婑，多也 図移40615

稧 40567 20416 xì_9.14 廣韻 集韻 丛胡計切音系。吳人謂秫稻曰稧 図qiè 集韻 詰結切音挈。禾稈也 図借作禊 王羲之·蘭亭帖 脩稧事也。

稨 40568 20417 biǎn_9.14 集韻 卑眠切音邊。籬上豆。 鋆又穭40986

稵 40569 20418 jiù_9.14 廣韻 集韻 丛卽就切音僦。稻稵實也。 図zhòu 集韻 直祐切音冑。稅也。 鋆又袖43243稵43452

稘 40570 20419 jì_9.14 集韻 几利切音冀。禾長穗。 鋆又稭40705

稪 40571 20420 fú_9.14 集韻 方六切，音福。穀名 図 集韻 房六切音伏。義同。 鋆俗稪69692 可洪音義 芬稪：音伏。

稈 40572 20421 xīng_9.14 廣韻 集韻 丛桑經切音星。稀稈，少也。

稢 40573 20422 kē_9.14 集韻 同稞40504

稼 40574 20423 suì_9.14 集韻 同穟。省文。

程 40575 20424 huáng_9.14 廣韻 集韻 丛胡光切音黃。稑程，穄別名 図 集韻 胡盲切音橫。義同。 鋆又穬43445穌40624

穮 40576 20425 jiū_9.14 集韻 子幽切音鷲。禾生也。本作穋。或从幽。

稫 40577 20426 pì_9.14 廣韻 芳逼切 集韻 韻會 拍逼切丛音堛。稫稜，禾密貌 図bì 集韻 筆力切音逼。蹂禾下葉。 鋆又穮74858

秖 40578 20427 qì_9.14 集韻 測入切音屆。種也。 鋆又秖40625

秖40538

稬 40579 20428 nuò_9.14 廣韻 乃臥切 集韻 韻會 奴臥切丛音愞。稻之黏者，可爲酒 說文 沛國謂稻曰稬 図 廣韻 集韻 丛乃管切音暖。又 唐韻 奴亂切音偄。義丛同。△俗作糯穤。

稭 40580 20429 jiá_9.14 集韻 訖黠切音戛 說文 禾稾去皮，祭天以爲席 史記·封禪書 古者封禪，掃地而祭，席用葅稭。 図jiē 廣韻 古諧切 集韻 居諧切丛音皆。義同△或作秸稭秸。 鋆又褯39965

鞂 40581 20430 jiē_9.14 集韻 同稭。 鋆革部 重出： 廣韻 古黠切 集韻 韻會 正韻 訖黠切丛音戛 說文 禾稾去其皮，祭天以爲席 禮·禮器 莞簟之安，而稾鞂之設 註 穗去實曰鞂 廣韻 草鞂 集韻 本作秸 図作稭。按 說文·禾部 秸，禾稾去其皮，祭天以爲席。从禾皆聲 玉篇 鞂，祭神席也。今併入 禾部

稑 40582 20431 duān_9.14 唐韻 丁果切 集韻 韻會 都果切 正韻 都火切丛音朶 說文 禾垂貌 図 廣韻 集韻 丛多官切音端。義同。 鋆又稑40779稑40521

穌 huàn_9.14　40583 20432　玉篇火貫切集韻呼玩切𠀤音喚。禾名。

䅹 xián_9.14　40584 20433　字彙力兼切，音廉◇芳氣也。

秸 jié_9.14　40585 20434　廣韻居列切，音子。又集韻居謁切，音羯說文禾舉出苗也正字通禾秀圖廣韻苦曷切集韻丘葛切𠀤音渴圖gé集韻居曷切音葛。義𠀤同圖jié集韻巨列切音桀。穄也博雅穄謂之秸。鋻又稭40667 稭40866圖正字通穌，秸字之譌。

䅨 máo_9.14　40586 20435　集韻謨交切音茅。穮䅨，禾不實也。圖眉教切音貌。義同。

種 zhǒng_9.14　40587 20436　古文穌穌廣韻之隴切集韻韻會主勇切𠀤音腫。穀種也詩·大雅誕降嘉種周禮·地官·草人以物地相其宜，而爲之種。又夏官·職方氏豫州，其穀宜五種註黍稷菽麥稻圖種類書·盤庚無俾易種于茲新邑史記·高帝紀恐事不就，後秦種族其家後漢·竇融傳此遺種處也圖地名史記·貨殖傳楊平陽陳西賈秦、翟、北賈種代註種在恆州石邑縣北，蓋蔚州也圖外域國名後漢·任延傳武威郡，北當匈奴，南接種羌，民畏寇抄，多棄田業圖莊子·胠篋篇舍夫種種之機註種種，謹愨貌圖增韻種種，猶物物也圖髮短貌左傳·昭三年余髮如此種種圖zhòng廣韻之用切集韻朱用切𠀤音衆。蓺植也，布也書·大禹謨皐陶邁種德註種，布也。種物必布於地，故爲布也史記·李斯傳所不去者，醫藥、卜筮、種樹之書前漢·律歷志鶉首，初井十六度，芒種△正字通說文種，先種後孰也。从禾，重聲，直容切。穜，蓺也，从禾童聲，之用切，分穜、種爲二。按詩重穋借用重字說文似與詩異。又童聲，與之用之音反。蓺與種植之種通周禮種植之種與書傳所用種字皆同，當从經傳爲正。舊音同，音蟲，皆非。鋻又蓲51492种40243 種46452

穆 mù_9.14　40588 20437　正字通俗穆字。

稴 yān_9.14　40589 20438　廣韻一鹽切集韻於鹽切，並厭平聲。稴稴，苗齊等也圖yìn廣韻集韻𠀤於禁切音蔭。禾苗茂盛也。

穆 zōng_9.14　40590 20439　唐韻子紅切集韻韻會祖叢切𠀤音髮。禾束韻會周禮四秉，十筥曰稯，十稯曰秅。稯猶束也論語註六百四十斛曰稯○按說文稯布八十縷。徐鍇正之曰：此卽十筥稯也。蓋言非八十縷布也，諸韻書皆釋稯爲八十縷布，誤。集韻通作緵、總，亦非。圖zǒng集韻祖動切音總。禾聚束也莊子·則陽篇是稯稯者，何爲者耶註稯，聚貌。鋻又稅40378稯40622稯40935 圖正字通穬40734同稯。

秷 zhì_9.14　40591 20440　集韻同稭

稰 xū_9.14　40592 20441　廣韻相居切集韻韻會正韻新於切𠀤音胥。禾子落貌圖熟穀也禮·內則稰穛註熟穫曰稰，生穫曰穛圖xǔ廣韻私呂切集韻韻會寫與切𠀤音醑。義同圖韻會補爽阻切音所

祭神米前漢·揚雄傳費椒稰以要神兮。鋻又稰40539

稱 chēng_9.14　40593 20442　唐韻處陵切音偁。知輕重也說文銓也。春分而禾生，夏至晷景可度。禾有秒，秋分而秒定，律數十二秒當一分，十分爲寸，其重以十二粟爲一分，十二分爲銖。故諸程品皆从禾禮·月令靈事既登，分繭稱絲效功，以共郊廟之服圖揚也，謂也禮·表記君子稱人之善則爵之前漢·賈誼傳以能誦詩書屬文稱於郡中圖言也禮·檀弓言在不稱徵射義好學不倦，好禮不變，旄期稱道不亂圖舉也書·牧誓稱爾戈疏戈短，人執以舉之，故言稱圖名號謂之稱孟子·題詞子者，男子之通稱圖姓前漢·功臣表新山侯稱忠圖廣韻昌證切集韻◆韻會昌孕切𠀤音秤。權衡正斤兩者。俗作秤40308 圖度也，量也易·謙卦君子以稱物平施圖適物之宜也易·繫辭異稱而隱禮·禮器禮不同，不豐，不殺，蓋言稱也圖恢意爾雅·釋詁稱，好也註物稱人意亦爲好。圖相等也周禮·冬官考工記·輿人爲車輪崇車廣衡長，參如一謂之參稱註稱，猶等也圖衣單複具曰稱禮·喪大記袍必有表，不禪。衣必有裳，謂之一稱註袍，褻衣，必有以表之，乃成稱也圖副也前漢·孔光傳無以報稱圖舉也前漢·食貨志當其有者，半賈而賣，亡者取倍稱之息註稱，舉也。今俗謂之舉錢。鋻又稱40349 禰39972稱40448稱40907秤39757

稠 cè_9.14　40594 20443　集韻察色切音測。禾稠貌。

稥 xiāng_9.14　40595 20444　字彙補烘姜切音香。芳氣也。亦作香。

稣 róu_9.14　40596 20445　廣韻人九切集韻忍九切𠀤音蹂。𥞇禾穗也。鋻楊寶忠：蹂之易旁俗字。

稉 jí_9.14　40597 20446　廣韻子入切集韻卽入切，並音喋。稠稉也。

稟 lǐn_9.14　40598 20447　字彙補與廩15774同。

稓 zhǐ_9.14　40599 20448　集韻掌氏切音紙◆說文多小意而止也。圖集韻頸穎切音枳。曲枝果也圖字彙補居里切音紀。稓首，蛇兩頭者圖qí巨支切音岐。義同○按說文載禾部。鋻又稓24778樴，亦作稓柀、枳23781棋。

稆 yè_9.14　40600 20449　字彙補於劫切，音謁◇禾敗不生。

穄 jì_9.14　40601 20450　集韻與稷40664同。

稗 null_9.14　40602 u2B040　未詳。

稴 null_9.14　40603 u2B03F　未詳。

稦 null_9.14　40604 u2B03E　未詳。

穂 null_9.14　40606 u2B03C　未詳。

耦 ǒu_9.14　40605 u2B03D　俗耦46450圖俗禍39936可洪音義相稱：音禍圖俗藕51549可洪音義稱根：上五口反。

穄 jí_9.14　40607 u25830　俗稷40664海篇直音稷，音卽。糜之名。

稆 rơm_9.14　40608 u2582F　喃从禾苫chôm聲五千字譯國語稈，稆

稆 rơm_9.14　40609 u2582E　喃从禾南nam聲。同稆40608稻稈。

樆 40613 u2582A
mù_9.14　俗槑24657
△種物：動物図同軷02172種韻：逼真。

穌 40610 u2582D
giống_9.14　喃同種。

穮 40611 u2582C
trấu_9.14　喃从禾奏tấu聲。穀糠△亦作䆿09750

稝 40614 u25829
shān_9.14　俗穆40741
殷周金文集成.10.5411.稝卤稝從師雝父戊于古師。

穭 40612 u2582B
null_9.14　人名用字。見

釋 40616 u25827
zhì_9.14　俗釋40670
明·李寶·蜀語咤其多曰夥夥。夥，烏禾切，音窩。夥，
胡果切，音火。或曰夥，或曰頤，皆咤其多之詞。

夥 40615 u25828
wō_9.14　同矮40566

穛 40617 u25826
zhuó_9.14　俗穛40671六書故穛，之若切說文曰禾皮
也。呂氏春秋曰得時之麥，薄穛而赤色。

椸 40618 u25825
yí_9.14　椸字之譌。見廣韻

稙 40619 u25824
zhí_9.14　同㯴24900古文直。

稃 40620 u25823
tíng_9.14　小麥、高粱稈上長穗的那一節。清·蒲松
齡日用俗字·莊農章第二 剛剛布過二徧穀，麥子拔稃穗
粒圓

穖 40621 u25822
shòu_9.14　武后造授字，以稢爲正，穢40881穢40777
稢40814穢40703鷔55470丛譌。

穗 40622 u25821
zǒng_9.14　同穗40734
樸·卷八·金石文字魏元丕碑 平原曹穌。即程40575字。

穌 40624 u2581F
huáng_9.14　清·桂馥札

稟 40623 u25820
lǐn_9.14　同㐭40598古文廩15774見集韻

稯 40625 u2581E
qì_9.14　同秮40538俗稯海篇直音稯，音冊。種也。
図慧琳音義阿撾20148：初甲反。佛名也。經文從禾作
秮，應誤也。

稷 40626 u2581D
zè_9.14　同稷40506類篇稷，札色切。禾束也。

穉 40627 u2581C
yàng_9.14　同穦31287睡虎地秦墓竹簡·秦律·效律官
府臧皮革，數穦風之。有蠹突者，貲官嗇夫一甲。

稉 40628 u2581B
jīng_9.14　稉40431本字說文繫傳考異稉，俗粳，今說
文云秔或從更聲。

秧 40629 u2581A
yāng_9.14　俗秧40311文淵閣四庫本宋文鑑·卷十
五·五言古詩 歐陽修·喜雨 宿麥已登實，新禾未抽秧。
図朝鮮本龍龕秧，音英。稆也。

秬 40630 u25819
jū_9.14　劉知遠諸宮調·夫婦團圓 袍甲烏雜，不案
穰秬戰法。穰秬，即司馬穰苴49186

稑 40631 u25818
mù_9.14　俗穋40736見玉篇殘卷 稑天子傳。

稦 40632 u25817
null_9.14　未詳。

黎 40633 u25816
lí_9.14　俗黎74825

稪 40634 u25815
null_9.14　未詳。

稖 40635 u25814
chuāng_9.14　俗稖40727

稧 40636 u25813
null_9.14　未詳。

稀 40637 u25812
null_9.14　未詳。

稛 40638 u25811
null_9.14　未詳。

稝 40639 u25810
null_9.14　未詳。

穇 40640 u2580F
null_9.14　未詳。

椋 40641 u416B
su_9.14　韓同椋40559

積 40642 u416A
tuí_9.14　簡積40837

槩 40643 u7A4A
jì_9.14　同槩40747

穩 40644 u7A33
wěn_9.14　俗穩40906

稻 40645 u7A32
dào_9.14　俗稻40673

稬 40646 u20451
ài_10.15　廣韻集韻丛烏懈切音隘。稻小把。一曰
秤穩，稻種。

穐 40647 u20452
sī_10.15　集韻相支切，音斯。治禾也。

稴 40648 u20453
páng_10.15　廣韻步光切集韻蒲光切丛音旁。稴稈，
稴也。鑑又糚43515

穄 40649 u20454
lì_10.15　集韻力質切音栗。稴稴，積禾貌。鑑正
字通稴，舊註音栗。積也。按詩借栗，俗作稴，非。

稐 40650 u20455
càng_10.15　集韻七浪切，倉去聲。禾穎也。

稍 40651 u20456
gǔ_10.15　五音集韻古忽切音骨。禾莖。

稴 40652 u20457
xián_10.15　唐韻力兼切集韻勒兼切丛音濂說文稻
不黏者△一曰靑稻白米図稴稴，禾不實貌図廣韻戶
兼切音嫌。又廣韻集韻丛胡讒切音咸図jiān集韻堅
嫌切音兼図liān廣韻力添切集韻盧添切丛音濂。
図liàn廣韻力店切集韻歷店切丛音妗。義丛同。
鑑又稴40862稴40948糚43502図直音篇稴40584同稴。

糖 40653 u20458
táng_10.15　集韻徒郎切音唐。蜀人謂黍曰穄稆。

稯 40654 u20459
chàng_10.15　廣韻集韻丛丑亮切音悵。稯也。
図集韻同㲩。鑑又稯40517稯40690

稳 40655 u2045A
ēn_10.15　玉篇集韻丛安很切，恩上聲。草名。
鑑熊加全：疑同蒽50421

稏 40656 u2045B
èn_10.15　集韻吾困切音顐。饐饂也。謂相謁食麥，
秦人語。或从禾。

稽 40657 u2045C
qí_10.15　廣韻渠脂切集韻渠伊切丛音耆。麥下種
也図集韻市之切音時。義同。

稢 40658 u2045D
fù_10.15　集韻同稫

稬 40662 u20467
yù_10.15　集韻稢本字

稴 40659 u2045E
fěi_10.15　集韻府尾切音斐。稻名。

稰 40660 u2045F
liú_10.15　集韻力求切音留。禾名図禾盛貌。
鑑又稰40797

稵 40661 u20466
zī_10.15　廣韻子之切集韻津之切丛音茲。禾生貌
玉篇益也。與滋同。一曰蒔也図同稵40576鑑又稵40879
稵40870

稵 40663 u20468
chú_10.15　廣韻仕于切集韻崇芻切丛音雛博雅稷
穰謂之稵図zōu集韻甾尤切音鄒。義同。
鑑又稵40524秲40332

稷 40664 u20469
jì_10.15　古文稅唐韻子力切集韻韻會正韻節力
切丛音卽說文齋也。五穀之長徐曰案本草稷卽穄，

一名粢。楚人謂之稷，關中謂之糜，其米爲黃米通志稷苗穗似蘆，而米可食月令章句稷，秋種夏熟，歷四時，備陰陽，穀之貴者詩·王風彼稷之苗禮·曲禮稷曰明粢图神名風俗通義稷，五穀之長。五穀衆多，不可徧祭，故立稷而祭之图農官名曰后稷書·舜典汝后稷播時百穀左傳·昭二十九年蔡墨曰：稷，田正也。有烈山氏之子曰柱爲稷，自夏以上祀之。周棄亦爲稷，自商以來祀之图疾也詩·小雅既齊既稷註齊，整。稷，疾。言祭祀禮容莊敬也〇按毛傳訓稷爲疾。鄭箋仍訓黍稷之稷。朱註本毛傳，宜从毛訓爲是图姓。漢上津令稷嗣。图地名左傳·宣十五年晉侯治兵于稷註稷，晉地。河東聞喜縣西有稷山前漢·地理志西河郡美稷縣图與昃通穀梁傳·定十五年戊午日下稷，乃克葬註昃也。下稷，謂晡時〇按隸釋·郙閣碑言劬勞日稷，用穀梁日下稷之文，與堯母碑日不稷費鳳碑乾乾日稷同。△集韻或作稰。鍇又稯40601稅40718稷40607襏39989稷40518稤40464图字彙補稇，音義同稷。

稸 40665 20470
xù_10.15　廣韻許竹切集韻許六切达音畜。同蓄。積也，聚也戰國策稸積朽腐而不用後漢·袁紹傳稸士馬以討不庭。

稨 40666 20471
huāng_10.15　集韻同稅40361图說文虛無食也。

稭 40667 20472
jié_10.15　集韻巨列切音傑。禾出貌。與稭同。

穄 40668 20473
suǒ_10.15　集韻昔各切音索。禾貌图色窄切音棟。禾穗也。

稹 40669 20474
zhěn_10.15　唐韻韻會之忍切集韻正韻止忍切达音軫。叢緻也。又聚物也爾雅·釋言苞，稹也疏物叢生曰苞。齊人名曰稹。郭璞曰：今人呼叢緻者爲稹。郭璞·江賦櫟杞稹薄註稹，稠概也。图zhēn廣韻職鄰切集韻之人切音眞。義同。图diàn音奠周禮·冬官考工記·輪人凡斬轂之道，必矩其陰陽。陽也者，稹理而堅。陰也者，疏理而柔註陽木文理緻而堅。鄭司農云稹讀爲奠祭之奠图tián集韻亭年切音田。木根相迫也。與槙同。图biān卑眠切音邊。籩上豆。與稹同。

稺 40670 20475
zhì_10.15　唐韻集韻达直利切音治說文幼禾也廣韻晚禾詩·魯頌稙稺菽麥註後種曰稺图增韻凡人物幼小皆曰稺詩·鄘風衆稺且狂傳幼稺史記·五帝紀舜以虁爲典樂教稺子鄭註國子也图chí五音集韻直離切音馳。幼也△一曰自驕矜貌管子·重令篇菽粟不足，末生不禁，民必有饑色，而工以雕文刻鏤相稺也，謂之逆註稺，驕也△集韻亦作稚穉稺。鍇又稺40616

糳 40671 20476
zhuó_10.15　唐韻之若切集韻韻會職略切达音灼說文禾皮也图廣韻古沃切集韻姑沃切音牿。又集韻奴沃切音傉。義达同〇按示部糳音灼，爲齊地。禾部糳音灼，又音酷，爲禾皮。義不容混字彙糳，據篇海存兩說，非也。鍇又樕40617莒49510薐50463图可洪音義康稧40420：古沃反。禾皮也。正作糳。又音酷。禾熟也。

非用。

穩 40672 20477
yūn_10.15　廣韻集韻达於云切音氳。與蒀同。芬蒀，盛貌。

稻 40673 20478
dào_10.15　唐韻徒皓切集韻韻會杜皓切达音道說文稌也韻會有芒穀，卽今南方所食之米，水生而色白者禮·曲禮凡祭宗廟之禮，稻曰嘉蔬詩·豳風十月穫稻周禮·地官·稻人掌稼下地疏以下田種稻，故云稼下地史記·夏本紀禹令益予衆庶稻，可種卑濕爾雅翼稻，米粒如霜，性尤宜水，一名稌。然有黏，有不黏，今人以黏爲稬，不黏爲秔。又有一種曰秈，比於秔小，而尤不黏，其種甚早，今人號秈爲早稻，秔爲晚稻六書故稻性宜水，亦有同類而陸種者，謂之陸稻。記曰：煎醢加於陸稻上，今謂之旱稻。南方自六月至九月穫，北方地寒，十月乃穫图姓何氏姓苑今晉陵人图地名前漢·地理志琅邪郡有稻縣图tǎo集韻土皓切音討。秔也。關西語。鍇又稻40645

稼 40674 20479
jià_10.15　唐韻古訝切集韻韻會居訝切正韻居亞切达音駕。種之曰稼，斂之曰穡書·洪範土爰稼穡疏種穀曰稼，若嫁女之有所生然說文禾之秀實爲稼，莖節爲禾詩·豳風十月納禾稼图說文一曰在野曰稼图說文一曰稼，家事也图叶古五切音鼓韓愈·送李愿序盤之中，維子之宮。盤之土，維子之稼◇△集韻稼，或省作稼。

稽 40675 20480
jī_10.15　古文稽廣韻古奚切集韻韻會堅奚切正韻堅溪切达音雞。考也，計也，議也，合也，治也書·堯典曰若稽古帝堯易繫辭於稽其類註考也禮·緇衣行必稽其所敝註猶考也，議也。又儒行古人與稽註稽猶合也。古人與合，則不合於今人也周禮·天官·小宰聽師田以簡稽註簡，閱也。稽，計也，合也。合計其士之卒伍，閱其兵器，爲之要簿也前漢·賈誼傳婦姑不相說，則反脣而相稽註相與計較也图留止也◆說文徐註禾之曲止也，尤者異也。有所異處，必稽考之，卽遲留止前漢·食貨志蓄積餘贏，以稽市物註稽，貯滯也後漢·馬援傳何足久稽天下士图至也莊子·逍遙遊大浸稽天而不溺图滑稽史記·樗里子傳滑稽多智註滑，亂也。稽，同也。辯捷之人，言非若是，言是若非，能亂同異也。一云酒器，可轉注，吐酒不已。俳優之人，詞不窮竭，如滑稽之吐酒不已图吳語攡鐸拱稽註攡，抱也。拱，執也。稽，榮戟也图山名周禮·夏官·職方氏揚州山鎮曰會稽图姓呂氏春秋秦有賢者稽黃图qǐ廣韻康禮切集韻韻會遣禮切正韻祛禮切达音啓。下拜首至地書·舜典禹拜稽首傳首至地，臣事君之禮周禮·春官·大祝辨九拜，一曰稽首◆禮檀弓拜稽顙，哀戚之至隱也註稽顙者，觸地無容△說文稽从禾从尤，旨聲，自爲部。鍇說文作稽图稽40786稽40533瞽56320瞽40787瞽69634䭫69617穎68113䭫69626䭫69625姬31310龍龕稻40380俗，瞽40725正。

稾 40676 20481 gǎo_10.15 唐韻 集韻 韻會 正韻 丛古老切音杲 玉篇 禾稈也 韻會 禾莖爲稾，去皮爲秸。古有罪者席稾飲水 前漢·貢禹傳 已奉穀租，又出稾稅 又 文草曰稾 史記·屈原傳 屬草稾未定 前漢·孔光傳削草註 言已繕寫，輒削壞其稾 又 地名 前漢·地理志 眞定國稾城 又 jiào 集韻 居效切音教。枯禾 又 gào 居號切音高。散也 儀禮·既夕 稾車載蓑笠。鄭康成讀。鑾 又稁40416稿40677藳51687 又 字彙 藳51398，與稾同。

稿 40677 20482 gǎo_10.15 正字通 同稾。

穀 40678 20483 gǔ_10.15 唐韻 集韻 韻會 正韻 丛古祿切音谷 說文 續也。百穀之總名。从禾，㱿聲 長箋 穀有穅秕，故从㱿 書·洪範 百穀用成 禮·月令 孟秋，農乃登穀 周禮·天官·大宰 三農生九穀 註 鄭司農云九穀，黍，稷，秫，稻，麻，大小豆，大小麥。一說九穀無秫、大麥，而有粱、苽。又 天官·膳夫 食用六穀 註 稌，黍，稷，粱，麥，苽。又 天官·疾醫 五穀養其病 註 麻，黍，稷，麥，豆 酉陽雜俎 九穀：黍、稷、稻、粱、三豆、二麥 爾雅翼 粱者，黍稷之總名。稻者，溉種之總名。菽者，衆豆之總名。三穀各二十種，爲六十，蔬果之屬，助穀各二十種，凡百穀。又 星經 八穀星，主黍，稷，稻，粱，麻，菽，麥，烏麻，星明則俱熟 又 爾雅·釋詁 穀，善也 書·洪範 既富方穀 詩·陳風 穀旦于差 禮·曲禮 自稱曰不穀 註 謙稱 又 生也 詩·王風 穀則異室 註 穀，生也 又 爾雅·釋言 穀，祿也 詩·小雅 俾爾戩穀 註 穀，祿也 又 養也 詩·小雅 以穀我士女 戰國策 求百姓之饑寒者收穀之 又 孺子曰穀 荀子·禮論篇 臧穀猶且羞之 又 國名 春秋·桓七年 穀伯綏來朝 註 穀國在南鄉筑陽縣北 又 水名 周語 穀洛鬬。又 揚子方言 螳螂，齊杞以東謂之馬穀 又 姓。又穀梁，複姓 又 gòu 集韻 居候切音冓。祿也 論語 不至於穀。皇侃讀 又 楚地名 左傳·僖二十八年 連穀 陸德明·音義 胡木切音斛 又 與谷同 前漢·王莽傳 穀風迅疾，從東北來 又 與告通 禮·檀弓 齊穀王姬之喪 註 穀，當爲告聲之譌 又 叶工洛切 詩·小雅 俶載南畝，播厥百穀。既庭且碩，曾孫是若◇ 又 與㲄同 左傳·宣四年 楚人謂乳穀，謂虎於菟△ 集韻 或从米作穀。鑾 又穀24862穀40271㝅40404 槃40689穀27150槃40762槃25213穀40695穀今簡化作谷56959

秦 40679 20484 qín_10.15 說文 籒文秦字。

穁 40680 20485 róng_10.15 廣韻 而容切 集韻 如容切丛音茸。穠穁，芳也。一曰禾稍 又 rǒng 廣韻 而隴切 集韻 乳勇切丛音宂。稻穁也。

穃 40681 20486 zhì_10.15 集韻 直利切音緻。禾稠也。

穅 40682 20487 jiǎng_10.15 集韻 古項切音講。耕也。與耩同。

穆 40683 20488 nòu_10.15 集韻 奴沃切音傉。田治草也。耨或从禾。

穇 40684 20489 xiū_10.15 集韻 思留切音脩。禾名。與稀同。

穈 40685 20490 chóu_10.15 字彙補 澄流切音稠。概也。

黎 40686 20491 biē_10.15 篇海 必列切，音鼈◇急性也。

穌 40687 41653 xī_10.15 字彙補 音未詳 漢鐃謌 向始穌冷將風陽。鑾 俗谿57004

黎 40688 41654 lí_10.15 字彙補 與黎同 漢孔宙碑 黎儀凱康儀。即倪也。

穀 40689 41656 gǔ_10.15 字彙補 古鹿切音谷。出禪法要解經。

稍 40691 u2B044 null_10.15 未詳。

稚 40690 44885 chàng_10.15 龍龕 同稚

稲 40692 u2B043 null_10.15 未詳。

稗 40693 u2B042 bà_10.15 簡 罷40934

稽 40694 u2B041 zī_10.15 新撰字鏡 稲40475稽，同。惻其反。耕也。

穀 40695 uFA54 gǔ_10.15 兼 穀40678

穀 40696 u2F959 gǔ_10.15 同穀24861

稀 40697 u25858 vựa_10.15 喃 从禾備bị省聲△稀稗：穀倉。

稱 40698 u25857 má_10.15 喃 从種省馬mã聲。種子，秧苗 又 mạ 招稱：插秧 又 max 壯 麥稱：高粱。

稊 40699 u25856 tí_10.15 龍龕 稊，古文。同稊40435

稠 40700 u25855 shài_10.15 楊寶忠：俗𥠈65139削減。

黎 40701 u25853 lí_10.15 俗黎74825見 孔宙碑。又 漢隸字源 引 東海廟碑。亦作黎、黎。

稽 40702 u25852 jì_10.15 俗穧40904敦煌·S.4571 維摩詰經講經文 鏘鏘稽稽（濟濟）狀嵬嵬。

穐 40703 u25851 shòu_10.15 俗穐40621 龍龕 穐，古文授字。

稨 40704 u25850 biǎn_10.15 同稨40936亦作稨40986

稩 40705 u2584F jì_10.15 稩40570譌字。見 中華大字典

稦 40706 u2584E bì_10.15 稦40445譌字。見 玉篇

稥 40707 u2584D huāng_10.15 稥40717本字。

穐 40708 u2584C qiū_10.15 同穐40792俗穐40963

穆 40709 u2584B mù_10.15 俗穆40736

穆 40710 u2584A mù_10.15 俗穆40736

貌 40711 u25849 null_10.15 未詳。

稳 40712 u25848 null_10.15 未詳。

稨 40713 u25847 null_10.15 未詳。

穆 40714 u25846 mù_10.15 同穆40736

稾 40715 u25845 gāo_10.15 同稾40806

穐 40716 u25844 qiū_10.15 俗穐40963 清·乾隆 韓城縣志·卷十四·藝文·五言律·弔太史公墓·張維新 一掬高山泪，千穐大塊愁。

稥 40717 u25843 huāng_10.15 同荒49379 說文 稥，虛無食也。从禾荒聲 集韻 稥，呼光切 說文 虛無食也。一曰果不熟爲稥。或作稥、荒。

稷 40718 u25842 jì_10.15 經籍籑詁 稷40664古文稷，同。

稽 40719 u2583B jī_10.15 稽40675本字。

穗 40721 u7A42
suì_10.15 俗穗40808

四部叢刊初編集部·定盦文集·古今體詩下卷·破戒草之
餘·壬午·薦主周編修貽徽屬題尊甫小像獻一詩 科名幾
輩到兒孫，道學宗風畢竟尊。我作新詩侑公笑，祝公家
法似稻門。陳文恭公，其鄉先輩也。

穆 40722 20492
luó_11.16 廣韻落戈切 集韻 韻會 盧戈切 丛音螺。穀
積也。亦作蠃 又 suì 集韻思累切音髓。禾四把也。與秷
同。

稌 40723 20493
tú_11.16 廣韻 集韻 韻會 正韻 丛同都切音徒。禾穗
又 shǔ 玉篇 時預切音署。草名。藷蕷，或作藷蓣50968
又 chú 集韻陳如切音除。義同。

穅 40724 20494
jiān_11.16 集韻 兼02605古作穅 又 字彙補 古文
謙56461字。

䅫 40725 20495
jī_11.16 集韻稽本字。

䅏 40726 20496
shēn_11.16 廣韻所臻切 集韻 疏臻切丛音莘。穀名
又 揚子方言 杠，東齊海岱之間謂之䅏。杠，牀前橫也
又 zú 集韻作木切音鏃。草木叢生也。 鑒又稬40886
稬40884

稴 40727 20497
chuāng_11.16 廣韻 集韻 丛丑江切音惷。禾不秀也。
鑒又稴40635

穬 40728 20498
shuǎng_11.16 集韻所兩切音爽。禾貌。 鑒又稬40838

䅫 40729 20499
zùn_11.16 集韻徂本切，存上聲。禾穳也。與稬同。
鑒王力：當依集韻作穳40841

稒 40730 20500
lǜ_11.16 集韻劣戌切音律。糯米也。或作稞。

穜 40731 20501
jìn_11.16 集韻居覲切音堇。穰艸。 鑒楊寶忠：
堇09222之易旁俗字。

穚 40732 20502
jiào_11.16 廣韻 集韻 韻會 丛子肖切音醮。物縮小也
△廣韻亦作瘄。 鑒又穚40789

穄 40733 20503
jì_11.16 唐韻 韻會 丛子例切音祭。穄別名 說文 麇
也 玉篇 關西麇似黍不黏 後漢·烏桓傳 其土地宜穄 呂氏
春秋 飯之美者，有山陽之穄 天子傳 穄麥百載 註 穄，
似麥而不黏。

穐 40734 20504
zǒng_11.16 韻會 祖動切 正韻 作孔切丛音總。禾聚
束也△亦通作總 書·禹貢 百里賦納總 孔註 禾稾曰總。
入之供飼國馬。

穅 40735 20505
kāng_11.16 古文康 唐韻 苦岡切 集韻 丘岡切 正韻 丘
剛切丛音康 說文 穀皮也。从禾从米，庚聲 前漢·貢禹傳
妻子穅豆不瞻 莊子·天運篇 播穅眯目，則天地四方易位
矣 又 謚法 好樂怠政曰穅 前漢·諸侯王表 有中山穅王
又 樂器名 禮·樂記 治亂以相 註 相即拊也，亦以節樂拊。
以韋爲表，裝之以穅。穅一名相，因以名焉△或省作康
爾雅·釋器 康謂之蠱 註 康，米皮△集韻 或作粇，亦作

糠。

穆 40736 20506
mù_11.16 古文敪敔敪㩻 廣韻 集韻 韻會 丛莫六切
音目 說文 禾也 又 廣韻美也 詩·大雅 穆穆文王 爾雅·釋
詁 穆穆，美也 疏 語言容止之美盛。又 釋訓 穆穆，敬也
註 容儀敬謹也 又 多也 禮·曲禮 天子穆穆 疏 穆穆，威儀
多貌 又 廣韻 和也 詩·大雅 穆如清風 箋 和也 又 廣韻 厚
也，清也 又 悅也 管子·君臣篇 穆君之色 又 昭穆，廟序
也。一世昭，二世穆 禮·祭義 祭之日，君牽牲，穆答君 註
穆，子姓也 疏 父昭，子穆。姓，生也。是昭穆所生謂子
孫 又 謚法 布德執義，中情見貌丛曰穆 又 姓。漢有穆
生 又 與睦同 趙岐·孟子註 君臣集穆 又 通作繆 禮·大傳
序以昭繆 註 與穆同 又 前漢·東方朔傳 於是吳王穆然
註 張晏曰：穆音默。師古曰穆然，靜思貌 鑒又穋40631
䅼40780穆40710穆40709穋40892穆40588穆40836䅼67918繆
40873 又 增廣字學舉隅·卷二·正譌·穆40714非。㸤40555
古穆字。

穙 40739 20509
fù_11.16 正字通同補

稊 40737 20507
tì_11.16 集韻他歷切
音逖。離而種之曰稊。賈思勰說。 鑒又稊46472

秇 40740 20510
yì_11.16 正字通同藝

穦 40738 20508
zhā_11.16 廣韻側加切
集韻 莊加切丛音渣。赤穦，紅稻也。

穇 40741 20511
shān_11.16 廣韻所銜切 集韻 師銜切丛音衫。穇穇，
穗不實。見 齊民要術 又 正字通 穇子生水田下濕地，山
東、河南五月種，苗如荻黍，八九月抽莖，有三稜，結
穗如粟，分數岐，內細子如黍粒，赤色。穇最薄，擣米
爲黐，味澀。一名龍爪粟，俗呼鴨爪稗。見 救荒
本草 又 cēn 五音集韻 楚簪切音參。字書曰：禾長貌。
與穆同。 鑒又穇40614穇40556

穈 40742 20512
mén_11.16 集韻謨奔切音門。赤苗嘉穀也 詩·大雅
維穈維芑 爾雅·釋草 作虋 註 赤粱粟 又 玉篇 粥也。
鑒又稝40764

穇 40743 20513
yì_11.16 廣韻 與職切 集韻 逸織切丛音弋。黍稷蕃
蕪貌△亦作翼 詩·小雅 我黍翼翼。 鑒又穤40975

稚 40744 20514
zhì_11.16 正字通俗挃字。

耬 40745 20515
lóu_11.16 廣韻郎斗切 集韻 郎口切丛音簍。耕畦謂
之耬。或从耒。

稺 40746 20516
zhì_11.16 韻會同稚40670 韻會補 犀與犀不同 韻會
从禾作稺，蓋以遲可與遲通耳。然當依 說文 集韻 作稺
爲正 又 五音集韻 杜奚切音提。與稊同。

穊 40747 20517
jì_11.16 廣韻 集韻 韻會 几利切 正韻 吉器切，並音
冀 說文 稠也 史記·齊悼惠世家 深耕穊種，立苗欲疏。
又 地名。穊州，在金陵城東北。見 金陵志 又 集韻 居氣
切音曁。義同。 鑒又秅40263機40804

穋 40748 20518
lù_11.16 集韻與稑40480同 又 居尤切音鳩。秦穆，

藥草名👁qiú渠幽切音球。禾類 管子·地員篇 其種穋秖。

鎣 又稵40830

穌 40749 20519
sū_11.16 唐韻 素孤切 集韻 正韻 孫租切 韻會 孫祖切𠀤音穌●說文 把取禾若也 徐曰穌，猶部斂之也👁廣韻 息也，舒悅也 韻會 死而更生曰穌。通作蘇 書·仲虺之誥 后來其蘇 禮·樂記 蟄蟲昭蘇 註 更息曰穌 集韻 俗作甦👁 職方外紀 耶穌，西國言救世生也。鎣 西國言救世生也。生，主之誤👁穌40560👁 龍龕 腁47779 䲒72074 二俗，穌今。

穮 40750 20520
biāo_11.16 集韻 卑遙切音標。稻苗秀出者👁miǎo 集韻 弭沼切音渺。禾芒 宋書·律志 秋分而禾穮定，穮定而禾孰。律之數十二，故十二穮而當一粟，十粟而當一寸 註 禾穗芒也。

穲 40751 20521
lí_11.16 廣韻 呂支切 集韻 韻會 鄰知切𠀤音離。長沙人謂禾二把爲穲👁通作離 詩·王風·黍離疏 離作穲。穲穲，謂秀而垂也。

積 40752 20522
jī_11.16 廣韻 子昔切 集韻 韻會 正韻 資昔切𠀤音迹 說文 聚也 增韻 累也。堆壘也 易·大有 大車以載，積中不敗也。又升卦 積小以高大 詩·周頌 積之栗栗 禮·月令 仲秋，命有司，趣民多積聚 前漢·食貨志 積貯者，天下之大命也👁 儀禮·士冠禮 皮弁服素積 鄭註 積猶辟也，以素爲裳，辟蹙其要中👁jì 集韻 則歷切音績。亦聚也👁zī 廣韻 集韻 韻會 𠀤子智切音恣。聚也，儲蓄也 詩·大雅 乃積乃倉●周禮·天官·小宰 掌其牢禮委積 註 委積，謂牢米薪芻給賓客道用也。又 地官·大司徒 令野修道委積 註 少曰委，多曰積，皆所以給賓客。

鎣 又秖40326穌40758稽40868精43554

穎 40753 20523
yǐng_11.16 唐韻 餘頃切 集韻 韻會 正韻 庾頃切𠀤音穎 玉篇 禾末也 詩·大雅 實穎實栗 傳 穎，垂穎也 疏 穎是禾穗之挺，言其穗重而穎垂也 書序 唐叔得禾，異畝同穎 傳 穎，穗也。禾各生一莖而合爲一穗👁鐶穎 禮·少儀 刀卻刃授穎👁錐鋩也 史記·平原君傳 如錐之處囊中，乃穎脫而出👁警枕也 禮·少儀 穎杖琴瑟 註 穎，警枕也 疏 穎是穎發之義，故爲警枕 釋文 穎，京領反👁韻會 筆頭也。韓愈有毛穎傳👁 正字通 士之能拔類者亦曰穎 陸機·文賦 拔尤取穎👁姓 左傳·隱元年 穎考叔爲穎谷封人。後遂以爲氏 急就篇 亦作潁〇按穎當依 說文 隷禾部 字彙 正字通 譌入頁部，今改正。鎣 又穎68190潁68118穎68204頴68158穎68205頼40846韺。

穬 40754 20524
mán_11.16 廣韻 莫還切 集韻 謨還切𠀤音蠻。赤穬，稻名👁màn 玉篇 莫半切。同稷。不蒔田也。

稵 40755 20525
cōng_11.16 廣韻 集韻 𠀤七恭切音樅。稵移，治禾也。

䄵 40756 20526
něi_11.16 字彙補 乃回切音餒。草木子垂貌。

秴 40757
jiā_11.16 字彙補 古遮切，音加◇耕也。

穖 40758 20528
jī_11.16 篇海類編 與積40752同

穜 40759 20529
chóng_11.16 字彙補 古文種40587字。

穕 40760 41655
jiǎn_11.16 篇海類編 古典切，聲同減◇小束也。

稬 40761 41657
biǎn_11.16 字彙補 巿元切，音宣◇邊豆也。

鎣 俗穛40986

馨 40762 41658
xīn_11.16 字彙補 讀與馨同 金匱要略 馨飪之邪。

䄾 40763 41659
bì_11.16 字彙補 蒲結切，音別◇禾香也。

鎣 同稱40445通作芯。

穪 40764 44887
mén_11.16 篇海類編 同穈。

穟 40765 44888
suì_11.16 篇海類編 同穟。

鶖 40766 u2B6B4
qiū_11.16 直音篇 鶖73587音秋，禿鶖，水鳥，鵁73205鶖，並同鶖👁 俗鵝73366 可洪音義 魚鶖：下五何反。鳥名也。正作臾鵝也。悞。

蝵 40767 u2B045
null_11.16 喃未詳。

穏 40768 u2F95B
wěn_11.16 同穩40793

穭 40769 u25883
níng_11.16 參見穠40902

𥢉 40770 u25889
thóc_11.16 喃从穀省束（束）thút聲。同秫40461稻穀。

禎 40771 u25886
riêng_11.16 喃从私貞trinh聲△䟼禎：私人財產。

贄 40772 u25885
riêng_11.16 喃同禎40771

穆 40773 u25884
mấm_11.16 喃从禾麥mằm聲。

穧 40777 u2587E
shòu_11.16 俗稄40621 五音集韻 穧，穀名 廣雅 穧，穄也。

秣 40774 u25882
má_11.16 同䅡74870

䅑 40775 u25880
lí_11.16 俗秜40701亦作𥢈40688

穭 40776 u2587F
hú_11.16 俗槲25117明·劉基 郁離子·卷上·大人不爲不情 今使持穭葉之衣、麥麩之餅，而招于市。

穭 40778 u2587D
ài_11.16 龍龕穭，相承。又敗反。

穭 40779 u2587C
duān_11.16 龍龕稬正，稬40582今。

穆 40780 u2587B
mù_11.16 穆40736碑別字。漢·魯峻碑 穆若清風。

穚 40781 u2587A
jiāo_11.16 俗稿40813 四聲篇海 居表切。禾秀也。

穆 40782 u25878
mò_11.16 俗秼40307敦煌文獻·變文. P. 3627漢將王陵變一鋪 二將舜王已訖，走出軍門，穆馬攀鞍，人如電掣，馬似流星，不經旬日之間，便到右軍界首。

穏 40783 u25877
wěn_11.16 同穩40906

𥢱 40784 u25876
null_11.16 未詳。

穂 40785 u25875
zhuān_11.16 或秄40658譌字。

秴 40786 u25874
jī_11.16 同稽40675

穭 40787 u25873
jī_11.16 同稽40675

穚 40789 u25871
jiào_11.16 同穚 玉篇 穚，子笑切。物縮小。

喬 40790 u7A52
fèng_11.16 字學呼名能書·正文·公韻合口呼 馮貢切，

去聲：鳳幗幞擎㞕鶺喬 囝同稨40766

稿 40791 u7A51
sè_11.16　筒稿40861

稨 40788 u25872
null_11.16　未詳。

秋 40792 u7A50
qiū_11.16　俗穐40963

穩 40793 u7A4F
wěn_11.16　俗穩40906

稞 40794 20530
yì_12.17　五音集韻與職切音弋。耕也。

積 40795 20531
bèn_12.17　玉篇蒲本切集韻部本切夶音笨。穩積也，穀未簸貌。

橫 40796 20532
kuàng_12.17　玉篇集韻夶胡光切音黃。野穀。鋆龍龕橫俗穬40928正。古猛反。穀芒也。又稻不熟也囝俗獷33711可洪音義橫屬：上古猛反。惡也。正作獷也。

稻 40797 20533
liú_12.17　集韻力求切音留。禾名囝禾盛貌。

穚 40798 20534
fán_12.17　廣韻附袁切集韻符袁切夶音煩。稻名。

穄 40799 20535
qiè_12.17　廣韻集韻夶七接切音妾。土穄，農具。鋆楊寶忠：穄楪25492一字之變。

穫 40800 20536
hù_12.17　篇海侯古切音戶。禾名。鋆楊寶忠：樺25429字之誤。

稽 40801 20537
cén_12.17　廣韻鋤針切集韻鉏簪切夶音岑。禾欲秀也囝qín廣韻巨今切集韻渠金切夶音禽。又集韻岑譖切音賺。義夶同囝qián集韻其淹切音箝。禾名。

樺 40802 20538
huá_12.17　集韻胡瓜切音華。禾盛貌。

穇 40803 20539
zùn_12.17　集韻同藆40729鋆集韻作驀40841

穖 40804 20540
jǐ_12.17　唐韻居狶切音蟻說文禾穖也囝韻會居豈切，音幾。義同囝jǐ集韻几利切。同槩，稠也。

稫 40805 20541
diàn_12.17　集韻徒點切音簟。稫穇，穀名。

穡 40806 20542
gāo_12.17　集韻居勞切音高。禾名。鋆又稿40715或俗樺25554

穮 40807 20543
měi_12.17　廣韻莫亥切集韻母亥切夶音搇。禾傷雨也囝博雅敗也。一曰黑也囝mèi廣韻集韻夶莫佩切音妹。亦禾傷雨也囝集韻母罪切音浼。禾傷雨則生黑斑也。

穗 40808 20544
suì_12.17　古文蓫唐韻集韻夶徐醉切音遂說文禾成秀也。本作采。或从惠詩·王風彼稷之穗傳穗，秀也書傳成王時，有三苗貫桑葉而生，同爲一穗，其大盈車，長幾充箱後漢·張堪傳堪拜漁陽太守，百姓歌曰：桑無附枝，麥穗兩岐，張君爲政，樂不可支囝墨池編炎帝因上黨羊頭山始生嘉禾，作穗書，用頒時令。鋆字彙補穟40941同穗囝穗40721禠40079

穧 40809 20545
gǎo_12.17　集韻古老切音槁說文穧稬而止也。从稽省。賈侍中說：稽穜穧三字皆木名囝集韻後到切音號。義同囝hào◆廣韻胡老切集韻下老切夶音昊。網緻。

穭 40810 20546
láo_12.17　集韻郎刀切音勞。野豆。鋆又正字通與檷46488同。

穘 40811 20547
xiāo_12.17　廣韻許交切集韻虛交切夶音虓。與薂同。禾傷肥也囝草貌囝rào集韻人要切，音繞。禾貌。

樸 40812 20548
pú_12.17　廣韻蒲木切集韻步木切夶音僕。穄積也囝廣韻集韻夶普木切音朴。草生概也。鋆又穖40884穋40912穛40726

穚 40813 20549
jiāo_12.17　廣韻舉喬切集韻韻會居妖切夶音驕。禾秀也囝莠草長茂貌囝通作驕詩·齊風維莠驕驕。△亦通作喬揚子法言田甫田者莠喬喬。鋆又稨40781

穮 40814 20550
shòu_12.17　集韻承呪切音授。付也囝姓。出姓苑字彙唐武后改授作穮。鋆又稿40621穛40703

穛 40815 20551
zhuō_12.17　廣韻集韻韻會夶側角切音捉說文作穛。早取穀也囝生穛曰穛禮·內則疏穛是斂縮之名，明以生穛，故其物斂縮也。

穛 40816 20552
zhuó_12.17　廣韻集韻夶竹角切音卓說文特止也。从稽省，卓聲徐鍇曰特止，卓立也囝zhào集韻陟教切音罩。義同△一曰冒也囝字彙補木名。案卓之卓亦借此。鋆音罩。音罩。

穜 40817 20553
tóng_12.17　廣韻正韻徒紅切集韻韻會徒東切夶音同。穜稑40480囝chóng廣韻直容切集韻韻會傳容夶音重，亦書作重詩·豳風黍稷重穋△正字通按毛詩重穋，重讀平聲，不借用種。穜，自說文以禾从重者爲重穋之重，禾从童者爲蓺種之穜，後人因襲不改，陸德明又从而傅會之。究其義則種爲蓺植，讀若衆。爲穀種，讀若腫。如大雅·生民誕降嘉種，種之黃茂。分上、去二聲是也。不必泥說文種爲先種後熟，穜爲蓺也。詳見種40587字註。鋆又穜46485

穮 40818 20554
biāo_12.17　字彙補松足切，音粟◇禾穗也淮南子·主術訓寸生於穮，穮生於日。鋆穮40750字之譌。

酥 40819 20555
chóng_12.17　集韻種40587古作酥。

䅺 40820 41660
qín_12.17　字彙補秦本字。見羅泌·國名記

㸌 40821 41661
null_12.17　字彙補音未詳三尊譜錄太上眞皇法字㸌。

穮 40822 41662
chuí_12.17　字彙補垂毀切音菙廣雅穮，積也。囝duò丁禾切，音多◇。鋆俗穧40835

稱 40823 44886
chéng_12.17　字彙補牀升切，音成◇。

稸 40825 u258B3
chǔ_12.17　喃从禾渚chā聲。積儲。

蘊 40826 u258B1
shèng_12.17　閩穀倉

趆 40824 u2B046
null_12.17　未詳。

稐 40827 u258AC
vè_12.17　喃从禾爲vay聲。枝，梗。

穭 40828 u258AB
gǎt_12.17 喃 从禾割cắt聲。收割。

穩 40829 u258AA
null_12.17 未詳。

穮 40830 u258A9
lù_12.17 龍龕 穮或作，穋40748正，音六。黃穮。稻名。

穮 40831 u258A8
zhēn_12.17 俗稬25332清·孫星衍 登千佛樓 城東佛樓幾年閉，塞徑秋穮刺芒利。

穊 40832 u258A7
jú_12.17 海篇直音局、得二音 四聲篇海 京六、丁克、徒得三切 又yì同秧40216 齊民要術·雜說 凡人家秋收治田後，場上所有穰、穀、穊等，並須收貯壹處。

穧 40833 u258A6
bì_12.17 俗穳40885

穭 40838 u258A1
shuǎng_12.17 同秧40728

穞 40834 u258A5
null_12.17 大字典 穞豆，豆名。引清·張古甫 三農記·穞豆 穞豆苗小葉小，形若葛，開黃白花，結莢實黑……其苗肥茂，故得穞稱△宏按，或稽40930譌字。

穟 40835 u258A4
duò_12.17 同種40500 廣雅 穟，積也。

穆 40836 u258A3
mù_12.17 玉篇 穆，說文 穆。胡吉宣 玉篇校釋 穆，古文。

積 40837 u258A2
tuí_12.17 同癗36614疝氣病 馬王堆漢墓帛書·五十二病方·癗 積與瘦，取死者叕悉之，而新布裹 又人名 古陶文彙編.5.200 宮積。何琳儀 戰國古文字典 从禾貴聲，疑穨之省文。

穰 40839 u258A0
nuò_12.17 俗穧40579 名義 穰，乃煥反。稻黏，秌。

瓢 40842 u2589D
null_12.17 未詳。

穟 40840 u2589F
zhùn_12.17 同穆40486 四聲篇海 之閏切。緣也，束稈也。

蓁 40841 u2589E
zùn_12.17 集韻 穳，粗（徂）本切。禾穳也。或作蓁△宏按，字典 誤作蓁40729

穳 40844 u2589B
null_12.17 未詳。

穫 40843 u2589C
daengj_12.17 壯 戥子

穏 40845 u2589A
null_12.17 未詳。

穭 40847 u25898
null_12.17 未詳。

穎 40846 u25899
yǐng_12.17 同穎40753 字學三正·第一冊·異體同音誤用字 穎，禾穗。又秀穎。非潁川字。

穦 40848 u25897
null_12.17 未詳。

稆 40849 u7A5E
lǚ_12.17 简 稽40930

穰 40850 u7A5D
zuǒ_12.17 金·邢準 新修玉篇 引 類篇 子括切，聚也。

穟 40851 20556
suì_13.18 唐韻 集韻 正韻 丛徐醉切音遂。禾秀 說文 禾采之貌 詩·大雅 禾役穟穟 傳 穟穟，苗好美也△五音集韻 亦作穟。鍫又稼40574遂51162

穭 40852 20557
líng_13.18 集韻 郎丁切音零。草莖疎也。同穭。

蠃 40853 20558
luó_13.18 集韻 穢本字。鍫又蠃43608

穭 40854 20559
gāo_13.18 廣韻 古勞切音高。今之餻餅曰穭。

穭 40855 20560
kuài_13.18 唐韻 集韻 韻會 丛苦會切音翽 說文 穰也 長箋 聚禾去皮，故从會 又 廣韻 集韻 丛苦夬切音璯 韻會 正韻 丛古臥切音過。義丛同。鍫又穢43638稆40390 又 行瑤 内典隨函音疏 穄穭：皆米皮也。粗曰穄，細曰穭。

稬 40856 20561
dāng_13.18 集韻 都郎切音當。稂稬，禾名。鍫又秄40394

穫 40857 20562
gé_13.18 廣韻 古達切音葛。禾長也。

穢 40858 20563
xié_13.18 廣韻 胡結切 集韻 奚結切，丛音頡。麥全曰穢。鍫又糯43731

嗇 40859 20564
sè_13.18 正字通 同穡 六書正譌 从㐭，收穀之所，會意，秡聲。借爲吝嗇、愛嗇字，亦取收義，俗作穡。

穠 40860 20565
nóng_13.18 廣韻 女容切 集韻 韻會 尼容切丛音醲。華木稠多貌 詩·召南 何彼穠矣 傳 穠，猶戎戎也 又 廣韻 而容切 集韻 如容切丛音茸。義同。鍫又秋40411

穡 40861 20566
sè_13.18 唐韻 所力切 集韻 韻會 殺測切丛音色 說文 穀可收曰穡 書·盤庚 若農服田力穡，乃亦有秋 疏 種之曰稼，斂之曰穡，穡是秋收之名。又 洪範疏 穡，惜也。言聚蓄之可惜也△亦通作嗇 禮·郊特牲 主先嗇而祭司嗇 註 先嗇若神農，司嗇后稷是也 又愛吝也 左傳·僖二十一年 臧文仲曰：務穡勸分 註 穡，儉也 疏 穡是愛惜之義，故爲儉。又 昭元年 穆叔曰：大國省穡而用之 註 穡，愛也。鍫又穡40791嗇40859稑40938穭40954

穭 40862 20567
lián_13.18 集韻 離鹽切音廉。本作穄。穄穄，草不實。鍫又穭40948

稻 40863 20568
dào_13.18 廣韻 徒晧切 集韻 韻會 正韻 杜晧切丛音道。擇也，治粟也 集韻 以粟爲米曰稻 韻會 按相如 封禪賦 稻，一莖六穗之禾，謂瑞禾一莖六穗。舊韻書卽以瑞禾釋稻字，誤 又 韻會 大到切音導。亦通作導 前漢·百官表 少府有導官，湯官。湯官主餅餌，導官主擇米。

穭 40864 20569
zhǎn_13.18 廣韻 集韻 丛旨善切，音膳。禾束。

穳 40865 20570
zī_13.18 集韻 韻會 正韻 丛津私切音咨 說文 積禾也。引 詩·稬之秩秩〇按今 詩·周頌 作積 又 集韻 子智切音積。義同。或作稬 又cí 廣韻 疾資切 集韻 才資切丛音茨 博雅 積也。

穭 40866 20571
jié_13.18 篇海 居竭切，音結◇長禾也。鍫又 龍龕 穭 經音義 切居竭反，長禾也。張涌泉：俗穭40667

穢 40867 20572
huì_13.18 古文栽 廣韻 於廢切 集韻 韻會 烏廢切丛音薉 說文 蕪也 徐曰 田中雜草也 前漢·楊惲傳 蕪穢不治 又惡也，汙也 書·盤庚 無起穢以自臭 左傳·昭二十六年 晏子曰：天之有彗也，以除穢也 又與薉同 荀子·天論篇 耘耨失薉 註 薉穢同 又叶于列切 左思·魏都賦 一自以爲禽鳥，一自以爲魚鼈。山阜猥積而崎嶇，泉流迸集而映咽。隰壤瀸漏而沮洳，林藪石留而蕪穢。鍫又秽40412 又 正字通 藏36525，烏貴切音穢。惡也。正作穢。

穦 40868 20573
jī_13.18 正字通積本字。

穇 40869 20574
cān_13.18 集韻千安切音餐。白穇，稻名。

䅼 40870 41663
zī_13.18 篇海類編子之切音茲。禾生貌。

𥢸 40871 44889
bǔ_13.18 龍龕音補。鎣古文補。

𫁈 40872 u2B048
null_13.18 人名用字。高穩，見古今圖書集成·經濟彙編·祥刑典·第六十六卷·律令部彙考五十二·皇清

𫁇 40873 u2B047
mù_13.18 俗穆40736

𥣕 40874 u258D5
fèi_13.18 同穳40957

𥣔 40875 u258D4
zhì_13.18 同穉40920

𥣏 40879 u258CF
zī_13.18 俗䅼40661
龍龕穖穖二俗，䅼40661正，子之反。禾生貌。

𥣒 40876 u258D2
giỗ_13.18 喃从禾愈dũ聲。吐穗，抽穗。

𥣑 40877 u258D1
trồng_13.18 喃从禾董đổng聲。栽種，種植。

𥣐 40878 u258D0
vừng_13.18 喃从禾暈vừng聲△紇穯：芝麻。亦作
橉25654

𥣎 40880 u258CE
null_13.18 明·鄭曉皇明四夷考·哈密西南東皆平曠，地多鹻鹵，宜穟麥、豌豆。

𥣍 40881 u258CD
shòu_13.18 亦作穐40814俗穐40621

𥣋 40882 u258CB
shǔ_13.18 方稠秫，也作蜀黍，高粱。

𥣉 40883 u258C9
bié_13.18 俗䅫69682 酉陽雜俎·廣動植䅫齊，出波斯國，拂呼為預勃梨咃。長一丈餘，圍一尺許。

𥣈 40884 u258C8
pú_13.18 俗穙40812

𥣇 40885 u258C7
bì_13.18 同䆃31893

𥣆 40886 u258C6
zú_13.18 同稡40726篇海類編作木切。艸木叢生。

𥣅 40887 u258C5
null_13.18 未詳。

𥣄 40888 u258C4
null_13.18 未詳。

𥣃 40889 u258C3
hé_13.18 俗龢75956

𥣂 40890 u258C2
null_13.18 未詳。

𥣁 40891 u258C1
null_13.18 未詳。

𥣀 40892 u258C0
mù_13.18 俗穆40736

𥢿 40893 u258BF
null_13.18 未詳。

䆇 40895 u4187
null_13.18 未詳。

𥢾 40894 u258BE
chūn_13.18 杕穮，杕櫄25756之誤。

穣 40897 u7A63
ráng_13.18 俗穰40964

䆆 40896 u4186
jo_13.18 韓粟又清·蒲松齡農蠶經·農經·三月種穀秖穀宜早，䆆穀宜晚。

穤 40898 20575
nǐ_14.19 廣韻魚紀切集韻偶起切太音擬。黍稷盛貌。

穤 40899 20576
nuò_14.19 正字通俗稬字。

穥 40900 20577
yù_14.19 廣韻羊洳切集韻韻會正韻羊茹切太音豫。穥穥，黍稷美也集韻禾稼謂之穥△亦通作與。平聲詩·小雅我黍與與註蕃盛貌。

穦 40901 20578
pīn_14.19 字彙紕民切音繽。香氣也。

穧 40902 20579
níng_14.19 廣韻乃庚切集韻尼耕切，並音獰◇禾芒曰穧又穀芒長也。鎣字頭作穧40769，避諱字。穧，部外十四畫。

穪 40903 20580
yǎn_14.19 集韻於琰切音黶。禾稻不實也又於豔切音饜。又益涉切音囐。義太同。

穧 40904 20581
jì_14.19 唐韻在詣切集韻韻會正韻才詣切太音劑◆說文穫刈也。一曰撮也廣韻刈禾把數詩·小雅此有不斂穧疏穧，禾之鋪而未束者又廣韻集韻太子例切音祭。又集韻疾二切音自。又在禮切音薺。又疾智切音漬。義太同又集韻同穦。積禾也。鎣又穑40702
𥞄43426穳40925

穨 40905 20582
tuí_14.19 廣韻杜回切集韻徒回切太音魋說文禿貌又同頹。暴風也詩·小雅維風及頹疏孫炎曰：迴風從上下曰頹。又頹廢也後漢·趙咨傳至於戰國，漸至穨陵註頹廢，陵遲。鎣又頹68170穨40978穨68799穨40921

穩 40906 20583
wěn_14.19 唐韻集韻正韻太烏本切，溫上聲說文蹂穀聚也。一曰安也。从禾，隱省。古通用安隱又字彙補叶烏銑切音偃蘇軾·垂雲亭詩江山雖有餘，亭榭苦難穩。登臨不得要，萬象各偃蹇。鎣又㥯10146㥯24160
㥯35266稳穏40783穏40793穏40768闅闅65106又可洪音義
㝧12105重：上乙本反。俗龍龕㝧㝧12256二俗，烏本反，～坐也。正作稳字。

穪 40907 20584
chēng_14.19 正字通俗稱字。鎣字彙穪，同稱正字通穪40942，俗稱字。

穫 40908 20585
huò_14.19 唐韻胡郭切集韻韻會黃郭切太音濩說文刈穀也。草曰刈，穀曰穫易·无妄不耕穫，不菑畬詩·豳風八月其穫又隕穫，困迫失志貌禮·儒行不隕穫于貧賤註隕如㩅之隕而飄零，穫如禾之穫而枯槁。又集韻胡陌切音獲。義同又hù集韻胡故切音護。焦穫，地名詩·小雅整居焦穫傳焦穫，周地接於玁狁者爾雅·釋地註今扶風池陽縣瓠中是也。鎣又劐03826穫46503

穊 40909 20586
zhòu_14.19 廣韻集韻太士九切音聚。聚也又集韻徂送切音敠。麻束△一曰積禾。

穮 40910 20587
cuán_14.19 集韻同穳。

穯 40911 20588
méng_14.19 ◆正字通音義闕。穯子，果名。詳草部莫註。鎣渡部溫：按，正字通莫註：菜也。莖大如箸，赤節，葉似柳，厚而長，有毛刺，其實卽穯子又穯子，亦名黎檬25708子、黎朦子，即檸檬。

穙 40912 20589
pú_14.19 集韻普木切音朴。草生概也。

穮 40913 20590
shuān_14.19 字彙補補典切音扁呂毖·小史門穮。鎣楊寶忠：俗欂26017門閂。

穱 40914 20591
dí_14.19 篇海徒歷切音狄。穀粟之名。

穲 40915 20592
xiàng_14.19 字彙補從尚切，音象◇廣雅柔也。

鏊李國英：橡25397字之譌，柔也。

鑫 qín_14.19 字彙補 古文秦40310字。

龜 qiū_14.19 字彙補 同秋。見 漢楊著碑。鏊 穐40963字之變。

穉 jì_14.19 搜真玉鏡 音稷。

鬃 lù_14.19 字彙補 隆谷切音祿。

稚 zhì_14.19 篇海類編 同稚。

穨 tuí_14.19 俗穨40905 碑別字新編 引 魏王基碑

黎 lí_14.19 俗黎74856

桑 null_14.19 未詳。

馛 bá_14.19 廣雅 馛，香也。王念孫疏證：玉篇 馛69663 大香也。釋訓云馛馛，香也。

穄 jì_15.20 集韻 子例切音際。穄也。鏊又穧40904

積 cuán_15.20 正字通 俗積字。

稺 zhì_15.20 正字通 同稚。

穬 kuàng_15.20 唐韻 古猛切音礦。說文 芒粟 六書故 五穀皆有穬，又作穬△一曰稻不熟。鏊又穬43688。圖 可洪音義 令積40796：古猛反。穀芒也。正作穬。

穢 miè_15.20 唐韻 集韻 丛莫結切音蔑。禾也。鏊 新撰 字鏡 秣40307，莫葛反。古作秣字。末也，碎也，養也，砭也。穢餗，二，上同。

穭 lǚ_15.20 廣韻 力舉切 集韻 韻會 正韻 兩舉切丛音呂。自生稻也圖 韻會 與稆同 唐書·馬燧傳 懷州秬生於境圖 通作旅 後漢·光武紀 嘉穀旅生 註 寄也。不因播種而生 前漢·天文志 參主葆旅 註 關中謂桑楡孽生爲葆，禾野生曰旅。鏊又穭40849

穲 lèi_15.20 廣韻 集韻 丛盧對切，音纇。秲穲，稻名也。鏊又穲40980

稦 liè_15.20 集韻 與俐同。

穟 suì_15.20 川篇 音穗。

䅹 zhì_15.20 廣韻 阻瑟切 集韻 韻會 側瑟切丛音櫛。秫稦，禾重生。或作穭。

穤 bà_15.20 集韻 韻會 丛步化切音犤。穤秙，稻也。或作秎圖 正字通 穤秙，稻搖動貌。通作罷 杜甫詩 罷亞百頃稻，西風吹半黃 蘇軾詩 翠浪舞翻紅罷亞。

穩 yōu_15.20 韻會 於求切 正韻 於尤切丛音憂 小爾雅 十筥曰穩。把謂之秉，秉四曰筥，筥十曰穩。宋咸曰：秉猶握也。筥，穩乃多少之差。鏊 稯40590字之譌。清·胡世琦 小爾雅義證 筥十曰稯。稯，俗本譌作穩，今改。圖 佛經譯音用字 可洪音義 穩鼻：上烏合反。穩便：上

烏合反。

穥 biǎn_15.20 集韻 與稨同。鏊 又穥40986

穮 biāo_15.20 集韻 韻會 卑嬌切 正韻 卑遙切丛音鑣。耘田也。除草也 左傳·昭元年 譬如農夫，是穮是蓘 圖 韻會 通作麃 詩·周頌 緜緜其麃 註 耘不息也圖 pāo 集韻 披交切音抛。穮秙，禾虛貌圖◆披教切，音礮。義同。鏊 譬加農夫。譬如農夫 圖 糖46478 糖46504

穡 sè_15.20 正字通 穑本字。

穥 dǎn_15.20 五音篇海 同擔20874 鏊 成化本 篇海 引 類篇 穥，音擔字。楊寶忠：穥、啣35632一字之變。

穆 mù_15.20 字彙補 名六切音牧。

稱 chēng_15.20 同穪40907 正字通 俗稱字 圖 同稱40445 龍龕 穪俗，稱40541正，蒲結反。禾香也。

䅻 null_15.20 未詳。

穮 fèi_15.20 穮40973本字

秞 chuǒi_15.20 喃 同輨00218 串，貫。

縈 qǐng_15.20 俗縈25747

穲 ràn_15.20 道光 安定縣 志·方言 穲，然字去聲。俗以麥稭和泥塗壁謂之穲草。楊寶忠：土兼禾會意，其正字當作穲40964

穮 lián_15.20 俗穮40862

積 cuán_15.20 俗積40983

穆 null_15.20 未詳。

穗 null_15.20 未詳。

稽 null_15.20 未詳。

穮 fèi_15.20 俗穮40973

穡 sè_15.20 俗穡40861

穮 fèi_16.21 廣韻 集韻 丛秦醉切音萃。稻也圖 黏也圖 mèi 集韻 明祕切，音媚。散種也。鏊 集韻 作穮40874 楊寶忠：同穮40973，稻不黏。

穮 lì_16.21 正字通 俗秝字。

穄 zhùn_16.21 集韻 稕40486古作穄。

穮 niǎo_16.21 集韻 乃了切音嫋。衡不舉也。

穮 yòu_16.21 韻會 與誘56035同。

穮 lóng_16.21 廣韻 盧紅切 集韻 韻會 盧東切丛音籠 博雅 穮，穧也圖 廣韻 一曰禾病也。鏊又穮75868

穮 fèi_16.21 俗穮40973

穮 qiū_16.21 古文秋40241

穮 null_16.21 未詳。

穮 xiān_17.22 集韻 思廉切音纖。禾草不實，秾穮之貌圖 xiàn 先念切音磏。義同。

穰 ráng_17.22 廣韻 汝陽切 集韻 韻會 如陽切 正韻 如羊切丛音攘 說文 黍䵆已治者 廣韻 禾莖 圖 禾實豐也 詩·商頌 豐年穰穰 圖 凡物豐盛皆曰穰 詩·周頌 降福穰穰 傳 穰穰，衆也。又 史記·滑稽傳 道傍有穰田者 註 謂爲田求福穰 圖 姓。齊將穰苴之後 何氏姓苑 今高平人

図地名前漢·地理志南陽郡穰縣図◆正字通與瓤通。凡果實中之子曰犀穰図rǎng廣韻集韻韻會正韻夶汝兩切音壤。豐也前漢·張敞傳京師長安中浩穰図réng集韻人成切，颿平聲。踐禾黍之餘也。鎣又穰40897

穤 40965 20616
jiàn_17.22　集韻作甸切音薦。獸之所食草也。

穋 40967 20618
cēn_17.22　五音集韻與穆同。鎣俗穆26027

穖 40968 44892
fèi_17.22　餘文扶鬼切。稻紫莖不黏図扶畏切。義同〇按集韻本作穮。鎣又穖40973

穮 40970 u25908
fèi_17.22　同穖40968穖40973本字。

穌 40969 u25909
hé_17.22　同穌75956

穛 40971 20619
quán_18.23　玉篇渠元切，音拳◇禾黃也。鎣胡吉宣：穛猶穛26081也。

蘽 40972 20620
shè_18.23　字彙質涉切音摺。風動禾貌。鎣楊寶忠：俗蘽26077

穖 40973 20621
fèi_18.23　唐韻扶沸切集韻韻會父沸切，夶音靆。◆說文稻紫莖不黏也徐曰即今紫華稻図廣韻浮鬼切集韻父尾切，音膹。又集韻方問切，音奮。義夶同。△正字通一說穖即月令糞田之糞。俗加禾。義同。非稻名也。鎣又穖40957穖40961穮40979穖40944穖40968図龍龕穮40970穖40953二或作，穖今，浮鬼、扶畏二反。紫莖稻不黏也。

穧 40974 20622
zhuō_18.23　廣韻集韻韻會夶側角切音捉。稻下種麥。張衡·南都賦冬稌夏穧左思·吳都賦稻秀菰穗韓愈·納涼聯句汲冷漬香穧図玉篇小也。又早熟亦作穚図jué集韻即約切音爵。穋也。鎣又穧40981

穘 40975 20623
yì_18.23　集韻與穆同。

穩 40976 20624
biǎn_18.23　集韻與稨同。

穮 40977 20625
miǎo_18.23　篇海音眇。禾芒也。

穨 40978 u25912
tuí_18.23　穨40905本字

穖 40979 u25911
fèi_18.23　穖40973本字

穲 40980 u25910
lèi_18.23　同穪40931

穚 40981 u2590F
zhuō_18.23　龍龕穚俗穧40974正，側角反。稻處種麥也。

穲 40982 20626
lí_19.24　正字通與穚、離夶通。禾苗也廣韻穲穲，黍稷行列也集韻五穀之列為穲稽。

欑 40983 20627
cuán_19.24　廣韻在丸切集韻韻會祖丸切正韻祖官切夶音攢集韻禾聚也図zuǎn集韻祖管切音纂。刈禾積也図zàn才贊切音瓚。禾茂不實也。鎣又秆40276秆40270纂40949穳40926

穌 40984 u25916
null_19.24　未詳。

穩 40986 u25913
biǎn_19.24　同稨40568亦作穩龍龕穩穇俗，穩穩正。布玄反。穩豆也。

穌 40985 u25915
null_19.24　未詳。音覽。草名也。可染皂。鎣楊寶忠：俗穪26150

穬 40988 20629
jué_20.25　集韻厥縛切

穬 40987 20628
dǎng_20.25　集韻底朗切音黨。頓穬黃，穀名。

穪 40989 20630
qiū_20.25　秋40241古作穪。

穫 40990 u25919
null_20.25　未詳。

穭 40992 u2591D
null_21.26　未詳。

穪 40991 20631
líng_21.26　集韻郎丁切音零。草名，蔓生。

穫 40993 u2591B
qiū_21.26　同穪40989，古文秋。

穬 40994 20632
líng_24.29　集韻同穆。

穭 40995 20633
yán_24.29　集韻余廉切音鹽。禾也。

櫜 40996 20634
guó_25.30　字彙補古文國08147字。

穬 40997 u25920
qiū_27.32　同穪40989，古文秋。

蘽 40998 u25921
jí_30.35　俗蘽70551

● 穴部 ●

穴 40999 20635
xué_0.5　古文宍唐韻集韻韻會正韻夶胡決切音坑說文土室也易繫辭上古穴居而野處詩·大雅陶復陶穴箋未有寢廟，故覆穴而居図玉篇孔穴也孟子鑽穴隙相窺図廣韻窟也易·需卦出自穴図訓為側爾雅·釋水氿泉穴出。穴出，仄出也図官名周禮·秋官穴氏掌攻蟄獸疏凡獸皆藏穴中，故以穴為官名，使取蟄獸。図地名◆書·禹貢鳥鼠同穴爾雅·釋地岠齊州以南戴日為丹穴左傳·文十一年潘崇伐麋，至于錫穴註錫穴，麋地水經注中廬縣之西山謂之馬穴山左思·蜀都賦嘉魚出于丙穴註丙穴，在漢中沔陽縣北図jué韻會古穴切前漢·天文志暈適背穴註孟康曰：穴，或作鐍，其形如鐍。如淳曰：凡氣在日上為冠為戴，在旁直射為珥，在旁如半環向日為抱，向外為背，有氣刺日為鐍，鐍，挟傷也図叶胡桂切曹植·七啟采英奇于側陋，宣皇明于巖穴。此甯子商歌之秋，而呂望所以投綸而逝図xú集韻戶橘切淮南子·原道訓水居窟穴，人民有室孔融詩言多令事敗，器漏苦不密。河潰蟻孔端，山壞由猿穴。鎣又究41006

宍 41000 u25922
rǒng_0.5　廣韻宍，同穴11940

穴 41001 u2F73
xué_0.5　部穴40999

穵 41002 20636
yà_1.6　唐韻烏黠切集韻乙黠切夶音軋說文空大也図wā廣韻集韻夶烏八切音䫦。手探穴也博雅穵搯，深也。鎣又窊41246

穻 41003 20637
chéng_2.7　廣韻宅耕切集韻除耕切夶音橙。小突也。

究 41004 20638
jiū_2.7　古文宄唐韻集韻韻會正韻夶居又切音救。極也易說卦其究為健図推尋也詩·小雅是究是圖図謀之詩·大雅惟此四國，爰究爰度註究度，皆謀也爾雅·釋詁究，謀也図竟也前漢·鼂錯傳盛德不及，究于天下師古註竟也図深也，窮盡也孟子疏解究而言之，不敢以當達者爾雅·釋言究，窮也図懷惡不相親比之

貌詩唐風自我人究究爾雅·釋訓究究，惡也註相憎惡也囜廣雅究，竆也囜援神契士之孝曰究囜竺芝·扶南記山溪瀨中謂之究水經注鬱水自九德浦，逕越裳究，九德究，南陵究囜南蠻別號後漢·南蠻傳曰南微外蠻夸究不事人邑豪獻生犀白雉註究不事人，蠻夸別號。窡又窡41023窡41027窆41161窞41226窡41383窡41429窞41352究41028囜龍龕窞41286古，究今。

穷 41005 20639
yǎo_2.7　字彙補烏了切，音夭◇深也。

究 41006 20640
zhèn_2.7　海篇音振。深也。窡又俗穴40999可洪音義穷究：上昌專反。下玄決反。正作穷穴。

窡 41007 44896
sǒu_2.7　川篇烏界切。窡俗叟05241

窡 41008 u2B7B9
kōng_2.7　俗空41013見中國書法大字典·穴部

宅 41009 u25925
qī_2.7　清·翟灝通俗編·卷三十五·聲音嘁，廣韻資悉切。鼠聲。又集韻窬宅，鼠在穴中聲。讀若即七。

穷 41010 u7A77
qióng_2.7　五侯鯖字海音窮41274義同。按，今簡

窆 41011 20641
xī_3.8　廣韻集韻韻會正韻丛祥亦切音夕。墓穴幽堂也說文窆窆也左傳襄十三年楚子告大夫曰：惟是春秋窆窆之事註窆，厚也。窆，夜也。言穴中厚暗，如長夜也。一曰長埋謂之窆，長夜謂之窆囜字彙補借作究字漢樊敏碑貫窆道度，無文不睹。

穹 41012 20642
qióng_3.8　古文𠔻廣韻去宮切集韻韻會丘弓切正韻丘中切丛音芎。高也，大也詩·大雅靡有旅力，以念穹蒼爾雅·釋天穹蒼，蒼天也註天形穹隆，其色蒼蒼，故名囜說文窮也詩·豳風穹窒熏鼠傳窮也囜吳地志穹窿，山名囜音空周禮·冬官考工記韗人爲皐陶穹者三之一鄭註穹讀爲空。謂鼓木腹穹隆者，居鼓三之一也春秋緯少昊邑于穹桑呂覽伊尹生于穹桑。字或作空韻會小補今雲南縣名浪穹，土音讀爲浪空囜通作芎司馬相如·子虛賦穹窮菖蒲註穹窮似藁本。今歷陽呼爲江蘺。窡又窨41392穹11950嵱13758筇49990

空 41013 20643
kōng_3.8　唐韻正韻苦紅切集韻韻會枯公切丛音崆。空虛也史記·天官書赤帝行德，天牢謂之空。囜大也詩·小雅在彼空谷傳大也囜盡也爾雅·釋詁空，盡也詩·小雅杼柚其空囜太空，天也囜地名爾雅·釋地北戴斗極爲空桐左傳哀二十年宋公遊于空澤註空澤，宋地史記·殷本紀註伊尹生于空桑前漢·地理志京兆縣十二，其三曰船司空註縣名。本主船之官，遂以爲縣。又武帝紀元鼎五年行幸雍，遂踰隴，登空同註空同，山名。亦作崆峒山海經白馬山又北二百里曰空桑之山，空桑之水出焉括地志微在生孔子空桑之地，今名空竇，在曲阜縣南二十里女陵山魏土地記代城東北九十里有空侯城囜官名書·舜典伯禹作司空。又周官司空掌邦土，居四民，時地利囜釋名周禮·春官大祝辨九拜，三曰空首疏先以兩手拱地，乃頭至手，

是爲空首也囜樂器名風俗通箜篌，一名坎侯。或曰空侯，取其空中楚辭註空桑，瑟名囜獄名禮記疏囹圄，魏曰司空囜姓廣韻漢複姓有空桐、空相二氏囜kǒng集韻韻會苦動切正韻康董切丛音孔。穴也，竅也，窾也。通作孔周禮·冬官考工記函人眡其鑽空史記·五帝紀腹使舜穿井，爲匿空旁出大宛傳張騫鑿空註西域本無道路，今鑿孔而通之也韓非子·喻世篇空竅者，神明之戶牖也韻會小補秦人呼土窟爲土空囜kòng集韻韻會正韻丛苦貢切音控。窮也。◆詩·小雅不宜空我師註不宜使小人困窮民也囜缺也揚子法言酒誥之篇俄空焉囜虛也論語回也其庶乎，屢空註空猶虛也。窡又⺊04649有02685囜思室詩。室思詩。

窔 41014 20644
sè_3.8　等韻蘇則切音塞。以土窒穴也。窡俗塞09082東魏道瓊造像碑記皆由積善空端之前，苦行授記之後正字通空，古文塞。以土窒穴也。見古文奇字

窔 41015 20645
yū_3.8　集韻邕俱切音紆。牖也囜yǔ字彙補古字字。見漢孔耽碑

窔 41016 20646
nú_3.8　玉篇那胡切音奴。窔室也。

窣 41017 20647
mǎng_3.8　集韻母朗切音莽。窣窣，空也。

字 41018 20648
zì_3.8　集韻字11745古作字。

窜 41019 20649
nüè_3.8　字彙補音義與虐同。

冑 41020 20650
ròu_3.8　字彙補即肉字漢史晨饗孔廟碑香酒美冑。

竾 41021 20651
zhūn_3.8　佩觿集徒門切。火見穴中△按與窀字音義同。疑卽窀字之譌。

突 41022 20652
tū_3.8　篇海與突同。或从大。

窡 41023 44897
jiū_3.8　五音篇海音竄。窡同窡41027，俗究41004隸釋巴郡太守樊敏碑貫窡道度，無文不睹。

窜 41024 44898
kǎn_3.8　龍龕空旱切。窡俗罕可洪音義窜聞：上呼稈反，希也。正作罕也。

窄 41025 44899
jì_3.8　龍龕音寂

窄 41026 u25930
null_3.8　未詳。

窡 41027 u2592F
jiū_3.8　同窡41023俗究。

究 41028 u4192
jiū_3.8　正字通究41004，俗作究，非。

窞 41029 20653
shēn_4.9　廣韻所今切音森。突也。與窞同囜姓。窞衷，見李鼎祚·易經集解。窡又窞41064

窀 41030 20654
ruǎn_4.9　正韻乳兗切六書音義音畽。柔皮革周禮·冬官考工記註倉頡篇有鞄窀△六書音義亦作𩏘窔。窡正字通窀，𩏘35074字之譌。非从穴从允。舊本附穴部，誤。

窜 41031 20655
chōng_4.9　集韻敕中切音忡。穿也。窡又窜02784

穽 yǎn 4.9 玉篇烏敢切。閉也図於撿切。義同正字通俗弇字。一說穽字之譌。

穽 jǐng 4.9 集韻正韻疾正切音淨◆說文陷也，所以取獸也。一曰穿地陷獸也書·費誓杜乃擭，敜乃穽疏穽以捕小獸，穿地爲深坑，入不能出，其上不設機，小異于擭図廣韻集韻韻會正韻疾郢切音靜。義同。△集韻本作阱。鏖又𥧄05255𥧄05256𥧄05276𥧄05265龍龕穽11986音靜。正作穽。坑也。

穾 yuè 4.9 唐韻於決切集韻一決切音抉。穿也，空也說文穿也図集韻古穴切音玦。又呼決切音血。義並同△本作窬。亦作盋。鏖玉篇穾，或爲肤46966閟64931図正字通㝮41144同窔41091

窔 yào 4.9 集韻韻會一叫切。與窔同。深也図隱暗處釋名窔，幽也司馬相如·上林賦巖窔洞房図複室也楚辭·招魂冬有穾廈註穾，複室図yǎo集韻正韻伊鳥切音杳。戶樞聲，室東南隅也図yāo字彙補伊堯切音妖。深窔聲莊子·齊物篇窔者咬者。鏖又窔41045

穿 chuān 4.9 唐韻集韻韻會正韻昌緣切音川說文通也，穴也。詩·召南誰謂鼠無牙，何以穿我屋前漢·食貨志彭吳穿穢貊，朝鮮置滄海郡註本皆荒梗，始開通之，故言穿図增韻委曲入也，鑽也，鑿也前漢·溝洫志穿渠溉田図廣韻孔也史記·鄧通傳孝文夢欲上天，有一黃頭郎從後推之，上顧見其衣裻，帶後穿後漢·耿恭傳衣履穿決図國名爾雅·釋地八·狄疏六曰穿胸図本草百穿，蜂房也図拾遺記江東謂正月二十日爲天穿日，用紅縷繫餅置屋上，謂之補天穿図chuàn廣韻尺絹切集韻韻會正韻樞絹切音釧。貫也前漢·司馬遷傳貫穿經傳図yuān韻會小補於權切，音淵◇火起貌。鏖又窵41134家41173竂41237図敦煌·S.6825.V.想爾注老子道經·卷上衣弊履穿41172，不與俗爭図趙孟頫羊寶道碑君虔窡41117崖易道。

宏 hóng 4.9 玉篇胡泓切類篇胡萌切音宏。宏窅，大屋也図屋深響也。

窀 zhūn 4.9 唐韻陟倫切韻會株倫切音屯。窀穸，下棺也說文葬之厚夕左傳·襄十三年窀穸之事註窀，厚也。穸，夜也。厚夜猶長夜。一曰長埋謂之窀図tún廣韻集韻徒渾切音飩。瘞也。火見穴中也図廣韻墜頑切集韻除鰥切。義並同。鏖又窀41021

突 tū 4.9 古文穴廣韻陀骨切集韻陀沒切，並音凸。又集韻他骨切，音禿揚子方言江、湘謂卒相見曰突。一曰出貌詩·齊風突而弁兮図觸也，欺也任昉·致大司馬蕭衍室宣府朝初建，俊賢翹首，維此魚目，唐突璵璠図穿也左傳·襄二十五年鄭子展子產伐陳，宵突陳城註突，穿也図禿荀子·非相篇孫叔敖突禿長左註謂短髮可凌突人者図爾雅·釋宮植謂之傳，傳謂之突

疏植謂戶之維持鎖者也，植木爲之，又名傳。又名突也図惡馬曰突前漢·刑法志以戟而御駻突註突，惡馬図竈突前漢·霍光傳其竈直突集韻作埃図守城之門後漢·竇融傳公孫述令守突門註突門，守城之門。図屈突，吐突，突外國姓図說略雀自塞北來者，或名曰突厥図集韻他括切音挩。義同図dié集韻徒結切音垤。犬從穴中暫出也。又滑也易·離卦突如其來如。王蕭讀図dū字彙補都木切，音督◇山東志濟南府有趵突泉，在白雪樓之前。鏖又突兀，亦作崒屼図突41061突11971突41022突41093突45439穾41092嗵06632

突 pì 4.9 篇海同窋 窂 láo 4.9 廣韻魯刀切集韻郎刀切並音牢。實也，與牢同。閑養牛馬圈也劉歆·遂初賦天烈烈以厲高兮，廖琤窻以髟窂。

窵 miàn 4.9 篇海莫見切，音面◇冥合。亦作㝵。

窀 yín 4.9 集韻夷針切海篇音淫。深也。本作窅。

宛 wán 4.9 玉篇五丸切音岏。窟也。

窔 yào 4.9 集韻伊鳥切音杳。戶樞聲也図室東南隅曰窔。與窔，窔同図yào一叫切音窔。冥也。

窊 wā 4.9 集韻烏八切音𤟧。穿也図女滑切音窊。義同。

窋 pí 4.9 字彙補餅移切音皮海篇器也。

窔 suì 4.9 集韻式類切。與邃同揚子方言窔，深也。趙、魏閒語。鏖又窔15375

窠 jì 4.9 字彙補與寂同。

窫 qiào 4.9 字學指南苦弔切。同竅。或作竅。

窣 sū 4.9 海篇音速。穴中出也。

窔 pín 4.9 搜眞玉鏡音貧。

㸌 null 4.9 未詳。 宵 bīn 4.9 俗賓57756朝鮮本龍龕賓，必人切。主賓也。今增。宵，或作。

窈 yǎo 4.9 俗窈41071可洪音義窈窈：一了反。

究 kū 4.9 古音駢字究竈：窟竈字謾。

突 tū 4.9 可洪音義容突：上烏洽反。下田結反。△宏按，凹凸。

窃 qiè 4.9 簡竊41451音篇·心部㥦，音思△宏按，當歸心部。 㥦 sī 4.9 俗思17124直

突 tū uFA55 參見突41039 突 ròu 4.9 史晨後碑美酒美肉02718張延奐·漢碑古字通訓蓋突乃隸書之變體，其上似穴，實肉46910字之上截，非從穴從六也。

穾
yǎo_5.10 集韻吉弔切音叫。穾窱，深遠也又靜也張衡·西京賦望穾窱似徑廷又集韻伊鳥切。同窅41071鑾又窔41080窔41186

窄
zhǎi_5.10 廣韻側伯切集韻韻會正韻側格切，並音迮。狹也，迫也，隘也。

窔
suì_5.10 篇海輸芮切音稅。深也。趙魏閒語。鑾正字通窔41029字之譌。

宖
hóng_5.10 集韻于萌切。與宏同。屋響也又幽深貌又wèng廣韻烏橫切。小水貌。鑾又窚41224

窅
yǎo_5.10 唐韻烏皎切集韻韻會正韻伊鳥切並音杳說文深目也又深遠貌。寫窅，深也又集韻於絞切音拗。又窅切音窔。義並同又āo廣韻集韻於交切韻會幺交切音坳。義同。又窅窱，曲貌前漢·禮樂志窅窱桂華註桂華之形，窅窱然也又mián字彙補莫賢切音緜莊子·逍遙遊窅然喪其天下焉註窅然，猶悵然。李頤說△集韻或作昆眄曉昡。鑾又見37381見37360

窆
biǎn_5.10 唐韻方驗切集韻韻會正韻陂驗切並音砭說文葬下棺也周禮·地官及窆執斧，以涖匠師。又春官共喪之窆器註下棺豐碑之屬又集韻悲檢切音貶。義同又bèng逋鄧切。與堋同△韻會或作封。見禮記。鑾又空11997碑別字新編·窆引魏王夫人元華光墓誌

窊
yā_5.10 廣韻烏甲切集韻乙甲切並音押。入脉刺穴謂之窊又zā字彙補子曷切音竄。俗作挓。

窇
báo_5.10 廣韻蒲角切集韻弼角切並音雹。土室也，窖也廣雅窇，窟也。

宨
xiù_5.10 集韻籀文岫字。

窈
yǎo_5.10 唐韻烏皎切集韻韻會正韻伊鳥切並音杳說文深遠也廣韻深也，靜也莊子·在宥篇至道之精，窈窈冥冥又窈窱，幽閒也詩·周南窈窱淑女揚子方言美心爲窈註幽靜也又yào集韻一叫切音窔。義同。又yǎo集韻於兆切詩·陳風舒窈糾兮傳窈糾，舒之姿也又yōu讀如幼淮南子·道應訓可以明，可以窈註窈，讀如幽△或作窳。通作宨。鑾又窈41054嫐11492又字彙補11574音義與窈同。

窉
bǐng_5.10 廣韻兵永切集韻補永切並音丙爾雅·釋歲三月爲窉。郭璞讀作丘詠切又集韻陂病切音柄。又況病切。又鋪病切。義並同又玉篇穴也又篇海驚病也△本作窉。

皿
mǐng_5.10 唐韻武永切集韻眉永切並音皿說文北方謂地空，因以爲土穴爲皿戶博雅皿。窇，窟也又集韻母梗切音猛。義同。

窓
líng_5.10 玉篇力丁切。窚，井也。

窊
wā_5.10 唐韻集韻韻會正韻枯烏瓜切音窪說文汙衺，下也。凹也。同窊馬融·長笛賦波瀾鱗淪，窊隆詭戾註窊隆。高下貌又窊圓實被註窊圓，聲下貌。又前漢·禮樂志窅窊桂華註不滿貌又晉書·禮樂志菀窊，蠱神又官名遼史遼有杓窊又集韻烏化切。下地也又wà廣韻烏吳切。唇下處也。鑾又流29075霩66607靐45582又龍龕黿66462，下也。正从穴又新撰字鏡寙窊窪41206窊41128窪，同。佳瓜、羊主二反。勞也，嬾也。

穾
yì_5.10 集韻弋質切音逸。穾，穴也。

窋
zhú_5.10 廣韻集韻韻會正韻竹律切音絀。將出穴貌。一曰空也又zhuó集韻張滑切音窡。物在穴中貌王延壽·魯靈光殿賦綠房紫菂，窋咤垂珠註窋，物在穴中貌又后稷子名不窋又zhuā類篇張刮切。穴中出貌又kū與窟同吳越春秋公子光伏甲于窋室中。鑾俗或作窋12017

窌
jiào_5.10 集韻正韻丘居効切音教，與窖同周禮·冬官考工記困窌倉城逆牆六分註穿地曰窌荀子·榮辱篇餘刀布有困窌註困窌，窖也。城藏曰窖又pào唐韻匹貌切集韻披教切並音砲。義同又廣韻起醮切。亦大也。同窌又南窌，縣名史記·衞青傳封公孫賀爲南窌侯。又liáo廣韻力嘲切集韻力交切，並音顟。深空之貌馬融·長笛賦庨窌巧老註深空貌又韻會補窌字同窌，與窌字不同。窌从申夗之夗，古酉字，力救切音溜。窌从寅夘之夘，音砲。鑾夘，古卯字又窌12005窉41120

穾
yín_5.10 集韻夷針切，音淫。深也。俗謂深黑爲窨穾。一曰竈突。一曰瘊也。關中謂瘊樞爲穾又shēn類篇式針切。又疏簪切。義並同又dàn集韻徒感切音禫。又所禁切音滲。義並同△或作窨。鑾又寀41189窨41199

窅
yǎo_5.10 類篇伊鳥切。與窈同。深遠也○按卽窅字之譌。

窄
zuò_5.10 海篇子錯切音作。安貌。

宜
qū_5.10 玉篇七居切。同岨。石山戴土。

窂
láo_5.10 海篇音勞。養也，堅固也。

窙
jì_5.10 字彙補同寂。

宗
pì_5.10 集韻匹寐切，音箪。氣下泄也。

宕
dàng_5.10 海篇音蕩。過也。

垚
yáo_5.10 海篇音搖。陶師燒瓦也。

甯
bèng_5.10 五音篇海音用。鑾俗窲41195

窬
null_5.10 未詳。

窫
yuè_5.10 突41034本字

窪
wā_5.10 明·方以智通雅泥坐瓦曰窪，五化切。清·李光庭鄉言解頤·卷之三·人部·笆工京師於椽上安

單葦薄，寬瓦不數年，便糟朽而易漏。

宊 tū _5.10　俗突41039 可洪音義 宊然：上陁骨、他骨二反。觸也，出也。正作突宊宂三形也。誤。

窙 null _5.10　未詳。

宊 tū _5.10　俗突41039 可洪音義 唐宊：徒骨反。觸也。或作搪揬。

窎 null _5.10　未詳。

窃 qiè _5.10　俗竊41451今簡化字作窃 图 龍龕 窃，功、穿二音。

窘 jǐ _5.10　直音篇 宨，俗寂12141字。

窅 è _5.10　同呇05845喬41522謁字。

窵 diào _5.10　簡 寫41320 龍龕 窵，居追反。窵龍。出 川韻

穼 guī _5.10　同宭41211 龍龕 宭，居追反。宭龍。出 川韻

窍 qiào _5.10　简 窾41401

窚 tóng _6.11　廣韻 徒紅切 集韻 徒東切丛音同。通也。 图 dòng 集韻 杜孔切音動。地通穴也。

宄 guǐ _6.11　集韻 古委切音詭。穴也。

窊 zhà _6.11　集韻 陟嫁切音吒 王延壽·魯靈光殿賦 窊窊垂珠 註 窊，物在穴中貌。窊亦宭也。

窏 hòng _6.11　集韻 胡貢切音哄。窏窏，空貌。

宥 yòu _6.11　玉篇 於究切。空也。 鋆 正字通 宥12047字之謁。

窋 zhú _6.11　集韻 直律切音朮。鑿穴居也。 图 xuè 集韻 呼決切音血。空貌。

窅 yǎo _6.11　唐韻 烏皎切音杳。冥也，遠也，隱也，遠望合也。窅窱，幽深貌 图 yào 廣韻 烏叫切 集韻 一叫切丛音窵。義同。 鋆 又窅41190窅41288 呂22320

窏 wū _6.11　集韻 汪胡切音烏。窏洿，卑下也 馬融·長笛賦 運襄窏洿 註 窏洿，卑曲不平也。

窒 guī _6.11　廣韻 古攜切 集韻 韻會 涓畦切丛音圭。甗空也。 楚辭·哀時命 珪璋雜于甗窒 註 甗窒，土孔。甗，瓦器。窒，甗帶也 图 集韻 韻會 丛烏瓜切音窊 五音集韻 戶圭切 等韻 胡圭切丛音攜。義丛同。或作甀甗瓪 图 āo 集韻 於交切，窅平聲。窒寥，深遠貌 宋玉·高唐賦 窒寥窈冥，不見其底 註 深遠貌。或作湮。同洼。 图 wēi 集韻 淵畦切音烓。深也。

窑 yáo _6.11　正字通俗窰字。

窠 kè _6.11　廣韻 口答切 集韻 渴合切丛音欿。合也 楊氏奇字韻 倉頡篇 凸字 图 āo 類篇 乙洽切，土墊也。 鋆 又窠12036

窒 zhì _6.11　唐韻 集韻 韻會 丛陟栗切音挃 說文 塞也

易 訟卦 有孚窒 詩·豳風 穹窒熏鼠 爾雅·釋言 窒，塞也 疏 謂堙塞 图 爾雅·釋天 月在庚曰窒 图 揚子方言 劍削，自河而北，燕趙之閒謂之窒 图 廣雅 窒，滿也 图 廣韻 集韻 韻會 丛丁結切音樀。又 集韻 乃結切音涅。義丛同。 图 dié 集韻 徒結切，音耊。實也。一曰窴門冢前闕，皆謂之窒皇 左傳·宣十四年 投袂而起，屨及于窒皇 註 窒皇，寢門闕 图 借作窒 漢·韓敕後碑 庫窒中郎。 鋆 又蠢48307

窓 chuāng _6.11　廣韻 俗窗字。

窔 yào _6.11　唐韻 烏叫切 集韻 一叫切丛音窵。幽深也 釋名 室中東南隅謂之窔 儀禮·既夕 聚諸窔 图 韻會 正韻 丛伊鳥切音杳。義同△ 集韻 或作突窔窔窃。

窕 tiǎo _6.11　唐韻 韻會 正韻 丛徒了切，掉上聲。窈窕也，深極也，閒也 詩·周南 窈窕淑女 傳 窈窕，幽閒也 爾雅·釋言 窕，閒也 揚子方言 窕，美好也 廣韻 善心曰窈，善色曰窕 图 男子亦稱窈窕 古樂府 云有第三郎，窈窕世無雙 图 山水深亦曰窈窕 曹攄詩 窈窕山道深 杜甫詩 烟生窈窕溪 图 宮室深亦曰窈窕 喬知之詩 窈窕九重闈 图 細也 左傳·昭二十一年 小者不窕 疏 窕，細意 图 tiāo 集韻 正韻 丛他彫切。與佻同。輕小貌 左傳·成十六年 楚師輕窕 图 集韻 韻會 正韻 丛他弔切音糶。又 韻會 吐了切 正韻 土了切，丛眺上聲。義丛同 图 yáo 正韻 餘招切音遙 荀子·禮論篇 其立文飾也，不至于窕冶 註 窕音姚 图 與窱同 荀子·賦論篇 充盈太宇而不窕 註 窕讀爲窱。深貌也 图 與條同 淮南子·原道訓 霄窕之野 註 與蕭條同。 鋆 又窕12050窱41342

窜 chuān _6.11　字彙補 與穿同。見 漢羊竇道碑

宣 yuán _6.11　集韻 胡官切音桓。與垣同。

宦 huàn _6.11　篇海 俗宦字。

窌 jiào _6.11　音義未詳 韓非子·內儲說 昭奚恤之用荊也，有燒倉窌者，而不知其人。 鋆 王竹溪：窌字之訛。

窔 shì _6.11　集韻 疏吏切音駛。穴也。 鋆 又寁41165 張磊：突41034謁字。

窊 shēn _6.11　篇海 式林切音深。窀窊也。

窏 kēng _6.11　奚韻 音坑 图 五音篇海 亦作窿。 鋆 龍龕 窿41213 窿窿，皆香仲反，老弱也 可洪音義 西窿：其殞反，急迫也 經律異相 作栖窿，是也。又郭氏作香仲反。

窿 xiòng _6.11　字彙補 香仲切音䫻。老弱也 图 五音篇海

窬 dòu _6.11　韻海 音豆。空也，決也 图 水至穴也。

窙 xiàng _6.11　韻海 與向05414同。

窚 chéng _6.11　搜眞玉鏡 直耕切。

宨 wā _6.11　搜眞玉鏡 羊計切。 鋆 俗窊41075

宺 41130 u2B04C
null_6.11 未詳。

窊 41129 u2B04D
null_6.11 殷周金文集成·8.4302·彔伯簋蓋虎臿（羃）窊裏。讀若朱。

窵 41131 u25975
yàng_6.11 南朝齊·張融海賦窵石成窟。注，窵，紆狀切図敦煌·Ⅱx.01366毛詩音鑒，窵洛。

窲 41132 u25972
yáo_6.11 俗窯41111

窰 41135 u2596E
null_6.11 未詳。

窳 41133 u25970
null_6.11 古兵器。佚名著話本樂毅圖齊七國春秋後集·卷下張左君道：誰敢打此陣。肖古達橫丈四紫金窳，縱馬撞陣中去。

窬 41137 u2596C
null_6.11 未詳。

窯 41134 u2596F
chuān_6.11 俗穿41036 漢安長陳君閣道碑窯陷壞絕，車馬疆頓。

窱 41138 u2596B
null_6.11 未詳。

窖 41136 u2596D
jiào_6.11 俗窖41147 可洪音義篇窖：下古孝反。掘窖：音教。

窮 41139 u2596A
pì_6.11 俗窼41284亦作窼41085

窴 41140 20726
tíng_7.12 集韻唐丁切音廷。穴也。

窶 41141 20727
dòu_7.12 集韻大透切音豆。陷竇也△字彙俗竇字。

窷 41142 20728
láng_7.12 集韻盧當切音郎。穴也図五音集韻窷窨，宮室空貌図凡物空者皆曰窷窨字彙澂江有魚，滇人呼爲窷窨魚，以其乾而中空也。鋻又窻41302

窸 41143 20729
chá_7.12 廣韻宅加切集韻直加切丛音茶。窓窸，深貌。鋻又窸41310

窹 41144 20730
yuè_7.12 唐韻於決切音抉說文深抉也玉篇穴貌。空也，穿也。

窺 41145 20731
liù_7.12 韻會正韻丛力救切音溜。齊地名左傳·成二年窺之戰，齊侯以斥司徒之妻爲有禮，與之石窺註石窺，邑名。濟北盧縣東有地，名石窺韻會補與窶字不同。窺從申夘之夘，窶從寅夘之夘。夘，古酉字。夘，古卯字。鋻又窶41308

窻 41146 20732
jiào_7.12 與窬41078同図鍼灸大全巨窻、禾窻，皆人身穴名。

窖 41147 20733
jiào_7.12 唐韻古孝切集韻韻會正韻居效切丛音教。地藏也禮·月令穿竇窖註入地，隋曰竇，方曰窖史記·貨殖傳宣曲，任氏獨窖倉粟前漢·蘇武傳廼幽武，置大窖中註蓋米粟之窖而空者図通作窖周禮註穿地曰窬，當爲窖図深心曰窖莊子·齊物論與接爲構，日以心鬪，縵者，窖者，密者註窖，深也，穴也。穴地藏穀曰窖，深心曰窖図地名水經漳水東至武安縣南黍窖邑，入於濁漳図zào集韻則到切。與竈同。鋻又告12104窖41136圖08124窖41307窖41254塘09341

窗 41148 20734
chuāng_7.12 古文囪唐韻楚江切集韻韻會初江切。丛與牎同說文本作囪。在牆曰牖，在屋曰囪。或作窗釋名窗，聰也。於內窺外爲聰明也周禮·冬官考工記四旁

兩夾窗註助戶爲明。亦作牎図cōng集韻韻會丛麤叢切音怱。通孔也，窰突也△韻會案集韻麤叢切類篇韻補俱同。或作牕、牎鮑昭·玩月詩蛾眉蔽珠櫳，玉鉤隔銷窗。三五二八時，千里與君同陶潛詩有酒有酒，閒飲東牎。願言懷人，舟車靡從。則窗字合又於東韻收入。鋻又囪08068牖32470窗41241牎32497窗41185牕17187窗41272窗41235冊48559図玄應音義窗41329向：許亮反詩云塞向墐戶傳曰向，北出牖也廣雅窗、牖，向也蒼頡解詁云窗，正牖也。牖，旁窗也，所以助明者也卷第十七·阿毗曇毗婆沙論·第二十一卷窗41114向：又作牕32477牕41253，同。楚江反。正窗也。旁窗曰牖，以助明也。

窯 41149 20735
qìng_7.12 廣韻苦定切集韻詰定切丛音罄。空也詩·大雅瓶之窯矣。或作罄図集韻棄挺切音謦。又牽盈切音輕。又苦丁切音鄏。義丛同。

窘 41150 20736
jiǒng_7.12 唐韻渠隕切集韻韻會巨隕切，並音菌。窮迫也，急也，困也。又仍也詩·小雅又窘陰雨毛註困也鄭註仍也莊子·列禦寇困窘織屨図集韻巨畏切音瘣。又具運切音郡。義丛同図集韻與僒通賈誼·鵩賦僒若囚拘図博雅窘，痺也。

窙 41151 20737
xiāo_7.12 廣韻許交切音虓。高氣也潘岳·登虎牢山賦幽谷谺以窙寥註開達貌。鋻窙寥，亦作峭13729嵺。

窱 41152 20738
jué_7.12 說文長箋古文爵32278字六書統象小雀穿屋而巢之也。鋻又窱41191

窚 41153 20739
chéng_7.12 玉篇時聲切。屋所受也。

窛 41154 20740
qiú_7.12 集韻渠尤切音求。深也。

窚 41155 20741
xuǎn_7.12 篇海火犬切，喧上聲◇穴也。鋻熊加全：與肩15452陷65574並爲異體字。

窣 41156 20742
shēn_7.12 廣韻所今切音森。爨突謂之窣。鋻又窣41029

寞 41157 20743
mì_7.12 韻經莫敵切，音幂。與覓同。鋻又俗寬12354日本金剛寺藏玄應音義寬宿：上與寬同。苦丸反。放也。大也。遠也図窺41327字初文。

甭 41158 20744
tòng_7.12 集韻他貢切音痛。穴也図玉篇他弄切。義同。

窵 41159 20745
qiào_7.12 字學指南與窽同海篇穴也，孔也。

窾 41160 20746
qiǎn_7.12 篇海苦簟切，音遣◇鹿名。鋻可洪音義四窾：上烏狹反，下宜作淰、窾，二同，其魚反，鹿名也。又經音義云宜作床，苦簟反。

窝 41161 20747
jiū_7.12 字彙補與究同。亦作宩。

窽 41162 20748
chòu_7.12 字彙補徹宥切，丑去聲。今關東有窽姓。鋻楊寶忠：丑救切。俞01270窽01212窽一字之變。

窛 41163 20749
kòu_7.12　篇海 苦候切音寇。鈔也，暴也。

宿 41164 20750
dàn_7.12　海篇 音淡◇坎傍入也。鎣 又俗宿 魏女尚書王僧南墓誌 上以男歷奉二后，宿德者憗，又追贈品二。

窒 41165 20751
shì_7.12　海篇 音使。穴也 字彙補 窒字之譌。

窷 41166 20752
mèi_7.12　字彙補 名示切音寐。出釋典。

宸 41167 20753
chén_7.12　海篇 音辰。屋宇也。天子所居也。
鎣 又宸12094

窫 41168 20754
wěn_7.12　篇海 烏本切音穩。窫，坐也。

棼 41169 20755
fén_7.12　字彙補 音未詳。地名 呂氏春秋 魏令孟卬剖絳棼安邑之地，以與秦王。鎣 同汾。

窿 41170 20756
lòng_7.12　集韻 盧貢切音弄。穴也。與礱38955同。亦作嶐13654、塿。

家 41173 20759
chuān_7.12　海篇 同穿

穿 41172 20758
chuān_7.12　集韻 昌緣切音川。穴也，孔也。又通也。與穿同。

賓 41174 20760
bīn_7.12　字彙補 古文賓57756字。

穿 41171 20757
ǎn_7.12　集韻 鄔感切音黯。室也。本作弇 図yǎn 篇海 衣儉切音掩。蓋也。

窱 41179 u2B050
null_7.12　未詳。

宲 41175 20761
níng_7.12　字彙補 農汀切音寧。天也。鎣 又宲41309宲41214

寇 41176 20762
kòu_7.12　篇海 苦候切音寇。鈔也，暴也。

窤 41180 u2B04F
null_7.12　未詳。

宧 41177 20763
yí_7.12　海篇 音移。室東南隅也。鎣 俗宧12049室東北隅。

窣 41178 20764
sū_7.12　海篇 同窣。勃窣也。

窺 41181 u2B04E
null_7.12　喃 未詳。

宛 41183 u25999
yuān_7.12 玉篇冤02798 可 洪音義 宛枉：上扵元反。下扵往反。正作宛枉也。

窡 41182 u2599A
ruǎn_7.12　俗甏35074

穽 41184 u25998
fú_7.12　穽思或作罘罳、浮思，宮闕中鏤木做成花格似網或有孔的屏風。明 楊慎 古音駢字 穽思，釋名 △宏按，今本 釋名 未見

窅 41186 u25996
yǎo_7.12　俗宲41062

窻 41185 u25997
chuāng_7.12 俗窗41148

窩 41192 u7A9D
wō_7.12　簡窩41244敦煌·S.1468 不知名陰陽書中有關病症與藥名 寅日得病者，隕死人骨一枚，大豆三升，生鐵一斤，取亥上土四升作渥窩申上，去舍七十步，炙七步，即差（瘥）。

窨 41188 u25994
kǎn_7.12　窨窨，亦作坎08334窨，坎坷不平。

窅 41190 u25992
yǎo_7.12　同宎41108

寅 41189 u25993
yín_7.12　或同突41079

窬 41191 u2597C
jué_7.12　同窬41152亦作窬、窬。古文爵32278

窜 41193 u7A9C
cuàn_7.12　简窜41400

窛 41194 20765
guǎi_8.13　集韻 古買切音枴。博局方目也。或作罫 図古瓦切音寡。義同。

窻 41195 20766
bèng_8.13　廣韻 方隥切 集韻 逋鄧切，並崩去聲 說文 喪葬下土也 図陂驗切音砭。義同。本作堋。亦作塴穸封。鎣 俗作窜41088

窻 41196 20767
lǎn_8.13　篇海 盧感切，惏上聲。聚也。鎣 楊寶忠：俗寀45520 図敦煌·P.4092新集雜別紙 伏自評事尊侯，少有違和，故專詣門墙諮候寀味。張小豔：俗寀12195寀字的義近誤書。

窞 41197 20768
dàn_8.13　唐韻 集韻 韻會 正韻 林徒感切音菼 說文 坎中小坎也。一曰旁入也 易·坎卦 習坎，入于坎窞 註 最處坎底，入坎窞者 馬融·長笛賦 峪窞巖窡 図 集韻 盧感切，惏上聲。義同。或作歃。鎣 窞窞，同坎窞 図宧12268宿41164窞41338

窟 41198 20769
kū_8.13　廣韻 集韻 韻會 正韻 林苦骨切音崫 篇海 窟，室也，孔穴也 禮·禮運 昔者先王未有宮室，冬則居營窟 左傳·襄三十年 鄭伯有為窟室，而夜飲酒 史記·專諸傳 公子光伏甲士于窟室中 註 謂掘地為室 図山名 北史·鄭義傳 隱居滎陽三窟山 水經注 唐述山謂之唐述窟。又西一里有時亮窟 図月窟，月所生 図 戰國策 蘇秦特窮巷掘門 註 掘卽窟，古字通△◆六書音義 亦作堀嶡㩧。鎣 又壙09422宧41077窟41256䆞66651窟41347宊41055

窞 41199 20770
dàn_8.13　篇海 徒感切，禫上聲。窀突也 說文 深也。鎣 又窞41122突41079

窅 41200 20771
qiǎn_8.13　篇海 口夾切音恰。不重也。鎣 正字通 窒41313，俗字。譌誤與窅同 新修玉篇·穴部 引川篇 窅，口典切，不重也 類篇 窒41313，牽典切。不動也。

窠 41201 20772
wō_8.13　集韻 烏禾切音倭。穴居也 篇海 藏也，窟也。亦作窩。

窠 41202 20773
kē_8.13　唐韻 集韻 正韻 林苦禾切音科 說文 空也，穴中曰窠，樹上曰巢 小爾雅 雞雉所乳謂之窠 廣韻 窠窟，又巢 左思·魏都賦 榱惟庸蜀，與鴝鵒同窠。

窣 41203 20774
diàn_8.13　玉篇 丁見切。山下穴也。

窡 41204 20775
zhuó_8.13　唐韻 丁滑切 集韻 韻會 張滑切林音鵽 說文 穴中見也 図zhuā 廣韻 丁刮切 集韻 張刮切林音鵽。穴中出貌。鎣 又窡12142

窢 41205 20776
xù_8.13　集韻 忽麥切，音掝。窢然，逆風聲。図 忽域切音淢 莊子·天下篇 其風窢然，惡可而言 郭註 逆風聲，音同淢。

窳 41206 20777
yǔ_8.13　廣韻 以主切 集韻 勇主切，林庾上聲 篇海 器中空。亦病也。義同窳。鎣 俗窳41245

窣 41207 20778
sū_8.13　唐韻 集韻 韻會 正韻 林蘇骨切音捽 說文 穴中卒出也。図 勃窣，行緩貌 司馬相如·子虛賦 媻珊勃

窣上金堤 註 鏨珊勃窣，匍匐行也 又 窸窣，聲不安也 杜甫詩 河梁幸未坼，枝撐聲窸窣 又 釋典 窣堵波 註 塔也 又 集韻 蒼没切音猝。義同。 鑒 又 窣41178窣41051

寁 41208 20779
zuì_8.13 字彙補 與最同。見 漢孔耽碑

寙 41209 20780
guān_8.13 字彙補 古寛切音官。地名。

寠 41210 20781
jiào_8.13 篇海 古孝切音校。窅也。

寵 41211 20782
guī_8.13 海篇 居追切音龜。寵，龍也。 鑒 又 寵41097

寐 41212 20783
mèi_8.13 篇海 音寐。寢也。

宠 41213 20784
xiòng_8.13 ◆ 篇海 香仲切，音趨◇老弱也。
鑒 又 宠12171寇12159 𥨊12365 𥧊12479 𥧧41420 𥪰02495 𡨄12058

寧 41214 20785
níng_8.13 玉篇 奴丁切。大也，明也△海篇 天也。
鑒 又 寧41175

宾 41215 20786
míng_8.13 字彙補 即冥字。見 漢隸·犍爲楊君頌

寢 41216 20787
yǎn_8.13 集韻 弇15959古作寢。

窬 41217 20788
yú_8.13 字彙補 同窬。

窼 41218 20789
kè_8.13 字彙補 口合切，音溘◇匼也。

竃 41219 20790
yǎn_8.13 字彙補 石鼓文 勿竃勿伐。借作掩。

窋 41220 20791
yí_8.13 窋字之譌。見 海篇

窬 41221 u2B053
null_8.13 从佀。人名，見 叔窬簋

窵 41222 u2B052
diào_8.13 同窵41320 四部叢刊·三編史部·天下郡國利病書·第二千七百六十七冊 五里至平山頂寨，十里至馬蘭峪關。水口一里外，山厚窵，雙馬可並。又 蔣維喬因是子遊記·浙江·雁蕩紀遊 壁底之石，窵進一大穴。

泓 41224 u259B7
wèng_8.13 集韻 㲸，烏橫切。小水也 廣韻 作㲸41065，小水皃 又 hóng俗㲸41065 廣碑別字 引唐 故王夫人墓誌

竈 41223 u2B051
null_8.13 未詳。

歛 41225 u259B6
xiàn_8.13 類篇 㿷48317 歛，乎籥切 說文 小阱也。或从穴。

窼 41226 u259B5
jiū_8.13 字彙補 㲋41161，與究同。亦作窵。

寈 41227 u259B4
míng_8.13 俗冥02799 可洪音義 寈寈：莫瓶反。

窒 41228 u259B3
yí_8.13 同窋41220俗窋。

寇 41229 u259B2
kòu_8.13 同寇41176俗寇12150

冤 41230 u259B1
yuān_8.13 俗冤02798

窜 41231 u259B0
null_8.13 未詳。

窜 41232 u259AF
null_8.13 未詳。

窒 41234 u259AD
null_8.13 未詳。

窩 41233 u259AE
wō_8.13 俗窩41244 金瓶梅詞話·第九十三回 六煞：吃喝要錢般般會，酒肆巢窩處處通。

𥧀 41236 u259AB
null_8.13 未詳。

窗 41235 u259AC
chuāng_8.13 俗窗41148

窅 41237 u7AA7
zhào_8.13 俗穿41036 可洪音義 開窅：下音川。

突 41238 u7AA6
dòu_8.13 簡竇41425

窺 41239 u7AA5
kuī_8.13 簡窺41327

總 41241 20793
chuāng_9.14 同窗41148

㮤 41240 20792
hōng_9.14 集韻 呼公切音烘。光色 篇海 火貌○按 集韻 作𤊫，疑誤。 鑒 俗烘30862

窫 41242 20794
fú_9.14 集韻 扶富切，浮去聲。鳥抱卵也。又 篇海 與伏同。

窨 41243 20795
yìn_9.14 唐韻 集韻 韻會 㽞於禁切音蔭 說文 地室也。今謂地窖藏酒曰窨 後漢·光武紀註 𤲞室，窨室也。 又 集韻 伊淫切。義同 又 yīn 集韻 於金切音陰。窨突，黑也。 鑒 又 噾窨，隱忍不語。亦作顲窨12222

窩 41244 20796
wō_9.14 集韻 韻會 正韻 㽞烏禾切音倭。穴居也。本作窠，或作窩。藏也，窟也 字彙 凡別墅獨處皆名窩。宋邵雍有安樂窩。 鑒 又 墑09411 𥨫69322窩41192

窪 41245 20797
wā_9.14 廣韻 集韻 韻會 正韻 㽞烏瓜切音洼 玉篇 深也，清水也。一曰窊也 老子道德經 窪則盈 又 wā 韻會小補 於佳切。水名。與洼同 又 wà 篇海 去聲，音喏。低窪 又 yǐng 集韻 庚頃切音穎。義同。

窫 41246 20798
yà_9.14 廣韻 烏黠切 集韻 乙黠切，㽞音揠 類篇 空大也，靜也 又 窫窳，國名 又 獸名 山海經 少咸之山有獸，狀如牛，而赤身、人面、馬足，名曰窫窳 註 似狟而虎爪。

窬 41247 20799
yú_9.14 唐韻 羊朱切 集韻 韻會 容朱切㽞音俞 說文 穿木戶也。一曰空中也。又 鑒版 以爲戶也 廣韻 窬，門邊小竇 禮·儒行 蓽門圭窬 註 門傍小戶，穿牆爲之，如圭矣 論語 穿窬之盜 註 窬，窬牆 又 tóu 廣韻 度侯切 集韻 韻會 正韻 徒侯切㽞音頭。義同 又 集韻 韻會 正韻 㽞大透切音豆。義同 又 dōu 集韻 當侯切音兜。隔窬，深下也 又 字彙補 槭窬，褻器也 孟康曰 廁行清窬。 鑒 又 窬41217窬41248

窬 41248 20800
yú_9.14 海篇 音俞。同窬。

寏 41249 20801
huán_9.14 篇海 王眷切，音愿◇垣院也。

竄 41250 20802
cuàn_9.14 字彙補 與竄同古音駢字 逯窜。亦作竄。

窠 41251 20803
zhè_9.14 海篇 音簎。同柘○按即柘字之譌。

寔 41252 20804
shí_9.14 海篇 音石。同寔○按即寔字之譌。

窗 41253 20805
chuāng_9.14 海篇 與窗同。

窖 41254 20806
jiào_9.14 海篇 音教。地藏也。

𥧳 41255 20807
jué_9.14 字彙補 古文爵字○按 說文 作鬵。

窟 41256 44905
kū_9.14 龍龕 同窟

窠 41258 44907
cháo_9.14 篇海類編 鉏交切音巢。寥窠，屋深空貌○按即窠字之譌。

𥦗 41257 44906 kū_9.14 五音篇海 苦骨切音窟。

𫀕 41259 u2B055 yuān_9.14 俗冤02798

𫀔 41260 u2B054 null_9.14 喃 未詳。

𥧏 41261 u259CF qǐn_9.14 篇海 七審切。

𥧌 41264 u259CC mèi_9.14 俗寐12195

𥧎 41262 u259CE hang_9.14 喃 从穴香hương聲。窟窿△𥧎狭：老鼠洞。

𥧉 41265 u259C9 yuān_9.14 同𥨭41293

𥧍 41263 u259CD null_9.14 明·倪元璐 灝震雲辭 大靈不殺，大蚩不𥧍。

𥧈 41266 u259C8 diào_9.14 俗寫41320

𥧄 41269 u259C4 zào_9.14 俗竈41435

𥧆 41267 u259C6 yù_9.14 寓12202繁文 侯馬盟書.326 𥧆之行道。

𥧂 41271 u259C2 gǒng_9.14 簡 𥨢41378

𥧅 41268 u259C5 tián_9.14 異體字字典.b03153-004_1 窴41299異體字。

𥧃 41270 u259C3 bìng_9.14 俗病12192朱珪 移居鄂不草廬翁覃溪同年作詩見贈次韻奉答 轂音捷崑叫，童詠爭春𥧃。

窭 41273 u7AAD jù_9.14 简 窶41322

𥧁 41272 u259C1 chuāng_9.14 俗窗41148

窮 41274 20808 qióng_10.15 韻會小補 說文 本作竆。从穴，躳聲。隸作窮 又 集韻 居雄切音弓。恭貌。本作匑。或从穴作𥨱。鎣又穷41010竆41340𨉫59777𨊔59721䆳12280

窯 41275 20809 yáo_10.15 集韻 韻會 正韻 太餘招切音遙。與窰同。燒瓦竈也 又 yào 集韻 弋笑切音耀。燒穴 又 qiāo 集韻 丘交切音敲。窯窱，空寂也。鎣又窑41132窑41111窯41330窰12271 又 龍龕 窯41297窑41087𥪁41419三俗，窯正。

窰 41276 20810 yáo_10.15 集韻 與窯同 又 廣東新語 歸善有窰輋，其人耕無犁鋤，率以刀治土。種五穀，曰刀耕。燔林木，使灰入土，土煖而蛇蟲死，以爲肥，曰火耨。

𥨇 41277 20811 ruǎn_10.15 玉篇 而兗切。柔皮也，韋也。亦作㼱反。又 jùn 篇海 子峻切音俊。獵之韋袴。與𩏂同。

窱 41278 20812 tiǎo_10.15 集韻 徒弔切音調。杳窱也。又深遠貌。通作窕 荀子·賦論篇 充盈太宇而不窕 註 窕讀爲窱，深貌 張衡·西京賦 望窅窱以徑廷 註 深邃貌 又 tiào 廣韻 集韻 韻會 正韻 太他弔切音糶。又 tiǎo 廣韻 韻會 正韻 太土了切，眺上聲。義太同。鎣又窱12244𥨦41301

窴 41279 20813 diān_10.15 玉篇 古文塡09088字。又 前漢·溝洫志 負薪窴決河 又 滿也，加也 楚辭·天問 洪泉極深，何以窴之 註 窴，塡同 又 地名 前漢·衛青傳 御史都尉韓說從大軍出窴渾 註 窴渾，塞名 字統 窴顏府，在北州 又 字彙補 丁天切。與顚同 穆天子傳 窴軨之隥 又 yǎn 集韻 㢋眼切。窴𥨀，迫窄也 又 chǎn 字彙補 丑展切音搌。窴𥨀，笛聲緩也 馬融·長笛賦 㝗圝窴𥨀。

𥨎 41280 20814 gòu_10.15 集韻 居候切音搆。𥨎，穴也。

𥧰 41281 20815 cháo_10.15 集韻 鉏交切音巢。寥𥧰，屋深貌 又 王延壽·魯靈光殿賦 霐寥𥧰以崢嶸 註 幽深貌 文選·纂註 立巢切音遼 又 正字通 力弔切音料。義同。鎣又𥧰41258

窳 41282 20816 yǔ_10.15 唐韻 以主切 集韻 韻會 勇主切，太庾上聲 ◆ 說文 汙窬也。器空中。亦病也，惡也。惰也 史記·五帝紀 器不苦窳。又 貨殖傳 以故呰窳 徐廣曰 呰窳，苟且惰嬾之謂 又 弱也 枚乘·七發 手足惰窳 李善註 窳，弱也。又 地名 前漢·地理志 朔方郡有窳渾縣。又 西域傳 康居有小王五，三曰窳匿王，治窳匿城 山海經 汾水出上窳北，而西南注河 又 獸名 山海經 少咸之山，有猰窳，咸山有合窳，皆人面獸，食人 又 yú 字彙補 容朱切音俞。鄉名，在絳△亦通作愉 爾雅·釋詁 愉，勞也 註 勞苦者多惰愉。今字或作窳 又 wā 集韻 與窪同 又 烏瓜切音蛙。汙衺下也。與㾓同。鎣又窪41206㼚34927㑨01448 又 龍龕 𥨊45582，俗。羊主反。正作窳。

𥨍 41283 20817 mǎ_10.15 廣韻 莫下切 集韻 母下切太音馬。穴名。在燕野。

𥨈 41284 20818 pì_10.15 集韻 匹寐切，音箄。氣下泄也。鎣俗省作𥦹41139

𥨐 41285 20819 liù_10.15 海篇 音溜。窖也。

𥨏 41286 20820 jiū_10.15 等韻 居祐切音救。窮也，深也，謀也，盡也。

𥨊 41287 20821 jū_10.15 類篇 居六切。窮也。

𥨖 41288 20822 yǎo_10.15 篇海 烏皎切音杳。遠也，隱也。

𥨓 41289 20823 wèi_10.15 集韻 無沸切音未。魚名 山海經 諸鉤山多𥨓魚。鎣又鮇71861俗寐12195敦煌·P.3610 開蒙要訓 眠睡寢𥨓，憒悶煩情△亦省作寐12147𥨓41196

𥨔 41290 20824 yǔn_10.15 字彙補 以忿切音抎。雲起轉也 又 雷也 又 同䨶 揚雄·劇秦美新 大茀經𥨔。古本作䨶。

𥨗 41291 20825 wěn_10.15 字彙補 烏本切音穩。坐也。

𥨘 41292 20826 xuān_10.15 字彙補 火千切，音軒◇穴中。

𥨭 41293 20827 yuān_10.15 篇海 音怨。冤屈也。鎣又𥧉41265

𥨟 41294 20828 fú_10.15 篇海類編 同寏。

𥨞 41295 20829 wù_10.15 海篇 音悟。竈名也。

𥨠 41296 20830 cuì_10.15 海篇 音罪。塞也。

𥨥 41297 20831 yáo_10.15 海篇 音遙。陶師燒瓦窯也。

𥨝 41298 20832 liù_10.15 海篇 音溜。穴也。鎣俗𥨲41364

窴 41299 20833 tián_10.15 海篇 音田。塞也 又 diàn 音佃。國名。鎣又𥧅41268窴41279

𫀖 41300 u2B056 null_10.15 未詳。

𥨦 41301 uFAAC tiǎo_10.15 兼 窱41278

窾 41302 u259EB
láng_10.15 同寏41142

窷 41305 u259E8
bīn_10.15 俗賓57756

窫 41303 u259EA
rǒng_10.15 喃从空弄lộng聲。中空。

窧 41304 u259E9
núp_10.15 喃从穴納nạp聲。躲藏、隱匿。

窲 41306 u259E7
mì_10.15 直音篇窲，音密古俗字略同蜜52802

窿 41307 u259E6
jiào_10.15 龍龕窖41147今窿正，音教。倉窖也。

窯 41308 u259E5
liù_10.15 同窗41364

窤 41309 u259E4
níng_10.15 同寗12400亦作寍41175玉篇窤，奴丁切。大也，明也。

寃 41310 u259E3
chá_10.15 同寨41143清·蒲松齡日用俗字·衙衙章第二十五粉糊赤糖窊寃臉，花滿肥長倒踏鞋。窊寃臉，哭喪臉。

寬 41311 u259E1
gǒng_10.15 同寙41378朝鮮本龍龕寬，古孔切。剜土也图gòng六書故攻21386，又去聲。攻穴之也。俗作寬崇明縣志·卷四·地理志·方言寬，音貢。地中有物負土突起也夷堅志夢龍場窩條有云平地寬出一窟。俗謂物在內動曰寬。小兒有蟥寬頭病。

寖 41312 u41AE
jìn_10.15 同寢41328古文浸慧琳音義漫瀗：上精禁反。顧野王云漫，漸也。沈也說文從又從穴作寢，今時俗省也古今正字從水作漫。又漫遶：井禁反。去聲字也。亦作寢。顧野王云浸，漸也易曰：浸而長也。王逸注楚辞曰：猶稍稍也。亦長時沉休也文字典說云浸謂引之所灌者。從水從寢省聲△宏按，今本說文穴部無從又之字說文浸，水。段注：隸作浸。

窾 41313 20834
qiān_11.16 廣韻牽繭切集韻牽典切达音狠。不動也。鋆又啟41200

寠 41314 20835
mán_11.16 集韻謨官切音漫。穴黑貌。

窄 41315 20837
zhuó_11.16 集韻張滑切音窄。短面也图乎刮切音姑。又張刮切。義达同图篇海嬌姿也。鋆又窄41345窄12329窄12337嫭11508娷11457窄67101窄67104

窅 41316 20838
yū_11.16 集韻邕俱切音紆。山穴也。

窩 41317 20839
zhé_11.16 廣韻陟格切集韻陟革切，並音摘◇玉篇兔窟也图集韻治革切音蹢。義同。

寥 41318 20840
liáo_11.16 類篇力交切，音額。窒寥，深遠貌。又空也，寂也博雅藏也图集韻狼狄切音歷。義同△正字通廖字之譌。

氣 41319 20841
huà_11.16 集韻胡化切，音華去聲。橫木不入也。又寬博雅窊，寬也。亦作柧鋆正字通俗掫20492

窵 41320 20842
diào_11.16 唐韻集韻达多嘯切說文窵，穿深也杜甫詩影動窵窊沖融開图集韻覩老切音倒。義同。鋆又窵41266鸢41100窐41222

窞 41321 20843
tān_11.16 廣韻他酣切集韻他甘切达音甜。窞窞，薄而大也图tán集韻徒甘切音覃。窞窞，區薄也。

窞 41322 20844
tàn 廣韻集韻达吐濫切音賧。窞窞，深穴也。

寠 41322 20844
jù_11.16 唐韻其矩切集韻郡羽切达音窶◆說文無禮居也徐註階陛升降，所以行禮，貧無禮，故先見於屋室詩·邶風終窶且貧傳窶者無禮也爾雅·釋言窶，貧也註謂客陋疏由其無財以爲禮，故謂貧陋图前漢·東方朔傳盆下爲窶數師古註窶數，戴器也。以盆盛物戴於頭者，則以窶數薦之，今賣白團餅人所用者是釋名窶數，猶局促，皆小意也图lóu集韻郎侯切正韻盧侯切达音婁◆史記·淳于髡傳甌窶滿篝裴駰註甌窶，便側之地图韻會正韻达良據切音慮。義同。鋆又窶41273

寮 41323 20845
liáo_11.16 篇海連條切音遼。穿也图liào力弔切。義同。

寭 41324 20846
yōng_11.16 類篇常容切等韻蜀庸切达音鰫。窳寭，器病。

窸 41325 20847
xī_11.16 廣韻息七切音悉。從穴出也图窸窣，聲也李賀·神絃曲海神山鬼來座中，紙錢窸窣鳴飆風。

窹 41326 20848
wù_11.16 玉篇牛故切廣雅窹謂之竈倉頡篇楚人呼竈曰窹。亦作窏。鋆又窩41295窹66692

窺 41327 20849
kuī_11.16 唐韻去隨切集韻韻會缺規切，並跬平聲說文小視也廣雅窺視也論語窺見室家之好玉篇亦作闚莊子·秋水篇用管闚天图kuǐ集韻犬蘂切。同跬。半步也司馬法凡人一舉足曰跬。跬，三尺也。兩舉足曰步。步，六尺也前漢·息夫躬傳雖有武蠭精兵，未有能窺左足而先應者也註窺，音跬，半步也。鋆又寬41157，窺字初文，從穴從見會意。字見伯寬父盨图衡方碑口隆窺慄。舊釋寬图闚65307關65343窺41239窺12363窺41386窺41440

寑 41328 20850
jìn_11.16 集韻韻會子朕切正韻子袵切达音醮。地名前漢·地理志汝南郡寑縣註孫叔敖子所邑之寑丘也图jìn廣韻子鴆切。同浸。濫也，漬也前漢·地理志東南曰揚州，寑曰五湖。正南曰荊州，寑曰潁湛。河南曰豫州，寑曰波溠。正東曰青州，寑曰沂沭。河東曰兗州，寑曰盧濰。正西曰雍州，寑曰渭洛。東北曰幽州，寑曰菑時，河內曰冀州，寑曰汾潞。正北曰并州，寑曰淶易註寑謂引以灌漑者图漸也前漢·五行志其後寑盛。

窻 41329 20851
chuāng_11.16 玉篇俗窗41148字。

窯 41330 20852
yáo_11.16 說文余昭切。燒瓦竈也。或作窰、窑。通作陶。鋆又堯09141窯41111

寐 41331 20853
mèi_11.16 字彙補莫庇切音寐。寢也。

寱 41332 20854
yì_11.16 字彙補魚際切音藝。睡語也。

寠 41333 20855
kāng_11.16 集韻丘岡切音康類篇屋寠寠也。謂屋閑图玉篇苦郎切。空也。鋆又棟25129

𥧎 41334 20856
suì_11.16　玉篇與邃同。窮也，深遠也 図 類篇雖遂切。義同。

𥧝 41335 20857
xǐng_11.16　字彙補西青切音星。悟也。

𥧠 41336 20858
fú_11.16　海篇音浮。吹聲也。

𥧡 41337 20859
wù_11.16　集韻五故切音悟博雅竈也。

窞 41338 20860
dàn_11.16　字彙補徒感切，淡上聲◇坎中小坎也。

𥧣 41339 20861
zhāo_11.16　類篇莊交切，音巢◇鳥穴中也。

𥧤 41340 20862
qióng_11.16　字彙補與窮同。

𥧥 41341 20863
qú_11.16　海篇音渠，穴也。𥤵俗𥧥。

𥧦 41342 20865
tiǎo_11.16　韻海音眺。窈窱，深遠也 図 tiǎo音跳。亦深邃也。𥤵又𡃟11300𥤦41380

斛 41344 u2B05A
null_11.16　㖞未詳。

𥩙 41343 44908
jì_11.16　字彙補音寂。

窆 41345 u2B059
zhuó_11.16　同𥧑41315

竈 41346 u2B058
zào_11.16　俗竈41435

𥩗 41347 u2B057
kū_11.16　可洪音義把𥩗：上步巴反。下苦骨反。正字窟41198也，穴也。或作𢨧字也。或掘，其月反。穿也。非此呼。

𥩈 41348 u25A0B
lǔng_11.16　㖞从穿弄lòng聲。破洞。

寑 41349 u25A0A
qǐn_11.16　字學三正·第一册·俗書加畫者·上寑12295俗作寑 図 越·阮秉五千字譯國語寑，䰥。

𥩉 41350 u25A09
hū_11.16　五音集韻𥩉，說文臥驚也。一曰小兒號𥩉𥩉。一曰河內相謂也說文作𥩉12296，臥驚也。一曰小兒號𥩉𥩉。一曰河內相評也。

𥩇 41352 u25A07
jiū_11.16　同𥧰12401集韻𥧰，古作𥩇。

𥩆 41353 u25A06
bāo_11.16　同寇00695全唐詩·卷七六一·詹敦仁·復留侯從效問南漢劉巖改名䶒字音義孫休命子名，吳國尊王意。𥣇蘅薰鼉僻，詛尩𥩆癸異。

𥩈 41351 u25A08
zào_11.16　俗竈41435

𥩌 41354 u25A04
qiào_11.16　俗𥩌41401四聲篇海引搜真玉鏡𥩌，音𥩌。穴也。

𥩋 41355 u25A03
qiào_11.16　可洪音義九𥩋：苦吊反。正作𥩌41401

𥩊 41356 u25A02
qiào_11.16　俗𥩌41401可洪音義含𥩊：苦吊反。

窿 41357 u25A01
null_11.16　未詳。

𥩀 41358 u25A00
null_11.16　未詳。

穾 41359 u259FF
null_11.16　未詳。

𥨿 41360 u259FE
kuǎn_11.16　俗𥦓41367

竈 41361 u41B4
zào_11.16　俗竈41435

窾 41362 u7ABD
kuǎn_11.16　俗𥦓41367

竊 41363 20864
qiè_12.17　海篇音竊。盜也，私取也。

窷 41364 20866
liù_12.17　篇海力救切音溜。穴也△正字通俗窌字。

𥤵 又窜 41308 窩 41298

復 41365 20867
fú_12.17　廣韻集韻扶房六切音伏。地室也廣雅復，窟也詩·大雅陶復陶穴。今本作復馬融·長笛賦嶰壑澶峱，嶇窊巖復 図 fù唐韻芳福切集韻芳六切扶音蝮。義同。𥤵又壏08922寏41242𡩋41294 図 原本玉篇殘卷復14210浮陸反，字書亦復字也。復，地室也，在穴部。或爲壏字，在土部。

𥦗 41366 20868
chéng_12.17　廣韻宅耕切音根。曾弦，響也。𥤵又曾12347

窾 41367 20869
kuǎn_12.17　廣韻韻會正韻苦管切集韻苦緩切扶音款。空也史記·太史公自序實不中其聲者謂之窾註窾，空也莊子·達生篇窾啟寡聞之民 図 字彙補枯也揚子·太玄經窾枯木丁衝，振其枝 図 kōng集韻枯公切空莊子·養生主批大郤，導大窾。向秀讀 図 kē集韻苦禾切音科淮南子·說山訓見窾木浮，而知爲舟。見飛蓬轉，而知爲車註窾，空也 図 水名莊子·外物篇跨於窾水註窾，音科 図 cuàn類篇取亂切，匿也。𥤵又𥩋4136窾12353窾41362

𥦜 41368 20870
jiū_12.17　集韻將由切音啾。窾宅，穴中鼠聲。図 子悉切音喞。義同。

窜 41369 20871
dàn_12.17　集韻徒感切，音禫。曲内也揚子·太玄經雷推欲窜

窬 41370 20872
xuè_12.17　唐韻集韻扶呼決切，音血說文空貌。図 廣韻穿貌△或作坎。亦作突。𥤵又盍41107

𥦚 41371 20873
zhēng_12.17　廣韻集韻扶中莖切廣韻窨宏，闊大貌 図 屋響也 図 字彙補畫繪也晉書·天文志東海氣如圓窨。𥤵又窨12377幀15219

窿 41372 20874
lóng_12.17　廣韻力中切集韻韻會正韻良中切扶音隆。穹窿，天勢。

窜 41373 20875
chōng_12.17　集韻昌容切音衝。空也玉篇作也。一曰躁也 図 tǒng集韻吐孔切音桶。窜窿，闇也。

𥦼 41374 20876
chēng_12.17　廣韻丑庚切集韻抽庚切扶音樘說文正視也図 赤色左傳·哀十七年衞侯卜其繇曰：如魚窽尾註窽，赤色，魚勞則尾赤周禮·冬官考工記鍾氏註図雅曰：一染謂之縓，再染謂之窽，三染謂之纁爾雅·釋器作赬，卽淺赤也図 chēng廣韻丑貞切集韻癡貞切正韻丑成切扶音檉。從穴中正見也。亦作䀎図 chèn集韻丑正切，偵去聲。廉視也。𥤵又窺55191

竁 41375 20877
cuì_12.17　集韻韻會扶充芮切音毳說文穿地也。曰小鼠聲周禮·春官卜葬兆，甫竁註始爲穴也。鄭大夫讀爲穿去聲。杜子春讀爲毳顏延年詩月竁來賓註也図 廣韻集韻扶此芮切音脆。又廣韻尺絹切集韻絹切扶音釧。又集韻姝悅切音㓝。義扶同図 廣韻楚

切音橐。葬穿壙也☒集韻昌緣切音穿。義同。
甕又窀12358

窲 41376 20878
liáo_12.17 唐韻洛蕭切集韻憐蕭切达音遼說文穿
也。又舍也廣雅窲，空也。

𥧄 41377 20879
jùn_12.17 字彙補子峻切音駿。與竷同。

𥧈 41378 20880
gǒng_12.17 海篇古孔切，聲同礦。剡土也。亦作劁。
中原雅音劁，穴也。甕五音集韻窊，乞也☒窩41271
寠41311 劁03686 拱19487

窨 41379 20881
pān_12.17 六書索隱普官切音潘。窨水洄也。通作
潘莊子·應帝王止水之窨爲淵△字彙補與審不同。今
本皆誤爲審。

窳 41380 20882
tiǎo_12.17 海篇音眺。深貌☒音鳥。義同。甕俗
窱41342

窵 41381 20883
qiào_12.17 篇海同竅。空也。

窸 41382 20884
cuàn_12.17 集韻竄41400古作窵。甕又竂41431

窹 41383 20885
jiū_12.17 篇海與窅同。

窿 41384 20886
xiòng_12.17 篇海同窾。老弱也。

窱 41385 20887
xǐng_12.17 篇海星醒腥三音，大惺悟也。

窺 41386 20888
kuī_12.17 篇海同窺☒海篇音閡。義同。

窸 41387 20890
cuàn_12.17 海篇同竄。逃也，隱匿藏也。

𥧢 41388 20891
yì_12.17 海篇同囈。睡語也。

𥨌 41389 44909
tū_12.17 龍龕徒沒切。

⿱ 41390 u2B05B
null_12.17 喃未詳。 **窏** 41391 u25A29
ào_12.17 同奥10229

清·查慎行 敬業堂詩集·第二十四卷·寶雲集·天遊觀萬峰
亭詩山靈秘莫宣，自古閉窏窏。

邕 41392 u25A1F
qióng_12.17 譌字。明·楊慎 升菴詩話·卷二·王少伯贈
張荊州邑西有路緣石壁，我欲從之愁窊嵌。窊，明·高
棅唐詩品彙作窮全唐詩作穹。

窲 41393 u25A1E
liáo_12.17 俗窲41318 **𥧕** 41396 u25A1A
null_12.17 未詳。

窳 41394 u25A1D
shòu_12.17 同窶41404 四聲篇海窶，音瘦。卸。

昜 41395 u25A1B
qiè_12.17 同竊41451見 字海

寄 41397 u25A19
null_12.17 未詳。 **竃** 41398 u7AC3
zào_12.17 俗竈41435

竈 41399 20889
kē_13.18 篇海苦禾切音科。窟也，巢也。

鼠 41400 20892
cuàn_13.18 古文窵唐韻七亂切集韻韻會正韻取亂
切达音竄說文匿也，逃也周語不窋自竄于戎翟之間
前漢·鄗通傳奉頭鼠竄☒廣韻放也，誅也書·舜典竄

三苗于三危☒藏也，隱也賈誼·弔屈原文鸞鳳伏竄兮，
鴟鴞翱翔晉語可以竄惡註隱也☒爾雅·釋詁竄，微也
疏竄，行之微也晉語敏能竄謀註微也☒史記·倉公傳
即竄以藥，旋下病已註竄，以藥薰之也☒改易也韓愈
詩漬墨竄古史☒廣東新語增城謂屋曰竄☒cuān集
韻七丸切，竄平聲。入穴也☒韻會小補誘人爲惡曰竄。
俗曰攛掇☒cuì集韻韻會达取外切音襊。亦逃也。
甕又隩65891窲41250竄41410竂41387竃41418趨58467窜41193

窾 41401 20893
qiào_13.18 廣韻正韻苦弔切集韻韻會詰弔切达音
撽說文空也禮·禮運地秉陰竅于山川疏謂地秉持於陰
氣，爲孔于山川，以出納其氣周禮·天官兩之以九竅之
變註陽竅七，陰竅二疏七者在頭露見，故爲陽。二者
在下不見，故爲陰☒凡藥以滑養竅疏凡諸滑物通利
往來似竅，故以養之山海經貫胷國，其爲人胷有竅。
甕又奊41050穷41101窵41159𥧧41441竄41381狄41356敨12321
竅41354窸41355

竄 41402 20894
qú_13.18 廣韻强魚切集韻求於切达音渠集韻空
也。甕又竂41341

竈 41403 20895
zào_13.18 字彙補音未詳巢氏病源代指亦名土竈。
註云亦作竈。

竂 41404 20896
shòu_13.18 海篇音瘦。御也。甕又朝鮮本龍龕
窶41394，音瘦。卸也。

竅 41405 20897
cuì_13.18 韻海音翠。塞也。

𥧛 41406 u2B05C
null_13.18 喃未詳。 **窶** 41412 u25A23
jùn_13.18 或同寯12395

𥧣 41407 u25A28
trống_13.18 喃从空貢cống聲。空，敞。

竅 41408 u25A27
xó_13.18 喃从穴数số聲。隅，角落△亦作隩65840

雍 41409 u25A26
null_13.18 窶41432窶 **鼠** 41410 u25A25
cuàn_13.18 俗竄41400

寮 41411 u25A24
liáo_13.18 玄應音義寮12357觀：俗作寮

籃 41413 20898
lán_14.19 廣韻魯甘切集韻盧甘切达音藍。籃滲，
薄而大也。又làn◆廣韻集韻达盧瞰切音濫。籃滲，不
平深穴也。

窮 41414 20899
qióng_14.19 廣韻集韻韻會渠弓切正韻渠宮切达
音窮。與窮同說文作竆，極也禮·檀弓充充如有竆註事
盡理屈爲竆。言孝子心形充曲，如急行道極，竆急之容
也韓詩外傳獸窮則齧，鳥窮則啄，人窮則詐楚辭·九歌
橫四海兮焉竆註竆，極也☒竟也易·臨卦君子以教思
無竆書·微子之命與國咸休，永世無竆☒究也杜預·春
秋序究其所竆疏言窮盡其所竆之處也☒塞也孟子
遁辭知其所竆註困屈也☒人名左傳·文十八年少皞
氏有不才子，天下之民謂之竆奇☒獸名山海經邽山
有獸，名窮奇，音如獚狗。是食人。又狀如虎，有翼神
異經西北有獸，有翼，能飛，知人言語，聞人鬥，輒食

直者。聞人忠信，輒食其鼻。聞人惡逆不善，輒殺獸往饋之。名曰窮奇 図 地名 山海經 軒轅之國，在此窮山之際 帝王世紀 黃帝自窮桑登位 晉地記 河南有窮國 竹書紀年 荀瑤伐中山，取窮魚之丘 莊子·逍遙遊 窮髮之北有冥海者，天池也 屈原·離騷 夕歸次於窮石 水經 淮水，又東北窮水入焉 註 水出六安國安豐縣窮谷 図 草名 山海經 號山，其草多芎窮。

窲 41415 20900 yì_14.19 廣韻 魚際切音藝。睡語也 図 驚也 博雅 窲，驚也。

窮 41416 20901 qióng_14.19 廣韻 集韻 夶渠弓切音窮 說文 夏后時夸羿國也。从邑，窮省。書有窮后羿△ 篇海 通作窮。

窲 41417 20902 zào_14.19 集韻 則到切音譟 說文 炊窲也。同窲 41435，亦作窖 図 字彙補 子勝父曰跨窲。或云窲，馬足跡也。駒行每越老馬之跡，故云。

竄 41418 20903 cuàn_14.19 海篇 同窲。按卽鼠字譌文。

窯 41419 20904 yáo_14.19 海篇 音遙。陶師燒瓦也。

窺 41420 20905 xiòng_14.19 韻海 窺，本書作窐。

窳 41421 20909 mèng_14.19 集韻 忍與切音汝。楚人謂寐曰窳。鎣 方成珪考正：窳 12476 譌窳，據宋本及 說文 正。

窲 41422 u25A2F null_14.19 未詳。

窲 41423 20906 zhèng_15.20 篇海 豬孟切，爭去聲◇開張畫繪也。

竊 41424 20907 qiè_15.20 正字通 俗竊字。

竇 41425 20908 dòu_15.20 廣韻 田候切 集韻 韻會 正韻 大透切夶音豆 說文 空也 禮·月令 穿竇窖 註 入地隋曰竇 図 鑿垣爲孔曰竇 左傳·襄十年 王叔之宰曰：蓽門圭竇之人 註 竇，穿壁爲小戶 図 穴也 禮·禮運 禮義者，順人情之大竇 註 竇，孔穴 図 水道也 左傳·襄二十六年 齊烏餘襲我高魚，有大雨，自其竇入 註 雨故水竇開 図 決也 周語 不竇澤 註 竇，決也 図 地名 左傳·莊九年 殺子糾于生竇 註 生竇，魯地 北史·魏本紀 泰常七年，自雲中西幸屋竇城 水經注 漢武微行柏谷，遇辱竇門。又感其妻深識之，饋賜以河津令。其嚮渡，今竇津是也 図 姓 風俗通 夏后相遭有窮氏之難，后緡方姙，逃出自竇而生少康，其後氏焉。漢有魏其侯竇嬰 図 通作竇 禮·儒行 蓽門圭竇 釋文 音竇 図 dú 集韻 徒谷切 正韻 杜谷切 夶與瀆通 周禮註 四竇五嶽。鎣 又窵 41141 窦 41238 図 龍龕 窦 41124 俗，竇 41460 正。

窲 41426 20910 róng_15.20 篇海 而容切音茸。氄飾也。鎣 又窲 41427

窲 41427 20911 róng_15.20 篇海 同窲 図 音革。除也。

窳 41428 20912 jū_15.20 韻海 音菊。窮也。

窲 41429 20914 jiū_15.20 篇海 與究同。

竊 41430 20915 qiè_15.20 篇海類編 與竊同。

竄 41431 u25A3A cuàn_15.20 俗竄 41382

竇 41432 u25A39 null_15.20 字海 竇 竇 41409，音義未詳 日下舊聞考 形勝 引盛時泰 北京賦 午門端門，承天大門，層列疊拱，竇竇峥嵘。

竊 41433 u25A38 qiè_15.20 直音篇 竊 41424 竊 41363，同竊。

竊 41434 20913 qiè_16.21 字彙補 竊字之譌 理學彙編 有此字。

竈 41435 20916 zào_16.21 唐韻 集韻 韻會 正韻 夶則到切音譟 說文 炊竈也。亦作客 釋名 竈，造也，造創食物也 博雅 竈謂之竈，其脣謂之陘，其竈謂之突，突下謂之甄 禮·月令 孟夏，祀竈 蔡邕 獨斷 夏爲太陽，其氣長養，祀之於竈，在廟門外之東，先席於門奧西東，設主於竈陘 淮南子·氾論訓 炎帝作火官，死而爲竈神 莊子·達生篇 竈有髻 註 髻，竈神，著赤衣，狀如美女 後漢·陰興傳 陰子方臘日晨炊而竈神形見，因以黃羊祀之 雜五行書 竈神名禪，字子郭 図 字彙補 與造通 周禮·春官 大祝掌六祈，二曰造 註 造，故書作竈。杜子春讀爲造次之造。鎣 又竈 41361 竈 41398 竈 41417 竈 41346 竈 41457 竈 12319 灶 3061 図 海篇 竈 41351 音竈 41269 義同。

竊 41436 20917 lì_16.21 集韻 類篇 夶郎狄切音歷。穿也。

竉 41437 20918 lǒng_16.21 廣韻 力董切 集韻 韻會 魯孔切，並籠上聲。孔竉，穴也 図 地名 晉書·王澄傳 蜀流人作亂，澄遣之于竉州。鎣 又俗竉 12454 可洪音義 竉愛：上丑勇反，愛也。正作寵也。又洛董反，非也。

竊 41438 20919 jū_16.21 說文 玉篇 夶居六切。窮也。亦作竊。

竊 41439 20920 liáo_16.21 篇海 力喬切，音聊◇空也，穿也，小空也。

竊 41440 20921 kuī_16.21 字彙補 丘規切音窺。出 破邪論

竊 41441 20922 jǐ_16.21 集韻 古歷切。回阺切。鎣 俗竊 41401 名竊，口叫反。阺。迫阺。

竊 41442 20923 tuò_16.21 集韻 闥各切音托。穿也。

竊 41443 20924 jū_16.21 海篇 音菊。窮也。

竊 41444 20925 cuì_16.21 篇海 音醉。塞穴也。

竊 41445 u25A48 qiè_16.21 同竊 41453 可洪音義 竊相：上七結反 字三正·俗書簡畫者 竊 41451，俗作竊。

竊 41446 u25A47 hoǎm_16.21 喃 从穴憾hám聲。凹陷△漤竊：深凹

竊 41447 u25A46 null_16.21 宋·高似孫 緯略·卷十一·三代鼎器名 師鼎。清·陳維崧 四部叢刊·初編集部·陳迦陵文集·湖海詩集卷二·乙巳·齊景公墓中食器歌 漆燈欲蝕沙土痕，前和一物巍然蹲。腹窪頸銳珊琢古，得非窗豆兼犧樽

竊 41448 u25A45 jū_16.21 同竊。見 集韻

窬 41449 u25A44
null_16.21 未詳 全唐文·卷一百六十二·司馬太貞·紀功碑 往因晉室多難,羣雄競馳,中原乏主,邊隅遂隔,間屆我於窬多拔王,磨局至吟,靡遺啟政。

窫 41450 u25A43
null_16.21 未詳。

竊 41453 u2B7BA
qiè_17.22 俗竊41451

竊 41451 20926
qiè_17.22 古文𥥆 廣韻 集韻 韻會 正韻 丛千結切音切。盜也 集韻 盜自中出曰竊 書·微子 殷民攘竊神祇之犧牷牲 傳 往盜曰竊 春秋·定八年 盜竊寶玉大弓 史記·叔孫通傳 鼠竊狗盜 博雅 竊,取也 又 私也 論語 竊比於我老彭 孟子 竊負而逃 前漢·公孫弘傳 尚竊遲之 又 非所據而據亦曰竊 論語 臧文仲其竊位者與 疏 知賢不舉,偸安於位,故曰竊位 又 竊竊,猶察察 莊子·齊物論 竊竊然知之 註 猶察察也 又 鳥名 爾雅·釋鳥 桑鳸,竊脂 疏 桑鳸,一名竊脂,好盜脂膏,因名 又 淺也 轉注古音略 竊,即古淺字。九扈中,竊玄,淺黑也。竊藍,淺青也。竊黃,淺黃也。竊丹,淺赤也。四色皆具,則竊脂亦淺白也 爾雅·釋獸 虎竊毛謂之虦貓 疏 虎之淺毛者,別名虦貓。𥥩 又 竊41456𥥆21728𥥛41395𥥗41095𥥅41060𥥨41430竊41433𥤼41424竊12448𥥢41445竊41453竊41434竊41465 又 龍龕𥤥41363俗,竊正。

𥤝 41452 20927
sī_17.22 類篇 相支切音斯。穴也 又 水名。出趙國,襄國,東入湡。一曰水厓爲𥤝。𥥩 又 𥤝41463𥤝41459

窗 41454 u25A49
chui_17.22 喃 从穿雷lôi聲。鑽過,潛入。

窻 41455 20928
xiòng_18.23 海篇 音迥。老弱也。

竊 41456 u2B05D
qiè_18.23 俗竊41451

窿 41458 20929
tóng_19.24 篇海 大紅切音同,風聲也。𥥩又 工部 重出:篇海 何貢切音閧。

𥤧 41457 u25A4B
zào_18.23 俗竈41435

𥤝 41459 u25A51
sī_19.24 同𥤝41463俗𥤝41452 四聲篇海 𥤝,音斯,穴也。

驡 41461 19.24
null_19.24 未詳。

竇 41460 u25A50
dòu_19.24 竇41425本字。

𥥍 41462 u25A4D
xò_19.24 喃 从穿魯lỗ聲。套,穿,愚弄。

𥤝 41463 20930
sī_20.25 韻海 音斯。穴也。

𥥰 41464 20931
hān_20.25 集韻 徒甘切音談。寐不解衣也。

竊 41465 20932
qiè_21.26 說文 竊本字。或省作竊。

𥥴 41466 20933
líng_24.29 海篇 音靈。穴也。

立部

立 41467 20934
lì_0.5 廣韻 集韻 韻會 正韻 丛力入切,音笠 說文 立,住也 釋名 立,林也。如林木森然,各駐其所也 廣韻 立,行立 禮·曲禮 立必正方 又 成也 禮·冠義 而後禮義立 又 堅立也 易·大過 君子以獨立不懼 論語 三十而立 又 樹立也 易·說卦傳 立天之道,曰陰與陽。立地之道,曰柔與剛。立人之道曰仁與義 書·伊訓 立愛惟親,立敬惟長 左傳·襄二十四年 穆叔曰:太上立德,其次立功,其次立言 又 置也,建也 書·牧誓 立爾矛 周禮·天官 建其牧,立其監 左傳·桓二年 師服曰:天子建國,諸侯立家 又 存立也 論語 己欲立而立人 又 速意也 史記·平原君傳 錐之處囊中,其末立見 又 直起也 前漢·五行志 上林苑中,大柳樹斷,仆地,一朝起立。又 杜甫·朝獻太清宮賦 四海之水皆立 又 張翥詩 蝘蜓下飲湖水立。又 趙孟頫詩 驥聞秋風雙耳立 又 赤立 宋史·喬行簡傳 百姓多垂罄之寶,州縣多赤立之帑 又 關立 張衡·週天大象賦 關立擬乎兩觀,水府司乎百川 又 立政 尚書篇名,周公作 又 車名 後漢·輿服志 有立車 又 與粒通 詩·周頌 立我烝民 箋 立,當作粒 又 姓。漢有賢人立如子,唐有長興令立述 又 wèi于愧切。同位 石經春秋 公卽位,作公卽立 周禮·春官 小宗伯掌神位 註 故書位作立。鄭司農云古者立、位同字。

立 41468 u2F74
lì_0.5 部立41467

立 41469 uF9F7
lì_0.5 兼立。

辛 41470 20935
qiān_1.6 玉篇 綺虔切 唐韻 去虔切 廣韻 去乾切 集韻 丘虔切,並音褰。罪也 又 集韻 類篇 丘閑切,音慳。義同△亦作愆。又作愆。𥩪 又 辛60524

𥩵 41471 20936
chù_2.7 玉篇 昌御切 海篇 音處。正也。

𥩜 41472 20937
ruǎn_2.7 五音集韻 虞遠切音阮。倚也 玉篇 書作㑌。

𥩐 41473 44910
yì_2.7 龍龕 同亦。

𥩝 41475 u7ACD
null_2.7 同斜41494

𥩲 41474 u2B7BB
null_2.7 未詳。

𥩨 41476 20938
sì_3.8 說文 牀史切。與竢同。

𥩯 41477 20939
fù_3.8 玉篇 方又切。登也。

𥩰 41478 20940
ruǎn_3.8 玉篇 魚遠切音阮。倚也 五音集韻 書作㑌。

𥩽 41479 u2B05E
rập_3.8 喃 从立宁,立lập亦聲。踏,壓。

𥩾 41480 u25A58
yuē_3.8 俗約43783 直音篇 𥩾,約同,期也 改併四聲篇海·立部 引 類篇 𥩾,立約 又 centilitre漢譯。民國37年合訂本辭海 𥩾,標準制公勺之略記,為公升之百分之一,即法國量之生的立脫爾。

𥩒 41481 u41C4
ngất_3.8 喃 从立屹ngật省聲。高𥩒:高聳。

𥩢 41482 u7ACF
null_3.8 民國 新字典 𥩢,法國量名。啓羅立脫爾(Kilolitre)之簡寫。竡之千倍也。

竓 41483 20941
fá_4.9 玉篇 房越切 海篇 音伐。竓也△集成 書作竑。𥩪 又 竑41516

𥪏 41484 20942
chù_4.9 海篇 音誙。

𥩒 41485 20943
pǎ_4.9 玉篇 匹馬切 海篇 葩上聲。短貌。

竑 41487 u2B05F
zhuǎn_4.9 簡 簿41630

竑 41486 20944
hóng_4.9 廣韻 戶萌切,音宏。廣也,量度也 周禮·冬官考工記 故竑其輻廣,以為之弱,則雖有重任,轂不折 又 玉篇 古弘切。義同。𥩪又 竑60078竑33779竑41557

𥩟 41488 u25A5F zhù_4.9 同竚41505

𥩞 41489 u25A5E kǒu_4.9 龍龕竘俗，竘41502正。音口。健也。又丘主反。巧也。

𥩝 41490 u25A5D cuò_4.9 或同錯63512 張融海賦 徃來相𥩝。麄合切。

𥩜 41491 u25A5C null_4.9 未詳。

𥩛 41492 u25A5B null_4.9 未詳。

𥩚 41493 u25A5A null_4.9 人名用字

䇆 41494 u41C6 null_4.9 公制容量單位 Decalitre 的舊譯，等於十公升，或一公斗。

竗 41495 u7AD7 miào_4.9 俗竗33778

竖 41496 u7AD6 shù_4.9 简 豎57075

竕 41497 u7AD5 null_4.9 民國 新字典 竕，法國量名。特西立脫爾（Decilitre）之簡寫。竔之十分之一也。

竔 41498 u7AD4 shēng_4.9 民國 新字典 竔，立脫爾，litre，法國量制之單位，簡稱曰竔。其體積爲一立方特西米突，合中國一升零七勺六杪。

竒 41500 u7AD2 qí_4.9 俗奇10069

亲 41501 u4EB2 qīn_4.9 简 親55194

竓 41499 u7AD3 null_4.9 民國 新字典 竓，法國量名。密里立脫爾（Millilitre）之簡寫。竔之千分之一也。

竘 41502 20945 qǔ_5.10 唐韻 丘羽切 廣韻 驅雨切 集韻 顆雨切，並音齲。健也，匠也 逸周書 有竘匠 又 集韻 果羽切，音矩。又委羽切，音傴。義並同 又 kǒu 玉篇 丘垢切 廣韻 苦后切 集韻 去厚切㕕音口 博雅 治也。一曰巧也 揚子方言 竘，貌治也，吳、越飾貌爲竘，或謂之巧 註 竘，謂治作也 又 集韻 許后切音吼。義同。鑾又䞤58287𥩞41489

站 41503 20946 zhàn_5.10 廣韻 集韻 㕕陟陷切音佔。久立也 篇海 坐立不動貌。俗言獨立也 又 zhān 集韻 知咸切音詀。義同 △ 廣韻 或作𥪯 集韻 亦作䟋。鑾俗或作跕58769

𥪯 41504 20947 zhàn_5.10 廣韻 同站。

竚 41505 20948 zhù_5.10 廣韻 直呂切 集韻 丈呂切㕕音宁。企也，久立也 楚辭·九歌 結桂枝兮延竚 王逸註 竚，立也。△本作佇。鑾又𥩟41488䇡41543 又 可洪音義 以𥪀41511：直与反。久立也。正作佇、竚二形。

𥩰 41506 20949 méng_5.10 篇海 音萌。田民也。又野人 字彙 同氓。

竛 41507 20950 líng_5.10 廣韻 集韻 㕕郎丁切音靈。竛竮，行不正 △亦作伶俜。

𥪊 41508 20951 yuè_5.10 廣韻 集韻 㕕王伐切音越。竚立也。

𥩲 41509 20952 huà_5.10 集韻 胡卦切音畫。庪也。

䇌 41510 20953 què_5.10 玉篇 七雀切 篇海 音鵲。恐懼也。

𥪀 41511 20954 zhù_5.10 玉篇 直庾、直句二切 海篇 音住。又音注。竢也，止也。

竜 41512 20955 lóng_5.10 集韻 龍75850古作竜 又 類篇 起也 又 地名 字彙補 雲南有佴革竜地，有九山，最險。

竝 41513 20956 bìng_5.10 廣韻 蒲迥切 集韻 正韻 部迥切㕕音併 類篇 併也，比也，皆也，偕也 書·立政 以竝受此丕丕基 詩·齊風 竝驅從兩肩兮 禮·禮運 聖人參於天地，竝於鬼神 又 bàng 類篇 蒲浪切，傍去聲。近也。◆ 晉書·職官志 侍中、中常侍得入禁中，散騎竝乘輿車 又 連也 史記·大宛傳 竝南山 前漢·郊祀志 北竝勃海 又 bàn 類篇 部滿切，讀如伴 前漢·地理志 牂柯郡屬縣 註 竝，音伴△亦作並。鑾又㕕00089

竡 41514 20957 hài_5.10 集韻 口駭切音鍇。桂林謂人短爲矲矮。或作𥫃竡。

𥪅 41515 20958 ní_5.10 五音篇海 音埿。水土也〇按音義卽埿、泥二字之譌。

𥪆 41516 20959 fá_5.10 五音篇海 房滑切，音伐◇竚也〇按音義卽𥩱、𥪊二字之譌。

𫁡 41517 u2B061 lì_5.10 简 鴗73095

𫁠 41518 u2B060 null_5.10 未詳。

𥩰 41519 u25A70 jǔ_5.10 同矩38514人名。事𥩰、公孫𥩰，並見 古𥩰彙編 又 sập 喃 从巨立lập聲。

𥩯 41520 u25A6F dựng_5.10 喃 从立孕dựng聲△𥩯蓮：站起來。

𥩮 41521 u25A6E è_5.10 同𥩭41522

𥩭 41522 u25A6D è_5.10 㖧05835本字

𥩫 41524 u25A6B null_5.10 未詳。

𥩪 41525 u25A6A null_5.10 未詳。

𥩩 41526 u25A69 null_5.10 未詳。

𥩨 41527 u25A68 null_5.10 未詳。

𥩧 41528 u25A67 null_5.10 未詳。

䇊 41529 u41CA null_5.10 未詳。

䇉 41530 u41C9 shí_5.10 法國容量單位 Hectolitre 百升之舊譯

竞 41531 u7ADE jìng_5.10 简 競41667

𥩬 41523 u25A6C jué_5.10 或同𧊳22396

竟 41532 20960 jìng_6.11 廣韻 韻會 正韻 㕕居慶切音敬。窮也，終也 史記·項羽紀 籍大喜，略知其意，又不肯竟學 高祖紀 歲竟，兩家常折券棄責 前漢·元帝紀 竟寧元年 師古註 竟者，終極之言，言永安寧也 霍光傳 縣官重太后，故不竟 師古註 竟，窮竟其事也 又 說文 樂曲盡爲竟。又 地名 史記·白起傳 遂東至竟陵 註 在郢州長壽縣南五十里 又 姓。出 何氏姓苑 又 jǐng 集韻 舉影切音景。與境同，界也 禮·曲禮 入竟而問禁 疏 竟，界首也 左傳·二十七年 卿非君命不越竟 字彙補 按竟界之竟，宜从上聲。徐師曾禮註：字彙 附於去聲，非。鑾又竸55168

𥪃 41534 20962 hài_6.11 篇海 音亥。神名。

𥪁 41535 20963 hài_6.11 廣韻 集韻 㕕下改切，音亥。豎𥪁，神人也。一曰神名。通作亥。禹命豎亥度地。見 山海經 又 海篇 起也。鑾 字彙 𥪃，俗以此作𥪁字，傳寫之譌也。

章 41536 20964 zhāng_6.11 廣韻 集韻 韻會 諸良切 正韻 止良切㕕音彰 說文 樂竟爲一章。从音从十。十，數之終也 又

也 書·皐陶謨 五服五章哉 周禮·冬官考工記 畫繢之事，
青與赤謂之文，赤與白謂之章 又 明也 易·垢卦 品物咸
章 書·洪範 俊民用章 又 文章也 詩·小雅 維其有章矣 箋
禮文也 又 篇章 詩疏 詩有章句，總義包體，所以明情也
又 成事成文曰章 孟子 不成章不達 周語 將以講事成
又 周語 余敢以私勞，變前之大章 註 表也，表明天子與
諸侯異物也 又 條也，程也 史記·高祖紀 約法三章 太史
公自序 張蒼爲章程 註 章，歷數之章術也 又 大材木曰
章 史記·貨殖傳 千章之材 又 爾雅·釋山疏 山形上平者
名章 又 地名 山海經 鮮山又東曰章山。又赤水之北有
章尾山 史記·楚世家 吳大敗楚于豫章 前漢·地理志 勃海
郡屬縣章武，章鄉，會稽郡屬縣句章，西河郡千章縣，
廣平國斥章，東平國章縣 後漢·光武紀 建武六年，改春
陵鄉爲章陵縣 又 官名 周禮·春官 保章氏 前漢·王子侯
表 千章侯 百官志 東閣主章令丞 師古註 章，掌大材
也 前漢·宣帝紀 元康元年置建章衛尉 又 爾雅·釋天 太
歲在庚曰上章 又 樂名 禮記註 大章，堯樂名 又 印章 漢
官儀 吏秩比二千石以上，銀印，龜鈕，其文曰章，刻曰
某官之章 又 章奏 獨斷 凡羣臣書通於天子者四，曰章，
曰奏，曰表，曰駁議 左傳·僖五年 日南至 疏 步歷之
始，以朔旦冬至爲首，歷之上元，其年是十一月朔旦冬
至，十九年閏月盡，復得十一月。朔旦冬至，故以十九
年爲一章，積章成部，積部成紀。治歷者以此章部爲法，
以知氣朔 又 章甫，殷冠名 禮·郊特牲 章甫，殷道也。
又 總章，舜明堂名 又 建章，漢宮名。在長安。城西周
迴二十餘里 又 姓。秦將章邯 又 諡法 逸書 溫克令儀曰
章 又 國名 左傳註 謝，章，薛，舒，呂，祝，終，泉，畢，
過，此十國皆任姓 又 俗或謂舅曰章 又 六書音義 周章，
怔營貌。又懼貌。亦作慞 又 字彙補 與樟同 司馬相如·子
虛賦 楩楠豫章 又 與獐同 周禮·冬官考工記 山以章 註
讀爲獐 又zhàng之亮切。同障 禮·雜記 四面有章。
鍪周章或作周樟、周障、周彰、周愰 又 前漢·地理志 西
河郡千章縣。據西漢銅漏壺銘，千章縣，干章縣之誤。

蒔 41537 20965 dài_6.11 集韻 同待

套 41538 20966 zài_6.11 字彙補 同在

戝 41533 20961 fá_6.11 篇海 同戓

骿 41539 20967 pīng_6.11 集韻 旁經切
音鉼。羚骿，行不正 類篇 本作骿。

音 41540 20968 chì_6.11 海篇 音憶。快也。

41541 u2B7BC null_6.11 未詳。

41542 u2B062 null_6.11 未詳。

竚 41543 u25A7D zhù_6.11 名義竚，除呂反。久。佇00972字 龍龕 竚
俗竚41505正，直呂反。久立也。与佇同 又 可洪音義 竚
金：上直里反。正作峙13575

兆 41544 u25A7C yào_6.11 嶢41638譌字 集韻 嶢，倪弔切。埠垗，高危
也。又垗，徒弔切。埠嶢，高危也。

佮 41545 u25A7B hé_6.11 辭海 標準制公合之略記，為公升之十分
之一，即法國量之特西立脫爾（Decilitre）。

裂 41546 u25A7A liè_6.11 簡䪺41562

41547 u25A79 null_6.11 未詳。

41548 u25A78 null_6.11 未詳。

旅 41549 u25A77 null_6.11 未詳。

䫡 41550 u7AE1 bǎi_6.11 民國 新字典 䫡，法國量名海克脫立脫爾
Hectolitre 之簡寫，竝之百倍也。

踌 41551 20969 pò_7.12 集韻 普沒切音莩。按物聲。

望 41552 20970 wàng_7.12 類篇 巫放切 篇海 音望 說文 出亡在外，
望其還也 字彙 同望 又 海篇 祭名 又 姓 何氏姓苑 魏興
人。又音亡。

竢 41553 20971 sì_7.12 廣韻 集韻 韻會 丛牀史切音俟 爾雅·釋詁
竢，待也 前漢·賈誼傳 竢罪長沙 註 竢，古俟01272字。
鍪又俟16619竢38597竢15598竢15493竢41476

竬 41554 20972 bū_7.12 集韻 奔模切音逋。物之端也。

䩩 41555 20973 qiào_7.12 集韻 七肖切音哨。立貌。

竣 41556 20974 jùn_7.12 廣韻 集韻 韻會 正韻 丛七倫切音逡 說
文 止也，事畢也，退立也 廣韻 偓也，改也 周語 有司已
事而竣 又zhūn 集韻 壯倫切。伏貌 又quān 韻會 逡緣
切音詮。義同 集韻 或作踆、𨂂。鍪又竣41608

竑 41557 20975 hóng_7.12 篇海 胡萌切音宏。度量也。鍪 龍龕 竑
或作，弦41486今。

童 41558 20976 tóng_7.12 廣韻 正韻 徒紅切 集韻 韻會 徒東切丛音
同。獨也。言童子未有室家者也 增韻 十五以下謂之童
子 易·蒙卦 匪我求童蒙 詩·衛風 童子佩觿 穀梁傳·昭十
九年 羈貫成童 註 成童，八歲以上。又 增韻 女亦稱童子
禮記註 女子子在室，亦童子也 又 邦君妻自稱之謙辭
論語 夫人自稱曰小童 又 牛羊之無角者曰童 易·大畜 童
牛之牯 詩·大雅 俾出童羖 又 釋名 山無草木曰童，若童
子未冠然 莊子·徐無鬼 堯聞舜之賢，舉之童土之地 註
童土，無草木地 又地名 前漢·功臣表 童鄉侯鐘祖
又 草名 爾雅疏 寓木，一名宛童。又稂，一名童粱。
又 童童，盛貌 蜀志 先主舍東南角桑樹童童，如小車蓋
又 篇海 男有罪爲奴，曰童使 易·旅卦 得童僕貞 前漢·貨
殖傳 童手指千 註 童，奴婢也 韻會 俗童，奴也，幼也。
今文僅幼字作童，童僕字作僮，相承失也 又 姓 急就篇
註 顓頊子號老童，其後爲姓 廣韻 漢有琅邪內史童仲
玉。又zhōng 集韻 諸容切音鐘 公羊傳·桓十一年 公會宋
公于夫童 註 童，音鐘 左氏 穀梁 皆作鐘 又 借作同 列
子·黃帝篇 狀與我童者，近而愛之。狀與我異者，疏而
畏之 註 童，同也。聲之譌也。鍪 又童41655 僮41660 罿41671

竦 41559 20977 sǒng_7.12 古文 㨦㩃 廣韻 息拱切 集韻 韻會 荀勇切
正韻 息勇切丛音悚 說文 敬也，自申束也 前漢·東方朔
傳 寡人將竦意而覽焉 又 懼也 詩·商頌 不戁不竦 註 懼
也 又 上也 楚語 竦善抑惡 又 集韻 竦，動也 又 釋名 竦，
從也。體皮皆從引也 又 鳥名 山海經 灌題之山有鳥焉，
見人則躍，名曰竦斯，其鳴自呼 又 與聳同 揚雄·長楊賦

整與竦戎 註 方言 曰：西漢之閒相觀曰聳，竦與聳古字通。鋻 又揀19716揀20264擽20986㯟25811

竮 41560 20978
pīng_7.12　類篇 滂丁切，聘平聲◇使也。

竓 41561 20979
chù_7.12　集韻 初六切音珿。齊謹也 又 篇海 昌六切音亗。等也 又 qǐ 集韻 側入切。人名 又 類篇 與踚75670同。鋻 龍龕 殳41484俗，竓正。

竝 41562 20980
liè_7.12　集韻 力協切，音甄。竝贏，行不正也 又 類篇 或作䇭。詳䇭字註。鋻 字典 有䇭12866無䇭 又 竝41546

竘 41563 20981
xū_7.12　海篇 音須。待也。

竫 41564 20982
jìng_7.12　字彙補 從性立音淨。人名。宋有劉竫。 又 zhèn 篇海 支禁切，音譜◇人名 世史類編 讀 又 zhěn 字彙補 仄謹切音亲。身端也 篇韻 與竤同。

端 41565 20983
duān_7.12　端字之譌。見 五音篇海

竩 41567 u2B063
null_7.12　未詳。

迦 41566 u2B064
null_7.12　人名 殷周金文集成·11.5944·迦作父乙尊 迦乍父乙寶尊彝

豹 41569 u25A88
null_7.12　未詳。

峪 41568 u25A89
rib_7.12　壯糠。

韵 41570 u25A87
null_7.12　未詳。

球 41571 u25A86
null_7.12　未詳。

㫖 41572 u25A85
xòi_7.12　嘀 从立吹xuy聲△㫖漇：升沉不匀。

䇌 41573 20984
què_8.13　廣韻 在爵切音鵲 說文 驚貌 又 qì 集韻 七跡切音嫧。敬也，竦也。鋻 又 䇦41646

崛 41574 20985
kuǐ_8.13　集韻 苦猥切音傀。崛然，獨立貌。

竷 41575 20986
fú_8.13　廣韻 集韻 太房六切音伏 說文 見鬼彰貌，从立，从彔。籀文彰字。讀若慮羲之慮 又 lù 廣韻 集韻 太盧谷切音祿。竷竷，鬼見也 又 玉篇 摩筆切 集韻 莫筆切太音密。義同。鋻 本作竷41623 又 龍龕 竷41602竷，鹿、伏二音。見鬼兒也。二同。

踔 41576 20987
diào_8.13　集韻 徒弔切音調。踔嶤，高危也。

竩 41577 20988
yì_8.13　廣韻 宜寄切音義。人所宜也。又善也。 又 集韻 誼56155古作竩。

䑖 41578 20989
tiǎn_8.13　玉篇 他點切 海篇 音忝。恭也。

竴 41579 20990
duǐ_8.13　廣韻 都罪切 集韻 覩猥切，太堆上聲 說文 磊竴，重聚也 廣韻 木實垂貌△ 集韻 同竴。

竪 41580 20991
shù_8.13　廣韻 臣庾切，音裋。立也。俗豎字 說文 从豎 廣韻 童僕之未冠者曰竪 史記·酈生傳 沛公罵曰：竪儒 註 竪，童僕之稱。沛公輕之，以比奴竪，故曰竪儒。 又 姓 山海經 帝命竪亥步自東極，至於西極，五億十選九千八百步 郭註 竪亥，健行人 又 國名 山海經 在流沙外者，大夏竪沙居繇月支之國 又 去聲 通鑑 龐涓曰：遂成竪子之名 胡三省註 殊遇切。義同豎。

竫 41581 20992
jìng_8.13　廣韻 集韻 韻會 正韻 太疾郢切音靜。停安

也 又 公羊傳 文十二年 推譏譏善竫言 何休註 竫猶撰也 又 與靜同 後漢·崔駰傳 竫潛思于至頤 註 與靜同。 又 小人名 山海經 有小人國，名靖人 郭註 或作竫 列子·殷湯篇 竫人長九寸 又 諡法 史記·秦本紀 文公太子卒，賜諡爲竫公。

隸 41582 20993
lì_8.13　廣韻 力地切 集韻 力至切太音利。臨也，從也，疏也 篇海 與莅涖同 又 廣韻 集韻 力遂切音類 又 廣韻 力入切音立。義同。

矮 41583 20994
wò_8.13　集韻 烏臥切音踒 篇海 矮贏，弱立貌。

踞 41584 20995
bà_8.13　廣韻 傍下切 集韻 部下切太音玭 說文 短人立踞玭貌 又 集韻 部買切音羅。步化切音杷。義太同 又 pī 玉篇 普支切，又篇夷切 海篇 音批◇行不正也。

崌 41589 u2B066
null_8.13　未詳。

玭 41585 20996
bà_8.13　篇海 同踞。

踘 41586 20997
jū_8.13　集韻 遵須切，音諏。佝踘，贏也。

竜 41587 20998
lóng_8.13　海篇 古文龍字〇按龍字無此古文。

竜 41588 20999
lóng_8.13　海篇 與竜同。

站 41590 u2B065
null_8.13

㻗 41591 u25A97
zōng_8.13　俗鬃71051

踢 41594 u25A94
null_8.13

竦 41593 u25A95
null_8.13　千公升 Kilolitre的舊譯。民國 辭海 竦，標準制公秉之略記，爲公升之千倍，即法國量之啟羅立脫爾。

竜 41592 u25A96
lóng_8.13　古文龍75850見 龍龕

竧 41595 u25A93
null_8.13

頌 41599 21002
xū_9.14　集韻 詢趨切音須 類篇 立而待也△亦作竪。

竧 41596 u25A92
null_9.14

竮 41601 21004
pīng_9.14　廣韻 普丁切 集韻 韻會 滂丁切太音傅。竛竮，行不正也 又 集韻 傍經切音鉼。義同。鋻 又 竮41539竮41629

竘 41597 21000
qǔ_9.14　玉篇 丘主切。立也。

堪 41598 21001
zhēn_9.14　類篇 知林切 海篇 音斟◇坐立不移之貌。

竭 41600 21004
jié_9.14　廣韻 渠列切 集韻 韻會 正韻 巨列切太音傑。盡也 禮·曲禮 君子不盡人之歡，不竭人之忠 史記·太史公自序 神大用則竭 又 說文 負舉也 禮·禮運 五行之動，迭相竭也 註 竭猶負戴也。言五行運轉，更相爲始 又 玉篇 敗也 左傳·莊十年 曹劌曰：一鼓作氣，再而衰三而竭。鋻 又 陽65776

韋 41605 u2B068
null_9.14　未詳。

竤 41602 21005
fú_9.14　玉篇 房六切 海篇 音伏。邪也。鋻 又 竷41575

端 41603 21006
duān_9.14　古文耑 廣韻 集韻 韻會 正韻 太多官切音偳 說文 直也，正也 禮·曲禮 振書端書于君前 註 端，正也 玉藻 目容端 前漢·賈誼傳 選天下之端士，孝悌博聞有道術者，以衞翼之 又 篇海 萌也，始也，首也 禮·禮運

人者，天地之心，五行之端也　公羊傳·隱元年註　上係天端　疏　天端，即春也　春秋說　云以元之深，正天之端。以天之端，正王者之政也　左傳·文元年　先王之正，時也，履端於始　疏　履，步也，謂推步曆之初始，以爲術曆之端首　孟子　惻隱之心，仁之端也　註　端者，首也。人皆有仁義禮智之首，可引用之　図　廣韻　緒也，等也　揚子方言　緒，南楚或曰端　図　增韻　審也　戰國策　郤疵對智伯曰：韓魏之君，視疵端而趨疾　図　專也　戰國策　敢其願　註　端，猶專也　図　布帛曰端　禮記疏　束帛，十端也。丈八尺爲端　小爾雅　倍丈謂之端，倍端謂之兩，倍兩謂之疋。　図　周禮·春官　其齊服有玄端，素端　鄭司農註　衣有襦裳者爲端　穀梁傳·僖三年　桓公委端搢笏，而朝諸侯　註　端，玄端之服　疏　其色玄，而制正幅無殺，故謂之玄端。　図　地名　山海經　號山，端水出焉，東流注于河。又國在流沙中者，墥端璽睍　史記·趙世家　與韓、魏分晉，封晉君以端氏　註　端氏，澤州縣也　前漢·地理志　蒼梧郡郁有端溪　図　姓。孔子弟子端木賜　図　宮門名　後漢·黃瓊傳　舉吏，先試之于公府，又覆之于端門　註　端門，太微宮南門也　図　獸名　後漢·鮮卑傳　禽獸異于中國者，野馬，原羊，角端牛，以角爲弓，俗謂之角端弓　図 chuǎn　正韻　尺兗切。與喘同　荀子·勸學篇　端而言　註　端讀爲喘。喘，微言也。　図 miǎn　韻會小補　美辨切。同冕。大夫以上冠　禮·玉藻　諸侯玄端以祭，天子玄端以朝，日于東門之外　註　端，皆音冕。　璽　又端10996篇42884

41604 21007
豎 shù_9.14　字彙補　常注切音豎。立也。

41607 u25AA4
赭 null_9.14　未詳。

41606 2B067
竮 giǎy_9.14　同跰59149

41611 u25AA0
童 null_9.14　未詳。

41608 u25AA3
竣 jùn_9.14　龍龕　竣俗，竣41556正，七巡反。改也。正也。

41609 u25AA2
竜 lóng_9.14　明·陳士元　古俗字略　竜，古文龍75850

41610 u25AA1
豎 shù_9.14　經籍籑詁　豎57092俗作豎。

41612 u25A9F
蹄 tí_9.14　俗蹄59129　元·秦簡夫　孝義士趙禮讓肥·第三折　小僂儸，將來牛蹄二隻、金銀一秤、白米一斛，與兩箇賢士侍養老母。休嫌輕微也。

41613 u25A9C
竮 dingz_9.14　壯　(一)停頓　(二)停，停止。

41614 u7AF0
竰 null_9.14　民國　新字典　竰，法國量名。生的立脫耳Centilitre 之簡寫。竏之百分之一也。

41615 21008
竬 xū_10.15　廣韻　相俞切　集韻　詢趨切竝音須。立而待也。義同竪頒。

41616 21009
竨 xì_10.15　集韻　戶禮切音醯　說文　待也。本作僔。亦作徯蹊侯　図　玉篇　胡雞切音奚。義同。

41617 21010
竨 tián_10.15　篇海　音田。塞也。俗作竨。璽　又竨41627

41618 44911
竷 jì_10.15　龍龕　音忌。又音望。又音羈。

41619 u2B06B
竷 null_10.15　喃　未詳。

41620 u2B06A
竛 null_10.15　未詳。

41622 u2F95E
竨 tián_10.15　同竨41627

41621 u2B069
竨 null_10.15　殷周金文集成·11.6015·麥方尊　雯若竨日。讀若翌。

41623 u25AAC
竨 lù_10.15　說文　竨，見鬼彪兒。从立彖聲。彖，籀文彪字。讀若虑義氏之虑。黃侃：竨作俅41575

41624 u25AAA
竨 null_10.15　未詳。

41625 u25AA9
竨 null_10.15　未詳。

41626 u25AA8
竪 null_10.15　未詳。

41627 u25AA7
竨 tián_10.15　兼竨41617

41629 21012
竨 pīng_11.16　同竨41601　類篇　居拜切　海篇　音介。極也　篇海　古届12963字。

41628 21011
竪 jiè_11.16　玉篇　古薤切　類篇　居拜切。

41630 21013
竨 zhuàn_11.16　廣韻　旨兗切　集韻　主兗切，竝音膞。又　集韻　陟兗切，音轉　說文　等也　齊語　竨本肇末　韋註　竨，等也。肇，正也。謂先等其本以正其末也　図　集韻　株戀切音囀。義同　図 duàn　都玩切音鍛　廣雅　齊也　図　廣韻　集韻　丛多官切音端。義同。璽　又竨41487

41632 21020
竨 cù_11.16　集韻　千木切音蔟。立待也。

41633 u2B06C
竨 null_11.16　未詳。

41631 21019
竟 jìng_11.16　字彙補　卽競字　王延壽　夢賦　晉文盬腦，國以竟兮。

41634 u25AAE
竨 null_11.16　未詳。

41635 u25AAD
竪 null_11.16　未詳。

41636 21014
竲 céng_12.17　廣韻　疾陵切　集韻　韻會　正韻　慈陵切丛音嶒。高貌　図 zēng　廣韻　作騰切　集韻　咨騰切丛音增。與橧同·　說文　北地高樓無屋者　類篇　聚薪以居也。夏則居橧巢，或作增　韻會　窮高謂之竲。璽　又繒41658

41637 21015
竲 dēng_12.17　集韻　都騰切音登。竲竲，立貌。

41638 21016
竨 yào_12.17　集韻　倪弔切音猋。竨竨，高危也　図 qiáo　正字通　祁姚切音喬。企也，候也。

41639 21017
竨 cūn_12.17　廣韻　集韻　丛七倫切音皴。喜貌。

41642 u2B06D
竨 null_12.17　未詳。

41640 21018
竨 xū_12.17　廣韻　相俞切　集韻　詢趨切丛音須　爾雅·釋詁　竨，待也　詩·邶風　卬竨我友。今文作須　図　人名。張竨。見　元史·儒林傳。璽　又竨41599竨41662顑68233頿　図　字彙補　詢，竨字之譌。

41641 21024
竨 lóng_12.17　字彙補　力冬切，音龍◇行不正也。

41643 u25AB9
竨 duò_12.17　同墮09324見　字海

41644 u25AB8
竨 daengj_12.17　壯　豎　図 đứng　喃　站立。竨蓮：站起來。

41645 u25AB7
竨 yuè_12.17　爥71433譌字　玄應音義　爤身：聲類作燯、煃二形，字詰　古文竨、竪二形，今作鉃31671，同。詳廉反　通俗文　以湯去毛曰鉃　經文作爥32015案　說文　等音皆余贍反，又羊占反，火燭爤也。爤非經音。坫曰　說文　鉃，竨同字，竨疑當爲鬻（鬻）。

𥪶 41646 u25AB6 què_12.17 竭41573本字。見說文

𥪵 41647 u25AB5 qiè_12.17 類篇𥪵，七接切。接也。

𥪴 41648 u25AB4 pàng_12.17 集韻𥪴，匹降切。鼓聲。

𥪲 41650 u25AB2 null_12.17 未詳。

𥪳 41649 u25AB3 cuō_12.17 毫升的舊譯。中華書局辭海𥪳，標準制公撮之略記，為公升之千分之一，即法國量之密理立脫爾。

䇨 41652 21022 yí_13.18 廣韻同儀

䇐 41651 21021 luò_13.18 廣韻魯過切海篇騾去聲說文痿也類篇逶羸，弱立貌。

䇓 41653 21023 wāi_13.18 廣韻火媧切集韻火竈切𠀤音餅說文不正也 又 集韻空媧切音咼。義同△或作𠌿。本作𦥕。鎏又竵41659𥫀41665

䇏 41654 21025 jǐ_13.18 玉篇居綺切海篇音几◇立正也。

䇚 41655 21026 tóng_13.18 集韻與童同。

𥫄 41656 u25AC4 xí_13.18 俗襲54896廣碑別字引魏元祐墓誌

𥪳 41657 u25AC3 yí_13.18 同䇨41652古儀02048字。

𥫁 41658 u25AC1 céng_13.18 龍龕竲俗，竲41636正。

𥪾 41661 u25ABE yùn_13.18 韻67888殘字。

𥫀 41659 u25AC0 wāi_13.18 俗竵41653

𥪿 41660 u25ABF tóng_13.18 同𥫂41671籀文童字學三正·古文異體𥪿，童。

䇞 41662 21027 xū_14.19 集韻詢趨切音須。待也。

䇖 41663 21030 chāng_14.19 字彙補尺良切音昌。出釋典。

𫁮 41664 u2B06E null_14.19 未詳。

𥫇 41665 u25AC7 wāi_14.19 俗竵41653

𥫆 41666 u25AC6 lóng_14.19 古文龍75850見龍龕

競 41667 21028 jìng_15.20 廣韻渠敬切集韻韻會渠映切正韻具映切𠀤音倞。彊也書·立政乃有室大競爾雅·釋詁競，彊也左傳·僖七年心則不競，何憚于病 又 爭也，逐也，高也，遽也詩·商頌不競不絿註競，逐也左傳·襄十年鄭其有災乎，師競已甚註爭也哀二十三年敝邑有社稷之事，使肥與有職競焉註遽也 又 增韻盛也左傳·昭三年二惠競爽 又 集韻或作誩。亦作倞周禮·春官·鐘師註繁遏執倞也韻會補又作倞開元·五經文字毛詩秉心無倞 又 借作境秦詛楚文奮兵盛師，以偪俉邊競△俗作竸。鎏又竞41531竸41678誩56064競56555䛮60594竟41631竟55168 又 兢02439宋元以來俗字譜引取經詩話等。

竷 41668 21029 kàn_15.20 廣韻苦紺切集韻苦濫切，𠀤音闞◇擊鼓也 又 kǎn廣韻集韻𠀤苦感切音坎。舞曲名玉篇和悅之響也 又 字彙補樂器名。吳競樂府解題云漢武帝滅南粵，祠太乙后土，令樂人侯暉依琴造竷，以工人姓侯，故名坎侯。後語譌以坎爲空。鎏又𢮸19234𤫊27162𣤀67869𩐊67912

䇝 41669 21031 lóng_15.20 字彙補古文龍75850字。

䇤 41670 21032 duǐ_15.20 集韻覩猥切音胎說文磊䇤，重聚也 又 集韻杜罪切，音錞。重也 又 集韻古文憞17568字。

𥫂 41671 41665 tóng_15.20 五音篇海籀文童字。

䇮 41672 44912 gōng_15.20 龍龕音拉。鎏龍龕音拉。音供之誤。

𥫌 41673 u25ACC trǒi_15.20 喃从立磊lối聲△䃬䟳：崛起。

𥫊 41674 u25ACA null_15.20 未詳。

𥫏 41676 u25ACF null_16.21 未詳。

䇹 41675 21033 dòng_16.21 玉篇徒凍切海篇音洞。鐘聲也〇按篇海類編作䡨，音義𠀤同 又 平聲。

䇾 41677 21034 shāng_17.22 篇海籀文商字。

𫁯 41679 u2B06F null_17.22 未詳。

竸 41678 21035 jìng_17.22 篇海與競同

𥫑 41680 u25AD1 null_17.22 未詳。

𥫓 41681 u25AD3 xiāng_18.23 同𥫖41683

贑 41682 u25AD4 gàn_19.24 同贛58102

𥫖 41683 u25AD6 xiāng_20.25 亦作䜶67916𥫓41681𥫕05325集韻𥫖，擊也。或作𨏧60024

𥫕 41684 u25AD5 xiāng_20.25 同𥫖41683

𥫒 41685 u25AD2 zhuàng_20.25 俗戇18785

未 集

◈ 竹部 ◈

竹 41686 21036 zhú_0.6 廣韻 集韻 韻會 丛張六切音竺 說文 冬生艸，象形。下垂箁箬也 竹譜 植類之中，有物曰竹。不剛不柔，非草非木。小異空實，大同節目 又 竹雖冬蒨，性忌殊寒。九河鮮育，五嶺實繁 詩·衞風 綠竹猗猗 禮·月令 日短至，則伐木取竹箭 周禮·夏官 東南曰揚州，其利金、錫、竹箭 史記·貨殖傳 渭川千畝竹，其人與千戶侯等 釋名 竹曰个 淮南子·俶眞訓 竹以水生 又 八音之一 周禮·春官 播之以八音：金石土革絲木匏竹 禮·樂記 竹聲濫，濫以立會，會以聚衆 史記·律書註 古律用竹 前漢·律歷志 黃帝使泠綸，自大夏之西，崑崙之陰，取竹之解谷生，其竅厚均者，斷兩節閒而吹之，以爲黃鐘之宮 釋名 竹曰吹。吹，推也，以氣推發其聲也 又 竹簡 左傳註 造刑書于竹簡 又 竹帛 史記·孝文紀 請著之竹帛，宣布天下 說文敘 著於竹帛謂之書 又 竹花，竹實 謝靈運·晉書 元康二年，巴西界竹生花，紫色，結實 本草 竹花一名草華 莊子·秋水篇 鵷雛非練實不食 註 練實，竹實也 又 竹醉日 岳陽風土記 五月十三日謂之龍生日，可種竹 齊民要術 所謂竹醉日也 又 地名 爾雅·釋地 觚竹、北戶、西王母、日下，謂之四荒 史記 伯夷、叔齊，孤竹君之二子 前漢·地理志 孤竹在遼西令支縣 又 沛郡有竹縣 註 今竹邑 又 廣漢郡屬縣有綿竹 又 零陵郡竹山縣 水經注 藉水東南流，與竹嶺水合 穆天子傳 我徂黃竹 零陵記 桂竹之野 楊慎集 桂竹，後稱貴竹，今貴州 福建志 南安縣有苦竹山 又 官名 唐書·百官志 司竹監掌植竹葦，供宮中百司簾篚之屬 又 書名：竹書紀年 戴凱之·竹譜 劉美之·續竹譜 又 姓 廣韻 伯夷、叔齊之後，以竹爲氏。後漢有下邳相竹曾 又 草名 永嘉郡志 青田縣有草，葉似竹，可染碧，名爲竹青 宛陵詩註 錦竹，草名，似竹而斑 又 木名 益部方物略 竹柏，生峨嵋山，葉繁長而籜似竹 又 花藥名 本草 石竹，瞿麥也。鹿竹、菟竹，黃精也。玉竹，葳蕤也 又 菜名 齊民要術 竹菜，生竹林下，似芹科而莖葉細，可食 羣芳譜 淡竹葉，一名竹葉菜，嫩時可食 又 果名 桂海虞衡志 木竹，子、皮色、形狀全似大枇杷，肉甘美，秋冬閒實 又 鼠名 贊寧·筍志 竹根有鼠，大如貓，其色類竹，名竹豚，亦名稚子，杜詩所謂筍根稚子也 又 魚名 桂海虞衡志 竹魚出灕水，狀如青魚，味似鱖 又 酒名 張協·七命 豫北竹葉 張華詩 蒼梧竹葉清 又 集韻 敇六切音畜。萹竹，草名 又 ◆與屬玉之屬通，鴨也 揚雄·蜀都賦 獨竹孤鶬。鑾 又 籌42772 𥫗41687

𥫗 41687 u25AD7 zhú_0.6 部 竹41686

⽵ 41688 u2F75 zhú_0.6 部 竹41686

⺮ 41689 u2EAE zhú_0.6 部 竹41688

𥫘 41690 u25AD8 null_1.7 未詳。

竺 41691 21037 zhú_2.8 廣韻 集韻 韻會 丛張六切音竹 廣雅 竺，竹也。其表曰筤 又 天竺，國名 後漢·西域傳 天竺國，一名身毒國，在月氏東南數千里 山海經 有國名曰朝鮮、天毒 郭璞註 卽天竺國 括地志 天竺國，有東、西、南、北、中央五國 通志略 天竺卽捐毒也 又 姓 後漢·竇融傳 酒泉都尉竺曾 又 地名 福建志 福淸縣石竺山，其產多竹而少筍 又 dǔ 廣韻 東毒切 集韻 正韻 都毒切丛音篤 爾雅·釋訓 竺，厚也 疏 與篤同 楚辭·天問 稷惟元子，帝何竺之 註 厚也。一作篤 又 廣韻 丁木切，音𣪚。義同。△ 集韻 或作笁。又作篙。

⿱竹丁 41692 21038 tǐng_2.8 集韻 他頂切音珽。竹函也。

竻 41693 21039 lè_2.8 廣韻 盧則切 集韻 歷德切丛音勒。竹根也。又 竹名 肇慶府志 竻，竹名，俗呼刺竹。有刺而堅，可作藩籬。肇興新州舊無城，宋郡守黃濟募民以竻竹環植之，雞犬不能徑 廣東新語 竻竹，一名澀勒。勒，刺也。廣人以刺爲勒，故又曰勒竹。長芒密距，枝皆五出如雞足，可蔽村砦 蘇軾詩 澀勒暗蠻村。一名篣竻，其材可桁桷，篾可織，皮可剉物，土人製爲琴樣，以礪指甲，置于雜佩之中。用久微滑，以酸漿漬之，復澀如初。又 jīn 集韻 筋41897，古文竻字。鑾 又 簕42636 ⿱竹勤42840

⿱竹卩 41694 21040 jī_2.8 字彙補 古文箕42111字。

⿱竹厶 41695 21041 zhuān_2.8 字彙補 支穿切音專。竹折也。

⿱竹乂 41696 21042 yǐ_2.8 字彙補 魚几切，乂上聲。竹也。

𫁰 41697 u2B070 cè_2.8 簡帛策41912字。亦作⿱竹乀41716

竼 41698 21043 péng_3.9 類篇 蒲蒙切 海篇 音朋◇織竹編箬，以覆船也。

⿱竹弋 41699 21044 yì_3.9 集韻 逸職切音弋。竹索 又 玉篇 餘織切。義同。

⿱竹子 41700 21045 zǐ_3.9 篇海 祖似切音子。笙也。鑾 正字通 ⿱竹子，竽字之譌。

竽 41701 21046 yú_3.9 廣韻 羽俱切 集韻 韻會 正韻 雲俱切丛音于◆說文 管三十六簧也 周禮·春官疏 竽長四尺二寸 註 竽，管類。用竹爲之，形參差象鳥翼。鳥，火禽，火數七。冬至之時吹之。冬，水用事，水數六，六七四十二。竽之長，蓋取於此也 世本 隨作竽 釋名 竽，汙也。其中汙空 博雅 竽，象笙，三十六管，宮管在中央 樂書 近代笙竽十九簧，竽與笙異器而同和，故 周官 竽與笙均掌之笙師 周禮·春官 笙師掌教吹竽 禮·樂記 君子聽竽笙，則思畜聚之臣 易·通卦驗 冬至，吹黃鐘之律，閒音以竽 老子道德經 服文采，帶利劒，厭飲食，而資貨有餘，此之謂盜竽 註 竽者，五聲之長也。竽倡則衆樂皆和，大

姦倡則小盜和，故曰盜竽△集韻或作䇦。

笸 qǐ_3.9　集韻口已切音起。籓也。

筂 chí_3.9　正韻陳知切音池。同簾禮·月令仲夏之月，調竽、笙、竾、簧△篇海或作笸、箎。

竿 gān_3.9　廣韻古寒切集韻韻會正韻居寒切夶音干說文竹梃也詩·衛風籊籊竹竿史記·貨殖傳竹竿萬个図竿牘莊子註竹簡爲書図地名水經注衛縣有竿城図與干通後漢·董卓傳僭擬車服，時人號竿摩車註竿摩，猶干牐也。言其相逼近也図gǎn集韻古旱切。與幹同。箭笴也図gàn集韻居案切音旰。衣架爾雅·釋器竿謂之箷。鍫又梓24640

笉 yǔn_3.9　字彙補于刎切音殞。笈也。

笄 jī_3.9　玉篇居其切。竹名。同箕。

竽 yú_3.9　集韻同竽

笔 dùn_3.9　字彙補音未詳呂氏春秋註車笔。鍫俗笔41738

笝 máng_3.9　篇海謨郎切音忙。同苂。草芒也。

笅 chǎ_3.9　集韻初雅切海篇竹名。

竺 dǔ_3.9　龍龕同竺。又字彙補與篤同楚辭·天問帝惟元子，帝何竺之註厚也。

竾 wèi_3.9　簡籓43006

笓 qí_3.9　同夲00199

笅 null_3.9　或同笝。姓氏。見笅伏鼎。甲骨文亦有笅字，用作人名図nǚa喃从竹女nǚa聲。薄竹（青籬竹屬）図mwj壯弓。

笕 suàn_3.9　同筭41732可洪音義笕術：上蘇乱反。

笩 cè_3.9　同策41912亦作笩馬王堆漢墓帛書·老子乙本·道經善言者無瑕適，善數者不用檮笩。

笌 null_3.9　未詳。

笂 qí_3.9　同夲00199

笧 chuān_3.9　汗簡笧，芥義雲章

笔 dùn_3.9　俗笔41738名義笔，徒本反。簹，盛穀。図俗筆41890敦煌·S.5463開蒙要訓笔硯紙墨。

笭 goeng_3.9　壯弓。

笙 null_3.9　未詳。

筈 yú_3.9　簡箅42876

竺 dǔ_3.9　簡篤42398

筦 wán_3.9　日廣漢和辭典筦，国字。うつぼ。矢を盛って負う壷形の具。筦井は，群馬県前橋市の地名。

笄 jī_4.10　古文晜廣韻古奚切音雞篇海婦人之笄，則今之簪也。本作笄。

笅 jiāo_4.10　廣韻胡茅切集韻何交切夶音爻。管也爾雅·釋器簫小者謂之笅註十六管，長尺二寸△集韻同笅。

筗 zhòng_4.10　集韻敕中切音忡。竹名図玉篇丑弓切。義同。鍫胡吉宣：應卽㭪41918

笆 bā_4.10　集韻補下切，音把廣韻竹名，出蜀篇海竹有刺者◆竹譜棘竹駢深，一叢爲林。根若推輪，節若束針。亦曰笆竹，城固是任。蔑筍既食，鬢髮則侵註笆竹筍味，落人鬢髮図bà廣韻傍下切集韻部下切，並音杷。義同図廣韻伯加切集韻韻會正韻邦加切夶音巴廣韻有刺竹籬也史記索隱今江南謂葦籬曰笆籬前漢·司馬相如傳諸柘巴苴註文穎曰：笆蕉。

笨 zhōng_4.10　廣韻職容切集韻諸容切夶音鐘海篇長節竹也字林無節筩竹。

笠 hù_4.10　唐韻胡誤切集韻胡故切夶音護說文可以收繩也図正字通縣肉竹格。通作互周禮·地官·牛人供其牛牲之互図竹名僧贊亭·筍譜笠筍味苦節疎，大於箭筍少許。山人採剝，以灰汁熟煑之，都爲金色，然後可食，苦味減而甘，甚佳也。鍫又紹43817紆43818笲41761

笋 suàn_4.10　廣韻集韻韻會正韻夶蘇貫切音算。義同算史記·吳王傳上方與鼂錯調兵笋軍食水經注武帝建元中，使虞丘壽王與待詔能用笋者，舉籍阿城以南，鼇屋以東，宜春以西，提封頃畝図集韻竹器正字通又姓△集韻或作䔼。鍫玉篇笋同筭41997

笈 jí_4.10　廣韻巨業切集韻極業切夶音跲。負書箱也史記·蘇秦傳負笈從師図廣韻其立切集韻極入切正韻忌立切夶音及。義同図廣韻正韻夶極曄切音极。義同図廣韻楚洽切集韻測洽切夶音插。義同図正字通梵音讀若竭，義亦同。鍫又笝41938

笉 qǐn_4.10　廣韻士忍切玉篇笑貌図集韻此忍切籫。笑也図羽敏切音隕。義同。

笒 lù_4.10　篇海音六。竹也。鍫張涌泉：䈖42566字或體。

笊 zhǎo_4.10　廣韻集韻韻會夶側絞切音爪。笊籬，竹器図廣韻集韻韻會正韻夶阻教切，爪去聲。義同。図集韻鳥居穴曰笊，居樹曰巢。

笋 sǔn_4.10　廣韻思尹切集韻聳尹切夶音隼。竹胎也図本草澤蘭，根名地笋，以根可食也△集韻本作筍。鍫又笋41780

笖 dùn_4.10　廣韻徒損切集韻杜本切夶音盾淮南子·精神訓守其籩笖註受米穀器也急就篇註簹、笖皆所以盛米穀。笖之爲言屯也，物所屯聚也図集韻一曰籫也△或作囤，一作簞。鍫俗作笔41721笔41711

笅 yǐn_4.10　集韻以忍切音引。竹名。

笄 kuàng_4.10　字彙虛放切音況。覓魚具。鍫又笄41762

芳 41741 21070
fāng_4.10 集韻分房切音方。竹器也。

穿 41742 21071
yá_4.10 集韻牛加切音牙。筍也。

笍 41743 21072
zhuì_4.10 廣韻陟衛切集韻株衛切夶音綴說文羊車騶箠也，箠箼其耑長半分玉篇小車具也図集韻女劣切。義同図ruì集韻儒稅切音汭。竹名。

笰 41744 21073
pèi_4.10 集韻士止切音市。竹名，出南方荒中。長百丈，圍三丈也神異經笰竹子美，煑而食之，亡創属註子，筍也。鼇神異經南方荒中有沛竹，長數百丈，圍三丈六尺，厚八九寸，可以為大船。楊寶忠：笰既沛字之變。

筅 41745 21074
yuán_4.10 集韻愚袁切音元。竹名齊民要術筅竹黑皮有文。

笏 41746 21075
hù_4.10 廣韻集韻韻會正韻夶呼骨切音忽。公及士所搢也禮•玉藻笏，天子以球玉，諸侯以象，大夫以魚須文竹，士竹本，象可也。笏度二尺有六寸，其中博三寸，其殺六分而去一。凡有指畫于君前，用笏造，受命于君前，則書于笏左傳•桓二年袞冕黻珽註珽，玉笏也，若今吏之持簿晉書•輿服志古者貴賤皆執笏，有事則搢之于腰帶釋名笏，忽也，備忽忘也廣韻笏，一名手版，品官所執輿服雜事五代以來，惟八座尚書執笏，以筆綴手版頭，紫囊裹之。其餘王公、卿、士但執手版，主于敬。不執筆，示非記事官也正字通明制，笏，四品以上用象牙，五品以下用木，以粉飾之図韻會通作曶史記•夏本紀註鄭康成曰：曶者，臣見君所秉，書思對命者也。君亦有焉図wěn集韻武粉切音刎。笏笏，手循笛孔貌馬融•長笛賦篔笏抑隱，行入諸變図wù集韻文拂切音勿。篔笏，繁密貌。鼇又図08071

笐 41747 21076
háng_4.10 廣韻古郎切集韻居郎切夶音岡。竹列也。一曰絃加竹謂之笐爾雅•釋草仲，無笐註竹類也。図集韻寒剛切音杭。樂器有絃。一曰竹名図hàng廣韻集韻夶下浪切音亢。竹笐也，與筡同図集韻胡降切音巷。挂衣架也。一曰竹列。鼇又笐，笐字之譌。

笶 41748 21077
tì_4.10 ◆廣韻集韻夶他計切音替玉篇笶，車笪廣韻笶，車節也。

笑 41749 21078
xiào_4.10 古文咲关廣韻私妙切集韻韻會仙妙切夶音肖廣韻欣也，喜也增韻喜而解顏啟齒也。又嗤也，哂也易•萃卦一握爲笑詩•邶風顧我則笑毛傳侮之也禮•曲禮父母有疾，笑不至矧註齒本曰矧，大笑則見左傳•哀二十年吳王曰：溺人必笑論語夫子莞爾而笑註小笑図獸名廣東新語人熊，一名山笑図或作咲前漢•揚雄傳樵夫咲之△亦省作关前漢•薛宣傳一关相樂。鼇又关49129嘆06621嗅06770咲06864字彙笑，俗作笑。段氏改篆作笑。大徐本說文列笑爲新附字。簡帛文笑从艸作樊49107図古今正字笑，喜也。從竹，犬聲。諸文作咲05784，俗字也。

岑 41750 21079
cén_4.10 廣韻鋤針切集韻鋤簪切夶音岑。竹名。図jīn廣韻集韻夶巨禁切音噤。竹籤也釋名岑，橫在車前，織竹作之，孔岑岑也図篇海岑，籤也図hán集韻胡南切音含。與笒同篇海實中竹名。

笓 41751 21080
pí_4.10 廣韻部迷切集韻駢迷切夶音鼙。取鰕竹器◆博雅篝、筌謂之笓。可以約物図集韻頻脂切音琵。義同図bì集韻韻會夶毗至切音鼻。櫛属，與枇同。図bì集韻薄必切音邲。次也△集韻或作笜。亦作箪。鼇又毗45425図名義笓，毗利反。次。坒08339字。

笔 41752 21081
bǐ_4.10 集韻與筆41890同。鼇北齊房周陁墓誌於是搦笔銜哀。

笄 41753 21082
jī_4.10 集韻箕42111古作笄。

笁 41754 21083
qiū_4.10 廣韻集韻夶居尤切音鳩。竹名図篇海去鳩切音丘。義同。

笟 41755 21084
pū_4.10 集韻普木切音扑。小擊也△或作扑。亦作撲。

笩 41756 21085
zhǐ_4.10 集韻諸市切音止。竹名。

筡 41757 21086
shuǐ_4.10 集韻式軌切，音水。竹名図字彙補式軌切，音箠◇義同。

筅 41758 21087
qiǎn_4.10 廣韻丘广切集韻丘檢切夶音嗛廣韻小竹集韻竹也図qiàn集韻去劍切音欠。竹名。

笐 41759 21088
chén_4.10 集韻類篇夶持林切音沈。竹名。

笐 41760 21089
háng_4.10 字彙補笐字之譌。

筀 41761 21090
hù_4.10 字彙補與筀41731同。

笩 41768 u2B076
null_4.10 未詳。

笧 41762 21091
kuàng_4.10 玉篇虛誑切音況。覓魚具。鼇亦作笹41740

笓 41763 21092
shì_4.10 字彙補與匙同黃庭內景經玉笓金鑰長完堅李商隱詩玉笓不動便門鎖。一作筏，非。

笩 41770 u2B074
null_4.10 未詳。

笩 41764 44913
mǎn_4.10 五音篇海音滿。鼇字學呼名能書笩，苦緩切五侯鯖字海笩，竹名。

笱 41765 44914
gǒu_4.10 篇海類編音勾鼇俗笱41830敦煌。P. 2552唐人選唐詩•傷河龕老人土龕門前一行柳，獨引青絲織魚笱。柳花漠漠飛復飛，魚笱如今落誰手。

笷 41766 44915
lóng_4.10 搜眞玉鏡音龍。

筆 41771 u2B073
wěi_4.10 簡筆42252

笯 41767 u2B077
shuāng_4.10 簡雙43075

笩 41772 u2B072
wú_4.10 簡簾42676

笘 41769 u2B075
dǒu_4.10 笘笠，同斗笠。

笧 41773 u25B0B
sè_4.10 喃从竹兮hè聲。筲箕。

笧 41774 u25B0A
cǎn_4.10 喃从竹斤cân聲。竿。

笑 41775 u2B07
xiào_4.10 同笑41749

筓 41776 u25B05
xī_4.10 俗昔22410 可洪音義 自筓：音昔。

笁 41777 u25B04
zhú_4.10 四川方言詞典 筁（築），音竹。手腳因猛觸另一物體而扭傷△我的腳築倒了。

竻 41778 u25B03
shāo_4.10 同筲42005 郢大府銅量 郢大廈之□竻。

笝 41779 u25B02
chuān_4.10 或同筗41718

笁 41781 u25B00
null_4.10 未詳。

笋 41780 u25B01
sǔn_4.10 俗笋41737 可 洪音義 竹笋：私尹反。図俗笋42101

笐 41782 u25FF
hoh_4.10 壯 節，段

笒 41783 u25AFE
null_4.10 未詳。

笈 41784 u41DD
jiān_4.10 俗笈18839

筧 41785 u7B15
jiǎn_4.10 簡筧41987

笉 41787 21094
yǐ_5.11 集韻 養里切音以。箹也。図篇海 主藥切音箹。竹生筍。

笓 41786 21093
chí_5.11 篇海 與笓同 正字通 俗字。

笴 41788 21095
gān_5.11 廣韻 古三切 集韻 沽三切 丛音甘。竹名。図gǎn 唐韻 類篇 丛古覽切音敢。實中大竹也。

笘 41789 21096
xiān_5.11 廣韻 集韻 類篇 丛相然切音仙，竹名。

笎 41790 21097
mò_5.11 廣韻 莫撥切 集韻 莫葛切 丛音末。捕魚竹器 篇海 捕鮒竹器也。

笏 41791 21098
jiàn_5.11 廣韻 集韻 丛渠建切音健 說文 筋之本也 図qián 玉篇 巨言切 集韻 居言切，並音犍◇ 博雅 簨腱肉也。一曰筋之大者△或作腱。

笗 41792 21099
dōng_5.11 廣韻 集韻 類篇 丛都宗切音冬。竹名。

笘 41793 21100
shān_5.11 唐韻 失廉切 集韻 詩廉切 丛音苫 說文 折竹笘也図穎川人名小兒所書寫爲笘図集韻 七甘切。又 集韻 類篇 丛處占切音襜。義丛同図dié 廣韻 丁協切 集韻 託協切丛音帖。簡也図集韻 的協切音牒。笘籯，籧也。

笙 41794 21101
zhù_5.11 集韻 重主切音柱。樂器所以調絃△亦作筳42297 鑒又俗笙41795

笙 41795 21102
shēng_5.11 唐韻 廣韻 所庚切 集韻 韻會 正韻 師庚切 丛音生 廣韻 樂器也 世本 隨作笙。一曰女媧作 說文 笙，十三簧，象鳳之身也。正月之音，物生，故謂之笙 釋名 笙，生也。象物貫地而生也 博雅 釋樂 以匏爲之。十三管，宮管在左方 白虎通 笙者大蔟之氣，象萬物之生故謂之笙 爾雅 釋樂 大笙謂之巢，小者謂之和 註 大者十九簧。和，十三簧者 前漢 律歷志 匏曰笙 註 匏，瓠也。列管匏中，施簧管端 書 益稷篇 笙鏞以閒 詩 小雅 笙磬同音 周禮 春官 笙師掌教龡竽、笙図 細也 揚子方言 笙，細也。自關而西，秦晉之閒，凡細貌謂之笙 廣雅 笙，小也図 地名 左傳 宣十八年 歸父還自晉至笙 註 笙，魯境也図 簟名 揚子方言 簟，謂之笙 左思 吳都賦 桃笙象簟，韜于筒中図 字彙補 疏臻切音莘 史記 齊世家 遂殺子糾

于笙瀆 索隱曰 鄒誕生本作莘讀，莘、笙聲相近。鑒又莘49253 図 笙41794 廣碑別字 引隋 張伾墓誌。図 四聲篇海 牧35270 牧26276 胜35267，三音生，正作笙。

笯 41796 21103
hú_5.11 集韻 洪孤切音胡。竹名也図 篇海 同笴。笴籥，箭室。

笝 41797 21104
xiá_5.11 廣韻 胡甲切 集韻 轄甲切 丛音狎。竹名，同筬図dā 廣韻 都搕切 集韻 德盍切 丛音𥬇。竹相擊也図nà 集韻 諾盍切音魶。維舟竹索。同笝。

笝 41798 21105
shěn_5.11 集韻 矢忍切音矧。竹名。

笛 41799 21106
dí_5.11 廣韻 徒歷切 集韻 韻會 亭歷切 正韻 杜歷切 丛音狄。樂管 周禮 作篴 說文 七孔筩也 風俗通 武帝時丘仲作笛。笛，滌也。蕩滌邪志，納之雅正。長尺四寸，七孔通 雅 有雅笛，有羌笛 馬融 長笛賦 近世雙笛從羌起，羌人伐竹未及已。龍鳴水中不見已，截竹吹之聲相似。剡其上孔通洞之，裁以當籚便易持。易京君明識音律，故本四孔加以一。君明所加孔後出，是謂商聲五音畢 西京雜記 高祖初入咸陽宮，得玉笛，長二尺三寸，二十六孔。吹之則見車馬山林，隱轔相次，銘曰昭華之琯 酉陽雜俎 猿臂可爲笛，吹之，聲圓于竹 韻會小補 樂器圖有義觜笛，謂笛上別安觜也図 地名 水經注 洞庭湖之右岸有山，世謂之笛烏頭石△ 正字通 西京玉笛在武帝前 風俗通 謂笛爲武帝時丘仲所作，誤也〇按 周禮·笙師 已有教篴之文，篴與笛同，則周時已有之矣。鑒又篴42703 篴42795 遾61365

筑 41800 21107
zhù_5.11 篇海 筑41905字之譌。

笁 41801 21108
zhú_5.11 集韻 竹律切音怵 類篇 竹筍生貌図 篇海 當沒切音咄。義同。

笝 41802 21109
nà_5.11 廣韻 奴盍切 集韻 諾盍切 丛音魶。纜舟竹索也図 集韻 韻會 正韻 丛泥洽切音図。義同。一曰補籬也△ 集韻 或作笝。鑒又笝41923

答 41803 21110
chī_5.11 廣韻 丑之切 集韻 超之切 韻會 正韻 抽之切，並音癡。捶擊也 前漢·刑法志 景帝六年詔曰：答者，所以教之也。其定箠令。丞相劉舍請答者，捶長五尺，其本大一寸，其竹之末薄半寸，皆平其節。當答者答臀，毋得更人 註 如淳曰：然則先時答背也。師古曰毋更人，謂行答者不更易人也 唐書·刑法志 斷獄之刑有五，一曰答。答之爲言恥也，凡過之小者，捶撻以恥之。漢用竹，後世更以楚 書曰扑作教刑是也。太宗嘗覽 明堂針灸圖，見人之五臟皆近背，詔罪人無得鞭背 荀子·正論篇 捶、答臏腳 註 捶答皆杖擊也。鑒又楉25143 抬19343 搭20473

笈 41804 21111
pō_5.11 集韻 普活切音鏺 類篇 箽也。

笟 41805 21112
gū_5.11 玉篇 類篇 丛攻乎切。以篾束物也。同箍 海篇 古胡切音孤。與笯篱字不同。

笠 41806 21113 lì_5.11 廣韻集韻韻會正韻丛力入切音立篇海簦、笠，以竹爲之。無柄曰笠，有柄曰簦◆詩·小雅何簑何笠傳笠所以禦暑左傳註兵車無蓋，籧人執笠依轂而立，以禦寒暑，名曰笠轂又地名左傳·哀十六年越子伐吳，吳子禦之笠澤，夾水而陳水經注笠澤在吳南松江左右。

竚 41807 21114 zhù_5.11 玉篇直與切類篇丈呂切丛音宁。織竚也類篇機之持緯者。

笡 41808 21115 qiè_5.11 廣韻遷謝切集韻七夜切丛音趄廣韻斜逆也博雅籍謂之笡，柱距也。

笢 41809 21116 mǐn_5.11 廣韻武盡切集韻弭盡切丛音泯。竹表也說文竹膚也廣雅笠，竹也，其表曰笢又馬融·長笛賦笢笏抑隱註笢笏抑隱，手循笛孔之貌又正字通今之澤髮騣刷曰笢又廣韻武巾切音珉。義同。

笣 41810 21117 bāo_5.11 集韻班交切音包。竹名，出荔浦，其筍冬生又虛交切音虓。義同。

笏 41811 21118 yào_5.11 篇海於教切音靿。竹節。

笘 41812 21119 kǔ_5.11 集韻韻會丛孔五切音苦。竹名，同簭。又集韻果五切音古。籲也。

笤 41813 21120 tiáo_5.11 篇海田聊切音條。笤箒。

笶 41814 21121 qū_5.11 廣韻去魚切集韻丘於切丛音虛說文飯器◆儀禮註笲，竹器而衣者，其形蓋如今之筥、笶蘆矣揚子方言註笶，盛餅筥也又玉篇闕也。山谷遮獸器也△集韻本作𠙴。鎏又蒫50170

笷 41815 21122 niè_5.11 玉篇乃叶切類篇諾叶切海篇音聶。竹名揚雄·蜀都賦其竹則鐘籠、笷篁正字通笷篁，竹名，皮白如霜，大者宜爲篙又篇海竹笷，小箱也△亦作鉩籋鉚。鎏小箱。小箝。

笥 41816 21123 sì_5.11 廣韻集韻韻會正韻丛相吏切音伺說文飯及衣之器也書·說命惟衣裳在笥禮·曲禮苞苴簞笥註圓曰簞，方曰笥儀禮·大射儀小射正奉，決拾以笥註笥，萑葦器又山名水經注屈潭之左有玉笥山又集韻新茲切音思。想止切音枲。義丛同。鎏又篙42287苛49258

符 41817 21124 fú_5.11 廣韻防無切集韻馮無切正韻逢夫切丛音扶說文符，信也。漢制以竹，長六寸，分而相合釋名符，付也。書所敕命于上，付使傳行之也玉篇符，符節也。分爲兩邊，各持一以爲信篇海符者，輔也，所以輔信。又驗也，證也，合也六書音義符之爲言扶也，兩相符合而不差也周禮·地官門關用符節註符節者，如今諸官詔符也史記·五帝紀黃帝合符釜山註合諸侯符契圭璋而朝于釜山高祖紀六年，剖符行封孝文紀初與郡國守相爲銅虎符、竹使符註張晏曰：符以代古之圭璋，从簡易也。師古曰竹使符，與郡守各分其半，右留京師，左以與之又符瑞禮記註萬物之符長疏符謂甘露、醴泉之屬又符籙帝王世紀黃帝討蚩尤，西王母以符授之，乃立請祈之壇，親自受符又木膚也山海經丹木赤符而黑理又書名黃帝泰階六符經陰符經春秋感精符又官名前漢·趙堯傳堯爲符璽御史又姓廣韻魯頃公之孫雅仕，秦爲符璽令，因而氏焉又地名前漢·地理志沛郡有符離縣，犍爲郡有符縣，巴郡有符特山趙充國傳匈奴發騎，旁塞至符奚盧山北史·隋本紀開皇十五年，旅王符山山海經符禺之山，符禺之水出焉，北流注于渭又獸名後漢·班超傳月氏貢符拔註符拔，形似麟而無角又竹名廣東新語雙髻峰下百十步，劉仙壇側有符竹，竹不甚高大，止數尺，葉上有文如蝸涎，如古篆籀，其行或複或單，或疎或密，葉葉不同，若今巫覡所書符者。一竹中有一葉二葉，或數十竹中無一葉。葉雖枯而文色不改。文多白，與葉色不同。山人謂之竹葉符，每以餉客又敷無切史記·律書萬物剖符甲而生註符，音孚。鎏又苻偏類碑別字·符引魏清信女高思鄉造象

笧 41818 21125 rǎn_5.11 廣韻集韻類篇丛而琰切音冉。竹弱貌。又集韻乃玷切音淰。義同。

笸 41819 21126 pí_5.11 玉篇集韻丛古文皮36920字。

笧 41820 21127 cè_5.11 說文古文冊02688字又與策同馬融·圍碁賦碁多無笧兮，如聚羣羊。鎏又篇41902箣42152箣42151

笨 41821 21128 bèn_5.11 廣韻蒲本切集韻部本切丛音獖。竹裏也。一曰麤率也晉書豫章太守史疇，以人肥大，時人目爲笨伯又廣韻布忖切集韻韻會補袞切丛音本。義同。鎏又体00985坋08867𡗝14580㤓17678体17129倴01425

笩 41822 21129 pèi_5.11 字彙音旆。笩笩，飛揚也。鎏茷49342譌字。

笪 41823 21130 dàn_5.11 廣韻多旱切集韻黨旱切丛音亶博雅擊也。亦姓又集韻得案切音旦。筥也。一曰笞也。一曰笭箵，似籧篨，直文而麤者。江東呼爲笪，斜文爲簽。又dá廣韻集韻正韻丛當割切音妲。笞也。一曰覆舟簟又集韻他達切，音闥南部新書盧文進出獵，忽天暗星見，士人謂之笪又地名明一統志諸暨有烏笪山。鎏又担19374又龍龕篁俗，笪正。

笫 41824 21131 zǐ_5.11 集韻蔣兕切音姊。牀也揚子方言牀，陳楚之閒謂之笫又廣韻阻史切集韻壯仕切丛音滓說文牀簀也爾雅·釋器簀謂之笫註牀版荀子註笫，牀棧也周禮·天官玉府掌王之衽席牀笫左傳·襄二十七年趙孟曰：牀笫之言不踰閾又集韻爭義切音裝。牀格謂之笫又集韻阻引切音榛周禮衽席牀笫。徐邈讀又側瑟切音櫛。義同。

第 41825 21132 dì_5.11 廣韻特計切集韻韻會正韻大計切丛音弟。次第也左傳·哀十六年子西曰：楚國第我死，令尹、司馬非勝而誰註用士之次第又但也史記·陳丞相世家

第出僞遊雲夢註第，且也，但也又第宅前漢·高帝紀爲列侯者賜大第註孟康曰：有甲乙次第，故曰第也司馬相如·喻巴蜀檄位爲通侯，居列東第又複姓後漢·第五倫傳齊諸田徙園陵者多，故以次第爲氏，有第五、第八等氏又同弟說文第本作弟，韋東之次第也。今爲兄弟字又集韻一曰順也又韻會舊註作苐，非。苐，草也。鎣又才00545

笭 41826 21133 líng_5.11 廣韻集韻韻會太郎丁切音靈說文車笭也。一曰籯也廣韻笭箵，小籠釋名舟中牀以薦物者曰笭，言但有簀加笭牀也。南方人謂之笭突，言濕漏之水突然從下過也篇海笭箵，小籠廣韻作笭箐大唐新語漁具曰笭箵又廣韻力鼎切集韻朗鼎切太音領。義同又集韻郎定切，零去聲。笭箽，車中筵。鎣又䈖42697䉖42140

筰 41827 21134 zé_5.11 廣韻側伯切集韻韻會正韻側格切太音窄篇海狹也，迫也。出去疾也又屋上板說文在瓦之下，棼之上釋名筰，迮也，編竹相連迫迮也又矢箙儀禮·既夕甲冑干筰註筰，矢箙也◆釋名弩所受之器，織竹曰筰又錢名禮記疏貨泉之錢食貨志云今世謂之筰錢也又姓吳志筰融者，丹陽人又地名水經注太湖西南兩小山，如卷筰，長老云是筰嶺山又增韻壓也。通作措史記·梁世家李太后與爭門措指註晉灼曰：措字借以爲筰，師古曰爲門扇所筰又zuó廣韻在各切集韻正韻疾各切太音昨。筊也。西南夸尋之以渡水又刑名晉語其次用鑽筰註黥刑也又zé集韻實窄切音齰。筰也又廣韻集韻太側駕切音詐。酒盞也。同醡水經注耿恭吏士渴乏，筰馬糞汁飲之△集韻或作笮、筰。
鎣又笮41842筰41840筎41841

筎 41828 21135 nú_5.11 廣韻乃都切集韻韻會正韻農都切太音奴。鳥籠也楚辭·九章鳳凰在筎兮，雞鶩翔舞又廣韻集韻女加切韻會奴加切太音拏。義同又廣韻乃故切集韻韻會正韻奴故切太音怒。義同。鎣又篸42576

第 41829 21136 fú_5.11 廣韻分勿切，音弗。又集韻正韻敷勿切，音拂廣韻輿後第也詩·小雅簟第魚服◆爾雅·釋器輿革前謂之鞎，後謂之第疏第，車後戶名也又集韻分物切音弗。箭也。一曰笲謂之第又fèi集韻方未切音沸。削矢令漸細。

笱 41830 21137 gǒu_5.11 廣韻古厚切集韻韻會正韻舉后切太音苟說文曲竹捕魚笱也詩·邶風毋發我笱註鄭司農云堰水而爲關空，以笱承其空爾雅·釋器嫠婦之笱謂之罶註孫炎云以薄爲魚笱也又地名廣韻笱扇縣，在交趾。又音鉤，見莊子音義。鎣又罶45448又直音篇笱，音狗。取魚竹器。笱41765，俗。

笲 41831 21138 fán_5.11 廣韻附袁切集韻韻會符袁切太音煩。竹器，所以盛棗脩禮·昏義婦執笲棗、栗、段脩以見註笲以葦、苦竹爲之，其形如筥，衣之以青繒，以盛棗、栗之屬又廣韻扶晚切集韻父遠切太音奪。義同又廣韻集韻皮變切正韻毗面切太音卞。義同△集韻同匥。

笳 41832 21139 jiā_5.11 廣韻古牙切集韻韻會正韻居牙切太音嘉◆廣韻笳簫史記·樂書胡笳似觱栗而無孔，後世鹵簿用之，伯陽避入西戎所作，卷蘆葉吹之也韻會小補大胡笳十八拍，號沈家聲。小胡笳十九拍，號祝家聲△篇海亦作葭。

笴 41833 21140 gě_5.11 廣韻古我切集韻韻會賈我切正韻嘉我切太音哿。箭幹也又gǎo集韻韻會正韻太古老切音杲周禮·冬官考工記妢胡之笴註讀爲稾。古文假借字又gǎn正韻古旱切音稈。義同又玉篇公但切類篇居案切。義同又地名李白詩明月白笴陂。鎣又簳42782榦25154簳42306

笵 41834 21141 fàn_5.11 廣韻防錽切集韻韻會父錽切太音范◆說文法也，竹簡書也。古法有竹刑玉篇笵，楷式也，與範同通俗文規模曰笵，以土曰型，以金曰鎔，以竹曰笵。鎣又姓氏。笵賀、笵黽，並見十鐘山房印舉

笐 41835 21142 xiǎn_5.11 類篇蘇典切，飯帚。鎣又筅41889

笶 41836 21143 shǐ_5.11 玉篇式氏切類篇審視切◇弓弩矢也。俗矢字。

筄 41837 21144 shǐ_5.11 字彙補同笶○按笶既俗書，此復因笶而誤。鎣又笶41863

筰 41840 21147 zé_5.11 海篇與筰同

筥 41838 21145 jù_5.11 集韻臼許切音巨。火炬也類篇束葦燒苣。或从竹。

笍 41839 21146 ruì_5.11 字彙補儒稅切音芮。銳也。

筎 41841 21148 zé_5.11 字彙補與筰同。

笮 41842 21149 zé_5.11 海篇音義同筰。

筷 41843 21150 ǎng_5.11 集韻倚朗切音坱。竹名。一曰竹無色。又集韻於浪切音盎。義同又yīng字彙補於興切，音英◇筍也。鎣又筷41925

笉 41844 21151 yǐn_5.11 海篇音飲。笑貌。鎣又笉41852

筤 41845 21152 bái_5.11 集韻薄陌切音白。竹名，皮白。

筡 41846 21153 niè_5.11 海篇音聶。筡然，疲役也。

節 41847 44916 mǎo_5.11 篇海類編音卯。

𫁻 41848 u2B07B null_5.11 未詳。

𫁹 41850 u2B079 kù_5.11 漢語方言大詞典撥𫁹：用筷子撥入鍋内的麵食。晉語。

𫁸 41851 u2B078 mào_5.11 俗茂49206廣碑別字引唐顏瓌墓誌

𥬿 41852 u25B3F yǐn_5.11 同笉41844直音篇笉，語謹切。笑貌。

𫁺 41849 u2B07A null_5.11 簡箕42831

𥬩 41853 u25B29 ndij_5.11 壯笈𥬩：尖

頂竹帽 又 nia 喃 从箕省尼ni聲△丏⿱⺮尼：簸箕。

𥬨 41854 u25B28 khau_5.11 喃 从竹丘khâu聲。竹筒△丏𥬨：打水桶。

𥬧 41855 u25B27 chòm_5.11 喃 一叢，一撮，一群。

𥬦 41856 u25B26 rǔ_5.11 古璽彙編·官璽.0332 𥬦陽坊。讀汝陽市 又 姓氏。𥬦襚、𥬦興，並見 古璽彙編

𥬤 41858 u25B24 null_5.11 未詳。

𥬥 41857 u25B25 mù_5.11 从竹目聲。人名 古璽彙編·姓名私璽.1081 疾𥬥。

𥬣 41859 u25B23 null_5.11 未詳。

𥬢 41860 u25B22 zuǒ_5.11 或同左，姓 古璽彙編·姓名私璽.3111 𥬢沓。

𥬡 41861 u25B21 ruò_5.11 俗箬42203 新撰字鏡 𥬡，如略反。箬也。

𥬠 41862 u25B20 chōu_5.11 简 篘42363

𥬟 41863 u25B1F shǐ_5.11 同笶41837俗矢38493 龍龕 笶，申旨反，箭也。

笠 41864 uF9F8 lì_5.11 兼 笠。

笾 41865 u7B3E biān_5.11 简 籩43078

笽 41866 u7B3D mǐn_5.11 日 廣漢和辭典 笽，国字。笽島は，姓氏。

笻 41868 u7B3B qióng_5.11 俗筇41891 增廣字學舉隅 笻，筇非。

笹 41870 u7B39 shì_5.11 金文世00044用笹享孝，見 殷周金文集成 7.3991、7.3992 又 日 同文通考·國字 笹，小竹也。

笼 41867 u7B3C lóng_5.11 简 籠43018

笸 41871 u7B38 pǒ_5.11 同箥42157 國語辭典 笸籮：柳枝編成之盛穀或他物之器。

笺 41869 u7B3A jiān_5.11 简 箋42090

⿱⺮囟 41873 21155 zhì_6.12 集韻 直例切音滯。以竹補缺也 又 玉篇 古文箕42111字。鑾王念孫 廣雅疏證 茵者 說文 茵，目艸補缺也。各本茵49298訛作⿱⺮囟

笿 41872 21154 luò_6.12 廣韻 盧各切 集韻 歷各切太音洛 說文 栝笿也 急就篇註 篝，一名笿，盛杯器也。亦以爲薰籠，楚人謂之牆居 玉篇 笿，籠笿也 又 博雅 笿，束也。鑾又 正字通 ⿱⺮恪42233，按：說文 笿，栝笿也。改从恪，非。

⿱⺮夅 41874 21156 gòng_6.12 廣韻 集韻 太古送切音貢 說文 栝笿也。或曰盛箸籠。

筀 41875 21157 guì_6.12 廣韻 古惠切 集韻 韻會 涓惠切太音桂。竹名 山海經 龜山又東七十里曰丙山，多筀竹 僧贊寧·筍譜 筀竹，吳越多生 篇海 筀，竹名，傷人則死 廣東新語 筀竹，葉細節疎，宜作蔤絲。鑾又篌42273

筁 41876 21158 qū_6.12 玉篇 去玉切 集韻 區玉切太音曲 說文 蠶薄也△或作苖。

⿱⺮曳 41877 21159 yì_6.12 廣韻 餘制切 集韻 以制切太音曳。長也 篇海 合板際也 又 yè 集韻 羊列切音拽。校縫箄也。鑾 廣韻 㳿。餘制切。合板㳿縫 又 王仁昫刊謬補缺切韻一.P.2011 ⿱⺮曳，各（合）板際。袣，長。

⿱⺮至 41878 21160 chī_6.12 玉篇 尺之切 集韻 充之切太音蚩。竹名。

筨 41879 21161 róng_6.12 廣韻 如融切 集韻 而融切太音戎。小竹，可爲矢。

筙 41880 21162 chuǎn_6.12 集韻 尺兖切音舛。竹以貫物也。

⿱⺮𦣝 41881 21163 jī_6.12 廣韻 集韻 太居之切音姬 說文 取蟣比也。比與篦同 揚子方言 編⿱⺮𦣝，亦曰比⿱⺮𦣝 篇海 批具，可以取蟣蝨。鑾又⿱⺮直42025

⿱⺮沲 41882 21164 chí_6.12 類篇 陳知切。管樂也。與篪、竾同。

⿱⺮耴 41883 21165 niè_6.12 玉篇 尼懾切 廣韻 尼輒切太音聶。竹⿱⺮耴。又竹也。鑾又籋43131筞42143

⿱⺮朱 41884 21166 shū_6.12 廣韻 昌朱切 集韻 春朱切太音樞 博雅 筟籆謂之⿱⺮朱 又 zhū 集韻 追輸切音株。義同 又 類篇 初尤切 又 chuǎng 初講切。帆張也。

筃 41885 21167 yīn_6.12 集韻 伊眞切音因 類篇 竹名 說文 車重席。與茵同。

筄 41886 21168 yào_6.12 廣韻 弋照切 集韻 弋笑切太音燿 爾雅·釋宮 屋上薄謂之筄 註 屋笮也 又 集韻 餘招切音遙 類篇 夷周切。義太同。鑾又筄41926

⿱⺮列 41887 21169 lì_6.12 類篇 力制切 海篇 音例。籌也。又音列。

⿱⺮老 41888 21170 lǎo_6.12 集韻 魯皓切音老。栲栳，柳器。或从竹。

筅 41889 21171 xiǎn_6.12 廣韻 集韻 太蘇典切音銑。筅，筅帚 廣韻 飯具，同箲 正字通 狼筅，兵器 戚繼光·武藝篇 狼筅用大毛竹，上截連四旁附枝，節節枒杈。視之，粗可二尺，長一丈五六尺，利刃在頂，長一尺。郭應響云臨敵，他技單薄，膽易搖奪，惟筅遮蔽全身，刀鎗叢刺不能入。用爲行列，乃行伍藩籬也。鑾文見戚繼光 練兵實紀雜集·軍器解·狼筅解。粗可二尺，二寸之誤 又 筅41835

筆 41890 21172 bǐ_6.12 廣韻 鄙密切 韻會 逼密切 正韻 壁吉切太音必 釋名 筆，述也。述事而書之也 爾雅·釋器 不律謂之筆 註 蜀人呼筆爲不律也 說文 楚謂之聿，吳人謂之不律，燕謂之弗，秦謂之筆 古今注 古之筆，不論以竹以木，但能染墨成字，卽謂之筆。秦吞六國，滅前代之美，故蒙恬得稱於時。蒙恬造筆，卽秦筆耳。以枯木爲管，鹿毛爲柱，羊毛爲被，所謂蒼毫也。彤管赤漆耳，史官記事用之 法書攷 虞世南云筆長不過六寸，眞一，行二，草三，指實掌虛 禮·曲禮 史載筆，士載言 註 筆，謂書具之屬 又 筆星 釋名 筆星，星氣有一枝，末銳似筆也。又 花名 楚辭註 辛夷花初發如筆，北人呼爲木筆。又 集韻 筆別切音莂。山東謂筆 又 作聿。見 漢戚伯樊毅碑 △ 集韻 或作笔。鑾又笔41721

筇 41891 21173 qióng_6.12 廣韻 集韻 韻會 正韻 太渠容切音蛩。竹名，可爲杖 前漢·西南夷傳 張騫言在大夏見蜀布、筇竹

杖 廣志 笻竹出南廣卭都縣 蜀都賦·劉逵註 笻竹出興古
盤江縣，中實而高節 戴凱之·竹譜 竹之堪杖，莫尚於笻。
磈砢不凡，狀若人功。豈必蜀壤，亦產餘邦。一曰扶老，
名實縣同。鎏 又筇41868 正字通 笻，本作邛61516 經典文
字辨證書 邛通，笻駕並俗，笻竹 爾雅 駏驉驅驢。

荏 41892 21174
rèn_6.12　廣韻 如甚切 集韻 忍甚切夶音餁。單席也
図 集韻 如鴆切音姙。臥席也△ 集韻 通作衽。

筈 41893 21175
kuò_6.12　廣韻 集韻 韻會 正韻 夶古活切音括。箭末
曰筈。筈，會也。謂與弦相會 廣韻 箭筈，受弦處 陸機·爲
顧彥先贈婦詩 離合非有常，譬彼弦與筈 図 集韻 苦活
切音闊。義同 図 與括同 書·太甲 若虞機張往省括于度
則釋。

筌 41894 21176
jiāng_6.12　集韻 古雙切音江 篇海 竹名。又筏也。

等 41895 21177
děng_6.12　廣韻 正韻 多肯切 集韻 韻會 得肯切 海篇
登上聲。類也，比也，輩也 易繫辭 爻有等，故曰物 禮·曲
禮 見同等不起 図 齊也 左傳疏 春秋分而晝夜等，謂之
日中 図 等級也 禮·樂記 則貴賤等矣 周禮·春官 以玉作
六瑞，以等邦國 左傳·隱五年 明貴賤，辨等列 図 稱量
輕重也 孟子 等百世之王 史記·夏本紀 四岳曰：等之未
有賢於鯀者 篇海 等候待也 図 說文 齊，簡也。从竹
从寺。寺，官曹之等平也 図 字彙補 發等沐樹也 王褒·僮
約 焚槎發等 図 佛書中有方等經 廣韻 多改切 集韻 打
亥切。齊也。鎏 又等12534 �15924 寸12513 䒭00023 䓬49455
図 等子，也作㦰18947子。

筊 41896 21178
jiāo_6.12　廣韻 胡茅切 集韻 正韻 何交切夶音爻 說
文 竹索也 史記·河渠書 搴長茭，沈美玉 註 竹葦絙曰筊
廣雅 筊，繩索也 図 簫名 爾雅·釋樂 大簫謂之言，小者
謂之筊 註 十六管，長尺二寸 疏 小者聲揚而小，故言筊。
筊，小也 図 廣韻 集韻 韻會 正韻 夶古巧切音絞。義同。
鎏 又筊41727 筊43022 敩42630

筋 41897 21179
jīn_6.12　古文 笏 廣韻 集韻 韻會 夶舉欣切音斤 說
文 肉之力也。从肉从力从竹。竹，物之多筋者也 禮·曲禮
老者不以筋力爲禮 周禮·天官·醫師 凡藥以辛養筋 釋名
筋，力也。肉中之力，氣之元也，靳固于身形也△◆ 博
雅 北方之美者，有幽都之筋角焉 図 竹名 戴凱之·竹譜
筋竹，長二丈許，圍數寸，至堅利，南土以爲矛。其筍
未成竹時，堪爲弩絃 図 藥名 本草 白茅根，一名土筋。
図 姓。出 姓苑 図 **qián** 集韻 渠焉切音乾。大腱也△ 篇
海 俗作觔。鎏 又莇49394 觔55327

筌 41898 21180
quán_6.12　廣韻 此緣切 集韻 韻會 逡緣切 正韻 且緣
切夶音詮。取魚竹器 莊子·外物篇 筌者所以得魚，得魚
而忘筌 郭璞·江賦 夾潨羅筌 註 捕魚器，今之斗回也 韻
會 或云積柴水中，使魚依而食。一曰魚笱。鎏 又爺42140
筌42180

筝 41899 21181
kǎo_6.12　集韻 苦皓切音考。筝筝，屈竹木爲器。

△亦作㭒。鎏 又㭒25453

筍 41900 21182
sǔn_6.12　古文 籏 篔 廣韻 思尹切 集韻 聳尹切 正韻
聳允切夶音薞 說文 竹胎也 爾雅·釋草 筍，竹萌 疏 竹初
萌生謂之筍 詩·大雅 其蔌維何，維筍及蒲 陸璣疏 筍皆
四月生，惟巴竹筍八月、九月生。始地生，長數寸，䉀
以苦酒、豉汁浸之，可以就酒及食 唐書·百官志 司竹監
掌植竹、葦，歲以筍供尚食 本草 竹有雌雄，雌者多筍，
於竹根行鞭時，掘取嫩者，謂之鞭筍。冬月掘大竹根下
未出土者爲冬筍，夶可鮮食，爲珍品。南人淡乾者爲玉
版筍、明筍、火筍，鹽曝者爲鹽筍，夶可爲蔬食。諸竹
筍氣味甘，微寒，無毒 図 縣鐘磬之橫木曰筍，與簨同 周
禮·冬官考工記 梓人爲筍虡 註 樂器所縣，橫曰筍，直曰
虡 疏 筍讀爲竹筍之筍 図 **yún** 類篇 於倫切。弱竹，可爲
席 書·顧命 敷重筍席 傳 筍，蒻竹。徐云竹子竹爲席。
図 **xùn** 集韻 韻會 正韻 夶須閏切音峻。竹輿也 公羊
傳·文十五年 齊人歸公孫敖之喪，脅我而歸之，筍將而
來至 註 筍者，竹箯。一名編輿，齊、魯以北名之曰筍。
△ 集韻 筍或作筅，俗作笋。鎏 又笩42431

笳 41901 21183
rú_6.12　玉篇 汝余切 集韻 人余切夶音如。竹笳以
塞舟也 類篇 刮取竹皮爲笳。

箣 41902 21184
cè_6.12　廣韻 集韻 夶古文冊02676字 図 與笧、策同
楚辭·九懷 啟匱兮探箣 註 箣 釋文 作簎 馬融·圍碁賦 碁
多無箣兮，如聚羣羊 註 箣同策，算也 図 集韻 所晏切音
訕。與柵同。編竹木爲落也。

筏 41903 21185
fá_6.12　廣韻 集韻 韻會 夶房越切音伐 說文 海中
大船 海篇 編竹渡水曰筏 揚子方言 泭謂之㷺，㷺謂之筏
郭註 木曰㷺，竹曰筏，小筏曰泭 図 廣韻 集韻 夶北末
切音撥。箪也 図 集韻 普活切音鏺。義同△ 集韻 本作栰。
鎏 又拔19587 栰23984 舷48652 艐48833

筐 41904 21186
kuāng_6.12　廣韻 去王切 集韻 韻會 曲王切夶音匡
說文 飯器 篇海 盛物竹器也 詩·周南 不盈傾筐 傳 傾筐，
畚屬，易盈之器也。又 小雅 承筐是將 傳 筐，筐屬，所
以行幣帛 星名 前漢·天文志 斗魁戴匡六星，曰文昌
宮 註 似筐，故曰戴筐 図 牀名 莊子·齊物論 與王同筐牀
食芻豢 註 司馬云筐牀，安牀也。崔云筐，方也。一曰正
牀也 図 地名 左傳·文十一年 夏，叔仲惠伯會晉郤缺于
承匡△ 集韻 作筐。鎏 又筐42068

筑 41905 21187
zhù_6.12　廣韻 集韻 韻會 夶張六切音竹◆ 說文 筑，
以竹曲爲五絃之樂也 釋名 筑，以竹鼓之筑柲之也 風俗
通 狀如瑟而大，頭安絃，以竹擊之，故名曰筑。顏師古
曰筑形似瑟而小，細項 廣韻 筑似箏而十三絃 史記·荊
軻傳 高漸離擊筑，荊軻和而歌於市中 図 爾雅·釋言 筑，
拾也 註 謂拾掇 疏 金縢 云凡大木所偃，盡起而筑之。
馬融云起其木，拾其禾 図 廣韻 直六切 集韻 佇六切夶
音逐 前漢·地理志 南陽郡有筑陽縣 註 筑音逐 水經注 沔
水南過筑陽縣東，筑水出自房陵，東過其縣△ 集韻 或

作潩。鑒又筑41919舥41930筑41800筑又築42352簡化字。

笁 41906 21188
chòng_6.12　集韻充仲切音銃。竹尖也。

筒 41907 21189
tǒng_6.12　廣韻正韻徒紅切集韻韻會徒東切丛音同。射筒，竹名左思·吳都賦其竹則桂箭、射筒異物志射筒竹，細小通長，長丈餘，無節，可爲射筒，出交趾。图呂氏春秋黃帝命伶倫作律次，制十二筒，以別十二律图韻府蜀郫縣大竹，截爲筒，盛酒，閉以藕絲，包以蕉葉，信宿，香達于外，曰郫筒杜甫詩酒憶郫筒不用沽图dòng廣韻集韻韻會正韻丛徒弄切音洞。簫無底也。通作洞前漢·元帝紀能吹洞簫。鑒又補54381

笄 41908 21190
jī_6.12　廣韻古奚切韻會正韻堅奚切丛音雞說文簪也禮·內則十有五年而笄儀禮·士昏禮女子許嫁，笄而醴之，稱字釋名笄，係也。所以係冠使不墜也儀禮疏凡笄有二種，一是安髮之笄，男子、婦人俱有。一是爲冠笄，皮弁爵弁笄，惟男子有而婦人無也。又大夫、士與妻用象，天子、諸侯之后、夫人用玉爲笄詩·鄘風君子偕老，副笄六珈周禮·天官·追師掌王后之首服，爲副編次，追衡笄图地名左傳·成二年師次于靡笄之下註靡笄，山名括地志靡笄山，一名磨笄山。在蔚州飛狐縣東北百五十里水經注笄頭山，在潘城南。

答 41909 41191
dá_6.12　古文畣富廣韻都合切集韻韻會正韻得合切丛音遝篇海竹箭也。又當也，報也，合也禮·儒行上答之，不敢以疑。上不答，不敢以諂註答之，謂應用其言也图前漢·貨殖傳答布、皮革千石註答布，麤厚之布也。答者，厚重之貌图水名水經注婁涿之山，波水出于其陰，謂之百答水图答祿，複姓。明答祿奕權，官翰林典籍，預修洪武正韻图爾雅·釋言答，然也△廣韻亦作荅。鑒聞一多古典新義·敦煌舊鈔楚辭音殘卷跋附校勘記屈原答靈氛曰殘卷作畣。按：畣，古答字爾雅有之，然已訛作畣，從田，于義無施。他書用古字莫不皆然，蓋習非勝是，沿誤久矣。作畣者平生惟此一見。

筑 41910 21192
duò_6.12　廣韻徒果切音埵。竹名。又他果切。義同图zhuā說文陊瓜切。筑也图叶音戈蘇轍·守歲詩晨雞且勿唱，更鼓畏漸筑。明年豈無年，心事恐蹉跎。鑒又筑41921簹42675

筕 41911 21193
héng_6.12　廣韻戶庚切集韻何庚切丛音行。筕篖，竹笪也揚子方言筕篖，自關而東，周洛楚魏之間謂之倚佯。自關而西，謂之筕篖註筕篖，似篷籧，直文而麤，江東呼爲笪本草筕篖，竹篾別名图廣韻胡郎切集韻寒剛切丛音杭。義同。鑒兒給也揚子方言筕篖自關而東周洛楚魏之間謂之倚佯。華學誠：給的意思是欺哄。筕篖是一種用料做工都很粗糙的蓆子郭註云似篷籧，直文而粗，江東呼笪。倚佯是筕篖的方言異稱，與兒給義毫無聯繫字典據方言此條有佯字而割裂倚佯，並把方言此條作爲兒給一義的古辭書證據，誤甚。

策 41912 21194
cè_6.12　廣韻楚革切集韻韻會丛測革切音冊儀禮註策，簡也蔡邕·獨斷策者，簡也。其制長二尺，短者半之，其次一長一短，兩編下附單執一札，謂之爲簡。連編諸簡，乃名爲策。凡書，字有多有少，一行可盡者書之于簡，數行可盡者書之于方，方所不容者乃書于策禮·曲禮先生書策，琴瑟在前，坐而遷之，戒勿越通攷漢制，取士作簡策難問，試者投對答之，謂之射策。若錄政化得失顯問，謂之對策图策書釋名策書教令，于上所以驅策諸下也左傳·僖二十八年王命尹氏及王子虎、內史叔興父，策命晉侯爲侯伯图籌也，謀也史記·袁盎傳盎雖家居，景帝時時使人問籌策图蓍也史記·封禪書黃帝得寶鼎神策，於是迎日推策註策，神蓍也。黃帝得蓍，因以推算曆數，逆知節氣與日辰之將來也图竹名左思·吳都賦策箬有叢◆吳筠·竹賦爾其衆彙非一，則有策箬筋曼图馬箠禮·曲禮君車將駕，則僕執策立于馬前左傳·文十三年晉士會行，繞朝贈之以策註策，馬撾图策馬曰策左傳·哀十一年清之戰，孟之側後入以爲殿，抽矢策其馬图天策，星名左傳·僖五年童謠云鶉之賁賁，天策焞焞註天策，傅說星图金策，錫杖也，見詩·韻輯略图小也揚子方言木細謂之杪，燕之北鄙，朝鮮洌水之間謂之策图策策，落葉聲韓愈詩秋風一披拂，策策鳴不已图警策陸機·文賦立片言以居要，乃一篇之警策註馬因策而行疾，喻文資片語而理明。以一言入衆辭中，若策之警馬也图刺也揚子方言凡草木刺人，北燕朝鮮之間謂之策图姓。明有策敏、策簡图集韻一曰小箕△篇海亦作笧、冊。俗作筞、筴，誤。鑒又筞41697笧41716剚03648剢03696帶15023筴41927築42155筞42191蓾42133籍42718莢49907箂49644筞42304筞42145图直音篇簎42152同策图龍龕嚓06563，俗。音策。

竾 41913 21195
zǐ_6.12　集韻蔣氏切音紫。竹名。

茸 41914 21196
róng_6.12　廣韻而容切集韻如容切丛音茸。竹頭有文集韻文竹也图集韻乳勇切音宂。義同。

筜 41915 21197
yáng_6.12　集韻余章切音陽。竹名。

筩 41916 21198
chuán_6.12　篇海市緣切音遄。倉筩也△字彙補筩字省文。

筡 41917 21199
zhēng_6.12　集韻諸仍切。同箞。竹炬。一曰竹名，皮有文。

筗 41918 21200
zhòng_6.12　集韻直衆切音仲說文中籬也。或省作仲爾雅·釋樂大籬謂之產，其中者謂之仲图字彙補竹名。鑒又竿41728

筑 41919 21201
zhù_6.12　篇海同筑图字彙補其玉切，音逐◇水名。

筍 41920 21202
sǔn_6.12　字彙補心準切音筍。簨也。鑒又筍41922

築 41921 21203
duò_6.12　集韻杜果切音埵玉篇筑築，竹名，生南陽，漢時獻爲馬策图zhuā廣韻陟瓜切集韻張瓜切丛

音撾。與檛同，箠也。

筭 41922 21204 sǔn_6.12 字彙補與筍同。

箇 41923 21205 nà_6.12 字彙補同笝。見韻圖

箁 41924 21206 kòu_6.12 字彙補丘遘切音叩。布箁也金仁山·論麻冕云三十升布，則爲箁一千二百目。

箅 41925 21207 yīng_6.12 海篇音英。笄也。鑒俗筷41843

筄 41926 21208 yào_6.12 字彙補羊笑切音耀。屋上簿也。

筴 41927 21209 jiā_6.12 篇海俗筴字。

筎 41928 21210 wěn_6.12 篇海類編武粉切音吻。截筎竹也。

箯 41929 21211 yú_6.12 字彙補同篽。

筑 41930 21212 zhù_6.12 五音篇海同筑。

箢 41933 u2B07D null_6.12 未詳。

笔 41931 44917 jì_6.12 搜眞玉鏡音記。鑒又trạc喃从箕省宅trạch聲。土筐。

筊 41932 44918 jì_6.12 搜眞玉鏡音忌。

箞 41935 u25B4F mấu_6.12 喃从節省牟màu聲△箞節：竹節。

箛 41934 u2B07C null_6.12 未詳。

笀 41936 u25B4E mǎng_6.12 喃从竹汒mang聲△笀筍：竹筍△亦作筕42056省作笀。

笶 41937 u25B4D cenx_6.12 壯竹、木刺又dằm喃笶椰：竹刺。

箘 41938 u25B4A jí_6.12 風俗通·愆禮箘，笈41733字之譌。

筡 41939 u25B49 huì_6.12 簡篲42854

筒 41940 u25B48 null_6.12 未詳。

笲 41941 u25B47 null_6.12 未詳。

箄 41942 u25B46 bǐ_6.12 俗箄42079文淵閣四庫本洪武正韻箄，篨箄，竹器。

箛 41944 u25B44 null_6.12 未詳。

箁 41943 u25B45 gào_6.12 或同筶42027卜具，即杯筊又gi壯淘米箕。

笧 41945 u25B43 null_6.12 未詳。

筞 41947 u25B41 jié_6.12 俗桀24005可洪音義筞迼：上音竭，強暴也。正作搩。又經音義及上方經並作桀。桀，夏王名也。非。

筕 41946 u25B42 null_6.12 未詳。

筠 41948 u25B40 báo_6.12 同箹41968類篇箹，弼角切。箹篗，畚帶也。又測角切。

箇 41949 u41F4 qiān_6.12 俗籖43047文淵閣四庫本仁齋直指·卷二十一·耳·耳病證治·膿耳方·又方右為細末，用綿纏竹箇拭耳，換綿蘸藥入耳。

箳 41950 u4202 píng_6.12 俗箳42077

箋 41951 u41F3 jiān_6.12 俗箋42090可洪音義箋云上則先反。亦作箋、箞。

筝 41952 u7B5D zhēng_6.12 同箏42101

筜 41953 u7B5C dāng_6.12 簡簹42800

筛 41954 u7B5B shāi_6.12 简篩42413

筚 41955 u7B5A bì_6.12 简篳42500

筙 41956 u7B59 lái_6.12 漢語大字典.V.2.P.3159筙，同箂42073

筣 41957 21213 yí_7.13 集韻牛肌切，音狋。大簏也又yín魚斤切，音狺。義同△或作箷。鑒又觺75955

策 41958 21214 cè_7.13 篇海俗策字。

筟 41959 21215 fū_7.13 廣韻集韻丛芳無切音敷說文筳也。筳，織緯者又竹中衣。鑒又俗泭28050可洪音義筟謂之箄：上正作澓29376桴24147，二同，芳无反。

筠 41960 21216 yún_7.13 廣韻爲贇切集韻韻會于倫切丛音荺篇海竹膚之堅質也。竹無心，其堅强在膚禮·禮器其在人也，如竹箭之有筠也註筠，竹之青皮也又洛陽名園記富鄭公園，景物最勝。渡通津橋，方流亭，望紫筠堂，直北走土筠洞，自此入大竹中。凡謂之洞者，皆斬竹丈許，引流穿之而徑其上。橫爲洞一，曰土筠。縱爲洞三，曰水筠，曰石筠，曰榭筠又正韻于分切音雲。義同。鑒又荺49439

箻 41961 21217 lǜ_7.13 廣韻呂邺切集韻劣戌切丛音律。竹管以射鳥也△集韻同箻。

筁 41962 21218 qiú_7.13 廣韻巨鳩切集韻渠尤切丛音求。小籠也。

箇 41963 21219 dùn_7.13 集韻杜本切音盾。篅也，同笹。鑒又菌49516

筡 41964 21220 tú_7.13 廣韻集韻丛同都切音徒。簢筡，竹類爾雅·釋草簢筡，中註言其中空又集韻陳如切音除。義同又◆說文折竹筤也揚子方言折竹謂之筡又chū廣韻丑居切集韻抽居切丛音摴。草名。又竹蔑名又集韻商居切音書。箷筡，竹筐也又集韻丑戾切。義同。一曰竹裹爲筡△或作篨。

筢 41965 21221 pá_7.13 篇海白巴切音琶。五齒筢，用以取草。

筨 41966 21222 jué_7.13 集韻訖岳切音角篇海竹榱也又wò集韻乙角切篇海於角切丛音渥。竹名。

箣 41967 21223 bié_7.13 廣韻方別切集韻筆別切，並音莂廣韻分箣也。一云分契。

箹 41968 21224 báo_7.13 廣韻蒲角切集韻弼角切丛音雹。箹箕，畚帶也揚子方言車枸簍，宋魏陳楚之閒，其上約謂之箹郭註即畚帶也又廣韻集韻丛測角切音娖。又集韻側角切音捉。義丛同。鑒類篇作筠41948，筠篗，畚帶也。

筣 41969 21225 lí_7.13 廣韻里之切集韻良脂切，並音梨◇類篇筂筣，織竹爲障也又廣韻郎奚切集韻憐題切丛音黎。義同又集韻陵之切音釐。竹名，出廣州西南又集韻力至切音利。義同又lǐ集韻里弟切，音禮。筣筂，織荊。鑒又藜42946

箔 41970 21226 chān_7.13 集韻癡廉切音沾。剡物使薄也又敕黶切音覘。義同。

筬 41971 21227 chéng_7.13 廣韻直貞切集韻馳貞切夶音呈。筵也博雅筬筵，竹席。一曰竹名，可爲笛囡tīng集韻湯丁切音汀。竹器囡集韻他定切音聽。車中筵也。

爺 41972 21228 yé_7.13 集韻余遮切音耶。竹名，生臨海贊寧·筍譜爺竹筍無味。鎣又節42221

觔 41973 21229 bó_7.13 廣韻集韻夶北角切音剝說文手足指節鳴也囡集韻必歷切音壁。逋約切。同胉。義夶同。鎣又㪍32331觔42296骰67856觔42047

篷 41974 21230 péng_7.13 廣韻薄紅切集韻蒲蒙切夶音蓬。與篷同廣韻車軬揚子方言車枸簀，南楚之外謂之篷，或作筲玉篇亦船連帳也囡xiáng◆集韻胡江切音降。筲篷，酒篘也。

筤 41975 21231 láng_7.13 廣韻魯當切集韻韻會正韻盧當切夶音郎易·說卦震爲蒼筤竹疏蒼筤，幼竹。竹引東南，震，東方，故爲蒼筤竹囡山名四川志筤筤山，在大渡河西北五十餘里，曰前筤。又行數十里，曰後筤，山多筍，故名囡集韻里黨切音閬。籃也囡集韻呂張切音良博雅筤謂之笑囡làng集韻郎宕切音浪。扇類。曲柄繡蓋，在乘輿後。

篒 41976 21232 chī_7.13 廣韻丑飢切集韻抽遲切夶音絺。竹器。

籭 41977 21233 sān_7.13 廣韻蘇干切韻會相干切夶音跚。竹器。又集韻上聲，顙旱切音散。義同囡集韻損管切音匴博雅篩謂之籭囡所簡切音產。蘇典切音跣。義夶同。鎣又篩42124

箞 41978 21234 zhè_7.13 篇海陟葉切音輒。小葉也。正字通竹箸。與籬通。鎣俗笧49575

筥 41979 21235 jǔ_7.13 廣韻正韻居許切集韻韻會苟許切夶音舉。盛米器也詩·召南維筐及筥周禮·地官·舍人賓客亦如之，共其禮，車米、筥米、芻禾三禮圖筥，圓，受五升詩傳方曰筐，圓曰筥。刈稻聚把，亦名爲筥儀禮·聘禮四秉曰筥，四筥爲稷註秉謂刈禾盈手之秉。筥，穧名也，若今萊陽之間，刈稻聚把有名爲筥者囡lǔ集韻兩舉切音呂。飯器說文䈽也。同籚。鎣又籚42534籗42796

筤 41980 21236 màng_7.13 集韻莫浪切海篇忙去聲。屋簀。

箘 41981 21237 jùn_7.13 集韻區倫切音囷。與箘同。註詳箘字。

筲 41982 21238 dòu_7.13 集韻大透切音豆。禮器。類篇古食肉器也，與豆同。

筤 41983 21239 wěi_7.13 集韻武斐切海篇音尾。竹名篇海帚也。

筤 41984 21240 yì_7.13 集韻乙及切音邑。捕魚竹器。

筦 41985 21241 guǎn_7.13 廣韻古滿切集韻古緩切夶音管廣韻與管同詩·周頌磬筦鏘鏘前漢·董仲舒傳鐘鼓筦絃

囡主也史記·平準書桑弘羊爲大農丞，筦諸會計事前漢·谷永傳昔龍筦納言，而帝命惟允囡籥也戰國策魯連謂平原君曰：諸侯避舍，納筦鍵註筦，籥也囡說文筦也囡姓前漢顏安樂傳有筦路。又藝文志管子作筦子。鎣又筧42016

䉛 41986 21242 chōu_7.13 集韻初尤切音搊。漉取酒也，同篘。

筧 41987 21243 jiǎn_7.13 廣韻古典切集韻吉典切夶音繭。以竹通水也白居易·石函記錢塘湖北有石函，南有筧放水溉田，若諸小筧，非灌田時，夶須封閉築塞。其筧之南，舊有闕岸，若水暴漲於石函，南筧洩之，隄防潰也。囡xiàn類篇胡典切篇海讀如現。竹名。鎣又桫24193筧41785

筑 41988 21244 zhì_7.13 廣韻征例切音制。箪也揚子方言自關而西之人，謂箪曰筑囡集韻尺制切音掣。之列切音浙。食列切音舌。義夶同。

筦 41989 21245 hán_7.13 廣韻集韻夶胡南切音含。筦䈠，竹實中者戴凱之·竹譜筦䈠竹，大如脚指，堅厚脩直，腹中白膜闌隔，狀如濕麵生衣。將成竹而筍皮未落，輒有細蟲蠹之。隕籜之後，蟲蠹處往往成赤文，頗似繡畫。南康所出△集韻或作筬、箈、䇨。

筒 41990 21246 tóng_7.13 廣韻正韻徒紅切集韻韻會徒東切夶音同。竹筒也前漢·律歷志黃帝使伶綸取竹之解谷，制十二筒以聽鳳之鳴，爲律本前漢·趙廣漢傳廣漢爲潁川太守，教吏爲缿、筒註師古曰若今盛錢藏缾爲小孔，可入而不可出。或缿或筒，皆爲此制。而用受書，令投於其中也囡捕魚鈎郭璞·江賦筒灑連鋒，䍖罟比船李善註筒、灑，皆鈎名囡dòng集韻杜孔切音動。候管。囡yǒng集韻韻會正韻夶尹竦切音勇。箭室左傳·昭十三年司鐸射懷錦，奉壺飲冰以蒲伏焉註冰，箭筒，蓋可以取飲。鎣又鋪63272筩41966筒42038，並俗龍龕筒俗箭正，音同，竹筒也可洪音義筒盛：上徒東反。針筒：音同。竹筒：音同。璃筒：徒東反。鍼鋪：上之林反，下徒東反。正作筒。

䇺 41991 21247 jì_7.13 廣韻集韻夶渠記切音忌。竹名。

篋 41992 21248 xiá_7.13 集韻轄甲切音狎。竹名。鎣又笚41797

筫 41993 21249 zhì_7.13 玉篇陟利切海篇音智◇篇海竹器字彙朴也囡之日切。義同囡zhǐ音只。致謹也。又正也。

㢒 41994 21250 miào_7.13 篇海彌笑切音妙。藥名。鎣張道升：樂名。或同䇘42303

筬 41995 21251 chéng_7.13 廣韻是征切集韻時征切夶音成。竹名囡廣韻筬筐，織具。

筲 41996 21252 yuàn_7.13 集韻縈絹切音餶。竹名。

筭 41997 21253 suàn_7.13 集韻韻會正韻夶蘇貫切音蒜說文長六

寸，計歷數者。从竹从弄，言常弄乃不誤也 図 類篇 損
管切。數也△ 集韻 韻會 正韻 亦作算，通作笇。

鋻又 界15942 祘39714 遵42713 笇41715

筮 41998 21254

廣韻 集韻 韻會 正韻 夶時制切音誓 說文
易卦用蓍也 廣韻 龜曰卜，蓍曰筮。巫咸作筮。筮，決
也 書·洪範 擇建立卜筮人，乃命卜筮 左傳·僖四年 卜人
曰：筮短龜長，不如從長 註 物生而後有象，象而後有
滋，滋而後有數。龜，象。筮，數。故象長數短 疏 象者，
物初生之形。數者，物滋息之狀。凡物皆先有形象，乃
有滋息，是數從象生也。龜以本象金、木、水、火、土
之兆以示人，故爲長。筮以末數七八九六之策以示人，
故爲短。又筮之畫卦，從下而始，故以下爲內，上爲外。
凡筮者，先爲其內，後爲其外，內卦爲己身，外卦爲他
人 図 集韻 以制切音曳。楪蓍占也 図 山名 前漢·地理志
註 南陽郡宛縣南有北筮山 図 書名 前漢·藝文志 縱橫家
有 國筮子 十七篇，蓍龜家有 大筮衍易 二十八卷。
図 屈原·離騷 吾令豐隆乘雲兮 註 郭璞云豐隆，筮師，
御雲 歸藏 云豐隆筮雲氣而告之，則雲師也。鋻又
筭42404 筹42395 籌42711 筭43015 籭43063 籌42921 箕08602
図 可洪音義 卜蓙49509：音逝，正作筮也。

筯 41999 21255

zhù_7.13　玉篇 直據切 類篇 遲據切 正韻 治據切，並
除去聲。匙筯，與箸同 廣東新語 蛋人謂筯曰梯 図 蟲名
神異經 南海有水蟲，名曰筯，蚌蛤之類也。其小蟹大如
榆莢，筯開甲食，則蟹亦出食。筯合甲，蟹亦還入。爲
筯取食以終始，生死不相離。

篗 42000 21256

suō_7.13　玉篇 類篇 夶蘇禾切 海篇 音梭 類篇 織具，
所以行緯也。

箸 42001 21257

wú_7.13　集韻 訛胡切音吾。竹名 吳筠·竹賦 篔篿、
筋簹、射筒、桑篾、猶箸、筑箄之蕭蠱△ 集韻 同箖。

筰 42002 21258

zuó_7.13　廣韻 在各切 集韻 韻會 正韻 疾各切夶音
昨。竹索也。西南夸尋之以渡水，故因號曰筰。今益州
有之 說文 笮也 釋名 引舟者曰筰。筰，作也。作，起也，
引舟使動行也 漢·鼓吹曲 青絲爲君筰 図 國名 史記·西
南夸傳 自越巂以東北，君長以什數，徙、筰都最大 註 徙、
筰，二國名 括地志 筰州本西蜀徼外 華陽國志 雅州邛郲
山，本名邛筰山，故邛人、筰人界 図 zé 集韻 正韻 夶側
革切音責。迫也 周禮·春官 侈聲筰 註 謂中央約也。鐘
口寬，則聲迫筰而出去疾也△ 篇海 亦作笮、筰。

鋻又 緙44338

管 42003 21259

yán_7.13　廣韻 語軒切 集韻 韻會 魚軒切夶音言。管
長一尺四寸 廣韻 大簫也。又省作言 爾雅·釋樂 大簫謂
之言 疏 李巡曰：大簫聲大者。言，言也。

筱 42004 21260

xiāo_7.13　集韻 先了切音小 說文 箭屬，小竹也。
△或作篠。

箵 42005 21261

shāo_7.13　廣韻 正韻 所交切 集韻 師交切夶音梢。

斗筲，竹器 儀禮·既夕禮 筲三：黍、稷、麥 註 筲，畚種
類也，其容蓋與簋同 揚子方言 籅，南楚謂之筲 図 類篇
陳留謂飯帚曰筲。一曰飯器，容五升。一曰宋、魏謂箭
筲爲筲，與籍同 図 集韻 色角切音朔。義同。

鋻又 籍42531 捎20938 笊41778

筳 42006 21262

tíng_7.13　廣韻 特丁切 集韻 韻會 正韻 唐丁切夶音
庭 說文 維絲管也 正字通 維，著絲於莩車也。今紡絲銓
曰筳子 図 小竹 東方朔·答客難 以蠡測海，以筳撞鐘。
図 楚人 結草折竹卜曰筳篿 屈原·離騷 索藭茅以筳篿兮
註 筳，小折竹也 文選註 筳，竹算 図 玉篇 籠也 図 集韻
湯丁切音廳 揚子方言 繩、筳，急也 図 tǐng 集韻 待鼎切
音挺。屋梁也。

筴 42007 21263

cè_7.13　廣韻 楚革切 集韻 測革切，夶音策。卜筮
筴也 禮·曲禮 龜爲卜，筴爲筮 儀禮·士冠禮 筮人執筴 莊
子·人間世 鼓筴播精，足以食十人 註 鼓筴，揲蓍也。
図 與策同，謀也 史記·張耳陳餘傳 二人聞諸將爲陳王
徇地，多以讒毀得罪誅，怨陳王不用其筴 図 簡筴 魯語
藏文仲聞柳下季之言，使書以爲三筴 註 筴，簡書也 莊
子·駢拇篇 挾筴讀書 管子·海王篇 海王之國，謹正鹽筴
図 與冊同 前漢·趙充國傳 全師保勝之冊。又 張協·七命
勒洪伐于金冊 図 jiā 廣韻 正韻 古協切 集韻 韻會 吉協
切夶音頰。箸也 図 夾舉也 韓愈·曹成王碑 筴漢陽。
図 ● 廣韻 古洽切 集韻 韻會 訖洽切夶音夾。鍼筴具。
図 與柵同 莊子·達生篇 祝宗人元端以臨牢筴 註 牢，豕
室。筴，木欄。同柵。鋻又 笧41927

筵 42008 21264

yán_7.13　廣韻 以然切 集韻 韻會 正韻 夷然切夶音
延 說文 竹席也 周禮·春官 司几筵下士二人 註 筵亦席
也。鋪陳曰筵，藉之曰席。筵鋪在下，席鋪於上，所以
爲位也 釋名 筵，衍也。舒而平之，衍衍然也 詩·小雅 賓
之初筵 箋 筵，席也 正字通 經筵，王者講讀之處。

鋻又 莚49555 逬61101

慈 42009 21265

zhì_7.13　集韻 職吏切音志。竹名。

筝 42010 21266

pīng_7.13　集韻 傍丁切音竮。舟車篷。

馈 42011 21267

liáng_7.13　玉篇 古文良48889字。

筋 42012 21268

jīn_7.13　字彙補 與筋同。

茧 42013 21269

chōng_7.13　字彙補 丑中切音冲。同茧，草名。

狺 42014 21270

yín_7.13　集韻 魚斤切，音狺。大篾也。同笄。

筐 42015 21271

niè_7.13　集韻 乃結切音涅 爾雅·釋樂 管中者謂之
箟42375或省作筐。

筦 42016 21272

guǎn_7.13　字彙補 古緩切音管。與筦41985同。

笥 42017 21273

null_7.13　字彙補 音未詳。見 穆天子傳

筱 42018 21274

xiāo_7.13　篇海 類編 先鳥切 海篇 音小◇細竹也。

篟 42019 21275 mí_7.13 字彙補亡蓖切音謎。篾也。

篚 42020 21276 féi_7.13 字彙補扶微切音肥。竹名。

篧 42021 21277 cuō_7.13 玉篇七和切集韻村戈切𠀤音遳字彙補七和切音姼。竹也。鑾又篧42154

篧 42022 21278 méng_7.13 玉篇莫耕切集韻眉庚切，𠀤音萌。竹名△或作管 㕚jiǒng集韻俱永切音憬。義同。鑾永，同永。

篨 42023 21279 cuó_7.13 字彙補倉何切音嵯。籠也○按卽篘字譌文。鑾篕42400字之譌。

築 42024 21280 zhù_7.13 集韻張六切。同築。擣也。

篙 42025 21281 jī_7.13 海篇音箕。可以取蟣也。同篦○按卽篦字之譌。

篠 42026 21475 xiǎo_7.13 字彙補韻鑰音義與篠同。

篙 42027 44919 gǎo_7.13 搜眞玉鏡音槁。鑾又gào卜具，卽杯筊。

篲 42029 u2B082 muiz_7.13 壯篲，竹名。梾篲，楠竹。

篔 42028 u2B083 mǐn_7.13 簡 篔42666

篡 42030 u2B081 suàn_7.13 俗算42114可洪音義従篡：桒管反。正作算42114

節 42034 uFAAD jié_7.13 兼節42255

箥 42031 u2B080 bō_7.13 箥籃，或作薄籃、蒲籃，簸箕形的竹器。清·蒲松齡日用俗字·器皿章第六驢帶眼罨套上套，箥蘿新籮細羅張。

箪 42032 u2B07F zhào_7.13 箪42096譌字。見宋本集韻

篳 42035 u25B8C null_7.13 未詳。

篆 42033 u2B07E zhuàn_7.13 俗篆42268可洪音義玉篆：直兖反。古書躰也。正作篆也。

篠 42036 u25B8B thẻ_7.13 喃俗籦43140△篠排：小牌。

箿 42037 u25B8A đũa_7.13 喃从箸省杜đỗ聲△箿玡：象牙箸。

篺 42039 u25B88 hum_7.13 喃未詳。

箭 42038 u25B89 tóng_7.13 俗筩41990可洪音義竹筩：徒東反。正作筩。鍼筩：上音針。下音同。正作筩、筒二形。又音府，非 㕚bu喃筩鶵：雞籠。

篰 42040 u25B87 bương_7.13 喃从竹邦vâng聲。竹名。

篙 42041 u25B86 null_7.13 未詳。

筭 42042 u25B85 suàn_7.13 俗算42114宋元以來俗字譜引東牕記、嶺南逸事

篚 42043 u25B84 féi_7.13 同篚42099名義篚，扶歸反。(音)肥。竹。

篞 42044 u25B83 null_7.13 未詳。

箬 42045 u25B82 ruò_7.13 俗箬42203

箥 42046 u25B81 null_7.13 未詳。

箹 42047 u25B80 bó_7.13 俗箹41973名義箹，伯卓反，肑46936

箴 42048 u25B7F null_7.13 未詳。

箪 42049 u25B7E null_7.13 未詳。

篷 42050 u25B7D null_7.13 未詳。

箓 42051 u25B7C lù_7.13 同箓42108

箸 42052 u25B7B zhuó_7.13 或箸42235字殘譌。

篖 42053 u25B7A null_7.13 未詳。

箩 42054 u25B79 null_7.13 未詳。

篔 42055 u25B77 liáng_7.13 同篔42011古文良。

箵 42056 u25B76 mǎng_7.13 喃同笀41936从竹芒mang聲。筍。

篛 42057 u25B75 nả_7.13 喃从竹那na聲 㕚naq壯箭，輻條。

箤 42058 u25B74 null_7.13 未詳。

箤 42060 u25B72 null_7.13 未詳。

篍 42059 u25B73 dí_7.13 同笛41799可洪音義竹篍：徒的反。

策 42061 u41FF cè_7.13 俗策41912

简 42062 u7B80 jiǎn_7.13 简簡42779

筿 42063 u7B7F xiǎo_7.13 同篠42382

筼 42066 u7B7C yún_7.13 简篔42353

签 42064 u7B7E qiān_7.13 简簽42804籤43047

筽 42065 u7B7D o_7.13 韓柳枝編成的簍子。

筻 42067 u7B7B gàng_7.13 筻口，地名。在湖南岳陽。

筺 42068 u7B7A kuāng_7.13 同筐41904

筹 42069 u7B79 chóu_7.13 简籌42899

筸 42070 u7B78 gān_7.13 同簳42782

筷 42071 u7B77 kuài_7.13 箸。

箁 42072 21282 póu_8.14 廣韻薄侯切集韻蒲侯切𠀤音裒。竹箬也 㕚bù集韻蒲口切音瓿。竹葉也 㕚fú集韻房尤切音浮。竹名 㕚pú集韻蓬逋切音蒲。箁篨，小竹網△或作箬。

箂 42073 21283 lái_8.14 集韻郎才切音來。竹名。鑾又筙41956

箘 42074 21284 lún_8.14 廣韻力迍切集韻重倫切𠀤音輪。箘子，船具。

箃 42075 21285 zōu_8.14 廣韻側鳩切集韻甾尤切𠀤音鄒。竹黄也篇海又竹柴別名。鑾同廢74725

箟 42076 21286 yín_8.14 廣韻餘針切集韻夷針切，𠀤音淫。竹名。

箳 42077 21287 píng_8.14 廣韻薄經切類篇旁經切𠀤音缾類篇竹名。一曰箳篂，戶扇 㕚類篇卑盈切音幷。義同。鑾又箳41950

箊 42078 21288 mǎng_8.14 廣韻集韻𠀤母朗切音莽。竹名。其節稠爾雅·釋草箊，數節註竹類也，節間促。鑾楊寶忠：莽49712字之變。

箄 42079 21289 bǐ_8.14 唐韻廣韻幷弭切集韻韻會邊迷切𠀤音篦。小籠也類篇捕魚器揚子方言簝小者，南楚謂之簍，自關而西，秦晉之閒謂之箄註今江東呼籠爲箄廣雅箄，簝也。又名簍，又名篔，又名篣 㕚pái集韻蒲街切音牌。大桴也後漢·岑彭傳公孫述遣其將任滿、田戎、程汎、將數萬人，乘枋箄下江關，擊破馮駿及田鴻等註枋箄，以竹木爲之，浮于水上。郭景純曰：水中箄筏也 㕚bì集韻必至切音畀。薄也 㕚bǐ上聲集韻韻會𠀤補弭切音俾。筵箄也 㕚入聲集韻蒲歷切音辟。亦薄也。

篯又篯42776鞞42750匴04405箪41942

算 42080 21290
bì_8.14　廣韻博計切集韻必計切丛音閉廣韻甑算也說文蔽也，所以蔽甑底图周禮·考工記註輪算，則車行不掉图字彙補邦爾切音彼。佛經迦算，此云藿香。見翻譯名義集

箕 42081 21291
diǎn_8.14　玉篇集韻丛古文典02588字图廣韻大篋。

箎 42082 21292
bì_8.14　玉篇方迷切。同篦。

箃 42083 21293
diāo_8.14　集韻丁聊切音貂。山名。袟箃之山，見山海經。鞏袟箃山。當作袟箃山。

箇 42084 21294
gè_8.14　廣韻古賀切集韻韻會居賀切正韻古荷切丛音个。數也图揚子方言箇，枚也郭註爲枚數也荀子·議兵篇負矢五十箇△集韻亦作个、介。俗作個。

箈 42085 21295
zhǎo_8.14　廣韻之少切集韻止少切丛音沼。竹名廣韻竹緣。

箈 42086 21296
chí_8.14　集韻澄之切音持。類篇箭萌。一曰水中魚衣周禮·天官加豆之實，箈菹、雁醢、筍菹、魚醢鄭司農註箈，水中魚衣後鄭註箈，箭萌。箭萌者，一名篠者也图tái集韻正韻丛堂來切音臺。義同图集韻坦亥切正韻蕩亥切丛音噫。義同△集韻本作箈。

箚 42087 21297
hán_8.14　集韻胡南切音含。同答。實中竹名。

箛 42088 21298
guǎi_8.14　廣韻求蟹切，音拐。又集韻杜買切。竹具。用之魚笱，竹器也。

箊 42089 21299
yū_8.14　廣韻央居切集韻衣虛切丛音於。箖箊，竹名左思·吳都賦其竹則篔簹、箖箊異物志箖箊，是袁公與越女試劍竹也竹譜箖箊，葉薄而廣。

箋 42090 21300
jiān_8.14　廣韻正韻則前切集韻韻會將先切丛音湔說文表識書也篇海古者紀其事，以竹編次爲之廣雅箋，云也。又書也△鄭康成衍毛氏詩，傳之未盡者曰箋呂忱·字林鄭以毛學審備，遵暢厥旨，所以表明毛意，記識其事，故特稱爲箋博物志聖人制作曰經，賢者著述曰傳，鄭康成註毛詩曰箋。或云毛公嘗爲北海郡守，鄭是此郡人，謙敬不敢言註，但表識其不明者耳。△玉篇通作牋。鞏又篯41869篯41951榗24607藆24608

箋 42091 21301
yuè_8.14　集韻王縛切音蠖。同篗類篇收絲具也。图yù集韻越逼切音域。竹叢生。

箍 42092 21302
gāo_8.14　集韻居勞切音高揚子方言所以刺船。與篙同。

箦 42093 21303
zhài_8.14　篇海直駭切◇亦作簀。竹器图dài集韻徒蓋切音大。海隅謂籃淺而長者曰箦。

箭 42094 21304
qián_8.14　廣韻昨先切集韻才先切丛音前◆說文蔽絮簀也图集韻將先切音箋。義同图廣韻昨鹽切集韻

慈鹽切丛音潛。義同△廣韻或作榾。鞏又籤43083

榾 42095 21305
qián_8.14　廣韻類篇丛與箈同。

箏 42096 21306
zhào_8.14　廣韻都教切集韻陟教切丛音罩。與罩同。竹籠，取魚具图玉篇貞角切。義同。鞏龍龕箈42883俗，箏正。

箌 42097 21307
zhào_8.14　正字通同箏○按刀部收到字。字形既同，音義無別。因書寫之異，遂分二字字彙之誤。正字通从之，宜刪。

箍 42098 21308
gū_8.14　廣韻古胡切集韻攻乎切丛音孤。以篾束物也語錄宋大慈寺箍桶者精易，程顥兄弟就質所疑，酬應如響。問其姓，不答廣東新語下番禺諸村，皆在海島之中，大村曰大箍圍，小村曰小箍圍，言四環皆江水也。鞏又箍42349類篇箍或作笟。

箄 42099 21309
féi_8.14　廣韻無非切音肥。竹名图bā集韻邦加切音巴。笓也△通作笆。鞏又笓42020笓42043

箎 42100 21310
hǔ_8.14　集韻火五切音虎。竹名，高百丈。

箏 42101 21311
zhēng_8.14　廣韻側莖切集韻韻會甾莖切正韻甾耕切丛音爭。說文鼓絃竹身樂也通典箏，秦聲也急就篇註箏，瑟類，本十二絃，今則十三風俗通箏，蒙恬所造集韻秦俗薄惡，有父子爭瑟者，各入其半，當時名爲箏釋名箏，施絃高急，箏箏然也傅元·箏賦序上崇似天，下平似地，中空準六合，柱擬十二月，設之則四象在，鼓之則五音發史記·樂書唐有軋箏註以片竹潤其端，而軋之有聲图篊前鐵馬曰風箏。風動成音，自諧宮商元稹·連昌宮辭鳥啄風箏碎珠玉图草名爾雅·釋草傳，橫目註一名結縷，俗謂之鼓箏草。鞏集韻秦俗薄惡云云。集韻一說秦人薄義，父子爭瑟而分之，因以爲名。正字通引集韻云秦俗薄惡，有父子爭瑟者，各入其半，當時名爲箏。原按，此說不足信。
图箏41952虅68676箏41780

篿 42102 21312
tuán_8.14　集韻徒官切音團類篇圓竹器也。鞏同篿42525

箐 42103 21313
jīng_8.14　廣韻子盈切集韻咨盈切丛音精。笒箐，小籠图qiàn集韻倉甸切音茜。張竹弓弩曰箐图qiāng集韻千羊切音鏘。竹名謝靈運·山居賦竹之細者，篠，箐之流也。

箑 42104 21314
shà_8.14　廣韻山洽切正韻色洽切，並音歃。又集韻色甲切，音翣說文扇也廣韻扇之別名世本武王姬作箑古今注舜廣開視聽，求賢人自輔，作五明扇，此箑之始也揚子方言扇，自關而東謂之箑，自關而西謂之扇潘岳·秋興賦屏輕箑，釋纖絺图廣韻韻會山輒切集韻色輒切，並音萐。義同图集韻疾葉切音捷。義同图牘名宋書·符瑞志帝堯時，廚中自生肉，其薄如箑，搖動則風生，食物寒而不臭，名曰箑脯图zhá集韻實

洽切音傑。同篷。行書也。秦使徒隸助官書草篆以爲行事，謂草行之間取其疾速，不留意楷法也。鼗又箑42105 篲42258篊42862篿42907

篋 42105 21315
qiè_8.14　集韻七接切音妾。竹器囗集韻卽涉切音接。竹翣囗shà廣韻山洽切音歃。與篸同。韓愈·納涼聯句長篋倦還捉。

筕 42106 21316
hàng_8.14　集韻下浪切韻會正韻合浪切丛音亢。竹竿也△或作筧，亦作桁。

箒 42107 21317
zhōu_8.14　廣韻之九切集韻止酉切丛音帚。箕箒也世本少康初作箕帚集韻少康，杜康也，葬長垣漢書·賈誼傳母取箕箒，立而誶語囗竹名僧贊寧·筍譜拂雲箒，竹出廬山，莖大如指，竹杪細，葉密翠如箒，彼人採爲方物贈人，謂之拂雲箒。

箓 42108 21318
lù_8.14　廣韻集韻丛盧谷切音祿說文竹高篋也△集韻籠或从彔。通作箓。

簉 42109 21319
zhí_8.14　集韻丞職切音埴。笙也。

箔 42110 21320
bó_8.14　廣韻傍各切韻會白各切丛音薄。簾也。△通作薄、簿。鼗又箔50014

箕 42111 21321
jī_8.14　古文囚具笓箕笄晜兮竹奥嵒廣韻集韻韻會居之切音姬。宿名詩·小雅成是南箕傳南箕，箕星也正義曰：箕，四星，二爲踵，二爲舌，踵在上，舌在下，踵狹而舌廣韻會箕者，萬物根基，東方之宿，考星者多驗於南，故曰南箕爾雅析木之津，箕斗之間，漢津也疏天漢在箕斗之間，箕在東方木位，斗在北方水位。分析水木，以箕星爲隔。隔河須津梁以渡，故此次爲析木之津史記·天官書箕爲敖客，曰口舌註敖，調弄也。箕以簸揚調弄爲象。又受物有去來。去來，客之象。箕爲天口，主出氣，是箕有舌，象讒言石氏星經箕四宿，主後宮別府二十七世婦八十一御妻，爲相天子后也書·洪範註好風者箕星，好雨者畢星春秋緯月麗于畢，雨滂沱。月麗于箕，風揚沙囗天官書箕，燕之分野囗篇海箕，簸箕，揚米去糠之具囗廣韻箕帚也禮·曲禮凡爲長者糞之禮必以箕帚於箕上世本古者少康作箕帚囗國名書·洪範王訪于箕子註箕，國名。子爵也囗地名山海經嶅山西二百里曰箕尾之山春秋僖三十三年晉人敗狄于箕註太原陽邑縣南有箕城孟子益避禹之子於箕山之陰疏箕山，嵩高之北是也前漢·地理志琅琊有箕縣水經注濰水出箕屋山囗姓。晉有大夫箕鄭囗斯螽別名周禮·考工記疏幽州人謂斯螽爲舂箕囗木名鄭語檿弧箕服韋註箕，木名。服，矢房也。囗•張衡·思玄賦屬箕伯以函風兮註箕伯，風師。鼗又囚00098萁04407萁04457萁02613炅06355箖42777

菊 42112 21322
jú_8.14　篇海居六切音菊。竹根。

箖 42113 21323
lín_8.14　廣韻力尋切集韻犁鍼切丛音林。箖箊，

竹名戴凱之·竹譜箖箊竹，葉薄而廣，越女試劍竹是也贊寧·筍譜箖箊竹出襄州臥龍山諸葛亮祠中，長百丈，梢上有葉，土人作幡竿承落。其筍堪食，甚美囗lǐn集韻力錦切音廩博雅竻也。

算 42114 21324
suàn_8.14　廣韻蘇管切集韻韻會正韻損管切丛音篹海篇酸上聲廣韻物數也儀禮·鄉飲酒禮無算爵，無算樂註算，數也。實主燕飲，爵行無數，醉而止也。燕樂亦無數，或閒或合，盡歡而止也前漢·景帝紀後二年詔曰：今訾算十以上迺得官，廉士算不必衆，有市籍不得官，無訾又不得官，朕甚愍之。訾算四得官，亡令廉士久失職，貪夫長利註應劭曰：古者疾吏之貪，衣食足，知榮辱，限訾十算迺得爲吏。十算，十萬也。賈人有財，不得爲吏，廉士無訾又不得官，故減訾四算得官矣。師古曰訾與貲同囗集韻緒纂切，又須兗切音選。義丛同囗竹器史記·鄭莊傳其餽遺人不過算器食註徐廣曰：算，竹器囗集韻正韻丛蘇貫切音蒜。計歷數者也世本黃帝時隸首作算數前漢·律歷志算法用竹，徑一分，長六寸，二百七十一枚而成六觚，爲一握。徑象乾律黃鐘之一，而長象坤呂林鐘之長。又藝文志歷家有許商算術二十六卷杜忠算術十六卷後漢·馬嚴傳註劉徽·九章算術方田第一，粟米第二，差分第三，少廣第四，商功第五，均輸第六，盈不足第七，方程第八，句股第九囗投壺較射，數勝負之籌曰算儀禮·鄉射禮一人執算以從囗周禮·春官太史凡射事，飾中舍算註謂設算於中，以待射時而取之，中則釋之禮·投壺二算爲純，一算爲奇註純，全也。二算合爲一，全也。一算謂不滿純者。算之多少視坐上之人數，每人四矢，亦四算也囗籌畫也揚子法言爲國不迪其法，望其效，譬諸算乎註欲治而不用先王之法，猶無財運算，無益于富也囗智也列子·力命篇自長非所增，自短非所損，算之所亡若何註算，猶智也囗與笇同儀禮·旣夕主人之史請讀賵，執算從註古文算皆爲笇△集韻或作選。鼗又笇49279祘39714筭41997筭42030選42713笇42042

箘 42115 21325
jùn_8.14　古文筤廣韻渠殞切集韻韻會正韻巨隕切丛音窘說文箘簬也書·禹貢惟箘簵楛傳美竹山海經暴山多楱柟、荆芑、竹箭、鑌箘註箘亦篠類，中箭戴凱之·竹譜箘竹出雲夢之澤，皮特黑色囗筍名呂氏春秋和之美者，越駱之箘註箘，竹笋也囗箘桂屈原·離騷雜申椒與箘桂註本草有箘桂，花白蘂黃，正圓如竹囗博棊也揚子方言簙，或謂之箘囗江名書·禹貢九江孔殷傳九曰箘江囗qūn廣韻去倫切集韻區倫切丛音囷。義同。鼗又箺41981囗集韻箘簜42529，或从圈。

箙 42116 21326
fú_8.14　廣韻集韻韻會正韻丛房六切音服。盛弓矢器周禮·夏官·司弓矢仲秋獻矢箙註箙，盛矢器也又田弋充籠箙矢註箙，竹箙也後漢·輿服志耕車，置鐕耒耜之箙，上親耕所乘也△通作服詩·小雅象弭魚服鄭語檿弧箕服註服，矢房也△集韻或作箙韛韃。

箚 zhá_8.14 廣韻 韻會 正韻 叢竹洽切音倄。以鍼刺也
図 正字通 牋箚03789用以奏事，非表非狀者，謂之劄子。
鏊又劄04122

觚 gū_8.14 廣韻 古胡切 集韻 韻會 正韻 攻乎切叢音
孤。竹名 張衡·南都賦 其竹則鐘籠、箽篾、篠簳、箛箠 戴
凱之·竹譜 箛箉竹生于漢陽，時獻以爲輅馬策 図 古吹
器也 晉先蠶儀註 車駕住吹小箛，發吹大箛。箛卽笳也
應劭·鹵簿圖 有騎執箛，其始以箛管，後皆以銅作器，
其聲如觱篥 通雅 唐之銅角卽其遺也。仗有大鼓、長鳴。
長鳴，今之號通也，口圓而長如竹箛，一尺五寸。又有
小柄空管，從箛中抽出吹之。晉有鳴笳。笳卽箛。
図 吹鞭也 篇海 蓋于鞭上作孔，馬上吹之。

箜 kōng_8.14 廣韻 正韻 苦紅切 集韻 韻會 枯公切叢音
空。箜篌，樂器 史記·武帝紀 禱祠泰一、后土，始用樂
舞，益召歌兒，作二十五絃，及箜篌瑟，自此起 釋名 箜
篌，師延所作。靡靡之樂，空國之侯所存也 風俗通 箜
篌，一曰坎侯。或曰空侯，取其中空 事物紀原 箜篌，漢
靈帝好之。體曲而長，二十三絃，抱於懷中，兩手齊奏
之，謂之擘 樂府解題 漢武滅南粵，祠太乙、后土，令樂
工侯暉依琴造坎，言坎坎應節也。坎或作箜。侯，工人
之姓。因名坎侯，後謿爲箜篌 図 篇海 籃也。
鏊又控20982椌25712

箝 qián_8.14 廣韻 巨淹切 集韻 韻會 其淹切 正韻 其廉
切叢音鉗。鎖項也 說文 籋也 前漢·異姓諸侯王表 墮城
削刃，箝語燒書 △ 集韻 或作箝。

箞 qiān_8.14 集韻 驅圓切，音圈。揉竹 図 苦倦切 篇海
音勸。義同。

念 niàn_8.14 集韻 奴店切音念。竹索 增韻 挽舟索也，
一名百丈 白居易詩 苒弱竹篾念 図 諾叶切音捻。義同
△亦作㲻。鏊又縂44298緂44422

籸 sān_8.14 廣韻 蘇干切 集韻 相干切叢音跚。竹器 博
雅 箺謂之籸 図 集韻 師姦切音刪。義同 図 玉篇 竹器
也，似箱而麤 図 廣韻 蘇旰切 類篇 穎旱切。又所簡切。
又損管切。又蘇典切。義叢同。鏊又籸41977

箟 jǔn_8.14 集韻 箘42115古作箟。

箠 chuí_8.14 集韻 是爲切音垂。竹名 張衡·南都賦 其竹
則篠簳、箛箠 図 zhuī 廣韻 竹垂切 集韻 株垂切，並音腄。
又 集韻 中葵切，音追。竹節也 図 zhuì 廣韻 之累切 集
韻 韻會 主蘂切叢音捶。擊馬策也 史記·張耳陳餘傳 杖
馬箠，下趙數十城 図 集韻 是棰切音菙。義同 図 箠刑
也 前漢·刑法志 景帝中六年定箠令，箠者箠長五尺，其
本大一寸，其竹也末薄半寸，皆平其節。當箠者箠臀，
毋得更人。畢一罪，乃更人。自是箠者得全。鏊又箠42753

箈 tāo_8.14 篇海 他刀切音叨。牛筐 揚子方言 箈，篙

也。趙代之閒謂之箈，江沔之閒謂之篿，淇衞之閒謂之
牛筐。

箭 jiàn_8.14 篇海 同箭

籎 mí_8.14 篇海 亡篦切
音謎。籨也。鏊 字彙補 陈，作籎。

箈 líng_8.14 集韻 閭承切音陵。竹名。

管 guǎn_8.14 廣韻 古滿切 集韻 韻會 正韻 古緩切叢音
筦。樂器 書·益稷篇 下管鼗鼓 詩·商頌 嘒嘒管聲 儀禮·大
射儀 乃管新宮 註 管，謂吹簜以播新宮之樂 周禮·春官
孤竹之管，孫竹之管，陰竹之管 疏 管如篪，六孔 爾雅·釋
樂 大管謂之簥，其中謂之篞，小者謂之篎 註 管長尺，
圍寸，併漆之。有底，如笛而小，併兩而吹 前漢·律歷
志 竹曰管 • 說文 管，十二月之音，物開地牙，故謂之管
図 葭管 玉泉記 取宜陽金門竹爲管，河內葭草爲灰，吹
之以候陽氣 図 地名 山海經 管涔之山，汾水出焉 左傳
註 滎陽京縣東北有管城 史記·周本紀 武王封弟叔鮮于
管 註 括地志 鄭州管城縣外城，古管國城也 図 姓 廣韻
出平原周文王子管叔之後，齊有大夫管至父 図 筆彊也
禮·內則 右佩玦、捍、管 註 管，筆彊 梁史·元帝紀 元帝
筆有三品：忠孝全者以金管書之，行精粹者以銀管書
之，文辭華麗者以斑竹管書之 図 總理其事曰管 史記·
李斯傳 趙高以刀筆吏入秦宮，管事二十餘年 図 主當也
禮·樂記 禮樂之說，管乎人情矣 註 猶包也 荀子·儒效篇
聖人也者，道之管也 註 管，樞要也 図 管管，小見也
詩·大雅 靡聖管管 傳 管管，無所依繫 箋 管管然以心自
恣 図 博雅 管管，浴也 図 五臟腧亦曰管 莊子·人閒世 支
離疏者，五管在上 註 管，腧也 図 管籥也 周禮·地官 司
門掌授管鍵以啟閉國門 註 謂籥也 禮·月令 修鍵閉，慎
管籥 図 集韻 或从玉作琯。古者琯以玉。舜之時，西王
母來獻其白玉琯，零陵文學姓奚，於冷道舜祠下得笙玉
琯，夫以玉作音，故神人以和，鳳凰來儀也 図 韻會補 通
作筦 前漢·東方朔傳 以筦窺天 註 古管字 図 類篇 沽丸
切 集韻 古丸切叢音官 儀禮·聘禮 管人布幕于寢門外 註
管，古文作官，猶館也。謂掌次舍帷幕之官 図 叶局縣
切。蘇轍·燕山詩 居民異風氣，自古習耕戰。次稱望諸
君，術略亞狐管。鏊又筦42016閈65117 図 俗書刊誤管，
俗作菅49722，非。

窟 gǔ_8.14 集韻 九勿切音屈 篇海 刷也 博雅 窟謂之
刷。又 集韻 吉忽切音骨。義同。

箴 wǎn_8.14 集韻 委遠切音宛。竹器 図 字彙竹名。

箣 cè_8.14 字學指南 同策 史記·龜筴傳 諸靈數箣，莫
如汝信 索隱 或是策之別名 図 竹名 筍譜 箣竹筍叢生。

篹 suàn_8.14 篇海 蘇貫切音算。器也 ○按卽匴字之譌。

筐 kuāng_8.14 集韻 同筐41904

筂 tà_8.14 集韻 托合切音鉈。竹冒也。一曰竹名。

囝達合切音沓。義同。

42137 21347
箤 zú_8.14　集韻昨律切音崒。笨也。

42138 21348
箝 qián_8.14　集韻同箝

42140 21350
笭 líng_8.14　字彙補且緣切音筌。見藏經。璺龍龕笭。舊經作筌。黃德寬古文字譜系疏證命、全聲遠，笭當是笭譌。

42139 21349
箇 qū_8.14　集韻千余切音疽。竹名囝篇海水澤。

42141 21351
箒 chōu_8.14　字彙補初鳩切音鄒。酒箒也。璺同篘。

42142 21352
簗 zhuā_8.14　字彙補陟瓜切音撾。馬策名。

42143 21353
篞 niè_8.14　字彙補女涉切音躡。竹也。

42144 21354
管 méng_8.14　玉篇莫庚切類篇集韻眉庚切，达音盲玉篇竹名。同簹。

42145 21355
箹 zhuó_8.14　字彙補之若切音灼。奠箹也。璺直音篇箹，同箹42271囝cè同策41912馬王堆漢墓帛書·老子甲本·道經善言者無暇適（謫），善數者不以樀（籌）箹△亦作箹42304囝箹莫，同萗49780莫，藥名。

42146 21356
箘 lǔ_8.14　字彙補同簬。璺俗簓42366，盛飯器。

42147 21357
篣 yè_8.14　篇海音葉。竹也。

42148 21358
簅 còng_8.14　字彙補千弄切音諮。竹誑。璺楊寶忠：俗篵42288

42149 21359
簡 mǎn_8.14　字彙補米緩切。卽篇字省文。

42150 21360
管 xū_8.14　字彙補心趨切，音胥◇竹也囝jí從輯切音集。覆也。

42151 21361
籥 cè_8.14　篇海類編與冊02688同。

42159 u2B088
篼 fèi_8.14　簡籅42947

42152 21362
簡 cè_8.14　字彙補楚革切音冊。簡簡也字學指南與冊同。

42160 u2B087
筋 null_8.14　未詳。

42153 21363
篱 xì_8.14　篇海迄逆切音閾。栲楮籬篱。出四言雜字

42154 21364
筀 cuō_8.14　海篇音矬。竹也。

42155 21365
策 cè_8.14　海篇音策。謀也，籌也。

42161 u2B086
箇 guì_8.14　簡籤42528

42156 21366
笇 bō_8.14　字彙補戰國策修其篨盧，治其繒緇註篨，元作笇。吳師道曰：字書無笇字，篨與笇聲相近也。一本作莝。

42157 44920
簸 pǒ_8.14　篇海類編音跛。璺同筺。筐籃，筐笭。

42158 u2B089
節 jié_8.14　俗節42255天一閣藏明嘉靖刻本淳安縣志·卷之七静樂先生祠在縣東北五十五里。先生諱昊，字太初。五代時，以節義自高。

42162 u2B085
鏑 fú_8.14　永樂大典殘卷·卷之二千二百五十九·六

模·瑚引洽聞記簕箖國，海去都城二千里，有飛橋，度海而西，至且蘭國有積石，南有大海，海中珊瑚，生於水底△宏按，宋史作拂箖國太平廣記卷四百零三引鄭常洽聞記作拂49951箖國。

42163 u2B084
箮 null_8.14　未詳。

42164 u25BD0
籙 lù_8.14　金石文字辨異引北魏溫泉頌籙樹成行。邢澍案：籙即綠44295行。

42165 u25BCF
篏 cǒng_8.14　喃从竹供cung聲。

42166 u25BCE
簟 xóm_8.14　喃从竹店điếm聲。村落，鄰里。

42167 u25BCD
簉 mui_8.14　喃从竹枚mai聲。篷

42178 u25BC2
筳 null_8.14　未詳。

42168 u25BCC
箈 tre_8.14　喃从竹知tri聲△箈椥：竹的總稱。笢箈：竹節。勢扯箈：勢如破竹。

42169 u25BCB
箵 mành_8.14　喃从簔省明minh聲△幅箵：簾子。

42170 u25BCA
簎 rá_8.14　喃从竹夜dạ聲。筲箕。

42171 u25BC9
箉 đó_8.14　喃从竹妬đố聲。笱，筌△丐箉：魚梁。

42172 u25BC8
簸 ván_8.14　喃从竹板ván聲。

42173 u25BC7
乳 rỗ_8.14　喃从筐省乳nhũ聲。

42175 u25BC5
筐 null_8.14　未詳。

42174 u25BC6
箝 qián_8.14　或箝42298譌字五侯鯖字海音乾四聲篇海音鉗。

42176 u25BC...
筯 zhù_8.14　字海箸42235的訛字。

42179 u25BC1
筳 null_8.14　未詳。

42177 u25BC3
箊 yǎn_8.14　清·翟灝通俗編·雜字箊，箊簔之不疎者也。明·徐光啟農政全書·卷二十四·農器·圖譜四種箊，盛種穀器也。其量可容數斗。形如圓甕，上有箊口。注：箊，疑是罨字之譌。

42180 u25BC0
筌 quán_8.14　俗筌41898

42181 u25BBF
篗 null_8.14　未詳。

42182 u25BBE
篸 sēn_8.14　簡篸42514

42183 u25BBD
簜 táo_8.14　同箃42359

42184 u25BBC
笣 null_8.14　未詳。

42185 u25BBB
劀 null_8.14　未詳。

42186 u25BBA
節 null_8.14　未詳。

42187 u25BB9
箞 null_8.14　未詳。

42188 u25BB8
虱 null_8.14　未詳。

42189 u25BB7
箬 ruò_8.14　俗箬42203

42190 u25BB6
笪 null_8.14　未詳。

42192 u25BB4
篠 null_8.14　未詳。

42191 u25BB5
箣 cè_8.14　同策41958俗策41912可洪音義策進：上初責反。鞭箣：下楚責反。正作鞭策。

42193 u25BB3
筀 null_8.14　未詳。

42194 u25BB2
篋 null_8.14　未詳。

42195 u25BB1
簍 null_8.14　未詳。

42196 u25BB0
簴 null_8.14　未詳。

42197 u7BAB
簫 xiāo_8.14　简簫42704

42198 u7BAA
簞 dān_8.14　简簞42654

42199 u7BA9
籮 luò_8.14　简籮43100

42200 u7BA8
籜 tuò_8.14　简籜43008

42201 u7BA7
篋 qiè_8.14　简篋42282

42202 u7BA6
簀 zé_8.14　简簀42526

箬 42203 21367
ruò_9.15　廣韻而灼切 集韻 韻會 日灼切 正韻如灼切丛音弱 廣韻竹箬也 說文楚謂竹皮曰箬 本草箬，草名。一曰遼葉，生南方平澤，根莖皆似小竹，葉與籜似蘆荻。葉面青背淡，柔而韌，新舊相代，四時常青。男人取葉作笠，女人以襯鞋底。又nà 集韻女轄切。竹病。一曰竹皮△集韻或作篛。璽又箬42189箬41861箬42045，並俗。

箭 42204 21368
jiàn_9.15　古文籥 廣韻 集韻 韻會丛子賤切音餞 說文矢也 揚子方言自關而東曰矢，江、淮曰鍭，關西曰箭 釋名箭，前進也 図竹之小者曰箭 周禮·夏官東南曰揚州，其利金錫竹箭 註箭，篠也 史記·夏本紀震澤致定，竹箭既布 竹譜箭竹，高者不過一丈，節閒三尺，堅勁，中矢。江南諸山皆有之，會稽所生最精好 図漏箭 周禮·挈壺氏註主定漏刻，先王分十二時於一晝一夜，閒以漏箭，準十二時爲百刻，分晝夜而定長短，故立此官掌之 図博箸也 博雅博箸謂之箭 図華山記箭括峰上有穴，裁見天日，攀緣自穴中而上，有至絕頂者。図赤箭，藥名 韓愈·進學解赤箭青芝 図廣東新語箭豬卽封豕，初本泡魚，化爲豕，毫在項脊閒，尺許如箸，白本黑端，人逐之則激毫以射△集韻或作箭、箭。璽又箭42123 図笧，同箭 墨子間詁·雜守牆外水中爲竹笧，笧尺廣二步，箭於下水五寸。畢沅校：箭，舊作笧，今改。

篁 42205 21369
jǐn_9.15　正字通居影切，音謹◇竹名 揚雄·蜀都賦其竹則籠鑷、笨篁、野篠、紛筥 註音謹，皮白如霜，大者宜爲篁。璽俗篁42530

箕 42206 21370
yè_9.15　廣韻與涉切 集韻弋涉切丛音葉。籥也。図chè 集韻敕涉切音鍤 博雅甌也 図達協切音牒。書篇名。義與葉同。

䇂 42207 21371
zāi_9.15　正字通俗栽字。

篸 42208 21372
zān_9.15　集韻簪42702古作篸。

簨 42209 21373
jǔ_9.15　集韻果羽切音矩。簨簓，規車輞則也。

萱 42210 21374
xuān_9.15　玉篇虛袁切 集韻許元切丛音暄。竹花也。

箁 42211 21375
báo_9.15　廣韻蒲角切 集韻弼角切丛音雹。竹名 異物志箁竹，其大數圍，節閒相去局促，中實滿堅强，以爲柱棟 図fú 玉篇甫六切 類篇 集韻方六切丛音福。織具。一曰竹名。

簜 42212 21376
dàng_9.15　廣韻他朗切 集韻坦朗切，並音儻。又集韻待朗切，音蕩 篇海竹器，可以盛酒 図廣韻徒浪切音宕。義同 図與簜同 書·禹貢篠簜既敷 註簜或作簜。他莽反。璽說文簜，大竹筒。出土文獻多見簜字。漢木牘文：竹四簜。江陵鳳凰山竹筒文：芥一簜。瘅醬一簜。肉醬一簜。甘酒一簜。

籩 42213 21377
biān_9.15　廣韻 集韻丛卑連切音鞭。竹輿也 史記·張耳陳餘傳上使泄公，持節問之簜輿前 註編竹木爲簜 郭璞·三蒼註曰：簜，礨土器 図廣韻房連切音便。義同。璽又籩42617

簂 42214 21378
guì_9.15　廣韻 集韻丛古對切音憒。篷也，筐也。図集韻古獲切，音幗 揚子方言車枸簍，宋魏陳楚之閒謂之簂 註今呼車子弓爲簂 図集韻枯回切音恢 廣雅簂，篷篳也。

簩 42215 21379
dù_9.15　廣韻 集韻丛徒故切音度 類篇首笄也 廣雅簩謂之簪。

簨 42216 21380
sǔn_9.15　廣韻思尹切 集韻筍尹切 正韻筍允切丛音筍 廣韻同簨 張衡·西京賦負簨業而餘怒，乃奮翅而騰驤 薛註懸鐘格曰簨，當簨下爲兩飛獸以背負，又以板置上爲業。璽又簨42314 可洪音義負莫50136，音笋，亦作簨42698楔24709桐23941三形。

算 42217 21381
sǔn_9.15　廣韻思尹切 集韻筍尹切 正韻筍允切丛音筍 集韻竹胎也 筍譜筍或作算 莊子·至樂篇羊奚比乎不算久竹生青寧 註司馬云羊奚，草名。根似蕪菁，與不算之久竹比合而生青寧。青寧，竹根蟲也 図◆玉篇算篝，以捕鳥也。

箇 42218 21382
guǎ_9.15　廣韻 集韻丛古瓦切音叧。箆篝，收絲具。

篰 42219 21383
nǎn_9.15　廣韻奴感切 集韻乃感切丛音腩。弱竹也。

箱 42220 21384
xiāng_9.15　廣韻 正韻息良切 集韻 韻會思將切丛音廂 說文大車牝服也 篇海車内容物處爲箱 詩·小雅睆彼牽牛，不以服箱 傳箱，大車之箱也 図廩也 詩·小雅乃求千斯倉，乃求萬斯箱 図竹器，箱篋也 図同廂 儀禮·公食大夫禮賓升，公揖退于箱。又 覲禮几俟于東箱 註東箱，東夾之前相翔待事之處 前漢·周昌傳上欲以戚姬子如意爲太子，昌曰：臣期期知其不可。上欣然笑，卽罷。呂后側耳於東箱聽 註師古曰正寢之東、西室皆曰箱，言似箱篋之形。璽又箱50106

節 42221 21385
yé_9.15　廣韻以遮切 集韻余遮切丛音耶 廣韻竹名。生臨海 図廣韻似嗟切。義同。

箋 42222 21386
jìng_9.15　集韻堅正切音勁。筋竹。

屏 42224 21388
píng_9.15　篇海俗箳字。

筅 42223 21387
xiǎn_9.15　廣韻 集韻 韻會丛蘇典切音銑。筅帚，飯具。

箴 42225 21389
zhēn_9.15　廣韻職深切 集韻 韻會 正韻諸深切丛音斟 說文綴衣箴也 禮·内則紉箴請補綴 図古者以石爲箴，所以刺病 前漢·藝文志用度箴石湯火所施 註箴，所以刺病也。石謂砭石，卽石箴也 山海經高氏之山，其上多玉，其下多箴石 註可以爲砥針治癰腫者。図規戒也 書·盤庚猶胥顧于箴言 左傳·襄十四年工誦箴諫 前漢·揚雄傳贊箴莫善于虞箴，作州箴 註九州之箴也 玉海箴者，諫誨之辭，若箴之療疾，故名箴 図姓

風俗通衛有大夫箴莊子囡爾雅·釋器一羽謂之箴，十羽謂之縛囡官名左傳·宣四年子文孫箴尹克黃註箴尹，官名囡魚名山海經枸狀之山，氿水出焉，其中多箴魚，其狀如鯈，其啄如箴囡鳥名司馬相如·上林賦箴疵鵁盧註張揖曰：箴疵，似魚虎而倉黑色囡草名神異經桂林有睡草，見之則令人睡。一名醉草，亦呼爲懶婦箴韻會補一曰竹名△亦通作鶼前漢·司馬相如傳箴疵鵁盧。箴疵，鳥名說文作鶼鶿囡jiǎn集韻口減切音槏。古斬切音減。茲竹名也囡韻會補與鍼同。諸韻別出箴爲箴誡字囡通作針。

篕 42226 21390
gé_9.15　廣韻古達切類篇居曷切茲音葛。竹名博雅篕籭，桃枝也囡qià集韻五瞎切，音黠。敔也，以止樂。與籍同。

筬 42227 21391
xīng_9.15　廣韻蘇挺切集韻銑挺切，並音醒。又集韻韻會正韻息井切，性上聲。又集韻所景切，生上聲廣韻筊箵，籗籠集韻筊箵，車茨也囡xīng先青切音星大唐新語漁具總曰筊箵○按元結傳自釋語：能帶筊箵，全獨而保生。能學礐釣，保宗而全家。按語皆協韻，故箵音平聲，與生相協。又蘇舜欽·松江觀漁詩：鳴榔莫觸蛟龍睡，舉網時聞魚鼈腥。我實宦遊無況者，擬來隨爾帶筊箵。又陸游、黃庭堅、秦觀、陶宗儀詩，筊箵皆作平聲，入九青韻。

筴 42228 21392
jiā_9.15　篇海古牙切音加。葭蘆說文葦未秀者北堂書鈔筴亦作箈宋書·樂志筴，李伯陽入西戎所造，卽觥也。

觬 42229 21393
hú_9.15　廣韻戶吳切集韻韻會正韻洪孤切茲音胡類篇竹名。或作竽囡廣韻觬籠，箭室。

篪 42230 21394
chí_9.15　廣韻是支切集韻常支切茲音匙。簧屬。囡yí集韻余支切音弛。篪或作篪囡tí廣韻弟泥切集韻田黎切茲音題。竹名。一曰竹器。同鎑囡jī集韻堅奚切音雞。同笄。

䇲 42231 21395
kē_9.15　廣韻集韻茲苦禾切音科。竹名。

箷 42232 21396
shī_9.15　廣韻弋支切集韻余支切，並音移。又集韻常支切，音匙。衣架爾雅·釋器竿謂之箷疏凡以竿爲衣架者，名曰箷囡集韻通作箷囡yí集韻余支切音弛揚子方言㯕前几也。趙魏之閒謂之箷。

䇢 42233 21397
kē_9.15　集韻古各切音恪篇海籠也，栖也。璽同答41872

箈 42234 21398
luò_9.15　集韻歷各切音洛。籬箈也囡籠也揚子方言栖箈，陳楚宋衛之閒，自關而西謂之栖箈註盛栖器籠也。璽又箈42435

箸 42235 21399
zhù_9.15　古文梜廣韻遲倨切集韻韻會遲據切正韻治據切茲音宁。匙箸，飯具禮·曲禮飯黍毋以箸史記註箸卽箭也囡與楮同史記·絳侯世家景帝召條侯，

賜食。獨置大胾，無切肉，又不置楮註楮漢書作箸，食所用也嶺表錄南海岸邊沙中生沙箸，一名越王竹，相傳越王棄餘算而生，若細荻，高尺餘，春吐苗，其心若骨，白而且勁。南海人愛其色，以爲酒籌。凡欲採者，須輕步向前拔之，聞行聲，遽縮入沙中不可得囡zhuó集韻陟略切。被服也。一曰附也，黏也戰國策智伯曰：兵箸晉陽三年矣註箸，言附其城囡廣韻集韻叢同著列子·仲尼篇形物其箸註形物，猶事理也。事理自明，非我之功也囡與宁同，門屏閒也周語大夫日恪位箸以儆其官。璽又箸42052筐42176楮25532‖00172

篧 42236 21400
suǒ_9.15　廣韻蘇果切集韻損果切茲音鎖廣韻竹名囡席也博雅簝篧，席也。一曰箪也囡篧人，漢縣名漢書作蒮括地志作篧。

箹 42237 21401
yào_9.15　廣韻集韻茲於教切音靿。竹節也竹譜竹之節曰箹囡廣韻於角切集韻韻會乙角切，並音渥。又集韻正韻乙却切，音約。小篍也爾雅·釋樂大篍謂之產，其中謂之仲，小者謂之箹。璽正字通紎41811，俗字。

篅 42238 21402
chǔn_9.15　玉篇尺尹切篇海音蠢。竹名。

筆 42239 21403
lǜ_9.15　集韻劣戍切音律集韻竹管，以射鳥。同䇛。

篔 42240 21404
wū_9.15　玉篇烏谷切海篇音屋玉篇竹密。

蒦 42241 21405
wěi_9.15　集韻羽鬼切海篇音委◇筐也。

董 42242 21406
dǒng_9.15　廣韻多動切集韻覩動切茲音董廣韻竹器，一曰竹名囡姓前漢·藝文志農九家，有董安國十六篇註師古曰漢代內史，不知何帝時囡集韻同董。

箾 42243 21407
xiāo_9.15　廣韻蘇彫切正韻先彫切茲音蕭。與簫同。象箾，樂器，舞者所執左傳·襄二十九年季子觀樂，見舞象箾南籥者，曰：美哉，猶有憾註象箾，舞所執△說文虞舜樂曰箾韶尚書作簫韶囡shuò集韻韻會正韻茲色角切音朔荀子·禮論篇武酌桓箾簡象註舞曲名張衡·西京賦飛罕漅箾，流鏑搖擻註箾，音朔。漅箾，罕形玉篇以竿擊人也囡字彙補左傳象箾註：原音朔，與韶箾異音，惟司馬氏从所交切。

突 42244 21408
tū_9.15　集韻他骨切音突。竹器。

䇤 42245 21409
yóu_9.15　篇海于求切，音游◇竹名。

箄 42246 21410
pài_9.15　玉篇匹賣切集韻普卦切茲音派。竹片也△或作㳄。

㳄 42247 21411
pài_9.15　玉篇集韻茲與箄同。

䇥 42248 21412
pí_9.15　玉篇蒲彌切篇海音皮。籠也。

篳 42249 21413
dìng_9.15　集韻丁定切音訂。竹器。

篾 42250 21414
miè_9.15　正字通俗篾字。

箿 42251 21415
jí_9.15　廣韻秦入切集韻籍入切，並音集。又集韻息入切，音輯。類篇織竹器緣囝廣韻子立切集韻藉入切丛音集。覆也。

篜 42252 21416
wěi_9.15　玉篇于鬼切海篇音委◇竹名。鋻又笔41771

蕬 42253 21417
cí_9.15　集韻牆之切音慈。竹名。鋻又簲42829

筥 42254 21418
chè_9.15　廣韻丑輒切類篇敕涉切丛音徹。竹葉。

節 42255 21419
jié_9.15　古文卩廣韻集韻韻會正韻丛子結切，音癤說文竹約也。又操也左傳·成十五年諸侯將見子臧于王而立之，子臧辭曰：前志有之曰：聖達節，次守節，下失節。爲君非吾節也囝止也，檢也，制也易·頤象君子以慎言語，節飲食疏節，裁節。又節卦節亨。苦節不可貞疏節者，制度之名，節止之義，制事有節，其道乃亨。又說卦傳節，止也書·康誥節性惟日其邁禮·檀弓品節斯註制斷也爾雅·釋樂和樂謂之節疏八音克諧，無相奪倫，謂之和樂，樂和則應節左傳·莊二十三年公如齊觀社，曹劌諫曰：會以訓上下之則，制財用之節史記·樂書大禮與天地同節正義曰天有日月，地有山川，高卑如形，生用各別。大禮辯尊卑貴賤等差異別，是大禮與天地同節囝符節，所以示信書·康誥惟厥正人越小臣諸節註諸有符節之臣，若爲官行文書而有符，今之印者也周禮·地官掌節，掌守邦節而辨其用，以輔王命。凡通達于天下者，必有節以傳輔之。無節者，有幾則不達註以王命往來，必有節以爲信。又秋官小行人掌達天下之六節：山國用虎節，土國用人節，澤國用龍節，皆以金爲之。道路用旌節，門關用符節，都鄙用管節，皆以竹爲之禮·玉藻凡君召以三節，二節以走，一節以趨註隨事緩急，急則二節，故走。緩則一節，故趨也左傳·文十二年秦西乞術曰：不腆先君之敝器，使下臣致諸執事，以爲瑞節註節，信也史記·秦始皇紀衣服、旄旌、節旗，皆上黑正義曰旄節者，編旄爲之，以象竹節囝時節左傳疏凡春、秋分，冬、夏至，立春、立夏爲啟。立秋、立冬爲閉。用此八節之日登觀臺，書其所見雲物氣色囝人君壽日皆名節，有萬壽節、天中節等名囝地名左思·魏都賦掘鯉之淀，蓋節之淵註蓋節淵在平原鬲縣北囝貫節，藥草名囝樂器，即柎也，所以節樂囝謚法，好廉自克曰節囝漢宣帝改元地節應劭曰欲令地得其節囝姓。明正德中，守禦指揮僉事節鐸囝官名眞臘風土記村中人家稍密，有鎭守之官，名曰買節囝集韻昨結切音截。山高峻貌詩·小雅節彼南山。鋻又節42351節42034節42158节48985卪02561懈18624通作節，部外十三畫。

箹 42256 21420
zhòu_9.15　廣韻除柳切集韻丈久切韻會丈九切丛音紂。竹易根而死曰箹。

薹 42257 21421
tái_9.15　廣韻徒哀切集韻韻會正韻堂來切丛音臺。說文竹萌也爾雅·釋草薹，箭萌註筍屬疏與箈同

囝集韻澄之切，音持。箭萌。一曰水中魚衣囝集韻韻會正韻丛蕩亥切音待。又集韻坦亥切音嘻。又韻會他代切音態。義丛同。

篷 42258 21422
jiàn_9.15　集韻九件切音蹇。竹名囝shà集韻實洽切音萐。與篴42104同。鋻隋書·音樂志以其七調勘校七聲，冥若合符。七曰俟利篷，華言斛牛聲，即變宮聲也。

筰 42259 21423
zé_9.15　集韻側格切音笮。迫也。同笮，屋上板也。

罳 42260 21424
sī_9.15　廣韻息茲切音思。竹名續竹譜罳竹，皮上有文，可爲錯子異物志新州有此種。製成琴樣，爲礪甲之具。用久微滑，以酸漿漬之，過宿快利如初。亦可作箭李商隱詩罳籌弩箭磨青石筍譜罳竹生海畔，竹與筍皆有毛，傷人則死。鋻又篇42739

篁 42261 21425
huáng_9.15　廣韻集韻韻會正韻丛胡光切音皇。竹名竹譜篁竹堅而促節，體圓而質堅，皮白如霜粉，大者宜作船，細者爲笛筍譜篁筍，八月生，皮黑紫色，其心實囝竹田也史記·樂毅傳薊丘之植，植于汶篁註徐廣曰：竹田曰篁楚辭·九歌余處幽篁兮終不見天註篁，竹叢也。

篂 42262 21426
xīng_9.15　廣韻集韻韻會桑經切正韻先青切丛音星篇海簜篂，蔽篂也，即車幰。亦作屏星孔悆傳別駕舊有屏星，刺史欲去之。悆曰：別駕可去，屏星不可去囝集韻息并切音省。義同。鋻蔽篂，簁篂。

篃 42263 21427
méi_9.15　集韻旻悲切音眉類篇竹名。江漢閒謂之箭竿，一尺數節，葉大如扇，可以衣蓬，亦中作矢。其筍冬生。亦作蓎囝mèi廣韻韻會明祕切，音媚。義同。鋻又籄42752

籭 42264 21428
kuài_9.15　廣韻集韻苦怪切，並音蒯。又集韻古邁切，音夬。箭竹廣志魏時漢中太守王圖，每冬獻笋，謂之籭筍，即篃竹笋也戴凱之·竹譜簀亦箘徒，櫐而短。江漢之閒謂之竹籭。根深耐寒，茂彼淇苑囝廣韻苦回切集韻枯回切丛音恢。義同。鋻又籄42603簀42574籭42476並俗。

範 42265 21429
fàn_9.15　廣韻防鋄切集韻韻會父鋄切，並音犯廣韻法也，式也，模也易·繫辭範圍，天地之化而不過疏範謂模範書·洪範疏武王克殷，訪道于箕子，爲陳天地之大法，敍述其事，乃作洪範爾雅·釋詁範，常也疏範者，模法之常也囝姓。漢有範依，宋有範昱。鋻又范49207範50243範42488莄09019

篍 42266 21430
qìn_9.15　廣韻集韻丛七鴆切音沁類篇墨漬筆也廣韻墨工人具。鋻又篠，篍字之譌。

篅 42267 21431
chuí_9.15　廣韻集韻丛是爲切音垂廣韻盛穀圓囤也囝chuán廣韻市緣切集韻韻會淳沿切丛音遄。義同囝duān集韻多官切音端。竹名。出嶺南△集韻亦作籌。鋻又蒿50260篅42682圌08158篅41916

篆 42268 21432 zhuàn_9.15 唐韻 廣韻 持兖切 集韻 類篇 韻會 正韻 柱兖切 𠀤音瑑 集韻 篆書也 尚書序疏 秦書有八體，一曰大篆，二曰小篆。及亡新居攝，使大司空甄豐等校文書之部，時有六書，三曰篆書，卽小篆，下杜人程邈所作。五曰繆篆，所以摹印 法書攷 大篆者，周史籀所作也。或曰柱下史始變古文，或同或異，謂之篆。篆者，傳也，傳其物理，施之無窮 漢·藝文志 史籀 十五篇是也。以史官製之，用之教授，謂之史書，凡九千字。小篆者，秦相李斯所作也。增損大篆、籀文，謂之小篆，亦曰秦篆，天下行之。畫如鐵石，字若飛動，作楷隸之祖，爲不易之法。其銘題鐘鼎，及作符節，至今用焉 又 轂約也。周禮·春官 孤乘夏篆 註 夏，赤也。夏篆，五采畫轂約也。又 考工記 鐘帶謂之篆。 鑾 又篆42320 篆12221 篆12188 篆42033 篆50192

篇 42269 21433 piān_9.15 廣韻 芳連切 集韻 韻會 紕延切 正韻 紕連切 𠀤音偏 正韻 簡成章也 前漢·武帝紀 元光元年，詔賢良咸以書對，著之於篇 詩·關雎疏 篇，徧也。出情鋪事，明而徧也 又 說文 關西謂榜曰篇，笘掠也 又 竹名 詩·衛風 綠竹猗猗 傳 篇竹也 疏 似小藜，赤莖節，好生道旁，可食 又 山名 山海經 洞庭山之首曰篇遇之山 又 姓 韻會 周大夫史篇之後 又 字彙補 同翩。古文 易 篇篇不富，以其鄰。陸氏曰：輕舉貌。 鑾 又篇50050

篈 42270 21434 fēng_9.15 集韻 方容切音封。竹名。

箹 42271 21435 zhuó_9.15 廣韻 之若切音灼。籧米具也。 鑾 直音篇 箹42145，同箹 又 菂50175，箹字之誤，見 集韻考正

篓 42272 21436 sòu_9.15 玉篇 桑豆切 類篇 集韻 先奏切𠀤音漱。小竹也。 鑾 又篓42462

篑 42273 21438 guì_9.15 集韻 渠惟切音葵。竹名。 鑾 正字通 篑，俗笙字。

箮 42274 21439 xū_9.15 廣韻 相居切音胥 篇海 簡箮，竹名，其節疎 類篇 一曰箕屬。

篍 42275 21440 ruǎn_9.15 玉篇 而兖切 類篇 集韻 乳兖切𠀤音耎。竹名。

篤 42276 21441 dǔ_9.15 集韻 正韻 𠀤都毒切音篤。厚也，與竺同 △通作篤。

箾 42277 21442 cè_9.15 篇海 則列切，音側◇斷聲○按卽𠜾字俗書之譌。

篊 42278 21443 hóng_9.15 集韻 胡公切音洪 類篇 竹引水也。一曰竹木爲束 又 類篇 呼貢切。竹器，所以熯物者 又 正字通 取魚具 酉陽雜俎 晉時錢唐有人作篊，年取魚億計，號萬匠篊 陸龜蒙詩 到頭江畔尋漁事，織竹中流萬尺篊 楊愼集 篊从洪，石梁絕水曰洪，射洪、呂梁洪是也。洪加竹爲篊，蓋以竹爲魚梁也。

筰 42279 21444 zuó_9.15 集韻 疾各切音昨。笅也。一說西南夸尋以渡水，益州有笮橋△或作筰。

篒 42280 21445 yú_9.15 廣韻 羊朱切 集韻 容朱切𠀤音兪。黑竹。 鑾 又箊41929

篔 42281 21446 yú_9.15 類篇 集韻 𠀤勇主切音庾。元色竹。

篋 42282 21447 qiè_9.15 廣韻 苦協切 集韻 韻會 詰叶切 正韻 乞協切𠀤音蛺 廣韻 箱篋 禮·學記 入學鼓篋，孫其業也 註 鼓篋，擊鼓警衆，乃發篋出所治經書也 儀禮註 隋方曰篋 疏 隋，謂狹而長也 左傳·昭十三年 衞人使屠伯，饋叔向羹與一篋錦 又 山名 水經注 高城東北五十里有篋山。 鑾 又匧04389 篋42201

篌 42283 21448 hóu_9.15 廣韻 戶鉤切 集韻 韻會 胡溝切 正韻 胡鉤切𠀤音侯。箜篌，樂器△通作㑦。 鑾 亦譌作篌42489 篌42334 又 箜篌亦作控揺20231 椌篌。

篗 42284 21449 yuàn_9.15 集韻 于眷切音瑗。斷竹也 又 huǎn 集韻 戶管切音緩 博雅 籥篗，篰也。

篍 42285 21450 qiū_9.15 集韻 韻會 雌由切 正韻 此由切𠀤音秋。竹簫 又 廣韻 七遙切 集韻 千遙切 正韻 此遙切，並音𩟄。吹簫所以勸役 急就篇 箛篍起居課後先 又 廣韻 集韻 韻會 正韻 𠀤七肖切音悄。竹簫。洛陽亭長所吹也。 鑾 又篍42341

籯 42286 21451 yíng_9.15 集韻 怡成切音盈。與籯義同。

篙 42287 21452 sì_9.15 字彙補 與笥同。

篵 42288 21453 sōng_9.15 集韻 蘇叢切音蚣。俗呼小籠爲桶篵。或作篵 又 còng 類篇 集韻 𠀤千弄切 海篇 聰去聲，竹名。 鑾 又篸42148

篟 42289 21454 sǎi_9.15 集韻 息改切 海篇 腮上聲。竹也 又 xǐ 集韻 想止切音枲。竹篾也。

篠 42290 21455 xǐ_9.15 篇海 息里切，音徙◇竹蔑也 又 sǎi 字彙補 息改切，腮上聲。竹名○按卽篟字之譌。

篞 42291 21456 è_9.15 玉篇 五各切 類篇 集韻 逆各切𠀤音鄂。竹名。

篓 42292 21457 sǒu_9.15 玉篇 先后切 集韻 蘇后切𠀤音叟。十六斗曰篓。又炊𥰭也。同籔△ 集韻 亦作箵。 鑾 俗作篗。

篱 42293 21458 lǐ_9.15 說文長箋 古文蠡53682字。 鑾 同𧍮57250

篜 42294 21459 zhèng_9.15 集韻 之盛切音政。竹名 又 人名 三朝政要 理宗問有何廉吏，眞德秀以袁守趙篜夫對，御筆擢篜夫直祕閣。

箶 42295 21460 kǔ_9.15 集韻 孔五切音苦。竹名 又 gǔ 集韻 果五切音古。籚也△ 集韻 或作笘。

箝 42298 21463
qián_9.15　篇海同鉗
音撥◇手足指筋之鳴，音義丛與箹同△亦作肑。

筯 42297 21462
zhù_9.15　集韻廚遇切音柱。壇纂竹也。

笧 42296 21461
bó_9.15　篇海北角切，音撥◇手足指筋之鳴，音義丛與箹同△亦作肑。

笴 42299 21464
zhù_9.15　集韻築42352或作笴。

筋 42300 21465
jīn_9.15　玉篇俗筋字。肉之力也図荀譜筯竹筍天台圖經云五縣皆有。

篓 42301 21466
zōng_9.15　集韻祖叢切音㚇。折竹篓。木枝細也。瑩新撰字鏡子公反。蔓50159字。木細支。

籴 42302 21467
jū_9.15　集韻居六切音匊字學大成窮治罪人也。

篎 42303 21468
miǎo_9.15　類篇弭沼切海篇音渺類篇管之小者。與篎同。

箣 42304 21469
cè_9.15　歸有光·易圖論後龍虎之經，金石草木之卜，軌箣占算之術。音義未詳。瑩同筴42145俗策41912

筴 42305 21470
jǐ_9.15　字彙補音義同筐。

篦 42311 u2B7BE
bì_9.15　俗箆42410

箇 42306 21471
gē_9.15　海篇音敢。箣箸也o按卽笴字之譌。改音敢，非。

篱 42307 21472
wěi_9.15　篱譌字。見海篇

箸 42308 21473
xiá_9.15　海篇音鐯。拾也。瑩張亞靜：俗箸42419

篝 42309 21474
gōu_9.15　海篇音溝。燻籠也。

築 42310 u2B7BF
zhù_9.15　同築42634俗築。

篸 42312 u2B7BD
suō_9.15　同簑42494

籇 42313 u2B7BF
null_9.15　未詳。

筍 42314 u2B7BE
sǔn_9.15　亦作笋42216，同筍42698

笔 42316 u2B7BC
null_9.15　未詳。

筳 42318 u2B7BA
null_9.15　未詳。

笓 42321 u25C17
null_9.15　未詳。

笕 42322 u25C16
null_9.15　未詳。

箈 42324 u25C14
null_9.15　未詳。

笢 42326 u25C12
miè_9.15　俗篾42523

笘 42328 u25C10
shì_9.15　同飾69020玉篇笘，尸食切。著也。章表也。

筚 42329 u25C0F
null_9.15　未詳。

篕 42330 u25C0E
zhǎn_9.15　或同篕42861俗盞37194

焌 42332 u25C0C
null_9.15　未詳。

箊 42333 u25C0B
gé_9.15　大漢和辭典·補遺·竹部格24001に通ず。

筥 42315 u2B08D
null_9.15　未詳。

箂 42317 u2B08B
null_9.15　嗚未詳。

箾 42319 u2F963
zhù_9.15　俗築42352

篆 42320 u2F962
zhuàn_9.15　俗篆42268

笓 42323 u25C15
null_9.15　未詳。

篾 42325 u25C13
miè_9.15　俗篾42523

篦 42327 u25C11
bì_9.15　俗篦50616

箣 42331 u25C0D
cè_9.15　俗箣42133

篌 42334 u25C09
hóu_9.15　俗篌42283

箓 42337 u25C06
dì_9.15　或俗蒂。

筕 42335 u25C08
siěng_9.15　嗚从竹俒rình聲。同簡43123行篋。

笲 42338 u25C05
bīng_9.15　同笲42540

笄 42336 u25C07
kè_9.15　嗚从竹計kě聲△丐笄：護岸用的竹椿。

筍 42339 u25C04
cǎu_9.15　嗚从竹苟cǎu聲。

管 42343 u25C00
null_9.15　未詳。

箂 42344 u4229
null_9.15　未詳。

筤 42345 u4228
null_9.15　未詳。

筁 42347 u7BD2
sik_9.15　韓筤筁，亦作筤筕，島名。

篑 42348 u7BD1
kuì_9.15　简篑42669

嵌 42350 u7BCF
qiàn_9.15　同嵌13941

篴 42342 u25C01
null_9.15　未詳。

篷 42340 u25C03
yùn_9.15　从竹軍聲上博七·武王踐阼兀篷百。讀作運。

篍 42341 u25C02
qiū_9.15　同篍42285六書統篍，七肖切。古。吹箾也。从竹秋聲。

簍 42346 u7BD3
lóu_9.15　简簍42563

篛 42349 u7BD0
gu_9.15　俗箛42098

節 42351 uFA56
jié_9.15　參見節42255

築 42352 21437
zhù_10.16　廣韻集韻丛張六切音竹。說文擣也。詩·豳風九月築場圃周禮·春官展器陳告備，及果築鬻註果築鬻者，所築鬻以裸也図抬也書·金縢凡大木所偃者，盡起而築之註築，拾也疏禾爲大木所偃者，起其木，拾下禾，無所亡失図集韻佇六切。杵有鐏図與姁同。•揚子方言築娌，匹也註關西兄弟婦相呼爲築娌。瑩又築42571築42024笁42299築42423篸42901築42319菜50378築42490築42634篔42572篔42766篔42767

篔 42353 21476
yún_10.16　廣韻集韻丛王分切，音雲。篔簹，竹名異物志篔簹，生水邊，長數丈，圍尺五六寸，一節相去六七尺，或相去一丈，土人績以爲布戴凱之·竹譜篔簹竹最大，大者中甑，筍亦中射筒，薄肌而最長，節中貯箭，因以爲名柳宗元·柳州山水記篔簹，湘湖間皆有之蘇軾·文與可畫篔簹谷偃竹記篔簹谷在洋州，與可嘗令余作洋州三十詠，篔簹谷其一也図集韻于權切音員。義同。瑩又篔42066簹42719

篦 42354 21477
bēi_10.16　正韻逋眉切，音卑◇竹名。瑩直音篇籠同篦。

盇 42355 21478
hé_10.16　廣韻胡臈切集韻轄臈切丛音盍。篕樓，籧篨也揚子方言箽謂之籧曲，或謂之籧篨，或謂之篕樓図集韻居泰切音蓋。義同。

薇 42356 21479
wéi_10.16　集韻無非切音微。竹也図集韻旻悲切音眉。義同△玉篇籀文薇字。

篎 42357 21480
miǎo_10.16　集韻韻會正韻丛弭沼切音渺廣韻小管也爾雅·釋樂大管謂之簜，其中謂之篞，小者謂之篎図廣韻集韻韻會正韻丛彌笑切音妙。義同△正韻亦作影。瑩又篎42303，同。

浮 42358 21481
fú_10.16　廣韻縛謀切集韻房尤切丛音浮廣韻竹

有文者囡集韻方鳩切音紑。披尤切音坏。義厷同。

籐 42359 21482
táo_10.16 集韻餘招切音遙。籐枝，竹枝也囡集韻徒刀切音匋。義同△通作桃爾雅·釋草桃枝，四寸有節郭註今桃枝節間相去多四寸周禮·春官司几筵加次席黼純註次席，桃枝席，有次列成文也。鏖又箇42183

簹 42360 21483
táng_10.16 廣韻集韻厷徒郎切音唐類篇符簹，竹席直文而麤者揚子方言符簹，自關而東，周洛楚魏之間謂之倚佯，自關而西謂之符簹，南楚之外謂之簹。

箲 42361 21484
xī_10.16 廣韻相卽切集韻韻會悉卽切厷音息廣韻箣箲，竹器。

籰 42362 21485
yuè_10.16 廣韻集韻厷王縛切音玃。收絲器也廣韻榬謂之籰揚子方言籰，榬也。兗豫河濟之間謂之榬郭註所以絡絲者也。同籆。

箍 42363 21486
chōu_10.16 廣韻楚鳩切集韻韻會初尤切正韻楚蒐切厷音搊。酒籠，漉取酒也△或作籇、籔。鏖又笛41862酎62416醦62413

籔 42364 21487
chōu_10.16 集韻初尤切音搊。酒箍也。

簑 42365 21488
yuán_10.16 集韻于元切，音袁。與榬同。絡絲簑也。

簾 42366 21489
lǚ_10.16 廣韻力舉切集韻韻會正韻兩舉切厷音旅。盛飯器也揚子方言南楚謂之筲，趙魏之郊謂之簾△集韻通作筥。鏖又蓏50829箷42146簴42599簋42532筥43071

篙 42367 21490
gāo_10.16 廣韻古勞切集韻韻會居勞切正韻姑勞切厷音高廣韻進船竿揚子方言所以刺船謂之篙囡集韻居號切音誥。義同△集韻或作櫜。鏖又笿42092囡正字通篙，俗篙字。

筐 42368 21491
fěi_10.16 廣韻集韻韻會府尾切正韻方尾切厷音匪廣韻竹器。方曰筐，圓曰筺孟子註疏筺，以竹爲之，長三尺，廣一尺，深六寸，足高三寸，上有蓋也書·禹貢厥筐織文儀禮·士冠禮有篚鄭註篚，竹器如笒者。△正韻通作匪韻會亦作棐漢志賦入貢棐註師古曰棐與筐同。

箊 42369 21492
xì_10.16 廣韻許激切集韻馨激切厷音闃廣韻籭屬，形小而高廣雅注斛謂之箊揚子方言所以注斛，陳魏宋楚間謂之箊，又謂之籔。自關而西謂之注箕。盛米穀寫斛中者也囡集韻形狄切音檄。義同。鏖直音篦篦，同箊。

簎 42370 21493
cè_10.16 集韻測革切音策。擊也。鏖類篇作簎21779集韻簎42606，或作撦21045

扇 42371 21494
shàn_10.16 廣韻集韻厷式戰切音扇。箑也囡廣韻竹也△通作扇。

箬 42372 21495
ruò_10.16 集韻日灼切音弱。同箬。或作篛謝靈運·山居賦摘篛于谷囡筍名書·顧命傳筍，篛竹也僧贊寧·筍譜筍，一名篛竹。土內皮中謂之篛也。

蒸 42373 21496
zhēng_10.16 廣韻煑仍切音蒸。竹也。

篝 42374 21497
gōu_10.16 廣韻古侯切集韻韻會正韻居侯切厷音鉤◆說文客也，可熏衣揚子方言篝，陳楚宋魏之間謂之牆居郭註今薰籠也廣雅篝，籠也史記註篝火，以籠覆火也囡負物籠類篇上大下小而長，謂之篝笒史記·滑稽傳淳于髠曰：道傍穰田者，操一豚蹄，酒一盂，而祝曰：甌窶滿篝囡類篇居侯切正韻古侯切厷音篝。竹器也△正韻亦作篝。鏖又篝42486篝42803篝42577篝42309

篞 42375 21498
niè_10.16 廣韻奴結切集韻韻會正韻乃結切厷音涅爾雅·釋樂大管謂之簥，其中謂之篞△集韻或省作筀。

籀 42376 21499
liú_10.16 廣韻集韻厷力求切音留。竹名△集韻或作籒。鏖又籀42420或同籒42860

納 42377 21500
nà_10.16 集韻諾答切音納。纜舟竹索也囡集韻香草異物志葉如枇榈而小，實類檳榔。

籀 42378 21501
liú_10.16 集韻力求切音留。竹名。同籀。

蒲 42379 21502
pú_10.16 集韻蓬逋切音蒲。蒲篨，小竹網海篇取魚之具。鏖又笒42072

籧 42380 21503
qiàn_10.16 廣韻集韻厷倉甸切音茜玉篇竹茂貌囡廣韻青竹。

簊 42381 21504
xì_10.16 集韻戶禮切音膝。所以安船。

篠 42382 21505
xiāo_10.16 廣韻先鳥切集韻韻會正韻先了切厷音筱廣韻細竹也戴凱之·竹譜篠出魯郡鄒山，堪爲笙書·禹貢篠簜既敷傳篠，竹箭疏篠爲小竹爾雅疏篠，一名箭周禮·天官·大宰以九貢致邦國之用，五曰材貢註材貢，橚榦栝柏篠簜也竹譜海島有篠，大者如筋，內實外堅，拔之不曲，枝葉稀少，狀若枯篈囡與簫通馬融·長笛賦林簫蔓荊註簫與篠通△正韻篆文作筱。今作篠。鏖又筱42063筱42026筱42018簫42832

篋 42383 21506
jī_10.16 篇海奇逆切，音極◇竹篋也。鏖又篋42305

簒 42384 21507
cuàn_10.16 集韻韻會正韻厷初患切。逆而奪取曰簒爾雅·釋詁簒，取也註簒者，奪取也前漢·衛青傳青給事建章，未知名。大長公主執囚青，欲殺之，其友公孫敖與壯士往簒之註師古曰逆取曰簒囡弋取也字彙補揚子鴻飛冥冥，弋人何簒焉。鏖又簒42480簒42638

籔 42385 21508
sōu_10.16 集韻疎鳩切音搜。竹名囡huái集韻乎乖切篇海戶乖切，厷音懷。竹節高也囡集韻同籔。

篿 yǐ_10.16 集韻隱綺切音倚 博雅篿簃，符簿也。

篢 gōng_10.16 廣韻古紅切 集韻沽紅切夶音公。笠名 图gǎn 類篇 集韻夶古禫切音感。箱類。與簋同。

篹 jù_10.16 廣韻九遇切 集韻俱遇切夶音屢。織具。一曰竹名。

籈 zhēn_10.16 玉篇 集韻夶之人切音眞 博雅籈、簸，箭也。一曰器名。

篣 páng_10.16 廣韻步光切 集韻蒲光切夶音旁 類篇箕屬 图竹名 戴凱之·竹譜百葉參差，生于南垂。傷人則死，醫莫能治。亦曰篣竹，厥毒若斯 图péng 廣韻薄庚切 集韻 正韻蒲庚切夶音彭 博雅籠也揚子方言籠，南楚江沔之閒謂之篣 图答擊也。與榜同 後漢·虞延傳延爲洛陽令，陰氏有客馬成爲姦盜，延收考之，陰氏屢請，獲一書輒加篣二百 註篣，捶也。音彭。

篸 cán_10.16 集韻徂含切音蠶 說文搔馬也 图tán 廣韻 集韻徒甘切音談。刷馬篦。一曰飼篦 图類篇 集韻夶市甘切，又癡廉切音毚。義夶同。

篰 yú_10.16 集韻羊諸切音余 博雅籅也。同篢。

箳 shāo_10.16 廣韻所交切 集韻 韻會師交切夶音稍 說文陳留謂飯帚曰箳。一曰飯器，容五升。一曰宋魏閒謂箸筩爲箳 廣雅箳謂之籯 图字彙補與梢同 馬融·長笛賦纖末奮箳。一云動也 图類篇色角切。義同 類篇或作箵。

篧 hú_10.16 篇海戶吳切音胡。篧被也。

篒 shì_10.16 正字通古筮41998字。

篘 jū_10.16 集韻居六切音匊 說文窮理罪人也。與籍同。或省言。

箈 tāo_10.16 廣韻土刀切 集韻他刀切夶音叨。竹筐 類篇飯牛器 集韻牛篿揚子方言篿，趙代之閒謂之箈。鍫又图03237 正字通笝42127，笝字之譌。

篤 dǔ_10.16 廣韻冬毒切 集韻 韻會 正韻都毒切夶音督 廣韻厚也 易·大畜剛健篤實，輝光日新其德 書·洛誥篤前人成烈 詩·大雅則篤其慶 爾雅·釋詁篤，固也 疏物厚者牢固 图純也 禮·儒行篤行而不倦 註猶純也，純壹之行 图馬病也 說文馬行頓遲 图人疾甚曰篤 史記·范睢傳應侯遂稱病篤 图地名 水經注平原縣有篤馬河，東北入海五百二十里 图叶徒谷切 楊戲·贊趙到鎭南祖疆，監軍尚篤。夶豫戎任，任自封內 △正韻亦作竺。鍫俗作篤50601 图竺41710笁41724管42276

籔 bān_10.16 廣韻北潘切 集韻逋潘切，夶音般 廣韻捕魚笱，其門可入而不可出 篇海籔籛，竹名 图pán 廣韻薄官切 集韻蒲官切夶音盤。籔籛竹筬 廣韻簸也。

嵯 cī_10.16 集韻又宜切音差 類篇嵯嵯，竹貌 图洞簫也 楚辭·九歌吹參差兮誰思 註參差，洞簫。一作嵯嵯。 图cuō 廣韻 集韻 韻會 正韻夶才何切音醝 類篇筥屬 图zhǎ 廣韻 集韻夶側下切音鮓。炭籠。長沙語 图類篇所簡切。大籠。鍫又笁42023

篖 gě_10.16 廣韻古我切 集韻賈我切夶音哿。笋也 廣韻笋篖，笋菹，出南中。鍫又籍42402

篖 gě_10.16 集韻賈我切音哿。與篖同。

翣 tà_10.16 廣韻徒盍切 集韻敵盍切，夶音蹋。窻也 集韻客扉謂之翣。又窻明也。

筮 shì_10.16 集韻以制切音曳。揲蓍占也 图shé 集韻食列切音舌。同揲。數蓍 图shì 篇海時制切音誓。卽古文筮字。

簅 sāo_10.16 類篇 集韻夶蘇遭切音騷。簅簅，竹聲。

篥 lì_10.16 廣韻 集韻 韻會 正韻力質切音栗 集韻竹名 吳錄日南有篥竹，勁利，削爲矛 图觱篥 篇海以竹爲管，以蘆爲首，狀類胡笳而九竅。所法者角音而已，其聲悲篥。一名悲篥，一名笳管。亦作栗。

箝 qiàn_10.16 集韻 韻會夶詰念切音傔。籠也。

翁 wēng_10.16 廣韻烏紅切 集韻烏公切夶音翁。翁，竹盛貌 图玉篇於孔切 集韻烏孔切夶音蓊。義同。

篊 hòng_10.16 集韻呼貢切音嗊。竹器也 篇海用以煑物者。

篦 bì_10.16 廣韻邊兮切 集韻 韻會 正韻邊迷切夶音蓖。釵篦。又竹器 图說文導也。今俗謂之篦 廣韻眉篦 图pí 集韻頻脂切。同笓，取鰕具也。鍫又箆42082笓42311

籱 zhuó_10.16 廣韻 韻會士角切 集韻仕角切夶音浞 廣韻魚罩 爾雅·釋器籱謂之罩 註捕魚籠 疏李巡云編細竹以爲罩，捕魚也。孫炎云今楚篧也。然則罩以竹爲之，無竹則以荊，故謂之楚篧，皆謂捕魚是也 图集韻側角切音捉。竹角切音斲。義夶同 图hù 集韻胡故切 字彙補何悞切音護 詩·小雅烝然罩罩 註篧也 △集韻同籬。鍫龍龕籱俗，籱正 图集韻籗同籱。

簖 chú_10.16 集韻 韻會夶陳如切音除。籧簖，竹席 廣韻籧簖，蘆蕟也揚子方言簟，或謂之籧簖。又簟麤者謂之籧簖 图醜疾名 詩·邶風籧簖不鮮 晉語籧簖不能使俯 篇海編籧簖爲困，如人之擁腫而不能俯，故以名醜疾也。

篩 shāi_10.16 廣韻疏夷切 集韻 韻會霜夷切夶音師。竹名 神異經篩竹，一名太極，長百尺，圍二丈五六尺，南方以爲船 图竹器。有孔以下物，去麤取細 前漢·賈山傳篩土築阿房之宮 師古註篩以竹筐爲之 图shāi 玉篇所

街切篇海山皆切,丛灑平聲◇可以除鼀去細△正韻亦
作筵、籭。鋋又篩41954蒒50297

籭 42414 21537
chí_10.16 廣韻直离切集韻韻會陳知切丛音馳說
文管樂也詩·小雅伯氏吹壎,仲氏吹篪爾雅·釋樂大篪
謂之沂郭註篪,長尺四寸,圍三寸,一孔上出寸三分,
橫吹之。小者尺二寸廣雅云八孔疏鄭司農註周禮云
篪七孔,蓋不數其上出者,故七也世本蘇成公作篪古
史蘇成公善吹篪釋名篪,啼也。聲從孔出,如嬰兒啼
聲,春分之音也区水經注君山東北對編山,山多篪竹
△篇海本作鯷禮記作笢。亦作箎。鋋又筂41786篪42429
鯷75960区集韻鯷,或作篪区正字通鯷,俗鯷字。篗,
俗簾字区字彙筂,同篪。

軦 42415 21538
xiàn_10.16 玉篇蘇見切,音線◇海篇竹也。

篸 42416 21539
sǔn_10.16 集韻筍41900古作篸。

筜 42417 21540
zhù_10.16 集韻張六切音竹。以手筜物也区字彙補
筜本字,擣也。鋋又筜20497

箚 42418 21541
pǒu_10.16 玉篇芳後切類篇普后切。篙籛也。一曰竹
牘区玉篇蒲口切類篇薄口切。義丛同△字彙補同節。

筺 42419 21542
xiá_10.16 字彙補何瞎切音轄。拾筺也。
鋋俗作筤42308

簥 42420 21543
liú_10.16 字彙補與篊同。

箳 42421 21544
jiàn_10.16 集韻子淺切音翦。竹名篇海竹高一丈,
節閒三尺,可爲矢区集韻與箭42204同。

篏 42422 21545
jiǎo_10.16 集韻與筊同。鋋又籔42724

篹 42423 21546
zhù_10.16 集韻張六切音竹。與築同△字彙補同筭。

簤 42424 21547
qiāng_10.16 集韻千羊切音瑲。竹名。或作簤。
区cāng集韻千剛切音倉。竹色禮·月令服倉玉。王肅
本作簤玉。

篭 42425 21548
lǒng_10.16 字彙補同籠

箬 42426 21549
róng_10.16 集韻餘封
切音容。箬箬,矢也。一曰文竹。

簹 42427 21550
mù_10.16 集韻莫故切音暮。竹筥。

索 42428 21551
suǒ_10.16 集韻昔各切音索。竹緪也区類篇色窄
切。義同。

箎 42429 21552
chí_10.16 字彙補與篪同。

簀 42430 21553
zhài_10.16 集韻側賣切音債。壓酒具。與醡62462同。

篛 42431 21554
sǔn_10.16 篇海同筍〇按卽筜字之譌。

箖 42432 21555
fū_10.16 集韻芳無切音敷。竹青皮也儀禮·既夕燕
器杖笠箌註笠,竹箌蓋也疏箌,竹青皮。

篸 42433 21556
sè_10.16 字彙補所戟切音澀。見足也。

篹 42434 21557
nú_10.16 字彙補女除切音袽。機篹也。

袼 42435 21558
luò_10.16 集韻歷各切音洛。籬格也。本作格,或作
袼。亦作落。

篷 42436 21559
yì_10.16 集韻弋質切音逸廣雅置也。鋋俗篷42768

籛 42437 21560
zàn_10.16 字彙補音義與籛42652同。

箅 42438 21561
shèn_10.16 字彙補古文甚35230字。

遂 42442 u2B097
null_10.16 喃未詳。

籉 42439 21562
tái_10.16 字彙補徒來
切音臺海篇笠子也〇按卽簦字之譌。

篏 42440 21563
ruǎn_10.16 海篇音軟。竹名。

綮 42441 44922
qìng_10.16 搜眞玉鏡七姓切,請去聲。

箺 42444 u2B095
null_10.16 未詳。

篹 42443 u2B096
ài_10.16 簡篹42805

篏 42445 u2B094
null_10.16 未詳。

箸 42446 u2B093
shī_10.16 俗箸50447可
洪音義箸爲:上音尸。蒿屬,筮者爲笑。

籐 42447 u2B092
null_10.16 未詳。

籬 42448 u2B091
null_10.16 未詳。

篹 42449 u2B090
null_10.16 未詳。

節 42451 u25C73
jié_10.16 同節42158俗
節華英字錄節,joint,period。

筛 42450 u25C74
vó_10.16 喃从竹捕bō聲。扳蕾△抐筛:扎嘗。

篏 42452 u25C72
kèn_10.16 喃从笛省虔kiền聲。

箈 42453 u25C71
chòm_10.16 喃从竹站trạm聲。

筵 42454 u25C70
giò_10.16 喃从竹徒đồ聲区shāi俗筵42527並音連
聲字學集要筵,山皆切。籬也。亦作篩。支韻音師,薺
韻音徙。

篔 42455 u25C6F
thời_10.16 喃从竹時thời聲△篔扒魟:魚筌,魚梁。

挼 42456 u25C6E
nôi_10.16 喃从竹从手浽nổi省聲△丐挼:搖籃。

篏 42457 u25C6D
giành_10.16 喃从筐省倀trành聲。竹筐。

籔 42461 u25C69
jū_10.16 同籔42595

誝 42458 u25C6C
ghi_10.16 喃从筆省
記kí聲△誝注:標註。誝筡:署名。誝悉:銘記於心。

篏 42459 u25C6B
sáo_10.16 喃从竹套sáo聲。簫,笛。

綷 42463 u25C66
null_10.16 未詳。

簪 42460 u25C6A
cót_10.16 喃从竹
骨cốt聲△丐簪:竹編。簪咭:竹裂聲。

篥 42462 u25C67
qín_10.16 古樂器,如箏,有七絃区篥42272譌字。
元·李衎竹譜詳錄·竹品譜·異形品下篥竹,玉篇云小竹
△宏按,玉篇無篥有篸,桑豆切,小竹。

篠 42464 u25C65
null_10.16 未詳。

簽 42466 u25C63
qiān_10.16 俗簽42804

修 42465 u25C64
xiū_10.16 字海修,修篁,同修篁,長竹子。字見農
政全書·種植区人名用字。光緒光福志·卷八·寺觀引陸

篠 過石嶠贈不群上人詩☒tiáo 古今圖書集成·經籍典·第二百十八卷·禮記部彙考八·經義考三 按，投壺變文僅存於今者，有云謂之投壺者，取名篠（他由反）籔。按，藝術典·第七百九十七卷·投壺部雜錄 作蓨籔。

篾 42467 u25C62
miè_10.16 同篾42326俗篾 四部叢刊·三編史部·天下郡國利病書·第二千七百九十六冊 會稽亭戶煎塩之法……編竹為槩，中為百耳，以篾懸之，塗以石灰。

篾 42468 u25C61
miè_10.16 俗篾42523 五侯鯖字海 音威。竹皮也。

簹 42469 u25C60 null_10.16 未詳。

䈠 42470 u25C5F null_10.16 未詳。

䈋 42471 u25C5E null_10.16 未詳。

䈍 42472 u25C5D null_10.16 未詳。

䈌 42473 u25C5C null_10.16 未詳。

䈎 42474 u25C5B null_10.16 未詳。

簚 42475 u25C5A null_10.16 未詳。

篋 42476 u25C59 kuài_10.16 俗篋42264 古今圖書集成·草木典·第一百八十六卷·竹部彙考一·戴凱之竹譜 篙亦篋徒，概節而短，江漢之間謂之篋竹。

篛 42477 u25C58 null_10.16 未詳。

篗 42478 u25C57 null_10.16 未詳。

篨 42479 u25C56 null_10.16 未詳。

篡 42480 u25C55 cuàn_10.16 同篡42384

篸 42481 u25C54 zhǎn_10.16 簡篸42861

䈓 42482 u25C53 null_10.16 未詳。

滋 42483 u25C52 shì_10.16 滋29830 說文 篆作籈。

篶 42484 u25C51 qiāng_10.16 字海 同羌45753字見 敦煌變文集·蘇武李陵執別詞

筥 42485 u25C50 zhù_10.16 俗筥42572古文筮。

篝 42486 u25C4F gōu_10.16 篝42374本字。見 說文

篞 42487 u25C4E null_10.16 或俗篝△ 異體字字典 曰篲字之異體。

軓 42488 u25C4D fàn_10.16 直音篇 軓，同範42265

篌 42489 u25C4C hòu_10.16 篌42283謁字☒ 同文通考·謁字 篌，梁也。

築 42490 u25C4B zhù_10.16 或同籆42634

席 42491 u25C4A xí_10.16 俗席14918

猭 42492 u25C49 null_10.16 未詳。

䠶 42493 u25C48 shè_10.16 俗射12547可 洪音義 箭䠶：時夜、時亦二反。正作射也，書人悮加竹矣。

簑 42494 u7C11 suō_10.16 同簑50453簑笠☒簑42312簑42597

箋 42495 u7BEF jiān_10.16 簡箋43007

籃 42496 u7BEE lán_10.16 簡籃42871

箁 42497 21564 pǒu_11.17 廣韻 蒲口切 集韻 薄口切夶音部。牘也。◆ 博雅 篰簝篸也。滿而易援也。即今俗呼竹莊之類，可以簡牘，蓋細篋簍也☒ 集韻 普后切音剖。義同△ 或作箁。

篱 42498 21565 lí_11.17 集韻 鄰知切音離。笒篱，竹器。

篲 42499 21566 huì_11.17 古文篲 唐韻 廣韻 祥歲切 集韻 類篇 旋芮切彗音樻 說文 掃竹也，本作篲 爾雅·釋草 菥，王篲。亦從艸 竹譜 篲篠，竹，中掃，篙細竹也。大者如箭，長者至丈許，根杪條等下節。生惟高陰動有町畦。又篙條蒼蒼，接町連篁。惟不卑植，必也巖岡。踰矢稱大，出尋為長。物各有用，掃之最良 史記·高祖紀 六年，高祖朝，太公擁篲註篲，帚也☒集韻 兪芮切音睿 莊子·達生篇 操拔篲以侍門庭。郭象讀☒以醉切音顇。同上。徐邈讀☒suì 雖遂切音遂。義同。一曰星名 篇海 妖星也☒集韻正韻 篲徐醉切音遂。又集韻 蘇骨切音窣。義篲同☒爾雅·釋詁 篲，勤也。鑋 直音篇 篲，同篲。

篳 42500 21567 bì_11.17 廣韻 卑吉切 集韻韻會正韻 壁吉切夶音畢 說文 藩落也 禮·儒行 篳門圭竇註 篳門，荊竹織門也☒柴車 左傳·宣十二年 篳路藍縷，以啓山林註 篳路，柴車☒集韻 必至切音界。義同△ 集韻 通作蓽。鑋又勒04186筆41955筆42609

觲 42501 21568 hú_11.17 廣韻 集韻夶胡谷切音斛。大箱也 篇海 石觲草。又箱觲，盛米器。

篟 42502 21569 huì_11.17 集韻 篲42499古作篟☒xí 廣韻 似入切 集韻 席入切夶音習。篟篟，修船具。鑋又韜48785鼗48870

篴 42503 21570 dí_11.17 廣韻 徒歷切 集韻 亭歷切夶音狄 說文 七孔篴也 周禮·春官 笙師掌教龡竽、笙、塤、簫、篪、篴、管，春牘應雅，以教祴樂。杜子春讀篴為蕩滌之滌，云今時所吹五空竹篴 釋名 篴，滌也，其聲滌滌然也。通作笛☒zhú 廣韻 直六切音逐。竹名。鑋又篴42703篴42795篴61365

箵 42504 21571 sǒu_11.17 玉篇 先后切 集韻 蘇后切夶音叟 類篇 十六斗曰箵☒說文 炊箂也。與籔、籔同。

篵 42505 21572 cōng_11.17 篇海 倉紅切音忽。有病竹，不堪用者。

籀 42506 21573 shuǎng_11.17 集韻 所兩切音爽。竹貌。

篸 42507 21574 dǎn_11.17 類篇 丁感切 篇海 都感切，夶音黕。竹名。同簤△ 集韻 作籤。鑋又篸篸，為篸字之譌。

篚 42508 21575 ōu_11.17 集韻 烏侯切音謳。吳人謂育鸁竹器曰篚 古逸詩·甘泉歌 運石甘泉口，渭水爲不流。千人一唱，萬人相鉤。金陵下餘石，大如篚土屋。

篎 42509 21576 mò_11.17 集韻 末各切音莫。篎筿，竹名。

篤 42510 21577 yān_11.17 篇海 夷然切音焉。黑竹。

篷 42511 21578 péng_11.17 廣韻 薄紅切 集韻韻會 蒲蒙切 正韻 蒲紅切夶音蓬。船頭帳也。又織竹夾箬以覆舟。又曰編竹覆舟車。或作笎、筇☒犇也 揚子方言 車篸，南楚之外謂之篷。鑋正字通 艂，同篷☒字彙 艂，同篷☒集韻 篷，亦作艂。

籤 42512 21579 qiān_11.17 玉篇海篇夶七然切，音遷。箬籤，竹名

筡 42513 21580

筡 tú_11.17 [集韻]同都切音途[說文]析竹筡也[又][爾雅·釋草]簢，筡中。言其中空。竹類也[又]chì[廣韻][集韻]丑庚切。胡竹名也。又杖也[集韻]本作筡。

篸 42514 21581

篸 sēn_11.17 [集韻]疏簪切音森[說文]差也。一曰竹長貌[又]cēn[集韻]初簪切音梣。篸篸，竹貌[又]洞簫也[楚辭·九歌]吹參差兮誰思[註]參差，洞簫。一作篸篸[風俗通]舜作簫，其形參差，象鳳翼參差不齊之貌[洞簫賦]吹參差而入道德[又]zān[廣韻]作含切[集韻][正韻]祖含切。篸同簪[博雅]篸謂之簪。或作簪，或作篸[韓愈·送桂州嚴大夫詩]江作青羅帶，山爲碧玉篸[又]zàn[廣韻][集韻]篸作紺切[篇海]簪去聲，以針篸物也[又]又篸42182搢20656攙21225篸42437篸42652篸42968

終 42515 21582

終 zhōng_11.17 [廣韻]職戎切[集韻][韻會]之戎切[又]音終。竹也。又戎人呼箭曰終。

篹 42516 21583

篹 suàn_11.17 [廣韻]蘇管切[集韻][韻會]損管切[又]音算。籩屬[禮·明堂位]薦用玉豆雕篹[註]篹，籩屬[疏]以竹爲之，形似筥，雕鏤其柄，故云雕篹[廣韻]籩屬[篇海]一曰竹木素器[禮·喪大記]食於篹者[又][註]竹筥[又]zuǎn[集韻]祖管切音纂。義同[又]zhuàn[集韻]雛綰切音撰。持也，具也[前漢·藝文志]書之所起遠矣，至孔子篹焉[註]孟康曰：篹音撰。又[前漢·班固敘傳]探篹前記[又]與饌同，具食也[前漢·元后傳]獨置孝元廟故殿，以爲文母篹食堂△[集韻]或作籑。通作匴[又][集韻]雛綰切持也述也。述也，具也之誤。又[集韻]篹，祖管切。[說文]竹器也。或作籑。又謾，鶵免切。述也。或作篹。通作撰[又]篹42618[又]楊寶忠：篹42823俗篹。

簿 42517 21584

簿 pú_11.17 [廣韻]薄胡切音酺。竹筥，沈水取魚之具。

簿 42518 21585

簿 pài_11.17 [廣韻]薄佳切[集韻]蒲街切[又]音牌。簿筏也。大桴曰簿△亦作簰、箄。又作排[又]又簿30109箄51362

箄 42519 21586

箄 pí_11.17 [集韻][韻會][又]蒲街切音牌。簿筏[爾雅·釋言]舫，泭也[註]水中箄筏[疏][方言]云泭謂之箄，箄謂之筏[又][集韻]闢，人名春秋楚有史狴，或作箄[又][集韻]蒲糜切音皮。頻彌切音陴。蒲瞻切音涵。又上聲，部買切音罷。義並同[又]又箄42518

篻 42520 21587

篻 miáo_11.17 [廣韻][集韻][又]彌遙切音蜱。竹名[玉篇]竹門也[集韻]細竹[筍譜]篻竹，實中，籜屬，出韶州。莖五六寸，中爲弩矢[左思·吳都賦]篻簩有叢[又]biāo[集韻]卑遙切音猋△piāo[廣韻]敷沼切[集韻]匹沼切[又]音縹。義並同[又]匹妙切音票。竹名。出九眞[異物志]篻竹，大如戟槿，實中勁強，交阯人銳之爲矛，甚利。

篼 42521 21588

篼 dōu_11.17 [廣韻][集韻][又]當侯切音兜[說文]飲馬器也[揚子方言]飲馬橐，自關而西或謂之掩兜，或謂之樓篼[正字通]竹輿也。篼之別名，俗謂之篼子。

篽 42522 21589

篽 yú_11.17 [廣韻]魚巨切[集韻]偶舉切[正韻]偶許切[又]音語。禁苑也[漢書音義]折竹以繩挂連之，使人不得往來。篽之言御也。同籞[又]御02082籞43028籞43085御50644蔽51192馭71719

篾 42523 21590

篾 miè_11.17 [廣韻][集韻][韻會][又]莫結切音蔑。竹皮也[書·顧命]敷重篾席[傳]篾，桃枝竹[疏]篾，折竹之次青者[宋書·明帝紀]太妃乘青篾車，隨相檢攝[詩·韻輯略]蔓也。今蜀及關中亦謂竹篾爲蔓[又]竹名[張衡·南都賦]其竹則鐘籠篾篾[李善註]篾，桃枝也[又]小貌[揚子方言]木細枝謂之杪，江淮陳楚閒謂之篾[註]篾，小貌也[又]篾42524篾42250篾42468篾42325篾42467[又]龍龕篾42827俗，茂正。

篾 42524 21591

篾 miè_11.17 [集韻]莫結切音蔑[篇海]同篾[禮·喪服]繫用幣[註]幣，竹篾，謂竹之青，可以爲繫者[又]mì[集韻]莫筆切音密。竹名。空小而有穰。

簹 42525 21592

簹 tuán_11.17 [廣韻]度官切[集韻][韻會][正韻]徒官切[又]音團[說文]圓竹器也[又]zhuān[廣韻]職緣切[集韻][韻會]朱遄切[正韻]朱緣切[又]音專。楚人謂折竹卜曰簹[屈原·離騷]索瓊茅以筳簹[註]瓊茅，靈草。筳，竹算。楚人結草折竹卜曰簹，蓋本竹算，用之以卜，故因謂卜爲簹。猶今人以籌算數畫也[又]同簹42102

簀 42526 21593

簀 zé_11.17 [廣韻][韻會][正韻]側革切[集韻]測革切[又]音責[說文]牀棧也[爾雅·釋器]簀謂之第[註]牀版[禮·檀弓]華而皖，大夫之簀歟[又]積聚也[詩·衛風]綠竹如簀[傳]簀，積也。言茂盛似如積聚[又]葦薄也[史記·范雎傳]卽卷以簀，置廁中[索隱]簀，謂葦荻之薄[又]zhài[集韻]側賣切，音債。壓酒具。同醡[又]又牘32404賣50884簀42202[又]類篇簀42828，牀棧也。

篩 42527 21594

篩 shāi_11.17 [廣韻]所宜切[集韻]山宜切[又]音漇。下物竹器。可以除麤取細，與籭同。又[集韻]所佳切音崽。義同[又][廣韻][集韻][韻會][又]所綺切音屣。義同△[正韻]筵籭，古以爲玉柱，故字从玉作筵。今作筵。亦作篩[又]又箭42645筵42454

簂 42528 21595

簂 guì_11.17 [廣韻]古對切音憒。筐也[釋名]簂，恢也，恢廓覆髮上也。魯人曰頍。頍，傾也，著之傾近前也[周禮註]若今假紒，卽假髻。用鐵絲爲圈，外編以髮[後漢·輿服志]太皇太后入廟服，紺上皁下，鼉青上縹下，皆深衣制，隱領袖緣以條，翦釐簂，簪珥。珥，耳璫垂珠。簪以瑇瑁爲擿，長一尺，端爲華勝，上爲鳳凰爵，以翡翠爲毛羽，下有白珠，垂黃金鑷，左右一橫簪之，以安簂結。公、卿、列侯、中二千石、二千石夫人紺繒簂，黃金龍，首銜白珠，魚須擿，長一尺，爲簪珥[後漢·烏桓傳]婦人至嫁時，乃養髮，分爲髻，著句決，飾以金碧，猶中國有簂步搖[註]簂，吉悔反。或爲幗，婦人首飾也[又]類篇一曰婦人喪冠[又]guò[廣韻][集韻][又]古獲切音馘。義同[又][集韻]姑回切音傀。筐也。義同。亦作幗[又][玉篇]筷42214同簂[又]簂42161

篅 juàn_11.17 集韻窘遠切音卷。竹名。又巨卷切。義同⊠字彙篅，囷屬。

筋 jīn_11.17 集韻舉欣切音斤。竹名本草筋竹，堅而促節，體圓質勁，皮白如霜。大者宜刺船，細者可爲笛。取瀝，扮根葉皆入藥⊠集韻几隱切音謹。義同。鋆又筋42205筋41971筋42012

艄 shāo_11.17 類篇篇海扮所交切音稍。船舵尾。⊠與稍同馬融·長笛賦其應清風也，纖末奮艄註方言曰：稍，動也。艄與稍同⊠shuò集韻色角切音朔。飯帚也△集韻或省作艄。鋆又艄42393

篖 lǔ_11.17 玉篇力渚切類篇兩舉切，盛飯器也集韻作篖。

簣 mài_11.17 集韻莫獲切音麥揚子方言車枸簣謂之簣⊠mì廣韻集韻扮莫狄切音覓。筘簣，辇帶也。

簴 jǔ_11.17 篇海居許切音舉。養蠶竹器揚子方言簴江沔之間謂之篼，趙代之間謂之篖。小者南楚謂之篁，秦、晉謂之箪。

簃 yí_11.17 廣韻弋支切集韻韻會余支切扮音移說文閣邊小屋⊠廣韻直離切集韻韻會陳知切，扮音池。宮室相連謂之簃爾雅·釋宮連謂之簃註堂樓閣邊小屋，今呼之簃，厨連觀也疏簃，樓閣邊相連小屋名也。⊠集韻丈爾切音豸。連閣也。

籍 cháo_11.17 篇海陟交切音嘲。大笙，十九簧。鋆本作籍42897

簄 hù_11.17 廣韻侯古切集韻後五切扮音戶。海中取魚竹名曰簄。

簁 shù_11.17 集韻商署切音庶。筐也。

篏 liè_11.17 集韻力協切，音甄。竹笭，所以乾物。

簈 bīng_11.17 類篇海篇扮卑盈切，音兵◇盛絮籠。鋆又簈42338

籥 líng_11.17 廣韻集韻扮郎丁切音靈。竹名書·禹貢惟箘籥楛疏箘籥，篠蕩也△集韻一曰竹器。或作簚。

篟 chǎn_11.17 廣韻集韻扮所簡切音產。大簫，似笛，三孔而短爾雅作產。

簆 kòu_11.17 廣韻苦候切集韻丘堠切扮音寇。織具。鋆又簆42639

簇 cù_11.17 廣韻集韻扮千木切音鏃。小竹⊠còu千候切音湊史記·律書正月律中泰簇。泰簇者，言萬物簇生也註簇，千豆切白虎通簇者，湊也，言萬物始大湊地而出也⊠cù玉篇楚角切。矢金也⊠chuò集韻測角切音婇。作餅具。

箳 píng_11.17 廣韻府盈切集韻卑盈切扮音并。箳篂，車輧⊠廣韻薄經切集韻旁經切扮音瓶廣韻箳篂，別駕車名類篇箳篂，車蔽篂篇海車上竹席障塵者，前曰箳，後曰篂。亦作屏星⊠集韻必郢切，音餅。義同。鋆箳篂車蔽篂類篇作箳篂，籔篂。

簽 dàn_11.17 廣韻徒敢切集韻杜覽切扮音淡。竹名⊠去聲韻會徒濫切音憺。義同。

籌 chóu_11.17 ·廣韻直由切集韻陳留切扮音儔說文籌箸也，或作篝。通作籌⊠字彙補人名。趙與籌，字德淵，居湖州，嘉定十三年進士，宋宗室也。見宋史。一云三朝政要所載趙與篤，即此字之譌。

筩 tōng_11.17 類篇海篇扮他東切音通。竹名本草竹空心直上無節，出溱州，謂之通竹。俗作筩。鋆俗作筩。

簫 dàn_11.17 玉篇類篇扮丁紺切。竹名。

簢 mǎn_11.17 集韻母伴切音滿。竹器博雅簢篗，節也。鋆又簢42886篗42149篗字省文。

篝 chòu_11.17 廣韻集韻韻會扮初救切音遬。倅也，齊也左傳·昭十一年泉丘人有女，夢以其帷幕孟氏之廟，遂奔僖子，僖子使助薳氏之篝註篝，副倅也。薳氏之女爲僖子副妾，故納泉丘人女，令副助之張衡·西京賦屬車之篝，載獫猲獢註篝，副也⊠正字通齊飛順疾也。篝羽鶬鷺。見唐書⊠馬融·長笛賦聽篝弄者，遙思於古昔註篝弄，小曲也。鋆五經文字薳50623，倅也春秋傳從竹。

箕 jī_11.17 玉篇海篇扮居其切音基。竹名。鋆直音篗，音肌。竹名。笄笄扮同上。

簝 hù_11.17 集韻荒故切音謼。籠也。

篗 lěi_11.17 廣韻力委切集韻魯水切，並音壘◇盛土籠也類篇法也。一曰法可以篗网人也。鋆又篗42717篗43129

簋 guǐ_11.17 古文匭朹廣韻居洧切集韻韻會矩鮪切扮音晷說文黍稷方器也廣韻簠簋，祭器，受斗二升，內圓外方曰簋周禮·冬官考工記旊人爲簋，實一觳，崇尺疏祭宗廟用木簋，今此用瓦簋，祭天地及外神，尚質，器用陶瓠之意也易·損卦二簋可用享註離爲日，日體圓。巽爲木，木器圓。簋象，則簋亦以木爲之也詩·秦風於我乎每食四簋傳四簋：黍稷稻粱周禮·地官舍人凡祭祀共簠簋儀禮·公食大夫禮宰夫東面坐啓簋會，各卻于其西史記·太史公自序墨者尚堯舜道，言其德行，曰食土簋註用土作簋。鋆又簋50834匭04425朹04430殳27053盫37173殳27052⊠說文匭04416，古文簋或从軌。

簝 liáo_11.17 廣韻落蕭切集韻憐蕭切扮音聊。竹名竹譜簝簜二族，亦甚相似。把髮苦竹，促節薄齒。束物體

柔，殆同麻枲。又蓏竹，筍無味，江漢閒謂之苦蓏。

篽 42557 21624
xián_11.17 集韻胡千切音賢。箭筍。

菡 42558 21625
hán_11.17 集韻胡南切音含。實中竹。同筦。

蔣 42559 21626
jiǎng_11.17 廣韻即兩切集韻子兩切夶音獎。剖竹未去節也篇海一曰觚也図集韻似兩切音象。在兩切音趣。義夶同図資良切音將。席也図七亮切音蹌。竹也。

曾 42560 21627
cáo_11.17 集韻財勞切音曹。竹名。

㥄 42561 21628
léng_11.17 集韻盧登切音稜。竹名。

簌 42562 21629
sù_11.17 集韻蘇谷切音速。篩也図茂密貌元稹連昌宮辭風動落花紅簌簌。鋆又籔42606

簍 42563 21630
lóu_11.17 廣韻落侯切集韻郎侯切夶音樓。竹籠也急就篇註簍者，疏目之籠，言其孔樓樓然也図集韻朗口切韻會郎口切正韻郎斗切夶音塿。義同図jù集韻郡羽切音窶。篤簍，規車輞則也図集韻隴主切音縷。義同図玉篇力甫切。車弓籠也。鋆又婁42346

籍 42564 21631
cè_11.17 廣韻測戟切集韻測窄切，音諎。又集韻實窄切，音齰。取魚器也周禮·天官鼈人，以時籍魚鼈龜蜃凡貍物註籍，謂以杈刺泥中，搏取之図廣韻士角切集韻測角切夶音娖。義同図jí集韻秦昔切音籍。測革切音策。義夶同図與藉同列子·仲尼篇長幼羣聚而爲牢藉註藉本作籍，謂牲牢也，固也。籍謂以竹木圍繞。又刺也。鋆又籍42983

簏 42565 21632
lù_11.17 廣韻集韻韻會正韻夶盧谷切音祿說文竹高篋也楚辭·九歎弃雞駭于筐簏註筐簏，竹器也晉書·劉柳傳劉柳爲僕射，時右丞傳迪廣讀書而不解其義。柳讀老子而已，迪每輕柳。柳曰：卿讀書而無所解，可謂書簏矣海篇簏以盛脂粉△集韻簏或作箓。通作盝。鋆又籠籔，亦作麗45610簌、㫄45549簌、㫄45553簌，下垂貌。

篗 42566 21633
lù_11.17 集韻力竹切音六。竹名。鋆又笁41735

篡 42567 21634
chuàn_11.17 篇海初患切音篡。小春也。

䇷 42568 21635
zhì_11.17 集韻脂利切音至博雅箭、鏑，䇷也図集韻即入切，音喋。義同図集韻質入切音執。竹名。

㥰 42569 21636
wú_11.17 集韻訛胡切音梧。竹名。或省作筶。

篡 42570 21637
mán_11.17 正字通莫盤切，滿平聲。竹名筍譜篡筍，皮青而肉皙白。鋆又篗42864

築 42571 21638
zhù_11.17 古文筑篫廣韻集韻韻會夶張六切音竹。擣也。凡土功曰築詩·幽風九月築場圃大雅築之登登図周禮·冬官考工記築氏爲削註削，今之書刀図居室亦曰築，言先築垣也杜甫詩畏人成小築図鳥鼓翼也韓愈·城南聯句詩逗翳翅相築，擺幽尾交搒図推築，

旁推覺之也三國志·顏斐傳帝召市吏于斐前，杖一百，時典農私推築斐謝註從旁推築令覺也図集韻佇六切音逐。杵有鐏。鋆又築42352篫42767篦42901

簹 42572 21639
zhù_11.17 玉篇古文築字。註詳築。鋆又簹42485篦42766

籽 42573 21640
zǐ_11.17 字彙補宗此切音紫。竹名。

簓 42574 21641
kuài_11.17 篇海苦回切音恢。箭竹図古賣切音卦。竹名字彙補蒯字之譌。

笰 42575 21642
dù_11.17 字彙補丁故切音妒。格也。

篣 42576 21643
ná_11.17 集韻女加切音拏。鳥籠也。

篝 42577 21644
gōu_11.17 字彙補古候切音遘。籠笭也。即篝字。亦作篝。

篲 42578 21645
shuāng_11.17 集韻朔降切音灀。以竹木刺物也。△字彙補同縤。鋆字彙補篲，同縤42701

篰 42579 21646
fù_11.17 集韻符遇切音附。篋也。

簴 42580 21647
jù_11.17 字彙補其據切音簴。竹也。

籄 42581 21648
zhòu_11.17 字彙補側救切音縐。捕魚具。

簹 42582 21649
zǐ_11.17 字彙補側持切。與甾同海篇田不耕曰簹。

箹 42583 21650
diào_11.17 字彙補丁叫切音釣。竹也。

篁 42584 21651
wàng_11.17 篇海巫放切音望。竹名。又竹色。

窻 42585 21652
chuāng_11.17 字彙補川倉切，音窻◇籬也。

篤 42586 21653
diāo_11.17 篇海都了切音鳥。竹名。

籟 42595 21662
jū_11.17 玉篇同籟。

齒 42587 21654
qiān_11.17 海篇丘閑切，音謙◇竹名△字彙補口庚切，音慳◇義同。

簁 42588 21655
tuì_11.17 字彙補吐芮切，音退◇斷也△亦作籭。

蔴 42600 u2B09F
má_11.17 俗麻74695

簴 42589 21656
jù_11.17 集韻臼許切音巨說文鐘鼓之柎。本作虡。鋆又簴42785簴42773

篒 42601 u2B09E
null_11.17 未詳。

籔 42590 21657
niǎn_11.17 字彙補乃典切，年上聲。魏人呼釣曰恭籔弓。

篓 42602 u2B09D
null_11.17 喃未詳。

籨 42591 21658
lián_11.17 字彙補力鹽切音廉。鼓也。見釋典。鋆龍龕籨，應法師作籨43044

簑 42592 21659
biāo_11.17 字彙補卑遙切音標。竹名。

籬 42593 21660
lí_11.17 集韻良脂切音梨。竹名。

籭 42594 21661
tuì_11.17 篇海此芮切，音翠◇斷也。鋆又簁42588

籬 42596 21663
lí_11.17 集韻陵之切音釐。笫籬，竹杓也。

篞 42603 u2B09C
kuài_11.17 同筷42476
車載篾笠註篾笠，備雨服。篾，素禾反。同蓑。

42597 21664
蓑 suō_11.17 儀禮·既夕橐

箋 42598 21665
jiàn_11.17 前漢·王尊傳長安宿猾，東市賈萬，城西
萬章，箋張禁，酒趙放註箋張禁，酒趙放，此二人作箋、
作酒之家。鎣俗箭。

旅 42599 21666
lǔ_11.17 旅字之譌。見韻海

箽 42604 u2B09B
null_11.17 未詳。

梅 42605 u2B09A
null_11.17 嘀未詳。

栖 42607 u2B098
null_11.17 未詳。

笧 42606 u2B099
cè_11.17 笧42370俗譌
集韻笧撼，測革切博雅擊也。或作撼図sù俗笧42562

筆 42609 u25D02
bì_11.17 同筆42500

篆 42608 u25D0E
zhuàn_11.17 俗篆42268

筶 42610 u25CC5
rá_11.17 嘀从竹這giá聲。盛飯之籃△亦作筱42170

簀 42611 u25CC4
giǎn_11.17 嘀从竹寅dǎn聲。細孔竹篩。

啟 42612 u25CC3
khài_11.17 嘀从竹啟khài聲。

箸 42613 u25CC2
lược_11.17 嘀从櫥省畧lược聲△丐箸：櫥。

箭 42614 u25CC0
null_11.17 未詳。

參 42615 u25CBF
null_11.17 未詳。

箮 42616 u25CBE
jū_11.17 箮42396譌字。參見鞠67390

篇 42617 u25CBC
biān_11.17 篇42213本字。見說文

篁 42618 u25CBB
suàn_11.17 同篁42516

簟 42619 u25CBA
diàn_11.17 俗簟42655

簪 42620 u25CB9
null_11.17 未詳。

篡 42621 u25CB8
mù_11.17 俗慕18089

捼 42622 u25CB7
tuò_11.17 俗籜43008

捧 42623 u25CB6
null_11.17 未詳。

掐 42624 u25CB5
null_11.17 未詳。

箱 42625 u25CB4
null_11.17 未詳。

繻 42626 u25CB3
null_11.17 未詳。

篆 42627 u25CB2
sēn_11.17 或俗篸42514

滩 42628 u25CB1
null_11.17 未詳。

篆 42629 u25CB0
zhuàn_11.17 或俗篆

敎 42630 u25CAF
jiào_11.17 同玫33980

簡 42633 u4247
null_11.17 未詳。

劅 42631 u25CAE
dú_11.17 同劗50698古文毒27189

箒 42632 u25CAD
đai_11.17 嘀从竹帶đai聲。箍。

簗 42634 u7C17
zhù_11.17 俗簗42352字見遼·李萬韓楷墓誌銘
図日魚梁，置於河渠中捕魚的籬狀物。

篡 42638 u7C12
cuàn_11.17 同篡42384

簖 42635 u7C16
duàn_11.17 简簖43096

勒 42636 u7C15
lè_11.17 同笒41693簕竹，有刺，俗稱刺竹。

彫 42637 u7C13
diāo_11.17 日ささら。竹刷子。

簆 42639 u7C06
kòu_11.17 同篏42543

篾 42641 21668
mì_12.18 正韻莫狄切
音覓。覆笭也禮·曲禮輤屦素篾註篾，覆笭也正義素
篾者，素白狗皮也。篾，車覆闌也。

簙 42640 21667
bó_12.18 廣韻補各切集韻韻會正韻伯各切达音
博說文局戲，六箸十二棊也楚辭·招魂菎蔽象棊，有
六簙些註投六箸，行六棊，故爲六簙也世本古者烏曹
作簙揚子方言簙謂之蔽，或謂之箇。秦晉之閒謂之簙。
吳楚之閒謂之蔽図類篇匹各切。義同△通作博論語
不有博奕者乎。鎣又簙42814

籑 42642 21669
sǎn_12.18 古文籑廣韻蘇旱切集韻穎旱切达音散。
篸籑，桃枝竹也図集韻桑葛切音辥。義同。

觚 42643 21670
hú_12.18 廣韻戶吳切集韻洪孤切达音胡。稜也。
図gū廣韻古胡切集韻韻會正韻攻乎切达音孤。破觚
爲器博雅笤籣，觚也。一曰竹簡，小兒所書。一曰方也
図韻會通作觚陸士衡·文賦或操觚而率爾註觚之方
者，古人用之以書，猶今之簡。一曰觚木簡也。

蔽 42644 21671
bì_12.18 集韻必袂切，音蔽。簟衣車戶也。一曰簙
簽揚子方言簙謂之蔽。鎣方言亦作簙謂之蔽。

籭 42645 21672
sī_12.18 集韻山宜切音漸類篇竹器，可以去麤取
細。同籭図玉篇所街切。又所饑切。義达同図集韻相
支切音斯。竹節也。鎣又可洪音義籭邪：上補我反。
正作籭42799

籓 42646 21673
fàn_12.18 集韻扶萬切音飯。竹也図竹作器集韻竹
作車上蓬也図玉篇扶願切。又持晚切。義达同。

筱 42647 21674
fù_12.18 廣韻集韻达方六切音福。竹實竹譜竹生
花實，其年便槁死。筱，竹實也。

簜 42648 21675
dàng_12.18 集韻韻會达待朗切音蕩。大竹書·禹貢
篠簜既敷爾雅·釋草註簜，竹別名疏李巡曰：竹節相
去一丈曰簜。孫炎曰：竹闊節者曰簜周禮·天官·大宰以
九貢致邦國之用，五曰材貢註材貢，樅櫄栝柏篠簜
図tāng廣韻吐郎切集韻他郎切达音湯。水名，在鄠，
今簜陰縣。又作湯。鎣又簜42212

篲 42649 21676
cuì_12.18 集韻初芮切音噅。春也図篇海蚩瑞切音
橇。重擣也。與毇通。

篤 42650 21677
dū_12.18 廣韻當孤切集韻東徒切达音都。竹名。

簽 42651 21678
fèi_12.18 廣韻方肺切集韻放吠切达音廢。蘆簽，
籩篿也。同簽。

篸 42652 21679
zàn_12.18 篇海作勘切，音讚◇綴衣也。

簝 42653 21680
liáo_12.18 廣韻落蕭切集韻韻會憐蕭切正韻連條
切达音聊。宗廟盛肉竹器周禮·地官凡祭祀，共其牛牲
之互，與其盆簝以待事註盆以盛血，簝以受肉図廣韻
魯刀切集韻韻會郎刀切达音勞。義同図魯皓切音老。
義同。鎣又簝42849

簞 42654 21681
dān_12.18 廣韻都寒切集韻韻會多寒切达音單說
文笥也漢律令簞，小筐也篇海竹葦器。鄭康成曰：盛

飯者，圓曰簞，方曰笥儀禮·士冠禮櫛實于簞論語一簞食註簞，笥也廣韻簞、笥，小篋又竹名嵇含·草木狀簞竹，葉疏而大，一節相去五六尺又瓢亦曰簞揚子方言㼐，陳楚宋魏之間或謂之簞，或謂之櫼，或謂之瓢。鋻晉嵇含南方草木狀又箅42198

簞 diàn_12.18 廣韻徒玷切集韻韻會正韻徒點切丛音店。竹名南越志博羅縣東洲足簟竹銘曰：簟竹既大，薄且空中，節長一丈，其長如松贊寧·筍譜簟竹，長二丈猶爲筍，可食又集韻徒念切音磹說文竹席也釋名簟，簟也，布之簟簟然平正也揚子方言宋謂之笙，關西謂之簟詩·齊風簟茀朱鞹傳方文席也。又小雅下莞上簟箋竹葦曰簟禮·禮器莞簟之安，而槀鞂之設左思·吳都賦筍笙象簟註桃笙，桃枝簟。吳人謂簟爲笙。又象牙以爲簟。鋻又簟43066簟43128笪42619

𥳐 mèi_12.18 廣韻集韻丛明祕切海篇音媚廣韻筍冬生名又竹名山海經英山多箭𥳐註郭璞曰：今漢中郡出𥳐竹，厚裏而長節，根深。筍冬生地中，人掘取食之。鋻又𥳐42982

篠 lóng_12.18 集韻良中切音隆。筕也。

鱏 xún_12.18 集韻徐心切音尋類篇竹長千丈，可爲大舟僧贊寧·筍譜鱏竹，本根長千丈，生海畔山，其竹萌數丈猶爲筍也。

筇 qióng_12.18 廣韻去宮切集韻韻會丘弓切正韻丘中切，並音穹。又廣韻去龍切集韻丘恭切，音跫。又集韻渠空切，音蛩，義並同。筇籠也揚子方言車枸簍，宋魏陳楚之間或謂之筇籠。

篲 suì_12.18 廣韻集韻丛徐醉切音遂。籚篲。又竹徑。鋻又篲43005又類篇篲，籚篲也。或作篲。

簫 jǐ_12.18 集韻居希切音機。竹名。

簠 fǔ_12.18 古文匚蓳集韻匪父切正韻斐古切丛音甫說文黍稷圜器也廣韻簠簋，祭器秦風釋文外方內圜曰簠，用貯稻粱，容一斗二升論語註周曰簠簋，宗廟盛黍稷之器儀禮·聘禮兩簋繼之梁在北又廣韻甫無切集韻風無切正韻芳無切丛音膚。義同又集韻蓬逋切音蒲。義同又集韻韻會芳遇切正韻芳故切丛音赴。義同。鋻又臣04371盀37172盙23310觳12341蓳51677

簡 qiǎn_12.18 廣韻集韻丛去演切音遣類篇戶版謂之簡籮又集韻輕烟切音牽。義同。鋻又簡42913正字通簡，俗譌作簡。

簡 jiǎn_12.18 正字通俗字。鋻又蕳50918

簡 jiǎn_12.18 古文柬廣韻正韻古限切集韻韻會賈限切丛音柬。牒也爾雅·釋器簡謂之畢疏簡，竹簡也。古未有紙，載文于簡，謂之簡札，一名畢禮·王制太史典

禮，執簡記，奉諱惡註簡記，策書也釋名簡，間也。編之篇，篇有間也杜預·春秋序大事書之于策，小事簡牘而已詩·小雅畏此簡書傳簡書，戒命也又簡閱也周禮·春官大田之禮，簡衆也疏簡，閱也。謂閱其車徒之數也。又夏官大司馬簡稽鄉民註謂比數之又要也，略也易繫辭乾以易知，坤以簡能疏簡，謂簡省書·大禹謨臨下以簡史記·樂書大樂必易，大禮必簡又求也，選也。分別也書·多士夏迪簡在王庭禮·王制簡不肖以絀惡郊特牲簡其車賦，而歷其卒伍又大也詩·邶風簡兮簡兮傳簡，大也周頌降福簡簡傳簡簡，大也論語吾黨之小子狂簡註簡，大也又左傳·昭元年子羽謂子皮曰：宋左師簡而禮註無所臧否，故曰簡。共事大國，故曰禮又慢忽之謂簡孟子是簡驩也疏簡略不禮也。又諫也左傳·成八年晉侯使韓穿來言汶陽之田，季文子曰：詩曰：猶之未遠，是用大簡註簡，諫也又誠也禮·王制有旨無簡不聽註簡，誠也。有其意無其誠，不論以爲罪又諡法一德不懈曰簡，平易不訾曰簡。又鼓聲詩·商頌奏鼓簡簡箋其聲和大又韻會手版也。古制長二尺四寸，短者半之。蔡邕曰：漢制長二尺，短者半，蓋單執一札，謂之簡又姓。周大夫簡師父，魯大夫簡叔。鋻通作柬42779又蕑50956蕳51142笕42062又二簡简，简作笴。

簡 mǐn_12.18 廣韻眉殞切集韻韻會美隕切正韻弭盡切丛音愍。竹中空，可以爲席爾雅·釋草簡，筡中註言其中空，竹類僧贊寧·筍譜簡筍嫩而節爽薄△廣韻亦作簜、簜。鋻又笐42028

蔵 jiǎn_12.18 廣韻集韻丛古斬切音減。竹名又廣韻七廉切音殮。義同△集韻或省作蔵。

簜 táng_12.18 廣韻集韻丛徒郎切音堂。罩也又集韻除庚切音棖。義同。

簣 kuì_12.18 玉篇其貴切廣韻集韻韻會求位切正韻具位切丛音匱。土籠也書·旅獒爲山九仞，功虧一簣疏簣，盛土器又廣韻集韻丛苦怪切音蒯。亦籠也△亦作壈◆後漢·律歷志爲山露而不終，蹄乎一壈又通作匱前漢·王莽傳綱紀咸張，成不一匱註匱者織草爲器，所以盛土△集韻同簣。鋻又簣42348檜26166

箛 kū_12.18 集韻空胡切音枯。箆也。

簤 dài_12.18 集韻徒駭切。竹器又類篇徒蓋切。義同△集韻同箉。

簥 jiāo_12.18 廣韻舉喬切集韻居妖切，丛音驕。大管名爾雅·釋樂大管謂之簥註長尺，圍寸，併漆之，有底，賈氏以爲如箎六孔疏李巡云聲高大，故曰簥。簥，高也又集韻一曰田器。

籍 shāo_12.18 集韻雙雛切音籭說文飯筥，受五升。秦謂筥曰籍又篇海所交切音筲。義同。

簦 42674 21702
dēng_12.18 廣韻 集韻 韻會 正韻 夶都騰切音登 說文 笠蓋也 史記·平原君傳 虞卿躡蹻擔簦，說趙孝成王 註 簦，長柄笠 急就篇註 簦、笠，皆所以禦雨。大而有把，手執以行，謂之簦。小而無把，首戴以行，謂之笠 古逸詩·越謠歌 君擔簦，我跨馬，他日相逢爲君下 区 篇海 竹也。

簼 42675 21703
duǒ_12.18 集韻 都果切音朶。簬簼，竹名 吳筠·竹賦 簬簼絺文而繡攎 酉陽雜俎 簬簼如繡畫，百葉爲一枝 永嘉記 簬簼竹，筍六月生，迄九月，味與箭竹筍相似。区 duò 集韻 杜果切音嫷。杜罪切，音錞。杜臥切音惰。義夶同△ 廣韻 同笶。鑋又篳 42973

無 42676 21704
wú_12.18 廣韻 武夫切 集韻 微夫切夶音無。黑竹也 区 mú 廣韻 莫胡切音模。竹黑皮。鑋又笰 41772

蕃 42677 21705
fān_12.18 集韻 方煩切音藩 說文 大箕也。一曰蔽也。本作藩。

舒 42678 21706
shū_12.18 集韻 商居切音舒。竹名。

簿 42679 21707
bù_12.18 集韻 伴姥切音簿。竹器。

須 42680 21708
xū_12.18 集韻 詢趨切音須。魚笱也。

蕫 42681 21709
dǒng_12.18 集韻 覩動切音董。竹器。一曰竹名。亦姓△或作蕫。

篅 42682 21710
chuán_12.18 集韻 是爲切音垂。盛穀笔 類篇 困也。同篅。

籗 42683 21711
luò_12.18 集韻 盧臥切音贏。牀籗也。

簓 42684 21712
rán_12.18 廣韻 集韻 夶如延切音然。竹名 区 集韻 亭顀切 篇海 音年。義同。

簧 42685 21713
huáng_12.18 廣韻 集韻 韻會 正韻 夶胡光切音黃 說文 笙中簧也。古者女媧作簧 釋名 簧，橫也。於管頭橫施于中也，以竹鐵作于口，橫鼓之也 詩·王風 君子陽陽，左執簧 疏 簧者，笙管之中金薄鑮也 禮·明堂位 女媧之笙簧 月令 仲夏之月，命樂師調竽笙竽簧 区 以言惑人謂之簧鼓 詩 巧言如簧 疏 如笙中之簧，聲相應和 蔡邕賦 思在口而爲簧 区 •步搖也 急就篇 冠幘簪簧結髮紐 師古註 簧，即步搖也。鑋俗作黃 50809

箃 42686 21714
cù_12.18 集韻 子六切音蹙。筥，逆槍也。同簇、簇。廣雅 箃謂之筥 区 類篇 千繡切。義同。

篸 42687 21715
cān_12.18 集韻 千安切音餐。竹籤也。或作篸 区 篇海 篸笒。又竹篸定物，定廢也。俗云篸子。

傷 42688 21716
yáng_12.18 集韻 余章切音陽。簬傷，符管也。

蕊 42689 21717
ruǐ_12.18 玉篇 女委切。筍初生也 類篇 竹葉垂生曰蕊。

簾 42690 21718
lìn_12.18 廣韻 集韻 韻會 正韻 夶良刃切音吝。竹類

爾雅·釋草 粼，堅中 区 正韻 舝，薄石。又石鱗 区 篇海 竹中實△本作舝。或作籬。

簤 42691 21719
céng_12.18 集韻 徂棱切音層。竹也 区 類篇 簦簤，笠也。

蓮 42692 21720
jiān_12.18 廣韻 卽淺切 集韻 子淺切夶音剪。竹名。

遰 42693 21721
dì_12.18 集韻 大計切，音第。遰鐘，樂器。晉灼曰：二十四鐘各有節奏，聲不常也。

簣 42694 21722
fén_12.18 集韻 符分切音汾。帥簣，弦也。

簟 42695 21723
diàn_12.18 篇海 蕩鍊切音佃。竹名。

最 42696 21724
zuì_12.18 廣韻 才外切 集韻 徂外切夶音最。簤笔，竹器。

箬 42697 21725
líng_12.18 集韻 郎丁切音靈。車笭。一曰簬籬也。

簨 42698 21726
sǔn_12.18 廣韻 思尹切 集韻 韻會 竦尹切 正韻 聳允切夶音筍 廣韻 簨虡 釋名 所以懸鼓者。橫曰簨。簨，峻也，在上高峻也。縱曰虡。虡，舉也，在旁舉簨也。簨上之版曰業，刻爲牙，捷業如鋸齒也 禮·明堂位 夏后氏之龍簨虡 註 簨、虡，所以懸鐘磬。橫曰簨，飾之以鱗屬。植曰虡，飾之以嬴屬、羽屬 区 zhuàn 集韻 雛綰切音撰。竹器 禮·喪大記 食于簨。徐邈讀 区 正韻 考工記 作筍。亦作栒、簨。鑋龍龕 筭 41922 笭 41920 二俗，筿 42314 簨二正。

簩 42699 21727
láo_12.18 廣韻 魯刀切 集韻 韻會 正韻 郎刀切夶音勞。竹名 異物志 簩竹，有毒，夸人以爲觚，刺獸，中之則死 贊寧·筍譜 簩竹筍無肉，不可食 区 篍 42260 簩，竹名 区 玉篇 力到切 類篇 郎到切。義夶同。

箍 42700 21728
yī_12.18 集韻 一入切音揖。把器 区 玉篇 杓也。

遾 42703 21731
dí_12.18 篇海 同笛。

籍 42701 21729
shuàng_12.18 集韻 朔降切音淙。以竹木刺物也 区 篇海 同漺。

簪 42702 21730
zān_12.18 古文 兂簪 廣韻 側吟切 集韻 韻會 緇岑切 正韻 緇深切夶音瑝。首笄也 釋名 簪，兓也，連冠于髮也。又枝也，因形名之也 区 廣韻 作含切 集韻 韻會 正韻 祖含切夶音鐕。義同 区 疾也 易·豫卦 由豫，大有得，勿疑，朋盍簪 疏 簪，疾也。以信待之，則羣朋合聚，而疾來也 区 前漢·百官表 爵：一級曰公士，二上造，三簪裊 註 師古曰以組帶馬曰裊。簪裊者，言飾此馬也。区 zǎn 集韻 子感切音昝 易 朋盍簪。王肅讀 区 祖官切 易 朋盍簪。李鼎祚曰：簪舊讀作攢△ 集韻 或作鐕、篸 鑋又光 02372 籫 42759 簪 42778 撍 51100 撍 51126

簫 42704 21732
xiāo_12.18 古文 龠 廣韻 蘇彫切 集韻 韻會 正韻 先彫切夶音蕭。樂器 風俗通 舜作簫，其形參差，以象鳳翼 博雅 簫，大者二十四管，小者十六管 博雅 簫，大者二十三管，無底。小者十六管，有底 三禮區

簫，大者長尺四寸，二十四彄。頌簫，長尺二寸，十六彄通卦驗簫，夏至之樂，長尺四寸註簫管，形象鳥翼。鳥爲火，火成數七，生數二，二七一十四，簫之長由此釋名簫，肅也，其聲肅肅而淸也白虎通簫者，中呂之氣書·益稷簫韶九成，鳳凰來儀傳言簫見細樂之備詩·周頌旣備乃奏，簫管備舉箋簫，編小竹管，如今賣錫者所吹也禮·月令仲夏之月，命樂師均琴瑟管簫藝文類聚引蔡邕·月令章句簫長則濁，短則淸。以蠟蜜實其底而增減之，則和管而成音，無所復調，當與琴瑟相參周禮·春官笙師掌教龡簫爾雅·釋言大簫謂之言，小者謂之筊疏李巡曰：大簫，聲大者言言。小者聲揚而小，故言筊。筊，小也。郭璞曰：簫，一名籟莊子·齊物論顏成子遊謂南郭子綦曰：汝聞人籟，而未聞地籟。汝聞地籟，而未聞天籟註郭象曰：籟，簫也前漢·元帝紀贊鼓琴瑟，吹洞簫註如淳曰：洞簫，簫之無底者段龜龍·涼州記呂纂，咸寧二年，人發張駿冢，得玉簫丹陽記江寧縣南三十里有慈姥山，積石臨江，上生簫管竹，圓緻異于他處，自泠倫採竹嶰谷，其後惟此簳見珍，故歷代常給樂府，而俗呼爲鼓吹山△正韻亦作箾。又弓末謂之簫禮·曲禮凡遺人弓者，右手執簫，左手承弣註簫，弰頭也。謂之簫。簫，邪也正義簫，弓頭，頭稍刻差邪似簫，故謂爲簫也又xiāo與篠通馬融·長笛賦林簫蔓荊註簫與篠通。鏊又籭75974蕭簫。

籥 42705 21733
nǐng_12.18 集韻乃挺切音濘。籥籏，籬也。

簬 42706 21734
lù_12.18 古文簬廣韻洛故切集韻韻會正韻魯故切达音路。美竹。中作箭戰國策趙襄子居晉陽，患無矢。張孟談曰：公宮之垣，皆以荻蒿苦楚廬之，請發而用之，則簬簵之勁不能過也註簬卽簵△韻會或作簵。

籫 42707 21735
sǔn_12.18 集韻筍41900古作籫。

篃 42708 21736
wěi_12.18 集韻羽委切音蔿。竹皮也。鏊又篃42307

筳 42709 21737
shāi_12.18 字彙補山皆切音崽唐韻筵籭，古以爲玉柱，故字從玉。鏊筳籭。

籪 42710 21738
tún_12.18 五音篇海音義與籪同。

筮 42711 21739
shì_12.18 字彙補與筮同周禮·春官筮人，中士二人註問蓍曰筮，其占易。又筮人，掌三易以辨九筮之名：一曰連山，二曰歸藏，三曰周易。九筮之名：一曰巫更，二曰巫咸，三曰巫式，四曰巫目，五曰巫易，六曰巫比，七曰巫祠，八曰巫參，九曰巫環，以辨吉凶註此九巫皆當爲筮之誤図噬也周禮·冬官考工記凡攫㲄援簭之類註簭者，以口噬物而食也。

籀 42712 21740
liú_12.18 集韻力求切音留。本作籒。竹聲図liú集韻力久切音柳。竹名。

籑 42713 21741
suàn_12.18 玉篇息亂切類篇蘇貫切海篇音算。竹器。鏊又笄41732

籟 42717 21745
lěi_12.18 集韻同籟

籂 42715 21743
àn_12.18 字彙補烏紺切音暗。垢肉貌。

籛 42716 21744
jiàn_12.18 集韻箭42204古作籛。

籍 42718 21746
cè_12.18 字彙補音義與策同。

篔 42719 21747
yún_12.18 類篇於分切字彙補余倫切，並音雲◇竹名。

籓 42720 21748
dìng_12.18 字彙補丁定切音釘。竹器。鏊又篝42249

籶 42721 21749
shēn_12.18 集韻疏臻切音莘。簟也。

篤 42722 21750
dù_12.18 字彙補丁故切音妒。格箸也。

箟 42723 21751
tí_12.18 字彙補徒其切，音提◇竹名。

篆 42735 u2B0A4
null_12.18 未詳。

篢 42714 21742
tiǎn_12.18 集韻與腆同

篍 42724 21752
jiǎo_12.18 集韻下巧切音峁。笱也図集韻吉巧切音絞。義同△或作篍。

繓 42725 21753
zuì_12.18 字彙補子芮切，音醉◇絡絲也。

掌 42726 21754
zhǎng_12.18 集韻止兩切音掌。竹名。

箭 42727 21755
jiǎn_12.18 字彙補子淺切音剪。竹名。

甍 42728 21756
méng_12.18 集韻謨耕切音萌。竹也。一曰竹筍。

篰 42736 u2B0A3
null_12.18 未詳。

篸 42729 21757
dàn_12.18 字彙補徒感切音禫。篸籠，箱屬図海篇徒覽切音淡。又都敢切音膽。義达同〇按卽箞、篸二字之譌。

籚 42737 u2B0A2
null_12.18 未詳。

簪 42730 21758
dàn_12.18 字彙補丁感切音膽。竹名〇按卽簪字之譌。

籁 42738 u2B0A1
null_12.18 未詳。

樤 42731 21759
sǒng_12.18 字彙補先孔切，音悚◇箸桶也〇按廣韻集韻揚子方言通从木作樤。又類篇改作穗，當卽穗、樤二字之譌。

醛 42732 44921
tíng_12.18 搜眞玉鏡音亭。鏊亦作醛42835

竹俹 42733 44923
zhì_12.18 搜眞玉鏡音置。又音戠。鏊元·鄭采題復古秋山對月圖木森森兮竹簏簏，勢鱻鱻兮墨矗矗。

箞 42734 44924
zhǎn_12.18 搜眞玉鏡音展。

簓 42739 u2B0A0
sī_12.18 俗筤42260明·陶宗儀說郛·卷一百五引元·劉美之續竹譜簓竹，皮上有文，可爲錯子。

篡 42740 u25D20
null_12.18 未詳。

篠 42741 u25D1F
null_12.18 未詳。

笕 42742 u25D1E
null_12.18 未詳。

節 42743 u25D1D
null_12.18 未詳。

韶 42744 u25D1C
chiếu_12.18 喃从竹詔chiếu聲。蓆子。

穚 42745 u25D1B
chòi_12.18 喃从竹椎chòi聲。

篝 42746 u25D1A
gầu_12.18 喃从竹皋cau聲。戽斗。亦作槹26044

篗 42747 u25D19 giậu_12.18 [喃]从竹棹chèo聲。籬笆。

篘 42748 u25D18 mui_12.18 [喃]从竹媒mối聲。同筊42167篷。

綂 42749 u25D17 thúng_12.18 [喃]从竹統thống聲。籬筐△丐綂：大籠。

箄 42750 u25D16 pái_12.18 同樺25706

猶 42751 u25D15 yóu_12.18 猶莩，竹名。

簹 42752 u25D14 méi_12.18 正字通箐42263本作簹。

篒 42754 u25D0F null_12.18 未詳。

箠 42753 u25D13 chuí_12.18 箠42126本字

篨 42755 u25D0D tuò_12.18 同箨42622俗籜43008

纂 42756 u25D0C zuǎn_12.18 俗纂45099

籔 42757 u25D0B cóng_12.18 同籔42758

簪 42759 u25D09 zān_12.18 俗簪42702

籔 42758 u25D0A cóng_12.18 或俗籔25325

櫇 42760 u25D08 jiān_12.18 同樫25753

棒 42761 u25D07 null_12.18 未詳。

籔 42762 u25D06 null_12.18 未詳。

繇 42763 u25D05 null_12.18 未詳。

箟 42764 u25D04 giậu_12.18 [喃]同箟42841籬笆。

箣 42766 u25D01 zhù_12.18 同箣42572古文築。

箟 42765 u25D03 null_12.18 未詳。

箟 42767 u25D00 zhù_12.18 箟42572

箟42766，古文築42352段改作箟，从土箟聲。

邌 42768 u25CFF yì_12.18 [類篇]邌，弋質切[廣雅]置也[集韻]作邌42436

篲 42771 u25CFC null_12.18 未詳。

鈞 42769 u25CFE null_12.18 或俗鈞42821

篢 42773 u25CC1 jù_12.18 同篢42589

簸 42770 u25CFD bò_12.18 俗簸42799

[可洪音義]為簸：補火、補卧二反。箕也。正作簸。

臂 42774 u7C32 pái_12.18 俗簰42776

薄 42772 u25CFB zhú_12.18 清·王夫之[詩經稗疏]詩經攷異綠竹猗猗：說文綠作菉。菉，王芻也。竹41686，韓詩作蓲，音竺。茿也。

旗 42775 u7C31 qí_12.18 敦煌P.3910.殘詩唐詩文叢鈔·秦婦吟簸旗掉劍却來歸同文通考·譌字簸，旗22243也。

簰 42776 u7C30 pái_12.18 同箄42750竹筏。俗作臂42774

䈑 42777 u7C2F gyoi_12.18 [壯]䈑（箕），竹籬筐。

簪 42778 u7C2E zān_12.18 俗簪42702

簡 42779 u7C21 jiǎn_12.18 參見簡42665

蟹 42781 21697 xiè_13.19 [集韻]下買切，音蟹。竹名。

簫 42780 u7C18 xiāo_12.18 俗簫42704

簳 42782 21760 gǎn_13.19 [廣韻][集韻][正韻]夶古旱切，音稈。小竹也[張衡·南都賦]其竹則篠簳箛箠[李善註]簳，小竹也[拾遺記]蓬萊有浮筠之簳，葉青莖紫，子大如珠，有青鸞集其上，風至葉條翻起，聲如鐘磬[図][篇海]箭簳[列子·湯問篇]燕角之弧，朔蓬之簳[山海經]休與之山有草焉，狀如蓍，赤葉而本叢生，名曰夙條，可以爲簳[陳琳·武庫賦]矢則燋銅、毒鐵、簳鏃、鳴鏑[図][廣東新語]薏苡，一名簳珠[図]gàn[類篇]居案切。箭羽△[廣韻]同笴。[鋻]又簳42980直音篇箟42070同簳。

篸 42783 21761 lǐ_13.19 [集韻]里弟切音禮。竹名[竹譜]篸竹二種，似苦竹而細軟，肌薄有文理。

籅 42784 21762 yù_13.19 [廣韻]於六切[集韻]乙六切夶音郁[說文]漉米籔也[揚子方言]炊籔謂之縮，或謂之筄，或謂之㔶[郭註]江東呼淅籔[廣雅]筄、籔、籔、㔶，籅也[図][集韻]居六切音掬。義同[図]ǎo[集韻]烏浩切音襖。移薑具。

簴 42785 21763 jù_13.19 [集韻][正韻]夶白許切音巨。簨簴也[周禮·春官典庸器]祭祀，帥其屬而設筍簴，陳庸器△亦作虡[周禮·冬官考工記]梓人爲筍虡。又嬴者、羽者、鱗者，以爲筍虡[釋名]所以懸鼓者，橫曰簨，縱曰虡。虡，舉也。△[廣韻]本作虡。天上神獸，鹿頭龍身。懸鐘之木刻飾爲之，因名曰虡。

簬 42786 21764 lù_13.19 [廣韻][集韻]夶古文簵42706字[図][書·禹貢]惟箘簬楛[傳]簬，美竹[竹譜]簬竹，出雲夢之澤，中矢用。會稽箭類，皮特黑澀，以此爲異。

稚 42787 21765 zhì_13.19 [玉篇]直利切。竹也。[鋻]字彙同穉42788

穉 42788 21766 zhì_13.19 [集韻]直利切，音稚。幼竹。[鋻]又稚42787

簏 42790 21768 lù_13.19 [廣韻][集韻][韻會][正韻]夶盧谷切音祿。胡簏，箭室△[集韻]或作䐞、轆。

簈 42789 21767 péng_13.19 [篇海]同蓬

虔 42791 21769 qián_13.19 [廣韻][集韻]夶渠言切音撅。筋鳴也。[鋻][集韻]虔，或作腱。

簡 42792 21770 qiǎn_13.19 [篇海]去演切音遣。簡簡，戶籍也。

蟻 42793 21771 yǐ_13.19 [集韻]語綺切音蟻。竹器。[鋻]胡吉宣：疑即蟻竹。叢生不散，故名。亦即慈竹。

籈 42794 21772 dǎn_13.19 [廣韻][集韻]夶都感切音瘯。籠竹器[廣韻]籃類。[鋻]又簹42825籩43144[集韻]籈，籃類。或作籭04459橝25578[図][篇海]引餘文作蕠51273

籧 42795 21773 suì_13.19 [類篇]徐醉切。籧籧也△[正字通]籧字之譌。[鋻]又篴42660

筥 42796 21774 jǔ_13.19 [廣韻]居許切[集韻]苟許切夶音舉。養蠶器[說文]飲牛筐，方曰筐，圓曰筥[図][廣韻]强魚切[集韻]求於切夶音渠。義同△[玉篇]亦作筥[集韻]與籧同。俗作籧非是。

簷 42797 21775 yán_13.19 [廣韻][集韻]余廉切[正韻]移廉切夶音鹽[廣韻]屋簷。與檐同[釋名]簷，檐也，接檐屋前後也△亦作橝。[鋻]又簷42834檐32416

籗 42798 21776 huò_13.19 [篇海]胡郭切音鑊。取魚竹器也[図]胡誤切音護。義同。

簸 42799 21777 bǒ_13.19 [廣韻][集韻][韻會]夶補火切音駊。揚米去糠也[詩·大雅]或簸或蹂[図]bò[廣韻][集韻][韻會][正韻]夶補過切音播。義同。[鋻]又籺43153 ㇗00368簸42770箳42645蔪5089

骳36997

簹 42800 21778
dāng_13.19 廣韻 集韻 韻會 正韻 дцⅠ都郎切音當。箵簹，竹名左思·吳都賦其竹則篔簹林烏異苑建安有篔簹竹，節中有人，長尺許，頭足皆具 又dàng 類篇丁浪切。車簹。鼇又笪41953

簺 42801 21779
sài_13.19 廣韻 集韻 韻會 正韻 дцⅠ先代切音賽◆說文行棋相塞謂之簺前漢·吾丘壽王傳註格五棊行簺法曰：塞白乘五，至五格不得行，故云格五註師古曰卽今戲之簺也後漢·梁冀傳註鮑宏·簺經 又韻會通作塞莊子博塞 又類篇編竹木斷水取魚也。

簻 42802 21780
zhuā_13.19 廣韻 陟瓜切集韻 張瓜切дцⅠ音撾說文箠也馬融·長笛賦裁以當簻便易持註簻，策也。麤者曰簻，細者曰枚 又kē 廣韻 集韻 дцⅠ苦禾切音科。與薖同，草也。又寬大貌。一曰飢意。鼇薖42809，俗訛 又說文薖kē，艸也。从艸過聲。

攑 42803 21781
gōu_13.19 集韻 正韻 дцⅠ與篝同史記·龜筴傳伏靈者，在兔絲之下，以夜捎兔絲去之，卽以攑燭此地註徐廣曰：攑，籠也，然火而籠罩其上也。

簽 42804 21782
qiān_13.19 集韻 千廉切音籤博雅 簽、籯，籠也 又篇海簽書文字也。鼇又籤42466签42064

籆 42805 21783
ài_13.19 廣韻 烏代切集韻 於代切дцⅠ音愛說文蔽不見也△玉篇亦作薆。鼇又篗42443

簾 42806 21784
lián_13.19 廣韻 正韻 力鹽切集韻 韻會 離鹽切дцⅠ音廉。編竹作幃簿也釋名簾，廉也，自障蔽爲廉恥也禮緯天子外屏，諸侯內屏，大夫以簾，士以帷前漢·王貢傳序嚴君平卜筮於成都市，裁日閱數人，得百錢，足自養，則閉肆下簾。而授老子 又韻會擇名。

薇 42807 21785
wéi_13.19 集韻 無非切音微。竹名 又廣韻 武悲切集韻 旻悲切дцⅠ音眉。義同。鼇又簸，簸文。

簰 42808 21786
gé_13.19 廣韻 古核切集韻 各核切дцⅠ音革通俗文簰子，竹障△亦作簰。

簻 42809 21787
jù_13.19 玉篇 其句切海篇 音具。竹器。鼇正字通簻42802字之譌。

簸 42810 21788
tún_13.19 廣韻 集韻 дцⅠ徒渾切音屯說文榜也。又diàn 集韻 丁練切音殿。擊也△集韻作簸。鼇又攟20848簷43060簷43102

薜 42811 21789
bì_13.19 廣韻 集韻 дцⅠ蒲計切，音薜。竹薜也。又 集韻 弋鳥具 又集韻 匹智切音譬。義同。

籍 42812 21790
qià_13.19 廣韻 枯鎋切集韻 韻會 五瞎切，並音搳◆木虎，止樂器，亦名敔也 又玉篇 亦作楬禮·樂記然後聖人作爲鞉鼓，椌楬壎篪△韻會作簸。亦作楬。

簿 42813 21791
bù_13.19 廣韻 正韻 裵古切集韻 韻會 伴姥切дцⅠ音部。籍也孟子先簿正祭器史記·張釋之傳上問上林尉諸禽獸簿前漢·食貨志與郡縣通姦，多張空簿註師古曰簿，計簿也 又笏也蜀志秦密見太守，以簿擊頰註簿，手版也 又車駕法從次第爲鹵簿史記·黥布傳布常爲軍鋒註索隱曰：漢書作楚軍前簿。簿者，鹵簿。又百官皆有鹵簿，各分差等梁書·王僧孺傳道遇中丞鹵簿，驅迥溝中 又主簿，官名漢官儀主簿，主縣之簿書 又領也荀子·正名篇五官簿之而不知 又bó 集韻 伯各切音博。迫也。又bó 廣韻 傍各切集韻 韻會 白各切дцⅠ薄。蠶具。或作簿 又同箔，簾也 又類篇弼碧切。壁柱。

簙 42814 21792
bó_13.19 玉篇 補各切集韻 伯各切，音博。簙奕，局戲也，謂行碁也。亦作博 又蠶具 又白各切音薄。義同。

簙 42815 21793
huì_13.19 集韻 苦猥切音傀。竹高節 又戶賄切音瘣。義同。

鐪 42816 21794
jìng_13.19 類篇 疾郢切。竹名 又字彙補從性切音靖。義同。

籛 42817 21795
jiàn_13.19 集韻 作甸切音薦。楚謂筏上居曰籛。鼇俗薦51239

簹 42818 21796
tán_13.19 字彙補 同丹切，音談◇縴索。見黃福·安南日記

簢 42819 21797
mǐn_13.19 集韻 韻會 дцⅠ美隕切音愍爾雅·釋草簡，簢中。中空類竹。或作篊。鼇中空類竹。中空。竹類。又篊42908簡42666

籌 42820 21798
chóu_13.19 字彙補 音未詳宋史·宗室表趙與籌，字德鼎，嘉定進士。鼇俗籌42547或作簿18620譌作篘18685

鎬 42821 21799
gōu_13.19 集韻 居侯切音鉤。竹名博雅鎬籲，桃枝也。

簹 42822 21800
sè_13.19 玉篇 所力切類篇 殺測切，並音色。篩也。

篹 42823 21801
suàn_13.19 字彙補 蘇貫切音算。器也。鼇俗簒42516

簾 42824 21802
xiè_13.19 集韻 四夜切音瀉。笘篾博雅篇章篇程也。

簰 42825 21803
dǎn_13.19 唐韻 都感切音黕。與簡同。

籛 42826 21804
cān_13.19 集韻 千安切音餐。竹籛也。同籛。

篾 42827 21805
miè_13.19 字彙補 莫結切音蔑。竹皮也。

簀 42828 21806
zé_13.19 類篇 阻厄切，音責。牀版也揚子方言齊魯之閒謂之簀，陳楚之閒或謂之第。鼇正字通簀42694，簀字之譌。

慈 42829 21807
cí_13.19 玉篇 自移切字彙補 音慈◇竹名△亦作茈。

簉 42830 21808
qiàng_13.19 篇海 七亮切，搶去聲。竹簉。又簉籠。

簺 42831 21809
null_13.19 音未詳僧贊寧·筍譜簺竹，出交趾，實中

有毒，笋亦内實。鼇又笁41849

篠 42832 21810
xiāo_13.19　字彙補 篠字之譌 庾信·宿國公碑 浮于江海，達于淮泗。篠蕩既敷，瑤琨卽序。

簙 42833 21811
bó_13.19　字彙補 邦莫切音博。棋也。○按卽簙字之譌。

簷 42834 21812
yán_13.19　海篇 音檐。竹也。鼇俗簷42797

籈 42835 44925
diàn_13.19　五音篇海 音奠。

䉀 42836 44926
miè_13.19　搜眞玉鏡 莫結切音蔑。

𫂦 42837 u2B0A6
null_13.19　未詳。

𫂥 42838 u2B0A5
null_13.19　未詳。

䵯 42839 u25D5B
nong_13.19　喃 从箕省農nóng聲。

䵚 42840 u25D5A
lè_13.19　同笏41693 図càn 喃 从竹勤càn聲。竿。

篝 42841 u25D59
giàu_13.19　喃 从竹罩trạo聲。同篝42764簿42747

篣 42842 u25D58
rầy_13.19　喃 从竹厨rầy聲。篩。

歃 42843 u25D57
hom_13.19　喃 从竹歆hâm聲。竹片△歃齘：扇骨。

䐗 42844 u25D56
tơi_13.19　喃 从竹䐗tai聲。簑衣。

毇 42847 u25D53
huǐ_13.19　俗毇42994

䵌 42845 u25D55
chiều_13.19　喃 从筵省照chiều聲。亦作䵉42744△單䵌：編草席。

篝 42849 u25D50
liáo_13.19　同篝42653

䵊 42846 u25D54
bae_13.19　韓 韓國固有漢字研究 䵊子 雅言覺非·卷之三

簠 42850 u25D4E
null_13.19　未詳。

篡 42848 u25D51
mí_13.19　篡42925譌字。

獅 42851 u25D4D
null_13.19　未詳。

篘 42852 u25D4C
null_13.19　未詳。

簘 42853 u25D4B
yuè_13.19　俗簘43049

簹 42854 u25D4A
huì_13.19　或同薈。

簹 42855 u25D49
null_13.19　未詳。

塩 42856 u25D48
null_13.19　未詳。

瑞 42857 u25D47
null_13.19　未詳。

簹 42858 u25D46
null_13.19　未詳。

穁 42859 u25D45
sōng_13.19　同樬25624亦作䵈42881

溜 42860 u25D44
liú_13.19　同簘42931

篾 42861 u25D43
zhǎn_13.19　俗盞37194 明太宗文皇帝實錄·卷之七十一 夜有星，大如簋，青白色，有光，出北，落師門南，西行至近濁。

簎 42862 u25D42
shà_13.19　亦譌作虆，篁42104字異體 齊民要術·卷第三·雜說第三十 及臘日祀炙簎。原註：簎42258一作簎。燒飲治刺入肉中，及樹瓜田中四角，去蠱蟲。

簋 42863 u25D41
null_13.19　未詳。

簨 42864 u25D40
mán_13.19　俗簨42570

篦 42865 u25C93
zhù_13.19　簜42901譌字。古文築42352參見篁42767

籔 42866 u4264
sǒu_13.19　簡籔42949

簾 42867 uF9A6
lián_13.19　兼簾

簭 42868 u7C42
shì_13.19　人名用字。明代有錢簭。

籟 42869 u7C41
lài_14.19　簡籟43017

籃 42871 21813
lán_14.20　古文𥫔 廣韻 魯甘切 集韻 韻會 盧甘切夶音藍。大籠筐也 廣雅 籃，一名簝，一名簞，一名筐。鼇又籃42496

籀 42870 u7C40
zhòu_13.19　同籀42943

籨 42873 21815
lǐng_14.20　集韻 朗鼎切，零上聲。箸籨，簾也。通作笭。

篗 42872 21814
pò_14.20　篇海 匹各切音粕。竹名 贊寧·笋譜 篗竹出溫處，如苦竹，長節而薄，可作屋椽。其笋春生，可食。

籄 42874 21816
kuì_14.20　集韻 求位切音匱。土籠也 図 苦怪切音𪙨。義同。

籤 42875 21817
jié_14.20　集韻 昨結切音截。竹劗也△字彙補 籤字之譌。

籅 42876 21818
yú_14.20　集韻 羊諸切音余◆廣雅 籅，篝也。一名筥，一名簞，一名篚△集韻 或作筲。鼇又笁41723箷43042

籆 42877 21819
yuè_14.20　集韻 王縛切音鑊。收絲具也 玉篇 籆，榬也，所以絡絲也。鼇又箹42091籰42362籰43116䈹55500觟55519

籉 42878 21820
zhù_14.20　集韻 章恕切音庶。籬屬。

篇 42879 21821
háo_14.20　篇海 胡刀切音豪。船竿。

籔 42880 21822
gǔ_14.20　集韻 古祿切音穀。籠也。

籦 42881 21823
sǒng_14.20　類篇 損動切。箸箸 揚子方言 箸箸，自關而西謂之桶籦。鼇又籦42731穁42859

篝 42882 21824
gōu_14.20　類篇 居侯切。笭也。可熏衣。一曰負土籠。與篝同。

釣 42883 21825
zhào_14.20　篇海 知教切，音照◇取魚籠也。鼇俗罩42096

籇 42884 21826
duān_14.20　廣韻 集韻 夶多官切音端。竹名 廣雅 籇籃，桃枝也。鼇又篣51405

緯 42885 21827
zhào_14.20　集韻 敕角切音趠。捕魚器。同罩。

瀟 42886 21828
mǎn_14.20　集韻 母伴切音滿。竹器。同篢。

甄 42887 21829
zhēn_14.20　廣韻 職鄰切 集韻 韻會 正韻 之人切夶音甄。割木長尺，以皷敔，所以止樂也 爾雅·釋樂 所以皷敔，謂之籈 図jiān 廣韻 居延切 集韻 稽延切 廣韻 竹器 集韻 籈謂之篟 図 廣韻 章憐切。義同。

籍 42888 21830
shǎo_14.20　集韻 山巧切音稍。竹枝長也。

籦 42889 21831
qǐn_14.20　集韻 此忍切音笉。小竹。鼇 玉篇 籦，七忍切，小竹。

籉 42890 21832
tái_14.20　廣韻 徒哀切 集韻 韻會 正韻 堂來切夶音臺。笠子，可禦雨 謝朓·呈沈尚書詩 籉笠聚東菑 註 籉所以禦雨。古通臺 詩·小雅 臺笠緇撮。鼇又笞，爲籉字

之譌。

篴 mí_14.20 集韻民卑切音彌 說文 筊也。筊,竹篾也 図 說文 武移切 玉篇 亡支切。義夶同△集韻或作篺彌籋。鑒 說文 本作簹42925从竹畢聲。或作簹42848

籫 fú_14.20 ◆集韻 房六切音復。盛弓弩器也。與箙同。或作韝鞴。

簈 píng_14.20 集韻 傍丁切音瓶。吳人謂甕曲爲簈。

籗 cóng_14.20 廣韻 正韻 祖紅切 集韻 韻會 祖聰切夶音叢。籠籗,取魚竹器。

籊 tì_14.20 廣韻 集韻 夶他歷切音惕。竹長殺貌。詩衞風 籊籊竹竿,以釣于淇 傳 籊籊,長而殺也 図 廣韻 徒歷切 集韻 韻會 亭歷切夶音狄。義同。

籋 niè_14.20 集韻 同篞 図 廣韻 正韻 夶尼輒切音聶。箝也 図niè 廣韻 奴協切 集韻 諾叶切夶音捻。小箱也 図 同躡 前漢·禮樂志·天馬歌 籋浮雲,晻上馳 註 言天馬上籋浮雲也 図mí 集韻 緜批切。苧竹。鑒 小箱。小箝。
図 鈪63265鑷64667

篥 cháo_14.20 集韻 莊交切,音䫸。大笙 爾雅·釋樂 大笙謂之巢 類篇 巢或从竹 図 集韻 鳥穴中也。
鑒 又巢42536

篘 chōu_14.20 集韻 丑鳩切音抽。竹相合也。

籌 chóu_14.20 廣韻 直由切 集韻 韻會 陳留切 正韻 除留切夶音儔。籌,算也 儀禮·鄉射禮 箭籌八十 註 籌,算也 図 壺矢 禮·投壺 籌,室中五扶,堂上七扶,庭中九扶 註 籌,矢也 図 籌策 史記·高祖紀 運籌帷幄之中 図táo 集韻 徒刀切音陶 揚子方言 戴也。鑒 又籌42069簹42920

籍 jí_14.20 廣韻 集韻 韻會 夶秦昔切音踖 玉篇 書籍 尚書序疏 籍者,借也。借此簡書以記錄政事,故曰籍 左傳·昭十五年 王謂籍談曰:昔而高祖,司晉之典籍。図 戶籍 史記·蕭何世家 高祖入關,何獨先走丞相府,收圖籍,以是具知天下戶口阨塞 図 尺籍,所以書軍令 図 門籍。置牒於門,以案出入 前漢·元帝紀 令從官給事宮司馬門中者,得爲父母兄弟通籍 註 籍者,爲尺二竹牒,記其年紀、名字、物色,挂之宮中。案省相應,乃得入也 図 租籍 管子·國蓄篇 租籍者,所以彊求也 註 在工商曰租籍 図 籍田 禮·祭義 天子爲籍千畝,諸侯爲籍百畝 詩疏 籍之言借也。借民力治之,故謂之籍田 五經要義 天子籍田以供上帝之粢盛,所以先百姓而致孝享也。籍,蹈也。言親自蹈履于田而耕之也 図 籍籍,語聲也 前漢·江都易王傳 國中口語籍籍 図 狼籍 史記·蒙恬傳 此四君者皆爲大失,以是籍于諸侯 註 言惡聲狼籍,布于諸國 図 姓。晉籍談,漢籍福 図xié 正韻 詞夜切音謝 前漢·義縱傳 治敢往少溫籍 註 言無所含容比。図 地名 史記·秦本紀 靈公十年城籍姑 括地志 籍姑,在

同州韓城縣北三十五里。鑒 說文 本作籍43091

篫 zhù_14.20 正字通 古文築42352字。鑒 又簙42865

絟 niàn_14.20 集韻 奴店切音念。竹索。同筡 図 類篇 諾叶切。與筡義同。

籅 sà_14.20 字彙補 色甲切,音煠◇破竹偏也。

槅 gé_14.20 集韻 各核切音隔。竹障。同篞。

簕 jú_14.20 集韻 居六切音菊。與鞠同。撮也。

籋 jì_14.20 海篇 音罽。竹生海邊。

篓 shà_14.20 字彙補 與箑、箑同。扇也 呂氏春秋 冬不用篓,非愛篓也,清有餘也。

籱 tiǎn_14.20 集韻 同脪

篸 mì_14.20 戰國策 其自暴繫也完矣 註 暴,元作篸。

籅 mǐn_14.20 集韻 與籣同

籀 zhòu_14.20 山海經 神英招,其音如搐 郭璞註 或作籀。所未詳比 字彙補 與籀字不同,籀从手。

籑 (null)_14.20 俗籷42738

簡 qiān_14.20 同簡42663

嫩 nón_14.20 喃 从竹嫩non聲。笠。

夢 mǔng_14.20 喃 从竹蒙mông聲。小筐△絲夢:篶笔。

籟 lạt_14.20 喃 从竹辣lạt聲△絲笳:箍 図lad 壯 粗眼篩。

繩 thùng_14.20 喃 从竹繩thẳng聲。筒。

篆 mǔng_14.20 喃 从竹蒙mông聲。

種 chông_14.20 喃 从竹種chông聲。竹榻。

籌 chóu_14.20 中華大字典 籌,同籌42899

簧 shì_14.20 漢語大字典·P5519 簧,筮42711譌字。

維 (null)_14.20 未詳。

纂 (null)_14.20 未詳。

綜 shuàng_14.20 篊42701譌字。參見篊42578

簹 mí_14.20 篴42891本字。

籗 (null)_14.20 未詳。

籤 qiān_14.20 同籤43047

旗 qí_14.20 俗旗22243亦作旗42775 四部叢刊初編集部·誠齋集·卷第三十·詩·朝天續集·蕰林五十詠·過磨盤得風掛帆 兩舟黃旗小隊兵,新晴飯路馬蹄輕。

窏 ngeiz_14.20 壯 窏,飯箕名。

籖 qiān_15.21 廣韻 七然切 集韻 親然切夶音遷。箬籖,竹名 図 篇海 籖子,收稻具。

蕌 liú_15.21 篇海 力求切音留。竹名。鑒 亦作籓42860

虆 liú _15.21　廣韻 集韻 厸力求切音劉。竹名。又竹聲。或作虉 ㄡliǔ 集韻 力久切音柳。竹名 ㄡ 力救切音溜。義同。鬠 又虆43069

簹 lú _15.21　廣韻 力居切音盧。簹簹，竹名 戴凱之·竹譜簹簹竹，其節疎。

籐 téng _15.21　集韻 徒登切音騰。竹器 ㄡ 篇海 箉器。又蔓生似竹。或作籘。

簹 lǔ _15.21　集韻 籠五切音魯。竹名。

籔 zōu _15.21　集韻 甾尤切音鄒。取魚器 ㄡ 側救切音皺。義同。

篒 yì _15.21　廣韻 集韻 厸魚旣切音毅。竹名 ㄡ 篇海 竹節。或作藙。又小竹。

籑 zhuàn _15.21　廣韻 士戀切 集韻 雛戀切厸音饌。與饌同 說文 具食也 前漢·杜鄴傳 陳平共一飯之籑，而將相加驩 ㄡ 集韻 株戀切音囀。又逵眷切音券。又上聲，雛綰切音篹。義厸同 ㄡ 正韻 同饌。又與撰同。鬠 又籑69460 正字通 籑69547，籑本字。

篹 suǎn _15.21　集韻 損管切，算上聲。籩屬。一曰竹木素器。同篹。

幡 fān _15.21　集韻 孚袁切音翻。蔽也 ㄡfán 方煩切音藩 說文 大箕也。

簴 jiàn _15.21　集韻 良據切音慮。舟中簀簴。見 揚子方言。鬠 楊寶忠：俗薦51239

穩 ōu _15.21　集韻 烏侯切音甌。竹器，以息小兒。鬠 又籅43027

籀 zhòu _15.21　廣韻 韻會 正韻 直又切 集韻 直祐切厸音胄。史籀，周宣王太史名，造大篆 法書攷 籀文者，史籀所作也，與古文大篆小異，後人以名稱書，謂之籀文 七略曰：卽周時史官教學童書也，與孔壁古文異體，卽奇字也。其跡則 石鼓文 存焉 學古編 李斯旣作小篆，遂以籀文爲大篆 ㄡ 說文 讀書也。鬠 通作籒42870

篔 lèi _15.21　篇海 盧對切，音對◇篔，稻米礧也。

篈 huǎn _15.21　海篇 胡管切音緩。簾也。鬠 篢51595俗譌。寧忌浮 校訂五音集韻 篈，薦也。

藜 lí _15.21　集韻 憐題切音黎。竹名。

籆 fèi _15.21　廣韻 方肺切 集韻 放吠切厸音廢。籧篨也 揚子方言註 江東呼籧篨爲籆△ 廣韻 與篒同。鬠 又藜50980籘51573篑42159

藩 fān _15.21　廣韻 甫煩切 集韻 方煩切，並音藩。大箕 廣雅 藩、籅，箕也。一曰蔽也 ㄡbān 集韻 逋潘切音般 說

籔 箕屬，所以推棄之器也。鬠 又籥42677籘42940

籔 shǔ _15.21　廣韻 所矩切 集韻 韻會 爽主切 正韻 所武切厸音數 類篇 十六斗曰籔 儀禮·聘禮 門外米三十車，車秉有五籔 疏 十斗曰斛，十六斗曰籔，十籔曰秉。 ㄡ 寠籔，竹器 前漢·東方朔傳註 寠籔，以盆盛物戴于頭者，則以寠籔薦之，狀如環。又 楊惲傳 鼠不容穴，銜寠籔也 ㄡ 廣韻 取句切。義同 ㄡshuò 廣韻 所角切。寠籔，四足几也 ㄡsǒu 廣韻 韻會 正韻 厸蘇后切音叟。炊奧也。一曰漉米竹器。鬠 又籔42866箋42292篗42364箈42504

籦 liè _15.21　廣韻 良涉切 集韻 韻會 力涉切厸音巤。竹名 廣韻 箂，編竹爲之。鬠 廣韻 作籦42993

籃 zū _15.21　正字通 菹字 石鼓文 作籃。

藋 tiáo _15.21　集韻 田聊切音調。竹名。

籅 tuí _15.21　玉篇 杜回切。竹筆也。

籛 qiǎng _15.21　集韻 此兩切音搶。竹名。

簛 lín _15.21　篇海 良刃切音吝。竹名。中堅，可爲席。

篗 bēi _15.21　類篇 班糜切。竹名 ㄡ 篇海 逋眉切音悲。義同。

藨 páo _15.21　集韻 蒲交切音庖。竹名。

籣 zhān _15.21　五音篇海 支尖切音詹。玉也。

剹 jì _15.21　字彙補 與籯同。

篗 lì _15.21　字彙補 力冀切音利。舫竹也。

篲 xiè _15.21　海篇 音瀉。笘也。

籃 huì _15.21　集韻 韻會 厸旋芮切音槥 說文 掃竹也。與彗同 ㄡ 類篇 俞芮切。又以醉切。又蘇骨切。又雖遂切。又徐醉切。義厸同。

籞 tiǎn _15.21　篇海 他典切音腆。厚也，善也△ 集韻 同篅。

鯷 tí _15.21　集韻 田黎切音題。竹名。一曰竹器。同篗 ㄡ 大計切，音第。義同。鬠 又籠42723

籒 hú _15.21　韻略 何姑切音胡。籒，被也。

籓 jiǎng _15.21　集韻 子兩切音獎。與籔同。

籃 jiāo _15.21　字彙補 與艥同。

籖 zàn _15.21　字彙補 同籛 唐人憶薦福寺牡丹詩 雕槃分籛何由得 註 籛，作紺切，以針籛物之籛。言簪花也。

箺 null _15.21　喃未詳。

簿 null _15.21　擔作父戊 戲乍父戊寶簿彝。同籅42720讀若尊。

籭 42971 u2B0A9
null_15.21 未詳。

䩘 42972 u2B0A8
bức_15.21 喃 从等，幅
bức省聲。等級△䩘次：程度 図bậc同阯65541，階級。

籞 42973 u25DB4
duǒ_15.21 同籞42675

䲆 42978 u25DAF
côi_15.21 喃 从笛，瑰
côi省聲△撟䲆：鳴笛。呱䲆：吹笛。

米 42974 u25DB3
dǎm_15.21 喃 从竹緘dàm聲。同笶41937

箒 42975 u25DB2
chổi_15.21 喃 从竹磊lổi聲。掃帚。

魄 42976 u25DB1
phách_15.21 喃 从竹魄phách聲。雲板。

層 42977 u25DB0
nừng_15.21 喃 从竹層tầng聲。

椎 42979 u25DAE
toi_15.21 喃 从竹椎chuôi聲。

簳 42980 u25DAD
gǎn_15.21 同簳42782 永樂大典·卷之一萬九千八百
六十六·竹·竹名·瑞竹 觀其稍紺藂以儷脩，簳綠玉而均
直。既內附以無外，蓋不孤而有德。

媚 42982 u25DAB
mèi_15.21 同媚42656

蔚 42981 u25DAC
wèi_15.21 正字通萮
31558，賈誼策諷作蔚，集韻或作薲，省作萰，並非。

籣 42983 u25DAA
cè_15.21 同籣42564

鬱 42984 u25DA9
null_15.21 未詳。

篙 42986 u25DA7
null_15.21 未詳。

螂 42985 u25DA8
jié_15.21 或同蟭53596

贊 42987 u25DA6
null_15.21 未詳。

藕 42989 u25DA4
ǒu_15.21 或俗藕51549

籬 42988 u25DA5
tōng_15.21 俗籩42548

摻 42992 u25DA0
cēn_15.21 同摻26027 字
彙補 初簪切，音欃。木長貌。見 韻會小補

寮 42990 u25DA2
liáo_15.21 俗寮12357清·道光 佛山忠義鄉志·卷一·鄉
域志·水利 新涌口太平沙之蛋民，搭寮水面以居，幾佔
其半図地名。寮埗。見民國 東莞縣志

輪 42991 u25DA1
lún_15.21 日桶箍 廣漢和辭典 輪，竹などを裂いて
作った輪，桶や樽などを締めるのに用いる。

篾 42993 u426D
liè_15.21 集韻籬，力涉切。竹名図清·翟灝 通俗
編·卷三十六·雜字 篾，力盍切 廣韻 編竹為之 通雅 今江
湖船上稱其旁蔽風雨者曰簟篾。又稱倉中蹋足隔貨者
曰籬図 越諺·卷中·屋宇 籬，貧家鋪牀之竹扇△俗作
籬42950

毀 42994 21893
huǐ_16.22 廣韻許委切 集韻虎委切 丛音毀 說文米
一斛舂爲八斗曰毀△或作纂。亦省作毀。

麹 42995 21894
qū_16.22 玉篇古文麴74608字 図推辨也 劉歆·與揚
雄書五經所詁不合爾雅者，詁麹爲病。甕又籟43707

籛 42996 21895
xuǎn_16.22 廣韻思兗切 集韻須兗切 丛音選。竹緣。

甎 42997 21896
zhuān_16.22 正韻朱緣切音專。今辟甎甎也。

簛 42998 21897
kuò_16.22 廣韻苦郭切音廓 爾雅註 捕魚籠◆篇海 罩
魚者也 左思·吳都賦 罩兩魪 註 罩，簛也 図 廣韻 仕角切
音淰△ 集韻 竹角切音斲。義丛同△ 集韻 同籬。
甕又簹42411

籐 42999 21898
téng_16.22 篇海 徒登切音滕。與籐同。

錄 43000 21899
lù_16.22 廣韻力玉切 集韻 韻會龍玉切 丛音錄。籍
也図圖錄 張衡·東京賦 高祖膺籙受圖，順天行誅。
図集韻籠也。甕又籙51788

靖 43001 21900
jìng_16.22 集韻疾郢切音靖。竹名。亦作籍。

籚 43002 21901
lú_16.22 廣韻落胡切 集韻 韻會 正韻龍都切 丛音
盧 廣韻 籚西竹，出會稽 戴凱之·竹譜 有竹象籚，因以
爲名。東甌諸郡，緣海所生。肌理勻淨，筠色潤貞。凡
今之筬，匪茲不鳴図 類篇 筐也。大曰籚，小曰籃 儀
禮·士昏禮註 筓竹器而衣者，其形蓋如今之筥筤籚矣
図 通作盧 周禮·冬官考工記 秦無盧 註 矛戟柄也図 韻
會 同欘。柱上拊也 晉語 侏儒扶籚。

籤 43003 21902
dié_16.22 海篇徒協切音牒。籈也図弋涉切音葉。
義同。

隨 43004 21903
suí_16.22 廣韻 集韻 丛旬爲切音隨。籠也。

邃 43005 21904
suì_16.22 集韻徐醉切音遂。籧篨也。同篴。

衛 43006 21905
wèi_16.22 廣韻 集韻 丛于歲切音衛。竹名 蜀志 衛
竹，細竹也。薄肌而勁 竹譜 衛尤勁薄，博矢之賢。
甕又笆41712

籛 43007 21906
jiān_16.22 廣韻 正韻則前切 集韻 韻會 將先切 丛音
箋 廣韻 姓也 論語疏 老彭姓籛，名鏗。在商爲守藏吏，
在周爲柱下史 神仙傳 彭祖姓籛，名鏗，帝顓頊之元孫。
善養性，能調鼎，進雉羹于堯，堯封之于彭城，歷夏、
殷、周，年七百六十七歲而不衰図 集韻 子干切。義同
図 廣韻 楚人革馬籛鞍轡図jiǎn 廣韻 卽淺切 集韻 韻
會 子淺切丛音翦。竹名。甕又籛42495

籜 43008 21907
tuò_16.22 廣韻 正韻他各切 集韻 韻會 闥各切 丛音
託 類篇 竹皮也 謝靈運詩 初篁苞綠籜 註 籜，竹皮也。
図 草名 山海經 甘棗之山，其下有草，葵本而杏葉，黃
花而莢實，名曰籜。可以已瞢。甕又籜42200 籜43033
篴42622 籊42755

隸 43009 21908
lì_16.22 廣韻 集韻 丛郎計切音隸。篋也 博雅 笘、
籞，籚也。

籯 43010 21909
yíng_16.22 廣韻以成切 集韻怡成切 丛音盈。籠也
廣雅 籯，籠也 玉篇 箸筩謂之籯図 廣韻 亦作籯 集韻 或
作籯。

簷 43011 21910
yán_16.22 集韻余廉切音鹽。竹病，不可析筤。

藺 43012 21911
lìn_16.22 廣韻 集韻 丛良刃切音吝 博雅 藺謂之植。

蔫 43013 21912
yān_16.22 集韻因蓮切音燕。竹名。

辨 43014 21913
bàn_16.22 集韻皮莧切音辨。筬也。

筮 43015 21914
shì_16.22 集韻時制切音誓 易卦用蓍也。同筮。

籞 43016 21915
yù _16.22　廣韻魚巨切 集韻偶舉切 韻會魚許切 正韻偶許切夶音御。禁苑也 前漢·宣帝紀地節三年,詔池籞未御幸者,假與貧民 註蘇林曰:折竹以繩絓連禁籞,使人不得往來,律名爲籞 又廣韻池水中編竹籬養魚 又韻會池籞,水邊作小屋落郭魚鳥。籞者,禁苑之遮衞也。

籟 43017 21916
lài _16.22　廣韻 集韻 韻會 正韻夶落蓋切音賴 說文簫三孔也。大者謂之笙,中者謂之籟,小者謂之箹 爾雅註簫,一名籟 史記·司馬相如傳摐金鼓,吹鳴籟 註籟,簫也 又凡孔竅機括皆曰籟 莊子·齊物論地籟則衆竅是已,人籟則比竹是已。 鍌又籟42869

籠 43018 21917
lóng _16.22　廣韻盧紅切 集韻 韻會盧東切夶音櫳 說文舉土器。一曰笭也 西京雜記漢制,天子以象牙爲火籠 又鳥檻曰籠 莊子·庚桑楚以天下爲之籠,則雀無所逃 又包舉也 前漢·食貨志籠貨物,籠鹽鐵 又盛矢器。以竹爲之 周禮·夏官·司弓矢田弋充籠箙矢 註籠,竹箙也 又地名 史記·匈奴傳五月大會籠城 韻會補廣南化外,古南越地,唐置籠州 又lóng 廣韻 集韻力鍾切 正韻盧容切夶音龍。竹名 張衡·南都賦其竹則籠箕篾 又篶籠,竹車軬 揚子方言車枸簍,宋·魏閒謂之篶籠 史記·田單傳令其宗人盡斷其車軸末而傅鐵籠 註方言車轄,齊謂之籠 又草名 管子·地員篇有籠與斥 又lǒng 廣韻 正韻力董切 集韻 韻會魯孔切夶音攏。箱籠。又竹器 周禮·地官·遂師道野役及空,抱磨,共丘籠。 又與瀧同 荀子·議兵篇東籠而退 註與涷瀧同,沾濕貌。 鍌又笼41867籠42425龒45692朧75866

簨 43019 21918
xiàn _16.22　集韻候襇切音莧。竹枯也。

蔣 43020 21919
jiǎng _16.22　集韻子兩切音蔣。檠屬 揚子方言所以隱櫂謂之蔣。一說前推曰蔣,却曳曰櫂△或作簝。

籋 43021 21920
nǐ _16.22　字彙補尼理切音你。箱也。

筊 43022 21921
xiáo _16.22　集韻胡交切音爻 說文竹索也。一曰簫之小者。同筊 又jiǎo 集韻居肴切音交。義同 類篇下巧切。筍也 又集韻後教切音效。竹萌也。 鍌又筊42422

簾 43023 21922
lì _16.22　集韻狼狄切音曆。竹火約刀爲簾。

糓 43024 21923
hú _16.22　集韻胡谷切音斛。吳俗謂簍爲糓。

器 43025 21924
qì _16.22　集韻去冀切音器。氣也。

糚 43026 21925
zhōng _16.22　類篇陟隆切。糉也。

籔 43027 21926
ōu _16.22　集韻烏侯切音謳。竹器〇按字本當作篢。

籞 43028 21927
yù _16.22　集韻偶舉切音語。禁苑也。與籞同。

篽 43029 u2B0AC
null _16.22　未詳。

籜 43033 u25DD0
tuò _16.22　同籜43008

餒 43030 u25DD3
nôi _16.22　喃从竹餒nuôi聲。同挼42456搖籃。

歷 43031 u25DD2
lì _16.22　箽籬,亦作箽篥,古吹奏樂器 又閩籬子:曬物用的席子 又lách 喃从竹歷lịch聲。

篳 43032 u25DD1
bì _16.22　篳篥,亦作觱篥、箽篥,古吹奏樂器。

錦 43034 u25DCF
null _16.22　未詳。

遼 43039 u25DCA
liáo _16.22　明·盧之頤 本草乘雅半偈·卷四·本經中品一·竹葉 石籬竹,生閩中,竹似石竹而小。宋·釋贊寧 筍譜石籬竹筍:一名簑筹,生閩中,竹似石而小 吳都賦曰簑筹有藂。筍可食也。

顅 43035 u25DCE
null _16.22　未詳。

篋 43041 u7C61
qiè _16.22　同篋21241 又jiǎn 日訓讀しいし。指洗、染時用的張布機、拉幅機 和字正俗通·和制一 罯財 篋,シイシ。

鑒 43036 u25DCD
null _16.22　未詳。

箕 43042 21928
yú _17.23　玉篇翼諸切。竹名 正字通揚子方言筥,江沔之閒謂之箕42876俗作箕。或曰篋名箕輿。俗加竹作箕。

慫 43037 u25DCC
null _16.22　未詳。

彌 43043 21929
mí _17.23　集韻民卑切音彌。竹笈也。同簑 又鍌又篣42128籬42896籬43105

靳 43038 u25DCB
jī _16.22　同靳51725

籢 43044 21930
lián _17.23　廣韻力鹽切 集韻離鹽切夶音廉。鏡籢也 列女傳置鏡籢中 急就篇註籢,盛鏡之器,若今鏡匣也 又廣韻與匳同。盛香器。

籠 43040 uF944
lóng _16.22　兼籠。

氎 43045 21931
dié _17.23　廣韻徒協切 集韻 韻會達協切夶音牒 集韻簑也。

蘭 43046 21932
lán _17.23　廣韻洛干切 集韻 韻會郎干切夶音闌。所以盛弩矢,人所負也 前漢·韓延壽傳延壽在東郡,令騎士兵車四面營陣,被甲鞮鍪居馬上,抱弩負蘭 註蘭,盛弩矢者也。其形如木桶 又地名 前漢·地理志張掖郡有屋蘭縣。 鍌又䕄67599鞝67611

籤 43047 21933
qiān _17.23　廣韻七廉切 集韻 韻會 正韻千廉切夶音簽 說文驗也。一曰銳也,貫也 玉篇竹籤,用以卜者。 又典籤,官名 北史·蕭泰傳泰子寳未弱冠,名重一時。隋文帝輔政,引爲丞相府典籤 又正韻幖也。 鍌又揃20041签42064籤42875箈41949 又直音篇籤42927同籤。 又正字通䥪43076,籤之譌字。

蘚 43048 21934
xiān _17.23　廣韻相然切,音鮮。竹名。簡蘚,今人戶版籍也 又xiǎn 廣韻 集韻 類篇息淺切,音癬。義同。 鍌又筅41789

籥 43049 21935
yuè _17.23　唐韻 廣韻以灼切 集韻 類篇 正韻弋灼切 韻會弋約切夶音藥 廣韻樂器,似笛 爾雅·釋樂大籥謂之產,其中謂之仲,小者謂之箹 註籥,如笛,三孔而短小 廣雅籥,七孔 詩·邶風左手執籥 傳籥,六孔 周禮·春官籥師掌教國子舞羽龡籥 註文舞有持羽吹籥者,所謂籥舞也 禮·文王世子秋冬學羽籥 疏籥,笛也。籥聲出于中冬,則萬物藏于中云。又 明堂位土鼓、蕢桴、葦籥,

伊耆氏之樂也 釋名 籥，躍也。氣躍出也 又 說文 書僮竹笘也 又 與鑰同 書金縢 啓籥見書 疏 籥，開藏之管 禮·月令 孟冬，慎管籥 又 星名 星經 天籥七星，在斗杓第二星，主開籥開閉 周天大象賦 天籥司其啓閉。 鋬 又 籥42853

43050 21936 lìn_17.23 集韻 良刃切音吝。竹名，其中堅。同籭。

43051 21937 lì_17.23 廣韻 集韻 丛力智切，音豑。札也 博雅 笞籭，籭也 又 篇海 竹篗也。 鋬 又 籭43009

43052 21938 ráng_17.23 廣韻 汝陽切 集韻 如陽切丛音穰 說文 襄也。一曰漉米竹器 又 集韻 汝兩切丛音壤。義同。

43053 21939 zhōng_17.23 廣韻 職容切 集韻 諸容切丛音鍾。籦籠，竹名。可爲笛 馬融·長笛賦 惟籦籠之奇生兮，于終南之陰崖 註 奇生，謂生質之奇也 又 廣韻 竹器。

43054 21940 zhuó_17.23 集韻 直角切音濁。竹名。 鋬 又 trạc 喃 同籭43065土筐。

43055 21941 qú_17.23 廣韻 強魚切 集韻 韻會 正韻 求於切丛音渠 說文 籧篨，麤竹席也 揚子方言 簟，麤者謂之籧篨，或謂之籧笛 又 醜疾名 晉語 籧篨不可使俯。蓋編席爲囷，如人之擁腫而不能俯，故以名之 又 jǔ 正韻 居許切音舉 禮·月令 季春之月，具曲植籧筐 註 亦作筥，養蠶器也。

43056 21942 jì_17.23 集韻 居例切音罽。竹名。生海邊 又 籫篗，竹實也。 鋬 又 籫42906籫42959

43057 21943 jū_17.23 廣韻 集韻 丛居六切音菊。窮理罪人也 楚辭·天問 皆歸射籫，而無害厥躬 註 凡能取中皆曰射，籫，窮也。言啓之所爲，皆歸于中理而窮情，夫孰能害之者。 鋬 又 籫43068籫43095

43058 21944 cù_17.23 集韻 子六切音蹙。笡也。與籈、籤同。

43059 21945 fēng_17.23 篇海 方中切音風。小竹名也。 鋬 楊寶忠：同篷52099俗飌68852

43060 21946 tún_17.23 集韻 徒渾切音屯 說文 榜也 又 diàn 類篇 丁練切。義同。

43061 21947 yù_17.23 字彙補 於六切音郁。竹器。

43062 21948 zū_17.23 字彙補 同菹。見 石鼓文

43063 44927 shì_17.23 篇海類編 同笫。

43064 u2B0AD null_17.23 未詳。

43065 u25DE7 trạc_17.23 喃 从箕省 濯trạc聲。亦作笔41931籭43054挑土用的筐子。

43066 u25DE6 diàn_17.23 同籭43128簟42655本字。

43067 u25DE5 qū_17.23 類篇 鞠，丘六切 說文 酒母。或作鞠67349

43068 u25DE4 jū_17.23 同籫43057

43069 u25DE2 liú_17.23 同籅42932

43070 u25DE1 null_17.23 未詳。

43071 u25DE0 lǔ_17.23 同籚42532

43072 u7C68 lián_17.23 俗籤43044

43075 21951 shuāng_18.24 廣韻 所江切 集韻 疏江切丛音雙。帆也 又 南越志 南海有盧頭木，葉如甘蔗，織以爲帆，名曰雙 又 類篇 一曰酒篘 又 篇海 桲雙，未張帆。 鋬 又 笅41767

43073 21949 liè_18.24 集韻 力協切音甎。竹笪也。

43074 21950 zá_18.24 集韻 昨合切音雜。戶簾也。

43076 21952 qián_18.24 類篇 才先切。細削竹也。

43077 21953 jiē_18.24 集韻 居諧切音皆。黑竹。

43078 21954 biān_18.24 廣韻 布玄切 集韻 韻會 正韻 卑眠切丛音邊。竹豆 爾雅·釋器 竹豆謂之籩 疏 籩，以竹爲之，口有籐緣，形制如豆，亦受四升，盛棗、栗、桃、梅、菱芡、脯脩、膴鮑、糗餌之屬，祭祀、燕享所用 詩·豳風 籩豆有踐 儀禮·士冠禮 旨酒令芳，籩豆有楚 左傳·昭六年 季孫宿如晉，晉侯亨之，有加籩 註 籩豆之數多于常禮。 又 官名 周禮·天官 籩人奄一人，女籩十人 疏 女籩，女奴之曉籩者。 鋬 本作籩43109籀文作𠥩04448𠥩04460 又 笾41865邉61490邉61381

43079 21955 guān_18.24 集韻 古丸切音官。竹杯也。

43080 21956 sǎn_18.24 字彙補 古籛42642字 又 廣雅 籭，箹籭，桃枝也。

43081 21957 zhuó_18.24 集韻 側角切音捉。箪也 又 zhāo 類篇 莊交切。撩罟也。

43082 21958 guān_18.24 集韻 觀55302古作籗 鋬 䂓38365同籗 集韻 觀，視也，古作籗䂓。

43083 21959 qián_18.24 ◆ 集韻 將先切音箋。與箝同。蔽絮簀也。 又 才先切。義同。

43084 21960 fù_18.24 集韻 敷救切音覆。竹蓋也。

43085 21961 yù_18.24 類篇 偶舉切。與籥同。

43086 21962 null_18.24 字彙補 音未詳 大事記 嘉靖三十六年，妖人馬祖蒯楮爲兵以駭衆，各戶多懸籱籱籱籱四字厭之。字出道藏。

43087 44928 sè_18.24 五音篇海 音色。又音殺。

43088 u2B0AE chí_18.24 喃 同謚56919从箕kia从記kí。誌。

43089 u25DFB mây_18.24 喃 从竹霊mây聲。

43090 u25DFA mo_18.24 喃 从竹謨mô聲。籩。

43091 u25DF8 jí_18.24 籍42900本字。見 說文

43092 u25DF7 null_18.24 未詳。

43093 u25DF6 yíng_18.24 同籯43010

籵 43094 u25DF5 null_18.24 未詳。

籴 43095 u25DF4 jū_18.24 同籴43057

斸 43096 u7C6A duàn_18.24 編竹取魚。亦謂之滬。清·王士禎 盆魚出入荇藻絕斸滬，笑渠殘鱠秒王餘。

籫 43097 21963 zuǎn_19.25 廣韻作管切 集韻祖管切丛音纂。竹器 廣雅籫，箸筩也 急就篇註籫，盛匕箸之籠。一名笲。

籬 43098 21964 lí_19.25 廣韻呂支切 集韻韻會鄰知切丛音離。籓籬也 釋名籬，離也。以柴竹作之。疏離，離也 晉書·庾袞傳與弟子樹籬，跪而授條，曰：幽顯易操，非君子意 又笓籬，竹杓△ 正韻亦作蘺、欐。 又杝23596篱42498 字彙筣，與籬同 笓籬 集韻作笓篱42596

籭 43099 21965 sī_19.25 廣韻 集韻 韻會丛山宜切音漸。竹器。可以取麤去細 又shī 集韻 正韻丛霜夷切音師。義同 又xǐ 集韻所綺切音躧。與筲同 又shāi 廣韻山佳切 集韻所佳切丛音崽 廣韻竹名 集韻溢具。或作籂筐篩。

籮 43100 21966 luó_19.25 廣韻魯何切 集韻韻會良何切 正韻郎何切丛音蘿。竹器 揚子方言箕，陳魏宋楚之間謂之籮。一說江南謂笸底方上圓曰籮。 又笒42199

篨 43101 21967 cù_19.25 集韻七六切音蹙。筐也 又就六切。義同。 又簇42686篨43058

簹 43102 21968 tún_19.25 玉篇大昆切。榜也 字彙補同篸。

籠 43103 21969 bēi_19.25 海篇攀糜切，音披。笱虖飾〇按即薰字之譌。

籧 43104 21970 zhù_19.25 集韻章恕切音翥。筐籧。

籎 43105 21971 mí_19.25 廣韻武移切 集韻民卑切丛音彌。竹篾也。與籫同。

籏 43106 u2B0AF null_19.25 未詳。

籧 43107 u25E07 yán_19.25 籧43112譌字。

籆 43108 u25E06 liếp_19.25 喃从竹臘chạp聲。竹笪，竹箄。

籇 43109 u25E05 biān_19.25 籩43078本字。

籇 43110 u25E04 giậm_19.25 喃从竹簪trầm聲。魚抄。

籗 43111 u25E03 huǐ_19.25 同籗43120

籧 43112 u25E02 yán_19.25 籧43117本字

籬 43113 u25E01 nan_19.25 喃从篾省難nan聲。竹皮。

籯 43114 21972 yíng_20.26 篇海餘輕切音盈。箱屬 揚子方言陳宋楚魏之間謂筥爲籯 前漢·韋賢傳鄒、魯諺曰：遺子黃金滿籯，不如一經 註如淳曰：籯，竹器，受三四斗，今陳留俗有此器。 又籆42286籝43010 又籯 碑別字新編·籯引唐裴寬墓誌

籣 43115 21973 dàng_20.26 集韻待朗切音蕩。竹名。

籰 43116 21974 yuè_20.26 廣韻 集韻王縛切 韻會越縛切丛音玃。絡絲具。本作籰。今作籰。又篗 又yù 類篇越逼切。竹叢生。

嚴 43117 21975 yán_20.26 廣韻語輱切 集韻魚枕切 韻會疑枕切丛音嚴。弋射所蔽者也。又籖也。翳也 又 篇海禦也。通作嚴。 本作籧43112譌作籧43107

籠 43118 21976 lóng_20.26 集韻盧東切音籠。筐也。

籱 43119 21977 yì_20.26 集韻魚旣切音毅。竹名也。或作籔。

籯 43121 u25E0F null_20.26 未詳。

籱 43120 21978 huǐ_20.26 集韻虎委切音毀。春謂之籱。或書作籱。 又籔42994

籧 43122 u25E0E null_20.26 未詳。

籱 43124 u25E0C shuāng_20.26 俗籰43075

籣 43123 u25E0D siểng_20.26 喃从竹閜xén聲。行篋，食匣。

籬 43125 21979 biàn_21.27 集韻平免切，辨上聲。竹簡 博雅籅、籩，瓶也 又biǎn 集韻邦免切。古書竹簡也。

籙 43126 21980 lù_21.27 集韻魯故切音露。竹名。與簬同。

簹 43127 21981 guān_21.27 集韻觀55302古作簹。

籰 43129 u25E15 lěi_21.27 同籰42554

籯 43128 u25E16 diàn_21.27 簟42655本字

攝 43131 u25E13 niè_21.27 同筶41883 又níp 喃筊，箱。亦作褶。

籮 43132 u25E12 nǎn_21.27 喃从竹曩nặng聲。

讖 43130 u25E14 chèn_21.27 俗讖56910

灑 43133 21982 sǎ_22.28 集韻所蟹切音灑。瑟也。 又 正字通灑，按 爾雅大瑟謂之灑。郭璞曰：長八尺一寸，廣一尺八寸，二十七絃。本作灑。

籲 43134 44929 gǎn_22.28 搜眞玉鏡同籲

覿 43135 44930 dí_22.28 搜眞玉鏡亭力切，音敵◇。

讖 43136 u2B0B0 chèn_22.28 同讖43130俗讖56910

讚 43137 u25E1D trúm_22.28 喃从竹讚tấn聲。捕捉黃鱔用的竹器。

籲 43138 u25E1B null_22.28 道符用字。參見籲43086

籰 43139 21983 yuè_23.29 玉篇王縛切。取魚具也。

體 43140 u25E1A thể_23.29 喃从竹體thể聲。一枝籌，小牌。

籲 43141 u25E1F null_23.29 道符用字。參見籲43086

籲 43142 u25E1E null_23.29 道符用字。參見籲43086

躡 43143 u25E19 null_23.29 未詳。

籱 43145 21985 zhuó_24.30 集韻竹角切音斲。罩魚者也 又kuò 集韻闊鑊切音廓。義同。又同簹。 又籱42411籱42798 集韻亦作罩篧。

籲 43144 21984 gǎn_24.30 集韻古禫切音感。竹名。有毛 又 篇海箱屬 又dǎn 集韻都感切音黕。亦竹名。或作籲。 又籲43134 又 篇海類編·花木類·竹部懲42794，竹名。

籫 líng 24.30 43146 21986
[集韻]郎丁切音靈。竹名。一曰竹器。

籷 zān 24.30 43147 21987
[集韻]與簪同 図[集韻]作紺切。綴也。

籯 shàn 25.31 43148 21988
[集韻]時染切，剡上聲。竹名。

籲 yù 26.32 43149 21989
[字彙補]俞戍切，音預◇呼也。與顲同[書·立政]籲俊尊上帝 図[字彙補]以灼切音藥。義同。鑒又籲43150

籲 yù 26.32 43150 u7C72
同顲75965亦作籲43149簡化作吁05392

◆ 米部 ◆

米 mǐ 0.6 43151 21990
[廣韻][正韻]莫禮切[集韻][韻會]母禮切◇[說文]粟實也。象禾實之形註穬，顆粒也。十，其稃彙開而米見也。八八，米之形鄭康成[詩箋]米之率，糲十，粺九，鑿八，侍御七[周禮·地官]舍人掌米粟之出入註九穀六米 疏九穀六米者，九穀之中，黍、稷、稻、粱、苽、大豆六者皆有米，麻與小豆、小麥三者無米，故云九穀六米 図姓。唐有米嘉榮 図學名[禮·明堂位]米廪，有虞氏之庠也 図[本草]蛇牀，一名蛇米[廣東新語]薏苡，一名贛米，亦曰薏珠子[日本風土記]倭國十二支之巳曰米。鑒又※00306籴12633秌40387 図米突，西文Metre音譯，今作米。

米 mǐ 0.6 43152 u2F76
[部]米43151

籵 bǒ 1.7 43153 21991
[篇海]布火切音跛。碎米。鑒籢42799字初文。

籴 jǔ 1.7 43154 u25E26
俗舉48394名義尻，籴臭反。處。

籹 dìng 2.8 43155 21992
[集韻]丁定切音訂。米龃。

籼 fán 2.8 43156 21993
[集韻]蹯59365古作籼。

籴 dí 2.8 43157 21994
[集韻]糴字省文 図zá昨合切音雜。不一也[莊子·天下篇]鳩籴天下之川。通作雜。

籶 fán 2.8 43158 21995
[韻會小補]古蹯59365字。

籵 null 2.8 43161 u2B0B2
未詳。

籵 yù 2.8 43159 44931
[搜眞玉鏡]余六切。鑒[新修玉篇]音育。張涌泉：俗弆15949

籸 shēn 2.8 43160 44932
[字彙補]籸字之譌。

籵 yuān 2.8 43162 u2B0B1
俗㸚28625

籹 shū 2.8 43163 u25E29
俗叔05207

粔 zhé 3.9 43164 21996
[集韻]陟格切音磔。屑米爲飲。一曰粘也。図[齊民要術]作粔粔。米一斗以沸湯一升沃之。鑒又粔43220

粉 shēn 3.9 43165 21997
[廣韻]所臻切[集韻]疏臻切，丛音莘。粉渀也。一曰粥凝 図[歲時雜記]除夕作薺燭，以麻粉濃油如庭燎。律有元日油粉之文，今粉盆是也[月令通攷]除日送舊神，焚松柴，謂之粉盆。鑒又㰴24508籿36793粔43272籵43160 図[名義]粉，所臻反，粉渀。糣，亡原反，粥凝。

粐 hóng 3.9 43166 21998
[廣韻]戶公切[集韻]胡公切丛音紅。陳臭米。一曰赤米。同粠△或作紅[前漢·武帝紀]太倉之粟紅腐。鑒又粍43273

粆 nǔ 3.9 43167 21999
[集韻][韻會][正韻]丛忍與切音汝[篇海]粔粆蜜餌，江南謂之膏糫△亦作粿[楚辭·招魂]粔粆蜜餌，有餦餭些註以蜜和米麪煎熬作粔粆也 図[廣韻]尼呂切音女。義同。

粍 hé 3.9 43168 22000
[廣韻]胡結切[集韻]奚結切丛音纈。屑米細者曰粍 図[類篇]恨竭切。米粉 図[類篇]下扢切。堅麥也。一曰俗謂粗屑爲粍。鑒又秄40218粍43211粷74505

籺 sù 3.9 43169 22001
[字彙補]古文粟43271字。

粎 shēn 3.9 43170 22002
[字彙補]疏臻切音詵。米渀也。

粏 lèi 3.9 43171 22003
[五音篇海]與類68359同。

籼 xiān 3.9 43172 22004
[集韻]相然切音仙。本作籼[揚子方言]江南呼粳爲籼△或作秈。亦作秖。

粔 jū 3.9 43173 22005
[海篇]居六切音鞠。與掬19917同。

粎 gōng 3.9 43174 44933
[五音篇海]音弓。

粔 null 3.9 43177 u2B0B4
未詳。

籽 zǐ 3.9 43175 44934
[龍龕]音子。

籾 ní 3.9 43176 44935
[搜眞玉鏡]音尼。鑒又róu粙43195俗譌[新撰字鏡]糅，如救反。雜飯曰糅。籾、籾，二。上。古文 図rèn[日]糙米[同文通考][國字]籾，穀也 図糠穀皮。

籵 null 3.9 43178 u2B0B3
未詳。

粄 fán 3.9 43179 u25E31
[方]榨油後的糟粕。清·楊廷理[東瀛紀事]是時邑中斗米千七百錢，知縣陳良翼禱於神，以油粄充飢，民賴以活。

粏 fàn 3.9 43180 u25E30
[新撰字鏡]粬43234粏，同。

籸 lì 3.9 43181 u2B2F
[簡]糲43640 図[字海]粏，公制長度單位myriametre（萬米）的舊譯。

籹 zǎo 3.9 43182 u25E2E
同籹00318古文棗[龍龕]籹，音棗[可洪音義]酸籹：子老反。果名也。酸籹：音早 図俗籹24158

籹 zhāi 3.9 43183 u7C82
[日]齋的略字 図kume人名、地名用字。清·周煌[琉球國志略·卷四·疆域]久米，籹字，土音苦念搭，一字三音。今訛爲久米，在那霸東。

粁 qiān 3.9 43184 u7C81
民國[新字典]法度啓羅米突 Kilometre 之簡寫，米突之千倍也，合中國營造尺三百十二丈五尺。

粐 zhàng 3.9 43185 u7C80
十米decametre之舊譯[辭海]標準制公丈之略記，爲公尺之十倍，即法國度之特卡米突。

籵 cùn 3.9 43186 u7C7F
分米decimetre之舊譯[辭海]標準制公寸之略記，爲公尺之十分之一，即法國度之特西米突。図俗叔05207見[孔宙碑陰]

43187 22006 粃 bǐ_4.10　集韻補履切音比　說文不成粟也　書·仲虺之誥若粟之有粃　莊子·逍遙遊塵垢粃糠　又bǐ 正韻補委切音彼　又pī 篇海房脂切音琵　義丛同　又揚子方言粃，不知也　註今淮楚閒語呼如非也　△玉篇俗秕字。

43189 22008 粸 qí_4.10　集韻同粯

43188 22007 粯 qí_4.10　廣韻巨支切集韻翹移切丛音衹。赤米。或作秖。

43190 22009 籿 miè_4.10　廣韻集韻丛莫結切音蔑。糊也。

43191 22010 粄 bǎn_4.10　廣韻博管切集韻補滿切丛音阪。屑米餅。亦作粿、餅。　瀅又糈43729糈43475粺43248

43192 22011 物 wù_4.10　集韻文拂切音物。物物，粉貌。

43194 22013 粇 kāng_4.10　集韻同糠

43193 22012 粆 shā_4.10　集韻師加切音沙。蔗飴。通作沙。今謂之沙糖　字彙擣蔗汁熬成飴

43195 22014 粈 niǔ_4.10　集韻女九切音紐　說文雜飯也　又róu 廣韻人九切集韻忍九切，丛蹂上聲。又集韻女救切，狃去聲。義丛同。　瀅又餾68936粬43176

43196 22015 糃 tún_4.10　集韻徒渾切音屯。腽肭，餌也。或从米。

43197 22016 粉 fěn_4.10　廣韻方吻切集韻韻會正韻府吻切，丛分上聲　篇海米粉　釋名粉，分也。研米使分散也　周禮·天官修籩之實，糗餌粉餈　註豆屑也　又 說文傅面者也　韻會古傅面亦用米粉。又染之爲紅，後乃燒鉛爲粉　博物志燒鉛成胡粉　釋名胡粉，胡餬也，脂和以塗面也。　又 正韻設采潤色謂之粉澤　又煆石爲白灰，塗牆壁曰粉　白居易詩文昌新入有光輝，紫界金牆白粉闈　註尚書省皆以粉圖壁，畫古賢列士，曰畫省，亦曰粉省　又事文類聚海粉母如墨魚形，大三四寸，冬畜家中，春種海濱田內，色綠如荷包，海粉卽所溲也。或曰插竹枝田中，母緣枝吐出成粉　又正字通凡物磑之如屑者，皆爲粉。粉通稱，非獨米也　又竹名閩部疏粉竹春絲，爲佳紙料者，美于江南之白苧　又地名水經堵水出自上粉縣　註孟達爲太守，治房陵，故縣有粉水，縣居其上，故曰上粉。取此水漬粉，皓耀鮮潔，縣水皆取名焉　又集韻方問切音奮。傅也。飾也　字彙補粉，白飾也，从上聲。所以傅物曰粉，从去聲　字彙皆作府刎切，非。

43198 22017 粌 jū_4.10　篇海乃結切音涅。手持也。

43199 22018 粊 bì_4.10　廣韻兵媚切音祕。惡米　又與費同，魯東郊地名　說文周書有粊誓。今本作費　△字彙補與粜字不同，一从北，一从比。　瀅又粺43373糇43609粿43680薲43392

43200 22019 粢 zī_4.10　篇海與粢同。

43201 22020 粋 cuì_4.10　篇海音碎。純也。精微也。　瀅直音篇同粹43378

43202 22021 粩 liè_4.10　廣韻練結切集韻力結切，並音捩。粩裛，頭裛態。一曰多節目也　七修類藁作粩裛　字學指南作粩裛。

43203 44936 粝 liào_4.10　龍龕同料。　瀅粝理，見敦煌·P.2059　三階佛法　又俗斷22114敦煌·P.2587　二教論別部司馬張修持兵掩殺漢中太守蘇固，粝絕斜谷。

43205 u2B0B7 null_4.10　俗糩43419

43204 44937 粝 liào_4.10　龍龕與料同

43206 u2B0B6 null_4.10　未詳。

43209 u25E40 粭 tám_4.10　喃同糧43352

43207 u2B0B5 null_4.10　未詳。

43208 uFAEE 类 lèi_4.10　俗類68359

43210 u25E3F 粑 bà_4.10　喃从米巴ba聲　△粑狖：老鼠藥。打粑：毒殺動物　又bā粑餾：酒糟。

43211 u25E3D 粝 hé_4.10　同粕43168

43212 u25E3C null_4.10　未詳。

43213 u25E3B null_4.10　未詳。

43214 u25E3A null_4.10　未詳。

43215 u25E39 粝 vaen_4.10　壯種子。

43217 u7C90 粐 hù_4.10　日米糕。

43216 u7C91 粑 bā_4.10　明·李實蜀語乾肉及餅曰巴。按：今作粑，如糌粑，糍粑，餈粑，鍋粑。

43218 u7C8F 粭 tài_4.10　日留東學報·1936.V.1.Num.2_3（合刊）·王桐齡·留學生之日語問題·漢字以外之書法·第二十表國字粭，以糠拌鹽爲醃菜之原料。

43219 u7C8E 粍 mǐ_4.10　長度單位米的舊譯。民國新字典粍，法度米突Metre之簡寫，亦作咪。

43220 u7C8D 粍 zhé_4.10　俗粍43164　四聲篇海粍，知革切。　又mī同秇27266　又日毫米millimetre的舊譯海軍期刊·1939.V.11.Num.11王師復維克斯七五粍口徑高射炮及其施放管制儀

43221 u7C8C 粝 yǐn_4.10　辭海標準制公引之略記，為公尺之百倍，即法國度之海克脫米突。

43222 22022 粒 lì_5.11　古文粮　廣韻集韻正韻丛力入切音立。米粒也　小爾雅生曰穀謂之粒　孟子樂歲粒米狼戾　註粒米，粟米之粒也　拾遺記員嶠之山名環丘，粟生穟高五丈，其粒皎然如玉　又·說文糂也　書·益稷烝民乃粒　傳米食曰粒　疏今人謂飯爲米糂，遺餘之飯，謂之一粒再粒，是米食曰粒，用米爲食之名也　禮·王制有不粒食者矣　又通作立　詩·周頌立我烝民　註立、粒通。

43223 22023 粄 bǎn_5.11　廣韻博管切集韻補滿切丛音阪。屑米餅也。同粄　荊楚歲時記三月三日，取鼠麴汁蜜和粉，謂之龍舌粄，以厭時氣。鼠麴卽鼠耳草，俗呼茸母　宋徽宗詩茸母初生認禁煙。

43224 22024 粓 gān_5.11　集韻沽三切音甘。米汁也　又說文周謂潘曰泔。或作粓。

43225 22025 粡 zhā_5.11　集韻莊加切音查。滓也。通作渣　又zuò 篇

海即各切音作。與糪同。

秠 43226 22026 pēi_5.11　集韻鋪枚切音坯。滲粉麩爲劑也。

粔 43227 22027 jù_5.11　廣韻其呂切集韻臼許切𠀤音巨說文粔粖，膏環也齊民要術粔粖名環餅，象環釧形廣雅謂之粻粘，今通名饊子楚辭·招魂粔粖蜜餌，有餦餭些註吳謂之膏環，亦曰寒具杜甫詩粔粖作人情劉禹錫·寒具詩纖手搓成玉數尋，碧油熬出嫩黃深。夜來春睡無輕重，壓扁佳人纏臂金。𠀤又粔74540

粃 43228 22028 bì_5.11　廣韻集韻𠀤兵媚切音祕說文惡米也。又集韻蒲昧切音佩。又補妹切音背。義𠀤同△集韻或作粊。亦作粎。𠀤段氏改篆作粊，注云粟之不成者曰秕，米之惡者曰粊，其音同也。

粕 43229 22029 pò_5.11　廣韻集韻韻會正韻𠀤匹各切音膊說文糟粕，酒滓也釋名酒滓曰糟，浮米曰粕△或作魄莊子·天道篇古人之糟魄註魄本作粕，已漉麄糟也又集韻匹陌切音拍。義同。𠀤又酳62251

粏 43230 22030 fū_5.11　廣韻芳無切音敷。穀皮類篇穄也。一曰秕，一粺二米。或作柎。

粎 43231 22031 mí_5.11　廣韻武移切，音彌。又集韻綿批切，音迷。深也，冒也又玉篇同粟。荅也，置也。𠀤采部重出：五音集韻莫兮切音迷。深入也。又武移切音彌。荅也。按說文粟或从卤作粎，今入米部又粟62652粟43266

粒 43232 22032 miè_5.11　集韻韻會𠀤莫結切音蔑。粖也類篇凉州謂粥爲糣。亦作粖。

粍 43233 22033 míng_5.11　廣韻莫經切集韻忙經切𠀤音冥。漬米也又集韻韻會𠀤忙郢切，音㵘。又集韻民卑切音彌。義𠀤同又粍泠，交趾縣名前漢·地理志作麊泠。𠀤又粐43280

粄 43234 22034 fàn_5.11　廣韻符萬切集韻扶萬切𠀤音飯。粉也。又集韻孚萬切音娩。義同。𠀤又粁43180

粖 43235 22035 mò_5.11　廣韻五音集韻𠀤莫撥切音末博雅饘也又miè集韻莫結切音蔑。糜粥也。𠀤又糣43690糣71436說文糣71438，凉州謂糣爲糣71439从糣糣聲。粖，糣或省从末又龍龕粖40387俗，林正。

粗 43236 22036 cū_5.11　廣韻千胡切集韻聰徂切正韻倉胡切𠀤音麤玉篇大也，略也，疏也，物不精也禮·月令其器高以粗樂記其怒心感者，其聲粗以厲莊子·秋水篇物之粗也又廣韻徂古切韻會坐五切𠀤音伹。義同△集韻或作觕。通作麤。𠀤又糙43588糙43633

粧 43237 22037 tuō_5.11　集韻湯河切音佗類篇餌也。

粡 43238 22038 nà_5.11　五音集韻女洽切音𪗷。黏也。

粘 43239 22039 nián_5.11　廣韻女廉切集韻尼占切𠀤音黏說文相

著也。同黏。

粚 43240 22040 sì_5.11　集韻息利切音四。糟也。

粦 43244 22044 hú_5.11　集韻同粰煮米及麩爲粥。𠀤又粘43244

粰 43241 22041 hú_5.11　集韻洪孤切音胡。黏也。類篇煮米及麩爲粥。

粦 43242 22042 yí_5.11　集韻盈之切音貽◆說文米蘗煎也。一曰濡弱者爲飴又篇海餳也△或作饐食飴飴。

粧 43246 22046 chī_5.11　集韻同糦

粙 43243 22043 zhòu_5.11　集韻直祐切音胄類篇稻實也篇海亦作糫。通作稻。

粊 43245 22045 jiā_5.11　集韻居牙切音加。米也。

粧 43247 22047 zhù_5.11　篇海直呂切音宁。盛米也。

粦 43248 22048 bǎn_5.11　海篇音扮。屑米餅也。

肅 43249 22049 sù_5.11　字彙補俗肅字。

粦 43256 u2B0BC null_5.11　未詳。

粦 43250 22050 tiào_5.11　廣韻與糶同

粦 43257 u2B0BB null_5.11　未詳。

粲 43251 22051 càn_5.11　篇海俗粲字

粗 43258 u2B0BA null_5.11　未詳。

粦 43252 44938 pō_5.11　字彙補音頗

粦 43259 u2B0B9 null_5.11　未詳。

粦 43253 44939 yù_5.11　五音篇海四川經音云別本是粆字香嚴音於句切。

糚 43254 44940 yāo_5.11　篇海類編音腰

粦 43255 44941 bān_5.11　龍龕音班。又音飯。

粦 43260 u2B0B8 null_5.11　未詳。

粦 43261 u25E59 sào_5.11　方粨水，泔水又喃从粥省召chiu聲。

柄 43262 u25E58 bánh_5.11　喃从米丙bính聲。餅△柄叭，生菓子。

粦 43263 u25E55 líng_5.11　同糯43747

粦 43264 u25E52 cuì_5.11　俗粹43378又suì俗睟37790新撰字鏡·天部第一又九天：中天、羨天、從天、更天、粹天、咸天、廓天、成天是也。按，太玄經九天：一中天，二羨天，三從天，四更天，五睟天，六廓天，七咸天，八沈天，九成天。

粦 43265 u25E51 null_5.11　未詳。

粦 43266 u25E50 mí_5.11　俗粟43231

粒 43267 uF9F9 lì_5.11　兼粒。

糊 43268 u7CA3 cè_5.11　俗糊43284

粝 43269 u7C9D lì_5.11　简糲43689

粼 43270 22052 xǐ_6.12　廣韻先稽切集韻先齊切𠀤音西類篇米碎曰粼又廣韻蘇來切集韻桑才切𠀤音鬒。又思計切音細。義𠀤同𠀤又糝43465

粟 43271 22053 sù_6.12　古文𥞆𥝋𥞜𥞑粟廣韻相玉切集韻韻會須玉切正韻蘇玉切𠀤音涑◆說文嘉穀實也韻會小補粟爲陸種之首，米之有甲者書·禹貢四百里粟周禮·地官旅師，掌聚野之耡粟、屋粟、閒粟註耡粟，民相助作，一井之中，所出九夫之稅粟也。屋粟，民有田不耕，所罰三夫之稅粟。閒粟，閒民無職事者所出一夫之征粟

爾雅·釋草註秫謂黏粟，與穀相似，米黏。北人用之釀酒，其莖稈似禾而粗大圝地名穀梁傳·文十年及蘇子盟于女粟前漢·地理志左馮翊屬縣粟邑註莽曰粟城水經注睢水，又東逕粟縣圝水名水經注居庸縣故城，魏上谷郡治，有粟水在焉圝官名史記·孝景紀更命治粟內史爲大農圝國名北史·魏明帝紀大延元年八月，粟特國遣使朝貢圝姓。袁紹魏郡太守粟舉圝沙謂之粟山海經柜山有英水，中多丹粟註細丹沙如粟也。圝廣東新語連山有八排猺，自稱猺丁，曰八百粟。△本作臬。𥼻又臬40542酥54979

糂 shēn_6.12　集韻疏臻切音莘類篇粥凝也，粉滓也。同糁。
43272 22054

粠 hóng_6.12　集韻胡公切音紅。與粎同。
43273 22055

棘 sè_6.12　集韻色責切音濇。檘棘，壞米也圝cè集韻測革切音策類篇餠相黏也△篇海从束，與从束者不同。𥼻又棘43325圝玉篇棘，又所責切，餠相粘。
43274 22056

粍 huān_6.12　集韻呼官切音歡。白米也。
43275 22057

楓 pèi_6.12　集韻蒲昧切音佩。研米以糝羹也。𥼻又六書故楓，又蒲沒切。別作粺43331㮄74574
43276 22058

桐 tóng_6.12　集韻徒東切音同。粽也圝篇海粗米。
43277 22059

槳 null_6.12　揚雄·蜀都賦崔槳交倚字彙音義未詳。
43278 22060

槼 qióng_6.12　集韻渠容切音蛩。精米也。
43279 22061

粧 míng_6.12　集韻彌幷切音名。漬米也。
43280 22062

粢 zī_6.12　廣韻即夷切正韻津私切𠀤音咨類篇稷也爾雅·釋草疏粢者，稷也禮·曲禮稷曰明粢左傳·桓六年潔粢豐盛註黍稷曰粢圝通作齊儀禮·士虞禮明齊溲酒註今文曰明粢圝通作齍周禮·春官·小宗伯辨六齍之名物註齍讀爲粢。六粢謂六穀：黍稷稻粱麥苽圝cí集韻才資切音茨說文稻餅，與餈同列子·力命篇食則粢糲註粢，稻餅也。味類粔，米不碎揚子·方言餌謂之餻，或謂之粢圝jì集韻才詣切音劑。酒也禮·禮運粢醍在堂。通作齊△說文本作齋，或作粢。今文从米作粢。𥼻又粩43200粨43470
43281 22063

餃 jiāo_6.12　廣韻古肴切集韻居肴切𠀤音交。餃餬，米粉餅。
43282 22064

粷 xiǎng_6.12　集韻式亮切音餉。饋也，鎕也。義同餉。
43283 22065

柵 sè_6.12　集韻色責切音棘。糁也。又粽也南史·虞悰傳作扁米糊。又齊書·宣孝后傳薦茗柵炙魚圝cè測革切音策。義同。𥼻字頭原譌作柵43268圝柵43294
43284 22066

粤 yuè_6.12　廣韻集韻韻會𠀤王伐切音越爾雅·釋詁粤，曰也註語辭發端說文審愼之詞徐曰凡言粤者，皆在事端句首，未便言之，駐其言以審思之書·召誥粤
43285 22067

三日丁巳是也。心中暗數其日數，然後言之，其聲氣舒亏，故从亏會意圝爾雅·釋詁於也註語之韻絕歎辭也圝與曰通書·堯典曰若稽古帝堯圝與越通書·召誥惟太保先周公相宅越若來圝地名前漢·高帝紀從百粵之兵以佐諸侯，誅暴秦。又地理志粵地，牽牛婺女之分野圝厚也管子·五行篇天爲粵宛，草木養長註天爲厚順，不逆時氣也。𥼻又粵43369雩12278粵40333

臼 jiù_6.12　廣韻其九切集韻韻會巨九切𠀤音臼說文春糗也圝qiǔ與糗同說文熬米麥也圝篇海乾飯屑圝集韻於九切，憂上聲。義同。𥼻玉篇渠九切。春糗米。
43286 22068

粊 yì_6.12　集韻以制切音曳海篇白粊，稻名。
43287 22069

粥 zhōu_6.12　廣韻集韻韻會正韻𠀤之六切音祝。糜也釋名粥濯于糜，粥粥然也禮·月令仲秋，行糜粥飮食風土記天正日南，黃鐘踐長，是日始牙動，爲饘粥以養幼南越志盧陵城中有井，半青半黃，黃者甜滑，宜作粥，色如金，似灰汁，甚芬馨圝豆粥後漢·馮異傳光武至饒陽蕪蔞亭，異爲豆粥晉書·石崇傳崇爲客作粥，咄嗟便辦圝茗粥茶錄吳人采茶煮之，名茗粥。圝楡粥唐書·陽城傳隱中條山，歲饑，屑楡爲粥。圝天有粥厨天文集要玉井主粥厨圝涼州以粥爲羅闍異物志高昌僻土，有異于華，寒服冷水，暑啜羅闍。圝說文本作䬰。今俗作粥前漢·文帝紀吏廩當受鬻者，或以陳粟註鬻與粥同。師古曰黃帝始烹穀爲粥，周謂之饘，宋、衞謂之餰圝姓。鬻熊，周文王時人，省作粥。楚有粥權，卽熊後圝粥粥，卑謙貌禮·儒行粥粥若無能也疏粥粥，柔弱專愚之貌註亦作羊六反圝yù廣韻集韻韻會正韻𠀤余六切音育前漢·禮樂志粥粥音送註粥粥，敬懼貌。師古曰粥，弋六反圝北狄名史記·五帝紀黃帝北逐葷粥註粥，音育圝賣也禮·王制田里不粥荀子·儒效篇魯之粥牛馬者不豫賈圝韻會小補靡爲切。鍵也。通作糜。𥼻又䬰71409鬻43520精43391
43288 22070

㷠 lín_6.12　廣韻力刃切韻會良刃切𠀤音吝說文兵死及馬牛之血爲㷠。㷠，鬼火也博物志戰鬭死亡之處有人馬血，積年化爲㷠，著地入草木，如霜露不可見。有觸者，著人體便有光，拂拭卽散無數圝韻會或作燐淮南子·氾論訓久血爲燐。又陳思王·螢火論或謂之燐詩·豳風熠燿宵行傳燐也。燐，螢火也陸佃云燐火之微名，故此兩者通謂之燐韻會或作磷圝韻會小補離眞切音鄰。又里忍切音嶙。義𠀤同△說文本作粦。
43289 22071

粟 sù_6.12　字彙補古文粟43271字。
43290 22072

檺 tán_6.12　字彙補徒藍切音談。黏也△海篇今作檗。
43291 22073

粰 nǔ_6.12　集韻忍與切音汝。蜜餌，與粔同圝碾與切音女。義同。
43292 22074

䉵 wén_6.12　集韻聞46676古作䉵〇按正字通作䈅46642
43293 22075

糊 cè_6.12 集韻 桑葛切音薩。糝也 齊民要術 時時糊之。

䭠 null_6.12 喃 未詳。

粧 zhuāng_6.12 字彙補 側羊切音庄。粉飾。鋆 又粧43365

糸米 mǐ_6.12 五音篇海 音米。鋆 鄧福祿：或俗籵43223

粐 zi_6.12 龍龕 音值。鋆 鄧福祿：疑俗漬29414

桑 sà_6.12 方言用字。民國 膠志 匠人以薄片塞空曰桑 図 張慎儀 蜀方言 漏物及地曰桑 図 民國 榮縣誌 今謂散曰桑。散聲曰糉桑。桑，桑割切 図 陳啓彤 廣新方言·卷二 泰州謂細碎之粉曰桑糙。

稇 null_6.12 未詳。

粎 null_6.12 未詳。

䄳 sóng_6.12 同屃13160精液。亦作毧27339

粰 dòi_6.12 喃 从米未lòi聲。

粱 liáng_6.12 俗粱43330

䅬 kǎo_6.12 字海 䅬跌踃：中國傣族食用的一種糯米糕。

䄡 null_6.12 未詳。

粨 sǎn_6.12 俗糝43555 字彙補 粨，思感切，音糁。羹糁也。

䄦 null_6.12 未詳。

䄧 lì_6.12 新撰字鏡 䄧糇43640，三。秈 字林 在禾部。

粃 chī_6.12 同粫43394

䅥 táng_6.12 簡糖43648

粬 qū_6.12 同麴74558

糯 nuò_6.12 同糯43677

粭 huì_6.12 同粨23314 會娟鼎 粭娟乍寶鼎，其萬年，子子孫永寶用享 図 hé 日地名用字。

糞 fèn_6.12 簡糞43556

粨 bǎi_6.12 百米之舊譯。民國 新字典 法度海克脫米突 hectometre之簡寫，米突之百倍也，合中國營造尺三十一丈二尺五寸。

粩 lǎo_6.12 米粩、麻粩，臺灣的一種傳統糕點。

䄽 duì_7.13 五音集韻 杜外切音兌。屑也。

粰 quǎn_7.13 集韻 苦遠切音卷 說文 粉也。與糄同。図 huán 集韻 胡官切音桓。粉餌。

粮 liáng_7.13 廣韻 集韻 呂張切 正韻 龍張切丛音良。同糧 張衡·思玄賦 屑瑤蕊以爲粮。

補 bù_7.13 集韻 蒲故切 正韻 薄故切丛音步。餚補也。本作舖△或作粰。

䀝 bù_7.13 集韻 同補

䄩 xiàn_7.13 廣韻 侯襇切音莧。粉頭糦子 図 類篇 米屑也。鋆 又覵74576

䅁 méi_7.13 廣韻 莫杯切 集韻 謨杯切丛音枚。酒本曰䅁 篇海 䅁麴，酒母。與酶同。

棘 cè_7.13 廣韻 集韻 丛丑玉切音于。糒棘，損米也 △ 篇海 从束，與束不同。鋆 俗棘43274，壞米。

粨 qiǎo_7.13 集韻 七小切音悄。粉也。

㮰 sǎn_7.13 廣韻 集韻 丛桑感切音糝。蜜漬瓜實曰㮰。

粰 fú_7.13 廣韻 房鳩切 集韻 韻會 房尤切丛音浮 博雅 粰粍，糦也 晉書·會稽王道子傳 士卒唯給粰橡。図 篇海 一曰䴞 博雅 粰，餷也 図 fū 集韻 芳無切音敷。穀皮也。一曰秠，一粰二米。或作粰 晉書·桓階傳 階爲趙郡太守時，俸盡食醬粰。上聞之，戲曰：卿家醬頗得不減耶。鋆 龍龕 糅或作，粰今。

粍 liú_7.13 廣韻 集韻 丛力求切音流。義詳粰。鋆 粰粍，糦也。

粱 liáng_7.13 廣韻 集韻 韻會 呂張切 正韻 龍張切丛音粱。◆ 說文 米名也 篇海 似粟而大，有黃青白三種，又有赤黑色者 韻會 小補 粱，粟類，米之善者，五穀之長，今人多種粟而少種粱，以其損地力而收穫少也 爾雅·釋草 註虋，赤粱粟。芑，白粱粟 周禮·天官 犬宜粱 疏 犬味酸而溫，粱米味甘而微寒，氣味相成，故云犬宜粱 廣志 有具粱、解粱，有遼東赤粱 本草 白粱味甘，微寒，無毒，主除熱益氣，有襄陽竹根者最佳。黃粱出青、冀 杜甫·贈衛八處士詩 夜雨翦春韭，新炊閒黃粱 註 本草 香美逾諸粱，俗呼竹根黃 図 芳類曰粱 爾雅·釋草 粮，童粱 註 芳類 疏 粮，一名童粱 △ 集韻 或作粱。鋆 又粱40442粱43304

粺 bó_7.13 集韻 薄沒切音孛。屑米也。鋆 又䅒74574 勃74499 䬃43276 図 元刊本 玉篇 粺，蒲鶻切。米粺，粗糲也 図 bột 喃 从粉省字but聲。

粍 wèi_7.13 廣韻 集韻 丛無沸切音未 玉篇 餷也，粥粍也 廣雅 粍，一曰粖，一曰粥。又一曰粰，曰糜，曰毅，曰糦 図 集韻 明祕切音媚。義同△亦作粍餲暈。鋆 又䭼13142

粲 càn_7.13 廣韻 集韻 韻會 丛蒼案切音燦。◆ 說文 稻重一秅，爲粟二十斗，爲米十斗，曰毇。爲米六斗大半斗曰粲 篇海 精鑿食也 図 餐也 詩·鄭風 還予授子之粲兮 傳 粲，餐也。今河北人呼食爲粲，謂餐食也 図 廣韻 優也，察也，明也 詩·唐風 角枕粲兮 小雅 粲粲衣服 爾雅·釋訓 宴宴粲粲，尼居息也 註 盛飾晏安，近戲優閒 前漢·宣帝紀 骨肉之親，粲而不殊 註 粲，明也 図 衆意 詩·鄭風 三英粲兮 箋 衆意 註 采諫反 朱註 又光明也 図 三女爲粲 詩·唐風 今夕何夕，見此粲者 周語 密康公遊于涇，有三女奔之。其母曰：必致之王，女三爲粲。粲，美物也 図 笑貌 穀梁傳·昭四年 軍人皆粲然而笑 註 粲然，盛笑貌 図 漢刑有白粲 前漢·孝惠紀 當爲城旦舂者，皆耐爲鬼薪白粲 註 應劭曰：坐擇米使正白爲白粲，三歲刑也 図 精潔貌 荀子·榮辱篇 粲然有秉芻豢稻粱而至者 註 粲，精潔貌 図 姓。隴西族，出 姓苑 図 廣韻 與孴同 △ 海

篇別作粲。鑾又姿10541粲43251

粳 43334 22094
gēng_7.13　集韻居行切音庚　玉篇稻不黏者　爾雅·釋草疏 秔糯甚相類，黏不黏爲異 周禮·天官·食醫註 稌粳也 梁·庾肩吾集 有謝賚粳米啓 △ 韻會補 粳，俗秔字。鑾又稷40628　図 正字通 粇43194，同粳 図 龍龕 粳，正作粇43194粿43466，俗。

屄 43335 22095
wèi_7.13　集韻同糷 鑾又同屎12990 可洪音義 屄屎：上尸旨反。下奴吊反。

康 43336 22096
kāng_7.13　集韻 糠43559古作康。

粪 43337 22097
fèn_7.13　海篇音分。掃棄之也 図音奮。義同。○按粪或作粪，當卽粪字之譌。鑾又糞43511

糈 43338 22098
xǔ_7.13　字彙補私呂切音醑。糧米也 図祠神米也 図始阻切音所。義同。

粰 43339 22099
fú_7.13　海篇音胡。黏也。同粘。鑾又粘43244

糂 43340 22100
sǎn_7.13　字彙補思感切音糝。羹糁也。鑾 字彙補 原作糁43306

鏀 43341 22101
rùn_7.13　字彙補古文閏64925字。

粆 43345 u2B0C1
null_7.13　未詳。　**粩** 43342 44944
gé_7.13　五音篇海 古得切。鑾 可洪音義 粩㮣：上古沃反，五穀皮也。正作糕、秸二形，又古黠反 図gao 嗔 大米。

粧 43343 44945
dòu_7.13　篇海類編 音豆。鑾俗豆。

粄 43344 44946
zhì_7.13　五音篇海 同狾 字彙補 猘字之譌。鑾 五侯鯖字海 音志。正作狾（猘33329）。狂犬也。

粚 43347 u25E96
bā_7.13　嗔從米否bǐ聲。同㲹43210

粎 43348 u25E95
bā_7.13　嗔從米把bā聲。同㲹43210

粊 43346 u25E97
null_7.13　未詳。　**粖** 43349 u25E94
xôi_7.13　嗔同糇43354

粝 43350 u25E93
ló_7.13　嗔從米呂lǚ聲 △餅粝：糕點。

糄 43351 u25E92
thính_7.13　嗔從米聘sính省聲 △糄粘：炒米粉。

粋 43356 u25E8D
suì_7.13　俗碎39046　**糈** 43352 u25E91
tấm_7.13　嗔從米侵xâm聲。碎米，米屑 △亦作糝、粭43209

粐 43353 u25E90
thính_7.13　嗔從米听thính聲。同糄43351炒米粉。

粶 43357 u25E8C
tú_7.13　同稌40438　**粏** 43354 u25E8F
xôi_7.13　嗔從米吹xuy聲。糯米飯 △亦作粦。省作粏。譌作粎。

粰 43355 u25E8E
bối_7.13　嗔從米具cu聲。麩皮。

糀 43359 u25E87
null_7.13　未詳。　**粜** 43358 u25E8B
tiào_7.13　類篇 糶43733，他弔切 說文 出穀也。俗作粜，非是。

粁 43360 u25E86
chéng_7.13　漢語方言大詞典 米粁：加了糖的米花。客話。福建永定下洋 図粁吉。見吳大澂 千鈞齋古鈴選

図sèn 嗔從粘省呈聲 △程俐：粘稠。

粡 43361 u25E85
dào_7.13　簡 糣43673　**粵** 43362 u25E84
null_7.13　未詳。

粣 43363 u25E83
null_7.13　未詳。　**糚** 43368 u428B
zhuāng_7.13　同糚43543

糓 43366 u25E80
huàn_7.13　龍龕 梯，音患。

粵 43369 u7CB5
yuè_7.13　參見粵43285　**粧** 43365 u25E81
zhuāng_7.13　同粧43295

糇 43364 u25E82
null_7.13　未詳。　**粴** 43370 u7CB4
hú_7.13　直音篇 粴，音糊 図lǐ公里 kilometre 的舊譯。

粩 43367 u428C
null_7.13　未詳。　**糪** 43371 22102
lù_8.14　集韻盧谷切音祿 類篇 火爆米曰祿。△亦作糪。

粷 43372 22103
jú_8.14　玉篇居六切音菊。粷粉也。

粺 43373 22104
bì_8.14　集韻同粊。鑾 直音篇 粺，同粊。

黎 43374 22105
lí_8.14　集韻良脂切音梨。饐也。鑾 集韻 黎40922黎，或從米。按，黎，中當從禾作黎74856

粸 43375 22106
qí_8.14　集韻渠之切音其。餅屬。亦作𩜍。

粼 43376 22107
líng_8.14　集韻閭承切音凌。烏稜，稻名。

粯 43377 22108
xí_8.14　集韻先的切音錫。汰米也。同淅。

粹 43378 22109
cuì_8.14　廣韻 集韻 韻會 叢雖遂切音隧 說文 不雜也 易·乾卦 剛健中正，純粹精也 疏純粹，不雜也。図純也 前漢·賈誼傳 所託財器職業，粹于羣下 註 粹，純也 図同也 屈原·離騷 昔三后之純粹兮 註齊同曰粹 図專一也 荀子·非相篇 粹而能容雜 註 粹，專一也。図全也 荀子·王霸篇 粹而王，駁而霸 註 粹，全也。図suì 集韻 韻會 叢同碎 荀子·儒效篇 力少而任重，舍粹折無適也 註 粹與碎同。鑾又粹43201粹43264

粺 43379 22110
bài_8.14　廣韻 集韻 韻會 叢旁卦切音稗。精米也 詩·大雅 彼疏斯粺 正義 米之率，糲十，粺九，鑿八，侍御七 九章 粟米法：粟率五十，糲米三十，粺二十七，鑿二十四，御二十一。言粟五升爲糲米三升，以下則米漸細，故數益少。四種之米，皆以三約之得此數也。図 集韻 步化切音鮊。毇也 △集韻 或作繫。鑾又糒4338

粺 43380 22111
bài_8.14　俗粺字。　**粻** 43381 22112
zhāng_8.14　廣韻陟良切 集韻 韻會 中良切 叢音張 說文 食米也 詩·大雅 以峙其粻 禮·王制 五十異粻 爾雅·釋言 粻，糧也 註 今江東呼言粻 図博雅 餳也 図 集韻 仲良切音長。又除庚切音根。又知亮切音帳。義叢同。鑾又餦69204

鄰 43382 22113
lín_8.14　海篇 離珍切音璘。水在石間鄰鄰也 詩·風 揚之水，白石鄰鄰 傳 鄰鄰，清激貌。亦作磷 図lǐn 韻會補 良忍切音嶙。隱鄰川形 △篇海 同𣲖。鑾又潾296斯22098斳22112劙03742粦31760鄰43488 図 龍龕 㑣48545力珍反。水在石間也。

糤 43383 22114
quǎn_8.14 廣韻去阮切集韻苦遠切夶音綣說文粉也博雅糤，摶也。亦作捲图qǔn集韻丘粉切音趣。粥稠貌。鑒又糤43665粿43473

粽 43384 22115
zòng_8.14 廣韻集韻正韻夶作弄切◇角黍也。同糭图草名廣東新語五月朔至五日，以粽心草繫黍，卷以柊葉，以象陰陽包裹，浴女蘭湯，飲菖蒲雄黃醴，以辟不祥。鑒又粽40552图字鏡糭43671糉43405粽，三形作作王反。

糂 43385 22116
sǎn_8.14 海篇蘇感切音糝。羹糂也。

渓 43386 22117
nì_8.14 集韻乃計切，泥去聲。糟濃者。

稠 43387 22118
zhōu_8.14 廣韻職流切集韻之由切夶音周。餃稠，粉餌。

精 43388 22119
jīng_8.14 廣韻正韻子盈切集韻韻會咨盈切夶音晶說文擇也廣韻熟也，細也，專一也書·大禹謨惟精惟一易繫辭精義入神以致用也图密也公羊傳莊十年㨉者曰侵，精者曰伐註精，猶精密也。侵，責之不服，推兵入竟，伐，擊之益深，用意稍精密图靈也，眞氣也易繫辭精氣爲物疏陰陽精靈之氣，氤氳積聚而爲萬物也左傳·昭七年子產曰：用物精多，則魂魄強，是以有精爽至于神明。又莊二十五年·日有食之疏日者陽精，月者陰精。又襄二十八年·春無水疏五星者五行之精：木精曰歲星，火精曰熒惑，土精曰鎭星，金精曰太白，水精曰辰星老子道德經其中有精，其精甚眞莊子·德充符勞乎子之精图廣韻正也，善也，好也禮經解潔靜精微易教也图明也前漢·京房傳陰霧不精註精，謂日光清明也图鑿也論語食不厭精屈原·離騷精瓊靡以爲粮註精，鑿也图韻會小補巧也图增韻凡物之純至者皆曰精图古者以玉爲精楚語一純二精。图地精，黃精，草名博雅地精，人蒬也。黃精，一名仙人餘糧图精衛，鳥名山海經發鳩之山，有鳥名精衛。图簡米曰精莊子·人閒世鼓筴播精註簡米曰精。图精絕，國名水經注南河又東經精絕國前漢·西域傳精絕國城去長安八千八百二十餘里图精廬，精舍前漢·儒林傳論精廬暫建註精廬，講讀之舍後漢·李充傳充立精舍講授图廣東新語猺之渠帥，號曰精夫。图韻會同睛图鳥名。與鶄通司馬相如·上林賦交精旋目註交精，似鳧而脚高，有毛冠，辟火災图與菁同爾雅·釋草·苀藏註一名天蔓精图jìng廣韻子姓切集韻子正切夶音婧。強也。鑒又精43434㮣43399图前漢·儒林傳論。徐慧：後漢

棐 43392 22123
bì_8.14 玉篇同棐图古火切音果。淨米也图米食也博雅粿，糊也图huà集韻戶瓦切，跨上聲說文穀之善者。一曰無皮穀。

㮣 43399 44947
jīng_8.14 龍龕同精

精 43391 22122
yù_8.14 字彙補余祿切，音育◇義闕。鑒又玄應音義麥鬻：又作鬵，古文精，今作粥，同。之六反。

蘗 43393 22124
mián_8.14 字彙補古文眠37511字。

粚 43394 22125
chī_8.14 海篇音痴。炱粥米爲膠。

䊪 43395 22126
xiǎng_8.14 集韻同餉

䊕 43396 22127
bèi_8.14 玉篇俗糒字。

糎 43397 22128
chōu_8.14 字彙補楚搜切音搊。糎粉。

粲 43398 22129
càn_8.14 海篇音燦。明盛也。

䊓 43400 44948
jī_8.14 字彙補公溪切音雞。

䊱 43401 44949
shǐ_8.14 篇海類編同戾。

糈 43402 44950
qū_8.14 龍龕音屈。

䈁 43404 u2B0C5
null_8.14 殷周金文集成·10.5424·農卣使厥友妻農，迺䈁厥帑。讀若廩。

糈 43403 44952
xǔ_8.14 五音篇海同鬵。

糭 43405 u2B0C4
zòng_8.14 俗粽43384

䊀 43406 u2B0C3
null_8.14 未詳。

䊂 43407 u2B0C2
null_8.14 未詳。

䊃 43408 u25EC0
zān_8.14 同糌43494

㾦 43409 u25EBF
ia_8.14 喃从糞省倚y省聲△䌯捈：拉肚子。

䊾 43410 u25EBE
khẳn_8.14 喃从米肯khẳng聲。

䊽 43411 u25EBD
suông_8.14 喃从米俞lôn聲。空，空洞。

䊼 43412 u25EBC
null_8.14 未詳。

䊺 43413 u25EBB
cốm_8.14 喃从米金kim聲。糯米片。

䊹 43414 u25EBA
xêp_8.14 喃从米㪴lập聲。

䊸 43415 u25EB9
oản_8.14 喃从米宛uyển聲。米糕。

糈 43416 u25EB8
xū_8.14 俗糈43456

䊻 43417 u25EB4
niān_8.14 大字典積黏，又作滯黏。不爽直，不痛快。

䊷 43418 u25EB2
null_8.14 未詳。

䊶 43419 u25EB1
null_8.14 未詳。

糈 43422 u25EAE
zǔ_8.14 同糈43612

䊴 43420 u25EB0
null_8.14 新撰字鏡毛知米。參見糄43627

䊳 43421 u25EAF
null_8.14 未詳。

糈 43424 u25EAC
null_8.14 未詳。

䊲 43423 u25EAD
null_8.14 未詳。

糄 43425 u25EAB
fān_8.14 或同糈43587

䊱 43427 u25EA9
cí_8.14 俗糍43493

䊰 43426 u25EAA
jì_8.14 或俗穄40904

䊯 43428 u25EA8
null_8.14 未詳。

糠 43429 u25EA7
kāng_8.14 俗糠43559廣碑別字引大漢鴻臚少卿金紫光祿大夫檢校兵部尚書兼御史大夫上柱國口令圖墓誌

䊮 43431 u25EA5
mièn_8.14 同糣43510米屑。字見齊民要術

糝 43432 u7CC1
sǎn_8.14 简糝43555

糈 43430 u25EA6
null_8.14 未詳。

糀 43433 u7CC0
huā_8.14 同文通考·國字糀，麴也。

棵 43389 22120
guǒ_8.14 廣韻集韻夶古火切音果。

㮣 43399 44947
jīng_8.14 龍龕同精

粌 43390 22121
hún_8.14 集韻胡昆切音魂博雅腽肫，餠也。或从米。

精 jīng_8.14 ⁴³⁴³⁴ ᵘᶠᴬ¹ᴰ 參見精43388

糂 sǎn_9.15 ⁴³⁴³⁵ ²²¹³⁰ 古文糝 廣韻 集韻 桑感切音糝 說文 以米和羹也。一曰粒也 荀子·宥坐篇 藜羹不糂 囝 篇海 糂，雜也 囝 糂糎，澤也。鋆 龍龕 糝糅粎三俗，糝或作，糂正。

糕 shì_9.15 ⁴³⁴³⁶ ²²¹³¹ 廣韻 池爾切 集韻 上紙切丛音是。黏也。囝 廣韻 集韻 丛是義切音豉。又 集韻 丈尒切音豸。義丛同。

糖 táng_9.15 ⁴³⁴³⁷ ²²¹³² 集韻 徒郎切音糖。精米。

糄 biān_9.15 ⁴³⁴³⁸ ²²¹³³ 集韻 卑眠切音邊。米也 囝 biǎn 廣韻 方典切 集韻 補典切丛音匾。燒稻取米曰糄。

糈 yīng_9.15 ⁴³⁴³⁹ ²²¹³⁴ 集韻 於京切音英。精米也。

糕 zhān_9.15 ⁴³⁴⁴⁰ ²²¹³⁵ 集韻 居言切音犍。粥也。亦作饘。

糰 tuán_9.15 ⁴³⁴⁴¹ ²²¹³⁶ 集韻 徒官切音團。粉餌。與糐、糰同。鋆糐43499，音fú，粉餌。

糷 làn_9.15 ⁴³⁴⁴² ²²¹³⁷ 廣韻 落旱切 集韻 魯旱切丛音懶。與爛同。飯相著也 囝 集韻 郎旰切音爛。義同。

糒 nǎn_9.15 ⁴³⁴⁴³ ²²¹³⁸ 集韻 乃感切音腩。糝茹也。

糅 róu_9.15 ⁴³⁴⁴⁴ ²²¹³⁹ 廣韻 集韻 韻會 正韻 丛女救切音猱 博雅 糅，雜也。或作粈 儀禮·鄉射禮 白羽與赤羽糅 戰國策 下宮糅羅紈 史記·屈原傳 同糅玉石兮，一槩而相量 囝 集韻 韻會 正韻 丛忍九切，蹂上聲。義同 囝 集韻 而由切音柔。食也。

糧 huáng_9.15 ⁴³⁴⁴⁵ ²²¹⁴⁰ 集韻 胡光切音皇。祭米 類篇 榜程，稷別名也。

糲 lì_9.15 ⁴³⁴⁴⁶ ²²¹⁴¹ 集韻 正韻 丛郎達切音辢。粗飯曰糲。與糲同 囝 集韻 落蓋切音賴。麤米也。

糂 kāi_9.15 ⁴³⁴⁴⁷ ²²¹⁴² 廣韻 口皆切 集韻 丘皆切丛音楷。米之別名。

糆 miàn_9.15 ⁴³⁴⁴⁸ ²²¹⁴³ 海篇 音面。屑米 正字通 俗麵字。

糒 bì_9.15 ⁴³⁴⁴⁹ ²²¹⁴⁴ 廣韻 符逼切 集韻 韻會 弼力切丛音愊。以火焙肉也 周禮·天官·籩人註 鮑者，於糒室中糗乾之。△本作䐹，或作糒 韻會 或作煏。又作熽。

粟 sù_9.15 ⁴³⁴⁵⁰ ²²¹⁴⁵ 廣韻 集韻 丛粟43271本字。

糮 xiàn_9.15 ⁴³⁴⁵¹ ²²¹⁴⁶ 廣韻 集韻 丛下斬切音嗛 博雅 塗也 囝 集韻 居咸切音緘。義同。

糇 jiù_9.15 ⁴³⁴⁵² ²²¹⁴⁷ 集韻 卽就切音僦。稻實。通作稵。

糱 yè_9.15 ⁴³⁴⁵³ ²²¹⁴⁸ 集韻 弋涉切音葉。餅屬。鋆 集韻 饁69325 糱，或从米 囝 餣69319饁69515

糧 hé_9.15 ⁴³⁴⁵⁴ ²²¹⁴⁹ 集韻 何葛切音曷。白米。

糇 hóu_9.15 ⁴³⁴⁵⁵ ²²¹⁵⁰ 廣韻 戶鉤切 集韻 胡溝切丛音侯 廣韻 糇糧也 博雅 糇，糒也 詩·大雅 迺裹糇糧 註 餱或作糇。

糈 xū_9.15 ⁴³⁴⁵⁶ ²²¹⁵¹ 集韻 韻會 正韻 丛新於切音胥。糧也。囝 祭神米 山海經 糈用稌米 註 糈，祀神之米 屈原·離騷 懷椒糈而要之 註 糈，精米，所以享神也。俗作糈 囝 xǔ 廣韻 私呂切 集韻 寫與切，丛胥上聲。義同 囝 廣韻 疏舉切 集韻 韻會 爽阻切丛音所。饊也 囝 集韻 山於切音疏。義同。鋆 又 餚69308餚69306䉤71326糈43477 囝 說文解字注 糈也作糈 囝 龍龕 䊭糈二俗，糈糈二正。

糭 zòng_9.15 ⁴³⁴⁵⁷ ²²¹⁵² 廣韻 集韻 韻會 正韻 丛作弄切，總去聲。蘆葉裹黍米角黍也 風土記 以菰裹黏米 續齊諧記 屈原五日投汨羅，楚人此日以竹筒貯米，投水祭之。漢建武中，區曲白日見人，自稱三閭大夫，謂曰：聞君當見祭，可以楝葉塞筒上，以綵絲纏之，二物蛟龍所憚也。今人作粽，并戴楝葉五色絲，皆汨羅遺俗 △ 集韻 或作粽。鋆 又糉43578

糊 hú_9.15 ⁴³⁴⁵⁸ ²²¹⁵³ 廣韻 戶吳切 集韻 韻會 正韻 洪孤切丛音胡 說文 黏也 囝 篇海 羹米及麪爲粥 宋正考父鼎銘 饘于是，粥于是，以糊余口 囝 糢糊，漫貌 杜甫詩 馳背錦糢糊 囝 hū 字彙補 許骨切音忽 ◆ 金壷字考 糊塗，音忽突 △ 說文 本作黏。或作粘 集韻 或作䉼。亦作䊈、翻。又作粰、䵓。鋆 又糊43339煳31394

㩳 lì_9.15 ⁴³⁴⁵⁹ ²²¹⁵⁴ 海篇 音利。僕㩳也。

粼 lín_9.15 ⁴³⁴⁶⁰ ²²¹⁵⁵ 字彙補 力眞切音鄰。碎米也。

糲 là_9.15 ⁴³⁴⁶¹ ²²¹⁵⁶ 集韻 郎達切音剌 博雅 粲也。

糍 zī_9.15 ⁴³⁴⁶² ²²¹⁵⁷ 字彙補 子雌切音貲。碎米也。

糊 jiàn_9.15 ⁴³⁴⁶³ ²²¹⁵⁸ 集韻 子賤切音箭。煎餌。

䴿 fèn_9.15 ⁴³⁴⁶⁴ ²²¹⁵⁹ 集韻 同糞。

粞 xǐ_9.15 ⁴³⁴⁶⁵ ²²¹⁶⁰ 集韻 同粞。

糜 shǐ_9.15 ⁴³⁴⁶⁶ ²²¹⁶¹ 字彙補 審視切音矢。屎尿也。鋆 糜糜43401二俗，音矢。正作屎12967糜尿也 囝 俗粳43334

糲 ǒu_9.15 ⁴³⁴⁶⁷ ²²¹⁶² 篇海 語口切音偶。正作耦，耕也 囝 lì 字彙補 卽糲字。見 漢·婁壽碑

粪 fèn_9.15 ⁴³⁴⁷¹ ²²¹⁶⁶ 玉篇 同糞。

䄨 yān_9.15 ⁴³⁴⁶⁸ ²²¹⁶³ 玉篇 午堅切音研。細米也 廣雅 熟也 △ 玉篇 亦作研38743

糟 null_9.15 ⁴³⁴⁷⁶ ᵘ²ᴮ⁰ᶜ⁸ 喃未詳。

糀 mǐ_9.15 ⁴³⁴⁶⁹ ²²¹⁶⁴ 字彙補 名禮切音米。愛也。鋆 楊寶忠：俗粎21472

䵘 null_9.15 ⁴³⁴⁷⁸ ᵘ²ᴮ⁰ᶜ⁶ 未詳。

糍 cí_9.15 ⁴³⁴⁷⁰ ²²¹⁶⁵ 集韻 才資切音慈。稻餅也 囝 篇海 津私切音咨。與餈43281同。

糂 sǎn_9.15 ⁴³⁴⁷² ²²¹⁶⁷ 字彙補 蘇感切音糝。羹糝也。

糩 quǎn_9.15 ⁴³⁴⁷³ ²²¹⁶⁸ 字彙補 去阮切，音犬 ◇ 粉也。

糧 43474 44951
zhòng_9.15 搜眞玉鏡 音重。

𥹎 43475 44953
bǎn_9.15 搜眞玉鏡 博蒲切。鎣楊寶忠：俗版43191

粈 43477 u2B0C7
shǔ_9.15 俗粗43456 四部叢刊·三編子部·太平御
覽·卷第八百五十三·飲食部十一 𪐴，先但切 廣雅 曰浮
粄，粈也△宏按，廣雅·釋器 𥹇粄，粈，𪐴也。

𥗣 43479 u25EE3
dǎy_9.15 㖞从米持trì聲。𥣡巴。

粬 43480 u25EE2
thính_9.15 㖞从米咱ta聲。炒米粉。

𥻏 43483 u25EDF
nuò_9.15 俗糯43677   𥻇 43481 u25EE1
mày_9.15 㖞从米眉mi
聲。乞討△咬𥻇：乞食，要飯。

𥹠 43482 u25EE0
děo_9.15 㖞从米眇děo聲。黏糊。

糞 43484 u25EDC
null_9.15 未詳   𥻋 43485 u25EDB
null_9.15 未詳

𥻊 43486 u25EDA
null_9.15 未詳   𥻧 43489 u25ED7
chá_9.15 方𥻧子，玉
米等糧食磨成的比細粉粗的碎粒。天津 益世報.1934.
Aug.12·各地新聞 玉田豆𥻧價漲。

糕 43487 u25ED9
mě_9.15 㖞从米美mǐ聲。醋母△餂糕：酒麯。

𥻈 43488 u25ED8
lín_9.15 增廣字學舉隅 𥻈43382，𥻈，非。

𣸵 43490 u2188F
shù_9.15 俗數21725   㐠 43491 u42A0
xì_9.15 同𥻊43557

粴 43492 u7CCE
lí_9.15 民國 新字典 法度生的米突 Centimetre
之簡寫，米突之百分之一也，合中國營造尺三分一釐二
毫五絲 㐱reiz𡰥（米）湯。

糍 43493 u7CCD
cí_9.15 同𥻋69067   𥻐 43495 22169
chōu_10.16 廣韻 楚鳩
切 集韻 初尤切 𠀤音篘。濾取粉也。

𥻎 43494 u7CCC
zān_9.15 𥻎粑，亦作糌粑、𥣡粑。

糈 43496 22170
xì_10.16 正字通 譌字。鎣 篇海類編 糈，思計切音
細。米屑也。

糙 43497 22171
duī_10.16 集韻 都回切，音堆。粉餌也。

糏 43498 22172
xiè_10.16 廣韻 集韻 𠀤先結切音屑。米麥破也，舂
餘也㐱sù 集韻 蘇骨切音窣。米粉。鎣 又渫29012𪎊74637

糐 43499 22173
fū_10.16 集韻 芳無切音敷。粉餌。

𥻤 43500 22174
sà_10.16 廣韻 集韻 𠀤桑割切音撒 說文 糳𥻤，散之
也㐱 放也 左傳·昭元年 周公殺管叔而蔡蔡叔 註 上蔡
字音素葛反，作𥻤字，從殺下米 疏 正義曰 說文 𥻤，散
之也。𥻤爲放散之義，故訓爲放。鎣 又粊43518𥻤43563

糒 43501 22175
nuò_10.16 集韻 昵格切音搦。粉餌㐱nì乃歷切音
怒。粉餌熟曰糒。

糩 43502 22176
xián_10.16 集韻 胡讒切音咸。稻不粘者㐱jiān 廣韻
古甜切 集韻 堅嫌切 𠀤音兼。義同。一曰青稻白米。
㐱xián 集韻 賢兼切音嫌。稻名。

糒 43503 22177
bèi_10.16 廣韻 集韻 韻會 𠀤平祕切音備。乾飯也
書·費誓疏 糗糒是行軍之粮 史記·大宛傳 載糒給貳師 後
漢·明帝紀 杅水脯糒㐱 四民月令 四月，可以作棗糒以
待賓客。又 集韻 韻會 𠀤步拜切音憊。義同。鎣 玉篇
糒43527蒲祕切，乾飯謂之糒。粗43396同上 龍龕 𪍓74595
𪍺74642二俗，平祕反。正作糒。糒也㐱粻43567糒43575
餔69379餶69219

𥻲 43504 22178
sè_10.16 集韻 色窄切音䇳 類篇 夌米爲𥻲 食經 作
𥻲法：取蒸米一升，置沸湯，勿令過熱，出著新籃內。
㐱 廣韻 夌米多水也。鎣 勿令過熱。勿令過熱。

穀 43505 22179
gǔ_10.16 唐韻 集韻 韻會 𠀤古祿切音谷。百穀之總
名。實也，善也，續也，生也㐱 祿也△一曰水名△ 廣
韻 俗穀字。

𥻷 43506 22180
xiǔ_10.16 廣韻 集韻 韻會 正韻 𠀤息有切，修上聲。
汁也。一曰溲也。或作滫 禮·內則 爲稻粉，糔溲之以爲
酏㐱 集韻 思留切音修 說文 久泔也㐱 蘇老切音嫂。息
救切音秀。義𠀤同。鎣 說文 滫，久泔也。

糕 43507 22181
gāo_10.16 集韻 居勞切音羔。與餻同。糜也 野客叢
書 劉夢得嘗作 九日 詩，欲用糕字，思六經中無此字，
遂止。故宋景文 九日詩 曰：劉郎不肯題糕字，虛負人
生一世豪 周禮·天官·籩人疏 羞籩之實，糗餌粉餈。註：
餅之曰餈。疏：今之餈糕，六經中未嘗無糕 松漠紀聞 金
國重陽有寶階糕。鎣 又餻69313餈69340粺43534秫40715
釋40854餶69341糧43625

糖 43508 22182
táng_10.16 廣韻 集韻 𠀤徒郎切音唐 說文 飴也 揚子
方言 餳謂之糖㐱 沙糖 易林 南箕無舌飯多沙糖。
㐱 糖霜 王灼·糖霜譜 唐大曆間，有僧號鄒和尚者，不知
從來。跨白驢，登繖山，結茅以居。須鹽米薪菜之屬，
卽書付紙，繫錢，遣驢負至市，人知爲鄒也，取平直挂
物於鞍，縱驢歸。一日驢犯山下黃氏蔗田，黃請償于鄒。
鄒曰：汝未知窨蔗爲糖霜，利當十倍。試之，果信。鄒
末年走通泉縣靈鷲山龕中，其徒追躡及之，但見一文殊
石像。衆始知大士化身，而白驢者師子也△ 篇海 亦作
糛、餹 六書音義 糛、糛同。鎣 又糕43648餹69394
㐱 新撰字鏡 糖糛餹溏29058，四形同。徒郎反。

糗 43509 22183
qiǔ_10.16 廣韻 集韻 韻會 正韻 𠀤去九切音餱 說文
熬米麥也。又乾飯屑也。又粮也 博雅 糗，糒也 書·費誓
峙乃糗粮 疏 糗，擣熬穀也。謂熬米麥使熟，又擣之以
爲粉 禮·內則 糗餌 註 擣熬穀以爲糗餌 周禮·天官 羞籩
之實，糗餌粉餈 註 糗，熬大豆與米也 左傳·哀十一年 陳
轅頗出奔鄭，其族轅咺進稻醴、粱糗、腵脯焉 註 糗，乾
飯 釋名 糗，齲也。飯而磨之使齲碎也㐱 姓 風俗通 漢
有糗宗，爲嬴長㐱 玉篇 尺沼切。義同 集韻 韻會 正
韻 𠀤丘救切音齅。義同 六書音義 與糗同。鎣 又餱69344
麮43691

糆 43510 22184
miàn_10.16 集韻 暗見切音麵。米屑也㐱 莫定切音

麪。義同△海篇亦作糆。

糞 43511 22185
fèn_10.16 字彙補同粪

糴 43512 22186
dí_10.16 字彙補同糴

䉒 43513 22187
fán_10.16 集韻蹯59365古作䉒。

糭 43514 22188
zhī_10.16 玉篇之亦切。糭營也。

榜 43515 22189
páng_10.16 集韻蒲光切音旁博雅䅭糧，䅭也。

粹 43516 22190
cuì_10.16 字彙補七碎切音倅。粉粹也。䉏楊寶忠：俗糙43645

糈 43517 22191
xǔ_10.16 海篇須上聲。粮米也。

糤 43518 22192
sà_10.16 海篇與糳同。

糞 43519 22193
fèn_10.16 字彙補方問切音奮廣雅盡也。

粥 43520 44954
zhōu_10.16 字彙補照足切，音粥◇。䉏朝鮮本龍龕粥，隻六切。粥糜也。粥。義同。

糯 43521 44955
nuò_10.16 五音篇海音糯。

糎 43523 u2B0CC
null_10.16 未詳。

䵘 43522 44956
xià_10.16 搜眞玉鏡禾架切。䉏字彙補䵘，乎架切音暇。

糿 43524 u2B0CB
null_10.16 喃未詳。

糕 43525 u2B0CA
null_10.16 未詳。

糀 43526 u2B0C9
null_10.16 喃未詳。

糘 43529 u25EFC
ú_10.16 喃从糭省烏ô聲。角粽△或从惡ố聲作糭43621

糒 43527 u2F966
bèi_10.16 同糒43503見玉篇

糕 43528 u25EFD
cứt_10.16 喃从糞吉cát聲。同𥹘13177

糯 43530 u25EFB
nếp_10.16 喃从米納nạp聲。糯米。

糭 43531 u25EFA
khê_10.16 喃从米溪khe省聲。糊，焦。

糖 43532 u25EF9
chè_10.16 喃从糖省茶trà聲△糖粥：甜粥。

粿 43533 u25EF8
bún_10.16 喃从粉省罕bổn聲。粉條。

糕 43534 u25EF7
gāo_10.16 同糕43507

糧 43538 u25EF2
null_10.16 未詳。

糙 43535 u25EF6
cāo_10.16 同糙43542新唐書·地理志五土貢：御服、鳥眼綾、折皂布、綿紬、布、紵、糯米、黃糙。

糍 43536 u25EF5
cí_10.16 民國福建新通志舂米屑爲圓糝，以豆粉曰糍。當是餈69067字，俗音譌轉造為糍字。

隸 43537 u25EF3
lì_10.16 廣韻隸66059，上同（隸）。俗作隸。

糧 43539 u25EF1
null_10.16 未詳。

糖 43540 uFA03
táng_10.16 兼糖。

稼 43541 u7CD8
jiā_10.16 日稻殼。地名用字。从米、家會意。

糙 43542 22194
cāo_11.17 廣韻集韻正韻並七到切音慥。粗米未舂△或作𥻗，亦作𪎊。

糚 43543 22195
zhuāng_11.17 廣韻側霜切集韻側羊切並音莊。粉飾也司馬相如·上林賦靚糚刻飾註靚糚，粉白黛黑也後漢·梁冀傳冀妻孫壽，色美而善爲妖態，作愁眉、啼粧、墮馬髻、折腰步、齲齒笑又集韻側亮切音壯。義同△篇海亦作粧、粧。

糛 43544 22196
zhé_11.17 集韻鄰知切音離。熬米壞也。䉏楊寶忠：俗糛43548

糦 43545 22197
cù_11.17 類篇子六切音蹙。吳俗謂熬米爲餌爲糦。

糰 43546 22199
tuán_11.17 集韻徒官切音團。粉餌。與糰、糯同。

糏 43547 22200
xiè_11.17 廣韻私列切集韻先結切，並音屑◇糳也又廣韻集韻並息七切音悉。又集韻蘇骨切音窣。義並同。

糛 43548 22201
zhé_11.17 廣韻◆集韻並陟革切音摘。黏也，博也。亦作粍又chè集韻丑厄切音坼。糛糠，壞米又集韻治革切，橙入聲。義同。䉏又糛43544𥼶74871

糜 43549 22202
lǜ_11.17 集韻劣戌切，音律。糲米。與稡同。

糖 43550 22203
táng_11.17 集韻與糖同。

糜 43551 22204
mí_11.17 廣韻靡爲切集韻韻會正韻忙皮切並音靡說文黃帝初教作糜釋名糜，煮米使糜爛也博雅糜，糏也，饘也禮·月令行糜粥飲食史記·封禪書施糜之屬註施糜粥之神風土記俗尚以赤豆爲糜，所以象色也又爛也孟子糜爛其民前漢·賈山傳無不糜滅又與靡通禮·少儀國家靡敝疏靡爲糜，謂財物糜散凋敝。古字通用又méi與眉同前漢·王莽傳赤糜聞之，不敢入界註糜，眉也。古字通用△集韻或作䊳、䴷。䉏又糜15864

糑 43552 22205
cuī_11.17 集韻昨回切音摧。精米也。

糒 43553 22206
mán_11.17 集韻模元切音樠。粥凝也又mén廣韻莫奔切集韻謨奔切並音門。義同又粉滓也。䉏故宮本王仁昫刊謬補缺切韻糒，粥凝，亦（音）𦹗。糒，粉滓。

積 43554 22207
jī_11.17 集韻士格切音嫧。白米也。䉏鄧福祿：俗積。

糝 43555 22208
sǎn_11.17 廣韻集韻韻會正韻並桑感切音傪說文古文糂作糝，以米和羹也。一曰粒也周禮·天官羞豆之實，酏食糝食註取牛羊豕之肉，三如一，小切之，與稻米二肉一合以爲餌，煎之莊子·山木篇孔子窮于陳、蔡之閒，七日不火食，藜羹不糝釋名糝，黲也，相黏黲也又篇海雜也周禮·天官疏列國之諸侯大射，大侯九十弓，糝侯七十弓，豻侯五十弓。糝侯者，糝雜也。豹鵠而麋飾下天子大夫又sān類篇蘇含切，音三◇正韻桑錦切音沁。義並同。䉏又糝43432糂43649䊉43291糣43635粽43306餕69397餘69482又直音篇糁糝糣並同糝又朱駿聲說文通訓定聲·糂·轉注糂字亦作粽43327，蜜漬瓜實也南方草木狀建安八年，交州刺史張津，以益智子粽餉魏武帝齊民要術益智子，取外皮蜜煮爲糝，味辛。

宋廢帝殺江夏王義恭，以蜜漬目睛，謂之鬼目粽。糝粽雙聲。

糞 43556 22209
fèn_11.17 古文𡊱𡋝 廣韻 集韻 韻會 正韻 丛方問切音奮。穢也 左傳·僖二十八年 榮季曰：是糞土也 史記·貨殖傳 貴出如糞土 又 治也，培也 禮·月令 可以糞田疇 疏 壅苗之根也 荀子·致仕篇 樹落糞本 又 掃除也 禮·曲禮 凡爲長者糞之禮，必加帚于箕上 左傳·昭三年 張趯使謂太叔曰：糞除先人之敝廬 荀子·彊國篇 堂上不糞，則郊草不瞻曠芸 註 糞，除也 又 非問切音分。掃棄之也 韓愈文 糞除天下山川△集韻 又作𡍿𡌡𡏧坋𡑒𡐿𡎟 韻會 本作粪，隸作糞。或作撰。亦作拚，又作坌 玉篇 作𡊅 海篇 作𥽹 字彙補 作糞。又𡍒35635𢍰16004𥽺62663穥40973𥼛62665𥼵62669 又 𥽧43519同𡊅。

槩 43557 22210
xì_11.17 廣韻 集韻 丛許既切，欷去聲饋客芻米也。與餼同。

糟 43558 22211
zāo_11.17 廣韻 作曹切 集韻 韻會 臧曹切 正韻 則刀切丛音遭 說文 酒滓也 篇海 酒母 周禮·天官·酒正 共后之致飲于賓客之禮，醫酏糟 註 糟，醫、酏不泲者。泲曰清，不泲曰糟 楚辭·漁父 何不餔其糟而啜其醨 史記·貨殖傳 原憲不厭糟糠 又 集韻 或作䣨 周禮·天官·酒正 辨四飲之物 註 醴，淸䣨。亦作醩 前漢·食貨志 醩截灰炭。又 姓 正字通 明嘉靖舉人糟士奇，鳳翔人 又 韻會補 祖到切，遭去聲 禮·內則 淸糟 註 糟，醇也。沮到反△集韻 或作醩。籀文作醩。又糟43743蹧59340䣨62612 又 籀文作醩。籀文作醩62640

糠 43559 22212
kāng_11.17 廣韻 苦岡切 集韻 韻會 正韻 丘岡切丛音康 玉篇 穀皮也 前漢·食貨志 貧者食糟糠 又 韻會小補 或省作康 爾雅·釋器 康謂之蠱 疏 康，米皮，一名蠱 左傳·昭元年 穀之飛亦爲蠱是也 又 粃糠，煩碎也 莊子·逍遙遊 塵垢粃糠 註 粃糠猶煩碎 又 山名 交州記 合浦海口有糠頭山，相傳越王舂米于此，積糠而成 又 星名 石氏·星經 箕前亦名糠星，大明歲豐，小微，天下饑荒無米△玉篇 本作穅 集韻 或作杭。又康43336穅15707粇43429

䴸 43560 22213
fú_11.17 字彙補 房鳩切音浮。粇也。

糧 43561 22214
mán_11.17 廣韻 集韻 丛謨官切音瞞。糧糧，飯澤。又 海篇 糧頭，餌也。

檕 43562 22215
lí_11.17 字彙補 呂支切，音貍◇黃香·九宮賦 操巨檕之礅弩 註 巨檕，弩名也。或作巨檕43583

䊤 43563 22216
sà_11.17 篇海 桑割切音撒。與䊤43500同。

𥽹 43564 22217
fèn_11.17 集韻 糞43556古作𥽹。

𡊱 43565 22218
fèn_11.17 字彙補 古文糞43556字。

糨 43566 22219
jiàng_11.17 碎金 其亮切，强去聲。漿糨也。

糒 43567 22220
bèi_11.17 篇海 同糒。

𫞀 43568 u2B7C0
líng_11.17 日 同糧43747 又 日 戶籍用字。

𫃎 43569 u2B0CE
má_11.17 𫃎糍43657，一種糯米製作的食物。

𫃍 43570 u2B0CD
null_11.17 未詳。

糨 43571 u2F968
jiàng_11.17 同糨43604

𥼖 43572 u25F16
mǎn_11.17 喃 从米敏mẫn聲。碎米。

𥼕 43573 u25F15
lép_11.17 喃 从米笠lợp聲。不飽滿，凹癟。

𥼔 43574 u25F14
xī_11.17 集韻 淅𥼔43377，說文 汰米也。或作𥼔。潭州宋刻本、清刻本𥼔作𥼔。

𥼓 43575 u25F13
bèi_11.17 同糒43503

𥼒 43576 u25F12
null_11.17 未詳。

𥼑 43577 u25F11
null_11.17 未詳。

𥼐 43578 u25F10
zòng_11.17 俗糉43457

𥼏 43579 u25F0F
null_11.17 未詳。

𥼎 43580 u25F0E
null_11.17 未詳。

𥼍 43581 u25F0D
null_11.17 未詳。

𥼌 43582 u25F0C
null_11.17 未詳。

𥼊 43584 u25F0A
pí_11.17 𥼊𥼔，椑25159𥼔之誤。

𥼋 43583 u25F0B
lí_11.17 同檕43562

糢 43586 u7CE2
mó_11.17 糢糊，同模25194糊。宋·蘇軾 鳳翔八觀·石鼓歌 糢糊半已似瘢胝，詰曲猶能辨跟肘 又 同饃69447餅類食物。

䊢 43585 u42A2
jiāng_11.17 俗漿29433

䴸 43588 22221
cū_12.18 廣韻 倉胡切音粗。米不精也。俗作䴸43633

䊩 43587 22198
fān_12.18 篇海 符艱切，音煩◇米汁。

糣 43589 22222
sǎn_12.18 同糂 說文 糂籀文从朁。又糣43635

糤 43590 22223
sǎn_12.18 廣韻 蘇旱切 集韻 顙旱切丛音繖。熬稻粻𥹸也。與饊同。

䉅 43591 22224
qí_12.18 集韻 渠希切音祈。小食也。或作嘰。

糠 43592 22225
lù_12.18 集韻 與粶同。

糧 43593 22226
huáng_12.18 集韻 胡光切音黃。糧𪊘。亦作䵄。

糕 43594 22227
zhuō_12.18 廣韻 集韻 丛側角切音捉◆說文 早取穀也。一曰小。一曰生穫曰糕，熟穫曰稰。與穛同。

糟 43595 22228
dàn_12.18 廣韻 集韻 丛徒感切音萏 說文 糜和也。又 tán 廣韻 徒含切音譚。義同 又 dàn 集韻 徒紺切，音醰。糟糂，滓也。一曰淖糜。又𥼾43746

糒 43596 22229
xiào_12.18 集韻 先弔切，音笑◇糜也。補遺 重出：篇海類編 蘇弔切，音笑◇糜也。

䴸 43597 22230
cuì_12.18 集韻 充芮切音毳。穀再舂。

糯 43598 22231
nuò_12.18 字彙 俗糯字。

糧 43599 22232
yè_12.18 ◆廣韻 烏結切 集韻 一結切丛音噎。糉屬 齊民要術 糧，用秫稻米末，絹羅，水蜜溲之，長尺餘，廣

未　集　·　米部　·

二寸餘，以棗、栗肉上下著之，油塗，用竹箬裹，爛蒸。

糕 43600 22233 ㄆㄨ pū_12.18 篇海普卜切音撲。米糕。

糦 43601 22234 ㄔˋ chì_12.18 廣韻集韻正韻丛昌志切音熾。說文酒食也。廣韻大祭，亦稷也。詩·小雅吉蠲爲饎註饎，酒食也。又商頌大糦是承。箋糦，黍稷。疏謂奉承助祭之粢盛，惟黍稷耳。糦从米，故知是黍稷区熟食揚子方言糦，熟也。自河以北，趙魏之間，火熟曰爛，氣熟曰糦区xī集韻虛其切音僖。義同△韻會小補通作饎、鱚。

糧 43602 22235 ㄌㄧㄤˊ liáng_12.18 廣韻集韻韻會呂張切正韻龍張切丛音良說文穀食周禮·地官·廩人凡邦有會同師役之事，則治其糧與其食註行道曰糧，謂糒也。止居曰食，謂米也左傳·僖四年申侯曰：共其資糧扉屨疏糧謂米粟，行道之食詩·大雅乃裹餱糧莊子·逍遙遊適百里者，宿舂糧。適千里者，三月聚糧区藥名神異經禹餘糧，世傳禹治水，棄其所餘糧于江中，生爲藥草也△亦作粮。鑾資糧或作穅糧区餭69495饂69496䊷62710糧25516粮19791金文作糧23087

糪 43603 22236 ㄆㄧˋ pì_12.18 廣韻集韻丛匹寐切音算廣韻同屁，下失氣也山海經東始之山，泚水出焉。其中多泚魚，一首而十身，食之不糪註失氣也区類篇芳未切。義同。区獸名太康記秦文公時，陳倉人獵得獸若彘，而俱不知其名。道逢二童子，曰：此名糪勿述。

糡 43604 22237 ㄐㄧㄤˋ jiàng_12.18 篇海其亮切，強去聲。與糨同。鑾又糡43571

糦 43605 22238 ㄔ chī_12.18 篇海丑知切音痴。所以黏鳥。與黐同。

糫 43606 22239 ㄈㄢˊ fán_12.18 字彙補扶翻切音煩。百合蒜也。鑾張涌泉：俗䉑67824

糮 43607 22240 ㄊㄢˊ tán_12.18 字彙補徒藍切音談。黏也。鑾又移43291

䕞 43608 22241 ㄌㄨㄛˊ luó_12.18 篇海力戈切音螺。穀積。或作稞。

糒 43609 22242 ㄅㄧˋ bì_12.18 海篇同粊。惡米也。

糷 43610 41668 ㄒㄧㄢˋ xiàn_12.18 字彙補音未詳。人名韓非子龐糷氏之子不孝。鑾同攔。

糐 43611 44957 ㄓㄡ zhōu_12.18 五音篇海音粥。

糳 43612 44958 ㄗㄨˇ zǔ_12.18 五音篇海音俎。鑾亦作糈43422

糩 43613 44959 ㄗ zī_12.18 五音篇海音緇。

糮 43614 44960 ㄊㄢˊ tán_12.18 搜真玉鏡音談。

糳 43615 44961 ㄖㄨㄥˊ róng_12.18 搜真玉鏡音榮。

糱 43616 44962 ㄌㄧㄣˊ lín_12.18 龍龕音鄰。

糼 43617 u2B0D1 ㄌㄠˊ láo_12.18 同醪62502

糵 43619 u2B0CF null_12.18 未詳。

糲 43618 u2B0D0 ㄇㄣˋ mèn_12.18 方糲子：肉湯與澱粉熬成的濃汁涼後結成的塊。

糭 43621 u25F33 ㄨˊ ú_12.18 喃从糉省惡ố聲。角粽。

糶 43622 u25F32 ㄏㄢˇ hẫm_12.18 喃从米敢cám聲。

糷 43623 u25F31 ㄎㄜ kẹo_12.18 喃糖△柄糷：糖菓。

糬 43620 u25F35 null_12.18 未詳。

糧 43624 u25F30 ㄐㄩㄥ jeung_12.18 韓糧餅，蒸餅度支凖折·唐餅果茶膏糧餅一兩，價錢一戔二分。

糱 43626 u25F28 null_12.18 未詳。

糕 43625 u25F2F ㄍㄠ gāo_12.18 明·徐光啟農政全書·卷十·農事·授時賤糕廩炒令焦，和穀種子。石聲漢校注：賤糕廩疑係殘糕糜之譌。子字疑係下字寫錯

糲 43628 u25F26 null_12.18 未詳。

糯 43629 u25F25 ㄋㄨㄛˋ nuò_12.18 俗糯43677

糵 43627 u25F27 null_12.18 新撰字鏡毛知米。

糩 43630 u25F24 ㄒㄧ xī_12.18 粺糩，粺糩25352之誤。

糬 43631 u25F23 null_12.18 字海日本地名用字。

糞 43632 u25F22 ㄈㄣˋ fèn_12.18 同糞。

糲 43633 u25F17 ㄘㄨ cū_12.18 同糲43588

糧 43634 uF97B ㄌㄧㄤˊ liáng_12.18 兼糧。

糯 43635 u7CE3 ㄙㄢˇ sǎn_12.18 同糝43589

釋 43636 22243 ㄕˋ shì_13.19 廣韻集韻韻會正韻丛施隻切音釋說文漬米也区集韻夷益切音繹。義同。鑾又釋43666

糯 43637 22244 ㄓㄢ zhān_13.19 集韻諸延切音旃說文糜也。同糲。亦作饘。

糪 43638 22245 ㄎㄨㄞˋ kuài_13.19 集韻苦會切音翽說文糏也。同糩。

糪 43639 22246 ㄅㄛˋ bò_13.19 廣韻集韻丛博厄切音檗說文炊米者謂之糪区廣韻普麥切集韻匹麥切丛音霹爾雅·釋器米者謂之糪註飯中有腥疏飯中有腥米者謂之糪。李巡曰：米飯半腥半熟名糪，卽論語云失飪不食区集韻韻會丛普八切音汃。餅半熟也。鑾又糬43734

糲 43640 22247 ㄌㄧˋ lì_13.19 集韻落蓋切音賴。與糲同。脫粟也說文粟重一秬，爲十六斗大半斗，舂爲米一斛曰糲区類篇郎達切音辢。義同。鑾又籾43181粙43308

糫 43641 22248 ㄘㄨㄟˇ cuǐ_13.19 廣韻七罪切集韻取猥切丛音漼。稻赤米曰糫△或作糳。

糧 43642 22249 ㄏㄨㄢˊ huán_13.19 廣韻戶關切集韻胡關切丛音環。餌也。粗粅，吳人謂之膏糧。

糰 43643 22250 ㄌㄧㄥˊ líng_13.19 集韻郎丁切音零。米餌。亦作糰。省作粭。鑾糰43723

糲 43644 22251 ㄏㄨㄟˇ huǐ_13.19 集韻虎委切音毁·說文米一斛舂爲八斗也。同毇。

糫 43645 22252 ㄘㄨㄟˇ cuǐ_13.19 集韻同糫。鑾又粹43516

糫 43646 22253 ㄗ zī_13.19 字彙補精雌切音資。粉餌也。

糲 43647 22254 ㄈㄨ fū_13.19 類篇芳無切音敷。粉餌。鑾又糒43499

糃 43648 22255 táng_13.19 字彙補同糖。鬞又粏43310

糝 43649 22256 sǎn_13.19 字彙補同糝。

䉐 43650 22257 jiàn_13.19 字彙補同䉛。

糶 43651 22258 tiào_13.19 字彙補同糶。

歠 43652 22259 xiào_13.19 字彙補相叫切，音笑◇飲酒盡也。○按卽歠字之譌。

糵 43653 22260 huǐ_13.19 集韻同糵。　糗 43654 22261 qiǔ_13.19 字彙補同糗。

糔 43658 u2B0D4 null_13.19 嘯未詳。　䊒 43655 22262 chuā_13.19 集韻丑寡切◇穀名。可食。一曰茇葵。鬞廣韻䊒穀，南人食之。

䋂 43659 u2B0D3 null_13.19 未詳。　禮 43656 44963 fēng_13.19 龍龕音禮。

鬞俗麷74691龍龕禮，俗。音豐。

糍 43657 u2B0D5 cí_13.19 糯糍，一種糯米製作的食物。

糕 43660 u2B0D2 dợm_13.19 嘯越·阮秉五千字譯國語餚飥，音斋托。餚糕。

糠 43661 u25F4E hèm_13.19 嘯从米嫌hièm聲。酒糟。

糜 43662 u25F4D cốm_13.19 嘯从米禁cấm聲。糯米片。亦作粭43413

糙 43663 u25F4C gao_13.19 嘯从米道đao聲。稻米△亦作粩。

糭 43665 u25F4A quǎn_13.19 同粸43383　檢 43664 u25F4B jiǎn_13.19 檢25614譌字

糴 43666 u25F49 shì_13.19 同糴43636　糌 43668 u25F46 càn_13.19 同粲43333

糤 43667 u25F47 gàn_13.19 說文通訓定聲贛52109，字亦作糤图cám 嘯越·阮秉五千字譯國語糠粃，籹糤。

糒 43669 u25F45 pí_13.19 俗糒43584　糉 43671 u7CED zòng_13.19 同粽43384

糑 43670 u25F44 thúng_13.19 嘯从米統thống聲。米筐。

糬 43672 u7CEC shǔ_13.19 麻糬：一種糯米製成的軟而韌的食品。

糕 43673 22263 dào_14.20 廣韻徒到切集韻大到切丛音道。黏也。覆也图chóu集韻陳留切音儔。厚粥也。鬞又粏43361

糷 43674 22264 jiàn_14.20 廣韻胡黤切集韻戶黤切丛音檻。饘也。△本作糷。

糷 43675 22265 jiàn_14.20 集韻糷本字。鬞又䉛43678糵43650

糶 43676 22266 tiào_14.20 集韻他弔切音糶說文穀也博雅糶，糶穀也图dí廣韻徒歷切集韻亭歷切丛音狄。義同。鬞集韻糶糶40914，亭歷切。穀名。或从禾。

糯 43677 22267 nuò_14.20 集韻奴臥切音懦。稻名說文沛國謂稻曰秬。或作糯增韻糯，稻之黏者，可以爲酒图集韻韻會丛奴亂切音渜。義同△六書音義亦作秬。鬞又糒43629 秬40839糯40899糯43598秫43314粎43521糯43725图直音篇 粸43483俗。

䉛 43678 22268 jiàn_14.20 字彙補何覽切音檻。米豆也。

糰 43679 22269 tuán_14.20 集韻徒官切音團。粉餌武林舊事元夕前食所尚，宜利少，澄沙糰子。鬞又糙43441糧43546

粺 43680 22270 bì_14.20 字彙補同粺。

糲 43682 u2B0D6 null_14.20 嘯未詳。　糞 43681 22271 fèn_14.20 集韻同粪。

糱 43683 u25F56 null_14.20 未詳。　糪 43684 u25F55 null_14.20 未詳。

糆 43685 u25F54 men_14.20 嘯从米綿miên聲。發徽。亦作糆43748

糢 43686 u25F53 mó_14.20 同糢43586餅類食物。

糲 43687 22272 lì_15.21 廣韻狼擊切集韻狼狄切丛音歷。雜糅食也博雅雜也。

糳 43688 22274 kuàng_15.21 篇海古猛切音礦。穀芒。本作糲。

糲 43689 22275 lì_15.21 廣韻集韻韻會丛力制切音勵廣韻鑢也篇海米不精也史記·聶政傳用爲夫人麤糲之費太史公自序糲粱之食註張晏曰:一斛粟舂七斗米爲糲瓚曰:五斗粟三斗米爲糲正義曰:脫粟也图廣韻集韻正韻丛落蓋切音賴。義同图廣韻力達切集韻韻會正韻郎達切丛音辣。義同列子·力命篇食則粢糲註糲，令達反图韻會小補叶力蘗切白居易詩檢點盤中餐，非精亦非糲。檢點身上衣，無餘亦無闕△說文本作糲。或作糲。鬞又粝糲43467

糲 43690 22276 mò_15.21 廣韻莫撥切音末◆說文麩也博雅糲謂之麩图miè集韻韻會莫結切正韻彌列切丛音蔑。涼州謂粥爲糲。鬞又秘43232

糗 43691 22277 qiǔ_15.21 集韻許九切音朽。乾飯屑也。

粺 43692 22278 bài_15.21 集韻與粺同。

糥 43693 22279 líng_15.21 集韻郎丁切音零。米餌，或作糛。

糫 43694 41670 líng_15.21 集韻與糛同。

糥 43695 44964 yōu_15.21 搜眞玉鏡音憂。

噴 43696 u2114A bún_15.21 嘯从米噴phún聲。米粉，粉條。

糤 43697 u25F62 phèn_15.21 嘯从米樊phàn聲。

糷 43698 u25F60 null_15.21 未詳。字見遼文匯·易州興國寺太子誕聖邑碑

糛 43699 u25F5E null_15.21 未詳。　糤 43700 u25F5D null_15.21 未詳。

糤 43701 u25F5C null_15.21 未詳。　糳 43704 22281 zuò_16.22 字彙俗糳字。

糵 43702 22273 niè_16.22 廣韻魚列切音孽。麯糵。又牙米。餘詳糵43722字註。鬞又糱74689糵74518

糷 43703 22280 huò_16.22 集韻黑各切音霍。黍穅也。

糴 43705 22282
dí_16.22 廣韻徒歷切 集韻韻會亭歷切正韻杜歷切 夶音狄 廣韻入米也 左傳·莊二十八年 臧孫辰告糴于齊 疏 買穀曰糴 告糴者,將貨財告齊以買穀 孟子 無遏糴 又 橄糴,疾貌 潘岳·笙賦 慴慄橄糴以奔邀 又 字彙補 與滌同 揚雄·蜀都賦 糴米肥腊 註 糴米,言養之以米,所以滌其穢。腊,豕也 又táo 集韻徒刀切音鞀。姓也 左傳·成十年 晉侯使糴茷如楚 又 五音集韻直略切音著。義同 △ 集韻或作籴。鋻 又雜43512糴62672

糈 43706 22283
chú_16.22 類篇陳如切音儲。糧也。

籔 43707 22284
qū_16.22 字彙補丘六切,音曲 ◇ 酒母也 ○ 按卽籟字之譌。

糯 43708 u2B0D9
null_16.22 未詳。

糯 43711 u25F6B
yoen_16.22 韓 米粉。

鮓 43709 u2B0D8
null_16.22 喃 未詳。

糍 43712 u25F6A
dúc_16.22 喃 从米篤đốc聲 △ 枋糍:年糕。亦作饇69577

糕 43710 u2B0D7
jiū_16.22 簡 糮67792

糢 43714 u25F68
mó_16.22 同糢43586 明·姚茂良 精忠記·第十齣 叫馬 字字雙 皮裘皮袄最穿多,碎破。羊肉饅頭是乾糧,糢糢。

糩 43713 u25F69
xày_16.22 喃 从米遲trì聲。

糞 43715 u25F64
xia_16.22 喃 从糞支chi聲。廁所。

糞 43716 u25F61
phân_16.22 喃 从糞分phân聲。亦作糞。

糳 43717 u7CF3
zuò_16.22 同鑿43742

糷 43719 22286
làn_17.23 集韻同糷。

糱 43718 22285
niàng_17.23 廣韻女亮切,釀去聲。糵也 博雅 雜也。

糤 43720 22287
xiān_17.23 集韻思廉切音纖。粉餌。

糤 43721 22288
chàn_17.23 集韻初諫切,音鏟。米一春也。 鋻 又糷74294 又 直音篇 糷,同糷。

糵 43722 22289
niè_17.23 集韻正韻夶魚列切音臬 玉篇 麴也 書·說命 爾惟麴糵 禮·禮運 禮之于人,猶酒之有糵也 又 與孽同 司馬遷·報任安書 隨而媒糵其短 師古註 糵如麴糵之糵。

糲 43723 22290
líng_17.23 字彙補 與糯同。

糜 43724 41671
mí_17.23 字彙補忙皮切音糜。碎也。

糯 43725 u25F6F
nuò_17.23 俗糯43677 以新穀汁漬舊穀汁也。 鋻 又罄46832,俗糯71417

糷 43726 22291
chàn_18.24 集韻糷43741或作糷。

糵 43727 22292
mǐ_18.24 集韻綵44084古作糵。

糮 43729 22294
bǎn_18.24 字彙補卜管切音板。屑米餠也。

糮 43730 u25F75
nhão_18.24 喃 从米繞nhiễu聲。爛糊,鬆軟 △ 糮別:稀爛。

糯 43731 22295
hé_19.25 篇海 下革切,音紇 ◇ 同糵。穀糠不破也。

糵 詳校篇海 匣濁,下革切,音糵。穀糠不破者。

糜 43732 22296
mí_19.25 廣韻靡爲切 集韻忙皮切夶音糜。碎糠曰糜 又mó 集韻眉波切音摩。碎也,精也 又 母被切,糜上聲。義同。

糶 43733 22297
tiào_19.25 廣韻集韻韻會正韻夶他弔切音眺 說文 出穀也 史記·貨殖傳 糶二十病農,九十病末 註 索隱曰:言米賤則農人病 又diào 集韻徒弔切音調。姓也。晉有糶裁。 鋻 又棻43250棻43358糶43651

糳 43734 22298
bò_19.25 集韻匹麥切音劈。米飯半生半熟也。與擘同。

糵 43735 22299
liàn_19.25 集韻龍卷切音戀。熬餌黏也。

糵 43736 22300
qiàn_19.25 字彙補丘殮切音預。粉糵也。

糵 43737 22301
cāo_19.25 字彙補七到切音操。米穀雜也。

糯 43738 u25F7A
luó_19.25 同糯69591見 異體字字典. c16561-001

糵 43739 22302
táng_20.26 字彙補同糖。

糵 43740 22303
làn_20.26 集韻同糷。

糵 43741 22304
chǎn_20.26 集韻所簡切音產。礦粟也 又chàn楚限切音剗 又 揣絹切音惴。義夶同。或作糷 又 孚萬切音婏。小春也。同糵 又 努萬切音剷。義同。 鋻 玉篇 糷,又萬切,礦粟也,春米未精也。

糳 43742 22306
zuò_20.26 廣韻則落切 集韻正韻卽各切夶音作 說文 糲米一斛春爲九斗曰糳 增韻 精細米 詩·小雅 彼疏斯粺 鄭註 米之率,糲十,粺九,糳八,侍御七 九章算法 粟五十爲糲三十,粺二十七,糳二十四,御二十一,皆三之一也 韻會小補 粟一斛爲糲米九斗,春糲一斗爲粺九升,又去爲糳則八升,米之細者乃穷于御 博雅 糳,春也 屈原·離騷 糳申椒以爲糧 註 糳,精細米 又 通作鑿 左傳·隱五年 粢食不鑿 又 集韻租毒切,音佷。義同 △ 集韻或作毇 篇海 或作粡。 鋻 又糵43704糳43717糳75651糳75777

糵 43743 u25F7E
zāo_20.26 糟43558本字

糵 43746 u25F81
tán_21.27 糵43595本字

糵 43744 22307
jiū_21.27 說文長箋 與蘸同。

糵 43745 22305
làn_21.27 廣韻集韻韻會夶郎旰切音爛 ◆ 餅糜相箸也 爾雅·釋言 搏者謂之糷 註 飯相著 疏 糷,飯淖糜相著也 又 集韻魯旱切音嬾。又郎干切音闌。義夶同 △ 或省作糷、糵。 鋻 又糵43740

糵 43747 22308
líng_24.30 集韻與糯同。 鋻 又糵43694糵43693糵43727粭43263糵43568

糵 43748 u25F83
men_25.31 喃 从米蠻mán聲。同糵43685

糵 43749 22309
sù_27.33 玉篇古文粟43271字。

◈糸部◈

糸 43750 22310 mì_0.6 古文𢆯 廣韻莫狄切音覓 說文細絲也 徐鍇曰一蠶所吐爲忽，十忽爲絲。糸，五忽也 又 博雅微也 玉篇幺也 又 sī 集韻新茲切。絲或省作糸。鎣 又纟43754 糹43755 集韻糸或省作幺。

糸 43751 u2F77 mì_0.6 同糸43750部首專用字。亦作糹43753纟43752

纟 43752 u2EB0 mì_0.6 部糸43751 簡化偏旁。

糹 43753 u2EAF mì_0.6 部糸43751

纟 43754 u7E9F mì_0.6 同纟43752

糹 43755 u7CF9 mì_0.6 同糹43753

糺 43756 22311 jiū_1.7 廣韻居黝切 集韻吉酉切𠀤音糾。糾，或作糺 楚辭·招隱士樹輪相糾兮 註糾，一作糺 又 後漢·隗囂傳援旗糺族 註糺，收也 又 楚辭·九章糺思心以爲纕兮 註糺，戾也。鎣 又纠43758

系 43757 22312 xì_1.7 廣韻 集韻 韻會 正韻𠀤胡計切音繫 說文繫也 博雅相連繫也 前漢·敘傳系高頊之玄冑兮 註應劭曰：連也 後漢·張衡傳系曰 註系，繫也 文選註言繫賦之前意也 又 張衡·東京賦雖系以隤牆填塹 註系，繼也 又 左思·魏都賦本前修以作系 註系者，胤也 又 廣韻緒也 增韻聯屬也 又 姓 廣韻楚有系益〇按 說文系自爲部，今併入。鎣 又𢒼14803繇44703𦃟44550䌛27169今係01230繫44998並簡化作系。

纠 43758 u2B119 jiū_1.7 簡糺43756

糽 43761 22315 zhěng_2.8 集韻張梗切音盯。絲繩緊直貌 又 zhēng 玉篇陟庚切。引也。

紌 43759 22313 qiú_2.8 廣韻 集韻𠀤同絿。

糼 43760 22314 gōng_2.8 集韻功03911或作糼。

糾 43762 22316 jiū_2.8 廣韻居黝切 集韻吉酉切𠀤音糾 說文繩三合也 史記·賈誼傳何異糾纆 註 通俗文云合繩曰糾 又 博雅舉也 書·冏命繩愆糾謬 疏糾，謂發舉其愆過 左傳·昭六年糾之以政 註糾，舉也 又 周禮·天官·大宰以糾萬民 釋文糾，察也。又 小宰凡宮之糾禁 註糾，猶割也，察也 又 詩·魏風糾糾葛屨 傳猶繚繚也 疏稀疏之貌 又 後漢·公孫瓚傳糾人完聚 註糾，收也 又 後漢·荀彧傳收離糾散 註糾，合也 又 玉篇告也 廣韻督也，參也，急也，戾也 又 jiǎo 集韻舉夭切音矯 詩·陳風舒窈糾兮 傳窈糾，舒之姿也 又 韻補叶居由切，結也 嵇康·琴賦瀄汩澎湃，蟺蜿相糾。放肆大川，濟乎中州△ 正字通俗從斗作紏，非〇按 說文糾在丩部，今併入。鎣 又纠43774 糺43756紏43765糾43771𠈋03385𠁦32182玔33890㸚16090

紉 43763 22317 gōng_2.8 海篇音糼。出釋典〇按即糼字之譌。鎣 金文有紉字，或釋絕，見 殷周金文集成.13.7613.紉爵

𥾇 43764 22318 zhú_2.8 玉篇之聿切。一也。

紏 43765 22319 jiū_2.8 篇海類編同糾。鎣 備考重出。

𥾃 43766 22320 niǎo_2.8 字彙補鳥了切音鳥。倒懸也。

𥾂 43767 44965 jǐ_2.8 海篇音几

𥾋 43768 44966 réng_2.8 篇韻音仍。

𫃛 43769 u2B0DB null_2.8 未詳。

𥾉 43772 u25F89 yuē_2.8 約字殘訛。

𫃚 43770 u2B0DA buộc_2.8 喃同紥43891△扒𫃚：強制。𫃚蹎：纏足。又 越·阮秉 五千字譯國語錦繍，錦𫃚。

糾 43771 u2F96B jiū_2.8 字彙補 同紏43765

𥾈 43773 u25F88 bā_2.8 或俗襻54931

纠 43774 u7EA0 jiū_2.8 簡糾43762

紀 43775 22321 jì_3.9 廣韻居理切 集韻 韻會苟起切 正韻居里切𠀤音己◆說文絲別也 詩·大雅綱紀四方 傳理之爲紀 疏紀者，別理絲縷 又 書·洪範五紀：一曰歲，二曰月，三曰日，四曰星辰，五曰曆數 疏五紀者，五事，爲天之經紀也 又 書·畢命既歷三紀 傳十二年曰紀 又 詩·秦風有紀有堂 傳紀，基也 疏山基也〇按 六書略音起 又 禮·月令月窮于紀 註紀，會也 又 穀梁傳·莊二十二年災紀也 註紀，治理也 又 周語數之紀也 註數起於一，終於十。十則更，故曰紀 又 史記·本紀註 索隱曰：紀者，記也。本其事而記之 又 西京雜記五絲爲䋰，倍䋰爲升，倍升爲緎，倍緎爲紀 又 玉篇紀，緒也 又 廣韻紀，極也，識也 又 國名 左傳·隱元年紀人伐夷 註紀國，在東莞劇縣 又 姓 史記·項羽紀紀信。鎣 又纪43807紀43800

紁 43776 22322 chà_3.9 篇海初訝切，又去聲。衣襠也。

𥾐 43777 22323 jié_3.9 集韻吉列切，音孑 類篇絲束。

𥾛 43778 22324 gǎn_3.9 廣韻 集韻𠀤古旱切音幹 玉篇摩展衣也。亦作衦。

䊵 43779 22325 zhèn_3.9 玉篇紖43841亦作䊵。

紂 43780 22326 zhòu_3.9 廣韻除柳切 集韻 韻會丈九切𠀤音紂 說文馬緧也 揚子方言緻車紂，自關而西謂之紂 廣韻俗作䋧 又 史記·殷本紀帝辛，天下謂之紂 註 諡法殘忍捐義曰紂。鎣 又纣43814 又 殘忍捐義。徐慧：殘義損善。

紎 43781 22327 zī_3.9 玉篇同緇 禮·檀弓爵弁絰紎衣 釋文紎，本又作緇 又 與純同 詩·召南傳昏禮紎帛不過五兩 釋文紎，依字糸旁才，後人遂以才爲屯，因作純，非。

鎣 又𫄙43804

紃 43782 22328 xún_3.9 廣韻詳遵切 集韻 韻會松倫切 正韻詳倫切𠀤音旬 說文圜采也 玉篇絛紃也 急就篇註紃，緣履之圓絛。一曰紃者，屬五綵而爲之，若今之刺繡韡 禮·內則織紝組紃 註紃，絛也 疏組紃俱爲絛。薄闊爲組，似繩者爲紃。又 雜記紃以五采 註紃施諸縫中，若今時絛也 又 荀子·非十二子篇及紃察之，則倜然無所歸宿。又 淮南子·精神訓以道爲紃 註法也 又 廣韻食倫切 集韻船倫切𠀤音脣。又 集韻殊倫切音純。又昌緣切音穿。義𠀤同。鎣 又絇44077約43845

約 yuē_3.9 43783 22329 廣韻於略切集韻韻會正韻乙却切丛音藥說文纏束也詩·小雅約之閣閣傳約,束也区周禮·春官·大史凡邦國都鄙,及萬民之有約劑者藏焉註約劑,要盟之載辭禮·曲禮約信曰誓疏共相約束,以爲信也区禮·坊記君子約言疏謂省約其言也区論語不仁者不可以久處約禮·坊記小人貧斯約註約猶窮也区論語以約失之者,鮮矣何晏註儉約無憂也区戰國策蘇代約燕王曰註約,止也区莊子·逍遙遊淖約若處子音義淖約,柔弱貌区荀子·勸學篇春秋約而不速註文義隱約区◆呂氏春秋旄象之約註約,節也。一曰美也。区楚辭·招魂土伯九約註屈也区姓。約續,古賢者,見韓非子区yào廣韻於笑切集韻一笑切韻會幺笑切丛音要前漢·禮樂志明德鄉治本約註師古曰約,讀曰要区yào集韻於教切音勒屈也区集韻乙角切音渥。玓或作約,束也区集韻吉歷切音激纏也区dì同的枚乘·七發九寡之珥以爲約註約亦的字也。鍪又约43811 玓41480約43772

紅 hóng_3.9 43784 22330 廣韻戶公切集韻韻會正韻胡公切丛音洪說文帛赤白色釋名紅,絳也。白色之似絳者論語紅紫不以爲褻服疏紅,南方閒色区地名左傳·昭八年大蒐于紅註紅,魯地区草名爾雅·釋草紅,蘢古註俗呼紅草爲蘢鼓,語轉耳区gōng集韻沽紅切正韻古紅切丛音公。與功通史記·文帝紀服大紅十五日,小紅十四日註服虔曰:當言大功、小功区與工通前漢·酈食其傳紅女下機註師古曰紅,讀曰工区jiàng集韻古巷切音降。絳或作紅前漢·外戚恩澤侯表孝平二十二人,有紅侯註師古曰疑紅字當爲絳。劉攽曰:今有紅縣,音降。紅亦有降音。鍪又紅43815

紆 yū_3.9 43785 22331 廣韻憶俱切集韻韻會邕俱切丛音迂說文詘也。一曰縈也周禮·冬官考工記·矢人中弱則紆註紆,曲也史記·屈原傳宽結紆軫兮註紆,屈也区博雅紆,繩索也区姓廣韻後秦有肥鄉侯始平紆邆区集韻匈于切音訏。義同区ōu集韻烏侯切音謳類篇陽紆,山名也。鍪又纡43816紆43792区陽紆,山名穆天子傳·卷四乙亥,天子南征陽紆之東尾,乃遂絕鍪隑之谷。鍪隑,亦山名,音未詳。

紇 hé_3.9 43786 22332 廣韻韻會正韻丛下沒集韻下挍切,切音麧,音秔說文絲下也九經字樣說文作紇。隸省作紇。区人名左傳·襄四年臧紇救鄶註臧紇,武仲也。又襄十年郰人紇抉之,以出門者註紇,郰邑大夫仲尼父叔梁紇也史記·孔子世家伯夏生叔梁紇,紇生孔子区唐書·回鶻傳回紇,其先匈奴也区姓廣韻複姓三氏:北齊開府紇奚永樂,又有紇于氏、紇骨氏区集韻恨竭切音齕。義同区廣韻胡結切集韻奚結切丛音纈。大絲也区集韻塞列切音揭類篇觀也区集韻胡骨切音搰。束也区九傑切音扢。急也。鍪又紇縼,簡化字作纥紇,繩線等物打成之結。

紈 wán_3.9 43787 22333 廣韻集韻韻會丛胡官切音桓說文素也。◆釋名紈,渙也。細澤有光,煥煥然也急就篇註紈卽素之輕者前漢·地理志織作冰紈綺繡純麗之物註如淳曰:紈,白熟也。臣瓚曰:冰紈,紈細密堅如冰者也文選·古詩被服紈與素李善註范子曰:白紈素出齊区玉篇結也。鍪又纨43809增廣字學舉隅紈,同紈。

紉 rèn_3.9 43788 22334 廣韻女鄰切集韻尼鄰切,昵平聲說文繟繩也博雅繫也玉篇繩縷也,展而續之禮·內則衣裳綻裂,紉箴請補綴屈原·離騷紉秋蘭以爲佩註紉,索也△◆揚子方言肇,楚謂之紉区集韻而鄰切。義同区集韻居覲切音抑。合絲爲繩也。鍪又纫43806

絴 qí_3.9 43789 22335 韻會與綦同。

絃 xián_3.9 43790 22336 博雅音蔑,微也区與弦同隸釋孫叔敖碑去不善如絕絃,卽弦字〇按祝睦碑絃頌興。亦卽弦字隸釋復釋爲紀字,非是。鍪楊寶忠:音蔑訓微之絃當是絥43831字俗譌。

紕 yì_3.9 43791 22337 篇韻音奕。田器也。

絉 yū_3.9 43792 22338 篇海類編同紆。

純 chún_3.9 43793 22339 篇韻純字之譌。

紂 zī_3.9 43794 22340 篇海類編同紂。

紑 zhóu_3.9 43795 22341 篇韻音妯。解也。

紒 wù_3.9 43796 44967 篇韻音兀。

紀 null_3.9 43798 u2B0DD 未詳。

絤 xún_3.9 43797 44968 篇海類編同紃。

紀 kòu_3.9 43799 u2B0DC 紐紀,同紐扣19180

紀 jì_3.9 43800 u2F96A 俗紀43775

紅 sợi_3.9 43801 u25F98 喃同紝44003

紐 díu_3.9 43802 u25F97 喃从纏省小tiểu聲△紙紐:縫合。

納 null_3.9 43803 u25F94 未詳。

紂 zī_3.9 43804 u4336 簡紂43781

紅 xiān_3.9 43805 u42B9 俗纖45208

紅 qiān_3.9 u25F98 簡纤44794漢字簡化方案(1956年)·漢字簡化第二表紆、纤、纖。

纫 rèn_3.9 43806 u7EAB 簡紉43788

纪 jì_3.9 43807 u7EAA 簡紀43775

纩 kuàng_3.9 43808 u7EA9 簡纊45141

纨 wán_3.9 43809 u7EA8 簡紈43787

级 jí_3.9 43810 u7EA7 簡級43851

约 yuē_3.9 43811 u7EA6 簡約43783

纥 hé_3.9 43812 u7EA5 簡紇43786

纣 zhòu_3.9 43814 u7EA3 簡紂43780

纤 xiān_3.9 43813 u7EA4 簡纖45208区qiān簡纤44794

红 hóng_3.9 43815 u7EA2 簡紅43784

紱 hù_4.10 43817 22342 集韻胡故切音護。可以收繩也。鍪又纻43885紵43818

纡 yū_3.9 43816 u7EA1 簡紆43785

紊 wěn_4.10 43819 22344 廣韻亡運切集韻韻會文運切丛音問說文亂也書·盤庚若網在綱,

有條而不紊㕛集韻無分切音文。義同。

綒 43818 22343 hù_4.10 篇海紅俗作綒。

紋 43820 22345 wén_4.10 廣韻集韻韻會正韻丛無分切音文玉篇綾紋也類篇織紋篇海凡錦綺黼繡之文皆曰紋。鑒又纹43913

紌 43821 22346 qiú_4.10 字彙渠尤切音求◆揚雄·蜀都賦爾乃其人，自造奇錦。紌繏緷頌，縿緣盧中。

納 43822 22347 nà_4.10 廣韻奴答切集韻諾答切丛音衲說文絲濕納納也㕛博雅入也釋名納，弭也。弭弭，兩致之言也書·堯典寅餞納日傳餞，送也。日入言送。又舜典納于百揆。又夙夜出納，朕命惟允。又禹貢百里賦納總，二百里納銍，三百里納秸㕛儀禮·既夕禮屨外納註納，收餘也㕛禮·曲禮納女于天子註納女，猶致女也。㕛禮·雜記納幣一束註納，徵也㕛姓廣韻出何氏姓苑㕛與內同周禮·春官·鐘師納夏註故書納爲內㕛玉篇或作衲、軜篇海補綴也㕛與軜同荀子·正論篇三公奉軶持納。鑒又纳43919

𥾯 43823 22348 gān_4.10 集韻姑南切音弇類篇絲貌㕛篇海卽移切，音咨◇績所緝也。

紎 43824 22349 zī_4.10 篇海側持切音緇。異色繒也。鑒龍龕緇44835誤，緇俗，紂43892紎緇44354，側持反。黑色繒也。

紏 43825 22350 tǒu_4.10 集韻他口切音敨◆玉篇告也。亦作斢字類篇絲黃色。

紐 43826 22351 niǔ_4.10 廣韻女久切集韻韻會正韻女九切丛音忸說文系也。一曰結而可解博雅束也急就篇註紐謂結之鬠周禮·夏官·弁師朱裏延紐註小鼻在武上，笄所貫也儀禮·既夕禮紐前經後緇註紐，所以聯帷荒禮·玉藻并紐約用組三寸長，齊于帶。疏紐謂帶交結處莊子·人閒世禹舜之所紐也音義崔云系而行之曰紐。簡文云本也楚辭·九歎情素潔于紐帛註結，束也㕛姓隋書·孝義傳紐回，字孝政，河東安邑人。鑒又字學三正紐43930，俗作紐㕛纽43909鈕67165㕛慧琳音義毗紐：女九反。正言毘瑟笯天。經文作伮00892，非也。笯音奴故反。

絖 43827 22352 gěng_4.10 篇海音耿。井索正字通絖字之譌。綆或省作絖，改作絖，非。

𥿚 43828 22353 cù_4.10 廣韻集韻丛蒼沒切音猝博雅繩索也。㕛集韻千結切音切。義同。

𥿋 43829 22354 zǒng_4.10 譌字篇海同總○按集韻總古作𥿋類篇同。譌作𥿋，非。

紑 43830 22355 fóu_4.10 廣韻甫鳩切集韻韻會方鳩切丛音不說文白鮮衣貌詩·周頌絲衣其紑傳紑，絜鮮貌㕛廣韻匹尤切集韻披尤切丛音秠。義同㕛廣韻芳否切集韻孚不切丛音阜。義同㕛集韻芳無切音敷類篇繒色鮮。㕛集韻蒲枚切音裴。分物切音弗。義丛同。鑒又紑44021

𥿑 43831 22356 miǎn_4.10 玉篇同緬㕛miè廣韻集韻丛莫結切音蔑。細也。出倉頡篇。鑒龍龕纑45209𥿑二同㕛紆43790

紒 43832 22357 jì_4.10 集韻吉詣切音髻類篇結作紒儀禮·士冠禮將冠者，采衣，紒註紒，結髮。古文紒爲結㕛玉篇心不了也㕛集韻吉屑切音結。義同㕛jiè集韻居拜切音戒類篇緺也。

紓 43833 22358 shū_4.10 廣韻傷魚切集韻韻會正韻商居切丛音書說文緩也詩·小雅彼交匪紓㕛左傳·僖二十一年紓，禍也註紓，解也㕛廣韻神與切音杼集韻上與切音墅。義丛同玉篇紓或作舒集韻或作紓。鑒又忬16992纾43908紓43992

純 43834 22359 chún_4.10 古文𡴎𦊆廣韻常倫切集韻殊倫切丛音淳說文絲也論語今也純儉，吾從衆何晏註純，絲也。絲易成，故從儉前漢·王褒傳難與道純緜之麗密㕛易·乾卦純粹精也疏純粹，不雜㕛書·酒誥嗣爾股肱純。傳繼汝股肱之教，爲純一之行㕛詩·大雅純嘏爾常矣箋純，大也㕛詩·周頌文王之德之純箋純，亦不已也㕛周禮·冬官考工記諸侯純九，大夫純五註純，猶皆也㕛禮·郊特牲貴純之道也註純，謂中外皆善㕛左傳·隱元年穎考叔，純孝也註純，猶篤也㕛前漢·地理志織作冰紈綺繡純麗之物註純，精好也㕛淮南子·地形訓里閒九純，純丈五尺註純，量名㕛zhǔn集韻主尹切韻會之尹切丛音準書·顧命篾席黼純註白黑雜繒緣之儀禮·士冠禮服纁裳純衣註純衣，絲衣也。又既夕緇純註飾衣曰純禮·曲禮冠衣不純素註純，緣也。㕛集韻規倫切音鈞。又朱閏切音稕。義丛同㕛tún集韻徒溫切音屯詩·召南白茅純束傳純束，猶包之也箋純讀曰屯戰國策錦繡千純註純音屯，束也㕛縣名左傳·襄十八年執孫蒯于純留註純留，縣名釋文純地理志作屯㕛集韻杜本切音盾。義同㕛quán集韻從緣切音全儀禮·鄉射禮二算爲純註猶全也禮·投壺二算一純疏二算合爲一全㕛zī集韻莊持切。緇或作純周禮·地官·媒氏純帛無過五兩註純實緇字也。古緇以才爲聲禮·祭統以共純服疏凡言純者，其義有二：一糸旁才是古之緇字，二是糸旁屯是純字。但書文相亂，雖是緇字，丛皆作純。鄭氏所註，於絲理可知，於色不明者，卽讀爲緇史記·五帝本紀黃收純衣註索隱曰：純讀曰緇㕛集韻朱倫切音諄。諄或作純㕛chún集韻船倫切音脣。門名春秋傳有純門。鑒又紂43794紂43781紝43793純43899纯43923

𦀄 43835 22360 zòng_4.10 集韻縱44787古作𦀄玉篇作纵。

紕 43836 22361 pí_4.10 廣韻房脂切集韻韻會頻脂切丛音毗爾雅·釋言紕，飾也詩·鄘風素絲紕之箋素絲爲縷，以縫紕旌旗之旒縿㕛bì集韻平祕切音備。義丛同㕛bǐ集

韻]賓彌切音卑[正韻]蒲糜切音皮。緣也[禮·玉藻]縞冠素紕[註]緣邊也[又]pí[廣韻]符支切[集韻]頻彌切𠀤音陴。義同[又]pī[廣韻]匹夷切[集韻]篇夷切，並音䚹[禮·大傳]五者一物紕繆[註]紕繆，猶錯也。又[玉篇]紕，纇也[又][廣韻]繒欲壞也[又][增韻]繒疏也[又][集韻]蒲眠切音蹁[說文]紕，氐人𦇊也[又][集韻]補履切音比。義同[又]chǐ[廣韻]昌里切音齒。績苧一紕。出[新字林]△[集韻]或作緥。

鎣又纰43922

紕 43837 22362 chǐ_4.10 [集韻][韻會]𠀤醜止切音齒[類篇]績苧一紕謂之紕。

紊 43838 22363 qí_4.10 [集韻]渠之切音其[類篇]綦44309古作紊。○按紊誤書作紊者，非是。鎣紊，古文綦，从亓。

紻 43839 22364 jué_4.10 [集韻]紹43935，或作紻[又]guài[玉篇]古邁切，音夬。細絲也。

紉 43840 22365 rèn_4.10 [正字通]紉字之譌。凡靭、訒皆从刃。刅與刃別，刅音創，與創通。刃从刀。加鉅爲鋒刃。舊註紉从刀，兩旁有鉅，尤非。

紖 43841 22366 zhèn_4.10 [廣韻]直引切[集韻]丈忍切[正韻]直忍切𠀤音朕[說文]牛系也[玉篇]索也。亦作絼、紲[禮·少儀]牛則執紖[註]紖，所以繫制之者。又[祭統]及迎牲，君執紖[疏]紖，牛鼻繩[又][集韻]以忍切音引。義同。鎣又纼緣44832[六故書]靷，又作紖。

紨 43842 22367 shù_4.10 [篇海]莫卜切音木。繩也。亦作縸。

鎣俗絉43982

紨 43843 22368 fū_4.10 ◆[集韻]風無切音膚[類篇]襲袟也。或从糸。

紗 43844 22369 shā_4.10 [廣韻]所加切[集韻][韻會][正韻]師加切𠀤音沙[玉篇]紗，縠也[廣韻]絹屬。一曰紡纑也[急就篇註]已紡而成謂之紗[前漢·江充傳]充衣紗縠襌衣[註]師古曰紗縠，紡絲而織之也，輕者爲紗，縐者爲縠△古通沙[周禮·天官·內司服]緣衣素沙[註]素沙者，今之白縳也。今世有沙縠，名出於此[又]miǎo[集韻]弭沼切音眇。紗，微也。或作僘[韻會]紗，今作緲，又通作眇。鎣又纱43921紫44218紗44205[又][正字通]帉14787俗紗字。

紃 43845 22370 xún_4.10 [集韻]松倫切音旬。紃[儀禮]作絢、約[儀禮·聘禮·絢組註]今文絢44077爲約。鎣又[集韻]約，于權切。采成文曰約[又][五音集韻]約，古歷切。纏也。

紘 43846 22371 hóng_4.10 [廣韻]戶萌切[集韻]乎萌切𠀤音宏△[正韻]胡盲切音橫◆[說文]冠卷也。或从弘作紭[儀禮·士冠禮]緇組紘[註]屈組爲紘，垂爲飾[禮·雜記]管仲鏤簋朱紘[註]冠有笄者爲紘，紘在纓處兩端，上屬下不結[左傳·桓二年]衡紞紘綖[註]紘，纓從下而上者[疏]紘纓皆以組爲之，所以結冠于人首也。紘用一組，從下屈而上屬之於兩旁，垂其餘也[又][儀禮·大射禮]鼗鼓倚于頌磬西紘[註]紘，編磬繩也[又][淮南子·原道訓]紘宇宙而章三光[註]紘，綱也[又][淮南子·地形訓]八殥之外有八紘[註]紘，維也。維落天地而爲之表，故曰紘[又][淮南子·精神訓]天地之道至紘以大[註]紘，宏也。鎣又纮43924紭44042紘44196

系 43847 22372 huà_4.10 [廣韻]胡瓦切[集韻]戶瓦切，並音踝[說文]履也。一曰青絲頭履也[玉篇]扉屣也[揚子方言]西南梁、益之閒謂之䋹[又][集韻]洪孤切音胡。義同[又][集韻]胡卦切音畫。義同。鎣[廣韻]紧43869，繩履。周祖謨：䋹字之訛[又][正字通]䋹，舊本尸部譌作屎12988[又][字彙]紊43936，鉏里切音俟。繩履。俗誤作紧。

紺 43848 22373 rán_4.10 [集韻]如占切音髥。袡或从糸。褘袡，蔽厀也。一曰衣下襈。按俗作紻。

紒 43849 22374 gěng_4.10 [玉篇][集韻]𠀤同綆[前漢·枚乘傳]單極之紒斷幹[註]晉灼曰：紒，古綆字也。

紙 43850 22375 zhǐ_4.10 [廣韻][正韻]諸氏切[集韻][韻會]掌氏切𠀤音只◆[說文]絮一苫也[韻會]古人書於帛，故裁其邊幅，如絮之一苫[釋名]紙，砥也。平滑如砥石也[東觀漢記]黃門蔡倫造意，用樹皮及敝布魚網作紙[初學記]古者以縑帛依書長短隨事截之，名曰幡紙，故其字从糸。至後漢，蔡倫剉故布擣抄作紙。又其字从巾[張揖·古今字詁]巾部云紙今帋。則其字从巾之謂也[又]姓[魏書·官氏志]渴侯氏，後改爲紙氏。鎣又纸43914紙43872絺44227

級 43851 22376 jí_4.10 [廣韻][正韻]居立切[集韻]訖立切𠀤音急[說文]絲次第也[又][玉篇]階級也[廣韻]等級。俗作阪[禮·曲禮]拾級聚足[註]級，等也。又[月令]貴賤之等級[史記·秦始皇本紀]拜爵一級[又][史記·樊噲傳]斬首十五級。

鎣又级43810

紛 43852 22377 fēn_4.10 [廣韻]撫文切[集韻][韻會][正韻]敷文切𠀤音芬[說文]馬尾韜也[玉篇]亂也，緩也[又][博雅]紛紛，衆也。又喜也[易·巽卦]用史巫紛若吉[釋文]紛，衆也，喜也。一云盛也[前漢·禮樂志]羽旄紛紛[註]紛紛言其多[又][書·顧命]筍席玄紛純[疏]紛如綬，有文而狹者也[又][禮·內則]左佩紛帨[註]紛帨，拭物之佩巾也[又][揚雄·羽獵賦]青雲爲紛[註]紛，旗旒也[又][集韻]符分切音汾。紛縕，亂貌。

鎣又纷43915[又][前漢·禮樂志]羽旄紛紛。徐慧：羽旄紛

紜 43853 22378 yún_4.10 [廣韻]于分切[集韻][韻會][正韻]王分切𠀤音雲[玉篇]數亂也[類篇]物數紛云。或从糸[班固·東都賦]
騎紛紜○按[說文]作賦[集韻]賦或作紜。鎣又纭43925賦57717

紝 43854 22379 rèn_4.10 [廣韻][韻會]𠀤如林切音壬[說文]機縷也[類篇]織也[禮·內則]織紝組紃[疏]紝爲繒帛[左傳·成二年]孟孫請往賂之，以執斲、執鍼、織紝，皆百人[註]織紝，
繒布者[又][集韻][韻會]𠀤如鴆切音妊。義同[又][集韻]尼
切音誑。義同。鎣又纴43918絍43888紝44044絍44043緟4449

紞 43855 22380 dǎn_4.10 [集韻][韻會][正韻]𠀤都感切音眈[說文]冕冠
塞耳者。臣鉉等曰：今俗別作髧，非是[左傳·桓二年]

紞紘縌註紞,冠之垂者 疏 紞者,縣瑱之繩,垂于冠之兩旁,若今之條繩 又 儀禮·士喪禮 緇衾䠹裏無紞 註 紞,被識也 禮·喪大記 紟五幅無紞 註 紞以組類爲之,綴之領側 疏 爲緣飾爲識 又 擊鼓聲 晉書·鄧攸傳 紞如打五鼓。 鼉 龍龕 紞紒二同。

紟 jīn_4.10
43856 22381
集韻 韻會 丛居吟切音今 說文 衣系也。籀文從金作綌 玉篇 結衣也。亦作衿 廣韻 紟帶。或作襟。 又 jìn 廣韻 集韻 韻會 正韻 丛巨禁切音噤 儀禮·士喪禮 緇綬紟 註 紟,單被也 禮·喪大記 布紟二衾。又絞紟,如朝服 疏 言絞之與紟二者皆以布,精麤皆如朝服,俱十五升也 又 集韻 居蔭切音禁。義同 又 集韻 渠金切音琴 類篇 布帛名 又 集韻 其淹切音箝。 鼉 又繪 43315 約 43884

素 sù_4.10
43857 22382
廣韻 桑故切 集韻 韻會 正韻 蘇故切丛音訴 說文 作𦃃,白緻繒也。從系𠂔,取其澤也 九經字樣 隸省作素 小爾雅 縞之麤者曰素 釋名 素,朴素也。已織則供用,不復加巧飾也 急就篇註 素謂絹之精白者 禮·雜記 純以素 註 素,生帛也 又 易·履卦 素履往无咎 疏 處履之始而用質素 又 詩·齊風 充耳以素乎而 傳 素,象瑱 又 詩·魏風 不素餐兮 傳 素,空也 又 禮·檀弓 有哀素之心也 註 凡物無飾曰素。又 禮器 或素或青 註 素,尚白 又 左傳·僖二十八年 其衆素飽 疏 素訓爲直 又 楚語 夫謀必素具 註 素,猶豫也 又 博雅 素,本也 又 姓 姓氏急就篇 後魏有并州刺史素延 又 禮·中庸 素隱行怪 註 素讀爲傃,猶鄉也 〇 按 朱子·中庸章句 素,按漢書當作索,蓋字之誤也 又 與傃通 戰國策 竭智能,示情素 註 素、傃通,誠也 又 與嗉通 史記·天官書 張素爲廚,主觴客 註 索隱曰:素,嗉也 〇 按 說文 𦃃自爲部,今併入。 鼉 又繁 44696 絭 44967 𦃃 05102 繛 44371 縤 69351 𤖸 33660

絘 zhī_4.10
43858 22383
集韻 章移切音支 類篇 字林 縴絘,挽舟繩。 鼉 又俗絘 44071 可洪音義 急絘:古卵反。縛也。

絞 yáo_4.10
43859 22384
集韻 何交切音爻 玉篇 綠色也。嫁者衣也 廣韻 黃色。 鼉 又紊 43864 絢 43863

紝 mào_4.10
43860 22385
廣韻 集韻 丛莫報切音𣃟 玉篇 刺也 廣韻 絹帛紝起如刺也 急就篇 錦繡縵紝離雲爵 註 紝謂刺也。 鼉 又紣 43883

紡 fǎng_4.10
43861 22386
廣韻 正韻 妃兩切 集韻 韻會 撫兩切丛音仿。 說文 網絲也 廣韻 績紡 急就篇註 謂紡切麻絲之屬爲繐縷也 儀禮·聘禮 賄用束紡 註 紡,紡絲爲之,今之縛也 左傳·昭十九年 託于紀鄣,紡焉 疏 紡,謂紡麻作纑也 又 晉語 獻子執而紡于庭之槐 註 紡,縣也。 鼉 又紡 43912

索 suǒ_4.10
43862 22387
廣韻 蘇各切 集韻 韻會 昔各切丛音㩯 說文 作𡩡,草有莖葉可作繩索。從宋系 韻會 隸作索 小爾雅 大者謂之索,小者謂之繩 急就篇註 索,總謂切撚之令緊者也 書·五子之歌 若朽索之馭六馬 詩·豳風 宵爾索綯 易·震卦 震索索 疏 心不安之貌 釋文 懼也 又 書·牧誓 惟家之索 傳 索,盡也 又 周禮·夏官·方相氏 以索室毆疫 註 索,廋也 又 禮·檀弓 吾離羣而索居 註 索,散也 又 左傳·昭十二年 八索九丘 書序 八卦之說,謂之八索 又 地名 前漢·地理志 武都郡有索縣 又 姓 左傳·定四年 殷民七族,有索氏 廣韻 山戟切 集韻 色窄切,丛音濇。同索,求也 禮·曲禮 大夫以索牛 註 索,求得而用之 又 集韻 蘇故切音素 釋名 索,素也。八索,著素王之法也 屈原·離騷 衆皆競進以貪婪兮,憑不厭乎求索。羌内恕己以量人兮,各興心而嫉妒 註 索,音素 〇 按 說文 在宋部,今併附入。 鼉 又索 44009 索 43907 繛 44672 𣺽 44139 𦃃 44711

絲 yáo_4.10
43863 22388
海篇 同絞。

𦃃 yáo_4.10
43864 22389
篇韻 同絞。

𥿃 qí_4.10
43865 22390
集韻 綮,或書作𥿃。

綍 fú_4.10
43866 22391
玉篇 與綍同。

𥾁 zǒng_4.10
43867 22392
集韻 總 44810 古作𥾁。 鼉 丿部 重出,已刪。

紇 hé_4.10
43868 22393
廣韻 下沒切,音紇 ◇ 紇本字。

絓 huà_4.10
43869 22394
廣韻 㶚史切音俟。繩履。 鼉 𦅻字之譌。 又 繸 43936

給 wū_4.10
43870 22395
集韻 烏 30849 古作給。

絆 jié_4.10
43871 22396
六書統 與結同。

紙 dī_4.10
43872 22397
字彙補 都兮切音低。絲滓也 △ 一說俗紙字。

網 wǎng_4.10
43873 22398
字彙補 與網同。 鼉 敦煌 S. 2832 文樣·和尚可謂法王柱石,律網大緇。

𥿄 pài_4.10
43874 22399
字彙補 紙字之譌。

絏 jué_4.10
43875 22400
字彙補 子雪切音蕝。斷也。

綃 diào_4.10
43876 22401
字彙補 得叫切音弔。以繩縛人也。俗字。 鼉 又绉 43882

紲 xiè_4.10
43877 22402
字彙補 紲字省文。

綷 cuì_4.10
43878 22403
海篇 俗綷字。

𥿆 jiǔ_4.10
43879 22404
字彙補 居有切,音糺 ◇ 鏡也。 鼉 又紤 43896

綱 gāng_4.10
43880 44970
海篇 音網。 鼉 新修玉篇·系部 引類篇 綱,音綱。梁春勝: 同綱 44330

絑 shǒu_4.10
43881 44971
篇韻 音手。

绉 diào_4.10
43882 u2B11D
簡 綃 43876

纻 mào_4.10
43883 u2B11C
簡 紝 43860

纩 jīn_4.10
43884 u2B11B
簡 紟 43856

𥽁 hù_4.10
43885 u2B11A
簡 縎 43817

𥿑 rèn_4.10
43888 u25FC1
紝 43854 譌字 又 vương 喃 俗紝 44401 △ 紝紐:纏繞。

綧 cuengq_4.10
43886 u2B0DE
壯 挽帳,幡帳。迪綧:掛挽帳。

紃
43887 u25FC2
tom_4.10　　嗬从總省心tâm聲△糿朎：完全，都。

組
43889 u25FC0
vít_4.10　　嗬从糸曰viết聲△問組：纏繞。組虜：塞
堵。

絟
43890 u25FBF
ngó_4.10　　嗬从糸午ngọ聲。

絾
43891 u25FBE
buộc_4.10　　嗬从縛省仆bọc聲。綁△同縛。俗省作
紏43770△絓絾：綑綁。綩悉：不得已 图越·阮秉 五千字
譯國語 寨繁，綝絾。

綒
43893 u25FBB
qí_4.10　　俗綮43838

紽
43892 u25FBD
zī_4.10　　俗紙43824
图bền嗬从結省卞biện聲△絓彼：健壯。絓凭：固定的
图bện从縒省卞biện聲。綖，固△絓績：結繩 图bịn拉
住，攀緣△絓緬：纏綣，依依不捨。

縱
43894 u25FBA
zòng_4.10　　同紉43835古文縱。

纫
43895 u25FB8
null_4.10　　未詳。

絹
43897 u25FB6
null_4.10　　未詳。

絆
43896 u25FB7
jiǔ_4.10　　俗紤43879 四聲篇海 音虯。又音糺。鏡也。

級
43898 u25FB5
pán_4.10　　或同綮67444 信陽楚簡 緻與索緇之級裏
图phàng嗬从糸反phàn聲。

純
43899 u25FB4
chún_4.10　　俗純43834

統
43900 u25FB3
null_4.10　　未詳。

絞
43901 u25FB2
lì_4.10　　字海 同繁37307

紐
43902 u25FB1
zā_4.10　　字海 同紮43945

纩
43903 u4338
zhuàn_4.10 同縛44791

織
43904 u42C7
yì_4.10　　同繹45033

纥
43905 u42C6
lū_4.10　　北京方言詞典 纥纥兒：糧食受潮後結成
的小串。也叫纥纙兒或纙綣兒 图 廣漢和辭典 纥沄，姓
氏。

絆
43906 u42C5
u_4.10　　韓絲名 图人名 古璽彙編·複姓私璽·3943
王生絆。

索
43907 uF96A
suǒ_4.10　　兼索。

纾
43908 u7EBE
shū_4.10　　简 紓43833

纽
43909 u7EBD
niǔ_4.10　　简 紐43826

纼
43910 u7EBC
zhèn_4.10　　简 紖43841

纻
43911 u7EBB
zhù_4.10　　简 紵43957

纺
43912 u7EBA
fǎng_4.10　　简 紡43861

纹
43913 u7EB9
wén_4.10　　简 紋43820

纸
43914 u7EB8
zhǐ_4.10　　简 紙43850

纷
43915 u7EB7
fēn_4.10　　简 紛43852

纶
43916 u7EB6
lún_4.10　　简 綸44337

纵
43917 u7EB5
zòng_4.10　　简 縱44787

纴
43918 u7EB4
rèn_4.10　　简 紝43854

纳
43919 u7EB3
nà_4.10　　简 納43822

纲
43920 u7EB2
gāng_4.10　　简 綱44330

纱
43921 u7EB1
shā_4.10　　简 紗43844

纰
43922 u7EB0
pī_4.10　　简 紕43836

纯
43923 u7EAF
chún_4.10　　简 純43834

纮
43924 u7EAE
hóng_4.10　　简 紘43846

纭
43925 u7EAD
yún_4.10　　简 紜43853

纬
43926 u7EAC
wěi_4.10　　简 緯44508

紧
43927 u7D27
jǐn_4.10　　简 緊44357

絅
43928 u7D26
bā_4.10　　同把19260 可
洪音義 鐵絅：卜嫁反。刀柄也。正作弝把欄。

紮
43929 u7D25
zā_4.10　　俗紮43945

紐
43930 uF9CF
niǔ_4.10　　參見紐43826

絿
43931 22405
fū_5.11　　廣韻 集韻 抸芳無切音敷 說文 布也。一曰
粗絿 博雅 絿絖纙綩絓絈也 玉篇 粗絿也 類篇 大絲曰絿
图人名 前漢·武五子傳 長孫女羅絿 图 集韻 馮無切音
扶。義同 图fù 集韻 符遇切音附。繩也。或作縛。
瑩又觜67653繳45148

絮
43932 22406
rú_5.11　　集韻 女居切音袽 說文 絜縕也。一曰敝絮
易曰：需有衣絮〇按今 易 作袽 图 廣雅 絮，塞也 图nǎ
廣韻 奴下切 集韻 女下切抸音姡 玉篇 縿絮，相著貌。

絜
43933 22407
ná_5.11　　集韻 女加切音挐 類篇 絲梦也。或从如作
絮，或从夵作縿。

紙
43934 22408
dī_5.11　　廣韻 都奚切 集韻 都黎切抸音低 說文 絲
滓也〇按 說文 紙从糸氐聲，紙从糸氏聲。今俗書紙作
紙，非。瑩又紙43872

紱
43935 22409
jué_5.11　●廣韻 集韻 抸古穴切音玦 說文 纙一枚也
图 玉篇 襞也。亦作袦 图xué 集韻 胡決切音穴△弋質
切音逸。食律切音術。允律切音聿。義抸同 图 集韻 古
穴切音玦。纙也。或作袂、繘。義抸同。

絭
43936 22410
shì_5.11　　絭字之譌 篇海 絭俗誤作絭〇按 廣韻 作
絭 篇海 之說非，从 廣韻 爲正。瑩 正字通 絭，俗字，
舊註鉏里切音侍，繩履俗誤作絭，不知絭絭皆贅文也。

紝
43937 22411
zhēng_5.11　　廣韻 集韻 韻會 諸盈切 正韻 諸成切抸
音征 說文 乘輿馬飾也。

紩
43938 22412
zhì_5.11　　古文銩 廣韻 直一切 集韻 正韻 直質切抸
音秩 說文 縫也 玉篇 納也。索也。古作銩 急就篇註 納
刺謂之紩 图 集韻 敕栗切音抶。義同。瑩又袟25023

絧
43939 22413
cí_5.11　　廣韻 疾資切 集韻 才資切抸音茨 博雅 補
也 图 廣韻 似茲切 集韻 詳茲切抸音詞。義同。

絾
43940 22414
qī_5.11　　集韻 此禮切音泚。縷或从此作絾。帛文也。

紫
43941 22415
zǐ_5.11　　廣韻 將此切 集韻 蔣氏切抸音呰 說文 帛
青赤色 釋名 紫，疵也，非正色。五色之疵瑕，以惑人者
也 論語 紅紫不以爲褻服 邢昺疏 紫，北方閒色 又 惡紫
之奪朱也 何晏註 紫，閒色之好者 图水名 史記·司馬相
如傳 紫淵在其北 註 文穎曰：西河穀羅縣有紫澤，其水
紫色 图姓 廣韻 出何氏姓苑 图 同訾 荀子·非十二子篇
紫然洞然 註 紫，與訾同。柔弱之貌。

紬
43942 22416
chóu_5.11　　廣韻 直由切 集韻 韻會 陳留切抸音儔 說
文 大絲繒也 急就篇註 抽引麤繭緒，紡而織之曰紬。
图chōu 集韻 丑鳩切音抽 釋名 紬，抽也。抽引絲端出
細緒也 图謂之經 史記·歷書 紬績日分 註 紬績者，如女
工紬緝之 图 史記·太史公自序 紬史記金匱石室之書 註
紬，謂綴集之也 图 前漢·谷永傳 燕見紬繹 註 師古曰紬，
讀曰抽。紬繹者，引其端緒也 图 宋玉·高唐賦 紬大絃而

雅聲流 註 紬,引也 又 zhòu 集韻 直祐切音宙 博雅 業也 類篇 繡或作紬 又 xiù 集韻 似救切音岫 類篇 緒也。 鍫 又 紬44020繡45095紬44264

紙 mín_5.11 ◆ 集韻 眉貧切音民。罠或从糸作紙。釣也。又 兔𦋁罦。

紭 hóng_5.11 廣韻 戶萌切 集韻 乎萌切𠀤音宏 說文 紘或从弘作竑 廣韻 紭網 前漢 揚雄傳 遙噱虖紭中 註 師古曰紭,古紘字 又 博雅 紭,係也。 鍫 五音集韻 絋44379,網綱。

紮 zā_5.11 廣韻 集韻 韻會 正韻 𠀤側八切音札。纏弓弭也。 類篇 纏束也。 鍫 又 紤43902紮43929

疎 shū_5.11 廣韻 所葅切 集韻 山於切𠀤音疏 玉篇 亦疏字。廣韻 繼入也 又 qù 廣韻 羌舉切, 音麩 類篇 條陳也 又 集韻 所據切音揀。義同疏。 鍫 又 綻44243

累 léi_5.11 廣韻 力追切 集韻 倫追切𠀤音樏 玉篇 同纍 孟子 係累其子弟 趙註 係累猶縛結也 戰國策 係累吾民 註 累、縲同 又 禮·月令 乃合累牛騰馬,遊牝于牧 註 累、騰皆乘匹之名 集韻 纝,或作累。求于牛△ 廣韻 力委切,音蘂。又 集韻 魯水切,音壘。又 集韻 正韻 魯猥切,並音磊 類篇 索44089,或作累 又 lèi 廣韻 良偽切 集韻 力偽切,𠀤纍去聲。緣坐也 書·旅獒 終累大德 左傳·隱十三年 相時而動,無累後人 公羊傳·桓二年 及者何,累也 又 luǒ 力果切音倮 禮·曲禮 爲大夫累之 註 累,倮也 又 liè 集韻 力涉切音獵。地名。鉅鹿下曲陽縣西南有肥累城。 鍫 又 縲35738罍35757喋07073 又 字彙補 厽05087,音義與累同。

細 xì_5.11 廣韻 蘇計切 集韻 正韻 思計切𠀤音壻 說文 作細。微也 類篇 隸作細 玉篇 小也 書·旅獒 不矜細行 註 輕忽小物 左傳·襄二十九年 其細已甚 註 譏其煩碎 又 北史·源思禮傳 何必大子細也。 鍫 又 細44033細43889

紱 fú_5.11 廣韻 集韻 韻會 𠀤分勿切音弗 博雅 綬也 易·困卦 朱紱方來 莊子·逍遙遊註 便謂足以纓紱其心矣 釋文 紱,或作紼 韻會 韍,通作紱。又作紱。 鍫 又 紼43866紱44037韍43950

紱 fú_5.11 韻補 紱又作紱。

紲 xiè_5.11 廣韻 集韻 韻會 𠀤私列切音薛。◆ 說文 系也。或从枼作緤 玉篇 馬韁也。凡繫縲牛馬皆曰紲。 又 詩·鄘風 蒙彼縐絺,是紲袢也 疏 紲袢者,去熱之名 又 周禮·冬官考工記·弓人 恆角而達,辟如終紲,非弓之利也 註 紲,弓韣 前漢·揚雄傳 宣觀夫票禽之紲隃 註 師古曰紲與跇同△ 廣韻 紲亦作綫。俗作靾。 鍫 又 紲43877紲44038緤44375

紳 shēn_5.11 廣韻 失人切 集韻 正韻 升人切𠀤音申 說文 大帶也 禮·內則 冠緌纓端,韠紳搢笏 註 紳,大帶,

所以自紳約也 論語·子張書諸紳 疏 以帶束腰,垂其餘以爲飾,謂之紳 又 博雅 紳,束也。 鍫 又 旃22195綃44034 靷67202 又 正字通 紳,本作紳 又 飁35701,同䌶32299,金文或作𦆕60522,紳束之紳字的古文。

袜 mò_5.11 集韻 莫葛切音末。袜或从糸作絉,所以束衣也 又 wà 集韻 勿發切音韤 類篇 足衣也 後漢·禮儀志 絳袴絉 淮南子·說林訓 鈞之縞也。一端以爲冠,一端以爲絉。冠則戴致之,絉則躡履之。 鍫 又 絉44001

絳 jiǎng_5.11 同堅 釋名 絹,絓也。其絲絓厚而疎也。○按 玉篇 古千、古兩二切。引 成公四年 鄭伯絳卒 公羊傳 鄭伯堅。疏云 左氏作堅字 穀梁作賢字。今定本亦作堅字 類篇 絳音堅。亦作絚。絳卽絚字也。

綍 bō_5.11 廣韻 博禾切 集韻 逋禾切𠀤音波 說文 條屬 又 集韻 匹麾切音帔 玉篇 水綍錦文也 又 bì 集韻 平義切音被 類篇 裝束貌。

絺 chè_5.11 集韻 充夜切音趠。以繩維持也。 鍫 又 紤44002

紵 zhù_5.11 古文 緒 廣韻 直呂切 集韻 韻會 丈呂切𠀤音宁◆ 說文 檾屬。細者爲絟,粗者爲紵,織紵爲布,及疏之屬也 書·禹貢 厥貢漆枲絺紵 詩·陳風 可以漚紵 陸璣疏 紵,亦麻也 周禮·天官·典枲 掌布緦縷紵之麻草之物 註 白而細疏曰紵 左傳·襄二十九年 子產獻紵衣焉 註 鄭地貴紵 史記·司馬相如傳 揄紵縞 註 紵,織紵也 又 集韻 展呂切音貯。義同。 鍫 又 繻45165绛43911緒45001緒45151紵44140

絉 qǔ_5.11 集韻 口舉切,音麩 類篇 緒也 又 qū 玉篇 去魚切。繼也,束也 又 與蛆通 荀子·王制篇 東海則有紫絉魚鹽焉◆註 絉,當爲蛆也。

緐 fán_5.11 玉篇 同緐 說文 緐或从辵作緐。辵,籀文弁。 鍫 又 緐44461

絾 ē_5.11 集韻 於何切音阿 類篇 綱或省作絾 博雅 絾,縞練也。

組 zhàn_5.11 廣韻 集韻 𠀤同綻。

絆 zuó_5.11 廣韻 集韻 𠀤同結 又 zhà 集韻 仕下切音柞 類篇 繒紐貌。

綸 líng_5.11 廣韻 集韻 𠀤郎丁切音靈 玉篇 紳絲綟 廣韻 紳絲一百升。又絮名 類篇 綟絮。一曰絲細涷爲綟,布細涷爲綟。 鍫 又 綟44966緐44406

紸 zhù_5.11 篇海 之戍切音注 荀子·禮論 紸纊聽息之時 註 紸,讀曰注。

紹 shào_5.11 古文 𦃔 廣韻 集韻 韻會 𠀤市沼切音佋 說文 繼也。一曰紹,緊紏也 書·盤庚 紹復先王之大業 詩·大雅 弗念厥紹 禮·樂記 韶,繼也 註 舜樂名也。言舜能繼

紹堯之德囡禮·聘儀介紹而傳命。又士爲紹擯疏謂繼續承擯戰國策請爲紹介囡相佐助也囡姓廣韻出姓苑囡chāo集韻蚩招切音弨。緩也。引詩匪紹匪游。鄭康成讀。鎣又绍44026絫44228斝15330絡。

紺 gàn_5.11
廣韻集韻韻會正韻丛古暗切音贛說文帛深青揚赤色博雅蒼青也釋名紺，含也，青而含赤色也論語君子不以紺緅飾何晏註紺，齊服盛色邢昺疏紺，元色。鎣又绀44039

紻 yǎng_5.11
廣韻於兩切集韻倚兩切丛音鞅說文纓卷也囡集韻於良切音央類篇纓謂之紻。

紼 fú_5.11
廣韻集韻韻會丛分勿切音弗◆說文亂系也囡爾雅·釋水紼，絏也詩·小雅紼纚維之傳紼，絏也囡禮·曲禮助葬必執紼註引棺索也釋名從前引之曰紼。紼，發也，發車使前囡與紱通前漢·丙吉傳上將使人加紼而封之註師古曰紼，繫印之組也囡與芾通白虎通紼者，蔽也，行以蔽前。天子朱紼，諸侯赤紼詩云朱紼斯皇。又云赤紼在股○按詩朱紼、赤紼皆作芾也囡fèi集韻芳未切音費類篇繀也△玉篇或从芾作綍，亦作縛。鎣又绋44028縈43986囡字彙韍67642，又與紼同。引棺繩也。

絨 yuè_5.11
廣韻集韻韻會丛王伐切音越◆說文采彰也。一曰車馬飾玉篇綵總也急就篇絨，織綵爲之，卽之之織成也。黃氏曰紆布類篇細布也。

紽 tuó_5.11
廣韻徒何切集韻韻會正韻唐何切丛音駝類篇絲數也詩·召南素絲五紽傳紽，數也疏此言紽數，下言總數，謂紽、總之數有五，非訓紽、總爲數也。

紾 zhěn_5.11
廣韻章忍切集韻正韻止忍切音軫說文轉也淮南子·精神訓千變萬紾囡戾也孟子是猶或紾其兄之臂囡tiǎn正韻徒典切音殄。義同囡廣韻紾，或作縝，單衣也囡shàn集韻上演切音善周禮·冬官考工記·弓人老牛之角紾而昔註紾讀爲抮縳之抮疏紾，謂理麤錯然，不潤澤也囡zhǎn廣韻知演切集韻知輦切丛音展。轉紾也囡集韻丈善切音趁。義同囡tiǎn集韻他典切音腆類篇垂絕貌囡jǐn集韻頸忍切音緊。緊或作紾。纏絲急也。鎣又紾43995

給 dài_5.11
廣韻徒亥切集韻韻會蕩亥切丛音殆◆說文絲勞卽給囡玉篇疑也，欺也穀梁傳·僖元年惡公子之給註欺也史記·高祖紀乃給爲謁曰註詐也列子·周穆王篇予昔給若囡博雅繩也，緩也。鎣又绐44023總44547

絀 chù_5.11
廣韻集韻丛竹律切音怵◆說文縫也玉篇紩也史記·趙世家却冠秫絀註徐廣曰戰國策作秫縫。絀亦縫紩之別名。古字多假借，故作秫絀耳。此蓋言其女工箴縫之麤拙也囡荀子·非相篇緩急嬴絀註猶言屈伸也囡集韻敕律切音黜。義同囡同黜禮·王制不孝

者，君紬以爵註紬，退也。鎣又绌44027

絁 shī_5.11
廣韻商支切集韻韻會式支切丛音施說文徐註纚，今俗別作絁，非是唐書·食貨志丁歲，輸綾絁二丈囡廣韻叱支切音眵。義同。鎣又綢45085繐45224纚45243縗44546绝43997

終 zhōng_5.11
古文夅冬廣韻職戎切集韻韻會之戎切丛音螽。說文絿絲也囡玉篇極也，窮也集韻一曰盡也易繫辭易之爲書也，原始要終書·仲虺之誥慎厥終，惟其始詩·大雅高朗令終囡禮·檀弓君子曰終，小人曰死囡左傳·文元年先王之正，時也。履端于始，舉正于中，歸餘于終疏歸其餘，分置于終末。言於終末乃置閏也囡左傳·襄九年十二年矣，是謂一終，一星終也囡爾雅·釋天月在壬曰終囡前漢·刑法志地方一里爲井，井十爲通，通十爲成，成方十里，成十爲終囡姓左傳·定四年殷民七族，有終葵氏史記·秦本紀秦之先爲嬴姓，其後分封，以國爲姓，有終黎氏前漢·終軍傳終軍，字子雲，濟南人也。鎣又宨00237歪35269终44031�缪48225篢16489縡44828夅23007夅22863囡字彙補墓36777同夅。

絃 xián_5.11
廣韻正韻胡田切集韻韻會胡千切丛音賢五經文字琴瑟弦亦用弦字作絃者，非○按經典弦通作絃禮·樂記清廟之瑟，朱絃而疏越論語聞絃歌之聲囡xuàn廣韻許縣切集韻翾縣切正韻翾眩切丛音絢博雅繩索也。今人以爲呼煙切，失之矣。凡弓弩琴瑟弦，皆从弓。鎣又丝15324

組 zǔ_5.11
廣韻則古切集韻總古切正韻總五切丛音祖◆說文綬屬。其小者以爲冕纓書·禹貢厥篚玄纁職組傳組，綬類周禮·天官·典絲凡祭祀，共黼畫組就之物疏組就者，謂以組爲冕旒之就囡詩·邶風執轡如組註組，織組也囡詩·鄘風素絲組之箋素絲者，以爲緌，以縫紩旌旗之旒紞，或以維持之囡儀禮·士喪禮著組繫註組繫，可爲結也囡儀禮·士喪禮瑱用組註用組，組束髮也囡禮·內則織紝組紃疏組紃，俱爲絛。薄闊爲組，似繩者爲紃囡左傳·襄三年使鄧廖帥組甲三百註組甲，漆�’�成組文疏組甲，以組綴甲，車士服之。囡qū集韻千余切音疽。邑名。在海中。鎣又组44035

絅 jiōng_5.11
廣韻古熒切集韻正韻涓熒切丛音扃說文急引也囡集韻欽熒切音坰。義同囡jiǒng集韻戶茗切音迥韻會犬迥切音裵。禪衣也禮·玉藻禪爲絅註有衣裳而無裏囡中庸衣錦尚絅釋文絅，本又作颎詩作褧囡集韻口定切音烓。義同。鎣又纲44019絅15068絅44288絅44216纇51820

絆 bàn_5.11
廣韻集韻韻會正韻丛博漫切，音半◆說文馬繫也玉篇羈絆也增韻繫足曰絆，絡首曰羈前漢·班固敍傳今吾子已貫仁義之羈絆囡韻補叶彼卷切揚雄·交州牧箴爰自開闢，不羈不絆。周公攝祚，白雉

是獻△廣韻絆，同鞶。鎏又擵20691鈡63365絆44029

絇 43980 22454
qú_5.11 廣韻其俱切集韻韻會正韻權俱切丛音劬說文纑繩絇也玉篇履頭飾也周禮·天官·屨人註爲屨有絇有繶有純者，飾也儀禮·士冠禮青絇繶純註絇之言拘也。以爲行戒，狀如刀衣，鼻在屨頭爾雅·釋器絇謂之救註救絲以爲絇。或曰亦冒名也図廣韻九遇切集韻俱遇切丛音屨。義同。鎏又屙13052屚13154綹44293

絈 43981 22455
mò_5.11 集韻莫白切音陌玉篇紛絈類篇麗帛謂之帴帕。或作絈。

絋 43982 22456
shù_5.11 玉篇食聿切。繩也。

絊 43983 22457
yào_5.11 玉篇於孝切。亦作袎。

結 43984 22458
jié_5.11 集韻攻乎切音孤。結縷，草名。鎏楊寶忠：俗結44047

絍 43985 22459
wǎn_5.11 集韻委遠切音宛類篇綩44314，或省作絍 図yuān集韻於袁切音鴛類篇繕絍，亂也。

縧 43986 22460
fú_5.11 集韻緋43968或書作縧。

絛 43987 22461
táo_5.11 字彙補與陶65686同。鎏字彙補絇，古文綯44327字△宏按，絇或同綯。

絣 43988 22462
zuì_5.11 篇韻音最。鮮潔也。

綰 43989 22463
guān_5.11 字彙補姑還切音關〇按正字通綸字註：綸巾，俗作綰。楊升菴曰：綸巾，世誤作綰。未知孰是，存考。

納 43990 22464
liè_5.11 篇韻音丙。又音列。結也。

絚 43991 22465
gěng_5.11 字彙補姑等切，音耿◇〇按卽絚字之譌。

紓 43992 22466
shū_5.11 字彙補紓字之譌。

絽 43993 22467
jì_5.11 字彙補音義與紀同〇按卽紀字之譌。

縐 43994 22468
zhòu_5.11 字彙補與綯同。衣不申也。亦縠子名。

絲 43995 44972
zhěn_5.11 篇海類編同紗。

縖 43996 44974
shē_5.11 篇韻音奢。又音陁。

绝 43997 u2B11F
shī_5.11 簡絁43974

纼 43998 u2B11E
fóu_5.11 簡紑44021

紭 43999 u2B0E1
rib_5.11 壯聚攏。紭杖：把柴火聚攏來。

絇 44000 u2B0E0
páo_5.11 同袍54170見字海

绤 44002 u26208
chè_5.11 簡綕43956

綩 44001 u2B0DF
wà_5.11 俗綩43953朝鮮本龍龕綩，望發切。足衣也。

紘 44006 u25FE2
null_5.11 未詳。

紕 44004 u25FE4
khâu_5.11 喃从縫省丘khâu聲△紕紃：縫合。

紵 44003 u25FE5
sợi_5.11 喃从維省仕sĩ聲。絲△紵織：棉紗。紵釐：毛髮。

紲 44005 u25FE3
chāo_5.11 喃从綯省巧xảo聲△繩紲：纜索。

絽 44007 u25FE1
ní_5.11 綺絽，同旖旎図ní喃从糸尼ni聲。氊。

紮 44009 u25FDF
suǒ_5.11 索43862本字

絺 44008 u25FE0
chǐ 俗絺44172可 洪音義輕絺：丑夷反，細葛也。正作絺也。

縗 44010 u25FDD
dài_5.11 纖度denier的舊譯。

紳 44011 u25FDB
rán_5.11 同絼43848

緋 44013 u25FD9
null 未詳。

絜 44012 u25FDA
qiè_5.11 越諺·卷中·人類·惡類活絜頭：夫存轉嫁。

絑 44014 u25FD8
null_5.11 字見甲骨文

織 44015 u25FD7
zhī_5.11 織44905簡體，曾用於新加坡図chī喃从糸只chǐ聲△紝織：棉線。強織：線軸。又giấy同綷45028紙。

結 44017 u25FD5
juàn_5.11 同絹44171生結，生絹。見望山楚簡

綾 44018 u25FD4
líng_5.11 俗綾44345

綱 44016 u25FD6
null 未詳。

絅 44019 u4339
jiōng_5.11 简絅43978

紬 44020 u4337
chóu_5.11 简紬43942

累 44022 uF94F
lèi_5.11 兼累。

絰 44021 u42D4
fóu_5.11 同紑43830

人名古璽彙編·姓名私璽.2639需絰。

给 44023 u7ED0
dài_5.11 简給43972

绎 44025 u7ECE
yì_5.11 简繹45033

经 44024 u7ECF
jīng_5.11 简經44208

绍 44026 u7ECD
shào_5.11 简紹43965

绌 44027 u7ECC
chù_5.11 简絀43973

绋 44028 u7ECB
fú_5.11 简紼43968

绊 44029 u7ECA
bàn_5.11 简絆43979

绉 44030 u7EC9
zhòu_5.11 简縐44657

织 44032 u7EC7
zhī_5.11 简織44905

终 44031 u7EC8
zhōng_5.11 简終43975

细 44033 u7EC6
xì_5.11 简細43948

绅 44034 u7EC5
shēn_5.11 简紳43952

组 44035 u7EC4
zǔ_5.11 简組43977

练 44036 u7EC3
liàn_5.11 简練44515

绂 44037 u7EC2
fú_5.11 简紱43949

继 44038 u7EC1
xiè_5.11 简紲43951

绀 44039 u7EC0
gàn_5.11 简紺43966

线 44040 u7EBF
xiàn_5.11 简綫44318

经 44041 u7D4D
jīng_5.11 俗經44208

纮 44042 u7D4B
hóng_5.11 同紘43846 名義紘，爲萌切。冠卷，維 図kuàng同纊45141

絭 44044 22470
rèn_6.12 玉篇同紝音壬說文紝43854或从任作絭。鎏又綝44044絥44113

紝 44043 22469
rèn_6.12 集韻如林切

絎 44045 22471
háng_6.12 廣韻下更切，行去聲博雅緣也玉篇縫紩也廣韻刺縫。鎏又絎44156

絏 44046 22472
xiè_6.12 廣韻集韻丛同紲正韻紲或作絏玉篇繫也小爾雅摜而繫之爲絏五經文字絏本从世，緣廟諱偏傍，今經典共準式例變左傳·僖二十六年臣負羈絏註絏，馬輈說文引左傳作絏論語雖在縲絏之中何晏註絏，攣也図◆集韻以制切音曳。絏亦作絏。

結 44047 22473
jié_6.12 廣韻正韻古屑切集韻韻會吉屑切丛音拮說文締也易繫辭上古結繩而治詩·檜風我心蘊結

兮。又 曹風 心如結兮 疏 如物之裹結 禮·曲禮 德車結旌 註 結，謂收斂之也 疏 結，纏其旒著於竿也 前漢·五行 志 衣有襘，帶有結 註 結，締結之結也 図 博雅 曲也。図 玉篇 要也 図xì 集韻 胡計切音系 前漢·張釋之傳 跪 而結之 註 師古曰結，讀曰係 図 集韻 激質切音吉。義同 図jí 集韻 吉詣切音計 前漢·陸賈傳 尉佗魋結箕踞 註 師古曰結，讀曰髻。鎣 又 絑43871 结44160 紒43832 膌47242 図 結43984 纅，結纅之譌。

絑 44048 22474
zhōu_6.12 玉篇 音舟。綿也。

絑 44049 22475
zhū_6.12 廣韻 章俱切 集韻 鍾輸切丛音朱。說文 純 赤也。引 虞書 丹朱如此〇按 薛季宣 書古文訓 丹朱作 丹絑 図 類篇 一曰赤色繒 図 集韻 追輸切音株。義同。

絅 44050 22476
chóu_6.12 玉篇 音酬。紈也。

緯 44051 22477
yù_6.12 廣韻 餘律切 集韻 允律切丛音聿 玉篇 長 貌。鎣 篇海 類編 緯，長衣貌 図 甲骨文有聿字，同。

絓 44052 22478
kuā_6.12 廣韻 苦緺切 集韻 空緺切丛音咼。說文 繭 滓絓頭也。一曰以囊絮練也 急就篇 註 紬之尤麤者曰絓，繭滓所抽也 図 集韻 公懷切音乖。義同 図 廣韻 集韻 韻 會 丛古畫△guà 正韻 古畫切音卦 玉篇 止也，有行礙也 廣韻 絓結 左傳·桓三年 驂絓而止 疏 驂馬在衡外，挽靷 每絓於木，曲頸不當衡故也。又 成二年 驂絓于木而止 註 驂馬絓也 図 前漢·班固敘傳 不絓聖人之罔 註 師古 曰絓，讀與挂同 図 楚辭·涉江 心結絓而不解 註 絓，懸 也。鎣 又 可洪音義 紺44306拎：上音卦，悮。動絓：戶 卦反。

絈 44053 22479
bǎi_6.12 玉篇 音百。補也。

絇 44054 22480
xiǎng_6.12 篇海 許兩切音享。綿也。

絚 44055 22481
jiān_6.12 集韻 經天切音堅 類篇 經或作絚，緊也。 〇按與緄43954同。

絕 44056 22482
jué_6.12 古文 𢇍𢇍 廣韻 集韻 情雪切 韻會 徂雪切 ◇ 說文 斷絲也。从糸从刀从卩。𢇍，古文絕。象不連體 絕二絲 廣韻 絶，作絶，非 博雅 斷也 玉篇 滅也 書·甘誓 天用勦絕其命 図 詩·小雅 終踰絕險 箋 踰度陷絕之險 図 禮·月令 振乏絕 疏 不續曰絕 図 周禮·春官·大祝 辨 九祭，七曰絕祭 註 絕肺以祭，謂之絕祭 図 爾雅·釋水 正 絕流曰亂 註 直橫流也 史記·天官書 絕漢抵營室 註 索 隱曰：絕，度也 荀子·勸學篇 假舟楫者，非能水也，而 絕江河 註 絕，過也 図 屈原·離騷 萎絕其何傷兮 註 絕， 落也 図 集韻 租悅切，音蕝。義同 図 韻補 叶此芮切 司 馬相如 哀二世賦 以絕叶勢。鎣 又 絕44164 勞03743 勞04141 豐15340 擪20698 肇20699 绝44150

緌 44057 22483
zhuì_6.12 類篇 持僞切，音墜 ◇ 縋或从耒作緌。

絖 kuàng_6.12 集韻 苦謗切音曠 說文 纊或从光作絖 禮·雜記 註 絖爲纊 釋文 絖，又作纊 莊子·逍遙遊 世世以

洴澼絖爲事 音義 絮細者謂之絖 図 玉篇 絖，八十縷也。

絡 44059 22485
míng_6.12 集韻 忙經切音冥。細絲也 類篇 絲也。

絗 44060 22486
hú_6.12 集韻 胡骨切音搰 類篇 纑縈也。

紩 44061 22487
cì_6.12 廣韻 集韻 丛七四切音次 ◆ 說文 績所緝也 周禮·地官·廛人 掌斂市絘布 註 絘布，列肆之稅布 図 集 韻 津私切音咨。疾二切音自。義丛同。鎣 正字通 絘， 紫本字。俗省作絘43823

絘 44062 22488
zì_6.12 集韻 資四切音恣。理絲也。

絪 44063 22489
ěr_6.12 廣韻 而止切 集韻 韻會 正韻 忍止切丛音 耳 玉篇 髻盛貌 集韻 通作耳。鎣 又 纵44145

絙 44064 22490
huán_6.12 廣韻 集韻 韻會 丛胡官切音桓 ◆ 說文 緩 也〇按 說文 作絙，从亘。亘隸變作亘，須緣切。緪从恆， 恆从舟，隸省舟作月。故書恆爲恆，㲂亦爲亘。緪或省 从亘。亘，居鄧切。絙與緪gēng字體音義各別。今俗緪 皆作絙，非。鎣 又 纮44117

絚 44065 22491
gēng_6.12 廣韻 古恒切 集韻 居曾切 正韻 居登切丛 音桓。絙或省作絚〇按俗譌作緪。詳上絙註 図gèng古 鄧切音亘 楚辭·九歌 絚瑟兮交鼓 註 絚，急張絃也。一 作絙。又 招魂 姱容修態，絚洞房些 註 絚，竟也。一作 緪 図 後漢·班固傳 北彌明光而絚長樂〇按絚 文選 作 亘。善註：亘與絚古字通。

絛 44066 22492
tāo_6.12 廣韻 土刀切 集韻 正韻 他刀切丛音韜 ◆ 說 文 扁緒也 玉篇 纓飾也 廣韻 編絲繩也 急就篇 註 絛， 一名偏諸，織絲纅爲之，所以懸係承塵戶幦，因爲飾也 禮·內則 疏 組紃俱爲絛 図 與絛通 周禮·春官·巾車 革路 龍勒，絛纓五就 註 革路，鞔之以革也。絛讀爲絛。其樊 及纓，皆以絛絲飾之△ 類篇 絛，或从舀作縚。 鎣 又 絛44166 幍15057 鞱67462 縧44278 儵01874 縚44752 縧44773

絖 44067 22493
huāng_6.12 廣韻 集韻 丛呼光切音荒 說文 絲曼延 也 図 集韻 謨郎切音䒧。義同。鎣 又 纊44675 統44142

絈 44068 22494
mí_6.12 集韻 忙皮切音麋 說文 縻，或从多作絈。 図yì 廣韻 羊至切音肆 博雅 重也 図 集韻 以豉切音易。 弛或作絈，重次第物也 図 集韻 弋睡切音諉。垂也。

絜 44069 22495
jié_6.12 廣韻 正韻 古屑切 集韻 韻會 吉屑切丛音 結 說文 麻一耑也 図 博雅 靜也 玉篇 清也 廣韻 經典潔 用絜 易·說卦 齊也者，言萬物之絜齊也〇按絜 朱子本 義 作潔 詩·小雅 絜爾牛羊 禮經解 絜靜精微易教也 左 傳·桓六年 絜粢豐盛 図xié 廣韻 正韻 胡結切 集韻 韻會 奚結切丛音襭 禮·大學 是以君子有絜矩之道也 註 絜， 猶結也，挈也 朱子章句 絜，度也 莊子·人間世 見櫟社 樹，其大蔽牛，絜之百圍 音義 絜，約束也 図 ◆ 爾雅·釋 水 絜，九河之一 註 水多約絜也 図 集韻 顯結切音肸。 義同。又qì 集韻 詰計切音契。提也 図jiá 集韻 訖黠切音 戛。絜或作絜，獨也。

絝 44070 22496 kù_6.12 廣韻集韻正韻𠀤苦故切音庫說文脛衣也史記·趙世家夫人置兒絝中。又司馬相如傳絝白虎註絝，古袴字前漢·景十三王傳短衣，大絝，長劍後漢·廉范傳平生無襦，今五絝淮南子·原道訓短綣不絝集韻或作袴又玉篇古文絢字。鑾又袴54098褲54387褌54636𩊚67241绔44159絝43987

絞 44071 22497 jiǎo_6.12 廣韻正韻古巧切集韻吉巧切𠀤音狡說文縊也玉篇繞也廣韻縛也左傳·哀三年若其有罪，絞縊以戮註絞，所以縊人物又論語直而無禮則絞何晏註絞，絞刺也疏絞，刺人之非也又國名左傳·桓十一年鄭人軍于蒲騷，將與隨、絞、州、蓼伐楚師註絞，國名又姓廣韻出何氏姓苑又xiáo集韻韻會𠀤何交切音爻禮·玉藻絞衣以裼之註絞，蒼黃之色也又禮·喪大記小斂布絞註絞，既斂所用束堅之者也釋名已衣所以束之曰絞。絞，交也，交結之也又jiào集韻居效切音教。繒黑黃色。鑾又绞44149紋43858又正字通紋43859同絞。

絟 44072 22498 quán_6.12 廣韻此緣切正韻且緣切𠀤音銓說文細布玉篇葛也又廣韻七絕切集韻促絕切，並銓入聲。義同。

絠 44073 22499 gǎi_6.12 廣韻古亥切集韻己亥切𠀤音改◆說文彈彄也廣韻解繩類篇一曰冠卷。

絤 44074 22500 nì_6.12 廣韻宜戟切集韻仡戟切𠀤音逆。綬維也類篇縌，或省文作絤。

綌 44075 22501 xì_6.12 五經文字綌作綌。譌。

絡 44076 22502 luò_6.12 廣韻盧各切集韻正韻歷各切𠀤音洛說文絮也。一曰麻未漚也急就篇註絡即今之生纑也。一曰今之綿紬是也又史記·扁鵲傳中經維絡註十二經脈，十五絡脈又前漢·揚雄傳緜絡天地註謂包絡之也又楚辭·招魂鄭綿絡些註絡，縛也又班固·西都賦籠山絡野註絡，繞也又班固·東都賦衍地絡註絡，網也又揚子方言繘或謂之絡又揚子方言絡謂之格註所以轉籰絡車也△廣韻又姓又集韻克各切音恪。義同。鑾又络44151𦆕44644𦆕44645

絢 44077 22503 xuàn_6.12 廣韻許縣切集韻翾縣切正韻翾眩切𠀤音眴儀禮·聘禮問諸侯，朱綠繅八寸，皆玄纁繫，長尺絢組註采成文曰絢繫，無事則以繫玉，因以爲飾論語素以爲絢兮何晏註絢，文貌又顏延之·赭白馬賦絢練夐絕註疾貌又集韻熒絹切音炫。義同又xún集韻松倫切音旬類篇紃43782，或作絢。鑾又約43845绚44153𦃛44698

𦁣 44078 22504 yì_6.12 集韻翼46252，或作𦁣。鑾又𫄢44144

絣 44079 22505 bēng_6.12 廣韻北萌切集韻悲萌切，𠀤音崩說文作絣，氐人殊縷布也玉篇無文綺也戰國策妻自組甲絣註絣，綿也又後漢·班固傳將絣萬嗣註絣，續也又集韻普幸切音頩。義同又正韻補耕切音伻。義同又廣韻振繩墨也。亦作㔙又bīng集韻卑盈切音幷。義同。又běng集韻必幸切音絣。急絚也又同弁周禮·春官·司服凡弔事，弁絰服註故書弁作絣。鄭司農絣讀爲弁又集韻披庚切音磅。骿或从糸，張絃也。鑾又絣44325又龍龕𨘢61270，伯萌反。與絣同，振繩墨也。一曰無文綺也。

絤 44080 22506 xiàn_6.12 集韻線，亦作絤周禮·冬官考工記察其線註線讀爲絤，謂縫革之縷。

絥 44081 22507 bèi_6.12 廣韻集韻𠀤平祕切音備◆說文車絥也。或从艸作茯，或从革葡作鞴又fú廣韻集韻𠀤房六切音伏。同鞁、鞴，車具。鑾又鞴67439鞁67627𫄟44115

給 44082 22508 jí_6.12 廣韻正韻居立切集韻韻會訖立切𠀤音急說文相足也玉篇供也，備也左傳·僖十三年敢不共給前漢·禮樂志日不暇給註給，足也又jié集韻極業切，音跲。敏言也禮·仲尼燕居恭而不中禮謂之給註謂捷給論語禦人以口給何晏註佞人口辭捷給又集韻於業切。義同又xiá集韻轄夾切音洽。歲在未曰汁給。通作洽。鑾又庴15445给44154

絧 44083 22509 tóng_6.12 廣韻正韻徒紅切集韻韻會徒東切𠀤音同。布名又dòng廣韻集韻韻會正韻𠀤徒弄切音洞前漢·揚雄傳鴻絧緁獵註鴻絧，直馳貌文選李善註鴻絧，相連貌又tōng集韻類篇𠀤他東切音通。緩而直通貌。鑾又𫄤44116

䋛 44084 22510 mǐ_6.12 玉篇廣韻正韻莫禮切集韻類篇韻會母禮切𠀤音米說文繡文如聚細米也。鑾又黺43727

絨 44085 22511 róng_6.12 廣韻如融切集韻而融切正韻而中切𠀤音戎玉篇細布也廣韻同狨。鑾又绒44161

䋢 44086 22512 zhì_6.12 集韻同織說文樂浪挈令，織从式註臣鉉等曰：挈令，蓋律令之書也類篇織或作䋢玉篇古文織字又集韻職吏切音志。義同又shì廣韻賞職切集韻設職切𠀤音識揚子方言趙、魏閒呼經而未緯者曰機䋢。

絩 44087 22513 tiào_6.12 廣韻集韻𠀤他弔切音糶◆說文綺絲之數也漢律曰綺絲數謂之絩，布謂之總，綬組謂之首又集韻韻會正韻𠀤直紹切音肇。義同又tiǎo集韻徒了切音窕類篇繒長貌又dào集韻杜皓切音道類篇五色縷。

絪 44088 22514 yīn_6.12 廣韻於眞切集韻韻會正韻伊眞切𠀤音因玉篇絪縕，元氣也易繫辭天地絪縕，萬物化醇釋文絪縕，本亦作氤氳又前漢·霍光傳加畫繡絪註如淳曰：絪，亦茵也又廣韻絪縕，麻枲。鑾又正字通緸44523，同絪抱朴子絪縕作緸縕。舊註音因。緸冤，搖動貌。誤分爲二。

絫 44089 22515 lěi_6.12 廣韻力委切，音纍。又集韻魯水切，音

纍說文增也。十黍之重也前漢·律歷志權輕重者，不失黍絫註應劭曰：十黍爲絫，十絫爲銖。又吳王濞傳脅肩絫足註師古曰絫，古累字又集韻盧戈切音螺。義同又léi集韻倫追切音櫐。與纍同。鑾又厽05070

絜 xiè_6.12 廣韻私列切音薛◆說文論語曰：絜裘長，短右袂○按今本論語作褻又玉篇堅也。

派 pài_6.12 廣韻匹卦切集韻普卦切，並音派說文散絲也廣韻未緝麻也又bài集韻卜卦切，音庍。義同。

絭 juàn_6.12 廣韻去願切集韻韻會區願切夶音券。說文攘臂繩也博雅絭謂之纕廣韻連弩三十，絭共一臂又廣韻居倦切集韻古倦切夶音眷。義同又廣韻俱願切集韻居願切夶音勬。義同又廣韻居玉切集韻拘玉切夶音捐。義同又集韻驅圓切音圈。義同。
鑾又絭62664

絮 xù_6.12 廣韻息御切集韻正韻息據切夶音楈說文敝緜也釋名絮，胥也。胥久能解落也急就篇註漬繭擘之，精者曰緜，粗者曰絮。今則謂新者爲緜，故者曰絮前漢·文帝紀九十以上賜帛，人二疋，絮三斤註師古曰絮，綿也又史記·綘侯世家太后以冒絮提文帝註應劭曰：陌額絮也。晉灼曰：巴蜀異物志謂頭上巾爲冒絮又chù廣韻抽據切集韻楮御切韻會摛據切夶音絮禮·曲禮毋絮羮註絮，猶調也釋文謂加以鹽梅也。又nà廣韻乃亞切音呐△集韻企夜切音歌。絲夆也。又nǔ廣韻集韻夶尼據切，女去聲。姓也前漢·張敞傳敞使賊捕掾絮舜有所案驗又rú集韻韻會夶人余切音如。姓也又集韻女加切音笯。義同。

絯 gāi_6.12 廣韻古哀切集韻韻會正韻柯開切夶音該博雅束也玉篇挂也，中約也莊子·天地篇方且爲物絯又hài廣韻侯楷切集韻下楷切夶音駭。大絲也。又挂也又集韻下改切音亥。義同。

絰 dié_6.12 廣韻集韻韻會徒結切正韻杜結切夶音耋說文喪首戴也儀禮·喪服苴絰註麻在首、在要，皆曰絰。首絰象緇布冠之缺項，要絰象大帶禮·檀弓絰也者，實也註所以表哀戚又周禮·春官·司服凡弔事，弁絰服註弁絰者，如爵弁而素，加環絰又左傳·莊十九年葬于絰皇註絰皇，冢前闕。鑾又絰44157字彙臶，同絰。

綐 duǒ_6.12 廣韻丁果切集韻都果切夶音朵玉篇冕前垂也篇海亦作綐。

統 tǒng_6.12 廣韻集韻正韻夶他綜切音熜說文紀也釋名統，緒也，主緒人世，類相繼如統緒也書·微子之命統承先王，修其禮物傳與時王丛通三統疏天有三統，土有三王。三王者，所以統天下也公羊傳·隱元年大一統也註統者，始也。總繫之辭又韻會吐孔切正韻他總切夶音桶。義同又易·乾卦乃統天釋文統，本也。

又書·周官冢宰掌邦治，統百官傳統理百官又周禮·天官·大宰以八統詔王馭萬民註統，所以合率以等物也又齊語班序顚毛，以爲民紀統註統，猶經也又史記·樂書樂統同註統，領也△廣韻又姓又正韻他貢切音痛。義同。鑾又统44148統44185

絲 sī_6.12 廣韻息茲切集韻韻會新茲切夶音思說文蠶所吐也急就篇註抽引精繭出緒曰絲書·禹貢厥貢漆絲詩·召南素絲五紽周禮·天官·大宰嬪婦化治絲枲。又典絲掌絲入而辨其物左傳·隱四年猶治絲而棼之也又周禮·春官·大師皆播之以八音：金石土革絲木匏竹註絲，琴瑟也又禮·緇衣王言如絲疏微細如絲△五經文字絲作絲，譌○按說文絲自爲部，今併入。
鑾又丝00060幺02443

絳 jiàng_6.12 廣韻集韻韻會正韻夶古巷切音降說文大赤也釋名絳，工也。染之難得色，以得色爲工也急就篇註絳，古謂之纁左思·吳都賦綸組紫絳註絳，草也。出臨賀郡，可以染食又地名左傳·莊二十六年士蒍城絳註絳，晉所都也，今平陽絳邑縣又水名史記·魏世家絳水可以灌平陽註絳水，源出絳山。鑾又绛44152絳44109絳44221

綖 duǒ_6.12 篇海同線 | **綀** zhòu_6.12 玉篇同綯。

綗 xì_6.12 廣韻蘇計切集韻思計切夶音壻。隸作細43948

綡 cì_6.12 集韻七四切音次。鬃或作綡。以漆塗器也。

絳 móu_6.12 篇韻音牟。不相和也。

綿 miǎn_6.12 綿字之譌樊宗師·絳守園居記陣綿孤顚趙仁舉箋疑作緜。

綀 zhòu_6.12 綯字之譌○按廣韻綯亦音初教切，惡絹也海篇音義與廣韻同。

緊 qǐ_6.12 字彙補同綮。

絴 xiáng_6.12 篇韻音詳。高也。

綃 jiàng_6.12 字彙補與絳同格古要論綃帖，晉王府藏之。

絉 yì_6.12 篇韻音亦。絡絲也。

綬 gōu_6.12 字彙補居侯切音緱。舒也。鑾楊寶忠：俗緱44510

綐 duǒ_44973 篇海類編與綐同。鑾又绵44100

纴 rèn_6.12 簡紝44043 | **绒** nǒng_6.12 簡繷45029

纵 bèi_6.12 簡紴44081 | **绹** tóng_6.12 簡綯44083

组 huán_6.12 簡組44064 | **绐** null_6.12 喃未詳。

绹 44119 u2B0E3
null_6.12　未詳。

絉 44120 u2B0E2
null_6.12　未詳。

绛 44121 u26209
yùn_6.12　[簡]繟44521

刻 44122 u26011
trói_6.12　[喃]同繧45159

絰 44123 u26010
chǎng_6.12　[喃]从縛省庄chǎng聲。同繧44424△絰
絑：栓綁，局限。絰折：攀纏。塘絰折：道路縱橫交錯。

緻 44124 u2600F
shōu_6.12　[字海]同收　[图]thùa[喃]从編省收thu聲。與
緓44960同。

紕 44125 u2600E
riết_6.12　[喃]从縛省列liệt聲。捆綁△紕吏：緊縛。
[图]rịt紕俹：粘貼。

絢 44127 u2600C
nhợ_6.12　[喃]綀絢：細絲。

絑 44128 u2600B
buông_6.12　[喃]从糸冰bǎng聲。垂放。

練 44129 u2600A
dây_6.12　[喃]从線省夷dì聲△練緄：腰帶。練塨：橡
皮筋[图]giây練辣：瞬間。

統 44130 u26008
xiān_6.12　人名用字

緬 44126 u2600D
rách_6.12　[喃]同褸54904

經 44131 u26007
jīng_6.12　俗經44208

絠 44132 u26006
tāo_6.12　俗絠44407

絆 44133 u26005
niền_6.12　[喃]从結省年聲△髻絆：箍緊。

緗 44134 u26004
null_6.12　未詳。

緯 44135 u26003
null_6.12　未詳。

裁 44136 u26002
zhí_6.12　[直音篇]裁，同織44905

綴 44137 u26001
null_6.12　未詳。

案 44138 u26000
ān_6.12　同綏44141

索 44139 u25FFF
suǒ_6.12　俗索43862

紵 44140 u25FFE
zhù_6.12　俗字[可洪音
義]為紵：直与反。正作紵43957又紵木：上直与反。織具
也。正作杼23659又羅紵：知与反。与貯57608同。

綏 44141 u25FFD
ān_6.12　同鞍67258見[包山楚簡]

統 44142 u25FFC
huāng_6.12　同統44067　[玉篇]統，呼光切。絲曼延也。

絔 44143 u25FFB
null_6.12　[古璽彙編·補遺.5575]陽城絔口。上海博
物館藏印[图]日[廣漢和辭典]絔，きぬ。絹。

绁 44144 u433B
yì_6.12　[简]繲44078

绯 44145 u433A
ěr_6.12　[简]缽44063

纲 44146 u42DE
wǎng_6.12　同網44331

绥 44147 u42DD
yīng_6.12　俗纓45203

统 44148 u7EDF
tǒng_6.12　[简]統44097

绞 44149 u7EDE
jiǎo_6.12　[简]絞44071

绝 44150 u7EDD
jué_6.12　[简]絕44056

络 44151 u7EDC
luò_6.12　[简]絡44076

绛 44152 u7EDB
jiàng_6.12　[简]絳44099

绚 44153 u7EDA
xuàn_6.12　[简]絢44077

给 44154 u7ED9
gěi_6.12　[简]給44082

绘 44155 u7ED8
huì_6.12　[简]繪44997

绗 44156 u7ED7
háng_6.12　[简]絎44095

经 44157 u7ED6
dié_6.12　[简]経44095

绕 44158 u7ED5
rào_6.12　[简]繞44922

绔 44159 u7ED4
kù_6.12　[简]絝44070

结 44160 u7ED3
jié_6.12　[简]結44047

绒 44161 u7ED2
róng_6.12　[简]絨44085

绑 44162 u7ED1
bǎng_6.12　[简]綁44184

絷 44163 u7D77
zhí_6.12　[简]繁44798

绝 44164 u7D76
jué_6.12　俗絕44056　[廣韻]絕，情雪切。斷也。作绝，非。

绘 44165 u7D75
huì_6.12　俗繪44997

絛 44166 uFAAF
tāo_6.12　參見絛44066

絸 44167 22538
jiǎn_7.13　[集韻]繭45002古作絸[說文]古文繭从糸見。

犀 44168 22539
xǔ_7.13　[廣韻]況于切[集韻]匈于切丛音訏[玉篇]殷
冠名[五經文字]犀同冔。

緦 44169 22540
jì_7.13　[廣韻][集韻]丛渠記切音忌[博雅]鈒緦，鍼也
[廣韻]連針[類篇]一曰秤緵[鏊]又玄應[衆經音義]諸捉
19714，字亦作緦，渠記反。所以連綴簪記之也。
[图][可洪音義]諸楒24200：音忌，跌也，謂機關轉發處。

繂 44170 22541
zēng_7.13　[廣韻]疾陵切[集韻]慈陵切丛音繒[說文]籀
文繒，从宰省。揚雄以爲漢律祠宗廟丹書告。

絹 44171 22542
juàn_7.13　[廣韻][正韻]吉掾切[集韻][韻會]規掾切丛音
狷•[說文]繒如麥稍[博雅]紮繡鮮支穀繒絹也[釋名]絹，矩也，
其絲矩厚而疏也[廣韻]縑也[图][集韻]古泫切音犬。胃，
或作絹[周禮·秋官·冥氏註]弧張罝罦之屬，所以局絹禽
獸。又[翟氏註]置其所食之物于絹中，鳥來，下則掎其
足[图]xuàn[集韻]熒絹切音炫。射侯綱紐。[鏊]又绢44282
繏44290[图]絬44017，或同絹。

絺 44172 22543
chī_7.13　[廣韻]丑飢切[集韻]抽遲切丛音都[說文]細
葛也[書·益稷]黼黻絺繡[傳]葛之精者曰絺[詩·周南]爲絺
爲綌[疏]煮葛以爲絺綌[禮·曲禮]爲天子削瓜者副之巾以
絺[疏]細葛爲巾[图]地名[左傳·隱十一年註]絺在野王縣
西南[图]姓[姓氏急就篇]周有絺邑。以邑爲氏。晉智伯臣
有絺疵[图]zhǐ[集韻]展几切。蔕或作絺。[鏊]又絺44109
絺44008绤44234

縕 44173 22544
wèn_7.13　[廣韻]亾運切[集韻][韻會][正韻]文運切丛音
問[玉篇]喪服。或作免[儀禮·士喪禮]衆主人免于房[註]今
文免皆作縕[左傳·哀二年]使大子縕[註]縕，始發喪之服
[图]弔所執緋也[公羊傳·昭二十五年]齊侯唁公于野井[註]
弔所執緋曰縕[图]miǎn[集韻]美辨切音免。冕或作縕[史
記·禮書]郊之麻縕[註]縕，亦作冕[荀子·正名篇]乘軒戴冕
[註]縕，與冕同[图]wàn[集韻]無販切音萬。緪，省作縕。
引舟繂[图]mán[廣韻]母官切[集韻]謨官切丛音瞞。連也。
[鏊]又幌14899

綪 44174 22545
zhèn_7.13　[集韻]丈忍切音朕[周禮·地官·封人]凡祭
祀，飾其牛牲，置其綪[註]鄭司農云綪，著牛鼻繩，所以
牽牛者。今時謂之雉，與古者同。鄭康成云綪字當以
豸爲聲[釋文]亦作紖。

紹 44175 22546
lǚ_7.13　[集韻]兩舉切音呂[博雅]絣也[玉篇]紹緊，紩
衣也。

絨 44176 22547
chéng_7.13　[玉篇]市征切。織絨也。

縹 44177 22548
pīng_7.13　[集韻]滂丁切音俜。吳人數絮。

絿 44178 22549
qiú_7.13　[廣韻]巨鳩切[集韻][韻會]渠尤切丛音求[說
文]急也[詩·商頌]不競不絿[傳]絿，急也[图][博雅]求也[廣

韻同軌囜集韻渠幽切，音虯。義同囜禮·王制周人養
國老于東膠釋文膠，或作絿。

絏 yè_7.13　篇海於業切，醃入聲◇臭衣。鎣詳校篇
海淹入聲。

絜 jié_7.13　廣韻居輒切集韻戟葉切夶音鵖。絜纅，
補縫也囜集韻訖業切音劫。義同。鎣又絬44236

絥 shū_7.13　廣韻所葅切集韻山於切夶音蔬說文·新
附字布屬玉篇紡纑絲廣韻絥葛類篇給屬。後漢禰衡
著絥巾○按後漢書禰衡傳作疎巾隋書姚察傳門生送
南布花絥桂海虞衡志絥子出兩江州洞，似苧，織有花，
曰花絥。鎣又絺44245

絙 bǔ_7.13　集韻補54349或作絙。

絑 zhī_7.13　集韻織44905或作絑。

綁 bǎng_7.13　字彙補曠切，榜上聲。古無此字。今俗
作綁笞之字。鎣又絣44162

綂 tǒng_7.13　正字通俗統字。

綃 xiāo_7.13　廣韻相邀切集韻思邀切夶音宵說文生
絲也玉篇素也，緯也急就篇註綃，生白繒，似縑而疎
者。一名鮮支禮·玉藻玄綃衣以爲裼註綃，綺屬也左
思·吳都賦泉室潛織而卷綃註鮫人從水中出，曾寄食
人家，積日賣綃。綃者，竹孚兪也△亦作宵儀禮·士昏
禮姆纚、笄、宵衣，在其右註宵，讀如詩素衣朱綃之
綃○按詩·唐風素衣朱繡，箋云繡當爲綃韻補云當讀
如肖囜shāo集韻所交切音梢後漢·向栩傳著絳綃頭
釋名綃頭，綃，鈔也。鈔髮使上從也囜木華·海賦維
長綃註綃，今之帆綯也。以長木爲之，所以挂帆。
鎣又綃44283綃44540綃44545

統 huán_7.13　廣韻集韻韻會夶胡官切音桓玉篇候風
五兩也囜huǎn廣韻胡管切集韻戶管切夶音緩博雅
纏也囜wàn集韻烏患切。綰或作統。鎣又纗45137

絤 shū_7.13　集韻紓43833或作絤。通作舒。

綅 qīn_7.13　廣韻正韻七林切集韻韻會千尋切夶音
侵◆說文作綅，絲綅詩·魯頌貝胄朱綅傳以朱綅綴之疏
謂以朱綫連綴甲也囜廣韻子心切集韻咨林切音祲。
義同囜xiān廣韻息廉切集韻思廉切音暹。白經黑
緯。同纎。

綆 gěng_7.13　古文綆廣韻集韻韻會正韻夶古杏切音
梗說文汲井綆也揚子方言繘，自關而東，周洛韓魏之
間謂之綆莊子·至樂篇綆短不可汲深玉篇亦作統。
囜bǐng集韻必郢切音餅周禮·冬官考工記·輪人眡其
綆，欲其蚤之正也註綆讀爲餅，輪箄也囜集韻補滿切
音餅。義同。鎣又紙43827紙43991綆44284纆44606

絒 xiǔ_7.13　集韻息酉切音潃玉篇絆前兩足也類篇

綆或從酉作綆。鎣又綯44246

綈 tí_7.13　廣韻杜奚切集韻田黎切夶音題說文厚
繒釋名似蝃蟲之色，綠而澤也急就篇註綈，今謂之平
紬史記·范雎傳取一綈袍以賜之註索隱曰：今之絅也
正義曰：今之麄袍前漢·文帝紀身衣弋綈。鎣又綈44276

綊 pī_7.13　集韻紕43836或作綊囜bǐ集韻邊迷切音
榫博雅幷也。鎣又綊44827

綉 tòu_7.13　集韻他候切音透。吳俗謂綿一片爲綉。
○按正字通引泝原繡俗作綉，非。

綊 xié_7.13　廣韻胡頰切集韻韻會檄頰切夶音協說
文綖綊也玉篇綎也。

綋 hóng_7.13　篇海紘譌作綋。鎣又綋44232

絜 biè_7.13　廣韻方結切集韻必結切夶音彆說文作
繛，扁緒也類篇編繩也。一說弩腰鉤帶，一說御左回
曰絜囜集韻必刃切音儐。義同。鎣又繁44915

綌 xì_7.13　廣韻綺戟切集韻韻會正韻乞逆切夶音
隙說文麤葛。或从巾作帤詩·周南爲絺爲綌傳精曰絺，
麤曰綌禮·曲禮爲國君者，華之巾以綌。鎣又綌44280
綌44075給44270絅44574綌44697繘44986

緫 zǒng_7.13　六書正譌緫，从糸囪聲。俗作捴總總，
夶非○按說文總从恩聲，不从囪聲。囪，楚江切，恩，
倉紅切，从恩乃得聲正譌之說非是。

綍 fú_7.13　廣韻集韻韻會夶分勿切音弗玉篇同紼
周禮·地官·遂人及葬，帥而屬六綍註綍，舉棺索也禮·雜
記使一介老某相執綍又諸侯執綍五百人註綍、引同
耳。廟中曰綍，在途曰引囜禮·緇衣王言如綸，其出如
綍疏漸大出如綍，綍又大於綸囜集韻方未切音沸。
大索也。

綎 tīng_7.13　廣韻他丁切音汀◆說文系綬也廣韻絲綬
帶綎囜廣韻特丁切集韻唐丁切夶音庭。義同△玉篇
亦作綎。鎣又綎67280

綏 suī_7.13　古文夊廣韻息遺切集韻韻會宣佳切夶
音雖◆說文車中把也註徐鍇曰：禮，升車必立執綏，
所以安也儀禮·士昏禮壻御婦車授綏註綏，所以升
車者曲禮僕人之禮，必授人綏囜書·禹貢五百里綏服
傳綏，安也。安服王者之政教詩·周南福履綏之傳安
也囜左傳·文十二年乃皆出戰交綏註古名退軍爲綏
疏司馬法將軍死綏。舊說綏，却也囜荀子·儒效篇綏
綏兮其有文章註安泰之貌。或爲葳蕤之貌囜州名廣
韻春秋時白翟所居，秦并天下爲上郡，後魏廢郡置州，
取綏德縣爲名囜shuāi集韻雙佳切音榱。氀氀，毛長
貌。一曰狐貌。氀，或作綏詩·衞風有狐綏綏傳匹行貌
囜ruí集韻儒佳切音緌。綏，或作綏詩·大雅淑旂綏章

傳大綏也疏綏者，卽交龍旂竿所建禮·王制諸侯殺則下小綏，大夫殺則止佐車註綏當爲緌。緌，有虞氏之旌旗也。又明堂位夏后氏之綏註綏讀爲冠蕤之蕤。又suí集韻思累切音瀡。隋，或作墮。亦作綏。尸所祭肝脊黍稷之屬儀禮·士虞禮不綏祭註事尸之禮，始於綏祭。綏，當爲墮又集韻呼恚切，毀去聲。義同。又tuǒ集韻吐火切音妥禮·曲禮執天子之器則上衡，國君則平衡，大夫則綏之註綏，讀曰妥。妥之謂下於心又國君綏視註視國君彌高。妥視，謂視止於袷。又集韻通回切音推。妥，或作綏，安坐也。

鑒又绥44279緌44303

綎 44203 22574 tīng_7.13 集韻緪44493或作綎又廣韻同綎。

綐 44204 22575 duì_7.13 集韻徒外切，音兌博雅紬也玉篇紬細也管子·立政篇刑餘戮民，不敢服綐。鑒又绕44275

紗 44205 22576 shā_7.13 篇海師加切音沙。小也。亦作紗。

綑 44206 22577 kǔn_7.13 集韻苦本切音捆玉篇同裍類篇織也。

鑒又捆19693

綒 44207 22578 fū_7.13 集韻芳無切音敷類篇麤網也。

經 44208 22579 jīng_7.13 古文𦀇坙唐韻廣韻古靈切集韻韻會正韻堅靈切太音涇◆說文織也玉篇經緯以成繒帛也易·屯卦君子以經綸疏經，謂經緯又易·頤卦拂經於丘。註經猶義也又書·酒誥經德秉哲傳能常德持智左傳·昭二十五年夫禮，天之經也註經者，道之常又詩·大雅經之營之傳經，度之也又周禮·天官·冢宰體國經野註經，謂爲之里疏南北之道謂之經，東西之道謂之緯又周禮·天官·大宰以經邦國註經，法也。王謂之禮經常所秉以治天下者也又禮·月令毋失經紀註謂天文進退度數。又禮經解疏經解者，以其記六藝政教之得失也又左傳·昭二十五年爲夫婦外內，以經二物註夫治外，婦治內，各治其物又論語自經於溝瀆，而莫之知也何晏註經，經死於溝瀆之中晉語雉經於新城廟釋名屈頸閉氣曰雉經，如雉之爲也又jìng廣韻古定切音徑。經緯也。又織也又離騷王逸註經，徑也釋名經，徑也。如徑路無所不通，可常用也△五經文字作経者，訛。鑒古文𦀇坙。坙08346非經字古文集韻經，古作𦀇巠32208又经44024経44041綖44131

綔 44209 22580 hù_7.13 集韻胡故切音護類篇佩印系後漢·輿服志諸侯王以下，以綺赤絲蕤縢綔，各如其印○按類篇在系部，今併入。鑒又綔44377

綕 44210 22581 zhī_7.13 集韻職吏切音志玉篇結，古文織44905字。

綝 44211 22582 zhuàng_7.13 篇海側況切，音壯◇入綿。

緐 44212 22583 fán_7.13 廣韻附袁切集韻符袁切太音煩說文馬髦飾也春秋傳曰：可以稱旌緐韻會繁，通作緐玉篇緐，亦作緐又集韻蒲官切音槃。義同又pó集韻蒲波切音婆。姓也。鑒又緐44461

䋤 44213 22584 yuè_7.13 集韻弋灼切音藥說文作䋤。白䋤，縞也博雅練也○按說文在䋤部，今併入。

縭 44214 22585 lí_7.13 玉篇力支切。文也。鑒又lưới喃網。

綖 44215 22586 yán_7.13 廣韻以然切集韻韻會正韻夷然切太音延玉篇冕前後垂覆也左傳·桓二年衡紞紘綖註綖，冠上覆疏冕以木爲幹，以玄布衣其上謂綖又通作延禮·玉藻天子玉藻十有二旒，前後邃延註延，冕上覆也釋文字林作綖又集韻韻會太以淺切音演。義同。又集韻延面切音衍。義同又xiàn集韻私箭切音線。綫或从延。鑒又綖44235

絅 44216 22587 jiǒng_7.13 玉篇口迥切。布名○按俗作綗。當依玉篇

綄 44217 22588 huán_7.13 廣韻胡官切音桓○按說文絙44064作綄。

紗 44218 22589 shā_7.13 同紗前漢·元帝紀註輕綺，今之輕紗也。

緐 44219 22590 fán_7.13 玉篇附袁切音煩。亂絲也○按玉篇緐、緐二字音同訓異，當兩存之。鑒又缗44233

綹 44220 22591 liú_7.13 廣韻集韻太力求切音劉玉篇旗綹也。今爲旒類篇旌旗之旒。

綘 44221 22592 féng_7.13 集韻縫44777，或省作綘。鑒正字通綘，俗作綘，非。

綯 44222 22593 yǔ_7.13 玉篇魚具切。義闕篇海音語，絲也。

綻 44223 22594 xuàn_7.13 集韻縼44809，或省作綻。

緊 44224 22595 jū_7.13 篇韻音拘。束也。

緊 44225 22596 jú_7.13 集韻斤於切。義與緊同。

緊 44226 22597 jú_7.13 篇海與緊同。

絺 44227 22598 zhǐ_7.13 字彙補俗紙字。

綤 44228 22599 shào_7.13 字彙補與綤同。詳紹43965字註。

緇 44229 41672 zī_7.13 字彙補緇字楊慎文集文徵明作緇，乃是留字草書之謬。

綁 44230 44975 nuò_7.13 篇韻音那。鑒鄧福祿：佛經咒語音譯用字。

綄 44231 44976 mào_7.13 海篇音皃

纮 44232 u2B7C4 hóng_7.13 簡紘44196

缗 44233 u2B129 fán_7.13 簡緐44219

绤 44234 u2B128 chī_7.13 簡絺44172

𫄧 44235 u2B127 yán_7.13 簡綖44215

绁 44236 u2B126 jié_7.13 簡紲44180

𫄥 44237 u2B125 xǐ_7.13 簡纚45235

𫄤 44238 u2B124 da_7.13 簡縫45076

繩 44240 u2B0E8 shéng_7.13 同絕44241俗繩。

绳 44241 u2B0E7　shéng_7.13　俗繩44995

缠 44244 u26210　lián_7.13　簡纏44805　殷周金文集成·7.3971·虢季氏子組簋 虢季氏子組乍段。

细 44239 u2B0E9　null_7.13　喃未詳。

纲 44242 u2B0E6　null_7.13　殷周金文集成·7.3971·虢季氏子組簋 虢季氏子組乍段。

绖 44247 u2620A　null_7.13　未詳。

绽 44243 u2B0E5　shū_7.13　同綻43946讀 若疏。一綻衣、綻布之絹，並見 仰天湖楚簡

练 44245 u2620C　shū_7.13　簡練44181

绍 44246 u2620B　xiǔ_7.13　簡綃44191

绌 44248 u26045　sô_7.13　喃从糸初sơ聲。緫布，粗布。

缜 44249 u26044　zhěn_7.13　新字典緽，止忍切，音軫。縝44686亦作緽， 纁也 图丑人切，音忯。帶也。

绊 44250 u26042　bận_7.13　喃从糸伴bận聲。穿著。

纽 44251 u26041　nuộc_7.13　喃从糸忸nục聲△没細：一匝。

绸 44252 u26040　bèi_7.13　劫綢，亦作劫貝 可洪音義 玄應音義拘遮羅劫貝：或云劫波育，或言劫婆娑，正言 迦波羅，此譯云樹花名也，可以為布，高昌名氎，是衣 名。劓寶以南大者成樹，以北形小，狀如土葵，有殼， 剖以出花，如柳絮，可紉以為布，用之為衣也。

绳 44253 u2603F　vải_7.13　喃布匹△繩纈：絲綢面料。繩彼：朽爛 的布。

絿 44254 u2603E　ràng_7.13　喃从縛省床sàng聲。纏縛，捆扎△絿纠： 束縛，羈絆 图越·阮秉 五千字譯國語 呐，絿。

结 44255 u2603D　geuj_7.13　壯纏，繞（繩子）。

纳 44256 u2603C　nối_7.13　喃接也，連也。

纹 44257 u2603B　cửi_7.13　喃从織省改cải聲△絨絞：織布。

缚 44258 u2603A　xe_7.13　喃从糸車xa聲。捻紗△縛織：紡織。

树 44259 u26039　thun_7.13　喃从縮省村thôn聲△樹吏：收縮，畏縮。

绫 44260 u26037　líng_7.13　俗綾44345　舊唐書·王孝傑傳 則天大悅，謂 侍臣曰：昔貞觀中貝綾得此蕃城，其後西陲不守，並陷 吐蕃。今既盡復於舊，邊境自然無事。

绅 44262 u26035　chuổi_7.13　喃从糸从串。貫索，串連。

蟒 44263 u26034　mạng_7.13　喃絲蟒：蜘蛛網。絲縋：網眼。

绸 44264 u26033　chóu_7.13　同綢45095

绉 44265 u26032　null_7.13　見甲骨文

绔 44261 u26036　null_7.13　未詳。

絷 44266 u26031　null_7.13　未詳。

经 44267 u26030　jīng_7.13　俗經44208 絰弓，同經卷，見 可洪音義

缟 44268 u2602F　null_7.13　未詳。

绎 44269 u2602E　null_7.13　未詳。

绤 44270 u2602D　xì_7.13　俗綌44198 四聲篇海 去逆切。稀葛也。

缐 44271 u2602C　rangh_7.13　壯連接

缀 44274 u26029　null_7.13　未詳。

绵 44272 u2602B　yếm_7.13　喃胸衣，乳褡△綿涕：（幼童用的）圍兜。

绺 44273 u2602A　vá_7.13　喃从糸伯bá聲。補△絡緻：縫補，縫綴。 图tāo 新撰字鏡 縚44681絡，二同。

绕 44275 u433C　duì_7.13　简綐44204

绨 44276 u7EE8　tí_7.13　简绨44192

继 44277 u7EE7　jì_7.13　简繼45084

绦 44278 u7EE6　tāo_7.13　简縧44773

绥 44279 u7EE5　suī_7.13　简綏44202

绤 44280 u7EE4　xì_7.13　简綌44198

绣 44281 u7EE3　xiù_7.13　简繡44926

绢 44282 u7EE2　juàn_7.13　简絹44171

绡 44283 u7EE1　xiāo_7.13　简綃44186

绠 44284 u7EE0　gěng_7.13　简綆44190

绗 44285 u7D9B　rěn_7.13　類聚名義抄·糸部 綛， 類 云忍音 图吳下 方言考 紭綛：音經佞。元微之野節鞭詩：紭綛野節鞭。 案，紭綛，柔而不斷也。吳中謂物之柔而久者曰紭綛。

续 44286 u7D9A　xù_7.13　日同文通考·省文續，續45145也。

继 44287 u7D99　jì_7.13　俗繼45084 干祿字書繼繼，上通下正。

纲 44288 u7D97　jiǒng_7.13　正字通綱，絅43978譌字。

综 44289 u22600　zòng_8.14　廣韻 集韻 韻會 丝子宋切，宗去聲 說文 機縷也 玉篇 持絲交列 女傳 推而往，引而來者，綜也。 图易繫辭 錯綜其數 疏 綜謂總聚 史記·周本紀 綜其實 不然 前漢·宣帝紀贊 綜核名實。鎏又綜44437

缘 44290 22601　zhuàn_8.14　• 廣韻 持兗切 集韻 柱兗切丝音篆 图玉 篇 同縛44791 图 集韻 須銳切音歲。總44895，或省作緣。 图shuàn 集韻 船釧切。捜19924或作緣。

綝 44291 22602　chēn_8.14　廣韻 丑林切 集韻 痴林切 正韻 丑森切丝 音琛 說文 止也 玉篇 善也 图 集韻 疏簪切音森 類篇 摻， 或作綝。摻纚，衣裳毛羽垂貌 楚辭·九懷 舒佩兮綝纚。

缍 44292 22603　duǒ_8.14　廣韻 丁果切 集韻 都果切丝音朵。縋子綾， 出 字林。鎏又綞44431

绹 44293 22604　qú_8.14　集韻 絇43980或作綯。

绣 44294 22605　lì_8.14　廣韻 集韻 韻會 郎計切 正韻 力霽切丝音 麗。• 說文 帛戾草染色也 急就篇註 綟，蒼艾色。東海有 草，其名曰葽，以染此色，因名綟云 東觀漢紀 建武元 年，復設諸侯王，金璽綟綬 图 釋名 綠綟、紫綟，綵也。 图liè 廣韻 練結切 集韻 力結切丝音捩。麻綟也。 鎏又綐44384縭45005綟37307

绿 44295 22606　lü_8.14　廣韻 力玉切 集韻 韻會 龍玉切丝音錄 說 文 帛青黃色也 釋名 綠，瀏也。荊泉之水，於上視之， 瀏然綠色，此似之也 詩·邶風 綠兮衣兮 傳 綠，閒色。 图 詩·衛風 綠竹猗猗 傳 綠，王芻也 釋文 爾雅 作菉。 鎏又縣15172綠44460绿44434綠44430菉50025篆42164

绋 44296 22607　fú_8.14　廣韻 芳武切 集韻 斐父切丝音撫 說文 治 敝絮也 類篇 或作繲 图 集韻 敷救切音副。匹候切音仆 義丝同。

絼 44297 22608
ér_8.14 集韻如支切音兒 博雅纏也 類篇絼繻,繒美貌 図 集韻山皆切。義同。

綟 44298 22609
niàn_8.14 廣韻 集韻 汰奴店切音念 字林挽船筻也。
鼇俗綟44422

綡 44299 22610
liáng_8.14 廣韻 集韻 汰呂張切音良 玉篇冠纚也。
鼇又綡44552綜44383

綢 44300 22611
chóu_8.14 廣韻直由切 集韻陳留切汰音儔 說文繆也 詩·唐風綢繆束薪傳綢繆,猶纏緜也 図詩·小雅綢直如髮傳密直如髮 疏綢者,綢緻之言,故爲密也。
図楚辭·九歌薜荔拍兮蕙綢註綢,縛束也 図tāo 廣韻土刀切 集韻他刀切汰音韜 禮檀弓綢練設旒註以練爲旗之杠 爾雅·釋天素錦綢杠註以白地錦韜旗之竿 前漢·司馬相如傳摩屈虹而爲綢註綢,韜也 図diào 集韻徒弔切音調。蜩蟉,龍首動貌。蜩或从糸。鼇又綢44441蜩67353

綄 44301 22612
ē_8.14 廣韻烏何切 集韻 韻會 正韻於何切汰音阿 玉篇細繒也 類篇或省作綄。

控 44302 22613
kòng_8.14 集韻苦貢切音控 類篇絲屬。

綏 44303 22614
jiē_8.14 集韻卽涉切音接 玉篇綏纈 類篇纈縷也。
鼇又綖44363 図俗綏44202 可洪音義綏恤:上音雖。正作綏。安也。

綣 44304 22615
quǎn_8.14 廣韻去阮切 集韻 韻會苦遠切汰音捲 說文新附字 繾綣也 廣韻繾綣志盟 類篇繾綣,厚意 詩·大雅以謹繾綣傳繾綣,反覆也 左傳·昭二十五年繾綣從公註繾綣,不離散 図淮南子·氾論訓古者有鍪而綣領,以王天下者矣註綣領,皮衣屈而紩之 図quàn 廣韻去願切 集韻區願切汰音券。義同 図韻補叶苦殞切釋名困綣也。藏物繾綣束縛之也。鼇又綣44438

絽 44305 22616
shào_8.14 說文古文紹44965从邵作絽。鼇又弨15330

絓 44306 22617
huà_8.14 集韻胡卦切音畫 類篇礙也。或从网作罫。亦作挂。通作絓。鼇正字通俗絓。

裁 44307 22618
zhī_8.14 集韻織44905古作裁。

綼 44308 22619
qí_8.14 廣韻 集韻汰渠之切音其 說文帛蒼艾色。一曰不借○按舊本譌書作綼,今正 集韻綼綦帒,渠之切 說文帛蒼艾色。引詩縞衣綼巾。未嫁女所服。一曰不借綼亦姓。或作綦,帒。古作綦。或書作綼44312緌43865

綦 44309 22620
qí_8.14 古文綦 廣韻 集韻 韻會汰同綼 說文綼或从其作綦 博雅綦,綺綵也 書·顧命四人綦弁 傳綦文鹿子皮弁 疏鄭康成云青黑曰綦。王肅云綦,赤黑色。又詩·鄭風縞衣綦巾傳綦巾,蒼艾色,女服也○按說文引詩作綼巾,云未嫁女所服 図儀禮·士喪禮綦繫于踵註綦,屨繫也。所以拘止屨也 図荀子·王霸篇綦大而王,

綦小而亡。又目欲綦色,耳欲綦聲 註綦,極也。綦或爲其,傳寫誤耳 図姓 廣韻何氏姓苑云義興人 図 集韻渠記切音忌。義同。鼇又璂34496紃43789綦43865綨44312

綪 44310 22621
zhēng_8.14 廣韻側莖切 集韻甾莖切汰音爭 說文紆未縈繩。一曰急弦之聲 小爾雅詘而戾之曰綪 類篇綪或作綪44316

綧 44311 22622
zhǔn_8.14 集韻主尹切音準。布帛幅廣也。或作綧、敦,通作純 図zhùn 玉篇之閏切。亂也 図字彙補與准同 管子丈尺寸綧制,謂丈尺各有准限也。

綨 44312 22623
qí_8.14 玉篇同綦 類篇綦或書作綨。

綐 44313 22624
tiān_8.14 集韻他兼切,音添 類篇屬也。鼇又綣44366 可洪音義綐剟:上他敢反。正作綐44349毯27400二形也。

綩 44314 22625
wǎn_8.14 集韻委遠切音宛 玉篇紘也 類篇冠綩也。一曰繡色衣。一曰罔也。或省作綩。

綌 44315 22626
jīn_8.14 譌字 篇海綌,籀文亦作綌、衿○按 說文衿,籀文从金作綌,無从金者 集韻衿或作衿、褯,或作襟、裣,蓋因此而譌耳。

綪 44316 22627
qiàn_8.14 廣韻 集韻 韻會 正韻汰倉甸切音蒨 說文赤繒也。以茜染,故謂之綪 廣韻青赤色 左傳·定四年以大路、少帛、綪茷、旃旌註綪茷,大赤,取染草名也。図qīng 集韻倉經切音青。淺碧色 図zhēng 廣韻側莖切 集韻甾莖切汰音爭。綪或作綪 儀禮·士喪禮陳襲事於房中,西領,南上,不綪註綪讀爲綪,屈也。江沔之閒謂縈收繩索爲綪 禮·玉藻齊則綪結,佩而爵韠註綪,屈也,結又屈之 史記·楚世家綪繳蘭臺 図縈也。

綇 44317 22628
yù_8.14 廣韻 集韻汰余六切音育 說文帛青經縹緯也。一曰育陽染也。

綫 44318 22629
xiàn_8.14 古文線 廣韻 集韻汰私箭切音線 說文縷也 玉篇可以縫衣也 廣韻細絲 前漢·高惠高后文功臣表不絕如綫註晉灼曰:今線縷字 図 集韻相然切音僊。義同。亦作線、繾。鼇又綖44215線63820

綬 44319 22630
shòu_8.14 廣韻殖酉切 集韻 韻會 正韻是酉切汰音受 說文綬,韍維也 玉篇綬,組也,綸綬也 急就篇註綬,受也,所以承受印環也。亦謂之緩 後漢·輿服志韍佩旣廢,秦乃以采組連結於璲,光明章表,轉相結受,故謂之綬 漢官儀綬,長一尺二寸,法十二月,廣三尺,法天、地、人也 図周禮·天官幕人掌帷、幕、幄、帟、綬之事註綬,組綬,所以繫帷也 図廣韻 集韻 韻會 正韻汰承呪切音授。義同。鼇急就篇註綬受也所以承受印環也。印環,環印 図綬44443

綅 44320 22631
xīn_8.14 廣韻息林切音心 玉篇久緩貌 図 集韻夷針切音淫。義同○按 同文鐸以爲古經字,非是。

綛 jīn_8.14 集韻居吟切音今 說文 紟，籀文从金作綛 図 集韻 其淹切音箝。鈐或作綛。布帛名。又jīn 集韻 巨禁切音噤。紟或作綛。

維 wéi_8.14 廣韻 以追切 集韻 韻會 夷佳切夶音惟◆說文 車蓋維也 図 博雅 係也 詩·小雅 縶之維之 傳 維，繫也 公羊傳·昭二十四年 且夫牛馬維婁 註 繫馬曰維，繫牛曰婁 図 詩·小雅 四方是維 周禮·夏官·大司馬 以維邦國 註 維，猶連結也 図 儀禮·大射禮 中離維綱 註 侯有上下綱，其邪制射舌之角爲維 図 爾雅·釋天 太歲在巳曰屠維 図 前漢·賈誼傳 是猶度江河亡維楫 註 維，所以繫船 図 管子·牧民篇 國有四維：一曰禮，二曰義，三曰廉，四曰恥 図 淮南子·天文訓 帝張四維，運之以斗 図 楚辭·天問 斡維焉繫 註 維，綱也 図 爾雅·釋詁 伊、維，侯也 註 發語辭 韻會 案六經惟、維、唯三字皆通作語辭。又訓獨 尚書 助辭皆用惟字 詩 助辭多用維字 左傳 助辭用唯字 論語 助辭用惟字。新安朱氏曰：惟，从心，思也。維，从糸，繫也。唯，从口，專辭也，應辭也。然皆語辭，古書皆通用之 図 地名 史記·管晏列傳 晏平仲嬰者，萊之夷維人也 註 應劭曰：故萊夷維邑 図 姓 姓氏急就篇 漢維汜，妖巫，卷縣人 図 於恭切音雍 周禮·夏官·職方氏 其浸盧維 釋文 盧音雷。維，於恭反。 鍪 又維44445

綮 qǐ_8.14 廣韻 康禮切 集韻 韻會 遣禮切 正韻 祛禮切，夶音啓。◆說文 緻繒也。一曰徽幟信也，有齒 玉篇 戟衣也 廣韻 戟支 図qìng 集韻 詰定切音磬。肯綮，肋肉結處也 莊子·養生主 技經肯綮之未嘗 図 集韻 棄挺切音謦。壹計切音翳。義夶同。 鍪 又綮44107綮44324綮44788

綮 qǐ_8.14 篇海 綮44323，或作綮。

絣 bēng_8.14 說文 絣44079作絣。

暴 jú_8.14 廣韻 集韻 夶居玉切音挶 說文 約也 玉篇 纏也，連也。 鍪 又暴44225景44226綦48385

綯 táo_8.14 古文綯 廣韻 集韻 韻會 正韻 夶徒刀切音陶 爾雅·釋言 綯，絞也 註 糾絞繩索 詩·豳風 宵爾索綯 箋 夜作絞索，以待時用。 鍪 又綯44440綯44710綯44753綯43987

綝 lái_8.14 廣韻 落哀切 集韻 郎才切夶音來 玉篇 強毛也。或作秾 廣韻 毛起 図 集韻 陵之切音釐。義同。

綰 wǎn_8.14 廣韻 集韻 韻會 正韻 夶烏版切音捾 說文 惡也，絳也。又絹也 玉篇 貫也，絹也 廣韻 繫也 史記·貨殖傳 東綰穢貉朝鮮眞番之利 註 綰者，統其要津 図 廣韻 烏患切，彎去聲。鉤繫也。亦作綰。 鍪 又綰44435鬜71256

綱 gāng_8.14 古文枀栢 廣韻 古郎切 集韻 韻會 居郎夶音岡 ◆說文 維紘繩也 書·盤庚 若網在綱，有條而不紊 詩·大雅 綱紀四方 傳 張之爲綱 疏 綱者，網之大繩 図 儀禮·鄉射禮 乃張侯下綱 註 綱，持舌繩也 周禮·冬官考工

記·梓人 梓人爲侯上綱與下綱，出舌尋緇寸焉 註 綱，所以繫侯於植者也 図 禮緯含文嘉 君爲臣綱，父爲子綱，夫爲妻綱。 鍪 又䋄43920枀23619經44707紓43880 図 正字通 綱本作綱44586

綱 wǎng_8.14 廣韻 文兩切 集韻 韻會 正韻 文紡切夶音罔 說文 本作网。或作罔，隸省作綱。今文从糸作綱 易 繫辭 作結繩而爲罔罟，以佃以漁 朱子·本義 罔與網同 書·盤庚 若網在綱 詩·邶風 魚網之設 図 楚辭·招魂 網戶 朱綴 註 網戶，綺文鏤也。 鍪 又罔45420綱43873綱44364綱45563綱44146

綳 bēng_8.14 集韻 綳44818或作綳。

綴 zhuì_8.14 廣韻 陟衛切 集韻 韻會 株衛切夶音鋝 博雅 連也 玉篇 緝也 書·立政 綴衣 傳 掌衣服 疏 衣服必連綴著也，知綴衣是掌衣服者 禮·內則 紉箴請補綴。 図 書·顧命 底席綴純 傳 綴，雜彩有文之具 図 詩·商頌 爲下國綴旒 傳 綴，猶結也 禮·檀弓 殷主綴重焉 註 殷人作主，而聯其重綴諸廟也。又 禮·樂記 行其綴兆 註 綴，表也，所以表行列也 図 前漢·高帝紀 綴之以祀 註 綴言不絕也 図 荀子·非十二子篇 綴綴然 註 不乖離之貌。 図chuò 竹劣切音掇 儀禮·士喪禮 綴足用燕几 註 綴猶拘也 図 禮·樂記 禮者，所以綴淫也 註 綴，猶止也 図 廣韻 陟劣切 集韻 林劣切，並音輟◇義同 図duì 集韻 都外切音祋。綴兆。鄭康成讀。 鍪 又綴44433簽54443祋05210

綵 cǎi_8.14 廣韻 倉宰切 集韻 韻會 正韻 此宰切夶音采 玉篇 五綵備 廣韻 綾綵 集韻 繒也 後漢·梁冀傳 賞賜金錢、奴婢、綵帛、車馬、衣服、甲第，比霍光 宋書·朱百年傳 有時出山，爲妻買綵綵二五尺。 鍪 又綵44427采02964

綶 guǒ_8.14 篇海 古我切，音果◇纏束也。 鍪 詳校篇海 音果。纏綶也 図 直音篇 綶45105，同綶。

綷 cuì_8.14 廣韻 子對切 集韻 祖對切夶音晬。會五綵繒色。亦作綷 史記·司馬相如傳 綷雲蓋而樹華旗 註 綷，蓋有五綵也 漢書註 師古曰綷，合也 図 集韻 穌回切音摧。取內切音倅。義夶同 図 集韻 七醉切音翠 韻會 取猥切音灌 類篇 綷綩，紈素聲 図zú 集韻 卽聿切音卒 玉篇 周也。 鍪 又綷43878 図 玉篇 周也。原本玉篇殘卷綷，作慣反 方言 綷，同也。宋衛之間曰綷。

綸 lún_8.14 廣韻 力迍切 集韻 韻會 龍春切夶音倫。◆說文 青絲綬也 後漢·輿服志 百石青紺綸，一采宛轉繆織，長丈二尺 図 廣韻 絲綸 釋名 綸，倫也，作之有倫理也 易·屯卦 君子以經綸 疏 綸謂綱也，以織綜經緯 禮·緇衣 王言如絲，其出如綸 疏 綸麤於絲 後漢·章帝紀 吹綸絮 ◆註 綸，似絮而細 図 易繫辭 故能彌綸天地之道 釋文 京房云綸，知也。王肅云綸，纏裹也。荀云綸，迹也。図 詩·小雅 之子于釣，言綸之繩 傳 綸，釣繳也 図 莊

子·齊物篇 而其子又以文之綸終 音義 綸，琴瑟絃也。図 草名 爾雅·釋草 綸似綸，組似組。東海有之 博物志 綸似宛轉繩 図 姓 魏志 孫文懿臣綸直 図 地名 左傳·哀元年 虞思於是妻之以二姚，而邑諸綸 註 綸，虞邑 図 韻 盧昆切 集韻 姑頑切 丛音鰥。靑絲綬 北堂書鈔 晉紀 云王敦欲伐甘卓，遣使送白綸巾與卓，卓不取。又：謝萬著白綸巾 正字通 綸巾，巾名。世傳孔明軍中嘗服之。俗作綸。鼇 又纶43916

綒 zuó_8.14
廣韻 在各切 集韻 疾各切 丛音昨。玉篇 亦筰字。竹繩 集韻 或作絟 図 集韻 秦昔切 音籍 類篇 引舟笿。鼇 又縒44932

綹 liǔ_8.14
集韻 力九切 音柳 說文 緯十縷爲綹 類篇 一曰絲十爲綸，綸倍爲綹 沈佺期·七夕曝衣篇 上有仙人長命綹，中看玉女迎歡繡。鼇 又绺44439

綺 qǐ_8.14
廣韻 墟彼切 集韻 去倚切 丛音觭 說文 文繒也 釋名 綺，敧也。其文敧邪，不順經緯之縱橫也 前漢·高帝紀 賈人無得衣錦繡綺縠紵罽 註 師古曰綺，文繒，卽今之細綾也 図 姓 史記·留侯世家 綺里季 図 yǐ 集韻 語綺切 音螘。人名 莊子 有士成綺。鼇 又绮44451綺44584

綻 zhàn_8.14
廣韻 丈莧切 集韻 直莧切 正韻 丈襇切 丛音袒。衣縫解 禮·內則 衣裳綻裂 註 綻，猶解也 図 集韻 堂練切 音電。義同。亦作組。鼇 又绽44436綻54426

綩 yàn_8.14
集韻 於贍切 音厭 類篇 纏絲，以手振出緒也 集韻 掩或从糸作綩。通作淹。

綼 bì_8.14
集韻 必歷切 音壁 玉篇 裳在幅也 儀禮·既夕 緆綼緆 註 飾裳在幅曰綼，在下曰緆 図 廣韻 綼絮也 図 廣韻 毗必切 音邲。義同 図 集韻 賓彌切 音卑。頻彌切 音陴。義丛同。鼇 廣韻 綼絮也。廣韻 綼，綌綼，絮也。又綌也。

綽 chuò_8.14
古文 繛 廣韻 昌約切 集韻 韻會 正韻 尺約切 丛音婥 說文 繛或省作綽，緩也 書·無逸 不寬綽厥心 傳 不寬緩其心 詩·衞風 寬兮綽兮 箋 綽兮，謂仁於施舍。又 小雅 綽綽有裕 傳 綽綽，寬也 図 楚辭·大招 滂心綽態 註 綽，猶多也 △亦作淖 莊子·逍遙遊 綽約若處子 荀子·宥坐篇 淖約微達倡察。鼇 又绰44449 図 正字通 綽 說文 本作繛45253

綾 líng_8.14
廣韻 力膺切 集韻 閭承切 丛音陵 說文 東齊謂布帛之細者曰綾 釋文 綾，凌也，其文望之如冰凌之理也 玉篇 文繒也 廣韻 綾紈 図 王延壽·魯靈光殿賦 屓繒綾而龍鱗 註 繒綾，不平貌。鼇 又绫44454绫44260

綿 mián_8.14
玉篇 廣韻 集韻 丛同緜。鼇 又绵舅36857

緀 qī_8.14
廣韻 七稽切 集韻 韻會 正韻 千西切 丛音妻 說文 帛文貌 詩 曰：緀兮斐兮，成是貝錦○按 詩 今

本作萋 廣韻 緀斐，文章相錯貌 図 廣韻 千禮切 集韻 此禮切 丛音泚。義同。鼇 又紪43940

緁 qiè_8.14
廣韻 集韻 韻會 正韻 丛七接切 音妾 說文 緁衣也。或从習作綼 玉篇 縫也。亦作緝 廣韻 連緁 前漢·賈誼傳 白縠之表，薄紈之裏，緁以偏諸 註 師古曰緁，謂以偏諸緁著之也 図 前漢·揚雄傳 鴻絧緁獵 註 緁獵，相差次也 図 集韻 七入切 音葺。疾葉切 音捷。義丛同。鼇 又缍45044

綖 tián_8.14
廣韻 他酣切 音聃 說文 白鮮衣貌。謂衣采色鮮也 淮南子·氾論訓 綖麻索縷 図 廣韻 處占切 音幨。義同 図 集韻 充含切。又充甘切。義同 図 tǎn 廣韻 吐敢切 音菼。青黃色 類篇 帛雛色。鼇 又綝44313縗44366

縱 zōng_8.14
集韻 將容切 音蹤 說文 絨屬 類篇 一曰車馬飾 図 集韻 足用切 音縱。義同。

緄 gǔn_8.14
廣韻 集韻 韻會 正韻 丛古本切 音袞◆ 說文 織帶也 詩·秦風 竹閉緄縢 傳 緄，繩也 後漢·南匈奴傳 童子佩刀緄帶各一 註 緄，織成帶也 図 hún 集韻 胡昆切 音魂。縫也 図 hùn 集韻 戶袞切 音混。混夷或作緄 史記·匈奴傳 自隴以西有緜諸緄戎 註 緄字當爲混 図 集韻 公渾切 音昆。義同。鼇 又绲44447緄44829緄44738縄44594

緅 zōu_8.14
廣韻 正韻 側鳩切 集韻 韻會 甾尤切 音鄒 說文 新附字 帛青赤色也 博雅 蒼青也 周禮·冬官考工記 鍾氏五入爲緅 註 染纁者，三入而成，又再染以黑，則爲緅。今 禮 俗文作爵，言如爵頭色也 論語 君子不以紺緅飾 何晏註 緅者，三年練，以緅飾衣 疏 緅，淺絳色。◆ 淮南子·俶眞訓 以涅染緅則黑于涅 図 廣韻 子侯切 集韻 將侯切 音陬。義同 図 廣韻 子句切 集韻 遵遇切。義同 図 集韻 遵須切。義同。

緆 xī_8.14
廣韻 先擊切 集韻 韻會 先的切 丛音錫 說文 細布也 玉篇 治麻布也。亦作裼 儀禮·既夕 緆綼緆 註 飾裳在幅曰綼，在下曰緆。又與錫通 儀禮·燕禮 公尊瓦大兩有豐，冪用綌若緆 註 今文錫爲緆 司馬相如·子虛賦 被阿緆 註 張揖曰細布也。緆與錫古字通 図 yì 集韻 以豉切音易。袘或作緆，裳下緣也。鼇 又鷊74724鷊74727

緇 zī_8.14
廣韻 側持切 集韻 莊持切 丛音菑 說文 帛黑色 博雅 緇謂之皁 釋名 緇，滓也。泥之黑色者曰滓，此色然也 詩·鄭風 緇衣之宜兮 傳 緇，黑色 周禮·冬官考工記·鍾氏 七入爲緇 註 緇又復再染以黑，乃成緇矣。図 zǐ 集韻 側几切 音梓 韻會 壯仕切 音滓 前漢·班固敍傳 涅而不緇 註 師古曰合韻音上聲 図 集韻 側吏切 音菑。義同。鼇 又緇44566紂43794材43781緇44229缁44432緇44704緇44835紻43824碯39083 図 金石文字辨異 緇44927，北齊道興造像記 早託續門。案，續卽緇。

緈 xìng_8.14
廣韻 胡頂切 集韻 下頂切 丛音婞 玉篇 同絎，直也。鼇 又緈44548緈44748緈44658

緉 44356 22667 liǎng_8.14 廣韻正韻良奬切集韻韻會里養切𠀤音兩說文履兩枚也。一曰絞也 又廣韻集韻韻會力讓切正韻力仗切𠀤音亮。義同。鑾又緉67327

緊 44357 22668 jǐn_8.14 廣韻韻會正韻𠀤居忍切，音檿說文纏絲急也博雅糾也玉篇紉也唐書·百官志議定天下州府爲兩輔、六雄、十望、十緊，及上中下之差 又集韻頸忍切音胗。義同〇按說文在臤部，今併入。鑾又紧43927緊44587緊44756緊44415

緋 44358 22669 fēi_8.14 廣韻甫微切集韻韻會匪微切𠀤音非說文·新附字帛赤色類篇絳色。又赤練唐書·車服志袴褶之制，五品以上緋。鑾又绯44450

緌 44359 22670 ruí_8.14 廣韻集韻韻會儒佳切正韻如佳切𠀤音蕤。說文系冠纓也詩·齊風冠緌雙止傳冠緌，服之尊者儀禮·士冠禮其緌也註緌，纓飾 又禮·檀弓范則冠而蟬有緌註蟬，蜩也。緌爲蜩喙，長在腹下 又周禮·天官·夏采註緌，以旄牛尾爲之，綴于橦上，所謂注旄于干首者釋名緌，有虞氏之旌也。注旄竿首，其形燊燊然也△集韻緌或作綏44202

𦁤 44360 22671 jué_8.14 廣韻集韻𠀤九勿切音趉玉篇狄衣也廣韻周禮作闕禮記作屈類篇一曰結也 又廣韻去月切集韻韻會正韻丘月切𠀤音闕。義同。

緍 44361 22672 mín_8.14 廣韻武巾切集韻韻會眉貧切𠀤音珉正韻彌鄰切音民類篇緍或作緡〇按說文緡从昬，昬从民。經典以唐諱，改昬作昏，緡44480亦作緍。作緡爲正。鑾又缗44396

緎 44362 22673 yù_8.14 廣韻雨逼切集韻正韻越逼切，𠀤音域玉篇縫也。或作䵻、黬詩·召南素絲五緎傳緎，縫也爾雅·釋訓緎，羔裘之縫註孫炎云緎之爲界域，然則縫合羔羊皮爲裘，縫卽裘之界域，因名裘縫爲緎 又廣韻況逼切集韻忽域切𠀤音洫。義同。又集韻乙六切音彧。〇按說文作黬，在黑部。鑾又𦂇45854䩐67685韄67750黬75044

緈 44363 22674 jiē_8.14 玉篇同緁

㒺 44364 22675 wǎng_8.14 玉篇同網

𢇍 44365 22676 zhī_8.14 集韻織44905古作𢇍。

緂 44366 22677 tǎn_8.14 字彙補同毯〇按卽緂字之譌。

緫 44367 22678 hū_8.14 廣韻集韻𠀤呼骨切音忽玉篇微緫也。

𦀲 44368 22679 zhěn_8.14 集韻止忍切音軫。縝，亦作𦀲。纑也。又chēn玉篇丑人切音侲。帶也。

𦁎 44369 22680 zhòu_8.14 集韻直祐切音冑。古今無極謂之𦁎，通作宙。

𦁏 44370 22681 shè_8.14 集韻實攝切音涉。繒屬。

𦃊 44371 22682 sù_8.14 玉篇同素

総 44373 22684 zǒng_8.14 字彙補同總 又倉紅切音蔥。色青黃也 又紬絹也。

𦂶 44372 22683 yǎn_8.14 廣韻集韻𠀤以轉切音兗。紉也。

繼 44374 22685 jì_8.14 與繼同隸釋楊君·石門頌君其繼縱。

緤 44375 22686 xiè_8.14 與緤同管子·輕重篇又擅權渠緤緤〇按隸釋漢碑從枼之字，或書作枽。

綝 44376 22687 dié_8.14 字彙補徒協切音牒。西國布名。

䌨 44377 22688 hù_8.14 字彙補何布切音護黃山谷·剛卯辨䌨，絲繩也。又輟耕錄引輿服志諸侯王以下，以䌨，赤絲蕤縢䌨〇按漢書本作䌨，當是䌨字譌文。

繠 44378 22689 ruǐ_8.14 字彙補如壘切。與蘂25401同。

紘 44379 44977 hóng_8.14 字彙補音宏。鑾俗紘43944

縼 44380 44978 jiǎn_8.14 字彙補音蹇。鑾俗縼44646敦煌S.5584開蒙要訓綿絮縴縼。

綒 44381 44979 jú_8.14 海篇音季。鑾可洪音義綒梨：上音橘。

𫟅 44383 u2B7C5 liáng_8.14 簡綡44299

𫄫 44384 u2B12B lì_8.14 簡綟44294

𫄪 44385 u2B12A sāng_8.14 簡繅44924

𫃲 44386 u2B0F2 xiù_8.14 俗繡44926可洪音義錦𫃲：音秀。正作繡也。

𫃱 44387 u2B0F1 null_8.14 未詳。

綽 44382 44980 chuò_8.14 字彙補音踔

𫃰 44388 u2B0F0 shān_8.14 同縿44813

𫃯 44389 u2B0EF xiù_8.14 俗繡44926

𫃮 44390 u2B0EE váng_8.14 喃从紋省往vãng聲△𫃮渃：波紋。

𫃭 44391 u2B0ED null_8.14 未詳。

𫃬 44392 u2B0EC null_8.14 未詳。

𫃪 44394 u2B0EA null_8.14 未詳。

𫃫 44393 u2B0EB rối_8.14 喃俗𦄾45159

練 44395 uFAB0 liàn_8.14 俗練44515

𦈏 44396 u2620F mín_8.14 簡緍44361

𦈍 44398 u2620D null_8.14 未詳。

𦈎 44397 u2620E chǎn_8.14 簡繟44923

𦁿 44399 u2607F gò_8.14 喃从糸姑cô聲。束縛，勒緊。

𦁾 44400 u2607E ửng_8.14 喃从紅央ương聲△𧹞𦁾：赤紅色。

𦁽 44401 u2607D vướng_8.14 喃从糸旺vượng聲。絆，纏，妨礙。

𦁼 44402 u2607C may_8.14 喃从糸枚mai聲。縫紉。

𦁻 44403 u2607B nịt_8.14 喃䋦44728俗省△䋦𦁻：皮帶。

𦁺 44404 u2607A món_8.14 喃从組省門môn聲。一筆，一宗，一批。△𦁺錢：一筆款。𦁺算：計算。𦁺咹：一道菜。

𦁹 44405 u26079 rớ_8.14 喃从糸夜dạ聲 又sax壯粗眼籮筐，用於裝玉米棒、紅薯等。

𦁸 44406 u26078 líng_8.14 同紷43963古璽彙編·姓名私璽.3020賙𦁸 又mạng喃从繕省命mệnh聲。縫補。

絛 44407 u26075 tāo_8.14 同縧44681

紳 44408 u26074 shēn_8.14 紳43952本字

繍 44409 u26071 xù_8.14 俗繍45145 宋元以來俗字譜

綥 44410 u26070 qí_8.14 說文 綥，帛蒼艾色。从糸畁聲 詩 縞衣綥巾。未嫁女所服。一曰不借綥。綦，綥或从其△宏按，从畁作綼44308，俗。

綯 44411 u2606F zhòu_8.14 俗綯。

繰 44412 u2606E null_8.14 未詳。

緂 44413 u2606D jiǎn_8.14 俗綟44502

斲 44414 u2606C null_8.14 未詳。

緊 44415 u2606B jǐn_8.14 俗緊44357 可洪音義 緊邧：上居忍反。

縺 44416 u2606A null_8.14 未詳。

緦 44417 u26069 null_8.14 未詳。

緤 44418 u26068 cái_8.14 俗縩45206

緌 44419 u26067 null_8.14 未詳。

結 44420 u26066 null_8.14 未詳。

瓠 44423 u26063 go_8.14 喃 从緯省 孤cô聲△丐瓠：（紡織用）鋼絲綜。

繨 44421 u26065 zhǐ_8.14 同綱44588俗繨44970

緣 44422 u26064 niàn_8.14 類篇 奴念切。引舟繩也。俗作綣44298

緔 44424 u26062 zhāng_8.14 同張16227 鼇嵒樓觀道德經碑 酒欲歙出，必忘緔出 中山王方壺 唯宜可緔。讀作：唯義可張。 囻chǎng 喃 从緯省長tràng聲△緔拾行：緔綁貨物。 △亦作紸44123

緙 44425 u26061 xǐ_8.14 慧琳音義 躪金屩13148：下音史 考聲 云：履之不躪跟者也。亦作緤、韈。案經卽西國革屩也。

綳 44426 u26060 null_8.14 未詳。

綵 44427 u433D cǎi_8.14 简綵44334

綾 44429 uF957 líng_8.14 兼綾。

繩 44428 u42F2 shéng_8.14 敦煌·P. 2011 刊謬補缺切韻 繩44995，食陵反。索。俗作繩。

綠 44430 uF93D lù_8.14 兼綠。

缍 44431 u7F0D duǒ_8.14 简缍44292

缁 44432 u7F01 zī_8.14 简緇44354

綴 44433 u7F00 zhuì_8.14 简綴44333

绿 44434 u7EFF lù_8.14 简綠44295

绾 44435 u7EFE wǎn_8.14 简綰44329

绽 44436 u7EFD zhàn_8.14 简綻44341

综 44437 u7EFC zōng_8.14 简綜44289

卷 44438 u7EFB quǎn_8.14 简綣44304

绺 44439 u7EFA liǔ_8.14 简綹44339

绹 44440 u7EF9 táo_8.14 简綯44327

绸 44441 u7EF8 chóu_8.14 简綢44300

绷 44442 u7EF7 bēng_8.14 简綳44332

绶 44443 u7EF6 shòu_8.14 简綬44319

绵 44444 u7EF5 mián_8.14 简綿44346

维 44445 u7EF4 wéi_8.14 简維44322

绲 44447 u7EF2 gǔn_8.14 简緄44351

绳 44446 u7EF3 shéng_8.14 简繩44995

绰 44448 u7EF0 chuò_8.14 简綽44344

绱 44449 u7EF1 shàng_8.14 简緔44458

绯 44450 u7EEF fēi_8.14 简緋44358

绮 44451 u7EEE qǐ_8.14 简綺44340

续 44452 u7EED xù_8.14 简續45145

缨 44453 u7EEC yīng_8.14 简纓44640

绫 44454 u7EEB líng_8.14 简綾44345

绩 44456 u7EE9 jī_8.14 简績44811

绪 44459 u7DD2 xù_8.14 參見緒44462

绪 44455 u7EEA xù_8.14 简緒44459

緇 44457 u7DD5 zī_8.14 俗緇45128

绿 44460 u7DD1 lù_8.14 同綠44295 廣碑別字引隋 新鄭縣令蕭瑾墓誌

緔 44458 u7DD4 shàng_8.14 同鞝67340緔鞋。

緐 44461 u7DD0 fán_8.14 同緐44212朝鮮本 龍龕 緐43959，附袁切。馬飾也。又音榮。緐、緐，亦作。

緒 44462 22690 xù_9.15 廣韻 徐呂切 集韻 韻會 象呂切丛音敘 說文 絲耑也 囻 爾雅·釋詁 緒，事也 疏 緒者，事業也 廣韻 基緒 書·五子之歌 荒墜厥緒 詩·魯頌 纉太王之緒 周禮·天官·宮正 稽其功緒 註 緒其志業 囻 史記·張丞相傳 張蒼爲計相時緒正律曆 註 緒，尋也 囻 莊子·讓王篇 其緒餘以爲國家 音義 緒者，殘也，謂殘餘也 楚辭·九章 欵秋冬之緒風 註 緒，餘也 囻 集韻 詩車切音奢。緒餘殘也。徐邈說。鍌 通作緒44459 囻 緒。

緋 44463 22691 bèi_9.15 集韻 補妹切音背。褙或从糸 類篇 襦也。

緂 44464 22692 tà_9.15 廣韻 徒合切 集韻 達合切丛音沓。緂，子絹。出 字林

緗 44465 22693 xiāng_9.15 廣韻 息良切 集韻 韻會 思將切丛音襄 說文 新附字 帛淺黃色也 釋名 緗，桑也。如桑葉初生之色也。後漢·輿服志 賈人緗縹而已 囻 集韻 師莊切音霜。義同。鍌 又緗44628

緌 44466 22694 róu_9.15 集韻 女救切音糅 類篇 雜色繒也。鍌 鄧福緌：俗糅。

緘 44467 22695 jiān_9.15 廣韻 古咸切 集韻 韻會 居咸切，並減平聲。◆說文 束篋也 廣韻 緘封 家語 孔子觀周廟，有金人，三緘其口 莊子·齊物論 其厭也如緘 囻 集韻 公陷切，減去聲。棺旁所以繫緘者 囻 與咸通 禮·喪大記 大夫士以咸 註 咸讀爲緘 釋名 棺束曰緘。緘，函也。古者棺不釘也。鍌 又緘44627

緙 44468 22696 kè_9.15 廣韻 楷革切 集韻 克革切丛音愊 玉篇 紩也，織緯也。鍌 又緙15004緙44629

緀 44469 22697 yì_9.15 廣韻 於罽切音瘞 玉篇 急也。一曰不成也 囻yè 集韻 於歇切音謁 類篇 繒壞也 囻yè 集韻 乙列切。紗緀不成絇而急。一曰小意。鍌 又緀15329

線 44470 22698 xiàn_9.15 廣韻 集韻 韻會 丛私箭切音綫 正韻 先見切音霰 說文 綫，古文作線 周禮·天官·縫人掌王宮縫線之事 註 線，縷也。又 冬官考工記·鞄人 察其線，欲其藏也 註 謂縫革之縷 集韻 亦作絤、緣。鍌 又線44616线44040縞44554錴63820

頦 44471 22699 xū_9.15 集韻 詢趨切音須 類篇 頦44892，或省作頦 囻 集韻 雪律切音邮 揚雄·蜀都賦 自造奇錦，紕緣緂頦

図集韻筍勇切音竦左思·吳都賦頏廩麇註頏,絆前兩足也図xǔ集韻聳取切。義同。鼇又綃44191絮44943穎44969

緛 44472 22700
ruǎn_9.15　廣韻而兗切集韻乳兗切夶音輭說文衣戚也博雅縮也玉篇減維衣也図ruàn集韻儒轉切音瑌。織也。鼇又襖54529

緜 44473 22701
mián_9.15　廣韻武延切集韻韻會彌延切夶音棉正韻莫堅切音眠玉篇新絮也。今作綿廣韻精曰綿,麤曰絮釋名緜,猶湎。湎,柔而無文也書·禹貢厥篚纖纊傳纊,新緜前漢·王褒傳難與道純緜之麗密註緜纊之密図說文緜聯,微也博雅連也,小也。緜緜,長也詩·王風緜緜葛藟註長不絕之貌。又大雅緜緜瓜瓞疏微細之辭図緜緜,詳密也詩·周頌緜緜其麃図緜蠻,鳥聲詩·小雅緜蠻黃鳥図緜猶彌漫也穀梁傳·文十四年緜地千里図·纏緜,猶綢繆也淮南子·本經訓纏緜經冗図地名前漢·地理志廣漢郡緜竹註緜水所出図姓孟子緜駒處於高唐廣韻晉張方以緜思為腹心図集韻莫列切音滅。弱也〇按說文在系部,今併入。

緝 44474 22702
jī_9.15　廣韻集韻韻會正韻夶七入切音葺說文績也釋名緝,下橫縫,緝其下也儀禮·喪服斬者何,不緝也図玉篇續也詩·大雅授几有緝御笺緝,猶續也図緝熙,光也詩·大雅於緝熙敬止図jí集韻卽入切音喋。緝緝,口舌聲詩·小雅緝緝翩翩。鼇又絹44549緁44622緝44634

緞 44475 22703
xiá_9.15　廣韻胡加切集韻乎加切夶音遐玉篇履跟。亦作鞎鞎急就篇履烏韇袞絨緞紃註履跟之帖也図duàn廣韻徒管切集韻杜管切,並音斷。又集韻徒玩切,音段。義同〇按今以為紬緞字,非是。鼇又緞44637緞44618

繁 44476 22704
móu_9.15　廣韻莫浮切音謀博雅繁總,穀絹也。玉篇縛也図廣韻武彪切集韻亡幽切,音鏐。義夶同。図集韻丘堠切音寇。義同。鼇又繁44709

繸 44477 22705
suì_9.15　廣韻集韻韻會正韻夶徐醉切音遂類篇繸45032,或省作繸。

種 44478 22706
chóng_9.15　廣韻直容切集韻傳容切夶音重說文增益也玉篇疊也,複也。或作褈今作重図集韻一曰厚也。或作褈図zhòng廣韻柱用切集韻儲用切,夶重去聲。繪縷也。鼇又纏44911綞44555離32299

締 44479 22707
dì_9.15　廣韻集韻韻會正韻夶特計切,音第說文結不解也史記·秦始皇本紀合從締交註締,結也。図小爾雅締,閉也図杜奚切音題楚辭·九章氣繚轉而自締図集韻丁計切音帝。徒二切音地。丈介切音豸。義夶同。鼇又締44612

緡 44480 22708
mín_9.15　廣韻武巾切集韻眉貧切音珉正韻彌鄰切音民說文釣魚繁也詩·召南其釣維何,維絲伊緡

爾雅·釋詁緡,綸也註繩也。江東謂之綸図說文吳人解衣相被謂之緡詩·大雅言緡之絲註緡,被也図錢貫也前漢·武帝紀初筭緡錢註緡,絲也,以貫錢也。図邑名左傳·僖二十三年齊侯伐宋圍緡註緡,宋邑。高平昌邑縣東南有東緡城図集韻呼昆切音昏。義同。図mián集韻彌延切音棉。通作緜図mǐn集韻弭盡切音泯莊子·則陽篇雖使丘陵草木之緡音義緡,盛也。図莊子·在宥篇當我緡乎音義緡,泯合也図mǐn集韻美隕切。愍或作緡,痛也。鼇又緡44361緡紙43943說文·网部罠,釣也。段玉裁注:罠,所以釣也。按系部曰:緡,釣魚繁也。此曰罠,所以釣也。然則緡、罠古今字。

緢 44481 22709
mǎo_9.15　廣韻集韻夶莫飽切音卯◆說文旄絲也周書曰:惟緢有稽〇按書·呂刑作貌薛季宣:書古文訓作緢図廣韻莫教切集韻眉教切夶音貌。義同図集韻彌遙切音蜱。義同図miáo廣韻武儦切集韻韻會正韻眉鑣切夶音苗。類篇絲旋曰緢図máo集韻謨交切音茅。義同。

緬 44482 22710
xún_9.15　廣韻詳遵切集韻松倫切夶音旬玉篇繞緬也揚子方言繞緬謂之䙩裺註衣督脊也廣韻縫也。鼇又緬44941褕54534正字通緬,衣裂脊也方言作緬,音義同。

幅 44483 22711
fú_9.15　集韻方六切音幅類篇布帛廣也九經韻覽幅,或作幅。鼇又幅44604

緣 44484 22712
yuàn_9.15　廣韻以絹切集韻韻會俞絹切夶音掾說文衣純也禮·深衣純袂、緣、純邊,廣各寸半註緣,緆也前漢·公孫弘傳緣飾以儒術註譬之於衣加純緣者図yuán廣韻與專切集韻余專切夶音沿玉篇因也。図循也孟子猶緣木而求魚也図順也莊子·養生主緣督以為經図夤緣,連絡也韓愈·古意青壁無路難夤緣図tuàn廣韻吐亂切。與褖同周禮·天官·內司服緣衣註此緣衣者,實作褖衣也。褖衣,御于王之服,亦以燕居。鼇又緣44608緣44636彖16251

緤 44485 22713
xiè_9.15　廣韻集韻夶私列切音薛正韻先結切音屑說文紲,或从枼禮·少儀犬則執緤註所以繫制之者前漢·賈誼傳若夫束縛之,係緤之註緤,謂以長繩係之也屈原·離騷登閬風而緤馬註緤,繫也。鼇又緤44559

紵 44486 22714
zhù_9.15　玉篇古文紵43957字。

緥 44487 22715
bǎo_9.15　廣韻博抱切集韻韻會補抱切正韻博浩切夶音保說文小兒衣也註臣鉉等曰:今俗作褓,非是前漢·宣帝紀曾孫雖在襁緥註孟康曰:緥,小兒被也後漢·申屠剛傳始免襁緥註緥,被也。

緦 44488 22716
sī_9.15　古文總𢯽廣韻息茲切集韻韻會新茲切夶音思正韻相咨切音私◆說文十五升布也。一曰兩麻一絲布也釋名緦,絲也。績麻緦如絲也玉篇三月服也儀禮·喪服傳曰:緦者,十五升,抽其半,有事其縷,無事

其布曰緫註謂之緫者，治其縷細如絲也禮·大傳四世而緫，服之窮也。鼇又𡧛15320𡨄00678緫44619

緧 qiū_9.15 廣韻七由切集韻韻會雌由切正韻此由切𠀤音秋說文馬紂也玉篇牛馬緧。亦作䌡、鞦周禮·冬官考工記·輈人不援其邸，必緧其牛後圀集韻字秋切音酋。義同。鼇又緅44529緵44649

緧 qiū_9.15 玉篇同緧揚子方言車紂，自關而東，周洛韓鄭汝潁而東謂之緧。

編 biān_9.15 廣韻布玄切集韻韻會正韻卑眠切𠀤音邊說文次簡也史記孔子世家讀易，韋編三絕前漢·儒林傳註編，所以聯次簡也圀首服也周禮·天官追師掌王后之首服，爲副編次，追衡笄註編，編列髮爲之，若今之假紒矣圀編鐘周禮·春官·磬師擊編鐘註編讀爲編書之編圀結也楚辭·九章編愁苦以爲膺圀字林以繩次物曰編。又玉篇編，織也，連也圀biān廣韻方典切集韻韻會補典切𠀤音匾。編，緝也。又絞也圀biàn集韻婢典切音辯史記·西南夷傳皆編髮，隨者遷徙前漢·終軍傳殆將有解編髮，削左袵而蒙化者註編，讀辮圀集韻蒲眠切音蹁。緶或作編，交枲也△博雅編，條也。鼇又编44610繻45213

緗 nín_9.15 廣韻女心切集韻尼心切𠀤音誑玉篇織也廣韻齊也。或作紝。鼇又绀44605

綎 tīng_9.15 同綖。

綎 tīng_9.15 集韻湯丁切音聽說文緩也。或从呈作綎圀yíng集韻怡成切音盈義同。鼇又綎44557正字通經，俗綎字。因說文綎重文作經，譌作經。舊註義同。綎改淫、心二音，誤。

緩 huǎn_9.15 古文鬏廣韻正韻胡管切集韻戶管切韻會合管切𠀤音浣說文鬏，或省作緩。綽也玉篇遲緩也廣韻舒也釋名緩，浣也，斷也。持之不急則動搖浣斷自放縱也禮·樂記其樂心感者，其聲嘽以緩疏歡樂在心，故聲必隨則寬緩孟子民事不可緩也疏惟民事當急而不可緩也前漢·朱博傳齊部舒緩養名註師古曰其性遲緩，多自高大，以養名聲圀集韻火遠切音咺。苦緩切音款。義𠀤同。鼇又缓44613

緪 gēng_9.15 廣韻古恆切集韻韻會居曾切𠀤音揯說文大索也。一曰急也玉篇駃疾也。或作搄廣韻急張。亦作絚44065圀廣韻古鄧切集韻韻會正韻居鄧切𠀤音亙。義同。鼇又組44064緪44631

緫 cōng_9.15 集韻麤叢切音怱。緫或作緫，帛青色。一曰輕絹博雅蒼青也周禮·春官·巾車彫面鷖緫註鷖緫者，青黑色，以繪爲之圀zōng集韻祖叢切音騣正韻祖冬切音宗類篇絲數詩曰：素絲五緫圀集韻作弄切音糉。緫或作緫〇按五經文字云緫从怱。作緫者，訛。今緫與緫混，當正之。

偕 kāi_9.15 廣韻口皆切集韻韻會正韻丘皆切音

揩說文大絲也圀集韻口駭切音楷。義同。

綠 xīng_9.15 集韻息凌切類篇枲繒也。鼇又线44572

緬 miǎn_9.15 廣韻集韻韻會彌兗切音湎正韻美辨切音免說文微絲也圀集韻亡善切穀梁傳·莊三年改葬之禮緬，舉下緬也註緬，藐遠也楚語緬然引領南望賈逵註緬，思貌也圀玉篇輕也。同絻。鼇又缅44626絻44105圀龍龕絁，舊藏作緬。

繢 huì_9.15 集韻胡對切音潰類篇衣領緣貌。鼇熊加全：疑俗繢54785

繝 jiǎn_9.15 廣韻九輦切集韻九件切𠀤音蹇玉篇縮也。鼇又綟44413絸44167

緭 wèi_9.15 廣韻集韻𠀤于貴切音胃說文繪也博雅絛也玉篇緒也。

緟 zhòu_9.15 集韻直祐切音胄博雅業也類篇一曰緒也。鼇又紬43942

緅 zhǎ_9.15 集韻側洽切音劄類篇縫也。

緮 fù_9.15 玉篇扶又切。義闕篇海絹緮。鼇同複。圀复44558

繰 chì_9.15 集韻丑二切音屎類篇結固也。

緯 wěi_9.15 廣韻集韻韻會𠀤于貴切音胃說文織橫絲也釋名緯，圍也。反覆圍繞，以爲經也左傳·昭二十四年蒭不恤其緯註織者常苦緯少莊子·列禦寇江上有家貧緯蕭而食者音義緯，織也圀周禮·天官·冢宰·體國經野疏南北之道謂之經，東西之道謂之緯圀周禮·春官·大宗伯·日月星辰註星謂五緯疏五緯，即五星。言緯者，二十八宿隨天左轉爲經，五星右旋爲緯圀圖緯司馬貞·三皇本紀圖緯所載圀集韻羽鬼切音偉博雅束也夏小正農緯厥耒。鼇又纬43926

綸 tóu_9.15 廣韻度侯切集韻徒侯切𠀤音投說文綸賞，布也急就篇註綸帛，錫布之尤精者圀xū廣韻相俞切集韻詢趨切𠀤音須。繪采色也類篇綸或从俞。圀人名公羊傳·隱二年紀履綸來逆女釋文履綸左氏爲裂繻圀yú集韻容朱切音俞。綸或从糸，裂繒也圀集韻餘招切音遙。帛也。鼇又绱44569

緱 gōu_9.15 廣韻古侯切集韻韻會居侯切𠀤音鉤說文刀劍緱也史記·孟嘗君傳馮先生甚貧，猶有一劍耳。又蒯緱註蒯草之緱，謂把劍之物。言其劍無物可裹，但以蒯繩纏之，故云蒯緱圀集韻墟侯切音摳。緱氏地名戰國策塞轘轅緱氏之口註緱氏，以山爲名前漢·武帝紀將幸緱氏註河南縣也圀姓孝子傳陳留緱氏女。鼇又缑44615緱44530綏44111緱44739

絣 běng_9.15 廣韻邊孔切集韻韻會補孔切𠀤音琫說

文梟履也廣韻小兒皮屨也急就篇註圓頭掩上之屨也慎子·君人篇有虞氏之誅，以後紂當刖又廣韻巴講切集韻補講切，太邦上聲。義同。鑾又㚖37007綁44512綤54522

綁 44512 22740
bĕng_9.15 同紂集韻紂亦書作綁。鑾或俗絜字。東魏道瓊造像碑記清清志綁。

緲 44513 22741
miăo_9.15 韻會弭沼切音眇。微也。本作紗，今作緲，通作眇木華·海賦羣仙縹眇註縹眇，遠視之貌。
鑾又緲44623㑤01628

縻 44514 22742
xié_9.15 集韻奚結切音頡類篇帶也莊子·山木篇正縻係履而過魏王。

練 44515 22743
liàn_9.15 廣韻集韻韻會正韻太郎甸切音鍊說文湅繒也玉篇煮漚也釋名練，爛也，煮使委爛也急就篇註練者，煮縑而熟之也周禮·天官·染人凡染，春暴練註暴練，練其素而暴之又小祥服也禮·檀弓練而慨然。又練，練衣，黃裏縓緣疏小祥而著練冠、練中衣，故曰練也。練衣者，以練爲中衣又簡練禮·月令天子乃命將帥選士厲兵，簡練桀俊戰國策簡練以爲揣摩。又選也前漢·禮樂志練時日又閱歷也前漢·韋賢傳昔靡不練註練猶閱歷之又姓廣韻何氏姓苑云南康人又通作湅周禮·冬官考工記·㡛氏湅絲以涚水。
鑾又練44638练44036練44395練44607

綹 44516 22744
nuò_9.15 集韻匿各切音諾類篇綩綹，蠻夷布名。

緣 44517 22745
zhă_9.15 廣韻集韻太竹下切音踷玉篇縿，絮相著貌又集韻絮或作縿，絲㛿也又集韻展賈切音觰。義同。鑾音觰。音觰之誤。

緵 44518 22746
zōng_9.15 廣韻子紅切集韻祖叢切太音嵏玉篇縷也史記·孝景本紀令徒隸衣七緵布註緵，八十縷也。與布相似，七升布用五百六十縷又爾雅·釋器緵罟謂之九罭。九罭，魚罔也註今之百囊罟，江東謂之緵。又zòng廣韻集韻韻會正韻太作弄切音糉。義同。又與稯通儀禮·聘禮十筥曰稯註古文稯作緵。鑾又緵45562緵45058緵44755緵44888

緶 44519 22747
pián_9.15 廣韻房連切集韻毗連切太音蹁說文交枲也。一曰緁衣也廣韻縫也又集韻蒲眠切音蹁。義同又biăn廣韻方典切集韻補典切太音匾。褰裳。亦作編。
鑾又缏44617緶44860𩋬75140

緭 44520 22748
wēi_9.15 廣韻烏恢切集韻烏回切正韻烏魁切太音隈玉篇五色絲飾類篇斷色絲兩紐中而糾之顏氏家訓東宮舊事六色罽緭〇按說文云莙，牛藻也，讀若威。今水中有此物，一節長數寸，細茸如絲，圓繞可愛，長者二三十節。又寸斷五色絲，橫著線股間繞之以象莙草，用以飾物，卽名爲莙。于時當縛六色罽，作此莙以飾緄帶。張敞因造絲旁畏耳，宜作隈。鑾又緭44571

緷 44521 22749
gŭn_9.15 廣韻集韻韻會太古本切音袞爾雅·釋器百羽謂之緷又yùn廣韻集韻太王問切音暈說文緯也又廣韻正韻胡本切集韻韻會戶袞切太音混博雅束也玉篇大束也又集韻胡昆切音魂。苦本切音捆。窘遠切音卷。義太同。鑾又绲44121㯻54856

緙 44522 22750
kē_9.15 玉篇口和切。義闕篇海紋綵。又理絲。

緸 44523 22751
yīn_9.15 集韻伊眞切音因馬融·長笛賦緸宛蜿蟺註搖動貌。鑾馬融·長笛賦蚡緼蟠紆，緸宛蜿蟺。李善注：緸宛蜿蟺，盤屈搖動貌又緸44573絪44088

緹 44524 22752
tí_9.15 廣韻杜奚切集韻韻會田黎切太音題說文帛丹黃色博雅赤也周禮·天官·酒正辨五齊之名，四曰緹齊疏其色紅赤，故以緹爲名。又地官·草人凡糞種赤緹用羊註緹，縓色也。又春官·司服註今時五伯緹衣，古兵服之遺色疏纁赤之衣，是古兵服赤色遺象又廣韻他禮切集韻土禮切太音體。義同又集韻都黎切音低。天黎切音梯。義太同。鑾又緹44624

緺 44525 22753
guā_9.15 廣韻古蛙切集韻韻會公蛙切太音媧說文綬紫青色史記·滑稽傳佩青緺後漢·輿服志註紫綬名緺，其色青紫又廣韻古華切集韻韻會姑華切太音瓜。義同又集韻盧戈切音贏。義同又正韻古禾切音戈。義同。

緻 44526 22754
zhì_9.15 廣韻集韻韻會太直利切音稚說文密也後漢·班固傳碝礝采緻又博雅補也，練也玉篇縫補敝衣也揚子方言襜褕，自關而西謂之䘳裾，其敝者謂之緻註緻，縫納敝，故名之也。又褸謂之緻註襤褸綴結也。鑾又綼44687又龍龕緻通，緻正又精緻，簡化作精致。

縕 44527 22755
wēn_9.15 廣韻烏渾切集韻韻會正韻烏昆切太音溫說文紼也禮·玉藻一命縕韍幽衡註縕，赤黃之閒色，所謂韎也小爾雅縕，朱也又yūn廣韻集韻韻會太於云切音煴玉篇絪縕，元氣也易繫辭天地絪縕，萬物化醇釋文絪縕，亦作氤氳又紛縕楚辭·九章紛縕宜修姱而不醜兮註紛縕，盛貌廣雅紛縕，亂也又yùn廣韻於粉切集韻韻會委隕切正韻委粉切太音蘊易繫辭乾坤其易之縕邪註縕，淵奧也又廣韻枲麻也禮·玉藻縕爲袍註縕謂今纊及舊絮也又前漢·蒯通傳卽束縕，請火於亡肉家註縕，亂麻。

縶 44528 22756
cù_9.15 集韻側六切音㓤。緅或作縶，縐文也。

緧 44529 22757
qiū_9.15 金石韻府俗緧字。

緱 44530 22758
gōu_9.15 海篇同緱

緌 44531 22759
yāo_9.15 集韻與褄同玉篇緌繩類篇衣襻也。鑾又緌44567

緁 44532 22760
jì_9.15 玉篇古詣切。絲結。

緌 44533 22761
qián_9.15 集韻才先切音前。織一番也。

紼 44534 22762 fú_9.15 玉篇同紼 𦃎 44536 22764 wàn_9.15 廣韻集韻太無販切音萬。引舟縴。或作綩。

䋸 44535 22763 chēng_9.15 集韻丑成切。䞓，或作䋸。赤色也。

耦 44537 22765 óu_9.15 玉篇五侯切。隅也。

縪 44538 22766 bì_9.15 集韻必計切音閉。緝也。鎣又綼44603

緸 44539 22767 òu_9.15 集韻於候切，漚去聲。喪束手者。握或作緸。

緔 44540 22768 xiāo_9.15 集韻思邀切音宵。綃或从削作緔。

䌃 44541 22769 shuò_9.15 廣韻所角切集韻色角切太音朔博雅縢䌃，緘也。鎣集韻䌃，或書作緔。

縺 44542 22770 chán_9.15 廣韻直連切集韻澄延切太音廛。纏亦省作縺。

縹 44543 22771 qú_9.15 集韻求於切音渠博雅無縹綵也。又薄平䩬履，其緣謂之無縹類篇緤或作縹。

縢 44544 22772 téng_9.15 集韻徒登切音騰。縢或作縢，緘也。

綃 44545 22773 shāo_9.15 同綃急就篇註帆維也。

緞 44556 u2B7C1 xiá_9.15 俗緞44637 䌷 44546 22774 shī_9.15 集韻式支切音施。纚45237或作䌷。鎣可洪音義惰絁43996：始支反，野蚕絲也。正作䌷 㐅the喃薄紗。

緿 44547 22775 dài_9.15 集韻蕩亥切音殆。紿43972或从怠作緿。

緈 44548 22776 xìng_9.15 篇海同綍44658

𫄮 44557 u2B12E tíng_9.15 簡縕44493 緝 44549 22777 jī_9.15 篇海同緝。〇按隸釋·逢盛碑學有緝熙。與緝同。

緜 44550 22778 xì_9.15 字學指南與系同〇按卽籀文緜字之譌。

𫄭 44558 u2B12D fù_9.15 簡緮44639 縏 44551 22779 bì_9.15 篇韻今作縏〇按卽縏字之譌。諸書無縏字。

綡 44552 22780 jīng_9.15 篇韻音京。冠系也。

緤 44553 22781 yè_9.15 字彙補魚葉切，驗入聲。續也。

𫄬 44559 u2B12C xiè_9.15 簡緤44485 緭 44554 44981 xiàn_9.15 字彙補同線

緭 44560 u2B0F7 null_9.15 喃未詳。 𫟆 44555 u2B7C6 chóng_9.15 簡緟44478

絡 44561 u2B0F6 null_9.15 喃未詳。 𫄰 44562 u2B0F5 lǚ_9.15 俗縷44799

緓 44563 u2B0F4 null_9.15 未詳。 緲 44564 u2B0F3 null_9.15 未詳。

總 44565 u2F96F zǒng_9.15 同總44635 緇 44566 u2F96E zī_9.15 同緇44354

繇 44567 u2F96D yāo_9.15 同繇44531 𦈓 44568 u26218 dā_9.15 簡繨44759

𦈒 44569 u26215 tóu_9.15 簡緰44509 𦈏 44570 u26214 gǔ_9.15 簡縎44655

𦈑 44571 u26213 wēi_9.15 簡緭44520 𦈐 44572 u26212 xīng_9.15 簡線44499

𦈏 44573 u26211 yīn_9.15 簡緸44523 𦃁 44574 u260C1 xì_9.15 集韻綌44198，乞逆切說文麤葛也。或作𦃁。亦从巾（作峪）。

𦃀 44575 u260C0 chải_9.15 喃从糸待đãi聲。梳，刷，打扮。

𦂿 44576 u260BF buộc_9.15 喃从縛省勃bột聲。綁△亦作纀、紥43891

𦂾 44577 u260BE dệt_9.15 喃从織省迭diệt聲。亦作緎44730

𦂽 44578 u260BD đột_9.15 喃从繃省突đột聲。稀疏地縫。

𦂼 44579 u260BC giậm_9.15 喃从糸甚thậm聲。

𦂻 44580 u260BB luốt_9.15 喃从繩省律luật聲△𦂻綏：草繩。

𦂺 44581 u260BA qǐ_9.15 或俗綺44340漢·郭憲別國洞冥記·卷四青鴨化為三小童，皆着青𦂺文繻△四聲篇海𦂺，音字。㐅ươm喃从繅省音âm聲△饋蠶𦂺絲：養蠶繅絲。𦂺繭：抽繭。

𦂸 44583 u260B8 null_9.15 未詳。 𦂹 44582 u260B9 bi_9.15 韓衲襖，縷布。絎過的棉被宣堂下記二百兩，縷𦂹工錢。

𦂶 44584 u260B6 qǐ_9.15 俗綺44340 𦂵 44585 u260B5 zòng_9.15 同縱44774俗縱宋元以來俗字譜引古今雜劇

𦂴 44586 u260B4 gāng_9.15 綱44330本字 𦂳 44587 u260B3 jǐn_9.15 俗緊44357廣碑別字引明登仕郎直隸兩鎮關巡檢孔彰墓誌

𦂲 44588 u260B2 zhǐ_9.15 俗黹44970 𦂱 44589 u260B1 null_9.15 未詳。

𦂰 44590 u260B0 null_9.15 未詳。 𦂯 44591 u260AF cái_9.15 俗纔45206

𦂮 44592 u260AE null_9.15 未詳。 𦂭 44593 u260AD null_9.15 未詳。

𦂬 44594 u260AC kūn_9.15 緄44351字殘譌。

𦂫 44595 u260AB null_9.15 未詳。 𦂪 44596 u260AA null_9.15 未詳。

𦂩 44597 u260A9 jiān_9.15 同韉67394文苑英華·卷一百九十九·樂府八·從軍行四十三首·戴暠（樂府作吳均）長城風自淒，弓寒折錦𦂩。註，七入反字林云雜錦錦𦂩以被弓。

𦂨 44598 u260A8 suō_9.15 俗縮44783 𦂦 44599 u260A6 null_9.15 未詳。

𦂥 44600 u260A5 null_9.15 未詳。 𦂤 44601 u260A4 null_9.15 未詳。

𦂣 44602 u260A3 jì_9.15 同繼44374楊厥碑繼45084作𦂣。

𦂢 44603 u260A2 bì_9.15 同綼44538 䌿 44604 u433F fú_9.15 简緮44483

䌾 44605 u433E nín_9.15 简䋻44492 練 44607 uF996 liàn_9.15 兼練。

䌄 44606 u4304 gěng_9.15 綆44190本字。見說文

缘 44608 u7F18 yuán_9.15 简緣44484 缗 44609 u7F17 mín_9.15 简緡44480

编 44610 u7F16 biān_9.15 简編44491 缕 44611 u7F15 lǚ_9.15 简縷44799

缔 44612 u7F14 dì_9.15 简締44479 缓 44613 u7F13 huǎn_9.15 简緩44495

缒 44614 u7F12 zhuì_9.15 简縋44650

缑 44615 u7F11 gōu_9.15 简緱44510

缐 44616 u7F10 xiàn_9.15 简線44470

缏 44617 u7F0F biàn_9.15 简緶44519

缎 44618 u7F0E duàn_9.15 简緞44475

缌 44619 u7F0C sī_9.15 简緦44488

缋 44620 u7F0B huì_9.15 简繢44927

缊 44621 u7F0A yūn_9.15 简縕44667

缉 44622 u7F09 jī_9.15 简緝44474

缈 44623 u7F08 miǎo_9.15 简緲44513

缇 44624 u7F07 tí_9.15 简緹44524

缆 44625 u7F06 lǎn_9.15 简纜45246

缅 44626 u7F05 miǎn_9.15 简緬44500

缄 44627 u7F04 jiān_9.15 简緘44467

缃 44628 u7F03 xiāng_9.15 简緗44465

缂 44629 u7F02 kè_9.15 简緙44468

縆 44631 u7E06 gēng_9.15 同緪44496

縇 44630 u7E07 seon_9.15 韓席筵邊飾 又書永篇·下衣緣稱縇又緞屬。

縅 44632 u7E05 wēi_9.15 日連綴鎧甲葉片的細繩或細皮線。

縄 44633 u7E04 shéng_9.15 俗繩44995 廣碑別字引魏臨淮王元彧墓誌 又thằng喃繩表：僕童。

縃 44634 u7E03 jī_9.15 俗緝44474 可洪音義縃麻：上千入反。

縂 44635 u7E02 zǒng_9.15 俗總44810

縁 44636 u7E01 yuán_9.15 俗緣44484

縀 44637 u7E00 xiá_9.15 集韻乎加切，音遐。同報67708俗作緞44556 類篇縀，何加切。履也。一曰履根後帖。

緮 44639 u7DEE fù_9.15 同複44506

練 44638 uFA57 liàn_9.15 參見練44515

緓 44640 u7DD3 yīng_9.15 簪緓，同簪纓45203

縤 44641 22782 sù_10.16 廣韻桑故切音訴玉篇同素43857

䌯 44642 22783 fěi_10.16 集韻府尾切音匪類篇匪或作䌯。器似竹篋又蜀錦名揚雄·蜀都賦紌緷䌯縜。 又𦈌44725

縈 44643 22784 yíng_10.16 廣韻於營切集韻韻會娟營切太音縈。◆說文收韏也玉篇縈，旋也廣韻繞也詩·周南葛藟縈之釋文縈，本又作帶。 又萦50009

䋮 44644 22785 luò_10.16 集韻歷各切音絡。絡或从素類篇絮也。○按類篇在素部，今併入。

䋾 44645 22786 luò_10.16 玉篇同絡。纏絲也。

褫 44646 22787 lí_10.16 集韻鄰知切音離說文緐縭也。一曰維也玉篇一曰絓縭也又廣韻縴縭，惡絮又集韻憐題切音黎。義同。 又縭44380

縉 44647 22788 jìn_10.16 廣韻集韻韻會正韻太卽刃切音晉說文帛赤色也急就篇註縉，淺赤色也又扱也荀子·禮論縉紳而無鉤帶矣註縉與搢同又官名左傳·文十六年縉雲氏有不才子註縉雲，黃帝時官名又與薦同史記·五帝紀贊薦紳先生難言之註徐廣曰：薦紳卽縉紳也，古字假借耳又集韻將支切音貲。義同。 又缙44771 縉45195

縊 44648 22789 yì_10.16 廣韻正韻於計切集韻韻會壹計切太音翳◆說文經也博雅絞也釋名懸繩曰縊。縊，阨也，阨其頸左傳·桓十三年莫敖縊于荒谷註縊，自經也周禮·冬官考工記·輈人不伏其轅，必縊其牛又廣韻集韻韻會太於賜切音縊。義同。 又缢44762

緅 44649 22790 qiū_10.16 廣韻七由切集韻雌由切太音秋廣韻同緧周禮曰：必緅其牛後○按考工記·輈人必緧其牛後。註云故書緧爲鰌。鰌魚字疏云既鰌是魚名，明不从故書也廣韻譌鰌爲緅，非是。

縋 44650 22791 zhuì_10.16 廣韻集韻韻會太馳僞切音膇說文以繩有所懸也博雅縋，繩索也左傳·僖三十年夜縋而出註縋，縣城而下。 又綵44057缒44614

縌 44651 22792 nì_10.16 廣韻正韻宜戟切集韻韻會仡戟切太音逆說文綬維也前漢·翟方進傳赤韍縌註服虔曰：縌卽今之綬也。師古曰縌者，系也，謂逆受之也後漢·輿服志自青綬以上，縌皆長三尺二寸。縌者古珮璲也，佩綬相迎受，故曰縌集韻亦作綌。

𦅑 44652 22793 táng_10.16 玉篇徒郎切。大繩也。

縍 44653 22794 bāng_10.16 廣韻博旁切集韻逋旁切正韻搏旁切，並音幫。幫或作縍，治履邊也又bàng集韻補曠切音謗類篇吳俗謂縹絮曰縍也。 又绑44716又bǎng同綁44184蜀籟捆起綁起是一樣。

䌆 44654 22795 guì_10.16 集韻立廢切周禮·春官·巾車錫面朱總註：鄭司農云䌆當爲總釋文䌆字林蒼雅及說文皆無此字，衆家亦不見有音者，惟昌宗音廢，以形聲會意求之，實所未了，當是廢而不用乎，非其音也，李音兵廢反。又集韻基位切音媿類篇繒也。

縎 44655 22796 gǔ_10.16 廣韻韻會古忽切集韻吉忽切太音骨說文結也博雅結縎，不解也楚辭·九思心結縎兮折摧。又hú集韻胡骨切音搰。繒類。 又𦈉44570

縏 44656 22797 pán_10.16 廣韻薄官切集韻韻會正韻蒲官切太音盤類篇小囊也禮·內則施縏袠疏袠，刺也，以針刺袠而爲縏囊也。

縐 44657 22798 zhòu_10.16 廣韻集韻韻會正韻太側救切音皺◆說文絺之細者。一曰蹴也玉篇縐，布也，纖也。亦作綯詩·鄘風蒙彼縐絺傳絺之靡者爲縐疏絺者，以葛爲之，其精尤細靡者縐也，言細而縷縐又褰縐史記·司馬相如傳襞積褰縐註褰縐，縮蹙之也又類篇縐，聚文也又集韻之遇切音媰。側六切音緘。義太同又chào廣韻初教切音抄。惡絹也。 又绉44030縐43994綯44106縐44411

緈 44658 22799 xìng_10.16 廣韻胡頂切集韻下頂切太音婞說文直也玉篇同緈。

縲 44659 22800
lì _10.16　廣韻 集韻 力質切音栗 博雅 蒸縲，綵也。類篇 黃色繒。

縑 44660 22801
jiān _10.16　廣韻 古甜切 集韻 韻會 堅嫌切 正韻 古嫌切 达音兼 說文 并絲繒也。釋名 縑，兼也，其絲細緻兼于布絹也。細緻染縑爲五色，細且緻，不漏水也 前漢·外戚篇 媼爲翁須作單縑衣 註 縑即今之絹也。鍪 又縑 44761

縒 44661 22802
cī _10.16　廣韻 楚宜切 集韻 又宜切 达音鹺 說文 作縒。參縒也 類篇 謂絲亂貌 又 suǒ 廣韻 蘇可切音縒。鮮絜貌 又 集韻 此我切音瑳。義同 又 cuò 廣韻 集韻 达倉各切音錯。縒綜亂也 玉篇 縒亦作錯。鍪 又縒 45102 又 龍龕 縒 44833，同縒。

縓 44662 22803
quán _10.16　廣韻 此緣切 集韻 韻會 正韻 逡緣切 达音詮 說文 帛赤黃色 爾雅 釋器 一染謂之縓 註 今之紅也 儀禮·喪服 公子爲其母練冠麻，麻衣縓緣 註 淺絳也 禮·閒傳 期而小祥，練冠縓緣 疏 以縓爲領緣也 又 廣韻 七絹切 集韻 韻會 正韻 取絹切，达詮去聲。義同。

紕 44663 22804
pí _10.16　集韻 頻脂切音皮。細布。

綅 44664 22805
qīn _10.16　廣韻 七林切 集韻 千尋切 达音侵 說文 綅作縳 又 xiān 廣韻 息廉切音遷。

繍 44665 22806
fán _10.16　集韻 符袁切音煩 說文 繁 44815 或从舁作繘。舁，籀文弁 又 集韻 蒲官切音槃。義同。

縧 44666 22807
shuǎng _10.16　集韻 所兩切音爽 類篇 繰中繭也。

縕 44667 22808
yùn _10.16　說文 縕 44527 作縕。鍪 又縕 44621

織 44668 22809
zhī _10.16　譌字 正字通 舊註同織，見釋藏。梵書譌文，宜以六書正之，不當以亂六書。

縎 44669 22810
xiá _10.16　廣韻 胡瞎切 集韻 下瞎切 达音鎋 玉篇 束物也。

縰 44670 22811
shǎi _10.16　集韻 師駭切音擺 類篇 褷褫，衣破。或从糸。

縗 44671 22812
cuī _10.16　廣韻 集韻 韻會 正韻 达倉回切音崔◆ 說文 服衣長六寸，博四寸，直心 玉篇 喪服也 左傳·襄十七年 晏嬰麤縗斬 註 縗，在胷前 釋文 縗，本又作衰。又 shuāi 集韻 雙佳切音榱。鷺首毛 又 suī 集韻 蘇回切音縗。編鷺羽爲衣 又 集韻 蘇何切音莎。義同。鍪 又縗 44766 襊 54586

縩 44672 22813
suǒ _10.16　譌字〇按 篇海 音義與索字同。諸字書皆無此字。鍪 又縩 44867

縘 44673 22814
xì _10.16　集韻 牽奚切音溪。繫或作縘 類篇 繫，縘也。今惡絮。

繰 44674 22815
sāo _10.16　集韻 蘇遭切音騷 類篇 繅 44820 或从蚤作繰。

緌 44675 22816
huāng _10.16　集韻 呼光切音荒。統 44067 或作緌。

繀 44676 22817
suì _10.16　集韻 雖遂切，音祟 類篇 卷絲爲緯也。

綹 44677 22818
liú _10.16　廣韻 集韻 力求切音留。綺別名。鍪 又綹 44835

綌 44678 22819
hé _10.16　玉篇 下革切。生絲。鍪 熊加全：（生絲）生絲縷。綌即繫 45016 異體字。

縙 44679 22820
róng _10.16　集韻 如容切音茸。絲飾 又 ròng 集韻 而用切音鸋。縙或作縙，韎毳飾。一曰罽也 又 rǒng 集韻 乳勇切音宂 博雅 索也。

緫 44680 22821
hǔn _10.16　廣韻 虛本切 集韻 虎本切 达音惛。結也。

綯 44681 22822
tāo _10.16　廣韻 土刀切 集韻 正韻 他刀切 达音韜 類篇 絛 44066 或从舀作綯 又 人名 禮·檀弓 南宮綯 又 玉篇 亦作韜 廣韻 藏也，寬也，劍衣也。鍪 又綯 44407 紏 44273

縛 44682 22823
fù _10.16　廣韻 符鑊切 集韻 韻會 伏約切 正韻 符約切 說文 束也 釋名 縛，薄也。使相薄著也 廣韻 繫也 左傳·僖六年 許男面縛銜璧。又 昭二十六年 以幣錦二兩縛一如琪 註 縛，卷也 又 釋名 縛在車上，與輿相連縛也 急就篇註 縛在車下，主縛軸，令輿相連，即今所謂鉤心也 又 廣韻 集韻 韻會 正韻 达符臥切。義同 又 集韻 符遇切音附。紺或作縛，繩也 韻會 俗从專作縛，誤。鍪 又縛 44770

綟 44683 22824
tǎn _10.16　廣韻 集韻 韻會 达吐敢切音菼◆ 說文 帛雛色也 詩曰：毳衣如綟〇按今 詩 作菼。傳曰：雛也。蘆之初生者 說文註 徐鍇曰：染之如生菼色，今人所染麥綠也。徐鉉曰：今俗別作毯，非是 玉篇 今作菼、毯 廣韻 俗作襝。鍪 又綟 44349

綖 44684 22825
yún _10.16　廣韻 爲贇切 集韻 于倫切 达音筠◆ 說文 持綱紐也 周禮·冬官考工記·梓人 上綱與下綱出舌尋，綖寸焉 註 綱，連侯繩也。綖，籠綱者 又 集韻 王分切音雲。羽敏切音隕。羽粉切音殞。義达同。

絮 44685 22826
shuò _10.16　玉篇 音朔。封也。

縝 44686 22827
chēn _10.16　廣韻 昌眞切 集韻 正韻 稱人切 达音嗔 博雅 縝，繼縷也 揚子方言 縷謂之縝 廣韻 與鎭同 又 集韻 癡鄰切，音獜。義同 又 zhěn 廣韻 章忍切 集韻 韻會 正韻 止忍切 达音軫 禮·聘義 縝密以栗 註 縝，緻也 又 博雅 黑也 謝朓·晚登三山望京邑詩 誰能縝不變 註 縝與鬒同 又 廣韻 結也，單也 又 前漢·司馬相如傳註 縝紛，衆盛也。音丑人反。鍪 又縝 44768 紾 44368 縝 54628 紾 44249

縶 44687 22828
zhì _10.16　廣韻 集韻 达直利切音稚 玉篇 刺縶，針縫也 類篇 紩也。鍪 又縶 45100

縞 44688 22829
gǎo _10.16　廣韻 集韻 韻會 正韻 达古考切音杲◆ 說文 鮮色也 博雅 練也 小爾雅 繒之精者曰縞 書·禹貢 厥

筐玄纖縞傳縞，白繒詩·鄭風縞衣綦巾傳縞衣，白色男服禮·檀弓祥而縞疏縞謂縞冠。又玉藻縞冠素紕，既祥之冠也疏縞是生絹。又王制殷人冔而祭，縞衣而養老註殷尚白而縞衣裳戰國策強弩之末，不能穿魯縞前漢·地理志註縞，鮮支也，即今所謂素者也図廣韻古到切集韻居號切𠀤音誥。義同。鋻又縞44765

暴 44689 22830
bó _10.16　廣韻補各切集韻伯各切𠀤音博◆說文頸連也玉篇亦作襮図集韻步木切音僕。義同。鋻本作暴23182

縟 44690 22831
rù _10.16　廣韻而蜀切集韻韻會儒欲切𠀤音辱。說文繁采色也玉篇飾也張衡·西京賦采飾纖縟註縟，繁采飾也図博雅縟，驟數也儀禮·喪服喪成人者其文縟，喪未成人者其文不縟註縟，猶數也図韻補叶而聿切李尤·陽德殿賦青瑣禁門，廊廡翼翼。華蟲詭異，密采珍縟。鋻又縟44769正字通㲣，同縟。

縠 44691 22832
hú _10.16　廣韻集韻韻會正韻𠀤胡谷切音斛說文細縛也玉篇紗縠也廣韻羅縠增韻縐紗曰縠，紡絲而織之釋名縠，粟也，其文足足而踧踧，視之如粟也戰國策不若王愛尺縠也註縠，細縛也史記·司馬相如傳垂霧縠註言細如霧後漢·章帝紀詔齊省冰紈方空縠註縠，紗也宋玉·神女賦動霧縠以徐步註縠，今之輕紗。鋻後漢·章帝紀註縠，紗也。徐慧註釋名曰縠，紗也図纖45163縠27115

縡 44692 22833
zài _10.16　廣韻作亥切集韻韻會正韻子亥切𠀤音宰說文·新附曰事也玉篇載也前漢·揚雄傳上天之縡註師古曰縡，事也，讀與載同図廣韻集韻韻會正韻𠀤作代切音再。義同図集韻昨代切，材去聲。義同。

縋 44693 22834
tà _10.16　韻會託盍切音榻。以索冒物通鑑中宗嗣聖十三年，契丹寇營州，飛索以縋，麻仁節生獲之集覽縋，以索冒物也。契丹將李楷固善用縋索。鋻又縋44726

縢 44694 22835
téng _10.16　廣韻集韻韻會正韻𠀤徒登切音騰說文緘也玉篇繩也，約也書·金縢傳為請命之書，藏於匱，緘之以金詩·秦風竹閉緄縢傳縢，約也疏謂以繩約弓。又魯頌朱英綠縢傳縢，繩也禮·少儀甲不組縢註組縢，以組飾之，及紟帶也図行縢詩·小雅·邪幅在下箋邪幅，如今行縢也。偪束其脛，自足至膝，故曰在下疏名行縢者，言行而緘束之戰國策嬴縢履蹻図與媵同後漢·儒林傳序小乃制為縢囊註縢亦媵也莊子·胠篋篇唯恐緘縢扃鐍之不固也音義縢，向、崔本作媵，同。鋻又縫44544縬44934

縣 44695 22836
xuán _10.16　廣韻集韻韻會正韻𠀤胡涓切，音玄說文繫也註徐鉉曰：此本是縣挂之縣，借為州縣之縣。今俗加心，別作懸，義無所取易·繫辭縣象著明莫大乎日月◆詩·周頌應田縣鼓周禮·春官·小胥正樂縣之位儀禮·燕禮樂人縣左傳·成二年曲縣繁纓以朝前漢·高帝紀縣隔千里図xiàn廣韻黃絢切集韻熒絹切𠀤音炫

釋名縣，懸也，懸係于郡也廣韻古作寰。楚莊王滅陳為縣，縣名自此始周禮·天官·大宰邦縣之賦註邦縣四百里。又地官·小司徒四甸為縣。又遂人五鄙為縣魯語三鄉為縣史記·秦始皇本紀大矣哉宇縣之中註縣，赤縣前漢·地理志分天下為郡縣図史記·絳侯世家註縣官，謂天子也。王者官天下，故曰縣官也図姓禮·檀弓縣賁父史記·仲尼弟子列傳縣單父▲按說文在𣱏部，今併入。鋻又县05081県37482圌08235

縥 44696 22837
sù _10.16　字彙補與素同。鋻同縤44641，素本字。

緆 44697 22838
xì _10.16　集韻乞逆切音隙。絟44198或作緆。鋻緆44574俗譌。

絢 44698 22839
xuàn _10.16　集韻翾縣切音昫。絢或从荀。

繫 44699 22840
xì _10.16　集韻胡計切音系。帶也。或作褉、褉。

繂 44700 22841
sù _10.16　玉篇桑故切，生帛也篇海音素。通作素。

縥 44701 22842
zhěn _10.16　玉篇阻近切。水急也。

緦 44702 22843
sī _10.16　字彙補古緦44488字。

繈 44703 22844
xì _10.16　廣韻集韻𠀤胡計切音系。籀文系字。

緇 44704 22845
zī _10.16　同緇隸釋·州輔碑涅而不緇。即緇字。

縿 44705 22846
pó _10.16　篇海蒲禾切音婆篇韻音條。義闕。

縻 44706 22847
qǔn _10.16　篇海苦隕切，屈上聲◇義與䌤同。束縛也。

經 44707 22848
gāng _10.16　字彙補俗綱字。

繑 44708 22849
qiāo _10.16　字彙補俗繑字。

縶 44709 22850
mù _10.16　字彙補縶字之譌。

絩 44710 22851
táo _10.16　字彙補穆天子傳有此字，疑與縚字同。鋻穆天子傳·卷四絲絩雕官，髳蠻乃膜拜而受。亦作縚44753

櫜 44711 22852
suǒ _10.16　字彙補音棘。微也〇按音義同索，當即索字之譌也。鋻字彙補櫜，生格切音棟。微也新撰字鏡櫜，正。桼落反。入盍也。紐繩曰櫜。

絹 44712 22853
bì _10.16　字彙補與碧39143同。

繰 44713 22854
sāo _10.16　字彙補古文繅字〇按希裕略古古文繅字無作繰者，此譌字也。

繇 44714 44982
yáo _10.16　字彙補繇字之譌。

繃 44715 44983
yōng _10.16　篇韻音邕。鋻又鞴67442繃44873

绣 44716 u2B130
bāng _10.16　簡綁44653

缫 44717 u2B12F
zōng _10.16　簡縗44755

斜 44718 u2B0FC
null _10.16　喃未詳。

綯 44719 u2B0FB
róng _10.16　俗容12095可洪音義縱縒：上七容反。下

緔 44720 u2B0FA
null _10.16　未詳。

余鍾反，有威儀也，閑暇皃也。正作慫容。亦作瑽容。

寧繸繸如束長竿。殿本 佩文韻府 作綾綾。又缓44717

繼 44721 u2B0F9
null_10.16 喃 未詳。

綴 44722 u2B0F8
null_10.16 喃 未詳。

緊 44756 u260C2
jǐn_10.16 字海 同緊44357

縉 44723 uFA58
jìn_10.16 簡 縉44647

缓 44724 u26219
niè_10.16 簡 繼45219

鄉 44757 u260A7
null_10.16 未詳。

纜 44758 u4340
lán_10.16 簡 纜45096

維 44725 u26217
fěi_10.16 簡 維44642

綢 44726 u26216
tà_10.16 簡 綢44693

縎 44759 u430B
dā_10.16 綌縺，同褡54583裸。

綢 44727 u26108
xuyển_10.16 喃 从紗省釗chiêu聲。

縜 44728 u26107
nịt_10.16 喃 从紐省涅niết聲。紐帶。

繽 44760 u7F24
bīn_10.16 简 繽45086

縑 44761 u7F23
jiān_10.16 簡 縑44660

縌 44729 u26106
may_10.16 喃 同緅44402縫紉。

繹 44762 u7F22
yì_10.16 簡 繹44648

繙 44763 u7F21
lí_10.16 簡 繙44782

縅 44730 u26105
dệt_10.16 喃 从糸滅diệt省聲。紡織。

纏 44764 u7F20
chán_10.16 简 纏45150

縞 44765 u7F1F
gǎo_10.16 簡 縞44688

繃 44731 u26104
quần_10.16 喃 从糸郡quận聲。眷戀，纏磨△琨繃娛：孩子纏著媽媽。

縗 44766 u7F1E
cuī_10.16 简 縗44671

縫 44767 u7F1D
fèng_10.16 簡 縫44777

綻 44732 u26103
chít_10.16 喃 从糸哲triết聲。包，纏，緊束貌。

縝 44768 u7F1C
chēn_10.16 簡 縝44686

縟 44769 u7F1B
rù_10.16 簡 縟44690

縋 44733 u26101
thùn_10.16 喃 从縮省退thoái聲。

縛 44770 u7F1A
fù_10.16 簡 縛44682

縉 44771 u7F19
jìn_10.16 簡 縉44647

縜 44734 u26100
mã_10.16 喃 同驀45128-1△圖縜：次品。鎮縜：紙製的明器。△宏按，驀字原編號有誤，現置於45128下。

繞 44772 u7E28
huǎng_10.16 日 母衣。罩在武士背上防箭的布織品。

縲 44735 u260FF
vải_10.16 喃 从糸罷bãi聲△果縲：荔枝。

縧 44773 u7E27
tāo_10.16 同絛44166

縱 44774 u7E26
zòng_10.16 俗縱44787

縩 44736 u260FE
lượt_10.16 喃 从糸烈liệt聲△祅縩：羅衫。

縜 44737 u260FC
míng_10.16 人名用字 新唐書·宰相世系表三下（陸）縜之，永嘉令。

縩 44775 22855
cài_11.17 集韻 韻會 尨倉代切音菜 類篇 縩縩，鮮衣 前漢·班倢伃傳 紛縩縩兮紈素聲 註 縩縩，衣聲也。亦作縩。

繪 44738 u260FB
hún_10.16 俗繩44351

縧 44739 u260FA
gōu_10.16 繳44510俗譌

繪 44740 u260F9
null_10.16 未詳。

縱 44741 u260F8
null_10.16 未詳。

縪 44776 22856
bì_11.17 廣韻 畢吉切 集韻 韻會 正韻 壁吉切尨音必 說文 止也 玉篇 冠縫也 儀禮·既夕 冠六升，外縪，纓條屬厭 註 縪，謂縫著武也 又 博雅 戴謂之縪 又 集韻 薄必切音邲。義同 又 集韻 必結切音幣。必或作縪，以組約圭也 周禮·冬官考工記·玉人 天子圭中必 註 必，讀如鹿車縪之縪，謂以組約其中央而執之，以備失隊也。

繪 44742 u260F7
null_10.16 未詳。

縬 44743 u260F6
null_10.16 未詳。

繻 44744 u260F5
null_10.16 未詳。

編 44745 u260F4
null_10.16 未詳。

縫 44777 22857
féng_11.17 廣韻 集韻 韻會 尨符容切音逢 說文 以鍼紩衣 詩·召南 羔羊之縫 傳 縫，言縫殺之，大小得其制。又 魏風 可以縫裳 左傳·昭二年 敢拜子之彌縫敝邑 註 猶補合也 又 集韻 符風切 正韻 符中切尨音馮。義同。又 fèng 廣韻 扶用切 集韻 房用切尨音俸。衣縫也 周禮·天官 縫人掌王宮之縫線之事 禮·檀弓 古者冠縮縫，今也衡縫。璽 又縫44767吉05443 又 襟54670裸40034裸54706，並俗縫 可洪音義 裸40034著：上扶峯反。

縺 44746 u260F3
liàn_10.16 俗戀45258 四聲篇海 縺，音戀。不斷也。

縗 44747 u260F2
null_10.16 未詳。

繹 44748 u260F1
xìng_10.16 俗繂44658 玉篇 繹，胡泠切。直也，繂，同上。

繬 44778 22858
qiè_11.17 廣韻 七接切音妾 說文 緁44348或从習作繬 又 後漢·應劭傳 緹繬十重 註 緹繬，謂鮮明之衣 楚辭·九懷 襲英衣兮緹繬 補註 繬，緄衣也 又 集韻 七入切音葺。義同。

繩 44749 u260F0
shéng_10.16 玉篇 繩44995，市升切。索也，直也，度也。繩，俗△ 廣碑別字 引 魏高道悅墓誌

縝 44779 22859
jǐn_11.17 集韻 几隱切音謹 類篇 織文緻密。

緩 44750 u260EE
gai_10.16 喃 从糸荄gai聲。苧麻△祅緩：麻衣。包緩：麻袋。

縬 44780 22860
cù_11.17 廣韻 集韻 韻會 正韻 尨子六切音蹙。縮也。又縬紋也 類篇 一曰繒文 又 廣韻 集韻 尨側六切音 。聚文也。或作紫、縬。璽 又縬44849纇44781縬45220

縞 44751 u260ED
null_10.16 未詳。

絹 44752 u260EC
tāo_10.16 同絛44066

緂 44781 22861
cù_11.17 篇海 同縬 唐書·張建封傳 困縬不支。

緄 44753 u260EB
null_10.16 同緄44710

綯 44754 u260EA
gōu_10.16 同褠54577

清·光緒孔氏三十三萬卷堂刻本 北堂書鈔·卷第五十五 設官部七·太官令 奴婢皆緹褠蔽膝：今案陳俞本褠作構 又 蒲松齡 日用俗字·雜貨章第七 帽子頭繩皆可買，惟有弓鞋須自構（勾）。

纚 44782 22862
lí_11.17 廣韻 呂支切 集韻 韻會 鄰知切尨音離◆ 說文 以絲介履也 又 爾雅·釋器 婦人之褘謂之纚 註 今之

緵 44755 u260E9
zōng_10.16 俗綬44518亦作綬44888 又 chù 繇繸，初六反 晉書·王戎傳 謂裴頠拙於用長，荀勖工於用短，陳道

香纓也詩·豳風親結其縭傳縭，婦人之禕也。母戒女施衿結帨又爾雅·釋水縭，緌也疏縭訓爲緌，緌又爲繫詩·小雅紼縭維之又chī正韻抽知切音摛唐書·儒學傳風縭露沐。鑾又缡44763

縮 44783 22863
suō_11.17 廣韻集韻韻會正韻𠀤所六切音蹜說文亂也。一曰蹴也爾雅·釋詁縱縮，亂也註縱放掔縮，皆亂法也儀禮·鄉飲酒禮磬階閒縮霤北面鼓之註縮，從也。霤以東方爲從。古文縮爲蹙禮·檀弓古者冠縮縫，今也衡縫註縮，從也又爾雅·釋器繩之謂之縮之註縮者，約束之詩·大雅縮版以載又儀禮·郊特牲縮酌用茅註縮，去滓也左傳·僖四年無以縮酒又孟子自反而縮趙岐註縮，義也朱子·集註縮，直也又戰國策縮于財用則匱註歉也，贏之反也又釋名齊人謂車枕以前曰縮，言局縮也又玉篇退也，止也又廣韻斂也，短也。又姓戰國策安陵人縮高。鑾又縮44859𦢊23474𣨹26939缩44882綌44598

縯 44784 22864
yǎn_11.17 廣韻集韻韻會正韻𠀤以淺切音演。長也又集韻延面切音衍。義同又yǐn集韻以忍切音引。引也。

縶 44785 22865
lüè_11.17 廣韻離灼切集韻力灼切𠀤音略博雅絣也玉篇紩衣也。

縰 44786 22866
xǐ_11.17 廣韻集韻𠀤所綺切音蹝類篇纚或作縰禮·內則櫛縰笄總註縰，韜髮者也又宋玉·高唐賦縰莘莘註衆多之貌。縰與纚同。鑾又縰44425𫄬44841

縱 44787 22867
zòng_11.17 古文𦃇廣韻子用切集韻韻會正韻足用切，𠀤蹤去聲說文緩也。一曰舍也博雅置也玉篇恣也，放也書·太甲縱敗禮詩·大雅無縱詭隨又詩·鄭風抑縱送忌註發矢曰縱又禮·仲尼燕居縱言至于禮註縱言，汎說事又左傳·襄二十六年敢有二心乎。縱有，共其內，莫共其外又爾雅·釋詁縱，亂也又省作從論語從之純如也前漢·王吉傳放從自若又集韻韻會祖動切正韻作孔切𠀤音總禮·檀弓喪事欲其縱縱爾註讀如總領之總，急遽趨事貌又集韻足勇切音樅。慫或作縱前漢·衡山王傳日夜縱臾註師古曰縱臾謂奬勸也。又zōng廣韻即容切集韻韻會正韻將容切𠀤音蹤廣韻縱橫也韻會或作從詩·齊風衡從其畝類篇東西曰衡，南北曰從賈誼·過秦論合從締交註從與縱同。又與蹤通◆前漢·蕭何傳發縱指示獸處者，人也註師古曰讀者乃爲蹤蹟之蹤，非也○按隸釋·袁良碑往者王尊發縱于平陽楊著碑追縱魯參·魯峻碑比縱豹產，皆以縱爲蹤。師古之說非是又cóng集韻徂聰切音叢。鬠高大貌。鑾又纵43917緃43894緵44834縦44585又龍龕縱45106俗，縦44774正。

縩 44788 22868
qǐ_11.17 篇海縩或作綮。

縲 44789 22869
léi_11.17 廣韻力追切集韻韻會倫追切𠀤音纍類篇纍，或作縲論語雖在縲紲之中註縲，黑索也史記·太史公自序幽於縲紲又集韻盧戈切音蠃。大索也。鑾又缧44884絫44935纍45249又直音篇絫44089同縲。

䌌 44790 22870
mì_11.17 篇海覓筆切音密。見釋典。鑾又𦃟45046

縳 44791 22871
zhuàn_11.17 廣韻持兖切集韻韻會正韻柱兖切𠀤音篆◆說文白鮮色也又juàn集韻規掾切音絹儀禮·聘禮註紡，紡絲爲之，今之縳也釋文縳聲類以爲今正絹字又zhuàn廣韻直戀切集韻柱戀切𠀤音瑑博雅束也周禮·地官·羽人十羽爲審，百羽爲摶，十摶爲縳註縳，羽數束名也又集韻樞絹切音釧。雙縳，緻繒也又集韻重緣切音椽。卷也。鑾又𫄥43903縛44290褳40050𫍂40021

𦅁 44792 22872
mì_11.17 廣韻集韻𠀤莫狄切音覓。綱繩也博雅纆索也。

緊 44793 22873
jiān_11.17 廣韻古賢切集韻經天切𠀤音堅。緊也類篇或作絙集韻通作堅。

縴 44794 22874
qiān_11.17 廣韻苦堅切集韻輕煙切𠀤音牽。縴縩，惡絮。鑾又𦆲64161纤43813

縐 44795 22875
diǎo_11.17 玉篇丁了切。懸物也篇韻今作𠄏。

縵 44796 22876
màn_11.17 廣韻集韻韻會正韻𠀤莫半切音幔說文繒無文也漢律曰：賜衣者，縵表白裏又周禮·春官·巾車卿乘夏縵註五采畫無瑑疏言縵者，亦如縵帛無文章左傳·成五年絳服乘縵註車無文又前漢·食貨志一歲之收，常過縵田註縵田，謂不爲甽者也又廣韻謨晏切集韻莫晏切𠀤音幔周禮·春官·磬師教縵樂註縵，謂雜聲之和樂者也禮·學記不學操縵，不能安弦註操縵，雜弄弦屬又莊子·齊物論縵者，窖者，密者音義縵，寬心也又大恐縵縵音義齊死生貌又mán集韻韻會𠀤謨官切音瞞。縵或作𢿈。鑾又缦44885蘰51926又掌縵，手掌紋理。或作縭44874𦇃45035䊡47802，正作鞔修行本起經纖長手臂指，軟掌鞔中里。

𦅨 44797 22877
niè_11.17 集韻女介切。絮亂貌。

縶 44798 22878
zhí_11.17 廣韻集韻韻會𠀤陟立切，音縶玉篇繮也，相縶也，連也類篇繫也詩·小雅縶之維之傳縶，絆也禮·月令游牝別羣則縶騰駒。又左傳·成九年南冠而縶者誰也註縶，拘執又韻補質涉切春秋盜殺衞侯之兄縶公羊穀梁作輒。鑾又絷44163縶44965

縷 44799 22879
lǚ_11.17 廣韻力主切集韻韻會隴主切𠀤音僂說文綫也廣韻絲縷周禮·天官典枲掌布緦縷紵之麻草之物孟子有布縷之征楚辭·招魂秦篝齊縷又𦇧縷，委曲也柳宗元·寄許孟容書雖欲秉筆𦇧縷又結縷，草名爾雅·釋草傳，橫目註一名結縷，俗謂之鼓箏草又集韻郎侯切音婁。褸或作縷玉篇貧無衣，醜弊也小爾雅布褐而紩之謂藍縷左傳·宣十二年篳路藍縷，以啓山林註藍縷，敝衣類篇褸或作縷。鑾又縷44890䋑45169缕44611縷44562

練 44800 22880
shuǎng_11.17 廣韻疏兩切集韻所兩切夶音爽揚子方言綱練，絞也註履中絞也。鑒又纔45043

緅 44801 22881
zuǒ_11.17 正字通俗緵字。

綃 44802 22882
shāo_11.17 集韻師交切音梢類篇維舟謂之綃○按木華·海賦作綃急就篇註作綃

幕 44803 22883
mù_11.17 廣韻集韻韻會夶莫故切音暮類篇惡絮也。齊人語又mò集韻末各切音莫後漢·馬融傳織羅絡綊註張羅貌。幕與幕通。鑒又缪44842楊寶忠：同幕15091

縹 44804 22884
piāo_11.17 廣韻敷紹切集韻韻會匹紹切正韻普沼切夶音醥◆說文帛青白色博雅縹，青也釋名縹猶漂。漂，淺青色也。有碧縹，有天縹，有骨縹，各以其色所象言之也廣韻青黃色也後漢·輿服志賈人縹縹而已楚辭·九懷翠縹兮爲裳又集韻匹妙切音剽義同又piāo正韻紕紹切音漂前漢·賈誼傳鳳縹縹其高逝兮註縹縹，輕舉貌又木華·海賦羣仙縹眇。鑒又縹44886縹45160縹45231縹45080

縺 44805 22885
lián_11.17 廣韻落賢切音蓮。縺縷，寒具玉篇縷不解又集韻力延切音連。義同。鑒又缝44244䑄69436

麋 44806 22886
mí_11.17 唐韻廣韻靡爲切集韻韻會正韻忙皮切，並音糜說文牛轡也。或从多作又集韻旻悲切音眉。分也類篇一曰繫也前漢·匈奴傳羈麋不絕又集韻麋寄切。義同又與靡同易·中孚吾與爾靡之釋文靡，本又作麋，同散也。亦作縻。鑒又麋44807

麋 44807 22887
kǔn_11.17 集韻苦隕切音稛博雅束也玉篇束縛也又mí集韻旻悲切音眉。與麋又類篇分也。鑒又篇海類編麋44706義同麋，束縛也。

緑 44808 22888
lù_11.17 集韻盧谷切音祿類篇純也。

綖 44809 22889
xuàn_11.17 廣韻辭戀切集韻隨戀切，夶旋去聲說文以長繩繫牛廣韻同揓類篇或省作綻。

總 44810 22890
zǒng_11.17 古文㞡廣韻正韻作孔切集韻韻會祖動切夶音揔說文聚束也徐鉉曰今俗作揔，非廣韻合也，皆也。俗作揔書·伊訓百官總己左傳·僖七年若總其罪人以臨之註總，將領也前漢·揚雄傳解扶桑之總轡註總，結也屈原·離騷紛總總其離合兮註總總，猶繾綣，聚也又釋名總，束髮也，總而束之也詩·齊風總角丱兮疏總聚其髮，以爲兩角儀禮·喪服總六升註總六升者，首飾象冠數又禾稟曰總書·禹貢百里賦納總疏總者，總下銍秸禾穗與稟，總皆送之又總布周禮·地官·廛人總布註總，讀如租穗之穗。穗布謂守斗斛銓衡者之稅也○按總、總44497音義各別，今俗以總爲總，非。鑒又总02602惣17683緫44373緫44565紣43829緫44635揔20241惣17637㧾32782又字彙緫44199，與總同又正字通惣32795，同總又廣韻鬆71101角。本亦作總又揔19841

梭 24329並俗總。

績 44811 22891
jī_11.17 廣韻集韻韻會夶則歷切音勣說文緝也。詩·陳風不績其麻又書·堯典庶績咸熙傳績，功也。又詩·大雅維禹之績傳績，業也又爾雅·釋詁績，繼也又事也，成也。鑒又绩44456績45145

綷 44812 22892
suì_11.17 廣韻相銳切集韻須銳切夶音歲說文蜀細布也玉篇同綷篇海或作綫。

綖 44813 22893
shān_11.17 廣韻所銜切集韻韻會正韻師銜切夶音衫◆說文旌旗之斿也爾雅·釋天纁帛，綖註綖，衆斿所著詩·鄘風箋以縫紕旌之斿綖疏綖謂繫於旌旗之體，旒謂綖末之垂者周禮·春官·巾車註大常九旗之畫日月者，正幅爲綖，旒則旁屬爲又xiān集韻思廉切音暹。韠或作綖。旌旗末也又集韻師炎切音攕。義同。又xiāo集韻思邀切音宵。綃或作綖禮·檀弓綖幕魯也註綖，繅也。綖讀如綃又sāo集韻蘇遭切音騷。繅或作綖又cǎn集韻七感切音慘。淺紺繒也。鑒又綖54662減54536綖44388

綷 44814 22894
suì_11.17 廣韻蘇內切集韻蘇對切夶音碎說文箸絲於荸車也博雅綷車謂之麻鹿玉篇綷車。亦名軌車廣韻織綷。鑒又可洪音義作綷43878：音碎。作綷45054：同上，梭中行緯者也。正作綷。

繁 44815 22895
fán_11.17 廣韻附袁切集韻韻會正韻符袁切夶音煩書仲虺之誥實繁有徒傳繁，多也又禮·鄉飲酒義拜至獻酬辭讓之節繁註繁，猶盛也又孝經序安得不蕪其繁蕪註繁，雜也。又廣韻繁，概也又廣韻薄官切集韻蒲官切夶音鞶禮·禮器大路繁纓一就，次路繁纓七就疏繁爲馬腹帶也左傳·成二年請曲縣繁纓以朝註繁纓，馬飾又與樊通周禮·春官·巾車·樊纓註樊，讀如鞶帶之鞶，謂今馬大帶也又pó廣韻薄波切集韻蒲波切夶音婆玉篇姓也左傳·定四年殷民七族有繁氏前漢·陳湯傳御史大夫繁延壽。鑒又紳43959絲44212繽44665緐44958緐44848又漢語大字典·P3437繁44656，姓。也作繁。

繁 44816 22896
fán_11.17 正字通繁字之譌。

繂 44817 22897
lù_11.17 廣韻呂卹切集韻韻會正韻劣戌切音律爾雅·釋水緋繂註孫炎曰：繂，大索也。李巡曰：繂，竹爲索，所以維持舟者又釋名懸下壙曰繂。繂，將也，徐徐將下之也禮·檀弓·公室視豐碑註豐碑，斲大木爲之，形如石碑，於椁前後四角樹之，穿中於閒爲鹿盧，下棺以繂繞疏以繂繞者，繂卽緋也，以緋之一頭繫棺緘，以一頭繞鹿盧又張衡·東京賦漢綍鞏屬註繂以韋爲之，所以藉玉又廣韻所律切音率。義同。亦作絟。鑒又絟45140緯44840

綳 44818 22898
bēng_11.17 廣韻北萌切集韻悲萌切，夶音綳正韻補耕切音伻說文束也墨子·節葬下禹葬會稽，桐棺三寸，葛以綳之又廣韻束兒衣前漢·宣帝紀曾孫雖在襁

緥註師古曰褓卽今之小兒綳也。又绷44442繃45187
𧛔54455𧜟54444𧝅54646

緊 44819 22899
yī_11.17 廣韻烏奚切集韻韻會煙奚切太音鷖正韻於宜切音伊說文戟衣也。一曰青黑色繒廣韻赤黑繒又詩·邶風·自詒伊阻箋伊當作緊。緊猶是也又左傳·隱元年爾有母遺，緊我獨無註緊，語助辭又yì廣韻正韻於計切集韻韻會壹計切太音翳類篇㰯聲。一曰緊袼，小兒次衣也。

繅 44820 22900
sāo_11.17 古文𦃃廣韻集韻韻會蘇遭切正韻蘇曹切太音騷說文繹繭爲絲也禮·祭義夫人繅三盆手。又zǎo廣韻集韻太子皓切音早。義同又五經文字繅禮經或以爲藻藉之藻周禮·春官·典瑞王晉大圭執鎭圭，繅藉五采五就註繅有五采文，所以薦玉。又司几筵加繅席畫純註繅讀爲藻儀禮·聘禮圭與繅皆九寸註雜采曰繅。古文或作藻。今文作璪△集韻繅，或作縿、繰廣韻俗又作縿，非。又缲44880繰44942𦅾45094

繆 44821 22901
móu_11.17 廣韻武彪切集韻亡幽切正韻莫彪切太音繆說文枲之十絜也。一曰綢繆詩·豳風綢繆牖戶傳綢繆，言纏綿也莊子·則陽篇聖人達綢繆音義綢繆，猶纏綿。又云深奥也又廣韻莫浮切音謀集韻力求切音劉。義太同又jiū集韻居虯切韻會居尤切太音樛禮·檀弓衣衰而繆絰註繆，當爲不樛垂也之樛疏繆絰，謂絞麻爲絰前漢·孝成趙皇后傳卽自繆死註師古曰繆，絞也又miù集韻韻會太眉救切音謬禮·大傳五者一物紕繆註紕繆，猶錯也釋文繆，本作謬。又仲尼燕居不能詩，於禮繆註繆，誤也前漢·司馬相如傳臨邛令繆爲恭敬註繆，詐也。又于定國傳何以錯繆至是註繆，違也又姓史記·申公傳蘭陵繆生註索隱曰：繆氏，出蘭陵正字通今姓繆讀若妙，變音，非本音也又liǎo集韻朗鳥切音了。繚或作繆前漢·司馬相如傳繆繞玉綏註繆繞，相纏結也又mù廣韻集韻韻會太莫六切音穆。與穆同禮·大傳序以昭繆註繆，讀如穆公羊傳·隱三年葬宋繆公釋文繆，左氏作穆史記·魯世家太公召公乃繆卜註徐廣曰：古書穆字多作繆又liáo集韻憐蕭切音聊。繆繆，絲貌又liào集韻力弔切音嫽。蟉或作繆。蜩蟉，龍首動貌。又缪44881

繇 44822 22902
yáo_11.17 廣韻集韻韻會正韻太餘招切音遙說文作䌛，隨從也徐鉉曰今俗从䍃又書·禹貢厥草惟繇傳茂也釋文抽也又與徭同詩·大雅·民亦勞止箋繇役煩多釋文繇，本亦作徭史記·高祖本紀高祖常繇咸陽註應劭曰：繇，役也前漢·高帝紀註師古曰繇，讀與徭同。古通用。又文帝紀省繇費以便民又與陶同前漢·古今人表咎繇卽皐陶又與謠同前漢·李尋傳人民繇俗。又姓後漢·郅惲傳西都督郵繇延註繇姓，咎繇之後。又yóu廣韻以周切集韻韻會夷周切太音由。與由同易·坤卦其所繇來者，漸矣左傳·昭二十六年繇朐汰輈，匕入者三寸註繇，過也前漢·文帝記列侯亦無繇教訓其民註師古曰繇，讀與由同又與猷同爾雅·釋詁繇，道也疏小雅·巧言云秩秩大猷。猷、繇音義同又與猶同爾雅·釋詁繇，喜也註禮記曰：人喜則斯陶，陶斯詠，詠斯猶。猶卽繇也，古今字耳又與悠同前漢·韋賢傳犬馬繇繇註師古曰繇與悠同。悠悠，行貌又與游同前漢·班固敘傳陸子優繇○按文選作優游又zhòu集韻直祐切易繫辭註爻繇之辭，所以明得失釋文服虔云抽也，抽出吉凶也。韋昭云由也，吉凶所由生也左傳·閔二年成風聞成季之繇註繇，卦兆之占辭爾雅·釋詁繇，於也註繇辭疏卦兆之辭也干祿字書繇，臯繇字。䌛，卜兆辭。音冑佩觿集䌛，从䍃从卜从系○按繇、䌛經典皆通用說文在系部，今幷入。又䌛45004
䌛56472𦅿44982繇63243

繈 44823 22903
qiǎng_11.17 唐韻居兩切集韻類篇韻會舉兩切正韻居仰切太音繦說文觕纇也又玉篇錢貫也前漢·食貨志臧繈千萬廣韻俗作鏹又集韻與褓同史記·衞將軍傳青子在繈褓中註繈，長尺二寸，闊八寸，以約小兒于背也又廣韻繈，絲有纇。又繦44994繦44948

編 44824 22904
biǎn_11.17 廣韻方典切集韻正韻補典切太音匾。緶亦作編。褰裳也又集韻類篇太卑眠切音邊。義同。

繉 44825 22905
dōu_11.17 廣韻集韻太當侯切音兜。結縷囊。

繊 44826 22906
dié_11.17 集韻丁結切音窒。結也。

縨 44827 22907
bī_11.17 集韻邊迷切音椑。縨或作縪博雅幷也。

縩 44828 22908
zhōng_11.17 字彙補終字。見漢孔宙碑

緄 44829 22909
hún_11.17 篇海胡昆切音魂管子·輕重篇乂、欞、櫂渠、緄綵，所以御春夏之事也註緄，縫也。或作緷44738，俗緄。

繚 44830 22910
liáo_11.17 字彙補同繚隸釋孫叔敖碑陰繚朴二宗。卽繚字。

繧 44831 22911
ōu_11.17 篇海於候切音嘔。義闕字彙補繧，麻也○按卽漚字之譌。

縿 44832 22912
zhèn_11.17 篇海與紖同○按集韻紖亦作𦀖，當卽𦀖字之譌。

縒 44833 22913
cuò_11.17 篇韻七作切音錯。綜縒，絲貌。

縱 44834 22914
zòng_11.17 說文長箋與縱44787同。

緇 44835 22915
zī_11.17 字彙補同緇○按字形當卽緇字之譌字彙補同緇，非是。

縔 44836 22916
gōng_11.17 篇韻古紅切音宮。縣名。出江西賦

縻 44837 22917
mí_11.17 韻會旻悲切音眉。與縻44806同。

繝 44838 44984
guó_11.17 篇韻音國

𫄴 44840 u2B134
lǜ_11.17 簡繂44817

繤 44839 44985
zhuǎn_11.17 字彙補音轉。

𫄳 44841 u2B133 xǐ_11.17 簡 縰44786

𫄲 44842 u2B132 mù_11.17 簡 縸44803

𫄱 44843 u2B131 sè_11.17 簡 繬45000

𫄀 44844 u2B100 null_11.17 未詳。

𫃿 44845 u2B0FF null_11.17 未詳。

𫃾 44846 u2B0FE null_11.17 未詳。

𫃽 44847 u2B0FD null_11.17 未詳。

繁 44848 uFA59 fán_11.17 兼 繁44815

𦈚 44849 u2621A cù_11.17 簡 䋨44780

𦄻 44850 u2613B quẩn_11.17 喃 从縒省貫quán聲△𦄻吏：搓，纏。疠𦄻：絞痛 又 quấn从絡省貫聲△𦄻織：纏紗線。𦄻橋：纏繞，糾結。

𦄺 44851 u2613A rẳng_11.17 喃 从糸朗lãng聲。

𦄹 44852 u26139 chão_11.17 喃 从糸掉trao聲。纜繩。

𦄸 44853 u26138 xụng_11.17 喃 从糸訟tụng聲。

𦄷 44854 u26137 thòng_11.17 喃 从糸通thông聲△𦄷𦄷：紛披。須底𦄷𦄷：流蘇低垂。

𦄶 44855 u26136 rìa_11.17 喃 从糸哧rỉa聲。邊緣，花邊。

𦄵 44856 u26135 dứt_11.17 喃 从糸悉tạt聲。終，斷。

𦄴 44857 u26134 chài_11.17 喃 从糸斋trai聲。網罟。

𦄳 44858 u26133 yí_11.17 同𢑱16411俗彝16412

𦄲 44859 u26132 suō_11.17 正字通 縮44783本作𦄲。

𦄮 44861 u2612E zuǎn_11.17 俗纘45081

𦄱 44860 u26131 pián_11.17 緶44519本字

𦄭 44862 u2612D null_11.17 未詳。

𦄬 44863 u2612C null_11.17 未詳。

𦄫 44864 u2612B null_11.17 未詳。

𦄪 44865 u2612A null_11.17 未詳。

𦄩 44866 u26129 zhī_11.17 俗織44905

𦄨 44867 u26128 suǒ_11.17 或俗繠44672

𦄧 44868 u26127 zǎo_11.17 俗繰45011 又 sōu 漢語方言大詞典 𦄧，均勻。閩語。

𦄦 44869 u26126 null_11.17 未詳。

𦄥 44870 u26125 null_11.17 未詳。

𦄤 44871 u26124 null_11.17 未詳。

𦄟 44876 u2611F null_11.17 未詳。

𦄣 44872 u26123 gǔn_11.17 連横 臺灣通史·卷十七·關征志 𦄣，垂餌以釣也，每條五兩八錢八分 又 gọn 喃 从潔省袞gọn聲。

𦄢 44873 u26122 chōng_11.17 俗傭01789 可洪音義 纖𦄢：丑容反。直也。恀 又 唐·王建 宮詞一百首 嫌羅不着索輕𦄢，對面交人染褪紅△宏按，疑同緟44715

𦄡 44874 u26121 màn_11.17 同縵45035俗縵。

𦄠 44875 u26120 nút_11.17 喃 从結省訥dốt聲△紩𦄠：打結。

𦄞 44877 u2611E vấn_11.17 喃 从糸問vấn聲。卷，盤△𦄞組：繞纏。

𦄝 44878 u2611D tà_11.17 望山楚簡.2.23 革𦄝紃。何琳儀 戰國古文字典 疑緶44464之異文。

𦄂 44879 u26102 dải_11.17 喃 从糸帶đai聲。布帶。

缫 44880 u7F2B sāo_11.17 简 繅44820

缪 44881 u7F2A móu_11.17 简 繆44821

缩 44882 u7F29 suō_11.17 简 縮44783

缨 44883 u7F28 yīng_11.17 简 纓45203

缧 44884 u7F27 léi_11.17 简 縲44789

缦 44885 u7F26 màn_11.17 简 縵44796

缥 44886 u7F25 piǎo_11.17 简 縹44804

繍 44887 u7E4D xiù_11.17 俗繡44926

繌 44888 u7E4C zōng_11.17 同緵44518

繊 44889 u7E4A xiān_11.17 日 同纖45208

縷 44890 uF950 lǚ_11.17 參見縷44799

繎 44891 22918 rán_12.18 廣韻 集韻 太如延切音然◆說文 絲勞也 又 急就篇註 繎者，紅色之尤深，言若火之然也 又 廣韻 而緣切 集韻 而宣切太音堧。繎絲難理 又 集韻 儒轉切。又人見切。義太同。

繏 44892 22919 xū_12.18 廣韻 相俞切 集韻 詢趨切太音須◆說文 絆前兩足也。漢令，蠻夷卒有繏 類篇 繏或省作𦃇44471 又 廣韻 相庾切。又息有切音滫。義太同 又 集韻 筍勇切音竦。又聳取切音盨。又宣遇切音䝗。義太同。說文 作𦆹44969

繐 44893 22920 qú_12.18 廣韻 强魚切 集韻 求於切太音渠 玉篇 綵名也。履緣也 類篇 或作𦃈44543

繏 44894 22921 xuàn_12.18 廣韻 息絹切 集韻 須絹切，並宣去聲 博雅 繩索也 玉篇 懸縋索 又 蜀錦名 揚雄·蜀都賦 自造奇錦，紌繏緷縜 又 集韻 逡緣切音詮 類篇 所以懸持也。又 集韻 聳取切音縜。纃45181或省作繏。又𦆯44954

繐 44895 22922 suì_12.18 廣韻 集韻 太胡桂切音慧 說文 細疏布也 儀禮·士冠禮 不屨繐屨 註 縷不灰治曰繐。又 喪服 繐衰者何，以小功之繐也 註 凡布細而疏者謂之繐 禮·檀弓 綌縗繐裳，非古也 註 非時尚輕涼慢禮 釋名 齊人謂涼爲惠，言服之輕細涼惠也 玉篇 同繸 又 廣韻 集韻 韻會 正韻 太相銳切音歲。義同 又 集韻 旋芮切音彗。義同。

又繸44996

纀 44896 22923 fú_12.18 集韻 逢玉切音幞。纀或作䌗。帕也 又 玉篇 裳削幅也。亦作襆。

繏 44897 22924 jié_12.18 廣韻 集韻 太疾葉切音捷 說文 合也 又 左思·吳都賦 繏賄紛紜 註 繏，蠻夷貨名也 又 集韻 卽入切音喋。義同。又𦃃44955

纆 44898 22925 mò_12.18 集韻 密北切音墨 說文 索也 類篇 或从墨作纆。

繑 44899 22926 qiāo_12.18 集韻 丘祅切音蹺 說文 絝紐也 管子·輕重篇 䌷繑而踵相隨 又 集韻 牽幺切音鄡。義同 又 jué 集韻 訖約切音脚。屩或作繑。亦作鞽。通作蹻。

又繑44708

繑 44900 22927 fǔ_12.18 廣韻 芳武切 集韻 斐父切太音撫 玉篇 繅淹餘也 廣韻 絲也 類篇 綃或作繑。

繒 44901 22928 zēng_12.18 廣韻 疾陵切 集韻 韻會 慈陵切太音蹭 說文 帛也。籒文作緈 前漢·灌嬰傳 睢陽販繒者也 註 師

古曰繒者，帛之摠名 ☒ 國名 穀梁傳·僖十四年 季姬及
繒子遇于防 周語 杞、繒由太姒 註 杞、繒二國，姒姓，
夏禹之後 ☒ 縣名 史記·吳大伯世家 敗齊師于艾陵，至
繒 註 琅邪繒縣 ☒ 姓 史記·夏本紀 禹爲姒姓，其後分封，
用國爲姓，有繒氏 前漢·文帝紀 祁侯繒賀爲將軍。
☒ zēng 集韻 咨騰切音增 △céng 徂棱切音層 △zèng
作互切音贈。義丛同 ☒ 與繒同 三輔黃圖 佽飛具繒，繳
以射雁。鑿 又絟 44170 繒 44989 罾 37330

縛 44902 22929
xún_12.18　廣韻 徐林切 集韻 徐心切丛音尋 玉篇 續
也。今作尋。鑿 又繨 44981

繕 44903 22930
zhǎ_12.18　集韻 繆 44517 或从奢作繕。

繰 44904 22931
zuǒ_12.18　廣韻 正韻 子括切 集韻 韻會 宗括切丛音
撮 玉篇 結縷也 類篇 一曰縫餘。鑿 又緵 44956 繰 44801

織 44905 22932
zhī_12.18　古文 紙 紕 紾 紒 廣韻 之翼切 韻會 質
力切丛音職 說文 作布帛之總名也 小爾雅 治絲曰織，
織，繒也 廣韻 組織 書·禹貢 厥篚織文 傳 織文，錦綺之
屬 ☒ zhì 廣韻 集韻 韻會 丛職吏切音志。又 集韻 脂利
切音至。義同 禮·玉藻 士不衣織 註 織，染絲織之。士衣
染繒也 ☒ 集韻 昌志切音熾。幟或作織 詩·小雅 織文鳥
章 箋 織，徽織也 疏 幟與織字雖異，音實同也 前漢·食
貨志 旗織加其上 註 師古曰織讀曰幟 △ 類篇 或作絼。
鑿 又织 44015 织 44032 繊 44668 織 44866 裁 44136

繕 44906 22933
shàn_12.18　廣韻 集韻 韻會 正韻 丛時戰切音膳 說
文 補也 禮·月令 繕囹圄 ☒ 詩·鄭風·叔于田序 繕甲治兵
箋 繕之言善也 ☒ 周禮·夏官·繕人 註 繕之言勁也，善也
疏 以其所掌弓弩，有堅勁而善，堪爲王用者 ☒ 左傳·僖
十五年 征繕以輔孺子 註 繕，治也 ☒ 前漢·息夫躬傳 繕
修干戈 註 師古曰繕，備也 ☒ 後漢·盧植傳 供繕寫上。
☒ 與勁同 禮·曲禮 招搖在上，急繕其怒 註 繕讀曰勁。
鑿 又绕 44990 繕 45118 繕 45037 敾 21759 敾 21790 歚 26489

繕 44907 22934
yǐn_12.18　正字通 繩字之譌。

維 44908 22935
jiāo_12.18　集韻 兹消切音焦 玉篇 生枲未漚也。亦作
纖 類篇 布屬 ☒ qiāo 集韻 千遙切音繑 類篇 纖，麻苦雨
生壞也。或从糸作維。鑿 原本玉篇殘卷維，子堯反 字
書亦蕉字也。蕉，生枲未漚也。

織 44909 22936
sǎn_12.18　廣韻 韻會 蘇旱切 集韻 顙旱切丛音散 說
文·新附字 蓋也 廣韻 繖，絲綾。今作繖蓋字 史記·五帝
紀 舜乃以兩笠自扞而下去 註 皇甫謐云兩繖，繖笠類 晉
書·王雅傳 遇雨，請以繖入 ☒ 廣韻 蘇旰切 集韻 先旰切
丛音散。義同 △ 類篇 亦作伞、傘 集韻 或作幰。
鑿 又繖 45177

繖 44910 22937
zhé_12.18　集韻 直列切音轍 類篇 衣破。

緟 44911 22938
chóng_12.18　正字通 縬 44478 字之譌 〇 按 隸釋 漢碑
从重者或从童，如董、勤等字是也。縬卽緟字。

繗 44912 22939
lín_12.18　廣韻 力珍切 集韻 離珍切丛音鄰 玉篇 紹
也 類篇 理絲也。

繘 44913 22940
yù_12.18　古文 緑 纅 廣韻 餘律切 集韻 韻會 允律切
正韻 以律切丛音聿 說文 綆也。从糸矞聲 玉篇 用以汲
水也 急就篇 汲索也 揚子方言 關東謂之綆，關西謂之
繘 易·井卦 汔至，亦未繘井 儀禮·士喪禮 管人汲，不說
繘，屈之 ☒ 廣韻 居律切 集韻 訣律切 韻會 厥律切，並
音橘。義同 ☒ 類篇 食律切，音術。其律切，音趉。義丛
同 ☒ jué 集韻 古穴切音抉。紎或作繘，縷也。

緐 44914 22941
fán_12.18　廣韻 附袁切 集韻 符袁切丛音煩 ◆ 說文 冕
也 廣韻 緐，帛亂取也 ☒ 集韻 蒲官切音槃。義同。
☒ fān 廣韻 集韻 韻會 孚袁切，丛音翻 類篇 緐緐，風吹
旗也 ☒ 莊子·天道篇 於是繙十二經，以說老耼。

繁 44915 22942
biè_12.18　廣韻 方結切音彆 集韻 必結切音彆 玉篇
編繩也，刿帶也 ☒ 廣韻 馭右迴 ☒ bi 集韻 毗祭切音敝
類篇 惡綿也。鑿 俗綮 44197

纊 44916 22943
huàng_12.18　集韻 胡曠切音愰 類篇 繩束也。

繚 44917 22944
liáo_12.18　廣韻 落蕭切 集韻 韻會 憐蕭切 正韻 連條
切丛音聊 說文 纏也 類篇 繞也 禮·玉藻 再繚四寸 班固·
東都賦 修袖繚繞而滿庭 ☒ 祭名 周禮·春官·大祝 辨九
祭，八曰繚祭 儀禮·鄉飲酒禮 弗繚右絕末以祭 註 繚，
猶紾也 ☒ 人名 前漢·藝文志 尉繚 二十九篇 註 師古曰
尉姓，繚名也 ☒ 縣名 前漢·地理志 清和郡有繚縣。
☒ 集韻 朗鳥切 正韻 盧皎切丛音了。義同 ☒ 集韻 離昭
切音膠。力照切音燎。義丛同 ☒ liǎo 廣韻 力小切音燎
莊子·盜跖篇 繚意絕體而爭 音義 繚，理也 ☒ 集韻 爾紹
切音擾。人名 莊子 有黃繚。鑿 班固·東都賦。徐慧：
張衡·南都賦之誤 ☒ 繚 44830 繚 44991 正字通 繚，本作
繚 45062

繛 44918 22945
chuò_12.18　廣韻 昌約切 集韻 韻會 尺約切丛音婥
說文 緩也。或省作綽 玉篇 綽 44344 古文 繛 〇 按 說文 在
素部，今併入。

繜 44919 22946
zūn_12.18　廣韻 祖昆切 集韻 租昆切丛音尊 ◆ 說文 薉
貉中女子無袴，以帛爲脛空，用絮補核，名曰繜衣，狀
如襜褕 急就篇 襌衣、蔽膝、布母繜 註 黃氏曰：江東謂
鴟鴞爲布母。布母繜，繜，小衣也，猶犢鼻 屈原·離
騷 註 總總猶繜繜，聚也 ☒ zǔn 集韻 兹損切 荀子·不苟
篇 不能則恭敬繜絀以事人 註 繜與撙同，絀與黜同，謂
自撙節貶損也。

繝 44920 22947
diàn_12.18　集韻 堂練切音電 類篇 文繒。

繝 44921 22948
jiàn_12.18　集韻 居莧切音蜆 類篇 錦文也。唐有大繝
錦 唐書·代宗紀 禁大繝褐竭鑿六破錦。鑿 又綗 44984

襉 54717

繞 44922 22949
rǎo_12.18　廣韻 而沼切 集韻 韻會 正韻 爾紹切丛音

擾說文纏也干祿字書遶,通繞又姓左傳·文十三年繞朝贈之策註繞朝,秦大夫又rào集韻人要切音蟯。撓或作繞。鑾又绕44158

繟 44923 22950 chǎn_12.18 廣韻昌善切集韻韻會齒善切𠀤音闡說文帶緩也博雅繟繟,緩也廣韻寬綽又廣韻徒干切集韻唐干切𠀤音壇。義同又集韻尺戰切。又時戰切。義𠀤同又集韻黨旱切音亶。通作嬗又chán集韻時連切音鋋。繟聯,不絕貌。鑾又绰44397繵45009又玉篇殘卷繟字條引禮記其樂心感者,其聲繟以緩。繟,今本作嘽07192

䌰 44924 22951 sāng_12.18 廣韻息郎切集韻蘇郎切𠀤音喪類篇緗䌰,淺黄也又集韻四浪切,喪去聲。義同。鑾又𫄯44385纕45207

繠 44925 22952 ruǐ_12.18 廣韻如壘切集韻韻會乳棰切正韻如累切𠀤音蘂廣韻茸也,垂也。又佩垂貌左傳·哀十三年吳申叔儀乞糧于公孫有山氏,曰:佩玉繠兮,余無所繫之註繠然服飾備也又集韻汝垂切。義同。

繡 44926 22953 xiù_12.18 廣韻集韻韻會正韻𠀤息救切音秀說文五采備也釋名繡,修也,文修修然也書·益稷黼黻絺繡周禮·冬官考工記畫繢之事,五采備謂之繡又姓姓氏急就篇漢有繡君賓又集韻先彫切音蕭類篇綺屬詩·唐風素衣朱繡箋繡當爲綃韻補當讀如肖。鑾又绣44281綉44194綇44389繍44887綃44386

繢 44927 22954 huì_12.18 廣韻集韻韻會正韻𠀤胡對切音潰說文織餘也玉篇紐繢也急就篇註繢亦絛組之屬,似纂而色赤又類篇一曰畫也周禮·春官·司几筵諸侯祭祀席蒲筵繢純註繢,畫文也。又冬官考工記畫繢之事,雜五色禮·曲禮飾羔鴈者以繢疏畫布爲雲氣前漢·食貨志以繢爲皮幣註繢,繡也。繪五采而爲之又與繪同禮·玉藻緇布冠繢緌註繢或作繪又集韻戶賄切音瘣。義同又huí集韻胡隈切音回類篇采色鮮也又集韻胡骨切音搰。義同又集韻求位切。繢或作繢。鑾又繪45194缋44620繢45153繢45199

繻 44937 22964 xū_12.18 篇海同縛 繃 44928 22955 bēng_12.18 集韻晡橫切音祊類篇結也。鑾又𫄵44949

縹 44929 22956 sù_12.18 玉篇音粟。縐文。

纑 44930 22957 zhú_12.18 玉篇同纑45247,帶也。

繣 44931 22958 huà_12.18 廣韻集韻韻會𠀤胡卦切音畫。繣徽,乖違也。一曰結礙也周禮·夏官·大司馬·徒銜枚而進註枚如箸,銜之,有繣結項中疏繣卽兩頭繫也屈原·離騷忽緯繣其難遷註緯繣,乖戾也又廣韻呼麥切集韻胡麥切𠀤音劃。義同又潘岳·西征賦繣瓦解而冰泮註繣,破聲也又集韻忽麥切音儘。義同又古賣切音卦。義同。

縃 44932 22959 suǒ_12.18 集韻昔各切音索。大絇也○按與緒同。

繾 44933 22960 qiǎn_12.18 集韻起輦切音遣。縮也。

縢 44934 22961 téng_12.18 集韻徒登切音騰。縢或作縢,緘也。

纍 44935 22962 léi_12.18 集韻倫追切音纍。纝45249或作纍。

繻 44936 22963 xū_12.18 集韻詢趨切音須。繻或作繻。

纂 44938 22965 zuǎn_12.18 集韻祖管切音纘。纂45099或作纂。

繥 44939 22966 xī_12.18 篇海虛之切音嬉。笑也,樂也。

纈 44940 22967 xuǎn_12.18 同纈○按廣韻作纈集韻作纈。

纏 44947 u2B7C2 null_12.18 未詳。 縉 44941 22968 xún_12.18 篇海音旬。縫也○按音義與縉同。卽縉字之譌也。

繳 44951 u2B103 null_12.18 喃未詳。 繅 44942 22969 sāo_12.18 字彙補與繅音義同○按類篇繅或从喿作繰。俗从喿字,或變作参,亦作条。此復誤作条,非是。

纀 44954 u2621D xuàn_12.18 簡纀44894 𫄵 44949 u2B135 bēng_12.18 簡繃44928

繂 44952 u2B102 null_12.18 喃未詳。 繻 44943 22970 xū_12.18 集韻繻或作繻,亦書作繻44892 鑾說文作繻44969

纆 44944 22971 mò_12.18 字彙補命伏切,音墨◇絲也。

繦 44948 u2B136 qiǎng_12.18 簡繦44823

繛 44945 22972 chuò_12.18 字彙補同繛○按玉篇繛卽古文綽,改从索,非。

繾 44946 44986 qiǎn_12.18 篇韻音賤。鑾漢語大字典·P3450繾,綣的訛字。黄征:俗繢。P.3906碎金繾綴:則暗反。

纓 44950 u2B104 lụa_12.18 喃同纓45110帛。

繃 44953 u2B101 mành_12.18 喃从細省萌聲△絲繃:細絲。

䌖 44957 u26174 vở_12.18 喃从紙尾vĩ聲。簿冊。

繁 44958 u26173 fán_12.18 同緐44665繁44815或體。

繊 44959 u26172 vợt_12.18 喃从網省越việt聲。有柄之漁網。

纈 44955 u2621C jié_12.18 簡纈44897 絑 44960 u26171 thùa_12.18 喃从編省蛛thù聲△繞絑:刺繡△亦作紪44124

纉 44956 u2621B zuǒ_12.18 簡縒44904 繣 44961 u26170 đùm_12.18 喃从糸覃đàm聲。包、裹。亦作袱。△袱襆:包裹。

綿 44970 u26167 zhǐ_12.18 同襧54724 纟 44962 u2616F daemj_12.18 壯纟縩:織布又nhẳng喃从維省等đẳng聲△繗纟:結實。

繖 44963 u2616E tàn_12.18 喃从糸傘tàn聲。羅傘。

纓 44972 u26164 null_12.18 未詳。 纎 44964 u2616D đỏi_12.18 喃从網省隊聲△繩纎:纜繩。俗省作綠又đũi同繼45116

繷 zhí_12.18 [正字通] 繁44798，本作繷。

繳 null_12.18 未詳。

繘 líng_12.18 同絟43963 [殷周金文集成·釋文.1.271.] 繘鑄（齊侯鑄）唯王五月，初吉丁亥，齊辟鑾（鮑）叔之孫、蹲仲之子繘（絟），乍子仲姜寶鑄，用祈侯氏永命，萬年繘（令）保其身。

繷 sù_12.18 俗繁44641亦作繁44696

繪 huì_12.18 [正字通] 繪44997，俗作繪，非。

繱 cōng_12.18 俗繱45013

纈 xū_12.18 同繁44943 [說文] 纈，絆前兩足也。从糸須聲。漢令，蠻夷卒有纈。段玉裁·注：疑有奪字。應云蠻夷卒有罪當纈之。

繃 null_12.18 未詳。

繩 shéng_12.18 俗繩44995

繙 null_12.18 未詳。

繿 null_12.18 未詳。

繊 cái_12.18 俗裁54270

繕 null_12.18 未詳。

繚 null_12.18 未詳。

繰 xún_12.18 俗繰44902

繠 yáo_12.18 俗繠44822

繝 null_12.18 未詳。

繞 jiàn_12.18 同繝44921

繟 chǎn_12.18 俗繟45023

繪 xì_12.18 南朝宋·劉義慶 [世說新語·輕詆第二十六] 著膩顏恰，繪布單衣。徐震堮·校箋：繪字不見於字書，未詳其意，疑是紿44198之俗字 [又] 清·王星誠 [西堯殘草·大江東去] 繪布衣帬難入俗，觸地柴荊三斗。又 [懷人詩] 繪布衣初綠，官餞酒不黃。

繠 yáo_12.18 同繠44822 [說文] 繠，隨從也。从糸聲聲。臣鉉等曰：今俗从䍃。

纇 lèi_12.18 简纇45135

繪 zēng_12.18 简繪44901

繕 shàn_12.18 简繕44906

繚 liáo_12.18 简繚44917

缬 xié_12.18 简缬45136

缰 qiǎng_12.18 同繮44823

繧 yún_12.18 [日] 繧繝，一種以量渲染法染製的織物，亦指此種染法。民國·朱啓鈐 [絲繡筆記·卷下·辨物一·錦綾] 繧繝綢錦：繧繝者，本字書作暈裥，錦之名也。暈字為日月之傘，如日月周圍之輪即現出之氣，以色絲織出錦之周圍濃色與中色、淡色，幾重現出如日月之暈是也。

繩 shéng_13.19 [廣韻] 食陵切 [集韻] [韻會] [正韻] 神陵切夶音乘 [說文] 索也 [急就篇註] 繩謂紃兩股以上，總而合之者也。一曰麻絲曰繩，草謂之索 [易繫辭] 上古結繩而治 [書說命] 惟木從繩則正 [禮經解] 繩墨之於曲直 [前漢·律歷志] 規圓生矩，矩方生繩，繩直生準 [又] [書·囧命] 繩愆糾謬 [疏] 木不正者，以繩正之，繩謂彈正 [又] [詩·周南] 宜爾子孫繩繩兮 [傳] 繩繩，戒慎不絕貌。又 [大雅] 其祖武 [傳] 繩，戒也 [朱傳] 繩，繼也 [又] [禮·樂記] 省其文采，以繩德厚 [註] 繩，猶度也 [史記·樂書註] 王肅曰：繩，法也 [又] [禮·深衣] 負繩及踝以應直 [註] 繩謂裻，與後幅相當之

縫也 [又] [左傳·莊十四年] 蔡侯繩息媯，以語楚子 [註] 繩，譽也 [小爾雅] 繩之，譽之也 [又] yìng [集韻] 以證切音孕 [周禮·秋官·薙氏] 秋繩而芟之 [註] 含實曰繩 [又] mǐn [集韻] 弭盡切音泯。繩繩，無涯際貌。一曰運動不絕意。[又] shèng [集韻] 石證切音乘。徽也△ [廣韻] 俗作繩。[鞏] 又绳44446绝44240绳44241绳44633繩44749繩64345

纗 suì_13.19 [集韻] 須銳切音歲。繐，或作纗 [玉篇] 練布也。

繪 huì_13.19 [廣韻] [集韻] [韻會] [正韻] 夶胡對切音潰 [說文] 會五采繡也 [小爾雅] 雜彩曰繪 [玉篇] 綵畫也 [論語] 繪事後素 [何晏註] 繪，畫文也 [釋文] 本又作繢 [又] [廣韻] [集韻] [韻會] 夶黃外切音會。義同 [又] [書·益稷] 日月星辰、山龍華蟲作會 [傳] 會，五采也。以五采成此畫焉 [釋文] 會，馬鄭作繪 [又] [邠·穀梁傳·宣十八年] 邾人戕繒子于繒 [釋文] 繪，本或作鄶 [又] guì [集韻] 古外切音繪。五采束髮也。[鞏] 又繪44968绘44155绘44165

繫 jì_13.19 [廣韻] 古詣切 [集韻] [韻會] [正韻] 吉詣切夶音計◆ [說文] 繫，繲也。一曰惡絮 [玉篇] 約束也，留滯也 [類篇] 一曰維也 [又] [集韻] 牽奚切音溪。義同 [又] xì [廣韻] [集韻] [韻會] 夶胡計切音系 [易繫辭疏] 繫辭者，聖人繫屬此辭于卦爻之下。又云系辭者，取綱系之義也 [釋文] 繫，本系也。又續也 [周禮·天官·大宰] 以九兩繫邦國之民 [註] 繫，聯綴也 [干祿字書] 繫通繫 [集韻] 系或作繫 [類篇] 或作毄。[鞏] 又緩44673系05205

繘 là_13.19 [廣韻] 盧盍切 [集韻] 力盍切音臘 [玉篇] 繒也 [類篇] 纖，或作繘。

繬 sè_13.19 [廣韻] 所力切 [集韻] 殺測切夶音色 [博雅] 交合也 [玉篇] 縫也 [廣韻] 縡也。[鞏] 又绩44843

繬 zhù_13.19 [篇海] 繬，亦作紵。綿絮裝衣 [任昉·竟陵文宣王行狀] 華袞與縕繬同歸 [註] [韓詩] 子路曰：曾子褐衣縕繬未嘗完。

繭 jiǎn_13.19 古文絸 [廣韻] 古典切 [集韻] [韻會] [正韻] 吉典切夶音趼 [說文] 蠶衣也 [禮·祭義] 世婦卒鼉，奉繭以示于君，遂獻繭于夫人 [又] [釋名] 煮繭曰幕。貧者著衣，可以幕絡絮也。或謂之牽離，煑熟爛，牽引使離散如綿然也 [玉藻] 纊爲繭，縕爲袍 [又] 繭繭，聲氣微也 [禮·玉藻] 言容繭繭 [疏] 猶綿綿，聲氣微細繭繭然 [又] [戰國策] 足重繭而不休息 [註] 足傷皮皺，如蠶繭也 △ [類篇] 或作蠒。俗作䌷，非是。[鞏] 又茧49321繭51467繭51096繼45068蹒59609篆作繭51658 [又] 直音篇綾，音絸44167絸縮

繠 zhòu_13.19 [廣韻] [集韻] 直祐切 [韻會] [正韻] 直又切夶音冑。卦兆辭也〇按 [佩觽] 繠，从䍃从卜从系 [漢書·文帝紀註]：師古曰古作籀，今經典皆作繇44822

繠 yáo_13.19 [集韻] 餘招切音遙。同繠〇按 [說文] 繠作繠，漢隸或作繠 [韓勑碑] 復顏氏官氏邑中繠 [任伯嗣碑] 繠賦

平均，縣皆作絲。

縭 lì_13.19 玉篇音戾。又音搋。緩也。鼇正字通縭。按：綠色之緩本作綟44294漢·百官志借用鼇，未有作縭者。

絭 niè_13.19 廣韻尼輒切集韻呢輒切夶音囁博雅縫也玉篇紉緤，續縫廣韻補衣凶王延壽·王孫賦翨挲髮以絭縛註以繩繫縛也凶集韻逆怯切音業。義同。

繮 jiāng_13.19 廣韻居良切音薑說文馬紲也博雅靮謂之繮廣韻亦作韁。

緩 huǎn_13.19 玉篇古文緩字廣韻胡管切音浣說文作緩，綽也。或省作緩44495○按說文在素部，今併入。

繪 dān_13.19 集韻都甘切音儋類篇緩也。鼇熊加全：疑俗繩44923

繯 huán_13.19 廣韻集韻韻會夶乎献切音泫說文作繯，絡也玉篇環也廣韻繫也類篇維也前漢·揚雄傳虹蜺為繯註系也文選李善註旗上繫也凶集韻下兖切音蜎。義同凶廣韻集韻夶胡慣切音患揚子方言縣槫，宋魏陳楚江淮之閒謂之繯廣韻縞文也。鼇又緩45072繯45161

繰 zǎo_13.19 集韻子皓切音早說文帛如紺色博雅繰謂之緅凶qiāo集韻千遙切音鍫。又七小切音悄。義夶同凶sāo集韻蘇遭切音騷玉篇同繅44820△廣韻俗又作繰，非。繰本音衫。鼇又繰45073

禁 jīn_13.19 玉篇音紟。絲也凶jìn篇海居蔭切音禁。青色。陶隱居說，藍染纁碧所用也顏氏家訓吳人呼紺為禁，故以糸旁作纁，代紺字。鼇又繦45056

璁 cōng_13.19 廣韻倉紅切集韻麤叢切夶音怱說文帛青玉篇青白色廣韻色青黃文細絹集韻或作總44497凶zǒng集韻祖動切音總。璁總，絹也。鼇又總45162緫44974蒽51895

繲 xiè_13.19 廣韻古隘切集韻居隘切夶音懈。故衣也莊子·人閒世挫鍼治繲音義繲，浣衣也。崔作繸，音綫。

素 jú_13.19 廣韻居玉切集韻拘玉切夶音挶說文素屬類篇隸作紊○按說文在素部，今併入。

繳 zhuó_13.19 廣韻之若切集韻韻會正韻職略切夶音灼說文生絲縷也玉篇矰矢躲也凶jiāo集韻古了切音皎博雅纏也。

縕 yùn_13.19 集韻王問切音暈類篇染閒色。

繳 zhuó_13.19 玉篇同繫易·遯卦註矰繳不能及疏結繳於矢謂之矰繳史記·楚世家繒繳蘭臺註絲繩繫弋射鳥也前漢·張良傳雖有矰繳註繳，弋射也凶jiāo廣韻古了切集韻韻會正韻吉了切夶音皎前漢·司馬遷傳

名家苛察繳繞註如淳曰：繳繞，猶纏繞也凶hé廣韻集韻夶下革切音覈。衣領中骨。或作襮凶集韻皵，或作襮，行縢也凶jiāo集韻吉弔切音叫。糾戾也，劉向曰：紛繳爭言。鼇又繳38622繳45071繯45233縆44678

繴 bì_13.19 廣韻北激切集韻韻會正韻必歷切夶音壁說文繴謂之罿，罿謂之罬，罬謂之罦，捕鳥覆車也玉篇或作羃凶廣韻蒲革切集韻薄革切夶音繪。義同。凶集韻博厄切音薜。匹麥切音劈。義夶同。鼇又絷44551纍45701

繪 lián_13.19 廣韻良冉切集韻力冉切夶音斂揚子方言縣槫，關西謂之繪博雅繅索也玉篇懸鼊簙橫也類篇槌紐也凶集韻纖琰切音爻。義同。

繴 bó_13.19 集韻匹麥切音劈玉篇織絲為帶也凶集韻博厄切音薜。又薄革切音繁。義夶同凶bì集韻必益切音壁類篇繪繴，絮也。鼇又繴45057

繵 chán_13.19 集韻澄延切音纏玉篇約繵謂之禪也揚子方言袀繵謂之禪註今又呼為涼衣凶集韻纏，亦作繵史記·扁鵲傳動胃繵緣註繵緣，謂脈纏繞胃也。凶tán集韻唐干切音壇。繩也。一曰紫色凶dàn廣韻徒旱切音但。束腰大帶凶集韻黨旱切音亶。束也。

繟 chǎn_13.19 廣韻昌善切音闡說文偏緩也凶廣韻徐翦切集韻似淺切。義夶同凶集韻直碾切，廛去聲。義同凶yàn集韻延面切音衍。義同篇海纏也。鼇又繟44985

纚 luó_13.19 篇海郎何切音騾。綾紋。

繎 zhú_13.19 集韻朱欲切音燭玉篇同綢45247帶也。

繫 jiān_13.19 廣韻古南切集韻姑南切夶音弇。慳恡也凶廣韻呼廉切集韻火占切。並音婆。又廣韻集韻苦兼切，並音謙。又廣韻古咸切集韻居咸切，並音緘。持意堅固謂之繫。一曰口閉。鼇又繊45027歉26517

繊 jiān_13.19 同繫。

繶 yì_13.19 廣韻於力切集韻韻會乙力切夶音億博雅絛也玉篇或作纏周禮·天官·屨人赤繶黃繶註以赤黃之絲為下緣凶儀禮·士虞禮實長洗繶爵註繶爵，口足之閒有篆又彌飾。鼇又繶45048

繷 nǒng_13.19 玉篇奴孔切博雅紛繷，不善也後漢·崔駰傳紛繷塞路註盛多也。又集韻尼交切音鐃。又乃湩切音癑。義夶同。鼇又絨44114

繬 sè_13.19 廣韻所櫛切集韻色櫛切夶音瑟類篇繬繬，色也集韻通作璱。鼇五音集韻繬，繬繬，色赤青穀。亦作靉66973

繾 tǐ_13.19 玉篇音體。纏也。

繸 45032 23010
suì_13.19 廣韻集韻韻會正韻太徐醉切音遂爾雅·釋器繸，綬也註卽佩玉之組，所以連繫瑞玉者，因通謂之繸也類篇或省作緣。鎣又繸45070䍁67547

繹 45033 23011
yì_13.19 廣韻羊益切集韻韻會正韻夷益切太音亦說文抽絲也揚子方言繹，理也。絲曰繹之註言解繹也又爾雅·釋詁繹，陳也書·君陳庶言同則繹傳衆言同，則陳而布之詩·小雅會同有繹傳陳也禮·射義射之爲言繹也。或曰舍也，繹者，各繹已之志也疏繹，陳也又詩·魯頌以車繹繹傳善走也又山名詩·魯頌保有鳧繹傳繹，山也又龜名周禮·春官龜人掌六龜之屬，地龜曰繹屬疏仰者繹又祭名左傳·宣八年壬午猶繹註繹，又祭，陳昨日之禮，所以賓尸公羊傳繹者何，祭之明日也又邑名左傳·文十三年邾文公卜遷于繹註邾邑又紬繹前漢·谷永傳燕見紬繹註紬繹者，引其端緒也又揚子方言繹，長也又博雅繹，窮也，終也，充也又玉篇繹，大也又與驛同詩·大雅徐方繹騷箋繹，當作驛爾雅·釋訓繹繹，生也疏載芟云驛驛其達。繹與驛音義太同又shì集韻施隻切音釋。釋或作繹，解也。鎣又䋈43904绎44025繹45045

縩 45034 23012
líng_13.19 集韻郎丁切音零類篇絮也。

縵 45035 23013
màn_13.19 正字通俗縵字。

纎 45036 23014
lián_13.19 集韻離鹽切音廉類篇縿也。鎣又纎45188

繹 45045 23023
yì_13.19 篇海同繹

繕 45037 23015
shàn_13.19 正字通繕本作繕。省作繕、繕，非。○按經典皆作繕44906

繶 45048 u2B137
yì_13.19 簡繶45028

纗 45038 23016
zuī_13.19 集韻玄圭切，音攜。纗或作纗又zuǎn集韻祖管切音纂玉篇同纂。組類也後漢·張衡傳纗幽蘭之秋華兮註纗亦纂字。

𫄋 45049 u2B10B
null_13.19 喃未詳。

纗 45039 23017
jiān_13.19 集韻將先切音箋。韀或作纗。馬被具。○按與纗同。

𫄊 45050 u2B10A
null_13.19 未詳。

繺 45040 23018
shǎi_13.19 音義未詳淮南子·要略篇所以箴縷縩繺之閒○按集韻襰褹，衣破。褹或作綴，殺與煞通，疑卽綴字。

繮 45041 23019
jiāng_13.19 篇韻同繮○按卽繮字之譌。

纇 45042 23020
lài_13.19 篇韻來上聲。緢絲也。

繺 45043 23021
shuǎng_13.19 縔字之譌。見字彙補

𫄉 45051 u2B109
null_13.19 喃未詳。

纚 45044 23022
qiè_13.19 字彙補七葉切音妾。連緒也○按音義與緁同。當卽緁字之譌。

𫄈 45052 u2B108
null_13.19 喃未詳。

纏 45046 23048
mì_13.19 篇海音蜜。見釋典。義闕篇韻疎密亦作纏○按卽纏字之譌。

纋 45047 44987
dōu_13.19 篇韻音兜。出呪語。

𫄇 45053 u2B107
null_13.19 未詳。

𫄆 45054 u2B106
suì_13.19 俗縩44814

𫄅 45055 u2B105
null_13.19 未詳。

𦈟 45056 u2621F
jīn_13.19 簡縉45012

𦈞 45057 u2621E
bó_13.19 簡繴45021

𦆛 45058 u2619B
zōng_13.19 同緵44518

𦆔 45064 u26194
null_13.19 未詳。

𦆓 45065 u26193
null_13.19 未詳。

𦆚 45059 u2619A
néo_13.19 喃从締省褭nẻo聲△繚秩：勒緊。

𦆙 45060 u26199
sồi_13.19 喃从糸雷lôi聲。粗綢。

𦆗 45061 u26197
yuè_13.19 㪣44213本字。見說文

𦆖 45062 u26196
liáo_13.19 繚44917本字。見說文

𦆒 45066 u26192
null_13.19 未詳。

𦆕 45063 u26195
pèi_13.19 轡60463段玉裁改作𦆕。蔣冀騁段注改篆評議·闕失轡，按：宋本廣韻去聲至韻云說文作𦆕，但巾箱本廣韻𦆕字作戀。與五經文字同。考金文此字作𢇍，象絲繩系車之形，後來字形變化，省掉了中間糸字的一部分，就變成了𦆕，石鼓文此字作𦆕，江陵楚簡作𦆕，可為證明。

𦆑 45067 u26191
chán_13.19 俗纏45150碑別字新編引魏元天穆墓誌

𦆐 45068 u26190
jiǎn_13.19 俗繭45002

缴 45071 u7F34
jiǎo_13.19 简繳45018

𦆏 45069 u2618F
null_13.19 未詳。

缳 45072 u7F33
huán_13.19 简繯45010

䍁 45070 u4341
suì_13.19 简繸45032

缲 45073 u7F32
zǎo_13.19 简繰45011

缱 45074 u7F31
qiǎn_13.19 简繾45093

缰 45075 u7F30
jiāng_13.19 简繮45007

繨 45076 u7E68
da_13.19 紇繨：用繩線等物打成的結西遊記·第三回這猴王打出城中，忽然絆著一個草紇繨，跌了個蹡踵，猛的醒來，乃是南柯一夢。

繋 45077 u7E4B
jì_13.19 干祿字書繋繫44998，上通下正。

辮 45078 23024
biàn_14.20 廣韻薄泫切集韻婢典切，太音辨說文交也增韻繆也。與編44491通。鎣又辮60582又酉集下辛部重出：廣韻薄泫切集韻婢典切，太音艑說文交織也增韻繆也張衡·思玄賦辮貞亮以爲鞶兮，雜技藝以爲珩△集韻从糸正韻亦作編。

纅 45079 23025
zhòu_14.20 集韻仄遇切音媰。𦄵或作纅，絺也。

縲 45080 23026
piǎo_14.20 與縹同○按隸釋漢碑从票之字或作𤔲。馮煥詔𠆩輕，卽僄輕也。

纘 45081 23027
zuǎn_14.20 篇海作管切音纂。積也。鎣又縉44861楊寶忠：俗纂45099

纏 45082 23028
wù_14.20 廣韻集韻太亡遇切音務。纏淹餘也。

繻 45083 23029
xū_14.20 廣韻相俞切集韻韻會詢趨切太音須說文繒采色玉篇細密之羅也易·旣濟繻有衣袽前漢·終軍傳關吏予軍繻註蘇林曰：繻，帛邊也。舊關出入皆以傳。傳還，因裂繻頭合以爲符信也又類篇一曰細密網。亦作綸、縭又人名左傳·隱二年紀裂繻來逆女。又集韻汝朱切音儒。義同。鎣又𦈡45113繻44937

図 玉篇霂15129，思俱切。帊也。亦作繻。

繼 45084 23030
jì_14.20 廣韻集韻韻會正韻丛古詣切音計說文
續也玉篇紹繼也易繫辭繼之者，善也中庸善繼人之
志孟子爲可繼也五經文字繼从㡭，反㡭爲𢇍。俗作継，
非図集韻吉棄切。縛也。後漢·李固傳羣下繼望註劉攽
曰：繼是繼續之義，不可施於此。蓋本是繫字，繫綴天
下之望也○按繼又音繫，訓縛，卽繫之義。劉欲改繼爲
繫，非是。鼋又繡45158續44277繼44374繼44602繼45196

繡 45085 23031
shī_14.20 集韻式支切音施玉篇同繻45237図廣韻
息移切集韻相支切丛音斯。義同図zhǐ集韻展几切音
𢂖。襦或作繻。鼋又繼44970繻45130

繽 45086 23032
bīn_14.20 廣韻匹賓切集韻韻會正韻紕民切丛音
臏博雅繽繽，衆也玉篇繽紛，盛也類篇亂也屈原·離
騷佩繽紛其繁飾兮又九嶷繽繽丛迎。鼋又缤44760

繽57947繽45125

戀 45087 23033
yǐn_14.20 廣韻於謹切集韻韻會倚謹切丛音隱博
雅絣也玉篇戀衣也廣韻縫衣相著。鼋又縞44907

緩45114

繠 45088 23034
méng_14.20 廣韻莫紅切集韻謨蓬切丛音蒙類篇
絲亂緒貌図集韻母總切音蠓。義同。

繝 45089 23035
dào_14.20 廣韻徒到切集韻大到切丛音導。青黃閒
色玉篇綠也図集韻杜皓切音道。又居號切音誥。義丛
同図集韻徒歷切音狄。義同。

櫃 45090 23036
huì_14.20 廣韻集韻丛求位切音匱玉篇織餘也集
韻繢，或从貴作繢。

繢 45091 23037
jì_14.20 集韻居例切音劇。繝45202或从㡭作繝。

繝 45092 23038
jì_14.20 廣韻居例切音劇○按从网之字，或省作
冈，或變作罒。繝卽繝字也。

遣 45093 23039
qiǎn_14.20 廣韻集韻丛去演切音遣說文新附字繾
綣44304，不相離也図集韻遣忍切音蠅。義同。

鼋又繼45074繝45229

繅 45094 23040
sāo_14.20 說文繚44820作繅。

繝 45095 23041
chóu_14.20 正字通俗紬字。鼋亦俗幬15189字。

繝 45096 23042
lán_14.20 集韻盧甘切音藍類篇襤或从糸作繝。衣
名。鼋又繝44758

樸 45097 23043
bǔ_14.20 廣韻集韻韻會正韻丛博木切音卜說文
裳削幅也爾雅釋器裳削幅謂之襆玉篇作襆廣韻同襆
図fú集韻逢玉切。同襆。帕也。鼋又紱43891

纁 45098 23044
xūn_14.20 廣韻集韻韻會正韻丛許云切音熏說文
淺絳也爾雅釋器三染謂之纁書·禹貢厥篚玄纁璣組周
禮·天官·染人夏纁玄。又考工記·鍾氏三入爲纁註染
纁者，三入而成儀禮·士冠禮爵弁服纁裳純衣図集韻

呼運切音訓。義同。鼋又繻45223襪54837纁45109瑥34744

纂 45099 23045
zuǎn_14.20 廣韻正韻作管切集韻韻會祖管切丛
音纘說文似組而赤前漢·景帝紀錦繡纂組，害女紅者
也図類篇一曰集也前漢·藝文志揚雄取其有用者，以
作訓纂篇図與纘通前漢·班固敘傳纂堯之緒図與攢
通潘岳·笙賦歌棗下之纂纂註古咄喑歌曰：棗下何攢
攢。攢，聚貌。纂與攢古字通△集韻或作纂、繢。

鼋又繢45081纂42756

緹 45100 23046
zhì_14.20 集韻直利切音稚。緹44687或作緹，袟也。

擬 45101 23049
nǐ_14.20 篇韻偶起切音擬。帶也。

經 45102 23050
cī_14.20 篇海與縒44661同。

繻 45103 23051
null_14.20 字彙補音義未詳墨子·所染篇厲王染於
繻，公長父榮夷終。

縣 45104 23052
yí_14.20 字彙補古文彝字○按類篇彝古作縣。此
譌字也。

纗 45105 23053
guǒ_14.20 字彙補俗裹字。

縱 45106 23055
zòng_14.20 字彙補與縱同。

繇 45107 44988
yáo_14.20 篇韻音遙

繆 45108 u2B7C7
liáo_14.20 簡纆45122

纁 45109 u2B138
xūn_14.20 簡纁45098

纏 45110 u2B10E
lua_14.20 喃从糸屢lū
聲。絲綢，帛△纏緶：綢緞△俗作繧44950

緂 45112 u2B10C
lǒi_14.20 喃越·阮秉五千字譯國語緎纏，繰緂。

繻 45113 u26221
xū_14.20 簡繻45083

繻 45111 u2B10D
null_14.20 未詳。

緩 45114 u26220
yǐn_14.20 簡緩45087

繡 45117 u261B7
gōu_14.20 俗繡44754

纗 45115 u261BA
līnh_14.20 喃从絹省領lānh聲△繩纗：絲綢布料。

紂 45116 u261B9
đūi_14.20 喃从絹省對đối聲。亦作綴44964

繞 45119 u261B5
cái_14.20 俗繞45206

繕 45118 u261B6
shàn_14.20 繕44906本字

繮 45120 u261B4
null_14.20 未詳。

繞 45121 u261B3
cái_14.20 俗繞45206

繆 45122 u261B2
liáo_14.20 姓。

繰 45123 u261B1
null_14.20 未詳。

繎 45124 u261B0
biē_14.20 絜44197本字。見說文

繽 45125 u261AF
bīn_14.20 俗繽45086

繳 45126 u261AE
null_14.20 未詳。

繕 45127 u261AD
níng_14.20 義未詳直音篇繕，音寧。

繮 45128 u7E83
zī_14.20 同繮54828

馬糸 45128-1 u2B616
mā_14.20 喃从紙馬mā聲。紙，紙製的。省作
紦44734宏按，此字原誤入它處，編號誤。今移至此。

絜 45129 23054
bǎng_15.21 字彙補方孔切音絜。縛也○按卽綁字。
皆俗字也。

繝 45130 23047
chī_15.21 篇海抽知切音痴。繝屬○按卽繝字之譌也。

繎 yào_15.21 廣韻以灼切集韻弋灼切夼音藥說文絲
色也区集韻式灼切音鑠義同区lì集韻狼狄切音歷
治絲也△篇海或作繘。

纚 là_15.21 廣韻盧盍切集韻力盍切夼音臘類篇纚
颯絲雜貌或作蠟。

纘 cā_15.21 廣韻集韻夼七曷切音擦玉篇絹縠也類
篇綃屬区集韻桑葛切音蘗義同区cài集韻韻會夼
七蓋切音蔡類篇綷纘紈素聲潘岳藉田賦綃紈綷纘
○按漢書班倢伃傳作綷縩44775鍪又蔡50489

繹 mò_15.21 廣韻莫北切集韻韻會正韻密北切夼音
墨博雅繹索也玉篇亦作繹易坎卦係用徽繹說文三
股曰徽兩股曰繹皆索名字林三合繩戰國策子繹牽
長註索也史記賈誼傳夫禍之與福兮何異糾繹註如
繩索糾繹相附會也鍪直音篇纍同繹。

纇 lèi_15.21 廣韻集韻韻會夼盧對切音耒說文絲節
也玉篇絲節不調也区戾也左傳昭二十八年忿纇無
期疏以纇欲共文則纇亦似忿故以為戾言很戾也
区疵也唐書儒學傳鉏纇夷荒淮南子氾論訓明月之
珠不能無纇鍪又纇44988

纈 xié_15.21 廣韻正韻胡結切集韻韻會奚結切夼音
擷說文結也玉篇綵纈也類篇繫也謂繫繒染為文也
李賀詩醉纈拋紅網杜牧之詩花塢團宮纈鍪又
纈44992

繯 huán_15.21 正字通綄字之譌。

纘 zuǎn_15.21 正字通俗纘字。

繂 lǜ_15.21 集韻正韻夼劣戌切音律玉篇舉船索也
或作綟、繂○按玉篇在索部今併入。

繂 lǜ_15.21 廣韻呂卹切集韻劣戌切並音律說文素
屬博雅紲繂素也区玉篇絥也索也或作綟、繂。
鍪正字通繂本作繂45252

纊 kuàng_15.21 廣韻集韻韻會正韻夼苦謗切音曠說
文絮也或从光作絖玉篇綿也書禹貢厥篚纖纊傳纊
細綿儀禮既夕屬纊註纊新絮左傳宣十二年三軍之
士皆如挾纊註綿也区集韻古曠切光去聲義同。
鍪又纊43808絋44042

繎 yōu_15.21 廣韻集韻夼於求切音憂玉篇笄之中央
髮也廣韻笄中儀禮士喪禮鬠笄用桑長四寸繎中註
繎笄之中央以安髮区集韻烏侯切音謳義同。

繛 bó_15.21 集韻伯各切音襮類篇襮或从系作繛黼
領謂之襮一曰表也。

繐 suì_15.21 集韻須銳切音歲類篇蜀細布篇海繐或
作繐。

續 xù_15.21 古文賡廣韻似足切集韻韻會正韻松玉
切夼音俗說文連也爾雅釋詁繼也書盤庚予迓續乃
命于天詩小雅似續妣祖禮深衣續衽鉤邊註續猶屬
也区姓廣韻舜七友有續牙急就篇註續氏晉大夫
簡伯之後区與續同穀梁傳成五年伯尊其無續乎註
續或作續区集韻辭屢切連也詩陰靷沃續徐邈說
鍪又续44452繡44409統44286

纖 miè_15.21 玉篇亡結切細纖也鍪又纈45209

纍 léi_15.21 廣韻力追切集韻韻會倫追切夼音櫐說
文綴得理也禮樂記纍纍乎端如貫珠区說文一曰大
索也小爾雅纍繡也前漢李廣傳以劍斫絕纍註纍
索也区玉篇繫也廣韻係也亦作縲左傳僖三十三年
不以纍臣釁鼓註纍囚繫也前漢司馬遷傳幽于纍絏
註纍係也区詩周南葛藟纍之釋文纍纏繞也
区詩小雅甘瓠纍之註纍蔓也区禮玉藻喪容纍纍
註羸憊貌区齊語諸侯甲不解纍註纍所以盛甲也
区史記孔子世家纍纍若喪家之狗註纍纍然不得志
之貌也区前漢郊祀志秦巫祠、社主、巫保、族纍之屬
註巫保、族纍二神名区前漢揚雄傳欽弔楚之湘纍註
李奇曰不以罪死曰纍区姓廣韻晉七輿大夫纍虎。
区lěi集韻正韻夼魯猥切音壘巋纍山名或作纍
区lèi集韻力偽切音縲同累事相緣及也。
鍪又纍44089区隸辨纏與纍同区字典琢屑前漢郊祀
志祠杜主師古註杜主五杜主也巫保、族纍二
神名此省字又舊杜誤寫社。

繳 fū_15.21 集韻芳無切音孚紨43931或从敷作繳。

纖 xiān_15.21 正字通俗纖字。

纏 chán_15.21 廣韻直連切集韻韻會澄延切夼音廛
說文繞也玉篇約也廣韻束也詩唐風綢繆束薪傳
繆纏綿也区姓廣韻漢有纏子著書区廣韻持碾切
韻韻會正韻直碾切夼廛去聲義同△集韻或作繵
篇或省作緾鍪又纏44764纏45180繵45241纏45067

繕 zhù_15.21 篇海同緒○按繕卽紵字重文此復繕
之譌也。

繬 lěi_15.21 集韻魯猥切音磊類篇傀儡木偶戲也
儡或作繬。

繬 wěi_15.21 篇韻音委帛也○按疑卽繬字之譌。

繏 mó_15.21 篇海音摩
繏 null_15.21 喃未詳
繏 bài_15.21 喃从紛排bài聲。
繏 null_15.21 未詳。
繏 jì_15.21 說文解字
繼續也各本篆文作繼45084
繏 rối_15.21 喃从絡省磊lỗi聲△貝繏不安鬈繏
髶髻蓬亂的頭髮繏乱混亂区trói繏紛捆綁

繡△俗作繡44393

繷 45160 u261D0
piǎo_15.21 同繷45231 縹本字。

繿 45161 u261CF
huán_15.21 環45010本字。

繸 45162 u261CE
cōng_15.21 緫45013本字。

繺 45163 u261CD
hú_15.21 同縠44691 敦煌變文集·維摩詰經講經文
薄繺掛身，曳殊常之翠彩。

繳 45164 u261CC
null_15.21 未詳。　繇 45166 u261CA
null_15.21 未詳。

繻 45165 u261CB
zhù_15.21 新撰字鏡 紵43957繻，同。除呂反。上，白
布細也，苧也，緫也，縶也，絵也，繻也。氏豆久利。

繺 45167 u261C9
null_15.21 未詳。　繀 45168 u261C8
cī_15.21 縒44661本字。

繁 45169 u261C6
lǔ_15.21 字海 同繻。字見馬王堆一號漢墓遺冊。

纐 45170 u7E90
jiǎo_15.21 日 纐纈，こうけつ，絞染，一種將布撙緊
後，染成花紋的染法。

纄 45171 u7E84
péng_15.21 鏠64534譌字。

繭 45172 23076
jiǎn_16.22 集韻 吉典切音襇。與繭同。

繮 45173 23080
lì_16.22 集韻 郎敵切音歷。繩爲界埒也。

繮 45174 23081
yǎn_16.22 廣韻 集韻 丸以冉切音琰 揚子方言 繮撚
未績也 又 集韻 余廉切音鹽。續也。 又 又 繮45248

繿 45175 23082
lǎn_16.22 同纜。　纑 45176 23083
lú_16.22 廣韻 落胡切
集韻 韻會 正韻 籠都切 夶音盧 說文 布縷也 孟子 妻辟
纑 趙岐註 練其麻曰纑 又 史記·貨殖傳 山西饒材竹纑
註 纑，紵屬，可以爲布 五經文字 經典亦作盧。

繖 45177 23084
sǎn_16.22 廣韻 蘇旱切音散。繖44909本字。

繺 45178 23085
chóng_16.22 篇海 直容切音重。直也。

繺 45179 23086
pín_16.22 廣韻 符眞切音頻 玉篇 擣衣。

纏 45180 23087
chán_16.22 五經文字 纏，俗作纏。

繺 45181 23088
xuàn_16.22 集韻 須絹切，選去聲 類篇 繺44894或从
選作繺 又 聳取切音繺 揚子方言 縣栝，東齊海岱之閒
謂之繺。

纁 45182 23089
jūn_16.22 集韻 俱倫切音麇。束也。或作圉〇按本十
六畫 正字通 誤入十五畫，今改正。

繺 45183 23090
jǔ_16.22 荀子·正論篇 藉靡舌繺 註 舌繺，未詳。或
曰：莊子云公孫龍口呿而不合，舌舉而不下，謂辭窮，
亦恥辱也。音舉。

蕉 45184 23091
jiāo_16.22 廣韻 即消切 集韻 茲消切 夶音焦。生枲 類
篇 布屬。或作蕉。舊闕，今增。

繺 45185 23092
yí_16.22 集韻 彝16412古作繺。 又 又 繺45191

繺 45186 23093
là_16.22 篇韻 音蠟。繺緆，衣敝破也。 又 邁邁。

繺 45187 23094
bēng_16.22 字彙補 繃字之譌。

繺 45188 u2B114
lián_16.22 俗繺45036　繺 45190 u2B112
null_16.22 未詳。

繺 45189 u2B113
mǎc_16.22 喃 从絡省默 mǎc 聲△繺病：生病。

繺 45191 u2F898
yí_16.22 同繺45185　繼 45196 u261E1
jī_16.22 俗繼45084

繺 45192 u261E6
hyeop_16.22 韓 描金，雕花。繺繺。

繺 45193 u261E4
qiǎng_16.22 繺綡，同繺裱。

繺 45194 u261E3
huì_16.22 正字通 續，本作繺。

繺 45195 u261E2
jìn_16.22 正字通 縉44647本作繺。

繺 45197 u261E0
null_16.22 未詳。　繺 45198 u261DF
null_16.22 未詳。

繺 45199 u261DE
huì_16.22 俗繺44927 可洪音義 去繺：巨位反。正作
繺45090

繺 45200 u261DD
yíng_16.22 俗縈44643 目經大成·卷之二·聚星障二十
一引淚落，與絲縈 又 慧琳音義 紺靑：上甘暗反。下戚
盈反 說文 云帛染靑而揚赤色。或作絵縈，音與上同，
此皆馬、鄭所用古字也。

缵 45201 u7F35
zuǎn_16.22 简 纘45232

繺 45202 23095
jī_17.23 廣韻 集韻 韻會 居例切 正韻 吉器切夶音
濶 說文 西胡毳布也 廣韻 毬類，織毛爲之。同毼 玉篇 或
作罽 集韻 或作緤 又 又 繺45092 罽45634

繺 45203 23096
yīng_17.23 廣韻 於盈切 集韻 伊盈切夶音嬰 說文 冠
系也 釋名 纓，頸也。自上而繫於頸也 禮·曲禮 女子許
嫁纓。又 玉藻 玄冠朱組纓，天子之冠也 又 儀禮·既夕 薦
馬纓三就 註 今馬鞅 周禮·春官·巾車 錫樊纓 註 纓，當胷，
削革爲之也。又 左傳·桓二年 鞶厲游纓 註 纓，在馬膺
首，如索帬 又 集韻 於正切，嬰去聲。義同。 又 又 繺44640
缵44453繺44883綏44147

纛 45204 23097
dào_17.23 集韻 杜皓切音道。纛或作纛。

繺 45205 23098
jiān_17.23 玉篇 子千切。正作繺。

繺 45206 23099
shān_17.23 廣韻 所銜切 集韻 韻會 師銜切夶音衫
說文 帛雀頭色。一曰微黑色如紺。繺，淺也 又 集韻 鉏
咸切音讒。又 所鑒切音釤。又 仕懺切音鑱。義夶同。
又 cái 廣韻 昨哉切 集韻 韻會 正韻 牆來切夶音裁 廣韻
僅也 前漢·鼂錯傳 遠縣纔至 註 纔，淺也。猶言僅至也。
又 與財同 史記·孝文本紀 太僕見馬遺財足 註 索隱 曰：
財字與纔同 又 與裁同 前漢·高后文功臣表 裁什二三 註
師古曰裁與纔同 又 與材同 前漢·杜欽傳 廼爲小冠，高
廣材二寸 註 師古曰材與纔同。古通用。 又 又 纔45119
繺45121繺44591繺44418，並俗作。

繺 45207 23100
xiāng_17.23 廣韻 息良切 集韻 韻會 思將切夶音襄

說文援臂也玉篇帶也屈原·離騷旣替余以蕙纕兮註佩帶也又廣韻馬腹帶晉語懷挾纓纕又玉篇收衣袖纕又集韻如陽切音穰。義同又sāng集韻蘇郎切音桑類篇緗纕，淺黄也。纕，或从襄又rǎng集韻汝兩切音壤類篇絲㚘也。

纖 45208 23101 xiān_17.23 廣韻息廉切集韻韻會正韻思廉切太音暹說文細也揚子方言纖，小也。繒帛之細者謂之纖書·禹貢厥篚玄纖縞傳纖，細也楚辭·招魂被文服纖註纖謂羅縠也又禮·閒傳禫而纖註黑經白緯曰纖前漢·文帝紀纖七日釋服註纖，細布衣也又周禮·冬官考工記·輪人望其輻，欲其掔爾而纖也註掔纖，殺小貌。又史記·司馬相如傳蜚纖垂髾註纖，袿衣飾又史記·貨殖傳周人旣纖註纖，儉嗇也又jiān集韻韻會太將廉切音殲禮·文王世子其刑罪則纖剸註纖讀爲殲。殲，刺也又shān韻會師咸切音攕。與孅通前漢·食貨志至孅至悉也註師古曰孅與纖同。䥫又纤43805纤43813 繊45149繊44889䊹48097

纗 45209 23102 miè_17.23 篇海纖字之譌。

纎 45210 23103 xiàn_17.23 集韻私箭切音綫。綫亦作纎。

䌯 45211 23104 yào_17.23 玉篇以灼切。絲也。

䌰 45212 23105 shuāng_17.23 玉篇色莊切。義闕〇按篇海云色莊貌，蓋誤以切音爲訓，非是。

䌱 45213 44991 biān_17.23 篇韻音邊。䥫同編。䌱纖。見佛典。

纞 45214 u2B115 lía_17.23 喃五千字譯國語·第三十毛族雖，馭纞第三十二昆蟲蛭，蚣纞。

纚 45215 u261EF mi_17.23 韓補衣△彌縫，同纚縫。

纙 45216 u261EE chùng_17.23 喃从緩省鍾聲△䋢纙：弦鬆。

纜 45217 23106 quān_18.24 集韻驅圓切音圈博雅纜、帉，幘也類篇一曰小兒帽又quán集韻巨員切音權。布名，出蜀又guàn集韻求患切音䙴。權或作纜，衣褑也。

纗 45218 23107 zuī_18.24 廣韻姊宜切集韻津垂切太音厜說文維綱中繩又張衡·思玄賦纗幽蘭之秋華兮註纗，系也。又博雅紳帶也又xié廣韻戶圭切集韻玄圭切，太音攜。義同又廣韻集韻太胡卦切音畫。義同又集韻竹恚切音諈。義同又wèi廣韻集韻太以睡切音諉。紘中絕也。䥫又𰬏45038𰬏45228

纙 45219 23108 niè_18.24 六書故尼輒切音攝。絲接歧也西京雜記五絲爲纙，倍纙爲升。䥫又缀44724

纝 45220 23109 cù_18.24 玉篇子六切音蹴。縮也〇按音義與緎同，卽緎字也。

纞 45221 23110 luò_18.24 集韻盧臥切音摞類篇不均也。一曰絲有落〇按說文作纝45239

纘 45222 23111 cóng_18.24 集韻韻會太徂聰切音叢類篇合絲織也。

纁 45223 23112 xūn_18.24 集韻許云切音熏。纁或从薰。

纚 45224 23113 shī_18.24 字彙補同纚。

䌲 45225 23120 yù_18.24 說文繘44913古文从絲作䌲。

纝 45226 44990 pèi_18.24 字彙補同轡。

䜌 45227 44992 sī_18.24 五音篇海音絲。

𫄹 45228 u2B139 zuī_18.24 簡纗45218

𦇶 45229 u261F6 qiǎn_18.24 繾45093本字

𦇴 45230 u261F4 null_18.24 未詳。

𦇳 45231 u261F3 piǎo_18.24 縹44804本字

纘 45232 23114 zuǎn_19.25 廣韻正韻作管切集韻韻會祖管切太音纂說文繼也書·仲虺之誥纘禹舊服傳繼禹之功，統其舊服詩·豳風載纘武功傳纘，繼也〇按俗作纉，非。又與纂45099通。䥫又缵45201

纈 45233 23115 hé_19.25 集韻下革切音覈類篇衣領內謂之纈。䥫又襋54786繳45018

纙 45234 23116 luò_19.25 集韻郎佐切音邏類篇錢緡也。

纚 45235 23117 xǐ_19.25 廣韻集韻韻會太所綺切音蹝說文冠織也釋名纚，以韜髮者也。以纚爲之，因以爲名廣韻同縰儀禮·士冠禮緇纚，廣終幅，長六尺註今之幘梁也前漢·江充傳冠禪纚步搖註纚，織絲爲之，卽今方目紗是也後漢·輿服志法冠，高五寸，以纚爲展筩註纚，今之縰通俗文幘裹曰纚又前漢·司馬相如傳纚乎淫淫註羣行貌也又前漢·司馬相如傳輦道纚屬註纚迤相連屬也又lí集韻韻會太鄰知切音離詩·小雅紼纚維之傳纚，綏也釋文韓詩云筰也又sǎ集韻韻會太所蟹切音灑史記·司馬相如傳落英幡纚註幡纚，偏幡也又sī集韻所宜切前漢·揚雄傳灕虖嵾纚註車飾貌也又集韻疎士切音史張衡·西京賦奮長袖之颯纚註颯纚，長貌又集韻輦尒切音邐。連也。䥫又𦈽44237

纛 45236 23118 dào_19.25 集韻韻會正韻太杜皓切音道玉篇羽葆幢也。亦作翿周禮·地官·鄉師及葬，執纛以與匠師註雜記曰：匠人執翿。鄭司農云翿，羽葆幢也爾雅曰：纛，翳也，以指麾輓柩之役又前漢·高帝紀黄屋左纛註李斐曰：纛，毛羽幢也。在乘輿車衡左方上注之。蔡邕曰，以犛牛尾爲之，如斗，或在騑，或在衡。應劭曰：雉尾爲之，在左驂當鑣上又集韻皁纛，軍中大旗也又廣韻徒到切集韻韻會大到切太音導。義同又dú廣韻集韻韻會太徒沃切音毒。幬或作纛。義同又集韻徒谷切正韻杜谷切太音獨。義同又正韻徒刀切音陶。義同䥫又翢46142纛45204纛46176𧷤27620幬15017

纚 45237 23119 shī_19.25 廣韻商支切集韻式支切太音施正韻申之切音詩說文粗緒也徐鉉曰今俗別作絁，非是玉篇纚，粗細經緯不同者。亦作䌤廣韻繒似布又集韻相支

切音斯。義同 類篇 或作繼 篇海 亦作繼。

纏 45238 23121
mǐ_19.25 集韻 母果切音麼。行貌。鑒 躧16893字之
譌 類篇 躧，母被切。行兒。或作躧。

繼 45239 23122
luó_19.25 廣韻 魯過切音贏 說文 不均也 廣韻 不細
也 集韻 作繼 字彙補 譌作繃，非。鑒 又繃45242

綏 45240 23123
huǎn_19.25 說文 緩作綏。

繼 45242 u2F971
luò_19.25 同繼45239　　**纏** chán_19.25 或俗纏45150 (45241 u2B116)

繼 45243 23124
shī_20.26 博雅 商支切。紬也。鑒 正字通 繼，繼字
之譌。

繼 45244 41673
luò_20.26 字彙補 魯過切音贏。不細也。又不均也。

繼 45245 u2B117
null_20.26 未詳。　　**纜** lǎn_21.27 廣韻 集韻 韻 (45246 23125)
會 正韻 盧瞰切音濫 玉篇 維舟索也 杜甫 城西陂泛舟
詩 遲日徐看錦纜牽 正韻 俗作纜。鑒 又纜44625

繼 45247 23126
zhú_21.27 廣韻 之欲切 集韻 朱欲切夶音燭 玉篇 繼，
帶也。亦作繼 類篇 襟綴帶謂之繼。鑒 又 可洪音義
繼44930帶：上之玉反，綴也。龍龕 繼繃，之欲反，帶也。

繼 45248 23127
yǎn_21.27 篇海 音義與繼同○按即繼字之譌。

繼 45249 23128
léi_21.27 廣韻 力追切 集韻 韻會 倫追切夶音纍。
網絡 論語註 黑索也。亦作繆，或作繚。

繼 45250 u2B118
null_21.27 未詳。　　**繆** chuò_21.27 篆文繚44918 (45253 u26200)

繼 45251 u26202
nhàu_21.27 喃 从糸饒nhiêu聲。皺。

繆 45252 u26201
lǚ_21.27 縷45140本字。見 說文

繞 45254 u261FF
null_21.27 未詳。　　**纕** nàng_22.28 集韻 乃浪 (45255 23129)
切，囊去聲。儀或書作纕，寬緩也。

繼 45256 u26204
zǐ_22.28 同變。籀文擘11858

繼 45257 23130
dié_23.29 集韻 達協切音疊。絲數也。

纘 45259 u26206
null_24.30 未詳。　　**戀** liàn_23.29 篇海 龍絹切 (45258 23131)
音戀。不斷也。鑒 又繼44746 图 俗癴 可洪音義 戀躃：
上呂員反。下必益反。卷攣，手足病也。並俗。

繼 45260 23132
yù_25.31 字彙補 古文縞44913字。

• 缶部 •

缶 45261 23133
fǒu_0.6 廣韻 方久切 集韻 韻會 正韻 俯九切夶音
否 說文 瓦器，所以盛酒漿，秦人鼓之以節歌 爾雅·釋器
盎謂之缶 註 盆也 疏 缶是瓦器，可以節樂，如今擊甌
又可以盛水盛酒，即之瓦盆也 急就篇註 缶即盎也，
大腹而斂口 易·比卦 有孚盈缶 釋文 鄭云缶，汲器也。
又 坎卦 樽酒簋貳用缶 註 瓦缶之器。又 離卦 不鼓缶而
歌 前漢·楊惲傳 仰天撫缶 註 缶，瓦器也 图 小爾雅 釜二
有半謂之藪，藪二有半謂之缶，缶二謂之鍾 註 缶，四

斛也 魯語 其歲收田一井，出稯禾，秉芻，缶米 註 缶，
庾也 图 前漢·高帝紀 上破布軍于會缶 註 蘇林曰：音埋。
師古曰此字本作罃，而轉寫誤爲缶字耳 黥布傳 則正作
垂字 图 正字通 宥韻 讀若覆。義同○按諸韻書無去聲。
鑒 又缹45262瓶45278鉢63161砳38915凷03206

缹 45262 23134
fǒu_0.6 俗缶45261字。見 正字通·缶字註

缶 45263 u2F78
fǒu_0.6 部缶45261

卸 45264 u7F37
xiè_2.8 六書正譌 卸04744俗作卸，非。

缸 45265 23135
gāng_3.9 廣韻 下江切 集韻 韻會 胡江切夶音降 說
文 甀也 玉篇 與甕同 廣韻 罌缸。鑒 又堈08813甌35058
瓨35001甀35114鋼45315浤35023瓨12128甄62260 图 正字通
瓨34972缸同。

舒 45266 23136
yú_3.9 篇海 與鈣45267同。

鈣 45267 23137
yú_3.9 集韻 雲俱切音于 類篇 汲器。鑒 又舒45266

鈣 45268 23138
xià_3.9 篇海 呼嫁切音嚇。孔鈣。鑒 龍龕 呼貢反。
孔鈣也。

缸 45269 u26225
null_3.9 或俗盂。　　**缺** qì_4.10 篇海 詰利切 (45270 23139)
音棄。吹火也。鑒 熊加全：俗鉸45293

缹 45271 23140
fǒu_4.10 廣韻 方久切 集韻 俯九切夶音缶。烝缹 玉
篇 火熟也 集韻 或作魚，亦書作炰。鑒 字彙補 臾30877
與缹同 图 缹26558俗。

缷 45272 23141
bēi_4.10 集韻 栖24140或作缷。

缸 45273 23142
xíng_4.10 集韻 乎經切音形。缸或作缸，似鐘而頸長。
一曰酒器。鑒 又缸45295

备 45274 23143
yóu_4.10 廣韻 以周切 集韻 夷周切夶音由 說文 瓦
器也 揚子·方言 罌，淮汝之閒謂之岳 廣雅 瓶也 图 集韻
韻會 夶餘招切音遙。義同。

缺 45275 23144
quē_4.10 廣韻 集韻 韻會 夶苦穴切音闋 說文 器破
也 玉篇 虧也，破也 書·君牙 咸以正罔缺 图 史記·司馬
相如傳 貫列缺之倒景兮 註 列缺，天閃也 图 廣雅 缺，
去也 篇海 少也，毀也，玷也 图 廣韻 集韻 韻會 夶傾雪
切。義同 图 kuǐ 集韻 犬榮切音頍。卷幘也。結項中，爲
四綴，所以固冠 儀禮·士冠禮 緇布冠缺項 註 缺，讀
如有頍者弁之頍 图 集韻 窺絹切，音頍◇義同 玉篇 亦
作缺 集韻 或作缺、決佩觿 干祿字書 以缺字從垂旁，
其不典有如此者。鑒 又欽45277缺10289缺10198缺37109

缺 45276 23146
guī_4.10 集韻 俱爲切音嬀。器名。鑒 支部 重出。
器名。今入缶部。

缺 45277 u7F3C
quē_4.10 日 俗缺45275見 大漢語林

瓶 45278 23145
fǒu_5.11 集韻 缶或從瓦作瓶 史記·藺相如傳 請奉
盆瓶秦王以相娛樂。鑒 又瓶45284

缕 diǎn_5.11　[廣韻]多忝切音點　[說文]缺也。[又][集韻]都念切音店。義同。

䍆 líng_5.11　[集韻]罐45376，或作䍆。

貯 zhǔ_5.11　[廣韻]丁呂切[集韻]展呂切丛音貯。䍈或作貯[說文]帲也，所以盛米也。[鎣]又䍈35495缾45345䍈35588

钿 tà_5.11　[廣韻]徒盍切[集韻]敵盍切丛音踏。◆[說文]下平缶也。[廣雅]瓶也。[又][集韻]鋪彳切。義同。[鎣]又䍝45290瓶35117

䍗 gǒng_5.11　[篇海]古勇切音拱。瓺也。亦作㼬。

瓴 fǒu_5.11　同瓴。

䋹 quē_5.11　缺本字。

䍎 píng_5.11　[集韻]缾45299或作䍎。

釾 zhǎi_5.11　[玉篇]知駭切。缺也。

䎟 zuǐ_5.11　[字彙補]子累切音嘴。瓶䎟也。

䍄 yuè_5.11　[字彙補]○按[字彙補]云古越字。見[漢·吉成侯碑]。本作赺58261，譌作䍄。

䍝 tà_5.11　钿45282本字[正字通]钿，篆作䍝。

篸 yīng_5.11　簡罃45335[又]或俗罃字。

钵 bō_5.11　同鉢62985梵語pātra音譯的省稱。出家人盛飯食的器具[晉書·卷六十五·佛圖澄傳]澄即取缽盛水，燒香咒之。

䍐 jiāo_6.12　[廣韻]古肴切[集韻]居肴切丛音交。樂器，以土爲之，雙相黏爲䍐也。[類篇]填類[又][集韻]訖岳切音覺。器名。[又][集韻]詰歷切音喫。吹器[又][集韻]吉歷切音激。義同。[鎣]又欽26288鼬06946鈌45270

罨 qì_6.12　[集韻]去冀切音器。[類篇]器，或作罨。

䍨 xíng_6.12　䍈本字。

瓷 cí_6.12　[廣韻]疾資切[集韻]才資切丛音茨。陶器之緻堅者[玉篇]亦作瓷。

䍇 jiē_6.12　[玉篇]革鞋切。器好也。

䍅 kāi_6.12　[集韻]丘哀切音開。器名[又][玉篇]羌呂切。義同。[鎣][新修玉篇]羌台切。器名。

缾 píng_6.12　[廣韻]薄經切[集韻]旁經切丛音缾。汲水器也[五經文字]與瓶同。[鎣]又䍈45311䍍45325䍎45346[又][可洪音義]垪形：上音瓶，正作缾。

䎪 null_6.12　未詳。

缿 xiàng_6.12　[廣韻]胡講切[集韻][韻會][正韻]戶講切丛音項[說文]受錢器也。古以瓦，今以竹[又][集韻]徒口切音鋀。義同[又][集韻]下遘切音候[玉篇]如瓨，可受板書笛，令密事[前漢·趙廣漢傳]又教吏爲缿筩[註]師古曰若今盛錢臧瓶，爲小孔，可入而不可出。

銚 zào_6.12　清·鄒祗謨.王士禛[倚聲初集·卷十九·長調·

風流子·鄒祗謨·村居]主人無個事，正甕瓿酌酒，瓦銚煑茶。王竹溪[新部首大字典]銚，恐同灶。

䍗 kòu_7.13　[集韻]芳無切音敷。瓦未燒者。本作瓠。

䪼 xíng_7.13　[集韻]何耕切音莖。鈃或作䪼[類篇]器似鐘，頸長。

䍓 bēi_7.13　[集韻]晡枚切音桮。桮或從缶作䍓[玉篇]缶也。

毓 shū_7.13　[字彙補]心夫切，音疏◇。[鎣]又銃63428

䍪 null_7.13　[喃]未詳。

嘗 dàng_8.14　[正字通]同甞

鹹 yù_8.14　[廣韻]雨逼切音域[說文]瓦器也。

䍔 zhǒu_8.14　[玉篇]音帚。義闕[篇海]器成也。

缾 píng_8.14　[廣韻]薄經切音屏。與瓶同。汲水器也[詩·小雅]缾之罄矣，維罍之恥[傳]缾小而罍大。[鎣]又缾45299

錘 chuí_8.14　同錘。

餤 zhǎn_8.14　[集韻]阻限切音醆。盞亦作餤[玉篇]酒器[類篇][玉篇]玉爵也。

䍭 pǒu_8.14　[廣韻]縛謀切[集韻]房尤切丛音浮[說文]小缶也[玉篇]亦作瓿[又][廣韻]薄侯切[集韻]蒲侯切丛音掊。義同[又][廣韻]蒲口切[集韻][類篇]薄口切丛音部。義同。

鋼 gāng_8.14　[集韻]居郎切音岡。瓨，或作鋼[博雅]缾也。

蠹 chuí_8.14　古文錘[廣韻]與䍸45332同。

雑 null_8.14　未詳。

鵠 null_8.14　未詳。

錦 null_8.14　未詳。

䍤 xià_8.14　俗罅45343

䍰 chǎu_8.14　[喃]从缶受thụ聲。盆。

罌 yīng_8.14　簡罌45369

錘 zhōng_9.15　[集韻]諸容切音鍾。量名，六斛四斗曰錘。或作䤾，通作鍾。

鍉 dì_9.15　[集韻]待禮切音弟。瓺也[玉篇]亦作甀。

䍥 píng_9.15　[字彙補]與缾同。[鎣]又䍤45346

蠹 null_9.15　未詳。

鍱 null_9.15　[喃]未詳。

䍱 chá_9.15　同磋39207

鍔 null_9.15　未詳。

䍹 xià_9.15　俗罅45343

鍱 shé_9.15　俗碟39124清·鄭重光[素圃醫案·卷二·瘧疾治效·復診留藥]其舌或變黑。見几上鍱貯葡萄乾，問曰：食此乎。

䍸 chuí_10.16　[廣韻][集韻]丛是爲切[說文]小口䍸也[廣韻]瓶也。又[集韻]傳追切音椎。馳僞切音綞。義丛同[類篇]或作錘。

瓠 kòu_10.16　[廣韻]苦候切音寇。◆[說文]未燒瓦器也。讀若筩莩[又][廣韻]空谷切音哭。義同。[鎣]又䍗45303

45334 23182
鰡 liù_10.16 篇海 力救切音溜。關東謂甄曰鰡。

45335 23183
罃 yīng_10.16 廣韻 烏莖切 集韻 於莖切𡔖音罌 說文 備火長頸瓶也 五經文字 與罌同。罃罃，金文也作鑍。
図類推簡化作䍡45291

45336 u2B13E
䫾 null_10.16 未詳。

45338 u2624C
罅 xià_10.16 俗罅45343

45337 u2624D
罌 yīng_10.16 俗罌45369 四聲篇海 烏耕切。瓦器瓶也。

45339 u2624B
罅 xià_10.16 俗罅45343

45340 u2624A
甎 zhuān_10.16 俗甄35147

45341 23184
罄 qìng_11.17 廣韻 苦定切 集韻 韻會 詰定切𡔖音磬。◆說文 器中空也。古文磬字 詩·小雅 罄無不宜 傳 罄，盡也 左傳·僖二十六年 室如縣罄 釋文 罄亦作磬，盡也。図逸周書 師廣罄然 註 自嚴整也 図集韻 棄挺切音謦 義同。

45342 23185
罐 suī_11.17 集韻 蘇回切音繀 玉篇 器名。

45343 23186
罅 xià_11.17 廣韻 呼訝切 集韻 韻會 虛訝切𡔖音嚇 說文 裂也。缶燒善裂也 廣韻 孔罅 史記·田齊世家 然而不能傅合疏罅 図與呼通 唐韻正 易·象傳 百果草木皆甲拆，鄭註：拆，呼也 陸德明·音義 呼訝火訝切，蓋卽罅字。古人讀罅爲呼 漢書·高帝紀 罅鼓註：應劭曰：殺牲塗鼓罅呼爲釁。呼卽罅字。鑍又罅45366罅45338罅45320罅45330霹66688號32492號32485牌32525磋39310鎴45344罅45350罅45339號52216罐63762䍃45268 図正字通 堷08766，塸09210字之譌 図焦竑 俗書刊誤罅，俗作鎴64086非。図慧琳音義 孔罅：古文陸65862堷二形，同。呼亞反。說文 蹿59330，裂也，坼也。

45344 23187
罅 xià_11.17 字彙補 同罅。

45345 23188
䍤 zhǔ_11.17 篇韻 音貯。義闕 字彙補 盛米也。鑍同鈵45281 図鑡35200𪉲35210

45346 u2F973
甁 píng_11.17 同缾45325

45347 u26254
䉔 null_11.17 同甀32288

45349 u26252
甌 ōu_11.17 俗甌35144

45348 u26253
鵒 yào_11.17 或俗鵒73741

45350 u26251
罅 xià_11.17 俗罅45343

45351 u7F46
罆 guàn_11.17 俗罐45380

45352 23189
甎 shàn_12.18 廣韻 集韻 𡔖時戰切音繕。甄或作甂，瓦器緣也 図集韻 尺戰切音繨。義同。

45353 23190
罇 zūn_12.18 廣韻 祖昆切 集韻 韻會 租昆切𡔖音尊 玉篇 與尊同 正字通 說文 酒器。字本作尊，後加缶、加木、加瓦、加土者，隨俗所見也。

45354 23191
鑈 chuí_12.18 玉篇 古文罃45316字。

45355 u26258
䉘 chēng_12.18 粵平底鍋。亦作罉45357

45356 u26257
䉚 null_12.18 未詳。

45358 u7F48
罈 tán_12.18 同罈45373

45357 u7F49
罉 chēng_12.18 粵同罉45355 瓦罉：砂鍋。

45359 23192
罊 qì_13.19 廣韻 苦計切 集韻 詰計切，並音契 說文 器

中盡也 図集韻 罄致切，音棄 廣韻 楷革切音禍。義並同。

45360 23193
罎 biàn_13.19 同罎23205 類篇 作罎。

45366 u2625B
罅 xià_13.19 俗罅45343

45361 23194
罋 wèng_13.19 廣韻 韻會 𡔖烏貢切音甕 玉篇 器也 儀禮·聘禮 醯醢百罋 図賈誼·過秦論 罋牖繩樞之子 註 瓦罋爲窗也 図集韻 於容切音邕。義同 五經文字 同甕。鑍又瓮34978罋45381

45362 23195
罊 yù_13.19 集韻 鬱71338古作罊。

45363 41674
罎 null_13.19 字彙補 音未詳。出穆天子傳

45365 u2625C
罎 dàn_13.19 同甔35174 殷周金文集成·16.10361.國佐罎 國差立事歲，咸丁亥，攻帀何鑄西墉寶罎四秉。

45364 u2B13F
罎 null_13.19 未詳。

45367 23196
罎 xìn_14.20 集韻 許慎切 正韻 許刃切𡔖音釁。器裂也。鑍又釁48429

45368 23197
罎 xiàn_14.20 集韻 戶黤切音檻。陶也 左傳·襄九年 備水器 註 盆罎之屬 疏 盛水之器 図◆集韻 呼濫切，音䐄。䚊或作罎，大缶 図集韻 胡暫切音鑑。鑑亦作罎 周禮·天官·凌人 春始治鑑 註 鑑如甄，大口以盛冰 釋文 鑑或作罎。

45369 23198
罌 yīng_14.20 廣韻 烏莖切 集韻 於莖切 韻會 幺莖切，並音鶯 說文 缶也 廣雅 瓶也 玉篇 瓦器也 前漢·韓信傳 以木罌缶度軍，襲安邑 註 師古曰甖缶，謂瓶之大腹小口者也 図yìng 集韻 於正切音郢。義同 干祿字書 甖通罌。鑍又罃35113罌45337罌45322罃45335罋45383 図字彙補 㼄45382同罌。

45370 23199
罎 yà_15.21 集韻 牛轄切 韻會 五轄切𡔖音齾。謂器缺也。

45371 23200
罍 léi_15.21 古文罍 廣韻 魯回切 集韻 韻會 正韻 盧回切𡔖音雷 說文 櫑或从缶作罍。龜目酒尊，刻木作雲雷象，象施不窮也 詩·周南 我姑酌彼金罍 釋文 罍，酒尊也 韓詩 云天子以玉飾，諸侯大夫皆以黃金，士以梓 周禮·春官·司尊彝 皆有罍，諸臣之所酢也 疏 尸酢賓長，卽用罍尊 爾雅·釋器 彝卣，罍器也。小罍謂之坎 註 罍形似壺，大者受一斛 疏 罍者，尊之大者也。雖尊卑飾異，皆得畫雲雷之形，以其云罍，取於雲雷故也 図周禮·春官·鬯人 凡祭祀社壝，用大罍 註 大罍，瓦罍。図禮·明堂位 山罍，夏后氏之尊 註 山罍，亦刻而畫之，爲山雲之形 図集韻 倫追切音纍。義同。鑍又罍35759罎35756 図正字通 鑸64527同罍。

45372 23201
罊 yù_15.21 譌字 字彙補 云古鬱字。見集韻 〇按 集韻 作罊。

45373 23202
罎 tán_16.22 集韻 徒南切音覃。壜或作罎。甀屬。鑍又罎45375罈45358

45374 23203
罏 lú_16.22 廣韻 落胡切 集韻 韻會 正韻 籠都切𡔖音盧。甒，罏作罏 玉篇 罍也 類篇 罎也。鑍又甋35195

龘35754 鱸52309 虘52223 虘52152 同虘 廣韻 虘52163 同虘。

鑃 tán_16.22　俗罎45373

欝 45379 u26264　舒 yù_17.23　俗欝71338

鑈 45376 23204　líng_17.23　廣韻 集韻 韻會 丛郎丁切音靈 說文 瓦器也 玉篇 似瓶，有耳。或作鈴。鑒 又霝45378 鑈64637

鑴 45377 23205　cùn_17.23　廣韻 倉困切音寸 集韻 蘇困切音巽 說文 瓦器也 囗 qiàn 廣韻 集韻 丛倉甸切音蒨。紡錘 囗 集韻 作甸切音薦。義同。鑒 又鑴64650 鑴45360

霝 45378 23206　líng_17.23　類篇 鑈45376，亦書作霝。

鑵 45380 23207　guàn_18.24　集韻 古玩切音貫 說文·新附字 器也 玉篇 甀罐 類篇 汲器。鑒 又鑵45351 鑵39603 罐35212 鑵35209 橎26209 橎26108 囗 正字通 罐，同鑵64662

罋 45381 23208　wèng_18.24　廣韻 集韻 韻會 丛烏貢切音甕 說文 汲瓶也 類篇 或作罋 囗 集韻 於容切音邕。義同。

瓔 45382 44995　yīng_18.24　海篇 同瓔 瓔 45383 u26266　yīng_18.24　同瓔45382

鑙 45384 23209　yà_20.26　玉篇 五鑄切。缺也。鑒 詳校篇海 牙八切音顏入聲。缺也。亦同鑙75844

罍 45385 u26268　wèng_21.27　同甕35181 方言 罍謂之甀。

罍 45386 23210　léi_25.31　集韻 罍45371 古作罍。

◆ 网部 ◆

网 45387 23211　wǎng_0.6　古文冈罔罔罔 廣韻 文兩切 集韻 韻會 正韻 文紡切丛音網 說文 庖犧所結繩以漁。從冂，下象网交文 註 今經典變隸作网 玉篇 羅罟總名。亦作冈、罔、冈、网 廣韻 與網同 篇海 网字有三譌：本作网而譌作网，亦作冈而又譌作冈，又亦作网而譌作网。罒乃橫目，惟罪罘罳罞等字從之，其他但屬羅網義者，丛係网字下橫畫，不連兩旁。鑒 又宀11952 罔45409 网45419 冈02683 冈02669 冖02758 罬45613 囗 直音篇 冏45418同网 囗 張壽碑 黎烝殷网荒饑。按 五經文字 网，石經作冂45390

兇 45388 23214　sì_0.6　集韻 四08001古作兇。

冈 45389 u26270　wǎng_0.6　部 网45387

冂 45390 u434F　wǎng_0.6　同网45387

冂 45392 u2EB5　wǎng_0.6　部 网45391

网 45391 u2F79　wǎng_0.6　同网45387部首專用字。亦作网45396 罒45395 冖45394 兀45393 网45392

兀 45393 u2EB4　wǎng_0.6　部 网45391

冗 45394 u2EB3　wǎng_0.6　部 网45391

罒 45395 u2EB2　wǎng_0.6　部 网45391

冈 45396 u2EB1　wǎng_0.6　部 网45391

网 45397 u7F53　wǎng_0.6　部网45398

四 45398 u7F52　wǎng_0.6　部 网45387

网 45399 23212　wǎng_1.7　玉篇 同网 集韻 湯丁切 集韻 他丁切丛音汀。网罟，小网 囗 tīng 廣韻 他鼎切 集韻 他頂切丛音頂。又 集韻 當經切音丁。義丛同。

罘 45400 23213　tīng_2.8　廣韻 他丁切

邑 45401 23215　wǎng_2.8　字彙補 古文网45387字。

罗 45402 23215　shǔ_2.8　蜀52701初文 龍龕罗，俗，音蜀。

罒 45403 u26275　sì_2.8　同兇45388古文四。

罕 45406 u26272　hǎn_2.8　俗罕45411

罘 45404 u26274　yán_2.8　龍龕罘，古文言55563字。又俗：呼旱反。正作罕，希罕也。

网 45405 u26273　wǎng_2.8　网45387譌字 里 45407 23216　dú_3.9　玉篇 徒穀切。同罿45686，魚网〇按卽里45453字之譌。

罔 45408 23217　wǎng_3.9　古文宀官 說文 网或从亡 囗 繫辭 結繩而爲罔罟，以佃以漁 釋文 取獸曰罔，取魚曰罟〇按今文 易 作網 囗 羅也 易·大壯 君子用罔 註 君子用之，以爲羅己者也 詩·大雅 天之降罔 傳 天下羅罔，以取有罪 囗 爾雅·釋言 罔，無也 易·晉卦 貞吉罔孚 書·湯誓 罔有攸赦。囗 論語 罔之生也幸而免 何晏註 誣罔 朱註 不直也 前漢·揚雄傳 不可姦罔 註 誣也 囗 楚辭·九歌 罔薜荔兮爲帷 註 結也 囗 楚辭·九章 罔芒芒之無紀 註 汝欲罔然芒芒，與衆同志，則無以立紀綱，垂號謚也 囗 莊子·齊物論 罔兩問景 註 罔兩，景外之微陰也 囗 同魍 孔叢子 土木之怪夔、罔兩 囗 集韻 武方切音亡。汪罔氏，長狄之君。鑒 又宀02671 冈02669 冈02712 冈02696 网45409 罔45413 冏45418 罕26578 室09694 室33827

冈 45409 23218　wǎng_3.9　正字通 网本字。

罕 45410 23219　hǎn_3.9　正字通 罕本字 說文 作罕。

罕 45411 23220　hǎn_3.9　廣韻 呼旱切 集韻 韻會 正韻 許旱切丛音暵 五經文字 罕，經典相承。隸省作罕 爾雅·釋詁 希寡鮮罕也 註 罕亦希也 詩·鄭風 叔發罕忌 禮·少儀 罕見曰聞名 囗 玉篇 旌旗也 史記·周本紀 百夫荷罕旗以先驅 註 蔡邕·獨斷曰：前驅有九流雲罕 東京賦 曰：雲罕九旒 囗 史記·天官書 畢曰罕車，爲邊兵，主弋獵 註 畢八星曰罕車 囗 廣韻 鳥網 後漢·馬融傳 罕、罔合部 註 罕亦网也 囗 廣雅 兔罟也。又率也 囗 地名 前漢·武帝紀 圍枹罕 註 師古曰枹罕，金城之縣也 囗 姓 廣韻 鄭有罕氏，出自穆公，以王父字爲氏，代爲卿大夫。又羌複姓有罕井氏。鑒 說文 作罕 囗 罕45406 罕45414 罕45515 罜45517 罕45404 囗 隸辨·上聲·旱韻·罕罕41024，引 孫叔敖碑

罘 45412 23221　dí_3.9　廣韻 都歷切 集韻 丁歷切丛音的。魻或作罘，魚罘網也 玉篇 繫也 潘岳·西征賦 貫鰓罘尾 註 罘，掣牽也。

罕 45413 23222　wǎng_3.9　集韻 网45387古作罕。

罕 45414 23223　hǎn_3.9　字彙補 同罕。亦作罕、罕。

罘 45415 23224　jūn_3.9　玉篇 篇韻 丛古文軍59841字 集韻 作罳。

罗 45416 41675　yuè_3.9　字彙補 與粵同 路史·國名記 有揚罗。

罘 45417 u2B140　null_3.9　未詳。

罘 45418 u26280　wǎng_3.9　同罔45408

罒 wǎng_3.9 45419 u2627E
字彙補 罒，與网同05407亦作罓45413

罓 wǎng_3.9 45420 u2627A
同罔45413

罕 hǎn_3.9 45421 u4351
罕45411本字。

罗 luó_3.9 45422 u7F57
简羅45671

罖 luó_3.9 45423 u7F56
羅45671省體。

罞 mǒu_4.10 45424 23225
譌字〇按篇海音義同罞，疑即罞字之譌。
罿 古文字同相37402

罜 pí_4.10 45425 23226
集韻頻脂切音毗。取鰕具玉篇篝笭

罛 hù_4.10 45426 23227
集韻牛加切音牙廣雅兔罟也。
罿 俗罝45428

罦 fú_4.10 45427 23228
廣韻縛謀切集韻房尤切正韻房鳩切夶音浮。兔罦玉篇同罦史記·司馬相如傳罦罔彌山註郭璞曰：罦，置也。図之罦，山名史記·秦始皇紀登之罦前漢·郊祀志註之罦山，在東萊腄縣図罦罳前漢·文帝紀未央宮東闕罦罳災註師古曰罦罳，謂連闕曲閣也，以覆重刻垣墉之處，其形罦罳然。或曰屏也釋名罦罳，在門外。罦，復也。罳，思也。臣將入請事，於此復重思之也図集韻盆悲切音邳。芳無切音敷。義夶同。罿龍龕罦45431俗，罦正図正字通罦45424，罦字之譌図罦罳，或作宇41184思、浮思。

罝 hù_4.10 45428 23229
廣韻胡誤切集韻胡故切，夶音護。說文罟也廣韻兔罟。罿又罛45426罠45447罘45465罧45463罦45478罤45434

罞 gōng_4.10 45429 23230
廣韻古橫切集韻姑橫切夶音觥。罞或作罳。罔滿也図hóng集韻乎萌切韻會乎盲切，並音宏◇玉篇罞，索也。

罧 cén_4.10 45430 23231
集韻鋤簪切音岑廣雅罔也。

罪 mǒu_4.10 45431 41676
篇海類編莫厚切音某。網綱。罿俗罪45567

罥 juǎn_4.10 45432 41677
餘文古兗切音卷。掛也。

罪 null_4.10 45433 2B141
喃未詳。

罤 hù_4.10 45434 u2628D
罝45428本字

罪 tiān_4.10 45435 u2628A
越諺·卷中·器用罪罧，(音)天寢，均是漁具。

罺 zhūn_4.10 45436 u26289
或同窀41038

罪 ròu_4.10 45437 u26287
同肉02718亦作宍41059俗宍11978古文肉

罡 gāng_4.10 45438 u26286
俗岡13451晉華芳墓誌假瘞燕都，寄情山罡。

罪 tū_4.10 45439 u26285
俗突41039見增廣字學舉隅

罪 zhǔ_4.10 45440 u26284
俗罜45453

罚 fá_4.10 45441 u7F5A
简罰45560

罞 mí_4.10 45442 u7F59
同罙45482亦作罙02782

罞 mǒu_5.11 45443 23232
篇海莫厚切音某。張網〇按即罞字之譌。

罞 mǔ_5.11 45444 23233
集韻莫後切音母。罞或从母，罔也。

罞 jù_5.11 45445 23234
廣韻其呂切集韻臼許切夶音巨玉篇罟也。

罞 liǔ_5.11 45446 23235
廣韻力久切集韻力九切夶音柳玉篇同罶45586 罿又罞45511罞45462

罞 dī_5.11 45447 23236
集韻都黎切音低。罔也図dǐ集韻典禮切音底。罟也。罿楊寶忠：疑俗罝45428

罞 gǒu_5.11 45448 23237
廣韻古厚切集韻舉厚切音苟。同笱，曲竹捕魚笱也。

罞 líng_5.11 45449 23238
廣韻力鼎切集韻朗鼎切音笭。罞罞，小網也図集韻郎丁切音靈。義同。

罛 gū_5.11 45450 23239
廣韻古胡切集韻韻會正韻攻乎切夶音姑說文魚罟也爾雅·釋器魚罟謂之罛註最大罟也詩·衛風施罛濊濊魯語水虞於是乎講眾罛，取名魚。図張衡·西京賦睒眾麼豁註形貌。罿又罺45484裞45497罞45473図字彙罞45521與眾同。

罱 lǎn_5.11 45451 23240
廣韻集韻夶女減切音淰。捕魚網也。同罱。罿方以智通雅罱，夾魚小網曰罱。一作罱45561，音覽。孫愐上聲收罱，而說文有罱07998，女洽切，後人加网耳。

罞 fú_5.11 45452 23241
廣韻縛謀切集韻房尤切夶音浮說文覆車也。从网包車詩曰：雉離于罞。或从孚類篇罞45510或作罞図廣韻匹交切集韻披交切，夶音胞。義同。図集韻芳無切音敷。方副切音富。義夶同。罿又罞45464罞45474罞45468

罞 zhǔ_5.11 45453 23242
廣韻之成切集韻朱成切夶音注◆說文罞麗，魚罟也魯語於是乎禁罝罞麗註當為罞張衡·西京賦設罞麗註小網也図廣韻集韻夶徒谷切音獨。義同。或作罞図集韻腫庾切音主。義同。罿又罞45407罞45440罞45477

罝 jū_5.11 45454 23243
廣韻子邪切集韻韻會正韻咨邪切夶音嗟說文兔网也爾雅·釋器兔罟謂之罝註罝猶遮也詩·周南肅肅兔罝禮·月令田獵罝罦，羅網畢翳註獸罟曰罝図集韻子余切音苴。義同。罿又罝45471罝45470罝45455罝45469罜45602罜45601

罝 jū_5.11 45455 23244
同罝。

罞 méng_5.11 45456 23245
廣韻正韻莫紅切集韻韻會謨蓬切夶音蒙爾雅·釋器麋罟謂之罞註冒其頭也図máo廣韻莫交切集韻韻會正韻謨交切夶音茅。義同図集韻莫候切音茂。義同。

罟 gǔ_5.11 45457 23246
古文罟廣韻公戶切集韻韻會果五切夶音古說文罔也玉篇魚网也易繫辭結繩而為罔罟釋文取魚曰罟詩·小雅畏此罪罟傳罟，網也周禮·天官·獸人掌罟田獸。罿又罟45475罟45479図龍龕笟41812俗。正作罟45522罟二字。

罠 45458 23247
mín_5.11　廣韻武巾切 集韻 韻會 眉貧切 正韻 彌鄰切夶音珉◆說文釣也 博雅 兔䍿網 左思·吳都賦 罠蹏連綱 註 罠，麋網 集韻 或作緡。鍳又罠45476

罡 45459 23248
gāng_5.11 正字通居康切音剛。天罡，星名 參同契 二月榆落，魁臨于卯。八月麥生，天罡據酉 註 天罡，北斗也 夊 白玉蟾·琅書序 作爲符籙印訣罡呪之文。
鍳又罡 偏類碑別字 罡 引 唐劉玄豹夫人高氏墓誌

罔 45460 23249
gǔ_5.11　字彙補 古罔45457字。見 石鼓文

罢 45461 23250
xuàn_5.11 集韻 熒絹切音縣 玉篇 同罥。

罞 45462 23251
liǔ_5.11　字彙補 音義同罚○按卽罚字之譌。

罝 45463 23252
hù_5.11 篇韻 音戶。網也。鍳直音篇作罞45478

罟 45464 41678
fú_5.11　奚韻 縛謀切音浮。覆車也。

罠 45465 41679
hù_5.11　奚韻 戶故切。網也。鍳俗罞45463

罠 45466 44996
měng_5.11　奚韻 彌演切，罠池，縣名，在河南府。
○按卽罠字之譌。

罟 45467 u2B142
null_5.11　未詳。

罝 45469 u262A9
jū_5.11　罝45454本字

罟 45468 u262B3
fú_5.11　俗罟45452亦作罟45464

罝 45470 u262A8
jū_5.11　俗罝45454

罝 45471 u262A5
jū_5.11　俗罝45454

罠 45472 u262A2
yù_5.11　昱22478譌字 夊 管城碩記·卷之二十一·正字通一 嵇康與山巨源絕交書足下舊知吾潦倒婩疏，不切事情。湯屋曰：叔夜書，唐世尚在，懷琳得以倣之。至于堯婩酒罠等古字，亦有所本。無婩字、罠字。

罛 45473 u262A1
gǔ_5.11　直音篇 罛，同罛45450

罟 45474 u262A0
fú_5.11　罟45452本字

罟 45475 u2629F
gǔ_5.11　罟45457本字

罠 45476 u2629E
mín_5.11　罠45458本字

罣 45477 u2629D
zhǔ_5.11　罣45453本字

罠 45478 u2629C
hù_5.11　同罠45426俗罝45428

罝 45479 u26299
gǔ_5.11　俗罝45457

罷 45480 u7F62
bà_5.11　简 罷45587

罟 45481 23253
è_6.12 篇海 遏合切，暗入聲。鳥網也 夊 篇海 口合切音渴。義同。鍳又罟45499罟45486

罙 45482 23254
mí_6.12　廣韻武移切 集韻 民卑切夶音彌◆說文作罙，周行也 詩曰：罙入其阻○按今 詩 作罙 類篇 或作罙。一曰深也，冒也 夊 廣韻 罟也 夊 集韻 縣批切 正韻 縣兮切夶音迷。義同。鍳又罙23716罙43266罙62652 夊 玉篇 罙43231同罙

罞 45483 23255
gōng_6.12 集韻 姑橫切音觥。或作罞 玉篇 罔滿也。

罛 45484 23256
gū_6.12　罛字之譌○按 篇海 音義與罛同。

罣 45485 23257
guà_6.12　廣韻 集韻 古賣切 正韻 古畫切夶音卦。絓或作罣，挂也 玉篇 礙也 夊 廣韻 古惠切 集韻 涓惠切夶音桂。義同 夊 集韻 胡卦切，音畫。義同。鍳又罣45501

罟 45486 23258
è_6.12　篇海 同罟。

罙 45487 23259
mí_6.12　字彙補 字學元元 云罙俗作罙，通作罙45482

罟 45488 23260
xǔ_6.12　字彙補 希俱切音吁。殷癸罟○按卽罟字之譌。罟从月从吁。今改从网，無義。

罘 45490 u2B145
jǐ_6.12　简 罘45665

罺 45489 41680
fán_6.12　字彙補 音煩。

罡 45491 u2B144
null_6.12　未詳。

罩 45492 u2B143
zhào_6.12 俗罩45524 可洪音義 罩羅：上張教反。正作罩。

罡 45493 u262BA
gwang_6.12　韓 鑄範，模子。

罟 45494 u262B9
lüè_6.12　同罟45500

罞 45496 u262B7
qióng_6.12 俗罞37994

罝 45495 u262B8
yǎn_6.12　篇海 類編 罝，音罨45523義同。

罛 45497 u262B6
gū_6.12　亦作罛45484俗罛45473

罠 45498 u262B5
null_6.12　未詳。

罟 45499 u262B4
è_6.12　同罟45481

罟 45500 u262B2
lüè_6.12　罟45580罟，漁網。亦作罟罟45494

罣 45501 u262B1
guà_6.12　直音篇 罣，同罣45485

罝 45502 u262B0
juàn_6.12　同罝45518俗罝45508

罟 45503 23261
lǜ_7.13　廣韻 集韻 類篇 夶良倨切音慮 玉篇 罔也。

罞 45504 23262
méng_7.13 篇海 音蒙。覆網也。

罳 45505 23263
méi_7.13　廣韻 莫桮切 集韻 韻會 正韻 謨杯切夶音枚 說文 罔也 廣韻 雉罔 夊 廣韻 集韻 夶莫佩切音妹。義同 夊 廣韻 文甫切 集韻 韻會 罔甫切 正韻 罔古切夶音武。義同 夊 集韻 滿補切音姥。義同 夊 集韻 mǒu 集韻 莫後切音母。罳45567或从每作罳。鍳又罳45512

罟 45506 23264
fú_7.13　廣韻 縛謀切 集韻 房尤切夶音浮 說文 罟，兔罟 註 臣鉉等曰：隷書作罝45427 夊 集韻 貧悲切音邳。義同。鍳又罟45513

罤 45507 23265
tí_7.13　廣韻 杜奚切 集韻 韻會 田黎切 正韻 杜兮切夶音題 玉篇 兔網。鍳又 目部 罤，玉篇 同罤38176省文。按：罤，俗罤22623刪目部罤字。

罝 45508 23266
juàn_7.13　廣韻 姑泫切 集韻 韻會 正韻 古泫切夶音畎 玉篇 挂也，係取也 類篇 或作絹、罥 鮑照·蕪城賦 荒葛罝塗 夊 廣韻 古縣切 集韻 扃縣切夶音睊。縮也。
鍳又罡45461罝45518罟45612罝45502 字彙補 罝45432古遠切音卷。掛也。

罠 45509 23267
làng_7.13　集韻 郎宕切音浪。莽罠，廣大貌 左思·吳都賦 相與騰躍乎莽罠之野。

罦 45510 23268
fú_7.13　廣韻 集韻 韻會 正韻 夶芳無切音敷 爾

雅·釋器罬謂之罦。罦，覆車也註今之翻車也。有兩轅，中施罥以捕鳥，輾轉相解詩·王風雉離于罦傳覆車也又廣韻縛謀切集韻韻會房尤切正韻房鳩切𠀤音浮集韻或从包从不。鎣又罦45514罺45452罦45591正字通罘45427同罦。

罶 45511 23269 liǔ_7.13 集韻力求切音留。捕鳥獸具。鎣同罶45446

罶 45512 u2F974 méi_7.13 同罶45505

罦 45513 u262D1 fú_7.13 罦45506本字。

罦 45514 u262C4 fú_7.13 同罦45510

罟 45516 u262C2 null_7.13 未詳。

罕 45515 u262C3 hǎn_7.13 同罕45411宋·吳自牧·夢粱録·駕詣景靈宮儀仗或持朱藤結方圓網者名罼罕。

罕 45517 u262C1 hǎn_7.13 同罕45515

罥 45518 u262C0 juàn_7.13 俗罥45508

蜀 45519 23270 xié_8.14 篇海戶圭切，惠平聲。姓也。梁公子蜀闖。鎣又嵐13756毒27195

罧 45520 23271 sēn_8.14 廣韻所今切集韻韻會正韻疏簪切𠀤音森說文積柴水中以聚魚也又廣韻同槮爾雅·釋器槮謂之涔註今之作槮者，積柴木于水中，魚得寒，入其裏藏隱，因以薄圍捕取之疏槮、罧古今字又shèn廣韻集韻韻會正韻𠀤所禁切音滲。義同又廣韻斯甚切集韻斯荏切𠀤音沁。義同又集韻犂針切音林。義同。鎣又罧45546罧45605罧41196

罛 45521 23272 gū_8.14 集韻攻乎切音孤。罛45450或从孤。

罟 45522 23273 gù_8.14 廣韻集韻𠀤古暮切音顧。罟罟，取魚具。

罨 45523 23274 yǎn_8.14 廣韻正韻於檢切集韻韻會衣檢切𠀤音奄說文罕也玉篇以罔魚也左思·蜀都賦罨翡翠又è廣韻烏合切集韻韻會正韻遏合切𠀤音始。罔也又張泌詩罨岕春濤打船尾又溪名。長興有罨畫溪又廣韻於業切集韻乙業切，𠀤淹入聲。義同。鎣又罨45544罨42177罯45495罨45622罨07109正字通罨，本作罨45616

罩 45524 23275 zhào_8.14 廣韻都教切集韻韻會正韻陟教切𠀤音罩說文捕魚器也爾雅·釋器籗謂之罩註捕魚籠也疏罩，以竹爲之，無竹則以荆詩·小雅南有嘉魚，烝然罩罩廣韻與箌同又集韻竹角切音琢。籗亦作罩。罩魚者也又集韻敕角切音趠。義同。鎣𠀤音鵫。鵫hàn，鵫zhào之誤又箌42097籗43145罩45543罩45525罩45552罩45492罹45526罩72154又集韻罩，或作箌03750罩42885

罩 45525 23276 zhào_8.14 同罩。

罹 45526 23277 zhào_8.14 廣韻都教切集韻陟教切𠀤音罩說文覆鳥令不得飛走也。鎣又罹45541罹45668又玉篇罹或作罩45524

罠 45527 23278 xiàn_8.14 集韻私箭切音綫玉篇魚罔。

罪 45528 23279 zuì_8.14 古文辠䍐廣韻集韻徂賄切，音䍐說文捕魚竹罔。秦以罪爲辠字易·解卦君子以赦過宥罪書·大禹謨罪疑惟輕。鎣又罪45542

罭 45529 23280 bó_8.14 玉篇蒲特切。義闕篇海步墨切音匐。朋入網衣，人所著也。

罫 45530 23281 guà_8.14 集韻韻會𠀤胡挂切音畫。絓或作罫。礙也。通作絓又guǎi集韻古買切音枴。罫或作罫。博局方目桓譚·新論使罫中死棊皆生韋曜·博弈論所務不過方罫之閒。鎣又罫12582

罬 45531 23282 zhuó_8.14 廣韻陟劣切集韻韻會株劣切𠀤音輟說文捕鳥覆車也。或作輟爾雅·釋器罿，罬也。罬謂之罦玉篇連也。幡車上覆罔又集韻古穴切音玦。義同。鎣又罬45547

罭 45532 23283 yù_8.14 廣韻雨逼切集韻正韻越逼切韻會影逼切𠀤音域說文·新附字魚網也。◆爾雅·釋器緵罟謂之九罭。九罭，魚罔也註今之百囊罟詩·豳風九罭之魚傳九罭，緵罟，小魚之網也。鎣又罭45555

置 45533 23284 zhì_8.14 古文𦊓𦋆𦊧𦌒廣韻陟吏切集韻韻會竹吏切正韻知意切𠀤音智說文赦也註徐鍇曰：从直，與罷同意。置之則去之也又玉篇立也廣韻設也書·說命王置諸其左右周禮·天官·大宰三曰廢置，以馭其吏註退其不能者，舉賢而置之祿前漢·周勃傳不知置辭註師古曰置，立也。又玉篇安置也又廣雅郵置，關驛也前漢·曹參傳取狐父祁善置註師古曰置，若今之驛也又集韻直吏切音橦。樹也周禮，凡試廬事，置而搖之。鎣又𦊓22691𦊓45639置45545又直音篇𦊓16003同置。

罯 45534 23285 tà_8.14 廣韻他合切集韻託合切𠀤音踏。罔也。一曰罯罯，覆也。

罝 45535 23286 jī_8.14 玉篇古文箕42111字。

罽 45536 23287 jì_8.14 篇海居例切，音計◇氈類，毛爲之○按此字疑譌。蓋罽譌爲罽，復譌爲罽也。鎣俗罽45633可洪音義赤罽：居例反，氈毲毲之類也。正作罽罽罽三形龍龕罽俗，罽正，居例反。氈類，毛爲之。罽，古文，同上又備考·毛部重出：搜真玉鏡音蕫。

兜 45537 23288 dōu_8.14 篇韻與兜02416同。

罞 45538 23289 měng_8.14 篇海類編俗黽字。

罜 45539 u2B147 null_8.14 未詳。

罨 45540 u2B146 null_8.14 殷周金文集成·4.2080·罨作乍鼎罨乍厥尊彝。

罨 45544 u262D9 yǎn_8.14 同罨45523

罪 45542 u262DB zuì_8.14 罪45528本字

罧 45546 u262D7 shèn_8.14 同罧45520

罹 45541 u262DC zhào_8.14 罹45526本字

罬 45547 u262D6 zhuó_8.14 同罬45531

罩 45543 u262DA zhào_8.14 罩45524本字

罣 45549 u262D4 lù_8.14 同罣45553

置 45545 u262D8 zhì_8.14 置45533本字

罷 45548 u262D5 bǎy_8.14 喃从网彼bǐ聲。羅網，陷阱。

罨 45550 u262D3 quān_8.14 俗𢃍02733小兒帽。

45551 u262D2
羢 null_8.14　未詳。

45552 u262D0
罩 zhào_8.14　俗罩45524 可洪音義 覆罩：知孝反。

45553 u262CF
罞 lù_8.14　罞罷，同籭籔，下垂貌。宋·趙崇嶓 清平樂·懷人 鶯袖卷香金罞罷，嬌怯未消寒粟。

45555 u435E
罭 yù_8.14　罭45532本字

45554 u262CE
罬 hēi_8.14　罬74882譌字

45556 u7F72
署 shǔ_8.14　同署45564

45557 23290
罨 ǎn_9.15　唐韻 廣韻 烏感切 集韻 類篇 鄔感切，並音晻。說文 覆也 又 玉篇 廣韻 烏合切 集韻 類篇 遏合切並音姶。罨罨，覆也。 鋻 又罨45575

45558 23291
羅 luó_9.15　篇海 音羅。出釋典。與羅同。

45559 23292
罱 shuò_9.15　廣韻 所角切 集韻 色角切並音朔。欄罱，罘罕 張衡·西京賦 飛罕欄罱。

45560 23293
罰 fá_9.15　廣韻 集韻 韻會並房越切音伐 說文 辠之小者。从刀从詈。未以刀有所賊，但持刀罵詈則應罰 春秋·元命包 网言爲詈，刀詈爲罰。罰之言罔陷于害 易·豐卦 則刑罰清而民服 書·呂刑 五刑不簡，正于五罰 傳 罰出金贖罪 周禮·地官·司救 凡民之有衺惡者，三讓而罰 註 罰謂撻擊之也〇按 說文 在刀部，今併入。 鋻 又罰45441 罸03780 罰03766 罰45574 罰45600

45561 23294
罱 lǎn_9.15　廣韻 魯敢切音覽。罱網 玉篇 夾魚具。 鋻 又罱45451 又01321 罱45670

45562 23295
罞 zòng_9.15　集韻 作弄切音糉。緵或作罞。緵罟謂之九罭45532

45563 23296
网 wǎng_9.15　集韻 网45387古作网 說文 网或从糸 玉篇 今作網。

45564 23297
署 shǔ_9.15　廣韻 集韻 韻會並常恕切音曙◆說文 部署，有所网屬 註 徐鍇曰：署置之，言羅絡之，若罘网也 玉篇 置也 廣韻 廨署 魯語 署位之表也 史記·項羽紀 部署吳中豪傑 楚辭·遠遊 選署衆神以並轂 補註 署，置也 又 玉篇 書檢也 五經文字 署，作罒者譌。 鋻 通作署45556 又 署45578，本字。

45565 23298
罛 xuǎn_9.15　集韻 須兗切音選。罳45635亦作罛。

45566 23299
罳 sī_9.15　廣韻 息茲切 集韻 韻會 新茲切並音思 說文 新附字 罘45427罳，屏也 玉篇 屏樹門外也 又 集韻 韻會 桑才切並音鰓。義同。 鋻 又罳45572 又 集韻 罳，籀作罳。

45567 23300
罘 mǒu_9.15　集韻 莫後切音某 玉篇 网也。或作罘、罘。 鋻 又罘45424 罘45443

45568 23301
罭 yù_9.15　字彙補 以懼切 篇海 音喩。衣也〇按 卽罭字之譌。

45569 23302
罳 hàn_9.15　篇韻 音頷。冤也。

45570 23303
罳 shì_9.15　字彙補 以智切 篇海 音異◇〇按 卽罳字之譌。

45571 u2B148
罳 xuǎn_9.15　同罳45635

45572 u262EE
罳 sī_9.15　同罳45566

45573 u262ED
罳 xuǎn_9.15　同罳45635

45574 u262EC
罰 fá_9.15　罰45560本字

45576 u262E9
罳 yuē_9.15　同罳45580

45575 u262EB
罨 ǎn_9.15　罨45557本字

45577 u262E8
罳 null_9.15　未詳。

45581 u7F74
罳 pí_9.15　简 罳45672

45578 u262E7
署 shǔ_9.15　署45564本字 說文 署，部署，有所网屬。从网者聲。徐鍇曰：署置之，言羅絡之，若罘网也。

45579 u262E6
罳 ra_9.15　喃 俗罳03248離開，出去，出發。

45580 u262E5
罳 yuē_9.15　罳罳，漁網。陸龜蒙 和胥口卽事 斷岸沈漁罳罳，鄰村送客艫郎。

45582 23304
罳 yú_10.16　篇海 羊舒切音余。罔也。

45583 23305
罳 jiān_10.16　廣韻 古甜切 集韻 堅嫌切並音兼。絲網 玉篇 罔也。

45584 23306
罵 mà_10.16　廣韻 集韻 韻會 正韻並莫駕切音禡 說文 詈也 註 徐鍇曰：謂以惡言加网之也 史記·留侯世家 輕士善罵 又 與傌同 前漢·賈誼傳 同鯨劓髡刖笞傌棄市之法。 鋻 鯨劓。黥劓 又 罵05925 傌00823 嗎06721 馹06789 罵45594 罵69834 罵69924

45585 23307
罳 jī_10.16　罳字之譌。

45586 23308
罳 liǔ_10.16　廣韻 力久切 集韻 韻會 正韻 力九切並音柳 說文 曲梁，寡婦之笱，魚所罳也 爾雅·釋訓 凡曲者爲罳 註 凡以薄爲魚笱者，名爲罳。又 釋器 婺婦之笱，謂之罳 疏 孫炎云曲梁，其功易，故謂之寡婦之笱耳。非寡婦所作也 詩·小雅 魚麗于罳。 鋻 又罳45650 罳45462 罳45446 罳45606 罳45617 罳45511

45587 23309
罷 bà_10.16　廣韻 薄蟹切 集韻 韻會 部買切並音佈 說文 遣有辠也。从网能，言有賢能而入网，卽貰遣之 周禮 曰議能之辟 又 玉篇 休也，已也 易·中孚 或鼓或罷。◆左傳·襄三十年 皆自朝布路而罷 論語 欲罷不能 又 廣韻 甫靡切 集韻 補靡切並音彼。義同 又 bà 韻會 皮駕切音與杷同。義同 又 pí 廣韻 符羈切 集韻 正韻 蒲糜切並音皮。疲或作罷 玉篇 極也 周禮·秋官·大司寇 以圜土聚教罷民 疏 罷謂困極罷弊 禮·少儀 師役曰罷 註 罷之爲言勞也 又 楚辭·大招 誅譏罷只 註 罷，駑也◆史記·平原君傳 臣不幸有罷癃之疾 又 集韻 攀糜切音披。罷辜，磔牲以祭 又 集韻 罷45672，或省作罷 又 集韻 拍逼切音塙。同副。副，判也。或作罷 又 bǎi 正韻 補買切音擺。閩人呼父爲郎罷 顧況詩 兒餒嗔郎罷 △ 唐韻正 罷音皮，皮音婆。凡經傳中罷倦之罷，罷休之罷，皆讀婆。今人音皮，而誤又添一蒲蟹反，至土音又轉而爲蒲怕矣。 鋻 又罷45480 罷45593 罷55003

45588 23310
罳 zhì_10.16　集韻 置45533古作罳。

罡 45589 23311 gāng_10.16 字彙補 古當切 篇韻 音剛。網也。

罥 45590 23312 jì_10.16 字彙補 居例切,音記◇細毛也。見 金鏡。

罿 俗罽45633

罦 45591 23313 fú_10.16 字彙補 房鳩切音浮。見 篇韻 ○按卽罦字之譌。

罭 45592 u2B149 null_10.16 未詳。

罷 45593 u262FC bà_10.16 罷45587本字

罽 45595 u262FA jì_10.16 俗罽45633

罵 45594 u262FB mà_10.16 罵45584本字

罞 45596 u262F9 mào_10.16 同罞38003

罬 45598 u262F7 null_10.16 未詳。

罨 45597 u262F8 mǐn_10.16 同罨45653俗罨75144

罝 45599 u262F6 null_10.16 未詳。

罰 45600 u7F78 fá_10.16 俗罰45560 篇海類編 罰,音伐。小罪也。罪于人曰罰。本作罰。

罹 45601 23314 zhì_11.17 集韻 置45533古作罹 說文 置或从糸。

罝 45602 23315 jū_11.17 與置同 說文 置,籀文作罝。

罾 45603 23316 cáo_11.17 篇海 才勞切音曹。罾網,捕魚具。

罹 45604 23317 lí_11.17 廣韻 呂知切 集韻 鄰知切丛音離 說文·新附字 心憂也。古多通用離 爾雅·釋詁 罹,憂也 詩·王風 逢此百罹 釋文 罹,本又作離 書·酒誥 滅無罹 傳 無憂罹 図 類篇 遭也 前漢·文帝紀 以罹寒暑之數 註 師古曰遭也 図 集韻 與羅通 書·湯誥 罹其凶害 傳 罹,被也 釋文 罹,本亦作羅。罿本作罹45618

罹 45605 23318 shèn_11.17 集韻 所禁切音滲。罙45520或作罹。

罹 45606 23319 liǔ_11.17 同罶 說文 罶或从婁。罿罹45617本字

罺 45607 23320 cháo_11.17 廣韻 側交切 集韻 韻會 莊交切丛音抓 爾雅·釋器 罺謂之汕 註 今之撩罟 類篇 小罔 左思·吳都賦 罺鰢蝦 註 抑水之器也 集韻 或作槮、籗 図 廣韻 初教切 集韻 楚教切丛音抄。義同。罿又罺45669罺45614

罻 45608 23321 wèi_11.17 廣韻 於胃切 集韻 韻會 正韻 紆胃切丛音尉 說文 捕鳥罔也 玉篇 小罔也 禮·王制 鳩化爲鷹,然後設罻羅 図yù 集韻 韻會 正韻 丛紆勿切音鬱。義同。

罿又罻45621罿45662

畢 45609 23322 bì_11.17 廣韻 卑吉切 集韻 韻會 正韻 壁吉切丛音必。畢亦从网 廣雅 兔罔也 玉篇 罔小而長柄也 ○按 說文 作畢。从華象形。後人加网于其上 詩·小雅 鴛鴦于飛,畢之羅之。止作畢。罿又罿45630罿45620

麗 45610 23323 lù_11.17 廣韻 集韻 正韻 丛盧谷切音祿 說文 罜麗也。◆魯語 水虞於是乎禁罝麗,設穽鄂。罿又麗45619罹45651

罩 45611 23324 zhì_11.17 集韻 置45533古作罩。

罥 45612 23326 juàn_11.17 五音篇海 與罥45502同。罿同罥45508

罔 45613 23327 wǎng_11.17 篇韻 古文网字○按古文無此字。

罢 45614 23328 jiāo_11.17 字彙補 側交切,音焦◇抄羅也。

罢 45615 u2B14A null_11.17 黄德寛 古文字譜系疏證 罢,疑古罢字,隸書作罢。

罾 45616 u2F975 yǎn_11.17 罾45523本字。亦作罾45544

罺 45617 u26311 liǔ_11.17 罺45606本字 說文 罶,罶或从婁。

罹 45618 u26310 lí_11.17 罹45604本字。見 說文

麗 45619 u2630F lù_11.17 麗45610本字。見 說文

畢 45620 u2630E bì_11.17 直音篇 罩45630,音必。田獵網。罩,同上。

罻 45621 u2630D wèi_11.17 俗罻45608

罾 45622 u2630C yǎn_11.17 同罾45523 清沈德潛 清詩別裁集 卷二十九·程之鵕 曉過平望詩 前途烟雨樓邊過,身入空濛罾畫中。

罿 45623 u2630B zhòng_11.17 俗罿09666古文重 類篇 罿,儲用切。厚也。

罬 45624 u2630A sù_11.17 麗罬,亦作籭簌,下垂貌。

罬 45625 u26309 sù_11.17 俗罬45624

罪 45627 u26307 null_11.17 未詳。

罹 45626 u26308 jiē_11.17 罹羅,亦作接羅,白帽。

罹 45628 u4360 lí_11.17 同罹45696

罹 45629 uF9E6 lí_11.17 兼罹。

畢 45630 u7F7C bì_11.17 正字通 畢,本作畢35508田獵之網,故从田从華。象形。後人加网于其上。

罽 45631 23329 liào_12.18 廣韻 集韻 韻會 正韻 丛力弔切音料。魚網。

罒 45632 23330 wú_12.18 廣韻 武夫切 集韻 韻會 正韻 微夫切丛音無。罒或省作罒,雉網也 図 集韻 罔甫切音武。義同。

罷 45634 23332 jì_12.18 俗罽字。

罽 45633 23331 jì_12.18 廣韻 集韻 韻會 丛居例切音罽 說文 魚罔也 図 爾雅·釋言 氂,罽也 註 毛氂,所以爲罽 疏 罽者,織毛爲之,若今之毛氍俞也 前漢·東方朔傳 狗馬被繢罽 註 師古曰罽,織毛爲之。氍俞之屬。罿又罽45643氈27487罽45536罽45640 図 直音篇 罽45595同罽 図 龍龕 罽45590俗,罷45634古,罽正。

罿 45635 23333 xuǎn_12.18 廣韻 思兗切 集韻 韻會 須兗切,丛音選 說文 罔也 逸周書曰:不卵不罿,以成鳥獸。罿者,纜獸足也,故或从足作躍 類篇 亦作罿 図 廣韻 息絹切 集韻 韻會 正韻 須絹切。丛選去聲。義同 図 廣韻 集韻 丛所晏切音訕。義同 図 集韻 式撰切音僝。義同。罿又罿45571罿45573罿45675選45690躍59126

罾 45636 23334 zēng_12.18 廣韻 作滕切 集韻 韻會 咨騰切 正韻 咨登切丛音增 說文 魚罔也 前漢·陳勝傳 置人所罾魚腹中 註 師古曰罾,魚網也。形似仰繳蓋,四維而舉之。罿又罾45648罾45646罾45661罾45644

罸 lù_12.18　廣韻洛故切集韻魯故切夶音路。罸罟，取魚具也。

罿 chōng_12.18　廣韻尺容切集韻昌容切夶音衝說文罬也玉篇幝車网爾雅·釋器繴謂之罿，罿，罬也詩·王風雉離于罿班固·西都賦撫鴻罿又廣韻正韻徒紅切集韻徒東切夶音同。義同又集韻諸容切音鍾。義同。鍫又罿45645

罬 zhì_12.18　篇韻古文置字〇按古文無此字。當卽罬字之譌。

眔 jì_12.18　篇海居例切，音計◇魚網〇按卽罭字之譌。

貫 yí_12.18　龍龕音遺。出釋典。

罳 yán_12.18　龍龕語堅切音妍。

罽 jì_u2631E　同罽45633

罾 zēng_12.18　同罾45648

罾 zēng_12.18　罾45636本字。見說文

罿 chōng_12.18　罿45638本字。見說文

𣥤 dù_12.18　同斁21799

罾 zēng_12.18　俗罾45636

羁 jī_12.18　簡羁55017

罶 liǔ_12.18　罶45586本字。

祿 lù_13.19　廣韻集韻夶盧谷切音祿。捕魚具也。麗或从祿又正字通一曰纙字之譌。

罼 bì_13.19　廣韻蒲革切集韻薄革切夶音繴。繴或作罼。鳥网又集韻蒲計切音陛。又博厄切音薜。又毗亦切音擗。義夶同。

罠 mǐn_13.19　集韻美殞切音愍。網密也。鍫又罠45597　楊寶忠：俗黽75144

罍 léi_13.19　集韻盧回切音雷。罍或从雷。網百囊者。◆郭璞·江賦罾罍比船註網貌。

羬 tí_13.19　玉篇徒犁切。網繩也。

絹 juàn_13.19　廣韻姑泫切集韻正韻古泫切夶音畎玉篇與罥同。又网張獸司馬相如·上林賦罥騕褭註罥，係取也張衡·西京賦但觀罥羅之所罥結註絹，絙也。又與絹通周禮·秋官·翟氏註置其所食之物於絹中。又正韻吉泫切音狷。義同。

羬 qián_13.19　字彙補古黔字廣川書跋秦·鐵權銘黔首。黔字寫作罧也。

罬 zhì_13.19　玉篇古文置45533字。

𦉧 dú_13.19　篇海類編音獨。

𥁵 huàn_13.19　龍龕音患　罾 zēng_13.19　俗罾45644　五音集韻罾，魚網。清·南山逸史長公妹·第二齣·邮晤飛

翔只有白鷗閑。看漁父盡將罾掛。

罻 wèi_13.19_u26328　尉45608本字。當从㞢。

瀃 jì_13.19_u26327　俗瀸30339　　罴 jǐ_14.20_u26327　廣韻集韻夶子禮切音濟。手搣酒玉篇手出其汁類篇茜酒也。通作沛又集韻在禮切音薺博雅罴也。鍫又北京方言詞典罴45490子：做合餎（雜糧麵條）用的一種器具。也叫合落床兒。不過罴子特指軋麵條的那一部分。

劓 jì_13.19_u26325　同鱂72723亦作劓45633魚，即鱖魚。

罬 tǎn_14.20_23348　集韻吐敢切音毯。魚网。

罩 zhào_14.20_23350　集韻陟教切音罩。罩或作罿玉篇小網。

罺 cháo_14.20_23351　罺本字。　羃 mì_14.20_23349　廣韻集韻韻會正韻夶莫狄切音覓。冪或作羃。覆也玉篇蓋食巾。又羃羅，婦人所戴又類篇羃䍦，煙貌。鍫又羃42909

𦇚 lǎn_14.20_23352　廣韻集韻夶女減切音淰。同罱45451

羅 luó_14.20_23353　廣韻魯何切集韻韻會良何切正韻郞何切夶音蘿說文以絲罟鳥也。古者芒氏初作羅爾雅·釋器鳥罟謂之羅註謂羅絡之詩·王風雉離于羅周禮·夏官羅氏掌羅烏鳥又類篇帛也釋名羅文，疎羅也戰國策下宫糅羅紈曳綺縠又廣雅羅，列也楚辭·九歌羅生兮堂下註羅列而生又國名左傳·桓十二年羅人欲伐之註羅，熊姓國，在宜城縣西山中，後徙又水名史記·屈原傳遂自投汨羅註汨水在羅，故曰汨羅又新羅，東夷國名唐書·東夷傳新羅，弁韓苗裔也，居漢樂浪地又姓姓氏急就篇羅氏，顓頊後，封于羅，今房州也。子孫以爲氏又羅羅，獸名山海經北海有獸，狀如虎，名曰羅羅駢雅青虎謂之羅羅又菴羅，果名本草梨之類，色黃，如鵝梨又集韻鄰知切音離。義同又集韻郞佐切音囉。邏或省作羅。巡也。鍫又罗45422羄45558羅45677瓎34853仐00762罖45423罗45683

羆 pí_14.20_23354　古文䚰㲋䰈廣韻彼爲切集韻韻會班麋切夶音陂爾雅·釋獸羆，如熊，黃白文註似熊而長頭高脚，憨猛多力，能拔樹木陸璣詩疏羆有黃羆，有赤羆，大于熊，其脂如熊白而麤理，不如熊白美也爾雅翼羆則熊之雌者，力尤猛書·禹貢熊羆狐狸織皮詩·小雅維熊維羆又人名書·舜典讓于朱虎、熊羆註二臣名。又韻補叶甫委切張衡·西京賦若驚鶴之羣羆。叶上綺字、下羅字。鍫又䝓37048罴45581羆45679

嘸 wú_14.20_23355　廣韻武夫切集韻微夫切夶音無◆說文㠌中网也又㠌wǔ廣韻文甫切集韻㠌甫切夶音武。義同類篇或省作嘸。鍫又嘸45678

羈 jī_14.20_23356　集韻居宜切音羇說文馬絡頭也。从网从𩁢。𩁢，馬絆也。或从革作羈45700

罦 xuǎn_14.20_23357　集韻區願切音券。躤或作罦，网也。

羁
null_14.20 殷周金文集成·18.11499·格氏矛格氏冶羁。

羅
luó_14.20 羅45671本字。

舞
wú_14.20 舞45673本字。

羆
pí_14.20 羆45672本字。

羈
jī_14.20 羇45700說文長箋作羈。

羇
jī_14.20 俗羇45694篇海俗字背篇：羇，居宜切。

羈
jī_14.20 俗羇45700見龍龕

羅
luó_14.20 兼羅。

羈
léi_15.21 廣韻魯回切集韻盧回切达音雷。網百囊者爾雅·釋器註九罭，今之百囊罟，亦謂之羈也類篇或作羈。

羈
juàn_15.21 篇海音胃。義闕○按卽羄字之譌。

罰
dú_15.21 集韻徒谷切音獨。罜或从賣作賣玉篇魚罔。

歔
kūn_15.21 集韻公渾切音昆。罔也。鍪俗歔26541

羣
qún_15.21 字彙補居羣切音君。宗也。天羣也。鍪亦作羣06777，人群。

羈
jī_15.21 字彙補羈，羇45700本字。

選
xuǎn_16.22 同罻集韻罻或作選。

歷
lì_16.22 廣韻郎擊切集韻韻會狼狄切达音歷。罟歷，煙貌図玉篇蓋食巾。鍪又罤23214

罷
lóng_16.22 篇韻同籠

羅
null_16.22 未詳。

羇
jī_17.23 廣韻集韻韻會达居宜切音羈。旅寓也玉篇寄也周禮·地官·遺人野鄙之委積以待羇旅註羇旅，過行寄止者左傳·莊二十二年羇旅之臣。鍪又羇45681

羅
wǒi_17.23 喃从罷尾vǐ聲。

羅
lí_19.25 廣韻呂支切集韻鄰知切达音離。接羅，白帽也玉篇羈羅也集韻羈02748或作羅。鍪接羅或作瓔羅図羅45628

羄
juàn_19.25 廣韻古縣切集韻局縣切达音羂說文罔也。一曰縮也。類篇與胃、絹同。鍪又羄45706罳45685罳45651羄45708罳45704

羅
shī_19.25 廣韻所菹切集韻山於切达音蔬。羅或作羅。以筐瀉酒也図集韻所綺切音躧。義同。鍪又羅45705

羅
nàn_19.25 玉篇音義與羇同○按羅卽羄字重文。

羈
jī_19.25 古文羈廣韻集韻韻會达居宜切音羈。羈或作羈，馬絆也。又馬絡也廣雅勒也急就篇註羈，絡頭也，謂勒之無銜者禮·檀弓如皆守社稷，則執羈靮

以從左傳·僖二十四年臣負羈絏註馬羈図釋名羈，檢也，所以檢持制之也。左傳·昭十三年爲羈終世。図髻也禮·內則男角女羈註午達曰羈疏一縱一橫曰午。今女剪髮，留其頂上，縱橫各一相交通達，故曰午達。不如兩角相對，但縱橫各一在頂上，故曰羈。羈者，隻也。鍪又羈45649羈45710羈45711羈45585羈45682羈55015羈55016羈45681羈55017羈66898羈45680羈45689

羅
pò_19.25 玉篇普革切。罔也。鍪正字通俗緊45019字。胡吉宣：合羈45652緊二字爲之。

羅
luán_19.25 廣韻落官切集韻韻會盧丸切正韻盧官切达音鸞。爾雅·釋器堯罟謂之羅註羅，幕也後漢·馬融傳罦罝羅羅註羅，堯罔也図集韻謨官切音瞞。義同。

羅
quàn_19.25 篇海類編去倦切音勸。罳網也。鍪又羅45707永樂大典·卷之一萬一千七十七羅，犬羹切。韓道昭五音類聚去癸切。罳罔也。

羅
juàn_19.25 同羅45697

羅
shī_19.25 俗羅45698

羅
juàn_19.25 羅45697本字。亦作羅45708

羅
quàn_19.25 同羅45703五侯鯖字海羅，音勸。罳網也。

羅
juàn_21.27 篇海類編同羅。

羅
biān_22.28 篇韻古文邊61408字。

羈
jī_23.29 羈本字說文羇或从革。

羈
jī_23.29 同羈45710說文羈，羈或从革。段注：今字作羈45700俗作羈。

羊部

羊
yáng_0.6 廣韻與章切集韻韻會余章切正韻移章切达音陽。說文羊，祥也。从ヤ，象頭角足尾之形。孔子曰：牛羊之字，以形舉也玉篇豕屬也易說卦兌爲羊註其質好剛鹵詩·召南羔羊之皮傳小曰羔，大曰羊禮·曲禮羊曰柔毛月令食麥與羊註羊，火畜也。時尚寒，食之以安性也図麢羊爾雅·釋獸麢，大羊註似羊而大，角圓銳，好在山崖閒図鳥名家語齊有一足之鳥，飛集于公朝。齊侯使使問孔子，孔子曰：此鳥名商羊，水祥也図姓左傳·閔二年羊舌大夫註羊舌氏也。公羊傳疏子夏傳與公羊高史記·梁孝王世家齊人羊勝図官名周禮·夏官·羊人疏羊屬南方火，司馬火官，故在此。図白羊，匈奴國名史記·匈奴傳幷樓煩、白羊、河南。図前漢·禮樂志雙飛常羊註猶逍遙也屈原·離騷聊逍遙以相羊註逍遙、相羊，皆遊也。鍪又羊45714羊45713

羊
yáng_0.6 說文羊本字五經文字羊，經典相承隸省作羊。

羊
rèn_0.6 字彙補羊字之譌。

| 羋 45715 u2634D rěn_0.6 | 同羊15242 | 羊 45716 u2F7A yáng_0.6 | 同羊45712部 |

羋 45715 u2634D rěn_0.6 同羊15242
首專用字。亦作羋45719羊45718羋45717

羋 45717 u2EB8 yáng_0.6 部羊45716

羊 45718 u2EB7 yáng_0.6 部羊45716

羋 45719 u2EB6 yáng_0.6 部羊45716

芈 45720 23377 mǐ_1.7 廣韻緜婢切
集韻母婢切达音弭 說文羊鳴也 図姓。楚之先也鄭語
融之興者，其芈姓乎 史記·楚世家 陸終生子六人，六曰
季連，芈姓，楚其後也 註 芈姓，諸楚所出。芈，羊聲也
△集韻或作哶。鼇又哶05987哶06073芈45713芈45721
吽05391哶05770咪05771 図 玉篇嘪，羊鳴也 図 正字通嘪，
俗芈字。舊註芈聲，改莫蟹切音買，誤。

芈 45721 u8288 mǐ_1.7 同芈45720

羌 45722 23378 qiāng_2.8 古文㑶 廣韻
去羊切 集韻墟羊切达音蜣 • 說文西戎牧羊人也。西方
羌，從羊 書·牧誓 及庸蜀羌髳微盧彭濮人 註 八國皆蠻
夷戎狄。羌在西蜀叟 史記·五帝紀 西戎、析枝、渠廋、
氐羌 匈奴傳 西接月氏、氐羌 註 羌，三苗姜姓之別。舜
徙于三危，今阿闥之西南羌是也 図 屈原·離騷 羌内恕
己以量人兮 註 羌，楚人語辭也 図 玉篇 卿也，反也，章
也，强也 図姓 史記·秦始皇紀 羌瘣伐趙 図xiàng 集韻
許亮切音向。羌量，鳥雛飢困貌△篇海 俗作羌。
鼇又芜02396㳺13752猄33313美45723羌45737猄33512笎42484

羌 45723 23379 qiāng_2.8 字彙補同羌〇按卽羌字之譌。

羒 45724 23380 fén_2.8 金鏡房奔切，音焚◇白羊也。

牵 45725 23381 dá_2.8 說文牽省作牵。

善 45726 u2B14E xiàn_2.8 甲骨文陷65688字。

㚉 45727 23382 dá_3.9 玉篇同牽
他達切音闥 說文小羊也。讀若達 玉篇 生也 図 集韻 通
作達 • 詩·大雅 誕彌厥月，先生如達 傳 達，生也 釋文鄭
云羊子也 図 廣雅 美也。鼇又牵45725牵45727

牽 45728 23383 dá_3.9 廣韻集韻达
他達切音闥 說文小羊也

美 45729 23384 měi_3.9 廣韻無鄙切 集韻 韻會 母鄙切，並音眯 說
文甘也。從羊從大。羊在六畜，主給膳也。美與善同意
註 羊大則美，故從大 五經文字 從犬從火者，譌 詩·召
南·甘棠序 美召伯也 疏 善者言美，惡者言刺 図 廣韻 好
色 詩·邶風 匪女之爲美 傳 非美其徒說美色而已。
図 正韻嘉也，好也△ 玉篇 或作媄。鼇又媄11321
媄11391㜀11498美45735美45763嵄13352

羏 45730 23385 yáng_3.9 集韻余章切音陽。美善也。通作洋。

羑 45731 23386 yǒu_3.9 廣韻 與久切 集韻 韻會 以久切达音牖 說
文 進善也 玉篇 導也。今作誘。亦作羐 書·康王之誥 惟
周文武，誕受羑若 傳 言文武大受天道而順之 疏 羑聲
獸，故訓之爲道。王蕭云羑，道也 図 • 說文 文王拘羑里，
在湯陰 史記·殷本紀 帝紂乃囚西伯于羑里 註 河内湯陰
有羑里城，西伯所拘處 又 其囚羑里，蓋益 易 之八卦爲
六十四卦 図 廣韻 亦姓。鼇羑45738通用 図 羑49451羑45753

羝 45736 u26356 null_3.9 未詳。

羒 45732 23387 tún_3.9 篇韻與羫同。鼇又羒45759羘32598羘32639

狣 45733 23388 tuó_3.9 字彙補同羓

猙 45734 23389 yáng_3.9 同文鐸同羺 図 諸苗考 猙獚，苗類。

羙 45735 u2B7C8 měi_3.9 俗美45729 碑別字新編 引 隋劉淵墓誌

羌 45737 u26351 qiāng_3.9 清·顧藹吉 隸辨·卷二 羌按右，說文
羌45722从羊从儿。儿，古人字。碑變加點。

羑 45738 u7F91 yǒu_3.9 同羑45731

羒 45739 23390 fén_4.10 廣韻 集韻 达
符分切音汾 • 說文 牂羊也 玉篇 牝羊也 廣韻 白牴羊也
爾雅·釋畜 羊牡羒 註 謂吳羊白羝 疏 吳羊牡者名羒

羓 45740 23391 bā_4.10 集韻 韻會 达邦加切音巴。腊屬△ 韻會 小
補 通作狚。

羐 45741 23392 xú_4.10 集韻祥余切音徐。羚45831或作羐。

羱 45742 23393 yuán_4.10 集韻吾官切音岏。羱或从元，野羊名。

牂 45743 23394 zāng_4.10 同牂 史記·李斯傳 泰山之高百仞，而跛牂
牧其上。鼇又 韓 jang妖氣 天文類抄·下 妖氣 二曰牂雲，
如狗，赤色長尾，爲亂君，爲兵亂。

羐 45744 23395 pō_4.10 廣韻 集韻 达普活切音䟣。牡羊 図bō 集
韻北末切音撥 博雅羯也 図 玉篇 方味切。人姓也。
鼇又羐45750

殃 45745 23396 xiáng_4.10 同殃45794 鼇又 玉篇 徐羊切 可洪音義
蠱殃:下音祥。女鬼也。女未嫁而死曰殃 胡吉宣: 通
作殇26941 図 俗祥39767 敦煌 P. 3371 本際經·卷一 災殃變
異，皆使消滅 図 㳯45785

羔 45746 23397 gāo_4.10 廣韻 古牢切 集韻 居勞切达音高 說文 羊
子也 詩·召南 羔羊之皮 傳 小曰羔 周禮·春官·大宗伯 卿
執羔 註 羔，小羊，取其羣而不失其類。鼇又羙45747
羔45896羔45958羔45968美45763

羙 45747 23398 gāo_4.10 同羔 佩觿 羙羊之羙爲美，其順非有如此
者。

羕 45748 23399 yàng_4.10 廣韻 餘亮切 集韻 弋亮切达音漾 說文 水
長也。从永羊聲 詩 曰:江之羕矣〇按今 詩 作永 說文 在
永部，今從 正字通 併入。鼇又羕45799羕45809羕28243

羖 45749 23400 gǔ_4.10 廣韻 公戶切 集韻 果五切达音古 說文 夏
羊，牡曰羖 廣韻 俗作羒，牂羊 • 爾雅·釋畜 牝羖 註 今人
以羒、羖爲白、黑羊名 疏 黑羊牝者曰羖 詩·小雅 俾出
童羖 傳 羖羊不童也 箋 羖羊之性，牝牡有角 史記·秦本
紀 吾媵臣百里傒在焉，請以五羖羊皮贖之。

羐 45750 23401 pō_4.10 字彙補與羐同。

羝 45751 23402 dī_4.10 字彙補同羝。

羝 45752 23403 dī_4.10 字彙補同羝。

羑 yòu_4.10 字彙補與羑同○按卽俗羑字。璧俗麌05106 字彙補與羑同。或作羑，誤。

羕 null_4.10 未詳。

胖 zāng_4.10 字彙補子唐切。羝羊也。璧李國英：羕32371訛字。

羖 yǎng_4.10 字彙補古文養69074字。

羞 xiū_4.10 字彙補羞本字。璧又羞45757

羞 xiū_4.10 同羞45756羞本字。

羙 null_4.10 未詳。

翔 xiáng_4.10 俗翔46079偏類碑別字·羽部·翔字引偽周猗氏縣令高隆基墓誌。亦俗朔23396碑別字新編引隋賈□墓誌

羒 tún_4.10 同独33057俗作羝45732

翔 lì_4.10 簡雝45972

美 měi_4.10 字鑑美45729俗下从火作美区字彙美，同羔45746俗作嘉美字，非。

羢 mà_5.11 集韻勿發切音靺。羢羯，胡羊名。

羦 tuó_5.11 廣韻徒何切集韻唐何切夶音駝。似羊，四耳九尾玉篇搏駞也。璧又羦45733羦45766

羦 tuó_5.11 同羦

羝 cī_5.11 廣韻此移切集韻七支切夶音雌◆說文羊名。蹴皮可以割黍。

羋 pēng_5.11 廣韻普耕切集韻披耕切夶音怦。駁羊名。一曰使羊也玉篇使也。亦作抨。

羳 duō_5.11 集韻當沒切音咄。羳羳，羊名。

羚 líng_5.11 廣韻集韻夶郎丁切音靈。麢亦作羚，大羊而細角埤雅羚羊，似羊而大，角有圓繞蹙文，夜則懸角木上以防患類篇亦作羷、羷。璧麢74476亦作羚。廣韻麢74481，郎丁切。大羊。羚，郎丁切。羊子集韻麢74465羷45983羷45976羚，郎丁切說文大羊而細角或从零。亦作羷羷羚区羚67220麢74482麛74470齡74471区龍龕麤74458俗，麢正区正字通麢74465俗麢。

羯 jié_5.11 玉篇同羯45875

羛 yǐ_5.11 廣韻魚倚切集韻語綺切夶音蟻說文魏郡有羛陽鄉，讀若錡。今屬鄴，本内黄北二十里後漢·光武帝紀大破五校於羛陽，降之註羛陽，聚名，屬魏郡，故城在今相州堯城縣東左傳云晉荀盈如齊逆女，還卒于戲陽。杜預註云内黄縣北有戲陽城。戲與羛通区集韻虛宜切音犧。義同区yì集韻宜寄切音議。義，通作羛◆說文墨翟書義從弗○按說文在我部，今併入。

羜 zhù_5.11 廣韻直呂切集韻韻會丈呂切夶音宁說文五月生羔也。讀若宁詩·小雅既有肥羜傳未成羊也区集韻賞呂切音鼠。義同。

羖 gǔ_5.11 同羖干祿字書羖通羖。

羝 dī_5.11 廣韻都奚切集韻韻會正韻都黎切夶音低說文牡羊也廣雅吳羊牡三歲曰羝急就篇註羝羊之牡也易·大壯羝羊觸藩釋文牡羊也詩·大雅取羝以較傳羝羊，牡羊也集韻或从牛作羝。璧又高麗本龍龕羝45751俗，羝45812古，羝或作，羝45752正区羝45865

羞 xiū_5.11 廣韻息流切集韻思留切夶音脩說文進獻也。從羊。羊，所進也。從丑，丑亦聲区廣韻致滋味爲羞周禮·天官·膳夫掌王之食飲膳羞註羞，有滋味者区羞用百有二十品註羞出於牲及禽獸，以備滋味，謂之庶羞区禮·月令羣鳥養羞註羞謂所食也区廣韻進也書·盤庚今我既羞，告爾于朕志傳已進告汝之後。区廣韻恥也書·說命惟口起羞疏惟口出令不善以起羞辱△正字通俗作羞○按說文在丑部，今從正字通併入。璧又羞45756羞45757

羒 fén_5.11 五音篇韻符云切音焚。白羝羊也。

羒 null_5.11 字彙補羊名逸周書·王會解周頭輝羒。音義未詳。

辜 gū_5.11 集韻與辜同。又作辜辜辜。

羝 null_5.11 未詳。

羘 zāng_5.11 篇韻音牂。義闕字彙補與牂音義同。璧又牂区新修玉篇引川篇羘，音羝。

羝 null_5.11 未詳。

羺 nóu_5.11 篇韻如侯切，音柔◇小兔也。璧奴侯切。俗羺45954

羝 tāo_5.11 搜真玉鏡他高切。

羝 hǒu_5.11 搜真玉鏡音吼。

羔 gāo_5.11 五音篇海音羔。

羜 xiáng_5.11 搜真玉鏡音翔。璧朝鮮本龍龕羜45745，音祥。羜，同上。楊寶忠：俗祥。

羝 null_5.11 未詳。

羞 null_5.11 未詳。

羑 yòu_5.11 俗羑05106

羞 zhuó_5.11 兼羞45800

羞 zhuó_5.11 俗著50102

羞 shàn_5.11 姓。或同善萬姓統譜·卷一百二音善。見直音

羝 hú_5.11 同狐33110明·馮惟敏海浮山堂詞稿·卷三·南黄鶯兒·勸色目人變俗中國有戎狄，遷傳流自古昔。華夷一統承平世，喫的好食，穿的好衣，進門來一陣腥羝氣。細尋思，試虛心勸你，休發犬羊威。

羜 xiáng_5.11 同羜45745

羕 null_5.11 未詳。

羝 null_5.11 未詳。

羚 líng_5.11 兼羚

羌 qiǎng_5.11 簡羜45824

羕 yàng_5.11 同羕45809亦作羕45748經典文字辨證書羕正，羕28243省。

挑 45801 23426
zhào_6.12　廣韻治小切 集韻直紹切夶音肇◆說文
羊未卒歲也。或曰夷羊重百斤左右爲挑。讀若春秋盟
于洮 廣雅吳羊,其牝一歲犅挑,三歲羒 图 集韻杜皓切
音道。義同。鎣又羝45833

羠 45802 23427
yí_6.12　廣韻以脂切 集韻延脂切夶音夷 說文 騬
羊也。玉篇 犍羊也 急就篇註 又西方有野羊,大角。牡者
曰羱,牝者曰羠。夶以時墮角,其羱角尤大,羠角差小
史記·貨殖傳 其民羯羠不均 註 索隱 曰:言其方人性若
羊,捷悍而不均也 图 廣韻徐姊切 集韻序姊切夶音兕。
義同。鎣又猗57202

羪 45803 23428
yáng_6.12　集韻徐羊切音詳。多也。鎣又詳45810

觤 45804 23429
guǐ_6.12　集韻古委切音詭。觤或從羊,羊角不齊也。

羜 45805 23430
zì_6.12　篇海疾二切,音字◇牝羊也。鎣 本草綱
目·卷五十·獸部·獸之一·羊 乳,白羜者佳。

羪 45806 23431
yān_6.12　集韻伊真切音因。羥45866或作羪,黑羊。

胴 45807 23432
tóng_6.12　廣韻徒紅切 集韻徒東切夶音同。犝或作
胴,無角羊也。

垣 45808 23433
yuán_6.12　集韻吾官切音岏。野羊名。或作羱、羱。

羕 45809 23434
yàng_6.12　字彙同羕。鎣又羕45799羕28243

羻 45810 23435
yáng_6.12　字彙補與羪同。

羯 45811 23436
jié_6.12　篇海居謁切,音結◇雄羊也。

羝 45812 23437
dī_6.12　字彙補音義與羝同◇按即羝字之譌。

羺 45813 23438
nóu_6.12　篇韻音羺。義闕 字彙補 與羺同。

羨 45814 23439
yí_6.12　佩觿以脂切。江夏地。與羨異 前漢·地理
志 江夏郡沙羨 註 晉灼曰:音夷。

羢 45815 23440
róng_6.12　字彙補而容切,音絨◇羊羢也。

執 45816 45007
zhí_6.12　字彙補與執同。

羢 45817 45009
sú_6.12　五音篇海生鵑切。鎣或同羠45802,羊去
勢 天星觀楚簡 賽禱宮陀宝一羢。

羺 45818 u2B154
null_6.12　未詳。

羥 45820 u26382
jié_6.12　或俗羯45875

雄羊 四聲篇海 音羯 字彙補 羥45838,亦作羠。

羍 45819 u2B153
null_6.12　見 殷周金文集成·3.1108·羍鼎 或讀犇

羝 45821 u26381
jī_6.12　羝狸,同羖45749攂,山羊。

羣 45822 23441
qún_7.13　廣韻 韻會 正韻渠云切 集韻衢云切夶音
帬 說文 輩也 玉篇 朋也 廣韻 隊也 易繫辭 物以羣分 疏
羣黨共在一處 禮·檀弓 吾離羣而索居 註 羣謂同門友也
图 詩·小雅 或羣或友 傳 獸三爲羣 禮·曲禮 大夫不掩羣
疏 羣謂禽獸共聚也 图 詩·秦風 俴駟孔羣 鄭箋 孔羣,言
和調也 图 緹羣,山名 後漢·五行志 出吳門,望緹羣。

图 羣羣 李嘉祐詩 荻花寒漫漫,鷗鳥暮羣羣。鎣又
羼13129 駯69805 羡06777 羥45688 犇32917 群45823 群60551

群 45823 23442
qún_7.13　五經文字 羣,俗作群。

羥 45824 23443
qiān_7.13　廣韻苦閑切 集韻丘閑切夶音慳 說文 羊
名 图 廣韻口莖切 集韻丘耕切夶音鏗。義同△亦作羥。
鎣又羥45798 羥45904

羦 45825 23444
huán_7.13　廣韻 集韻夶胡官切音桓。羦或作羦,山
羊細角者 玉篇 獸似羊惡也 後漢·馬融傳註 完羦,野羊
也。字書作羦,與完通。鎣又羦45905 羦49838 羦45843
羦45834 羦45903俗以羊惡。楊寶忠:似羊無口之脫誤。

羧 45826 23445
zuī_7.13　篇海宗回切音唯。羊病也 後漢·西南夷傳
冉駹夷,其人能作旄氈、班罽、青頓、毞羦、羊羧之屬 註
氈、羧,未詳○按 篇海 訓羊病,非是。

羘 45827 23446
zāng_7.13　集韻羘32371或作羘。

羨 45828 23447
xiàn_7.13　廣韻 集韻 正韻夶似面切音羨 說文 貪欲
也。从次,从羑省 詩·大雅 無然歆羨 註 無是貪羨 图 廣
韻 餘也 詩·小雅 四方有羨 傳 羨,餘也 箋 四方之人,盡
有饒餘 史記·貨殖傳 時有奇羨 註 奇羨,謂時有餘衍也
图 周禮·春官·典瑞 璧羨以起度 註 鄭司農云:羨,長也
图 史記·司馬相如傳 功羨於五帝 註 羨,溢也 图 廣韻人
姓 史記·秦始皇紀 入海求羨門、高誓 註 羨門,古仙人。
图 集韻 類篇 韻會夶延面切音衍 韻會 以淺切音演。義
夶同 图 yán 集韻夷然切音延。埏或作羨,墓道也 史
記·衛世家 共伯入,釐侯羨自殺 註 索隱曰:羨音延,
墓道△ 集韻俗作漾,非是。鎣又嘆07385 羨45814

義 45829 23448
yì_7.13　廣韻 集韻 韻會夶宜寄切音議 說文 己之
威儀也。从我羊 註 臣鉉等曰:與善同意,故从羊 釋名
義,宜也。裁制事物,使合宜也 易·乾卦 利物足以和義。
又 說卦傳 立人之道,曰仁與義 图 容齋隨筆 人物以義
爲名,其別最多。仗正道曰義,義師、義戰是也。眾所
尊戴曰義,義帝是也。與眾共之曰義,義倉、義社、義
田、義學、義役、義井之類是也。至行過人曰義,義士
義俠、義姑、義夫之類是也。自外入而非正者曰
義,義父、義兒、義兄弟、義服之類是也。衣裳器物亦
然。在首曰義髻,在衣曰義襴、義領之類是也。合眾物
爲之,則有義漿、義墨、義酒。禽畜之賢者,則有義犬
義烏、義鷹、義鶻 图 義渠,戎國地 史記·秦本紀 伐義渠
虜其主 註 亭、廣二州,春秋及戰國時爲義渠,戎國之
地也 图 姓 前漢酷吏傳 義縱,河東人 图 與誼同 前漢董
仲舒傳 漸民以仁,摩民以誼 图 與儀通 前漢·鄒陽傳 使
東牟、朱虛、東襄、義父之後 註 應劭曰:邪儀父也。前
古以義讀曰儀 图 與宜同 韻會 周官 凡殺人而義者 史記
君義嗣,夶魚羈切○按 說文 在我部。今從 正字通 併入
鎣又義00254 義00228 俄01845 羛45772

羭 45830 23449
chuàn_7.13　集韻寵戀切音猭。羊長尾。鎣又羭4586

羚 45831 23450 xú_7.13 廣韻似魚切集韻祥魚切太音徐。郊羊也。皮可冒鼓，擊之益急。或作羜 又 集韻羊諸切音余。野羊。

䍧 45832 23451 xiè_7.13 韻會獬廣韻作羵〇按廣韻本作貐。疑譌。

䍨 45833 23452 zhào_7.13 篇海類編同䍦45801

䍩 45834 23453 bān_7.13 字彙補方官切，音斑◇獸似羊 又 邦官切音般。義同。

䍪 45835 23454 zhì_7.13 字彙補與獬豸之豸音義太同。

羚 45836 23455 mán_7.13 字彙補莫感切音媣。亦作䍠。出孔雀經

善 45837 23456 shàn_7.13 玉篇古文善06450字。

䍫 45838 45010 jié_7.13 搜眞玉鏡音羯。鎣 字彙補亦作羦45820 鄧福祿：或俗羯。

䍬 45839 45011 fǔ_7.13 搜眞玉鏡音甫。

羝 45840 u2B155 null_7.13 喃未詳。

辣 45841 u26396 là_7.13 同辣45847

䍭 45843 u26394 huán_7.13 俗羦45825

姜 45842 u26395 jiāng_7.13 或同姜10576

羟 45844 u26393 yōu_7.13 化工名詞用字。硫羟酸，也稱羟酸。

䍮 45845 u26391 lǜ_7.13 羪45861䍮，同羖羅45972，山羊。

羫 45846 u26390 lǐ_7.13 羖羫，同羖羅45972，山羊。

䍯 45848 u7FAA yǎng_7.13 俗養69074

辣 45847 u2638F là_7.13 同喇 又 俗辣 又 地名用字。孟加辣、即息辣，見清·姚瑩東溟奏稿

䍰 45849 23457 nái_8.14 廣韻妳佳切集韻尼佳切，並音捼玉篇羺䍰，胡羊也 又 集韻研奚切音倪。義同。

羫 45850 23458 qiāng_8.14 廣韻苦江切集韻枯江切太音腔。腔或从羊。骨體曰腔玉篇羊肋也 又 kòng 集韻苦貢切音控。羊腊。鎣又羫33298

䍱 45851 23459 què_8.14 集韻傾雪切，音缺廣雅病也 又 jué 居月切音厥。羊病 又 紀列切音蹶。義同 又 chuò 株劣切音輟。羊躍而死玉篇跳貌。

䍲 45852 23460 wěi_8.14 廣韻於詭切集韻於僞切太音萎◆說文羊相積也 又 集韻烏毀切音委。義同。

䍳 45853 23461 zhàn_8.14 集韻仕限切音棧。牋或从羊。豢羊屋也正字通凡豢養六畜之所，方俗異名。羊必从羊作䍳，亦太迂陋。

䍴 45854 23462 yù_8.14 集韻越逼切音域。黬或作緎。亦作䍴。羔裘之縫也。

䍵 45855 23463 zhēng_8.14 集韻甾莖切音爭。羚羊名玉篇羊子也。

䍶 45856 23464 dōng_8.14 廣韻德紅切集韻都籠切太音東山海經泰戲之山有獸焉，其狀如羊，一角一目，目在耳後，其名曰䍶䍶駢雅羊之異者，一角，謂之䍶䍶 又 廣韻直珍切集韻池鄰切太音陳。又廣韻集韻太多貢切音涷。義太同集韻或从犬作㹅。

羨 45857 23465 yòu_8.14 字彙補石經誘字。見古音駢字

䍷 45858 23466 chì_8.14 字彙補昌志切音熾。牽也。鎣或俗摯。

䍸 45859 45012 shān_8.14 五音篇海音羶。鎣俗羶。

羫 45860 u263A1 xinh_8.14 喃从美生sinh聲△羫鮮：嫵媚，豔麗。

羪 45861 u263A0 jū_8.14 羪䍮，亦作羖羫、羖羅，山羊。

羹 45862 u2639F gēng_8.14 字鑑羹45950俗作羹。

睪 45863 u2639D yì_8.14 同睪37812集韻睪，夷益切說文司視也。从横目从幸，令吏將目捕罪人也。古作睪。

䍹 45864 u2639C chuàn_8.14 玉篇䍹，丑綠切。尾長也△宏按，元本玉篇作䍹45830

䍺 45865 23467 dī_9.15 集韻訖力切音殛。羊名。鎣可洪音義羝䍺：下丁兮反。韓小荆：俗羝45775

䍻 45866 23468 yī_9.15 廣韻烏奚切集韻煙奚切太音鷖說文羣羊相積也。一曰黑羊 又 廣雅黑也 又 廣韻集韻韻會太伊真切音因 又 yān 廣韻烏閑切集韻於閑切太音黰。義太同。鎣又羫45931䍻45806䍻45925䍻45970正字通䍻篆作䍻45936△宏按，篆文或作䍻45943

䍼 45867 23469 qián_9.15 廣韻巨淹切集韻其淹切太音箝爾雅·釋畜羊六尺爲䍼註尸子曰：大羊爲䍼，六尺 又 玉篇獸名◆山海經錢來之山有獸焉，其狀如羊而馬尾，名曰䍼羊，其脂可以已腊 又 xián 集韻胡讒切音咸。麙或从羊作䍼類篇山羊而大者，細角 又 yán 魚咸切音喦類篇郊羊，其大者䍼麙。鎣又䶢74485䍼45965

䍽 45868 23470 róu_9.15 集韻而由切音柔。鞣或从羊，耎也，謂柔革。鎣又可洪音義䍽羊：上奴侯反。正作羺45954

䍾 45869 23471 wěi_9.15 集韻羽鬼切音韙。䍾䍾，羊相逐貌。一曰羝也。

䍿 45870 23472 qiān_9.15 集韻丘閑切音慳。羫45824或作䍿。羊名。

羭 45871 23473 yú_9.15 廣韻羊朱切集韻容朱切太音逾◆說文夏羊牡者曰羭◆爾雅·釋畜牡羭註黑羝也歸藏曰：兩壺兩羭 又 集韻羭，美也左傳·僖四年且其繇曰：專之渝，攘公之羭註羭，美也 又 山海經羭，山神也。祠之用燭 又 集韻俞戍切音喻。義同。

䍱 45872 23474 wù_9.15 廣韻集韻太亡遇切音務說文六月生羔也 又 集韻莫後切音母。義同。鎣又䍱45908

𦎧 45873 23475 chún_9.15 廣韻常倫切集韻殊倫切太音純說文孰也。从亯从羊，讀若純。一曰鬻也廣韻凡从𦎧者今作享，同。鎣又𦎧45884𦎧00725準29067

羹 45874 23476
gēng_9.15 俗羹字○按說文从羔从美。

羯 45875 23477
jié_9.15 廣韻居竭切集韻韻會居謁切𠀤音訐說文羊羖犗也急就篇註羖之犗者爲羯，謂劇之也又韻會地名。上黨武鄉羯室，晉匈奴別部入居之，後因號爲羯又唐書·西域傳募勇健者爲柘羯。柘羯，猶中國言戰士也。鎣又羺45893羢45771羬45820羦45811羘45838又可洪音義羯45944臈：上正作羯。居謁反。下郎合反。上又玉篇音獨，非也。

羘 45876 23478
máng_9.15 字彙補眉羊切，音厖◇出釋典○按釋典以切音標的合成一字，俱屬臆造。鎣字彙補眉羊切音厖。出釋典神呪。

羫 45877 23479
jiá_9.15 五音篇海同羺。

羦 45878 45013
fú_9.15 奚韻音福

羨 45879 u2B158
null_9.15 未詳。

羵 45880 u2B157
fén_9.15 簡羵45926

羭 45881 u2B156
null_9.15 喃未詳。

羬 45882 u263AE
jiā_9.15 公羊元文類·卷四十一·雜著·招捕坐止其身，族鄗宥赦，惻不盡戮，視同羖羬。

羶 45883 u263AC
xīng_9.15 俗腥47544四部叢刊·續編集部·雍熙樂府·卷之二十·雜曲·山坡裏羊·嘆世喫羶羶，着新鮮，一朝報應天公變又tanh喃从羊从腥省，腥tinh亦聲。△羶臊：腥臊。

羣 45884 u263AB
chún_9.15 同𦎧00725今作燉31676章太炎新方言·卷六今人謂以熅火温肉使極孰爲羣，音如頓。

羴 45885 u263AA
null_9.15 未詳。

羰 45886 u7FB0
tāng_9.15 化工用字。亦音碳。

羳 45887 23480
bó_10.16 廣韻補各切集韻伯各切𠀤音博廣雅吳羊犗曰羳又集韻方遇切音付玉篇羳羒，獸也。似羊，九尾四耳，目在背上。或作犦。鎣又犳33089

羴 45888 23481
shān_10.16 集韻羴45921或作羴，羊臭。

羲 45889 23482
gòu_10.16 集韻居候切音構玉篇取羊乳汁也。鎣又羺45906

羱 45890 23483
yuán_10.16 廣韻五丸切集韻韻會正韻五官切𠀤音岏。羱或作羱。羱羊角，大者可爲器爾雅·釋獸羱如羊註羱羊，似吳羊而大角，角橢，出西方埤雅羱羊善鬭。一云狀若騾而羣行，暑天塵露在其角上，生草戴行，愛之獨寢又廣韻愚袁切集韻同，俱音元。義同。或作羦。

羔 45896 45015
gāo_10.16 奚韻同羔

羺 45892 23485
jiá_10.16 集韻居轄切音㹤。騬羊也廣雅吳羊曰羺。鎣又羫45877

羖 45891 23484
gú_10.16 集韻古忽切音骨。羖羊名。

羻 45893 23486
jié_10.16 字彙補音未詳。鼓名十六國春秋呂光至龜茲，得其樂器，有羻、雞婁鼓。鎣羯45875鼓。

羷 45894 41683
lín_10.16 字彙補事物紺珠羷如麁而黃。鎣楊寶忠：俗獜57294閻獜，亦作閻鄰，獸名。

羼 45895 45014
shān_10.16 搜眞玉鏡戶然切。鎣俗羶。

羸 45897 u2B159
null_10.16 殷周金文集成·11.5977·㸐刧尊王征蓋，賜羸刧貝朋，用乍魚（盧）高祖缶（寶）尊彝。

羹 45898 u263B3
null_10.16 未詳。

羻 45899 23487
jìn_11.17 廣韻集韻𠀤即刃切音晉說文羊名。汝南平輿有羻亭。

羲 45900 23488
xī_11.17 廣韻許羈切集韻韻會虛宜切𠀤音犧說文气也。从兮義聲又伏羲，大皞，三皇之最先○按易繫辭作包犧釋文云包本又作庖，孟京作伏。犧字又作羲，孟京作戲又書·堯典乃命羲和傳重黎之後，羲氏、和氏，世掌天地四時之官又姓風俗通堯卿羲仲之後○按說文在兮部。今從正字通併入。鎣又䕪16315䕪16322羲45960羲45914

羵 45901 23489
zì_11.17 廣韻集韻𠀤疾智切音漬◆說文羠羵也廣韻羊相羠羵集韻羠羵，羊疫又集韻子智切音積。義同。鎣又犢45952

羺 45902 23490
lóu_11.17 廣韻落侯切集韻郎侯切𠀤音樓山海經崑崙之山有獸焉，其狀如羊而四角，其銳難當，觸物則斃，食人，其名曰土羺。

羦 45903 23491
huàn_11.17 廣韻戶關切集韻胡關切𠀤音環山海經洵山有獸焉，其狀如羊而無口，其名曰羦廣韻亦作羦又廣韻集韻𠀤胡慣切音患。義同。

羥 45904 23492
qiān_11.17 篇海羥字之譌。

羦 45905 23493
huán_11.17 篇海羦亦作羦○按◆正譌莧，胡官切音垣。其文乃丫頭，非艸。見有一點，如兔字，非見。謂是山羊細角象形。羊傍又後人所加也。又作莧，則是艸頭，又遠甚矣。

羺 45906 23494
gòu_11.17 海篇羲45889或作羺。

羶 45907 45016
shān_11.17 搜眞玉鏡音羶。

羷 45908 45017
wù_11.17 字彙補同犂。

羪 45909 45018
rén_11.17 搜眞玉鏡汝鍼切。又尼令切。

𫅜 45910 u2B15C
lành_11.17 喃同𫅜07869善良。

羸 45911 u2B15B
null_11.17 未詳。

羬 45915 u263BF
null_11.17 未詳。

𫅚 45912 u2B15A
bảnh_11.17 喃从美秉bảnh聲。花。

𦏄 45913 u263C4
đỏm_11.17 喃从美担đam聲△ᵛ𦏄：化妝。

羲 45914 u263C1
xī_11.17 正字通羲45900，俗作羲，非。

羼 45916 u263BE
null_11.17 未詳。

羦 45917 u263BD
huán_11.17 俗羦45927

羳 45918 23495
fán_12.18 廣韻附袁切集韻符袁切𠀤音煩說文黃

腹羊 爾雅·釋畜 羵羊，黃腹 註 腹下黃。

㹟 jué_12.18　　集韻 居月切音厥 玉篇 羊也。

㹜 xuàn_12.18　　廣韻 須絹切 集韻 息絹切，丛選去聲。
羊羔也 字林 未晬羊也 又 廣雅 美也 又 廣韻 隨戀切，
旋去聲。義同 又 集韻 須兗切音選。又 雛免切音撰。又
式撰切音愃。義丛同。

羴 shān_12.18　　廣韻 式連切 集韻 尸連切丛音膻 說文
羊臭也 又 廣韻 許閑切 集韻 虛閑切，義丛同△亦作羻
羶羴○按 說文 羴字自爲部，今從 正字通 併入。

犝 tóng_12.18　　廣韻 正韻 徒紅切 集韻 韻會 徒東切丛音
同。無角羊，童或从羊，亦作犅。

羑 yǒu_12.18　　廣韻 與久切音酉。水名。

㹤 lì_12.18　　集韻 狼狄切音歷。㹤或省作㹤。殺㹤，山
羊。

㹡 yān_12.18　　譌字○按 篇海 音義與㹽同，即㹽字之譌
也。

羒 fén_12.18　　廣韻 集韻 韻會 正韻 丛符分切音汾。土中
怪羊 魯語 土之怪曰羵羊，註 羵羊，雌雄不成者。亦作墳
又 集韻 韻會 丛父吻切音憤。義同。鼇 又 羵45880

羦 huán_12.18　　廣韻 集韻 丛胡官切音桓。山羊細角而
形大也△ 類篇 或作羱。

羥 zēn_12.18　　廣韻 側岑切 集韻 咨林切，並音膰◇羊腌
玉篇 羊鮑也 又 zān 集韻 祖含切音簪。塩藏肉。一曰獸
名，似羊 又 cán 集韻 徂含切音蠶。羊臭謂之羥 廣韻
子答切 集韻 作答切丛音帀。義同 又 集韻 慈鹽切音潛。
義同。鼇 又 羥45929

㗱 null_12.18　　喃 未詳。

羿 yì_12.18　　字彙補 移益
切音繹。引給也。鼇 羿16014本字。

羥 zān_12.18　　篇海 羥45928通作羥

㹽 null_12.18　　喃 未詳。人名。冊府元龜 周懿王名㹽註 一作齹。

㺀 null_12.18　　未詳。

㺏 null_12.18　　未詳。

㺚 yī_12.18　　篆文㹼45866亦作㹃45943羭45931

㹋 bǒn_12.18　　喃 从群本bǎn聲△㹋官僚：官僚集團。

羝 mièu_12.18　　喃 从美苗miêu聲△美羝：漂亮△亦作
犵。

善 null_12.18　　未詳。

犵 jié_13.19　　集韻 徒谷切
音獨。羊六尺謂之犵。鼇 俗羯。

犧 jī_12.18　　同犧53960漢·桓寬 鹽鐵論·卷第六·散不足
第二十九 今富者逐驅殲罔罝，掩捕麑鷇，耽湎沈猶鋪
百川。鮮羔挑，犧胎扁，皮黃口。

㹼 yī_12.18　　同㺚45936篆文㹼45866

㺅 huàn_13.19　　廣韻 同羦45903

羶 shān_13.19　　廣韻 式連切 集韻 韻會 尸連切丛音膻
說文 羴或从亶，羊臭也 玉篇 羊脂也。羊氣也 周禮·天
官·內饔 辨腥臊羶香之不可食者，註 羶謂羊也 又 禮·月
令 其臭羶 疏 凡草木所生，其氣羶也 呂氏春秋 草食
者羶 註 草食者，食草木，謂麋鹿之屬，故其臭羶也。
鼇 又 羶00747羥45888羶45978 又 直音篇 翔45859羫45895
羫45977羥45979丛同羶 又 龍龕 羝羝27590，之延、失然二
反 又 古俗字略 翔45907，俗羶。

羜 hú_13.19　　集韻 胡沃切音鸑。小羊。

羷 liǎn_13.19　　廣韻 良冉切 集韻 韻會 正韻 力冉切丛音
斂 玉篇 羊名 爾雅·釋畜 角三觠羷 註 觠角三匝 疏 羊角
捲三匝者名羷 又 集韻 虛檢切音險。又 力驗切音殮。義
丛同。

羸 léi_13.19　　廣韻 力爲切 集韻 韻會 倫爲切丛音纍 說
文 瘦也 註 臣鉉等曰：羊主給膳，以瘦爲病，故从羊。
又 易·大壯 羝羊觸藩羸其角 疏 羸，拘攣纏繞也 又 易·井
卦 羸其瓶凶 疏 鉤羸其瓶而覆之也 又 集韻 靈年切音
蓮。羸陲，縣名，在交趾。或作蠃。鼇 又 羸48115羸45961
又 字彙 㾈36655，俗羸字。

羹 gēng_13.19　　廣韻 正韻 古衡切 集韻 韻會 居行切丛
音庚 說文 作鬻，五味和羹也。小篆从羔从美 爾雅·釋器
肉謂之羹 註 肉臛也 疏 肉之所作臛名羹 書 說命 若作和
羹，爾惟鹽梅 傳 鹽鹹梅醋，羹須鹹醋以和之 禮·樂記 大
羹不和 註 大羹肉湆，不調以鹽菜 又 雲仙雜記 史鳳，
宣城妓也。待客有差等，最下者不相見，以閉門羹待之
又 集韻 何庚切音行。義同 又 láng 集韻 盧當切音郎 韻
補 左氏傳 陳蔡不羹 釋文 音郎 正義曰：古者羹臛之字
亦爲郎，故 魯頌 楚辭 急就章 與陽房漿爲韻。近世獨以
爲地名 宋玉·招蒐 肥牛之腱臑，若芳和酸，若苦陳吳羹
○按 說文 小篆俱作羹 正字通 止收羹不收羮，則从俗
字，而反失正字矣。今增入。鼇 又 羹10246羹45874羹45862
又 字彙補 䑏48033同羹 又 清·任大椿 字林考逸 䑏48100
肉有汁也。戶耕反。案 說文 作鬻，云从鼎从羔 詩曰：
亦有和鬻。又作羹71384羹16354羹。

獬 xiè_13.19　　字彙補 與獬同。見 廣韻 ○按 廣韻 無獬字。

羬 zì_13.19　　說文 羵本字。

獤 sāo_13.19　　同臊47948臊狐，臊狐。羵獤，腥臊。

獳 nóu_14.20　　廣韻 奴鉤切 集韻 奴侯切丛音獳。獳㹕，
胡羊。鼇 又 羿45813 又 朝鮮本 龍龕 獳，正。奴侯切。胡

羊也。羷45930粏45868，二俗。瓶45781，同上。小兔也。今增。

𦍌 yù_14.20　集韻羊茹切音豫 玉篇 羊也。
45955 23519

𦎍 yíng_14.20　字彙補 與赢同 隸釋 北軍中候碑 遭𦎍項
45956 23520
之際。

𦎓 shàn_14.20　篇海類編 同善。
45957 45020

𦎒 gāo_14.20　字彙補 與羔同。
45958 45021

𦎑 null_14.20　𠲿未詳。
45959 u2B15F

羸 léi_14.20　赢45949本字
45961 u263DE

𦎡 xī_14.20　同𦎨16315𦎨16322 正字通 義45900，从義从兮，漢隸 費汎老子清和相碑 作𦎡。
45960 u263E1

𦎢 mài_15.21　類篇 莫懈切。𦎢𩫉，垢膩貌。
45962 23521

𦎣 qiàng_15.21　廣韻 集韻 丘亮切，並音唴。又 集韻 魚向切，仰去聲 玉篇 後陳公子名。
45963 23522

羴 chàn_15.21　廣韻 初限切 集韻 楚限切，並音剗。又 廣韻 初𩫉切音羼。又 集韻 初莧切，剗去聲。義並同 說文 羊相廁也。从羴，在尸下。尸，屋也。一曰相出前也 顏氏家訓 典籍錯亂，皆由後人所羴。鍌尸12908屋也。扁从尸。
45964 15.21

𦎫 lì_16.22　同𦎫。
45973 23527

羬 qián_15.21　篇海 與羬同
45965 23524

𦎤 mǎng_15.21　五音篇海 名養切。
45966 45019

𦎥 shú_15.21　字彙補 熟本字。
45967 45022

𦎦 gāo_15.21　五音篇海 音羔。鍌楊寶忠：俗羔。
45968 45023

𦎧 zhī_15.21　五音篇海 章奇切。
45969 45024

𦎨 yān_15.21　搜真玉鏡 音鐔。
45970 45025

𦎩 huài_16.22　類篇 胡怪切。𦎩𩫉，垢膩貌。
45971 23525

𦎪 lì_16.22　廣韻 郎擊切 集韻 狼狄切𡘋音歷。羖𦎪，山羊 爾雅·釋畜註 黑羖𦎪 類篇 省作羘。鍌又羷45973 羝45762 𡆥 羖𦎪，亦作羒𦍠45846𦍠羖45845

𦎬 null_16.22　𠲿未詳。
45974 u2B161

𦎭 đep_16.22　同懍18501
45975 u2B160
越 阮秉 五千字譯國語 憾，渚𦎭意。悅，𦎭悉。

羷 líng_17.23　集韻 羚45983亦作羚。
45976 23528

𦎮 shān_17.23　集韻 羴，或作羶、羴。
45977 23529

𦎯 shān_18.24　搜真玉鏡 音羶。鍌 字彙補 𦎯，同羶。
45978 45026

𦎰 shān_19.25　字彙補 羴字之譌。
45979 23530

𦎱 quán_20.26　五音篇海 音拳。
45980 45027

𦎲 zhāng_21.27　五音篇海 音張。
45981 45028

𦎳 shàn_21.27　搜真玉鏡 同善。
45982 45029

𦎴 yǎng_24.30　海篇 音癢
45984 45030

羷 líng_24.30　廣韻 集韻 𡘋郎丁切音靈。𦎳亦作羚 爾雅·釋獸 𦎳，大羊 註 似羊而大，角圓銳，好在山崖間 類篇 亦作𦍠、羚45769
45983 23531

• 羽部 •

羽 yǔ_0.6　廣韻 集韻 韻會 𡘋王矩切音禹 說文 鳥長毛也 廣韻 鳥翅也 易·漸卦 其羽可用爲儀 書·禹貢 齒革羽毛 傳 羽，鳥羽 周禮·天官·庖人 冬行鱻羽 註 羽，鴈也。又 地官·司徒 宜羽物 註 翟雉之屬 禮·月令 其蟲羽 註 象物從風，鼓翼飛鳥之屬 𡆥 五聲之一 周禮·春官·大師 皆文之以五聲：宮商角徵羽。又 大司樂 凡樂，圜鐘爲宮，黃鐘爲角，大簇爲徵，姑洗爲羽 註 凡五聲，宮之所生，濁者爲角，清者爲徵、羽 禮·月令 其音羽 註 羽數四十八，屬水者，以爲最清物之象也。又 樂記 宮爲君，商爲臣，角爲民，徵爲事，羽爲物 前漢·律歷志 羽，宇也，物聚臧宇覆之也 𡆥 舞者所執也 書·大禹謨 舞干羽于兩階 傳 羽，翳也，舞者所執 周禮·地官·舞師 教羽舞 註 羽，析白羽爲之，形如帗也 左傳·隱五年 初獻六羽。公問羽數于眾仲，對曰：天子用八，諸侯六，大夫四 𡆥 山名 書·舜典 殛鯀于羽山 傳 羽山，東裔在海中。又 禹貢 蒙羽其藝 疏 羽山，在東海祝其縣南 史記·五帝紀註 羽山，在沂州臨沂縣界 𡆥 星名 史記·天官書 其南有眾星，曰羽林天軍 註 羽林三十五星，三三而聚，散在壘辟南，天軍也 𡆥 官名 前漢·百官志 期門羽林 註 師古曰羽林，亦宿衛之官，言其如羽之疾，如林之多也。一說：羽，所以爲王者羽翼也 𡆥 姓 左傳·襄三十年 羽頡出奔晉 𡆥 山海經 羽民國，其人長項，身生羽 𡆥 廣韻 集韻 韻會 𡘋王遇切音雩。義同 𡆥 hù 集韻 類篇 𡘋後五切音戶。緩也 周禮·冬官考工記·矢人 五分其長而羽其一。鍌又羽45989羽45987

羽 yǔ_0.6　部 羽45985
45986 u2F7B

羽 yǔ_0.6　同羽45985
45987 uFA1E

𦏲 zuǐ_1.7　川篇 側委切。
45988 45031

羽 yǔ_2.8　羽45985本字
45989 u263F2

翆 yú_3.9　正字通 音義與翆45999同。
45990 23533

𦏴 yì_3.9　廣韻 古文翼46252字。
45991 23534

翌 wǔ_3.9　集韻 舞48543古作翌。
45992 23535

翁 xiāo_3.9　玉篇 音消。義闕 篇海 羽也。鍌楊寶忠：疑雀10169字之變。
45993 23536

翄 chí_3.9　集韻 陳知切音馳。翄翄，燕飛貌。通作池 𡆥 yì 玉篇 同翄，飛貌。鍌 玉篇 翄翄，二同。羊制切。飛兒 𡆥 翅46039𦏵46002
45994 23537

翃 xuān_3.9　玉篇 五板切。飛貌。鍌胡吉宣，軒59855變易偏旁以符飛 楚辭·遠遊 鸞鳥軒翥而翔飛 文選·五君
45995 23538

詠交呂既鴻軒。李注：軒，飛皃。

翃 45996 23539
hóng_3.9 ◆廣韻戶公切集韻胡公切丛音洪說文新附字飛聲廣韻至也区廣韻集韻韻會正韻丛古送切音貢。義同。

狐 45997 23540
hóng_3.9 玉篇同翃前漢·揚雄傳登椽欒而狐天門兮註蘇林曰：至也。鋆又玽46000翀19629扛19568胍46025

羿 45998 23541
yì_3.9 廣韻五計切集韻研計切丛音詣◆說文作羿。羽之羿風亦古諸侯也。一曰射師五經文字羿，隸省作羿書·五子之歌有窮后羿○按正字通此字下尚有弫字，已入弓部，重出。今刪。鋆又研16177翔46010

翌 45999 23542
yú_3.9 廣韻羽俱切集韻雲俱切丛音于說文零，羽舞也。或從羽作翌区yù集韻王遇切音零。義同。

玽 46000 23543
hóng_3.9 集韻翃或書作玽。

翣 46001 u2B162
null_3.9 未詳。

翅 46002 u26401
chí_3.9 同弛45994

翌 46003 u26400
wǔ_3.9 同翌45992字學三正·古文異體儛、翌，舞。

崣 46004 u263FF
chì_3.9 俗崣46020四聲篇海崣，之吏切。羽盛皃。

翁 46005 u263FE
null_3.9 未詳。

羿 46006 u263FD
null_3.9 未詳。

狐 46007 23544
yì_4.10 玉篇同翼○按即狱字之譌。

翔 46008 23545
rǎn_4.10 廣韻奴感切集韻乃感切丛音罱。羽弱博雅搙翔，羽也。

翃 46009 23546
háng_4.10 廣韻胡郎切集韻寒剛切丛音杭。鳥飛上曰翃，下曰翃。或作昮、鳿玉篇或作頏区集韻韻會丛下朗切音沆。義同区集韻下浪切韻會合浪切丛音吭。義同。鋆又雄66096

翔 46010 23547
yì_4.10 玉篇魚典切。飛貌。鋆胡吉宣：即羿45998羿，重文作羿。俗不辨开、开而分化爲翔，僞字應刪。

狊 46011 23548
sè_4.10 玉篇音澀。飛貌。

狲 46012 23549
chōng_4.10 廣韻直弓切集韻韻會持弓切丛音蟲。直上飛也区集韻敕中切音忡。義同。通作沖。

狚 46013 23550
pā_4.10 集韻披巴切音葩。飛貌。

昮 46014 23551
tà_4.10 廣韻吐盍切集韻託盍切丛音榻說文飛盛貌。從羽從月註臣鉉等曰：犯冒而飛，是盛也。○按俗從日，非是。

翁 46015 23552
wēng_4.10 廣韻正韻烏紅切集韻韻會烏公切丛音螉說文頸毛也。玉篇鳥頸下毛前漢·禮樂志赤鴈集，六紛員。殊翁雜，五采文註孟康曰：翁，鴈頸区玉篇飛貌区廣雅翁，父也史記項羽紀吾翁即若翁区玉篇老稱史記·灌將軍傳與長孺共一老禿翁註年老頭禿翁区姓前漢·貨殖傳翁伯以脂而傾縣邑区wěng集韻正韻丛鄔孔切音螉周禮·天官·酒正註盎，猶翁也。成而

翁翁然蔥白色，如今酇白矣釋文翁，音嗚動反，一音於勇反区玉篇或作鎓。

翂 46016 23553
fēn_4.10 同翁莊子·山木篇其爲鳥也，翂翂翐翐，而似無能註司馬云舒遲貌。一云飛不高貌。李云羽翼聲釋文翂，或作淜区人名南史·孝義傳吉翂，梁時人。

翁 46017 23554
fēn_4.10 廣韻撫文切集韻韻會正韻敷文切丛音芬。翻翁，飛貌玉篇翁翁，飛貌区集韻符分切音汾。義同△通作紛。或作鳶、淜。

翌 46018 23555
huáng_4.10 廣韻集韻韻會正韻丛胡光切音黃說文樂舞，以羽翿自翳其首，以祀星辰也区與皇通周禮·地官·舞師教皇舞，帥而舞旱暵之事註皇舞，蒙羽舞。書或爲翌，或爲義区集韻雨方切音王。義同。

翃 46019 23556
hóng_4.10 集韻狐46025或書作翃。鋆又翃46122

崣 46020 23557
chì_4.10 廣韻赤之切集韻充之切丛音蚩說文飛盛貌類篇崣崣，羽翼盛也区集韻市之切音時。義同区集韻職吏切音志。義同。或作翹。亦作翅。鋆又崣46004翢58887

狴 46021 23558
chì_4.10 廣韻集韻韻會丛施智切音翅說文翼也廣韻狴狴，飛貌前漢·禮樂志幡比狴回集註文穎曰：舞者，骨騰肉飛，如鳥之回狴而雙集也区廣韻巨支切集韻翹移切丛音祇。義同。

翅 46022 23559
chì_4.10 集韻狴，亦書作翅区同音孟子奚翅食重莊子·大宗師陰陽於人，不翅於父母区正韻申之切音詩。不翅猶言不止是。鋆麗68630狱46066狱46023翔46148翼46184翼46172翅15896区正字通翅27268俗翅字。

狱 46023 23560
chì_4.10 同狴說文狴，或从氏作狱史記·楚世家三國布狱註徐廣曰：音翅区左思·魏都賦狱狱精衛註狱亦翅字也。

翔 46024 23561
xuè_4.10 廣韻許劣切集韻韻會翾劣切丛音威玉篇小鳥飛集韻或作決。鋆又狱46026

狐 46025 23562
hóng_4.10 廣韻戶萌切音宏廣雅飛也玉篇蟲飛也区集韻呼弘切音薨。翃或作狐。通作薨○按韻書俱作狐集韻狐或書作翃正字通止收翃，則反失正字矣。今補入。

狱 46026 23563
xuè_4.10 篇海同翔

翔 46027 23564
rǎn_4.10 玉篇翔46046或作翔。鋆又翔46008

翠 46028 23565
cuì_4.10 篇海與翠同

翘 46029 u2B163
hàng_4.10 新撰字鏡胡黨反。下竣字。

狱 46030 u26414
null_4.10 未詳。

羿 46032 u26412
null_4.10 未詳。

翌 46031 u26413
fú_4.10 俗翌46036龍龕翌，甫勿反。舞者所執也。

翔 46033 u26411
null_4.10 未詳。

翠 46034 u26410
null_4.10 未詳。

狱 46035 u2640F
sǎ_4.10 瀰狱，飛貌。明·何景明何大復先生集·卷

之十·十二月朔日大駕觀牲 翇翇劍珮合，鏘鏘龍鳳鳴。又 卷之三·辭十篇·七述 乃有沉鱓浮鷁，黿穴龜藏，上下蛟蛇，往來鴛鴦，鶄鶴鶬鸕，翻翇羅行，此山川之盛也

翇 fú_5.11 廣韻韻會分勿切 集韻分物切𠀤音紱 說文樂舞，執全羽以祀社稷也 廣韻周禮作帗 図集韻蒲蓋切音旆。義同。鼜又翇46056翇46031

翄 xiá_5.11 廣韻胡甲切 集韻轄甲切𠀤音狎。翄上短羽。博雅翄揲，羽也。

翃 xuè_5.11 廣韻集韻𠀤許月切音抓。飛貌 図韻會休必切音猾。義同。鼜又翃46102

翅 yì_5.11 集韻翄46074或作翅 廣雅翅翅，飛也。鼜又翄45994翄46068翄46086翄46087

翉 běn_5.11 廣韻集韻𠀤普本切，噴上聲。飛起。又走也。

翊 yì_5.11 廣韻與職切 集韻韻會逸職切𠀤音弋 說文飛貌 図前漢·禮樂志 共翊翊合所思 註師古曰翊翊，敬也 図類篇馮翊，郡名 前漢·地理志 左馮翊 図類篇輔也 図韻會弋入切音熠。義同。

翋 lā_5.11 廣韻盧合切 集韻落合切𠀤音拉 廣雅飛也 左思·吳都賦趃趄翋趟 △類篇或作翋。鼜又翋46280

翌 yì_5.11 廣韻與職切 集韻韻會逸職切𠀤音弋。明日也 前漢·武帝紀翌日，親登嵩高 註應劭曰：翌，明也 図集韻余六切音毓 書翌日乙丑。劉昌宗讀○按書今文作翊字，翌卽翊字，翌又與翼同。

翈 hú_5.11 篇海洪孤切音胡。人名。

翑 bǎo_5.11 廣韻博抱切 集韻韻會補抱切 正韻博浩切𠀤音寶。矢羽 玉篇五采羽。鼜又翑46058翑46211

翍 rǎn_5.11 廣韻集韻而琰切𠀤音冉。弱羽 類篇鳥翼下細毛。鼜又翍46008翍46027翍46057翍46073

翍 pī_5.11 廣韻敷羈切 集韻攀糜切𠀤音帔。張羽貌 玉篇張也。亦作披 前漢·揚雄傳翍桂椒而鬱移楊 註翍，古披字 図pō集韻滂禾切音頗。飛貌 図bì集韻平義切音髲。羽也。鼜又毬27296翍46065

翎 líng_5.11 廣韻集韻韻會𠀤郎丁切音靈 說文新附字羽也 玉篇箭羽也 図白翎雀，元法曲名。見 輟耕錄。鼜又翎46064

翛 xiāo_5.11 廣韻許幺切音嘵。翛翛，毛貌 図集韻丁聊切音雕。翛或从羽。翛翛，羽惡貌 図tiáo集韻田聊切音迢。鳥尾翹貌。鼜玉篇鴟，或作翛。

翏 liù_5.11 廣韻集韻𠀤力救切音溜 說文高飛也。図集韻力弔切音料。義同 図liáo集韻韻會𠀤憐蕭切音聊。翏翏，長風聲 図lù集韻力竹切音六。義同。

△或作翢。

翤 zhì_5.11 廣韻直一切 集韻韻會 正韻直質切𠀤音秩 玉篇飛貌 類篇翤翤，飛舒遲 莊子·山木篇翄翄46016翤翤，而似無能 釋文翤字或作昳。鼜又朱駿聲 說文通訓定聲翤 莊子 山木翄翄翤翤。李注：羽翼聲。或作翇29278 図翥46069

翑 jǔ_5.11 廣韻俱雨切 集韻果羽切𠀤音矩 說文羽曲也 図爾雅·釋畜馬前足皆白，騱。後足皆白，翑 疏後二足皆白者，翑 図集韻爽主切音籔。義同 図yù集韻類篇𠀤王遇切音雩。箭羽。鼜又翑46061

翤 zhǐ_5.11 集韻掌氏切音只。㟭或作翤 周禮·天官·內宰註天子巡狩禮所云制幣丈八尺，純四翤與 疏四翤，三尺二寸 釋文與音餘。

翗 pò_5.11 集韻翮或作翗。詳翮46269字註。

習 xí_5.11 廣韻似入切 集韻韻會 正韻席入切𠀤音襲 說文數飛也 禮·月令鷹乃學習 図易·坤卦不習，无不利 註不假修爲，而功自成 論語學而時習之 何晏註學者以時誦習之 図易·坎卦習坎 註習謂便習之 釋文習，重也 図書·大禹謨卜不習吉 傳習，因也 図詩·邶風習習谷風 傳習習，和舒貌 図姓 廣韻出襄陽。晉有習鑿齒〇按 說文習自爲部。今從 正字通 併入。字从羽从白。鼜又习00390

翑 fú_5.11 集韻翇46036亦書作翑。

翍 rǎn_5.11 篇海翍46046本字 図 廣雅風狄羽也。

翑 bǎo_5.11 字彙補音義同翑46045

翏 liào_5.11 五音篇海力叫切音料。飛貌。

翗 pò_5.11 篇海音義同翗46054

翑 qú_5.11 字彙補音義同翑46052

翠 cuì_5.11 篇海翠或作翠，讄。

翡 fú_5.11 五音篇海音拂。

翎 líng_5.11 同翎46048

翏 lù_5.11 同翏03612 古文勠04109 玉篇翏，力竹切。今作戮18979

翍 pī_5.11 集韻翍46047，攀糜切。張羽兒。或書作翍。

翄 chì_5.11 龍龕翄，俗翅46022

翄 yì_5.11 同翅46039

翤 zhì_5.11 隋書以翤雄為領褾 字海翤，同翤46051

翴 shū_6.12 玉篇丑俱切。飛貌。鼜直音篇翴46084，同翴。

翄 hài_6.12 玉篇音亥。飛貌。

46072 23595
犵 hōng_6.12 集韻翁46201或作犵。

46073 23596
翢 rǎn_6.12 集韻之由切音周。弱羽玉篇急也。鑒正字通冉46027字之譌。

46074 23597
㹴 yì_6.12 集韻以制切音曳。飛也。或作羐又集韻私列切音薛。義同。

46075 23598
䄉 xù_6.12 廣韻許聿切音喬玉篇飛去貌郭璞·江賦鼓翅翻䄉。

46076 23599
翓 xié_6.12 廣韻胡結切集韻奚結切夶音纈。翓翓，飛上下△玉篇或作頡。

46077 23600
翧 pò_6.12 廣韻匹各切音粕。飛去也又luò集韻歷各切音洛。類篇翧翧，飛貌。鑒又䎛46078

46078 23601
䎛 pò_6.12 與翧同。

46080 23603
羿 yì_6.12 羿本字。

46079 23602
翔 xiáng_6.12 廣韻似羊切集韻韻會正韻徐羊切夶音詳。說文回飛也爾雅·釋鳥鳶，烏醜，其飛也翔註布翅翱翔易·豐卦天際翔也詩·鄭風河上乎翱翔又禮·曲禮室中不翔註行而張拱曰翔又禮·玉藻朝廷濟濟翔翔註莊敬貌又禮·三年問過其故鄉回翔焉又周禮·冬官考工記·矢人前弱則俛，後弱則翔註翔，迴顧也△集韻通作鷞。鑒又翔45758

46081 23604
翕 xī_6.12 廣韻正韻許及切集韻韻會迄及切夶音吸說文起也爾雅·釋詁翕，合也書·皋陶謨翕受敷施詩·小雅兄弟既翕又易繫辭夫坤，其靜也翕註斂也，聚也又詩·小雅維南有箕，載翕其舌箋翕猶引也。又爾雅·釋訓翕翕訿訿，莫供職也疏詩·小雅翕翕訿訿○按今詩作潝又廣雅翕，熾也廣韻火炙又動也，盛也。鑒又䎎46088翖46082翕眼，經文從目作瞥。

46082 23605
翖 xī_6.12 玉篇同翕類篇西域諸國官名有翖侯前漢·張騫傳傅父布就翖侯註師古曰翖侯，烏孫大臣官號。布就，又翖侯之中別號。翖與翕同。

46083 23606
翗 ké_6.12 玉篇巨何切。飛貌。

46084 23607
翧 cǐ_6.12 玉篇初已切。飛貌。鑒又翔46117㹴46070

46085 23608
翢 dào_6.12 玉篇同翿

46088 23611
翖 xī_6.12 字彙補同翕

46086 23609
翼 yì_6.12 字彙補與㹴同。

46087 23610
翢 yì_6.12 音未詳廣雅飛也。鑒同翩46068

46089 23612
飛 fēi_6.12 玉篇古文飛68862字。

46090 23613
𦐛 yǒu_6.12 五音集韻古文友05157字。

46091 23614
𦐜 yǒu_6.12 集韻友05157古作䎃。

46092 23615
翜 chài_6.12 篇韻音薑。飛速貌。

46093 23616
翜 lù_6.12 字彙補古文戮字。見顏氏刊謬正俗。

○按卽翠字之譌。

46094 23617
翠 mò_6.12 篇韻古文沒27900字。鑒亦作翠22788

46095 23618
翆 hōng_6.12 字彙補許肱切音轟。弄羽聲也。與翁同。

46096 45033
翆 fū_6.12 川篇同翇

46097 u2B167
翇 null_6.12 未詳。

46098 u2B166
翔 null_6.12 未詳。

46099 u2B165
𡵉 null_6.12 簡翔46220

46100 u26436
翈 null_6.12 未詳。

46101 u26435
翔 null_6.12 未詳。

46102 u26434
翢 xuě_6.12 俗翽46038

46103 u7FDA
翚 huī_6.12 簡翚46179

46104 u7FD9
翔 huì_6.12 簡翽46266

46105 u7FD8
翘 qiào_6.12 簡翹46245

46106 23619
翢 kào_7.13 篇海口到切音靠。飛也。

46107 23620
䎝 cù_7.13 廣韻子六切音蹙。飛貌又chù集韻初六切音畜。羽齊貌。

46108 23621
翢 pǎo_7.13 玉篇芳好切。義闕篇海傍保切，拋上聲。飛也。

46109 23622
䎞 shēn_7.13 廣韻所臻切集韻疏臻切夶音莘。䎞䎞，謂羽多也。

46110 23623
翈 fū_7.13 集韻芳無切音敷。翈或從甫，羽也。一曰細毛。

46111 23624
翛 xiāo_7.13 廣韻蘇彫切正韻先彫切夶音蕭集韻韻會夶相邀切音宵。翛翛，羽敝也詩·豳風予尾翛翛傳敝也又集韻以久切音酉。疾貌莊子·大宗師翛然而往。又shū廣韻集韻夶式竹切音叔。飛疾之貌玉篇或作倏又集韻余六切音毓。義同。鑒又翔46112䎞46113

46112 23625
翛 xiāo_7.13 集韻翛或作翛廣韻鳥毛羽也玉篇亦作髟又廣韻思邀切集韻相邀切夶音宵。義同。

46113 23626
翛 xiāo_7.13 與翛同。

46115 23628
翈 nà_7.13 廣韻女法切集韻昵法切夶音湁。翈翈，飛貌。

46114 23627
翅 chī_7.13 集韻翄46020或作翅。

46116 23629
翾 xuān_7.13 集韻翾46267或從肙作翾。

46117 23630
翧 cǐ_7.13 篇海初紀切，差上聲◇飛貌。鑒海篇直音鹺上聲△宏按，或俗翧46084

46118 23631
翜 sè_7.13 廣韻色立切音澀說文捷也。飛之疾也爾雅·釋詁翜，捷也又說文一曰俠也又shà廣韻所甲切音喢類篇飾羽棺也六書正譌翜別作翣又集韻韻會夶色洽切音歃類篇一曰使也。

46119 23632
翰 hán_7.13 集韻呼含切音峆。小鳥飛貌。

46120 23633
䎑 tíng_7.13 玉篇五秦切，音廷◇義闕。

46121 23634
䎞 pò_7.13 玉篇匹各切。飛也。

翃 46122 23635
hóng_7.13 字彙補何轟切音宏。飛也○按翃字之譌。

猄 46123 u2B169
cánh_7.13 喃同翄46127翅膀。

翬 46124 u2B168
huī_7.13 俗翚46179合併字學篇韻便覽翬，音灰金鏡翬，音許古璽彙編·姓名私璽1487：攽翬、2972：胎翬。翬並人名。

翙 46125 u26446
null_7.13 未詳。

翠 46126 u26444
yì_7.13 翳父鼎休王賜翠父貝，用乍厥寶尊彝。亦作鄴62023

翄 46127 u26443
cánh_7.13 喃翅膀。亦作猄46123翅鴣：鳥翼。

翍 46128 u26442
xǐ_7.13 翍翃，亦作鴂鷞，胡服帶鈎。

鵜 46129 u26168
zōng_7.13 鵜46175譌字四部叢刊·三編子部·太平御覽·卷第九百二十一·羽族部八鵜，爾雅曰鵜鵙鵙鶼，其飛鵜。按，爾雅·釋鳥作：鵜鵙鶼，其飛也鵜。

翺 46130 23636
chǎo_8.14 玉篇丑卯切。毛多也。

獠 46131 23637
lù_8.14 廣韻集韻夶盧谷切音祿。水上飛也類篇上飛貌。

翉 46132 23638
tā_8.14 廣韻他合切集韻託合切夶音踏。翉翉，飛貌。

獞 46133 23639
jiāng_8.14 集韻居良切音薑。獞獞，鵲行貌△通作疆。瑿集韻通作彊詩鵲之疆疆。

獭 46134 23640
chā_8.14 篇海音插。飛貌。瑿或作翟，今作旺。

翟 46135 23641
dí_8.14 廣韻徒歷切集韻韻會亭歷切正韻杜歷切夶音狄說文山雉尾長者書·禹貢羽畎夏翟圂詩·郮風其之翟也傳翟，羽飾衣圂詩·衛風翟茀以朝傳翟，翟車也。夫人以翟羽飾車周禮·春官·巾車王后之五路：重翟，錫面朱總。厭翟，勒面繢總註重翟，厭翟，謂蔽也圂詩·邶風右手秉翟傳翟，羽也疏謂雉之羽也。△禮·祭統夫祭有畀煇胞翟閻者註翟謂教羽舞者也疏四者皆是賤官圂國名韻語將以翟伐鄭註翟，隗姓之國也圂戎語周語自竄于戎翟之間註翟或作狄圂姓急就篇註翟氏，本齊翟僂新之後也。魏有翟璜、翟翦，漢有翟公、翟方進圂zhái廣韻場伯切集韻韻會正韻直格切夶音宅。陽翟，縣名史記·項羽紀韓王成因故都，都陽翟註陽翟，河陽翟縣也圂廣韻亦姓。唐有陝州刺史翟璋姓纂姓苑本音翟，後改音宅。圂zhuó集韻直角切音濁。鶴或作翟。

鬮 46136 23642
xuān_8.14 鬮46116字之譌。

猜 46137 23643
jīng_8.14 集韻咨盈切音精。旌或作猜。

翍 46138 23644
zú_8.14 集韻昨律切音崒。飛疾貌。

翠 46139 23645
cuì_8.14 廣韻集韻韻會正韻夶七醉切音綷說文青羽雀也。出鬱林爾雅·釋鳥翠鷸註似燕，紺色疏李巡曰：鷸一名曰翠，其羽可以爲飾。樊光云青羽，出交州前漢·賈山傳飾以翡翠註雄曰翡，雌曰翠。又南越王趙陀傳翠鳥千博物志翡身通黑，惟胸前、背上、翼後有赤毛。翠身通青黃，惟六翮上毛長寸餘青，其飛則羽鳴翠翡翠翡然，因以爲名圂禮·內則舒鴈翠註舒鴈鵝也。翠，尾肉也圂爾雅·釋山未及上，翠微疏謂未及頂上，在旁陂陀之處，名翠微。一說山氣青縹色，故曰翠微圂姓急就篇註翠氏，楚景萃之後也。避入關，三遷懷土，逃匿改姓爲翠。瑿又翠46028翠46062蘂51543圂翡翠或作鴗翠46028鵜鵨73437

翡 46140 23646
fěi_8.14 廣韻扶沸切集韻父沸切夶音費說文赤羽雀也。出鬱林玉篇鳥似翠而赤異物志翠鳥，形如燕，赤而雄曰翡，青而雌曰翠。詳翠註。

獉 46141 23647
zhǎn_8.14 廣韻韻會側板切集韻阻版切夶音醆。鷙飛玉篇鳥摯擊勢也類篇迅疾也揚子法言螭虎桓桓，鷹隼獉獉圂集韻財干切音戔。子淺切音翦。義夶同圂廣韻集韻夶旨善切音劗博雅獉獉，武也。

翿 46142 23648
dào_8.14 廣韻土刀切集韻他刀切夶音叨。羽葆幢纛，或作翿圂廣韻正韻夶徒刀切音陶。義同圂集韻大到切音導。義同。

翻 46143 23649
huò_8.14 廣韻呼麥切集韻忽麥切夶音割玉篇翻翻，飛貌。或作翻圂集韻越逼切音域。義同。瑿名義翻，呼麦反。翻又翻46281，呼號反。翻圂正字通翻46144同翻。

翡 46151 u2B16A
fěi_8.14 俗翡46140

翍 46144 23650
xù_8.14 廣韻況逼切集韻忽域切音淢。羽聲。瑿又翻46143翻46160

翪 46152 u2646F
zhǎ_8.14 同獭46134

㿜 46145 23651
yàn_8.14 廣韻於劍切音俺。斂羽也圂集韻於贍切，音愉。義同。

翣 46146 23652
shà_8.14 廣韻所甲切集韻韻會色甲切夶音唼。說文棺羽飾也周禮·天官·女御后之喪持翣註翣，棺飾也禮·檀弓飾棺牆置翣註翣，以布衣木，如輻與疏鄭註喪大記云漢禮，翣以木爲筐，廣三尺，高二尺四寸，方兩角高。衣以白布，畫雲氣，柄長五尺，云如輻與者。◆輻與，漢時之扇。又禮器天子八翣，諸侯六翣，大夫四翣圂小爾雅大扇謂之翣儀禮·旣夕禮燕器杖笠翣註翣，扇也圂禮·明堂位周之璧翣註畫繒爲翣，戴以璧，垂五采羽於其下，樹於簨之角上圂玉篇蘁也圂集韻色輒切音箑。義同△或作翣。瑿又菨49784

雅 46147 23653
chài_8.14 篇海音薑。飛速也。瑿又翃46092

翪 46153 u26456
jīng_8.14 同猜46137

翻 46148 23654
chì_8.14 玉篇同翅

猬 46149 23655
huì_8.14 集韻獶46242，或省作猬

憐 46150 23656
tuó_8.14 篇海唐何切音駝。飛貌。

翎 46155 u26454
null_8.14 未詳。

翜 46154 u26455
jú_8.14 新撰字鏡足反。鐵權。張磊：鑺64707俗譌。

翄 46156 u26453 huī_8.14 同翬16384　　翋 46159 u4393 tà_8.14 同翣46198

鶹73619 翩16250 翩46191

翢 46158 u26445 lượn_8.14 喃从羽兩lưỡng聲。盤旋，翔翔。

翾 46174 23671 chí_9.15 廣韻是支切集韻常支切夶音匙。羣飛貌。同提図集韻市之切正韻辰之切夶音時。翄或作翹。

翔 46157 8.14 俗翔46079　　翲 46160 23657 xián_9.15 集韻胡讒切音咸。翲翲，疾飛也。鏊正字通翲46144字之譌。

翪 46175 23672 zōng_9.15 廣韻子紅切集韻祖叢切夶音駿玉篇竦翅飛也。亦作髮爾雅·釋鳥鵲鵙醜，其飛也翪註竦翅上下図廣韻正韻作孔切集韻韻會祖動切夶音總。義同図集韻正韻夶作弄切音糭。義同。鏊又翔46185

翥 46161 23658 zhù_9.15 廣韻集韻韻會夶章恕切音飇說文飛舉也。爾雅·釋蟲翥醜罅疏翥，飛也揚子方言翥，舉也註謂軒翥也楚辭·遠遊鸞鳥軒翥而翔飛張衡·西京賦鳳騫翥於蕣標廣韻同蠶。鏊又署46182翥46328

鶄73612 翪46129

翯 46176 23673 dào_9.15 篇海與翯同　　猫 46178 23675 chá_9.15 廣韻丑法切集韻敕法切。猫狐，飛貌。鏊又翥46187

翧 46162 23659 xuān_9.15 玉篇須緣切音宣。飛貌。

翫 46179 23674 wàn_9.15 廣韻集韻夶五換切音玩說文習厭也。从習元聲春秋傳曰：翫歲而愒日集韻或作抏〇按說文在習部，今從正字通併入。鏊又僩02199

翭 46163 23660 hóu_9.15 廣韻戶鉤切集韻韻會胡溝切正韻胡鉤切夶音侯說文羽本也。一曰羽初生貌廣雅風狄羽也。又集韻下遘切音候。鏃或作翭，金鏃翭羽儀禮·旣夕禮翭矢一乘註翭猶候也，候物而射之矢也。

翬 46179 23676 huī_9.15 廣韻居歸切集韻吁韋切夶音煇說文大飛也。爾雅·釋鳥鷹隼醜，其飛也翬註鼓翅翬翬然疾疏翬翬，其飛疾羽聲也図說文一曰伊洛而南，雉五采皆備曰翬爾雅·釋鳥伊洛而南，素質五采皆備成章曰翬註翬亦雉屬，言其毛色光鮮詩·小雅如翬斯飛箋翬者，鳥之奇異者也左傳·昭十七年·五雉註雉有五種，伊洛之南曰翬雉。鏊又翬46103翬46186翬46124翬60048翬60179

媛 46164 23661 huǎn_9.15 玉篇火卵切。又火亂切。義闕篇海飛貌。

翮 46165 23662 gé_9.15 廣韻古核切集韻各核切夶音隔說文翅也廣雅翮軝翼也玉篇羽也図集韻下革切音翮。義同。鏊廣雅翮軝翼也。翮、軝，翼也。

猴 46180 23677 hóu_9.15 字彙補同猴。鏊又翭46181翭46231

翦 46166 23663 jiǎn_9.15 古文翦廣韻卽淺切集韻韻會正韻子踐切夶音剪說文羽生也爾雅·釋言翦，齊也註南方人呼翦刀爲剃也玉篇勒也，齊斷也廣韻殺也詩·召南勿翦勿敗傳翦，去也周禮·秋官翦氏註翦，斷滅之言也左傳·宣十二年其翦以賜諸侯註翦，削也。又成二年余姑翦滅此而後朝食註翦，盡也図儀禮·旣夕禮用疏布緇翦註翦，淺也疏謂染爲淺緇之色図莊子·在宥篇佞人之心翦翦者音義善辨也。一曰佞淺貌。李云短淺貌干祿字書俗作剪図集韻子賤切音箭。箭或作翦。鏊又翦46183翦46256剮03820

翭 46181 23678 hóu_9.15 同猴。　　署 46182 23679 zhù_9.15 字彙補與翥同隸釋漢議郎元賓碑翔署色斯。以署爲翥。

翧 46183 23680 jiǎn_9.15 字學指南同翦。

翧 46167 23664 xuān_9.15 廣韻況袁切集韻許元切夶音喧廣雅翲，飛也図集韻荀緣切音宣。翔也。

猩 46184 23681 chì_9.15 玉篇同翅　　翪 46185 23682 zōng_9.15 字彙補同翪。

翪 46186 23683 huī_9.15 集韻翬，或書作翪廣雅翪翪，飛也。

翪 46168 23665 chŏng_9.15 玉篇尺勇切。羽也。

翧 46189 u2B16C null_9.15 未詳。　　翨 46187 23684 chá_9.15 字彙補同猫。

翧 46188 23701 dá_9.15 字彙補丁盍切，音答◇飛貌。

翧 46169 23666 bì_9.15 玉篇芳逼切。飛也。鏊又翩46192

翩 46190 u2B16B null_9.15 喃未詳。　　翩 46191 u2646E piān_9.15 俗翩46173金石文字辨異引漢開母廟石闕銘翩彼飛雉。

翃 46170 23667 hōng_9.15 集韻翃，或作翃。

翩 46192 u2646D bì_9.15 同翩46169西遊記·第四回追風絕地，飛翩奔霄。逸飄赤電，銅爵浮雲。

翃 46171 23668 hōng_9.15 篇海音轟。羽聲。

翧 46193 u2646C null_9.15 未詳。　　翩 46194 u2646B null_9.15 未詳。

翅 46172 23669 chì_9.15 廣韻集韻韻會夶施智切音翅說文鳥之彊羽周禮·秋官翅氏註翅，鳥翄也図玉篇猛也図廣韻集韻夶居企切音馶。翅或作翅。鏊又翅46184

翧 46195 23685 xuān_10.16 譌字正字通翾別作翧。譌从員作翧。

翩 46196 23686 zhái_10.16 集韻直格切音宅。翩翩，飛貌図huò集韻霍虢切音矆。翩，或省作翩。

翩 46173 23670 piān_9.15 廣韻芳連切集韻韻會紕延切正韻紕連切夶音篇說文疾飛也廣雅翩翩，飛也詩·小雅翩翩者雕図易·泰卦翩翩不富以其鄰釋文輕舉貌図詩·小雅緝緝翩翩傳往來貌図詩·小雅騂騂角弓，翩其反矣傳翩然而反図詩·大雅旟旐有翩傳翩翩在路不息也。図後漢·班固傳翩翩巍巍註宮闕顯盛之貌也。鏊又

猯 46197 23687 fū_10.16 廣韻集韻夶芳無切音敷。翩下羽也玉篇細毛類篇或作猯。鏊又猯46096猯46236

翧 46198 23688 tà_10.16 同翣。鏊正字通鶹73723同翣。

翦 46199 23689
jiǎn_10.16 集韻翦46166古作翦。

翮 46200 23690
hé_10.16 廣韻集韻韻會ᄯ下革切音覈。說文羽莖也。爾雅·釋器羽本謂之翮。註鳥羽根也。周禮·地官·羽人掌以時徵羽翮之政于山澤之農。註翮,羽本⊠lì正韻郎狄切音歷。與鬲同。史記·楚世家呑三翮六翼,以高世主。註索隱曰:翮與鬲同,音歷。三翮六翼,亦謂九鼎也。空足曰翮。六翼卽六耳。鍪又翮46244

翁 46201 23691
hōng_10.16 廣韻集韻ᄯ呼宏切音訇。翁翁,飛聲玉篇羣鳥弄翅也⊠廣韻虎橫切集韻呼橫切ᄯ音諻。義同。類篇或作翁翁。鍪又翁46095

翯 46202 23692
hè_10.16 廣韻集韻韻會ᄯ胡沃切音鵠。說文鳥羽肥澤貌廣雅潔白也詩·大雅白鳥翯翯傳肥澤貌史記·司馬相如傳翯乎滈滈註郭璞曰:水白光貌⊠廣韻胡角切集韻韻會正韻轄覺切ᄯ音學。義同⊠hào集韻下老切音皓。素羽⊠正韻胡谷切音斛。義同。鍪又翯70825

翋 46203 23693
nài_10.16 篇海奴勒切,能入聲。蟲名。與鱠同。

翰 46204 23694
hàn_10.16 廣韻集韻韻會ᄯ侯旰切音旱◆說文天雞赤羽也逸周書曰:文翰若翬雉,一名鷐風。周成王時獻之⊠玉篇飛也易·中孚翰音登于天註翰,高飛也⊠易·賁卦白馬翰如疏鮮潔其馬,其色翰如禮·檀弓戎事乘翰註翰,白色馬也⊠詩·大雅維周之翰爾雅·釋詁翰,榦也⊠前漢·揚雄傳故藉翰林以爲主人,子墨爲客卿以風註翰,筆也文選李善註翰林,文翰之多若林也⊠廣韻胡安切集韻韻會正韻河干切ᄯ音寒。義同正韻翰有平、去二音。凡稱書翰者,謂以羽翰爲筆以書,平、去二音皆通△正字通爾雅作鶾,亦作乾。鍪又旬04222翰68874旗68869翰60192翰60257翰46235翰60401獲46225

翮 46205 23695
pò_10.16 集韻翮46269或作翮。

翋 46206 23696
tà_10.16 廣韻徒合切集韻正韻達合切ᄯ音沓廣雅翋翋,飛也左思·吳都賦趠趫捓翋⊠集韻託盍切音榻。義同〇按韻書俱作翋正字通止收翮,未知何據。今補入。鍪拉翋,亦作拉㩉46159㩉翋,飛初起貌。

翵 46207 23697
fū_10.16 篇海同㩉 翢 46210 23700
cī_10.16 集韻又宜切音差類篇翩翾,燕飛不至也。鍪又㩉46219

翁 46208 23698
yóu_10.16 集韻夷周切音由。翁翁,鳥飛貌。

翂 46209 23699
fú_10.16 廣韻防無切音扶。飛貌。

翂 46211 23702
bǎo_10.16 篇韻音塔。鳥羽也。鍪俗翂46045

翩 46215 u2B16D
pīn_10.16 簡翩46272 翹 46212 23703
qiáo_10.16 字彙補同翹

翛 46213 23704
liú_10.16 字彙補力求切音流。小飛也。鍪四聲篇海翛翛,二俱音六,與戮同。

翺 46216 u2F979
áo_10.16 俗翺46246 翵 46214 u2B16E
lóng_10.16 喃从羽竜long聲。亦作㝈27513△翵鴣:鳥的羽毛。

翢 46217 u2649E
dào_10.16 同翢46268 翻 46218 u26482
pò_10.16 同翮46269

翣 46219 u26481
cī_10.16 直音篇翣,同翮46210

翺 46220 u26480
null_10.16 人名用字。簡化作翺46099新唐書·宗室世系表下·惠莊太子房嘉、衡二州刺史(李)翺。

翵 46221 u2647F
null_10.16 未詳。 翺 46222 u7FF1
áo_10.16 俗翺46246

翁 46223 23705
hōng_11.17 集韻翁46201,亦作翁。

翄 46224 23706
huì_11.17 集韻翄46242或作翄,亦省作翄。

獲 46225 23707
hàn_11.17 玉篇呼爛切。飛貌。鍪熊加全:疑俗翰46204

翲 46226 23708
piāo_11.17 廣韻撫招切集韻韻會正韻紕招切ᄯ音漂。高飛也。類篇翲翲,飛也⊠廣韻集韻ᄯ匹妙切音剽。義同。

翳 46227 23709
yì_11.17 廣韻正韻於計切集韻韻會壹計切ᄯ音瘱說文華蓋也廣韻羽葆也急就篇註翳,謂凡鳥羽之可隱翳者也。舞者所持羽翿以自隱翳,因名爲翳。一曰華蓋。今之雉尾扇是其遺象⊠周語是去其藏而翳其人也註翳,猶屏也。一曰滅也⊠揚子方言翳,掩也註掩覆也廣雅翳,障也廣韻隱也,蔽也類篇薩也。⊠詩·大雅其菑其翳傳木立死曰菑,自死爲翳⊠廣雅雨師謂之荓翳史記·司馬相如傳召屏翳註雷師也。⊠玉篇鳥名也,似鳳山海經北海之內有五采之鳥,飛蔽一鄉,名曰翳鳥註鳳屬也⊠屈原·離騷駟玉虬而乘翳⊠潘岳·射雉賦序習媒、翳之事註翳者,所以隱射也⊠廣韻烏奚切集韻煙奚切ᄯ音鷖。義同⊠yè集韻韻會ᄯ一結切音噎左思·魏都賦桃李蔭翳。叶音咽。鍪又翳71008翟46126

翴 46228 23710
lián_11.17 廣韻力延切集韻陵延切ᄯ音連。翴鶨,飛相及貌博雅飛也。

翋 46229 23711
lā_11.17 集韻拉46042或作翋。

翭 46233 u2B16F
null_11.17 喃未詳。 翿 46230 23712
dào_11.17 廣韻徒到切集韻大到切ᄯ音導說文翳也。所以舞也玉篇與翳46273同⊠集韻徒刀切音陶。義同。

翵 46231 23713
qú_11.17 集韻鴝或從鳥。鍪又廣韻翵46052同鴝⊠集韻翵鵒73747,或从眀⊠鳥部重出:集韻權俱切音劬。鳥左足白⊠hóu廣韻戶鉤切集韻胡溝切ᄯ音侯廣韻翵同翵。羽本也。一曰羽初生貌⊠敦煌S.2071注本切韻翵,其俱反。馬右足白。又龍龕翵69933,其俱反。馬左足白也爾雅·釋畜(馬)後足皆白,翵。

翵 46232 23714
shī_11.17 篇韻音施。鳥二羽也。鍪改併四聲篇引龍龕翵,音施。鳥二羽也。今本龍龕翵,通。翅,正

音施。鳥兩羽也。不見翻字。施音施智切，翻同翅。

翖 46234 u2648C null_11.17 未詳。

翰 46235 u2648B hàn_11.17 俗翰46204 金石文字辨異 引 唐寂照禪師碑

翶 46238 u7FF6 áo_11.17 同翺46246

鞴 46236 u2648A fū_11.17 俗鞴46197 字彙補 鞴，風逋切，音孚。細毛也。

熠 46237 u26489 yì_11.17 金石文字辨異 唐 楚金禪師碑 至若神光，熠熠於其巔。邢澍案：熠即熠31538字。

翎 46239 23715 lín_12.18 廣韻 力珍切 集韻 離珍切夶音鄰 廣雅 飛也。鬢 廣韻 翎翁，飛兒 又 翎46284 鬝74005

翰 46240 23716 zēng_12.18 廣韻 作滕切 集韻 韻會 咨滕切 正韻 咨登切夶音增 廣雅 翆也。又飛也。鬢 又鞴46263

翂 46241 23717 tóng_12.18 玉篇 達貢切。飛貌。

翽 46242 23718 huì_12.18 廣韻 集韻 夶胡桂切音慧 廣雅 風狄羽也 玉篇 六翽之末 又 廣韻 餘制切 集韻 以制切夶音曳。鳳六翽△ 類篇 或省作翽。又作翽、翽、鬢 或訛作膁47890

翍 46243 23719 pěn_12.18 玉篇 匹本切。飛貌。

翞 46244 23720 hé_12.18 集韻 翲或作翞。

翹 46245 23721 qiáo_12.18 廣韻 渠遙切 集韻 韻會 正韻 祁堯切夶音翻 說文 尾長毛也 又 廣雅 翆也。又翹翹，衆也 類篇 翹翹，高貌 詩·周南 翹翹錯薪 又 詩·豳風 予室翹翹 註 危也 又 禮·儒行 羣而翹之 註 微翹發其意 疏 翹，起發也。又 左傳·莊二十二年 翹翹車乘 註 遠貌 又 後漢·輿服志 鸞旗者，編羽旄列繫幢旁，民或謂之雞翹 又 爾雅·釋草 連，異翹 疏 連，一名異翹 又 爾韻 懸也 類篇 企也。又 又qiào 廣韻 巨要切 集韻 祁要切。尾起也。鬢 又翹46105 翹46253

翺 46246 23722 áo_12.18 廣韻 五勞切 集韻 韻會 正韻 牛刀切夶音遨 說文 翺，翔也 釋名 翺，敖也，言敖遊也 詩·齊風 齊子翺翔46079 傳 猶彷徉也 又 玉篇 布翅飛也△ 干祿字書 俗作翺。鬢 又翺46222翺46238翺46258翺46216翺46270鼛48250

撇 46247 23723 piē_12.18 玉篇 芳滅切。義闕 篇海 匹蔑切音撇。飛貌。鬢 篇海 作撇46260

翹 46248 23724 qiáo_12.18 廣韻 渠遙切 集韻 祁堯切夶音翹。夨飛曰翻 揚子·方言 翆、翹，飛也 類篇 翹，高飛也 又 廣韻 巨嬌切 集韻 渠嬌切夶音喬。義同。鬢 又翹46212 鞴46254

翻 46249 23725 fān_12.18 廣韻 集韻 孚袁切，音番 說文·新附字 飛也 張衡·西京賦 衆鳥翻翻 又 增韻 反覆也。通作幡。又通作反△ 集韻 或作飜。亦作拚。鬢 又翻16413 拚19678

翌 46250 23726 yù_12.18 廣韻 餘律切 集韻 允律切 韻會 以律切夶音聿。鴪或作翌 玉篇 飛貌 郭璞·江賦 鼓翅翍翌 註 翌與狊同，飛貌。鬢 又翌46255

翹 46253 23729 qiáo_12.18 玉篇 同翹 集韻 息逐切夶音肅。翹翹，鳥羽聲 又 廣雅 飛也 又 廣韻 集韻 韻會 夶所六切，音縮。義同△ 集韻 或作肅。

翨 46251 23727 sù_12.18

翼 46252 23728 yì_12.18 古文狄 廣韻 與職切 集韻 韻會 逸職切夶音弋 說文 作翼。狨也。篆文从羽 廣韻 羽翼 易·明夷 明夷于飛，垂其翼 又 書·皐陶謨 庶明勵翼 傳 戴上命 疏 言如鳥之羽翼而戴奉之。鄭云 以衆賢明作輔翼之臣。又 書·益稷 予欲左右有民，汝翼 傳 汝翼成我 疏 汝當翼贊我也 又 書·武成 越翼日 傳 翼，明也 又 詩·小雅 四牡翼翼 傳 閑也 又 詩·小雅 有嚴有翼 傳 翼，敬也 又 詩·小雅 四騵翼翼 傳 壯健貌 又 詩·小雅 我稷翼翼 箋 蕃廡貌 又 詩·小雅 疆場翼翼 傳 讓畔也 箋 閑暇之意 又 詩·大雅 小心翼翼 傳 恭也 又 星名 禮·月令 昏翼中 又 國名 左傳·隱五年 伐翼 註 晉舊都，在平陽絳邑縣東 又 姓 前漢·藝文志 孝經有翼氏說 一篇 姓氏急就篇 晉翼侯之後。漢有諫議大夫翼奉 又 廣雅 飛也，美也，和也，盛也，元氣也 玉篇 翅也，助也。鬢 又翗44078 狄46007 攫46257

翦 46256 23732 jiǎn_12.18 篇海 同翦

翱 46258 u2B171 áo_12.18 俗翱46222

翴 46259 u2B170 null_12.18 嶁未詳。 岣嶁禹碑 承帝曰：嗟，攫輔佐卿。

攮 46254 23730 qiáo_12.18 字彙補 同翹

攫 46255 23731 yù_12.18 字彙補 同翻

攫 46257 23733 yì_12.18 字彙補 同翼

撇 46260 u2649A piē_12.18 俗撇46247

翿 46262 u26498 xiān_12.18 翿躚59549或作翿翿

翿 46263 u26497 zēng_12.18 俗翿46240

鬝 46261 u26499 null_12.18 未詳。

翿 46264 23734 xiān_13.19 廣韻 許延切 集韻 虛延切夶音嫣。翿翿，飛也 玉篇 飛貌 又chán 廣韻 直連切音纏。義同 集韻 或作翽。

翿 46265 23735 hǎn_13.19 集韻 虎感切音喊。飛貌。

翿 46266 23736 huì_13.19 廣韻 呼會切 集韻 韻會 呼外切夶音譏 說文 飛聲也 詩·大雅 鳳凰于飛，翽翽其羽 傳 翽翽，衆多也 箋 羽聲也 又 集韻 苦會切音穔。義同 又 韻會 許穢切音喙。義同。鬢 又翗46104

翿 46267 23737 xuān_13.19 廣韻 許緣切 集韻 縈緣切夶音儇 說文 小飛也 楚辭·九歌 翿飛兮翠曾 又 荀子·不苟篇 喜則輕而翿 註 與儇同。急也△ 集韻 或作飜 類篇 或作翿。鬢 又攫46271 翿46286 翿46136 攫46195

攫 46268 23738 dào_13.19 同翿 廣雅 幢謂之攫。

翿 46269 23739 pò_13.19 集韻 匹各切音粕。翿翿，飛貌。鬢 又狛46060 翿46054 翿46218 翖46205

翺 46270 u264A1 áo_13.19 俗翺46246 金石文字辨異 引 北魏孝文弔比干墓文

攫 46271 u264A0 xuān_13.19 同翿46267 新撰字鏡 攫翿：上外遠反。下

刀盍反。舉羽欲飛兒。又飛欲起也。

翂 46272 23740
bīn_14.20 廣韻匹賓切集韻紕民切丛音繽廣雅翂翂，飛也。鑾又翂46215鶣74095

譸 46273 23741
dào_14.20 廣韻徒到切集韻韻會大到切正韻杜到切丛音導玉篇同翿爾雅·釋言翿，纛也註之羽葆幢詩·王風君子陶陶，左執翿傳纛也，翳也図廣韻集韻韻會正韻丛徒刀切音陶。義同図集韻杜皓切音道。義同。鑾翿翿，亦作鶲鷸74100，胡服帶鉤図瞉27161翿46290瓘46268鴇46085瓘46217

翱 46275 23743
áo_14.20 廣雅俗翱字

耀 46274 23742
yào_14.20 廣韻弋照切集韻韻會正韻弋笑切丛音燿。光耀。曜，或作耀左傳·莊二十二年光遠而自他有耀者也。鑾又𣈆36811

䶝 46276 23744
tà_14.20 字彙補古文濕29990字。見廣川書跋

鶲 46277 u264A5
wěng_14.20 同翁69702集韻翁鎓，鄔孔切。香也。或從臭正字通翁，俗字。別作鎓，亦非。

獮 46278 u264AC
null_14.20 未詳。

䙝 46279 23745
huì_15.21 集韻䙝，或作䙝淮南子·人間訓奮翼揮䙝註六翮之末也。

翸 46284 23750
lín_15.21 字彙補同翻

獵 46280 23746
là_15.21 廣韻盧盍切集韻力盍切，丛音臘。獵翻，飛初起貌。鑾又翻46283

翿 46281 23747
huò_15.21 廣韻虎伯切集韻霍虢切丛音謋。翮翻，飛疾也玉篇搣也図集韻郝格切音赫。義同。或作翻図集韻忽麥切音懂。搣，或作翻。

翿 46283 23749
là_15.21 字彙補同獵

獵 46282 23748
lào_15.21 集韻郎到切音潦類篇寬也。鑾翪12504字之譌。

翿 46285 23751
dào_15.21 字彙補同翿。

翿 46286 u264AC
xuān_15.21 翿46267本字。

獵 46289 u2B172
null_16.22 喃未詳。

翿 46287 23752
yì_16.22 字彙補翳字之譌。

翿 46288 45035
fēi_16.22 五音篇海同飛。

翿 46290 u264AF
dào_16.22 翿46273本字。

耀 46291 45034
tài_18.24 搜眞玉鏡音泰。

• 老部 •

老 46292 23753
lǎo_0.6 古文𦒿廣韻盧皓切集韻韻會正韻魯皓切丛音栳說文考也。七十曰老。从人毛匕，言須髮變白也禮·曲禮七十曰老而傳公羊傳·宣十一年使帥一二耋老而綏焉註六十稱耋，七十稱老図詩·鄭風與子偕老疏沒身不衰也禮·祭義貴老，爲其近於親也図周禮·地官鄉老註老，尊稱也図儀禮·聘禮授老幣註老，賓之臣疏大夫家臣稱老図禮·曲禮國君不名卿老註卿老亦卿也図禮·王制天子之老註老謂上公図禮·禮運三老在學疏乞言則受之三老左傳·昭三年三老凍餒

註三老，謂上壽、中壽、下壽，皆八十已上図左傳·隱三年桓公立，乃老註老，致仕也図列子·天瑞篇老耄也図姓廣韻宋有老佐。鑾又耺01160耂46295䎗46335耇49399図太平天国歌謠·窮人搶扎紅頭滿街紅頭走，騎馬跟後頭，闊老關門閉戶，窮人搶扎紅頭。老，今作佬01069

考 46293 23754
kǎo_0.6 古文攷唐韻廣韻集韻類篇韻會正韻丛苦浩切音栲說文老也。从老省，丂聲說文序轉注者，建類一首，同意相受，考老是也佩觿考从丂。丂，苦浩反。老从七。七，火霸反裝務齊·切韻序云左回右轉，非也毛晃·增韻老字下从七，考字下从丂，各自成文，非反七爲丂也書·洪範五曰考終命詩·大雅周王壽考図爾雅·釋親父爲考釋名父死曰考。考，成也。亦言槁也，槁于義爲成。凡五材，膠、漆、陶、冶、皮革，乾槁乃成也易·蠱卦有子，考無咎禮·曲禮死曰考図廣雅考，問也易·復卦敦復無悔，中以自考也詩·大雅卜維王傳考，猶稽也図書·周官考制度于四岳註考正制度図詩·衛風考槃在澗傳考，成也左傳·隱五年考仲子之宮註成仲子之宮図詩·唐風子有鐘鼓，弗鼓弗考傳考，擊也図淮南子·氾論訓夏后氏之璜，不能無考註考，瑕釁図楚辭·九歎身憔悴而考旦兮註考，終也図姓廣韻出何氏姓苑図韻補叶去九切邊讓·章華賦衆變已盡，羣樂既考。攜西子之弱腕兮，援毛嬙之素肘図韻補叶凵舉切易林周旋步驟，行中規矩。正思有節，延命壽考。鑾又孝46294佬01194

孝 46294 23755
kǎo_0.6 字彙補俗考字。

耂 46295 u264B3
lǎo_0.6 俗老46292北魏元子直墓誌耂幼相嗟。

耂 46296 u2F7C
lǎo_0.6 同老46292部首專用字。亦作耂46297

耂 46297 u2EB9
lǎo_0.6 部老46296

老 46298 uF934
lǎo_0.6 兼老。

耂 46299 u8002
zuǒ_0.6 黄征敦煌俗字典耂，俗左14625S.170失名道經戴九履一，耂三右七。

耂 46300 23756
shù_2.8 篇海類編殊遇切篇韻音樹。與耂46304同。

耂 46301 45036
lǎo_3.9 篇海音老

耇 46303 u439B
diǎn_3.9 龍龕耇耇
46314二俗，耇正，音點。老人面上黑子。

耶 46302 u264B5
khu_3.9 喃从老口khẩu聲。同摳46339

耂 46304 23757
shù_4.10 廣韻常句切集韻類篇韻會殊遇切丛音樹說文老人行才相逮。从老省，易省，行象也。鑾又耂46300耂46309

耄 46305 23758
mào_4.10 古文耄廣韻集韻韻會丛莫報切音帽說文作耄。年九十曰耄玉篇耄同耋書·大禹謨耄期倦勤禮·曲禮八十、九十曰耄註耄，惛忘也図釋名七曰耄。頭髮白，耄耄然也図集韻通作旄孟子反其旄△類篇亦作耄図集韻武道切音茻。義同。鑾又托273

毛46325 幦27466 托36733 耄46308 龥46334 耄50776 耄51455 毫00709 耄71482

者 zhě_4.10 廣韻 章也切 集韻 韻會 正韻 止野切 夶音 赭 說文 別事詞也。从白圶聲。圶，古文旅字 韻會 今作 者 玉篇 語助也 增韻 又卽物之辭，如彼者，如此者 易·乾 卦 元者，善之長也 又 增韻 又此也。凡稱此箇爲者箇是 也。今俗多用這字，這乃魚戰切，迎也△ 韻會 者，古文 渚字，故从旅聲。後人以者添水作渚，以別者之之者， 故者但爲語助 又 韻會 說文 从白，當作者，今作者○按 說文 在白部，今从 正字通 併入。 鑾 又者或从凸朱聲。 朱，古文困字 又 者46311

耆 qí_4.10 廣韻 渠脂切 集韻 韻會 渠伊切 夶音祁 說 文 老也。爾雅·釋詁 耆，長也 禮·曲禮 六十曰耆，指使 疏 耆，至也，至老之境也 釋名 六十曰耆。耆，指也，不從 力役，指事使人也 又 周語 耆艾修之 註 耆艾，師傅也 又 左傳·昭二十三年 不懦不耆 註 耆，彊也 又 官名 周 禮·秋官 伊耆氏 註 伊耆，古王者號。始爲蜡，以息老物， 此主王者之齒杖，後王識伊耆氏之舊德，而以名官與。 今姓有伊耆氏 又 國名 史記·周本紀 明年，敗耆國 註 卽 黎國也 又 史記·匈奴傳 匈奴謂賢曰屠耆 又 前漢·揚雄 傳 兗鋋瘢耆、金鏃淫夷者數十萬人 註 瘢耆，馬脊創瘢 處也 又 zhǐ 集韻 軫視切音旨。致也。通作底 詩·周頌 耆 定爾功 傳 耆，致也 左傳·宣十二年 耆，昧也 註 耆，昧也 也。致討於昧 又 shì 集韻 時利切音視。嗜亦作耆 禮·月 令 節耆欲，定心氣。 鑾 又耆47457 耆46329 耆61673 耆46320

耄 mào_4.10 玉篇 耄，亦作耄。

耆 shù_4.10 同耆。　　者 zhě_4.10 兼 者46312

者 zhě_4.10 同者46306者本字。

者 zhě_4.10 參見者46306

叙 dào_5.11 廣韻 徒到切 集韻 大到切 夶音導 玉篇 七 十曰叙。今爲悼△ 類篇 或作耆。 鑾 直音篇 督，同叙。 顧氏補刊本 集韻 卷八·去聲·号韻 叙 博雅 老也。一曰七 十曰叙 字學三正 出叙耆耆三字，下注悼，是以耆爲悼 之古文 四聲篇海·老部 叙，徒到切。七十曰叙。今爲悼 耆，古文。是以耆爲叙之古文。

耆 diǎn_5.11 廣韻 集韻 夶多忝切音點◆ 說文 老人面如 點也 廣雅 耆，老也 又 廣韻 集韻 夶多念切音店。義同。 鑾 龍龕 耆05923者二俗，耆46317正，音點。老人面上黑 子。

者 gǒu_5.11 廣韻 古厚切 集韻 韻會 正韻 舉厚切 夶音 苟 說文 老人面凍黎若垢◆ 釋名者，垢也。皮色驪悴， 恆如有垢者也。或曰胡者 書·微子 咈其耇長 傳 耇老之 長 詩·小雅 遐不黃耇 傳 老也 釋文 壽也 左傳·僖二十二 年 雖及胡耇，獲則取之。 鑾 又耆46316 耇46324 耆46321

耆 gǒu_5.11 類篇 者或作耆。

耆 diǎn_5.11 字彙補 同者。 鑾 又者46303

耆 null_5.11 嗬未詳。　　老 nom_5.11 韓 人名用字

耆 qí_5.11 干祿字書 耆俗耆46307正。

耆 gǒu_5.11 同耇46324　　耇 null_5.11 未詳。

耆 jak_5.11 韓 新字典 小也。主要用于奴婢名，表示 小巧丰满的女人。耆德、耆西非、耆生。

耆 gǒu_5.11 同耇46315　　耆 zhù_6.12 篇韻 與耆同

耄 mào_6.12 篇海 呼昆切音昏。耄也。 鑾 俗耄46305 可 洪音義 老耄：莫報反。正作耄。

耋 dié_6.12 廣韻 集韻 韻會 徒結切 正韻 杜結切 夶音 經 說文 年八十曰耋 爾雅·釋言 耋，老也 疏 耋，鐵也， 老人面如鐵色。耋有七十、八十，無正文也 易·離卦則 大耋之嗟 釋文 馬云七十曰耋 詩·秦風 逝者其耋 傳 耋， 老也。八十曰耋 左傳·僖九年 以伯舅耋老 註 七十曰耋 又 集韻 他結切音鐵。義同△ 類篇 亦作耊。

耋 dié_6.12 集韻 耋，或作耊。 鑾 又耊48284 耊59789 耊59798 又 字彙補 耊，與耋同。

耆 dào_8.14 俗悼17549　　耆 qí_6.12 字彙補 同耆

耆 shòu_8.14 同耆46332，耆46342譌字。

耆 shòu_9.15 篇韻 古文壽字○按古文無此字，乃譌字 也。 鑾 耆46342字之譌。

耆 jié_9.15 龍龕 俗。音結。

耄 mào_10.16 字彙補 與耄同。

耆 già_10.16 嗬同耆46336老。

耆 già_10.16 嗬从老茶trà聲。亦作耆46335△ 耆老：年 邁。婆耆：老婆婆。耆要：老幼。

耆 shòu_11.17 五經文字 耆，經典相承隷省作壽 玉篇 古文壽09736字。 鑾 又耆46342俗作耆46331 耆46332同 悼17549

耄 mào_11.17 類篇 同耄。 鑾 又 老部 重出：直音 與耄 同。按，耄 說文 入 老部，今刪 艸部 耄字。

耆 khụ_11.17 嗬从老區khu聲△ 耆耆：老朽。

耆 null_13.19 嗬未詳。　　耋 xiòng_12.18 篇韻 音宂。 又音洶。 鑾 龍龕 香仲、而仲二反。

耆 lụ_12.18 嗬从老路lô聲△ 耆耆：老糊塗。

耆 shòu_12.18 亦作耆46337，古文壽。

<table>
</table>

檜 46344 u264CA
cǒi_13.19　喃从老會hội聲△棇檜：枯木。

巚 46346 u264CC
null_18.24　未詳。

鼃 46345 45039
wàng_18.24　篇韻音忘

龒 46347 45040
chě_20.26　篇韻徹上聲。

• 而部 •

而 46348 23776
ér_0.6　廣韻如之切 集韻 韻會 人之切𠀤音栭 正韻如支切音兒。說文頰毛也 註臣鉉等曰：今俗別作髯，非是 周禮·冬官考工記·梓人作其鱗之而 註之而，頰頷也 又 玉篇語助也 詩·齊風俟我於著乎而 又 書·洪範而康而色 傳汝當安汝顏色 又 詩·小雅垂帶而厲 箋而亦如也 又 詩·大雅予豈不知而作 箋而猶女也 又 禮·檀弓而曰然 註而猶乃也 又 韻會因辭，因是之謂也 論語·學而時習之 又 韻會抑辭，抑又之辭也 論語不好犯上而好作亂者 又 韻會發端之辭也 又 néng 集韻奴登切音能 易·屯卦宜建侯而不寧 釋文鄭讀而曰能，能猶安也。

冊 46349 23779
jué_0.6　篇韻音玨。邑也。鼃又高麗本 龍龕㘢，古文。姓字。

而 46350 u2F7D
ér_0.6　部而46348

兏 46353 u264D1
null_2.8　未詳。

耐 46351 23777
nài_2.8　集韻耏46357亦作耐。

㘢 46352 23778
ér_2.8　㘢 集韻譌作㘢。

耍 46354 23780
shuǎ_3.9　篇海沙下切音灑。尖耍俊利也。戲也。

姉 46355 23781
ér_3.9　集韻人之切音而。女字 玉篇姉，媚也。○按 玉篇 類篇俱在女部。今从正字通併入。

耎 46356 23782
ruǎn_3.9　廣韻而兗切 集韻 韻會乳兗切𠀤音軟 說文稍前大也 玉篇柔也 類篇弱也 集韻報或作輭。通作耎 戰國策鄭、魏者，楚之耎國 前漢·司馬遷傳以耎脆之體 莊子·胠篋惴耎之蟲 又 史記·天官書其已出三日而復，有微入，入三日乃復盛出，是謂耎 註耎，退之不進。鼃又耎46361

耏 46357 23783
nài_3.9　廣韻奴代切 集韻乃代切𠀤音奈 說文罪不至髡也 註徐鍇曰：但鬀其頰毛而已 前漢·功臣侯表耏爲鬼薪，亦作耐46358 又 廣韻頰也 又 ér 廣韻如之切 集韻人之切𠀤音而 玉篇耏，頰鬚也。釋名耳耏也。耳有一體，屬著兩邊，耏耏然也 後漢·章帝紀冒耏之類 註言鬚鬢多，蒙冒其面 又 姓 左傳·文十年耏班御皇父充石 又 玉篇髵，亦作耏。獸多毛。鼃又耏46368

耐 46358 23784
nài_3.9　廣韻 集韻 韻會𠀤與耏同 說文耏，或从寸 前漢·高帝紀令郎中有罪，耐以上請之 註應劭曰：輕罪不至於髡，完其耏，故曰耏。古耐字从彡，髮膚之首也。蘇林以爲法度字皆从寸，後改如是，音若能。如淳曰：耐猶任也。任其事也。師古曰依應氏之說。耐當音而，如氏之解則音乃代反，其義亦兩通。耐謂頰旁毛也 功臣侯表宣曲侯通耏爲鬼薪，則應氏之說斯爲長矣 又 廣

韻耐，忍也 荀子·仲尼篇能耐任之 註忍也 又 集韻 正韻忕奴登切音能。能或作耐 禮·禮運故聖人耐以天下爲一家 註耐，古能字 又 類篇熊屬○按 宋祁 漢書·高帝紀註古者能字皆作耐字，後世以三足之能爲能，故今人書能，無有作耐字者。鼃又耐12541刵46351耐67024

耑 46359 23785
duān_3.9　廣韻 集韻忕多官切音端 說文物初生之題也。上象生形，下象其根也 註臣鉉等曰：中一，地也 增韻物之首也 周禮·冬官考工記磬氏已下則摩其耑 釋文耑，本或作端 集韻端，通作耑 又 集韻昌緣切音穿。磬穿也 周禮·冬官考工記釋文耑，劉又音穿○按 說文耑自爲部，今从 正字通併入 玉篇古文端41603字。

㘞 46360 23786
ér_3.9　廣韻如之切 集韻人之切音而。說文丸之熟也 又 廣韻胡官切音丸。義同 又 集韻同懦○按 說文在丸部，今从 正字通併入。鼃㘞46352

奭 46361 23787
nuǎn_4.10　正字通奭字之譌 又 字彙補泥短切音暖。縮也 揚子·太玄經奭首。鼃 龍龕蹥，俗。音奭 又 字彙補蹥，同奭。

烔 46362 23788
ér_4.10　廣韻如之切 集韻人之切𠀤音而 玉篇爇熟也。亦作胹○按 玉篇 類篇俱在火部，今从 正字通併入。

瓱 46363 23789
ér_5.11　集韻人之切音而。瓦也○按 類篇 篇海在瓦部，今从 正字通併入。

需 46364 23790
ér_6.12　集韻需，俗作需 六書統需，連繫也，从二而。人之切，與需音義別。

磈 46365 45041
nǔ_6.12　龍龕尼于切。

碙 46366 23791
nù_7.13　字彙補乃谷切，音恧◇王褒·洞簫賦憤伊鬱而酷碙 李善註蒼頡篇碙，憂貌。奴谷切。鼃又nì可洪音義恧17565碙：二同。奴的反。正作怒。

歒 46367 23792
fú_8.14　字彙補與歒同 史記古本䶄歒作韛歒。鼃參見䶄46375字。

耏 46368 23793
ér_9.15　篇海同耏

耑 46369 23794
zhuǎn_9.15　耑字之譌。

耑 46370 23795
zhuǎn_9.15　耑字之譌

耑 46371 u2F97B
zhuǎn_9.15　同耑46370

㘜 46372 u264DC
lóu_9.15　喃从奭老lāo聲。

耑 46373 u264DB
zhuǎn_9.15　廣雅·釋器耑、耟，卮也。王念孫疏證：耑46374各本譌作耑，今訂正。

耑 46374 23796
zhuǎn_10.16　廣韻市兗切 集韻主兗切𠀤音膊 說文小卮也。从卮耑聲 類篇亦作𤬛○按 說文在卮部，今从 正字通併入。鼃又耑46370耑46371耑46369耑46373

䶄 46375 23797
fú_10.16　字彙補古䶄字 史記·秦本紀天子賀以䶄歒。裴龍駒云 史記有此等古字，乃爲好本。

耑 46376 23798
tuān_11.17　商隱字略同䴲。鼃同端74791

耑 46377 45042
ér_11.17　字彙補籀文胹字。鼃 廣韻作胹。

麻 46378 u264E1
mà_11.17　喃从而麻ma聲△芳麻：然而。

猷 46379 45043
nuò_16.22　搜眞玉鏡奴臥切。

巑 46380 u264E3
tuān_18.24　同巑74791

◆ 耒部 ◆

耒 46381 23799
lěi_0.6　唐韻集韻韻會丛盧對切，音纇說文手耕曲木也。从木推丰。古者垂作耒耜以振民也古史考神農作耒易繫辭揉木爲耒禮·月令孟春之月，乃擇元辰，天子親載耒耜周禮·冬官考工記·車人車人爲耒，庛長尺有一寸，中直者三尺有三寸，上句者二尺有二寸註耒謂耕耒，庛謂耒下岐囝水名水經耒水，出桂陽柳縣南山囝集韻魯猥切音磊。又魯水切音壘。義丛同囝集韻倫追切音纍。田器。鑾本作耒23728

耒 46382 23800
liè_0.6　廣韻力輟切集韻龍輟切丛音劣。耒禾麥知多少也△字彙補與耒字不同。見佩觿集

耒 46383 u2F7E
lěi_0.6　部耒46381

耚 46385 23802
lěi_2.8　唐韻集韻丛盧對切，音纇說文今桂陽耒陽縣前漢·地理志作耒。囝集韻魯猥切音磊。義同。△或作沫。

耵 46384 23801
tīng_2.8　類篇湯丁切音汀。耒下木也。

耛 46387 u264E6
null_2.8　未詳。

耙 46386 u264E7
bā_2.8　同杷23538無齒耙華英字錄耙, rake, harrow.

耔 46388 23803
zǐ_3.9　廣韻祖里切集韻韻會正韻祖似切丛音子廣韻壅苗本也詩·小雅今適南畝，或耘或耔傳耔，雝本也囝集韻韻會丛津之切音茲詩·小雅或耘或耔。沈重讀△集韻或作芓。鑾又秄40208

棄 46392 u264E9
null_3.9　未詳。

耜 46389 23804
sì_3.9　廣韻與耜同

耚 46390 23805
qǐ_3.9　玉篇袪乙切音乞。平量也。鑾又耚46391

耚 46391 45044
qǐ_3.9　篇海類編同耚。

耕 46393 23806
gēng_4.10　古文畊唐韻集韻古莖切，音耿平聲說文犂也。古者井田，故从井易·无妄六二，不耕穫，不菑畬，則利有攸往禮·王制三年耕，必有一年之食。九年耕，必有三年之食山海經稷之孫曰叔均，是始作牛耕囝正字通凡致力不息，謂之耕。又假它事代食，若力田然，亦曰耕揚子法言耕道得道，獵德得德，是獲饗也。吾不睹參辰之相比也拾遺記賈逵門徒來學，不遠千里，獻粟盈倉。或云逵非力耕，所謂舌耕也任彥昇·薦士表旣筆耕爲養唐書·王勃傳心織而衣，筆耕而食宋史·王韶傳家酷貧，執卷不輟。家人誚其不耕。詔曰：我嘗目耕囝人名史記·仲尼弟子傳司馬耕，字子牛。囝鬼名山海經東南三百里曰豐山，神耕父處之張衡·東京賦囝耕父於清冷註耕父，旱鬼囝鳥名山海經西北一百里曰堇理之山，有鳥焉，其狀如鵲，青身白喙，白目白尾，名曰靑耕，可以禦疫囝琴曲名張衡·思玄賦

嘉曾氏之歸耕兮註琴操曰：歸耕者，曾子之所作也。鑾說文作耕46408囝櫭25472櫭25436耕23748耕40279耕40513，並俗耕囝鉼63095，俗耕可洪音義以鉼：古莖反，犂地也。正作耕畊35419二形。又音餅，非也。

耖 46394 23807
chào_4.10　廣韻初教切集韻楚教切丛音抄廣韻重耕田也集韻覆耕曰耖囝田器也農政全書耖如耙，其齒更長，所以耖土益細。

耗 46395 23808
hào_4.10　韻會正韻丛虛到切，好去聲說文本作秏。稻屬呂氏春秋飯之美者，玄山之禾，南海之秏。囝博雅秏，減也正韻虛也詩·大雅秏斁下土禮·王制用地大小，視年之豐秏抱朴子·微旨卷夫陰陽之術，高可以治小疾，次可以免虛秏而已囝增韻敗也抱朴子·地眞卷月建煞秏之神囝惡也董仲舒·賢良策察天下之息耗註息，生也。耗，虛也。一云息耗，善惡也囝月令廣義每年正月十六日，俗謂之耗磨日張說耗日飲詩上月今朝減，流傳耗磨辰。但令不事事，同醉俗中人囝姓出何氏姓苑囝集韻韻會丛莫報切音帽。耗亂不明苟子·修身篇多而亂曰耗通鑑·漢景帝後二年詔二千石，各修其職，不事官職，耗亂者，丞相以聞囝máo集韻韻會謨袍切，音毛集韻獨貌增韻無也，盡也前漢·高惠高后文功臣表靡有孑遺耗矣註孟康曰：謂無有毛米在者也。師古曰孟解非也。言無有獨存者，至於耗盡也。囝通作毛後漢·馬衍傳飢者毛食佩觿集河朔謂無曰毛。

耘 46396 23809
yún_4.10　廣韻集韻王分切韻會正韻于分切丛音雲說文除田閒穢也本作槈。今文作耘博雅除也詩·小雅今適南畝，或耘或耔傳耘，除草也囝集韻或作耺通作芸孟子不芸苗者也囝集韻王問切音運。義同。囝史記·東越傳不戰而耘註徐廣曰：耘義取耘除。或言耘音于粉反，此楚人聲重耳。耘、隕當同音，字有假借，聲有輕重耳。鑾又薽50580正字通耺40250，同耘。

耙 46397 23810
bà_4.10　篇海必駕切音垻。犂屬農政全書耙制，有方耙，有八字耙。如犂，亦用牛駕，但橫闊多齒，犂後用之。蓋犂以起土，惟深爲功，耙以破塊，惟細爲功。耙之後又用耖用耮。俗作耰。鑾又耀25900

棄 46398 u264EB
null_4.10　未詳。

耎 46399 23811
chēng_5.11　玉篇昌蠅切音稱。耒也。鑾元刊本玉篇作昌繩切。

耚 46400 23812
pī_5.11　廣韻敷羈切集韻韻會攀縻切丛音披博雅耕也囝玉篇小高也。鑾又畈35468

耛 46401 23813
chí_5.11　集韻韻會丛澄之切，治平聲。耘耛，除草囝yi集韻盈之切音飴。耒耑也。與枱同。

耜 46402 23814
sì_5.11　廣韻詳里切集韻象齒切，丛音似說文臿也。本作枱，今文作耜玉篇耒端木廣韻耒耜世本曰倕作耜古史考神農作耜易繫辭斲木爲耜詩·小雅以我覃耜，俶載南畝禮·月令季冬之月，命農計耦耕事，修耒耜註耜者，耒之金也。廣五寸周禮·冬官考工記·匠

人耒廣五寸，二耜為耦 疏 耜謂耒頭金，金廣五寸 釋名 耜，似也，似齒之斷物也△ 說文 或作梠 集韻 亦或作耙杷耛，又作枱、辝。鋬又細35528耜46421 図 龍龕 耜40341俗，耜正。

46403 23815
耖 sì_5.11　集韻同耜

46409 u264ED
耡 null_5.11　未詳

46404 23816
粗 qù_5.11　集韻七慮切音覻。耕而土起謂之粗。図 地名 路史 粗，羿邑，澶之衛南縣東十五里有故粗城。図 chú 集韻 牀魚切。同鉏，起民令相佐助也。

46405 23817
耞 jiā_5.11　集韻 韻會 丛居牙切音嘉 說文 枷也。本作柫。今作耞 廣韻 連耞，打穀具。淮南謂之枷。鋬 正字通 柭，同耞。

46406 23818
粔 jù_5.11　字彙補 其舉切音巨 管子·輕重篇 粔、耒、耨、懷、鉊、鉼 抱朴子·論僊卷 華轂易步，趣鼎鍊，代耒粔，不亦美哉。

46407 u2B179
耟 null_5.11　嗵未詳。

46408 u264EE
耕 gēng_5.11　耕46393本字

46410 23819
珪 guī_6.12　唐韻 古攜切 集韻 涓畦切丛音圭•說文 珪又可以劃麥，河內用之 玉篇 田器 図 集韻 烏媧切音蛙 博雅 珪，耕也。鋬又硅40376

46411 23820
耠 hé_6.12　廣韻 候閤切 集韻 曷閤切丛音合 博雅 耠，耕也。鋬又耭46462耠46412袷40358

46412 23821
耧 huō_6.12　篇海 才緣切音全。耕也。鋬俗耠46411 新修玉篇·耒部引川篇耧，音合，耕也。

46413 23822
絡 gè_6.12　集韻各額切音格。耕也。

46414 45045
耘 gǒng_6.12　五音篇海音拱。

46415 u2B17B
紬 null_6.12　未詳。

46416 u2B17A
耖 mòt_6.12　嗵越·阮秉 五千字譯國語月，耖胺。日，耖歪。

46417 u264F2
耨 rú_6.12　耨穩先生，如愚先生。見唐·林慎思 伸蒙子

46418 23823
耡 zhù_7.13　唐韻 牀倨切音助 說文 商人七十而耡。耡，藉稅也 博雅 耡，稅也 正韻 商時之稅○按今通作助。図 周禮·地官·里宰 以歲時合耦于鋤，以治稼穡 註 杜子春云耡讀為助，謂相佐助也。鄭康成云耡者，里宰治處也。若今街彈之室，於此合耦，使相佐助，因放而為名 趙明誠·金石錄 昆陽城中漢街彈碑 云周名耡，漢名街彈，今申明亭也 図 周禮·地官·遂人 以興耡利甿 疏 耡，助也。興起其民，以相佐助也 図 chú 韻會 牀魚切音鉏。義同。鋬 字彙 耡與粗同。

46419 23824
粣 jú_7.13　集韻 衢玉切音局 博雅 耕也 玉篇 耕麥地。鋬 字彙補 耦46441同粣 図 稠40451

46422 u2B17C
耩 lián_7.13　簡 耩46483

46420 23825
耖 shào_7.13　集韻所教切音稍。耰種 博雅 耖，種也 図 集韻師交切，稍平聲。義同。鋬又 新撰字鏡 耖46448，山校反。耰種也。

46421 23826
粞 sì_7.13　字彙補 與耜同。

46423 u264F6
耨 nòu_7.13　耨46463譌誤。名義 耗，乃遘反。耨。

46424 u43A5
裕 null_7.13　未詳。

46425 u8022
耢 lào_7.13　简 耢46488

46426 23827
糙 yún_8.14　集韻同耘音琰。利耕也。或作覃 図 玉篇 耕也。

46428 23829
秋 yǎn_8.14　集韻以冉切

46427 23828
耫 pái_8.14　集韻普卦切音派 博雅 種也。鋬又耫46493

46429 23830
棶 lái_8.14　集韻郎才切音來。耕也。

46430 23831
耪 bàng_8.14　廣韻 集韻 韻會 正韻 丛部項切音蚌。粗屬 埤雅 耰器 図 póu 韻會 蒲侯切音抔 博雅 耰耪，耕也。鋬又耠19874耪40490耪46466

46431 23832
靜 zhēng_8.14　玉篇 側耕切音爭。犁上木。

46432 23833
耫 yì_8.14　集韻夷益切音繹。耕也。鋬 直音篇 耰釋丛同耫。

46433 23834
耣 lǔn_8.14　廣韻 力準切 集韻 縷尹切丛淪上聲 玉篇 束禾也 図 lún 集韻 龍春切音倫。耕也。

46434 23835
耷 yè_8.14　廣韻 於業切 集韻 乙業切丛音腌 博雅 耷，種也 図 ǎn 類篇 鄔感切，暗上聲。義同。

46435 23836
粌 gǔn_8.14　集韻古本切音袞。種也。

46436 23837
耔 zǐ_8.14　廣韻 側持切 集韻 莊持切丛音菑 博雅 耕也。或作菑稛藉。通作菑 図 玉篇 田一歲也。鋬又藉51462 集韻 耔，或作載或稛藉。通作菑。

46437 23838
耧 wēi_8.14　集韻邕危切音逶。田器。

46438 23839
耣 lǔn_8.14　廣韻 力準切，淪上聲。禾束曰耣。本作稐。亦作耣。又 五音集韻 牛殞切音輑。又 集韻 巨隕切音窘。義丛同。

46439 23840
耣 nè_8.14　廣韻 奴勒切 集韻 匿德切，丛能入聲 字彙 穀耣。見 齊民要術 正字通 方言 耣、玉篇 耣皆訓槌也。耣當是槌穀具 図 集韻 膩耣，草生貌。

46440 23841
耤 jí_8.14　唐韻 集韻 韻會 丛秦昔切音籍 說文 帝耤千畝也。古者使民如借，故謂之耤 図 通作藉 周禮·天官甸師 掌帥其屬而耕耨王藉 前漢·文帝紀 開耤田 註 臣瓚曰：親耕以躬親為義，不得以假借為稱。藉謂蹈藉也 図 借也 前漢·郭解傳 以軀耤友報仇 字彙補 按耤卽古藉字，不特藉田，可相通也 図 集韻 慈夜切，音藉。祭耤也。與藉同。鋬又耤46494耰46498

46442 u26500
耰 null_8.14　未詳。

46441 45046
耦 jú_8.14　龍龕同粣。鋬 龍龕 耦，渠玉反。耕麥地也 図 粣46419

46443 u264FF
耤 cày_8.14　嗵从耒其kỳ聲。耕，犁△耤曠：耕田。

46444 u8025
耥 tǎng_8.14　耥耙，亦名耥板，稻作木製農具。

耩 chuàng_9.15 集韻初江切音囪玉篇種也集韻不耕而種曰chuàng集韻楚降切音娎義同曰類篇祖叢切，音稷。種也。一曰内其中也。

耝 chí_9.15 篇海辰之切音時。毒出薑尾正字通譌字。謬說無稽。鍌集韻作提，常支切。

秧 yīng_9.15 五音類聚於京切音英。草茸也。

稍 shào_9.15 篇海所景切音省。麥也。鍌俗稍46420名義稍，山校反。稷種也。

嵍 tú_9.15 集韻陀沒切音突博雅嵍，耕也。

耦 ǒu_9.15 唐韻五口切集韻韻會正韻語口切丛音偶說文耒廣五寸爲伐，二伐爲耦詩·周頌亦服爾耕，十千維耦箋耜廣五寸，二耜爲耦。一川之閒萬夫，故有萬耦周禮·冬官考工記·匠人二耜爲耦。一耦之伐，廣尺，深尺，謂之甽疏兩人耕爲耦曰凡二人爲耦左傳·襄二十九年射者三耦註二人爲耦周禮·天官·掌次射則張耦次註耦，俱升射者疏天子大射六耦，在西郊。賔射亦六耦，在朝。燕射三耦，在寢。又射人王以六耦，諸侯以四耦，孤卿大夫以三耦莊子·齊物論嗒焉似喪其耦曰匹也，配也左傳·桓六年人各有耦，齊大，非吾耦也宣三年石癸曰：吾聞姬姞耦，其子孫必蕃註姞姓宜爲姬配耦曰◆釋名遇也前漢·高帝紀耦語者棄市註耦，對也曰玉篇不畸也易繫辭陽卦奇，陰卦耦註陽卦二陰故奇爲之君，陰卦二陽故耦爲之主曰通也淮南子·要略所以應待萬方，覽耦百變也註耦，通也。曰地名列子·說符篇牛缺者，上地之大儒也。下之邯鄲，遇盗於耦沙之中曰人名左傳·文十五年宋華耦來盟，其官皆從之註耦，華督曾孫也曰姓五音集韻漢有侍中耦嘉。鍌又耜43467耦40605耦46455

稫 bì_9.15 玉篇符逼切音愎。禾也曰治黍豆也。

種 zhòng_9.15 川篇與種同。

稩 zé_9.15 五音篇海音責。

耚 null_9.15 未詳。

耦 ǒu_9.15 俗耦46450曰俗禍39936可洪音義爲耦：胡果反。正作禍。

揉 null_9.15 未詳。

耬 lóu_9.15 简耬46476音附。田器。鍌胡吉宣：本作鎒63877

耤 rǒng_10.16 五音類聚而勇切音茸上聲。草耕也。

耡 cè_10.16 集韻同叓

耧 huō_10.16 集韻同耠

耨 nòu_10.16 廣韻奴豆切集韻韻會正韻乃豆切丛音耨說文薅器也。本作耨，今文作鎒廣韻同鎒篆文曰：耨如鑣，柄長三尺，刃廣二寸，以刺地除草呂氏春秋耨

柄尺，其長六寸，所以閒稼字詁頭長六寸，柄長六尺，以芸田也曰玉篇耘也釋名耨，以鋤嫗耨禾也易繫辭耒耨之利，以教天下，蓋取諸益左傳·僖三十三年白季使過冀，見冀缺耨註耨，鋤也釋文耨，乃豆切，鉬田也晉語註耨，茯也。或作薅，拔田草也周禮·天官·甸師掌帥其屬，而耕耨王藉，以時入之註耨，芸芋也曰類篇奴沃切，音傉。治草也曰字彙補内典阿耨多羅。阿，此云無也。耨多羅，此云上也。鍌又藕51813耧40683耨46479

耩 jiǎng_10.16 廣韻集韻韻會正韻丛古項切音講。耕也玉篇耩也曰集韻居侯切音溝。義同。鍌又構40682

稻 null_10.16 未詳。

耤 póu_10.16 博雅耤，耕也釋文耤，步侯切〇按卽稊字之譌。

稵 null_10.16 未詳。

賴 yún_10.16 說文耘本字

榜 pǎng_10.16 國語辭典榜地：耘田。

擺 bēi_10.16 简耰46505

禰 ti_11.17 廣韻集韻丛他計切音替。不耕而種曰玉篇他的切音惕。種也。鍌又稊40737曰字彙稊46490同稊。

耫 lí_11.17 集韻良脂切，音梨。種也。鍌又檷46492

耯 hàn_11.17 廣韻呼旰切集韻虚旰切丛音漢廣韻冬耕也集韻耕暴田。

耤 zhá_11.17 廣韻查鎋切集韻槎轄切丛音鍘。農具曰zé廣韻集韻丛士革切音賾。灰中種也博雅耷耤，種也。

耰 màn_11.17 廣韻集韻丛莫半切音縵，不蒔田也。曰mán廣韻母官切集韻謨官切丛音瞞。種徧貌博雅種也△正字通耰卽縵字之譌漢·食貨志一歲之收，常過縵田，畮同一斛以上。師古曰縵田謂不爲甽者。據此說，本作縵。鍌又穉40754耱46501

耬 lóu_11.17 古文耬廣韻落侯切集韻郎侯切丛音婁玉篇耬犁也正字通下種具。一曰耬車，狀如三足犁，中置耬斗藏種，以牛駕之，一人執耬，且行且搖，種乃隨下。崔實云漢趙過教民耕殖，其法：三犁共一牛，一人將之，下種，挽耬皆取備焉，日種一頃。按此卽耬車也。見齊民要術曰lǒu集韻朗口切，婁上聲。耕畦謂之耬△集韻或作耧。鍌又楼46457

耬 nòu_11.17 龍龕同耨

耩 chuàng_11.17 廣韻楚絳切音娎韻寶不耕而種也〇按卽稷字之譌。

耦 null_11.17 未詳。

耱 biāo_11.17 川篇同穮。

耥 xiàng_11.17 同耩46497俗耩25522

穊 cǎy_11.17 喃耕種，插秧。

耰 lián_11.17　耰枷，亦作連枷，打穀具。 46483 u26516

耱 cāo_11.17　農具名。以荊條等編成，用以平整耕地。 46484 u43AD

耤 jí_12.18 45051　龍龕同耤。 46494

種 tóng_12.18 23865　集韻傳江切音幢。種入也。鍌正字通種40817字之譌。 46485

耭 jī_12.18 23866　集韻韻會叢居希切音機。耕也。 46486

耮 yì_12.18 23867　集韻逸織切音弋博雅耩耮，耕也。 46487

耢 lào_12.18 23868　集韻郎到切，勞去聲。摩田器。 46488

耛 zuó_12.18 23869　唐韻在各切集韻疾各切叢音昨。地名，在蜀图姓。出倉頡篇图人名。安南國王黎季耛图唐韻集韻叢秦昔切音籍。義同。 46489

耥 tì_12.18 23870　五音集韻他計切音替。不耕而種。 46490

耎 chè_12.18 23871　玉篇查瞎切音泏。稅名正字通俗徹字。 46491

耡 lí_12.18 23872　集韻良脂切，音梨。種也○按卽耛字之譌。 46492

耲 pài_12.18 23873　集韻叢卦切音湃博雅種也。 46493

耤 null_12.18 u2B17F　未詳。 46495

耬 xiàng_12.18 u26523　同耰25522 46497

耦 null_12.18 u26524　未詳。 46496

耤 jí_12.18 u26521　耤46440本字 46498

耭 shì_13.19 23874　唐韻集韻叢施隻切音適。耕貌图yì唐韻羊益切集韻夷益切叢音亦。義同。 46499

耲 kuài_13.19 23875　玉篇骨外切音儈。耕具。 46500

耰 mán_13.19 45052　篇海類編同耰。 46501

耰 yú_13.19 u26527　耰耰先生。參見耰46417 46502

耰 huò_14.20 23876　集韻黃郭切音膜。刘穀也。 46503

耰 biāo_15.21 23877　廣韻與穮同。 46504

耰 bēi_15.21 23878　集韻班麋切音陂。耡屬。鍌又耰46469 46505

耰 yōu_15.21 23879　廣韻集韻於求切正韻於尤切叢音憂。覆種也說文徐註摩田器。布種後以此器摩之，使土開發處復合覆種也論語耰而不輟註耰，覆種也莊子•則陽篇深其耕而熟耰之，其禾繁以滋註耰，鋤也淮南子•氾論訓民勞而利薄，後世爲之耒耜耰鋤註耰，椓塊椎也。三輔謂之擾，所以覆種也图韻補叶於救切音又史記•龜筴傳耕之耰之鉏之耨之图叶爾皎切音擾梁武帝•籍田詩公卿秉耒耜，庶甿荷鉏耰。一人慙百王，三推先億兆。

耲 lóu_15.21 23880　字彙補古文耬46476字。 46507

耱 mò_16.22 45053　川篇莫个切。 46508

耰 huái_16.22 u8032　耰耙，東北地區翻土平地用的農具。 46509

耰 chì_18.24 23881　唐韻昌力切音瀷字統耕也。 46510

耱 qú_18.24 23882　集韻權俱切音劬。耡也图椿俱切音貙。義同。 46511

耱 mò_19.25 23883　玉篇莫个切音磨。耕也。 46512

• 耳部 •

耳 ěr_0.6 23884　唐韻而止切集韻韻會正韻忍止切叢音洱說文主聽也易•說卦坎爲耳管子•水地篇腎發爲耳淮南子•精神訓肝主耳白虎通耳者，腎之候也图俗以塗巷語爲信曰耳食史記•六國表此與以耳食何異註耳食，不能知味也图凡物象耳形者皆曰耳史記•封禪書有雉登鼎耳後漢•五行志延熹中，京都幘顏短耳長。图韻會助語辭論語女得人焉耳乎禮•祭統夫銘者，壹稱而上下皆得焉耳矣图正韻語決辭史記•高祖紀與父老約法三章耳图詩•魯頌六轡耳耳傳耳耳然，至盛也朱註耳耳，柔從也图爵名左傳•昭七年燕人歸燕姬，略以瑤甕、玉槤、斝耳註斝耳，玉爵疏斝，爵名，以玉爲之，旁有耳，若今之杯，故名耳图姓正字通明洪熙中有耳元明图人名。老子名李耳图地名前漢•武帝紀罷儋耳、眞番郡註師古曰儋耳，本南越地。眞番，本朝鮮地。皆武帝所置也後漢•明帝紀西南夷哀牢、儋耳、僬僥諸種，前後貢獻註楊浮•異物志曰：儋耳，南方夷，生則鏤其頰皮，連耳匡分爲數枝，狀如雞腸，纍纍下垂至肩图山名書•禹貢熊耳、外方、桐柏疏熊耳山，在弘農盧氏縣東，伊水所出荊州記順陽、益陽二縣，東北有熊耳山，東西各一峯，如熊耳狀，因以爲名齊語踰大行與辟耳之谿註辟耳，山名史記•封禪書束馬懸車，上卑耳之山註卑耳，山名，在河南太陽图草名詩•周南采采卷耳傳卷耳，苓耳廣雅云枲耳也疏生子如婦人耳中璫，或謂之耳璫，幽州人謂之爵耳博雅羱耳，馬莧也图獸名博雅李耳，虎也。又綠耳，周穆王駿馬名，俗作騄駬。魏時西卑獻千里馬，色白，兩耳黃，名黃耳。山海經丹熏之山有獸焉，其狀如鼠而兔首麋身，其音如獆犬，以其尾飛，名曰耳鼠註卽鼯鼠，飛生鳥也崔豹•古今注狗，一名黃耳图蟲名爾雅•釋蟲蛝衍入耳疏今蚰蜒，喜入耳者揚子方言蚰蜓，自關而東謂之蛝蜒，或謂之入耳图曾孫之孫曰耳孫前漢•惠帝紀內外公孫耳孫註應劭曰：耳孫者，玄孫之孫也。去曾高遠，但耳聞之图集韻韻會叢如蒸切音仍前漢•惠帝紀耳孫註晉灼曰：耳孫，玄孫之曾孫也。師古曰爾雅仍孫，從己而數是爲八葉。與晉說相同。仍、耳聲相近，蓋一號也。又諸侯王表玄孫之子耳孫註耳孫仍也。图réng集韻仍拯切，仍上聲。關中、河東讀耳作此音。

耴 ěr_0.6 u2F7F　部耳46513

耵 yì_1.7 23885　廣韻魚乙切集韻逆乙切叢音疙廣韻聱耵，魚鳥狀也左思•吳都賦魚鳥聱耵註倉頡篇曰：聱耵，衆聲也○按字彙質涉切，非。詳下耴46516字註。鍌直音篇耴46517耴46647叢同耴

耴 46516 23886 zhé_1.7 唐韻陟葉切集韻陟涉切夶音輒◆說文耳垂也。从耳下垂，象形春秋傳曰：秦公子輒者，其耳下垂，故以爲名又廣韻耴耳，國名又集韻亦姓又集韻昵輒切音聶。義同類篇或作聑〇按說文有耴無耴，耴篆書象耳下垂形玉篇廣韻集韻耴、耴兩收，耴訓耳垂，耴訓魚鳥狀，耴、耴自是二字字彙正字通存耴遺耴，又誤以耴訓耳垂，夶非。今改正。

䎲 46517 u43B2 yì_1.7 同耴46515

𦔰 46519 23888 xū_2.8 正字通與須需胥夶通戰國策臣爲王之楚，𦔰臣之友而行註𦔰、胥同。待也〇按字彙同𦔮，音厦，非。

𦔮 46518 23887 shà_2.8 集韻所嫁切音嗄。姓也。出新鄭。

𦔯 46520 23889 kuí_2.8 字彙尯字之譌。

耵 46521 23890 dīng_2.8 廣韻都挺切音頂。耵聹，耳垢又集韻湯丁切音聽。義同。

𫟉 46524 u2B7C9 zhí_2.8 俗職46811

𦔱 46522 45054 wén_2.8 龍龕同問。

鑿與𦔱同，俗聞龍龕俗，音聞。

𦔸 46523 45055 yé_2.8 字彙補音義闕，出釋藏，恐是耶字之譌。

𫆀 46525 u2B180 yé_2.8 俗耶46529

𦔵 46526 u26535 wén_2.8 俗聞46676亦譌作𦔱46522清稗類鈔·方言類以聞作𦔱，以隣作倯。

𦔳 46527 u26533 zhù_2.8 俗助03944廣碑別字引清張雲谿墓誌

𦔲 46528 u26532 miàn_2.8 同眄37350俗眄37434

耶 46529 23891 yé_3.9 廣韻以遮切韻會余遮切夶音椰玉篇俗邪字正韻語助。又疑辭又增韻俗謂父曰耶古木蘭詩卷卷有耶名杜甫詩見耶背面啼又荀子議兵篇莫耶長刃利鋒正字通吳大夫莫耶作寶劍，因謂劍爲莫耶。或曰干將、莫耶，當時鑄劍者夫婦之名，故雄劍名干將，雌劍名莫耶又史記·淳于髡傳汙耶。註：下地田也說苑作汙邪又xié正韻徐嗟切音邪荀子·成相篇耶枉僻囬失道途又韻補叶余嗟切，音近倭韓愈·施先生墓誌銘縣曰萬年，原曰神禾。高四尺者，先生墓耶。

鑿又𫆀46525琊46559哪06474郰59638又耶yē穌。

𦔼 46530 23892 hóng_3.9 集韻伊堯切音幺。聊𦔼，耳鳴。鑿正字通耾46548字之譌。舊註耳鳴，與耾註耳中聲相近。改音妖，聊𦔼，耳鳴，非。

𦔽 46531 23893 gōng_3.9 五音集韻古紅切音公。耳聞鬼也。

耷 46532 23894 dā_3.9 集韻德盍切音搕。大耳曰耷。

𦕁 46533 23895 nài_3.9 五音集韻女夬切。睉𦕁，目惡也。

鑿渡部溫：𦕁37364字之誤。

𦔻 46534 u2653B tīng_3.9 口言耳聽，聽字初文。

𦔺 46535 u2653A chǐ_3.9 俗恥17284

𦕂 46536 23896 wà_4.10 唐韻魚厥切音月說文墮耳又廣韻五刮切音刖。義同。

耸 46537 23897 sǒng_4.10 正韻息勇切。聳本字。

𦕅 46538 23898 xiè_4.10 廣韻蘇協切集韻悉協切夶音燮。使也。又集韻日涉切，音讘。又陟涉切音輒。又乳勇切音宂。義夶同。

𦕈 46539 23899 gēng_4.10 玉篇古莖切，音庚◇神名。

耹 46540 23900 qín_4.10 唐韻巨今切集韻渠金切夶音琴◆說文周語曰：回祿信於耹遂。註：回祿，火神。再宿爲信。耹遂，地名又廣韻音也又集韻其淹切音箝。義同。

耺 46541 23901 yún_4.10 廣韻于分切集韻王分切夶音雲。耳中聲揚子法言籩豆不陳，玉帛不分，琴瑟不鏗，鐘鼓不耺，吾則無以見聖人矣又yíng◆五音集韻筠冰切。耺耾，聲也。

耻 46542 23902 chǐ_4.10 正字通俗恥字。

𦕎 46543 23903 tīng_4.10 篇海古文聽字字彙古無此字。周伯溫以此代聽字，官府聽事處也字彙補按亢倉子耳眎目𦕎。註：𦕎，古聽字字彙云古無此字。非也。

耼 46544 23904 dān_4.10 唐韻他酣切集韻韻會他甘切夶音甔說文耳曼也徐曰耳無郭也廣韻耳漫無輪又韻會祝耼、老耼，人名左傳·隱九年戎人之前遇覆者奔，祝耼逐之註祝耼，鄭大夫前漢·揚雄傳弃由耼之所珍兮註師古曰耼，老耼也又國名左傳·僖二十三年管蔡郕霍魯衞毛耼周語耼由鄭姬註耼，姬姓又集韻都甘切，音儋。又集韻乃甘切音詌。又類篇謨甘切音姏。義夶同△類篇或作聃正字通今俗作聃。

𦕒 46545 23905 fú_4.10 集韻馮無切音扶。希望也。

𦕓 46546 23906 tiàn_4.10 篇海他甸切，天去聲字彙與瑱同。

耽 46547 23907 dān_4.10 古文𨈊廣韻丁含切集韻韻會正韻都含切夶音酖說文耳大垂也淮南子·地形訓夸父耽耳，在其北方註耽耳，耳垂在肩上又玉篇樂也書·無逸惟耽樂之從傳過樂謂之耽詩·衞風于嗟女兮，無與士耽傳耽，樂也又廣韻虎視易·頤卦虎視耽耽註虎視耽耽，威而不猛，不惡而嚴前漢·敘傳六世耽耽，其欲浟浟註師古曰耽耽，威視之貌又五音集韻徒含切音覃。視近而志遠又張衡·西京賦大厦耽耽註耽，音丹。耽耽，深邃之貌又都感切音黕。亦虎視又徒感切音禫。徐視也。鑿又耼46554眈57571躭59646酖02818躭59658觥59655

耾 46548 23908 hóng_4.10 唐韻戶萌切音宏博雅聾也玉篇耳語也韻會一曰耳中聲又韻會大聲宋玉·風賦耾耾雷聲揚子法言非雷非霆，隱隱耾耾左思·吳都賦與夫唱和之隆響，動鐘鼓之鏗耾又集韻呼宏切音訇。又五音集韻烏宏切音泓。義夶同△集韻或作聝。鑿又𦔼46530聅46600

耿 46549 23909 gěng_4.10 古文𩒱唐韻集韻韻會正韻夶古幸切音

馘說文耳著頰也图廣韻耿介也馮衍·顯志賦獨耿介而慕古兮徐敬業詩少年負壯氣，耿介立衝冠图韻會不安也詩·邶風耿耿不寐傳耿耿，猶儆儆也。錢氏曰：耿耿，小明，心有所存不能忘之貌图光也書·立政以觀文王之耿光图與炯通晉語其光耿於民矣註耿，猶炤也图地名左傳·閔元年滅耿，滅霍，滅魏註平陽皮氏縣東南有耿鄉括地志霍，晉州霍邑縣，故耿城，今名耿倉城，在絳州龍門縣東南十二里，故耿國图山海經耿山無草木，多水碧图姓。漢耿弇、耿況图集韻俱永切音憬。光也。本作炅图集韻涓熒切韻會古熒切丛音扃。明白也图與簡通。幽州方言也◆蜀志·簡雍傳註或曰雍本姓耿，幽州人語謂耿爲簡，遂隨音變之〇按說文耿，耳著頰也，从耳，烓省聲。杜林說：耿，光也，从光，聖省。凡字皆左形右聲，杜說非也。徐鍇曰：凡字多右形左聲，此說或後人所加，或傳寫之誤，語載徐本說文。蓋許以杜說爲非，徐以許左形右聲爲誤。字彙正字通丛錄其說，而不折衷其是非，不知耿，光也。以杜說爲優，至謂凡字皆左形右聲，與凡字多右形左聲，則許、徐之說皆非也周禮六書，賈公彥疏辨之詳矣。賈之言曰：書有六體，形聲實多，若江、河之類，是左形右聲。鳩、鴿之類，是右形左聲。草、藻之類，是上形下聲。婆、娑之類，是下形上聲。圃、國之類，是外形內聲。闉衡辯戚窡贏之類，是內形外聲。形聲之等有六也，附記於此。鋬又憼17965懸32129

聫 46550 23910
qì_4.10　丛七計切音砌。耳聰也。

䏆 46551 23911
wén_4.10　廣韻聞46676古作䏆。

聊 46552 41686
sào_4.10　川篇詞卯切。亭名也。

聘 46557 45060
pìn_4.10　龍龕同聘

阣 46553 45056
wén_4.10　龍龕與聞同

耽 46554 45057
dān_4.10　五音篇海同耽。

聬 46555 45058
wǎng_4.10　篇海類編與聬同。

耹 46556 45059
zhěn_4.10　篇海類編同耺。

省 46558 45061
shā_4.10　搜眞玉鏡音沙。

耶 46559 45062
yé_4.10　龍龕音耶

聆 46561 u2654E
pàn_4.10　俗盼37417

耿 46560 2B181
null_4.10　未詳。石文字辨異引北魏孝文弔比干文

聊 46563 u26545
liáo_4.10　俗聊46581金

昕 46564 u26544
null_4.10　或俗昕。

聊 46562 u26548
miǎo_4.10　俗眇37439

聃 46565 u26543
dān_4.10　俗聃46571

聶 46567 u8042
niè_4.10　简聶46807

查 46566 u26542
ěr_4.10　同椏23981新撰字鏡楂，人之反。平。查也。

聆 46568 u8041
bán_4.10　漢語方言大詞典聆，絆。吳語。

聸 46570 23912
dān_5.11　類篇同聸 作聜图俗䏙59787廣碑別字引明武略將軍潘德墓誌

戝 46569 u8040
guó_4.10　金文職46672

耼 46573 23915
zhěn_5.11　集韻同聄

聃 46571 23913
dān_5.11　正字通俗聃字。鋬又聃46565明22443聅22524耼46570聅59669聃37564聃57657干祿字書耼59699耼59645上通下正。

聄 46572 23914
zhěn_5.11　集韻韻會丛止忍切音軫玉篇告也五音集韻聽也。鋬又耹46556聄46586耼46573

聉 46574 23916
bì_5.11　集韻兵媚切音祕揚子方言山之東西自愧曰聉，趙魏之閒謂之聉图集韻莫筆切音密。義同。

聅 46575 23917
chè_5.11　唐韻恥列切集韻韻會敕列切丛音屮說文軍法以矢貫耳也。从耳从矢司馬法曰：小罪聅，中罪刖，大罪剄图廣韻徒干切集韻唐干切正韻唐闌切丛音壇。又集韻羊列切音拽。義丛同。

聆 46576 23918
líng_5.11　唐韻韻會丛郎丁切音靈說文聽也倉頡篇耳聽曰聆廣韻以耳取聲前漢·敍傳姒別呱而刻石兮图博雅聆，從也图淮南子·齊俗訓所居聆聆註聆聆，意曉解也图借作齡禮·文王世子夢帝與我九齡釋文本或作聆。鋬又聆59661

聇 46577 23919
zhēng_5.11　集韻諸盈切音征博雅聇聇，行也。

聎 46578 23920
diān_5.11　廣韻集韻丛丁兼切音髻說文小垂耳也图五音集韻丁愜切音聑。義同。

聈 46579 23921
yōu_5.11　五音類聚於糾切。幽上聲。幽靜也唐山夫人·安世房中歌清思聈聈，經緯冥冥。

聉 46580 23922
wà_5.11　唐韻集韻丛五滑切，還入聲說文無知意也图廣韻魚乙切音屹。義同图tuǐ廣韻集韻丛吐猥切音腿。聉頠，癡癲貌图zhuó廣韻丁滑切音掇。無所聞也。

聊 46581 23923
liáo_5.11　唐韻洛蕭切集韻韻會憐蕭切正韻連條切丛音膫說文耳鳴也图韻會語助詩·唐風椒聊之實傳椒聊，椒也。疏聊，語助也图博雅聊，苟且也詩·邶風變彼諸姬，聊與之謀傳聊，願也图箋聊，且略之辭晉書·阮籍傳聊復爾耳图賴也前漢·張耳陳餘傳使天下父子不相聊◆揚子方言此其計畫，無所聊賴图左思·吳都賦相與聊浪乎昧莫之坰註聊浪，放曠貌图地名左傳·昭二十年聊攝以東註聊攝，齊西界也，平原聊城縣東北有攝城史記·韓王信盧綰傳破豨將張春於聊城。图姓風俗通聊倉，爲漢侍中图liú集韻力求切音騮木名。引爾雅杻者聊〇按爾雅·釋木音義：聊音寮。無騮音，未審集韻何據图楚辭·九歎耳聊啾而憭慌註聊啾，耳鳴。聊音留图阿蘭聊，西域國名後漢·西域傳奄蔡國，改名阿蘭聊國图與騮同前漢·地理志華聊綠耳之乘图集韻力弔切音嫽。木名△說文本作聊類篇或作膠，亦作聏。鋬又耶46658聊46563膠46620图戰國策秦策五秦子異人，質於趙，處於聊19081城。

聼 46587 45064
tīng_5.11　龍龕同聽

聓 46582 23924
xù_5.11　字彙思計切，西去聲。與壻同風俗通怪神女新從聟家來揚子方言東

齊聞聲謂之倩 博物志 王粲與族兄凱依劉表，表有女。周率謂粲非女聟才，乃妻凱。

聏 46588 45065
qú_5.11　龍龕音渠

聑 46583 23925
ěr_5.11　廣韻 集韻 丛仍吏切音餌 玉篇 以牲告神，欲神聽之，曰聑 山海經 祈聑用魚 註 以血塗祭爲聑。鋻亦俗聏37491

耶 46584 23926
mǎo_5.11　字彙補 古文卯04725字。

聲 46585 23927
mào_5.11　字彙補 蒙遘切音貿 篇海 易也。

珍 46586 45063
zhěn_5.11　篇海類編 同聄。

聏 46589 u2655F
věnh_5.11　喃 从耳永vīnh聲△聏聰：豎起耳朵聽。

聆 46590 u2655E
null_5.11　未詳。

聊 46591 u2655D
shì_5.11　或俗际。參見聅46543

眠 46593 u2655B
mián_5.11　俗眠37511

聎 46594 u2655A
fú_5.11　俗聏37484　图異體字字典 肼47068字異體。

聆 46596 uF9B0
líng_5.11　兼聆

職 46598 u804C
zhí_5.11　簡職46811

聾 46599 u804B
lóng_5.11　簡聾46860

珥 46602 23930
nù_6.12　集韻女六切音衄。懸也。本作忸。或作聰图韻會仍吏切音餌。和也莊子·天下篇以聏合驩音義和萬物也图ér廣韻如之切正韻如支切韻會人之切，丛音而。義同。鋻又聏37589图廣韻如之切有肼無聏。

聲 46612 u2B183
null_6.12　喃未詳。

聖 46613 u2B182
null_6.12　未詳。

聒 46605 u2655C
guō_6.12　古文聒聲 唐韻 集韻 韻會 丛古活切音括 說文 本作聒。讙語也 廣韻 聲擾也 書·盤庚 今汝聒聒 傳 聒聒，無知貌。鄭云難告貌 正義曰：多言亂人之意 左傳·襄二十六年聒而與之語 註 聒，讙也 抱朴子·廣譬卷春蛙長譁，而醜音見，患於聒耳。鋻又聲46812聲46855 躬59681 聶18384图敦煌變文·降魔變文 香芬芳而撲鼻，鳥噪咶05788而咧鳴。清·蒲松齡 聊齋俚曲集·磨難曲·第十三回 鬧吵吵咶咶殺人，只待將鳴蟬罵。

聖 46606 23934
shèng_6.12　集韻聖46636古作聖。

聲 46592 u2655C
null_5.11　未詳。

聊 46595 u2656556
chǐ_5.11　俗恥17284

聬 46597 u804D
níng_5.11　簡聹46852

聥 46600 23928
hōng_6.12　集韻呼公切音烘。耳有聲。鋻熊加全：疑俗耾46548

聢 46601 23929
tiāo_6.12　廣韻吐彫切集韻他彫切丛音桃廣韻耳疾集韻一曰耳鳴图集韻他刀切音饕。又徒刀切音匋。義丛同。鋻又聑46650

聟 46603 23931
yà_6.12　廣韻五鎋切集韻牛轄切丛音齾廣韻聟䫝，無所聞也集韻不聽受也图集韻五滑切音矞。䫝聟，癡不能聽。

聑 46604 23932
tiē_6.12　唐韻丁協切集韻的協切丛音帖說文安也馬融·長笛賦孤巴聑柱，磬襄弛懸註聑安，安也图揚子方言揚越之郊，凡人相侮，以爲無知，謂之聑。聑，耳目不相信也图廣韻耳垂貌图zhé集韻陟革切音摘。耳豎貌。

珽 46607 23935
tìng_6.12　集韻聽46859古作珽。

聯 46617 u2656F
null_6.12　未詳。

聒 46608 23936
zhù_6.12　廣韻之戍切集韻朱戍切丛音註玉篇額也，源也，聲也图集韻呼也图廣韻芳遇切音赴。又集韻春遇切音戍。義丛同。

聥 46618 u2656E
null_6.12　未詳。

聏 46609 41687
pīng_6.12　五音集韻普丁切，音婡。耳閉也。鋻又聏46679

聲 46610 41689
duǒ_6.12　篇海類編丁果切音朵。耳垂。

聯 46611 45066
lián_6.12　五音篇海同聯。

聤 46614 u26573
láu_6.12　喃从耳老lāo聲。

聆 46615 u26572
null_6.12　明·李贄 李溫陵集·卷之七·雜述·豫約小引·一 早晚禮儀與其嬉笑，無寧耻聆，此實言也。

聯 46616 u26570
duǒ_6.12　同聴46669元曲選·謝金吾詐拆清風府·第二折我與你搖臂膊，揪耳聯，高聲和。又眉語·V. 1. Num. 8·文苑二·念八翻傳奇·第七齣·獄侯你這萬剮的賊頭，難道把莫須有做殺人刀？那皇帝老爺的耳聯，也是棉花做的？怎不問真否偽否把人冤倒。

聣 46619 u2656D
null_6.12　未詳。

聡 46621 u2656B
null_6.12　未詳。

眡 46623 u26569
null_6.12　未詳。

職 46625 u26567
null_6.12　未詳。

聊 46620 u2656C
liáo_6.12　俗聊46581

聶 46622 u2656A
null_6.12　未詳。

眼 46624 u26568
yǎn_6.12　俗眼37614

欨 46626 u26566
jù_6.12　俗聚46665可 洪音義 雨欨：音聚 图俗肬59646

聲 46627 u26565
duǒ_6.12　同聲46610俗聴46669耳垂。

聡 46628 u26564
null_6.12　未詳。

聲 46630 u8053
xù_6.12　同聲46582

聜 46629 u8054
lián_6.12　簡聯46773

聯 46631 23937
liáo_7.13　集韻與聊同

聜 46632 23938
wù_7.13　唐韻集韻韻會丛五故切音誤。聽也。鋻慧琳音義聰敏：下眉殞反考聲云聰聜也。

聢 46633 23939
hào_7.13　玉篇胡老切音浩。耳也。一曰耳聞。

斯 46634 23940
zhì_7.13　集韻征例切音制。聞也。本作聯。

聯 46635 23941
hòng_7.13　集韻胡孔切音澒。聯聯，耳中鳴也。

聖 46636 23933
shèng_7.13　古文聖聖聖唐韻集韻韻會正韻丛式正切，聲去聲易·乾卦聖人作而萬物覩書·洪範睿作聖傳於事無不通之謂聖禮·禮運·三代之英疏萬人曰傑，倍傑曰聖孟子大而化之之謂聖風俗通聖者，聲也。聞聲知情，故曰聖也图謚法稱善賦簡曰聖，敬賓厚禮曰聖图木名山海經開明北有聖木註食之，令人智聖也。图水名水經注聖水，出上谷，東過長鄉縣北，又東過安次縣，而東入于海图姓。鋻又左08259圣08254垩08634聖34173壁34206聘37629聖55006珵46652錘64798壁64816髻70900壁34693图正字通聤46539即俗聖字图躳59716睻22668壆34258並碑別字。

聖 46637 23943 lǐ_7.13 集韻兩耳切音里。地名。

瑯 46638 23944 hóng_7.13 集韻同耾

聅 46639 23945 liè_7.13 集韻力協切音甄。耳垂也 釋名 幘，蹟也。或曰聅。聅，折其後也。

耴 46647 23953 zhé_7.13 集韻同耴

亯 46640 23946 xiǎng_7.13 見周宣王·石鼓文 薛作高·考碧落碑 高字同此。鄭云今作享。

聘 46641 23947 pìn_7.13 唐韻 集韻 韻會 正韻 太匹正切音娉 說文 訪也 徐曰 聘，訪問之以耳也 廣韻 問也 禮·曲禮 諸侯使大夫問於諸侯曰聘 公羊傳·隱十一年 大夫來曰聘 穀梁傳·隱九年 聘，問也 周禮·秋官 時聘，以結諸侯之好 儀禮·聘禮 大問曰聘，小聘曰問 又 昏禮娶問亦曰聘 禮·內則 聘則爲妻 又 正字通 以幣帛召隱逸賢者升進之，曰徵聘。應召登仕者稱聘君 又 pīng 五音集韻 匹名切，娉平聲。訪也。鎣又娉10900聃46557䛕59693䛕59760䛕59788聤46656聘46693聘46733聘46691

𦖧 46642 23948 wén_7.13 玉篇 古文聞46676字 虞世南·孔子廟堂碑 怡然動色，似𦖧簫韶之響 正字通 从釆。釆，古辨字。聲入耳能辨之也。別作耷，非。鎣又𦖧46654

聡 46643 23949 cōng_7.13 正字通 同聰。

聽 46649 45067 tīng_7.13 龍龕 音汀

聊 46644 23950 liáo_7.13 說文 聊本字

聛 46645 23951 shèn_7.13 字彙補 書刃切，音慎◇ 王延壽·王孫賦 夐儵聛而奄赴 註 儵聛，疾貌。鎣楊寶忠：聛37676字之譌。

聤 46653 u2B184 null_7.13 未詳。

聒 46646 23952 guō_7.13 說文 聒本字

𦖧 46654 u26597 wén_7.13 俗𦖧46642

聜 46648 23954 fū_7.13 集韻 與㻨同

聘 46656 u26584 pìn_7.13 俗聘46641

聖 46652 u2B185 shèng_7.13 俗聖46636

聎 46650 45069 tiāo_7.13 篇海類編 同眺。

聣 46657 u26583 xiàn_7.13 俗晛37704

聧 46651 u2B186 shè_7.13 俗射12547 可洪音義 聧之：上是夜、是尺二反。正作射也。

聊 46655 u26587 biệt_7.13 喃 从耳別biết聲。掩耳。

聊 46658 u26582 liáo_7.13 同聊46644

聠 46661 23955 zhì_8.14 集韻 征例切音制 玉篇 入意也 集韻 聞也。或作𦕶。

睎 46659 u26581 xī_7.13 俗睎37705

聙 46662 23956 jīng_8.14 廣韻 子盈切 集韻 咨盈切太音精 廣韻 聙聽 集韻 善聽也。

聐 46660 u26563 yàn_7.13 俗𥉚37702

聥 46664 23958 wǎng_8.14 廣韻 文兩切 集韻 文紡切太音罔。耳疾。鎣又䎽46555

聹 46663 23957 yǎn_8.14 玉篇 於檢切音掩。耳也。鎣又聸46769

聚 46665 23959 jù_8.14 唐韻 正韻 慈庾切 集韻 韻會 在庾切，並音鄹 說文 會也 易·乾卦 君子學以聚之 禮·檀弓 聚國族於斯 前漢·高帝紀 五星聚于東井 管子·君臣篇 是以明君順人心，安情性，而發於衆心之所聚 註 聚謂所同歸湊也 又 玉篇 斂也 禮·樂記 君子聽竽笙簫管之聲，則思畜聚之臣 周禮·地官·稍人 凡其余聚以待頒賜 疏 聚是縣四百里，都五百里中畜聚之物 又 居也，邑落也 史記·五帝紀 一年而所居成聚 註 聚謂村落也。又 秦本紀 并諸小鄉聚集爲大縣 註 萬二千五百家爲鄉聚 前漢·平帝紀 鄉曰庠，聚曰序 註 張晏曰：聚，邑落名也。師古曰聚小于鄉。又積也 禮·月令 孟冬之月，命有司循行積聚，無有不斂 又 管子·正篇 會民所聚曰道 註 聚謂衆所宜 又 周禮·冬官考工記·弓人 六材既聚，巧者和之 註 聚，具也 又 左傳·莊二十五年 城聚 註 晉邑 又 唐韻 才句切 集韻 從遇切 正韻 族遇切太音鑿。義同 又 音娵 史記·歷書 月名畢聚，日得甲子。索隱讀 又 與驟同 周禮·天官·獸醫註 趨聚之節 釋文 聚，本一作驟。鎣又聚54482𩣺62078鄹62071𨾚65623𦔵52040𦗟61797𨾚09495𣦽59656聚28719㪗46626㷫30795 又 可洪音義 聚31084落：上才主反。堅08803落：上才句反。隟65984落：上自宇反。蘘51400落：上音聚，悞。又在紅反。獨隟：音聚。人隟：才句反，又或𠍁02132，才遇反，聚也。一聦46724：自禹反。正作聚。

聛 46666 23960 bǐ_8.14 篇海 音俾。側耳也。

踦 46667 23961 qī_8.14 唐韻 去奇切 集韻 丘奇切太音崎。側耳也。鎣俗作畸37799

聜 46668 23962 dǐ_8.14 五音類聚 都禮切音底。耳患膿也。

聣 46669 23963 duǒ_8.14 五音類聚 丁果切音朵。耳垂也 又 耳聰也。鎣又𦖂59733聉46616聕46627𦕭46759聲46792 又 可洪音義 輪埵34166：都果反，耳埵也 又 垂埵08791又作垂埵34166

聙 46670 23964 zhǒu_8.14 玉篇 之酉切音帚。耳也 又 明也 又 職救切音呪。義同。鎣俗啁22693

聕 46671 23965 lù_8.14 玉篇 力木切音祿。聕聽，蟲名 字林 似蜥蜴，出魏興郡。居樹上，下齧人，輒上樹垂頭聽哭聲，乃去。

聝 46672 23966 guó_8.14 唐韻 集韻 太古獲切音幗。軍戰斷耳也 左傳·成三年 以爲俘聝。通作馘 字林 截耳則作耳傍，獻首則作首傍。鎣又聝46569 又 我18838 又 慧琳音義 俘馘62465，上撫無反。杜注 左傳 俘所得囚也 說文 從人孚聲。下觥獲反，杜注 左傳 馘所以截耳也 文字典說 馘，正從耳作聝，傳從酋作馘，俗字也。

聑 46673 23967 tiǎn_8.14 正字通 㥏字之譌。

聞 46674 23968 wén_8.14 唐韻 古文聞46676字 又 集韻 書盈切音聲。無形而響。

聕 46675 23969 huà_8.14 唐韻 胡瓦切 集韻 戶瓦切太音踝。地名。

聞 46676 23970 wén_8.14 古文 䎽聍𦖧䎽耷 唐韻 集韻 太無分切音文◆說文 知聞也 書·堯典 帝曰：俞，予聞如何◆禮·少儀 聞始見君子者 疏 謂作記之人不敢自專，制其儀而傳聞舊說，故云 又 禮·玉藻 凡於尊者有獻，而弗敢以聞 前漢·武帝紀 舉吏民能假貸貧民者以聞 又 姓 正字通 宋咸平進

士聞見，明尚書聞淵。又聞人，複姓後漢·靈帝紀太僕沛國聞人襲爲太尉註姓聞人，名襲風俗通曰：少正卯，魯之聞人，其後氏焉 又 獸名山海經杳山有獸焉，其狀如彘，黄身白頭白尾，名曰聞豨，見則天下大風。

又 wèn 廣韻亡運切集韻韻會正韻文運切𠀤音問韻會聲所至也詩·小雅聲聞于天書·呂刑刑發聞惟腥釋文聞，音問，又如字 又 廣韻名達書·微子之命爾惟踐修厥猷，舊有令聞詩·大雅令聞令望朱註令聞，善譽也 又 通作問前漢·匡衡傳淑問揚乎疆外。鑾又䎽46688 𦕐46522𦕑46526闻65073𦕶46553闁65004䎹75505𦕸46654

𦖋 46677 23971 qiān_8.14 五音集韻丘廉切音慊。耳也。

聟 46678 23972 xù_8.14 五音類聚俗壻字九經考異昏義壻執雁入。陸云壻，一作聟。又王羲之·女聟帖取卿爲女聟。○按顏元係·干祿字書云聟𦖑壻，上俗，中通，下正。鑾顏元係。顏元孫之誤。

聠 46679 23973 pīng_8.14 玉篇匹名切音俜。耳閉也。鑾又聠46609

𦖐 46680 23974 jù_8.14 字彙補與聚同。見漢碑。

聡 46681 23975 cōng_8.14 五音集韻倉紅切。與聰46774同。

𦖢 46682 23976 xiè_8.14 五音篇海司夜切音卸。聞也。

𫆈 46683 u2B188 null_8.14 未詳。

𫆇 46684 u2B187 null_8.14 未詳。

𦖟 46687 u2659F cōng_8.14 俗聰46774

𦖡 46685 u265A1 điếc_8.14 喃从聾省的đích聲。亦作瘸36186𦘆46837△仉聛落：聾子。

𦖠 46686 u265A0 shǎn_8.14 俗睒37755可洪音義俱聠：失染反，國名 又 聠川，地名。宋·李石續博物志·卷七麩金出麗水河聠川。清·李世熊錢神志·卷一·靈產第一·職方麩金出麗水河聠川，有罪送淘金所，最為重役。

𦖞 46688 u2659E wén_8.14 同䎽46674古文聞。

𦖝 46689 u2659D cì_8.14 或作𦗃46715䎵46718𦖝46726集韻𦖝，七賜切。聽不相當。楊寶忠：並𦖉37912字譌變。

𦖜 46690 u2659C xù_8.14 俗壻09724

𦖛 46691 u2659B pìn_8.14 同聘46641

𦖚 46692 u2659A null_8.14 未詳。

𦖙 46693 u26599 pìn_8.14 同聘46641

𦖘 46694 u26598 null_8.14 未詳。

𦖖 46695 u26596 null_8.14 未詳。

𦖕 46696 u26595 féi_8.14 俗腓37848

𦖔 46697 u26594 xū_8.14 俗盱37575

𦖓 46698 u26593 xū_8.14 或俗盱37575

𦖒 46699 u26592 cuì_8.14 睟37790之譌

𦖑 46700 u26591 mián_8.14 俗瞑46748 又 ngeh 壯聏方牛叫聲。△犿聏：水牛叫 又 nghe 喃从耳宜nghi聲。聽，聞。

䎾 46701 u43BE gùn_8.14 俗睔37760

聣 46702 u8063 nì_8.14 俗睨37807龍龕聣，俗。五兮反。

聢 46703 u8062 dìng_8.14 日 同文通考·國字聢，シカト，定辞和漢三才圖會·藝才·倭字聢，決定之義，與慥18113同。

聏 46704 23977 èr_9.15 廣韻集韻𠀤仍吏切音餌。聽音不敢言也。

𦗕 46705 23978 qiú_9.15 唐韻集韻𠀤自秋切音遒。耳鳴 又 廣韻卽由切，音啾。義同。鑾又䎿46706

䎿 46706 23979 qiú_9.15 玉篇同𦗕

聤 46708 23981 tíng_9.15 廣韻特丁切集韻唐丁切𠀤音庭廣韻耳出惡水集韻耳病本草小兒聤耳，燕脂浸汁滴耳中，或夜明沙、麝香爲細末，拭淨耳孔，用末傅之，效。鑾又痵36267

𦗏 46707 23980 xīng_9.15 玉篇桑經切音星。聽也。

𦗦 46709 23982 kuì_9.15 集韻五怪切音聵。聾也玉篇同聵。

䏶 46710 23983 tuì_9.15 玉篇他最切音娧。癡也 又 五刮切音刖。義同。鑾胡吉宣：此亦俗譌字，蓋就聧、聐之耳旁，併合頞68396頪之頁旁爲之，字从耳、頁皆形而無聲，聲義俱失。

聥 46711 23984 jǔ_9.15 廣韻俱雨切集韻果羽切𠀤音矩博雅驚也。一曰張耳有所聞 又 廣韻集韻𠀤王矩切音羽。又集韻王遇切音芋。又五音集韻匈于切音訏。義𠀤同。鑾又腢47628

𦗫 46712 23985 yàn_9.15 玉篇烏雁切音宴。耳戲也。鑾胡吉宣玉篇校釋䁙37904之訛字。

聦 46713 23986 cōng_9.15 正字通俗聰字。

聧 46714 23987 kuī_9.15 廣韻苦圭切集韻韻會傾圭切𠀤音暌說文耳不相聽也揚子方言聾之甚者，秦晉之閒謂之聧 又 集韻一曰私吁也。鑾又𦘐46865

𦗠 46722 45070 zī_9.15 龍龕音茲

𦗃 46715 23988 cì_9.15 類篇七賜切音刺。聽不相當也。鑾又䎵46718𦖝46689

𫆉 46725 u2B189 null_9.15 喃未詳。

𦗈 46716 23989 liè_9.15 廣韻盧協切集韻力協切𠀤音颲廣韻耳垂集韻或作䏢。

𦖝 46726 u2F97E cì_9.15 同𦖝46689

𦗛 46717 23990 sǒu_9.15 廣韻集韻𠀤蘇后切音叟廣韻聽總名也字林聽也集韻或作瞍。

𦖶 46730 u265B6 null_9.15 未詳。

䎵 46718 23991 là_9.15 集韻同𦗃。鑾集韻䎵，郎達切音刺。楊寶忠：𦖉37912字之譌。

𦗗 46719 23992 wén_9.15 廣韻古文聞46676字。亦作䎽。

𦗯 46720 23993 mí_9.15 集韻民卑切音彌。汙面謂之𦗯。或作䁇。

𦗅 46721 45068 róng_9.15 字彙補與毴同。

𦗆 46723 45071 zòng_9.15 五音篇海音縱。

𦗄 46724 45072 jù_9.15 五音篇海同聚。鑾俗聚46665字可洪音義作𦗄：居遇反。正作聚、堅08803

𦗇 46727 u265C7 wěi_9.15 或暐22818譌字。

暖 nuǎn_9.15 俗暖22832 逢盛碑 智慧聰哲 図tai喃 从耳思tư聲。耳朵。

聰 cōng_9.15 俗聰46774 漢

聳 sǒng_9.15 俗聳46787 弗爲也，廉。己惟爲之，知其毈也。孫詒讓·閒詁：以文義校之，當爲認56325之譌△宏按，毈或恥字異體。

毈 xǐ_9.15 墨子·經說上

聘 pìn_9.15 俗聘46641

暇 xiá_9.15 俗暇22804天 一閣藏明嘉靖刻本 九江府志·卷之十·學校志·書院農桑 餘暇，摘山自豐，可謂富矣。

職 cāi_9.15 俗職37884

聚 null_9.15 未詳

聭 wěi_9.15 俗聭38130 五音集韻聭，聭聭，目好貌。

聰 null_9.15 未詳

聬 null_9.15 未詳

聯 lián_9.15 同聯46773

聪 cōng_9.15 俗聰46774

聩 kuì_9.15 簡聩46803

聯 lián_9.15 同聯46773

聑 hú_10.16 集韻戶骨切音搰。耳聲。

營 yíng_10.16 集韻維傾切音營。聲也。

聬 zǎi_10.16 唐韻作亥切 集韻 韻會子亥切丛音宰。說文益梁之州謂聾爲聬。秦晉聽而不聞，聞而不達謂之聬 徐曰不全聾也 玉篇半聾也。

聬 mián_10.16 廣韻莫賢切音眠 廣雅聽也 埤蒼注意而聽也 図 集韻弭盡切音泯。義同 図 míng 集韻忙經切音冥。行而上聽。鑒又瞄46700

瑚 wěng_10.16 五音集韻烏孔切音蓊。瑚瑚，耳聲。

聊 lián_10.16 五音集韻勒兼切音鬑。聊聑，耳垂。

瑝 dā_10.16 集韻德合切音答。大垂耳貌。鑒又瑝46813 瑝37986耷46532說文作瑝46831

瑱 tián_10.16 集韻類篇丛亭年切音田。聲盈耳也。

頵 tiàn_10.16 廣韻同瑱 図 nù_10.16 玉篇奴陸切音衄 埤蒼云聰，慼也 說文作恧。

聰 sǒu_10.16 集韻同瞍 說文與魄同。慼也。鑒又聾71527

瑰 kuì_10.16 玉篇俱位切

聬 ài_10.16 川篇五介切，不聽也。

聬 mí_10.16 集韻同聬 詳呂氏春秋於東邊候晉之道 註晉一作瑙

聳 duǒ_10.16 龍龕同聳

瓀 null_10.16 未詳

聬 null_10.16 未詳

聬 null_10.16 未詳

聬 null_10.16 未詳

聬 jìn_10.16 字彙補音未

聬 null_10.16 喃未詳

聬 null_10.16 未詳

瑢 róng_10.16 聰瑢，從容12095 龍龕聰瑢，俗。上七容反。下音容。

聬 lǎng_10.16 喃从耳郎lang聲。諦聽。

聬 do_10.16 韓从耳舀聲。耳挖子。挑耳垢之具。

聬 null_10.16 未詳

瞰 null_10.16 未詳

瓀 yǎn_10.16 同瓀46663

聬 null_10.16 未詳

聬 null_10.16 未詳

聯 lián_10.16 俗聯46815

聯 lián_11.17 唐韻力延切 韻會 陵延切丛音連 說文連也。从耳，耳連於頰也。从絲，絲連不絕也 張衡·思玄賦繽聯翩兮紛暗曖 陸機·文賦浮藻聯翩，若翰鳥纓繳而墜曾雲之峻 図官聯 周禮·天官·大宰以八法治官府，三曰官聯，以會官治 註聯讀爲連。謂連事通職相佐助也 図合也 周禮·地官·大司徒以本俗六安萬民，三曰聯兄弟 註聯猶合也 図 周禮·地官·族師五家爲比，十家爲聯。五人爲伍，十人爲聯。四閭爲族，八閭爲聯。図集韻連彥切音瘒。不絕也。鑒又联46629聠46611聯46743联46740瓀46854 正字通聯46815爲正，據說文聯俗省作聨46772

聰 cōng_11.17 唐韻正韻倉紅切 集韻麤叢切丛音驄 說文察也 廣韻聞也，明也，通也，聽也 書·洪範聰作謀 史記·商君傳反聽之謂聰，內視之謂明 管子·宙合篇耳司聽，聽必順聞，聞審謂之聰 註耳之所聞，旣順且審，故謂之聰 図 韻補叶千剛切音倉 陳琳·柳賦穆穆天子，亶聽聰兮。德音允塞，民所望兮。宜爾嘉樹，配甘棠兮。望平聲。鑒又聰37953聰46795聤46643聦46741 図 龍龕聰46728聦46687二俗，聦46681聤46713二正，音念，聽聞明察也。

瑷 ài_11.17 廣韻五介切 集韻牛戒切丛音儗。不聽也。

瑷 zhé_11.17 集韻陟革切音摘。耳豎貌。或作耴。

瑷 zhì_11.17 集韻陟栗切音窒。聽不聰也 図 集韻都括切音掇。不聽也 図dǐ典禮切音邸。義同。一曰耳病。

聬 guō_11.17 玉篇古霍切音郭。大耳也。鑒又曠46853

聱 áo_11.17 唐韻五交切 韻會牛交切丛音警 說文不聽也 廣雅不入人語也 埤蒼聱牙，爲其不相聽也 唐書·元結傳能學聱牙，保宗而全家。自號聱叟 図 辭不平易 韓愈·進學解周誥殷盤，詰曲聱牙 図聱耴，衆聲也 左思·吳都賦魚鳥聱耴 釋文聱，魚曹切 註倉頡篇曰：聱耴，衆聲也 図 廣韻五勞切 集韻正韻牛刀切丛音敖。亦不聽也 図 集韻魚到切音傲。聱耴，魚鳥狀。鑒又警32576聱46833

聬 lù_11.17 集韻盧谷切音祿。耳鳴。

瑮 qiè_11.17 廣韻集韻丛七計切音砌 廣韻耳聽 集韻聽也 図 集韻征例切音制。又初戛切音察。又千結切。義丛同△ 集韻或作聅。鑒集韻瞭46841瑮，聰也或省。

聺 46782 24016
zhāo_11.17 廣韻側交切集韻莊交切𠀤音巢玉篇耳鳴也廣韻耳中聲也集韻聺聺，聲擾耳。鑾又謙56577 謙56789聺38125

⿸麻耳 46783 24017
mí_11.17 廣韻文彼切韻會母彼切，𠀤靡上聲◆說文乘輿金馬耳也又廣韻靡爲切集韻韻會正韻忙皮切𠀤音糜。又廣韻武悲切音眉。義𠀤同。

⿰耳曹 46784 24018
qiáo_11.17 廣韻昨焦切集韻慈焦切𠀤音樵廣韻耳中聲集韻⿰耳曹⿰耳曹，耳鳴又廣韻咋勞切集韻財勞切𠀤音曹。義同△玉篇或作⿰耳焦。

⿰耳翏 46785 24019
liáo_11.17 廣韻落蕭切集韻憐蕭切，𠀤音聊埤蒼耳鳴也又廣韻魯刀切集韻郎刀切𠀤音勞。義同。

聲 46786 24020
shēng_11.17 古文殸唐韻集韻韻會書盈切正韻書征切，𠀤聖平聲說文音也書·舜典詩言志，歌永言，聲依永，律和聲傳聲謂五聲，宮商角徵羽也禮·月令仲夏之月，止聲色註聲謂樂也又凡響曰聲張載·正蒙聲者，形氣相軋而成。兩氣者，谷響雷聲之類。兩形者，桴鼓叩擊之類。形軋氣，羽扇敲矢之類。氣軋形，人聲笙簧之類。皆物感之良能，人習而不察耳韻會韻書平上去入爲四聲又聲教書·禹貢東漸于海，西被于流沙，朔南暨聲教，訖于四海左傳·文六年樹之風聲註因土地風俗，爲立聲教之法又聲譽孟子故聲聞過情，君子恥之註聲聞，名譽也又宣也孟子金聲而玉振之也註聲，宣也又謚法不生其國曰聲註生于外家春秋·經傳集解繼室以聲子，生隱公註聲，謚也又姓。
鑾又𠹗06039声09693

聳 46787 24021
sǒng_11.17 廣韻息拱切集韻筍勇切韻會荀勇切正韻息勇切𠀤音竦揚子方言聳，聾也。生而聾，陳楚江淮之閒謂之聳註言無所聞，常聳耳也又高也韓愈·會合聯句劒心知未死，詩思猶孤聳又揚子方言聳，欲也。荆吳之閒曰聳。自關而西，秦晉之閒相勸曰聳。又揚子方言聳，悚也註謂警聳也左傳·成十四年大夫聞之，無不聳懼楚語昔殷武丁，能聳其德註聳，敬也又集韻雙講切音㩳。義同。鑾又竦41559聳46732耸46537正字通聳說文本作傱又水經注·沮水高峰霞舉，峻㟍13727層雲。

⿱埶耳 46792 45076
duǒ_11.17 龍龕同睡

⿰耳票 46788 24022
piào_11.17 廣韻匹妙切音剽玉篇聽纔聞也。又行聽也又集韻類篇𠀤毗召切音驃。義同。鑾聽纔聞也。聽裁聞也又䁘46816

⿰耳習 46789 24023
zhé_11.17 集韻質涉切音讋。耳也。

⿰耳從 46790 45074
cōng_11.17 海篇音悤。鑾從容，俗作⿰耳從⿰耳容46766

⿱折耳 46791 45075
nǐ_11.17 川篇聻字之譌。

𫆏 46793 u2B18F
jiàn_11.17 簡聻46844

𫆎 46794 u2B18E
null_11.17 未詳。

聰 46795 u2F97F
cōng_11.17 同聰46774

𦗞 46796 u265DE
ghé_11.17 喃从耳寄gửi聲。靠近（耳朵）△𦗞聰吶嗤：交頭接耳。

𦗝 46797 u265DD
lỏm_11.17 喃从聞省斬trảm聲△⿰目宜𦗝：偷聽。

𦗛 46798 u265DB
qǔ_11.17 俗瞘38065

𦗘 46799 u265D8
null_11.17 未詳。

聯 46800 uF997
lián_11.17 兼聯。

聴 46801 u8074
tè_11.17 俗聽38162洪武正韻聽，或作聴，非。聽音忒，暱聽，欲臥貌。

聽 46802 24024
tè_12.18 集韻惕得切音忒。暱聽，目欲臥貌正字通聽字之譌字彙音訓與目部暱聽義同，知聽之不同聽，不知聽之誤作聽也○按字本从目，旁加悳，非从耳字彙誤收。

聵 46803 24025
kuì_12.18 唐韻集韻五怪切韻會魚怪切𠀤音顡說文聾也晉語聾聵不可使聽註生而聾曰聵△類篇或作⿱毀耳，亦作⿱貴耳。鑾又聵46742聵46863聵46775聵46847又正字通𥊶46810，⿱毀耳字之譌又龍龕聵59783正作聵又字彙補⿱毀耳46846，與⿱貴耳同。

⿰耳焦 46804 24026
cáo_12.18 玉篇與⿰耳曹同。

⿰耳覃 46805 24027
tán_12.18 廣韻徒含切音覃。聒也。鑾正字通瞫38152字之譌。

⿰耳善 46806 24028
zhǎn_12.18 廣韻集韻𠀤旨善切音𡢃玉篇耳門也。

聶 46807 24029
niè_12.18 廣韻韻會正韻𠀤尼輒切音躡說文附耳私小語也徐曰一耳就二耳也史記·魏其武安侯傳乃效女兒呫聶耳語又攝也管子·侈靡篇十二歲而聶廣註代將亂而攝其廣又莊子·大宗師瞻明聞之聶許註聶許，許與也。攝而保之無所施與也又地名春秋·僖元年齊師、宋師、曹師次于，聶北救邢註聶，北邢地山海經濛水出漢陽西，入江，聶陽西註聶陽水經注引此作灄陽後漢·郡國志東郡有聶戚又國名山海經聶耳之國在無腸國東，爲人兩手聶其耳註言耳長，行則以手攝持之也又姓史記·刺客傳聶政者，軹深井里人也姓譜楚大夫食采于聶，因以爲氏又人名史記·刺客傳荆軻嘗游過楡次，與蓋聶論劒註索隱曰：蓋，姓，聶，名又集韻日涉切音讘。亦私語也又zhé正字通直涉切。與牒同。薄切肉也禮·少儀牛與羊魚之腥，聶而切之爲膾註聶之言牒也。先藿葉切之，復報切之則成膾也又yè集韻弋涉切音葉。與擛同。擛擛，動貌又質涉切音讋。合也爾雅·釋木守宮槐，葉晝聶宵炕註槐葉晝日聶合而夜炕布者，名爲守宮槐。聶音輒又◆shè實欇切音涉。與欇同。蔓木又尺涉切音謵。木葉動貌。
鑾又聂46567

⿰耳骨 46808 24030
hú_12.18 廣韻戶骨切音搰。耳𪆟玉篇耳聲又濁垢又埤蒼春秋地也。鑾又聑46744名義⿰耳骨，下兀反，春秋地名。

聾 46809 24031
lóng_12.18 字彙補即聾字。見釋藏。

⿱敝耳 46810 24032
piē_12.18 集韻匹蔑切音撆。暫聞也。鑾俗瞥38134

職 46811 24033
zhí_12.18 廣韻之弋切集韻韻會質力切𠀤音織說

文 記微也 徐曰 國有六職，皆主記事之微也 增韻 執掌也 爾雅·釋詁 職，主也 博雅 職，事也 書·周官 六卿分職，各率其屬，以倡九牧 周禮·天官·大宰 九曰閒民，無常職 註 謂無事業者 史記·張丞相傳 沛公以周昌爲職志 註 職，主也。志，旗幟也。謂掌旗幟之官也 図 爾雅·釋詁 職，常也 図 貢也 左傳·襄二十八年 共其職貢 淮南子·原道訓 海外賓伏，四夷納職 註 職，貢也 図 專也 詩·大雅 民之罔極，職涼善背 註 專由小人，名爲直諒。而實善背也 図 揚子方言 慘職，愛也。言相愛憐者，吳越之閒謂之慘職 図 職職，多也 莊子·至樂篇 萬物職職 図 姓 姓譜 周禮 有職方氏，後因官爲氏 風俗通 漢山陽令職洪之後 図 集韻 敵德切音特。杖也 周官 有職人。戚袞讀。或作檄、槭 図 集韻 逸織切音弋。義同 図 與幟同 史記·叔孫通傳 於是皇帝輦出房，百官執職傳警 註 職，音幟。鎣 又职46598織59787 図 辭海·耳部 戠，職之俗字 △宏按，金文有戠字，釋職。

46812 24034
嘦 guō_12.18　字彙補 古文尚書聒字。

46813 24035
聉 dā_12.18　字彙補 得合切音荅。耳聉也。

46814 24036
䪶 róng_12.18　字彙補 而龍切音絨。毛飾也。

46815 24037
聯 luán_12.18　集韻 閭員切音攣。係也。鎣 聯46773本字。

46816 24038
聰 piào_12.18　博雅 聰，聽也 釋文 匹照反 ○按即聰字之譌。

46817 45077
聶 nǎo_12.18　奚韻 奴到切。

46818 45078
聸 dān_12.18　篇海類編 與聸同。

46819 24045
聤 níng_12.18　廣韻 奴丁切 集韻 囊丁切丛音寧。聤聤，耳垢也。一曰耳聥 図 廣韻 乃挺切音顋。義同。鎣 又聤46597聤46852聤59806聤59812聤47994

46820 u2B191
聸 null_12.18　未詳。

46821 u2B190
聥 null_12.18　未詳。

46822 u265F2
聞 lín_12.18　俗聯38174

46823 u265F1
槭 null_12.18　未詳。

46824 u265ED
聭 péng_12.18　聭聭，耳聲 申報. June. 3. 1928 本埠新聞二 夫婿啞子聭聭駝背：十年前立據離婚，據煀遂發生問題。

46825 u265EC
聞 jiàn_12.18　俗聞38208

46826 u265EB
聞 null_12.18　未詳。

46827 u265EA
瞰 kàn_12.18　俗瞰38166

46828 24039
聰 náng_13.19　廣韻 女江切 集韻 濃江切丛音喚 埤蒼 耳中鳴也 淮南子·說山訓 聽雷之聰 註 耳中聰聰然。

46829 24040
璫 dāng_13.19　集韻 都郎切音當。耳璫也，耳下垂也。鎣 又聸47932 慧琳音義 耳璫：音當 埤蒼 云充耳也 釋名 云穿耳施珠曰璫。耳之寶飾也。

46830 24041
聦 jiǎo_13.19　集韻 子小切音剿。耳鳴。

46831 24042
聸 dān_13.19　唐韻 集韻 丛都甘切音儋 說文 巫耳也。南方有聸耳國。今作儋耳。

46834 45079
劎 ěr_13.19　龍龕 音耳。

46835 45080
聰 jù_13.19　龍龕 音聚。

46836 u2B192
聰 null_13.19　未詳。

46832 24043
聱 zhǔ_13.19　字彙補 子測切。同聱，以新穀汁漬舊穀。鎣 俗聱71417

46833 24044
聲 áo_13.19　說文 聱本字。

46838 u265FA
聲 qi_13.19　俗聲75290 龍龕 聲俗聲今，七入反。鼓無聲。又陟立反 図 俗聲75279 元·沈采 千金記·第十九齣·坐倉 振天聲鼓，奮勇揚驍。

46837 u265FD
聯 điếc_13.19　喃 从耳病điếc聲。聾。

46839 u265F9
聯 null_13.19　未詳。

46840 u265F8
職 null_13.19　未詳。

46841 24046
聶 qiè_14.20　五音集韻 千結切音切。聰也。鎣 俗聯46781

46842 24047
聵 guō_14.20　廣韻 古文聥46605字。

46844 24049
聲 nǐ_14.20　廣韻 乃里切音伱。指物貌 図 正字通 梵書聲爲語助，音伱。如 禪錄 何故聲，云未見桃花時聲，皆語餘聲 図 jiàn 五音集韻 子役切音積。人死作鬼，人見懼之。鬼死作聲，鬼見怕之。若篆書此字貼於門上，一切鬼祟遠離千里 正字通 按聲音賤。俗謂之辟邪符，以聲爲鬼名 酉陽雜俎 曰：時俗爲門上畫虎頭，書聲字，謂陰府鬼神之名，可以消瘧癘。又 張續·宣室志 曰：裴漸隱居伊上，有道士李君曰：當今除鬼無過漸耳。時朝士皆書聲于門上。又漢舊史：儺立桃人、葦索、滄耳、虎頭等，滄耳卽聲也。又 通典 聲，司刀鬼，名漸耳，一名滄耳。鎣 又聲46791聲46793 図 正字通 聲71527，按，聲卽聲之譌。聲譌爲聲71682又省爲聲。

46845 24050
聶 shī_14.20　廣韻 失入切音濕。牛耳動也 図 五音集韻 昌汁切音鈒。聶聶，牛馬動耳貌。

46846 45081
聵 kuì_14.20　五音篇海 音聵。

46843 24048
聲 kuì_14.20　集韻 同聵。

46847 u26604
聵 kuì_14.20　聵46775本字 說文解字繫傳 聵46863，生聾也。从耳聵聲。臣鍇曰：謂从生卽聾也。五夬反。聲，聵或从叞。聵，聵或從家作。

46848 u26602
聯 mián_14.20　俗聯38287

46849 u26601
聞 huàn_14.20　龍龕 音患 △按，疑卽聞字。

46850 u26600
聵 null_14.20　未詳。

46851 u807C
聽 tīng_14.20　俗聽46859 明·鄧苑 一草亭目科全書·外障治法·武當秘授仙方 製石：二錢。巴豆：一錢，去殼。葵仁：一錢，二味全煎水去渣，以水入製石內，候乾聽用。

46852 24051
聤 níng_14.20　參見聤46819

46853 24051
曠 guō_15.21　◆五音集韻 古博切音郭。耳曠也。

46854 45082
聯 lián_15.21　五音篇海 同聯。

46855 45083
聵 guō_15.21　篇海類編 同聵。

46856 u26607
聵 wēi_15.21　俗聵38235

46857 u26606
聵 null_15.21　未詳。

46858 24052
聾 lì_16.22　集韻 郎敵切音歷。耳審聞也。

聽 46859 24053 tīng_16.22 古文耓廣韻集韻韻會正韻丛他定切音侹說文聆也釋名聽，靜也。靜，然後所聞審也書·太甲聽德惟聰儀禮·士昏禮命之曰：敬恭聽，宗爾父母之言又廣韻待也又受也左傳·成十一年鄭伯如晉聽成註聽，猶受也又從也易·艮卦不拯其隨未退聽也疏聽，從也左傳·昭二十六年姑慈，婦聽又斷也禮·王制司寇正刑明辟，以聽獄訟周禮·天官·大宰凡邦之小治，則冢宰聽之前漢·刑法志一曰辭聽，二曰色聽，三曰氣聽，四曰耳聽，五曰目聽又任也前漢·景帝紀其議民欲徙寬大地者，聽之又候也戰國策請爲王聽東方之處註聽，偵候之又tīng唐韻他丁切集韻韻會湯丁切正韻他經切丛音廳集韻聆也，聽受也。中庭曰聽事，言受事察訟於是。俗作廳。毛氏曰：漢、晉皆作聽，六朝以來始加广。𡔷又耵46534听05566𦗱46851𦖻46867又用耳為聑46587又正字通聽，去聲，聆也，從也，今誤作听05484又耓46543，同聽省，篆作耓正譌以耓代聽字六書本義聽作耓，並泥又龍龕聣46649俗，聽正。

聾 46860 24054 lóng_16.22 唐韻盧紅切集韻正韻盧東切丛音籠說文無聞也釋名聾，籠也。如在蒙籠之內，聽不察也左傳·僖二十六年耳不聽五聲之和爲聾。又宣十四年鄭昭宋聾註聾，闇也禮·王制瘖聾跛躃斷者疏聾謂耳不聞聲又葱聾，獸名山海經符禺之山，其獸多葱聾，其狀如羊而赤鬣註葱聾，如羊，黑首赤鬣。𡔷又聋46599龓46809聾46861可洪音義生龓：郎紅反，從生不聞曰生龓，從生無目曰生盲，生瘂亦然又字彙瓏，俗聾字。

聾 46861 24055 lóng_16.22 韻會同聾

聵 46862 u2660C guō_16.22 聵46855譌字

聾 46864 uF945 lóng_16.22 兼聾。

聵 46863 u2660B kuì_16.22 聵46803本字

聽 46866 u2660E null_17.23 未詳。

聵 46865 24056 wà_17.23 唐韻集韻丛五滑切音聉揚子方言聾之甚者，秦晉之閒謂之聵註言無所聞知也。又吳楚之外郊，凡無有耳者亦謂之聵。又wài集韻五怪切音聵。義同。

聽 46867 u2660F tīng_18.24 俗聽46859

聽 46868 u26610 xǐ_19.25 俗聽38378

聽 46869 u26611 null_20.26 未詳。

聽 46870 u2B193 null_22.28 未詳。

◈ 聿部 ◈

聿 46871 24057 yù_0.6 唐韻余律切集韻允律切韻會正韻以律切丛音通說文所以書之器也。楚謂之聿，吳謂之不律，燕謂之弗，秦謂之筆又玉篇遂也，述也，循也正韻惟也書·湯誥聿求元聖，與之勠力傳聿，遂也釋文聿，允橘切，述也疏正義曰：聿訓述也。述前所以申遂，故聿爲遂也詩·唐風蟋蟀在堂，歲聿其莫傳聿，遂也疏從始至末之言詩·大雅無念爾祖，聿修厥德傳聿，述也詩詁助語左傳註惟也又自也詩·大雅爰及姜女，聿來胥宇箋聿，自也。於是與其妃大姜，自來相可居者又揚雄·羽獵賦及至罕車飛揚，武騎聿皇註聿皇，輕疾貌。又左思·吳都賦陵絕嶛嶕，聿越巉險註聿越，豹走貌又與曰通詩·豳風曰爲改歲，入此室處前漢·食貨志引詩作聿師古註聿，卽曰也△亦與通通詩·大雅通求厥寧傳通與聿同。發語辭△亦與欥通前漢·班固敘傳欥中和爲庶幾師古註欥、聿通，由也○按說文聿，所以書之器也。欥，詮詞也。徐註：一曰發聲。引詩欥求厥寧。今文作聿，後世束豪爲聿。加竹作筆，而聿字音以律切，專爲發語詞矣。柳宗元文作聿牘，則唐人尚以此爲筆字。𡔷又聿46876

聿 46872 24058 niè_0.6 字彙補女涉切音聶佩觿集竹聿也。○按與聿不同。𡔷又帇14757

⺻ 46873 u2F80 yù_0.6 同聿46871部首專用字。亦作⺺46875⺺46874

⺺ 46874 u2EBB yù_0.6 部聿46873

⺺ 46875 u2EBA yù_0.6 部聿46873

聿 46876 u8080 dì_0.6 徒計切。

勣 46877 24059 yì_2.8 集韻與勩同

肆 46878 24061 jīn_3.9 廣韻將鄰切集韻資辛切丛音津說文聿飾也。俗語以書好爲肆。

肅 46881 u8083 sù_4.10 简肅46889

肇 46879 24062 zhào_4.10 廣韻治小切集韻直紹切丛音趙玉篇始也，謀也，開也又姓正字通趙有大夫肁賈○按經史皆作肇。

肂 46880 24063 sì_4.10 廣韻集韻丛息利切音四。埋棺坎下也儀禮·士喪禮掘肂見衽註肂，埋棺之坎也疏肂訓爲陳，謂陳尸於坎，鄭卽以肂爲埋棺之坎也顏延之·哀冊文戒涼在肂，杪秋卽穸註三日而肂，三月而葬又集韻羊至切音肄。義同。或作殔。𡔷又𦘢46884

𦘢 46884 u26616 sì_5.11 同肂46880

畫 46882 24064 huà_5.11 正字通俗繪畫字釋名畫，挂也。以五色挂物上也。𡔷敦煌·S.3872維摩詰經講經文顯名於鳳閣之中，畫影向麟臺之上。

𦘣 46883 u26617 yì_5.11 俗肄46888集韻系，兮肄切。箸也。

晝 46885 24065 zhòu_6.12 集韻籀文晝字。

𦘚 46886 u2661A huà_6.12 同畫46882俗畫35548

𦘙 46887 u26619 zhòu_6.12 正字通晝22627亦作晝。

肄 46888 24066 yì_7.13 廣韻集韻韻會羊至切，丛音殔廣韻習也左傳·文四年臣以爲肄業及之也禮·檀弓君命，大夫與士肄註肄，習也。君有命，大夫則與士展習其事又勞也詩·衞風有洸有潰，既詒我肄傳肄，勞也。又小雅正大夫離居，莫知我肄又廣韻嫩條也博雅肄，枿也詩·周南遵彼汝墳，伐其條肄傳肄，餘也。斬而復生曰肄左傳·襄二十九年晉國不恤宗周之闕，而夏肄是屏註夏肄，杞也。肄，餘也，是斬而復生之餘也又水名山海經肄水，出臨晉西南，而東南注海註按卽溱水也。或作肄水又與肆通禮·玉藻·肆束及帶·註肆讀爲肄。肄，餘也。𡔷又𦘦57291𦘭15089𦘲38568𦘷66055𦘣46883𦘹46899

図段氏改籀切文肅66061爲肅16402

肅 46889 24067
sù_7.13　古文蕭𦘞𦘧 唐韻息逐切 集韻 韻會息六切丛音宿 說文持事振敬也。从聿在㬫上，戰戰兢兢也廣韻恭也，敬也，戒也 書·太甲社稷宗廟，罔不祇肅 傳肅，嚴也。言能嚴敬鬼神而遠之。又 洪範恭作肅 疏貌能恭，則心肅敬也 禮·玉藻色容厲肅 疏厲，嚴也。肅，威也 図◆爾雅·釋言肅雝，聲 図縮也 詩·豳風九月肅霜 傳肅，縮也，霜降而收縮萬物 禮·月令季春，行冬令，則寒氣時發，草木皆肅 註謂枝葉縮栗也 詩·大雅民有肅心，荓云不逮 箋肅，進也 禮·曲禮客固辭，主人肅客而入 註肅，進也。進客謂道之 図左傳·成十六年爲事之故，敢肅使者 註肅，手至地，若今揖 禮·少儀婦人吉事，雖有君賜，肅拜 註肅拜，拜低頭也 周禮·春官·大祝辨九㧞，九曰肅㧞 註肅拜，但俯下手，今時揖是也 図急也 禮·禮運刑肅而俗敝，則法無常 疏肅，駿急也 淮南子·本經訓肅而不悖 註肅，急也。雖急，不促悖 図爾雅·釋訓肅肅，敬也 又肅肅，恭也。図詩·周南肅肅兔罝 朱註肅肅，整飭貌 図詩·小雅肅肅謝功，召伯營之 箋肅肅，嚴正之貌 図詩·召南肅肅宵征 傳肅肅，疾貌 図詩·唐風肅肅鴇羽 傳肅肅，鴇羽聲 図姓。漢鴈門太守肅祥 図謚法剛德克就曰肅，執心決斷曰肅 図國名 左傳·昭九年肅慎、燕亳，吾北土也。又 書序肅慎來賀 山海經肅慎之國，在白民北。図州名 韻會古月支國地，漢置酒泉郡，後魏以酒泉爲甘州，隨分福祿縣置肅州 図馬名 左傳·定三年唐成公如楚，有兩肅爽馬，子常欲之 註肅爽，駿馬名 図通作宿儀禮·特牲饋食禮乃宿尸 註宿，進也 禮·祭統宮宰宿夫人 註宿，戒也 図集韻所六切音縮，鳥飛。同翏。図字彙補先妙切，音嘯◆敬也 釋名簫，肅也。其音肅肅然而清也。𡇢又肅46881肅43249肅46900肅46893肅46894

肆 46890 24068
sì_7.13　古文㣜𦘮 玉篇 廣韻 集韻 類篇 韻會息利切正韻悉漬切丛音四 說文極，陳也 爾雅·釋言肆，力也 疏極力也 左傳·昭十二年昔穆王欲肆其心，周行天下 註肆，極也 周語藪澤肆既 註肆，極也。既，盡也。図玉篇放也，恣也 易繫辭其事肆而隱 疏其辭放肆顯露，而所論義理深而幽隱也 左傳·昭三十二年伯父若肆大惠，復二文之業，弛周室之憂 註肆，展放也 禮·表記君子莊敬日强，安肆日偸 註肆，猶放恣也 図遂也 書·舜典肆類于上帝 傳肆，遂也 図次也 詩·小雅跂彼織女終日七襄 箋襄，駕也。駕謂更其肆也 疏謂止舍處也。天有十二次，日月所止舍也。舍卽肆也。在天爲次，在地爲辰，每辰爲肆，是歷其肆舍有七也 図陳也，列也書·牧誓昏棄厥肆祀弗答 傳昏，亂也。肆，陳也 詩·大雅肆筵設席 註肆者，陳設之意 図古今注肆，所以陳貨鬻之物也 周禮·地官·司市掌以陳肆辨物而平市 註肆，謂陳物處 前漢·刑法志開市肆以通之 註肆，列也。図韻會既刑，陳尸曰肆 禮·月令仲春之月，命有司省囹圄，去桎梏，毋肆掠 註謂死刑暴尸也 周禮·秋官掌

戮凡殺人者，踣諸市，肆之三日 図爾雅·釋詁肆，故也 疏肆之爲故，語更端辭也 又肆，今也 註肆既爲故，又爲今，此義相反而兼通者 書·大禹謨肆予以爾衆士，奉辭伐罪 傳肆，故也 詩·大雅肆不殄厥愠，亦不隕厥問 傳肆，故今也 図博雅伸也 左傳·僖三十年既東封鄭，又欲肆其西封 註肆，申也 図小爾雅餘也 図緩也 書·舜典眚災肆赦 傳肆，緩也，過而有害，當緩赦之 左傳·莊二十二年肆大眚 疏肆，緩也〇按 公羊傳 註：肆，跌也，過度也 穀梁傳 註：肆，失也。三傳異義 図玉篇量也 図大也 書·梓材越厥疆土，于先王肆 傳能遠拓其界壤，則于先王之道遂大 図長也 詩·大雅其詩孔碩，其風肆好 傳肆，長也 図弃也 揚雄·長楊賦故平不肆險。安不忘危 註服虔曰：肆，弃也 図小爾雅突也 詩·大雅是伐是肆 傳肆，疾也 箋肆，犯突也 疏肆爲犯突，言犯師而衝突之 左傳·文十二年若使輕者肆焉其可 註肆，暫往而退也 図周禮春官·小胥凡縣鍾磬，半爲堵，全爲肆 註編縣之二八十六枚在一虡謂之堵。鍾一堵，磬一堵，謂之肆 左傳·襄十一年歌鍾二肆 註肆，列也。縣鍾十六爲一肆。二肆三十六枚 図官名 周禮·地官肆長，各掌其肆之政令 図姓 何氏姓苑有漁陽太守肆敏 図祭名史記·周本紀肆祀不答 図集韻息七切音悉。放也 図yì 韻會羊至切。與肄同 五音集韻習也，嫩條也 禮·玉藻肆束及帶，勤者有事則收之，走則擁之 註肆讀爲肄。肄，餘也 釋文肆，音肄 図音陝 禮·禮器其出也，肆夏而送之，蓋重禮也 註肆夏，當爲陝夏 釋文肆，依注作陝，古來切 図集韻他歷切音逷。解也 禮·郊特牲腥肆爛胹祭 註治肉曰肆 疏肆，剔也 釋文肆，救歷切 周禮·地官·大司徒祀五帝，奉牛牲，羞其肆 註鄭司農云肆，陳骨體也 士喪禮曰：肆，解去蹄 疏羞，進也。肆，解也。謂於俎上進所解牲體於神座前 釋文肆，他歷切。𡇢又肆66054肆70993𦘸64773 図字彙𦙤，古文肆 図肆，金文同肆，見 洹子孟姜壺

𦘞 46891 24069
sù_7.13　字彙補古文肅46889字。

𦘧 46892 u2B194
null_7.13　或俗肆。

肅 46893 u2661C
sù_7.13　同肅46902古文蕭46889

肅 46894 u2661B
sù_7.13　同肅46902 說文肅，古文蕭46889

肇 46895 24070
zhào_8.14　廣韻治小切 集韻 韻會 正韻直紹切丛音趙 說文擊也 図廣韻始也 書·舜典肇十有二州 傳肇，始也。又 仲虺之誥肇我邦于有夏 傳始我商家國于夏世 図正韻 齊語慱本肇末 註慱，等也。肇，正也。謂先等其本，以正其末也 図敏也 爾雅·釋言肇，敏也 書·酒誥肇牽車牛，遠服賈 図長也 爾雅·釋詁肇，謀也 詩·大雅肇敏戎公，用錫爾祉 傳肇，謀也 釋文韓詩云長也。図山名 山海經華山青水之東有山，名曰肇山 図與兆同 詩·大雅以歸肇祀 傳肇，始也。始歸郊祀也 箋肇，郊之神位也 疏肇，宜作兆 春官·小宗伯云兆五帝于四

郊是也。又 商頌 肇域彼四海 箋 肇當作兆 疏 言正天下之經界，以四海爲兆域 図 集韻 杜皓切音道。擊也。

鋚 又 敫21692肇46906肁46879肇46896 図 正字通 肇本作肇46898，同肇46907

肇 46896 24071
zhào_8.14　集韻 同肇 図 韻會 戟屬。

肄 46897 u2B195
null_8.14　未詳。

肇 46898 u2661F
zhào_8.14　肇46895本字。

肄 46899 u2661E
yì_8.14　玉篇 肄，籀文肄46888

肅 46900 u2661D
sù_8.14　同肅46891俗肅46902古文肅46889

肅 46902 24073
sù_9.15　玉篇 古文肅46889字。

瞉 46903 u26622
null_9.15　未詳。

書 46901 24072
shū_9.15　說文 書本字。

斲 46904 24074
zhuó_10.16　正字通 同斳。

肅 46905 24075
null_11.17　字彙補 音未詳。姓也 南史·傅綽傳 綽依湘州刺史肅循。

肇 46907 u26625
zhào_11.17　同肇46896

肇 46906 u26626
zhào_11.17　俗肇46895 可洪音義 肇興：上直沼反。始也。

肅 46908 u26627
vě_13.19　喃 从畫尾vī聲△肅幀：繪畫△亦作 挮19801

肄 46909 24076
sì_14.20　字彙補 古文肄46890字。

• 肉部 •

肉 46910 24077
ròu_0.6　古文宍 唐韻 如六切 集韻 韻會 正韻 而六切，並戎入聲 說文 胾肉，象形。本書作冈 易·噬嗑 噬乾肉 禮·孔子閒居 觴酒豆肉 左傳·莊十年 肉食者鄙 管子·水地篇 五藏已具，而後生肉 又 心生肉。五肉已具，而後發爲九竅 図 正字通 禽鳥謂之飛肉 揚子·太玄經 明珠彈于飛肉，其得不復 図 肉刑 史記·孝文帝紀 法有肉刑三 註 黥、劓二，左右趾合一，凡三 図 芝草名 抱朴子·儒藥卷 五芝者，有石芝，有木芝，有草芝，有肉芝 図 視肉，獸名。見 山海經。郭璞註：視肉，形如牛肝，有兩目，食之無盡，尋復更生如故 図 土肉，生海中。色黑，長五寸，大如小兒臂，有腹，無口耳，多足，可炙食 本草 李時珍曰：此蟲魚之屬，與土精名封同類 郭璞·江賦 土肉石華 図 本草 人頂生瘡，五色如櫻桃，破則自頂分裂，連皮剝脫至足，名曰肉人 夏子益·奇疾方 常飲牛乳卽消 図 釋名 肉，柔也 図 集韻 韻會 正韻 柔如又切音輮。錢璧之體 爾雅·釋器 肉倍好謂之璧 註 肉，邊也。好，孔也 釋文 肉，如字。又如授反 図 錘體爲肉 前漢·律歷志 圜而環之，令之肉倍好者 註 錘之形如環，體爲肉，孔爲好 図 肥滿也 禮·樂記 使其曲直、繁瘠、廉肉、節奏，足以感動人之善心而已矣 疏 肉謂肥滿 又 寬裕肉好，順成和動之音作，而民慈愛 註 肥也 釋文 肉而救反 図 史記·樂書 寬裕肉好 註 肉好，言音之洪美 図 集韻 儒遇切音孺。肌肉也 図 韻會 正韻 柔而由切音柔。邊也。

冈 正字通 音腴 周禮·地官·大司徒 其民豐肉而庳。劉昌宗讀 鋚 又 冈41020冈02718突45437突41059宍12023宍11996

月 46911 24078
ròu_0.6　正字通 肉字偏旁之文。本作肉，石經改作月，中二畫連左右，與日月之月異。今俗作月以別之。 鋚 又 肉46912

肉 46912 u2F81
ròu_0.6　同肉46910部首專用字。亦作月46913

月 46913 u2EBC
ròu_0.6　同月46911，肉字旁。

肊 46914 24079
yì_1.7　唐韻 於力切音憶 說文 胷骨也 博雅 肊，匈也 図 廣韻 氣滿也△集韻 作肊 類篇 或作臆。鋚 肊46927

肋 46915 24080
lè_2.8　唐韻 盧則切 集韻 韻會 正韻 歷德切肗音勒 說文 脅骨也 廣韻 脅肋 正韻 脅幹 釋名 肋，勒也。檢勒五臟也 図 jīn 集韻 舉欣切音斤。肉之力也。與筋41897同。鋚 又 肕47798 図 可洪音義 脅勖70559：上許刧反。下來得反。

肌 46916 24081
pǐ_2.8　玉篇 普密切 五音集韻 譬吉切肗音匹。吹肉也。

肌 46917 24082
jī_2.8　唐韻 居夷切 集韻 居狋切，肗音飢 說文 肉也 玉篇 肌，膚也 正韻 膚肉 正字通 人身四支附骨者皆曰肌 釋名 肌，懅也。膚幕堅懅也 図 密肌，蟲名 爾雅·釋蟲 密肌，繼英 註 未詳 図 韻會 或作肵 列子·黃帝篇 肌骨不礇 図 jì 集韻 居氣切音旣。體也。

肔 46918 24083
chì_2.8　玉篇 丑一切音抶。肥滑貌。

肍 46919 24084
qiú_2.8　唐韻 巨鳩切 集韻 渠尤切肗音求 說文 孰肉醬也 廣韻 乾肉醬也。鋚 新撰字鏡 渠畱反。干肉醬也。段注 說文：疑乾是。

肐 46920 24085
qì_2.8　唐韻 許訖切音迄 說文 振肐也 玉篇 振眸也 正字通 俗字从此。肐从肉从八，當是祭品之數。舞佾，如其多寡之數爲之隆殺，故从肐。

肎 46921 24086
kěn_2.8　唐韻 苦等切，刻上聲 說文 骨閒肉也 玉篇 今作肯 図 集韻 可亥切音愷 字林 著骨肉也。

肍 46924 24089
dìng_2.8　集韻 同釘

肏 46922 24087
kěn_2.8　說文 肯本字

肱 46930 u2662F
null_2.8　未詳。

肴 46923 24088
yáo_2.8　字彙補 同看

肫 46931 u2662E
null_2.8　未詳。

肙 46925 24090
yuàn_2.8　篇海類編 於願切音怨。小蟲。一曰空也 図 yuān平聲，音冤。動也。又與蜎同。井中蟲也△類篇 本作肙。

肧 46926 41691
pǐ_2.8　字彙補 滂必切音匹 字辨 項肉也。

肞 46927 41692
yì_2.8　篇海類編 烏棘切，音乙◇氣滿也。

肋 46932 uF953
lè_2.8　兼肋。

肭 46928 45084
miǎn_2.8　字彙補 同肪

肑 46929 u26631
fú_2.8　亦作胊、肵，古文服23376 六書故 服，肑古文，卜聲 図 boeg 壮 肑掮：手臂 図 vóc 喃 从肉卜bốc

聲。亦作肐59634△肐弋：身體。肐角：體格。

肏 46933 u808F
cào_2.8 性交。元·石子章·秦脩然竹塢聽琴·第四折
老姑：我肏娘犀□。我當初不要你出家，你強要出家。
如今忍不的也，可跟的人走了也。你上天去，我看鍬撅
你出來；入地去，我看鍬撅出你來下。

肌 46934 24091
féng_3.9 　唐韻　胡岸切音翰　說文　搔生創也 図féng
　集韻　符風切音馮。乳也　玉篇　姝肌。　鋆　又肌46937

肵 46935 24092
qì_3.9 　集韻　乙力切音億。臀骨也。或作臆髓髓　廣
韻　作肵。　鋆　又肵46961 図　直音篇　肵47344，同肵。

肑 46936 24093
dí_3.9 　廣韻　都歷切音的。腹下肉也　類篇　脅也。
図bō　廣韻　集韻　汰北角切音剝　廣韻　同筋　集韻　豕腺。
◆博雅　肑謂之胂　釋名　百卓反 図　集韻　必歷切音壁。指
節聲　玉篇　手足指節之鳴 図　集韻　逋狄切。肑鳴。或從竹
作筋。　鋆　玉篇　廣韻　肑，腹下肉也。

肒 46937 24094
huàn_3.9 　廣韻　集韻　汰胡玩切音換。搔生創也　廣韻
皰肒　集韻　或作疣瘲黗。　鋆　又肌46934 図　直音篇　肒，同。

冃 46938 24095
kěn_3.9 　說文　古文肯46995字〇按　集韻　古文肯字書
作冃。當以　說文　爲正。　鋆　又罔47156罠47144齒47025

肓 46939 24096
huāng_3.9 　唐韻　集韻　汰呼光切音荒　說文　心上鬲下
也　左傳·成十年　居肓之上，膏之下　註　鬲也。　鋆　又肻46962

肧 46940 24097
dū_3.9 　廣韻　當孤切　集韻　東徒切汰音都　廣韻　肧
肚，大腹貌 図　集韻　一曰椎之大者，故俗謂仗頭大爲肧
肚。關中語訛爲肧樞 図　陟加切音爹。義同 図　都故切音
妒。廣腹也。本作肨△　正字通　亦書作炉。　鋆　又肨47036

肔 46941 24098
chǐ_3.9 　廣韻　移爾切　集韻　演爾切，汰音酏　廣韻
肔，裂也　集韻　剮腸也 図　集韻　丑豸切音褫。又賞是切，
弛上聲。義汰同△或作肔。

朋 46942 24099
rèn_3.9 　廣韻　而振切音刃　玉篇　堅肉也　廣韻　牢朋
　類篇　堅柔也　管子·心術篇　人能正靜者，筋朋而骨強
　註　朋，筋堅也。　鋆　又肕48575靭67145 図　可洪音義　柔
朋22343；而振反。

肖 46943 24100
xiào_3.9 　唐韻　私妙切　集韻　仙妙切汰音笑　說文　骨
肉相似也。從肉，小聲　玉篇　似也　書·說命　說築傅巖之
野，惟肖　傳　肖，似也。又　禮·中庸　夫婦之不肖　揚子方言
肖，法也。西楚梁益之閒曰肖　註　肖者，似也　博雅　肖，
類也 図　小也　揚子方言　趙、肖，小也 図xiāo　韻會　思邀
切　正韻　先彫切汰音宵。衰微也　史記·太史公自序　申呂
肖矣　註　徐廣曰：肖音痟，痟猶衰微也 図　失散也　莊子·列
禦寇　達於知者肖　註　肖，失散也 図　人名。周肖，魏臣，
見　戰國策　△　集韻　或作俏。亦作宵。

肌 46944 24101
wù_3.9 　字彙　五寡切音瓦。斷足也。　鋆　俗刖03309
新修玉篇　肉部引龍龕　肌，音兀。斷足也。

胘 46945 24102
něi_3.9 　廣韻　人渚切　集韻　忍與切汰音汝　玉篇　魚
敗　廣韻　魚不鮮　集韻　魚敗曰鮑，肉敗曰胘。　鋆　正字通　俗
餒69116字。胡吉宣：同腇47320俗省 図敽46958肔47134

胐 46946 24103
xūn_3.9 　五音集韻　許運切音訓。羊臄也。通作臐　字
彙　羊羹也。

肘 46947 24104
zhǒu_3.9 　唐韻　集韻　陟柳切　韻會　陟肘切汰音疛　說
文　臂節也。從肉从寸。寸，手寸口也　徐曰　寸口，手腕
動脈處也　詩·小雅·如矢斯棘箋　如人挾弓矢，戟其肘
　禮·玉藻　袂可以回肘。又　深衣　袼之高下，可以運肘　左
傳·成二年　張侯曰：自始合而矢貫余手及肘 図　釋名　肘，
注也。可隱注也 図　正字通　爲人捉其肘而留之，亦曰肘
　後漢·孔融傳　欲命駕，數數被肘　杜甫·遭田家泥飲美嚴
中丞詩　久客惜人情，如何拒鄰叟。高聲索果栗，欲起時
被肘 図　書名　前漢·藝文志　彊弩將軍王圍肘法五卷　抱
朴子·地眞卷　崔文子·肘後經 図　韻會　一曰一肘二尺，一
曰一尺五寸爲一肘，四肘爲一弓，三百弓爲一里△　集
韻　或作肚。通作膞。　鋆　又　正字通　肘　六書故　从又作
肰23363義同 図　又書名　前漢·藝文志　彊弩將軍王圍肘法
五卷。徐慧：肘法，射法之誤。

肙 46948 24105
yuàn_3.9 　唐韻　烏玄切音淵　說文　小蟲也。一曰空也
図撓　周禮·冬官考工記·廬人　刺兵欲無肙　註　撓也。
図　類篇　縈絹切音眴。義同△亦作肙。　鋆　又肙05838

肚 46949 24106
dǔ_3.9 　廣韻　當古切　集韻　韻會　董五切汰音賭　廣
韻　腹肚　集韻　胃也　正字通　俗呼曰肚　博雅　胃謂之肚。
図　廣韻　正韻　汰徒古切音杜。義同 図　正字通　方音讀曰
睹　韓愈詩　腸肚鎮煎熬　註　音視。　鋆　又膳47579肚37387
肚47032

肛 46950 24107
gāng_3.9 　廣韻　集韻　汰古雙切音江　廣韻　脬肛，脹大
也　埤蒼　脬肛，腹脹也　六書故　大腸端，肛門也　史記·倉
公傳　肛門，重十二兩　註　肛，紅也。言其處似車釭。故
曰釭門，卽廣腸之門 図　正字通　肛大貌　韓愈·贈張籍詩
連日挾所有，形軀頓脬肛 図　廣韻　許江切　集韻　韻會　虛
江切汰音舡　博雅　肛，腫也 図　集韻　胡公切音洪。義同。
　鋆　又訌14663

肜 46951 24108
róng_3.9 　廣韻　以戎切　集韻　韻會　余中切　正韻　以中
切汰音融　祭名　爾雅·釋天　繹，又祭也。商曰肜　疏　肜
者，相尋不絕之意　書·高宗肜日傳　祭之明日又祭也。
図　姓　前漢·古今人表　肜魚氏　註　黃帝妃 図chēn　韻會　癡
林切　正韻　丑林切汰音琛　正韻　船行貌。

肝 46952 24109
gān_3.9 　唐韻　古寒切　集韻　韻會　正韻　居寒切汰音
干　說文　木藏也。生於木，魄所藏　正字通　左三葉，右四
葉，以膽爲府，附脊第九椎爲陽中，少陽通於春氣　素問
曰：肝者，將軍之官，謀慮出焉　釋名　肝，幹也。五行屬
木，故其體狀有枝幹　詩·大雅·或燔或
炙傳　炙用肝　禮·月令　其祀門，祭先肝　淮南子·精神訓　肝

爲風图白虎通肝之爲言干也图肝榆，海外國名山海經肝榆之尸，在大人北。

育
yù_3.9　正字通育本字字彙謂从云作育，非。

胘
xián_3.9　唐韻胡田切音賢說文牛百葉也。从肉，弦省聲。

胈
chā_3.9　篇海類編音叉。骰、胈、脯也。

肝
xū_3.9　玉篇許于切。鄉名。䲮集韻肝，匈于切。肝眙，縣名。通作盱37369

肯
xū_3.9　石鼓文其䢔肯來，鄭作肝。

肭
rǔ_3.9　奚韻人舉切音汝。魚不鮮也。

胒
huàn_3.9　奚韻胡玩切音換。皰胒也。

胂
shàn_45085　龍龕音訕
肠
cháng_3.9　简腸47586

胑
qì_45086　篇海類編同胑。

肓
huāng_3.9　肓46939本字。見說文

肥
féi_u2663A　直音篇肥，同肥46975

肟
wò_u809F　英文有機化合物oxime之音譯。

胅
jué_4.10　廣韻集韻丛古穴切音玦說文孔也廣韻孔胅丛集韻膝桂切音橜。義同。䲮本作肢47153

脔
zhì_4.10　◆正韻之夜切音蔗韓愈·元和聖德詩萬牛臠脔。

胼
piàn_4.10　廣韻普麵切集韻匹見切丛音片·半體也。

股
gǔ_4.10　唐韻公戶切韻會果五切丛音古說文髀也韻會脛本曰股，輔下體者易·說卦巽爲股疏股隨於足，則巽順之謂，故爲股也詩·小雅赤芾在股傳脛本曰股前漢·高五王傳因退立，股戰而栗註股，脚也。戰者，懼之甚也图釋名股，固也。爲强固也图車上近轂者亦名股周禮·冬官考工記·輪人參分其股圍註股，謂近轂者也方言股以喻其豐图磬上亦有股周禮·冬官考工記磬氏爲磬，其博爲一，股爲二，鼓爲三註股，磬之上大者也图國名山海經長股之國，在雄常北△集韻或作肽。亦作骹。䲮又胈47151

肢
zhī_4.10　廣韻集韻韻會丛章移切音支廣韻骹躰集韻體四胑也。或作肢、骹，通作支管子·君臣篇四肢不通，六道不達图腰肢庾肩吾詩非關能結束，本自細腰肢图shì五音集韻矢利切，屍去聲。佚也。䲮又胑70616骹59642

肮
wǎn_4.10　集韻古緩切音管。胃府也。一曰卽胃脯漢書·貨殖傳濁氏以胃脯連騎。本作脘五音集韻通作脘图ruǎn五音集韻虞遠切音阮。人陰異呼。䲮肮，从月，月光微也。

胉
hán_4.10　廣韻胡男切音含玉篇舌也廣韻排囊柄也。又同肣图集韻戶感切音頷。牛腹也图qín集韻韻會丛渠金切音琴集韻斂也。灼龜首仰足胉史記·龜筴傳胉開註音琴。胉謂兆足斂也图hán集韻胡南切音含。肥牛脯。或从含。䲮又胉47312賂57769晗37706图龍龕胉47594俗，胉正图卍新纂續藏本唐·宗密述圓覺道場禪觀法事禮懺文·卷第五晗䐥肩膊誠爲異，兩頰雙肩現不同。熊加全：晗22612爲胉字之俗。

股
hē_4.10　字彙呼合切音姶。肥也。䲮集韻作股47052

胕
fū_4.10　廣韻甫無切。與膚同。

肥
féi_4.10　唐韻集韻韻會正韻丛符非切音腓說文多肉也。从肉从卪，會意徐曰肉不可過多，故从卪寓戒禮·禮運安之以樂而不達于順，猶食而弗肥也图博雅肥，盛也图廣韻肥腯蔡邕·獨斷凡祭宗廟禮牲之別名，豚曰肥腯詩·小雅既有肥牡，以速諸舅左傳·桓六年博碩肥腯图田有肥瘠書·禹貢·厥田惟中中傳田之高下肥瘠。九州之中爲第五图馬亦稱肥前漢·食貨志冠蓋相望，乘堅策肥图饒裕也易·遯卦上九，肥遯疏肥，饒裕也图幡名吳語建肥胡註肥胡，幡名图鳥名山海經英山有鳥焉，其名曰肥遺图蛇名山海經太華之山有蛇焉，名曰肥、蠣註肥、蠣，皆毒蟲也图水之初出同流者名肥爾雅·釋水歸異出同流，肥疏謂小水支分歸入大水則異，其泉源初出，則同流者名肥。图水名詩·衛風我思肥泉疏肥泉，是衛水也图地名前漢·地理志合肥註屬九江郡。應劭曰：夏水出父城東南，至此與淮合，故曰合肥图縣名史記·高祖功臣年表肥如侯蔡寅註肥如，縣名，屬遼西图國名左傳·昭十二年秋八月壬午滅肥註肥，白狄也图姓史記·趙世家先問先王貴臣肥義图人名。季康子名肥。見左傳·哀三年图bǐ集韻補美切音秕。薄也。列子·黃帝篇口所偏肥，晉國黜之註薄也图水名肥者，通作淝詩·衛風我思肥泉釋文肥，或作淝。䲮又肥46963

胵
fén_4.10　廣韻集韻正韻丛符分切音汾廣韻大首貌集韻一曰衆貌。亦作頒正韻亦作頒图bān廣韻布還切集韻韻會正韻逋還切丛音班集韻顂顂謂之胵图韻會賦也禮·王制名山大澤不以胵釋文胵讀爲班。賦也儀禮·聘禮胵肉及廢車註胵，猶賦也釋文音班。䲮辰集·月部胵23374胵、胵混用。

胖
pàn_4.10　集韻薄半切音畔。肉也。䲮又胖47118

肘
zhǒu_4.10　集韻陟柳切。與肘同图揚子·太玄經冠威肘，履全履註威肘，敗也图niǔ廣韻女久切音狃。食肉也图ròu集韻如又切音肉。肉善者。本作脨图nǔ而六切音肉。鼻出血也。本作衂。

胑
zhī_4.10　字彙同胝

肕
rěn_4.10　古文胝廣韻如甚切集韻忍甚切丛音衽說文大臡也廣韻肉汁集韻

或作餤毲乏。通作餤。鑒又胚47033

肧 46981 24129
pēi_4.10　廣韻芳杯切韻會鋪枚切正韻鋪杯切丛音坏說文婦孕一月也正字通一月未生肌肉，故从不囵廣韻匹尤切集韻披尤切丛音飆集韻肧胎，未成物之始。或从血正字通又器物未成者亦曰肧。俗作胚。鑒正字通肧46982俗胚字。

肧 46982 24130
pēi_4.10　集韻鋪枚切音胚。肉醬未成醬。

胖 46983 24131
pàng_4.10　廣韻正韻匹絳切集韻匹降切丛音炸玉篇胖，脹也廣韻臭貌囵pāng集韻披江切。與胮同。胮肛，腫也。亦作䐒、胮囵fēng敷容切音丰。肉尚

鑒又胅47405痒36183

肩 46984 24132
jiān_4.10　唐韻古賢切集韻韻會正韻經天切丛音堅說文髆也。从肉，象形徐曰象肩形，指事也廣韻項下正韻髆上六書故臂本曰肩囵爾雅·釋詁肩，克也詩·周頌佛時仔肩傳仔肩，克也箋仔肩，任也書·盤庚朕不肩好貨傳肩，任也。我不任好貨之人囵韻會勝也。肩強能勝重堪任義爾雅·釋詁肩，勝也囵釋名肩，堅也。甲闔也。與胸脇皆相會闔也囵息肩左傳·襄二年鄭子駟請息肩於晉註欲辟楚役，以負擔喻囵比肩爾雅·釋地北方有比肩民焉，迭食而迭望又西方有比肩獸焉，與邛邛岠虛比，爲邛邛岠虛齧甘草，即有難，邛邛岠虛負而走，其名謂之蟨囵獸三歲曰肩詩·齊風丛驅從兩肩兮傳獸三歲曰肩囵鳥名禮·月令·季冬之月征鳥厲疾註征鳥，題肩也。齊人謂之擊征囵集韻作也，勝也囵姓正字通肩龍明，金人。肩固，洪武中貢士，泰和人囵人名禮·檀弓公肩假左傳·桓五年周公黑肩將左軍註黑肩，周桓公也囵集韻丘閑切音牽。髆也囵胡恩切音痕。肩肩，羸小貌莊子·德充符闉跂支離無脈說衛靈公。靈公說之，而視全人，其脰肩肩音義胡恩反。羸小貌。又直貌囵xián五音集韻胡田切音賢。義同莊子·德充符·肩肩音義又胡咽反。鑒又屑12983腨19101肩47062肩47124

朋 46985 24133
yìn_4.10　唐韻羊晉切集韻羊進切丛音胤◆說文瘢也。一曰遽也五音集韻脊肉也囵zhèn廣韻直引切集韻丈忍切丛音紖廣韻杖痕腫處。鑒又名義胹47029餘刃反。瘢，劇也，黃09934字。

肪 46986 24134
fáng_4.10　唐韻甫良切集韻分房切丛音方◆說文肥也徐曰本草有鴈肪，鴈脂也玉篇脂肪揚子·太玄經脂牛正肪，不濯釜而烹囵廣韻集韻丛符方切音房。義同。

肫 46987 24135
zhūn_4.10　唐韻章倫切集韻正韻朱倫切，丛音諄說文面頯也。从肉，屯，意兼聲正韻懇誠貌禮·中庸肫肫其仁註肫肫，讀如誨爾忳忳之忳。肫，懇誠貌囵五音集韻子罪切音膗。義同囵chún集韻殊倫切音純。腊之全者儀禮·士昏禮肫髀不升註肫，全也釋文音純囵tún徒渾切音屯。腿肫，䐗也。或作鈍。亦作麨、粨囵主尹切音準。頤也。囵zhuó朱劣切音拙。面骨五音

集韻面秀骨。鑒又肭47027

肬 46988 24136
yóu_4.10　唐韻羽求切集韻正韻于求切，丛音尤說文贅也博雅肬，腫也釋名肬，丘也。出皮上聚高如地之有丘也荀子·宥坐篇曾未如肬贅楚辭·九章竭忠誠以事君兮，反離羣而贅肬註贅肬，過也集韻或作疣。

肭 46989 24137
nà_4.10　廣韻集韻韻會丛女六切音恧說文肭，朔而見東方，謂之縮肭徐曰行太疾也囵nè集韻奴骨切音訥。膃肭，肥也囵正字通海狗之腎曰膃肭臍囵廣韻集韻丛女滑切音豽。義同。鑒从月作胹23373，音nù，从肉作肭，形近而混囵臑47468

肮 46990 24138
háng_4.10　廣韻呼郎切集韻寒剛切丛音亢類篇咽也史記·劉敬傳不搤其肮註肮，喉嚨也廣韻肮大脈也集韻大脈謂之肮囵gāng五音集韻古郎切音岡。星名。一曰亢父縣囵正韻下黨切音沆。義同。

胥 46991 24139
xū_4.10　正字通古文胥字◆楊慎曰：文選·七發弭節五子之山，通屬骨母之場。胥當作胥史記吳王殺子胥，投之於江。吳人立祠江上，因名胥母山。古胥作胥，其字似骨。

匈 46992 24140
xiōng_4.10　集韻許容切音匈。膺也。與胷同。

肯 46996 24144
kěn_4.10　廣韻同肯

胪 46993 24141
dū_4.10　正字通同肫

胣 46994 24142
chǐ_4.10　字彙昌脂切，音癡◇脆胣，鳥藏也。

肯 46995 24143
kěn_4.10　古文肎正韻苦等切，剋上聲爾雅·釋言肯，可也詩·衞風惠然肯來箋可也前漢·高帝紀高帝數讓，衆莫肯爲囵集韻可亥切音愷字林著骨肉也莊子·養生主技經肯綮之未嘗註著骨肉也。肯，著也△集韻或作肎、肯。鑒又肎11994肎46921同02704肎46922齿47025胃47156𦝛26594囵肎47049俗漢隷字源引西嶽華山亭碑囵爾雅音義肯，或作古胃47144字。

肰 46997 24145
rán_4.10　古文肞胘腸玉篇而旃切唐韻集韻丛女延切音然說文犬肉也。鑒字彙補胅37713，胅字之譌。

肱 46998 24146
gōng_4.10　古文厶厷厺廣韻古弘切集韻姑弘切丛音觥。臂上也正韻臂幹書·臯陶謨帝曰：臣作朕股肱耳目詩·小雅麾之以肱傳肱，臂也囵國名山海經奇肱之國，其人一臂三目，有陰有陽，乘文馬囵人名左傳·襄二十二年鄭公孫黑肱史記·魯周公世家子成公黑肱立。鑒又𥅆05167囵龍龕厶厶05054，古弘反。二囵胘47111偏類碑別字·肱引齊高叡修寺碑囵直音篇〈14558，古文肱字。

胿 46999 24147
guì_4.10　集韻古對切音憒。本作膭。膭要者，忽轉動而跐正字通腰忽痛也。

肶 47000 24148
pì_4.10　廣韻譬吉切音匹玉篇肚肥也廣韻牝肶。鑒牝肶，方言，女陰。嬉肶，性交，俗作希匹囵龍龕胅47070俗肶正，音疋，肚肥也。

育 47001 24149
yù_4.10 集韻 韻會 正韻 夶余六切音昱 說文 養子
使作善也 廣韻 養也 易·蒙卦 君子以果行育德 註 育德
者，養正之功也 疏 育養其德 又 爾雅·釋詁 育，長也
詩·邶風 旣生旣育 箋 育謂長老也 書·盤庚 我乃劓殄滅
之，無遺育 傳 育，長也 晉語 正名育類 註 育，長也。
又 生也 禮·中庸 發育萬物 註 育，生也 又 覆育也 詩·小
雅 長我育我 箋 育，覆育也 又 幼稚也 詩·衞風 昔育恐育
鞫 箋 昔育，昔幼稚之時也 又 地名 前漢·地理志 育陽 註
屬南陽郡 又 集韻 亦姓 又 zhòu 集韻 直祐切音胄。胤
也 又 韻會 通作鬻 詩·豳風 鬻子之閔斯 禮·樂記 毛writers孕鬻
註 鬻，生也。又 集韻 或作毓 前漢·五行志 孕毓根荄。
鎏 又 育46953 毒35276 袁54220 餚69142 䏶27206 又 龍龕
脂47454俗，育正 又 玉篇 䏶27202，同育。

肝 47002 24150
tān_4.10 集韻 他甘切音甜。膚肉壞也。鎏 亦作
肭47115 又 䏶48654或肝字俗訛。

肳 47003 24151
wěn_4.10 集韻 武粉切。同吻 說文 口邊也。或作脗、
吻，通作脗 又 集韻 暮拜切音眜。冥目遠視也。一曰久
也。

肽 47004 24152
tǎn_4.10 唐韻 集韻 夶他感切音㽎 說文 肉汁滓也。
从肉、尤，意兼聲 通雅 肽卽涪之滓 又 dàn 集韻 丁紺切
音馾。肽臢，短醜貌。韻會 虎視也。鎏 月部肰23375

肴 47005 24153
yáo_4.10 唐韻 胡茅切 韻會 正韻 何交切夶音爻。說
文 啖也 徐曰 謂已修庖之，可食也 玉篇 俎實。又 啖肉也
廣韻 凡非穀而食曰肴 正字通 豆實俎醢也 詩·大雅 爾肴
旣馨 前漢·王丹傳 載酒肴於田閒，候勤者而勞之 集韻
或作餚。鎏 又 斉46923 肴47021 胥47448 脀47336 又 前漢·王
丹傳。徐慧: 後漢

肵 47006 24154
jìn_4.10 集韻 居焮切音靳。敬也 禮·郊特牲 肵之為
言敬也 又 qí 集韻 韻會 夶渠希切音祈。盛心舌之俎 儀
禮·特牲饋食禮 佐食升肵俎 註 肵，音祈，謂心舌之俎也
禮·曾子問 祭殤不舉肺，無肵俎 註 肵俎，利成禮之施於
尸者 疏 肵是尸之所食，歸餘之俎，以其無尸，故無肵
俎 釋文 肵，音祈。

肶 47007 24155
pí_4.10 廣韻 房脂切 集韻 頻脂切夶音毗。本作膍
說文 牛百葉也。一曰鳥膍胵 儀禮·旣夕 東方之饌四豆
脾析 註 脾讀為雞脾肶之脾，牛百葉也 又 爾雅·釋詁 肶
厚也 註 肶，輔，皆厚重 又 集韻 騈迷切音鼙。義同。
又 bì 必至切音畀。祠也 五音集韻 以豚祠司命也。
又 五音集韻 傍禮切音陛。髀股也。

肸 47008 24156
xù_4.10 玉篇 許律切 五音集韻 呼出切夶音颭 玉
篇 牛肉也。

肵 47009 24157
xī_4.10 唐韻 羲乙切 集韻 韻會 正韻 黑乙切 說文
肸布也。从十从肸 徐曰 肸，振肸也 前漢·司馬相如傳 肸
蠁布寫 註 肸蠁，盛作也。又 揚雄傳 薌呹肸以掍根兮，
聲硈𨻴隱而歷鐘 註 言風之動樹，聲響振起眾根，合同硈
隱而盛，歷入殿上之鐘也。根猶株也 左思·蜀都賦 景福
肸蠁而興作 註 韋昭曰: 肸蠁，濕生蟲，蚊類是也。大福
之興如此蟲騰起矣 又 正韻 佛肸，大貌。又 人名。
又 西域名 前漢·西域傳 四曰肸頓翎侯 又 人名。公孫肸，
鄭大夫。見 左傳·襄三十年。又 前漢·功臣表 疆圉侯留
肸 又 廣韻 集韻 韻會 夶許訖切音迄。又 集韻 顯結切音
奊。義夶同 又 bì 集韻 兵媚切音祕。邑名，在魯 史記·魯
世家 作肸誓 註 魯東郊之地名 尚書 作費 △ 通作肸。
鎏 又 脁47039 肺47500 肬46935

肸 47010 24158
xī_4.10 正韻 同肸

肺 47011 24159
fèi_4.10 廣韻 集韻 韻
會 芳廢切，音怖。說文 金藏也 玉篇 肺之言敷也 正字通
肺主藏魄，六葉兩耳，凡八葉，附脊第三椎，配胷中與
大腸表裏，為陽中大陰，通於秋氣 素問 肺者，相傳之
官，治節出焉 禮·曲禮 年穀不登，君膳不祭肺 註 禮食
殺牲則祭先。有虞氏以首，夏后氏以心，殷人以肝，周
人以肺。不祭肺，謂不殺牲為盛饌也。又 月令 孟夏之
月祭先肺 史記·樂書 商動肺而和正義 淮南子·精神訓 肺
為氣 釋名 肺，敕也。言其氣敕鬱也 博雅 肺，費也。
又 肺石 周禮·秋官·大司寇 以肺石達窮民 註 肺石，赤石
也 疏 必使之坐赤石者，使之赤心不妄告也 又 正韻 削
木札 史記·惠景閒侯者年表 諸侯子弟若肺腑 註 喻人
主疎末之親，如木札出於木，樹皮附於樹也 前漢·楚元
王傳 臣幸得託肺附 註 一說肺謂斫木之肺札也 揚子·太
玄經 肺附乾餱 註 削曰肺，柿曰附 正字通 柿附木如肺
附肝，柿、肺與肺別，此義之不可通者也 韻會 讀書通 不
詳考，肺譌為肺，肺譌為柿，皆謂肺、肺、柿音義互通，
誤也 又 pèi 廣韻 集韻 韻會 夶普蓋切音霈 廣韻 茂貌
詩·陳風 東門之楊，其葉肺肺 傳 盛貌 釋文 普貝反，又
蒲貝反 又 集韻 或作肺 詩·大雅 自有肺腸 釋文 肺本又
作肺。鎏 又 肸47037 又 經典文字辨證書 肺47150正肺通。

肺 47012 24160
miǎo_4.10 正字通 弭沼切音杪。肺在季脅下、俠脅
兩旁虛㬫處，腎外當肺。王冰說 素問 曰: 邪客入于太
陰之絡，令人腰痛，引小腹控肺，不可以養息。

脺 47013 24161
zuì_4.10 篇海 則外切，音醉◇拜失容也。
鎏 俗脺47385

朘 47014 24162
zuǎn_4.10 篇海 音纂。脂也。

脊 47015 24163
qì_4.10 字彙補 與肵同。

肚 47016 24164
dū_4.10 字彙補 丁姑切音都。大腸也。

肴 47021 45088
yáo_4.10 龍龕 同肴

炒 47017 41696
chǎo_4.10 川篇 初校切
音妙。少也。鎏 直音篇 肕，同炒。

胤 47018 24220
yìn_4.10 古文 𦞤 廣韻 羊晉切 集韻 羊進切 正韻 羊
進切，並音酳，或寅去聲。◇說文 子孫相承續也。从肉
从八，象其長也。幺亦象重累也 韻會 繼也，嗣也 書·洛
誥 予乃胤保，大相東土 傳 我乃繼文武安天下之道，大
相洛邑。又 高宗肜日 王司敬民，罔非天胤 傳 王者主民，

當敬民事。民事無非天所嗣常也 図 習也 詩·大雅 永錫
祚胤 傳 胤，習也 図 廣韻 國名 書·胤征 胤侯命掌六師
図 姓。 鑒 肎 避世宗雍正帝胤禛諱 図 胤 47050 亂 00470
俋 01364 胤 32468 嵀 47366 俒 01449 胤 47260 統 16702

胹 47019 41697
yì_4.10　　川篇 音詣。恨視也。

朐 47020 45087
chǔn_4.10　　篇海類編 與胸同。

夯 47022 45089
tūn_4.10　　字彙補 吞字之譌。

胑 47023 45090
zhī_4.10　　字彙補 同胝。亦作胘。

胘 47024 45091
zhī_4.10　　篇海類編 同胑。

齿 47025 45092
kěn_4.10　　五音篇海 同肯。

脉 47028 45095
shuǐ_4.10　　龍龕 音水。

斉 47026 45093
qí_4.10　　龍龕 同臍。

鑒 又俗齊 75525 偏類碑別字 引 齊比丘法朗造象

脆 47027 45094
zhūn_4.10　　搜真玉鏡 同肫。

肀 47030 u2B198
null_4.10　　喃 未詳。

朒 47029 45096
zhèn_4.10　　字彙補 同朌。

脚 47031 u2B197
null_4.10　　未詳。

肞 47034 u2666E
tim_4.10　　喃 从肉从
心，心tâm亦聲△果肞：心臟。肞顲：内心深處。

肚 47032 u2B196
dǔ_4.10　　俗肚46949 新撰字鏡 肚，徒戶反。上腹也。

肛 47033 u2F981
rèn_4.10　　同肛46979

肌 47035 u26665
họng_4.10　　喃 从肉
孔 khổng 聲。喉嚨 図 hơng 壯 臟肌：喉管。

肶 47036 u26664
dū_4.10　　俗肶46940 新撰字鏡 肶脈：脈，戶始反。
六付之類，太腸也 図 tún 俗豚57170 四聲篇海 徒門切。
猪子也 図 ěr 俗眲27338 可洪音義 寶肶：人志反。氄肶，
羽毛飾也。正作眊也。又音胃，怳 敦煌·S.6204 字
實·去聲字 人肶膜，冒燥。

肦 47042 u26655
null_4.10　　未詳。

肺 47037 u26663
fèi_4.10　　同肺47011 文
淵閣四庫本 六書故 瘻，按：瘻乃萎弱。醫書有五瘻，又
有脈瘻、陰瘻，皆萎弱也 図 mọc 喃 从肉木mộc聲。肉
凍，豬皮凍。又肉丸△脈踓：燒麥。

胸 47038 u2665E
xiōng_4.10　俗胸47185 偏類碑別字 引 唐李良墓誌

肹 47039 u2665D
xī_4.10　　同肸47009 玉篇 肹，許訖切。肹蠁虫。

肭 47040 u2665C
nà_4.10　　同肭47225 類篇 肭，女下切。脁肭，肥皃。
図 nách 喃 从肉厄ách聲。脿。

朔 47041 u2665A
shuò_4.10　　干祿字書 朔朔23396 上通下正。

肻 47043 u26654
null_4.10　　未詳。

肷 47044 u26653
bá_4.10　　同肷47069 龍
龕 肷，蒲末反。脛無毛也。一曰股上小毛也。

斗 47045 u26652
dǒu_4.10　　斗肘，即斗21956肘，穴位名。

亂 47050 u2664C
yìn_4.10　　同胤47166

匢 47046 u26651
hū_4.10　　聯縣字典：
漢書·揚雄傳·法言目·謹問神第五 神心匢怳，經緯萬方。

師古曰：匢讀與忽同。補注：王先謙曰，官本匢作匈。

胙 47047 u26650
zuò_4.10　　正字通 胙47097本作胙。

脆 47048 u2664F
ngực_4.10　　喃 从肉芝ngạc聲。同膪47622胸。

胃 47049 u2664E
kěn_4.10　　碑別字 漢隸分韻 胃，肯46995 華山亭

胁 47053 u80C1
xié_4.10　　简 脅47207

胝 47051 u43DD
zhuān_4.10　　简 膞47780

服 47052 u43DC
hē_4.10　　集韻 服，呼合切。肥也△俗作肥46973
図 俗服23376 廣碑別字 引 北周佛弟子百廿八人造像碑

胀 47054 u80C0
zhàng_4.10　　简 脹47383

肿 47055 u80BF
zhǒng_4.10　　简 腫47562

肾 47056 u80BE
shèn_4.10　　简 腎47431

肽 47057 u80BD
tài_4.10　　化工用字。

肼 47058 u80BC
jǐng_4.10　　化工用字。一種有機化合物。

脄 47059 24165
chēn_5.11　　廣韻 丑人切 集韻 癡鄰切，並音獜 廣韻
申也 集韻 伸身也 図 • 博雅 肕謂之脄，脄謂之膌 図 集
韻 延脂切音夷。夾脊肉。或作胰 図 shēn 升人切音申。
義同。

胃 47060 24166
wèi_5.11　　廣韻 集韻 韻會 于貴切 正韻 于畏切丛音
謂 說文 穀府也。从囷从肉，象形 玉篇 白虎通 曰：胃者，
脾之府，穀之委，故脾稟氣於胃 廣韻 腸胃 釋名 胃，圍
也，圍受食物也 禮·内則 鴇奧鹿胃 史記·貨殖傳 胃脯簡
微耳，濁氏連騎 註 晉灼曰：今大官常以十月作沸湯燖
羊胃，以末椒薑扮之，暴使燥是也 図 韻會 西方宿名
禮·月令 季春之月，日在胃 史記·天官書 胃爲天倉 註
主倉稟，五穀之府也。明則天下和平，五穀豐稔。
図 集韻 本作膶 禮·内則 鴇奧鹿胃 釋文 胃又作膶。
鑒 又胃47607閏47235膶47735

胄 47061 24167
zhòu_5.11　　廣韻 直祐切 韻會 正韻 直又切丛音宙 增
韻 裔也。又系也，嗣也 図 長也 書·舜典 帝曰：夔，命汝
典樂，教胄子 傳胄，長也 図 後也 左傳·襄十四年 謂我
諸戎，是四嶽之裔胄也 註 胄，後也 図 廣韻 亦姓 図 增
韻 國名△ 集韻 或作伷 正字通 與门部甲胄字別，甲胄
下从月，月音冒。此胄字下从肉，自有分也。 鑒 又胃47060
偏類碑別字·胄 引 魏女尚書王僧男墓誌銘

肩 47062 24168
jiān_5.11　　集韻 與肩同。

脉 47063 24169
mò_5.11　　集韻 莫葛切音末。肚也。 鑒 又脉47159

胅 47064 24170
dié_5.11　　廣韻 集韻 丛徒結切音絰 說文 骨差也。从
肉，失意兼聲 廣韻 骨朕 集韻 一曰腫也。一曰連雕肉 博
雅 胅，腫也 淮南子·精神訓 萬物背陰而抱陽，冲氣以爲
和，故曰：一月而膏，二月而胅。 鑒 又胮47297胅47588
胅70600

胜 47065 24171
zhēng_5.11　　廣韻 集韻 韻會 諸盈切 正韻 諸成切丛
音征 集韻 炙魚煎肉曰胜。或作鯖膶煰鯖。 鑒 又䏠62421
鮏62458鯖72477

胆 47066 24172 dàn_5. 11 集韻蕩旱切音但。肉胆也〖又〗dá當割切音怛。膓胆，肥貌〖又〗tán廣韻徒干切集韻唐干切丛音壇廣韻口脂澤也△正字通俗以胆爲膽，非。

胒 47067 24173 bié_5. 11 唐韻集韻丛蒲結切音蹩說文肥肉也廣韻胒沓，肥也〖又〗集韻必結切音彆。義同〖又〗bì薄宓切音弼。本从弗。胇肸，大貌。

胇 47068 24174 bì_5. 11 廣韻房密切集韻薄宓切丛音弼廣韻胇肸，大貌集韻或从必〖又〗fèi集韻芳廢切音怫。金藏也。本作胏詩·大雅·自有胏腸釋文胏，本又作胇。芳廢反。〖又〗五音集韻扶沸切音鷩。乾也。鎏又胒47067胇46594

胈 47069 24175 bá_5. 11 廣韻韻會正韻丛蒲撥切音跋廣韻股上小毛也韻會膚毳皮前漢·司馬相如傳躬傶骿胝無胈註胈，毳膚皮也。言禹勤，骿胝無有毳毛也司馬相如·難蜀父老文韋昭註身中小毛莊子·天下篇禹親自操槖耜，而九雜天下之川，腓無胈，脛無毛〖又〗集韻蒲蓋切音旆。義同〖又〗白肉也史記·司馬相如傳躬胝無胈註胈，白肉也。鎏又胈47044〖又〗字彙㧞32366，白肉。按：此字宜从肉作胈，此从廾，似譌〖又〗清·俞樾諸子平議·卷二九·淮南内篇䇓41093生海人。樾謹按，下文又曰凡䇓者生於庶人。兩䇓字皆胈字之誤。

胒 47070 24176 pì_5. 11 字彙僻吉切音疋。牡胒也。

胉 47071 24177 bó_5. 11 廣韻集韻丛匹各切音粕集韻胸也博雅脅也儀禮·士喪禮去蹄，兩胉脊胏〖又〗集韻伯各切音博。肩甲也五音集韻胷髆也〖又〗博陌切音百。又匹陌切音拍。義丛同△或从專作膊。本作䏶。

朐 47072 24178 qú_5. 11 唐韻其俱切集韻韻會權俱切丛音劬說文脯脡也玉篇脯也韻會申曰脡，屈曰朐禮·曲禮左朐右末註屈中曰朐儀禮·士虞禮朐在南註朐，脯及乾肉之屈也〖又〗遠也管子·侈靡篇觀之風氣，古之祭者，有時而朐註朐，遠也。或遠爲來歲祈福而祭也〖又〗草名爾雅·釋草搴柜朐〖又〗廣韻亦山名〖又〗國名山海經北朐國，在鬱水南〖又〗邑名前漢·五行志取須朐城邿註須朐，邾邑。又地理志臨朐註屬齊郡〖又〗海上地名史記·秦始皇紀於是立石東海上朐界中〖又〗姓。漢朐邴。見鹽鐵論。〖又〗人名前漢·宣元六王傳姬朐臑故親幸，後疏遠〖又〗xū集韻匈于切音訏。朐衍，戎名，在北地〖又〗吁玉切音旭。又詡拱切音洶。義丛同〖又〗chǔn◆廣韻尺尹切音蠢。漢朐䏰，縣名〖又〗◆五音集韻北角切音剝。同笏△集韻或作㽘正韻脯屈中曰朐，从肉从句，與朐不同。朐从日月之月，音吁。鎏朐，車軛〖又〗朐47212

胅 47073 24179 téng_5. 11 玉篇古文疼35918字。

胋 47074 24180 tián_5. 11 集韻徒兼切音甜。肥也玉篇大羹也集韻或作䑙。

背 47075 24181 bèi_5. 11 唐韻韻會補妹切正韻邦妹切丛音輩說文膂也。从肉北聲韻會身北曰背玉篇背脊正字通身之陰也釋名背，倍也，在後稱也易·艮卦艮其背註背者，無見之物也〖又〗手背周禮·冬官考工記·弓人合灂若背手文〖又〗壽也爾雅·釋詁背，壽也詩·大雅黃耇台背。又魯頌黃髮台背傳台背，皆壽徵也〖又〗日旁氣也前漢·天文志暈適背穴註孟康曰：皆日旁氣也。背形如背字也。如淳曰：凡氣向日爲抱，向外爲背〖又〗玉篇堂北曰背詩·衛風焉得諼草，言樹之背傳背，北堂也。〖又〗人名穀梁傳·成十年衛侯之弟黑背帥師侵鄭〖又〗廣韻集韻蒲昧切正韻步昧切，並音佩廣韻弃背集韻違也正韻棄也，孤負也，反面也詩·小雅噂沓背憎書·太甲既往背師保之訓前漢·高帝紀君爲秦吏，今欲背之〖又〗◆五音集韻奴對切音內。義同△正韻亦作偝、倍。鎏又揹20251鞁57766

肚 47076 24182 qì_5. 11 集韻韻會丛乞及切音泣韻會肉羹也博雅臇謂之肚〖又〗lā集韻落合切音拉。肚臘，肉雜也△集韻或作湆。鎏又胡47125

胊 47077 24183 jú_5. 11 廣韻居聿切音橘。姓也。出姓譜。鎏宋本廣韻胊，姓也。出韻譜

胎 47078 24184 dài_5. 11 集韻待戴切音代。胎賽，體顫動貌。

胍 47079 24185 gū_5. 11 廣韻古胡切集韻攻乎切丛音孤。胍肫，大腹〖又〗guā集韻姑華切音瓜。義同〖又〗hù胡故切音護。肝胍，大貌。

胎 47080 24186 tāi_5. 11 唐韻土來切集韻韻會正韻湯來切丛音台說文婦孕三月也。从肉，台意兼聲廣韻始也增韻凡孕而未生，皆曰胎爾雅·釋詁胎，始也註胚胎未成，亦物之始也博雅人三月而胎史記·律書營室者，主營胎〖又〗獸亦謂之胎禮·王制不殺胎史記·樂書胎生者不殰註胎生，獸也〖又〗珠亦謂之胎前漢·揚雄傳剖明月之珠胎註珠在蛤中若懷姙然，故謂之胎也〖又〗逃也揚子方言胎，逃也註謂逃叛也△集韻或作䑓。鎏又囼08084

胏 47081 24187 zǐ_5. 11 集韻韻會丛壯仕切音滓說文食所遺也玉篇脯有骨也易·噬嗑噬乾胏疏乾胏，是臠肉之乾者博雅胏，脯也郭璞·江賦鯖鱉胏躍而吐璣註鯖鱉之魚，其狀如胏〖又〗五音集韻側氏切音批。義同△集韻或作腣、胔。鎏又胇47223垩47126㑥47122𡋯47123㑥47222

胔 47082 24188 zǐ_5. 11 集韻同胏。

胑 47083 24189 shì_5. 11 字彙時吏切，音視◇肉生也。

胐 47084 24190 kū_5. 11 廣韻苦骨切音窟。胐臀正字通按俗謂髀之近竅者爲髀窟博雅胐，曲腳也釋文篤骨反〖又〗zhuó集韻張滑切音窡。䟰疾。鎏朏23383从月，月未盛之明〖又〗脼47382

胑 47085 24191 zhī_5. 11 唐韻集韻丛章移切音支說文體四胑也玉篇體四胑，手足也淮南子·修務訓故自天子以下至於庶人，四胑不動，思慮不用，事治求贍者，未之聞也

図枝也 釋名 胑,枝也,似木之枝格也△ 集韻 通作支 正韻 同肢。

朏 47086 24192
sān_5.11　廣韻 蘇干切 集韻 韻會 相干切 夶音跚 廣韻 脂肪 周禮•冬官考工記 鮑人則是以博爲幟也 釋文 俗謂羊豬脂爲朏 集韻 或作䑃。鏊 直音篇 牕47456,同 朏47229

𦙄 47087 24193
jiā_5.11　五音集韻 古牙切 類篇 居牙切 夶音嘉。瘡痂 類篇 疥也。

朓 47088 24194
nì_5.11　正字通 乃計切,音膩◇肥也 釋名 臇朓也,骨肉相摶朓無汁也。

肝 47089 24195
píng_5.11　廣韻 符兵切 集韻 蒲兵切 夶音平 玉篇 肝胻,牛羊脂 博雅 胓,脂也 図 pēng 集韻 披耕切音怦 腹脹。

胔 47090 24196
zì_5.11　集韻 疾智切音漬 說文 鳥獸殘骨曰胔,可惡也 禮•月令 掩骼埋胔 註 肉腐曰胔 前漢•陳湯傳 埋胔 註 有肉曰胔 図 廣韻 疾移切 集韻 才支切 夶音疵 廣韻 人子腸名 図 水族之名。左思•吳都賦 摸蝳蝐,捫胔蠵 図 集韻 牆之切音慈。水腸謂之胔 淮南子•說山訓 海水雖大,不受胔芥 釋文 胔音慈 図 五音集韻 秦昔切音籍。病也,瘦也 図 五音集韻 疾二切音自。骨有肉也△ 集韻 本作胔。亦作髊殰殈。或書作胔。鏊 又䏖47131 胙47121

胕 47091 24197
fù_5.11　廣韻 集韻 韻會 符遇切 正韻 防父切 夶音附 揚子•太玄經 肺胕之行 廣韻 肺胕,心膂 集韻 人之六腑也 正韻 晉書作肺腑,誤 図 fū 集韻 風無切音膚。足也。或作趺、跗 戰國策 服鹽車而上太行,蹄申膝折,尾湛胕潰 釋文 胕音膚 図 fú 五音集韻 防無切音扶,腫也 山海經 竹山有草焉,其名曰黃雚,浴之已疥,又可以已胕 註 治胕腫也,音符 図 韻會 通作附 前漢•劉向傳 臣幸得託肺附 註 肝肺相附著也。鏊 又胐47459

胖 47092 24198
pàn_5.11　唐韻 集韻 韻會 夶普半切音判 說文 半體肉 玉篇 牲之半體 韻會 胖之言片也,析肉意也 周禮•天官•內饔 凡掌共羞脩刑膴胖骨鱐,以待共膳 註 胖,如脯而腥者 禮•內則 脯羹兔醢麋膴胖 註 膴或爲胖 釋文 胖音判 図 增韻 脅側薄肉 禮•內則 鵠鴞胖 註 鵠鴞胖,謂脅側薄肉也 図 集韻 一曰廣肉 図 pán 集韻 韻會 正韻 夶蒲官切音槃。大也 禮•大學 心廣體胖 註 胖,猶大也 釋文 胖,步丹反 朱註 安舒也 図 集韻 補綰切音版。夾脊肉。鏊 又胖47132 図 正字通 胖俗从片作胼46968 図 廣韻 胖37540,牲之半體。周祖謨校勘記:胖,段(玉裁)改作胖,是也。故宮本、敦煌本、玉韻 唐韻 均从肉作胖。

胈 47093 24199
bǐ_5.11　五音集韻 甫委切音彼。肉也。鏊 字頭原作胈,與皮部 皴36937 同形,今改。

胗 47094 24200
zhěn_5.11　唐韻 之忍切 集韻 止忍切 夶音軫 說文 唇瘍也 廣韻 癮胗,皮外小起 博雅 胗,創也 宋玉•風賦 中唇爲胗 註 胗音軫。唇瘍也 図 廣韻 居忍切 集韻 頸忍切

夶音緊。義同△ 或作瘝胗疹。鏊 又脤47095胗47157

胗 47095 24201
zhěn_5.11　字彙 俗胗字。

胘 47096 24202
xián_5.11　廣韻 胡田切音賢 玉篇 牛百葉也 廣韻 肚胘 類篇 脾虔說。有角曰胘,無角曰肚。一曰胃之厚肉爲胘 図 博雅 胃謂之胘 釋文 胘音弦 図 地名 史記•匈奴傳 至胘靁爲塞 漢書音義 胘靁,地名,在烏孫北 図 集韻 胡涓切,音玄。義同。鏊 正字通 肷同胘。

胙 47097 24203
zuò_5.11　唐韻 昨誤切 集韻 韻會 存故切 正韻 靖故切 夶音祚 說文 祭福肉也 爾雅•釋天 夏曰復胙 疏 胙,祭肉也。以祭之旦日,復陳其祭肉,以賓尸也 左傳•僖九年 王使宰孔賜齊侯胙 註 胙,祭肉 晉語 命公胙侑 註 胙,賜祭肉也 史記•周本紀 顯王致文武胙於秦孝公 註 胙,膰肉也 図 韻會 建置社稷曰胙 図 報也。有德之人,必有美報 左傳•隱八年 胙之土而命之氏 疏 胙,報也 左傳•襄十四年 王使劉定公賜齊侯,命曰:世胙大師,以表東海 註 胙,報也 図 福也 周語 天地所胙 註 福也 揚子•法言 天胙先德,而隕明忒 図 位也 齊語 反胙於絳 註 反,復也。胙,位也 図 胙俎 周禮•天官•膳夫 凡王祭祀,賓客食,則徹王之胙俎 註 王與賓客禮食,主人飲食之俎,皆爲胙俎 図 地名 史記•秦始皇紀 註 括地志 云古燕國,滑州胙城縣是也 図 亭名 左傳•僖二十四年 凡蔣邢茅胙祭 註 東郡燕縣西南有胙亭 図 國名 前漢•古今人表 胙侯 註 周公子 図 集韻 疾各切音昨。又 五音集韻 則落切音作。義夶同 図 集韻 作00994古作胙。鏊 又胍47047

胜 47098 24204
zhù_5.11　集韻 重主切音柱。身直貌。鏊 又胜59665 拄頰,以手支頰有所思貌 可洪音義 胜頰:上知主反。正作拄。

胺 47099 24205
wàn_5.11　集韻 烏貫切音惋◆ 說文 手擊也。揚雄曰:擊,握也。本作腕。

胚 47100 24206
pēi_5.11　集韻 鋪枚切音坯。婦孕一月也,或从女作妚 爾雅•釋詁 胎始也 註 胚胎未成,亦物之始也 郭璞•江賦 類胚渾之未凝 註 言雲氣杳冥,似胚胎渾沌,尚未凝結 図 玉篇 匹尤切音飆。義同△ 說文 本从不作胚。鏊 又妚10406胹46982怌53906

胠 47101 24207
qū_5.11　唐韻 七余切 集韻 千余切 夶音疽 說文 蠅乳肉中生蟲也 廣韻 蟲在肉中 集韻 或从虫,亦作蠤 図 廣韻 集韻 夶七慮切音覷。義同。鏊 又蛆52513 図 龍龕 胠47221俗,胠正。

胛 47102 24208
jiǎ_5.11　廣韻 集韻 韻會 夶古狎切音甲 廣韻 背胛 集韻 閜也。與膂脅相會閜也 正字通 俗謂肩甲 後漢•張宗傳 中矛貫胛 註 背上兩膊閒也。鏊 又胛70621

胴 47103 24209
xìn_5.11　集韻 息利切音四。頭會也。或作䪿 五音集韻 腦蓋。

胜 47104 24210
xīng_5.11　唐韻 集韻 韻會 夶桑經切音星 說文 犬膏

臭也。从肉，生，意兼聲。一曰不熟也。徐引禮記飯腥而苴熟禮·內則·秋宜犢麛膳膏腥釋文腥音星，雞膏也說文作胜，云犬膏臭也又qìng集韻七正切音婧山海經玉山有鳥焉，名曰胜遇註音姓又xìng新佞切音性。與腥同。星見食豕，令肉中生小息肉也又shēng五音集韻所庚切音生。饌肉也。

胝 47105 24211 zhī_5.11 唐韻竹尼切集韻韻會張尼切太音疷說文腄也玉篇胼胝廣韻皮厚也韻會趼也集韻一曰繭也前漢·司馬相如傳躬傶骿胝無胈註躪也荀子·子道篇耕耘樹藝，手足胼胝，以養其親任昉·百辟勸進牋雖累繭救宋，重胝存楚又chī集韻稱脂切音鴟。鳥胃。一曰胵，五藏總名博雅百葉謂之膍胵。本作胵。或从氏。又dì丁計切音帝。牲體之本也。鎣又胒46980胑47023疷35906又龍龕胑，同胝又字彙補痃35872，與肱47024同。

胞 47106 24212 bāo_5.11 廣韻匹交切集韻韻會正韻披交切太音拋說文兒生裹也博雅人四月而胞莊子·外物篇胞有重閬，心有天遊註胞，腹中胎。閬，空曠也前漢·外戚傳善臧我兒胞師古註音苞，謂胎之衣也又戰國策夫癘雖癰腫胞疾又廣韻布交切集韻韻會班交切太音包。又集韻方鳩切，否平聲。義太同又páo集韻韻會太蒲交切。與庖同。肉吏也禮·祭統夫祭有畀煇胞翟閽者莊子·庚桑楚湯以胞人籠伊尹前漢·百官公卿表胞人、都水、均官三長丞註胞與庖同。胞人，主掌宰割者也。又pào五音集韻匹貌切音奅。面生氣也。鎣又胉47228脃47274胞47205孢11774又可洪音義脃47208胎:上布交反。

胟 47107 24213 mǔ_5.11 廣韻莫厚切集韻莫後切太音母。◆說文將指也廣韻同拇五音集韻大拇指也。鎣又龍龕胟俗胅或作脢47303正，梅、昧二音。脊側之肉也。三。

胠 47108 24214 qū_5.11 廣韻去魚切正韻丘於切，太音祛博雅胠，脅也又韻會一曰旁開爲胠正韻發也，開也莊子·胠篋篇將爲胠篋探囊發匱之盜而爲守備註胠，起居反，從旁開爲胠。一云發也又去也荀子·榮辱篇儵鉢者，浮陽之魚也。胠於沙而思水，則無逮矣又韻會軍左翼曰啓，右翼曰胠左傳·襄二十三年狼蘧疏爲右胠又廣韻丘倨切集韻韻會丘據切太音去。脅也又qiè集韻乞業切音狜。又迄業切音脅。又韻會口舉切，去上聲。義太同又廣韻去劫切◇開也，發也又人名前漢·功臣表武原靖侯衛胠註胠音脅。又音怯。鎣又胳47362𦙽47129脚47281胠47152又qiè廣韻去劫切，音怯胠篋，見莊子

胡 47109 24215 hú_5.11 唐韻戶孤切集韻韻會正韻洪孤切太音瑚說文牛頷垂也正字通喉也。頷肉下垂者曰胡詩·豳風狼跋其胡傳老狼有胡，進則躐其胡釋名胡，互也。在咽下垂，能歛互物也前漢·郊祀志有龍垂胡頿註胡謂頸下垂肉也又韻會何也書·太甲弗慮胡獲，弗爲胡成又集韻壽也詩·周頌胡考之寧傳胡，壽也又正字通鋒之曲而旁出者曰胡。戈頸也周禮·冬官考工記·冶氏戈胡三之，戟胡四之註三之長六寸，四之長八寸。又戟名揚子方言凡戟而無刃，東齊、秦晉之閒謂其大者曰鏝胡，其曲者謂之鉤釨鏝胡又韻會麤纓無文理者。亦曰曼胡又遐遠也儀禮·士冠禮眉壽萬年，永受胡福註胡，猶遐也，遠也又懸甕簿橫也揚子方言胡以懸㯼，關西謂之㯿註㯿，懸甕簿橫也又粉名釋名胡粉，胡餬也，和脂以塗面也抱朴子·論僊卷愚人乃不信黃丹及胡粉乃化鉛所作又餅名釋名胡餅，作之大漫沍也，亦言以胡麻著上也又胡蝶，蟲名列子·天瑞篇烏足之根爲蠐螬，其葉爲胡蝶又史記·諡法彌年壽考，保民耆艾，太曰胡又正字通菰米曰彫胡前漢·司馬相如傳東蘠彫胡註彫胡，菰米也又草名爾雅·釋草蘩，由胡詩·周南·采采卷耳箋卷耳，苓耳也廣雅云枲耳也。郭云亦曰胡枲疏卷耳，葉青白色，似胡荽又鳥名禮·表記·詩云維鵜在梁註鵜，鵜胡又◆正字通盧胡，笑在喉閒聲孔叢子·抗志篇盧胡，大笑又水名爾雅·釋水胡蘇◆註東莞縣今有胡蘇亭又丘名爾雅·釋丘方丘，胡丘疏丘形四方者名胡丘又禮器。與瑚同左傳·哀十一年仲尼曰：胡簋之事，則嘗學之矣註胡簋，禮器。夏曰胡又縣名書·禹貢·導菏澤傳菏澤在胡陵疏正義曰：地理志山陽郡有胡陵縣又書名前漢·藝文志胡非子三篇註墨翟弟子又封胡五篇註黃帝臣又國名周禮·冬官考工記妢胡之笴註妢胡，胡子之國，在楚旁又姓左傳·襄二十五年庸以元女大姬配胡公註胡公閼父之子滿也。又複姓八及歌海內珍奇，胡母季皮註侍御史太山奉高胡母班，字季皮又集韻戈戟內柄處又胡故切音護。頸也前漢·金日磾傳日磾捽胡。晉灼讀。鎣又䐨46044壺08568鬍71133又古俗字略頶68021嘓06206壺08832，並古。

胢 47110 24216 qià_5.11 正字通同䏗

胋 47111 24217 gǔ_5.11 集韻空胡切音枯博雅胋，曝也又gǔ廣韻公戶切音古。同股。

胢 47112 24218 kāo_5.11 集韻丘刀切音㧊。䏭也。本作尻。亦作𡰭。

胣 47113 24219 chǐ_5.11 集韻丑豸切音褫。刳腸曰胣莊子·胠篋篇昔者龍逢斬比干，剖萇弘胣註刳腸曰胣又演爾切音酏。又賞是切，弛去聲。義太同△或作𦙶。

胥 47114 24221 xū_5.11 古文𦙃廣韻相居切集韻新於切太音湑說文蟹醢也韻會言其肉胥胥解也周禮·天官·庖人註青州之蟹胥又集韻助也，待也又廣韻相也書·太甲民非后，罔克胥匡以生傳無能相匡前漢·楚元王傳二人諫不聽，胥靡之註胥，相也。靡，隨也。古者相隨坐輕刑之名。又刑徒亦名胥靡莊子·庚桑楚胥靡登高而不懼註胥靡，刑徒人也前漢·敘傳史遷薰胥以刑註胥，相也。又集韻皆也詩·小雅君子樂胥傳胥，皆也又儲胥，謂蓄積待用也前漢·揚雄傳木雍槍纍，以爲儲胥註有儲蓄，以待所須也又官名周禮·地官胥師，二十肆，則一人皆二史註胥及肆長，市中給繇役者禮·文王世子胥鼓南註胥掌以六樂之會正舞位又樹名前漢·司馬相如傳留落胥邪註胥邪，似并閭，皮可作索又蝶名莊

子·至樂篇蝴蝶，胥也註蝴蝶一名胥◆列子·天瑞篇烏足之根爲蠐螬，其葉爲胡蝶。胡蝶，胥也。化而爲蟲，生竈下 又 語辭詩·小雅侯氏燕胥又君子樂胥 又 地名左傳·宣十二年車及于蒲胥之市 又 胥間，門名穀梁傳·成元年客不悅而去，相與立胥閭而語註門名 又 姓廣韻胥童，晉臣，見左傳·成十七年 又 人名左傳·哀十一年桑掩胥御國子前漢·功臣表復陽剛侯陳胥 又 xǔ 集韻寫與切音諝。又蘇故切音素。義仝同 又 shū 正韻山徂切音蔬。同蘇◇。

腅 47115 24222 tān_5.11 字彙同朋 　胦 47116 24223 yāng_5.11 廣韻握江切集韻於江切仝音雍。胦肛，不伏人 又 廣韻集韻仝於良切音央廣韻脝胦集韻脖胦，臍也 又 集韻於郎切，盎平聲。又倚朗切音坱。義仝同。

冊 47117 24224 sān_5.11 篇海蘇干切，音酣◇萌肋也。鑾俗冊47229

服 47118 24225 bàn_5.11 字彙補邦貫切音半。肉也。與服不同。又 集韻與脳47585同。

胷 47119 24226 jià_5.11 玉篇古服切廣雅胷膝，不密。鑾同閜玉篇閜膝，不密也。

脈 47120 24227 méi_5.11 篇海毛載切。背側肉也。鑾俗脥47206

背 47121 24228 cí_5.11 字彙補此移切音雌。子腸也。

脔 47122 41698 zǐ_5.11 字彙補同胏，大臠也。見說文長箋

夤 47123 41699 zǐ_5.11 字彙補同胏。見說文長箋。鑾又夤08888

肩 47124 45097 jiān_5.11 篇海類編與肩同。

胡 47125 45098 qì_5.11 字彙補同脑。

脇 47129 45102 qū_5.11 川篇同胠 　胷 47126 45099 zǐ_5.11 字彙補同胏

胖 47132 45105 pàn_5.11 奚韻同胖 　脫 47127 45100 kuàng_5.11 字彙補虛放切音況，水名。鑾又月部脫23382，同。

肵 47128 45101 dū_5.11 篇海類編同肚。

脊 47130 45103 xiōng_5.11 字彙補俗胸字。

胔 47131 45104 zì_5.11 五音篇海同胔。

胾 47135 u2B19B null_5.11 未詳。 　肯 47137 u2B199 gǔ_5.11 俗骨70553可洪音義筋肯：上音斤。下音骨。

音 47133 45106 zhuāng_5.11 龍龕音樁。

䏰 47134 u2B19C nix_5.11 壯䏰，亦作肷46945敒46958方肉。

胐 47136 u2B19A yú_5.11 腴47578諱字法鏡經不以肥胐，爲是道行。

脈 47138 u26697 tóp_5.11 喃从脂省匝táp聲。

肞 47139 u26696 null_5.11 人名古陶文彙編. 3. 696王肞坊豆。又 mập 喃从肥省乏phạp聲。胖。

甘 47140 u26695 gān_5.11 漢語方言大詞典甘，浮腫。吳語 又 cằm 喃从肉甘cam聲。頷。亦作膠47897

昭 47141 u26694 zhào_5.11 字學呼名能書昭，之笑切。

肩 47143 u2668C tún_5.11 同豚57170 　舵 47142 u26690 tuó_5.11 同駝69877清平山堂話本·張子房慕道記腰舵難立。

胃 47144 u2668B kěn_5.11 同肯46995亦作肎47156

脝 47145 u2668A xiāo_5.11 同枵23783龍龕音枵。脝腸也震澤縣志·卷之二十七·災祥·災變（嘉靖）四十年，自春徂夏，淫雨不止，兼以高淳壩決，五堰之水下注太湖，襄陵溢海，六郡全渰，塘市無路，場圃行舟，民廬漂溺，村鎮斷火，脝腸食粥，仆斃甚多 又 四聲篇海香訖切。

脊 47146 u26689 shèn_5.11 同昚22446古文慎字。

脔 47147 u26687 null_5.11 未詳。 　胇 47150 u26683 fèi_5.11 肺47011本字

胬 47148 u26685 null_5.11 姓。民國十年刻本續修南鄭縣志·卷一·輿地志·幅幀中沙塘壩，縣西十五里，隸邵家營、易家營、陳家山、化家營、大店子、小店子、方家灣、劉家山、陳家窩、高家灣、何家溝、龍江舖中街、胬家營、劉家灣十四村。又卷四下·列女胬氏，雷諭妻，年十九夫亡。

胯 47149 u26684 kuà_5.11 俗胯47174亦作胯龍龕胯俗胯正，苦化、苦故二反。兩股間也。

股 47151 u26682 gǔ_5.11 俗股46969 　删 47155 u2667D sān_5.11 同冊47086

胠 47152 u26681 qū_5.11 正字通胠47108本作胠。

肢 47153 u26680 jué_5.11 正字通肤46966本作肢。

脛 47154 u2667E jìng_5.11 俗脛47283可洪音義脚脛：胡定反。

肎 47156 u26288 kěn_5.11 同肎46938，古文肯。亦作胃47144

胗 47157 u23368 zhěn_5.11 直音篇胗，同胗47094

背 47158 u44BF liáo_5.11 简膋47686 　脒 47159 u2669C mò_5.11 同脒47063

胬 47160 u80EC nǔ_5.11 胬肉，一種眼病。亦稱胬肉攀睛。

胫 47161 u80EB jìng_5.11 简脛47283 　胪 47162 u80EA lú_5.11 简臚48076

胩 47163 u80E9 kǎ_5.11 化工用字。一種化合物。

胨 47164 u80E8 dòng_5.11 简腖47444 　胧 47165 u80E7 lóng_5.11 简朧23510

胐 47167 u6711 tì_5.11 同屜12966 　胤 47166 u80E4 yìn_5.11 參見胤47018

脉 47168 24229 pēng_6.12 集韻披冰切音淜。腹脹貌。

脴 47169 24230 tián_6.12 集韻徒兼切音甜。肥也 又 guā 五音集韻古滑切音劀。脂也。

胭 47170 24231 yān_6.12 廣韻烏前切集韻因蓮切正韻因肩切仝音烟說文嗌也玉篇胭喉也 又 廣韻胭脂。與燕脂同。

鋆 又 絪58136 膿48067 脛58152 区 類篇 脇，因蓮切。嗌也。或作胚47568

膠 47171 24232
ná_6.12 集韻 女加切音拏。膠膠，不密也 区 chǐ 集韻 韻會 丛敞尒切音侈。肉物肥美也 詩·小雅·爲豆孔庶 箋 庶，膠也 区 集韻 女下切音緊 区 nà 廣韻 乃亞切 集韻 乃嫁切 丛音薺。又 五音集韻 丁可切音嚲。義丛同。

胮 47172 24233
pāng_6.12 廣韻 薄江切 集韻 皮江切丛音龐 廣韻 胮肛，脹大也 博雅 腫也 区 廣韻 匹江切 集韻 披江切 韻會 滂江切丛音胮。義同 集韻 或作㾾䐒胖。鋆 又 膿47989

胚 47173 24234
kuàng_6.12 集韻 區旺切，匡去聲。腹中寬也。区 kuāng 玉篇 去王切，音匡。又 五音集韻 去羊切，音羌。腔也。

胯 47174 24235
kuà_6.12 唐韻 集韻 韻會 正韻 丛苦故切音庫 說文 股也 正韻 䏶胯兩股間 史記·淮陰侯傳 不能死，出我胯下 註 股也 区 廣韻 苦瓜切 集韻 韻會 正韻 枯瓜切丛音誇 区 廣韻 正韻 苦化切 集韻 韻會 枯化切丛音跨。義丛同 区 kuǎ 集韻 枯買切音骻。腰肥貌。鋆 又 屝13055
胇47149 脞47220 跨58657 膀47501

胰 47175 24236
yí_6.12 廣韻 以脂切 集韻 韻會 正韻 延脂切丛音夷。夾脊肉 韻會 本作肑 区 類篇 與脜47181同。鋆 又 䐈47794 区 胰臟，舊譯膵cuì臟。

胱 47176 24237
guāng_6.12 正韻 姑黃切音光。膀胱，水府也 類篇 脅下 博雅 膀胱謂之脬 正字通 膀胱，重九兩一銖，縱廣九寸，盛溺九升九合，廣二寸半，上系小腸，下聯布陰 素問 膀胱者，州都之官，津液藏焉，氣化則能出 甲乙經 膀者，橫也。胱者，廣也。言其體橫廣而短也。

胲 47177 24238
gāi_6.12 廣韻 古哀切 集韻 韻會 柯開切丛音該◆說文 足大指毛肉也 莊子·庚桑楚 臘者之有膍胲，可散而不散也 註 足大指也 区 博雅 胲，備也 莊子·庚桑楚·膍胲 註 一云備也 区 書名 前漢·藝文志 五行奇胲用兵二十三卷 註 軍中約也 区 gǎi 集韻 韻會 己亥切 正韻 居亥切，並音改◇集韻 頰下曰胲 前漢·東方朔傳 樹頰胲 註 胲音改，頰肉也。鋆 又 骸70626 区 正字通 胲或省作頦。

胳 47178 24239
gē_6.12 唐韻 古洛切 集韻 剛鶴切丛音各 說文 腋下也 廣韻 胳腋 博雅 胳謂之腋 区 集韻 轄格切音垎。義同 区 gé 集韻 各額切音格。牲後脛骨 儀禮·鄉飲酒禮 介俎脊脅胳肺 註 後脛骨二，膊、胳也 釋文 胳音格。鋆 又 骼47234 区 字海 肐46935，同胳。

胴 47179 24240
dòng_6.12 廣韻 集韻 丛徒弄切音洞 玉篇 大腸也 抱朴子·僊藥卷 雄黃服餌之法，以玄胴腸裹蒸之於赤土下 区 集韻 杜孔切音動。侗胴，直貌也 揚子方言 侗胴，狀也 註 謂形狀也。

胵 47180 24241
chǐ_6.12 唐韻 處脂切 集韻 稱脂切丛音雌 說文 鳥胃。一曰胵，五藏總名 廣韻 胵脛，鳥藏 博雅 百葉謂之

脆脛 集韻 或从氏 区 zhì 集韻 陟利切音致。肥也 区 集韻 陟栗切音窒 五音集韻 同郅。郁郅，地名。鋆 又 胝47105 区 正字通 脛，胵字之譌。

胎 47181 24242
yí_6.12 廣韻 與之切音飴。豕息肉也。又謂之豬胎 正字通 豕脾息肉 類篇 亦作胰。

脈 47182 24243
shèn_6.12 集韻 脈或作脈。

胶 47183 24244
xiáo_6.12 廣韻 胡茅切 集韻 何交切丛音爻 廣韻 脛也 集韻 脛骨也。

匈 47184 24245
xiōng_6.12 廣韻 集韻 正韻 許容切 韻會 虛容切丛音匈 說文 膺也。本作匈 史記·趙世家 黑龍面而鳥噣，鬢糜髭頓，大膺大匈。亦作胸。鋆 又 匈04230 胷46992 胸47038 区 龍龕 肖47130俗，胷胸二今，胷47250正。許容反。膺胷也。

胷 47185 24246
xiōng_6.12 正字通 同胷

脄 47186 24247
huǐ_6.12 廣韻 呼罪切音賄。脄脄，大腫貌 区 duī 集韻 都回切音塠。義同。

胹 47187 24248
ér_6.12 唐韻 如之切 集韻 人之切丛音而 說文 爛也 玉篇 煮熟也 揚子方言 胹，熟也 左傳·宣二年 宰夫胹熊蹯不熟 疏 過熟曰胹，自關而西，秦晉之郊曰胹 区 類篇 或作臑 楚辭·招魂 胹鼈炮羔，有柘漿些 註 胹，一作臑 集韻 或作腰胹炳。鋆 又 晌37589 臑46377 区 正字通 臑，俗胹字。

胎 47188 24249
xī_6.12 集韻 迄及切音吸。本作脅，亦書作脇。脅肩竦體也 区 集韻 類篇 丛過合切音始。義同。鋆 又 禽47253 含47254 区 胎膊，同胳膊。

胺 47189 24250
è_6.12 廣韻 烏葛切 集韻 阿葛切丛音遏。肉敗臭 博雅 胺，敗也。鋆 又 胺47233

胒 47190 24251
xiè_6.12 集韻 先結切音屑。脂也。一曰臆中脂。

脌 47191 24252
móu_6.12 集韻 迷浮切音謀。脊也 玉篇 脊，脌也。

胻 47192 24253
héng_6.12 唐韻 戶更切 集韻 何庚切丛音行◆說文 脛耑也。从肉，行意兼聲 廣韻 牛勢胻也 五音集韻 肚也 区 háng 廣韻 胡郎切 集韻 寒剛切，丛音杭 博雅 胻，脛也 史記·龜筴傳 壯士斬其胻 註 脚脛也 区 集韻 下梗切音杏。又下孟切，行去聲。義丛同。

胋 47193 24254
yuē_6.12 廣韻 集韻 丛於靴切音飿。手足曲病。

服 47194 24255
hén_6.12 集韻 胡恩切音痕。足後也。本从足作跟。区 字彙 肉服也。

胼 47195 24256
pián_6.12 集韻 蒲眠切音蹁。胼胝，皮堅 玉篇 皮厚也。手足胼胝 集韻 或作䟷。通作骿。

能 47196 24257
néng_6.12 廣韻 韻會 正韻 丛奴登切 說文 熊屬，足似鹿。能獸堅中，故稱賢能。而彊壯者稱能傑也 徐曰 堅中，骨節實也 区 廣韻 善也 增韻 勝任也 書·大禹謨 汝惟不矜，天下莫與汝爭能 区 正字通 順習也 詩·大雅 柔遠

能邇 又 nái 廣韻 奴來切 正韻 囊來切丛音痲。三足鼈 爾雅·釋魚 鼈三足，能 註 山海經，從山多三足鼈，今陽羨縣君山池亦有之 又 與台通。三能，星名 史記·天官書 魁下六星，兩兩相比，名曰三能 註 作三台 又 正字通 乃帶切音柰。姓也。唐能延壽、能元皓，宋能迪 又 與耐通 前漢·鼂錯傳 胡貉之人性能寒，揚粵之人性能暑 註 能，讀曰耐 又 叶音䘽 柳宗元·佩韋賦 歷九折而直彝兮，固摧轅而失途。遵大路而曲轍兮，又求達而不能。

鎣又䏧47371䏻47458

腴 47197 24258 yú_6.12 集韻 勇主切音庾。腹下肥 又 五音集韻 羊朱切音逾。肥腴。

胾 47198 24259 zì_6.12 唐韻 集韻 韻會 丛側吏切音剚 說文 大臠也 正字通 切肉曰胾 博雅 胾，臠也 詩·魯頌 毛炰胾羹 傳 胾，肉也 儀禮·士虞禮 胾四豆，設于左 註 胾，切肉也 前漢·周勃傳 獨置大胾 註 師古曰胾，大臠也。鎣又胾47359

胿 47199 24260 guī_6.12 廣韻 古攜切 集韻 涓畦切丛音圭 廣韻 脝胿 集韻 大腹 又 廣韻 胡雞切 集韻 弦雞切丛音兮。義同 又 kuì 五音集韻 睽桂切音褑。孔也。

脀 47200 24261 chéng_6.12 唐韻 署陵切 集韻 辰陵切丛音承 說文 騃也 博雅 癡也 又 集韻 諸應切音證。一曰腎脀，腫也 又 zhēng 廣韻 煑仍切 韻會 諸仍切 正韻 諸丞切丛音蒸 廣韻 升也，以牲實鼎也 儀禮·燕禮 脯醢無脀 註 脀，俎實 儀禮·特牲饋食禮 宗人告祭脀 註 脀，俎也 釋文 脀，之承反 疏 脀者，升也。謂升特牲體於俎△ 集韻 或作胚。鎣又𦜅47247脀23387 字彙 胚47202同脀 又 正字通 脀本作脅。

䏔 47201 24262 yóu_6.12 集韻 于求切音尤。縣名。在東萊 又 五音集韻 羽求切。與疣同◇結病也。鎣又腄47404

胚 47202 24263 zhēng_6.12 廣韻 煑仍切 正韻 諸丞切丛音蒸 廣韻 熟也 博雅 胚，𦞦也 釋文 胚，之丞反。𦞦音熟。

脁 47203 24264 tiào_6.12 唐韻 土弔切 集韻 他弔切丛音糶 說文 祭名 廣韻 祭也 集韻 祭肉 又 集韻 丑照切音朓。義同 又 集韻 餘招切音遙。好也 揚子方言 脁，說好也◆註 謂姚悅也△ 正字通 从肉，與朓23395朒字別。朓从日月之月。

脂 47204 24265 zhī_6.12 唐韻 旨夷切 集韻 韻會 蒸夷切丛音祇 說文 戴角者脂，無角者膏 正字通 禽獸胰也。凝者爲脂，釋者爲膏 詩·衛風 膚如凝脂 傳 如脂之凝 史記·貨殖傳 販脂辱處也。又 釋名 脂，砥也。著面柔滑如砥石也。又 博雅 人二月而脂 前漢·五行志 在人腹中，肥而包裹心者，脂也 又 正字通 燕脂，以紅藍花汁凝脂爲之，燕國所出。後人用爲口脂 釋名 脣脂，以丹作之，象脣赤也 又 以喻榮祿也 揚子·太玄經 出泥入脂 註 脂，榮祿也。卜從洿泥之中出，求榮祿之處也 又 用以利物曰脂 詩·衛風 載脂載舝 傳 脂舝其車，以還我行也 又 鳥名。爾雅·釋鳥 桑扈，竊脂 註 俗謂之青雀，觜曲，食肉，好盜脂膏，因名竊脂 詩·小雅·交交桑扈傳 桑扈，竊脂也。又 草名 抱朴子·僊藥卷 玉脂芝，生於有玉之山，常居懸危之處 又 正字通 藥名。赤石脂，可以塗屋。又五靈脂。又補骨脂 又 五音集韻 水名 又 姓 後漢·孔融傳 初，京兆人脂習元升與融相善 又 zhǐ 集韻 軫視切音旨。手指也。與指同。

脃 47205 24266 cuì_6.12 唐韻 集韻 韻會 丛此芮切音毳 說文 小耎易斷也 周禮·冬官考工記·弓人 夫角之末，遠於剸而不休於氣，是故脃。脃，故欲其柔也 管子·事語篇 無委致圍，城脃致衝 註 脃，不堅也 又 博雅 脃，欲也 又 正字通 輕也 後漢·許荆傳 郡濱南州，風俗脃薄 又 集韻 促絕切音膬。又蒼沒切音猝。義丛同△ 廣韻 俗作脆。

鎣又胞47274 又 可洪音義 樹脃：疋皃、步皃二反，皮小腫起皃也。正作胞、皰二形也。又七絕、此歲二反。

脄 47206 24267 méi_6.12 廣韻 莫杯切 集韻 謨杯切丛音枚 說文 背肉也 五音集韻 脊側之肉 禮·內則 擣珍，取牛羊麋鹿麕之肉，必脄 註 脄，脊側肉也 楚辭·招魂 敦脄血拇，逐人駓駓些 註 脄，背也 又 集韻 正韻 丛莫佩切音妹。義同 楚辭·招魂·敦脄註 又音妹 又 廣韻 集韻 丛莫代切音穤。義同 禮·內則·麋鹿麕之肉必脄釋文 徐讀亡代反△ 集韻 或作脢。鎣又脉47120脢47107

脅 47207 24268 xié_6.12 唐韻 虛業切 集韻 韻會 迄業切丛音熁 說文 兩膀也 玉篇 身左右兩膀 廣韻 胷脇 增韻 腋下也 周禮·天官·醢人·豚拍魚醢註 拍爲膊，謂脅也 晉語 重耳過曹，聞其駢脅，欲觀其狀 又 正字通 牲體，前爲代脅，中爲長脅，後爲短脅 又 正韻 迫脅，以威力恐人也 書·胤征 殲厥渠魁，脅從罔治 疏 其被迫脅而從距王師者，皆無治責其罪。又 泰誓 脅權相滅 疏 假用在上之權命脅之 又 詩·秦風 遊環脅驅 傳 脅驅，慎駕具，所以止入也。又 斂也 前漢·王莽傳 動靜辟脅，萬物生焉 註 師古曰脅，收斂也 又 責也 公羊傳·莊二十五年 以朱絲營社，或曰脅之 註 脅之，與責求同義 又 脅盾，盾名 管子·幼官篇 兵尚脅盾◆註 象時物之閉盾，或署之於脅 又 xiàn 廣韻 許欠切 集韻 虛欠切丛音撿。妨也 又 xī 集韻 迄及切音吸。脅肩，竦體也。或書作脇。鎣又胁47053脇47259胠47263胎47188賫57926貿57690脅47273 又 直音篇 脇47281同脅。

脇 47209 24270 xié_6.12 集韻 同脅

脆 47208 24269 cuì_6.12 廣韻 俗脃字

脈 47210 24271 mài_6.12 集韻 莫獲切音麥 說文 血理分衺行體者 玉篇 血理也 正字通 五臟六府之氣分流四支也 釋名 脈，幕也，幕絡一體也 左傳·僖十五年 慶鄭曰：張脈僨興 註 血脈必周身而作 史記·樂書 音樂者，所以動盪血脈，流通精神 前漢·藝文志 醫經者，原人血脈、經落、骨髓、陰陽、表裏 又 地脈 周禮·天官·瘍醫 以鹹養脈 註 鹹，水味。水之流行地中，似脈。鎣又脉47211衇53915𧖴53922衂53926䘑53932䀢57707

脉 47211 24272 mài_6.12 正字通 俗脈字 韻會 毛氏曰：字从月从𠂢

今从永者,誤也。永,古詠字。反永爲辰。辰音普拜切,水之邪流也。从辰,取邪流義,不當从永。但相承已久,不敢廢也。

胊 rùn_6.12 唐韻 如順切音閏 說文 胊朐,蟲名。借地名。漢中有胊朐縣,地下多此蟲,因以爲名。考其義,當作潤蠢 ㄨchǔn 集韻 尺尹切音蠢。胊朐,縣名。在漢中 韓愈·韋侍講盛山十二詩序 讀而歌詠之,令人欲棄百事往而與之遊,不知其出於巴東,以屬胊朐也 註 洪氏云開州盛山郡,義寧二年置,後名胊朐縣,故城在今夔州雲安縣西〇按此則縣名上、去二音皆可讀 △ 集韻 或从匀。俗作胊,非是。鑒 又胊47020

脊 jǐ_6.12 廣韻 韻會 正韻 𡒄資昔切音積 說文 背呂也 廣韻 背脊 正字通 背心也。手足之所不及,故謂之脊 釋名 脊,積也。積續骨節,脉絡上下也 易·艮卦註 夤,當脊之肉也。又 說卦 爲美脊 疏 取其陽在中也 ㄨ 物皆有脊 禮·內則 狸去正脊。又 少儀·夏右鰭註 鰭,脊也。ㄨ 山脊 爾雅·釋山 山脊,岡 疏 孫炎云長山之脊也 書·胤征·火炎崑岡傳 山脊曰岡 ㄨ 喻地形 史記·張儀傳 必折天下之脊 註 常山於天下在北,有若人之背脊也 戰國策 今梁者,天下之脊也 ㄨ 韻會 理也 詩·小雅 有倫有脊 傳 脊,理也 ㄨ 與瘠通,死骨也 周禮·秋官·蜡氏·掌除骴註 故書骴爲脊。鄭司農云脊讀爲瘠,謂死人骨也 ㄨ 鳥名 詩·小雅 脊令在原 傳 脊令,雝渠也。飛則鳴,行則搖 ㄨ 茅脊 前漢·郊祀志 江淮間,一茅三脊 註 茅草有三脊,謂靈茅也。鑒 又胥47771 臀47870 屠13140

耳 ěr_6.12 廣韻 集韻 𡒄仍吏切音餌 廣韻 筋健 集韻 腱也。

刏 shì_6.12 廣韻 集韻 𡒄時制切音逝。割肉也。

朱 wǎ_6.12 篇海類編 烏寡切,蛙上聲。腺胒,肥貌。

休 xiū_6.12 集韻 虛尤切音休。腹脊間謂之脒 篇海 齊人謂瘠腹曰脒 △ 集韻 或作腺。

哀 ǎi_6.12 集韻 倚亥切音唉。肥也。

㐱 xiè_6.12 字彙補 火叶切音歘。大腹也。

夸 kuà_6.12 字彙補 與胯同。

匀 jī_6.12 龍龕 音迹。余切音沮。朒蟲也。鑒 俗蛆52513

朕 zǐ_6.12 說文長箋 同肺。癠也。

朕 zǐ_6.12 說文長箋 同肺。

局 kú_6.12 字彙補 口骨切音窟。臋也。

旡 è_6.12 奚韻 同胺。

朒 qū_6.12 篇海類編 子

肥 nà_6.12 篇海類編 奴下切,拏上聲。胅胒,肥貌。鑒 或作胒47040

君 zhòu_6.12 龍龕 側救切,音奏◇胕也。鑒 俗臑47659

腑 shèn_6.12 龍龕 時忍切音腎。臥腑也。

肶 bāo_6.12 字彙補 胞字之譌。

珊 sān_6.12 篇海類編 同刪。鑒 龍龕 臊47861 腏47456 朋47117 刪47086 四俗,刪今。蘇干反。脂肪也 ㄨ 俗腸47586 北大。D079 賢劫千佛名·卷上 肝膽刪胃。

腦 nǎo_6.12 篇海類編 同腦。

离 xiōng_6.12 五音篇海 與胸同。

胳 gē_6.12 奚韻 同胳。

朋 bě_6.12 簡 刪47811

閼 wèi_6.12 五音篇海 同胃。

戢 nì_6.12 同膩47831 中山王方壺 不戢其心。戢讀貳。

胎 tái_6.12 喃 从膾省再tái聲 △ 胎胎:半熟的肉。

胥 xún_6.12 簡 朋47837

肆 ruôt_6.12 喃 从腸省律luât省聲 △ 胜胜:腎腸(指同胞手足)。

胠 jié_6.12 俗結44047 可洪音義 腦胠:上音惱。下音結。出郭氏音。或作酷,苦沃反,酷,苦也 ㄨ cât 喃 从腎省吉cát聲。腰,背 △ 果胠:腎臟 ㄨ căc 陽具。胠狤:牛鞭 △ 亦作胳。亐胳:陰莖。

脛 null_6.12 未詳。

腑 cún_6.12 中國方言大詞典 腑子:下水;食用的牲畜內臟,有時專指肚子和腸子。閩語 ㄨ chồn 喃 从肉存tồn聲。

胏 đéo_6.12 喃 同胏47019 △ 度胏:性交。

脾 null_6.12 未詳。

离 jué_6.12 或即鱖72666 盧仝 觀放魚歌 時白噴雪鯽鯉离,此輩肥脆為絕尤。

喬 chéng_6.12 同臀47367 脊47200本字。

股 dàn_6.12 俗朕47407 ㄨ 大字典 水股,地名。引清·顧炎武 天下郡國利病書·雲南·永昌府 水股巡檢司土巡檢莽氏至莽雲蛟聽襲 △ 宏按,四部叢刊·三編史部·天下郡國利病書·第二千八百零九冊 作:水眼巡檢司土巡簡莽氏沿至莽雲蛟聽襲。

育 xiōng_6.12 俗胸47185

脃 shuò_6.12 胖23397 譌字

胐 qū_6.12 胐朕,亦作曲腑,膝關節。

腴 shān_6.12 說文通訓定聲 腴,字亦作腱47295

龠 fú_6.12 同龠47254

胏 null_6.12 未詳。

貪 fú_6.12 篇海 貪,音俘 ㄨ 或同胎47188

晒 shài_6.12 俗晒22568 金瓶梅詞話·第三十四回 說未了,酒菜齊至。先放了四碟菜菓,然後又放了四碟案鮮:紅鄧鄧的泰州鴨蛋,曲灣灣王瓜拌遼東金蝦,香噴噴油煤的燒骨,禿肥肥乾蒸的劈晒雞。

脫 47256 u266B3 tuō_6.12 俗脫47317 名義 倮，力果反。脫衣露袒。

脛 47257 u266B2 zhòu_6.12 同𦛗47226俗𦡊47659

脇 47259 u266B0 xié_6.12 龍龕 脇俗，脅47209正 可洪音義 脇勯：上許刧反。正作脅也，下郎得反，又音窟，誤。

胤 47260 u266AF yìn_6.12 俗胤47166 碑別字新編 引 晉張朗碑

脌 47262 u2336F yùn_6.12 簡 腪47560

脥 47261 u23370 qiǎn_6.12 直音篇 脥，音夾。脂也。脥47306，同上。又頰，同。

脅 47263 u43EE xié_6.12 同脇47209

脒 47264 u43ED chú_6.12 殷周金文集成·4.2232·右外廚鼎 右卜脒，三斗半。脒讀若廚。

脓 47265 u8113 nóng_6.12 简 膿47934

脒 47266 u8112 mǐ_6.12 有機化合物 amidine 之音譯 又 mbi 壯 膽，膽量。

脑 47267 u8111 nǎo_6.12 简 腦47547

脐 47268 u8110 qí_6.12 简 臍47991

脏 47269 u810F zàng_6.12 简 臟48110 又 zāng 简 髒70778

脎 47270 u810E sà_6.12 有機化合物 osazone 之音譯。

脍 47271 u810D kuài_6.12 简 膾47933

脌 47272 u810C nián_6.12 同𦙶00515

脋 47273 u810B xié_6.12 干祿字書 脋脅47207上通下正。

脃 47274 u2F983 cuì_6.12 同脆47205 又 bāo 可洪音義 脃胎：上布交反。正作胞47106又七悅反。非也。悮。

脕 47275 24284 wèn_7.13 廣韻 亡運切 集韻 文運切丛音問。草新生也 又 wàn 廣韻 集韻 丛無販切音萬 廣韻 肥澤也 集韻 愉色必有脕容 楚辭·遠遊 玉色頩以脕顏 註 脕，澤也，音萬。𪓔美色也 又 廣韻 無遠切 集韻 武遠切丛音晚。義同△ 集韻 通作免。

脡 47276 24285 xuàn_7.13 廣韻 辭戀切 集韻 隨戀切丛音淀 廣韻 脡，短者 集韻 便脡，短小貌 又 廣韻 與專切 集韻 余專切丛音沿。又 集韻 旬宣切音旋。義丛同△ 集韻 或从旋。

脖 47277 24286 bó_7.13 廣韻 蒲沒切音勃。胦臍 玉篇 脖，胦 正字通 靈樞經 肓之原，出於脖胦。鎣又頯68195 又 脖項，俗作肞項、膊項。

脗 47278 24287 wěn_7.13 韻會 武粉切音吻。脗合 莊子·齊物論 爲其脗合，置其滑涽 註 合也 又 正字通 音敏 莊子·齊物論·脗合註 又音泯，無波際之貌。鎣又脂47584肳47003脗47424吻05521

脘 47279 24288 wǎn_7.13 唐韻 古卵切 集韻 古緩切丛音管 說文 胃府也。讀若患 集韻 卽胃脯 博雅 脘，脯也 正字通 胃之受水穀者曰脘，臍上五寸爲上脘，臍上四寸卽胃之幕爲中脘，臍上二寸當胃下口爲下脘 又 集韻 戶版切音晥。肉也 又 胡官切音桓。骨脂也 又 huàn 胡玩切音換。義同。鎣又腕47364腕47328 又 正字通 脘，俗作胻23370脂47411

脙 47280 24289 xiū_7.13 唐韻 巨鳩切音裘 說文 齊人謂臞脙也。讀作休 爾雅·釋言 脙，瘠也 註 齊人謂瘠爲脙 又 廣韻 許尤切 集韻 虛尤切丛音休 集韻 腹脊閒謂之脙。本作脒。鎣又痳36097 又 字彙補 𦚵47460與脙同。

脚 47281 24290 qū_7.13 集韻 迄業切音脅。腋下也。本作胠。

脚 47282 24291 jiǎo_7.13 廣韻 居勺切 集韻 訖約切丛音蹻 說文 脛也 釋名 脚，却也。以其坐時却在後也 詩·小雅·旣微且尰釋文 尰，脚脛也 山海經 長股之國，在雄常北，被髮一曰長脚。

脛 47283 24292 jìng_7.13 唐韻 胡定切 集韻 韻會 正韻 形定切丛音鋞 說文 胻也 廣韻 腳脛 釋名 脛，莖也。直而長，似物莖也 詩·小雅·赤芾在股傳 脛本曰股 史記·魏其武安侯傳 脛大於股，不折必披 前漢·趙充國傳 聞苦腳脛寒泄 註 脛膝以下骨也 又 脛脛，直貌 前漢·楊惲傳 脛脛者，未必全也 註 脛脛，直貌 又 正字通 鳥獸膝骨亦曰脛 莊子·駢母篇 鳧脛雖短，續之則憂。鶴脛雖長，斷之則悲 儀禮·鄉飲酒禮·賓俎脊脅肩肺註 凡牲前脛骨三，肩臂臑也。又 廣韻 胡頂切 集韻 韻會 正韻 下頂切丛音悻。又 集韻 戶孟切，橫去聲。義丛同△ 集韻 或作踁。鎣又脛4715 脛47161踁59045骱70629䯒70655

脜 47284 24293 róu_7.13 廣韻 耳由切 集韻 而由切丛音柔 說文 面和也。或从頁。鎣 直音篇 頋47555同脜。

脝 47285 24294 chè_7.13 廣韻 叱涉切 集韻 尺涉切丛音謵 廣韻 臑脝 集韻 脝臑，肉動也。鎣又䐑57761䏊47455

脝 47286 24295 hēng_7.13 廣韻 許庚切 集韻 韻會 虛庚切丛音亨 廣韻 膨脝，脹也 集韻 膨脝，腹滿貌 韓愈·城南聯句 苦開腹膨脝 又 韻會 通作亨 韓愈·石鼎聯句 豕腹漲彭亨。

脞 47287 24296 cuǒ_7.13 廣韻 倉果切 集韻 韻會 取果切，丛剉上聲 玉篇 叢脞，細碎無大略 集韻 小也。一曰切肉爲脞 書·皋陶謨 叢脞 傳 叢脞，細碎無大略 又 qiē 廣韻 醋加切 集韻 醋伽切丛音嵯。脃也 又 集韻 徂禾切音矬。又村戈切音遳。又損果切音貨。義丛同。鎣又𨒪16209

脦 47288 24297 zhì_7.13 集韻 職吏切音志。黑子也 又 集韻 肚469 古作䏯。

脟 47289 24298 lǚ_7.13 五音類聚 兩舉切音呂。脟，脊也。

脉 47290 24299 hé_7.13 玉篇 五音集韻 丛下革切音覈。肉也。

脟 47291 24300 liè_7.13 唐韻 力輟切 集韻 龍輟切丛音劣 說文 脅肉也。一曰脟，腸閒肥也。一曰膫也 又 luán 廣韻 力轉切 集韻 力轉切 正韻 盧轉切丛音臠。臞也。一曰切肉也 廣韻 割也 前漢·司馬相如傳 脟割輪焠 註 脟與臠同，言臠割其肉 楚辭·九歎 龍邛脟圈，繚戾宛轉，阻相薄 註 脟音臠 又 集韻 盧活切音捋。義同 又 piāo 正韻 披切音胞。腹中水府。鎣又脬47342

朒 chǔn_7.13　唐韻尺尹切，音蠢。又集韻爾軫切，音忍。◆說文胸朒也集韻胸朒，縣名後漢·劉焉傳趙以此遂屯兵胸朒備表註屬蜀郡，故城在今夔州雲安縣西也◙rùn廣韻如順切集韻儒順切夶音閏。漢縣名後漢吳漢傳宕渠、楊偉、胸朒、徐容等註十三州志胸音春，朒音閏。其地下濕，多胸朒蟲，因以名縣。

朒 jú_7.13　玉篇五音集韻夶居六切音菊玉篇身也五音集韻肥也。

腥 shèng_7.13　集韻時正切音盛。肥也揚子方言梁益之閒，凡人言盛及其所愛曰諱其肥腥，謂之腸註肥腸多肉。

䏤 shān_7.13　唐韻丑連切廣韻丑延切集韻抽延切，並音脡。又集韻尺連切，音羶說文生肉醬也釋名生脡，以一分膾，二分細切，合和挺攪之也。又齊民要術有燥脡法◙廣韻魚醢也。鼇又脡47252䖲72077

脡 tǐng_7.13　集韻韻會夶他頂切音珽。脯朐也公羊傳·昭二十五年與四脡脯註伸als一脡◙集韻待鼎切正韻徒鼎切夶音挺。義同。又正韻直也禮·曲禮鮮魚曰脡祭註脡，直也。鼇又脖47532

胅 dié_7.13　集韻徒結切音耊。骨差也。一曰腫也。一曰連胅肉。或從骨◙tī集韻天黎切音梯。膈胅，鼻不正。鼇從骨作胅，同胅可洪音義膈胅：上卑典反，下他兮反，薄兒也。正作胅胅。

折 zhé_7.13　廣韻旨熱切集韻之列切，音晢。膶皮也。博雅胅斷，脂也。本作胅五音集韻胅斷，牛羊脂也。鼇又膶47702胅47867胅47907

胢 shào_7.13　集韻所教切音稍。凡物之殺銳曰胢。或作臞燿胢◙字彙補目不明貌揚子·太玄經胢提明德，或遵之行註胢，目不明貌。

胧 měng_7.13　廣韻莫㳎切集韻母㳎切夶音鶡廣韻豐大◙mǎng集韻母項切音倣。豐肉。或作朦◙母揔切，音蠓博雅腫也◙máng莫江切音尨。身大也。

朒 nàn_7.13　集韻奴紺切音婻。腦膿，肥貌。

胜 bì_7.13　正韻部禮切，音陛。唐李甘羀疽剕胜，以急親病◙胜胜，胃脘也。鼇又胜47510榁24182牌70674

脢 méi_7.13　唐韻莫杯切集韻正韻謨杯切韻會謀桮切夶音枚說文背肉也玉篇脢者，心之上，口之下廣韻脊側之肉也正字通脢即膂也。心繫於脊，以奠神明，宰庶務易·咸卦九五咸其脢註脢者，心之上，口之下疏子夏易傳曰：在脊曰脢。馬云脢，背也。鄭云脢，脊肉也。王云脢，在背而夾脊。諸說不同，大體皆在心上博雅脽謂之脢◙集韻韻會正韻夶莫佩切音妹。又集韻莫代切音禖。又類篇茫歸切五音集韻無非切夶音微。

義夶同◙五音集韻呼恢切音灰易·咸卦咸其脢。王肅讀。鼇又胅70635◙龍龕脢俗，脢正。

脣 chún_7.13　古文顧唐韻食倫切韻會船倫切夶音漘說文口耑也玉篇口脣也釋名脣，緣也，口之緣也春秋·元命包脣者，齒之垣穀梁傳·僖三年語曰：脣亡則齒寒◙牛脣，草名爾雅·釋草薲，牛脣註水葸也◙類篇彌盡切音泯。脬合無波際貌△集韻或作膞、胗韻會亦書作脤。鼇又脣06011嗋07105

脤 shèn_7.13　廣韻時忍切集韻韻會是忍切正韻時軫切夶音腎說文社肉。本作祳。盛以蜃，故謂之祳。天子所以親遺同姓玉篇脤膰之禮，親兄弟之國，皆社稷宗廟之肉也博雅肉也左傳·閔二年梁餘子養曰：帥師者受命于廟，受脤于社註脤，宜社之肉，盛以脤器前漢·五行志成肅公受脤于社不敬註服虔曰：脤，祭社之肉也。盛以蜃器，故謂之脤。師古曰蜃，大蛤也◙生肉曰脤穀梁傳·定十四年脤者何也，俎實也，祭肉也。生曰脤，熟曰膰◙貍脤，地名。見春秋·成十七年。◙無脤，人名莊子·德充符闉跂支離無脤說衛靈公，靈公說之註無脤，名也△集韻或作胚。

胅 qiǎn_7.13　廣韻廣韻夶謙琰切音愜。腹下也◙集韻詰叶切音愜。義同◙xié迄業切音脅。腋下也◙jiá玉篇居協切五音集韻古協切夶音頰玉篇俗頰字五音集韻頰面也。鼇又胅47261

胅 tè_7.13　集韻惕得切音忒。肋胅，不正容止也。

胅 hàn_7.13　廣韻侯幹切集韻侯旰切夶音翰廣韻臛胅，刀箭瘡藥。出古兵格集韻臛胅，藥名，出西蕃，治金創。

朘 zuī_7.13　唐韻子回切集韻祖回切夶音唯說文赤子陰也◙廣韻口唯頹◙集韻韻會荀緣切正韻息緣切夶音宣集韻縮也韻會俗語謂縮朒爲朘縮正韻減也前漢·董仲舒傳民日削月朘註謂轉褰蹙也◙廣韻子泉切集韻韻會遵全切夶音鐫。又五音集韻子戈切音侳。又集韻祖誄切音濢。又津垂切音厜。義夶同。鼇又屪13028峻53928嶕53962圴08302辰集有從月的朘23408字，音juān。

腺 cù_7.13　集韻趨玉切音促。本作㑄。弗㑄，炙齗。或從肉◙jí秦昔切音籍。瘦也。

胼 xìn_7.13　五音類聚思晉切音信。腦會也◙息恣切音四。義同。

脃 hé_7.13　集韻戶感切音頷。顄也◙hán胡南切音含。肥牛脯◙五音集韻排囊柄也。

脩 xiū_7.13　唐韻息流切集韻韻會正韻思留切夶音羞說文脯也正字通肉條割而乾之也釋名脩，縮也。腊脯乾燥而縮也周禮·天官·膳夫凡肉脩之頒賜皆掌之

註脩，脯也。又內饔凡掌共羞脩刑膴胖骨鱐，以待共膳註脩，鍛脯也左傳·莊二十四年女贄不過榛栗棗脩註脩，脯也釋文鍛脯加薑桂曰脩囝治也，習也書·說命爾交脩予疏令其交更脩治己也詩·大雅脩爾車馬禮·禮運講信脩睦囝韻會長也詩·小雅四牡脩廣傳脩，長也。又大雅孔脩且張屈原·離騷路曼曼其脩遠兮，吾將上下而求索註長也。又掃除也周禮·天官掌百官之誓戒，與其具脩註脩，掃除糞洒●禮·祭義宮室既脩註脩設，謂除及黝堊囝備也周語脩其簠簋囝備也囝久也周禮·冬官考工記·弓人斲目不荼，則及其大脩也，筋代之受病註脩，猶久也囝儆也魯語吾冀而朝夕脩我註儆也囝乾也詩·王風中谷有蓷，暵其脩矣傳脩，且乾也囝爾雅·釋樂徒鼓鍾謂之脩囝草名山海經賈超之山，其中多龍脩註郭曰：龍須也。似莞而細，生山石穴中囝魚名山海經橐山，橐水出焉，其中多脩辟之魚囝姓韻會漢有屯騎校尉脩炳囝人名屈原·離騷吾令蹇脩以爲理註蹇脩，伏羲氏之臣也。囝yǒu正韻云九切音有周禮·春官·鬯人廟用脩註脩，器名，漆尊也。鄭康成曰：脩讀爲卣囝tiāo集韻他彫切音桃。縣名，在信都。周亞夫封邑前漢·恩澤侯表序孝景將侯王氏，脩侯犯色註脩，讀曰條囝xiāo類篇思邀切音宵。脩脩，羽敝也△正字通說文脩，脯也。修，飾也。分爲二。今脩、修通。鋆本作脩47370

胸 47314 24323
xìn_7.13 集韻香靳切音憋說文創肉反出也。一曰瘠胸，熱氣著膚中玉篇腫起也囝廣韻集韻忕興腎切。又集韻許謹切音嬹。義忕同囝chī廣韻丑飢切集韻抽遲切忕音絺廣韻肶胸，牛馬子腸集韻肶胸，畜水腸。△集韻或作胗疢瘠疒膹。

舎 47315 24324
chá_7.13 廣韻宅加切音茶。含舌貌。鋆方品嘗。舎兒：舌頭。

胉 47316 24325
yān_7.13 集韻乙業切音腌。漬肉也。本作腌五音集韻鹽漬魚也。

脫 47317 24326
tuō_7.13 唐韻韻會正韻忕徒活切音奪說文消肉臞也玉篇肉去骨韻會一曰壞斷增韻物自解也博雅脫，離也爾雅·釋器肉曰脫之註剝其皮也疏治肉，除其筋膜，取好者韻會免也前漢·高五王傳自以爲不得脫長安註脫，免也史略也史記·禮書凡禮始乎脫註脫，猶疏略也後漢·向栩傳及之官，時人謂其必當脫素從儉註脫易簡素囝博雅脫，遺也禮·冠義知其能弟長而無遺矣註遺，猶脫也囝過去也莊子·天地篇老子曰：夫巧知神聖之人，吾自以爲脫焉註脫，過去也。囝除也公羊傳昭十九年復加一飯，則脫然愈註脫然，疾除貌囝韻會誤也囝或然之辭囝草名爾雅·釋草倚商，活脫山海經升山，其草多寇脫，生南方，高丈許，似荷葉而莖中有瓤，正白囝鳥名博雅籠脫，鵃也囝山名山海經東七十里，曰脫扈之山囝龍脫，地名史記·樊酈傳戰龍脫註在易州囝廣韻集韻正韻

他括切韻會他活切忕音挩。義同囝yuè集韻欲雪切音悅。蟲新出，皮悅好貌。司馬彪說莊子·至樂篇蝴蝶，胥也。化而爲蟲，生於竈下，其狀若脫註脫，新出皮也囝tuī集韻吐外切。與娧同。娧娧，舒遲貌。一曰喜也詩·召南舒而脫脫兮禮·儒行虆而翹之又不急爲也註必舒而脫脫爲釋文脫，吐外反。又淮南子·精神訓脫然而喜矣註脫，舒也。鋆又脫47380挩19646娧59710脫47256囝韻會一曰壞斷類篇作脫，一曰壞斷。

脬 47318 24327
pāo_7.13 唐韻匹交切集韻韻會披交切忕音拋說文膀光也徐曰按白虎通膀光，肺之府廣韻腹中水脬博雅膀光謂之脬史記·倉公傳風癉客脬註膀胱也。囝釋名脬，赴也。夏月赴疾作之，久則奧也囝集韻作胞史記·倉公傳客脬註正義曰：脬，亦作胞。鋆釋名久則奧也。徐慧：臭也。

腥 47319 24328
chéng_7.13 集韻馳貞切音呈。肉之精者枚乘·七發飲食則溫淳甘腝，腥醲肥厚。

脮 47320 24329
tuǐ_7.13 廣韻集韻忕吐猥切音骽廣韻腲脮集韻腲脮，肥也六書故脮脮，肥貌囝něi廣韻奴罪切集韻弩罪切忕音餒廣韻同鯘集韻魚敗也。鋆又餒69116胲46945脮47416

脯 47321 24330
fǔ_7.13 唐韻方武切集韻韻會匪父切忕音甫說文肉乾也玉篇脯，腊也廣韻乾脯前漢·東方朔傳乾爲脯禮·內則牛脩、鹿脯、田豕脯、麋脯、麕脯韻會析目脯，捶之而施薑椒曰鍛脩釋名脯，搏也。乾燥相搏著也禮·曲禮以脯脩置者，左胊右末詩·大雅爾殽脯前漢·貨殖傳濁氏以胃脯而連騎註今大官常以十月作沸湯，燖羊胃，以末椒薑扮之，暴使燥是也囝pú韻蓬逋切音蒲。與醨通。大歃酒也囝集韻蒲故切音步爲人物災害之神。一曰會聚飲食也。本亦作醨。

脰 47322 24331
dòu_7.13 唐韻徒候切集韻韻會正韻大透切忕音豆說文項也玉篇頸也博雅脰，項也左傳·襄十八年矢夾脰註脰，頸也史記·田單傳自奮絕脰而死註脰，齊語也。囝脰鳴周禮·冬官考工記梓人以脰鳴者註脰鳴，鼃黽屬囝鳥名爾雅·釋鳥燕，白脰烏疏白項而羣飛謂之燕烏。燕烏，白脰烏也囝博雅脰，錯也。又饌也。囝叶音渡揚雄·羽獵賦角搶蹈注，蹴竦譬怖。魂亡魄觸輻關脰。鋆又䯅48135囝正字通脰，脰字之譌。

䐈 47323 24332
gěng_7.13 玉篇居杏切集韻古杏切忕音梗玉篇食骾。食骨留咽中也。

腥 47324 24333
niè_7.13 集韻乃結切音陧。腫也。鋆又腥47629

脈 47325 24334
rán_7.13 集韻肰46997古作脈。

腘 47326 24335
guō_7.13 篇海類編古麥切，音國◇腳曲也○按義疑與膕同。

胒 47327 24336
yán_7.13 字彙補余連切，音沿◇短貌。

脘 47328 24337 guǎn_7.13 字彙補 居款切音管。肥脘也。䲸 龍龕 作腕47364

脥 47331 24340 zhì_7.13 集韻 同炙 脺 47329 24338 wàn_7.13 字彙補 烏貫切音惋。寸口前、掌後曰脺。䲸 龍龕 脺古，腕47440今 可洪音義 兩脺：烏乱反。手莭也 字様 作掔19510

脦 47330 24339 rán_7.13 字彙補 古文肰46997字。

脚 47340 45116 jiǎo_7.13 奚韻 同脚 脻 47332 41705 fēng_7.13 字彙補 芳容切，音豐◇肥脻也。出 貫珠集

脘 47333 41706 xiàn_7.13 篇海類編 胡典切音峴。腹脘也。

脝 47334 41707 jū_7.13 篇海類編 音菊。肥也。䲸 脝从臼作。

脞 47335 41708 hào_7.13 川篇 音浩。肉也。䲸 参見胋23412

脟 47336 41709 yáo_7.13 龍龕 音肴。饍也。

脠 47337 41710 xù_7.13 川篇 許役切，音颰◇肥貌。

脡 47338 41711 tuì_7.13 篇海類編 他內切音退。肥貌。

脢 47339 45115 yú_7.13 篇海類編 同腴。䲸 俗晤37670

脣 47341 45117 jué_7.13 龍龕 音角 脤 47342 45118 luán_7.13 字彙補 同脟

脥 47343 45119 zhù_7.13 字彙補 腳字省文。

脦 47344 45120 qì_7.13 搜真玉鏡 音迄。

脧 47346 u2B1A1 null_7.13 喃 未詳。 脨 47345 45121 nǎo_7.13 字彙補 同腦

脩 47347 u2B1A0 null_7.13 未詳。 脪 47348 u2B19F láo_7.13 同膀47918

脫 47349 u2AC61 null_7.13 喃 未詳。 脬 47351 u26705 páng_7.13 金·董解元 董西廂·卷二 刁厥精神，蹺蹊模樣。牛脬闊，虎腰長。帶三尺戒刀，提一條鐵棒。注：脬，膀47645字別寫。

脭 47352 u26700 phị_7.13 喃 从肥省吠phệ聲。

脮 47353 u266FF mang_7.13 喃 从肉芒mang聲。腮。

脯 47354 u266FE nục_7.13 喃 从肥省忸nục聲△脿脯：豐腴。

脰 47350 u2AC60 fǎn_7.13 同腇47417 脱 47355 u266FD ngóm_7.13 喃 从肉吟ngâm聲△𦜞脱：衰老。熄脱：突然熄滅，死亡。

脲 47356 u266FC bênh_7.13 喃 从脹省兵binh聲△脲脹：熱氣球。

脳 47357 u266FB thỗn_7.13 喃 从胸省村thôn聲△脳膳：敞開心扉。

脴 47358 u266FA bét_7.13 喃 从肉別biết聲△湟脴：腐爛。

脵 47359 u266F9 zì_7.13 胾47198本字。見 說文

脶 47360 u266F8 null_7.13 墨子·卷十四·備蛾傅第六十三 轉脶城上。孫詒讓·閒詁：畢（沅）云脶即傅字。詒讓案：字書無脶字，與傅形、聲並遠，未詳其說。

脷 47361 u266F5 pán_7.13 經籍籑詁 盤37224，侯成碑 以禮脷桓。盤桓作脷桓 又 俗磐39247 石門頌 木石相距，利磨确脷。

脸 47363 u266EF dǔ_7.13 俗䏔37709 脹 47362 u266F1 qū_7.13 同胠47108 清·孫星衍 問字堂集·卷二·雜文·釋人 臂下謂之亦，亦謂之掖。亦下謂之脹，亦謂之胳。

脻 47365 u266ED null_7.13 未詳。 脼 47364 u266EE guǎn_7.13 同脘47328俗脘47279 新撰字鏡 脘脘，二同。口短反。胃府。

脽 47371 u43FB néng_7.13 俗能47196 脾 47367 u266EB chéng_7.13 脋47200本字

脿 47366 u266EC yìn_7.13 俗胤47166見 佛教難字字典

膀 47369 u266E8 láo_7.13 简 膀47918 脚 47368 u266EA zhī_7.13 脚47457譌字

脩 47370 u202DB xiū_7.13 正字通 脩47313本作脩。

脸 47373 u8138 liǎn_7.13 简 臉47947 脶 47375 u8136 luó_7.13 简 腡47537

脖 47372 u43FA pāng_7.13 俗膖47390 可洪音義 脖脹：上疋江反。

脷 47374 u8137 lì_7.13 方 牲畜的舌頭 又 鴨脷洲，地名，在香港。

脴 47377 u8134 pǐ_7.13 同痞36046 脵 47376 u8135 gǔ_7.13 同股46969 清·黃遵憲 日本國志·卷之四十·工藝志 備前有兼光。上杉輝虎所藏兼光刀，號竹脵，為越後三寶刀之一。

脲 47379 u8132 niào_7.13 辭海 脲，讀如尿。即尿素。上海 暨南學報. 1937. V. 2. Num. 2. P. 27 縮脲反應之研究。

脑 47378 u8133 nǎo_7.13 同腦47547 脑 47381 24341 hán_8.14 韻會 正韻 太胡南切音含 說文 本作顄，頤也 通俗文 口上曰臄，口下曰函 詩·大雅·嘉殽脾臄傳 臄，函也 釋文 函，舌也。又口次肉也。本又作脑△ 集韻 通作唅。

脱 47380 u8131 tuō_7.13 同脫47317 脲 47382 24342 kū_8.14 集韻 苦骨切音堀。髖也。一曰肤出 玉篇 臀也。

脹 47383 24343 zhàng_8.14 廣韻 集韻 韻會 正韻 太知亮切音帳。腹滿也 玉篇 左氏傳 將食，脹，如厠。脹，痛也〇按 左傳·成十年 作張如厠。註：中亮反 通雅 臚脹，謂腹鼓脹也 急就章 寒氣泄注腹臚脹 又 cháng 集韻 仲良切音長。大小腸也△ 玉篇 字書亦作瘬。䲸 又瘬36368脹。

脺 47384 24344 cán_8.14 廣韻 昨干切音殘。禽獸食餘 又 廣韻 祖贊切 集韻 才贊切太音𩞬。又 集韻 財干切，音戔◇義太同 又 zhàn 集韻 仕限切音棧。腹大貌。䲸 同𦙮26816 肉部重出：篇海類編 咋干切音殘。禽獸食之餘也。

脆 47385 24345 cuì_8.14 集韻 促絕切音臎。耎易破也。本作脃。又 此芮切音毳。又蒼沒切音猝。義太同 又 suì 雖遂切音邃。顏面澤也。一曰腦也。䲸 又脆47208䏂59697脺47013臎47835敦煌俗作𦝄22766

脻 47386 24346 jiē_8.14 集韻 即涉切音接。髃也 又 玉篇 慈叶切。義闕。

脼 47387 24347 pǒu_8.14 唐韻 集韻 韻會 薄口切 正韻 莫厚切太音

餔 說文 豕肉醬也 図 集韻 蒲侯切音捊。義同 図 廣韻 集韻 𦞅蒲侯切音䮑 廣韻 尻衣 図péi 廣韻 扶來切音培。姓也。鼇 正字通 胳47514

膥 zhé_8.14 正字通 同腪。俗省。鼇 正字通 同腪,俗省。

腩 liǎng_8.14 唐韻 良獎切 集韻 里養切𦞅音兩 說文 膹肉也。玉篇 膝腩 正字通 膝亦脯也。腩當是夾脊肉 博雅 腩,肉也。一曰多味。鼇 與月部腩23424異。譌作腩23438

膖 pāng_8.14 五音類聚 普邦切音滂。腹脹滿也。鼇 又䏸47332膨48112胖46983 図 龍龕 膨47989膖二俗,胖47092古,膗47761正,膖47372今,普邦反。膖脹,腹滿也。

脽 shuí_8.14 唐韻 示隹切 集韻 韻會 正韻 視隹切𦞅音誰 說文 屍也 正韻 臗也 正字通 尻骨也 博雅 臀謂之脽 前漢 東方朔傳 連脽尻 註 臀也 図 韻會 一曰地名,祠后土處 史記 孝武紀 始立后土祠汾陰脽上 註 脽者,河東岸特堆堀,長四五里,廣一里餘,高十餘丈。汾陰在堆之上,后土祠在西,脽在巨靈坐處,西流與河合,以特堆象此爲名。師古曰以形高起,如人尻脽也。一說地本名䣆,音葵,彼鄉人呼如誰,轉爲脽耳,故漢舊儀云葵上図 集韻 川隹切音推。又 五音集韻 職流切音周。義𦞅同。鼇 又䏻47674

脾 pí_8.14 唐韻 符支切 集韻 頻彌切,𦞅音陴 說文 土藏也 徐曰脾主信藏志,信生於土 白虎通 脾之爲言裨也 韻會 文子曰:脾爲風 淮南子 精神訓 脾爲雷 釋名 脾,裨也,在胃下。裨助胃氣,主化穀也 禮 月令 孟春之月,祭先脾 図 可爲殽 詩 大雅 嘉殽脾臄 禮 內則 兔爲宛脾 註 宛脾,䟆而切之。又 鴇奧鹿胃 註 鴇奧,脾肶 周禮 天官 醢人 饋食之豆,其實葵菹、蠃醢、脾析、蠯醢、蜃蚳醢、豚拍、魚醢 註 脾析,牛百葉也 博雅 止也 揚子 方言 鋪、脾,止也 註 義有不同,故異訓之 図 博雅 卑也 図 邑名 左傳 定五年 子西爲王輿服,以保路國于脾洩 註 脾洩,楚邑也 図pái 集韻 蒲街切音牌。牛百葉 周禮 天官 醢人 脾析釋文 徐讀蒲佳反 図pì 集韻 匹計切音媲。盛肥也 図bǐ 五音集韻 卑履切音匕。股也。鼇 又䏢47517脾47393膍47513牌47465膞04612

膍 pí_8.14 正字通 俗脾字。

膘 biāo_8.14 篇海 同膓 図 地名。今雲南有祿膘巡檢司。

膌 qǐ_8.14 唐韻 康禮切 集韻 遣禮切 五音集韻 康禮切,並音啟 說文 腓腸也 玉篇 肥腸也 字林 腨腸也 博雅 膌,腨也 図 國名 山海經 無膌之國,在長股東,爲人無膌 註 膌,肥腸也 図 廣韻 苦計切 集韻 詰計切𦞅音契。又 集韻 古禮切音䭆。又 五音集韻 胡禮切,徯上聲。義同。鼇 又䏿47412膌47495

臉 lún_8.14 集韻 龍春切,音倫。皮也。

脤 shēn_8.14 玉篇 市金切。病也。

胼 pián_8.14 廣韻 部田切 集韻 韻會 正韻 蒲眠切,並音駢 廣韻 胼胝,皮上堅也 荀子 子道篇 孔子曰:有人於此,夙興夜寐,耕耘樹藝,手足胼胝,以養其親 図 固也 揚子 太玄經 陰形胼冒 註 固也 図 集韻 薄鑑切音湴。膚肉疎貌△ 集韻 或作跰。通作駢。

腂 guǒ_8.14 集韻 古臥切音過。腫赤也 図huà 戶瓦切音踝。藥草名,生山谷中,益氣延年 図lěi 五音集韻 力軌切音壘。皮起也 唐書 酷吏傳 膝腂皆碎。鼇 直音篇 腂同腂。

觭 jì_8.14 廣韻 集韻 𦞅居義切音寄 廣韻 肉四觭 集韻 分牲謂之觭。一曰臟也。

膭 kuì_8.14 廣韻 集韻 𦞅丘媿切音喟。筋節急也。図quán 集韻 逵員切音權。吻也 周禮 冬官考工記 梓人 銳喙決吻 註 吻,口膭也 釋文 膭音權 図 集韻 驅圓切,音圈。身曲貌。鼇 又嶲13816卷13892虇47470

剬 zhì_8.14 玉篇 之曳切音制。魚醬也。鼇 玉篇 作䐩47445 集韻 作䐑47493醊62352

胗 zhěn_8.14 集韻 頸忍切音緊。脣瘍。鼇 廣韻 胗、瘑18039並俗。

腄 chuí_8.14 唐韻 竹垂切 集韻 韻會 株垂切𦞅音箠 說文 瘢胝也。一曰馬及鳥脛上結骨。李舟說 図 集韻 韻會 𦞅是爲切音垂。臋也 図 縣名 史記 秦始皇紀 過黃、腄 註 東萊有黃縣、腄縣 十三州志 牟平縣,古腄縣也。又 主父偃傳 起於東腄、琅邪負海之郡 図 廣韻 集韻 韻會 𦞅馳僞切音縋。縣名。在東萊 図 集韻 視隹切音誰。又 傳追切音椎。又 樹僞切音瑞。又yóu 廣韻 羽求切 集韻 于求切𦞅音尤。義𦞅同 図 集韻 崇懷切音㦬。本作臃。膗腄,形惡。鼇 又腄47962睡22705 図 集韻 腄,縣名。在東萊。或作胿47201

胖 pàng_8.14 集韻 滂謗切,滂去聲。脹也。鼇 正字通 俗胖46983字。舊註音胖。訓脹,非。

豚 zhuó_8.14 廣韻 集韻 𦞅竹角切音斲 博雅 臋也。一曰肥也 図dū 廣韻 丁木切音㝅。尾下竅也。鼇 又 龍龕 㞘13043俗,㞕12922正 図 豕部 重出:廣韻 丁木切 集韻 都木切𦞅音剢 博雅 臋也 廣韻 尾下竅也。或作㞘。俗作㞕 図 廣韻 集韻 𦞅竹角切音卓。義同 図 類篇 肥也 図 廣韻 與犯同。按,今合併至 肉部

腅 dàn_8.14 廣韻 集韻 𦞅徒濫切音憺。肉也 博雅 肌膚者,腅也 玉篇 肴也 博雅 相飲也 図 五音集韻 徒紺切音醰。相飯也。鼇 又腅47248

脀 zhēng_8.14 字彙 之仍切音蒸。熟也。

腺 lù_8.14 集韻 龍玉切音錄。脂也 図 玉篇 肥也。

脷 lì_8.14 集韻 郎計切音麗。跛足。本从足。

脘 47411 24371
wǎn_8.14　集韻古緩切音管。胃腑。正字通同脘。

脊 47412 24372
qǐ_8.14　說文脊本字。

胗 47413 24373
zhēng_8.14　集韻類篇㹠甾莖切音爭。足跟筋也。
図集韻側杏切。義同。鋆或从足作踭 58891

腆 47414 24374
tiǎn_8.14　古文腆唐韻集韻韻會正韻㹠他典切，音
晛說文設膳腆腆多也玉篇厚也書·酒誥厥父母慶，自
洗腆致用酒註洗以致其潔，腆以致其厚図廣韻善也
禮·郊特牲幣必誠，辭無不腆註腆，猶善也図廣韻至
也書·大誥殷小腆，誕敢紀其敘釋文至也図廣韻忘也
揚子方言聲、腆，忘也。又博雅腆，久也図珍亦作腆
詩·衛風籩籩不珍箋珍當作腆。腆，善也正義云腆、
珍，古今字異。鋆又腆 57804 䐼 62351 坢 08769 脊 22784 䐼 42714
籫 42910 籫 42963 腆 22687

脊 47415 24375
tiǎn_8.14　說文古文腆 47414 字。

脮 47416 24376
něi_8.14　集韻韻會正韻㹠弩罪切音煨。萎脮，夹
弱貌後漢·馬援傳萎脮咋舌，又手從族乎註萎脮，夹
弱也図正韻與餒同。亦作脮。

䐈 47417 24377
fǎn_8.14　集韻補范切音奓。河東謂浮腫為䐈。
鋆又䐈 47350，同䐈。亦作䐈 47789 清·程先甲廣續方言今
河東謂浮腫為䐈。

腃 47418 24378
jùn_8.14　廣韻渠隕切集韻巨隕切㹠音窘廣韻腸
中脂也集韻獸脂聚貌玉篇腹中腃脂也。又靈樞經腃
堅而有分。又曰肉之標素問脫肉破腃註腃，謂肘、膝
後肉如塊者。一說腹中胎図zhūn正字通支春切音肫。
謂腹中積聚成形塊膜也。鋆又腃 23421

䐄 47419 24379
xiàn_8.14　唐韻戶猛切集韻乎嚞切㹠音陷說文食
肉不厭也五音集韻腍䐄也図廣韻胡紺切音憾。又集
韻呼濫切，音䐄。又呼紺切音䐄。義㹠同図hàn廣韻下
瞰切音憨。炙令熟也。或作䐄。鋆又䐄 47469

腈 47420 24380
jīng_8.14　集韻咨盈切音精。肉之粹者玉篇腈肉。

脌 47421 24381
xī_8.14　廣韻喜夷切集韻馨夷切，㹠音咦廣韻脽
也集韻臋之別名図五音集韻香義切音戲。呻也。
鋆同脀 47576，俗屎 12990 図屎 05409

腉 47422 24382
cǎi_8.14　集韻倉何切音蹉。大腹也図此宰切音采。
義同図倉代切音菜山海經丹熏之山有獸焉，名曰耳
鼠，食之不腉註大腹也。

脁 47423 24383
nái_8.14　集韻尼佳切，音孲。楚人謂乳為脁。
鋆楚人謂乳為脁。集韻脁，楚人謂乳為脁壳。

脣 47424 24384
chún_8.14　集韻船倫切音脣說文口尚也。與脣同
図殟盡切音泯。脣合，無波際貌図武粉切音吻。義同。

腊 47425 24385
xī_8.14　廣韻集韻韻會正韻㹠思積切音昔說文
乾肉也。从殘肉，日以晞之周禮·天官腊人掌乾肉，凡

田獸之脯、腊註大物解肆乾之謂之乾肉，薄析曰脯，
捶之而施薑、桂曰鍛脩。腊，小物全乾者易·噬嗑六三，
噬腊肉疏腊，是堅剛之肉也図久也。禮·郊特牲猶明清
與醆酒於舊澤之酒也註為其味厚腊毒也釋文腊，音昔
隱義云腊，久也。久酒有毒前漢·五行志味厚者腊毒註
腊，久也。味厚者為毒久也図極也鄭語毒之酋腊者，
其殺也滋速註腊，極也図亟也周語厚味實腊毒註腊，
亟也図措也釋名齊人云搏腊。搏腊，猶把作，麤貌也。
荊州人曰麤麻、葦草，皆同名也。麤，措也，言所以安
措足也図官名周禮·天官·獸人凡獸入于腊人。又體皴
也山海經錢來之山有獸焉，名曰羬羊，其脂可以已腊
註治體皴。腊音昔。鋆又蔍 47477 薦 47905 図直音篇 𣬹
同腊。

腋 47426 24386
yè_8.14　集韻韻會正韻㹠夷益切音睪◆廣韻肘
腋，胳也，在肘後增韻左右脅之間曰腋博雅胳謂之腋
史記·商君傳千羊之皮，不如一狐之腋盧湛·荅魏子悌
詩珍裘非一腋註坤蒼曰：腋在肘後図釋名腋，繹也。
言可張翕尋繹也図集韻之石切音隻。又韻會伊昔切
音益。義㹠同。

腌 47427 24387
yān_8.14　唐韻於業切集韻韻會乙業切㹠音浥說
文漬肉也玉篇倉頡篇云酢淹肉也廣韻鹽漬魚也集
韻或作胭図廣韻於輒切集韻憶笈切㹠音敏図廣韻
集韻㹠於嚴切音醃。又集韻衣廉切音淹。義㹠同。
鋆又腌 47463 腌 47744 腌 47824 䐁 59737

腈 47428 24388
zhí_8.14　廣韻之翼切集韻質力切㹠音職廣韻脯
長尺有二寸曰腈図黏也周禮·冬官考工記·相膠註脂膏
腈敗。腈，黏也疏今人頭髮積有脂膏者，則謂之腈。腈
亦黏也図廣韻除力切音直。肥腸図zhì五音集韻竹力
切音陟。肥也。図正字通與職、殖㹠通儀禮·鄉射禮·薦
脯用籩五臟註古文臟為䐈。今文或作腈。

腍 47429 24389
rèn_8.14　廣韻如甚切集韻韻會正韻忍甚切㹠音
飪廣韻味好集韻飪也図增韻熟也禮·郊特牲腥肆爓
腍祭註腍，熟也図五音集韻式任切，音沈◇義同。
図diàn集韻徒念切音磹博雅美也。

脈 47430 24390
xìn_8.14　廣韻香靳切。與痛同。瘡中冷也図集韻
同脪。

腎 47431 24391
shèn_8.14　唐韻時忍切集韻韻會是忍切正韻時軫
切㹠音裖說文水藏也徐曰按腎主智藏精，皆水之為也
廣韻五藏之一也正字通腎當胃下兩旁，與臍平直，筋
外有脂裹，表白裏黑素問腎者，作強之官，伎巧出焉又
藏各有一，腎獨兩，何也。腎兩者，非皆腎也。其左者
為腎，右者為命門禮·月令孟冬之月，祭先腎註陰位
在下，腎亦在下書·盤庚今予其敷心腹腎腸，歷告爾百
姓于朕志淮南子·精神訓腎為雨図引也釋名腎，引也。
腎屬水，主引水氣，灌注諸脉也図博雅堅也。鋆又
腎 47056

腏 chuò_8.14 　唐韻陟劣切音輟。說文挑取骨間肉也。廣韻骨間髓也。図廣韻丁活切音掇。又集韻旋芮切音篲。義夶同。図zhuì 廣韻陟衛切集韻株衛切夶音綴。祭酹也。△本作餟。亦作醊。

脪 xī_8.14 　字彙釋藏作膝字。鋆又安喜公碑□□龍脪23437，背城魚麗。

腐 fǔ_8.14 　唐韻扶雨切集韻韻會奉甫切夶音輔。說文爛也。廣韻朽也，敗也。禮·月令季夏之月，腐草爲螢。詩·小雅無浸穫薪箋浸之則將濕腐，不中用也。図腐儒前漢·英布傳上置酒，對衆折隨何曰腐儒者，敗爛，言無所堪任。図宮刑曰腐。前漢·景帝紀死罪欲腐者，許之。註宮刑，其創腐臭，故曰腐也。如淳曰：如腐木，不生實。図音補。蟲名。莊子·至樂篇瞀芮生乎腐蠸。註腐音補，蠸音權，蟲名。爾雅云一名守爪，一名忩鼠。鋆又瘝15618癁26924瘐31085鸞71393廄15826。図前漢·英布傳註師古曰腐者，敗爛。徐慧：爛敗。

腑 fǔ_8.14 　廣韻方矩切集韻韻會匪父切夶音甫。玉篇臟腑。史記·惠景閒侯者年表諸侯子弟若肺腑。抱朴子·至理卷破積聚於腑臟。図玉篇本作府。金匱論言人身之藏府中陰陽，則藏者爲陰，府者爲陽。肝心脾肺腎，五藏皆爲陰。膽胃大小腸膀胱三焦，六府皆爲陽。註五藏屬裏，藏精氣不瀉，故爲陰。六府屬表，傳化物而不藏，故爲陽。図集韻韻會夶符遇切音附。義同。鋆又附47091

腒 jū_8.14 　唐韻九魚切集韻韻會斤於切夶音居。說文北方謂鳥腊曰腒。図玉篇乾雉也。禮·內則夏宜腒鱐。膳膏臊。註腒，乾雉也。釋文雉腊。周禮·天官·庖人夏行腒鱐。膳膏臊。註腒，乾雉也。儀禮·士相見禮夏用腒。註夏用腒，備腐臭也。正字通戴侗謂夏暑不可奏新殺，故行腒鱐爲常。腒，鳥獸乾腊也。鄭司農緣士相見禮，故專以爲雉，其實夏用腒，乃束脩之類。按戴說近理。図博雅久也。又央也。図集韻正韻夶求於切音渠。又集韻居御切音據。義夶同。△集韻或作膲。

腷 zì_8.14 　集韻側吏切音胾。肥貌。図五音集韻側持切，音甾。玉篇腊腷也。

腓 féi_8.14 　唐韻符飛切韻會符非切夶音肥。說文脛腨也。廣韻腳腨腸也。博雅腓，腨也。正字通脛後肉，腓腸也。易·咸卦六二，咸其腓。疏腓，足之腓腸也。莊子·天下篇禹親自操橐耜而九雜天下之川，腓無胈，脛無毛。管子·侈靡篇故卿而不理，靜也。其獄一踦腓，一踦屢。註諸侯犯罪者，令著一隻屢以恥之。図病也。詩·小雅百卉具腓。傳腓，病也。図變也。詩·小雅具腓。釋文腓，變也。図避也。詩·小雅君子所依，小人所腓。傳腓，避也。又大雅牛羊腓字之。釋文避也。図廣韻扶涕切集韻父沸切夶音屝。義同。

腔 qiāng_8.14 　唐韻苦江切集韻韻會枯江切夶音哐。說文內空也。集韻骨體曰腔。図馬蹠也。齊民要術相馬法，腸欲充，腔欲小。図正字通俗謂歌曲調曰腔。図kòng 集韻苦貢切，空去聲。羊腊五音集韻羊肋。図集韻或作腔六書正譌俗作控，非。鋆又腔70680。図哐qiāng 方用同腔。唐樞蜀籟卷一不開哐就肯了一半。哐kuāng亦象聲詞，如哐啷，哐噹。

腕 wàn_8.14 　廣韻集韻韻會正韻夶烏貫切音惋◆。說文本作掔。手掔也揚雄曰掔，握也玉篇手腕也。釋名腕，宛也。言可宛屈也。戰國策天下之游士，莫不日夜扼腕，瞋目切齒嵇康·琴賦發和顏，攘皓腕。図與捥同。史記·刺客傳偏袒搤捥而進。索隱捥，古腕字。鋆又膡47733掔19920睔37721臂47099髖70678。図正字通捥，掔20085腕挐19921挈19402夶同，別作掔19510，非。図龍龕胖47329古，腕今。

踑 jì_8.14 　集韻與踦同。長跪也。史記·滑稽傳髠希轉鞠腏。註徐廣曰：其紀反。與踞同。

腛 yà_8.14 　集韻衣駕切音亞。腛膌，肥也。鋆又越諺腛姅：女陰戶，即屄也。按，腛，出集韻，肥也。俗以喻屄。謂腜處，亦通。

腄 hún_8.14 　集韻胡崑切音魂。與餛同。博雅腄肫，餅也。図kūn玉篇古魂切音昆。蟲總名也。図hùn篇海類編胡本切音混。圓長貌。

腖 dòng_8.14 　玉篇都弄切音凍。肉腖也。鋆又腜47164

腤 zhì_8.14 　篇海類編同胹。

腬 rǔ_8.14 　篇海類編同乳。

腍 rèn_8.14 　集韻飪68937古作腍。

腎 yáo_8.14 　篇海同肴。

腎 shèn_8.14 　五音類聚時忍切音腎。山海經陽山有獸，如牛而赤毛，其頸腎，其狀如句瞿。註頸上有肉腎。句瞿，斗也。

脦 cōng_8.14 　字彙補子公切音㓿。病也。鋆又腮47589

腒 jū_8.14 　字彙補古于切音俱。女陰。鋆四聲篇海音俱。又音塢。女人陰也。

腨 zhuǎn_8.14 　龍龕時兗切，音善◇脛腸也。

腩 pào_8.14 　集韻同胞。

脤 chè_8.14 　龍龕吐涉切，音貼◇肉動也。鋆叱涉切。同胅47285

腯 yù_8.14 　龍龕余六切音育。長養覆腯也。

腡 sān_8.14 　龍龕蘇干切音珊。脂肪也。鋆俗刪47229

腤 néng_8.14 　集韻同能。

脚 zhī_8.14 　五音篇海丁尼切，音低◇皮厚也。鋆同胝47105。図脚47368

腑 fǔ_8.14 　篇海類編同胕。

脙 47460 45123 xiū_8.14 五音篇海同脉。鎣脉，脙之誤。

脨 47461 45124 jì_8.14 龍龕音寂

䑍 47463 45126 yān_8.14 奚韻同腌。

腊 47462 45125 zhù_8.14 五音篇海同𦝛。

腗 47464 45127 bì_8.14 奚韻同辟。鎣王竹溪疑是臂字。

䏹 47469 45135 xiàn_8.14 奚韻同臽

脾 47465 45128 pí_8.14 字彙補同脾

䐑 47466 45129 zhé_8.14 篇海類編同牒。

䐂 47467 45130 zhuó_8.14 搜眞玉鏡音卓。

䐐 47468 45131 nà_8.14 篇海類編同肭。

䐠 47470 45137 kuì_8.14 奚韻同䐠

䐸 47471 u2B787 là_8.14 俗臘48044

䏘 47472 u2B1A5 null_8.14 喃未詳。

脸 47473 u2B1A4 null_8.14 未詳。

䐃 47474 u2B1A3 null_8.14 謌字。清·乾隆刻本種痘新書·卷之四·初熱逆症初熱頭面一片紅如膕脂者，六日後死。

䏴 47475 u2B1A2 trăng_8.14 喃同𣎃23492月。

䐳 47476 u2AC63 null_8.14 殷周金文集成·4.1800·長䐳合鼎長䐳會。器藏美國西雅圖美術博物館又東方雜志. Vol.10.Num.51913.Nov.1·孫祖烈譯世界雜誌赫希孛原著·美國種痘防疫事略·Fig. 3研磨有病之肌䐳，預備防疫藥酪之圖。又申報1929Feb.20.Num.20084⑤本埠增刊·已死狗頭復活三時半又由已朽死骸中取得之肉䐳，苟將其與活的有機體接洽，亦能恢復其生命。宏按，未詳。

𦝙 47477 u26759 xī_8.14 同䏮47905

𦝎 47478 u2674E phốp_8.14 喃从肉法pháp聲。白淨貌△皮𦝎：皮膚白皙。

𦝍 47479 u2674D sần_8.14 喃从肉牀sàng聲。粗糙，皮膚不光滑。

𦝌 47480 u2674C mép_8.14 喃从肉法pháp聲。嘴角。

𦜥 47508 u26725 null_8.14 未詳。

𦝋 47481 u2674B mụn_8.14 喃从肉門môn聲△𦝋𦝋：寶貝孩子，掌上明珠。

𦝊 47482 u2674A trôn_8.14 喃从臀省迍đón聲。

𦝉 47483 u26749 đẻ_8.14 喃从胞省底để聲。分娩。

𦝈 47484 u26748 ngắc_8.14 喃从肉昃trắc聲。

𦝇 47485 u26747 đít_8.14 喃从肉怛đắn聲。臀。

𦝆 47486 u26746 sần_8.14 喃从肌省牀sàng聲。

𦝅 47487 u26745 phẫn_8.14 喃从肉忿phẫn聲。

𦝄 47488 u26744 răng_8.14 喃从肉夌lăng聲。腰又lưng同䏻47976背。亦作䠲59736又trăng同䏴47475月。

𦝃 47489 u26743 lín_8.14 漢語方言大辭典𦝃脬：陰囊。𦝃脬籽：睾丸。閩語。廣東海康又ròm喃从肉林lâm聲△瘖𦝃：弱不禁風。

𦜶 47490 u26742 đít_8.14 喃𦜶堆đít-doi：屁股。堆𦜶đoi-đít：肛門。

𦜵 47491 u26741 qī_8.14 同期23427亦作肵。

𦜴 47492 u26740 zhài_8.14 膪𦜴。參見膪47726

𦜾 47493 u2673E zhì_8.14 集韻𦜾䱥62352，征例切。魚醬。或从西玉篇廣韻作𦜾47445四聲篇海作𦝙47402

𦜼 47494 u2673C tún_8.14 類篇小豕也。篆作豚57170

𦜹 47495 u26739 qǐ_8.14 正字通䏿47395本作𦜹。

𦜷 47496 u26737 gèng_8.14 同䐚23442月出玉篇𦜷，古鄧切。月去也。

𦜶 47497 u26736 páng_8.14 膀47645本字。見說文

𦜧 47506 u26727 null_8.14 未詳。

𦜴 47498 u26734 tún_8.14 同臀47599俗臀47935孟嘗君客勝臀，見戰國策

𦜩 47504 u26729 nǎo_8.14 俗腦47547

𦜲 47499 u26732 yìn_8.14 同䏙47593俗癊36408類篇䏙，於禁切字林心病。

𦜱 47500 u26731 xī_8.14 同肸47009

𦜮 47501 u2672E kuà_8.14 同胯47174宋·宋慈宋提刑洗冤集錄·卷二·驗屍左手臂肘腕并指甲全。左肋并脇全。左腰𦜮及左腿脚並全。右亦如之。

𦜭 47502 u2672D mǎng_8.14 方粗壯四部叢刊·初編集部·朝野新聲太平樂府·卷之九小令九·般涉調·耍孩兒·拘刷行院摸魚爪老龕如扒齒，擔水腰肢𦜭佀碌軸。按，雍熙樂府·卷之七·中呂宮·耍孩兒·稍刷行院担水腰肢莽49713如陸軸。

𦜫 47503 u2672B zhé_8.14 玉篇治輒切。薄切肉△說文作䐑47546

𦜦 47507 u26726 null_8.14 未詳。

𦜨 47505 u26728 kèn_8.14 漢語方言大詞典𦜨，皮膚表面的污垢。吳語。

𦜤 47509 u26724 tuǒ_8.14 俗腩47557

𦜣 47510 u26723 bì_8.14 俗䏶47302可洪音義兩𦜣：步米反。正作䏶。

𦜢 47511 u26722 qí_8.14 同臍47516俗臍。

𦜡 47512 u26721 zhì_8.14 或譌作䏲47331集韻炙30676𦜡，之夜切。燔肉。或从肉直音篇𦜡46967，音蔗。炙肉。𦜡，同上。

𦜠 47513 u26720 pí_8.14 同脾47465俗脾47392

𦜞 47515 u2671E rốn_8.14 喃从肉巽rốn聲。肚臍。

𦜝 47516 u2671D qí_8.14 俗臍47991

𦜉 47517 u26709 pí_8.14 同脾47392

𠒯 47518 u204AF nhóc_8.14 喃从肉兒nhi聲。

𦜟 47514 u2671F pǒu_8.14 同䏂47387

𣎃 47519 u23383 cháng_8.14 从肉尚聲。姓氏。或讀嘗古璽彙編·姓名私璽·3225𣎃膄又tháng喃从月尚chuộng聲△𣎃閏：閏月。𧡊𣎃：月經來潮。

腚 47520 u815A dìng_8.14 方臀部笑林廣記·第十二卷·謬誤部·健訟民國膠澳志腚，讀如定，即臀之訛音。

腙 47521 u8159 zōng_8.14 方 （臀部）上翹，（用臀部）撞 図 有機化合物 hydrazone 漢譯。

膕 47522 u8158 guó_8.14 简 膕47757

膋 47523 24413 yíng_9.15 廣韻以成切集韻怡成切夶音盈廣韻肥也。鍪新撰字鏡·肉部膋，餘聲反。魯大夫戲伯名也。胡吉宣：切韻作溋29898

腤 47524 24414 wèi_9.15 玉篇于貴切音胃。皮也。

膝 47525 24415 xì_9.15 廣韻集韻夶胡計切音薂。喉膜也。與膝同図集韻一曰腹也。

腛 47526 24416 wò_9.15 廣韻於角切集韻韻會乙角切夶音渥廣韻厚脂韻會脂豐也周禮冬官考工記鮑人革欲其茶白而疾澣之，則堅。欲其柔滑而腛脂之，則需註腛，讀如沾渥之渥，謂厚脂之韋革柔奄也図集韻烏谷切音屋。義同周禮·冬官考工記·鮑人·腛脂釋文於角反。劉音屋。

脄 47527 24417 méi_9.15 唐韻莫杯切集韻謨杯切夶音梅。說文婦始孕，脄兆也博雅脄，胎也図博雅脄脄，肥也。図美也左思·魏都賦脄脄坰野註脄脄，美也図通膴魏都賦註引韓詩周原脄脄毛詩脄作膴。鍪王引之删脄47384，增入通膴魏都賦註引韓詩周原脄脄毛詩脄作膴十九字。參見脄47384

胒 47528 24418 ní_9.15 唐韻人移切。有骨醢也。或作臡図集韻年題切音荑。又汝來切音荋。義夶同図ruǎn廣韻而兗切集韻乳兗切夶音輭。足疾也図nào玉篇廣韻夶那到切音臑。臂節也図nèn廣韻正韻夶奴困切音嫩。肉腝正字通醲爲本義。讀若泥者，本音也。讀若嫩者，轉音也。後借爲嫩弱之腝図集韻人之切音而。與胹同。爛也揚子方言秦晉之郊謂熟曰腝。或作腇。鍪又顭71376

腕 47529 24419 huàn_9.15 集韻胡玩切音換。肥也。

腞 47530 24420 dùn_9.15 集韻杜本切音笨。行曳踵。或作腯、豚。図徒困切音鈍。義同図zhuàn集韻正韻夶柱兗切音瑑集韻篆也正韻與瑑同莊子·達生篇得死於腞楯之上釋文腞，猶篆也。腞楯，雕俎也図集韻敕轉切音𦤅。義同莊子·達生篇·腞楯·音義腞。直轉反，又敕轉反。図tú陁沒切音揆。肥也。與腯同。

膪 47531 24421 chù_9.15 集韻芻數切五音集韻芻注切夶音蒭。膳也。△本作腏。

脭 47532 24422 tǐng_9.15 玉篇徒苓切五音集韻特丁切夶音亭。脯也。鍪正字通俗脡47296字。

腟 47533 24423 chì_9.15 玉篇丑一切音抶。肉生也。

腪 47534 24424 chán_9.15 集韻澄延切音纏。沐腪，罔象別名。

腣 47535 24425 dǐ_9.15 廣韻都奚切集韻都黎切夶音低。脣腣，強脂也。

腠 47536 24426 còu_9.15 集韻韻會正韻夶千候切音湊。膚腠也，肉理分際也儀禮·鄉飲酒禮皆右體進腠註腠，理也史記·扁鵲傳君有疾，在腠理註腠謂皮膚後漢·郭玉傳腠理至微註腠理，皮膚之間也抱朴子·極言卷脣焦脈白、腠理萎瘁者，血滅之證也図正字通通作奏儀禮·公食大夫禮載體進奏註奏謂皮膚之理也。

腡 47537 24427 luó_9.15 廣韻落戈切集韻盧戈切夶音騾玉篇手理也廣韻手指文也図集韻公蛙切音媧。又姑華切音瓜。義夶同。鍪又𦞅47375

腢 47538 24428 óu_9.15 集韻韻會正韻夶魚侯切音齵韻會髆前骨也。俗曰肩頭儀禮·既夕當腢用吉器註腢，肩頭也釋文劉五侯反図ǒu集韻語口切音偶。義同儀禮·當腢釋文腢，古口反図集韻五公切音峸。又元俱切音虞。又吾回切音鮠。義夶同△正韻亦作髃。

腣 47539 24429 dì_9.15 廣韻都計切集韻丁計切夶音帝。臍腣，胅腹貌玉篇臍腣，大腹也図廣韻都奚切集韻都黎切夶音氐。又集韻田黎切音題。義夶同。鍪又𦞁47756

膞 47540 24430 chǔn_9.15 廣韻集韻夶尺尹切音蠢。肥也図集韻式允切音賰。義同。

羸 47541 24431 luǒ_9.15 唐韻集韻夶魯果切音蠃說文獸名。象形正譌象形。獸之淺毛者，若虎豹貔象之屬正字通按周禮·冬官考工記厚脣、弇口、出目、短耳、大胷、燿後大體、短脰，若是者謂之羸屬。羸卽蠃之省図集韻盧戈切音騾。義同。

腿 47542 24432 qiū_9.15 集韻雌由切音秋。股脛間。或从酋。鍪又𦜌47590

腤 47543 24433 ān_9.15 廣韻集韻夶烏含切音諳廣韻煮魚肉也集韻烹也齊民要術有腤雞法図集韻鄔感切音唵。腤腩，調餁也△集韻或作𦠳。

腥 47544 24434 xīng_9.15 玉篇桑丁切廣韻集韻桑經切夶音星說文星見食豕，令肉中生小息肉也廣韻豕息肉，肉中有米周禮·天官·內饔豕盲眡而交睫腥註肉有如米者似図凡膏亦曰腥周禮·天官·庖人秋行犢麛膳膏腥註腥，雞膏也図臭也禮·月令仲秋之月，其臭腥史記·世家犯肉腥臊何足食図穢也書·酒誥庶羣自酒，腥在上図正韻凡肉未熟曰腥論語君賜腥，必熟而薦之史記·禮書俎上腥魚註鄭曰：大饗祫祭先王，以腥魚爲俎實，不腍熟之也図唐韻蘇佞切集韻韻會新佞切音性。義同△集韻或作胜。鍪又䏉70230胜45883

腤 47545 24435 ān_9.15 集韻與腤同。

腂 47546 24436 zhé_9.15 唐韻直葉切集韻韻會正韻直涉切夶音𨄅腂說文薄切肉也。从肉，枼，意兼聲廣韻細切肉正韻縷切也齊民要術有作犬腂法、苞腂法図集韻質涉切音䐑。切也図通作䐑禮·少儀牛與羊、魚之腥，聶而...

之爲膾註畾之言朡也。鏊又剿03588脄47388胈47466
脄47503区集韻脄膡48107，或从畾。

腦47547 24437
nǎo_9.15 廣韻奴皓切集韻韻會正韻乃老切丛音
惱說文本作𡚁，頭髓也区nào廣韻那到切集韻乃到
切丛音眺廣韻優皮也集韻漫澤也区韻會或作刯周
禮·冬官考工記·弓人角之本蹙於刯△·廣韻同𡚁集韻
或作腦、臟。鏊腦47267𡊅08860腦47378胸47345腦47883
腦47595嘗47608腦70638刯03781䐿49256腮47504区𤷨37846
𤷨34252並俗腦。

腧47548 24438
shù_9.15 廣韻傷遇切集韻春遇切丛音戍玉篇五
藏腧也集韻五藏腧穴正字通方書灸法：腧穴在脊中，
對臍各開寸半区yú五音集韻羊朱切音逾。腧腧，媚貌。

膜47549 24439
kuí_9.15 廣韻集韻並渠惟切，音葵。臛膜，醜也淮
南子·修務訓唵膜哆㗩，籧篨戚施，雖粉白黛黑，弗能
爲美者，嫫母、仳倠也区廣韻渠追切集韻渠龜切，並
音逵。義同。

膈47550 24440
qià_9.15 字彙與髂同。

腨47551 24441
shuàn_9.15 廣韻市兗切集韻豎兗切丛音膞說文
腓腸也廣韻腨腸正字通俗曰脚肚博雅骭腨也。
区穴名靈樞經上踝五寸別入貫腨腸穴区集韻尺兗
切音舛。義同△或作蹲。鏊朱駿聲說文通訓定聲
膞47780叚借爲腨。

𦠄47552 24442
bàn_9.15 集韻薄鑑切音埲。膚肉疏貌。

腷47553 24443
chā_9.15 集韻測洽切音㿪。膓肉也玉篇肉腤膓。

胗47554 24444
zhā_9.15 廣韻集韻丛陟加切音摣廣韻不密玉篇
胳胗，不密也区集韻本作瘥博雅㾞、瘵、瘕也。或亦
作膪区廣韻黏也区廣韻陟駕切音吒。膓膓，相黏。
鏊胥膓。

𦜕47555 24445
róu_9.15 集韻而由切音柔。面色和柔貌区忍九切
音蹂。義同。鏊又腬47284

𦜉47556 24446
bǐn_9.15 集韻逋忍切音臏玉篇膔子肉区biàn集
韻婢典切音辮。脈隱起如辮繩。

膄47557 24447
tuǒ_9.15 集韻吐火切音妥。牲肉謂之膄正字通按
說文·肉部膄，裂肉也。又周禮·小祝贊膄、守桃，既祭
則藏其膄。註：鄭康成曰：膄，尸所祭肺脊黍稷之屬，
藏之以依神。以此說，膄即膄之譌說文从肉从陸省。
膄本从肉，加肉旁作膄，非。鏊臠，同髓区膄47509

𦜏47558 24448
nǎn_9.15 廣韻奴感切集韻乃感切，丛南上聲廣韻
煮肉集韻臛也齊民要術有𦜏炙法，鹽醋也博雅𦜏，
脯也区集韻徒南切音覃。義同。鏊又腍47559醰62408

甚47559 24449
nǎn_9.15 字彙同腩。

腪47560 24450
yùn_9.15 集韻王問切
音運。膜也区委隕切音惲。腪䐏，肥也。鏊又腪47262

腒47561 24451
jiē_9.15 唐韻古諧切集韻居諧切丛音皆說文臞
也廣韻瘦也区廣韻苦蟹切集韻口駭切丛音楷。義同。
鏊又階47610𦢤70702

腫47562 24452
zhǒng_9.15 唐韻之隴切集韻韻會主勇切丛音種
說文癰也廣韻疾也周禮·天官·瘍醫掌腫瘍、潰瘍、金
瘍、折瘍之祝藥，劀殺之齊註腫瘍，癰而上生創者。
爾雅·釋訓腫足爲尰疏膝之下有瘡腫，是涉水所爲。
区膚肉浮滿也史記·倉公傳後五日當㵯腫前漢·五行
志公閎門而泣之，目盡腫後漢·梁皇后紀從閎以來，加
以浮腫区釋名腫，鍾也。寒熱氣所鍾聚也区增韻脹
也管子·輕重篇無鹽則腫区瘇也周禮·冬官考工記·輪
人旁不腫註瘇也。鏊又肿47055

腽47563 24453
wèi_9.15 集韻胃，亦作腽禮·內則·鴇奧鹿胃釋文
胃，音謂。又作腽。

腬47564 24454
róu_9.15 唐韻耳由切集韻韻會正韻而由切丛音
柔說文嘉善肉也玉篇肥美也廣韻肥貌五音集韻嘉
膳区集韻盛也博雅腬，盛也区如又切音輮。又女救
切音糅。義丛同区忍九切音厹。面色和柔貌。或作膞。
鏊又𦜕46978

腭47565 24455
è_9.15 字彙與齶同 腘47566 24456
jí_9.15 集韻卽入
切音喋。肥膏也。一曰創潰出貌区側立切音戢。肥膏
出也玉篇和也。鏊又膌47605臟47928

腮47567 24457
sāi_9.15 字彙俗顋字 腌47568 24458
yān_9.15 集韻因蓮
切音煙。嗌也。謂咽喉也字彙項也。

腯47569 24459
tú_9.15 唐韻集韻丛他骨切音突說文牛羊曰肥，
豕曰腯玉篇肥也通雅腯肷，肥肉也。肥盛爲腯博雅盛
也詩·周頌我將我享維羊維牛箋我奉養，我享祭之牛
羊，皆充盛肥腯釋文豕曰腯左傳·桓六年牲牷肥腯
禮·曲禮豚曰腯肥疏腯，充滿貌也左思·吳都賦鳥獸腯
膚区集韻陁沒切韻會陁骨切正韻吐訥切丛音揆。或
作腞。義同区dùn集韻韻會徒困切正韻杜困切丛音
鈍。義同区人名禮·檀弓微子舍其孫腯而立衍釋文腯，
又徒遜反。徐本作遁区集韻杜本切正韻徒本切丛音
笔集韻行曳踵也△集韻或作膞。

腰47570 24460
yāo_9.15 集韻韻會丛伊消切音要說文身中也。象
人要自臼之形徐曰要爲中關，所以自臼持也玉篇䯗也
釋名腰，約也，在體之中，約結而小也区馬名古今注
古駿馬有飛兔、腰裹区天下形勢亦稱腰戰國策梁者，
山東之腰也△玉篇本作要廣韻或作䐴。鏊又可洪音
義䐴脊：音積，上方本作腰䯗。䐴54973脊：上於消反，
下子昔反。繌繩：上於消反。正作䐴、夐二形也。

䯗47571 24461
yāo_9.15 廣韻同腰。鏊又䐴57888

腞47572 24462
tú_9.15 集韻與腯同。

腱47573 24463
jiàn_9.15 廣韻集韻韻會丛渠建切音健說文筋之

本也 廣韻 筋也。一曰筋頭 博雅 脅、腱,肉也 集韻 一曰筋之大者 禮·內則 反側之去其餌註 餌,筋腱也 図 廣韻 集韻 𧿤居言切音軒 禮·內則則筋腱釋文 一音其言反 楚辭·招魂 肥牛之腱,臑若芳些 註 腱音居言反。筋頭也。図 qián 集韻 渠言切音犍 字林 筋鳴也 図 韻會 正韻 𧿤渠焉切音乾。又 集韻 巨偃切,音犍。義𧿤同 禮·內則 註 筋腱釋文 徐讀其偃反,皇讀紀偃反 図 jīn 集韻 舉欣切音斤。與筋同。鼇 又 𦙫41791 𦜗47692

䏽 wěi_9.15

廣韻 烏賄切 集韻 鄔賄切𧿤音猥 玉篇 䏽腇,肥貌 図 舒遲貌 王褒·洞簫賦 其奏歡娛,則莫不憚漫衍凱,阿那䏽腇者已 註 䏽腇,舒遲貌。鼇 䏽腇又作 𩱏𩱏、㾼㾼、癱㾼、餧餧,中風病。

膟 lǜ_9.15

廣韻 呂戍切 集韻 劣戍切𧿤音律 說文 血祭肉也 集韻 一曰腸也。同膝 図 類篇 力遂切音類。義同 図 五音集韻 所類切音帥。一曰師祭。

脪 xī_9.15

集韻 馨夷切音咦。與吚同 五音集韻 大笑也。鼇 同脪47421,俗屎12990

腳 jiǎo_9.15

唐韻 居勺切 集韻 韻會 訖約切𧿤音蹻 說文 脛也。或作脚 釋文 腳,却也,以其坐時卻在後也 荀子·正論篇 晉侮捽搏,捶笞臏腳 図 以足踩物曰腳 司馬相如·子虛賦 射麋腳麟 註 郭璞曰:腳,掎足 文選李善註 腳謂持其麟也。鼇 又脚47340 腳58947

腴 yú_9.15

廣韻 羊朱切 集韻 韻會 容朱切𧿤音逾 說文 腹下肥也 廣韻 肥腴 通雅 凡肉肥夬處曰腴 禮·少儀 進魚,冬右腴 註 腴,腹下也 疏 腴謂魚腹 図 凡借以喻肥者皆曰腴 前漢·地理志 爲九州膏腴 註 師古曰腹之下肥曰腴,故取喻云。又 班固·答賓戲 慎修所志,守爾天符。委命供己,味道之腴。又肥田稱膏腴 図 豬犬腸也 禮·少儀 君子不食圂腴 註 腴有似人穢 疏 豬犬腸也。図 類篇 勇主切音雨。義同。鼇 又殈26812 殈26793 肶47136 腴22879 図 正字通 腴47197 膍47997,俗腴字。

腤 zhū_9.15

玉篇 陟於切 廣韻 陟魚切。𧿤與豬同。△ 正字通 同肚。俗讀肚若睹,故从者作腤。訓同豬,誤。鼇 南史·卞彬傳 彬著 禽獸決錄 曰羊性淫而狠,腤性卑而率。

腳 jué_9.15

廣韻 其虐切 集韻 極虐切𧿤音噱 廣韻 腳腳,大笑 図 集韻 牛舌也。

腷 gé_9.15

集韻 各核切音隔。育也。本作膈。又 五音集韻 古伯切音格。脅膈也。

腵 jiā_9.15

玉篇 古鵶切 集韻 居牙切𧿤音嘉。腸病也 正字通 癥病也。

腶 duàn_9.15

廣韻 丁貫切 集韻 韻會 正韻 都玩切𧿤音鍛 集韻 腶脩,捶脯施薑、桂也 禮·郊特牲 大饗尚腶脩而已 釋文 加薑、桂曰腶脩 公羊傳·莊二十四年 然則曷

用棗栗云乎,腶脩云乎 註 腶脩者,脯也 図 作鍛 左傳·哀十一年 進稻醴、粱糗、腶脯焉 釋文 腶亦作鍛。

膴 wěn_9.15

廣韻 集韻 𧿤武粉切音抆 玉篇 口邊也。與吻同 図 集韻 聚筋也。

腷 bì_9.15

廣韻 符逼切 集韻 弼力切𧿤音愎 廣韻 腷臆,意不泄也 古兩頭纖纖詩 腷腷膊膊雞初鳴,磊磊落落向曙星 集韻 或作愊。鼇 或作愊。或作愊47118

腸 cháng_9.15

唐韻 直良切 集韻 韻會 正韻 仲良切𧿤音長 說文 大、小腸,藏府之二名也 正字通 大腸長二丈一尺,廣四寸,徑一寸,當臍右迴疊十六曲,盛穀一斗水七升半。小腸長三丈二尺,廣二寸半,徑八分分之少半,左迴疊積十六曲,容穀二斗四升,水六升三合 白虎通 大腸、小腸,心肺府也。腸爲心肺主,心爲皮體主,故爲兩府也 詩·大雅 自有肺腸 書·盤庚 今予其敷心腹腎腸,歷告爾百姓于朕志 図 釋名 腸,暢也。通暢胃氣,去滓穢也 図 博雅 詳也 図 羊腸,太行山坂名 戰國策 聞之,起兵,臨羊腸 史記·趙世家 羊腸之西 註 太行山坂通名。南屬懷州,北屬澤州 図 無腸,國名 山海經 無腸之國在深目東,其爲人長而無腸 図 馬腸,獸名 山海經 讙舉之山,雒水出焉,其中多馬腸之物 註 馬腸,人面虎身,音如嬰兒 図 魚腸,劍名。見 三國蜀志 図 草名博雅 鹿腸,玄蔘也 又 馬腸,亦草名,葉似桑。見 山海經 讙舉之山註 図 黃腸,槨名 後漢·梁商傳 賜黃腸、玉匣 註 以栢木黃心爲槨也。又 禮·儀志 治黃腸題湊,便房如禮。鼇 又肠46964 腸47752 膓47229 蘡51172

腹 fù_9.15

唐韻 集韻 韻會 正韻 方六切音福 說文 本作腹,厚也。一曰身中 爾雅·釋詁 腹,厚也 詩·小雅 入腹我 傳 厚也 箋 腹,懷抱也 禮·月令 孟冬之月,水澤腹堅 註 腹,厚也 図 增韻 肚也 釋名 腹,複也,富也。腸胃之屬,以自裹盛,復於外複之,其中多品似富者 易·說卦 坤爲腹 疏 坤能包藏含容,故爲腹也 図 凡借以喻物 詩·周南 赳赳武夫,公侯腹心 河圖引蜀謠 汶阜之山,江出其腹 図 遺腹 前漢·昭帝紀 泗水戴王有遺腹子煖 図 腹疾 左傳·宣十六年 叔展曰:河魚腹疾奈何。図 衣名 釋名 抱腹,上下有帶,抱裹其腹,上無襠者 図 姓 戰國策 腹擊爲室而鉅 註 趙臣 図 人名 史記·燕世家 燕王命相栗腹約歡趙。鼇 正字通 腹,本作腹47742

胅 dié_9.15

集韻 徒結切音絰。骨差也。一曰腫也。一曰連腤肉。本作胅。亦作骹、胅。

愡 cōng_9.15

玉篇 七公切音聰。病也。鼇 又 直音篇 愡47449同愡。

膲 qiū_9.15

玉篇 七由切,音酋◇曲膲。鼇 亦作胠 䏶47542

膉 yì_9.15

集韻 於例切,音瘱。臆也。鼇 又脂2344

膜 xù_9.15

玉篇 呼役切,音魊◇膜視也。

膥 47593 24483
yìn_9.15　篇海 於禁切音蔭。心中病也。

膌 47594 24484
hán_9.15　篇海 胡南切音丸。鞎囊柄也。鏊 鞎囊柄也。龍龕 膌俗，肒 46972 正。

腦 47595 24485
nǎo_9.15　字彙補 同腦。

腩 47596 24486
bèng_9.15　字彙補 比諍切音偪。腹脹貌。

腳 47597 24487
jī_9.15　集韻 節力切音即。腳臟，膏澤也。又光澤貌 図 資昔切音積。義同。

臙 47598 24488
rán_9.15　集韻 䏾 46997 古作臙。

臀 47599 41714
tún_9.15　戰國策 勝臀，人名 註 臀，元作臋，字書無之。鏊 亦作臋 47498，譌字。

膔 47600 41720
hóu_9.15　集韻 同喉 脄 47601 41721
zhì_9.15　五音篇海 陟利切音致。肥也。鏊 集韻 膔䐈，或省。

睯 47602 41722
kān_9.15　集韻 丘寒切音看。睯睯，坏也。

嶅 47608 45133
nǎo_9.15　龍龕 同腦 腌 47603 41723
dā_9.15　篇海類編 都盍切音荅。皺膌，皮貌。鏊 又皯 37000

朧 47604 41724
gōng_9.15　篇海類編 姑橫切音觥。膨朧，大腹也。

腤 47610 45136
jiē_9.15　奚韻 同腤 脧 47605 41725
jí_9.15　奚韻 子入切音輯。肉肥而膏出也。鏊 同腤 47566 今部外八畫。

臧 47611 45138
zāi_9.15　龍龕 同䐈 腙 47606 41726
zōng_9.15　川篇 音葼。狂病也 字彙補 與腙 23445 字不同，腙从舟。鏊 又腙 23414

冐 47607 45132
wèi_9.15　篇海類編 胃本字。

腩 47613 u2B1A8
null_9.15　未詳。 翤 47609 45134
lù_9.15　字彙補 同戮

橽 47612 45139
téng_9.15　搜真玉鏡 同勝。

脂 47615 u2B1A6
null_9.15　未詳。 膩 47616 u2AC65
fèn_9.15　簡 膩 47922

腪 47614 u2B1A7
ruột_9.15　喃 腸。省作胅 47241

䐘 47617 u26798
null_9.15　䐘䐘煖煖，豐滿富態貌。參見煖 47978

胱 47618 u26794
hoẳn_9.15　喃 从肉恍hoẳng聲。

脈 47619 u26793
phay_9.15　喃 从肉派phái聲。切肉片。

腬 47620 u26792
đẩy_9.15　喃 从肉待đải聲。豐腴，飽滿。

腽 47621 u26791
vòi_9.15　喃 从肉盃bôi聲△腽猱：象鼻。

臈 47622 u26790
è_9.15　俗齶 75742 可洪音義 作臈齶，二同。五各反 図 ngực 喃 从胸省虐ngược聲。

餧 47623 u2678F
ôi_9.15　喃 从腐省威uy聲△魪餧：臭魚。餡餧：餿飯。

脵 47624 u2678E
nghén_9.15　喃 从肉彥ngan聲。孕，胎 五千字譯國語 胚胎：脵脂。妊娠：胎脵。

蔮 47625 u2678D
cáy_9.15　喃 从肉計kế聲。

脛 47626 u2678C
gèng_9.15　同膼 23442 腂 47627 u26788
hóu_9.15　同膔 47600 集韻 喉膔，胡溝切 說文 咽也。或从肉。

膌 47628 u26787
jǔ_9.15　俗䐗 46711 腥 47629 u26786
niè_9.15　同腥 47324

腋 47632 u26780
null_9.15　未詳。 膝 47630 u26783
xī_9.15　俗膝 47778 金瓶梅詞話·第七十一回 整時罷鼓膝間琴，開把筵篇閱古今 図 俗膝 29169 可洪音義 膝含：上徒登反。國名也。

脈 47633 u2677F
null_9.15　未詳。 膅 47631 u26782
dā_9.15　膅膊，亦作褡膊、褡包、搭膊 図 俗瘩 36366 肒膅，疙瘩。

膈 47634 u2677E
null_9.15　未詳。 䐶 47636 u2677C
lǔ_9.15　簡 腰 47785

腌 47637 u2677B
xuān_9.15　俗揎 20060 敦煌·S. 527 顯德六年正月三日女人社再立條件 在席上乃腌拳。

奂 47635 u2677D
null_9.15　未詳。 膚 47638 u2677A
zhèn_9.15　俗朕 可洪音義 朕所：上直飲反。我也。古庶人并皆稱膚，自秦始皇帝二十六年獨為天子之稱。正作朕 23398 䑶二形。

䐉 47639 u26779
lườn_9.15　喃 同腪 47823 脇。

膃 47640 u817D
wà_9.15　簡 膃 47652 膩 47642 u817B
nì_9.15　簡 膩 47831

腼 47641 u817C
miǎn_9.15　同靦 67072 亦作偭 01578

腺 47643 u817A
xiàn_9.15 民國 新字典 腺，日本所製字，讀如線，動物體肉中能分泌液汁之處，如分泌乳汁者曰乳腺，分泌汗液者曰汗腺，西名 Gland，吾國舊譯曰核。

腿 47644 24489
tuǐ_10.16　廣韻 集韻 韻會 吐猥切，退上聲 玉篇 腿，脛也 正字通 脛，股後肉也。俗謂股大腿，胖小腿。△集韻 本作骽。鏊 又䠆 59174

膀 47645 24490
páng_10.16　唐韻 步光切 集韻 蒲光切，夶音旁 說文 脅也。或从骨作髈 博雅 膀，脅也 図 博雅 膀胱 47176 謂之脬 図 pāng 集韻 鋪郎切音滂。脹也。鏊 又胮 47497 胮 47351

膁 47646 24491
qiǎn_10.16　廣韻 苦簟切音嗛。腰左右虛肉處 図 集韻 丘咸切音鹻。牛馬肋後胯前 正字通 凡畜腰後窊處曰膁窩 図 xiàn 集韻 乎韽切音陷。餅中肉。與餡同 図 牛廉切音鼜。美也 図 xiàn 五音集韻 胡忝切音鼸。大味。鏊 又膁 48002 鼜 48015

膊 47647 24492
chēn_10.16　唐韻 昌眞切 集韻 稱人切，夶音瞋 說文 起也。从肉，眞，意兼聲 埤蒼 引起也 廣韻 肉脹起也 字彙 邪氣脹肉曰膊 揚子·太玄經 股腳膊如，維身之疾 註 膊，大也。枝大于幹爲疾也。

膊 47648 24493
suò_10.16　唐韻 蘇果切 集韻 損果切，夶音䯈 說文 臞也 玉篇 膏臠。或曰臠，小貝也。凡貨細、臠屑義取諸此。膊从貨，當與脞義通 図 廣韻 先臥切 集韻 蘇臥切，夶音䂓。義同。

腒 ruò_10.16 唐韻而勺切 集韻日灼切夶音弱 說文肉表革裏也。从肉，弱意兼聲 廣韻脃膿 博雅 腒，肉也 又膜也。

脮 duǐ_10.16 廣韻都罪切，音䣁。又 集韻沽罪切，音頷 廣韻膃脮。亦作胎。腫大也 又 集韻虎猥切音脄。又胡隓切音回。義夶同。鬙 直音篇䐐同脮。

膂 lǚ_10.16 廣韻力舉切 集韻 韻會 正韻兩舉切夶音呂 說文脊骨也。象形 博雅膂，肉也 書·君牙作股肱心膂 又 玉篇古與呂同。鬙 又膐47697

膃 wà_10.16 廣韻 集韻夶烏沒切音頩 廣韻膃肭，肥夛 集韻膃脖，病也。鬙 又膃47640

瘦 shòu_10.16 集韻所救切音嗽。臞也 五音集韻損也 詩·檜風棘人欒欒兮 箋欒欒然瘦瘠也△本亦作瘦。

膁 xiǎng_10.16 集韻虎項切音傋。肥貌 又居侯切音鉤。足曲也。

膅 táng_10.16 集韻徒郎切音唐。肥也。鬙胡吉宣：腟47772同。

齎 qí_10.16 正字通同臍

膅 hāng_10.16 廣韻呼郎切音炕 玉篇肉閒也 又 廣韻狼膅，南蠻國名 左思·吳都賦烏滸、狼膅 註 異物志云狼膅人夜觻金，知其良否。

胹 xiè_10.16 唐韻 集韻夶先結切音屑。脂也 玉篇臆中脂 博雅胹，脂也 集韻或作胐。

膇 zhòu_10.16 廣韻 集韻夶側救切音縐 玉篇膇，脯也 又 集韻將侯切音諏。義同 又 chù 廣韻䂇注切音蓛 膳也。或作胝 又 zhù 集韻厹遇切音嬬。姤也，皺也。鬙 又龍龕胝古，膇47462胸47343俗，膇正，側救反。胹脯也 又 直音篇脄47226同膇。

膡 sù_10.16 廣韻桑故切 集韻蘇故切夶音素 玉篇肥也 又與嗉同 潘岳·射雉賦裂膡破觜 註音素。喉受食處也。

膓 chuǎng_10.16 集韻楚兩切音㘓。皮傷也。本作剏 又此兩切音搶。義同。

膆 xī_10.16 廣韻相卽切 集韻悉卽切夶音息。寄肉也 玉篇膆肉 揚子方言臚膆也 註謂息肉也。

膇 zhuì_10.16 廣韻 集韻 韻會夶馳偽切音縋 集韻足腫也 正韻下腫 左傳·成六年獻子曰：民愁則墊隘，於是乎有沈溺、重膇之疾 註重膇，足腫。鬙 又瘜36319踤59235

膊 sǔn_10.16 唐韻蘇本切 集韻鎖本切夶音損 說文切孰肉，内于血中和也 博雅膊，臞也 通雅肺膊，肉蒸菜也 盧湛·祭注曰：四時祭，皆用肺膊 釋名肺膊，饡之以米糝之，如膏饡也。即今蒸菜。鬙 集韻膊，或作饌。

膗 chāi_10.16 廣韻楚佳切 集韻初佳切夶音釵 廣韻膗腂腒膉 集韻釵腒膇 又 廣韻初牙切 集韻初加切夶音叉。義同 又 集韻又宜切音差。腒也 又 cuó才何切音醝。腹鳴也。鬙 集韻釵腒膇。集韻膗，初加切。脯腒。又 韻47720肐46955

膟 xì_10.16 篇海許意切音戲。塊病也 正字通與䐭同。

膈 gé_10.16 廣韻古核切 集韻 韻會各核切夶音隔 玉篇胷膈 集韻肓也 正韻胷膈，心脾之間 釋名膈，塞也，管上下，使氣與穀不相亂也 又 縣鐘格也 史記·禮書縣一鐘尚拊膈 註 索隱曰：膈，縣鐘磬格也。不擊鐘而拊膈，蓋不取其聲，從質也 荀子·禮論篇縣一鐘尚拊之膈，朱絃而通越也 又 正韻通作鬲。平原有鬲縣，故晉人以惡酒為平原督郵，以其只在鬲上也。鬙 又鬲67470膈47581

膉 yì_10.16 廣韻 集韻夶伊昔切音益 廣韻肥也 集韻脰肉也 儀禮·士虞禮取諸左膉 註膉，脰肉也 又 集韻一曰豕伏槽。

腎 hán_10.16 集韻戶感切音頷。口上曰臄，口下曰腎。

膕 wěng_10.16 廣韻烏孔切 集韻鄔孔切夶音蓊 廣韻膕。臭貌。出 字林 集韻肥貌。或作膃。

膆 kē_10.16 五音集韻口答切，音溘◇欲睡貌。

膍 mí_10.16 五音類聚名移切音彌。汙面貌。

膏 kào_10.16 集韻同犒 又香氣也 釋名膏，蒿也，香氣蒿蒿也。

膞 tún_10.16 • 集韻徒渾切。同屍。髀也。或作臋、臀。鬙 正字通膞，同屍，又與膇同。

膃 wěng_10.16 集韻與膕47670同。

膕 hùn_10.16 集韻胡困切音圂。肥貌。

膊脯 pò_10.16 唐韻 集韻 韻會 正韻夶匹各切音粕 說文薄脯，膊之屋上。从肉專聲 釋名膊，迫也。薄掾肉，迫著物使燥也 博雅膊，脯也 周禮·天官·醢人豚拍魚醢 註拍為膊，謂脅也 又 肩膊 儀禮·鄉飲酒禮介俎脊脅肺 註後脛骨二，膊，胳也。又 少牢饋食禮膊不升肩臂臑膊胳 又 韻會磔也 左傳·成二年殺而膊諸城上 註膊，磔也 周禮·秋官·掌戮掌斬殺賊諜註膊，謂去衣磔之。又 厚切肉為厚膊 淮南子·繆稱訓故同味而嗜厚膊者，必其甘之者也 註厚膊，厚切肉也 又 韻會擊聲古兩頭纖纖詩膕膕膊膊雞初鳴，磊磊落落向曙星 韓愈·闘雞聯句膕膊戰聲喧 又 bó 集韻 正韻夶伯各切音博。義同。又 liè 集韻龍輟切音劣。界也 揚子·太玄經福則有膊 註陸績讀 又 鋪枚切音胚。又芳無切音敷。義夶同 又 殊倫切音純。股肉也 儀禮·少牢饋食禮膊胳 釋文膊，劉音純△正韻亦作拍。鬙 又膊47992膊48099膊48121

囻敦煌·S.5431 開蒙要訓 胜髀70726腿髀。

膄 sāo_10.16 集韻蘇遭切音騷。本作臊。豕膏臭也。
五音集韻腥膄。

膟 zǐ_10.16 集韻壯仕切音滓。食也〇按卽肉胏也。
齊民要術有作胏肉法囻五音集韻囪08011古作胏。
鎣五音集韻胏囪肉47103，腦蓋說文囪，頭會，腦蓋也。
象形。胏，或从肉、宰。

脛 zhé_10.16 廣韻集韻韻會正韻太直立切音蟄。脯
也。屈曰脛。

脽 hè_10.16 唐韻呼各切集韻韻會正韻黑各切太音
鶴說文肉羹也。玉篇羹脽也。楚辭·招魂·露雞脽蠵·王逸
註有菜曰羹，無菜曰脽師古曰羹之與脽，烹煮異齊，
調和不同，非關有菜無菜也。徐曰羹以菜爲主，脽以肉
爲主囻廣韻集韻太呼木切音殻。又集韻忽郭切音霍。
又呼酷切音熇。義太同。鎣又觷48103囻正字通䐝同
脽。臛，俗脽字。

腦 liú_10.16 字彙同瘤。

膭
胘 gōng_10.16 五音集韻居雄切音弓。腐刑也。通作宮。
臀 yìn_10.16 說文古文胤47166字。
設

骰 gǔ_10.16 廣韻集韻太古祿切音穀。玉篇足跗也。
囻集韻徒谷切音獨。義同囻hú 玉篇胡木切集韻胡谷
切太音穀。牲後足也囻què五音集韻苦角切音殻。皮
甲肉囻从上擊下也。一曰素也。鎣玉篇胡木切集韻胡
谷切太音穀。太音穀。

脋 liáo_10.16 廣韻洛蕭切集韻憐蕭切正韻連條切太
音聊說文膫，或从勞省聲廣韻腸間脂也詩·小雅取其
血脋箋脋，脂膏也。禮·郊特牲取膟膫燔燎升首，報陽
也註膟脋，腸間脂也前漢·郊祀歌焫脋蕭，延四方註師
古曰脋，來彫反，腸間脂也。以蕭焫脂合馨香也。
鎣又膋47158

膥 chéng_10.16 玉篇同脅 **賽** sài_10.16 集韻類篇
太先代切音塞。骨賽，體顫動貌。

膌 jí_10.16 唐韻廣韻集韻類篇太資昔切音積說文
瘦也。从肉、脊束兼聲。今通作瘠玉篇膌也管子·問篇
時簡稽帥馬牛之肥膌囻廣韻集韻太秦昔切音籍廣韻
膌腹五音集韻死骨也△類篇亦作胅。鎣又瘦35970
膡48062

䐡 gāi_10.16 廣韻古哀切集韻柯開切太音該廣韻肥
也集韻一曰六畜胎曰䐡囻廣韻公回切音傀。義同。
囻kǎi廣韻苦亥切集韻可亥切太音愷廣韻肉羹也。
囻廣韻魚開切音皚。義同。鎣又肐47048

膍 pí_10.16 唐韻房脂切集韻韻會頻脂切正韻蒲縻
切太音毗說文牛百葉也。一曰鳥膍胵韻會百葉，牛肚

也。膍胵，鳥之腸胃也。胵音鴟。一曰五藏總名博雅百
葉謂之膍正字通李時珍曰：膍，言其有比列也。牛羊
食百草，與他獸異，故其胃有膍有蜂窠，亦與他獸異也
囻正韻厚也囻廣韻部迷切集韻駢迷切韻會邊迷切
太音鼙廣韻膍臍，人臍也急就篇脾腎五藏膍臍乳。
囻正韻通作脾。引周禮·醢人脾析、蠯醢。註：脾析，
牛百葉也。是膍與脾通用△廣韻亦作肶。

腱 jiàn_10.16 字彙同䐡 **胠** xié_10.16 廣韻集韻韻
會太戶佳切音鮭說文脯也徐曰古謂脯之屬爲胠，因
通謂儲蓄食味爲胠廣韻肉食肴也集韻一曰吳人謂醃
魚爲胠脼韻會南史孔靖飲宋高祖酒，無胠，取伏雞卵
爲肴。王儉云庾郎食胠有二十七種囻凡熟食皆曰胠揚
子·太玄經多田不稼，費我胠功註熟食曰胠囻肌膚亦
曰胠博雅肌膚者，胠也囻韻會通作鮭世說新語庾杲
食胠。作食鮭杜甫詩自愧無鮭菜。

胚 wā_10.16 集韻烏瓜切音窊。胅臞，驢腹下肉。

膏 gāo_10.16 唐韻古勞切集韻韻會居勞切正韻姑勞
切太音高說文肥也韻會凝者曰脂，釋者曰膏。一曰藏
角者脂，無角者膏元命包膏者，神之液也易·鼎卦雉
膏不食晉語不能爲膏，而祗離咎也註膏，肥也囻夫
膏粱之性難正也註膏，肉之肥者史記·田敬仲完世家
豨膏棘軸註豨膏，豬脂也囻博雅人一月而膏左傳·成
十年居肓之上、膏之下註心下爲膏囻正韻澤也博雅
膏、滑，澤也易·屯卦屯其膏疏正義曰：膏謂潤澤也。
囻脣脂，以膏和丹申之，亦曰膏詩·衛風豈無膏沐，誰
適爲容囻甘也禮·禮運天降膏露註膏，猶甘也囻凡樹
理之白者皆曰膏周禮·地官·大司徒其植物宜膏物註鄭
司農曰：膏物，謂楊柳之屬，理致且白如膏囻五穀之滑
者皆曰膏山海經西南黑水之間有廣都之野，爰有膏菽、
膏稻、膏黍、膏稷註郭曰：言味好皆滑如膏囻gào唐
韻古到切集韻韻會正韻居號切太音誥。潤也詩·曹風
芃芃黍苗，陰雨膏之釋文膏，古報反禮·內則脂膏以
膏之釋文膏之，古報反〇按劉鑑·經史動靜字音凡脂
膏之膏則讀平聲，用以潤物曰膏，則讀去聲。鎣又
膏37679囻直音篇膈同膏。

膗 null_10.16 音未詳師曠·禽經覆卵則鶴入水，鷙膗月
註伏卵則向月取氣助卵。鎣俗遡。

膢 lǘ_10.16 五音類聚與脋同揚子方言膢，力也。宋、
魯曰膢。

膡 shì_10.16 集韻同嗜 **膟** lì_10.16 篇海力質切
音栗。山名。本从山。鎣又嵂14058囻piǎo 龍龕扶了、
芳小二反。牛脅肉。鄭賢章：俗膘47766

膭 duǐ_10.16 字彙補都罪切，堆上聲。大腫貌。

膘 null_10.16 未詳。 **䏾** zāng_10.16 龍龕音藏。

膖 null_10.16 喃未詳。 **膵** chī_10.16 字彙補昌支

切，音癡◇目汁凝也。䀁 可洪音義 膪膪：上尺之反，目汁也。下奴頂反。耳垢也。正作瞤37987膪。

腼 47702 41727 zhē_10.16 字彙補 與胹同 廣雅 肧、腼、腒、胷，脂也。

邃 47707 u2B1AD null_10.16 嘀 未詳。
䐥 47703 41728 wěn_10.16 龍龕 音吻。筋頭也。䀁 龍龕 膶或作，腈今。

淯 47708 u2B1AC null_10.16 未詳。
煖 47709 u2B1AB null_10.16 未詳。

腰 47710 u2B1AA null_10.16 未詳。
脒 47711 u2B1A9 null_10.16 未詳。

瞥 47712 u2AC5F null_10.16 嘀 未詳。
膮 47713 u2F988 xiāo_10.16 同腺47743

腩 47714 u267D7 nem_10.16 嘀 从肉难nan聲。同胁47817

䏶 47715 u267D6 mǒ_10.16 嘀 从脂省馬mǎ聲。與䐒47718同。

䐒 47716 u267D2 giòn_10.16 嘀 从脆屯đồn聲。

㿂 47717 u267D1 iǎ_10.16 嘀 从肉倚ỷ聲。

腰 47736 u267BC null_10.16 未詳。
䐐 47718 u267D0 má_10.16 嘀 从肉馬mǎ聲。頰△䐐哈：笑窒，酒窩。妌䐐：調情。䐐紅：桃頰，美人 金雲翹傳 至檐涓買䐐紅打怦：紅顏天妒，事亦尋常图 mǒ同䏶47715△䐐豬：豚油。

膴 47719 u267CF khu_10.16 嘀 从臀省庫kho聲。
膊 47737 u267BB null_10.16 未詳。图 sươi 嘀 从肉差sai聲。暴醃△䐺醎䐻：暴醃肉。

䐾 47720 u267CE chāi_10.16 同膭47665

胲 47721 u267CD gây_10.16 嘀 从肉荄gai聲△䐺胲：臊臭。
䐺 47738 u267BA null_10.16 未詳。
膹 47722 u267CC zhǎn_10.16 粤 腱子肉

胳 47723 u267CB vòi_10.16 嘀 从肉倍bội聲。

朏 47724 u267CA phối_10.16 嘀 从肉配phối聲。同膭47892肺。

脂 47725 u267C9 còm_10.16 嘀 从肉疳cam聲△瘨脂：瘦弱。

膳 47726 u267C8 hài_10.16 膳䐺，或作䐷48257䐺。

脒 47727 u267C7 xǐ_10.16 周志鋒：俗膝。

膏 47728 u267C6 null_10.16 毵05294膏，山名。見 穆天子傳·卷四

膝 47729 u267C5 sāo_10.16 俗膝47948 可洪音義 腥膝：下蘸刀反。

膝 47730 u267C4 sāo_10.16 俗膝47948 程丙本新鐫全部繡像紅樓夢·第三十一回 你也不怕膝了他。

膝 47740 u267B8 null_10.16 未詳。
膝 47731 u267C2 mí_10.16 膝膵，同膝暝，媚視。清·李調元 雨村詞話·卷二 膝膵：楊炎正 桃源憶故人 詞有句云「膝膵呷丁些來酒」，又 柳梢青 云「捧杯更著膝膵唱」，皆江西土語，猶言隨意也。膝，字書不載图 mè 嘀 胃△膝鵙：雞胗。

臝 47732 u267C0 luó_10.16 亦作臝47541同臝70444

脕 47733 u267BF wàn_10.16 廣韻 脕同腕47440

膤 47734 u267BE juǎn_10.16 同膤47748俗膤47945 文選·曹植·七啟八首之二 寒芳苓之巢龜，膾西海之飛鱗，躍江東之潛鼉，膤漢南之鳴鶉。李善注引 蒼頡解詁 膤，少汁臞也。

胃 47735 u267BD wèi_10.16 龍龕 胃俗，胃47060正。

腹 47741 u267B7 null_10.16 未詳。
胇 47739 u267B9 null_10.16 肐胇，胳膞47677 金瓶梅詞話·第七十五回 （西門慶）說着，一面慢慢搊起這一隻腿兒，跨在肐胇上，摟抱在懷裡。

腺 47743 u267B5 xiāo_10.16 同腺47776
腹 47742 u267B6 fù_10.16 腹47587本字

腌 47744 u267B4 yān_10.16 同腌47427
胳 47745 u267B3 qià_10.16 俗骼70703

腳 47746 u2F987 liú_10.16 同腳47682
腒 47747 u23391 kūn_10.16 簡 腒48041

膤 47748 u442A juǎn_10.16 同膤47945
臏 47749 u8191 bìn_10.16 簡 臏47999

膒 47750 24547 ōu_11.17 廣韻 集韻 丛烏侯切音謳 玉篇 久脂也图 集韻 一曰以脂漬皮图 集韻 於候切音敺。義同。䀁 可洪音義 膒令：烏侯反，漬物令軟也。正作膒也。又烏候反。

膥 47751 24548 yín_11.17 集韻 韻會 丛夷眞切音寅 玉篇 脊肉也图 集韻 夾脊肉也图 集韻 通作夤 易·艮卦 艮其夤。

腸 47752 24549 cháng_11.17 正字通 俗腸字。

膔 47753 24550 lù_11.17 集韻 盧谷切音祿。腹鳴也。

膯 47754 24551 cōng_11.17 廣韻 集韻 丛七恭切音樅 廣韻 肥病集韻 肥也。

膰 47755 24552 cáo_11.17 廣韻 昨勞切集韻 財勞切丛音曹集韻 胞也。一曰腹鳴图 集韻 臧曹切音糟。義同。

膵 47756 24553 zhì_11.17 廣韻 竹例切。同癙。赤白痢图 集韻 丁計切，音帝。與膟同集韻 膟胜肰腹。

膕 47757 24554 guó_11.17 廣韻 集韻 韻會 丛古獲切音馘 廣韻 曲腳中也集韻 膕肕，曲腳也正字通 膝後曲節中也 博雅 膕，曲腳也 荀子·富國篇 是猶使處女嬰寶珠，珮寶玉，負戴黃金，而遇中山之盜，雖爲之逢蒙視，詘要撓膕，君盧屋妾，由將不足以免之图 集韻 骨或切音國。義同。图 忽麥切音懂。丛足也△集韻 或作䯗。䀁 又膕47326膕47522图 正字通 膩，俗膕字。

膊 47758 24555 chǎn_11.17 廣韻 初限切集韻 楚限切丛音剗玉篇 皮起 廣韻 皮膊图 • 正韻 平木之器图 韜也，損削也。

腞 47759 24556 tǔn_11.17 字彙 他衮切音疃。豚肉。

膣 47760 24557 zhā_11.17 玉篇 壯加切五音集韻 側加切丛音查玉篇 鼻上皰也五音集韻 皰鼻玉篇 本作皶。

膖 47761 24558 pāng_11.17 集韻 披江切音肨。膖肛，腫也图 五音集韻 丑隴切音寵。義同△集韻 或作痝、胖。

膗 47762 24559 xuán_11.17 集韻 旬宣切音旋。短也。一曰便膗，小

貌揚子方言臚，短也註便旋，庳小貌也又集韻隨戀切音淀。又五音集韻詳兗切音夐。義𠀤同△類篇或作旋。鋈又臚23467

膿 47763 24560 léi_11.17 廣韻力懷切集韻盧懷切𠀤音䐶廣韻膿䐜，形貌惡也又lěi集韻魯水切音壘。皮起也又倫追切音纍。脯也。鋈又俗䐴48008新撰字鏡膿，來乃反。欲乾。

䐹 47764 24561 xiū_11.17 集韻思留切音修說文進獻也。一曰致滋味爲羞集韻本作羞。亦作䐹、饈。

䐜 47765 24562 chuái_11.17 廣韻仕懷切集韻崇懷切𠀤音膗集韻膿䐜，形惡。或作膗。

膘 47766 24563 piǎo_11.17 廣韻敷沼切集韻韻會匹沼切正韻普沼切𠀤音縹◆說文牛脅後，髀前合革肉也徐曰按詩傳：下殺射中膘。今謂馬肥爲膘肥也，言最薄處。合革肉，言皮肉相合也廣韻脅前正韻牛脅後髀之前連膚肉。又集韻婢小切音摽。義同又廣韻集韻𠀤子小切音剿集韻脅骨。本作䏂。又biāo集韻紕招切音漂。本作膔。膔脾，腫欲潰。鋈又䑄48111膘47699

䐘 47767 24564 jiǎng_11.17 廣韻居兩切集韻舉兩切𠀤音繈廣韻筋頭集韻筋强也。鋈又彊16314

䐥 47768 24565 chōng_11.17 廣韻丑凶切集韻癡凶切𠀤音蹱。與傭同集韻均也，直也又五音集韻餘封切音容。義同。

䐿 47769 24566 zé_11.17 廣韻集韻韻會𠀤側革切音責廣韻䐿子，魚子脯。出新字林。俗作鰿，誤。

膚 47770 24567 fū_11.17 廣韻甫無切集韻韻會風無切正韻方無切𠀤音跗說文籀文臚玉篇皮也廣韻皮膚釋名膚，布也，布在表也詩·衛風膚如凝脂易·噬嗑六二，噬膚註膚者，柔脆之物也又豕肉爲膚儀禮·聘禮膚、鮮魚、鮮腊註膚，豕肉也又切肉爲膚禮·內則脯羹，兔醢，麋膚註膚，切肉也又博雅美也詩·豳風公孫碩膚傳膚，美也又博雅傅也又離也又剝也又大也詩·小雅以奏膚公傳膚，大也又韻會膚淺，喻在皮膚不深也又正韻四指爲膚公羊傳·僖三十一年膚寸而合註側手爲膚又膚受論語膚受之愬書·盤庚今汝聒聒，起信險膚傳起信險僞，膚受之言也又地名前漢·郊祀志凡四祠于膚施註膚施，上郡之縣也又人名前漢·古今人表陽膚又集韻淩如切音臚。義同。鋈又肤46974膚48052

膌 47771 24568 jí_11.17 正字通與脊同說文本作𦙶，重文作膌。六書正譌俗作脊，非，然今通用脊矣。

膛 47772 24569 táng_11.17 玉篇集韻𠀤他郎切音湯。肥貌。鋈又䐬47655

膪 47773 24570 zhài_11.17 集韻竹下切音䋈。䐑肉又之石切音隻。義同又陟革切音摘。挑取骨閒肉也又陟卦切音㣐。䏧膪，肥貌。鋈又膪47833

䐑 47774 24571 zhé_11.17 集韻韻會𠀤直涉切。同牒。薄切肉也玉篇腥也韻會爚也。一曰生熟半也博雅䐑，爚也禮·郊特牲·腥肆爓腍祭註爓，或爲䐑又廣韻集韻𠀤直立切音蟄。義同。

膜 47775 24572 mó_11.17 唐韻慕各切集韻韻會正韻末各切𠀤音莫說文肉閒胲膜也廣韻肉膜釋名膜，幕也，幕絡一體也爾雅·釋器·肉曰脫之疏治肉，除其筋膜，取好者博雅膰，膜也又撫也揚子方言膜，撫也註謂撫順也。又廣韻正韻莫胡切集韻韻會蒙晡切𠀤音模廣韻膜，拜也穆天子傳膜拜而受註長跪拜也。鋈又䑃47793

膮 47776 24573 xiāo_11.17 廣韻許幺切集韻馨幺切𠀤音膮廣韻膮膟，腫欲潰也博雅膟，腫也又集韻虛嬌切音囂。義同。鋈又膟47713膟47743

䐲 47777 24574 mó_11.17 廣韻莫婆切集韻眉波切𠀤音摩集韻䐲痳唐韻漏病集韻或从靡。鋈直音篇䐲同䐲。

膝 47778 24575 xī_11.17 廣韻集韻韻會正韻𠀤息七切音悉說文脛頭卩也。本作厀徐曰今俗作膝。膝，人之節也釋名膝，伸也，可屈伸也儀禮·既夕袂屬幅，長下膝又韻會楯名揚子方言矛骹細如鴈脛者謂之鶴膝唐書·王志愔傳鶴膝犀渠◆左思·吳都賦家有鶴膝又䮂膝，良馬名前漢·王褒傳駕䮂膝註孟康曰：良馬低頭，口至膝，故曰䮂膝。鋈又䏋47727膝47630脥23437膝47433䐚47957厀61947

䐳 47779 24576 yú_11.17 集韻正韻𠀤牛居切音魚集韻馬二目白曰䐳〇按詩·魯頌有驔有魚。本作魚。鋈䐳38082譌字。又俗𩵏40749

膞 47780 24577 zhuǎn_11.17 廣韻市兗切集韻豎兗切，並音腨。又廣韻旨兗切集韻主兗切，並音剸說文切肉也廣韻細割也博雅膞，臠也又正韻䏶膞。腸也又一挺肉亦曰膞淮南子·說林訓一膞炭熯，掇之則爛指註一膞，一挺也。膞，音轉又人名史記·外戚世家有男一人，爲昌邑王註名膞又廣韻旨兗切集韻豎兗切正韻止兗切，並音腨◇義同又chún集韻殊倫切音純。股骨也儀禮·少牢饋食禮升羊豕肩臂臑膞胳註髀下爲膞，猶前足之臂。膞下爲胳，猶前足之臑也釋文音純。亦讀之兗反又chuán集韻韻會𠀤淳沿切音遄。陶人作器具周禮·冬官考工記·旊人器中膞註膞，鄭康成讀如車輇之輇又廣韻職緣切集韻朱遄切𠀤音專。膞，鳥胃也又集韻食川切音船。義同。鋈又𨐐35152肫47051䐢47452

膟 47781 24578 lǜ_11.17 廣韻呂卹切集韻韻會正韻劣戌切𠀤音律◆說文血祭肉也玉篇膟膋詩·小雅·或燔或炙傳燔取膟膋又集韻一曰腸閒脂禮·郊特牲取膟膋燔燎升首，報陽也註膟膋，腸閒脂也正字通祭則合蕭爇之，使臭達牆屋也又集韻朔律切音率。義同△說文本作𦞠。

膠 47782 24579 jiāo_11.17 唐韻古肴切集韻韻會正韻居肴切𠀤音交說文昵也。作之以皮徐曰昵，黏也玉篇煮用其皮，

或用角廣韻膠漆周禮·冬官考工記·輪人施膠必厚。又弓人凡相膠，欲朱色而昔。昔也者，深瑕而澤，紾而摶廉。鹿膠青白，馬膠赤白，牛膠火赤，鼠膠黑，魚膠餌，犀膠黃。凡昵之類不能方註昔音錯。純赤之中，文又交錯也。澤，表裏有文，色潤澤也。紾，縝密。摶，音團。團圓也。廉，利也。昵，本作䐊。不方，柔韌不取其方整也図爾雅·釋詁膠，固也疏膠者，所以固物詩·小雅德音孔膠傳膠，固也図博雅欺也図庂也史記·司馬相如傳蜿灗膠戾註膠戾，邪曲也図廣韻太學也正字通東膠，周學名。周之學，成均居中，左東序，右瞽宗。東膠卽東序也図集韻糾也禮·王制養國老於東膠註膠之言糾也図正韻黏泥不通莊子·逍遙遊置杯焉則膠図膠葛，氣也前漢·揚雄傳撠膠葛，騰九閎註膠葛，上清之氣也図韻會和也詩·鄭風雞鳴膠膠傳膠膠，猶喈喈也図詐也揚子方言膠、譎，詐也。涼州西南之閒曰膠図韻會水名。萊州有膠水図地名戰國策以膠東委於燕図姓前漢·古今人表膠鬲図廣韻古孝切集韻居效切𠀎音教。義同図jiāo韻會正韻𠀎古巧切音絞。動撓貌莊子·天道篇膠膠擾擾乎音義交卯反。図nǎo集韻女巧切音橈。桼膠，雜亂貌図háo乎刀切音豪。戾也楚辭·九辯何況一國之事兮，亦多端而膠加註膠加，戾也。音豪図五音集韻口交切音敲。面不平也。鑒又胶23399膠38063膠47821

腂 47783 24580
yìng 11.17 廣韻集韻𠀎以證切音孕廣韻大視集韻美目也図廣韻雙也図五音集韻增益也。一曰送也。図物相贈也図集韻徒登切音騰。美目也。一曰大視廣韻作瞬図廣韻詩證切音勝。又集韻持陵切音澄。義𠀎同。

臅 47787 24584
guì 11.17 廣韻同臀

䐴 47784 24581
cù 11.17 廣韻集韻𠀎子六切音蹙廣韻脚䐴，青澤也類篇或作䐵。

膟 47785 24582
lǜ 11.17 唐韻力居切集韻韻會龍珠切𠀎音慺◆說文楚俗以二月祭飲食之神也廣韻飲食祭也。冀州八月，楚俗二月集韻臘祭名。或从示韻會鹽鐵論非膟、臘祭祀無酒肉也。膟，八月旦，今河東俗奉之爲大節，祭祀先人前漢·武帝紀膟五日註如淳曰：音樓漢儀注立秋獮膟。服虔曰：殺也。蘇林曰：祭名也。獮，虎屬。常以立秋日祭獸，王者亦以此日出臘，還，以祭宗廟，故有獮膟之祭也図◆說文一曰祈穀食新曰離膟図集韻韻會郎侯切正韻盧侯切𠀎音婁。義同図類篇力求切。同𦝢前漢·武帝紀膟五日註師古曰：續漢書獮膟作獮𦝢，膟、𦝢義各通耳。鑒又膝47636褸40027

臖 47786 24583
guì 11.17 玉篇公對切類篇古對切𠀎音憒玉篇腰忽痛也巢氏病源卒然傷腰致痛，謂臖腰図集韻居代切音漑。義同。鑒又癀36603肒46999臅47787

膴 47791 24588
xiū 11.17 玉篇同膵。河東謂淫爲膴。鑒俗胶47417浮腫。

腹 47789 24586
fān 11.17 篇海方減切,

𦜈 47788 24585
chún 11.17 五音集韻同脣。

𦞅 47790 24587
zhì 11.17 篇海音室。肉生也。

膨 47798 45143
lè 11.17 龍龕同肋。

𦛚 47792 24589
dùn 11.17 字彙補同遯

膜 47793 24590
mó 11.17 字彙補莫各切，音邈◇肉膜也。

𦞑 47794 24591
yí 11.17 篇海音怡。豕肉也。

㬵 47795 41729
cù 11.17 字彙補心米切，音徙◇韻寶串㬵，炙具也。璽集韻㬵腺47310，趨玉切。串㬵，炙筋。或从肉。

𦞶 47796 45141
yòng 11.17 字彙補醬字之譌。

䏞 47797 45142
mán 11.17 搜眞玉鏡音瞒。

膱 47799 45144
jù 11.17 龍龕同釀。璽龍龕膱俗，膟正，其虐反。與釀同。合錢飲酒也。又可洪音義骨膱：桑果反。正作鑲64022璵二形。郭氏作其略反，非也。

臂 47800 45145
bì 11.17 龍龕音臂。

𦤴 47801 u2B1B4
null 11.17 喃未詳。

膢 47802 u2B1B3
màn 11.17 同緩44796図俗慢18109亦作曼38121可洪音義膢臉：上莫諫反。下居奄反。嬌恣皃。

膠 47803 u2B1B2
null 11.17 同𦜘50796

腕 47804 u2B1B1
null 11.17 未詳。

嶅 47805 u2B1B0
áo 11.17 嶅臀，亦作聱70748臀。

腰 47806 u2B1AF
null 11.17 未詳。

𦤶 47807 u26802
null 11.17 未詳。

膲 47808 u267FF
đùi 11.17 喃从肉堆đôi聲。腿。

腦 47810 u267FD
mật 11.17 喃从肉密mật聲。膽囊。

𦛌 47811 u267FC
bế 11.17 喃从肉閉bế聲。

膩 47812 u267FB
nì 11.17 佛經記音字四聲篇海音匿玄應音義膩夜：梵言膩夜泥，此言打杙封地也卷第六十五作暱夜図nạc喃从肉匿nặc聲△䏩膩：瘦肉。

膒 47809 u267FE
ōu 11.17 兼膒47750

腇 47813 u267FA
ngoảy 11.17 喃从肉掛quải聲△腇䏻舦：悻悻然扭身而去。

膞 47814 u267F9
lồn 11.17 喃从肉崙lôn聲△丐腞：女陰図trôn同肫47482臀△虜腞：肛門。半膞：賣淫。

腋 47815 u267F8
nách 11.17 喃从腋省液dịch聲。腋窩。

𦝆 47816 u267F7
bòi 11.17 喃从肉培bồi聲。萎靡不振△𦝆鐘：鐘錘。

䏙 47817 u267F6
nem 11.17 喃从肉粘chiêm聲。酸肉粽。

膝 47818 u267F5
bệu 11.17 喃从肥省荸bẽo聲△胨膝：虛胖。

膧 47819 u267F0
zhā 11.17 同厰37032

𦝭 47820 u267ED
null 11.17 未詳。

膠 47825 u267EC
jiāo 11.17 俗膠47782

腰 47821 u267EB
jiè 11.17 同艐48731

膜 47822 u267EB
hàn 11.17 俗暵22984明嘉靖河間府志·卷之三樊深撰·建置志·古蹟二郎廟：在縣東。疫疾旱膜，祈禱輒應。

臠 47823 u267EA
luán_11.17 俗臠48117 可洪音義 臠臠：見藏作臠，力兖反 又 lườn 喃 从肉連liên聲。胸肋。

腌 47824 u267E9
yān_11.17 正字通 腌47427本作腌。

膤 47826 u81A4
xuě_11.17 鱈魚肝臟所製之油，魚肝油。

膦 47827 24592
liǎn_12.18 廣韻 集韻 太力展切音輦。膦腝，無力。

膧 47828 24593
tóng_12.18 集韻 韻會 徒東切 正韻 徒紅切太音同 集韻 肥貌 又 chuáng 集韻 傳江切音幢。膧腔，尻骨。亦作髖。鑾 膧23484从月，月初出 又 龍龕 謥或作，髖正。

臍 47829 24594
qí_12.18 唐韻 徂兮切 集韻 前西切太音齊 說文 朼臍也 類篇 或書作臍。

膨 47830 24595
pèng_12.18 廣韻 集韻 太蒲孟切音甏。脹也。又 péng 廣韻 薄庚切 集韻 蒲庚切太音彭 廣韻 膨脝，脹貌 集韻 膨脝，大腹 韓愈·石鼎聯句 豕腹脹膨脝 又 集韻 普孟切，亨去聲。義同。

膩 47831 24596
nì_12.18 唐韻 集韻 韻會 太女利切音幟 說文 上肥也 玉篇 垢膩也 廣韻 肥膩 又 滑也 宋玉·招魂 靡顏膩理 註 膩，滑也△ 類篇 或作臡。鑾 又膩47642膩58005膩58016膩47239膩23441 又 龍龕 肐47088僿01903俗，膩正。

臈 47832 24597
jī_12.18 唐韻 居依切 集韻 居希切太音機 說文 頰肉也 又 集韻 渠希切音祈。又己亥切音改。義太同。鑾 正字通 臈俗臈字。

膪 47833 24598
zhà_12.18 廣韻 陟駕切 集韻 陟嫁切太音吒。豝膪，肥也 又 zhài 廣韻 竹賣切音徸。腏肉也。亦作膪。

膫 47834 24599
liáo_12.18 唐韻 洛蕭切 集韻 憐蕭切，太同膋 說文 牛腸脂也 詩 取其血膫○按 詩·小雅 今作膋 又 集韻 侯國名。在南陽 前漢·功臣表 膫侯次公。又 西南夷傳 粵將畢取以軍降，爲膫侯 註 屬南陽 又 廣韻 集韻 力照切音尞。炙也 集韻 本作𦠊 又 集韻 郎刀切音勞。腸脂也。

膬 47835 24600
cuì_12.18 唐韻 七絕切 集韻 促絕切。太與脆同 說文 耎易破也。从肉，毳轉入䭉聲 又 廣韻 此芮切音毳 管子·霸言篇 釋堅而攻膬 枚乘·七發 飲食則溫淳甘膬 註 膬，昌芮反 又 集韻 租悅切音蕝。義同△ 集韻 或作脺。

膭 47836 24601
guī_12.18 廣韻 公回切 集韻 姑回切太音傀 廣韻 肥貌 集韻 肥大貌 又 kuì 廣韻 集韻 太胡對切音潰。義同 又 duì 集韻 徒對切音隊。下大貌。鑾 又膭47873

䏰 47837 24602
xún_12.18 廣韻 徐林切 集韻 徐心切太音尋 廣韻 姓也。鑾 名義 似金反。古姓也 又 膞47913肘47236鄩61986

膭 47838 24603
gōng_12.18 集韻 姑横切音觵 玉篇 肥貌 集韻 本作腥。膨脝，大腹 又 huáng 集韻 胡光切音黃。病腫。或作臁。鑾 集韻 膭、臁，病腫。或从尣。

膮 47839 24604
xiāo_12.18 唐韻 許幺切 集韻 韻會 馨幺切太音憢 說文 豕肉羹也 禮·內則 膷臐膮醢 釋文 豕羹也 儀禮·聘禮 膷臐膮 釋文 豕膗也 又 博雅 膮，香也 又 廣韻 馨皛切 集韻 馨鳥切太音曉。又 集韻 香幽切音烋。義太同。

膞 47840 24605
sǔn_12.18 廣韻 蘇本切 集韻 鎖本切太音損 說文 切熟肉內於血中和也 廣韻 切熟肉再煑也 釋名 膞，鑽也，以米糝之如膏鑽也。又 齊民要術 有肺膞法 又 zhuàn 廣韻 士戀切 集韻 雛戀切 正韻 除戀切太音饌。又 集韻 徂悶切音鐏。又 正韻 雛產切音撰。義太同。

膾 47841 24606
céng_12.18 集韻 徂棱切音層。肥也。

朁 47842 24607
zān_12.18 廣韻 作含切 集韻 祖含切太音簪 集韻 脂朁，烹也 又 jǐn 廣韻 集韻 太子朕切音醬。朁脣，病也。又 qián 集韻 慈鹽切音潛。塩肉也 又 子鴆切音浸。脣闕謂之朁 又 咨林切，音祲。烹也△ 正字通 俗呼物不潔白曰腌朁。按 焦竑·刊誤 載雜字：不淨曰嬉臟。皆俚語也。鑾 又朁23512臢48125朁47909鐕69457

膸 47843 24608
xuè_12.18 集韻 呼決切音血。瘠貌。鑾 又膸23485

膉 47844 24609
yì_12.18 集韻 壹計切音医。瘦也。

膯 47845 24610
tēng_12.18 廣韻 他登切音鼟。飽也 類篇 吳人謂飽曰膯。

膻 47846 24611
dān_12.18 廣韻 都寒切 集韻 多寒切太音單 唐韻 膻胡，大腹 集韻 胍肝謂之膻。

䐉 47847 24612
nǎo_12.18 字彙 同腦

𦞠 47848 24613
chí_12.18 字彙 古文治字 正字通 謪字。古治字作乿 字彙 誤。

胹 47849 24614
ér_12.18 廣韻 如之切音而。煑熟。

膕 47850 24615
huò_12.18 廣韻 集韻 太呼麥切音剨。曲腳中也。

膰 47851 24616
fán_12.18 集韻 符袁切 正韻 符艱切太音煩 說文 宗廟火熟肉 春秋傳 天子有事膰焉，以饋同姓諸侯。或从肉 玉篇 膰，肝也 穀梁傳·定十四年 脤者何也，俎實也，祭肉也。生曰脤，熟曰膰 史記·周本紀 顯王致文武胙於秦孝公 註 胙，膰肉也。又 孔子·世家 如致膰乎大夫 註 膰，祭肉 後漢·劉長卿妻傳 縣邑有祀必膰焉 註 膰，祭餘肉也 又 與燔通 左傳·襄二十二年·與執燔焉 釋文 燔，亦作膰 穀梁傳·定十四年 熟曰膰 釋文 本作燔 又 pán 集韻 蒲官切音槃。大腹也 又 蒲波切音婆。義同。

鑾 又膰40055

腭 47852 24617
è_12.18 集韻 逆各切音咢。齒齗也 五音集韻 口中齗咢 集韻 或作咢。

膸 47853 24618
sōu_12.18 唐韻 所鳩切 集韻 韻會 踈鳩切太音搜。◆說文 乾魚尾膸膸也 周禮 有腒膸 玉篇 乾魚也 又 集韻 或作鱐 禮·內則·夏宜腒鱐膳膏臊 釋文 鱐，本作膸，所求反 又 xiào 廣韻 蘇弔切 集韻 先弔切太音嘯◆ 廣韻 切也 集韻 膗也 又 xiào 五音集韻 私妙切音笑。切肉合糅。

鑾 又膸48074

朓 biāo_12.18　47854 24619　廣韻甫遙切集韻卑遙切丛音猋。朓腺，腫潰也博雅朓，腫也図廣韻撫招切集韻紕招切丛音漂。義同△集韻或从票。

膰 zhā_12.18　47855 24620　集韻陟加切音奓。痕瘶瘢也五音集韻瘡痕也図類篇陟嫁切音吒。臂膰，不密也類篇或作膝。

膱 zhí_12.18　47856 24621　集韻韻會丛質力切音職集韻脯脡也。長尺有二寸儀禮鄉射禮膱長尺有二寸註膱，猶脡也図韻會一曰肉敗也博雅膱，臭也。鋆又脂47428 胾47198 職38198

膻 tàn_12.18　47857 24622　廣韻集韻丛他紺切集韻唐韻食味美也博雅膻，美也図集韻徒紺切音峢。一曰朘膻，肥貌。図tán徒南切音罩。厚味。本作醰。

膞 gū_12.18　47858 24623　廣韻古胡切音孤玉篇大脯廣韻膞脯類篇埤蒼膞膞，大脯也。

膲 jiāo_12.18　47859 24624　廣韻即消切集韻韻會正韻茲消切丛音焦廣韻人之三膲集韻三膲，無形之府。通作焦韻會醫經云上焦在心下，下鬲在胃上口，主內而不出。中焦在胃中脘，不上不下，主腐熟水穀。下焦在膀胱上口，主出而不內，以傳道也。三焦者，水穀之道路，氣之所終始也。又黃庭經云五藏之上系管三焦雲笈云肝心肺頭為三焦。焦，熱也図去聲。肉不滿也淮南子·天文訓是以月虛而魚腦減，月死而蠃蛖膲註膲，肉不滿。音醮。

膳 shàn_12.18　47860 24625　唐韻常衍切集韻韻會正韻上演切丛音善說文具食也徐曰言具備此食也。庖人和味必加善，故从善韻會熟食曰饗，具食曰膳周禮鄭註：膳之言善也。今時美物曰珍膳前漢·宣帝紀其令太官，損膳省宰註膳，具食也，食之善者也図牲肉也周禮·天官膳夫掌王之食飲膳羞註膳，牲肉也図廣韻食也禮·文王世子食下問所膳註問所食者図·博雅膳，離也。図官名釋小雅仲允膳夫笺膳夫，上士也。掌王之飲食膳羞図韻會亦作善莊子·至樂篇具太牢以為善図廣韻集韻韻會正韻丛時戰切音繕。義同△集韻或作饍。鋆又膳48024本字。晵23072俗。

膴 sān_12.18　47861 24626　集韻相干切音跚。脂肪也。鋆可洪音義骨膴：蘇讚反，分離也。正作散、散、骰三形也。

膋 jué_12.18　47864 24629　字彙同膦

膦 jué_12.18　47862 24627　集韻居月切音厥說文臀骨也。本作豚五音集韻尻也，亦書作臂

膴 hū_12.18　47863 24628　唐韻荒烏力集韻韻會正韻荒胡切丛音呼說文無骨腊也。揚雄說：鳥腊也図大臠也博雅膴，脯也周禮·天官·內饔凡掌共羞脩刑膴胖骨鱐，以待共膳註膴，腒肉大臠，所以祭者禮·少儀祭膴註膴，大臠，謂刳剔魚腹也図廣韻武夫切集韻微夫切丛音無。義同図法也詩·小雅民雖靡膴籢膴，法也釋文膴，沈音無図wǔ廣韻文甫切集韻韻會罔甫切丛音武廣韻

土地腴美膴膴然集韻美也韻會厚也詩·大雅周原膴膴傳膴膴，美也釋文音武。又小雅瑣瑣姻亞，則無膴仕張載·七哀詩原陵鬱膴膴註膴膴，肥美也図集韻韻會丛火羽切切音詡集韻脯也。一曰腺肉大臠韻會大臠謂剜魚腹。讀如呼儀禮·有司徹皆加膴祭于其上註膴，讀如殷冔之冔。剜魚時割其腹，以為大臠図méi集韻謨杯切音枚。背肉也。心上口下也図蒙脯切音橅。無骨腊也。鋆又朘48132 膴23094

膚 zhè_12.18　47867 24632　集韻同脐

腰 lì_12.18　47865 24630　玉篇集韻丛狼狄切音歷。腰腿，強脂也。鋆又膚04998 膚15757 膚47876

膝 xì_12.18　47866 24631　•玉篇下結切音頡。膝膘，膜也図廣韻集韻丛胡計切音系。喉脈也。或作腺。

齎 qí_12.18　47868 24633　五音類聚心妻切，音臍◇胞齎也。

臕 pào_12.18　47869 24634　字彙補叵到切音砲。體腫也鋆又朘48080

膋 jǐ_12.18　47870 24635　字彙補與脊同。背也。

酳 xǔ_12.18　47871 41730　字彙補私呂切音醑。囟也。

朦 nǎi_12.18　47872 41731　篇海類編音乃。肥也。

膭 wèi_12.18　47873 41732　龍龕以醉切。肉疾貌。鋆龍龕膭，舊藏作膭47836以醉反，肉疾皃。

燅 xián_12.18　47874 41733　字彙補徐廉切音燖。湯瀹肉也。

腿 gǔn_12.18　47875 41734　五音集韻古本切音袞。鵝鴨炙也。

腳 dù_12.18　47879 45149　川篇音妒

膚 lì_12.18　47876 45146　字彙補同腰。

關 xián_12.18　47877 45147　五音篇海同瞷。

勠 nèn_12.18　47878 45148　五音篇海俗嫩字。

膚 zhè_12.18　47880 45150　篇海類編與脐同。

膝 sāo_12.18　47881 45151　龍龕同臊。

朓 jiù_12.18　47882 45152　五音篇海同腒。鋆五音篇海音僦。下痕也。

膲 nǎo_12.18　47883 45153　龍龕同腦

腧 shù_12.18　47884 45154　龍龕音疏。

嶨 wù_12.18　47885 45159　川篇同骨。

齎 juǎn_12.18　47886 45160　字彙補同臇。

臇 null_12.18　47887 u2B1B8　喃未詳。

膚 null_12.18　47888 u2B1B7　null_12.18　未詳。

朝 null_12.18　47889 u2B1B6　喃未詳。

膬 huì_12.18　47890 u2B1B5　或俗膭46242

朕 null_12.18　47891 u2AC6D　或釋臉叔夷鏄余易女釐都朕口。

膟 phổi_12.18　47892 u2686E　喃从肺省普phổ聲。

膈 vòi_12.18　47893 u2683D　喃从肉為vi聲。

翡 seo_12.18　47895 u26836　喃从肉超siêu聲△脙翡：皮皺。

膝 roi_12.18　47896 u26835　喃从肉隊đôi聲△菇巴膝：脂肪。

臘 là_12.18　47894 u2683C　俗臘48044

膟 cảm_12.18　47897 u26834　喃从肉

琴cầm聲。頷△膥燕眉蚂：燕頷蛾眉。

𦠳 47898 u26833
sườn_12.18 喃从脇省孱sán聲△羮𦠳：排骨湯。

𦠲 47899 u26832
ú_12.18 喃从肥省惡ố聲△胅𦠲：肥胖，豐富。

𦠱 47900 u26831
phét_12.18 喃从肉筏phệt聲△𠬠𦠱：性交。

𦠰 47901 u26830
vác_12.18 喃从肩卓trác聲。扛。

𦠯 47902 u2682F
nhờn_12.18 喃从肥省閑nhàn聲。膩△胅𦠯：胖乎乎。

𦠮 47903 u2682E
jìn_12.18 俗𦠮23042

𦠭 47904 u2682D
sāi_12.18 俗顋68281胡適藏敦煌本降魔變文六師文請佛來住，心生憤怒，頰帳（脹）𦠭高，雙眉斗豎，切齒衝牙，非常慘醋。

𦠪 47905 u2682A
xī_12.18 同膋23060籀文昔類篇𦠪，或作腊。

𦠧 47906 u26827
liú_12.18 鰡55524譌字。參見鰼55502

𦠠 47907 u26820
zhè_12.18 脏47298本字。亦譌作𦠠腤𦠠。

𦠝 47908 u2681D
liú_12.18 同膢47746

𦠛 47909 u2681B
zān_12.18 直音篇膳47842同𦠛字海𦠛，同臢48125高文秀黑旋風雜劇·第一折他見我血漬的腌𦠛是這衲襖腥。

𦠚 47910 u2681A
null_12.18 未詳。

𦠙 47911 u26819
null_12.18 未詳。

㌟ 47913 u2339F
xún_12.18 同膶47837

𦠘 47912 u26818
vai_12.18 喃从肩來lai聲。肩膀△𦠘梂：橋孔。𦠘路：角色。𦠘𦡂：有力者，頭面人物△亦作𦡇48087俗作𦡁25292

𣎧 47914 u233A7
zhǔ_12.18 同煮31214見三祀卲其卣

膶 47915 u81B6
rùn_12.18 粵肝臟。

膵 47916 u81B5
cuì_12.18 胰臟，舊譯膵臟。民國新字典膵，日本所製字，生理學多用之，讀若萃，西名 Pancreas，吾國舊譯曰甜肉，在胃之下方，狹長如舌，分泌消化液以消化食物者也。

膥 47917 u81A5
chūn_12.18 粵蛋。

朥 47918 u6725
láo_12.18 同澇36455 又砂朥越，地名。今作沙捞越 又lāo 方豬油，膻氣。

𦠽 47919 24636
duó_13.19 廣韻徒落切集韻達各切𠀤音鐸玉篇肫𦠽，無檢限也 又字彙肥貌。𧊾又𦢽47952

膷 47920 24637
xiāng_13.19 廣韻許良切集韻韻會正韻虛良切𠀤音香廣韻牛羹集韻膷，牛臛。膮，羊臛。膮，豕臛禮·內則膷膮膮醢釋文膷，音香，牛膗也 又博雅膷，香也。又玉篇肉中生息肉也。

膸 47921 24638
suǐ_13.19 玉篇相觜切，髓上聲。骨髓五音集韻骨中脂也 又wěi玉篇羊水切。膸孔也△本从骨。
𧊾又髓70783

膹 47922 24639
fèn_13.19 唐韻房吻切集韻父吻切𠀤音憤說文膗也廣韻切熟肉也博雅膹，臛也急就篇註膹，臠切生肉也 又廣韻浮鬼切集韻父尾切𠀤音陫。膗多汁也。又集韻符非切音肥。義同△从貢，十三畫字彙附十二畫，非。今改正。𧊾又𦢇47960膹47616

𦡫 47923 24640
yùn_13.19 玉篇廣韻集韻𠀤古文孕11740字集韻妊也管子·五行篇𦡫婦銷棄註孕也 又集韻亦作孕。又或作媼。𧊾與月部𦡫23494同。

膺 47924 24641
yīng_13.19 古文𦡗唐韻集韻韻會𠀤於陵切音應說文胷也史記·趙世家大膺，大胷，修下而馮 又爾雅·釋言親也禮·少儀執箕膺揭註膺，親也 又正韻當也書·武成誕膺天命，以撫方夏傳膺，當也 又受也楚辭·天問撰體協脅。鹿何膺之註膺，受也 又韻會馬帶也詩·秦風虎韔鏤膺傳膺，馬帶也。又大雅鉤膺濯濯傳鉤膺，樊纓也 又增韻擊也 又集韻於證切，應去聲。胷也禮·中庸得一善，則拳拳服膺，而弗失之矣釋文徐邈讀 又釋名膺，壅也。氣所壅塞也正字通黃庭經舌下玄膺生死岸。陶弘景讀壅。𧊾又膺70773𦡗48061

膻 47925 24642
dàn_13.19 唐韻徒旱切集韻蕩旱切𠀤音袒說文肉膻也。从肉亶聲詩膻裼暴虎○按詩·鄭風今作襢集韻或省作胆 又shān集韻正韻𠀤尸連切音羶說文羊臭也。本作羴。或作羶、羴列子·周穆王篇王之嬪御，膻惡而不可親 又正字通音誕素問膻中者臣使之官，喜樂出焉。王冰曰：在胷中兩乳閒。朱肱曰：心之下有鬲膜，與脊脅周回相著，遮蔽濁氣，所謂膻中也。
𧊾又胆47101

膼 47926 24643
zhuā_13.19 廣韻陟瓜切集韻張瓜切𠀤音檛廣韻脆也集韻腿也。

𦡞 47927 24644
yù_13.19 廣韻於六切集韻乙六切𠀤音郁玉篇鳥胃也集韻鳥𦡞脛也釋名𦡞，奧也。藏物於奧內，稍出用之也 又ào廣韻烏到切集韻於到切𠀤音奧。義同。又ǎo廣韻烏皓切集韻烏浩切𠀤音媼集韻胷骨。本作𩩲 又本作奧禮·內則鴇奧鹿胃註鴇奧，脾肶也。𧊾可洪音義鴇𦡞：上音保，下烏老、烏告、於六三反，鳥胃也，藏肉也。正作鴇𦡞也。

𦡛 47928 24645
jí_13.19 集韻側立切音戢。肥膏出也。或省作䏌。
𧊾直音篇𦛗47605同𦡛。

膽 47929 24646
dǎn_13.19 唐韻都敢切韻會正韻覩敢切𠀤音黵說文連肝之府也廣韻肝膽素問膽者中正之官，決斷出焉白虎通膽者，肝之府也。肝主仁，仁者不忍，故以膽斷，是以肝膽二者必有勇也。肝膽異趣，何以知相爲府也。肝者，木之精也。人怒無不色青目張者，是其效也史記·越世家坐臥卽仰膽，飲食亦嘗膽也前漢·張耳陳餘傳將軍瞋目張膽註張膽，言勇之甚後漢·光武紀今不同心膽，共舉功名 又淮南子·精神訓膽爲雲 又拾遺記昆吾山有獸，食銅鐵，吳國武庫中兵刃俱食盡。得雙兔，有鐵膽，鑄爲雙劍 又蟲名。博雅膽蚍，青蠕也。又草名博雅陵遊，龍膽也 又拭治也禮·內則桃曰膽之註啖食治擇之名疏去毛拭治，令色青滑如膽也 又姓呂氏春秋中牟有士曰膽胥已，請見之。𧊾又胆47066

膗 47930 24647
sà_13.19 集韻悉盍切，音卅。𦙶膗，肉雜也。

膝 xī_13.19　47931 24648　正字通俗膝字。

膭 dāng_13.19　47932 24649　廣韻集韻丛都郎切音當廣韻耳膭，耳下也集韻本作璫。耳下垂謂之璫。

膾 kuài_13.19　47933 24650　唐韻集韻韻會正韻丛古外切音儈說文細切肉也玉篇肉細切者爲膾釋名膾，會也。細切肉令散，分其赤白異切之已，乃會合和之也韻會肉腥細者爲膾，大者爲軒禮·曲禮膾炙處外図博雅膾，割也。図廣韻魚膾詩·小雅炰鱉膾鯉図韻會國名。堯欲伐宗膾。宗膾，小蕃國△集韻或从魚鎣又鱠58038胲47271鱠72728

膿 nóng_13.19　47934 24651　廣韻集韻韻會丛奴冬切音農說文腫血也玉篇癰疽潰也史記·倉公傳後八日嘔膿図釋名膿，釀也，汁醲厚也曹植·七啟肥豢膿肌図爛也齊民要術水稻苗長七八寸，陳草復起。以鐮浸水芟之，草悉膿死。鎣又胅47265図集韻𩰿，或作膿癃。

臀 tún_13.19　47935 24652　廣韻集韻韻會徒渾切正韻徒孫切丛音屯說文髀也。本作𡱯字彙腿䐀◆博雅臀謂之脽易·夬卦臀無膚周語其母夢神規其臀以墨註尻也図韻會底也易·困卦臀困於株木註最處low下周禮·冬官考工記桌氏爲量，其臀一寸註底深一寸也図人名左傳·宣二年公子黑臀註晉文公子。又勝臀，齊人。見戰國策。鎣又臋47498臗47599屍12997臎47953臋70774脾47674臋70760

臁 lián_13.19　47936 24653　集韻離鹽切音廉玉篇穴臁也集韻脛臁也。鎣又䯊70797

膧 dǒng_13.19　47937 24654　集韻覩動切音董。肥也。鎣又膧47969，同形字。

䏧 nuó_13.19　47938 24655　集韻囊何切音那。雜骨醬也五音集韻通作臡図nié五音集韻乃邪切音爺。鳴物叫䏧聲。

臂 bì_13.19　47939 24656　唐韻集韻韻會丛卑義切音臂說文手上也廣韻肱也增韻腕也正字通今謂自肩至肘曰臑，自肘至腕曰臂釋名臂，裨也，在旁曰裨也山海經大荒之中有人，反臂，名曰天虞図長臂國，捕魚水中，兩手各操一魚図牲之肩腳亦謂臂禮·少儀大牢則以牛左肩臂臑折九箇疏臂臑，謂肩腳也。鎣又臗47963図直音篇臋47800胼47986，同臂。

脾 pí_13.19　47940 24657　集韻蒲歷切音甓。臍也五音集韻胇也。図pǐ匹歷切音霹。積病。本作癖図bò廣韻博厄切音檗。豆中小梗者。出新字林。鎣又辟32419

臃 yōng_13.19　47941 24658　集韻於容切音邕說文腫也史記·倉公傳色將發臃図yǒng五音集韻於隴切音擁。臃腫，肉起也戰國策人之所以善扁鵲者，爲有臃腫也。鎣又癰47979

臄 jué_13.19　47942 24659　廣韻其虐切集韻韻會正韻極虐切丛音噱說文口上阿也詩·大雅嘉殽脾臄傳臄，函也。釋文通俗文云口上曰臄図集韻切肉也。取脾腎實腸炙之曰臄図qú集韻强魚切音渠。鳥臘韻會或作臄。通作噱。

臅 chù_13.19　47943 24660　廣韻尺玉切集韻韻會樞玉切丛音觸禮·內則小切狼臅膏註狼臅膏，臆中膏也。又糗餌粉酏註酏，當爲餰。以稻米與狼臅膏爲餰是也図集韻朱欲切音燭。義同禮·內則狼臅膏釋文徐又音燭図集韻須玉切音粟。義同。

臆 yì_13.19　47944 24661　廣韻於力切集韻韻會乙力切正韻伊力切丛音億◆說文胷肉也廣韻胷臆史記·扁鵲傳因噓唏服臆図滿也揚子方言臆，滿也註愊臆，氣滿之也。図抑也釋名臆猶抑也。抑氣所塞也図yǐ集韻隱己切音譩。和醴酏爲飲也図韻會通作意史記·賈誼傳請以臆對漢書作意。鎣又肊46914臆70787臆70770臆70765憶70777

臇 juǎn_13.19　47945 24662　唐韻子沇切集韻韻會子兖切丛音臇說文臇也曹植·名都篇膾鯉臇胎鰕註臇者，少汁臇也。図廣韻集韻丛遵爲切音蓋。義同。鎣又煎31696臇47748臇47734簨47886臇48106饌69562雋66173臇48069

臈 là_13.19　47946 24663　集韻臘或作臈晏子春秋·諫上景公令兵搏治，當臈冰月之閒而寒，民多凍餒而功不成図蜜臈古今注遠方諸山出蜜臈處，以木爲器，中開小孔，以蜜臈塗器內外図臈布古今注周書曰：昆吾氏獻切玉刀，切玉如臈布図gé集韻居曷切音葛。臈胆，肥貌。

臉 liǎn_13.19　47947 24664　集韻韻會丛居奄切音檢集韻頰也韻會目下頰上也図廣韻七廉切集韻千廉切丛音籤廣韻臁也齊民要術羹臈法有臉臟羹図博雅臉，鏅也釋文臉，七湛切図廣韻力減切集韻兩減切丛音溓。義同。鎣又臉47373

臊 sāo_13.19　47948 24665　唐韻集韻蘇遭切韻會正韻蘇曹切丛音騷說文豕膏臭也。从肉，喿意兼聲廣韻腥臊周禮·天官·庖人夏行腒鱐膳膏臊註臊，豕膏也図韻會一曰犬臊也正韻犬膏也禮·內則夏宜腒鱐，膳膏臊註犬膏臊図凡肉之腥者皆曰臊史記·晉世家犯肉臊膻，何足食。鎣又臊47730臊45953臊47678臊47881臊47729

臇 zhēng_13.19　47949 24666　玉篇諸盈切音征。醶焭魚也。

臖 wù_13.19　47950 24667　玉篇烏酷切，音渥◇膏膜也図廣韻集韻丛烏谷切音屋。膏膏，肥貌。鎣又臖47885臖47987

臗 kū_13.19　47951 24668　字彙補口骨切音窟。臀也。

臎 duó_13.19　47952 24669　五音類聚徒各切音鐸。朏臎，無檢限也。

臋 tún_13.19　47953 24670　字彙補與臀同。

臋 xī_13.19　47957 41737　集韻同膝。

臃 yōng_13.19　47954 24671　字彙補與癰同史記·倉公傳後五日當臃腫。

腳 pǔ_13.19　47955 41735　字彙補音未詳。鼠腳，足踝之下也。見巢

氏病源。鎣俗䑊59389或亦作䑊48025

膸 47956 41736 sàn_13.19 龍龕蘇旦切音散。雜肉也。

膹 47960 45155 fèn_13.19 奚韻同膹

膯 47958 41738 tēng_13.19 五音集韻他登切音鼟。飽也。鎣又膯47845

膣 47961 45156 chī_13.19 龍龕同䐈

羛 47959 41739 yí_13.19 五音集韻牛肌切，音儀◇度牲體骨曰羛。通作儀。

䐪 47962 45157 chuí_13.19 篇海類編同腄。

臂 47963 45158 bì_13.19 龍龕同臂

䐫 47965 u2B1BB null_13.19 喃未詳。

膤 47964 45161 báo_13.19 龍龕音胞。又音雹。

𫆺 47966 u2B1BA null_13.19 新撰字鏡市伊反。面也。拎止加比利。

𫆹 47967 u2B1B9 null_13.19 未詳。

𦡯 47968 u2686F da_13.19 肞𦡯，同疙瘩36366 又 đít 喃从肉達đạt聲。同腨47490尻。

𦡔 47980 u26854 là_13.19 俗臘48044

𦡦 47969 u26866 dǒng_13.19 兼膧47937 又 dỏng 喃从肉董đổng聲△𦡦𦡦：高瘦貌。

𦡥 47970 u26865 nách_13.19 喃从肉溺nịch聲。腋窩。

𦡤 47971 u26864 chũn_13.19 喃从肥省準chuẩn聲△𦡤𦡤：肥胖。

𦡣 47972 u26863 bầm_13.19 喃肉色△𦡣䐶：赤紫色。

𦡢 47973 u26862 rau_13.19 喃从肉萎lâu聲。同臟48139胎盤，胞衣。

𦡡 47974 u26861 ngậy_13.19 喃从脂碍ngại聲△膩𦡡：油膩。

𦡠 47975 u26860 sống_13.19 喃从脊䊹sống省聲。脊背，維絡△䏿𦡠：脊椎骨。𦡠䔙：樹葉的主脈△亦作䐉70647骿70667

𦡓 47981 u26853 là_13.19 俗臘48044

𦠟 47976 u2685F lưng_13.19 喃从背夌lăng聲。與䏚59736同。也作䏚47488△𦠟𦠟：駝背。

𦡞 47977 u2685E ngấm_13.19 喃从肉禁cấm聲。

𦡝 47978 u2685D ài_13.19 䐆䐆𦡝𦡝，豐滿富態貌。或俗𦡝36878明·柯丹邱荊釵記·第二十二齣·獲報說我親家䐆䐆𦡝𦡝，定做奶奶。看我女兒孃娜娉婷，定做夫人。

𦡒 47982 u26852 null_13.19 未詳。

𦡚 47979 u2685A yōng_13.19 俗臃47941敦煌·S.318洞淵神咒經·洞淵神咒經斬鬼品第七或四支沉重，寒熱勑色下痢，𦡚腫腹黑，頭目恷痛，匈背㥠㔨

𦡐 47984 u26850 null_13.19 未詳。

𦡑 47983 u26851 lú_13.19 同臚48076

𦡍 47986 u2684D bì_13.19 俗臂47939敦煌·S.2428佛說延壽命經如來大慈，舒金色𦡍為摩頂受記，如來當自覆護。

𦡏 47985 u2684F null_13.19 未詳。

𦡌 47987 u2684C wù_13.19 同𦡌47950

𦡋 47988 u2684B rốn_13.19 喃从臍省頓đốn聲△丐𦡋：肚臍。

𦡊 47989 u2684A pāng_13.19 同膖48112

臌 47990 u81CC gǔ_13.19 亦作鼓越諺·卷中·疾病臌脹病，鼓漲，即蜘蛛脹。清·徐珂清稗類鈔·會黨類方榮升惑眾倡亂：三醮婦李玉蓮，本有氣臌病，腹便便然，自稱懷孕者乃彌勒佛，信者甚眾。

臍 47991 24672 qí_14.20 廣韻徂奚切集韻韻會前西切𠀤音齊說文肶臍也正字通子初生所繫也。斷之爲臍帶，以其當心腎之中，前直神闕，後直命門，故謂之臍也 又 劑也釋名臍，劑也，腸端之所限劑也 又 韻會通作齊左傳·莊六年若不早圖，後君噬齊註齊、臍同。鎣子初生所繫也。子初生所繫包。又脐47268𪏲47829𪓉75538䐡47868𦞦05136龍龕𦞦47511俗，臍𪓉48017二正，脊47026俗，音𧵤。膍臍也。朝鮮本龍龕臍，徂奚切。膍臍也。䐡47657，同。𦞦47516，俗。

䑹 47992 24673 pò_14.20 玉篇同膊 又 篇海薄胡切音蒲。雉有䑹肉也。鎣又䔕50664

臑 47993 24674 yào_14.20 集韻弋笑切音燿。瘠也 又 所教切音稍。凡物之殺銳曰䏫。或作臑。

膿 47994 24675 nǐng_14.20 五音類聚奴頂切，寧上聲。耳中垢也。

臘 47995 24676 là_14.20 正字通俗臘字。

臎 47996 24677 cuì_14.20 廣韻集韻𠀤七醉切音翠廣韻鳥尾上肉 又 博雅臎，肥也 又 博雅臎，𦢊也 又 廣韻遵誄切集韻祖誄切𠀤音濢。髁骨也。一曰肥實謂之臎。

臗 47997 24678 ǎi_14.20 廣韻與改切，音佁。又集韻倚亥切，音欸。肥也。又集韻演女切音與。義同。

臑 47998 24679 chóu_14.20 廣韻直由切集韻陳留切𠀤音儔。臑，腊脯也 又 zhǒu 廣韻集韻𠀤陟柳切音肘。與㾭同。小腹病 又 廣韻除柳切集韻丈九切，𠀤音紂。義同。又髀後曰臑。

臏 47999 24680 bìn_14.20 廣韻毗忍切集韻韻會婢忍切𠀤音牝說文膝耑也增韻膝蓋骨潘岳·西征賦徂潛鉛而脫臏註膝蓋也 又 玉篇臏骨也史記·秦本紀王與孟說舉鼎，絕臏註正義曰：臏，脛骨也 又 集韻一曰刖也周禮·秋官·司刑·刖罪五百註刖，斷足也。周改臏作刖，殺死刑也禮·文王世子·其刑罪則纖剸亦告於甸人註宮割臏墨劓刖，皆以刀鋸割刺人體也 又 人名史記·孫武傳孫臏，孫武之後世子孫也 又 集韻毗賓切音頻。又遍忍切音臏。義𠀤同。鎣又臏47749

臐 48000 24681 xūn_14.20 廣韻集韻韻會正韻𠀤許云切音熏玉篇臐，今時䑋也，羊曰臐禮·內則膷臐膮醢釋文羊䑋也。又 廣韻香美之名博雅臐，香也 又 廣韻許運切音訓。義同△類篇或作䏨。鎣又臐48050

𦢊 48001 24682 hùn_14.20 篇海胡困切音慁。肥也。

臔 48002 24683 xiàn_14.20 集韻乎韽切音陷。餅中肉。

𦢉 48003 24684 duì_14.20 篇海杜對切音隊。茂貌。

膩 48004 24685
nì_14.20 廣韻 集韻 夶女利切音膩 說文 上肥也 廣韻 同膩。出道書 図 玉篇 魚矜切 集韻 魚陵切夶音凝。義同。

朦 48005 24686
méng_14.20 廣韻 正韻 莫紅切 集韻 韻會 謨蓬切夶音蒙 廣韻 大貌 集韻 方言 秦晉之閒凡大貌謂之朦。一曰豐也 図 廣韻 莫孔切 集韻 母摠切夶音蠓。義同。
図 mǎng 集韻 母項切音傣。豐肉也。鍙 又朧47300朦23505

膹 48006 24687
pì_14.20 廣韻 集韻 夶匹備切音濞 集韻 肥壯也 揚子方言 膹,盛也。自關以西秦晉之閒語也 図 廣韻 集韻 夶平祕切音備。又 廣韻 集韻 夶毗至切音鼻。義夶同。
図 yì 集韻 魚器切音劓。膹肉 揚子方言 膹,膹也 註 謂息肉也。

臑 48007 24688
nào_14.20 唐韻 那到切 集韻 韻會 乃到切 正韻 奴報切夶音腝。說文 臂羊矢也 徐曰 按 史記 龜前臑骨,帶之入山林不迷。蓋骨形象羊矢,因名之 廣韻 臂節 韻會 肩腳也 儀禮·鄉射禮 折脊脅肺臑 禮·少儀 大牢,則以牛左肩、臂臑折九箇 疏 臂臑謂肩腳也 史記·龜筴傳 取前足臑骨穿佩之 註 臑臂 図 說文長箋 黃蹢躅,一名臑羊華 図 集韻 奴刀切音夒。義同 図 ér 集韻 人之切音而。與腝同。爛也。秦晉之郊謂熟曰腝 枚乘·七發 熊蹯之臑 註 臑音而,熟也 宋玉·招魂 肥牛之腱,臑若芳些 註 臑若,熟爛也 図 wǎn 集韻 五管切音輐。體燠也 図 hùn 集韻 昏困切音顐。肉醢 図 rú 集韻 汝朱切 正韻 如朱切夶音儒 廣韻 嫩奭貌 集韻 胅骨也。一曰衣名襦者,本取臑義。

膝 48008 24689
qì_14.20 集韻 乞及切音泣。胸脯。一曰乾也。
鍙 又膝47763膝70790

脝 48009 24690
yǐng_14.20 集韻 於郢切。與癭同。頸腫也。

龒 48018 u2B1BD
null_14.20 喃未詳。

膜 48010 24691
wò_14.20 玉篇 烏郭切音膜。善肉也 図 人名 史記·王子侯表 五據侯劉膜。
鍙 史記卷二十一建元己來王子侯者年表 五樓侯劉膜丘。司馬貞索隱:膜丘,舊作䐡48884

腓 48011 24692
bìng_14.20 篇海 蒲孕切音砯。腫滿貌。

䐀 48012 24693
níng_14.20 字彙補 魚陵切音凝。肥也。鍙 又臂48022

膧 48019 u2B1BC
null_14.20 未詳。

䐔 48013 24694
huáng_14.20 字彙補 何光切音黃。腫病也。鍙 又膭47838膭74785

臏 48016 45164
yǐng_14.20 川篇 同臏

膬 48014 45162
méng_14.20 龍龕 同膭

膁 48015 45163
xiàn_14.20 金石韻府 與膁同。

膙 48021 u26888
jiǎn_14.20 同膙48048

臇 48020 u26889
mật_14.20 喃从肉蜜mật聲。同膣47810

臂 48022 u26887
níng_14.20 直音篇 臂,同䐀48012

脄 48023 u26884
buồi_14.20 喃从肉裴bùi聲△丐膝:陰莖,龜頭曰

朕泉島,日本地名。見清·徐鼐 小腆紀年附考·卷十六

膳 48024 u26883
shàn_14.20 正字通 膳47860,說文 本作膳,十四画。

臄 48025 u26882
pǔ_14.20 或同脧47955俗蹼字。

臇 48026 u26881
null_14.20 未詳。

臚 48027 u26880
null_14.20 未詳。

臚 48028 u2687F
null_14.20 未詳。

䚂 48029 u2687E
null_14.20 未詳。

臁 48030 u2684E
null_14.20 未詳。

臟 48031 u81D3
zàng_14.20 俗臟48110

膊 48032 24695
báo_15.21 廣韻 蒲角切 集韻 弼角切夶音雹 廣韻 肉胅起也 集韻 皮破起 山海經 松果之山有鳥焉,其名曰鴢渠,可以已膊 註 郭曰:謂皮皺起也 図 bó 廣韻 集韻 夶北角切音剝。又 集韻 匹角切音璞。義夶同。鍙 又肑36927 図 集韻 朦48116或作䏶36926

膜 48033 24696
héng_15.21 廣韻 戶庚切 集韻 何庚切夶音行 廣韻 熟肉 集韻 肉湆也 博雅 膜謂之胉 図 gēng 集韻 居行切音庚。五味盇羹也。鍙 又膜48131

牘 48034 24697
dú_15.21 集韻 殰26998古作牘 呂氏春秋 壯佼老幼胎牘之死者 管子·五行篇 毛胎者不牘 註 牘謂胎敗潰也。

䐐 48035 24698
jī_15.21 廣韻 渠希切音祈。頰肉。

臦 48036 24699
guàng_15.21 集韻 古曠切音桄。腫貌。

臕 48037 24700
yǎng_15.21 集韻 以兩切音養。臕臕,欲吐。

臏 48038 24701
xiàn_15.21 集韻 胡典切音峴 博雅 臏臏,肥也。又 集韻 一曰肉急也。

臕 48039 24702
biāo_15.21 廣韻 甫驕切 集韻 韻會 悲嬌切 正韻 卑遙切夶音鑣 廣韻 脂臕,肥貌 六書故 肥盛也。鍙 又䐰47394

臝 48040 24704
lěi_15.21 廣韻 落猥切 集韻 魯猥切夶音磥 廣韻 臝,腫貌。

臗 48041 24705
kūn_15.21 廣韻 苦昆切 集韻 枯昆切夶音坤 廣韻 體也 図 臀也 博雅 臗,尻也 図 集韻 一曰髀上 図 kuān 集韻 枯官切音寬。本作臗。兩股閒。鍙 又臗47747

臘 48042 24706
zhì_15.21 廣韻 之日切 集韻 職日切夶音質 廣韻 臘胕,刀箭瘡藥 集韻 藥也。可治金瘍 集韻 通作質。

膊 48043 24707
bó_15.21 廣韻 北角切音剝。膊挈,亂雜 図 字彙 祭肉。

臘 48044 24708
là_15.21 廣韻 盧盍切 集韻 韻會 力合切,夶音蠟 說文 冬至後三戌,臘祭百神也 禮·月令 孟冬,臘先祖五祀 註 此周禮所謂蜡祭也 前漢·武帝紀 祠門戶,比臘 註 臘者,冬至後臘祭百神也。又 陳勝傳 臘月,勝之汝陰 註 張晏曰:秦之臘月,夏之九月。臣瓚曰:建丑之月也。又 字通 風俗通 蔡邕·獨斷 皆言夏曰清祀,殷曰嘉平,周曰蜡,漢曰臘。一說 月令 孟冬臘先祖五祀,自昔有之非自漢始也。又 鄭玄 月令 註:臘即周禮所謂蜡。不知

臘祭先祖，蜡祭百神，二祭各別，鄭合爲一，非。又晉博士張亮議曰：臘者，接也，祭宜在新故交接也。俗謂臘之明日爲初歲。秦漢以來有賀，此皆古之遺俗也。又道書言，道家有五臘：正月一日爲天臘，五月五日爲地臘，七月七日爲道德臘，又以十月十二日爲民歲臘，十二月正臘日爲王侯臘 図 博雅 臘，索也 図 刃也 周禮·冬官考工記 桃氏爲劍，臘廣二寸有半寸 註 臘，謂兩刃 疏 兩刃者，兩面各有刃也 図 正字通 眞臘，南蠻國名 図 集韻 力涉切音鑷。義同。鑋 又臘48065腊47425膒47946臈47894臘47995膶47981胐47471胐23434腍47980

膜 zǔn_15.21 字彙補 子損切音撙。撰也。
臟 cù_15.21 字彙補 與臟同。
膌 null_15.21 字彙補 音未詳 酉陽雜俎 膌膌胭，腥也。
膌 jiǎn_15.21 篇海類編 吉典切，音減◇胅膌也。
膄 shòu_15.21 字彙補 同瘦。
臐 xūn_15.21 五音篇海 同臐。
臓 chǎn_15.21 篇海類編 同臟。
膚 fū_15.21 龍龕 同膚。 骰 null_15.21 喃 未詳。
膽 null_15.21 喃 未詳。 賸 zān_15.21 俗臢48125
腦 rǎng_15.21 喃 從肉釀rǎng省聲。
膜 phịch_15.21 喃 從肉撲vục聲。
膽 chó_15.21 喃 從肉魯lỗ聲。
臚 lú_15.21 類篇 臚，凌如切。傳也。一曰上傳語告下。柳建鈺 類篇 新收字考辨與研究：臚、臚二字異體。因爲「傳語」，故又換旁作𦣲59550，以爲「傳也」義之後出專字 集韻 以臚、臚二字爲異體，誤。

臙 null_15.21 未詳。 臍 jí_15.21 膌47689本字
牖 yīng_15.21 同臒48102 膚47924 說文 作膺。
臒 null_15.21 未詳。 臘 là_15.21 兼臘
膜 mò_15.21 粵 同瘼36610痞。
臖 xing_16.22 廣韻 集韻 䓇許應切，興去聲 玉篇 腫痛也 廣韻 腫起。鑋 集韻 䁊48090，腫病。
臙 yān_16.22 五音類聚 因仙切音煙。臙喉也〇按咽喉本作咽 類聚 非 図 臙脂，蚌粉也。
膿 yíng_16.22 篇海 五音類聚 䓇以成切音盈。屎也。
䐡 sū_16.22 字彙 同酥。 膭 zuī_16.22 集韻 遵爲切，音樵。臛也。或作膭。鑋 又 正字通 膭47945字之譌。
膭 méng_16.22 字彙 彌登切音瞢。沉昏也。亦作膝。

膌 xián_16.22 廣韻 徐鹽切 集韻 徐廉切，䓇音鑯 說文 於湯中㷷肉 玉篇 沈肉於湯中也 廣韻 亦作爛。鑋 又鑯31671䃜31761㷷31701㷷47874㷷31567
臟 wéi_16.22 玉篇 弋佳切音維。肥也。又wèi 集韻 類篇 䓇以醉切音蠵。肉痛也。鑋 正字通 膭，俗腝47663字。
臙 xiào_16.22 集韻 先弔切音嘯。臙也 五音集韻 切肉合䊞 図 sōu 正韻 疏鳩切音搜。乾魚尾 周禮·天官 臚鮑，魚膌△ 集韻 或作脩。
臕 kuān_16.22 龍龕 音寬 臕 suī_16.22 正字通 同髓 図 五音集韻 羊棰切音菱。孔也。鑋 又髓47921
臚 lú_16.22 唐韻 力居切 集韻 正韻 凌如切䓇音閭 說文 皮也 抱朴子·至理卷 淳于能解臚以理腦 図 廣韻 腹前曰臚 通雅 臚脹，腹彭脹也 図 玉篇 臚，陳也 廣韻 陳，序也 爾雅·釋言 臚，敍也 疏 以禮陳敍於賓客也 史記·六國表 臚於郊祀 前漢·郊祀歌 殷勤此路臚所求 図 正韻 傳也 晉語 聽臚言於市 註 臚，傳也 史記·叔孫通傳 臚句傳 註 上傳語告下爲臚 図 官名 後漢·百官志 大鴻臚一人，中二千石 図 lǔ 韻會 兩舉切音膂。與旅同 前漢·敘傳 大夫臚岱 註 鄭氏曰：臚岱，季氏旅於泰山是也。師古曰旅，陳也，臚亦陳也。臚、旅聲相近，其義一耳。 図 正字通 亦作膚 唐書·和逢堯傳 鴻臚作鴻盧△ 正字通 說文 臚，從肉盧聲。孫氏力居切，籒文作膚。義同音別，二文宜䓇存。臚音盧，膚音跌，皮膚通作皮臚，臚傳必不可言膚傳，鴻臚必不可稱鴻膚，各從其類，則音義兩無殽互。鑋 又殰27004臟37073膬47983胪47162臚48059

臛 huò_16.22 廣韻 火酷切音熇。羹臛也 曹植·七啟 臛江東之潛鼉 註 肉羹也 図 楚辭·招魂 露雞臛蠵 註 有菜曰羹，無菜曰臛 図 燻也 史記·刺客傳 乃臛其目 註 以馬矢燻，令失明。鑋 龍龕 臛饜鑊饗俗，臛正。
臙 null_16.22 未詳。 朧 lǒng_16.22 玉篇 力董切 集韻 魯孔切，䓇籠上聲。肥貌。
臖 xing_16.22 篇海類編 同臖。
膁 pào_16.22 篇海類編 同臕。
慸 yoiq_16.22 壯 灰心。 歷 lì_16.22 歷38332謧字
臙 má_16.22 喃 從肉馬mạ聲。同臙47718
臉 đùi_16.22 喃 從腿省頹đồi聲。亦作𣎒59336臉47808△臉薮：大腿。臉辅：牛腱子。裙臉：短褲。
臙 rõm_16.22 喃 從肉廩lẫm聲。
臉 lột_16.22 喃 從脫突đột聲。剝△臉袄：扒光衣服。
臉 vai_16.22 喃 肩△餾肥鬐：肩胛骨。

膭 48092 u81DC
zā_16.22 简 臢48125

羸 48089 u268B1
lí_16.22 越諺卷中器用羸㾱，（音）離其。不堅固。

釁 48090 u268B0
xìng_16.22 同釁48066 類篇釁，許應切。腫病。

臝 48093 24724
luǒ_17.23 廣韻郎果切集韻正韻魯果切，並音蠃。赤體也集韻袒也左傳·昭三十一年趙簡子夢童子臝而轉以歌前漢·景十三王傳輒令臝立擊鼓註臝，露其形也楚辭·九章接輿髡首兮，桑扈臝行註臝，赤體也。図◆集韻有殼皮，無殼疏，本作蓏、蠃正韻栝樓也詩·豳風果臝之實傳果臝，栝樓也爾雅·釋草果臝之實，栝樓註今齊人呼之為天瓜図正韻蜾蠃，細腰蜂図獸之淺毛者也周禮·地官其動物宜臝物註臝物，虎豹貔貅之屬，淺毛者図車也◆周禮·春官·巾車·木車蒲蔽註蒲蔽謂臝蘭車，以蒲為蔽疏漢時有臝長蘭，乘不善之車図與蠃通莊子·田子方解衣般礴臝註臝，本又作蠃，解衣見形。鎣又蠃54801

攘 48094 24725
rǎng_17.23 唐韻如兩切集韻韻會汝兩切丛音壤說文益州鄙言人盛，諱其肥，謂之攘博雅攘攘，肥也。又揚子方言攘，盛也。自關以西，秦晉之閒語曰図五音集韻汝陽切音穰。義同。

爛 48095 24726
lán_17.23 集韻郎干切，音闌◇熟也図字彙郎患切音爛。義同。鎣龍龕俗。郎旦反。正作爛。

膐 48096 24727
yǐng_17.23 集韻於郢切音穎釋名膐，在頤纓理之中也。青、徐謂之脛，物投其中，受而下之也。又謂之嗌，氣所流通，阨要之處也。

臉 48097 24728
qiān_17.23 廣韻七廉切集韻千廉切丛音籤集韻臁也図集韻思廉切音銛。義同図chǎn廣韻初減切集韻楚減切丛音醶玉篇臉臁，羹也集韻臉臁，以豬腸屑椒芥醢鹽為之齊民要術有鯉魚臉臁法図集韻初斂切音醶。又子冉切音謵。義丛同。鎣又可洪音義脯臉48051：上丑容反，下息廉反。正作備繊也。下又七廉反，非用。

艱 48098 24729
nuó_17.23 玉篇乃何切篇海奴何切丛音那。獸名。狀如默鼠，而文題，其名曰艱。食之已瘦。見山海經

膊 48099 24730
pò_17.23 廣韻集韻正韻丛匹各切音粕。與膊同廣韻割肉也齊民要術有膊炙豘法。

膯 48100 24731
gēng_17.23 字彙補同羹。

膲 48101 24732
qiǎo_17.23 玉篇七小切音悄。脅膲也。

癭 48102 24733
yīng_17.23 字彙補古文膺47924字。

臛 48103 45173
hè_17.23 五音篇海同臛。

膩 48105 u268BE
gáy_17.23 嘓从肉嶷nghi聲。頸窩，頸背。

膞 48104 u2B1C1
null_17.23 嘓未詳。

臁 48107 24735
niè_18.24 廣韻而涉切集韻日涉切丛音讘廣韻動臁集韻肉動也図nà集韻昵洽切音図。臑也図zhé質涉切音讋。切肉也。

臞 48108 24736
qú_18.24 唐韻其俱切韻會權俱切丛音衢說文少肉也爾雅·釋言臞，瘠也周禮·地官·其民皙而臞註瘠，臞也史記·司馬相如傳形容甚臞淮南子·原道訓故子夏心戰而臞，得道而肥図耗也揚子·太玄經赫河臞註臞，耗也図集韻衢遇切音懼。義同。鎣又癯36641

臒 48109 24737
quán_18.24 廣韻巨員切音權。臒膞，醜貌博雅臒，醜也図huān集韻呼官切音歡。獸名山海經帶山有獸焉，其狀如馬，一角有錯，其名曰臒疏註音歡。臒疏，一角馬也。

臟 48110 24738
zàng_18.24 集韻才浪切音藏。腑也正字通五臟也字彙臟者，藏也。精藏於腎，神藏於心，魂藏於肺，志藏於脾抱朴子·至理卷破積聚於腑臟図正字通亦作倉通雅五倉，即五藏也。又或作臧前漢·藝文志五臟六府〇按臧藏臟一字。後人加艸。又加肉。鎣又脏47269

臟48031 臂51449

膘 48111 24739
piǎo_18.24 說文臕本字。

膵 48112 45174
pāng_18.24 龍龕音滂。鎣又脝47390 膣47761膀47989

䮠 48113 u2B1C2
null_18.24 嘓未詳。

臄 48114 u268C5
jué_18.24 慧琳音義鱊36910法師：上音爵史記徐廣注云白浮貌說文青白色。從爵從白。傳文從肉作臄，非也。

羸 48115 u268C4
léi_18.24 羸45949譌字。宋·王安石寄育王山長老常坦羸身歸來不受報，祇取斗酒相獻酬。

膔 48116 u268C3
báo_18.24 同膊48032集韻膊，弼角切。肉胅起。一曰皮破。或作骳。

臠 48117 24740
luán_19.25 唐韻力沇切集韻韻會力轉切正韻盧轉切丛音臠◆說文臠也。一曰切肉臠也正韻塊切肉正字通塊割也禮·曲禮毋嘬炙註嘬，謂一舉盡臠易·噬嗑疏正義曰：乾肺為臠肉之乾者前漢·王莽傳註臠，切千段也◆晉書·謝琨傳元帝為晉陵公主求壻，謂王珣曰：如謝琨便足。未幾，袁崧欲以女妻琨。珣曰：卿莫近禁臠図魚腹亦為臠儀禮·有司徹·皆加膴祭于上註膴，刳魚時割其腹，以為大臠也図廣韻韻會丛落官切音鑾。臠臠，瘠貌。鎣又胬47232 脟47291 臡48127 腂47823 図正字通臠篇海譌作臗。

膜 48118 24741
mó_19.25 廣韻莫婆切集韻眉波切丛音摩集韻膜、疢，漏病。

臘 48119 24742
luó_19.25 集韻利遮切音儸。腹下肉。鎣字彙臘與臘同。

臡 48120 24743
ní_19.25 廣韻奴低切集韻韻會正韻年題切丛音泥玉篇糜臡，肝髓醢也。又有骨醢也廣韻雜骨醬也韻

會作醢及臡者，必先膊乾其肉，乃後莝之，雜以粱麴及
鹽、酒，置甄中，百日則熟 釋名 臡，胒也，骨肉相搏，
胒無汁也 周禮·天官·醢人 朝事之豆，其實：韭菹，酏醢，
昌本，麋臡 註 臡亦醢也。或曰醬也。有骨爲臡，無骨爲
醢 禮·郊特牲·恆豆之菹，水草之和氣也 註 天子朝事之
豆，有昌本麋臡 图 廣韻 人兮切 集韻 人移切 夶音腝
又 廣韻 諾何切音那 又 五音集韻 汝來切音荋。義夶同。
鼟又臡48123臡48140

臏 pò_19.25 字彙 與膊同。

臡 ní_19.25 字彙補 同臡。

蠃 léi_19.25 字彙 與臝同。見釋藏。

臠 luán_19.25 集韻 閭員切音孿。驢馬腹朕。

臢 zān_19.25 字彙補 茲三切，音簪◇ 元人塡詞 腌臢。
鼟腌臢或作腌臢48055腌臜62632 魋魋71702 图 臜48092
臘47909 䐹62636

臠 luán_19.25 集韻 呂員切音孿。瘦也。

臠 luán_19.25 字彙補 與臠同。出 石鼓文。鼟 石鼓文 其
朔孔厎，臠之篓篓。臠，羉，同臠。

臕 āo_19.25 字彙補 與爊同。

臔 nán_19.25 喃 从肉難nan聲。結實（指肌肉）。

臗 null_19.25 未詳。　**臌** héng_19.25 同臌48033
龍龕 臌，戶庚反。熟肉也 图 gēng同羹45950 類篇 臌，
居行切。五味香臅也。又何唐切。肉涪也。

臛 hū_19.25 正字通 膴47863，本作臛。

臘 sū_20.26 集韻 孫租切音蘇。酪屬。

臒 qú_20.26 字彙補 其居切音劬 史記·王子侯表 五據
侯臒 註 舊作臒。

臟 dòu_20.26 字彙補 與腔同。

臍 phèo_20.26 喃 从腸省飄phiêu聲△肁臍：小腸。

臡 ní_22.28 同臡48120　**臝** luǒ_20.26 俗臝48093

臝 luó_21.27 字彙補 力戈切，音羅◇ 日光也。

臑 nhau_21.27 喃 从肉饒nhiêu聲。胞衣，胎盤。

臧 nǎng_22.28 喃 同臧48142

臧 náng_22.28 方 物件不結實。人軟弱無能 金瓶梅詞
話·第七十八回 頃刻間，只見這內襠縣，乞砲打成堆，
个个皆腫眉腫眼 图 nǎng 喃 从育省囊nang聲△餕臧：
養育 图 nửng臧蓮：性興奮，衝動。

臝 luó_23.29 集韻 驢幹切。驢腸胃也。鼟又同㿍36657

病體拘曲 图 可洪音義 臛曲：上呂圓反。不伸也。正作攣
癴二形。又呂靴反。驢腸胃也。非用。

臛 yuè_24.30 字彙補 於縛切，音約◇ 少肉也。

臞 null_26.32 喃 未詳。

• 臣部 •

臣 chén_0.6 部 臣48146　**臣** chén_0.6 古文思 唐韻
植鄰切 集韻 韻會 丞眞切 夶音辰。事人之稱◆ 說文 臣，
牽也，事君也。象屈服之形 白虎通 臣者，堅也，厲志自
堅固也 廣韻 伏也。仕於公曰臣，任於家曰僕 易·序卦 有
父子，然後有君臣，有君臣，然後有上下 詩·小雅 率土
之濱，莫非王臣 图 前漢·王陵傳 陳平謝曰：主臣 註 文
穎曰：惶恐之辭，猶今言死罪。晉灼曰：主，擊也。臣，
服也。言其擊服，惶恐之辭 通雅 發語敬謝之辭，猶主
在上，臣在下，自然敬恐也 图 姓 奇姓通 唐臣悅著 平
陳紀 图 韻補 叶虛禪 道藏歌 躋景西那東，肆覩善因緣。
常融無地官，皆是聖皇臣。鼟又思17206同思。

臣 yí_1.7 唐韻 與之切音移 說文 頷也。通作頤。
图 集韻 曳來切。義同。關中語也。鼟又臣48149
图 䕑69615䕑69630，籀文臣从首。

臣 yí_1.7 同臣48148 笡41881本字。

臤 qiān_2.8 集韻 賢57809古作臤 图 廣韻 苦閑切 集韻
丘閑切 夶音慳。堅也 图 集韻 丘耕切音鏗。又輕煙切音
牽。又丘寒切音看。義夶同。鼟又 可洪音義 臤牀：上
五過反。正作臥48151

臥 wò_2.8 笡臥48151　**臥** wò_2.8 唐韻 吾貨切
集韻 韻會 吾貨切，夶訛去聲 說文 休也。从人、臣，取
其伏也，人臣事君俯僂也 長箋 因休義借寐也 廣韻 寢也
釋名 臥，化也，精氣變化，不與覺時同也 禮·樂記 魏
侯問於子夏曰：吾端冕而聽古樂，則唯恐臥 图 韻會 寢
室曰臥 後漢·宦者傳·論 乃以張卿爲大謁者，出入臥內
图 息也 管子·白心篇 臥名利者寫生危 註 息其名利之
心，則無危生之累也。鼟又 可洪音義 臥48150牀：上五
過反。正作臥48152 图 直音篇 卧37351，俗臥。

岂 null_3.9 字彙補 音未詳 太清金液神氣經 大山姓
馮，名岂嵩。小山姓崇，名岂，字岂劻。

望 wàng_4.10 玉篇 古文望23411字。

帥 shuì_4.10 龍龕 所類切。鼟 疑帥字之譌。

䁣 null_4.10 未詳。　**臧** zāng_4.10 楊樹達·積微
居小學述林·卷二·釋臧 周金文有 伯臧父鼎，臧字亦从
臣从戈。按，此皆臧48169之初字也。

䁡 null_4.10 未詳。

䀤 zhěn_5.11 篇海 之忍切，音枕◇ 同䀘，明也。

𦣞 48160 24760 yí_5.11 正字通音移。引說文廣臣也○按說文本作配字彙入已部正字通譌增。

𦣟 48161 45177 mì_5.11 五音篇海音祕。

48164 45179 cè_6.12 龍龕音策

𦣠 48162 24761 guàng_6.12 唐韻居况切集韻古況切丛音誑說文乖也。从二臣相違集韻背也又集韻嫗往切音枉。又求枉切音俇。義丛同。又jiǒng俱永切音憬。人名。周有伯𦣠，通作囧。互見後臩48178字註。鑾又𦣡48163𦣢48165𦣦48167

48163 45178 guàng_6.12 龍龕與𦣠同。

48165 45180 guàng_6.12 五音篇海音王。鑾俗𦣠48162

48166 45181 jiān_6.12 五音篇海音堅。鑾俗堅08810

48167 u2B1C6 guàng_6.12 或俗𦣠48162

48168 u2B1C7 null_7.13 未詳。

臧 48169 24762 zāng_8.14 唐韻則郎切集韻韻會正韻兹郎切丛音贓爾雅·釋詁臧，善也易·師卦初六，師出以律，否臧凶詩·衛風不忮不求，何用不臧傳臧，善也又廣韻厚也又揚子方言荆淮海岱雜齊之閒罵奴曰臧，罵婢曰獲又姓姓苑出東莞，魯孝公子臧僖伯之後又與贓通。吏受賕也前漢·尹賞傳貪污坐臧又cáng集韻昨郎切。與藏同管子·侈靡篇天子臧珠玉，諸侯臧金石前漢·食貨志輕微易臧又zàng韻會正韻丛才浪切。與庫藏之藏同前漢·食貨志出御府之臧以贍之又與臟同前漢·王吉傳吸新吐故，以練五臧。又藝文志有客疾五臧狂顛病方。鑾又匨04392壓08951壍09485壓09527㦸19014壓09511牂32393戕48157牂32408減02993

48170 45182 gū_8.14 集韻同孤

48172 u268EC null_8.14 未詳。

48171 u2B1C8 tôi_8.14 喃从臣碎toái省聲。

48173 u268EB null_8.14 未詳。

48174 45183 jiā_9.15 龍龕音加。

48175 u268ED null_9.15 未詳。

48176 u268EA yán_10.16 俗鹽74307

臨 48177 24763 lín_11.17 古文𦣦唐韻力尋切集韻韻會犂針切正韻犂沉切丛音林爾雅·釋詁臨，視也詩·衛風日居月諸，照臨下土。又大雅上帝臨女，無貳爾心箋臨，視也禮·曲禮臨諸侯，畛於鬼神疏以尊適卑曰臨穀梁傳·哀七年春秋有臨天下之言焉，有臨一國之言焉，有臨一家之言焉註徐乾曰：臨者，撫有之也又博雅臨，大也又戰國策縣陰以甘之，循有燕以臨之註臨，猶制也又易卦名又車名詩·大雅以爾鉤援，與爾臨衝，以伐崇墉傳臨，臨車也疏臨者，在上臨下之名釋文臨，如字韓詩作隆又地名左傳·哀四年荀寅奔鮮虞，趙稷奔臨註臨，晉邑又丘名爾雅·釋丘右高名臨丘又姓後趙錄秦州刺史臨深孔融傳有臨孝存又門名左思·吳都賦左稱彎碕，右號臨硎註彎碕，臨硎，闔閭名。吳後主起昭明宮，於太初之東，開彎碕、臨硎二門，彎碕宮東門，臨硎宮西門又lìn韻會力鴆切正韻力禁切，丛林去聲增韻喪哭顏師古曰衆哭曰臨左傳·宣十二年楚子圍鄭，旬有七日。鄭人卜行成，不吉。卜臨于大宮，且巷出車，吉註臨，哭也釋文臨，力鴆切。鑾又临00204臨48181䚬48183又瀶30348偏類碑別字·臨引魏源磨耶壙誌

臩 48178 24764 guàng_11.17 廣韻集韻丛俱往切音逛。驚走也。又往來貌又jiǒng廣韻集韻丛俱永切音炯周書伯臩，周穆王臣。今作囧。鑾又羿16019臭31119臭31259臭37878臭31714臭31517臭31218

臨 48181 uF9F6 lín_11.17 兼臨。

48180 u268F0 nằm_11.17 喃从臥南nam聲。眠，躺△𦣿𦤀：悠閒地躺著。

48184 u2B1C9 tī_12.18 同𪖙04488

48179 u268F1 zé_11.17 賾57923譌字

48182 24765 pú_12.18 五音集韻古文僕01912字。

48185 u268F3 null_12.18 未詳。

48183 24767 lín_12.18 古孝經臨字

48186 24768 huán_15.21 五音集韻獲頑切音鐶。堅臤。

48187 u268F5 null_15.21 未詳。

48188 u268F6 null_16.22 未詳。

48189 24769 lín_23.29 集韻臨48177古作𦤂。

48191 u268F8 liàn_25.31 同𦤃48190

48190 41745 liàn_24.30 集韻力陷切。臉去聲。𦤃顲，頭長貌。鑾正作𦤄48191

◈ 自部 ◈

自 48192 24770 zì_0.6 古文𦣹唐韻集韻韻會正韻丛疾二切音字玉篇由也集韻從也易·需卦自我致寇，敬慎不敗也疏自，由也書·湯誥王歸自克夏，至于亳詩·召南退食自公，委蛇委蛇傳自，從也又玉篇率也又廣韻用也書·臯陶謨天秩有禮，自我五禮，有庸哉傳自，用也詩·周頌自彼成康，奄有四方，斤斤其明傳自彼成康，用彼成安之道也古義自彼者，近數昔日之辭又自然，無勉强也世說新語絲不如竹，竹不如肉，漸近自然。又集韻己也正韻躬親也易·乾卦天行健，君子以自彊不息又五音集韻古文鼻75445字○按說文作鼻本字。鑾又躰59689又直音篇𦤺37361𦤐48198古自字說文亦作𦣹03195魯皆者𦤍𦤎百等字並从𦣹。

𦣹 48193 24771 zì_0.6 玉篇古文自48192字。鑾又𦣹03195𦤐48198

48194 u2F83 zì_0.6 部自48192

百 48197 24774 shǒu_1.7 集韻首本字又姓又集韻百36707古作百。

48195 24772 bái_1.7 集韻白36705古作皁。

48196 24773 jiǎo_1.7 篇海居小切，音絞◇自重之也。

𦤐 48198 41746 zì_1.7 字彙補古文自字。見玉篇○按玉篇作𦣹。

48199 24775 huì_2.8 字彙補古文惠17631字。

皃 48200 24776 wǎn_3.9 字彙補 烏版切音綰。姓也。出 千家姓。
鋆俗皃55024

臮 48201 24777 jīng_3.9 字彙補 公卿切。與京同 漢·伯著碑 京兆作臮晁。

臭 48202 u26900 chòu_3.9 增廣字學舉隅 臭48207，臭非。从犬。

臱 48203 24778 xiù_4.10 字彙 衛凱殷君碑 續其臱芬。音義無考。
鋆俗臭。

臾 48204 24779 shū_4.10 廣韻 市朱切，音殊。八觚杖也。

皇 48205 24780 huáng_4.10 說文 皇本字。

臬 48206 24781 niè_4.10 廣韻 五結切 集韻 韻會 倪結切，並音齧。又 集韻 正韻 魚列切，並音孽。◆說文 射的。从木，自聲 徐曰 射之高下準的 又 廣韻 門橛也 爾雅·釋宮 樴謂之杙，在地者謂之臬 註 即門橛也 韻會 或作槷。亦作闑。又 博雅 臬，灋也 書·康誥 王曰：外事，汝陳時臬 傳 臬，法也。又 多方 爾罔不克臬 傳 汝無不能用法，欲其皆用法 又 小爾雅 臬，極也 又 集韻 九芮切音劂。射的也。

臭 48207 24782 chòu_4.10 廣韻 集韻 韻會 尺救切，醜去聲◆說文 禽走，臭而知其迹者，犬也，故从犬 徐鍇曰 以鼻知臭，故从自 廣韻 凡氣之總名 易·說卦 巽爲臭 疏 爲臭，取其風所發也 詩·大雅 上天之載，無聲無臭 禮·月令 其臭羶 疏 通於鼻者謂之臭 又 香也 易繫辭 其臭如蘭 詩·大雅 胡臭亶時 禮·內則 衿纓，皆佩容臭 註 容臭，香物也 疏 庾氏曰：以臭物可以修飾形容，故謂之容臭 又 惡氣，與香臭別 書·盤庚 無起穢以自臭 莊子·知北遊 是其所美者爲神奇，所惡者爲臭腐 正韻 對香而言，則爲惡氣，海濵逐臭之夫之類是也 又 左傳·襄八年 寡君在君，君之臭味也 註 言同類 又 敗也 書·盤庚 若乘舟，汝弗濟，臭厥載 傳 如舟在水，中流不渡，臭敗其所載物 又 揚子·太玄經 赤臭播關 註 赤臭，惡人也 又 xiù 韻會 正韻 許救切音齅。與齅、嗅並通 荀子·榮辱篇 臭之而無嗛于鼻 又 三臭之不食 註 謂歆其氣也。鋆又臰36781臭48202臭48213殠26921𪗈75463𤜹33694

皈 48208 45184 guī_4.10 篇海類編 音歸。鋆 廣碑別字·皈 引 唐處士王君墓誌

𦤷 48209 45185 rú_4.10 字彙補 同衂。

𦤸 48210 45186 yún_4.10 五音篇海 同雲。

𦤹 48211 45187 xī_4.10 龍龕 音息。鋆疑息字之譌。

𦤺 48212 45188 chuán_4.10 五音篇海 音船。

臭 48213 uFA5C chòu_4.10 兼 臭48207

𦤻 48214 u2690B xì_4.10 俗眉12984

𦤽 48215 u26905 shǒu_4.10 俗首69599 金石文字辨異 引 隋石裹村造橋碑 又 俗苜49160 名義·艸部 苜，莫鹿反。水首（苜）。

𦤼 48216 u26904 mò_4.10 同苜37438

𦤿 48219 u2690F tián_5.11 地名用字

臮 48217 24783 jì_5.11 正字通 臮字之譌。

臯 48218 24784 huáng_5.11 五音集韻 古文皇36731字。

臮 48221 24785 jì_6.12 玉篇 古文暨字 說文 衆辭與也。引 虞書·舜典 臮咎繇 韻會 今文尚書 作暨，及也 史記·夏本紀 蠙珠臮魚 註 古暨字也。鋆又眔12730臮48217臮28262

臯 48222 24786 gāo_6.12 字彙 俗皋36752字。

臯 48220 u2690E gāo_5.11 同皋36752

臰 48223 24787 xiù_6.12 玉篇 俗臭字

臯 48224 24788 huáng_6.12 集韻 皇36731古作臯。

𦥀 48225 45189 zhōng_6.12 龍龕 同終。

𦤓 48227 u26913 bí_6.12 俗鼻75445 干祿字書 𦤓鼻75446，上通下正。

𦤑 48228 u26911 gāo_6.12 俗皋36752

𫇊 48226 u2B1CA null_6.12 喃 未詳。

𦥂 48229 45190 mián_7.13 篇海類編 同矏。

𦥃 48230 24789 yuè_8.14 類篇 一決切音抉。殃貌。

𦥄 48231 45191 gāo_8.14 龍龕 音皋

𦤖 48232 u26916 zuì_8.14 同辠60542 龍龕 辠辠，相承。殂外反。大罪也。

𦥅 48233 24790 mián_9.15 玉篇 眉然切，音眠◇不見也。
鋆又矏36857𦤝48239𦥂48229𥉻38179

𦥆 48234 24791 yōng_9.15 廣韻 集韻 余封切音庸◆說文 用也。鼻知臭香所食也 又 集韻 余頌切音用。義同。鋆又𩫖00734𩫿00742𩬀00717

𦥇 48235 24792 niè_9.15 集韻 與臲同。鋆𦥇29448俗。

𦥈 48236 24793 bó_9.15 類篇 蒲撥切音跋。病氣。

𦥉 48237 45192 wù_9.15 五音篇海 音悟。鋆 字彙補 𦥉，音義與悟17435同。

𫇋 48238 u2B1CB null_9.15 未詳。

𦤝 48239 u2691D mián_9.15 𦥂48233本字

𦥊 48242 24795 niè_10.16 正韻 同臲

𦤛 48240 u2691B null_9.15 或俗辠60542

臲 48241 24794 niè_10.16 廣韻 五結切，音齧 廣韻 臲卼，不安 易·困卦 上六，困于葛藟，于臲卼 疏 臲卼，動搖不安之貌 書·秦誓 作杌隉 韓愈·贈劉思服詩 作兀臲。一本作卼𦥊。亦作兀臬。鋆又隉65753𦥇48235𦥇29448隍65806𣗳24826

𦥋 48243 24796 xìn_10.16 集韻 思晉切音信。腋氣病。

𦤠 48244 u26920 hôi_10.16 喃 从臭灰hôi聲△𦤠肶：狐臭。

𦥌 48245 24797 yè_11.17 集韻 乙業切音腌。臭也 又◆丘消切，音敲◇義同。

𦥍 48246 24798 pì_11.17 集韻 披義切音被。好貌 又 魚名。

𦥎 48247 24799 bó_11.17 類篇 薄沒切音勃。臭氣。

矞 48248 u26924
yù_11.17　同矞37992

鼤 48249 u2B1CC
null_12.18　喃未詳。

翶 48250 u26925
áo_12.18　同翺46258俗翱46222

鼿 48251 24800
hè_13.19　廣韻集韻丛許葛切，音喝廣韻犬臭氣丒集韻臥息丒hài集韻許介切音欬。臭也丒虛艾切音餲。義同丒於歇切音曷。物敗氣也。同餲。本作鼿。△類篇作鼿。鋆又鼿69704

鼪 48252 24801
zhài_13.19　集韻尼戒切，鼪鼪，臭也丒除邁切音爐。義同。

鼤 48253 24802
wò_13.19　類篇烏沒切，溫入聲。病氣也。

鼿 48254 u2692A
yè_13.19　類篇鼿，於歇切。物敗氣也。又鼿48251，虛艾切。臭也。又於蓋切。

鼥 48255 u26929
null_13.19　未詳。

鼻 48256 24803
bì_14.20　集韻毗至切音鼻。犬初生子。一曰首子五音集韻首也。或作鼻。

鼪 48257 24804
hài_14.20　集韻火戒切。鼪鼪，臭也丒許邁切音講。義同。鋆鼪鼪或作膳腠、哈辣。

跩 48258 u2692E
thối_14.20　喃从臭退thoái聲丒腐臭。

烮 48259 u2692D
lẹt_14.20　喃从臭烈liệt聲△燣烮：焦糊味道。

貪 48260 u26930
thùm_15.21　喃从臭貪tham聲△味貪：膻氣。

勘 48261 u2692F
khẳm_15.21　喃从臭勘khám聲。腥臭。

緊 48262 u26931
khẳn_18.24　喃从臭緊khẳn聲。惡臭。

佛 48263 45193
fó_20.26　五音篇海與佛同。

鼥 48264 u2B1CD
null_20.26　喃未詳。

◆ 至部 ◆

至 48267 u2F84
zhì_0.6　部至48265

至 48265 24805
zhì_0.6　古文至皇皋至唐韻集韻韻會丛脂利切音摯說文鳥飛从高下至地也。从一，一猶地也。象形。不上去而至下，來也玉篇來也詩·小雅如川之方至，以莫不增禮樂記物至知，知然後好惡形焉註至，來也丒玉篇達也，由此達彼也書·無逸自朝至于日中昃詩·小雅我征徂西，至于艽野丒極也易·坤卦至哉坤元註至，謂至極也。又繫辭易其至矣乎莊子·逍遙遊故曰：至人無己註至極之人。丒善也禮·坊記以此坊民婦，猶有不至者周禮·冬官考工記·弓人覆之而角至註至，猶善也丒大也丒易·復卦先王以至日閉關，商旅不行，后不省方註冬至，陰之復也。夏至，陽之復也正字通夏至曰日長至，是日畫漏刻五十九，夜四十一，先此漏刻尚五十八。日之長于是而極，故曰日長至，至取極至之義呂覽·十二紀仲夏月，日長至是也。冬至亦曰日長至，是日畫漏刻四十一，夜五十九，過此畫漏卽四十二刻。日之長，於是而始，故亦曰日長至。至取來至之義禮·郊特牲曰：郊之祭，迎長日之至是也。然呂覽於仲冬則又曰：日短至。

黃震曰：世俗多誤冬至爲長至，不知乃短至也。據此說，短至宜爲冬至，亦謂之日長至者，陽之始長也，扶陽抑陰之義也丒至掌，蟲名爾雅·釋蟲蛭蝚，至掌丒倉子·臣道篇至人忘情丒dié集韻韻會丛徒結切音咥。單至，輕發貌列子·力命篇墨尿、單至。鋆又坙08388

坙 48266 24806
zhì_0.6　玉篇古文至字。註詳至。

至 48268 24807
zhì_1.7　說文古文至字。註詳至。

坙 48269 24808
zhì_2.8　字彙補古文至字。註詳至。

致 48270 24809
zhì_3.9　廣韻集韻丛陟利切音躓說文送詣也春秋·成九年夏，季孫行父如宋致女註女嫁三月，又使大夫隨加聘問，謂之致女禮·曲禮獻田宅者操書致註詳書其多寡之數，致之于人也丒招致也易·繫辭備物致用疏謂備天下之物，招致天下所用周禮·地官·遂人凡治野，以下劑致甿註致，猶會也。民雖受上田、中田、下田，及會之以下劑爲率丒納也禮·曲禮大夫七十而致事註致其所掌之事於君而告老疏不云置而云致者，置是廢絕，致是與人，明朝廷必有賢代己也丒傳致也詩·小雅工祝致告箋祝於是致孝孫之意，告尸以利成丒極也書·盤庚凡爾衆，其惟致告傳致我誠告汝衆禮·禮器有放而不致也疏致，極也丒禮·樂記致樂以治心註致，猶滾審也丒委也易·困卦君子以致命遂志論語事君能致其身朱註致，猶委也丒誠也老子道德經其致之註致，誠也丒挑戰曰致師左傳·宣十二年楚許伯御樂伯，攝叔爲右，以致晉師疏致師，致其必戰之志丒態也水經注茂竹便媚，致可翫也六帖崔遠風致整峻王縉詩自然成高致丒至也周禮·春官·大卜掌三夢之灋。一曰致夢疏訓致爲至，夢之所至也丒制也管子·白心篇以致爲儀註致者，所以節制其事，故爲儀丒易·繫辭一致而百慮疏所致雖一，慮必有百，言慮雖百種，必歸於一致也丒就也老子道德經故致數車無車註致，就也。言人就車，數之爲輻、爲輪、爲轂、爲衡、爲轡，無有各爲車者丒詩·大雅是致是附傳致，致其社稷羣神疏致者，運轉之詞也丒密也禮·禮器德產之致也精微註致，致密也前漢·嚴延年傳文致不可得反註言其文案整齊丒與緻通禮·月令孟冬，命工師效功，陳祭器，按度程，必功致爲上註謂功力密緻也。緻、至同。鋆通作致48276

丒致48275社48274羧48286

灰 48271 45194
chì_3.9　篇韻齒去聲。

致 48272 u26937
null_3.9　未詳。

刧 48273 u4452
jìn_3.9　俗勁04005可洪音義堅刧：居政反，健也，堅壯也。正作勁也。

珱 48274 24810
zhì_4.10　字彙補同致洞靈經善事父母之所珱也。

致 48275 u2693A
zhì_4.10　俗致48276正作致48270

致 48276 u81F4
zhì_4.10　致48270通作致。从夂為正。

庢 48277 24811 zhì_5.11 廣韻集韻丛陟栗切音窒廣韻傛庢，愛觸忤人也集韻傛庢，牴牾也。一曰不循理。

𦤶 48278 45195 ní_5.11 龍龕音泥。𨌰楊寶忠：俗屔13025

䞸 48279 u2693E đến_5.11 喃从至旦đán聲△䞸窮：徹底，到底。䞸朒：（懷孕）足月。

𦤼 48280 u2693C wū_5.11 集韻屋，或作𡐁。方成珪考正𡐁，類篇同。二徐本作𦥃48282 又朝鮮本龍龕·土部𡐁，音朗。

䣜 48281 24812 gé_6.12 集韻各額切音格。與洛同。至也 又六書泝原假，俗作䣜。

𦥃 48282 24813 wū_6.12 廣韻古文屋12985字。

臸 48283 24814 jiàn_6.12 集韻韻會才甸切正韻在甸切丛音荐廣韻再至也韻會重也 又通作洊易·坎卦水洊至。又震卦洊雷震△亦通作荐左傳·僖十三年晉荐饑爾雅·釋天仍饑爲荐△亦通作薦詩·大雅天方薦瘥，饑饉薦臻註薦、荐義同 又廣韻韻會丛徂悶切音鐏。古人名。魏時張臸。

𦤿 48284 24815 dié_6.12 集韻徒結切正韻杜結切，丛田入聲。與耋通增韻年之至也前漢·孔光傳犬馬齒𦤿 又與迭通詩·邶風日居月諸，胡迭而微韓詩作𦤿 又zhì集韻直質切音秩。國名山海經三苗在赤水東，𦤿國在其東。一曰𦤿國在三毛東又有𦤿民之國註郭曰：爲人黃色 又集韻他計切音替。義同 又與替同周成·雜字苓𦤿，與零替同 又與鐵同前漢·地理志及車轔四𦤿小戎之篇。𨌰又戴18989

𦥀 48285 24816 rì_6.12 唐韻集韻丛人質切音日說文到也 又zhī廣韻止而切音之。又集韻竹力切音陟。義丛同 又廣韻如一也 又春秋·元命包醜𦥀𦥀，言讕讕註𦥀，音臻。至也 又正字通趙古則曰：𦥀，卽刃切音進。前往也。

𦥁 48286 u26940 zhì_6.12 俗致48276羅振鋆碑別字𦥁，漢西狹頌

𫇎 48290 u2B1CE null_7.13 未詳。

𦥈 48287 24817 tái_7.13 正字通俗臺。

𦥅 48288 24818 xiū_7.13 篇海思留切音修。習也。又進也。出太上老君碑。𨌰正字通音義與修近。改作𦥅，非。

𦥂 48289 41747 wū_7.13 字彙補奉無切，音誣◇謗也。𨌰又誣55956

臺 48291 24819 tái_8.14 古文𡌢壜廣韻徒哀切集韻韻會正韻堂來切丛音苔說文觀四方而高者釋名臺，持也。築土堅高，能自勝持也爾雅·釋宮闍謂之臺註積土四方也禮·月令仲夏之月，可以處臺榭疏積土爲之，所以觀望五經要義天子三臺，靈臺以觀天文，時臺以觀四時，囿臺以觀鳥獸 又古今注城門皆築土爲之，累土曰臺，故亦謂之臺門 又官名正字通袁紹傳三臺註：漢官尚書爲中臺，御史爲憲臺，謁者爲外臺。又漢·百官表註：禮樂官知禮容，故禮部稱容臺。又王彥威爲曲臺新禮三十卷，故太常稱曲臺。又漢祕書監曰芸臺，唐改祕書爲麟臺唐·百官志門下省曰鸞臺，宋銀臺司掌受天下奏狀 又博雅臺，支也 又賤者之稱◆左傳·昭七年僕臣臺註皁、輿，隸僕之至卑者也孟子蓋自是臺無饋也註臺，賤官，主使令者。又輟耕錄婢役于婢者，謂之重臺蘇軾·梅花詩天教桃李作輿臺 又博雅臺，輩也 又◆揚子方言臺敵，延也。東齊海岱之閒曰臺，自關而西，秦晉之閒，物力同者謂之臺敵 又莊子·庚桑楚不可內於靈臺註靈臺者，心也 又姓。漢侍中臺佟。又澹臺，複姓。又字彙補古謂陵墓爲臺，如鄴都之三臺山海經帝堯臺，帝嚳臺是也。又咍臺，卽臺唿之聲也世說許噪於丞相帳，咍臺大鼾通雅咍臺，晉人常語也 又山名輿地志五臺山，在雁門郡山海經鹿臺之山註今名麓臺山淮南子·地形訓濟出王屋，時泗沂出臺台術註時泗沂，皆水名。臺台術，皆山名抱朴子·登陟卷昔張蓋蹹及偶高成，二人竝精思於雲臺山石室中 又神名左傳·昭元年昔金天氏有裔子曰昧，爲玄冥師，生允格、臺駘。臺駘，汾神也山海經休與之山，其上有石焉，名曰帝臺之棋註郭曰：帝臺，神人名 又漸臺，星名也 又宮殿名鄒陽·上吳王書秦倚曲臺之宮，懸衡天下三輔黃圖未央有曲臺殿 又草名爾雅·釋草艾，冰臺疏艾，一名冰臺，卽今艾蒿也詩·小雅南山有臺傳臺，夫須也疏夫須，莎草也，可爲簑笠又彼都人士，臺笠緇撮傳臺，所以禦暑。笠，所以禦雨也箋臺，夫須也。都人之士，以臺皮爲笠 又字彙洪孤切音乎。臺駘，邾地名禮·檀弓敗于臺駘註臺音壺，駘音臺。臺當爲壺字之譌。一作壺駘，或作狐駘正字通臺有壺音，非臺與壺同字彙以臺爲古壺字，誤也。又字彙補左傳，臺駘。歷考註疏，丛無狐音字彙不知何據而云亦誤也。𨌰又坴08564 臺08799臺09072壔09240𦤼48280臺09744𦥈48295𦥈48287 又龍龕壔09397坮08427俗，壜通，𡈑09167古文臺字。土高也。又姓。

𦥈 48295 u26944 tái_8.14 俗臺48291

𦥆 48292 24820 wū_8.14 玉篇烏解切音矮。舍也字彙補與𦥃字小異。

𫇐 48293 u2B1D0 rất_8.14 喃極其，甚△𫇐對：極端。

𫇏 48294 u2B1CF null_8.14 亞棗，族徽，見䰞作父癸卣

𦥃 48296 u26943 đến_8.14 喃从至典điển聲。到。亦作䞸48279𨀎58799

𦥊 48297 24821 dié_9.15 篇海徒結切音跌。縗絰也。

𦥋 48298 24822 wò_9.15 集韻握20087古作𦥋。

𦥏 48299 u26947 zhēn_9.15 俗臻48300廣碑別字引隋翟突娑墓誌

臻 48300 24823 zhēn_10.16 唐韻正韻側詵切集韻韻會緇詵切丛音臻說文至也玉篇及也詩·邶風遄臻于衛後漢·章帝紀澤臻四表 又玉篇聚也，衆也 又集韻將先切正韻則前切丛音箋樂章·天命篇羣凶受誅殛，百祿咸來臻。黃華應福始，王凌爲禍先。𨌰又𨒪58509𦥏48299

𦥌 48301 24824 yǔ_10.16 正韻偶許切音語。鉏𦥌正字通齬、鋙通。

从齮字爲正 同文舉要 鋚訓臥室，非。

鼜 48302 24825
chì_10.16　唐韻 廣韻 丑利切 集韻 丑二切 夶音尿。說文 㣈戻也。从至，至而復遜。遜，遁也。引 周書 有夏氏之民叨鼜〇按今文 尚書·多方 作懫 図 集韻 丑吏切音眙。脂利切音至。義夶同。鑒 又 墊09504 跮58845

鑒 48303 24826
chì_10.16　類篇 丑吏切，音懥。㣈戻也。

壿 48305 u2694C
null_10.16　未詳。

壄 48307 24828
zhì_12.18　玉篇 職日切音質。窒也。鑒 正字通 義同窒，不必别作壄。

瑝 48304 45196
jīng_10.16　海篇 音敬。

緻 48308 24829
zhì_12.18　集韻 直利切音緻。刺履底也。鑒 又 緻55486 鞁67378

墊 48306 24827
zhì_11.17　集韻 脂利切音至。同輊60041 車前重也。

臻 48309 u2B1D1
zhēn_14.20　同臻51450 希麟音義 臻草：上士臻反 字書 木叢生也。考聲 草木雜生也。従草臻聲 經文 從木作榛24872音臻，似栗而小，非秦（蓁）草義也。

臼部

臼 48310 24830
jiù_0.6　廣韻 其九切 集韻 韻會 正韻 巨久切 夶音咎。說文 舂也。本作臼，隷省作臼。古者掘地爲臼，其後穿木石。象形，中象米。徐曰 臼字中四注，與函字下，鼠字上，及古文齒字，皆偶相似而非也 世本 雍父作臼 呂氏春秋 赤冀作臼 易·繫辭 斷木爲杵，掘地爲臼。臼杵之利，萬民以濟 沈約·捉搦歌 粟穀難舂付石臼 柳宗元詩 日午夢覺無餘聲，山童隔竹敲茶臼 図 星名 史記·天官書 杵臼四星，在危南 註 杵臼三星，在丈人星旁，主軍糧 図 地名 左傳·僖二十四年 濟河，圍令狐，入桑泉，取臼衰 註 解縣東南有臼城 図 水名 左傳·定五年 將涉于成臼 註 江夏安陸縣有臼水，出聊屈山，西南入漢 後漢·章帝紀 罷常山，呼沱石臼河漕 註 石臼，河名也，在今定州唐縣東北 図 山名 山海經 踵臼之山，無草木。図 鳥名 讀曲歌 打殺長鳴雞，彈去烏臼鳥 図 樹名 古西洲曲 日暮伯勞飛，風吹烏臼樹 図 姓 左傳 華謳家臣臼任。鑒 直音篇 旧，俗臼字。

臼 48311 24831
jú_0.6　集韻 拘玉切音挶。又手也 図 玉篇 古文匊04242字。鑒 廣韻 居玉切。斂手也。

凹 48312 24832
chǐ_0.6　集韻 齒75554古作凹。

図 48313 u26953
xìn_0.6　図08011本字。

臼 48314 u2F85
jiù_0.6　同臼48310部首專用字。亦作臼48315

臼 48315 u2EBD
jiù_0.6　部臼48314

臽 48317 24833
xiàn_2.8　唐韻 戶猏切 集韻 乎籀切 夶音陷 說文 小阱也。从人在臼上。春地坎，可臽人。徐曰 若今人作穴，以臽虎也。會意 玉篇 坑也 同文備考 失足入坑坎也。從側人，从杵臼之臼，象人在臼中 図 廣韻 集韻 夶苦感切音坎。義同。或作欿。鑒 又臽48341

印 48316 u26954
shēn_1.7　申35355本字

臾 48318 24834
kuì_2.8　唐韻 集韻 夶求位切音匱。同蕢 說文 草器也。古象形。引 論語 荷臾而過孔氏之門。或作蕢〇按 論語 今作蕢 図 yú 廣韻 羊朱切 集韻 韻會 容朱切 正韻 雲居切 夶音余 儀禮·燕禮 寡君有不腆之酒，以請吾子之與寡君須臾焉 中庸 道也者，不可須臾離也 図 姓 左傳·文六年 賈季奔狄，宣子使臾駢送其帑 図 人名 史記·封禪書 黃帝得寶鼎宛朐，問於鬼臾區 淮南子·氾論訓 臾兒、易牙，淄、澠之合者，嘗一哈水，而甘苦知矣 註 臾兒、易牙，皆齊之知味者也 図 國名 左傳·僖二十一年 任、宿、須句、顓臾、風姓也 註 顓臾在泰山南，武陽縣東北 又 字彙補 梟臾，東方國名。即扶餘也 図 荀子·大略篇 語曰：流丸止于甌臾，流言止于智者 図 yǔ 集韻 韻會 夶勇主切音庾 周禮·冬官考工記·弓人 往體多，來體寡，謂之夾臾之屬 註 夾臾之弓，合五成規 疏 夾臾，反張多隨，曲執向外 釋文 臾，音庾 図 yǒng 正韻 尹竦切音勇。縱臾，與慫慂17978通。鑒 又臾23263申00057

函 48320 u26956
hán_2.8　俗函03213 類篇 臿，胡南切。容也。又胡讒切。匱也。杯也。

咢 48321 u26955
pīng_2.8　俗甹35367 四聲篇海 疋經切。

舁 48324 u2F893
yú_3.9　同舁48334

曳 48319 u26959
yè_2.8　曳23264本字

臿 48322 24835
chā_3.9　唐韻 楚洽切 集韻 韻會 正韻 測洽切 夶音插 說文 舂去麥皮也 博雅 臿，舂也 図 與插同 史記·司馬相如傳 赤瑕駁犖，雜臿其閒 図 與鍤同 史記·始皇本紀 禹身自持築臿 註 臿，築牆杵也 前漢·溝洫志 舉臿爲雲，決渠爲雨 註 臿，鍤也，所以開渠者也 淮南子·精神訓 今夫繇者，揭钁臿，負籠土 註 臿，鍤也。青州謂之鏵，有刃也。三輔謂之鍤 揚子方言 江淮南楚之閒謂之臿，沅湘之閒謂之畚 図 韻會 或作接 周禮·地官·廩人 大祭祀，共其接盛 註 接讀爲扱。扱以授春人春之也 正字通 扱以授春人春之，非與臿同也 韻會 誤。鑒 又畬48350 兩03220 鉏48387 耛48326 図 龍龕 錇48404或作，壵48433籀文，耛今，初洽反，舂去皮也。

导 48323 24836
biǎn_3.9　正字通 导字之譌。

名 48325 u2695C
yǎo_3.9　清·徐珂 清稗類鈔·姓名類·僻姓 單姓即一字姓，凡一千二百一十六……名△宏按，或同舀。漢·王符 潛夫論·卷九·志氏姓第三十五 舀氏……嬀姓。

耛 48326 u2695B
chā_3.9　直音篇 舓同臿48322

甹 48327 u2695A
pīng_3.9　俗甹35367

學 48328 u26957
null_3.9　未詳。

舁 48329 u8201
yú_3.9　舁通舁48334正。

舀 48330 24837
yǎo_4.10　唐韻 韻會 夶以沼切，遙上聲 說文 抒臼也。抲彼注此謂之舀 図 廣韻 以周切 韻會 夷周切，夶音由。義同 図 廣韻 韻會 羊朱切 集韻 容朱切，夶音俞。博雅 抒也。鑒 又舀48331 扰19262 抌19317 㿻48333 㿺48345 扰19345 㿻48335 舀48363 舀48391 正字通 篆作舀32238

48331 24838
舀 yǎo_4.10 　正字通 同舀。

48332 24839
𦥑 fá_4.10 　廣韻 集韻 韻會 𠀤房越切音伐 廣韻 舂米 韻會 舂也。又 集韻 芳廢切音肺。又房廢切音吠。義𠀤同。鍫又𦥯48338姉48342𦥹60049

48333 24841
𦥻 xiàn_4.10 　正字通 𦥔字之譌。

48334 24842
𦥛 yú_4.10 　古文 㦤 廣韻 以諸切 集韻 韻會 羊諸切𠀤音余 說文 共舉也 徐曰 用力也。兩手及爪皆用也 ◨ 正韻 轝車也 ◨ 集韻 荀許切音舉。又 正韻 羊茹切音豫。義𠀤同 △ 集韻 或作舁 ◯ 按 字彙 譌入五畫，非。今改正。鍫又舁48329舁48324舁19278㧬20342舉48365舁04093舁22472

48335 24843
𦥚 yǎo_4.10 　集韻 同舀。

48336 24849
𦥨 biàn_4.10 　正字通 同貶。

48337 24844
𦥜 yú_4.10 　集韻 舁48329古作㦤。

48339 45197
𦥝 yóu_4.10 　搜眞玉鏡 音由。

48340 u26964
𦥞 pīng_4.10 　俗甹35367明·李實 蜀語 自謂曰甹家。甹，音姘。任俠也。猶北人之謂咱家、俺家。

48341 u26962
𦥹 xiàn_4.10 　臽48317本字。見 說文

48342 24846
姉 fèi_5.11 　字彙 同𦥑

48338 24845
𦥯 fèi_4.10 　字彙補 與𦥑同 唐釋元應·衆經音義 微舂曰𦥯

48343 24847
𦥟 mò_5.11 　類篇 莫葛切音末。舂米碎。

48344 24848
舂 chōng_5.11 　唐韻 集韻 韻會 正韻 𠀤書容切音樁 說文 擣粟也。黃帝臣雍父作舂 詩·大雅 誕我祀如何，或舂或揄 莊子·逍遙遊 適百里者宿舂糧 百里奚妻 扊扅歌 舂黃藜，搤伏雞 ◨ 官名 周禮·地官 舂人掌共米物 ◨ 樂器 周禮·春官 笙師註 舂牘以竹，大五六寸，長七尺，短者一二尺。其端有兩空髹畫，以兩手築地 釋名 舂，撞也。撞，筑也。以舂築地爲節也 ◨ 縣名 前漢·地理志 南陽郡舂陵縣 後漢·光武紀 舂陵節侯買 註 舂陵，鄉名，本蜀零陵，在今永州唐興縣北 ◨ 山名 淮南子·天文訓 日至虞淵，是謂高舂。至于連石，是謂下舂 ◨ 鳥名 爾雅·釋鳥 鵮，舂鉏 疏 齊魯之閒謂之舂鉏。又 博雅 獨舂，鴆鴀也 ◨ 舂容 禮·樂記 善待問者如撞鐘，待其舂容，然後盡其聲 韓愈·送權秀才序 寂寥乎短章，舂容乎大篇。◨ 與衝通 史記·魯世家 獲長狄，富父終生舂其喉以戈殺之 後漢·西羌傳 水舂河漕 ◨ chuāng 正字通 音窻。八蠻之類。一曰旁舂。見 墨子 ◨ zhōng 集韻 諸容切 韻會 職容切𠀤音鐘。荊山別名 張正見·白頭吟 彈珠金市則，抵玉舂山東。鍫又卷22681艸19311𪎭48402舂48362舂48380舂22604

48345 24850
𦥭 xiàn_5.11 　集韻 同臽 ◯ 按 正字通 同舀，誤。舀字重文作舀。鍫 正字通 㿪同舀，亦作扤。

48346 24851
𦥠 shǔ_5.11 　字彙補 與鼠同。見 漢仙人唐君碑

48347 24852
𦥢 chǐ_5.11 　音未詳 唐·許敬宗·賀慶雲表 雕題鏤齒之

類 字彙補 按 集韻 古齒字作齒，此疑齒字之譌。

48348 45198
昨 zuò_5.11 　搜眞玉鏡 音作。

48349 u2F98C
𦥡 xì_5.11 　同舃48359

48350 u2696B
臿 chā_5.11 　臿48322本字

48351 24853
舙 pò_6.12 　唐韻 集韻 𠀤匹各切音粕 說文 齊謂舂爲舙 類篇 或作傅。鍫本作舂48379

48352 24854
舃 xì_6.12 　廣韻 集韻 韻會 正韻 𠀤思積切音昔 博雅 舃，履也 釋名 複其下曰舃。舃，腊也。行禮久立，地或泥濕，故複其末下，使乾腊也 古今注 舃，以木置履下，乾腊不畏泥濕也。天子赤舃 詩·豳風 赤舃几几 傳 赤舃，人君之盛屨也。又 小雅 赤芾金舃 註 舃，達履也 疏 履之最上達者也。舃有三等，赤舃爲上，冕服之舃。下有白舃，黑舃 左傳·桓二年 帶裳幅舃，衡紞紘綖，昭其度也 註 舃，複履 疏 謂其複下也 ◨ 大貌 詩·魯頌 松桷有舃 傳 舃，大貌 ◨ 班固·典引 舃奕乎千載 註 舃奕，光曜流行貌 ◨ 草名 爾雅·釋草 馬舃，車前 疏 馬舃，一名車前，一名當道。◆ 莊子·至樂篇 生於陵屯，則爲陵舃。陵舃得鬱栖，則爲烏足 註 陵屯，阜也。言物因水成而陸產，生於陵屯，化作車前，改名陵舃也。一名澤舃，隨燥濕變也 ◨ 與碼同 何晏·景福殿賦 玉舃承跋 註 舃與碼同 廣雅曰：碼，磶也，言以玉磶承柱之跋也 △ 亦與潟同 前漢·溝洫志 終古舄鹵兮生稻粱 註 古曰舃鹵，卽斥鹵也。謂鹹鹵之地也 王融·策文 舃鹵可腴 ◨ què 廣韻 正韻 七雀切 集韻 七約切，𠀤與鵲同。鳥名 說文 䧿也。◨ tuō 集韻 闥各切音託。大貌 詩 松桷有舃，徐邈讀。鍫又舃48359舃48349舃31209舃23057鞜67316鵲67516

48353 24855
舋 wéi_6.12 　字彙補 古文爲32228字。

48354 41748
舋 pò_6.12 　龍龕 疋各切音粕。舂也。

48355 45199
䑌 kuáng_6.12 　搜眞玉鏡 音誑。

48356 u2B7CB
𦥋 yǔ_6.12 　同與48370

48357 u26971
帠 yì_6.12 　同帠15071

48358 u2696F
𦥏 xué_6.12 　朝鮮本 龍龕 卷第八·與部第四十。按，他本作學部。簡化作𡥧12618

48359 u8204
舃 xì_6.12 　俗舃48352

48360 24856
譴 qiǎn_7.13 　廣韻 集韻 𠀤去演切音譴 六書總要 小塊也。遣字从此。

48361 24857
舅 jiù_7.13 　廣韻 其久切 集韻 韻會 正韻 巨九切𠀤音臼 爾雅·釋親 母之晜弟爲舅，母之從父晜弟爲從舅 詩·秦風 我送舅氏，曰至渭陽。又 大雅 王之元舅，文武是憲 爾雅·釋親 婦稱夫之父曰舅，稱夫之母曰姑 禮·內則 婦事舅姑，如事父母 ◨ 爾雅·釋親 妻之父爲外舅 ◨ 姓 姓譜 晉大夫舅犯之後 ◨ 通作咎 儀禮·士昏禮 註 古文舅皆作咎 穆天子傳 咎氏 郭璞註 咎猶舅也。鍫又舅48364舅36790舅04102舅48393 ◨ 字彙補 备35396音義與舅同。

48362 24858
舂 chōng_7.13 　字彙 舂本字。

餤 yáo_7.13 集韻 同舀

明 jiù_7.13 說文 舅本字

舉 yú_7.13 川篇 同臾

與 yǔ_7.13 同與48370

窫 yāo_7.13 玉篇 窫同要54967

舉 jǔ_7.13 朝鮮本 龍龕 古文舉48394

興 xīng_7.13 龍龕 興俗，興48384正。

與 yǔ_8.14 古文舁與异 廣韻 余呂切 正韻 弋渚切 集韻 韻會 演女切，竑音予 說文 黨與也 戰國策 是君以合齊與强楚 註 與，黨與也 管子·八觀篇 請謁得于上，則黨與成于下 又 廣韻 善也 禮·禮運 諸侯以禮相與 又 增韻 及也 易·說卦 是以立天之道，曰陰與陽。立地之道，曰柔與剛。立人之道，曰仁與義 又 許也，從也 論語 吾與點也 管子·形勢解 鬼神助之，天地與之 又 待也 論語 歲不我與 又 博雅 如也 前漢·韓信傳 大王自料，勇悍仁彊孰與項王 註 師古曰與，如也，如司馬相如·子虛賦 楚王之獵，孰與寡人 又 施予也 禮·曲禮 與人者，不問其所欲 周禮·春官·大卜 以邦事作龜之八命，一曰征，二曰象，三曰與 註 與，謂予人物也 又 助也 戰國策 吾將深入吳軍，若撲一人，若掊一人，以與大心者也 註 與，猶助也 又 類也 周語 夫禮之立，成者為飫，昭明大節而已，少曲與焉 註 與，類也，威儀少比類也 又 以也 詩·召南 之子歸，不我與 朱註 與，猶以也，以謂挾己而偕行也 又 和也 戰國策 内寇不與，外敵不可拒 註 寇猶亂，與猶和也 又 用也 詩·唐風 人之為言，苟亦無與 傳 無與，弗用也 又 數也 禮·曲禮 生與來日 註 與，猶數也 又 語辭 禮·表記 君子與其有諸責也，寧有已怨 又 容與，閑適貌 莊子·人間世 因案人之所感，以求容與其心 註 以求從容自放，而遂其佻心也 史記·司馬相如傳 楚王乃弭節裴回翱翔容與 註 索隱曰：言自得 又 正字通 大與，官名，主爵祿之官 又 不與，國名 山海經 有不與之國，烈姓，黍食 又 姓 又 yù 廣韻 羊洳切 集韻 韻會 正韻 羊茹切，竑音豫。參與也 正韻 干也 中庸 夫婦之愚，可以與知焉 周禮·冬官考工記 國有六職，百工與居一焉 又 縣名 史記·曹相國世家 參以中涓從，將擊胡陵、方與 註 索隱曰：地理志二縣皆屬山陽 正義 曰：與音預 又 正字通 疑慮未決。通作豫 前漢·昌邑王傳 楊敞猶與無決。又 陳湯傳 士卒猶與。通作豫 又 yú 集韻 韻會 羊諸切 廣韻 以諸切，竑音余。語辭 論語 其為仁之本與 禮·檀弓 曾子曰：微與，其嗟也可去，其謝也可食 疏 微，無也。與，語助 又 詩·小雅 我黍與與，我稷翼翼 箋 與與、翼翼，蕃廡貌 又 論語 與與如也 註 威儀中適貌 又 舒也 前漢·禮樂志 朱明盛長，敷與萬物 註 師古曰敷與，言開舒也。與，弋於反 又 人名 書·舜典 垂拜稽首，讓于殳斨暨伯與 傳 殳斨，伯與，二臣名 釋文 與，音餘 又 山名 同嶼 山海經 敦與之山 註 按名勝志作敦嶼山 又 苦山之首，曰休與之山 註 與或作嶼 集韻 倚亥切音欸。与也 ○按 說文 与訓賜予也，一勺為与。與訓黨與也。今俗與字通作与。竑又舉48368 兴02574 舆16013 舉60603 与02585 興48369

睡 zhuì_8.14 廣韻 集韻 竑之睡切音惴。杵擊也 又 集韻 主蘂切音箠。舂也。竑又端48386

夒 yāo_8.14 集韻 要54967古作夒。

臿 qiǔ_8.14 川篇 音糗。舂也。

鼠 mí_8.14 龍龕 同鼠

貎 ní_8.14 字彙補 同貌

羉 yàn_8.14 字彙補 同㷔

舉 shēn_8.14 字彙補 古字。見 玉篇 ○按 玉篇 本作串。

舂 chǐ_8.14 搜真玉鏡 同齒。

臿 pò_8.14 說文 臿，齊謂舂曰臿48351

舂 chōng_8.14 同舂48402舂本字。

健 null_8.14 未詳。

暘 dàng_9.15 廣韻 徒朗切 集韻 待朗切竑音盪。舂也。持米精也。

曉 còu_9.15 玉篇 七漏切音湊。半舂也。竑又曉228

興 xīng_9.15 唐韻 韻會 正韻 竑虛陵切音鄄 爾雅·釋興 起也 詩·小雅 夙興夜寐 禮·中庸 國有道，其言足以興 註 興，謂起在位也 又 廣韻 盛也 詩·小雅 天保定爾以莫不興 箋 興，盛也 五音集韻 舉也 周禮·夏官·大司馬 進賢興功，以作邦國 註 興，猶舉也 又 動也 周禮·官考工記·弓人 下柎之弓，末應將興 註 興，猶動也 又 詩·大雅 興迷亂于政 箋 興，猶將尚也 又 周禮·地官·旅師 頒其興積 註 縣官徵聚物曰興。今云軍興是也 又 司稼 平其興 註 所徵賦 又 州名 五音集韻 漢置武都郡，魏立東西州。梁為興州，因武興山而名 又 縣名 韻 涉湖詩 旋經義興境 又 殿名 張衡·西京賦 龍興含 註 龍興，殿名 又 姓 姓譜 漢濟陰王，謁者興渠 又 xìn 廣韻 集韻 韻會 正韻 竑許應切音嬹 集韻 象也 又 比興 增韻 興，況意思也 周禮·春官·大師 教六詩，曰賦曰比曰興曰雅曰頌 詩詁 興者，感物而發，如倉于飛，熠燿其羽，昔我往矣，楊柳依依之類 又 正韻 也 禮·學記 不興其藝，不能樂學 註 興之言喜也 殷仲 詩 獨有清秋日，能使高興盡 又 xīn 正韻 許刃切音釁 禮·文王世子 旣興器用幣 釋文 興音釁。竑又偬01969 兴02574 興16013 釁60603 与02585 興48369

暴 jú_9.15 篇海 居玉切，音菊 ◇ 靴暴子纏連者。竑 廣韻 暴，靴暴子纏連者。

踹 zhuì_9.15 玉篇 同睡

睡 chā_9.15 玉篇 同舂

輿 qiān_9.15 玉篇 睪本字

量 sài_9.15 郭沫若 兩金文辭大系圖錄考釋·量盨 叔邦父即量之字，名量字邦。則量之意可知，余意乃城塞之塞，從臼從土，再

舀 yǎo_9.15 同舀48330 類篇 臿，以沼切 說文 杼臼也 從爪臼 詩 曰或簸或舀。或作㧤、舀。

舉 null_9.15 未詳。

臽 yín_9.15 玉篇 臽，

鄰切。古文也。胡吉宣：古文寅。

48393 u2698A
jiù_9.15　舅48361本字。見 說文

48394 u8209
jǔ_9.15　同舉48405本作舉20963

48395 24871
cuó_10.16　廣韻酢何切集韻韻會正韻才何切𪒠音醝。舂也，擣也𝕏集韻阻氏切音批。磨麥也。鑿俗从日作䵫22896

48396 24872
jī_10.16　正字通俗䰝字。

48397 24873
pò_10.16　類篇與䰅同。

48398 24874
fén_10.16　集韻符分切音汾。水名。

48399 41750
jiāng_10.16　川篇音江。木也。

48400 45206
zhú_10.16　字彙補䶂字之譌。

48403 u26992
qiān_10.16　同舉16015

48401 u26995
xiá_10.16　集韻䶠，迄洽切博雅舂也。或作歓26390欮26306

48402 u26993
chōng_10.16　同舂48362，亦作䵮48380舂本字。

48404 24875
chā_11.17　篇海測洽切音插。揚麥杴也。

48405 24876
jǔ_11.17　古文𠀐𠀓廣韻居許切集韻韻會茍許切𪒠音莒說文對舉也。一曰興也徐曰興、舁增韻扛也。又掔也廣韻擎也周禮·冬官考工記·廬人戈兵同强，舉圍欲細註舉，謂手所操杜甫詩舉觴白眼望青天𝕏增韻立也左傳·文元年楚國之舉，恆在少者註舉，立也𝕏言也禮·曲禮主人不問，客不先舉。又雜記過而舉君之諱，則起註舉，猶言也𝕏動也楚語夫事君者，不為外內行，不爲豐約舉註舉，動也前漢·張蒼傳人主無過舉𝕏韻會稱也，揚也，拔也禮·檀弓所舉於晉國，管庫之士，七十有餘家註舉之於君，以爲大夫士也。又儒行懷忠信以待舉，力行以待取𝕏皆也左傳·哀六年君舉不信羣臣乎禮·月令季春之月，犧牲駒犢，舉書其數𝕏合也史記·刺客傳韓國而與仲子爲讎抱朴子·勤求卷或舉門扣頭，以向空坐𝕏行也周禮·地官·師氏凡祭祀，賓客，會同，喪紀，軍旅，王舉則從註舉，猶從也晉語舉而從之，陽子道與之語，及山而止註舉，猶起也戰國策臣聞當世之舉王，必誅暴正亂𝕏舉王，興起之王𝕏詩·大雅靡神不舉疏言已爲旱之故，祈禱明神。無有神不求，而舉祭之者禮·王制山川之祇，有不舉者爲不敬註舉，猶宗也𝕏禮·王制以三年之通，雖有凶旱、水溢，民無菜色，然後天子食，舉以樂周禮·天官·膳夫王日一舉註殺牲盛饌曰舉𝕏儀禮·特牲饋食禮嗣舉奠盥入註舉，猶飲也𝕏周禮·地官·司門凡財物，犯禁者舉之註舉之，沒入官。又司關凡貨不出於關者，舉其貨註從私道出避稅者，沒其財𝕏鳥飛也論語色斯舉矣註言鳥見人之顏色不善，則飛去張衡·西京賦鳥不暇舉𝕏儀禮·特牲饋食乃食，食舉疏食舉，謂骨體正脊從俎，舉、鄉口，因

名體爲舉𝕏唐人舉止端麗曰舉舉韓愈·送陸暢歸江南詩舉舉江南子𝕏小爾雅二十四銖曰兩，兩有半曰捷，倍捷曰舉註舉，三兩𝕏姓。出姓苑𝕏木名山海經蕡山之首，曰敖岸之山，北望河林，其狀如蒨如舉註蒨、舉，皆木名也。舉，櫸柳，大者連抱數仞𝕏獸名山海經崇吾之山，有獸焉，其狀如禺而文臂，豹虎而善投，名曰舉父註大如狗，狀如獮，黃黑色，多髯鬣，好奮頭舉石擿人，即舉父也𝕏地名春秋·定四年蔡侯以吳子及楚人戰于柏舉註柏舉，楚地𝕏山名山海經謹舉之山，雒水出焉又仁舉之山𝕏jù集韻韻會正韻𪒠居御切音據禮·儒行其慎舉有如此者註徐音倨前漢·揚雄傳蔡澤雖噤吟而笑唐舉註師古協音居御切崔駰·達旨或望色而斯舉註叶去聲𝕏yú集韻羊諸切音余。對舉也。鑿又舉21166𠎝02600𢽆04093𠔓13244𦥐19278𠈄00240𢪙19643𢽄21884𢽁21890𢽒43154𢽉36696𢽊36695𢽈48367𢽌20963𢽄48394𝕏集韻舉，俗作㩎21160𝕏龍龕𤾲11831𢽀04584，居語反。二同。

48406 24877
yín_11.17　集韻寅12145古作𤾲。

48407 41751
chā_11.17　川篇音插。舂聲。

48410 u269A0
null_11.17　未詳。

48408 45207
xiào_11.17　龍龕與㘅同

48409 u269A6
sàng_11.17　同喪48419，古文喪。

48411 u2699F
null_11.17　未詳。

48412 u2699E
gǒng_11.17　俗舁48420

48413 u2699D
gǒng_11.17　俗舁48420

48416 24880
cuì_12.18　廣韻七外切集韻取外切𪒠音襊。小舂。鑿又䵮23082

48414 24878
qióng_12.18　正字通舁字之譌。

48415 24879
chéng_12.18　集韻除庚切音鋥。舂也。

48417 24881
jiù_12.18　唐韻集韻韻會巨救切正韻巨又切𪒠音柩說文鴟舊，舊留也。徐曰即怪鴟也𝕏廣韻故也增韻對新之稱詩·豳風其新孔嘉，其舊如之何左傳·僖二十八年輿人誦，原田每每，舍其舊，而新是謀公羊傳·莊二十九年新延廄者何。修舊也𝕏久也詩·大雅於乎小子，告爾舊止箋舊，久也𝕏韻會昔也，老宿也𝕏姓漢上黨太守舊彊𝕏與柩同金史·蔡珪傳燕靈王舊。舊，古柩字通用𝕏韻會正韻𪒠巨九切音臼。義同𝕏集韻許尤切音休。與鵂同𝕏韻補叶巨已切音技詩·大雅匪上帝不時，殷不用舊。時音氏𝕏維今之人，不尚有舊。叶上里。鑿又旧22318舊51320𠤆49242

48418 24882
nóng_12.18　集韻農60612古作𤾲。

48419 24884
sàng_12.18　集韻喪06529古作𤾲。

48421 u2B1D2
null_12.18　人名殷周金文集成·10.5254·替卣 替乍囗寶尊彝。

48420 24885
gǒng_12.18　集韻古勇切音拱。所以技禺者。一曰舂

器。亦姓図qióng渠容切音蛩。又苟許切音舉。又方勇切音奏。義夶同。鼞又興48414闒48413興48412說文闒，所以枝鬲者。从兞省，鬲省集韻闒，方勇切。所以枝鬲者。或作兞48450

兞 48422 u269AE
yú_12.18　或俗兞34730

豐 48424 24886
xìn_13.19　廣韻許覲切集韻許慎切韻會正韻許刃切，音釁。同豐。隙罅也。龜瓦裂皆曰豐図王延壽·魯靈光殿賦仡奮豐而軒鬐李註杜預曰：豐，動也図集韻文運切音問。義同。

兞 48423 24883
nóng_13.19　玉篇古文農60612字。

兞 48425 24887
yù_13.19　集韻紆勿切音鬱。兞屈，短貌。

興 48426 24888
tāo_13.19　集韻他刀切音饕。古器也。

興 48427 24889
yú_13.19　集韻雲俱切音亏。種耬田器。或作鹽。

兞 48428 24890
ràng_13.19　集韻讓56905古作兞。図

兞 48429 41752
wèn_13.19　龍龕微悶切，音問◇語之微損也。兞俗豐。

毕 48430 41753
cì_13.19　字彙補匆四切音次。次第也。

兞 48431 u269B3
null_13.19　未詳。

疇 48432 24891
dǎo_14.20　集韻覩老切音倒博雅春也。或作鹽、鹽。亦作擣。

兞 48435 u269B5
null_14.20　未詳。

薵 48433 24892
chā_14.20　類篇與舀同

兞 48436 u269B4
héng_14.20　集嘗74814古作兞図yù王遇切音芋。轉也。

兞 48434 24893
yǔ_14.20　集韻與48370

兞 48437 24894
rǎng_15.21　集韻壤09620古作兞。

鬭 48439 u269B7
fèi_15.21　俗鬭40189狒字或體。

兞 48438 u269B8
null_15.21　未詳。

瞀 48440 45208
záo_16.22　龍龕同鑿。

兞 48441 24895
dǎo_17.23　集韻與疇同。

鬭 48442 u269BB
fèi_17.23　俗鬭40189，狒字或體。

兞 48443 24896
sǒu_18.24　字彙補音義同溲29112鑿亦作叟，古文溲。

兞 48446 24898
dǎo_19.25　集韻同疇。鑿又擣20953兞48441

覼 48447 41754
yīng_19.25　字彙補於盈切音嬰。覼兒也。

酒 48448 u2B1D3
null_20.26　殷周金文集成·16.09969·昶鬲享口父昶戊乍寶鬲。

爨 48444 45209
cuàn_18.24　字彙補與爨同。鑿字彙補與爨同。亦作爨爨爨。

兞 48449 u269C0
null_20.26　未詳。

兞 48450 24899
fěng_21.27　集韻方勇切音奏。與闒同。

鬭 48445 24897
juàn_19.25　五音類聚居願切，音絹◇量也図方萬切音販。義同。

興 48451 24900
qiān_22.28　玉篇古文嚢54976字。

鬭 48452 u269C3
lâu_24.30　喃从舊屢lū聲。老，舊。俗作鬭13224△伴鬭：老朋友。

橏 48453 24901
chén_36.42　集韻塵09184古作鬭。

興 48454 41755
wèng_42.48　五音篇海烏鄧切，音瀁◇藝也。

興 48455 45210
zhèng_58.64　五音篇海音政。

• 舌部 •

舌 48456 24902
shé_0.6　唐韻集韻韻會正韻夶食列切，音苦說文舌，在口所以言也，別味者也徐曰凡物入口，必於舌六書精蘊舌以卷舒爲用，口以開闔爲用，各一陰陽也釋名舌，卷也。可以卷制食物，使不落也又泄也，舒泄所當言也易·說卦兌爲口舌疏口舌，爲語之具也詩·大雅莫捫朕舌図射侯上个曰舌儀禮·鄉射禮倍中以爲躬，倍躬以爲左右舌居兩旁謂之个，左右出謂之舌図言也揚子·太玄經黃酋舌註舌，言也図姓姓纂越大夫舌庸。又羊舌，姓左傳·閔二年狐突欲行。羊舌大夫曰：不可疏羊氏也。爵爲大夫図官名周語坐諸門外，而使舌人體與註舌人，能達異方之志，象胥之官也図國名淮子·地形訓穿胷民，反舌民註反舌民，語不可知而自曉。一說舌本在前，不向喉，故曰反舌也。南方之國也山海經岐舌國在其東。一曰在不死民東註其人舌岐。或云支舌也図草名爾雅·釋草菕，麋舌註今麋草，春生葉，有似於舌。又博雅燕薁蘡，舌也。又正通牛舌，荗苢，別名。江東呼蝦蟇衣，山東名牛舌図名禮·月令仲夏之月，反舌無聲註反舌，百舌鳥淮子·說山訓人有多言者，猶百舌之聲註百舌，鳥名易其舌，效百鳥之聲，故曰百舌也図無舌，蟲名本註一名益符，主閉図長舌，獸名山海經長舌山有名長舌，狀如禺，四耳，出則郡多水。鑿又舌14635舌4

舌 48457 u2F86
shé_0.6　部舌48456

兞 48458 u269C6
null_1.7　未詳。

舍 48459 24903
shè_2.8　廣韻始夜切集韻韻會正韻式夜切夶舍救說文市居曰舍釋名舍，於中舍息也禮·曲禮將適求毋固註謂行而就人館疏適，猶往也。舍，主人家也禮·天官·宮正以時比宮中之官府，次舍之衆寡註舍吏直宿，若今部署諸盧者。舍，其所居寺前漢·高祖紀祖適從旁舍來。又王莽傳里區謁舍註不宿客之舍也區，宿客者曰謁舍図息也詩·小雅爾之安行，亦不舍箋女可安行乎，則何不暇舍息乎前漢·高祖紀遂入咸陽，欲止宮休舍註師古曰舍，息也，於殿中休也図日行有次舍淮南子·天文訓日入於虞淵之汜，於蒙谷之浦。行九州七舍郭璞·遊仙詩迴日向三舍二十八宿，一宿爲一舍。又師行一宿爲舍增韻又五里爲一舍左傳·僖二十三年晉、楚治兵，遇於中

其辟君三舍註一舍三十里又釋典一俱盧舍註四里
爲一俱盧舍。一里三百六十步,一俱盧舍計一千四百四
十步又止也禮·月令仲春之月,是月也,耕者少舍註
舍,猶止也管子·四稱篇良臣不使,讒賊是舍註舍,止
也,謂止讒賊於其旁,與之近也又廢也,罷也易·乾卦
見龍在田,時舍也左傳·昭五年舍中軍,卑公室也註罷
中軍又厝戰國策王不如舍需於側,以稽二人者之
所爲註舍,猶厝也又施也左傳·宣十二年老有加惠,
旅有施舍。又昭十三年施舍不倦註施舍,猶言布恩德
又官名周禮·天官·掌舍掌王之會同之舍。又地官舍人
註舍,猶宮也。主平宮中用穀者也。師古曰舍人,親近
左右之通稱,後遂爲私屬官號又處也詩·鄭風彼其之
子,舍命不渝箋舍,猶處也釋文舍,音赭。王云受也。
又除也詩·小雅彼有罪傳舍,除也又釋也詩·小雅
不失其馳,舍矢如破。又大雅舍矢旣均箋舍之言釋也
又中也禮·射義射之爲言者,繹也,或曰舍也疏舍,
中也又舍匿前漢·淮南王傳舍匿者,論皆有法註謂容
止藏隱也又與赦通前漢·朱博傳姦以事君,常刑不舍
又shě集韻韻會正韻始野切音捨。止息也,廢也,
置也論語不舍晝夜書·湯誓舍我穡事,而割正夏釋文
舍,音捨,廢也左傳·昭四年使杜洩舍路註舍,置也釋
文舍,音捨又五音集韻悉姐切音寫,揚子方言發、稅、
舍車又shì集韻始夜切正韻施隻切。又與釋同周禮春
官·大胥春入學,舍采,合舞註舍,卽釋也。采讀爲菜。
始入學,必釋菜,禮先師也釋文舍音釋管子·五輔篇是
故上必寬裕,而有解舍註解,放也。舍,免也釋文舍,
同釋。鲞又齼48528省48462

刳 48460 41756
jiǔ_2.8　字彙補古朽切音久。舌取物也。

𫚕 48461 u2B1D4
null_2.8　未詳。

舍 48462 u820E
shè_2.8　直音篇 舍同舍48459

舓 48463 24904
shì_3.9　韻會同舓

舙 48464 24905
jìn_4.10　廣韻集韻𥪰巨禁切,琴去聲。牛舌病也又正韻居廕切音禁。與噤同韓愈·同宿聯句直辭一以薦,巧舌千皆舙。鲞又舙48472又正字通痙,舙字之譌。又可洪音義舌疼35851:巨禁反,牛舌下病也。正作噤、齡75580舴、舙四形。

舓 48465 24906
shì_4.10　廣韻俗舓字莊子·列禦寇秦王有病,召醫。破癰潰痤者得車一乘,舓痔者得車五乘。鲞又舵48481舓48479鍉48507㬥48509題48511𪘫75807𪘱75823又正字通舐,舓48498舵48463同六書故謂作舓48482又字彙𪘫05788同舓。猶33173與舓同。

鼓 48466 24907
qì_4.10　集韻去智切音企。行喘息貌。鲞又吱05494吹。

敌 48467 24908
huá_4.10　集韻乎刮切音頢。盡也。鲞又敌21466又敵21716簡化字。

舙 48472 45211
jìn_4.10　龍龕同舙

舑 48468 24909
shǔn_4.10　集韻與吮同

甜 48469 24910
tān_4.10　廣韻他酣切集韻他甘切𣅓音甜廣韻舌吐也集韻舑甜,吐舌貌王延壽·魯靈光殿賦玄熊甜談以斷斷又集韻吐濫切音䐹又tiàn類篇他念切音栝又rán廣韻汝鹽切,音髯。義𣅓同△集韻亦作䑙、舔。

舑 48470 41757
tān_4.10　龍龕他酣切。吐舌也。

舑 48471 41758
xiān_4.10　五音篇海火占切音妗。牛舌。

舑 48473 45212
kuò_4.10　搜眞玉鏡音潤。𨏀舑34889字之譌。

舑 48474 45213
qìn_4.10　篇海類編欽去聲。

胡 48475 45214
tián_4.10　篇海類編與甜同

舑 48476 u269CC
huō_4.10　清·翟灝通俗編·卷三十六·雜字舑,博雅呼适切。抒也。類篇作斜21972按:今俗以抒水爲舑,亦曰㞍博雅舑㞍二字,正同一訓。

䑛 48477 24911
tān_5.11　正字通甜字之譌。

舚 48478 45215
tiān_5.11　篇海類編音添。又字彙補音占。

舑 48479 45216
shì_5.11　龍龕與舓同。

舑 48480 u269D4
kuò_5.11　同舑34889集韻舑,苦活切。瓜也。

舑 48481 u269D1
shì_5.11　俗舓48465

舑 48482 u445B
shì_5.11　俗舓48465

舕 48483 24912
zhān_6.12　集韻俗詹字

舑 48484 24913
tān_6.12　集韻與甜同

舒 48485 24914
shū_6.12　廣韻商魚切集韻韻會正韻商居切𣅓音書說文伸也博雅舒,展也揚子方言舒,勃展也。東齊之間凡展物謂之舒勃又廣韻緩也,遲也,徐也爾雅·釋詁舒,敘也詩·大雅王舒保作傳舒,徐也釋文舒,序也禮·玉藻君子之容舒遲疏舒遲,閒雅也淮南子·原道訓柔弱以靜,舒安以定註舒,詳也又爾雅·釋詁緒也註又爲端緒又韻會散也,開也又國名詩·魯頌荊舒是懲疏舒,楚之與國春秋·僖三年徐人取舒註舒國,今盧江舒縣韻會唐置舒州,宋改安慶府。又左傳·襄二十三年明日將復戰,期于壽舒註壽舒,莒地又姓。唐舒元興又鼎名左傳·定六年文之舒鼎,成之昭兆,定之鬐鑑疏舒鼎,鼎名又博雅月御謂之望舒抱朴子·喩蔽卷羲和昇光以啟旦,望舒曜景以灼夜又禮·內則舒鴈翠、鴿鴠胖、舒鳧翠註舒鴈,鵝也。舒鳧,鶩也又韻會通作荼史記·建元以來侯表荊荼是徵註荼,音舒。又周禮·冬官考工記·弓人斵目必荼註荼讀爲舒。古文舒荼假借字又yù五音集韻羊茹切。與豫同晉書·地理志豫者舒也,言稟中和之氣,性理安舒。舒讀作像。鲞又忬16992訏55729舒62874

舓 48486 24915
qì_6.12　正字通憩字之譌省。

舑 48487 45217
zhū_6.12　五音篇海音朱。

舑 48488 45218
hú_6.12　龍龕音狐。鲞又thịt喃从肉舌thiệt聲。肉類。

䑗 48489 45219 zhān_6.12 五音篇海音沾。鋆俗䑙。

䑘 48490 45220 tà_6.12 篇海類編音沓。

𦧯 48491 u269DC lưỡi_6.12 喃从舌吏lại聲△𠽉𦧯：哑嘴。𦧯鈎：釣鈎。

𦧇 48492 u25687 lưỡi_6.12 喃从舌礼lễ聲△𠼷𦧇：伸出舌头。哑𦧇：語調。𠱊𦧇：口才△亦作𦧯48491䑛48538

䑚 48493 24916 tiān_7.13 集韻他年切音天。䑚䑥，言不正也。

𫜦 48494 u2B1D6 linx_7.13 壯䑛，舌頭。

𫜥 48495 u2B1D5 null_7.13 未詳。

𦧞 48496 u269DE tà_7.13 䑜48497譌字

䑜 48497 24918 tà_8.14 廣韻他合切韻會正韻托合切太音沓說文歠也玉篇大食也韓愈·曹成王碑䑜隨光、化，捁其州說文本作䑜。鋆又𦧞48496䑠48508正字通䑢48516，俗䑜字。䑡48522，䑜字之譌。王筠說文解字句讀䑜，歠也玉篇作䑜，云大食也。胡氏震亨曰：禮記無嚃羹。嚃，大歠也說文作䑜，若犬之以舌取食。俗字作嗒06209

䑛 48498 24919 shì_8.14 唐韻神紙切，音弛說文以舌取食也。今作䑛，或作舐、𦧟又韻會亦作咶荀子·彊國篇伏而咶天後漢·鄧后傳夢及天而咶之又作狧前漢·吳王濞傳狧糠及米。

𦧫 48502 45221 cí_8.14 龍龕同辭

䑙 48499 24921 tiǎn_8.14 篇海他點切音忝。以舌舔物。鋆又㖔06405㖞06192

䑝 48500 24922 tiàn_8.14 唐韻吐濫切音賧說文火光也又䑙䑝，舌出貌。詳前甜48469字註又集韻杜覽切音啖又他念切音㮇又yǎn以冉切音琰又他點切音忝。義𠀤同。鋆段注改篆作𤋎31512又㓺31268

䑞 48501 24923 tiè_8.14 篇海他叶切音帖。小舌曰䑞。

𦧲 48504 45223 tà_8.14 搜眞玉鏡同䑠。

𦧳 48505 45224 yǎn_8.14 篇海類編與䑝同。鋆又蛟52869

𦧴 48503 45222 tà_8.14 海篇同䑜

𦧵 48507 24924 shì_9.15 類篇與䑛同

𦧶 48506 u269E3 null_8.14 未詳。

𦧷 48509 45225 shì_9.15 字彙補同䑛

䑠 48508 24925 tà_9.15 集韻託盍切音榻玉篇犬食聲集韻歠也。或作䑡又tiè廣韻他協切集韻託協切𠀤音帖。小舐曰䑠。鋆又㹺33088𦧲48504又正字通䑠省作䑞。

𦧸 48512 45228 tián_9.15 龍龕音甜

𦧹 48510 45226 huài_9.15 奚韻同䑓。

鋆新修玉篇·舌部引奚韻䑓，火怪切。𤄊䑓。

𦧺 48511 45227 shì_9.15 篇海類編同舐。

𦧻 48513 u269E8 null_9.15 未詳。

舖 48515 u8216 pù_9.15 俗鋪63328元·張國賓合汗衫·第三折我如今無舖無蓋，教我冷難挨

舗 48514 u8217 pù_9.15 同舖48515

䑢 48516 24926 tà_10.16 玉篇俗䑜字

䑣 48517 24927 jiá_10.16 集韻居轄切，音𥝩。舌出貌。

舘 48518 24928 guǎn_10.16 字彙俗館字。

𦧼 48519 45229 qì_10.16 篇海類編與𩠼同。

𫜧 48520 u2B1D7 null_10.16 未詳。

𦧽 48521 u269EF qì_10.16 同𢜩18302

䑡 48522 24929 tà_11.17 集韻同䑠

𦧾 48523 u269F3 null_11.17 未詳。

𦧿 48524 u269F2 lèi_11.17 粵糾纏。

䑥 48525 24930 tān_12.18 廣韻集韻𠀤他干切音灘玉篇䑥䑚，言不正也又廣韻徒年切集韻亭年切𠀤音田。義同。鋆又嘽07237

䛡 48526 24931 huà_12.18 字彙同話○按玉篇古文話本作𦧵又談薈古文𦘕字六書精蘊謀譖人也。不象其往來營營，象其反復，故重三舌，明意二三其言也。

𦨀 48527 24932 huà_12.18 玉篇古文話55910字。

𫜨 48530 u2B1D8 lài_13.19 簡𦨅48535

舙 48528 45230 shè_12.18 字彙補同舍

䑤 48529 24933 tiàn_13.19 類篇同甜韓愈·喜侯喜至詩雜作承閒騁，交驚舌互䑤。鋆又䑦48536䑗48489

𦨁 48531 u269F7 liếm_13.19 喃从舐省廉liêm聲△𦨁𦨁：舔。

𦨂 48532 41759 zhuàn_14.20 字彙補雛免切音饌。專也。

䑧 48533 24934 huā_15.21 篇海呼瓜切音花。舌短貌。

𫜩 48534 u2B1D9 null_16.22 未詳。

𦨅 48535 u269FA lài_16.22 粵舔。

䑦 48536 24935 tiàn_17.23 集韻同䑤。

䑨 48537 24936 lán_17.23 集韻郎干切音闌。䑥䑨，語不正。

𦨇 48538 u269FD lưỡi_20.26 喃从舌蠡lãi聲。舌頭。

◆ 舛部 ◆

舛 48539 24937 chuǎn_0.6 唐韻昌兗切集韻韻會正韻尺兗切𠀤音喘說文對臥也。从夂牛相背博雅舛，偝也前漢·楚元王傳朝臣舛午，膠戾乖剌註言志意不和，各相違背也抱朴子·任命卷躁靜異尚，翔沉舛情又廣韻剝也莊子·天下篇惠施多方，其書五車，其道舛駁又增韻舛，錯也韻會錯亂也左思·吳都賦詭類舛錯王融·靜行詩遵塗每多舛，顧省能無忡又類篇尺尹切音蠢。雜也。鋆又僢01928踳59088蹖59420舛09872𠁅16951又龍龕歼26718殑26743舛26754三俗，歼26744正。

⾇ 48540 u2F87 chuǎn_0.6 部舛48539

舜 48541 24938 shùn_6.12 古文𩰒𡳗𡳞廣韻集韻韻會𠀤輸閏切音蕣說文草也。楚謂之葍，秦謂之藑，蔓地連華。又詩·鄭風有女同車，顏如舜華傳舜，木槿也又有虞氏之號史記·五帝紀虞舜者，名曰重華註駰按謚法曰：仁聖盛明曰舜又姓。見姓譜。鋆又𦨗48547𩰒09381

48542 24940
輨 xiá_7.13 唐韻 胡瞎切 集韻 韻會 下瞎切 竝音轄 說文 車軸耑鍵也，兩穿相背 詩·邶風 載脂載輨 釋文 車軸頭金也。又 小雅 間關車之輨兮 図 星名 史記·天官書 鈐北一星曰輨 図 韻會 亦作轄 左傳昭二十五年 叔孫昭子賦 車轄。鋆 又輨19928輨32862

48543 24941
舞 wǔ_8.14 古文 翌 唐韻 文甫切 集韻 韻會 罔甫切 正韻 罔古切 竝音武 說文 舞，樂也 玉篇 足相背也 周禮·春官·樂師 凡舞，有帗舞，有羽舞，有皇舞，有旄舞，有干舞，有人舞 左傳·隱五年 夫舞，所以節八音而行八風 前漢·高帝紀 軍中無以爲樂，請以劍舞 鍾體也 周禮·冬官考工記·鳧氏 銑間謂之于，于上謂之鼓，鼓上謂之鉦，鉦上謂之舞 註 此四名者，鍾體也 図 變弄也 前漢·張湯傳 舞文巧詆 又 舞知以御人 図 官名 周禮·地官 有舞師 図 地名 戰國策 秦繞舞陽之北，以東臨許，則南國必危矣 前漢·地理志 舞陰，縣名 図 姓。鋆 又舞22300 㒸45992 㩒20993 舞48554 可洪音義 儛02141 䄂：上無甫反。

48544 24942
舝 jiǎ_8.14 玉篇 古雅切音賈。玉爵也 正字通 斝字之譌。

48545 41760
鱗 lín_9.15 字彙補 力丁切，音鄰 ◇水在石間也。鋆 又鄰43382

48546 u269FE
鱗 lín_9.15 俗鄰43382 聞鱗，亦作聞獜57294，獸名。

48548 u26A00
舞 null_12.18 未詳。

48547 24943
舜 shùn_10.16 說文 舜本字

48549 24944
雞 huáng_14.20 韻會 與堇50119同。

48550 24945
雞 huáng_15.21 篇海 胡光切音皇。雞本字。花藥也。又榮也。鋆 又 可洪音義 煌36852 煌：宜作雞，同，音皇。榮也。亦火光也，亦作煌31236也。郭氏作胡廣反，非。

48551 u26A03
雞 huáng_16.22 同雞48553

48552 u26A02
舞 múa_17.23 喃 从舞 某 mõ聲△ 舞嗟：歌舞。舞緢：木偶戲。

48553 24946
雞 huáng_18.24 類篇 篆文雞字 ○按 集韻 古文雞字作雞，另載生部。鋆 又雞48549

48554 u26A05
舞 wǔ_19.25 舞48543本字。

48555 24947
麟 zūn_21.27 五音集韻 將倫切音遵。羽獵韋袴。

舟部

48557 u2F88
舟 zhōu_0.6 部 舟48556

48556 24948
舟 zhōu_0.6 唐韻 集韻 正韻 職流切 韻會 之由切 竝音周 說文 船也 釋名 舟言周流也 易繫辭 刳木爲舟，剡木爲楫。舟楫之利，以濟不通 書·命 若濟巨川，用汝作舟楫 爾雅·釋水 天子造舟 註 比船爲橋 又 諸侯維舟 註 維，連四船 又 大夫方舟 註 倂兩船 又 士特舟 註 單船 揚子方言 關西謂之船，關東謂之舟。今吳、越皆謂之船 世本 黃帝臣共鼓、貨狄剡木爲舟 呂氏春秋 虞姁作舟 山海經 滛梁生番禺，是始爲舟 物理論 化狐作舟 束皙·發蒙記 伯益作舟 図 正韻 載也

図 韻會 帶也 詩·大雅 何以舟之，惟玉及瑤，鞞琫容刀 傳 舟，帶也 図 尊下臺，若今時承槃 周禮·春官·司尊彝 春祠夏禴，祼用雞彝鳥彝，皆有舟 正字通 一說古彝有舟，設而陳之，爲禮神之器。以酌以祼，皆挹諸其中而注之。舟與彝二器相須，猶尊之與壺，缾之與罍。先儒謂舟形如盤，若舟之載物，彝居其上，非也。今考漢敦足舟、巫花舟，舟之用在于容，非虛設以承彝也。形制詳 博古圖 図 地名 左傳·襄十四年 子囊師于棠，以伐吳。吳人自皋舟之隘要而擊之 註 皋舟，吳險阨之道。又 昭十三年 克息舟城而居之 註 息舟，楚邑。又 哀二十一年 請除館于舟道 註 舟道，齊地 図 覆舟，山名 淮南子·地形訓 維出覆舟 図 官名 禮·月令 季春之月，令舟牧覆舟，五覆五反 註 舟牧，主舟之官也 図 姓 左傳 晉有大夫舟之僑 図 與周通 周禮·冬官考工記 作舟以行水 註 故書舟作周。鄭司農云周當爲舟。鋆 又自23360 鉼48702

48558 24949
舣 yì_1.7 廣韻 集韻 竝魚乙切音屹。舟行謂之舣。図 集韻 逆乙切音肔。義同。鋆 又舵48572

48559 45231
舟 chuāng_1.7 字彙補 同窻。

48560 24950
舠 dāo_2.8 廣韻 都牢切 集韻 韻會 都勞切 正韻 都高切 竝音刀 玉篇 小船，形如刀 吳均·贈王桂陽詩 行衣侵曉露，征舠犯夜湍 図 集韻 或作艞。通作刀 詩·衛風 曾不容刀 釋名 二百斛以下曰艇，三百斛曰刀。鋆 又船48622

48561 24951
舩 fú_2.8 廣韻 古文服23376字。

48562 24952
舤 wù_2.8 唐韻 集韻 韻會 竝五忽切音兀 說文 船行不安也 韻會 或作航。鋆 又舵48572

48563 24953
舠 liǎo_2.8 廣韻 盧鳥切 集韻 朗鳥切 竝了 玉篇 小船也 正字通 船小而長者曰艒舠 越絕書 越人呼船爲須慮長，即舠也。

48564 41761
舸 gě_2.8 字彙補 東汀切音丁。舟名。鋆 俗舸48621

48565 45232
舩 fú_2.8 字彙補 古文服字 ○按古文本作舩。

48566 45233
舩 fú_2.8 川篇 與服同。鋆 舩字之譌。

48567 24954
舣 chā_3.9 廣韻 初牙切 集韻 初加切 竝音叉。同艖 玉篇 艜也 図 魚名 楊慎曰：即今槎頭縮項鯿 正字通 按槎頭鯿象舟形，猶舴艋舟作蚱蜢舟，皆借形譬喻，非卽以舴艋爲蚱蜢蟲也。謂舣爲魚名，誤。鋆 又艀48750

48568 24955
舤 wù_3.9 廣韻 集韻 竝五忽切音兀 玉篇 播舟也。

48569 24956
舡 xiāng_3.9 廣韻 正韻 許江切 集韻 韻會 虛江切 竝音肛 廣韻 舼舡，船貌 玉篇 船也 增韻 舼舡，吳船名 図 集韻 枯江切音腔。義同 chuán 五音集韻 食川切。俗船字 前漢·古今人表 晉舡人固來 佩觿集 帆舡之舡爲舟船，其順非有如此者。

48570 24957
舼 chēn_3.9 唐韻 丑林切 集韻 癡林切 竝音琛 說文 船

行也 正字通 舟行相續也 区 集韻 丑禁切音賝。義同。
△ 正字通 商書肜日之肜，从月，讀若融。丹部肜16442
弓之肜，从丹，讀若同。舦與彤別。俗溷用，非。

舦 48571 24958
tà_3.9　五音集韻 吐盍切音榻。舟名。又就舟也。
鋆 胡吉宣：同艃48768

舣 48581 u8223
yǐ_3.9　簡 艤48841

舧 48572 24959
yì_3.9　廣韻 魚乙切，
音圪。玉篇 船行也 正字通 舧與舣、舠、舧舦同 字彙 合
舣、舧爲一，分舧、舠與舧、舣爲二，不知音義相通也

舩 48573 24960
tài_3.9　玉篇 音大。舟行也。

舥 48574 45234
gē_3.9　龍龕 舥字之譌。

舮 48575 45235
rèn_3.9　五音篇海 同舮。

舭 48576 45236
fán_3.9　龍龕 同舧。鋆 字頭原作舭。

舦 48577 u2B1DA
null_3.9　未詳。

舠 48578 u26A13
gōu_3.9　俗舠48595
大字典 舠，小船。清‧徐枋 吳氏鄧尉山居記 又有水楊數
株，落落隈間，每泛小舠往來綠港中。

舡 48579 u26A11
chài_3.9　喃 从舟才tài聲。漁船。

舨 48580 u8224
fān_3.9　慧琳音義 帆14755柁：帆字取犯字，平聲 釋
名 云帆謂船幔也。亦作舨，或作颿。錄文作舨，俗字也。

舢 48582 u8222
shān_3.9　舢板，亦作舢舨、三板，清曾國藩製造的
炮艦。民國 新字典 舢，讀若山。舢板，小船名，兩旁多
置槳，進行輕捷，或爲商船之駁船，或爲水師之巡船，
形式種種不同 清會典‧事例‧工部‧船政‧戰船 道光二十
四年議准：江南省‧內洋長江，利用大小舢板，外洋利
用大舢船。現在江寧、蘇州兩廠分造，概照民價辦理。

舤 48583 24961
fú_4.10　說文 服本字。

舥 48584 24962
pā_4.10　廣韻 普巴切 集韻 正韻 披巴切舦音葩。浮
梁謂之舥。

舭 48585 24963
chào_4.10　廣韻 初教切 集韻 楚教切舦音抄 廣韻 船
不安也 集韻 舟不寧謂之舭。鋆 楊寶忠：俗舭55345角上
貌。

般 48586 24964
pán_4.10　說文 古文般48600字。

舮 48588 24966
rì_4.10　集韻 入質切音日 玉篇 舟飾。

舩 48590 24968
tài_4.10　正字通 舩字之譌。

舲 48591 24969
jìn_4.10　集韻 巨禁切音柃。蜀人謂舟曰舲。
鋆 又舲48666

舨 48587 24965
qí_4.10　集韻 同騏
音太。舟行。鋆 又舧48590 区 正字通 舧亦作舩48573

舩 48589 24967
tài_4.10　集韻 他蓋切

舭 48592 24970
è_4.10　廣韻 五合切 集韻 鄂合切舦音馤 廣韻 船
貌 集韻 船動貌。鋆 又舡48643

舫 48593 24971
fán_4.10　篇海 符咸切音凡。舟也 正字通 字形疑从
凡，入四畫，非。鋆 又舨48580舨48576

舨 48594 24972
bǎn_4.10　集韻 補綰切音版。艟舨，舟也。

舠 48595 24973
gōu_4.10　正字通 與舠、艣舦同。

舩 48596 24974
chuán_4.10　廣韻 食川切。與船同 史記‧佞幸傳 鄧通
以濯船爲黃頭郎 淮南子‧道應訓 至於中流，陽侯之波，
兩蛟夾繞其舩。

航 48597 24975
háng_4.10　廣韻 胡郎切 集韻 寒剛切舦音笭 廣韻 船
也 集韻 方舟也 淮南子‧主術訓 賢主之用人也，猶巧工
之制木也，大者以爲舟航柱樑 註 方兩小船，舦與共濟
爲航也 張衡‧思玄賦 譬臨河而無航 区 字彙補 禹航，地
名。今餘杭也 区 通作杭 詩‧衛風 誰謂河廣，一葦杭之 註
杭，度也。鋆 又航48605舧22133 区 龍龕 舧48648俗，航正。

舫 48598 24976
fāng_4.10　唐韻 韻會 甫妄切 集韻 甫妄切，舦音放。
▪ 說文 船師也。引 禮‧明堂月令，舫人，習水者 正字通 舫
人，猶言舟子，舫之爲舫，猶舟之爲舟，非謂舟卽爲舟
師也 說文 訓船師似未可從 区 集韻 分房切音方。併船
也 爾雅‧釋言 舫，舟也 註 舦兩船 史記‧張儀傳 舫船載卒，
一舫載五十人 註 舫，音方，謂舦兩船也 区 韻會 或作枋
後漢‧岑彭傳 乘枋箄下江關 註 枋箄，以竹木爲之，浮水
上，卽舫字，古通 区 正字通 古借方 詩‧衛風 方之舟
之。俗加舟作舫 区 廣韻 集韻 舦補曠切音謗。義同。

舨 48599 24977
gē_4.10　集韻 居何切音歌。船名。鋆 字彙 舨同舸。

般 48600 24978
bān_4.10　古文舨 唐韻 北潘切 集韻 韻會 正韻 逋潘
切舦音播。▪ 說文 辟也。象舟之旋，从舟从殳。殳，所以
旋也 区 廣韻 般運 集韻 移也 区 集韻 數別之名 区 廣韻
布還切 集韻 韻會 正韻 逋還切。舦與班同 爾雅‧釋言 般，
還也 疏 般，還反也 前漢‧趙充國傳 明主般師罷兵 註 鄧
展曰：般，音班。班，還也。又 賈誼傳 般紛紛其離此鄉
兮 註 般，音班。般，反也 区 分也，賜也 揚子‧太玄經 建
侯開國，渙爵般秩 区 布也 前漢‧郊祀歌 先以雨般裔裔
註 般與班同。布也 区 人名 前漢‧古今人表 公輸般 張
衡‧西京賦 命般爾之巧匠 ▪ 註 般，魯般。魯哀公時巧人
区 與班同 禮‧內則 馬黑脊而般臂漏 註 般臂，前脛般般
然也 周禮‧天官‧內饔 註 般臂，臂毛有文 区 獸名。揚
雄‧羽獵賦 屨般首 註 屨，謂以足蹋之也。又 史記‧司馬
相如傳 般般之獸，樂我君囿 註 謂騶虞也 区 pán 廣韻
薄官切 集韻 韻會 正韻 蒲官切舦音盤 玉篇 大船也。
区 與盤同。盤庚 周語 作殷庚 区 博雅 般桓，不進也。
区 般還 禮‧投壺 主人般還曰辟 疏 主人見賓之拜，乃般
曲折還，謂賓曰：今辟而不敢受。亦作般旋 抱朴子‧廣
譬卷 般旋之儀，見憎於裸踞之鄉 区 爾雅‧釋詁 般，樂
也 疏 般者，遊樂也 揚子‧太玄經 大樂無閒，民神禽鳥
之般 註 般，樂也 張衡‧思玄賦 惟般逸之無斁兮 区 博雅
般，行也 又 任也 区 與槃同 莊子‧田子方 公使人視之，

則解衣般礡註般，字又作槃。般礡，謂其坐也 ⊠ 詩·周頌篇名 ⊠ 地名 前漢·地理志 濟南郡般陽縣 ⊠ 水名 山海經 沂山，般水出焉，而東流注于河 ⊠ 與槃同 穀梁傳·桓三年 諸母般申之曰：謹慎從爾父母之言 註 般，囊也。所以盛朝夕所須，以備舅姑之用 疏 男子般革，婦人般絲，所以盛帨巾之屬，爲謹敬也 ⊠ 與磐同 前漢·郊祀志 乾稱飛龍，鴻漸于般 註 孟康曰：般，水涯堆也。師古曰般，山石之安者 ⊠ **bǎn** 集韻 韻會 ⊞ 補滿切音粄。漢縣名。今在齊州地 前漢·地理志 平原般縣 註 韋音逋坦反。師古曰爾雅九河，一曰鉤般。郭璞云水曲如鉤，流般桓也。然今其土俗如韋音之鉤 ⊠ 集韻 一曰面平貌 ⊠ 正字通 音鉢。梵言般若，華言智慧。若，音惹 ⊠ 蒲先切音騈 張衡·西京賦 蚩尤秉鉞，奮髯被般。禁禦不若，以知神姦。魑魅罔兩，莫能逢游 ⊞ 又股27019 殷48603 猷48590 ⊠ 隸辨 魯峻碑陰 平原股。按漢書·地理志 作般，其字從舟，碑變從月，與股肱之股無別。

舥 48601 24979 **dì**_4.10 字彙補 與舾同 博雅 舥，舟也 釋文 丁計切。

舭 48602 24980 **bǐ**_4.10 字彙補 音關 宋史·李全傳 又募南匠，大治舭艖船，自淮及海相望 ⊞ 俗作舡48625

舷 48603 45237 **zhǐ**_4.10 字彙補 與觶同。

舻 48604 45238 **dì**_4.10 篇海類編 舥字之譌。

舫 48605 u26A1E **háng**_4.10 新撰字鏡 舫48597舫舫，三同。

舲 48606 u8231 **cāng**_4.10 简 舱48780

舰 48607 u8230 **jiàn**_4.10 简 舰48849

舯 48608 u822F **zhōng**_4.10 造船工程上表示船體長度的中點。

舾 48609 u822E **lú**_4.10 新撰字鏡 舣，以周、治六二反。舣舾。止毛 廣漢和辭典 舾，艫48867の略字。

舲 48610 24981 **líng**_5.11 廣韻 集韻 ⊞ 郎丁切音靈 玉篇 同艦。小船屋也 廣韻 舟上有窗 楚辭·九章 乘舲船余上沅兮 註 舲船，船有窗牖者也 淮南子·俶真訓 越舲蜀艇，不能無水而浮 註 舲，小船也 ⊞ 又艀48836艦48879艫48886

舸 48611 24982 **gōu**_5.11 廣韻 古侯切 集韻 居侯切 ⊞ 音溝。舸艫，舟名。大艑也 北堂書鈔 豫章城西有舸艫洲，即呂蒙作舸艫大艑處 水經注 作谷鹿洲 箋 當是句轆 廣雅 舸艫，船也。音鉤鹿 ⊞ 又舸48595艤48760舸48578

艴 48613 24984 **fú**_5.11 集韻 符勿切音佛。大船。

舳 48614 24985 **zhú**_5.11 唐韻 直六切 集韻 伫六切 韻會 仲六切 ⊞ 音逐◆ 說文 舳艫也。漢律名船方長爲舳艫。一曰舟尾 揚子方言 船後曰舳，舳，制水也 註 今江東呼柁爲舳 前漢·武帝紀 自潯陽浮江，親射蛟江中，獲之，舳艫千里 註 舳，船後持柁處 郭璞·江賦 舳艫相屬 註 舳，舟尾也。艫，船頭也 ⊠ 集韻 余救切音狖。舟首也 小爾雅 船頭謂之舳 ⊠ **zhòu** 直祐切音胄。義同 ⊞ 又舳60082

舴 48615 24986 **zé**_5.11 廣韻 集韻 ⊞ 陟格切音磔。舴艋，小舟 張志和詩 兩兩三三舴艋舟 ⊠ 廣韻 集韻 正韻 ⊞ 側格切音嘖。又 集韻 實窄切音齚。義舴同。

舷 48616 24987 **dì**_5.11 廣韻 都計切 集韻 丁計切 ⊞ 音帝。舷艦，水戰船 ⊠ 集韻 典禮切音邸。義同。⊞ 又舶48601舡48651

舵 48617 24988 **duò**_5.11 廣韻 徒可切 集韻 待可切 ⊞ 音拕 玉篇 正 船木。一作柁。⊞ 又柁23797舵48618

舢 48612 24983 **bù**_5.11 集韻 同艀

舶 48619 24990 **bó**_5.11 廣韻 傍伯切 集韻 韻會 簿陌切 ⊞ 音白 廣韻 海中大船 集韻 蠻夷汎海舟曰舶 通俗文 晉曰舶 集韻 或作舽。

舷 48620 24991 **xián**_5.11 廣韻 正韻 胡田切 集韻 胡千切 ⊞ 音賢 廣韻 舡舷 正韻 船邊 郭璞·江賦 詠採菱以叩舷。

舸 48621 24992 **gě**_5.11 唐韻 集韻 古我切 韻會 賈我切 ⊞ 音哿 說文 舟也 揚子方言 南楚江湘凡船大者謂之舸 古今注 孫權時名舸爲赤馬，言如馬之走陸也 左思·吳都賦 弘舸連舳 註 大船曰舸 ⊠ 集韻 韻會 ⊞ 居何切音歌。義同。⊞ 又舸48658舸48574舸48599 ⊠ 可洪音義 懷舸48564：上汝羊反，下古我反。正作舸也。若字切脚。

舵 48618 24989 **duò**_5.11 集韻 同舵

艞 48622 24993 **diāo**_5.11 廣韻 都聊切 集韻 韻會 正韻 丁聊切 ⊞ 音貂。吳船 集韻 或作艃。

艒 48623 24994 **yǒng**_5.11 五音集韻 爲命切音詠。舟行也 ⊞ 名義 為命反。潛行水 正字通 俗字。經史通作泳 ⊠ 舣48630 舣48653

船 48624 24995 **chuán**_5.11 唐韻 集韻 韻會 ⊞ 食川切音舡 說文 舟也 世本 共鼓貨狄作船，黃帝臣 揚子方言 舟，自關而西謂之船 釋名 船，循也，循水而行也 史記·淮陰侯傳 信乃益爲疑兵，陳船欲渡臨晉 註 索隱曰：劉氏云陳船，地名，在舊關之西，今之朝邑。非也。案京兆有船司空縣，不名陳船。陳船者，陳列船艘，欲渡河也◆ 左思·吳都賦 戈船掩乎江湖 ⊠ 正字通 皮船，明少保威繼光濟水法，用生牛馬皮，竹木緣之如箱形，火乾，再用竿繫助之，以浮水。一皮船可乘一人，兩皮船合縫，可乘三人 ⊠ 韻會 衣領曰船 正字通 俗以船爲襟穿 續演繁露 云杜詩，天子呼來不上船，或言衣襟爲船，誤。按蜀人呼衣繫帶爲穿，俗因改穿作船。又姓。出 姓苑 ⊠ 天船，星名。見 丹元子·步天歌 ⊠ 集韻 余專切音沿。義同。△俗作舡，非。⊞ 又舣23386舣48596船48643 ⊠ 字彙補 舣，亦作船 ⊠ 舣 漢隸字源·船 引 魏大饗碑

舭 48625 24996 **bǐ**_5.11 字彙補 音未詳。舟名 宋·三朝政要 嘉祐九年，支會付淮西，造舭艖船，以備攻守。⊞ 舭48602艖船

舽 48626 24997 **jià**_5.11 類篇 居訝切音駕。具舟也。或作槳。

艒 48627 24998 **mù**_5.11 集韻 同舺

舺 48628 24999 **xiá**_5.11 集韻 轄甲切音狎。艒舺，舟也 ⊠ 古狎切音甲。義同。

⿰舟永 48630 45239
yǒng_5.11 篇海類編同⿰舟甬。鑾又⿰永舟48653

⿰舟宛 48629 25000
wǎn_5.11 集韻同⿰舟宛

𦨮 48631 u26A2E
dài_5.11 閩林寶卿普通話閩南方言常用詞典𦨮公，舵手，也叫艄公。

𦨭 48632 u26A2D
bān_5.11 俗般48600可洪音義𦨭若：上波末反。亦云波若 又 字海𦨭，音皮，地名用字。丐𦨭，在越南。

𦨫 48633 u26A2B
píng_5.11 𦨫⿰舟基48783，同平基，吴方言詞，艙面板。明·吾丘瑞運甓記·第十二齣·諸賢渡江早晨頭擦辣辣個濃霜說弗得個冷，夜頭來溼搭搭個𦨫⿰舟基拿來當薦眠。

𦨪 48634 u26A2A
dàn_5.11 元·陳椿熬波圖·自題熬波圖𦨪船滿載百餘石，艚船塞港百餘隻。

𦨩 48635 u26A29
lóng_5.11 簡艫48868

舻 48637 u823B
lú_5.11 简艫48867

䑩 48636 u4469
gǔ_5.11 龍龕䑩，音古 又 䑩艚，划槳戰船。清道光刻本乾隆南澳志·卷之十一·藝文·詩·溫立廣·南澳竹枝詞岸口嗚嗚莫憚勞，五更吹角集䑩艚。

⿰舟舌 48638 25001
huó_6.12 集韻戶栝切音活。舟行。

⿰舟邛 48640 25003
qióng_6.12 廣韻同舼

舼 48639 25002
qióng_6.12 廣韻集韻太渠容切音蛩玉篇小船也 又 hóng 集韻胡公切音洪博雅舟也。鑾又⿰舟邛48640⿰舟渠48764

⿰舟聿 48641 25004
jīn_6.12 集韻同津

⿰舟氾 48642 25005
fán_6.12 廣韻集韻太符咸切音凡玉篇舷也博雅⿰舟氾謂之舷。鑾又梵24618⿰舟凡48580⿰舟凡48593 又 直音篇⿰舟巳48576同⿰舟氾。

⿰舟合 48643 25006
è_6.12 集韻鄂合切音㖾。舟動貌。或作𦨭。

⿰舟并 48644 25007
bēng_6.12 廣韻北萌切音繃。艕⿰舟并，舟具。又集韻舟名。鑾正字通⿰舟并本作⿰舟并48706

⿰舟吳 48645 25008
wú_6.12 廣韻吾乎切集韻訛胡切太音吾。船名。鑾又⿰舟吳48683

舽 48646 25009
páng_6.12 廣韻薄江切集韻皮江切太音龐玉篇吴船也廣韻舽舡，船名集韻舽艭，船也轉注古音舽音與龐同。吴人目舟曰舽舡，俗言物之蠢大曰舽舡。別作膖肛，非。鑾正字通舽，舽字之譌。

⿰舟同 48647 25010
tóng_6.12 廣韻正韻徒紅切集韻韻會徒東切太音同博雅舟名集韻或作艟。

⿰舟行 48648 25011
háng_6.12 集韻寒剛切音杭。方舟也琅邪代醉編⿰舟行字，羣書所無，而釋文首序曰：吴興大⿰舟行。

⿰舟兆 48649 25012
tāo_6.12 集韻韻會太他刀切音饕博雅⿰舟兆⿰舟同，舟也集韻或作䑬 又 yào 集韻弋笑切音燿。與艞同五音集韻對艞，江中大船 又 táo 五音集韻徒刀切音陶。舟名。鑾又⿰舟兆48673

⿰舟关 48650 25013
zhèn_6.12 玉篇同朕

⿰舟工 48651 45240
dì_6.12 龍龕同舐。

⿰舟伐 48652 45241
fá_6.12 五音篇海同筏。

⿰永舟 48653 45242
yǒng_6.12 搜真玉鏡同⿰舟甬。

⿰舟冉 48654 45243
tān_6.12 搜真玉鏡他含切。

𦨻 48655 u26A3B
gōng_6.12 俗⿰舟光55393 又 𦨻船 又 搖𦨻，搖晃宋會要輯稿·食貨八·水利下用開江兵卒駕船，每遇潮退，隨之搖𦨻，常使砂泥隨潮退落，不至停積，實為久便。

𦨹 48656 u26A39
wéi_6.12 俗桅24011明·張燮東西洋考·卷六·外紀考·紅毛番或謂和蘭長技，惟舟與銃耳。舟長三十丈，横廣五六丈，板厚二尺餘，鱗次相銜，樹五𦨹舶，上以鐵為網，外漆打馬油，光瑩可鑑。

䑮 48657 u446E
null_6.12 未詳。

舿 48658 u823F
gě_6.12 讀舸鄂君啟金節就鑄金節，屯三舟爲一舿，𠥆十舿。

舾 48659 u823E
xī_6.12 舾裝：船上設備和裝置的總稱。

艀 48660 25014
fú_7.13 廣韻縛謀切集韻房尤切太音浮玉篇小艀也廣韻舟也。鑾正字與與泭28050桴24147並通。

艁 48661 25015
zào_7.13 說文古文造60892字徐曰天子艁舟揚子方言艁舟謂之浮梁註即今浮橋。

艂 48662 25016
féng_7.13 五音集韻房戎切音馮。舟名。

艃 48663 25017
lí_7.13 廣韻里之切集韻陵之切太音釐。艃、艃，船名 又 五音集韻力紙切音邐。義同。

艄 48664 25018
shāo_7.13 集韻師交切音梢。船尾 又 shào 五音集韻所教切音稍。舟名正字通今俗呼兵卒偵巡者曰哨船，讀若譟。一曰金翅。史樊毅謂袁憲曰：京口，采石各須銳兵併出金翅二百。註：金翅卽哨船，喻迅疾也。

⿰舟吝 48666 25020
jìn_7.13 玉篇同舲

⿰舟弟 48665 25019
dì_7.13 廣韻徒禮切音弟。船也 又 五音集韻特計切音第。義同。

艅 48667 25021
yú_7.13 唐韻以諸切集韻羊諸切太音余說文艅艎，舟名郭璞·江賦漂飛雲，運艅艎抱朴子·博喻卷艅艎鷁首，涉川之良器也說文長箋吴闔廬舟名，俞皇猶言皇舟。改作艅艎 又 人名博古圖有周師艅尊。

艆 48668 25022
láng_7.13 廣韻魯當切集韻盧當切太音郎。海中大船正字通一說舟舷曰桹，扣舷曰鳴桹，俗作艆。

艇 48669 25023
tǐng_7.13 古文⿰舟廷唐韻正韻徒鼎切集韻韻會待鼎切太音挺說文小舟也釋名二百斛已下曰艇增韻船小而長揚子方言小艒艒謂之艇淮南子·俶真訓蜀艇一版之舟，若今豫章是也古詩艇子打兩槳，催送莫愁來。鑾又艇48773

艊 48670 25024
bù_7.13 集韻蒲故切。與䑸、艀太同。船短而深也通鑑侯景召石頭津主張賓，使引淮中舣艊及海艟。

⿰舟亨 48671 25025
hēng_7.13 字彙補許恆切，音亨◇鹽⿰舟亨也。今鹺政多用此字。鑾中文大辭典載鹽之船也。

艇 tǐng_7.13 字彙補 古文艇48669字。

舳 tāo_7.13 篇海類編 同舠。

艐 kè_7.13 龍龕 與艘同。

翈 zhōu_7.13 篇海類編 同䑶。鼇又䑇38528舙48676

舠 null_7.13 未詳。

舙 zhōu_7.13 同䑇38528改

併四聲篇海引奚韻張流切。射鳥箭也。

䑆 é_7.13 大船。宋·呂祖謙 宋文鑑·卷二十一·七言古詩·張耒·美哉舸䑆大舳起危檣,淮潁耕田倍收米。

䐴 hàn_7.13 䐴艠。參見艠48777

舣 null_7.13 未詳。

胿 wěi_7.13 船體的尾部

艫 null_7.13 宋·薛尚功 歷代鐘鼎彝器款識法帖·卷九·周器款識·鼎 伯鼎:伯作艫鼎。

俠 jiā_7.13 俠板船,夾板船 申報. 1874. Aug. 17 新昌洋行廣告 夾板船往長崎:茲者,本行今有兩枝桅俠板船一隻,准於初八日駛往長崎。

航 yù_7.13 大字典 同毓27200

艉 wú_7.13 俗艜48645

舶 bó_8.14 集韻 與舶同

艐 wǎn_8.14 集韻 委遠切音宛。舟也。或作舮。

艋 měng_8.14 廣韻 莫杏切 集韻 母梗切 丛音猛 博雅 䑲艋,小舟。

舭 bēi_8.14 海篇 音卑

艚 zhào_8.14 集韻 直教切音櫂。行舟也 五音集韻 檝也。

舲 yì_8.14 集韻 同艦

艞 bài_8.14 廣韻 蒲拜切 集韻 步拜切 丛音憊。船後艞木 集韻 或作排。

艛 lún_8.14 廣韻 力迍切 集韻 龍春切,丛音倫。又 集韻 韻會 正韻 盧昆切,丛音論。船前枊也 博雅 艛謂之枊 釋文 艛,音倫 圭玄切,音涓。義同。

艣 lǔ_8.14 簡 艣48840

䑶 qí_8.14 廣韻 集韻 丛渠之切音其 博雅 䑶、鯉,舟也。或作艖、舫。鼇又胿艧48783,同平基,吳方言詞,艙面板。

舳 mù_8.14 正字通 舳字之譌。

艕 bēng_8.14 同舽48644

艌 niàn_8.14 篇海 奴店切音念。艌船 正字通 或曰挽舟索謂之箞,本作牽,或作縴。因其爲挽舟具,故从念从舟作艌。艌音牽去聲。今葺理舊船讀若念者,有音無義,方俗語也。

艓 xiè_8.14 廣韻 蘇協切 集韻 悉協切 丛音燮。舟行疾也 集韻 疾葉切音走。義同。

艞 diāo_8.14 集韻 丁聊切音貂。小船也 釋名 三百斛曰

艞。艞,貂也。貂,短也。江南所名,短而廣,安不傾危者也 dāo 都勞切音刀。義同。

䑶 qiàn_8.14 廣韻 集韻 丛倉甸切音蒨。輕舟謂之䑶。

䑷 zhèn_8.14 五音集韻 古文䑷23398字。

䑸 jīn_8.14 字彙補 古文津28172字。

艒 nuó_8.14 字彙補 乃何切音那。船名。

鍏 zhōu_8.14 海篇金鏡 音舟。

艛 zhōu_8.14 篇海類編 同艞。

艩 gu_8.14 喃 从舟具cu聲。陀螺。

艖 cān_8.14 俗艖48819

䑨 mui_8.14 喃 从舟枚mai聲△䑨船:船篷△或从竹作簺42748、筱42167

椗 dìng_8.14 俗碇39037明·佚名 順風相送·回針 坤壬四更收外任山落椗 日 舵。从舟、定會意。

艨 zhèn_8.14 俗䑷48699 廣韻 䑷,朕古文。

艴 hū_8.14 艴48754艴,独木船。

艗 null_8.14 未詳。

艦 cān_8.14 俗艖48819

艕 null_8.14 未詳。

瞖 null_8.14 未詳。

艐 jong_8.14 韓 量船之詞也。隻也 六典條例·工典·舟橋司 自船稱中央,南為前部,北為後部,海三船作一艐,前後分五艐……每艐各置艐長一人。

艒 jū_8.14 駁船。清·黃宗羲 錢忠介公傳 當是時,以海水為金湯,以舟楫為宮殿,公每日繫河艒於駕舟之次 geo 韓 艒舠 新字典 艒,小舟。見公家文牒。

艆 null_8.14 未詳。

艐 wèi_9.15 廣韻 集韻 丛于貴切音胃 集韻 運舟也 韻會 漕船。

艒 yú_9.15 集韻 韻會 容朱切,音俞。艒艒,舟名 說文 本作俞 註 空中木爲舟也。

艒 fú_9.15 集韻 房六切音伏。舟也。

艒 xīng_9.15 類篇 桑經切音星。船名。

艎 huáng_9.15 唐韻 集韻 韻會 正韻 丛胡光切音皇 說文 艅艎也 謝朓·出藩曲 飛艎遡極浦,旌節去關河 正韻 唐劉晏具歌艎支江船 字彙補 荊人呼渡津舫爲艎。△集韻 或作艎,通作皇。鼇又艎48772

艒 fú_9.15 類篇 方六切音福。艒艒,大舟。

艦 xiàn_9.15 集韻 下斬切音轞。船名。

艒 qì_9.15 集韻 詰計切音契 博雅 舟也。

艘 sōu_9.15 廣韻 蘇遭切音騷 玉篇 船總名。亦作艘。

艏 48729 25051 shǒu_9.15 類篇始九切音首。舟也揚子方言船首謂之閤閭，或謂之艦艏。鑿又艏48771

艓 48730 25052 tū_9.15 集韻陁沒切音捹。釣舟謂之艓。

艐 48731 25053 zōng_9.15 唐韻子紅切集韻韻會祖叢切夶音㚇說文船著不行也図廣韻三艐，國名図爾雅·釋詁艐，至也註宋曰屆釋文艐，音宗図廣韻集韻夶古屆字揚子方言艐，至也。艐，宋語也釋文艐，古屆字史記·司馬相如傳糾蓼叫崩，踢以艐路兮註索隱曰：艐，音屆。孫炎云艐，古屆字也図kè廣韻集韻夶口箇切音坷。船著沙不行也。鑿又㴥28898㠀28992朡47825図直音篇艐，音宗，船著沙。又音介。艐48674，同上。朡23445，俗。

颿 48732 25054 fān_9.15 集韻符咸切音凡。舟上幪。與舤、帆夶同韓愈·南海廟碑祥飆送颿図fàn廣韻扶泛切音梵。義同。

艕 48733 25055 yóu_9.15 集韻夷周切音遊。舟行也。

艑 48735 25057 biàn_9.15 廣韻薄泫切集韻韻會婢典切夶音辯廣韻吳船集韻艑艒，舟名廣雅吳曰艑通雅淺船也正字通形扁，故呼為扁子。其在灘河中，則曰灘艑唐書·劉崇龜傳乘艑亡去。又荊州記湘洲七郡，大艑皆受萬斛，非艑皆淺船也臧質·石城樂大艑載三千，漸水丈五餘図韻會紝延切正韻紝連切夶音篇。義同。

艒 48736 25058 mù_9.15 集韻莫六切音目博雅艒艐，舟也揚子方言小舸謂之艓，艓謂之艒艐図mò莫卜切音木。又密北切音墨。又五音集韻莫報切音冒。義夶同。鑿又艑48627艒48694艔48861

艖 48734 25056 xiē_9.15 集韻與艓同

艓 48737 25059 dié_9.15 集韻達協切音喋。舟名戴昺·釣竿篇翠羽飾長綸，葇花裝小艓杜甫詩富豪有錢駕大舸，貧窮取給行艓子。

艣 48738 25060 jīn_9.15 集韻津28172古作艣。

艥 48739 25061 jí_9.15 類篇逆及切音岌。舟行。

艪 48740 25062 jīn_9.15 字彙補古文津28172字。

艛 48741 25063 yìng_9.15 五音集韻同艎11140

艤 48742 25064 jià_9.15 集韻居迓切音駕。具舟也。

艤 48743 25065 téng_9.15 博雅同騰15077

艤 48744 41763 shéng_9.15 龍龕音繩。稻田畦也。

艤 48745 41764 yǒu_9.15 搜真玉鏡音酉。舟名。

艤 48746 45250 xǐ_9.15 搜真玉鏡音棲。

艑 48747 45251 pái_9.15 五音篇海音排。

艤 48748 u2B1DD null_9.15 未詳。

艕 48749 u2B1DC ruò_9.15 古國名。也作都61833蟒52964都伯器艕白乍寶彝

艤 48750 u26A7F shà_9.15 或同舣48567唐·元結唐元次山文集·卷第二·說楚何荒王賦飛龍之舫，鳧艋鶴艤。原註：所甲反。

艖 48751 u26A73 null_9.15 諸司職掌·主客部·朝貢凡進蘇木、胡椒、香蠟、藥材等物萬數以上者，船至福建、廣東等處，所在布政司隨即會同都司、按察司官檢視物貨，封艖完密聽候図giā喃从舟者già聲。

艖 48752 u26A70 xuǒng_9.15 喃从舟重trọng聲。

艖 48753 u26A6E null_9.15 艖艐，船名資治通鑑·隋煬帝大業元年又有平乘、青龍、艨艟、艖艐、八櫂、艇舸等數千艘，並十二衛兵乘之。

艖 48754 u26A6C wēi_9.15 艖艐，獨木舟清實錄·文宗顯皇帝實錄·卷之二百二十八據稱五月二十八、九等日，俄夷有七、八百人，分駕木箄，隨帶小船艖艐，駛至海蘭泡停泊，建房二十處，並安設礮位。

艛 48755 u8254 dù_9.15 粵同渡28806由機動船牽引的客船。

艖 48756 25066 ái_10.16 集韻魚開切音皚。船名。鑿又艖48799

艦 48757 25067 jiàn_10.16 五音集韻古念切，兼去聲。舟名。

艤 48760 25070 gōu_10.16 集韻同舳

艕 48758 25068 bàng_10.16 集韻補曠切音謗。夶兩船図五音集韻艕人，習水者。通作榜。図集韻北孟切音搒。船也。鑿又艣48823

艤 48759 25069 xì_10.16 廣韻胡禮切集韻戶禮切，夶蹊上聲類篇所以安重船。鑿集韻簜簜，或从舟。

艤 48761 25071 ruò_10.16 篇海如灼切音弱。船名。

艕 48762 25072 zhōu_10.16 廣韻側鳩切集韻甾尤切夶音鄒。艎艕，海船図集韻莊俱切音傷。義同。鑿又艕48704

艘 48763 25073 tāo_10.16 集韻同舳

艤 48764 25074 qióng_10.16 玉篇同艥通雅今皖之太湖呼小而深者曰艥艔。訛為舸艔。

艤 48765 25075 zhāo_10.16 說文朝本字。

艖 48766 25076 chā_10.16 廣韻初牙切集韻韻會初加切夶音叉。同舣。小舟也揚子方言南楚、江、湘，凡船大者謂之舸，小舸謂之艖註今江東呼艖，小底者也図廣韻酢何切集韻阿何切夶音醝。又集韻初佳切音釵。又側下切音鮺。義夶同。鑿又艖48844艖48863艖48881

艦 48767 25077 yì_10.16 廣韻五歷切集韻韻會倪歷切夶音鷁廣韻艦舟，舟頭為鷁首揚子方言船首謂之閤閭，或謂之艦艏註鷁，鳥名也。今江東貴人船前作青雀，是其象也鷁，音亦司馬相如·子虛賦浮文鷁，揚旌栧正字通晉王濬造大舟，畫鷁鳥怪獸於船首以懼江神。本作鷁，後人因名舟為艦図集韻宜戟切音逆。義同。鑿又艆48690

艤 48768 25078 tà_10.16 廣韻吐盍切集韻託盍切夶音榻。兩槽大船通雅艤，取其寬容平榻，即艎屬。王濬造連舫，方百

二十步，開四出門，得馳馬，即艒類 梁元帝·吳趨行 蓮花逐泝返，何時乘艒歸。鑒 又舫48571

艘 sōu_10.16 廣韻 蘇彤切 集韻 正韻 先彤切达音蕭。船總名 王粲·從軍詩 連舫踰萬艘 左思·蜀都賦 漲萬艘而既同 抱朴子·嵩學卷 欲凌洪波而退濟，必因艘楫之器。 又 集韻 蘇遭切 韻會 正韻 蘇曹切达音騷。 又 正韻 疏鳩切音搜。義达同。鑒 又㮉24948 艐48776 艘48728

艇 tǐng_10.16 龍龕 同艇

頏 gōng_10.16 字彙補 古送切音貢。船名。今有八頏船。鑒 又煩31526

艘 sōu_10.16 同艘48769

艏 shǒu_10.16 字彙補 同艏

艎 huáng_10.16 字彙補 同艎。

艨 sōng_10.16 喃 从舟冢trūng聲。

艋 đò_10.16 喃 从舟徒đò聲。渡船。

艟 táng_10.16 艀艟，船名。明·方以智 物理小識·器用類·舟部 江、湖用艀艟，兩廣用陽橋。

艙 cāng_10.16 船或飛行器中載人或裝置機件、貨物等的空間。宋·陸游 舟中曉賦 斜分半艙月，滿載一篷霜。

艖 null_10.16 未詳

艎 sù_11.17 集韻 息六切 音肅 博雅 艎艎，舟也 揚子方言 小舸謂之艖，艖謂之艎艎。鑒 又艎48825 艛48807 艎48859 艎48864

艔 huò_10.16 俗艔48851

艏 bù_11.17 廣韻 薄故切 集韻 蒲故切达音步。舟也 小爾雅 艇之小者曰艏 揚子方言 艇長而薄者謂之艓，短而深者謂之艏 又 廣韻 集韻 达芳無切音敷。又 集韻 蓬逋切 韻會 蓬晡切 正韻 薄胡切达音蒲。義达同。鑒 又舸48612㮉48670

艤 qí_11.17 集韻 同艤

艣 lù_11.17 廣韻 集韻 达盧谷切音鹿。舸48611艣，舟也。

艦 xí_11.17 廣韻 似入切 集韻 席入切达音習。覆船具 江祿·津渚敗船詩 草蔓艦長埋 集韻 本作簪，或作艥。

艗 áo_11.17 廣韻 五勞切 集韻 牛刀切达音敖。船接頭木。鑒 又鰲25160鼇48846

艚 cáo_11.17 廣韻 昨勞切 集韻 韻會 正韻 財勞切达音曹 玉篇 小船也。

艙 jiǎng_11.17 集韻 子兩切音蔣。檝屬。通作槳。

艛 lóu_11.17 廣韻 落侯切 集韻 韻會 郎侯切 正韻 盧侯切达音樓。艥艛，船名 正字通 艥，本作樓 漢書 武帝時南越叛，修昆明池，治樓船，高十餘丈。

艧 zào_11.17 正字通 俗艁字。

艓 jīn_11.17 玉篇 古文津28172字。

艙 qì_11.17 玉篇 七例切，音砌◇舟危也 圖 五音集韻 此芮切音毳。義同。

艓 dài_11.17 廣韻 集韻 达當蓋切音帶 廣韻 艇船 揚子方言 艇長而薄者謂之艓。鑒 又艏48850

艕 xiū_11.17 玉篇 思由切音羞。進船也。

艐 fù_11.17 集韻 方副切，音富。舟名 圖 類篇 船載多也。鑒 直音篇 艐，音富，船載多也。艐，俗。

艛 téng_11.17 玉篇 以證切音孕。美目也。大視也。 圖 大登切音滕。義同 圖 揚子方言 隻板◇南楚江淮之間或曰艛 註 論隻耦也◯按 廣韻 正韻 訓雙也，誤△ 集韻 正韻 达作腠。鑒 原入 目部 圖 滕37983

艠 páng_11.17 篇海類編 蒲光切音傍。船貌。

艛 téng_11.17 篇海類編 同滕。鑒 篇海類編·舟部 艛，國名。通作滕 圖 水部 重出：篇海 徒能切音滕。水也。

艛 dāi_11.17 龍龕 都台切音獃。

艛 null_11.17 喃 未詳。

艛 null_11.17 未詳

艒 sōng_11.17 喃 从舟窓song省聲△艒艛：竹排。

艛 thong_11.17 喃 从舟通thông聲。緩慢，悠閒。

艘 xuě_11.17 日 そり。雪橇。

艛 fá_12.18 廣韻 集韻 达北末切音撥。海中大船。或作橃 圖 集韻 房越切音伐。義同。

艤 wèi_12.18 篇海 于貴切，音位◇運船也。鑒 正字通 艒，同艤。

艛 sù_12.18 正字通 同艎。鑒 部外十三畫 圖 艛艛48864

艛 dùn_12.18 篇海 都困切音頓。艛艛。

艛 liáo_12.18 集韻 憐蕭切音聊。舟名 正字通 船小而長。

艛 fān_12.18 集韻 孚袁切音翻。舟飾也。

艛 yào_12.18 廣韻 弋照切 集韻 弋笑切达音耀。江中大船 圖 tiào 正字通 舟泊岸，置長板船首，與岸接，以通往來。俗呼艛板。讀若跳。

艛 héng_12.18 集韻 胡盲切音橫 博雅 筏也 圖 huáng 胡光切音黃。義同 圖 與艎同。

艛 jué_12.18 篇海 其月切音掘。艛頭船 正字通 按 幽明錄 云陽羨小吏吳龕，乘掘頭過溪，獲五色浮石，取之，石變爲女。見 虞世南·北堂書鈔 今繫舟木曰橛，古謂之艀舸，俗因加舟作艛，與橛同。非船名也。

艛 tà_12.18 集韻 託盍切音榻。大船曰艛。或作艒。

艛 zùn_12.18 廣韻 集韻 达祖悶切音鐏。船底孔也。

艬 chè 48816 25108 _12.18　廣韻丑列切集韻敕列切丛音徹。船行。鑒龍龕舩行也。

艫 xū 48822 45254 _12.18　篇韻音虛

艟 tóng 48817 25109 _12.18　集韻韻會徒東切正韻徒紅切丛音同玉篇艨艟，戰船釋名狹而長曰艨艟，以衝突敵船又廣韻尺容切集韻昌容切，並音衝。又韻會昌用切音踵。義丛同zhuàng廣韻集韻丛丈降切音撞。短船。鑒又舺48647

橈 ráo 48818 25110 _12.18　集韻如招切音饒。本作橈，楫謂之橈。

艬 cān 48819 25111 _12.18　字彙補倉含切音叅。戰艦內貫以大木，曰底艬。今牒文有此字。鑒艖48713橵48712並俗。

艬 téng 48820 25112 _12.18　字彙補同能切音縢。行縢博雅艬，緘也。

䑏 gǎn 48821 41767 _12.18　字彙補古覽切音敢。舟之兩旁曰䑏。

艒 sù 48825 45257 _12.18　川篇同艒

舫 bàng 48823 45255 _12.18　餘文同艕

艣 zhān 48824 45256 _12.18　龍龕音旃，亦作艣。鑒龍龕鞁艣，隻然反又單、旦二音。鄧福祿：或爲鞁60038字之譌。

艎 null 48826 u2B1DF _12.18　喃未詳。

䑢 zhān 48828 u26AA2 _12.18　同鞁48824龍龕鞁艣，隻然反。又單、旦二音。

艦 xǔng 48827 u26AA6 _12.18　喃从舟掌chưởng聲。

䑠 huà 48829 u26AA0 _12.18　船名。明·陳侃使琉球錄·使事紀略小䑠船二，不用則載以行、用則藉以登岸也。

艞 null 48831 u26A9E _12.18　未詳。

艕 péng 48830 u26A9F _12.18　船名。清·黃叔璥臺海使槎錄·卷二·赤嵌筆談·武備商旅貿易，乘艕仔等平底船，在洪濤巨浪中，往來如織。

艐 dēng 48833 u8260 _12.18　日筏。方副切。舟名直音篇艐，音富，船載多也。俗作舿48795△宏按，以音「覆」之字爲「舟名」，不妥，集韻當誤。

艀 fù 48832 u4487 _12.18　集韻艐，方副切。舟名直音篇艐，音富，船載多也。俗作舿48795△宏按，以音「覆」之字爲「舟名」，不妥，集韻當誤。

艡 dāng 48834 25113 _13.19　集韻韻會正韻丛都郎切音當集韻舣艡，舟也又集韻他浪切音儻。義同。

艢 qiáng 48835 25114 _13.19　集韻慈良切音牆埤蒼騙柱也。與檣同。

艗 líng 48836 25115 _13.19　正字通與艆、艫丛同。

艓 péng 48837 25116 _13.19　集韻蒲蒙切音蓬。織竹編箬以覆船。或作笯。

艬 cān 48838 25117 _13.19　集韻千安切音餐。舟名。

歇 xiē 48839 25118 _13.19　廣韻集韻丛許竭切音歇。歇艎，大船。鑒又觸48734

艬 lǔ 48840 25119 _13.19　廣韻郎古切集韻韻會籠五切丛音魯廣韻所以進船集韻通作橹、櫓。鑒又艪48705艪48862

艤 yǐ 48841 25120 _13.19　廣韻集韻韻會丛語綺切音蟻。與檥同。整舟向岸左思·蜀都賦試水客艤輕舟梁·簡文帝詩征艫

艬湯堑，歸騎息金隍。鑒又舣48581俗作艬48873艬48872

艃 dá 48842 25121 _13.19　字彙補同答切音達。見觸字註。

艥 jí 48843 25122 _13.19　集韻卽涉切音接。舟櫂也。或作檝、楫。

艖 chā 48844 25123 _13.19　字彙補艖本字。

艧 fèi 48845 25124 _13.19　五音集韻浮鬼切音膹。船艑釘鐷。

獒 áo 48846 45260 _13.19　篇海類編同艩

䑗 trẩy 48848 u26AA8 _13.19　喃趄，赴，遠走他方。

艦 jiàn 48849 25125 _14.20　廣韻胡黤切集韻韻會戶黤切丛音檻玉篇版屋舟廣韻禦敵船釋名上下重牀曰艦，四方施板以禦矢石，其內如牢檻也陸機·辨亡論前驅不過百艦梁·簡文帝詩倀月交吳艦。鑒又舰48607

艫 null 48847 u26AAF _13.19　未詳。

艜 dài 48850 25126 _14.20　廣韻文甫切集韻罔甫切丛音武。長舟也。鑒楊寶忠：俗艀48793

艧 wò 48851 25127 _14.20　廣韻烏郭切音艧博雅艧，舟也江淹·遷陽亭方水埋金艧，圓岸伏丹瓊。鑒又膗48010艘48779正字通膗66273俗作艧，非。

艨 méng 48852 25128 _14.20　廣韻正韻莫紅切韻會謨蓬切丛音蒙廣韻艨艟，戰船釋名狹而長曰艨艟，以衝突敵船也。又集韻韻會丛蒙弄切音幪。又集韻忙弓切。義丛同△集韻通作蒙。

艩 qí 48853 25129 _14.20　篇海前西切音齊。艩艩，用以承艪者。

艪 jì 48854 25130 _14.20　五音集韻子禮切音濟。舟也。鑒原本玉篇子悌反字書古文濟30004字也。

艪 null 48855 u2B1E0 _14.20　未詳。

艤 ghe 48856 u26AB5 _14.20　喃从船省箕kia聲△艤艖：渡船。枳艤：甲板△亦作艫48865

艟 null 48857 u26AB4 _14.20　明·方以智物理小識器用類舟部槐之高，少舟之長五十分之一，槓枰之衡為舟之闊，其底深淺視艟之稜，其柁與其底平，小舟之舵桿則可上可下。

艪 háo 48858 u26AB3 _14.20　大字典船艙。引清·鄒在衡觀船艘過閘大艚附商旅，低艪屯貨物。

艣 sù 48859 u26AB2 _14.20　亦作艫48864，同艒48807

艬 lǐ 48860 25131 _15.21　集韻里弟切音禮玉篇大舟。鑒字彙艬同艬。

艬 mò 48861 25132 _15.21　集韻密北切音墨。艬艁，釣艇也。或作艉。

艫 lǔ 48862 25133 _15.21　正字通同艪。

艖 chā 48863 25134 _15.21　正字通俗艖字。

艫 sù 48864 45261 _15.21　龍龕同艒。鑒又艣48859

艪 48865 u26ABC
ghe_15.21 嗊 从舟稽ghê聲。木船。

艫 48866 u26ABB
khoang_15.21 嗊 从舟寬khoan聲。船艙。

艫 48867 25135
lú_16.22 唐韻洛乎切 集韻 韻會 龍都切 达音盧 說文 舳艫也。一曰船頭 正韻船頭刺櫂處。一說船尾 玉篇 在船後 小爾雅 船頭謂之舳，尾謂之艫 宋·孝武帝詩 舳艫引江飛 謝朓詩 榜人理行艫 又 集韻 舟名 唐書·楊元琰傳 與張柬之共乘艫江中 又 集韻 凌如切音艫。船尾。 鋆 又舻48637舮48609

艨 48868 25136
lóng_16.22 廣韻 集韻 达力鍾切音龍。小船上安蓋者 又 集韻 盧東切音籠。舟名。

艫 48869 25137
lì_16.22 集韻 狼狄切音歷。船也。

艤 48872 u2B1E3
yǐ_16.22 俗艤48841

鸞 48870 25138
xí_16.22 集韻 席入切音習。與艎同 玉篇 以竹葉鸞船也 類篇 覆船具。

艤 48873 u2B1E2
yǐ_16.22 俗艤48841

艬 48871 25139
téng_16.22 博雅 與騰同

艪 48874 u2B1E1
null_16.22 嗊 未詳。

艬 48876 u26AC1
téng_16.22 艬56422本字

艬 48875 u26AC2
shèng_16.22 同艬57988艬57915本字。

艬 48877 25140
chán_17.23 廣韻 集韻 达鋤銜切音巉 玉篇 大船也 廣韻 合木船 又 廣韻 士懺切音鑱。義同。

艫 48878 25141
líng_17.23 廣韻 集韻 达郎丁切音靈 類篇 舟也。一曰舟有窗者。或作艪、舲，亦作艬。

艬 48879 45259
líng_17.23 五音篇海 同艫

艬 48881 25143
chā_19.25 類篇 同艖

艬 48882 45258
lǐ_19.25 龍龕 同艫。

艪 48884 u26AC7
wò_20.26 同艣48010

艬 48883 u26AC9
rán_20.26 胹75915譌字

艫 48885 25144
lǐ_21.27 廣韻 盧啓切 集韻 里弟切 达音禮。江中大船名。本作艫。 鋆 又艫48882

艫 48886 25145
líng_24.30 集韻 同艫

艬 48880 25142
shuāng_18.24 廣韻 所江切 集韻 疏江切 达音雙。艀艬，船名。

◆ 艮部 ◆

艮 48887 25146
gèn_0.6 唐韻 集韻 韻會 正韻 达古恨切，根去聲 說文 艮，很也。从匕目。匕目，猶目相匕不相下。匕目爲艮，很戾不進之意 又 卦名。止也，限也 易·艮卦 象曰：艮，止也。時止則止，時行則行 又 堅也 揚子方言 艮、碅，堅也 註 艮、碅，皆石名 又 難也 揚子·太玄經 象艮有守 註 艮，難也 又 姓。漢有艮當，注 樂經 又 hén 集韻 胡恩切音痕。與垠同。根、擸，引也。 鋆 又艮22320艮22352 又 [图] 艮卦 又 俗銀63099 宋元以來俗字譜 引 古今雜劇 等。

艮 48888 u2F89
gěn_0.6 部 艮48887

良 48889 25147
liáng_1.7 古文 艮 艮 艮 廣韻 集韻 韻會 呂張切 正韻 龍張切 达音梁 說文 善也 廣韻 賢也 釋名 良，量也。量力而動，不敢越限也 書·益稷 元首明哉，股肱良哉。又 太甲 一人元良，萬邦以貞 註 元，大。良，善也 又 論語 夫子溫良恭儉讓以得之 朱註 良，易直也。又 爾雅·釋詁 良，首也 又 博雅 良，長也。又 正韻 器工曰良 禮·月令 陶器必良 周禮·天官·玉府 掌凡良貨賄之藏。又 內府 掌良兵良器，以待邦之大用。又 春官·巾車 凡良車散車不在等者，其用無常 註 作之有功有沽 疏 精作爲功則曰良。麤作爲沽則曰散也。又 博雅 良，牢鞏也 又 深也 後漢·祭遵傳 良夜乃罷 註 良，猶深也 又 良人，夫也 儀禮·士昏禮 御衽于奥，媵衽良席在東 註 婦人稱夫曰良 孟子 良人者，所仰望而終身也 又 夫稱婦亦曰良人 詩·唐風 今夕何夕，見此良人 毛傳 良人，美室也〇按朱註云良人，夫稱也。與毛傳異。又 良久，頗久也 列子·仲尼篇 公子牟默然良久，告退 正韻 或以爲良久，少久也。一曰良，略也。聲輕，故轉略爲良 又 病愈曰良愈 又 能也 左傳·昭十八年 弗良及也 疏 正義曰：良是語詞。服虔云弗良及者，不能及也。良，能也 又 左傳·莊十六年 良月 註 十月也 又 禮·少儀 僕者右帶劒，負良綏，申之面 註 良綏，君綏也 又 莊子·列御寇 嘗視其良 註 冢也 又 諡法 溫良好善曰良 又 姓。鄭大夫良霄，漢長秋良賀 又 王良，星名 又 大良造，秦官名 又 地名 左傳·昭十三年 秋，晉侯會吳子于良 註 下邳有良城縣 又 山名 山海經 良餘之山，其上多穀柞，無石 又 草名 博雅 黃良，大黃也 又 彊良，獸名。見 山海經 又 吉良，良馬名。見 唐書·兵志 又 古今注 螢火，一名丹良 又 liǎng 韻會 里養切音兩 周禮·夏官·方相氏 以戈擊四隅，毆方良 註 方良，罔兩也 釋文 方音罔，良音兩 又 正字通 音亮 古詩 良無盤石固 李白·宴桃李園序 良有以也。 鋆 又良48890艮23270艮23282筤42055

良 48890 uF97C
liáng_1.7 參見良48889

艰 48891 u8270
jiān_2.8 简 艱48898

艰 48892 25148
máng_3.9 字彙補 氓字之譌。

艱 48893 45263
luǒ_5.11 篇韻 音猓。 鋆 疑艵22051之譌。

艵 48896 u26ACF
null_7.13 未詳。

香 48894 u26ACC
xiāng_5.11 或同香69654

艱 48895 25149
gǔn_6.12 字彙 古本切音袞。再耕也。

艱 48897 u26AD0
null_9.15 未詳。

艱 48898 25150
jiān_11.17 古文 艱 艱 唐韻 古閑切 集韻 韻會 居閑切 达音間 說文 土難治也 爾雅·釋詁 阻，艱難也 書·大禹謨 后克艱厥后，臣克艱厥臣。又 周官 惟克果斷，乃罔後艱 釋名 艱，根也，如物根也 又 險也 詩·小雅 彼何人斯，其心孔艱 朱註 艱，險也 又 王儉·褚淵碑文 以居母艱去官，雖事緣義感，而情均天屬 又 韻補 叶居眞切音巾 崔駰·大理箴 昔在仲尼，哀矜我人。子罕禮刑，衛人釋艱 又 叶經先切音堅 班彪·北征賦 嗟西伯於羑里兮，傷明夷之逢艱。演九六之變化兮，永幽隔以歷年。 鋆 又艱14551艱07936艱07909艰48891艱09623 又 正字通 艱，本作艱38349

艱 48899 u26AD1
null_11.17 未詳。

艱 48900 25151
jiān_14.20 字彙 同艱。

◆ 色部 ◆

色 48901 25152
sè_0.6　古文彩彰 廣韻 所力切 集韻 韻會 殺測切 叻音嗇 說文 顏氣也。人之憂、喜，皆著於顏，故謂色爲顏氣 禮·玉藻 色容莊 汲冢周書 喜色油然以出，怒色厲然以侮，欲色嫗然以愉，懼色薄然以下，憂悲之色瞿然以靜 後漢·嚴光傳 帝思其賢，乃令以物色訪之 註 以形貌求之也 又 采色 書·皋陶謨 以五采彰施于五色 註 五色，青黃赤白黑也 左傳·桓二年 五色比象，昭其物也。
又 色慾 書·五子之歌 内作色荒 傳 色，女色 禮·坊記 諸侯不下漁色，故君子遠色，以爲民紀 又 物景亦曰色 莊子·盜跖篇 車馬有行色 潘岳·關中詩 重圍克解，危城載色。豈曰無過，功亦不測 註 載色，猶言有生氣起色也。
又 公羊傳·哀六年 色然而駭 註 驚貌 又 詩·魯頌 載色載笑 傳 色，溫潤也 又 戰國策 怒於室者，色於市 註 色，作色也 又 祕色 高齋漫錄 世言祕色，磁器。錢氏有國時，越州燒進爲供奉之物，臣庶不得用，故云祕色 又 博雅 色，縫也。鍪 又 𢿱26532

色 48902 u2F8A
sè_0.6　部 色48901

色 48903 45264
què_3.9　龍龕 音鵲。
鍪 龍龕 色，俗。音鵲。正作敆36985

艳 48905 u8273
yàn_4.10　简 艷48946

㲋 48904 45153
xī_4.10　廣韻 呼雞切音醯。黃病色△ 玉篇 或作絁。鍪 又 龍龕 絁48925，俗絁正。呼奚反。黃病色也 香嚴 又戶雞反。

絁 48906 25154
yǎng_5.11　集韻 倚兩切，央上聲。氣流貌。

艴 48907 25155
bó_5.11　唐韻 集韻 韻會 正韻 叻蒲沒切音勃 說文 引論語，色艴如也 徐曰 盛氣色也〇按今本作勃 呂氏春秋 艴然充盈，手足矜者，兵革之色也 又 fú 集韻 敷勿切，音拂。色怒也 孟子 曾西艴然不悦 又 pèi 集韻 韻會 叻滂佩切音配。將曙之色也。鍪 又 絁48915

毿 48908 25156
pō_5.11　唐韻 集韻 叻普活切音鏺。毿艴，無色 集韻 毿艴，不深色也。

絁 48912 45266
pào_5.11　龍龕 同皰

秣 48909 25157
mò_5.11　廣韻 莫撥切 集韻 莫葛切叻音末。毿秣，色淺。

皰 48910 41768
bà_5.11　廣韻 白駕切音杷。色不眞也 集韻 作皅。

絁 48911 45265
pāi_5.11　五音篇海 音拍。鍪 龍龕 絁，拍、白二音。

皴 48913 u26AD8
bọt_5.11　喃 皴牟：褪色。

皰 48914 u26ADA
páo_6.12　俗皰04270 四聲篇海 蒲返、蒲交二切。

絁 48915 25158
bó_7.13　玉篇 俗絁字。

絁 48916 25159
xì_7.13　金石韻府 與絁同。

絁 48917 45267
cūn_7.13　五音篇海 同皴。

絁 48918 25160
pīng_8.14　唐韻 普丁切音砯 說文 縹色 楚辭·遠遊 玉色絁以脕顏兮 又 集韻 普迥切音頩。義同。

絁 48919 25161
yán_8.14　集韻 牛姦切。與顏同。

絁 48920 45268
pǎng_8.14　篇海類編 與絁同。

絁 48921 45269
yàn_8.14　龍龕 同艷

絁 48922 45270
qí_8.14　篇韻 音其。

絁 48924 u26ADF
xì_8.14　同絁58132亦作絁。明·方以智 通雅·卷三十二·器用 幗幭，即赫蹏。一作絁綈、絁蹄，赤紙也。

絁 48923 u26AE0
null_8.14　未詳。

絁 48925 45271
xì_9.15　龍龕 同絁。

顐 48926 45272
yán_9.15　五音篇海 與顏同。

絁 48927 45273
bào_9.15　字彙補 皰字之譌。

絁 48929 u26AE8
yán_9.15　正字通 絁，俗顏68297字。

絁 48928 u26AE9
null_9.15　未詳。

絁 48931 25162
mìng_10.16　廣韻 集韻 叻莫定切音冥。絁絁，青黑色 又 正韻 眉病切音命。閉目也。與瞑通。鍪 又 絁48937 絁71997

絁 48930 u26AE7
null_9.15　未詳。

絁 48932 25163
wà_10.16　集韻 烏化切音窊。色敗也 又 烏瓦切音㮩。義同。

絁 48938 u2B1E4
null_10.16　未詳。

絁 48935 25166
pǎng_10.16　廣韻 匹朗切 集韻 普朗切叻音髈。絁絁，無色。鍪 又 絁48920

絁 48933 25164
ǎng_10.16　集韻 烏項切，映上聲。色深惡貌。

絁 48934 25165
xī_10.16　玉篇 同絁 集韻 謨中切，叻夢平聲。絁絁，醜也。

絁 48943 25171
méng_14.20　廣韻 莫中切 集韻 謨中切，叻夢平聲。絁絁，醜也。

絁 48936 45274
mǐn_10.16　搜眞玉鏡 音閔。

絁 48937 45275
mìng_10.16　川篇 絁字之譌。

絁 48939 25167
mǎng_12.18　集韻 母朗切音莽。註詳絁。

絁 48940 25168
sēng_12.18　廣韻 蘇增切 集韻 思登切叻音僧。絁絁，神不爽也 又 集韻 七鄧切音蹭。絁絁，色惡也。

絁 48947 u26AF2
null_19.25　未詳。

絁 48941 25169
yàn_13.19　玉篇 俗豔字。

絁 48942 25170
xùn_14.20　集韻 吁運切，熏去聲。物被熏色也。

絁 48944 45276
pào_14.20　五音篇海 同皰。

絁 48945 25172
méng_16.22　廣韻 武登切 集韻 彌登切，叻音瞢。絁絁，神亂也 又 mèng 類篇 母亙切，音懵。絁絁，色惡。

艶 48946 25173
yàn_18.24　類篇 與豔57146同。

申　集

◆　艸部　◆

艸 48948 25174
cǎo_0.6　[唐韻]采老切[正韻]采早切𠀤音草。百卉也。[儀禮·士相見禮]在野則曰艸茅之臣[說文]从二屮。凡艸之屬皆从艸[廣韻]艸，篆文。隸變作卝。又⊞48950卝48949，同卝△zhé[集韻]直列切音徹。草初生貌。𡲬又中13230

卝 48949 uFA5E
cǎo_0.6　同卝48956

卝 48950 uFA5D
cǎo_0.6　同卝48956

艸 48951 u4491
cǎo_0.6　同卝48956漢字構件。

艸 48952 u2F8B
cǎo_0.6　同艸48948部首專用字。亦作卝48955卝48954卝48953

卝 48953 u2EC0
cǎo_0.6　部艸48952

卝 48954 u2EBF
cǎo_0.6　部艸48952

卝 48955 u2EBE
cǎo_0.6　部艸48952

卝 48956 u8279
cǎo_0.6　同艸48948

芉 48957 25175
guǎi_1.7　[唐韻]乖買切音拐。艹艹，羊角開貌。⊞古瓦切。義同◆按字學元元丫藿舊芊莧芙虁俱从卝[說文][玉篇]俱另列。今从[正字通]入艸部。𡲬又丫00187

芌 48958 25176
yě_1.7　[字彙補]羊者切音也。語助之辭，終也。亦作亡、芅。

圠 48959 u9FB7
null_1.7　漢字構件⊞或同圠00047[龍龕]卝，音丘。

艺 48960 u827A
yì_1.7　简藝51581

升 48960 u26AF5
dǒu_1.7　俗斗21956[可洪]音義斛升：上戶木反。下都口反⊞俗升04501

芀 48962 25177
lè_2.8　[唐韻]盧則切[韻會][正韻]歷德切𠀤音勒。蘿芀，香菜。亦云胡荽屬⊞[藥名][本草]牛脂芀[註]應驗良方，治七孔出血⊞與扐通[揚子·太玄經]幷餘于芀，一芀之後，而數其餘⊞jí音棘。木名[通鑑]唐大中中，王式爲安南都護。至交趾，樹芀木爲柵，可支數十年[胡三省註]其字从艸从力，讀與棘同，羊矢棗也。此木可以支久。𡲬[說文通訓定聲·頤部第五]扐19151，字亦變作芀。按：謂蓍，故从艸[太玄·玄數]并餘於芀，一芀之後，而數其餘。范望注：其所餘者，并之於左手兩指間，故謂之芀。

芓 48963 25178
tīng_2.8　[集韻]湯丁切音汀。艸名[說文]芓熒，蓈也⊞dǐng[廣韻]他頂切[韻會]都挺切[正韻]都頂切𠀤音酊。萻49291芓。

芀 48964 25179
tiáo_2.8　[唐韻]徒聊切[正韻]田聊切𠀤音迢◆[說文]葦華也。[爾雅·釋草]葦醜，芀[註]其類皆有芀秀[韻會]通作苕。謂抽條搖遠，生花而無莖萼也。今人取之爲帚，曰苕帚是也⊞都聊切音刁。義同。

芁 48965 25180
qiú_2.8　[唐韻][集韻][韻會]𠀤巨鳩切音求[說文]遠荒也[詩·小雅]我征祖西，至于芁野⊞獸蓐也[淮南子·修務訓]野彘有芁莒槎櫛，窟虛連比，以象宮室⊞jiāo[廣韻][正韻]𠀤居肴切音交。秦芁，藥名[本草]出秦中，以根作羅紋交糾者佳，故名⊞jiū居尤切音鳩。字或从丩。詳見艽48966字註。𡲬又䖀50769

艽 48966 25181
jiāo_2.8　[唐韻][集韻]𠀤居由切音鳩。秦艽，藥名。⊞[廣韻]匹交切音拋。義同◆按艽，字亦作芁，亦作艽，本作芁[本草]又作秦糺。李時珍曰：根作羅紋交糾者佳，則艽字頗合意義，但沿俗从芁，艽、尤不妨𠀤存。𡲬又薻50296䒼49104䔄49867⊞[集韻]艽，或作樛⊞[集韻]茮49234芁48970，披交切，藥艽。或从儿。

艾 48967 25182
ài_2.8　[唐韻]五蓋切[集韻][韻會][正韻]牛蓋切，並音𩩲[玉篇]蕭也[詩·王風]彼采艾兮[傳]艾，所以療疾[急就篇註]艾，一名冰臺，一名醫草[博物志]削冰令圓，舉以向日，以艾承其影得火，故號冰臺[本草註]醫家用灸百病，故曰灸草⊞[博雅]老也[禮·曲禮]五十曰艾，服官政[疏]髮蒼白，色如艾也[揚子·方言]東齊魯衛之閒，凡尊老謂之艾。又[爾雅·釋詁]艾，歷也[註]長者多更歷⊞[爾雅·釋詁]艾，相也[疏]謂相視也⊞美好也[孟子]知好色則慕少艾⊞養也[詩·小雅]保艾爾後⊞止也[左傳·哀二年]憂未艾也[註]未絕也⊞報也[周語]樹于有禮，艾人必豐⊞[史記·歷書]橫艾淹茂[索隱]橫艾，壬也⊞山名[春秋·隱六年]公會齊侯，盟于艾[註]泰山牟縣東南有艾山⊞亭名[水經注]甘陵故清河直東二十里有艾亭⊞姓[通志·氏族略]春秋大夫艾孔之後⊞yì[集韻]魚肺切，音刈。艾也[詩·周頌]奄觀銍艾[穀梁傳·莊二十八年]一年不艾而百姓飢[註]艾，穫也⊞與乂通，治也[前漢·郊祀志]天下艾安⊞◆張衡·東京賦]齊騰驤而沛艾[註]沛艾，作姿容貌也[五經文字]从又，訛[集韻]或作垯。𡲬又鈘63242艾48982⊞艾48992碑別字新編·艾引[魏元怕墓誌]

芿 48968 25183
réng_2.8　[唐韻]如乘切[集韻][韻會]如蒸切[正韻]如陵切𠀤音仍。謂陳根草不芟，新草又生，相因仍也。所謂燒火芿者也[唐書·裴延齡傳]延齡妄言：長安咸陽閒，得陂芿數百頃[正字通]䒱、芿同◆按[唐韻]分爲兩字，芿平聲，芿去聲[集韻]二字雖通，然平聲則以芿爲主，去聲則以芿爲附，其意微有差別，古人必有所據。且考[唐書]亦兩字分見，不宜併合，今从[唐韻]。𡲬又莑49449⊞nǎi[中文大辭典]音奶。芧之大者，芧芿也⊞ndaij壯苧麻。

芛 48969 25184
kǎi_2.8　[唐韻]苦蟹切音腡。戾也。𡲬又芛48977

芶 48970 25185
jiāo_2.8　[集韻][類篇]𠀤同艽。

芚 48971 25186
tiáo_2.8　[集韻][篇海]𠀤同芀。

芚 48972 25187
rěn_2.8　[篇海]同芿。

芁 48973 25188
jiāo_2.8　[玉篇]同艽。

艸 48974 25189
yǒu_2.8　[集韻]友05157古作艸。

芛 48975 25190
sǐ_2.8　字彙補 音義同死 26710

才 48976 25191
gǎi_2.8　篇韻 公楷切，音解◇艸名。

芌 48977 25192
kǎi_2.8　字彙補 同芌。鋆又同蔂 51689 清李調元 南越筆記·卷一·廣東方言 化州石城間，貧者欲避火門，於野外構茅以棲，名曰芌。

艼 48979 u2B1E6
róng_2.8　簡 燚 30925

卞 48980 u2B1E5
nòng_2.8　俗弄 15937 見偏類碑別字 引隋尉氏女墓誌銘 图 yok 壮花。

芇 48978 41769
bài_2.8　篇海類編 布怪切音拜。草名。

芒 48981 u26B00
yě_2.8　同芑 00410 古文也 00382

艾 48982 u26AFF
ài_2.8　金石文字辨異 漢校官碑 卽此龜艾。案，艾卽艾 48967 字。

节 48985 u8282
jié_2.8　简 節 42255

芄 48983 u26AFE
nye_2.8　壮艻，水藻

芐 48984 u26AFD
lán_2.8　同兰 02565 俗蘭 51865

苶 48986 25193
xiāo_3.9　唐韻 私兆切音小 玉篇 苶草，遠志也。本作小 本草 遠志，苗名小草 世說 郝隆云處則爲遠志，出則爲小草。

茅 48987 25194
cái_3.9　唐韻 昨哉切 集韻 牆來切丛音才。蔽前草箭 玉篇 草名 博雅 藾、茅，蔽也。

芃 48988 25195
péng_3.9　唐韻 薄紅切 集韻 韻會 蒲蒙切丛音逢 說文 草盛也 詩·鄘風 芃芃其麥 傳 麥芃芃然方盛長。图 詩·小雅 有芃者狐，率彼幽草 傳 芃，小獸貌 註 芃，尾長貌 图 草名 山海經 成侯之山，其草多芃 图 唐韻 房戎切 集韻 韻會 符風切 正韻 符中切丛音馮。義同 图 唐韻 古音讀凡，引說文 云芃，从艸凡聲。

芄 48989 25196
wán_3.9　唐韻 集韻 韻會 正韻 丛胡官切音丸◆說文 芄蘭，莞也 詩·衛風 芄蘭之支◆爾雅·釋草 藿 66281，芄蘭。

芅 48990 25197
yì_3.9　唐韻 與職切音弋 爾雅·釋草 長楚，銚芅 註 今羊桃也 廣韻 或曰鬼桃，葉似桃而花白 詩疏 銚芅之性，始生正直，及其長大，則其枝猗儺而柔順，不妄尋蔓草木。

芑 49002 25209
qì_3.9　直音同芅

芟 48992 25199
chāi_3.9　唐韻 楚佳切音釵。又 集韻 初加切音叉 博雅 鬼芟，草名。

芯 48991 25198
xìn_3.9　集韻 思晉切音迅。藥草也。蒿類。

芇 48993 25200
mián_3.9　唐韻 武延切 集韻 彌延切丛音綿 說文 相當也。今人賭物相折謂之芇 图 廣韻 彌珍切音旻。義同 篇海 作芇。鋆又乑 14767 龍龕 芇 49106，母官反，相當也。

芊 48994 25201
mǐ_3.9　正字通 芈 45720 字之譌。

芉 48995 25202
gān_3.9　集韻 居寒切音干。蔽芉，草名 图 gǎn 廣韻 古旱切音䕘。一曰蓋苡子。鋆廣韻 古旱切音䕘一曰蓋苡子。集韻 古旱切。艸名。一曰蓋苡子 图 俗甘 35219 可洪音義 芉蔗：上古寒反，方言。

芊 48996 25203
qiān_3.9　唐韻 集韻 韻會 正韻 丛倉先切音千 說文 芊芊，草盛貌 博雅 茂也 謝朓詩 遠樹曖芊芊 图 碧貌 潘岳 藉田賦 碧色蕭其芊芊 图 天芊，草名 酉陽雜俎 天芊生終南山中，葉如荷而厚 图 地名 南史·周文育傳 文育由間道信宿達芊韶 图 芊尹，複姓 通志·氏族略 楚有大夫芊尹，申無宇之後 图 qián 廣韻 倉甸切音蒨。芊菉，草木相雜貌 图 集韻 與茜 49297 同。鋆正字通 莦通作芊。

芋 48997 25204
yù_3.9　唐韻 韻會 集韻 王遇切，音羽 說文 大葉實根駭人，故謂之芋也 續博物志 芋以十二子爲衞，應月之數也 史記·項羽本紀 士卒食芋菽 索隱註 芋，蹲鴟也 图 儀禮·士喪禮註 齊人或名全蒩爲芋 图 yú 廣韻 雲俱切音于。草盛貌 图 xū 集韻 韻會 匈于切 正韻 休居切丛音吁 揚子方言 大也 詩·小雅 君子攸芋 註 香于反。又火吳反。或作吁。又陳有芋尹，見左傳。蓋以鳥名官。鋆又芋 49019 芌 48998 图 集韻 王矩切。芋尹，楚官名。又幠 15127，荒胡切 說文 覆也。一曰大也，有也。或作芋。

芌 48998 25205
yù_3.9　直音同芋。鋆集韻 王遇切。艸名 說文 大葉實根駭人，故謂之芌也。

芜 48999 25206
wù_3.9　唐韻 五忽切音兀。艾芜。

芚 49000 25207
zhé_3.9　集韻 篇海 丛陟格切，音磔。藥草也。

芍 49001 25208
sháo_3.9　唐韻 廣韻 市若切，並音妁。又 集韻 實若切。又 廣韻 張略切 集韻 韻會 正韻 職略切，並音酌 詩·鄭風 贈之以芍藥 古今注 芍藥一名可離，故將離而後贈之 本草釋名 芍藥，猶綽約也。此草花容綽約，故以爲名。图 xiào 唐韻 集韻 韻會 丛胡了切音皛 爾雅·釋草 芍，鳧茈 註 生下田，苗似龍鬚而細，根似指頭，黑色，可食。图 què 唐韻 正韻 七雀切 韻會 七約切丛音鵲 後漢王景傳 廬江郡界有楚相孫叔敖所起芍陂稻田 註 陂，在今壽州安豐縣東 图 dì 廣韻 都歷切 正韻 丁歷切丛音的。蓮中子也。通的。鋆又莉 49863 菽 51171 菂 49612 芗 49013

芿 49003 25210
rěn_3.9　集韻 而振切音訒。芿冬，草名 本草 芿草，能傷人 图 上聲 篇海 音忍。義同△亦作芅。

苦 49004 25211
kōu_3.9　玉篇 苦婁切音摳。草也。

芎 49005 25212
xiōng_3.9　唐韻 去宮切 集韻 丘弓切 正韻 丘中切丛音穹。芎藭，香草 揚雄·甘泉賦 發蘭蕙與芎藭 註 芎藭，葉似藁本 本草註 芎，本作营，或云人頭穹窿高，天之象也。此藥上行專治頭痛諸疾，故名芎藭。古人因其根節狀如馬銜，謂之馬銜芎。後世因其狀如雀腦，謂之雀腦芎。其出關中者呼爲京芎，出蜀中者爲川芎，出天台者爲台芎，出江南者爲撫芎 博物志 苗曰江蘺，根曰芎藭 图 韻會 居雄切音弓。義同。

芏 49006 25213
tǔ_3.9　唐韻 他魯切音吐。草名 爾雅·釋草 芏，夫

王註草生海邊，似莞藺，今南越人採以爲席 圖dù 集韻徒故切音渡。海莧也。

苄 49007 25214
hù_3.9　唐韻候古切 集韻後五切 夶音戶 說文地黃也 爾雅·釋草苄，地黃註苄，一名地髓韻會引 爾雅翼云地黃生者，以水試之，浮者名天黃，半沈半浮者人黃，沈者地黃。苄字從下，亦趨下之義 圖禮·閒傳苄剪不納 疏苄爲蒲苹，爲席，剪頭爲之，不編納其頭而藏于內也 圖xià 唐韻胡駕切 韻會亥駕切 夶音暇。義同。△ 集韻亦作芦。鑒又苄49144

芑 49008 25215
qǐ_3.9　唐韻 正韻墟里切 韻會口己切 夶音起 說文白苗嘉穀 爾雅·釋草芑，白苗註今白粱粟 詩·大雅維糜維芑 圖jì 集韻巨己切音忌。義同 圖菜名 詩·小雅薄言采芑 疏芑菜似苦菜，莖青白色，摘其葉，白汁出，肥，可生食，亦可蒸爲茹 圖木名 山海經歷石之山，其木多荊芑 圖草也 詩·大雅豐水有芑 圖祛狶切音敬〇按經典皆讀起，唯 佩觿作墟里、祛狶兩切，不知何據。
鑒又芑49028芑49020萁49689杞40237杞40219

芒 49009 25216
máng_3.9　唐韻莫郎切 集韻 正韻謨郎切 夶音忙 說文芒，草端也 玉篇稻麥芒也 周禮·地官稻人澤草所生，種之芒種註芒種，稻麥也 易林夏麥饙饙，霜擊其芒。圖大貌詩·商頌宅殷土芒芒 圖多貌 束晳·補亡詩芒芒其稼 圖罷倦貌 孟子芒芒然歸 圖光芒 晏子·諫上篇列舍無次，變星有芒 史記·天官書作作有芒 圖禮·月令其神句芒 圖草名 爾雅·釋草蔨，春草註一名芒草 山海經姦山有木，狀如棠，赤葉，名曰芒草，可以毒魚 圖地名 前漢·地理志沛郡芒註世祖更名臨睢 圖水名 蜀志·後主傳姜維率衆至芒水 圖門名 水經注穀水逕清陽門，亦曰芒門 圖姓 史記·秦本紀擊芒卯，華陽破之 註芒卯，魏將 圖通茫 詩·商頌洪水芒芒 陸機·歎逝賦嗟予今之方殆，何視天之芒芒 圖通邙 後漢·恭王祉傳葬于洛陽北芒 圖通鋩 後漢·陳忠傳氣洩針芒 張載·七命建雲髦，啓雄戟 註芒，鋒刃也 圖唐韻 集韻 類篇 韻會夶武方切音亡。義同 圖huāng呼光切，讀作荒 史記·歷書大芒駱 爾雅芒作荒 莊子·至樂篇芒乎芴乎，而無從出乎。圖huāng 集韻虎晃切音慌。昏也 圖mǎng 韻補母朗切，讀作莽道藏歌玉虛範女像，高會通冥想。三曜無停暉，明眞煥雲芒。鑒又芒41708芲49010氓74500 圖芒果，或作杗23628果、杧24283果、榜果，或作橙25542樣25473

芓 49011 25218
zì_3.9　唐韻疾置切音字 說文麻母也。一曰芓，即枲也 博雅隈也 圖zǐ 正韻祖似切音子。與籽通 周禮·天官師帥其屬，而耕耨王籍 註耨，芸芓也 圖cí 音慈 前漢食貨志引詩曰：或芸或芓。讀作平聲 圖zī 集韻津之切音茲。草名。芸也 △亦作芓。

艸 49012 25219
huǐ_3.9　玉篇許偉切音卉 說文草之總名也 揚子方言艸，草也，東越、揚州之閒曰艸 圖huì 廣韻許貴切 玉篇許胃切 夶音諱 穆天子傳流涕艸隕 史記·司馬相

如傳艸然興道而遷義 註艸，猶勃也 圖司馬相如·上林賦薠莎艸歔 註林木鼓動之聲△ 郭忠恕佩觿三十之卉爲百艸，非。卉音先合反，艸音許貴反，二字音義迥別，不應假借〇按唐韻 集韻等書，艸俱通卉，蓋艸之爲卉，文由隸變，非近代沿寫之訛 正字通云 爾雅諸經，凡艸皆作卉，非自今始，茲說甚正。郭氏泥古，不可據也。

荾 49013 25220
suī_3.9　玉篇 集韻夶同荽 本草野荾草，李時珍曰：摘玄方治痞滿。鑒又俗芕49001 偏類碑別字引隋蘇慈墓誌銘

芞 49014 25222
qì_3.9　篇海同气△或作芞。

苎 49010 25217
máng_3.9　芒本字。

芥 49015 25223
jiè_3.9　字彙補同芥

芠 49016 25224
zhì_3.9　字彙補重智切，音致◇治也 揚子·太玄經幹柔芠金又離木芠金。

茻 49017 u2B1E8
null_3.9　新撰字鏡茻茲，二字波々支。

芩 49018 u2B1E7
null_3.9　未詳。

芋 49019 u2F990
yù_3.9　兼芋48997

芑 49020 u2F98F
qǐ_3.9　俗芑49008

荽 49021 u26B11
suī_3.9　龍龕荽荾
49505二，新藏作荽△宏按，字又見上海博物館藏戰國楚竹書。亦人名用字，見古陶文彙編 圖nǒ 喃从艸女nǔa聲△荽花：開花。荽囊：豐腴。

荽 49022 u26B10
suī_3.9　同荽49030俗荾49505

茻 49023 u26B0F
null_3.9　未詳。

芜 49025 u26B0D
null_3.9　未詳。

芭 49024 u26B0E
yé_3.9　字海音爷，姓 圖yw 壯藥：藥材。

茡 49026 u26B0C
zǐ_3.9　同茡49146

芳 49027 u26B0B
thè_3.9　喃未詳。

芑 49028 u26B0A
qǐ_3.9　同芑49008

艻 49031 u8297
xiāng_3.9　简鄉51196

苷 49029 u4499
cáng_3.9　藏51440停用二簡字，見二簡

苂 49030 u4498
yì_3.9　碑別字漢隸字源劉03266引石經尚書殘碑 圖玉篇荾49505芅，並同荾49506△宏按，字亦作芅49022

芍 49032 25225
shāo_4.10　唐韻書沼切 集韻始紹切 夶音少。艸也。

苉 49033 25226
bí_4.10　唐韻 集韻夶毗至切音鼻 說文草也 鹽鐵論浚苉蓼蘇 圖pí 廣韻房脂切 集韻頻脂切夶音毗。梨苉，荊薔也 圖bì 集韻必至切 正韻兵媚切夶同庇。蔭也，覆也 莊子·人閒世隱將苉其所藾 圖王應麟詩攷九罭取鰕苉也。出太平御覽。鑒又玉篇苉，古文比。

芙 49034 25227
fú_4.10　唐韻防無切 集韻 韻會馮無切 夶音鳧 說文芙蓉50440 爾雅·釋草荷，芙蕖50964

苠 49035 25228
tún_4.10　唐韻 集韻 韻會夶徒渾切音豚 玉篇菜似莧，可食 圖類篇木始生貌 揚子方言春木之芚兮，援我手之鶉兮 圖chūn 集韻敕倫切音椿。無知貌 莊子·齊物論聖人愚芚。李軌讀椿，郭象讀治本切。

茦 49036 25229
wěi_4.10　古文葷 說文 羊捶切 集韻 尹捶切夶音䔺 爾雅·釋草 渝、茦、葟、葟、榮 註 此別草木榮華之異名也，俗呼草木華初生者爲茦，音彌 図 集韻 筍尹切音笋。又 食律切音述 廣韻 餘律切音聿。義夶同。鋆 又荂 49364 說文 艸之葟榮也。

莜 49038 25231
yóu_4.10　集韻 同蕕 微夫切音無。草名。鋆 正字通 同蓲 51006，俗省。

芜 49037 25230
wú_4.10　集韻 類篇 夶微夫切音無。草名。鋆 正字通 同蕪 51006，俗省。

芝 49039 25232
zhī_4.10　唐韻 止而切 集韻 韻會 眞而切 正韻 旨而切夶音之 說文 神草也 本草 有青赤黃白黑紫六色 註 芝爲瑞草，服之神仙 王充·論衡 芝生於土，土氣和，故芝草生 瑞應圖 王者敬事耆老，不失舊故，則芝草生 白虎通 德至山陵，則景雲出，芝實茂 図 禮·內則 芝栭蔆椇。図 揚雄·甘泉賦 于是乘輿，乃登夫鳳凰兮而翳華芝 註 華芝，華蓋也。△ 六書略 隷作芔，象芝出地。鋆 又芝 49117 苙 49250

芞 49040 25233
qì_4.10　唐韻 去訖切 集韻 欺訖切夶音乞。香草也 說文 芞，輿也 爾雅·釋草 藒車，芞輿 疏 一名藒車，一名芞輿 図 廣韻 許乞切音肸 類篇 其迄切音扢。義夶同。鋆 又芞 49014 芞 49002 氣 50507，同。

芟 49041 25234
shān_4.10　唐韻 所銜切 集韻 韻會 師銜切夶音衫 說文 刈草也 詩·周頌 載芟載柞 周禮·地官·稻人 凡稼澤，夏以水殄草而芟夷之。又 齊語 耒耜枷芟 註 芟，大鎌，所以芟草也△ 或作薌 図 wěi 類篇 尹捶切。與茦通。草之華榮也。

芠 49042 25235
wén_4.10　玉篇 集韻 夶無分切音文。芠草 図 淮南子·精神訓 古未有天地之時，惟象無形，窈窈冥冥，芒芠漠閔。

芬 49043 25236
huàn_4.10　集韻 胡辦切 玉篇 胡慣切夶音幻。草名。

芺 49044 25237
niú_4.10　玉篇 魚丘切 集韻 魚尤切夶音牛。草名 類篇 芺膝，藥草 本草 苗高二三尺，葉尖圓如匙，兩兩相對，有節似牛膝，節上生花作穗，秋結實。

芡 49045 25238
qiàn_4.10　唐韻 集韻 正韻 夶具險切音儉 說文 雞頭也 揚子方言 蔆、芡，北燕謂之蔆，青、徐、淮、泗之間謂之芡，南楚江湘之間謂之雞頭，或謂之鴈頭，或謂之烏頭 古今注 葉似荷而大，葉上蹙縐如沸，實有芒刺，其中如米，可以度飢，即今蔿子也 周禮·天官·籩人 加籩之實：蔆、芡、栗、脯 韓愈詩 平池散芡盤。

芢 49046 25239
rén_4.10　集韻 類篇 夶而鄰切音仁。草名。

荍 49048 25241
xiáo_4.10　集韻 同藃

芻 49047 25240
zhǎo_4.10　集韻 側絞切音爪 玉篇 菜名 正字通 芥本字。引 長箋 云爪有獨立不和之義，故芥从爪借草也。鋆 直音篇 芤同芻。

芸 49049 25242
yín_4.10　唐韻 與筄同 図 餘針切音淫。熱也 図 dǎn 集韻 都感切音黕。艸名，知母也。

芣 49050 25243
fú_4.10　唐韻 縛謀切 集韻 房尤切 正韻 房鳩切夶音浮 爾雅·釋草 芣苢，馬舄。馬舄，車前。郭璞註：大葉長穗，江東呼爲蝦蟆衣 詩·周南 采采芣苢。陸璣疏：一名當道。喜在牛跡中生。幽州人謂之牛舌草，可鬻作茹，大滑，其子治婦人難產 關尹子·九藥篇 聖人大言金玉，小言桔梗、芣苢 図 山名 鄭語 主芣騩而食溱洧 註 芣騩山在密縣 図 fǒu 集韻 俯九切音缶。芘芣，莍也 図 fū 芳無切音敷。從苦省。華盛貌。

苹 49051 25244
zhōng_4.10　唐韻 陟弓切 集韻 陟隆切夶音中 說文 草也 図 集韻 持中切音蟲。義同。

芁 49052 25245
qiú_4.10　唐韻 巨鳩切 集韻 渠尤切夶音求。芁蕡，草名 博雅 白苙，芁蕡也。

芅 49053 25246
guō_4.10　集韻 古禾切音戈。草名。

芤 49054 25247
kōu_4.10　玉篇 苦侯切 集韻 墟侯切夶音摳 類篇 引徐氏脈訣 云按之卽無，舉之來至，旁實中空者曰芤。図 本草 蔥 50730，一名芤。

芥 49055 25248
jiè_4.10　唐韻 古拜切 集韻 韻會 正韻 居拜切夶音戒 說文 菜也 禮內則 秋用芥 儀禮·公食大夫禮 炙南醢以西，豕胾、芥醬、魚膾 註 芥醬，芥實醬也 揚子方言 蘴蕘，趙魏之間謂之大芥，其小者謂之辛芥，或謂之幽芥 爾雅翼 芥似菘而有毛，極辛苦 續博物志 食芥墮淚。図 草芥 揚子方言 自淮以西，或曰草，或曰芥 図 纖芥，細微貌 繁露·王道篇 春秋記纖芥之失 図 蔕 50694 芥。又 jiá 集韻 訖點切音夏。小草 図 葉居吏切音記 王粲·浮淮賦 軸轤千里，名卒億計。運茲威以赫怒，清海隅之舞芥。△ 直音 作芥。鋆 又芩 49015 芥 49986 薺 24536 芿 49047 図 草劉 03782，用同草芥，見 淮南子·齊俗

芦 49056 25249
hù_4.10　集韻 與苄同 • 或作苣，非。

芧 49057 25250
xù_4.10　唐韻 集韻 正韻 夶同苧 図 前漢司馬相如傳 蔣芧青薠 註 芧，三稜也 図 集韻 韻會 正韻 夶象呂切音序。木名，栩也 図 芧栗 莊子·徐無鬼 先生居山林，食芧栗。又 齊物論 狙公賦芧曰：朝三而暮四，衆狙皆怒，朝四而暮三，衆狙皆喜。李軌讀作羊諸切音余。

芯 49058 25251
zhōng_4.10　唐韻 職茸切音鐘。草名 図 gōng 集韻 沽紅切音公。義同 図 sōng 思融切音嵩。菜名△ 或作菘。鋆 又荟 49653

芨 49059 25252
jí_4.10　唐韻 居立切音急 玉篇 芨，菫草，卽烏頭也 図 本草 白芨，葉似初生棕苗，開花長寸許，紅紫色，中心如舌，七月實熟。陶弘景曰：可以作糊。本名連及草，或作白及，或作白給 図 紙芨 謝靈運·山居賦 剝芨巖椒 自註 芨皮可爲紙 顧氏·負暄雜錄 扶桑國出芨皮紙。鋆 字彙 蒠同芨。

朴 49060 25253
pū_4.10　集韻 普木切音樸 玉篇 草生貌 図 類篇 小擊也。

丹
49061 25254
dān_4.10　集韻多寒切音鄲。草名△直音作丹，白草。

苇
49062 25255
fēng_4.10　集韻同丰 說文草盛丰丰也 図 xiá 下瞎切音轄。草名 揚子方言蘇、沇、湘南謂之苇，从丰省。

苅
49063 25256
yǐn_4.10　玉篇移軫切，音引。草也。

芩
49064 25257
qín_4.10　唐韻巨金切 集韻 韻會 正韻渠金切丛音琴◆說文草也 詩·小雅呦呦鹿鳴，食野之芩 疏 根莖如釵股，葉如竹，蔓生澤中下地鹹處，爲草貞實，牛馬亦喜食之 図 黃芩，藥也 本草註芩者，黔也。黔乃黃黑之色也 劉琨與兄子演書黃芩一斤，皆所須也 柳宗元文黃芩以腐腸 註 陶隱居云圓者名子芩，破者名宿芩 図 地名 魏志·東夷傳廉斯鑡爲辰韓大渠帥，從芩中乘大船，入辰韓 図 玉篇渠炎切 集韻其淹切丛音黔。義同 図 yín 魚音切音吟。菜名。如蒜，生水中△或作蘆。鼇 詩·小雅食野之芩 疏根如釵股。根，莖之誤 図 釜49807

芪
49065 25258
qí_4.10　唐韻巨支切 正韻渠宜切 集韻翹移切，丛音岐。芪母，藥草 本草黃芪，一名戴椹，一名王孫，根長三尺，以未折之如綿，謂之綿黃芪。又有白水芪，赤水芪，木芪，功用丛同 図 博雅芪母，草名 図 chí 集韻陳尼切音遲。與莖通。鼇又伐49224 図 可洪音義芪林：莫候反。卉木盛也。正作茂49206也。又巨支反。草藥名也，非。

苞
49066 25259
hù_4.10　唐韻胡誤切音護。草名 本草常山名互草 字彙補作芌 正字通本作互。鼇又芸49092

芫
49067 25260
yuán_4.10　唐韻 集韻丛愚袁切音元 說文魚毒也 山海經首山，草多苿芫 急就篇註芫華，一名魚毒，漁者煑之，以投水中，魚則死而浮出，故以爲名△或作杬 爾雅·釋木杬，魚毒 郭註大木，生南方，皮厚汁赤，堪藏卵果○按生南方用藏卵果者，自別是一種杬木，乃 左思·吳都賦所云綿杬杶櫨之杬，非毒魚之杬也，郭說誤 図 史記·倉公列傳臨菑女子薄吾病，飲以芫花一撮。

芬
49068 25261
fēn_4.10　唐韻撫文切 集韻 韻會 正韻敷文切音紛。草初生，香分布也 図 博雅芬芬，香也 詩·小雅苾芬孝祀 大雅燔炙芬芬 図 揚子方言和也 図 汲冢周書汝無泯泯芬芬，厚顏忍醜 註 泯芬，亂也 図 管子·地員篇芬然若灰 註 芬然，壞起貌 図 前漢·禮樂志芬哉茫茫 師古註芬謂衆多 図 博雅毛草也 図 姓 戰國策晉有大夫芬質△說文本作𦬜。或从艸 六書略又作𠀒。鼇又岕13421 𦭛13268 図 正字通舲69658同芬。

苉
49069 25262
miǎn_4.10　集韻彌殄切音丏。草名。

芭
49070 25263
bā_4.10　唐韻伯加切 集韻 韻會 正韻邦加切丛音巴 玉篇芭蕉50939 図 香草 楚辭·九歌傳芭兮代舞 註芭，巫所持香草名也 図 pā 披巴切音葩。人名 前漢·揚雄傳雄年七十一卒，侯芭爲起墳 図 與葩通 大戴禮·夏小正拂桐芭。拂也者，拂也，桐芭之時也。

芮
49072 25264
ruì_4.10　唐韻而銳切音汭 說文芮芮，草生貌 図 本草註石龍芮，生于石上，其葉芮芮短小，故名 潘岳·西征賦蕞芮于城隅者，百不處一 註芮，小貌 図 國名 詩·大雅虞芮質厥成 史記·周本紀註 晉太康地理志虞西北四十里有芮城，芮城西二十里古芮國也 図 水涯 詩·大雅芮鞫之卽 箋芮之言內也。水之內曰隩，水之外曰鞫。図 史記·蘇秦傳革抉、吷芮，無不畢具 索隱註芮謂繫楯之紛綬也 図 姓 通志·氏族略司徒芮伯之後，齊景公妾曰芮姬 図 ruò 集韻如劣切音爇 通鑑宋元嘉二十七年，芮芮遣使遠輸誠款 胡三省註芮芮卽蠕蠕。魏呼柔然爲蠕蠕，南人語轉爲芮芮。沈約宋書、李延壽南史皆以蠕蠕爲芮芮，從南人語音也。

芯
49072 25265
xīn_4.10　集韻思林切音心 類篇草名。

芰
49073 25266
jì_4.10　古文茤藆 唐韻 集韻丛奇寄切音妓 說文淩也 楚語屈到嗜芰 屈原·離騷製芰荷以爲衣兮 酉陽雜俎今人但言菱芰，諸解草木書亦未分別，唯 王安貧·武陵記云四角、三角曰芰，兩角曰菱 本草註其葉支散，故字从支 水名 水經注來需之水，西歷芰潤水△集韻亦作藆。鼇又奇50000

花
49074 25267
huā_4.10　古文蘤 唐韻 集韻 正韻丛呼瓜切音譁 正字通草木之葩也 歐陽修·花品序洛陽人稱花曰某花某花，稱牡丹則直曰花 図 地名 廣州志南海縣有花田。図 姓。唐有花驚定 杜甫詩成都猛將有花卿 通志·氏族略宋有尚書郎花尹△說文本作華。榮也。从艸坿，鄭氏曰：坿，象華葉垂敷之形，亐象蔕萼也 唐韻古音按花字，自南北朝以上不見于書，晉以下書中間用花字，或是後人改易。唯 後漢書·李諧·述身賦曰：樹先春而動色，草迎歲而發花。又云肆雕章之腴旨，咀文藝之英華。花字與華丛用。而五經、諸子、楚辭、先秦、兩漢之書，皆古文相傳，凡華字未有改爲花者。考太武帝始光二年三月初，造新字千餘，頒之遠近，以爲楷式，如花字之比，得非造于魏晉以下之新字乎。鼇又花49116 苍49075 苞49121 炛30610

苍
49075 25268
huā_4.10　篇海俗花字

芳
49076 25269
fāng_4.10　唐韻 集韻 正韻丛敷方切音妨 說文香草也 屈原·離騷雜杜蘅與芳芷 註杜蘅、芳芷，皆香草名 図 玉篇芬芳，香氣貌 司馬相如·美人賦芳香芬烈 図 屈原·離騷芳與澤其雜糅兮 註芳，德之臭也 晉書·元帝紀文景垂仁，傳芳于南頓。図 韻會州名。地多芳草，置在常芳縣 図 姓 通志·氏族略風俗通云漢有幽州刺史芳垂敷。鼇又𦬬49115

芴
49077 25270
wù_4.10　唐韻 韻會 正韻丛文弗切音物。菲芴，土瓜也 陸璣詩疏菲49800，幽州謂之芴 図 軋芴，緻密也 司馬相如·上林賦繽紛軋芴 図 hū 呼骨切音忽 莊子·至樂篇芒乎芴乎，而無從出乎 荀子·正名篇故愚者之言，芴然而粗。鼇又芛49987

莢 49078 25271
jué_4.10　玉篇 古穴切音決。芙光，芙明也 爾雅·釋
草 薢茩，芙光 疏 葉如江芒，子形如馬蹄，呼爲馬蹄芙
明 廣雅 謂之羊蹢躅 又 通決 杜甫詩 雨中百草秋爛死，
階下決明顏色鮮。鑾 又 莢49563

芶 49079 25272
gōu_4.10　篇海 音勾。菜名。鑾 又 俗苟49163 金石文
字辨異 引 後唐澤州乾明寺經幢

芷 49080 25273
zhǐ_4.10　唐韻 韻會 正韻 𠀤 諸市切音止。白芷，藥
名 本草 一名芳香，一名澤芬，生河東川谷中，主長肌
膚，潤澤顏色，可作面脂 荀子·勸學篇 蘭槐之根是爲芷
屈原離騷 扈江蘺與辟芷兮 又 地名 前漢夏侯嬰傳 戰于
藍田芷陽 註 芷陽，後爲霸陵縣○按芷陽 史記 作芑陽，
音義同。鑾 又 芷49273

芸 49081 25274
yún_4.10　廣韻 集韻 王分切 韻會 正韻 于分切，𠀤音
雲 說文 草也，似目宿 禮·月令 芸始生 註 芸，香草也 爾
雅翼 芸類豌豆，叢生，其葉極芳香，秋後葉間微白如粉，
南人採置席下，能去蚤蝨。今謂之七里香 續博物志 典
略 云芸香辟紙魚蠹，故藏書臺稱芸臺 成公綏芸香賦 美
芸香之脩潔，合陰陽之淑清 急就篇註 芸，芸蒿也。
生熟皆可啗 又 拾遺記 芳蔬園多異菜，有菜名芸薇，紫
色者最繁，一名芸芝 又 多貌 老子道德經 夫物芸芸，各
復歸其根 又 通耘 論語 植其杖而芸 何晏註 除草曰芸
又 yùn 音運 詩·小雅 裳裳者華，芸其黃矣△ 集韻 作蒜。
鑾 又 秐39685

芹 49082 25275
qín_4.10　唐韻 巨斤切 集韻 韻會 渠斤切 𠀤音勤 說
文 楚葵也 詩魯頌 思樂泮水，薄采其芹 箋 芹，水菜也 爾
雅疏 水芹，一名水英 呂氏春秋 菜之美者，有雲夢之芹
埤雅 芹潔白而有節，其氣芬芳，味不如蓴之美，故列子
以爲客有獻芹者，鄉豪取而嘗之，蜇於口，慘於腹也。
又 水名 水經注 濟水又東北合芹溝水 又 qí 集韻 渠希
切音祈。水草 又 jǐn 類篇 几隱切音謹。菜蒿類。
鑾 又 蘄51647 薪51297 靳22096 𦾯22092 又 正字通 泝49493
莛49781同芹。

芺 49083 25276
ǎo_4.10　玉篇 烏老切 唐韻 烏皓切 𠀤音襖 說文 草
也。味苦，江南食以下氣 又 yǎo 集韻 於兆切音夭 爾
雅釋草 鉤，芺 疏 薊類，一名鉤，一名芺 郭注 大如拇指，
中空，莖頭有臺，初生可食 又 於到切，音奧。義同。

芻 49084 25277
chú_4.10　唐韻 又愚切 廣韻 測隅切 集韻 窗俞切，並
音𤛓 說文 刈草也 詩大雅 詢于芻蕘 疏 芻者飼牛馬之草
孟子 猶芻豢之悅我口 趙註 草食曰芻 韻會 羊曰芻，犬
曰豢，皆以所食得名 又 禮祭統 士執芻 註 藁也 詩小雅
生芻一束 箋 芻草刈取以用曰芻，故曰生芻 又 草名 小
雅 終朝采綠 箋 綠，王芻也 又 梵語謂僧曰苾芻 又 芻尼
許彥周詩話 嘗七夕詩，押潘尼字，難于屬和，後讀藏
經，有呼喜鵲爲芻尼 又 姓。見 何氏姓苑 又 zōu 集韻 蕾
尤切音鄒 韓愈 驅驥詩 力小若易制，價微良易酬。渴飲
一斗水，饑食一束芻△ 六書正譌 芻象包裹草之形，俗

作䂏，非 干祿字書 通作蒭、芻。鑾 又 蒭04260 𮧥16364
𦼒49317 又 朝鮮本 龍龕 芻，蒭50390 𦺷50486 茟49278并或
作。萩49899，舊藏作蒭。

芼 49085 25278
mào_4.10　唐韻 集韻 韻會 正韻 𠀤莫報切音蝐 說文
草覆蔓也 又 爾雅釋言 芼，搴也 註 皆擇菜也 又 mào 五
音集韻 武道切，音媢◇用菜雜肉爲羹也 禮·內則 芼羹
疏 芼菜者，按 公食大夫禮 三牲皆有芼，牛藿、羊苦、
豕薇也 又 máo 韻會 謨袍切音毛 柳宗元詩 野蔬盈傾
筐，頗雜池沼芼 註 芼，草也。鑾 又 𦷟49616 蓩50028 稏40543

茚 49086 25279
áng_4.10　唐韻 五剛切 集韻 韻會 𠀤音昂 說文 菖
蒲也 又 集韻 魚兩切音仰 玉篇 作䓫草，出池水邊。
鑾 又 茚49277

芽 49087 25280
yá_4.10　唐韻 五加切 集韻 韻會 正韻 牛加切 𠀤音
衙 說文 萌芽也 禮·月令 是月也，安萌芽 呂氏春秋 萌
始震，凝寒不形 關尹子·四符篇 核芽相生 又 博雅 始也
參同契 陰陽之始，玄合黃芽。鑾 又 芽49114

茀 49088 25281
fèi_4.10　唐韻 韻會 正韻 𠀤方味切音沸 詩·召南 蔽
芾甘棠 傳 蔽芾，小貌 又 布蓋切音貝。義同 又 fú 廣韻 分
物切音弗。草木翳薈也 博雅 茀茀，茂也 又 韻 𧃟 與鞁同
詩·曹風 彼其之子，三百赤茀 傳 茀，韠也 小雅 朱茀斯
皇。鑾 又 芾49093

茐 49089 25282
rèng_4.10　唐韻 而證切 集韻 如證切，𠀤仍去聲。草
不剪也 列子黃帝篇 藉茐燔林 唐書杜佑傳 佑于朱坡樊
川，頗治亭觀林茐，鑿山股泉，與賓客置酒爲樂 方干詩
茐草不停猷 又 réng 集韻 如烝切音仍。茐48968或作茐。

茫 49091 25284
háng_4.10　唐韻 胡郎切 集韻 寒剛切 𠀤音杭 爾雅·釋
草 茫，東蠡 張衡·西京賦 草則蔵莎菅蒯，薇蕨荔茫。
又 gāng 集韻 居郎切音岡。草名。葉似蒲，叢生。

荮 49090 25283
rǎn_4.10　直音 同苒。
音護。草名。可爲繩 篇海 與荳同。

茴 49092 25285
hù_4.10　集韻 胡故切

茀 49093 25286
fèi_4.10　集韻 北末切音撥 類篇 小貌。

苜 49094 25287
rì_4.10　集韻 入質切音日。草名。

芺 49095 25288
tiān_4.10　集韻 他年切音天。草名。

芇 49096 25289
qí_4.10　集韻 古文其49829字。

茻 49097 25290
mǎng_4.10　玉篇 同䒙49119，鑾 又 同甘49119，菩薩合文 龍
龕 茻15940莫朗反。草木冬生不死也。又音菩薩二字。

苁 49098 25291
cóng_4.10　玉篇 與從16671同。

萃 49100 25293
cuì_4.10　直音 同萃。

茌 49099 25292
chán_4.10　字彙補 音未
詳 繆襲·尤射 期茌然有成者。鑾 俗夭。

茀 49101 25294
pútí_4.10　直音 菩提二字 字彙補 見 經藏。亦作甘。
鑾 抄寫佛經記號字：甘49119茻49097，菩薩合文。茻、

攗50925，菩提合文。卅15958，涅槃合文。

茵 49102 25295
wǎng_4.10 篇海 音冈。草名。

荂 49103 25296
hù_4.10 直音 同荂

荓 49104 25297
jiū_4.10 篇海 同荍。

茇 49105 25298
bá_4.10 古文茇 字彙補 以久切，音友◇草名。

鎣 俗茇49212

茻 49106 25299
mán_4.10 字彙補 母官切音瞞。相當也。鎣 正作
茚48993，或作茻02727 可洪音義 糸茻：上音覓。下音眠。

樊 49107 25300
yí_4.10 集韻 疑35788古作樊。鎣 同笑41749

舺 49108 25301
yǒu_4.10 玉篇 古文友05157字△ 集韻 古文作舺。

芻 49109 u2B1ED
wěi_4.10 簡 蔿50897

芻 49110 u2B1EC
null_4.10 未詳。

茭 49111 u2B1EB
fù_4.10 直音篇 茭，音父。

茵 49112 u2B1EA
gāng_4.10 簡 茵49813

菶 49113 u2B1E9
haz_4.10 壮茅草。

芽 49114 u2F995
yá_4.10 同芽49087

芳 49115 u2F994
fāng_4.10 芳49076本字
漢隸字源 引 荊州刺史度尚碑

花 49116 u2F993
huā_4.10 同花49074

芝 49117 u2F991
zhī_4.10 同芝49039

茈 49120 u26B34
null_4.10 未詳。

芉 49118 u26B36
ngò_4.10 喃芉蓮：藕

苷 49119 u26B35
púsà_4.10 同井49097菩薩合文。參見卅49101卅15958

花 49121 u26B33
huā_4.10 俗花49074偏類碑別字 引 唐莨夫人墓誌

苕 49122 u26B32
null_4.10 未詳。

卅 49123 u26B31
shū_4.10 同卅49233俗
叔49822 可洪音義 田卅：見藏 作豆，徒
侯反 音義 作斜（斜）替之，非。

芮 49124 u26B30
rěn_4.10 茞苒，同茌
49376苒 韻學驪珠 茞，日您切。茞苒。又去聲，義同。

芘 49132 u26B28
zé_4.10 同蓍51180

杵 49125 u26B2F
shí_4.10 清·徐葆光 中山傳信錄·卷第六·物產 野牡
丹：土名杵花，葉與牡丹無異。二、三月花開作叢，纍
纍如鈴鐸。素瓣紫心，檀心如碗大，極芳烈。其葉嚼之，
以為口香。種出大平山。周煌 琉球國志略 種出太平島
沿海沙土中。

苏 49133 u82CF
sū_4.10 簡 蘇51734

茕 49126 u26B2E
qióng_4.10 簡 煢31101

苯 49127 u26B2D
null_4.10 或同菜49271人名 明實錄明神宗顯皇帝實
錄·卷之五十五 勒令靖江王府殺叔罪宗邦菜自殺。

苧 49134 u82CE
zhù_4.10 簡 苧49171
古文丘00046 龍龕 茾，古文，去牛反。

芙 49128 u26B2C
qiū_4.10 同堃，俗堃，
古文丘00046

芙 49129 u26B2B
xiào_4.10 同笑41749亦作樊49107郭店楚墓竹簡性自
命出芙，懼之淺澤也。樂，懼之深澤也。

苍 49135 u82CD
cāng_4.10 簡 蒼50419

苧 49130 u26B2A
zhù_4.10 同苧49171

芋 49131 u26B29
yǔ_4.10 字學呼名能書芋，演女切。

莧 49137 u82CB
xiàn_4.10 簡 莧49570

茛 49136 u82CC
cháng_4.10 簡 莨49837

苊 49138 u82CA
è_4.10 化工用字。碳氫化合物的一類。

芘 49139 u82C9
pǐ_4.10 有機化合物 picene 之音譯。

苈 49140 u82C8
lì_4.10 簡 藶51693

苇 49141 u82C7
wěi_4.10 簡 葦50129

苆 49142 u82C6
qiè_4.10 日麻刀 廣漢和辭典 苆，すさ。つた。す
た。壁土にまぜて塗りこめて、亀裂を防ぐつなぎとす
るもの。普通、荒壁には刻んだわら、上塗りには麻、
紙などを用いる。

苅 49143 u82C5
yì_4.10 俗刈03266

苄 49144 u82C4
hù_4.10 韓 苄49007俗
譌 图 byeon 新玉篇 苄，地黃也。熟苄，干苄 图 biàn 化
工用字。苄基：一種有機化合物的基，亦稱苯甲基。

茅 49145 25302
tí_5.11 集韻 正韻 苐與茅同 图 複姓 通志·氏族略
不茅氏，子姓也△dì 正字通 篇海 俗誤作次第之第，非
韻會 第，但也。亦作弟 字彙 作茅，非。

茅 49146 25303
zǐ_5.11 集韻 與莘同。鎣 又苄49026

苑 49147 25304
yuàn_5.11 唐韻 正韻 於阮切 集韻 韻會 委遠切苁音
婉 說文 所以養禽獸也 周禮·地官·囿人疏 古謂之囿，漢
謂之苑 前漢·高帝紀 故秦苑囿園池，令民得田之 註 養
禽獸曰苑 白虎通 苑囿所以在東方，謂養萬物。東方，
物所生也 图 縣名 史記高祖功臣侯年表 高苑侯丙倩 索
隱註 縣屬千乘 图 善苑，國名。見 洞冥記 图 莊子·天地
篇 諄芒將東之大壑，適遇苑風於東海之濱 註 苑風，扶
搖大風也 图 書名，如 文苑 類苑 藝苑 說苑 之類。
图 宮室名。如內苑、禁苑、西苑、南苑之類 图 星名 史
記·天官書 句曲九星，二曰天苑 图 藥名。蘇苑，遠志也。
見 博雅 图 集韻 韻會 苁紆願切音怨 周禮·地官 禁山之
為苑。劉昌宗讀去聲 左思·吳都賦 遭藪為圃，值林為苑
異苓蘆蕳，夏曄冬蒨 图 yuān 類篇 於袁切，音鴛。人姓
左傳 苑何忌，齊大夫 魏志 渤海苑康 图 yù 音鬱 詩·小雅
我心苑結 箋 苑，猶屈也，積也 釋文 音鬱 图 yùn 正韻 委
粉切，讀如蘊。義同 图 苁、菀互通 前漢·百官表 牧師苑
令 晉語 人皆集于苑。鎣 又邑61496苑49478

苬 49148 25305
fān_5.11 唐韻 匹凡切音訖 說文 草浮水中貌 图 fàn
廣韻 孚梵切音泛。義同。鎣 又苬49257

苒 49149 25306
rǎn_5.11 唐韻 集韻 類篇 苁而琰切音冉。草盛貌。
图 茞49376苒，猶展轉也。鎣 又苴49090

苓 49150 25307
líng_5.11 唐韻 集韻 韻會 苁郎丁切音靈◆ 說文 卷耳
也 爾雅 釋草 苓耳，苓耳也 註 卷耳形似鼠耳，叢生如盤
陸璣疏 可煑為茹，滑而少味，四月中生子，如婦人耳璫。
幽州謂之爵耳 雅 苓耳，枲耳也 图 詩·邶風 山有榛，
隰有苓 傳 苓，大苦也 图 茯苓，藥名 淮南子·說山訓 千
年之松，下有茯苓 魏志 潁川郤儉，能辟穀餌茯苓。
图 豬苓 本草註 其塊黑，似豬矢，故名 韓愈·進學解 以

昌陽引年,欲進其豨苓也 図地名 晉書·地理志 扶苓縣,
屬九德郡 図通零 說文 草曰苓,木曰落 図 lián 集韻 靈
年切音蓮。草名 枚乘·七發 蔓草芳苓 註 古蓮字△韻會
亦作蕭。又作蘦。

苔 49151 25308
tái_5.11　唐韻 徒哀切 韻會 正韻 堂來切达音臺。蘚
也 淮南子註 靑苔,水垢也 陸龜蒙 苔賦 高有瓦苔,卑有
澤葵。散岩竇者曰石髮,補空田者曰垣衣。在屋曰昔邪,
在水曰陟釐达異記 苔,又名重錢,呼爲宣蘚,南人呼
爲姤草△集韻亦作蓫。

苕 49152 25309
tiáo_5.11　唐韻 徒聊切 集韻 正韻 田聊切达音迢
詩·陳風 邛有旨苕 疏 苕,苕饒也。幽州人謂之翹。夏生,
莖如勞豆而細,葉似蒺藜而青,其莖綠色,可生食,如
小豆藿 図 詩·小雅 苕之華 芸其黃矣 註 陵苕,一名鼠尾,
生下濕水中,七八月中花紫,似今紫草花,可染皁,裛
以沐髮卽黑 爾雅·釋草 連,異翹 註 一名連苕 図 水名
山海經 龍首之山,苕水出焉 図 苕苕,高貌 水經注 虎牢
臨河,苕苕孤上 張衡·西京賦 壯亭亭以苕苕 図 詩·苕之
華,徐邈讀作時饒切。同䫌。鍪又 菬49874 荺50292

苖 49153 25310
dí_5.11　唐韻 徒歷切 集韻 亭歷切达音翟 爾雅·釋
草 苖,蓨 類篇 羊蹄草也 図 玉篇 丑六切音蓄 廣韻 他歷
切音惕。義达同。

苗 49154 25311
miáo_5.11　古文寉 唐韻 武儦切 集韻 韻會 正韻 眉鑣
切达音描 說文 草生於田者,穀曰苗。凡草初生亦曰苗
詩·王風 彼黍離離,彼稷之苗 魏風 碩鼠碩鼠,無食我苗
註 嘉穀也 図 爾雅·釋天 夏獵曰苗 註 爲苗除害也 詩·小
雅 之子于苗,選徒囂囂 図 書·舜典 竄三苗于三危 史
記·夏本紀註 神異經 西荒中有人焉,面目手足皆人形,
而胳下有翼,不能飛,爲人饕餮,淫逸無理,名曰苗民
図 博雅 衆也 後漢·鄧皇后紀 損膳解驂,以贍黎苗。
図 胤也 屈原·離騷 帝高陽之苗裔兮 後漢·寇恂傳 功臣苗
緖 図 地名 左傳·襄二十六年 晉人與之苗 註 苗,晉地。
図 山名 淮南子·修務訓 苗山之鋌 註 苗山,利金所出也
図 姓 晉語 苗棼皇,晉大夫。鍪又寉12225 媌10992
図 苗49153 偏類碑別字·苗 引 僞周涇陽縣尉杜君夫人趙
氏墓誌

莔 49155 25312
qǐng_5.11　唐韻 口迥切音褧 玉篇 與檾同 類篇 枲屬
正字通 俗作蒬。鍪 集韻 莔,或作茼。

苙 49156 25313
lì_5.11　韻會 正韻 达力入切音立 揚子·方言 苙,圂
也 郭註 謂蘭圂也 孟子 旣入其苙 図 jí 廣韻 其立切音
及。艸名 博雅 白苙,芄䕡也 集韻 藥艸,白芷也。
△亦作茇。

甫 49157 25314
yòng_5.11　集韻 余頌切音用 直音 草名。鍪又
甫49628

苛 49158 25315
hē_5.11　集韻 韻會 正韻 达寒歌切音何 說文 小草
也。又 廣韻 政煩也 禮·檀弓 苛政猛于虎 前漢·高帝紀 父

老苦秦苛法久矣 師古註 苛,細也 図 禮·內則 問衣燠寒,
疾痛苛癢,而敬抑搔之 爾雅·釋言 苛,妎也 註 煩苛者,
多嫉妎 図 周禮·春官·世婦 大喪,比外內命婦之朝,莫
哭不敬者,而苛罰之 註 苛,譴也 図 晉語 朝夕苛我邊鄙
註 苛,擾也 図 素問 苛疾不生 註 苛,重也 図 揚子·方言
苛,怒也 図 姓 正字通 漢苛異 図 hè 上聲 類篇 下可切音
荷。急也 図 hē 集韻 虎何切 羣經音辨 呼多切达音呵。
苛,察也 鄭康成 說禮 司關掌苛察姦人 前漢·王莽傳 大
司空士夜過奉常亭,亭長苛之 図 集韻 黑嗟切。義同。

茟 49159 25316
qū_5.11　唐韻 去魚切音祛。草器 図 qù 丘倨切音
去。草名△類篇 作蕖。

苜 49160 25317
mù_5.11　唐韻 集韻 达莫六切音牧 本草 苜蓿,一名
牧蓿,謂其宿根自生,可飼牧牛馬也 史記·大宛列傳 馬
嗜苜蓿,漢使取其實來,于是天子始種苜蓿肥饒地 西
京雜記 苜蓿,一名懷風,時人謂之光風,茂陵人謂之連
枝草 述異記 張騫苜蓿,今在洛中 韓愈詩 萄苜從大漠
漢書作目宿 図 博雅 水苜,蓍也。鍪又 苡49835 蕾50194
葿50308 苜48215 図 苜37438,从艹,目不正,與苜別。

茷 49161 25318
pèi_5.11　唐韻 玉篇 达蒲昧切音佩 集韻 山麤也。

苞 49162 25319
bāo_5.11　唐韻 布交切 集韻 韻會 班交切达音包 說
文 草也,南陽以爲麤履 司馬相如·子虛賦 其高燥,則生
葳菥苞荔 註 苞,藨也 漢書註 卽今所用作席者 図 本也
易·否卦 繫于苞桑 疏 凡物繫於桑之苞本,則牢固也
詩·商頌 苞有三蘗 図 草木叢生也 爾雅疏 物叢生曰苞,
齊人名曰槇 図 通包 儀禮旣夕 苞二 註 所以裹羊豕之肉
子貢 詩傳 朋友相贈賦木瓜,子曰:見苞苴之禮焉。
図 páo 集韻 蒲交切。同匏。瓠也 図 被表切音殍。與藨
同〇按 郭忠恕 佩觿集 草名之苞,不當通厥包之包。苞,
平表反。包,班交反。截然爲二。然經典俱通用,今仍
舊。

苟 49163 25320
gǒu_5.11　古文茍 唐韻 廣韻 古厚切 集韻 類篇 正韻
舉后切达音垢 說文 草也 図 誠也 魯語 夫苟中心圖民,
知雖不及,必將至焉 図 且也 晏子·雜上篇 行廉不爲苟
得,道義不爲苟合 図 但也 揚子·法言 非苟知之 図 韓詩
外傳 指緣謬辭謂之苟 図 磯名 水經注 苟磯,亦曰南陽
磯 図 姓 廣韻 漢有苟參 急就篇 苟貞夫 註 苟,草名也。
所居饒之,因以爲氏 図 gōu 集韻 居侯切音鉤。苟吻,
草名。鍪又 苟49226 䒱50196 萆50289 蒟49590 芶49079

茛 49164 25321
mín_5.11　集韻 眉貧切音旻 竹膚 図 類篇 衆多貌 揚
子·太玄經 天穹窿而周乎下,地旁薄而向乎上,人茛茛
而處乎中△亦作暋 急就篇 牡蒙,一名黃蓍。鍪又 方 莊
稼晚收。亦作秗40338

苢 49165 25322
yǐ_5.11　唐韻 羊已切 韻會 正韻 養里切达音以 玉
篇 芣苢,草名 図 廣韻 薏苢,蓮實 本草 薏苢仁開紅白
花,結實青白色,形似珠而稍長。一名回回米,又呼西
番蜀林,俗名草珠兒 吳越春秋 有莘氏之女,得薏苢而

吞之，生禹後漢·馬援傳南方薏苡實大，援軍還，載之一車，有譖之者以爲所載皆明珠 又 集韻象齒切音似。義同 又 wō 類篇烏禾切。婆苡、室韋，皆北狄別種名。 又苢49166𦬋49639

苢 49166 25323 yǐ_5.11 苡本字。

苣 49167 25324 jù_5.11 唐韻其呂切 集韻 正韻臼許切𠀤音巨 說文束葦燒也。今俗別作炬，非是後漢皇甫規傳束苣乘城 又 唐書車服志凡天子之車五路，金鳳翅，畫苣文鳥獸 又 玉篇苣藤，胡麻也 曹唐遊仙詩喫盡溪頭苣藤花 又 本草萵50043苣。又白苣，似萵苣，葉有白毛，氣味苦寒。又苦菜，一名苦苣 韻會野生曰褊苣 杜甫詩苦苣刺如針 註卽野苣也。

苤 49168 25325 pī_5.11 集韻攀悲切音丕。草木花盛貌 正字通同芣，非。 又苤49894苷49578

若 49169 25326 ruò_5.11 古文𦱤𦳝𧅬 唐韻而灼切 集韻 韻會 正韻日灼切𠀤音弱 說文若，擇菜也 又 玉篇杜若，香草 楚辭·九歌采芳洲兮杜若 夢溪筆談杜若，卽今之高良薑 又 順也 書·堯典欽若昊天 傳敬順也 詩·小雅曾孫是若 又 汝也 儀禮·士昏禮勗帥以敬先妣之嗣，若則有常 晉語晉文公謂勃鞮曰：爾爲惠公從余于渭濱，命曰三日，若宿而至 又 如也 書·盤庚若網在綱 又 乃也 周語必有忍也，若能有濟也 又 語辭 儀禮·士相見禮君若降送之，則不敢顧 疏若者，不定之辭也 又 前漢·武帝紀民年九十以上，爲復子若孫 註若者，豫及之辭也 又 若若，垂貌 前漢石顯傳印何纍纍綬若若耶 又 莊子秋水篇向若而歎 註若，海神 又 歲名 爾雅·釋天太歲在丑曰赤奮若 又 若木 淮南子地形訓若木在建木西 楚辭天問若華何光 註若木何能有明赤之光華乎 又 水名 水經注若水東南流，鮮水注之 又 姓 正字通漢下邳相若章 又 rě 廣韻人者切音惹。乾草也 又 般若，梵語謂智慧也 晉書·曇霍傳霍持一錫杖，令人跪，曰：此是波若眼 又 韻會浮屠所居，西域謂之蘭若 柳宗元文蘭若眞公 註官賜額者爲寺，私造者爲招提、蘭若 又 ré 人賒切音婼。蜀地名 前漢地理志若屬南郡 春秋傳作鄀△唐韻古音讀汝 三略尊卑相若，强弱相虜。古人讀若字爲汝，故傳記之文，多有以若爲汝者 史記·項羽本紀云吾翁卽若翁 漢書云吾翁卽汝翁，此可據也。 又𦼮25769若49283若49245𠱾05225宭12056𡶵14142若05736𦭼49869𦶵50198𠳊05269𠳋05258 又 正字通𠱰05184同若 又 字彙補𥈠38016日略切音若。義同。

苦 49170 25327 kǔ_5.11 唐韻康土切 集韻 韻會孔五切𠀤音笘◆說文大苦，苓也 詩·唐風采苦采苦，首陽之下 傳苦，苦菜也。陸璣云生田及山澤中，得霜甜脆而美 謝靈運·山居賦二箭殊葉，四苦齊味 自註四苦：青苦、白苦、紫苦、黃苦 又 味也 書洪範炎上作苦 詩邶風誰謂荼苦，其甘如薺 又 集韻勤也 孟子必先苦其心志 又 患也 前漢·賈誼傳病非徒腫也，又苦蹠盭 又 類篇急也 又 博雅悵也 又 揚子方言快也。楚曰苦，秦曰了 郭璞曰苦而爲快，猶以臭爲香，治爲亂，反覆用之也 又 kù 去聲 正韻苦故切音庫。困也 西溪叢語今人不善乘船謂之苦船，北人謂之苦車 又 姓。大夫苦成。見國語。又 通志·氏族略漢有會稽太守苦灼 又 gǔ 果五切音古。惡也 周禮·冬官考工記辨其苦良 註謂分別縑白之麤細 齊語辨其功苦 註功，牢也。苦，脆也 史記·五帝紀河濱器皆不苦窳 註苦，麤也 又 hù 音怙。地名 史記·老莊列傳老子者，楚苦縣厲鄉曲仁里人也〇按苦良，苦窳，功苦之苦，或作楛，或作沽，亦通盬。義同。 又𡶳14579苦49247𦱰66999 又 集韻苦瘖，或从疒。

苧 49171 25328 zhù_5.11 唐韻直呂切 集韻丈呂切𠀤音佇。草名。可爲繩 張衡·南都賦其草則藨、苧、蘋、莞 王褒·僮約多取蒲苧，益作繩索 本草取苧根和米粉爲餅餜饑，味甘美 又 苧蘿，山名 吳越春秋苧蘿山鬻薪之女曰西施、鄭旦 又 集韻陳如切音除。義同。又通作紵 詩·陳風東門之池，可以漚紵 註苧同。亦作芧。 又苎49134苧49130

苨 49172 25329 nǐ_5.11 唐韻奴禮切 集韻乃禮切𠀤音禰 爾雅·釋草苨，菧苨 註薺苨也 劉勰·新論愚與直相像，若薺苨之亂人參 又 通作泥 詩大雅維葉泥泥 釋文張揖作苨苨 博雅苨苨，茂盛也。

苩 49173 25330 bó_5.11 集韻同葩 又 薄陌切音白 韻會姓也，百濟有苩氏。 新字典苩baek百濟姓。

苪 49174 25331 bǐng_5.11 唐韻兵永切音丙 玉篇明著也。

苫 49175 25332 shān_5.11 唐韻失廉切 集韻 韻會 正韻詩廉切𠀤音痁 玉篇以草覆屋 爾雅·釋器白蓋謂之苫 註白茅苫，今江東呼爲蓋 通鑑被苫而耕 胡三省註被苫於身，以蔽雨也 又 凶服者，以爲覆席 禮·檀弓寢苫枕干 儀禮·喪服傳居倚廬，寢苫 註寢苦者，哀親之在草 又 姓 通志·氏族略魯大夫苫夷之後也 又 廉苫 晉書索靖傳草書狀窈嬈廉苫，隨體散布 又 shàn 去聲，舒贍切音閃。義同。又 tiān 類篇他兼切音添。青苫，藥草。 又 玉篇葠，舒鹽切。葠猶苫也，草自藉也。或作苫。

苬 49176 25333 qiú_5.11 唐韻似由切音囚 爾雅·釋草苬芝 郭註一年三花，爲瑞草也 又 類篇夷周切音由。義同。

苭 49177 25334 yǎo_5.11 唐韻烏皎切音杳 玉篇草長貌。

苮 49178 25335 xiān_5.11 唐韻 集韻𠀤相然切音仙 玉篇草名。似莞 隋書·禮儀志南郊神座，皆用苮席 皮日休詩遐勝鋪苮席。 又𦬞49268

苯 49179 25336 běn_5.11 唐韻布忖切音畚 玉篇苯䔿51009，草叢生也 晉書·衛恆傳禾卉苯䔿以垂穎。

苰 49180 25337 hóng_5.11 唐韻胡肱切音弘 玉篇藤苰，胡麻也。又 與鞃通 詩·大雅鞹鞃淺幭 疏鞃又作苰。

英 49181 25338 yīng_5.11 唐韻 集韻 韻會 正韻𠀤於驚切音瑛 爾雅·

釋草榮而不實者謂之英 詩·鄭風 有女同車，顏如舜英 註 英，猶華也 図 木名 爾雅·釋木 權，黃英 図 葉亦謂之英 屈原·離騷 夕餐秋菊之落英 西溪叢語 宋書·符瑞志 沈約云英，葉也 離騷 餐落英，言食秋菊之葉也。據 玉函方 甘菊三月上寅採葉，名曰玉英，是英亦謂之葉也 図 禮·禮運 大道之行也，與三代之英 疏 倍遜曰俊，千人曰英 孟子 得天下英才而教育之 図 博雅 美也 晉書·荀闓傳 京師語曰：洛中英英荀道明 図 爾雅釋山 再成，英 疏 山形兩重者名英，今南郡英山縣，蓋取此名也。図 瓊英，美石似玉者 詩·齊風 尚之以瓊英乎而 水經注 孫盛·魏春秋曰：文帝愈增崇宮殿，取白石英及紫石英 図 英英，雲貌 詩·小雅 英英白雲，露彼菅茅 図 詩·小雅 二矛重英 註 以羽飾矛 魯頌 朱英綠縢 疏 蓋絲纏而朱染之 図 樂名 前漢·禮樂志 帝嚳作 五英。英，華茂也 図 國名 史記·陳杞世家 皋陶之後，或封英、六 楚世家 註 英國在淮南，蓋蓼國也 図 姓 通志·氏族略 英氏，以國為氏，漢有九江王英布 図 於虔切音閼 班固·西京賦 翡翠、火齊，流耀含英。縣黎、垂棘，夜光在焉 図 yāng 集韻 英，稻初生未移者，亦讀央 図 yìng 於慶切音映。飾也。鎣 又 娀11010莫49436漢28831鄭61832 図 猇33424猗狋、英獝，英吉利的葭稱 蔣介石日記.1942.May.12-13 邱吉爾十日演說對戰局仍重俄國，間帶美國，而對於我國隻字未提。緬甸初敗，我軍被欺必訾，為其犧牲，而且仍在緬境被圍，未脫險境。彼不僅不加救援，而也未提我援緬之貢獻，于情于理，均無此種惡劣之態度，可憎已極。古人所謂吃一塹長一智，吾人更覺英獝之不可共事。

茌 49182 25339
zhǎ_5.11 集韻 側下切音鮓。土苴也 図 zuó 疾各切音昨。地名 晉書·地理志 定茌縣，屬越巂郡 図 山名 後漢·郡國志 滇陽有茌領山。

茮 49183 25340
zhú_5.11 唐韻 玉篇 夾同朮 山海經 女几之山，其草多菊茮。

苳 49184 25341
dōng_5.11 唐韻 都宗切音冬 說文 草也 類篇 苳芩，冬生。鎣 又 苳50250 図 新撰字鏡 都宗反。苾苳也。

苴 49185 25342
dá_5.11 唐韻 當割切音怛。葟苴 図 dàn 集韻 徒案切音憚 玉篇 苴草。

苴 49186 25343
qū_5.11 集韻 千余切音蛆 玉篇 麻也 詩·豳風 九月叔苴 傳 苴，麻子也 莊子讓王篇 顏闔守陋閭，苴布之衣，而自飯牛 註 苴，有子麻也 図 禮·喪服小記 苴杖，竹也 註 苴者，黯也，心如斬斫，故貌必蒼苴，所以縗裳、絰杖，俱備苴色 儀禮·喪服 斬衰裳，苴絰杖，絞帶 疏 以一苴目此三事，謂苴麻為首絰、要絰，又以苴竹為杖，苴麻絞帶 図 jū 廣韻 子余切音沮。履中草 図 禮·曲禮 凡以弓劍、苞苴、簞笥問人者 註 苴，藉也 管子·霸言篇 上夾而下苴 註 苴，包裹也 図 木名 山海經 服山，其木多苴。図 司馬相如·子虛賦 諸柘巴苴 註 巴苴，草名 図 地名 史記索隱註 狄苴，在渤海 図 姓 前漢·貨殖傳 有平陵苴氏

図 chá 鉏加切音槎。水中浮草也 詩·大雅 如彼棲苴 疏 苴是草木之枯槁者，故在樹未落及已落為水漂，皆稱苴也 楚辭·悲回風 草苴比而不芳 註 枯曰苴 図 zū 正韻 宗蘇切音租。茅藉祭也 前漢·郊祀志 掃地而祠，席用苴稭 註 讀如租 図 xié 類篇 徐嗟切音斜。苴咩城，在雲南。

図 zhǎ 集韻 側下切音鮓。莊子·讓王篇 其土苴以治天下 註 土苴，和糞草 韓愈文 補苴罅漏 図 jù 正韻 將豫切音怛 前漢·終軍傳 苴白茅于江、淮 註 苴，子豫切 図 bā 讀作巴 史記·張儀傳 苴蜀相攻擊 索隱註 苴，音巴 図 bāo 讀苞 後漢·徐廣傳註 譙周曰：益州天苴讀為苞黎之苞 図 jǔ 五音集韻 子與切音咀 羣經音辨 亦音咀 図 xiè 正韻 才野切音灺。幔也。又伺也。鎣 又 稂40630蒼50100

苀 49187 25344
xiǒng_5.11 唐韻 許永切 集韻 況永切，並音泂 類篇 草名 図 huǎng 正韻 詡往切音怳 前漢·外戚傳 寰淫敞苀，寂兮無音 師古註 與怳17157同。鎣 又 玉篇 苀，憁苀也。

苵 49188 25345
ná_5.11 集韻 女加切音拏。藷苵，草名 図 女居切音挐。義同〇按藷苵本作藷藉50346

苿 49189 25346
sì_5.11 唐韻 徐姊切 集韻 序姊切夶音兕 玉篇 蕡也 図 shǐ 矧視切音矢 說文 菜也。

苵 49190 25347
dié_5.11 唐韻 韻會 夶徒結切音迭 爾雅·釋草 蕍，苵 疏 蕍，一名荎。亦作苵 図 集韻 作蔎。鎣 又 蔎50764

苶 49191 25348
nié_5.11 唐韻 奴結切 正韻 乃結切夶音涅 韻會 疲貌。一曰忘也 莊子·齊物論 苶然疲役，而不知其所歸 唐書·白敏中傳 是時居易足病發，宰相李德裕言其衰苶，不任事。鎣 又 茶49452苶49246茶49428

苶 49192 25349
nié_5.11 直音 同茶

苷 49193 25350
gān_5.11 集韻 韻會 夶沽三切音甘 說文 甘草也 本草 一名靈通，一名國老。此草最為眾藥之主，經方少有不用者，猶如香中有沉香也。治七十二種乳石毒，解一千二百般草木毒，調和眾藥有功，故有國老之號 王十朋詩 閑庭勝蒔苷△ 正字通 草味甘，故名甘草。俗加艸，與通草作蓪、牛膝作牛同。

苺 49194 25351
bǎo_5.11 六書正譌 補抱切，草盛貌，俗作葆，非。〇按經史俱作葆，必从苺廢葆 正譌 之說太泥。

苧 49195 25352
hú_5.11 玉篇 火烏切 篇海 音呼。草名。鎣 新撰字鏡 苧，火孤反。葫50135也，大蒜也。

苹 49196 25353
píng_5.11 唐韻 符兵切音平 爾雅釋草 苹，藾蕭 註 今藾蒿 詩·小雅 呦呦鹿鳴，食野之苹 箋 藾蕭也。疏：葉青白色，莖似箸而輕肥，始生香。可生食，又可蒸食 図 集韻 萍也00382 図 苹苹，草貌 宋玉·高唐賦 涉漭漭，馳苹苹 孟郊韓愈聯句 騁遙略苹苹 図 pián 蒲眠切音蹁 周禮·春官·車僕 苹車之萃 類篇 苹，車名，所以對敵自蔽隱者 図 pēng 披耕切音拼 馬融·長笛賦 爭湍苹縈 註 苹縈，迴旋也。

莓 49197 25354
méi_5.11　集韻母罪切音浼　說文馬莓也　類篇即覆盆草也　本草有蛇莓、蠶莓、烏蘝莓　又武道切音芼。義同。

苻 49198 25355
fú_5.11　唐韻防無切　集韻馮無切丛音扶　爾雅釋草苻，鬼目　註莖似葛，葉圓而毛，子如耳璫，赤色，叢生。江東人呼鬼目草　又姓　晉書載記苻洪傳其先蓋有扈之苗裔，始其家池中蒲生，長五丈，五節，如竹形，因以爲氏。後洪以讖文有草付應王，又其孫堅背有草付字，遂改姓苻氏，自稱三秦王　又fú韻會芳無切音孚。草之莩甲　史記律書甲者，言萬物剖苻甲而出也　索隱註苻甲，猶莩甲也　又pú正韻薄胡切音蒲　左傳昭二十一年鄭子太叔興徒兵以攻萑苻之盜，盡殺之。

莖 49199 25356
shēng_5.11　集韻同薧　又篇海所庚切音生。地名，在魯。

茉 49203 25360
wèi_5.11　篇海同菋

苽 49200 25357
gū_5.11　唐韻　集韻　韻會　正韻丛攻乎切音姑　說文彫胡也　禮內則蝸醢而苽食雉羹　周禮天官膳夫註六穀：稌、黍、稷、粱、麥、苽　淮南子天文訓大旱，苽封熯　註苽生水上，相連持大如蒲者也　又◆詩周南葛藟纍之疏蘽，一名巨苽。

䒩 49201 25358
bì_5.11　唐韻毗必切　集韻簿必切丛音邲　說文馨香也　大雅䒩芬孝祀　大戴禮與君子遊，䒩乎如入之芝蘭之室　又◆䒩薴，草名　陸龜蒙詩日下洲島清，烟生䒩薴碧　又bié蒲結切音蹩。菜名　又綱目集覽突厥有契䒩等十五部△玉篇同薑。又䊪稊40763稊40706　又集韻秘74841，或作䄺䄺稊40445秘。通作䒩。

茉 49202 25359
hé_5.11　唐韻戶戈切　集韻胡戈切丛音禾　玉篇草名　急就篇註耒，手耕曲木也，今之曲把茉鍬△類篇或作秴　又字彙補同莫。見裴光遠集綴

茀 49204 25361
fú_5.11　唐韻　正韻敷勿切　韻會芳勿切，並音拂　說文道多草不可行　曾鞏南軒記得鄰之茀地茀茀，茂也　又爾雅釋詁觏覭，茀離也　註茀離即彌離，彌離猶蒙蘢耳　詩大雅茀厥豐草　註治也　又臨衝茀茀　註強盛也　又易既濟婦喪其茀　註茀，首飾也　詩衛風翟茀以朝　疏婦人乘車不露見，車之前後設障以自蔽隱，謂之茀。又蔽茀　疏茀謂車之後戶也　詩大雅茀祿爾康矣　註福也　又爾雅釋畜疏旋毛在脊者曰茀方。又通紼　左傳宣八年始用葛茀　註茀，所以引柩。又fèi方味切。與芾通　詩蔽芾甘棠　王應麟詩攷作蔽茀。又pèi音佩　史記武帝紀有星茀于東井　索隱天官書註茀即孛星也　又bó音勃。氣貌　莊子人閒世獸死不擇音，氣息茀然　司馬相如上林賦晻薆咇茀　又bì音弼。人姓　前漢古今人表茀肸　註師古曰即佛肸也。茀音弼　通志氏族略周有茀翰○按詩茀祿之茀唐韻古音讀廢。

茁 49205 25362
zhuó_5.11　唐韻鄒滑切　集韻側滑切　正韻側八切丛音札　玉篇草初生貌　詩召南彼茁者葭　傳出也　關尹

子八壽篇草木俄茁茁，俄亭亭，俄蕭蕭　韓愈文蘭茁其芽　又孟子牛羊茁壯長而已矣　趙岐註茁，生長貌。又jú韻會厥律切音橘　廣韻草芽也　又zhú集韻竹律切音怵。義同　又chū集韻之出切音黜。草名，葫荽也。

薑八壽篇。八籌篇　又帇13242

茂 49206 25363
mào_5.11　古文楙　唐韻　集韻　韻會丛莫候切音懋　說文草豐盛　詩小雅如松柏之茂　易无妄先王以茂對時育萬物　註茂，盛也　又詩大雅種之黃茂　註茂，美也　前漢吳王濞傳歲時存問茂才　註美材之人　又爾雅釋詁茂，勉也　周語先王之于民也，茂正其德，而厚其性。又白虎通五人曰茂　又爾雅釋天太歲在戊曰閹茂。又地名　前漢地理志右扶風茂陵　註本槐里之茂鄉。又姓　正字通漢有沮陽令茂眞　又與懋通　前漢董仲舒傳書云茂哉，茂哉　又正韻音畝　前漢班固敘傳支葉碩茂　師古註茂，莫口切　詩本音子之茂兮，讀毛。古茂、卯同音，故史記律書云卯之爲言茂也　又毛詩古音攷音每　魏武步出東門行樹木叢生，百草豐茂。秋風蕭瑟，洪波湧起。薑又茂41851茂49244蓀51147茂49404茂49294茷49224戌49507茂49065

范 49207 25364
fàn_5.11　唐韻防鋄切　韻會父鋄切　正韻房啖切丛音犯　說文草　又䒚也　禮檀弓范則冠而蟬有緌　內則爵、鷃、蜩、范　梁元帝玄覽賦范飛冠而吐蜜　又地名　前漢地理志東郡范，涿郡范陽　又宮名　竹書紀年穆王十四年作范宮　又臺名　戰國策梁王魏嬰觴諸侯於范臺　又門名　左傳哀七年秋，伐邾，及范門　註邾郭門也。又姓　左傳昭二十九年劉累學擾龍于豢龍氏，范氏，其後也　潛夫論帝堯之後有范氏　廣韻隨會爲晉大夫，食采於范，其後氏焉　又通軷　少儀祭左右軌范　又通範　揚子太玄經矩范之動，成敗之效也△正字通已从馬，音額。薑又萆50294蕫52968椛24618

茄 49208 25365
jiā_5.11　古文伽　唐韻古牙切　正韻居牙切丛音嘉　爾雅釋草荷，芙蕖，其莖茄　張衡西京賦蔕倒茄于藻井　何晏景福殿賦茄蔤倒植　又五茄，藥名　柳宗元詩珍蔬折五茄　又古國名　左傳昭二十五年楚吳使遠射城州屈，復茄人焉　又廣韻複姓，有茄羅氏　又qié求迦切音伽。茄子，菜，可食　本草茄，一名落蘇　五代貽子錄作酪酥，蓋以其味如酥酪也　王褒僮約別茄披蔥　拾遺記淇、漳之鯉，脯以青茄　又地名　晉書郗鑒傳鑒率衆渡江，與侃會於茄子浦　又通荷　前漢揚雄傳衿芰茄之綠衣兮　師古註茄，古荷字。見張揖古今字譜　王應麟詩攷有蒲與荷，作有蒲與茄。見樊光註爾雅　又莖茄之茄　集韻　韻會亦作居何切音哥。

茅 49209 25366
máo_5.11　唐韻莫交切　韻會謨交切丛音蝥　說文菅也　易泰卦拔茅連茹　詩召南白茅包之　書禹貢包匭菁茅　蔡邕獨斷天子大社，以所封之方色苴以白茅授之，謂之授茅土　左傳宣十二年前茅慮無　註時楚以茅爲旌識　又國名　左傳襄二十四年凡、蔣、邢、茅　註高平昌

邑縣西有茅鄉 又亭名 史記·魏世家註 脩武軹縣有茅亭 又門名 說苑 楚太子立于茅門之外 又山名 晉書許邁傳 延陵之茅山是洞庭西門，潛通五嶽 又姓 通志·氏族略 茅氏，周公之後，子孫以國爲氏，秦有茅焦 又mèi 類篇 莫佩切。茅蒐，蒨草 又miáo 集韻 眉鑣切音苗 易·泰卦 拔茅連茹。鄭讀作苗。鑾又芧 49057 金石文字辨異茅引隋曹子建碑 又 經典文字辨證書茅正苅49211別。

苅 49211 25368 mǎo_5.11　唐韻 莫飽切音卯 韻會 鳧葵 鄭小同云 蓴菜草 詩·魯頌 思樂泮水，薄采其苅 陸璣疏 苅與荇菜相似，葉大如手，赤圓有肥者，著手滑不得停，莖大如匕柄，葉可以生食，又可鬻，滑美。江南人謂之蓴菜，或謂之水葵，諸陂澤中皆有 干寶云 今之鼺蹏草，堪爲葅，江東有之。又云或名水戾。一云今之浮菜，即猪蓴是也 又 集韻通菀。草叢生也 又 與茅通 周禮天官醢人 苅菹 鄭註 讀作茅 說文 玉篇 苁音柳。註詳苨字。鑾又苤49435 苅49267苶49393苅49525苹50859

茇 49212 25369 bá_5.11　唐韻 集韻 苁蒲撥切音跋 說文 草根也，春草根枯，引之而發土爲撥，故謂之茇 又茇葀，草名 揚雄甘泉賦 攢幷間與茇葀兮 又 草舍也 詩召南 召伯所茇 周禮·夏官 中夏教茇舍 註 茇，草止之也，軍有草止之法 又bō 玉篇 補末切音撥。葷茇，藥名 南方草木狀 蒟醬生於蕃國者，大而紫，謂之葷茇 又 本草 藁本，一名藁茇 又 與跋通 綱目 茇涉至此，勞苦甚矣 又pèi 集韻 博蓋切音沛 爾雅·釋草 苕，黃華，薫。白華，茇 又fú 韻會 分勿切，通紼。竹箄緪也 正韻 又音廢。義同。鑾又茇49261茇49105 又 集韻 茇蔉50181，或从乏 又 正字通 菝49766，同茇。菝葜。藥名。

茈 49213 25370 zǐ_5.11　唐韻 將此切 集韻 蔣氏切苁音紫 說文 茈，草也 爾雅·釋草 藐，茈草 山海經 勞山多茈草 註 一名茈莫，中染紫也 又 茈藳 後漢·馬融·廣成頌 茈藳芸蒩 註 似蕨，可食 又 茈薑 司馬相如·上林賦 茈薑蘘荷 註 茈薑，薑上齊也，薑之息生者，連其株本則紫色也 又 茈魚 山海經 東始之山，泚水出焉，其中多茈魚，其狀如鮒，一首而十身，其臭如蘪蕪 又 茈蠃 山海經 激水東南流注娶檀之水，其中多茈蠃 又cí 廣韻 疾移切，音疵 爾雅·釋草 芍，鳧茈 後漢·劉元傳 王莽末，南方饑饉，人庶羣入野澤，掘鳧茈而食之 本草 一名烏芋，俗名勃薺 韻會 茈菰，似鳧茈而白 本草 亦謂剪刀草，一莖收十二實，歲閏則十三 又chái 鉏佳切音柴。茈胡，藥名 急就篇註 茈胡，一名地薰，一名山菜，通作柴 杜甫詩 晉信有柴胡 又cǐ 集韻 音此 司馬相如·上林賦 柴池茈虒 註 茈音此，虒音豸，不齊也。鑾又薙50430

茉 49214 25371 mò_5.11　正字通 彌葛切音末。茉莉，花名 陸賈·南行記 南越五穀無味，百花不香，獨茉莉不隨水土而變 本草 嵇含·草木狀 作末利 洛陽名園記 作抹厲，佛經作抹利 王龜齡集 作沒利 洪邁集 作末麗，蓋末利本外國語，無正字，隨人會意而已 楊愼·丹鉛錄 晉書都人簪奈

花，即今茉莉，佛書茉莉花，言奈花也 鄭松牕詩話 廣州九里曰花田，盡栽茉莉及素馨。

苴 49215 25372 zī_5.11　正字通 古文茲49337字。

苲 49216 25373 kuǎi_5.11　正字通 與蒇同。

芥 49217 25374 biàn_5.11　唐韻 皮變切音弁 集韻 雀芥，草名。

茋 49218 25375 zhǐ_5.11　唐韻 同茋49782，與芪別。

芠 49210 25367 juān_5.11　同菅。

荒 49220 25377 sì_5.11　集韻 想姊切，音枲 ◇ 說文 漸也，人所離也。

苲 49225 25382 zǐ_5.11　類篇 同淬。

茌 49219 25376 chí_5.11　集韻 俗茌字，地名 後漢郡國志 濟北國茌平 水經注 應劭曰：茌，山名也，縣在山之平陸，故曰茌平也。本作荎。

茵 49221 25378 niǎn_5.11　集韻 類篇 苁女減切音渰。草名。

苯 49222 25379 jiān_5.11　集韻 菅49722古作荚。

荸 49223 25380 píng_5.11　六書正譌 同萍。

苝 49224 25381 dài_5.11　佩觿集 徒再切音代。草貌。鑾又 新撰字鏡 芪49065代，二形，士矢反，上。生山，其味甚苦，人能食 又 俗茷49342 諧聲品字箋 苝，草木茂盛貌。又同施 又 俗茂49206 可洪音義 苝邝：上莫候反。

荀 49226 25383 jì_5.11　廣韻 紀力切，音殛。急也。通亟。與荀異。鑾又筍06545萮49518蕎49988蕎49926

苶 49227 25384 guāi_5.11　直音 同乖00317 集韻 或作莁。

苍 49228 25385 cāng_5.11　集韻 古文蒼50419字。

茇 49229 25386 shī_5.11　集韻 與施22141同。

荒 49230 25387 hù_5.11　字彙補 何誤切音戶。草名。

苤 49231 25388 mù_5.11　字彙補 古文莫49574字。見 古孝經

茜 49232 25389 shā_5.11　字彙補 失瓜切，音沙 ◇ 草也。

荓 49233 25390 shū_5.11　新論 救餓者以圓寸之珠，不如與之橡荓。音未詳。鑾同蒜49517荓49123，俗菽。

芲 49234 25391 pāo_5.11　類篇 披交切音拋。藥草 又 集韻 同芲。

苑 49235 u2B7CD yuàn_5.11　俗苑49147見 集韻

苑 49236 u2B7CC yuàn_5.11　同苑49147 戰國金文。字見 殷周金文集成 4.2104·上苑廚鼎

苔 49238 u2B1F4 chú_5.11　簡 蒭50390

荶 49237 u2B1F5 null_5.11　香草。

荃 49239 u2B1F3 null_5.11　喃未詳。

荁 49240 u2B1F2 jīng_5.11　俗莖49548 可洪音義 荁芋：上戶耕反。下古旱反。

荇 49241 u2B1F1 null_5.11　未詳。

茁 49242 u2B1F0 jiù_5.11　直音篇

苢49358音舊，草藥名。苢，俗 [又] [喃] 俗舊48417

萼 49243 u2B1EF heu_5.11 [壯] 青色。花萼：青菜。

若 49245 u2F998 ruò_5.11 [兼] 若49169

茂 49244 u2B1EE mào_5.11 俗茂49206 [唐寫本唐韻·入聲] 薿，奂力反。茂盛。

苦 49247 u2F996 kǔ_5.11 [兼] 苦49170

䓘 49248 u26B6B cāng_5.11 从艸仓聲。仓，[說文] 奇字倉。張青松：同蒼50419

茶 49246 u2F997 niè_5.11 [正字通] 茶，俗茶字。

𦭪 49249 u26B6A húng_5.11 [喃] 从艸匈hung聲。香花𦭪。

𦭨 49251 u26B68 null_5.11 未詳。

𦭩 49250 u26B69 zhī_5.11 芝49039本字

𦭧 49252 u26B67 túp_5.11 [喃] 从茅省匝táp聲△丐𦭧：茅屋。

𦭦 49253 u26B66 shēng_5.11 俗笙41795漢 [史晨後碑] [又] trổ [喃] 从芽省主chủ聲△𦭦葱：發芽。𦭦葳：開花。

𦭥 49254 u26B65 yǐ_5.11 𦭥蘼，同迤靡，連綿不絕貌。同治 [上江兩縣志·卷二十八·摭佚] 顧華玉如春園盡花，𦭥蘼不少。

𦭤 49255 u26B64 wǎng_5.11 同莔49102俗莔49812

𦭣 49256 u26B63 nǎo_5.11 [墨子·雜守] 寇至，先殺牛、羊、雞、狗、鳧、鴈。收其皮革、筋、角、脂、𦭣、羽。孫詒讓 [閒詁] 引畢沅云𦭣即 [考工記] 剒字。岑仲勉簡注：剒即腦字。

𦭢 49257 u26B62 fān_5.11 [正字通] 芝49148本作𦭢。

𦭞 49261 u26B5E bá_5.11 同茇49212

𦭡 49258 u26B61 sī_5.11 俗笥41816从艸 [廣碑別字] 引唐 [新鄉縣令王順孫墓誌] [又] 俗茍49226 [可洪音義] 𦭡咲：上音狗。下音笑。

𦭛 49264 u26B5B null_5.11 未詳。

𦭠 49259 u26B60 qiāng_5.11 亦作䓘49605或作䓘49248 [集韻] 蹌59193，古作䓘。張青松：同蒼50419

𦭟 49260 u26B5F tā_5.11 同葩49802又 [可洪音義] 嘜𦭟：下式支反。正作葹50156也。下又郭氏音他。應和尚未詳。

𦭝 49262 u26B5D mò_5.11 [集韻] 䀛37438，目不正。或書作𦭝。

𦭚 49265 u26B5A null_5.11 未詳。

𦭜 49263 u26B5C zhī_5.11 𦭜箕 [清稗類鈔·植物類上·河套植物] 又有所謂𦭜箕者，亦叢生草類也，莖幹挺出，性堅韌，可製為草帽及蚊扇、掃帚諸物。

𦭘 49267 u26B58 mǎo_5.11 俗茆49211敦煌·P.3693 [箋注本切韻] 鳧葵，水草 [詩] 云言採其茆。又莫飽反。

𦭗 49268 u26B57 xiān_5.11 同䒸49178

𦭙 49266 u26B59 null_5.11 未詳。

𦭖 49269 u26B56 gyaz_5.11 [壯] 𦭖，茶 [又] nyap雜草。

𦭕 49270 u26B55 zhēng_5.11 [正字通] 荵49305 [六書故] 作𦭕，義同。

𦭒 49273 u26B52 zhǐ_5.11 俗芷49080

𦭓 49272 u26B53 null_5.11 人名用字 [清實錄·德宗景皇帝實錄·卷之二百八十九] 據稱審訊已革祿米倉花戶張六，即張𦭓禾等，供認串通該倉書吏陶斌、何桂淋，並在倉擡斛之馬椿山，及郭起汰、王得海、馬得山等，偷放黑檔米石十餘次，賣錢分用。

𦭔 49271 u26B54 null_5.11 未詳。

𦭑 49274 u26B51 null_5.11 未詳。

𦭐 49275 u26B50 null_5.11 未詳。

𦭎 49277 u26B4E áng_5.11 俗茚49086

𦭍 49278 u26B4D chú_5.11 同蒭49395俗芻49084

𦭏 49276 u26B4F null_5.11 未詳。

𦭌 49279 u26B4C suàn_5.11 俗算42114敦煌甘博.003 [佛說觀佛三昧海經卷第五] 探𦭌數劫，令彼罪人發菩提心 [又] gah [壯] 土砂仁。𦭌䓞：砂仁茶。

䒯 49280 u44AF jiān_5.11 同菅49722

䒮 49281 u44AE qióng_5.11 [簡] 䓖03165

䒭 49282 u44AD děng_5.11 [干祿字書] 䒭等，上通下正。

若 49283 uF974 ruò_5.11 [兼] 若。

茕 49284 u8315 qióng_5.11 [简] 煢31271

茓 49285 u8313 xué_5.11 [方] 倔強。茓子：囤糧用的席子。

茑 49286 u8311 niǎo_5.11 [简] 蔦50733

茏 49288 u830F lóng_5.11 [简] 蘢51777

茐 49287 u8310 cōng_5.11 蔥50146 [二簡] 蔥，简作茐。

茎 49289 u830E jīng_5.11 [简] 莖49548

茗 49291 25393 míng_6.12 [唐韻] [正韻] 𠀤莫迥切音酩 [玉篇] 茶芽也 [爾雅註] 茶晚取者爲茗，一名荈49369 [洛陽伽藍記] 楊元慎含水噀陳慶之曰：菰稗爲飯，茗飲作漿 [杜甫詩] 茗飲蔗漿攜所有 [又] 花名 [述異記] 巴東有眞香茗，其花色白，如薔薇。又 [南方草木狀] 耶悉茗，南人憐其芳香，競植之 [又] 茗邈，高貌 [張載·七命] 搖刖峻挺，茗邈苕嶢 [又] 山名 [水經注] 沅水，又東入溪水，南出茗山 [又] 通酩 [韓愈詩] 茗艼馬上知爲誰。

茖 49290 25392 gé_6.12 [唐韻] 古伯切音格 [爾雅釋草] 茖，山蔥 [註] 茖蔥，細莖大葉 [疏] 蔥生山中者名茖 [本草註] 茖蔥，野蔥也。佛家以茖蔥爲五葷之一◆ [後漢馬融傳] 格韭菹于 [註] 格與茖，古字通 [又] gè [集韻] 剛鶴切音各。草也。

荔 49292 25394 lì_6.12 [廣韻] [集韻] 力智切，𠀤離去聲。又 [廣韻] [集韻] 郎計切，並音麗 [說文] 草也，似蒲而小，根可作刷 [禮·月令] 荔挺出 [註] 馬䪥也 [又] [屈原·離騷] 貫薜荔之落蘂 [註] 薜荔，香草也 [又] [山海經] 小華之山，其草有萆荔，狀如烏韭而生于石上 [又] 宮名 [三輔黃圖] 扶荔宮，在上林苑中 [又] 國名 [史記·六國年表] 秦伐大荔 [括地志] 今朝邑縣東，故王城，卽大荔王城 [又] 姓 [通志·氏族略] 有荔菲氏，隋荔菲雄 [又] 荔枝，樹名 [南方草木狀] 荔枝，樹高五六丈，青花朱實，實大如雞子 [西京雜記] 尉佗獻高祖鮫魚、荔枝 [左思·蜀都賦] 側生荔支 [又] 荔浦，地名 [前漢·地理志] 蒼梧郡荔浦 [又] 通離 [司馬相如·上林賦] 荅遝荔支 [干祿字書] 離支，俗作荔枝。

茾 49293 25395 qióng_6.12 [唐韻] 渠容切音邛 [博雅] 茾，䔛莢也△ [正字通] 與茚別。

茙 49294 25396 róng_6.12 [唐韻] 如融切 [集韻] 而融切𠀤音戎。茙葵也

述異記莃葵，本胡中葵，似葵而大者囻莃菽列子·力命篇進其莃菽，有稻粱之味囻韻會莃菽，厚貌囻姓通志·氏族略河南官氏志莃眷氏改爲莃氏囻通穄詩·召南何彼穠矣韓詩作莃。鋻又俗茂49206可洪音義莃盛：上莫候反。正作茂也。又音戎，侯。

茚 49295 25397
yìn_6.12　集韻伊刃切音印類篇草名。

茛 49296 25398
gèn_6.12　唐韻古恨切音艮博雅鉤吻也本草毛茛註茛乃草烏頭之苗，此草形狀及毒皆似之，故名。囻jiàn集韻居萬切音建。水草。蟹有毒，食水茛所爲。

茜 49297 25399
qiàn_6.12　唐韻韻會正韻丛倉甸切音倩說文茅蒐也本草一名地血，一名風車草，一名過山龍，今染絳茜草也史記·貨殖傳千畝巵茜註其花染繒，赤黃也述異記洛陽有支茜園漢官儀染園出芝，供染御服△通作蒨集韻或作葐、芉。鋻又蔄50218蓸51500蓸51042

茝 49298 25400
zhì_6.12　唐韻直例切音滯·說文以草補缺。或以爲綴。一曰約空也囻yì集韻於例切，音瘞正字通屋韻音陸。義丛同。鋻又岢13643筎41873

茵 49299 25401
lǚ_6.12　唐韻隴主切音縷。草名。香蕷也玉篇小蒿草囻龍珠切。同蔞囻郎侯切。同蓲。鋻又蒟50164

茹 49300 25402
rú_6.12　字彙見揚雄·蜀都賦，音義未詳。鋻又藜50480

茥 49301 25403
kuāng_6.12　唐韻去王切集韻曲王切，丛音匡。草名囻揚子方言茥，隨也。鋻又俗筐41904敦煌S.388正名要錄·右本音雖同字義各別例藍，草。籃，茥可洪音義一茥：音匡。持茥：音匡。

茞 49302 25404
chǐ_6.12　集韻韻會丛醜止切音齒玉篇香草說文薑也。齊謂之茞，楚謂之離爾雅疏茞，芎藭苗也。一名麋蕪禮·內則佩帨、茞蘭史記·禮書側載臭茞，所以養鼻也博雅山茞，蔚香、薰本也囻韻會通達49080茞陽，地名囻chǎi廣韻昌紿切。義同。鋻又茝49711蒫49615葚49619藶50598

茬 49303 25405
chén_6.12　唐韻植鄰切集韻丞眞切丛音臣說文草名囻之人切音眞。義同。

茻 49304 25406
zhuó_6.12　篇海作木切音鏃。草木叢生也○按通志·六書略作芈，不宜入艸部。

蒸 49305 25407
zhēng_6.12　說文同蒸。純壹貌前漢酷吏傳吏治烝烝，不至於姦。鋻又茱49270

葦 49306 25408
wěi_6.12　玉篇古芛49036字囻yù集韻允律切音聿博雅蔈也囻◆類篇兵筆切，音筆◇草名佩觿集俗以草名之葦，爲筆札之筆，非囻字彙引法華經註草木花始也。音委。

姂 49307 25409
chà_6.12　唐韻陟駕切音姹博雅姂蒶，黃芩也。

茠 49308 25410
xiū_6.12　唐韻同薅說文薅，或从茠詩·周頌以薅荼蓼疏薅，或作茠漢制攷薅田茠草唐書·陸龜蒙傳身操耒耟，茠刺無休時註茠刺，除草也囻集韻虛尤切。與麻通玉篇薩也淮南子·精神訓得茠越下，則脫然喜矣囻山名水經注峚浦逕縣下，西流至於浦陽茠山。囻hòu集韻許候切。與豆蔲之蔲同。

茡 49309 25411
zì_6.12　玉篇同芓。鋻訛作茡49466

茋 49310 25412
qí_6.12　唐韻巨支切集韻翹移切丛音衹玉篇繰絲鉤緒也。

翊 49311 25413
yǔ_6.12　集韻王矩切音羽篇海草名。

茻 49312 25414
zhōu_6.12　集韻之由切玉篇祝由切丛音周篇海草名。

葦 49313 25415
yáng_6.12　唐韻與章切集韻余章切丛音羊玉篇葦蕖，藥名。

茢 49314 25416
liè_6.12　唐韻正韻良薛切韻會力蘗切丛音列說文芀也禮·檀弓君臨臣喪，以巫祝桃茢執戈，惡之也註茢，萑苕，可掃不祥左傳·襄二十九年乃使巫以桃茢先祓殯囻紫茢，染草周禮·地官·掌染草註茅蒐、橐蘆、豕首、紫茢之屬囻爾雅·釋草茢，勃茢註一名石芸本草一名螫茢△說文作茢。義同。鋻又茢03682蘮50309薊49810

葇 49315 25417
duǒ_6.12　篇海都火切音朶。木上垂也。

莁 49316 25418
wú_6.12　玉篇五姑切音吳。草名△直音同菩。鋻又莄49601

荖 49317 25419
duō_6.12　集韻當何切音多。南夷名後漢·哀牢夷傳南下江漢，擊附塞夷鹿荖華陽國志世祖遣兵，乘箄船南攻鹿荖囻同芰說文杜林說芰49073古从多。鋻又俗芻49084碑別字新編引魏元敏墓誌

莄 49318 25420
guī_6.12　唐韻古攜切音圭爾雅·釋草莄，缺盆註覆盆也，實似莓而小，可食囻說文苦圭切音暌。義同。囻集韻同桂。

莿 49319 25421
cè_6.12　玉篇楚革切音冊說文荊也爾雅·釋草莿，刺註草刺針也，關西謂之刺，燕北、朝鮮之間曰莿。囻cì集韻七賜切。同莿，草芒。

莠 49320 25422
yǒu_6.12　唐韻集韻云九切廣韻云久切，並音有玉篇草名。鋻又集韻蘜52070，尤救切說文艸也。或作莔50154亦省作莠。

茧 49321 25423
chóng_6.12　集韻同苹玉篇茧，草衰也。鋻又筸42013

茨 49322 25424
cí_6.12　唐韻疾資切集韻韻會正韻才資切丛音薋說文以茅蓋屋釋名茨，次也，次草爲之也書·梓材惟

其塗墍茨周禮夏官圉師茨牆則剪闔莊子讓王篇原憲居魯，環堵之室，茨以生草 又 詩·鄘風牆有茨註蒺藜也爾雅·釋草茨，蒺藜註布地蔓生，細葉，子有三角，刺人 又 酉陽雜俎沙州飼馬以茨、萁 又 博雅積也，聚也詩·小雅曾孫之稼，如茨如梁 又 山名莊子·徐無鬼黄帝將見大隗于具茨之山 又 姓後漢·衛颯傳南陽茨充代颯爲桂陽太守。

茩 49323 25425 gòu_6.12 唐韻古厚切音苟。蘛茩，藥名。

茪 49324 25426 guāng_6.12 唐韻古黄切音光集韻草也 又 爾雅·釋草蘛茩，芵茪疏决明，一名芵茪。

⿱艹先 49325 25427 xiǎn_6.12 廣韻集韻類篇丛蘇典切音銑類篇草名。

茫 49326 25428 máng_6.12 玉篇唐韻廣韻莫郎切集韻謨郎切丛音忙類篇滄茫，水貌韻會茫茫，廣大貌 又 州名。唐置郎茫州，在廣西化外 又 唐書·南蠻傳茫蠻，本關南種。茫，其君號也 又 mǎng 正韻母黨切音莽野客叢書漢揚雄校獵賦鴻蒙沆茫白居易詩寒銷春蒼茫 又 野道何茫蒼註丛讀上聲 又 通慌韓愈詩茫惚使人愁註古慌通茫，許往切△亦作芒、汒。義同。

⿱艹牟 49327 25429 móu_6.12 唐韻同麰。大麥也玉篇草也。

茬 49328 25430 chí_6.12 韻會仕之切，音馳◇說文草貌 又 地名前漢地理志東郡茬平應劭註在茬之平地者也 又 廣韻側持切音淄。義同 又 姓。見集韻 又 chá 鋤加切音槎。斫木魯語山不茬櫱。字从艸〇按茬字後漢書水經注皆从仕，宋祁曰：當作茌，今茌茬茬丛存。

⿱艹好 49329 25431 hào_6.12 集韻虛到切音耗類篇草名。

茭 49330 25432 jiāo_6.12 古文䕧唐韻古肴切正韻居肴切丛音交說文乾芻也書費誓峙乃芻茭註積芻茭供軍牛馬韻會草名。荗，刈取以用曰芻，乾之曰茭，故曰峙乃芻茭史記河渠書盡河壖棄地，民茭牧其中耳 又 爾雅·釋草茭，牛蘄疏茭似芹菜，可食本草註生水澤中。苗似鬼針，花青白色，子黄黑色，似防風子 又 前漢·溝洫志搴長茭兮湛美玉註竹葦絙謂之茭也，所以引置土石也 又 xiào 集韻下巧切。同䕧，芰根也爾雅·釋草葯、茭註今江東呼藕紹緒如指空中可啖者爲芰茭，卽此類 又 qiào 口教切音敲去聲揚子方言茭媞，欺謾之詞 又 集韻吉歷切周禮·冬官·弓人註茭讀爲激發之激，謂弓檠也。

鑒又𨍿51269

茮 49331 25433 jiāo_6.12 唐韻卽消切音焦說文𣞤也，似茱萸。註詳椒字 又 niǎo 集韻乃了切。葝茮，草長貌，亦作茮。

茯 49332 25434 fú_6.12 唐韻房六切音伏。茯苓博物志松柏脂入地千年化爲茯苓，茯苓化爲琥珀。今泰山出茯苓而無琥珀，益州永昌出琥珀而無茯苓本草多年樵斫之松，根之氣味抑鬱未絕，精英未淪，其精氣盛者，發泄於外，結爲茯苓，故不抱根，離其本體，有零之義也。精氣不盛，止爲附結本根，既不離本，故曰茯神。

茰 49333 25435 tiān_6.12 字彙古天字〇按廣韻集韻韻會小補古文天字丛作茰，此當卽茰字之譌正字通云茰字亦非古文，則過矣。鑒當是萸字。茰，萸本字 又 正字通云碧落碑大衜茰𢍉，釋爲大道莫尊宰辟敦銘攸茰，釋爲鋚革。非古文天字。

萸 49334 25436 yú_6.12 唐韻羊朱切◆韻會容朱切丛音兪說文茱萸也◆集韻椒子聚生成房貌禮·內則三牲用藙註藙，煎茱萸也風土記九月九日，折茱萸房插頭，可辟惡氣 又 地名水經注邵陵水東北出益縣，其間逕流三峽，名爲茱萸江 又 唐書·王維傳輞川別墅有茱萸沜 又◆集韻雙雛切音毹。義同 又 同蕍，蕍萸，草名。鑒又蕍50981 蕍49793正作茰50221，今作萸50048

苦 49335 25437 guā_6.12 唐韻古活切音括玉篇苦蔞也。齊人謂之瓜蔞 又 草名揚雄·甘泉賦攢井閭與茇苦兮，紛被麗其亡鄂。鑒又菩49593瓼34889𦉐48473瓡48480菰50667

茱 49336 25438 zhū_6.12 唐韻市朱切集韻慵朱切丛音殊。茱萸，藥名。

茲 49337 25439 zī_6.12 古文𦿆芓唐韻子之切集韻津之切丛音孜說文草木多益也 又 爾雅·釋詁此也書·大禹謨念茲在茲 又 蓐席也爾雅·釋器蓐謂之茲公羊傳·桓十六年屬負茲舍，不卽罪爾註諸侯有疾稱負茲 又 史記·周本紀康叔封布茲徐廣曰茲，藉席之名 又 通志·氏族略宋茲成，墊江人 又 通滋前漢·五行志賦歛茲重揚子·太玄經天不之茲 又 荀子·正論篇琅玕龍茲註與髭同。又 cí 篇海音慈。龜茲，國名。鑒又兹15306玆33780兹02604𦭐02592

茳 49338 25440 jiāng_6.12 唐韻古雙切音江玉篇茳蘺，香艸。

茴 49339 25441 huí_6.12 唐韻戶恢切音回玉篇茴香，草名嵇康茴香賦仰眺崇岡，俯察幽坂，乃見茴香生蒙、楚之間本草馬蘄，一名野茴香。蒔蘿，一名小茴香 又 韻會藥草，防風葉也。鑒又蘹61244

茵 49340 25442 yīn_6.12 唐韻於眞切音因說文車重席詩·秦風文茵暢轂註文茵，虎皮也前漢·丙吉傳此不過汙丞相車茵耳註茵，蓐也 又 班固西都賦乘茵步輦漢儀註皇后、婕妤乘輦，餘皆以茵，四人對舉四角，輿而行也 又 本草茵蔯，蒿註經冬不死，更因舊苗而生，故名因陳杜甫詩茵蔯春藕香 又 茵芋，藥名△茵蓐。或作鞇集韻亦作絪，通作絪、裀。鑒又絪41885𦱣50041

茶 49341 25443 chá_6.12 廣韻宅加切集韻直加切，並音垞廣韻俗㭬字。春藏葉，可以爲飲韻會茗也。本作荼，或作㭬，今作茶陸羽·茶經一曰茶，二曰檟，三曰蔎，四曰茗，五曰荈博物志飲眞茶令人少眠 又 本草山茶註其葉類茗，故得茶名 又 茶陵，地名前漢·地理志長沙國茶陵

△正字通引魏了翁集曰：茶之始，其字爲荼，如春秋齊茶、漢志茶陵之類。陸、顏諸人，雖已轉入茶音，未嘗輒改字文。惟陸羽、盧仝以後，則遂易荼爲茶。其字從艸從人從木○按漢書年表茶陵。師古註：茶音塗地理志茶陵從人從木。師古註：弋奢反，又音丈加反。則漢時已有荼、茶兩字，非至陸羽後始易荼爲茶也。鏗又茶49477槎25109茶偏類碑別字茶引唐處士王頎墓誌

茷 49342 25444
fá_6.12　唐韻符廢切集韻韻會房廢切夶音吠。◆草葉多也左傳僖二十八年使茅茷代之柳宗元始得西山宴游記斫榛莽，焚茅茷圙bèi博蓋切音貝。義同。圙fá房越切音伐。義同圙pèi蒲蓋切音斾詩魯頌其旂茷茷傳茷茷，言有法度也。又左傳定四年綪茷、旃旌疏茷，即斾也。綪茷之下更言旃者，茷是旗尾，旃是旗身圙bá類篇北末切。同犮，草根也。春草根枯，引而發之。鏗又芪49224筏41822筏41903

茩 49343 25445
chóu_6.12　篇海直流切，音周◇草也。

茸 49344 25446
róng_6.12　唐韻而容切集韻而融切韻會如容切夶音戎說文草茸茸貌張衡南都賦阿那蓊茸謝靈運詩新蒲含紫茸圙史記晉世家狐裘蒙茸註蒙茸，以言亂貌左傳作尨茸圙木名管子地員篇其杞其茸鹿名本草四月、五月解角時取，陰乾，使時燥圙飛燕外傳賜紫茸雲氣帳杜牧詩醉脫紫茸裘圙五茸，地名陸龜蒙詩五茸春草雉媒驕自註五茸，吳王獵所圙rǒng集韻乳勇切音宂。草生貌前漢司馬相如傳叢以龍茸師古註聚貌圙前漢司馬遷傳僕又茸以蠶室，重爲天下觀笑師古註茸，推也圙闒茸，不肖也鹽鐵論賢知之士，闒茸之所惡也。鏗籀文作茸50584圙闒茸或作闒㜷12446、闒褥60617圙可洪音義花聰46814：而容反，花兒也。正作穠、穊、茸三形經音義作毦，以茸字替之，是也圙前漢司馬遷傳僕又茸以蠶室。茸，或作佴，讀爲恥。

苴 49345 25447
xuè_6.12　唐韻呼決切集韻呼旻切夶音血玉篇草名類篇地苴，蓨也。鏗又莥50579圙楊寶忠：苴49870，俗。

茬 49346 25448
huī_6.12　集韻呼回切音灰類篇草名正字通本作灰，即灰藋。

茹 49347 25449
rú_6.12　唐韻人諸切音如△集韻韻會夶忍與切音汝廣韻人恕切集韻如倨切，夶音洳易泰卦拔茅連茹王註根相牽引貌程傳根之相連者圙受也詩大雅柔亦不茹圙食也禮禮運茹毛飲血孟子飯糗茹草莊子人閒世不飲酒不茹葷者數月矣圙食菜曰茹前漢董仲舒傳公儀子相魯，食于舍而茹葵王莽傳不茹園葵圙啜也爾雅釋詁啜，茹也圙貪也，恣也揚子方言吳越之閒凡貪飲食者謂之茹郭註今俗呼能粗食者爲茹圙說文茹，飯牛也廣韻飯馬也圙度也詩邶風不可以茹小雅獫狁匪茹周頌來咨來茹圙柔也屈原離騷

攬茹蕙以掩涕兮註茹，柔耎也圙臭敗也呂氏春秋以茹魚驅蠅，蠅愈至而不能禁圙左思魏都賦神藥形茹註物自死曰茹圙菜茹前漢食貨志菜茹有畦晉書地理志環廬種桑、柘，菜茹圙草名詩鄭風茹藘在阪傳茅蒐也爾雅釋草茹，藘註今蒨草也圙水名水經注灅水又東，茹水注之圙地名前漢地理志上谷郡茹縣。圙陂名魏志劉馥傳馥爲揚州刺史，治芍陂及茹陂，以漑稻田圙姓晉書五行志茹千秋爲驃騎咨議通志氏族略茹氏註蠕蠕入中國爲茹氏○按茹字有平、上、去三聲，皆于字義無係，如易之連茹，王肅音如易韻讀孺詩之匪茹、來茹，箋音汝，徐音如前漢董仲舒傳茹字音汝王莽傳茹字又音如。唯茹藘茹字詩箋及爾雅疏皆音如。茹毛、茹草、茹葷，茹字皆音人庶切，餘音或平或仄，不可泥也正字通以連茹、不茹、茹毛義列于如音，以來茹、形茹等茹列于孺音，非是。

茺 49348 25450
chōng_6.12　唐韻昌終切集韻韻會昌嵩切夶音充玉篇茺蔚，即今益母草也本草此草及子皆充盛密蔚，故名。鏗又莵49533

莍 49349 25451
jiū_6.12　唐韻居虯切集韻居尤切，夶音樛◇直音草之相糾繚也圙字彙古肴切。同芁。鏗又芁48970蓛51274

茻 49350 25452
mǎng_6.12　集韻文紡切音惘說文衆草也，從四屮，凡茻之屬皆從茻，讀與罔同。自爲部正字通入艸部六書正譌衆草也，象形。別作莽，訓逐兔艸中也，非艸、茻之義圙mǎng廣韻模朗切音莽。義同圙通志六書略茻，蕨類，繁薈而叢生圙mǔ滿補切音姆。莫後切音晦。義茂同玉篇作茻。鏗茻，古文友字圙羿15940

莔 49351 25453
tóng_6.12　篇海徒紅切音同正字通引函史物性志云莔蒿，香，可茹。

茽 49352 25454
zhòng_6.12　類篇直衆切音仲。草卉叢生也。

荓 49353 25455
qiān_6.12　集韻輕烟切音牽類篇秦荓，藥草。鏗從开。

筑 49354 25456
zhú_6.12　唐韻韻會夶張六切音築玉篇蓨筑也爾雅作蓫郭註似小藜，赤莖有節，好生道旁，可食。殺蟲。鏗又芤49564蕏50378蝫53194

荀 49355 25457
xún_6.12　唐韻相倫切集韻韻會正韻須倫切夶音恂說文草也山海經青要之山有草焉，黃華赤實，名曰荀草郭璞圖詠荀草赤實，厥狀如菱圙國名左傳桓九年荀侯賈伯伐曲沃水經注汾水又西逕荀城東，古荀國也圙姓通志氏族略荀氏有二，本侯國也。晉荀林父以邑爲氏。

萱 49356 25458
huán_6.12　玉篇唐韻夶胡官切音桓。菫類禮內則菫、荁、粉、榆，免薧滫瀡以滑之註冬用菫，夏用荁爾雅夏荁秋菫滑如粉後漢馬融傳芝荋、菫、荁。鏗今道用菫字。

莱 49357 25459
lèi_6.12 唐韻盧對切音酹說文耕多草 又 léi 集韻倫追切音纍。果實下垂貌。

茍 49358 25460
jiù_6.12 玉篇渠救切音舊本草鬼茍，本作臼。一名璚田草，一名八角盤，一名唐婆鏡。一年一臼生則一臼腐，蓋陳新相易也，故俗又名害母草 又 集韻類篇巨九切音臼。義同。鑾又茴49242

荂 49359 25461
fū_6.12 唐韻芳無切音敷韻會榮也，華也爾雅釋草華，荂揚子方言華、荂，盛也。齊、楚之閒或謂之華，或謂之荂左思·吳都賦異荂蓲蘛 又 人名晉書·劉琨傳趙王倫子荂 又 集韻正韻㐬枯瓜切音誇。義同 又 xū 況于切音吁爾雅·釋草芺、薊，其實荂註芺與薊頭，皆有蓊臺名荂，荂卽其實也 又 huā 況華切音花莊子·天地篇大聲不入于里耳折揚皇荂，則嗑然而笑註折揚皇荂，皆古歌曲也。鑾集韻雩，或作荂。

荃 49360 25462
quán_6.12 廣韻此緣切韻會逡緣切㐬音詮說文芥脆也，亦香草也屈原·離騷荃不察余之中情拾遺記荃蕪香，出波弋國，浸地則土石皆香，以燻枯骨則肌肉皆生 又 正韻蘇昆切音孫。義同 又 通絟前漢江都王傳繇王閩侯遺建荃葛註細布也 又 通筌莊子外物篇得魚而忘荃註積柴水中，使魚依而食焉。

荄 49361 25463
gāi_6.12 唐韻古哀切韻會柯開切㐬音該說文草根也爾雅·釋草荄，根揚子方言荄，根也，東齊曰杜，或曰茇前漢·禮樂志青陽開動，根荄以遂註草根曰荄 又 集韻正韻㐬居諧切音皆。義同 又 與核通前漢·五行志孕毓根核師古註核亦荄字也。

莩 49362 25464
piǎo_6.12 唐韻苻少切集韻被表切㐬音殍玉篇與蔈50670、荸49572同前漢食貨志贊孟子亦非狗彘食人之食而不知檢，野有餓莩而不知發鄭氏曰莩音蔈，有梅之蔈。莩，零落也。人有餓死零落者，不知發倉廩貸之也師古註諸書或作殍，音義同 又 bì 集韻部鄙切音仳。草木枯落也 又 蒲候切音脰。義同正字通別作殕。

荅 49363 25465
dá_6.12 唐韻廣韻都合切韻會正韻得合切㐬音答說文小尗也晉書律歷志九章商功法程菽、荅、麻、麥，一斛積二千四百三十寸 又 當也書·洛誥奉荅天命註又當奉當天命 又 前漢·鼂錯傳布渠荅註渠荅，鐵蒺藜也 又 韻會引史記荅布千疋註：疊布也 又 拉荅晉書·王忱傳拉荅者有沈重之譽，嗛閃者得清勦之聲。又 本草鮓荅李時珍曰鮓荅，生走獸及牛馬諸畜肝膽，有肉囊裹之，多至升許，色白，狀如雞子，非骨非石，打破層疊 又 韻會與答通 又 與合通◆史記·貨殖傳麴糱、鹽豉、千荅註或作合，器名，有瓴。鑾前漢·貨殖傳糱麴鹽豉千合。

茟 49364 25466
wěi_6.12 正字通芛字之譌。

茾 49365 25467
jǐn_6.12 篇海古文堇49787字。

荆 49366 25468
jīng_6.12 古文𦭜唐韻舉卿切集韻韻會正韻居卿切㐬音京說文楚木也山海經虖勺之山，其下多荆杞本草牡荆註古者刑杖以荆，故字从刑。其生成叢而疎爽，故又謂之楚。荆楚之地，因多產此而名也 又 州名書禹貢荆及衡陽惟荆州 又 山名後漢郡國志南郡臨沮侯國。有荆山註卞和抱璞之處 又 姓通志·氏族略燕有荆軻，望出廣陵。鑾又荊49903荆03444

苉 49367 25469
qǐ_6.12 集韻口已切音起。藥草本草苉，味辛，無毒，主治金瘡。

荇 49368 25470
xìng_6.12 唐韻正韻何梗切韻會下梗切㐬音杏說文莕，或从行陸佃曰荇之言行也詩·周南參差荇菜傳接余也疏白莖，葉紫赤色，正圓，徑寸餘。浮在水上，根在水底，與水深淺等。大如釵股，上青下白。鬻其白莖，以苦酒浸之，肥美，可案酒韻會池州人稱荇爲莕公鬚，蓋細莖亂生，有若鬚然洞冥記靈池有連錢荇，荇如錢文 又 姓正字通漢荇不意、荇吾△或作莕。

荈 49369 25471
chuǎn_6.12 集韻韻會㐬尺兗切音舛。茶葉老者類篇茶晚取者名荈吳志·韋曜傳密賜曜茶荈以當酒。
鑾又𦯬49603

苗 49370 25472
qū_6.12 唐韻丘玉切集韻韻會區玉切㐬音曲說文蠶薄也揚子方言薄，宋、魏、陳、楚、江、淮之閒謂之苗，通作曲禮·月令季春，具曲植蘧筐註曲，薄也。又 揚子方言簟，宋、魏之閒謂之笙，或謂蘧苗。
鑾又𥫱51496笛41876茵49405

草 49371 25473
cǎo_6.12 古文𡳾廣韻采老切集韻韻會正韻采早切，並音懆說文作艸，百卉也。經典相承作草書·禹貢厥草惟繇詩·小雅在彼豐草禮·祭統草艾則墨，未發秋政，則民弗敢草也註草艾，謂艾取草也論衡地性生草，山性生木大戴禮易本命食草者善走而愚 又 史記陳丞相世家惡草具進註草，粗也 又 篇海苟簡曰草草春秋隱四年公及宋公遇于清註遇者草次之期，二國各簡其禮也疏草次，猶造次也 又 詩小雅勞人草草傳草草，勞心也 又 易屯卦天造草昧疏言天造萬物于草創之始 又 前漢淮南王傳常召司馬相如等視草廼遣註謂爲文之草藁百官志註一曹有六人，主作文書起草後漢陳寵傳蕭何草律 又 魏志·衛覬傳覬好古文，隸、草無所不善 又 姓正字通草中 又 韻補脞五切，徂上聲徐幹·齊都賦焚梗林，燎圃草 又 cǒu 此苟切，湊上聲邊讓·章華賦攜西子之弱腕兮，援毛嬙之素肘。形便孅以嬋娟兮，若流風之靡草 又 zào 唐韻自保切集韻在早切，音皁說文草斗，櫟實也，一曰橡斗子徐鉉曰今俗以此爲艸木之艸，別作皁字，爲黑色之皁。案櫟實可染帛爲黑，故曰草。今俗書或从白从十，或从白从七，皆無意義。
鑾又屮13230皂36713草49580𦵼50171𦽭50538

茥 49372 25474
ér_6.12 玉篇直音㐬讓之切音而。草多貌 又 草名馬融·廣成頌芝茥菫荁 又 亭名說文沛城有楊茥亭。又

集韻汝來切音腜。義同。

葊
莐 49373 25475
àn_6.12　唐韻烏旰切，音按說文草也。

藮
莜 49374 25476
qiáo_6.12　唐韻渠遙切集韻正韻祁堯切夶音翹
詩·陳風視爾如荍傳荍，芘芣也疏一名蚍衃。陸疏：
似蕪菁，華紫綠色，可食，微苦爾雅翼一名錦葵花。
図爾雅註今荆葵也。又云荍，小草，多花少葉，葉又
翹起図類篇尸周切音收集韻巨夭切音趙。義夶同。

荎 49375 25477
chí_6.12　唐韻直尼切集韻陳尼切，並音遲爾雅釋
草味，荎蕏註荎蕏，五味子本草註抱朴子云五味者
五行之精，其子有五味図木名詩·唐風山有樞傳樞，
荎也。今之刺楡図博雅牛荎，牛膝也図徒結切音跌。
義同。

荏 49376 25478
rěn_6.12　唐韻如甚切集韻韻會正韻忍甚切夶音
稔詩·大雅荏菽旆旆傳荏菽，戎菽也箋大豆也図爾
雅釋草蘇，桂荏揚子方言關之東西或謂之蘇，或謂之
荏後漢·馬融傳桂荏、鳧葵本草荏子可壓油益都方物
略記每歲荏且熟，則荏雀羣至食其實図柔也詩·小雅
荏染柔木傳荏染，柔意也論語色厲而内荏図篇海荏
染，猶侵尋也。亦作荏苒廣韻荏苒，展轉也魏書·彭城
王傳難違清挹，荏苒至今図地名史記·趙世家敗林人
于荏。鋻又荎49124。

荐 49377 25479
jiàn_6.12　廣韻正韻在甸切集韻韻會才甸切夶音
洊爾雅釋言荐、原，再也図國語註荐，聚也図小爾
雅重也廣韻仍也左傳·僖十三年晉荐饑爾雅釋天仍
饑爲荐図左傳·襄四年戎狄荐居註荐，草也。言狄人
逐水草而居，徙無常處図與薦通詩·大雅饑饉薦臻說
文荐，薦席也六書正譌俗作洊，非。鋻又侟01135今为
薦51239簡化字。

荑 49378 25480
tí_6.12　廣韻杜奚切集韻韻會田黎切夶音啼玉
篇始生茆也詩·邶風自牧歸荑衛風手如柔荑図草木
初生貌晉書·郭璞傳蘭荑爭翹謝靈運詩原隰荑綠柳。
図草也孟子苟爲不熟，不如荑稗。通作稊図yí廣韻以
脂切集韻延脂切夶音夷爾雅釋草荑荑，菥蓂註荑荑，
草名。一名白蕡図芟刈曰荑周禮·地官凡稼澤，以水殄
草而芟荑之△或作稊。鋻集韻荑，或作苐茅図正字
通薙，俗荑字。

荒 49379 25481
huāng_6.12　古文巟巟唐韻集韻韻會正韻夶呼光
切音肓說文蕪也。一曰草掩地也周語田疇荒蕪韓詩
外傳四穀不升謂之荒爾雅釋天果不熟爲荒図廢也
書·蔡仲之命無荒棄朕命傳無廢棄我命図大也詩·周
頌天作高山，大王荒之書·益稷惟荒度土功傳大治度
水土之功図書·禹貢五百里荒服爾雅釋地觚竹、北戶、
西王母、日下，謂之四荒図掩也詩·周南南有樛木，葛
藟荒之図空也吳語荒成不盟図蒙也禮·喪大記註在
旁曰帷，在上曰荒図集韻同慌楚辭·哀郢荒忽其焉極

図通肓史記·扁鵲列傳搦髓腦，揲荒註揲荒，膏荒也
図地名水經注荒谷東岸有冶父城梁元帝·玄覽賦夕瞻
荒谷之寺図歲名爾雅釋天大歲在巳曰大荒落図姓。
見通志·氏族略。鋻又巟49419荒49396荒49409嫞11318

莈 49380 25482
miè_6.12　字彙亡結切，音滅◇目不正正字通茵字
之譌○按集韻眥一作茵，目不正也，字从丫字彙正字
通不設丫部，故附載艸部，則應照艸部算畫，不當仍入
五畫内，今移附六畫之後。

茷 49382 25484
tuō_6.12　廣韻同芪
音耶。臬屬集韻皮可爲索。亦作茷。鋻又捈49592

荨 49381 25483
yé_6.12　唐韻以遮切

芣 49383 25485
jiào_6.12　集韻巨夭切音趙。艸相糺貌。

茼 49384 25486
wǎng_6.12　集韻文紡切音网。草名。

莟 49385 25487
shǐ_6.12　玉篇古文蓍50447字。

茥 49386 25488
guāi_6.12　玉篇古文乖00317字図kuā集韻空媧切
音跬。不正也。

荓 49387 25489
píng_6.12　玉篇同萍集韻類篇夶旁經切音鉼。草名
也說文馬帚也図同蓱。

茵 49388 25490
méng_6.12　說文與茵同。

帯 49389 25491
mò_6.12　集韻莫49574古作帯。

荔 49390 25492
lì_6.12　說文同荔。鋻又荔50581

茉 49391 25494
qī_6.12　篇海千吉切音七。葉似蘇類篇與榛同。

茝 49392 25495
zhǐ_6.12　篇海音止。茝蒩，小苹也。鋻俗蔴49659

茆 49393 25496
mǎo_6.12　篇海同茆

莇 49394 25497
jīn_6.12　篇海音斤。骨
也。鋻俗筋龍龕筋，音斤。骨也。筋肉之力也図姓。

莒 49395 25498
chú_6.12　干祿字書與芻同。

荒 49396 25499
huāng_6.12　直音與荒同。

肙 49397 25500
juān_6.12　直音與菺同。

萄 49398 25501
kuǎi_6.12　直音與蒯同。

茇 49399 25502
péi_6.12　字彙補音培西溪叢語閩廣人食檳榔，每
切作片，蘸蠣灰，以茇葉裹嚼之図lǎo音老。鋻俗
老46292嵩陽寺碑禪師乃構千善靈塔一十五層，始就七
級，緣茇中止。又俗差14645干祿字書茇差：上俗下正
北魏元子直墓誌福極參茇，惑壽惑夭。

茣 49400 25503
hòng_6.12　字彙補公棟切音貢梅聖俞·茶詩萌穎強
神茣。

茦 49401 25504
cì_6.12　字彙補古文次26219字。見說文

奘 49402 25505
xǐ_6.12　字彙補形倪切音奚。草名。

菩 49403 25506
pú_6.12 字彙補 薄乎切音蒲。菩薩弘名也。
鑿仏名也。

茌 49410 u2B1FE
null_6.12 未詳。

茂 49404 25507
shù_6.12 字彙補 牀直
切，音述◇莪茂，藥名。見 本草。鑿俗作茂49441 図俗
茂49206 廣碑別字 引唐 龐德威墓誌

茵 49405 25508
qū_6.12 字彙補 與苗同。

菏 49406 25509
jīng_6.12 玉篇 古文荆49903字。

袠 49407 45277
yī_6.12 搜眞玉鏡 音衣。鑿梭袠，袠衣。

茨 49408 45278
wò_6.12 龍龕 與茨同。鑿茨即沃 說文 作沃28530

沇 49412 u2B1FC
null_6.12 未詳。

荒 49409 u2B7CE
huāng_6.12 俗荒49379

廣碑別字 引 唐文林郎路岩墓誌

茞 49414 u2B1FA
null_6.12 未詳。

袠 49411 u2B1FD
nóng_6.12 簡 蕽51160

范 49413 u2B1FB
null_6.12 新撰字鏡 万支久佐。

祔 49415 u2B1F9
null_6.12 未詳。

芿 49416 u2B1F8
null_6.12 未詳。

莟 49417 u2B1F7
null_6.12 未詳。

冉 49418 u2B1F6
ráy_6.12 喃 从芋省
再tái聲。野芋頭 図 冉聰：鼓膜，耳膜。

荒 49419 uFAB3
huāng_6.12 同荒49379

荣 49420 u2F99A
róng_6.12 俗榮24906

菜 49421 u26BB5
null_6.12 未詳。

荃 49423 u26BB3
null_6.12 未詳。

莘 49422 u26BB4
huá_6.12 俗華49794羅振鋆輯 碑別字 引 魏皇甫驎
墓誌銘 図 二簡 蕎50742简作莘。

茈 49424 u26BB2
rě_6.12 喃 从艸礼lễ聲△茈泗：根荄。

苘 49425 u26BB1
null_6.12 未詳。

荷 49426 u26BB0
hè_6.12 可洪音義 苏
弈：上呼格反。赤也，明也，盛也。正作赫58142也。

荊 49427 u26BAF
jì_6.12 直音篇 葅荊，並同薊51191

茶 49428 u26BAD
niè_6.12 同茶49191 古今圖書集成·字學典·第三十
六卷·音義部彙考二十六·釋適之金壺字考·諸字音釋一
茶：茶音聶，疲貌湖北學生界·1903·Jan. Num. 1 教育·教
育關係國家之存立說 波蘭之亡，豈不以黨派交鬨，各
國乘隙而瓜分之哉……至今憑弔其墟者，猶痛其民氣
疲茶，無恥無議，有以召外患焉。

茳 49429 u26BAC
null_6.12 未詳。

茭 49430 u26BAB
null_6.12 未詳。

芬 49431 u26BAA
null_6.12 未詳。

茫 49432 u26BA9
null_6.12 未詳。

莖 49433 u26BA8
jīng_6.12 俗莖49548

茆 49435 u26BA6
mào_6.12 俗茆49211

莑 49434 u26BA7
péng_6.12 同莑49541亦作莑。籀文蓬50625

莫 49436 u26BA5
yīng_6.12 俗英49181 名義 傑，奇哲反。特立，才能，
莫，俊。

苢 49437 u26BA4
null_6.12 未詳。

药 49439 u26BA2
yún_6.12 药49500譌字

図 可洪音義 王蒟：于珉反。正作筥41960

苆 49438 u26BA3
miē_6.12 苴苆，正作苴咩05987苴咩，城名。

苤 49440 u26BA1
null_6.12 未詳。

茂 49441 u26BA0
shù_6.12 俗茂49404

莁 49442 u26B9F
null_6.12 未詳。

葉 49443 u26B9E
null_6.12 未詳。

芒 49444 u26B9D
máng_6.12 俗恾17375

莢 49445 u26B9C
jiǎ_6.12 四部叢刊·續
編集部吳騷合編卷之四·七犯玲瓏 對粧盒不見鳳凰儔，
捻銀鍼懶把鴛鴦繡，碧筒翠莢，與誰和酬，銀牀珍簟，
與誰竝頭。江在山：俗筜21988

茨 49446 u26B9B
null_6.12 未詳。

莁 49447 u26B9A
xīng_6.12 俗蕻51556

葵 49448 u26B99
kuí_6.12 說文 葵50150本字。

莽 49449 u26B98
réng_6.12 籀文芿48968 殷周金文集成·7.3792·伯芿
篁 白莽乍寶敦，其萬年，子子孫孫永寶用。

茵 49450 u26B97
null_6.12 未詳。

莠 49451 u26B96
yòu_6.12 同羑45738

茶 49452 u26B95
niè_6.12 同茶49191

取 49454 u26B86
null_6.12 未詳。

莑 49453 u26B94
fēng_6.12 俗峯13656 偏類碑別字·峰 引 齊平原縣令
張明府揚夫人墓誌

莑 49455 u44C1
děng_6.12 增廣字學舉隅 等41895，等非。

苦 49456 u44C0
gil_6.12 韓 苦莄，桔梗 正宗大王殯殿魂殿都監儀
軌·中·監膳式·朝夕奠 苦莄菜一器，清酒一瓶。

药 49457 u836F
yào_6.12 简 藥51593

药 49458 u836E
zhòu_6.12 简 葤50127

荭 49459 u836D
hóng_6.12 简 葒50094

荬 49460 u836C
mǎi_6.12 简 蕒50957

荪 49461 u836A
sūn_6.12 简 蓀50427

荩 49462 u8369
jìn_6.12 简 藎51438

荨 49463 u8368
qián_6.12 简 蕁50901

荤 49464 u8364
hūn_6.12 简 葷50153

荣 49465 u8363
róng_6.12 简 榮24906

茡 49466 u8362
zì_6.12 茡49309譌字

荡 49467 u8361
dàng_6.12 简 蕩51004

荠 49468 u8360
jì_6.12 简 薺51384

荟 49469 u835F
huì_6.12 简 薈51189

荞 49470 u835E
qiáo_6.12 简 蕎50948

荩 49471 u835D
zé_6.12 简 蕳50040

荜 49472 u835C
bì_6.12 简 蓽50650

荛 49473 u835B
ráo_6.12 简 蕘50967

荚 49474 u835A
jiá_6.12 简 莢49565

荙 49475 u8359
dá_6.12 简 蓬51216

荘 49476 u8358
zhuāng_6.12 同莊49531

茶 49477 uF9FE
chá_6.12 參見茶49341

苑 49478 u8312
yuàn_6.12 俗苑49147

叝 49479 25493
zōu_7.13 六書正譌 叝本字。

莊 49480 25510
dù_7.13 唐韻 正韻 徒古切 韻會 動五切苃音杜。莊
蘅，香草。

莀 49481 25511
wěi_7.13 玉篇 集韻 苃武斐切音尾。草名。
図 wèi 類篇 無沸切音味。草垂貌。

蒫 wěn_7.13　唐韻武粉切音吻 集韻鉤蒫，草名。
鋆 又吋06398

49482 25512

蒷 bèi_7.13　集韻博蓋切音貝。蒷母，藥名。本作貝。

49483 25513

堇 chù_7.13　唐韻恥六切 集韻敕六切夶音畜 博雅堇，羊蹄也 本草一名東方宿，一名連蟲陸 図揚子方言郭璞註虃菜，堇菜也。亦蘇之種類 図lí說文陵之切，讀若蘺。草也 齊民要術 字林云堇草似冬藍，蒸食之。
鋆 又薰51137

49484 25514

荳 dòu_7.13　廣韻田候切音豆 韻會菽也 物理論云菽者衆荳之名，通作豆 図荳蔻，藥名。

49485 25515

萻 yán_7.13　唐韻語軒切音言。草名。

49486 25516

葽 yǐ_7.13　唐韻 篇海夶于紀切音矣。蔦也。

49487 25517

扶 fū_7.13　◆篇海芳無切音敷 前漢·外戚傳函菱荴以俟風兮，芳雜襲以彌章 韋昭註扶，荷葉未落時也。

49488 25518

苍 fú_7.13　篇海房鳩切音浮。姓也。鋆 又巷14709
巷14712 図正字通巷49725同苍。

49489 25519

荵 rěn_7.13　唐韻而軫切音忍 說文荵冬草 爾雅·釋草蒡，隱荵註似蘇有毛，今江東呼爲隱荵，藏以爲菹，亦可瀹食也 図上聲 集韻而振切音刃。義同。鋆 正字通荕同荵。

49490 25520

邑 yì_7.13　唐韻於汲切音邑。邑莈，茹熟也 図類篇草傷壞也。

49491 25521

荶 yín_7.13　唐韻語斤切音狺 說文草多貌 図亭名 集韻江夏平春有荶亭 図類篇魚其切音疑。義同。
鋆 又狺49798

49492 25522

萕 qí_7.13　集韻渠希切音祈。水草。

49493 25523

荶 yín_7.13　古文蘽 玉篇 廣韻牛金切 集韻 類篇魚音切夶音吟 類篇菜名 齊民要術荶，似蒜，生水中。鋆 集韻荶，魚音切，菜名，似蒜，生水中。古作蘽52036
芩49064 図唥06612，譌字。

49494 25524

莇 zhé_7.13　類篇之列切音浙。斷草也 図揚子方言簟，自關而西謂之簟，或謂之莇郭註今云莇篾簬也。
鋆 又名義薪51036，上列反。斨（斷），折字。

49495 25525

荷 hé_7.13　唐韻胡歌切 集韻 韻會 正韻寒歌切夶音何 爾雅·釋草荷，芙渠註別名芙蓉，江東人呼爲 詩·鄭風隰有荷華傳荷華，扶渠也。又 陳風有蒲與荷 箋芙渠之莖也 埤雅荷，總名也。華葉等名具衆義，故以不知爲問，謂之荷也 図本草薄荷，莖、葉似荏而長。
図地名 吳志裴松之傳吳圍成陽都尉張喬于揚荷橋。
図gē 集韻居何切音歌。水名，與菏同。註詳菏字。
図hè 廣韻胡可切 左傳昭七年其子弗克負荷註荷，擔

49496 25526

也 論語有荷蕢而過孔氏之門者 疏荷，擔揭也 晉書·輿服志八座尚書荷紫，以生紫爲袷囊，綴之服外 図通何 詩·小雅何蓑何笠 傳揭也 釋文河可反 図國語補音負荷之荷亦音河 嵇康詩昔蒙父兄祚，少得離負荷。因疏遂成嬾，寢跡此山阿 潘岳詩位同單父邑，愧無子賤歌。豈能陋微官，但恐杗所荷 図通苛 前漢·酈食其傳握齱好荷禮 師古註荷與苛同。苛，細也 図怨怒聲 通鑑梁武帝口苛，索蜜不得，再曰：荷，荷。鋆 又抲19351抲19674
柯24304

49497 25527

莩 bí_7.13　篇海蒲沒切音孛 碎金云莩薺，古之蒐此也。苗似龍鬚，根黑色，可食。

49498 25528

私 sī_7.13　唐韻息夷切 集韻相咨切夶音私 說文茅秀也。

49499 25529

莆 bù_7.13　唐韻薄故切音捕 玉篇牛馬草，亂藁也。図pú 集韻蓬逋切音蒲。莆擼，收亂草也。

49500 25530

芛 yǔn_7.13　唐韻于敏切音殞 爾雅·釋草芛，荄註芛，一名荄，謂草根可食者也，亦筍類也。非一種 図yún 集韻于倫切音筠。藕紹也。鋆 又芛49439

49501 25531

荻 dí_7.13　唐韻徒歷切 韻會亭歷切夶音狄 說文萑也。◆爾雅·釋草蕭，荻註卽蒿 戰國策公宮之垣，皆以荻、蒿、苦、楚廧之 晉書·童謠官家養蘆花爲荻 図地名 前漢·功臣表荻苴侯韓陶 史記索隱荻苴，在渤海 △正字通廣韻作蔋。鋆 又蔽51648 図可洪音義萑荻50026：上胡官反，細華也。下徒之反，堪作箔者也。正作萑荻也。

49502 25532

菺 juān_7.13　玉篇古玄切音涓。菺明草 類篇祭以爲藉。或作芫。義同。鋆 又菺49397

49503 25533

蒠 jì_7.13　唐韻奇記切 廣韻 集韻渠記切，夶音忌。草名 図讀平聲，與其通 孫子·作戰篇蒠稈一石當吾二十石。鋆 又蕙49602

49504 25534

茶 tú_7.13　唐韻 正韻夶同都切音塗 詩·邶風誰謂茶苦，其甘如薺 傳茶，苦菜也 大雅周原膴膴，菫茶如飴 爾雅·釋草茶，苦菜 疏一名茶草，一名選，一名游冬。葉似苦苣而細，斷之白汁，花黃似菊 図 詩·豳風采茶薪樗 図予所捋茶 註茶，萑苕也 図 詩·鄭風有女如茶 箋茶，茅秀也，物之輕者，飛行無常 周禮·地官·掌茶 註茶，茅秀也 前漢·禮樂志顏如茶，兆逐靡 應劭曰荼，野菅白華也 師古曰言美女顏貌如荼茶之柔也。荼者卽今所謂蒹錘也 図 書·湯誥弗忍荼毒 傳荼毒，苦也 詩·大雅民之貪亂，寧爲荼毒 疏荼、毒皆惡物 図 詩·周頌以薅荼蓼孫炎曰荼亦穢草，非苦菜也 王肅曰荼，陸穢 図 爾雅·釋木檟，苦荼 註樹小如梔子，冬生葉，可作羹飲 野客叢書世謂古之荼卽今之茶，不知荼有數種，惟茶檟之荼卽今之茶49341也 図博雅荼，僭也 図揚子方言倩，荼借也 郭註荼，猶徒也 図神名 風俗通上古之時，有神荼、鬱壘昆弟二人，性能執鬼 蔡邕獨斷十二月歲竟，

乃畫茶、壘，并懸葦索以禦凶 囡chá 唐韻宅加切 六書
正譌直加切苶槎。義同 囡通舒 禮玉藻諸侯茶註讀
如舒遲之荼 荀子·大略篇諸侯御荼 註 古舒字，玉之上
圓下方者 史記建元以來侯者年表荆荼是徵 索隱註荼，
音舒 唐韻古音神荼之荼，荼毒之荼，亦苶音舒 囡shé
集韻時遮切音闍 爾雅·釋草薂、荂，荼，即芀也 囡cài
倉大切音蔡 博物記雲南郡茶首，其音爲蔡茂，是兩頭
鹿名也，永昌有之 囡yé 集韻余遮切，音耶。茶陵，縣
名，在長沙 囡姓 通志·氏族略漢書江都易王傳有男子
荼恬。蘇林云荼音琅邪之邪 囡shū 正韻商居切音書。
與璵同 囡周禮·地官掌荼，徐邈讀作羊諸切音余 囡hù
集韻後五切音戶。亦茅秀也。鍌又莽50855

菱 49505 25535
suī_7.13 唐韻息遺切 韻會宣佳切苶音綏。與荽同。
胡菱，香菜，張騫使西域得胡菱 潘岳·閒居賦蓼菱芬芳
註菱，香菜 囡集韻與荽49850通。鍌又芕49013芤49021
芔49030荾49022薘49611葰50145 囡玄應音義香菜：又作菱
字苑作薆51357，同。私隹反 韻略云胡菱，香菜也 博物
志云「張騫使西域得胡薆」是也。今江南謂胡薆，亦
爲葫薆50973，音胡析。近後改亦爲香菱 △宏按，也名葫
菱、蒝菱、芫菱yánsui。

薘 49506 25536
suī_7.13 唐韻息遺切音綏。華中齊也 前漢·外戚傳
函菱蒵以俟風兮，芳雜襲以彌章 囡與荽49505同。一作
葰 玉篇又作艾。鍌又薆50195芤49022

荿 49507 25537
chéng_7.13 集韻時征切音成 類篇草也。鍌又俗
茂49206 可洪音義蔚荿：下莫候反。正作茂。

莀 49508 25538
chén_7.13 玉篇古文農60612字 囡集韻丞眞切音
辰。草多貌 篇海作晨。

菕 49509 25539
wú_7.13 唐韻武夫切 集韻微夫切苶音巫 爾雅·釋
草菕黃，菽蘿 註草名 玉篇一名白蕢。

菩 49510 25540
gù_7.13 類篇姑沃切音梏。木皮。一曰地名。鍌集
韻糕40671，姑沃切。禾皮。一曰地名。或作薪50463菩
又 龍龕菩，或作。古黠反。今作秸。藥也。

萹 49511 25541
nì_7.13 唐韻尼立切音孞。菷萹 囡類篇草密貌。
鍌又繶50701

莔 49512 25542
qú_7.13 集韻同蕳。

莂 49513 25543
bié_7.13 玉篇彼列切音與分別之別同 廣韻種概
移蒔也 囡釋名莂，別也，大書中央，中破別之也。即
今市井合同 囡佛家作詩曰偈，作文曰莂 黃庭堅·與禪
師書夙承記莂。

莃 49514 25544
xī_7.13 唐韻香衣切音希 爾雅釋草莃，菟葵 玉篇
似葵而葉小，壯如藜，有毛。汋啖之滑香。

莁 49515 25545
bèn_7.13 集韻蒲悶切音坌 類篇以草爲界也。

茼 49516 25546
dùn_7.13 類篇壯本切。箇也〇按 集韻簡，箇也。
杜本切音盾。字从竹 唐韻諸書俱作笔，音徒損切，獨 類
篇从艸，作壯本切 正字通云與簡通。

莍 49517 25547
shū_7.13 直音同敨 菺 49518 25548
ji_7.13 集韻訖力切
音亟。敏疾也 類篇或作莁。△正字通莙字之譌。

莄 49519 25549
gěng_7.13 集韻古杏切音梗 玉篇草也 類篇草莖。

菈 49520 25550
lì_7.13 唐韻力至切 正韻力地切苶音利 韻會臨
也 易·明夷君子以莅衆 書·周官不學牆面，莅事惟煩。
囡◆穀梁傳·僖三年莅者，位也 囡集韻力質切音栗 司
馬相如·上林賦薊莅卉歙 師古註 林木鼓動之聲 韻補曹
植 禹贊避隱商山，示不敢莅。諸侯向己，乃奉天秩。
鍌又莅49941諌41582 囡類篇莅，力至切 說文臨也。或
作涖50357。

莆 49521 25551
fǔ_7.13 唐韻方矩切音府。蓮莆，堯時瑞草 囡pú
正韻薄胡切音蒲。地名 水經注孔山在莆城西南三十餘
里 一統志莆田，縣名，屬興化 囡通蒲 楚辭·天問咸播
秬黍，莆藋是營。

莇 49522 25552
zhù_7.13 集韻遲據切音筯。草名。苟芑也 囡類篇
音助。商人七十而鋤。或作莇。

茆 49523 25553
mǎo_7.13 唐韻力九切音柳 玉篇即茆49211字。
〇按篆書卯字作夘，酉字作丣，故 說文从艸酉聲，讀
作柳 篇海 訓蒲柳，非是。亦作茆。

莈 49524 25554
xù_7.13 正字通音序 玉篇草名。

茆 49525 25555
mǎo_7.13 茆本字。 莃 49526 25556
xì_7.13 玉篇呼歷切
音赦。草盛 囡hè 集韻郝格切。與嚇同，怒也 晉書音義
同赫 囡kè乞格切音客。莃茶，懼也。

茷 49527 25557
mò_7.13 唐韻莫勃切音沒 玉篇草名。鍌胡吉宣：
本書元刊本云：藥草。疑卽沒藥之沒，沒藥樹如松，出
波斯。

蒍 49528 25558
wěi_7.13 唐韻羊捶切 集韻尹捶切苶音薳 揚子方
言芡，北燕謂之蒍 博雅蒍、芡，雞頭也 囡yì營隻切音
役。義同。一作莈。

茻 49529 25559
yé_7.13 唐韻以遮切音耶◆ 說文芛茻也 囡xié似
邪切音斜 玉篇草名 集韻菜名。鍌 正字通郱同茻。

莉 49530 25560
lì_7.13 唐韻直尼切 集韻陳尼切苶音墀。姓也 姓
苑云淮南人 囡lí郎奚切，音黎。茉莉織荆 囡 玉篇草名
囡lì音利。茉49214莉，花名。

莊 49531 25561
zhuāng_7.13 古文牂牂牂牂牂 唐韻 集韻苶側羊
切音裝。草盛貌 六書正譌艸芽之壯也 囡嚴也 論語臨
之以莊則敬 囡韻會盛飾也 囡左傳·襄二十八年得慶
氏之木百車于莊 註莊，六軌之道 爾雅·釋宮六達謂之
莊 囡田舍也 通鑑史炤釋文唐置莊宅使 胡三省註蓋主

莊田及外舍之事 又 公羊傳·定八年 矢著于莊門 註 莊門，孟氏之門名 又 姓 通志·氏族略 楚莊王之後，以謚爲氏，楚有大儒曰莊周 又 雲南通志 海貝一枚，土人謂之莊 又 zhuàng 篇海 側亮切音壯。恭也 說文 作壯 干祿字書 通作莊。俗作庄，非。鑾 又庒15400𤵊35827𤖷32381𤖸32394

荰 49532 25562 jí_7.13 集韻 秦昔切音籍 玉篇 茹草也，或作莋。又 zuó 廣韻 在各切 類篇 韻會 正韻 疾各切太音昨。地名 前漢·地理志 越巂郡定莋 又 山名 越絕書 莋碓山，故爲鶴阜山。禹遊天下，引湖中柯山置之鶴阜，更今名。又 水經注 夷橋，亦曰莋橋。鑾 又莋49767

茺 49533 25563 chōng_7.13 廣韻 昌終切 集韻 昌嵩切太音充。茺蔚草 本草 一名益母，一名野天麻，一名夏枯草，一名土質汗。李時珍曰：其功宜於婦人及明目益精，故有益母之稱。其莖方類麻，故謂之野天麻。夏至後卽枯，故有夏枯之稱 近效方 謂之土質汗。林億云質汗乃山西番以熱血合諸藥煎成，治金瘡、折傷，益母亦可治折傷，故名土質汗也△ 正字通 本作莐 字彙 譌作茺。

莌 49534 25564 tuō_7.13 唐韻 徒活切音奪 爾雅·釋草 離南，活莌 疏 離南，一名活莌 山海經 多寇脫。郭註：生南方，高丈許，零桂人植而日灌之，以爲樹 廣韻 大葉，莖中有瓤，正白。鑾 又莌49382蓪50677

莍 49535 25565 qiú_7.13 唐韻 巨鳩切 集韻 韻會 渠尤切太音求。◆說文 茮、椒實，裹如表者 爾雅·釋木 椒、椴醜，莍 註 茱萸子聚生成房貌。

莎 49536 25566 suō_7.13 唐韻 集韻 韻會 太蘇禾切音唆。草名 說文 蒿侯也。一名侯莎 爾雅翼 莖葉似三稜，根周匝多毛，謂之香附子。一名雀頭香 博雅 地毛，莎蒨也 又 木名 廣韻 似桄榔，其樹出麪 又 前漢·馮奉世傳 莎車王萬年 註 莎車，國名 又 亭名 水經注 莎泉南流，水側有莎泉亭。又 shā 集韻 師加切音沙。蟲名 詩·豳風 六月莎雞振羽 又 suī 宣隹切音綏。挼莎，以手切摩也 禮·曲禮 共飯不澤手 疏 澤謂挼莎。又摩莎沸之，出其香汁。鑾 又㪽17263莏49537莏50484葰50860

莏 49537 25567 suō_7.13 唐韻 蘇禾切。同莎 玉篇 手挼莏也 詩·周南 疏 阮孝緒·字略 云煩潤猶挼莏也 黃庭堅詩 挼莏殘菊更傳杯○按 集韻 又作宣爲切音與莎異，而挼莏義同。攷挼、莏二字本疊韻，支、歌二韻俱互見。挼字在支韻則莎音綏，在歌韻則當爲莎。又按莏卽挲字，應歸手部，然唐人已收艸部，今仍兩部互見。

莁 49538 25568 wú_7.13 唐韻 五乎切音吾 集韻 楚辭 有莁蕭草 玉篇 草，似艾 又 集韻 與蕪同 揚子方言註 江東人呼荏爲莁△ 類篇 或作蕪。鑾 又葬50858 又 正字通 莫，俗莁字。

莐 49539 25569 chén_7.13 唐韻 直深切音沉 集韻 直禁切音鴆 說文 草也 爾雅·釋草 蕁，莐藩 疏 知母也 郭註 生山上，葉如韭 又 玉篇 丁敢切音黕。義同。鑾 又芜49049

莀 49540 25570 zhī_7.13 集韻 類篇 太章移切音支。檢莢也 又 與藣同 說文 菹也。

莑 49541 25571 fēng_7.13 廣韻 集韻 太敷容切音丰。草芽始生 說文 籀文蓬字。鑾 集韻 莑，敷容切. 艸牙始生。蓬莑，蒲蒙切 說文 蒿也。籀省。亦州名。

莒 49542 25572 jǔ_7.13 唐韻 正韻 居許切 集韻 苟許切太音舉。草名 說文 齊謂芋爲莒 又 國名 春秋·隱二年 莒人入向 註 莒國，今城陽莒縣 又 莒父，魯下邑 論語 子夏爲莒父宰 又 姓 史記秦本紀 秦之先爲嬴姓，其後分封，以國爲姓，有莒氏。鑾 金文作鄘62159

莓 49543 25573 méi_7.13 唐韻 莫杯切 集韻 正韻 謨杯切 韻會 謀桮切太音枚 類篇 草名 爾雅·釋草 葥，山莓 註 今之木莓也 齊民要術 莓，草實，亦可食 又 韻會 苔也 杜甫詩 隨意坐莓苔 又 廣韻 莓莓，美田也 左思魏都賦 蘭渚莓莓 註 草青蒼也○按莓 說文 作苺，亦作䓺 正字通 合爲一。今依 爾雅 諸經典分載。鑾 又䔀49865

莔 49544 25574 méng_7.13 唐韻 武庚切 韻會 眉甍切 集韻 正韻 眉庚切，太音盲 爾雅·釋草 莔，貝母 註 根如小貝，圓而白華，葉似韭 張衡·西京賦 王芻莔臺 蔡邕·述行賦 布蓳荾與臺莔 又 與䖟通 爾雅疏 詩云言采其䖟。陸璣曰：䖟，今藥草貝母也 又 唐韻古音 武郎切 韻補 謨郎切太音芒。義同 又 xí 廣韻 許訖切音迄。吳孫休長子字。鑾 又莔50213䒽49388 又 直音篇 萠49691䓿49811䖟50176䖟50928同莔。

莌 49545 25575 qǐn_7.13 唐韻 七稔切音寑 博雅 覆也△ 說文 作蔓。

莕 49546 25576 xìng_7.13 說文 同荇49368 又 類篇 戶黤切音䗾。義同。

莋 49547 25577 bó_7.13 唐韻 韻會 正韻 太博陌切音伯。藍之別名

莖 49548 25578 jīng_7.13 唐韻 戶耕切 集韻 韻會 何耕切太音硜 說文 草木幹也 字林 枝柱也 類篇 草曰莖，竹曰箇，木曰枚 楚辭·九歌 秋蘭兮青青，綠葉兮紫莖 繁露·竹林篇 凡春秋之記災異也，雖畝有數莖，猶謂之無麥苗也 論衡 朱草之莖如鍼 又 特也 張衡·西京賦 徑百常而莖擢 又 周禮·冬官·桃氏 以其臘廣爲之莖，圍長倍之 註 莖謂劍夾人所握鐔以上也 又 樂名 白虎通 顓頊樂曰 六莖 者，莖著萬物也 左思魏都賦 冒六英五莖 又 山名 韓詩外傳 秦穆公將田而喪其馬，求三日而得之於莖山之陽 又 yīng 廣韻 烏莖切 直音 於京切太音鶯。草名。◆爾雅釋草 姚莖涂薺△ 六書正譌 別作莖，非。鑾 姚莖涂薺。姚莖涂薺 又 茎49289莖49433莖49240基08602 又 俗作茎49509 可洪音義 根茎：戶耕反。

莗 49549 25579 chē_7.13 集韻 類篇 太昌遮切音車。莗葥，草名。○按莗本作車，卽芣苢也。

蒀 zhì_7.13　唐韻職吏切音志。遠蒀，藥草，本作志。

䓂 hǎn_7.13　唐韻胡斸切音旱玉篇草名食物本草菜，柔莖細葉，三月開花，黃色，結細角，角內有細子，根、葉皆可食，俗呼辣米菜林洪·山家清供朱晦庵飲後輒以草菜供蔬品，旴江、建陽、嚴陵人皆喜食之。

莘 xīn_7.13　集韻斯人切音辛。細莘，藥草正字通莘草，生山澤，如蒲黃，葉如芥又shēn廣韻所臻切正韻疏臻切夶音駪韻會駪地名詩大雅纘女維莘傳太姒國也郡國志郃陽南有古莘國，散宜生爲文王求有莘氏女以獻紂，卽此地也又水經注漆水又北絕莘道之西，有莘亭又莘莘，衆多也班固·東都賦俎豆莘莘王褒·青髯奴文莘莘翼翼又長貌詩小雅魚在在藻，有莘其尾。又姓潛夫論祝融之孫分爲八姓：己禿彭姜妘曹斟莘通志·氏族略宋朝有莘融又集韻或作葊、莘。

鼇又羋60527

菌 jūn_7.13　唐韻渠殞切集韻巨殞切夶音窘說文牛藻也爾雅釋草菌，牛藻註江東呼馬藻，藻之葉大者也顏氏家訓卽陸璣所謂聚藻，葉如蓬者也。今水中有此物，一節長數寸，細茸如絲，圓繞可愛，長者二三十節又jùn廣韻居筠切集韻俱倫切夶音麕。義同。

芀 chuò_7.13　集韻類篇夶測角切音齪。草名也。

莚 yán_7.13　唐韻以然切韻會正韻夷然切夶音延.草名又yàn廣韻予線切集韻韻會延面切正韻以扇切夶音衍。蔓莚不斷也左思·蜀都賦風連莚蔓於蘭皋。

鼇又莚50098逤61101

莛 tíng_7.13　唐韻特丁切集韻韻會唐丁切夶音廷說文莖也前漢東方朔傳以莛撞鐘註謂棄莛也玉篇言其聲不可發也韓愈詩有如寸莛撞巨鐘又莊子齊物論舉莛與楹，厲與西施，恢恑憰怪，道通爲一司馬註莛，屋梁也又唐韻正韻徒鼎切集韻待頂切夶音挺。義同。

鼇龍龕逤60899俗，莚60996正。徒丁反。草莖也。

莜 diào_7.13　唐韻集韻正韻夶徒弔切音掉玉篇莜，草田器也◆說文今作蓧又集韻他凋切音挑。又田聊切音迢。義夶同又音鈞本草蓧，江南呼爲莜子。鼇本作莜49655

莝 cuò_7.13　唐韻麁臥切韻會千臥切正韻寸臥切夶音剉說文斬芻也詩小雅摧之秣之箋摧，今莝字也急就篇莝，細斫槀也史記范睢傳坐須賈於堂下，置莝豆其前前漢·尹翁歸傳豪強有論罪，輸掌畜官，使斫莝柳宗元文合莝脆以爲強。

莞 guān_7.13　唐韻集韻夶胡官切音桓說文草也，可爲席詩小雅下莞上簟箋小蒲之席也爾雅釋草莞，苻蘺註白蒲，一名苻蘺，楚謂之莞蒲禮禮器莞簟之安而蒲鞂之設前漢·東方朔傳莞蒲爲席註莞，今謂之蔥蒲又姓晉書武帝紀吳將莞恭又集韻沽還切音關。義同又guān古丸切音官韻會亦莞蒲也又東莞，地名史記註東莞在琅邪綱目集覽今沂州沂水縣，古東莞也方輿勝覽廣州路有東莞縣又谷名水經注高都縣有莞谷又wǎn戶板切音皖論語夫子莞爾而笑何晏註莞爾，小笑貌△六書故作莧篇海作莧。鼇又唍06019涗06037莧50898莞49900莞49596莞49692莞50338莞50325

莟 hàn_7.13　唐韻胡紺切音憾。苗含心欲秀也韻會花藥也又胡感切音頷。花開也。通作萏，俗作蓞。

嘆 jué_7.13　類篇同莢

莠 yǒu_7.13　唐韻與九切韻會以九切，夶讀若酉詩齊風無田甫田，維莠驕驕孟子惡莠，恐其亂苗也趙註莠之莖葉似苗魯語馬饛不過稂莠註莠草似稷而無實。又詩小雅莠言自口傳莠，醜也又地名水經注汳水又東逕莠倉城又xiù集韻息救切音秀類篇荼也。鼇又莠40423莠51268

莡 cuò_7.13　唐韻倉各切音錯玉篇行草聲。

筑 zhú_7.13　說文筑字从巩正字通字彙省作筑49354

莢 jiá_7.13　唐韻正韻古恊切韻會吉恊切夶音夾說文草實博雅豆角謂之莢周禮地官大司徒其植物宜莢物註莢物，薺莢、王棘之屬◆疏今人謂之皂莢是也。又蓂莢，堯時瑞草又莢迷本草葉似木槿及楡，作小樹又錢名前漢·食貨志漢興，以爲秦錢重難用，更令民鑄莢錢註如楡莢也又陵名水經注李夫人塚，塚形三成，世謂之莢陵又姓通志·氏族略莢氏風俗通莢成僖子，晉大夫王僧孺·百家志荀永之婆平陽莢氏。鼇又莢49474

莣 wáng_7.13　唐韻韻會夶武方切音忘爾雅釋草莣，杜榮註今莣草似茅，皮可以爲繩索、履屬也又集韻無放切音妄。義同又wù字彙補未付切音務。蟷蜋，青蛉也淮南子·齊俗訓水蠆爲蟷蜋。

茜 sù_7.13　唐韻韻會正韻夶同縮周禮天官甸師祭祀共蕭茅註蕭字或爲茜，茜字讀爲縮詩小雅有酒湑我傳湑，茜之也箋註謂以茅泲之而去其糟也又類篇茜，楦上塞也又xiāo唐韻古音茜茅之茜，亦作蕭音讀又yóu集韻夷周切音由。水草爾雅釋草茜，蔓于註生水中。一名軒于，江東呼爲茜又yǒu以九切音酉。草名。鼇又醋62522蒩50377

莥 niǔ_7.13　唐韻女久切音狃爾雅釋草鹿藿，其實莥註今鹿豆也又chǒu說文敕九切音丑集韻女六切音恧。義夶同△一作茢，一作莥。

莦 shāo_7.13　唐韻所交切音梢說文惡草貌淮南子·修務訓野彘有艽莦槎櫛窟虛，連比以象宮室又xiāo集韻思邀切音消。草根也。鼇又蒴50490

莧 xiàn_7.13 唐韻 集韻 丛侯襇切，賢去聲 說文 莧，菜也。◆ 博雅 莧，菌也 管子·地員篇 蘗下于莧，莧下于蒲 爾雅·釋草 蕢，赤莧 註 今莧菜之有赤莖者 図 xiàn 韻會 正韻 丛形甸切音現 易·夬卦 莧陸夬夬 註 莧陸，草之柔脆者。馬、鄭、王皆云莧陸，一名商陸 図 wǎn 集韻 戶版切音浣。與莞同，莞爾，笑貌也〇按 集韻 又胡官切音桓。山羊細角也。鋆 又 莧49137

莨 láng_7.13 唐韻 魯當切 集韻 盧當切丛音郎 說文 草也 司馬相如·子虛賦 其埤濕則生藏莨、蒹葭 郭註 藏莨，草名。中牟馬芻 図 làng 去聲。莨菪 本草 一名天仙子，一名行唐。其子服之令人狂浪放蕩，故名 史記·倉公傳 飲以莨菪。鋆 又 蘭51548

莩 fú_7.13 唐韻 芳無切音孚 前漢·中山靖王傳 今羣臣非有葭莩之親，鴻毛之重 註 葭，蘆也。莩者，其筒中白皮至薄者也。図◆ 爾雅·釋草 莩，麻母 註 苴麻，盛子者 儀禮·喪服 小功布衰裳，澡麻帶絰 註 澡者，治去莩垢，不絕其本也 図 fú 唐韻古音 縛謀反 集韻 房尤切丛音浮。草名 図 piǎo 廣韻 平表切。與殍通 孟子 野有餓莩 疏 郊野之閒有餓而死者 図 通摽 王應麟·詩攷 莩有梅，莩，零落也 前漢·食貨志 作芟49362 鋆 又 芟05186

莪 é_7.13 唐韻 五何切 集韻 韻會 正韻 牛何切丛音哦 玉篇 蘿莪，蒿屬 詩·小雅 菁菁者莪，在彼中阿 傳 蘿蒿也 疏 陸璣云生澤田漸洳之處，葉似邪蒿而細，科生。三月中莖可生食，又可蒸，香美，味頗似蔞蒿。又 小雅 蓼蓼者莪，非莪伊蒿 爾雅翼 莪卽古之蘩。始生爲莪，長大爲蒿。鋆 非莪伊蒿。匪莪伊蒿 図 義51276

莫 mò_7.13 古文 𦬼 茻 羃 唐韻 慕各切 集韻 正韻 末各切丛音寞 韻會 無也，勿也，不可也 易·繫辭 莫之與，則傷之者至矣 定也 詩·大雅 監觀四方，求民之莫。図 謀也 詩·小雅 秩秩大猷，聖人莫之 図 博雅 强也 論語 文莫吾猶人也 晉書·欒肇·論語駁曰 燕齊謂勉强爲文莫 揚子方言 侔莫，强也。凡勞而相勉謂之侔莫 淮南子·謬稱訓 猶未之莫與 註 莫，勉之也 図 削也 管子·制分篇 屠牛坦朝解九牛而刀可莫鐵 図 博雅 莫莫，茂也 詩·周南 維葉莫莫 註 莫莫，茂密之貌 図 莊子·逍遙遊 廣莫之野 註 莫，大也 図 姓 通志·氏族略 卽幕氏省文。漢有富人莫氏。見 游俠傳。唐有比部員外郎莫藏用 図 史記·夏本紀註 五湖之一有莫湖 図 與瘼通 詩·小雅 莫此下民 図 與幕通 史記·李廣傳 莫府省約文書籍事 図 mù 說文 莫故切。同暮 易·夬卦 莫夜有戎 図 菜也 詩·魏風 彼汾沮洳，言采其莫 註 音暮 陸璣疏 莫，莖大如箸，赤節，節一葉，似柳，葉厚而長，有毛刺，今人繰以取繭緒。其味酢而滑，始生可以爲羹，又可生食。五方通謂之酸迷，冀州人謂之乾絳，河、汾之閒謂之莫 図 通膜 禮·內則 去其皽 註 皽謂皮肉之上魄莫也 図 mò 韻會 莫白切音陌。靜也 詩·小雅 君婦莫莫 註 言清靜而敬至也 左傳昭二十八年 德正應和曰莫 図 mó 唐韻古音 平聲，音謨 漢書註

引 詩 聖人莫之作謨 △ 直音 作筭。鋆 揚子方言 侔莫强也北燕之外郊言努力謂之侔莫。華學誠：宋本原文：侔莫，强也。北燕之外郊凡勞而相勉若言努力者謂之侔莫。侔莫是聯綿詞，與單音詞侔的詞義完全不同 字典 引而釋侔，非是 図 茻15968 茻49202 蕢50471

䔂 zhè_7.13 唐韻 陟葉切音輒 爾雅·釋草 䔂，小葉。鋆 又 䇹41978

菍 cōng_7.13 正字通 蔥本字。

蒮 wò_7.13 唐韻 於角切音握 玉篇 英蒮也。鋆 又 蓻50179 蒮49998

荂 fū_7.13 唐韻 集韻 丛芳無切音孚 玉篇 花盛也，亦省作荂。

蒩 sháo_7.13 唐韻 市昭切 集韻 時饒切丛音韶 玉篇 草名。鋆 俗荶49788胡吉宣：蒩、荶實一字所分化。

草 zào_7.13 唐韻 昨早切 集韻 在早切丛音造 說文 作草49371 又作草。草斗，櫟實 △ 六書正譌 俗作皁、皂，丛非。

莬 wèn_7.13 唐韻 亡運切音問 玉篇 草木新生者。図 miǎn 篇海 音免。亦作莬。

節 jié_7.13 集韻 子結切音節 類篇 草約也。鋆 集韻 作茚50246，草約也。

茒 yǎng_7.13 集韻 語兩切音仰。昌蒲也 △ 亦作茒。

葅 zū_7.13 篇海 同葅。

茢 tí_7.13 集韻 田黎切音題。草名 図 類篇 草木初生貌。俗作茢，非。

萫 chún_7.13 集韻 殊倫切音純。草名。

茐 nán_7.13 集韻 那含切音男。草名 玉篇 萱茐也。本作宜男。

荣 sòng_7.13 集韻 蘇綜切音宋 類篇 草名。出 唐書·表

葟 niè_7.13 類篇 同薛 図 字彙補 多葛切音怛。草、葟，草。鋆 又 葟50262

菏 gǒu_7.13 集韻 類篇 丛與荀同。

萲 wàn_7.13 類篇 同萝

葀 guā_7.13 說文 苦本字

葝 yé_7.13 集韻 類篇 丛與荷同。

萍 píng_7.13 ◆ 玉篇 篇海 丛同萍 図 晉書·石崇傳 韭萍 鋆 是搗韭根雜以麥苗耳 図 萍沙王舊城。見 水經注

茀 bì_7.13 篇海 同蓖，草也〇按卽毘字之譌。

莧 wǎn_7.13 字彙補 音義與莞49559同。

茮 jiāo_7.13 韻學集成 與茮同〇按卽茮字之譌。

葡 49598 25628
bèi_7.13 集韻備01704古作葡。

蒢 49599 25629
xū_7.13 直音休居切音虛。草華也。

亂 49600 25630
wàn_7.13 直音俗薍字。

蒠 49602 25632
jì_7.13 直音同蒠

茣 49601 25631
wú_7.13 直音俗莫字

蒶 49603 25633
chuǎn_7.13 直音同舛。

萱 49606 25636
xuān_7.13 直音同萱

葅 49604 25634
cú_7.13 篇海類編才
余切，聚平聲◇草葅也。蒢俗葅49761◇

葊 49605 25635
qiāng_7.13 直音音槍。動也。蒢俗葊49248

覓 49607 25637
miǎo_7.13 直音同薂

菜 49608 25638
yè_7.13 字彙補同葉
図書涉切音攝。論語葉公，石經作菜公。

莍 49609 25639
jiū_7.13 字彙補居幽切,音鳩。石鼓文 莍爲世里。
舊音莍△或作莍，亦作蒟。

蒍 49610 25640
kuǎi_7.13 字彙補同蒯。集韻作蒍類篇作蒟。
蒢集韻作蒟04276

茭 49611 25641
suī_7.13 五音篇海與荾同。

莜 49612 25642
xiào_7.13 集韻胡了切音皛。隺芘也。蒢又廣韻莜
同芍49001

菭 49613 25643
zhǐ_7.13 字彙補川思切，音脂◇菭也。蒢亦作
菭49911,俗藮49783

荼 49614 25644
shé_7.13 字彙補食邪切音蛇。姓也。奇姓通漢荼恬
上書告江都王建。

苴 49615 25645
chǎi_7.13 字彙補苣字之譌。

莪 49616 25646
mào_7.13 字彙補門包切,音毛◇菜也。

茵 49617 25647
zhì_7.13 字彙補池爾切音豸。補缺也。

蒆 49618 25648
pēng_7.13 字彙補坡生切音烹。出水也。

菭 49619 25649
chǐ_7.13 王褒·危俊騷結榮菭兮逺逝。音義未詳。
疑莒字之誤。

莁 49620 25650
fén_7.13 吳越春秋采葛婦作詩曰:葛不連蔓莁台
台，我君心苦命更之。音義未詳。又字彙補宋董莁精
于五禮。字从廾，與此字稍異，音義亦闕○按莁字註云
栥，香木。又云人名。疑莁、莁二字皆栥字之譌。
蒢杜文瀾古謠諺采葛婦歌:葛不連蔓莁台台。註:御
覽卷九百九十五,莁作葉。

莁 49621 25651
fén_7.13 字彙補音義闕。詳莁49620字註。

胤 49622 25652
yī_7.13 集韻古文伊00867字。

葬 49623 45279
jiū_7.13 五音篇海毗米切○按卽葬字之譌。

菲 49624 45280
bāng_7.13 搜眞玉鏡音邦。

蓂 49625 u2B7D1
líng_7.13 簡薴52106

莠 49626 u2B7D0
bàng_7.13 同薕50364

菟 49627 u2B7CF
tù_7.13 同菟49769見龍龕手鑑

莆 49628 u2B72F
null_7.13 或同莆49157右虞鼎莆官吳鎮。

劸 49629 u2B72E
qíng_7.13 簡薊50114

蕤 49630 u2B20D
null_7.13 未詳。

芺 49631 u2B20C
null_7.13 未詳。

庛 49632 u2B20B
null_7.13 未詳。

荡 49633 u2B20A
null_7.13 未詳。

蒟 49634 u2B209
jiān_7.13 簡蒟51142

菇 49635 u2B208
null_7.13 喃未詳。

荅 49638 u2B205
null_7.13 喃未詳。

营 49636 u2B207
xiāng_7.13 同薌51196字見营箕鼎蓋

茄 49637 u2B206
null_7.13 新撰字鏡支乃加佐。

苡 49639 u2B204
yǐ_7.13 俗苡49165六書統贛，古送切。又古禫切。
艸也。从艸贛聲。一曰蒠苡。又新撰字鏡苡，玉豆志。
按,享和本、群書類從本作苡。

荘 49640 u2B203
null_7.13 喃未詳。

菌 49641 u2B202
null_7.13 未詳。

茵 49642 u2B201
null_7.13 未詳。

荍 49643 u2B200
null_7.13 未詳。

茦 49644 u2B1FF
cè_7.13 俗策41912龍龕茦，新藏作策42061，楚革
反△可洪音義茦法:上叉白反。

莽 49645 u2F99D
mǎng_7.13 俗莽49712
石文字辨異引漢鏡銘図yīng俗英49181廣碑別字引
常岳等造像図甲骨文習見莫字，或為嘆字初文。

莫 49646 u26C29
hàn_7.13 俗漢29400金

荼 49647 u26C27
yè_7.13 俗葉50079

菜 49648 u26C26
cǎi_7.13 喃从艸改
cǎi聲。蔬菜△蔞菜:野菜。秫菜:白菜。矩菜:蘿蔔。

莘 49649 u26C24
lau_7.13 喃从莘省牢lao聲△蔴莘:蘆莘△亦作
莠。

菧 49650 u26C23
đay_7.13 喃从艸低đây聲。黃蔴。越·阮秉五千字
譯國語皐,菧。葶藶，蔞菧。

菥 49651 u26C22
nưa_7.13 喃从艸那na聲。葛△當作菻49652

菻 49652 u26C21
nà_7.13 菻拔，俗稱芭樂，番石榴図蘆菻，未詳。
宋·鄒浩道鄉集·卷十二詩·道正移蘆菻來仙家春色不曾
空,亦有蘆菻占暖風。清·王士禎帶經堂集·卷五十四·送
門人李伯含郎中出守都勻六韻蘆菻開瘴雨,薏苡綴彎
糈図菻溪，水名，在湖南図nưa喃同菻49651

莽 49653 u26C20
óng_7.13 喃从艸弅ung聲。

莞 49654 u26C1F
ngọn_7.13 喃从艸阮nguyễn聲。梢,尖,莛△莞肉:
山巔。莞筆:一枝筆。莞源:源頭，根底。

蕁 49656 u26C1D
píng_7.13 同薄50435苹49387

芬 49657 u26C1B
fén_7.13 芬川，古縣名。

沃 49658 u26C1A
wò_7.13　同沃28530

莜 49655 u26C1E
diào_7.13　莜49557本字

茋 49659 u26C18
zhǐ_7.13　玉篇 茋，之履切。葥也。苨實也 書 云敷重茋席。孔安國曰：茋葥莝也。本作厎。

蘇 49661 u26C15
null_7.13　未詳。

華 49660 u26C17
huá_7.13　清·鈕琇 觚 賸·卷七·粵觚·語字之異 至於士子，行文亦多變體，以華49794作華，以茲作茲，以悵作狖。

薶 49663 u26C13
null_7.13　未詳。

茶 49662 u26C14
cài_7.13　俗菜49764 可 洪音義 觚茶：上胡誤反。下蒼在反。恨。

祐 49664 u26C12
null_7.13　未詳。

荽 49665 u26C11
null_7.13　未詳。

苓 49666 u26C10
null_7.13　未詳。

茶 49667 u26C0F
tiáo_7.13　简 蓧50617

薐 49668 u26C0E
qiáo_7.13　俗蕎50948

堇 49670 u26C0C
jǐn_7.13　同董49787

茶 49669 u26C0D
null_7.13　未詳。

芘 49671 u26C0B
tù_7.13　俗兔02381 隸
釋 魏公卿上尊號奏：虎豹鹿芘。

荸 49672 u26C0A
null_7.13　未詳。

萼 49673 u26C09
è_7.13　俗萼50053

荬 49674 u26C08
zǎo_7.13　俗棗24349

莫 49675 u26C07
null_7.13　未詳。

萵 49676 u26C05
null_7.13　未詳。

拧 49677 u26C04
null_7.13　未詳。

莽 49678 u26C03
mǎng_7.13　俗莽49712

狄 49679 u26C02
dí_7.13　俗荻49501

荸 49680 u26C01
null_7.13　未詳。

蓼 49681 u26C00
null_7.13　未詳。

蒐 49682 u26BFF
null_7.13　未詳。

蓍 49683 u26BFE
null_7.13　未詳。

蔞 49684 u26BFD
null_7.13　未詳。

莘 49685 u26BFC
hǎn_7.13　蕱51136葷艸。

莈 49686 u26BFB
null_7.13　未詳。

蔞 49687 u26BFA
null_7.13　未詳。

蕊 49688 u26BF9
null_7.13　未詳。

荁 49689 u26BF8
qǐ_7.13　籀文芑49008

莎 49690 u26BF7
null_7.13　未詳。

茵 49691 u26BF6
méng_7.13　同茵49544

芫 49692 u26BF5
wǎn_7.13　同莞49900俗莞。

劳 49693 u44D6
qióng_7.13　简 藭51604

荸 49695 u44D3
chóu_7.13　简 薵51373

莶 49694 u44D4
null_7.13　未詳。

纯 49696 u83BC
chún_7.13　简 純50336

蒁 49697 u83BB
neus_7.13　韓 人名、地名用字 図 晚也。亦作蒁06897

莺 49698 u83BA
yīng_7.13　简 鶯73706

猶 49699 u83B8
yóu_7.13　简 猶50963

获 49700 u83B7
huò_7.13　简 獲33686

苋 49701 u83B6
xiān_7.13　简 莶51227

苋 49702 u83B5
tù_7.13　俗菟49769

莴 49703 u83B4
wō_7.13　简 萵50043

莳 49704 u83B3
shí_7.13　简 蒔50337

莲 49705 u83B2
lián_7.13　简 蓮50627

莱 49706 u83B1
lái_7.13　简 萊49843

莣 49709 u83A3
wáng_7.13　同莣49566

莰 49707 u83B0
kǎn_7.13　有機化合物camphene漢譯。

沭 49708 u83AF
mù_7.13　同沭49805 玉篇 沭，母卜切，草也。

荫 49710 u836B
yīn_7.13　简 蔭50745

茝 49711 u831D
chǐ_7.13　同茝49302

莽 49712 25653
mǎng_8.14　玉篇 唐韻 廣韻 莫朗切 集韻 類篇 模朗切丛音蟒 說文 南昌謂犬善逐兔草中爲莽 図 揚子方言 草，南楚之閒謂之莽 孟子 在野曰草莽之臣 趙岐註 莽亦草也 屈原·離騷 夕攬洲之宿莽 王註 草冬生不死者。図 周禮·秋官·剪氏 掌除蠹物，以莽草薰之 山海經 朝歌之山有草，名曰莽草，可以毒魚 図 拾遺記 有草名莽煌，炙人衣則焦，刈之爲席，方冬彌溫，以枝相摩則火出 図 爾雅·釋草 莽，數節 疏 凡竹，節閒促數者名莽。図 小爾雅 大也 図 草深貌 楚辭·天問 草木莽莽。又 莊子·則陽篇 君爲政焉勿鹵莽 註 猶粗率也 図 莽蒼50419 図 國名 列子·周穆王篇 西極之南隅，名古莽之國 図 姓。◆ 前漢書·武帝紀 莽何羅註 本姓馬，明德皇后惡其先人有反者，易姓莽 図 廣韻 莫厚切音某。義同 図 mǔ 廣韻 莫補切 集韻 滿補切，並音姥 楚辭·九章 陶陶孟夏兮，草木莽莽。傷懷永哀兮，汩徂南土 図 máng 集韻 謨郎切音茫。莽蒼，亦讀平聲△俗作莽、莽。鏊 又捫20630 筭42078 図 直音篇 㒺50478，古文莽字。

莽 49713 25654
mǎng_8.14　干祿字書俗莽字。

莿 49714 25655
cì_8.14　唐韻 七賜切音刺 說文 茦也 玉篇 芒也，草木針也△ 字彙補 與讖刺字義同 鶡冠子·世兵篇 非過材之莿也△ 正字通 與茦同。鏊 又莿50117 刾03593

菀 49715 25656
wǎn_8.14　唐韻 於阮切音婉 說文 茈菀，出漢中房陵 本草 紫菀，其根色紫而柔宛，故名。許慎作茈菀 図 博雅 女腸，女菀也 図 茂盛貌 詩·小雅 瞻彼阪田，有菀其特 箋 菀然茂特之苗 又 有菀者柳 傳菀，茂木也 図 前漢·百官表 邊郡六牧師菀令 図 水經注 菀川，水出勇士縣之子城 図 通菀49147 図 yù 廣韻 紆勿切音鬱。義同。図 集韻 與蘊同。

菁 49716 25657
jīng_8.14　唐韻 子盈切 集韻 類篇 咨盈切丛音精 說文 韭華也 張衡·南都賦 秋韭冬菁 註 廣雅 曰：韭，其華謂之菁 図 菁茅 書·禹貢 包匭菁茅 管子·輕重丁 江、淮之閒，有一茅而三脊毋至其本，名之曰菁茅 図 蔓菁 周禮·天官·醢人菁菹 註 菁，蔓菁也 図 蕪菁，後漢·桓帝紀 種蕪菁以助人食 図 菁，華英也 張衡·西京賦 麗服颺菁 図 qīng 集韻 倉經切音青。菁菁，花盛貌 詩·唐風 有杕之杜，其葉菁菁 図 地名 謝靈運·山居賦 三菁五奧 自註 三菁，在太平之北。

洒 49717 25658
qiú_8.14　集韻 徐由切音囚。草生水田，子可食。鏊 又洒50178

苖 49718 25659
dì_8.14　韻會 丁歷切音鏑 爾雅·釋草 苖蔽 郭註 卽蓮實 王延壽·魯靈光殿賦 綠房紫苖 図 類篇 胡了切音皛。義同△ 廣韻 作芍。

莅 49719 25660
ní_8.14　玉篇 奴低切音泥。草露根也 図 nǐ 類篇 乃禮切音你。露濃謂之莅。亦作泥 詩·小雅 蓼彼蕭斯，零

露泥泥。

49720 25661
莥 qú_8.14 [集韻][篇海]叢求于切音渠。人名，北齊有宋莥。

49721 25662
蕫 dōng_8.14 [集韻]都籠切音東。蕫風，草名。嶺南平澤有之[廣韻]本作東，俗加艸[吳都賦]艸則東風扶留。[又][廣州記]有東風菜[又][類篇]多貢切音凍。義同。

49722 25663
菅 jiān_8.14 古文苀[唐韻]古顏切[集韻]居顏切叢音姦[玉篇]茅屬也[詩·小雅]白華菅兮[疏]已漚爲菅[左傳·成九年]無棄菅蒯[註]菅似茅，滑澤無毛，筋宜爲索，漚與曝尤善[又][左傳·昭二十七年]或取一編菅[杜註]苫也[山海經]白菅爲席[又]▲[管子·牧民篇]野蕪曠，則民乃菅菅當爲姦[又]姓[正字通]漢有菅禹，唐有菅崇嗣[又]guān 古頑切音關[春秋·隱十年]公敗宋師于菅[註]菅，宋地。[又]蕑50086 蓒50189[又]菅古作苀，或作芄49280

49723 25664
帛 bó_8.14 [唐韻]傍伯切音白[類篇]草名[爾雅·釋草]帛，似帛[註]草葉有似帛者，因名。俗加艸。

49724 25665
蓮 dùn_8.14 [集韻]徒困切音遯[玉篇]藥草。

49725 25666
苌 fú_8.14 [玉篇]防無切音扶[篇海]人姓。

49726 25667
菆 zōu_8.14 [唐韻]側鳩切音鄒[玉篇]草也[韻會]草叢生也[又][說文]麻蒸也[潘岳·西征賦]感市閭之菆井[註]菆井，卽渭城東賣麻蒸之市[又]好箭也[左傳·宣十二年]左射以菆[註]菆，矢之善者[儀禮·既夕]御以蒲菆[註]蒲，楊柳，可以爲箭[又][博雅]蓐謂之菆[又][集韻]餘也[又]chù[廣韻]芻注切音䠱。鳥巢也[酉陽雜俎]鷹巢，一名菆。鷹呼菆子者，雛鷹也[又]cuán[韻會]徂丸切音攢。積木以殯也[禮·檀弓]菆塗龍輴[疏]菆，叢也，謂以木叢棺而四面塗之，故云菆塗也[又]cóng[集韻]祖聰切。與欑同[太玄經]鳥托巢于菆，人寄命于公。[又]菆49479 蔟50994 橄25323 叢51117

49727 25668
菇 gū_8.14 [玉篇]故吳切音姑[博雅]蕸菇，王瓜也。

49728 25669
菇 shǐ_8.14 [集韻]首止切音始。草也[又]脃34885

49729 25670
荶 xū_8.14 [玉篇]許俱切，音虛◇[篇海]芋也。

49730 25671
菈 lā_8.14 [唐韻]盧合切音拉[玉篇][方言]云東魯呼蘆菔爲菈蓬子。又[左思·吳都賦]菈擸雷硠[註]崩弛之聲也。

49731 25672
荫 cháng_8.14 [集韻]辰羊切音常[類篇]草名。

49732 25673
菉 lù_8.14 [唐韻]力玉切，音錄[爾雅·釋草]菉，王芻[註]菉，蓐也。今呼鴟腳莎[疏]卽鹿蓐也[屈原·離騷]薋菉葹以盈室兮[謝朓詩]霜剪江南菉[又]通錄[汲冢周書]堂下之東面，郭叔掌爲天子菉幣[註]錄諸侯之幣也△通作綠[詩·小雅]終朝采綠[疏]綠同菉。[又]蔉50025

49733 25674
菊 jú_8.14 [唐韻][韻會]叢居六切音掬。古作蘜、鞠[爾雅]蘜，治蘠也[郭註]今之秋華菊[禮·月令]鞠有黃華[屈原·離騷]夕餐秋菊之落英[又]水名[水經注]湍水又南，菊水注之，水出西北石礀山芳菊谿[又][韻]補訣力切[賈島詩]九日不出門，十日見黃菊。灼灼耀繁英，美人無消息[△][集韻]亦作䕘。[又]菊49929 𦳃50466 蘜50373 蘜51808[又][正字通]蘜51737同菊[又][直音篇]蘜51838同菊。

49734 25675
菋 wèi_8.14 [唐韻]無沸切音味[說文]荎藸也[爾雅·釋草]菋，荎藸[註]五味也[又][集韻]暮拜切音沬。義同[△]亦作茉。

49735 25676
葋 xū_8.14 [集韻]匈于切音吁[類篇]藥草[爾雅·釋草]葿，虷菻[註]蛇牀也，一名馬菻[疏]一名蛇米，一名虷菻，一名思益，一名繩毒，一名棗棘，一名牆蘼[又]葿49905

49736 25677
菌 jùn_8.14 [唐韻]渠隕切音窘[說文]地蕈也[爾雅·釋草]中馗，菌[疏]此菌大小異名也，大者名中馗，小者名菌[博物志]菌，食之有味，而常毒殺人[又]朝菌，槿也[莊子·逍遙遊]朝菌不知晦朔[又]山名[山海經]南海之內有菌山[又]菌蠢，芝貌[張衡·南都賦]芝房菌蠢生其隈[又]jūn[集韻]區倫切音囷。菌桂出交趾，員如竹[屈原·離騷]雜申椒與菌桂兮[又][博雅]菌，薰也。其葉謂之蕙[素問]肝氣虛，則夢見菌香生草[又][馬融·長笛賦]膜菌碨柍[註]皆眾聲鬱積競出之貌[又]jùn[篇海]音郡[淮南子·地形訓]海人生若菌，若菌生聖人。[又]菌49928 蓸51252[又][窘42115][廣碑別字]菌引[唐張騷墓誌][又][正字通]菌，俗菌字。

49737 25678
蔜 niè_8.14 [唐韻]奴結切音涅。草也[又]rěn[集韻]忍甚切音稔。木名[又]nấm[喃]从艸念niệm聲。蘑菇。△蔜薤：木耳。

49738 25679
菥 yé_8.14 [唐韻]以遮切音耶。木名，皮可以爲索。[又][集韻]同荓。

49739 25680
蒾 mǐ_8.14 [集韻]同薾[又][集韻]薾51830，艸名。或作蒾49877

49740 25681
菎 kūn_8.14 [唐韻]古渾切音昆。香草也▲[楚辭·招魂]菎蔽象棋[註]菎玉或言菎蔽，今之箭簝也[東方朔·七諫]菎蔽雜乎叢蒸[又]gǔn[集韻]古本切音袞。草名[博雅]菎，蓸也△[說文]作蓸[類篇]一作蒚。

49741 25682
菮 kuǎi_8.14 [正字通]引六書統䕷，大篆作菮。

49742 25683
荷 hé_8.14 [唐韻]胡歌切音何[玉篇]菏，菔草。[又]gē[集韻]居何切音歌[韻會]賈我切音舸。叢澤名。詳水部菏28823字註[又]同荷49496[又]菏50460 泃28450

49745 25686
葱 cōng_8.14 [直音]同蔥

49743 25684
萉 jì_8.14 [唐韻]紀力切音亟[說文]自急敕也△與苟字別。

49744 25685
羏 pú_8.14 [正字通]芈字之譌。

49746 25687
菑 zī_8.14 古文甾甶凸[唐韻][廣韻]側持切[集韻]莊持切，並音緇[說文]不耕田也[徐曰]从艸从巛從田。巛，川壅也。田不耕則艸壅塞之[爾雅·釋地]田一歲曰菑[註]今江東呼初耕地反草爲菑[詩·小雅]于此菑畝[疏]菑者，災也。始災殺其草木也[易·无妄]不菑畬[疏]不敢首發新田，

惟治其葘熟之地[又]水名[山海經]常蒸之山，葘水出焉[又]地名[史記孝景帝紀註]葘川縣，故劇城[又]姓[通志·氏族略][孔融集]有葘莊，青州人[又]zāi[正韻]將來切。同災[詩·大雅]無葘無害[又][韻會]側吏切音厠。木立死曰葘[詩·大雅]其葘其翳[又]◆[周禮冬官·輪人註]察其葘蚤不齵則輪，雖敝不匡。鄭註：葘輻入轂中者謂建輻也。泰山平原所樹立物爲葘。聲如胾。博立梟棊亦爲葘[前漢·武帝紀瓠子歌]隤林竹兮揵石葘[師古註]石葘，謂臿石立之也[又]zì資四切音恣。剖也，裂也[周禮·冬官考工記]居幹之道，葘栗不迆[又]與椔通[荀子·非相篇]身如斷葘。

瀅又椔46436䈄42582菑50370蕃50719䅳51462穧51528葘50105

菒 49747 25688 gǎo_8.14 [唐韻]古老切音藁[類篇]稈也[齊語]及寒，擊菒除田，以待時耕[註]菒，枯草也。

菓 49748 25689 guǒ_8.14 [唐韻]古火切音裹。木實。本作果[漢書]作菓[史記·叔孫通傳]古者有春嘗菓，方今櫻桃熟可獻。

菭 49749 25690 mì_8.14 [正字通]同蔤。

菔 49750 25691 bó_8.14 [唐韻]蒲北切音匐。蘆菔也。魯人名菈蘧，秦人名蘿蔔[後漢劉盆子傳]時掖庭中，宮女猶有數百千人，自更始敗後幽閉殿內，掘庭中蘆菔根，捕池魚而食之[又]與葩通[爾雅釋草]葖，蘆葩[本草綱目]蘆葩[註]葩與菔同[又]fú[廣韻]房六切音服[韻會小補]蘆菔一名來服，言來𪎭之所服也。字亦與服通[詩·小雅]象弭魚服[箋]服當作菔[周禮·素服註]服當作菔，刀劍衣也。瀅又蕧51028

菸 49751 25692 xīn_8.14 [集韻]思林切音心[篇海]螟食苗心死也。

瀅又殜26858

萲 49752 25693 zhuó_8.14 [玉篇]側刮切音茁[篇海]菜也。

瀅又蔓50126

萮 49753 25694 lún_8.14 [唐韻]盧昆切音論[玉篇]木名[管子·地員篇]其木宜蚖萮與杜松[又][集韻]萮藘，香草。瀅又[國語辭典]萮，同𤋮31211[又]yào俗鑰64632[可洪音義]萮毋：上羊略反。下莫口反。正作鑰牡。

菖 49754 25695 chāng_8.14 [唐韻]尺良切音昌[本草]菖蒲，蒲類之昌盛者[呂氏春秋]冬至後五旬七日菖始生。菖者，百草之先，于是生者也[南方草木狀]番禺澗中生菖蒲，一寸九節[劉勰·新論]菖蒲，去蚤、蝨而來蚰蜒[又][集韻]通昌[左傳·僖三十年]享有昌歜。

菗 49755 25696 chóu_8.14 [唐韻]直由切[集韻]陳留切太音儔[玉篇]荼菜[博雅]菗蒢，地榆也△[類篇]或作簥。瀅簥，𦽳51197誤字[又]菗49957

菩 49756 25697 gāo_8.14 [唐韻]古勞切音高[玉篇]草名。其實似瓜，食之治瘧[又][山海經]侖者之山有木焉，名曰白菩。[又]jiù[集韻]巨九切音臼。亦草名也。

菘 49757 25698 sōng_8.14 [唐韻]息弓切[集韻]思融切太音嵩[玉篇]菜名[南史·周顒傳]秋末晚菘[埤雅]菘性隆冬不彫，四時長見，有松之操，故其字會意[集韻]或作苁、蘴。

瀅又䆤42174

菲 49758 25699 guāi_8.14 [玉篇]古懷切音乖。菲，草也[又]kuā[集韻]苦緺切音咼。菲雜，斜貌[正字通][說文]竵，不正也[廣韻]改作菲[韻略]作𠫑[集韻]又作䔸[周禮·形方氏]無有䔸離之地。註：讀𠫑。疏云兩頭寬中狹。古華、苦蛙兩切。

瀅又䓲50191𦶅50830

菙 49759 25700 chuí_8.14 [唐韻]時髓切音捶。木名，荆也[周禮春官菙氏註]燋焌用荆菙之類[疏]掌共燋契也[韻會]有捶氏共菙以灼龜。

菚 49760 25701 zhàn_8.14 [集韻]仕諫切音輚[類篇]草名。瀅菚字重出：[五音篇海]士諫切音棧。草名。按，今合併。

菹 49761 25702 qū_8.14 [集韻]詳餘切音徐。菹蒀，菜名，似韭。△[類篇]千餘切音蛆。菹蒀，草名[又]cú叢租切音徂。菹菇，生下田，可食△[玉篇]作菹。瀅[集韻]詳餘切。詳余切之誤。[玉篇]菹，材餘切，菹葢[類篇]菹，千余切。菹葢，艸名。

萆 49762 25703 fù_8.14 [唐韻]房久切音阜[類篇]萆鬱，香草。

菛 49763 25704 mén_8.14 [集韻]俗虋字。菛冬，藥名，今省作門。

菜 49764 25705 cài_8.14 [唐韻][集韻]太倉代切音縩[說文]草之可食者[增韻]蔬也[禮·月令]仲秋，趣民務畜菜[儀禮·士昏禮]婦入三月乃奠菜[靈樞經]五菜：葵甘、韭酸、藿鹹、薤苦、蔥辛[又][禮·王制]民無菜色[註]食菜之饑色[又][韻會]與采通[漢孔耽碑]躬菜菨薵。瀅又菜49927茱49662

菻 49765 25706 shān_8.14 菻字之譌。

菝 49766 25707 bá_8.14 [集韻]蒲八切音拔[玉篇]菝葀，瑞草[又][博雅]菝挈，狗脊也[本草]菝葜，猶㭀𥿮也。㭀𥿮，短也。莖蔓堅强短小，故名[廣韻]根可作飲[又][唐韻古音]蒲內切。同萆。菝葜[禮記·月令]作萆挈。

菞 49767 25708 zuó_8.14 [正字通]俗莋字。

菞 49768 25709 lí_8.14 [集韻]良脂切，音梨。地名[穆天子傳]讀書于菞丘[又]通黎[前漢·匈奴傳]菞庶無干戈之役△或作菞。

菟 49769 25710 tù_8.14 [唐韻]湯故切音兔[玉篇]菟絲，草名[山海經註]菟丘，菟絲也[又][爾雅·釋草]黃，菟瓜[註]菟瓜似土瓜[又][本草]菟葵，苗如石龍芮而葉光澤，花白似梅[又][急就篇註]伏苓一名伏菟[又]與兔通[楚辭·天問]厥利惟何，而顧菟在腹[前漢·賈山傳]上覆飛鳥，下不見伏菟[又]tú[集韻]同都切音徒。楚人謂虎爲於菟[又][韻會]飛菟，神馬名[又][左傳·隱十一年]使營菟裘，吾將老焉[註]菟裘，在泰山梁父縣南，魯邑也[前漢·地理志]玄菟郡[又][潛夫論]菟裘，嬴姓也。瀅又䖘52241𧆷52299莵49702菟49627

菠 49770 25711 bō_8.14 集韻逋禾切音皤 玉篇菠薐,菜名 本草註 劉禹錫·嘉話錄 云菠薐,種自西國,有僧將其子來,云是頗陵國之種,語訛爲菠薐耳。李時珍曰:按唐會要云太宗時尼波維國獻菠薐菜,類紅藍,卽此也。

菠 49771 25712 pǐ_8.14 集韻普靡切,披上聲。草名。

拼 49772 25713 píng_8.14 集韻旁經切音缾。草名 爾雅·釋草拼,馬帚 疏草似蓍,俗謂蓍拼,可爲掃彗 又人名 呂氏春秋青拼,趙人 又 pīng 韻會滂丁切音俜 詩·大雅拼云不逮 傳拼,使也 周頌莫予拼蜂 傳拼蜂,摩曳也。鼇 又拼49387尊49656缾49594

菡 49773 25714 hàn_8.14 唐韻胡感切音頷 說文菡萏,徐曰菡,猶含也,未吐之意 詩陳風彼澤之陂,有蒲菡萏 爾雅·釋草荷,芙蕖,其華菡萏 〇按 說文作菡 六書正譌云俗作菡,非。然考經文皆作菡 六書正譌之說太泥。鼇 又歉26433萏49560菡50282菡50224歉26376茼50277

菢 49774 25715 xuè_8.14 唐韻許角切,哮入聲 玉篇草聲也。

菢 49775 25716 bào_8.14 唐韻薄報切音暴 直音覆也 集韻鳥伏卵也 韓愈詩鶴翎不天生,變化在啄菢 △ 韻會或作菢。鼇 又菢20119缿27302缿27299

菣 49776 25717 qìn_8.14 唐韻集韻丛去刃切音敗 爾雅·釋草蒿,菣 註今人呼青蒿香中炙啖者爲菣。又荊楚閒謂蒿爲菣 又蔚,牡菣 疏蔚卽蒿之雄無子者 又苦甸切,牽去聲。義同。鼇 又薹50638歆49997

菤 49777 25718 juǎn_8.14 古文莽 唐韻居轉切 集韻古轉切丛音卷 爾雅·釋草菤耳,苓49150耳。本作卷 詩·周南采采卷耳。

菶 49778 25719 bēng_8.14 唐韻得何切 集韻當何切丛音多。姓也 字彙漢有菶宗。鼇 又儌01771葫50492

莔 49779 25720 qū_8.14 唐韻古忽切音骨 說文刷也 又 集韻曲勿切音屈。義同 正字通 神農本經有莔草,生漢中川澤閒,主寒熱陰痹。莔當卽屈。鼇 集韻莔筦,或從竹。

菥 49780 25721 xī_8.14 唐韻先擊切音析 爾雅·釋草菥蓂,大薺 博雅菥蓂,馬辛也 張衡·南都賦菥蓂芋瓜 又 sī 集韻相支切音斯 玉篇蔵菥草,似燕麥 司馬相如·子虛賦其高燥則生蔵菥苞荔。

菫 49781 25722 qín_8.14 集韻渠巾切音勤◆ 說文菜,類蒿 周禮有菫菹 又 jǐn 玉篇唐韻居隱切音謹 集韻戶代切音瀣。義丛同。

菧 49782 25723 dǐ_8.14 集韻典禮切音邸 爾雅·釋草菧苨 疏根莖都似人參而葉小異,根味甜 又 zhǐ 集韻軫視切音旨。菧苨,艸名。萍也 廣韻作苊。鼇 又茋49392茋49659茋49931

菭 49783 25724 zhǐ_8.14 集韻蒸夷切音脂 玉篇菭 或從皿作薀 又 陳尼切音墀。義同。鼇 又薀37200菭49613菭49911

萐 49784 25725 jiē_8.14 唐韻卽葉切音接 玉篇菩萐,水草,可食 集韻引 說文云菨餘也。叢生水中,葉在莖端,江東呼爲菩 韻會云 詩傳作接余 又 shà 類篇色甲切。同萐。棺羽飾也。

菩 49785 25726 bèi_8.14 唐韻薄亥切音倍 說文草也 齊民要術凡穀田,二月上旬及麻菩楊生種者爲上時 又 九經考異 易豐其菩。鄭薛作菩,小席也 又 bó 廣韻蒲北切音匐。義同 又 fù 房久切音阜。香草 周禮·夏官·大馭註以菩芻棘柏爲神主 又 pú 玉篇薄胡切音蒲。菩提,樹名 酉陽雜俎樹出摩伽陀國。又 柳宗元 無姓和尚碑註佛書云菩提薩埵,言覺有情也,從簡稱菩薩 綱目集覽釋典菩之爲言訇也。鼇 又菩49403蔭50654

莟 49786 25727 dàng_8.14 正韻徒浪切音宕 玉篇莨莟子 又菜中有水莨莟 張仲景·金匱要略葉圓而光,有毒,悞食令人狂亂,甘草汁解之 史記作蓎。

菫 49787 25728 jǐn_8.14 古文蕓蓳蓳菫菫 唐韻集韻丛居隱切音謹 詩·大雅菫茶如飴 傳菫,菜也 禮·內則菫荁枌榆,免薧滫瀡以滑之 註冬用菫,夏用荁◆ 爾雅·釋草苦菫 註今菫葵也 又 jìn 集韻渠吝切音覲 類篇藥名,烏頭也◆ 爾雅·釋草芨,菫草 註卽烏頭也,江東呼爲菫 莊子·徐無鬼藥也,其實菫也。又 淮南子·說林訓蝮蛇螫人,傅以和菫,卽愈 註和菫,毒藥 又 赤菫,山名 越絕書赤菫之山,破而出錫 〇按菫字有三音,上、去二音,從艸,入艸部,其平聲音芹 說文訓黏土。從革省,從土。另詳土部。鼇 說文菫,黏土。菫俗作菫 又菫49670菫50850蕓51118菫50637

蕎 49788 25729 qiáo_8.14 唐韻昨焦切音樵 說文草也 又 zhǎo 集韻止少切音沼 玉篇蕎子,藥也。鼇 又蕎51119茐49579

菭 49789 25730 chí_8.14 集韻澄之切音治 說文,菭蘚,草名 又 廣韻直尼切音墀。水衣也 又與苔通 前漢·外戚傳華殿塵兮玉階菭,中庭姜兮綠草生 顏註菭音臺,水氣所生。

菁 49790 25731 yù_8.14 唐韻余六切音育 說文草也。

菣 49791 25732 xián_8.14 唐韻胡田切音賢 說文草也。

菣 49792 25733 yù_8.14 唐韻雨逼切音域。叢也。鼇 集韻菣,越逼切。艸木叢生。通作棫24380

菣 49793 25734 gēng_8.14 韻會居行切音庚 篇海草名。鼇 或菣50981字之譌 正字通古亨切 爾雅 覆盜庚。本作庚。

華 49794 25735 huá_8.14 古文琴 唐韻戶花切 集韻胡瓜切丛音划 書·舜典重華協于帝 傳華謂文德 又 禮·檀弓華而睆 疏凡繪畫,五色必有光華,故曰華畫也 又 廣韻草盛也。又 粉也 曹植·洛神賦鉛華弗御 又 髮白也 後漢·陳蕃傳塞謨之操,華首彌固 又 華林,園名 魏志芳林園卽今華林園 又 地名 戰國策說趙王于華屋之下 史記·秦本紀註華陽,地名 吳志·孫皓傳皓舉大衆出華里 又 水經注河

水東南徑華池 [又] 華表 [古今注] 堯設誹謗木，今之華表 [又] 星名 [晉書天文志] 大帝九星曰華蓋 [又] huà [韻會] 胡化切音話 [書·禹貢] 至于太華 [爾雅·釋山] 華山，爲西嶽。[又] 姓 [潛夫論] 華氏，子姓也 [通志·氏族略] 宋戴公子者，食采于華，因氏焉 [又] [司馬相如·上林賦] 華楓枰櫨 [註] 華皮可以爲索 [又] huā [集韻] 呼瓜切音譁 [禮·曲禮] 爲國君者華之 [註] 華，中裂之，不四拆也 [爾雅·釋木] 瓜曰華之。[又] 與花同 [爾雅·釋草] 華，荂也 [揚子方言] 齊楚之閒或謂之華，或謂之荂 [佩觿集] 華有戶瓜、呼瓜二翻，俗別爲花 [又] hé胡戈切 [徐鍇·說文繫傳] 華，本音和，故今人謂華表爲和表 [棗據詩] 矯足登雲閣，相伴步九華。徙倚憑高山，仰攀桂樹柯 [又] fū [詩本音] 灼灼其華 [註] 音敷◇[考] [詩] 如常棣之華，顏如舜華，維常之華，丛叶車韻。隰有荷華，叶下都韻。黍稷方華，叶下途韻，凡七見，皆讀敷。又 [唐韻古音] 亦音敷。郭璞曰：江東謂華爲敷。陸德明曰：古讀華如敷，不獨江東也。漢光武曰：仕宦當作執金吾，娶妻必得陰麗華 [又] kuā [韻會] 苦蛙切 [正韻] 枯瓜切丛音誇。不正也△或作蕐。詳蘤49758字註。

鑾又華50024雩01818华04536㗾02002㚆05085䔢14385夸24444芲49422蕐49660蒊50191苹49925蕐49960蘤51135蘳51321蘤51848蘤52008萾50277 [又] 華水，女子月經。敦煌·上圖.054 [四分律四波羅夷法] 母如是再三，語子曰：汝婦今日華水已出，便可安子，使汝種不斷。

蓋 49795 25736 yú_8.14 [唐韻] 羽俱切音于 [集韻] 葅蓋，菜名，似韭。[韻會] 出塞下。

蓋 49796 25737 mèng_8.14 [集韻] 莫更切音孟 [玉篇] 狼尾草也。[又] [類篇] 莫浪切音漭。義同。鑾又孟37089

菰 49797 25738 gū_8.14 [唐韻] 古胡切 [博雅] 菰，蔣也。其米謂之胡 [西京雜記] 菰之有米者長安人謂之雕胡，有首者謂之綠節 [又] 地名也 [吳志·孫亮傳] 諸葛誕別將于菰陂 [又] 借作孤 [漢·校官碑] 履菰竹之廉 [集韻] 同苽49200 鑾又菰50940

菰 49798 25739 gū_8.14 [集韻] 攻乎切音孤 [說文] 草多貌 [又] 地名，江夏平春有菰亭 [又] 橋名 [通鑑] 梁太淸二年，李遷仕、樊文皎帥銳卒五千，深入至菰首橋東。鑾又菰50069菰51111菰50199菰49492

菱 49799 25740 líng_8.14 古文蔆 [唐韻] 同蔆。鑾又蔆51692

菲 49800 25741 fěi_8.14 [集韻] 妃尾切 [正韻] 敷尾切丛音斐。菜名 [說文] 芴也 [詩·邶風] 采葑采菲 [疏] 郭璞曰：菲草生下濕地，似蕪菁，華紫赤色，可食 [又] [論語] 菲飲食而致孝乎鬼神 [何晏註] 薄也 [又] [揚子方言] 菲，惄悵也 [又] [集韻] 父沸切音狒。義同 [又] fèi與屝通 [禮·曾子問] 不杖、不菲、不次 [註] 菲，草履 [前漢·刑法志] 菲履赭衣而不純 [又] fēi [集韻] 芳微切音霏。草茂貌 [廣韻] 芳菲也 [又] [博雅] 菲菲，香也 [司馬相如·上林賦] 郁郁菲菲 [又] [揚子·太玄經] 白黑菲菲 [註] 雜也 [後漢·梁鴻傳] 志菲菲兮升降 [註] 高下不定也。

鑾又菲51114

菎 49801 25742 jū_8.14 [唐韻] 九魚切音居 [玉篇] 苴菎，草也。

菈 49802 25743 tā_8.14 [篇海] 音陀。出釋典。鑾又䓔49260蘑49906

菘 49803 25744 kōng_8.14 [唐韻] 苦紅切音空 [玉篇] 菘心草也。

莫 49804 25745 lì_8.14 [唐韻] [集韻] 丛郎計切音戾 [說文] 草也。可以染留黃 [急就篇註] 綟，蒼艾色也。東海有草，其名曰莀，以染此色，因名綟云。

菻 49805 25746 mù_8.14 [集韻] 莫卜切音木 [玉篇] 草也。鑾亦作菻49708與蒁28858別。

菲 49806 25747 lóng_8.14 [玉篇] 古文龍75850字。

菳 49807 25748 qīn_8.14 [唐韻] 去金切音欽。草名。似蒿，菳莖也。[又] jīn [集韻] 居吟切音今。菳蒘，草名 [又] 同芩。

菴 49808 25749 ān_8.14 古文葊 [唐韻] [集韻] 丛烏含切音諳 [韻會] 菴蕳，草名 [司馬相如·子虛賦] 菴蕳軒芋 [註] 菴蕳，蒿也 [本草] 此草老莖可以蓋覆菴蕳，故名 [北史景穆恭皇后傳] 太后常以體不安服菴蕳子 [又] 菴羅，果名 [本草] 又名菴摩羅伽果 [謝靈運·山居賦] 企堅固之貞林，希菴羅之芳園 [又] [玉篇] 倚廉切音淹。義同 [又] àn [韻會] 烏紺切音闇 [左思·蜀都賦] 茂八區而菴藹 [正韻] 菴藹，翳薈也 [又] 上聲，烏感切音黯。義同 [又] [類篇] 同菴。鑾又庵15546菴35577

菶 49809 25750 zhēng_8.14 [唐韻] 士耕切音崢。菶薴，草亂貌 [又] [集韻] 菑莖切音箏。義同。

菷 49815 25756 zhǒu_8.14 [玉篇] 同帚

菷 49810 25751 zhōu_8.14 [集韻] 之由切音周 [類篇] 草名。似葵，五色 [又] liè [玉篇] 同茢。

菅 49811 25752 méng_8.14 [集韻] 同莔

菵 49812 25753 wǎng_8.14 [唐韻] 文兩切音网。菵草 [本草註] 似燕麥 [爾雅翼] 菵米，可以爲飯，生水田中 [爾雅] 所謂皇守田也鑾又莔49255莔49102菵49384

菎 49813 25754 gāng_8.14 [集韻] 居郎切音岡 [山海經] 菎草，葉狀如葵，赤莖白華，實如蘡薁，食之不愚。鑾又芮49112

菶 49814 25755 běng_8.14 [唐韻] 邊孔切音琫 [說文] 草盛貌 [博雅] 菶菶，茂也 [詩·大雅] 菶菶萋萋 [疏] 梧桐之貌也 [又] [玉篇] 多實也 [又] [韻會] 蒲蒙切音蓬。義同 [又] [集韻] 同菶。

菸 49816 25757 yū_8.14 [集韻] 衣虛切音於 [說文] 殘也 [博雅] 臭也 [宋玉·九辨] 葉菸邑而無色兮 [又] [正韻] 音烟。義同 [又] yù [韻會] 音飫。蔫菸，敗也 [廣韻] 臭草。

菹 49817 25758 zū_8.14 [唐韻] 側魚切音齟 [說文] 酢菜也 [釋名] 菹，阻也。生釀之，遂使阻于寒溫之閒，不得爛也 [詩·小雅] 疆埸有瓜，是剝是菹 [禮·祭統] 水草之菹 [註] 芹茆之屬 [侯鯖錄] 細切曰齏，全物曰菹，今中國皆言齏，江南皆言菹。[又] jiē [集韻] 子邪切音嗟。澤生草曰菹 [孟子] 驅蛇龍而放之菹 [又] 地名 [穆天子傳] 南征至于菹。鑾又葅43062葅50072蕰51152蕰51298蘫51609蘫51755蘫51947蘫53956蘫53966 [龍龕] 俎，新藏作葅50259，七余反。藏菜也。

蔴 49820 25761
má_8.14 直音同麻

菺 49818 25759
jiān_8.14 集韻經天切音肩玉篇草名爾雅·釋草菺，戎葵註今蜀葵也。

蔴 49819 25760
lǐn_8.14 集韻力錦切音廩廣韻蔴，蒿也図拂蔴，國名唐書·高仙芝傳拂蔴、大食諸胡七十二國降附。鍫拂蔴，也作蒱菻42113蒱菻、蒱林。

菼 49821 25762
tǎn_8.14 唐韻吐敢切音毯說文雚之初生爾雅·釋草菼，薍註似葦而小，實中，江東呼爲烏蕳詩·王風毳衣如菼箋毳衣之屬有五色，其靑者如雛傳郭璞曰：菼草色如雛，在靑白之閒字說菼，中赤，始生未黑，黑已而赤，故謂之菼，可爲帚禮·玉藻·桃茢註茢菼，帚也。△說文作菣。或作炎。鍫又蕟51229

菽 49822 25763
shū_8.14 唐韻韻會式竹切音叔物理論衆豆之總名詩·豳風禾麻菽麥春秋·定元年隕霜殺菽註大豆之苗禮·檀弓王註：熬豆而食曰啜菽図jiāo篇海子了切集韻通菽50026△詩疏亦作叔廣韻同朮。鍫又萪49123萪49233蓛49517

萜 49823 25764
tián_8.14 廣韻徒兼切音恬玉篇菜名本草註萜通甜，因其味微甜也類篇萜菜，治病熱図tiàn集韻他念切，音楩。草木長茂貌。鍫又菾49977

菿 49824 25765
dào_8.14 唐韻都盜切集韻刀號切夶音到說文草木倒也図dǎo集韻覩老切音倒。草名図zhuó竹角切音斲。草大貌図詩·小雅倬彼甫田韓詩作菿彼甫田。鍫又萫50103萪51116

虎 49825 25766
hǔ_8.14 唐韻呼古切音滸。豆名，俗加艸類篇似貍豆而大。

葑 49826 25767
shì_8.14 集韻同蒔。草木蕡也図chán士咸切博雅葑也。

萒 49827 25768
wàn_8.14 集韻亡梵切。

荒 49828 25769
huāng_8.14 集韻同稘說文虛無食也。一曰果不熟直音同荒。

萁 49829 25770
qí_8.14 古文弉唐韻集韻夶渠之切音綦說文豆莖也前漢·楊惲傳種一頃豆，落而爲萁図jī廣韻居疑切音姬韻會菜，似蕨馬融·廣成頌茈萁芸蒩図草也前漢·五行志麋弧萁服師古註服，盛箭者，其草似荻而細，織之爲服也図禮·曲禮梁曰薌萁註萁，語辭也図gāi居開切音該淮南子·時則訓爨萁燧火註取其木燧之，火炊之。鍫又萁40496萛57072

秈 49830 25771
xiān_8.14 集韻相然切音仙揚子方言江南呼粳爲秈，秈與秈同正字通俗秈字。見禾部。加艸，非。

荷 49831 25772
hé_8.14 集韻同茉。

萃 49832 25773
cuì_8.14 唐韻秦醉切音瘁說文草貌図博雅苦萃，款冬也図易·卦名坤下兌上萃象曰萃，聚也詩·陳風有鴞萃止齊語令夫士羣萃而州處図zú集韻昨律切音崒。義同左思·吳都賦擒虂森萃，翁茸蕭瑟図cuì七內切音淬。萃蔡，衣聲司馬相如·子虛賦翕呷萃蔡。図通倅周禮·春官車僕掌戎路之萃註萃猶副也。鍫又苹49100

萄 49833 25774
táo_8.14 唐韻徒刀切音陶玉篇蒲萄後漢·西域傳栗弋國，出名馬、牛、羊、蒲萄、衆果，其土水美，故蒲萄酒特有名焉魏文帝詔南方龍眼、荔支寧比西國蒲萄、石蜜乎図宮名三輔黃圖蒲萄宮在上林宛西。鍫又蔥51113

萅 49834 25775
chūn_8.14 集韻樞倫切音春說文草名篇海古文春22460字。

莯 49835 25776
mù_8.14 唐韻莫六切音目本草苜49160蓿，一名莯蓿。

萆 49836 25777
bēi_8.14 集韻賓彌切音卑類篇萆薢，藥草図頻彌切音陴。義同図bì集韻必袂切音蔽図山海經小華之山，其草有萆荔図與蔽通前漢·韓信傳從閒道萆山而望趙軍師古註蔽隱于山閒，使敵不見図pì唐韻蒲歷切音躄玉篇雨衣也類篇一曰蓑衣図唐韻古音同菝。鍫又蕇50740

萇 49837 25778
cháng_8.14 唐韻直良切韻會仲良切夶音長詩·檜風隰有萇楚，猗儺其枝傳萇楚，銚弋也疏今羊桃也張衡·南都賦薇蕪蓀萇図姓禮·樂記聞諸萇弘註萇弘，周太史通志·氏族略萇奉天尉萇總図烏萇，國名水經注烏萇國卽北天竺，佛所卽國也。鍫又萇49136

萈 49838 25779
huán_8.14 說文胡官切音桓。山羊細角也六書正譌上从丷，是羊頭，非艸頭字彙譌列艸部，非。鍫寬字莧聲図羱45825羱45905羱45917羱45927

葸 49839 25780
xǐ_8.14 集韻想止切音枲。胡葸，草名。枲耳也。

蓉 49840 25781
tà_8.14 古文蔜唐韻他合切音漯齊民要術蓉菜，生水中，大葉図dā都盍切音褡。荷覆水也。

萉 49841 25782
fèi_8.14 ◆唐韻扶湋切音狒說文枲屬図集韻符分切音汾。義同。或作黂、黂図féi符非切音肥。避也図班固·幽通賦安惄惄而不萉兮図bó蒲北切。與萉通爾雅·釋草葒，蘆萉註萉宜爲蕟，蘆蕟也。

萉 49842 25783
bì_8.14 唐韻邊兮切音鎞玉篇萉麻本草葉似大麻，子如牛蝨，殼中白肉如續隨，子仁油可作印色，子無刺者良，有刺者毒。字作蓖，亦作萆。鍫又蓖50017萆49595蓖50418蓖50060

萊 49843 25784
lái_8.14 唐韻洛哀切正韻郎才切夶音來說文蔓華也玉篇藜草也詩·小雅北山有萊疏萊，草名。其葉可食図周禮·地官·縣師辨其夫家人民田萊之數註萊，休不耕者。郊內謂之易，郊外謂之萊図周禮·地官·山虞若大田獵，則萊山田之野註萊，除其草萊也詩·小雅田卒汙萊註萊，草穢図地名書·禹貢萊夷作牧齊語通齊

國之魚鹽于東萊註東萊，齊東萊夷也図山名山海經萊山，其木多檀楮図姓孟子苦伊尹、萊朱趙岐註萊朱，湯賢臣仲虺是也左傳文二年萊駒爲右図lí韻補音黎郭璞遊仙詩朱門何足榮，未若託蓬萊。臨泉挹清波，陵岡掇丹黃図廣韻落代切音賴。義同△爾雅作釐。

鋬又睞35591萊49357萊49706莃51115

蒴 49844 25785 hè_8.14　集韻同萵　**萋** 49845 25786 qī_8.14　唐韻七稽切韻會千西切丛音妻玉篇草盛貌詩·周南維葉萋萋。図雲行貌詩·小雅有渰萋萋図爾雅釋訓萋萋，臣盡力也図萋斐，文章相錯也詩·小雅萋兮斐兮，成是貝錦。図◆萋且，敬慎貌詩·周頌有萋且有且図cǐ韻會此禮切音泚左思·魏都賦珍樹猗猗，奇卉萋萋。蕙風如薰，甘露如醴図集韻千咨切音郪。義同。

萌 49846 25787 méng_8.14　古文鋬唐韻莫耕切音氓說文草芽也。図韻會菜始生也博雅始也図不動貌莊子·應帝王鄉吾示之以地文，萌乎不震不正図耕亦曰萌周禮·秋官薙氏掌殺草，春始生而萌之註謂耕反其萌芽図姓正字通五代馮裩裨將萌慮図葭萌，地名史記·貨殖傳註屬廣漢，今利州縣図通氓管子·山國軌謂高田之萌曰：吾所寄幣于子者若干註萌，民也戰國策施及萌隸。図同萌爾雅·釋訓存存、萌萌，在也図義與芒通禮·月令句者畢出，萌者盡達管子·五行篇艸木區萌。區萌即句芒也図集韻彌登切音瞢。義同図míng眉兵切音明。蕨萌，草名。鋬又蔥18342萌50015萌50833

萍 49847 25788 píng_8.14　唐韻薄經切集韻旁經切丛音瓶玉篇萍草本草註萍即楊花所化，一葉經宿卽生數葉，葉下有微鬚，卽其根也禮·月令萍始生周禮·萍氏註萍之草無根而浮，取名於其不沉溺後漢·鄭玄傳萍浮南北。図青萍，劒名図地名竹書紀年蒐于萍澤晉書·地理志萍鄉，屬安成郡図集韻正韻與苹同韻會苹、萍本是一物，字異而音義相同○按詩食野之苹，毛氏傳云苹，荓也。鄭氏箋云苹，藾蕭也。疏云萍是水中之草，非鹿所食。故鄭氏不从毛氏，觀下食蒿食芩，皆陸草可知，則苹當依經疏藾蕭，萍是浮萍，絕然二物，字可通借，義不相通韻會之說非。鋬又萍實，見孔子家語。疑即西瓜埤雅廣要卷三十·卉物門·異植類萍實：楚昭王渡江，有物大如斗，圓而赤，直觸王舟。取之，問於孔子。曰，此萍實也，可剖食之，惟霸者獲焉。云楚王渡江得萍實，大如斗，赤如日，剖而食之，甜如蜜。

菇 49848 25789 zhī_8.14　集韻珍離切音知類篇菇母，藥草，本作知。

茵 49849 25790 gù_8.14　集韻古慕切音顧說文草也。

萎 49850 25791 wēi_8.14　唐韻於危切音逶，蔫也詩·小雅無木不萎屈原·離騷雖萎絕其何傷兮図病也禮·檀弓哲人其萎乎図wěi集韻鄔毀切音委，藥草爾雅釋草葽，委萎註萎蕤也韓愈詩萎蕤綴藍瑛註萎蕤，青花圓實。亦作葳蕤

図正韻蓄縮貌後漢·馬援傳萎腰咋舌図地名晉書·匈奴傳萎莎胡等詣王駿降図集韻同餧69208

茗 49851 25792 dàn_8.14　唐韻徒感切音髧博雅菡49773茗，芙蓉也図韻會葩華貌杜甫朝享太廟賦雲菡茗以張蓋△五經文字說文作藺詩疏又作菼集韻又作薝鋬又蔀51301菁50609図新撰字鏡荶49547苔49358蘭51215，三形作。荅49560字同。徒感反，上。芙蓉花也，菡也，蕺也。

蓋 49852 25793 shà_8.14　唐韻廣韻山洽切，音歃。蕆蒲，瑞草。王者孝德至，則蕆蒲生於廚白虎通阜出蕆莆。蕆莆，樹名，其葉大於門扇，不搖自扇，於飲食清涼，助供養也図集韻實洽切音驟。又集韻色輒切廣韻韻會山輒切，並音歃。義並同。鋬又蓮50269葦49872

萑 49853 25794 zhuī_8.14　唐韻職追切音雖說文草多貌図草名。茺蔚也爾雅釋草萑推註茺蔚，一名益母図集韻梟未漚者図huán韻會胡官切音桓說文薍也詩·豳風八月萑葦疏初生者爲葭，長大爲薍，成則爲萑周禮·春官其柏席用萑黼純註萑，如葦而細図前漢·息夫躬傳涕泣流兮萑蘭註涕泣闌干也図鳥名，鴟屬。字从卝。詳隹部。鋬鳥名从卝作萑66121說文本作萑51022図雈51081莑51112萑51806萑66281

莭 49854 25795 fù_8.14　集韻類篇丛符遇切音附篇海藥草。

莑 49856 25797 bàng_8.14　唐韻同蒡　**萐** 49855 25796 shì_8.14　集韻蒔本字

莥 49857 25798 niǔ_8.14　唐韻同莥　**莌** 49858 25799 yǎn_8.14　唐韻以轉切音兗。草名図juàn渠篆切音圈。奐也。鋬又葂50184

萳 49859 25800 liǎng_8.14　集韻里養切音兩。草名図miǎn字彙補茫殄切，音免◇平也，當也，欲明也図mián茫盤切瞞。無穿孔狀也。

萓 49860 25801 yí_8.14　集韻魚羈切音宜玉篇萓蒡草卽鹿蔥也。本作宜。

芸 49861 25802 yún_8.14　直音同芸　**莻** 49862 25803 méng_8.14　集韻同薔。

莦 49863 25804 xiào_8.14　集韻與薂51171同廣韻通芀。

莂 49864 25805 liè_8.14　集韻力蘖切音列。隸作莂。

莓 49865 25806 měi_8.14　集韻母亥切音穤類篇草名。實如桑椹。図mèi莫佩切音妹。與苺同博雅蒛盆、薩英，莓也。図玉篇同苺49543

薆 49866 25807 wàn_8.14　集韻彌登切音瞢博雅蔰也。鋬俗蔓49948

萛 49867 25808 jiū_8.14　集韻居虬切音糾韻學集成荕或作萛。

萫 49868 25809 ruò_8.14　玉篇古文若49169字。

蕶 49869 25810 ruò_8.14　玉篇籀文若49169字。

蘁 49870 25811 xuè_8.14　玉篇雇后切音苟。草也。鋬或俗莔49345

萛 49871 25812
mò_8.14 玉篇 與莫49574同。

葽 49872 25813
shà_8.14 說文解字 蓳本字。

蕫 49873 25814
dǒng_8.14 韻學集成 古文董50125字。

茤 49874 25815
tiáo_8.14 韻學集成 同苕。

蒜 49877 25818
mí_8.14 篇海 同蒲

举 49875 25816
xù_8.14 篇海 許物切。
疾也 図hū 呼骨切音忽。鑾又莽04578蓡14249

蒽 49876 25817
hū_8.14 篇海 呼骨切音與忽同。狀蒽也。鑾俗葱
50146元刻本 老乞大 有甚麼熟菜蔬，將些來與客人喫。
怕無時，有蘿蔔、生葱、茄子將來。

茇 49878 25819
jí_8.14 篇海 紀力切音極。疾也△集韻作蒸，訖
力切，音亟◇字彙補 義與亟同。

拿 49879 25820
là_8.14 篇海 力曷切，音臘◇詳蓽50766字註。
鑾又拿01759

蕏 49880 25821
chú_8.14 篇海 楚俱切集韻 芻俗作蕏。

萋 49881 25822
qi_8.14 直音 同葺柳宗元·崔公墓誌 一日不葺 註
吳本楚辭中有如此書者。又詩 臺館萋荒丘，池塘疏沈圴。

蒅 49882 25823
zàng_8.14 直音 與葬50140同。

葄 49883 25824
jiū_8.14 字彙補 居休切音鳩。蓁葬，藥名○按即茻
字之譌。鑾又葓49623

荶 49884 25826
cí_8.14 直音 俗薺字。

葉 49885 25827
bǐng_8.14 直音 與秉同齊民要術 穫不可不速，當以
急疾爲務，芒張葉黃，捷穫之無疑。

蕽 49886 25828
nóng_8.14 字彙補 乃冬切音農五音篇海 耕也。
図姓○按即農字之譌。

荈 49887 25829
chí_8.14 字彙補 直離切音馳。草也△玉篇 作
葂50182亦書作茤。

葏 49888 25830
jiū_8.14 字彙補 居幽切，音鳩◇草相糾也。與葬同。
鑾又葑49889葏50020

幕 49889 25831
jiū_8.14 字彙補 音義丛與葏同。

薗 49890 25832
zǐ_8.14 集韻 兹49337古作薗。

舝 49891 25833
mò_8.14 字彙補 古文萛49871字。

茵 49892 25834
shā_8.14 字彙補 矢瓜切，音沙◇草也。

蕚 49893 25835
ruò_8.14 字彙補 同若古周易 出涕沱蕚。陸德明云
蕚，古文若49169字。

蒜 49894 25836
fēi_8.14 字彙補 敷飢切，音妃◇花盛也。

蕇 49895 25837
diǎn_8.14 字彙補 同典漢費鳳碑 言不失蕇實。

苐 49896 25838
lóng_8.14 字彙補 同苨○按玉篇 古文龍字作苨，此

即苨字譌文。

艸 49897 25839
gòng_8.14 字彙補 古文共02566字。

蘨 49898 25840
sàng_8.14 字彙補 與喪06529同。

蒭 49899 25841
chú_8.14 字彙補 充枯切。同芻◇出釋藏。

莞 49900 25842
wǎn_8.14 字彙補 音未詳 博雅 莞，笑也。鑾俗莞。
図 莞49692

葬 49901 25843
zàng_8.14 集韻 葬50140古作葬。鑾亦作蓙49945
蓙50210葬50291

莉 49902 41770
chà_8.14 篇海類編 初戛切，音刹◇莉，掃地惡草。

荊 49903 41771
jīng_8.14 正韻 同荊

糸 49904 45281
má_8.14 篇海 與麻同

蓎 49906 45283
tā_8.14 龍龕 音他

葿 49905 45282
xū_8.14 字彙補 同薛

禁 49907 45284
cè_8.14 字彙補 策字之譌。

葉 49908 u2B7D2
yè_8.14 俗葉50079見廣韻

堇 49909 u2B220
null_8.14 未詳。

陳 49910 u2B21F
chén_8.14 簡陳50754

芯 49912 u2B21D
null_8.14 未詳。

荿 49911 u2B21E
zhī_8.14 俗泚49783龍
龕 荿俗荿49613正，音脂。荿葹也。

萹 49914 u2B21B
null_8.14 未詳。

菝 49915 u2B21A
null_8.14 未詳。

蒲 49913 u2B21C
uìn_8.14 喃五千字譯國語 蔚蓁，葚蒲。

荏 49916 u2B219
null_8.14 見湯叔盤。从任爲正。

蒛 49917 u2B218
null_8.14 喃大南一統志·卷三·承天府（中）·土產
（上）·菜類 蒜：有大小二類。小曰蒛本草 小蒜一名葷菜。
大蒜一名葫。

蕃 49918 u2B217
null_8.14 未詳。

萄 49919 u2B216
null_8.14 未詳。

葩 49920 u2B215
null_8.14 未詳。

萄 49921 u2B214
null_8.14 未詳。

莁 49922 u2B213
null_8.14 未詳。

蓑 49923 u2B212
null_8.14 未詳。

莜 49924 u2B211
null_8.14 未詳。

莘 49925 u2B210
huá_8.14 俗華49794偏
類碑別字 引魏 奉朝請梁邕墓誌

萺 49926 u2F9A4
jí_8.14 同筓06545亦作蕺49988

菜 49927 u2F9A3
cài_8.14 同菜49764

菌 49928 u2F9A2
jūn_8.14 同菌49736

菊 49929 u2F9A1
jú_8.14 同菊49733

著 49930 u2F99F
zhù_8.14 同著50102

莀 49931 u2F99E
dǐ_8.14 同蔽49782

蒛 49932 u26CC0
null_8.14 未詳。

蕛 49933 u26CBF
lá_8.14 喃俗蘿51997葉子。

萢 49934 u26CBE
mướp_8.14 喃絲瓜，香瓜。

茮 49935 u26CBD
xiān_8.14 俗蔴51836稀茮，或作稀蔴、豨薟51227，藥
草。明·樓英 醫學綱目 卷之十六·心小腸部·心痛 治心痛，

稀苵草搗汁，醋和服之，効。有人服此，吐虫二條，終身不發。

菇 ngó_8.14　喃 从艸妿đố聲△菇蓮：蓮藕。

莖 rơm_8.14　喃 从艸淫dâm省聲△莖薈：草芥。

徥 sả_8.14　喃 同蔓50255从艸使sứ聲△油徥：香茅油。

莜 rạ_8.14　喃 从艸夜dạ聲。

蕭 mán_8.14　字鑑 蕭02727，謨官切說文 平也。从廿，音集。从网，古兩字。中从二入。凡滿、瞞之類从蕭。俗从艸从雨作蕭、蕭，誤。

荳 lì_8.14　同莅49520段玉裁說文解字注 隶41582，臨也。臨者，監也。經典莅字或作涖28378，注家皆曰臨也。道德經釋文云古無莅字，說文作隶。按，莅行而隶廢矣。

菤 chéng_8.14　俗承19239図俗蒸50410

莁 jīng_8.14　墨子旗幟 弩爲狗旗，戟爲莁旗。孫詒讓閒詁：莁，疑即旌22191字図chênh喃从艸征chinh聲。參差。

莄 yì_8.14　同莄49528　蓙 zàng_8.14　同蓙49901南宋初明州刻本集韻 葬，古作蓙。

苾 bì_8.14　俗蔽50890苾櫓，亦作蔽櫓，古代的防身器材図méi字韻合璧 苾，音枚。草名。

莽 bō_8.14　同筳42156俗砶39035

蔓 wàn_8.14　同蔓36693亦作薆、薆。俗作蔓集韻 薆，亡咸切博雅 薆也。

蕤 ruì_8.14　同蕤50097　菁 qì_8.14　同茸50157

拂 fú_8.14　拂棶，古國名。亦作拂棶、捔42162棶。

荳 null_8.14　未詳。　叟 sōu_8.14　或同叟50433

萻 null_8.14　未詳。　苑 wǎn_8.14　或同荒49900

荻 null_8.14　未詳。　猫 chóu_8.14　俗菗49755新撰字鏡 猫，才牛反。茶卉染卉也。

袯 yī_8.14　直音篇 袯，音依。

猫 null_8.14　未詳。　葉 huá_8.14　俗華49794偏類碑別字引隋宮人徐氏墓誌

猫 māo_8.14　俗猫57448　莿 null_8.14　未詳。

葩 pā_8.14　俗葩50133可洪音義 紛葩：下普巴反。

薺 shēn_8.14　同蔘50700　嫫 null_8.14　未詳。

荣 null_8.14　未詳。　婍 null_8.14　未詳。

萩 null_8.14　未詳。　菉 lù_8.14　同菉50025

薐 null_8.14　未詳。　藙 null_8.14　未詳。

荶 null_8.14　未詳。　荳 null_8.14　未詳。

菽 null_8.14　未詳。　莆 null_8.14　未詳。

蒸 jié_8.14　五侯鯖字海 音傑。草也。

崖 nhài_8.14　喃 从艸厓nhai聲△花崖：茉莉花。

蓁 tián_8.14　同蓁49823直音篇 蓁，音填，菜名。

蒡 null_8.14　未詳。　蔢 null_8.14　未詳。

茮 null_8.14　未詳。　焱 null_8.14　未詳。

舜 shùn_8.14　俗舜50993　芥 jiè_8.14　籀文芥49055

炉 null_8.14　未詳。　孬 wù_8.14　籀文苂49077

蒞 null_8.14　未詳。　蕭 zhǒu_8.14　俗帚14829偏類碑別字引唐張君夫人秦氏墓誌

蕎 jí_8.14　同䔲06545亦作蕎49926

蒡 qióng_8.14　穹窮，亦作蒡窮，香草。

蕤 yǒu_8.14　同茭45731　莂 yào_8.14　俗藥51593

婗 null_8.14　未詳。　菋 null_8.14　未詳。

茭 xiāo_8.14　俗筱42004　荓 null_8.14　未詳。

戡 qin_8.14　同菣49776清·朱彝尊曝書亭集·笛漁小稾 卷第五·菣乳和楊芝田先生 籌燈挂屋壁，漑釜燃蒿戡。

菗 wò_8.14　同婩49577玉篇 菗，乙卓切。英菈謂之菗。

萆 null_8.14　未詳。　萁 qí_8.14　山名。萁萊主山，在臺灣霧社，濁水溪發源地図俗芰49073可洪音義 陵萁：其寄反，雞頭也。正作菱芰。

蓂 tāng_8.14　同蕩51218亦作募50115

萩 qiáo_8.14　俗菣49374新撰字鏡 渠遙反。草名。今荊葵。

蓜 jí_8.14　同葝49878集韻 嘔00600，或作蔄、蓜。

莐 wěi_8.14　簡蓮51371　菱 líng_8.14　兼菱。

著 zhù_8.14　參見著50102　蕯 sà_8.14　簡薩51244

蕭 xiāo_8.14　簡蕭51014　蒙 yíng_8.14　簡縈44643

萤 yíng_8.14　簡營31804　莛 dìng_8.14　連橫臺灣通史·卷二十八·虞衡志·木之屬 茄莛：生海濱，木可爲薪。皮色赭，以染網。安邑有茄莛莊。

螢 50011 u8424 yíng_8.14 简螢53163 日廣漢和辭典芦萢,青森県の地名。萢中,姓氏。

萢 50013 u8422 pào_8.14

菭 50014 u8421 bó_8.14 同箔42110 可洪音義金菭:蒲博反。区俗薄51179 安南一統志既已嫁,王復懷顧惜,且念公主資稟菭弱,不堪此強暴之男。

萠 50015 u8420 méng_8.14 俗萌49846 慧琳音義萠芽:麥耕反区玉篇云萌亦芽也說文亦草芽也。從艸,明聲区字海萠,音攀。姓。

萩 50016 u841F yì_8.14 同藝51581

菎 50017 u841E bì_8.14 同蓖49842

萝 50018 u841D luó_8.14 简蘿51997

萛 50020 u841B jiū_8.14 同萛49888

萜 50019 u841C tiē_8.14 有機化合物 terpene 的中譯。

萚 50021 u841A tuò_8.14 简蘀51716 草臥意同文通考國字萚,クタビレ,劳倦也。

菸 50022 u8419 zhěn_8.14 日从艸枕會

萘 50023 u8418 nài_8.14 同萘50074区民國辭海萘,讀如奈。有機化合物稠苯之一,亦名駢苯,俗稱焦油腦。

華 50024 uFAB4 huá_8.14 參見華49794

菉 50025 uF93E lù_8.14 參見菉49732

萩 50026 u25844 qiū_9.15 唐韻七由切集韻韻會雌由切音秋。說文蕭也。爾雅釋草蕭,萩註卽蒿左傳襄十八年及秦周伐雍門之萩区通楸,木名管子禁藏篇當春三月,萩室熯造註萩木鬱臭,以辟毒氣,故燒之新造之室前漢·貨殖傳山居千章之萩区史記·朝鮮列傳封陰爲萩苴侯註屬渤海区jiāo五經文字子遙切音椒穀梁傳·文九年楚子使萩來聘集韻或作菽玉篇廣韻叐子小切。義同。鍫又梂50261萩52078蘸51928

菥 50027 u25845 kē_9.15 唐韻苦禾切音科集韻草名。海蔥也。区藤類玉篇菥藤,出海邊齊民要術菥藤,圍數寸,重于竹,可以杖筮以縛船,及以爲席勝竹也。又柔菥藤有子,極酢爲菜滑,無物能比〇按正字通云藤屬無菥,想未考玉篇諸書也。

耗 50028 u25846 hào_9.15 集韻虛到切音耗類篇吳俗以草木葉糞田曰耗区mào莫報切音帽說文草覆蔓,引詩左右芼之。或从禾。鍫又稌40543耗40247

萺 50029 u25847 mào_9.15 唐韻莫候切音茂說文細草叢生也区玉篇莫老切音娼。義同集韻通莩鍫集韻茆49211莯武道切。艸叢生也。或从孜。

蕫 50030 u25848 dú_9.15 類篇同藩。

薔 50031 u25849 xiàng_9.15 唐韻正韻叐許亮切音鄉集韻笔羮。

萬 50032 u25850 wàn_9.15 古文筹卨◎卨唐韻無販切音蔓說文蟲也。◆埤雅蜂,一名萬。蓋蜂類孳多,動以萬計区數名易乾象萬國咸寧前漢·律歷志紀于一,協于十,長于百,大于千,衍于萬区舞名詩·邶風方將萬舞疏萬者,舞之總名大戴禮·夏小正萬也者,干戚舞也韻會湯武以萬人得天下,故干舞稱萬舞区州名寰宇記漢巴東郡,後唐貞觀曰萬州区姓通志·氏族略萬氏,孟子門人萬章△六書正譌或省作万,非。鍫又丂00267闍40180乳00411叜30991㒼40178萬50239晨51293

萬 50033 25851 yǔ_9.15 唐韻韻會叐王矩切音雨說文草也区姓急就篇萬叚卿註萬亦椭字。椶,木名。因樹以得姓也前漢游俠傳有萬章区jǔ韻會果羽切音矩。義同区jū集韻恭于切音拘。所以正車輪者周禮·冬官·輪人萬之以眡其匡也註等爲萬蓑以運輪上,輪中萬蓑則不匡剌也。

蒲 50034 25852 yú_9.15 唐韻羊朱切音兪玉篇菇蒲,花貌類篇或作蒲篇海一作蒲区yǔ集韻勇主切音庾。蒲茈,木耳区tóu徒侯切音頭。草名。

蕢 50035 25853 fù_9.15 唐韻房久切韻會扶缶切正韻房缶切叐音婦禮·月令孟夏,王瓜生註草蒉也。今月令云王蒉生区山名竹書紀年帝乩甲三年,王畋于蒉山区宮名前漢·宣帝紀甘露二年,行幸蒉陽宮区集韻蒲味切音佩韻會符遇切音附。義叐同区bèi集韻簿亥切音蓓。與菩通。草也△字彙補蒉山山海經音倍。又漢書蒉陽宮,李裴亦音倍字彙作防父切,誤〇按負、蒉二字異音。負音附,蒉音倍,似蒉山之蒉,从蒉。蒉草之蒉从負,不可以倍音廢附音也。

萰 50036 25854 liàn_9.15 唐韻郎甸切音練。草名玉篇白蘞也爾雅釋草萰,菟荄区芉萰,青盛貌郭璞·江賦涯潭芉萰。

萱 50037 25855 xuān_9.15 唐韻況袁切集韻許元切叐音喧韻會忘憂草,卽今之鹿蔥也說文作藼。又从宣詩·衞風焉得諼草,言樹之背。本又作萱本草註花宜懷妊,婦人佩之必生男,故名宜男〇按萱字詩作諼說文作藼,又作蕿爾雅又作蘐正字通獨以蘐爲正,似泥。鍫又諼51823

蔓 50038 25856 xuān_9.15 唐韻同萱王應麟詩攷焉得蔓草。出爾雅音義

萳 50039 25857 nǎn_9.15 唐韻奴感切,音湳玉篇草長弱貌区nán集韻那含切音南。草名。

萴 50040 25858 cè_9.15 唐韻阻力切音仄玉篇萴子,藥名。一歲爲萴子,二歲爲烏喙,三歲爲附子,四歲爲烏頭,五歲爲天雄鹽鐵論雖以進壤廣地,如食萴之充腸也区廣韻士力切,音崱。草也区人名左傳·昭二十年昔爽鳩氏始居此地,季萴因之註季萴,虞夏諸侯。鍫又萴49471

蓳 50041 25859 yīn_9.15 集韻伊眞切音因。蓳藘,香草類篇通作茵。

蓶 50042 25860 tì_9.15 集韻同渶

萵 50043 25861 wō_9.15 集韻烏禾切音倭類篇萵苣,菜名杜甫·種萵苣詩序堂下理小畦,隔種一兩席許萵苣,向二旬矣区續博物志萵菜,出萵國,有毒,百蟲不敢近。鍫又萵49703萵50521萵菜出萵

國。萬菜出喎國。喎國，或作倭國。元·賈銘 飲食須知·卷三·菜類·萬苣菜 紫色者有毒，百蟲不敢近。蛇虺觸之，則目瞑不見物。人中其毒，以薑汁解之。

蓍 chǔn_9.15　集韻 尺尹切音蠢 類篇 草名 說文 推也，草春時生也。亦作萅 図 玉篇 雜也。

菲 xié_9.15　集韻 與薢同。

萷 xiāo_9.15　集韻 思邀切，音宵。萷槮，草木茂貌 図 韻會 蕭疎貌 宋玉·九辨 萷槮之可哀兮 註 華葉已落，莖獨立也 図 shāo 師交切音梢 前漢·司馬相如傳 紛溶萷蔘 郭註 枝聳擢也 図 shuò 韻會 色角切音朔。義同 図 集韻 萷蘀，藥草。鑿 又 樹25693 萷51144

葮 pián_9.15　集韻 毗連切音婢 類篇 葮縷，草名○按 爾雅 無葮字 正字通 以爲薆字之譌。

萸 yú_9.15　唐韻 茱萸49334，亦作茮萸。

藘 yǔ_9.15　唐韻 以主切音雨。百蘆草 集韻 作薜蘆。図 羊朱切音兪。義同。

萹 biān_9.15　唐韻 布玄切音邊。萹竹，草名 爾雅釋草 萹竹 疏 布地而生，節間白華，葉細綠，人謂之萹竹 図 廣韻 方典切音匾。義同 図 pián 集韻 蒲眠切音骿。萹蓄，草木動貌。鑿 又 蕅51261

菖 mào_9.15　集韻 莫報切音帽 說文 草也 図 mù 廣韻 莫六切音目。菖薈草 図 與苜同。鑿 又 藑51346

菴 ān_9.15　集韻 烏含切音菴 類篇 野草。

萼 è_9.15　唐韻 五各切 韻會 逆各切丛音鄂 玉篇 花萼也 晉書·皇甫謐傳 春華發萼，夏繁其實 束晳·白華詩 白華朱萼。鑿 又 蕚50972 蕚50841 蕚51055 蕚49673 蕚51329

落 luò_9.15　唐韻 盧各切 集韻 韻會 正韻 歷各切丛音洛 禮·王制 草木零落，然後入山林 図 爾雅·釋詁 落，始也。又 左傳昭七年 楚子成章華之臺，願與諸侯落之 註 宮室始成，祭之爲落 図 叔孫爲孟鐘，饗大夫以落之 註 以猳豬血釁鐘曰落 図 博雅 居也 綱目集覽 人所聚居，故謂之村落、屯落、聚落。又 後漢·竇憲傳 躡冒頓之區落 図 蕃籬曰虎落 前漢·鼂錯傳 爲中周虎落 註 以竹篾相連遮落之也 図 廢也 莊子·天地篇 子高曰:夫子盍行耶，無落吾事，耕而不顧 図 落落，不相入貌 老子道德經 落落如石 図 牢落 司馬相如·上林賦 牢落陸離 図 陸落 論衡 見文吏便而儒生陸落，則詆訾儒生，以爲淺短，稱譽文吏，謂之深長 図 拓落 揚雄·解嘲 何爲官之拓落也。図 韻會 錯落，開廁貌 図 歲名 爾雅·釋天 太歲在巳曰大荒落 図 星名 史記·天官書 軍西爲壘，旁有一大星爲北落 図 山名 水經注 伊水東北過郭落山 図 草名 本草 土落，生嶺南山谷。又 角落，生江西山谷，似茱萸，獨莖。又木名 爾雅·釋木 檴，落 疏 檴，一名落，可作杯圈，皮

韌，繞物不解 図 姓 通志·氏族略 漢有落下閎 図 與絡通 莊子·秋水篇 落馬首，穿牛鼻 前漢·李廣傳 上召禹刺虎，禹從落中斫絕纍，上壯之 師古註 謂當時緪絡之而下也。

莚 yǎn_9.15　爾雅·釋草 莚，雀弁 註 悅轉切 正字通 諰字○按菣字之譌。

蓥 yíng_9.15　集韻 怡成切音盈 篇海 菊也。亦作蘮。

菾 tián_9.15　唐韻 徒兼切音恬。藥草。

萿 kuò_9.15　唐韻 古活切音括 爾雅釋草 萿，麋舌 郭註 今麋舌草，春生葉，似舌 図 huó 集韻 戶栝切音活。獨萿，藥草。

萿 kuò_9.15　唐韻 古活切音括。菝萿，瑞草 揚雄·甘泉賦 攢井閭與苃萿兮。

毗 pí_9.15　唐韻 房脂切音琵 說文 蒿也 図 bì 集韻 邊迷切。與蔽49842通。鑿 又 蔽50868

薑 jiāng_9.15　集韻 居良切音姜。山草 正字通 俗薑字。

萎 wéi_9.15　篇海 同薷。

菡 shǐ_9.15　集韻 矧視切音矢 說文 糞也，从艸，胃省。通作矢 玉篇 俗作屎。

蒯 kuǎi_9.15　唐韻 古壞切音怪。草名 図 集韻 苦怪切音塊 說文 與蒯同。鑿 又 萄04276 萄04268 菅49216 萄49610 菊49741 蕢68312

薍 miǎn_9.15　集韻 武遠切音晚。人名 莊子·天地篇 蔣閭薍見季徹 図 潘尼·西道賦 薍窟連投十數億計 △通作莬。

蒺 jī_9.15　❖集韻 直立切音蟄。草名 玉篇 蒺，堇也。

菲 zuó_9.15　唐韻 在各切音昨。菇草 博雅 菲菇，烏芋也 集韻 菲菇，草名 図 秦昔切音籍。義同 図 zé 集韻 士革切音賾 類篇 菜名。

莋 zuò_9.15　集韻 存故切 正韻 靖故切丛音祚。水芋也 図 韻會 藉也 唐書·李揆傳 莋枕圖史 図 cú 叢租切。與蒩通 類篇 蒩菇，草名。蒩作或莋 △集韻 或作蒩。

蓏 gū_9.15　篇海 音胡。又音孤。草多貌○按此字 說文 玉篇 唐韻 俱不載 正字通 云菰字之譌。鑿 又 菽49492 莁50199

蒩 zū_9.15　正字通 與蒩菹同。

蒩 zhā_9.15　唐韻 側加切 集韻 莊加切丛音樝。草名。楚葵也，生水中。亦作蒩 図 zǔ 集韻 總古切音祖 說文 菜也。

菹 zū_9.15　集韻 同菹。又通苴49186。鑿 又 籧42951 葅49584 菹50070 蕰51456

葆 50073 25891
bǎo_9.15 唐韻補抱切音保 前漢·燕刺王旦傳頭如
蓬葆 註葆，草木叢生之貌 又韻會橪上苗也 字彙補關
中謂桑榆孽生曰葆 又禮雜記羽葆疏 葆謂蓋也 又張衡西
京賦垂翠葆 又禮·禮器不樂葆大 註葆之言褒也 又素
問治數之道，從容之葆 註葆，平也 又藏也 又莊子·齊物
論此之謂葆光 又韻會旅葆，野菽，實可食 史記·天官
書觜觿為虎首，主葆旅事 晉灼曰葆，菜也。野生曰旅。
又通褓 史記·周公世家成王少在襁葆之中 註葆，小兒
被也 又通寶 史記·留侯世家見穀城山下黃石，取而葆
祠之 註史記珍寶字皆作葆 又與堡通 史記·匈奴傳侵
盗上郡葆塞 又bāo 集韻博毛切音襃。廣也。 鼇又菜
49194 獑46211 葏51344 藂51685 玄應音義葆羽：又作胞46045，
同，補道反 又慧琳音義植葆：褒道反 漢書建幢棽、植
羽葆 字書葆，五彩羽也。顧野王云各聚五色羽名為葆
也 文字典說亦羽葆也，或作胞也。

萘 50074 25892
nài_9.15 集韻乃帶切音柰。草名 又類篇乃葛切音
捺。吳中菜名。有刺。 鼇又蔡50023

柴 50075 25893
chái_9.15 集韻鋤佳切音柴。芘葫或作柴葫 又zuī
集韻遵為切音樶。同蕀。

葇 50076 25894
róu_9.15 集韻而由切音柔。本音 香葇菜 博雅穰葇，
蘇也 揚子方言蘇之小者謂之釀葇 又本草石香葇，生
蜀郡陵、榮、資、簡州及南中諸處 又廣韻忍九切音蹂。
葇釀菜不切也 △篇海通蕎。 鼇又搈50950 萩51270

某 50077 25895
mǒu_9.15 集韻莫後切音某。菜名。

葸 50078 25896
xǐ_9.15 集韻想止切音葸。本作葸。胡葸，枲耳也
正字通俗枲字。

葉 50079 25897
yè_9.15 唐韻與涉切 集韻 正韻弋涉切丛音枼 說
文草木之葉 陸游詩註吳人直謂桑曰葉 又世也 詩·商
頌昔在中葉，有震且業 又博雅聚也 又書冊歐陽修曰
唐人藏書皆作卷軸，後有葉子，似今策子 又姓 通志·氏
族略葉氏，舊音攝，後世與木葉同音 又與藠通 儀禮·士
冠禮贊者洗於房中，側酌醴，加柶，覆之面葉 註古文
葉為藠 又shè式涉切音攝 左傳·及葉 註葉，今南陽葉縣
又dié 集韻達協切音牒。與牒同，書篇名 △韻會或作
菜，非。 鼇又葈49647 葉50759 葉49908 葉50488 葉50583 萩50597

荐 50080 25898
ān_9.15 玉篇古文菴49808字。

蓳 50081 25899
jìn_9.15 集韻同蓳。 蒐 50082 25900 fú_9.15 直音俗蒐字

蒮 50083 25901
dù_9.15 集韻徒故切音度。香草。

蒅 50084 25902
zào_9.15 字彙見石鼓文 〇按石鼓文作蒅，非蒅，
音義俱未詳。 鼇又葟50519

蒟 50085 25903
qú_9.15 唐韻其俱切音劬。草名◆爾雅·釋草蒟，
芌薐 △集韻或作藋、茍。

蒹 50086 25904
jiān_9.15 集韻居顏切，音姦 山海經吳林之山，其

中多蒹草 吳越春秋吾師作冶，夫妻入冶爐中，後世麻
絰蒹服，然後敢鑄 又山名 山海經昆吾山，又西百二十
里，曰蒹山，蒹水出焉。 鼇又蘭50917

菖 50087 25905
fú_9.15 唐韻 集韻 韻會 正韻芳方六切音福 說文
菖也 詩小雅言采其菖 傳菖，惡菜也 爾雅·釋草菖，蕒 郭
註大葉白華，根如指，正白，可啖 又爾雅·釋草菖，蘆
茅 註菖花有赤者為蘆 又博雅鳥韯，菖也 又去聲，音
富 又集韻或作蘆、蒩。 鼇又蘆51272 蒩51421 蒩51271
蒩51232

遊 50088 25906
yíng_9.15 唐韻戶頂切音迥 集韻同葵。

葎 50089 25907
lù_9.15 唐韻呂卹切音律，蔓艸 玉篇似葛有刺 本
草葎草莖有細刺，善勒人膚，故名勒草。訛為葎草。

菁 50090 25908
jīng_9.15 唐韻子仙切音煎。草茂貌 又jiān 集韻將
先切音箋 詩菁菁者莪，李舟說或作菁菁 又qián 玉篇才
千切音前 △jīng咨盈切音精。義丛同。 鼇又菁51023
菁51348

蕡 50091 25909
fén_9.15 唐韻符分切音汾 玉篇蕡蕡，盛貌 左思蜀
都賦鬱蕡蕡以翠微 又博雅馥蕡，香也 又pén 集韻步
奔切音盆。艸名 爾雅·釋草葍，蕡蕡 註覆盆也，實似莓
而小 正字通梵書謂覆蕡子花曰蘇蜜那花。

葑 50092 25910
fēng_9.15 唐韻府容切音封。菜名 韻會蕦葑也 詩邶
風采葑采菲，無以下體 傳葑，須也 疏釋草云須，葑蓯
坊記註云葑，蔓菁也 方言云蕢葽，蕘菁也。陳楚謂之
葑，齊魯謂之蕘，關西謂之蕘菁，趙魏之郊，謂之大芥。
蕢與葑字雖異音實同，即葑也，須也，蕘菁也，蔓菁也，
葑蓯也，蕘也，芥也，七者一物也 集韻敷馮切音豐 詩采
葑采菲，徐邈讀作豐 又fèng 廣韻芳用切音湗。菰根也，
今江東有葑田 晉書音義菰草叢生，其根盤結，名曰葑
通鑑魏明帝青龍元年，陸遜入江夏，催人種葑豆 史炤
釋文葑，方用切，菰根也。江東有葑田 胡三省註按葑
音封，菜也，亦謂之蔓菁。江東葑田，乃是葑泥，其深
有沒牛者，此田又不產菰根。

眚 50093 25911
shěng_9.15 集韻所景切音省。草名。

葒 50094 25912
hóng_9.15 唐韻戶公切 集韻 正韻胡公切丛音紅 爾
雅·釋草葒，蘢古 本草葒草，水葒也，與洪同。
鼇又荭49459

漢 50095 25913
hóng_9.15 唐韻戶公切 韻會胡公切丛音紅 玉篇水
草也 北史·慕容儼傳造荻漢竟數里，以塞船路。

蔲 50096 25914
hóu_9.15 唐韻戶鉤切音侯 集韻草名 爾雅·釋草蒿
蔲，莎 〇按爾雅本作侯。

蕤 50097 25915
ruí_9.15 唐韻以芮切音銳。草生貌 揚子方言蕤，
小也，凡草生而初達謂之蕤 左思·吳都賦鬱兮蕤茂
又廣韻弋雪切 類篇欲雪切丛音悅。義同。 鼇又蒍49949

荐 50098 25916
yàn_9.15 　集韻 延面切音衍 類篇 蔓荐也△或作莚。

莻 50099 25917
hěn_9.15 　唐韻 胡墾切音很。草名。似蒝，花青白。图集韻 苦本切音閫。義同图xié 廣韻 戶皆切音諧。莻蔽，草名。

苎 50100 25918
chá_9.15 　集韻 鋤加切音槎。水中浮草。或作苴。

葖 50101 25919
tū_9.15 　唐韻 徒骨切音突 爾雅釋草 葖，蘆萉註萉宜為藗49750，蘆萉也。紫花大根，俗呼雹突。图又菱50293

著 50102 25920
zhù_9.15 　集韻 韻會 正韻 朾陟慮切音箸 博雅 明也 中庸 形則著 晏子·諫上篇 君之德著而彰图管子·立政篇 十二月一著註 著，標著也，使儁曹署著其名 周禮·典婦功註 書其賈而著其物图前漢·景帝紀 廷尉與丞相更議著令註 著音著作之著 晉書·職官志 魏太和中，詔置著作郎，於此始有其官图小爾雅 思也图與貯通 家語 子貢廢著鬻財於曹、魯之閒註 著，居也图詩·齊風 俟我于著乎而 傳 門屏之間曰著图左傳昭十二年 若不廢君命則固有著矣註 著，位次也 前漢·五行志 朝內列位有定處，所謂表著也图chú 廣韻 直餘切音除 爾雅釋天 太歲在戊曰著雍 韻會 表著之著亦音除图臺經音辨 藥草也 爾雅·釋草 味。莖著註 音儲图zhuó 類篇 陟略切音芍。被服也 晉書·宣帝紀 關中多蒺藜，帝使軍士二千人著軟材平底木屐前行图儀禮·士喪禮 幎目用緇，方尺二寸，經裏著組繫 註 著，充之以絮也 韓詩外傳 士褐衣縕著，未嘗完也图zhuó 集韻 直略切音擆 吳越春秋 從陰收著，望陽出耀註 著。置也图類篇 附也 前漢·賈誼傳 黑子之著面图禮·明堂位 著，殷尊也 註 著地無足图前漢·張騫傳 身毒國在大夏東南，其俗土著 師古註 土著，謂有城郭常居，不隨畜牧移徙 後漢·李忠傳 流民占著者五萬餘口△直音 俗作着。图通作箸50006 图著49930署23130㫋26600儲02050擆20842图著火字或作燡31812，俗作燺31744

菣 50103 25921
zhì_9.15 　集韻 陟利切音致 說文 草大也。图又段氏刪菣篆改菿49824

蓻 50104 25922
ruǎn_9.15 　唐韻 而兗切音軟 齊民要術 蓻，木耳也。

菑 50105 25923
zī_9.15 　正字通 菑本字 說文 从艸从巛从田 玉篇 廣韻 朾从巛。

菹 50106 25924
xiāng_9.15 　唐韻 息良切音襄。青菹子也 魏志裴松之註 初平中，有青牛先生者客三輔，常食青菹芜花，年似五六十者 齊民要術 菹根以為菹，香辛△集韻 類篇 俱作蘘。

茋 50107 25925
chí_9.15 　集韻 常支切音匙 說文 草也 玉篇 茋，母草，卽知母也。

葚 50108 25926
shèn_9.15 　集韻 時鴆切音甚 玉篇 桑實也 詩·魯頌 食我桑黮，懷我好音 疏 飛鴞，惡聲之鳥。食桑黮而變音 註 黮同葚 晉書·張錫傳 桑葚甜甘，鴟鴞革響〇按 佩觿 云

以鐵椹之椹爲桑葚，非，葚字不當从木。图又雞25884

輯 50109 25927
guǐ_9.15 　集韻 矩鮪切音簋 類篇 香草。

喆 50110 25928
fū_9.15 　唐韻 集韻 朾芳無切音敷 玉篇 喆蕍，花貌△字彙補 漢隸同藍。

蕃 50111 25929
mín_9.15 　集韻 同苠

葛 50112 25930
gé_9.15 　唐韻 集韻 正韻 朾居曷切音割 玉篇 蔓草也 易·困卦 困于葛藟註 引蔓纏繞之草。坤雅 瓜葛皆延蔓相及，故屬之綿遠者取譬瓜葛 蔡邕·獨斷 凡與先帝、先后有瓜葛者，皆會尚書官屬陛西除下图說文 絺綌，草也 詩·周南 葛之覃兮 傳 葛所以爲絺綌 周禮·地官·掌葛掌 以時徵絺綌之材于山農图司馬相如·大人賦 雜遝膠葛以方馳 註 膠葛，驅馳也图國名 書·仲虺之誥 乃葛伯仇餉 春秋·桓十四年 邾人、牟人、葛人來朝图水名 水經注 沭水又南與葛陂相connect图山名 越絕書 有葛山 山海經 葛山之首，無草木图gě 姓 通志·氏族略 葛氏有三，嬴氏之後，以國爲氏。又諸葛，有熊氏之後，爲詹葛氏，齊人語訛，以詹葛爲諸葛图唐韻古音 路史 葛天氏，葛音蓋〇按古本葛與蓋通

萰 50113 25931
qiā_9.15 　篇海 苦轄切，音恰◇菣萰，草也 集韻 亦作萪。图又葜50174

薪 50114 25932
qíng_9.15 　唐韻 渠京切音擎 爾雅釋草 薪，山薊 疏 薊生山中者名薪图jìng 集韻 堅正切音勁 爾雅·釋草 薪，鼠尾 註 可以染皂 疏 一名陵翹△廣韻 又作剄。图又勍49629

萇 50115 25933
chāng_9.15 　唐韻 褚羊切 集韻 抽良切朾音倀 說文 草名。枝枝相值，葉葉相當图yáng 集韻 余章切音陽。亦草名图tāng 廣韻 吐郎切音湯。與蕩同图dàng 音蕩 前漢·陳湯傳 贊：陳湯儻萇，不自收斂 師古註 儻萇，無行檢也。

蕍 50116 25934
mǐ_9.15 　唐韻 綿婢切 集韻 母婢切朾音弭 爾雅·釋草 蕍，春草 疏 莽草，一名春草，俗呼爲茵草。

蒯 50117 25935
lài_9.15 　集韻 同蘱图là 廣韻 盧達切音辣。蒯蒿也。

拜 50118 25936
bài_9.15 　集韻 布怪切音拜 類篇 草名 爾雅釋草 拜，蔏藋。本作拜，俗加艸。图又犬48978

葟 50119 25937
huáng_9.15 　唐韻 集韻 朾胡光切音皇 玉篇 葟榮，亦花之美也 爾雅釋草 蕍、荂、葟，華榮 疏 葟亦華也图博雅 葟葟，茂也图齊民要術 葟菜，似蒜，生水邊。图又雞35313雝48549雝48550雝48551雝48553

葠 50120 25938
shēn_9.15 　韻會 同蔘 說文 本作薓。人薓，藥草。图又薓51958

羌 50121 25939
qiāng_9.15 　玉篇 口羊切音羌。菜也。

蒲 50122 25940
pú_9.15 　篇海 薄胡切音蒲。俗作葡爲蒲萄字。

囡bèi▪集韻平祕切音備。隷作𦨕。凡備、糒字从此。

蓤
50123 25941
bá_9.15　集韻蒲撥切音跋類篇除草也。

葢
50124 25942
gài_9.15　同蓋。鋻說文葢，苦也。从艸盍聲。入艸部字典·皿部蓋重出，刪。

董
50125 25943
dǒng_9.15　古文董唐韻多動切集韻覩動切丛音懂爾雅釋詁董，督正也書·大禹謨董之用威囡博雅固也囡深藏也史記倉公傳氣當大董囡周禮春官辨九擽，四曰振動鄭註動讀爲董。書亦或爲董。振董，以兩手相擊也囡玉篇藕根也囡董蕖續博物志董蕖者，婆羅門云阿苗根，似白芷囡亭名左傳·文六年改蒐于董註河東汾陰縣有董亭囡澤名後漢·郡國志文喜邑有董池陂，古董澤囡姓左傳昭二十九年昔有飂叔安，有裔子曰董父，實甚好龍，龍多歸之，服事帝舜，賜之姓曰董。又宣二年董狐，古之良史也囡zhǒng集韻主勇切音腫羣經音辨短也左傳余髮如董，今本作種種囡字彙補董正之董，讀若督，東谷切△集韻通作董。
鋻又単49484箽42242𦰋42681

蔋
50126 25944
zhuó_9.15　集韻側刮切，菜名類篇草名。鋻正字通蒎49362字之譌。舊註張滑切音扎。菜名。誤囡字彙蒎49752同蔋。

荮
50127 25945
zhòu_9.15　唐韻除柳切音紂玉篇裹也。
鋻又荮49458

萠
50128 25946
jiàn_9.15　唐韻子賤切音箭說文山莓也囡▪爾雅釋草萠，王彗註王帚也，似藜，其樹可爲掃彗，江東呼爲落帚囡qián集韻才先切音前。車萠，藥草△說文作菁50472鋻又蒲50907灡51618

葦
50129 25947
wěi_9.15　玉篇禹鬼切集韻羽鬼切丛音偉說文大葭也詩·衛風一葦杭之風俗通除夕飾桃人，垂葦茭，畫虎于門後漢·袁閎傳爲沛相，乘葦車囡山名水經注江水浦東有葦山囡wéi類篇于非切音闈爾雅釋草葦醜，芀。謝嶠讀作平聲囡wèi篇海于貴切音胃。織草也莊子·列禦寇緯蕭而食。亦作葦。鋻又𦴦42252葦49141蕽51109

葧
50130 25948
bó_9.15　唐韻蒲沒切音勃博雅蔂母，蒡葧也囡柳宗元文蓊葧，香氣△類篇或作菝。

胃
50131 25949
wèi_9.15　唐韻于貴切音胃。草名。

萲
50132 25950
wēi_9.15　唐韻烏恢切音隈玉篇草名。

葩
50133 25951
pā_9.15　唐韻普巴切，帊平聲說文華也張衡西京賦披紅葩之狎獵△類篇一作苩，一作吧。鋻又葩49962葩50779

蓟
50134 25952
jì_9.15　玉篇同薊囡篇海割也囡木名山海經蓟柏，狀如荊，白華而赤實，服者不寒囡通芥史記·賈生傳細故葪葪兮註葪葪，鯁刺也。

葫
50135 25953
hú_9.15　集韻洪孤切音胡廣韻葫，瓜也囡類篇彭葫，菰米也囡玉篇大蒜也本草註今人謂葫爲大蒜，蒜爲小蒜孫緬云張騫使西域，得大蒜、葫荾，則小蒜中土舊有，而大蒜出胡也，故有葫名。鋻又荂49195

蓀
50136 25954
sǔn_9.15　集韻須倫切音恂篇海人名。魏有韓蓀。鋻俗篹。

蔈
50137 25955
biāo_9.15　唐韻集韻丛同薸。

蒇
50138 25956
miǎo_9.15　唐韻亡沼切音眇玉篇草細莖也囡集韻彌笑切音妙。義同。

蓻
50139 25957
zāi_9.15　唐韻集韻丛同栽囡玉篇草也。

葬
50140 25958
zàng_9.15　古文䒉葬𦵏𦹪唐韻集韻正韻丛則浪切音䯂說文从死在茻中，一其中，所以薦之禮檀弓國子高曰：葬者，藏也囡zàng集韻才浪切音臟。義與藏同囡cáng正韻茲郎切音藏周禮·地官族師，以相葬埋。劉昌宗引漢書尹賞傳枯骨後何葬，註音子郎反△韻學集成或作藸。見三輔黃圖。鋻又羿15965葬49882葬50263蓌50291葬50210葬49945葬50729囡北魏元楨墓誌埀08556以葬典。

葭
50141 25959
jiā_9.15　唐韻古牙切音嘉說文葦之未秀者廣韻蘆也爾雅·釋草葭，華註卽今蘆也詩·召南彼茁者葭囡葭莩49572囡笛也謝靈運詩鳴葭戾朱宮註鳴笛引路也囡水名漢書註葭水在廣平南和囡通茄文選註杜摯葭賦葭今作茄囡xiá集韻何加切音遐。芙渠葉。本作蕸，或省。鋻又蕸51347

椴
50142 25960
duàn_9.15　集韻徒玩切音段類篇木名。槿也。通作椴。鋻又葮50552葮50508

葯
50143 25961
yào_9.15　唐韻於略切韻會正韻乙却切丛音約博雅白芷，其葉謂之葯山海經峽山，其草多韭薤，多葯楚辭·九歌辛夷楣兮葯房囡廣韻於角切音渥。義同囡dí集韻丁歷切音的。纏也潘岳·射雉賦首葯綠素註葯，猶纏裹也。

莜
50144 25962
yóu_9.15　類篇夷周切音由。草名。

荽
50145 25963
suī_9.15　唐韻息遺切音綏說文薑屬，可以香口博雅廉薑，荽也儀禮註通作綏囡suǒ廣韻蘇果切音瑣。縣名前漢·地理志大原荽人。師古又音山寡切囡jùn集韻祖峻切音俊司馬相如·上林賦實葉荽茂註荽，大也。鋻又荾42236葰50361荾50777囡說文通訓定聲荾，薑屬。可以香口。从艸俊聲。字亦作荽作荾蓑51357作荾50582

蔥
50146 25964
cōng_9.15　古文蒽唐韻正韻倉紅切集韻韻會麤叢切丛音聰說文菜也本草蔥从悤，外直中空，有悤通之象也禮·內則膾春用蔥囡劒名荀子·性惡篇桓公之蔥囡爾雅·釋器靑謂之蔥詩·小雅有瑲蔥珩註蔥，蒼也

禮·玉藻三命赤韍蔥衡 又山名後漢·章帝紀註蔥嶺，在燉煌西，其山高大多蔥 又韻會氣通達也方氏禮記解註氣達爲蔥後漢·光武紀望見春陵郭，喟曰：氣佳哉，鬱鬱蔥蔥然 又chuāng集韻初江切音窗左傳·定九年陽虎載蔥靈，寢于其中而逃註蔥靈，輜車名 又韻補叶千剛切音倉黃庭經五色雲氣紛靑蔥，閉目內眄自相望 △玉篇俗作菍五經文字作蔥 鋻又芯49287 可洪音義買葱49876：音忩。正作菍、蔥二形。又音忽，非。

菤50147 25965 quán_9.15 唐韻疾緣切音泉玉篇羊菤，草名也△正字通引本草作羊泉，似菊花，紫色。一名羊飴 鋻玉篇莘菤，藥名。

葳50148 25966 wēi_9.15 唐韻集韻韻會紆於非切音威玉篇葳蕤也東方朔·七諫上葳蕤而防露兮註葳蕤，盛貌 又草名述異記葳蕤草，一名麗草。又呼爲女草，江浙呼爲娃草 又•博雅茈葳，蘧麥也。

蔵50149 25967 zhēn_9.15 唐韻集韻韻會正韻紆職深切音斟爾雅·釋草蔵，馬藍註今大葉冬藍是也 又爾雅·釋草蔵，寒漿註今酸漿草，江東呼曰苦蔵 又山名山海經蔵山，視水出焉 又姓晉語黃帝之子二十五宗，其得姓者十四人，爲十二姓：姬、酉、祁、己、滕、蔵、任、荀、僖、姞、嬛，依是也 又集韻胡讒切，音咸。居咸切音緘。義紆同。 鋻又蔵50926 又正字通滅29857，蔵字之譌。舊註水草名，又酸漿。義與蔵同，不知滅爲俗字，艸部本作蔵，宜存彼刪此。

葵50150 25968 kuí_9.15 唐韻渠追切集韻韻會渠惟切紆音郊玉篇菜名詩·豳風七月烹葵及菽儀禮·士虞禮記註夏秋用生葵王禎農書葵，陽草也，爲百菜之主，備四時之饌爾雅翼天有十日，葵與之終始，故葵从癸左傳·成十七年鮑莊子之知不如葵，葵猶能衛其足。杜預註：葵傾葉向日，以蔽其根 又周禮·冬官·玉人大圭長三尺，杼上，終葵首，天子服之註終葵，椎也。爲椎于其杼上，明無所屈也 又地名晉語吾命之以負葵之田七十萬 又姓通志氏族略終葵氏註左傳商人七族有終葵氏正字通宋葵方直，明葵玉 又與揆通爾雅釋詁葵，揆也詩·小雅天子葵之大雅則莫我敢葵。又與邽通正韻邽丘，地名春秋作葵丘△玉篇亦作蕢。 鋻又菱49448

葶50151 25969 tíng_9.15 唐韻特丁切音亭爾雅·釋草葶，葶藶註實葉皆似芥，一名大室，一名丁歷西京雜記葶藶，死於盛夏 又dǐng廣韻都挺切音頂。毒草山海經熊耳山有草，狀如蘇而赤華，名葶藶，可以毒魚。

蔏50152 25970 máng_9.15 正字通蔏字之譌。

葷50153 25971 hūn_9.15 唐韻集韻正韻紆許云切音熏禮·玉藻膳于君，有葷桃茢註葷，薑及辛菜也儀禮·士相見禮夜侍坐，問夜膳葷註葷，辛物，食之止臥玉篇葷葉所以辟凶邪後漢·禮儀志仲夏之月，其禮以朱索連葷菜，彌牟

朴蠱鐘，以桃印長六寸，方三寸，五色書文如法，以施門戶荀子·哀公篇志不在於食葷註葷，薤也徐鍇說文註葷，臭菜也，通謂芸薹、椿、韭蔥、蒜、阿魏之屬，方術家所禁，謂氣不潔也唐書·王維傳維兄弟皆篤志奉佛，食不葷爾雅翼西方以大蒜、小蒜、興渠、慈蔥、茖蔥爲五葷，道家以韭、蒜、芸薹、胡荽、薤爲五葷。 又通薰史記·五帝紀北逐葷粥前漢·霍去病傳躬將所獲葷允之士註葷字與薰同△集韻或作薰禮記註或作焄。 鋻又葷49464葷51304

茵50154 25972 yòu_9.15 唐韻于救切，音宥玉篇草名也 又集韻於六切音鴥。義同△說文籀文作齒類篇又作齒，苗四禾。 鋻集韻齒茵蒥49320說文艸也。或作茵。亦省。

葸50155 25973 xǐ_9.15 唐韻胥里切韻會正韻想里切紆音枲玉篇畏懼也論語慎而無禮則葸大戴禮·曾子立事篇人言善而色葸焉，近于不悅其言△韻會或作愢。

蓍50156 25974 shī_9.15 唐韻式支切音施玉篇卷蓍草，拔心不死屈原·離騷貫薜荔之落蕊兮 又菇49260

葺50157 25975 qì_9.15 唐韻韻會正韻紆七入切音緝玉篇修補也博雅覆也通俗文苫也左傳·襄三十一年繕完葺牆註謂草覆牆也 又jí廣韻子入切集韻卽入切紆音楫說文茨也周禮·冬官葺屋參分 又累也左思·吳都賦葺鱗鏤甲△直音作甍。 鋻又葺49881

葻50158 25976 lán_9.15 唐韻盧含切音嵐說文草得風貌 又féng集韻符風切音馮。艸偃風貌。

葼50159 25977 zōng_9.15 唐韻子紅切集韻韻會祖叢切紆音騣博雅小也說文木細枝也揚子·方言木細枝謂之杪，靑、齊、兗、冀閒謂之葼。故傳曰：慈母之怒子也，雖折葼笞之，其惠存焉 又草名謝靈運·山居賦蓼蕺葼薺謝脁詩弱葼旣蔥翠，輕莎方霍靡 又染草漢宮儀葼園供染綠紋綬。 鋻俗作葼42301

葽50160 25978 yāo_9.15 唐韻於霄切音腰詩·豳風四月秀葽傳葽，葽草也箋物成自秀葽始詩緝曰：四月陽氣極于上而微陰已胎于下，葽感之而早秀。毛註不指爲何草，鄭疑爲王蕡說文引劉向說：苦葽也 又草盛貌前漢·禮樂志豐草葽，女蘿施 又yǎo集韻伊鳥切音杳爾雅·釋草葽繞，棘蒬註今遠志也 又yào廣韻於笑切音要。亦草盛貌。

蓀50161 25979 sūn_9.15 集韻同蓀。

蔪50162 25980 shān_9.15 集韻師銜切音衫類篇禾肥曰蔪正字通从木，入八畫，誤，今移入九畫。 鋻又蔪49765

葤50163 25981 hé_9.15 唐韻侯閤切音合。草也。

蒩50164 25982 lǚ_9.15 唐韻力主切音縷。小蒿草。

葾50165 25983 yuān_9.15 唐韻集韻紆於袁切音鴛博雅殀葾，敗

也。

蒝 méi_9.15　[唐韻]武悲切音眉。茷蒝，草也。◆[博雅]茷蒝，黃芩也。△[集韻]或作薇。

50166 25984

菣 zhí_9.15　[唐韻]之役切。菣卷。

50167 25985

菎 yūn_9.15　古文醖[唐韻]於云切音氲[玉篇]菎蒝，盛貌。[左思·蜀都賦]鬱菎蒝以翠微[集韻]同稶。菎稶，香也。

50168 25986

蒁 shù_9.15　[集韻]食律切音術[說文]草也[本草]蓬莪茂。一名迷[囜]yù[廣韻]於筆切。義同。[鍪]又蒁50326 茂49404[囜]廣韻於筆切。于筆之誤。

50169 25987

蒆 qū_9.15　[集韻]丘於切音祛[類篇]△盧，飯器，以柳爲之。△或作蒆。[鍪]又笁41814

50170 25988

萛 cǎo_9.15　[集韻]草本字[韻會]艸當作萛，隸省作草。

50171 25989

荆 jìng_9.15　[篇海類編]與勤50114同。

50172 25990

荼 zhēn_9.15　[集韻][類篇]丛同荼50431

50173 25991

荶 qiā_9.15　[篇海類編]與葜50113同。

50174 25992

萤 méng_9.15　[集韻]同茵

50176 25994

荝 zhuó_9.15　[集韻]職略切音灼[類篇]草名◆[博雅]荝蘘，奠也。

50175 25993

茢 qiú_9.15　[類篇]同茈[鍪][玉篇]作茈[類篇]菵，乙角切。艸名，蒻也。

50178 25996

菀 wò_9.15　[類篇]同菀

50179 25997

莤 yóu_9.15　[廣韻]以周切音由[篇海]同茜。

50177 25995

荇 xìng_9.15　[類篇]同荇

50180 25998

蒻 ruò_9.15　[篇海]同蒸

50183 26001

菝 bá_9.15　[類篇]蒲撥切音跋。草木根也。

50181 25999

蒞 chí_9.15　[玉篇]直離切音馳。草名。亦作菿[篇海]作莉。

50182 26000

菤 juàn_9.15　[篇海]巨篆切，音眷◇夬也。

50184 26002

蕘 rú_9.15　[篇海]汝朱切。桑皮。[鍪]又蕘49858

50185 26003

萩 còu_9.15　[韻學集成]千候切音蔟。鳥巢。[鍪]又樕25268

50186 26004

蒂 dì_9.15　同蔕[班固·答賓戲]上無所蒂，下無所根。

50187 26005

菁 zhǐ_9.15　[字彙補]止師切，音支◇[直音]蔥別名。見[五音篇海]

50188 26006

蔪 jiān_9.15　音姦。蔬菜也[鹽鐵論]飯蔪糒者，不可以言孝。

50189 26007

蒏 méng_9.15　[字彙補]莫結切。同薈50211

50190 26008

菲 guāi_9.15　[集韻]公懷切音乖。草名。

50191 26009

蒙 zhuàn_9.15　[直音]新藏作篆。

50192 26010

蔡 suǒ_9.15　[直音]音索。草名○按卽蔡字之譌。

50193 26011

苗 mù_9.15　[五音篇海]莫六切音牧。與苜同。

50194 26012

菱 suī_9.15　[直音]同菱

50195 26013

著 gǒu_9.15　[直音]同苟。

50196 26014

菜 qióng_9.15　[直音]俗蔡字。

50197 26015

若 ruò_9.15　[字彙補]同若。杜若草。

50198 26016

菰 hú_9.15　[字彙補]何吳切音弧。草多貌。[鍪]俗狐49798

50199 26017

狭 yāng_9.15　[字彙補]翁香切音央。姓也。

50200 26018

蔓 mèng_9.15　[字彙補]同夢。

50201 26019

蓼 jùn_9.15　[字彙補]子峻切音駿。獨之皮袴也。

50202 26020

蓝 shé_9.15　[字彙補]神斜切音蛇。草名。

50203 26021

菝 kòu_9.15　[字彙補]許豆切音蔻。菜名。

50204 26022

菥 bēng_9.15　[字彙補]補耕切音絣。繩墨也。

50205 26023

餐 yì_9.15　[字彙補]同餐。

50206 26024

莫 bān_9.15　[字彙補]兵攀切音斑。賤事貌。正作羮。

50207 26025

柑 qián_9.15　[字彙補]求拈切音鈐。乖也[揚子·太玄經]柑鍵摯契。

50208 26026

菖 xiǎng_9.15　[字彙補]卽享字。見[韻寶]。[鍪][廣雅疏證]菖、章，通也[囜][博雅]通也。

50209 26027

蔗 zàng_9.15　[字彙補]同葬。[鍪]同蒩49901

50210 26028

薈 méng_9.15　[字彙補]莫結切，音滅◇目不明。或作薆。

50211 26029

菜 tuò_9.15　[字彙補]通各切音託。葉落也。

50212 26030

茵 méng_9.15　[集韻]許訖切音迄[吳志]孫休長子名霝，字茵。又◆[廣韻]云名茵。

50213 26031

菁 huì_9.15　[字彙補]同彙16394見[古文周易·泰卦]拔茅連茹以其菁。

50214 26032

蒶 jiě_9.15　[字彙補]古解55391字。見[歸藏易]

50215 26033

荔 lí_9.15　[字彙補]同黎74825引[漢書]荔庶亡干戈之役。註:荔、黎古通。

50216 26034

莽 null_9.15　未詳。

50226 u2B234

蓨 tiáo_9.15　[字彙補]田聊切音迢。滯也。[鍪]又蓨蓨，亦作迢遞、迢遞。高邈深遠貌。唐·魏徵[九成宮醴泉碑銘]仰視則蓨蓨百尋，下臨則崢嶸千仞△宏按，當歸辵部作遰61118

50217 26035

菖 qiàn_9.15　[字彙補]同茜。見[金石韻府]

50218 26036

蒽 cōng_9.15　[博雅]蒽蒲，莞也○按卽蔥字之譌。

50219 26037

荔 null_9.15　未詳。

50227 u2B233

萍 pài_9.15　[博雅]萍，種

50220 26038

也。音未詳。鏖 廣雅漢30109，種也。王念孫疏證：漢，曹憲音派。各本譌作薄，字書所無。考 說文 玉篇 廣韻 漢，匹賣切，正合曹憲之音，今據以訂正。

蓂 50221 26039 yú_9.15 玉篇 集韻 厷古天字。註見大部一畫，互見六畫蓂字。鏖 曼49334本字。非古文天。參見蓂49333

莪 50222 26040 měi_9.15 集韻 蘼51990或作莪。

蒟 50223 45285 jǔ_9.15 川篇 音劬，醬也○按卽蒟字之譌。

蓉 50224 u2B7D3 hàn_9.15 俗荅49560亦作菡。

泄 50228 u2B232 null_9.15 未詳。

絶 50225 u2B235 jué_9.15 簡 蕬50978

蓼 50229 u2B231 null_9.15 未詳。

洽 50230 u2B230 qià_9.15 或同葵50113

莞 50231 u2B22F null_9.15 未詳。

裛 50232 u2B22E null_9.15 未詳。

澤 50233 u2B22D null_9.15 未詳。

菴 50234 u2B22C null_9.15 未詳。

蔌 50235 u2B22B null_9.15 未詳。

林 50236 u2B22A null_9.15 未詳。

鄆 50237 u2B229 null_9.15 未詳。

莫 50238 u2B228 null_9.15 喃 未詳。

萬 50239 u2B227 null_9.15 或俗萬。

茂 50240 u2B226 miè_9.15 同茂50686

蒹 50242 u2B224 null_9.15 新撰字鏡 蒹，湏介。

範 50243 u2B223 fàn_9.15 俗範42265 可洪音義 師範：音犯，法也，常也，式也 太玄經 鴻文無範，恣意往也△範又古姓氏。範丑、範齒、範二申，並見 古璽彙編

荷 50241 u2B225 null_9.15 喃 未詳。

蒥 50247 u2D60 hẹ_9.15 喃 莖蒥：韭

節 50246 u2F99B jié_9.15 同節49582 集韻 節，草約也。

荓 50248 u26D5F chí_9.15 同荊49887 玉篇 荓，直離切。荓草也。胡吉宣 玉篇校釋 此與蒔50337種字同形異文。

蓐 50244 u2B222 null_9.15 未詳。

菄 50250 u26D5D dōng_9.15 籀文苳49184

灑 50251 u26D5C ráy_9.15 喃 从芋省洒sái聲△矩灑：野芋。

邁 50245 u2B221 null_9.15 未詳。

茌 50249 u26D5E null_9.15 未詳。

菗 50252 u26D5B đốt_9.15 喃 同描20177

慈 50253 u26D5A nụ_9.15 喃 从艸怒nộ聲。蓓蕾△慈花：花蕾。慈啛：笑靨。

蔞 50255 u26D58 sả_9.15 喃 从艸耍xọa聲。香茅。

許 50256 u26D57 ké_9.15 喃 从艸計kế聲△楱許：蒼耳。

蒢 50257 u26D56 myeo_9.15 韓 从艸旅myeo聲。山葡萄。

萰 50258 u26D55 gèng_9.15 同楦24633 馬王堆漢墓帛書·老子甲本·德經 人之生也柔弱，其死也萰仞賢強。

菹 50259 u26D54 zū_9.15 同葅50072

菰 50254 u26D59 nhựa_9.15 喃 同澌29236

菙 50260 u26D53 chuí_9.15 俗篅42267 農政全書 樹藝蔬部 又五月，子

萩 50261 u26D52 qiū_9.15 同萩50026

堇 50262 u26D50 niè_9.15 同堇49589 玉篇 堇，奴結切。菜似蒜，生水中。

葵 50263 u26D4F zàng_9.15 俗葬50140

蒻 50264 u26D4E null_9.15 未詳。

茇 50265 u26D4D null_9.15 未詳。

薇 50266 u26D4C null_9.15 未詳。

榑 50267 u26D4B null_9.15 未詳。

賁 50268 u26D4A null_9.15 未詳。

茳 50269 u26D49 shà_9.15 同莄49852

蓟 50270 u26D48 null_9.15 未詳。

菖 50271 u26D46 null_9.15 未詳。

薫 50272 u26D45 miè_9.15 同蔑31276

惢 50274 u26D43 null_9.15 未詳。

賁 50273 u26D44 zhēn_9.15 疑同賁50342

栁 50275 u26D42 yē_9.15 新撰字鏡 余隸反。臬也。草名。

郁 50276 u26D41 null_9.15 未詳。

菡 50277 u26D40 hàn_9.15 或俗菡50348 可洪音義 蓮菡。韓小荊：出自卷十三 阿含經須摩提女經 音義，今 大正藏 對應經文作蓮華49794

荾 50278 u26D3F null_9.15 未詳。

藝 50279 u26D3E null_9.15 未詳。

荃 50280 u26D3D null_9.15 未詳。

菡 50281 u26D3C zhēn_9.15 俗蓁50431

菡 50282 u26D3B hán_9.15 同菡49773

葳 50284 u26D39 huì_9.15 俗葳51190

葇 50283 u26D3A trǎu_9.15 喃 从艸奏tấu聲。

蒤 50285 u26D38 null_9.15 未詳。

茬 50286 u26D37 lì_9.15 俗茬50357民國 程森 德清縣新志 卷一 輿地志 橋梁 皁茬橋：續前志，俗呼長橋。清道光三十年，知縣廖宗元茬任，見橋形斜攲，邀邑紳蔡彤章、程維鈺募欵修整。

莑 50287 u26D35 null_9.15 未詳。

葬 50289 u26D33 gǒu_9.15 籀文茍49163

荌 50288 u26D34 null_9.15 未詳。

蔍 50291 u26D31 zàng_9.15 同蓙49901揚州使院本 集韻 葬50140古作蓙。

蒙 50290 u26D32 méng_9.15 同莫50190俗曹38129

蓂 50298 u26D2A null_9.15 未詳。

莠 50292 u26D30 tiáo_9.15 籀文苕49152

薆 50293 u26D2F tū_9.15 同葵50101見 異體字字典.b03931-001

蕏 50299 u26D29 null_9.15 未詳。

葦 50294 u26D2E fàn_9.15 籀文范49207

猿 50295 u26D2D xié_9.15 類篇 猿，雄皆切。艸名，如菥 山海經·中山經 又東三十里，曰大騩之山，其陰多鐵、美玉、青堊，有草焉，其狀如蓍而毛，青華而白實，其名曰猿，服之不夭，可以為腹病 図俗薂，亦作猿50345 可洪音義 為猿彌小反。字書云遠也。又木角反。

萑 50296 u26D2C huì_9.15 異體字字典 同卉04507為卉之類化字。

薢 50297 u26D2B shāi_9.15 俗篩42413 可洪音義 底薢：踈皆反。經自出 図與薢50335同。

㴨 50300 u26D28	null_9.15	未詳。	㴧 50301 u26D27 null_9.15 未詳。

㴦 50302 u26D26 null_9.15 字見 包山楚簡

蒲 50303 u26D25 null_9.15 未詳。　㵤 50304 u26D24 null_9.15 未詳。

莻 50305 u26D23 null_9.15 未詳。　㵢 50306 u26D22 null_9.15 未詳。

菝 50307 u26D21 null_9.15 未詳。　茵 50308 u26D20 mù_9.15 同茵50194

蔻 50310 u44FB kòu_9.15 俗蔻50646　劙 50309 u26D1F liè_9.15 劙03682譌字

葉 50311 uF96E yè_9.15 兼 葉。　落 50312 uF918 luò_9.15 兼落。

洴 50313 u84F1 píng_9.15 同洴50632　茜 50314 u848F yòng_9.15 简薈62459

派 50315 u848E pài_9.15 有機化合物 Pinene 的中譯。

蔿 50316 u848D wěi_9.15 同蔿50897　蔞 50317 u848C lóu_9.15 简蔞50718

蔣 50318 u848B jiǎng_9.15 简 蔣50725　荶 50319 u848A gos_9.15 韓 地名用字

蕢 50320 u8489 kuì_9.15 简蕢50991　莌 50321 u8488 kǎi_9.15 有機化合物 carane 漢譯，是茨49707的同分異構體。

蕇 50322 u8487 chǎn_9.15 简 蕇50927　蕆 50323 u8486 xuē_9.15 姓。見 舊唐書

蕄 50324 u8485 rǎn_9.15 日 すくも。靛染料。藍葉發酵後提取的顏料。

蔲 50325 u8484 guān_9.15 同蔲50338與莞49559同 玉篇蔲，古桓切。

迷 50326 u8481 shù_9.15 同迷50169　營 50327 26041 qióng_10.16 唐韻去弓切，音穹 說文營薒，香草也。亦作芎49005

蘉 50328 26042 máng_10.16 集韻莫江切音尨 玉篇 草也 図xué 正韻轄覺切 左思·吳都賦 封狶蘉 註 封狶，大豬也。蘉，豬聲也△ 正字通與狵同○按 廣韻 類篇 有狵無蘉。狵，豕聲也。璧蘉，譌字。

蘛 50329 26043 hāo_10.16 集韻呼高切音蒿。拔去田草也 玉篇籀文作蘛。

蒐 50330 26044 sōu_10.16 唐韻所鳩切音搜 說文茅蒐也 徐曰 今人謂蒐爲地血，食之補血，故从鬼 周禮·地官掌染草 釋文茅蒐，蒨也 山海經註蒐，一名茜 図 爾雅·釋詁蒐，聚也 註 春蒐爲蒐。蒐者，以其聚人衆 左傳·隱五年春蒐夏苗 註蒐，擇取不孕者 図隱也 左傳·文十八年 服讒蒐慝。図穆天子傳巨蒐之人䖱奴，乃獻白鵠之血。

諎 50331 26045 jì_10.16 集韻 類篇 丛居吏切音記。草名也。

蔾 50332 26046 suō_10.16 唐韻素何切音娑。蔾蔾，草木盛貌△集韻蔾蔾，草根。

菸 50333 26047 yīn_10.16 集韻於斤切音殷 類篇 菜名 図 韻會 草色青也。

菌 50334 26048 hùn_10.16 集韻胡困切音溷 篇海 草名 図 正字通葛洪·肘後方 云中飲食毒，急含白銀一宿，銀色變靑是藍藥，黃赤是菌藥，取白花藤同乾藍實煑水服之，毒卽解。

薛 50335 26049 shī_10.16 唐韻疏夷切音師 玉篇薛草 博物志海上有草焉，名薛，其實食之如大麥，七月稔，俗名自然穀，或曰禹餘糧。璧又薛50297

蒓 50336 26050 chún_10.16 唐韻常倫切音純。水葵也 集韻通作蓴。

蒔 50337 26051 shì_10.16 集韻 韻會 正韻丛時吏切音侍 博雅立也 揚子方言更也 註爲更種也 晉書姚萇載紀 萇命其將于一柵孔中蒔樹一根，以旌戰功△或作蒔、葑 図shí 廣韻市之切音時。蒔蘿子 本草 蒔蘿生佛誓國，一名慈謀勒，一名小茴香，實如馬芹 図音示。義同。璧又蒔40354

藉46459蒔49704菩49855菩50248

蒍 50340 26054 wèi_10.16 正字通同蔿 類篇草名。璧又蒍50325　蔲 50338 26052 guān_10.16 集韻古丸切音官 類篇草名。璧又蔲50325

蒀 50339 26053 yūn_10.16 正字通俗蒀字。璧又稒40672稇69705

蔱 50341 26055 shā_10.16 唐韻所八切音殺 爾雅·釋草莶蔱，蔱蘠 図 張衡·南都賦蘇蔱紫薑 註蔱，茱萸也△集韻同椴 図唐韻所介切音鎩。義同。

蓂 50342 26056 míng_10.16 唐韻職鄰切音眞 直音茆也 図集韻鼃葵也。一曰蓂莢實。璧熊加全：莫50432之譌字。

薇 50343 26057 dí_10.16 集韻亭歷切音迪 說文草旱盡也 詩薇薇山川。或作藡○按 詩·大雅本作滌。滌 說文作薇 王應麟 詩攷 亦作薇。璧又滶50675

滰 50344 26058 làng_10.16 唐韻來宕切音浪。滰蕩，渠名，在譙郡。

猿 50345 26059 láng_10.16 唐韻魯當切音郎。猿毒，藥名 山海經大騩之山有草焉，其名曰猿，服之不夭，可以爲腹病 図地名 水經注石川水又西南徑郭猿城△類篇通作滰。

摯 50346 26060 rú_10.16 唐韻女余切 集韻女居切，丛音挐 玉篇草也 爾雅·釋草蘮摯，竊衣 註似芹，可食，子大如麥，著人衣 図ná 廣韻女加切音拏。義同。

蒙 50347 26061 méng_10.16 唐韻莫紅切 集韻謨蓬切丛音濛 爾雅·釋草蒙，王女也 註 女蘿別名 図 詩傳唐蒙，菜名。図大蒙，藥名 管子·地員篇羣藥安生，小辛大蒙 図易疏蒙者，微昧闇弱之名 書洪範傳蒙，陰闇也 図 左傳昭元年又使圍蒙其先君 註欺也 図 左傳·昭十三年晉人執季孫意如，以幕蒙之 註裹也 図 前漢·宣帝紀雖有患禍，猶蒙死而存之 註冒也 図 書伊訓具訓于蒙士 疏謂蒙稚，卑小之稱 図 詩秦風蒙伐有苑 傳蒙，討羽也 箋畫雜羽之文于伐 図 史記·老莊列傳莊子者，蒙人也 註 地理志蒙縣屬梁國 図山名 書·禹貢蒙羽其藝 疏蒙山，在泰山蒙陰縣西南 又蔡蒙旅平 註蒙山，在蜀郡青衣縣 図水名 楚辭·天問出自湯谷，次于蒙汜 註暮入西極蒙水之涯也 図門名 左傳·襄二十七年宋公及諸侯之大夫盟于蒙門之外 註宋城門 図姓 風俗通東蒙主以蒙

山爲氏，秦有將軍蒙驁 又 měng 韻會 母總切音懵 柳宗元文 鴟夷蒙鴻 註 二字俱上聲 又 韻補 叶莫江切音尨 詩 狐裘蒙茸。徐邈讀爲厖 陳琳·大荒賦 帝告我以至順兮，重訊我以童蒙。義混合于宣尼兮，理齊歸于文王。又 mèng 莫鳳切音夢。與雺同 漢書 引 易傳 有蜺蒙霧，上下合也。鎣又冡02795瞢22926𧄍51534𧃉57214蒙57231㠓02159 又 蒙弄或作懞挊、擜弄 又 玄應音義 蒙昧：字體作曚23153，同。莫公反。

菌 50348 26062
hàn_10.16 正韻 同菡。鎣 集韻 菡，通作㔾。

蔵 50349 26063
wēi_10.16 集韻 無非切音微 說文 薇，籀文省作蔵。

蒚 50350 26064
lì_10.16 唐韻 郎擊切音靂 爾雅·釋草 蒚，山蒜。又 hé 廣韻 下革切音覈 爾雅·釋草 莌，苻蘺。其上，蒚。玉篇 蒲蒚，謂今蒲頭有臺，臺上有重臺，中出黃卽蒲黃。又曰山蒚也。

蕕 50351 26065
qiú_10.16 唐韻 自秋切音遒 玉篇 酒液也 博雅 酒滋液也△亦與糟同 唐韻古音 周禮 稻醴清蕕。音糟。鎣又湭28909

蓛 50352 26066
cè_10.16 集韻 測革切音策 說文 以穀餧馬置莝中 又 shè 色責切音摵 玉篇 小言貌〇按字从攴 正字通 作蓛，非。

蒛 50353 26067
quē_10.16 唐韻 傾雪切音缺 玉篇 蒛盆也。詳𦯐50091字註。

蒜 50354 26068
suàn_10.16 唐韻 蘇貫切音算 韻會 葷菜也 古今注 蒜，卵蒜也。俗謂之小蒜 爾雅翼 大蒜爲葫，小蒜爲蒜 高士傳 太原閔仲叔者，世稱節士，周黨見其含菽飲水，遺以生蒜 又 古以銀蒜押簾 庾信詩 幔繩金麥穗，簾鉤銀蒜條 文選·顏延年·侍遊蒜山詩註 蒜山在潤州西二里△ 干祿字書 蒜俗亦作蒜。

蒙 50355 26069
suǒ_10.16 唐韻 蘇各切音索 玉篇 草名。鎣又䔋50520

蒝 50356 26070
yuán_10.16 唐韻 愚袁切音原 玉篇 莖葉布也。又 quàn 集韻 取絹切，音縓。草木貌，一曰草名。鎣又 本草綱目卷二十六菜之一葷辛類三十二種內附七種·胡荽 蒝荽。時珍曰：張騫使西域始得種歸，故名胡荽。今俗呼為蒝荽。蒝乃莖葉布散之貌，俗作芫49067花之芫，非矣。

蒞 50357 26071
lì_10.16 集韻 同莅。鎣又莅49941涖28378䔧50286

蒟 50358 26072
jǔ_10.16 唐韻 俱雨切 韻會 果羽切𠀤音矩 說文 果也 本草 蒟醬 南方草木狀 蒟醬，蓽茇也。生於番禺，小而青，謂之蒟 左思·蜀都賦註 蒟醬，緣樹而生，其子如桑椹，熟時正青，長二三寸，以蜜藏而食之 通志 蒟醬曰浮留 又 本草 蒟蒻一名鬼芋 酉陽雜俎 蒟蒻，根大如椀，至秋葉滴露，隨滴生苗 又 集韻 權俱切音劬。又 韻會 俱遇切音屨。義𠀤同。鎣又蒟50223

蒩 50359 26073
zǔ_10.16 集韻 存故切音祚 篇海 草名。

蓑 50360 26074
suī_10.16 玉篇 汝隹切音挼。蓳蓑也 字彙 通荾。

蒫 50361 26075
ruí_10.16 集韻 儒隹切音甤。本作荾，蓳屬。

薛 50362 26076
xuē_10.16 正韻 同薛。鎣又菩薛，或作扶薛，同菩薩51244

蒠 50363 26077
xǐ_10.16 唐韻 相卽切音息 爾雅釋草 菲49800，蒠菜。

蒡 50364 26078
bàng_10.16 集韻 蒲光切音旁 爾雅·釋草 蒡，隱荵49490 又 博雅 繁母，蒡葧也 又 唐韻 薄庚切音彭。義同 又 bàng 廣韻 北朗切音榜。牛蒡子，藥名 本草 一名惡，實似蒲萄，核外殼如栗菉。一名鼠黏，一名大力子，一名蝙蝠刺，氣味苦寒，無毒 類篇 作牛蒡 唐韻 作菊。鎣又䒶49626

蕸 50365 26079
xiá_10.16 唐韻 胡瞎切音轄 博雅 蘮蕸，蘇也 揚子方言 蘇，長沙人謂之蕸。鎣又䒳49062

蒢 50366 26080
chú_10.16 唐韻 直魚切 集韻 陳如切𠀤音除 爾雅·釋草 藸，黃蒢 類篇 葉似酸漿，華小而白，中心黃。江東以爲菹食 又 博雅 蕏蒢，地榆也 又 蘧51855蒢。鎣又蒢50968

蒣 50367 26081
xú_10.16 集韻 祥余切音徐 篇海 草名 直音 同藷。

蒤 50368 26082
tú_10.16 玉篇 達胡切音塗 爾雅釋草 蒤，虎杖 註 似紅草而粗大，有細刺，可以染赤 本草 一名苦杖。又名斑杖、酸杖、大蟲杖 又 爾雅·釋草 蒤，委葉 疏 蘵草也。

蒥 50371 26085
xiè_10.16 玉篇 先結切音屑 直音 草名。

蓤 50372 26086
qǐn_10.16 類篇 同蓤

蒥 50369 26083
liú_10.16 集韻 力求切音劉 玉篇 香草 又 廣韻 蒥荑，藥名。

蒴 50373 26087
jú_10.16 直音 同菊

蓄 50370 26084
zī_10.16 篇海 正字通 音義𠀤與菑同〇按 集韻 菑俗作蓄，疑蓄卽蓄字之譌也。

蒦 50374 26088
wò_10.16 集韻 屋虢切音擭。草名 又 yuē 韻會 乙却切音約 前漢·律歷志 尺者，蒦也 說文 蒦，度也。

蒚 50375 26089
lì_10.16 唐韻 力質切音栗。草名 酉陽雜俎 海閒生屈龍，屈龍生容華，容華生蒚，蒚生藻，藻生浮草。

蒛 50376 26090
jié_10.16 集韻 巨列切音傑 類篇 草名。鎣熊加全：俗桀24005

蒏 50377 26091
yóu_10.16 唐韻 以周切音由 說文 草也 又 yǒu 集韻 以九切音酉。與莤同，草名△ 集韻 或作蕕。鎣又蕕51531

蒸 50378 26092
zhú_10.16 集韻 同茿

蒟 50379 26093
gòu_10.16 類篇 居侯切，音姤◇積草△ 集韻 或作蘳。

蒧 50380 26094
diǎn_10.16 韻會 多忝切音點 類篇 人名 史記仲尼弟

子列傳曾蔵,公西蔵,奚容蔵註蔵音點图直音草名。

薂
gěng_10.16 唐韻集韻𪗾古幸切音耿玉篇芋莖也博雅芋莖謂之薂。

蒨
qiàn_10.16 唐韻倉甸切音倩。草盛貌左思吳都賦夏曄冬蒨湛方生稻苗讚蒨蒨嘉穀图鮮明貌束皙補白華詩蒨蒨士子图儀禮士冠禮註齊人名蒨爲靺鞈图木名山海經敖岸北望河林,其狀如蒨如舉郭註說者曰:蒨、舉,皆木名也△集韻又與菁、茜通。
𪗾又蒲50784蒨50785偱02003精24330

薺
zǐ_10.16 唐韻阻史切音滓說文羹菜也。
𪗾又第49146茅49225茅。

蒩
zǔ_10.16 唐韻則古切音祖說文菜也。

蒩
zū_10.16 唐韻則吾切正韻宗蘇切𪗾音租周禮地官鄉師大祭祀,共牛牲,共茅蒩註鄭大夫謂祭前藉也。詳苴49186字註图草名後漢馬融傳此其芸蒩註廣雅云蒩,蒩也,其根似茅根,可食图左思蜀都賦樊以蒩圃註蒩亦名土茄,葉覆地而生,亦可食,人饑則以繼糧图集韻子余切音沮廣韻則古切音祖。義丛同。图zōu字彙補子侯切音緅周禮春官司巫蒩館,劉昌宗讀鄒图集韻音義與藉同。

薄
pò_10.16 唐韻匹各切音粕。薄苴,大蘘荷名楚辭大招膽肭薄只註雜用膽炙,切蘘荷以爲香图páo集韻匹沃切。義同。𪗾又薄苴亦作薄51319苴。

薑
cuó_10.16 唐韻酢何切音瘥爾雅釋草薑,薺實急就篇註薺,甘菜也,其實名薑图集韻咨斜切音嗟。義同。

薁
yuān_10.16 唐韻於袁切音冤說文棘薁也爾雅釋草葽繞,棘薁註今遠志也图集韻與蒬同。

菥
tǎn_10.16 集韻與葵同。

茢
chú_10.16 六書正譌芻俗作荔。𪗾又芻49238

蒻
tà_10.16 玉篇古文荅49840字。

薁
yù_10.16 唐韻余六切音育爾雅釋草薁,山韭疏韭生山中者名薁图通薁王應麟詩攷六月食鬱及薁。出韓詩及爾雅疏图唐韻古音引詩食鬱及薁,叶去聲,音奧,統下菽、棗、稻爲一韻。𪗾又薑51535

蒯
kuǎi_10.16 唐韻苦怪切音喟左傳成九年雖有絲麻,無棄菅蒯正義蒯與菅連,亦菅之類儀禮喪服傳疏屨者蘆蒯之菲也。禮玉藻註蒯席澀,便于洗足也張衡西京賦草則蔵莎菅蒯註蒯草中爲索图地名左傳昭二十三年攻蒯,蒯潰註河南縣蒯鄉是也图姓前漢蒯通傳蒯通,范陽人图蒯緱◆史記孟嘗君傳註蒯緱,把劍之物,謂以劍繩纏之图韻補苦對切音塊。引左傳叶雖

有姬姜,無棄蕉萃韻图索隱刪成侯緤註引三蒼,音裴。蒯又蕍50836蕍04268蕍49610蕍04276蒯03736直音篇蒯,音快。草名。又姓。蔽50064菕49398菊49741並同上。

薆
pán_10.16 集韻蒲官切音盤類篇草名。

蒨
qiàn_10.16 集韻同茜。

薨
huàng_10.16 集韻戶廣切音愰類篇草名图虎晃切音怳。義同。

薭
jùn_10.16 集韻具運切音郡。芝屬。

蓵
jí_10.16 集韻資昔切音積類篇草名。

蒮
yào_10.16 唐韻弋照切音燿。兔絲也图山海經姑媱之山,女尸化爲蒮草图yáo集韻餘招切音遙玉篇蒮,蒲葉也△或作蔙。

薢
pōu_10.16 唐韻芳武切音撫。薢草集韻薢薂。草名。魚齊也。

薷
gē_10.16 集韻居何切音哥。薷母,草名。出嶺南齊民要術薷母,樹皮有蓋,狀似栟櫚,但脆不中用,南人名其實爲薷。

蒱
pú_10.16 唐韻薄胡切韻會蓬晡切𪗾音匍類篇樗蒱,戲也晉書陶侃傳樗蒱者,牧豬奴戲耳图韻會通蒲荀子不苟篇柔從若蒱葦。

蒲
pú_10.16 唐韻薄胡切。水草,可以爲席禮玉藻連用湯履蒲席◆釋名蒲,草也周禮天官醢人深蒲詩大雅維筍及蒲後漢劉寬傳吏人有過,但用蒲鞭罰之。图詩王風揚之水,不流束蒲陸璣疏蒲柳有兩種,皮正青者曰小楊,其一種皮紅者曰大楊图周禮春官男執蒲璧註或以蒲爲琢飾图◆禮明堂位周以蒲勺疏蒲謂合蒲,當刻勺爲鳧頭,其口微開如蒲草图釋名草圓屋曰蒲。蒲,敷也图人名華陽國志望帝更名蒲卑高士傳蒲衣,舜時賢人淮南子人間訓蒲且子之巧,亦弗能加也图地名春秋桓三年齊侯、衛侯胥命于蒲图水名水經注河水又南,合蒲水图山名史記封禪書有蒲山图臺名述異記東海上有蒲臺,秦王至此縈蒲繫馬。图姓十六國春秋苻洪家生蒲五丈長,時人異之,謂之蒲家图韻會通摠馬融樗蒲賦道德旣備,好此樗蒲。图通匍左傳昭十三年懷錦、奉壺、飲冰,以蒲伏焉。图bó類篇傍各切。與薄通,蒲姑,地名竹書紀年太戊城蒲姑图去聲,蒲萄,果名芥隱筆記樂天詩:羌管吹楊柳,燕姬酌蒲萄图叶頗五切音浦韻補周禮職方氏其澤藪曰弦蒲,鄭氏讀上聲詩不流束蒲,叶下戍、許。

蓮
lí_10.16 集韻陵之切音釐篇海豆名,可食正字通俗蒫字。

蒳
nà_10.16 唐韻奴荅切音納。香草左思吳都賦草則藿蒳、豆蔲註蒳,草樹也,葉如栟櫚而小,採其葉陰乾之,并雞舌香食益美图齊民要術山檳榔,一名蒳子。

囗芥蒴,香名。

蒴 shuò_10.16 唐韻所角切音朔 玉篇蒴藋,藥也 本草每枝五葉,子初青如綠豆顆,每朵如盞面大,生一二百子,十月熟。

葈 xǐ_10.16 唐韻胡雞切音奚 玉篇草也 爾雅·釋草繋,兔葈囗xi 集韻戸禮切音陛。羼葈也 南史·虞玩之傳玩之爲少府,猶躡屐造席,高帝取屐視之,訛黑斜銳葈斷以芒接之。鑾又葸50473

蒷 yún_10.16 集韻同蕓

薠 fén_10.16 集韻符分切音墳 類篇薠蕰,蕰積也 王褒·九懷薠蕰兮黴黑。

蒸 zhēng_10.16 唐韻煑仍切音烝 說文折麻中榦也 詩·小雅以薪以蒸 箋麤曰薪,細曰蒸 周禮·天官甸師帥其徒以薪蒸,役外內饔之事 疏自然小者曰蒸也。囗眾也 詩·大雅天生蒸民囗地名 吳越春秋吳王召公孫聖,使門人提之蒸丘 囗通烝 爾雅·釋天冬祭曰蒸。註進品物也 囗zhèng 類篇諸應切音證 氣之上達也 列子註溫蒸同乎炎火,音去聲 潘尼·苦雨賦氣觸石而結蒸,雲膚合而仰浮△墓經音辨蒸,經典蒸祭之蒸多去草,以此爲薪蒸。鑾又葇49942莁49305蒸51123餷69544丞30804烝31033

蒸 zhēng_10.16 唐韻煑仍切音烝。殖也 類篇博雅云蒸53947謂之蒸△集韻作蒸。

蔦 wū_10.16 集韻汪胡切音烏 類篇蔦藍,荻也。

蒹 jiān_10.16 唐韻古甜切 正韻古嫌切夶音兼 說文蘿之未秀者 詩·秦風蒹葭蒼蒼 傳蒹,薕也 疏似藿而細,高數尺。陸璣云水草,堅實,牛食之令牛肥强,青、徐州人謂之蒹。

蒺 jí_10.16 唐韻秦悉切音疾 韻會蒺藜,藥草 本草蒺,疾也。其刺傷人甚疾而利也。鑾蒺藜又作蒺蔾、鉄鑗、鉄鍖、鉄銂。

蒻 ruò_10.16 唐韻而灼切音弱 說文蒲子,可以爲平席 徐曰按蒻蒲下入泥,白處卽根,上初生萌葉時殼也 書·顧命敷重底席 註底,蒻苹也 囗·蒟蒻,菜名 左思·蜀都賦其圃則有蒟蒻、茱萸 註蒻,草也 古今注揚州人謂蒻爲班杖,不知食之 囗nuò 集韻昵角切音搦。蒻蒻,豆也。

蕡 fén_10.16 唐韻古文蕡50989字。

蔑 bì_10.16 玉篇同菲

蕏 yì_10.16 集韻乙及切音浥 玉篇菹菥,草名 囗類篇草密貌。

蒼 cāng_10.16 古文岺苍 唐韻七岡切 正韻千剛切夶音倉 說文草色也 易·說卦傳震爲蒼筤竹 臨川吳氏註蒼,深青色 詩·王風悠悠蒼天 禮·玉藻大夫佩水蒼玉 疏似水之蒼而雜有文 囗博雅茂也 書·益稷篇至于海隅蒼生傳蒼蒼然生草木 囗老也 詩·秦風蒹葭蒼蒼 釋文物老之狀 囗前漢·陳勝傳蒼頭 註士卒青帛巾 囗綱目集覽蒼黄,急邊貌 囗姓 通志氏族略蒼氏 註風俗通云八愷,蒼舒之後 囗cǎng 韻會采朗切,倉上聲。莽蒼,寒狀。一曰近郊之色 莊子·逍遙遊適莽蒼者,三湌而反 唐書·韋述傳蒼卒犇逼 白居易詩寒銷春靄茫△亦作倉 禮·月令駕倉龍,服倉玉 史記·蕭望之傳倉頭廬兒。鑾又蒼51312苍49135鵒49248 囗蒼蠅俗作蟐53238蠅。

蓳 niè_10.16 唐韻奴結切音揑 篇海菜似蒜,生水中。△玉篇作堇 集韻作堇。

蒽 ēn_10.16 集韻烏痕切音恩。草名。出日南。鑾又穏40655

蒥 niǔ_10.16 類篇同葄

薲 qǐ_10.16 集韻韻會袪去幾切音豈 玉篇菜似蕨,生水中 齊民要術 呂氏春秋曰:菜之美者,有雲夢之薲 囗正韻胡對切夶音匯。義同 囗ái 集韻魚開切音皚。乾菜。

蒾 mí_10.16 集韻緜批切音迷。莢49565迷,草名 詩疏一名羿楢 本草一名羿先,葉似楢,子兩兩相對。

蒩 nǎi_10.16 類篇曩亥切音乃。草名。

蒿 hāo_10.16 唐韻 集韻 韻會 正韻夶呼高切,好平聲 說文菣也 詩·小雅食野之蒿 傳蒿,菣也 禮·月令註蒿亦蓬蕭之屬 爾雅·釋草蘩之醜,秋爲蒿 註春時各有種名,至秋老成,通呼爲蒿 陸佃·詩疏蒿,草之高者 囗焄蒿,氣蒸出貌 禮·祭義其氣發揚于上爲昭明,焄蒿悽愴,此百物之精也 囗耗也 楚語使民蒿焉 囗·莊子·駢拇篇今之君子蒿目而憂世之患 註蒿易棲塵,喩君子眯眼塵中也 囗地名 穀梁傳·桓十五年公會齊侯于蒿 囗姓 通志氏族略蒿氏 註見姓苑 囗韻會呼侯切,讀駒 易林堅冰黄鳥,常哀悲愁。不見白粒,但見藜蒿 囗gǎo 篇海與藁同〇按蒿名類甚多 正字通載蔓50718蒿、鄉51196蒿等,今皆刪去。鑾又薧51533

蓀 sūn_10.16 唐韻思渾切 正韻蘇昆切夶音孫 玉篇香草也 楚辭·九歌蓀橈兮蘭旌 司馬相如·上林賦葴持若蓀 韻會陶隱居云溪蓀,極似石菖蒲,而葉無脊△集韻或作蓀,或作荃 類篇又作蓀、蓀。鑾又蓀52122荪49461蓀50161蓀51255

蕻 rǒng_10.16 集韻乳勇切音冗 玉篇蕻蕻,草亂貌。囗ruǎn 字彙補人遠切音軟 武夷幔亭記蕻卽水苔也。鑾又蕻27498蒬46721

蕻 tān_10.16 唐韻他酣切音䑙 玉篇葱也 囗nán 集韻那含切音南。草名 博雅藜蘆,蕻蕻也。鑾又蕻50712蕻51125

蒍 zǐ_10.16 直音同茈。

蓁 50431 26145
zhēn_10.16 唐韻正韻側詵切集韻韻會緇詵切夶音臻說文草盛貌詩·周南其葉蓁蓁冈積聚之貌楚辭·招䰟蝮蛇蓁蓁冈水名水經注蓁水發源蓁谷。冈jīn集韻資辛切音津。首戴物貌爾雅·釋訓蓁蓁，戴也冈chén鋤臻切。與榛通。木叢生也。或作葏。鎣又蓁50281

蓂 50432 26146
míng_10.16 唐韻莫經切音冥。蓂莢，瑞草。堯時生于庭玉篇曆得其分度則蓂莢生于階，月一日一莢生，十六日一莢落冈思蓂子，藥名炮炙論思蓂子，味苦，煎之有涎冈mì廣韻正韻夶莫狄切音覓。爾雅·釋草菥蓂，大薺張衡·南都賦菥蓂芋瓜。鎣又蓂50568

蒐 50433 26147
sōu_10.16 集韻疎鳩切音蒐。蒐菜，椒子聚生成房貌冈與蔌通冈類篇雙雛切。義同。

蓄 50434 26148
chù_10.16 唐韻丑六切集韻敕六切夶音畜。積也篇海聚也，藏也詩·邶風我有旨蓄，亦以禦冬箋蓄，聚美菜冈晉語蓄力一紀，可以遠矣註蓄，養也冈廣韻許六切音蓄。義同韻會或作稸集韻或作蕃、藅冈通志六書略通作畜。畜，田畜也，而爲畜聚之畜，借音不借義〇按廣韻集韻俱云蓄，冬菜。而正字通以爲芋蹄菜，非是。鎣又蕎51532

蒲 50435 26149
píng_10.16 集韻傍丁切音帡。水中浮草正字通俗㵛字。鎣亦作萍49656

蓅 50436 26150
liú_10.16 集韻力求切音流。菜名。

蓆 50437 26151
xí_10.16 唐韻祥易切韻會正韻祥亦切夶音夕說文廣多也爾雅·釋詁蓆，大也詩鄭風緇衣之蓆兮冈王應麟詩攷蓆，儲也冈蓆具草述異記一名塞路，生北方。古詩云千里蓆具草冈與薦席之席通。

菅 50438 26152
gū_10.16 唐韻類篇夶古忽切音骨玉篇不實草山海經嶓冢之山有草焉，黑華而不實，名曰菅容，食之使人無子。鎣又菅葵，骨朵兒。

蓈 50439 26153
láng_10.16 集韻盧當切音郎◦說文禾粟之采生而不成者謂之蓈蓈△或作稂。

蓉 50440 26154
róng_10.16 唐韻集韻夶餘封切音容說文芙蓉也屈原離騷集芙蓉以爲裳註芙蓉，蓮華也冈韻會木芙蓉，一名拒霜花，一名木蓮。鎣又蒲50794

蔪 50441 26155
shàn_10.16 唐韻式戰切音扇類篇鬼蔪，草名。

蓊 50442 26156
wěng_10.16 唐韻正韻夶烏紅切音翁博雅蓊薹也韻會草華之莖，細葉叢出者爲蓊薹冈集韻鄔孔切，翁上聲。蓊鬱，草木盛貌張衡·西京賦鬱蓊薆蔚冈韻會草名。可染黃。鎣又鬈71160

蕒 50443 26157
gòng_10.16 集韻古送切音貢類篇草木子叢生貌。

蓋 50444 26158
gài_10.16 古文葢唐韻古太切韻會居太切夶音匃。

苫也左傳·襄十四年乃祖吾離被苫蓋註白茅，苫也，今江東呼爲蓋冈掩也書·蔡仲之命爾尚蓋前人之愆冈覆也關尹子·八籌篇其高無蓋冈車蓋周禮·冬官考工記輪人爲蓋以象天，崇十尺冈語辭詩·小雅謂天蓋高，謂地蓋厚冈hé廣韻胡臘切音盍。亦苫蓋也集韻靑、齊人謂蒲席曰蒲蓋冈通盍，何不也禮·檀弓子蓋言子之志于公乎冈gé正韻古沓切。地名孟子王使蓋大夫王驩爲輔行註蓋，齊下邑也前漢·地理志泰山郡蓋冈姓前漢·曹參傳聞膠西有蓋公，善治黃老言。又蓋寬饒，字次公，魏郡人。鎣又幝15192懎18245㑖30769蓋37156葢37153蓋50124

蔖 50445 26159
cuò_10.16 集韻韻會夶祖臥切音挫禮·曲禮介者不拜，爲其拜而蔖拜註蔖拜失容節，猶詐也冈禮疏側駕切音詐韻會助駕切音乍集韻祖對切音晬。義夶同。鎣又跮58918

蒞 50446 26160
lì_10.16 集韻郎狄切音歷類篇草木疎貌冈玉篇俗蒜字。

蓍 50447 26161
shī_10.16 古文䓢唐韻式脂切集韻升脂切夶音尸詩·曹風浸彼苞蓍傳蓍草也說文蒿屬易以爲數。天子蓍九尺，諸侯七尺，大夫五尺，士三尺白虎通蓍之言耆也，陽之老也易·繫辭蓍之德，圓而神韓詩外傳孔子出遊，婦人中澤而哭，孔子問焉，曰：鄉者刈蓍薪，亡我蓍簪冈集韻蒸夷切音脂。義同。鎣又箸42446

蓎 50448 26162
táng_10.16 唐韻徒郎切音唐。草名廣韻蓎、蒙，女蘿爾雅作唐。

蔼 50449 26163
diāo_10.16 唐韻都聊切音凋玉篇蒲葫，莢實。鎣又蔤50696

蓏 50450 26164
luǒ_10.16 唐韻郎果切音裸易·說卦傳艮爲果蓏周禮·天官·甸師共野果蓏之薦前漢·食貨志註應劭曰：木實曰果，草實曰蓏。張宴曰：有核曰果，無核曰蓏。臣瓚曰：木上曰果，地上曰蓏晉書·天文志織女星主果蓏。鎣又㼎51259

蕀 50451 26165
jí_10.16 唐韻其立切集韻極入切夶音及博雅冬瓜，蕀也。

蓐 50452 26166
rù_10.16 唐韻而蜀切韻會如欲切夶音辱說文陳草復生也。一曰蔟也冈篇海猶蠶蔟也冈薦也禮·少儀註茵蓐，蓐也爾雅·釋器蓐謂之茲註公羊傳屬負茲。茲者，蓐席也冈馬藉草曰蓐周禮·夏官·圉師春除蓐釁廄，始牧註蓐，馬茲也。馬旣出而除之冈博雅厚也。冈禮·月令孟秋，其神蓐收左傳註秋物摧蓐而可收也冈國名左傳·昭元年沈、姒、蓐、黃註四國臺駘之後。冈姓。見氏族畧。鎣又蕚50763

蓑 50453 26167
suō_10.16 古文𦵔𦯧唐韻蘇和切音莎玉篇草衣也詩·小雅何蓑何笠傳蓑所以備雨冈韻會覆也公羊

傳·定元年 仲幾之罪，何不蔑城也 註 不以蔑苫城也。

囝cuī 唐韻古音 初危切音推 郭璞·山海經註 蔑，辟雨之衣也，音催 囝suī 集韻 蘇回切音䜴。華蔑下垂貌 張衡南都賦 敷華蔑之蔑蔑 囝xiān 蘇煎切◇ 郭璞·山海經贊 江疑所居，風雲是潛。獸有猳狙，毛如披裘。鑒 又簨42494 簨42597 雈50681 衺54105 袬51108 袬50587

軒 50454 26168
xiān_10.16 唐韻 集韻 䒩虛言切音掀。軒芋，薺草也 爾雅 作軒。

蓓 50455 26169
bèi_10.16 唐韻薄亥切音倍。蓓蕾，始華也 囝 玉篇 黃蓓，草名 囝部浼切音琲。義同。鑒 又蓓50654 硳39114

荺 50456 26170
huā_10.16 唐韻火媧切 集韻火鼃切䒩音嗙。舛雜之貌 囝苦乖切音喎。不正也 囝kuā苦瓜切。同苽。

薩 50457 26171
duì_10.16 唐韻徒猥切。隓上聲。草也。

蔃 50459 26173
tà_10.16 唐韻吐盍切音榻。草名。可作布。

蔎 50460 26174
hé_10.16 集韻同菏。

蕊 50458 26172
kǒng_10.16 唐韻丘隴切音恐 博雅 蕊苹，藘蕊也 囝 集韻欺用切。義同。

蒻 50462 26176
qú_10.16 集韻同蒟

薜 50461 26175
hóng_10.16 集韻同蕻

薰 50463 26177
yǎo_10.16 集韻以紹切音枖。草貌 囝 類篇 與稸同

蕡 50464 26178
shū_10.16 集韻商居切音舒。草也。

蘽 50465 26179
léi_10.16 集韻同虆

蓻 50466 26180
jú_10.16 集韻同菊。

蕃 50467 26181
juǎn_10.16 玉篇古文蓬49777字。

蕲 50472 41772
jiàn_10.16 說文薊字切音恆。蘄山，藥草。鑒又檻25011

薣 50468 26182
héng_10.16 集韻胡登

薈 50469 26183
guì_10.16 集韻涓惠切音桂。草名。

蔿 50470 26184
fèn_10.16 類篇府吻切音粉。草名。

蘽 50471 26185
mò_10.16 說文算本字。

蕬 50473 41773
xì_10.16 篇海胡計切音係。屖蕬也。

萱 50474 41774
hú_10.16 韻學集成洪孤切音胡。器也。

瓶 50475 41775
bīng_10.16 韻學集成補耕切音絣。草名。

蒗 50476 41776
sòng_10.16 篇海蘇弄切音送。草也。

蕫 50477 41777
wò_10.16 韻學集成乙角切音渥。聚也。

薆 50479 41779
hài_10.16 直音音亥。蒿也。

𦽅 50478 41778
mǎng_10.16 直音同蟒

蔾 50480 41780
rú_10.16 直音音如。
○按此字疑即 揚雄·蜀都賦 莥字之譌。

蕑 50481 41781
méng_10.16 字彙補莫登切，音萌◇草名也。

荏 50482 41783
rèn_10.16 字彙補 呂氏春秋 爲其唯厚而及饞者荏

之，堅者耕之。音義闕。

㪊 50483 41784
sǎn_10.16 字彙補心坦切音散。麻木束。鑒同梕

莎 50484 41785
suō_10.16 莎字之譌 本草莎木註 李時珍曰字韻書不載，惟 孫愐·唐韻 莎字註云樹似桃椰。則莎字當作莎衣之莎，其葉離披如莎衣狀，故謂之莎也。

蒭 50486 45287
chú_10.16 龍龕同蒭

藘 50485 45286
lǔ_10.16 龍龕與藘同

蕨 50499 u2B7D4
jué_10.16 俗蕨51003

羙 50487 45288
měi_10.16 餘文與羙同

葉 50488 45289
yè_10.16 字彙補與葉同

縒 50489 45290
cā_10.16 字彙補與繨同

䰞 50500 u2B247
null_10.16 未詳

蒲 50490 45291
shāo_10.16 篇海同菁

菇 50491 45292
nián_10.16 篇海奴兼切音拈，草名。

萠 50492 45293
bēng_10.16 篇海得何切音多。漢莕宗，人名。莕，亦作萠○按 博雅 云莕係傄之誤，則萠又爲傄之譌矣。

䣫 50493 45294
wú_10.16 韻學集成音吾，草名。

蘆 50496 45297
cuó_10.16 字彙補七古切，音縒◇草死也。

蒸 50498 45299
zhèng_10.16 字彙補同證。

薑 50494 45295
jiāng_10.16 字彙補同薑。

薺 50501 u2B246
null_10.16 未詳

馨 50497 45298
níng_10.16 字彙補泥耕切音擰 韻寶 㶸馨，草名。从艸从毄，毄亦音擰。亂也。○按註从毄字，當作馨，今省作䕷，恐誤。

蒽 50502 u2B245
null_10.16 嘴未詳

薰 50495 45296
jiē_10.16 字彙補同藭

蕏 50503 u2B244
zhū_10.16 篇 蕏51699

漖 50504 u2B243
null_10.16 同㳃29486

蘽 50505 u2B242
null_10.16 未詳

蔆 50506 u2B241
ài_10.16 篇 蔆51183

藾 50507 u2B240
qì_10.16 同气49040

葮 50508 u2B23F
duàn_10.16 或俗葮50142

徏 50509 u2B23E
null_10.16 或俗徏

蒇 50513 u2B23A
null_10.16 嘴未詳

菌 50510 u2B23D
null_10.16 新撰字鏡木耳。

蔑 50511 u2B23C
miè_10.16 俗蔑50686 敦煌俗字譜 引 祕4.038.右4

瓡 50512 u2B23B
hú_10.16 俗瓠34890 可洪音義浮瓡：音護，正作瓠也。

蘿 50515 u2B238
null_10.16 未詳

菊 50514 u2B239
jú_10.16 菊60020譌字

稠 50516 u2B237
null_10.16 未詳

蘘 50517 u2B236
null_10.16 未詳

蔬 50518 u2F9A7
shū_10.16 同蔬50600

舁 50519 u2F9A6
zào_10.16 同舁50084

縈 50520 u2F9A5
suǒ_10.16 同縈50355

蔿 50521 u26E83
wō_10.16 俗蔿50043

蔲 50522 u26E05
kòu_10.16 俗蔲50646

蔕 50523 u26DFE
dì_10.16 俗蔕50694

莯 null_10.16 未詳。

蔰 fú_10.16 俗浮28324
明·許潮·午日吟 地分南北任薄萍。

蓮 mài_10.16 喃 从艸埋mai聲。山薯。

梧 ngỗ_10.16 喃 从艸悟ngộ聲。香菜。

桧 cói_10.16 喃 从艸桧cối聲。蒲草。

柲 bí_10.16 喃 从艸秘bí聲。瓜類植物。

蔆 null_10.16 未詳。

茇 bỗm_10.16 喃 从茨省
砭bìm聲△茇茇：茨。茇呢：粗俗。

蔜 chè_10.16 喃 从茶支chi聲。

蕬 gōng_10.16 俗恭17293 名義 答，之蕬反。無節箇。

蔽 bì_10.16 俗蔽50890 偏類碑別字 引 偽周楊順墓誌

蕈 cǎo_10.16 草49371本字。見 說文

蕙 è_10.16

海 hái_10.16 喃 从艸
海hái聲。同搗20385△薃菊：採菊花。

葵 kuí_10.16 玉篇 葵，同葵50150

蔓 null_10.16 未詳。

蓉 qiàng_10.16 張融·海賦
蓉硵硴折，嶺挫峰牟。蓉，苦降反。

豹 null_10.16 未詳。

慕 mò_10.16 清·顧祖禹 讀
史方輿紀要·四川七·雅州 大慕山：（名山）縣東四十里。
南接河羅戍，北入邛州，高七十里，上聳天際。

蕊 null_10.16 譌字 字典 蕊，韻會 或作慕。渡部溫 康熙
字典考異正誤 蕊，猥之誤。

靰 è_10.16 靰67189譌字。黃侃 蘄春語.137 說文·車部
軏59970轅前也。於革切。今吾鄉謂牛項曲木，施以引犁
者，曰牛靰。俗字作靰，讀吾革切。原註：鄉音影母多
讀為疑母，如安讀牛寒切，翁讀牛紅切。

蕰 null_10.16 未詳。

蒜 null_10.16 或同蒜50446

蕎 null_10.16 未詳。

莅 null_10.16 未詳。

蒼 huā_10.16 義未詳。

蕲 null_10.16 未詳。

蒠 null_10.16 未詳。

葮 duàn_10.16 或俗葮50142

蕍 null_10.16 未詳。

莢 null_10.16 未詳。

蔘 shēn_10.16 俗蔘50700

蕁 null_10.16 未詳。

蓥 null_10.16 未詳。

孃 niáng_10.16 中國方言
大詞典 菇孃：一種圓形的有一層薄膜似的皮兒的野果，
味微酸，有紅黃兩種。東北官話。

蕤 ruí_10.16 俗蕤50997

耕 null_10.16 未詳。

韮 jiǔ_10.16 俗韭67798 可洪音義 韮園：上居有反。

篚 fěi俗篚42368 四部叢刊·初編集部·唐文粹·卷第七十
三·府署·皇甫湜·吉州廬陵縣令廳壁記 駢山貫江扼嶺之
衝，材竹鐵石之贍殖，苞篚韓緝之富聚△宏擘，佩文韻
府 贍殖：皇甫湜 廣陵縣廳壁記 材竹鐵石之贍殖，苞篚
緯緝之富聚。

莱 null_10.16 未詳。

蔿 sāng_10.16 俗桑24023

斑 null_10.16 未詳。

蔽 null_10.16 未詳。

莎 suō_10.16 同梭24218 四部叢刊·三編子部·太平御
覽卷第八百二十五資產部五梭，通俗文 曰梭，織具也。
所以行緯之莎。蕉戈（切）。

蓫 zhǎn_10.16 簡 蓫51310

蓂 míng_10.16 俗蓂50432

蔀 null_10.16 未詳。

搴 null_10.16 未詳。

涵 hàn_10.16 或俗菡

薄 null_10.16 未詳。

蒢 null_10.16 未詳。

蔓 null_10.16 未詳。

覓 mì_10.16 同覓50734 五音集韻 覓，莫狄切。艸名。

蔲 kòu_10.16 俗蔲50646

蔟 null_10.16 未詳。

甌 pí_10.16 同甌50060

荔 lì_10.16 籀文荔49390

荤 xuè_10.16 說文解字注 荤49345，籀文作荤。

耘 yún_10.16 同耘46426 字彙補 耘，與賴46465同。

陵 suī_10.16 同莜49505香菜。

葉 yè_10.16 同葉50488俗葉。

茸 róng_10.16 說文解字注 茸49344，籀文作茸。

蕰 yì_10.16 蕰母草。

蔆 jùn_10.16 同襞09832皮褲 類篇 蔆，祖峻切。韋袴也。

裒 suō_10.16 俗蓑50453 宋元以來俗字譜 引 古今雜劇

蛾 null_10.16 未詳。

阮 null_10.16 未詳。

烈 null_10.16 未詳。

航 null_10.16 未詳。

涪 null_10.16 未詳。

糧 null_10.16 未詳。

蒻 ruò_10.16 簡 蒻31959

薆 são_10.16 同薆51158

菜 yè_10.16 葉50079俗譌。後魏·賈思勰 齊民要術·卷第
一·耕田第一 其林木大者劚殺之，菜死不扇，便任耕種
。区 洪武正韻·逸字 菜，印藪 有菜廣。

范 chǐ_10.16 俗莅49302

蔥 cōng_10.16 同蔥50730

蔬 shū_10.16 同蔬50744

皋 gāo_10.16 正字通
蔾50888當作皋。舊本沿俗作皋，非。

萬 dǔ_10.16 俗篤42398 可洪音義 萬信：冬沃反 字鑑 篤，

俗作藆図俗薦50742可洪音義不薦：扵亂反。正作薦。

薆 líng_10.16 〔50603 u84E4〕同薆50665

蕷 yù_10.16 〔50604 u84E3〕简蕷51150

萌 lǎng_10.16 〔50605 u84E2〕地名用字。多見於廣東。

薆 shēn_10.16 〔50606 u84E1〕同薆51208人蔓，同人蔘。

蔾 lí_10.16 〔50607 u84E0〕简蔾51987

薊 jì_10.16 〔50608 u84DF〕简薊51191

菪 dàn_10.16 〔50609 u84DE〕俗菪49851可洪音義菪菪：下徒感反。

藍 lán_10.16 〔50610 u84DD〕简藍51434正字通蔛，他歷切。音惕爾雅蔛無一名蔛。蔛卽蔛字。

蔛 tì_10.16 〔50613 u84DA〕同蔛50618

酤 pèi_10.16 〔50611 u84DC〕日酤島，姓氏。

萩 cè_10.16 〔50612 u84DB〕同萩50352直音篇萩，音色。以穀和草餧馬。

座 zuò_10.16 〔50614 u84D9〕日草編的鋪蓆，坐墊。

蓘 gǔn_10.16 〔50615 u84D8〕直音篇蓘，同蓘50672

蓖 bì_10.16 〔50616 u84D8〕同蓖49842蓖麻。

蓧 diào_11.17 〔50617 26186〕集韻同莜説文草田器論語遇丈人以杖荷蓧註蓧，竹器図廣韻徒歷切音荻義同図tiáo集韻他凋切音桃。苗也爾雅釋草蓧，蓨△俗作蓧。鎣又茶49667倏37179

蓨 tì_11.17 〔50618 26187〕唐韻他歷切音剔。蓨蓨，見蓧図tiāo集韻他凋切音桃爾雅釋草苖，蓨。又tiáo説文徒聊切逈。義同図與條通史記周勃世家亞夫封爲條侯註條，表皆作蓨図xiū集韻思留切音脩。説也。鎣又蓨50613脩42465

蓩 mào_11.17 〔50619 26188〕唐韻韻會丛武道切音媢。巻耳也図類篇蓩也図博雅茂也魏武帝樂府乘雲駕龍，鬱何蓩蓩図集韻毒草名。葶藶也図地名後漢劉玄傳遣李松會朱鮪，與赤眉戰于蓩鄉図mù廣韻莫卜切音木△wù集韻亡遇切音務。蓩作毒草釋。鎣又薮50915

蓪 tōng_11.17 〔50620 26189〕唐韻正韻丛他紅切音通。草藥名。

蓫 sù_11.17 〔50621 26190〕篇海蘇谷切音速。蔟蓫，藥草。

蕕 yóu_11.17 〔50622 26191〕玉篇集韻丛同蕕。

蓲 chòu_11.17 〔50623 26192〕唐韻集韻丛初救切音簉玉篇草根雜也図説文草貌図六書正譌草相次也。借爲蓲倅字。別作簉，非。

蓫 zhú_11.17 〔50624 26193〕唐韻直六切音逐詩小雅我行其野，言采其蓫傳蓫，惡菜也箋牛蘈也。陸註：今人謂之羊蹄爾雅釋草蓫薚，馬尾図唐韻古音直救反。義同図廣韻同藋。

蓬 péng_11.17 〔50625 26194〕唐韻正韻薄紅切集韻韻會蒲蒙切丛音髼詩·召南彼茁者蓬荀子·勸學篇蓬生麻中，不扶自直禮·內則註蓬，禦亂之草図詩·衞風自伯之東，首如飛蓬註亂也図詩·小雅維柞之枝，其葉蓬蓬傳盛貌。図星名晉書天文志妖星，一曰蓬星図州名廣韻周割巴州之伏虞郡立蓬州，因蓬山而名之図姓正字通漢蓬球，北海人図bèng字彙補蒲貢切，菶去聲。草木盛貌△集韻籀文作莑鎣集韻籀文作菶49541図菶49434莑51526逢61176

菴 ān_11.17 〔50626 26195〕集韻同庵類篇圓屋曰菴図作菴蜀志裴松之註亮敕軍中臥旗息鼓，不得妄出菴幔。

蓮 lián_11.17 〔50627 26196〕古文苓唐韻落賢切集韻韻會正韻靈年切，丛音憐爾雅疏北人以蓮爲荷。又説文芙蕖之實也爾雅釋草荷，芙蕖。其實蓮註蓮謂房也図liàn集韻連彥切，連去聲前漢地理志左馮翊蓮勺後漢鄧興傳註蓮勺，故城在今同州下邽縣東北図shà字彙補所夾切。草名廣雅鳶尾、烏蓮，射干也。鎣又莲49705

蓁 qí_11.17 〔50628 26197〕集韻同蕠

蓯 zǒng_11.17 〔50629 26198〕唐韻作孔切集韻祖動切丛音總。菶蓯，草貌図韻會草名爾雅釋草須，薽蓯図廣韻草貌図cōng集韻七恭切音樅類篇肉蓯蓉，藥名図sǒng筍勇切音竦。衝蓯，相入貌史記·司馬相如傳騷擾衝蓯。鎣又苁49098蓗50773

蓰 xǐ_11.17 〔50630 26199〕集韻想氏切音壐。草名図韻會所綺切音躧綱目集覽物數也孟子或相倍蓰趙岐註蓰，五倍也図山宜切音釃。義同図離蓰韓愈·孟郊聯句離蓰不能翻。鎣又縰50814蓰50773異。

菼 tān_11.17 〔50631 26200〕唐韻集韻丛他酣切，音坍。濫菼，瓜菹也図類篇徒甘切音談。義同。

萍 píng_11.17 〔50632 26201〕玉篇同萍爾雅釋草萍、荓註總訓水中浮萍図楚辭·天問萍號起雨註萍，萍翳。雨師名。鎣又荓49594薄50435荓50313荓51676

蔘 shēn_11.17 〔50633 26202〕唐韻正韻丛式針切音深説文蒲蒻之類也図字彙補與深淺之深同。鎣又蔘30102

牋 jiān_11.17 〔50634 26203〕集韻將先切音箋。以色飾紙。

藲 qiū_11.17 〔50635 26204〕唐韻去鳩切音丘玉篇烏藲也詩衞風葭菼揭揭箋藲，江東呼爲烏藲図ōu烏侯切音漚。與樞同山海經其木苦藲註刺榆也図集韻同蓲左思·吳都賦異莩藲藲註爾雅曰：藲，華也。藲與敷同字彙補菗，漢隸同藲図yū邕俱切音紆。草也図韻會同昫，煦也太玄經陽藲萬物

薢 xié_11.17 〔50636 26205〕唐韻似嗟切音斜韻會薢茢，茢穗也。図薢藠也正字通薢蒿，葉紋皆斜，故名図yé玉篇弋蛇切音耶。蓄積也図tú類篇同都切音荼。禾穗。鎣又荔50045

菫 jǐn_11.17 〔50637 26206〕正字通菫本字図集韻居焮切音靳。草

名。薑又董50812今通作董字。

50638 26207
薽 qìn_11.17 玉篇同蔝 說文蔝或从堅。

50639 26208
蒓 chún_11.17 唐韻常倫切 集韻 正韻殊倫切丛音純 類篇蒓菜 韻會水葵也 陸佃云蒓逐水而性滑，故亦謂之淳菜 綱目集覽蒓生水中，葉似鳧葵，採莖可噉。三月至八月，莖細如釵股，名曰絲蒓。九月至十月漸粗，在泥中，名曰瑰蒓 顏氏家訓梁世有蔡朗，諱純。既不涉學，遂呼蒓爲露葵△亦作蓴50336 図 說文蒲叢也。図 tuán 類篇徒官切音團。草叢生貌。薑又純49696

50640 26209
捷 jié_11.17 集韻疾葉切音捷 類篇編草障戶 図與薤同。薑又蘿43074薤51099

50641 26210
薩 wéi_11.17 集韻愈水切音唯 說文菜也 玉篇似韭而黃 図 直音音維。義同 図同芛 後漢馬融傳薩扈薩熒 郭璞註草木花初生，與芛通。

50642 26211
蓷 tuī_11.17 唐韻他回切 韻會通回切丛音推。說文萑也 爾雅釋草萑，蓷註今茺蔚也。又名益母 詩王風中谷有蓷 図 正韻昌垂切音吹。義同。

50645 26214
蕸 dòu_11.17 直音同蕸

50643 26212
蓸 cáo_11.17 唐韻昨勞切音曹 說文草也。薑又蓸52039薚51527

50644 26213
蓹 yǔ_11.17 正字通同籞 図 前漢功臣表蓹兒嚴侯轅終古 師古註地名，音御。薑又蔽51192

50646 26215
蔲 kòu_11.17 唐韻呼漏切 韻會 正韻許候切丛叩去聲 類篇荳蔲，草實 南方草木狀荳蔲花，其花成穗，嫩葉卷之而生，花微紅 左思吳都賦草則藿蒳荳蔲 註荳蔲，生交阯，其根似薑而大，從根中生，形似益智，皮殼小厚，核如石榴，辛且香△集韻或作蔲。薑又蔲51257 蔲50204蔲50310蔲50522蔲50576蔲50887

50647 26216
蓺 yì_11.17 唐韻魚祭切 正韻倪制切丛音藝 玉篇種樹也 詩大雅蓺之荏菽 左傳昭元年不采蓺 註蓺，種也 図 集韻通藝 前漢藝文志有六蓺略△廣韻本作埶 集韻亦作藝、秇。薑龍龕蓺俗01262，蓺正。

50648 26217
蓻 jí_11.17 唐韻子入切音稡。草生多貌 図 玉篇茅芽也 図 niè 集韻諸叶切音捻。草不生也 図 jú 居六切。同蘜。秋華菊也。

50649 26218
蓼 liǎo_11.17 唐韻盧鳥切 韻會朗鳥切丛音了 說文辛菜 詩周頌予又集于蓼 本草釋名蓼類性皆飛揚，故字从翏，高飛貌 図 國名 左傳文五年楚子燮滅蓼 註蓼國，今安豐蓼縣 図水名 水經注蓼水出襄山蓼谷。図 亭名 水經注漳水東南過蓼亭 図 姓 潛夫論莒蓼皆皋陶之後也 図 lǎo 集韻魯皓切音老。摎蓼，搜索也 張衡西京賦摎蓼浰浪 図 lù 唐韻力竹切音六 詩小雅蓼蓼者我 傳蓼蓼，長大貌 図 liǔ 前漢司馬相如傳註 力糾切音鏐。糾蓼，相引也 大人賦糾蓼叫奡。又通鑑蓼侯孔

50650 26219
蓽 bì_11.17 古文蓽 集韻璧吉切音必。豆也 図蓽萇，草名。羊蹄也 図蓽芨，藥名 酉陽雜俎出摩伽，苗長三四尺，莖細如箸，葉似蔈葉，子如桑椹 図荊也 廣韻同篳 禮儒行蓽門圭窬 図 唐韻博計切音閉。義同。薑又萆49472

50651 26220
薗 lǔ_11.17 唐韻郎古切音魯 說文舊或从鹵 爾雅釋草薗，蘆 註作履苴草 図 玉篇杜薗，郭璞曰：杜衡也，似葵而香。薑又蔰50485

50652 26221
蓿 xu_11.17 唐韻息逐切音肅。苜49160蓿 漢書作宿。薑又蓿51047

50653 26222
蔀 bù_11.17 唐韻蒲口切音瓿 易豐卦豐其蔀 註蔀，覆暧，障光明之物也 図 pǒu 廣韻 正韻丛普后切音剖 小席也 図 bù 集韻伴姥切音簿。蔀蔀，草也 博雅蔀蔀，魚薺也 図 詩大雅篇首文王受命疏 三統曆，七十二歲爲一蔀，二十蔀爲一紀 前漢律歷志以閏餘一之歲爲蔀首 図 唐韻古音 易豐其蔀 陸德明釋文蔀部。薑又霸66729

50654 26223
蓓 bèi_11.17 集韻部浼切音琲。黃蓓，草名△玉篇作蓓。

50655 26224
蕅 qǐ_11.17 集韻口已切音起 類篇草名。馬啖之則馴△通作芑。

50656 26225
葦 zhāng_11.17 唐韻諸良切音章 說文草也 玉篇葦柳，當陸別名也。

50657 26226
蔂 luó_11.17 集韻盧戈切音螺。盛土籠也 鹽鐵論剗鼻盈蔂 図 léi 倫追切。義同。或作虆。薑又蘽51439 図 集韻蔂，或作蔂壘。

50658 26227
許 xǔ_11.17 集韻喜語切音許 類篇虎許，藥草，續斷也。

50659 26228
薑 jiàng_11.17 集韻巨兩切，強上聲。草名 図 qiáng 類篇渠良切音強。薑茉，百合也。

50660 26229
蒁 zhú_11.17 集韻直律切音术。草名。小薊也 篇海與茉同。

50661 26230
蔄 màn_11.17 唐韻亡莧切。人姓。見姓譜 正字通作莫半切音慢，非。薑又薍51880

50662 26231
薆 yán_11.17 字彙同妍 論衡籍孺韓嫣。形窔骨薆，皮媚色稱。

50663 26232
薆 jìng_11.17 類篇居慶切音敬 篇海草名。

50664 26233
蒲 pú_11.17 集韻蓬逋切音蒲。脯魚也 図 雉膺肉。

50665 26234
蔆 líng_11.17 唐韻力膺切 韻會閭承切丛音陵 說文芰

也 爾雅釋草 薩，蕨攈 註俗云薩角是也 陸佃詩疏 武陵記三角、四角曰芰，兩角曰薩 図作菱 洞冥記靈池有浮根菱，根出水上，葉沈波下，亦名青冰菱 図湖名 史記夏本紀註菱湖者，五湖之一△ 集韻亦作薐、蘸。

鑾又薐50603遴52013潳29768

蔆 50666 26235
líng_11.17　玉篇同薐 図靈樞經發於膺，名曰甘疽。色青，其狀如穀實、䔖蓏，常苦寒熱 註䔖，古文括19481字。

䔖 50667 26236
kuò_11.17　唐韻古活切音括。與苦同 図

䔖 50668 26237
qiā_11.17　唐韻恪八切音咭 玉篇拔䔖，草名 集韻與薺同。

薺 50669 26238
jǐ_11.17　唐韻居毅切音旣 說文草多貌 図jì 韻會巨至切音泊 類篇至也 左傳隱六年善鄭以勸來者，猶懼不薺 図xì 集韻許旣切音咥。地名 春秋莊九年公及齊大夫盟于薺。

藨 50670 26239
biāo_11.17　唐韻甫遙切音飇 玉篇黃華也 爾雅釋草苕，陵苕。黃華，藨 註苕華色異，名亦不同 図爾雅釋草藨、芛，荼 註卽芀也 図piǎo 韻會匹沼切音縹。草盛貌 図直音藨，落也 図biāo 集韻卑妙切，標去聲。穀黃華者。一曰禾末 淮南子天文訓秋分藨定，藨定而禾熟 註藨，禾穗粟孚甲之芒。

鑾又䕥51946薊51323

蘇 50671 26240
xiān_11.17　集韻相然切音仙 類篇蘇薚，草木動貌。

薞 50672 26241
gǔn_11.17　唐韻韻會吐本切音袞 左傳昭元年是穰是薞 孔疏以土壅苗根爲薞也。鑾直音篇薞與袞同。

蔊 50673 26242
hǎn_11.17　唐韻呼旱切音嘆 齊民要術蔊菜，味辛 本草蔊，味辛辣，如火焊人，故名。鑾又蔊50674蔊50831 図正字通蔊，同草49551

蔊 50674 26243
hǎn_11.17　同蔊 集韻蔊或作蔊。

潝 50675 26244
dí_11.17　唐韻徒歷切音廸 玉篇卽滌字，旱氣也 詩大雅旱旣太甚，潝潝山川 図jiāo 集韻茲消切音焦。旱山無草曰潝 図式竹切音叔。徒沃切音毒。義丛同。

莞 50676 26245
guān_11.17　六書故同莞△ 廣韻戶昆切音渾。義亦與莞同。

莌 50677 26246
tuō_11.17　集韻他括切音脫。草名 類篇同莌。

蔌 50678 26247
sù_11.17　唐韻桑谷切音速 爾雅釋器菜謂之蔌 註蔌者，菜茹之總名 詩大雅其蔌維何 荊楚歲時記歲暮，家家具肴蔌以迎新年 図蔌蔌，陋也 詩小雅蔌蔌方有穀 図風聲勁疾之貌 鮑照蕪城賦蔌蔌風威 図sǒu 韻會蘇后切音叟。與菜蔌義同 図姓 通志氏族略蔌氏，望出晉陵。鑾又薮50872

麓 50679 26248
lù_11.17　唐韻盧谷切音鹿 玉篇麓蹄，草也 図麓蕙 篇海一名萱草。本作鹿 図字彙補與麤同 漢婁先生碑麓絡，大布之衣。

蒔 50680 26249
shì_11.17　集韻同蒔

萑 50681 26250
suī_11.17　韻會蘇回切音毸。草木華垂貌 集韻本作蕿。

蔎 50682 26251
shè_11.17　玉篇舒列切音設。香草也 図博雅蔎蔎，香也 楚辭九歎懷椒聊之蔎蔎 図茶經三曰蔎。詳茗49291字註 図集韻桑割切音撒。義同。

蔏 50683 26252
shāng_11.17　唐韻式陽切音商 爾雅釋草拜，蔏藋 註蔏藋似藜 疏葉大者名拜，一名蔏藋 図爾雅釋草購，蔏蔞 註蔏蔞，蔏蒿也 図zhāng 集韻諸良切音章 說文草也 玉篇蔏陸，蓫薚也 博雅常蓼、馬尾，蔏陸也。

蔃 50684 26253
lù_11.17　唐韻力竹切音陸。蔏50683蔃。鑾又蓫51205

蔋 50685 26254
dí_11.17　同荻 淮南子說林訓蔋苗類絮，而不可爲絮 註蔋，荻也，卽所謂蘆花絮也 說文作蓆51588 易萑葦 註蓆也。本作荻49501

蔑 50686 26255
miè_11.17　唐韻莫結切 正韻彌列切丛音篾 說文勞目無精也，人勞則蔑然 晉書衛瓘傳瓘女與國臣書曰：先公名諡未顯，無異凡人，每怪一國蔑然無言 図削也 易剝卦剝牀以足蔑貞，凶 図書君奭茲迪彝教文王蔑德 傳以此道法，教文王以精微之德 疏蔑，小也 揚子法言視日月而知衆星之蔑也 図小爾雅無也，末也 詩大雅喪亂蔑資 図周語不蔑民功 註蔑，棄也 図地名 春秋隱元年公及邾儀父盟于蔑 図與滅通 晉書張駿傳江吳寂蔑，餘波莫及 図mǐ 唐韻古省莫計切。同昧 荀子議兵篇楚人兵殆於垂沙，唐蔑死 註卽蜺將唐昧。昧與蔑同 宋書武帝紀臨朐有巨蔑水 水經注袁宏謂之巨昧水。鑾又眛37503蔑50687茂50240蔑50857蔑50511 図說文通訓定聲矄38311卽薯38212之俗字，薯又卽蔑之俗字也。図篾42827 廣碑別字引唐通州大夫使持節興州諸軍事興州刺史上柱國劉寂墓誌

蔑 50687 26256
miè_11.17　韻會同蔑 晉王沈釋時敖蔑道素。

薰 50688 26257
hūn_11.17　集韻同葷。薰蒿，氣蒸出貌。互見葷、蒿字註。鑾集韻葷，說文臭菜也。或作薰。通作焄30980

蔓 50689 26258
màn_11.17　唐韻集韻韻會 正韻丛無販切音萬 說文葛屬 詩鄭風野有蔓草 傳蔓，延也 前漢禮樂志蔓蔓日茂 註蔓蔓，言其長久 図廣韻瓜蔓 図姓 左傳蔓成然 通志氏族略楚有鬭成然，食采于蔓，曰蔓成然，其後以邑爲氏 図mán 集韻謨官切音謾。蔓菁，艸名。蕪菁也 図màn 類篇莫半切。枝長也。鑾又蔓51267蔃51771 図正字通蔃蔓字之譌。

蔔 50690 26259
bo_11.17　唐韻同菔 図蔔蔔，花名。鑾今簡化作卜04633

薿 50691 26260
yǐ_11.17　篇海於其切，音伊◇禾茂也。

蔠 50692 26261
shuǎng_11.17　集韻所兩切音爽。艸名。

蔡 50693 26262
qī_11.17　唐韻親吉切音七。草名。似蘇 類篇或作

葉。藣 直音篇 茉同藜。

蒂 50694 26263
dì_11.17 唐韻 都計切音帝 玉篇 草木綴實也 說文 瓜當也 張衡·西京賦 蒂倒茄于藻井 註 蒂，果鼻也。 又dài 韻會 當蓋切音帶。草木根也 又 集韻 與蔕 前 漢·賈誼傳 細故蔕芥，何足以疑 註 蔕芥，小鯁也 △ 正字 通俗作薹〇按蒂芥之蒂，顏師古音薹 唐韻 諸書皆丑邁 切，果鼻之蒂，音帝，音帶，古人必有所據，未可非也。 藣 又蒂50523 薹51263 薹51582 薹51815 蒂50187 又 集韻 薹， 丑邁切。薹芥，刺鯁也。或作蔕、蔋54131 又 正字通作蒂， 俗加心作薹、薹。

蘆 50695 26264
cuó_11.17 集韻 才何切音醝。蘭蘆，草名。可苴履 爾 雅·釋草 蘭，蘆 疏 蘭一名蘆，即蕑類也 又zhā 莊加切音 查。楚葵也。或作蒩 廣韻 采古切音蘬。草死。 藣 又蒩50071 蘆50811 又 龍龕 蘆俗，蘆正。

蔍 50696 26265
diāo_11.17 集韻 丁聊切音彫 類篇 草名。菰蔣也。其 米謂之蔍菰 △ 或作蒲。

蔣 50697 26266
xiáng_11.17 集韻 徐羊切音祥 類篇 草名〇按 字彙 作菜名 正字通 駁之，誠是。泛云俗字則非。

藚 50698 26267
dú_11.17 說文 古文毒27189字。

蔗 50699 26268
zhè_11.17 唐韻 韻會 正韻 之夜切音柘 玉篇 甘蔗 也 張衡·南都賦 諸蔗薑蠚 南方草木狀 諸蔗一曰甘蔗， 交阯所生者，圍數寸，長丈餘，斷而食之，甚甘 又 與柘 通 楚辭·招蒐 胹鱉炮羔，有柘漿些 註 柘一作蔗 司馬相 如子虛賦 諸柘巴且 又 唐韻古音 讀諸。甘蔗一名諸蔗， 南北音異也。藣 又 可洪音義 苷簾42538：上古談反，下 之夜反。甘簾42565：之夜反。正作蔗也。又郎木反，悮 也。甘薼50679：之夜反。正作蔗，又音鹿，悮也 又 睹35245 矒35250 蓮51597 樜25188

蔘 50700 26269
shēn_11.17 玉篇 同薓 又 司馬相如·上林賦 紛溶箾 蔘 註 枝竦擢也 又sān 廣韻 蘇含切音毿。蔘綏，垂貌 揚 子方言 荆揚之間凡言廣大者謂之恆慨，東甌之間謂之 蔘綏 又 鶡冠子·道端篇 白蔘明起 註 白蔘于下，明起于 上。蔘，垂貌也 又 集韻 蘇甘切音三。義同 又sǎn 類篇 所斬切，鬖上聲。葦初生者。藣 又茶51046 薓50555 薹49964

蒵 50701 26270
nì_11.17 類篇 同搦

菬 50703 26272
zuò_11.17 集韻 同蘛

葳 50702 26271
qī_11.17 唐韻 倉歷切音戚 篇海 草也。

藋 50704 26273
diào_11.17 集韻 多嘯切音釣 篇海 草名。

薴 50705 26274
chún_11.17 唐韻 食倫切 集韻 船倫切茲音脣。牛脣 草。

蔙 50706 26275
xuàn_11.17 集韻 隨戀切音漩。草名 類篇 蔙蕧51001 花。

葭 50707 26276
jiá_11.17 集韻 訖黠切音戛 玉篇 草名。

蓁 50708 26277
yóu_11.17 集韻 于求切，音尤 玉篇 草名。或作芫。

藚 50709 26278
qǐng_11.17 唐韻 集韻 茲與苘同〇按 唐韻 去潁切音 頃 集韻 窺營切音傾。又犬迥切音褧 類篇 麻屬 集韻 絮 屬，音義俱別，未知孰是。

蔚 50710 26279
wèi_11.17 唐韻 於胃切音尉 說文 牡蒿也 詩·小雅 匪 莪伊蔚 又 玉篇 茺蔚也 又 草木盛貌 博雅 蔚蔚，茂也 詩 薈兮蔚兮 又 韻會 文深密貌 易·革卦 其文蔚也 又yù 廣 韻 紆物切 集韻 紆勿切，並音鬱。州名 綱目集覽 蔚州， 本代地，周宣帝置 蒝林伐山 杜甫詩：上有蔚藍天。讀 作鬱。藣 又蔵50340 蔋51606

蒳 50712 26281
nán_11.17 字彙 同蒳

薝 50711 26280
xí_11.17 唐韻 似入切 音習。薝茵，水草 博雅 水苔薝也。

薢 50713 26282
hú_11.17 唐韻 胡谷切音縠 集韻 石薢，藥草也 本草 薢草，一名薢菜，一名薢榮。

蔡 50714 26283
zhāi_11.17 類篇 仄佳切。草名。地蕼也。

蔖 50715 26284
cháo_11.17 集韻 鋤交切音巢 類篇 蔖麥，草名。

莪 50716 26285
áo_11.17 唐韻 五勞切 集韻 牛刀切茲音敖。草也 爾 雅·釋草 莪，蘿蒩 疏 莪，一名蘿蒩，一名繁蒩，一名雞 腸草 又 類篇 魚到切音傲。義同。藣 又莪51262

蒾 50717 26286
mǐ_11.17 唐韻 莫禮切 集韻 母禮切茲音米 爾雅·釋 草 蒾，蒾 玉篇 蒾子，菜也。

蔞 50718 26287
lóu_11.17 唐韻 落侯切 類篇 韻會 郎侯切 正韻 盧侯 切茲音樓 玉篇 蒿屬 爾雅·釋草 購，蔏蔞 詩·周南 言刈其 蔞 疏 葉似艾，正月根芽生，莖正白，生食之脆美 楚辭·大 招 吳酸蒿蔞，不沾薄只 註 言燲蔞蒿以爲齏也 又 賈 子·新書 古者胎教之道，七月而就蔞室 又 地名 後漢·王 常傳 收散卒入蔞谿 又 唐韻古音 力朱切音僂。義同。 又lǔ 廣韻 力主切音縷。草可烹魚 又 周禮·冬官考工記 註 等爲萬蔞，以運輪上，輪中萬蔞，則不匡刺也 又liǔ 集 韻 力九切音柳。喪車飾也 禮·檀弓 設蔞翣 註 棺之牆飾。 藣 又茜49299 蔞50317

薺 50719 26288
zī_11.17 玉篇 唐韻 茲同薺 前漢·揚雄傳 灑沈薺于 豂灒 師古註 薺，古災30678字 △ 韻學集成 又音恣。

蔟 50720 26289
cù_11.17 唐韻 韻會 正韻 茲千木切音簇 說文 行蠶 蓐 晉書·左貴嬪傳 修成蠶蔟，分繭理絲 又 巢也 周禮·秋 官·薙蔟氏註 鄭司農云蔟讀爲爵蔟之蔟，謂巢也 又 韻 會 與簇同，聚也，攢也 又còu 廣韻 倉奏切 集韻 千候切 茲音湊。律名 禮·月令 律中太蔟 註 太蔟，言陽氣大蔟， 達于上也 又 同箭 張衡·西京賦 又蔟之所攢挏 註 楚角 切。同箭。

蔠 50721 26290
zhōng_11.17 唐韻 職戎切音終 爾雅·釋草 蔠葵50150， 繁露。

蒠 50722 26291 xī_11.17 唐韻與藤51565同。

蔡 50723 26292 cài_11.17 古文䓣唐韻倉大切集韻類篇七蓋切太音縩說文草也玉篇草芥也。草際也又論語臧文仲居蔡何晏註蔡，國君之守龜，出蔡地，因以爲名焉。又山名書·禹貢蔡蒙旅平疏蔡，山名又禹貢二百里蔡傳蔡，法也。法三百里而差簡又國名書·蔡仲之命疏成王命蔡叔之子踐諸侯之位，作蔡仲之命又姓史記蔡澤，古作祭，左傳祭仲，國語祭公謀父，後漢書祭遵俱作蔡又cā集韻七曷切音攃前漢·李廣利傳昧蔡爲宛王又sà桑割切音薩。放也左傳·昭元年周公殺管叔而蔡蔡叔韻會本作𣝗，言放之若散米。今作蔡。

蔢 50724 26293 pó_11.17 唐韻薄波切音婆。蔢蔢，草木盛貌又bò集韻步臥切音䨽玉篇蔢蕳，藥名○按薄荷49496見本草綱目。其薄字或作菝，或作番，或作蔢，或作蘷，皆方書傳寫之譌，不必拘泥也。

蔣 50725 26294 jiāng_11.17 唐韻卽良切集韻資良切太音漿◆說文苽蔣也前漢·司馬相如傳蔣芧青薠又jiǎng廣韻卽兩切音槳左傳·僖二十四年凡、蔣、邢、茅又山名晉書·成帝紀蘇峻至于蔣山又水名水經注涂水南與蔣谷水合流出蔣谿又姓又韻會菰蔣，亦作上聲。鎣又蒋50318又篺金石文字辨異·蔣引南唐本業寺記

葎 50726 26295 lǜ_11.17 唐韻呂卹切音律集韻始也，草乎甲出也。

𧓈 50727 26296 mì_11.17 篇海古文蜜52802字。

蔤 50728 26297 mì_11.17 唐韻美畢切集韻莫筆切太音密。荷本也爾雅·釋草荷，芙蕖。其本蔤註莖下白蒻在泥中者何晏·景福殿賦茄蔤倒植又集韻覓筆切音蜜。義同。或作蜜、䓧。鎣又苾49201蜜51280

蔥 50730 26299 cōng_11.17 集韻葱古作蔥。鎣又蔥50599蔥50854菌49576葱50219䕺51674䓗17491又正字通䓗49737，蔥字之譌。

蔇 50732 26301 jì_11.17 類篇同蘮

塟 50729 26298 zàng_11.17 直音同葬

䔟 50731 26300 yí_11.17 唐韻弋支切音夷。草萎䔟也。

蔦 50733 26302 niǎo_11.17 唐韻都了切音鳥。寄生也詩·小雅蔦與女蘿，施于松柏又正韻泥了切音裊集韻多嘯切音釣。義太同△說文或从木作樢。鎣又茑49286

𦻄 50734 26303 mì_11.17 集韻莫狄切音覓。草名。鎣又𦵽50574

蔧 50735 26304 huì_11.17 集韻旋芮切音彗。草名爾雅釋草莇50128，王蔧又廣韻徐醉切音遂。義同。

蔏 50736 26305 lòu_11.17 唐韻盧候切集韻郎豆切太音漏玉篇蔏蘆，藥名本草一名野蘭，一名莢蒿，結子作房，類油麻而小。

蔨 50737 26306 jùn_11.17 唐韻渠殞切音窘爾雅釋草蔨，鹿藿註今鹿豆也王磐·野菜譜蔨，野鹿豆又juàn廣韻渠篆切音圈。義同又集韻同菌。

蔩 50738 26307 yín_11.17 集韻夷眞切音寅爾雅釋草蔩，菟瓜疏蔩苗及實似土瓜。土瓜卽王瓜也又廣韻以淺切音演。又以脂切音夷。義太同。

蔪 50739 26308 jiàn_11.17 唐韻慈染切韻會疾染切太音漸◆說文草相蔪苞也又shān正韻師銜切，讀作芟前漢·賈誼傳故蔪去不義諸侯，而虛其國註謂芟刈之又jiān集韻將廉切音尖。蔪蔪，麥秀又鋤咸切音讒。義同△或作蘄。鎣又蘄51580

蔽 50740 26309 bǐ_11.17 唐韻幷弭切，俾上聲爾雅·釋草蔽，鼠莞疏蔽，莞草，可以爲席。一名鼠莞，纖細似龍鬚又廣韻傍禮切音陛。又必至切音庇。義太同△或作萆。

蕞 50741 26310 zuì_11.17 正字通俗蕞字。

蔫 50742 26311 yān_11.17 唐韻於乾切音焉說文菸也韻會物不鮮也又增韻食物餲也又集韻依言切。義同又yàn正韻伊甸切音宴。臭草也。鎣又焉31610殗26955蔦50601蔥50165

蕱 50743 26312 shǎo_11.17 集韻山巧切音稍。藕細根者又shuò色角切音朔。蕱櫂，木無枝柯長而殺者又篇海同稍。

蔬 50744 26313 shū_11.17 唐韻所葅切韻會山於切太音疏說文菜也爾雅註凡草菜可食者，通名爲蔬禮·曲禮稻曰嘉蔬註稻，菰蔬之屬也又爾雅·釋草蘧蔬註似土菌，生菰草中又通疏周禮·天官臣妾聚斂疏材又通蔬荀子·富國篇葷菜百蔬。又shǔ集韻爽舉切音所。粒也莊子·天道篇鼠壤有餘蔬註蔬讀若糈，粒也。鎣又蔬50600蔬50518

蔭 50745 26314 yìn_11.17 唐韻集韻韻會太於禁切音廕說文草陰地徐曰草所庇也荀子勸學篇樹成蔭而衆鳥息焉呂氏春秋松柏成而塗之人已蔭矣又日景也左傳昭元年趙孟視蔭又通廕左傳·文九年本根無所庇廕又韻會通作陰詩·大雅旣之陰女又左傳·文十七年鹿死不擇音註音同蔭杜云所茠蔭之處。古字借用又yīn集韻於金切音陰。草木蔭翳也班固·西都賦茂樹蔭蔚△或作蔭。鎣又荫49710蔭51138隂65978蔭50835

蔮 50746 26315 guó_11.17 唐韻古對切音憒儀禮士冠禮註頍，緇布冠無笄者，滕、薛名蔮爲頍後漢·輿服志剪氂蔮，簪珥註簪以玳瑁爲擿，長一尺，左右一横簪以安蔮結。

䔲 50747 26316 zēng_11.17 唐韻作滕切集韻咨騰切太音曾。草名。莔，䔲也。鎣正作䔲51078部外十二畫。

𦿁 50748 26317 bó_11.17 玉篇同葧

蘛 50753 26322 yú_11.17 集韻牛居切音魚。東人呼茬爲蘛。鎣又䓊49538

𦵛 50749 26318 jǐn_11.17 集韻堇49787古作𦵛。

董 jǐn_11.17 集韻董49787古作董。

鞸 bì_11.17 唐韻古鞸50650字。

菲 péi_11.17 集韻蒲枚切音裴。草也。

蒢 chén_11.17 集韻池鄰切音陳。茵蒢也。

鋆又蔜51388陳49910

蔃 kūn_11.17 類篇同莐

薷 wú_11.17 集韻同菩 50757 26326

蕫 chūn_11.17 集韻春22460古作蕫。50756 26325

蔵 zhēn_11.17 集韻諸深切音箴。水草名。酸漿也〇按正字通作蔵，以蔵爲蔵字之譌，非。

蓬 chǎn_11.17 韻會所簡切音產。大籥，似笛，二孔而短。通作產。

藕 ǒu_11.17 類篇同藕 50759 26328

葉 shēn_11.17 玉篇同莘

蕗 fù_11.17 玉篇防久切音婦。草也。50761 26330

蓐 rù_11.17 說文解字同蓐。

蔵 dié_11.17 類篇同芺 50766 26335

藁 qū_11.17 篇海初刮切音劀。草蟲。藁拿。又蛇行于草中響也。

蕖 qú_11.17 篇海白許切音巨 齊民要術白蕖尤宜糞，歲常可收。鋆 龍龕蕖俗。同蕖51148

蓏 sī_11.17 字彙補心資切，音絲◇俗呼蓏瓜。

蒣 shǔ_11.17 字彙補世注切，音恕◇玉篇草名。與蒣字別。

蕕 qiú_11.17 字彙補同尤。

葇 zuī_11.17 唐韻遵爲切 集韻津垂切，音棷。地葵也。鋆又葇50075

萑 hù_11.17 音扈淮南子·俶真訓萑蔰炫煌。

蕐 huā_11.17 集韻華49794古作蕐。

蓯 zǒng_11.17 字彙補子惾切，音總◇草細密也。鋆俗蓯50629又蓯50814同蓯50630，與蓯異。

蕃 pí_11.17 篇海類編蒲糜切，音脾◇草名。

蔾 lí_11.17 篇海類編鄰溪切音犁。新蔾，外國名。鋆直音篇蔾，同藜50874

蕘 mào_11.17 字彙補與蕘同。見 九經考異

蔱 suǒ_11.17 龍龕思果切。蔱人，縣名。又沙瓦切。義同。

蔟 còu_11.17 字彙補倉奏切音湊。鳥巢也。

蓞 pā_11.17 字彙補普巴切。草花茂盛貌。

藻 yì_11.17 篇海同漢

鵲 pā_11.17 字彙補同芭

蒤 piǎo_11.17 篇海類編同殍

蓮 zào_11.17 篇海與造同。

蒨 qiàn_11.17 篇海同蒨

蒨 qiàn_11.17 字彙補同蒨

蓒 qí_11.17 簡蓒51610

蒮 jǐn_11.17 字彙補音葬
見 廣弘明集 鋆 漢語大字典·P3277 殣26935的訛字。

鎣 yīng_11.17 字彙補烏令切，音映◇出釋典。鋆俗鎣

蒸 zhèng_11.17 字彙補同證

蓤 null_11.17 未詳。

蓉 róng_11.17 羅振鋆碑別字蓉，蓉50440也。隋密長盛等造橋碑

蕢 null_11.17 新撰字鏡豆良奈久佐

莎 null_11.17 喃未詳。

蔴 null_11.17 新撰字鏡比志。

蒲 mǎn_11.17 俗滿29345可洪音義蒲肚：上莫管反。正作滿。

莘 null_11.17 未詳。

蓮 null_11.17 未詳。

棟 null_11.17 喃未詳。

蔕 null_11.17 日新撰字鏡薯51480蔕，奈毛弥。或俗薈50100或俗莫50078

蒯 chè_11.17 喃蒯藍：稈糯。

蒲 null_11.17 未詳。

蒇 null_11.17 殷周金文集成·15.9689·呂行壺呂行蒇寽兕（捋犀）。讀若捷。

蓴 null_11.17 或俗夢。

薥 mài_11.17 同麥74490

蕎 null_11.17 喃未詳。

蓖 páo_11.17 同匏04270

蓇 null_11.17 未詳。

黃 huáng_11.17 可洪音義鼓黃：音黃。正作簧42685惧図明·劉宇安老懷幼書·卷二·顏氏家訓暨諸賢模範鄉人有效之者，或返致虛羸，蓋香附子、薑黃瀉氣太甚。按，同薑黃。

瓘 null_11.17 未詳。

蔖 cuó_11.17 同蔖50695

蕲 null_11.17 未詳。

蕲 qīng_11.17 或俗卿。

蕫 jǐn_11.17 同董50637

薏 rác_11.17 喃同薏52051

蓰 xǐ_11.17 同蓰50630

蒏 nhài_11.17 喃同崖49976

蒏 dâm_11.17 喃从艸淫dâm聲。

蒏 đền_11.17 喃从草田điền聲△蒏樧：紫莧菜。

璔 bụi_11.17 喃从茂省培bồi聲。樹叢△璔樧：灌木。

蓉 või_11.17 喃从艸棍või聲。山茶葉。

蓇 cỏ_11.17 喃草也。从草古cổ聲。

莐 50822 u26E74 bìm_11.17 嗬牽牛花

薝 50823 u26E73 thơm_11.17 嗬從芳省貪tham聲△薝萩：香味。薝花：花香。

藐 50824 u26E72 null_11.17 未詳。

幃 50827 u26E6F cồ_11.17 嗬同鞊50821

斳 50825 u26E71 gừng_11.17 嗬從艸斳gàn聲。薑。

蔓 50826 u26E70 mầm_11.17 嗬從芽省麥mầm聲△蔓薇：嫩芽。

彩 50828 u26E6E cǎi_11.17 俗彩16469敦煌P.2613咸通十四年正月四日沙州某寺就庫交割常住什物色目錯彩絹旛拾口。又廣碑別字引隋邑子馬要姬等百人造像

莇 50829 u26E6D lǔ_11.17 後魏·賈思勰·齊民要術·種芋第十六引廣志曰：蜀漢既繁芌，民以為資，凡十四等，有君子芋大如斗魁如杵莇△宏按，四部叢刊·初編子部·齊民要術·卷第二·種芋第十六引廣志曰：芋大如斗，魁如杵旇42366

薽 50830 u26E6C guāi_11.17 同薶49758廣韻薽，苦緺切，薽斜。

蓒 50831 u26E6B hǎn_11.17 古今圖書集成·草木典·第六十四卷·蓒部彙考·本草綱目·蓒菜釋名 李時珍曰：蓒味辛辣，如火焯人，故名。亦作蓒 陳藏器本草 有蓒菜，云辛菜也。南人食之不著形狀。今考 唐韻 玉篇 並無蓒字，止有蓒字。云辛菜也，則蓒乃蓒50673字之訛爾△宏按，或俗燺51134

蓪 50832 u26E6A mò_11.17 集韻煤，末各切。火兒。或書作蓪。

萌 50833 u26E69 méng_11.17 萌49846本字。

蓇 50834 u26E67 guǐ_11.17 俗篹42555泰山都尉孔宙碑 蓇蓇不猒。

蘂 50837 u26E5F null_11.17 未詳。

葊 50835 u26E65 yin_11.17 俗蔭50745 可洪音義 滄葊：上徒甘反。下拎禁反。

蒯 50836 u26E63 kuǎi_11.17 同刪50393萬姓統譜 蒯，音快。見 直音

秼 50838 u26E5E null_11.17 未詳。 可洪音義 蒯侰：上許云反。下思由反。韓小荊：蒯音許云反，以為蒯字之誤，此釋與今本佛經文字不合，似不可從 冈俗薰51368可洪音義 樹蒯：許云反。

勤 50839 u26E5D qín_11.17 俗勤04115可

葆 50840 u26E5C null_11.17 未詳。

爾 50842 u26E5A ěr_11.17 俗爾32342

萼 50841 u26E5B è_11.17 同萼50053可洪音義 英萼：五各反。

彗 50843 u26E59 huì_11.17 同彗16384

蕡 50844 u26E58 null_11.17 未詳。

蘋 50845 u26E57 píng_11.17 俗蘋51742

縈 50846 u26E56 null_11.17 未詳。

蓷 50847 u26E55 null_11.17 未詳。

歜 50848 u26E54 kuǎn_11.17 俗歕51011

薑 50849 u26E53 null_11.17 未詳。

菫 50850 u26E52 jǐn_11.17 同菫49787

鞏 50851 u26E51 null_11.17 未詳。

郭 50852 u26E50 null_11.17 未詳。

灌 50853 u26E4F guàn_11.17 俗灌30425

蓯 50854 u26E4E cōng_11.17 同蔥50730

荼 50855 u26E4D tú_11.17 說文茶49504苦荼也。段注：籀文作莽。

蠆 50856 u26E4C chài_11.17 同蠆53824

薇 50857 u26E4B miè_11.17 正字通蔑，俗蔑50686字。

莏 50860 u26E48 suō_11.17 籀文莎49536

蒌 50861 u26E47 cuō_11.17 中文大辭典蒌，廣韻蒌，七戈切。胞也。△宏按，廣韻作蒌61212

菫 50862 u26E46 jǐn_11.17 同蓻50749古文菫49787

婉 50863 u26E45 null_11.17 未詳。

蒋 50864 u26E44 null_11.17 未詳。

蓓 50865 u26E43 null_11.17 未詳。

蓘 50866 u26E42 null_11.17 未詳。

緗 50867 u26E40 saeh_11.17 壯柿。

毗 50868 u26E3F pí_11.17 俗毗50060 叶韻彙輯 毗，房脂切 說文 薆也。

張 50869 u26E3E null_11.17 未詳。

藻 50870 u26E3C zǎo_11.17 俗藻51709

蕳 50871 u26E3B jiē_11.17 俗嗟06759廣碑別字引 司隸校尉魯峻悲蓁莪之不報，痛旻天之麾嘉，頓企有紀，能不號蕳

薂 50872 u4529 sù_11.17 同薂50678

雍 50873 u4528 wèng_11.17 俗雍51154

梅 50875 u4526 null_11.17 未詳。

蓼 50877 uF9C2 liǎo_11.17 兼蓼。

蔾 50874 u4527 lí_11.17 同藜50894蒺蔾，蒺藜51577 冈俗藜51577 偏類碑別字引 唐張君政墓誌銘

蕭 50876 u4525 xiāo_11.17 正字通蕭，俗蕭51014字。

蓮 50878 uF999 lián_11.17 兼蓮。

藹 50879 u853C ǎi_11.17 简藹51705

藺 50880 u853A lìn_11.17 简藺51707

薔 50883 u8537 qiáng_11.17 简薔51209

兜 50882 u8538 dōu_11.17 俗兜02416明·鄭若庸 玉玦記·第七齣 憶夫羅裙寬褪腰肢瘦，低處相攀雲髫蔸 冈方根，根部。

賾 50884 u8536 zé_11.17 大字典同賾42526

薂 50881 u8539 liǎn_11.17 简薂51836

蔴 50886 u8534 má_11.17 芝蔴，芝麻

藏 50885 u8535 zàng_11.17 俗藏51440

藁 50888 26342 gāo_12.18 唐韻古勞切音高 說文 葛屬 冈博雅 藁蘇，白蓉也。 鎣又蒌50602

蔻 50887 u8532 kòu_11.17 同蔻50646

薄 50889 26343 dú_12.18 唐韻徒沃切音毒 說文 水篇筑也 詩·衛風 綠竹猗猗 疏 韓詩 竹作薄，石經同 冈玉篇 冬毒切音篤。義同。

蔽 50890 26344 bì_12.18 集韻韻會 怂必袂切，音弊 說文 蔽蔽，小草也 冈廣韻 掩也 禮·月令 是察阿黨則罪，無有掩蔽 冈微也 爾雅·釋詁 疏 蔽者，覆障使微也 冈論語 詩三百，一言以蔽之 何晏註 猶當也 冈小爾雅 斷也 冈楚辭·招魂 菎蔽象碁 註 蔽，博箸 冈地名 鄭語 鄢、蔽、補、丹、依、㽥、歷、莘 註 八邑也 冈集韻 毗祭切音弊。義同 冈fú分勿切音弗 周禮·春官·巾車 有蒲蔽、棼蔽、藻蔽、藩蔽 註 蔽車禦風塵者 冈biē必列切音鱉 類篇 蔑也 江淹詩 乳寶既滴瀝，丹井復寥沉。喦嵝轉奇秀，岑岑還

相蔽図piē匹蔑切音撇。別也。一曰擊也，拂也図史記·荆軻傳跪而蔽席図bì璧吉切音必詩·召南蔽芾甘棠，沈重讀必△或作莎、薛。鋬又幣51356蔽51253莜50536幣51356蔽51682樊10282図蔽櫨，或作茇49946櫨

50891 26345
蒜 sūn_12.18 玉篇同蒜 **蒜 yì_12.18** **50892 26346** 唐韻羊吏切音異。連翹別名図說文芋也図集韻同蒜，藕翹也。

50893 26347
莩 fū_12.18 集韻方遇切音傅說文華葉布也図俯九切音缶。義同図類篇與蔽同。

50894 26348
藜 lí_12.18 唐韻力脂切音黎玉篇蒺藜韻略旱草。師曠曰歲欲旱，草先生蒺藜図易·困卦據于蒺藜。図藜蘆51732図姓通志·氏族略淮南有此姓図韻會憐題切音黎。入齊韻，訓義同。鋬又藜50874

50895 26349
薴 nìng_12.18 唐韻乃挺切音甯博雅薴薯，荏蘇也。図葶薴山海經熊耳山有草，名曰葶薴，可以毒魚。

50896 26350
蕲 sī_12.18 唐韻息移切集韻相支切叢音斯齊民要術字林曰草生水中，其花可食。鋬又俗簸42799可洪音義弥多蕲下音跛。大夲作你苔跛。

50897 26351
蔿 wěi_12.18 唐韻韋委切音薳正韻於鬼切音洧草名図地名左傳·僖二十七年子玉復治兵于蔿図姓潘夫論楚蔿氏皆芊姓也說文晉大夫蔿伯図于蔿，歌名。唐魯山令元德秀所作図huā類篇呼瓜切音花博雅蔿譌譁也図kuī集韻驅爲切音虧揚子方言楚、鄭謂獪曰蔿図é吾禾切音吪。草名。鋬又芛49109蔿50316

50898 26352
莞 guān_12.18 玉篇同莞図集韻古丸切音官。戶管切音緩。戶袞切音混。義丛同△亦作莞、莀。

50899 26353
酷 kù_12.18 唐韻苦故切音庫說文韭鬱也図玉篇醋菹也△集韻亦作蘆。鋬又酷62411

50900 26354
蕀 jí_12.18 唐韻紀力切集韻訖力切叢音棘爾雅釋草髦，顚蕀疏髦一名顚蕀，一名商蕀廣雅女朮郭註細葉有棘，蔓生図蕀菀，今遠志也。鋬字彙補蕀同蕀。

50901 26355
蕁 tán_12.18 唐韻徒含切音譚說文芜藩爾雅釋草蕁，芜藩註蕁生山上，葉如韭，一曰蜺母図蕁，海藻註一名海蘿，如飛髮，生海中図淮南子·天文訓火上蕁，水下流。鋬又蕁海藻。爾雅蕁51583，海藻図蕁49463蕁51673蒜51077

50902 26356
薞 sǎo_12.18 唐韻蘇老切音掃爾雅·釋草薞，薞蔉。図sōu集韻疎鳩切音搜廣韻雞腸草。鋬俗作薁51158

50903 26357
蔌 sǒu_12.18 集韻所九切音溲篇海白滓也。

50904 26358
蔔 fù_12.18 唐韻方副切音富說文蔔也詩·小雅言采其蔔註蔔一名蔔，幽州人謂之燕蔔図廣韻芳福切音蝮。蔔蔿，草名。

50905 26359
薏 yī_12.18 集韻一入切音揖類篇薏薏，草密貌。

図玉篇草名。鋬正字通同藐50417

50906 26360
藤 shèng_12.18 唐韻詩證切音勝玉篇苣藤，胡麻也。△亦作藤。鋬又耪40474

50907 26361
蔳 jiǎn_12.18 集韻子淺切音蕑廣韻同蔳図說文作蔳，昨先切音前。義亦同蔳△類篇臣光曰說文从止从舟，篆文作堉，變隸作前。後或筆誤丼字加刀作制，因而不改。今筆勢既殊，故從兩出○按此字一字有三形、三音，同一義，分見前50128蔳51618二字註。

50908 26362
蕃 fán_12.18 唐韻附袁切音煩說文草茂也詩·唐風椒聊之實，蕃衍盈升書·洪範庶草蕃廡傳蕃，滋也。又周語民之蕃庶，于是乎生註蕃，息也図草名山海經陰山，其草多茆蕃図鳥名山海經涿光山，其鳥多蕃，或云即鴞図方煩切音樊。義同図與藩通詩·大雅四國于蕃図周禮地官大司徒九曰蕃樂註所藏樂器而不作也図pí集韻蒲糜切，音皮。地名前漢地理志魯國蕃註邾國也図後漢·黨錮傳蕃鄉註蕃，姓也。鋬又蕃51805図蕃42677偏類碑別字·蕃引唐崔長先墓誌

50909 26363
蔀 póu_12.18 玉篇步鉤切音脬。蒩也。

50910 26364
鞍 jiāo_12.18 玉篇古文茭49330字。

50911 26365
蕽 dēng_12.18 唐韻都滕切音登玉篇金蕽草拾遺記武帝爲撫軍時，砌下生草三株，狀若金蕽△正字通苦丁本草綱目作苦蕽。

50912 26366
薼 cán_12.18 集韻財干切音殘玉篇薼草。

50913 26367
蕪 rán_12.18 集韻如延切音然類篇野豆。

50914 26368
蕣 bèng_12.18 集韻蒲蠓切玉篇蕣蕣，草亂貌潘岳射雉賦蕚薈蕣蕣△亦同蓁。

50915 26369
蓩 mòu_12.18 集韻莫候切音茂說文毒草也。

50916 26370
蓛 cè_12.18 集韻取外切音襊說文草也図cè初力切音測。義同図cuì初芮切音嘯。草出貌。鋬正字通蓛卽蓛之譌。

50917 26371
蕳 jiān_12.18 唐韻與蕳切音珉爾雅·釋訓存存、萌萌，在也疏萌萌說文作蕳蕳図武登切音薆。義同△本亦作萌49846鋬又蔥18342図玉篇蕳，古限切說文云，存也。或作蕳。 **蕄 méng_12.18** **50918 26372** 唐韻莫耕

50919 26373
蔛 zhāo_12.18 集韻陟遙切音朝類篇姓也。

50920 26374
薅 xiáo_12.18 唐韻胡茅切音爻玉篇黃茅根煎取汁，治消渴也。鋬又芰49048

50921 26375
蔡 kuī_12.18 玉篇古文蘱51863字。

50922 26376
蓻 jú_12.18 唐韻居聿切音橘草也博雅蓻子，菜也廣志一曰馬芹。

藕 50923 26377
ǒu_12.18 唐韻 玉篇 茲同藕 說文 張弨曰:此正菠藕字,俗譌作藕△亦作藕。

藸 50924 26378
shū_12.18 唐韻 傷魚切音書。草名 博雅 藸蒘,魚薺也。

蕛 50925 26379
tí_12.18 集韻 田黎切音提 玉篇 草也。或作蕛。
图tái度皆切,汰平聲。除草也。鏊 正字通 媞51071字之譌图 字彙補 蕛51461同媞图「菩提」合文。敦煌 P. 3083 五更轉 四更長,太子苦行萬里香。一樂蕛修佛道,不藉你世上作公主。

藏 50926 26380
jiǎn_12.18 正字通 蔵字之譌○按卽蔵50758字。

蔵 50927 26381
chǎn_12.18 唐韻 丑善切音摌 博雅 救也 左傳文十七年寡君又朝以蔵陳事图 揚子方言 解也图 韻會 備也。
鏊又蔵50322

蕄 50928 26382
méng_12.18 集韻 同茴。鏊又蕄53180,瓜蟲 集韻 茴蕄萻萱,艸名 說文 貝母也。或作蕄萻萱。通作萻。

蕇 50929 26383
diǎn_12.18 唐韻 多殄切音典 爾雅·釋草 蕇,亭歷 註 似芥,一名狗薺。鏊又蕇51807

蕈 50930 26384
xùn_12.18 唐韻 慈荏切,蕁上聲。菌生木上图 玉篇 蕈,地菌也图 水名 水經注 洮水又北出門峽,歷求厥川,蕈川水注之图xún 集韻 徐心切音尋。菌也 陸雲詩 思樂葛蕈,薄采其蕈。疾彼攸遠,乃孚惠心图 通覃 五經文字 詩 葛覃,亦作蕈。鏊本作蕈52073

蕎 50932 26386
chóu_12.18 集韻 同蕁 犛 50931 26385
lí_12.18 集韻 憐題切音黎。新蕎,國名。亦作犛 前漢·匈奴傳 後北服渾瘐、屈射、丁零、隔昆龍、新犛之國 師古註 五小國也。

豫 50933 26387
chuàn_12.18 類篇 寵戀切音豫。獸走草也 集韻 與豫同 馬融·廣成頌 獸不得豫。或从艸。

蕖 50934 26388
lào_12.18 集韻 郎到切 玉篇 盧到切音嫪。蕘也。
图láo 類篇 音勞。野豆,本作蕘 詩疏 苕夏生莖,如勞豆而細。

琴 50935 26389
qín_12.18 唐韻 巨金切音琴 玉篇 草名。根可緣竹器 本草 李時珍曰:荆三棱如楤葉,莖中有白穰,剖之織物,柔韌如藤 呂忱·字林 云琴草卽此图 集韻 巨興切音殑。義同△或作琴。

薴 50936 26390
níng_12.18 集韻 同薴 說文 作薴。

蕮 50937 26391
hè_12.18 集韻 許箇切,呵去聲 類篇 菜名△或作蒣。

蕛 50938 26392
hú_12.18 集韻 洪孤切音胡 類篇 草名。

蕉 50939 26393
jiāo_12.18 唐韻 卽消切 韻會 茲消切艸音焦 玉篇 芭蕉 南方草木狀 甘蕉,一名芭蕉,或曰芭苴。莖解散如絲,可紡績,爲絺綌,名蕉葛图 通焦 博雅 蕉,黑也。图qiáo 集韻 慈焦切音樵。草芥也 莊子·人閒世 死者以

國量乎澤若蕉图 字彙補 薪也 列子·周穆王篇 覆之以蕉图 正韻 通顦 左傳·成九年 雖有姬姜,無棄蕉萃。
鏊又蕉31623

菰 50940 26394
gū_12.18 直音 同苽。

蕊 50941 26395
ruǐ_12.18 唐韻 如累切 集韻 乳捶切,茲音藥 韻會 草木叢生 玉篇 草木實節生也 屈原·離騷 貫薜荔之落蕊图 博雅 花也 郭璞·江賦 翹莖濮蕊图 花名 劇談錄 唐昌觀有玉蕊花图 石蕊,藥名图juǎn 字彙補 子兗切音雋。花聚貌 潘岳·藉田賦 瓊鈒入蕊图 古音藭 風土記 蕊,香菜,根似茅根,蜀人所謂菆香。鏊又蕊17634蘂25401蘃44925蒊50942蘽51952图 渡部温: 正字通 花心鬚也。花外曰尊,花内曰蕊。

蒊 50942 26396
ruǐ_12.18 直音 俗蕊字。

藟 50943 26397
lěi_12.18 篇海 魯悝切音累。菜名,似艾。

蕘 50944 26398
zhǎng_12.18 集韻 止兩切音掌 玉篇 草也。

蕐 50954 26408
huā_12.18 正韻 同華。 蕍 50945 26399
yú_12.18 唐韻 羊朱切 集韻 容朱切艸音俞 爾雅·釋草 蕍,蕮 註 今澤蕮图 爾雅·釋草 蕍、芛、葟,華榮 註 蕍亦華之貌。

蕝 50946 26400
jié_12.18 集韻 吉屑切音結 類篇 草名。

蔉 50947 26401
biǎo_12.18 唐韻 陂矯切音表 玉篇 草名图biāo 集韻 卑遙切音猋。香草。鏊又蔉51039

蕎 50948 26402
jiāo_12.18 唐韻 擧喬切音嬌 爾雅·釋草 蕎,邛鉅 註 藥草,大戟 本草 其根辛苦,戟人咽喉,故名图qiáo 廣韻 巨嬌切 韻會 渠嬌切艸音喬 玉篇 蕎麥 本草 蕎麥莖弱而翹然,易長易收,磨麪如麥 白居易詩 蕎麥鋪花白。鏊又荍49470 正字通 菣,俗譌作蕎。

蕻 50949 26403
xiàng_12.18 集韻 戶講切音項 玉篇 草名。似葵。

蕬 50950 26404
róu_12.18 集韻 忍九切音蹂。草名。似蘇。或作萩。

豬 50951 26405
zhū_12.18 集韻 張如切音豬 爾雅·釋草 蒫,莖豬51700 或作豬图zhā 玉篇 蒫葶草。

蕏 50952 26406
dū_12.18 集韻 東徒切音都 玉篇 草名。

蓫 50953 26407
suì_12.18 集韻 徐醉切音遂。草名。似菌图dui 類篇 徒對切音隊。出蓫,蕧疎也,謂瓜上菌。鏊又蘬51616

蕒 50955 26409
hán_12.18 唐韻 胡安切音寒 玉篇 蕒蔣也,本作寒 爾雅·釋草 蔵,寒漿 註 今酸漿。

蕑 50956 26410
jiān_12.18 唐韻 古閑切音閒 詩·鄭風 士與女方秉蕑兮 傳 蕑,蘭也 爾雅翼 蕑草,大都似澤蘭 盛弘之·荆州記 都梁縣有山,山下有水清泚,其中生蘭草,名都梁香,因山爲號。其物可殺蟲,毒除不祥。故鄭人方春三月,于溱洧之上,士女相與秉蕑而祓除图 韻會 韓詩傳 蓮也图 齊民要術 蕑子藤生緣樹,實如梨,赤如雞冠,核如魚鱗,取生食之图 姓 史記·淮南厲王傳 中尉蕑忌 索

隱蘭，姓也漢書·師古註姓蘭名忌。本此蘭字。或作簡，非区xián集韻何閒切音閑。草名。鎣又簡49634蘭51142蘭50917蘉50086

䝴 50957 26411
mǎi_12.18 唐韻莫蟹切音買。吳人呼苦芭晉書·五行志䝴菜生工人吳平家区水苦䝴，藥名区集韻菜名博雅䝴，蘆也。鎣又芺49460䝴51340

蒵 50958 26412
wéi_12.18 集韻尹捶切音媙說文藍蓼秀也区廣韻草木華初出貌区博雅蒂也区爾雅疏按廣雅云地毛，莎蒵也，是蒵卽莎也，故云莎蒵区才規切音䤥。勻規切音䤥。義夶同△韻會或作蘬。鎣又蒵50062蔧51691蘬52044区正字通蘬51853，俗蒵字。

劀 50959 26413
jiá_12.18 集韻居轄切音轄。草名玉篇居滑切音刮。義同。

蕓 50960 26414
yún_12.18 唐韻集韻夶王分切，音雲玉篇蕓薹菜本草註此菜易起薹，須採其薹，則分枝必多，故名蕓薹。淮人謂之薹芥区蕓，香草也杜陽雜編元載造蕓輝堂於私第，其香出于闐國，潔白如玉，春之爲屑以塗壁。△集韻或作䔒。鎣又芸49081

蒙 50961 26415
xiàng_12.18 唐韻徐兩切音象玉篇草名。

藔 50962 26416
bāo_12.18 集韻博毛切音褒類篇荒也区玉篇菜名。

蕕 50963 26417
yóu_12.18 唐韻以周切音猶說文水邊草也。卽爾雅薔，蔓于区臭草本草註其氣瘤臭，故謂之蕕。蕕者，瘤也，朽木臭也左傳僖四年一薰一蕕区地名晉書·慕容儁載記劉寧屯據蕕城，降於苻氏区類篇以九切音酉。義同△集韻同猷。鎣又狖49699茜49567

蕖 50964 26418
qú_12.18 唐韻强魚切音渠爾雅·釋草荷49496，芙蕖区拾遺記石蕖，青色，堅而甚輕，從風靡靡，覆其波上。

薯 50968 26422
shǔ_12.18 類篇同藷

蕀 50965 26419
jí_12.18 唐韻几劇切集韻訖逆切夶音戟玉篇大蕀，藥名。鎣又戟51121

蕗 50966 26420
lù_12.18 集韻魯故切音路。蘩蕗，草名。或作蕗東方朔·七諫蒵蕗雜於蓁蒸兮区急就篇註甘草一名蕗。

蕘 50967 26421
ráo_12.18 唐韻正韻夶如招切音饒說文草薪也左傳昭十三年淫芻蕘者疏共燃火之草也区蕘花，藥名本草註蕘者，饒也，其花繁饒也区náo集韻尼交切音鐃。菜名博雅蕢蕘，蕪精也揚子方言陳、楚之郊謂之蕢，魯、齊之郊謂之蕘。鎣又芫49473

墩 50969 26423
dūn_12.18 集韻都昆切音敦。草名区duī類篇都回切音堆。草盛貌。鎣又蕇51199

蕙 50970 26424
huì_12.18 唐韻正韻夶胡桂切音惠玉篇香草，生下濕地爾雅翼一榦一花而香有餘者蘭，一榦數花而香不

足者蕙南方草木狀蕙一名薰草屈原·離騷予旣滋蘭之九畹兮，又樹蕙之百畝区韻會通蕙揚雄·甘泉賦發蘭蕙與穹藭。

蒗 50971 26425
làng_12.18 集韻同蒗

蘁 50972 26426
è_12.18 篇海同蕚。

蘎 50973 26427
jī_12.18 唐韻居依切音機玉篇涐蘎草。

蕛 50974 26428
tí_12.18 集韻田黎切音提爾雅·釋草蕛，莁註稊似稗，布地生穢草△廣韻或作梯。又通莐集韻亦作薚。

蕬 50975 26429
sè_12.18 集韻色入切音澀。蘁蘁，草聲区jí類篇側立切音戢。香菜。

蕆 50976 26430
shān_12.18 集韻詩廉切音苫說文喪藉也区類篇子鴆切音浸。義同区通薝。

薆 50980 26434
fèi_12.18 類篇同藣

蕜 50977 26431
fěi_12.18 集韻妃尾切音斐博雅悵也区父沸切音翡。義同。

莋 50978 26432
jué_12.18 唐韻子悅切集韻租悅切，夶音蕝晉語楚爲荆蠻置茅莋註莋謂束茅而立之，所以縮酒区通蕞前漢·叔孫通傳與其弟子百餘人爲綿蕞師古註蕞同莋区篆文莋，今篆字区祖芮切音橇唐韻古音引史記夏本紀泥行乘橇。註：徐廣曰：他書或作莋索隱曰：莋音子芮反区六書正譌小也。鎣又蕝50225

蕞 50979 26433
zuì_12.18 唐韻才外切集韻祖外切夶音籤說文小貌左傳·昭七年蕞爾國左思·魏都賦宵貌蕞陋区潘岳·西征賦蕞芮于城隅者，百不處一註聚貌区集韻祖外切音最。地名，在新豐区通莋。詳莋。鎣又蕰50741

蕍 50981 26435
yú_12.18 唐韻作萸50048集韻作薁。鎣又蒮50049

蕠 50983 26437
rú_12.18 集韻女居切音袽。黏著也史記·張釋之傳用紵絮斲陳蕠漆其閒区玉篇人余切音如。蕠藘草也。亦作茹49347

蝶 50982 26436
dié_12.18 篇海同牒

蕩 50984 26438
ài_12.18 唐韻於蓋切音藹說文蓋也集韻清也，微也。

薻 50985 26439
tāo_12.18 篇海他刀切音滔。草名△集韻同蓨。

蕢 50986 26440
zǐ_12.18 唐韻卽移切音貲玉篇蕢菜，生水中。

蕘 50987 26441
qì_12.18 韻會去例切音憩。蕘車，香草集韻作蕘51446区è廣韻予割切音遏。菜似蕨，生水中。

蝀 50988 26442
shuàn_12.18 集韻豎兗切，音膞。草名。此草生處無魚。

蕡 50989 26443
fén_12.18 古文蔮唐韻集韻韻會正韻夶符分切音墳玉篇草木多實也詩·周南有蕡其實◦爾雅·釋木蕡藬註樹實繁茂菴藬区儀禮·喪服傳苴絰者，麻之有蕡者也註蕡，麻子也区◦說文雜香草也区博雅弦也。区符袁切音煩。父吻切音忿。義夶同△爾雅作藬。

薏 50990 26444
yì_12.18 篇海古文薏51202字。

蕢 50991 26445
kuì_12.18 古文 火 唐韻 韻會 夶求位切音匱 說文 草器 論語 有荷蕢而過孔氏之門者 又 山名 前漢·高帝紀 沛公引兵繞嶢關，踰蕢山 又 kuài 集韻 苦怪切音喟。菜名 爾雅·釋草 蕢，赤莧 註 今莧菜之有赤莖者 又 與凷通 禮·禮運 蕢桴而土鼓 註 蕢讀爲凷聲之誤也，謂摶土爲桴也 又 姓 禮·檀弓 公使人弔蕢尚。鑒 又 蕢 50320 蕢 51453 藚 51762 蕢 51761 蕢 57962 史 23263

蕀 50992 26446
jí_12.18 唐韻 秦入切音集 博雅 蕀苣也。

蕣 50993 26447
shùn_12.18 唐韻 舒閏切音舜 韻會 木槿朝華暮落者。陸佃云取一瞬之義。亦作舜 詩·鄭風 顏如舜華 △ 說文 作蕣。鑒 又 橓 25373 蕣 49983 蕣 51328

蕏 50994 26448
chù_12.18 集韻 同蓫 蕀 50995 26449
jí_12.18 集韻 居例切音劇 說文 草之小者 又 ruì 儒稅切音芮。義同。亦作蔮

蕏 50996 26450
shēn_12.18 集韻 疏臻切音莘。草名 正字通 草盛貌。

蕤 50997 26451
ruí_12.18 唐韻 集韻 韻會 夶儒佳切音桵 說文 草木華垂貌 陸機·文賦 播芳蕤之馥馥 又 冠蕤 禮·雜記 緇布冠不蕤 疏 緇布冠，古法不蕤。今特云不蕤者，以後代有蕤，此以凶事故不蕤 又 蕤賓，五月律 周語 蕤賓 註 蕤，委蕤，柔貌也 前漢·律歷志 蕤，繼也 又 萎 49850 蕤，藥名 又 旗名，鹵簿中有之 唐人詩 望見葳蕤舉翠華。△ 集韻 省作荽。鑒 又 蕤 51057 蕤 51082 蕤 35312 蕤 74548 蕤 51522 蕤 35314 蕤 35319 蕤 35318 蕤 50559

蕥 50998 26452
yǎ_12.18 字彙 語賈切音雅。子穀不秀。

蕦 50999 26453
xū_12.18 唐韻 錫俞切 集韻 詢趨切夶音須。蕦蕪別名，本作須 爾雅·釋草 須，蕦蕪 註 似羊蹄，葉細，味酢可食。

蕳 51000 26454
lìn_12.18 唐韻 良刃切音吝 玉篇 草名 又 lín 集韻 離珍切音遴。似竹中實 又 玉篇 同燐。鑒 又 藺 51884

蕧 51001 26455
fù_12.18 唐韻 房六切音服 說文 盜庚也 爾雅·釋草 蕧，盜庚 註 旋蕧似菊 又 集韻 方六切音福。義同。又 蕧盆草。見葐 50091 字註。

蓼 51002 26456
liáo_12.18 玉篇 力彫切音聊 篇海 草名。

蕨 51003 26457
jué_12.18 唐韻 韻會 正韻 夶居月切音厥 玉篇 菜也 爾雅·釋草 蕨，虌 郭註 初生無葉可食 詩·召南 言采其蕨 疏 周、秦曰：蕨，齊、魯曰虌，俗云其初生似虌脚，故名蹶雅 蕨初生，狀如雀足之拳，又如人足之蹶，故名焉 又 爾雅·釋草 蕨攈 疏 蔆一名蕨攈，今水中芰，俗云菱角是也。鑒 又 蕨 51809 蕨 50499

蕩 51004 26458
dàng_12.18 唐韻 徒朗切 集韻 韻會 待朗切夶音盪。大也 論語 蕩蕩乎民無能名焉 又 釋名 蕩，排盪去穢垢也 禮·昏義 蕩天下之陰事 又 禮·月令 仲夏，諸生蕩 註 蕩謂物動萌芽也 又 書·畢命 以蕩陵德 傳 放蕩也 又 書·盤庚 今我民用，蕩析離居 註 播蕩也 又 詩·大雅 蕩蕩上帝

傳 蕩蕩，法度廢壞貌 又 姓。◆ 春秋·僖二十五年 註 宋桓公生子蕩，後以蕩爲氏 又 tàng 他浪切音儻。義同。又 dǎng 底朗切音黨 周禮·地官·稻人 以溝蕩水 註 謂以溝行水也 又 前漢·揚雄傳 雄爲人簡易佚蕩 註 佚蕩，緩也 又 tāng 他郎切音湯。地名 史記·魯仲連傳 止于蕩陰不進 註 河內有蕩陰縣 又 水名 前漢·地理志 註 蕩水東至內黃澤 又 tǎng 坦朗切。平易也 詩·齊風 魯道有蕩。徐邈讀帑。鑒 又 傷 01540 偈 01960 蕩 29890 蕩 49467 蕩 51878 蕩 29970 又 蕩 42648 偏類碑別字·蕩引隋皇甫深墓誌

蕘 51005 26459
qióng_12.18 正字通 譌字○按係藑字之譌。

蕪 51006 26460
wú_12.18 唐韻 武夫切 集韻 韻會 正韻 微夫切夶音無 說文 薉也 楚辭·離騷 哀衆芳之蕪穢 又 爾雅·釋詁 蕪，豐也 註 豐盛也 又 逋也 楚辭·哀郢 孰兩東門之可蕪。又 小爾雅 草也 又 地名 鮑昭·蕪城賦 註 廣陵故城也。又 湖名 前漢·地理志 丹陽郡蕪湖 又 與廡通 書·洪範 庶草蕃廡。鑒 又 芜 49037

蕜 51008 26462
yīn_12.18 集韻 同蔭 蕈 51009 26463
zǔn_12.18 唐韻 茲損切 韻會 祖本切夶音撙 玉篇 苯蕈 說文 叢草也 張衡·西京賦 苯蕈蓬茸 左思·魏都賦 嘉穎合穗以蕈蕈 又 博雅 聚也 又 cǔn 類篇 粗本切 韓愈詩 草木森苯蕈 註 蕈音忖。

散 51007 26461
sǎn_12.18 集韻 穎旱切音散 玉篇 草名。

董 51010 26464
dǒng_12.18 唐韻 多動切 韻會 覩動切夶音董 爾雅·釋草 蕫蕅 疏 狀似蒲而細，可爲屩，亦可絢以爲索 又 說文 杜林曰：薀根也 又 廣韻 徒紅切音童。義同。○按 六書正譌 云又姓。別作董。考古文重、童雖可通用，然董字經典從無从董者 正譌 之說非。

款 51011 26465
kuǎn_12.18 玉篇 苦緩切音欵。本作款 爾雅·釋草 菟奚，顆凍 註 款冬也。紫赤花，生水中。鑒 又 款 51264 款 50848

蕬 51012 26466
sī_12.18 集韻 新茲切音絲 類篇 菟蕬，藥草。本作絲 又 正字通 引 玉堂閒話 蕬草，江南水草，葉如薤，隨水深淺而生。

蕹 51013 26467
ǎn_12.18 集韻 鄔感切音唵。繁茂也。

蕭 51014 26468
xiāo_12.18 唐韻 蘇彫切 集韻 先凋切夶音簫。艾蒿也 詩·王風 彼采蕭兮 疏 今人所謂萩蒿者是也 禮·郊特牲 蕭合黍稷，臭陽達于牆屋 又 詩·小雅 蕭蕭馬鳴 註 聲也。又 前漢·食貨志 江淮之閒，蕭然煩費 註 蕭然猶騷然，勞動之貌 又 蕭條，寂寥貌 宋玉·九辨 蕭瑟兮草木搖落而變衰 註 陰令促，急風疾暴也 又 論語 不在顓臾，而在蕭牆之內 何晏註 蕭之言肅也，牆謂屏也。君臣相見之禮，至屏而加肅敬 又 斧名 左思·魏都賦 蕭斧戢柯以柙刃 說文註 蕭斧，芟艾之斧也 又 國名 左傳·文十四年 宋高哀爲蕭封人 註 蕭，宋附庸國 又 關名 前漢·武帝紀 北出蕭關 又 姓 潛夫論 蕭氏，殷舊姓也。鑒 又 蕭 50008 蕭 50876

蔫 51015 26469
xī_12.18　唐韻思積切音焉。車前草。鑒又蔿51753

菲 51016 26470
fěi_12.18　唐韻府尾切音誹。草也。図揚子方言江湘閒凡猝相見謂之菲。

蓻 51018 26472
zhī_12.18　集韻同藏

蕦 51019 26473
tí_12.18　集韻同蕫

蓔 51017 26471
ruǎn_12.18　集韻乳兗切音軟。草名。紅藍也。

菣 51020 26474
dàn_12.18　集韻同苔

蓁 51025 26479
qí_12.18　類篇同蔜。

蓀 51021 26475
sūn_12.18　集韻同蓀。鑒集韻蓀51140蓀，或从湌。

萑 51022 26476
huán_12.18　集韻同萑。鑒又蕽51806萑66121

蒨 51023 26477
jīng_12.18　集韻子仙切音煎。草貌。直音同菷。

莽 51024 26478
sà_12.18　集韻悉盍切音卅。草聲。鑒又蓋51146

蕙 51026 26480
huì_12.18　集韻惠17631古作蕙。

薄 51027 26481
bó_12.18　六書正譌叢薄也，今借爲簾薄字。

菔 51028 26482
fú_12.18　六書正譌菔本字。

薩 51029 26483
sà_12.18　字彙補力公切，音隆◇人名，步大汗薩，代郡人，北齊時積封至義陽郡公。鑒薩51244譌字。

蓐 51030 26484
zhuāng_12.18　字彙補古文莊49531字。

菉 51040 45308
lù_12.18　篇海同菉

蕲 51031 26485
qín_12.18　集韻菫08812
古作蕵。鑒菫49787古作茶49365

蘆 51032 26486
fǔ_12.18　集韻蘆42662古作蘆。

蕓 51033 26487
qín_12.18　玉篇古文菫08812字。

藏 51048 u2B7D6
cáng_12.18 俗藏51440

薟 51034 26619
xián_12.18　字彙補音咸

蕩 51049 u2B264
null_12.18　未詳。

薪 51036 41795
shé_12.18　篇海食列切
音折。斷而猶連也。又旨列切，音摺◇義同。

蒁 51035 41794
cǐ_12.18　字彙補且巳切，音此◇卽臬耳。

薁 51037 41796
yù_12.18　字彙補於六切音郁。其也。鑒亦作藪51120

蕹 51050 u2B263
null_12.18　未詳。

藺 51038 41797
liè_12.18　字彙補同藺

蒤 51051 u2B262
null_12.18　未詳。

蔌 51039 45307
biāo_12.18　篇海俗蔌字

蕉 51041 45309
jù_12.18　韻學集成舊藏音聚。

薈 51042 45310
qiàn_12.18　字彙補同茜。見林罕集。鑒亦作薈51500

薭 51043 45311
tān_12.18　字彙補音貪，草長貌。

薅 51044 45312
nián_12.18　字彙補寧田切音年。出亳州老君碑

蕝 51053 u2B260
null_12.18　未詳。
鑒俗惡17633可洪音義餘蕝：烏各反蕙50539欲：同上。

蓡 51046 45314
shēn_12.18　川篇與蔘同。

蕦 51047 45315
xu_12.18　字彙補與蓓同。

薜 51052 u2B261
null_12.18　或同薜47916

蓻 51054 u2B25F
null_12.18　未詳。

葊 51055 u2B25E
è_12.18　同蕚50972

蕙 51056 u2B25D
null_12.18　未詳。

蕭 51059 u26F4D
dǐng_12.18　蕭51233譌字

蕤 51057 u2F9AC
ruí_12.18　俗蕤50997甲戌本脂硯齋重評石頭記第五回 警幻道：此酒乃是百花之蕤，萬木之汁，加以麟髓之醅，鳳乳之麴釀成，因名為萬艷同杯。

蕸 51058 u26F8F
xiá_12.18　蕸蕿，花相次比貌。俗作蕸67211

蕦 51060 u26F28
cǔ_12.18　喃从苖貝buổi聲。同蕦07766老，舊。

蕫 51061 u26F27
sà_12.18　或俗蕫59577廣韻桑割切。蕫，失蕫。覆元泰定本廣韻作走蕫直音篇音薩。走蕫

蕸 51062 u26F26
null_12.18　未詳。

蕫 51068 u26F1C
sǎn_12.18　喃俗蕫51069

藉 51063 u26F25
jí_12.18　漢語方言大詞典燉番藉：燉白薯。閩語図dứa喃从艸渚chā聲。菠蘿。

莿 51064 u26F20
khay_12.18　喃从艸開khai聲。草編托盤。

蕫 51065 u26F1F
khay_12.18　喃从艸統thống聲。

蕓 51066 u26F1E
yú_12.18　俗蕃35549唐故齊郡史公墓誌銘并序或苗或蕃，灌畦（溉）園圃図dưa喃从艸畬dư聲。

蕫 51067 u26F1D
nẫu_12.18　喃从艸惱não聲。爛熟（指菓子）。

蕫 51069 u26F1B
sǎn_12.18　喃从艸趁sấn聲。木薯，葛薯。

蕭 51070 u26F1A
lùm_12.18　喃从艸森chùm聲。枝葉茂密。

蕫 51071 u26F19
tí_12.18　正字通蕿50925，蕫字之譌爾雅蔿侯，莎，其實蕫。舊註音提。艸名。譌作蕿，非。別作蕿51547，亦非△宏按，爾雅作媞11025

蘆 51072 u26F18
chén_12.18　俗塵09184北齊佚名朱曇思造象記敬造宝塔一躯，經之不日，斜巖煙際，四壽風生。王昶金石萃編朱曇思等造塔記塵作蘆、壽作壽…皆不合六書。

蕭 51073 u26F17
xī_12.18　蕭萍。

蒜 51074 u26F16
qǐng_12.18　俗蒜25747字學三正·第一冊·俗書簡畫者·上蒜40946俗作蒜。

棠 51075 u26F15
táng_12.18　葉棣，同棠24365棣。見天一閣藏本嘉靖青州府志·卷七·物產·花之品

蓼 51076 u26F14
mù_12.18　俗慕18089可洪音義第五冊持心梵天經四卷·第三卷 希蓼。今本持心梵天經對應經文作：其有志願求佛道者，則為希慕於邪見矣図茶名。清·汪灝等廣羣芳譜茶譜一 碧潤蓼、明月蓼、芳蕊蓼、茉英蓼……皆茶之極品図lêu喃从茅省蓼liêu聲△茄蓼：茅屋。図rêu从苔省蓼聲△蓼樏：青苔。亦作蕦51896

蕦 51079 u26F0D
guān_12.18　俗蕦50898龍龕蕦莧二或作，莞今。

薐 léng 12.18 直音篇 薐同薐51204

藋 huán 12.18 俗藋49853

莍 xún 12.18 明·楊慎升菴詩話·卷十三 莍草：杜工部有 除莍草 詩云草有害於人。莍，音燖，蜀名莍麻。或作藆，非。

蔥 xiāng 12.18 俗蔥51196

薏 zēng 12.18 俗作薏50747 图同翻 曾侯乙墓（竹簡）一翼之薏。

蕤 ruí 12.18 俗蕤50997 偏類碑別字 引 隋蕭汎墓誌

蔲 null 12.18 未詳。 可洪音義 利蔲：七羊反，郭氏音 作蔲，同上。

蔪 qiāng 12.18 同槍24952

荃 null 12.18 未詳。

藉 null 12.18 未詳。

蘛 null 12.18 未詳。

貓 māo 12.18 俗貓57448

蒴 null 12.18 未詳。

蓐 nóng 12.18 俗蓐51160

藺 lìn 12.18 俗藺51707

剴 kǎi 12.18 或同芤48969

夢 mèng 12.18 俗夢09931 可洪音義 慈薰：上蒼公反。下居有反。

薰 jiǔ 12.18 俗韭67796

蕑 null 12.18 未詳。

繭 jiǎn 12.18 俗繭45002

蔗 jié 12.18 同蒹50640

勤 null 12.18 未詳。

蘊 null 12.18 未詳。

薏 zān 12.18 俗簪42702

蔓 null 12.18 未詳。

蕓 wěi 12.18 籀文葦50129

雜 null 12.18 未詳。

蜜 mì 12.18 或俗蜜51433

蘮 null 12.18 未詳。

菰 gū 12.18 籀文菰49798

蘬 null 12.18 未詳。

蒦 huán 12.18 籀文萑49853

薍 hán 12.18 同蒴50571

萄 táo 12.18 籀文萄49833

蔊 null 12.18 未詳。

菲 fěi 12.18 籀文菲49800

蓑 suō 12.18 俗蓑50453

萊 lái 12.18 籀文萊49843

葟 dào 12.18 六書統葟，都盗切。艸木倒。從艸到聲 荊49824，小篆省從艸。說文通訓定聲 荊，大篆從艸。

薁 yù 12.18 同蘡51037 麻蒸也。從艸取聲。段注：籀文作薁。

蓙 zōu 12.18 說文 蓛49726。

蘶 null 12.18 未詳。

蕎 qiáo 12.18 說文 茖49788，艸也。從艸沼聲。段注：籀文作蕎△六書統 薆，昨焦切。艸也。從艸沼聲。茖，小篆省從艸。

蕳 nán 12.18 俗蕳50429

蕫 jǐn 12.18 籀文董49787

載 jí 12.18 同載50965 直音篇 載，音戟。大載，藥名。

藻 yì 12.18 類篇 藻，以制切。烝葱 五音集韻 藻渫28819，蒸也。又葱漢29874也。

蒸 zhēng 12.18 俗蒸50410 慧琳音義 乂蒸：下職仍反 爾雅 及 小雅 蒸，君 韓詩 衆也。善也 博雅 蒸蒸孝也。

簪 zān 12.18 可洪音義 落簪：側岑反。正作簪42702又 簪弁：上側岑反。正作簪△清·李漁 肉蒲團（日本鈔本） 第六回 我就哄他取絲出來，好看他的腳手。只見十個指頭就像藕簪一般，尖也尖到極處，嫩之嫩到極處。

蓮 fèn 12.18 四聲篇海 方問切。

蓊 null 12.18 未詳。

蔭 yǐn 12.18 簡 蔭51839

蔉 fěi 12.18 蔉蔉，同蔉斐21917

葏 null 12.18 未詳。

蓋 null 12.18 未詳。

詠 null 12.18 未詳。

熯 zhào 12.18 同熯31713

葞 huá 12.18 同葦49794

蔭 yìn 4543 同蔭50745

稀 xī 12.18 石室秘錄·卷四·奇治法 稀莘艸三錢。

薰 chù 12.18 同蓳49484 唐韻殘卷 薰，羊蹄菜。亦作 蓬50624

遠 yuǎn 12.18 俗蓮51371

蓀 sūn 12.18 同蓀51225

蘊 yùn 12.18 簡 蘊51741

蕲 qí 12.18 簡 蕲51725

薀 wēn 12.18 簡 薀51167

蕳 jiān 12.18 同蕳50956 图俗簡42779 可洪音義 斷蕳：下古眼反。

莦 xiāo 12.18 直音篇 莦50046音朔。蕭疎貌。莦，同上。图俗梢 可洪音義 香莦：沙交反。根莦：所交反。

蓩 mào 13.19 唐韻 莫候切音茂。草也。鑿又蔆51910 图名義 蓩，安候反。茂草。胡吉宣：疑與茂49206同。

蕖 qú 13.19 唐韻 强魚切音渠。菜也，似蘇 图jù 唐韻 其呂切音巨。今之苦蕖，江東呼爲苦蕒。鑿又蕖50765 蕖51871

薩 sà 13.19 篇韻 同薩

蕶 líng 13.19 唐韻 集韻 丛郎丁切音零。草零落也。△通作苓，亦作蕳。

蕷 yù 13.19 唐韻 羊洳切音預。薯蕷。鑿又蕷50604

幹 gàn 13.19 唐韻 同蕇

蕸 xiá 13.19 唐韻 胡加切音遐。荷葉也。爾雅 釋草 荷，芙蕖。其葉蕸 图jiā 集韻 居牙切音加。葦未秀者。鑿又蕸50141

蒩 zū 13.19 集韻 同蒩

蒪 bó 13.19 集韻 薄草切音瓣。蒪櫨，壁柱也 唐韻 作欂。鑿又欂26001

蕹 yōng 13.19 集韻 於容切音雍。萃也 图wèng 南方草木狀 蕹葉如落葵而小，治冶葛毒。

蕺 51156 26498 jí_13.19 唐韻阻立切音戢。菜名。葉似蕎麥，生濕地張衡·南都賦若其園圃，則有蓼蕺蘘荷 又山名會稽志蕺山在府西六里，越王採蕺于此。

蕻 51157 26499 hòng_13.19 唐韻胡貢切音閧。草菜心長也 又集韻茂也 又hóng菜名，四明有菜，名雪裏蕻。雪深諸菜凍死，此菜獨青 又類篇吳俗謂草木萌曰蕻。或从栱。鑾又蕻50461 又宋·梅堯臣宛陵先生集·卷七·宋著作寄鳳茶春雷未出地，南土物尚凍，呼譟助發生，萌穎強抽蕻。

薂 51158 26500 sǎo_13.19 正字通俗蔢字 又集韻蘇遭切音騷。草名。鑾又蔢50902莈50596蕿51317

蕼 51159 26501 sì_13.19 唐韻◆集韻丛息利切音四。堇也◆說文赤蕼也 又類篇芮也 又字彙補與肆同。寬舒之貌荀子·非十二子篇祺然，蕼然。鑾又蕼51578

蕽 51160 26503 nóng_13.19 集韻奴冬切音農。蓬蕽，蘆花。鑾又蕽51091莀49411

蕍 51161 26504 dòu_13.19 唐韻集韻丛徒口切音鋀。圓草褥也類篇編草坐具 又集韻草名。鑾又蕍50645

蕿 51162 26505 suì_13.19 集韻穗40808古作蕿。

蕾 51163 26506 lěi_13.19 唐韻落猥切音磊。蓓蕾，花綻貌韻會始華也。

蕙 51164 26507 huì_13.19 唐韻胡罪切音匯。草名◆爾雅·釋草蕙，懷羊 又huí類篇胡隈切音回。芋之惡者曰蕙△集韻作薶。

薃 51165 26508 hé_13.19 說文同藒。鑾集韻藒薃藒，水艸似蕨可啖。或从髭从褐。

薆 51166 26509 xuān_13.19 唐韻同萱 **薀** 51167 26510 wēn_13.19 唐韻烏渾切音溫。水草左傳·隱三年蘋蘩薀藻之菜 又yùn紆粉切音惲左傳·隱六年芟夷薀崇之，絕其本根註薀，積也。又yùn於問切音醞。習也。鑾又薀51145

薁 51168 26511 yù_13.19 唐韻於六切音郁。蘡薁也詩·豳風六月食鬱及薁註薁，蘡薁也疏蘡薁者，亦是鬱類而小別。晉宮閣銘云華林園有車下李三百一十四株，薁李一株。車下李卽鬱，薁李卽薁，二者相類而同時熟 又ào集韻於到切音奧。草名 又唐韻古音引詩食鬱及薁。亦讀作奧，叶下菽、棗、稻字爲一韻。鑾从奧，十三畫。

蕉 51169 26512 juàn_13.19 唐韻祖兖切音雋。藘蕉，菜名。

薚 51170 26513 dāng_13.19 集韻都郎切音當。草名。

薂 51171 26514 xí_13.19 唐韻胡狄切音檄。爾雅·釋草的，薂註卽蓮實 又集韻與菂同。

薚 51172 26515 cháng_13.19 集韻仲良切音腸。雞薚菜也。鑾正字通本作腸。

蕩 51173 26516 yáng_13.19 集韻余章切音楊。草名。鑾爾雅·釋草楊，枹薊。熊加全：蕩，俗楊。

薃 51174 26517 hào_13.19 唐韻胡老切音昊爾雅釋草薃侯，莎註卽莎別名。

蕸 51175 26518 hé_13.19 唐韻何葛切音曷。義與藒同。

㯖 51176 26519 dié_13.19 集韻達協切音牒。草名 又唐韻蘇協切音燮。義同 又集韻同屧，履中草也。鑾又蘵51177

蘵 51177 26520 dié_13.19 正字通同㯖。

薂 51178 26521 jī_13.19 唐韻古歷切音激。草也△集韻作薂。

薄 51179 26522 bó_13.19 唐韻傍各切音泊。林薄也楚辭註林草不交錯曰薄揚雄·甘泉賦列新雉于林薄註草叢生曰薄。又簾也禮·曲禮帷薄之外不趨史記周勃世家勃以織薄曲爲生索隱曰織蠶薄也 又厚薄 又少也詩·周南薄澣我衣 又聊也詩·周南薄言采之 又輕也前漢·董仲舒傳愍世俗之靡薄 又嫌也前漢·張安世傳薄朕忘故 又揚子方言勉也。秦晉曰釗，或曰薄。故其鄙語曰薄努，猶勉努也 又博雅蕨也 又集也司馬相如·上林賦奄薄水渚 又史記·蘇秦傳心搖搖如懸旌，而無所終薄 又被也書·益稷外薄四海 又水名山海經蟲尾之山，薄水出焉 又姓史記外戚世家薄太后父，吳人，姓薄氏 又亭名後漢·郡國志滎陽有薄亭 又草名。薄荷49496 又通亳禮·郊特牲薄社北牖註殷社荀子·議兵篇湯以薄，武以鎬。又bó迫各切音博。迫也易·說卦傳雷風相薄左傳·僖二十四年薄而觀之 又迫晚曰薄暮 又侵也荀子·天論篇寒暑未薄而疾 又pò匹各切音粕詩·齊風載驅薄薄傳疾驅聲也 又bó薄革切。同欂。壁柱也爾雅·釋宮屋上薄謂之筄 又唐韻古音讀蒲書·序成王旣踐奄，將遷其君於蒲姑左傳史記作薄姑。鑾又薄51027箔50014

蘀 51180 26523 zé_13.19 集韻直格切音澤◆篇海蘀葛。鑾又芅49132

薃 51182 26525 hāo_13.19 集韻同薅 **薅** 51181 26524 hāo_13.19 唐韻呼毛切正韻呼高切丛音蒿說文拔去田草也詩·周頌以薅荼蓼△說文亦作茠集韻或作蔟揪鎒薃。鑾又㧾20595薅51813 又正字通揪19498，舊註同薅。按詩·周頌本作薅，別作茠49308揪卽茠之譌。舊本作桝24033揪19691，並非。

薆 51183 26526 ài_13.19 唐韻烏代切集韻於代切丛音愛玉篇薆薱，草木盛貌張衡·西京賦鬱蓊薆薱 又爾雅·釋言薆，隱也疏薆障，卽隱蔽也 又韻會晻薆，香氣司馬相如·上林賦晻薆咇茀。鑾又薆50506篕42805

蕺 51186 26529 shǐ_13.19 集韻同葈 **藫** 51184 26527 tán_13.19 集韻唐干切音壇。草名正字通一曰草蔓布地。

薇 51187 26530 méi_13.19 集韻同莓 **蕇** 51185 26528 bǐng_13.19 集韻筆錦切

音棠。草名。藤也。𤫙又薰51476

薇
wēi_13.19　唐韻 集韻 正韻 дㄨ無非切音微 玉篇 菜也
說文 似藿菜之微者也◆詩·召南 言采其薇 儀禮·公食大
夫禮 鉶芼：牛藿、羊苦、豕薇皆有滑 又 白薇，藥名。
又 薔薇，一名薔薇 張衡·南都賦 薔薇蓫蕩 又 花名 拾遺
記 元熙元年，詔民間園囿皆植紫薇，以爲厭勝 唐書·百
官志 中書知制誥，開元號紫薇省 又 蔷51209薇 又 méi
唐韻 武悲切音眉 爾雅·釋草 薇垂水 註 生於水邊。
又 薇銜，藥名△集韻 或作薂。𤫙又薇51912薇51291
又 正字通 薇51187薇字之譌。

薈
huì_13.19　唐韻 韻會 дㄨ烏外切音濊 爾雅·釋草 蘥，
鴻薈 註 即蕍菜也 疏 一名鴻薈 又 詩·曹風 薈兮蔚兮，南
山朝隮 傳 薈蔚，雲興貌 又 博雅 障也 潘岳·射雉賦 翳薈
萃蓊。𤫙又薈49469

薉
huì_13.19　唐韻 於廢切音穢 玉篇 與穢同 說文 蕪也
荀子·王霸篇 堘薉則塞 又 齊民要術 凡種穀，遇大雨待
薉生 註 薉若甚者，先鋤一遍，然後納種，乃佳也 又 玉
篇 行之惡也 又 集韻 與獩 前漢·嚴安傳 略薉州建城
邑 師古曰 薉與獩同 六書正譌 別作穢，非 正字通 經史
дㄨ作薉。義同。不必從薉廢穢。𤫙又薉51529薉50284

薊
jì_13.19　唐韻 古詣切 集韻 正韻 吉詣切，дㄨ音計 說
文 芺也 爾雅·釋草 芺，薊 疏 薊生山中者名朮，其生平
地而肥大於衆者名楊，枹薊，今呼爲馬薊 又 地名 禮·樂
記 封黃帝之後於薊 註 今涿郡薊縣 又 姓 神仙傳 薊子
訓，齊人△五經文字 从角者譌。𤫙又薊50134薊49427
薊50608鄚62100郯61821郣61812

薁
yù_13.19　集韻 偶舉切音語 與薁同，禁苑也 直音 池
中編竹籬，以養魚也。𤫙 正字通 薁同薁。

薅
táng_13.19　集韻 徒郎切音唐◆爾雅·釋草 菮葵 疏 一
名蒤薅。

薋
jì_13.19　集韻 芰49073古作薋。

薋
cí_13.19　唐韻 疾資切 韻會 才資切дㄨ音瓷 說文 草
多貌 又 惡草 屈原·離騷 薋菉葹以盈室兮 註 蒺藜也。
又 地名 前漢地理志 右北平郡薋 又 zī 集韻 津私切音咨
博雅 白芨，苬薋也。𤫙 正字通 薋，薋字之譌。

薌
xiāng_13.19　唐韻 許良切音鄉 說文 穀氣也 禮·曲禮
黍曰薌合，梁曰薌萁。又 內則 春宜羔豚膳，膏薌 註 牛
膏薌，犬膏臊 又 地名 張衡·南都賦 華薌重秬 註 華薌，
鄉名 又 通香 荀子·非相篇 芬薌以送之 史記·滑稽傳 微
聞薌澤 又 xiǎng 集韻 許兩切，通響 前漢書揚雄傳 薌呋
肸以掍根兮。𤫙 玉篇 亦作香 又 芗49031䓞51083莒49636

薵
chóu_13.19　類篇 同菗

薍
wàn_13.19　唐韻 集韻
韻會 正韻 дㄨ五患切，藘去聲 玉篇 菼薍 陸璣詩疏 薍或
謂之荻，至秋堅成則謂之萑 唐書·竇建德傳 高雞泊廣袤

數百里，葭薍阻奧，可以避難 又 luàn 類篇 盧玩切音亂
集韻 小蒜根曰薍子。𤫙又䓒49600薍51260

蘔
dūn_13.19　集韻 都昆切音敦 直音 草名。亦作薂。

薂
ǎo_13.19　唐韻 五老切音頷 集韻 瓜蔓苗頭也。

蔑
miè_13.19　字彙 同蠛 史記·司馬相如傳 蔑蠓踊躍。
又 字彙補 細也 馬融·長笛賦 蹉纖根，跋蔑縷 又 與茂同
柳宗元·乞兩河劾用狀 蔑爾小醜，尚欲逋誅 又 人名 山
海經 女祭、女蔑。

薏
yì_13.19　古文薏 唐韻 於力切音億 爾雅·釋草 荷，芙
蕖。其中的，的中薏 疏 薏，中心也 又 薏苡 又 玉篇 乙
吏切音意。義同 又 韻會 薏茨，草名。𤫙又薏12697

莖
jīng_13.19　◆集韻 堅靈切音經 類篇 藤類，江淮人經
絲用之。

蓬
lù_13.19　集韻 同蕗　　蓤
léng_13.19　集韻 盧登切
音棱 玉篇 菠49770蓤，菜名。𤫙又蓤。

薑
jiāng_13.19　集韻 同薑。𤫙又薑50061薑50494薑51722

薒
càn_13.19　唐韻 蒼案切音粲 類篇 草可爲席。

薓
shēn_13.19　唐韻 所金切音森 說文 人薓，藥草 本草
一名神草，一名血衔，一名地精。年深浸漸長成者，根
如人形，故謂之人薓。薓字从浸，亦浸漸之意 唐書·地
理志 太原府土貢人薓 又 博雅 鹿腸，元薓。苦心，沙薓
本草 人薓、元薓、沙薓、丹薓、苦薓，共爲五薓。
又 shān 集韻 詩廉切音笘。同苦，喪藉也△集韻 人薓。
薓字或作薓、蔘 六書正譌 从艸漫聲。或作参，非。
𤫙又漫29975

薔
sè_13.19　唐韻 所力切 集韻 殺測切дㄨ音色 爾雅·釋
草 薔虞，蓼 註 蓼之生澤者也 又 水名 山海經 皋塗之山，
薔水出焉 又 姓 潛夫論 帝堯之後有薔氏 又 正韻 與蘠
同 又 東薔子，十月熟，可食 司馬相如·子虛賦 東薔雕胡。
𤫙又蔘51909薔50883 又 qiáng 廣韻 在良切。薔薇。

薕
lián_13.19　唐韻 力鹽切音廉 爾雅·釋草 蒹，薕 註 似
萑而細，高數尺，江東呼爲薕。又 廣志 三薕似箭羽，長
三四寸，皮肥細，細色，以蜜藏之，味甘酸可食。出交
州，五月中熟 又 類篇 蔖也。

薾
miàn_13.19　集韻 眠見切音麪。薾薾，草貌。

薖
kē_13.19　唐韻 集韻 дㄨ苦禾切音科 說文 草也。
又 詩·衛風 碩人之薖 傳 寬大貌 箋 饑意也。

薦
diàn_13.19　集韻 堂練切音殿。薦薅51193

薙
zhì_13.19　集韻 同釋　　薗
yuán_13.19　篇海 同園
𤫙敦煌·P.2776 諸色斛斗入破曆算會稿 麪壹斗伍勝，
寒食饆餺、饊餅曡薗角及磴麪，沙彌等用 又 俗苕49851

蓬 51216 26559
dá_13.19 唐韻唐割切音達類篇草名。馬舄也謝朓詩風振蕉蓬裂。瀅又荙49475

薙 51217 26560
tì_13.19 唐韻韻會正韻太他計切音替說文除草也禮·月令季夏,燒薙行水註薙謂迫也,芟草也周禮秋官·薙氏鄭註薙讀如鬀。小兒頭之鬀,書或作夷。此皆翦草也,字从類耳又集韻序姊切音兕。大計切音弟。義太同又zhì直几切音雉本草辛薙,辛夷別名。

蕩 51218 26561
tāng_13.19 唐韻吐郎切音湯爾雅·釋草蓫蕩,馬尾註關西呼爲蕩,江東呼爲當陸,卽商陸也又集韻仲良切音長。義同。或省作募。瀅又蕩50115薚51562

薛 51219 26562
xuē_13.19 唐韻正韻太私列切音洩玉篇莎也司馬相如·子虛賦薛莎青薠註薛,藾蒿也又國名潛夫論夏之興,有仕奚爲夏車正,以封於薛春秋·隱十一年滕侯、薛侯來朝又姓通志·氏族略薛氏有三:奚仲之後,以國爲氏。又叱干氏改爲薛,又有遼西薛氏。瀅又薛50362又正字通薛,薛本字。

蔺 51220 26563
hè_13.19 集韻許個切,呵去聲玉篇蔞蔺,草名也。

薜 51221 26564
bì_13.19 唐韻集韻韻會太蒲計切,鼙去聲說文牡贊也。卽薜荔屈原·離騷貫薜荔之落蘂又bò博厄切音檗爾雅·釋草薜,山蘄註當歸也又薜,山麻註麻生山中者名薜又必益切音辟。義同又bó弼角切音雹周禮·冬官考工記·旊人凡陶旊之事,髻墾薜暴不入市註薜,破裂也。劉昌宗讀雹又與僻同前漢·揚雄傳陿三王之阸薜。瀅又蘗51825

蘖 51222 26565
niè_13.19 韻會魚列切音钀篇海餘枿也詩·商頌苞有三蘖傳蘖,餘也〇按說文玉篇俱作櫱,收入子部,惟篇海作蘖字彙正字通太因之。

薝 51223 26566
zhān_13.19 集韻覘敢切音膽玉篇薝棘,木名山海經金谷之山,是多薝棘又薝匐,花名,見佛經陸龜蒙詩薝匐冠諸香又類篇之廉切音詹。義同。

蘐 51224 26567
jiān_13.19 集韻居言切,音攑類篇瓜病。

蓀 51225 26568
sūn_13.19 唐韻思渾切韻會蘇昆切太音孫爾雅·釋草蘔,烏蓀。又:須,蓀蕪註蓀蕪似羊蹄,葉細,味酢,可食△篇海一作蓨。瀅又蓀51140

蕕 51226 26569
yóu_13.19 集韻同蕕

蘞 51227 26570
liǎn_13.19 唐韻良冉切音斂說文白蘞也,或从斂,見蘞51836字註又類篇離鹽切音廉。義同又xiān集韻虛嚴切音杴。豨蘞,藥草。又yán類篇魚杴切音嚴字林水中野韭又xiān火占切音瘀。辛味又kàn苦紺切。同餡。味過甘也瀅又莶49701

薠 51228 26571
fán_13.19 唐韻附袁切韻會符袁切太音煩說文青薠似莎者張衡·南都賦其草則藨苧薠莞又通棼周禮·春官·巾車素車棼蔽註棼讀爲薠。

蕟 51229 26572
tǎn_13.19 正字通俗菼字。

蒚 51230 26573
huá_13.19 篇海胡瓜切音華。周穆王馬名列子·周穆王篇左服蒚騮而右騄耳。

蒟 51231 26574
gōu_13.19 集韻居侯切音鉤篇海蒟,芺,草名。瀅爾雅鉤,芺。

蕌 51232 26575
fú_13.19 集韻同菖

鼎 51233 26576
dǐng_13.19 唐韻都挺切音頂玉篇鼒薡51010瀅字典原誤作蕭51059

薚 51234 26577
lù_13.19 篇海盧谷切音祿。薚蓮,草也〇按集韻𧄍蓮从木,非从示正字通薚,俗字。

薢 51235 26578
xiè_13.19 唐韻古諧切音皆。薢茩,藥名爾雅薢茩,芵49078光又博雅蔆芰,薢茩也離騷註芰,秦人曰薢茩又本草薢草生水旁,葉似澤瀉而小,亦堪蒸啖又葟49836薢又jiě集韻皆買切音解。下買切音蟹。義太同。

薣 51236 26579
gǔ_13.19 集韻果五切音鼓。草名爾雅·釋草紅,蘢古註葒一曰蘢薣。本作古,俗作薣。

薤 51237 26580
xiè_13.19 唐韻胡介切正韻下戒切太音械說文菜也爾雅·釋草薤,鴻薈註薤,似韭之菜也禮·內則切蔥若薤,實諸醯以柔之儀禮·士相見禮註:蔥薤之屬,食之止臥又簟名韓翃詩薤葉照人呈夏簟又古樂府·薤露行。瀅又䪥51728𩐚67815𩐿67830殪67800又字彙補殪同薤。

蔏 51238 26581
shǔ_13.19 集韻殊玉切音屬。蔏葵,草名又zhú廚玉切,通藚51995

薦 51239 26582
jiàn_13.19 古文䕨唐韻集韻太作甸切音䕨爾雅·釋草薦,黍蓬疏蒿也唐書·契苾何力傳逐薦草美水以爲生說文獸之所食草也莊子·齊物論麋鹿食薦郭註六畜所食曰薦又韻會進也易·豫卦殷薦之上帝周禮·籩人薦羞之實註未食未飲曰薦,既食既飲曰羞穀梁傳註無牲而祭曰薦。又jiàn◆集韻才甸切。通荐前漢·終軍傳隨畜薦居師古註薦讀曰荐又與縉通史記·五帝本紀薦紳先生難言之又揚子方言江淮家居篺中謂之薦註薦音荐△集韻或作䕨、䕨。瀅又廌09823䕭51744䕨51955篖42941䕨57305又金石文字辨異唐贈泰師孔宣公碑六符篖42817而太堦平。案,薦作篖。

薨 51240 26583
fú_13.19 唐韻防無切音扶。薨茈49213,草名爾雅作凫。瀅又莫50082

蓺 51241 26584
yì_13.19 唐韻餘制切音曳。草名玉篇似蘇而赤。△集韻或作蓺。

薧 51242 26585
kǎo_13.19 集韻韻會太苦浩切音考。乾魚周禮·天官·庖人辨魚物爲鱻薧本草釋名鮑魚禮記謂之薧。又禮·內則堇、荁、枌、榆、免、薧,滫瀡以滑之註免,新生者。薧,乾也又集韻口到切音靠。義同又通蒿唐韻薧里,死人里也。瀅又𦵔26903蘷51735

薨 51243 26586
hōng_13.19 唐韻呼肱切音僔說文公侯卒也白虎

[通]薨之言奄也，奄然亡也 [又] [集韻]呼宏切音訇。衆也，疾也[詩·周南]螽斯羽薨薨兮[大雅]度之薨薨。

灣臺又甍27010

薩 51244 26587 sà_13.19 [集韻]桑割切音撒[釋典]菩，普也。薩，濟也。能普濟衆生[綱目集覽]菩之爲言了也，薩之爲言見也，謂智慧了見也 [又] [類篇][唐六典]有薩寶府，掌胡神祠 [又]姓[通志·氏族略]薩孤氏，代人[正字通]元詞人薩天錫。

灣臺又薛50362萨50007蕯51029

薪 51245 26588 xīn_13.19 [唐韻]息鄰切[韻會]斯人切丛音新[說文]蕘也。又柴也[詩·齊風]析薪如之何[禮·月令]季秋，草木黃落，乃伐薪爲炭[周禮·地官·甸師註]大木曰薪 [又]草亦曰薪[孟子]毀傷其薪木[趙岐註]恐其傷我薪草樹木也。[又]采薪亦曰薪[前漢·刑法志]罪人獄已決完，爲城旦舂，滿三歲爲鬼薪、白粲。

蘬 51246 26589 huǐ_13.19 [集韻]虎委切音毀[玉篇]蘬草。

蒪 51247 26590 zhùn_13.19 [唐韻]之閏切，諄去聲。束稈也。同稕。

蠈 51248 26591 zéi_13.19 [唐韻]昨則切音賊。草名[玉篇]木蠈草。

藑 51249 26592 qióng_13.19 [唐韻]渠營切音煢。草旋貌△或作䕋。

䕚 51250 26593 jìn_13.19 [集韻]渠飲切音噤[玉篇]草名。

蘛 51251 26594 sī_13.19 [集韻]新茲切音思。蘛草。

䕅 51265 26609 jiá_13.19 [玉篇]同莢　蔨 51252 26595 qūn_13.19 [集韻]區倫切音囷[類篇]地蕈之小者。通作菌。

融 51281 u2B274 null_13.19 未詳。　蔽 51253 26596 bì_13.19 [集韻]分物切音弗。后車以翟羽爲飾也。通作茀。

藫 51254 26597 zhī_13.19 [集韻]章移切音支[博雅]蒩也 [又]同菭。

蓮 51255 26598 sūn_13.19 [集韻]雛免切音撰。草名[韻會]同蓀。

蘖 51256 26599 niè_13.19 [篇海類編]同孽。詳孼11918字註。

蔻 51257 26600 kòu_13.19 [字彙補]與蔻同。

䕡 51282 u2B273 null_13.19 [喃]未詳。　蓞 51258 26601 dàn_13.19 [集韻]與萏同

蓁 51283 u2B272 null_13.19 未詳。　蓏 51259 26602 luǒ_13.19 [集韻]與蓏同

蕵 51284 u2B271 null_13.19 [喃]未詳。　蔓 51260 26603 wàn_13.19 [集韻]與蔓同

蔴 51288 u2B26D má_13.19 俗麻74695　蘺 51261 26604 biǎn_13.19 [集韻]與萹同

蘞 51287 u2B26E null_13.19 [喃]未詳。　䕭 51262 26605 áo_13.19 [篇海]與蔜同

薼 51263 26607 dì_13.19 [直音]與蔕同。

蕉 51294 u2B267 null_13.19 未詳。　款 51264 26608 kuǎn_13.19 [直音]同款

蓺 51296 u2B265 null_13.19 未詳。　蓁 51266 26610 zhēn_13.19 [字彙補]士秦切音溱。引[唐韻]木叢生也〇按[唐韻]作蓁51450

募 51267 26611 màn_13.19 [字彙補]疑卽蔓字[穆天子傳]爰有募伯。

蕨 51295 u2B266 null_13.19 未詳。　蕦 51268 26612 yǒu_13.19 [字彙補]同莠

蘴 51299 u26FF8 null_13.19 未詳。　蕎 51269 26613 jiāo_13.19 [字彙補]同茭

蕠 51270 26614 róu_13.19 [字彙補]同揉。灣臺[詳校篇海]與菜50076同。

蔔 51271 26615 fú_13.19 [字彙補]方朴切，音福◇草名。灣臺[龍龕]蔔蔔51272二俗，藉51421正，音福。草名也。

蔔 51272 26616 fú_13.19 [字彙補]同蔔。亦作藉△疑卽蔔字之譌。

蕆 51273 26617 dǎn_13.19 [海篇]音膽。箱屬。與匴同。灣臺俗箴42794

䕢 51274 26618 jiū_13.19 [海篇]音鳩。草相繞生也。

獲 51289 u2B26C huò_13.19 俗獲33686　蘡 51275 26620 bó_13.19 [字彙補]蓬卜切，音薄◇藥名[毋昭裔·孟蜀本草]薄荷作蘡蔄。

蒩 51298 u2F9AD zū_13.19　同蒩51152　蕣 51276 26621 é_13.19　與莪通[野客叢書]漢碑凡蓼莪皆作蓼儀，而[司隸魯峻碑]又作蓼蕣。

蕢 51300 u26FE1 kuí_13.19　俗蕢51412　蘊 51277 26622 null_13.19 音義未詳[癸辛雜識]余檀自著書，以擬[太玄][潛虛]，命名[蘊書]

䓙 51278 26623 zàng_13.19 [玉篇]古文葬50140字。

蘡 51279 41798 null_13.19 [字彙補]音未詳。見[法帖釋文索靖書]

蘼 51280 45316 mì_13.19 [字彙補]俗蘼字。

蕭 51285 u2B270 null_13.19 [新撰字鏡]比良天。又久保天。

蒦 51286 u2B26F hù_13.19　俗濩30022湯樂名。

藷 51303 u26FA7 shǔ_13.19 同藷51367　薇 51291 u2B26A wēi_13.19 [龍龕]薇，暉、微二音。鄭賢章：疑即薇51188譌字。

蕃 51290 u2B26B null_13.19 字見[新撰字鏡·草部]

蔦 51292 u2B269 null_13.19 或同蔦51663　蔓 51293 u2B268 wàn_13.19 [殷周金文集成·7.3935]□生□乍寶毀，子子孫孫，其蔓年用享。

蘄 51297 u9FA9 qín_13.19 俗芹49082[農政全書·卷五十八]水蘄，音勤，俗作芹菜。一名水英[救荒本草]及[野菜博錄]作水蘄51647

蘵 51308 u26FA1 null_13.19 未詳。　蕁 51301 u26FA9 dàn_13.19 同萏49851[敦煌變文集·八相變]九龍吐水浴身胎，八部神光曜殿臺，希期（奇）瑞相頭中現，菡蕁蓮花足下開。

蔡 51326 u26F8D null_13.19 未詳。　蘖 51302 u26FA8 niè_13.19　同蘖51350俗孼11923[可洪音義]凶蘖：魚列反。

葷 51304 u26FA5 hūn_13.19 同葷50153日本鈔本[肉蒲團·第九回]艷芳道：不是我假仁假義，定要做這掩耳盜鈴之事。不瞞大娘說，房事裡面的滋味，我也嘗得透了。隨你有本事的，也趕我自家的男人不上。吃過大筵席的人，些須東道看不上眼，葷不葷素不素，不如不吃的妙。我所以不肯累

這个虛名 㕜 vừng 喃 从艸暈vừng聲。芝蔴。

䕤 51305 u26FA4 dó_13.19 喃 从艸愈dū聲。葮麻。

䕣 51306 u26FA3 chồi_13.19 喃 从艸摧dác聲。嫩芽。

䕢 51307 u26FA2 dậm_13.19 喃 五千字譯國語 菑畬，鍫藴。

𦾌 51327 u26F8C null_13.19 未詳。

𦾰 51309 u26FA0 dưa_13.19 喃 俗𦼆34899

𦾟 51310 u26F9F zhǎn_13.19 未詳。類推簡化作𦺹50567

𦾞 51311 u26F9E lù_13.19 字海 同盝37193

𦾘 51317 u26F98 sǎo_13.19 同𦽳51158

𦾝 51312 u26F9D cāng_13.19 大字典 同蒼。深綠色。見清·張泓 滇南新語·蒼璧玉

𦾔 51320 u26F94 jiù_13.19 俗舊48417

𦾜 51313 u26F9C miǎo_13.19 俗藐51443 敦煌長史武斑碑 商周假藐，歷世壙遠，不隕其美。

𦾓 51321 u26F93 huá_13.19 同華49794

𦾛 51314 u26F9B wěi_13.19 同韡67764 駢雅訓纂·卷一上·訓纂一·釋詁上 虺𦾛，盛也 文選·笙賦 虺𦾛煜熠 注 盛多貌。虺，許偉切。𦾛，音偉。

𦾚 51315 u26F9A yú_13.19 薔虞，同薔虞。

𦾋 51328 u26F8B shùn_13.19 俗蕣50993

𦾙 51316 u26F99 bèi_13.19 字海 混亂。引 馬王堆漢墓帛書·十六經·正亂 天刑不𦾙，逆順有類。

𦾊 51329 u26F8A è_13.19 俗蕚50972

𦾗 51318 u26F97 jìn_13.19 藎51438本字

𦾕 51319 u26F95 pò_13.19 同蒪50386晉·崔豹 古今註·草木第六 蘘荷，似𦾕苴而白。𦾕苴，色紫，花生根中，花未散時可食，久置則銷爛不為實矣。葉似薑，宜陰翳地種之 廣雅·釋草 蘘荷，蒪苴也。

𦾒 51322 u26F92 mò_13.19 同秣40307 集韻 餘69018亦作𦾒。

𦾑 51323 u26F91 biāo_13.19 亦作標25183蔈50670，草木之末梢。

𦾐 51324 u26F90 lán_13.19 正字通 藍51434本作藍。

𦾎 51325 u26F8E null_13.19 或同蕠51506譌字。

𦾇 51332 u26F87 null_13.19 未詳。

𦾉 51330 u26F89 yīng_13.19 俗鶯73706 宋元以來俗字譜 引 太平樂府 等。

𦾆 51333 u26F86 null_13.19 未詳。

𦾈 51331 u26F88 jiǎo_13.19 新撰字鏡 剿03804，子紹反。截也。絕也。猶也。狡狭也。𦾈摷剿，三形同上字 㕜 敦煌·S.2717.V+P.3771.V 珠英集·卷五·春悲行一首（五言）的的韶陽𦾈，迢迢佳麗人。

𦾅 51334 u26F85 null_13.19 未詳。

𦾄 51335 u26F84 null_13.19 未詳。

𦾁 51338 u26F81 null_13.19 未詳。

𦽾 51341 u26F7E liú_13.19 或同蕾50369

𦾀 51339 u26F80 páo_13.19 同匏04270亦作䕠50806

𦾃 51336 u26F83 null_13.19 未詳。

𦽿 51340 u26F7F mǎi_13.19 蕒50957譌字。

民國 青浦縣續志·卷二·疆域下·土產 苦蕒：俗名苦菜，葉似芥，有毛，入饌須先瀹去苦味。

𦾂 51337 u26F82 null_13.19 未詳。

𦽽 51342 u26F7D fěn_13.19 或同蕡50470

𦽼 51343 u26F7C piáo_13.19 俗薸51379

𦽹 51346 u26F79 mào_13.19 籒文莔50051

𦽻 51344 u26F7B bǎo_13.19 說文解字注 葆50073，籒文作𦽻。

𦽺 51345 u26F7A null_13.19 未詳。

𦽸 51347 u26F78 jiā_13.19 籒文葭50141

𦽴 51351 u26F74 null_13.19 未詳。

𦽷 51348 u26F77 jīng_13.19 籒文蓱50090

䕑 51357 u4551 suī_13.19 同荽49505

𦽶 51349 u26F76 yé_13.19 集韻 𦽶，余遮切。木名。皮可為席。或作葕49738

𦽵 51350 u26F75 niè_13.19 俗孽11923亦作蘖51302

䕐 51358 u4550 null_13.19 未詳。

𦽳 51352 u26F73 null_13.19 或俗蘴53530

𦽲 51353 u26F72 null_13.19 未詳。

𦻾 51355 u26EFE bì_13.19 或同蔽50890

𦽰 51354 u26F70 tranh_13.19 喃 从茅爭tranh聲△茄𦽰：茅廬。

𢅷 51356 u22177 bì_13.19 亦作蔽51682俗蔽50890碑別字。

薮 51361 u85AE sǒu_13.19 简 藪51600

䕈 51359 u4548 xiè_13.19 同屟13169 玄應音義 衣屟：又作䕈，同。思俠反。履屬也。

臈 51360 uFA1F gé_13.19 廣漢和辭典 膈の俗字。

薭 51362 u85AD bài_13.19 俗稗40491 倭名類聚抄 薭，左傳 注云薭（音俾。和名比衣）草之似穀者也 㕜 俗箄42518 慧琳音義 箄30109欏：經文作薭筏，俗字也。

薖 51365 u8596 kē_13.19 說文 薖，艸也。从艸過聲。

薬 51363 u85AC yào_13.19 同藥51593

𦐂 51366 26502 chēng_14.20 集韻 蚩承切，音稱。巨𦐂，藥草 㕜 類篇 同蕂。胡麻也 素問註 胡麻一名𦐂，即黑芝麻。䶮又𦐂51542

薫 51364 u85AB xūn_13.19 俗薰51368

𦙘 51367 26624 shǔ_14.20 唐韻 常恕切。𦙘蕷。俗藷51699字。䶮又薯51303𧒂53831

薰 51368 26625 xūn_14.20 唐韻 集韻 韻會 正韻 太許云切音勳 說文 香草也 本草註 古人祓除，以此草薰之，故謂之薰 山海經 浮山有草焉，名曰薰草，佩之已厲 左傳·僖四年 一薰一蕕 前漢兩龔傳 薰以香自燒 㕜 南方草木狀 薰陸香出大秦 㕜 灼也 易·艮卦 厲薰心 爾雅釋訓 爞爞炎炎，薰也 註 皆旱熱薰炙人 㕜 與獯通 史記周本紀 薰育戎狄攻之 㕜 與勳通 漢·夏承碑 策薰著于王室 㕜 許運切音訓。義同。䶮又薫51364勳51763

𦙙 51369 26626 duì_14.20 唐韻 韻會 太徒對切音隊 博雅 𦙙𦙙，茂也 張衡·東京賦 鬱蓊薆𦙙 註 草木盛貌。

𦙚 51370 26627 pín_14.20 唐韻 同蘋 㕜 山海經 崑崙之丘，有草名曰蕢草，食之已勞 酉陽雜俎 瓜州飼馬以蕢草。

鐾又灙30464

蘤 51371 26628
wěi_14.20　唐韻韋委切音蔿 說文草也 区姓 左傳楚大夫蘤子馮 区yuǎn 集韻雨阮切音遠。蘤志，藥草。或作蔿。鐾又莬50004蘤61403蘤51139

薴 51372 26629
níng_14.20　唐韻女耕切音儜 說文薴薴，草亂貌也 区薺薴，藥名。又石薺薴，生山石間。鐾又藍50936

薵 51373 26630
chóu_14.20　唐韻直由切 集韻陳留切丛音儔 類篇草名 博雅薵藸，蔥也 枚乘·七發涐瀯薵蓼。又揚子方言薵、蒙，覆也。鐾又蘠50932薵49695

薶 51374 26631
mái_14.20　唐韻與埋同 博雅藏也 爾雅·釋天祭地曰瘞薶 註既祭薶藏之 淮南子·時則訓掩骼薶骴 区mèi 類篇暮拜切音韎。義同 区lí 集韻陵之切音釐 爾雅·釋言窒薶，塞也 区huái 直音音懷。草名 区wēi字彙補烏魁切，音威◇污也 淮南子·俶眞訓鑒明者，塵垢弗能薶。鐾又獀50404桿24306

薣 51375 26632
gǔ_14.20　篇海古祿切音谷。藥草名。

蒂 51376 26633
zā_14.20　集韻昨合切音雜 玉篇草名。

薨 51377 26634
bǎng_14.20　集韻蒡本字。

薷 51378 26635
rú_14.20　集韻汝朱切音儒。木耳 区róu 類篇而由切音柔。同菜50076 本草香薷。

薸 51379 26636
piáo_14.20　唐韻符消切 韻會毗招切丛音瓢 揚子方言江東謂浮萍爲薸 区集韻紕招切音漂。彌遙切音描。義丛同。鐾又瓢51738薸51343

蘓 51380 26637
tái_14.20　唐韻徒哀切 集韻堂來切丛音臺。薹薹，菜名 区草名，夫須也 韻會通作臺 陸璣詩疏臺，莎草也 謝朓詩連陰盛農節，薹笠聚東菑。

蘕 51381 26638
gàn_14.20　類篇古旱切音笴。禾莖也。又居案切，音旰 說文艸也。鐾又薛51155蘕51614

蘨 51382 26639
lù_14.20　集韻同菉

藆 51383 26640
jiā_14.20　集韻居牙切音嘉 玉篇草名。

薺 51384 26641
jì_14.20　集韻正韻丛在禮切音薺。甘菜 詩邶風誰謂荼苦，其甘如薺 董仲舒·雨雹對薺麥始生，由陽升也 区韻會草名 区類篇才詣切音劑。義同 区cí才資切，音茨 采薺，逸詩 篇名 周禮·春官·樂師趨以采薺。区通茨49322鐾又茡49468莢49884

藺 51385 26642
lǐn_14.20　集韻力錦切音廩 爾雅·釋草莪，蘿 註今莪蒿也。亦曰藺蒿 本草藺之爲言高也。鐾又藺51817区正字通藺，俗林49819字。

薻 51386 26643
zǎo_14.20　集韻藻本字 說文从水巢聲 五經文字藻同藻。

轈 51387 26644
chāo_14.20　唐韻楚交切音鈔。轈取也。△集韻作操。

別見手部。

薼 51388 26645
chén_14.20　集韻池鄰切音陳。與陳同 類篇葷薼菜 正字通茵薼別作茵蔯。

冀 51389 26646
jì_14.20　集韻几利切音冀 篇海草名。

薽 51390 26647
zhēn_14.20　唐韻章鄰切 集韻之人切丛音眞 爾雅·釋草苆薽，豕首 疏南人名爲地菘，又名蝦蟇藍，亦名蟾蜍蘭 区五經文字吉延切音鷱。義同。

蘝 51391 26648
liè_14.20　集韻力協切音蛱 類篇草木疏貌。

藚 51392 26649
chá_14.20　唐韻初八切音察 玉篇藚草，有毒，用殺魚 区增韻草芥也 韓愈·聯句烹養均草藚 区chuí 集韻初芮切音噦。草污地也○按 正字通云 廣韻有草藚、草廬。今 廣韻但云草名，無草廬訓義，未知 正字通何據。

蘩 51393 26650
fán_14.20　集韻縈本字。

薾 51394 26651
ěr_14.20　集韻忍氏切音爾 說文華盛也 詩彼薾維何 区唐韻奴禮切音禰。義同△韻會或作苶。

薿 51395 26652
nǐ_14.20　唐韻魚起切音擬 說文茂也 詩·小雅黍稷薿薿 柳宗元·賀嘉禾及芝草表既呈薿薿之祥，復覩煌煌之秀 区魚力切。嶷入聲。義同。鐾集韻薿擬40898，或从禾。

蘴 51396 26653
yíng_14.20　集韻韻會丛娟營切音縈 說文草旋貌。引 詩葛藟蘴之。今文通作縈 区玉篇蘴，葽蘴也 区唐韻與蘮同。鐾又葉50197区龍龕蘴或作，蘽正。

熒 51397 26654
yíng_14.20　集韻玄扃切音螢。本作熒 爾雅·釋草葵，委葽 註藥草也 区蓢50085，芋熒。鐾又藛50088

藁 51398 26655
gǎo_14.20　集韻正韻丛古老切音杲 唐韻俗稾字 正字通木枯也 区藁席 荀子·正名篇屋室廬宇葭藁蓐，尚机筵，而可以養形 註以藁爲席，貧賤人之居也 区藁本，藥名 管子·地員篇五臭疇生蓮與蘼蕪、藁本、白芷 区史記·屈原傳屬草藁 索隱註創制憲令之本 区前漢·陳湯傳斬郅支及名王以下，縣頭藁街△正字通引漢書·馬援傳藁葬註：草也○按藁葬。藁字从禾，不从木。鐾屋室廬宇。屋室廬庾。

蘅 51399 26656
xián_14.20　集韻乎監切音銜 玉篇草名 区qiān 類篇丘銜切音嶔。菜屬。

藂 51400 26657
cóng_14.20　唐韻俗叢字 韻會叢或作藂 前漢·息夫躬傳藂棘棧棧 区集韻粗送切。草稚也。鐾又蘴51934蘴52091

蔄 51401 26658
màn_14.20　集韻莫半切音幔 玉篇草也。

蔪 51402 26659
jiàn_14.20　唐韻慈染切音漸 埤蒼麥秀貌。見蔪50739字註 区正韻將廉切音尖。義同。鐾又蘵51580

蔘 liǎo_14.20 唐韻與蓼同 又 王應麟·詩攷 蒸在蔘薪，衆薪也。

歊 xiāo_14.20 唐韻許嬌切音嚻。草貌 又 許交切音虓。禾傷肥也 又 hào 韻會 虛到切音耗。暴起貌 周禮冬官輪人 以火養其陰而齊諸其陽，則轂雖敝不歊 鄭註 歊，歊暴，陰柔後必橈減幬革暴起也 又 集韻 黑各切音郝。木乾歊也。一曰草肥貌。 鼇 又 稢40811

蓌 duān_14.20 唐韻多官切音端。草名。 鼇 余迺永：疑篇42884之後起字。

醆 suān_14.20 集韻蘇官切音酸。草名。

綦 qí_14.20 唐韻渠之切音其 爾雅釋草 綦，月爾 註 卽紫綦也。似蕨，可食 又 jī 集韻 居之切音基。義同。或作基、萁。

罰 fá_14.20 唐韻房月切音伐 爾雅·釋草 葝罰

攐 jiǎn_14.20 唐韻九輦切音蹇。葝罰51408 △ 集韻 或作蘫。

萸 xù_14.20 唐韻徐呂切音序 詩·小雅 釃酒有萸 傳 美貌 又 yú 以諸切音余。芎萸，香草 又 yù 羊洳切音豫。藇51699萸 又 yǔ 余呂切音與。蕃萸也 又 xū 相居切音胥。人姓 通志·氏族略 見 姓苑，望出吳郡。 鼇 又 醹62584

銚 yáo_14.20 唐韻餘招切音姚 集韻 銚芅48990，草名。羊桃也 爾雅 作銚 又 集韻 弋笑切音曜。義同。

藈 kuí_14.20 集韻涓畦切音圭 玉篇 草名 爾雅釋草 鉤，藈姑 註 鉤，瓜也。一名王瓜 又 苦圭切音暌。義同。 鼇 又 瓝34915藈51300暌23144

蕚 yǐn_14.20 集韻倚謹切音隱。蕚堇草。 鼇 集韻 蕚，蕚堇，艸名 △ 宏按，堇，堇字之譌。

蓀 sūn_14.20 集韻同蓀。菈49730蓀。 鼇 正字通 菜50391菩49840蓀51540汰同。

遘 gòu_14.20 集韻同蕣

薘 tà_14.20 唐韻徒合切音沓

蘨 yáo_14.20 集韻 蓉本字

藉 jiè_14.20 古文藉 唐韻慈夜切音躇 說文 祭藉也 易·大過 藉用白茅 註 薦藉于物 又 禮曲禮 執玉，其有藉者則裼，無藉者則襲 註 藉，藻也 疏 凡執玉必有其藻，以承于玉 儀禮·聘禮註 藉謂繅也。繅所以蘊藉玉 又 孟子 助者，藉也 趙岐註 猶人相借力助之也 戰國策 藉兵乞食于西周 又 前漢·薛廣德傳 廣德爲人溫雅有醞藉 註 寬博有餘也 又 後漢·隗囂傳 光武素聞其風聲，報以殊禮，所以慰藉之良厚 又 綱目集覽 身之所依曰藉 又 釋名 咀藉也，以藉齒牙也 又 jí 秦昔切音籍。狼藉，離披雜亂貌 前漢·江都易王傳 國中口語藉藉，無復至江都 又 周語 宣王卽位，不藉千畝 前漢·文帝紀 其開藉田 又 穀梁傳·哀十三年 其藉于成周，以尊天王 註 藉謂貢

獻 又 莊子·應帝王 猿狙之，便執斄之狗來藉 註 藉，縛也 又 史記武安侯傳 今吾身在也，而人皆藉吾弟 註 藉，蹈也 又 姓 國語 藉偃，晉大夫 又 唐韻古音 讀胙 史記商君傳 註 新序論：周室歸藉 索隱 藉音胙。 鼇 藉口、憑藉的藉簡化作借01400，慰藉、狼藉等的藉仍用藉。

精 jīng_14.20 集韻咨盈切音晶 玉篇 仙草 直音 黃精也 又 類篇 蕪精也 ○按 本草 黃精本作精，蕪菁本作菁 直音 類篇 未知何據。

藸 chú_14.20 唐韻直魚切音除。蓩藸，菜名，蔥也。

藲 fú_14.20 唐韻方六切音福。草名。 鼇 又 蘲51232

藊 biǎn_14.20 集韻補典切音匾。豆名 本草 李時珍曰：藊本作扁，莢形扁也。

蔫 yuán_14.20 唐韻與專切音緣 玉篇 蔫尾，射干也 本草 草名蔫尾，根名蔫頭。

藋 diào_14.20 唐韻徒弔切音掉 說文 釐草也 莊子·徐無鬼 夫逃虛空者，藜藋柱乎鼪鼬之徑 又 爾雅·釋草 拜，蔏藋 註 蔏藋亦似藜 又 詩大雅 菫荼如飴 疏 廣雅 云菫，藋也，今三輔之閒言猶然 又 博雅 藋粱，木稷也。 又 zhuó 直角切音濁。蒴藋，藥草 又 dí 音翟。灰藋 本草 註 梁·簡文帝 勸醫文 作灰藋菜。 鼇 又 類篇 藋蔱52037藋52011 徒弔切 說文 菫艸也。一曰拜商藋。或从米从禾。

萆 bì_14.20 集韻毗至切音鼻。草名。

蘦 líng_14.20 集韻同苓 又 lǐng 良郢切音領。草名。

藕 shāo_14.20 集韻 山巧切音稍。草長貌。

藬 chàng_14.20 唐韻丑亮切音暢。草茂也 說文 作藵。

蘤 bìng_14.20 集韻皮孕切音凭。草盛貌。

蕩 dàng_14.20 唐韻徒浪切音宕。藺蕩，毒藥博雅 慈葋，藺蕩也。

蘔 shì_14.20 篇海 上史切，音士 ◇ 鄉名，在密縣。

蘥 yuè_14.20 正字通 俗蘥字。 鼇 又 俗籥64632 可洪音義 鈎蘥：音藥。又 門蘥：羊略反。

蔤 mì_14.20 集韻同蔤

藍 lán_14.20 唐韻魯甘切音籃。染青草也 詩·小雅 終朝采藍 周禮·地官·掌染草註 染草藍、蒨，象斗之屬 通志 藍三種：蓼藍染綠，大藍如芥染碧，槐藍如槐染青。三藍皆可作澱，色成勝母，故曰青出於藍而青於藍 又 古今注 燕支，中國人謂之紅藍 又 說文 瓜苴也 又 酉陽雜爼 藍蛇，首有毒，尾能解毒，南人以首合藥，謂之藍藥 又 鳥名 爾雅釋鳥 秋鳸，竊藍 註 竊藍，靑色 又 濫也 大戴禮 文王官人，藍之以樂，以觀其不寧 又 地名 晉語 三卿宴于藍臺 又 山名 水經注 新河出令支縣之藍山 又 水名 杜甫詩 藍水遠從千澗落

図綱目集覽伽藍，梵語，猶中華言衆園図姓通志·氏族略戰國時中山大夫藍諸図通禮傅玄詩整此藍縷衣。鑿又藍51324藍51544蓝50610藛51765図集韻藍薀51862，酸薀。或从濫図說文藍，瓜渲也。段改篆作薀。

夔 jùn_14.20 篇海同餕69127 儀禮·特牲饋食禮命嘗食夔者舉奠註士使嗣子及兄弟夔，其惠不過族親。

藘 lú_14.20 唐韻落胡切音盧。藘會，藥名本草藘會，一名拏會，一名訥會，一名象膽。

藒 qiè_14.20 集韻同藒徐刃切音爐本草藒草，一名黃草，一名鰲草，可染黃。

藎 jìn_14.20 唐韻韻會丛徐刃切音燼本草藎草，一名黃草，一名鰲草，可染黃。図爾雅·釋詁藎，進也詩·大雅王之藎臣疏藎，忠愛之篤，進進無已也図揚子方言藎，餘也。周鄭之閒曰藎註遺餘馬融·長笛賦藎滯抗絕図秦晉之閒炊薪不盡曰藎△或作薋荩。鑿又藎51318薋51810荩49462

蔂 luó_14.20 唐韻落戈切。同藟。

藏 cáng_14.20 古文匨唐韻昨郎切正韻徂郎切丛音鑹說文匿也易乾文言潛龍勿用，陽氣潛藏図蓄也易繫辭君子藏器于身，待時而動図zāng茲郎切音臧。草名司馬相如·子虛賦其埤濕，則生藏莨、兼葭註藏莨，草中牛馬芻図zàng才浪切音臧禮·月令謹蓋藏晉語文公之出也，豎頭須，守藏者也，不從図與臟通周禮·天官·疾醫參之以九藏之動註正藏五，又有胃、膀胱、大腸、小腸疏正藏五者，謂心、肝、脾、肺、腎，丛氣之所藏白虎通人有五藏六府，何法，法五行六合也△說文漢書通用藏。鑿又藏62632藏50885芷49029

蹼 pò_14.20 唐韻匹各切音粕博雅蹼，蘀落也図集韻普木切音撲。義同。鑿字彙蹼51584同蹼。

藪 chuā_14.20 集韻叕刮切音篡。除草也。

藐 miǎo_14.20 唐韻亡沼切音眇博雅小也左傳·僖九年以是藐諸孤，辱在大夫図孟子說大人則藐之註輕視貌図莊子·逍遙遊藐姑射之山，有神人居焉註遠也図張衡西京賦藐藐流盻註藐，好視容也図揚子方言漸也図博雅廣也図miǎo莫角切音邈爾雅·釋草藐，茈草註可以染紫，一名茈萯図爾雅·釋詁藐藐，美也詩·大雅寢廟既成，既成藐藐図◆詩·大雅誨爾諄諄，聽我藐藐傳藐藐然不入也図韻補叶音密司馬相如·上林賦長眉連娟，微睇綿藐。色授魂與，心愉于側。図mào眉教切音貌。亦染草。鑿又覍49607藐51313藐51701藐50295

藑 qióng_14.20 唐韻渠營切集韻葵營切丛音瓊◆說文茢藑，一曰舜也爾雅·釋草藑，藑茅註藑，華有赤者爲葴。葴、藑一種耳屈原·離騷索藑茅以筳篿註藑茅，香草図集韻詳兗切音膳。義同。鑿又藑51859藑51649

蔂 méng_14.20 唐韻莫紅切音蒙。草可爲帚。◆說文灌渝

也図博雅怕夢，孳也図集韻謨中切音瞢。義同。鑿又薨51756蕾50481薨51470

藒 qiè_14.20 唐韻集韻丛丘竭切音朅爾雅·釋草藒車，芎藭屈原·離騷畦留夷與藒車本草藒車香生徐州〇按說文作藒正字通作藒，韻書經典丛作藒正字通存藒去藒，未知何據。鑿又藒51165藒51175藒51437

截 jié_14.20 唐韻昨結切音截。草截。草名図博雅治也。

藶 jié_14.20 集韻同截

藦 jī_14.20 集韻藦本字

巤 zàng_14.20 字彙補古葬50140字。

蓁 zhēn_14.20 集韻同榛。鑿又藥51266臻48309

薜 bì_14.20 集韻同蔽

蕢 kuì_14.20 集韻同蕢

蕗 lù_14.20 集韻盧谷切音鹿。蕗菌，草名。地葜也。

薹 mào_14.20 集韻同耄書·呂刑註耄今作薹。

蒩 zū_14.20 集韻同蒩

蘀 tuò_14.20 玉篇同蘀

蔋 jiá_14.20 集韻訖洽切音夾。草名。鑿又蔋51265

蒮 hè_14.20 字彙補呼各切音壑韻寶豨吼也。與荱同。

薩 sà_14.20 字彙補桑割切音撒。失薩也。

藬 tí_14.20 篇海田黎切音提。草名。

藚 kēng_14.20 篇海丘庚切音坑。菜也。

蕻 gěng_14.20 篇海音耿。芋莖也。

蔌 sī_14.20 字彙補音司。草也。

蘁 zī_14.20 篇海同藚

蘢 bēi_14.20 集韻同龍。

繭 jiǎn_14.20 搜真玉鏡古典切。鑿繭字之譌。

蘇 cǎi_14.20 字彙補音采。

蕀 jí_14.20 龍龕音薇。鑿俗薇50900図俗棘24350金石文字辨異引北魏孝文弔比干墓文

薨 méng_14.20 五音篇海莫登切。

蘊 null_14.20 未詳。

繡 null_14.20 未詳。

蕭 trấu_14.20 喃从艸漏lậu聲。

蓉 null_14.20 新撰字鏡於利。

薼 bǐng_14.20 同薲51185

蒚 null_14.20 未詳。

蔀 null_14.20 未詳。

邂 null_14.20 未詳。

歔 null_14.20 喃未詳。

縶 null_14.20 未詳。

51480 u2B27B
𲉻 null_14.20 ⬜日 亦作帯50800 ⬜新撰字鏡 篡實:奈毛弥 ⬜新撰字鏡考異 篡，未詳。和名鈔 莫耳，奈毛美。是欤可考。

51482 u2B279
蕓 null_14.20 未詳。

51483 u2B278
蔗 null_14.20 ⬜喃 未詳。

51484 u2B277
蓺 null_14.20 未詳。

51485 u2B276
藍 lán_14.20 俗藍51434

51486 u2B275
藝 null_14.20 未詳。

51487 u2701E
𮀞 trái_14.20 ⬜喃 从菓吏lại 聲。果實，圓形物△𮀞坦：地球。

51488 u2701D
蔋 dí_14.20 同藡50343

51492 u27011
蓷 zhǒng_14.20 同種40587 ⬜直音篇 蓷，音種 ⬜図giống ⬜喃 从艸从種，種chông亦聲。

51489 u2701C
𲊙 sam_14.20 ⬜喃 从艸焰diễm聲。馬齒莧。

51490 u27013
藘 lú_14.20 俗蘆51732 ⬜可洪音義 茄藘：音盧，正作蘆。又或作蘰51837，力主反 ⬜尔雅 蔜，薆蘰 ⬜唐韻曰薆蘰，蔜生細草也。或云雞腸草。應和尚以蘰字替之。俗名句屢草。又云一本作茄萱 ⬜図俗屨13200 ⬜可洪音義 葛藘：下音屨 ⬜図rú ⬜喃 从艸屢lũ聲。

51491 u27012
藼 non_14.20 ⬜喃 从若省嫩non聲△折藼：夭折。

51493 u27010
瓌 gồi_14.20 ⬜喃 从艸瑰côi聲△桜瓌：棕櫚。

51494 u2700F
銃 súng_14.20 ⬜喃 从艸銃súng聲。睡蓮。

51495 u2700E
藁 gāo_14.20 藁茛，即高良薑，薑類植物，根莖入藥。敦煌P.2794.V ⬜伍子胥變文 藁茛薑芥，澤瀉無隣。⬜図go ⬜韓 蕈藁，香菇。

51496 u2700D
𮀍 qū_14.20 同苗49370

51497 u2700C
藗 sù_14.20 藗藗，同蔌蔌50678，陋也 ⬜四部叢刊·初編集部·梁江文通集·卷第四·詩·悼室人十首（之七）顥顥氣薄暮，藗藗清衾單。

51498 u2700B
蘑 mó_14.20 蘑菰，即蘑51822菇。元楊允孚 ⬜瀠京雜詠 更說高麗生菜美，總輸山後蘑菰香。

51499 u27009
藻 zǎo_14.20 ⬜干禄字書 藻俗，藻51709正。

51500 u27008
薔 qiàn_14.20 同薔51042

51502 u27004
暢 chàng_14.20 ⬜說文 艸茂也。从艸暢聲 ⬜集韻 暢，或从暢作蔼51428

51501 u27005
蘻 mò_14.20 同蘻51322 ⬜玉篇 蘻，同林40307

51503 u27002
蒜 suàn_14.20 或俗蒜

51504 u27001
藕 ǒu_14.20 或俗藕51549

51505 u27000
𮀀 null_14.20 或獄51251譌字

51506 u26FFF
蔆 null_14.20 譌字。王筠 ⬜說文解字句讀 蔙，一曰殘也 ⬜歹部 殘，病也 ⬜詩 中谷有蓷，⬜疏 引作蔆也，非是。

51507 u26FFE
藜 lí_14.20 同藜51577

51508 u26FFD
藕 null_14.20 未詳。

51509 u26FFC
蕳 null_14.20 未詳。

51510 u26FFB
鋬 null_14.20 未詳。

51511 u26FFA
藜 null_14.20 未詳。

51512 u26FF9
蔈 null_14.20 未詳。

51513 u26FF7
蒳 null_14.20 未詳。

51514 u26FF6
蕥 null_14.20 未詳。

51515 u26FF5
蘷 kuí_14.20 同夔09849

51516 u26FF4
蔡 liáo_14.20 同藔51076

51517 u26FF3
蓺 yì_14.20 俗藝51581 明·崔桐 ⬜崔東洲集·卷之十五·賀少川曹大夫膺臺獎序 田有征守以蓺規，風有斷守以法律。

51519 u26FF1
葳 null_14.20 未詳。

51518 u26FF2
蔦 null_14.20 或俗蔦50742

51520 u26FF0
瑪 null_14.20 未詳。

51521 u26FEF
蔳 juān_14.20 俗蠲52097

51522 u26FEE
蕤 ruí_14.20 俗蕤50997

51523 u26FED
滿 mǎn_14.20 俗滿29345

51525 u26FEB
藷 shǔ_14.20 俗藷51699

51524 u26FEC
薦 jiàn_14.20 或俗薦51239

51526 u26FEA
蓬 péng_14.20 籀文蓬50625 又莑49541

51528 u26FE8
薺 zǐ_14.20 同茵49746

51527 u26FE9
蕃 cáo_14.20 籀文蕈50643

51529 u26FE7
蔧 huì_14.20 同蔧51190 ⬜玉篇 蔧，於吠切。行之惡也。

51530 u26FE6
蓟 jì_14.20 同薊51866

51531 u26FE5
藟 yóu_14.20 籀文薗50377

51536 u26FDF
蕎 null_14.20 未詳。

51532 u26FE4
蕃 xù_14.20 籀文蓄50434

51538 u26FDC
賮 pín_14.20 俗賮51370

51533 u26FE3
蒿 hāo_14.20 籀文蒿50426

51534 u26FE2
蒙 méng_14.20 籀文蒙50347

51540 u26FDA
遝 tà_14.20 同遝51416

51535 u26FE0
蘿 yù_14.20 籀文雚50392

51541 u26FAA
夔 kuí_14.20 俗夔09848

51537 u26FDE
蒕 null_14.20 人名。王見蒕。見 ⬜明武宗毅皇帝實錄·卷之二十八

51539 u26FDB
蕚 mèng_14.20 同廗12476亦作糯51627

51544 uF923
藍 lán_14.20 ⬜兼 藍。

51542 u455D
藕 chēng_14.20 同藕51366

51543 u455C
萃 cuì_14.20 俗翠46139 ⬜碑別字新編 引 ⬜周華岳頌

51545 u85D3
薛 xiǎn_14.20 ⬜简 薛51829

51547 26717
蕬 tí_15.21 ⬜集韻 田黎切音提。草名。蘁 ⬜正字通 蕬 爾雅 本作媞51071

51546 26711
蕎 qiáo_15.21 ⬜集韻 同樵。蘁 ⬜集韻 樵，或作蕉51690蕎

51548 26718
蘭 làng_15.21 ⬜唐韻 來宕切。同莨。蘁 又蒗50971

51549 26719
藕 ǒu_15.21 ⬜唐韻 五口切音偶 ⬜爾雅·釋草 荷，芙蕖。其根藕 ⬜韻會 凡芙蕖行根如竹行鞭，節生一葉一華，華葉常偶，故謂之藕 ⬜續博物志 藕生應月，閏月益一節。⬜図 地名 ⬜水經注 白渠又徑藕原△ ⬜說文 作藕 ⬜類篇 作藕 蘁又傰02083稱40605藕51634 ⬜図 字彙補 漢29839與藕同 ⬜図 ⬜可洪音義 耦43467絲：上五口反。正作藕。

51550 26720
藵 zhàn_15.21 ⬜集韻 莊陷切音蘸。滔藵，濕貌。

51552 26722
藉 shuí_15.21 ⬜集韻 視佳切音誰。草器。

51553 26723
蕒 xián_15.21 ⬜唐韻 侯襉切音莧。莧草 ⬜図xián ⬜集韻 何間切音閑。莖餘草莖 ⬜元結詩 豈欲卑櫪中，爭食㲹與蕒 ⬜図 ◆ ⬜博雅 頓蕒，豎也 ⬜図qiān 丘閑切音慳。草名。

齭 51554 26724
chǐ_15.21　集韻醜止切音齒。馬齭，草名，本作齒。

蔓 51555 26725
yōu_15.21　唐韻於求切音憂。菜名。

藁 51556 26726
xīng_15.21　集韻虛陵切音興。藁藁，菜名。一曰芸
藁。鑒又莖49447

蔋 51551 26721
xiè_15.21　集韻同屟
音魯。草也，可以束唐韻同藚。

蕏 51557 26727
lǔ_15.21　集韻籠五切

蘉 51558 26728
méng_15.21　唐韻武互切音懜。詳蘉51999字註。

蘱 51559 26729
liè_15.21　集韻力涉切音獵。草動也。鑒又蘝51038

蕼 51560 26730
sì_15.21　唐韻斯義切音賜。草也。

蕩 51562 26732
tāng_15.21　正字通俗蕩字。

蔌 51563 26733
sù_15.21　唐韻桑谷切韻會蘇木切丛音速 說文牡
茅 爾雅·釋草蔌，牡茅註白茅屬△通作藗。

蘆 51564 26734
lú_15.21　唐韻力居切集韻凌如切丛音閭 詩·鄭風
茹藘在阪 爾雅·釋草茹藘註今之蒨也，可以染絳 疏一
名地血，齊人謂之茜，徐州人謂之牛蔓。

藤 51561 26731
lǎo_15.21　說文同藤

藤 51565 26735
xī_15.21　唐韻息七切
音膝。藥名，牟49044藤。亦作蒵。

蘩 51566 26736
fán_15.21　集韻符袁切音煩。草名。

薂 51567 26737
fū_15.21　唐韻芳無切音孚。花藪集韻華之通名。
鋪爲華貌，謂之藪，或作蒪。

藙 51568 26738
yì_15.21　集韻魚既切韻會疑既切丛音毅 禮·內則
三牲用藙註藙，煎茱萸也△說文作藜 玉篇作藙。
鑒又藙51948

蕍 51569 26739
shěn_15.21　集韻式荏切音審。草名。

蹄 51570 26740
tí_15.21　集韻田黎切音提。羊蹄，草名。本作蹄。

蠆 51571 26741
chài_15.21　韻會同蔕

薈 51572 26742
xù_15.21　唐韻似足切
音續 說文水鳥也 爾雅釋草薈，牛脣 詩魏風彼汾一曲，
言采其薈 疏今澤瀉也 本草薈斷，藥名鑒又薈52026

蕜 51573 26743
fèi_15.21　集韻放吠切音廢。籧篨也。或作蕟。

藛 51574 26744
xiě_15.21　集韻洗野切音寫。澤藛，藥草 爾雅釋草蕍
藛註今澤藛也。

藺 51575 26745
lǔ_15.21　唐韻力居切集韻凌如切，丛音閭。蓭49808
蕳草 又本草蕳茹，一名離婁，一名掘据△亦作蘆。
鑒又蕳51684

藺 51576 26746
yuè_15.21　唐韻弋雪切音悅。草名。似芹 玉篇葉似
竹，生水旁。

藜 51577 26747
lí_15.21　唐韻郎奚切音犂。萬類 禮·月令藜莠蓬蒿
丛興 前漢·司馬遷傳墨者，糲粱之食，藜藿之羹註藜草

似蓬 爾雅翼藜，莖葉似王芻，兗州蒸爲茹，又可爲杖 晉
書·山濤傳文帝以濤母老，贈藜杖一枝 図揚雄·甘泉賦
配藜四施註配藜，披離也 図懸藜，玉名 史記范雎傳梁
有懸藜。鑒又藜52025藜51507藜50874

蒜 51578 26748
sì_15.21　集韻羊至切音肆。義與蕼同。

藬 51579 26749
fū_15.21　唐韻甫無切音膚。草名博雅地葵，地藬
也 本草一名鴨舌草，一名涊衣草，莖苗可爲掃帚。

蔪 51580 26750
shǎn_15.21　唐韻集韻丛所斬切，鬖上聲。艾林木也
說文本蔪字，或从槧 図jiàn·類篇疾染切音漸。草相蔪
苞 正字通俗作漸。

藝 51581 26751
yì_15.21　古文秇 唐韻魚祭切 韻會倪祭切丛音藝。
才能也 禮·禮運月以爲量，故功有藝也註藝猶才也。
図周禮·天官·宮正簡其什伍，而教之道藝註藝謂禮、
樂、射、御、書、數 図書·舜典歸，格于藝祖 傳告至文
祖之廟。藝，文也。又 王延壽·魯靈光殿賦觀藝於魯 註
六經也 図左傳·文六年陳之藝極註藝，準也 司馬相
如·上林賦藝殪仆註所射準的爲藝 図家語合諸侯而
藝貢事禮也註藝，分別貢獻之事也 図晉語貪欲無藝
註藝，極也 図姓通志氏族略有藝氏 図與蓺通 韻會種
也 書·禹貢蒙羽其藝 傳兩山已可種藝 孟子樹藝五穀。
鑒又槸40740艺48961芸49081蒜50016藝02637蓺00623
藝51517

蕼 51582 26752
dì_15.21　集韻丁計切音帝 爾雅·釋木棗李曰蕼之
疏蕼謂治棗李皆去其蕼。蕼者，柢也。或从艸。
鑒字頭原作蕼51815，十六畫，誤。蕼載亩部 図蕼51263，
俗蕼。蔕50694，同蕼。

薵 51583 26753
tán_15.21　正字通同薚。鑒徐文靖管城碩記卷之二
十二·正字通二：爾雅薵，茲藩。注：一名莚（蝭）母，
生山上。音潭。又薵，海藻。注：一名海羅，生海中。音
尋。

襆 51584 26754
pò_15.21　篇海同僕。鑒詳校篇海詳襆51441

藞 51585 26755
lǎ_15.21　集韻呂下切音砢 玉篇藞薢，不中貌 図類
篇藞苴，泥不熟貌△正字通藞字之譌○按集韻玉篇
諸書，藞與藞文義各別，唯 唐韻藞薢之藞，文从三若，
而仍引 玉篇藞字訓註，是借藞爲藞，非藞卽藞也 正字
通論非，今從 字彙

藡 51588 26758
dí_15.21　玉篇同荻

藟 51586 26756
lěi_15.21　集韻魯水切
音壘 唐韻葛藟，葉似艾 詩·周南葛藟纍之 陸璣云藟，
一名巨苽，似燕薁，亦延蔓生 図本草蓬藟，一名陵藟，
一名陰藟 図博雅藟，藤也 本草千歲藟 唐書方技傳姜
撫服常春藤，使白髮還鬢。常春藤者，千歲藟也。
図山名 山海經藟山，其上有玉，其下有金 図léi 集韻倫
追切音壘。義同。或作虆。鑒龍龕藟古，藟今。

藃 51587 26757
xiāo_15.21　集韻胡了切音皛。草名 図jiào 玉篇音叫

本草蒩，一名蘆子。或作蒢，非。

蒫 51589 26759
zhǎ_15.21 集韻竹下切音縐玉篇蒩51585蒫。

蒃 51590 26760
zhǐ_15.21 集韻展里切音徵玉篇紫芋也。

蘢 51591 26761
bēi_15.21 唐韻彼為切韻會班糜切丛音陂說文草也図集韻蒲糜切音皮部麋切音被。義丛同図bì彼義切音貴。筍虡飾爾雅釋器旄謂之蘢疏旄牛尾，一名蘢，舞者所執也△集韻或作藣、蘷。

藤 51592 26762
téng_15.21 唐韻正韻丛徒登切音騰。藟也。今總呼草蔓莚如藟者爲藤図集韻弦藤，草名。胡麻也。図州名韻會隋改永平州爲藤州唐書李嗣眞傳來俊臣獄興，嗣眞上書，流藤州。鋆又藤52059縢51683藤51698図字典琢屑藟也云云。按，此所引即是字彙

藥 51593 26763
yào_15.21 唐韻以灼切韻會弋約切丛音躍說文治病草史記三皇本紀神農氏嘗百草，始有醫藥急就篇註草木、金石、鳥獸、蟲魚之類，堪愈疾者，總名爲藥。図本草芍49001藥図療也詩·大雅多將熇熇，不可救藥莊子·天地篇有虞氏之藥瘍也図姓通志·氏族略藥氏，望出河内，後漢南陽太守藥崧，晉有牙門藥冲図shuò韻會式灼切音鑠。灼藥，熱貌丘遲·思賢賦心灼藥如傷図lüè旅灼切音略張衡·南都賦歸鴈鳴鵱，黃稻鱻魚，以爲勺藥註勺藥，五味之和。藥音略西溪叢語言勺藥者，乃以魚肉等物爲醢食也韓退之鄖城聯句詩五鼎調勺藥。又，難祈却老藥。上藥旅酌切，下藥以灼切，二藥不同音図唐韻古音醫藥之藥去聲，音効図字彙補與籥苑之籥同。李正己曰：園亭中藥闌，闌即藥，藥即闌，猶言圍援，非花藥之闌漢書·宣帝紀池藥未幸者，假與貧民。凡漢書闌入宮禁，闌字多從艸，則藥闌字義尤分明也。鋆又虆30259藥25494薬51363葯49457葯50143

蔄 51594 26764
mò_15.21 集韻莫臥切音磨。蔄訶，草名図本草蔄51997蔄。

蒮 51595 26765
huàn_15.21 集韻戶管切音緩直音蕿也。

蘪 51596 26766
biāo_15.21 唐韻平表切音殍說文草名。鹿藿也。図玉篇蒯屬，可爲席增韻可爲屨儀禮喪服傳疏屨者，蘪蒯之菲也張衡·南都賦其草則藨芧薠莞図piáo集韻蒲嬌切音瀌爾雅釋草藨，麃註即莓也。江東人呼爲藨莓爾雅釋木蔈，山莓註今之木莓，實似藨莓而大。図biāo韻會悲嬌切音鑣。焱蘪，菩別名柳宗元詩寧惟迫魑魅，所懼齊煮藨註禮記煮蘪棲愴。蘪與蒿同類。鋆又蔈50137

蔗 51597 26767
zhè_15.21 直音同蔗。鋆敦煌. P. 3303. V五印度用甘蔗造沙糖法西天五印度出三般甘蘸。

藩 51598 26768
fān_15.21 唐韻甫煩切集韻方煩切，並音轓。籬也易·大壯羝羊觸藩爾雅·釋言樊藩也疏樊圃之藩也。図域也莊子·大宗師吾願遊于其藩図韻會與蕃通。屛也詩·大雅价人維藩図通轓周禮·春官·巾車漆車藩蔽註藩，今時小車藩，漆席以爲之図fán附袁切音煩爾雅·釋草蕁，芜藩疏藥草知母也△五經文字藩本藩籬字，亦作藩屏字，今獨用爲藩籬字。

蒩 51609 26780
zū_15.21 集韻同葅

蘉 51599 26769
xié_15.21 唐韻胡結切音纈玉篇草名博雅龍蘉，馬蓼也。

藪 51600 26770
sǒu_15.21 唐韻集韻丛蘇后切音叟◆爾雅釋地十藪註大澤也周禮·天官·大宰四曰藪牧，養藩鳥獸風俗通藪，厚也。有草木魚鼈，所以厚養人也詩·鄭風叔在藪又集韻引聘禮十六斗曰籔。或從艸図韻會窶藪，戴器也前漢·東方朔傳註以盆盛物戴於頭者，則以窶藪薦之蘇林曰藪音數錢之數図còu集韻千候切音湊周禮·冬官·輪人以其圍之，防捎其藪註藪讀爲蜂藪之藪，謂轂空壺中也。蜂藪，猶言趨也。藪者，衆輻之所趨也。鋆又蔞50433薮51361籔14419

潭 51601 26771
tán_15.21 唐韻徒含切音潭爾雅釋草潭，石衣註水苔也図玉篇海藻也。又名海蘿，如亂髮生海水中。図yǐn字彙補以寢切，淫上聲。潭湛，水動搖貌。

蕡 51602 26772
tuī_15.21 唐韻他回切音推爾雅釋草蕡，牛蘈註今江東呼草爲牛蘈者，高尺餘許，方莖，葉長而銳，有穗，穗間有華，華紫縹色，可淋以爲飲図集韻徒回切音頹。義同。鋆又正字通蕡51938，蕡字之譌。

蕷 51603 26773
dān_15.21 集韻都甘切音儋。蕷棘，草名。

藭 51604 26774
qióng_15.21 唐韻集韻丛渠弓切音窮說文营藭也。詳芎49005字註。鋆又芎49693藭52012藭52021

薜 51605 26775
xuē_15.21 說文薛本字六書正譌別作薛，非。

蔚 51606 26777
wèi_15.21 集韻紆胃切音尉。菣蔚，草名。通作蔚。

蓼 51607 26778
liǔ_15.21 玉篇六九切集韻力九切丛音柳玉篇蓼，章陸図liú集韻力求切音留。蓼弋，亦草名也図司馬相如·上林賦蓼茀艸欷註衆聲貌也。

藒 51608 26779
hé_15.21 集韻何葛切音曷玉篇似蕨，生水中〇按唐韻從楬集韻玉篇從褐，今丛存。

蘄 51610 26781
qí_15.21 集韻同蘄

蔐 51611 26782
tí_15.21 集韻同藡。

薂 51613 26784
zhǐ_15.21 集韻同藙

薉 51612 26783
huí_15.21 集韻同回。

蘫 51614 26785
gàn_15.21 說文莑本字正字通作薝。

蔧 51616 26787
suì_15.21 玉篇同蓨

蘘 51615 26786
ráng_15.21 說文女庚切音穰。莘蘘，可以作縻緶図集韻如陽切音穰。奴當切音囊。義丛同〇按集韻字作蘘，又作蘸玉篇作蘘直音作蘘，凡文五音四，義丛同。

藬 51617 26788
xù_15.21 篇海類編與蓄同。

蘭 51618 26789
jiàn_15.21 五音集韻與蕑同。

薾 51619 26790
nǐ_15.21 佩觿集音義同苨49172

蘴 51620 26791
zhèng_15.21 佩觿集別本證字字彙補作蕵。

蕵 51621 26792
zhèng_15.21 註見蘴51620

𦞓 51622 26793
ruò_15.21 字彙補古文若49169字。

蘖 51623 26794
niè_15.21 字彙補魚揭切音孽。餘枿也。又姓。

𦞕 51624 26795
fàn_15.21 字彙補房覽切音犯篇韻法式也。

𦞖 51625 26796
méng_15.21 字彙補莫耕切音萌。屋上瓦也△亦作甍。

𦞗 51626 26797
mǐn_15.21 字彙補眉殞切音敏。草名。

藻 51630 u2B28B
null_15.21 未詳。

𦞘 51627 26798
méng_15.21 字彙補同夢。見韻寶，从北不从艸。或作𦟪。

𦞙 51628 26799
zǒng_15.21 字彙補作孔切音總。與藻同 㕚 zǎo 篇海類編子皓切音藻。見周禮藻車註。

𦞚 51629 26800
kuí_15.21 字彙補人名。宋李蘷，著晉書指掌十二卷。見文獻通考。音義未詳。蘷同夔。

𦟊 51631 u2B28A
null_15.21 未詳。

𦟈 51633 u2B288
null_15.21 殷周金文集成·8.4213·殿敖簋蓋展敖用𦟈用璧。讀若搽。

𦟉 51632 u2B289
null_15.21 未詳。

蘬 51638 u2707B
kuī_15.21 籀文蘬51863

𦟆 51635 u2B286
yuē_15.21 俗蒦38626丹波元胤醫籍考·卷三十八·方論十六然而性高明者，泛騖遠引，以曲逞其說，而其失則為浮。守矩蒦者，尋行數墨，而畏盡其辭，而其失則為隘。是隘與浮者，雖所趣不同，而其失則一也。

蹋 51637 u270CC
rạp_15.21 喃从艸踏đạp聲。

䕋 51639 u2707A
rườm_15.21 喃从艸緘dàm聲。荒蕪，冗贅。

𧁸 51640 u27078
vừng_15.21 喃同𦲀51304

蘇 51636 u2B285
ǒu_15.21 俗藕51549

𧁹 51641 u27079
khó_15.21 喃同𧁷51642

藕 51634 u2B287
ǒu_15.21 俗藕51549

𧁷 51642 u27077
khó_15.21 喃从苦庫kho聲△𧁷巾：困難△亦作𧁹51641

𧁶 51643 u27076
giền_15.21 喃从艸廛（廛）triền聲。莧。

𧁵 51644 u27075
vồ_15.21 喃从艸撫vỗ聲。

𧁮 51651 u2706E
null_15.21 未詳。

𧁴 51645 u27074
jiàn_15.21 同薊51721 五音集韻薊，蘗草。俗呼蜀夜干。治喉病 㕚 ghém 喃从艸劍kiếm聲。香花草△萎薊：芫荽。

𧁳 51646 u27073
jì_15.21 同蘮51770明·胡應麟三墳補遺·下穆天子傳八駿名義仝字異者，騂騮作蘚騮，赤驥70518作赤蘮。

𧁲 51647 u27072
qín_15.21 同芹49082亦作靳51297明鮑山野菜博錄草部卷二水蘄：俗作芹菜。一名水英。明朱橚救荒本草卷八·菜部水蘄：音勤。俗作芹菜。一名水英。

𧁭 51652 u2706D
null_15.21 未詳。

蔽 51648 u27071
dí_15.21 正字通荻49501，廣雅作藡51588俗作蔏、蔽，並非。

𧁰 51649 u27070
qióng_15.21 正字通藑51444本作藑。

𧁬 51653 u2706C
null_15.21 未詳。

𧁯 51650 u2706F
jiǎn_15.21 或俗繭45002

𧁫 51654 u2706B
zǎo_15.21 或藻俗譌

𧁪 51655 u2706A
guān_15.21 俗觀55302

𧁩 51656 u27069
null_15.21 未詳。

𧁧 51658 u27067
jiǎn_15.21 同繭45002

𧁨 51657 u27068
sū_15.21 同蘇51734亦作蘓51821

𧁦 51659 u27066
null_15.21 未詳。

𧁣 51662 u27063
mén_15.21 俗虋52113

𧁥 51660 u27065
jiǎn_15.21 俗繭45002可洪音義蠶繭：下古典反。

𧁤 51661 u27064
zhī_15.21 芪49263或作𧁤。

𧁢 51663 u27062
yì_15.21 或俗虉51954新撰字鏡虉，魚敫反。小卉。

𧁡 51664 u27061
fǔ_15.21 俗黼75138可洪音義黼黻：上方武反。

𧁠 51665 u27060
null_15.21 未詳。

𧀟 51666 u2705F
null_15.21 未詳。

𧀞 51667 u2705E
null_15.21 未詳。

𧀝 51668 u2705D
null_15.21 未詳。

𧀜 51669 u2705C
huì_15.21 或同彗31955明·釋梵琦西齋淨土詩·附錄覺海之遺珍，照人之慧炬也。

𧀛 51670 u2705B
null_15.21 未詳。

𧀚 51671 u2705A
null_15.21 未詳。

𧀙 51672 u27059
null_15.21 未詳。

𧀘 51673 u27058
tán_15.21 蕁字之譌。

𧀗 51674 u27057
cōng_15.21 說文解字注蔥50730籀文作𧀗。

𧀔 51677 u27054
fǔ_15.21 同簠42662

𧀖 51675 u27056
xù_15.21 集韻蓄50434 𧀖蓄，許六切。冬菜。或从禾从畜。

𧀓 51678 u27053
null_15.21 未詳。

𧀕 51676 u27055
píng_15.21 籀文荓50632

𧀒 51679 u27052
null_15.21 未詳。

𦢘 51683 u26898
téng_15.21 俗藤51592

𧀑 51680 u27051
zǎo_15.21 俗藻51709碑別字新編引隋薛保興墓誌

𧀐 51681 u27050
shí_15.21 芡蕡，今作芡實。

𦿝 51682 u26FDD
bì_15.21 俗蔽50890字見魏廣陽王妃墓誌

蕳 51684 u2F9AF
lǘ_15.21 同蕳51575

藴 51686 u85F4
yùn_15.21 同蘊51741

藵 51685 u85F5
bǎo_15.21 大字典同葆50073

藳 51687 u85F3
gǎo_15.21 干祿字書藳稾40676，上通下正。

藲 51688 u85F2
ōu_15.21 同櫙25859玉篇櫙，木名爾雅云櫙，荎正字通櫙，訛字爾雅樞作藲。從樞為正。

藔 51689 u85D4
liáo_15.21 草藔，茅草屋。簡寫作芐48977

蘒 51690 26776
qiáo_16.22 集韻同樵

𦠁 51691 26801
wéi_16.22 集韻旬爲切音隨類篇莎也△正字通俗蓶字。

薐 51692 26802
líng_16.22 玉篇 集韻 夌同薐 說文 薐，从遴。

藶 51693 26803
lì_16.22 唐韻 郎擊切音歷 葶50151藶 鼞 又茢49140

蘉 51694 26804
yíng_16.22 唐韻 以成切音盈。菊華也△ 直音 或作蓥。

藃 51695 26805
xiào_16.22 唐韻 下巧切音敎 博雅 藃，根也。亦竹笋也 区jiāo古巧切音狡 類篇 藕根也，江東謂之藃。又弓角接亦曰藃 区 集韻 何交切音爻。義同。

藪 51696 26806
lóu_16.22 唐韻 落侯切音樓 玉篇 舐藪，土瓜也。△或作茜。

藚 51697 26807
dú_16.22 集韻 徒谷切音獨。藚活，藥名。本作獨。区shǔ殊玉切音蜀。菜名。

藤 51698 26808
téng_16.22 篇海 徒登切音縢。藤蘿 直音 與藤同。

藷 51699 26809
zhū_16.22 唐韻 章魚切音諸 說文 藷蔗也 張衡·南都賦 藷蔗薑䕛 註 甘蔗50699也 区shǔ常恕切音署 博雅 藷黃，署預也 山海經 景山，其上多藷黃 郭註 藷音曙。今江南單呼爲儲，語有輕重耳 区chú 集韻 陳如切音除。義同。或作藷。鼞 又藷50968署51367藷51767藷51525藷50503

藸 51700 26810
zhū_16.22 唐韻 陟魚切音豬 玉篇 藸藔草 区zhā 集韻 陟加切音奓。藸豭，亂草 区chú直魚切音除 爾雅·釋草 茱，莖藸 郭璞註 五味也△ 集韻 或作藸。鼞 正字通 藸卽藸之譌。

藘 51704 26814
hàn_16.22 集韻 戶感切音額。同菡。菡華也 区 玉篇 胡紺切音憾。義同。

藯 51702 26812
zhàn_16.22 集韻 之膳切音戰 玉篇 草名。

藯 51703 26813
jiàn_16.22 集韻 子賤切音箭 類篇 草名。

藹 51705 26815
ǎi_16.22 唐韻 集韻 韻會 正韻 夭於蓋切，音藹 玉篇 晻藹，樹繁茂貌 揚雄·河東賦 鬱蕭條其幽藹 区 爾雅·釋訓 藹藹 註 賢士盛多之容止 詩·大雅 藹藹王多吉士 傳 藹藹，濟濟也 区 姓 通志·氏族略 齊南海太守藹燠。区ǎi 韻會 倚亥切音靉。草叢雜貌。鼞 又藹50879藹56742

藺 51706 26816
dàn_16.22 集韻 同萏。
藐 51701 26811
miǎo_16.22 集韻 同貌。

藺 51707 26817
lìn_16.22 唐韻 韻會 夭良刃切音吝 說文 莞屬 玉篇 似莞而細，可爲席。一名馬藺 区 地名 史記·魏世家 敗趙北藺 区 姓 通志氏族略 韓厥玄孫康，食采于藺，因氏焉。相如爲趙上卿 区 前漢·鼂錯傳 具藺石 註 城上雷石也。鼞 又藺50880藺51818

藔 51708 26818
sēn_16.22 集韻 疏簪切音參。禾長貌。

藻 51709 26819
zǎo_16.22 唐韻 韻會 夭子皓切音早 說文 水草也 詩·召南 于以采藻 箋 藻之言澡也 陸璣云 生水底 区 班固·東都賦 鋪鴻藻 陸機·文賦序 故作 文賦，以述先士之盛藻 註 孔安國·尚書傳 曰：藻，水草之有文者，以喻文焉 区 後漢·劉陶傳 武旅有鳧藻之士 註 鳧得水藻，言喜悅也 区 韻會 今屋上覆橑，謂之藻井 風俗通 宮室象東井，刻荷菱水草，所以厭火也 張衡·西京賦 蒂倒茄于藻井 区 藻藉51418，所以薦玉者 区 姓 正字通 南北朝有藻重 区zhǎo 集韻 側絞切音爪。義同，或作藻、藻 干祿字書 俗作藻。鼞 又藻51499䡾51628藻51870藻51976藻50870 区 正字通 藻51726，藻字之譌。

蘐 51710 26820
xuān_16.22 集韻 萱本字。

蘛 51711 26821
lǎo_16.22 唐韻 盧皓切音老 說文 乾梅之屬 周禮·天官·籩人 饋食之籩，其實棗、桌、桃、乾、蘛、榛實 区 漢制攷 後漢長沙王始煑草爲蘛 集韻 郎到切音澇。義同。鼞 又蘛51882 区 正字通 藻51561，同蘛，本作藻51786 区 新撰字鏡 蘛，橑25367同。盧浩反。乾梅子。藻藜51076，二。同上。

櫬 51712 26822
qìn_16.22 集韻 正韻 夭初覲切音櫬。木名，槿也。或从木作櫬25941 鼞 又藻52038

藾 51713 26823
lài_16.22 唐韻 盧蓋切音賴 爾雅·釋草 苹，藾蕭 註 今藾蒿也 区 韻會 蔭也 莊子·人閒世 隱將芘其所藾△ 玉篇 又作莉。

藿 51714 26824
huò_16.22 唐韻 虛郭切音霍 說文 尗之少也 詩·小雅 皎皎白駒，食我場藿 儀禮·公食大夫禮 牛藿 註 藿，豆葉 区 爾雅·釋草 蔨，鹿藿 註 今鹿豆也 区 香草 左思·吳都賦 草則藿蒳豆蔻 註 異物志曰：藿香，交阯有之 区 洞冥記 釣影山，去昭河三萬里，丹藿生於影中，葉浮水上 区suī 集韻 選委切音髓。草木花敷貌。通作藿 楚辭·招隱 靑莎雜樹兮，薠草藿靡。亦作藿 江摠·燕燕于飛詩 銜花弄藿靡。鼞 又藿 偏類碑別字藿 引 唐魏法師碑

蘀 51715 26825
zé_16.22 ◆集韻 直格切音宅 唐韻 蘀鸁，藥草，車前別名△ 集韻 亦作蘀。

蘀 51716 26826
tuò_16.22 唐韻 他各切 韻會 闥各切夭音託 說文 草木凡皮葉落陊地爲蘀 詩·鄭風 蘀兮蘀兮，風其吹汝 傳 蘀，槁也。又 豳風 十月隕蘀 區 西京雜記 葭蘆之未解葉者謂之紫蘀 区 字彙補 草名。出甘棗山，葵本而杏葉，見 山海經△ 玉篇 蘀，同蘀。鼞 又蘀50021 区 龍龕 茉菜俗，蘀正。

蘁 51717 26827
wù_16.22 集韻 正韻 夭五故切音悟 類篇 逆也 周禮·春官·占夢 一曰正夢，二曰噩夢 列子 作蘁 莊子·寓言篇 使人乃以心服，而不敢蘁立 区è逆各切，通萼 唐韻 古音萼卽萼字，俗加艸，蘁又萼之別出，卽一字也。

蕊 51718 26828
ruǐ_16.22 唐韻 如壘切 集韻 乳捶切，夭蕤上聲 韻會 草木華蕊 廣韻 華外曰萼，華內曰蕊。

蘂 51719 26829
ruǐ_16.22 正字通 蕊字之譌。

蘷 kuí_16.22　正字通蘷字之譌。从艸不从艸。

蘽又蘷09848

薊 jiàn_16.22　◆集韻居欠切音劍。藥草。俗呼蜀夜于玉篇薊草，時人取根含治喉痛。蘽又薊51645

薑 jiāng_16.22　正韻居良切音薑說文禦濕之菜也玉篇辛而不葷也。或作薑論語不撤薑食司馬相如·上林賦茈薑蘘荷註茈薑，子薑也崔駰七依資以陽樸之薑酉陽雜俎山上有薑，下有銅錫圀山薑南方草木狀山薑花于葉間吐花，作穗如麥粒，軟紅色△唐韻集韻丛作薑六書正譌俗作薑。

薄 xún_16.22　集韻同薄說文薄，或从爻圀類篇徐心切音尋。海薄也△集韻作薄。

薞 xián_16.22　唐韻徐鹽切音撏玉篇菜也，齊民要術薞菜，似蒵荃菜也圀類篇五原之韭曰薞集韻慈鹽切音潛。草名墨莊漫錄川峽間有一種惡草，羅生于野，土人呼爲薞麻，其枝葉拂人肌肉卽成瘡疱，浸淫潰爛，久不能愈白居易詩颶風千里黑，薞草四時青○按墨莊漫錄本註音瑼正字通引此訛瑼作瓊，因斷之曰讀薞爲瓊者，俗音也，應音爛。此臆說無據。蘽又薞51760

蘄 qí_16.22　唐韻集韻類篇丛渠之切音其玉篇草也韻會似蛇牀爾雅釋草蘄茝，蘪蕪圀張衡西京賦結駟方蘄註馬銜也圀莊子齊物論予惡乎知夫死者不悔其始之蘄生乎註蘄，求也圀史記·秦本紀蘄年宮註蘄年，求年也圀地名前漢·地理志江夏郡蘄春圀姓通志·氏族略漢有弘農太守蘄良圀qín韻會渠斤切音芹爾雅·釋草薛，山蘄註廣雅云山蘄，當歸圀jī集韻居希切音機。沛郡有蘄縣。或作鄿。蘽又鄿51143蕲51610蕲50789蘄43038圀史記·秦本紀云云。徐慧：將欲攻蘄年宮爲亂。原書蘄字無注，注文系杜撰。

藃 jiāo_16.22　唐韻集韻丛子了切，勦上聲。草名玉篇似薺菜。

薄 pó_16.22　集韻蒲波切音婆類篇白蒿也。

薤 xiè_16.22　集韻同薤

蘅 héng_16.22　唐韻戸庚切音行玉篇香草也爾雅·釋草杜，土鹵註杜衡也，似葵而香唐本草註杜衡，葉似葵，形如馬蹄，故俗云馬蹄香屈原離騷雜杜蘅與芳芷。俱作衡圀微蘅，草名述異記魏興錫山多生小微蘅草。蘽又蘅51897

薸 píng_16.22　集韻皮冰切音憑。薸薸，草木盛貌。

蕣 shùn_16.22　說文蕣本字。

蘆 lú_16.22　唐韻落胡切韻會正韻龍都切丛音盧說文蘆菔也。一曰齊根爾雅·釋草葵，蘆萉圀玉篇葦之未秀者爲蘆圀藥名本草黎蘆，一名蔥葵圀城名北史·皮豹子傳宋以文德爲武都王，守葭蘆城圀水名水

經注長蘆水又東徑九門波故縣也圀關名杜甫詩少留周家窪，欲出蘆子關圀lú集韻淩如切音閭。亦藥名本草漏蘆博雅飛廉，漏蘆也。蘽又芦49056蘆51490

蓀 sūn_16.22　集韻雛免切音撰。草名△韻會同蓀。

蘇 sū_16.22　唐韻素姑切集韻正韻孫租切丛音酥說文桂荏也本草紫蘇註蘇，从穌，舒暢也。蘇性舒暢，行氣和血，故謂之蘇。蘇乃荏類，而味辛如桂，故爾雅謂之桂荏圀揚子方言蘇，芥草也，江淮南楚之間曰蘇圀木名詩·鄭風山有扶蘇傳扶蘇，扶胥，小木也。圀流蘇西京雜記昭陽殿壁帶往往爲黃金釭，皆銜五色流蘇司馬相如·上林賦註蘇，析羽也圀息也書仲虺之誥后來其蘇圀死更生戰國策勃然乃蘇圀取也屈原·離騷蘇糞壤以充幃兮綱目集覽取草曰蘇圀韻會蘇蘇，氣索貌易·震卦震蘇蘇註恐懼不安之貌王註躁動貌圀臺名吳語高高下下，以罷民于姑蘇註姑蘇，臺也圀亭名後漢·郡國志襄國有蘇人亭圀國名魏志·夷傳諸國各有別邑，名之爲蘇塗圀姓書·立政司寇蘇公傳忿生爲武王司寇，封蘇國圀shū集韻山於切音疎詩扶蘇之蘇，徐邈讀疎圀sù字彙補蘇故切音傃荀子·議兵篇蘇刃者死註蘇讀作傃，謂相向格鬬者。蘽又苏49133蘇25949蔌51657蘇51821

薨 hāo_16.22　正字通俗薨字。

蘈 tuí_16.22　唐韻杜回切音頹爾雅釋草蘈51602，牛蘈。

蘜 qū_16.22　集韻丘六切音麴類篇蘜蘆，華青黃色。

蘱 piáo_16.22　集韻玉篇丛與藻同。蘽又bàu喃葫蘆。又音béo浮萍。

蓼 liáo_16.22　唐韻落蕭切，音遼玉篇草木莖葉疎也。

蘉 máng_16.22　唐韻莫郎切音茫。勉也書洛誥汝乃是不蘉，乃時惟不永哉圀méng集韻彌登切音薨。義同。

蘊 yùn_16.22　唐韻於粉切韻會正韻委粉切丛音縕玉篇積也，聚也，蓄也詩·大雅蘊隆蟲蟲。又檜風我心蘊結。又左傳隱三年蘋蘩、蘊藻之菜韻會云應作蘊註蘊藻，聚藻，此草好聚生也圀聚草以藝火曰蘊韓詩外傳里母束蘊，請火于去婦之家前漢·召信臣傳爨蘊火。圀類篇於問切音慍。義同圀韻會與慍通荀子·富國篇富有天下而無怨財註怨同蘊圀與宛通荀子·富國篇使民夏不宛暍註宛讀爲蘊圀與縕通易繫辭乾坤其易之縕耶。又yūn暈經音辨紆云切音氳。蘊淪，波也爾雅釋水小波爲淪註言蘊淪圀讀入聲莊子·齊物論萬物盡然而以是相蘊註於積反圀wēn集韻烏昆切音溫揚子方言饒也。蘽又蘊51141薀51686薀51978福39958

蘋 pín_16.22　唐韻符眞切正韻毗賓切丛音頻說文本作薲。大萍也爾雅釋草萍蓱，其大者蘋本草集解四菜

合成一葉,如田字者,蘋也詩·召南于以采蘋傳古之將
嫁女者,必先禮之于宗室,牲用魚,筆之以蘋藻箋蘋
之言賓也釋文韓詩云沈者曰蘋呂氏春秋菜之美者,
崑崙之蘋爾雅翼蘋似槐葉,而連生淺水中,五月有華
白色,故謂之白蘋楚辭·九歌登白蘋兮騁望。鑿又
苹49196蘒51370蘋50845囡蘒51228廣碑別字·蘋引唐太中
大夫邑府都督陸思本故夫人河南元氏墓誌

藉 zī_16.22　集韻子智切音鷲。草名囡類篇草藉。
囡字彙補古與積字通漢隸碑藉萬世之基。

蘼 jiàn_16.22　字彙同薦,見石鼓文。鄭云今省作蘴。

藇 yǔ_16.22　唐韻魚巨切集韻偶舉切丛音語。藇,蘺
也張衡·東京賦于東則洪池清藇註藇,在池水上作室,
可用棲鳥,入則捕之囡地名史記·建元以來侯者年表
註藇兒在吳越界,今為鄉也。鑿直音篇衛同藇。

蘿 zhuó_16.22　唐韻集韻丛側角切音捉。藥草博雅蘿,
堇毒,附子也△類篇或作藘,亦作藘○按與蘸字形同,
音義俱別。

蘵 chí_16.22　集韻馳69762古作蘵。

藚 hù_16.22　唐韻集韻胡谷切韻會戶谷切丛音斛玉
篇藚菜,生水中,可食。鑿直音篇藚同蘱。

蘴 mào_16.22　集韻毛46305古作蘴。

藂 qín_16.22　集韻與琴同。

薃 tán_16.22　集韻與蘱同
音煩。草名爾雅·釋草蘱,沈薃直音同藩51598

薘 fán_16.22　集韻符袁切

藝 ráng_16.22　玉篇與蘘同。

藛 xì_16.22　玉篇集韻丛同蒘。

蘁 zū_16.22　集韻同菹說文解字蘁或从缶。

藘 méng_16.22　集韻謨耕切音萌。草名。似苕,可為帚。
鑿熊加全:蔓51445改換聲符而形成的異體字。

藘 jù_16.22　集韻郡羽切音窶玉篇草名。一曰木耳。

蘵 miè_16.22　五音篇海莫結切音蔑。目無睛也○按疑
卽曥字之譌。

藚 tóu_16.22　玉篇徒侯切音頭。草名。

蘸 xián_16.22　玉篇囚纖切。菜也。鑿胡吉切宣。蘸51724
原譌藛,今正切韻蘸,山菜齊民要術·十蘸菜,似蓍莖
菜也。一曰染草。徐鹽切。

贄 kuì_16.22　說文蕢本字。鑿熊加全:蕢51453字之譌。

蕢 kuì_16.22　篇海渠位切
音匱。

蘍 xūn_16.22　篇海同蕓。鑿四聲篇海許云切。臭菜也

囡俗薰31433

蘉 méng_16.22　直音莫耕切音萌。屋上瓦蘉也字彙補
作蘉篇海讀若蒙。鑿又蘉18634,譌。楊寶忠:俗簡42664

藍 lán_16.22　直音音監。鑿可洪音義伽藍:洛甘反。
正作藍也。

藏 gǔ_16.22　直音古祿切音谷。藏草,藥名。
鑿又藏51375

藷 shǔ_16.22　直音音樹。藷蕷○按與藷字義同,應卽
藷字之譌。

蘠 zàng_16.22　直音古文葬50140字。

蘺 nóu_16.22　韻學集成奴侯切。草也○按音義與蘠同,
疑卽蘺字之譌。

蘢 jì_16.22　字彙補古文驥70518字穆天子傳右驂赤
蘢,而左白俄。鑿又蘢51646

藩 màn_16.22　五音篇海與蔓同。

薺 dì_16.22　字彙補丁計切音帝。姓也。

蔝 sāo_16.22　字彙補辛勞切音騷乾坤鑿度農穀衣蔝,
細草,似衣銜形也。

藏 chǎn_16.22　字彙補尤射·學訓篇日昏衍輯,采藏錠
蠢于學。音義未詳。或云蔵字之譌。

蔝 null_16.22　喃未詳。

蘱 jiǒng_16.22　音絅王應
麟詩攷衣錦尚蘱。出尚書大傳。鑿又蘱51820

薰 null_16.22　未詳。

藨 null_16.22　音義未詳易
林兩心相悅,共其弗藨註弗藨,別本作茅藨。

蘢 lóng_16.22　唐韻盧紅切韻會盧東切丛音朧玉篇草
名說文天蘥也陸璣·草木疏一名馬蓼,卽今之水薍草
管子·地員篇其山之淺,有蘢與斥註蘢、斥丛古草名。
囡爾雅·釋草紅蘢古註俗呼紅草為蘢鼓,語轉耳。
囡蒙蘢爾雅註彌離猶蒙蘢耳前漢·鼂錯傳草木蒙蘢
師古註蒙蘢,覆蔽之貌也囡爾雅·釋草拔,蘢葛註蘢
葛,江東呼為蘢尾,亦謂之虎葛囡地名史記·韓長孺傳
衛青破蘢城囡lǒng集韻魯孔切,蘢上聲淮南子·俶眞
訓繽紛蘢蓯註蘢蓯,聚會也司馬相如·大人賦攢羅列
聚,叢以蘢茸兮註蘢茸,聚貌。鑿又茏49288

蘜 jú_16.22　字彙補籟字之譌。鑿又蘜51838

蘖 niè_16.22　新撰字鏡蘖蘖蘖蘖蘖蘖蘖,皆蓍字。同。
五竭反。灾也。譌字。同在言部媛也。

薛 xuē_16.22　正字通薛,薛51219本字。

蕛 duǎ_16.22　喃从艸餘dư聲。瓜類,葫蘆科。

䣊 zhuàn_16.22　饡69547譌字 大字典 引民國·王國維 觀堂集林 卷四·書論語鄭氏殘卷後 古饡、饌同字。

潦 lǎo_16.22　潦51561本字 說文 潦，藤51711或从潦。

簏 lù_16.22　俗簶43000 可洪音義 之簏：音錄。

蘳 null_16.22　未詳。

蘄 null_16.22　未詳。

藭 null_16.22　未詳。

蘵 null_16.22　未詳。

蘟 null_16.22　未詳。

蘛 huò_16.22　俗蘐53618　清·翟灝 通俗編 卷十五·性情 佁儗 杜甫 西嶽賦 千乘萬騎，蘛曇佁儗。又 申報·1883·Feb. 14. Num. 3512·留別王松堂司馬 廿年市隱蘛存身，霞翠軒軒迥軼塵。

蕊 null_16.22　未詳。

蘿 null_16.22　未詳。

蕵 null_16.22　未詳。

蘺 null_16.22　未詳。

藔 null_16.22　未詳。

蘧 null_16.22　未詳。

蓥 null_16.22　未詳。

蘬 null_16.22　未詳。

蘀 null_16.22　未詳。

蘤 null_16.22　未詳。

蘠 mí_16.22　或同藤51918

蘥 fán_16.22　籀文蕃50908

蘢 huán_16.22　籀文藋51022

蘡 diǎn_16.22　籀文藁50929

蘦 null_16.22　未詳。

蘜 jú_16.22　六書正譌 蘜，日精 月令 蘜有黃華。从艸从鞠省，別作菊49733

蕨 jué_16.22　籀文蕨51003 六書統 蕨，居月切。鼈也。从艸厥聲。蕨51003，小篆省从艸 正字通 蕨，六書統 加艸作蕨，不必從 爾雅 本作鼈。俗作虌。

饡 jìn_16.22　同饡51873

醖 null_16.22　未詳。

靜 null_16.22　未詳。

藕 nòu_16.22　同耨46463 希麟音義 藕佉：上借音奴屋反。下丘迦反。梵語不求字義也。又 新唐書列傳第一百三十九藩鎮宣武彰義澤潞 大懟適去，莨莠不藕 ㋲ hāo同蔴51181 四部叢刊·初編集部柳待制文集卷之四律詩五言初夏齋中雜題 藤刺青陰密，楸花紫艷高。雨晴看爛漫，草徑莫令藕。

蘁 dì_16.22　俗薑51582

藡 yún_16.22　或同耘46426

蘭 van_16.22　喃从萬尾vĩ聲。

蘲 lǐn_16.22　同蘿51385

蘭 lìn_16.22　兼 蘭

蘆 lú_16.22　兼 蘆。 說文通訓定聲 絅，禮記中庸 衣錦尚絅 尚書·大傳 作蘏。朱駿聲按：蘏卽絅字。麻質曰纍，成衣曰裞。

蘠 jiǒng_16.22　同藾51775

蘓 sū_16.22　同蘇51734

蘀 null_16.22　未詳。

蘑 mó_16.22　皇朝通志卷一百二十五昆蟲草木略一蔬 類 蘑菇：亦作藦51498菰。菌之屬。

蘐 xuān_16.22　同蘐51166正作蘐。今作萱。忘憂草。

蘖 niè_17.23　正韻 魚列切音孽。斫木餘 ㋲ 肄生曰蘖。㋲ 字彙補 姓也 何氏姓苑 本姓薛，東莞人，避仇改之。△ 字彙 本櫱字。有屮無艸。今从艸，似誤〇按 正韻 亦下从木，非从木。疑卽櫱字之譌。蘗 又擇20373枿23795 梓24464揲20345

蘗 bò_17.23　集韻 博厄切音擘 唐韻 俗檗字 說文 黃木也。或从薛 本草 李時珍曰：蘗，木名。義未詳。俗作黃柏者，省寫之譌也 鮑昭·行路難 剉蘗染黃絲，黃絲歷亂不可治 ㋲ 與薛51221通。

蘘 ráng_17.23　古文蘘 唐韻 汝陽切音穰 說文 蘘荷也，一名葍葙 本草註 今人呼赤者爲蘘荷，白者爲覆葅，蓋食以赤者爲勝，入藥以白者爲良，同一種耳 司馬相如·上林賦 茈薑蘘荷 急就篇註 蘘荷，莖葉似薑，其根香而脆，可以爲菹，又治蠱毒 柳宗元詩註 蘘荷性好陰，在木下生者尤美，故潘岳·閒居賦曰：蘘荷依陰 ㋲ 集韻 思將切。同蒩50106奴當切。同蘘51615 蘘 又蘘51919

蘒 chù_17.23　集韻 俎感切，慼上聲 篇海 菖蒲菹也△ 正字通 左傳 作歜 集韻 蘒作蘒。

蘙 yì_17.23　唐韻 正韻 苂於計切音翳。蘙薈，草盛貌 ㋲ 集韻 草名。

蘚 xiǎn_17.23　唐韻 息淺切音癬。苔蘚也 本草 屋遊，一名瓦蘚。又 述異記 苔草亦呼宣蘚 韻會 蘚，垣衣。一曰白草名。蘚 又蘚51545

蘼 mí_17.23　集韻 民卑切音彌。草名△或作蓀。蘼 集韻 原作蓀49877

蘛 yù_17.23　唐韻 余六切音育。茂也 左思·吳都賦 異荂蘛蘛註 敷蘛，花開貌 ㋲ yú 集韻 容朱切 篇海 同葪 玉篇 亦作蘛。

蘍 zhì_17.23　集韻 直炙切音擲 類篇 草名 博雅 羊蹄蘍。見蘍51995字註△或作蘍。又作蘍。

蘜 jú_17.23　集韻 同菊。蘜 又蘜50648

蘸 qián_17.23　集韻 渠焉切音乾。草也。

蘞 liǎn_17.23　正字通 俗蘞字。

蘞 liǎn_17.23　唐韻 力鹽切音廉。蔓草 詩唐風 葛生蒙楚，蘞蔓于野 疏 蘞似栝樓，葉盛而細 ㋲ liǎn 良冉切音斂 說文 同蘞51227白蘞，藥名 ㋲ 烏蘞莓 本草 五葉如白蘞 ㋲ 集韻 力驗切音殮。義同 ㋲ ◆xiān虛嚴切音枚。蘞 又蔹50881蘞51835劍03894

蘆 lǚ_17.23　集韻 隴主切音縷。草名 爾雅·釋草 蔜，薞

纏註今繁蔓也。鍌又纏51891

蘜 jú_17.23 唐韻居六切音掬◆說文日精也，似秋華 集韻作蘜 正字通 蘜、蘜蓫同菊○按 唐韻蘜、蘜義別 正字通非。

蘟 yǐn_17.23 集韻倚謹切音隱 類篇蘟蕊，菜名，似蕨 管子·地員篇其種蘟蕊49490 鍌又蔰51129

薔 qiáng_17.23 集韻 韻會 忿慈良切音戕 說文薔薇 爾雅·釋草 薔薇 疏一名蘪冬 冈 唐韻同薔 爾雅·釋草 蔱薔 疏 蔱薔，今作薇薔，字之誤也 冈 治薔，見菊49733字註 冈 韻會 東薔。見薔51209字註。

蘡 yīng_17.23 集韻於莖切音嫈 玉篇草名 博雅 燕薁，蘡舌也 本草 蘡薁，蔓生，苗葉與蒲萄相似而小 冈 蘡子 爾雅疏 五味子作房如落葵，大如蘡子。

蘠 zhuó_17.23 唐韻直角切音濯 玉篇 蒴蘠，藥草。

蘦 jiǎn_17.23 集韻九件切音蹇 玉篇草名。

籤 xiān_17.23 集韻思廉切音纖。草名。山韭也 唐韻作 籤。

薀 kù_17.23 集韻與蓲同。

蘸 zuò_17.23 唐韻昨誤切音祚。魚醬也△集韻亦作葅。

蘁 tòng_17.23 集韻他貢切音痛 博雅 好也 冈 tǒu 唐韻 天口切，偸上聲。義同 冈 禾苗出也。鍌 廣韻 蘁，天口切。好兒。又木苗出。

蘤 wěi_17.23 唐韻韋委切音蔿 玉篇花榮也 拾遺記 西 王母進洞淵紅蘤 唐書·西域傳 王坐金蘤榻 冈 pó 韻補 旁禾切音婆 張衡·思玄賦 天地絪縕，百卉含蘤。鳴鶴交 頸，雎鳩相和 冈 字詁 蘤，古花字。鍌又蘤36901 蘤52008

韓 hán_17.23 唐韻侯旰切音翰 玉篇 白韓，草也 冈 集 韻 河干切音寒。義同。

蘸 zhuó_17.23 集韻同蘸。

蘥 yuè_17.23 唐韻以灼切音藥 玉篇 雀麥也 爾雅·釋草 蘥，雀麥 註 卽燕麥 本草 苗似小麥而弱，實似穬麥而細 冈 說文 蘥51777，天蘥。鍌又蕎49753 蘥51432

蘱 xié_17.23 集韻奚結切音頁。鳿蘱，草名。荘也 類篇 作鴻蘱。鍌 正字通 蘱，俗作蕌。

蘼 suǐ_17.23 玉篇息觜切音髓。蘼草也。

蘦 líng_17.23 唐韻郎丁切音靈 說文 大苦也 爾雅·釋草 蘦，大苦 疏 今甘草也。或曰與苓同 詩 采苓采苓。是 也 冈 通零 爾雅·釋詁 落也 楚辭遠遊 悼芳草之先蘦△亦作 苓。鍌又薑52106 稴40991

蘧 qú_17.23 古文蘧 唐韻 强魚切 集韻 韻會 求於切，並 音渠。蘧麥也 爾雅註 卽瞿麥 冈 爾雅·釋草 出隧，蘧蔬 註 蘧蔬，似土菌，生菰草中 冈 地名 後漢郡國志 齊國西安 有蘧丘里，古渠丘 冈 亭名 水經注 長垣縣有蘧亭。 冈 姓 通志·氏族略 衛大夫蘧瑗之後，漢有大行令蘧正 冈 jù 集韻 臼許切音巨。草名 冈 jù 其遽切音詎。有形貌 莊子·齊物論 昔者莊周夢爲蝴蝶，俄然覺，則蘧蘧然周 也 韻會 蘧蘧，自得貌。讀平聲 集韻 讀去聲，字亦或作 據 冈 集韻 權俱切，音劬。義同。鍌又蘧61463 冈 蘧麥， 也作瞿38230麥、蘲51939麥 可洪音義作麦52035麦。

蘦 gòu_17.23 集韻居候切音搆 類篇 草名。蒿類。

蘨 yáo_17.23 唐韻 正韻 忿餘招切音遙 說文 草盛貌。通 作繇 書·禹貢 厥草惟繇 冈 韻會 夷周切音由。義同△集 韻作蕛。

蘩 fán_17.23 唐韻附袁切音煩 玉篇 白蒿也 爾雅·釋草 蘩，皤蒿 韻會 陸璣曰：春始生香，美可蒸食，秋名曰蒿， 可以爲菹 詩·周南 于以采蘩。又 豳風 采蘩祁祁 傳 蘩所 以生蠶 正字通 蠶未出，炙蘩以沃之，則易出。 鍌又蘇51393 蘩51974

蘡 qióng_17.23 正字通 蔂字之譌。

醜 chǒu_17.23 唐韻 昌九切 集韻 齒九切忿音醜。瑞草 博雅 醜，菝葀也。

蘪 méi_17.23 唐韻武悲切音眉 說文 蘪蕪 爾雅·釋草 蘄 茝蘪蕪 註 芎藭苗也。一名薇蕪 管子·地員篇 五臭疇生， 蓮與蘪蕪，藁本白芷 左思蜀都賦 蘪蕪布濩于中阿 博物 志 諸物之相似亂者，蛇牀之亂蘪蕪 爾雅·釋草 蘪從 水生 疏 草從水生曰蘪 冈 揚子方言 蘪，蕪也 註 謂草穢 蕪也 冈 韻會 忙皮切，音麋◇義同○按蘪蕪蘪字 說文 从艸麋聲 楚辭 作蘪 相如賦 作蘪，同異雜出，不能歸一。 然考 爾雅 說文 作蘪 五經文字 有蘪字，無蘪字，宜從經 典爲正。鍌又蘪51876

蘫 lán_17.23 集韻盧甘切音藍 說文 瓜葅也。一曰水淸 冈 hàn 廣韻 呼濫切音缬。義同。

虆 kuī_17.23 古文蘬 唐韻 集韻 忿丘追切音歸 玉篇 大 蘿古也 爾雅·釋草 紅蘢古，其大者蘬 博雅 葵也 冈 說 文 薺實也 冈 馬蓼，似蓼而大也 集韻 亦作蘬 冈 huǐ 韻 會 詡鬼切音卉。人名 荀子·堯問篇 其在中蘬之言也 註 中蘬與仲虺同。鍌又蘬51638

蘮 jì_17.23 類篇几利切音冀。草名 正字通 俗字。 鍌 正字通 蘮，同蘮。

蘭 lán_17.23 唐韻落干切 集韻 韻會 正韻 郎干切忿音 闌 說文 香草也 陸甸云 蘭艸爲蘭，闌不祥也 陸璣·詩疏 其莖似藥草澤蘭，廣而長節，漢諸池苑及許昌宮中皆種

之 易繫辭 同心之言，其臭如蘭 左傳·宣三年 鄭文公妾
燕姞，夢天與蘭，曰：蘭有國香，人服媚之 屈原·離騷 紉
秋蘭以爲佩 爾雅翼 一榦一花而香有餘者蘭 図 本草 木
蘭 屈原·離騷 朝搴阰之木蘭兮 図 管子·小匡篇 輕罪入蘭
盾、鞼革二戟 註 蘭卽所謂蘭錡也，兵架也 図 脈記·扁
鵲傳 夫以陽入陰支蘭藏者生 註 支者順節，蘭者橫節。
陰支蘭，膽藏也 図 布名 華陽國志 蘭干細布。蘭干，獠
言紵也 図 人名 列子·說符篇 宋有蘭子 張堪註 凡物不知
生謂之蘭 殷敬順曰 史記 無符傳出入謂之闌。此蘭子謂
以技妄遊，義與闌同 図 姓 通志·氏族略 漢有太守蘭廣
図 萑蘭 前漢·息夫躬傳 涕泣流兮萑蘭 註 萑蘭，淚闌干
也 図 芄蘭 揚子·太玄經 陽氣親天，萬物芄蘭 註 芄蘭，
茂密也 図 通欄 後漢·東夷傳 徙于馬蘭 註 蘭卽欄。
図 通斕 吳志·孫權傳 童謠曰：黃金車，斑蘭耳。

　　𦺋 又兰02565 芌48984

𧂛 51866 26930
jì_17.23　唐韻 集韻 𠀌居例切音劌 玉篇 𧂛輂，似芹
爾雅·釋草 𧂛輂50346，竊衣 王逸·九思 𧂛輂兮青蔥 図 集
韻 類篇 𠀌其例切音偈。義同。𦺋 又蔬51530

𧂈 51867 26931
yì_17.23　唐韻 與職切音弋。藕翹也△ 集韻 或省作
翼。

𧂇 51868 26932
yú_17.23　唐韻 同𦴧。詳蕕51831字註。

藻 51870 26934
zǎo_17.23　唐韻 同漢　　**𢺝** 51869 26933　chāo_17.23　唐韻 同𢺝。

𧂧 51871 26935
jù_17.23　集韻 白許切音巨。賈𧂧，草名△或作蘆。

𧂠 51872 26936
kūn_17.23　說文 莀本字，或作蔂。

𧂡 51873 26937
jìn_17.23　集韻 同藎。𦺋 又藎51810

𧁈 51874 26938
yì_17.23　集韻 與蕃51241同。

𧁹 51875 26939
guàn_17.23　篇海 音義與萑同。見 博雅

𧁸 51876 26940
mí_17.23　直音 音糜。義與蘪同。

𧂀 51877 26941
nóu_17.23　直音 古侯切音鉤。草名。𦺋 俗薅52032

𧂁 51878 26942
tāng_17.23　直音 音義與蕩同。

𧁿 51879 26943
nǐ_17.23　篇海 魚矢切，音擬◇草盛貌。

𧂂 51880 26944
ruò_17.23　字彙補 如劣切音熱。草名。一云同蒻。

𧁰 51881 26945
jiè_17.23　字彙補 古藉51418字。見 漢元賀碑

𧁯 51882 26946
lǎo_17.23　字彙補 同藔51711後漢長沙王袁草爲藔 漢
制 从小，說文 从火。

𧁂 51887 u2B293
null_17.23　未詳。　　**𧁮** 51883 26947　huá_17.23　字彙補 穆天
子傳 有此字，註云疑驊字。△列子 作𧁮。

𧂖 51884 26948
lín_17.23　字彙補 良刃切音吝。與藺51000同。

𧂒 51888 u2B292
null_17.23　未詳。　　**𧂅** 51885 26949　niè_17.23　字彙補 夢𧂅，
草名。見 廣雅·釋草。音未詳，疑卽𧂇字之譌。

𧂆 51886 26950
kuí_17.23　字彙補 古夔09848字。

𧂑 51889 u2B291
null_17.23　未詳。　　**𧂐** 51890 u2B290　null 𠼫未詳。

𧾱 51891 u2F9B1
lǔ_17.23　同縷51837　　**𜄌** 51892 u2710C　null_17.23　未詳。

𜄋 51893 u2710B
huá_17.23　同蘳51883　　**𜄉** 51895 u27109　cōng_17.23　同蔥45162

𜄊 51894 u2710A
han_17.23　𠼫 从草漢hán省聲。

𜄈 51896 u27108
rêu_17.23　𠼫 从艿尞liêu聲。薛苔△𜄈濛：海苔。

蘅 51897 u27107
héng_17.23　俗蘅51729明 雷禮 鐔墟堂摘稿 卷十八·登
敬亭山賦 草則薜荔蕙若，傳公薝蔔；揭車菌苔，射干芒
蘺；芎藭蘅芷，葴蓱菪芝；菴藺芫藑，茴蔲葵芪。

𜄆 51898 u27106
null_17.23　未詳。　　**𜄅** 51899 u27105　null_17.23　未詳。

𜄄 51900 u27104
null_17.23　未詳。　　**𜄃** 51901 u27103　null_17.23　未詳。

𜄂 51902 u27102
null_17.23　未詳。　　**𜄁** 51903 u27101　null_17.23　未詳。

𜄀 51904 u27100
null_17.23　未詳。　　**𜃉** 51909 u270FB　sè_17.23　籀文薔51209

𜃿 51905 u270FF
cōng_17.23　古璽彙編.2404桃𜃿。

𜃺 51910 u270FA
mào_17.23　籀文蘇51147

𜃾 51906 u270FE
null_17.23　未詳。　　**𜃽** 51907 u270FD　yìng_17.23　𜃽菜埔，地
名，在臺灣嘉義縣 図 ǔng 𠼫 从茜省𜃽ǔng聲。

𜃼 51908 u270FC
guān_17.23　大漢和辞典·補遺 同䈄66388

𜃹 51911 u270F9
zhá_17.23　同蘸51956亦作鞣25983

𜃸 51912 u270F8
wēi_17.23　同薇51188益世報.1915.Dec.9③文苑 題
紅薇感舊記集定盦句（萬里）。

𜃷 51913 u270F7
khoai_17.23　𠼫 从艸𜃷khuya聲。芋。

𜃶 51914 u270F6
muống_17.23　𠼫 从艸𜃶mông聲。空心菜。

𜃵 51915 u270F5
đảng_17.23　𠼫 从苦登đăng聲。同䅝60591辛苦。

𜃴 51916 u270F4
null_17.23　未詳。　　**𜃲** 51918 u270F2　mí_17.23　同蘪51922

𜃳 51917 u270F3
xiè_17.23　龍龕 藝俗，襲54705正。

𜃱 51919 u270F1
ráng_17.23　同蘘51615亦作釀51752

𜃰 51920 u270F0
kuí_17.23　同夔09849　　**𜃍** 51921 u270CD　kuí_17.23　同夔09849

䑶 51923 u4576
hù_17.23　俗䕶56790　　**䕷** 51922 u4577　mí_17.23　荼蘪，今稱荼
蘪。荼蘪花開花事了，又可比喻紅塵將盡，故荼蘪亦名
佛見笑。宋·張邦基 墨莊漫錄·卷九 酴釄62621花或作荼
蘪，一名木香。光緒 海門廳圖志 卷十 物志 荼蘪：荊楚
歲時記 酴釄，本酒名，花色似之 學圃餘疏 酴釄即木香。
按：荼蘪葉圓，木香葉尖，花小，實二種。明·楊基 眉菴

集 莫愁寒食花開盡，更有荼蘼與木香。明·張景飛丸記·第六齣 （丑）呀！這些棧上，都開起花來了。（淨）這叫做荼蘼花。開到荼蘼花事了矣。

蘭 51924 uF91F
lán_17.23 兼蘭。
藤原忠平延喜式·卷第廿八·兵部省 凡同日節會，文武群官著昌蒲蘰囜廣漢和辭典蘰，かつら。姓氏。

蘰 51926 u8630
màn_17.23 日俗縵44796

虁 51925 u8637
kuí_17.23 俗夔09849

縫 51927 u8615
péng_17.23 同縫45171

蓲 51928 u8612
qiū_17.23 同藙52078

鬧 51928-1 u28DC8
muôn_17.23 喃从萬
門môn聲△闀醉：萬歲。闀沒：萬一。

蕎 51929 26951
qiáo_18.24 唐韻渠遙切音翹玉篇連蕎，草也。一名旱蓮子。太山山谷間甚多，其子析之，片片相比如翹，以此得名。

藍 51930 26952
xiá_18.24 唐韻胡八切，音黠。麻莖也囜jiē集韻居諧切音皆。禾藍去皮穎也。或作稭。鎣又薫50495稭40553

蘨 51931 26953
yáo_18.24 集韻同蘨說文引書厥草惟蘨。字从言篇海篆文蘨字。

蘲 51932 26955
léi_18.24 集韻同藟。或作累。

蕯 51933 26956
zá_18.24 唐韻徂合切音雜。戶簾也囜在協切。義同。鎣又薙50640雜43074

叢 51934 26957
cóng_18.24 唐韻正韻徂紅切集韻徂聰切夶音叢說文草叢生貌囜韻會株也正字通同叢○按叢聚之叢自有正義，此字祇宜依說文所解韻會之義不必遵。

藔 51935 26958
fù_18.24 集韻芳六切，音覆。通草也。一名烏藔。

藰 51936 26959
shuāng_18.24 集韻疏江切音雙玉篇草名。

蕐 51937 26960
huà_18.24 唐韻胡瓦切音踝說文黃華也囜後漢·馬融·廣成頌薙扈藰熒註花葉貌，字从圭囜huī許規切音眭。果實也。鎣與蘤51847異。

藬 51938 26961
kuì_18.24 集韻求位切音繢。草名。鎣俗蕢51602

蕖 51939 26962
qú_18.24 集韻權俱切音瞿。草名爾雅·釋草蕖麥註蕖亦作蕖。

蕫 51940 26963
dǒng_18.24 唐韻多動切音董。蕫蕫，鼓鳴。

蕃 51941 26964
chú_18.24 集韻陳如切。同藸囜常如切。同葅。

蕐 51942 26965
fēng_18.24 唐韻敷戎切，音豐玉篇蕪菁苗也揚子方言陳、楚之郊謂之蕐，魯、齊之郊謂之蘴，關東西謂之蕪菁，趙、魏謂之大芥。亦作葑爾雅疏葑也，須也，蕪菁也，蔓菁也，蕘蕪也，蕘也，芥也，七者一物也。囜sōng集韻思融切，與菘通揚子方言註蕐，舊音蜂，今江東音嵩，字作菘也。

藏 51943 26966
zhí_18.24 集韻質力切音職。爾雅·釋草藏，黃蒢註藏，葉似酸漿，花小而白，中心黃顏氏家訓江南有苦菜，葉似酸漿，花或紫或白，子大如珠，或紫或黑，即爾雅藏，黃蒢，今河北誤謂之龍葵囜本草李時珍曰：敗醬草，亦名苦藏△亦作蔵。鎣又蔳51018

蔵 51944 26967
zhǐ_18.24 玉篇同藏

菹 51947 26970
zū_18.24 唐韻同菹。

巍 51945 26968
wèi_18.24 集韻虞貴切音魏。草木採更生也。鎣柳建鈺類篇新收字考辨與研究俗書叟或作畏，音隨之變爲虞貴切，俗因此音製巍字，訓同叟35366

藨 51946 26969
biāo_18.24 正字通薸本字。

藙 51948 26971
yì_18.24 集韻同藪

藜 51950 26973
lí_18.24 集韻陵之切音藜。草名。夫須也囜同萊49843

蘼 51949 26972
wéi_18.24 集韻同蘼音未詳。草名，大蘭也。葉細，花紅紫色。

蒟 51951 26974
jú_18.24 集韻居六切音匊。

藬 51954 26977
yì_18.24 玉篇同藬

蕊 51952 26975
ruǐ_18.24 集韻同蕊。囜潘岳·藉田賦瓊鈒入蕊註蕊，聚也。

薦 51955 26978
jiàn_18.24 篇海同薦

藋 51953 26976
zhuó_18.24 集韻同藋。

蕸 51956 26979
zhá_18.24 直音直夾切音協。花突開△亦作蕸。鎣又作蕸51911蕸25983，華葉重多貌。

蕉 51957 26980
qiáo_18.24 字彙補集韻與樵同○按集韻本作藮，已見十五畫字彙補誤从缶。

薓 51958 26981
shēn_18.24 字彙補薆字之譌，出吳韻

蕘 51959 26982
shāo_18.24 字彙補同燒。

薂 51960 26983
xiāo_18.24 音未詳•本草石決明，一名紫薂陶氏云俗傳是紫貝附石生者江淹·石劫賦序石劫，一名紫薂，蚌蛤類也○按薂字，字書俱不載廣雅云紫蚴，紫薂卽今仙人掌。楊慎贊云蘭陵紫蚴，江淹紫薂。是惟蚌類，發花應春。薂與春爲韻，當讀如矞字，疑薂卽薈字別音。鎣又薈52064

臍 51961 u2B296
null_18.24 未詳。

藕 51962 u2B295
null_18.24 未詳。

蘱 51963 u2B294
null_18.24 喃未詳。

藺 51968 u27131
tà_18.24 蘭茸，闒茸。

蘿 51964 u27135
rap_18.24 喃从艸獵lốp聲。

顒 51965 u27134
ngồng_18.24 喃从莖省顒ngóng聲。

轎 51966 u27133
kiệu_18.24 喃从草喬kiều聲。蒃頭。

謨 51967 u27132
mo_18.24 喃从艸謨mô聲。

蘺 51969 u27130
jī_18.24 蘺薇，也作雞薇，一種蘑菇滇南新語·蔬異蕈中有蘺薇，大者如捧盤，厚逾口蘑，初色黑，鮮妙無媲囜地名元史·本紀第十七·世祖十四丁卯，中書省臣言：茚蘺、十圍、安化等新附洞蠻凡八萬，宜設管軍

民司，以其土人蒙意、蒙世、莫仲文為長官，以呂天佑、塔不帶為達魯花赤。

蘁 51970 u2712F wù_18.24 俗寤12497 金石文字辨異 漢 華山廟碑 休嘉啓蘁。邢澍案：說文 寤籀文作寣，碑從籀文省。

蘙 51971 u2712E null_18.24 未詳。

蘒 51973 u2712C fú_18.24 俗蔽75136

蘕 51972 u2712D null_18.24 未詳。

蘩 51974 u2712B fán_18.24 籀文蘩51393

蘭 51975 u2712A huá_18.24 同蘭51230

藻 51976 u27129 zǎo_18.24 籀文藻51709

檽 51977 u27128 nóu_18.24 俗檽52032

韞 51978 u27127 yùn_18.24 俗蘊51741 可洪音義 偣韞：於粉反。蔵也。崇正作蘊、縕二形。

蕧 51979 u27126 null_18.24 未詳。

蘓 51980 u27125 null_18.24 未詳。

蘸 51981 26984 zhàn_19.25 唐韻 集韻 韻會 正韻 丛莊陷切，斬去聲 說文 以物投水也，此蓋俗語 庾信 鏡賦 朱開錦蹹，黛蘸油檀。

蘼 51982 26985 lí_19.25 唐韻 呂支切 韻會 鄰知切丛音離 博雅 著也 說文 草木附麗地而生也 又 郎計切音麗。義同 又 與蘺51861通△ 集韻 或作欐。通作麗。 又欐09670蘿52071

蘹 51983 26986 huái_19.25 集韻 乎乖切音懷。草名 本草 蘹香 註 北人呼爲茴香，聲相近也。詳茴49339字註。

蘿 51984 26987 luán_19.25 唐韻 落官切音鑾。義同欒52094

蘙 51985 26988 yì_19.25 集韻 同藹

蘶 51986 26989 wěi_19.25 六書正譌 俗蘶字 又 集韻 武斐切音尾。草名。

蘺 51987 26990 lí_19.25 唐韻 呂支切 韻會 鄰知切丛音離 說文 江蘺蘼蕪 爾雅註 楚謂之蘺，晉謂之虈，齊謂之茝 司馬相如·上林賦 被以江蘺 又 淮南子·泰族訓 蘺先稻熟，而農夫薅之者，不以小利害大穫 註 蘺，水稗也 又 藩蘺 前漢·陳涉項籍傳贊 築長城而守藩蘺。 又离蘺52066

蘻 51988 26991 jì_19.25 唐韻 古詣切音計 說文 草名 爾雅釋草 蘻，狗毒 註 樊光云俗語苦如蘻。

蘼 51989 26992 rán_19.25 唐韻 集韻 丛如延切音然 說文 草也 又 玉篇 爇也△ 集韻 亦作蘸。

蘼 51990 26993 mí_19.25 唐韻 靡爲切 韻會 忙皮切丛音縻。草名 爾雅·釋草 蘠蘼，虋冬 又 蘼蕪 楚辭·九歌 秋蘭兮蘼蕪。詳蘺51861字註 又 玉篇 亡彼切音美。義同。 又芙50222 羙50487蘼51922

蘽 51991 26994 lěi_19.25 唐韻 力軌切 集韻 魯水切丛音壘 說文 木名 爾雅釋木 山蘽，似葛。虎蘽，有毛刺 韻會 引 爾雅 註 云江東謂虆薁爲千歲蘽，卽今言萬歲藤，大者如盌，故字从木，其形蔓似草，故从艸，在草木之間也△ 正字通 同藟○按 說文 唐韻 諸書，藟訓草，蘽訓木，二字義別 正字通 說非。 又櫐25843靁26211茡50465

蘵 51992 26995 shí_19.25 唐韻 賞職切音識 本草 苦蘵，卽苦參，一名苦骨菜。似槐，花黃色，結角如蘿蔔子，內子二三粒，如小豆而堅，根味苦。

蘾 51993 26996 diān_19.25 集韻 多年切音顛 玉篇 草頭也。

蘾 51994 26997 huài_19.25 唐韻 胡怪切音壞。草名◆ 爾雅 釋草 澤烏蘾 註 卽上蘾也。生于水澤。

蘼 51995 26998 zhú_19.25 集韻 厨玉切音躅。草名 博雅 羊蹢躅，英光也 又 正字通 毒草也。有黃杜鵑、老虎花、鬧羊花諸名，與 博雅 所訓別 韓愈詩 躑躅成山開不算△ 集韻 或省作薥。

蘼 51996 26999 lì_19.25 集韻 郎狄切音歷 類篇 水草。

蘿 51997 27000 luó_19.25 唐韻 魯何切 正韻 郎何切丛音羅 玉篇 女蘿託松而生◆ 詩·小雅 蔦與女蘿，施于松柏 傳 女蘿，兔絲，松蘿也 疏 松蘿，自蔓松上生，枝正青，與兔絲殊異 韻會 陸佃云在木爲女蘿，在草爲兔絲 屈原·離騷 被薜荔兮帶女蘿 又 說文 莪也 爾雅·釋草 莪蘿 註 今莪蒿也 又 爾雅釋草 莪蘆菔 疏 今謂之蘿蔔 又 苧49171蘿，山名。 又萝50018

虀 51998 27001 jī_19.25 篇海 牋西切音躋 釋名 虀，濟也，與諸味相濟成也△ 唐韻 作韲、虀 集韻 俗作虀，非是。 又薺52042虀52076齏52068齏52119 又 字彙 虀，同齏。

蘉 51999 27002 dèng_19.25 唐韻 都鄧切音磴。蘉蘉，新睡起貌。又 字彙補 五臺山名 又 téng 集韻 徒登切音騰。蘉瞢，目暗。 蘉蘉，又作瞪瞢38129瞪懵、蘉懜、憕懵、瞢蘉、瞪瞢。

虃 52000 27004 zàn_19.25 集韻 則旰切音贊◆ 爾雅·釋草 薜，牡虃。 又 zā 子末切，拶入聲。草木叢生也。

蘢 52001 27005 bēi_19.25 集韻 與蘢同。 又籠43103

蘿 52002 27006 luó_19.25 唐韻 落戈切音螺。草名。生水中 齊民要術 蘿菜，葉似竹，生水旁 又 集韻 倫爲切音羸。義同。 又蘿52086

蠶 52003 27007 cán_19.25 正字通 才寒切，音慙◇蠶菜，生陰地，方莖，對節，白花○按蠶字 本草 音慙。蠶菜生江南陰濕地，方莖，對節而生，氣味辛平，無毒。此字本不从艸 正字通 收入艸部，未知何據。

薑 52004 27008 jiāng_19.25 唐韻 薑本字。

蘧 52006 27010 āo_19.25 集韻 於刀切音麕 篇海 草名。

蘷 52007 27011 kuí_19.25 集韻 渠龜切音夔。菜名。 也作蘷52028

蘳 52008 27012 huā_19.25 集韻 與花同。 俗蘳51848

藻 52005 27009 zǎo_19.25 集韻 同藻

蘭 52009 27013 jiǎn_19.25 集韻 吉典切音蘭。草名，紫基也，或作蘭△ 篇海 亦作蘭。

蘭 52010 27014 jiǎn_19.25 篇海 註見蘭52009

蓪 52011 27015 diào_19.25 集韻 與藋同△類篇作蓪。

藭 52012 27016 qióng_19.25 直音 同藭。

遼 52013 27017 líng_19.25 字彙補 古文菱49799字。

蘡 52014 27018 yíng_19.25 字彙補 音盈。菊花。

蘽 52015 27019 chuǎ_19.25 字彙補 蘽字之譌。見 篇韻

蘘 52016 27020 ráng_19.25 集韻 襄51826古作蘘。

蘦 52020 u27154 null_19.25 未詳。

蘱 52017 26954 lèi_19.25 唐韻 韻會 盧力遂切音類。爾雅·釋草 蘱薡蕫註 蘱似蒲而細 又博雅 蘱、芧，蔽也 又地名 公羊傳宣十年 公孫郱父帥師代邾婁取蘱△字彙補 或讀作媿。鍌 又頰68312

藍 52018 u2B297 lán_19.25 龍龕 藍正藍51434今，魯甘反。染草。又姓。

臘 52019 u27155 rap_19.25 喃 从艸臘lạp聲△孵蘭：臨時窩棚。

蘮 52023 u27151 null_19.25 未詳。

蘞 52022 u27152 jiào_19.25 同蘞64224古文校 字學三正·第一冊·古文異體 訧蘞，校。

藭 52021 27153 qióng_19.25 正字通 蓩51604，本作藭。

蘨 52024 27150 null_19.25 未詳。

蔾 52025 u2714F lí_19.25 籀文藜51577

蘿 52027 uF910 luó_19.25 兼 蘿。

蕢 52026 u2714E xù_19.25 籀文蕢51572

虁 52028 u8641 kuí_19.25 同蘷52007

蕗 52029 27021 lù_20.26 唐韻 洛故切音路。蒸葵，繁露也△集韻 或作蕗。

蘮 52030 27022 yì_20.26 直音 同蘮正字通 毛詩 借鷊爾雅 本作蘮說文 譌从鳪。鴂、鴀二鳥形體別 爾雅 鴀綬草，似鴀不似鴂，宜从蘮集韻 鴀改作蘮，非。鍌 又蘮51954鴀73906

黨 52031 27023 dǎng_20.26 唐韻 多朗切音黨。草名。鍌 胡吉宣：同檔26148

蕠 52032 27024 nóu_20.26 集韻 奴侯切音糯玉篇 草也。鍌 又蕠51769蕠51977蕠51877

蘞 52033 27025 jiān_20.26 唐韻 子廉切音尖。草名爾雅·釋草 蘞，百足註 未詳又集韻 思廉切音纖。義同。

虆 52035 27027 yuè_20.26 唐韻 集韻 丛縛切音腰玉篇 虆子，菜名。鍌 又可洪音義 虆麥：上其俱反。正作蓮51855

蘱 52034 27026 yì_20.26 集韻 同蘱

蒤49494字 又集韻 魚枕切音嚴。草名。

藋 52036 27028 yán_20.26 玉篇 古

蓪 52037 27029 diào_20.26 篇海類編 同藋51424 鍌 又蓪52092

蕛 52046 u2B29A null_20.26 喃 未詳。

薄 52047 u2B299 null_20.26 未詳。

蕲 52038 27030 qín_20.26 集韻 與蕲同

蔪 52039 27031 cáo_20.26 說文 曹本字

蕭 52048 u2B298 null_20.26 未詳。

蘱 52041 27033 zhá_20.26 篇海 直甲切直音作蘱51956

蘱 52042 27034 jī_20.26 篇海 同齎○按卽蘱字之譌。

蘱 52043 27035 jiē_20.26 字彙補 六書統 與稭同○按卽蘱字。

蘱 52044 27036 wéi_20.26 字彙補 羊捶切音委。草木花初出也。見 篇海大成。與蘱同。鍌 又同芛49036蕍50958

蘱 52053 u27169 xián_20.26 同揗20660

聚 52040 27032 jù_20.26 字彙補 同聚

蘱 52045 27037 null_20.26 字彙補 人名，宋王蘱爲臨江守，刻 淸江三孔集。音未詳。

蘱 52054 u27168 null_20.26 未詳。蒙mông聲。蘿菜△亦作藗51914

蒙 52049 u2716D muǒng_20.26 喃 从草

蘱 52050 u2716C men_20.26 喃 从萰蛮man聲。黴爛。

蘱 52051 u2716B rác_20.26 喃 从艸覺giác聲。垃圾。

蘱 52055 u27167 null_20.26 未詳。

蘱 52056 u27166 null_20.26 未詳。

蘱 52058 u27164 null_20.26 未詳。

蘱 52052 u2716A chǔn_20.26 蠢53683本字

蘱 52057 u27165 null_20.26 未詳。

蘱 52059 u8645 téng_20.26 同藤51592可洪音義 藤蕚：上徒登反。正作藤。

蘱 52060 u8644 sal_20.26 韓 箭矢。

蘱 52062 27039 lǐ_21.27 集韻 里弟切音蘱。赤草也 又按 正字通 引 本草强合作蘱，恐未足信。

蘱 52061 27038 léi_21.27 唐韻 力追切韻會 倫追切，並音虆。蔓也 又luó盧戈切音螺 孟子 蓋歸反，蘱梩而掩之 趙岐註 蘱梩，籠丣之屬 詩 大雅 捄之陾陾 傳 捄，蘱也 箋 築牆者，捊聚壤土，盛之以蘱 又lěi集韻 魯水切音壘。義同。△玉篇 與藟、蘱通 韻會 亦作蘱。鍌 又虆43129正字通 蘱42554，俗藟字。蘱50657，同蘱集韻 虆，或作蘱51991

蘱 52063 27040 quǎn_21.27 唐韻 去阮切音絭爾雅·釋草 其萌蘱註 江東呼蘆筍爲蘱，然則萑葦之類，其初生者皆名蘱。又廣韻 去願切音勸集韻 連員切音權。義丛同。

蘱 52064 27041 xiāo_21.27 唐韻 許嬌切音枵玉篇 香草也本草 白芷，一名蘱說文 楚謂之蘺，晉謂之蘱，齊謂之茝王逸九思 芳蘱兮挫枯蘭謝靈運詩 白華耀陽林，紫蘱曄春流。通作蕭。

蘱 52065 27042 è_21.27 唐韻 五革切音彌。小草爾雅釋草 蘱綬註 小草，有雜色似綬 又yì廣韻 五歷切音鵙。義同△集韻 或作蕚、蘱玉篇 亦作蘱。

蘱 52066 27043 lí_21.27 直音 同蘺。鍌 集韻 蘱，雞蘱，鳥名。自爲牝牡。或作鸝。

蘱 52067 27044 hù_21.27 篇海 胡故切音護 韻學集成 神蘱，草名。○按 本草 作護。

蘱 52068 27045 jī_21.27 唐韻 祖稽切音躋。蘱菜 又直音 與虀同。

52069 27046 hǎn_21.27 集韻許旱切音熯。草名。又hàn去聲，虛旰切音漢。義同。

52070 27047 yù_21.27 集韻與藚同又于六切，囿入聲。義同。

52074 u27177 null_21.27 未詳。

52071 27048 lì_21.27 篇海與虆同

52072 u27179 jú_21.27 同蘜72788集韻鞠72186，或作蘜。

52073 u27178 xùn_21.27 正字通蕈50930，本作蕈。

52075 27176 jiǎn_21.27 俗蘭45002

52079 27049 nàng_22.28 字彙奴浪切，囊去聲。蘘蘘，草貌△集韻作蘘。

52076 u27214 jī_21.27 同虀51998 又玉篇呼旦切，音罕◇義同，亦作薤。璽虆52118籀文

52080 27050 hàn_22.28 集韻同蘺

52077 u4580 xiāo_21.27 同蘠52064

52081 27051 niàng_22.28 篇海同釀

52078 uFA20 qiū_21.27 同萩50026 音海篇海肉醬也△正字通籀文醢字。

52082 27052 hǎi_22.28 集韻許亥切

52083 27054 mén_22.28 虋字之譌，見五音篇海

52084 27055 yì_22.28 字彙補於力切音抑集韻數也，通作億。

52085 45322 chèn_22.28 搜眞玉鏡音讖

52087 u2B29C null_22.28 未詳。

52086 45323 luó_22.28 篇海落戈切音螺。草名，生水中○按卽蘿字之譌。

52089 u27185 null_22.28 未詳。

52090 u27184 thuốc_22.28 喃藥△省作菜49644△蘂蘿：煙草。蘂湯：藥品。菜洗：瀉藥。

52088 u2B29B zhí_22.28 同蘜51832躑蘜。

52092 u27180 diào_22.28 俗藋52037 管子·卷八·小匡第二十·内言三五穀不蕃，六畜不育，而蓬蒿藜藋竝興。藋，徒弔反。

52093 u2717F null_22.28 未詳。

52091 u27181 cóng_22.28 籀文叢51934

52095 27057 luán_23.29 集韻同虆

52094 27056 luán_23.29 集韻盧丸切音鸞說文蔓葵也博雅虆茿，鳧葵也又閭員切，音攣。義丛同唐韻省作虆集韻亦作虆。

52096 27058 yuè_23.29 唐韻以灼切集韻弋灼切丛音藥。風吹水貌又lǎ唐韻盧下切。義與蓼51585同。

52097 27059 juān_23.29 集韻圭玄切音蠲說文麥莖也潘岳射雉賦闃閴藟葉。

52099 27061 fēng_23.29 集韻方馮切音風。竹名，出南海。

52101 u2718E null_23.29 未詳。

52098 27060 yì_23.29 說文卽薉字

52102 u2718D null_23.29 未詳。

52100 27062 biē_23.29 玉篇與蘵同

52103 u2718C jī_23.29 同虀51998

52105 u4584 rán_23.29 同爇52104

52104 u2718B rán_23.29 同爇52105 說文然，燒也。爇，或从艸難。段注：按，篆當作爇。或古本作爇，轉寫奪火耳。

52106 27063 líng_24.30 集韻郎丁切音靈。草名。旱荷也。一曰蔬似葵△或省作薐。薐又茨49625

52107 27064 mǎn_24.30 集韻母版切，瞞上聲玉篇草名。

52108 27065 niàng_24.30 唐韻如兩切音壤。草名博雅釀萊，蘇也揚子方言蘇之小者謂之釀又niàng廣韻女亮切音釀說文菜也博雅釀、酺，葅也齊民要術種蔓菁，擬作乾菜及釀葅者，割訖則尋手擇治而辦之，勿待萎。又集韻如陽切音攘。義同。釀又蘘52081

52109 27066 gàn_24.30 唐韻集韻丛古禫切音感說文草也。又gòng廣韻古送切音貢。蕙苡別名博雅贛實，蕙苡也又古暗切音紺。義同。釀又糤43667芉48995

52111 27068 huān_24.30 集韻歡26528古作蘽。

52112 u27175 null_24.30 未詳。

52110 27067 huò_24.30 說文藿本字

52113 27069 mén_25.31 唐韻集韻韻會莫奔切正韻謨奔切丛音門爾雅·釋草虋蘠，虋冬註門冬，一名滿冬山海經鮮山，其草多虋冬又說文虋，赤苗嘉穀也爾雅·釋草虋，赤苗註今之赤粱粟，本音門集韻亦作眉貧切，引郭璞讀作旻又通廛詩·大雅維穈維芑△六書正譌俗作虋。釀又稑40764虋52083虋51662

52114 27071 biē_25.31 唐韻幷列切音鱉爾雅·釋草蕨，蕽註蕨初生無葉，可食，今江西謂之蕽。釀又虌52100

52115 27073 nàng_25.31 集韻乃浪切音纗。詳虆52079字註。

52116 27074 yǒu_25.31 集韻云九切音有。草名。从苗四禾。

52117 27075 hàn_26.32 玉篇卽蘺字。

52118 u2719A hàn_26.32 說文解字注蘺52080，籀文作虆。

52119 u26E85 jī_26.32 同虀51998

52120 27076 hǎi_27.33 集韻同虆。

52121 27070 yù_29.35 集韻紆勿切音欎玉篇香草。

52122 27078 sūn_29.35 字彙補心尊切音孫。香草也。釀龍龕蓀古，蓀50427今。

52123 27072 cū_33.39 唐韻倉胡切集韻聰徂切丛音粗說文草履也又玉篇靑五切音縒。義同。

52124 27077 yòu_39.45 字彙補以救切，音囿◇園也。

• 虍部 •

52125 27079 hū_0.6 古文虝唐韻荒烏切音呼字林虎文也六書正譌象其文章屈曲也又通志六書略象虎而剡其肉皮之形類篇凡虍之類皆从虍○按說文玉篇類篇等

書，虍虎虤分作三部，今从字彙正字通併入。

虍 52126 u2F8C hū_0.6 同虍52125部首專用字。亦作虎52127

虎 52127 u2EC1 hū_0.6 部虍52126

虎 52128 27080 hǔ_2.8 古文虝䖑虝 唐韻火古切集韻韻會火五切𡘋音滸玉篇惡獸也說文山獸之君，从虍从儿，虎足象人也徐鉉註象形易乾卦風從虎詩·小雅匪兕匪虎，率彼曠野大戴禮三九二十七，七主星，星主虎，故虎七月而生述異記虎千年，則牙蛻而角生又姓廣韻漢有合浦太守虎旗，其先八元伯虎之後又州名，唐有虎州，後避太祖諱改武州。又灘名水經注夷水又東逕虎灘又山名吳越春秋吳王葬闔門外，金玉精上浮爲白虎，名虎丘又便器名西京雜記漢朝以玉爲虎子，以爲便器又與琥通吳志裴松之註虞翻曰：僕聞虎魄不取腐芥△六書正譌象虎踞而回顧之形△篇海儿，古人字，虎足象人，故从人。从儿，誤△干祿字書通作虝。𩇕又乕00316乕04840乕14797䖊74433𧇭15815𧆞05015虝52146虝52170

虐 52129 27081 nüè_2.8 篇海同虐

虔 52130 u2719B qián_2.8 俗虔52143金石文字辨異引唐敬節法師塔銘

虏 52131 u864F lǔ_2.8 简虜52175

虖 52135 45324 xū_3.9 字彙補同虖

虖 52132 27082 xū_3.9 集韻匈于切音吁類篇虎吼也。

虐 52133 27083 nüè_3.9 古文虐𧆥唐韻魚約切集韻韻會逆約切𡘋音瘧增韻苛也書湯誥以敷虐于爾萬方百姓又災也書·盤庚殷降大虐傳我殷家于天降大災又說文殘也左傳·襄十八年陵虐神主註數伐魯，殘民人又yào韻補宜照切，叶去聲毛詩匪用爲教，覆用爲虐。借曰未知，亦聿既耄又nì宜戟切音逆史記·敘傳子羽暴虐，漢行功德△類篇本作虐，亦作虐、虐。𩇕又虐52136𧇊36704䨮66413㝟41019虐虐52162䖈52144𧆥24065

虐 52134 27084 nüè_3.9 字彙補同虐漢·魯君碑外撮强虐。

虐 52136 u2B29E nüè_3.9 同虐52133

虐 52137 u2F9B3 nüè_3.9 同虐52133

虎 52138 u2719E hǔ_3.9 俗虎52128

虑 52139 27085 bì_4.10 玉篇房七切。愁貌。𩇕又慮52181正字通虑，慮52161字之譌。

虒 52140 27086 sī_4.10 唐韻息移切集韻相支切𡘋音斯說文委虒，虎之有角者又地名前漢地理志蜀郡緜虒又上虒，亭名水經注斷梁城，即上虒亭也又下虒，臺名劉歆遂初賦過下虒而歎息兮，悲平公之作臺又虒祁，宮名左傳·昭八年晉平公築虒祁之宮又tí類篇田黎切音題。虒奚，縣名又zhì丈尔切音豸司馬相如·上林賦偨池茈虒註茈虒，不齊也。𩇕又㕓15657虒15535㕓04918

虓 52141 27087 yì_4.10 唐韻魚肺切集韻魚刈切𡘋音乂玉篇虎貌又類篇牛例切音劓。義同。𩇕又𧆠52154又字海虓，同虓。字見字彙補又虓，同虓。字見集韻又虓，同虓。字見說文

虓 52142 27088 xiāo_4.10 唐韻許交切集韻韻會正韻虛交切𡘋音哮說文虎鳴也詩·大雅進厥虎臣，闞如虓虎傳虎之自怒虓然晉書·王戎傳戎年六七歲，宣武場觀戲，猛獸大檻中虓怒震地又類篇一曰師子也又韻會亦作唬韓愈征蜀聯句下書遏雄唬△或作猇。𩇕又虓52167虓52147虓52150又龍龕猇52207，胡交反。熊加全：俗虓。

虔 52143 27089 qián_4.10 唐韻集韻韻會𡘋渠焉切音乾說文虎行貌又爾雅·釋詁虔，固也書·呂刑奪攘矯虔疏若固有之。言取得人物，若已自有也又敬也魯語少采夕月，與太史司載糾虔天刑又榩也詩·商頌方斲是虔又博雅惠也，少也又殺也左傳·成十三年虔劉我邊陲又玉篇强取也又端正貌也又姓通志·氏族略風俗通云陳留虔氏，黃帝之後又州名韻會漢豫章郡雩都贛縣，唐置虔州。𩇕又虔52130虔52151䖍04696𡙁04691雵66433

䖈 52144 27090 nüè_4.10 直音與虐52133同。

虓 52145 27091 yì_4.10 字彙補魚戟切音逆。虎貌。又聲也。

虝 52146 45325 hǔ_4.10 龍龕音虎。𩇕亦作虝52170俗虎。

虓 52147 45326 xiāo_4.10 五音篇海音畜。𩇕俗虓52142

虞 52148 u2B29F yú_4.10 虞丘，同吾丘，亦作虞邱，複姓。

虖 52149 u271A0 hū_4.10 俗虖52158

虔 52151 u458D qián_4.10 俗虔52143

虓 52150 u2719F xiāo_4.10 字彙補虓，與虓52142同。

虏 52152 27092 lú_5.11 篇海力胡切音蘆。飯器說文甂也六書正譌从甾虍聲又字彙補虎文也△唐韻作𥂗。𩇕又𧆷52223又龍龕𥂗52171或作，𧇡52163正。

虓 52153 27093 xiá_5.11 玉篇音狎。虎也。𩇕俗𧇧52199虎習搏。

𧆠 52154 27094 yì_5.11 篇海魚既切音毅。虎息也△正字通虓字之譌。

𧆨 52155 27095 xiá_5.11 唐韻胡甲切音狎。虎習搏也玉篇今作狎又字彙補與柙同。見金石韻府。亦作𧆨。𩇕龍龕𧆨15503胡甲反。虎習㒵又字彙𧇧52199同𧆨。

虓 52156 27096 yì_5.11 唐韻魚迄切集韻魚乙切𡘋音疙說文虎貌又集韻魚既切音毅。義同。𩇕又虓52145虓52166

處 52157 27097 chǔ_5.11 唐韻昌與切集韻正韻敞呂切𡘋音杵玉篇居也詩·召南莫或遑處又止也詩·召南其後也處。△廣韻留也，息也，定也又居室也詩·大雅于時處處。又歸也左傳·襄四年民有寢廟，獸有茂草，各有攸處。又分別也晉書·杜預傳處分既定，乃啓請伐吳之期。又制也晉書·食貨志人閒巧僞滋多，雖處以嚴刑，而不能禁也又姓前漢·藝文志處子九篇師古註史記云趙有處子廣韻風俗通云漢有北海太守處興又州名一統志晉屬永嘉郡，隋置處州又chù廣韻讀去聲，昌據切。所也詩·邶風爰居爰處，爰喪其馬魯語五刑三次註次，

處也。三處，野、朝、市也 [又] jù [集韻] 居御切。通據。人名，齊有梁丘處 [又] 通杵 [公羊傳·僖十二年] 陳侯處臼卒 [註] [左傳] 作杵臼△ [說文] 作処△ [廣韻] 俗作處。鑾又處66493処09774尻03089凥03084處66470處00121處09790

虖 52158 27098 hū_5.11 [唐韻] 荒烏切 [韻會] 荒胡切𠀤音呼 [玉篇] 哮虖也 [又] 歎辭也 [前漢·武帝紀] 嗚虖，何施而臻此歟 [師古註] 虖讀曰呼 [又] 水名 [山海經] 木馬之水，東北流注于虖沱 [又] hù [類篇] 後五切音戶。人名 [莊子·山木篇] 孔子問子桑虖 [又] xū [廣韻] 况于切音吁。虎吼也 [又] [集韻] 乎，古作虖 [前漢刑法志] 引 [論語] 攝乎大國之閒作虖 [汲黯傳] 寧令從諛承意陷主于不義虖 [宣帝紀] [書] 不云虖：鳳皇來儀，庶尹允諧 [又] xīng [集韻] 醯經切音馨 [周禮夏官職方氏] 其川虖池嘔夷 [註] 虖，香刑切。池，徒多切△ [說文] 作虖。鑾又虖52135虖52149 [又] [正字通] 虖52132虖字之譌。[又] 雽66464 [偏類碑別字·虖] 引 [偽周韋城縣主簿梁鎣墓誌]

虗 52159 27099 xū_5.11 與虛同。鑾又虗52189本字。

虘 52160 27100 cuó_5.11 [集韻] 才何切音醝 [玉篇] 同䖒。

虙 52161 27101 fú_5.11 [唐韻] [集韻] [韻會] 𠀤房六切音服 [說文] 虎貌 [又] [廣韻] 古與伏通 [正韻] 虙犧氏，以能馴虙犧牲也 [又] 與宓通 [顏氏家訓] 孔子弟子虙子賤爲單父宰，卽虙犧之後。俗字亦爲宓，今兖州永昌郡，舊單父地是也。東門有子賤碑，漢世所立，乃云濟南伏生卽子賤之後，乃知虙與伏古來通，字誤以爲宓 [前漢·司馬相如傳] 靑琴虙妃之徒 [師古註] 虙與伏字同，字本作虙也。鑾作虙52139譌。

虐 52162 27102 nüè_5.11 [說文] 虐本字。鑾同㡻。

䖒 52163 27103 lú_5.11 [唐韻] 同盧

虖 52165 27105 hū_5.11 [說文] 虖本字。

虐 52164 27104 nüè_5.11 [集韻] 同虐 [說文] 殘也。虎足反爪人也。

虒 52166 27106 yì_5.11 [集韻] 虒52156亦書作虒。

虓 52167 27107 xiāo_5.11 [字彙補] 與虓同。人名 [十六國春秋] 梓潼太守周虓 [晉書] 作虓。

𧆞 52168 45327 hù_5.11 [五音篇海] 音熇。

𧆰 52169 u271B0 zǐ_5.11 子11729淸三合會旗號字。參見虤52185

𧆮 52170 u271AE hǔ_5.11 同𧆞52146俗虎。

𧆭 52171 u271AD lú_5.11 俗䖒52152

䖏 52172 u458F chǔ_5.11 俗處52157

虚 52173 u865A xū_5.11 參見虛52174

虛 52174 27108 xū_6.12 古文㐀 [唐韻] 朽居切 [集韻] [正韻] 休居切𠀤音噓。空虛也 [又] [易繫辭傳] 周流六虛 [註] 六虛，六位也 [疏] 位本無體，因爻始見，故稱虛也 [又] [大戴禮] 虛土之人大 [註] 虛，縱也 [又] 孤虛 [史記·龜筴傳] 日辰不全，故有孤虛 [又] 星名 [書堯典] 宵中星虛 [又] 姓 [通志氏族略] 虛氏。見 [姓苑] [又] 虛無，山名 [顏氏家訓] 柏人城東有一孤山，或呼爲虛無山 [又] qū [廣韻] 去魚切音袪 [說文] 大丘也 [集韻] 古者，九夫爲井，四井爲邑，四邑爲丘，丘謂之虛 [又] 地名 [春秋·桓十二年] 會宋公于虛 [註] 宋地 [又] 水名 [前漢·地理志] 琅邪郡虛水 [又] 次也 [晉語] 實沉之虛，晉人是居 [又] xǔ [韻補] 喜語切音許 [毛詩] 升彼虛矣，以望楚矣 [又] 叶虛王切 [道藏歌] 提攜高上賓，反吾素靈房。道場靈沫內，高歌登大虛 [干祿字書] 通作虗。鑾又虗52159䖾71640虛52189覀54978㐀04677 [又] [字彙補] 㐀00442，與虛同。

虜 52175 27109 lǔ_6.12 [唐韻] 郎古切 [集韻] [韻會] 籠五切𠀤音魯。虜掠也 [漢書·晉灼註] 生得曰虜，斬首曰獲 [又] 地名 [水經注] 淄水又東逕臨淄縣故城，其外郭卽晉獻公所徙臨淄城也，世謂之虜城△ [六書正譌] 生得者，則以索貫而拘之，故字从毌从力。俗从男，非。鑾又虜52205虜52184虜52131

虒 52176 27110 yín_6.12 [唐韻] 語斤切音垠 [說文] 虎聲也。

虎 52177 27111 mì_6.12 [唐韻] [集韻] 𠀤莫狄切音覓 [說文] 白虎也。△ [類篇] 或作虎 [玉篇] 俗作覤。鑾又虎52201 [又] [經典文字辨證書] 虎正覤俗。

虐 52178 27112 nüè_6.12 [類篇] 古文虐52133字 [玉篇] 作䖈。

䖑 52179 27113 hǔ_6.12 [集韻] 虎52128古作䖑。

䖓 52180 45328 tuī_6.12 [搜眞玉鏡] 音推。

䖔 52181 45329 wū_6.12 [五音篇海] 音烏。

𧆱 52182 u2B2A1 null_6.12 未詳。

𫊠 52183 u2B2A0 null_6.12 从虎从丰，見 [殷周金文集成.11.5477.䖬鳥形尊]

虜 52184 u2F9B4 lǔ_6.12 同虜52175

𧆶 52186 u271B6 null_6.12 未詳。

𧆷 52185 u271B7 gōng_6.12 公02554淸三合會旗號字。淸·徐珂 [淸稗類鈔·會黨類] 三合會：虤䖳𧇃𧆰𧇄……各從其次，製為旗。

𧆵 52187 u271B5 null_6.12 未詳。

𧆴 52188 u271B4 null_6.12 未詳。

𧆳 52189 u271B3 xū_6.12 同虗52159虛52174本字。

𧆲 52190 u271B2 xī_6.12 [直音篇] 虛同䖷52191

䖷 52191 27114 xī_7.13 [唐韻] 許羈切 [集韻] 虛宜切𠀤音羲 [說文] 古陶器也 [六書正譌] 於戲之戲从此 [正字通] 戲字或从丘，非。鑾又𧆲52190

䖵 52192 27115 líng_7.13 [唐韻] [集韻] 𠀤郎丁切音靈。似虎而小，出南海 [舉要] 訓虎文，非。

䖬 52193 27116 nà_7.13 [玉篇] 女滑切。虎行貌。

䖭 52194 27117 kǎn_7.13 [唐韻] 口敢切音厥。䖭屬△ [集韻] 戶感切音頷。虎聲 [又] hàn 呼濫切音𧆞。虎怒也。

䖮 52195 27118 gū_7.13 [玉篇] 古胡切音孤。息也。鑾又𧇉52222𧇋52247

虘 52196 27119
cuó_7.13 唐韻 昨何切音嵯◆說文 虎不柔不信也。
△zǔ 玉篇 昨古切。生虎也△ 集韻 作虘。

虞 52197 27120
yú_7.13 古文衆吳 唐韻 遇俱切 集韻 韻會 元俱切
达音愚 說文 騶虞也。白虎黑文，尾長于身，仁獸，食自
死之肉 詩·周南 吁嗟乎騶虞 又 度也 書·大禹謨 儆戒無
虞 左傳·桓十七年 疆場之事，愼守其一，而備其不虞。
又 安也 儀禮·士虞禮註 士既葬其父母，迎精而返，日中
而祭之于殯宮以安 又 誤也 詩·魯頌 無貳無虞，上帝
臨女 疏 言天下歸周，無有貳心，無有疑誤 又 備也 晉語
衞文公有邢翟之虞 又 樂也 孟子 霸者之民，驩虞如也
趙岐註 霸者行善邮民，恩澤暴見易知，故民驩虞樂之
也 又 博雅 助也，望也，擇也 又 玉篇 有也，專也 又 正
韻 慮也，測也 又 官名 易·屯卦 卽鹿無虞註 謂虞官周
禮·天官·大宰 虞衡，作山澤之材 疏 掌山澤者謂之虞
又 國名 詩·大雅 虞芮質厥成 左傳註 虞國，在河東大陽
縣。又 縣名 晉書地理志 虞縣屬梁國 又 姓 潛夫論 帝舜
姓虞 左傳·昭三年 箕伯，直柄，虞遂，伯戲註 四人皆舜
後 通志·氏族略 禹封商均之子于虞城爲諸侯，後以國爲
氏 又 虞淵，地名 淮南子·天文訓 日至于虞淵，是爲高舂
又 韻會 元具切音遇 揚雄·長楊賦 奉太尊之烈，遵文武
之度，復三王之田，反五帝之虞 又 與吳同 史記·孝武帝
紀 不虞不驁。索隱讀話 又 通吾。吾丘壽王 水經注 作虞
丘壽王 王應麟·詩攷 鄒虞，或作騶吾。見 劉芳·詩義疏。
△直音俗作虞。鑾又壏09462虜52270

䖯 52198 27121
zhōng_7.13 集韻 類篇 达之戎切音終。虎文赤黑。
△亦作䖝。

虲 52199 27122
xiá_7.13 篇海 胡夾切。虎習貌 直音 音狎。鑾或作
虘52155 虓52153 虑52244，并俗。虎習搏 又 龍龕 虓52153俗
賺66043正。

號 52200 52123
háo_7.13 唐韻 正韻 胡刀切 集韻 乎刀切达音豪。大
呼也 詩·大雅 式號式呼 小雅 載號載咷 傳 號咷，號呼讙
咷也 又 哭也 易同人 先號咷而後笑 周語 夫婦哀其夜號
也。而取之以逃于褒 又 雞鳴也 晉書·律歷志 雞始三號
又 hào 廣韻 胡到切音号。名號也 公羊疏 春秋貴賤不嫌
同號註 通同號稱也 白虎通 春秋傳曰：王者受命而王，
必擇天下之美號，以爲號也 周禮春官大祝 掌辨六號註
號謂尊其名，更爲美稱。又 夏官大司馬 家以號名註 鄉
遂之屬謂之名，家之屬謂之號。又 春官·職喪 詔其號註
謂諡號 又 號令也 易·渙卦 渙汗其大號 又 號召也 齊語
使周游四方，以號召天下之賢士△ 集韻 本作号，又 作
唬△毛氏曰：从口从丂，丂音考，俗从号，非。
鑾又踙59048濠29955嘄07428

虝 52201 27124
mì_7.13 篇海類編 莫狄切。與虘52177同。

虡 52202 27125
jù_7.13 六書正譌 籀文虞52282字 玉篇 作虞。

庸 52203 27126
yōng_7.13 篇海 音未詳 博雅 庸，和也〇按庸俗作
庸，疑卽庸字之譌。鑾 廣雅 庸，和也。王念孫疏證：

庸 15554 各本訛作庸。

虞 52204 u271C0
jù_7.13 直音篇 虞同虡52210

虜 52205 uF936
lǔ_7.13 參見虜52175

虖 52206 27127
hū_8.14 篇海 荒胡切
音呼。未見貌 集韻 類篇 达古虖52125字。

虓 52207 27128
xiāo_8.14 玉篇 音姣。虎聲。鑾 熊加全：俗號52142

虝 52208 27129
hǔ_8.14 玉篇 古文虎52128字。

麻 52209 27130
bīn_8.14 類篇 彪52266字省文。

虡 52210 27131
jù_8.14 古文虡 唐韻 其呂切 韻會 臼許切达音巨 廣
韻 同虞，飛虞，天上神獸，鹿頭龍身 說文 云鐘鼓之柎
也 玉篇 鐘磬之柎，以猛獸爲飾也 詩·大雅 虡業維樅 傳
植者曰虡，橫者曰栒 前漢·司馬相如傳 立萬石之虡 師古
註 立一百二十萬斤之虡，以懸鐘也 又 或作簴。爾雅·釋
器 木謂之簴，所以挂鐘磬 又 作栒 後漢·輿服志 栒文畫
輈△ 說文 本作虞 玉篇 作虞 集韻 亦作鐻、鑢。
鑾 又椇25421簴42589鐻64473虞52204

虝 52214 27135
hù_8.14 直音 同虝 龍都切音盧。與鑢、虝同，㸃也△ 唐韻 作虘。

虘 52211 27132
lú_8.14 古文鑢 集韻

虝 52212 27133
mì_8.14 集韻 莫狄切音覓。與虝同。

虡 52213 27134
jù_8.14 玉篇 古文虡52210字。

虝 52215 27136
zǔ_8.14 字彙補 徂古切音麤 集韻 大也 又 才布切
音祚。且往也〇按 集韻 兩音俱作虝，从豕 字彙補 誤。

號 52216 45330
xià_8.14 搜眞玉鏡 音假。鑾 經典文字辨證書
罅45343正，號省 爾雅 㐱醜罅。陸德明本作號。

虧 52217 u2B2A2
null_8.14 未詳。

虝 52218 27...
hé_8.14 合05401清三合會旗號字 清實錄宣宗成皇
帝實錄·卷之一百九十六·諭軍機大臣等 馬紹湯即向借
鈔，見會書内載有八角圖形，四面幾層俱有細字，圖内
有彪虧虝虘五字，並不認識。

虝 52219 u271CC
tóng_8.14 同05407清三合會旗號字。

虞 52220 u271CB
ruì_8.14 俗睿37906

虧 52221 u271CA
kuī_8.14 俗虧52339

虝 52222 u271C9
gū_8.14 俗虝52195 類篇 虝，攻乎切 博雅 息也。

虘 52223 27137
lú_9.15 唐韻 落胡切音蘆。與虘同。

號 52224 27138
guó_9.15 唐韻 正韻 古伯切 集韻 郭獲切达音虢 說
文 虎所攫畫明文也 又 國名 廣韻 周封虢仲于西虢，秦
屬三川郡，唐武德中爲虢州 左傳·隱元年 虢叔註 虢國，
今滎陽縣。應劭曰：今虢亭是也。又 昭七年 齊侯次于
虢註 虢，燕境 又 姓 左傳 晉大夫虢射 高誘戰國策註 虢
卽古郭氏△ 六書正譌 俗作虢，非。鑾又虓22067

虣 52225 27139
bào_9.15 唐韻 集韻 达薄報切音暴 六書正譌 强侵
也，虐也，猛也 周禮·地官·胥師 司虣 疏 司虣主在市虣

亂 地官司市 以刑罰禁虣而去盜 前漢·五行志 作威虣害 鮑昭·蕪城賦 伏虣藏虎△ 集韻 通作暴。鑋又虩52227 虊52229 贇58092 虩52256

虎 **52226** 27140
shù_9.15　集韻 式竹切音叔。鱸字省文。

虤 **52227** 27141
bào_9.15　類篇 與虣同。

虎 **52228** 27142
yán_9.15　集韻 魚咸切音嵒 類篇 雄虎絕有力者。△ 唐韻 作虠。鑋又虠52264虣74426

虣 **52229** 27143
bào_9.15　說文 虣字。鑋又虩52256

虎 **52230** 27144
yuè_9.15　直音 音悅。虎睡。

虓 **52232** 45331
hū_9.15　五音篇海 音呼。鑋或虖（呼）字的訛字。

虎 **52233** u271DA
bó_9.15　伯00944清三合會旗號字。參見虓52185

虎 **52234** u271D9
nán_9.15　男35363清三合會旗號字。參見虓52185

襦 **52235** u271D8
zǔ_9.15　同襦40033 集韻 詛55812古作襦。

虎 **52236** u271D7
ruì_9.15　俗睿37906

虎 **52237** u271D6
ruì_9.15　俗睿37906

虎 **52238** u271D5
lú_9.15　俗盧52223

凱 **52231** 27145
kǎi_9.15　字彙補 同凱

虎 **52239** 27146
yán_10.16　唐韻 五閑切 集韻 牛閑切灻音訮 說文 虎怒也囡 集韻 胡犬切音泫。義同。

虎 **52240** 27147
tǐ_10.16　集韻 詰計切音契 類篇 獸很不動貌。鑋俗虓52267

虣 **52241** 27148
tú_10.16　唐韻 集韻 灻同都切音徒 玉篇 烏虣，即虎也揚子方言 虎或謂烏虣 廣韻 左傳 作於菟 正字通 漢書 謳爲於檡△ 直音 又作虓。鑋又虣52299虓52248

虣 **52242** 27149
shù_10.16　玉篇 所祿切，音叔◇虎行入林也。鑋正字通 鱸52315字之譌。

虓 **52243** 27150
qiāng_10.16　玉篇 去良切 直音 音羌。虎類。

嗣 **52244** 27151
xiá_10.16　玉篇 繼牛切音周。虎習貌。鑋俗虓52199

虣 **52245** 27152
zhàn_10.16　玉篇 貓也，字亦作虤 爾雅 釋獸 虎竊毛謂之虤貓 韓愈 詩 下言人吏稀，唯足彪與虤囡 廣韻 昨閑切音屖。士諫切音虥。義灻同。

虣 **52246** 27153
yào_10.16　唐韻 集韻 灻牛召切音鷂。虣虣，不安也 韓愈詩 我亦平行踏虣虣。鑋又虩12886

虣 **52247** 27154
gū_10.16　五音集韻 古胡切音孤。虣息 禮記 作怙。鑋又虣52195虣52222

虣 **52248** 27155
tú_10.16　字彙補 與虣同 廣雅 於虣、李耳，虎也。

虣 **52249** 27156
zuò_10.16 ◆字彙補 昨誤切音祚。往也。

虣 **52250** 27157
chǔ_10.16　字彙補 昌據切。同處。

虣 **52251** 27158
bān_10.16　字彙補 布攀切音班。虎文也△ 類篇 或作虣。

虣 **52252** 27159
kǎn_10.16　字彙補 苦感切音坎。虣屬○疑卽虩字之譌。

虣 **52253** 27160
guó_10.16　字彙補 直利切音緻。出用也囡劉向 請雨華山賦 有此字，音義未詳○按 篇韻 虣，古麥切，國名。則虣卽虣字之譌。

虣 **52254** 27161
zhàn_10.16　篇海類編 與虣同。

虣 **52255** 45332
hú_10.16　五音篇海 音熇。

虣 **52256** 45333
bào_10.16　五音篇海 音骨。鑋同虣52229，即虣字。

虣 **52257** u271EF
jì_10.16　清·徐珂 清稗類鈔·會黨類·三合會 又各以意造之：虣虣虣虣虣、虣虣虣虣虣，配分五部，各從其次，製為旗。

虣 **52258** u271EE
hé_10.16　和05669清三合會旗號字。

虣 **52259** u271EC
tǐ_10.16　俗虣52267

麒 **52260** u271EB
null_10.16　未詳。

虣 **52261** u271EA
ruì_10.16　俗睿37906

虣 **52262** u271E9
ruì_10.16　俗睿37906

虣 **52263** u271E8
bān_10.16　同彪52266

虣 **52264** 27162
yán_11.17　唐韻 五咸切音嵒。雄虎絕有力也△ 集韻 省作虣 篇海 亦作虣。

虣 **52265** 27163
kuī_11.17　唐韻 去爲切 集韻 韻會 驅爲切灻音墮 說文 气損也 徐曰 气闕，則其出舒遲，故字从亏 廣韻 缺也 史記·蔡澤傳 月滿則虣 晉書·律歷志 月在外道，先交後會者，虣蝕西南角起囡 與義通 六書正譌 伏羲，古作虣。鑋通作虣52339囡虣52221囡伏羲古作虣虣。六書正譌 虣虣，古聖人名，別作伏羲。

彪 **52266** 27164
bān_11.17　唐韻 方閑切音編。虎文也。俗作虣。囡人名 晉書·江統傳 統子彪官尚書僕射囡 pīn普巾切音砏。bīn府巾切音虣。義灻同△ 類篇 或作虣。鑋又虣52263虣52251虣62075虣66881囡 集韻 彪虣，或从彬省。俗作虣66707非是。

虣 **52267** 27165
tǐ_11.17　唐韻 杜兮切音啼。臥也囡 篇海 天黎切音梯。義同△亦作虣。鑋俗作虣52259虣52240虣48184虎臥息。

虣 **52268** 27166
hōng_11.17　字彙補 火紅切。與烘同。火也。鑋又虣52271

虣 **52269** 45334
dǐng_11.17　搜真玉鏡 音鼎。鑋俗鼎75220

虣 **52270** u2B2A3
yú_11.17　者減鐘 工虣王。讀作句吳王。虣亦讀作吾 齊侯鎛 保虣兄弟囡 虣陽，即虞52197陽。見方足幣文。

虣 **52271** u271FA
hōng_11.17　同虣52268 字彙補 虣，火紅切。與烘同。火也。

虣 **52272** u271F9
hóu_11.17　侯01202清三合會旗號字。參見虓52185

52275 u271F5
null _11.17 未詳。

52273 u271F8
qiū _11.17 清·徐珂 清稗類鈔·會黨類·三合會 又各以意造之：虦虦虪虦虦、虪虪虪虪虪，配分五部，各從其次，製為旗。

52274 u271F6
chūn _11.17 春22460清三合會旗號字。

52276 u271F4
null _11.17 未詳。

52277 u271F3
null _11.17 未詳。

52278 27167
wū _12.18 玉篇音烏。楚人呼虎爲烏莬。俗从虎。
龍龕 鵂虪：上音烏。下音徒。楚人呼虎曰鵂虪也。

52279 27168
mì _12.18 玉篇音覓。俗魃字。

52283 27172
kuī _12.18 集韻同虧

52280 27169
hào _12.18 集韻後到切音号 說文土鍪也。鋻又鋻09416鋻57121

52281 27170
suǒ _12.18 篇海昔各切 玉篇音索。虎貌。

52282 27171
jù _12.18 廣韻同虡52210 說文从虍，異象其下足
yì 類篇逸職切音弋。人名，魏有荀虡。鋻 集韻虡，
曰許切 說文鍾鼓之柎也。飾為猛獸。从虍，異象其下
足。或省（作虡），亦作鐻鐻樉簴 寶66731，俗。

52284 27173
cū _12.18 集韻坐五切音麤。同粗，讀上聲 說文疎
也 zù才卜切音祚。且往也△ 字彙補作觕，又譌作觑。

52285 27174
sè _12.18 唐韻山責切音摵。虎驚貌 xì 集韻迄逆
切音誦。恐懼也 說文 易 履虎尾虩虩。恐懼 玉篇 蠅
虎蟲。鋻又嘯07893虩52290虩52297虩52294虩52296虩14609
虩14610

52286 27175
líng _12.18 字彙補同靈。見漢碑。

52287 27176
xián _12.18 直音音銜。虎聲。

52288 u27204
xià _12.18 清·徐珂 清稗類鈔·會黨類·三合會 又各以
意造之：虦虦虪虦虦、虪虪虪虪虪，配分五部，各從其
次，製為旗。

52289 u27203
null _12.18 未詳。

52291 27178
zhōng _13.19 集韻同慇

52290 27177
xì _13.19 正字通虩字之譌。鋻又虩52297

52292 27179
yín _14.20 唐韻語巾切集韻魚巾切夶音銀。兩虎爭
聲 說文从虤从曰。臣鉉等曰：曰，口氣出也 玉篇
雉栗切。義同。

52293 27180
bīn _13.19 唐韻與彪同。

52294 27181
sè _13.19 字彙補所責切音棟。虎驚貌 xié 顯結切
音胅。虎聲也。鋻又虩52296

52295 27182
pò _13.19 字彙補與霸同。出漢·魯峻碑

52296 u2720A
sè _13.19 同虩52294見 張說·唐陳州龍興寺碑

52297 u27205
xì _13.19 同虩52290俗號。

52298 u27202
null _13.19 未詳。

52299 27183
tù _14.20 集韻與莬同

52300 27184
gé _14.20 篇海類編古伯切。虎聲。

52301 27185
xì _14.20 字彙補乞逆切音隙 篇韻恐也。

52302 27186
gé _14.20 直音音格。與虪同。

52303 u2720F
null _14.20 未詳。

52304 27187
gé _15.21 唐韻古核切
音隔 說文虎搏物怒貌△ 集韻作虪
類篇或作虪 鋻又虪52306虪52302虪52300

52306 27189
gé _15.21 字彙補古核切音革。虎聲也。

52307 u27217
gé _15.21 同虪52304

52305 27188
tú _15.21 直音與虪同

52308 u27216
gé _15.21 同虪52304虎聲。

52310 u27214
lǔ _15.21 虪52311正作虪。

52309 u27215
lú _15.21 俗虪35754

52311 27190
lǔ _16.22 集韻兩舉切
音呂 類篇細切肉也。鋻 類篇作虪，宋本 集韻从魯作
虪52310，正字 虍52270或同虪。

52312 u27219
shòu _16.22 清·徐珂 清稗類鈔·會黨類·三合會 第二部
稱為十二梯，分配於廣東、廣西，記號為洪虪，即壽09736
字，旗為紅色，記前祖方大洪、後祖洪太歲之名。

52313 27191
zhù _17.23 集韻丈呂切音宁 說文器也。鋻又虪37322
宔37118

52314 u2721B
null _17.23 未詳。

52315 27192
shù _20.26 唐韻 集韻夶
式竹切音叔 爾雅 釋獸 虪，黑虎 左思·吳都賦 暴虪虪 張
協七命 拉虪虪，挫解豸 廣韻余六切音育。義同△ 類
篇或省作虪。鋻又虪75030虪52242

52316 27193
téng _22.28 唐韻 集韻夶徒登切音騰 說文黑虎也
集韻徒冬切音彤。義同△ 類篇一作虪。

◆ 虫部 ◆

52317 27194
huì _0.6 唐韻許偉切集韻詡鬼切夶音卉 廣韻鱗
介總名 說文一名蝮，博三寸，首大如擘指，象其臥形，
物之微細，或行、或毛、或羸、或介、或鱗，以虫爲象。
凡虫之屬皆从虫 玉篇 古文虺52353字 佩觿集蛇虫之虫
爲蟲夥，非是○按 說文 玉篇 類篇等書，虫蚰蟲皆分作
三部，虫吁鬼切，蚰古䖸切，蟲持中切，截然三音，義
亦各別 字彙 正字通合蚰蟲二部併入虫部，雖失古人分
部之意，而披覽者易于查考，故姑仍其舊。若 六書正譌
以爲虫卽蟲省文，則大謬也。鋻今蟲53436簡化字。

52318 u2F8D
chóng _0.6 部虫52317

52319 27195
qiú _1.7 直音同虯。

52320 27196
yà _1.7 類篇乙點切音軋。蟲聲。

52321 41807
nì _1.7 川篇音匿。齒病。鋻同匿52327

52322 27197
diāo _2.8 集韻丁聊切音貂。蚏字省文 字彙補引
菽園雜記蚏蛉，龍屬，性好立險。

虮 jī_2.8 唐韻居夷切音肌。密虮，蟲名 図 集韻通作肌。爾雅·釋蟲 密肌，繼英。

虯 qiú_2.8 唐韻 集韻 丛渠幽切音訅。說文龍子有角者 楚辭·天問 焉有虯龍，負熊以遊 司馬相如·大人賦 騎赤螭青虯之蚴蟉蜿蜒 図 廣韻居幽切音樛。義同。図 jiāo 集韻 巨小切音狢 王延壽·魯靈光殿賦 騰蛇蟉虯而遠逩。鑒 又龍75153 虯03441龍75151 虬52319

虰 chéng_2.8 唐韻宅耕切 集韻 除耕切丛音橙 廣韻 同杠 爾雅·釋蟲 虰蛚，杠螆 図 dīng 當經切音丁 爾雅·釋蟲 虹蛵，負勞 図 chēng 癡貞切音䞋 玉篇 同蟶52682。

虱 shī_2.8 直音與蝨同。又 釋典 佉盧虱吒，隋言驢脣，仙人名也。

蚆 null_2.8 未詳。

匿 nì_2.8 廣韻女力切音匿。蟲食病 図 類篇 蟲名，或作蠤 字彙補 作虫，訓齒病，譌。鑒 正字通 蠤53781同蠤 図 蠾75785

蚩 chóng_2.8 直音同虫 龍龕 加點〇按即虫字之譌。

蚤 zǎo_2.8 字彙補與蚤52429同。見 漢逄童碑

虺 huǐ_2.8 俗虺52353。鑒 又蚯52886 図 宋元以來俗字譜 虺，同雖66260

蠃 luò_2.8 五音篇海 音落。鑒 疑同蠃。

蝱 méng_2.8 俗蝱53012 可洪音義 蚊蝱：下音盲。正蝱。

蚋 nái_2.8 喃 从虫乃nái聲△螻蚋：毛虫。

蚂 mà_2.8 蚂蜡，即螞蚱 図 蚂蟓，即蟗蠆。

蚤 zǎo_2.8 干祿字書蚤蚤52429上俗下正。

虧 kuī_2.8 同虧52265

蚧 xiā_2.8 俗蝦52992 図 太上三洞神咒：澶水呪 冰清九焱，四海龍君。蟾爍蜂蚧，鐵面將軍。按，爍蚧二字音義未詳。

蚼 jué_3.9 玉篇九勿切。鼠也 図 音的。義同〇按與鼠部蚼字音異義同。

蚅 zhé_3.9 唐韻 集韻 丛陟格切音磔。蚅蚋，蟲名。蚸蟚也 図 側伯切音窄。蟬屬 說文 蚅蟋52811，草上蟲也 六書正譌 別作蚱，非 図 集韻 與蠌53122、蚝同。土蚅。

蚎 shé_3.9 唐韻俗蛇字。

蚒 yū_3.9 唐韻憶俱切音紆。蚰蜒別名 揚子方言 蚰蜒，趙魏之閒謂之蚨蚒△集韻作蚐。

蚶 hán_3.9 唐韻胡安切 集韻河干切丛音寒 莊子·秋水篇 還虷、蟹與科斗，莫吾能若也 註虷，井中赤蟲也。図 gān 正韻居寒切音干。蟲侵物 類篇 犯也 前漢·鮑宣傳 白虹虷日。

蚩 chī_3.9 篇海抽知切。蟲名 図 直音輕侮也△正字通蚩字之譌。

蚱 zǐ_3.9 唐韻卽里切 集韻祖似切丛音子。蚱蚐，蟲名。害稼 齊民要術 氾勝之術 曰：牽馬，令就穀堆食數口，卽以馬踐過爲種，無蚱蚐蟲也。

蚮 tè_3.9 唐韻徒得切音特。同蠈△詩疏 同螣。

蚑 zhǒu_3.9 集韻陟柳切音肘 類篇 海蟲名，似人形。

蚕 chǎn_3.9 唐韻丑善切音蔵 說文 蟲曳行也 晉書·王沈傳 指禿腐骨，不簡蚕停 図 集韻 作蚕。鑒 又蚯52401 蚕52449

虹 hóng_3.9 唐韻戶公切 集韻 韻會 正韻 胡公切丛音洪 說文 蝃蝀也 禮·月令 季春，虹始見。孟冬，虹藏不見 淮南子·說山訓 天二氣則成虹 後漢·郎覬傳 凡日旁氣色白而純者，名爲虹 図 字彙補 宛虹，龍也 図 草名 拾遺記 背明國有虹草，花似朝虹之色 図 劒名 魏文帝序 造百辟寶劒三，其一曰流彩虹 図 xiáng 集韻 正韻 丛胡江切音降。與訌同。潰亂。一曰爭訟相陷入之言也 爾雅·釋言 虹，潰也 詩·大雅 彼童而角，實虹小子 図 jiàng 廣韻古巷切音絳 元稹·送客遊嶺南詩 山頭virus似巾 図 縣名，在泗州 後漢·郡國志 沛國虹 図 gòng 集韻古送切音貢。義同 図 hòng 胡貢切音閧。虹洞，相連也 枚乘·七發 虹洞兮蒼天 馬融·廣成頌 天地虹洞△玉篇 籀文作蝐。鑒 又蚣52352蚰52891霓66640蚛52351亐14623 図 龍龕蚣52428俗虹正。

蚞 hóng_3.9 篇海同虹 前漢·天文志 暈適背穴，抱珥蚞蜺 如淳註蚞，或作蚵 図 字彙補 蚞虹，海外神名，有兩首 図 niè 古音略 音臬。義與霓翳同。

虹 hóng_3.9 正字通同虹 前漢·地理志 沛郡虹 註莽曰貢，師古曰虹，亦音貢。

虺 huǐ_3.9 古文虫 唐韻 正韻許偉切 韻會 翾鬼切丛音卉 廣韻蛇虺 詩·小雅 維虺維蛇，女子之祥 爾雅·釋魚 蝮53003虺 図 王虺 楚辭·大招 王虺騫只 註 王虺，大蛇。図 水虺 述異記 水虺，五百年爲蛟 図 姓 潛夫論 虺氏，皆子姓也 唐書·則天本紀 削越王貞及琅邪郡王沖屬籍，改其姓爲虺氏 図 人名 書·仲虺之誥 疏 仲虺居薛以爲湯左相 図 博雅 虺虺，聲也 詩·邶風 虺虺其雷 傳 暴若震雷之聲虺虺然 図 huī 正韻 呼回切音灰。喧虺 詩 虺虺其雷，亦讀平聲 図 爾雅 虺隤，病也 詩·周南 我馬虺隤 図 與蟲通 顏氏家訓 韓非子 曰：蟲有虺者，一身兩口，爭食相齕，遂相殺也。茫然不識此字何音，後見 古今字譜 是虺字〇按蟲當作虺。鑒 又蠦35727蠦35737蠧35751蠤66658虺03131虺52334虺52374虺52420颴68649 図 可洪音義 毒虺52354許鬼反。正作虺。又音兀，蟹也。非呼。

蚈 wù_3.9 唐韻五忽切音兀。蛤蟹。

虻 52355 27220
méng_3.9 類篇眉庚切,音盲。齧人飛蟲 集韻同蝱。
鲎 又蛖 52356 蝐 52853 螽 52886 蝄 52330

蛗 52356 27221
méng_3.9 玉篇俗蝱字 字彙補引博物志 鳥名,一翼一目,相得乃飛○按字本作蝱 53012

蚖 52357 27222
yuán_3.9 正字通蚖字之譌。

蚅 52358 27223
yū_3.9 集韻邕俱切音紆。同蚜。

虯 52359 27224
yuán_3.9 五音篇海 與蚖同。

廸 52360 27225
huǐ_3.9 字彙補許偉切音燬。同虫。鱗介總名。

屹 52361 41808
null 字彙補音未詳。屹魯,國名。至江南,馬行七月。見贏蟲錄 鲎 又gè 方屹蚤,亦作虼蜒、屹子,即跳蚤。屹蜋,亦作屹蚫,即蜣蜋。屹蠋,亦作屹蟴,即蟑蜋。

蚤 52362 45337
zǎo_3.9 五音篇海音蚤。

虼 52363 45338
tè_3.9 奚韻同蚕。

虹 52364 u2B2A6
null 3.9 未詳。

蚲 52365 u27235
null 3.9 未詳。
蚪蚪 図二簡 蠢 53814 簡作蚪。

蚪 52364 u2B2A5
duq_3.9 壯蚪,蚪蜅,

虻 52370 u27234
null 3.9 未詳。

蚥 52366 u27238
wén_3.9 俗蚊 52388 可洪音義蚥蚕:上音文。下音盲。正作蚊蝱也。

蚑 52367 u27237
null 3.9 未詳。宋本 集韻乄 蚑蚨,古泫切 說文水小流也。

蚳 52368 u27236
quǎn_3.9 蚖 35382 譌字。

蚓 52371 u27233
nǔ_3.9 蚯 52423 蚓,俗譌作蚓蚓。

虱 52372 u27232
shī_3.9 廣韻蝨 52996,所櫛切。蟣蝨。俗作虱。

虼 52373 u27231
tè_3.9 同蚕 52347 復古編蟘,蟲食苗葉者。从虫貸。別作虼,非。徒得切。

蚯 52374 u21BE5
huǐ_3.9 同蚘 52353

蚂 52376 u8682
mǎ_3.9 簡螞 53158

蚀 52378 u8680
shí_3.9 簡蝕 52959

虾 52380 u867E
xiā_3.9 簡蝦 52992

蚃 52375 u8683
xiǎng_3.9 簡蠁 53499

蚁 52377 u8681
yǐ_3.9 簡蟻 53509

蚕 52379 u867F
chài_3.9 簡蠆 53530

虽 52381 u867D
suī_3.9 簡雖 66260

蚄 52382 27226
fāng_4.10 唐韻府良切 集韻韻會分房切丛音方。蚄 52346 蚄,蟲名 韻會通作方 禮·樂記方以類聚 註方謂行蟲有識性,故稱方 図字彙補論衡云月毀于天,螺蚄旨缺。疑即蚌也。

蚅 52383 27227
è_4.10 唐韻於革切音厄 爾雅·釋蟲蚅,烏蠋 53538 鲎又蚅 52527

蚆 52384 27228
bā_4.10 唐韻普巴切 集韻披巴切丛音葩。貝也 爾雅·釋魚蚆博而頯 註頯者,中央廣,兩頭銳 図集韻邦加切 廣韻伯加切丛音巴。義同。鲎正字通蚆,貝屬。今雲南邊僰貨多用貝,呼為海蚆。以一為庄,四庄為手,

四手為苗,五苗為索 本草作蚆 57581 図一統志雲南府交易用貝,俗呼貝作蚆 57533

蚜 52386 27230
qiān_4.10 正字通俗蚜字。

蚕 52387 27231
wén_4.10 直音同蚊

蚇 52385 27229
chǐ_4.10 唐韻集韻丛昌石切音尺。蚇蠖 53618,蟲名△易作尺。

蚊 52388 27232
wén_4.10 古文蟁 唐韻正韻丛無分切音文 說文嚙人飛蟲也 續博物志地濕則生蚊 大戴禮白鳥者,謂蚊蚋也 爾雅翼蚊者,惡水中孑子所化,嚙人肌膚,其聲如雷 莊子·天運篇蚊蝱噆膚,則通昔不寐矣 図唐國史補江東有蚊母鳥,亦謂吐蚊鳥,夏則夜鳴,吐蚊于叢葦閒,湖州尤甚 図蚊子樹,實類枇杷,熟則自裂,蚊盡而空殼矣△韻會作蟁 集韻亦作蟁蚉蟲 鲎又蟲 52507 蚕 52387 蜂 53073 字彙圖 65429,同蚊 直音篇蟲 53162 蟲同蟲 正字通蟲,蚤蟲 52547 蚊蟲 53656 並同。

蚋 52389 27233
ruì_4.10 集韻蜹 52859字省文。

蚌 52390 27234
bàng_4.10 唐韻集韻正韻丛步項切音棒 說文蜃屬 爾雅·釋魚蚌含漿 本草生江漢渠瀆閒,殼堪爲粉 呂氏春秋月望,則蚌蛤實 左思·吳都賦蚌蛤珠胎,與月虧全 拾遺記陰泉在寒山之北,有黑蚌飛翔來去 図bèng 唐韻古音步孔切 郭璞·山海經歐絲野贊女子鮫人。體近蠶蚌。出珠匪甲,吐絲匪蛹。化出無方,物豈有種。図集韻白猛切音鮙。與蠯通 図fēng 敷容切音丰。與蜂通△或作蜯、蛖。鲎又蛖 52524 鮺 72091 蜶 52633 図 龍龕 蚌 52529 蚌 52558 二俗,蜯通,蚌正。

蚍 52391 27235
pí_4.10 唐韻房脂切 韻會頻脂切丛音毗 玉篇蚍蜉,大蟻 53509 図pǐ 集韻普弭切音苉。草名。似葵,紫色 爾雅·釋草芘,蚍衃。或作芘 図必至切音畀。義同。△說文或作蝗。鲎又蟲 53748 蟲 53767 蟲 53878 蟲 53871 図 龍龕 蟲 53694古,蟲 53524或作,蚍今。

蚎 52394 27238
yuè_4.10 直音同蚎

蛢 52392 27236
yì_4.10 唐韻集韻丛營隻切音役。蛢,刺蟲名 玉篇蛢蛢,蟲也。

蚎 52393 27237
yuè_4.10 唐韻集韻丛王伐切音越。蟚 53387蚎,似蟹而小。與蟨 53381同。鲎又蚎 52394

蚐 52395 27239
lì_4.10 正字通蚸字之譌。

蚐 52396 27240
jūn_4.10 集韻規倫切音鈞 類篇蟲名,馬蟣也。

蚑 52397 27241
qí_4.10 唐韻巨支切 韻會翹移切丛音衹 說文蚑蚑,蟲行貌 王褒·洞簫賦蚑行喘息 註凡生類之行,皆曰蚑 成公綏·天地賦蚑行蠕動,方聚類分 図蟲名古今注長蚑,蠨蛸也,身小足長,故謂長蚑 図qí 正韻去冀切音器。亦蟲行貌 図類篇渠羈切音奇。義同。△集韻與跂通。

蚝 52398 27242
hóng_4.10 集韻乎萌切音宏 類篇蟲名。

羧 quán_4.10 52399 27243 ｜集韻｜逡員切音權。蟲入火貌。

蛧 wǎng_4.10 52400 27244 ｜正字通｜俗蛧字。

蚔 chǎn_4.10 52401 27245 ｜集韻｜丑里切音恥 ｜類篇｜蟲伸行△或作蚕。 鑾俗蚕52349

蚒 tóng_4.10 52402 27246 ｜集韻｜徒冬切音螽。與彤同 囝 ｜正字通｜俗螽字，從丹。

氙 xì_4.10 52403 27247 ｜集韻｜許既切音餼。蟲名△或作蟿。 鑾亦作蟊53196蛂53143

蚓 yǐn_4.10 52404 27248 ｜唐韻｜余忍切 ｜集韻｜｜正韻｜以忍切丛音引 ｜說文｜蟺或作蚓 ｜禮·月令｜蚯蚓出 ｜孟子｜充仲子之操，則蚓而後可者也 ｜本草｜蚯蚓，一名曲蟺，一名土龍，入藥用。白頸是其老者 ｜爾雅｜謂之蟪蟆 巴人謂之胸朒 ｜續博物志｜蚯蚓長吟地中，江東謂之歌女 ｜埤雅｜蚯蚓，土精，無心之蟲，與阜螽交 囝 ｜寒蚓｜詳蚕字註 囝 山蚓 ｜正字通｜蛇名。大如蚓，有鱗，其尾如首△ ｜正韻｜通作蟺 ｜集韻｜亦作蚳。 鑾又蚓52371

蚔 qí_4.10 52405 27249 古文蚔 ｜唐韻｜巨支切 ｜集韻｜翹移切丛音衹 ｜說文｜畫也。與蟊同 囝 ｜玉篇｜土蚕也 囝chí ｜集韻｜陳尼切音墀。與蚳通 囝zhǐ 丈爾切音豸。義同△或作蚔，古作蚔。 鑾又蚕52448賦57630賦57574賦57582鍵60620

蚕 tiǎn_4.10 52406 27250 ｜唐韻｜｜集韻｜｜正韻｜丛他典切音腆 ｜爾雅·釋蟲｜蟪蚓，蟿蚕註 卽蚤蟺，江東呼寒蚓 ｜篇海｜俗用爲蠶字，非。鑾蚕52460，譌誤 囝蚗52407鑾53007 囝蚕今爲蠶53809簡化字。

蚖 yuán_4.10 52408 27252 ｜唐韻｜｜集韻｜丛愚袁切音元 ｜說文｜蠑蚖，蛇醫，以注鳴者。互詳蚖52796蝎52848二字註 囝wán ｜韻會｜吾官切音刓 ｜廣韻｜毒蛇 ｜本草｜蚖與蝮同類，卽虺也△亦作螈，俗譌作蚖。鑾又蚖52359蚕52450

蚖 yǔn_4.10 52409 27253 ｜唐韻｜余準切 ｜韻會｜庾準切丛音允 ｜玉篇｜蟲名 囝 ｜字彙補｜引續博物志｜蟲四月續者名蚖。

蚕 cán_4.10 52407 27251 ｜篇海｜同蚕音棉。與蟪同 ｜說文｜蚕蚕，蟬屬。鑾又蚓52440蚕52456

蚕 mián_4.10 52410 27254 ｜唐韻｜武延切音棉。與蟪同 ｜說文｜蚕蚕，蟬屬。鑾又蚓52440蚕52456

蚗 jué_4.10 52411 27255 ｜唐韻｜｜韻會｜丛古穴切音玦 ｜蛥蚗，螇蚸，蟲名 ｜博雅｜蛥蚗，蚨也 囝 ｜說文｜於悅切。蚗蚗，蚸蟪也。 囝 ｜韻會｜一曰龍屬 囝 與蛟通 ｜史記·龜筴傳｜蚗龍伏之 ｜索隱註｜蚗當爲蛟。鑾又蚖52532蚗52541

蚘 yóu_4.10 52412 27256 ｜集韻｜于求切音尤。蚩蚘，古諸侯號。通作尤 囝huí ｜廣韻｜戶恢切音迴。人腹中長蟲也。鑾 ｜正字通｜蛔，俗蚘字。

蚑 yī_4.10 52413 27257 ｜集韻｜於夷切音伊。與蚑52587同。

蚙 qín_4.10 52414 27258 ｜集韻｜渠今切音琴 ｜類篇｜蟲連行紆行者 ｜淮南子·說林訓｜昌羊去蚤虱，而來蚙窮 囝qián 其淹切音鈐。蝦蟹距也。

蚑 jí_4.10 52415 27259 ｜唐韻｜資悉切音喞。蜻蜋別名 鑾又蚑52442

蚑 qí_4.10 52416 27260 ｜唐韻｜｜集韻｜丛渠希切音祈 ｜爾雅·釋蟲｜强蚑 註 卽强醜捊 疏 强，蟲名也。一名蚑。好自摩捊者，蓋蠅類 ｜正字通｜今廣東呼米牛，紹興呼米象 囝 ｜說文｜長箋 螳蜋一名蚑父 囝 ｜集韻｜胡隈切音回 ｜廣韻｜胡輩切，讀去聲。義丛同 囝qín ｜唐韻｜古音 音芹 ｜說文｜蚑，从虫斤聲。

蚛 zhòng_4.10 52417 27261 ｜篇海｜直衆切音仲。蟲食物 囝 音沖。

蚜 yá_4.10 52418 27262 ｜玉篇｜火牙切。蟲名 囝 ｜字彙補｜碾也 ｜黃山谷·跂奚移文｜紅螺蚜光，揉藍杵草。

蚝 cì_4.10 52419 27263 ｜唐韻｜七吏切。同蛓 ｜韓愈·城南聯句｜痒肌遭蚝刺 囝 ｜本草｜斑蚝，一名龍蚝 囝 人名 ｜綱目｜秦王苻堅養子蚝。

彵 huī_4.10 52420 27264 ｜韻會｜虺本字。彵燼 ｜集韻｜引詩 作彵燼，傳寫之誤。

蛜 mù_4.10 52421 27265 ｜集韻｜｜韻會｜｜正韻｜丛莫卜切音木 ｜爾雅·釋蟲｜蛜蚲，螻蟈註 卽螲蟷也，一名蟪蛄 ｜揚子·方言｜蚥蛜，謂之蛜蚲。鑾又蚥52521

蚟 wáng_4.10 52422 27266 ｜唐韻｜｜集韻｜丛雨方切音王。蚟孫，蟲名 ｜揚子方言｜蜻蜒，南楚之間謂之蚟孫。鑾 ｜正字通｜蚟，蚟字之譌。

蚭 nǜ_4.10 52423 27267 ｜唐韻｜｜集韻｜丛女六切音衄 ｜玉篇｜蚭蚭，斑蝥 ｜揚子方言｜蚰蜒，北燕謂之蚭蚭。鑾又蚓52371

蚺 miáo_4.10 52424 27268 ｜集韻｜彌遙切音蘇 ｜玉篇｜蠶初生也。

蚡 fén_4.10 52425 27269 ｜韻會｜符分切音焚。人名 ｜左傳·昭二十二年｜劉獻公之庶子伯蚡△ ｜正字通｜同蚡。

蚡 fén_4.10 52426 27270 ｜唐韻｜｜集韻｜丛符分切音汾。同蚡。田中鼠也 ｜玉篇｜伯勞所化 囝 人名 ｜左傳·文十六年｜先君蚡冒 註 蚡冒，楚武王父 ｜前漢·武帝紀｜皇太后同母弟田蚡 囝 地名 ｜春秋·昭五年｜叔弓帥師敗莒師於蚡泉 註 蚡泉，魯地 囝 ｜正韻｜房吻切音憤。義同。鑾又蚡52425

蚢 háng_4.10 52427 27271 ｜唐韻｜胡郎切 ｜集韻｜寒剛切丛音航 ｜爾雅·釋蟲｜蚢，蕭繭 註 食蕭葉，蠶類 囝 ｜廣韻｜苦浪切音抗。義同 囝hàng ｜正韻｜下黨切音沆 ｜郭璞·江賦｜紫蚢如渠 註 ｜爾雅｜曰：大貝曰蚢。今按 ｜爾雅｜本作航，同蚢 囝 ｜韻會｜居郎切音岡。義同。

蚣 gōng_4.10 52428 27272 ｜唐韻｜｜正韻｜古紅切 ｜集韻｜沽紅切丛音公 ｜玉篇｜蜈蚣也 ｜本草別錄｜蜈蚣，生大吳川谷及江南，頭足赤者良。宗奭曰：蜈蚣，背光，黑綠色，足赤腹黃。有被螫者，以烏雞屎或大蒜塗之，卽愈。時珍曰：蜈蚣西南處處有之，春出冬蟄，節節有足，雙鬚岐尾，性畏蜘蛛，以溺射之，卽斷爛 囝 草名。地蜈蚣，生塍野中，形穗甚

長，根葉入藥，治一切癰腫 図 sōng 集韻 思融切音嵩。蚣蝑。詳蜙52796字註 図 思恭切音淞。義同 図 zhōng 韻會 諸容切音鐘。亦蟲名。

蚤 52429 27273
zǎo_4.10 唐韻 集韻 韻會 正韻 丛子皓切音早 玉篇 嚙人跳蟲也 續博物志 土乾則生蚤 莊子·秋水篇 鴟鵂夜撮蚤，察毫末 曹植·令禽惡鳥論 得蚤者，莫不糜之齒牙，爲害身也 図 與早通 越語 蚤晏無失，必順天道 孟子 蚤起，施從良人之所之 図 正韻 與爪通 禮曲禮 不蚤鬋 註 蚤讀爲爪 疏 謂除手足爪也 周禮·冬官考工記 眂其綆，欲其蚤之正也 註 蚤當爲爪，謂輻入牙中者也 △ 本作蚤。省作蚤，或作蚍、蟊。鋆 又蚤52451 蚤52366 蚤36688 蚤52337 蚉52362 蟜53073 蝶53593

蚤 52430 27274
zǎo_4.10 韻會 同蚤52429

蚥 52431 27275
fǔ_4.10 唐韻 方矩切 集韻 匪父切 丛音甫。蟲名 爾雅·釋蟲 不蜩，王蚥 註 未詳 図 直音 蝗蚥，螳蜋別名。図 類篇 去蚥，蟾諸 図 fù 廣韻 扶雨切音父。義同。

蚦 52432 27276
rán_4.10 唐韻 汝鹽切 集韻 如占切 正韻 而占切 丛音髯 說文 大蛇，可食 埤雅 蚦蛇，尾圓無鱗，身有斑文，如故暗錦纈，似靂，行地常俯其首，膽隨日轉，上旬近頭，中旬在心，下旬近尾 南越志 蚦蛇，牙有長五六寸者，土人重之 述異記 晉顏含嫂病，須蚦蛇膽療之，不能得。忽一童子持青囊授含，乃曰：真蚦蛇膽也 嵇康·養生論 蚦蛇珍於越土 唐書·地理志 廣州土貢鼊甲、蚦蛇 図 南蠻名 魏志裴松之註 樊瓠之後，或號蚦氏 図 類篇 汝甘切音誩。義同 図 tiàn 集韻 他念切音栝。蚦蛺，獸吐舌貌。鋆 又蚰52483 蚦52632

蚨 52433 27277
fóu_4.10 集韻 房尤切音浮 類篇 水蟲名 郭璞·江賦 三螺蚨江 註 舊說曰：蚨江似蟹而小，十二腳。鋆 正字通 蚨同蚥。

蚧 52434 27278
jiè_4.10 類篇 居拜切音介 大戴禮 魚遊於水，鳥飛於雲，故冬燕雀入於海，化而爲蚧 図 蛤蚧 本草 蟇首細鱗長尾，生嶺南，在古牆壁及榕木閒 元·陳孚詩 龍眼花開蛤蚧鳴 図 地名。蝗蚧潭。見 襄城縣志 図 韻會 通疥 後漢·鮮卑傳 邊陲之患，手足之疥瘙。字或作蚧 △ 直音 亦作螓。鋆 又 nhái 喃 从蛙省介 giới 聲 △ 昆蚧：雨蛙。

蚨 52435 27279
fú_4.10 唐韻 防無切 集韻 韻會 馮無切 正韻 馮夫切 丛音扶 說文 青蚨，水蟲，可還錢 本草 一名蚨蟬，一名蟪蝸，一名魚伯。藏器曰青蚨，生南海，狀似蟬，其子著木，用以塗錢，皆歸本處 搜神記 南方有蟲，名蟪蝸，形大如蟬，辛美可食。子著草葉上如蠶種。取其子，則母飛來，雖潛取之，亦知其處。殺其母塗錢，以子塗貫，用錢去則自還。

蚉 52436 27280
dú_4.10 玉篇 古文毒27189字。

蚩 52437 27281
chī_4.10 唐韻 赤之切 韻會 充之切 丛音姼。蟲名 六書正譌 凡無知者，皆以蚩名之 図 蚩尤，人名 書·呂刑 蚩尤惟始作亂 註 九黎之君，號曰蚩尤 図 星名 晉書·天文志 蚩尤旗，類彗而後曲，象旗主所見之方下有兵。図 侮也 張衡·西京賦 蚩眩邊鄙 図 駿也 陸機·文賦 妍蚩好惡，可得而言 図 蚩蚩，敦厚貌 詩·衛風 氓之蚩蚩。図 姓 通志·氏族略 蚩氏，蚩尤之後 図 chǐ 集韻 敕豸切音弛。蟲伸行 廣韻 从虫 六書正譌 別作媸、嗤，非。

鋆 又蚤52441 蚳52652

蚪 52438 27282
dǒu_4.10 唐韻 韻會 丛當口切音斗。類篇 蝌52944蚪，蟲名 △ 通作斗。鋆 又蛪52879 蝌53176 蝌53356 蝌53325

蚥 52439 27283
fǔ_4.10 唐韻 方矩切 集韻 匪父切 丛音甫 爾雅·釋蟲 蠸，輿父、守瓜 註 郭璞云今瓜中黃甲小蟲，喜食瓜葉，故曰守瓜。字或从虫 六書略 蚥、蚥，聲同義異。

蚦 52440 27284
mián_4.10 集韻 彌延切音緜 類篇 蟬屬 說文 蚰蚥也。

蚩 52441 27285
chǐ_4.10 說文解字 赤之切。蟲也。从虫之聲〇按卽蚩字。

蚎 52442 27286
jié_4.10 集韻 子列切音鬢。蟥蚎，蟲名，字从尐，與从止蚎字別 △ 尐音節，訓少也。

青 52443 27287
yuān_4.10 集韻 縈玄切。小蟲也。一曰空也 △ 集韻 作骨。鋆 又蜎52728

蚕 52444 27288
cán_4.10 韻學集成 與蠶同。

蚋 52445 27289
shuāng_4.10 直音 俗蠴字。

蚨 52446 27291
tài_4.10 字彙補 他蓋切音泰。蚨阿，蟲名。

蚳 52447 41809
dì_4.10 奚韻 丁計切。蚳蚳蝀也。鋆 楊寶忠：蚳蚳蝀也。蚳蝀，蚋也。蚳卽蚳52474之變，蚳爲蟫53263之或作。

蚩 52449 45340
chǎn_4.10 餘文 同蚶。

蚶 52448 41810
qí_4.10 篇海類編 同蚳。鋆 又 備考 重出。

蚖 52450 45341
yuán_4.10 篇海類編 同蚖。

蚤 52451 u2B2AB
zǎo_4.10 俗蚤52429 慧琳音義 蠅蚤：下遭老反。蜜（密）齧人而跳也 說文 從虫從叉。叉音爪。經文作蚤，訛略也。

蚋 52453 u2B2A9
null_4.10 大南一統志·卷四·承天府（下）土產（下）·木類 木槲：俗名槵狪蚋。木高數丈許，四月花開，赤色。子圓長尺餘，殼薄，肉片相連，中有核，晒乾可代檳榔食，核治蛇咬。出香水縣岡。

蚌 52454 u2B2A8
xì_4.10 簡蟥53143 図 gè 蚌蝶，同蚙52361蚤。

蚴 52455 u2B2A7
null_4.10 新撰字鏡 蚴，加弥利虫。

蚤 52460 u27255
tiǎn_4.10 俗蚤52406 同蚖 玉篇 蚖，彌緣切 爾雅 馬蜩中最大者。

蚌 52452 u2B2AA
cháng_4.10 簡蟖52847

蚚 52456 u2725D
mián_4.10 亦作蚚52410。蚌，同上。

陳士元古俗字略蛕，蝐蛕，大蟬也。蚄，同上。

劎，晉始代之以木，貴者猶用玉首，賤者亦用蚔。

蚫 52457 u2725A vắt_4.10 喃从蛭省勿vật聲△昆蚫：山螞蟥。

蚨 52458 u27259 trùn_4.10 喃从虫屯đồn聲△昆蚨：蚯蚓。

蚕 52462 u27253 dù_4.10 俗蠹53814

蚪 52459 u27256 niú_4.10 胡懷琛簡易字說·第八章·簡易字表蝸牛，蝸蚪。

蚜 52461 u27254 hóng_4.10 清錢泳履園叢話卷十四祥異·白蚜余自幼居鄉，鄉間有白蚜之患。每當白露、秋分節間，稻禾初熟，於四更時，忽起大霧，漫空遍野。霧中有白氣一條或兩三條，隱隱如白龍，而無頭尾。其行甚疾，人呼之曰白蚜。此物一過，秋收頓減，轉熟為災。農民苦之，告荒不准，而州縣官亦不能據實具詳，最為民害。此物總在蘇、常、嘉、湖之間，別處無有也。案，字書無蚜字，猶言白虹也。然此究竟何物，殊不可解。大約明季始有之圖元佚名劉千病打獨角牛·第二折覷了你這般面黄肌瘦，則有老蜻腰兒的氣力，撲蠊蚜的威風。△宏按，未詳。

蛰 52463 u27252 zhá_4.10 同蛰52484字彙補音瓢◇義未詳鋻又俗蛇52514可洪音義 蚫肌：上是遮反。正作虵蛇二形也圖與鮑71876同。部外五畫

蜆 52464 u86AC xiàn_4.10 簡蜆52708

蚭 52466 u27292 ní_5.11 唐韻集韻蚭女夷切音尼方言蚰蜒，北燕謂之蚭52423蚭。

蚥 52467 u27293 tè_5.11 集韻敵德切音特。本作蚥。關中謂蛇蠆毒曰蚥圖tài篇海音態揚子方言蟒，宋魏之間謂之蚥博雅蠊蟒，蚥也圖集韻惕得切音忒。義同。

蚯 52468 u27294 qiū_5.11 唐韻去鳩切集韻袪尤切夶音丘禮·月令孟夏，蚯蚓出本草註蚓之行也，引而後申，其壤如丘，故名蚯蚓52404

蜿 52469 u27295 wān_5.11 集韻於袁切音鴛。蜿字省文。

蚰 52470 u27296 yóu_5.11 唐韻以周切集韻夷周切夶音由玉篇蚰蜒爾雅註疏此蟲象蜈蚣，黄色而細長，呼為吐舌。按方言云蚰蛜，自關而東謂之螾蚖，或謂之入耳，或謂之蛝蠸，趙魏之間或謂之蚨䖟，北燕謂之蚭蜺，江東人呼蚰，皆今蚰蜒，喜入耳者也本草蚰蜒，長寸餘，死亦踡曲如環王逸·九思巷有兮蚰蜒圖zhú集韻佇六切。同蟓爾雅疏蜋蟓，俗呼馬蟓方言云馬蚿，其大者謂之馬蚰是也。蚰音逐。

蚱 52471 u27297 zhà_5.11 唐韻側伯切集韻側格切夶音窄玉篇蚱蟬，七月生圖本草蚱蜢52811圖集韻側駕切音詐。義同圖助駕切音乍。與鮓71878同，海魚名。鋻又蚋52560

蛀 52472 u27298 zhǔ_5.11 集韻展呂切音貯類篇蟲名。

蚲 52473 u27299 píng_5.11 唐韻符兵切集韻蒲兵切夶音平。蚲蚲也圖篇海蚲蟗也，可以飾劎晉書·輿服志漢制百官朝帶

蚳 52474 27300 chí_5.11 唐韻直尼切集韻韻會陳尼切夶音遲玉篇蟻卵也禮·內則蜃脯。蚳醢註蚳蛛子也周禮·鼈人共蚳以授醢人疏謂蟻之子，取白者以為醢圖chī集韻稱脂切音鴟。蠶蚳，獸名山海經昆吾之山有獸焉，其狀如彘而有角，其音如號，名曰蠶蚳註蠶蚳，似九尾狐鋻又螠52730鏗53191鏗60620鏗53170圖說文螱53294籀文蚳圖同蟓53263俗作蚳52447

蚴 52475 27301 yǒu_5.11 唐韻於糾切音黝。蚴蟉，龍貌司馬相如·上林賦青龍蚴蟉於東廂註蚴蟉，龍行貌圖yōu集韻於虬切音幽博雅蚴蟉，蟫蟓也揚子方言蜂之小者，燕、趙之間或謂之蚴蛻△或作蟓。

蚵 52476 27302 hé_5.11 唐韻胡歌切集韻寒歌切夶音何玉篇蚵蠪，蜥蜴也圖kè口篠切音坷。蟶蚵，蟲名。詳蟶52683字註鋻爾雅·釋蟲蚥，蟶蚵。

蚶 52477 27303 hān_5.11 唐韻呼談切集韻韻會呼甘切夶音憨爾雅·釋魚魁陸註本草云魁狀如海蛤，圓而厚，外有理縱橫，即今之蚶也郭璞·江賦洪蚶專車註蚶則徑四尺，背似瓦壟有文唐書·孔戣傳明州歲貢淡菜、蚶蛤之屬圖hán集韻沽三切音甘。螺之小者圖胡甘切，音酣。義同△或作蛤、蚶。

蛤 52478 27304 tāi_5.11 唐韻土來切集韻湯來切夶音胎。黑貝，亦珠胎圖類篇堂來切音臺。義同。

蚷 52479 27305 jù_5.11 韻會白許切音巨。商蚷，蟲名莊子·秋水篇猶使蚊負山、商蚷馳河也註商蚷，北燕謂之馬蚿。圖集韻求於切音渠。義同。

蚤 52482 27308 máo_5.11 篇海同蟊爾雅·釋蟲蠚蚤，蠓蚸註蚸，音歷。今俗呼似蚝蜓而細長，飛翅作聲者為螟蚸圖chī集韻昌石切音斥。類篇細積切音昔。義夶同△唐韻作蟓。鋻又蛥52395

蚸 52480 27306 lì_5.11 玉篇力的切爾雅·釋蟲蠚蚤，蠓蚸註蚸，音歷。今俗呼似蚝蜓而細長，飛翅作聲者為螟蚸

蚹 52481 27307 fù_5.11 唐韻符遇切音附。蚹蛇腹下橫鱗可行者莊子·齊物論吾待蛇蚹、蜩翼耶註蚹謂蛇腹下齟齬，可以行者也圖爾雅·釋魚蚹蠃，蜬蝓52956註即蝸牛圖集韻步木切音僕。義同。鋻又蚹52548

蚺 52483 27309 rán_5.11 正字通俗蚦字。鋻又蚦52632

蛅 52484 27310 zhá_5.11 唐韻正韻夶側八切音札爾雅·釋蟲蛅，蜻蜻註如蟬而小揚子方言蟬其大者謂之蟧，或謂之蝒馬。其小者謂之麥蛅孟郊·征蜀聯句始去杏飛蜂，及歸柳嘶蛅。鋻又蛰52463蛅52621

蚼 52485 27311 gǒu_5.11 集韻舉后切音苟說文北方有蚼犬，食人圖jū恭于切音拘。蚼蟓，蚍蜉也方言蚍蜉，齊魯之間謂之蚼蟓，梁益之間謂之元蚼郭註音駒圖qú權于切音劬。原鼈，其蛹蜂蚼圖hǒu唐韻呼后切音吼。義與蚍蜉同△或作蚼。

𧊧 52486 27312 cì_5.11 [唐韻]同蛓

蚍 52487 27313 zhuō_5.11 [唐韻]職悅切音拙。蟲也 [又]qū[集韻]曲勿切音屈[說文]蛣蚍也。或作蝠[爾雅·釋蟲]蝎，蛣蝠[註]木中蠹蟲 [又]五忽切音兀。義同。鋈又蚍蝂，一種蜘蛛。亦作蝃52873蝅、蠿75189蝅

𧉫 52488 27314 rǒng_5.11 [集韻]乳勇切音宂[類篇]小蟲行也。

𧊅 52489 27315 xué_5.11 [玉篇]戶決切音穴。蟲名。

蚽 52490 27316 pí_5.11 [集韻]符羈切音皮。蟲名。鋈[字彙]蚾同蚽。

蚾 52491 27317 bǒ_5.11 [集韻]補火切音播。蟾蜍也[本草]䗪蟲，一名蚵蚾蟲 [又]pí[玉篇]薄碑切音皮。亦蟲也。鋈[正字通]鼊同蚾。

𧊨 52492 27318 nà_5.11 [唐韻]奴曷切音捺。蠚螫也[博雅]痛也。[又]zhé[集韻]陟列切。與蜇同[春秋疏]蠆長尾謂之蠍，毒傷人曰𧊨。鋈[集韻]𧊨瘯，或作瘯。

𧊶 52493 27319 yù_5.11 [集韻]虞欲切音玉[類篇]蠘𧊶，蟲名。

𧊔 52494 27320 fàn_5.11 [唐韻]符万切音飯。蟲名。

𧊁 52495 27321 běi_5.11 [唐韻]博墨切音北。蟲似蟹而四足 [又][集韻]古北04316字。

𧊉 52496 27322 yuè_5.11 [唐韻]王伐切音越。蠊𧊉，蚌。出[魏書]。鋈𧊉52542字之譌。

蚿 52497 27323 xián_5.11 [唐韻][正韻]胡田切[韻會]胡千切丛音賢[廣韻]馬蚿，蟲[莊子·秋水篇]夔憐蚿，蚿憐蛇[博物志]百足，一名馬蚿，中斷成兩段，各行而去[本草]馬蚿，形如蚯蚓，紫黑色，觸之即側臥如環，故又名刀環 [又][集韻]胡涓切，音玄。義同。

蛀 52498 27324 zhù_5.11 [唐韻]之戍切[集韻]朱戍切丛音注[本草]木蠹蟲，亦名蛀蟲。

蛁 52499 27325 diāo_5.11 [唐韻]都僚切[集韻]丁僚切丛音凋[玉篇]蟪蛄，即蛁蟧蟲也。互見蟧53406蟟53395二字註△[集韻]或作虭。

𧊱 52500 27326 qǔ_5.11 [唐韻]羌舉切[集韻]口舉切，丛去上聲。𧊱蛟也。亦作鼁[爾雅·釋魚]鼁䶂蟾諸 [又]jié[韻會]訖業切音劫。與蜐52731通。紫𧊱。[本草]石蜐，一名紫𧊱。

𧋂 52501 27327 qióng_5.11 [正字通]俗蛩字。

𧋚 52502 27328 bù_5.11 [唐韻][集韻]丛博故切音布。蝜𧋚，蟲也[類篇]似蜆。

𧊃 52503 27329 jiā_5.11 [唐韻]古牙切[集韻]居牙切丛音加。米中蟲也。

𧊜 52504 27330 zhá_5.11 [唐韻]竹洽切音劄。斑身小蟲。

蚚 52505 27331 shí_5.11 [集韻]常隻切音石。蟲名，螳蜋也。一名蚚蜋 [又]之石切音隻[類篇]同蟅。

蛂 52506 27332 bié_5.11 [唐韻][集韻]丛蒲結切音蹩[玉篇]蟥蛢也[爾雅·釋蟲]蛂，蟥蛢[註]甲蟲也。大如虎，豆綠色。今江東呼黃蛢 [又][類篇]敷勿切音拂。方未切音沸。騈迷切音鼙。義丛同。

蚊 52507 27333 wén_5.11 [玉篇]音文。蟲名[正字通]同蟁。

蛃 52508 27334 bǐng_5.11 [唐韻]兵永切[韻會][正韻]補永切丛音丙[爾雅·釋蟲]蟫，白魚[註]衣書中蟲，一名蛃魚[本草]丙其尾形也 [又][集韻]白猛切音蛢。義同。

蛇 52509 27335 mì_5.11 [唐韻]毗必切[集韻]簿必切丛音苾[玉篇]黑蜂也 [又]毗至切音鼻。蟲名。鋈[正字通]蛇，蜜52802，亦作蛇。蜂無蛇名。

蛄 52510 27336 gū_5.11 [唐韻]古胡切[韻會][正韻]攻乎切丛音孤[說文]螻蛄也[揚子方言]螻蛭謂之螻蛄[本草]一名天螻，一名仙蛄。穴土而居，有短翅，四足。雄者善鳴而飛，雌者腹大羽小，不善飛翔，吸風食土，喜就燈光[爾雅疏]鼫鼠，蔡邕以爲螻蛄 [又][玉篇]蟪蛄也[揚子方言]蛥蚗，楚謂之蟪蛄[莊子·逍遙遊]蟪蛄不知春秋[註]春生者夏死，夏生者秋死，故不知春秋 [又][揚子方言]蛄詹謂之强蛘。

蛅 52511 27337 zhān_5.11 [唐韻]汝鹽切[集韻]如占切丛音髯[爾雅·釋蟲]螺，蛅蟖[註]蛓屬也，今青州人呼蛓爲蛅蟖。孫叔然云八角螫蟲，失之[本草]雀甕，一名蛅蟖房，一名躁舍，一名紅姑娘。陶弘景曰：蛅蟖，蚝蟲也，在石榴樹上，其背毛螫人 [又][集韻]之廉切音占。義同。鋈蟍舍。躁舍。

𧊵 52512 27338 nǔ_5.11 [唐韻]奴古切音弩。水弩，蟲名。俗從虫。

蛆 52513 27339 jū_5.11 [唐韻]子魚切[韻會][正韻]子余切丛音苴[類篇]蝍蛆◆[爾雅·釋蟲]蒺蔾，蝍蛆[註]似蝗而大腹，長角，能食蛇腦[莊子·齊物論]民食芻豢，麋鹿食薦，蝍蛆甘帶，鴟鴉嗜鼠[廣韻]蝍蛆，食蛇蜈蚣也[關尹子·三極篇]蝍蛆食蛇，蛇食蛙，蛙食蝍蛆，互相食也 [又]qū[集韻]千余切音疽[說文]蠅乳，肉中蟲也[本草]蛆，蠅之子也。凡物敗臭，則生之[北史·甄琛傳]曾拜官，諸賓悉集，邢巒晚至。琛謂巒：何處放蛆來，今晚始顧 [又]水蛆[正字通]生南方溪澗，長寸餘，黑色 [又]雪蛆，陰山、峨眉二山，積雪不消，生蛆大如瓠，俗呼雪蛆△[集韻]或作蝺。鋈又蛆52552

蛇 52514 27340 shé_5.11 [唐韻]食遮切，射平聲[集韻][韻會]丛時遮切音闍。毒蟲也[左傳·莊十四年]內蛇與外蛇鬭[疏]蛇，北方水物[酉陽雜俎]蛇，有水、草、木、土四種[爾雅翼]蛇，草居，常飢，每得食稍飽，輒復蛻殼，冬輒含土入蟄，及春出蟄則吐之[埤雅]牛以鼻聽，蛇以眼聽 [又][莊子·達生篇]以鳥養養鳥者宜棲之深林，浮之江湖，食之以委蛇[註]委蛇，泥鰌 [又]星名[左傳·襄二十八年]蛇乘龍[註]蛇，玄武之宿，虛、危之星[晉書·天文志]騰蛇二十二星，在營室北，天蛇也 [又]地名[後漢·郡國志]南陽郡隨西有斷蛇丘[註]即銜珠之蛇也 [又]姓[通志·氏族略]姚萇，蛇后，南安人。又有建武將軍蛇元，望出鴈門 [又]yí[廣韻]弋支

切音移 詩·召南 委蛇委蛇 箋 委蛇，委曲自得之貌 莊子·庚桑楚 與物委蛇，而同其波 焦氏易林 委蛇循河，至北海涯 图 chí 集韻 陳知切音馳。地名 春秋傳 盟于殿蛇 公羊傳 作殿虵，與曲池同 图 yé 字彙補 以遮切音耶 集韻 關中謂毒蟲曰蛇 △ 韻會 本作它，湯河切 說文 它，从虫而長，象冤曲垂尾形。上古草居，患它，故相問無它乎。凡它之屬皆从它。託何切。臣鉉等曰：今俗作食遮切 佩觿 蛇字從也，誤。鞏 又虵52342

蛂 52515 27341
shé_5.11　正字通 俗蛇字。

姆 52516 27342
móu_5.11　集韻 迷浮切音牟。類篇 魚名，本作鰲。

蛝 52517 27343
tiǎn_5.11　篇海 徒典切音殄。守宮異名也 直音 同蜓 图 jié 集韻 昨結切。蛛52990字省文。

蛈 52518 27344
tiě_5.11　唐韻 集韻 蛈他結切音鐵 爾雅·釋蟲 王蛈蜴 註 卽蝰蠆 本草 蝰53270蠆，一名蛈母 图 集韻 徒結切音迭。他計切音替。義蛈同。

蛉 52519 27345
líng_5.11　唐韻 韻會 蛈郎丁切音靈 玉篇 蜻52861蛉 图 螟蛉 詩·小雅 螟蛉有子。蜾蠃負之 傳 螟蛉，桑蟲也 疏 俗謂之桑蠻，亦呼爲戎女。陸璣云似步屈，其色青而細小，或在草萊上。

蚩 52520 27346
zī_5.11　唐韻 卽移切 集韻 將支切蚩音貲。蟲，似蟬 图 山海經 枸狀之山有鳥焉，其狀如雞而鼠毛，其名曰蚩鼠，見則其邑大旱 图 zhǎi 集韻 仄蟹切音抧。亦蟲名 图 玉篇 祖移、子爾二切。義同〇按蚩鼠蚩字本作鼭，經从虫。

蚍 52521 27347
mù_5.11　駢雅 蜓蚍，螻蛄也，音切未詳。鞏 俗蚍。

蛴 52522 27348
lì_5.11　唐韻 郎擊切。與蟍同〇按 類篇 篇海 俱作蛴。

蚩 52523 27349
chī_5.11　集韻 同蚩52437 鞏 通作蚩。

蚌 52524 27350
bàng_5.11　說文長箋 同蚌，从虫半聲，步項切 △ 直音 作蚌。鞏 類篇 作蚌52633

蛊 52525 27351
gǔ_5.11　篇海 同蠱。

蛇 52527 27353
è_5.11　直音 同蚅。

蚌 52529 27355
bàng_5.11　直音 同蚌。蝐，蜻蚌也。鞏 廣雅疏證 蝐53485，各本譌作蚌。

蚮 52533 45342
dài_5.11　餘文 同蚨 字彙補 徒歡切音但。古作蛋 柳宗元·饗軍亭記 胡夷蛋蠻 图 字彙補 俗呼鳥卵爲蛋 图 鴨蛋洲，江上地名。鞏 又旦35778

蚕 52535 u2B2B2
null_5.11　未詳。

蚕 52536 u2B2B1
jiǎn_5.11　簡 蚕53609

蛕 52526 27352
mì_5.11　直音 同蜜。

蚪 52528 27354
zhù_5.11　直音 同蛀。

蚤 52530 27356
shǔ_5.11　博雅 音黍。蟿

蛋 52531 27357
dàn_5.11

蚨 52532 41811
jué_5.11　字彙補 心紫切，音史◇龍屬 廣博物志 明月之珠，藏于蚌中，蚨龍伏之〇按 史記·龜筴傳 作蚨，疑卽蚨字之譌。

蛢 52539 u2B2AE
lú_5.11　簡 蠦53725

蚖 52534 45343
guǐ_5.11　搜真玉鏡 音軌。

蛥 52537 u2B2B0
vaiz_5.11　壯 蛶蛥：蜈蚣 图 新撰字鏡 蛥，阿由。

蛥 52538 u2B2AF
null_5.11　未詳。蟬鳴聲。蜩蛥：螺蠃，細腰蜂。

蛦 52541 u2B2AC
yāng_5.11　方 蠮蛦：蟬，

蚕 52540 u2B2AD
null_5.11　或同蛦52541

蛢 52542 u2728E
yuè_5.11　字典 譌作蛢52496 類篇 蛢，王伐切。蠊蛢，水蟲名，似蚌 正字通 蛢，舊註音越。蠊蛢，蚌也。按：蠊，海蟲。蛢，卽蝞53381之省。蠊與蝞同蟹屬，非蚌類，蚌無蠊蛢之名 類編 云見 魏書，無稽。

蚲 52543 u2728C
chāo_5.11　喃 从蛙省巧xǎo聲 △ 蚲蟑：雨蛙。

蚰 52544 u2728B
thǎn_5.11　喃 从虫申thân聲。同蝏52758

蛆 52545 u2728A
nhộng_5.11　喃 从蛹省用dụng聲。

蛂 52546 u27289
bim_5.11　喃 从蝶省，泛phiếm省聲 △ 昆蛂蛂，蝴蝶。

蚉 52547 u27288
wén_5.11　同蚊52388 龍龕 蚉俗，蝱蠡二正，蚊今。

蚖 52548 u27286
fù_5.11　集韻 蚹52481，或書作蚖。

蛞 52549 u27285
guǎi_5.11　清·李調元 南越筆記·卷十一 蟛蜞蛞者蛤之屬。諺曰：蟾蜍、蛤、蛞。三者形狀相似，而廣州人惟食蛤，不食蟾蜍、蛞。蛞惟潮州人食之，故名曰水潮蛞。蛞有一種，生海泥中，長二三寸，大如指，兩頭各有兩岐。以其狀怪，故曰蛏。氣味甘溫，能去胸中煩悶。然病後不可食，食惟白蟛蜞，稱珍品。

蛃 52550 u27283
null_5.11　未詳。

蛆 52552 u27281
jū_5.11　俗蛆52513唐寫本 唐韻殘卷 蛆，蚍蛆，吳公蟲。

蛠 52551 u27282
zhōng_5.11　同蟑53391 法苑珠林·卷第七十五·咒術篇第六十八之二·襪咒部 咒穀子，種之令無蛠蝗災起。陁羅尼。原註：蛠，陟隆切 图 ndungj 壯 蛠虹：螻蛄。

蛣 52553 u27280
null_5.11　未詳。

蛛 52554 u2727F
zhū_5.11　蛛52586譌字 可洪音義 蛦蛛：上音知。下音株。

蛦 52556 u2727D
null_5.11　未詳。

蠢 52555 u2727E
chǔn_5.11　俗蠢53683北齊 邢多五十人等造象記 合情骸蠢，同歸妙境。

蚌 52558 u2727B
bàng_5.11　俗蚌52390 直音篇 蚌，同蚌。

蛨 52557 u2727C
rib_5.11　壯 螢火蟲

蚱 52560 u27279
zhà_5.11　同蚱52471 螞蚱，亦作螞蚱。明·馮惟敏 中呂粉蝶兒 李爭冬有犯 稍螞蚱展作丹山鳳，賴蝦蟆出水金精獸。

蚸 52561 u27278
null_5.11　四部叢刊·三編子部·太平御覽·卷第九百四獸部十六狗上 又 徐偃王志 云徐君宮人任娠而產夘，以爲不祥，弃於水邊。孤獨老母有犬，名鵠倉，獵於水濱，得所弃夘，街以來歸。獨母以爲異，覆煖之，遂蚸夘成小兒。

52559 u2727A
蜇 tè _5.11 俗蚩52347

52562 u45AC
蚂 jiǎ _5.11 漢語方言大詞典 蚂蚱：蟑螂。閩語。乜蚂：馬蜂。晉語。

52563 uFA21
蛶 sên _5.11 喃 从虫生sinh聲。蝸牛 図 曰 地名用字。

52565 u86CE
蛎 lì _5.11 简 蠣53685

52564 u86CF
蛏 chēng _5.11 简 蟶53502

52566 u86CD
蛍 yíng _5.11 同螢53163

52567 u86CC
蛌 gū _5.11 同蛄52510 國語辭典 蜊 喇喇蛌：即螻蛄。又蛌字之譌。

52568 27358
蛐 qū _6.12 集韻 區玉切音曲 玉篇 蛐蟮也。鏖 又俗蜎、蚯字 可洪音義 蛐重：上户灰反，人腹中長重也。正作蚯、蚰、蛐52601三形，經音義作蛐，並非 図 蛐蚓：上丘玉反。正作蚯蚓。

52569 27359
蛑 móu _6.12 唐韻 莫浮切 韻會 迷浮切达音侔 唐韻 蟟蛑，似蟹而大 續博物志 蟟52987蛑，大有力，能與虎闘，螯能剪殺人 図 ● 爾雅·釋蟲 莫貈，蟷蜋，蛑。疏：莫貈，一名蟷蜋，一名蛑△集韻作蝣。鏖 又蝣52743

52570 27360
蛒 gé _6.12 唐韻 古伯切 集韻 各頟切达音格 揚子方言 蟓蟲，梁益之閒謂之蛒，或謂之蛭蛒 博雅 蛭蛒，蛐蜓也 図 蚰詣謂之杜蛒 図 集韻 轄格切音胳。義同。

52571 27361
蛓 cì _6.12 唐韻 集韻 达七賜切音刺 說文 毛蟲也 爾雅·釋蟲 蛓，毛蠹 疏 蛓，一名毛蠹，即蛓也。今俗呼爲毛蛓，有毒，螫人 王逸·九思 蛓緣兮我裳 図 唐韻 七吏切。義同△玉篇 或作蟔、蛔、蝐、蚝 類篇 別作蛦 集韻 又作蟖。鏖 又蟴53063蛔52601蝐53100蟖53644 図 集韻 蛓，七賜切 說文 毛蟲也。或作蚝蟖53535蛔蛦螅53169

52572 27362
蛫 gāi _6.12 玉篇 音該。蟲名。

52573 27363
蚔 huí _6.12 集韻 胡隈切音回。同蛕。鏖 又蚔蚘蚘痾。

52574 27364
蛕 huí _6.12 集韻 胡隈切音回 說文 腹中長蟲 柳宗元·罵尸蟲文 脩蛕養心，短蟯穴胃 図 huǐ 集韻 虎猥切音賄。土蟲△玉篇 或作蚘、蚔。鏖 又蟲53205

52575 27365
蛣 lǜ _6.12 集韻 劣戌切音律。蟲名 類篇 从蟀省。

52576 27366
蛼 juàn _6.12 唐韻 居倦切音眷。蠢蠣，蜘蛛別名 図 集韻 蟓蟲，蟲 方言 自關而東謂之蛼蠣 図 juān 玉篇 居袁切，讀平聲。蠢蠣，蛸蟏也 〇按 方言 今本亦作蚕蠣。鏖 又蚕53011

52577 27367
蛖 máng _6.12 唐韻 集韻 达莫江切音龎 爾雅·釋蟲 蛖蟍，蛖蟍註 蛖蟍，螻蛄類 図 集韻 謨蓬切音蒙。義同。図 bàng 步項切音棒。與蚌同。鏖 又蚌52792

52578 27368
蛗 fù _6.12 正字通 房久切音阜 爾雅·釋蟲 蛗螽53285，蠜△唐韻 作蟲 集韻 作蟲。鏖 又蟴52839蟲52875蟲53613 蟲53484蟲53397

52579 27369
蚃 xiǎng _6.12 唐韻 許兩切音響。與蠁同。

52580 27370
蛘 yáng _6.12 唐韻 與章切 集韻 余章切达音羊。蟲名。

〇按 字彙 音養，非。蛘字讀羊，蛘52699字讀養，二字音義各別。

52581 27371
蛙 wā _6.12 古文蛙 唐韻 集韻 韻會 正韻 达烏瓜切音哇 說文 蝦蟆屬 本草 今處處有之，似蝦蟆而背青綠色，尖觜細腹，俗謂之青蛙。亦有背作黃路者，謂之金線蛙 尹文子·大道上篇 路逢怒蛙而軾之 前漢·五行志 武帝元鼎五年秋，蛙與蝦蟆羣鬭 図 韻會 淫也 前漢·王莽傳 紫色蛙聲 註 淫蛙之聲 図 烏蝸切音哇。義同△本草 畫。或書作蟈75174

52582 27372
蛙 wā _6.12 韻會 蛙52581本字 図 kuī 集韻 苦圭切音奎。蛙也 図 通奎 史記律書 北至于奎 徐廣註 奎一作蛙。

52583 27373
蛓 cì _6.12 唐韻 七四切音次。蟲似蜘蛛。

52584 27374
蜩 tiáo _6.12 集韻 田聊切音迢 篇海 同蜩。

52585 27375
蛚 liè _6.12 唐韻 正韻 良薛切 韻會 力薛切达音列。蜻蛚，蟋蟀53297 酉陽雜俎 蛚屬邸行△直音 作蛚。鏖 又蛚52931蛚53042

52586 27376
蛛 zhū _6.12 唐韻 陟輸切 集韻 韻會 追輸切达音誅 說文 蜘蛛也。本作鼄 唐韻 鼅鼄，網蟲 字說 云設一面之網，物觸而後誅之，知誅義者也。今文作蛛 爾雅疏 鼄，即鼅鼄別名。又名鼄蝥。今江東呼蝃蝥 說文 謂之蠾，作網鼄蝥也 揚子方言 自關而西，秦晉之閒謂之鼄蝥。自關而東，趙魏之郊謂之鼅鼄，或謂之蠾蝓。北燕、朝鮮洌水之閒謂之蝳蜍。郭璞云齊人又呼社公，亦言網公。其在地中布網者，名土鼅鼄。其作網絡幕草上者，名草鼅鼄也 關尹子·三極篇 聖人師蜘蛛立網罟 西京雜記 蜘蛛集而百事喜 埤雅 蜘蛛布網如罥，其絲右繞。今磨旋蔓生皆循右而轉，亦自然之理 爾雅翼 春月游絲有長數丈許者，皆蜘蛛所爲也。鏖 又蛛53500

52587 27377
蛜 yī _6.12 唐韻 於脂切音伊。蛜蝛52969 說文 作蛜威，鼠婦也。通作伊 詩·豳風 伊威在室 韓愈詩 破竈蛜蝛盈 図 蠊蛜 方言郭註 蜻蛉，淮南人呼爲蠊蛜△集韻 省作蛜。鏖 又蚅52640

52588 27378
蛦 pài _6.12 篇海 普央切，音派◇蠓蛦，小飛蟲。鏖 直音篇 音派。蠓蛦子 正字通 或曰蚧52434字之譌。

52589 27379
衍 yǎn _6.12 集韻 以淺切音演。同蝘。

52590 27380
蚿 xián _6.12 唐韻 戶間切音閑。蟲名 爾雅·釋蟲 蚿，馬蠾 疏 蚿蟲，一名馬蠾，一名馬蠲蚼，俗呼馬蚿 類篇 一曰蝮蚼也。一曰蚰蜒 図 集韻 魚巾切音銀。義同。鏖 又蜒53239

52591 27381
蛞 kuò _6.12 唐韻 苦括切 集韻 苦活切达音闊。蝦蟇子名。又 說文 附蠃背負殼者曰蝸牛，無殼者蛞蝓 本草 一名陵蠡，一名託胎蟲，一名鼻涕蟲。陶弘景曰：蛞蝓無殼，不應有蝸名。附蝸，即蝸牛也 図 古活切音括。蛞螻，螻蛄52510也 図 玉篇 胡括切。與活通，蛞蠹也。詳蚼52944

字註 又 集韻食列切音舌。與蛥52609通。鎣又蝫52785

蛟 52592 27382 jiāo_6.12 唐韻古肴切集韻韻會正韻居肴切太音交說文龍之屬也，池魚三千六百，蛟來爲之長，能率魚飛，置笱水中卽去埤雅蛟，其狀似蛇而四足，細頸，頸有白嬰，大者數圍，卵生，眉交，故謂之蛟山海經蛟大者十數圍，卵如一二石甕，能吞人述異記虎魚老者爲蛟酉陽雜俎魚二千斤爲蛟禮·月令季夏，命漁師伐蛟前漢·武帝紀自尋陽浮江，親射蛟江中，獲之 又蛟羊述異記蛟羊似羊而無角。

蛍 52593 27383 kuāng_6.12 集韻曲王切音匡類篇大蝦也。

蜙 52594 27384 sōng_6.12 唐韻息弓切集韻思融切太音嵩玉篇蟲名。

蚀 52595 27385 shì_6.12 集韻設職切音識類篇蚀蠼，蟲名，仙鼠也。

蛡 52596 27386 ěr_6.12 集韻仍吏切音餌類篇釣魚食也。

蛎 52597 27387 lì_6.12 集韻郎計切音麗類篇蜃屬也。

蛉 52598 27388 kù_6.12 玉篇音袴。蟲名。

蛡 52599 27389 yì_6.12 唐韻與職切集韻逸職切太音弋。蛡蛡，蟲行貌 又類篇蜂也揚子·太玄經蛡大蟒小 又玉篇音詡。義同。

蛨 52600 27390 zhǐ_6.12 玉篇職以切。蟲名。

蛔 52601 27391 tóng_6.12 玉篇音同。蟲也。鎣正字通蛔，蛔52486字之譌。

蛢 52602 27392 píng_6.12 正字通俗蛢字。

蛣 52603 27393 jié_6.12 唐韻去吉切集韻喫吉切太音詰爾雅·釋蟲蝎52949，蛣蝠 又蛣蜣52813、蜣蜋 又璅蛣述異記淮海之人呼璅蛣爲蟹奴郭璞江賦璅蛣腹蟹註南越志璅蛣長寸餘，大者長二三寸，腹中有蟹子如榆莢，合體共生，俱爲蛣取食字彙補漢律會稽郡獻蛣醬 又類篇蛣蟩，井中小蟲 又qiè集韻詰結切音猰。吉詣切音計。義太同。鎣又玷34038 又龍龕蛣52719苦到反。蛣蝠，蝎虫。

蛥 52604 27394 xún_6.12 唐韻詳遵切集韻松倫切太音旬玉篇蟲名 又類篇祖叢切音騣。蛪蛥，似蟬。鎣玉篇蛪，蛪蛥52485，似蟬而小。楊寶忠：俗蛥。

蛞 52605 27395 hǒu_6.12 集韻許后切音吼。同蚼。蚍蜉也。

蛤 52606 27396 gé_6.12 唐韻正韻古沓切◆韻會葛合切太音鴿玉篇蚌蛤也禮·月令雀入大水爲蛤國語註小曰蛤，大曰蜃前漢·地理志果蓏蠃蛤，食物常足註似蚌而圓大戴禮蚌蛤龜珠，與月盈虧 又魁蛤韻會一名復累，老服翼所化 又文蛤夢溪筆談文蛤卽吳人所食花蛤也。

又靈蛤酉陽雜俎仙藥有白水靈蛤 又萬年蛤飛燕外傳眞臘夷獻萬年蛤 又山蛤本草在山石中藏蟄，似蝦蟇而大，黃色，能吞氣飮風露 又蝦蛤，獸名司馬相如·上林賦格蝦蛤，鋋猛氏 又há蛤魚，蛙名本草蛙小其聲曰蛤，俗名石鴨，所謂蛤子也韓愈詩蛤卽是蝦蟇，同實浪異名 又蛤解揚子方言桂林之中，守宮大而能鳴，謂之蛤解。詳蚧52434字註 又蛤蜊52720△韻會作龕，从虫合聲。

蚅 52607 27397 è_6.12 唐韻五各切集韻逆各切太音咢說文似蜥蜴，長一丈，水潛，吞人卽浮出 又集韻匹各切音粕。義同△六書正譌俗作鰐、鱷，太非。

蛇 52608 27398 zhà_6.12 唐韻除駕切音秅。水母也，一名蠩。形如羊胃，無目，以鰕爲目玉篇形如覆笠，泛泛常浮隨水爾雅翼蛇生東海，正白，濛濛如沫，又如凝血，縱廣數尺，有智識，無頭目處所，故不知避人。衆鰕附之，隨其東西，故江賦曰水母目鰕也 又韻會陟駕切音咤。義同。亦作吒。鎣又鮀71977

蛥 52609 27399 shé_6.12 唐韻集韻太食列切音舌玉篇蛥蚗類篇蟬類揚子方言蛥蚗，齊謂之螇螰，楚謂之蟪蛄，或謂之蛉蛄，秦謂之蛥蚗 又zhè之列切音浙。義同。

又蛚52322蛥△集韻或作蛞。

蛬 52610 27400 hè_6.12 集韻黑各切音郝說文螫53260也。

鎣又蛬52635同蠚53660

蛵 52611 27401 xíng_6.12 玉篇音刑。海蟲名。

蛦 52612 27402 yí_6.12 唐韻以脂切集韻延脂切太音夷。螗蛦。附見蜩螲註 又蠍蛦左思·蜀都賦蠍蛦山棲註蠍蛦，鳥名也，如今之山雞 又田黎切音題。義同。

蛪 52613 27403 rú_6.12 玉篇仁余切音如。蟲名。

蛧 52614 27404 wǎng_6.12 唐韻文兩切集韻文紡切太音網說文蛧蜽也淮南王說蛧蜽狀如三歲小兒，赤黑色，赤目，長耳，美髮魯語木石之怪曰夔、蛧蜽註蛧蜽，山精，好斆人聲而迷惑人也張衡·南都賦追水豹兮鞭蛧蜽註蛧蜽，山川之精物也△韻會蛧蜽周禮作方良史記·孔子世家作罔閬左傳作罔兩六書正譌別作魍魎。

鎣又蝄52400蛧52943蛧52874

蛯 52615 27405 yáo_6.12 集韻餘招切音銚類篇蟲名 又正字通同珧。引六書故似蚌，其柱最珍。別見玉部。

蚰 52616 27406 kūn_6.12 唐韻古渾切韻會公渾切太音昆說文蟲之總名也，从二虫，凡蚰之類皆从蚰長箋二虫與屾、所、誩同義，有昆弟之象。古人造字有取于象形者，則從二虫同體作蚰。虫蚰蟲三部，若無可分體者。詳略爾 又韻會通昆詩草木昆蟲。師古曰衆也。又鄭玄曰：昆蟲，明蟲也，明蟲得陽則生，得陰則藏禮·祭統昆蟲之異註溫生寒死之蟲也△集韻亦作蜫。鎣又堒08894 又集韻蚰，或作蜫䗥47443通作昆 又可洪音義焜31071虫：上古魂反。正作蜫、蚰二形也，蟲之惣名也。

蛨 52617 27407
mò_6.12 唐韻 集韻 𡘋莫白切音陌。蚨蛨，蟲也。

蛯 52618 27408
yú_6.12 集韻 容朱切音俞。蠼蛯，蜘蛛52586字亦作蝓 図shū雙雛切音毹。蠼蛯，多足蟲。或作蝥。

蛩 52619 27409
qióng_6.12 唐韻 集韻 韻會 𡘋渠容切音卭 玉篇 巨虛也 山海經 北海內有素獸焉，狀如馬，名曰蛩蛩 註 卽蛩蛩，巨虛也，一走百里。郭璞曰：巨虛卽蛩蛩，互言耳 韓詩外傳 西方有獸曰蟨，得甘草必銜以遺蛩。蛩，巨虛 說苑 蛩蛩駏驉見人將來，必負蟨以走。二獸者，非性心愛蟨也，爲得甘草而貴之也 阮籍詠懷詩 蛩蛩亦念饑 図 字彙補 蚏蛩，憂思貌 劉向·九歎 志蛩蛩而懷顧兮，覓眷眷而獨逝 図蝗也 淮南子·本經訓 飛蛩滿野。図 說文 秦謂蟬蛻爲蛩 図gǒng 集韻 古勇切音拱。蟲名，百足也 爾雅註疏 蚰蜒，江東人呼蛩。音鞏。𡘋又蛬52620蛬52501蝩52628 正字通 本作蛬52771

蛬 52620 27410
qióng_6.12 集韻 韻會 𡘋同蛩。

蛢 52621 27411
zhá_6.12 正字通 蛆字之譌。

蛄 52622 27412
yì_6.12 篇海 音曳。蟲名。

蛣 52623 27413
qiè_6.12 唐韻 苦結切 集韻 詰結切𡘋音挈。蛣蚰，蟲名 図jié吉屑切音結 玉篇 蛣蚰，似蟬而小 図niè 正韻 魚列切音臬 類篇 與蜺同 史記·天官書 其蜺者類闕旗。△ 集韻 或作蠽。

蛫 52624 27414
guǐ_6.12 唐韻 過委切音詭 說文 蟹也 集韻 蟹六足者。一曰鼠負 図 類篇 一曰猿類 図 山海經 卽公之山有獸焉，其狀如龜而白身赤骨，名曰蛫，是可以禦火 司馬相如·上林賦 獑胡縠蛫。

蛚 52625 27415
yì_6.12 正字通 俗蝎字。

蛜 52626 27416
xù_6.12 唐韻 辛律切 集韻 雪律切𡘋音邮。水蟲名。海蜇也。

蛡 52627 27417
fǒu_6.12 集韻 俯九切音否 類篇 蠶臥也。

蛬 52628 27418
gǒng_6.12 唐韻 正韻 居竦切 韻會 古勇切𡘋音鞏 爾雅·釋蟲 蟋蟀，蛬 註 今促織也 揚子方言 蜻蚓，楚謂之蟋蟀，或謂之蛬 郭註 梁國呼蛬音鞏 蠡海集 蛬近陰，依於土，以陽而爲聲，又蛬陰，性妒，相遇必爭鬪。別詳蟋蟀字註 図 廣韻 巨容切音卭 集韻 渠用切，拱去聲。義𡘋同△ 玉篇 一作蟲 正韻 通作蛩。𡘋又蜐52638 直音 篇蝩，音栱。蟋蟀也。又音窮。蝹53189蝩52773蚛52659，並同上 図 正字通 蛬53110俗蝩字。

蛭 52629 27419
zhi_6.12 唐韻 之日切 集韻 韻會 正韻 職日切𡘋音質 說文 蟣也 図水蛭 本草 一名馬蟥，一名馬鼈，處處河池有之。有數種，以水中馬蜞，得齧人腹中有血者，乾之爲佳 劉向·新序 楚惠王食寒菹而得蛭，因遂吞之，腹有疾而不能食 前漢·賈誼傳 俑蝚獺以隄陂兮，夫豈從蝦與蛭蟥 服虔註 蛭，水蟲 図 韻會 有石蛭、草蛭、泥蛭等名 図 飛蛭 司馬相如·上林賦 蛭蜩蠼猱 註 山海經 不咸之山，飛蛭四翼 図 爾雅·釋蟲 蛭，蝚，至掌 註 義未詳 図 姓 正字通 見姓苑 図dié 廣韻 徒結切音姪。陟栗切音窒 集韻 竹例切音瘵。義𡘋同。

蚈 52630 27420
qiān_6.12 唐韻 苦堅切 集韻 輕煙切𡘋音牽。蟲名，螢火也 呂氏春秋 腐草化爲螢蚈 図 淮南子·兵略訓 故良將之卒，若蚈之足 註 蚈，馬蠸也。𡘋又蚈52386

盒 52631 27421
gé_6.12 五音篇海 與蛤同。

蚺 52632 27422
rán_6.12 說文解字 人占切。蚺本字，从蟲冄聲。

蛶 52633 27423
null_6.12 未詳。

蜂 52633 27423
fēng_6.12 類篇 敷容切音丰。與蜂同。𡘋沈祖春：當作蜂52524

蠃 52634 27424
luò_6.12 直音 同蝸52331

薑 52635 27426
hè_6.12 六書正譌 黑各切音壑。毒螫也。又舒亦、知列二切，俗作蠚、螫，𡘋非。

蛵 52636 27427
yīn_6.12 直音 於眞切音因。蟲名。

蛮 52637 27428
mán_6.12 直音 蠻字省文。

薻 52638 27429
qióng_6.12 字彙補 音義同蛬。

蚕 52639 27430
hòng_6.12 五音篇海 以丙切，音永◇蟲名，甲類。𡘋俗蚕52724 四聲篇海 胡孔切。

蚔 52640 27431
yī_6.12 海篇 同蚸。

蛵 52641 27432
duǒ_6.12 音未詳 唐書·李師古傳 棣州有蛤蛵鹽池，歲產鹽數十萬斛。𡘋又蛵52671

䖶 52643 45344
fán_6.12 龍龕 音煩。又音盤。

蟳 52646 u2B2BB
xún_6.12 簡蟳53437 𡘋俗衔52589 新修玉篇·虫部 引川篇 蚳，音演。

蚑 52642 27433
null_6.12 音未詳 顧氏 說略 蠆蚑，其形似龍，性好風雨，故用於殿脊上。

蚐 52644 45345
yǎn_6.12 川篇 音行。

蛵 52648 u2B2B9
null_6.12 簡蟾53592

蚥 52645 u2B2BC
null_6.12 殷周金文集成·17.11355·十二年趙令戈 右庫工師蚥紹。讀若蚍。

蟓 52650 u2B2B7
sap_6.12 壯蟑蟍。蟓蚸：蜈蚣。

蟜 52649 u2B2B8
jiāo_6.12 簡蟜53389

蛵 52651 u2B2B6
null_6.12 古今圖書集成·方輿彙編·職方典·第一千四十二卷·福州府部彙考十·福州府物產考二·府志 鄮蛵：形似蛤蜊而大。又 第一千一百八卷·福寧州部彙考二·福寧州物產考·州志 鄮蛵：形似蛤，殼薄肉白。又清·李元 蠕範 卷六·物材第十一 似蚶，狹長而黑，有毛，曰蚴蟟、嬾績麻也、銅釘蛤也、晃郎蛤也△亦地名用字 指南正法·戠東山形水勢 鄮蛵：無澳，打水念五托，山上有水可取，子癸三四更取盡山。向達：鄮蛵，疑卽今圖之浪岡。又兩廣、鄮蛵、浪岡，當卽一地，爲浙江嵊泗列島極南一島。

蚴 52653 u2B2B4
dak_6.12 壯山螞蝗

蛸 52655 u2F9B9
yuān_6.12 同蜎52728

蛼 52659 u272C4
gǒng_6.12 同蚕52628

螭 52652 u2B2B5
chī_6.12 同蚩。螭蚴，即蚩尤 殷周金文集成3.980.魚顛匕 參螭蚴命帛命入。

蛽 52654 u2B2B3
null_6.12 新撰字鏡加比。

蜒 52656 u272C7
chạch_6.12 喃从虫歷lịch省聲。泥鰌。

蛛 52657 u272C6
dòi_6.12 喃从虫耒lồi聲△蛛蛂：蛆。

蚭 52658 u272C5
rận_6.12 喃从虫尽tận聲。衣虱子。

蝽 52660 u272C3
chuồn_6.12 喃从虫存tồn聲。蜻蜓。

蚚 52661 u272C2
yǎn_6.12 俗蚚52644 篇海蚚，音演。

蛽 52662 u272C1
nhái_6.12 喃从虫再tái聲。樹蛙。

蚰 52663 u272C0
chấu_6.12 喃从蝗省州聲△蚰蚰：蚱蜢。

劉 52664 u272BF
liè_6.12 直音篇同蜊52585

蚘 52665 u272BC
null_6.12 未詳。

蛵 52666 u272BB
xīn_6.12 俗蛵52682

蛆 52667 u272BA
thằn_6.12 喃越·阮秉五千字譯國語蛆，蚰蛞。

蚹 52668 u272B9
null_6.12 未詳。

蝀 52669 u272B8
cì_6.12 同蠢53424

蝥 52670 u272B7
méng_6.12 大戴禮記勸學第六十四 南方有鳥，名曰蝥鳩，以羽為巢，編之以髮，繫之葦苕 荀子·勸學篇 南方有鳥焉，名曰蒙鳩。注：蒙鳩，鳲鳩也。

蜾 52671 u272B6
duǒ_6.12 同蜾52641 字海蛤蜾，古地名，在今山東省惠民縣南。見舊唐書·李師古傳

蜂 52672 u272B5
fēng_6.12 俗蜂52703 可洪音義黑蜂：芳逢反。

蜬 52673 u272B4
hán_6.12 蜬52832譌字。唐·蘇鶚蘇氏演義（文淵閣四庫本）卷上貝者，北海之介蟲，陸居為猋，在水名蜬。△宏按，爾雅·釋魚貝，居陸贆，在水者蜬。

蚅 52674 u272B3
yuán_6.12 四部叢刊·初編集部·朱文公校昌黎先生集·卷之八·聯句·城南聯句垣亂蚅：音求，多足虫。垣或作蚅。方云謂蜿蜒於墻屋之間作蚅。非。

蜝 52675 u86F4
qí_6.12 简蠐53598

蛳 52676 u86F3
sī_6.12 简蟖53098

蛲 52677 u86F2
náo_6.12 简蟯53430

蛱 52678 u86F1
jiá_6.12 简蛺52692

蛰 52679 u86F0
zhé_6.12 简蟄53303

蛴 52680 u86EF
lǎo_6.12 日 えび，同蝦

蛫 52681 27425
guǐ_7.13 直音與蜮同。蠶蛹。

蛵 52682 27434
xīn_7.13 唐韻呼刑切集韻醯經切丛音馨 爾雅·釋蟲虰蛵，負勞註即蜻52861蛉也圖乎經切音刑。義同。鏧又蛵52666

蚧 52683 27435
jiè_7.13 唐韻力轄切集韻龍輟切丛音劣 玉篇蟒蚧也。爾雅·釋蟲蚧，蟒蚧註未詳圖廣韻郎括切音捋。義同。

蚳 52684 27436
huī_7.13 唐韻呼恢切音灰。豕掘地也 集韻豕發土也圖蝟屬炙轂子刺端分兩岐者蝟，如棘針者蚳。△或作狅、瓻。鏧又犪75517

蚳 52685 27437
zhì_7.13 集韻丈爾切音豸。同豸 說文有足謂之蟲，無足謂之豸 揚子·太玄經惆堅禍，惟用解蚳之貞。字本作豸，或加虫。

蝵 52686 27438
qiú_7.13 唐韻巨鳩切音仇 說文多足蟲也 周禮·秋官赤友氏凡隙屋，除其貍蟲註貍蟲，廘，肌蝵之屬。韓愈詩蜿垣亂蝵蛆圖瘠也淮南子·說林訓曹氏之裂布，蝵者貴之註曹布燒以傅蛴蝵瘡則愈，故蝵者貴之。互詳蝵52979字註圖jū 集韻恭於切音拘。肌蝵，蟲名也。△或作蠡、蠡。

蛸 52687 27439
shāo_7.13 唐韻正韻所交切韻會師交切丛音梢。蠨蛸，蟲名詩·豳風蠨蛸在戶傳蠨蛸，長踦也。郭璞曰：小蜘蛛長脚者，俗呼爲喜子。陸璣云一名長脚。荆州、河內人謂之喜母，此蟲來著人衣，當有親客至，有喜也。幽州人謂之親客，亦如蜘蛛爲羅網居之是也圖xiāo 廣韻相邀切音消爾雅·釋蟲不過蠭蠰，其子蜱蛸註一名蟭蟭，蟷蠰卵也爾雅翼螵蛸，所在有之，以桑上者爲佳本草爲之桑蜱蛸圖魚名爾雅翼海中烏賊魚，背如樗蒲形，亦有螵蛸之名圖姓通志·氏族略齊武帝以巴東王子響叛逆，改爲蛸氏。

蛴 52688 27440
qī_7.13 集韻牽奚切音谿。同蟋。从蟸省。

蜅 52689 27441
shā_7.13 篇海師加切音砂。同莎。莎雞，蟲名。圖suō 字彙補心多切音娑。呼蜅，病名。見巢氏病源

蜈 52690 27442
wú_7.13 唐韻五乎切音吾 玉篇同蜈75378亦作蜈圖集韻蜈52713蚣，亦作蜈蚣。

蛹 52691 27443
yǒng_7.13 唐韻余隴切韻會正韻尹竦切丛音勇。蠶化爲蛹，蛹化爲蛾 說文繭蟲也爾雅·釋蟲蟲，蛹註蠶蛹疏即蠶所變者。一名蟲，一名蛹荀子·賦篇蛹以爲母蔡邕·短人賦繭中蛹兮蠶蟷頓韓愈詩眇若抽獨蛹圖土蛹博雅土蛹，蠮蟲也。

蛺 52692 27444
jiá_7.13 唐韻古協切集韻吉協切丛音頰 說文蛺蝶也長箋其形夾，故从夾，加虫本草蛺蝶53027輕薄，夾翅而飛圖集韻轄夾切音洽。訖洽切音夾。義丛同。鏧又蛺52678

蛻 52693 27445
tuì_7.13 唐韻舒芮切韻會正韻輸芮切丛音稅說文蛇蟬所解皮莊子·寓言篇予，蜩甲也，蛇蛻也，似之而非也神仙傳王方平死三日，夜忽失其屍，衣冠不解，如蛇蛻耳史記·屈原列傳蟬蛻于濁穢夏侯湛·東方朔畫贊序蟬蛻龍變，棄俗登仙圖廣韻他外切音娧。湯臥切音唾。義丛同圖shuō 集韻輸爇切音說。復蛻也。圖蟬蛻之蛻，亦叶失爇切郭璞·遊仙詩吐納致眞和，一朝忽虛蛻。飄然凌太清，眇爾景長滅◇圖yuè 類篇欲雪切音悅揚子方言蠶或謂之蚗蛻博雅蚗蛻，蠟蟼也。

蝥又蜕52791

蛼 52694 27446
chē_7.13 集韻昌遮切音車篇海蛼螯53264,蟲名。
如蜆而大。

蛦 52695 27447
xī_7.13 集韻香依切音希類篇蟲名博物志藥物,
有大毒註一曰鳩羽,如雀,黑頭赤喙,亦曰蜗蛦。雄曰
蛦,雌曰蜗也。

蛼 52696 27448
bèi_7.13 正字通俗貝字。

蛾 52697 27449
é_7.13 唐韻五何切集韻韻會正韻牛何切丛音
莪玉篇蠶蛾也韻會蛾似黃蝶而小,其眉句曲如畫爾
雅釋蟲蛾羅疏此即蠶蛹所變者也埤雅繭生蛾,蛾生
卵大戴禮食桑者有絲而蛾前漢文帝紀建昭元年秋八
月,有白蛾羣飛蔽日師古註蛾若今之蠶蛾類也。
又飛蛾古今注飛蛾善拂燈。一名火花,一名慕光。
又蛾眉詩衛風螓首蛾眉前漢揚雄傳知衆嫭之嫉妒
兮,何必颺纍之蛾眉師古註蛾眉,形若蠶蛾眉也。
又姓通志氏族略註見姓苑。晉大夫蛾析之後,魏平
東將軍蛾青又影蛾,池名三輔黃圖影蛾池,武帝鑿池
以玩月,使宮人乘舟弄月影又與俄同前漢外戚傳孝
成班倢伃,帝即位,選入後宮,始爲小使,蛾而大幸。
師古註蛾、俄古字通用又yǐ廣韻魚倚切,艤上聲。與
蟻同禮學記蛾子時術之註蛾,蚍蜉也後漢皇甫規傳
張角等皆著黃巾爲標幟,時人謂之黃巾,亦名爲蛾賊。
註即蟻字。喻賊衆多,故以爲名又人名左傳蛾析。亦
音魚綺切△爾雅作蟻集韻本作蟻。

蟻 52698 27450
yǐ_7.13 篇海同蛾52697

蛘 52699 27451
yǎng_7.13 唐韻余兩切集韻以兩切丛音養說文
搔蛘也又揚子方言蚍蜉,燕謂之蛾蛘、蠌螂。或謂之
蛘蛘又mǐ廣韻綿婢切音洣爾雅釋蟲蛄蟹,強蛘揚子
方言蛄蟹謂之強蛘郭註米中小黑甲蟲也。建平人呼芊
子。音芊。芊即姓也△正字通云蛘字有平、上二音。
〇按字書蛘字有余兩、綿婢二切,皆係上聲,無平聲。
蟁又蚌52788蚌52580蟻53483蟻53662

蛤 52700 27452
hàn_7.13 類篇胡紺切音憾。毒蟲名△集韻本作蛤。

蜀 52701 27453
shǔ_7.13 唐韻市玉切集韻殊玉切丛音蜀說文葵
中蠶也淮南子說林訓蠶與蜀狀相類,而愛憎異也詩豳
風蜎蜎者蠋53538本作蜀又獸名山海經杻陽之山有獸
焉,其狀如馬,其文如虎,名曰鹿蜀。佩其皮尾,宜子
孫又韻會雞大者謂之蜀雞又巴蜀,地名。秦置蜀郡,
即益州地又爾雅釋山獨者,蜀疏山之孤獨者名蜀。
又字彙補祠器也管子形勢篇抱蜀不言而廟堂既脩
又同暍。見歸藏易楊慎曰蜀字從蜀爲聲,音圭,則蜀
固有圭音矣。蟁又罵45402

蜁 52702 27454
xuán_7.13 唐韻似宣切音旋。蜁蝸,蝸螺也郭璞江
賦鸚螺蜁蝸△韻學集成亦作蟭。

蜂 52703 27455
fēng_7.13 唐韻敷容切音丰。與蠭同集韻蠭通作蜂
又péng薄紅切音蓬蒼頡篇蠡蜂,蟲名。字或作蠭。
蟁又蠭53571蠭52672

蜃 52704 27456
shèn_7.13 唐韻時忍切集韻是忍切正韻時軫切丛
音腎禮月令雉入大水爲蜃註大蛤曰蜃周禮天官鼈人
以時簎魚鼈龜蜃,凡貍物述異記黃雀秋化爲蛤,春復
爲黃雀,五百年爲蜃蛤山海經註蜃,一名蚌,一名含
漿又本草蜃,蛟之屬,其狀亦似蛇而大,有角如龍狀,
紅鬣,腰以下鱗盡逆,食燕子。能呀氣成樓臺城郭之狀,
將雨即見,名蜃樓,亦曰海市。其脂和蠟作燭,香凡百
步,烟中亦有樓臺之形漢書天文志海旁蜃氣象樓臺
又儀禮既夕禮蜃車註柩路也。迫地而行,有似於蜃。
又蜃炭左傳成二年宋文公卒,始厚葬,用蜃炭註燒
蜃爲炭又蜃器周禮春官鬯人凡山川四方用蜃莊子人
閒世夫愛馬者,以筐盛矢,以蜃盛溺又廣韻時刃切音
慎。義同又縣名集韻一作蜃通志六書略亦作蜄。

蜄 52705 27457
zhèn_7.13 正韻之刃切音震玉篇動也史記律書辰
者,言萬物之蜄也又shèn正韻時軫切音腎。同蜃52704,
大蛤也。

蠹 52707 27459
dù_7.13 字彙同蠹

蜅 52706 27458
fǔ_7.13 唐韻方矩切
集韻匪父切丛音甫。小蟹玉篇蜅,蜅蟹也又奉甫切音
父。義同又pú廣韻薄胡切音蒲。蛤蜅也。

蜆 52708 27460
xiàn_7.13 唐韻胡典切音峴。蟲名◆說文縊女也。詳
蠶53161字註又集韻胡千切音賢。義同又xiǎn呼典切
音顯類篇小蛤隋書劉臻傳好啖蜆。以父諱顯,因呼蜆
爲扁螺又湖名史記夏本紀註三江,一江東南上七十
里自蜆湖,名曰上江△或作蟲。蟁又蜆52464螺53606

蜵 52709 27461
tiáo_7.13 唐韻徒聊切集韻田聊切丛音條。水蟲名
山海經獨山末塗之水,東南流注于沔,其中多蜵鱅,
其狀如黃蛇,魚翼,出入有光,見則其邑大旱郭璞圖
詠蜵鱅,蛇狀,振翼灑光江賦蜵鱅拂翼而掣耀△或作
鯈。

蜇 52710 27462
zhē_7.13 唐韻陟列切音哲玉篇蟲螫也柳宗元題
毛穎傳後蜇吻裂鼻又江蜇。詳蜥52711字註△玉篇又
作蛆。蟁又海蜇,舊稱蛇52608又嗻06748蝪53459
蜥53140蜆53121,俗作可洪音義嗻螫:上知列反。正作蜇
蛆二形也。蝪人:上知列反。作蝾:音哲,見藏經作蚳
蛆又蛆或訛作蛆可洪音義蛆螫:上知列反。

蜥 52711 27463
xué_7.13 唐韻寺絕切集韻同鯜。江蜥,似蝤蛑,
生海中又dì類篇丁計切音帝玉篇同蜥。蟁又蜥53140

蜊 52712 27464
lí_7.13 玉篇力之切。蟲名。

蜈 52713 27465
wú_7.13 唐韻五乎切集韻訛胡切丛音吾玉篇蜈
蚣52428也△集韻或作蜈。

蜮 52714 27466
yì_7.13 集韻逆及切音岌類篇蟲行貌。

蜥
xí_7.13　唐韻先擊切音析。蜥蜴53293 玉篇蠑蚖也
△集韻同蜴。鑾與蛈52669別。

蜭
gěng_7.13　唐韻集韻夶古杏切音梗 玉篇蟲名。

蛦
tóng_7.13　正字通同蚗 揚子·太玄經蛦黃疑金註蛦
黃，石屬，光瑩似金，即今雄黃也。

蜉
fú_7.13　唐韻縛謀切集韻韻會房尤切正韻房鳩
切夶音浮 說文作蠹，虸蠹也。今作蜉 爾雅·釋蟲虸蜉，
大螘 疏螘大者別名虸蜉 韓愈詩虸蜉撼大樹，可笑不自
量 図韻會引漢書註：虸蠹，蜉蝣，渠略也 詩·曹風蜉
蝣之羽，衣裳楚楚 爾雅·釋蟲蜉蝣，渠略 註似蛣蜣，身
狹而長，有角，黃黑色，聚生糞土中，朝生暮死，豬好
啖之。陸璣曰：似甲蟲，有角大如指，長三四寸，甲下
有翅能飛。夏月陰雨時地中出，今人燒炙噉之，美如蟬
也。樊光謂之糞中蝎蟲 揚子方言蜉蝣，秦晉之閒謂之
蟒蜒。鑾又蠹53834

蛣
jié_7.13　集韻口到切音鎬 類篇蟲名，蝎也。
鑾俗蛣52603

蜊
lí_7.13　唐韻力脂切集韻良脂切夶音棃 類篇蛤
蜊，蟲名。海蚌也 本草生東南海中，白殼紫脣，大二三
寸者，閩、浙以其肉充海錯 南史·王融傳不知許事，且
食蛤蜊△亦作梨 蜀志·邰正傳註引淮南子 盧傲俯而視
之，方卷龜殼而食合棃 図作蜊 王充·論衡食精身輕，
故能神仙。若士者食合蜊之肉，無精輕之驗，安能縱體
而升。鑾又蜊52747蠡53715

蜋
láng_7.13　唐韻魯當切韻會盧當切正韻魯堂切夶
音郎 玉篇螳53271蜋 図liáng 集韻呂張切音良。蛢52813
蜋，蟲。一名蛣蜣。

蜌
bì_7.13　集韻部禮切音陛 玉篇蚌長者 字林小蛤
也 爾雅釋魚蜌蠯 註今江東呼蚌長而狹者爲蠯 本草馬
刀，一名蜌，生江漢，長六七寸，食其肉似蚌，今人多
不識。大抵似今蟶蜌 図海蜌，即淡菜，一名東海夫人，
生東南海中。

蜍
chú_7.13　唐韻署魚切集韻韻會常如切音藷。蟾
53513蜍也 本草蕭炳曰：腹下有丹書八字者，眞蟾蜍也。
蘇頌曰：蟾蜍多在人家下處，形大，背上多疿磊，行極
遲緩，不能跳躍，亦不解鳴。蝦蟇多在陂澤閒，形小，
皮上多黑斑點，能跳接百蟲，舉動極急。二物雖一類，
而功用稍別 図yú 集韻羊諸切音余。蜘蛛，一名蟰蜍 揚
子方言北燕、朝鮮洌水之閒謂之蟰蜍△集韻或作蠩。

蚃
hòng_7.13　唐韻胡孔切集韻戶孔切夶音汞。蚃蟲，
甲類也。鑾俗作蚃52639

蜠
kùn_7.13　集韻苦悶切音困 類篇蟲名。鑾俗蜠52808

蚴
liú_7.13　唐韻力求切音流。蜉蚴，蟲也 図字彙補
諸毒蛇吐毒草木上，人誤犯者名爲蚴毒 図yóu 集韻夷

周切。與蝣通。蚴蝣 方言蚴52718蚰。鑾又蠟53156

蚭
niè_7.13　集韻日涉切音讘 類篇蟲行貌。

蜎
yuān_7.13　唐韻於緣切集韻縈玄切韻會縈緣切夶
音娟 玉篇蠋貌 詩蜎蜎者蠋53538 図爾雅·釋魚蜎，蠉
53534 図撓也 周禮·冬官·廬人句兵欲無彈，刺兵欲無蜎
註鄭司農云蜎亦掉也 図姓 前漢·藝文志蜎子十三篇
師古註名淵，楚人，老子弟子。蜎，姓也 図廣韻巨卷
切音圈。義同 図集韻於泫切音餰 前漢·揚雄傳蠅蜎蠖
濩之中 師古註言屋中之深廣也 図xuān休緣切。人名
史記·甘茂傳楚王問于范蜎 索隱註蜎，休緣切 図與娟
通。•楚辭·遠遊篇雌蜺便蜎以增撓兮 成公綏·嘯賦蕤脩
竹之蟬蜎 図xuǎn馨兗切。同蠉。鑾又蜎52655臽46925
骨05838骨52443

蟒
yǒu_7.13　唐韻與久切音酉 玉篇朝生暮死蟲也，生
水上，狀如蠶蛾。一名孳母 図余救切音柚 集韻息救切
音秀。義夶同。

墀
chí_7.13　篇海直夷切，音池 ◇蟻也 直音同蚳。

蚏
jié_7.13　唐韻居怯切集韻訖業切夶音劫。石蚏，
蟲名 江淹·石蚏賦序海人有食石蚏，一名紫蕈，蚌蛤類
也 本草石蚏狀如蟹螯，其色紫 図或書作蛣 郭璞·江賦
石蚗應節而揚葩 註 南越志曰：石蚏形如龜脚，得春雨
則生華，華似草華 王維詩來經石蚏春。鑾又砌38998
蚏52784

蜑
dàn_7.13　集韻韻會蕩旱切正韻徒亶切夶音但 說
文南方夷也 晉書音義天門蜑，蠻屬。見 文字集略 華陽
國志漢髳縣有鹽井，諸縣北有獠蜑 韓愈房公墓碣林蠻
洞蜑△一作蜒。或作蜑。鑾正字通蜑53540同蜑。

蜒
yán_7.13　唐韻以然切正韻夷然切夶音延。蚰52470
蜒 図蠻53302蜒，獸名 図揚子方言守宮謂之祝蜒 図楚
辭·大招蝮蛇蜒只 註蜿52868蜒而長也 図yǎn 正韻以淺
切音衍。蜿蜒，龍貌△蜿蜒，集韻亦作蜒蠕。鑾又蜿
蜒，或作蜒蜒、蜿蜒。

蜓
diàn_7.13　唐韻集韻韻會正韻夶徒典切音殄 玉篇
蝘52963蜓 図tíng 集韻唐丁切音廷。蜻蜓 爾雅·釋蟲虰
蛵 註或曰即蜻蛉也 疏一名蜻52861蜓 図tǐng待鼎切音
挺。蜓蚞 爾雅·釋蟲蜓蚞52421，螇螰△螇蜓，集韻或作
蚞。

蝨
shī_7.13　篇海同蝨

蚣
cōng_7.13　正字通蟌本字。見 六書故

蟩
jué_7.13　說文解字其虐切。同蜐。

蚟
tóng_7.13　說文長箋徒冬切音彤。从厂，蟲省聲。

蚯
qiú_7.13　說文解字同蛷。

蝭
tí_7.13　韻會田黎切
正韻杜兮切夶音啼。螗蝭，蟬屬 廣韻小蟬也。

蝶 52741 27494 dié_7.13 直音同蝶

蜔 52744 27497 diàn_7.13 字彙補亭練切音甸帝京景物略方信川之堆滾螺蜔。

蝶 52742 27495 dié_7.13 直音同蝶

蝞 52743 27496 móu_7.13 玉篇與蝶同

蟠 52745 27498 lǐ_7.13 字彙補同蠡。番人謂之禎蟠也。出孔雀經。又易離爲蠃，姚信本作爲蟠。

蝒 52746 27499 nà_7.13 字彙補女洽切音嫐。蟲動貌。

蜊 52747 27500 lí_7.13 篇海類編與蜊52720同。

螩 52748 41812 tiáo_7.13 字彙補同聊切音條山海經獨山多螩蟰，狀如黃蛇，魚翼，見則大旱字彙作鯈。

蚯 52749 45346 běi_7.13 搜真玉鏡音求。又音北。

𫋁 52751 u2B2C1 null_7.13 新撰字鏡尒忠。

𫋀 52752 u2B2C0 null_7.13 未詳。

蝻 52750 45347 zhān_7.13 字彙補音詀

𫊿 52753 u2B2BF null_7.13 喃未詳。

𧌞 52756 u2731E qí_7.13 同蚚52878

𫊾 52754 u2B2BE null_7.13 新撰字鏡虫尾。又世比。

𫊽 52755 u2B2BD null_7.13 新撰字鏡井又志弥。

𧌂 52757 u27302 bọ_7.13 喃从虫步bộ聲。蟲蛆類之總稱。亦作蛹△螻𧌂：昆蟲，蟲豸。𧌂蜥：蚤虱。

𧌀 52758 u27300 thằn_7.13 喃从蜥省吞thôn聲△𧌀𧋻：蜥蜴。

𧋿 52759 u272FF khoải_7.13 喃从虫快khoái聲。

𧋾 52760 u272FE ộp_7.13 喃从蛙省邑ấp聲△𧋾𧋾：蛙聲 又 oáp昆𧋾：牛蛙。

𧋮 52774 u272EE null_7.13 未詳。

𧋽 52761 u272FD mang_7.13 喃从蛇省芒mang聲。蛇腮囊△𧋻虎𧋽：眼鏡蛇。

𧋼 52762 u272FC nhộng_7.13 喃从蛹省弄lộng聲。

𧋻 52763 u272FB lẳn_7.13 喃从虫吝lận聲△𧌀𧋻：蜥蜴 又 rắn昆𧋻：蛇。𧋻毒：毒蛇 又 硬△𧋻質：結實。𧋻如硦：硬似石。𧋻檑：剛勁。

𧋭 52775 u272ED null_7.13 未詳。

𧋹 52765 u272F9 giời_7.13 喃𧋹蹽：蜈蚣五千字譯國語·第三十二昆蟲蠕，𧋹。

𧋺 52764 u272FA chấy_7.13 喃从虫志chí聲。髮虱。

𧋸 52766 u272F8 trạnh_7.13 喃从虫呈trình聲△昆𧋸：大龜。

𧋷 52767 u272F7 jì_7.13 清·李元蠕範·卷一·物匹第二蛙……曰黃𧋷。身黃，腹下有臍帶，正月出不可食 又 ghẹ喃从虫忌kị聲△昆𧋷：蟹。

𧋶 52768 u272F6 mọt_7.13 喃从蛀省沒một聲△𧋶棋：木蠹。又五千字譯國語·附次補遺蛪，𧋶。

𧋵 52769 u272F5 cuống_7.13 喃从蠍省狂cuồng聲△其𧋵：蠍。

𧋴 52770 u272F4 fēng_7.13 同蠭53523古文蜂。

𧋳 52771 u272F3 gǒng_7.13 正字通蛩52619本作蛩，七画。

𧋰 52772 u272F0 fù_7.13 俗蝠53613

𧋯 52773 u272EF gǒng_7.13 同蛬52628

𧋬 52776 u272EC dié_7.13 俗蝶53027可洪音義大𧋬：徒頰反。正作蝶。蛺蝶也。悞 又 sī俗螄53098天一閣藏明嘉靖刻本江陰縣志·卷之六·食貨記第四下·土產螺，大者曰田螺，小者曰螺𧋬。

𧋫 52777 u272EB null_7.13 未詳。

𧋪 52778 u272EA null_7.13 或俗蝆52699

𧋩 52779 u272E9 null_7.13 未詳。

𧋧 52781 u272E7 null_7.13 未詳。

𧋨 52780 u272E8 null_7.13 新撰字鏡𧋨蠊，二。奴弥。

𧋦 52782 u272E6 wěi_7.13 粵塘𧋦：蜻蜓。

𧋥 52783 u272E5 zú_7.13 俗足58638清·李調元奇字名·卷十一·魚名鱲魟：閩書鱲魟魚，背厚長，有𧋥，大者二三斤。

𧋣 52785 u272E3 kuò_7.13 同蛞52591

𧋤 52784 u272E4 jié_7.13 俗蛣52731類篇𧋤蛣，訖業切。石𧋤，蟲名。足如龜。或省。

𧋢 52786 u272E2 bó_7.13 埤雅阜螽，一名𧋢蜙。𧋢音勃。

䖾 52787 u45BE null_7.13 文淵閣四庫本小兒衛生總微論方卷二食忌論經驗方云小兒未斷乳，食雞肉，令兒腹生䖾虫。按，䖾虫，重訂曹氏醫學大成本寫作蚘蟲 又 清·李元蠕範·卷四·物食第七蜃：蛤也，車螯也，斑䖾也，紫貝也，海蛤也，魁蛤也，昌娥也。按，斑䖾疑斑蛤之誤。

蝆 52788 u8746 mǐ_7.13 同蝆52699

蜗 52789 u8717 wō_7.13 简蝸53031

蜖 52790 u8716 huí_7.13 同蛔52573

蜕 52791 u8715 tuì_7.13 同蛻52693

蛖 52792 u86D6 máng_7.13 同蛖52577集韻蛖，謨蓬切。蟲名爾雅蝚，蛖螻。又莫江切 又 蚌52390，或作蜯鮮硥蛖。

蜘 52793 27501 zhī_8.14 唐韻陟離切集韻珍離切太音知。蜘蛛52586△本作鼅，亦作蟹、鼄。鼅又蜘52933

蜨 52794 27502 zā_8.14 集韻作荅切音匝類篇蟲多貌。

蝘 52795 27503 è_8.14 篇海烏合切音罨。蟲名。

蜙 52796 27504 sōng_8.14 唐韻息恭切集韻思恭切太音淞玉篇蟲名爾雅·釋蟲蜇螽53285，蜙蝑疏一名蜙蝑，一名蜙蜒，一名蟾蜍。陸璣云蟾箕卽蟾蜍，蝗類也酉陽雜俎蜙蝑股鳴 又 集韻蘇叢切音憽。義同△或作蚣、蚣。

蜚 52797 27505 fěi_8.14 集韻韻會太父沸切音屝爾雅·釋蟲蜚，蠦蜰疏蜚，越之所生，其爲蟲臭惡，南方淫氣之所生也本草曰：蜚，厲蟲也，然則蜚是臭惡之蟲，害人衣物，故春秋左氏傳有蜚不爲災，亦不書也前漢·五行志劉向以爲有蜚有蜮不言災者，氣所生，所謂眚也 又 fèi正韻芳未切音費。蟲名，負蠜也 又 廣韻府尾切音斐。義

同[又]獸名[山海經]太山有獸，狀如牛，白首，一目，蛇尾，名曰蜚。所經枯竭，甚于鴆厲，見則天下大疫。[又]fēi[集韻]匪微切音非。與飛通[史記·周本紀]麋鹿在牧，蜚鴻滿野[楚世家]三年不蜚，蜚將沖天△或作蠹。鎣又蜚53602蠹53851蜚52922

蝬 52798 27506 shòu_8. 14 [篇海]音受。蟲也。

蜶 52799 27507 kōng_8. 14 [唐韻]苦紅切[集韻]枯公切太音空[玉篇]蟬蛻蜶皮也。

蝴 52800 27508 péng_8. 14 [玉篇]步登切音朋。蟲名。

蜛 52801 27509 jū_8. 14 [唐韻]九魚切[集韻]斤於切太音居。蜛蠩，蟲名[郭璞·江賦]蜛蠩森衰以垂翹[註][南越志]曰：蜛蠩，一頭，尾有數條，長二三尺左右，有脚狀如蠶，可食。△或作鮔。

蜜 52802 27510 mì_8. 14 古文螢[唐韻]彌畢切[集韻][韻會]覓畢切太音謐[說文]蠭甘飴也[楚辭招魂]瑤漿蜜勺[魏文詔]蜀人作食，喜著飴蜜[又][爾雅翼]土蜜。北方地燥，多在土中，故曰土蜜[又]木蜜。南方地濕，多在木中，故曰木蜜。[又]石蜜[西京雜記]南越王獻高帝石蜜五斛[又]◆波羅蜜，果名[本草]波羅蜜，梵語也，因此果味甘，故借用之。[又]崖蜜，櫻桃別名[陸士衡賦]朱藍崖蜜[又]與密通。古碑帖縝密多作縝蜜。鎣又蠠02838蜜52526蠭53557蠠53840蚣52509[又][字彙補]蠠02841與蜜同[又][集韻]蠠53860蜜蠭53650，覓畢切[說文]蠭甘飴也。一曰螟子。或从宓从蚰。俗作蜜，非是。

蜝 52803 27511 qí_8. 14 [韻會]渠之切音其[玉篇]蟚蜝也[集韻]似蟹而小，不可食[晉書·蔡謨傳]初渡江，見蟚蜝，大喜，曰：蟹有八足，加以二螯令烹之，既食，吐下委頓，方知非蟹。謝尚曰：卿讀[爾雅]不熟，幾爲[勸學]死[又]雷蜝，蟲名[酉陽雜俎]雷蜝，大如蚓，以物觸之，乃蹙縮，圓轉若鞠，良久引首，鞠形漸小，復如蚓焉[又]馬蜝[本草]水蛭大者名馬蜝△[類篇]或作蜞。

蜞 52804 27512 qí_8. 14 [集韻]同蜝52803

蝐 52805 27513 fù_8. 14 [唐韻]房久切[集韻]扶缶切太音婦[玉篇]鼠婦也[爾雅·釋蟲]蛜威，委黍[註]舊說鼠婦別名△[集韻]或作蝜。

蜟 52806 27514 yù_8. 14 [唐韻]余六切音育。復蜟，蟬未蛻者。本作育[論衡]作蜟。

蛙 52807 27515 lù_8. 14 [唐韻][集韻][韻會]太力竹切音陸[玉篇]魁蛙也[類篇]海蛤，圓厚而有文△通作陸。

蜠 52808 27516 jùn_8. 14 [唐韻]渠殞切[集韻][正韻]巨隕切太音窘。貝屬[爾雅·釋魚]蜠大而險[疏]大而汚薄名蜠[又][廣韻]去倫切音囷。義同。鎣又䐃57803蜫52725

蜡 52809 27517 qù_8. 14 [集韻][正韻]太七慮切音覷[說文]蠅胆也[周禮·秋官·蜡氏註]蜡，骨肉腐臭，蠅蟲所蜡也[月令]曰：掩骼埋胔，此官之職也[又]zhà助駕切音乍。年終祭名[禮·禮運]仲尼與于蜡賓[註]夏曰清祀，殷曰嘉平，周曰蜡，秦曰臘[郊特牲]蜡也者，索也。歲十二月，合聚萬物而索饗之也[又]cù[玉篇]子六切音蹙。蟲名△蜡祭之蜡[廣韻]或作䄍[六書正譌]从虫昔聲。別作䄍，从示，非。

蛟 52810 27518 xiè_8. 14 [集韻]四夜切音卸。與蝑同[類篇]蟹醢。△或作蜍蝍。

蜢 52811 27519 měng_8. 14 [集韻][韻會][正韻]太母梗切音猛。蚱蜢，蝗類，似螽而小[本草]蟲蟲，一名蚱蜢[六書正譌]蚱蜢，草上蟲也。又借爲船名，取譬其小也。別作舴艋，太非[又][篇海]胡蜢，蝦蟆屬[又]mèng[集韻]莫更切音孟。義同△或作蟒。

蝍 52812 27520 xiè_8. 14 [集韻]同蝑。註見蛟52810字。

蜣 52813 27521 qiāng_8. 14 [唐韻]去羊切[韻會]墟羊切[正韻]驅羊切太音羌[玉篇]蜣蜋，啖糞蟲也[爾雅·釋蟲]蛣蜣，蜣蜋[疏]蛣蜣，一名蜣蜋。黑甲，翅在甲下。噉糞土，喜取糞作丸而轉之[莊子]蛣蜣之智在于轉丸是也[古今注]蜣蜋能以土苞糞推轉成丸，圓正無斜角。一曰轉丸，一曰弄丸[關尹子·四符篇]蜣蜋轉丸，丸成而精思之，而有蠈白者存丸中，俄去殼成蟬[埤雅]蛣蜣無鼻而聞香。鎣又蜣53083蜣53230

蚘 52814 27522 xiū_8. 14 [集韻]羽求切音尤[玉篇]蜘蛛也。

蜤 52815 27523 sī_8. 14 [唐韻]息移切[集韻]相支切太音斯[爾雅·釋蟲]蜤螽，蜙52796蝑。鎣[直音篇]蟴同蜤。

蜥 52816 27524 xī_8. 14 [唐韻]先擊切[集韻][韻會]先的切太音錫[爾雅·釋魚]蠑螈，蜥蜴[說文]在草曰蜥蜴，在壁曰蝘蜓[本草]小而五色尾青碧者，名蜥蜴。小而緣牆壁色黑者，名蝘蜓[揚子方言]蜥蜴，秦、晉、西夏謂之守宮，或謂之蠦蝘，南陽呼蝘52963蜓，其在澤中者謂之易蜴，南楚謂之蛇醫，或謂之蠑螈[前漢·東方朔傳]武帝置守宮盂下，令朔射之。朔曰：臣以爲龍，又無角，謂之爲蛇又有足，跂跂脈脈善緣壁，是非守宮卽蜥蜴△[集韻]亦作蝷、蜤。

蟍 52817 27525 lí_8. 14 [集韻]良脂切音梨。蛷蟍，蟲名。見蛆52513字註[又]合蟍。見[論衡]。詳蜊52720字註[又]憐題切音黎。義同△[爾雅]本作蔾。或作蜊。鎣[直音篇]蜊53328同蟍。

蟶 52818 27526 chēng_8. 14 [集韻]丑升切音睖[類篇]蛤屬。

蜦 52819 27527 lún_8. 14 [唐韻]力迍切[韻會][正韻]龍春切太音倫[郭璞·江賦]神蜧蝹蜦以沈遊[註]蝹蜦，行貌[又]lùn[集韻]倫浚切，淪去聲[廣韻]大蝦蟇，狀如履，食蛇[本草]田父，一名蜦[李時珍曰]大蝦蟇，卽田父也[又]lì郎計切音麗。與蜧52820通。

蜧 52820 27528 lì_8. 14 [唐韻][韻會]太郎計切音麗[玉篇]神蛇也[郭璞江賦]神蜧蝹蜦以沈遊[張景陽詩]黑蜧躍重淵[註][淮南

子曰：犧牛騂毛，宜於廟牲。其於致雨，不若黑蜧。高誘曰：黑蜧，蛇也，潛於神泉，能致雲雨柳宗元·祈晴文誅黑蜧，抶陰蜧又廣韻大蝦蟇也。與蜦同說文蜦52819或作蜧。

蚑 52821 27529
jì_8.14 唐韻渠綺切正韻巨綺切𠀤音技。蟬也，互詳蟬53420蜩52825二字註又蠪53738蛭，一名蚑蛭又qī集韻丘奇切音攲。黽黿長足者又韻會奇寄切音芰。義同。

蜨 52822 27530
dié_8.14 唐韻蘇協切集韻悉協切𠀤音燮玉篇蛺蜨，蟲名博雅蛺蜨，蟞蛈也。字或作蝶又達協切音牒。蛺蜨也說文徐鉉曰：俗作蝶53027 鑾又蜨53064

虒 52823 27531
sī_8.14 唐韻呼古切音虎。蠅虎，蟲名。俗加虫。鑾俗蛦53139又蛴52887蛴53079又直音篇蛈52894同虒。

蝝 52824 27532
lù_8.14 集韻盧谷切音祿廣韻蝝聽，似蜥蜴，居樹上，輒下齧人，上樹垂頭聽，聞哭聲乃去。

蜩 52825 27533
tiáo_8.14 唐韻徒聊切集韻韻會正韻田聊切𠀤音迢玉篇蟬也詩·豳風五月鳴蜩大雅如蜩如螗傳蜩，蟬也。螗，蝘也疏釋蟲云蜩、蜋、蜩、螗，舍人曰：皆蟬也。方語不同，三輔以西爲蜩，梁宋以東謂蜩爲蝘，楚地謂之蟪蛄楚辭云蟪蛄鳴兮啾啾是也。陸璣疏云螗一名蝘虭字林虭或作蟟也。青、徐人謂之螇螰。然則螗蝘亦蟬之別名耳爾雅·釋蟲蜩，蜋蜩註夏小正傳曰：蜋蜩者五彩具又螗蜩註夏小正傳曰：螗蜩者，蝘。俗呼爲胡蟬，江南謂之螗蛦又蠽，茅蜩註江東呼爲茅截，似蟬而小，青色又蝒，馬蜩註蜩中最大爲馬蟬又蜺，寒蜩註寒螿也。似蟬而小，青色酉陽雜俎蜩屬，旁鳴又蜩甲，蟬蛻也莊子·寓言篇予蜩甲也又diào徒弔切音掉。蜩蟉，龍首動貌前漢·司馬相如傳蜩蟉偃蹇怵臭以梁倚△玉篇一作蜔。

蜪 52826 27534
tāo_8.14 唐韻土刀切音叨爾雅釋蟲蝝，蝮蜪註蝗子未有翅者又táo韻會徒刀切音陶。義同又犬名山海經蜪犬，如犬，青色，食人從首始。

蜫 52827 27535
kūn_8.14 唐韻古渾切音昆。同蚰52616

蜹 52828 27536
tiǎn_8.14 玉篇他典切音腆。蟲也。

蜷 52829 27537
tà_8.14 唐韻徒合切音沓博雅蝰蜷，蚌也。

蝬 52830 27538
zhàn_8.14 唐韻士板切集韻士限切𠀤音棧爾雅·釋蟲蜆，馬蝬註馬蠲也。俗呼馬蠽又廣韻士諫切音輚。義同又qián集韻才仙切音錢。蟲名△或作蟬、蠽。

蛓 52831 27539
cì_8.14 集韻七迹切音磧。蟲名博雅蛓螅，蜸也。鑾集韻蛓或省作蛷。

蜬 52832 27540
hán_8.14 唐韻胡男切集韻胡南切𠀤音含爾雅·釋魚羸小者蜬又爾雅·釋魚貝在水者，蜬註肉如科斗，但有頭尾耳。

蜭 52833 27541
hàn_8.14 唐韻胡感切集韻戶感切𠀤音頷。蟲名爾雅·釋蟲蜭，毛蠹註卽蛓又廣韻胡紺切音憾。義同。△或作蛿。鑾又蛿52884

蝠 52834 27542
qū_8.14 唐韻區勿切集韻曲勿切𠀤音屈。蛣蝠。詳蚍52487字註。

蜮 52835 27543
yù_8.14 唐韻雨逼切正韻越逼切𠀤音域◆說文短狐也詩·小雅爲鬼爲蜮。亦作蜮春秋·莊十八年秋有蜮註蜮，短狐也本草謂之射工，蓋以含沙射人爲災五行傳曰：蜮如鼈，三足，生於南越，一名射影。在水中，人在岸上，影見水中，投人影，則殺之，故曰射影，或謂含沙。射人，入皮肌，其創如疥。服虔云徧身濩濩或或，故爲災公羊傳蜮之猶言惑也又山名山海經有蜮山者，有蜮民之國，桑姓，食黍，射蜮是食又與魊通張衡·東京賦況鬾蜮與畢方註漢舊儀曰：魊，鬼也。魊、蜮古字通又韻會獲北切音或。義同。鑾參見蜮53129

蜮 52836 27544
yù_8.14 篇海與蜮同。

蜯 52837 27545
bàng_8.14 集韻步項切音棒玉篇與蚌同說文蜃屬班固·答賓戲隋侯之珠，藏於蜯蛤干祿字書蚌俗字。

蜅 52838 27546
fǔ_8.14 玉篇方禹切，蟲名直音音府。鑾胡吉宣：卽斧蜋。

蜉 52839 27547
fù_8.14 玉篇扶久切音阜。蠡也爾雅·釋蟲蜉蠡52285，蠜。本作𧔗。

蜰 52840 27548
féi_8.14 唐韻集韻𠀤符非切音肥爾雅·釋蟲蜚52797，蠦蜰註蜰卽負盤，臭蟲又韻會府尾切音斐。義同又fèi集韻父沸切音厞。蜰蟦，神蛇也廣韻作蜰蟦。鑾又蜚52932

蜱 52841 27549
pí_8.14 唐韻符支切集韻頻彌切𠀤音陴爾雅·釋蟲不過，蟷蠰，其子蜱蛸註一名蟳蟭，蟷蠰卵也又集韻賓彌切音卑。毗霄切音飄。義𠀤同又miáo廣韻彌遙切音篻。蟲名又通志六書略紕招切。同螵△或作蠯、蠯。

蜘 52842 27550
zhī_8.14 唐韻集韻𠀤章移切音支。蟲名，似蜥蜴，食人而善藏。

蝣 52843 27551
yóu_8.14 正字通俗蝣字。

蜲 52844 27552
wěi_8.14 集韻鄔毀切音委類篇蟲名，蜲蜲也。詳蛜52587字註又wēi唐韻古音於爲切音萎。蜲蛇，與委蛇同傅毅·舞賦蜲蛇姌嫋柳宗元·天對有虯蜲蛇，不角不鱗又類篇同蝺53398

蜳 52845 27553
dūn_8.14 集韻韻會正韻𠀤都昆切音敦類篇螴蜳，氣不安定也莊子·外物篇螴蜳不得成又◆司馬彪註螴蜳，讀曰沖融，言畏怖之氣沖融兩溢，不安定也又集韻敕轉切音腞正韻羽敏切音允。義𠀤同。鑾又蟫53743

蜡 52846 27554
xiè_8.14 集韻四夜切音卸。同蠟52810

蝫 52847 27555
zhǎng_8.14 唐韻直良切音長揚子方言蚰蜒謂之蝫蠷53833 鑾又蝪53286

蜴 52848 27556
yì_8.14 唐韻羊益切集韻正韻夷益切太音奕韻會蜥蜴詩·小雅哀今之人，胡爲虺蜴。互詳蜥52816螈53105二字註 又xí集韻先的切音錫。楚謂欺慢爲脈蜴。

蜵 52849 27557
yuān_8.14 集韻縈玄切音淵。蜎蜵，巧蟲 又蜵蜎52728，深廣貌 又yūn一均切，入眞韻。義同。

蜬 52850 27558
guǎn_8.14 唐韻古滿切音管。雨下蟲名 又guān玉篇音官。

蜛 52851 27559
jú_8.14 唐韻集韻太渠竹切音踘玉篇蟲名說文蜛䗐，詹諸。以脰鳴者 又集韻居六切音匊。義同。又qū丘六切音麴廣雅蛩蟺也。一曰蜛，蟛螃也。

蝌 52852 27560
zǒu_8.14 唐韻側九切音掫。蟲名。

蝱 52853 27561
méng_8.14 正字通俗蝱字圓覺經譬如大海，不讓小流，乃至蚊蝱及阿修羅，飲其水者，皆得充滿。

蜶 52854 27562
suò_8.14 玉篇索沒切音窣篇海蟲名。

蜚 52855 27563
fèi_8.14 唐韻扶沸切音疿。蜚蠦，神蛇也△集韻作蜚52840

蛢 52856 27564
píng_8.14 唐韻薄經切集韻旁經切太音屏說文蟠蟥，以翼鳴者爾雅·釋蟲蛂52506蟥，蛢註甲蟲也△通作蛢。鑾又正字通蚸52494，蛢字之譌 又蚫53188

蜷 52857 27565
quán_8.14 唐韻巨員切集韻正韻逵員切太音權類篇蟲行詰屈也屈原·離騷蜷局顧而不行註蜷局，詰屈不行貌揚雄·甘泉賦蛟龍連蜷于東厓兮註連蜷，長曲貌。鑾又敦煌S.202傷寒論辨脉口中氣出，唇口乾燥，捲卧，足恒冷。

蜸 52858 27566
qiǎn_8.14 唐韻牽繭切集韻牽典切太音窒玉篇蜸蚕也爾雅釋蟲螼蚓，蜸蚕疏螼蚓一名蜸蚕，卽蛩蟺也。鑾正字通蠉，俗蜸字。

蜹 52859 27567
ruì_8.14 唐韻而銳切集韻儒銳切正韻儒稅切太音芮說文秦、晉謂之蜹，楚謂之蚊孟子蠅蜹姑嘬之荀子勸學篇醯酸而蜹聚焉大戴禮白鳥者謂蚊蜹也 又集韻如劣切音爇。義同 又wèi廣韻以芮切音叡。毒蟲名玉篇含毒蛇也△或作蚋。

蜺 52860 27568
ní_8.14 唐韻五稽切集韻正韻研奚切太音倪爾雅·釋蟲蜺，寒蜩註寒螿也揚子方言蟬黑而赤者謂之蜺 又嬰蜺，蟲名神異經蜚蟲以季夏藏于鹿耳，名嬰蜺 又與霓同爾雅釋天蜺爲挈貳註雌虹也 又niè唐韻五結切集韻倪結切太音齧韻會屈虹也前漢天文志抱珥蚩蜺註雄爲蚩，雌爲蜺。如淳曰：蜺讀曰齧晉書·王筠傳沈約示筠郊居賦，筠讀至雌蜺連蜷，約撫掌欣抃曰：僕嘗恐人呼爲霓。蓋謂字本讀入聲，恐人呼爲平聲也 又廣韻寒蜩之蜺亦音齧 又孑蜺，延首之貌王延壽·魯靈光殿賦白鹿孑蜺於欂櫨。

蜻 52861 27569
jīng_8.14 唐韻正韻子盈切集韻韻會咨盈切太音精說文蜻蛚也詩唐風蟋蟀疏一名蜻蛚張載詩俯聞蜻蛚吟。詳蟀53297字註 又jìng集韻疾正切音淨。蟬屬玉篇蛰也揚子方言蟬有文者謂之蜻蜻郭註卽蛰52484也 又此靜切音請。慈盈切音情。義太同 又qīng廣韻倉經切音青。蜻蜓蟲揚子方言蜻蛉謂之蝍蛉埤雅蝍蜓飲露，六足四翼，其翅輕薄如蟬，晝取蚊蝱食之，遇雨卽多好集水上款飛。一名蜻蛉古今注有青赤黃三種，青而大者曰青亭，小而黃者曰胡黎，一曰胡離，小而赤者曰赤卒，一曰絳騶，一名赤衣使者，亦曰赤弁丈人。總曰蜻蛉呂氏春秋海上之人有好蜻者，每朝居海上，從蜻遊蜻之至者數百博物志五月五日埋蜻蜓，頭于西向戶下，埋至三日不食，則化爲靑眞珠 又地名前漢·地理志越巂郡蜻蛉 又水名水經注蜻蜓縣，上承蜻蛉水。

蚩 52862 27570
chí_8.14 玉篇彌民切。蟲也。鑾俗蝱53617

蜼 52863 27571
wèi_8.14 唐韻集韻韻會太以醉切音贈爾雅·釋獸蜼卬鼻而長尾註似獼猴而大山海經鬲山，其獸多犀象熊羆，多猿蜼註蜼似猴，鼻向上，尾四五尺，頭有岐，蒼黃色，雨則自懸樹，以尾塞鼻孔，或以兩指塞之司馬相如·上林賦蜼玃飛猵 又lěi廣韻力軌切音壘。蜼彝周禮·春官裸用虎彝蜼彝 又huì正韻呼對切音誨韻會余救切音狖。義太同。鑾又狖33332貁57447貁57426

蜁 52864 27572
xuān_8.14 玉篇呼銓切。乘飛貌。鑾俗蠉53534，呼銓切。蟲飛貌。

蜽 52865 27573
liǎng_8.14 唐韻正韻良獎切集韻里養切太音兩玉篇蛧52614蜽。

蜾 52866 27574
guǒ_8.14 唐韻韻會正韻太古火切音果詩·小雅螟蛉有子，蜾蠃負之傳蜾蠃，蒲盧也陸璣疏似蜂而小腰，取桑蟲負之于木空中，七日而化爲其子揚子法言螟蛉之子殪而逢蜾蠃，祝之曰：類我、類我。久則肖之 又集韻古禾切音戈。義同 又luǒ類篇魯果切音裸。蟲名。蠩蝓也。與蠃通△說文作蠣。或从果。鑾又蠣53658

蜎 52867 27575
chāng_8.14 集韻蚩良切音昌類篇小蠃也。

蜿 52868 27576
wǎn_8.14 集韻韻會烏丸切正韻烏歡切太音剜。蟠蜿，龍蛇動也 又yuān唐韻韻會太於袁切音鴛。蜿蜿，龍狀也張衡·西京賦海鱗變而成龍，狀蜿蜿以蝹蝹。又虎行貌楚辭·大招虎豹蜿只 又蜿蜒，蛇行也焦氏易林蛇行蜿蜒，不能上阪 又通寃前漢·揚雄傳颮翠氣之寃延 又wǎn正韻於阮切音苑。蜿蟮，蚯蚓博雅蜿蟺，引無也△玉篇一作蛩。

蜒 52869 27577
tàn_8.14 集韻吐濫切音倓類篇蚒蜒，獸吐舌貌。本从舌王延壽·靈光殿賦玄熊舑談以齗齗。

蝀 52870 27578
dōng_8.14 唐韻德紅切音東。蝃53263蝀 又韻會靚

動切音董 正韻 多貢切音凍。義□同。

䖞 52871 27579
è_8.14　唐韻 烏各切 韻會 遏鄂切 正韻 遏各切□音惡 說文 □屬 爾雅·釋魚 魶，䖞註大眼最有毒，今淮南人呼䖞子図 唐韻 古音烏路切音惡。義同。鼇 正字通 作蟖，䖞字之譌。

蝂 52872 27580
bǎn_8.14　唐韻 布綰切 韻會 正韻 補綰切□音板。蝜蝂，蟲名 玉篇 本版形 爾雅·釋蟲 傳，負版 註 未詳。柳宗元有蝜52971蝂傳。鼇 集韻 蝂，或書作蟹52923通作版 玉篇 白限切。蟷蝂也。

蝃 52873 27581
dì_8.14　唐韻 同蝀 詩·衛風 蝃蝀在東，莫之敢指。図 zhuō 職悅切音拙。蜘蛛也 爾雅·竈籠 籠註江東呼蝃蝥 図 集韻 都括切音掇。義同。鼇 又蠿75189

蝄 52874 27582
wǎng_8.14　玉篇 武兩切。同蝄 鼇 又蝄52943

蝜 52875 27583
fù_8.14　集韻 扶缶切音負。與蜳同。

蝩 52876 27584
jiāng_8.14　正韻 資良切音將 直音 同蟼53296

蝀 52877 27585
tóng_8.14　說文長箋 徒冬切音彤。赤色也。從赤，蟲省聲。

蜞 52878 27586
qí_8.14　本草 音祁。蟛，一名蟛蜞。鼇 字頭原譌作蚚52756

蚪 52879 27587
dǒu_8.14　篇海類編 與蚪同。

螵 52880 27588
piāo_8.14　篇海類編 同螵。

蝨 52881 27589
shī_8.14　字彙補 同虱 王充·論衡 蟣蝨閩虫皆食之。

綏 52882 27590
suì_8.14　直音 音崇。蟲名。鼇 楊寶忠：俗騷53413

弭 52883 27591
ěr_8.14　直音 音耳。小蟲。

蛤 52884 27592
hàn_8.14　字彙補 與蛤同。

蝲 52885 27593
xī_8.14　字彙補 先擊切音錫。蜥蜴也。

蟲 52886 27594
méng_8.14　字彙補 與蝱52356同○按即蝱字譌文。

蛢 52887 27595
hǔ_8.14　字彙補 呼古切音虎。似大蛇。

蜥 52888 27596
xī_8.14　字彙補 與蜥同 王逸·九思 斥蜥蜴兮進龜龍。見 楚辭章句

蠶 52889 27597
cán_8.14　字彙補 蠶53809字省文。

蛩 52890 27598
qióng_8.14　玉篇 同蛬 集韻 作蛩，古勇切音拱。

虹 52891 27599
hóng_8.14　說文解字 籀文虹字。從申。申，電也。

蛝 52892 27600
lüè_8.14　篇海 力約切音略。渠蛝，當作渠略。

蠶 52893 27601
cán_8.14　韻學集成 蠶亦作蠶。

蟹 52895 45348
xiè_8.14　搜真玉鏡 音變。

虒 52894 27602
sī_8.14　海篇 同蝍

蜘 52896 45349
shī_8.14　川篇 音虱。又

搜真玉鏡 音禮。鼇 俗鼇53682

芓 52897 45350
dīng_8.14　五音篇海 音丁。

蛒 52898 45351
xiáo_8.14　五音篇海 音肴。又音豪。

蛭 52899 45353
zhì_8.14　龍龕 音珠。又音蛭。

蜃 52900 u2B2C9
null_8.14　未詳。

螞 52901 u2B2C8
null_8.14　未詳。

蟓 52902 u2B2C7
xiāo_8.14　簡 蟓53300

蜞 52909 u27350
rày_8.14　喃 同蛺52912

蛤 52903 u2B2C6
null_8.14　新撰字鏡 蠟蛤，二字弥奈。

蛹 52906 u2B2C3
null_8.14　新撰字鏡 阿万比古。

蚳 52904 u2B2C5
null_8.14　未詳。

螂 52908 u2739F
láng_8.14　螂53096譌字

蛄 52910 u2734F
cua_8.14　喃 从虫姑cô聲。螃蟹。

蛞 52911 u2734E
hôn_8.14　喃 从虫昏hôn聲。

蜊 52905 u2B2C4
null_8.14　未詳。

蝲 52912 u2734D
rày_8.14　喃 从虫來lai聲△昆蝲：毛蟲 図 rước蚯蚓。

蚯 52913 u2734C
chẩu_8.14　喃 从虫沼trèo聲△蚯蟬：雨蛙。

蟇 52907 u2B2C2
null_8.14　未詳。

蟐 52914 u2734B
daek_8.14　壯 蚱蜢，螞蚱 図 ngài 喃 从虫碍ngại省聲。蠶蛾。

蝬 52915 u2734A
nhái_8.14　喃 从蛙省厓nhai聲。同蚧52434小蛙。
△蟈蛭：蛙類 図 giời 同蛭52765蜈蚣。

蝫 52916 u27349
đỉa_8.14　喃 从蛭省底để聲△昆蝫：螞蝗。

蛄 52917 u27348
đóm_8.14　喃 从虫店điểm聲。螢火蟲。

蛾 52918 u27347
súa_8.14　喃 五千字譯國語·第三十一食鱗蛇，蛾。

蜅 52919 u27346
cua_8.14　喃 从蟹省孤cô聲△昆蜅：螃蟹。

蠻 52920 u27345
súa_8.14　喃 同蛾52918

蛻 52926 u2733A
null_8.14　未詳。

蛻 52921 u27344
null_8.14　四部叢刊·初編集部·誠意伯劉文成公文集·卷之七跋·問答語·愁鬼言 於是其物蛻蛻而前，踆踆而却。

蝑 52927 u27339
null_8.14　未詳。

蜚 52922 u27343
fěi_8.14　俗蜚52797 可洪音義 蝖蜚：上音暄。下音非。諸經作蛢飛。

蟑 52928 u27338
null_8.14　未詳。

蟹 52923 u2733F
bǎn_8.14　集韻 蝂52872，補綰切。蟷蝂，蟲名。或書作蟹。

蛻 52929 u27337
cì_8.14　俗蛻53101

蝐 52924 u2733D
biē_8.14　蠛蠓，亦作蝐蟆 文選·左思·蜀都賦 蝐蟆山棲，黿龜水處。

蟲 52930 u27336
null_8.14　未詳。

蟗 52925 u2733B
sōng_8.14　四聲篇海 蚣52796蟗，二。先恭切。蚣蟗，蜘蟗。

蟹 52934 u27331
null_8.14　未詳。

蜰 52932 u27333
féi_8.14　同蟹52840臭蟲。清·程可則 海日堂集·卷二·送邵橫庵之秦中 遠聞秦中黑霜下，化作蜰蠮飛滿野。又 眉語. 1915·V. 1. Num. 13·

雜纂三·幽客雜纂·徐敏 蜎蟲 某俟日出，破窗窺之，第見蠅蠅於室者，萬千臭蟲耳。以火焚之，是妖遂滅。

蜊 liè_8.14　52931 u27335　蜊52585本字。見說文

蜌 null_8.14　52935 u2732F　未詳。

蜘 zhī_8.14　52933 u27332　同蜘52793 玄應音義 蜘蛛：古作鼅鼄二形，同。音知株。謂有草蜘蛛，有土蜘蛛也。經文作蟲，非也。

蜍 zhū_8.14　52937 u876B　同蠩53000

蜨 huī_8.14　52936 u2732E　或同蟀52684

蜡 là_8.14　52938 u874B　同蠟53672

蜪 null_8.14　52939 u874A　未詳。

蝉 chán_8.14　52940 u8749　简蟬53420

蝈 guō_8.14　52941 u8748　简蟈53310

蝇 yíng_8.14　52942 u8747　简蠅53526

蝄 wǎng_8.14　52943 u8744　同蝄52874

蝌 kē_9.15　52944 27603　唐韻 集韻 韻會 丛苦禾切音科。蝌蚪。本作科。爾雅·釋魚 科斗，活東 疏 蝦蟇子。此蟲一名科斗，一名活東，頭圓大而尾細，古文似之，故孔安國皆云科斗文字是也 本草 一名懸針，一名水仙子 李時珍曰 蝌蚪，狀如河豚，頭圓，身上青黑色，始出有尾無足，稍大則足生尾脫，治疥瘡，又可染鬚髮 爾雅翼 月大盡生前兩足，小盡生後兩足。 又蚪53072

蝡 chuǎn_9.15　52945 27604　集韻 韻會 正韻 丛尺兗切音舛 類篇 蝡蝡，動蟲。一曰無足蟲△或作蚑 莊子·胠篋篇 蚑蟯之蟲，肖翹之物，莫不失其性 註 蚑或作蝡 又chuǎi楚委切。蟲動貌。

蝥 móu_9.15　52946 27605　集韻 迷浮切音謀。蟱蝥也△或作蛑。

蟀 shuài_9.15　52947 27606　唐韻 玉篇 同蟀53297 說文作蟀。

蝍 jí_9.15　52948 27607　唐韻 子力切 集韻 節力切丛音卽。蝍蛆52513，蜈蚣也 又 蝍蛾 博雅 蝍蛾，尺蠖也 又 蝍蛉 博雅 蝍蛉，倉螘也 又 廣韻 資悉切音唧。飛蟲名。 又蛈53344

蝎 hé_9.15　52949 27608　唐韻 胡葛切 集韻 何葛切丛音褐 說文 蝤蠐也 爾雅·釋蟲 蝤蠐，蝎 又 蝎，蛣蝠 註 木中蠧蟲 又 蝎，桑蠹 註 卽蛣蝠 嵇康荅難養生論 蝎盛則木朽 曹植藉田論 封人有以輕鑿修鉤去樹之蝎者，曰：不識天下亦有蝎乎。曰：三苗、共工，非堯之蝎與 劉勰·新論 身之有愆，如樹之有蝎 揚子方言 蝎，噬逮也，東齊曰蝎，北燕曰噬逮。又餅名 釋名·釋飲食 餅名有蝎餅 又hóng 集韻 胡公切音洪。籀文虹字。

蝏 tíng_9.15　52950 27609　集韻 唐丁切音亭。蟶52994蝏 又 蜻52861蝏 本草 一名蜻蛉。

蝼 yāo_9.15　52951 27610　集韻 伊消切音腰。青蝼 玉篇 毒蛇名。

蝐 mào_9.15　52952 27611　集韻 莫佩切音妹。與瑁同 類篇 瑇瑁，龜屬。或从虫 又 莫代切音稶。義同。

蝑 xū_9.15　52953 27612　唐韻 相居切 集韻 韻會 正韻 新於切丛音

胥 說文 蝑蝡也 爾雅·釋蟲 蜇螽，蝑蝡 揚子方言 舂黍謂之蝑蝡。互詳蝡52796蚣52411二字註 又 集韻 寫與切音湑。象呂切音敘。義丛同 又xiè 廣韻 司夜切音卸。鹽藏蟹△ 集韻 或作蝛蛤蝑。 又蝑53078

蠅 mián_9.15　52954 27613　唐韻 武緣切 集韻 彌延切丛音綿 說文 馬蝇△或作蝒 類篇 又作蝒。 又蟎52410蟎52456蠍53561蠀53681

蝷 jué_9.15　52955 27614　唐韻 其虐切 集韻 極虐切丛音噱 說文 渠蝷，一曰天社蟲 又què 類篇 乞約切音卻。蟲名，矢甲也。 又蝷52737蝷53055

蝓 yú_9.15　52956 27615　唐韻 羊朱切 集韻 容朱切丛音俞 說文 蜬蝓也 爾雅·釋魚 蚹蠃，蜬蝓 註 卽蝸牛也 儀禮·士冠禮註 蠃醢，蜬蝓醢 又 揚子方言 蚰蛛謂之蜬蝓 又 類篇 夷周切音猶。義同。或作蛛。 又蚞52618

蝔 jiē_9.15　52957 27616　唐韻 古諧切 集韻 居諧切丛音皆 類篇 蟲名，猥狗也。淮南呼爲雨母 廣韻 淮南子曰：蝔知雨至。蝔蟲大如筆管，長三寸，代謂之猥狗，知天雨，則於草木下藏其身 又 戶皆切音諧。義同。

蝑 shěng_9.15　52958 27617　集韻 所景切音省。蟲也。

蝕 shí_9.15　52959 27618　唐韻 乘力切 集韻 韻會 實職切丛音食 廣韻 敗創也 玉篇 日月蝕也 釋名 日月虧曰蝕，稍小侵虧如蟲食草木之葉 漢書韋昭註 虧敗曰蝕 晉書·天文志 十煇，五曰闇，謂日月蝕。或曰脫光也 春秋 本作食 又 韻會 凡物侵蠧皆曰蝕 又lì 集韻 六直切音力。谷名，在杜南 前漢·高帝紀 從杜南入蝕中 李奇註 蝕音力 如淳曰 蝕，入漢中道川谷名 又lóng 盧東切音籠。與蠪57031同△或作餘。 又蝕52378

蝗 xīng_9.15　52960 27619　集韻 桑經切音星 類篇 蝗蝏，蟲名 正字通 蜻蛉，俗讀星廷，因譌作蝗字，聲義丛非。

蝖 xuān_9.15　52961 27620　集韻 許元切音萱 玉篇 蜎蝖也 揚子方言 蜎蝖，或謂之蝖蟄 郭註 亦呼當齊，或呼地蟹，或呼蝝蝖 韓詩外傳 蝖飛蠕動，各樂其性。

蝗 huáng_9.15　52962 27621　唐韻 集韻 韻會 正韻 丛胡光切音黃 說文 螽也 陸佃云 蝗字从皇，今其首腹背皆有王字 禮·月令 蝗蟲爲災 前漢·文帝紀 大旱，蝗 師古註 蝗卽螽也，食苗爲災，今俗呼爲簸鍾 後漢·五行志 蝗蟲貪苛之所致也 吳志·趙達傳 少從單甫受學，治九宮一算之術，至計飛蝗，射隱伏，無不中效 又 唐韻古音 戶盲切音橫 演春秋繁露 云徽州稻苦蟲害，俗呼橫蟲 又 韻會 戶孟切，橫去聲。義同。

蝘 yǎn_9.15　52963 27622　唐韻 集韻 丛於殄切音偃 詩·大雅 如蜩如螗 傳 螗，蝘也 疏 蟬屬也 草木疏 云一名蛁蟟，青徐謂之螇螰，楚人謂之蟪蛄，秦燕謂之蛥蚗，或名之蜓蚞 郭云俗呼爲胡蟬，江南謂之螗蛦，互詳蛦52825蟬53420

二字註 又 蝘蜓 爾雅·釋魚 蜥52816蜴，蝘蜓 揚雄·解嘲 執蝘蜓而嘲龜龍，不亦病乎 註 說文 曰：在壁曰蝘蜓，在草曰蜥蜴 古今注 蝘蜓一名龍子，一曰守宮，一曰蛇醫，大者長三尺，其色黑紺者善螫人。一名黑螈，一名綠螈也 廣韻 博物志 蝘蜓卽守宮，以器養之，食以朱砂，體盡赤，重七斤，擣萬杵，以點女人體，終身不滅。淫則點滅，故號守宮。漢武試之，驗 又 集韻 隱𢢼切音匽。義同△或作蝁。鎏又蝁53545 又 龍龕 蠂53736俗蝘正，於典反，蝘蜓也 可洪音義 蠂蟉：上烏典反，下田典反，蠂蟉亦名守宮，亦名蠑蚖，亦名蜥蜴，在壁曰蠂蟉，在洲曰蜥蜴，俗謂地師也。正作蝘蜓。

蛖 52964 27623 hē_9.15 篇海 同蠚 楚辭·天問註 蠚蠖，有蛖毒之蟲△集韻 作螫53037 鎏亦同郝61833古國名 郝公誠篚 蛖公誠乍旅篚。

蝙 52965 27624 biān_9.15 唐韻 布玄切 集韻 韻會 卑眠切太音邊 說文 蝙蝠也 爾雅·釋鳥 蝙蝠，服翼 註 齊人呼爲蟙蠌，或謂之仙鼠 揚子方言 自關而東，蝙蝠謂之服翼，或謂之飛鼠，或謂之老鼠，或謂之𪕽鼠 李白詩序 荆州淸溪有乳穴，穴中玉泉交流，有蝙蝠千歲，體白如銀 焦氏易林 蝙蝠夜藏，不敢晝行 韓愈詩 山石犖确行徑微，黃昏到寺蝙蝠飛 又 pián 集韻 蒲眠切音胼 類篇 魚名。鎏又蝙53651

蚴 52966 27625 yōu_9.15 唐韻 於虯切音幽 玉篇 蚴，虯龍貌 司馬相如·大人賦 驂赤螭青虯之蚴蟉蜿蜒 又 集韻 於糾切音黝。義同 又 通蚴 博雅 蚴52475蜕，或作蚴蜕。

蝚 52967 27626 róu_9.15 唐韻 如由切 集韻 而由切太音柔。蟲名 爾雅·釋蟲 蝚，蛖螻 註 蛖螻，螻蛄類 又 蛭蝚，至掌 註 未詳 又 蝚蠕，國名 晉書·馮跋載記 蝚蠕勇斛律遣使求跋女，跋許之 又 náo 集韻 奴刀切音猱。與獿、猱同。貪獸也 前漢·司馬相如傳 蛭蜩獿蝚 師古註 今所爲戎皮，爲案褥者也。

蝖 52968 27627 fàn_9.15 唐韻 防錽切 韻會 父錽切太音范 博雅 蜂也。本作范49207 禮·檀弓 范則冠而蟬有緌。

蝛 52969 27628 wēi_9.15 唐韻 韻會 太於非切音威。蛜52587蝛。

蝴 52970 27629 huí_9.15 篇海 與蛔同。

蝜 52971 27630 fù_9.15 集韻 扶缶切音婦。蝂蝜，蟲名 又 玉篇 蝜蝂蟲，大如蜆，有毒 又 柳宗元·蝜蝂傳 蝜蝂者，善負小蟲也。行遇物輒取，卬其首負之，雖困劇不止。

蝝 52972 27631 yuán_9.15 唐韻 與專切 集韻 余專切太音沿 爾雅·釋蟲 蝝，蝮蜪 註 蝗子未有翅者 春秋·宣十五年 冬蝝生 註 以冬生，遇寒而死，故不成螽 劉歆云 蚍蜉子也 說苑 蠹蝝仆柱梁 又 集韻 兪絹切，緣去聲。義同 又 xuǎn 馨兗切音暅。同蠉。井中小蟲。鎏 正字通 蝝，蝝字之譌。

蝷 52973 27632 lǐ_9.15 集韻 同蠡 又 類篇 蕃夷聚落謂之㸐蝷。

蛹 52974 27633 yǒng_9.15 玉篇 同蛹

蝭 52977 27636 tí_9.15 篇海 同蝭。

蝘 52975 27634 yān_9.15 集韻 因蓮切音烟 類篇 蟲名。

蝰 52976 27635 kuí_9.15 唐韻 渠追切音葵。蟲名。

蝞 52978 27637 mèi_9.15 唐韻 集韻 太明祕切音媚 廣韻 蝞似蝦，寄生龜殼中，食之益人顏色 郭璞·江賦 蜦蜅鬢蝞 註 蝞，食之顏色有愛媚 唐書·廢后王氏傳 武才人誣后與母挾蝞道蠱上，帝信之，下詔廢后。

螋 52979 27638 sōu_9.15 唐韻 所鳩切 集韻 疎鳩切太音搜 玉篇 蛷螋，蟲名。亦名蠷螋 博雅 蛷螋，蝣蛷也 又 酉陽雜俎 古蠼螋，短狐，踏影蟲，皆中人影爲害。

蝟 52981 27640 wèi_9.15 唐韻 集韻 韻會 太于貴切音胃 玉篇 蟲也，似豪豬而小 韻會 通作彙 爾雅·釋獸 彙，毛刺 註 卽蝟也 陸佃云 可治胃疾 炙轂子 刺端分兩岐者蝟，如棘針者蟟。蝟似鼠，性獰鈍，物少犯近，則毛刺攢起如矢 前漢·賈誼傳 反者如蝟毛而起 史記·龜筴傳 蝟辱于鵲 註 續博物志 云蝟能跳入虎耳，見鵲便自仰腹受啄 焦贛·易林 虎饑欲食，見蝟而伏 西京雜記 元封二年大寒，牛馬皆踡跼如蝟 又 山名 華陽國志 滇池有白蝟山，山無石，惟有蝟也△或作猬 張衡·西京賦 鼻赤象，圈巨狿，摣狒猬，批窳狻△集韻 亦作蝟。鎏又彙16407𢑱16403𢑲16419螱53548

蝠 52982 27641 fú_9.15 唐韻 集韻 韻會 正韻 太方六切音福 爾雅·釋鳥 蝙52965蝠，服翼 又 與蝮通 後漢·崔琦傳·外戚箴 蝠蛇其心，縱毒不辜 註 卽蝎蝠也。鎏又䮽75410

蝉 52980 27639 è_9.15 唐韻 同蚲

螄 52983 27642 shī_9.15 唐韻 式支切 集韻 商支切太音施 爾雅·釋蟲 蛄螄，强蛘52699 又 集韻 施智切音翅。羊至切音肆。義太同。

蝡 52984 27643 ruǎn_9.15 唐韻 而兗切 韻會 正韻 乳兗切太音輭 說文 動也 淮南子·原道訓 蠉飛蝡動 前漢·匈奴傳 跂行、喙息、蝡動之類，莫不就安利，避危殆 馬融·廣成頌 蝡蝡蟫蟫 又 蝡蛇 山海經 南海之內，黑水、青水之閒有赤蛇在木上，名曰蝡蛇，木食 又 集韻 乳尹切音䎡。義同。△或作蠕、蠕。鎏又蝡53198蠕53456蠕53695

蝢 52985 27644 xié_9.15 集韻 奚結切音纈 類篇 肸蝢，國名，月支也。

蝪 52993 27652 yì_9.15 類篇 同蜴

蝣 52986 27645 yóu_9.15 唐韻 以周切 韻會 夷周切太音由。蜉52718蝣 又 集韻 力求切音流。義同△亦作蟯 又 與蝤52987通。鎏又蝣52843

蝤 52987 27646 qiú_9.15 唐韻 自秋切 集韻 字秋切 韻會 正韻 慈秋切太音遒 說文 蝤蠐也 爾雅·釋蟲 蝤蠐，蝎 註 在木中 疏 方言 云關東謂之蝤蠐，梁、益之閒謂之蝎。其在木中者白而長，故詩人以比婦人之頸 詩·衛風 領如蝤蠐 埤雅 蝤蠐之體有豐潔且白者 七辨 曰：蝤蠐之領，阿那宜顧，是也 又 jiū 廣韻 卽由切音啾。蝤蛑，似蟹而大，生海邊 又 yóu 集韻 夷周切音由。與蝣通 前漢·王褒傳 蜉蝤出

以陰 孟康註 蜉蝣，渠略也 師古註 蜉蝣，甲蟲也，好叢
聚而生 冈 韻會 蜉蝣之蝣。亦音由。

蝥 52988 27647

móu_9.15　唐韻 莫浮切音謀。食穀蟲 說文 本又作蟊。
食草根者，吏冒取民財則生 詩·小雅 及其蟊賊 傳 食根
曰蝥，食節曰賊 左傳·成十三年 帥我蟊賊 冈 蝥弧，旗名
左傳·隱十一年 潁考叔取鄭伯之旗，蝥弧以先登。
冈 máo 集韻 韻會 丝謨交切音茅。蝥 53115 蝥 冈 wù 廣韻
亡遇切音務。蠢名。亦作蟊 冈 wú 武夫切音無 爾雅·釋
蟲 蟊蟊，蟊蝥。詳蛛 52586 字註 △ 或作董。鏊 又蝥 53052
蝥 53544 蟊 53687

蟊 52989 27648

máo_9.15　集韻 同蝥 52988

蛂 52991 27650

zéi_9.15　類篇 同蟙

蛣 52990 27649

jié_9.15　集韻 昨結切
音截 類篇 小蟲名。海葫有蛣蜣 △ 或省作蛣。

蝦 52992 27651

há_9.15　唐韻 胡加切 集韻 韻會 正韻 何加切丝音
遐 說文 蝦蟆也 史記·龜筴傳 月爲刑而相佐，見食于蝦
蟆 前漢·武帝紀 元鼎五年秋，黿蝦蟆鬭 酉陽雜俎 蝦蟆
無腸 冈 蝦蟆護，鳥名 酉陽雜俎 南山下有鳥，名蝦蟆護，
多在田中，頭有冠，色蒼足赤，形似鷺 冈 車名 南史·殷
琰傳 前右軍杜叔寶等丝勸琰同逆，帝遣劉勔西討之，
作大蝦蟆車，載土，牛皮蒙之，推以塞塹 冈 蝦蛤，獸名
司馬相如·上林賦 格蝦蛤 52606 冈 xiā 集韻 虛加切音鰕。
蟲名 冈 篇海 與鰕通 爾雅翼 蝦多鬚，善游而好躍。今閩
中五色蝦，長尺餘，具五色。梅蝦，梅雨時有之。蘆蝦，
青色，相傳蘆葦所變。泥蝦，稻花變成，多在泥田中。
又蝦姑，狀如蜈蚣，一名管蝦 洞冥記 有丹蝦，長十丈，
鬚長八尺，其鼻如鋸 張衡·南都賦 駮蝦委蛇。
鏊 又虾 52380 鰕 72389 鰕 72378 蝦 53070 或俗作虾 52338

蛢 52994 27653

bìng_9.15　集韻 蒲幸切音並 類篇 水蟲名，似蛤 本草
蛢蟷，馬刀別名。見蚌 52722 字註。

蝧 52995 27654

yīng_9.15　集韻 於驚切音英 類篇 蜂屬。

蝨 52996 27655

shī_9.15　唐韻 所櫛切 集韻 韻會 正韻 色櫛切丝音
瑟 說文 齧人蟲也 抱朴子·塞難 蝨生於我，而我非蝨父
母，蝨非我子孫 淮南子·說林訓 大厦旣成，燕雀相賀。
湯沐旣具，蟣蝨相弔 前漢·項籍傳 搏牛之蝱，不可以破
蝨 冈 沙蝨 博雅 沙蝨，蜻螑也 本草 所在皆有之，雨後
人晨昏踐沙，必著人，如毛髮，刺人便入皮裏 冈 牛蝨，
在牛身上 冈 豕蝨 莊子·徐無鬼 濡需者，豕蝨是也。
冈 狗蝨 韓愈詩 靈麻撮狗蝨 註 靈麻，今胡麻，狀如狗蝨
本草 云一名狗蝨 △ 集韻 亦作蝨 千祿字書 俗作虱 六書
正譌 从蚰，从凡。凡卽迅字，疾也。蝨行疾，會意。俗
作虱，非。鏊 又蝨 52881 颹 68649 蝈 04306 虿 52372 冈 可洪音
義 壁蝥 53537：所櫛反。正作虱也 七佛呪經 作壁虱也。
又音色，方言云：蠅蝧 53021：子老反。正作蟊。木蝧 53021：
所櫛反，食木虽，似蟻而白也，南方呼爲白蟻也。正作
蝨 53552 虽二形 玉篇 音風，非也。

蜎 52997 27656

yǎn_9.15　唐韻 以淺切音演。蜎蜎，蟲。見蚰 52470 字
註 冈 yán 集韻 夷然切音延。與蜒通。鏊 又衍 52589
蚵 52644 蚵 52661 冈 直音篇 蚵 53071 同蜎。

蝩 52998 27657

chóng_9.15　唐韻 直容切 集韻 韻會 傳容切，丛重平
聲 玉篇 蠶晚生者 韻會 周禮 謂之原蠶 冈 zhōng 集韻
諸容切音鐘。蝗也。或作螽。

蝪 52999 27658

tāng_9.15　唐韻 吐郎切音湯 爾雅·釋蟲 王蚨，蝪註 卽
蝗 53270 蟷 冈 集韻 徒郎切音唐。義同。

蠩 53000 27659

zhū_9.15　直音 同蟝 集韻 作鮱。鏊 通作蝫 52937

蝬 53001 27660

zōng_9.15　唐韻 子紅切 集韻 祖叢切丛音葼 玉篇 三
蝬，蛤屬 郭璞·江賦 三蝬虾江 註 臨海水土物志 曰：三
蝬，似蛤。

蝭 53002 27661

tí_9.15　唐韻 杜奚切 集韻 田黎切丝音題。蝭蟧，
蟪蛄也 大戴禮 蟬也者，蝭蟧也 揚子方言 蛥蚗，自關而
東謂之蚸蟧。或謂之蝭蟧 冈 集韻 都黎切音低。丁計切
音帝。義丛同 冈 chí 類篇 常支切。與民同 爾雅註 蝭母，
藥草，知母也 冈 蝭蛙，鳥名 △ 或作蝭、蛦。鏊 又蹄 52977

蝮 53003 27662

fù_9.15　唐韻 芳福切 集韻 韻會 正韻 芳六切丝音
覆 說文 虫也 爾雅·釋魚 蝮虺，博三寸，首大如擘 註 身
廣三寸，頭大如人擘指，此自一種蛇，名爲蝮虺 楚辭·招
魂 蝮蛇蓁蓁 註 蝮，大蛇也 前漢·田儋傳 蝮蠚手則斬手，
蠚足則斬足 師古註 蝮出南方 博物志 蝮蛇，秋月毒甚，
無所蜇螫，齧草木以泄其氣，草木卽死。人樵採爲草木
所傷刺者，亦殺人 本草 蝮蛇，形不長，頭扁口尖，身赤
文斑，亦有青黑色者。人犯之，頭足貼著 韓愈詩 蝮蛇
生子時，坼裂腸無肝 冈 爾雅·釋蟲 蠓，蝮蛹 註 蝗子未
有翅者 冈 蝮蛹，蟬未蛻者。見 論衡 冈 姓 通志氏族略 唐
乾封元年，改武惟良爲蝮氏 冈 集韻 房六切音伏。義同
冈 蝮蛹之蝮亦音匐，鼻墨切。鏊 又蠖 53323 蝮 53222

蠆 53004 27663

chài_9.15　篇海 同萬 正字通 蚕蚕爲蚓別名 爾雅 本作蚕，非。从必作蠆。

螆 53005 27664

cì_9.15　篇海 同蛓 ○按 集韻 作螦。

螇 53006 27665

wēi_9.15　玉篇 音逶。水螇也。

蠊 53008 27667

lián_9.15　唐韻 許咸切 集韻 虛咸切丛音礛 本草 蠊
蠊，一名生蠊，又名蠊蛤 陳藏器曰 生東海，似蛤而扁，
有毛 △ 或作蟽。

蠡 53007 27666

tiǎn_9.15　字彙 他典切
音腆 正字通 蚕蚕爲蚓別名 爾雅 本作蚕，非。从必作蠡。

蝯 53009 27668

yuán_9.15　唐韻 雨元切 集韻 于元切丛音袁 說文 禺
屬 廣韻 蝯猴五百歲化爲玃 爾雅·釋獸 猱蝯善援 前漢·江
都王建傳 縣王閎侯，遣建莝、葛、珠璣、犀甲、翠羽、
蝯熊奇獸 △ 玉篇 或作猨 說文徐鉉註 蝯，別作猨，非。
○按 長箋 言：攀援如蟲，故入虫部，然書冊所載，或从
虫，或从犬，不可偏廢，今但載 爾雅 漢書 二條，餘从
犬者，別詳犬部。鏊 又猿 33458 猨 57450

蝰 kuí_9.15 　唐韻苦圭切集韻傾畦切夶音奎。蟲名。鼃蛹也囝博雅虺蝰也本草青蝰，卽竹根蛇。

蠶 sāng_9.15 　正字通蚕字之譌。

蝱 méng_9.15 　唐韻武庚切集韻正韻眉庚切，夶音盲。說文齧人蟲。爾雅翼大曰蝱，小曰蟂。莊子·天下篇由天地之道，觀惠施之能，其猶一蚊一蝱之勞也。前漢·中山靖王傳明月曜夜，蚊蝱宵見。淮南子·說山訓蝱散積血囝黃蝱管子·地員篇其山之旁，有彼黃蝱囝蒲蝱本草青蚨，一名蒲蝱囝鹿蝱。秋閒蝱大小集牛馬尾，尾至重不能掉，亦名牛蝱囝木蝱，從木葉中出，綠色如小蟬囝飛蝱，箭名揚子方言箭之三鐮，長尺六者，謂之飛蝱潘岳·閒居賦激矢蝱飛囝鳥名博物志崇丘山有鳥，一足一翼，相得而飛，名曰蝱，見則吉良，乘之壽千歲囝山名山海經大荒之中有蝱山囝與萌通，貝母也詩·衞風陟彼阿丘，言采其蝱疏其葉如括樓而細小，其子在根下，如芋子正白囝唐韻古音武郞切音邙焦氏易林去如奔蝱，害不能傷△或作虻、蝱。夶又虻52332

蝔 jié_9.15 　唐韻古屑切集韻吉屑切夶音結。蟤蝔，蟲名。一曰蝗屬。夶俗作蝑53227蝤53171蝔53255蝔53172蝶53448

蝲 là_9.15 　唐韻盧達切音辣。蝲蟽，蟲名。夶又㖡16735

蝓 yú_9.15 　唐韻遇俱切集韻元俱切夶音愚博雅蝛蝓，魚伯，青蚨也。又名蟓蝓酉陽雜俎蟓蝓，形以蟬，其子如蝦，著草葉。得其子則母飛來就之。煎食，辛而美囝集韻魚容切音顒。義同。

蟦 dú_9.15 　集韻韻會夶徒沃切音毒。蟦蜍，今之蜘蛛爾雅疏方言云黿蚝，北燕、朝鮮洌水之閒謂之蟦蜍囝dài待戴切。與蟒34285同。

蝟 wèi_9.15 　集韻于貴切音胃。蛒蝟，蟲名篇海本作絡緯，聲相似也。後改虫旁，與蟋蟀皆非蒼頡本文。

蝁 è_9.15 　玉篇烏合切。蟲名。

蜒 quán_9.15 　唐韻疾緣切音泉。貝也，本作泉。爾雅·釋魚餘泉白，黃文註以白爲質，黃爲文點。

蝈 jiǒng_9.15 　唐韻古迴切集韻畎迴切夶音炅玉篇蝈蟦，似蛙而小，觸之腹脹。一名脖肛。

颯 féng_9.15 　玉篇房中切，蟲窟也。

蝐 cōng_9.15 　唐韻倉紅切集韻麤叢切夶音怱。蜻蜓也。淮南子·齊俗訓蝦蟆爲鶉，水蠆爲蝐。詳前蜻蛉註。

蝴 hú_9.15 　正字通洪吾切音胡。蝴蝶53027本作胡。

蝤 qiū_9.15 　篇海七由切音秋。蚤蝤，蜘蛛也△集韻同畫。或作蠤。

蝷 lóng_9.15 　集韻良中切音隆。蟲名，或从隆。蠪又蠪53441

蝶 dié_9.15 　正字通螳字之譌。

蝶 dié_9.15 　唐韻徒協切韻會達協切夶音牒說文本作蛺，蛺蜨也。俗作蝶玉篇蝴蝶莊子·至樂篇烏足之根爲蟲蠰，其葉爲蝴蝶。又齊物論莊周夢爲蝴蝶古今注蛺蝶，一名野蛾，一名風蝶，江東呼爲撻末。其大者名爲鳳子，亦名鳳車，名鬼車，生江南柑橘園中。又紺蝶，遼東人呼爲紺幡，一曰童幡，一曰天雞爾雅翼今菜中青蟲，當春時緣行屋壁或草木上，以絲自圍，一夕視之有圭角，六七日其背轇裂，蛻爲蝶出矣。滕王圖畫蛺蝶，有江夏斑、大海眼、小海眼、村裏來，菜花子之目北史·魏收傳收輕薄，時人號曰驚蛺蝶詩話總龜謝逸有蝶詩三百首，人呼爲謝蝴蝶囝tiē廣韻他協切音帖。蝶蹀，蟲名。夶又蛱52741蛺52776蝶53519

蠣 lì_9.15 　唐韻郞擊切音歷爾雅·釋蟲蠥蝝蠵蠣。亦作蛎52480囝xī集韻先的切音錫。同蜥52816

蝙 pián_9.15 　唐韻房連切集韻毗連切夶音媥博雅沙蝨，蝙蟭也△玉篇一作蝙。

蝚 hóu_9.15 　唐韻戶鉤切集韻胡溝切夶音侯玉篇蝚蝚揚子方言守宮，東齊海岱謂之蝚蝚囝類篇下遘切音候。水蟲，似龍，出南海。

蝸 wō_9.15 　唐韻韻會正韻夶古華切音瓜◆說文蝸蠃也爾雅·釋魚蚹蠃，螔蝓註卽蝸牛也疏按本草陶註云生山中及人家，頭形似蛞蝓，但背負殼爾古今注蝸牛，陵螺也。殼如小螺，熱則自懸葉下。野人結圓舍如蝸牛之殼，故曰蝸舍，蝸殼宛轉有文章莊子·則陽篇有國于蝸牛之左角者曰觸氏，有國于蝸牛之右角者曰蠻氏郭璞·江賦鸚螺蜁蝸囝wā韻會公蛙切音騧。與蝸通禮·明堂位女蝸之笙簧囝gē古禾切音戈莊子郭象註:讀戈。夶又蝸52789

蜮 yú_9.15 　正字通俗蜮字。夶正字通蝈，蜮字之譌。

蝀 liàn_9.15 　篇海音練。赤蝀，蛇名△類篇作蝀正字通按本草赤楝蛇，从木，非从虫。

蝹 yūn_9.15 　唐韻於倫切集韻紆倫切夶音贇。蝹蝹，龍貌張衡·西京賦海鱗變而成龍狀，蜿蜿以蝹蝹韓愈詩山磨電奕奕，水淬龍蝹蝹囝行貌郭璞·江賦神蜦蝹蝹以沉游囝集韻縈緣切音娟玉篇於云切音氳。義夶同囝ǎo廣韻烏皓切音襖。蟲名，如猨，常地下食人腦述異記秦繆公時，陳倉人掘地得物，若羊非羊，若豬非豬。二童子曰：此名蝹，以松柏穿其首則死。夶又蝹53127蝹53065

蝴 hú_9.15 　集韻洪孤切音胡。蜂屬。

蝶 lǜ_9.15 　集韻劣戌切音律。蟲名△或省作蝷。

塵 53043 27702 yǐ_9.15 玉篇 同蟻
音郝。同螒 図 chuò 救略切音踔。蟲毒。一曰痛也。
図 hù 呼酷切音熇。詳蘁53660蜡52964二字註。

螽 53038 27697 zhōng_9.15 集韻 之戎切音終。與螽同。

蝒 53039 27698 mián_9.15 類篇 彌延切。同蝒。

蝐 53040 27699 hóng_9.15 玉篇 籀文虹字。

蝙 53041 27700 pián_9.15 玉篇 婢沿切。同蝒。

蛚 53042 27701 liè_9.15 類篇 力孽切。與蛚同。

蠡 53044 27703 qiū_9.15 篇海 音秋。與蟗同。

蟴 53045 27704 diàn_9.15 篇海 徒典切。同蜓52734螳蟴。

蜥 53046 27705 xī_9.15 類篇 先的切音錫。與蜥同博雅蠶，螌蝪
也図字彙補作蜥王逸·九思 斥蜥蝪兮進蚯龍。

螏 53047 27706 jiè_9.15 直音 同蚧

蟹 53049 27708 há_9.15 字義總略 同蝦。

蜿 53048 27707 wǎn_9.15 海篇 同蜿
切音踠。好貌呂氏春秋 惠子之言蜿焉，美無所用。
図 yǔ 音禹 宋玉·登徒子好色賦 旁行蜿僂。

蝥 53052 27711 móu_9.15 篇海類編 莫侯切，音謀◇蚰蟱，蟲名，卽
蜘蛛也図 mào 音茂。蟲名，蛛蝥也図 wù 音霧。與蝥同
○按卽蝥字之譌。瑩 集韻 蟱53320或作蝥。通作蝥。

蜯 53053 41813 bàng_9.15 同文鐸 與蚌同。

蟒 53054 45352 mǎng_9.15 龍龕 蟒字之譌。

蝴 53055 45354 jué_9.15 搜眞玉鏡 音脚。又音却。瑩 俗蝴52955

蜚 53056 45355 wáng_9.15 搜眞玉鏡 音王。

蠉 53057 45356 juān_9.15 搜眞玉鏡 音洦。瑩 楊寶忠：疑俗蠉53534
狐緣切。

蜡 53058 u2B2CE null_9.15 未詳。

蜭 53060 u2B2CC tè_9.15 簡 蟘53385

蟶 53063 u2F9BE cì_9.15 同螆53101
碑別字 引 唐清河郡崔昺墓誌

蝳 53064 u2F9BC dié_9.15 同蟜52822

蜵 53066 u273A0 rǎn_9.15 喃 从虫胤dận聲。虱子。

蟒 53067 u2739D cháu_9.15 喃 五千字譯國語 蛵，蟒麻。

蝸 53068 u2739C ốc_9.15 喃 从螺省屋ốc聲。螺蝸△蝸濙：海螺。
蝸蚨：蝸牛。

螶 53050 27709 cuì_9.15 字彙補 七醉
切音翠。蟲名。瑩 李國英：螶字之譌。

蝸 53051 27710 qǔ_9.15 字彙補 果羽

蝴 53059 u2B2CD null_9.15 未詳。

蝱 53061 u2B2CB null_9.15 未詳。

融 53062 u2B2CA róng_9.15 俗融53116 廣

蝝 53065 u2F9BB yūn_9.15 兼 蝝53034

蜂 53069 u2739B đột_9.15 喃 从虫突đột聲。

蝦 53070 u2739A há_9.15 俗蝦52992

蚵 53072 27397 kē_9.15 同蜾52944

蟁 53073 u27393 wén_9.15 可洪音義 蟁翅：上文。下施。正作
蚊52388 図 zǎo 可洪音義 蟁蚤：上音早。下音瑟。正作
蚤52429蝨也。悮。又蟁蟁：上子老反。

蜥 53074 u27392 nyaek_9.15 壯 蚸蜥：墨蚊。

蝌 53076 u27390 null_9.15 未詳。

蝑 53078 u2738E xū_9.15 俗蝑52953 慧琳音義 蜲蝑：上音負。下音
終。幽州謂春箕，齊魯謂之春黍，或蚸蝑。

蠢 53080 u273C chǔn_9.15 同蠢53093俗蠢53683 図 敦煌·P.2255 老子
道德經·德經下 其政悶悶，其民蠢蠢。今本作其民淳淳。

蛑 53081 u2738B null_9.15 未詳。

蝉 53082 u2738A null_9.15 未詳。

蜣 53083 u27389 qiāng_9.15 同蜣52813民國 台州府志 卷六十三 物產
略下·蟲之屬 蜣蜋：俗名推車蟲。

蝋 53085 u27387 sào_9.15 古音騂字 蝋蜱，瘙痒，說文。又 可洪音
義 蝋蟲：上子老反。下所櫛反。

蚰 53086 u27386 null_9.15 未詳。

蟺 53088 u27330 null_9.15 未詳。

蟞 53090 u8780 jiāng_9.15 同蟞53296

蝶 53092 u877E róng_9.15 簡 蝶53604

蝽 53093 u877D chūn_9.15 椿象 図俗蠢53683

蝻 53095 u877B nǎn_9.15 蝗的幼蟲

蟥 53097 27713 páng_10.16 唐韻 步光切音旁。螃蟹，本只名蟹，俗
加螃字図 集韻 螃蛑，蟹屬図 bǎng 廣韻 北朗切音牓。
陸居蝦蟆也図 集韻 悲萌切音繃。補曠切音謗。蒲浪切
音傍。義丛同。

蛳 53098 27714 sī_10.16 唐韻 疏夷切 集韻 霜夷切丛音師。蟲名。
螺也正韻 螺蛳。瑩 又蛳52676蟸53183蜯52776

蝲 53099 27715 gōng_10.16 集韻 居雄切音弓。守蝲，蟲名。本作宮。
詳蟖52816字註。

蟖 53100 27716 cì_10.16 直音 同載 図 xī 與蟋同 逸周書·時訓解 小
暑之日又五日，蟖蟀居壁。

蟖 53101 27717 cì_10.16 唐韻 同載。瑩 又蟖52929蟖53063

蟖 53102 27718 tè_10.16 唐韻 徒得切 韻會 正韻 敵得切丛音特。食

蝟 53071 u27398 yán_9.15 集韻 蝓，夷
然切。蚰蝓，蟲名。亦作蚅52997通作蜒。

蝙 53075 u27391 null_9.15 未詳。

蝤 53077 u2738F null_9.15 未詳。

蟒 53079 u2738D null_9.15 或同蟒52823

蜥 53084 u27388 xī_9.15 同蜥52885

蚪 53087 u27385 hú_9.15 俗蝨53153

蝭 53089 u45D6 dì_9.15 簡 蠑53263

蠅 53091 u877F yíng_9.15 俗蠅53526

蝼 53094 u877C lóu_9.15 簡 螻53282

螂 53096 27712 láng_10.16 篇海 同蜋

苗葉蟲△集韻本作螎，亦作螊、虫。

蟕 róng_10.16 集韻如容切音茸類篇蟲行貌。

蜵 xī_10.16 唐韻胡雞切集韻絃雞切丛音奚說文蟪蠉，蛸蟧也鹽鐵論諸生獨不見季夏之蟪乎，音聲入耳，秋風而聲無。互見蛄52510蟬53420二字註冈蟪蚸52480冈 qī廣韻苦奚切集韻牽奚切丛音谿。與蟪、蛤同。土蜂也。

螈 yuán_10.16 集韻愚袁切音元。與蚖52408同。螈53604螈，蛇醫。又螈蠶埤雅再蠶也。或曰蠶不交而生者，往往爲螈蠶淮南子·泰族訓螈蠶，一歲再收，非不利也，然而王法禁之者，爲其殘桑也△本作原，或作蠠蠶蚕蠶。

蝹 wēng_10.16 唐韻正韻烏紅切集韻烏公切丛音翁玉篇蠮蝹，蟲名，細腰蜂也揚子方言蠭，燕、趙之閒謂之蠮蝹，其小者謂之蠷蝹冈蠮蝹塞，地名晉書·慕容皝載記皝率騎二萬，出蠮蝹塞，長驅至于薊城冈蝹蝦，牛馬皮中蟲也梁·簡文帝詩控弦因鵲血，挽繮用牛蝹冈類篇烏孔切音蓊。義同。鑾又蛝蝹53590，正作蠮蝹。

蟏 sūn_10.16 集韻蘇昆切音孫。蟲名揚子方言蜻蚓，南楚謂之蛀蟏。

蟣 jī_10.16 唐韻古奚切集韻堅奚切丛音雞。蟣，螢火也博雅蟣，蛾也冈玉篇甘田切。義同。鑾又蟣53461

蝙 shàn_10.16 唐韻集韻丛式戰切音扇說文蠅醜蝙，搖翼也爾雅作扇。

蟒 qióng_10.16 篇海渠容切音蛩。蟋蟀也冈音恭。義同。

蠊 lián_10.16 唐韻力鹽切集韻離鹽切丛音廉說文海蟲，長寸而白，可食。互見蜰53381字註冈集韻胡讒切音函。義同冈 xiān虛咸切音醶。同蠊，蛤屬。

蠨 sù_10.16 唐韻集韻丛所六切音縮。蚫蠨，尺蠖53618也。亦作蟴蠨△或作蛡。鑾正作蠨53357

蝼 sōu_10.16 篇海同蝼

蜸 chí_10.16 集韻陳尼切音墀類篇蟲名，蛭也逸詩佞人如蜸。

蝥 bān_10.16 集韻逋還切音班說文蝥蟊，毒蟲也博雅蝥蟊，晏青也本草一名斑貓，所在有之，長五六分，黃足斑文，鳥腹尖喙神農本草經云春食芫花爲芫青，夏食葛花爲亭長，秋食豆花爲蝥蟊，冬入地中爲地膽。冈 pán蒲官切音槃。負蝥，臭蟲也。通作盤。鑾又蛂53231

融 róng_10.16 唐韻以戎切集韻韻會余中切正韻以中切丛音茸說文炊氣上出也徐曰鬵也，氣上融散也冈和也左傳·隱元年其樂也融融冈長也爾雅疏宋衛荊吳之閒口融駿者，長大也冈明也詩·大雅昭明有融註融，明之盛者冈朗也左傳·昭五年明夷之謙，明而

未融註融，朗也孔疏融是大明，故爲朗也冈州名韻會隋置融州，屬桂林郡冈◆爾雅釋丘再成銳上爲融丘註纖頂者冈左傳註東北曰融風冈祝融，神名禮月令其神祝融註顓項氏之子犂，爲火官冈姓通志·氏族略祝融氏之後也△通作彤後漢·張衡·思玄賦展曳曳以彤彤△集韻籀作蟲。鑾又蝪53826砶38896融53062

蝾 róng_10.16 正字通同融。

蟍 jí_10.16 集韻昨悉切音疾。蛺蟍，蟲名玉篇本作蒺爾雅·釋蟲蒺藜，蜘蛆註似蝗而大腹長角，能食蛇腦△類篇或作蝅。

蛒 gé_10.16 唐韻古洽切集韻谷盍切丛音嗑類篇蛒蜍，蟲名，蜱也冈集韻黑盍切音歃。義同。

螐 wū_10.16 集韻汪胡切音烏。螐蠋，蟲名，通作烏爾雅·釋蟲蚅52383，烏蠋。

蝤 qiú_10.16 集韻輕幼切音蹂。赳蝤，龍申頸行貌史記·司馬相如傳·大人賦沛艾赳蝤漢書音義曰赳蝤，申頸低昂也張揖云赳蝤，卑跳也冈 xiù類篇火救切音嗅。義同。

蝶 qiè_10.16 集韻丘傑切音朅。土蝶，蟲名爾雅·土螻註似蝗而小，今謂之土蝶冈 zhé陟格切音磔。義同。△或作虴、蛇。

蠢 hán_10.16 集韻河干切音寒。與蟎同。

蚔 qí_10.16 集韻陳尼切音遲。與蚳同說文籀从虫。

蝬 suǒ_10.16 唐韻蘇果切音鎖玉篇蝬蛄52603鑾正字通鏁，同蝬。

翰 hàn_10.16 唐韻侯旰切音翰爾雅釋蟲翰，天雞註小蟲，黑身赤頭。一名莎雞，一名樗雞。

蝹 yūn_10.16 正字通俗蝹字。

蟘 tè_10.16 字彙敵德切音特。食禾蟲正字通俗蟘字。

蠏 yè_10.16 玉篇以謝切。蟲名。鑾正字通俗字。因蝛名射工，加虫作蠏。讀若射。

蟭 bó_10.16 唐韻補各切音博。蟭蟭，螳螂卵也博雅蟭蟭，螵蛸也。又玉篇蟹也冈集韻匹各切音粕。義同。

蝨 zǎo_10.16 集韻正韻丛子皓切音早。與蚤同說文从蚰叉。

蟰 xiū_10.16 玉篇音肅。蟲名冈音修。義同。

蝛 quē_10.16 集韻傾雪切音缺。蜾蝛，雷師類篇或省作蚗〇按楚辭上至列缺張衡賦列缺曄其照夜，皆作缺唐韻說文諸書亦無蝛字正字通云缺字之譌。

屬 zhǎn_10.16 唐韻知演切音展說文蟲也△說文作

蠡 集韻 作蠡蠡。

蠄 qín_10.16　唐韻 匠鄰切 集韻 韻會 正韻 慈鄰切丛音秦。蟲名，似蟬而小。一名蜻。蜻，蚗也，頭方有文 詩·衞風 蟓首蛾眉 傳 蟓首，顙廣而方 夢溪筆談 蟭蟟之小而綠色者，北人謂之蟓 図 爾雅·翼 大蠅曰胡蟓。

蟲 bā_10.16　玉篇 音巴。蟲名。

蟀 zú_10.16　集韻 作木切音鏃 類篇 蟀蟀，蟲集貌。△本作蟀。

蟓 suǒ_10.16　玉篇 先各切音索。蟲名。

蜲 yí_10.16　唐韻 弋支切 集韻 余支切丛音移。蟲名 爾雅·釋魚 蚹蠃，蜲蝓52956 図 sī 集韻 相支切音斯，揚子方言 守宮在澤者，海岱之閒謂之蜲蝓 郭璞曰 似蜥蜴，大而有鱗，今通言蛇醫是也。鍪又蜲52894 蜲53192 蜲53626 蜲52823

蜇 zhé_10.16　正字通 俗蜥字。鍪字彙 蜇，螫也 図 可洪音義 蜇螫：上知列反，下呼各反。

蜱 bī_10.16　唐韻 邊兮切 集韻 邊迷切丛音舐 說文 齧牛蟲也 本草 牛蟲，一名牛蜱 図 與蚍通 前漢·五行志 劉歆以爲蜱，蜱蟲之有翼者。孟康曰：蜱蟲，音蚍蜉 図 集韻 或作蚍。

蝐 huá_10.16　唐韻 集韻 韻會 丛戶八切音滑 爾雅·釋魚 蝐蝥，小者蟧 疏 即蝥53387蝐也 韓愈詩 水漉雜鱣蝐。図 gǔ 集韻 吉忽切音骨。螺屬。

蛄 xì_10.16　字彙 音鎩。蟲似蝐。鍪又氤52403 蚩53196 虸52454 蜇53259

蟶 táng_10.16　唐韻 集韻 韻會 正韻 丛徒郎切音唐。蝐52825蟶，蟬也 詩·大雅 如蜩如蟶 △增韻 通作螗，非。

螘 yǐ_10.16　集韻 韻會 丛語綺切音螘。與蟻同 図 疑豈切音顗。義同 △玉篇 一作螷、螷。鍪又螷53747 蟲53842

蠹 dù_10.16　唐韻 古文蠹字 說文 蠹53814，或从木，象蟲在木中形。

蟣 jǐ_10.16　集韻 舉豈切音幾。與蟻同。

蜶 nài_10.16　唐韻 奴代切 集韻 乃代切丛音耐。小蟲，蜶也 淮南子·說林訓 兔齧爲蜶 註 兔齧，蟲名 図 nái 玉篇 奴來切。俗能字，龜屬 図 nè 匿德切。同蜶。鍪又翵46203

蠩 chǔ_10.16　玉篇 丑主切。蟲名 字彙 音杵◇。

蟭 jiāo_10.16　玉篇 居表切 篇海 蟲也。

蟍 hé_10.16　集韻 韻會 丛何葛切音褐 前漢·司馬相如傳 跮踱輵蟍，容以骪麗兮 註 輵蟍，搖目吐舌也 図 xiá 集韻 下瞎切音轄。蟲名。仙姑也。鍪五音集韻 蟍，蝎

蠩，龍搖首吐舌皃。

蟲 zuì_10.16　唐韻 祖外切音最。蟲也。

蟹 hú_10.16　韻會 正韻 丛胡谷切音縠 爾雅·釋蟲 蟹，天螻 註 螻蛄52510也 図 類篇 蟓蟹謂之蟪蟹。鍪又蟹53324 縠53229 螜53369 縠53087

蜹 huì_10.16　唐韻 集韻 丛胡對切音潰 說文 蠁蛹也 爾雅·釋蟲 蜹，蛹 疏 即蠁所變者，一名蜹，一名蛹 柳宗元·天對 蜹蟲已毒，不以外肆 図 guì 集韻 基位切音媿。義同 図 顏氏家訓 與魄52353通。鍪又蚬52681 蜹53197

蝈 gē_10.16　玉篇 音哥。蟲名。

蟉 liú_10.16　篇海 力求切 玉篇 音流。蟲名 正字通 俗蛥字。鍪又蟉53190

蝥 máo_10.16　正字通 俗孟字。

蟆 mǎ_10.16　玉篇 莫下切音馬。蟲名 正字通 馬蠊，俗作蟆。鍪又蚂52376

螟 míng_10.16　唐韻 莫經切 集韻 韻會 忙經切丛音冥 玉篇 食苗心蟲也 說文 吏冥冥犯法，卽生螟 詩·小雅 去其螟螣53164，及其蟊賊 疏 李巡云言其姦，冥冥難知也。陸璣云螟似蚼蚄而頭不赤 春秋·隱五年 螟 前漢·武帝紀 元光五年八月，螟 図 焦螟 列子·湯問篇 江浦之閒生麼蟲，其名曰焦螟，羣飛而集于蚊睫 図 螟蛉52519

蠶 cán_10.16　玉篇 俗蠶字。

螠 yì_10.16　唐韻 集韻 丛於賜切音縊。縊女，蟲名。俗从虫 爾雅·釋蟲 蚬，縊女 註 小黑蟲，赤頭，喜自經死，故曰縊女。

蟁 wén_10.16　正字通 同蚊。

螢 yíng_10.16　唐韻 戶扃切 韻會 互扃切丛音熒。火蟲名 禮·月令 腐草爲螢 爾雅·釋蟲 螢火卽炤 註 夜飛，腹下有火 古今注 螢，一名耀夜，一名景天，一名熠燿，一名丹良，一名燐，一名丹鳥，一名夜光，一名宵燭 埤雅 螢無胃而育 晉書·車胤傳 家貧不常得油，夏日則練囊盛數十螢火以照書 図 集韻 正韻 丛于平切音榮。義同 △或作蠳。鍪又萤50011 蛍52566

螣 téng_10.16　唐韻 集韻 正韻 丛徒登切音騰 說文 神蛇也 爾雅·釋魚 螣，螣蛇 疏 蛇似龍者也，名螣。一名螣蛇。能興雲霧，而遊其中也 荀子·勸學篇 螣蛇無足而飛。図 正韻 呈稔切音朕。義同 図 tè 唐韻 徒得切音特 詩·小雅 去其螟螣 傳 食葉曰螣 陸璣疏 螟螣，蝗也 許慎云 吏乞貸則生螣 図 dài 唐韻 古音 音代。義同 △亦作蟘 說文 作蟘。鍪又蟓53195 蟓53440 螣53447 螣53757 蠘53868 蟓52559 正字通 蟓53726，俗螣字 図 螣，本作螣53473

蝵 yáo_10.16　正字通 引六書故 同珧。似蚌，其柱最珍。

別作跳 通雅 曰:郭璞江賦 註:江蟣,柱大如鏡,白色 蓺
苑卮言 云江蟣,如蚌稍大,中肉腥而韌○按 玉篇 說文
唐韻 諸書祇載江珧,無蟣字 正字通 所引,咸近代俗字
之譌,不可據。別詳玉部。

蟕 53166 27782 jìn_10.16 集韻 即刃切音晉 玉篇 同蟫。

蟵 53169 27785 cì_10.16 集韻 同蚝

蟚 53167 27783 lüè_10.16 唐韻 離灼切

蟵53301本字。𧕚又蟚52892蟄53337

蠢 53168 27784 jí_10.16 唐韻 秦悉切音疾。與蛣同。

蟸 53170 27786 qí_10.16 集韻 古文蚔52405字 字彙補 作蜝、蜚。

蠂 53172 27788 jié_10.16 註見蟜53171

蟜 53171 27787 jié_10.16 集韻 奚結切
音纈。蟲名△ 類篇 作蠂。義與蟜同。

獖 53173 27789 zhì_10.16 類篇 征例切音制。蟲名,蝗子也。

蜼 53174 27790 yǔ_10.16 正韻 弋主切 釋文 音庾 莊子·田子方 蚗斛
不敢入于四竟 註 六斛四斗曰蚗。

螫 53175 27791 shì_10.16 玉篇 式亦切。同螫。

蚪 53176 27792 dǒu_10.16 篇海 音斗。蝌斗蟲△ 直音 作蚪。

蛕 53178 27794 mián_10.16 篇海 同蛕

蜊 53177 27793 lì_10.16 篇海 郎計切
音麗。割破也 𡆥音螺。𧕚今作部外九畫。

蟒 53179 27795 mǎng_10.16 篇海 莫朗切音莽。最大蛇王○按卽蟒
字之譌。

蟹 53183 27799 sī_10.16 海篇 同蝍

蚕 53180 27796 hàn_10.16 韻學集成 胡
紺切音憾。瓜蟲。𧕚又蚕50928,艸部。

蚊 53184 27800 wén_10.16 直音 同蚊

蝤 53181 27797 qiū_10.16 韻學集成 此
由切音秋。次畫,鼁鼀 正字通 作蝵。

蠶 53185 27801 cán_10.16 直音 同蠶

蜙 53188 27804 píng_10.16 字彙補 同蚍

螯 53182 27798 áo_10.16 篇海 五高切音敖。蟹屬。

蟨 53189 27805 qióng_10.16 字彙補 與蛬同。

蝝 53187 27803 yuán_10.16 篇海 同蟓

蟉 53190 27806 liú_10.16 字彙補 力求
切音流。蟲也○按卽蟉字之譌。

蛆 53186 27802 jū_10.16 直音 同蛆

蝏 53191 27807 qí_10.16 字彙補 古文
蚔字。見 集韻 ○按 集韻 作蜝 字彙補 誤。

蛾 53192 27808 yí_10.16 五音篇海 同蛾○按蛾、蚜二字俱譌文。

蠾 53194 45358 zhú_10.16 字彙補 與筑同。

蚩 53193 45357 chī_10.16 龍龕 同嗤

蝰 53195 45359 téng_10.16 字彙補 同螣

蟿 53196 45360 xì_10.16 川篇 同螆

蝛 53197 45361 guī_10.16 餘文 與蝛同

蝡 53198 45362 ruǎn_10.16 奚韻 同蜹

蚧 53199 45363 jié_10.16 金鏡 音接。

蝦 53200 45364 huì_10.16 搜眞玉鏡 音惠。

蠟 53201 45365 shà_10.16 搜眞玉鏡 所戒切。

蟳 53202 u2B2D5 null_10.16 新撰字鏡 波～佐曾利。

蟷 53203 u2B2D4 null_10.16 未詳。

蟽 53204 u2B2D3 null_10.16 未詳。

蚍 53206 u2B2D1 喃 未詳。

蚦 53205 u2B2D2 null_10.16 从虫友聲。人
名。或釋蚦,見 曾仲大父蝨簋

蝢 53207 u2B2D0 gòng_10.16 閩 蝢蟎:螻蛄 图gǒng 北京方言詞典
拱,(蠕形動物)屈身前進。亦作蝢。

蟏 53208 u2B2CF null_10.16 未詳。

蝼 53211 u273F5 róng_10.16 喃 从虫竜
(龍)、竜long亦聲。龍△蝼糍鳳雓:龍飛鳳舞。

蟰 53209 u273F7 nhúc_10.16 喃 从虫畜súc聲。同蟳53217

蟲 53210 u273F6 rận_10.16 喃 从虱省陣trần聲△昆蟲:虱子。

蜖 53212 u273F4 choi_10.16 喃 从虫追truy聲。

蝲 53213 u273F3 bo_10.16 喃 从虫捕bō聲。蟲豸。

蝂 53214 u273F2 rết_10.16 喃 五千字譯國語 蜈蚣,丐蝂。

蟩 53215 u273F1 đóm_10.16 喃 同蛣52917

蚲 53216 u273F0 sam_10.16 喃 从虫耽xẩm聲。

蟺 53219 u273ED null_10.16 未詳。

蟳 53217 u273EF nhúc_10.16 喃 从蠢省
辱nhọc聲△蟳蹄:蠕動。亦作蟳59222蟰53209

蠜 53220 u273E3 null_10.16 未詳。

蟋 53218 u273EE yàng_10.16 獸名 雲笈
七籤 卷之一百 有獸名蟋,如師子,食虎,而循常近人,
或來入室,人畏而患之图yang 韓 同恙。生病 儒胥必
知告目 吏輩歲時問安告目 小人伏蒙下恤之澤,將老無
蟋,伏幸何達 華城城役儀軌 卷二 華西門上樑文 聞說重
溟波似鏡,乘風無蟋萬帆齊。

蜂 53221 u273E2 null_10.16 未詳。

蝮 53222 u273E1 fù_10.16 俗蝮53003 可
洪音義 蝮蝮:上芳福反。下尸亦反。

蠮 53223 u273E0 null_10.16 未詳。

蟞 53224 u273DF null_10.16 未詳。

蹉 53225 u273DE null_10.16 未詳。

蟥 53227 u273DC jié_10.16 俗蠤53013

齏 53226 u273DD qí_10.16 同齎53599蠤53598本字。

蟹 53228 u273DB null_10.16 未詳。

蝂 53231 u273D8 bān_10.16 同蟹53115

蝨 53229 u273DA hú_10.16 直音篇 蝨同蟹53153

蜣 53230 u273D9 qiāng_10.16 俗蜣52813 可洪音義 蛣蜣:下去良反。

蠑 53232 u273D7 cǐ_10.16 簡 蠤53517

蝮 53233 u273D6 pín_10.16 簡 蠙53659

蠈 53234 u87A9 tiáo_10.16 俗僬52709图日 蠈蟲,亦作縧蟲,古稱寸
白蟲。天津 益世報. 1930. Nov. 7. Num. 5207·醫光週刊
(第十五期)十二指腸虫、蠈虫、鞭虫之治療。

蟪 mǎn_10.16　简蟪53376　蟦 so_10.16　韓船上盡蟲
新字典·朝鮮俗字部·16畫 蟦，穴舟蟲。見官府文簿。

蟪 lǎo_10.16　日 同蛯52680，蝦。

蟪 cāng_10.16　可洪音義 蟪蠅：上龕郎反。

蟪 xián_10.16　同蜆52590　爾雅·釋蟲 蟪，馬蜩。又同蛻52693
彙音寶鑑 蛻，蛇蛻、蟬蛻所解之衣。蟪，全上字。

蟪 shāng_11.17　唐韻 式羊切 集韻 尸羊切丛音商 爾
雅·釋蟲 蚄，蟪蚵 註 未詳。鋆 正字通 蟪蟪譌字。

蟪 zhí_11.17　集韻 之石切音隻 字林 蟲名。

蟪 ài_11.17　唐韻 五介切 集韻 牛戒切丛音瞶。蟲名，
師食草木葉也。

蟪 xù_11.17　唐韻 香句切 集韻 吁句切丛音煦 玉篇 蟪
子，幺蟗 又 王遇切音芋。區遇切，驅去聲。義丛同。

蟪 bì_11.17　集韻 壁吉切音必 類篇 蟲名。

蟲 zhù_11.17　直音 與蛀同。

蟪 yē_11.17　玉篇 同蠣　蟪 yì_11.17　集韻 壹計切
音翳。蟲名。鋆 正字通 俗蟪53773字。

蟪 xuán_11.17　唐韻 似宣切 集韻 旬宣切丛音旋。蟪蝸，
小螺也。與蜁同 又 蟪53029蟪 △ 廣韻 作蟪。

蟲 nì_11.17　唐韻 女力切音匿。同匿52327

蟪 náng_11.17　字彙 同蟆　蟪 yán_11.17　唐韻 有乾切
集韻 尤虔切，並音澴。又 集韻 於虔切，音焉。蟪蟪，
蟲名 又 地名 山海經 崇吾之山，東望蟪淵。

蟪 zhú_11.17　唐韻 直六切音逐 博雅 馬蟪，馬蚿也。

蟪 sù_11.17　卽蟪字 篇海 作蟪。

蟪 shí_11.17　集韻 篇海 丛同蝕。

蟪 jié_11.17　正字通 俗字。鋆 俗蟪53013

蟪 yù_11.17　集韻 俞戌切音裕。螽飛貌 又 俞玉切音欲。
與蟄通。

蟪 qū_11.17　集韻 千余切音疽。同蛆。

蟪 zǎo_11.17　集韻 子皓切音早。與蚤52429同。

蟪 xì_11.17　集韻 許既切，音餼。與氣同。

蟪 shì_11.17　唐韻 韻會 正韻 丛施隻切音釋 說文 蟲行
毒也 詩·周頌 莫予荓蜂，自求辛螫 史記·淮陰侯傳 猛虎
之猶豫，不如蜂蠆之致螫 班固·西都賦 灃亡秦之毒螫
又 周禮·山師註 螫噬之蟲獸。劉音呼落切 史記·田儋傳
蝮螫手則斬手 索隱註 螫，音爍 又 史記·魏其傳 有如兩
宮螫將軍。張晏讀郝，火各切 又 she 集韻 式夜切 唐韻

古音 音赦 韓詩 自求辛螫，作赦 △ 廣韻 亦作蠚。

蟪 又螫53175 龍龕 蛈52717俗，螫正。又 噭07127，俗。釋、
郝二音。

蟪 cáo_11.17　古文 蟲 唐韻 昨勞切 韻會 正韻 財勞切丛
音曹 爾雅·釋蟲 蟥，蟪蟥 註 在糞土中者 莊子·至樂篇 烏
足之根爲蟪蟥 本草 一名乳齊，一名地蠶，一名應條，
大者如足大指，以背滾行 說文長箋 曹，猶官曹，言多
也，故从曹。鋆 又 蟲53894

蟪 chī_11.17　唐韻 丑知切 集韻 韻會 正韻 抽知切丛音
摛 說文 若龍而黃，北方謂之地螻。或曰無角曰蟪 前
漢·司馬相如傳 蛟龍赤蟪 註 文穎曰：蟪爲龍子。張揖曰：
赤蟪，雌龍也 又 蟪頭 唐書·鄭朗傳 朗執筆蟪頭下。
又 蟪紐 蔡邕·獨斷 天子璽以玉蟪虎紐 又 馬名 西京雜
記 文帝自代還，有良馬九匹，一名綠蟪驄 又 唐韻古音
丑戈切 楚辭 駕兩龍兮驂蟪，叶上波字韻，又 註引 淮南
子 爰止羲和，爰息六蟪 ◇ △ 正韻 亦作彲 史記·齊世家
非龍非彲 △ 韻會 亦作離 史記·周本紀 如豺如離 又 與魑
通 左傳昭九年 以禦蟪魅 註 山神，獸形 又 通摛 揚雄·蜀
都賦 麗靡蟪燭。鋆 又 蚗09902 又 正字通 蠄，蟪字之譌
又 蟪 金石文字辨異 蟪 引 北魏孝文弔比干墓文

蟪 dì_11.17　唐韻 都計切 集韻 韻會 正韻 丁計切丛音
帝 爾雅·釋天 蟪蝀，虹也 詩 作蝃 又 揚子·太玄經 翅大
蟪小，虛 註 國大德小，故民虛 又 dài 類篇 當蓋切音帶。
蟲名。一曰蛇也 △ 或作蝃、蚳。鋆 又 蟪53089

蟪 áo_11.17　唐韻 五勞切 韻會 牛刀切丛音遨 玉篇 車
螯 本草 其殼色紫，璀粲如玉，斑點如花，海人以火炙
之，則殼開，取肉食之 梁元帝·謝車螯啓 車螯，味高食
部，名陳物志 又 蟹螯 韻會 大足，在首上如鉞者 大戴禮
蟹二螯八足，非蛇蚓之穴，無所寄託者，用心躁也 晉
書·畢卓傳 左手持酒杯，右手持蟹螯 又 通作敖 荀子·勸
學篇 蟹六跪二敖 △ 說文 本作蟄 韻會 或作螯、螯。
鋆 或作螯。或作螯59288 又 蹳59296蟍70758蝲53343
螯70786蟍47805 又 龍龕 蟄53182俗，螯通。

蟪 lù_11.17　唐韻 集韻 丛盧谷切音鹿 爾雅·釋蟲 蜲蛱，
蜲蟪 卽蟪蟧也。一名蠮蛄。互詳蚨蜩蟬等字註。
鋆 又 蟪53335

蟲 hàn_11.17　唐韻 下瞰切，憨去聲。瓜蟲 齊民要術 崔
寔曰：十二月臘時祀炙箔，樹瓜田四角，去蟲 又 集韻 胡
紺切音憾。乎監切音銜。義丛同 又 hān 胡甘切音酣。桑
葉上蟲也。

蟪 yóng_11.17　唐韻 集韻 丛餘封切音容。鯈蟪也 山海
經 獨山末塗之水，東南流注于沔，其中多鯈蟪，其狀如
黃蛇，魚翼，出入有光，見則其邑大旱 註 駢雅：蜈
蝑、鯈蟪，睒聽囓人，皆毒蟲也 郭璞·江賦 鯈蟪拂翼而
掣耀。

蝎 53268 27837
wèi_11.17 玉篇同蝟。鑋又蟪53783

蝟 53269 27838
wèi_11.17 唐韻於胃切集韻紆胃切丛音尉。飛蟻也
△或作蟪。

螲 53270 27839
zhì_11.17 唐韻集韻丛陟栗切音窒。蟲名玉篇螻蛄
也揚子方言螻蛭謂之螻蛄図dié類篇丁結切音綌爾
雅釋蟲王，蚨蝪註卽螲蟷，似蜘蛛，在穴中，有蓋。
△或作蛭。

螳 53271 27840
táng_11.17 唐韻集韻韻會正韻丛徒郞切音唐說
文螳螂也禮·月令仲夏，螳螂生註螳螂，螵蛸母也揚
子方言螳螂謂之髦郭註有斧蟲也，江東呼爲石蜋。又
名蘣肬吳越春秋夫秋蟬登高樹，不知螳螂超枝緣條而
稷其形莊子·人間世女不知夫螳螂乎，怒其臂以當車
轍，不知其不勝任也韓詩外傳齊莊公出獵，有螳螂舉
足，將搏其輪。問其御，御曰：其爲蟲也，知進而不知
退，不量力而輕就敵図水名水經注沂水又東南，螳螂
水入焉図縣名華陽國志螳螂縣出銀、鉛、白銅、雜藥，
有螳螂附子。鑋又螳53489

蜄 53272 27841
chén_11.17 集韻池鄰切音陳。蜄蟑52845図丑刃切
音趂。義同。

螵 53273 27842
piāo_11.17 唐韻撫招切集韻紕招切丛音飄。螵
蛸52687図毗霄切音瓢。義同。

蟝 53274 27843
qú_11.17 唐韻强魚切集韻求於切丛音渠。蟝螻
53288図jù集韻其呂切音巨。獸名△詩疏本作渠說文
作蟝。或作蝶、蠼。鑋龍龕 蚷俗，蟝正。

螻 53275 27844
zú_11.17 集韻作木切音鏃。類篇蝦蟲頭上距。

蠯 53276 27845
pí_11.17 集韻頻彌切音陴。蚌狹而長者爲蠯。
図bèng白猛切音鮃。與蜯、蚌通△或作蠯、蠯。
鑋又蠯53332

蝓 53277 27846
yú_11.17 唐韻羊朱切集韻弋朱切丛音俞爾雅·釋
蟲蠪醜蝓疏蝓，垂腴也。腴，卽腹下也說文長箋猶猠
典言流出穢惡也図集韻俞玉切音欲。義同△或作蝓。

蜥 53278 27847
jiàn_11.17 唐韻慈染切音漸。說文蜥蠦也図玉篇
才廉切。義同。鑋又蜥53338蝼53652蛨72550

螺 53279 27848
luó_11.17 集韻盧戈切音騾。與蠃同。鑋又璅34542
螺蠌57963

蛈 53280 27849
zhī_11.17 集韻同蜘

蜙 53281 27850
cōng_11.17 唐韻七恭
切音樅。蝑蜙，小蜂。生牛馬皮中集韻蠮蜙也。
図zōng集韻祖叢切音葼。義同。一曰似蟻図cóng祖
聰切音叢。牆容切音從。義同△正字通作螽53358

螻 53282 27851
lóu_11.17 唐韻落侯切集韻郞侯切正韻盧侯切丛
音樓。螻蛄52510図蝈蟟53310，蛙也図土螻，獸名山海
經崑崙之丘有獸焉，其狀如羊而四角，名曰土螻，是食
人竹書紀年註有大螻如羊魏公卿上尊號奏有熊之興，

地出大螻図說文螻亦名地螻図圉名晉語趙簡子田
于螻註螻，晉君之圉図lú集韻龍珠切音廬。天螻，蟲
名爾雅·釋蟲螻，天螻古今注螻蛄，一名天螻揚子方
言蠰蝑，秦晉之閒謂之蠹，或謂之天螻図lòu音漏。內
病也。◦周禮天官·內饔馬黑脊而般臂螻羣經音辨螻，于
寶讀去聲呂氏春秋流水不腐，戶樞不螻△禮記作漏。
鑋又螻53094

螼 53283 27852
qǐn_11.17 唐韻弃忍切集韻遣忍切丛音螼說文螾
也爾雅釋蟲螼蚓，蜸52858蚕註江東呼寒蚓図廣韻羌
印切，讀去聲。義同。

蠭 53284 27853
fēng_11.17 正字通同蠭△集韻作蠜。

螽 53285 27854
zhōng_11.17 古文蟲唐韻職戎切集韻韻會之戎切
丛音終說文蝗也爾雅釋蟲蠥螽，蠜註蠥螽，一名蠜陸
璣疏今人謂蝗子爲螽子，兖州人謂之螣詩云喓喓草
蟲，趯趯蠥螽是也図詩周南螽斯羽傳螽斯，蚣蝑也疏
蚣蝑，長而青，長角，長股，股鳴者也。或謂似蝗而小，
斑黑。其股狀如玳瑁，五月中以兩股相切作聲，聞數步
者也図爾雅·釋蟲蟿螽，蝷蚸疏形似蚣蝑而細長，飛
翅作聲者是也図釋蟲土螽，蠰谿疏土螽，今謂之土蝗。
似蝗而小，善跳者也△說文本作螽集韻或作螓、蟲。
鑋又蠥53707蠡53454蟼53494

蟐 53286 27855
zhǎng_11.17 玉篇同蟏。

螎 53287 27856
kāng_11.17 唐韻苦岡切集韻丘岡切丛音康。蟆
蚏52587方言郭註蜻蛉，淮南人呼爲螎蚏。

蟉 53288 27857
lüè_11.17 集韻力灼切音略。與蛶同詩曹風蜉蝣傳
渠，略也疏本或作蟉。鑋又蠡35753

蜼 53289 27858
suī_11.17 說文息遺切。似蜥蜴而大正字通同蜼。

蠢 53290 27859
chōng_11.17 唐韻集韻丛書容切音舂博雅蚣蝑，
蠢黍也。通作春。

鱼 53291 27860
yú_11.17 集韻牛居切音魚類篇蠹魚也。

螆 53292 27861
qī_11.17 集韻倉歷切音戚篇海蟾蜍別名類篇引
說文先黿，詹諸。先亦作蠥図cù七六切音蹙。義同△集
韻類篇本作蠥53355

蜜 53293 27862
mì_11.17 集韻莫狄切音覓玉篇蟲名類篇博雅
蟍52831蜜，蛬也。

蚳 53294 27863
chí_11.17 直音音遲。蟷子。

螾 53295 27864
yín_11.17 唐韻翼眞切集韻韻會夷眞切丛音寅類
篇蟲名，寒蟿也図正韻蟪螾賈誼弔屈原文夫豈從蝦
與蛭螾。讀平聲図yìn集韻羊進切音鈏。義與蚓52404
同図字彙補神蚓也，大五六圍，長十餘丈史記封禪
書黃龍地螾見図史記·律書寅言萬物始生，螾然也。
鑋又螾53620

螿 53296 27865 jiāng_11.17 唐韻卽良切集韻韻會正韻資良切𠀤音將玉篇寒螿，蟬屬方言郭註寒蜩，螿也，似蟬而小，色青△正韻亦作[illegible]。鎏又螿53090

蟀 53297 27866 shuài_11.17 唐韻所律切韻會正韻朔律切𠀤音率。蟋蟀也詩·唐風蟋蟀在堂，歲聿其莫疏陸璣云蟋蟀，似蝗而小，正黑，有光澤如漆，有角翅。一名蛬，一名蜻蛚，楚人謂之王孫，幽州人謂之趣織。里語曰：趣織鳴，嬾婦驚是也古今注蟋蟀，一名吟蛩。秋初生，得寒則鳴說文長箋開元遺事云宮人以金籠著蟋蟀，從事爲游戲閒玩△說文作𧑙。

蠈 53298 27867 zé_11.17 唐韻集韻𠀤側革切音責。小貝也爾雅·釋魚蠈小而橢註此皆說貝之形容 又 jī資昔切音積。義同。或作鰿。

蟁 53299 27868 wén_11.17 玉篇古文蚊52388字前漢·中山靖王傳聚蟁成雷。

蟂 53300 27869 xiāo_11.17 唐韻古堯切音梟。水蟲，似蛇四足，能害人賈誼·弔屈原文偭蟂獺以隱處兮，夫豈從蝦與蛭螾註應劭曰：蟂獺，水蟲，害魚者也。鎏又蟂52902直音篇蟂73202同蟂。

蟉 53301 27870 lüè_11.17 正韻力灼切音略說文蟁蟉也。一曰蜉蝣蟲，朝生暮死者△說文本作蟉○按唐韻韻會亦皆作蟉。徐鉉曰：从虫㝒聲。似宜作蟉爲正△集韻或作蠽，亦作蟉。

蟇 53309 27878 má_11.17 篇海同蟆

蟃 53302 27871 wàn_11.17 唐韻集韻𠀤無販切音萬玉篇螟蛉，蟲也詩·小雅螟蛉有子疏俗謂之桑蟃爾雅·釋蟲螟蛉，桑蟲註桑蟃，亦曰戎女。又蟃蜒司馬相如·子虛賦註蟃蜒，大獸，似貍，長百尋。

蟄 53303 27872 zhé_11.17 唐韻集韻韻會正韻𠀤直立切音蟄說文藏也爾雅·釋詁蟄，靜也疏藏伏靜處也易繫辭龍蛇之蟄，以存身也左傳·桓五年凡祀，啓蟄而郊疏啓蟄，言始發蟄也韻會驚蟄，節名 又 玉篇和集也詩·周南宜爾子孫蟄蟄兮 又 zhí集韻質入切音執莊子·天運篇蟄蟲始作。郭象讀執 又 韻會尺十切正韻尺入切，𠀤覘入聲。義同。鎏又蟄53362蛰52679𧒗53556

䗪 53304 27873 zhè_11.17 唐韻韻會正韻𠀤之夜切音柘說文蟲也。一曰蝗類 又 玉篇鼠婦，負蠜也周禮·秋官·赤犮氏貍蟲註貍蟲。䗪，肌蛷之屬 又 揚子方言蟅，南楚之外謂之䗪蟅 又 廣韻之石切音隻唐韻古音張略切音擆。義𠀤同△玉篇一作蟅。鎏俗作䗫53370 又 蟅53321

蟅 53305 27874 zhè_11.17 註見䗪53304 鎏又蟅53321

蟓 53306 27875 sù_11.17 唐韻桑谷切集韻蘇谷切𠀤音速玉篇蝶蟓，蟲名。鎏又蝀53253 又 正字通蟓，俗作蟓。

蟆 53307 27876 má_11.17 唐韻莫霞切集韻韻會正韻謨加切𠀤音麻說文蝦52992蟆也 又 唐韻古音讀謨易林穴有狐烏，坎生蝦蟆 又 mò韻會末各切音莫。蟲名，山南多饒此物，如蚊而小，攢聚映日，齧人作痕△六書正譌蝦蟆，字俗作蟇，非。鎏又䗫15801蟇53308

蟇 53308 27877 má_11.17 唐韻集韻𠀤同蟆。

蟈 53310 27879 guō_11.17 唐韻韻會𠀤古獲切音馘玉篇蛙52581別名禮·月令螻蟈鳴註螻蟈，蛙也急就篇註蛙，一名螻蟈，色青，小形而長股周禮·秋官·蟈氏註蟈，今御所食蛙也。字从虫國聲。鎏又蝈52941

蟉 53311 27880 liú_11.17 唐韻力幽切音鏐。蚴蟉，龍貌 又 liǔ韻會力九切音柳前漢·司馬相如傳青龍蚴蟉于東廂師古註蚴蟉，行動貌 又 廣韻渠黝切，虯上聲。義同 又 liào集韻力弔切音料。蜩52825蟉△或作繆。

蟚 53312 27881 yě_11.17 玉篇音野。蟲也。

蟐 53313 27882 xí_11.17 集韻席入切音習類篇蟐蟐，蟲貌 又 yì弋入切音熠。蟐蝓，蟲名，螢53163火也。或作𧑎。

蟊 53314 27883 máo_11.17 古文𧕢唐韻莫浮切集韻韻會迷浮切𠀤音侔。與蝥同說文蠿蟊也 又 méng謨蓬切音蒙。龜兆氣不澤也洪範曰圛曰蟊○按說文蟊，莫浮切，蠿蟊也。蝥，莫交切，盤蝥也。二字音各別。然攷唐宋字書，蟊蝥52988蛑音義相通，今以唐韻爲正。鎏又蚕52482蝥53157蟲53741蠢53793蟊53687 又 字彙補蛑52569與蟊同。

蟋 53315 27884 xī_11.17 唐韻韻會正韻𠀤息七切音悉說文蟋蟀53297也 又 sè集韻所櫛切音瑟。與蝨53524同。

蟳 53316 27885 tuán_11.17 集韻徒官切音團。同鱄72578魚名。

蠊 53317 27886 lián_11.17 集韻陵延切音連。蜷蠊，蟲盤曲貌。又 liàn類篇力健切◇赤蠊蛇。鎏類篇赤蠊，虵名。

蟩 53318 27887 xuán_11.17 唐韻似宣切音旋玉篇同蜁。

䗬 53319 27888 máo_11.17 集韻蟊53314古作䗬。

蟱 53320 27889 wù_11.17 集韻亡遇切音務類篇蟲名博雅蛛蝥，蟱蛛也。鎏又蝥53157

蟅 53321 27890 zhè_11.17 說文長箋之夜切音柘。與蟅同。

蟌 53322 27891 cōng_11.17 淮南子·說林訓水蠆爲蟌註音聰唐韻作蟌 又 cì、篇海七賜切。毛蟲也○按集韻蟌同蛓。从恖篇海誤。鎏又蛓52736

蟆 53323 27892 fù_11.17 篇海同蝮

螢 53324 27893 hú_11.17 直音與螢同

蟍 53325 27894 dǒu_11.17 直音同蚪

蟀 53326 27895 zú_11.17 五音篇海作木切。蟲集貌○按卽蟀字之譌。

蟗 53327 27896 máo_11.17 字彙補名侯切，音矛◇蟗茵，青蛉也淮南子·齊俗訓水蠆爲蟗茵。

蟍 53328 41814 lí_11.17 篇海類編力脂切音梨。蟍蟍，蝍蛆，蜈蚣

53329 41815 蛺 jiá_11.17 搜眞玉鏡 音爽。蟲名。鍌張涌泉：俗 蛺52692

53334 45369 蝕 shì_11.17 龍龕 同螫　**53330** 41816 蝶 lüè_11.17 龍龕 音略。渠蝶，朝生暮死蟲也。鍌又蠪53462

53331 45366 鲎 fēng_11.17 篇海類編 與蜂同。

53332 45367 廲 pí_11.17 篇韻 與蠡同。

53333 45368 蠇 hóng_11.17 川篇 音紅。鍌楊寶忠：俗离40170音紲。

53335 45370 蠦 lù_11.17 篇海類編 同蠦。

53336 45371 蠕 chán_11.17 搜眞玉鏡 音蟾。

53337 45372 螯 lüè_11.17 五音篇海 同螺。鍌又蠱35753蝌53367 蠘53787

53338 45373 蜸 jiàn_11.17 說文長箋 同蜥。

53339 u2B2D9 蠶 cāng_11.17 喃越·阮秉 五千字譯國語 蚍，蜆蠶。

53340 u2B2D8 null_11.17 新撰字鏡 蠮蛉，二字弥奈。

53341 u2B2D7 null_11.17 未詳。　**53343** u27443 蠤 áo_11.17 同螯53264 図ngao 喃 从蠣省敖聲△昆蟟：大型的牡蠣。

53342 u2B2D6 null_11.17 新撰字鏡 万氏。又阿波比。

53344 u27442 蟣 jí_11.17 俗蝍52948清李元 蠕範卷三 尺蠖，步屈也、蜆蠖也、蛆蝤也図cáy 喃 从虫既kỳ聲。小蛰蚨。

53345 u27441 蝂 sam_11.17 喃 从虫參tham聲。

53346 u2743F 螉 sùng_11.17 喃 从虫崇sùng聲。蜻蟶，地蠶。

53347 u2743E 蜅 bọ_11.17 喃 从虫部bộ聲。蟲豸，蟲蛆類之總稱。

53348 u2743D 蟾 róm_11.17 喃 从虫淡đạm聲。毛毛蟲。

53349 u2743C 蟳 chẩu_11.17 喃 从虫掉trao聲。同蛁52913

53350 u2743B 蜽 nhồi_11.17 喃 从虫堆đôi聲。

53351 u2743A 蝩 thuồng_11.17 喃 从虫通thông聲。蛟。

53352 u27439 蜲 dời_11.17 喃 从虫移dời聲。

53353 u27438 蟵 điu_11.17 喃 从蛇省彫điêu聲△蟟蟵：銀環蛇。

53354 u27437 蠮 yē_11.17 蠮53520譌誤。

53355 u27436 蟛 cù_11.17 同蠀53292類篇 蟛，七六切。蟲名說文 尤黿，詹諸也。尤。亦作蟛。又倉歷切。

53356 u27435 蚪 dǒu_11.17 直音篇 蚪蝌，並同蚪52438

53357 u27434 蟹 sù_11.17 類篇 蟹，所六切。蠵蟹，蟲名。虵蠖也。 △俗作蠵53460蟹53112亦作蝛53432

53358 u27431 鲝 zōng_11.17 正字通 鲝，祖冬切，音宗。蟣鲝，小蠹。 生牛馬皮中，嚙人及獸。一作蝬53281

53359 u2742B 蠤 null_11.17 未詳。　**53360** u2742A 蠪 null_11.17 未詳。

53361 u27429 蟵 null_11.17 未詳。　**53369** u27421 螱 hú_11.17 俗蟹53153

53362 u27428 蟄 null_11.17 未詳。　**53363** u27427 蠢 chǔn_11.17 俗蠢53683

53364 u27426 蟻 null_11.17 未詳。　**53365** u27425 蟪 jié_11.17 或同蟻53635

53366 u27424 蠭 null_11.17 未詳。　**53368** u27422 蠔 háo_11.17 同蠔53614 漢語方言大詞典 蠔，牡蠣。閩語。

53367 u27423 蝌 lüè_11.17 中文大辭典 引 五音篇海 螯53337，同蝌。 △宏按，字典 引作同螺53288

53370 u27420 䗪 zhè_11.17 俗蠦53304本草綱目·卷十·石部三·石之四 石鼈：（集解）時珍曰：石鼈生海邊，形狀大小儼如䗪 虫，蓋亦化成者。䗪虫俗名土鼈。

53371 u45ED 蟶 null_11.17 未詳。　**53372** uF911 螺 luó_11.17 兼螺。

53373 u87D1 蟑 zhāng_11.17 蟑螂。亦稱蜚蠊。

53374 u87D0 蟾 cháng_11.17 从虫常，會嫦娥月宮變蟾蜍意 新撰字鏡 蟾，毛牟。又世牟。

53375 u87CF 蟏 xiāo_11.17 简 蟏53734　**53376** u87CE 蟎 mǎn_11.17 日 だに。一種微小的蛛形節肢動物的總稱。

53377 27897 螽 zhōng_12.18 唐韻 職戎切音終集韻 同螽玉篇 蝗也說文 螽，或从虫眾聲申培詩說 螽斯，美周室多男之詩公羊傳·桓五年 螽。詳螽53285字註図zhòng集韻 之仲切音眾揚子方言 螻蛄，謂之螽蛉。

53378 27898 蟒 mǎng_12.18 唐韻 模朗切正韻 母黨切达音莽爾雅·釋魚 蟒，王蛇註 蟒，蛇最大者，故曰王蛇図蚝蟲，食葉方言 名蟒蟲図měng集韻 母梗切音猛。同蜢類篇 蟒蟒，蝗類揚子方言 蟒，南楚之外謂之蟒蟒△韻會作蟒。鍌可洪音義 蟒52400蚍：上莫朗反，大蚍也。正作蟒也經音義 以蟒字替之，是也。又音図，非。

53379 27899 蟓 xiàng_12.18 唐韻 徐兩切韻會 正韻 似兩切达音象爾雅釋蟲 蟓，桑繭註 食桑葉作繭者，即今蠶図集韻 式亮切音餉。義同。鍌蟓，从象。

53380 27900 蟔 mò_12.18 集韻 密北切音墨爾雅釋蟲 蟔，蚅蟖註 载屬也。通作蟔。

53381 27901 蟞 yuè_12.18 集韻 篇海 达王伐切音越類篇 蟞蟞，似蟹而小晉書·夏統傳 或至海邊，採蟞蟞以資養△亦作蚎、蚏。

53382 27902 蠵 zuī_12.18 集韻 津垂切音厜類篇 蠵蠵，龜屬爾雅釋魚註 涪陵郡出大龜，甲可以卜，緣中文似瑇瑁，俗呼爲靈龜，即今蠵蠵龜本草 蠵蠵，生海邊，甲有文，堪爲物飾図類篇 遵爲切音樵。義同。或作蠵、觿。鍌又蠵53795

53383 27903 蟖 sī_12.18 唐韻 息移切音斯爾雅 釋蟲 蟖53380，蚅蟖

△ 集韻 作蜇。

蟗 qiū _12.18　唐韻 七由切音秋◆爾雅 釋蟲 次畫,黿黿 蟗又蠢53044 畫53181

蟘 tè _12.18　玉篇 徒得切音特。食苗葉蟲 爾雅 釋蟲 食葉蟘◆唐韻 作蟘 說文 引詩 作蟘。本作螣 六書正譌 俗作蚮,非。 蟗段氏改蟘篆作蟘 囷 蚨52363 蛑52347 蛗52373 蟒53195 蟜53128 蟻53458 蝀53060

蟙 zhí _12.18　唐韻 之翼切 集韻 質力切丛音職。蟲名 爾雅 蝙蝠註 齊人謂之蟙䘍,或謂之仙鼠 囷 本草 蟹殼闊而多黃者名蟙△或作蚮。

蟚 péng _12.18　唐韻 薄庚切 集韻 蒲庚切丛音彭 說文 蟚蜞也 古今注 蟚蜞,小蟹,生海邊泥中,食土。一名長卿。其一螯偏大者名擁劍。一名執火 蟚蜞 爾雅 釋魚 蜥蟧,小者蟧註 卽蟚蜞也,似蟹而小△或作蟛。

蟛 péng _12.18　玉篇 同蟚53387

蟜 jiǎo _12.18　唐韻 居夭切 韻會 舉夭切丛音矯 說文 蟲也 枚乘七發 蚑蟜螻蟻聞之拄喙而不能前 囷 野人名 山海經 蟜,其爲人,虎文,脛有胒,在窮奇東 囷 人名 大戴禮 宰我請問帝嚳。孔子曰:玄囂之孫,蟜極之子也。請問帝舜。蟜牛之孫,瞽叟之子也 囷 韻會 夭蟜,龍貌 王延壽靈光殿賦 旁夭蟜以橫出 囷 前漢司馬相如傳 夭蟜支格註 頻伸也 囷 姓 禮 檀弓 季武子寢疾,蟜固不說齊衰而入見 通志氏族略 漢有逸人蟜慎 囷 qiáo 廣韻 巨嬌切音橋。蠯蟜,蝗也 囷 韻會 有蟜,古諸侯 晉語 少典娶于有蟜氏。 蟗又蛴52649

蟝 qú _12.18　唐韻 強魚切音渠。同蠷。蠷,蟝 詩疏 本作渠,或作蟝。 蟗又蠱53790

蟟 zhōng _12.18　集韻 諸容切音鍾 篇海 蝗也 前漢·文帝紀註 師古曰蝗,今俗呼爲簸蟟。 蟗簸蟟。

蟞 lí _12.18　集韻 良脂切音梨。同蝍。蛦蝍,或作蟞。

蟞 bié _12.18　集韻 蒲結切音蹩。蟞蜉,蟲名,蟻也。囷 匹蔑切音撇。義同 囷 biè 必結切音弊 博雅 蛺蝶,蟞蚨 囷◆玉篇 珠蟞也◆郭璞·江賦 頳蟞胏躍而吐璣註 山海經曰:珠蟞之魚,其狀如肺而有目,六足,有珠 南越志 珠蟞吐珠 囷 㠯名 後漢·張奐傳 羌岠尾、摩蟞等,脅同種,復鈔三輔。

蟡 fèi _12.18　玉篇 音費。蟲名。

蟧 liáo _12.18　唐韻 落蕭切 集韻 憐蕭切丛音遼。蛁蟧 博雅 蟧蟧也 囷 地名 水經注 潁水又東逕蛁蟧郭東△集韻 或作蟧。

蟠 fán _12.18　唐韻 附袁切 集韻 符袁切丛音煩 爾雅 釋蟲 蟠,鼠負註 甕器底蟲 囷 pán 韻會 蒲官切音盤。伏也,曲也,屈也 揚子·太玄經 龍蟠于泥 囷 委也 禮樂記 及夫禮樂之極乎天而蟠乎地 囷 蟠木 大戴禮 乘龍而至四海,東至于蟠木△通作盤 袁公諸葛亮贊 初九龍盤。囷 pó 集韻 蒲波切音婆 陸雲 贈鄭曼季詩 所謂伊人,在澗之阿。虎質山嘯,龍輝淵蟠。 蟗又蝛53452蠑53628

蟲 fù _12.18　正字通 蟲字之譌。

蟢 guǐ _12.18　唐韻 過委切 集韻 古委切丛音詭 類篇 洦水之精曰蟢 管子·水地篇 洦川之精者生于蟢。蟢者,一頭而兩身,其形若蛇,其長八尺 囷 玉篇 於爲切。義同。 蟗又蟢53471

蟢 xǐ _12.18　唐韻 虛里切 集韻 許已切 正韻 許里切丛音喜。蟢子,蟲名,蠨蛸也 曹植·令禽惡禮論 得蟢者莫不訓而放之,爲其利人也 劉勰·新論 野人晝見蟢子者,以爲有喜樂之瑞。

蟣 jǐ _12.18　集韻 舉豈切音幾 說文 蝨子也 前漢·嚴安傳 介胄生蟣蝨 沈約·愍國賦 蓄素蟣于玄胄 韻會 居希切,音饑。義同 囷 廣韻 渠希切音祈 爾雅 釋魚 蛭,蟣註 今江東呼水中蛭52629蟲入人肉者爲蟣。 蟗又蚯52323蟣53147

蜿 zhuān _12.18　唐韻 集韻 丛莊緣切音跧。蜿蟺,龍屈貌 王逸·九思 龍屈兮蜿蟺註 蜿蟺,自迫促貌 囷 quán 從緣切音全。蜿蟺,蛇名 囷 zhuǎn 類篇 苗撰切。蜿蟺,蟲不申貌。

蟨 jǐng _12.18　篇海 音景。蟲也。

蟭 jìn _12.18　唐韻 集韻 丛卽刃切音晉。蟲名 囷 蛤屬。△或作蜯。 蟗譌作蠦53758

蟥 huáng _12.18　唐韻 集韻 丛胡光切音黃 爾雅 釋蟲 蚨52506,蟥蛢註 甲蟲 囷 說文 蠪蟥也 囷 篇海 馬蟥,水蛭。 蟗又蟥53630

蟦 féi _12.18　唐韻 集韻 丛符非切音肥。蟲名也。出北海水上,狀如凝脂。一曰水母也 囷 爾雅 釋蟲 蟦,蠐蟦53261 囷 bēn 逋昆切音奔 類篇 蠵也,南方人燔以爲羞。 蟗集韻 蟦蠵,蟲名 方言 蠐蟦謂之蟦。或从費。

蟧 láo _12.18　唐韻 魯刀切 集韻 韻會 郎刀切丛音勞。螺屬 爾雅 釋魚 蜥蟧53539,小者蟧 囷 類篇 蟲名,小蟬也 玉篇 蝭蟧 揚子方言 蛥蚗,自關而東謂之蚴蟧,或謂之蝭蟧註 江東人呼爲蝗蟧 囷 liáo 集韻 憐蕭切音遼。與蟧同。

蟨 jué _12.18　唐韻 韻會 正韻 丛居月切音厥。獸名 爾雅 釋地 西方有比肩獸焉,與邛邛岠虛比,爲邛邛岠虛齧甘草,卽有難,邛邛岠虛負而走,其名謂之蟨 囷 guì 字彙補 音貴。鼠也△正韻 或與蟩通。

蟩 jué _12.18　唐韻 居月切音厥 玉篇 井中蟲 晉書·束晢傳 羽族翔林,蟩蛁赴濕。

蝡 53409 27929
kuì_12.18 玉篇丘貴切。蟲名。

蠸 53410 27930
guàn_12.18 集韻古玩切音貫類篇蟲名，螺也。

蜲 53411 27931
yì_12.18 唐韻與職切音弋。蟲也又玉篇音異。義同。

蟀 53412 27932
huá_12.18 唐韻戶花切音華玉篇大蛇也字林云出魏興，啖小蛇吸蝮，但張開口，小蛇自入。

𧍜 53413 27933
cuì_12.18 集韻取外切音襊說文蟲也又類篇此芮切音毳。義同△唐韻作𧏚。𧥷又𧑒53050𧎢52882

蠚 53414 27934
huì_12.18 唐韻胡桂切音惠。蠚蛄52510

蠋 53415 27935
zhú_12.18 正字通俗蠋字。

蟜 53416 27936
yù_12.18 唐韻餘律切集韻允律切𠀤音聿。蟲名說文蟜蟓也。

蟀 53417 27937
bèng_12.18 集韻蒲蠓切音莑。蟲亂飛貌又běng類篇補孔切音琫。義同。

𧏛 53418 27938
tūn_12.18 唐韻集韻𠀤他昆切音暾。蟯蝻53015，青蚨也又都昆切音敦。他典切音腆。義𠀤同。

蟫 53419 27939
yín_12.18 唐韻餘針切韻會正韻夷斟切𠀤音淫說文白魚也爾雅釋蟲蟫，白魚註衣書中蟲。一名蛃魚爾雅翼蟫，始則黃色，既老，則身有粉，視之如銀，故名白魚又集韻徒南切音覃。義同又xún韻會徐心切音尋。動貌後漢馬融傳蝘蜓蟫蟫註動貌也王逸九思蝺貐兮蟫蟫。𧥷又蟳53866

蠰 53420 27940
chán_12.18 唐韻市連切集韻韻會時連切𠀤音禪揚子方言蟬，楚謂之蜩古今注齊王后忿死，尸變為蟬。登庭時嘒唳而鳴，王悔恨，故世名蟬曰齊女也大戴禮蟬飲而不食酉陽雜俎蟬未蛻時名復育蠢海集蟬近陽，依于木，以陰而為聲又後漢·輿服志侍中中常侍黃金璫，附蟬為文，貂尾為飾古今注貂者，取其有文采而不炳煥。蟬，取其清虛識變也又蟬媛，連也前漢·揚雄傳有周氏之蟬媛兮，或鼻祖于汾隅又揚子方言蟬，毒也又車名鹽鐵論推車之蟬攫，負子之教也註許慎曰：蟬攫，車類也又人名大戴禮顓頊產窮蟬又與嬋通成公綏嘯賦蔭脩竹之蟬蜎又qián集韻財仙切音錢。同鋋，蟲名又田黎切音提。地名前漢·地理志樂浪郡黏蟬又shàn正韻上演切音善。蜿蟬，舞盤曲貌王逸九思乘六蛟兮蜿蟬註暈蛟之形也△或作蟺。𧥷又蟬52940𤞄34620

蛵 53421 27941
shǔ_12.18 唐韻舒呂切集韻賞呂切𠀤音暑玉篇蛵蛵也本草鼠婦，一名蛵蛵。詳蝛52796蜟52953二字註。△亦作蛬。或作蝛。𧥷又蚃52530

蠆 53422 27942
dài_12.18 篇海蕩亥切音待。蟲名。

𧌏 53423 27943
wū_12.18 集韻汪胡切音烏篇海甲蟲也。

蠚 53424 27944
cì_12.18 集韻七賜切音刺。蟲名博雅蠚蟗，蠍也。

蟆 53425 27945
pú_12.18 唐韻蒲木切集韻步木切𠀤音僕。蟆蛱，小蟲又bǔ博木切音卜。蒲候切音鵃。義𠀤同又pù蒲沃切音鏷。蟆蠃又pǔ類篇匹角切音朴。蛇屬。

蟒 53426 27946
lìn_12.18 唐韻集韻正韻𠀤良刃切音吝。螢火也。

蟭 53427 27947
jiāo_12.18 唐韻卽消切集韻茲消切𠀤音焦玉篇蟝53130蟭又集韻將由切音啾。義同。𧥷又蠺53888

蟺 53428 27948
shàn_12.18 集韻上演切音善。蚓蟺，或作蟮玉篇曲蟺也。

蠬 53429 27949
nìng_12.18 集韻乃定切音佞類篇蟲名，似蟬。又上聲，乃梃切音濘。與蟬同。蟲似蛙又玉篇蝐蠬。𧥷又蟎53550蠬53595𧏣53810又集韻蠬蠬53496，或从審。

蟯 53430 27950
náo_12.18 唐韻集韻𠀤如招切音饒說文腹中短蟲也關尹子·六匕篇我之一身，內變蟯蛕，外烝蟲蚤史記倉公傳蟯瘕為病柳宗元·罵尸蟲文短蟯穴胃。又集韻倪幺切音堯。義同。𧥷又蟯52677

蕩 53431 27951
dàng_12.18 集韻待朗切音蕩。與𣿬同博雅蕩漾，動也。

蚿 53432 27952
cù_12.18 唐韻韻會𠀤子六切音蹙。蚰蚿，尺蠖53618也。

蠵 53433 27953
hán_12.18 集韻河干切音寒。同蹇篇海蠵蠵，蚯蚓也。

蟰 53434 27954
xiāo_12.18 唐韻蘇凋切音蕭說文蟰蛸52687，長股者又廣韻息逐切音肅。義同△類篇或作蠨。

蛑 53435 27955
móu_12.18 集韻迷浮切音謀。蚰蛑，蟲名本草蜘蛛，一名蚰蛑又或作蟊。𧥷又蠦53680

蟲 53436 27956
chóng_12.18 唐韻直弓切集韻韻會正韻持中切𠀤音种說文从三虫，象形。凡蟲之屬皆从蟲大戴禮有羽之蟲三百六十，而鳳凰為之長。有毛之蟲三百六十，而麒麟為之長。有甲之蟲三百六十，而神龜為之長。有鱗之蟲三百六十，而蛟龍為之長。有倮之蟲三百六十，而聖人為之長爾雅釋蟲有足謂之蟲，無足謂之豸周禮冬官考工記·梓人外骨內骨，郤行仄行，連行紆行，以脰鳴者，以注鳴者，以旁鳴者，以翼鳴者，以股鳴者，以胷鳴者，謂之小蟲之屬，以為雕琢大戴禮二九十八，八主風，風主蟲。故蟲八月化也荀子·勸學篇肉腐出蟲又詩大雅蘊隆蟲蟲傳蟲蟲而熱也又桃蟲，鳥名詩周頌肇允彼桃蟲傳桃蟲，鷦也，鳥之始小終大者又書益稷華蟲作繪孔註雉也又地名左傳昭十九年宋公伐邾，圍蟲三月註蟲，邾邑又書名魏志裴松之註邯鄲淳善蒼雅蟲篆又姓前漢功臣表曲成侯蟲達又zhòng直眾切音仲。與蚛同，蟲食物也又tóng集韻徒冬切音彤爾雅釋訓爞爞，薰也。爞或作蟲郛經音辨蘊隆蟲蟲，

蟲字又音徒冬切△韻會俗作虫，非。鼍又独57389

蟳 xún_12.18　正字通徐盈切，音尋◇六書故青蟳也。鼇似蟹，殼青，海濱謂之蟳蚰。鼍又蟳52646

蚍 pí_12.18　唐韻房脂切集韻頻脂切夶音琵。蟲名。

蟸 lǐ_12.18　集韻寵戀切音猭。類篇兔冐也。

鼍俗橤26179

螣 téng_12.18　集韻徒登切音滕。類篇同螣。

蠬 lóng_12.18　集韻良中切音隆。同蠭，蟲名。類篇蠭或从隆。

蟻 yǐ_12.18　玉篇同蟻。

蠹 dù_12.18　類篇都故切音妒。木中蟲○按卽蠹字省文。鼍俗蠱53814

蚆 pá_12.18　玉篇步加切音爬。蟲名。

蟯 náo_12.18　說文長箋同蟯。

蠚 zhū_12.18　山海經東山經之首曰樧蠚之山郭註音株。任臣案：五音集韻引經作猤蠚廣博物志引經作樧蛛江暉·章爰集云申寀樧蠚之壁英，謂此也。

螣 téng_12.18　篇海螣亦作螣。

蠏 xié_12.18　篇海胡結切音纈。蟲名。

蟿 zhè_12.18　篇海征列切直音音浙。蟲名。鼍楊清臣：俗蘧53173

蛪 qiè_12.18　篇海苦結切音挈。與蛪同。

蠉 xuān_12.18　直音音暄。蟲行貌囜蟲飛囜音上聲。鼍俗蠉53534

蟠 pán_12.18　直音同蟠。

螦 sào_12.18　直音音燥。疥也。鼍可洪音義疥螦：下蔟到反。正作瘙36285

蝩 zhōng_12.18　直音與螽同。

蟅 zhē_12.18　直音同蜇。

蠕 rú_12.18　直音同蠕字彙補與蠕同。國名北涼錄送女歸於螺蠕○按卽蠕字之譌。

蠶 cán_12.18　韻學集成蠶省作蠶。

蟘 tè_12.18　五音篇海同蟘○按卽蟘字譌文。

蠚 zhē_12.18　五音篇海同蜇。

蠌 suō_12.18　字彙補同蠌53357○按卽蠌字譌文。鼍又蠌53112蠌53432

蟢 jī_12.18　字彙補同蟢。

蠼 lüè_12.18　字彙補與蠌同△或作蝶。鼍字彙補力若切音略。與蝶同。

龜 guī_12.18　字彙補卽龜字。見漢戚伯著碑

蠵 huì_12.18　音未詳酉陽雜俎蠵似黃狗，圍有常處，若行遠不及其家，則以草塞其尻○按顏氏家訓有蠵蟲之蠵，與虺52353通。義與蠵差近，疑卽一字也。

蛪 lì_12.18　字彙補音例。蟲名。

蠤 null_12.18　蜎字之譌五音集韻蜎，一均切。蜎蠤，蟲名囜明沈之問解圍元藪卷一三十六瘋六經分屬癢風：又曰淫風，曰蠤子風。

蠂 null_12.18　未詳。

蟶 null_12.18　null_12.18　未詳。

蠨 null_12.18　未詳。

蠱 guǐ_12.18　兼蠱53398

蠜 null_12.18　新撰字鏡蠜蠜，葦原蠜。

蠹 wèi_12.18　簡蠹53735

螣 téng_12.18　螣53164本字

蠔 rùa_12.18　喃同蠔53475

蠔 rùa_12.18　喃从虫路lộ聲。烏龜。

蠑 róm_12.18　喃俗蠑53869

蟹 ráy_12.18　喃从虫智trí聲。

蠣 rùa_12.18　喃从虫厨chù聲。同蠔53475

蠗 sâu_12.18　喃从虫猪trư聲。昆蟲。

蟳 null_12.18　未詳。

蟳 null_12.18　未詳。

蠥 bướm_12.18　喃从虫貶biếm聲。蝴蝶。

蠹 yǎng_12.18　同蚌52699淮南子·俶真手足之樢疾蠹痹寒暑，所以與物接也奇字韻蠹，痒淮南子

蠤 fù_12.18　同蚅52578朝鮮本龍龕蠤，音婦。蟲蚅也。蚅，同上。

蠶 shǔ_12.18　類篇蠶53421蠶，賞呂切。蟲名博雅鼊蝑，蝑蠶。一曰蠶螟。或从鼠。亦書作蠶。

蝕 biē_12.18　同蚍52924

蠻 mán_12.18　或俗蠻53838

蟨 jué_12.18　或同蠪。

螳 táng_12.18　俗螳53271

蟿 null_12.18　未詳。

蠘 jié_12.18　俗蠘53365

蟿 jié_12.18　俗蠘53365

蟿 null_12.18　未詳。

蠡 zhōng_12.18　同蠡53377說文作螽。

蜼 chí_12.18　或同蜼53114

蠸 nìng_12.18　同蠸53429見集韻

蠨 xiāo_12.18　說文蠨，蠨蛸，長股者。从虫肅聲。又光緒刻本海門廳圖志卷十物志蠨蛸：說文長股者爾雅長踦。郭注：小鼄蠅長腳者。俗呼為喜子。今別有一種喜子，作白幕如錢，黏壁上。一名壁錢△宏按，玉篇作

蟲53734，先幺切。蟲蛸，喜子。

蹬 53498 u45F3 dēng_12.18 日同文通考國字蹬，燈蛾也。

蠁 53499 u8801 xiǎng_12.18 同蠁53518

蜘 53500 u87F5 zhū_12.18 俗蛛52586 可洪音義蜘蟵：上音知。下音株。

蟖 53501 u87F4 sī_12.18 同蟖53383

蟶 53502 27985 chēng_13.19 唐韻丑貞切集韻韻會癡貞切𡘋音頳。蚌屬正字通閩粵人以田種之，謂之蟶田。蟶蛏52564 图正字通蛏52818俗蟶字图蟶田，沿海養殖海蟶、海蛤的場地。清·徐珂清稗類鈔·動物類·動物可種閩人濱海種蟶，有蟶田，亦曰蟶埕。

蟷 53503 27986 dāng_13.19 唐韻集韻𡘋都郎切音璫。蟲名爾雅·釋蟲不過，蟷蠰註蟷蠰，螗蜋別名图蟷53270蟷△亦作䗆。蟷又蟷53560

蠡 53504 27987 lǐ_13.19 正字通同蠡前漢匈奴傳谷蠡王，亦作谷蠡○按說文玉篇唐韻等書，皆無蠡字字彙正字通引漢書舊本爲據，不知舊本劇減脫去頭耳。蠡係譌字，非正字也。

蟁 53505 27988 jiāng_13.19 唐韻集韻𡘋居良切音姜。蟁白死類篇蟁死貌。

蟹 53506 27989 xiè_13.19 唐韻正韻胡買切集韻韻會下買切𡘋音獬。蟲名周禮·冬官考工記·仄行註仄行，蟹屬疏今人謂之旁蟹，以其側行故也爾雅翼蟹八跪而二螯，八足折而容俯，故謂之跪，兩螯倨而容仰，故謂之敖，字從解者，以隨潮解甲也。殼上多作十二點深胭脂色，如鯉之三十六鱗。其腹中虛實亦應月廣韻水蟲。仙方云投于漆中化爲水，服之長生，以黑犬血灌之，三日燒之，諸鼠畢至山海經姑射國在海中，屬列姑射，西南山環之，大蟹在海中註蓋千里之蟹也。餘互詳蛸蝟蝌等字註△集韻通作蠏。

蟲 53507 27990 é_13.19 集韻牛河切音莪玉篇同蛾說文作蟲。

蟺 53508 27991 shàn_13.19 唐韻常演切集韻韻會正韻上演切𡘋音善說文蚓蟺也玉篇蚯蚓也嵇康琴賦蟺52469蟺相糾图chán集韻時連切音蟬。同蟬賈誼鵩賦形氣轉續兮，變化而蟺图dàn徒案切音憚。土蟺名本草土蜂，巴楚間呼爲蟺蜂图tuó。類篇唐何切。與鼉、鱓通。水蟲似蜥蜴。蟺又蟺53428

蟻 53509 27992 yǐ_13.19 唐韻魚倚切集韻魚綺切𡘋音艤◆說文作蟻，蚍蜉也爾雅·釋蟲蚍蜉，大蟻疏蟻，通名也，其大者別名蚍蜉，俗呼馬蚍蜉。小者即名蟻，齊人呼蟻蚗方言曰蚍蜉，齊魯之閒謂之蚼蟓，西南梁益之閒謂之元蚼，燕謂之蛾蚗。其場謂之坻，或謂之垤是也。其大而赤色斑駁者名蠪，一名杠蟻，有翅而飛名蠕，即飛蟻也古今注河內人杜河而見人馬數千萬，皆如黍米，遊動往來，以火燒之，人皆是蚊蚋，馬皆是大蟻，故名蟻曰元駒續博物志白蟻聞竹雞之聲化爲水图蟻裳書顧命

麻冕蟻裳傳蟻，裳名，色元图蟻丘，山名莊子·則陽篇孔子之楚，舍于蟻丘之漿图白蟻，馬名博物志周穆王八駿，三曰白蟻图◆浮蟻，醪汁滓酒也張衡·南都賦浮蟻若萍图唐韻古音魚我切。義同△爾雅本作螘禮記通作蛾52697蟻又蚁52377

蝲 53510 27993 là_13.19 唐韻俗蝲字。

蟼 53511 27994 jīng_13.19 唐韻居影切集韻舉影切𡘋音警。蛙屬玉篇蝦蟆也爾雅·釋蟲蟼，蟆疏此自一種蝦蟆也急就篇註蝦蟆，一名蟼，大腹而短脚图集韻居卿切音荆廣韻古牙切音加。義𡘋同。

蝨 53512 27995 dá_13.19 玉篇音達篇海蜊蝨，蟲名图音闥。

蟾 53513 27996 zhān_13.19 唐韻職廉切集韻之廉切𡘋音詹爾雅·釋魚鼀𪓵，蟾諸註似蝦蟆，居陸地，淮南謂之去蚁廣韻張衡·靈憲曰：羿請不死之藥于西王母，姮娥竊之奔月宮，蓋託身于月，是爲蟾諸抱朴子曰：蟾諸壽三千歲者，頭上有角，頷下有丹書八字玄中記蟾諸頭生角者，食之壽千歲爾雅翼蟾蜍52723，今之蚵蚾，背上礧礧，好服牆陰壁下者，五月五日收之，謂之辟兵图chán廣韻視占切音檐。蟾光，月彩也△正韻蟾蜍之蟾，與月彩之蟾同，一物而有兩音者，方言之不同也。

蟿 53514 27997 qì_13.19 集韻詰計切音契。蟲名爾雅·釋蟲蟿螽疏蟿蚸52480图jì吉詣切音計。蛙屬蟿又蝏53563

蜃 53515 27998 shèn_13.19 正字通同蜃。

蠮 53520 28003 yē_13.19 直音同蠮

蠮 53516 27999 yì_13.19 唐韻於力切音億玉篇小蜂也博雅蠮蠮也△集韻亦作螠。

蠀 53517 28000 cī_13.19 唐韻取私切集韻千咨切𡘋音趑。蟲名，蝎化也图津私切。同蛓52520又才資切。同齏53599图jí節力切。同蝍52948蠀又蠀53232

蠁 53518 28001 xiǎng_13.19 唐韻韻會正韻𡘋許兩切音響說文知聲蟲也玉篇禹蟲也图胕蠁◆司馬相如·上林賦胕蠁布寫，晻薆咇𡂖註芬芳之過，若蠁之布寫也图蠁曶揚雄·羽獵賦昭光振耀，蠁曶如神註蠁曶，疾也图xiàng許亮切音向廣韻蛹中蟲也爾雅·釋蟲國貉，蟲蠁註今呼蛹蟲爲蠁博雅土蛹，蠁蟲也。蠁又蛬52375蚼52579蠁53499

蟎 53519 28002 shè_13.19 集韻失涉切音攝類篇蟲名，蝗也。蟎又新撰字鏡蟎，徒頰反。蟎53027字。

蠃 53521 28004 luǒ_13.19 唐韻郎果切集韻韻會正韻魯果切𡘋音裸說文蜾52866蠃也图luó韻會盧戈切廣韻落戈切𡘋音騾玉篇蜯屬易說卦離爲蠃爲蚌爾雅·釋魚蠃，小者蜬註蠃，大者如斗，出日南漲海中，可以爲酒杯山海經槐江之山丘，時之水出焉，其中多蠃母郭璞江賦鸚蠃蜁蝸註南州異物志曰：鸚鵡螺，狀如覆杯，頭如鳥

頭向其腹視似鸚鵡，故以爲名图魚名山海經濛水多嬴魚，魚身而鳥翼，音如鴛鴦，見則大水註睿宗·江漢賦翼飛鰩嬴于天池，謂此與文鰩也图舟名拾遺記始皇好神仙，宛渠之民乘螺舟而至，舟形似螺，沉行海底而不浸入图草名本草嬴屬草，蔓生石上，葉狀似嬴屬，微帶赤色而光图山名水經注江水又左徑白嬴山。图guǒ集韻古火切音果。嬴蘭，車名，喪服所乘△廣韻本作螺集韻或作蠃、蝸。鋆又嬴23455蠡53837嬴72742

蝑 53522 28005
shǔ_13.19　集韻賞呂切音暑。同蝑。鋆四聲篇海蝑，舒呂切。蝑蜩也。

蠭 53523 28006
fēng_13.19　集韻玉篇蜂古文邎53772字。

蟋 53524 28007
sè_13.19　集韻色櫛切音瑟。蟋蟀，促織也。同蟋。

螓 53525 28008
qín_13.19　集韻渠金切音琴。類篇蟲名。

蠅 53526 28009
yíng_13.19　唐韻集韻丛余陵切音蠅說文蟲之大腹者陸佃云蠅交其前足，有絞繩之狀埤雅青蠅亂色，蒼蠅亂聲詩小雅營營青蠅箋蠅之爲蟲，汙白使黑，汙黑使白，喻佞人變亂善惡也後漢·隗囂傳蒼蠅之飛，不過數步，即託驥尾，可以絕羣揚子方言蠅，東齊謂之羊十六國春秋苻堅議赦，有一大蠅入自窗間，集于筆端。俄有衣黑小人，大呼:官今大赦。即向蒼蠅也图蠅虎古今注蠅虎，蠅狐也。形似蜘蛛而色灰白，善捕蠅。一名蠅蝗，一名蠅豹图人名列子湯問篇甘蠅，古之善射者△集韻或作蝇。鋆又蠅53091蠅52942

蟗 53527 28010
qiú_13.19　集韻渠尤切音求。同蚯。

蟿 53528 28011
qī_13.19　正字通鋆75294字之譌。

蝸 53529 28012
guò_13.19　唐韻集韻丛古臥切音過。不蝸，蟲名。一曰蝸蠃。通作過爾雅·釋蟲不過，蝸蠃图玉篇古禾切。義同。

蠆 53530 28013
chài_13.19　唐韻丑犗切集韻韻會丑邁切丛音蠆玉篇螫蟲詩·小雅彼君子女，卷髮如蠆箋蠆尾末捷然，似婦人髮末曲上卷然孝經緯蜂蠆垂芒，爲其毒在後左傳·僖二十二年蠭蠆有毒註通俗文云蠆，長尾謂之蠍魏志·華佗傳彭城夫人夜之廁，蠆螫其手，佗令溫湯近熱，漬手其中图人名左傳襄九年公孫蠆、公孫舍之及其大夫門子，皆從鄭伯图與蠆通張衡·西京賦眐眄蠆芥註蠆芥，刺鯁也图tà集韻他達切音撻。義同△或作蠚。鋆又蠚53797蠡53692蝱53629蠚53854蠆53554蠆50856蠶53750蠶53824蚤52379蠆53004蠆53684蠆53668蠆53711蠶53754

蠣 53531 28014
lì_13.19　集韻蠣53685本字图同蠣。

蟖 53532 28015
zéi_13.19　唐韻昨則切集韻韻會疾則切丛音賊。食禾節蟲，亦作賊。詳蟗52988字註。鋆又蝍52991蟙53566

蠦 53533 28016
yōng_13.19　集韻於容切音邕類篇蟲名，蛘也。图yǒng委勇切。與蠦同廣雅蠦也。鋆又蠦53590

蠑 53535 28018
cì_13.19　集韻同蛓

蠉 53534 28017
xuān_13.19　唐韻許緣切集韻韻會祭緣切丛音儇。蟲行貌图爾雅·釋魚蛝，蠉疏井中小赤蟲也。一名蛝，一名蠉，一名蛞蟥，一名孑孓图集韻馨兗切廣韻香兗切丛音蠉。義同。鋆一名孑孓。一名孑孓图蠉53705蠉53451蚑52864蟝53057

蠊 53536 28019
lián_13.19　集韻離鹽切音廉。蟲名，飛蠊也本草一名石薑，一名茶婆蟲，一名香娘子陶弘景曰此有兩三種，以作薑薑氣者爲眞。形似盧蟲而輕小，能飛。本生草中，八九月知寒，多入人家屋裏逃爾。鋆又蠊53589

嗇 53537 28020
sè_13.19　唐韻所力切音嗇。蟲也。

蠋 53538 28021
zhú_13.19　唐韻直錄切集韻厨玉切丛音躅。蠋蠋，蟲名也爾雅·釋蟲蚅，烏蠋註大蟲如指，似蠶詩·豳風蜎蜎者蠋註蠋，豆藿中大青蟲也图人名戰國策顏獨春秋後語作王蠋图集韻尺玉切音㰖韻會殊玉切蟲屬。義同图集韻朱欲切音燭。蠋蠋△通作蜀詩詁蜀本从虫，又加虫，俗字也△或作蠋。

蠌 53539 28022
zé_13.19　唐韻場伯切集韻直格切丛音宅。水蟲，蛶蠌爾雅·釋魚蛶蠌，小者蟧疏蠌，即蟛蜞也，似蟹而小，一名蠌图集韻達各切音鐸。義同。

蠎 53540 28023
yǎn_13.19　集韻以淺切音演類篇蝘蠎，蟲形。

蠃 53541 28024
guǒ_13.19　集韻蜾本字說文作蠃。鋆又蠣53633蠃53766蠃53770蠃53658

蠍 53542 28025
xiē_13.19　唐韻韻會正韻丛許竭切音歇說文蠆尾蟲也本草一名主簿蟲，一名杜白，出青州，形緊小者良北史·南陽王綽傳綽好取蠍，將蛆混，極樂杜甫詩每愁夜中自足蠍韓愈詩昨來得京官，照壁喜見蠍△俗作蝎，非。鋆又蠥53578图可洪音義蠿73202，徒冬反，經意是蠍。毒蠿：許謁反，蠮蝡也。正作蠍，諸經或作蝎也。又徒冬反。鳥名也。非。

蠹 53543 28026
fù_13.19　集韻扶缶切音阜。同蠹，蝱蠭。或从蚰。

蟊 53544 28027
máo_13.19　集韻謨交切音茅。同蟊類篇盤蟊52988亦作蝥图móu迷浮切音謀。義同。

蠢 53545 28028
yǎn_13.19　韻會蝘字註集韻或作蠢，於憾切。○按集韻作蠢韻會誤。

蠠 53546 28029
léi_13.19　篇海盧回切玉篇音雷。蟲名。鋆又蠾53579

蠤 53547 28030
zhān_13.19　說文解字知衍切。蟲也，从蚰，展省聲集韻作蠤。

蠥 53551 28034
xiá_13.19　篇海同蠡

蠿 53549 28032
zhōng_13.19　說文解字職戎切。蝗也。从蚰宀聲。宀，古文終字。

蝟 53548 28031
wèi_13.19　說文長箋蝟本字。

蠕 53550 28033 nìng_13.19 篇海俗蠳字。

蘽 53553 28036 niè_13.19 篇海同蠥

蟝 53556 28039 zhé_13.19 直音同蟄

蝨 53552 28035 shī_13.19 篇海直音蝨同蝨。

蠆 53554 28037 chài_13.19 直音同蝎。蠆同蠆。

蜜 53557 28040 mì_13.19 字彙補與蜜同。

蝥 53555 28038 áo_13.19 直音同蝥

蝀 53561 28044 mián_13.19 字彙補迷連切音棉。蟲名廣韻蝀蝀，馬蜽也，同蜽○按即蝀字之譌。

蟹 53562 28045 xiè_13.19 說文長箋蟹本字。蟹又蟹53580

蠘 53563 45374 qì_13.19 字彙補同蝥

蟥 53566 45377 zéi_13.19 海篇與蟹同

蝀 53567 45378 ài_13.19 字彙補音愛

蝨 53568 45379 yīng_13.19 字彙補音鴬

蟲 53565 45376 xiē_13.19 篇韻音蝎

盧 53570 u2B2E1 null_13.19 人名殷周金文集成·17.11349·五年雩令思戈 左庫工師長史盧

當 53564 45375 dāng_13.19 海篇同蟷 煌P. 2115. V張仲景五臟論甲本及又一種殘卷 秦膠(秦艽)有結羅紋之拔(狀)，乾柒作蠸梟之刑(形)。

蟲 53589 u274B2 lián_13.19 俗蠊53536

蟲 53590 u274B1 yōng_13.19 俗擁20830明萬曆刻本 四川總志·卷之三十三·詩三·五言律詩類·顏正·仙侶高岡 我愛仙侶山，突兀倚雲間。翠壁開屏嶂，螺峰蟲髻鬟图四部叢刊初編子部法苑珠林·卷第四十三變化篇第二十五·厭欲部引搜神記曰:土蜂，名曰蜾蠃。今世謂蜾蠃、細腰之類。其為物雄而無雌，不交不產，常桑蟲之子育之，則皆化成己子也。音釋: 蜾蠃，正作蠮螉53106图字海蟲，同蟲53533

蟲 53591 u274B0 未詳。

蟲 53592 u274AF null_13.19 唐·段成式西陽雜俎續集蜥蟲，傍海大魚，脊上有石，應十二時。一名籭頭溺，一名蜥蟲，其溺甚毒图閩毛蟲: 蜥蟹。

蟲 53593 u274AE zào_13.19 同噪07363江浦稗乘(光緒刻本)·卷三十九·雜記上·寺觀邑人胡兆麟丙申初秋寓觀音菴作蟬蟲催殘暑，蛩鳴迓早秋图俗蚤52429金瓶梅詞話第五十二回桂姐笑罵道: 怪磣花子，你屹蟲兒好大面皮兒，爹他肯信你說話。

蟲 53596 u45FB jié_13.19 同蟲53671

蟲 53597 u45F4 tíng_13.19 古無脊椎動物有孔蟲化石的一類，因相似紡錘，亦稱紡錘蟲。

蟲 53594 u274AC null_13.19 未詳。

蟲 53598 28046 qí_14.20 唐韻祖奚切韻會正韻前西切蚑音齊。蟲蟲53261图蝀52987蟲△說文本作蟲。蟹又蝏52675蛋53856蟲53226

蟲 53595 u274AB nìng_13.19 同蟲53429

蟲 53599 28047 cí_14.20 說文蟲本字。蟲蟲53261，本作蟲蟲。图才資切音茨。義同。

蟲 53569 u2B2E2 chí_13.19 或同蟲53114新撰字鏡蟲，支利支利受。

蟲 53572 u2B2DF jiàn_13.19 或同蟲53652

蟲 53573 u274C8 xī_13.19 俗蠣53806古音駢字續編滋夷: 蟲蟲，山龜。觜蟲，吳都賦

蟲 53574 u274C7 riện_13.19 喃从虫殿điện聲。

蟲 53575 u274C6 chuẩn_13.19 喃从虫傳truyền聲。同蟲52660

蟲 53576 u274C5 nòng_13.19 喃从虫農nông聲。

蟲 53577 u274C4 bì_13.19 本草綱目·卷四十五·介部·介之一(龜鱉類一十七種)蟲龜(綱目)釋名蟲蟲，音茲夷。靈蟲，漢書。靈龜，郭璞注。龜蟲75214，音拘璧。一作蚼蟲。

蟲 53600 28048 xūn_14.20 玉篇許云切音熏。蟲也正字通蟲暖生也。

蟲 53601 28049 wèi_14.20 唐韻集韻蚑以醉切音隤。蚌蟲，蟲名博雅蚈蟲，蚌也楚語蟄之如牛馬，處暑之旣至，蟲蟲之旣多，而不能掉其尾註大曰蟲，小曰蟲。

蟲 53578 u274C3 xiē_13.19 同蟲53542

蟲 53580 u274BB xiè_13.19 俗蟹53562

蟲 53602 28050 fěi_14.20 類篇與蟲同。

蟲 53579 u274BD léi_13.19 同蟲53546介蟲名。清·李調元南越筆記·卷十一蟲，蟲比黃蜆而大，聞雷則生，故文從雷。

蟲 53603 28051 chán_14.20 集韻澄延切音纏玉篇蟲蟲，守宮也揚子方言守宮，秦晉謂之蟲蟲。蟹又蟲53717蟲53769

蟲 53604 28052 róng_14.20 唐韻永兵切集韻正韻于平切韻會于營切蚑音榮爾雅·釋魚蟲蟓，蜥52816蜴揚子方言守宮，南楚謂之蛇醫，或謂之蟲蟓韓愈詩蜿垣亂蛛蟓。蟹又蝶53092

蟲 53581 u274BA null_13.19 未詳。

蟲 53582 u274B9 null_13.19 未詳。

蟲 53583 u274B8 null_13.19 未詳。

蟲 53584 u274B7 null_13.19 未詳。

蟲 53605 28053 yíng_14.20 玉篇與螢同。

蟲 53606 28054 xiàn_14.20 六書故同蜆正字通蟲，音切雖與蜆同，非專指緅女蟲，當从字彙，兼小蛤、緅女二種。

蟲 53585 u274B6 null_13.19 未詳。

蟲 53586 u274B5 null_13.19 未詳。

蟲 53587 u274B4 null_13.19 未詳。

蟲 53588 u274B3 null_13.19 未詳。

蟲 53607 28055 pín_14.20 唐韻部田切韻會蒲眠切蚑音駢玉篇珠名書·禹貢淮夷蟲珠暨魚疏蟲是蚌之別名。字又作蚍莊子·至樂篇得水土之際，則爲蛙蟲之衣图廣韻符眞切音頻集韻必鄰切音賓。義蚑同图pìn集韻婢忍切音牝書蟲珠，劉昌宗讀上聲莊子蛙蟲，李軌亦讀作上聲

△韻會又作虮。蠥又蠕53659蜋53233蟆53651 図龍龕
蟆53632俗蟪正，部田、符眞二反。蟪珠也。

53608 28056
蟫 nǐng_14.20　唐韻集韻丛乃挺切音濘。似蛙△或作蟭。

53609 28057
蠒 jiǎn_14.20　唐韻俗繭45002字。蠥又蚕52536

53610 28058
蟲 pí_14.20　唐韻同蜱。蜱蛸說文作蠶，匹標切。

53611 28059
蠓 měng_14.20　唐韻莫孔切集韻韻會正韻母總切，
丛濛上聲玉篇小飛蟲爾雅·釋蟲蠓，蠛蠓郭註小蟲，
似蚋喜亂飛列子·湯問篇春夏之月有蠓蚋者，因雨而
生，見陽而死揚雄·甘泉賦浮蠛蠓而撇天 図 méng 廣韻
莫紅切音蒙。義同 図 博雅蠓螉，蜂也揚子方言鱻，燕
趙之間謂之蠓螉△通作蒙。

53612 28060
蠷 cóng_14.20　玉篇音叢。蟲名。

53613 28061
蟲 fù_14.20　唐韻房九切音婦。蟲螽集韻作蠹正字通
與蝗同。

53614 28062
蠔 háo_14.20　韻會乎刀切音豪。蚌屬篇海蠣也本草初
生海旁，如拳石，四面漸長，高一二丈，黏附如山，俗
呼蠔山韓愈詩蠔相黏爲山，百十各自生註殼如石。亦
曰蠣房 図 地名五代史潘崇徹敗王逮兵于蠔石。
蠥又蠔53368

53615 28063
蠕 rú_14.20　集韻同蝡說文動也 図 國名綱目集覽柔
飛，魏太祖改其號蠕蠕國 図 南史·夷貊傳蠕蠕爲族，蓋匈
奴之別種也 図 ruán 韻會而宣切音瑞荀子·勸學篇端而
言，蠕而動 註蠕，微動也 図 rú 集韻汝朱切音儒。蟲行
貌。

53616 28064
蠥 liè_14.20　直音音獵。蟲行貌。

53617 28065
蠪 chí_14.20　集韻同蚳說文蛙也 図 人名。蠪蠫，見石
經孟子

53618 28066
蠖 huò_14.20　唐韻正韻烏郭切韻會屋郭切丛音艧說
文尺蠖，屈伸蟲也爾雅·釋蟲蠖，尺蠖註蚇蠖揚子方
言蚇蠖，謂之尺蠖易·繫辭尺蠖之屈，以求伸也埤雅今
人布指求尺，一縮一伸，如蠖之步，謂之尺蠖，豈放是
乎。尺蠖似蠶，食葉，老亦吐絲作室 図 桑上蟲也韓愈
詩桑蠖見虛指 図 yuè 集韻王縛切音籰。蠖略，行步進
止之貌前漢·司馬相如傳駕應龍象輿之蠖略委麗兮
図 蠖濩，退藏貌揚雄·甘泉賦蝄蜽蠖濩之中 図 溫蠖，
猶昏憒史記·屈原列傳安能以皓皓之白，而蒙世之溫蠖
乎。蠥又蠖51794

53620 28068
蠼 yǐn_14.20　韻會蟶本字
丛直角切音攫。小曆名 図 說文禹屬也。

53621 28069
蠷 zhuó_14.20　唐韻集韻

53619 28067
蟹 jié_14.20　正字通俗蠚字集韻作蠚。

53622 28070
蠻 jì_14.20　集韻吉詣切音計◆玉篇蠻蛺也。

53623 28071
蠻 jīng_14.20　集韻咨盈切音精直音同蜻。

53624 28072
蠹 dōng_14.20　唐韻德紅切音東。蛞蠹，科斗蟲〇按爾
雅科斗，活東。郭璞云蝦蟆子也。俗从蚰。

53625 28073
蠯 féi_14.20　集韻父沸切音屝類篇獸名篇海蚕也。

53626 28074
蠍 yí_14.20　集韻延脂切音彝類篇蠍蝓，蟲名，蝸牛
也篇海同蜒。

53627 28075
蠲 tuán_14.20　篇海徒官切音團。蠲魚，鼉也。

53628 28076
蠜 pán_14.20　海篇與蟠53396同。

53629 28077
蠭 xiē_14.20　直音與蠆同。

53630 28078
蠔 huáng_14.20　直音與蟥53404同。

53631 28079
蠹 dù_14.20　字彙補與蠹同〇按卽集韻蠹字。

53632 28080
蠻 pín_14.20　字彙補部田切音駢。蟪珠也。

53633 28081
蠣 guǒ_14.20　字彙補與蠣同湘山野錄云蠣當作蠣。今
譌作蠣。

53634 28082
蠢 chǔn_14.20　字彙補與蠢同廣雅春蠢也。

53635 28083
蠽 jié_14.20　字彙補疾屑切音截。蟹類閩中海錯疏蠽
似蟹而大殼，螯有稜鋸。蠥又蠽53619

53638 45381
蠶 cán_14.20　篇韻音殘類篇食苗蟲名。蠥集韻類篇並作蠶53712

53636 28142
蠶 tí_14.20　集韻田黎切
音提

53637 45380
蠠 miè_14.20　海篇音蠛。蠥或同蠠。

53639 45383
蠵 yá_14.20　字彙補音銀。蠥字彙補蠵，宜皆切音崖。

53640 u2B7D7
蠵 null_14.20　未詳。

53641 u2B2E5
蠴 null_14.20　未詳。

53642 u2B2E4
蠷 null_14.20　新撰字鏡蛸蠷，二字久毛。

53643 u2B2E3
蠶 null_14.20　未詳。

53644 u2F9C2
蠤 cì_14.20　同蠤53535

53645 u274F0
蠨 sam_14.20　喃从虫讒sàm省聲。鬖。

53646 u274EF
蠩 ngóe_14.20　喃从蛙省僞nguy聲△昆蠩：青蛙。

53647 u274EE
蠙 víh_14.20　喃从虫碧bích聲。同蟶53763

53648 u274ED
蠘 mèn_14.20　喃从虫綿miên聲△螮蠘：螻蛄。

53649 u274EC
蠒 xǐ_14.20　集韻蠵53806，玄圭切說文大龜也。以胃
鳴。司馬相如作蠵。或作蠵。

53651 u274E7
蠏 pín_14.20　同蠏53632 図 可洪音義蠏蠏：二。与蝙蝠
同也。見藏。又郭氏作蒲田反，非。

53650 u274EB
蠶 mì_14.20　同蜜52802

53652 u274E6
蠴 jiàn_14.20　同蜥53278羅
貫中殘唐五代史演義傳·第二十七回（劉知遠）繫一條
襯金葉、玉瓏瓏、雙獺尾、紅鞓釘蠴蠴帶。

蠥 53653 u274E5
null _14.20 未詳。

蠤 53654 u274E4
null _14.20 未詳。

螎 53655 u274E3
null _14.20 未詳。

蠡 53657 u274E1
miè _14.20 俗蠛53665

蟁 53656 u274E2
wén _14.20 同蟁53675 類篇 蟁蟁蚊，無分切 說文 齧人飛蟲。或从昏以昏時出也。亦作蚊。

蠙 53659 u8819
pín _14.20 同蠙53607

蠠 53658 u274E0
guǒ _14.20 蜾53541譌字

蠚 53660 28084
hè _15.21 集韻 韻會 正韻 疛黑各切音郝 類篇 蟲毒 廣韻 螫也 博雅 痛也 詩·小雅 卷髮如蠆 疏 蠆，螫蟲也。螫又作蠚 前漢·嚴助傳 南方暑濕，近夏癉熱，暴露水居，蝮蛇蠚生 山海經 崑崙之山有鳥焉，名曰欽原。蠚鳥獸則死，蠚木則枯 又 廣韻 丑略切音龟 類篇 施隻切音釋。呼酷切音熇。義疛同 又 zhé 字彙補 知列切音哲。東西方音不同也 △ 集韻 或作蠚 篇海 亦作蛒。鎣 又 蠚52610 蠚52635

蟎 53661 28085
yǎn _15.21 集韻 於殄切音偃 玉篇 同蠄 說文 蠄，或从蟲。

蠘 53663 28087
zhì _15.21 直音同蛭

蠁 53662 28086
yǎng _15.21 唐韻 余兩切音養 玉篇 蟲名 集韻 與蚄、蠰同。

蠤 53664 28088
jiān _15.21 玉篇 子廉切。蟲名。

蠛 53665 28089
miè _15.21 唐韻 韻會 疛莫結切音蔑。蠛蠓53611，細蟲也 △ 亦作蠛 史記·司馬相如傳 蠛蒙踴躍 註 蠛蒙，飛揚也。鎣 又 蠛53800蠤53657

蠜 53666 28090
fán _15.21 唐韻 附袁切 集韻 符袁切疛音煩 爾雅·釋蟲 蠜蠜53285，蠜 又 氣蠜 本草 行夜，一名氣蠜 △ 正韻 亦作蟠蕃。

蠈 53667 28091
tíng _15.21 唐韻 特丁切 集韻 唐丁切疛音霆 玉篇 蠶二眠也。

蠆 53668 28092
chài _15.21 正字通 同蠆。

蠭 53669 28093
fēng _15.21 集韻 蒲蒙切音蓬 篇海 蟲名 蒼頡篇 蠭蜂52703，或作蝯蠭。

蠝 53670 28094
lěi _15.21 集韻 倫追切音罍 類篇 與𪕮同，鳥也 前漢·司馬相如傳 蜼玃飛蠝 張揖註 蠝，飛鼠也，其狀如兔而鼠首，以其頷飛 郭璞註 蠝，毛紫赤色，飛且生，一名飛生。本作𪕮74143 鎣 或作蠝53829

蠞 53671 28095
jié _15.21 唐韻 集韻 疛昨結切音截。蟲名，似蟹，生海中 又 玉篇 子結切音節。義同。鎣 又 蟹53858螖53673蠞53619蠞53850螖53890虴52517 又 正字通 蠞六書故作蠞53596，亦作蠞53635蠞52990，蟹字之譌。

蠟 53672 28096
là _15.21 唐韻 盧盍切 集韻 韻會 力盍切疛音臘 玉篇 蜜滓也 陸佃云 蜂之化蜜，必取匽豬之水，注之蠟房，而後成蜜。故謂之蠟者，蜜之蹠也 本草 蟲白蠟 李時珍 曰 蠟樹，四時不凋，五月開白花，成叢結實。其蟲大如

蟣蝨，延緣樹枝，食汁吐涎，剝取其渣，煉化成蠟。又蜜蠟，生於蜜中。又水蠟，樹葉微似榆，及甜櫧樹，皆可放蟲產蠟 晉書·阮孚傳 孚性好屐，或有詣阮，正見自蠟屐，曰：一生當著幾兩屐 石崇傳 崇奢靡，以蠟代薪 南史·王僧虔傳 少時，以燭淚澆成蠟鳳凰 又 蠟梅，花名 蘇軾詩 蜜蜂採花作黃蠟，黃蠟爲花亦其物 又 蠟觜，鳥名 本草 桑扈，一名蠟觜雀，其觜或凝黃如蠟 △ 廣韻 俗作蠟。鎣 又 蝋52938

蠽 53673 28097
jié _15.21 集韻 子列切音髭 廣韻 同蠽。

蠣 53674 28098
zhì _15.21 ◆ 唐韻 直炙切音擲。蟷蠣，蟲名。

蟁 53675 28099
wén _15.21 集韻 無分切音文。同蟁 說文 蟁，或从昏，以昏時出也。

蠍 53676 28100
xiè _15.21 篇海 司夜切音瀉。蟲名 又 xiě 玉篇 音寫。

蠦 53677 28101
lú _15.21 集韻 凌如切音閭 類篇 諸蠦，蟲名 又 lǜ 良據切音慮。義同 △ 通作慮。

蠜 53678 28102
mò _15.21 唐韻 莫北切 集韻 密北切疛音墨。蠛蠜，蝙52965蝠也 又 與螺53380通。

蠤 53679 28103
zhù _15.21 唐韻 集韻 疛章恕切音翥。毒蟲名 爾雅·釋蟲 蠤醜罅 註 剖母背而生，或作蠤 又 掌氏切音紙。義同。

蠟 53680 28104
wú _15.21 直音同蟁

蠠 53681 28105
mǐn _15.21 集韻 覓畢切音蜜 爾雅·釋詁 蠠沒，勉也 註 蠠沒，猶黽勉 又 莫筆切音密。又 類篇 美隕切。義疛同 △ 亦作蠠。

蠡 53682 28106
lǐ _15.21 古文 蠡蠡 唐韻 盧啓切 集韻 里弟切疛音禮 說文 蟲齧木中也 又 彭蠡，澤名 書·禹貢 東匯澤爲彭蠡 註 彭蠡，在揚州之西界 又 lí 鄰知切音離 史記·匈奴傳 置左右賢王，左右谷蠡 又 lí 韻會 憐題切音黎。瓠瓢也 前漢·東方朔傳 以蠡測海 又 luó 唐韻古音 落戈切音騾。義同 又 玉篇 蠡蠡，行列貌 劉向·九歎 登長陵而四望兮，覽芒圃之蠡蠡 又 山名 ● 揚雄·長楊賦 燒煨蠡 註 煨蠡，山名 又 人名 晉書·姚弘載記 姚墨蠡 宋書·桂陽王休範傳 杜墨蠡 又 與螺蠡 類篇 蚌屬。聖人法蠡蚌，而閉戶 見文子 又 luǒ 集韻 魯果切音裸。瘯蠡，皮肥。一曰疥病 左傳桓六年 謂其不疾瘯蠡 又 lí 集韻 力至切音利。蟲名 又 lí 郎計切音麗 揚子方言 參、蠡，分也 郭註 謂分割也。齊曰參，楚曰蠡 △ 亦作蠡。鎣 又 蠡57250蠡34948蠡34949蠡53504蚼52896

蠢 53683 28106
chǔn _15.21 古文 蠢 唐韻 韻會 尺尹切 正韻 尺允切疛音惷 說文 蟲動也 爾雅·釋詁 蠢，作也 註 蠢，動作也 禮鄉飲酒 春之爲言蠢也 莊子·天地篇 蠢動，而相使，不以爲賜 又 爾雅·釋言 蠢，不遜也 詩·小雅 蠢爾蠻荊 疏 郭璞曰：蠢動爲惡，不謙遜也 △ 玉篇 或作蝳、惷。鎣 又 蠢52052蠢18963蠢18966蠢18981蠢18971蠢19009蠢19035蠢52555蝽53093蠢53634蠢53845蠢53843蠢53080蠢53363 又 慧琳音義 蠢蠢：或從人（作偆01521）、從心作惷17904

毳17748，同俗字。

厲 53684 28108
lài_15.21　集韻落蓋切音賴。毒蟲也。莊子天運篇其知憯於厲蠆之尾囡lì力制切。同蠆說文蠆，或从虫，旱石也。鋆又厲05024

蠣 53685 28109
lì_15.21　唐韻集韻韻會朸力制切音例說文作蠇。蚌屬。似蟟微大，出海中，今民食之類篇雕百歲化爲蠇廣韻牡蠣也酉陽雜俎牡蠣，言牡非謂雄也，介蟲中唯牡蠣是鹹水結成也本草今海旁皆有之，魂礧相連如房，呼爲蠣房，晉安人呼爲蠔莆郭璞江賦玄蠣魂礌而碾砠註臨海水土物志曰：蠣長七尺南越志曰：蠣形如馬蹄囡石蠣本草海鷸魚，一名石礪。囡lài韻會正韻朸落蓋切音賴。義同。亦作厵。鋆又蛎52565

蠖 53686 28110
xī_15.21　字彙俗蠇字〇按集韻作蠖，弓規切說文司馬相如說蠇从夐正字通云从目。改从罒，誤。

蟊 53687 28111
máo_15.21　集韻謨交切音茅。蟲名說文蟊蟊也揚子方言蜩蟧，謂之蟊蜩郭註江東呼爲蟊蟊也囡móu迷浮切。同螯。鋆蟊53712蟊53636朸俗

蠕 53688 28112
ruǎn_15.21　類篇乳兗切。同蝡。蝡，蠢動貌。蝡，或从耎篇海蠕飛蠕動。

蟻 53689 28113
yì_15.21　類篇乙力切音億。蟲名博雅蟻蟰，或作蟲〇按集韻作蟗，啻古意字，从啻爲正類篇似誤。

螛 53690 28114
xiá_15.21　韻學集成胡瞎切音轄。螻蛄別名。鋆又蟲53551蟲53691蟲53755

蟲 53691 28115
xiá_15.21　直音同螛

蟲 53692 28116
xiē_15.21　直音同蠍。

蠵 53693 28117
sòu_15.21　字彙補蘇奏切音嗽。見釋典。

蚍 53694 28118
pí_15.21　篇海類編同蚍。

蠕 53695 28119
rú_15.21　五音篇海而兗切，蟲動貌〇按即蝡字之譌。

蠲 53696 28120
juān_15.21　字彙補同蠲，出漢碑。

蚆 53697 45382
huà_15.21　篇韻音穴。鋆楊寶忠：俗舙48527

蠵 53698 45384
sū_15.21　字彙補音蘇。

蟺 53699 u2B2E6
null_15.21　未詳。

蟩 53700 u2B2E7
gvaengq_15.21　壯蚌蟲

蠨 53701 u2751C
ram_15.21　喃从虫暫tạm聲。小毛蟹（生長在澗中）。

蟶 53702 u2751B
nhặng_15.21　喃从虫鄧đặng聲。蒼蠅。越·阮秉五千字譯國語青蠅，丐蟶。

蠮 53703 u2751A
còng_15.21　喃从虫窮cùng聲。小蟷蜞。

蟅 53704 u27519
bậu_15.21　喃从虫暴bạo聲。蟷蚾，蛀。

蠿 53705 u27518
xuān_15.21　同蠉53534

蟿 53708 u27513
null_15.21　未詳。

蟆 53706 u27515
má_15.21　同蟇53309蛤蟆

螽 53707 u27514
zhōng_15.21　名義蠓53377，之戎反。螽蝗。

蠟 53709 u27512
null_15.21　未詳。

螯 53710 u27511
null_15.21　未詳。

蠠 53711 u27510
chài_15.21　中文大辭典蠠，與蠆53530同。

蠢 53712 u2750F
tí_15.21　亦作蟲53636集韻田黎切。食苗蟲名。

蠦 53713 u2750E
lǔ_15.21　倭名類聚抄蔣魴切韻云蠦，音魯。和名美加良。井水中小虫也。

蠵 53714 u2750D
xī_15.21　俗蠵53806

螺 53715 u2750C
lí_15.21　同蠡52817明·方以智通雅卷四十七·動物蛤不一。圓大者曰蛤蠡，亦作蛤蜊52720又清·毛奇齡古今通韻蠡，蛺蠡，蚺蛆也。

蠨 53716 u2750B
null_15.21　未詳。

蠯 53717 u2750A
chán_15.21　同蠯53603

蟟 53718 u27509
liáo_15.21　說文解字句讀蟧，蜺鹿，蚱蠎也。王筠案，蚼蟧卽蚱蠎莊子釋文作蚱蟧夏小正傳寒蟬也者，蜺蠎也。蠎又蜺蟧之轉語楚詞·招隱寸螻蛄鳴兮啾啾。王注：蜩蟬得夏，喜呼號也。又說文段注蟵，蜺鹿，蚱寮也。段玉裁按，蚼螓音如貂料，卽許之蚱寮也。蜓蚼音如廷木。許無蚼字。蜺蟧，夏小正作蜺蠎。字宜支遼二音。今江東俗語尚如此，辭章家作遼了二字是也

蠟 53719 uF927
là_15.21　兼蠟。

蟗 53720 u8824
qiū_15.21　同蝵53024

蠥 53721 28121
niè_16.22　唐韻集韻正韻朸魚列切音糵說文衣服訶謠，草木之怪謂之祅，禽獸蟲蝗之怪謂之蠥六書正譌別作孼，非。俗用孽，亦非囡憂也楚辭·天問啓代益作，后卒然離蠥註言禹以天下禪與益，皆去益而歸啓，益卒不得立，故曰離憂也△集韻亦作蘖。鋆又蘖53553

蠫 53722 28122
lì_16.22　集韻狼狄切音歷類篇野蠠。

蠾 53723 28123
yuán_16.22　唐韻集韻朸愚袁切音元。晚蠠也周禮作原。詳見螈53105字註。鋆又蚖52450蝝53187蠠53808

蠷 53724 28124
nài_16.22　唐韻奴勒切集韻匿德切朸音耐。蟲名，似蚩而小，青斑色，齧人博雅蠷，蝱也類篇兔缺也囡něng奴等切。蚌屬囡nài玉篇乃代切篇海同蠆。

蠦 53725 28125
lú_16.22　唐韻落胡切集韻龍都切朸音盧。蠦蜚52840囡蠦蠦。詳蛨52816字註。鋆又蚸52539

蠟 53726 28126
téng_16.22　玉篇徒登切音騰。蟲食禾葉。

蠨 53727 28127
xī_16.22　集韻虛宜切音犧。同蠟篇海蟲名。

蠦 53728 28128
xiǎn_16.22　唐韻休謹切正韻許謹切，朸欣上聲。蚯蚓，吳楚呼爲寒蠦囡玉篇許偃切音幰。義同。

蠆 53729 28129
zhǎn_16.22　集韻知輦切音展。蟲也說文作蠆。

蠹 53730 28130
dù_16.22　篇海同蠹。

蠿 53731 28131
zhàn_16.22　唐韻昨仙切音錢揚子方言鳴蟬謂之蠿

△集韻亦作蟬。或作蟐。

蠭 53732 28132
tà_16.22 集韻他達切音闥 類篇蠭蟄，蟲名，蝎也。

蠮 53733 28133
xuán_16.22 玉篇戶涓切音懸。蟲名。

蠨 53734 28134
xiāo_16.22 唐韻蘇彫切 集韻 正韻先彫切 丛音蕭 玉篇蠨蛸52687△亦作蟰。鼉又蟰53375蟰53497

蠵 53735 28135
wèi_16.22 唐韻以追切 集韻夷隹切，丛音惟。肥蠵，蛇名 山海經太華之山有蛇焉，名曰肥蠵。六足四翼，見則天下大旱 郭註湯時此蛇見于陽山下 図以醉切音蠵。義同。鼉又蠵53472

蠶 53736 28136
yè_16.22 集韻一結切音噎。同蟲。

蠩 53737 28137
zhū_16.22 唐韻章魚切 集韻 正韻專於切 丛音諸蟾53513蟲 図蜛52801蠩。鼉又蠩52937蠩53000

蠪 53738 28138
lóng_16.22 唐韻盧紅切 集韻盧東切 丛音聾 爾雅釋蟲蠪，朾螘 註赤駁蚍蜉也 図蠪蛭，獸名 山海經鳧麗之山有獸焉，其狀如狐而九尾、九首，虎爪，名曰蠪蛭。其音如嬰兒，是食人 図蚨蠪 史記‧龜筴傳明月之珠，出于江海，藏于蚌中，蚨蠪伏之 図鮭蠪，神名 莊子‧達生篇東北方之下者，倍阿鮭蠪躍之 註鮭蠪，狀如小兒，長一尺四寸，黑衣，赤幘，大冠，帶劍持戟 図蠪蜂 本草生肇慶府，附橄欖樹，有手足，與木葉無異，鳴則自呼 図集韻力鐘切音龍。義同。一曰竹蟻。鼉又蠪53771

蠭 53739 28139
páng_16.22 正韻蒲江切音龎。姓也 荀子‧王霸篇羿蠭門△正字通蠭字之譌。今按蠭姓入三江韻，字从夆，與十七畫蠭字从夅異。

蠚 53740 28140
wén_16.22 唐韻同蚊。蟁、䖟本字 說文解字徐鍇曰：唯此一字象蟲形，不从矛。書者多誤。鼉又螡53319蠚53687

䗯 53741 28141
máo_16.22 集韻迷浮切音謀。

蠙 53742 28143
pín_16.22 集韻毗賓切音頻 類篇蟲名，負盤也。

蟑 53743 28144
dūn_16.22 集韻主尹切音準。墜蟑，蟲行△隷作蟑52845

蠹 53744 28145
dù_16.22 集韻都故切。同蠹 直音凡蛀蟲皆曰蠹。字亦作蠾 図篇海食禾蟲。

螼 53745 28146
qiú_16.22 集韻雌由切音秋。同螼53024

蠣 53746 28147
lì_16.22 字彙補閩書有蠣魚，音未詳○按疑卽蠣字之譌。

螘 53747 28148
yǐ_16.22 韻會語綺切 類篇同螘53145

蟞 53748 28149
pí_16.22 玉篇同蚍 韻學集成作蟞。

蠸 53749 28150
juǎn_16.22 玉篇子兗切。與蠸同。

蠆 53750 28151
chài_16.22 說文長箋蠆本字。毒蟲。詳後蠆53824字註。

蠠 53751 28152
míng_16.22 同螟 管子‧七臣七主山多蟲蠠。

蠹 53752 28153
tuó_16.22 字彙補音修。神名 山海經岐山，神涉蠹 郭註蠹，一作蠹，笑遊切。

蠺 53753 28154
cán_16.22 韻學集成蠶一作蠺。俗省作蚕，非。

蠹 53755 28156
xiá_16.22 直音同蠵 **蠆** 53754 28155 chài_16.22 直音丑介切。毒蟲。鼉又蠆53559 新撰字鏡蠆53530蠆，二同。丑芥反，泰音。蠆，又螫虫也。又名蠍，或与蝮字同。

蠡 53756 28157
lí_16.22 字彙補力器切，音戾◇割也 荀子‧強國篇蠡盤盂，刎牛馬。鼉又蠡53177

螣 53757 28158
téng_16.22 字彙補徒登切音騰。神蛇也。見 說文長箋○按音義與螣同 集韻 類篇又書作蟐。

蠼 53758 28159
jìn_16.22 字彙補思廉切音暹。蛺蠼，似蛤而扁。見本草。鼉又蠵53403字之譌。

蛾 53759 45385
é_16.22 字彙補音俄。

蠛 53760 u2B2E8
null_16.22 喃未詳。 **蠟** 53761 u27542 null_16.22 未詳。

蠟 53762 u27541
null_16.22 未詳。 **蠾** 53766 u2753D guǒ_16.22 蠾53541譌字

蟶 53763 u27540
vích_16.22 喃从虫壁bích聲。

蠦 53764 u2753F
điu_16.22 喃从虫雕điêu聲。

蟪 53765 u2753E
giòi_16.22 喃从虫頛đôi聲。蛆。

蟶 53767 u2753B
pí_16.22 同蚍52391亦作螕53748

蠥 53768 u2753A
chài_16.22 同蠆07892 **蠟** 53769 u27539 chán_16.22 同蠟53603

蠦 53770 u27538
guǒ_16.22 同蠾53766俗蠾53541

蠪 53771 u882C
lóng_16.22 同蠪53738 六書統蠪，盧紅切。小螳也。从虫龍聲。又曰蠪蛭，如狐，九尾，虎爪，音如小兒，食人。亦名觭蠪 図清‧李調元 南越筆記‧卷十二‧蠪蠭 蠪蠭出陽春，嘗附橄欖樹而生。雖有首足，與木葉無別，須木葉凋落乃得之。土人以置篋笥，每遇蟲毒必鳴，鳴則自呼。又以其聲之清濁卜禍福。粵以雞卜，又以蠪蜂卜，人罕知之。史稱昆蟲之所長，聖人不能與爭，其謂此歟。

蠭 53772 28160
fēng_17.23 古文蠭 唐韻 集韻 韻會 丛敷容切音丰 說文飛蟲，螫人者 詩‧商頌莫予荓蠭 左傳僖二十二年蠭蠆有毒 爾雅‧釋蟲蠭，醜螸 又土蠭 註江東呼大蠭在地中作房者爲土蠭。啖其子，卽馬蠭 又木蠭 註似土蠭而小，在樹上作房，江東亦呼爲木蠭，又食其子 爾雅翼蜂種類至多，其黃色細腰者，謂之穉蜂。又蜜蜂，人收而養之，一日兩出而聚鳴，號爲兩衙，其出採花者，取花鬚上粉置兩髀，或採而無所得，經宿不敢歸房中。 図旗名 左傳‧哀二年獲其蠭旗 図舟名 拾遺記武王伐紂，有蠭狀如丹鳥，飛集王舟，翼日而梟紂，名其船曰蠭舟 図星名 前漢‧天文志杓端有二星，一內爲矛招搖，

一外爲盾天蠭[又]地名[拾遺記]燃丘國獻比翼鳥，使者經蠭岑[又]與鋒通[前漢·韓王信傳]及其蠭東向，可以爭天下[師古註]蠭，鋒同△[長箋]逢二虫，會遭遇毒蟲，意寓戒心也。隸書傳省作蜂[埤雅]蜂，其毒在尾，垂穎如鋒，故謂之蜂也[集韻]本作蠭，或作螽、蚌[韻會]又作蠭。

蠮 53773 28161 yē_17.23 [唐韻]烏結切[集韻]一結切𠀤音噎[類篇]蠮螉，蟲名，土蠭也[爾雅·釋蟲]果蠃，蒲盧[註]卽細腰蜂也。俗呼爲蠮螉。又蠮螉53106，塞名△或作蠛、螠53354 鎣又螻53520蟋53247蜸53246[又]蛔52636蠀、蠵53830螉，正作蠮螉。

蠯 53774 28162 pí_17.23 [唐韻]蒲幸切音倂。與蜌同[類篇]蚌狹而長者[周禮·天官·鼈人]祭祀，共蠯蠃蚳，以授醢人[註]鄭司農云蛤也[又][正韻]作蠯[爾雅·釋魚]蜌52722蠯[又][集韻]駢迷切音鼙[韻會]蒲街切音牌[廣韻]符支切音裨。義𠀤同[集韻]亦作螷。

蠶 53775 28163 chán_17.23 [集韻]鋤銜切音巉[類篇]蟹屬。

蠅 53776 28164 yīng_17.23 [唐韻][集韻]𠀤於陵切音膺。寒蟬也。詳蟬53420蜩52825二字註。

蠕 53777 28165 líng_17.23 [唐韻][集韻]𠀤郎丁切音靈。與蛉通[說文]螟蠕，桑蟲也。鎣[字彙]蠕同蠕。

蠘 53778 28166 xī_17.23 ◆[唐韻]許羈切[集韻]虛宜切𠀤音羲。蠡也。△或作蠘。

蠰 53779 28167 shàng_17.23 [唐韻][集韻][正韻]𠀤式亮切音餉[爾雅釋蟲]蠰，齧桑[註]似天牛，長角，體有白點，喜齧桑樹作孔，入其中。江東呼爲齧髮[又]師莊切音霜。義同。[又][廣韻]如兩切音壤[爾雅釋蟲]土螽，蠰谿[註]似蝗而小，今謂之土蝶[又][集韻]奴當切音囊。螳53503蠰[又]如陽切音穰。義同△亦作蠰。鎣又蝪53252蠰53880

蠏 53780 28168 xiǎn_17.23 [唐韻][集韻]𠀤息淺切音獮[玉篇]蛇也。

蠠 53781 28169 nì_17.23 [唐韻][集韻]𠀤尼質切，音暱。小蟲[博雅]蠠蠶，蝱也△[類篇]一曰蟲食病。

蠱 53782 28170 gǔ_17.23 [唐韻]公戶切[集韻][韻會]果五切[正韻]公五切𠀤音古[說文]腹中蟲也[通志·六書略]造蠱之法，以百蟲置皿中，俾相啖食，其存者爲蠱[左傳·昭元年]於文皿蟲爲蠱[註]皿，器也，器受蟲害者爲蠱[周禮·秋官·庶氏]掌除毒蠱[史記·秦本紀]德公二年初伏，以狗禦蠱[又][左傳·昭元年]穀之飛亦爲蠱[述異記]晉末，荆州久雨，粟化爲蠱蟲[又][說文]梟桀死之鬼亦爲蠱[又]蠱雕，獸名[山海經]鹿吳之山有獸名蠱雕，其狀如雕而有角，其音如嬰兒之音[又][爾雅·釋詁]蠱，疑也[左傳註]蠱，惑疾，心志惑亂之疾也[又]卦名[易]巽下艮上，蠱[序卦傳]蠱者，事也[又][集韻]古慕切音顧。義同[又]yě[正韻]以者切音冶。媚也[又][集韻]音義𠀤與冶同[後漢馬融傳廣成頌]田開古蠱[註]蠱與冶通。

蠿 53783 28171 wèi_17.23 [唐韻]於胃切[集韻]紆胃切𠀤音尉[爾雅·釋蟲]蠿，飛螘[疏]螘有翅而飛者，名蠿，卽飛螘也△亦作螱。

蠵 53784 28172 qī_17.23 [集韻]牽奚切音溪。蟲名，土蜂也△本作螇，亦省作蜙。

蠂 53785 28173 dié_17.23 [唐韻]蘇協切音燮[篇海]蛺蜨，蟲名。一作蛺蠂。

蠬 53786 28174 yuè_17.23 [集韻]弋灼切音藥[類篇]蠗蠬，螢53163也。

蠭 53787 28175 lüè_17.23 [集韻]力灼切音略。與蠗、蝔同。

蠲 53788 28176 juān_17.23 [唐韻]古玄切[集韻][韻會]圭玄切𠀤音涓[說文]馬蠲也[明堂月令]曰：腐草爲蠲[又]潔也[詩·小雅]吉蠲爲饎[周禮·天官·宮人]除其不蠲[又]明也[左傳·襄十四年]惠公蠲其大德[又][玉篇]除也，疾也[又]guī[韻會]涓畦切音圭。義同[又]與圭通[儀禮·士虞禮]哀子某，圭爲而哀薦之[註]引[詩]吉圭爲饎[又][正字通]唐人以漿穫紙使瑩滑，名曰蠲紙。蠲，音圭[字彙]又讀作桂，引唐太宗詩：水搖文蠲動。言水紋似蠲紙也[韻略]又音絹。鎣又𩕳68371 蠲53696

蠳 53789 28177 yíng_17.23 [正字通]音營[譚子化書]蟲盜天地生蠳虹。蠳虹者，腸中蟲也。

蠷 53790 28178 qú_17.23 [集韻]同蠼[類篇]蠼螋，或作蠷螋。

蠥 53791 28179 niè_17.23 [集韻]同蠥53721 鎣[艸部]蠥重出：[正字通]俗蠥字[韻略][說文]衣服、歌謠之怪謂之祅，禽獸、蟲蝗之怪謂之蠥。本作蠥，今作蠥[集韻]或作孽[韻會]通作孽。按[說文]蠥，衣服、歌謠、艸木之怪，謂之祅。禽獸、蟲蝗之怪，謂之蠥。从虫辥聲。今併入[虫部]

蠹 53792 28180 cáo_17.23 [集韻]螬本字[說文]蠹蠹。今省作螬[玉篇]古文螬53261字。

蟊 53793 28181 máo_17.23 [玉篇]莫侯切。同蟊[又]méng[篇海]莫紅切音蒙。黽兆氣不澤也。

蠹 53794 28182 fěi_17.23 [集韻]同蜚。獸名。如牛，白首蛇尾。

蠽 53795 28183 zuī_17.23 [篇海]卽移切，音資◇蠽蠵，黽屬。鎣沈祖春：[集韻]作蠵53382

蠘 53796 28184 jiān_17.23 [直音]子廉切。同蠘，蟲也。鎣[正字通]蠘，俗蠘字。

蠺 53797 28185 xiē_17.23 [直音]同蠍。鎣又蝎53629蠍53854

蠳 53798 28186 yīng_17.23 [字彙補]音嬰。黽名[張衡·南都賦]其水蟲則有蠳黽鳴蛇[李善註]引[抱朴子]蠳黽噉蛇。

蠹 53799 28187 méng_17.23 [字彙補]莫庚切音萌。蟲也。

蠛 53800 45386 miè_17.23 [五音篇海]與蠛同。

蠶 53803 u27558
null_17.23 未詳。
出 西江賦。鑾 字彙補 子精切音清。出 西江賦

盦 53801 45387
qīng_17.23 龍龕音精。

蠵 53802 u2755A
trai_17.23 喃 从蚌省齋trai聲△玉蠵：珍珠。

蠰 53804 u27557
null_17.23 未詳。

蠺 53806 28188
xī_18.24 唐韻 戶圭切
集韻 玄圭切丛音攜說文 大龜也。以胃鳴玉篇 蠵53382
蠵，似玳瑁而有文 前漢 禮樂志 馮蠵切和疏寫平 揚雄傳
拄靈蠵 又 博雅 地膽，青蠵也 又 韻會 宿名 又 匀規切
義同△集韻 亦作蠵 鑾 又 蠵53714蠵53573蠵53686鱟72480
鱟72836蠹75942 又 集韻 蠵，或作鱟72881

蠪 53805 u27556
null_17.23 未詳。

蟲 53807 28189
tuó_18.24 唐韻 徒河切
集韻 何何切丛音駝 山海經 驕山，神蟲圍處之，其狀如
人面，羊角虎爪，恒遊於雎漳之淵，出入有光 郭璞·圖
詠 涉蟲三脚，蟲圍虎爪。鑾 又 蟲53823

蠹 53808 28190
yuán_18.24 集韻 愚袁切音元。同蠶。

蠶 53809 28191
cán_18.24 唐韻 昨含切 集韻 韻會 正韻 徂含切丛音
蹧。絲蟲也•說文 任絲也 詩·豳風 蠶月條桑 書·禹貢 桑
土旣蠶 淮南子·天文訓 蠶珥絲而商絃絕 博物志 蠶三化，
先孕而後交，不交者亦產子 爾雅翼 蠶之狀，喙呻呻類
馬，色斑斑似虎。初拂謂之蚝，以毛掃之，蠶尚小，不
欲見露氣。桑葉著懷中令暖，然後切之得氣，則衆惡除
也 酉陽雜俎 食而不飲者蠶 又 原蠶 埤雅 再蠶謂之原
蠶，一名魏蠶，今以晚葉養 又 紅蠶。蠶足於葉三俯
三起，二十七日而蠶已老，則紅，故謂之紅蠶 又 野蠶 後
漢·光武紀 野蠶成繭，被于山阜 又 華蠶 述異記 園客種
五色香草，啖華蠶，得繭一百二十枚，大如甕 又 本草 石
蠶，一名沙蝨，乃東潤水中細蟲 又 雪蠶，生陰山及峨
嵋山，北人謂之雪蛆 又 金蠶，屈如指環，食故緋帛錦，
如蠶之食葉也 又 蠶室 晉書·禮志 皇后親乘車東郊苑中
蠶室祭蠶神 又 蠶神 爾雅翼 今蠶神曰苑窳婦人、寓氏
公主，凡二神 又 人名 成都記 蠶叢氏，蜀君也 又 地名 前
漢·地理志 蜀郡蠶陵 國名記 彭之遵縣有蠶厓 又 蠶繭，
草名 本草 治腫脹。

蠬 53810 28192
níng_18.24 唐韻 奴丁切 集韻 囊丁切丛音寧•說文
蟲也 廣韻 螻蛄也 又 女正切。義同△亦作蠬。

蠷 53811 28193
qú_18.24 唐韻 其俱切 集韻 權俱切丛音劬。蠷螋，
蟲。

蠸 53812 28194
quán_18.24 唐韻 巨員切 集韻 逵員切丛音權 爾
雅·釋蟲 蠸，輿父，守瓜 註 今瓜中黃甲小蟲，喜食瓜葉，
故曰守瓜 莊子·至樂篇 瞀芮生乎腐蠸。又 本草 馬陸
一名馬蠸 又 說文 一曰大螫也 又 類篇 呼官切音歡。義
同。又 huàn 集韻 呼玩切音喚。大鼈也。

蠵 53813 28195
wèi_18.24 集韻 虞貴切音魏 類篇 再蠶53809也。本作
魏。

蠹 53814 28196
dù_18.24 古文蠹 唐韻 集韻 當故切 韻會 正韻 都故

切丛音妒 說文 木中蟲也 莊子·人閒世 以爲門戶則液㯉，
以爲柱則蠹，是不材之木也 註 蟲在木中謂之蠹。
又 前漢·南粵傳 桂蠹一器 又 續博物志 積穀則生蠹。
又 蠹書 穆天子傳 天子東遊，次雀梁，蠹書于羽陵 註 暴
書中蠹蟲，使不藏匿 也 徐陵·玉臺新詠序 辟惡生香，聊
防羽陵之蠹 又 爾雅釋蟲 蛄，毛蟲 註 卽蠹也△說文 省
作蠹，象蟲在木中形 集韻 亦作蠹 韻會 別作蠹，非。
鑾 又 蠹39533蠹39587蠹52707杢52462壹38797蝥53442蝥53631
蠹53744蠹53730蠹53867虻52365

蠵 53815 28197
shuāng_18.24 玉篇 色江切音雙。蟲名。鑾 又 蚾52445
蠵53846

蠵 53816 28198
zhōng_18.24 玉篇 古文蠡53285字。

蠵 53817 28199
fù_18.24 唐韻 集韻 丛匹北切音蝮。蠵蝗，蟲名也。

蠵 53818 28200
yì_18.24 集韻 乙力切音億。同蠮53516 玉篇 小蜂也。

蠵 53820 28202
juǎn_18.24 字彙補 同蠶。

蠶 53819 28201
cán_18.24 海篇 同蠶

蠵 53821 28203
mò_18.24 集韻 末各切
音莫 篇海 蠵貃，蟲名，螳螂也。通作莫。

蠵 53822 28204
mò_18.24 玉篇 莫格切音陌。小蚊蟲。鑾 又 蟆53307

蟲 53823 28205
tuó_18.24 類篇 蟲或从單。

蠵 53824 28206
chài_18.24 說文長箋 丑犗切音蠆。海中有蠵魚，尾
下有毒，螫人△或作蠆、蠆。

蠵 53825 28207
cáng_18.24 字彙補 從桑切音藏。石高險貌 揚雄·蜀
都賦 岬石蠵崔。鑾 蠵崔或从山作巇崔、巇崔。

蠵 53826 28208
róng_18.24 字彙補 音未詳。爛也。出釋藏 蠞字函。
鑾 字彙補 蠞，僧真空曰：考詳經義，恐是蝸字。

蠞 53827 u2756D
ram_18.24 喃 从虫藍lam聲。同蚺53701

蠵 53828 u2756C
rē_18.24 喃 从虫禮lễ聲。

蠵 53829 u2756B
lěi_18.24 文選·司馬相如·上林賦 於是乎玄猿素雌，
蜼玃飛蠵。胡克家·考異：漢書作蠝53670 史記 作鸓。

蠞 53831 u8834
shǔ_18.24 大字典 同蠮51367△宏按，或蟲名。

蠵 53830 u2756A
yē_18.24 同蠮53773

蠞 53832 28209
lí_19.25 唐韻 呂支切
集韻 鄰知切丛音離 類篇 蜥蠞，龍無角。一曰蟲名。

蠵 53833 28210
lí_19.25 唐韻 所宜切 集韻 山宜切丛音篩。蚰蜓別
名 揚子·方言 蚰蜓，或謂之蛝蠞 又 廣韻 呂支切音離 集
韻 郎計切音麗。義丛同。

蠞 53834 28211
fú_19.25 篇海 同蜉。鑾 又 蠞53883

蠞 53835 28212
xiá_19.25 唐韻 胡瞎切 集韻 下瞎切丛音轄。蟲名 說
文 螻蛄也 又 類篇 何葛切音曷。義同。

蠞 53836 28213
juǎn_19.25 唐韻 集韻 丛子兗切音臁。蟲食也 長箋

雋爲美食，故从雋⊠quǎn類篇麤兗切。蟲食創也。瑩又雟53820

蠃 53837 28214
luǒ_19.25　正字通 蠃字之譌。

蠻 53838 28215
mán_19.25　唐韻 莫還切 集韻 韻會 正韻 謨還切 夶音獌 玉篇 南夷名 書禹貢 三百里蠻 傳 以文德蠻來之不制以法 周禮·夏官·大司馬 又其外，方五百里曰蠻畿 疏 蠻者縻也，縻繫之以政教也 班固東都賦 外綏百蠻 唐書南蠻傳 有十姓白蠻，五姓烏蠻⊠綿蠻，鳥聲 詩·大雅·綿蠻 黃鳥⊠蠻蠻，鳥名 山海經 崇吾之山有鳥焉，其狀如鳧而一翼一目，相得乃飛，名曰蠻蠻⊠水名 戰國策 濼水齧其墓 春秋後語 作蠻水⊠雷名 道書 五雷，五曰蠻雷⊠姓 通志·氏族略 蠻氏羋姓，荆楚之後因氏焉。

蠜 53839 28216
nán_19.25　玉篇 音難。蟲名。

蠠 53840 28217
mì_19.25　集韻 覓畢切音密。同蠠·爾雅 蠠沒，或从黽△◆玉篇 蠠，今作蜜52802 瑩正作蠠53860

蠖 53842 28219
yǐ_19.25　韻會 同螘⊠類篇 夶與蠆同⊠類篇 他達切音撻。義同。

蠆 53841 28218
chài_19.25　玉篇 集韻

蠢 53843 28220
chǔn_19.25　說文長箋 同蠢。蟲動也。

蟥 53844 28221
huáng_19.25　字彙補 音皇。蟲名。

蠢 53845 28222
chǔn_19.25　篇海 尺尹切音蠢。出也，作也，動搖貌。

蠪 53848 u2757B
null_19.25　未詳。

蟀 53846 28223
shuāng_19.25　字彙補 申莊切，音雙◇蟲名。瑩俗蟀53815

蠦 53847 45388
xǔ_19.25　字彙補 音許。

蠶 53849 28224
cán_20.26　正字通 俗蠶字。

蠤 53850 28225
jié_20.26　正字通 俗蠤字。

蠫 53851 28226
fěi_20.26　集韻 府尾切音匪 類篇 蟲名，負蠫也 說文 从非蟲作蜚⊠父沸切音屝。義同△或作蜚。

蠼 53852 28227
jué_20.26　集韻 厥縛切音矍 類篇 獸名。母猴也 司馬相如·上林賦 蛭蜩蠼猱⊠司馬相如·大人賦 蠼以連卷 索隱註 韋昭曰：蠼，龍之形貌⊠qú篇海 音瞿。與蠷53811通△蠼猱之蠼本作㺔33765

蠦 53853 28228
zhuō_20.26　唐韻 陟劣切 集韻 株劣切 夶音輟。蟲名，茅蜘蛛也 玉篇 蠦，蠪也○按卽蠦字重文。

蠥 53854 28229
xiè_20.26　直音 同蚧⊠字彙補 香謁切音蝎。螫人蟲也。

蠬 53855 28230
tóng_20.26　字彙補 同㣚○按 廣韻 無蠬字，㣚、憳同音，疑卽憳字之譌。

蠿 53856 28239
cī_20.26　集韻 與蠀、齏同。

蠵 53857 u27583
hěn_20.26　喃 从虫獻hiến聲。蜆。

蠽 53858 28231
jié_21.27　唐韻 姊列切 集韻 子列切 夶音𥠖 爾雅·釋蟲 蠽，茅蜩52825 註 江東呼爲茅蠽，似蟬而小，青色。⊠集韻 同蚻52484，蜻蜻也。亦作蜐。瑩又蠿53619蠿53850蠿53890

蠹 53859 28232
lì_21.27　集韻 力制切音厲 篇海 與蠸、蠇夶同。

蠠 53860 28233
mì_21.27　唐韻 彌畢切 集韻 覓畢切。夶同蜜52802 說文 本作蠠，或从虫、宓。瑩又蠠53840

蠨 53861 28234
tà_21.27　篇海 他達切音撻。蜥蠨也。瑩字彙 蝳53512同蝎。

蠋 53862 28235
zhú_21.27　唐韻 之欲切 集韻 朱欲切 夶音燭。蚤也 揚子方言 蠋蝓，自關而東，趙魏之郊或謂之蠋蝓。蠋蝓者，侏儒語之轉也⊠蜀52576蠋，蠋蝏⊠shǔ殊玉切音蜀。與蝎通。瑩又蠋53415

蠝 53863 28236
yǒng_21.27　集韻 委勇切音擁。蟲名 廣雅 蠝也。一曰蚌也，或作蝩。

蠀 53864 28237
pí_21.27　集韻 蚍本字 說文 从蟲，毗聲△玉篇 作蠀 唐韻 作蠀。

蠷 53867 28241
dù_21.27　直音 同蠹。

蠰 53865 28238
zhǎn_21.27　集韻 蠶本字

蟫 53866 28240
yín_21.27　說文解字 余箴切。白魚也。今文作蟫。

蠾 53868 28242
téng_21.27　字彙補 引 說文長箋 與螣同。

蠷 53869 u27590
róm_21.27　喃 从虫覽lǎm聲。同蟲53348

蠡 53870 u2758F
zhǎn_21.27　俗蠰53865

蠲 53871 u2758E
pí_21.27　玉篇 蟲，蜱脂切。蠲蜉，大螘也。或作蚍52391

蠢 53872 28243
qiáng_22.28　集韻 渠良切音彊 說文 籀文强字。

蠰 53873 28244
náng_22.28　集韻 同蠰53779

蠲 53874 28245
zhá_22.28　集韻 側八切音札 說文 蠲黽，作網蛛黽也⊠zhuó朱劣切音拙。義同△或作蜘、蚗△正字通 六書正譌 以爲小蟬，非是。瑩又蠿53853

蟲 53875 28246
róng_22.28　集韻 籀文融字。

蟺 53876 28247
wān_22.28　集韻 烏關切音彎 玉篇 蟲名⊠類篇 蜿蟺。蟲曲息貌。

蠦 53877 28248
lìn_22.28　唐韻 良刃切音蠦。蠦也⊠類篇 眉貧切音民。義同。

蠌 53878 28249
pí_22.28　唐韻 同蚍。詳蠀53864字註。

蠻 53879 28250
mán_22.28　直音 與蠻同。

蠰 53880 28251
náng_22.28　說文解字 蠰本字。

蠻 53881 28252
luán_23.29　集韻 閭員切音攣 類篇 蠻蜎，蟲名。

蠲 53882 28253
xiǎn_23.29　集韻 呼典切音顯。小蛤也。與蜆、蠇同。

蠹 53883 28254
fú_23.29 　集韻 蜉本字 前漢五行志 螾蠹 註 孟康曰：
與蚍蜉同。

蟦 53884 28255
chǐ_23.29 　集韻 與䗐同 類篇 移蠆也。

蠶 53885 45389
qīng_23.29 　搜眞玉鏡 音淸。又音漬。

蜖 53886 u2B2E9
null_23.29 　喃 未詳。

䖵 53888 28257
jiāo_24.30 　直音 同蟭。

蠦 53887 28256
líng_24.30 　唐韻 集韻 夶郎丁切音靈。螢也。

蠶 53889 28258
zhān_24.30 　字彙補 籒文鱣字 說文 長篋鱣，無鱗有
甲，有異於魚，故从虫从魚。

蠞 53890 u275A1
jié_24.30 　同蠞53850

蠶 53891 u2759F
cán_24.30 　俗蠶53809

蠅 53892 28259
huài_25.31 　字彙補 呼外切音豁。見 藏經字義

蠷 53893 28260
null_25.31 　字彙補 音未詳。蠷蛇，龍屬。見 陸容·菽
園雜記

蠶 53894 28261
cáo_26.32 　說文解字 蠟字本文。

蠆 53895 u275A6
mọi_26.32 　喃 从蠻每mǒi聲△蠆狍：野蠻人。

蠿 53896 u275A5
null_26.32 　或爨字之譌。

血部

血 53897 28262
xuè_0.6 　唐韻 集韻 韻會 夶呼決切音泬 類篇 祭所
薦牲血。从皿，一，象血形 釋名 血，濊也，出于肉，流
而濊濊也 關尹子·四符篇 一爲父，故受氣于父，氣爲水。
二爲母，故受血于母，血爲火 易 說卦傳 坎爲血卦 疏 取
其人之有血，猶地有水也 禮·中庸 凡有血氣者，莫不尊
親 又 大戴禮 血者猶血 註 血，憂色也 又 山海經 兪者之
山有木曰白咎，可以血玉 註 謂染玉可以作光彩。
又 詩·鄭風·茹蘆 疏 陸璣云茹蘆，一名地血。鍫 又 洫 偏
類碑別字·血 引 唐□孝基墓誌

血 53898 u2F8E
xuè_0.6 　部 血53897

宁 53899 28263
tíng_2.8 　唐韻 特丁切音亭 說文 定息也 又 篇海 呼
刑切音馨。義同△類篇 作宁。鍫卜辭從血，同寧 甲骨
文合集.H.24987 夕鬼宁37081

宁 53900 28264
tíng_2.8 　集韻 同宁 說文解字 宁，从血，宁省聲。

衄 53901 28265
nǜ_2.8 　字彙補 與衄同。

郖 53902 28266
xù_3.9 　正字通 郖爲衄字之譌。本作衄，非从阝
別見 阝部。

衁 53903 28267
huāng_3.9 　唐韻 集韻 正韻 夶呼光切音荒 說文 血也
左傳·僖十五年 士刲羊，亦無衁也 韓愈詩 衁池波風肉
陵屯 字彙 又入皿部，書作衁，非。鍫 又 盐53911盂53910

蘰 53904 28268
qíng_3.9 　字彙補 巨靈切，音擎◇見定也。鍫楊寶
忠：疑俗宁53900

衂 53905 u8842
nǜ_3.9 　廣韻 衄53907俗作衂。

衃 53906 28269
pēi_4.10 　唐韻 芳杯切 集韻 韻會 鋪枚切夶音坏 說
文 凝血也 素問 赤如衃血者死 註 衃血，謂敗惡凝聚之
血，色赤黑也 又 集韻 方鳩切音彪。義同 又 fōu披尤切
音飍。胚胎，未成物之始。或从血作衃 又 fóu 類篇 房尤
切音浮。草名 詩·陳風 視爾如荍 疏 荍，一名蚍衃 又 fōu
俯九切音缶。義同。鍫 又 盃53914

衄 53907 28270
nǜ_4.10 　唐韻 集韻 韻會 夶女六切音忸 說文 鼻出
血也 素問 鼻衄。又 脾移熱于肝，則爲驚衄 又 廣韻 挫也
綱目集覽 敗北曰衄 曹植求自試表 師徒小衄 風俗通 且
有强兵良謀，雜襲繼踵，每輒挫衄 又 魏志裴松之註 焦
先竄于河渚閒，有竊問見今討吳何如。先不肯應，而謬
歌曰：祝衄祝衄，非魚非肉，更相追逐 又 集韻 而六切
音肉。義同△或作嶼。俗作衄。鍫 又 䀼46978衂53901
衄48209嶼53940衄75486 又 可洪音義 崩衄67025：女六反。
正作衂53905

缺 53908 28271
quē_4.10 　類篇 呼決切。破也〇按 集韻 缺同缺，破
也，苦穴切，从皿 類篇 从血，非，音切亦誤，宜歸皿部。

衄 53909 28272
nǜ_4.10 　唐韻 俗衄字 篇海 衄亦作衄，从血从丑，
丑傷也 正字通 衄、衄分爲二，非。

盂 53910 28273
huāng_4.10 　字彙補 呼光切音荒。血上心也。

盐 53911 28274
huāng_4.10 　字彙補 同衁〇按盂、盐二字音義俱同，
疑盂字之譌。

晋 53912 45390
àn_4.10 　海篇 音腤。鍫或同晋22561 又 字彙補 烏
汎切音暗，亦作晋45557

衄 53913 u2B2EA
null_4.10 　未詳。

盃 53914 u275AF
pēi_4.10 　集韻 衃53906
鋪枚切 說文 凝血也。或書作盃。

衇 53915 28275
mài_5.11 　篇海 與脈同。

衅 53916 28276
xìn_5.11 　唐韻 許覲切 集韻 許愼切夶音釁。與釁同
玉篇 牲血塗器祭也 禮·樂記 車甲衅而藏之府庫，而弗
復用 註 衅，釁字也。許靳反。今釁62629簡化字。

蠢 53917 u2B2EB
null_5.11 　未詳。

衃 53918 u275B2
null_5.11 　未詳。

弗 53919 u275B1
máu_5.11 　喃 血△傳弗：輸血。

衃 53920 u275B0
máu_5.11 　喃同弗53919血。

衆 53921 28277
zhòng_6.12 　字彙 同眾 正字通 眾37617字之譌。

衇 53922 28278
mài_6.12 　唐韻 集韻 夶莫獲切音麥 說文 血理之分，
衺行體者 集韻 又作脈、脉。註詳肉部脈字。

衈 53923 28279
èr_6.12 　唐韻 集韻 夶仍吏切音餌。開刑書殺雞血
祭名 又 玉篇 耳血也 禮雜記 其衈皆于屋下 註 衈，謂將
刲割牲以釁，先滅耳傍毛薦之。耳，聽聲者，告神欲其
聽之 又 釁也 穀梁傳·僖十九年 用之者，叩其鼻以衈社

也范甯註取鼻血以釁祭社器。鋆又袡39796 囡 經典文
字辨證書 珆34006正衄別。出 周禮注。

峆 53924 28280　集韻乞格切音客。與峆同 晉語鐵之戰，
趙簡子曰：鄭人擊我，吾伏弢峆血，鼓音不衰 註面汙
血曰峆補音峆，或作峆，音客 唐書諸子建成傳 王暴疾，
峆血數升。

衈 53925 28281　字彙補同衈。見 漢靈臺碑。鋆 漢語大字
典 按成陽靈臺碑 字異 字彙補誤。

衈 53926 45391　mài_6.12　字彙補與脈同。

衇 53927 28282　mǎn_7.13　集韻母伴切音滿 類篇以血塗也。

衃 53928 28283　zuī_7.13　唐韻臧回切。同胺。赤子陰也 老子道德
經未知牝牡之合而峻作，精之至也 囡 集韻津垂切音
厜。臧戈切音傕。祖誄切音濹。義丛同△或作屖。

衄 53929 28284　tǎn_7.13　集韻與衁同 字彙從皿，誤。鋆又衁62412
衁37177

衄 53930 28285　nì_7.13　集韻乃歷切音怒 類篇憂也△或作惄。
鋆龍龕衄衄二俗，衄正。

衁 53931 28286　méng_7.13　集韻衁本作衁○按 六書正譌衁本字。
從囧從血，會意。古者諸侯割牲用血為衁書，書成乃歃
血讀書也。俗作衁，非。鋆又衁37244衁37181

衁 53932 28287　mài_7.13　字彙補衇字之譌。

衁 53933 28288　tǎn_8.14　唐韻他感切音黮 玉篇同衁37245
鋆又衁37196衄53929

衁 53934 28289　guó_8.14　唐韻 集韻丛古獲切音馘 類篇犬血也。

衁 53935 28290　kàn_8.14　唐韻 集韻丛苦紺切音勘 玉篇羊凝血也
韻會按陶氏 本草註云宋時大官作衁，削藕皮落其中，
血不凝，知藕之散血，然則衁，血羹也 囡dàn 集韻徒
濫切音憺。徒紺切音賧。義丛同△ 類篇作衁，亦作衁、
衁。鋆又衁53938衁37340

衁 53936 28291　ǒu_8.14　集韻於口切音毆。與歐、嘔同 類篇吐也。

衁 53937 28292　míng_8.14　廣韻武兵切 集韻眉兵切丛音明。本作
衁，或作衁，今通作衁37198 囡 毛詩古音攷 引 史記·序
傳殺鮮放度，周公為衁。音芒，字從血。

衁 53938 28293　kàn_8.14　字彙補與衁同。見 六書統

衁 53939 28299　jiàn_8.14　六書正譌衁本字。古文衁、衁字皆從血會
意。

衁 53940 45392　nǔ_8.14　海篇音頂。鋆改併四聲篇海 引 類篇音
項 新修玉篇 引 類篇衁，音項。楊寶忠：俗衁53965

衁 53941 28294　kàn_9.15　唐韻同衁53935

衁 53942 28295　kē_9.15　集韻乞格切音客 類篇嘔也。詳峆53924字

註 囡 篇海衁，吐氣也 囡 篇海吒聲也△或作喀。

盡 53943 28296　jīn_9.15　集韻資辛切音津 說文氣液也，從血聿聲
六書正譌俗用津，非△或書作盡。鋆又盡53945

衁 53944 28297　nì_9.15　唐韻古文恧17565字。鋆俗衁53930

盡 53945 28298　jīn_9.15　類篇與盡同。

衁 53946 u275C5　mǔ_9.15　衁從血某mǒ聲。膿△弗衁：膿血。

衁 53947 28300　zhēng_10.16　集韻諸仍切音蒸 篇海衁 博雅衁，
謂之衁○按 玉篇 類篇本作衁，從烝從血 字彙譌省作
衁50411，入九畫內 正字通遂謂宜歸皿部，非。今改入
十畫。

幾 53948 28301　jī_10.16　唐韻居依切 集韻居希切丛音機 說文以
血有所刉塗祭也 囡 類篇斷也，刉也 周禮·秋官·士師疏
刉羽牲曰刉。刉或作幾 囡 集韻渠希切音祈。或作機。
又舉豈切音蟣。又巨至切音泊。義丛同△ 說文本作幾。
鋆又幾53961衁45939

衁 53949 28302　rǔ_10.16　◆篇海乃伏切，音肭◇汗也。鋆 五侯鯖字
海汗也 正字通俗辱60610字。

盡 53951 28304　jīn_10.16　集韻同盡

衁 53950 28303　bū_10.16　玉篇籀文舖
字 集韻作澧37223 正字通本从皿。宜歸皿部。

衁 53952 28305　sàn_11.17　篇海蘇紺切音俕。抵衁也。

衁 53953 28306　hù_11.17　集韻荒故切音庌 類篇血汙也。

衁 53954 u2B2EC　null_11.17　未詳。

衁 53955 u275CD　null_11.17　未詳。

衁 53956 28307　zú_12.18　玉篇組於切音菹 說文醢也 篇海 周禮·醢
人掌供衁菹。衁，酢漬菜○按 玉篇 類篇衁字，艸部、
皿部丛見 說文從血，然考之字義，不應从血 正字通云
宜歸皿部。鋆衁 囡衁51755

衁 53957 28308　huǐ_12.18　篇海音悔。血面也 正字通靧字之譌。

衁 53958 28309　kàn_12.18　集韻與衁同。

衁 53959 28310　zhōu_12.18　六書略張流切音輈 說文引擊也，以牽
支見血也 正字通衁本字。鋆又衁37242衁37279

衁 53961 u275D3　jī_12.18　幾53948本字 名義衁，居衣反。羊血。

衁 53962 28312　zuī_13.19　篇海同峻

衁 53960 28311　jī_12.18　說文幾本字

衁 53963 28313　nóng_13.19　唐韻 集韻丛奴冬切音農 說文腫血也。
或作癑 六書正譌俗作膿，非。鋆又衁37291

衁 53964 28314　yè_14.20　篇海於葉切音靨。血也。

衁 53965 28315　nǔ_14.20　集韻同衄。

衁 53966 28316　zú_15.21　說文衁，或从缶作衁。

衁 53967 28317　miè_15.21　唐韻 韻會丛莫結切音蔑 說文汙血也 前

漢·文五王傳汙巇宗室師古注巇謂塗染也唐書桓彦範
傳李朝隱執奏：彦範等恐爲讎家誣巇，請遣御史案實。
又列女傳糞穢巇面区篇海鼻出血也素問膽移熱於
腦，則辛頞鼻淵。鼻淵者，濁流下不止也。傳爲衂巇瞑
目区集韻莫葛切音末。又暗見切音麩。又謨官切音瞞。
義茲同。

盡 53968 28318
xì_16.22 六書正譌俗盡字。

盡 53969 28319
xì_16.22 字彙補與盡同。

盡 53970 28320
xì_18.24 唐韻許極切集韻迄力切茲音魝說文傷
痛也書·酒誥民罔不盡傷心区集韻忽域切音洫。義同
△六書正譌从血、聿，畐聲，人痛傷則血枯，會意。俗
作盡，非。鏊又盡37328盡53969

鹽 53971 28321
kàn_18.24 集韻同磂。鏊正字通鹽，鹽53972本字。

鹽 53972 28322
kàn_24.30 說文磂，或从贛。

• 行部 •

行 53973 28323
héng_0.6 唐韻戶庚切集韻韻會正韻何庚切茲音
蘅說文人之步趨也類篇从彳从亍韻會从彳，左步。
从亍，右步也。左右步俱舉，而後爲行者也爾雅·釋宮堂
上謂之行，堂下謂之步釋名行，伉也，伉足而前也。
区廣韻適也，往也，去也区增韻路也◆禮·月令孟冬，
其祀行註行，在廟門外之西，爲軷壤，高二寸，廣五寸，
輪四尺，設主軷上区道也晉語下有直言，臣之行也。
区五行書·洪範我聞在昔，鯀陻洪水，汩陳其五行韻
會五行，運于天地間，未嘗停息，故名区行人，官名廣
韻周有大行之官論語行人子羽修飾之区語也爾
雅·釋詁行，言也註今江東通謂語爲行区歌行前漢·司
馬相如傳爲鼓一再行師古曰行謂引，古樂府長歌行，
短歌行，此其義也区唐書·韓琬傳器不行窊音義不牢
曰行，苦惡曰窊区xìng廣韻下孟切，胕去聲区玉篇行，
迹也周禮·地官師氏敏德以爲行本註德行，內外之稱。
在心爲德，施之爲行区姓後漢·光武紀隗囂遣將行巡
寇扶風註行，姓。巡，名。漢行祐爲趙相区háng集韻
寒岡切音杭類篇列也左傳·隱十一年鄭伯使卒出豭，
行出犬雞註百人爲卒，二十五人爲行。行亦卒之行列
吳語吳王陣士卒，百人以爲徹行百行註以百人通爲一
行，百行爲萬人，謂之方陣区中行，複姓通志·氏族略
中行氏，晉公族隱叔之後也，漢文時有宦者中行說。
区太行，山名書·禹貢太行、恆山，至于碣石註太行在
河內山陽縣西区hàng廣韻戶浪切音笐。次第也。
区輩行也杜甫詩豈如吾甥不流宕，丞相中郎丈人行
区韻會行行，剛健貌論語子路行行如也区hàng類篇
下朗切音沆。義同区xián集韻乎監切音嗛。與銜同。
鏊又行53975

行 53974 u2F8F
xíng_0.6 部行53973

行 53975 uFA08
xíng_0.6 兼行。

衒 53976 28324
guǐ_2.8 玉篇古文軌59838字。

衎 53977 28325
háng_2.8 石鼓文註籀文道字区字彙補徒頓切音
遯。見吳韻。鏊奇字韻衎，音杭，行列也正字通衎石
鼓文崗車飾衎。釋作酉車軷道。註：衎，籀文道字。或
曰即行列之行字，加人轉注。按二說並泥，今不從。

衎 53978 28326
háng_2.8 字彙補與衎同。見風雅廣逸

衍 53979 u275E0
yǎn_2.8 俗衍53980碑別字新編引隋呂胡墓誌

衍 53980 28327
yǎn_3.9 唐韻集韻韻會茲以淺切音演。水溢也。
說文水朝宗于海也区小爾雅澤之廣者謂之衍区美
也詩·小雅醴酒有衍区布也前漢·司馬相如傳離靡廣
衍区游衍。自恣之意詩·大雅昊天曰旦，及爾游衍。
区衍沃，平美之地左傳·襄二十五年井衍沃区曼衍，
無極也莊子·齊物論和之以天倪，因之以曼衍区沙衍，
水中有沙者穆天子傳天子乃遂東征，南絕沙衍。
区篋衍，笥也莊子·天運篇芻狗之未陳也，盛以篋衍，
巾以文繡区博雅衍衍，行也謝朓詩衍衍清風爛。
区水名史記·荆軻傳丹匿衍水中索隱曰在遼東。
区胸衍，地名前漢·地理志屬北地郡区姓通志·氏族略
衍，子姓，宋微仲衍之後区廣韻予線切，延去聲。義
同区yán集韻夷然切音延。進也周禮·春官男巫掌望
祀望衍鄭註讀爲延疏衍，衍祭也劉歆·甘泉賦高巒峻
阻，臨眺曠衍。叶泉韻。鏊又衍53979

衎 53981 28328
kàn_3.9 唐韻苦旰切集韻韻會墟旰切茲音看說
文行喜兒爾雅·釋詁衎，樂也詩·小雅君子有酒，嘉賓
式燕以衎曹植·娛賓賦遂衎實而高會兮，丹幃曄以四張
区揚子·方言衎，定也郭註衎然安定貌区kǎn廣韻苦
旱切音侃。信言也。鏊又衎53986衎53982

衎 53982 28329
kàn_3.9 直音音看。樂也○按卽衎字之譌。

衒 53983 28330
guǐ_3.9 直音音跪。向也○按與術音相近,疑術字
之譌。

衡 53984 28331
héng_3.9 直音同衡。山名。

衙 53985 u275E5
jiē_3.9 或俗街54002

衎 53986 u275E4
kàn_3.9 同衎53981

衎 53987 28332
háng_4.10 篇海音杭。俗呼衎衎，樂人也。
鏊又衎54048

衒 53988 28333
yuàn_4.10 篇海音院。註見衎53987鏊衎衎，或作衎
衎16762，樂人。

衒 53989 28334
xíng_4.10 篇海戶經切音刑玉篇行貌。

衒 53990 28335
wǎng_4.10 直音同往

衒 53991 28336
yù_4.10 字彙補魚據
切音禦。侍也区姓。亦作衒衒○按衒衒衒茲御字之譌

衒 53992 41818
là_4.10 字彙補力盍切音臘。不能舉足也。

衒 53993 28337
líng_5.11 篇海魯丁切音靈玉篇道也。

衒
xuàn_5.11　唐韻黃絢切集韻熒絹切夶音縣韻會自衒也廣韻自媒也越絕書衒女不貞，衒士不信前漢·東方朔傳武帝初卽位，四方士多上書言得失，自衒鬻者以千數師古註衒，行賣也圐集韻𡇮縣切音眴。義同。△說文作衒六書正譌通作眩。鏊又眩57634詨55769衒54027

術
shù_5.11　唐韻集韻韻會夶食律切音秫廣韻技術也人物志思通造化，策謀奇妙，是爲術家圐心術漢書註師古曰：術，道徑也，心術，心之所由也禮·樂記心術形焉圐道也晏子·雜下篇言有文章，術有條理。圐業也禮·儒行營道同術圐說文邑中道也管子·度地篇百家爲里，里十爲術，術十爲州左思·蜀都賦亦有甲第，當衢向術圐博雅迹也圐與述通禮·祭義結諸心，形諸色，而術省之註術當爲述圐與沭通史記·建元以來侯者年表術陽侯建德索隱曰在下邳圐sui集韻徐醉切音燧。六鄉之外地。一曰道也，通作遂禮·學記術有序註術當爲遂周禮·地官萬二千五百家爲遂鏊又术23534術54007衒54020

衔
null_5.11　未詳。

衏
zhèng_5.11　直音同正。

衏
qú_5.11　國語辭典衏，同衢54056

衕
tóng_6.12　唐韻徒紅切集韻韻會徒東切夶音同玉篇下也。亦通衚圐dòng廣韻徒弄切音洞。義同。圐山海經勞水多飛魚，狀如鮒魚，食之已痔衕。鏊字彙補衕，與衕同。見漢丘長碑

衖
xiàng_6.12　唐韻胡絳切集韻胡降切，夶同巷說文里中道也爾雅·釋宮衖門謂之閎圐博雅閎謂之衖。圐篇海三蒼云宮中別道也△廣韻亦作衖篇海又作閧。鏊又lòng同衖16769亦作弄。

衒
jué_6.12　篇海巨略切音噱。倦也。

街
jiē_6.12　唐韻古膎切集韻韻會居膎切夶音佳玉篇四通道也風俗通街，攜也，離也。四出之路，攜離而別也後漢·梁冀傳冀乃大起第舍，而壽亦對街爲宅張華詩甲第面長街，朱門赫嵯峩圐亭名蜀志·諸葛亮傳魏明帝使張郃拒亮，亮與郃戰于街亭圐允街，地名前漢·地理志屬金城郡圐參街，谷名水經注湟水又東逕允吾縣之參街谷圐天街，星名晉書·天文志昂、畢間爲天街圐氣街，陰髦兩傍脈動處也素問陰陽總宗筋之會，會于氣街，而陽明爲之長圐廣韻古諧切音皆集韻均窺切音規。義夶同。

衒
xián_6.12　六書正譌俗衒字〇按韻會引說文衒从金、行，俗作衒，非，宜歸金部。

衟
wēi_6.12　集韻無非切音肥。同微類篇隱行也。

衒
qiān_6.12　字彙補同𧗽漢屬國侯夫人碑操無遺衒。

衒
null_6.12　未詳。

衒
gá_6.12　字彙補音未

詳。小兒戲物。又衒衒名。鏊又䘒12654

術
shù_6.12　搜眞玉鏡音育字彙補與術同。借作述漢孟郁碑史士歌術，功稱萬世。

術
yù_6.12　搜眞玉鏡音御。又音術。

衒
null_6.12　未詳。

衙
yá_6.12　俗衙54016

衔
xián_6.12　六書正譌衔63131，俗作衔，非。

衒
zhēng_7.13　正字通徵字之譌。

衒
xuàn_7.13　唐韻黃絢切集韻熒絹切夶音縣。與衒同類篇衒本字說文行且賣也圐集韻𡇮縣切音眴。義同。

衕
yǒng_7.13　唐韻余隴切集韻尹竦切夶音勇。巷道。出蒼頡篇圐篇海衕道，正堦。

衙
yá_7.13　唐韻五加切集韻韻會牛加切夶音牙廣韻衙府類篇古者軍行有衙，尊者所在，後人因以所治爲衙圐玉篇衙。參也篇海早晚衙集也圐唐書儀衞志唐制，天子居曰衙圐地名史記·秦本紀註地理志，馮翊有衙縣圐姓通志·氏族略衙氏，嬴姓，秦穆公子食采于衙，因氏焉。漢有長平令衙卿晉書·惠帝紀河閒王顒遣將衙博攀李特于蜀圐yú廣韻語居切音魚。衙衙，行貌宋玉·九辨導飛廉之衙衙圐玉篇疎遠貌圐集韻偶舉切音語。義同圐yù牛據切音御。同禦，止也圐yà正字通入禡韻，音迓。與迓同。鏊又鄐金石文字辨異衙引漢蒼頡廟碑

衒
shuài_7.13　集韻衒54042古作衒。

衒
gē_7.13　篇海類編與割同。

衒
shuài_7.13　搜眞玉鏡音率。

術
shù_7.13　日俗術53995

衒
jiàn_8.14　唐韻慈演切集韻在演切夶音踐玉篇蹈也。又類篇與𧗸同。跡也圐才線切音賤。義同。

衒
qiān_8.14　字彙補同𧗽。

衒
yù_8.14　字彙補卽禦字。見洪适·漢隸

衒
hú_9.15　篇海音胡。衚衕，街也正字通京師街道曰衚衕。

衞
wèi_9.15　正字通俗衛字。鏊又卫00389衞54051衞54030衞54045

衚
dào_9.15　篇海同衕晉書羊皇后傳父衚，上黨太守。

衒
xìn_9.15　集韻火禁切音譀。衒衒，暗行貌圐xiān篇海許咸切，音軒◇開貌。

衝
chōng_9.15　唐韻尺容切集韻韻會昌容切夶音揰說文通道也前漢·酈食其傳夫陳留，天下之衝，四通五

達之郊也 図 博雅 動也 図 廣韻 當也，向也，突也。
図 車也 詩·大雅 以爾鉤援，與爾臨衝，以伐崇墉 疏 兵
書有作臨車、衝車之法 図 蒙衝，船名 吳志·賀齊傳 齊性
奢綺，蒙衝鬬艦之屬，望之若山 図 折衝 淮南子·說山訓
國有賢君，折衝萬里 図 官名 綱目 唐更號統軍別將爲
折衝都尉 集覽 折衝者，所以折兵衝也 図 天衝，星名 晉
書·天文志 歲星之精，流爲天衝 図 中衝，脈也 素問·心
出于中衝。中衝，手中指之端也 図 博雅 衝衝，行也。
図 chǒng 集韻 蠢勇切音喠 類篇 衝蓯，相入貌 司馬相
如·大人賦 騷擾衝蓯。又 chòng 昌用切，讀去聲。要也。
△ 說文 本作衝。徐曰：南北東西各有道相衝也 前漢·律
歷志 林鍾未之衝丑爲地正 司馬相如·上林賦 批巖衝擁。
鑿 又冲 02860 衝 16880 衳 30993

衝 huī_9.15 字彙補 許歸切音徽。美也。鑿 又衝 54040

衛 wèi_9.15 俗衛 54025

衡 null_9.15 未詳。

衡 héng_9.15 同衡 54037

衛 wèi_10.16 唐韻 集韻 韻
會 丄于歲切音夒 篇海 防也，捍也 玉篇 護也 公羊傳·定
四年 朋友相衛 註 相衛，不使爲讎所勝 図 爾雅·釋詁 垂
也 註 營衛守圍，皆在外垂也 図 魯語 有貨以衛身也 註
衛，營也 図 書·康誥 侯甸男邦采衛 國語註 衛，衛圻也
図 宿衛 晉書·元帝紀 禁衛嚴警 図 榮衛 關尹子·七釜篇
爪之生，髮之長，榮衛之行，無頃刻止 図 精衛，鳥名 山
海經 發鳩之山有鳥焉，文首、白喙、赤足，名曰精衛。
常衛西山之木石，以湮東海 図 國名 詩疏 邶、鄘、衛者，
殷紂畿內地名，屬古冀州，在汲郡朝歌縣 図 水名 書·禹
貢 恆、衛既從 疏 衛水，出常山靈壽縣東，入滹池 図 姓
廣韻 周文王子衛康叔之後，國滅，因氏焉。出河東、陳
留二望 図 yuè 集韻 乙劣切，喊入聲 范曄·靈帝贊 徼亡
備兆 小雅 盡缺。廉鹿霜露，遂棲宮衛 △ 篇海 本作衛。
省作衛。俗作衛、衛，非。鑿 又从胃聲作䮐 70228 図 爾
雅翼卷二十二·釋獸 驢，一名爲衛。

衜 dào_10.16 玉篇 古文道 61059 字。

衟 zhūn_10.16 篇海 朱倫切音諄。真也，正也，不雜也。
鑿 又衟 54041

衙 yù_10.16 集韻 偶舉切音語 類篇 止也，與御、禦通
図 直音 音素。淨也。鑿 直音 篇衙，音語，止也。

衡 héng_10.16 古文奧奧 唐韻 戶庚切 集韻 韻會 何庚
切丄音行 書·舜典 同律度量衡 前漢·律歷志 衡，平也。
所以任權而均物，平輕重也 荀子·禮論 衡誠懸矣，則不
可欺以輕重 図 書·舜典 在璿璣玉衡，以齊七政 傳 璣衡，
王者正天文之器，可運轉者 漢書註 衡謂渾天儀也。
図 樓殿邊欄楯也 前漢·袁盎傳 百金之子不騎衡。
図 勺柄，龍頭也 周禮·冬官·玉人 大璋、中璋九寸，邊璋
七寸，衡四寸 図 眉目之間也 蔡邕·釋誨 揚衡含笑 左
思魏都賦 盱衡而誥 図 斗之中央也 前漢·天文志 衡殷南

斗 図 橫也 前漢·刑法志 合縱連衡 師古曰 戰國時，齊、
楚、韓、魏、燕、趙爲縱，秦國爲衡。秦地形東西橫長，
故爲衡也 図 楅衡，所以楅持牛，使不得抵觸也 周禮·地
官 凡祭祀，飾其牛牲，設其楅衡 図 小爾雅 斤十謂之衡，
衡有半謂之秤 図 維持冠者曰衡 左傳·桓二年 衡紞紘綖
図 掌山林者謂之衡 周禮·天官·太宰 虞衡作山澤之材
図 阿衡，官名 書·太甲 惟嗣王不惠于阿衡 図 地名 周語
以諸侯朝于衡雝 註 衡雝，鄭地，在今河內 図 山名 爾
雅·釋山 江南衡 註 衡山，南岳 図 水名 水經注 衡水東經
阜城縣故城 図 姓 通志·氏族略 伊尹爲湯阿衡，子孫因
以爲氏。一云魯公子衡之後，以王父字爲氏。漢有衡威、
衡驃卿 図 與蘅通，杜衡 司馬相如·子虛賦 其東則有
蕙圃、衡蘭 図 集韻 胡盲切。與橫通 詩·齊風 衡從其畝。
疏 衡，古通橫 図 詩·陳風 衡門之下，可以棲遲 註 衡木
爲門也 △ 說文 从角、大，从行 韻會 俗作衡，非。鑿 又
輷 60447 衡 54039 衡 54032 古俗字略 衡，戶庚切。橫也，平也。
奧奧 10222 閧 04676 颪 04694 奧 10202 奧 04685 奐 04679 闌 04695
突 12018 衕 53984 衖 16696 並古。

衣 yí_10.16 搜真玉鏡 音宜。

衛 huī_10.16 同衛 54029 俗徽 16856

衜 zhūn_10.16 同衜 54035

衡 héng_10.16 同衡 54037

衕
衛 shuài_11.17 古文衛 唐韻 所律切 集韻 類篇 韻會 朔
律切丄音率 說文 將衛也 玉篇 衛，循也，導也。今或爲
率 石鼓文 悉衛左右 禮·中庸 率性之謂道 図 集韻 所類
切音帥。與帥通 六書正譌 將帥也，統也。从行率聲，會
意。今趨簡易，借用帥字。

衛 dǎo_11.17 石鼓文 衛字之譌。

衛 xián_11.17 五音篇海 音衛。

衞 wèi_11.17 俗衛 54025

衞 null_11.17 未詳。

衝 chōng_12.18 說文 衝本字。

衙 háng_12.18 字彙補 同衙。

衛 null_12.18 未詳。

衜 dào_13.19 金石韻府 與導同。

衙 yù_14.20 奚韻 音御

衛 wèi_14.20 說文 衛本字

衙 háng_15.21 字彙補 同衙。

衢 qú_16.22 字彙補 同衢 揚子·太玄經 衢周九路。

衝 null_17.23 未詳。

衢 qú_18.24 唐韻 其俱切 集韻 韻會 權俱切丄音劬 玉
篇 四達道也 爾雅·釋宮 四達謂之衢 易·大畜 何天之衢 左
傳·昭二年 尸諸周氏之衢 註 衢，道也 楚辭·天問 靡蓱九
衢 註 九交之道曰衢 図 岐路也 荀子·勸學篇 行衢道者不

至図天衢,星名晉書·天文志中閒爲天衢,黃道之所經也図檀衢,齊市名戰國策有孤狐咺者,正議閔王斳之檀衢図州名一統志越西鄙姑蔑之地,唐置衢州図姓通志·氏族略衢氏,江陵人。見姓苑図jù類篇俱遇切音屨。行也○按去聲衢字集韻作欋。鍫又衏53998図霩衢,亦作霩衢,驛站名。

• 衣部 •

衣 54057 28377
yī_0.6　唐韻集韻韻會夶於希切音依說文上曰衣,下曰裳世本胡曹作衣。黃帝時人白虎通衣者,隱也釋名衣,依也。人所依以芘風暑也玉篇所以形軀依也類篇象覆二人之形易繫辭黃帝、堯、舜垂衣裳,而天下治,蓋取諸乾坤禮·玉藻衣,正色。裳,閒色傅玄·衣銘衣服從其儀,君子德也。衣以飾外,德以飾內。図絲衣,祭服也詩·周頌絲衣其紑図博雅寢衣,衾,輱服也図釋名中衣,言在小衣之外,大衣之中也。図心衣,抱腹而施鉤肩,鉤肩之閒施一襠,以養心也。図面衣晉書·惠帝紀尚書高光進面衣図耳衣唐·邊塞曲金縫耳衣寒図綴衣,掌衣服官名書·立政王左右常伯、常任、準人、綴衣、虎賁図白衣,未仕之稱後漢·崔駰傳憲諫以爲不宜與白衣會図牛衣,編亂麻爲之。即今俗呼爲龍具者前漢·王章傳疾病,無被,臥牛衣中図垣衣,苔也王融詩垣衣不可裳図姓通志·氏族略見姓苑正字通明有衣勉仁、衣祐図人名高士傳被衣,堯時人。蒲衣,舜時人図青衣,地名史記·彭越傳處蜀青衣註今爲臨邛図借服膺意音·康誥紹聞衣德言。図yì唐韻於旣切,讀去聲。服之也玉篇以衣被人也增韻著衣也晏子雜下篇衣十升之布前漢·東方朔傳身衣弋綈図yīn韻補於斤切。齊人言衣聲如殷,今姓有衣者,殷之謂歟△一作㫃通志·六書略即衣字,从向、身。鍫又衣54058㐺00636衺49407図第二次漢字簡化方案(草案)·第二表·簡化偏旁·不能單獨成字的簡化偏旁 衤54062簡作衤。可類推簡化的字:补初衬衫袄袜祖袖袍被裆裕裙裱褂裸褪褛褶褴。

衣 54058 u2F9C4
yī_0.6　正字通衣,俗作衣,非。

㐅 54059 u27607
ấy_0.6　喃衣簡寫。他,那個。

衣 54060 u2F90
yī_0.6　同衣54057部首專用字。亦作衤54061

衤 54061 u2EC2
yī_0.6　部衣54060

衤 54062 u8864
yī_0.6　衣54057偏旁。

衭 54063 28378
liǎo_2.8　唐韻盧鳥切集韻朗鳥切夶音了玉篇校衭揚子方言小裃謂之校衭急就篇註裃謂脛衣也,大者謂之倒頓,小者謂之校衭皮日休詩校衭漁人服,符簹旅店窗図集韻力弔切音料。義同。

卒 54064 28379
zú_2.8　唐韻集韻夶臧沒切音崒◆說文隸人給事者爲卒韻會古以染衣題識,故从衣、十揚子方言南楚、東海之閒謂卒爲褚郭璞註言其衣赤玉篇行鞭也周禮·地官·小司徒五五爲兩,四兩爲卒,五卒爲旅齊語四里爲連,故二百人爲卒,連長帥之左思·吳都賦雕題之士,鍍身之卒図積卒,星名晉書·天文志積卒十二星,在房星南,主爲衞也図廣韻子聿切音崒。盡也晉語史蘇卒爵,再拜稽首図終也詩·邶風父兮母兮,畜我不卒史記·淮陰侯傳公,小人也,爲德不卒図沒也禮·曲禮大夫曰卒,士曰不祿,庶人曰死図cù唐韻倉沒切音猝。急也史記·秦本紀不可以應卒晉書·禮志于時內外卒聞杜預異議,多怪之図集韻昨律切音崒詩疏與崒通,崔嵬也詩·小雅漸漸之石,惟其卒矣図cui類篇取內切。與倅同,副貳也禮·燕義諸侯、卿、大夫、士之庶子之卒△六書正譌以衣而荷之,會意。別作卆、殟,夶非。

齊 54065 28380
yì_2.8　說文古文裔54335字。

㡭 54066 28381
yì_2.8　玉篇古文裔54335字。

衼 54067 28382
pàn_2.8　韻會同襻54931

衼 54068 u2760C
null_2.8　未詳。

机 54069 u461B
jī_2.8　簡機54777

补 54070 u8865
bǔ_2.8　簡補54349

衬 54071 28383
jīn_3.9　集韻與巾同。鍫譌作衬54232

杠 54072 28384
jiāng_3.9　篇海古雙切音江玉篇衣帶。

衦 54073 28385
gǎn_3.9　唐韻集韻夶古旱切音笴說文摩展衣也図gàn類篇居案切,讀去聲。義同△或作紵。
鍫又衦39651

衧 54074 28386
yú_3.9　集韻雲俱切音于◆說文諸衧也。通作于後漢·光武紀三輔吏士東迎更始,見諸將過,皆冠幘而服婦人衣,諸于繡褫,莫不笑之図類篇一曰大掖衣也△本作袬,或作衧。鍫又表54090袬54292

袬 54075 28387
yú_3.9　唐韻羽俱切音于。袬衣也集韻同衧54074

衳 54076 28388
gōng_3.9　集韻居雄切音弓博雅褌、袜、衳,袴也。

表 54077 28389
biāo_3.9　古文麃褾裵唐韻陂矯切集韻韻會正韻彼小切夶音㦽說文表,上衣也玉篇衣外也図外也書·立政方行天下,至于海表,罔有不服図表異書·畢命表厥宅里傳表異其宅里図標也晉語置茅蕝,設望表註謂立木以爲表,表其位也図篹表釋名下言於上曰表蔡邕·獨斷表者不需頭,上言臣某,下言臣某誠惶誠恐,頓首図韻會杪也,末也図表表,偉也図地名晉書·地理志表氏縣,屬酒泉郡図姓通志·氏族略表氏。見姓苑正字通明有表貢図集韻俾小切音褾。義同。図biāo卑遙切音飆。識也。鍫又錶63646袬54142裵54132褾54883廮74374廮74343図袬54215漢隸字源·表引車騎將軍馮緄碑

衩 54078 28390
chà_3.9　唐韻集韻韻會夶楚懈切,差去聲玉篇衩也博雅裮、袥、衩,謂之褄衩図衩、衸、袥,裩膝也図裙衩李商隱詩裙衩芙蓉小図篇海衣祖也図類篇楚嫁切音汊。義同。鍫又衩39648

袥 tuō _3.9 54079 28391 集韻闥各切音託 類篇開衣令大也△正字通俗以貼襯長衣者爲袥衫，無証據。

袘 yí _3.9 54080 28392 唐韻弋支切集韻余支切丛音移 玉篇衣緣也 図博雅袧也 図集韻韻會丛演爾切音迤。義同。△或作袘。鼙又袉54189

袣 yì _3.9 54081 28393 唐韻與職切集韻逸職切丛音弋 玉篇衫也 類篇黑衣也 図酉陽雜俎先賢大臣冢墓揭袣，題其官號姓名。

杓 zhuó _3.9 54082 28394 唐韻之若切集韻職略切丛音灼 玉篇禪衣揚子方言袧襌謂之襌 郭註今又呼爲涼衫也 図篇海都歷切音的。義同 図bào 類篇皮教切音皰。衣襟。

衫 shān _3.9 54083 28395 唐韻所銜切集韻韻會師銜切丛音杉 篇海小襦也。一曰單襦 釋名衫，芟也，衫衣無袖端也 束皙近游賦脅汗衫以當熱 図衣之通稱 唐書車服志士人以皁紵襴衫爲上服，馬周請加襴袖褾襈，開骻者名缺骻衫△集韻通作襂。鼙又衫39652

袢 pàn _3.9 54084 28396 集韻普患切音販。同襻，衣系也△亦書作袞。亦作祄。

袥 tì _3.9 54085 28397 字彙補他計切音替。袥裂手取也 図神也。鼙又褅54502袳54629祿54674捿20547

杆 qiān _3.9 54086 41821 川篇音千。祈也。鼙祈，祈字之誤。

袛 zhī _3.9 54087 u2761B 俗袛39713 龍龕手鑑·衣部第十袛54193古，袛今，音脂。敬也 図hù同裪54112 集韻袛，胡故切。短衣。

衧 yú _3.9 54088 u2761A 同袁54075

衮 pàn _3.9 54089 u27619 同祄54084

表 yú _3.9 54090 u27618 同袁54075 廣韻袬，羽懼切。褒衣 龍龕衧54074或作，表今，音于。包衣，即大袖衣也。

戻 qǐ _3.9 54091 u27617 張涌泉：俗啓06234

袣 null _3.9 54092 u27616 未詳。

袥 null _3.9 54093 u27615 未詳。

袔 null _3.9 54094 u27614 未詳。

袀 mǎ _3.9 54095 u461E 簡襪54627

衬 chèn _3.9 54096 u886C 簡襯54891

褎 biǎo _4.10 54097 28398 集韻表古作褎 類篇从衣从毛。古者以毛爲表。

袚 fū _4.10 54098 28399 唐韻甫無切集韻風無切丛音膚 類篇衣前襟也。 說文襆，袚也 図玉篇襆，袚襔，劍衣也 図集韻馮無切音扶。義同。鼙又帗14778紱43843

斗 dǒu _4.10 54099 28400 玉篇當口切。衫袖也。鼙又褕54133衦39679

袞 gǔn _4.10 54100 28401 古文裷 唐韻集韻丛古本切音滾。天子服也 正韻龍章法服也 說文天子享先王，卷龍繡于下幅，一龍蟠阿上向 詩·豳風我覯之子，袞衣繡裳 周禮天官司服享先王，則袞冕 註袞，龍衣也 儀禮·覲禮天子袞冕負斧扆 註袞衣者，襢之上也 図與卷通 禮·王制三公一

命卷 註卷，俗讀也，其通則曰袞 図袞袞 晉書王戎傳裴頠論前言往行，袞袞可聽 図韻會亦作裷 荀子·富國篇天子袾裷衣冕△與袞同。

柿 pō _4.10 54101 28402 唐韻集韻丛普活切音潑。衣袂也 博雅裯、柿，袂也 図bō 集韻北末切音撥。義同 図fèi 篇海方味切音沸。同褯，蠻夷服。

祹 diāo _4.10 54102 28403 唐韻都聊切集韻丁聊切丛音貂 說文棺中縑裹也 廣韻死人衣也 図玉篇蠻夷衣也△類篇或書作袠。

袬 fēn _4.10 54103 28404 唐韻撫文切韻會敷文切丛音芬 類篇衣大謂之袬 說文長衣貌 司馬相如·子虛賦袬袬裶裶。 図pén 集韻步奔切音盆。衣長好貌△篇海或作袞。

裒 fēn _4.10 54104 28405 類篇同袬

衰 shuāi _4.10 54105 28406 古文䜑裗 唐韻所危切，音䪄。又廣韻所追切集韻雙佳切，並音榱。小也，減也，殺也 類篇浸微也 韻會弱也，耗也 廣韻楚危切集韻初危切，並音夊 玉篇等衰也 齊語相地而衰征，則民不移 図cuī 集韻倉回切音崔 類篇同縗，喪服也 禮·喪服小記斬衰括髮以麻，齊衰惡筓以終喪 図邑名 晉語公子濟河，召令狐臼，衰、桑、泉皆降 註三者皆晉邑 図suō 集韻蓑本字 說文艸雨衣。秦謂之萆 詩·小雅何衰何笠 石經作蓑△ 說文作衰 類篇作裗。鼙又蓑00739䜑26947㠺36286㠜15701 図集韻衰蓑䒌，或从艸。古作萅 図字彙補裹00743音義與衰同。

被 bō _4.10 54106 28407 正字通被字之譌。

被 jié _4.10 54107 28408 唐韻居怯切集韻訖業切丛音劫 玉篇裾也 爾雅·釋器被謂之裾 杜甫詩背後何所見，珠壓腰被穩稱身 図jí 集韻極曄切音极。交領謂之被 廣韻衣領也 博雅襟、被謂之褘。鼙又衱39688

衲 nà _4.10 54108 28409 唐韻奴荅切集韻諾荅切丛音納 廣韻補衲，紩衣也 図僧衣曰衲 蘇軾詩欲教乞食歌姬院，故與雲山舊衲衣 図百衲，琴名 図集韻儒稅切音汭。義同△玉篇或作納。

袳 zhōng _4.10 54109 28410 唐韻職容切集韻諸容切丛音鍾 玉篇小襌也 博雅袳、襠，襌也 図cōng 集韻取勇切音嵷。義同 図類篇袳也△或作祝 玉篇又作襂。

杪 biāo _4.10 54110 28411 集韻俾小切音剽。與褾同，袖端也。鼙俗作杪39680

枕 dǎn _4.10 54111 28412 唐韻集韻丛都感切音黕 類篇緣也 埤蒼被緣也。

祜 hù _4.10 54112 28413 類篇胡故切音護。短衣也△集韻作袛。

袥 rì _4.10 54113 28414 唐韻正韻人質切集韻韻會入質切丛音日 說文日日所常衣也 図ni 集韻尼質切音昵 玉篇女人近身衣也 左傳·宣九年皆衷其袥服，以戲于朝。

裱 bǐ_4.10 54114 28415 篇海補委切音彼。衣袖 正字通 譌字。

殳 shū_4.10 54115 28416 集韻 春朱切音樞 類篇 與袾54266同。

神 zhòng_4.10 54116 28417 玉篇 直勇切 直 音重。袴也。

衷 zhōng_4.10 54117 28418 唐韻 陟弓切 集韻 韻會 正韻 陟隆切丛音中 玉篇 善也 書·湯誥 惟皇上帝，降衷于下民 左傳·昭二十二年 無亢不衷，以獎亂人 又 中也 周語 國之將興，其君齊明衷正，精潔惠和 又 韻會 誠也 左傳·昭十六年 發命之不衷 又 適也 左傳·莊六年 必度於本末而後立衷焉 又 增韻 方寸所蘊也 又 說文 裏褻衣也。左傳·宣九年 陳靈公與孔寧儀行父通于夏姬，皆衷其衵服 又 姓 正字通 漢哀帝之後衷愉仕唐，改姓哀 又 zhòng 廣韻 陟仲切，中去聲。當也 韻會 折衷，平也 史記·孔子世家 折衷于夫子 註 折，斷也。衷，當也 又 後漢·梁統傳 爰制百姓于刑之衷 衷 不輕不重也。通作中 前漢·貢禹傳 微夫子之言，則無所折中。亦讀作平聲△六書正譌俗作衺，非。

袥 xiè_4.10 54118 28419 唐韻 胡介切 集韻 下介切丛音械。袥也 博雅 袚、袥、袘，褾膝也 又 jiè 廣韻 古拜切音戒。布衣幅也 又 玉篇 衣長貌。璽 譌作衸54146衸54201

衹 qí_4.10 54119 28420 唐韻 巨支切 集韻 翹移切丛音岐 廣韻 衹衼，尼法衣 類篇 裂裳謂之衹衼 又 zhī 類篇 章移切音支。適也 前漢·賈誼傳 衹加懟自明揚主之過 師古曰 其字从衣 又 tǐ 土禮切。同緹。帛丹黃色也。

衺 xié_4.10 54120 28421 唐韻 似嗟切 集韻 徐嗟切丛音斜。說文 裒也 廣韻 不正也 玉篇 姦思也 周禮·天官·宮正 去其淫怠奇衺之民 註 奇衺，謟衺非常。又 地官·比長 五家有辠奇衺則相及 註 衺，猶惡也 唐書 婉兒衺人穢夫，爭候門下△類篇 或作衵 集韻 通作斜 璽 可洪音義 枙23686 梧：上似嗟反。正作衺衵二形也。衺盼：上祥嗟反，不正也。正作衺斜佲三形也。注：佲yá或方言字，小孩。

袡 rán_4.10 54121 28422 唐韻 汝鹽切 集韻 韻會 如占切丛音髯。廣韻 衣緣也 又 禮·喪大記 婦人復不以袡 註 袡，婦人嫁時上服 儀禮·士昏禮 女次純衣纁袡 註 袡之言任也，以纁緣其衣，象陰氣上任也 又 類篇 衣下襟也 禮·雜記 繭衣裳與稅衣，纁袡爲一 註 裳，下襟也，婦人蔽膝也。小爾雅 蔽膝謂之袡 又 集韻 尼占切音粘。義同。又 chān 處占切。與襜、裧同△直音 作袡 韻會 別作袩。璽 又 紺43848緂44011

衹 zhī_4.10 54122 28423 唐韻 集韻 丛章移切音支 類篇 毛衣也。又 衹54119衼，法衣。

衽 rèn_4.10 54123 28424 唐韻 正韻 汝鴆切 集韻 如鴆切丛音妊 類篇 衣襟也。揚子·方言 褸謂之衽 釋名 衽，襜也。在傍襜襜如也 禮·玉藻 衽當旁 註 衽，謂裳幅所交裂也 又 禮·曲禮 請衽何趾 註 衽，臥席也 周禮·天官·玉府 掌王之燕衣服衽席 註 衽席，單席也 禮·檀弓 棺束縮二衡三衽每束

一 疏 小要也。其形兩頭廣，中央小也，旣不用釘棺，但先鑿棺邊及兩頭合際處作坎形，則以小要連之。今因漢時呼衽爲小要也。又 屈原·離騷 跪敷衽以陳辭兮 註 衽，衣前也 又 博雅 衽、袧、袾、衿，褹也 又 集韻 忍甚切音稔。義同 又 類篇 或作裧，通作衽。璽 又衽39696衽39689 衽23730 衽39800 衻14882 又 可洪音義 左衽54210：冝作衽，而甚反，衣襟也。又依字音縣，非 辯證論 作絃，戶犬反，亦非也。冝取衽字呼。

衾 qīn_4.10 54124 28425 唐韻 去金切 集韻 韻會 袪音切丛音欽。玉篇 大被也 詩·召南 抱衾與裯 孟子 謂棺槨、衣衾之美也 疏 凡衾皆三幅 鄭註 衾，單被也 陳子昂詩 旖旎光首飾，葳蕤爛錦衾△類篇 作裧 集韻 作裧。璽 又袞54223衾54307

衿 jīn_4.10 54125 28426 唐韻 集韻 正韻 丛居吟切音今。爾雅 衿謂之袸 註 衣小帶也 又 揚子·方言 衿謂之交 註 衣交領也 詩·鄭風 青青子衿 傳 青衿，青領也 又 qín 類篇 渠金切音琴。其淹切音箝。義丛同 又 qín 玉篇 巨禁切音妗 禮·內則 衿纓、綦屨 註 衿猶結也 儀禮·士昏禮 母施衿結帨 又 前漢·揚雄傳 衿芰茄之綠衣兮 註 衿，帶也 又 通志·六書略 與襟同△韻會 作紟。璽 又裣54392

袀 jūn_4.10 54126 28427 唐韻 居勻切 集韻 規倫切丛音鈞 玉篇 戎服也 後漢·輿服志 秦以戰國卽天子位，減去禮樂郊祀之服，皆以袀玄 左思·吳都賦 六軍袀服 又 純也 揚子·太玄經 陽氣袀晬清明 前漢·王莽傳 時，莽紺袀服，帶璽韍 又 綱目·集覽 偏裒謂之袀△篇海 通作均。璽 俗作袀39676

袧 gōu_4.10 54127 28428 正字通 俗袧字。

袁 yuán_4.10 54128 28429 唐韻 雨元切 集韻 羽元切 韻會 于元切丛音園 說文 長衣貌。从衣，叀省聲 又 州名 篇海 漢宜春縣，隋置袁州 又 姓 通志·氏族略 袁氏，嬀姓，舜後。陳胡公之後裔。胡公生申公，申公生靖伯，十八世孫莊伯生諸字伯爰，陳濤塗以王父字爲氏，世爲陳上卿。亦作轅。又作爰 史記·袁盎 漢書 作爰△韻會 袁从口。俗省作表，又作表，非是。璽 又滚29061未08386

紐 niǔ_4.10 54129 28430 集韻 女九切音紐 類篇 衣袂也。

袂 mèi_4.10 54130 28431 唐韻 弭弊切 集韻 韻會 彌蔽切丛音機 玉篇 袖也 釋名 袂，掣也。掣，開也。開張之，以受臂屈伸也 禮·曲禮 以袂拘而退 儀禮·大射儀 大射正執弓，以袂順左右限 前漢·鄒陽傳 攘袂而正議者，獨大王耳。又 擔袂，國名 水經注 江口有國，號擔袂，屬天竺。遣黃門字輿爲擔袂王 又 rui 集韻 儒稅切音汭 莊子·漁父 篇 被髮揄袂 釋文 袂，李音芮 又 yì 倪柔切。同襬54647 又 jué 類篇 古穴切。同襭。亦袖也 韻補 沈炯·歸魂賦 矧古今之悲凉，並攢心而霑袂。渡狹嶺之欹危，跨清津之幽咽。璽 譌作袂54241褋54551

裂 54131 28432
chài_4.10 集韻丑邁切。同𧝑類篇𧝑芥，刺鯁也。
或作𧞫鶡冠子·世兵篇細故𧞫𧞫。

襃 54132 28433
biāo_4.10 篇海類編同表。

裻 54133 28434
dǒu_4.10 字彙補音斗。袖也。鼉張涌泉：同衤54099

褭 54134 28435
diāo_4.10 類篇同裀

袞 54139 28440
qīn_4.10 類篇同衾。

襃 54135 28436
diāo_4.10 五音篇海音凋。棺衣也。

裞 54136 28437
xié_4.10 集韻徐嗟切音斜。同裦54120

襃 54137 28438
lì_4.10 類篇狼狄切。同𧝅。急纏也。

衲 54138 28439
pàn_4.10 類篇普患切。同襻。

裛 54140 28441
xiōng_4.10 直音音凶。孝長衣也。

脊 54141 28442
yì_4.10 字彙補與裔54335同。見海篇

裦 54142 28443
biǎo_4.10 字彙補漢碑表字。

袢 54144 45398
pàn_4.10 五音篇海同襻。

袄 54145 45399
jiù_4.10 龍龕同救

衻 54143 41822
jiàn_4.10 五音篇海古莧切。衣也。鼉俗衻𡚁袸54225

袘 54146 45400
jiè_4.10 篇海類編同袡。

裦 54147 u2B2F4
xiāng_4.10 俗襄54669 侯鯖字海·五經難字之次·禮記下·難字·祭統 裦，音崩。廟門祭也𡚁fiengq𡚁衻裾：圍裙布片。

衻 54148 u2B2F3
bēng_4.10 俗衻39665 五

祗 54149 u2B2F2
ōu_4.10 簡褔54639

哀 54150 u2763C
zhōng_4.10 俗裒54117

𧘲 54152 u2763A
null_4.10 未詳。

衻 54151 u2763B
shè_4.10 祎54228譌字

袥 54153 u27639
tài_4.10 粵領帶，英文tie之漢譯。

裦 54155 u27634
pō_4.10 同裶54101

袞 54156 u27633
āo_4.10 同裹30837

衼 54157 u27632
zhǐ_4.10 漢語方言大詞典衼子：背心。馬衼子：馬褂。并北京官話𡚁越諺卷中·服飾青布衼子：道光初年，寒儒及店倌出客猶著此衣，今亡矣𡚁xòn𡚁从衣屯ðôn聲。煙袋荷包。

袘 54154 u27638
dūn_4.10 漢語方言大詞典

衼 54158 u27631
bǐ_4.10 或袘字之譌。清·紀容舒唐韻考（文淵閣四庫本）匕，卑履切。秕衹紕𧚫袘。

衻 54159 u8887
rán_4.10 俗袡54200

補 54160 u8886
huī_4.10 簡褘54533

裊 54161 u8885
niǎo_4.10 簡裊54318

祅 54162 u8884
ǎo_4.10 簡襖54782

䙡 54163 28444
jiā_5.11 唐韻古牙切集韻居牙切𡚁音嘉廣韻䙡裟，胡衣也楞嚴經會解䙡裟，從色得名，三衣通稱通鑑武后賜僧法朗等紫䙡裟𡚁玉篇亦作毠類篇本作裌。鼉又𣮈27451𤿎27464𧜸27327

袉 54164 28445
tuó_5.11 唐韻徒何切集韻唐何切𡚁音駝類篇裾也𡚁韻會待可切音拕。義同𡚁集韻通拕說文引論語曰朝服袉紳𡚁玉篇袉袉，美也𡚁他佐切，拕去聲。義同𡚁tuǒ集韻他可切音挱廣韻長舒貌。鼉龍龕袉俗，袉正，袍今。

袦 54165 28446
ná_5.11 唐韻集韻𡚁女加切音拏說文敝衣也。

袻 54166 28447
zhǔ_5.11 集韻展呂切音貯玉篇敝衣也。

袊 54167 28448
lǐng_5.11 唐韻良郢切集韻里郢切韻會里整切𡚁音領玉篇衣袊也揚子方言袒飾謂之直袊，謂婦人初嫁上服。一曰繞袊，江東通言下裳曰袊𡚁類篇郎丁切，與禮、褘同。

袋 54168 28449
dài_5.11 唐韻徒耐切集韻韻會待戴切正韻度耐切𡚁音代玉篇囊屬△干祿字書作帒。

襃 54169 28450
bào_5.11 集韻薄皓切音儤。同抱說文褱也六書正譌俗作抱19350，非𡚁bào唐韻薄報切音暴。衣前襟揚子方言襌衣有襃者謂之袙衣郭註前施襃囊也𡚁朝服垂衣也𡚁pào集韻披敎切音炮。襃囊，衣緩貌𡚁páo薄襃切。同袍54170

袍 54170 28451
páo_5.11 唐韻薄襃切集韻韻會蒲襃切𡚁音䮑廣韻長襦也釋名袍，丈夫著下至跗者也。袍，苞也。苞，內衣也。婦人以絳作衣裳，上下連，四起施緣，亦曰袍，義亦然也後漢·輿服志袍者，或曰周公抱成王宴居，故施袍𡚁爾雅釋言襺也禮玉藻纊爲襺，縕爲袍論語衣敝縕袍𡚁衣前襟公羊傳·哀十四年反袂拭面涕沾袍𡚁禮喪大記袍必有表註褻衣𡚁póu韻譜蒲侯切，叶音抔詩·秦風豈曰無衣，與子同袍。王于興師，修我戈矛𡚁bào集韻薄報切類篇同襃△或作褾、襃。鼉又襃54881𡚁龍龕裒俗，袍正𡚁集韻袍，蒲襃切說文襺也。引論語衣弊縕袍。亦書作裒△宏按，裒字，宋本集韻寫作襃54169中文大辭典裒，與袍同。

袎 54171 28452
yào_5.11 唐韻集韻韻會𡚁於敎切音靿廣韻襪袎類篇轙頸也△篇海亦作紒、幼。鼉又𧜍14834鞠67209

袏 54172 28453
zhēng_5.11 唐韻集韻𡚁諸盈切音征類篇袏裷，小兒衣也。出字林

袏 54173 28454
là_5.11 集韻落合切音拉類篇袏褲，衣敝𡚁力洽切。義同。鼉袏褲，亦作襝54875褲。

袏 54174 28455
zuò_5.11 集韻子賀切音佐玉篇衣包囊也𡚁類篇襌衣也揚子方言襌衣有襃者，謂之袙衣。

袐 54175 28456
bì_5.11 篇海壁吉切音必。刺也。从衣不从示。鼉祕23857祕39711的譌字。

裀 54176 28457
zhì_5.11 唐韻集韻𡚁爭義切音摷。衣不展也類篇衣不伸謂之裀玉篇襦絅也𡚁zī將支切音貲。複襦也𡚁jī才詣切。衣交袊也。

衹 54177 28458
zǐ_5.11 集韻阻氏切音批類篇粹也𡚁蔣氏切音

紫。衣縫。鼇又裟54176

袑 shào_5.11 唐韻集韻市沼切音紹 說文 綺上也 類篇 綺襠也 博雅 襱謂之綺，其袑謂之袑 前漢·朱博傳 博遷琅琊太守，敕功曹官屬，多襃衣大袑，不中節度，自今掾吏衣皆令去地三寸 又 類篇 衣襟也。

袚 bō_5.11 集韻 方未切音沸 類篇 同被。

袒 tǎn_5.11 唐韻 徒旱切 集韻 韻會 蕩旱切 夶音但。袒褐也 禮·曲禮 冠毋免，勞毋袒 儀禮·鄉射禮 司射適堂西，袒決遂 註 左免衣也 疏 凡事無問吉凶，皆袒左，惟有受刑袒右 又 楞嚴經 佛乞食王城，偏袒右肩 又 釋名 汗衣，或曰鄙袒，或曰羞袒，作之用六尺裁足覆胷背，言羞鄙于袒而衣此耳 又 zhàn 廣韻 丈莧切。同綻，衣縫解也。詳綻54426字註 又 與禮54805通。鼇俗作袒39756

袓 jù_5.11 唐韻 慈呂切 集韻 在呂切 夶音咀 說文 事好也 又 jiē 咨邪切音嗟 類篇 袓厲，縣名。

術 shù_5.11 集韻 食律切音述 博雅 劍衣也 又 直律切音尤。義同 △ 正字通 引 史記 郈冠袾紺曰鱻縫也 ○按 史記 本作秫，从禾不从衣。

袃 ě_5.11 唐韻 烏可切 集韻 倚可切 夶音妸 類篇 袃裹，衣貌 又 玉篇 袃，弱貌 △ 亦作袘。鼇又裟54224

袔 hè_5.11 唐韻 胡个切音賀。與襘同 玉篇 被袖也。又 kuǎ 集韻 苦瓦切音骻。同絝，小衫 又 kè 口個切音坷 通志·六書略 夾衣也。

袽 shù_5.11 唐韻 食聿切音術 爾雅·釋器 袽謂之裳 郭註 衣開孔也 又 xué 胡決切音穴 ◆ 玉篇 鬼衣也 又 廣韻 長衣也。鼇又絉43935袩54202

袷 jiá_5.11 集韻 古狎切音甲 廣雅 襦也 又 xiá 轄甲切音狎。衿也。

袖 xiù_5.11 古文褎 唐韻 似祐切 集韻 似救切 夶音岫。袂也 釋名 袖，由也，手所由出入也。亦言受也。以受手也 後漢·馬廖傳 城中好大袖，四方全匹帛 又 綱目集覽 半袖，短袂衣也 釋名 半袖，其袂半，襦而施袖也 晉書·五行志 魏明帝披縹綾半袖 △ 廣韻 亦作褏、袞。鼇又褏54222偈01872袩54377 又 袖39705 碑別字新編 引魏 王誦墓誌

袗 zhěn_5.11 唐韻 章忍切 集韻 韻會 止忍切 夶音軫。◆ 說文 玄服也 又 玉篇 緣也 又 單也 論語 當暑袗絺綌 何晏註 暑則單服也 又 畫衣也 孟子 被袗衣 又 集韻 之刃切音震。義同。一曰衣前襟 又 zhēn 之人切音眞 類篇 衣同色 儀禮·士冠禮 兄弟畢袗玄 註 古文袗爲均 △ 廣韻 亦作袗。鼇又袗54244袗39750

袘 yí_5.11 集韻 余支切音移 類篇 衣中謂之袘。又 yì 韻會 以豉切音易。裳下緣也 儀禮·士昏禮 主人爵

弁，纁裳緇袘 註 袘謂緣。袘之言施，以緇緣裳，象陽氣下施也 又 衣袖也 司馬相如·子虛賦 揚袘戍削 △ 或作襹。鼇俗作袘39740袘39745

帊 pà_5.11 集韻 普駕切音怕 類篇 帳也 篇海 同帕、帊。別詳巾部 又 mà 篇海 莫八切音傄。帊額，首飾 後漢·輿服志 秦雄諸侯，乃加其武將首飾爲絳帊，以表貴賤。

被 bō_5.11 唐韻 集韻 夶北末切音撥 說文 蠻夷服也 又 集韻 敷物切音拂。義同 又 fú 分物切音弗 博雅 襜、被、襑也 又 fèi 方未切音沸 玉篇 蔽膝也 揚子·方言 蔽膝，江淮之間謂之褘，或謂之被 △ 玉篇 或作袚、袡 集韻 亦作袡。鼇又被54106襱54722 又 直音篇 被39706同被。

袮 bō_5.11 集韻 北末切。同被54191

袛 dī_5.11 唐韻 都奚切 集韻 都黎切 夶音低 說文 袛裯，短衣也 揚子·方言 汗襦，自關而西謂之袛裯 後漢·羊續傳 其資藏惟有布衾、敝袛裯、鹽麥數斛而已。

袜 mò_5.11 唐韻 莫撥切 集韻 莫葛切 夶音末 廣韻 袜肚 類篇 所以束衣也 隋煬帝詩 錦袖淮南舞，寶袜楚宮腰 又 wà 集韻 勿發切音襪 類篇 同襪 玉篇 脚衣 漢·雜事祕辛 約縑迫袜，收束微如禁中。鼇又絑43953今袜爲襪54868簡化字。

柉 pō_5.11 集韻 滂禾切音坡 類篇 衣貌。

袝 fù_5.11 集韻 符遇切音附 類篇 盛服也。

袞 gǔn_5.11 篇海 與袞同 ○按 說文 袞，从衣公聲 廣韻 集韻 夶作袞 干祿字書 以袞爲正，以袞爲通。今依 說文。鼇又袞54226袞54456襃54681襛54937 又 龍龕 襌54946俗。袞今。

袟 zhì_5.11 集韻 直質切音秩 類篇 劍衣也 又 博雅 程也 又 韻會 與秩通 唐書·蕭至忠傳 官袟益輕 杜甫·朝享太廟賦 六宮咸袟 又 玉篇 與袠同。鼇又袠54219

袠 zhì_5.11 唐韻 直一切 集韻 正韻 直質切 夶音秩 說文 書衣也 後漢·楊厚傳 吾綈袠中有先祖所傳祕記 江淹詩 開袠瑩所疑 又 禮·內則 施縿袠 疏 袠，刺也。以針刺袠而爲縿囊，故云縿袠也 又 野客叢書 白居易詩：年開七袠。是以十年爲一袠 莊子·知北遊 墮其天袠 又 類篇 姓也 △ 韻會 作帙，亦作袠。

袡 rán_5.11 篇海 同袡。鼇又絑43848袡54121

袥 jiè_5.11 唐韻 況于切 集韻 匈于切 夶音呼 玉篇 大袑衣也。鼇楊寶忠：俗袥54118

袸 róng_5.11 集韻 戎用切，宂去聲 類篇 鬼衣也 又 字彙 而用切。長衣也。

袢 54203 28484
fán_5.11 唐韻附袁切集韻韻會符袁切夶音煩玉篇衣無色也図類篇袢延，衣熱也詩鄘風是紲袢也傳是當暑袢延之服也図pàn集韻普半切音泮類篇袢迅，盛服貌。

袽 54204 28485
ní_5.11 集韻年題切音泥類篇喪禮首服図nǐ乃倚切音你。褹袽，衣好貌。

袣 54205 28486
yì_5.11 唐韻餘制切集韻以制切夶音曳。長被也図衣長貌也図集韻羊至切音肆。袖也司馬相如子虛賦曳獨繭之褕袣△亦作袬。

袤 54206 28487
mào_5.11 唐韻集韻韻會正韻夶莫候切音茂說文衣帶以上図廣袤。東西曰廣，南北曰袤張衡西京賦量徑輪，考廣袤図博雅長也図móu集韻迷浮切音牟類篇長衣也△玉篇籀文作袤。鼇又樊54819袤54120

袥 54207 28488
tuō_5.11 唐韻他各切集韻韻會闥各切夶音託說文衣袥博雅衼、衿、袥，褓膝也図廣韻開衣領也韻會開衣令大也図玉篇廣大也揚子太玄經天地袥祖，宇宙袥祖。鼇又祏54236

袖 54208 28489
nà_5.11 唐韻集韻夶女刮切音呐。下人帶褕名図jué渠勿切。同褐54442鼇類篇褐袖，渠勿切方言自關而西，謂襤褸曰袕褐，或省袖。又女刮切，帶褕也正字通袖，同褐。舊註音肭，仈人帶褕名，誤。

袧 54209 28490
gōu_5.11 集韻韻會正韻夶居候切音鉤。襞裳服辟兩側也玉篇喪服也儀禮喪服凡衰，外削幅，裳內削幅，幅三袧註袧者謂辟兩側，空中央也図類篇墟侯切音摳。義同図gòu居候切音姤博雅襞也図jū集韻恭之切音拘。褵袧，山名△韻會通作拘。鼇又袧54127袤54221図龍龕袧俗，袧正。

袨 54210 28491
xuàn_5.11 唐韻黃絢切集韻韻會正韻熒絹切夶音縣。好衣也鄒陽上吳王書袨服叢臺之下者，一旦成市註袨服，大盛玄黃服也左思蜀都賦袨服靚妝図玉篇黑衣也△類篇一作袧。鼇又袨39741袨14833

袩 54211 28492
chān_5.11 集韻處占切音襜類篇衣動貌図diān丁兼切音髻。衣袥也揚子方言襂謂之袩郭註卽袩也。図的協切音聃博雅褙、袩、袩謂之褸。鼇新撰字鏡袩，丁占反。褸也，袩也，襵也。

袪 54212 28493
qū_5.11 唐韻去魚切集韻韻會正韻丘於切夶音胠。說文衣袂也。一曰袪，裒也。裒者，袖也詩鄭風摻執子之袪兮疏袂是袪之本，袪是袂之末禮玉藻深衣三袪註三袪者，謂要中之數也。袪尺二寸，圍之為二尺四寸，三之七尺二寸左傳僖五年披斬其袪図袖口也儀禮喪服袪尺二寸図類篇舉袖貌図韓詩外傳孟嘗君明日袪衣請受業後漢班固傳袪黼帷，鏡清流図集韻丘據切音去。義同。

袥 54213 28494
cí_5.11 字彙音慈。袥緯。見佩觿

被 54214 28495
bèi_5.11 唐韻皮彼切集韻韻會部靡切，夶皮上聲說文寢衣也釋名被，被也，被覆人也傳玄被銘被雖溫無忘人之寒。無厚于己，無薄于人図bì唐韻皮義切音髲。覆也。◆詩大雅天被爾祿箋天覆被女以祿位，使祿福天下図及也書堯典光被四表図表也儀禮士昏禮笄纚被纚裏加于橋図具也戰國策械器被具図帶也前漢韓王信傳國被邊，匈奴數入図加也前漢高帝紀高祖被酒，夜徑澤中註爲酒所加也図把中也周禮冬官廬人凡爲殳，五分其長。以其一爲之被而圍之。図負也後漢賈充傳被羽先登図被廬，晉地名晉語乃大蒐于被廬図pī韻會攀糜切音披廣雅裯被，不帶也。◆屈原離騷何桀紂之猖被兮前漢揚雄傳被夫容之朱裳図荷衣曰被左傳襄十四年被苫蓋図古今人表被衣，人名莊子知北遊齧缺問道乎被衣図姓前漢王褒傳宣帝時，徵能楚辭，九江被公召見誦讀通志氏族略鄭有大夫被詹漢書有牂柯太守被條△通作披。

裏 54215 28496
lì_5.11 唐韻郎擊切音歷海篇纏裹也。

裀 54216 28497
yīn_5.11 字彙補同裀。

袠 54217 28498
zhǐ_5.11 字彙補同只。

裒 54218 28499
páo_5.11 字彙補薄毛切音袍。長襦也。

袠 54219 28500
zhì_5.11 韻會同袠莊子知北遊墮其天袠音義本亦作袠。

袬 54220 28501
yù_5.11 同育管子山權篇民之能樹瓜瓠葷菜百果，使蕃袬者。袬與育同。

袤 54221 28502
gōu_5.11 直音同袧

裒 54222 28503
yǒu_5.11 直音與袖同玉篇袂也図字彙補云九切音酉。義同。

裦 54223 28504
qīn_5.11 字彙補與衾同。見同文鐸

裛 54224 28505
ě_5.11 字彙補與裒同。

裀 54225 28506
jiàn_5.11 五音篇海古覓切。同衹。故衣也。

袞 54226 28549
gǔn_5.11 字彙補與袞同。

痕 54227 41823
zhuāng_5.11 字彙補與裝同漢王純碑徹易衣痕。

裇 54228 41824
shè_5.11 川篇尺夜切。衼衫也。鼇字彙補尺夜切音庫。裇，衫也。

袦 54229 45401
pù_5.11 川篇普故切。

裰 54230 u2B2F7
duó_5.11 篇韜54783

衻 54231 u2B2F6
null_5.11 喃未詳。

裇 54232 u2B2F5
jīn_5.11 朝鮮本龍龕裇，居銀切釋名曰巾。

裔 54233 u2765A
null_5.11 未詳。

裀 54234 u27659
jīn_5.11 或同裇54071

裦 54235 u27658
páo_5.11 同袍54170

祏 54236 u27657
tuō_5.11 袥54207譌字

祜 54237 u27656
hù_5.11 俗祜39719朝鮮本龍龕祜，音戶。福也。

袾 zhū_5.11 俗袾40388 廣碑別字引 魏潁川太守穆纂墓誌 又袾54194俗譌。

袿 guài_5.11 馬王堆漢墓帛書 老子乙本·德經 天罔袿袿，疏而不失。張松如：袿，音怪。

袏 zuò_5.11 袏39716譌字。

裒 mǔ_5.11 日 地名用字 廣漢和辭典 母衣の合字。

袯 bó_5.11 简 襏54732

袂 mèi_5.11 袂54130譌字

襲 xí_5.11 简 襲54896

袗 zhēn_5.11 新撰字鏡 袗衿54188，二同。上（止）刃反。

袱 fú_6.12 字彙 房六切音伏。包袱。

裬 qì_6.12 唐韻 集韻 丛七迹切音戚 玉篇 裬膝，裙衸也。 又 玉篇 裬54359，且席切。裬膝，裙衸也。

袲 yí_6.12 唐韻 弋支切 集韻 韻會 余支切丛音移。地名 春秋·桓十五年 公會宋公、衞侯、陳侯于袲，伐鄭 註 袲，宋地，在沛國相縣西南 又chǐ 韻會 尺氏切音侈。衣長好貌 又nuǒ 奴可切音娜 玉篇 袲54183袲 △亦作移。 又廊61898

移 chǐ_6.12 唐韻 尺氏切音侈。同袲 說文 地名也 又 五音集韻 昌里切音齒。義同 又 類篇 同喥。衣張也 又qī 集韻 遣禮切音啓。開衣也 又duǒ 典可切音軃。衣弱也。△類篇 一曰被也。 又 袑54290袴54380袲54394袱54479

袴 kù_6.12 古文絝 唐韻 集韻 韻會 丛苦故切音庫 急就篇 註 脛衣也 釋名 袴，跨。兩股各跨別也 揚子方言 大袴謂之倒頓 郭註 今竜袴也。小袴謂之校衸 郭註 今襦袴也。又 齊魯之閒謂之襪，或謂之襱，關西謂之袴 禮·內則 衣不帛襦袴 王充論衡 趙武藏于袴中 又 袴褶 吳志裴松之註 呂範釋鞲著袴褶，執鞭詣闕下 晉書輿服志 袴褶之制，未詳所起 △韻會 馬韻通帣，禡韻通胯 正字通 兩股閒曰胯，通作跨。袴自是脛衣，必謂胯與袴同，無此事理。 又 袴54468袴39915

衽 rèn_6.12 韻會 如鴆切 篇海 同衽。衣衿也 △直音 或作裳。

絳 jiàng_6.12 集韻 古巷切音絳 類篇 艸名 爾雅·釋草 困被絳。註：未詳。 又 絳54348

袷 jiā_6.12 唐韻 古洽切 集韻 韻會 訖洽切丛音夾 廣韻 複衣 玉篇 衣無絮也 韻會 夾衣也 急就篇 註 衣裳施裏曰袷 史記匈奴傳 服繡袷綺衣 註 言繡表綺裏 潘岳秋興賦 御袷衣 又jié 廣韻 居怯切音劫。曲領也 禮曲禮 天子視不上于袷，不下于帶 疏 朝祭服之曲領也。又 玉藻 袷二寸 又 袷輅，次車也。 張衡東京賦 結飛雲之袷輅 △玉篇 一作袼 又 集韻 轄夾切音洽。義同 又qià 乞洽切音恰，衣縫。一曰衿也。

袣 yì_6.12 集韻 以制切音曳 類篇 同袣。 又袣39837

袎 jiǎo_6.12 唐韻 古了切 集韻 吉了切丛音皎 玉篇 袎衸54063，小袴也 又 類篇 下巧切音猇。吉弔切音叫。義丛同。

裗 shù_6.12 集韻 春遇切音戍 類篇 尉褕，服稱也。褕或作裗。

裈 cún_6.12 唐韻 徂尊切 集韻 徂昆切丛音存 類篇 衣帶 爾雅釋器 衿謂之裈 註 衣小帶 又jiàn 廣韻 在甸切音荐 又zùn 集韻 徂悶切，存去聲。義同 又 玉篇 褰胖衣。

袤 yì_6.12 集韻 夷益切音繹 類篇 長衣也。

袹 bó_6.12 唐韻 集韻 丛莫白切音陌。袹腹也 博雅 裲襠謂之袹腹 劉孝標標府 裲襠雙心共一袹，袹腹兩邊作八襇 晉書·齊王囧傳 童謠曰：著布袹腹，爲齊持服。 又mò 類篇 莫轄切。同帕 集韻 邪巾袹頭，始喪之服。

袺 jié_6.12 唐韻 古屑切 集韻 吉屑切丛音結 詩·周南 薄言袺之 爾雅釋器 執衽謂之袺 註 持衣上衽 又 訖黠切音戛。義同。

袨 shì_6.12 篇海 音識。裝也。

袬 ruán_6.12 集韻 人之切音而。裝也 又 褖字省文 類篇 衣縫袬也。 又 俗褖54529

袼 luò_6.12 唐韻 盧各切音落。襦袼 揚子方言 褻袼謂之襦 郭註 即小兒次衣也 又gē 集韻 剛鶴切音各。袖也 廣韻 袂也 又 袼被也 禮深衣 袼之高下，可以運肘 註 袼，衣袂當掖之縫也。

袽 rú_6.12 唐韻 女余切 集韻 韻會 正韻 女居切丛音拏 玉篇 袾袽，敝衣也 易·既濟 繻有衣袽 註 衣袽，所以塞舟漏也 又 集韻 人余切音如 類篇 絲袽也 △亦作絮。又作帤。 又 絮43932

褆 tí_6.12 集韻 田黎切音題 類篇 衣名，裲襠也。

袾 zhū_6.12 唐韻 陟輸切 集韻 追輸切丛音株 字統 朱衣曰袾 又 韻會 鍾輸切音朱 類篇 衣身也 博雅 衹、裯、袾、衿，褏也 又 袾褕，短衣 又 廣韻 昌朱切音樞。義同 又 集韻 同袾 說文 好佳也。引詩 靜女其袾 又 通朱 荀子·富國篇 袾褑衣冕 註 袾，古與朱通。

袿 guī_6.12 唐韻 古攜切 集韻 韻會 涓畦切丛音圭 廣雅 長襦也 釋名 婦人上服曰袿，其下垂者上廣下狹，如刀圭也 後漢·皇后紀 簪珥光采，袿裳鮮明 傅毅·舞賦 華袿飛髾而雜纖羅 又 集韻 均窺切音規 類篇 衣袿 揚子方言 袿謂之裾 嵇康詩 微風動袿 張華白紵歌 羅袿徐轉紅袖揚 又 博雅 袖也。 又 敦煌S.388正名要錄 袿39797衣 又guà 與褂54487通。

袲 duǒ_6.12 集韻 都果切音朶 博雅 褔袲，袖也 又 都戈

切音深。義同。

袇 yīn_6.12　54269 28530
集韻伊眞切音因玉篇衣身也博雅複襂謂之袇囩衦、袇、袾、衫、褹也囩韻會通茵晉書劉寔傳嘗詣石崇家，見有絳蚊帳、袇褥，甚麗。鋬又裡54501囩可洪音義袇54216褥：上音因。下音辱囩慧琳音義茵49340褥：上音因。下如欲反。鄭玄注禮記云茵亦褥也。顧野王云虎皮褥也。或作鞇67245字，亦通。

裁 cái_6.12　54270 28531
唐韻昨哉切集韻韻會牆來切丛音材說文製衣也玉篇裂也囩儀禮士喪禮疏布單衣，漢時名爲通裁囩節也易繫辭化而裁之謂之變吳語救其不足，裁其有餘囩鑒別也後漢李膺傳獨持風裁囩自裁，自殺也前漢霍光傳卒有物故自裁囩裁度也，與財通易泰卦后以財成天地之道囩通纔前漢功臣傳戶口可得而數，裁什二三囩zài廣韻昨代切音在。亦製裁也穀梁傳序準裁靡定註讀去聲。鋬又襯54453楲25524繊44978裁54374

袖 xún_6.12　54271 28532
集韻松倫切篇海詳遵切丛音旬。領耑也。或作絇囩xuàn熒絹切。同袨54210好衣也。

裂 liè_6.12　54272 28533
唐韻正韻良辥切集韻力蘗切韻會力辥切丛音列說文繒餘徐曰裁剪之餘也囩廣韻擘裂，破也禮·內則衣裳綻裂，紉箴請補綴晏子·雜下篇女子而男其飾者，裂其衣，斷其帶囩減裂莊子則陽篇治民焉，勿滅裂囩lì韻會力制切音例。與攭通禮·內則註鋬，小囊，盛帨巾者，男用韋，女用繒，有緣飾之，則是鋬裂與疏案傳作鋬攭，古時通爲一字囩人名春秋·隱二年紀裂繻來逆女△說文作裂。鋬又製54446裂54279㓟54291囩裏，裂的譌字。字見國語·齊語

裗 lóng_6.12　54273 28534
唐韻盧紅切集韻盧東切丛音籠。同襱揚子方言無裗之綺謂之襤註裗亦襱字異耳囩類篇一曰裙也囩tǒng吐孔切音侗。衣短袖。鋬裗39787訛字。

裭 chōng_6.12　54274 28535
唐韻昌終切集韻昌嵩切丛音充。裭褃54442鋬又祝54370

梳 liú_6.12　54275 28536
正字通梳54341本字。

褢 lì_6.12　54276 28537
集韻狼狄切音歷。同歷。

袥 jiàn_6.12　54277 28538
唐韻古莧切集韻居莧切丛音襇類篇衣名廣韻古衣也

裧 rèn_6.12　54278 28539
集韻如鴆切音任。同衽。

裒 lì_6.12　54279 28540
玉篇力祭切音厲。殘也齊語戎車待游車之裒註裒，殘也囩戰國策車甲羽毛裒敝註即裂字。

褱 huái_6.12　54280 28541
集韻呼乖切音懷。同裏類篇袖也，藏也。在衣爲褱，在手爲握。或又作襛。

袸 jiàn_6.12　54281 28542
直音音諫。古衣。

裛 lì_6.12　54282 28543
直音音歷。纏裛。鋬俗衷54215

裻 zhàn_6.12　54283 28544
字彙補照驗切，音戰◇衣引也。鋬楊寔忠：俗襃54742

裮 rú_6.12　54284 28545
字彙補與袽同易·旣濟襦有衣袽京房作裮。

裯 yuàn_6.12　54285 28546
字彙補於絹切，音怨◇衣衿袖也。鋬俗褖54400

裵 yuān_6.12　54286 28547
字彙補去遠切音犬。莄也。

裷 róng_6.12　54287 28548
篇海類編而容切，音戎◇裷衣也。鋬朝鮮本龍龕禮54793，而容切。禮花兒。又女容切。襎，同上。衣厚也。今增。裷，裷衣也。今增。

倳 qǐ_6.12　54288 41825
龍龕音啓。開衣領。

袿 zhì_6.12　54289 41826
字彙補支義切，音至◇元曲羅衫上前襟褚袿。又音支。見韻學集成

裺 chǐ_6.12　54290 41828
龍龕尺氏切。衣長貌。鋬龍龕祿54479或作，移正。衣長也字彙補裺，尺氏切音耻。衣長貌。

㭂 liè_6.12　54291 45402
字彙補與裂同。

裒 qǐ_6.12　54295 45406
龍龕音啓

寠 yú_6.12　54292 45403
川篇音于。

鋬新修玉篇·衣部引川篇寠，音于。商衣。

裿 huò_6.12　54293 45404
龍龕同禍

秔 gēng_6.12　54294 45405
金鏡音庚。

褖 null_6.12　54297 u2B2FC
未詳。

裧 huì_6.12　54298 u2B2FB
簡襘54785

袘 hòu_6.12　54296 45407
龍龕音后。又音託。

挑 null_6.12　54299 u2B2FA
未詳。

裖 null_6.12　54301 u2B2F8
殷周金文集成4.2334裖父乍晢姁朕（腰）鼎。

裷 ráo_6.12　54300 u2B2F9
簡裷54745

袖 truồng_6.12　54303 u2767D
喃从裸省虫trùng聲△摭袖：脱光，裸體。陳袖：赤裸裸。

裶 lǚ_6.12　54302 u2767F
俗旅22163龍龕裶，俗。音呂。祭名也。

祗 rách_6.12　54304 u2767C
喃俗襐54904襤褸。

裆 lốt_6.12　54305 u2767B
喃从衣律luật省聲△裆蜻：蛇蛻。

裛 lì_6.12　54306 u27675
同裛54215集韻裛，或作屜54737

褡 null_6.12　54308 u27672
未詳。

衾 qīn_6.12　54307 u27673
俗衾54124

新撰字鏡衾衾衾，三同字。渠今反。

褏 null_6.12　54309 u27671
未詳。

裂 liè_6.12　54310 uF9A0
兼裂。

裈 kūn_6.12　54312 u88C8
简褌54508

装 zhuāng_6.12　54315 u88C5
简裝54350

裉 kèn_6.12　54311 u88C9
同裌54486國語辭典裉，腋下之衣縫。

袖 xù_6.12　54313 u88C7
粤英文shirt音譯。袖衫：襯衫。

裄 xíng_6.12　54316 u88C4
日由衣服脊縫至袖口之長。

裆 **dāng**_6.12　简襠54802

卡04646指一種江戶時代武士的禮服，上、下衣成套。

54318 28550

裊 **niǎo**_7.13　正字通俗裏字韻會裏或作裊漢書音義
驍裊，神馬。又前漢·百官公卿表爵三級曰簪裊師古註
以組帶馬曰裊。簪裊，言飾此馬也。鑾又裊54161

54319 28551

裋 **shù**_7.13　集韻上主切音豎廣韻敝衣襦也玉篇豎
所衣布長襦也揚子方言襦褕，自關而西其短者謂之裋
褕史記秦本紀寒者利裋褐前漢貢禹傳妻子糠豆不贍，
裋褐不完囻集韻殊遇切音樹。覗緩切音短。義並同。
△或作襡。鑾又襡54811襡54702

54320 28552

裳 **mù**_7.13　集韻莫六切音目類篇衣縫。

54321 28553

裌 **jiā**_7.13　唐韻古洽切。同袷囻xié集韻檄頰切音
協。衽也囻類篇襖裌，藏也。鑾又襉54761囻龍龕神
俗，裌正。

54322 28554

裍 **huàn**_7.13　集韻戶版切音皖類篇衣裾也。

54323 28555

裍 **kǔn**_7.13　唐韻集韻並苦本切音捆。成就也囻說文
紥束也類篇緊衣也。鑾楊寶忠：俗稛40499

54324 28556

裌 **lòng**_7.13　集韻盧貢切音弄類篇衣一襲也。

54325 28557

裎 **chéng**_7.13　唐韻直貞切集韻韻會馳貞切並音呈
類篇倮也孟子雖袒裼裸裎於我側焦氏易林裸裎逐
狐，爲人所笑囻玉篇衣揚也囻博雅佩紟謂之裎廣韻
裎，佩帶也囻揚子方言襌衣無袌者，謂之裎衣。
囻**chěng**◆集韻丑郢切音逞。深衣也囻丈井切音裎。
直正切音鄭。義並同。鑾又裎39814

54326 28558

裧 **xì**_7.13　集韻胡計切音系。帶也類篇與裧同。
△篇海亦作系、緤。

54327 28559

裏 **lǐ**_7.13　唐韻良士切集韻韻會兩耳切並音里說
文衣內也詩·邶風綠衣黃裏。又小雅不屬于毛，不離
于裏囻治裏，謂道氣也班固·幽通賦單治裏而外凋兮
囻類篇良志切音吏。義同干祿字書俗作裹。鑾又
裏54369裡39845裡54390里62675裏54385

54328 28560

褌 **juān**_7.13　玉篇居緣切直音音涓。褊也。

54329 28561

裧 **é**_7.13　集韻牛河切音莪類篇衣盛飾也。鑾楊寶
忠：俗袱39819

54330 28562

裧 **shēn**_7.13　集韻升人切音申博雅衽、裍、袾、衫，
裧也。

54331 28563

裒 **póu**_7.13　唐韻薄侯切集韻正韻蒲侯切並音抔爾
雅·釋詁聚也詩·小雅原隰裒矣，兄弟求矣。又周頌敷
天之下，裒時之對囻爾雅釋詁多也囻玉篇減也易謙
卦君子以裒多益寡囻集韻房尤切音浮。義同囻bāo
博毛切。同襃54665△或作袌。

54332 28564

裲 **lǎng**_7.13　集韻里黨切音朗。裲裱，衣敝。

54333 28565

裓 **gé**_7.13　唐韻古得切集韻韻會訖得切並音棘類
篇衣裾玉篇衣裓也柳宗元送文暢上人序蔑衣裓之贈
註釋典有衣裓囻jiē類篇居諧切音皆。堂涂鄭康成曰
若今令辟囻gāi柯開切音該。說文宗廟奏裓樂囻訖黠
切音戞。義同。鑾又裓54361裓54531

54334 28566

袡 **fèi**_7.13　集韻方未切音沸類篇衣袖也。

54335 28567

裔 **yì**_7.13　古文衮夰裔唐韻餘制切集韻韻會正韻以
制切並音曳說文衣裾也囻邊也家語裔夷之俘史
記·五帝紀乃流四凶族，遷于四裔賈逵註四裔之地，去
王城四千里囻正韻末也，胄也韻會苗裔，種類也書微
子之命德垂後裔屈原·離騷帝高陽之苗裔兮囻裔裔，
行貌司馬相如·子虛賦纚乎淫淫，般乎裔裔左思·蜀都
賦紆長袖而屢舞，翩躚躚以裔裔囻飛流之貌前漢·禮
樂志沛先以雨，般裔裔囻容裔，縱肆貌囻融裔，聲長
貌潘岳·笙賦泓宏融裔囻姓通志·氏族略見姓苑古今
人表有裔款囻類篇羊列切音拽。義同左思·吳都賦高
門鼎貴，魁岸豪傑。虞、魏之昆，顧、陸之裔類篇亦作
裏。鑾漢郊祀歌靈之來，神哉沛，先以雨，般裔裔。
囻夰54141裒54549裛54544裛54373裵00735裒54612

54336 28568

梢 **shāo**_7.13　唐韻所交切集韻師交切，並音梢。衣紕
也囻褵也囻玉篇袑也囻qiāo類篇千遙切音鍬博雅
梢、袑、袡謂之褸。

54337 28569

裕 **yù**_7.13　唐韻羊戍切集韻韻會俞戍切並音諭◆說
文衣物饒也易晉卦有孚，裕无咎囻寬也書康誥乃
以民寧註行寬政乃以民安囻緩也周語享杞時至，而
布施優裕也△廣韻亦作裦。鑾又裕39849袷22199囻龍
龕裦古，裕正。

54338 28570

裖 **zhěn**_7.13　唐韻章忍切集韻止忍切並音軫。同袗，
玄服也說文袗或从辰囻前漢·司馬相如傳磐石裖崖
孟康曰裖，砏致也。

54339 28571

裲 **wǎn**_7.13　集韻武遠切音晚類篇服也。

54340 28572

裫 **qí**_7.13　集韻渠記切音忌。與幗同。繫也，巾也。

54341 28573

梳 **liú**_7.13　唐韻集韻正韻力求切音留爾雅·釋器
衣梳謂之裗郭註衣縷也囻類篇桂衣之飾。
鑾又梳54275

54342 28574

裡 **cūn**_7.13　集韻七倫切音逡類篇袴裆曰裡。
鑾裡39846訛字。

54343 28575

裘 **qiú**_7.13　古文求唐韻巨鳩切集韻韻會正韻渠尤
切並音求玉篇皮衣也詩·小雅舟人之子，熊羆是裘
彼都人士，狐裘黃黃周禮·天官·司裘掌爲大裘，以供王
祀天之服。中秋獻良裘，季秋獻功裘中論救寒莫如重
裘囻披裘公，人名高士傳披裘公曰：五月披裘負薪，
豈取金者哉囻菟裘，地名左傳·隱十一年使營菟裘，
吾將老焉註在梁父縣南囻裘氏，亭名水經注沙水又

東南逕裒氏鄉裒氏亭西 図 姓 通志·氏族略 裒氏，衛大夫食采于裒，因氏焉 図 集韻 渠竹切音鞠。義同△ 說文 作表。鼍 又耗27586

裙 54344 28576
qún_7.13 古文裠 唐韻 韻會 渠云切 集韻 衢云切丛音羣 說文 下裳也 釋名 裙，羣也，連接裾幅也 張華·白紵歌 羅裙飄飄昭儀光 図 中裙，近身衣也 史記·萬石君傳 取親中裙厠牏舍自浣滌 図 鼈甲邊曰裙 五代史補 僧謙光有才辨，飲酒食肉。嘗云但願鵝生四掌，鼈留兩裙足矣△ 韻會 本作帬 類篇 作裠。鼍 又帽14914 㿽14928

裚 54345 28577
jì_7.13 集韻 子計切音霽 類篇 斷也 管子·大匡篇 朝之爭祿相刺，裚領而刎頸者不絕 註 裚謂掣斷之也 図 篇海 斷衣也。

裛 54346 28578
yì_7.13 唐韻 於汲切 集韻 韻會 乙及切丛音邑 廣韻 裛香 類篇 香襲衣也 飛燕外傳 有傾絕倒裛衣 杜甫詩 衫裛翠微潤 図 纏也 班固·西都賦 裛以藻繡 図 yè 集韻 乙業切音胒 說文 書囊也 図 憶笈切音皼。義同。

裯 54347 28579
diān_7.13 唐韻 集韻 丛丁兼切音髻。衣領也。図 jiē 卽涉切音接。的協切音聑。義丛同△ 類篇 本作顛。鼍 龍龕 祜54211俗襼54404通袥正，丁兼、丁叶二反，衣領也。

裶 54348 28580
péng_7.13 唐韻 薄紅切音蓬。義同裶54252

補 54349 28581
bǔ_7.13 古文俌 唐韻 正韻 博古切 集韻 韻會 彼五切丛音圃 說文 完衣也 急就篇註 修破謂之補 詩·大雅 袞職有闕，惟仲山甫補之 図 助也 周禮·秋官·小行人 若國札喪，則令賻補之 図 益也 前漢·董仲舒傳 凡所爲屑屑，務法上古者，又將無補與 図 數也 韻會 十兆曰經，十經曰垓，十垓曰補 図 邑名 鄭語 鄢、蔽、補、丹、依、疇、歷、華，君之土也 註 八邑也 図 姓 通志·氏族略 補氏 正字通 唐中常侍補眞。鼍 韻會 十兆曰經十經曰垓十垓曰補 風俗通 作十億曰兆，十兆曰京，十京曰垓 図 補39857 楠24094 緖44182 补54070 稨40871

裝 54350 28582
zhuāng_7.13 唐韻 集韻 韻會 丛側羊切音莊。裝束也 図 玉篇 裹也 前漢·陸賈傳 佗賜賈橐中裝，直千金。図 增韻 齎也 史記·袁盎傳 悉以其裝齎置二石醇醪。図 藏也 孔稚圭·北山移文 牒訴倥傯裝其懷 図 zhuàng 廣韻 側亮切音壯 吳均·贈別詩 匕首直千金，七寶雕華裝。生離何用表，賴此持相餉△ 韻會 亦作裝。鼍 又痕54227 䊶54315 襃54362

襄 54351 28583
zhuāng_7.13 篇海 同裝54350

挻 54352 28584
shān_7.13 唐韻 式連切 集韻 尸連切丛音羶❖ 玉篇 車㡝也 図 類篇 巾也 図 廣韻 帠挻，牛領上衣也 図 以然切音延。義同。

祱 54353 28585
shuì_7.13 唐韻 舒芮切 集韻 韻會 輸芮切丛音稅 說文 贈終者衣被曰祱 前漢·朱建傳 乃奉百金祱。又 禮記

註 日月已過乃聞喪而服曰祱 図 博雅 祭也 図 他外切音蛻。義同。鼍 又祝54368

裟 54354 28586
shā_7.13 集韻 師加切音沙 玉篇 袈54163裟 図 suō 韻補 桑何切，叶音莎。晉棗據難沙門云全髮膚，去袈裟。釋胡服，被綾羅△ 玉篇 一作毟。

裠 54355 28587
qún_7.13 玉篇 巨云切音羣。同裙54344

裕 54356 28588
yù_7.13 唐韻 與裕同。

裘 54357 28589
qiú_7.13 說文 裘本字。

袘 54358 28590
qì_7.13 直音 與袘同。

裸 54359 28591
cuò_7.13 直音 測角切音齪。短衣也。鼍 俗袾54247

裹 54360 28592
wēng_7.13 字彙補 烏公切音翁。衣也 図 外國衣也。

裓 54361 28593
gé_7.13 字彙補 古伯切音格。衣前襟也〇按卽裓字之譌。

裝 54362 28594
zhuāng_7.13 博雅 襠也。音未詳。鼍 俗裝54350

梟 54363 41827
gǎo_7.13 五音篇海 古老切音槁。素衣也。

裻 54364 45408
dú_7.13 篇海類編 與裻同。

裆 54365 45409
chǐ_7.13 龍龕 同襠

褳 54366 u2B7DA
lǐ_7.13 干祿字書 裹裏54327上俗下正。

𢫇 54367 u2B2FD
null_7.13 未詳。

祱 54368 u2F9C7
shuì_7.13 同祱54353

裊 54369 u276A3
lǐ_7.13 同裏54327

裓 54370 u276A2
chōng_7.13 同祃54274 図 xǒng 喃 从裙省充sung聲。

祧 54371 u276A0
sǒng_7.13 喃 从衣弄lộng聲。

裪 54372 u276F2F
váy_7.13 喃 从裙省尾vĩ聲△ 丐褂：女袴。

裒 54373 u276E2E
yì_7.13 廣韻 裔54335俗作裒。

裁 54374 u276D2D
cái_7.13 正字通 裁54270本作裁。

袋 54375 u276D2A
null_7.13 未詳。

裤 54376 u27699
null_7.13 未詳。

袖 54377 u27698
xiù_7.13 同袖54187 倚聲初集·卷九·小令·玉樓春·踏青 沈雄 誰向袖裯深處倒，玉柔花醉春殘了。

裯 54378 u27697
null_7.13 未詳。

袽 54379 u27696
null_7.13 字學呼名能書袽，微花切。

祛 54380 u27695
chǐ_7.13 同袿，袘，俗袬54249

褊 54381 u27694
tǒng_7.13 褊裙，同筒41907裙。清李調元 南越筆記卷七·黎人 惟婦女以黎補太長，行稍緩，往往被擒，乃稍屈伏。

褁 54382 u27693
null_7.13 未詳。

褧 54383 u4632
jǐn_7.13 俗褧39820

裡 54384 uF9E8
lǐ_7.13 兼裡

裏 54385 uF9E7
lǐ_7.13 兼裏

裥 54386 u88E5
jiǎn_7.13 简襉54779

裤 kù_7.13 簡褲54636

裣 liǎn_7.13 簡襝54795

褳 lián_7.13 簡褳54709

裡 lǐ_7.13 同裏54327

褎 xiù_8.14 類篇房尤切音浮集韻聚也正字通褎字之譌○按褎，博毛切，美也，與袖音義各別。今从集韻類篇分見。

衿 jīn_8.14 集韻居吟切音今廣韻與衿同詩鄭風青青子衿王應麟詩攷作子裣鍳集韻衿說文交衽也。或作襟衿。

襜 chān_8.14 唐韻集韻丛處占切音襤禮雜記其輴有襜註謂輴之四旁有物襜垂，象紫甲邊緣儀禮士昏禮婦車亦如之，有襜註襜，車裳帷周禮謂之容車，與幨15161襜54794同図chàn廣韻昌豔切音繥。披衣也図tǎn集韻吐敢切音菼類篇氎衣謂之襜。鍳又幨60435

褚 qǐ_8.14 集韻遣禮切音啟。開衣也△亦作褂。

裨 bì_8.14 唐韻府移切集韻韻會賓彌切丛音卑說文接益也徐曰若衣之接益也図韻會與也，附也。図廣韻補也晉語所以紀綱齊國，裨輔先君而成霸者也図pí廣韻符支切集韻頻彌切丛音脾正韻裨冕禮玉藻諸侯玄端以祭，裨冕以朝荀子富國篇大夫裨冕楊倞註天子六服，大裘爲上，其餘爲裨。裨之爲言卑也図裨襦博雅作襦，謂之裨襦図輔也前漢項籍傳梁爲會稽將，籍爲裨將註裨，相輔助也図小也史記衞青傳得右賢裨王十餘人註裨王，小王也又孟子荀卿列傳於是有裨海環之註裨海，小海也図邑名左傳文十六年裨、儵、魚人實逐之註裨，庸邑図姓通志氏族略鄭大夫裨諶、裨竈。又姓苑今宣州有裨氏。鍳又鞞23353裶39921裯39865裏54484

裩 kūn_8.14 集韻公渾切音昆類篇同褌。鍳又裩39907

裧 cǒng_8.14 集韻取勇切音㧑。小袴也図揚子方言蔽膝，江淮之間謂之裧図zhōng集韻諸容切音鍾。取勇切音喠◆丛與裧54109同。

裪 táo_8.14 唐韻集韻韻會丛徒刀切音桃。襹裪，衣袖也類篇袖襹図韻會通陶左傳昭十二年楚子出獵，皮冠秦復陶。

祿 lù_8.14 集韻盧谷切音鹿類篇祿褦，衣聲。鍳又禄54469

褑 yuàn_8.14 唐韻烏縣切集韻縈絹切丛音餇。衣襟袖曲處図類篇縈玄切音淵。義同。鍳又褑39980裷54285

褮 líng_8.14 集韻閭承切音陵類篇馬腹中帶也。

裭 chǐ_8.14 直音同褫

裪 hān_8.14 集韻胡南切音含博雅裪，襑，袖也。図hàn玉篇胡坎切音頷類篇巾擁耳也。或作裪。鍳又裪54458幨14951

襊 cuì_8.14 篇韻音翠。衣遊縫也図zuì音罪。義同。

裮 chāng_8.14 唐韻尺良切集韻蚩良切丛音昌博雅披裮玉篇披衣不帶也。鍳又幨14940

裯 chóu_8.14 唐韻直由切韻會陳留切正韻徐留切丛音儔類篇被也詩召南抱衾與裯傳禪被也箋牀帳也韻會漢名帳爲裯，因以爲牀帳也図dāo集韻都勞切音刀。衣袂揚子方言汗襦，自關而西謂之袛裯郭註亦呼爲掩汗也後漢羊續傳唯有布衾敝袛裯図chú廣韻直誅切音廚。禪衣也韻會與裯通。

裰 duō_8.14 唐韻丁括切集韻都括切丛音掇。補裰破衣也。

褋 dié_8.14 篇海同褋　褾 biǎo_8.14 唐韻方廟切音俵玉篇領巾也揚子方言帬褾謂之被巾郭註婦人領巾也図集韻彼小切音表。義同図類篇與褾54653同

襒 biē_8.14 唐韻方結切集韻必結切丛音弼。襒褾，袖袂也図玉篇敝衣也。

被 yì_8.14 唐韻羊益切集韻夷益切丛音亦。被縫揚子方言襜謂之被郭註衣掖下也図zhī之石切音隻博雅袖也△類篇或作襬。

裲 liǎng_8.14 集韻里養切音兩。裲襠54802

裳 cháng_8.14 唐韻市羊切集韻韻會辰羊切丛音常說文下帬也釋名下曰裳。裳，障也，所以自障蔽也詩邶風綠衣黃裳禮曲禮暑無褰裳揚子法言惜乎衣未成而轉爲裳也集韻本作常。

裞 zuì_8.14 集韻祖對切音晬。單衣揚子方言覆裞謂之襌衣図蘇對切音碎。義同図cuì類篇取內切音倅。副衣也。

袷 qià_8.14 集韻乞洽切音恰篇海本作帢。狀如弁，缺四角，魏武帝製魏志註云太祖以天下凶荒，資財乏匱，擬古皮弁，裁縑帛以爲帢，合乎簡易隨時之義，以色辨其貴賤，本施軍飾，非爲國容△類篇帢或作袷。

褄 qì_8.14 唐韻集韻丛七入切音緝說文襟緣也。図廣韻子入切音檝。義同図qiè集韻七接切音妾。緶衣図shà色甲切音翣。粒褄，衣敝。

裂 lí_8.14 集韻良脂切音梨類篇裂褵，衣敝也。

裴 péi_8.14 唐韻薄回切集韻蒲枚切丛音陪玉篇長衣貌図姓通志氏族略裴氏，嬴姓，伯益之後，秦非子之孫，封鄳鄉，因以爲氏。六代孫陵，當周僖王之時，封爲解邑君，乃去邑從衣。又西域有裴氏図裴回，與徘徊通前漢燕刺王傳裴回兩渠間兮，君子獨安居。図féi廣韻符非切音肥。郰裴，縣名前漢地理志魏郡郰裴図韻會匪微切。義同漢書應劭註音非。鍳又裴回，亦作裵54419徊、裵54632裵図皉27219

裶 54420 28624
fēi_8.14 唐韻芳非切集韻芳微切夶音霏。衣長貌韻會曳衣貌。詳袾54103字註圖類篇匪微切音飛。義同。

褈 54421 28625
qiè_8.14 集韻七接切音妾類篇衣衿。

褑 54422 28626
yuān_8.14 唐韻集韻夶於袁切音鴛揚子方言襎褣謂之襱郭註即帊幞也韓非子·外儲說左傳衞人有佐弋者,鳥至,因先以其褑麾之焉圖廣韻去阮切音綩類篇委遠切音宛。窅遠切音圈。義夶同圖gǔn讀作袞荀子·富國篇天子袾褑衣冕楊倞註褑與袞同。

綪 54423 28627
qiàn_8.14 唐韻集韻夶倉甸切音蒨。褐也△玉篇亦作箐、韝。

裵 54419 28623
péi_8.14 篇海同裴

裧 54424 28628
kōng_8.14 唐韻苦紅切音空篇海衣袂也。鋻又𥚢14939

絣 54425 28629
bēng_8.14 唐韻布梗切音佐。絣,急貌圖集韻類篇夶必幸切音絣。義同。

綻 54426 28630
zhàn_8.14 集韻直莧切音綻說文衣縫解也禮·內則綻裂紉箴請補綴註或作綻後漢崔寔傳期于補綻決壞,枝柱邪傾圖diàn集韻堂練切音電◦韻補古莧歌行兄弟兩三人,流蕩在他縣。故衣當誰補,新衣當誰綻圖類篇治見切。義同韻會引說文云本作袒,今俗作綻。

裸 54427 28631
luǒ_8.14 古文臝唐韻郎果切集韻魯果切,夶音臝。赤體說文袒也孟子雖袒裼裸裎於我側左傳僖二十三年曹共公聞其駢脅,欲觀其裸魏志裴松之註禰衡爲漁陽摻撾,不易衣,吏呵之,衡乃脫衣裸身爲之圖人曰裸蟲晉書·五行志裸蟲,人類,而人爲之王圖川名述異記桂林東南邊海有裸川桓譚·新論呈衣冠于裸川。圖海上有裸人鄉圖館名拾遺記靈帝初起裸遊館千間△韻會作臝,別作倮臝儸。鋻又裸54488𧝠59722臝48137

裹 54428 28632
guǒ_8.14 唐韻韻會夶古火切音果玉篇包也詩·大雅乃裹糇糧莊子·大宗師裹飯而往食之圖宋玉·高唐賦緣葉紫裹註裹,猶房也圖郭璞·江賦濯穎散裹註裹,謂草實也圖說文纏也圖集韻古臥切音過。義同圖韻會指所包之物也。鋻龍龕裹54451褁54852俗,裹正圖:繰45105縲44335,二俗,音果,纏綩也。

裺 54429 28633
yǎn_8.14 唐韻於檢切集韻衣檢切夶音掩玉篇緣也說文裺謂之褾圖ān集韻烏含切音菴揚子方言飲馬橐,自關而西謂之裺囊,或謂之裺篼圖yàn廣韻於劒切音俺。衣寬也圖揚子方言裺謂之襦。鋻正字通裺本作裺54692

裻 54430 28634
dú_8.14 唐韻冬毒切集韻韻會都毒切夶音篤。衣背縫也禮·深衣負繩及踝註繩,謂裻與後幅相當之縫圖偏衣晉語使申生伐東山,衣之偏裻之衣註裻在中,左右異,故曰偏圖史記佞幸傳顧見其衣裻註裻,衫襦之橫者左思·魏都賦襲偏裻以讀列圖sù廣韻先篤切音㴔。新衣聲也△或作裻,亦作襡、襀。鋻又裻54364帤14981

褕 54431 28635
yù_8.14 集韻余六切音育玉篇車覆也篇海車闌幔也。

裋 54432 28636
diāo_8.14 集韻丁聊切篇海音彫。短衣也△類篇本作鴉。

綩 54433 28637
wǎn_8.14 集韻委遠切音宛玉篇襪也圖類篇袖尚屈也圖方言郭註江東呼衣褾曰綩。

綬 54434 28638
shòu_8.14 玉篇音受。衣也。鋻正字通祣,俗字。舊註音受,衣也。按:衣者通稱也,不必別立祣名。一曰綻54426字之譌。

裼 54435 28639
xī_8.14 唐韻先擊切集韻韻會先的切夶音錫爾雅·釋訓祖裼,肉袒也詩·話去上衣曰裼玉篇脫衣見體也圖裘單曰裼禮·玉藻裘之裼也,見美也疏裘上加裼衣,裼衣上雖加他服,猶開露裼衣,見裼衣之美以爲敬也圖tì他計切音替。詩·小雅載衣之裼傳褓也箋褓,夜衣也。

製 54436 28640
zhì_8.14 唐韻集韻夶征例切音制說文裁也左傳·襄三十一年子有美錦,不使人學製焉圖裘也左傳·定九年晢幀而衣狸製圖六書正譌雨衣也圖造也後漢·樊準傳上疏言大侵之禮,百官備而不製圖式也前漢·叔孫通傳通儒服,漢王憎之,迺變其服,服短衣,楚製師古註謂裁衣之形製圖與致同唐書張易之傳易之既冠,頎晳美姿製圖義與著同杜甫詩聲華當健筆,灑落富清製。鋻今簡化作制03400

裾 54437 28641
jū_8.14 唐韻九魚切韻會斤於切夶音居爾雅·釋器祇謂之裾郭註衣後襟也釋名裾,倨也。倨倨然直,亦言在後常見踞也孔叢子·儒服子高衣長裾,振褒袖,方屐麄婁見平原君圖說文衣袍也圖玉篇被也圖集韻求於切音渠。義同圖jù居御切,與倨通前漢·趙禹傳禹爲人廉裾師古註裾,亦傲也圖前漢·司馬相如傳低卬夭矯裾以驕驁兮張揖註裾,直項也。

裞 54438 28642
ní_8.14 唐韻五稽切韻會研奚切夶音倪爾雅·釋器衣裗謂之裞註衣縷也。齊人謂之攣。或曰袿衣之飾圖廣韻研啓切音堄集韻倪結切音齧。義夶同。

綺 54439 28643
qǐ_8.14 集韻去倚切音綺博雅襌襦謂之襺綺。圖yǐ隱綺切音倚類篇綺祇,衣貌玉篇好也。

綰 54440 28644
guǎn_8.14 唐韻古滿切集韻古緩切夶音管玉篇綰襶也博雅襦謂之綰,其綰謂之袑圖guàn廣韻古玩切音貫。襦別名圖kuǎn類篇苦緩切音款。襱也。

祺 54441 28645
jì_8.14 集韻渠記切音忌類篇繋也,巾也△或作祽。

裰 54442 28646
jué_8.14 唐韻衢物切集韻韻會渠勿切夶音掘廣韻短衣也玉篇祝裰也揚子方言襦褕,自關而西謂之祝裰郭璞註俗名裰襗後漢光武紀諸于繡鴀註字書無鴀字續漢書作裰,諸于上加繡裰,如今之半臂也△類

篇或省作袖。

襈 54443 28647
zhuì_8.14　正字通 同綴。

綳 54444 28648
bēng_8.14　正字通 同綳。見 舉要

襃 54445 28649
bāo_8.14　韻會 襃本字 說文 襃本作襃。从衣采聲。

劽 54446 28650
liè_8.14　說文 裂本字。从衣刿聲。隸从列作裂。

褫 54447 28651
zhì_8.14　篇海 音制。作也，正也，斷也，裁衣也。
〇按與製字同。

褘 54448 28652
cán_8.14　篇韻 昨干切音殘。◆博雅 禠、袯、棧，襗也。

裬 54449 28653
zhōng_8.14　篇海 音種。襗袶也。亦小襌也。

褂 54450 28654
qiǎng_8.14　直音 同襁。

裹 54451 28655
guǒ_8.14　字彙補 責尺切，音執◇ 字辨 囊也〇按與裏字音義別。

褗 54452 28656
zī_8.14　字彙補 津私切音資。喪服也。

襶 54453 28657
cái_8.14　字彙補 牆來切音財。襶衣也。疑裁字之譌。

視 54454 28658
wēi_8.14　字彙補 烏魁切音褽。垢衣。

裞 54455 28659
bēng_8.14　字彙補 同綳〇按即綳字之譌。

裒 54456 28660
gǔn_8.14　字彙補 古文袞54197字。見 漢王純碑

襫 54457 28661
shī_8.14　字彙補 與褷同。

裌 54458 28663
hán_8.14　博雅 袖也。音未詳。璧俗裌54402

裍 54459 45410
huò_8.14　五音篇海 音故。璧熊加全：疑俗裍39870
図俗裍39936元·王實甫 西廂記·第二本·第一折 （鶯鶯
聽說罷魂離了殼，見放着裍滅身，將袖稍兒搵不住啼
痕。

裧 54460 45411
shān_8.14　龍龕 音衫。

襇 54461 45412
jī_8.14　字彙補 音齎

裧 54462 u2B304
sēn_8.14　俗襂54662
膠志·疆域·風俗 單裙曰裧，雪平聲。

褪 54463 u2B303
xuē_8.14　方 民國 增修

褨 54464 u2B302
null_8.14　未詳。

襪 54475 u276C9
may_8.14　喃 同緶44402

褆 54465 u2B301
null_8.14　高麗國王王褆。

禝 54466 u2B300
jì_8.14　簡 禝54657

祑 54467 u2B2FF
null_8.14　喃 未詳。

袴 54468 u2B2FE
kù_8.14　俗袴54250

祿 54469 u2F9C8
lù_8.14　同祿54399

袆 54470 u276CE
null_8.14　未詳。

袍 54471 u276CD
null_8.14　未詳。

襏 54472 u276CC
vạt_8.14　喃 从衣拔bạt聲。衽，裾。

裣 54473 u276CB
rěn_8.14　四聲篇海 音稔 図nệm 喃 从衣念niệm聲
△禶裣：寢具。

裭 54474 u276CA
zhà_8.14　俗裭39868 図rách 喃 从衣昔tích聲。裂。

褕 54476 u276C8
lụn_8.14　喃 从衣侖lồn聲。

襠 54477 u276C7
tràng_8.14　喃 从衣長trường聲△襠袄：襟裾。

褶 54478 u276C6
đụp_8.14　喃 从衣沓đạp聲。補丁。

袳 54479 u276C5
chỉ_8.14　龍龕 袳或作，袳54249正。衣長也。

裍 54480 u276C3
kǔn_8.14　同裍40499 集韻 裍，說文 縏束也。或从衣。

裢 54481 u276C0
jìn_8.14　俗禁39879 敦煌變文集金剛般若波羅蜜經
講經文 又將七寶依前施，不裢演說事如何。

聚 54482 u276BF
jù_8.14　俗聚46665 宋元以來俗字譜 引 東牕記

喪 54483 u276BE
sàng_8.14　俗喪06529 可洪音義 死喪：菜浪反。

裨 54484 u276BD
bì_8.14　同裨54395見 異體字字典

裿 54485 u8904
qī_8.14　日 廣漢和辭典 裿，つま。祇。おくみの腰
からのへり。辻裿。

裾 54486 u8903
kèn_8.14　腋下的衣縫。亦作裉54311 雍熙樂府·卷之
十九·雜曲·喜春來·盼望 窄袖衫裾安排瘦，淡掃蛾眉准
俏愁 図 方 裾節兒：關鍵，重要環節。

褂 54487 u8902
guà_8.14　外衣。

裸 54488 uF912
luǒ_8.14　參見裸54427

褶 54489 28662
dié_9.15　釋名 褶，襲也，覆上之言也。音未詳。
璧俗褶54638

褖 54490 28664
duò_9.15　唐韻 集韻 夶徒臥切音惰 揚子方言 無袂
之衣謂之褖 図 集韻 吐臥切音唾。義同△一作褣。

禇 54491 28665
zī_9.15　篇海 子絲切 直音 音茲 玉篇 衣袂也。

褅 54492 28666
tì_9.15　集韻 同褅。璧又裼54435褅54652

褉 54493 28667
qì_9.15　唐韻 初戛切 集韻 測入切夶音屬 類篇 衣
重緣也 図zhǎ 側洽切音眨。褉，略絜束貌。璧又褉54358
褉54550

裎 54494 28668
wò_9.15　集韻 乙角切音渥。與幄15011通。幬也。

褆 54495 28669
shì_9.15　唐韻 承紙切 集韻 上紙切夶音是 類篇 美
衣服貌 玉篇 衣服端正貌 図tí 廣韻 杜奚切音啼 說文 衣
厚褆褆也 図 類篇 丈爾切音豸。義同。

複 54496 28670
fú_9.15　唐韻 集韻 韻會 夶方六切音福 玉篇 重衣
也 釋名 衣服有裹曰複 図 類篇 一曰褚衣 急就篇註 褚
之以綿曰複 図 集韻 芳六切音蝮。重也。魏志·文帝紀·典
論 余少曉持複，自謂無對，後從袁敏學，以單攻複，每
爲若神 図 韻會 複道 前漢·高帝紀 從複道上望見諸
註 上下有道，故謂之複 庾信 華林園馬射賦 屬車醞酒，
複道焚香 図 廣韻 扶富切，浮去聲。亦重複也。
璧又复09807 図 龍龕 襆54954古，複54678正，複今。

種 54497 28671
chóng_9.15　唐韻 直容切 集韻 傳容切，夶重平聲 玉
篇 複也 說文 增益也 図 類篇 厚也 図zhòng 儲用切，讀

去聲。繪縷也。図chōng昌容切。同襱54735

椑 54498 28672
xiè_9.15 唐韻虎結切集韻顯結切夶音覝。襖襦也。

褊 54499 28673
biǎn_9.15 集韻畢緬切音惼說文衣小也図狹也孟子齊國雖褊小史記禮書褊陋之說，入焉而嘯図廣韻急也詩魏風維是褊心図pián類篇蒲眠切音跰。褊褃，衣貌。鞏又褊39966

褑 54500 28674
yāo_9.15 集韻伊消切音腰玉篇褑，攀也詩魏風要之襋之傳要，褑也晉書五行志泰始初，衣服上偏下豐，著衣者皆壓褑図yào類篇一笑切音要。衣褑△或作縹。

裡 54501 28675
yīn_9.15 篇海伊眞切音因。與裀同。

梯 54502 28676
tì_9.15 唐韻集韻夶他計切音替類篇補也。鞏又裼54674祶54629

褰 54503 28677
qiān_9.15 集韻丘虔切音愆。與褰同。

褋 54504 28678
dié_9.15 唐韻徒協切集韻韻會達協切夶音牒揚子方言禪衣，江、淮、南楚之閒謂之褋，關之東謂之禪衣楚辭·九歌遺余褋兮澧浦註襋褋襜褕，事神所用潛夫論文組綵褋，驕奢僭主△六書正譌別作褋，非。鞏又祶54408裸40102幉15043

襡 54505 28679
dú_9.15 唐韻冬毒切集韻都毒切夶音督說文衣躬縫也図廣韻都導切音到類篇大到切音導。義夶同△玉篇又作襩，或作褠△韻會同裻。

褐 54506 28680
mào_9.15 集韻莫報切音帽玉篇小兒頭衣也△篇海或作冒。又作帽14989

樋 54507 28681
yí_9.15 集韻余支切，音移。同袘図yì類篇以豉切音易。裳下緣也。同袘。

褌 54508 28682
kūn_9.15 唐韻古渾切集韻韻會公渾切夶音昆說文襠也玉篇褻衣急就篇合襠謂之褌釋名褌，貫也，貫兩脚，上繫腰中也前漢·司馬相如傳相如身自著犢鼻褌，與傭保雜作晉書阮籍傳蝨虱之處褌中，逃乎深縫，匿乎壞絮，自以爲吉兆也図本草褌襠，解毒箭，并女勞復△類篇褌一作裩。鞏又裩54312幝14959幝15005

褍 54509 28683
duān_9.15 唐韻集韻夶多官切音端說文衣正幅也図廣韻丁果切音朵。義同図dùn集韻徒困切音鈍。衣長也△玉篇作襝。鞏又褍39964

褤 54510 28684
tú_9.15 集韻陀沒切音凸博雅禪無襜者謂之褤。

裒 54511 28685
xiù_9.15 唐韻似救切音岫說文袂也詩·唐風羔裘豹裒禮·玉藻君子狐青裘、豹裒。與袖54187同図yòu唐韻余救切音狖。服飾貌詩·邶風裒如充耳傳裒，盛服也。大夫裒然有尊盛之服，而不能稱也箋言衛之諸臣，顏色裒然，如見塞耳無聞知也図類篇禾黍盛貌詩·大雅實種實裒箋裒，枝葉長也図前漢董仲舒傳今子大

夫裒然爲舉首，朕甚嘉之註裒，進也，爲舉賢良之首也。鞏又裒54512

裒 54512 28686
yòu_9.15 集韻余救切音狖。同裒詩裒如充耳。或从由図前漢·班固敘傳安樂裒裒，古之文學師古曰裒裒，盛貌也。音狖図xiù韻會似救切音岫。同袖前漢淮南屬王傳自裒金椎椎之。又佞幸傳董賢常與上臥起，嘗晝寢，偏藉上裒，上欲起，賢未覺，不欲動賢，迺斷裒而起師古註裒，古袖字。

極 54513 28687
jí_9.15 集韻訖力切音極。同襋。

褒 54514 28688
bāo_9.15 正字通褒本字說文从衣，保省聲。保，古文保也。

襛 54515 28689
wēi_9.15 五音集韻烏恢切音隈玉篇垢衣也。鞏又襖54454

褐 54516 28690
hè_9.15 唐韻胡葛切集韻韻會正韻何葛切夶音曷說文編枲韈也図詩·豳風無衣無褐，何以卒歲註褐，毛布也図潘岳·藉田賦被褐振袯註褐，麤布也図荀子·大略篇衣則豎褐不完註豎褐，僮豎之褐図左傳·哀十三年余與褐之父睨之註褐，寒賤之人也図人名吳越春秋晉令童褐請軍図複姓通志·氏族略古今人表有司褐拘。又有司褐扶，楚靈王大夫。見韓子図xié韻補胡結切音纈白居易詩閒將酒壺出，醉回人家歌。野食或烹鮮，寓眠多擁褐図gě集韻居曷切音葛。同褐，麤衣也△類篇或作襒。鞏又褐54553

媛 54517 28691
yuàn_9.15 唐韻王眷切集韻于眷切夶音瑗玉篇佩衿也爾雅·釋器佩衿謂之褑註佩玉之帶上屬図類篇佩絞也図yuán集韻于元切音袁。衣也。図yuàn于願切，遠去聲。佩裕△或作褤。

褒 54518 28692
bāo_9.15 唐韻俗裒字。鞏龍龕閔65159摶毛反。正作裒。

褓 54519 28693
bǎo_9.15 唐韻博抱切集韻補抱切夶音保玉篇小兒衣前漢宣帝紀曾孫雖在襁褓，猶坐收繫郡邸獄李奇註褓，小兒大藉也孟康註小兒被也図通葆史記魯世家成王少在襁葆之中索隱襁褓，古字少，假借用之。図通保封禪書業隆于襁保。鞏又綵44487

褔 54520 28694
fù_9.15 唐韻集韻夶敷救切，覆去聲。衣一褔。今文作副。

襟 54521 28695
jīn_9.15 集韻居吟切音今類篇同襋篇海袍襦前袂也。

裝 54522 28696
běng_9.15 集韻補孔切音琫類篇枲履也。一曰小兒皮履也。

褕 54523 28697
yú_9.15 唐韻羊朱切韻會容朱切夶音俞說文翟羽飾衣也図玉篇襜褕，直裾也前漢·雋不疑傳有一男子，衣黃襜褕師古註襜褕，直裾禪衣也張衡·四愁詩美

人贈我貂襜褕 揚子方言 襜褕，其短者謂之短褕。圆美也 史記·淮陰侯傳 褕衣甘食 玉篇 葉褕短度絹也 圆yáo 廣韻 餘昭切音遙。褕狄，后衣 玉篇 畫雉雜于王后之服 柳宗元·賀冊太上皇后賀表 褕狄亦被於恩光 註 刻雉飾服也。亦作褕 圆tóu 集韻 徒侯切音頭。褕褕，短袖襦 圆 類篇 近身衣也。

褖 54524 28698 tuàn_9.15 唐韻 通貫切 集韻 韻會 吐玩切丛音彖 玉篇 后衣也 釋名 褖衣，褖然黑色也 詩·邶風·綠衣箋 綠當爲褖。褖衣黑，以素紗爲裏，今反以黃爲裏，非其禮制也 儀禮·士喪禮 褖衣 註 黑衣裳赤緣之謂褖，褖之言緣也，所以表袍者也△ 周禮 作緣 圆 禮玉藻註 褖或作稅。

褦 54525 28699 zǒng_9.15 集韻 祖叢切音驄 類篇 同褑 篇海 襌衣也。

褘 54526 28700 yǎn_9.15 唐韻 於幰切 集韻 隱幰切丛音偃◆ 說文 褘領也 揚子方言 䘮謂之褘 爾雅註 繡刺黼文以褘領 圆 玉篇 隱被也 圆 廣韻 於建切音堰。義同。

褍 54527 28701 hú_9.15 唐韻 戶吳切 集韻 洪孤切丛音胡 玉篇 衣被也 博雅 祜謂之褍△ 類篇 或作褏。

褮 54528 28702 kuì_9.15 集韻 睽桂切音脄 綱目集覽 馬周上議，請褗袖襟褵爲士人上服，開骻者名缺骻衫，庶人服之，卽今四褮衫 釋文曰褮，衣裾分也。鏖 正字通 㤭14996俗褮字。

褌 54529 28703 ruán_9.15 唐韻 而緣切音礝。促衣縫也 圆 玉篇 褐也 圆ruǎn 集韻 乳兗切音軟 說文 衣緛也 圆nuǎn 乃管切音煖 類篇 短襦也。

褋 54530 28704 xīng_9.15 集韻 桑經切音星 類篇 燐光著衣貌。

褗 54531 28705 gé_9.15 直音 同褗

褤 54532 28706 hóu_9.15 唐韻 戶鉤切 集韻 胡溝切丛音侯 類篇 褤褕，小衫也。

褘 54533 28707 huī_9.15 唐韻 許歸切 集韻 韻會 吁韋切丛音暉 玉篇 后祭服也 禮·玉藻 王后褘衣 釋名 王后之上服曰褘衣，畫翟雉之文于衣也。伊洛而南雉靑質五色備曰翬。鷂翬，畫鷂雉之文于衣也 圆wéi 篇海 雨非切音韋 類篇 與幃同，囊也 爾雅·釋器 婦人之褘謂之縭 註 卽今之香纓也。褘邪交落帶繫于體，因名爲褘 圆 類篇 蔽膝也 揚子方言 蔽膝，江淮之間謂之褘，或謂之祓，自關而東謂之蔽膝 圆美也 張衡·東京賦 漢帝之德馨，侯其褘而 圆 唐韻古音 與委同 王應麟·詩攷 褘隋卽委蛇，出 韓詩內傳 漢衞尉衡方碑 褘隋在公 圆yī 音猗。人名 前漢·王子侯表 安侯褘嗣 圆jú 音鞠 禮·玉藻 再命褘衣 註 褘讀爲鞠。鏖 又袆54160 圆 褘隋在公 衡方碑 作褘隋在公。

褏 54534 28708 xún_9.15 玉篇 音旬。衣也。

褙 54535 28709 bèi_9.15 集韻 補妹切音背。同綼 類篇 襦也。鏖 又褙39982

槏 54536 28710 shān_9.15 集韻 師銜切音衫 類篇 旌旗之旆也。

褚 54537 28711 zhǔ_9.15 唐韻 張呂切 集韻 展呂切丛音貯。裝衣也 類篇 囊也 前漢·南粵王趙佗傳 上褚五十衣，中褚三十衣，下褚二十衣，遺王 師古曰 以綿裝衣曰褚 圆蓄也 左傳襄三十年 取我衣冠而褚之 圆覆棺之物 禮檀弓 褚幕丹質 註 以丹幕爲褚 圆chǔ 廣韻 丑呂切音楮 集韻 製衣也 圆姓 潛夫論 褚師氏，皆鄭姬姓也 通志·氏族略 褚氏卽褚師氏，漢梁相褚大，元成間有褚先生少孫，丛以儒學稱 圆zhě 集韻 止野切音者。衣赤也 揚子方言 卒謂之褚。鏖 又褚39925

徵 54538 28712 zhǐ_9.15 唐韻 陟侈切 集韻 展爾切丛音掇 類篇 袊徵，敝衣也 圆 集韻 展几切。同襑。亦作繀。

褏 54539 28713 jiā_9.15 集韻 袈本字 類篇 毛衣謂之褏裟。鏖 又毠27295

褧 54540 28714 cǒng_9.15 集韻 取勇切音嗊。同裞 玉篇 襌也。

褠 54541 28715 gōu_9.15 直音 同構

褫 54543 28717 chǐ_9.15 類篇 敞爾切。同袳。衣開也。

褮 54544 28718 yì_9.15 直音 同裔

褯 54545 28719 gǒu_9.15 字彙補 古口切音苟。祭服也。

褬 54546 28720 jiè_9.15 五音篇海 同褯。

裠 54548 28722 qún_9.15 字彙補 古文裙54344字。

裛 54549 45413 yì_9.15 搜眞玉鏡 與裛同。鏖 俗裔54335

裧 54550 45414 qì_9.15 龍龕 與裇同。

褹 54551 u2B306 mèi_9.15 朝鮮本 龍龕 袂54130彌蔽切。衣袖也。褹，同上音。今增。

裼 54552 u2B305 yáng_9.15 俗裼39942 字學三正·第一冊·字母辨 從易裼，陽，強鬼。

褐 54553 uFA60 hè_9.15 兼 褐54516

褬 54554 u276F7 tơi_9.15 喃 从衣哉tai聲△ 褬褬：襤褸。

褁 54555 u276F6 đây_9.15 喃 从衣待đãi聲。褋褬。

襄 54542 28716 náng_9.15 直音 同囊。

褨 54547 28721 hú_9.15 篇海 同褍。

裂 54556 u276F5 liè_9.15 製54446譌字

禩 54557 u276F4 zhuàn_9.15 正字通 襈54712本作禩。

袌 54558 u276F1 bāo_9.15 俗襃54518 國語·第三·齊語 戎士凍餒，戎車待游車之裞，戎士待陳妾之餘。優笑在前，賢材在後。是以國家不日引，不月長，恐宗廟之不埽除，社稷之不血食。

裹 54560 u276EF liè_9.15 裂54272譌字

褙 54559 u276F0 null_9.15 未詳。

裪 54561 u276EE jīn_9.15 襟54800譌字。民國 東莞縣志 卷三十·前事

裪 54562 u276ED null_9.15 春秋攷異郵 承石取鐵，璘瑠吸褟。褟，芥也。

略二·元引 黃通志 十六年，李恆以其子世安，監廣州，設廣州路州縣達魯花赤。原按，黃志 引草木子云達魯花赤，華言荷包上襟子也。

襒 bì_9.15　韓 朝鮮宣祖實錄·卷八·七年二月戊午 前郡守裴德文，為人姦邪，其未出身，襒褶其妻家文書，有同姦吏之為，不齒於人類。

禢 kuì_9.15　简 襀54738

襋 null_9.15　未詳。

裆 jiè_9.15　简 縃54703

禅 dān_9.15　俗襌54727

襜 bāo_9.15　日 胞衣合文。胎盤。

褛 lǚ_9.15　简 褸54643

襰 zhòu_10.16　集韻 側救切音縐。衣不伸也。鼇 集韻 襰，或作䋷。

椺 xié_10.16　唐韻 集韻 丛戶佳切音鞋 博雅 袖也 囝 xì 胡計切音系 類篇 帶也。與袻同。鼇 又絼44699襦54614

褞 yǔn_10.16　唐韻 於粉切 集韻 委粉切丛音韞。衣也 廣韻 褞袿也 囝 wēn 韻會 烏昆切音溫 類篇 褞，褐衣也 晉·王沈 釋時論 袞龍出於褞褐，卿相出於匹夫。鼇 又褔39958

褟 tā_10.16　玉篇 丁塔切音答。衣也。

襕 wēng_10.16　集韻 烏公切音翁 類篇 襠襕，衣名。

褨 chí_10.16　集韻 陳尼切音遲。衣也。鼇 又褋54667

褯 bó_10.16　唐韻 補各切 集韻 伯各切丛音博 類篇 短袂衫也 潛夫論 裙襏衣被，費繪百緤，用功十倍 博物志 日南有野女，羣行裸袒無衣襏 囝 集韻 白各切音泊。禪衣也 囝 玉篇 嬑也，約也，儉也，菲也，沾也。義同薄。

褠 gōu_10.16　唐韻 古侯切 韻會 居侯切丛音鉤 玉篇 單衣也 釋名 褠，禪衣之無褑者也。言袖夾直形如溝也 吳志裴松之註 呂範釋褠，著袴褶，執鞭詣闕下 晉書·禮志 侍中車胤議，朝臣宜朱衣褠幘拜敬，太子答拜 囝 臂褠 後漢·馬皇后紀 倉頭，衣綠褠，領袖正白 註 褠，臂衣，今之臂褠。以縛左右手，于事便也 囝 增韻 衣褶。鼇 又幘15062褠44754褠45117褠54541

褆 kè_10.16　集韻 克革切音礊 說文 袞裏也。一曰薄也 囝 玉篇 擣也△或作襈。

褥 suǒ_10.16　集韻 昔各切音索 類篇 衣聲也 囝 色窄切音霜。褥褥。義同。

褉 xiè_10.16　集韻 詞夜切音謝 類篇 吳人謂衣曰褉。

褽 wèi_10.16　說文 於胃切。衻也。一作褽54651

褛 kè_10.16　唐韻 苦盍切 集韻 克盍切丛音榼。褛褡 類篇 婦人袍也。鼇 又褡54655

褡 dā_10.16　唐韻 都合切 韻會 得合切丛音答。被橫謂之褡 廣韻 橫褡，小被也 囝 類篇 衣敝也。鼇 又絡44759褡54774

襄 huái_10.16　唐韻 戶乖切 韻會 乎乖切丛音懷 說文 袖也。一曰藏也。又 玉篇 胷袺藏物也，抱也。在衣曰襄，在手曰握 囝 與懷通 前漢·外戚傳 襄誠秉忠，維義是從 囝 猗襄，獸名 山海經 穴居，老蟄如人而彘鬣△廣韻 一作襃 類篇 或作褱。鼇 又襃54610

褣 róng_10.16　唐韻 集韻 韻會 丛餘封切音容 玉篇 褈褣也 揚子方言 襜褕，江淮南楚謂之褈褣△韻會 通容，或作童容，亦作幢容。

襟 cuī_10.16　集韻 倉回切音崔。同衰 說文 服衣，長六寸，博四寸，直心△本作衰54105，別作縗44671

襄 lì_10.16　玉篇 力狄切音曆。急纏也△集韻 作䙅。

禖 mì_10.16　唐韻 集韻 丛莫狄切音覓。與幎同。車覆笭也 類篇 緜布也 周禮·春官·巾車 犬禖，鹿淺禖，然禖，豻禖△正字通 又與幦通。

襓 yuán_10.16　集韻 于元切音袁 篇海 同褑。

䙅 shài_10.16　唐韻 所拜切 集韻 所介切丛音鎩。衣削幅也 廣韻 衣衻縫也 囝 集韻 所例切音帗。義同 囝 shǎi 師駭切。同䙅 類篇 襺䙅，衣破。或从衣 囝 shā 韻會 山戞切音殺。衣縫餘也△或作綴。

襹 shī_10.16　集韻 霜夷切音師 類篇 襹襹，衣破。

褥 rù_10.16　唐韻 而蜀切 韻會 如欲切丛音辱。氊褥 類篇 藉也 正韻 衵褥也 釋名 褥，辱也，人所坐褻辱也 詩秦風疏 茵者，車上之褥 後漢·王暢傳 暢常布衣皮褥 囝 集韻 奴沃切音傉 類篇 小兒衣也。鼇 又褥40012

襨 shòu_10.16　篇海 承呪切音授。衣衿△正字通 譌字。

褦 nài_10.16　集韻 乃代切音耐。褦襶54921

褧 jiǒng_10.16　唐韻 口迥切 集韻 韻會 犬迥切丛音苘 玉篇 衣無裏也 詩衛風 衣錦褧衣 箋 褧也，尚之以禪衣，爲其衣之太著○按 說文 曰檾也 篇海 曰穀也，皆非的解，故引 玉篇 爲訓△集韻 亦作穎。

褛 suǒ_10.16　唐韻 蘇可切 集韻 想可切丛音縒。衣長貌 囝 集韻 此我切音瑳。義同 囝 chá 類篇 鉏加切音槎。衣見褕。

襺 hán_10.16　類篇 胡南切。同衦54402 囝 hàn 集韻 戶感切。同幨。

襳 bān_10.16　集韻 逋潘切音般 類篇 衣表也，吳俗語。

褪 tùn_10.16　韻會 吐困切，吞去聲。卸衣也 囝 花謝也。

褫 chǐ_10.16　唐韻 池爾切 集韻 韻會 丛音豸。奪衣也 易·訟卦 或錫之鞶帶，終朝三褫之 疏 三見褫脫。

又chǐ 集韻 丑豸切音剦。義同 又 廣韻 衣絮編也 又yǐ 演爾切音酏。福也 又 相支切音斯。余支切音移。義竝同 又zhì 韻會 直吏切，値去聲。解也，脫也 荀子·非相篇 極禮而褫 註 直吏反 又chí◆ 廣韻 直离切 集韻 陳知切竝音馳。蓐衣又曰褫氈。鎣又褅54365䙗54403

褬 54601 28754
sǎng_10.16 集韻 寫朗切音顙。䘣褬，衣敝也。

䙖 54602 28755
jiè_10.16 唐韻 古喝切音犗。衣上也 玉篇 衣上羅也 又 集韻 居拜切音介。上衣也△ 集韻 一作褡 類篇 一作襤。鎣又䘕54546

䙔 54603 28756
xù_10.16 集韻 許六切音畜。褚也 左傳·襄三十年 取我衣冠而褚之 註 褚，褔也 篇海 褫也，藏也 又 五音集韻 丑六切音蓄。義同。

䙝 54604 28757
nóng_10.16 集韻 而融切音戎 類篇 同襛。衣厚也。

褭 54605 28758
niǎo_10.16 廣韻 奴鳥切 韻會 乃了切竝音嫋 說文 以組帶馬也 又 類篇 騕褭，良馬名 又 韻會 褭蹄，金名。又 集韻 爾紹切音擾。義同△或作㠊70000 鎣又嬝11320 驫70468㒡01812㠋54318㠌54676

褮 54606 28759
yíng_10.16 唐韻 於營切 集韻 娟營切竝音縈◆ 說文 鬼衣也 又 汙莖切音甖。義同 又 玄扃切音螢◆ 爾雅釋器 衱謂之褮 又 類篇 縈定切音鎣。衣襉也。

䙲 54607 28760
yōng_10.16 集韻 於容切音邕 類篇 與襹54799同。又yòng於用切，邕去聲。

褯 54608 28761
jiè_10.16 唐韻 集韻 竝慈夜切音藉 玉篇 小兒衣也 又xí 集韻 祥亦切音席 類篇 袚䘸，褯也。鎣又襋54758 䙃54703

褰 54609 28762
qiān_10.16 唐韻 去乾切 集韻 韻會 丘虔切竝音愆 說文 袴也 左傳·昭二十五年 公在乾侯，徵褰與襦 又 搴也 詩·鄭風 子惠思我，褰裳涉溱 禮·曲禮 暑毋褰裳 又 司馬相如·子虛賦 襞積褰縐 註 褰，縮也 又 類篇 紀偃切音湕。九件切音蹇。義竝同△或作䙭、䙴、袺。鎣又䙷54901

褱 54610 28763
huái_10.16 唐韻 戶乖切 集韻 乎乖切竝音懷 廣韻 俠也，苞也，歸也◆ 說文 囊橐也 六書正譌 藏挾于衣中也。又 前漢·地理志 褱山 師古註 褱，古懷字。鎣又䙶54892

褣 54611 28764
rǒng_10.16 集韻 乳勇切 篇海 而隴切竝音宂 說文 羽獵韋絝 書·堯典 鳥獸䙡毛。或作䙧 又 乳兖切音輭。義同△ 正字通 亦作䙧。

褽 54612 28765
gǎo_10.16 玉篇 金倒切。義闕。鎣或同㚖54363，素衣 又 俗裔54335 偏類碑別字 引 唐范相墓誌

𫌉 54620 u2B309
null_10.16 未詳。

䙉 54613 28766
lǚ_10.16 字彙補 力許切。姓也。鎣或膂47651字之譌。

𫌈 54621 u2B308
null_10.16 未詳。

䙊 54614 28767
xié_10.16 字彙補 何挨切，音鞋◇衣袖也○按卽褉字。

䙋 54615 28768
null_10.16 字彙補 音未詳 考古圖·寅簋銘 華虢卮䙋。

䙌 54616 28769
zī_10.16 篇海 與齊縗之齊同。鎣同齎54828通作齊。

䙏 54617 45415
xiè_10.16 五音篇海 先佶切。又子對切。

䙐 54618 45416
zhǐ_10.16 搜眞玉鏡 知几切。又音衰。

䙑 54619 45417
huò_10.16 龍龕 音禍。鎣俗禍。

𫌇 54622 u2B307
zhé_10.16 簡 襵54917

𧜜 54623 u2771C
shēng_10.16 俗勝04091 可洪音義 𧜜安：上尸證反。正作勝。離𧜜：同上。

𧜛 54624 u2771B
láng_10.16 𧜛襠。明·無名氏 霞箋記·第二十六齣 整纖腰舞袖𧜛襠。又 光緒湖南通志·卷二百四十二方外志五·仙釋二 贏布縫衣禦雪冬，一鍼一綫要從容。于今世路多荊棘，休得𧜛襠大樣縫 又 中國方言大詞典 褲𧜛：褲衩。閩語。

𧜙 54625 u27719
xống_10.16 喃 从裙省貢cống聲△𧜙袄：女人之衣裙。

𧜘 54626 u27718
viền_10.16 喃 从衣員viên聲。緄邊。

𧜗 54627 u27717
mǎ_10.16 𧜗褂，同馬褂。

𧜖 54628 u27716
chēn_10.16 同縝44686亦人名用字 又chăn 喃 从被省真chân聲△𧜖袷：枕衾之情。

𧜕 54629 u27715
tì_10.16 龍龕 衼𧜕二俗，𧜕54502正，他計反。衼裂手取也。又補也 直音篇 𧜕，音替。補也。

𧜒 54630 u27712
null_10.16 未詳。

𧜑 54631 u27711
null_10.16 未詳。

𧜏 54632 u2770F
péi_10.16 俗裴54418長衣貌。

𧜎 54633 u2770E
null_10.16 未詳。

䙓 54634 u4653
bǎi_10.16 簡 襬54873

褴 54635 u8934
lán_10.16 简 襤54836

裤 54636 u8932
kù_10.16 同袴54250 明·胡應麟 少室山房集·卷七十六·七言絕句八十首·為采菱曲十二章 綉帽羅衫恰稱身，綠絲布褲最撩人。

褵 54637 28770
lí_11.17 唐韻 呂支切 集韻 韻會 鄰知切竝音離 玉篇 衣帶也 類篇 引 爾雅，婦人之褘也 韻會 卽今香纓也△通作縭。鎣又䙰54932 又 褵 碑別字新編·褵 引 隋宮人御女唐氏墓誌

褶 54638 28771
dié_11.17 唐韻 徒協切 韻會 達協切竝音牒 類篇 襲也 儀禮·士喪禮 襚者以褶 又 禮·玉藻 帛爲褶 註 衣有表裏而無著也 喪大記 君褶衣褶衾 註 褶，袷也 急就篇註 褶，謂重衣之最在上者也。其形若袍，短身而廣袖。一曰左衽之袍也 又xí 集韻 席入切音習 類篇 袴褶，騎服 晉書·輿服志 弓弩隊各五十人，黑袴褶 又 寔入切音十。義同 又 韻經 古襲54896字。鎣又慴15108褶54489

褠 54639 28772
ōu_11.17 唐韻 集韻 竝烏侯切音漚。小兒涎衣也。又yū 集韻 邕俱切音紆。絮頭衣 又 廣韻 烏候切，漚去聲 類篇 春朱切音樞。義竝同 又ǒu於口切音毆 揚子方

言縶袼謂之褔郭註即小兒次衣也囡yǔ委羽切音傴說文編枲衣也△或作襹。鋆又袏54149

橇 shī_11.17 集韻山宜切音䍦廣韻同襹類篇襹䙰，毛羽衣貌。或从徙韓愈詩玄花著兩眼，視物隔褷䙰皮日休詩袖香襹褷風。鋆又褆54457褷40047

㙡 zǒng_11.17 唐韻息拱切集韻筍勇切𠀤音㩳博雅㙡褼，襌衣也囡zōng祖叢切音㚇義同囡zǒng廣韻子冢切類篇足勇切，𠀤縱上聲。義同△或作襚。

棽 xī_11.17 集韻息七切音悉博雅衸、袥，褳褾也。

褸 lǚ_11.17 唐韻落侯切集韻韻會郎侯切𠀤音樓玉篇衣襤也說文衽也博雅裯、袥、衽謂之褸囡廣韻力主切音縷玉篇衣壞也揚子方言南楚凡人貧，衣被醜弊，或謂之褸裂，或謂之襤褸。又紩衣謂之褸囡與縷通綱目集覽藍縷、襤褸通。鋆又褛54569

褸 mán_11.17 集韻謨官切音瞞類篇胡衣也。

裛 yì_11.17 集韻以制切音曳。同裔囡人名。征北朵軍明裛之，宋元嘉時人。見幽明錄

棚 bēng_11.17 直音與繃44818同。小兒衣也。

褹 yì_11.17 唐韻魚祭切集韻倪祭切𠀤音藝字林複襦也揚子方言複襦謂之箬褹囡玉篇袂也囡niè女介切音㘅。紩布襦囡類篇女黠切音疤。義同。鋆又襖54934

褺 dié_11.17 唐韻徒協切音牒。重衣也囡玉篇縣名。類篇巴郡有褺江縣。鋆又褻54705又龍龕褺54754或作褺54683正。

褻 xiè_11.17 唐韻集韻韻會𠀤私列切音薛說文私服論語紅紫不以爲褻服註私居服。歐陽氏曰：从衣，中執也廣韻衷衣也囡增韻衣破壞之餘曰褻囡穢也史記·石奮傳·厠牏註呂靜曰：褻，器也，穢惡之穴也囡正韻與媟通，狎近也。鋆又褻15847𧙍22970䋿44090褻51917裻00703

褼 xiān_11.17 集韻相然切音僊類篇褊褼，衣貌。

熨 wèi_11.17 唐韻於胃切，音畏。又集韻烏潰切，猥去聲玉篇衣衽也囡薦也左傳·哀十一年眞之新簀，熨之以元纁。鋆正字通褽54581本作褽54701

褅 tì_11.17 篇海同褅

褾 biǎo_11.17 唐韻方小切集韻韻會俾小切𠀤音標類篇褾，袖端也增韻卷裝飾也囡biào集韻卑妙切，標去聲玉篇衣衽也△類篇或作袑、褾。鋆又褾40049袑39680㡼15177褾54918䙌54757襋54807囡俗褾25183敦煌P.4660前河西都僧統故翟和尚邈真讚戒定慧學，鼎足無傷。俗之褾袖，釋侶提綱。傳燈暗室，誨喻浮囊。

裮 shuài_11.17 唐韻所律切集韻朔律切𠀤音率。裾裮，短衣。

禭 kè_11.17 篇海苦盍切音磕。禭禈，前後而當衣也唐書·車服志鼓吹按工加白練禭禈陸龜蒙詩纏肩繞胆，禭合眩旋○按音義與禈同正字通謂俗禈字，非。

襧 cáo_11.17 唐韻昨勞切集韻財勞切𠀤音曹廣韻幫也囡類篇衣失浣也囡qiáo慈焦切音樵。袒也。一曰衣齊好囡zāo集韻臧曹切音遭博雅褿，被褕也。囡cāo倉刀切，操平聲說文幭也玉篇衽也△或作幬。鋆又褿54940

襀 jì_11.17 集韻資昔切音積玉篇襞襀類篇衣開跡也司馬相如·子虛賦襞襀褰縐註襞襀，簡齰也篇海卽今之裙褶也。鋆又襀54466

襁 qiǎng_11.17 唐韻居兩切集韻舉兩切𠀤音鏹玉篇襁褓，負兒衣也論語則四方之民，襁負其子而至矣何晏註負者以器曰襁疏博物志云襁織縷爲之，廣八寸，長丈二，以約小兒於背前漢·宣帝紀曾孫雖在襁褓，猶坐收繫郡邸獄李奇註襁，絡也，以繒布爲之，絡負小兒師古註卽今小兒繃也△六書正譌通作繈，非。鋆又繈45193襁54780

襚 cǒng_11.17 篇海且勇切，怱上聲。同襚正字通俗字。鋆俗亦作襚54760

禂 diǎo_11.17 唐韻都了切集韻丁了切𠀤音帋◆說文短衣也春秋傳曰：有空禂囡都聊切音彫。義同。鋆又裯54432鴞73305

䘳 yī_11.17 集韻煙奚切音鷖類篇䘳袼，次衣。

襂 sēn_11.17 集韻韻會𠀤疏簪切音森。襂䙰，衣裳、毛羽垂貌揚雄甘泉賦䙰虖襂纚木華海賦被羽翮之襂䙰囡shān師銜切音衫說文本作縿，旌旗之斿也儀禮·既夕禮中帶若今之褌襂後漢·輿服志諸君襘圭襂闈綠加上之服，禁絕之註司馬相如·大人賦重旬始以爲襂。註：葆下斿也，則襂之容如旌旒也△類篇或作襳、襳。鋆垂旬始以爲襂。

襥 chǔ_11.17 唐韻創舉切集韻創所切𠀤音楚埤蒼鮮也類篇美好貌囡cù廣韻子六切音蹙。好衣也類篇衣鮮明貌囡集韻七六切音蹙。義同。鋆又襥54882襥54920襥54849

襗 yì_11.17 集韻之石切音隻篇海被，袖也。

褒 bāo_11.17 唐韻集韻韻會正韻𠀤博毛切，報平聲玉篇揚美也類篇獎飾也公羊傳·隱元年曷爲稱字，褒之也白虎通人臣之義，莫不欲褒大其君，掩惡揚善也囡褒明，長襦也揚子方言褒明謂之袍囡大裾也前漢·雋不疑傳褒衣博帶囡褒中，縣名晉書·地理志屬漢

中郡 図 褒斜,谷名 班固西都賦 右界褒斜,隴首之險 註 梁州記 曰:萬石城,沂漢上七里,有褒斜谷,南口曰褒,北口曰斜 図 姓 通志氏族略 褒氏,姒姓之國,禹之後也,今興元府褒城是其地 図 báo 音報◆ 周禮春官太祝 辨九捧,八曰褒捧 註 鄭司農云褒拜,今時持節拜是也。図 póu 集韻 蒲侯切音抔。聚也 △ 說文 作裒,俗作褒 類篇 亦作褒 集韻 或作裒,通作裒。鋆 又褒54558裒54445裒54677裒54672裒00726閙65159

褋 54666 28799
sù_11.17 篇海 蘇谷切音速。祿褋,衣聲也。

褫 54667 28800
chí_11.17 字彙 音池。衣也 △ 直音 作褫。〇按卽褫字。鋆 直音篇 褫54885同褫。

褃 54668 28801
chuāng_11.17 唐韻 集韻 𡁻丑江切音傸。短敝衣。図 類篇 株江切音樁。義同。

襄 54669 28802
xiāng_11.17 古文 㐮㐮㐮 唐韻 正韻 息良切 集韻 韻會 思將切𡁻音湘 說文 漢令:解衣而耕謂之襄 図 上也 書·堯典 懷山襄陵 註 包山上陵也。又 皋陶謨 思曰:贊贊襄哉 疏 謂贊奏上古行事而言之也 図 除也 詩·鄘風 牆有茨,不可襄也 図 成也 左傳·定十五年 葬定公,雨,不克襄事,禮也 図 駕也◆ 詩·鄭風 兩服上襄 註 上駕,馬之最良者也。又 小雅 跂彼織女,終日七襄 箋 駕,謂更其肆也。從旦至暮七辰,辰一移因謂之七襄 図 史記·諡法解 辟地有德曰襄,甲冑有勞曰襄 図 地名 史記·高祖功臣侯表 襄平 索隱曰 屬臨淮 後漢·郡國志 上黨郡襄垣 図 廣韻 州名,本楚之西津,魏置襄陽郡,西魏改襄州,因水立名 韻會 宋升襄陽府 図 姓 後漢·襄楷傳 註 風俗通 曰:襄姓,楚大夫襄老之後 △ 說文 作𣀈。鋆 又襄00715裒54147裒54813 図 古文耎字原字形為𡦗。

褣 54670 28803
féng_11.17 集韻 符容切音逢。蕢山神 類篇 作縫。図 柳宗元·答元公瑾論仕進書 逢掖之列 註 逢,潘本作褣,以鍼紩衣也。鋆 同褣54706

褏 54672 28805
bāo_11.17 集韻 同褒 類篇 襮襘衣也。鋆 俗褄54834

襃 54673 28806
biǎo_11.17 集韻 表54077古作褒 △ 類篇 作廮。

褦 54674 28807
tì_11.17 ◆ 篇海 他計切音替。祾裂,手取也。又補也〇按卽祾字之譌。

褬 54675 28809
cuì_11.17 直音 同褗 　**𩏇** 54676 28810 niǎo_11.17 直音 同裊。

裦 54677 28811
bāo_11.17 直音 同裦〇按卽裒字之譌。

褔 54678 28812
fú_11.17 字彙補 方六切音福。絮衣也。

襊 54679 28813
cuì_11.17 字彙補 七醉切音翠。衣游縫也〇按卽襊字之譌。

裝 54686 u2B30F
null_11.17 未詳。　**褶** 54681 28815 gǔn_11.17 字彙補 同袞

褑 54680 28814
tuò_11.17 字彙補 湯過切音唾。無袂衣也。

槪 54682 28816
null_11.17 音未詳 梁·簡文帝詩 納花承福槪。

褺 54683 41829
dié_11.17 篇海類編 音牒。衣也。鋆 同褺54648

褾 54687 u2B30E
null_11.17 喃 未詳。　**褼** 54684 41830 xuán_11.17 字彙補 旬緣切音旋 帝京景物略 冠巾袍褼。

襒 54685 41833
bié_11.17 篇海類編 蒲結切,音別 ◇ 襒衣。

襩 54688 u2B30D
null_11.17 未詳。　**襟** 54689 u2B30C null_11.17 喃 未詳。

禮 54690 u2B30B
shù_11.17 簡 禮54876　**襊** 54691 u2B30A null_11.17 未詳。

禩 54694 u27740
sì_11.17 或裸40062譌字

補 54695 u2773F
null_11.17 未詳。　**裺** 54692 u2F9C9 yǎn_11.17 裺54429本字

褊 54696 u2773E
null_11.17 未詳。　**禤** 54693 u27741 xuān_11.17 同禤40029姓

褹 54697 u2773B
dūng_11.17 喃 从裙省動動聲。

襤 54698 u2773A
bâu_11.17 喃 从衣彪bưn聲。衣領,衣襟。

褙 54699 u27739
xưởi_11.17 喃 从衣猜xai聲。破爛 △ 咳袍褙:衣衫襤褸。

襄 54700 u27738
shuāi_11.17 衰54105本字。

襏 54702 u27736
shù_11.17 同禮54876襏54811 龍龕 襏或作,裋54319今。

襷 54703 u27735
jiè_11.17 亦作襗54758 新修玉篇·衣部 引川篇 襗,音謝,燥襷。梁春勝:同襗54608 図 đai 喃 从衣帶đai聲。帶。

襧 54704 u27734
null_11.17 未詳。　**襭** 54701 u27737 wèi_11.17 褽54651本字

褻 54705 u465D
dié_11.17 同褺54648 說文 重衣也。从衣執聲。巴郡有褺虹縣。

褣 54706 u465C
féng_11.17 俗褣40034 集韻 褣,蕢山神名,通作逢。図 同縫44777亦作褣54670

襔 54707 u8954
mǎn_11.17 新唐書·南蠻傳 樂工皆崑崙,衣絳甃,朝霞為蔽膝,謂之襔襔。

襅 54708 u8945
bì_11.17 日 同文通考·國字 襅,チハヤ,巫女上服也。

褳 54709 u8933
lián_11.17 褡褳:可以搭在肩上的長形布袋。

褊 54710 28808
shǔ_12.18 篇海類編 同褊。

襆 54711 28817
pú_12.18 集韻 博木切音卜 類篇 裳削幅謂之襆。或从衣 図 fú 逢玉切。同幞。帕也。別詳糸部巾部。鋆 又襆54840

襈 54712 28818
zhuàn_12.18 唐韻 士戀切 集韻 雛戀切𡁻音饌 類篇 緣也 釋名 襈,撰也。青絳為之緣也 図 集韻 雛免切音撰。義同 図 juàn 廣韻 渠眷切音倦。重繪也。鋆 又襈54557

襺 54713 28819
hè_12.18　唐韻胡箇切韻會何佐切达音賀。被袖也△玉篇同袔。

橘 54714 28820
jué_12.18　唐韻集韻达古穴切音玦揚子方言袴襑謂之袖△或从夬作袂。

襦 54715 28821
rú_12.18　集韻汝朱切音儒。同襦54841

橙 54716 28822
dēng_12.18　篇海都騰切音登。毛帶也酉陽雜俎晉時有徐景于宣陽門外得一錦麛橙。

襇 54717 28823
jiǎn_12.18　唐韻古莧切集韻居莧切达音澗。襇裙類篇裙幅相襇也囝玉篇量衣囝賈限切音簡。義同。△或作襉。鍌又襇54779襇54924

褟 54718 28824
tà_12.18　正字通同毺。

襊 54719 28825
cuì_12.18　唐韻麤最切集韻取外切达音蹙。衣游縫也劉孝標樂府褹襊雙心共一袜，袙腹兩邊作八襊。囝cuō韻會麤括切音撮類篇緇布冠謂之襊囝玉篇衣領也△直音亦作襊。鍌又襊54679囝túi嘴从袋省最tói聲。囊，口袋△襊鉬：錢包。

褅 54720 28826
tì_12.18　篇海他計切音替。補褅也。

襋 54721 28827
jí_12.18　唐韻紀力切集韻訖力切达音殛說文衣領也詩魏風要之襋之博雅襋、祓謂之褌囝玉篇衣衿也△或作襋。鍌又襋40117祴54333

襊 54722 28828
fèi_12.18　玉篇芳未切音費。服也。鍌胡吉宣：應爲被54191之或體囝集韻亦作袡。

襁 54723 28829
jiāo_12.18　集韻子小切音剿類篇拭也。

褧 54724 28830
zhǐ_12.18　集韻展几切音黹說文紩衣也△亦作黹、綵。鍌又襊54842絺45085繻44970絼44421

識 54725 28831
shì_12.18　篇韻賞職切音識。裝襹也△直音亦作袘。

褘 54726 28832
wéi_12.18　唐韻雨非切集韻于非切达音圍說文重衣貌囝羽鬼切音偉。義同△集韻或作褁類篇亦作裏。

襌 54727 28833
dān_12.18　唐韻集韻韻會达多寒切音單說文衣不重也禮·玉藻襌爲絅註有衣裳而無裏揚子方言汗襦，或謂之襌襦前漢·江充傳初，充召見犬臺宮，衣紗縠襌衣師古註襌衣制若今之朝服中襌也△集韻作單。鍌又禪54567

橔 54728 28834
tuí_12.18　唐韻杜回切集韻徒回切音頹。棺覆也囝類篇都回切音堆。義同△或从木作橔。鍌俗橔25374囝褢54751

襍 54729 28835
zá_12.18　集韻同雜說文五彩相合也囝類篇集也。別詳隹部。

襎 54730 28836
fán_12.18　唐韻附袁切集韻符袁切达音煩玉篇襎褵54422囝孚袁切音翻。義同囝bò類篇補過切音播。長袂也。

襠 54731 28837
dàng_12.18　集韻待朗切音蕩博雅飾也△或作襠。鍌又襠54855襠54816

襏 54732 28838
bó_12.18　唐韻集韻达北末切音撥。襏襫，蓑雨衣也管子·小匡篇身服襏襫註襏襫，謂麤堅之衣，可以任苦著者也囝通俗文三尺衣也唐劉禹錫高陵令劉君德政碑烝徒讙呼，奪襏而舞囝國語補音襏蠻，夸服也。同被。鍌又袯54243

襛 54733 28839
jué_12.18　集韻居月切音厥類篇揭衣渡也囝其月切音掘。短衣。

褚 54734 28840
duò_12.18　集韻吐臥切音唾玉篇同褙。

橦 54735 28841
chōng_12.18　集韻昌容切音衝博雅襱裕，襜褕也揚子方言襜褕，江、淮、南楚謂之襱裕囝常容切音鱅。義同囝chóng傳容切。同襱54497囝chuáng傳江切音幢類篇衣也。鍌襱裕又作褈裕、童容。

橡 54736 28842
xiàng_12.18　唐韻徐兩切集韻似兩切达音象◆說文飾也囝類篇未笄冠者之首飾也急就篇註橡飾刻畫無等雙註橡飾，服飾也前漢·王后傳莽建世子橡飾師古註首飾在兩耳後，刻鏤爲之唐書·曹確傳舞者數百，皆珠翠橡飾，刻畫魚龍水服囝dàng集韻待朗切音蕩。與襠同。鍌又橡15117襠54855襠54731

屟 54737 28843
lì_12.18　集韻狼狄切音曆類篇急纏也篇海纏裏也△唐韻作袠集韻或作袠類篇亦作袠。鍌又袠54587袠54306袠54282

襀 54738 28844
kuì_12.18　唐韻集韻韻會达丘愧切音膭。紐也增韻衣系也囝丘畏切音饋。義同囝huì集韻黃外切音會。同繢類篇會五采繡也△廣韻俗作裞正字通通作繢。鍌又襀54564

襑 54739 28845
xín_12.18　唐韻徐林切韻會徐心切达音尋說文衣博大也囝廣韻他感切音喰。義同。

褅 54740 28846
tì_12.18　集韻他計切音替說文緂也。引詩載衣之褅○按詩·小雅本作裼△類篇又作褅。

襠 54741 28847
zèng_12.18　唐韻集韻达子孕切音甑。汗襦也揚子方言汗襦，江淮南楚之閒謂之襠囝集韻慈陵切音繒。又祖棱切，音層。義达同囝zèng類篇子鄧切，增去聲。複也。鍌汗襦也。汗襦也。

襄 54742 28848
zhàn_12.18　唐韻陟扇切音驥說文丹縠衣廣韻周禮王后之六服，其一曰襄衣韻會引詩箋作展衣，后妃服之次也囝集韻知輦切音展。義同△通作禪54805鍌又襄54762袗54283

橫 54743 28849
héng_12.18　唐韻戶盲切集韻胡盲切达音橫字林襱裕，小被也。

襒 54744 28850
bié_12.18　唐韻集韻达蒲結切音蹩。襒衣囝piē類篇匹滅切音瞥。衣貌囝史記·孟荀列傳騶子重於齊，

趙平原君側行撤席 註 撤，拂也。謂側行而衣，撤席爲
敬，不敢正坐當實主之禮也。鑿 集韻 撤，或書作襒。

橈 ráo_12.18 唐韻 集韻 丛如招切音饒 玉篇 劍衣 博雅
袄橈，劍衣也 禮·少儀 劍則啟櫝蓋襲之，加夫橈與劍焉
囡 類篇 人要切，饒去聲。義同。鑿 又祐54300

襌 dàn_12.18 襌本字〇按諸字書俱从示 說文 襌，除服
祭名，从示覃聲 正字通 收入衣部，非，宜从 字彙 歸示
部。

襷 qú_12.18 唐韻 强魚切 集韻 求於切丛音渠 類篇 繁
也 篇海 繁，襷也。

襄 wéi_12.18 唐韻 雨非切音圍 玉篇 裹也 類篇 與襆同。

襄 wéi_12.18 集韻 于非切音韋。同襆。

橋 sà_12.18 集韻 悉盍切音儣 類篇 襷粒，衣敝 直音 作
粒襷。鑿 襷粒。粒襷之誤。又裱褲54416

襃 dūn_12.18 集韻 都昆切音敦 類篇 衣褚。

襃 bào_12.18 集韻 薄報切音暴 類篇 衣前襟。一曰裹也
囡 篇海 今朝服垂衣。與襃同△亦作襃。

褚 zhǔ_12.18 字彙補 知呂切音貯。裝衣也。

襍 dié_12.18 篇韻 徒協切音褋 字彙補 重衣也。

襃 guī_12.18 字彙補 與傀同。見 耳目資 △亦作瓌。

橑 null_12.18 音未詳 方言郭註 小袴，今橑袴也。

褾 biǎo_12.18 龍龕 并眇切。袖端襹也。

襦 jiè_12.18 川篇 音謝。燥也。鑿 俗褯54608

襗 ji_12.18 龍龕 音積。襄也。

襚 cǒng_12.18 ◆ 龍龕 且勇切。襌也。鑿 楊寶忠：俗
幒15083

橯 jiā_12.18 五音篇海 古洽切。襆衣也。

袞 zhàn_12.18 龍龕 音展。皇后衣也〇按卽袞字之譌。

襫 null_12.18 喃 未詳。 **褙** pǔ_12.18 清·梁廷柟 粤
道貢國說·卷二·會驗暹羅國貢物儀注 兩縣委典史請各
官穿褙褂、掛朝珠，至巡撫衙門。又朝鮮·柳得恭 灤陽
錄·卷之二·結綵 往往見癱老之人，背懸天子萬年褙，扶
杖喘喘而行，云是千叟餘存者。

襪 vạt_12.18 喃 从衣越việt聲。衭。

襖 ǎo_12.18 同襖54824俗襖54782

褖 toàng_12.18 喃 从衣循tuân聲。

裯 chéo_12.18 喃 从衣詔chiếu聲。褶狐：斜紋布。

襯 chèn_12.18 喃 俗襯54903

瓥 rách_12.18 喃 从裂歷lịch省聲。同襷54904

褒 niǎo_12.18 同傻02222

襙 xī_12.18 俗樨25352 墨
子·備城門第五十二 城四面四隅，皆為高磨襙。

襄 rǒng_12.18 同襃54806

襂 sǎn_12.18 龍龕 音散。
明·呂毖 明宮史·卷三·內臣服 裰襂：其製後襟不斷而兩
傍有襉，前襟兩截，而下有馬面襉，兩傍有耳。

裕 dā_12.18 同裕54583

氅 chǎng_12.18 俗氅27561
金瓶梅詞話·第六十九回 不想林氏悄悄從房門簾裡望
外觀看，西門慶身材凜凜，語話非俗，一表人物，軒昂
出眾，頭戴白段忠靖冠，貂鼠暖耳，身穿紫羊絨鶴氅，
腳下粉底皂靴，上面緣剪絨獅坐馬，一溜五道金鈕子，
就是個：富而多詐奸邪輩，壓善欺良酒色徒。

襴 lán_12.18 简 襴54911

襪 ji_12.18 卡襪，Khaki
的音譯，亦作卡机54069，即卡其布，土黃色。

襉 jiǎn_12.18 同襉54717

襁 qiǎng_12.18 同襁54658

褰 qiān_13.19 集韻 丘虔切音愆。同褰。

襖 ǎo_13.19 唐韻 集韻 韻會 丛烏皓切音懊 玉篇 袍襖
也 韓愈詩 破襖請來綻。鑿 又祆54162襖54824襖40100
襖40098囡 直音篇 襄54881同襖。

襗 duó_13.19 唐韻 徒落切 集韻 達各切丛音鐸 說文 綺
也囡zé 韻會 直袼切音宅。義同 詩·秦風 與子同襗 箋
襗，襄衣近污垢囡yì 廣韻 羊益切音奕 博雅 長襦也 周
禮·春官註 巾絮寢衣袍襗之屬。鑿 又祥54230

襷 jù_13.19 篇海 居御切 玉篇 音據。衣也。

襘 guì_13.19 唐韻 集韻 丛古外切音儈 說文 帶所結也
左傳·昭十一年 衣有襘 註 襘，領會也囡huì 類篇 黃外
切音會。衣緩帶。鑿 又袼54298綑44501

襎 hé_13.19 集韻 下革切音覈 類篇 衣領中骨也。
△或作繳。

襙 cào_13.19 玉篇 千到切 直音 音糙。衣也。

襡 dú_13.19 唐韻 冬毒切 集韻 都毒切丛音篤。衣背縫
也。鑿 又褲54505襪54890帑14981裰54430

襚 suì_13.19 唐韻 集韻 韻會 丛徐醉切音遂 說文 衣死
人也 白虎通 襚之爲言遺也 禮·少儀 裞者曰襚 疏 襚者，
以衣送死人之稱，禮以衣送敵者死曰襚。襚者，遂彼生
時之意也 周禮·天官 喪荒，受其含、襚、幣、玉之事。
囡 西京雜記 趙飛燕女弟遺書曰：謹上襚三十五條，以
陳踴躍之心。按此則襚不獨助死之禮△ 集韻 或作襘。

襕 duǒ_13.19 集韻 都果切音朵 類篇 大衣也囡 玉篇 好
也。

襏 54791 28873 dié_13.19 說文與裸54504同。

褐 54792 28874 hè_13.19 集韻居曷切音葛篇海麤衣也△本作褐。

襛 54793 28875 nóng_13.19 唐韻女容切集韻韻會尼容切丛音醲說文衣厚貌詩召南何彼襛矣傳襛,猶戎戎也図集韻如容切,音茸。而融切音戎。義丛同△類篇或作袳干祿字書正作襛,俗作穠六書正譌俗作穠,非。鍙又襛54942袱54287

襜 54794 28876 chān_13.19 唐韻集韻處占切韻會蚩占切丛音幨爾雅·釋器衣蔽前謂之襜詩·小雅終朝采藍,不盈一襜戰國策百姓理襜蔽図前漢·雋不疑傳註襜褕54523,直裾禪衣也図博雅禪襦謂之襜袴図揚子方言襜謂之被郭註衣披下也図帷也後漢·劉盆子傳乘鮮車大馬,乘屏泥,絳襜絡註車上施帷以屏蔽者,交絡之以爲飾図整貌論語衣前後襜如也說苑子路盛服而見孔子,子曰:由是襜襜者何也図搖動貌司馬相如·長門賦舉帷幄之襜襜柳宗元·祭從兄文垂帷襜襜図chàn廣韻昌豔切音韂。義同図dān集韻都甘切音儋。胡名史記李牧傳滅襜襤如淳曰在代地△玉篇一作襝、袴類篇又作袒鍙又襜40088襘54854襤67772図字典琢屑劉盆子傳赤屏泥。舊作乘屏泥。

襝 54795 28877 chān_13.19 類篇同襜54794図liǎn集韻離鹽切音廉。襝襜,衣垂貌。鍙又袊54388襝40099

襒 54796 28878 líng_13.19 集韻郎丁切音靈。同襠。

襀 54797 28879 kuì_13.19 集韻丘畏切。同襀廣韻俗襀字。

襞 54798 28880 bì_13.19 唐韻韻會丛必益切音璧說文韏衣也徐鉉曰革中辨也,衣襞積如辨也前漢司馬相如傳襞積褰縐師古曰襞積,即今之帬襵揚雄·反騷芳酷烈而莫聞兮,不如襞而幽之離房註襞,疊衣也。鍙又襇54825

襜 54799 28881 yōng_13.19 集韻於容切音邕類篇襪袎也。吳俗語図於用切。讀去聲。義同△或作褈。

襟 54800 28882 jīn_13.19 唐韻韻會丛居吟切音金說文交袵也廣韻袍襦前衽也爾雅釋器衣眥謂之襟屈原離騷霑余襟之浪浪釋名襟,禁也,交于前所以禁禦風寒也。亦作衿類篇又作襘玉篇又作衿

蠃 54801 28883 luǒ_13.19 廣韻集韻丛同裸54427前漢·高五王傳或白晝使蠃伏師古曰蠃者,露形體也△通作果。俗作躶。

襠 54802 28884 dāng_13.19 唐韻集韻韻會丛都郎切音當類篇裲襠,衣名釋名其一當胸,其一當背也西京雜記趙飛燕女弟遺飛燕金錯繡襠図玉篇袴襠也前漢外戚傳窮袴註即今緄襠袴也阮籍大人先生論行不敢離縫際,動不敢出褌襠図襠54655襠。鍙又襠54314

襡 54803 28885 shǔ_13.19 唐韻市玉切集韻韻會殊玉切丛音蜀博雅長襦也晉書音義襡,連要衣也夏統傳妓女之徒,服袿襡,炫金翠図集韻徒口切音鋀說文短衣也図竹角切音卓。義同図dòu當口切音斗博雅袖也図dú廣韻徒谷切音獨。韜藏也禮·內則斂簟而襡之註襡,韜也。△或作襩韻會亦作襩。鍙又褕54710

襃 54804 28886 mào_13.19 說文籀文麥字類篇作麳。

襢 54805 28887 tǎn_13.19 唐韻徒旱切集韻蕩旱切,丛同袒說文裼也詩·鄭風襢裼暴虎傳襢裼,肉袒也図zhǎn廣韻知演切韻會知輦切丛音展禮·喪大記設牀襢第註袒簀也図君爲盧宮之大夫士襢之註襢,袒也,謂不障也。図zhàn陟扇切音騗禮·玉藻一命襢衣釋名襢衣,襢,坦也,坦然正白,無文采也。與襄54742同図shàn類篇時戰切音膳。去上服也図zhān諸延切。同旃。旗曲柄也。図chán澄延切音纏。衦襢,禪也。

襃 54806 28888 rǒng_13.19 正字通說文𩠆,羽獵韋絝。重文作襃。○按集韻作褮54611

襢 54812 28894 sà_13.19 直音同襏

襮 54807 28889 biāo_13.19 正字通同幖○按隋書以藻爲領襮。無刀旁。

襒 54808 28890 hè_13.19 集韻何葛切音曷。與褐同類篇褐或从歇。

襃 54809 28891 bāo_13.19 類篇博毛切。同襄。

襗 54814 u2B314 null_13.19 未詳。

襁 54810 28892 qiǎng_13.19 字彙補與襁同焦贛·易林襁褓孩孤,冠帶成家。

襂 54811 28893 shù_13.19 直音音樹。豎使布襦○按即襱字之譌。

襄 54813 28895 xiāng_13.19 字彙補同襄。見漢孔宙碑

襧 54815 u2B313 lǐ_13.19 朝鮮本龍龕襧,俗。盧啟切。履也。

襠 54816 u2778C dàng_13.19 張涌泉:俗襠54731

襝 54817 u2778B rèm_13.19 喃从衣廉liêm聲。

襒 54818 u2778A dài_13.19 喃从衣解giải聲。帶,布帶。

襃 54819 u27789 mào_13.19 同襃54804類篇麳54206,長衣。籀作麳。

暖 54820 u27788 null_13.19 未詳。

襥 54821 u27787 null_13.19 未詳。

祥 54822 u27786 null_13.19 未詳。

襊 54824 u27784 ǎo_13.19 俗襖54782

襢 54823 u27785 tà_13.19 渾漕襢,亦作渾漕澾,河名,在上海。

襯 54825 u27783 bì_13.19 同襞54798裙褶。見金史·輿服志

襰 54826 u2775D lài_13.19 簡襤54894

襃 54831 28900 zhuó_14.20 集韻竹角切音卓類篇長衣說文衣至地也図博雅補也図都木切音穀。義同△或作褻篇海一作襃。

襻 54827 28896 niè_14.20 唐韻集韻丛女黠切音疖。奴人衣。

齏 54828 28897 zī_14.20 唐韻卽夷切集韻津私切丛音咨說文緶也類篇謂裳下緝△或作褃廣韻經典通用齊。鍙亥集

下·齊部重出，已删 又 褰54452𧞅45128䙄44457 又 可洪音義 䙄54616縗：上音咨。喪服也。正作齎𧞦54838二形。亦作齊也。下倉廻反。亦作衰。

䙓 54829 28898
yìn_14.20 集韻於靳切音傿。同𢄼 類篇 裹也，摿也。

襖 54830 28899
yú_14.20 集韻羊諸切音歟 類篇 衣揚舉貌。

䙦 54832 28901
méng_14.20 玉篇莫紅切音蒙。衣也。鑒或作𧝆54863

䙩 54833 28902
hú_14.20 集韻胡谷切音斛 類篇 䙩䙩，衣聲。

䙪 54834 28903
méng_14.20 集韻謨蓬切音蒙 類篇 䙪䙪衣也。
鑒又䙪54671

襣 54835 28904
bì_14.20 唐韻 集韻 𠀤毗至切音鼻 類篇 幝也 揚子方言 無祠之袴謂之襣 郭註 袴無跨者，卽今犢襣褌 玉篇 犢襣以全三尺布作，形如牛鼻，相如所著也。

襤 54836 28905
lán_14.20 唐韻 魯甘切 集韻 韻會 盧甘切𠀤音藍 說文 裯謂之襤 揚子方言 無緣之衣謂之襤 又 襤褸54643，綴結也 又 襂54662襤，地名△ 韻會 或作繿，通作藍。
鑒又襤54926襤40109襤54635

䙧 54837 28906
xūn_14.20 集韻 許云切音熏 類篇 淺絳也 篇海 三染絳也△或作纁。

䙨 54838 28907
zī_14.20 唐韻 同齎

䙥 54839 28908
jiè_14.20 集韻 居拜切音介 類篇 上衣也△ 篇海 與䙊同。

襥 54840 28909
fú_14.20 正字通 同襆。

襦 54841 28910
rú_14.20 唐韻 人朱切 集韻 韻會 汝朱切𠀤音儒 說文 短衣也 釋名 襦，耎也，言溫耎也 急就篇註 短而施要曰襦 禮·內則 衣不帛襦袴 又 釋名 單襦如襦而無絮也 又 要襦，形如襦，其要上翹下齊要也 又 揚子方言 汗襦，自關而東謂之甲襦，陳、魏、宋、楚之閒謂之襂襦。又 西京雜記 漢帝送死皆珠襦玉匣 又 周禮·夏官 蜡則作羅襦 又 韻會 或作𧜀 晉書劉弘傳 持更者羸疾無𧜀給韋袍複帽。鑒又𧜀54888襦40116

襧 54842 28911
zhǐ_14.20 正字通 襧字之譌。

䙫 54843 28912
liè_14.20 集韻 力協切音甄 類篇 衣相著也 又 篇海 力涉切音獵。義同。鑒又䙫54847

襵 54844 28913
duān_14.20 集韻 多官切音耑。同褍。

䙱 54845 28914
zhuó_14.20 類篇 多木切。衣至地 集韻 同䙱。

襹 54846 28915
chí_14.20 玉篇 音遲。又音知 直音 同褷。

䙫 54847 28916
liè_14.20 直音 音甄。衣相著〇按卽䙫字之譌。

䙲 54848 28917
róng_14.20 古音叢目 與毧27558同。

䙳 54849 28918
cù_14.20 字彙補 子六切音蹙。好衣貌。鑒同䙳54663 龍龕 䙳俗䙳正，子六反。好衣皃。

䙴 54850 28919
xiāng_14.20 字彙補 古文襄54669字。

䙵 54851 28920
jiè_14.20 字彙補 才夜切音藉。小兒衣帶。

䙶 54852 28921
guǒ_14.20 字彙補 古火切音果。包也。

䙷 54853 28922
xióng_14.20 字彙補 匣東切，音雄◇强也。
鑒又䙷54935 又 龍龕 䙷，俗。音熊。强也。

䙸 54854 28923
chān_14.20 字彙補 同襜。

䙹 54855 41837
xiàng_14.20 龍龕 徐兩切。衣也。

䙺 54856 45418
gǔn_14.20 字彙補 同緷。

䙻 54857 45420
yǎn_14.20 五音篇海 於琰切。鑒俗䙻40108

𫋕 54858 u2B315
rách_14.20 喃 从衣歷lịch聲。正作䙼54904俗作䙼54304△袄䙼：破舊衣服。䙼杈：襤褸。䙼洒：撕破。

𧞥 54859 u277A5
nòi_14.20 喃 从裔浽nổi聲。血統。

𧞤 54860 u277A4
hù_14.20 四聲篇海 䙹，古洽切。䙹衣也。明·李實 蜀語 裹衣曰褡䙹。見 會典。又清·翟灝 通俗編·卷二十五·服飾 搭護：鄭思肖詩：駿笠氊靴搭護衣，金牌駿馬走如飛。自注：搭護，元衣名。按：俗謂皮衣之表裏具而長者，曰搭護，頗合鄭詩意 居易錄 言：褡䙹，半臂衫也。起于隋時，內官服之。乃名同而實異 又 toạc 喃 从衣獲hoạch聲。撕裂△䙼䙹：裂開。

𧞠 54862 u277A0
null_14.20 未詳。

𧞡 54861 u277A1
niǎo_14.20 同嬝11480

襤 54864 uF924
lán_14.20 兼 襤。

䙦 54863 u4669
méng_14.20 同䙦54832

衬 54865 u8968
dae_14.20 韓 上御衣。國王之上衣。宮中語。

襩 54866 28924
shǔ_15.21 唐韻 市玉切音屬。同襡 又 shú 集韻 神蜀切音贖。長襦 又 dú 徒谷切音牘。韜也△ 類篇 作𧝂。
鑒又襩54936

襮 54867 28925
biǎo_15.21 玉篇 廣韻 𠀤古文表54077字 又 páo 篇海 音袍。長襦 又 通志·六書略 薄報切。義與爊同，非。

襪 54868 28926
wà_15.21 唐韻 望發切 集韻 勿發切𠀤音韈 類篇 足衣 釋名 襪，末也，在脚末也 飛燕外傳 衣故短繡裙、小袖、李文襪 曹植·洛神賦 凌波微步，羅襪生塵△ 干祿字書 本作韤，通作韈，別見革部。鑒又韤67783帓14819䒊36948𦄼36947𧙥37067䘺43953袜54194

襬 54869 28927
ōu_15.21 集韻 烏侯切音歐。同䙔 類篇 涎衣也。
△ 正字通 俗褔字。

襻 54870 28928
pàn_15.21 類篇 普患切。同襻△ 直音 又作𧙐𧙎。

襭 54871 28929
xiān_15.21 唐韻 子結切音節。小衣也。鑒俗𧞮54907

襫 54872 28930
shì_15.21 唐韻 集韻 韻會 𠀤施隻切音釋。襏54732襫，雨衣。鑒又襫54889

襬 54873 28931 bēi_15.21 唐韻彼爲切 集韻班麋切 达音陂 急就篇註帬，即裳也，一名帔，一曰襬揚子方言帬，自關而東或謂之襬 又pì披義切。同帔△篇海一作襏。 鋬又擺20433裸54634

襭 54874 28932 xié_15.21 唐韻胡結切 集韻 韻會奚結切 达音纈 玉篇衭也，以衣衭物也 爾雅·釋器扱衭謂之襭 註扱衣上衭於帶 詩·周南薄言襭之。鋬又襭40123

襤 54875 28933 là_15.21 集韻力盍切音臘 類篇襤褸，衣敝 又liè力涉切音鱲。衣貌。

襨 54876 28934 shù_15.21 類篇同裋54319 鋬又禮54690

襮 54877 28935 bó_15.21 古文襮 唐韻布各切 集韻 韻會迫各切 达音博 爾雅·釋器黼領謂之襮 詩·唐風素衣朱襮 傳襮，領也。諸侯繡黼丹朱中衣 孫炎云刺繡黼文以褗領。是襮爲領也 晉書·輿服志皇太子五時朝服，朱衣絳紗襮皁緣 又班固幽通賦張修襮而內逼 註襮，表也 唐書李晟傳將務持重，豈宜自表襮 又類篇迪沃切音襮。義同△韻會本作襮。鋬又暴44689繰45143

褾 54883 28941 biǎo_15.21 直音同表

襳 54878 28936 xiān_15.21 正字通同襳

襦 54879 28937 léi_15.21 集韻盧回切音雷 篇海劍飾。

襪 54880 28938 zhuó_15.21 集韻竹角切音斲 類篇同斲。

襃 54881 28939 bào_15.21 集韻薄報切音暴。衣前襟。一曰懷也，與袍褾同○按 集韻 類篇褾同表，襃同褾，二字音義各別 六書略合爲一，非。今从 集韻 類篇分載。

褼 54884 u2B316 null_15.21 喃未詳。

襵 54882 28940 cù_15.21 篇海子六切音蹙。好衣鮮明也 玉篇作襵。與襪同。

褺 54885 u277BD chí_15.21 直音篇褺同褩54667

褵 54886 u277B5 lì_15.21 俗褵40118

褳 54888 u277B3 rú_15.21 同襦54715

襡 54887 u277B4 điu_15.21 喃丏裔：背負用的布帶。

襫 54889 28942 shì_16.22 直音同襫 达初覲切音櫬。近身衣也。◆禮·雜記疏取名于襫。襫，近尸也 又施與亦曰襫 齊諧記蔣潛以通天犀簪上晉武陵王晞，晞薨，以襫衆僧。鋬又衬54096

襩 54890 28943 dú_16.22 集韻都毒切音篤 廣韻同褶 又揚子方言繞緺謂之襩袘 郭註衣督脊也。

襬 54892 28945 huái_16.22 類篇乎乖切。與裹同 篇海俗裹字。

襛 54893 28946 wéi_16.22 集韻夷佳切音惟。衣也 又suì 類篇徐醉切。同襚。

襰 54894 28947 lài_16.22 集韻洛駭切音擶。與襺同 類篇襺襫，衣破。或从衣 又 篇海墮壞也 元結詩祠之襰兮渺何年。又 玉篇落蓋切。讀去聲。義同。鋬又襪54826

襱 54895 28948 lóng_16.22 唐韻盧紅切 集韻盧東切 达音籠 說文綺袴也 揚子方言袴謂之襱 急就篇註袴之兩股曰襱 又 廣韻力孔切音攏 類篇柱勇切音重。義达同 又lòng 集韻良用切音曨。襱縰，衣寬貌△或作褈。

襲 54896 28949 xí_16.22 古文戩龑褶 唐韻 正韻似入切 集韻 韻會席入切 达音習 玉篇重衣也 禮·玉藻裘之裼也，見美也。服之襲也，充美也 又 樂記周還裼襲，禮之文也。又 通鑑趙烈侯賜公仲連衣二襲 註上下皆具曰襲。又 說文左衭袍也 又服也 司馬相如·上林賦襲朝服。又 合也 周語朕夢協于朕卜，襲于休祥，戎商必克。又 因也 禮·曲禮卜筮不相襲 又重也 左傳·哀十年卜不襲吉 又入也 晉語大國道小國襲焉于服，小國敖大國襲焉曰誅 又受也 左傳·昭二十八年故襲天祿，子孫受之 又掩其不備也 左傳·莊二十九年凡師有鐘鼓曰伐，無曰侵，輕曰襲 又雜襲，雜沓也 前漢蒯通傳魚鱗雜襲，飄至風起 又姓 通志氏族略晉有隱士襲元之 南史有襲蔿△玉篇籀文作龑 篇海又作龑。鋬又袭54245 又 字海䩱41656同襲。字見隋 郭寵墓誌

毅 54897 28950 dū_16.22 集韻都木切音穀。毅毅，衣聲 又 篇海都毒切音篤。義同。

襤 54901 45421 qiān_16.22 字彙補同褰

毅 54898 28951 sù_16.22 集韻蘇谷切音速。毅54897毅 又 類篇新衣貌。

襄 54899 28952 xiāng_16.22 類篇篆文襄字。

襁 54900 41838 qiǎng_16.22 字彙補與襁同 范氏·唐鑑貴妃以錦繡爲大襁褓裹祿山。

褙 54902 u277C1 viền_16.22 喃从衣駢bền聲。同褙54626

襢 54903 u277C0 chēn_16.22 喃从衣戰chiến聲。緊束△袄襢：緊身衣（襯衣） 又chẻn襢宛：孤獨，落寞。

襳 54904 u277BF rách_16.22 喃从衣歷lịch聲。襤褸△俗作襯54858 裇54304

襪 54905 u277BE mặc_16.22 喃从衣默mặc聲。亦作袙△襪袄：穿衣服。

襈 54906 u466B sì_16.22 俗襈40130 又人名用字。

襳 54907 28953 xiān_17.23 唐韻息廉切 集韻 韻會思廉切 达音銛 類篇小襦也 又帶也 前漢·司馬相如傳蜚襳垂髾 師古註襳袿，衣之長帶也 又shān師炎切。襳襹，毛羽衣貌 又 廣韻所今切音森。義同 又shān 類篇師銜切。同襂，旌旗之斿也△韻會作襳 又按 集韻又作子列切，訓小衣，似卽襪字之譌。鋬又龍龕襳54945正襳今，音衫。小襦也。

襭 54908 28954 xié_17.23 集韻玄圭切音攜 類篇一幅巾也。

褮 54909 28955 yìng_17.23 唐韻鷖迸切音嫈 文字集略襷錯綵 郭璞·江賦襷似蘭紅 又 玉篇帬褈也 又 集韻於孟切音瀴。

義同図yīng於莖切音罃。亦閒采也。

襬 qiān_17.23　唐韻去乾切音愆 揚子方言 袴,齊魯之閒謂之襬 図 集韻九件切音寋。義同△或省作褰54609

襴 lán_17.23　集韻郎干切音闌 類篇 衣與裳連曰襴 玉篇 衫也 綱目集覽 馬周以三代布深衣,因于其下著襴及裾,名曰襴衫,以爲上士之服 図 與襇通。 鋻 集韻 襴54947或省作襴 図 襴54778幱15234幱15218

襀 ráng_17.23　字彙補 金石錄·太公碑引周志曰:文王夢天帝服元襀,以立于令狐之津。趙明誠曰:襀字字書所無。蓋从衣,不从示也。

襩 dú_17.23　類篇魯孔切音襱。袴之兩股曰襩。襩或从賣 図柱勇切音重。義同 図 shǔ殊玉切。同襱 集韻作襩。

襰 yuè_17.23　俗襪40135

襨 tǎ_17.23　喃从衣謝tạ聲。越·阮秉 五千字譯國語·第二十衣服黼黻 襨,襨。

襦 null_u277C6　鞋。梁元帝 採蓮賦 水濺蘭橈,蘆侵羅襦。

襵 zhé_18.24　唐韻之涉切 集韻 質涉切 夶音讋 博雅 詘也 類篇 謂衣襞積 梁·簡文帝詩 熨斗成裙襵 図 陟涉切。與幒同。領嵩也。 鋻 又衼54347褶54622

襵 biǎo_18.24　字彙同褾 篇海 袖端襵襵也。

襹 guàn_18.24　集韻求患切音遺 類篇 衣襪△或作繣。

襶 cù_18.24　玉篇子六切音蹙。好也,鮮明也。

襶 dài_18.24　集韻丁代切音戴 類篇 襶襶,不曉事 篇海 謂當暑人樂袒裸,而固盛服請見也 魏 程曉詩 今世襶襶子,觸熱到人家。

襴 jiǎn_18.24　集韻賈限切音睍。與襇54717同。

襳 null_u2B318　未詳。

襮 bú_18.24　集韻襮本字 字彙補 古襮54877字 図 類篇 逋玉切。黼衿也。

襇 jiǎn_18.24　同襇54922,襇54717字或體 直音篇 襇,音簡,帛襇。又音諫。襇、襇,同上。

襷 jǔ_18.24　日 同文通考·國字 タシキ,舉袖之糸也。

襴 lán_18.24　同襴54836

襹 shī_19.25　唐韻所宜切 集韻 韻會 山宜切 夶音簁。襹襹,毛羽衣貌 張衡·西京賦 被毛羽之襹襹 図 襂54662襹 図 上聲,所綺切音躧。去聲,所寄切音屣。義夶同。 鋻 又襹54640襹40147

襸 zàn_19.25　唐韻 集韻 夶則旰切音贊。衣好貌 類篇 鮮衣謂之襸 玉篇 襸,好也,姸也△亦作孅。

襇 jiǎn_19.25　唐韻古典切 集韻 韻會 吉典切 夶音繭 說文 袍衣也 類篇 以絮曰襇,以縕曰袍 廣韻 縕著衣也 禮·玉藻 縕爲襇,緼爲袍 爾雅·釋言 袍襇也 註 左傳曰:重襇衣裘△ 韻會 通作繭。 鋻 又襽54938

襱 gǔn_19.25　龍龕同袞

襛 pàn_19.25　唐韻 集韻 韻會 夶普患切,扳去聲 類篇 衣系曰襛 庾信·鏡賦 裳斜假襛 劉孝標詩 襛帶雖安不忍縫,開孔裁穿猶未達 韓愈詩 男寒澀詩書,妻瘦剩腰襛△ 類篇 或作襻,亦作衼。 鋻 又襛40150衼54067袢54084襪54144余43773鐸64689

襹 lí_19.25　正字通同襦。襹褫54640

襛 luò_19.25　唐韻 集韻 夶郎佐切音邏 玉篇 婦人上服也 図 luó 類篇 良何切音羅。宋王敬弘婢,著青紋袜襹。

襉 jiǎn_20.26　篇海同襇

襶 yì_19.25　篇海倪祭切音藝。袂也 潘岳·藉田賦 掎裳連襶 唐書·劉文靜傳 奮襶大呼 図 與袂同 揚子方言 複襦,江湘之閒謂之筩襶 郭註 襶卽袂字也。 鋻 玉篇作襶54647

襱 null_20.26　未詳。

襷 xióng_19.25　集韻同襩

襛 nóng_20.26　同襛54793

襱 shǔ_19.25　集韻柱勇切音重。同襱 揚子方言 袴,齊魯之閒謂之襱。或从賣。

襷 qiān_20.26　篇海起延切音褰。袴也。

襷 cáo_20.26　正字通襇本字。

襱 shǔ_21.27　唐韻市玉切 集韻 殊玉切 夶音蜀 玉篇 長襦也,連腰衣也 禮·雜記註 繭衣裳者,若今大襱也 釋名 襱,屬也,衣裳上下相連屬也。荊州謂襌衣曰布襱,亦是襦襱,言其襦襱弘裕也 図 緣襱,襱施緣也 図 集韻 朱玉切音燭。義同 類篇 一曰短衣△ 篇海 同襛54803又與襳54866同。 鋻 又襱54710

襶 dié_21.27　篇海徒協切 直音 音牒。同氎,別見毛部。

襱 gǔn_21.27　俗袞54197

襳 shān_21.27　直音同衫

襴 lán_21.27　集韻襴襴54911,郎干切。衣與裳連曰襴。或省△宏按,襴,宋本或作幱15234

襛 nàng_22.28　集韻乃浪切音齉。與儾、纕夶同 類篇 寬緩也。

襷 líng_24.30　集韻郎丁切音靈。衣光也△ 類篇 亦作褤、衿。

襷 jiǎn_24.30　字彙補居顯切音繭。襱衣也〇按卽襇字之譌。

襲 xí_26.32　字彙補古文襲54896字。見 古老子 篇海 同襲。

襷 jì_28.34　搜眞玉鏡 居刀切。 鋻 改併四聲篇海 引搜眞玉鏡 居力切。

襶 vạt_28.34　喃从衣钁quắc聲。衽,襟△亦作襶54765蔲54472

襴 fú_32.38　字彙補方六切音福。絮衣也。

襲 54955 28987
xí_32.38 　集韻 籀文襲字。

◆ 西部 ◆

西 54956 28988
yà_0.6 　唐韻 衣嫁切 集韻 衣駕切夶音亞 說文 覆也 六書正譌 从一从冂从凵，上下覆之，會意。凡覂覆覈之類皆从此 囷 集韻 虛訝切音罅。又 廣韻 許干切音闕。義夶同〇按西字，許慎、顧野王、孫恒諸人音訓甚明 六書精蘊 云敷救切 古文奇字 云古覆字 說文長箋 云與帊同，帛二幅也，皆非。鑒又西54960西54961西54958

西 54957 28989
xī_0.6 　古文 卤臿 唐韻 先稽切 集韻 韻會 正韻 先齊切夶音栖 類篇 金方也 說文 鳥在巢上也。日在西方而鳥栖，故因以爲東西之西。篆文作臿，象形也 前漢·律歷志 少陰者西方，西遷也。陰氣遷落物，於時爲秋 尚書大傳 西方者何，鮮方也。或曰鮮方，訊訊之方也。訊者，訊人之貌 囷 地名 晉書·地理志 西郡 韻會 唐晉西州 囷 姓 通志·氏族略 西氏姓苑 西門豹之後，改爲西。囷 集韻 相咨切音私。義同 囷 xiān 篇海 蘇前切音先 前漢·郊祀歌 象載瑜，白集西，食甘露，飲榮泉 後漢·趙壹傳·窮鳥賦 幸賴大賢，我矜我憐。昔濟我南，今振我西。囷 yuē 類篇 乙却切音約。平量也 囷 廣韻 籀文作卥。〇按 玉篇 等書西字另一部。今从 字彙 正字通 附入西部。鑒又卤04657卤04656卤04659 囷 囚00065 碑別字新編·西引 魏丘哲墓誌 囷 廣韻 卤，古文西字。

西 54958 u2F91
yà_0.6 　同西54956部首專用字。亦作西54960西54959
西 54959 u2EC4
yà_0.6 　部西54958
西 54960 u2EC3
yà_0.6 　部西54958
西 54961 u8980
yà_0.6 　同西54956
西 54962 28990
míng_1.7 　篇韻 莫靈切音冥 玉篇 同也。鑒又西54964

㢴 54963 41839
null_1.7 　字彙補 音未詳，山名 五嶽眞形圖 蔞廬、㢴麻、玉笥、洞陽、小㵼、九疑、羅浮等山，爲衡州之佐命。

西 54964 u277E1
míng_1.7 　同西54962 玉篇 㢴，莫靈切。同也 囷 字學三正 體製上 古文異體 㢴、䣥，明。

覀 54965 28991
gǔ_2.8 　集韻 果五切音古。與朏同 說文 龐蔽也。

覂 54966 28992
qiān_3.9 　集韻 相然切音仙 類篇 升高也。同覂 字彙 覂字省文〇按 正字通 覂字下尚有垔字，垔本从土，應入土部 正字通 承 字彙 之譌，西、土兩部夶收，非。今刪此存彼。鑒又與48388奧48451 囷 經典文字辨書 奧48403正。亦作覂04776同。覂，通。覂54972俗。

要 54967 28993
yāo_3.9 　古文 娿嫛嫑 唐韻 於霄切 集韻 韻會 伊消切夶音邀 博雅 約也 論語 久要不忘平生之言 註 久要，舊約也 左傳·哀十四年 使季路要我，吾無盟矣 囷 求也 孟子 脩其天爵，以要人爵 囷 褾也 詩·魏風 要之襋之，好人服之 囷 會也 禮樂記 要其節奏 註 要，猶會也 釋文 要，一遙反 囷 廣韻 勒也 囷 劫也 前漢·文帝紀 上自欲征匈奴，羣臣諫不聽，皇太后固要，上乃止 囷 劾也，察也 周禮·秋官·鄉士 異其死刑之罪而要之 疏 要，劾實也 書·康誥·要囚傳 要察囚情，得其辭以斷獄 囷 衞圻之外，謂之要服 書·禹貢 五百里要服 囷 姓 通志·氏族略 吳人要離之後，漢有河南令要兢，唐建中朔方大將軍要珍 囷 水名 水經注 濡水，又東南流與要水合 囷 靑要，山名 山海經 靑要之山，寔惟帝之密都 囷 高要，縣名 一統志 屬廣州府 囷 與腰通 說文 身中也，象人要自臼之形。今作腰47570 囷 yào 廣韻 於笑切。讀去聲 篇海 凡要也，要會也 孝經 先王有至德要道 晉書·宣帝紀 軍事大要有五 囷 論語 久要，亦讀去聲 王安石·老人行 古來人事已如此，今日何須論久要。叶入諧韻 囷 yǎo 集韻 伊鳥切音杳。與騕同。騕褭，良馬名。或作要 囷 yǎo 以紹切音姚。與僥同。僥紹或作要紹。舒緩貌也。鑒又姿10344 麌09822 夐09835 與48366

覝 54969 u277E6
xuán_3.9 　俗覝54968
覝 54970 u277E5
xuán_3.9 　俗覝54968

覝 54968 28994
xuán_3.9 　集韻 與覝同。
覝 54972 28996
xuán_4.10 　唐韻 胡涓切音玄 類篇 吳王孫休子字 囷 xián 集韻 胡千切音賢 吳志·孫休傳裴松之註 休詔曰：孤幸以爲四男作名字，次子字覝，音如礥首之礥。鑒又覝54970覝54968覝54969

覞 54971 28995
è_4.10 　篇海 遏合切音始。蓋也。鑒又覞54974
覟 54973 28997
tán_4.10 　字彙補 與覃同。
覞 54974 u4673
biāo_4.10 　同熛 集韻 麑，紕招切。火飛也。或作覞、熛 囷 è 同覞54971 龍龕 覞，鳥各反。楊寶忠：俗惡。

覠 54975 28998
zhēn_5.11 　篇海 音珍。鑒 字彙 覠，俗珍。

覡 54976 28999
xiān_5.11 　古文 娶 集韻 相然切音仙 類篇 本覂字，或从巳。升高也 囷 qiān 親然切音遷。義同△ 廣韻 作覡。

覢 54977 29000
fěng_5.11 　唐韻 集韻 韻會 夶方勇切。同乏 說文 反覆也 前漢·武帝紀 泛駕之馬 師古註 泛本作覢，後通用耳 禮記正義序 覢駕之馬，設衙策以驅之 顏延之·赭白馬賦 馬無覢駕之軼 囷 韻學集成 乏也 唐書·宋務光傳 公私覢竭，戶口減耗 囷 集韻 房用切音俸。義同 囷 bǎn 集韻 補范切音腹△ 博雅 棄也△ 廣韻 或作泛 集韻 或又作跂。

覤 54978 45424
xū_5.11 　龍龕 音虛。鑒古文虛。
覥 54979 u2B31A
sù_5.11 　同粟40381古文粟。
覦 54980 u277EB
qiǎ_5.11 　疑俗覦62232

覨 54984 u277EE
null_6.12 　未詳。
覩 54981 29001
qí_6.12 　唐韻 集韻 夶戶圭切音畦 類篇 姓也。出 說文 囷 玉篇 鄙也。鑒 說文 作覩09391，訛作嵐13756毒27195蜀45519

覃 54982 29002
tán_6.12 　古文 覃覃覃 唐韻 徒含切 集韻 韻會 徒南切夶音潭 廣韻 及也，延也 詩·周南 葛之覃兮。又 大雅 內覃于中國，覃及鬼方 囷 深廣也 晉書·夏侯湛傳 揚雄

覃思于太玄図地名書·禹貢覃懷底績傳覃懷，近河地名図黃覃子，曲名晉書·樂志李延年造図姓通志·氏族略本譚，或去言爲覃。梁有東南寧州刺史覃無克。図yán集韻余廉切音鹽。利也図yǎn上聲，以冉切。與稴同詩·小雅以我覃耜，俶載南畝図式荏切音審。義同図dàn正字通入感韻，音餤○按韻書無餤音。
鍪又冑54973覃54983覃54999鷣74288覃74272蕁26615

覃 54983 u2B7DB tán_6.12　干祿字書覃覃54982上俗于正。

酘 54986 u4676 null_6.12　未詳。

截 54985 u277ED zài_6.12　截62266譌字

蚑 54988 45425 kuī_7.13　海篇同虧

覎 54987 u8984 fù_6.12　俗覆55007四部叢刊初編集部誠齋集卷第二十七詩·朝天續集·過高郵解纜維楊欲夕陽，過舟覎盎已晨光。

嫑 54989 u277F0 fiào_7.13　方同嫑11208勿要。

嫑 54990 u8985 fiào_7.13　方亦作嫑11208嫑54989不要。民國合訂本辭海嫑，讀如勿要二字急讀之合音，吳語不要之意海上花列傳·例言云：勿要二字，蘇人每急呼之，併為一音，故將勿要二字併為一格，乃合二字為一音讀也。蔣瑞藻小說考證嫑、嬲之類，皆有音無字，故以拼音之法成之，在六書為會意而兼諧聲。

羆 54991 29003 bó_8.14　唐韻蒲北切集韻鼻墨切夶音匐博雅羆，醜也揚子方言儜羆，農夫之醜稱也。凡罵庸賤謂之田僆，或謂之羆図bì集韻弼力切音愎。亦賤稱也。

覇 54992 29004 bà_8.14　直音同霸
鍪用作欛。敦煌P.2809酒泉子三尺青蛇，斬（嶄）新注乾（鑄就）鋒刃削（剛），沙魚果（裹）覇用銀裝。

覇 54993 29005 bà_8.14　唐韻俗霸字。

鋬 54994 29006 gēng_8.14　直音同庚

覇 54995 u277F8 bó_8.14　俗羆54991

茜 54996 u277F7 null_8.14　未詳。

覇 54997 u277F5 bó_8.14　同羆54991

覇 54998 u277F6 bà_8.14　同覇54993俗霸。

覃 55000 u277FB null_9.15　未詳。

覃 54999 29007 tán_9.15　集韻覃本字

瑑 55001 u277FA null_9.15　未詳。

罷 55003 29009 bà_10.16　直音同罷。

煋 55002 29008 wēi_10.16　唐韻烏攜切集韻淵畦切夶音䁥。同烓說文行竈也篇海今之三隅竈也。

蕐 55004 2B31B null_10.16　未詳。

瑶 55005 u277FE bǎo_10.16　或同寶。

璽 55006 29010 shèng_11.17　字彙補與聖同。

覆 55007 29011 fù_12.18　唐韻芳福切集韻韻會芳六切夶音蝮玉篇反覆也詩·小雅不懲其心，覆怨是正禮·月令季春，命舟牧覆舟，五覆五反，乃告舟備具于天子図倒也易鼎卦鼎折足，覆公餗書·胤征顛覆厥德図敗也中庸傾者覆之綱目集覽覆，軍敗也図中覆前漢·馮唐傳賞賜決于外，不從中覆也註覆謂覆白之也図射覆前

漢·東方朔傳上嘗使諸數家射覆註于覆器之下而置諸物，令暗射之，故云射覆図與復同易·乾卦終日乾乾，反復道也図集韻方六切音福。審也周禮·冬官考工記註詳察曰覆唐書·鄧景山傳檢覆私隱図廣韻敷救切音與宥韻副同說文蓋也詩·大雅鳥覆翼之禮·檀弓見若覆夏屋者矣図扶富切，浮去聲。伏兵曰覆左傳·隱九年君爲三覆以待之図類篇匹北切音覆。義同。鍪本作覆55014図覆55010覆66776覆54987

醉 55008 u27801 null_12.18　未詳。

嚴 55009 u27800 yán_12.18　俗嚴07804

覆 55010 uFAB7 fù_12.18　參見覆55007

覇 55011 29012 bà_13.19　廣韻俗霸字

覈 55012 29013 hé_13.19　廣韻集韻夶下革切音核類篇考事襾笮，邀遮其辭，得實曰覈張衡·西京賦何以覈諸註覈，驗也王褒·責髯奴文鼓鬣動鬐，則研覈臧否図韻會深刻也図泉名水經注籍水，又東逕上邽城南，得覈泉水。図與核通篇海果中實也周禮·地官大司徒其植物宜覈物。又xié集韻奚結切音頁。邀也図xié恨竭切音絜。與乾同。麥糠中不破者前漢·陳平傳亦食糠覈耳。図詰弗切音霼博雅骰覈，骨也△或作覈、磆。鍪又糵43731覈66738稯40858

嚴 55013 29014 yán_13.19　篇海枯沃切。哀發聲。鍪俗嚴07949篇海嚴，古文嚴字。旧作哭字，屋韻，全差。因揀范韻果有此字，見韻會篆文叔字，以此改正。

覆 55014 u27803 fù_14.20　覆55007本字。

覇 55015 29015 jī_15.21　字彙補與羈同。

覇 55016 29016 jī_17.23　篇海羈本字。俗作羈、覇。

覇 55017 29017 jī_19.25　註詳羈55016字。見篇海

覆 55018 u27805 úp_19.25　喃从覆邑ấp聲。罩。

酉 集

◆ 見部 ◆

見 55019 29018 jiàn_0.7 唐韻 廣韻 古甸切 集韻 類篇 韻會 正韻 經電切，夶堅去聲 說文 視也。从目从儿 易·乾卦 飛龍在天，利見大人 疏 德被天下，爲萬物所瞻覩 書·立政 灼見三有俊心 禮·王制 問百年者就見之 周禮·春官 大宗伯以實禮親邦國，春見曰朝，夏見曰宗，秋見曰覲，冬見曰遇，時見曰會，殷見曰同 註 此六禮者，以諸侯見王爲義 史記·五帝紀 舜擇吉月日，見四嶽、諸牧、班瑞 前漢·東方朔傳 未得省見 註 言不爲所拔識也 又 通鑑 漢武帝元光五年，張湯、趙禹定律令，務在深文，作見知法。詳矢部知38499字註 又 姓。出 姓苑 又 xiàn 唐韻 胡甸切 集韻 韻會 正韻 形甸切，夶賢去聲 廣韻 露也 易·乾卦 見龍在田 疏 陽氣發見，故曰見龍 儀禮·士相見禮 某也，願見無由達 註 凡卑于尊曰見，敵而曰，謙敬之辭也 史記·淮陰侯傳 情見勢屈 師古曰 見，顯露也 又 薦達也 左傳·昭二十年 齊豹見宗魯於公孟 註 見，薦達也。謂爲之紹介，猶 論語 云從者見之也 又 見在也 史記·項羽紀 軍無見糧 註 無見在之糧 前漢·高五王傳 文帝封悼惠王子列侯見在者六人爲王 韻會 俗作現。 又 集韻 形甸切。顯也。日朝也 詩·小雅 見晛曰消 箋 韓詩 作曣，云曣晛，日出也 又 集韻 居莧切音襉。棺衣也 禮·雜記 實見閒，而後折入 疏 一解云鄭合見閒二字共爲覘，苦辯反 集韻 或作梘 又 雜也 禮·祭義 建設朝事，燔燎羶薌，見以蕭光 註 見當爲覘，音閒廁之閒。孔穎達云覘，謂雜也。鼇 韓云曣晛，日出也 又 見55023見351見55022

見 55020 u2F92 jiàn_0.7 同見55019部首專用字。亦作见55021

见 55021 u2EC5 jiàn_0.7 部 見55020

見 55022 uFA0A jiàn_0.7 兼見。

见 55023 u89C1 jiàn_0.7 简 見55019

覒 55024 29019 wǎn_1.8 字彙 烏版切音綰。姓也。載 千家姓 直音 謂作覒。

覔 55025 29020 ér_1.8 字彙補 與兒同。

覛 55026 45426 chà_2.9 搜眞玉鏡 初架切。

观 55027 u89C2 guān_2.9 简 觀55302

观 55028 u898C guān_2.9 俗觀55302 逕二闸子弟書 观不尽水秀山青天然古画，真正是山外青山楼外楼。

覍 55029 29021 biàn_3.10 正字通 兑夈之譌 字彙 同弁，本作覍。省作覍，非。鼇本作覍。覍字上从少作。

覞 55030 29022 yàn_3.10 廣韻 於劒切，醶去聲。覞口，墟名，在富春渚上〇按 字彙補 一作覞，註見 集韻，誤。

鼇 又覞55039

覝 55031 29023 shī_3.10 集韻 同鴲55074

覒 55032 29024 mào_3.10 唐韻 莫紅切 集韻 謨蓬切夶音蒙 說文 突前也 徐鉉曰 冃，重覆也。犯冃而見，是突前也 又 mò 玉篇 莫勒切 集韻 密北切夶音墨。又 唐韻 亡沃切 集韻 謨沃切夶音瑁。義夶同 又 集韻 莫報切音帽。覒也〇按 說文 覒字載見部，冃部無覒字。冃訓小兒蠻夷頭衣，與突前義無涉 字彙 冂部收覒字 音訓 與覒字同，誤。

覗 55033 29025 dé_3.10 集韻 得古作覗 說文 取也。从見从寸。寸，度之，亦手也 又 類篇 行有所得也。古省或作覗。

覘 55034 29026 dé_3.10 玉篇 覗，亦作覘。

覙 55035 29027 kè_3.10 字彙補 口德切音尅。見也。鼇 又覙55038 楊寶忠：疑俗覗。

覝 55036 45427 qīn_3.10 龍龕 音親。

覝 55037 u2B31C null_3.10 未詳。

覞 55038 u2780C kè_3.10 或同覙55035

覞 55039 u89C3 yàn_3.10 简 覞55030

規 55040 29028 guī_4.11 唐韻 居隨切 集韻 韻會 均窺切 正韻 居爲切，夶音雉 說文 有法度也 玉篇 正圜之器也 禮經解 規矩誠設，不可欺以方圓 前漢·律歷志 衡運生規，規圓生矩 莊子·馬蹄篇 圓者中規，方者中矩 淮南子·時則訓 規者所以圜萬物也 又 以法正人曰規 書·胤征 官師相規 傳 規，正也 詩·衞風·淇奧序 武公能聽其規諫 疏 正圜以規使依度，猶正君以禮使人德，故謂之規諫 又 規，求計也 左傳·昭二十六年 規求無度 又 規避違法，以方爲圜也 正字通 引 唐書 規影徭賦 又 謀度也 禮·儒行 其規爲有如此者 疏 但自規度所爲之事而行 戰國策 齊無天下之規 註 規，猶謀也，謂無謀齊者 後漢書 凡謀皆作規 又 畫也 周語 成公之生也，其母夢神規其臀以墨 又 日月圓曰規 謝靈運·遊南亭詩 密林含餘清，遠峰影半規 註 日落峰外，隱其半也 韓愈·翫月詩 前夕雖十五，月長未滿規 文苑英華·海日初出賦 赫赫光滿，規規質圓 又 規田 禮·王制 百畝之分 疏 偃豬之地，九夫爲規，四規而當一井 又 官名 金史·百官志 規措官，正七品，掌灌漑民田 又 魚名 沈括·補筆談 浙東人呼河豚爲規魚。又有生海中者，腹上有刺，名海規吹肚魚 又 鳥名 埤雅 杜鵑，一名子規。或作雟鵗 又 規矩38514，獸名。又 姓。明規恂，弘治中教授，夏邑人 又 xié 韻會 小補 惠圭切音攜。車輪一周爲一規。通作蠵 禮·曲禮 立視五蠵 註 蠵，猶規也。謂輪轉之度 音釋 蠵，本又作規 又 guī 集韻 規恚切，雉去聲。規規，驚視自失貌 莊子·秋水篇 規規然自失也 又 xù 集韻 呼役切音昊。本作瞁。驚視貌。 又 gē 音學五書 居何切，古音歌 淮南子·主術訓 若欲規之，乃是離之 揚子法言 問蕭何、曹參，曰：蕭也規，曹也隨 △ 說文 从夫从見 字統 丈夫識用必合規矩，故

字從夫 正字通 按因夫立解未詳，考䙿與矩𥏪從矢也。當作㮚。古文作㮚。又 字彙補 䙿，音吸 字辨 訓驚視，與規不同 字義總略 以規字音吸，䙿字爲規矩之規，非是。𥏪錄備考。 鍌 又規55064 禎39971 図 龍龕 頍67989 音撫。舊藏本作䙿。頍68094音規。在 百緣經

55041 29029
㑌 jué_4.11　 類篇 古文覺55271字。

55042 29030
覐 piǎn_4.11　 集韻 匹典切，片上聲。視貌 図 人名 宋史·宗室表 武翼郎士覐。

55043 29031
覒 mào_4.11　 唐韻 莫袍切 集韻 謨袍切𥏪音毛 說文 擇也 図 玉篇 莫到切，毛去聲。與芼通 詩·周南 左右芼之 註 芼，擇也 說文 作覒 図 與眊通 博雅 覒也 廣韻 邪視也△ 字彙補 一作覑。

55044 29032
覓 mì_4.11　 廣韻 集韻 韻會 正韻 𥏪莫狄切，銘入聲 廣韻 求也 魏志·管輅傳 覓索餘光 晉書·武帝紀 是猶欲登山者，涉舟航而覓路 図 唐書·南蠻傳 南詔以貝十六枚爲一覓 図 宋史·眞宗紀 祥符三年，以西涼府覓諾族瘴疫，賜藥△ 正字通 從爪從見。俗作覔，非 字彙補 一作覓、覛 集韻 本作覛，亦書作覔，或作眿，𥏪非。鍌 又否37430否22387否22501冒32199冐41157覓55063覛34902 図 正字通 冒37399，覓字之譌。

55045 29033
覔 mì_4.11　 玉篇 同覓，俗字。

55046 29034
覗 cì_4.11　 唐韻 七四切音刺 說文 覗覷，闚觀也。 図 cī 廣韻 取私切 集韻 千咨切𥏪音趀 玉篇 盜視貌 図 字彙 覗食，不請自來也〇按 說文 本作覗，俗作覗 玉篇 廣韻 集韻 類篇 俱譌作覗，非。鍌 又屍12957覗55087

55047 29035
覘 xiàn_4.11　 字彙 如卑切，音而◇ 王延壽·王孫賦 唇齘齗以䖴齞 註 覘，閉口貌 図 正字通 小兒嘔乳。本作吷，亦作呀，見口部 字彙 覘音現，訓嘔乳，誤。鍌 又 龍龕 覘覘55122二或作，吷今，音現。小兒飮乳也。 図 不顧而吐也。

55048 29036
覢 lián_4.11　 正字通 現字之譌。

55049 29037
覝 è_4.11　 類篇 同覝 **55050** 29038
覞 yàn_4.11　 五音集韻 於劍切音俺。覞口，墟名。在富春渚上。

55051 29039
覒 mào_4.11　 篇海類編 與覒同。

55052 29040
現 xiàn_4.11　 字彙補 何殄切音峴。大板也。

55053 29041
覓 mò_4.11　 字彙補 茫作切音莫。見也。

55054 41841
覘 chàn_4.11　 川篇 丑艷切。候也。

55055 45428
覞 hūn_4.11　 五音篇海 音昏。

55056 45429
覛 mì_4.11　 龍龕 音覓，求也。鍌 又覛55057

55057 45430
覛 mì_4.11　 龍龕 同覝。 **55058** u27817
覞 null_4.11　 或同覞。

55059 u27816
覞 null_4.11　 未詳。 **55060** u27815
覞 null_4.11　 未詳。

55061 u27814
覛 jué_4.11　 同覺55271字見 陶庵夢憶·南鎮祈夢

55062 u467B
覛 cì_4.11　 同覗55046 **55063** u89C5
覓 mì_4.11　 简 覓55044

55064 u89C4
规 guī_4.11　 简 規55040 **55066** 29043
覘 shī_5.12　 廣韻 式支切 集韻 商支切𥏪音施 廣韻 誘也 図 集韻 與觓55074覛同

55065 29042
覛 miè_5.12　 唐韻 集韻 𥏪莫結切音蔑 玉篇 覓也。 図 說文 蔽不相見也 図 廣韻 集韻 𥏪必刃切音擯。義同。或作覕 図 piē 集韻 正韻 𥏪匹滅切音撆。過目暫見也 図 割也 莊子·徐無鬼 是以一人之斷制利天下，譬之猶一覕也 郭象註 覕，割也。萬物萬形，以一劑割之 △ 集韻 本作瞥。或作覽。鍌 又覛55079

55067 29044
覘 shào_5.12　 唐韻 集韻 𥏪市沼切，邵上聲。見也，召也 図 集韻 時照切音邵。義同 図 jiāo 字彙補 堅堯切音驍。覘也，遠也。

55068 29045
覛 zhěn_5.12　 集韻 同診 字彙補 一作覛，俗字。

55069 29046
覛 è_5.12　◆ 廣韻 於革切 集韻 乙革切𥏪音厄。善驚也。一曰視貌△ 類篇 本作覛。

55070 29047
覛 mí_5.12　 唐韻 莫兮切 集韻 緜批切𥏪音迷 說文 病人視也△ 類篇 或作覛。

55071 29048
覛 mí_5.12　 同覛 図 集韻 民堅切音眠。義同。

55072 29049
覓 dié_5.12　 玉篇 大結切音垤。見也△ xié 廣韻 虎結切，顯入聲。義同。

55073 29050
視 shì_5.12　古文眡眠眂眡瞔眎䁅 集韻 時利切，音嗜 說文 瞻也 博雅 明也 易·履卦 視履考祥 書·大甲 遠惟明 図 字彙 看待也 左傳·成三年 鄭賈人如晉，荀罃善視之 図 博雅 效也。◆ 書·大甲 視乃厥祖 疏 言當法視其祖而行之 図 小爾雅 比也 左傳·襄二十七年 季武子使謂叔孫以公命，曰：視邾·滕 註 欲比小國 禮·檀弓 公室視豐碑 疏 言視者不正，相當比擬之辭也 図 猶納也 禮·坊記 君子於有饋者弗能見，則不視其饋 註 不視，猶不納也 図 猶教也 儀禮·鄉射禮 命釋獲者設中，遂視之 註 視之，當教之 図 釋名 視，是也，察是非也 図 禮·曲禮 兔曰明視 疏 兔肥，則目開而視明也。又 儀禮·士虞禮 明齊溲酒 鄭註 明齊，當爲明視，兔腊也 図 山海經 狄山有視肉 註 聚肉，形如牛肝，有兩目也。食之無盡，尋復更生如故 図 山水名 山海經 帝囷山東南五十里曰視山 又 蔵山，視水出焉 註 或曰視宜爲瀙。瀙水今在南陽 図 人名 陶潛·羣輔錄 伏羲六佐，其一曰視默，主災惡 図 姓。見 姓苑 図 通作示 詩·小雅 視民不恌 箋 視，古示字 前漢·高帝紀 視項羽無東意 史記 作示 師古註 漢書多以視爲示，古字通用 図 廣韻 承矢切 集韻 韻會 善旨切 正韻 善指切，𥏪嗜上聲。義同 図 玉篇 看也 書·洪範 五事，二曰視 疏 視，常止反 図 詩·小雅 小人

所視。叶上矢履。鏊又視55094視55092瞁31008昏37406眕37404眠37431眂37547，俗眠37512図际47083，俗际37485玄應音義等視：字詁：古文际眠二形，今作視，同。時旨、時至二反廣雅，觀也說文視，瞻也釋名云視，是也。言察其是非也。

覰 55076 29053 qū_5.12　類篇同覷

覥 55074 29051 shī_5.12　唐韻式支切集韻韻會商支切丛音施說文司人也徐曰伺候也。図玉篇覥覤，面柔也爾雅·釋訓作覤施郭璞云覤施之疾不能仰，面柔之人常俯似之詩·邶風得此覤施箋面柔，下人以色，故不能仰也図類篇專垂切音騒集韻勻規切音蒨。義丛同△集韻或作覎、覥。

覤 55075 29052 shī_5.12　正字通俗覥字。

覗 55077 29054 sī_5.12　唐韻息茲切集韻韻會新茲切丛音思廣韻覘也揚子方言凡相竊視，自江而北謂之覗図sì唐韻集韻丛相吏切，思去聲。義同図類篇奄闚也。一曰候也△集韻本作伺。或作䞉。

覘 55078 29055 chān_5.12　集韻韻會丛癡廉切，諂平聲說文窺也左傳·成十七年公使覘之信禮·檀弓善哉覘國乎図廣韻候也舊唐書·職官志覘候姦謀図集韻或作沾禮·檀弓我喪也斯沾註沾、覘同図或作佔禮·學記呻其佔畢註佔，視也。簡謂之畢図或作貼類篇闚也揚子方言凡相竊視，南楚或謂之貼図廣韻集韻韻會丛救豔切，諂去聲。義同図chǎn集韻丑琰切音諂。視也。図dān類篇都含切音耽。緩頰也。一曰舉首図jī字彙補公低切音稽唐蘇遜·朝覲壇頌覘虞氏鏊又覘55091図正字通閮，俗覘字。

购 55083 u2B329 hǒu_5.12　方窺視視也正字通俗字。一曰覟字之譌○按六書無覟字。

覛 55079 29056 shū_5.12　字彙音疋。

覒 55085 u2B31D null_5.12　未詳。

覝 55080 29057 zhěn_5.12　五音篇海支忍切音軫。視也○按卽疹字之譌。鏊說文作眕37494

覜 55081 29058 wèi_5.12　玉篇無沸切音未。見也。

覞 55082 45431 chēn_5.12　五音篇海音眎。

覟 55084 u2B328 zhěn_5.12　簡覝55080△或亦簡覡55280

覢 55086 u27827 mò_5.12　龍龕覰55097，正。音麥。一作莫狄切。斜覣也。今增。視，或作字彙補視，音義與眽37536同。

覡 55087 u27825 cī_5.12　同覥55046

觀 55088 u27824 fèi_5.12　同曹37483

觉 55089 u89C9 jué_5.12　简觉55271

覣 55092 u89C6 shì_5.12　简視55073

览 55090 u89C8 lǎn_5.12　简覽55281

覘 55091 u89C7 chān_5.12　简覘55078

觉 55093 u899A jué_5.12　俗覺55271

視 55094 uFA61 shì_5.12　參見視55073

覗 55095 29059 chēn_6.13　玉篇丑蔭切，郴去聲。視也△集韻同腕。鏊又覙47333

覜 55096 29060 chēn_6.13　字彙同舰正字通舰從舟，改從旬，無義。當卽舰字譌文。

覛 55097 29061 mì_6.13　唐韻集韻丛莫狄切，銘入聲說文衺視也張衡·西京賦覛往昔之遺館註覛，視也。李善讀。図mài廣韻集韻莫獲切，音麥爾雅·釋詁覛，視也註謂相視也六書故密察也図周語古者太史順時覛土後漢·杜篤·論都賦覛長樂○按玉篇觸作賑，亦作覓，與眽通，與覓別集韻韻賤正譌正韻覛漏覓，非。鏊又賑57698

覓 55098 29062 mì_6.13　集韻同覛音孤。姓也。見直音図音呼。義同。

覍 55099 29063 hū_6.13　字彙攻呼切音呼。義同。

視 55100 29064 qī_6.13　廣韻集韻丛倉歷切音戚。覤覥55074詩·邶風作覤施図集韻七六切音蹴。義同。

覜 55101 29065 tiào_6.13　唐韻集韻韻會正韻丛他弔切，桃去聲說文諸侯三年大相聘曰覜。覜，視也周禮·春官典瑞以覜聘註大夫眾來曰覜，寡來曰聘。又大宗伯時聘曰問，殷覜曰視註殷覜謂一服朝之歲，以朝者少，諸侯乃使卿以大禮眾聘焉図見也左傳·昭五年享覜有璋註既朝聘而享見也図集韻韻會正韻丛他彫切音桃。義同図tiāo集韻土了切，桃上聲。與眺同。遠視也張衡·思玄賦流目覜夫衡阿。

親 55108 45433 qīn_6.13　龍龕音親音親。視也。或作眰図dí廣韻徒歷切集韻類篇亭歷切丛音狄。見也。與覿同。或作覿。

覡 55102 29066 zhì_6.13　集韻職日切音質。視也。

覩 55109 45434 yǒu_6.13　龍龕音友音友。視也△集韻又覥，同覦玉篇呼光切，視也。

覨 55103 29067 huāng_6.13　集韻呼光切音荒。視也△集韻又覥，同覦玉篇呼光切，視也。

覷 55104 29068 jué_6.13　類篇古文覺55271字△字彙補一作覤。

覤 55105 29069 huàn_6.13　字彙補同喚。亦作覓。

覬 55106 29070 null_6.13　宋史·宗室表人名。必覬。音義未詳。

覦 55107 45432 cì_6.13　篇海類編與覥同。

覶 55110 45435 zhì_6.13　龍龕直里切。

覛 55111 u2B32A mì_6.13　簡覛55097文古覺55271図俗覬55121龍龕覛，俗。音廉。

覌 55115 u27837 jué_6.13　同覷55104古文覺55271図俗覬55121龍龕覌，俗。音廉。

覧 55112 u2B31E null_6.13　未詳。

覚 55116 u27833 jué_6.13　俗覺55271庚辰本脂硯齋重評石頭記·第三十回一句提醒了寶玉，噯喲了一聲，終覺渾身冰涼。

覠 55113 u2783A guī_6.13　俗規55040廣碑別字引漢景君碑又可洪音義覠覢：上居隨反字彙補規55040譌字。

覢 55114 u27839 guī_6.13　同規55040馬王堆漢墓帛書·老子乙本·德經不出於戶，以知天下。不覢於牖，以知天道。

覛 55117 u27832 null_6.13　未詳。

覤 55119 u27830 huāng_6.13　同覨55103

覎 55118 u27831
null_6.13　未詳。

覎 55120 u89CA
ji_6.13　简 覎55218

覝 55121 29071
lián_7.14　唐韻 力鹽切 集韻 離鹽切𠀤音廉 說文 察視也 演繁露 周禮 廉能之類,諸家雖訓廉爲察,常疑疑不相附,因闖漢高帝詔:廉問,有不如吾詔者,以重論之。顏氏曰:廉字本作覝,其音同,乃知廉之爲察,本覝字也,有覘睬之義○按 說文 本作覝,从見兼聲。俗作覝,非 字彙補 一作䂓、覝。亦非。𥳑 龍龕 覝覝 55144 覝三或作,覝今,音廉。察也。又朝鮮本 龍龕 覝,或作 焸 55048 覝 55115,俗。同。今增。

覞 55123 29073
yào_7.14　唐韻 集韻 𠀤弋笑切音耀◆ 說文 𠀤視也 元包經 晉覞于醜。傳曰:覞夫衆也 類篇 或作𪑟。
覞 chào 集韻 昌召切,弨去聲。普視貌 覞 集韻 施隻切音釋。昌石切音尺。義𠀤同。𥳑 又覞 55230

覠 55124 29074
gào_7.14　玉篇 古到切音告。久視貌。

覝 55125 29075
hè_7.14　集韻 赫格切音赫。見也 覝 地名 北史·高句麗傳 位宮敗走,毋丘儉追至覝峴。

覝 55126 29076
zhì_7.14　集韻 職吏切音志。審視也。

覝 55127 29077
yǎo_7.14　集韻 伊鳥切音杳。深視貌。

覝 55128 29078
jūn_7.14　集韻 俱倫切音麕。大視也 覝 人名 宋史·宗室表 士覝,贈金吾衞上將軍。

覝 55122 29072
xiàn_7.14　字彙 同覝
音浮。視也 覝 pōu 集韻 披尤切音飆。義同。

覝 55130 29080
chēn_7.14　唐韻 丑林切 集韻 癡林切𠀤音郴 說文 私出頭視也 覝 廣韻 集韻 𠀤丑禁切,郴去聲。義同△ 集韻 或作覝 說文 本作覝。从見彤聲 正字通 彤,舟行也。亦作覝。𥳑 又覝 47333 覝 55134

覝 55131 29081
yóu_7.14　類篇 夷周切音由。深視也◆ 正字通 俗覝字。

覝 55132 29082
dōu_7.14　正字通 覝字之譌。

覝 55133 29083
xí_7.14　唐韻 胡狄切 集韻 韻會 正韻 刑狄切𠀤音檄 說文 能齋肅事神明也。在男曰覝,在女曰巫 徐鍇曰 能見神也 周禮·春官·神仕疏 男陽有兩稱,曰巫,曰覝。女陰不變,直名巫,無覝稱 後漢·張衡傳 或察巫覝之言 北史·齊幼主紀 雅信巫覝,解禱無方 覝 集韻 或作擊 荀子·王制篇 傴巫跛擊之事 註 擊讀爲覝。男巫也 覝 集韻 下革切音覈。義同。𥳑 又覝 55146

覝 55134 45436
chēn_7.14　字彙補 覝字之譌。

覝 55135 45437
ji_7.14　篇海類編 音寂。覓也。𥳑 卽覝 55174字。

覝 55136 45438
chèng_7.14　搜眞玉鏡 宅孟切。又音省。

覝 55137 45439
lián_7.14　龍龕 音廉。察也。

覝 55138 45440
yí_7.14　搜眞玉鏡 音夷。

覝 55139 u2B320
thấy_7.14　喃 同覧 55141看見。

覝 55140 u2B31F
null_7.14　未詳。

覝 55142 u27844
null_7.14　未詳。

覝 55141 u2784A
thấy_7.14　喃 从見体thể聲。現,看見。亦作覝 55139

覝 55143 u27843
null_7.14　未詳。

覝 55144 u27842
lián_7.14　俗覝 55121

覝 55145 u27841
ji_7.14　俗覎 55218 名義 望,無放反。伺,覎。

覝 55146 u89CB
xí_7.14　简 覝 55133

覝 55148 29085
qiān_8.15　類篇 同覝,省 覝 人名 亢倉子·臣道篇 郔龍覝問事君。

覝 55147 29084
ǎi_8.15　廣韻 五駭切 集韻 語駭切,𠀤駭上聲 廣韻 笑視也 覝 集韻 五買切,崖上聲 博雅 視也△ 正字通 與睚同 字彙補 一作覝,非。𥳑 又覝 55173

覝 55149 29086
lù_8.15　唐韻 力玉切 集韻 龍玉切𠀤音錄 說文 笑視也 覝 玉篇 共視也 覝 廣韻 眼曲覝也 覝 廣韻 集韻 𠀤盧谷切音祿。義同。

覝 55150 29087
shǎn_8.15　唐韻 集韻 韻會 正韻 𠀤失冉切音閃 說文 暫見也。引 春秋·公羊傳 覝然公子陽生。今本作闖,註闖出頭貌 覝 倉頡篇 覝覝,視貌△ 韻會 與睒同。

覝 55151 29088
dòng_8.15　集韻 多貢切音凍。視貌。

覝 55152 29089
yì_8.15　唐韻 五計切 集韻 研計切𠀤音詣 說文 旁視也 正字通 與睨同。

覝 55153 29090
wēi_8.15　唐韻 於爲切 集韻 邕危切,𠀤委平聲 說文 好視也 覝 博雅 怒也 覝 人名 宋史·宗室表 太子右監門率府副率士覝 覝 wō 集韻 烏禾切音倭。視貌。

覝 55154 29091
lài_8.15　唐韻 集韻 𠀤洛代切音賚 說文 內視也。覝 lái 集韻 郎才切,賚平聲。視也△ 正字通 與睞同 字彙補 一作𥥭。

覝 55155 29092
xi_8.15　正韻 迄逆切。同虩。覝覝,驚懼貌 莊子·天地篇 蔣閭葂覝覝然驚 註 與虩同 覝 集韻 色責切 正韻 生責切,𠀤生入聲。義同△ 集韻 本作愬。亦作虩。

覝 55156 29093
tiǎn_8.15　字彙 他典切音腆。面慙也△ 說文 本作覝 字彙補 一作䩄。𥳑 又覝 55176

覝 55157 29094
suì_8.15　集韻 旋芮切音彗。破碎也。

覝 55158 29095
ji_8.15　類篇 與覝同。

覝 55159 29096
jiù_8.15　類篇 居祐切音救。衆視也。𥳑 疑覝 55216字之譌。

覝 55160 29097
mì_8.15　玉篇 籀文覝字。𥳑 字彙補 覝,籀文覝字。

覝 55161 29098
luó_8.15　篇海 同覝○按覝卽俗覝字。見 類篇

覝 55162 45441
lài_8.15　字彙補 同覝。

覝 55163 45442
ǎi_8.15　五音篇海 五駭切。笑視也 字彙補 覝字之譌。

55164 45443
覤 xuǎn_8.15 五音篇海 私兗切。鑿同顯68487覤。

55169 u2B321
贇 null_8.15 未詳。

55165 45444
親 qì_8.15 龍龕同親。
鑿 龍龕親或作，覤55197正，音契。見也。

55166 45445
覶 liǎo_8.15 搜眞玉鏡 力小切。

55167 45446
覷 tiǎn_8.15 搜眞玉鏡 他典切。同覸。

55168 45447
覍 jìng_8.15 五音篇海 音竟。

55170 u27860
覝 lián_8.15 覝55121本字。見 說文。

55171 u27859
覝 lián_8.15 俗覝55121

55172 u27857
親 null_8.15 未詳。

55173 u27856
覬 ǎi_8.15 龍龕覬俗，覬55147今。

55174 u27855
賏 jì_8.15 同賏55135

55175 u27854
覯 gòu_8.15 俗覯55222

55176 u89CD
覥 tiǎn_8.15 简 覸55156

55177 u89CC
覿 dí_8.15 简 覿55290

55178 29099
覦 yú_9.16 唐韻 羊朱切 集韻 韻會 容朱切丛音俞。覦覦，欲得也 左傳·襄十五年 能官人則民無覦心 杜註 無覦覦以求幸 图 人名 宋史·宗室表 修職郎覦之。图 通作窬 劉珉·勸進表 狡寇窺窬 文選註 窬，與覦同。图 廣韻 羊戍切 集韻 韻會 俞戍切，並俞去聲。又 集韻 從遇切音竇。義丛同。鑿又覦55212

55179 29100
覽 lǎn_9.16 字彙俗覽字。

55180 29101
運 yùn_9.16 唐韻 集韻 丛王問切音運。與覸55216同。图 hún 唐韻 戶昆切 集韻 胡昆切丛音魂。視也。

55181 29102
覥 xuǎn_9.16 集韻 須兗切音選。見也。鑿 玉篇 覥，思兗切。見也。胡吉宣：覥之言宣也。宣，顯也。顯亦見也。覥見猶言宣視也。

55182 29103
贇 chóu_9.16 字彙 鋤救切音驟。悶視也 图 鋤尤切，驟平聲。義同。

55183 29104
覹 piān_9.16 集韻 紕延切音篇。斜視也。

55184 29105
覬 yǐng_9.16 集韻 於境切音影 類篇 視貌 字彙 見也。

55185 29106
覨 è_9.16 集韻 逆各切音咢。久視也。

55186 29107
覷 chuāng_9.16 集韻 與覥同。亦作覷。通作瞢、瞠。

55187 29108
覷 kuí_9.16 字彙 渠追切音逵。婬視也。

55188 29109
覩 dǔ_9.16 玉篇 古文睹字 易·乾卦 聖人作而萬物覩 史記·魏世家 耳目之所覩記 图 遼史·國語解 徒覩，古邊徼外小國 图 姓。見 姓苑 图 複姓 戰國策 覩斯贊，魏人。

55189 29110
覬 shěng_9.16 廣韻 所景切，生上聲 廣韻 腳露也。图 字彙 審視也。

55190 29111
覷 juān_9.16 玉篇 吉緣切音涓。視貌 图 juàn 廣韻 吉掾切 集韻 規掾切，丛涓去聲。視也。

55191 29112
覰 chēng_9.16 正字通 覰字之譌。

55192 29113
覬 tí_9.16 唐韻 杜兮切 集韻 田黎切丛音提 說文 顯也 玉篇 視也 图 dì 廣韻 特計切 集韻 大計切，丛提去聲。義同。又 類篇 視貌△ 游原 與覿同 集韻 或作題、覿○按 說文長箋 本作覬，凡覬名、覬詩、覬柱、覬額，丛當用覬。譬覬額二字。用覬字便作兩額，奚可乎，二字當辨。鑿又覿55199

55193 29114
覬 xuǎn_9.16 唐韻 況晚切 集韻 火遠切，丛暄上聲 說文 大視也 图 huǎn 集韻 戶管切音緩 图 quán 類篇 逵員切音權。義丛同 图 游原 與暖同△ 集韻 或作覺。

55194 29115
親 qīn_9.16 古文㝷覬案 唐韻 正韻 七人切 集韻 韻會 雌人切，丛七平聲 廣韻 愛也 孝經序 親譽日著 註 慈愛之心曰親 荀子·不苟篇 交親而不比 註 親謂仁恩 周語 慈惠保民，親也 图 近也 易·乾卦 本乎天者親上，本乎地者親下 图 增韻 躬也 詩·小雅 弗躬弗親 箋 此言王之政，不躬而親之 禮·文王世子 世子親齊玄而養 註 親，猶自也 图 釋名 親，襯也。言相隱襯也 增韻 姻也 禮·大傳 親者，屬也 疏 謂有親者，各以屬而爲之服 左傳·昭十四年 祿勳合親 杜註 親，九族也 周禮·地官·大司徒 以陰禮教親，則民不怨 註 謂男女之禮，婚姻以時，則男不曠，女不怨 图 六親，父母、兄弟、妻子也 管子·牧民篇 上服度則六親固。又 前漢·禮樂志註 如淳曰：父、子、從父昆弟、從祖昆弟、曾祖昆弟、族昆弟，爲六親。图 姓 史記·孟嘗君傳 齊王逐周最，而聽親弗 註 親弗，人姓名 戰國策 作祝弗 图 通作新 大學 在親民 程註 親，當作新 图 qìng 唐韻 七遴切 集韻 韻會 七刃切 正韻 寸遴切，丛七去聲 左傳·桓二年 庶人工商，各有分親 註 以親疏爲分別 釋文 有平去兩音 图 廣韻 親家 集韻 婚姻相謂爲親 图 叶蒼先切音千 楊方·合歡詩 磁石引長針，陽燧下焱煙，宮商聲相和，心同自相親△ 字彙 古从亲。今省作亲 集韻 或作婤、儭○按 字彙補 又作覵親親，非。鑿親55229，親本字 图 敇21631 嗖06158 新12404 图 新18470，疑親愛之親的本字 图 廣韻 覬案12333，並古文（親）。

55195 29116
覬 dān_9.16 唐韻 丁含切 集韻 都含切丛音耽 說文 內視也 图 dàn 廣韻 集韻 丛徒感切，潭上聲。徐視謂之覬。或作眈。

55196 29117
覬 guì_9.16 集韻 其季切音悸。視也△亦作覬。

55197 29118
覬 qì_9.16 玉篇 口計切音契。見也 图 正字通 伺人也。一曰恐也。與覬通。鑿又親55165

55198 29119
覬 chēn_9.16 說文 覗本字。鑿又覗37988 覬55096 覬55134 图 直音篇 覬，同。覗，俗。

55199 29120
覿 tí_9.16 說文長箋 與覬同。亦作覿。鑿亦作覬。覿，覬字之誤。

55200 29121
覺 shuǎng_9.16 字彙補 少榜切，音爽◇信也。鑿楊寶

忠：疑俗覜35088

腴 jì_9.16　字彙補 公帝切音計。視也。

覬 shèng_9.16　龍龕 所杏切。

覝 kān_9.16　龍龕 苦干切。又苦旦切。鏖 楊寶忠：翰37989字之變。

覵 lián_9.16　簡 覵55207

覘 xiè_9.16　同睵37862 鄂君舟節 就睵。用爲地名 包山楚簡 沘易睵尹。用爲官名

䁌 null_9.16　喃未詳。

覝 lián_9.16　瓜瓢。漢·東方朔 神異經 東南荒中有邪木……其子形如甘瓢，少覝（音練），甘美，食之，令人身澤。

覗 null_9.16　未詳。

覣 chuāng_9.16　俗覣55239

覠 null_9.16　未詳。

覘 tí_9.16　題55192本字。

覦 yú_9.16　簡 覦55178

覭 yào_10.17　類篇 同覜。

覢 pǎng_10.17　集韻 普朗切，滂上聲。視物貌◆字彙 側視物貌 正字通 泛云俗字，非。

覛 jiān_10.17　字彙 古玄切音涓。遠視。鏖 又覛55275

覭 yùn_10.17　唐韻 集韻 夶王問切音運 說文 外博衆多視也 長箋 義未詳 又姓。南北朝有覭平。楊慎曰：本員半千之後，宋 百家姓 加見 字彙補 與郧同 國名記 郧，一作覭。吳地△集韻 或作覛。

覞 dōu_10.17　唐韻 集韻 夶當侯切音兜 說文 目蔽垢也 △集韻 或作睰。鏖 又覞55278睰37680覞55132

覬 jì_10.17　唐韻 集韻 韻會 几利切 正韻 吉器切夶音冀 說文 欤幸也 廣韻 覬覦，希望也 左傳·桓二年 下無覬覦 註 下不冀望于上也 又集韻 或作幾 左傳·宣十二年 庸可幾乎 疏 幾讀如冀，言用可冀幸而得之乎 禮·檀弓·吾欲暴尪註 尪者，面鄉天，覬天哀而雨之。覬，又作幾，音冀 又 韻會小補 通作覬 禮·文王世子·反養老于東序註 州里覬于邑 疏 希覬慕仰，行之於邑也 又 xì 集韻 虛器切，咥去聲 類篇 幸也 韻會小補 垂也 集韻 亦作欤 正字通 俗通作冀 增韻 亦作懯，非。鏖 又覬55120 字典琢屑 禮·文王世子·反養老幼于東序 此脫幼字。

覭 míng_10.17　唐韻 莫經切 集韻 韻會 忙經切夶音冥 說文 小見也 正字通 或曰暗處密窺曰覭。覭有微細難見義，故从冥 又 mì 廣韻 集韻 夶莫狄切，冥入聲 廣韻 小貌 類篇 微見也 又 mò 集韻 莫獲切音麥。草木叢生貌 爾雅·釋詁 覭髳，莫離也 註 謂草木之叢茸翳薈也。又 míng 正韻 眉兵切音明。眉目之閒也〇按 爾雅目上爲名。註：眉目之閒 正韻 因名、覭聲近而誤訓 字彙 从之，夶非。鏖 又覭68350

覥 yóu_10.17　唐韻 以周切 集韻 夷周切夶音猷 說文 下

視深也。鏖 又覥55131遳61418

覺 yíng_10.17　正字通 俗字。鏖 龍龕 覺，音營，感也，與瑩同。

覯 gòu_10.17　唐韻 古后切 集韻 韻會 正韻 居候切夶音遘 說文 遇見也 詩·召南 亦既覯止。又 豳風 我覯之子 又 成也◆左傳·成六年 郇瑕氏土薄水淺，其惡易覯 疏 言其病易成，由水土惡故也 又 正字通 與遘通 長箋 同近 又 集韻 下遘切音候。義同 又 hóu 集韻 胡溝切，候平聲。亦同近。邂逅，解說貌 又 jiàng 集韻 古項切音講。與顜同 史記·曹相國世家 顜若畫一註 或从見。通作講 又 jué 集韻 訖岳切，講入聲。亦同顜。通作較。鏖 又覯55175覯55232

覯 qí_10.17　廣韻 渠脂切 集韻 渠伊切夶音祁 博雅 視也 又 shí 集韻 市之切音時。義同△廣韻 或作睹。

覥 tiǎn_10.17　字彙補 與晛同。見 金石韻府。亦作靦。

覥 lài_10.17　字彙補 與賴同。

覽 xiāo_10.17　龍龕 音曉。鏖 古俗字略補 古曉。

覰 null_10.17　未詳。

覥 piāo_10.17　俗覥55237 新撰字鏡 覥，妙堯反。自有察省見也。亦暸字。

親 qīn_10.17　親55194本字。見 說文

覯 gāo_10.17　同覯55260

覰 yào_10.17　字海 覰，同覜55123見 類篇。按，類篇 作覭。

覯 gòu_10.17　簡 覯55222

覽 yì_11.18　集韻 壹計切音翳 類篇 視貌。鏖 正字通 余祭切，音意。視不明貌。目病曰翳38058，故從殹。舊注汎訓視，誤。

覷 qù_11.18　唐韻 七慮切 集韻 韻會 正韻 七慮切，夶蛆去聲 說文 拘覷，未致密也 又 廣韻 伺視也 唐書·張說傳 北寇覷邊 集韻 一作瞲◆韻會 通作覰 前漢·張良傳 良與客覰擊秦皇帝 師古註 覰謂密伺之也。本作覷 又 集韻 千余切音蛆。義同 類篇 或作覰△集韻 譌作覰，俗作覰，夶非。鏖 又覰55250

覷 lóu_11.18　集韻 郎侯切音樓。與瞜同。瞜瞜，偏盲也。又細視也。又 正字通 屢視不置也 又 lǔ 集韻 隴主切音縷。視也。

覽 zhàn_11.18　集韻 莊陷切音蘸 類篇 覽儆，高危貌。又 zhàn 唐韻 集韻 夶子鑒切音瞷。義同 又 玉篇 逞貌 又 zhān 集韻 側銜切，瞷平聲。避也。

覥 piāo_11.18　唐韻 方小切 集韻 俾小切夶音標 說文 目有察省見也 又 集韻 匹沼切，飄上聲。義同 又 piāo 集韻 紕招切音飄。明察也。與暸同△說文 本作覥。鏖 又覥55244覥55228

覩 qì_11.18 集韻七迹切音慼。覤也。又 dí 亭歷切音狄。見也。與覿同。或作覿。鋆又覿55274 又名義 覿55254，秦秒反。目赤也。覿，同覿。鴌覿。

覩 chuāng_11.18 唐韻丑尨切集韻丑江切，丛踔平聲。說文視不明也。一曰直視 又廣韻集韻正韻丛丑降切，踔去聲。義同△說文本作覷集韻或作覩。亦作覩、瞋。鋆又龍龕覷俗，覩55209正。

覲 jìn_11.18 唐韻集韻韻會渠吝切正韻具吝切丛音僅。爾雅·釋詁覲，見也。疏下見上也。書·舜典乃日覲四岳羣牧。禮·曲禮天子當依而立，諸侯北面而見天子曰覲。註春見曰朝，秋見曰覲。周禮·春官·大宗伯註覲之言勤也，欲其勤王之事 又韻會通作殣前漢·禮樂志·郊祀歌殣冀親以肆章。註殣，音覲，見也。鋆本作覲55284 又覲55251 又龍龕輴67494俗。音近。正作覲。或作輴67503。

愬 yuè_11.18 正字通同閱。六書統覝，許氏訓丛視，丛視繼以心，其視加詳。

覞 chuāng_11.18 說文覩本字。

纍 lào_11.18 五音篇海音澇。

飄 piāo_11.18 簡覩55237

覰 null_11.18 未詳。

覢 null_11.18 未詳。

覷 null_11.18 未詳。

覷 null_11.18 未詳。

覷 qù_11.18 簡覷55268

覷 jìn_11.18 簡覲55240

覾 guān_11.18 俗覾55302宋元以來俗字譜引古今雜劇

覷 lìn_12.19 玉篇力刃切，隣去聲。親也。又視也。

覷 ji_12.19 唐韻才的切集韻前歷切丛音寂。說文長箋目赤也。又類篇逢視貌 又廣韻集韻丛他歷切音惕。義同△類篇或作覷。亦省作覷。鋆又敦煌。P. 2011 王一覷，他歷反。覷視。亦作覩55238

覷 dēng_12.19 集韻都騰切音登。久視也。又 chèng 廣韻集韻正韻丛丑證切，僜去聲。直視貌。或作眙。

覷 jiàn_12.19 集韻居莧切，艱去聲。與矋同博雅視也 又雜也。禮·祭儀薦黍稷，羞肺肝首心，見閒以俠甒。註見閒當爲覷。疏覷，雜也。言祭黍稷之時，雜以兩甒醴酒 又人名孟子成覷，齊景公臣 又 xián 集韻何閒切正韻何艱切丛音閑。亦同矋 又 jiān 廣韻古閑切集韻居閑切丛音艱。視貌 又 biǎn 廣韻方免切集韻邦免切丛音鴘。義同 又 yàn 集韻伊甸切音宴。窺也△說文作覷類篇或作覷。

覷 mái_12.19 集韻莫佳切，買平聲。小視也。與矋同。

覷 chuáng_12.19 集韻傳江切音幢。視不明也。

又 zhuàng 集韻丈降切，幢去聲。覷覷，直視。

覶 luó_12.19 唐韻落戈切集韻盧戈切丛音騾說文好視也玉篇覶縷，委曲也金壺字考次序也左思·吳都賦嗟難得而覶縷唐書·柳宗元傳秉筆覶縷，不能成章。又通作羅晉書·傅咸疏臣前所以不羅縷者，冀因結奏得從私願也 又字彙補力過切，騾去聲。義同。見韻經 又 luǎn 集韻力轉切，攣上聲。視貌△類篇俗从爾作覶，非。鋆又覾55161視55080

覷 gāo_12.19 廣韻古勞切集韻居勞切丛音高博雅見也 又人名宋史·宗室表武經郎不覷。鋆又覷55231

覷 fán_12.19 類篇同覷

覷 piē_12.19 集韻同瞥亦作覷。鋆廣韻瞥，暫見。亦作覷。

覷 jiàn_12.19 同覷55256

覷 shěn_12.19 集韻式荏切音審。深視也。一曰下視。一曰竊視△玉篇同瞫。

覷 zēng_12.19 五言篇海音曾。

覷 qù_12.19 俗覷55234

覷 ǎi_12.19 龍龕與矋同

覷 dǒn_12.19 喃从見閒gian聲。同瞇37932

矋 wéi_13.20 唐韻集韻丛無非切音微說文司也。又 méi 廣韻武悲切集韻旻悲切丛音眉博雅覷也。△六書統重文，从目作矋說文長箋一作覷。或作覷。鋆名義矋，妄悲反，矋玉篇矋，莫悲切，伺也。又矋58064矋55276覷55293

覷 wěi_13.20 正字通同矋 又字彙無匪切音尾。身隨也。

覺 jué_13.20 古文覬覬唐韻古岳切集韻韻會正韻訖岳切丛音角。說文寤也廣韻曉也書說命念終始典于學，厥德修罔覺公羊傳·昭三十一年叔術覺焉。註覺，悟也莊子·齊物論且有大覺，而後知此大夢也白虎通學之爲言覺，悟所不知也 又發也前漢·高帝紀求賢詔有而勿言，覺，免。註發覺者，免其官 又明也左傳·文四年以覺報宴。註以明報功宴樂 又大也，直也詩·小雅有覺其楹。傳有覺，言高大也。箋直也左傳·襄二十一年夫子覺者也。註較然正直 又釋name告也。一曰自上敕下。一曰告，告覺也 又博雅哲也 又佛曰覺王舊唐書·高祖詔自覺王遷謝，像法流行。又姚崇傳佛者，覺也，在乎方寸魏書·釋老志浮屠正號曰佛陀，華言譯之則謂淨覺 又星名晉書·天文志妖星三曰天棓。一名覺星 又姓。見姓苑 又韻會通作梏禮·緇衣有梏德行註梏，音角詩·大雅本作覺疏梏與覺字異音同。又 jiào 唐韻古孝切集韻韻會正韻居效切丛音教增韻夢醒曰覺詩·王風尚寐無覺史記·高帝紀後人至高祖覺。註覺謂寢寐而寤也 又正字通按郭璞茵芋讚茵芋赤莖，實如蔾藋。食之益智，忽不自覺，殆齊生知，功奇于學。蔾音約，與覺、學叶字彙不考郭讚上下文，

泥。吳棫 韻補 覓音育，覺改音谷，非。鋻又覚55089
覚55116覚55093竟09787竟21916覢55115覢55061 図 龍龕
恄17402，俗。 教、角二音。鄭賢章：恄即覺之俗字。

覒 55272 29159
wéi_13.20　說文長箋 與覹同。

覷 55273 29160
qù_13.20　集韻 同瞿 字彙補 與覰同。

覤 55274 29161
qì_13.20　廣雅 視也 註 七由切音秋。

覵 55275 45455
jiān_13.20　川篇 音肩。視也。鋻楊寶忠：疑覵55214
字之變。

覼 55277 u2B325
null_13.20　未詳。

職 55276 u2B32D
wéi_13.20　簡 覹55269

覰 55279 u27895
rui_13.20　俗覰05311 廣
韻 覰，當侯切 說文 云：目臘垢也。

職 55278 u27897
dōu_13.20　俗覢55217 廣

覶 55280 29162
luó_14.21　類篇 俗覶字 字彙補 省作覶，非。

覽 55281 29163
lǎn_14.21　唐韻 盧敢切 集韻 韻會 正韻 魯敢切，丛
藍上聲 說文 觀也 孔安國·尚書序 覩史籍之煩文，懼覽
之者不一 史記·秦始皇紀 登茲泰山，周覽東極 図 州名
唐書·地理志 劍南道有覽州，貞觀二十三年置 図 姓 姓
苑 望出彭城 図 韻會 通作攬 王羲之·蘭亭敘 後之攬者，
亦將有感於斯文 正字通 按攬覽音同義別。攬，撮取也。
濫同覽，非図 làn 韻會 正韻 丛盧瞰切，藍去聲 前漢·韋
孟·諷諫詩 我王如何，曾不斯覽。叶下鑒，師古讀
図 官名 唐書·南蠻傳 南詔，各府副將曰演覽、緒覽、
澹覽、幕覽 唐書·音義 讀△ 俗書證誤 从亽作覽，非。
鋻又览55090

覛 55282 29164
bīn_14.21　唐韻 集韻 丛必刃切音擯　說文 暫見也
図 廣韻 必鄰切 集韻 卑民切，丛擯平聲。又 集韻 紕民
切，閩平聲。匹忍切，閩上聲。又 廣韻 集韻 丛匹刃切
音閩。義丛同。鋻又覤55286

覷 55283 45456
yīng_14.21　搜眞玉鏡 烏耕切。

覵 55285 u2789F
null_14.21　未詳。

覤 55284 u2789A
jìn_14.21　覤55240本字

覤 55286 u27898
bīn_14.21　俗覛55282

覶 55287 29165
fán_15.22　唐韻 附袁切
集韻 符袁切丛音煩 說文 覶覶也 類篇 暫見也図 集韻
孚袁切音翻。又 翻阮切，翻上聲。又孚萬切，翻去聲。
義丛同△ 類篇 或省作覶。鋻又覸55297

覷 55288 29166
lì_15.22　集韻 力制切音例。疾視也。鋻又覷38330

覷 55289 29167
shěn_15.22　字彙 式枕切音審。見也。 正字通 察視也。
通作審。

覿 55290 29168
dí_15.22　唐韻 徒歷切 集韻 韻會 亭歷切 正韻 杜
歷切丛音狄 說文 見也 易·困卦 三歲不覿 春秋·莊二十
四年 大夫宗婦覿用幣 公羊傳 覿者何，見也 禮·郊特牲
不敢私覿 周禮·秋官·司儀註 私覿，私面也 韻會小補 於
君謂之覿，於卿謂之面。覿，面別。散文面亦爲覿図 tì

集韻 他歷切音逖 図 jì 前歷切音寂。覿同覿55254 図 dú
集韻 徒谷切音牘 陸雲·贈顧驃騎詩 沈機響駭，幽明廣
覿。和以同人，物歸時育。覿，叶育△ 集韻 或作覿。亦
作覿。鋻又價02187覿55177

覷 55291 29169
qiān_15.22　唐韻 苦閑切 集韻 丘閑切丛音慳 說文
很視也。齊景公之勇臣有成覷者 孟子 作覵 図 字彙 苦
戰切，慳去聲。義同△ 類篇 或作覷。鋻又覷55256

覸 55292 45457
guān_15.22　字彙補 與觀同。

覷 55293 u278A1
wéi_15.22　或俗覹55269

覷 55294 u278A0
null_15.22　未詳。

覷 55295 u2B7DC
guān_16.23　俗觀55302

覷 55296 29170
yào_17.24　唐韻 集韻 丛弋笑切音耀 說文 視誤也
図 yuè 廣韻 以灼切 集韻 弋灼切丛音藥 類篇 眩也 廣
韻 視不定也△ 集韻 或作矐、曜。

職 55299 u278A4
null_17.24　未詳。

覸 55297 29171
fán_17.24　說文 覶本字

覷 55298 41842
líng_17.24　字彙補 同覹 山海經 犂覶之尸。

覽 55300 29172
kuí_18.25　唐韻 渠追切 集韻 渠龜切丛音逵 說文 注
目視也図 廣韻 丘韋切 集韻 區韋切丛音蘬。又 正韻 枯
回切音恢。義丛同図 kuǐ 集韻 丘愧切，蘬去聲。淫視
也図 guì 集韻 基位切音媿。視貌。與睽同。一作覽△ 字
彙補 一作覷。

覷 55301 29173
wéi_18.25　集韻 類篇 丛五圭切，堄平聲。視也。

觀 55302 29174
guàn_18.25　古文 舊 簧 簪 唐韻 集韻 韻會 正韻 丛古
玩切，官去聲 說文 諦視也 韻會 所觀也，示也 易·觀卦
大觀在上，順而巽，中正以觀天下 朱註 觀者，有以中
正示人而爲人所仰也 書·益稷 予欲觀古人之象 傳 欲觀
示法象之服制。觀，舊音官，陸音工喚切 周禮·冬官考
工記 㮚氏爲量。嘉量旣成，以觀四國 註 以觀示四方，
使放象之 前漢·宣帝紀 觀以珍寶 師古曰 觀，示也。
図 容觀，容貌儀觀也 禮·玉藻 旣服習容觀，玉聲乃出。
図 爾雅·釋詁 多也 詩·周頌 奄觀銍艾 箋 奄，久。觀，
多也。一音官図 爾雅·釋宮 觀謂之闕 註 宮門雙闕 疏 雉
門之旁名觀。又名闕 白虎通 上懸法象，其狀巍巍然高
大，謂之象魏。使人觀之，謂之觀也 三輔黃圖 周置兩
觀，以表宮門。登之可以遠觀，故謂之觀 左傳·僖五年
公旣視朔，遂登觀臺，以望而書，禮也 註 臺上構屋，
可以遠觀者也図 廣韻 樓觀 韻會 道宮謂之觀 史記·封
禪書 仙人好樓居，上令長安作蜚廉桂觀，甘泉作益延
壽觀 図 太子宮有甲觀 前漢·成帝紀 元帝在太子宮，生
甲觀畫堂 図 東觀，漢祕書監 後漢·安帝紀 詔五經博士，
校定東觀五經傳記 註 洛陽南宮有東觀。一名蓬觀。
図 京觀，積尸封土其上也 左傳·宣十二年 潘黨曰：君
盍築武軍而收晉尸，以爲京觀 韻會 壯觀，奇觀，謂
景趣壯麗，事端奇偉有可觀者図 字彙補 熟也 周禮·夏
官·司爟註 今燕俗名湯熱爲觀 図 人名，國名 竹書紀年

帝啓十年，放季子武觀于西河註武觀，即楚語五觀也。觀國，今頓丘衛縣図縣名，水名前漢·地理志東郡有畔觀縣，膠東國有觀陽縣應劭曰在觀水之陽図姓楚語楚之所寶者，曰觀射父図通作館文選·司馬相如·上林賦靈圉燕於閒館又虛宮館而勿仰史記漢書俱作觀図與鸛通莊子·寓言篇如觀雀、蚊虻相過乎前也図guān廣韻集韻古丸切韻會正韻沽歡切夶音官博雅視也正字通遠視、上視曰觀，近視、下視曰臨易·觀卦初六童觀朱子曰卦以觀示爲義，爻以觀瞻爲義書·盤庚予若觀火傳我視汝情，如視火。鄭康成讀去聲穀梁傳·隱五年公觀魚于棠傳常事曰視，非常曰觀關尹子·二柱篇愛者我之精，觀者我之神。愛爲水，觀爲火。愛執而觀，因之爲木。觀存而愛，攝之爲金図遊也孟子吾何修而可以比於先王觀也図占也史記·天官書觀成潢晉灼曰觀，占也，潢，五帝車舍。図猶顯也前漢·嚴安傳以觀欲天下師古曰顯示之，使其慕欲也図quàn韻會小補區願切音勸禮·緇衣在昔上帝，周田觀文王之德註周田觀，古文爲割申勸。陸德明·釋文觀。依註讀爲勸図詩·小雅維魴及鱮薄言觀者箋觀，多也韓詩作視。𥬇古文籀，𥻈38365字註誤図䚕38390䚓55292观55027覌55028𥧌21913籭66388

𥑇51655觀55295𥧌55252𥬇51908

𩔜 55306 u2B327
null_18.25 未詳。

觀 55303 29175
piāo_18.25 說文覮本字

䚋 55304 41843
kuī_18.25 篇海類編同覽。

籭 55307 u2B326
null_18.25 未詳。

覲 55305 45459
guān_18.25 龍龕音觀

觀 55308 u278A9
què_18.25 同觀55312類篇觀，乞約切。視皃。

觀 55309 29176
lì_19.26 唐韻集韻夶郎計切音麗說文求也玉篇索視貌集韻或作覼図lí廣韻集韻力至切音利義同。或作睙図xǐ廣韻師蟻切集韻所綺切夶音𪏯類篇視也左思·吳都賦覼海陵之倉，則紅粟流衍集韻同曬。或作睴図xì韻會所寄切，麗去聲。亦引左賦，本毛氏韻增図lí集韻鄰知切音離。察視也△字彙補亦作覼。𥬇又觀55311䚋38091睙38359

覮 55310 45458
xiāo_19.26 五音篇海音曉。

覼 55311 u2F9CB
lì_19.26 兼觀55309

覴 55312 29177
què_20.27 集韻乞約切音郤。視貌類篇省作觀。
𥬇熊加全：疑覼38308字之俗。

覸 55313 45460
lì_21.28 龍龕同觀

觀 55315 u278AF
hū_27.34 同觀55316

覵 55314 29178
líng_24.31 集韻郎丁切音靈。與覵同。山神，人面獸身○按山海經小人國有神，人面獸身，名曰犁覵之尸。本從鬼作覼。改從見作觀，非字彙補作覼，亦非

覵 55316 41844
hū_30.37 五音篇海呼骨切。疾風也。

覵 55317 29179
xìng_37.44 字彙補同性。丹那作。

• 角部 •

角 55318 29180
jiǎo_0.7 唐韻古岳切集韻韻會正韻訖岳切夶音覺說文角，獸角也。本作𧢲，从力从肉易·大壯羝羊觸藩，羸其角春秋·成七年鼷鼠食郊牛角禮·月令仲夏，鹿角解，仲冬麋角解大戴禮·易本命四足者無羽翼，戴角者無上齒列子·黃帝篇傅翼戴角，謂之禽獸図犀有食角爾雅·釋獸犀似豕註犀三角，一在頂，一在額，一在鼻。鼻上者，食角也蘇頌曰一名奴角図龍角堪雅有角曰虯龍図角弓，以角飾弓也詩·小雅騂騂角弓周禮·冬官考工記·弓人爲弓角也者，以爲疾也魏志·鮮卑傳端牛角爲弓，世謂之角端者也○按角端即角觡，謂一角正立不斜，故名角端。角，古音祿字林正韻譌作角，非図額角逸雅角者，生於額角也後漢·光武紀隆準日角註謂庭中骨起，狀如日論語·撰考讖顏回有角額，似月図隅也易·晉卦晉其角疏西南隅也後漢·郎顗傳顗父宗，善風角星算註角，隅也。候四隅之風以占吉凶。又唐書·裴坦傳舍人初詣省視事，四丞相送之。施一榻堂上，壓角而坐宋敏求·春明退朝錄舍人院每知制誥上事，必設紫褥于庭，北面拜，廳閣長立褥東北隅，謂之壓角図男、女未冠、笄曰總角詩·衛風總角之宴朱傳結髮爲飾也禮·內則剪髮爲鬌，男角女羈註夾囟曰角，兩髻也。午達曰羈，三髻也図校也禮·月令仲春，角斗甬註較其同異也管子·七法篇春秋角試図廣韻競也戰國策駕犀首而驂馬服，以與秦角逐前漢·谷永傳角無用之虛文図增韻通作确前漢·李廣傳數與虜确註謂競勝負也図韻會角抵，戲名。六國時所造，使兩兩相當，角力相抵觸史記·李斯傳作觳抵前漢·武帝紀作角抵。又張騫傳作角氐。角與觳通。図掎角，駐兵以制敵也正韻紲其後曰掎，絓其前曰角左傳·襄十四年譬如捕鹿，晉人角之，諸戎掎之魏志·少帝紀吳寇屯逼永安，遣荆、豫諸軍，掎角赴救韻會亦作捔図東方之音也禮·月令孟春之月，其音角前漢·律歷志角，觸也。物觸地而出，戴芒角也爾雅·釋樂角謂之經韻會通作祿魏書·江式傳宮商祿徵羽註祿即角字図大角，軍器演繁露蚩尤率魑魅與黃帝戰，帝命吹角爲龍鳴禦之唐書·百官志節度使入境，州縣築節樓，迎以鼓角。今鼓角樓始此図星名韻會東方七宿之首，蒼龍之角十二度爾雅·釋天壽星，角、亢也註列宿之長。又博雅大角謂之棟星史記·天官書大角者，天王帝廷図羊角，旋風也莊子·逍遙遊搏扶搖羊角而上者九萬里図酒器禮·禮器卑者舉角疏四升曰角。角，觸也。不能自適，觸罪過也図量器管子·七法篇斗斛也，角量也呂覽·八月紀正鈞石，齊升角図木角，斲水斗名禮·喪大記虞人出木角図角人，官名周禮·地官角人掌以時徵齒角，凡骨物于山澤之農図履名釋名仰角，屐上施履之名也揚子方言徐土邳圻之閒，大麄謂之韟角註今漆履有齒者図艸名博雅菠明，羊角也堪雅𧉘，一名角蒿図果名清異錄新羅國松子有數等，

惟玉角香最奇 本草綱目 芰實，一名沙角 図鳥名 本草綱目鷹，一名角鷹 李時珍曰 頂有毛角，故名 図小魚名鹿角 歐陽修·達頭魚詩 毛魚與鹿角，一龠數千百。図地名 韓愈·祭張員外文 避風太湖，七日鹿角 註 地在洞庭湖 図城名 左傳·襄二十六年 襲衛羊角，取之 註 今廩丘縣所治羊角城是 図縣名 南齊書·州郡志 角陵縣，屬南新陽左郡 図姓 後漢·馮異傳 角閎據汧駱 図lù 唐韻 集韻 盧谷切音祿 類篇 獸不童也。又 廣韻 漢四皓有角里先生〇按 通雅 角，古音祿 詩·召南 誰謂雀無角，何以穿我屋 史記·刺客傳 天雨粟，馬生角 前漢·東方朔傳 臣以為龍又無角，謂之為蛇又有足。揚子·太玄經 噴以牙者童其角，擢以翼者兩其足。崔駰·杖頌 用以為杖，飾以犀角，王母扶持，永保百祿。俱叶音祿。李因篤曰：杜甫 赤霄行 孔雀未知牛有角，渴飲寒泉逢觝觸。唐人亦作祿，音用。又李濟翁 資暇錄 云漢四皓，其一號角里先生。角音祿，今多以覺音呼，誤也。至於讀角為覺，而角里之音祿者輒改作角，則益謬矣。又 東都事略 崔偓佺云刀下用音權，兩點下用音鹿，一點一撇不成字，未詳 唐韻 角音祿，又音覺，其實字無二形 說文 角訓象獸角形，亦無刀用兩點之說。偓佺臆說，不可從 佩觿集 字林 韻會 正韻 分角為兩音，丛誤。図gǔ 字彙補 古祿切音谷 韓愈·贈張籍詩 角角雄雉鳴方崧卿云 角音谷△ 集韻 通作揢。鑿 正作角55322

又角35331図55320角55321觜71041

图 55320 u2EC7
jiǎo_0.7　同觓55319角本字。部首專用字。

角 55321 u2EC6
jiǎo_0.7　部角55322

图 55319 u278B2
jiǎo_0.7　角55318本字

角 55322 u2F93
jiǎo_0.7　角通作角55318。或以為角字之俗，如田中角榮。

觓 55323 29181
qiú_1.8　正字通 同觓，俗省。

觝 55324 29182
chéng_2.9　字彙 俗衡字。

觓 55325 29183
qiú_2.9　唐韻 集韻 丛渠幽切音虯 說文 角貌 詩·小雅 兕觥其觩。今本作觓，與觓通 朱傳 角上曲貌。又 穀梁傳·成七年 郊牛日展觓角而知傷 註 觓球然角貌 図 集韻 渠尤切音求 玉篇 居幽切音樛。義丛同。図jiǔ 集韻 吉酉切，樛上聲。亦角貌。引 穀梁傳 展觓角。鑿 又觓32724觓55323觓55480

觓 55326 29184
duō_2.9　字彙 丁戈切，音多◇角短貌。

觔 55327 29185
jīn_2.9　正字通 與筋同 淮南子·道應訓 良馬者，可以形容觔骨相也 図 後人譌為斤兩之斤 舊唐書·文宗紀 燒灰煎鹽，每石灰得鹽一十二觔一兩 葛長庚·金川賦 藥材觔兩〇按 前漢·貨殖傳 本作斤，從斤為正。鑿 龍龕 觔觔二俗，音斤。

觝 55328 45461
chù_2.9　川篇 音觸

觓 55329 29186
chāi_3.10　集韻 初加切音叉又 博雅 觓謂之觓 図 初佳切音釵。義同。

觓 55330 29187
jiāng_3.10　集韻 同舡 図 通作扛 張衡·西京賦 烏獲扛鼎 註 扛，橫開對舉也。與舡同。

觲 55331 29188
shēn_3.10　玉篇 所巾切音莘 類篇 觡也。二十枚曰觲 図 集韻 居銀切音巾。義同。

觶 55332 29189
nuò_3.10　正字通 觡字之譌。

觕 55333 29190
cū_4.11　廣韻 正韻 倉胡切 集韻 聰徂切丛音粗。大也，疏也，物不精也 公羊傳·莊十年 觕者曰侵，精者曰伐 註 觕，麤也。又才古反 図 通作粗 禮·月令 其器高以粗 呂覽 作觕 図zù◆ 廣韻 徂古切 集韻 坐五切，丛姐上聲。牛角直下也 図 韻會 略也 前漢·藝文志 庶得麤觕。又 敘傳 觕舉僚職 師古曰 觕，粗略也，大略也。丛才戶反 正字通 說文 本作麤。俗作觕、粗，非。按 通雅 曰：世皆以觕為麤字，此緣陸、孫而誤也。不知觕乃粗義，非粗音也 漢書 麤、觕連用，一處二粗字，有是理乎。古蓋各造粗字，至漢分之，麤為塵起之粗，平聲。觕為一切之粗，上聲。故班固漢書連用則異聲，分用則同字，不可不辨也 図chéng 集韻 鋤庚切音傖。與衡同。図chù 廣韻 尺玉切。與觸同。

觕 55334 29191
chù_4.11　玉篇 古文觸字 晉書·李流傳 馳馬追擊，犛倚矛被傷 淮南子·齊俗訓 獸窮則觕△ 通作觕 字彙補 亦作觕 六書略 从二牛作牾，非。

觖 55335 29192
jué_4.11　唐韻 集韻 韻會 丛古穴切音決 玉篇 觖望，猶怨望也 史記·荊燕世家 獨此尚觖望 註 薛瓚曰：謂相觖而怨望。如淳曰：觖與觖別之訣口。臣謂觖者，缺也。觖望，不滿所望而怨耳 淮南子·繆稱訓 禹無廢功，無廢財，自視猶觖如也 註 觖，不滿也 增韻 與訣通。図摘觖，挑發也 前漢·孫寶傳 故欲摘觖以揚我惡 韻會 與抉通 図 唐韻 集韻 韻會 正韻 丛窺瑞切，窺去聲。義同 図kuì 廣韻 望也 後漢·李通傳論 以觖一切之功哉 註 觖，望也。李賢讀 図qì 集韻 遣爾切音企 史記·盧縮傳 為羣臣觖望 註 韋昭曰：觖，猶冀也。索隱音企。図guì 涓惠切音桂。舌頭語也。

觗 55336 29193
zhì_4.11　說文 禮經 觶字。與觶同。飲器 図 合也 揚子·太玄經 內雖有應，外觗亢貞 註 觗，合也，亢舉也 音釋 觗，之豉切。

觕 55337 29194
zhuó_4.11　唐韻 士角切 集韻 仕角切丛音浞 說文 角長貌△ 字彙補 亦作觕。

舡 55338 29196
gāng_4.11　唐韻 集韻 丛古雙切音江 說文 舉角也 図 集韻 諸容切音鍾。義同△ 集韻 或作舡。

觝 55339 29196
é_4.11　字彙 五禾切音訛。角也。

觗 55340 29197
jì_4.11　字彙 其利切，音忌◇角也。誤作觓。

觲 55341 29198
fèi_4.11　玉篇 同觻55516

觖 55342 29199
jué_4.11　玉篇 同抉19718 図 字彙 與觶同〇按 周

禮·冬官考工記梓人爲飮器。註:觶字角旁支。今禮角旁單，古書或作角旁氏，則同觶者，从支作觚◆字彙譌作觚，非。

觛 tán_4.11　55343 29200　字彙徒含切音覃玉篇角也。一曰試也図丁含切音耽。義同。俗譌作觓。

觤 guǐ_4.11　55344 29201　正字通譌觚字。

觘 chào_4.11　55345 29202　唐韻初教切集韻楚教切夶音鈔玉篇角匕也図集韻初交切，鈔平聲。義同。鼇又觘48585図名義又校反。角上。

觧 jiè_4.11　55354 45464　龍龕音介

觝 pā_4.11　55346 29203　廣韻普巴切集韻披巴切夶音葩。牛角闊也。一曰牛角張也。鼇又龍龕觝川韻百嫁反。刀靶也。与欛同。

觓 null_4.11　55359 u278C6　未詳。

觙 jí_4.11　55347 29204　荀子·解蔽篇空石之中有人焉，其名曰觙。其爲人也，善射註觙字及事并未詳所出，或假設喻耳。鼇同伋00868

觗 zhì_4.11　55348 29205　韻會觶55518古作觗字彙譌作觗，非。

觟 dǐ_4.11　55349 41845　篇海類編同觚。

觛 nuò_4.11　55350 41846　龍龕女角切。屋觛，亦調弓也。

觟 jì_4.11　55351 41847　篇海類編同觝。

觚 tán_4.11　55352 45462　篇海類編同觛。

焇 qiào_4.11　55353 45463　字彙補音竅。出西江賦

觥 null_4.11　55360 u278C5　未詳。

牔 zhuó_4.11　55357 45467　字彙補同牔

觧 chù_4.11　55355 45465　篇海類編同觸。

觓 jīn_4.11　55356 45466　龍龕音斤。鼇疑同觔。

觙 zhì_4.11　55358 u278C7　同觗55348図hú觙觫，同觳55483觫図姓，見姓苑古璽彙編·單字璽.5511觙。

觻 qián_5.12　55361 29206　玉篇巨炎切音鈐。觜也。

觛 jù_5.12　55362 29207　廣韻其呂切集韻韻會正韻臼許切夶音巨。與距同。雞距也図凡刀鋒倒刺者皆曰觛司馬相如·子虛賦雄戟註張揖曰:雄戟，胡中有觛者，干將所造也図廣韻集韻夶居御切音據。獸名。角似雞距類篇或作觤。

觝 dǐ_5.12　55363 29208　正字通俗觚字。一曰觟字譌省。

觷 xué_5.12　55364 29209　正字通俗觷字。

觓 qiú_5.12　55365 29210　玉篇似秋切音囚。角也。鼇胡吉宣:觓55465或作觓。

觚 gū_5.12　55366 29211　唐韻古乎切集韻韻會正韻攻乎切夶音孤說文鄉飮酒之爵也。一曰觚受三升者謂之觚周禮·冬官考工記梓人爲飮器，觚三升註觚，當爲觶疏禮器制度云觚大二升，觶大三升。故鄭从二升觚，三升觶也韓詩外傳二升曰觚。觚，寡也。飮當寡少論語觚不觚疏觚者，禮器，盛酒二升図方也周禮·天官·小宰疏兵書有譎觚之人，謂譎詐桀出，觚角非常也史記·酷吏傳漢興，破觚爲圜莊子·大宗師與乎其觚而不堅也註所守方而不固執也図法也揚子·太玄經占之以其觚註占之以法，謂經緯之休咎也図角也前漢·律歷志其算法用竹，徑一分長六寸二百七十一枚而成六觚，爲一握蘇林曰六觚，六角也。又郊祀志八觚宣通，象八方師古曰觚，角也服虔曰八觚，如今社壇也。図窬額也困學紀聞仲尼讀春秋老耼據窬觚而聽。図劍拊也新論·愼思篇令提劍鋒而掉劍觚，必刡其指，而不能以陷腐木図官名魏志·東夷倭人傳伊都國官曰爾支，副曰泄謨觚、柄渠觚。又奴國官曰兕馬觚。図人名北史·魏獻明皇后傳后少子秦王觚図觚竹城，在遼西爾雅·釋地觚竹、北戶、西王母、日下，謂之四荒註觚竹在北觚觚，縣名。見晉書·地理志唐更名靈臺，屬涇州前漢書作觚孤図通作柧班固·西都賦上觚棱而棲金爵註觚，八觚有隅者也。一曰堂殿上最高轉角處後漢書作柧棱図通作觚陸機·文賦或操觚以率爾註觚，木之方者，古人用之以書，猶今之簡也韻會竹簡也。與籦通図通作菰前漢·司馬相如·子虛賦蓮藕觚蘆張晏曰觚盧，扈魯也史記作菰蘆說文本作苽。鼇又觚55368觚62226図觧偏類碑別字·觚引唐鄆州司馬郭肅墓誌

觚 tuó_5.12　55367 29212　集韻唐何切音駝。牛無角者。與牠同。

觚 gū_5.12　55368 29213　正字通俗觚字。

觚 fèi_5.12　55369 29214　字彙同觚

觚 gǔn_5.12　55370 29215　類篇古本切音袞。禹父名古音叢目禹父名歜。亦作鯀書·堯典作鯀屈原·離騷作鮌。俗作觙，誤。鼇又歜26536

觛 dàn_5.12　55371 29216　唐韻徒旱切集韻韻會蕩旱切正韻徒亶切，夶壇上聲說文小觶也図dǎn廣韻多旱切集韻黨旱切夶音亶玉篇小卮博雅觛、觛，卮也図廣韻集韻夶徒案切，亶去聲。義同。鼇又觛55379

觛 wò_5.12　55372 29217　唐韻於角切集韻乙角切夶音渥說文調弓也。从角，弱省聲図nuò唐韻女角切集韻昵角切夶音搦。義同図玉篇摩弓也図廣韻屋角也△或作觸。鼇龍龕觛觛二俗，觛觛55431觛三正。

觛 sì_5.12　55373 29218　字彙息恣切音四。器名玉篇角也。鼇正字通與柶23862通。胡吉宣:角匕。

觜 zuī_5.12　55374 29219　廣韻姊規切集韻津垂切，音厜說文鴟舊頭上角觜也図星名。觜觿，西方宿也禮·月令仲秋之月，日在角，旦觜觿中◆史記·天官書觜觿，虎首，主葆旅事図次名。娵觜，室壁之次也爾雅·釋天娵觜之

口,營室東壁也。通作訾 左傳·襄三十年 歲在娵訾之口 図 類篇 𩨳屬。觜觿,與蟕蠵同 後漢·文苑傳杜篤論都賦 甲瑇瑁,戕觜觿 註 觜觿,大龜也 集韻 或作𧤃 図 zī 廣韻 即移切 集韻 韻會 將移切 正韻 津私切𠀤音貲。義同 図 廣韻 喙也 南齊書·劉休傳 武人屬其觜吻 潘岳·射雉賦 裂膆破觜 △ 集韻 或作𠴈嘴𪚰。 鼟 又 𠴈06002 觜24198鵻07761

觝 55375 29220 dǐ_5.12　廣韻 都禮切 集韻 正韻 典禮切𠀤音邸。與牴同。觸也 韓愈·進學解 觝排異端 図 至也 嵇康·琴賦 觸巖觝隒 図 角 55318觝,戲名。通作抵、氐 図 zhǐ 集韻 掌氏切音紙。側擊也。與抵同○按觝與觝別 字彙 沿 正韻 之譌,又音支,訓飮器,涸同觗註,非 字彙補 譌作觓,亦非。鼟 又 龍龕 觤55511觻55505觝55363觓55376 四俗,觝觓二通,觓55370正,丁礼反。角觕也。

觓 55376 29221 dǐ_5.12　正字通 俗觝字。

觓 55377 45468 yí_5.12　川篇 音苞。鼟 又 觭55463牠32644

觝 55378 u278E0 chán_5.12 喃 从角正chính聲。

觛 55379 u278DE dàn_5.12 俗觛55371 四部叢刊·三編子部·太平御覽·卷第七百六十一·器物部六 㐬:說文 曰㐬,圜器也。觛,小㐬也。圜音圓。觛音俉。

觓 55380 u278DD jiě_5.12　或解譌字

觴 55381 u89DE shāng_5.12 简 觴55501

觓 55382 29222 gǔ_6.13　廣韻 古祿切音穀。觓觫,多貌○按 集韻 云 博雅 觓觫,少也。俗作觓,非是 字彙 沿 廣韻 之譌,音訓與歺部觓字相溷,誤矣。再查 玉篇 角部收觓字,音杷,訓角曲,觓、觓雖旁有左右之別,似是一字,附記備考。

觓 55383 29223 hùn_6.13　字彙 胡本切音混。角也。

觟 55384 29224 huà_6.13　唐韻 下瓦切 集韻 韻會 正韻 戶瓦切𠀤音踝。◆說文 牝牂羊生角者也 図 玉篇 角貌 図 矢名 西京雜記 茂陵文固陽以觟矢射雉,日連百數 図 複姓 後漢·儒林傳 中山觟陽鴻,以孟氏 易 教授 註 姓觟陽,名鴻也。或作鮭,从魚者,音胡佳反 図 xiè 集韻 下買切音蟹。與獬同。觸邪神羊也 王充·論衡 觟𧤒者,一角之羊也,性知有罪。皋陶治獄,其罪疑者,令羊觸之 註 即獬廌也 図 廣韻 楚鳥名 淮南子·主術訓 楚文王好服觟冠 註 御史法冠也。觟即獬字 図 huà 字彙補 香跨切音化 淮南子·俶眞訓 萬民乃始憪觟離跂 註 觟音化,僄徑之意也。鼟 又 觟55363

衡 55385 29225 chéng_6.13　廣韻 仕庚切 集韻 鋤庚切𠀤音傖 玉篇 牛角長豎 類篇 角長貌 図 集韻 何庚切音珩。義同 △ 集韻 或作牸。俗作觕。鼟 又 觡55471觥55449

觠 55386 29226 quán_6.13　唐韻 巨員切 集韻 逵員切𠀤音權 說文 曲

角也 爾雅·釋畜 羊角三觠,羷 疏 觠,捲也 北史·司馬子如傳 相王給露車一乘,觠牸牛犢,犢在道死,唯觠角存 図 集韻 古轉切音卷。又 廣韻 居倦切 集韻 古倦切,𠀤卷去聲。義觠同 △ 六書正譌 俗作頯,非。鼟 又 觠55461

觡 55387 29227 gé_6.13　唐韻 古百切 集韻 韻會 正韻 各額切𠀤音格 說文 骨角之名也 廣韻 鹿角 玉篇 麋角有枝曰觡,無枝曰角 禮·樂記 角觡生 註 無䚡曰觡 前漢·司馬相如傳 犧雙觡共抵之獸。又 淮南子·主術訓 制觡伸鉤,索鐵歛金。高註:觡,角也 図 木名 爾雅·釋木註 橿木,江東呼木觡 図 鉤名 揚子方言 宋楚陳魏之閒,謂鉤為鹿觡 註 鉤,懸物者。或呼鹿角。

觛 55388 29228 xuān_6.13　唐韻 況袁切 集韻 許元切𠀤音暄 說文 角匕也 図 xī 廣韻 許羈切 集韻 虛宜切𠀤音犧。義同 △ 說文 本作觛。

觛 55389 29229 xiǎn_6.13　字彙 蘇典切音銑 玉篇 角也。

觢 55390 29230 chì_6.13　唐韻 集韻 韻會 正韻 𠀤尺制切音瘈。◆說文 一角仰也 易·睽卦 其牛掣 集韻 掣、觢通。或作挈。図 shi 廣韻 集韻 𠀤時制切音誓 類篇 牛角立謂之觢 爾雅·釋畜 角皆踊觢 疏 牛兩角豎者名觢 集韻 或作挈。図 zhì 集韻 征例切音制。一角仰。一曰豎角牛也 △ 玉篇 作挈。鼟 又 觢55446觢55415

解 55391 29231 jiě_6.13　唐韻 正韻 佳買切 集韻 韻會 舉蟹切,𠀤街上聲 說文 判也。从刀判牛角 莊子·養生主 庖丁解牛 左傳·宣四年 宰夫解黿 前漢·陳湯傳 支解人民 註 謂解截其四支也 図 博雅 散也 玉篇 緩也◆易·解卦註 解,難之散也 正義 解有兩音,一古買反,謂解難之初。一諧賣反,謂旣解之後。故 序卦 云解者,緩也。險難解釋,物情舒緩,故為解也 前漢·張耳陳餘傳 今獨王陳,恐天下解也 註 謂離散其心也 図 玉篇 釋也 儀禮·大射禮·解綱註 解,猶釋也 文心雕龍 百官詢事,則有關刺解諜。解者,釋也。解釋結滯,徵事以對也 図 廣韻 脫也 禮·曲禮 解屨不敢當階 図 博雅 說也 史記·封禪書 船交海中,皆以風為解 註 皆自解說,遇風不至也。図 廣韻 講也。一曰釋詁也 禮經解疏 解者,分析之名 図 樂曲名 古今樂錄 傖歌以一句為一解,中國以一章為一解。王僧虔啓云古曰章,今曰解。解有多少,當是先詩而後聲也 図 字彙補 削也 魯語 晉文公解曹地,以分諸侯 図 止也 前漢·五行志 歸獄不解,茲謂追非。図 開也 後漢·耿純傳贊 嚴城解扉 図 達也 莊子·秋水篇 無南無北,奭然四解 図 解構,猶閒構也 後漢·隗囂傳 勿用傍人解構之言。又猶會合也 淮南子·俶眞訓 執肣解構人閒之事,以物煩其性命乎 図 道家有尸解術 史記·封禪書 為方僊道,形解銷化 集解 尸解也 問奇集 金壼字考 改音假,非。又梵言目帝羅,此云解脫 荊溪淨名記 若正用功,解可作古買切。功成日,解應作戶買切。強分二音,亦非 図 解解,載多之貌 揚子·太玄經 沑

七：何戟解解遘囝xiè集韻韻會下買切正韻胡買切夶音蟹。義同囝增韻物自解散也孔安國尚書序逃難解散註解音蟹囝廣韻曉也禮·學記相說以解註解物爲解，自解釋爲解，是相證而曉解也魏志·賈詡傳太祖與韓遂、馬超戰渭南，問計於詡。對曰：離之而已。太祖曰：解註謂曉悟之囝博雅迹也爾雅·釋獸廌，其跡註其跡名解囝地名左傳·昭二十二年王師軍於解註洛陽西南有大解、小解。又史記·甘茂傳今公與楚解口地索隱秦地名正義解口，猶開口也囝州縣名一統志春秋爲晉之解梁城，戰國屬魏，漢爲解縣，屬河東郡，五代漢始置解州，治解縣，元屬平陽路，明因之囝姓廣韻自唐叔虞食邑于解，後因氏。又複姓姓苑北魏有解枇氏，後改爲解氏囝說文解廌，獸也史記·司馬相如傳弄解豸註解豸，似鹿，一角，一名神羊。古者決訟，令觸不直者。唐御史法冠，一名解廌冠，取其能觸邪晉書·輿服志作獬豸王充·論衡作觟𧣾。囝與嶰通。嶰谷，谷名前漢·律歷志取竹之解谷◆孟康曰解，脫也。一說昆侖之北谷名也囝與澥通前漢·揚雄傳江湖之雀，勃解之鳥囝與蟹同呂覽·恃君篇大解、陵魚，大人之居山海經作大蟹囝xiè唐韻戶賣切集韻韻會下解切，夶蟹去聲。亦判也，散也，曉也。一曰解廌，獸名。一曰地名囝玉篇接中也周禮·冬官考工記弓人爲弓，茭解中有變焉，故挍註茭，弓檠也。茭解，謂接中也囝支節也前漢·賈誼傳所排擊剝割，皆衆理解也師古註解，支節也囝與懈同詩·大雅不解于位註解，怠惰也禮·月令民氣解惰囝與邂同正字通解后，即邂逅，言彼此不期而遇也六書正譌別作邂，非囝jiè廣韻古隘切集韻韻會居隘切，夶街去聲類篇除也。一曰聞上也韻會發也唐制進士由鄉而貢曰解額。又國史補外府不試而貢者，謂之拔解宋史·選舉志天下之士，屏處山林，令監司守臣解送。又職官志入額人一任實滿四年，與解發赴銓正字通凡官司解報、杻解，皆此音韻會讀若懈，非囝與廨同玉篇署也商子·墾令篇高其解舍左思·吳都賦解署棊布註言非一也囝kài集韻口賣切，楷去聲。解垢，詭曲之辭莊子·胠篋篇解垢同異音義又音楷囝叶舉履切音几古詩著以長相思，緣以結不解。以膠投漆中，誰能別離此囝叶居縊切音記楚辭·九章愁鬱鬱之無快兮，居戚戚而不解。心鞿羈而不開兮，氣繚轉而自縊囝叶訖力切音棘詩·魯頌春秋匪解，享祀不忒。皇皇后帝，皇祖后稷囝叶舉下切，嘉上聲僧皎然·題毗沙天王像憶昔胡兵圍未解，感得此神天之下△俗書正誤解从刀、牛。俗从羊作解，非。夶𤜶50215搹20916

𧣪 55392 29232
guǐ_6.13　唐韻過委切集韻古委切夶音詭爾雅·釋畜角不齊，𧣪疏羊角一長一短者名𧣪△玉篇或作觠集韻或作觤。夶又觤55344

觥 55393 29233
gōng_6.13　唐韻古橫切集韻韻會正韻姑橫切，夶喊平聲◆說文本作觵。兕牛角可以飲者也，其狀觵觵

故謂之觵徐曰觵，曲起之貌詩·周南我姑酌彼兕觥傳角爵也疏禮圖云觵大七升，以兕角爲之。一說刻木爲之，形似兕角，蓋無兕者用木也韓詩云觵受五升，所以罰不敬。觵，廓也。君子有過，廓然著明也周禮·春官·小胥觵其不敬者註觵，罰爵也。本或作觥◯按詩詁曰：兕觥，角爵。言其體。註：觥，罰爵，解其用。然詩卷耳七月稱兕觥者，皆非其所以罰，則是觥爵之大者，或用以罰，非專爲罰也囝大也揚子·太玄經觥羊之毅註觥羊，大羊也囝玉鐘聲韓愈·記夢詩杖撞玉版聲彭觥囝觥觥，剛直貌後漢·郭憲傳關東觥觥郭子橫囝叶姑黃切音光詩·豳風躋彼公堂，稱彼兕觥，萬壽無疆◇劉楨·魯都賦承羞執羃，納觶授觵。引滿輒釂，滴瀝受觵音學五書古本音光。夶又觥55396酕62286觩74750觥74806觥74808

觢 55394 29234
pá_6.13　字彙補蒲巴切音杷玉篇角曲貌。

觥 55395 29235
hóng_6.13　古今注音紅。白魚赤尾者曰觥。一曰觥。或曰雌者曰白魚，雄者曰觥魚。夶亥集有觥71944字，同囝虹71729囝chù今觸55530簡化字。

觵 55396 45469
gōng_6.13　篇海類編觥字之譌。

觩 55400 u2B32E
null_6.13　未詳。

觢 55397 45470
jiāo_6.13　搜真玉鏡音交。夶可洪音義觢魚：上音交。正作鮫71967

觜 55398 45471
zī_6.13　五音篇海音茲。又音奸。

觷 55399 u2B32F
jiǎo_6.13　簡觷55520

觷 55401 u278E7
dia_6.13　喃从角夷dì聲。邊，角。亦音ria。觷塘：路旁囝dia霆觷：濕淋淋。

觧 55402 u89E7
jiě_6.13　俗解55391　隸辨引魯峻石壁殘畫象

觶 55403 29236
zhì_7.14　說文與觶同。

觨 55404 29237
hùn_7.14　字彙胡本切音混。牛角上水。

觹 55405 29238
xǐ_7.14　字彙虛几切，音喜◇好角囝音希。

觨 55406 29239
shǎo_7.14　集韻山巧切音稍。牛角開貌囝shào集韻所教切，稍去聲。角銳上。或作觘。

觩 55407 29240
qiú_7.14　唐韻集韻韻會夶渠幽切音虯。與觓同。角曲貌詩·小雅兕觥其觩囝弓健貌詩·魯頌角弓其觩傳弛貌箋角弓觩然，言持弦急也囝通作捄詩·周頌有捄其角囝集韻韻會正韻夶渠尤切音求。又集韻居虯切音樛。義夶同△集韻或作觓。夶又觓55323

觕 55408 29241
chuò_7.14　玉篇初角切音婼。義闕字彙與觕同。

觪 55409 29242
xīng_7.14　廣韻息營切集韻韻會正韻思營切夶音騂。與觲同玉篇角弓調利也。用角便也囝人名宋史·宗室表敦武郎士觪。夶又觪55450觲55504觲55515

觲 55410 29243
hú_7.14　集韻韻會夶胡沃切音鵠玉篇治象牙也爾雅·釋器象謂之觲。俗本譌作鵠，非囝類篇治角也。

55411 29244
觺 yí_7.14　集韻 魚羈切音宜。獸角曰觺。

55412 29245
觫 sù_7.14　集韻 正韻 蘇谷切 韻會 蘇木切 夶音速。觳觫，懼死貌 孟子 吾不忍其觳觫。鍇 又蘇55535

55413 29246
觰 zhài_7.14　集韻 丈蟹切，柴上聲。與觰同。本作𧤛。通作奓。貋豸，獸名 𡆼 zhì 玉篇 丈爾切，馳上聲。亦獸名 𡆼 角不端也 ○按 字彙 豸部收貋字，註同獬，引 廣雅 獬豸作貋貄 類篇 角部收觰字，註同𧤛。豈有同從角、豸，而左右異書即分二字者，且 玉篇 類篇 豸部俱不收貋字，似宜刪貋存觰爲是。鍇 又觛55508

55414 29247
觩 qiú_7.14　字彙補 觓字之譌。

55415 29248
觢 shì_7.14　玉篇 同觢。

55416 29249
觟 xuān_7.14　說文 觟本字。

55417 45472
觳 hú_7.14　龍龕 俗觳字。

55418 u278F3
觡 góc_7.14　喃 从角谷cốc聲 △ 裀觡：對角。觡淩：海的盡頭。

55419 u278F2
觡 cạnh_7.14　喃 从角更canh聲，角，邊 △ 觡契：方方面面。

55420 29250
觬 ní_8.15　廣韻 五稽切 集韻 研奚切 夶音倪 說文 角觬曲也 廣韻 角不正貌 𡆼 縣名 前漢·地理志 西河郡有觬氏縣 𡆼 唐韻 研啓切 集韻 吾禮切，夶倪上聲。義同。

55421 29251
觱 bī_8.15　廣韻 邊兮切 集韻 邊迷切 夶音篦。橫角牛名 𡆼 集韻 賓彌切音卑。義同 字彙補 亦作觱，非。

55422 29252
觴 zhǎn_8.15　玉篇 同琖 韓愈·祭張員外文 把觴相飲。

55423 29253
觲 lùn_8.15　集韻 盧困切音論。擊丸爲戲。

55424 29254
觙 sì_8.15　正字通 俗觓字 △ 字彙補 又作觓，非。鍇 又觓72018

55425 29255
觩 zhōu_8.15　玉篇 止尤切音周。龍角 𡆼 治尤切音綢。義同。

55426 29256
觖 jué_8.15　唐韻 集韻 夶紀劣切音蹶。角觸也 𡆼 字彙 古月切音厥。義同。鍇 直音篇 觖同觖。

55427 29257
觚 tán_8.15　玉篇 音談。義闕。

55428 29258
觕 zú_8.15　廣韻 集韻 夶昨沒切音崪。角初生也 𡆼 博雅 挾也。

55429 29259
觬 dǎi_8.15　玉篇 多改切音歹。角心也。鍇 又觰55430

55430 29260
觰 dǎi_8.15　玉篇 多改切音歹。義闕 字彙 同觬 𡆼 人名 宋史 有元帥宋都觰 遼史 有文班吏蕭觰里。元史 有斷事官朮忽觰 𡆼 字學三正 觰，與好歹之歹同。

55431 29261
觸 nuò_8.15　廣韻 女角切 集韻 昵角切 夶音搦。握也 𡆼 chuò 集韻 勅角切音踔。水名。鍇 又觸55476觸55488

55433 29263
觳 hú_8.15　字彙 胡谷切音斛。牛角。鍇 又觳55417

55434 29264
觭 jī_8.15　唐韻 去奇切 集韻 韻會 丘奇切 夶音敧。• 爾雅·釋畜 角一俯一仰，觭 疏 牛角一低一仰者名觭，言傾欹也 𡆼 qǐ 廣韻 墟彼切 集韻 韻會 去倚切 正韻 墟里切，夶敧上聲。義同 𡆼 集韻 韻會 夶居宜切音羈。得也 周禮·春官 大卜掌三夢之灋，二曰觭夢 註 言夢之所得，殷人作焉。鄭康成又讀羈上聲，與掎同。杜子春又讀如奇偉之奇，觭即奇字 集韻 或作畸 𡆼 隻也 前漢·五行志 晉敗秦師，匹馬觭輪無反者 註 一隻之輪 莊子·天下篇 以觭偶不仵之辭相應 類篇 引 莊子 又音羈，去聲。

55432 29262
觤 jù_8.15　類篇 同觓

55435 29265
觫 lù_8.15　集韻 盧谷切音祿。東方音也。同觮。或作觻。本作角。

55436 29266
觨 hùn_8.15　唐韻 胡本切 集韻 戶袞切 夶音混。角圓貌。一曰獸角謂之觨 𡆼 玉篇 古文榾24919字 𡆼 hún 集韻 胡昆切，混平聲。角全也。

55437 29267
觽 xǐ_8.15　正字通 俗觿字。

55438 29268
觗 zhì_8.15　類篇 同𧤛。亦作觰。

55439 41848
觪 bǐ_8.15　五音篇海 方迷切。橫角牛也。鍇 同觱。

55440 41849
觥 sì_8.15　搜眞玉鏡 同觥。鍇 俗作觓72018

55441 41850
觷 bì_8.15　海篇 同觷。

55444 41853
觫 chè_8.15　川篇 同觫。

55442 41851
觹 xuān_8.15　篇海類編 音宣。揮角。

55443 41852
觫 chè_8.15　篇海類編 同觫。

55445 41854
觭 jí_8.15　龍龕 阻立切。角多貌。

55446 u2790A
觺 zhì_8.15　同觺55390 清·惠棟 周易述 見輿曳，其牛觺。注：牛角一俯一卬曰觺。離上而坎下，故其牛觺也。

55447 u27902
觳 sùng_8.15　喃 同觳55448

55448 u27901
觳 sùng_8.15　喃 从角凌lăng省聲 △ 觳嶁：牛角。觳顙sồ：悖逆，執拗。觳數số：氣勢洶洶，盛氣凌人。

55449 u27900
觮 chéng_8.15　同觮55471角長貌。

55451 u89EF
觯 zhì_8.15　简 觯55518

55450 u278FF
觲 xīng_8.15　同觲55409 龍龕 觲或作，觲正，息營反。赤角弓。

55452 29269
鰓 sāi_9.16　唐韻 蘇來切 集韻 韻會 正韻 桑才切 夶音顋。• 說文 角中骨也。又 禮·樂記 角觡生 註 無鰓曰角 疏 鰓，謂角外皮滑澤者 史記·樂書索隱 牛羊有鰓曰角，麋鹿無鰓曰觡。又 本草釋名 牛角鰓角，胎也 李時珍曰 角尖中堅骨，牛之有鰓，如魚之有鰓。名胎者，言在角内也 𡆼 集韻 先代切，顋去聲。又新慈切音思。義夶同 △ 正字通 鰓與鰓別 六書故 與鰓通，非。

55453 29270
觺 yí_9.16　集韻 古文羛16412字。

觱 55454 29271
chè_9.16 廣韻 丑列切 集韻 韻會 敕列切 丛音徹 玉篇 角也。博雅 觱謂之叙 隋書·禮儀志 天子革帶玉鉤觱，皇太子革帶金鉤觱 音義 觱，叙也。丑列切 又 廣韻 集韻 丛丑例切音瞦。又 集韻 以制切音曳。義丛同 △ 字彙補 又省作觱、觱，非。

觱 55455 29272
zhā_9.16 玉篇 同觰 集韻 亦作觰。

觶 55456 29273
tì_9.16 正字通 他計切音替。觸也。一說與揥通。揥，所以摘髮，用象骨爲之 △ 字彙 又音熾。汎訓角，非。

觶 55457 29274
xuān_9.16 玉篇 況袁切音喧。撣角也。鎣胡吉宣：與觶55556同。

觶 55458 29275
jí_9.16 廣韻 阻立切 集韻 韻會 側立切 正韻 側入切丛音戢。角多貌。或作觶 又 通作濈 詩·小雅 爾羊來思，其角濈濈 傳 濈濈，和也。羊以善觸爲患，故言其和，謂聚而不相觸也 箋 濈，又作觶。亦作戢 又 玉篇 角堅貌 又 集韻 測入切音插。義同 △ 字彙補 亦作觸，非。

觰 55459 29276
zhā_9.16 唐韻 集韻 丛陟加切音奓◆ 說文 觰拏，獸也 又 六書故 本大也。俗謂棍據爲觰拏，披張爲觰沙 又 正字通 角上張也 玉篇 角上長也 廣韻 角上廣也。又 zhǎ 集韻 展賈切，奓上聲。觸觰，牛角上張貌。又 陟嫁切，奓去聲。義同 又 dǎ 廣韻 都賈切，音近打。牛角橫也 △ 玉篇 或作奓 集韻 亦作觰、觶。

觸 55460 29277
guǎ_9.16 廣韻 集韻 丛古瓦切音寡。註見觰55459 鎣 觸觰，牛角上張貌。

觠 55461 29278
quán_9.16 廣韻 居玉切 集韻 拘玉切丛音鋦。曲角。鎣 正字通 觠55386字之譌。

觶 55462 29279
wò_9.16 集韻 屋豰切音攫。角似雞距 △ 或作觸。

觶 55463 29280
tuó_9.16 集韻 徒禾切，惰平聲。牛無角。與牠同。又 kē 集韻 苦何切音科。與牱同。牛屬。亦與牠義同。

觼 55464 29281
fèi_9.16 正字通 同觿。

觩 55465 29282
qiú_9.16 唐韻 集韻 丛字秋切音酋 說文 雉射收繳具 又 集韻 雌由切音秋。義同〇按 類篇 角部丛載觩字。義同觩，註改為九切，非。鎣 又 觓55365

觽 55466 29283
wěi_9.16 唐韻 烏賄切 集韻 韻會 正韻 鄔賄切，丛隈上聲 說文 角曲中也 又 wēi 廣韻 烏恢切 集韻 烏回切丛音隈。義同。鎣俗作觽72328

觱 55467 29284
bì_9.16 唐韻 畢吉切 集韻 韻會 正韻 壁吉切丛音必 說文 羌人所吹角屠觱，以驚馬也 徐曰 今之觱栗，其聲然也。俗作篳篥 又 觱發，風寒也 詩·豳風 一之日觱發 說文 或作滭冹 又 觱沸，泉湧出貌 詩·小雅 觱沸檻泉 玉篇 或作滭 又 wù 廣韻 集韻 丛王勿切音颭。亦羌人吹角 △ 說文 本作觱 六書正譌 吹皆角音，故从角。觱，古詩字，諧聲。然今時惟知觱矣。鎣 又 潷30567觱55441

觷 55525觷43032

觝 55468 29285
tí_9.16 廣韻 杜奚切 集韻 田黎切丛音啼 博雅 籬也 又 集韻 角不正也 又 玉篇 國名 又 廣韻 都奚切 集韻 都黎切丛音低。義同 △ 集韻 或作觝 正字通 與觩同。

觸 55469 29286
duān_9.16 唐韻 集韻 韻會 丛多官切音端 說文 角觸，獸也。狀似豕，出胡休國 郭璞曰 角在鼻上，堪爲弓。李陵嘗以此弓十張遺蘇武 史記·司馬相如傳 獸則麒麟、角觸 魏志 作角端。互詳角55318字註 △ 字彙補 亦作觿，非。

鬶 55470 45473
shòu_9.16 奚韻 音受。鎣武后所造稤40621字所變。

觸 55471 45474
chéng_9.16 篇海類編 同觸。鎣 龍龕 魟55324觸，二俗。陟庚反。正作衡，角長皃。

觶 55472 u2B331
null_9.16 未詳。

觴 55473 u2B330
shāng_9.16 同觴55381

趆 55474 u27918
dǐ_9.16 集韻 觝55468，都黎切。獸角不正。一曰籬也。或書作觝。

觸 55475 u46A4
null_9.16 未詳。

觸 55476 29287
nuò_10.17 玉篇 同觸 又 集韻 日灼切音弱。弓偏弱也。

觸 55478 29289
nè_10.17 集韻 同觸

觿 55477 29288
zhěn_10.17 廣韻 仄謹切 集韻 阻引切，丛臻上聲。角齊多貌。

觲 55479 29290
xīng_10.17 唐韻 息營切 集韻 思營切丛音騂 說文 用角低仰便也 詩·小雅 觲觲角弓◆ 註 弓調和貌。今本作騂 △ 集韻 或省作觲。鎣 又 觲55504觲55515

觸 55480 29291
qiú_10.17 正字通 俗觓字。

觶 55481 29292
zhì_10.17 唐韻 敕豸切 集韻 韻會 丑豸切，丛摛上聲 說文 角傾也 又 人名 列子·湯問篇 觶俞、師曠聽之，弗聞其聲 又 zhì 廣韻 池爾切 集韻 丈爾切，丛馳上聲。角端不正也 集韻 或作觷 又 觟55384觸，即觲廌 類篇 亦作觥 又 pǐ 集韻 普弭切音諀。亦角傾也 △ 字彙補 亦作觶觶，非。

觷 55482 29293
bāng_10.17 集韻 逋旁切音幫。與觲同。加杯酒也。

觳 55483 29294
hú_10.17 唐韻 集韻 韻會 正韻 丛胡谷切音斛◆ 說文 盛觴卮也。一曰射具 類篇 觳籬，器名 又 玉篇 盡也，族也 又 薄也 管子·地員篇 五粟之狀，剛而不觳 註 觳，薄也 唐書·薛苹傳 治身觳薄 音義 觳又音確 又 觳觫55412，懼貌 又 韻會 通作斛 周禮·冬官考工記 鬲實五觳，庾實二觳 註 觳讀爲斛，受三斗。鄭康成謂豆實三而成觳，則觳受斗二升 又 gǔ 集韻 古祿切音穀。器名。受三斗 又 xué 集韻 韻會 正韻 丛轄覺切音學 類篇 射具，所以盛雉 又 爾雅·釋詁 觳，盡也 註 觳音學 史記·秦始皇紀 堯舜飯土塯，啜土鉶，雖監門之養，不觳於此 索隱 言監門下人，飯猶不盡此 徐廣曰 觳音嚳，推也。又 足跗也 儀禮·士喪禮 明衣不辟長及觳 註 長及足尖

囝獸蹄也。儀禮·特牲饋食禮主婦俎觳折註折牲蹄爲俎也鄭氏曰觳，後足也。又音確囝què廣韻苦角切類篇正韻克角切丛音確廣韻盛脂器也囝正韻無潤也莊子·天下篇其道大觳，使人憂，使人悲郭註義與瘠同韻會又音覺囝jué集韻韻會正韻訖岳切音覺與角55318同。校也，競也，觸也韓非子·用人篇强弱不觳力史記·大宛傳大觳抵出奇戲。鋬又觳27134囝集韻觲55512，盛觳器。

鮍 55484 29295
xì_10.17　玉篇許記切音意。好角也。

躲 55485 29296
shé_10.17　類篇士列切音辥。治皮也字彙與剚同。

觚 55491 45476
zhì_10.17　龍龕同鮍

鹼 55486 29297
zhì_10.17　集韻直利切音稚字林刺履底也。同鏒。或作鞢。

鶲 55487 29298
xī_10.17　字彙補與觿同。亦作觿。

鰔 55493 45478
jiān_10.17　龍龕音姦切音拏。水名。鋬楊寶忠：俗觟55431

觲 55488 29299
ná_10.17　字彙補女加

鮐 55489 41855
yáo_10.17　篇海類編五交切，咬平聲。硬也。

鰥 55490 45475
guān_10.17　龍龕與鰥同。

鰏 55492 45477
jiāo_10.17　篇海類編同鵤。

觶 55495 45480
zhì_10.17　川篇同觚

鰢 55494 45479
duān_10.17　龍龕同觿

曬 55496 u2792D
ba_10.17　喃从觶省巴ba聲。亦作岜。岜岜：大鱉。

觜 55497 u2792A
xǐ_10.17　俗觿55555元彝墓誌王猶在佩觜之辰。

鰴 55498 u27925
kèn_10.17　喃从角虔kièn聲。笛△亦作篋42452

觜 55499 u27924
xǐ_10.17　俗觿55555北魏唐耀墓誌故觜年處素，譽該邦倫。

觸 55500 29300
guó_11.18　玉篇與摑同囝集韻與籮同。

觴 55501 29301
shāng_11.18　唐韻式陽切集韻韻會正韻尸羊切丛音商◆說文觶實曰觴，虛曰觶韻會酒巵總名三禮圖凡諸觴形皆則，升數則異詩·周南·卷耳疏一升曰爵，二升曰觚，三升曰觶，四升曰角，五升曰散，總名曰爵，其實曰觴。觴者，餉也左傳·成二年奉觴加璧以進前漢·外戚傳酌羽觴兮銷憂孟康曰羽觴，爵也。作生爵形，有頭、尾、羽翼囝飲人以酒亦曰觴左傳·襄二十三年觴曲沃人戰國策張儀曰：願王賜之觴。王曰：諾。乃觴之囝濫觴家語江始出于岷山，其源可以濫觴王肅註觴所以盛酒者，言其微也。是濫觴謂始出之微唐明皇·孝經序濫觴於漢，蓋用此義。近世有指爲末流之弊者，誤囝觴深，淵名莊子·達生篇吾嘗濟乎觴深之淵△籀文作觴集韻或作醠。鋬又觴32266觴55381觴55473觴71391

鯥 55502 29302
liú_11.18　廣韻集韻丛力求切音劉。角不正也。囝觥觞，角貌揚雄·甘泉賦玄瓚觥觞△字彙補亦作腬，

非。鋬字彙補亦作膠。膠，觻55524字之譌。

斛 55503 29303
hú_11.18　字彙胡谷切音斛。出釋典。

觲 55504 29304
xīng_11.18　正字通俗觲字。

觝 55505 29305
dǐ_11.18　字彙補丁禮切，低上聲。觸也。亦作觝。

鱗 55506 29306
lín_11.18　字彙補音義未詳呂覽·名類篇山雲草莽，水雲角觻。旱雲煙火，雨雲水波。鋬俗鱗。

鯨 55507 45482
jīng_11.18　龍龕古行切音京。

觶 55508 45483
zhì_11.18　字彙補觢字之譌。

觿 55509 u27939
thoi_11.18　喃从角推suy聲。織梭。

觻 55510 u27938
mám_11.18　喃从角夒mǎm聲。

觳 55512 u27934
hú_11.18　俗觳55483

觝 55511 u27936
dǐ_11.18　四聲篇海觝觝55505，二。丁禮切。正作觝。

觰 55513 29307
zhā_12.19　類篇觰、觝丛同。

觵 55514 29308
gōng_12.19　說文觥本字。

觲 55515 29309
xīng_12.19　集韻火全切，音近翾。角俯仰也。鋬正字通觲，觲55479字之譌。

鱍 55516 29310
fèi_12.19　唐韻方肺切集韻放吠切丛音廢說文雉射收繁具也囝廣韻集韻丛蒲撥切音跋。又集韻方伐切音髮。義丛同△玉篇或作觤。鋬又觧55369觤55464

觼 55517 29311
jué_12.19　唐韻集韻丛居月切音厥說文角有所觸發也囝集韻其月切音掘。義同。

觶 55518 29312
zhì_12.19　古文觘唐韻之義切集韻韻會正韻支義切丛音實說文鄉飲酒角也禮曰：一人洗舉觶。觶受四升玉篇酒觶也增韻實曰觶，虛曰觶禮·禮器尊者舉觶註三升曰觶，觶，適也。飲當自適也囝正韻觶爵也囝廣韻集韻韻會丛章移切，實平聲。義同△說文或作觴、觶。鋬又觶55451觚48603

觿 55519 29313
yuè_12.19　唐韻王縛切音籰說文與籰同。收絲者也囝jiàn集韻居莧切音襇。角雙者爲觿。一曰籰也。

矯 55520 29314
jiǎo_12.19　廣韻居夭切集韻舉夭切丛音矯。角不正也囝角長也。一曰角高貌揚子·太玄格上九，郭其目，觿其角囝角觿，刀劍羽間之覆角也淮南子·齊俗訓角觿不厭薄囝qiáo集韻袪矯切，蹺上聲。角貌囝jiào渠廟切音轎。獸角長也囝qiáo渠嬌切，轎平聲。角曲也△字彙補作觿，非。鋬又觿55399

觿 55521 29315
jué_12.19　玉篇同觼說文本作鐍。

觶 55522 29316
shā_12.19　集韻殺27044古作觶。

觿 55523 45481
xī_12.19　字彙補同觸。

⿰角翏 55524 45484 liú_12.19 篇海類編 同⿰角翏。

觱 55525 45485 bì_12.19 海篇 同觱 ⿰角粦 55526 45486 lín_12.19 龍龕 力珍切。
鑾 可洪音義 ⿰角粦角：上力人反。正作⿰角麟。

𧥃 55527 u27943 chọi_12.19 喃 从角隊đội聲。觸碰，衝突。

觷 55528 29317 xué_13.20 唐韻 胡角切 廣韻 胡覺切 集韻 轄覺切㚯音學 說文 治角也 爾雅·釋器 角謂之觷 註 治樸之名 疏 謂治其樸，俱未成器，有此名也 ㄡ 人名。宋有祕閣修撰張觷 ㄡ 集韻 克角切音確。又 廣韻 集韻 㚯烏酷切音沃。義㚯同 玉篇 或作𩎟 ㄡ hú 集韻 胡谷切音斛。角聲。鑾 又觡55364

⿰角睘 55529 29318 guān_13.20 字彙 姑還切，音鰥◇ 玉篇 角貌△ 字彙補 作⿰角罤，非。

觸 55530 29319 chù_13.20 古文⿱角牛 唐韻 尺玉切 集韻 韻會 樞玉切，㚯衝入聲 說文 牴也 易·大壯 羝羊觸藩 前漢·元帝紀 去禮義，觸刑法 荀子·議兵篇 觸之者角摧 揚子·太玄經 星辰不相觸 ㄡ 玉篇 據也 增韻 污也 ㄡ 觸衣 本草綱目 褌襠，一名觸衣 ㄡ 人名 左傳·襄十一年 鄭人賂晉侯以師觸 註 樂師名 ㄡ 姓 史記·趙世家 左師觸龍 ㄡ 集韻 昌句切，姝去聲。亦牴也 揚雄·羽獵賦 票禽之紲踰，犀兕之牴觸，熊羆之挐攫，虎豹之淩遽。觸，叶遽，遽音詎。師古讀△ 集韻 亦作㹐。鑾 又觕55355䚗68175触55395𧤼55559 ㄡ 龍龕 ⿰角留55480俗，觸正 ㄡ 直音篇 觓55328同觸。

⿰角戢 55531 29320 jí_13.20 集韻 同⿰角咠55458

⿱敫角 55532 29321 xí_13.20 唐韻 胡狄切 集韻 刑狄切㚯音檄 說文 杖耑角也 廣韻 以角飾杖策頭 玉篇 以角飾策本末也。ㄡ 廣韻 古岳切 集韻 訖岳切㚯音覺。義同 ㄡ áo 集韻 牛交切音聱。擊也。與敫、摮㚯同。

觹 55533 29322 xī_13.20 類篇 同觿55555

𧥇 55534 u27947 còi_13.20 喃 从角嵬ngôi聲。塤，號角。亦作𩹃42978

𧥆 55535 u27946 sù_13.20 觳𧥆，同觳觫55412

𧥅 55536 u27945 xī_13.20 同觹55550 ⿱疑角 55537 29323 yí_14.21 廣韻 語其切 集韻 魚其切 韻會 疑其切㚯音疑 玉篇 ⿱疑角⿱疑角，猶岳岳也 廣韻 獸角貌 類篇 角利貌 楚辭·招魂 土伯九約，其角⿱疑角⿱疑角 ㄡ 廣韻 魚力切 集韻 韻會 鄂力切，㚯凝入聲。義同

⿰角監 55538 29324 jiān_14.21 玉篇 音監 字彙 角也。

⿰角豪 55539 29325 shāng_14.21 字彙補 音義未詳。見 汲冢周書。
鑾 俗觴。

⿰角歜 55540 29326 kūn_14.21 集韻 公渾切音昆。與𣤸同 說文 昆干，不可知也。鑾 又𣤸26536

⿰角翟 55541 45487 wò_14.21 五音篇海 音握。

⿰角廣 55542 29327 kuàng_15.22 玉篇 音獷。角刺。

⿰角麃 55543 29328 biāo_15.22 廣韻 甫嬌切 集韻 悲嬌切㚯音穮。與鑣同。馬銜也 ㄡ 集韻 卑遙切音猋。角名。

觻 55544 29329 lù_15.22 唐韻 集韻 㚯盧谷切音祿◆ 說文 角也。ㄡ 縣名 前漢·地理志 觻得，張掖郡所屬縣 師古註 觻得渠西入澤羌谷 ㄡ lì 玉篇 力的切 廣韻 郎擊切 集韻 狼狄切，㚯靈入聲 類篇 獸角鋒曰觻。鑾 又觻72828䚏55462 ㄡ 龍龕 ⿰角鬲55478女白反。似鷄矩。又音歷。角鋒也。与觻同。

觼 55545 29330 jué_15.22 唐韻 集韻 韻會 㚯古穴切音決 說文 環之有舌者。或从金矞作鐍 徐曰 言其環形象玦 詩 曰觼軜。今俗呼爲觼舌 詩·秦風 鋈以觼軜 朱傳 軜，驂內轡，置觼于軾前以繫軜，故謂之觼軜。亦消沃白金以爲飾也 詩詁 此是扃鐍之鐍，不特施於車也 莊子·胠篋篇 固扃鐍 註 篋箱前鎖處△ 集韻 亦作觹 六書正譌 俗作觖，非。
鑾 又觼55548

𧥐 55546 u27950 null_15.22 未詳。 𧥏 55547 u2794F xī_15.22 同觿55555

觼 55548 u89FC jué_15.22 同觼55545 觹 55550 29332 xī_16.23 字彙補 同觿

⿱敝角 55549 29331 bì_16.23 說文 觱本字 字彙補 別作觱觱，㚯非。

⿰角燕 55551 29334 yàn_16.23 字彙補 伊甸切。鳥名 呂覽·本味篇 肉之美者，雋⿰角燕之翠。

𧥒 55552 u27952 chán_16.23 字彙 ⿰角毚55553，鋤咸切。音毚。角貌。譌作𧥒。

⿰角毚 55553 29333 chán_17.24 玉篇 仕咸切。角貌 字彙 譌作𧥒。

𧥔 55554 u27954 va_17.24 喃 从觸巴ba聲△𧥔揕：衝突。

觿 55555 29335 xī_18.25 唐韻 戶圭切 集韻 韻會 玄圭切 正韻 弦雞切㚯音攜 說文 佩角銳耑，可以解結 詩·衛風 童子佩觿 朱傳 錐也。以象骨爲之，所以解結。成人之佩，非童子之飾也 禮·內則 左佩小觿，右佩大觿 註 觿，本作鑴，解結錐也 ㄡ 人名。元有宣尉使高觿 ㄡ 觜55374觿，星名 ㄡ 廣韻 許規切 集韻 韻會 翾規切㚯音眭。又 正韻 朱惟切音錐。義㚯同 ㄡ wéi 集韻 匀規切音蓨。與蠵同。觜55374觿，大龜也△ 字彙補 亦作𧤯，非。鑾 又𧥏55547觹55437⿱雟角55487觹55533觹55550𧥅55536⿱隽角55497觹55499

⿰角雚 55556 29336 xuān_18.25 唐韻 況袁切 集韻 許元切㚯音暄 說文 揮角貌 長箋 猶言揚觶也 ㄡ 亭名 說文 梁隝縣有⿰角雚亭 ㄡ 玉篇 先芮切音歲。義同。鑾 又䚙55457

⿰角鼅 55557 29337 zī_18.25 集韻 將支切音貲。⿰角鼅蠵，龜屬。或作蟕。通作觜。

⿰角麗 55558 29338 lí_19.26 玉篇 力兮切，麗平聲。角也 ㄡ xǐ 集韻 所綺切音屣。分也。鑾 又⿰角䴡55560

𧤼 55559 45488 chù_21.28 搜真玉鏡 同觸。

籬 55560 45489　篇海類編 同籬。

爩 55561 41856　fú_22.29　龍龕 音佛。角也。鬵 又爩21878

威支 威甬 55562 u2795A　fú_22.29　同爩21842 龍龕 麟，音佛。麟理。

◆ 言部 ◆

言 55563 29339　yán_0.7　古文 㪄 𠱫 唐韻 語軒切 集韻 韻會 魚軒切，丛�平聲 說文 直言曰言，論難曰語 周禮·大司樂註 發端曰言，答述曰語 釋名 言，宣也。宣彼此之意也 易·乾卦 庸言之信 書·湯誓 朕不食言 傳 言已出而反吞之也 周禮·地官·大司徒 以鄉八刑糾萬民，七曰造言之刑 註 譌言惑眾也 論語 寢不言 註 自言曰言 史記·商君傳 貌言華也，至言實也，苦言藥也，甘言疾也 唐書·徐伯彥傳 言者，德之柄也，行之主也，身之文也 又 辭章也 書·洪範 五事，一曰貌，二曰言 疏 言者，道其語有辭章也 禮·曲禮 士載言 註 言，謂會同要盟之辭 又 一句為一言 左傳·定四年 趙簡子曰：夫子語我九言 論語 一言以蔽之 又 一字為一言 戰國策 臣請三言而已矣，曰海大魚 前漢·東方朔傳 凡臣朔固已誦四十四萬言 又 猶議也 屈原·離騷 初既與余成言兮，後悔遁而有他 又 號令也 周語 有不則修言 又 助語辭 易·師卦 田有禽利執言 註 語辭也 又 爾雅·釋詁 言，我也 詩·周南 言告師氏 傳 言，我也。師，女師也 又 博雅 問也 周禮·春官 家人：及葬，言鸞車象人 註 言問其不如法度者 又 廣雅 從也 又 言言，高大貌 詩·大雅 崇墉言言 註 高大也 又 簫名 爾雅·釋樂 大簫謂之言 註 編二十三管，長尺四寸 韻會 或作箮 又 官名 書·舜典 命汝作納言，夙夜出納朕命，惟允 傳 納言，喉舌之官 唐書·高祖紀 改納言為侍中。又 幘名 後漢·輿服志 幘者，賾也。尚書賾收，方三寸，名曰納言，示以忠正，顯近職也 又 地名 詩·國風 出宿于干，飲餞于言 傳 適衛所經之地也 又 山名 隋書·地理志 邢州內丘縣有千言山。又 山海經 大荒之中有山，名曰大言，日月所出 又 州、縣名 宋史·劉翊傳 有言州 魏書·地形志 有萬言縣 又 人言，砒石別名 本草綱目 砒出信州，故隱信字為人言 又 姓 潛夫論 桓叔之後有言氏，韓後姬姓也。又 複姓 潛夫論 魯之公族有子言氏 又 集韻 牛堰切音顒。訟也 又 yín 集韻 正韻 丛魚巾切音銀。和敬貌 禮·玉藻 二爵而言言斯 註 言言，與誾誾同，意氣和悅貌 集韻 亦作訢 又 叶眞韻 韓愈·孔戣墓銘 白而長身，寡笑與言，其尚類也，莫與之倫 △ 說文 本作𡃥。从口，辛聲。辛，辠也，犯法也 釋名 言之為辛也，寓戒也。鄭樵曰：言从舌从二。二，古上字，言出於舌上也。鬵 又言 55569讠 55568 㝼56211甲45404

讠 55567 u2EC8　yán_0.7　部 言55566

言 55564 29340　qiān_0.7　廣韻 集韻 丛去偃切，攇上聲 玉篇 言言，脣急貌。鬵 參見言55565

言 55565 29341　yǎn_0.7　廣韻 集韻 丛語偃切音巘。義同言。

言 55566 u2F94　yán_0.7　同言55563部首專用字。亦作讠 55567

讠 55568 u8BA0　yán_0.7　偏旁言 55569簡化。

言 55569 u8A01　yán_0.7　同言55563偏旁。

訇 55570 29342　cí_1.8　集韻 詞55816古作訇。

訮 55571 45490　tàn_1.8　龍龕 音歎。

訂 55572 45491　mò_1.8　龍龕 音莫。

訂 55573 29343　dìng_2.9　唐韻 他頂切，廳上聲 說文 平議也 詩·周頌 彼作矣，文王康之 箋 以此訂太王、文王之道，卓爾與天地合其德 疏 訂者，比丛之言 晉書·荀崧傳 其書諸所發明，或 左氏 公羊 所不載，亦足有所訂正 又 tīng 廣韻 他丁切 集韻 湯丁切丛音廳 又 dìng 廣韻 徒鼎切 集韻 韻會 待鼎切，丛亭上聲。義丛同 又 集韻 唐丁切音亭。義同 又 字彙補 均也 周禮·夏官·恒矢註 前後訂，其行平也 疏 恒矢軒輖訂，是安居之矢也 又 dìng 廣韻 集韻 韻會 正韻 丛丁定切，丁去聲。平議也 唐書·李綱傳 古人以一言之重訂千金 又 廣韻 逗遛也 又 正字通 齊梁閒謂賦民為訂 又 正定書籍亦曰訂，如較訂、訂正之類。鬵 又訂55587

訮 55574 29344　réng_2.9　唐韻 如乘切 集韻 如蒸切丛音仍 說文 厚也 玉篇 就也，重也 又 人名。師訮、與訮，見 宋史·宗室表 又 集韻 人之切音而 說文 義同 △ 集韻 或作訤 篇海 譌作訽，非。鬵 又呅05565訽55823

訆 55575 29345　jiào_2.9　字彙 呼淵切音鋗。聲也 △ 正字通 訆字之譌。六書無訆，字彙 誤。鬵 龍龕 訆、叫05380，古弔反。呼也。

訃 55576 29346　fù_2.9　廣韻 集韻 韻會 丛芳遇切音仆。告喪也。又至也 又 集韻 通作赴 左傳·隱七年 凡諸侯同盟，薨則赴以名 禮·檀弓 伯高死于衛，赴於孔子 註 與訃同 又 正字通 通作報 禮·喪服小記 報葬者報虞 註 報讀為赴，急疾之義。赴報訃三字古丛通。鬵 又讣55586

訅 55577 29347　qiú_2.9　唐韻 渠鳩切 集韻 渠尤切丛音求 說文 迫也 又 集韻 安也，謀也 又 玉篇 去牛切 廣韻 去鳩切丛音丘 說文 義同 又 kāo 廣韻 苦刀切 集韻 丘刀切丛音尻。戲言。一曰迫也 又 náo 集韻 奴刀切音猱。戲也。△ 或書作訊 說文長箋 作馗。

訅 55578 29348　qiú_2.9　集韻 與訅同。

訏 55579 29349　jiào_2.9　玉篇 公弔切 唐韻 古弔切 集韻 吉弔切丛音叫 說文 大呼也 左傳·襄三十年 或訏於宋大廟。今本作叫 又 博雅 鳴也 山海經 灌題山有獸，狀如牛而白尾，其音如訏，名曰那父 註 訏，如人呼喚 又 玉篇 妄言也 △ 正字通 與叫、噭丛同。

訕 55580 29350　pǐ_2.9　集韻 同訛，省 △ 正字通 訛字省文。與譌通 六書故 譌亦作記。鬵 六書故 譌亦作訛。

訇 55581 29351　hōng_2.9　廣韻 集韻 韻會 正韻 丛呼宏切音轟 ◆ 說文 駭言聲 又 廣韻 訇訇，大聲也 史記·司馬相如傳 砰

磅訇礚。師古曰皆流水鼓怒之聲 張衡·東京賦 輷礚隱訇。薛綜曰：鐘鼓之聲 韓愈·華山女詩 訇然震動如雷霆 図 玉篇 地名。漢中西域有訇鄉 図 人名。黃訇，見 晉書·載記。汝訇，見 宋史·宗室表 図 姓 蜀錄 關中流人訇琦、訇廣 図 廣韻 集韻 丛胡涓切，音玄。義同。図 jùn 集韻 九峻切音呁。與韻同 博雅 欺也 図 說文 从言，勻省聲。籀文作訇。鑋 漢中西域有訇鄉。孫壽瑋：西城之誤 図 訇04265

55582 29352
計 jì_2.9
唐韻 古詣切 集韻 韻會 正韻 吉詣切丛音繼 說文 會也，算也。从言从十。徐曰：十者，物成數。會意 左傳·昭三十二年 士彌牟營成周，計丈數 禮·內則 十年，出就外傳，居宿于外，學書計 註 書謂六書，計謂九數 周禮·天官 小宰以聽官府之六計，弊羣吏之治 註 弊，斷也 疏 六計，謂善、能、敬、正、法、辨，皆以廉爲本，計其功過多少而聽斷之也。又 司會註 司會，主天下之大計 疏 日計曰成，月計曰要，歲計曰會 史記·平準書 桑弘羊以計用事 図 玉篇 謀也 廣韻 籌策也 史記·項羽紀 項梁召諸別將會薛計事。又 淮陰侯傳 計者，事之機也 図 計簿 左傳·昭二十五年 臧會逸奔郈，郈魴假使爲賈正焉，計于季氏 註 送計簿于季氏 前漢·武帝紀 受計于甘泉宮 註 受郡國所上計簿，若今之諸州計帳也 図 計偕 前漢·武帝紀 元光五年，徵吏民有明當世之務，習先聖之術者，縣次續食，令與計偕 註 令所徵之人與上計者俱來也 図 官名 漢書·張丞相傳 張蒼遷爲計相 師古註 專主計籍 唐書·百官志 司計、典計、掌計各二人，給衣服、飲食、薪炭 図 神名 山海經 東百三十里曰光山，神計蒙處之，其狀人身龍首，恆遊於漳淵，出入必有飄風暴雨 図 縣名 前漢·地理志 琅邪郡有計斤縣 師古曰 卽 左傳 所謂介根也 図 州名 唐書·地理志 劍南道有計州 図 姓 越有計然，後漢有計子勳。図 jié 集韻 吉屑切音結。畫也。鑋 又計 55588 詧 56191

55583 45492
詬 qiú_2.9
說文長箋 同訄。

55584 u8BA5
讥 jī_2.9
简 譏 56663

55585 u8BA4
认 rèn_2.9
简 認 56012

55586 u8BA3
讣 fù_2.9
简 訃 55576

55587 u8BA2
订 dìng_2.9
简 訂 55573

55588 u8BA1
计 jì_2.9
简 計 55582

55592 29356
䂣 kuā_3.10
集韻 誇 55946

古作詧 図 人名。必詧、汝詧，見 宋史·宗室表

55589 29353
訉 fàn_3.10
玉篇 集韻 丛扶泛切，音梵。多言也△字彙補 譌作䚦，非。鑋 又訊 55622 訅 55613

55590 29354
訑 dàn_3.10
說文 籀文誕字。

55591 29355
訊 xùn_3.10
古文 諏訊 諏 訙 㖚 唐韻 集韻 韻會 丛思晉切音信。問也 詩·小雅 召彼故老，訊之占夢 傳 訊，問也 公羊傳·僖十年 荀息曰：君嘗訊臣矣 註 上問下曰訊 図 玉篇 辭也 爾雅·釋言 言也 邢疏 訊，問以言也 詩·小雅 執訊獲醜 傳 訊，辭也 箋 言也 疏 謂其有所知識，可與之爲言辭 爾雅·釋詁 告也 疏 訊者，告問也

詩·陳風 夫也不良，歌以訊之 傳 訊，告也 韓詩 曰：諫也 図 讓也 吳語 乃訊申胥 註 告讓也 図 書問 左傳·文十七年 鄭子家使執訊而與之書，以告趙宣子 註 執訊，通訊問之官 荀卿·雲賦 行遠疾速，而不可託訊者與 註 訊，書問也 図 鞫罪 周禮·秋官·小司寇 以三刺斷庶民獄訟之中，一曰訊羣臣，二曰訊羣吏，三曰訊萬民 禮·王制 出征執有罪，反釋奠于學，以訊馘告 図 治也 禮·樂記 訊疾以雅 註 訊，亦治也。雅，樂器，奏此以治舞者之疾。図 博雅 動也 韻會小補 振訊，整理之義，見 左傳·隱四年孔疏 図 通作誶 詩·大雅 執訊連連 箋 訊，言也。亦作誶。又 史記·賈誼傳 訊曰已矣 註 李奇曰：訊，告也。張晏曰：訊 離騷 下章亂辭也 索隱曰：重宣其意也 漢書 作誶 図 通作迅 禮·樂記 訊疾以雅 註 奮訊也 釋文 訊，本又作迅。又 前漢·揚雄傳 焱駭雲訊 師古註 訊，亦奮訊也 文選 作迅 図 集韻 須閏切音濬 說文 義同。図 sui 集韻 雖遂切音隧。與諄同。問也，告也，讓也，諫也。亦通作誶 図 詩·小雅 凡百君子，莫肯用訊 朱傳 訊，音息悴切。叶上瘁下退 図 叶息七切音悉 左思·魏都賦 翩翩黃鳥，銜書來訊。人謀所尊，鬼謀所秩。李善讀。鑋 又通作迅 禮·樂記 訊疾以雅 註 奮訊也 釋文 訊本又作迅。此條當刪 図 㘉 07450 讯 55627 図 龍龕 詍 56363 俗，訊正 図 正字通 訉 55589，訊字之譌。

55593 29357
訋 diào_3.10
玉篇 都叫切 集韻 多嘯切丛音弔 博雅 拏也 類篇 聲也 図 人名，希訋，必訋，見 宋史·宗室表 図 姓 潛夫論 莘姓之裔有訋氏，楚粥熊後。

55594 29358
訫 xìn_3.10
玉篇 古文信 01274 字 図 人名。必訫、訫夫，見 宋史·宗室表

55595 29359
訌 hóng_3.10
唐韻 戶工切 集韻 韻會 正韻 胡公切丛音洪 說文 讀也 玉篇 潰也，敗也 增韻 亂也 詩·大雅 蟊賊內訌 傳 潰也 箋 爭訟相陷入之言也 唐書·郭子儀贊 外阻內訌 音義 讀也 図 人名 宋史·宗室表 從義郎不訌 韻會 通作虹 詩·大雅 實虹小子 傳 虹，潰亂也。図 gōng 集韻 沽紅切音公 図 xiáng 正韻 胡江切音栙 図 hòng 集韻 胡貢切，洪去聲。義丛同。鑋 又讧 55635

55596 29360
訍 chà_3.10
集韻 楚嫁切音汊。異言也。與詫同。図 chā 集韻 初加切，汊平聲。訏也 図 chā 集韻 抽加切，佗平聲 博雅 拏也 図 chài 廣韻 集韻 丛楚懈切，釵去聲。疑也。一曰訍持人短。

55597 29361
訽 kǒu_3.10
唐韻 苦后切 集韻 去厚切 正韻 苦厚切丛音口 說文 扣也。如求婦先訽叕之 廣韻 先相訽可也 正韻 問也。與叩同 図 人名。與訛、崇訽，見 宋史·宗室表 図 xiā 集韻 虛加切音蝦 廣雅 訽訽，笑也。鑋 又詬 55706

55598 29362
討 tǎo_3.10
唐韻 他皓切 集韻 韻會 正韻 土皓切，丛叨上聲 說文 治也。从言从寸。徐曰：寸，法也。奉辭伐罪，故从言。會意 書·皋陶謨 天討有罪 疏 討治有罪，使之絕惡 左傳·宣十二年 其君無日不討國人而訓之 註 討，

治也囝廣韻誅也類篇殺也正韻訶也。又除也公羊傳·隱四年其稱人何，討賊之辭也註討者，除也囝玉篇去也禮·禮器君子之於禮也，有順而討也疏順序而稍去之也囝類篇求也增韻探也正韻尋也論語世叔討論之註討，尋究也後漢·王充傳討摘物情三國志·袁紹與公孫瓚書尋討禍源囝雜也詩·秦風蒙伐有苑傳蒙，討羽也箋討，雜也。畫雜羽之文于伐囝官名舊唐書·職官志貞元末，置招討使金史·百官志招討司使招懷降附，征討攜離囝叶他口切，偸上聲焦氏易林三絲縮弩，無益于輔。城弱不守，郭君受討。鬯又讨55634囝焦氏易林三絲縮弩無益于輔城弱不守郭君受討。四部叢刊本作：三孫荷弩，無益於輔。城弱不守，邦君受討。

訏 55599 29363
xū_3.10　說文訏本字。

訏 55600 29364
xū_3.10　唐韻況于切集韻韻會匈于切夶音欨。●說文詭譌也。一曰訏謩。齊、楚謂信曰訏。鄭云誇也。囝爾雅·釋詁大也詩·大雅訏謨定命揚子方言中齊、西楚之閒謂大曰訏註訏亦作芌詩·小雅君子攸芌傳大也囝通作盱37369囝hū集韻荒胡切韻會小補荒烏切夶音呼博雅大也玉篇張口鳴也詩·大雅實覃實訏，厥聲載路箋謂張口鳴呼正義引儀禮云訏音呼。謂張口鳴呼，聲音則已大矣囝xǔ集韻韻會夶火羽切，欨上聲類篇訏訏，大也詩·大雅川澤訏訏傳大也。朱傳叶音許△說文本作䚦。

訐 55601 29365
jié_3.10　唐韻集韻韻會夶居謁切音揭說文面相斥罪，相告訐也玉篇攻人之陰私也廣韻面斥人以言也論語惡訐以爲直者前漢·外戚傳訐揚幽昧之過。囝禮·內則·孔疏隱義云齊人謂相絞訐爲掉罄。庾氏云齊人謂之差訐囝廣韻居列切集韻韻會塞列切夶音子。義同囝jì廣韻集韻夶居例切音劚。持人短也。又相告斥也囝jì集韻九刈切，音近劚。直言也。鬯又訐55636

訑 55602 29366
yí_3.10　玉篇弋支切集韻類篇余支切夶音移。訑訑，自得貌。又淺意也孟子訑訑之聲音顏色，拒人於千里之外註自足其智，不嗜善言之貌集韻與詑同。或作訨、訛囝shī集韻類篇夶商支切音施。與詍同。多言也囝獸名山海經基山有獸，狀如羊，九尾四耳，目在背，名曰猼訑註訑音施。一作陁囝tuō集韻正韻夶湯何切音拕說文本作訑。欺也戰國策寡人甚不喜詑者言也註引方言沇州謂欺曰訑楚辭·九章或訑謾而不疑註詐欺也囝tuó集韻唐何切音駝。又土和切，沱平聲。又集韻待可切，駝上聲。夶與詑同。囝tuǒ集韻類篇夶他可切，挖上聲。言不正也。一曰欺罔自誇貌囝dàn集韻徒案切音憚類篇慢訑，弛縱意增韻放也莊子·知北遊天知予僻陋慢訑正韻與誕同囝集韻類篇夶堂練切音電。又正韻徒甸切，但上聲。義夶同。鬯又訑55800訑56345訑55619

訶 55603 29367
xī_3.10　集韻馨夷切音咦。與吓同。呻也囝xiē集韻希佳切音欨。與謍同。笑也囝xī集韻類篇夶許支切，犧平聲。笑聲。

訒 55604 29368
rèn_3.10　唐韻集韻韻會正韻夶而振切，忍去聲說文頓也徐曰頓者，多頓躓也玉篇鈍也博雅難也六書故言難出也論語仁者，其言也訒囝司馬光·潛虛訒，仁也囝韻會通作認荀子·正名篇外是者謂之認註難也囝集韻爾軫切音忍。義同△六書正譌借爲識訒字。別作認，非。鬯又切55625吲05427朋46942囝可洪音義作訒仞00801：二同，音刃。

訤 55605 29369
shàn_3.10　正字通俗訕字。

訓 55606 29370
xùn_3.10　古文誓馴唐韻集韻韻會許運切正韻吁運切，夶薰去聲說文說教也徐曰訓者，順其意以訓之也正韻誨也字彙導也書·伊訓伊尹乃明言烈祖之成德以訓于王傳作訓以教導太甲詩·大雅四方其訓之正義訓是教誨之別名禮·曲禮教訓正俗疏謂訓說義理囝正字通古言可爲法也書·說命學于古訓詩·大雅古訓是式傳古，故也。訓，道也傳古訓，先王之遺典也左傳·文六年告之訓典註訓典，先王之書囝玉篇誡也魏書·高允傳臣被敕論集往世酒之敗德以爲酒訓囝廣韻男曰教，女曰訓囝博雅順也書·康王之誥皇天用訓厥道，付畀四方傳上天用順文武之道，而付之以天下之大也後漢·方術傳下使五品咸訓于嘉時註訓，順也囝詁訓，註解之別名爾雅·郭璞序爾雅者，所以通詁訓之指歸疏訓，道也。道物之貌以告人也前漢·揚雄傳不爲章句訓詁師古註訓者，釋所言之理也字彙如某字釋作某義，順其義以訓之也囝官名周禮·夏官訓方氏，掌道四方之政事囝鳥名唐書·五行志鵋鶀，一名訓狐囝獸名神異經㯚杌，西方荒中獸。一名難訓囝州名唐書·地理志江南道有訓州囝姓。明宣德中有教授訓潛囝xún五音集韻詳遵切音旬。道也周禮·地官土訓，鄭司農讀鬯傳古訓先王之遺典也。傳疏之誤囝训55629䚦55696湷28407詠55721栍56211

誉 55607 29371
xùn_3.10　玉篇古文訓55606字囝人名。伯誉、希誉，見宋史·宗室表△字彙補譌作奤，非。

誾 55608 29372
yín_3.10　玉篇與誾同囝字彙誾誾，爭辯貌揚子法言何後世之誾誾也註謂爭論是非也。一本作閭閭囝集韻山名囝人名宋史·陳炤傳錢誾追贈龍圖閣待制。

訕 55609 29373
shàn_3.10　唐韻廣韻集韻類篇韻會正韻夶所晏切，刪去聲說文謗也。从言山聲玉篇毀語也禮·少儀爲人臣下者，有諫而無訕論語惡居下流而訕上者關尹子·九藥篇不可以訕謗德已揚子法言妄譽，仁之賊也。妄毀，義之賊也。賊仁近鄉原，賊義近鄉訕。囝廣韻所姦切正韻師姦切夶音刪。又集韻師閒切音山。義夶同囝正字通亦作謯字彙補譌作訕，非。

鎏又训55632訡55605猢33020

訖 qǐ_3.10 55610 29374
唐韻居迄切 集韻 韻會 居乙切丛音齕 說文 止也 徐曰 言所止也 玉篇 畢也 增韻 終也，了也 字彙 盡也 書·呂刑 典獄非訖于威，惟訖于富 疏 訖是盡也，故傳以訖爲絕 穀梁傳·僖九年 毋訖糴 註 訖，止也。謂貯粟 図 竟也 前漢·王莽傳 劉歆訖不告 師古註 訖，竟也 図 史記·司馬貞·三皇紀 春秋緯 稱，自開闢至獲麟，分爲十紀，十曰流訖紀 図 xì 集韻 許訖切音肸 與迄同 爾雅·釋詁 至也 尚書·孔序 自唐虞以下訖于周 前漢·成帝詔 訖今不改 △ 說文 本作訖 鎏又讫55631 譩56447

託 tuō_3.10 55611 29375
唐韻 正韻 他各切 集韻 韻會 闥各切丛音拓 說文 寄也 揚子方言 凡寄爲託 玉篇 憑依也 增韻 委也，信任也 穀梁傳·定元年 夫請者，非可詒託而往也 范註 詒託，猶假寄 禮·檀弓 久矣，予之不託於音也 鄭註 寄也 前漢·賈山傳 聚廬而託處 唐書·李勣傳 勣既忠力，帝謂可託大事 說苑·善說篇 上士可以託色，中士可以託辭，下士可以託財 正字通 寓言也 後漢·姜肱傳 託以他辭，終不言盜 図 州名 唐書·地理志 隴右道有託州 図 南詔官名 唐書·南蠻傳 乞託主馬，祿託主牛，巨託主倉廩 韻會 或作侂 說文 論語 可以侂六尺之孤。今文作託。宋韓侂胄名取此 図 或作寓 禮·郊特牲 諸侯不臣寓公 註 寓，寄也。或爲託 図 zhà 集韻 陟嫁切音吒。誇也。鎏又託55630託 碑別字新編·託 引 隋張儉墓誌 図 託，引 比丘僧力造像記

記 jì_3.10 55612 29376
唐韻 集韻 韻會 丛居吏切，其去聲 說文 疏也 徐曰 謂一一分別記之也 博雅 識也 釋名 紀也 玉篇 錄也 廣韻 志也 書·益稷 撻以記之 傳 使記識其過也 禮·王制 太史典禮，執簡記 註 國有禮事，則豫執簡策，記載所當行之禮儀 唐書·于志寧傳 左有記言之史，右有記事之官 關尹子·五鑑篇 昔遊再到，記憶宛然 図 博雅 書也 前漢·蕭望之傳 待詔鄭朋奏記于蕭望之 註 記，書也。奏記自朋始 文心雕龍 後漢始有公府奏記，記之言志，進己志也 図 正字通 文符也 後漢·鍾離意傳 少爲郡督郵，時部縣亭長有受人酒禮者，府下記案考之，意封還記，太守甚賢之 図 官名 後漢·百官志 記室令史，主上表章報書記 図 與其通 字彙補 助語辭 詩·王風 彼其之子 箋 其或作記。或作己。讀聲相似。鎏又记55626

訊 xùn_3.10 55613 29377
集韻 訊55591古作訙。

語 yuē_3.10 55614 29378
五音集韻 于戈切，音近阿。拒䧹也。○按 集韻 類篇 丛作誇。

訊 fàn_3.10 55615 41857
龍龕 音梵。多言也。

詍 yì_3.10 55616 45459
搜真玉鏡 同詍 鎏 新修玉篇·言部 引 川篇 詍，音曳，多言。

訰 zhùn_3.10 55617 45494
龍龕 同訰

訮 yán_3.10 55618 45495
龍龕 同訮

訑 yí_3.10 55619 u2B359
简 訑55602

故 yán_3.10 55620 u2B333
古文字用作人名，或同啙。

詜 gào_3.10 55621 u2B332
同詩56059 妸尊 王夐宗小子于京室。又 郭店楚簡·緇衣：尹夐 員（云）隹尹妠及湯，咸又一息。又 康夐 員（云）敬明乃罰。

詧 tóng_3.10 55624 u27967
龍龕 詧古，詷55924今。

訒 rèn_3.10 55625 u8BB1
简 訒55604

記 jì_3.10 55626 u8BB0
简 記55612

议 yì_3.10 55628 u8BAE
简 議56755

讬 tuō_3.10 55630 u8BAC
简 託55611

讪 shàn_3.10 55632 u8BAA
简 訕55609

讨 tǎo_3.10 55634 u8BA8
简 討55598

讦 jié_3.10 55636 u8BA6
简 許55601

訩 fàn_3.10 55622 u2796C
同訊55589

詋 yóu_3.10 55623 u27969
訧55663本字

讯 xùn_3.10 55627 u8BAF
简 訊55591

训 xùn_3.10 55629 u8BAD
简 訓55606

讫 qǐ_3.10 55631 u8BAB
简 訖55610

让 ràng_3.10 55633 u8BA9
简 讓56905

讧 hòng_3.10 55635 u8BA7
简 訌55595

闫 yín_3.10 55637 u8A1A
同誾56158

誃 zhì_4.11 55638 29379
廣韻 集韻 丛支義切音寘。快也。又不知也 図 人名。汝誃、與誃，見 宋史·宗室表

詬 hù_4.11 55639 29380
集韻 胡故切 廣韻 胡誤切丛音互。誌也。詬也 図 廣雅 詬謼，呵也 註 詬音底 正字通 詆，俗作詬。亦作訽。从詆爲正。鎏又誈55640

誈 hù_4.11 55640 29381
字彙 與詬同。

訛 é_4.11 55641 29382
廣韻 五禾切 集韻 韻會 正韻 吾禾切丛音囮 玉篇 與譌同。僞也，謬也，舛也 詩·小雅 民之訛言，寧莫之懲 傳 訛，僞也 說文 宋書·五行志 引 詩 丛作譌言 図 爾雅·釋詁 言也 註 世以妖言爲訛 前漢·翟方進傳 民人訛謠 吳志·孫皓傳 妖訛橫興 爾雅·釋言 化也 書·堯典 平秩南訛 傳 訛，化也 史記·五帝紀 作南譌 索隱 訛，南爲，謂所當爲之事也 讀書通 又通作僞 前漢·王莽傳 每縣則薅，以勸南僞 師古註 僞，讀曰訛。化也。図 爾雅·釋詁 動也 詩·小雅 或寢或訛 傳 訛，動也 韓詩 作譌。覺也 図 集韻 通作吪 詩·王風 尚寐無吪 傳 吪，亦動也。本亦作訛 図 獸名 神異經 西南荒中出訛獸，狀若兔，人面，能言，常欺人，言東而西，言惡而善。肉美，食之言不眞。一名誕 図 蛇名 埤雅 恩平郡譜 蛇謂之訛 図 火名 柳宗元·述舊言懷詩 訛火亟生煆 註 野火也 山海經 作譌火 図 姓 唐書·南蠻傳 巂州新安城旁有六姓蠻，三曰訛蠻 宋史·眞宗紀 夏國監軍訛勃囉 図 集韻 牛何切音莪。亦動也。鎏又訛55580訛55738

詴 réng_4.11 55642 29383
集韻 同訊 図 人名。希詴、師詴，見 宋史·宗室表

誷 wà_4.11 55643 29384
集韻 五刮切，玩入聲◇ 博雅 怒也。一曰訶也 図 集韻 魚厥切音月。義同。

訜 fēn_4.11　集韻敷文切音芬。訜訆，言語不定也。囚人名。與訜、師訜，見宋史·宗室表囚玉篇筆云切。人不知也。鑑又讻55711

訝 yà_4.11　唐韻吾駕切集韻魚駕切韻會正韻五駕切夶音砑。說文相迎也。引周禮·秋官諸侯有卿訝徐曰按周禮使客至，使卿訝。謂以言辭迎而勞之也囚訝士註士官之迎四方賓客者。儀禮·聘禮厥明訝賓于館註迎也。囚廣韻嗟訝也。增韻疑怪也。呂覽·必已篇無訝無訾。唐書·李勣傳使至，高祖訝無表。韓愈·縣齋有懷詩睢盱互猜訝囚玉篇與迓同。書·盤庚余迓續乃命于天傳迓，迎也。囚集韻或作御。詩·召南百兩御之。釋文御，本亦作訝。集韻或作輅左傳·宣二年宋狂狡輅鄭人註輅，迎也。囚音學五書通作梧儀禮·聘禮賓進訝，受几于筵前註今文訝為梧，五故切囚與牙通周禮·冬官輪人為輪牙者，以為固抱也註鄭司農云牙讀如訝疏訝，迎也。此車牙亦輮之，使兩頭相迎，故讀從之。鑑又讶55741

訡 tōu_4.11　玉篇集韻夶他口切，偸上聲。誘也。

訣 fú_4.11　廣韻防無切集韻馮無切夶音扶類篇語端辭字彙訣詞也囚人名。與訣、孟訣，見宋史·宗室表△集韻本作夫。

訧 tiān_4.11　玉篇他前切集韻他年切夶音天。訶也。鑑俗訊55934

訞 yāo_4.11　廣韻集韻韻會夶於喬切音妖。同妖玉篇災也。類篇語袄祥前漢·文帝紀除訞言之辠師古曰訞，同妖。大戴禮·易本命訞孼數起荀子·非十二子篇訞怪，狡猾之人囚廣韻巧言貌囚人名山海經炎帝之妻，赤水之子聽訞△集韻本作訞正字通通作袄。鑑又訞55712

訫 yī_4.11　廣韻烏奚切集韻煙奚切夶音鷖。誠也。類篇與譩同囚yǐ玉篇於禮切唐韻烏弟切集韻杳禮切，夶鷖上聲博雅鷹也。囚集韻壹計切，鷖去聲。義同。囚xì集韻戶禮切，奚上聲類篇誠言也。鑑又誒55723

訟 sòng_4.11　古文詾訟吅㕩唐韻集韻韻會正韻夶似用切音頌說文爭也。六書故爭曲直于官有司也。囚易·訟卦疏凡訟者，物有不和，情乖，爭而致其訟註爭辯也。又雜卦訟，不親也。周禮·地官·大司徒凡萬民之不服教而有獄訟者，聽而斷之註爭罪曰獄，爭財曰訟疏對文例也。若獄訟不相對，則爭財亦為獄囚眾論異同錯互也。後漢·曹褒傳會禮之家，名為聚訟註言相爭不定也。囚上書爲人雪冤曰訟前漢·王莽傳吏民上書冤訟莽者，以百數囚責也。論語吾未見能見其過而內自訟者也。註訟，猶責也。史記·呂后紀未敢訟言誅之註訟，公也。猶明言也。韻會小補通作誦前漢·呂后紀鄧展註誦言，公言也。正字通訟，亦音工。與公通囚韻會通作頌說文詞訟也。徐鉉曰古本毛詩雅頌字多作訟囚sōng廣韻集韻韻會夶祥容切，頌平聲。亦爭獄也。詩·召南何以速我訟叶上墉、下從◇毛氏曰：易註：訟，爭也，言之于公也，從言從公，蓋會意也。且諧公聲，是以詩協從韻易獨音去聲，未為允當。合依詩音，二韻通用囚yóng集韻餘封切音容。靜也。書·堯典嚚訟可乎。馬融本作庸囚容也。史記·吳王濞傳佗郡國吏欲來捕亡人者，訟共禁弗予註訟音容。言其相容禁止不與也。鑑呂后紀。高后紀囚讼55735

訠 shěn_4.11　廣韻同矧囚人名。孟訠、與訠，見宋史·宗室表

訤 xiè_4.11　玉篇胡介切集韻下介切夶音械。言善也。囚人名。師訤、與訤，見宋史·宗室表

訡 yín_4.11　說文同吟禮·學記呻其佔畢註呻吟也。又作訡囚人名。希訡、與訡，見宋史·宗室表

訨 pǐ_4.11　廣韻匹婢切集韻普弭切夶音仳。言具也。囚集韻普鄙切音嚭。義同囚pī集韻篇夷切，嚭平聲博雅具也。△集韻或省作訨。

訢 xīn_4.11　唐韻集韻夶許斤切音欣說文喜也。玉篇樂也。與欣通孟子終身訢然，樂而忘天下註訢，同欣前漢·賈山至言天下訢訢焉，曰將興堯舜之道，三王之功矣囚人名。皇訢，見史記。王訢，見漢書囚姓。訢梵，漢章帝時人，治歷數囚yín集韻正韻魚巾切韻會疑巾切夶音銀。和敬貌前漢·石奮傳僮僕訢訢如也註訢訢，與誾誾同集韻亦作言言囚xǐ集韻虛其切音僖。蒸也。禮·樂記天地訢合，陰陽相得註訢讀為熹，猶蒸也疏言樂感動天地，使二氣蒸動也囚xǐ集韻許已切，僖上聲。亦喜也。鑑又䜣55730

訣 jué_4.11　唐韻集韻韻會夶古穴切音玦說文訣，別也。增韻辭也囚史記·吳起傳東出衛郭門，與其母訣後漢·雷義傳輕行相候，以展訣別囚玉篇死別也。類篇絕也通俗文與死者辭曰訣唐書·李勣傳生死永訣囚說文法也。韻會方術要法謂決定不疑也。列子·說符篇衛人有善數者，以訣喻其子魏書·釋老志大禹聞長生之訣囚韻會通作決前漢·蘇武傳李陵與武決去註決，別也。囚xuè韻會小補呼決切音血。怒訶也。囚guì集韻涓惠切音桂。決也。△說文本作訣增韻通作觖。鑑又诀55731

訤 xiáo_4.11　集韻與誵、詨夶同。

訥 nè_4.11　唐韻內骨切集韻韻會正韻奴骨切，夶嫩入聲說文言難也。玉篇遲鈍也。廣韻謇訥也。論語君子欲訥於言而敏於行關尹子·九藥篇窮天下之辯者，不在辯而在訥囚木名。本草釋名盧會，一名訥會囚集韻或作呐史記·李將軍傳廣訥口少言漢書作呐。師古曰呐亦訥字囚集韻亦作詘前漢·曹參傳訥於文辭史記作詘囚zhuó集韻張滑切音鵽。言不辯也。△正字

通 通作卨 字彙補 籀文作圇。鋆 又呐05501讷55740

訞 yáo_4.11　字彙 同謠 海篇心鏡 亦書作眘。

鋆 又眘55666

訦 chén_4.11　唐韻 是吟切 廣韻 氏任切 集韻 時任切，叴甚平聲 揚子方言 燕代、東齊謂信曰訦 图 人名。與訛，見 宋史·宗室表 图 shèn 玉篇 市荏切 唐韻 常枕切叴音甚。信也 图 集韻 式荏切音審。義同△ 集韻 與諶忱忱叴同。

訧 yóu_4.11　字彙 見王文考 夢賦。音義未詳。

鋆 同由。

訧 yóu_4.11　唐韻 羽求切 集韻 正韻 于求切叴音尤 說文 罪也。引書 報以庶訧。今 書·呂刑 作尤 图 廣雅 惡也 玉篇 過也 图 人名。公訧，見 宋史·宗室表。

鋆 又訧55623

訨 zhǐ_4.11　集韻 渚市切音止。訐也 图 人名 宋史·宗室表 承節郎不訨 图 玉篇 諸是切音紙。義同。鋆 龍龕 臨55887今，訨正，旨、止二音。訨，訐也，訐發人之惡也。

張涌泉：俗臨 图 讬55710

訨 shī_4.11　說文 古文詩55895省 六書統 从言从之。志所之也。

眘 yáo_4.11　唐韻 余招切 集韻 餘招切叴音遙 說文 徒歌。樂書 有章曲曰歌，無章曲曰眘 字彙 唐人謂徒歌曰肉聲，故从肉 詩·國風 我歌且眘 石經 作謠 图 人名。師眘，見 宋史·宗室表 图 yóu 玉篇 與周切 廣韻 以周切 集韻 夷周切叴音猷。義同。一曰從也△ 類篇 或書作脂。

鋆 四聲篇海 眘殇55725，二，與周切。從也。

訩 xiōng_4.11　唐韻 集韻 正韻 許容切 韻會 虛容切叴音凶 爾雅 釋言 訟也 图 釋詁 盈也 詩·小雅 降此鞠訩 傳 鞠，盈。訩，訟也 图 朱傳。訩，亂也 廣韻 衆語也 晉書·劉毅傳 天下訩訩，但爭品位△ 說文 同訩省 正字通 與訩恟匈兇凶洶恟叴通 字彙補 又作眘，非。

訪 fǎng_4.11　唐韻 集韻 韻會 正韻 叴敷亮切，妨去聲 說文 汎謀曰訪 徐曰 此言汎謀，謂廣問於人也 爾雅·釋詁 謀也 玉篇 問也 書·洪範 王訪于箕子 傳 謂就而問之也 周禮·春官 受納訪以詔王聽治 註 納謀于王也 图 議也 楚語 教之令，使訪物官 註 訪，議也。物事。使議知百官之事也 图 增眘 及也，見也 字彙 謁見也 图 方也 前漢·高五王傳 訪以呂氏，故幾亂天下 註 訪，猶方也 字彙補 與眆義同 图 官名 遼史·百官志 太宗會同三年，命于骨鄰爲採訪使 图 姓。唐進士訪式。图 fǎng 正字通 妃罔切，芳上聲。義同 字彙 泥 說文 孫愐敷亮切，槩讀作去聲，非是 图 篇海 別作誴。

鋆 又眆05464号22421访55732訪68971

訸 yàng_4.11　玉篇 魚向切，仰去聲。止也。

訨 nǔ_4.11　字彙 女六切音忸。慙也。

訨 guò_4.11　字彙 古臥切音過。遲也。

訸 hào_4.11　集韻 虛到切音耗。信也 正字通 俗曰：音託。別作耗，非。

訨 kuáng_4.11　類篇 同誆，省。欺也 北史·徐謇傳 徐之才嘲王昕姓曰：有言則訨，近犬便狂。

訨 yìn_4.11　玉篇 于禁切音訡。啼不止也 图 xī 六書統 馨俠切音咦。呻也。與叽訮欥叴同。欠而言也。

訨 xìn_4.11　集韻 同信 图 人名。善訨，見 宋史·宗室表

訨 chāo_4.11　唐韻 楚交切 集韻 初交切叴音抄 說文 訨，擾也。一曰訨獹 图 玉篇 健也，疾也 淮南子·修務訓 越人有重遲者，而人謂之訨 註 訨，輕利善趨者。图 訨婧，細腰貌 後漢·張衡傳·思玄賦 舒訨婧之纖腰 文選註 亦音眇 图 類篇 書也 图 人名。陳訨，見 梁書 图 cháo 集韻 鋤交切音巢 博雅 獹也 图 miǎo 廣韻 亡沼切 集韻 弭沼切叴音眇 說文 義同 图 類篇 高也 張衡·西京賦 通天訨以竦峙 註 通天，臺名。訨，高也。李善讀 图 qiào 集韻 七肖切，音峭。輕也，江東語。图 集韻 楚教切，抄去聲。義同 前漢·班固敘傳 江都訨輕 註 訨，謂輕狡也。師古讀 集韻 或作吵 图 chǎo 集韻 楚絞切，抄上聲。與謅同。

設 shè_4.11　唐韻 識列切 集韻 韻會 正韻 式列切，叴扇入聲 說文 施陳也。从言从殳。殳，使人也。徐曰 殳，所以驅遣指使人也。會意 博雅 合也 玉篇 置也 易繫辭 聖人設卦以觀象 疏 是施設其卦，有此諸象也 詩·小雅 設此旐矣 註 陳也 禮經解 規矩誠設，不可欺以方圓 註 謂彈畫也 疏 謂置設 图 韻會 立也 前漢·文帝紀 高帝設之，以撫四海 註 置立也。謂立此法也 图 大也 周禮·冬官考工記 桃氏爲劍，中其莖，設其後 疏 設，大也。謂從中以却稍大之後。大則于把易制也 图 假借之辭 戰國策 今先生設爲不宦 註 設者，虛假之辭 前漢·趙廣漢傳 鉤距者，設欲知馬賈，則先問狗 图 突厥別部典兵者曰設 唐書·李子和傳 突厥署子和爲屋利設 註 屋利者，一設之號也 图 韻會 唐制，諸郡燕犒將吏謂之旬設，今廳事謂設廳，公廚曰設廚 图 姓。見 姓苑。鋆 又设55733 图 設55822，見 佛教難字字典

訮 yán_4.11　正字通 俗訝字 字彙 分訮、訮爲二，誤 字彙補 又誤作訮、訰，尤非。鋆 又誙56084訮55708

訨 sǎ_4.11　字彙 所瓦切音傻。強事言語。

訨 fǎn_4.11　集韻 甫遠切音反。權言合道 图 fàn 集韻 方願切，反去聲。誣也 图 bàn 集韻 博漫切音半。訨諺，自矜。鋆 正字通 設，訮字之譌。

訰 zhùn_4.11　廣韻 之閏切 集韻 韻會 正韻 朱閏切，叴肫去聲 爾雅·釋訓 訰訰，亂也 註 闇亂 图 zhūn 廣韻

章倫切 集韻 朱倫切丛音肫。亂言貌 図 心亂貌 図 集韻 通作諄56172 図 通作肫忳純 禮·中庸 肫肫其仁 註 肫肫，讀如誨諄忳忳之忳，誠懇貌。或作純純。程伊川曰：厚也。亦作訰訰 荀子·哀公篇 繆繆肫肫，其事不可循 註 繆當爲膠，肫與訰同。雜亂之貌 図 tún 集韻 徒渾切音屯。多言也△ 字彙補 省作託，譌作訰，丛非。鑒 正字通 吨，俗訰字。

許 55682 29423 xǔ_4.11　唐韻 正韻 虛呂切 集韻 韻會 喜語切，丛虛上聲 說文 聽也 廣雅 與也 玉篇 從也 廣韻 可也 增韻 約與之也 書·金縢 爾之許我，我其以璧與珪歸俟爾命。爾不許我，我乃屏璧與珪 史記·高祖本紀 呂媼怒。呂公曰：始常欲奇此女與貴人，何自妄許與劉季 図 博雅 進也 詩·大雅 昭茲來許 傳 許，進也 疏 禮法旣許，而後得進，故以許爲進也 図 信也 孟子 則王許之乎 図 猶興也，期也 孟子 管仲、晏子之功，可復許乎 図 邑名 詩·魯頌 居常與許 箋 許，田也，魯朝宿之邑 図 國名、縣名、州名 春秋·隱十一年 公及齊侯鄭伯伐許 疏 地理志 云潁川郡許縣，故許國，漢名許縣，魏武改曰許昌，後周又改爲許州 図 姓 廣韻 出高陽汝南，本自姜姓，炎帝之後，太嶽之裔，其後因封爲氏 図 與鄦通 史記·鄭世家 鄦公惡鄭于楚 註 鄦卽許也，許靈公也 図 hǔ 集韻 韻會 正韻 丛火五切音虎◆ 詩·小雅 伐木許許 傳 許許，枤貌 朱傳 衆人共力之聲 淮南子·道應訓 今夫舉大木者，前呼邪許，後亦應之，此舉重勸力之歌也 註 許，音虎 字彙補 音虛 図 類篇 澔，一作許。鑒 又許55739

許 55684 29425 yìn_4.11　玉篇 集韻 丛于禁切音䕃。誾許，怒言。

訖 55683 29424 qì_4.11　說文 訖本字

許 55685 29426 fēng_4.11　廣韻 集韻 丛敷容切音丰。語尚也 類篇 或書作譯。

諵 55686 29427 rán_4.11　唐韻 汝閻切 集韻 如占切丛音髯 說文 詽諵，多語也 元包經 妾言詽諵 傳曰：讘嗒興也 註 詽諵，多言也 図 nán 集韻 那含切音男 博雅 諵諵，語也。或作諵喃 図 縣名 前漢·地理志 諵邯，樂浪郡所屬縣。孟康音男。師古又音乃甘切 集韻 又音汝甘切△ 說文 本作詽，省作詽 玉篇 類篇 廣韻 別作詽，非。鑒 又炎01433 詽55926

訽 55687 29428 jùn_4.11　廣韻 集韻 丛九峻切音呁。欺言也。或作訇 図 玉篇 居俊切 集韻 均俊切，丛均去聲◇ 図 廣韻 集韻 丛下珍切音礥。義丛同△ 正字通 六書統 訇，大篆作詢。于訓切。和也。與韻同。訓欺言，誤。

訇 55688 29429 hōng_4.11　說文 籀文訇字。

訨 55689 29430 yún_4.11　集韻 于分切音雲。詀55644訨。鑒 又諲56693

詧 55690 29431 jì_4.11　六書統 古文詧56173字。其，古作元，省从元。

誐 55691 29432 shí_4.11　正字通 石鼓文 識字 總要 从言、戈，取鍥記之義 図 人名。希訧、與訧，見 宋史·宗室表

訲 55692 29433 rén_4.11　集韻 如林切音壬。念也△○按音義與訨同 玉篇 廣韻 類篇 俱有訨無訲 集韻 分訨、訲爲二，非。鑒 又訨55715

訨 55693 29434 yì_4.11　唐韻 於力切音億 說文 本作壹。快也。从言从中 図 人名。崇訨，見 宋史·宗室表

訑 55694 29435 yí_4.11　字彙補 同訑 戰國策 出訑門也 註 訑，別也。元作訑。

訬 55695 29436 wàn_4.11　字彙補 五貫切音玩。人名。與訬，見 宋史·宗室表。義闕。

脂 55700 41858 yáo_4.11　字彙補 同畬 図 人名。與畬、孟畬，見 宋史·宗室表

誓 55696 29437 xùn_4.11　字彙補 同誓 図 人名。

設 55697 29438 ná_4.11　字彙補 女加切音拏。語不正貌。

誐 55698 29439 xì_4.11　字彙補 音義與呬同。

䛥 55699 29440 jié_4.11　字彙補 居哲切音孑。仡仡也 図 卽奠字之譌。

訆 55701 41859 wǎng_4.11　篇海類編 同誷。

詧 55702 41860 xiōng_4.11　五音篇海 同訩。

詆 55703 41861 dǐ_4.11　篇海類編 同詆。

詢 55704 41862 réng_4.11　字彙補 如形切，音仍◇因也，就也。又人之切音而。義同。

詆 55705 45496 dǐ_4.11　搜眞玉鏡 同詆。

詀 55706 45497 xiā_4.11　搜眞玉鏡 音蝦。鑒 俗訶。

訰 55707 45498 zhùn_4.11　海篇 與訰同。

訐 55708 45499 yán_4.11　五音篇海 音訐。鑒 正字通 訮，同訐。又 龍龕 訮、詠55962，子亦反。楊寶忠：或俗跡。

詥 55709 45500 háng_4.11　搜眞玉鏡 胡浪切。

訞 55712 u2B35A yáo_4.11　謠56531停用二簡字 図 簡 訞55649

讪 55710 u2B7DE zhǐ_4.11　簡 訨55664

詶 55713 u2B335 chóu_4.11　俗讐56885 史 南誌異 金龜曰：此地有山川之精氣，前王子爲國報詶，厥有千歲白雞化爲妖精，隱在七曜山 図 duz 壯帽。

讠分 55711 u2B35B fēn_4.11　簡 詥55644

诿 55714 u2B334 yáo_4.11　亦作訞55660 俗謠56471文淵閣四庫本 龍龕 訞俗，謠正，余照反。歌謠 爾 云途歌謂之謠也 図 俗議56755金剛寺藏抄本 玄應音義 險訞：下攸寄反。調也，論也。

訨 55715 u2F9CD rén_4.11　俗訂55692

訰 55716 u27996 dùn_4.11　喃 俗訰55681 謠傳△訰代：風傳。抛燌訰：散播謠言。

訖 55717 u27995 kẻ_4.11　喃 从計几kỉ聲。

55718 u27993 訴 sù_4.11　俗訴55746　可洪音義 訴訟：上蘇悟反。告也。

55719 u2798D 訥 wò_4.11　字學呼名能書 訥，無落切。

55720 u2798C 訽 shòu_4.11　或同誯 龍龕 訽，俗。手、獸二音。

55721 u2798B 詠 xùn_4.11　同訓55606

55722 u2798A 昌 null_4.11　未詳。

55723 u27989 訌 yǐ_4.11　同訡55650 郭店楚簡·語叢一 豊懚則訌。

55725 u27987 殦 yóu_4.11　同詥55666

55724 u27988 訏 hù_4.11　俗護56790見 黎朝史記 人名 古璽彙編.5536者訏。

55726 u27986 訩 xiōng_4.11　龍龕 訩，衆語。詾55935正。

55727 u27985 謳 null_4.11　未詳。

55728 u27984 訨 dǐ_4.11　訨55774譌字 四聲篇海 訨，都礼切。訶也。毀呰也 金石文字辨異 訨，漢 楊孟文石門頌 叺漢訨焉。錢竹汀先生云訨即氐字，謂高帝興於漢中，故定有天下之號曰漢，猶陶唐氏、有虞氏之例也。洪氏 隸釋 讀訨為抵，失其義矣。

55729 u27983 訹 shū_4.11　馬王堆漢墓帛書·戰國縱橫家書 老臣賤息訹旗最少，不宵。按：今本 戰國策 作「老臣賤息舒祺最少，不肖」 殷周金文集成.2.426·配兒鉤鑃 子孫用之，先人是訹。

55730 u4723 诉 xīn_4.11　简訴55656
55731 u8BC0 诀 jué_4.11　简訣55657
55732 u8BBF 访 fǎng_4.11　简訪55668
55733 u8BBE 设 shè_4.11　简設55677
55734 u8BBD 讽 fěng_4.11　简諷56335
55735 u8BBC 讼 sòng_4.11　简訟55651
55736 u8BBB 讻 xiōng_4.11　简訩55667
55737 u8BBA 论 lùn_4.11　简論56206
55738 u8BB9 讹 é_4.11　简訛55641
55739 u8BB8 许 xǔ_4.11　简許55682
55740 u8BB7 讷 nè_4.11　简訥55659
55741 u8BB6 讶 yà_4.11　简訝55645
55742 u8BB4 讴 ōu_4.11　简謳56572
55743 u8BB3 讳 huì_4.11　简諱56327
55744 u8BB2 讲 jiǎng_4.11　简講56464
55745 u8A33 訳 yì_4.11　同譯56750

55746 29441 訴 sù_5.12　唐韻 桑故切 集韻 韻會 正韻 蘇故切 音素 說文 告也 玉篇 訟也，告訴冤枉也 廣韻 毀也 左傳·成十六年 郤犨訴公于晉侯 註 譖也 史記·龜筴傳 王有德義，故來告訴 說文 或作愬。亦作恕 論語 膚受之愬 註 愬己之冤也 前漢·五行志 引作訴 韻會小補 通作遡 戰國策 衛君跣行，告遡於魏 註 遡、愬同 chǐ 集韻 昌石切音尺。亦毀也△說文 本作訴 字彙補 譌作詬，非。鑋 又訴55718 诉55866 詍56336 謗56310 響56493

55747 29442 訑 chǐ_5.12　廣韻 丑飢切 集韻 抽遲切 音絺 字林 陰知也 類篇 伺察也 人名 崇訑，見 宋史·宗室表 chì 玉篇 廣韻 丑利切 集韻 丑二切，丛絺去聲。義同 廣韻 亦作呬 類篇 又與謑同。

55748 29443 訶 hē_5.12　古文苛 唐韻 集韻 韻會 正韻 丛虎何切音呵 說文 大言而怒也 廣韻 責也 正韻 譴也 後漢·文苑傳 禰衡言不遜順，黃祖慙乃呵之 蜀志·廖立傳 隨大將軍則誹謗譏呵 北史·張曜傳 勵己溫尋，非欲詆呵古人得失也 官名 隋書·婆利國傳 官曰獨呵邪拏，次曰獨呵氏拏 木名 本草釋名 呵梨勒，一名呵子 嵇含·南方草木狀 樹以木梡。出九眞 國名 唐書·地理志 廣州東南海中有呵陵國 通作呵 前漢·食貨志 縱而弗呵。
通作何 前漢·賈誼傳 大譴大呵 師古曰 何，問也。
通作苛 前漢·王莽傳 苛問不遜 鑋 南方草木狀 樹以木梡。樹似木梡 呵55872喝06894訶56365 正字通 調56754俗呵字。

55749 29444 訹 yuǎn_5.12　唐韻 於願切 集韻 紆願切 丛音怨 說文 慰也 玉篇 從也。亦作婉 類篇 懿也。或作愬 玉篇 唐韻 丛於阮切音婉。義同△字彙補 又書作訹 鑋 又讥55831 直音篇 諔56215同訹。

55750 29445 誵 xiá_5.12　廣韻 呼甲切 集韻 迄甲切 丛音呷 類篇 多言也 廣韻 諭誵，語聲 xiá 集韻 轄甲切音狎。亦語聲 hé 集韻 轄臘切音盍。亦多言也。與嗑同。或作譗。

55751 29446 詶 zhòu_5.12　唐韻 直又切 廣韻 集韻 直祐切 丛音胄 說文 詶也 玉篇 祝也 人名 楊詶。見 唐書·宰相表 鑋 段注本說文 詶，詶也。祝禧字亦作袖，蓋與詶一字也。

55752 29447 詵 shēn_5.12　廣韻 失人切 集韻 升人切 丛音申。詵說，信也 正字通 與申、伸丛通。俗又作神。

55753 29448 訸 hé_5.12　玉篇 胡戈切音禾。平也 人名 崇訸、汝訸，見 宋史·宗室表 △正字通 與和、龢丛同。

55754 29449 詠 xù_5.12　廣韻 辛律切 集韻 韻會 正韻 雪律切 丛音戌 說文 誘也 廣韻 謏詠，誘也 前漢·韓安國傳 列在諸侯詠邪臣浮說 宋史·岳飛傳 淮西之役，俊以前途糧乏詠飛，飛不爲止 人名 蕭詠，見 南齊書·魏虜傳 韻會 或作怵 說文徐註 按賈誼 鵬賦 怵迫之徒兮，或趨東西。當作此詠字 漢書 怵於邪說，如淳曰：見誘怵也。音戌。今俗猶云相謏怵 集韻 韻會 丛息有切，秀上聲。義同。本作誜△韻會 从言从术。俗作术，非。

55755 29450 詽 yuǎn_5.12　玉篇 以喘切 集韻 以轉切音兗。笑貌。一曰善言 人名 希詽、與詽，見 宋史·宗室表 鑋 又詽55856

55756 29451 診 zhěn_5.12　玉篇 唐韻 之忍切 廣韻 章忍切 集韻 韻會 正韻 止忍切 丛音軫 說文 視也 玉篇 驗也 後漢·王喬傳 乃詔上方診視 註 診，亦視也 莊子·人閒世 匠石覺而診其夢 註 占驗也 廣韻 候脈也 史記·倉公傳 診切其脈 前漢·藝文志 論病以及國，原診以知政 註 診，視驗。謂視其脈及色候也 玉篇 除刃切 唐韻 集韻 韻會 正韻 直刃切 丛音陣。義同 叶知鄰切，軫平聲 急就章 變

鬬殺傷捕伍鄰,亭長游徼共雜診△集韻或作覢。鏊又視55080诊55865诊55757訹55844囝可洪音義。訹55825脉:上之忍、直刃二反。

診 zhěn_5.12　玉篇同诊。正字通俗诊字。

註 zhù_5.12　廣韻之成切集韻韻會朱成切夶音鑄玉篇疏也,解也。正韻訓釋也。毛詩序疏註者,著也。言爲之解說,使其義著明也。儀禮·士冠禮疏言註者,註義于經下,若水之注物,亦名爲著。晉書·向秀傳始秀欲註莊子,嵇康曰:此書詎復須註。舊唐書·玄宗紀上訓註孝經,頒于天下囝博雅識也。通俗文記物曰註。穀梁傳昭十一年一事註乎志,所以惡楚子也。後漢·律歷志論重黎記註囝類篇挈也。揚子方言謰謱,挈也。南楚或謂之支註囝廣韻中句切集韻株遇切夶音駐。義同囝類篇述也△集韻或作注。

証 zhèng_5.12　唐韻集韻韻會夶之盛切音政說文諫也。戰國策士尉以証靖郭君,靖郭君不聽囝人名唐書·宗室表司農卿証囝集韻諸盈切,政平聲。義同。

評 hū_5.12　唐韻荒烏切集韻荒胡切夶音呼說文召也。廣雅鳴也。玉篇喚也。集韻通作呼囝hào博雅平報切音號。欺也△說文本作詽。鏊本作詽。本作謼55846之誤。又评55833

詢 gòu_5.12　說文同詬。左傳·襄十七年重丘人閉門而詢之註罵也。又昭二十年宋元公曰:余不忍其詢註恥也。後漢·崔駰傳或冒詢以干進註辱也囝音學五書古音句。引太玄釋次七,震震不侮,濯漱其詢註雖見詢怒,善自解釋,如濯去垢穢也。

訾 zǐ_5.12　唐韻將此切集韻韻會蔣氏切,夶音紫。◆說文不思稱意也。引詩·小雅翕翕訾訾徐曰言不思稱事之意也。今文相承皆作訾。爾雅·釋訓翕翕訾訾,莫供職也。詩釋文引韓詩云不善之意。朱傳濊濊,相和也。訿訿,相詆也。囝玉篇毀也。禮·曲禮不苟訾疏相毀曰訾。管子·形勢解毀訾賢者之謂訾。囝集韻本作疵。荀子·不苟篇正義直指舉人之過惡,非毀疵也。韻會疵毀字今文相承作訾毀久矣囝惡也。管子·形勢篇訾食者不肥體註惡食之人憂嫌致疾,故不能肥體囝恣也。荀子·非十二子篇以不俗爲俗,離蹤而跂訾者也註訾讀爲恣。跂訾,謂跂足違俗而恣其志意也囝zǐ廣韻即移切集韻韻會將支切,夶紫平聲。義同囝類篇思也。禮·少儀不訾重器註訾,思也。唐書·李勣傳臨事選將,必訾相其奇龐福艾者遣之。音義訾,思也囝量也。前漢·枚乘傳舉吳兵以訾于漢。李奇曰量也。商子·墾令篇訾粟而稅註量也囝限也。管子·君臣篇吏嗇夫盡有訾程事律註訾,限。程,準也囝病也。禮·檀弓故子之所刺於禮者,亦非禮之訾也。註病也囝揚子方言何也。湘潭之原,荊之南鄙,謂何爲曾,或謂之訾。若中夏言何爲也。註今江東人語亦云訾爲,聲如斯囝地名左

傳·僖十八年而後師于訾婁註衛邑。又文十六年以侵訾枝註楚邑。又襄十年楚伐宋師于訾母註宋地。囝昭二十三年單子取訾註訾在河南,鞏縣西南訾城是也。路史訾有二:西訾在雒,東訾在鞏囝姓前漢·功臣表有樓虛侯訾順。又複姓潛夫論訾辱氏,趙嬴姓也囝與貲同。財也。前漢·司馬相如傳更名相如,以訾爲郎註訾讀與貲同,財也。以家財多得拜爲郎也。囝通作呰。符呰,草名。後漢·劉聖公傳南方飢饉,人庶掘鳧茈而食之註續漢書作符訾囝與茈通。蜮訾,北方宿名。亦作蜮茈55374囝集韻韻會夶才支切音疵。亦毀也。莊子·山木篇無譽無訾。徐邈讀囝正韻同呰。史記·貨殖傳呰窳偷生前漢·地理志作呰徐廣曰呰窳,苟且惰嬾也。應劭曰:呰,弱也。師古曰短也囝集韻正韻夶津私切音咨。亦思也囝正字通與咨通前漢·禮樂志訾黃其何不徠下師古註訾,嗟歎辭也。黃,乘黃也。歎乘黃之不來下也囝jǐ集韻子禮切音濟博雅諫訾也囝zū字彙補宗吳切音租。足訾,獸名山海經贊見人則呼其名足訾△集韻或作瘄,亦書作訾字彙補又作訾、譖,非。鏊集韻或作瘍。瘄又寫作瘖15746

訿 zǐ_5.12　集韻同訾。詩·大雅皋皋訿訿毛傳訿訿,窳不供事也朱傳務爲謗毀也。

詀 zhān_5.12　廣韻竹咸切集韻韻會知咸切,夶詀平聲。多言也囝詀,讘也。一曰詀讘,語聲囝人名宋史·宗室表防禦使士詀囝tiān集韻他兼切,沾平聲揚子方言謰謱,挈也。南楚或謂之詀謰囝diān廣韻集韻夶丁兼切,點平聲。轉語也。一曰巧言囝chān集韻處占切音襜。亦多言也囝zhàn韻會小補陟陷切音站。不和貌囝zhàn廣韻佇陷切集韻韻會直陷切夶音賺。被詀也。或作讇囝tiē集韻託協切音帖。妄言也。又佞言也囝chè廣韻叱涉切集韻尺涉切,夶襜入聲。詀讘,細語舊唐書·徐彥伯傳用詀讘爲全計。鏊又讇55840讍56240讘56894

詁 gǔ_5.12　集韻韻會果五切正韻公土切夶音古說文訓故言也。引詩詁訓孔穎達疏:詁、訓、傳者,註解之別名。詁者,古今異言,通之使人知也囝徐曰按爾雅詁,古也,言有古今也。會意博雅言也正韻通古今之言,而明其故也前漢·揚雄傳雄少而好學,不爲章句,訓詁通而已舊唐書·經籍志詁訓以紀六經識候。囝集韻韻會正韻夶古慕切,古去聲。義同囝通作故詩·周南·關雎詁訓傳第一陸德明·音義曰:故訓,舊本多作故,今或作詁前漢·藝文志詩經二十八卷魯故二十五卷師古註故者,通其指義也。今流俗毛詩改故訓傳爲詁字,失其眞耳。鏊又詁55873

詡 pù_5.12　玉篇普布切集韻普故切,夶鋪去聲。諫也囝人名宋史·欽宗紀宗室仕詡囝正字通與布通。敷陳也。

訉 fān_5.12　玉篇方凡切集韻甫凡切,夶法平聲。言

急也△正字通與吃別。

誜 55768 29463 fù_5.12　集韻符遇切音附。言有所依也図人名。彥誜，見宋史·宗室表△類篇或作謝。

詮 55769 29464 quǎn_5.12　玉篇古犬切廣韻姑泫切集韻韻會正韻古泫切夶音犬。誘也，詐也図人名。希詮，見宋史·宗室表。鑒又詢55971衒54014

詄 55770 29465 dié_5.12　唐韻集韻夶徒結切音迭說文忘也博雅誤也図前漢·禮樂志天門開，詄蕩蕩如淳註詄，讀如迭。詄蕩蕩，天體堅清之狀図集韻弋質切音逸。又矢利切，屍去聲。義夶同。鑒又誃55960

誓 55771 29466 shì_5.12　廣韻矢利切，屍去聲。志也正字通與誓通。鑒直音篇誺同詄。

詅 55772 29467 líng_5.12　玉篇力丁切廣韻集韻郎丁切夶音靈類篇衒也図廣韻詅音相次，出異字音図人名。與詅，見宋史·宗室表図廣韻力政切集韻力正切夶音令。義同図博雅賣也顏氏家訓吾見世人，至于無才思，自謂清華，流布醜拙，亦以衆矣。江南號爲詅癡符正字通宋御史臨海李庚，撰詅癡符二十卷，蓋世人鬻物于市，誇號之曰詅，此三字本出家訓，庚以名集，謙辭也。鑒又俗詅55904字可洪音義詅表：上七全反。正作詮。

詼 55773 29468 ài_5.12　集韻正韻烏懈切韻會幺解切夶音隘。與吃同。聲不平也△正字通按口部呃，从厄，載四畫，詼从厄附五畫，矛盾。本作呃。俗作呝、詼，夶非。

詆 55774 29469 dǐ_5.12　唐韻都禮切集韻韻會正韻典禮切，夶低上聲說文苛也。一曰訶也博雅詆也玉篇法也，訾也正韻訐也史記·汲黯傳刀筆吏專深文巧詆，陷人于罪前漢·哀帝紀除誹謗詆欺法師古註詆，誣也図劉向傳緣飾文字，巧言醜詆師古註詆，毀也，辱也図集韻都黎切音低。又廣韻杜奚切集韻田黎切夶音啼。又集韻丁計切，低去聲。義夶同図ti玉篇他狄切廣韻集韻他歷切夶音惕類篇僻也。一曰狡獪集韻與誺同△集韻或作氐字彙補別作誻詆詆，夶非。鑒又吃05528詆55639詆55728詆55864図龘龕呴06030俗，昕05625或作，呩05531正。

詺 55775 29470 miàn_5.12　集韻眠見切音麫類篇誘言也。

詇 55776 29471 yàng_5.12　唐韻集韻正韻夶於亮切，央去聲說文早知也廣韻智也図唐韻於兩切集韻韻會正韻倚兩切，夶央上聲。又玉篇於竟切唐韻於敬切集韻慶切夶音映。義夶同図博雅問也類篇告也図àng集韻於浪切音盎。聲也。與噁同。或作謚。

詍 55777 29472 xǐ_5.12　集韻馨奚切音醯。喜笑不止貌図人名宋史·宗室表漢東侯世詍図zhǐ集韻章移切音支廣雅調也。又謂也図集韻掌氏切，支上聲。義同。

訴 55778 29473 sù_5.12　說文訴本字。

詈 55779 29474 lì_5.12　唐韻集韻韻會夶力智切音荔說文罵也韻會正斥曰罵，旁及曰詈釋名詈，歷也，以惡言相彌歷也。亦言離也，以此掛離之也書·無逸小人怨汝詈汝詩·大雅覆背善詈禮·曲禮怒不至詈史記·魏豹傳漢王罵詈諸侯羣臣△說文本从网从言長箋羅織其人，互相謗詈。俗从罒。鑒又謍56600図正字通罍56287，俗詈55977字。

詨 55780 29475 náo_5.12　集韻尼交切音鐃。與呶同。讙聲也舊唐書·徐彥伯傳以號詨爲令德宋史·高斯得傳時上封事言得失者衆，或者惡其讙詨図ná廣韻集韻夶女加切音拏玉篇諸詨，言不可解也廣韻語貌類篇羞窮也集韻或作詨図nù集韻奴故切音怒。惡聲也図nà集韻乃嫁切，拏去聲。詐也。鑒又誽56364訬55797詨55822韻56371図直音篇詨，同詨。

詊 55781 29476 pàn_5.12　集韻普半切音判。巧言也。鑒詊55829

誀 55782 29477 cì_5.12　廣韻集韻夶七賜切音刺玉篇謀也。図人名。崇誀，見宋史·宗室表図廣韻集韻夶奇寄切音芰。又集韻許記切，嬉去聲。義夶同。鑒直音篇誀55954同誀。

詻 55783 29478 xiāo_5.12　集韻虛嬌切。與嘵同。詻然，虛大貌。

詋 55784 29479 zhòu_5.12　玉篇集韻夶職救切，州去聲。詛也。與呪同集韻亦作詶。

詌 55785 29480 gàn_5.12　集韻古暗切音紺。口閉也荀子·哀公篇無取詌詌亂也註義未詳家語作鉗。

詍 55786 29481 yì_5.12　唐韻余制切集韻韻會正韻以制切夶音曳說文多言也。引詩無然詍詍。今大雅作泄泄荀子·解蔽篇辨利非以言，是謂之詍註多言也図shì集韻時制切音誓。語多也図集韻私列切音薛。義同△集韻與呭同六書正譌俗作詍、嘽，夶非字彙補譌省作詍，尤非。

詼 55787 29482 níng_5.12　集韻同佞音嘉類篇誣也図字彙評也。

訸 55788 29483 jiā_5.12　集韻居牙切。

詎 55789 29484 jù_5.12　唐韻其呂切集韻韻會正韻臼許切夶音巨說文詎，猶豈也莊子·大宗師庸詎知吾所謂天之非人乎後漢·光武紀天下詎可知而閉長者乎宋書·沈約自序若馳一介，四方詎不響應図玉篇止也，至也，格也図通作巨前漢·高帝紀沛公不先破關中兵，公巨能入乎師古註巨，讀曰詎，猶豈也図廣韻集韻韻會夶其據切，巨去聲。義同図字林未知詞也△正字通讀書通詎通作渠、鉅、遽，夶非。鑒又讵55875傴02084

謀 55790 29485 móu_5.12　說文古文謀56351字図人名。汝謀，見宋史·宗室表

詇 55791 29486 yào_5.12　集韻正韻夶於教切。言逆也。

諵 55792 29487 nán_5.12 類篇而黿切，𧮩去聲字林言多不盡。○按諵卽詽字類篇分詽、諵爲二，非。

詐 55793 29488 zhà_5.12 唐韻集韻正韻側駕切韻會側嫁切，𠀤柤去聲說文欺也爾雅·釋詁僞也正韻詭譎也左傳·宣十五年我無爾詐，爾無我虞禮·樂記知者詐愚疏謂欺詐愚人也周禮·地官·司市以賈民禁僞而除詐疏使禁物之僞。而去人之詐虛也晉書·刑法志背信藏巧謂之詐荀子·修身篇匿行曰詐說苑·貴德篇巧詐不如拙誠又卒也公羊傳·僖三十三年詐戰不日註詐，卒也。齊人語也疏春秋之例，偏戰者日，詐戰者月又叶側下切，柤上聲王安石·寄曾鞏詩吾能好諒直，世或非詭詐。叶上寫下者。鋈又诈55867

詑 55794 29489 tuó_5.12 唐韻託何切集韻韻會正韻湯何切𠀤音拕說文引方言沇州謂欺曰詑玉篇詑謾而不疑也集韻或作訑。俗作訑又廣韻徒何切集韻唐何切𠀤音駝又廣韻土禾切集韻土和切，𠀤淹平聲。義𠀤同又yí廣韻弋支切集韻韻會余支切𠀤音移。詑詑，自得貌又淺意也。亦作訑，或作詑、謻又duò玉篇達可切廣韻徒可切集韻待可切，𠀤駝上聲。輕也又欺罔也。或作訑、誃。鋈又㐌55830

謻 55795 29490 shé_5.12 集韻同詑又集韻時遮切音蛇。淺意也。鋈又𫍠55832

詒 55796 29491 yí_5.12 唐韻與之切集韻韻會盈之切𠀤音怡說文相欺詒也。一曰遺也詩·邶風自詒伊阻傳遺也左傳·昭六年叔向使詒子產書註遺也廣韻贈言也又正韻誒詒，疑疾莊子·達生篇誒詒爲病數日註懈倦貌。一曰失魂魄貌又通作貽書·五子之歌貽厥子孫傳貽，遺也詩·大雅詒厥孫謀箋詒，猶傳也正義詒訓遺，卽流傳之義又通作飴詩·周頌貽我來牟釋文貽，又作詒前漢·劉向傳引詩作飴師古註飴，遺也。與貽同又通作嗣詩·鄭風子寧不嗣音傳習也箋續也韓詩作詒。詒，寄也。曾不寄問也又yì集韻韻會𠀤羊吏切，怡去聲類篇亦遺也韻會貺也左傳·文十六年年自七十以上，無不饋詒也疏饋、詒皆與人物之名，與貽通，有平、去二音又tái集韻堂來切音臺。懈倦貌。引莊子誒詒李軌讀又tài集韻他代切音態。義同。又欺也又dài廣韻徒亥切集韻韻會正韻蕩亥切，𠀤臺上聲類篇江南呼欺曰詒增韻欺詒，詐詐也列子·黃帝篇狎侮欺詒徐幹·考僞篇骨肉相詒，朋友相詐又集韻通作紿穀梁傳·僖元年惡公子之紿註欺紿也史記·項羽紀項王迷失道，田父紿之曰：左，乃陷大澤中師古註紿，詐也△類篇或作詚。鋈又诒55857

詉 55797 29492 nù_5.12 字彙乃故切音怒。急惡言也。

詓 55798 29493 qǔ_5.12 集韻口舉切，去上聲類篇聲也白虎通古之民人，臥之詓詓，起之吁吁。鋈又𬣳55835

詔 55799 29494 zhào_5.12 廣韻之少切集韻韻會正韻之笑切𠀤音照說文告也爾雅·釋詁導也註教導之也又勵也註謂贊勉疏教導，卽贊勉也韻會詔者，上下通用之義左傳·成二年欒伯曰：燮之詔也。書何力之有焉註告也周禮·天官·大宰以八柄詔王馭羣臣註告也，助也莊子·盜跖篇爲人父者，必能詔其子如淳註教也又廣韻上命也。秦漢以下，天子獨稱之史記·秦始皇紀二十六年，秦幷天下，丞相王綰、御史大夫馮劫、廷尉李斯等，議命爲制，令爲詔前漢·周勃傳軍中聞將軍之命，不聞天子詔又廣雅書也正韻播告之書也文心雕龍漢命有三品，三曰詔書。詔，告也釋名詔書。詔，昭也。人暗不見事宜，則有所犯，以此示之，使昭然知所由也文中子·問易篇程元曰：續書之有志，有詔，何謂也。文中子曰：志以成道，言以宣志，詔其見王者之志乎。又待詔，官名前漢·公孫弘傳待詔金馬門應劭註諸以才伎召，未有正官，故曰待詔唐書·百官志明皇初置翰林待詔又蠻王曰詔唐書·南蠻傳南詔，本哀牢夷後，烏蠻別種也。渠帥有六，自號六詔，曰蒙巂詔、越析詔、浪穹詔、邆賧詔、施浪詔、蒙舍詔又shào正韻市召切音紹禮·禮器禮有擯詔註告道賓主者也。詔或爲紹。又zhāo集韻之遙切，照平聲。言誘也又sháo韻會時饒切正韻時昭切𠀤音韶禮·禮器詔侑武方註詔侑或爲韶囿，武，當爲無，方猶常也。鋈又诏55860詺55931又前漢·公孫弘傳云云。引文見哀帝紀注

誹 55802 29497 fèi_5.12 廣韻方味切集韻方未切𠀤音沸。言急也又多言也又正字通與咈通。

誳 55800 29495 shī_5.12 集韻同謕

詏 55801 29496 páo_5.12 說文同訽。又集韻蒲褒切音袍類篇詏譟，亂語也。

辡 55803 29498 biàn_5.12 玉篇俗辯字正字通辯俗作辡。譌从功，非。

詼 55804 29499 xuè_5.12 廣韻集韻𠀤呼決切音血博雅怒也玉篇怒呵也又集韻許月切，暄入聲。義同。

評 55805 29500 píng_5.12 廣韻符兵切集韻韻會蒲兵切正韻蒲明切𠀤音平博雅平也，議也廣韻平量也增韻品論也後漢·許劭傳劭好覈論鄉黨人物，每月更其品題，故汝南俗有月旦評焉魏志·曹植傳曹植與邯鄲淳評說混元造化之端舊唐書·陸贄傳互相譏評文心雕龍評者，平理新論·正賞篇評者，所以繩理也又官名晉書·職官志廷尉主刑法獄訟，屬官有正監評唐書·百官志大理寺有評事八人，掌出使推按又邑名梁書·新羅國傳其邑在內曰啄評，在外曰邑勒，亦中國之言郡縣也又姓。見姓苑又通作平後漢·霍諝傳前者溫教許爲平議蜀志·費禕傳論平其是非又bìng玉篇皮柄切唐韻集韻正韻皮命切，𠀤平去聲。平言也韓愈·東都遇春詩爾來曾幾時，白髮忽滿鏡。舊遊喜乖張，新輩足嘲評註評，音病。鋈乖張，乖張又评。

詖 55806 29501 bì_5.12 唐韻集韻韻會𠀤彼義切，陂去聲說文

辯論也。廣雅慧也。玉篇佞諂也。廣韻譣詖也。詩·周南·卷耳序內有進賢之志，而無險詖私謁之心。釋文詖，妄加人以罪也。崔云險詖，不正也。孟子詖辭知其所蔽註詖，偏陂也。前漢·敘傳趙敬險詖師古註詖，辯也。一曰佞也。又正韻兵媚切，悲去聲。義同。又六書故與陂通。荀子·成相篇讒人罔極，險陂傾側註陂與詖同。又廣韻彼爲切集韻韻會班糜切丛音陂。又正韻逋眉切音悲。又集韻滂禾切音坡。義丛同。𤌹又诐55859䴺56609

55807 29502 䛏 ní_5.12 玉篇奴奚切集韻年題切丛音泥。呼人也。又nǐ 集韻女履切，尼上聲。言以示人也。或作呢。又nì 集韻乃計切，泥去聲。言不通也。

55808 29503 詗 xiòng_5.12 唐韻朽正切集韻韻會虛政切正韻呼正切丛音敻。說文知處告言之。增韻候伺也。正韻刺探也。前漢·淮南王傳王有女陵，慧有口辯。王愛陵，常多予金錢，爲中詗長安，約結上左右註孟康曰：詗音偵。西方人以反間爲詗，王使其女爲偵于中也。師古曰詗，有所候伺也。偵義與詗同，然音則異。又chèng 集韻丑政切，牚去聲。中詗。義同。師古讀又xiǒng 廣韻集韻韻會正韻丛火迥切，馨上聲◇義同唐書·李思行傳唐公將起，使偲詗長安。又張說傳窺詗時事音義俱讀上聲。又博雅求也。廣韻明悟了知也。△篇海譌作詷，非。𤌹又询55868詗55978

55809 29504 詘 qū_5.12 唐韻區勿切集韻韻會正韻曲勿切丛音屈。說文詰詘也。一曰屈襞。禮·喪大記凡陳衣不詘註謂舒而不卷也。楚辭·九思思哽饐兮詰詘又博雅曲也，折也。玉篇枉曲也。禮·樂記習其俯仰詘伸史記·管晏列傳君子詘於不知己，而信於知己者前漢·孫寶傳道不可詘，身命何傷又廣韻辭塞也。戰國策於是魏王聽此言也，甚詘又類篇充詘，喜失節貌。禮·儒行不充詘于富貴又姓。漢有詘強。見印藪又韻會通作屈。荀子·勸學篇若挈裘領，詘五指而頓之註詘與屈同又集韻正韻丛渠勿切音掘。與充詘義同又絕止貌。禮·聘義叩之，其聲清越以長，其終詘然樂也。又正韻盡也。前漢·司馬相如傳徼𧮬受詘師古註言獸有力盡者，受而有之。又chù 集韻敕律切音怵。與黜同戰國策彼公仲者，秦勢能詘之。註詘，貶下也。又集韻通作絀。禮·射義進爵絀地註內則以前作絀，明堂位以後作詘。又集韻或作出。左傳·襄三十年譆譆出出周禮·秋官·庭氏鄭註引作詘詘。劉昌宗音出。本亦作出。又nè 集韻奴骨切，嫩入聲。與訥55659同。又說文或作詘。長箋作詘。𤌹又诎55861

55810 29505 詙 bá_5.12 字彙蒲八切音拔史記·司馬貞·三皇本紀神農納奔水氏之女曰聽詙爲妃。

55811 29506 詚 dá_5.12 字彙當拔切，丹入聲。兜詚，不靜也。

55812 29507 詛 zù_5.12 古文䛣詯廣韻集韻韻會正韻丛莊助切，阻去聲說文詶也。廣韻呪詛書·無逸厥口詛祝疏

詛祝，謂告神明，令加殃咎也。以言告神謂之祝。請神加殃謂之詛詩·小雅出此三物，以詛爾斯釋文以禍福之言相要曰詛周禮·春官詛祝，掌盟詛之祝號註詛，謂祝之使沮敗也。大事曰盟，小事曰詛疏盟盟將來，詛詛過往後漢·仲長統傳匈詈腹詛又集韻古通作詩·大雅侯作侯祝釋文作，本或作詛朱傳作祝爲詛。詛祝，怨謗也。又集韻遵遇切，娵去聲。義同又集韻韻會正韻丛壯所切音阻集韻呪也。釋名阻也。使人行事阻限于言也。又通作阻。晉語狂夫阻之衣也。註狂夫，方相氏之士也。阻或通詛。將服是衣，必先詛之。𤌹又诅55870又集韻詛，或作譸禣，古作櫏52235作00994

55813 29508 詜 tāo_5.12 廣韻土刀切集韻他刀切丛音叨玉篇詖詢，言不節也。類篇往來言也。一曰小兒語不正也。

55814 29509 許 zhǔ_5.12 玉篇知與切廣韻丁呂切集韻展呂切丛音貯博雅智也。廣韻有所知也。又人名。孟許、師許，見宋史·宗室表。△集韻與忟同。

55815 29510 詒 yí_5.12 類篇同詒。亦與詒通。

55816 29511 詞 cí_5.12 古文𧥏唐韻似茲切集韻韻會正韻詳茲切丛音祠說文意内而言外也釋名嗣也。令撰善言，相嗣續也廣韻說也正韻言也字彙文也。公羊傳·昭十二年春秋之信史也。其詞則丘有罪焉爾史記·儒林傳是時天子方好文詞晉書·郭璞傳璞詞賦爲中興之冠舊唐書·張九齡傳張說常謂人曰：後來詞人稱首也。又陸贄傳贄以博學宏詞登科韓非子·問田篇驅於聲詞，眩乎辯說又博雅己也。又廣韻請也，告也○按說文本作意内言外韻會引作音内言外。又引徐曰：惟也，思也，曰也，兮也，斯也。若此之類，皆詞也，語之助也。聲成文謂之音，此詞直音内之助，聲不出於音，故曰音之内。直言曰言，一字曰言，此詞皆在句之外爲助，故曰言之外楚辭宋玉招魂魂兮歸來，東方不可以託些。些，亦詞也。未詳音發爲言，言之成文爲詞，未可以内外岐之，且詞與兮些各別，非語助例也。字彙剿用韻會舊註，非是。又按說文辭，訟也。辤，不受也。與言詞、文詞之詞各別。今經史以辭爲言詞之詞，如禮·曲禮，不辭費是也，以辭爲辤受之辤，如論語與之粟九百辭是也。以辤爲文詞之詞，如楊修傳絕妙好辭是也。循用已久，不能更正，然究心六書者，不可不辨。𤌹又词55862𧥏55817

55818 29513 詸 mì_5.12 正字通同謎，省。

55819 29514 詧 biàn_5.12 正字通詧字之譌。俗謂巧言曰詧，詧讀如辯，譌作詧又人名唐書·禮樂志將作大匠康詧素音義俗辯字又字彙補佛書辯字字彙作詧，誤。

55817 29512 𧥏 cí_5.12 集韻同詞。

55820 29515 詧 biàn_5.12 字彙補辯字，本作詧。北齊所造也北史柳詧，名取此。譌作詧。

55821 29516 詑 tuō_5.12 集韻土和切音詑。俗詑字。

55822 29517
譺 ná_5.12　廣韻 女加切音拏。絲譺，語不解也。
鋻梁春勝：俗諛56371絲諛，諸諏55780之誤。

55829 2B7DF
詳 pàn_5.12　簡 詳55781

55823 29518
訠 réng_5.12　字彙補 如形切音仍。因也，重也〇按音義同訒，疑是訒字之譌。

55824 41863
誉 yuǎn_5.12　說文長箋 同訹。

55825 41864
訅 zhěn_5.12　字彙補 與詴同 後漢書 乃詔上訅民。
鋻俗診55756乃詔上訅民。字彙補 原文作乃詔上訅氏。後漢書·王喬傳 作乃詔尚方訅視。

55826 45501
喬 yín_5.12　五音篇海 音銀。鋻俗闇。

55830 2B361
讬 tuó_5.12　簡 詑55794

55827 45502
訦 yìn_5.12　搜眞玉鏡 魚禁切。又 字彙補 烏刃切音印。

55828 45504
詆 dǐ_5.12　五音篇海 同詆。

55831 2B360
讥 yuǎn_5.12　簡 訹55749

55832 2B35F
讹 shé_5.12　簡 訑55795

55833 2B35E
评 hū_5.12　簡 評55760

55834 2B35D
诔 jiàn_5.12　簡 諫56318

55835 2B35C
诂 qǔ_5.12　簡 詁55798

55836 2B339
誙 null_5.12　未詳。

55837 2B338
誉 null_5.12　未詳。

55838 2B337
幠 null_5.12　未詳。

55839 2B336
訰 boi_5.12　壯 誰；哪个。

55840 27BAA
诂 zhān_5.12　簡 詀55764

55841 279C0
訛 ngoa_5.12　嗝 从訛省瓦ngõa聲△訛訛：訛傳。

55842 279BF
訬 béng_5.12　嗝 吶訬：及時回答。

55844 279BD
诊 zhěn_5.12　同訅55825俗診55756

55845 279BC
訛 yán_5.12　訛55708譌字。參見訐55678

55846 279BB
謼 hū_5.12　評55760本字。見 說文

55847 279B7
詗 xiōng_5.12　同詾55935

55843 279BE
詇 jué_5.12　訣55657本字

55848 279B6
訷 null_5.12　未詳。

55849 279B5
訵 null_5.12　未詳。

55850 279B4
誉 chá_5.12　同誉55893敦煌·S.388 正名要錄 誉：審。

55851 279B3
null_5.12　未詳。

55852 279B2
誉 null_5.12　未詳。

55853 279B1
null_5.12　未詳。

55854 279B0
訸 null_5.12　未詳。

55855 46D3
讉 jiàn_5.12　簡 譄56807

55856 2F9CE
詴 yuǎn_5.12　同詴55755

55857 8BD2
诒 yí_5.12　簡 詒55796

55858 8BD1
译 yì_5.12　簡 譯56750

55859 8BD0
诐 bì_5.12　簡 詖55806

55860 8BCF
诏 zhào_5.12　簡 詔55799

55861 8BCE
诎 qū_5.12　簡 詘55809

55862 8BCD
词 cí_5.12　簡 詞55816

55863 8BCC
诌 zhōu_5.12　簡 謅56423

55864 8BCB
诋 dǐ_5.12　簡 詆55774

55865 8BCA
诊 zhěn_5.12　簡 診55756

55866 8BC9
诉 sù_5.12　簡 訴55746

55867 8BC8
诈 zhà_5.12　簡 詐55793

55868 8BC7
诇 xiòng_5.12　簡 詗55808

55869 8BC6
识 shí_5.12　簡 識56679

55870 8BC5
诅 zǔ_5.12　簡 詛55812

55871 8BC4
评 píng_5.12　簡 評55805

55872 8BC3
诃 hē_5.12　簡 訶55748

55873 8BC2
诂 gǔ_5.12　簡 詁55765

55874 8BC1
证 zhèng_5.12　簡 證56651

55875 8BB5
诅 jù_5.12　簡 詎55789

55876 8A5F
謺 zhé_5.12　簡 譽56878

55877 29519
詠 yǒng_6.13　唐韻 集韻 韻會 正韻 丛爲命切音泳 說文 歌也 玉篇 長言也 增韻 詠歌謳吟也 書·益稷 夔擊鳴球，搏拊琴、瑟以詠 傳 以合詠歌之聲也 爾雅·序 敘詩人之興詠 疏 詠者，永言也 前漢·藝文志 詠其聲謂之歌 図 鳥鳴亦曰詠 陸機·悲哉行 耳悲詠時禽 註 禽聲應時而變也 図 通作咏 史記·樂書 歌詠其聲也 禮·樂記 作歌咏 図 說文長箋 省作永 書·舜典 詩言志，歌永言。

55878 29519
詡 xǔ_6.13　唐韻 況羽切 集韻 韻會 火羽切，丛詡上聲 說文 大言也 玉篇 人語也 廣韻 和也，普也，遍也，大也 禮·禮器 德發揚，詡萬物 疏 言王者撫有四海，宜發揚其德，普遍萬物也 前漢·揚雄傳 尚泰奢，麗誇詡 註 詡，大也 図 廣韻 敏而有勇也 禮·少儀 會同主詡 註 詡，謂敏而有勇 図 辭氣明盛貌 図 人名 前漢·平帝紀 沛郡太守石詡 △ 說文 本作翎。鋻又诩55984

55879 29521
詢 xún_6.13　唐韻 相倫切 集韻 韻會 正韻 須倫切丛音荀 說文 謀也 玉篇 咨也 書·舜典 詢事考言 詩·小雅 周爰咨詢 傳 親戚之謀爲詢 左傳·襄四年 諮親爲詢 図 爾雅·釋詁 信也 註 宋衞曰詢 疏 按 方言 宋衞汝穎之閒曰洵 鄭風·溱洧 洵訏且樂。詢、洵音義同 △ 玉篇 或作諐 集韻 或作誖、询 字彙補 諝作諝。鋻又询55991

55880 29522
詣 yì_6.13　唐韻 五計切 集韻 韻會 研計切丛音羿 說文 候至也 徐曰 徑候而詣之也 小爾雅 進也 玉篇 往也，到也 增韻 造也 左傳·莊十七年註 鄭詹詣齊見執 史記·秦本紀 代王乘傳詣長安 王褒·洞簫賦 躊躇稽詣 註 倉頡篇 云詣，至也。言聲稽留，如有所詣也 図 正字通 學業深入曰造詣 図 蟲名 揚子方言 蚍蜉謂之杜蛒。図 與枅通 漢有枅詣宮，以木而名 三輔黃圖 作枅詣宮 註 枅詣，木名。言宮中美木茂盛也 図 與倪通 春秋·昭二十九年 叔詣卒 公羊 穀梁傳 作叔倪。鋻又诣55990 図 史記·秦本紀。徐慧：孝文紀

55881 29523
詤 huǎng_6.13　唐韻 集韻 丛呼光切音荒 說文 夢言也 図 huǎng 廣韻 呼晃切 集韻 虎晃切，丛荒上聲。義同。図 博雅 忽也 図 huǎng 廣韻 許昉切 集韻 詡往切丛音愰。義同 廣韻 類篇 書作詤 集韻 書作謊 玉篇 譌作詤。鋻又嫝06816

55882 29524
詥 hé_6.13　唐韻 候閤切 集韻 曷閤切丛音合 說文 諧也 図 gé 集韻 葛合切音鴿。會言也 △ 六書統 从言从合，

合衆意也 游原 本作合。

試 shì_6.13 唐韻 集韻 韻會 丛式吏切,詩去聲 說文 用也 博雅 嘗也 增韻 探也, 較也 易·无妄 无妄之藥,不可試也 釋文 試驗,一曰用也 註 試,謂少嘗之也 書·舜典 明試以功 禮·緇衣 刑不試而民咸服 莊子·齊物論 嘗試言之 又 姓。見 姓苑 又 集韻 設職切音識。義同。通作式 又 叶申之切音詩 詩·小雅 私人之子,百僚是試。叶上裳,裳音渠之反。鼇 又試56003

詷 ná_6.13 集韻 女加切音拏 博雅 譀詷,拏也△ 正字通 俗說字 博雅 註誤。

諛 yú_6.13 字彙 俗諛字 **諛** yì_6.13 集韻 同諡 又 人名。與諛、崇諛,見 宋史·宗室表

詣 zhǐ_6.13 唐韻 職雉切 集韻 軫視切丛音旨 說文 訐也 廣韻 訐發人之惡 又 玉篇 之耳切音止。義同 又 說文長箋 亦作詬。鼇 又詣55888詰55664

詣 jì_6.13 集韻 几利切音冀 類篇 詽也 又 人名 宋史·宗室表 朝奉郎不詣○按詣、詣義同音異 類篇 原分爲二 正字通 以詣爲詣字譌省,妄詆 說文 譌从言臣聲,大謬。

誑 rén_6.13 廣韻 集韻 丛如林切音壬。信也,念也。又詉也。一曰喉聲謂之誑 又 人名 宋史·宗室表 贈奉直大夫令誑 又 玉篇 女林切 廣韻 女心切 集韻 尼心切丛音鵟。義同 又 玉篇 多言也。鼇 又誑55692

誷 wàng_6.13 集韻 無放切音望 類篇 誑也。通作妄。

詩 shì_6.13 集韻 疏吏切,使去聲 類篇 忘也 又 六書統 古文諫56318字。

詯 duī_6.13 集韻 都回切音堆 類篇 譴也。或作譴、諱。

詧 chá_6.13 唐韻 楚八切 集韻 韻會 正韻 初戛切。丛與察同 說文 言微親察也 史記·秦本紀 繆公與由余曲席而坐,問其地形與兵勢,盡詧,而後令内史廖以女樂二八遺戎王 韓愈·征南聯句 刁暗歇肓詧 註 刁,刁斗也。又 人名 梁書·武帝紀 岳陽王蕭詧 又 qiè 集韻 遷薛切,遷入聲。察也 又 qiè 廣韻 集韻 丛千結切音切。正言也。與諦同。鼇 又詧55850

詨 xiào_6.13 集韻 韻會 正韻 丛虛交切音嘐 類篇 吳人謂叫呼爲詨 北史·爾朱世隆傳 世隆與元世儁握槊,忽聞局上詨然有聲 又 讀書通 叫、訆通作詨。引 山海經 馬成山有鳥,名曰鷗鷗,其鳴自詨。即其鳴自訆 又 韻會 或作謼 前漢·田蚡傳 謼服謝罪 師古註 謼,火交反 又 集韻 或作謞諕嘐噭呼 正字通 又與嚖通 又 jiāo 廣韻 古肴切 集韻 居肴切丛音交 類篇 詨,秒誇也 又 xiào 廣韻 呼教切 集韻 許教切,丛嘐去聲 玉篇 大嘑也,呼也,喚也 廣韻 與嚆同 又 集韻 居效切,交去聲。又 廣韻 胡教切

詩 shī_6.13 集韻 後教切丛音效。義丛同。

詩 shī_6.13 古文詶 唐韻 書之切 集韻 韻會 正韻 申之切,丛始平聲 說文 志也 釋名 之也,志之所之也 書·舜典 詩言志 傳 心之所之謂之志。心有所之,必形于言,故曰詩言志 詩·國風·關雎序 在心爲志,發言爲詩 前漢·藝文志 誦其言,謂之詩 舊唐書·經籍志 詩以紀興衰誦歎 又 六詩 周禮·春官·大師 教六詩 疏 按 詩 上下惟有風雅頌是詩之名也。三者之中有比賦興,故總謂之六詩 鄭康成·六藝論 詩,絃歌諷論之聲也。朱子曰:風雅頌,聲樂部分之名。賦比興,則所以制作風雅頌之體也 又 樂章也 荀子·勸學篇 詩者,中聲之所止也 註 詩謂樂章,所以節聲音,至乎中而止,不使流淫也 又 類篇 承也,持也 禮·内則 國君世子生三日,卜士負之,吉者宿齊,朝服寢門外,詩負之 註 詩之言承也 疏 詩含神霧云詩者,持也。以手維持,則承奉之義,謂以手承下而抱負之 又 姓 後漢·南蠻傳 詩索,交阯朱載人 又 字彙補 讀作誅 荀子·王制篇 修憲令,審詩商 註 詩商,當爲誅賞 樂論篇 作審誅賞。鼇 又詩56001

詪 hěn_6.13 唐韻 乎懇切 集韻 下懇切丛音很 說文 很戾也 又 正字通 與很通。不聽從也 又 集韻 口很切音懇。又 唐韻 集韻 丛古恨切音艮。義丛同 又 gěn 廣韻 古很切 集韻 舉很切,丛艮上聲 博雅 詪詪,語也 又 玉篇 難語貌 又 kǔn 集韻 苦本切音捆。諅詪,很貌 又 xiàn 廣韻 胡典切音峴。爭語也△ 說文 本作詪。鼇 又 龍龕 詪55775俗,詪正 又 正字通 譲56348,俗詪字 又 玄應音義 精懇18444:古文作詪,同。口很反 通俗文 至誠曰懇。懇亦堅忍也。

詠 duò_6.13 集韻 都唾切,朵去聲 類篇 言相誇也。鼇 又詠55976

誄 lěi_6.13 字彙 力水切音耒。銘也,謚也△ 正字通 誄字之譌。鼇 又誄56094

詫 tuó_6.13 集韻 闥各切音託 類篇 毀也。

詫 chà_6.13 集韻 韻會 正韻 丛丑亞切音侘。詫也 玉篇 詫也 晉書·宗室傳 甘言詫語,方伯襲之以輕兵 唐書·史思明傳 思明詫曰:朝義怯,不能成我事 音義 詫,詫也 宋史·張去華傳 浙人每迓朝使,必列步騎以自詫詫 又 通作姹 史記·司馬相如傳 子虛過詫烏有先生 前漢·司馬相如傳 作姹 師古註 姹,誇詫之也 又 通作侘 史記·韓長孺傳 以侘鄙縣 註 詫詫也 又 集韻 或作諕 韻會 亦作咤 又 xià 集韻 虛訝切音罅。告也 又 dù 集韻 都故切音妒。與詬同。莫爵也 書·顧命 王三宿三祭三咤 釋文 咤,亦作宅。馬云亦作詫 說文 作詫。鼇 又詫55986

詴 wā_6.13 集韻 玉咼切 類篇 五咼切丛音歪。調詴,惰也△ 類篇 本作詴 字彙 譌从已,載六畫,誤。

詬 gòu_6.13 唐韻 呼寇切 集韻 韻會 正韻 許候切,丛

吼去聲 說文 謑訽,恥也 博雅 罵也 玉篇 恥辱也 廣韻 怒也 增韻 詬 左傳·哀八年 曹人詬之,不行 杜註 詬辱也 禮·儒行 常以儒相詬病 註 詬病,猶恥辱也 後漢·鄧禹傳 康聞詬之 註 罵也 唐書·劉文靖傳 君雅詬曰:反人欲殺我耳 音義 怒也 又 增韻 巧言也 又 金壺字考 奭詬,無志節 又 前漢·賈誼傳 奭詬亡節 師古註 奭詬謂無志分也 又 姓。見 姓苑 又 kòu 廣韻 苦候切 集韻 丘候切 夶音寇 又 hòu 集韻 下遘切 韻會 正韻 胡茂切,夶厚去聲 又 gòu 集韻 韻會 正韻 夶居候切,苟去聲。又 hòu 集韻 韻會 很口切 正韻 胡口切 夶音厚。又 gǒu 廣韻 古厚切 集韻 舉厚切 夶音苟。義夶同。△ 說文 或作訽 集韻 亦作听。鑒 又詬55994

詭 guǐ 6.13　唐韻 過委切 集韻 韻會 正韻 古委切 夶音垝 說文 責也 前漢·京房傳 臣出守郡,自說效功 師古註 自以為憂責也 孔融·薦禰衡表 昔賈誼求試屬國,詭繫單于 註 自責必繫單于也 又 玉篇 欺也,譎也 類篇 詐也 穀梁傳·文六年 詭辭而出 註 不以實告人 又 玉篇 怪也 莊子·齊物論 是其言也,其名為弔詭 註 弔詭,至怪也 又 增韻 異也 前漢·劉輔傳 此其言必有卓詭切至當聖心者 師古註 詭,異於衆也 後漢·班固傳 殊形詭制 註 詭,異也 又 違也 前漢·董仲舒傳 有所詭於天之理與 師古註 違也 又 毀也 後漢·班固傳論 固之序事不激詭 註 激,揚。詭,毀也 又 廣雅 詭隨,小惡也 詩·大雅 無縱詭隨 註 不顧是非,而妄隨人也 又 廣韻 橫射物為詭遇 孟子 為之詭遇 趙註 橫而射之也 朱註 不正而與禽遇也 又 譎詭,變化也 張衡·東京賦 瑰異譎詭 又 廣雅 詭屖,總也。總,音思 又 正韻 戾也 又 星名 前漢·天文志 司詭星出西方 孟康註 星大而有尾,兩角,熒惑之精也。又 邑名 史記·秦始皇紀 將軍蒙驁,攻魏氏暘有詭 註 暘有詭,魏邑名 又 姓 左傳·莊十六年 晉武公伐夷,執夷詭諸 註 詭諸,周大夫。夷,采地名 又 人名 史記·齊世家 桓公長衞姬生無詭 左傳 作無虧 又 通作恑 陸機·辯亡論 古今詭趣 註 詭,變也。同恑 △ 集韻 或作訛、譌 正韻 亦作佹、傀。鑒 廣雅 詭屖總也總音思。孫壽瑋:詭,誑也。屖,總也 又 恑05778詭55992

詮 quán 6.13　唐韻 此緣切 集韻 韻會 逡緣切 正韻 且緣切 夶音銓 說文 具也 玉篇 治亂之體也 廣韻 平也 類篇 擇言也。又 解喩也 晉書·武陔傳 文帝數與詮論 音義 謂具說事理也 陳書·傅縡傳 言為心使,心受言詮 吳越春秋 惟夫子詮斯義也 註 擇言也 杜甫·秋日詠懷詩 衣褐向真詮 又 淮南子·詮言訓 註 詮,就也。就萬物之指,以言其徵,事之所謂,道之所依也 又 金史·選舉志 凡會試,詮讀官二員。鑒 又詮55993詥55772

詡 xù 6.13　集韻 許六切 音蓄 類篇 謉詡,聞香貌。又 五音集韻 丑六切 音畜。義同 又 人名 宋史·宗室表 贈眉州防禦使士詡 △ 正字通 與昧通。

詯 huì 6.13　唐韻 荒內切 集韻 呼內切 夶音晦 說文 膽

气滿,聲在人上也 又 廣韻 休市也 又 玉篇 胡內切 唐韻 集韻 胡對切 夶音績。義同 又 類篇 胡市也。一曰決後悔也。或作詯 △ 六書正譌 別作誧,非。

謉 lüè 6.13　廣韻 離灼切 集韻 力灼切 夶音略 玉篇 欵美言也 又 人名。師謉、汝謉,見 宋史·宗室表

詷 lì 6.13　玉篇 集韻 夶力制切音例。言美也。

詰 jié 6.13　唐韻 去吉切 集韻 喫吉切 夶音蛣 說文 問也 廣雅 讓也,責也 玉篇 治也,譴也,問罪也 書·立政 其克詰爾戎兵 傳 治也 禮·月令 詰誅暴慢 註 謂問其罪,窮治之也 老子道德經 此三者,不可致詰 註 問也 史記·平津侯傳 汲黯庭詰弘 註 責讓也 又 周禮·天官·大宰 五曰刑典,以詰邦國 註 詰,猶禁也。又 秋官·大司寇 佐王刑邦國,詰四方 註 詰,謹也 又 詰屈 晉書·衞恆傳 字勢云研桑不能數其詰屈 又 小爾雅 詰朝,明旦也 左傳·僖二十七年 詰朝相見 說文長箋 本作喆朝。喆,古哲字。借明也。故明朝為喆朝。今俗以喆為詰,因詰喆形溷,誤 又 qiè 集韻 丘傑切音憩。喬詰,意不平也 莊子·在宥篇 喬詰卓鷙。鑒 又诘56000

話 huà 6.13　古文舙 玉篇 胡卦切 正韻 胡挂切 夶音畫 說文 合會善言也 爾雅·釋詁 言也 疏 孫炎曰:善人之言也 廣韻 語也,話也 書·盤庚 乃話民之弗率,誕告用亶 註 告也,言也 詩·大雅 慎爾出話 傳 善言也 左傳·文六年 著之話言 註 為作善言遺戒 又 廣雅 調也,恥也 又 小爾雅 治也 又 唐韻 胡快切 集韻 韻會 戶快切 夶音䠔。義同 又 集韻 胡化切,華去聲。亦言也。或作咶 說文 本作語。籀文作譮。鑒 又话55995諙56220䛡53697 又 直音篇 舙舙,同舙 又 龍龕 諨56079或作,話正。

諔 jì 6.13　唐韻 集韻 夶前歷切音寂。與宋同 說文 無人聲 玉篇 靜也 集韻 或作諔冢淑。鑒 今寂字。

諵 shěn 6.13　字彙 俗哂字。

詤 lòng 6.13　字彙 與咔同。鑒 俗唪05950

詷 huì 6.13　集韻 與詴同。

該 gāi 6.13　唐韻 古哀切 集韻 韻會 正韻 柯開切 夶音垓 說文 軍中約也 又 玉篇 盛也 又 增韻 載也 廣韻 備也,咸也,兼也,皆也 穀梁傳·哀元年 此該之變而道之也 註 該,備也 前漢·律歷志 該藏萬物 揚子·太玄經 萬物該兼也 又 正字通 俗借為該當之稱,猶言宜也。凡事應如此曰該 又 人名 左傳·昭二十九年 少皥氏有四叔,一曰該。該為蓐收 註 金正也 又 姓。見 姓苑。鑒 又該55988

詳 xiáng 6.13　唐韻 似羊切 集韻 韻會 正韻 徐羊切 夶音翔 說文 審議也 玉篇 審也,論也,諟也 增韻 語備也 書·蔡仲之命 詳乃視聽 傳 審也 詩·衞風 中冓之言,不可詳也 傳 詳言之也 穀梁傳·襄二十九年 詳其事,賢伯姬也 史記·封禪書 其詳不可得而記聞 前漢·儒林傳 詳

延天下方聞之士 註 詳，悉也 又 善也 易·大壯 不能退，
不能遂，不詳也 疏 詳者，善也。進退不定，非爲善也 釋
文 王肅作祥 左傳·成十六年 詳以事神 註 詳，祥也。
又 善用心曰詳 公羊傳·宣十二年 不赦不詳 又 官名 宋
史·職官志 檢詳官，熙寧四年置。又 金史·百官志 鎮撫
邊民之官曰詳穩，踵遼官名也 又 通作翔 前漢·西域傳
道里遠近翔實矣 師古註 翔，與詳同。假借用耳。
又 yáng 廣韻 與章切 集韻 余章切 正韻 移章切 夶音陽。
詐也。通作佯 史記·殷本紀 箕子詳狂爲奴 △ 說文 本作
詳 字彙 譌作詳，列六畫，非。鼇 又詳55987

又 義如此，是以讀同爲詷，今則總爲一字○按 說文 第二
訓，譀也。譀，訓誕，與詷義遠 字彙 譀又誤作詙，夶非。
鼇 又詷55967 𧪌55624

詾 xù_6.13　集韻 雪律切音𧭁 類篇 靜也 又 字彙 與恤同。

詶 zhōu_6.13　玉篇 陟由切 集韻 張流切夶音輈。多言也。鼇 又詶55686

諜 mí_6.13　集韻 同謎

諮 zì_6.13　類篇 疾置切音漬。詔也 又 人名。與諮、時諮。見 宋史·示室表

詹 zhān_6.13　廣韻 職廉切 集韻 韻會 正韻 之廉切夶音占 說文 多言也 莊子·齊物論 大言炎炎，小言詹詹 韻會 或作譫 又 爾雅·釋詁 至也 疏 詹，楚語也。古雅之別名也 詩·魯頌 魯邦所詹 傳 至也 又 官名 前漢·百官公卿表 詹事，秦官，掌皇后、太子家 應劭註 詹，省也，給也 唐書·百官志 詹事府太子詹事、少詹事，各一人。又 山名，草名 博物志 右詹山，帝女化爲詹草，其葉鬱茂，其華黄，實如豆，服者媚于人 又 姓。周宣王支子封詹侯，因以爲氏 左傳 有詹父、詹桓伯 列子 有詹何。又 通作瞻 春秋·莊十七年 齊人執鄭詹 註 詹，鄭執政大夫 公羊傳 作鄭瞻 史記·周本紀 顧詹有河 註 詹，同瞻 又 與占通 楚辭·卜居 往見太卜鄭詹尹 註 占卜之官也 又 與蟾通 淮南子·說林訓 月照天下，蝕於詹諸 註 月中蝦蟇 爾雅·釋魚 作蟾諸 又 dàn 字彙補 徒濫切音澹。足也 呂覽·適音篇 夫音亦有適，太小則志嫌，以嫌聽小，則耳不充，不充則不詹，不詹則宛 註 詹，音澹 △ 說文 在八部，从言从八从𠂂 徐曰 𠂂，高也。八，分也。多故可分。俗作𠌺，非。鼇 又瞻07338 𤈶31870 𧝦15630 𧮺56255

詘 wēi_6.13　集韻 烏回切音隈。呼人也。又呼聲。又 集韻 戶賄切，回上聲。義同。

詵 shēn_6.13　唐韻 所臻切 集韻 韻會 正韻 疏臻切夶音莘 說文 致言也 徐曰 先致其言也 博雅 問也 廣韻 衆人言也 又 玉篇 衆多也 詩·周南 螽斯羽詵詵兮 傳 衆多也。又 和集貌 陳書·周弘正傳 後進詵詵，不無傳業 元史·張翥傳 子弟從之者詵詵如也 又 集韻 先見切音霰。義同。鼇 又詵55996

𦧒 rě_6.13　集韻 爾者切音惹。與喏同，應聲也。又 rè 集韻 人夜切，惹去聲。義同 又 類篇 如也。

詆 jiù_6.13　字彙 巨九切音舅。毀也○按音義與譖同，疑是俗諮字。

詺 mìng_6.13　廣韻 集韻 韻會 彌正切 正韻 眉病切，夶名去聲 類篇 目諸物也 廣韻 詺目 增韻 辨別物名 唐書·于志寧傳 昔陶弘景以 神農經 合雜家別錄詺之。△ 廣韻 或單作名字。鼇 又俗銘63126 金石文字辨異 引 唐處士包公夫人墓誌銘 又俗詔55799，引 漢孔龢碑

詆 cì_6.13　正字通 字彙 云 集成 有詆無詆，此字疑譌。按誅音戍，俗作誅。因聲近而譌从戍，無戍音 集成 載誅，亦誤。鼇 梁春勝：俗諫55922

詹 yàn_6.13　集韻 嗲06535古作詹。

諫 cì_6.13　唐韻 集韻 韻會 夶七賜切音刺 說文 數諫也 韻會 謂數其過而諫之也 又 通作刺 佩觿集 譏諫也 毛詩序 下以風刺上 孟子 刺之無刺也。鼇 又誠55920 又 玉篇殘卷 諫56017，千吏反 字書 謀也。

詶 chóu_6.13　唐韻 市流切 集韻 韻會 時流切夶音讎 說文 譸也 玉篇 詶，答也 廣韻 以言答之也 後漢·崔駰傳 亦號咷以詶咨 南史·謝瀹傳 彼上人者，難爲詶對。北史·劉芳傳 詶答論難 元包經 譄之詶，後言以答也。註 詶，與酬同 又 廣韻 集韻 夶承呪切，讎去聲。義同。又 zhòu 集韻 正韻 夶職救切，周去聲。詛也。與祝、呪夶通。

詷 tóng_6.13　唐韻 正韻 徒紅切 集韻 韻會 徒東切夶音同◆ 說文 共也。一曰譀也，引 周書 在夏后之詷，今 書 顧命 作在後之侗 釋文 馬本作詷，共也 又 廣韻 韻會 正韻 徒總切 集韻 杜孔切，夶同上聲。義同 又 諰詷，急也 又 dòng 廣韻 集韻 韻會 正韻 夶徒弄切。同去聲 類篇 諰詷，急言 後漢·鄧皇后紀 輕薄諰詷 註 言急遽也。詷，音洞 又 玉篇 共同也 禮·祭統 鋪筵設同几，爲依神也 註 同之言詷也 疏 詷，共也 釋文 詷，徒貢反。若單作同字，是齊同之同，非詷共之詷。若詷共之詷，則言旁作同，故 古文 字林 皆訓詷爲共，是漢、魏之時，字

詻 è_6.13　唐韻 五陌切 集韻 韻會 正韻 鄂格切夶音額◆ 說文 論訟也 博雅 詻詻，語也 六書故 辭屬也 墨子·親士篇 分議者延延，而支苟者詻詻 又 玉篇 教令嚴也 禮·玉藻 戎容暨暨，言容詻詻 疏 軍旅行教令宜嚴猛也 又 人名。與詻、崇詻，見 宋史·宗室表 又 通作噩 前漢·天文志 太歲在酉，曰作詻 註 爾雅 作作噩 又 lüè 集韻 力灼切音略。聲也 又 luò 集韻 歷各切音洛。訟言也。與咯同。

詼 huī_6.13　廣韻 苦回切 集韻 韻會 正韻 枯回切夶音恢 廣雅 調也 玉篇 調戲也 類篇 譏戲也 增韻 謔也，嘲也 前漢·枚乘傳 枚皋詼笑類俳倡。又 東方朔傳 指意放

蕩，頗復詼諧 蜀志·馬忠傳 詼啁大笑，忿怒不形於色。
図通作惺 張衡·東京賦 由余以西戎孤臣而惺穆公于宮
室 註 惺，猶嘲也。與詼同。鏊又詼55999

詽 yán_6.13　唐韻 呼堅切 廣韻 呼煙切 集韻 馨煙切，
丛顯平聲 說文 静語詽詽也 類篇 訶也，怒也図人名。
汝詽，見 宋史·宗室表 図tiān 廣韻 他前切音天。訶貌。
図yán 廣韻 五閑切 集韻 牛閑切，丛眼平聲。訟也，爭
也。鏊朝鮮本 龍龕 訮，正。許延切。訶也，怒也。又
五閑切。亦静訟也。又音天。亦訶也。訮55678，同。今
增。訧55648，或作。訐55618，俗 玉篇 音訶。

詾 xiōng_6.13　廣韻 集韻 正韻 丛許容切音凶 說文 說
也 類篇 訟也，盈也。一曰衆言 五代史·四夷兀欲傳 聚
而謀者詾詾図 說文 或作詾，省作詾 蜀志·趙雲傳 天下
詾詾，未知孰是図 韻會 亦作詾 晉書·五行志 元康中童
謠云城中馬子莫嚨詾，比至來年纏汝髮図xiōng 廣韻
許拱切 集韻 韻會 詾拱切，丛凶上聲。亦衆言也。
図 廣韻 詾，嚇也図 增韻 喧庈之聲也図 韻會 亦作詾
呂覽·樂成篇 功之難立也。其必由詾詾耶 荀子·解蔽篇
聽漠漠以爲詾詾 韻會小補 亦作詾図通作匈 史記·高
祖紀 天下匈匈，勞苦數歲 師古註 喧擾之意 前漢·東方
朔傳 君子不爲小人匈匈而易其行 師古註 讙議之聲。
図通作訩 前漢·翟方進傳 羣下兇兇図通作凶 後漢·蔡
邕傳 凶凶道路図通作洶 後漢·何敬傳 論議洶洶。
図或作恟 魏志·曹爽傳 天下恟恟図通作恟 焦氏易林
爭訟恟恟図或作恊 舊唐書·文帝紀 京師恊恊。
鏊又讻55736詾55847詾55726訖55702訩55981

詾 xiōng_6.13　說文 同詾
音說。出釋典 正字通 說字之譌。

訊 shuō_6.13　字彙 輸藝切
說字之譌。

註 guà_6.13　唐韻 集韻 韻會 丛古賣切音卦 說文 誤也
博雅 欺也 史記·吳王濞傳 註亂天下 前漢·王莽傳 臣莽
當受註上誤朝之罪 集韻 或作諣図 廣韻 胡挂切 集韻
胡卦切丛音絓。與望同。礙也図 集韻 古罵切，瓜去聲。
與諣同。相諣誤也。或作諣図 正韻 古畫切，乖去聲。
亦與諣同。鏊又詿56002詿56507

訵 èr_6.13　廣韻 集韻 丛仍吏切，而去聲 廣雅 誘也
図人名。希訵、汝訵，見 宋史·宗室表図 廣韻 如之切
集韻 人之切丛音而。義同図chǐ 集韻 丑里切音蚳。辱
也，與恥同。

誁 běng_6.13　字彙 補梗切，迸上聲。說也。又助言也。
図人名 宋史·宗室表 贈朝散大夫不誁△ 正字通 當作
誁。省作誁。別作誁，非。鏊又誁56602

誂 tiǎo_6.13　唐韻 集韻 正韻 丛徒了切音窕 說文 相呼
誘也 廣雅 戲也 玉篇 弄也 史記·吳王濞傳 使中大夫應
高誂膠西王 註 謂以微言動之也 呂覽·音初篇 流辟誂越
慆濫之音出 戰國策 楚人有兩妻，人誂其長者，長者詈
之，誂其少者，少者許之図嘅誂，清暢貌 楚辭·九思 聲

嘅誂兮清和 図diào 字彙補 多嘯切音弔。卒然也 淮南
子·兵略訓 雖誂合刃于天下，誰敢在其上者△ 說文 本
作誂 集韻 或作嗺 字彙補 譌作誂，非。鏊又誂55965
図 史記·吳王濞傳 云云。徐慧：索隱：音徒鳥反。原書
有音無注，注文系杜撰。

誃 chǐ_6.13　唐韻 尺氏切 集韻 韻會 敞尒切丛音侈 說
文 離別也図人名 宋史·宗室表 修武郎士誃図 通作哆
爾雅·釋言 斯、誃，離也 註 陳齊曰斯。誃見 詩 疏 斯、
析、誃、張，皆分離也。陳、齊曰斯者 陳風·墓門 斧以
斯之是也。云誃。見 詩 者 小雅·巷伯 哆兮侈兮。鄭箋
因箕星之哆，而又侈大之，是也。誃、哆音義同図 集
韻 或作誃 說文 周景王作洛陽誃臺 徐曰 爾雅 堂樓邊
小屋。此蓋小屋連於大屋體，其實則別自爲一區處也 前
漢·諸侯王表 周有逃責之臺 服虔註 周赧王負責，乃逃
此臺，後人因以名之 劉德註 洛陽南宮誃臺是也 師古
曰 誃音移図yí 集韻 類篇 丛余知切音移。與誃56589同。
臺名。一曰門名図 或作訑 戰國策 出謁門也 註 誃，別
也。元作訑図chí 玉篇 直移切 廣韻 直離切 集韻 陳知
切丛音馳。亦同誃。離也，別也図tuó 集韻 類篇 丛待
可切，跎上聲。欺罔也。與詑、訑丛同図 集韻 唐佐切，
跎去聲。義同図chì 集韻 類篇 丛充豉切，侈去聲。有
大度也。一曰慶也。與郄同。鏊陳齊曰斯。齊陳曰斯

誄 lěi_6.13　唐韻 力軌切 集韻 韻會 魯水切丛音壘 說
文 謚也 釋名 累也。累列其事而稱之也 廣韻 壘也。壘
述前人之功德也 周禮·春官·大祝 作六辭以通上下、親
疏、遠近，六曰誄 註 謂積累生時德行以錫之命，主爲
其辭也 左傳·哀十六年 孔丘卒，公誄之。子贛曰：生不
能用，死而誄之，非禮也 禮·檀弓 魯莊公及宋人戰于乘
丘，馬驚，敗績，縣賁父卜國死之。公曰：非其罪也。
遂誄之。士之有誄，自此始也。又 曾子問 賤不誄貴，
幼不誄長，禮也。惟天子稱天以誄之，諸侯相誄，非禮
也 註 累舉其平生實行爲誄，而定其謚，以稱之也。
図禱祀用誄 論語 誄曰：禱爾于上下神祇 疏 累功德以
求福 註 誄者，哀死而述其行之辭也 說文 引作讄。
△ 說文 本作誄 舉要 載 嚴發碑 作讬，非。鏊又誄56004
誄55898誄56094

誅 zhū_6.13　唐韻 陟輸切 集韻 韻會 追輸切丛音株 說
文 討也 廣雅 殺也 書·胤征 以干先王之誅 禮·月令 詰誅
暴慢 註 誅者，戮其人 前漢·刑法志 征暴誅悖，治之威
也 莊子·庚桑楚 爲不善乎顯明之中者，人得而誅之，爲
不善乎幽暗之中者，鬼得而誅之図 釋名 罪及餘人曰
誅。誅，株也。如株木根，枝葉盡落也 周禮·秋官·司烜
氏 軍旅，修火禁，邦若屋誅，則爲明竁焉 註 鄭司農云
屋誅，謂夷三族図 易·雜卦 明夷誅也 註 誅，傷也図 晉
語 小國敖，大國襲焉，曰誅図 玉篇 罰也 禮·曲禮 以足
蹙路馬芻有誅，齒路馬有誅 註 誅，罰也図 類篇 責也 左
傳·襄三十一年 誅求無時 註 誅，責也 周禮·天官·大宰 誅
以馭其過 疏 人有過失，非故爲之者，則以言語責讓之

又 翦除也 晉語 故以惠誅怨 註 誅，除也 楚辭·卜居 寧誅鋤草茅，以力耕乎 杜甫·岳麓山道林二寺詩 傍此煙霞茅可誅 正字通 翦茅爲屋。借用誅字 又 叶之由切音周 華覈·自責文 不敢違敕，懼速罪誅，冒承詔命，魂逝形留 又 叶株遇切，株去聲 蔡邕·釋誨 下獲熏胥之辜，高受滅家之誅，前車已覆，襲軌而騖。鎣 又诛55997

誆 55945 29587
kuāng_6.13 廣韻 渠放切 集韻 具放切，𠀤狂去聲 類篇 誑也 廣韻 謬言也 又 集韻 求往切，狂上聲。義同。又 字彙 今律爲誆騙字。讀平聲。鎣 又诓56005

誇 55946 29588
kuā_6.13 古文 侉 唐韻 苦瓜切 集韻 韻會 正韻 枯瓜切𠀤音夸 說文 譀也 玉篇 逞也 廣韻 大言也 史記·日者傳 多言誇，嚴莫大於此矣 前漢·揚雄傳 誇詡衆庶 晉書·成公綏傳 大而不誇 又 大也 前漢·外戚傳 妄誇布服糲食 孟康註 誇，大也。大布之衣也 又 廣雅 誇誇，切切也 又 集韻 通作夸 前漢·楊僕傳 懷銀黃，夸鄉里。又 韻會 或作侉 書·畢命 驕淫矜侉 又 qù 集韻 區遇切，驅去聲。歌也 又 叶苦禾切音科 韓愈·讀東方朔雜事詩 頷頭可其奏，送以紫玉珂。方朔不懲創，挾恩更矜誇。△ 字彙補 譌作誈 韻會 當从夸。俗作夸，非是。
鎣 正字通 咵05787舊註苦瓦切。誇上聲。言戾也。一曰與夸、誇通 又 誇56260誈55974

𧦧 55947 29589
gào_6.13 說文 古文誥56059字。

訽 55948 29590
xùn_6.13 正字通 古文訊55591字。

𧩖 55949 29591
shàn_6.13 正字通 與訕、姍𠀤同。

𫍶 55964 u2B366
nóu_6.13 簡 譨56739

詽 55950 29592
nán_6.13 說文 詽本字

𧦬 55951 29593
wǎng_6.13 集韻 類篇 𠀤文紡切音罔。誣也。與誷同△ 玉篇 廣韻 俱作調 字彙補 譌作𧦬，非。

𧩓 55952 29594
yǎ_6.13 集韻 類篇 𠀤語下切音雅。詐𧩓，言戾也。

𫍵 55965 u2B365
tiǎo_6.13 簡 誂55941

𧦧 55953 29595
gào_6.13 字彙補 古文誥56059字 說文長箋 小篆形溷譽字，非。

𧩔 55954 29596
jì_6.13 字彙補 具義切音芰。謀也。

𧨣 55961 45503
tì_6.13 龍龕 音誠

訬 55955 29597
chǎo_6.13 字彙補 楚絞切音煼。弄人也。鎣 俗謅56423

誈 55956 29598
wū_6.13 字彙補 同誣。見 篇韻。疑誤 又 人名。孟誈，見 宋史·宗室表。鎣 㐅48289古文誈。

䛦 55957 29599
sòng_6.13 玉篇 古文訟55651字。

𧩃 55958 41865
zhǐ_6.13 說文長箋 同䛗。

𧩄 55959 41866
lù_6.13 篇海類編 同錄。鎣 俗詠56188

誗 55960 41867
dié_6.13 說文長箋 詄本字。

䟰 55962 45505
jí_6.13 篇海類編 子石切音跡。鎣 又訷55708

𧩂 55963 45506
shàn_6.13 篇海類編 音虔。又同訕。

𫍷 55966 u2B364
jiǎo_6.13 簡 譑56666

𫍴 55967 u2B363
tóng_6.13 簡 詷55924

𫍲 55968 u2B362
náo_6.13 簡 譊56652

𫌺 55970 u2B33A
null_6.13 未詳。

𫌻 55969 u2B33B
āi_6.13 或同哀 寡子卣 烏虖，誒帝家。

𧧯 55972 u279EF
null_6.13 或讀光 𪍂鐘 龢平均詵，霝色若華。

𧧮 55973 u279EE
huǎng_6.13 同謊55881

𧨜 55971 u27A1C
quǎn_6.13 敦煌P.3906 碎金 相詢誘：吉典反。黃征 敦煌俗字典 詢，同誸55769

𧧭 55974 u279ED
kuā_6.13 字彙補 誈，與誇55946同。

𧧬 55975 u279EC
xiè_6.13 龍龕 𧧬，俗謝56466 又 zhì 古文誌56011

𧧨 55976 u279E8
duò_6.13 同䜐55897

𧧧 55977 u279E7
lì_6.13 詈55779本字

𧧦 55978 u279E6
xiòng_6.13 可洪音義 詗通：上休政反。自也。正作詷（詷55808）也。道不詷通也。

𧧥 55979 u279E5
null_6.13 未詳。

𧧤 55980 u279E4
null_6.13 未詳。

𧧣 55981 u279E3
xiōng_6.13 同詾55935

𧧢 55982 u279E2
huǎng_6.13 同謊55881

讲 55983 u4724
null_6.13 未詳。

诩 55984 u8BE9
xǔ_6.13 簡 詡55878

诨 55985 u8BE8
hùn_6.13 簡 諢56302

诧 55986 u8BE7
chà_6.13 簡 詫55900

详 55987 u8BE6
xiáng_6.13 簡 詳55916

该 55988 u8BE5
gāi_6.13 簡 該55915

诤 55989 u8BE4
zhèng \ zhēng_6.13 簡 諍56193

诣 55990 u8BE3
yì_6.13 簡 詣55880

询 55991 u8BE2
xún_6.13 簡 詢55879

诡 55992 u8BE1
guǐ_6.13 簡 詭55903

诠 55993 u8BE0
quán_6.13 簡 詮55904

诟 55994 u8BDF
gòu_6.13 簡 詬55902

话 55995 u8BDD
huà_6.13 簡 話55910

诜 55996 u8BDC
shēn_6.13 簡 詵55918

诛 55997 u8BDB
zhū_6.13 簡 誅55944

诙 55999 u8BD9
huī_6.13 簡 詼55933

诚 55998 u8BDA
chéng_6.13 簡 誠56006

诘 56000 u8BD8
jié_6.13 簡 詰55909

诗 56001 u8BD7
shī_6.13 簡 詩55895

诖 56002 u8BD6
guà_6.13 簡 詿55938

试 56003 u8BD5
shì_6.13 簡 試55883

诔 56004 u8BD4
lěi_6.13 簡 誄55943

诓 56005 u8BD3
kuāng_6.13 簡 誆55945

誊 56007 u8A8A
téng_6.13 簡 謄56422

誠 56006 u8AA0
chéng_6.13 參見誠56048

誉 56008 u8A89
yù_6.13 簡 譽56809

諴 56009 29600
hàn_7.14 說文 俗譀字

誋 56010 29601
jì_7.14 唐韻 集韻 韻會 𠀤渠記切音忌 說文 誡也 徐曰 今言誡誋，是也 淮南子·繆稱訓 目之精者，可以消澤而不可以昭誋 註 誋，誡也。不可以教導戒人 又 廣雅 告也 玉篇 禁也 廣韻 信也 又 人名。汝誋、輿誋，見 宋史·宗室表 又 gào 字彙補 古到切音告 淮南子·齊俗訓 日月之所照誋 註 誋，音告。鎣 又记56090

誌 56011 29602
zhì_7.14 唐韻 集韻 韻會 𠀤職吏切音志 說文 記誌

也 唐書·褚亮傳 圖史一經目，輒誌于心 南齊書·王慈傳 朝堂榜誌 列子·楊朱篇 大古之事滅矣，孰誌之哉 文中子·述史篇 制誌詔冊，則幾乎典誥矣 註 誌，臣下誌君之善也 圖 同志 正字通 凡史傳記事之文曰誌 周禮·春官 小史掌邦國之志 註 志，謂記也。又 漢書 有十志，俱與誌同 圖 類篇 或作識 論語 女以予爲多學而識之者與 圖 韻會 通作痣 史記·漢高祖紀 左股七十二黑子 師古註 今中國通呼爲靨子，吳、楚俗謂之誌。誌，記也 南齊書·江祐傳 高宗胛上有赤誌 鼇 又誌63300 圖 六書統 裁，職吏切。記也。从言从載省。言載所以記也。鍾鼎文 䛈55691，省文。誌，小篆从志。

認 rèn_7.14 唐韻 集韻 韻會 正韻 䛈而振切音刃 玉篇 識認也 增韻 辨識也 關尹子·二柱篇 渾人我同天地，而彼私智認而已之 後漢·卓茂傳 時嘗出行，有人認其馬，解與之，他日別得，亡者詣府送還 元史·王克敬傳 臨事不認眞，豈盡忠之道乎 圖 錯認，水酒名。見 南宋市肆記 圖 讀書通 與仞通 前漢·儒林傳 孟喜因不肯仞 圖 韻會 與訒55604通 圖 廣韻 正韻 而證切 集韻 如證切，䛈仍去聲。義同。鼇 又认55585忍17177 圖 可洪音義 愛訒：而根反，識也，難言也，或作認。人訒：音刃，識也。正作認。

詉 náo_7.14 玉篇 集韻 䛈奴刀切音猱。喜也 圖 譅也。

誹 hàn_7.14 廣韻 胡笴切 集韻 下罕切䛈音旱。多言也，大言也。又 正字通 屬言也。與哻通。

諕 shǎn_7.14 集韻 類篇 䛈失冄切音閃。誘言也。

詉 jiá_7.14 玉篇 古協切 集韻 吉協切䛈音頰。與唊同。妄語也，多言也 韓非子·姦劫篇 世之愚學，皆不知治亂之情，謣詉多誦先古之書，以亂當世之治 圖 人名 宋史·宗室表 保義郎不詉。

諫 sù_7.14 唐韻 桑谷切 集韻 蘇谷切䛈音速◆ 說文 舖旋促也 廣雅 諫促也 類篇 飾也 佩觿集 衟也 圖 人名。希諫、崇諫，見 宋史·宗室表 圖 cù 廣韻 七玉切 集韻 趨玉切䛈音促。義同 圖 玉篇 從也。鼇 又諫56619

誏 lǎng_7.14 廣韻 盧黨切 集韻 里黨切，䛈郎上聲。言之明也。與朗同 圖 làng 玉篇 集韻 䛈郎宕切，郎去聲。閑言也。又譴也。一曰泛言也。

誐 é_7.14 唐韻 吾何切 集韻 牛何切䛈音莪 說文 嘉善也。引 詩 誐以溢我 正字通 按 周頌 維天之命章，本作假以溢我。朱傳云何爲假聲之轉，恤爲溢寧之譌 說文 改假爲誐，誤 圖 玉篇 吟也 正字通 與哦通 圖 人名。希誐、必誐，見 宋史·宗室表 圖 ě 集韻 類篇 䛈語可切，莪上聲。義同。

誆 kuáng_7.14 唐韻 居況切 集韻 韻會 正韻 古況切䛈音怳 說文 欺也 玉篇 惑也 曲禮 幼子常視無誆 釋文 欺

也 史記·高祖紀 紀信乘王駕，詐爲漢王誆楚 舊唐書·姚崇傳 遞相欺誆 子牙子論將篇 信而喜信人者可誆也 註 惑也 圖 集韻 或作迋 詩·國風 無信人之言，人實迋女 傳 迋，與誆同 圖 韻會 亦作誑 史記·鄭世家 晉使解揚誆楚 △ 說文 本作誆 集韻 或作誑、迋。鼇 又誆56116

詞 dòu_7.14 廣韻 都豆切 集韻 丁候切䛈音鬬。與謥同。詞䛈，不能言也 韓愈·南山詩 或如賁育倫，賭勝勇前購。先強勢已出，後鈍嗔詞䛈。

詒 tú_7.14 集韻 類篇 䛈同都切音徒。詗詒，言不了也。

誒 xī_7.14 唐韻 許其切 集韻 虛其切䛈音僖◆ 說文 可惡之辭。一曰誒然。引 春秋傳 誒誒出出。今 左傳·襄三十年 作譆譆 圖 前漢·韋賢傳 勤誒厥生 註 誒，歎聲。圖 楚辭·大招 誒笑狂只 註 誒，猶强也。或曰笑樂也。一作娛 圖 誒詒55796，疑疾 圖 玉篇 虛宜切音義。又 集韻 呼來切音哈。又於開切音哀。又於代切，哀去聲。又於記切音意。義䛈同 △ 集韻 或作唉。鼇 又誒56113

誓 shì_7.14 古文斳斳 唐韻 集韻 韻會 䛈時制切音逝 說文 約束也 六書統 从言从折。以言折其罪也 爾雅·釋言 謹也 註 所以約勤謹衆衆 疏 謹，敕也。集將士而戒之曰誓 釋名 制也，以拘制之也 正韻 約信也 書·大禹謨 禹乃會羣后，誓于師 傳 誓，戒也。軍旅曰誓 左傳·閔二年 誓軍旅 註 宣號令也 禮·曲禮 約信曰誓 疏 用言辭共相約束，以爲信也。又 文王世子 曲藝皆誓之 註 戒謹也 圖 玉篇 命也 周禮·春官·典命 凡諸侯之適子，誓于天子攝其君 註 誓，猶命也。言誓者，明天子既命之爲嗣，樹子不易也 圖 禮，將祭而號令齊百官，亦謂之誓 周禮·天官·大宰 祀五帝則掌百官之誓戒 註 誓戒，要之以刑，重失禮也 圖 男女私約亦曰誓 詩·國風 信誓旦旦。圖 尚書 有甘誓、湯誓、泰誓、牧誓、費誓、秦誓 皆篇名 傳 書有六體，誓其一也 圖 人名 史記·秦始皇紀 高誓，古仙人名 圖 yì 集韻 以制切音曳。相約以言也 圖 食列切音舌。義同。鼇 又鍖63326 圖 嘗。

誔 tǐng_7.14 ◆ 廣韻 徒鼎切 集韻 待鼎切，䛈庭上聲 廣雅 訑也 玉篇 詭言也 類篇 欺慢也 圖 dìng 集韻 徒徑切音定 類篇 詭詐也。

誕 dàn_7.14 廣韻 徒旱切 集韻 韻會 蕩旱切 正韻 徒亶切䛈音袒 說文 詞誕也 徐曰 妄爲大言也 廣韻 欺也 書·無逸 乃逸，乃諺，既誕 蔡傳 誕妄 孔傳 欺誕 史記·扁鵲傳 先生得無誕之乎 荀子·修身篇 易言曰誕 說苑·賢篇 口銳者多誕而寡信 圖 正韻 放也 左傳·昭元年 伯州犂曰：子姑憂子晳之欲背誕也 註 放誕也 晉書·羊曼傳 阮孚爲誕伯 圖 爾雅·釋詁 大也 書·大禹謨 帝乃誕敷文德 傳 大也 詩·大雅 誕彌厥月 毛傳 大也 朱傳 發語辭 圖 字彙 闊也 詩·國風 旄丘之葛兮，何誕之節兮 箋 土氣緩，則葛生闊節 圖 廣韻 育也 後漢·裴楷傳 昔文王一

妻,誕致十子 晉書·袁宏傳 誕靈物以瑞德 又 玉篇 天子生曰降誕 後漢·虞美人傳 誕生聖皇 舊唐書·德宗紀 上誕日不納中外之貢 又 廣雅 信也 又 誕馬 唐書·儀衞志 一品鹵簿,有誕馬六 宋史·儀衞志 誕馬,散馬也。 又 國名 魏志·東夷傳 有古誕者國 又 獸名。詳訛55641字註 又 正韻 杜晏切,袒去聲◇亦放也。與訑同。△ 集韻 亦作噠。鑋 又 觝15916 詉56252 誔56262 诞56126 又 逪55590,籀文誕,省企 又 正字通 诞56025 誕字之譌。

諄 bèi_7.14 古文蠻 唐韻 正韻 蒲沒切 集韻 薄沒切丛音勃 說文 亂也 唐韻 言亂 史記·三王世家 儒者稱其術,或諄其心 前漢·禮樂志 四達而不諄 唐書·盧江郡王傳 李瑗諄亂諸君,皆爲註誤 又 惑也 前漢·司馬遷傳 愍學者不達其意而師諄 師古註 各習師法,惑于所見。 又 乖也 前漢·王商傳 誣罔諄大臣節 師古註 諄,乖也。 又 廣雅 癡也 玉篇 逆也 又 fú 集韻 分物切音弗。 又 廣韻 集韻 蒲昧切 韻會 蒲妹切 正韻 步昧切丛音佩。 又 廣韻 集韻 丛補妹切音背。義丛同 又 fèi 集韻 方未切音沸。悖也△ 說文 或作悖 集韻 或作哱咈惎悥 韻會 通作茀 韻會小補 又作怫。鑋 集韻 諄悥瞽僋02247,亂也 又 誖56483 諫56777

誅 jiù_7.14 廣韻 居祐切 集韻 韻會 正韻 居又切丛音疚。與救同 文字音義 止也,禁也,助也 又 集韻 渠尤切音求。義同。

讇 chán_7.14 廣韻 直廉切 集韻 持廉切丛音沾。言美利也 又 人名。副將褚讇、卜人秦讇,丛見 唐書 又 玉篇 集韻 丛直嚴切,堁平聲。義同。

詷 bié_7.14 廣韻 方別切 集韻 筆別切,丛鞭入聲。分契也。又言析理也 又 人名 宋史·宗室表 贈開府儀同三司永國公士詷 又 集韻 皮列切,便入聲。義同△ 廣韻 與莂同 集韻 或作辯 字彙補 又作謥,非。

諙 huà_7.14 說文 話本字。

儵 xì_7.14 唐韻 胡禮切 集韻 戶禮切,丛奚上聲 說文 待也 六書統 从信从只。只,語已辭。約信于人,慎待而已,不更變也 又 人名。希儵、師儵,見 宋史·宗室表△ 集韻 或作徯蹊㜻㒅 字學指南 謌作儵,非。鑋 又 𦣋56191

諀 pǐ_7.14 廣韻 匹夷切 集韻 韻會 正韻 篇夷切丛紕 類篇 錯謬也 集韻 或作怶,通作紕 又 bǐ 玉篇 必奚切 集韻 邊迷切丛音睥。義同 又 廣雅 誤也 集韻 或作諀。

諤 tū_7.14 廣韻 集韻 韻會 正韻 丛他谷切音禿。狇諤,狡猾也。一曰相欺諤也 又 廣韻 土禾切 集韻 土和切,丛涹平聲。義同 又 類篇 僻誔也。

誘 yòu_7.14 古文莠 唐韻 與久切 集韻 韻會 以九切,丛音酉。爾雅·釋詁 進也。又 詩·陳風·衡門序 衡門,誘僖公也 箋 進也 又 玉篇 相勸也 廣韻 道也 書·大誥 肆予大化,誘我友邦君 傳 化其固滯,誘其順從 詩·召南 有女懷春,吉士誘之 傳 道也 又 廣韻 教也 儀禮·鄉射禮 誘射 註 教也 又 說文 相訹呼也 玉篇 誘,引也 左傳·僖十年 郤芮曰:幣重而言甘,誘我也 史記·越王句踐世家 吳太宰嚭貪,可誘以利 又 通作牖 詩·大雅 天之牖民 正義 牖與誘通 禮·樂記 詩 云誘民孔易 註 詩 本作牖△ 說文 本作羑。或作誏 集韻 或作藟。鑋 又 羑05106 羑05120 唀06003 莠49991 羑45857 诱56118

誙 kēng_7.14 廣韻 口莖切 集韻 韻會 丘耕切丛音鏗 玉篇 牾也 增韻 言確也 又 類篇 誙誙,趨死貌 莊子·至樂篇 吾觀俗之所樂,舉羣趨者,誙誙然如將不得已,而皆曰樂者,吾未之樂也 又 集韻 何耕切音莖。又下頂切音婞。義丛同。

詐 zhà_7.14 唐韻 鉏駕切 集韻 正韻 助駕切丛音乍 說文 慙語也 又 集韻 疾各切音昨。義同△ 類篇 或作諎。

誼 yì_7.14 古文諠 唐韻 儀寄切 集韻 韻會 宜寄切丛音義 說文 人所宜也 徐曰 按 史記 仁義字作此 古文尚書 遵王之誼 前漢·董仲舒傳 摩民以誼 唐明皇詔 改作義 又 玉篇 理也 廣韻 善也 又 韻會 通作議 前漢·董仲舒傳 論誼考問 又 yí 字彙 魚羈切音宜。見議56755字註△ 玉篇 書作誼。鑋 又 諠41577 誼56107 谊56264

誚 qiào_7.14 說文 古文譙字 書·金縢 王亦未敢誚公 傳 讓也 前漢·黥布傳 項王數使使者誚讓召布 註 誚責也。鑋 又 诮56121

誛 qīn_7.14 集韻 千尋切音侵 類篇 私語也 又 正字通 以言相侵犯也。

誜 shuà_7.14 玉篇 廣韻 所化切 集韻 數化切,丛傻去聲。俊言也。一曰妄言 又 人名。師誜,見 宋史·宗室表

諷 fēng_7.14 類篇 同誦

諳 ān_7.14 類篇 同譆。

語 yǔ_7.14 唐韻 魚舉切 集韻 偶舉切 韻會 魚許切 正韻 偶許切,丛魚上聲 說文 論也 徐曰 論難曰語。語者,午也。言交午也。吾言爲語,吾,語辭也。言者直言,語者相應答 釋名 敘也。敘己所欲說也 易·頤卦 君子以慎言語,節飲食 詩·大雅 于時言言,于時語語 疏 直言曰言,謂一人自言。答難曰語,謂二人相對 禮·雜記 三年之喪,言而不語 註 言,言己事也。爲人說爲語 家語 孔子之鄉,遭程子于塗,傾蓋而語終日 又 國名 別國洞冥記 勒畢國人長三寸,有翼,善言語戲笑,因名善語國 又 yù 廣韻 牛倨切 集韻 牛據切 韻會 正韻 魚據切,丛魚去聲 廣韻 告也 增韻 以言告人也 左傳·隱元年 公語之故 論語 居,吾語女 又 教戒也 魯語 主亦有以語肥也 又 地名 前漢·閩粵王傳 錢唐榬終古斬徇北將軍爲語兒侯 孟康註 語兒,越中地也。今吳南亭是 師古曰 語,或作籞、篽。鑋 又 语56122

䛛 56045 29636
huì_7.14　字彙 胡對切音繢。市韻。又言長也。
图人名。與譓，見 宋史·宗室表。

䋿 56046 29637
jiào_7.14　集韻 教21502古作䋿 字彙 教本从言，以言教之也。

詨 56047 29638
xiào_7.14　類篇 與詨、謞仝同。

誠 56048 29639
chéng_7.14　唐韻 氏征切 集韻 韻會 正韻 時征切丛音成 說文 信也 廣雅 敬也 增韻 純也，無偽也，眞實也 易·乾卦 閑邪存其誠 疏 言防閑邪惡，當自存其誠實也 書·太甲 鬼神無常享，享于克誠 傳 言鬼神不係一人，能誠信者則享其祀 眞德秀曰 唐虞時未有誠字 舜典 允塞卽誠之義。至伊尹告太甲始見誠字 禮·樂記 著誠去偽，禮之經也 中庸 誠者，天之道也。誠之者，人之道也 註 誠者，眞實無妄之謂 图 玉篇 審也 禮經解 故衡誠縣，不可欺以輕重 註 誠，猶審也。或作成 图郡名 唐書·地理志 悉州歸誠郡 图州名 唐書·地理志 嶺南道有思誠州。鼇通作誠56006簡化作诚55998

誡 56049 29640
jiè_7.14　唐韻 古拜切 集韻 韻會 正韻 居拜切丛音戒 說文 敕也 玉篇 命也，告也 廣雅 言警也 增韻 警敕之辭曰誡 易·比卦 邑人不誡。又 繫辭 小懲而大誡 左傳·桓十一年 鄖人軍其郊，必不誡 史記·周本紀 乃命伯冏申誡太僕 荀子·強國篇 發誡布令而敵退，是主威也 文中子·問易篇 君子思過而預防之，所以有誡也 正韻 丛與戒同 图劍名 刀劍錄 秦昭王鑄一劍，長三尺，銘曰誡 图 類篇 或作誮 字彙補 譌作誡，非。鼇又诫56124

誖 56050 29641
pīng_7.14　玉篇 匹丁切 集韻 滂丁切丛音俜。言也 图人名。崇誖，見 宋史·宗室表 图chōu 集韻 丑鳩切丑平聲 類篇 誖詶，不決。

誢 56051 29642
xiàn_7.14　玉篇 乎典切 集韻 胡典切，丛現上聲。静語也 图人名。希誢、崇誢，見 宋史·宗室表。
鼇俗誢55896

莏 56052 29643
suō_7.14　廣韻 集韻 丛蘇禾切音莏。佞也，動也。
图cuò 集韻 祖臥切音挫。以言折人也。

誣 56053 29644
wū_7.14　唐韻 武扶切 集韻 韻會 正韻 微夫切丛音無 說文 加也 徐曰 以無爲有也 玉篇 欺罔也 廣韻 誣，枉也 正韻 詐也，譏也，謗也 易繫辭 誣善之人其辭游 疏 誣罔善人，其辭虛漫 禮·表記 故其受祿不誣 註 不信曰誣 周語 其刑矯誣 註 加罪無辜曰誣 荀子·大略篇 不能而居之，誣也 图 讀書通 通作憮 論語 君子之道焉，可誣也 前漢·薛宣傳 引作憮 晉灼註 憮同誣 △篇韻 譌作誣。鼇又诬56123 巟56069 誉56071 图 龍龕 巟通，誣正。

謷 56054 29645
jiē_7.14　同謷。俗省

誎 56055 29646
cù_7.14　等韻 七玉切音促。言急也 正韻 通用促。

誤 56056 29647
wù_7.14　唐韻 集韻 韻會 正韻 丛五故切音寤 說文 謬也 書·立政 其勿誤于庶獄庶慎 傳 誤，失也 禮·聘義 使者聘而誤，主君弗親饗食也 註 誤，謂禮節錯誤也 前漢·張耳傳 君何言之誤 吳志·周瑜傳 瑜精音樂，雖三爵後，其闕缺誤，知之必顧。故時人謠曰：曲有誤，周郎顧 图 字林 通作悮。惑也 荀子·正論篇 是特姦人之誤于亂說，以欺愚者。鼇又悮17522 误56120

諿 56057 29648
xī_7.14　廣韻 集韻 丛許訖切音迄 廣雅 諿諿，語也 玉篇 語聲 廣韻 語瞋聲。又 集韻 語難貌 图xǐ 集韻 許豈切，欷上聲。語也 图xì 許几切，屭上聲。義同 图xì 虛器切音屭。亦語聲 图xì 許既切，欷去聲。語氣也。图xīn 許斤切音欣。大言也。

訶 56058 29649
hè_7.14　集韻 寒歌切音何 類篇 訶訶，衆聲也。或作啊。

誥 56059 29650
gào_7.14　古文 誩 誻 誽 唐韻 廣韻 古到切 集韻 類篇 韻會 正韻 居号切丛音告 說文 告也 徐曰 以文言告曉之也 廣雅 教也 易·姤卦 后以施命誥四方 周禮·春官 大祝作六辭，以通上下、親疏、遠近，三曰誥 註 杜子春曰：誥，當為告 書 亦可為告 图 韻會 告上曰告，發下曰誥 爾雅·釋言 謹也 註 所以約勤謹戒衆 疏 以六義諭衆謂之誥 尚書 誥誓之類是也 孔安國·尚書序 夏商周之書，雖設教不倫，雅誥奧義，其歸一揆 疏 三王之書，惟無典謨，以外訓、誥、誓、命、歌、貢、征、範類猶有八，獨言誥者，以別而言之，其類有八，文從要約，一誥兼焉。何者？以此八事，皆有言以誥示，故總謂之誥 穀梁傳·隱八年 誥誓不及五帝 周禮·秋官 士師掌五戒，二曰誥，用之于會同 文心雕龍 其在三代，事兼誥誓，誓以訓戒，誥以敷政 图 正字通 古者上下有誥，秦廢古稱制詔。漢武元狩六年，初作誥，然不以命官。唐稱制不稱誥，宋始以誥命庶官，明命官用敕不用誥。三載考績，則用誥以褒美。洪武十七年奏定有封爵者給誥，如一品之制，二十六年定一品至五品皆授以誥命，六品至七品，皆授以敕命 图鳥名 揚子方言 布穀，自關東西梁、楚之間謂之結誥 图gù 集韻 姑沃切音梏。亦告也。同告。鼇又叺05197 诰56119 亯55621

詡 56060 29651
xì_7.14　廣韻 許激切 集韻 馨激切丛音欶。私訟也，恨也，內侮也。亦作閧。

誦 56061 29652
sòng_7.14　唐韻 集韻 韻會 正韻 丛似用切音頌 說文 諷也 徐曰 臨文為誦。誦，從也。以口從其文也 廣韻 讀誦也 周禮·春官·大司樂 以樂語教國子：興、道、諷、誦、言、語 註 倍文曰諷，以聲節之曰誦 詩·大雅 誦言如醉 禮·文王世子 春誦夏絃 史記·儒林傳 兒寬行常帶經，止息則誦習之 图 廣雅 論也，言也 韓非子·難言篇 時稱 詩 書 道法往古，則見以為誦 註 誦，說舊事也 王融·策秀才文 進講誦志，以沃朕心 註 誦，言也 图 正字通 怨謗亦曰誦 左傳·襄四年 臧紇侵邾，敗於狐駘，國人誦之。又 晉語 惠公入，而背內外之賂。輿人誦之，皆怨辭也 图官名 周禮·地官 誦訓 鄭註 能訓說四方所誦習，及人所作為久時事 图鳥名 山海經 開明南有誦

鳥囝通作訟55651 囝叶侯容切音慵 詩·小雅 家父作誦，以究王訩。鋆又诵56114

誧 bū_7.14 唐韻 博孤切 集韻 韻會 奔模切夶音逋 說文 大也。一曰人相助也囝 廣雅 謀也，諫也囝 廣韻 普胡切 集韻 正韻 滂模切夶音鋪。義同囝 廣韻 滂古切 集韻 韻會 頗五切 正韻 滂五切，夶鋪上聲。義同囝 玉篇 大言也囝人名 吳志·妃嬪傳 漢議郎王誧 註 音普囝pù 廣韻 集韻 韻會 正韻 夶普故切，鋪去聲 玉篇 謀也。
鋆又訧55766

誨 huì_7.14 古文䯧 唐韻 荒內切 集韻 韻會 呼內切 正韻 呼對切夶音晦 說文 曉教也 徐曰 丁寧誨之，若決晦昧也 玉篇 教示也 廣韻 教訓也 易繫辭 慢藏誨盜，冶容誨淫 書·說命 朝夕納誨，以輔台德 詩·小雅 教誨爾子，式穀似之。鋆又誨56117

誩 jìng_7.14 古文䛝 唐韻 渠慶切 廣韻 渠敬切 集韻 正韻 渠映切夶音競 說文 競言也 廣韻 爭言也囝人名。與誩、崇誩，見 宋史·宗室表 囝 玉篇 虔仰切 廣韻 其兩切 集韻 巨兩切，夶強上聲。又 廣韻 集韻 夶他紺切 音探。又 集韻 徒濫切音淡。義夶同。

說 shuō_7.14 唐韻 失蓺切 集韻 韻會 正韻 輸蓺切 說文 說，釋也。一曰談說 釋名 述也。序述之也 廣雅 論也 玉篇 言也 廣韻 告也 增韻 解也，訓也。又所論之辭也 易·咸卦 滕口說也。又 繫辭 故知死生之說 書·益稷 庶頑讒說 詩·國風 士之耽兮，猶可說也。女之耽兮，不可說也 史記·老莊申韓傳 韓非作 說難 曰：凡說之難，在知所說之心，可以吾說當之 揚子法言 五經之爲衆說郛 文心雕龍 說者，悅也。兌爲口舌，故言咨悅懌。過悅必僞，故舜驚讒說囝 周易 有 說卦，孔子十翼之一 疏 陳說八卦之德業變化，及法象所爲也囝 周禮·春官·大祝 掌六祈，以同鬼神示，六曰說 註 謂以辭責之，如董仲舒救日食之祝是也囝攻說 周禮·秋官·庶氏 以攻說禬之 註 祈其神求去之也囝yuē 玉篇 余輟切 唐韻 弋雪切 集韻 韻會 欲雪切夶音閱。與悅通 玉篇 懌也 類篇 喜也，樂也，服也 易·益卦 民說无疆 詩·召南 我心則說 周禮·秋官 掌交達萬民之說 數也 詩·邶風 死生契闊，與子成說 疏 當與子危難相救，成其軍伍之數。勿得相背，使非理死亡也囝人名 書·說命序 高宗夢得說 註 夢得賢相，其名曰說。說，本又作兌囝姓 廣韻 傅說之後囝shuì 廣韻 舒芮切 集韻 韻會 正韻 輸芮切夶音稅 玉篇 亦談說也 增韻 說誘，謂以言語論人，使從己也 孟子 說大人則藐之 史記·蘇秦傳 遊說六國囝 舍也 詩·召南 召伯所說 左傳·宣十二年 日中而說 正韻 與稅駕之稅同囝ruì 集韻 儒稅切音芮。亦悅也。引 周禮 註：遊觀則施惠以爲說也。聶氏定作此音囝tuō 正韻 他括切音脫 韻會 挩，亦作說。與脫通 易·蒙卦 用說桎梏 禮·檀弓 孔子之衛，遇舊館人之喪，使子貢說驂而賻之。囝赦也 詩·大雅 彼宜有罪，女覆說之 註 音脫。鋆又

邵55937说56129说56115囝說56111說56112，同說，同形字。

誽 yuē_7.14 集韻 類篇 夶于戈切，音近阿。拒麏也。鋆又訬55614囝 正字通 誽，誇字之譌。

詾 sòng_7.14 集韻 訟55651古作詾 正字通 谷有深穿義，故从谷 玉篇 作訟，非。

譱 shàn_7.14 說文 篆文譱字 玉篇 類篇 俱作善，今作善囝人名。與譱，見 宋史·宗室表 鋆又譱45982譱56947

詉 wū_7.14 讀書通 誣通作詉 呂覽·知接篇 無由接而言見，詉 註 詉，讀曰誣。億不詳審也△ 正字通 按六書無詉，誣誷作詉。又字形與詭混。或誣誷作詉。郝氏承誤強通，非。

詠 chī_7.14 集韻 抽知切音癡。不知也。與誺同。

誩 líng_7.14 集韻 靈66880古作誩囝 字彙補 與誣同。

詿 wàng_7.14 類篇 同譧，省文。

訴 zhà_7.14 集韻 類篇 夶側下切音鮓。詐詑55952囝 集韻 類篇 夶仕下切，乍上聲。義同。

誫 zhèn_7.14 字彙補 支信切音震 列子·黃帝篇 罪乎不誫不止 音義 罪當作萌，誫音正。據此，則當作之盛切。鋆又誫56092

譁 huá_7.14 字彙補 何乞切音滑。頑也。

誇 kuā_7.14 篇海類編 與誇同。

詉 nè_7.14 字彙補 籀文訥字。

詘 niè_7.14 餘文 奴結切。哣呵也。

譮 huà_7.14 搜眞玉鏡 呼怪切 字彙補 誤也。鋆 龍龕 譮或作，話55910正。

謎 mí_7.14 字彙補 謎字之譌。鋆 龍龕 謎，莫計反。隱言也 可洪音義 點謎：米計反。謎言：上米計反。

諃 chén_7.14 五音篇海 音臣。

詽 chán_7.14 篇海類編 直廉切，音纏◇。

誂 tiāo_7.14 篇海類編 與誂同。

誜 yán_7.14 篇海類編 胡丁切音刑。鋆 慧琳音義 訮55678笑：上顯天反 倉頡篇 云訮，呵也 廣雅 怒也 說文 爭語訮訮也。經文作誜，非也。字書無此字囝 可洪音義 誜咲：上尸經反。下音笑。正作形16440咥也，並恨。

詻 è_7.14 篇海類編 烏合切音姶。

詗 xiòng_7.14 篇海類編 同詗。

詽 xìn_7.14 篇海類編 音信。

詤 xǐ_7.14 龍龕 同譺

諔 xiāo_7.14 龍龕 同諔。

56090 u2B36A jì_7.14　簡 誋56010

56091 u2B369 huà_7.14　簡 譌56305

56092 u2B368 zhèn_7.14　簡 譖56074

56093 u2B367 chī_7.14　簡 誺56152

56094 u2B33E lěi_7.14　鄧福祿：誄疑即誺55898的增筆字。

56095 u2B33D null_7.14　未詳。

56097 u27A22 xiáng_7.14　詳55916本字

56096 u2B33C lián_7.14　龍龕 譧56568詿，音連。

56098 u27A1B hěn_7.14　詪55896本字。見 說文

56099 u27A1A huǐ_7.14　俗詯56326

56100 u27A15 shuō_7.14　俗說56065 可 洪音義 詯言：上尸悅反。正作說也。

56101 u27A16 sòng_7.14　俗頌67966 永樂大典殘卷•卷之五百四十一東•頌 誦 靈臺碑 引 漢隸字源

56102 u27A14 null_7.14　未詳。

56103 u27A13 null_7.14　未詳。

56104 u27A12 null_7.14　未詳。字見文淵閣 四庫全書集部•總集類•元音•卷一 郝經•巴陵女子行

56105 u27A11 null_7.14　未詳。

56106 u27A10 null_7.14　未詳。

56107 u27A0F yì_7.14　俗誼56155

56108 u27A0E null_7.14　未詳。

56109 u27A0D qiān_7.14　譽56199字譌誤。

56111 uF9A1 shuō_7.14　兼 說。

56110 u27A0C pǔ_7.14　同譜56314 字海 同譜56719字見王廉訪 致閩中曾方伯望顏信

56112 uF96F shuō_7.14　兼 說。

56113 u8BF6 éi_7.14　簡 誒56023

56114 u8BF5 sòng_7.14　簡 誦56061

56116 u8BF3 kuáng_7.14　簡 誆56020

56117 u8BF2 huì_7.14　簡 誨56063

56115 u8BF4 shuō_7.14　簡 說56065

56118 u8BF1 yòu_7.14　簡 誘56035

56119 u8BF0 gào_7.14　簡 誥56059

56120 u8BEF wù_7.14　簡 誤56056

56121 u8BEE qiào_7.14　簡 誚56039

56122 u8BED yǔ_7.14　簡 語56044

56123 u8BEC wū_7.14　簡 誣56053

56124 u8BEB jiè_7.14　簡 誡56049

56125 u8BEA zhōu_7.14　簡 譸56792

56126 u8BDE dàn_7.14　簡 誕56026

56127 u8AAE huā_7.14　日 優美、溫柔和字正俗通。和製一．人品 譁，ヤサシ．

56129 u8AAC shuō_7.14　同說56065

56128 u8AAD dú_7.14　日 同讀56836

56130 29667 wù_8.15　唐韻 宛古切 集韻 於五切，夶汙上聲 說文 相毀也。一曰畏惡 集韻 或作諤 囡 wù 集韻 烏故切，汙去聲 囡 è 遏鄂切音惡。夶與諤同 囡 qià 集韻 丘駕切音赫 類篇 誣訝，言不正也 囡 è 集韻 乙格切音餶。與啞同。笑也△ 篇海 作誇，非。

56131 29668 qióng_8.15　廣韻 集韻 韻會 夶去仲切，莒去聲。多言也 囡 詢問也。

56132 29669 zhāng_8.15　集韻 中良切，與張通 類篇 譸譇，誆也

囡 zhèng 集韻 豬孟切音鬸。與伥同 類篇 譅悷，疎率也。

56133 29670 shì_8.15　類篇 同諰。省文。

56134 29671 chàng_8.15　集韻 同唱 囡 人名。崇誯，見 宋史•宗室表

56135 29672 shuí_8.15　廣韻 集韻 視隹切 玉篇 是推切，並音脽 說文 何也 玉篇 不知其名也 易•同人 出門同人。又誰咎也 詩•召南 誰其尸之，有齊季女 左傳•隱元年 其誰曰不然 老子道德經 吾不知誰之子 莊子•天運篇 子生，五月而能言，不至乎孩而始誰 註 未至孩童，便知人之姓名爲誰 囡 爾雅•釋訓 誰昔昔也 詩•國風 誰昔然矣 傳 猶言疇昔也。郭璞曰：誰，發語辭 囡 正韻 誰何，詰問也。◆前漢•賈誼傳 陳利兵而誰何 師古註 問之爲誰也 囡 前漢•五行志 大誰卒 師古註 主問非常之人，云姓名是誰也。大誰，本以誰何稱，因用名官，有大誰長。今此卒者，長所領士卒也 囡 姓 萬姓統譜 誰龍，明正德間九江府照磨 囡 讀書通 通作孰，引 莊子•列禦寇 莫覺莫悟，何相孰也。又通作疇。引 書•舜典 疇若予上下草木鳥獸，卽孰若，夶與誰同 囡 韻會 亦作譙 史記•衞綰傳 不譙呵 縮 註 責讓也。譙，音誰，呵，音何 漢書 作孰何。李奇曰：孰，誰也。何，呵也。師古曰不誰何者，猶言不借問耳△ 集韻 或作唯。鑾又谁56273

56136 29673 sui_8.15　五音集韻 雖遂切音邃。毀謗也 囡 字彙 呼回切音灰。義同。

56137 29674 jié_8.15　廣韻 集韻 韻會 正韻 夶疾葉切音捷。口譏，多言也。鑾又譧56604詄56392

56138 29675 kè_8.15　唐韻 集韻 韻會 正韻 夶苦臥切，科去聲 說文 試也 廣雅 第也 玉篇 議也 增韻 計也，程也 史記•匈奴傳 課校人畜計 前漢•京房傳 房奏考功，課吏法 晉書•元帝紀 勸課農桑 宋書•沈約自序 少冀其工課 汲冢周書 程課物徵 管子•七法篇 成器不課不用，不試不藏 囡 廣韻 稅也 舊唐書•職官志 凡賦人之制有四：一曰租，二曰調，三曰役，四曰課 囡 縣名、水名 隋書•地理志 課陽縣，屬南陽郡，因課水而名 囡 kē 玉篇 苦誆切 廣韻 集韻 苦禾切夶音科。課，差也 囡 類篇 率也。鑾又课56276

56139 29676 qū_8.15　唐韻 區物切 集韻 類篇 曲勿切夶音屈 說文 與詘同。又謳詭，非常詭異也 左思•吳都賦 謳詭之殊事 囡 與屈同 淮南子•氾論訓 謳寸而伸尺，聖人爲之 註 謳、屈同 囡 juè 集韻 渠勿切音掘。與倔同。倔強，梗戾也。或作詘。鑾又诎56243

56140 29677 mì_8.15　正字通 謐字譌省。

56141 29678 tiǎn_8.15　集韻 他典切音腆 類篇 諂諂，言不定也。

56142 29679 táo_8.15　唐韻 集韻 夶大牢切音陶 說文 往來言也

一曰小兒未能正言也。一曰祝也。図設55813誷図誷詠56022図人名。與詢、必詢，見宋史·宗室表△說文或作詉集韻或作呴。

諒 cóng_8.15　56143 29680　廣韻藏宗切集韻祖宗切丛音琮。與悰同。樂也。一曰謀也。鍇悰56241

誵 xiáo_8.15　56144 29681　集韻類篇丛何交切音爻。言不恭謹也。或作詨。

誜 xìng_8.15　56150 29687　同誜。

諤 tuō_8.15　56145 29682　字彙土禾切，涶平聲。退言也。鍇正字通即譩56671字譌文。

誶 suì_8.15　56146 29683　唐韻集韻韻會丛雖遂切音崇說文讓也玉篇罵也增韻誚也，訴也吳語吳王還自伐齊，誶申胥唐書陳叔達傳忿誶不恭廣雅諫也，問也莊子徐無鬼察士無凌誶之事，則不樂註訴誶問也。音祟。又音峻図cuì集韻類篇丛秦醉切音萃告也玉篇言也，問也図suì廣韻蘇內切集韻韻會蘇對切丛音碎前漢·賈誼傳母取箕帚立而誶語服虔曰誶，猶罵也張晏曰責讓也師古曰誶音碎図集韻與訊通張衡·思玄賦慎竈顯以言天兮，占水火而妄訊註告也後漢書作妄誶莊子凌誶陸德明·音義亦音信図zú廣韻慈卹切集韻韻會正韻昨律切丛音崒金壺字考凌誶，誚責也列子·力命篇讒慓凌誶註謂好凌辱責罵人也。張湛音碎，殷敬順音崒。鍇誶56267諓56731

調 wǎng_8.15　56147 29684　廣韻文兩切韻會文紡切丛音罔。誣也晉書·郗詵傳朋黨則誣調，誣調則臧否不實，真偽相冒柳宗元·登蒲州石磯詩高歌返故室，自調非所欣。図與罔通禮·少儀衣服在躬而不知其名，爲罔註罔又作調△廣韻與室同類篇作詷。鍇又室33827誷55701

諴 xián_8.15　56148 29685　集韻韻會胡千切正韻胡田切丛音賢。言急也莊子·外物篇謀稽乎誸註急而後考謀図類篇堅正也図xuán集韻胡涓切，音玄。亦急也。

譀 xìng_8.15　56149 29686　集韻下孟切正韻胡孟切，丛行去聲廣雅言也廣韻瞋語也図字彙譀，直也図hèng玉篇許孟切集韻亨孟切，丛亨去聲。或作啈。瞋語也図集韻虎梗切，亨上聲。義同図xìng集韻下耿切音幸。言很也△廣韻作諱正字通與悖、婞丛通。

誹 fěi_8.15　56151 29688　唐韻正韻敷尾切集韻韻會妃尾切丛音斐說文謗也博雅諈也史記·高祖紀誹謗者族莊子·刻意篇高論怨誹戰國策國必有誹譽，忠臣令誹在己，譽在上図集韻或省作非前漢·鼂錯傳非謗不治師古註非讀曰誹図集韻府尾切，非上聲。義同図fēi集韻韻會丛匪微切。與非通類篇謗言也增韻非議也史記·平準書張湯奏顏異當九卿，見令不便，不入言而腹誹前漢·食貨志作腹非註口不言，心非之也図廣韻方味切集韻韻會正韻方未切，丛非去聲。義同史記·帝紀誹謗之木索隱誹，音非，亦音沸尸子云堯立誹

謗之木。韋昭云慮政有缺失，使書于木，後代遂因以爲飾。今宮牆橋梁頭四柱木是也。鍇又誹56277

詓 chī_8.15　56152 29689　廣韻丑知切集韻抽知切丛音螭揚子方言不知也。沅澧之閒，凡相問而不知，答曰詓図正字通以言相欺曰謾，以言相誣曰詓図梵書空谷傳聲曰赤謾白詓図廣韻集韻丛丑吏切音眙。義同図lài玉篇力代切廣韻落代切集韻洛代切丛音賚廣雅誤也△類篇或作誄誺誺。鍇又誺56093

詇 jiù_8.15　56153 29690　廣韻其九切集韻韻會正韻巨九切丛音舅玉篇毀也図人名宋史·宗室表經郎不諁△集韻同俗游原同詧正字通按六書本作咎。加言加心丛非。

誻 tà_8.15　56154 29691　唐韻徒合切集韻韻會正韻達合切丛音遝說文諸誻也玉篇妄語也正韻言相惡也図諸諸，多言也荀子·正名篇愚者之言，諸諸然而沸図廣韻讛諸，亦作沓詩·小雅噂沓背憎箋噂噂沓沓，相對談語，背則相憎逐。沓亦作咭集韻亦作誺図集韻託合切音塔。與讘同。

諠 yì_8.15　56155 29692　玉篇同該56038

說 nái_8.15　56156 29693　唐韻女家切集韻女加切丛音拏◆說文言相說司也図玉篇女佳切廣韻妳佳切丛音搱坤蒼詀說，言不正也図集韻研計切音詣。伺也。鍇又訷55884

詎 jù_8.15　56157 29694　集韻類篇丛居御切音據。言有則也。図人名。與諈、崇諈，見宋史·宗室表

誾 yín_8.15　56158 29695　唐韻語巾切集韻正韻魚巾切韻會疑巾切丛音銀說文和悅而靜也玉篇和敬貌廣韻中正之貌類篇語也論語朝與上大夫言，誾誾如也後漢·張輔傳前入侍講，屢有諫正，誾誾惻惻，出於誠心図姓何氏姓苑今廣平人図與言55563、訔55608丛同図集韻魚斤切音垠。義同。鍇又誾55637闇65314訔55826訚55706図可洪音義訰訰：魚巾反，和也，聲也。正作誾、狺、喑等三也。又苦狗反，郭氏作古后反，並非図張青松：訔12082，據誾字之草書錯誤還原而成的楷化字;訔55608，訔字之變。

調 tiáo_8.15　56159 29696　唐韻徒遼切集韻韻會正韻田聊切丛音迢說文和也玉篇和合也詩·小雅弓矢既調禮·月令仲夏，調竽笙竾簧図韻會揉伏也史記·秦本紀大費佐舜調馴鳥獸図正字通嘲笑也世說王丞相每調之図廣雅欺也，啁也，誠也，賣也図莊子·齊物論而獨不見之調調之刁刁乎註樹上枝葉搖動之形図官名周禮·地官調人掌司萬民之難而諧和之図姓廣韻周禮有調人，其後氏焉図zhōu廣韻集韻韻會丛張流切音輖。朝也詩·周南未見君子，怒如調飢毛傳調，朝也。又作輖図diào廣韻集韻韻會丛徒弔切，迢去聲。玉篇選調也史記·秦始皇紀下調郡縣，轉輸菽粟芻藁

註下令調斂也 前漢·食貨志 馬數萬匹，卒掌者不足，乃調旁近郡 師古註 謂選發之也。又 張釋之傳 十年不得調 師古註 選也。又 袁盎盎以數直諫，不得久居中，調爲隴西都尉 師古註 遷也 図 玉篇 度也 增韻 算也 前漢·鼂錯傳 調立城邑毋下千家 師古註 謂算度之也 図 玉篇 求也 図 類篇 賦也 正字通 民賦曰調，晉平吳制戶調。見 晉書。又唐賦，人之制有四，二曰調。見 舊唐書 図 廣韻 韻調也 增韻 音調，樂律也。才調，韻致也 図 韻會 詩 図 叶徒紅切音同 屈原·離騷 勉升降以上下兮，求矩矱之所。湯禹儼而求合兮，摯咎繇而能調◇。鎣 又調56271 図 殷周金文集成·18.11712. 七年相邦鈹 敔21563齋。讀調劑。

誤 56160 29697 hùn_8.15　玉篇 集韻 丛戶袞切音混。謀誤也 図 正字通 語不明謂之混。

諀 56161 29698 pǐ_8.15　廣韻 匹婢切 集韻 韻會 正韻 普弭切丛音仳 廣雅 訾也，詆也 廣韻 惡言也 集韻 或作吡 図 bēi 集韻 賓彌切音卑。諀訾，好毀譽也。鎣 又諓56162諀訾，亦作啤06426吡、啤呰、嚊06919吡。玄應音義·卷第五·成具光明定意經 諀訾：疋爾反，資爾反 通俗文 云難可謂之諀訾。經文或作啤吡 可洪音義·第八冊·佛說內藏百寶經等十七經十七卷同㕦·成具光明定意経一巻 嚊吡：上疋弱反，下即此反，惡言也，難可也。正作諀訾 經音義 作啤吡也。按：成具光明定意經 今文作：不諒真正，謗訕啤呰，貪求名勝，或加惛恚。

諉 56162 29699 pǐ_8.15　字彙 同諀

諁 56164 29701 zhuó_8.15　集韻 株劣切音輟。多言不止謂之諁。或作啜。

詧 56163 29700 jiàn_8.15　說文 古文監37214字。

誳 56165 29702 tí_8.15　字彙 徒私切音題。言不懈也 正字通 俗字。或曰諰字之譌。

諂 56166 29703 chǎn_8.15　說文 同調，省。諛也 徐曰 陷也。一曰面從曰諛，佞言曰諂 易繫辭 君子上交不諂 左傳·襄三年 稱其讎不爲諂 註 諂，媚也 論語 貧而無諂 邢疏 佞言 朱註 卑屈也 史記·平準書 諂諛取容 莊子·漁父篇 希意道言謂之諂 管子·五輔篇 淫聲諂耳，淫觀諂目，耳目之所好諂心 荀子·臣道篇 從命而不利君謂之諂。◆ 修身篇 以不善先人者謂之諂 註 諂之言陷也△與諂別。鎣 又詔56270諛諂，一作媎媌11631

諄 56167 29704 duī_8.15　集韻 同諉　**諜** 56169 29706 dié_8.15　字彙 同諜

謾 56168 29705 mán_8.15　玉篇 彌連切 集韻 彌延切丛音綿。與謾同 玉篇 欺也 類篇 慧黠也 図 人名。希謾、與諆，見 宋史·宗室表

諃 56170 29707 chēn_8.15　玉篇 丑林切 集韻 癡林切丛音梻。善言也 図 人名。師諃、與諃，見 宋史·宗室表

諿 56171 29708 zhì_8.15　玉篇 之勢切 集韻 征例切丛音制。語不正也。

諄 56172 29709 zhūn_8.15　古文諄 唐韻 章倫切 集韻 韻會 正韻 朱倫切丛音肫 說文 告曉之熟也 正韻 誨言重複也 詩·大雅 誨爾諄諄 朱傳 詳熟也 釋文 諄，又作啍 図 廣韻 至也。誠懇貌 集韻 通作純55681、肫。或作忳、純 図 集韻 或作啍 莊子·胠篋篇 釋夫恬惔無爲，悅夫啍啍之意 通雅 即諄諄也 図 姓。見 字彙 図 zhùn 玉篇 廣韻 之閏切 集韻 韻會 正韻 朱閏切，丛肫去聲。告之丁寧也 左傳·襄三十一年 趙孟年未盈五十，而諄諄焉如八九十者。図 韻會 忠謹之貌 後漢·卓茂傳 勞心諄諄 図 玉篇 佐也 晉語 曾孫蒯瞆，以諄趙鞅之故 図 揚子方言 諄憎，所疾也。宋、魯凡相惡謂之諄憎，若秦、晉言可惡矣。図 zhǔn 集韻 主尹切音準。與 方言 義同 図 韻會 或作啍 荀子·哀公篇 無取口啍 註 與諄同，誕也。鎣 又諄56268諄56883諄56356諄39904

諅 56173 29710 jì_8.15　古文晉 唐韻 集韻 韻會 丛渠記切音忌 說文 忌也。引 周書 上不諅于凶德。今 書·多方 作忌。図 廣韻 志也 図 jī 廣韻 集韻 丛居之切音姬。謀也。亦忌也 図 石魹子·傷讒篇 妒才智之在己前，諅富貴之在其上△ 類篇 或作謀。鎣 類篇 作謀56687

諟 56174 29711 tì_8.15　集韻 與諟同。鎣 又諟55961

諆 56175 29712 qī_8.15　唐韻 去其切 集韻 丘其切丛音欺 說文 欺也 徐曰 謾言也 図 類篇 謀也 図 廣韻 集韻 韻會 丛居之切音姬。義同 集韻 或作諅。亦作基 図 或作諆 後漢·張衡傳 回志揭來從玄諆 註 謀或作諆。諆亦謀也 図 qí 集韻 渠之切音其。亦謀也。鎣 直音篇 諅56173同諆

諂 56176 29713 yàn_8.15　集韻 於贍切，丛淹去聲 廣雅 予也 揚子方言 諮，諂與也。吳越曰諮，荆齊曰諂與，猶秦、晉阿與 図 廣雅 拏也 揚子方言 拏，揚州、會稽之語也。或謂之諂 図 玉篇 匿也，言輕也 類篇 謗也 図 yān 集韻 衣廉切音淹 類篇 諂消，克當也。鎣 又俺16654諂56246

詧 56177 29714 āo_8.15　字彙 烏刀切，奧平聲。鴉鳴。

諑 56178 29715 zhuó_8.15　集韻 類篇 丛竹角切音斲。義闕。人名 晉書·載記 韓諑等固勸攻滑臺△ 正字通 字彙 訓姓也，晉有諑韓。按 姓譜 無諑姓，是韓諑誤作諑韓也。又云 篇海 訓人名。按 姓苑·奇姓，隋有韓綽，無韓諑，則又誤晉爲隋矣。

諄 56179 29716 zǐ_8.15　集韻 側吏切音截 類篇 言入也。

謞 56180 29717 kē_8.15　集韻 渴合切音峇 類篇 謞謔，笑語也。

詺 56181 29718 yāo_8.15　集韻 訞本字。

談 56182 29719 tán_8.15　唐韻 集韻 韻會 徒甘切 正韻 徒藍切丛音郯 說文 語也 徐曰 談者，和懌而悅言之 廣韻 談話，言

論也 公羊傳·閔二年 魯人至今以爲美談 禮·儒行 言談者,仁之文也 史記·滑稽傳 談言微中 晉書·阮修傳 王衍當時談宗 図 玉篇 戲調也 詩·小雅 不敢戲談 図 手談 續博物志 王中郎以圍碁爲坐隱,或亦謂之爲手談 図 縣名 南齊書·州郡志 談縣屬益州始康郡 図 蠻州名 唐書·地理志 嶺南道有談州 図 姓 蜀錄漢有征東將軍談巴。図 正韻 亦作譚56683 鼇 又談56266

諉 56183 29720 sè_8.15 字彙 色入切音澀。多言也。

譡 56184 29721 zhuì_8.15 廣韻 集韻 竹恚切,丛捶去聲 爾雅·釋言 譡諉,纍也 註 以事相屬累爲譡諉 疏 謂相累及也。楚人曰譡,秦人曰諉 列子·力命篇 眠娗、諈諉、勇敢、怯疑四人相與遊于世 註 四名皆假託寓言。諈諉,煩重貌 図 玉篇 託也 図 類篇 姓也 図 集韻 主縈切音捶。又 集韻 韻會 正韻 丛之瑞切音惴。丛與 爾雅 諈諉義同△ 說文 本作諈 集韻 或作娷。

諉 56185 29722 wěi_8.15 唐韻 集韻 韻會 正韻 丛女恚切音捼 說文 纍也。諉56184諈 前漢·胡建傳 執事不諉上 師古註 累也。言執事者當見法卽行,不可以事累於上也 唐書·岑義傳 義誠材,何諉之拘 音義 累也 図 託也 前漢·賈誼傳 尚有可諉者 蔡謨曰 諉,託也 正韻 踐諉,猶委也。言尚可他委。後人因借爲推諉、諉謝字用 図 集韻 邕危切音透 爾雅 諈諉,累也。謝嶠讀 図 集韻 弋睡切音瑞。又而睡切音汭。義丛同。鼇 又諉56275

諂 56186 29723 tián_8.15 集韻 吐衮切,吞上聲 類篇 諂誏,很貌。

諰 56187 29724 qū_8.15 廣韻 集韻 丛居六切音菊 說文 窮理罪人也。本作籟 集韻 與鞠同。

諑 56188 29725 lù_8.15 廣韻 力玉切 集韻 龍玉切丛音錄。譴也,譴也 図 集韻 盧谷切音祿 博雅 譴諑也。鼇 又諑55959

請 56189 29726 qīng_8.15 唐韻 七井切 集韻 韻會 此靜切 正韻 七靜切,丛清上聲 說文 謁也 廣雅 求也 玉篇 乞也,問也 增韻 祈也,扣也 書·湯誥 以與爾有衆請命 左傳·僖十年 余得請於帝矣 禮·曲禮 請業則起,請益則起。又 王制 墓地不請 儀禮·士昏禮 擯者出,請事入告 前漢·張湯傳 造請諸公,不避寒暑 師古註 請,謁問也 図 爾雅·釋詁 告也 禮·昏義 納徵請期 註 昏姻之期日也 図 韻會 漢請室,請罪之室也 前漢·賈誼傳 造請室而請罪耳。図qīng 集韻 親盈切 正韻 七情切丛音清。亦謁也,祈也。又受也 図 類篇 前漢·賈誼傳 請室,亦讀平聲。図 qīng 廣韻 疾政切 集韻 韻會 正韻 疾正切,丛情去聲 說文 義同。又 廣韻 延請 図 正韻 漢制,春朝,秋曰請,如古諸侯聘禮也 史記·吳王濞傳 使人爲秋請 前漢·宣帝紀 時會朝請 図 韻會 朝請,漢官名。張禹首爲之 唐書·百官志 從五品上曰朝請大夫,正七品上曰朝請郎 図qíng 廣韻 疾盈切 集韻 慈盈切丛音情 類篇 受言也 図 韻會 禮·昏義 請期,徐音情 周禮·秋官·條狼氏註 大夫受命以出,餘事莫不復請。劉音情 図 轉注古音 史記 禮書 請文俱盡 註 徐廣云古情字多假借作請,諸子中多有之 荀子·成相篇 聽之經,明其請 註 請當爲情。聽獄之經,在明其情。鼇 又请56283

戠 56190 29727 shí_8.15 集韻 識56679古作戠 図 人名。崇戠,見 宋史·宗室表 △ 六書統 从戠省,言戠所以識也。

譽 56191 29728 qiān_8.15 正字通 督字之譌 字彙 作古文計字,非。鼇 譽56199字之譌。

諫 56192 29729 dǒng_8.15 字彙 多動切,東上聲。多言也。與諫別。鼇 亦作嗼06212

諍 56193 29730 zhèng_8.15 唐韻 集韻 韻會 丛側迸切,爭去聲 說文 止也 韻會 謂止其失也 正韻 諫諍,救正也 前漢·王褒傳 諫諍卽見聽 說苑·臣術篇 有能盡言于君,用則可生,不用則死,謂之諍 図 列子·湯問篇 東北極有人,名曰諍人,長九寸。又 集韻 通作爭 孝經·諫諍章 天子有爭臣七人 図zhēng 集韻 韻會 甾莖切 正韻 甾耕切丛音爭。訟也 後漢·劉聖公傳 平理諍訟 晉書·王沈·釋時論 闒茸勇敢於饗諍 註 叶平聲。鼇 又诤55989

譗 56194 29731 zé_8.15 唐韻 壯革切 集韻 韻會 正韻 側革切丛音嘖 說文 大聲也。或作嘖 図 集韻 陟格切音磔。又實窄切音咋。義丛同 図zuò 集韻 疾各切音昨。酬言也。図cuò 廣韻 千過切音挫 玉篇 謷也 図zhǎ 集韻 側下切音鮓。誘言也 図jiè 集韻 子夜切音借 廣雅 鳴也。一曰欺聲。亦與嘖同 △ 六書正譌 俗作嘖,非。鼇 又諎56704 図 原本玉篇殘卷 譗,壯百反 考工記 鍾侈則譗。鄭玄曰:譗譗然,大外聲也 說文 大聲也。或爲嘖字,在口部 字書 或爲咋字,在口部。

諿 56195 29732 xìn_8.15 集韻 訊55591 古作諿 図 人名。與諿、必諿,見 宋史·宗室表

謝 56196 29733 fù_8.15 類篇 同誧 古作諿 図 人名。與諿

諅 56197 29734 jī_8.15 集韻 類篇 丛居宜切音羈。語相戲。図 人名。希諅、汝諅,見 宋史·宗室表 図qǐ 字彙 區里切音起。妄語。鼇 可洪音義 嵜06391語:上音綺,亦作諅。諅語:上丘倚反。正作綺44340

諏 56198 29735 zōu_8.15 唐韻 子于切 集韻 韻會 遵須切丛音啾 說文 聚謀也 爾雅·釋詁 謀也 玉篇 問政事也 詩·小雅 周爰咨諏 左傳·襄四年 咨事爲諏 儀禮·特牲饋食禮 不諏日 図 星名 禮·月令鄭註 孟春者,日月會于諏訾,而斗建寅之辰也。諏本又作娵 集韻 韻會 正韻 丛將侯切音陬。又 集韻 房尤切音浮。義丛同△ 類篇 或作諑 說文長箋 亦作謷。鼇 又诹56281 図 星名。孫壽瑋:星次名之誤。

譽 56199 29736 qiān_8.15 玉篇 籀文愆字 詩·大雅 不愆于儀 禮·緇衣引 詩 作譽 鄭註 過也 前漢·劉輔傳 元首無失道之譽 △ 說文 本作僁 字彙 人部重出。鼇 又僁02235譽56191 謇56109

諑 56200 29737 zhuó_8.15 廣韻 集韻 韻會 正韻 丛竹角切音斲 廣雅 訴也，責也，譖也，諻也 揚子方言 楚以南謂愬爲諑 屈原·離騷 衆女嫉予之蛾眉兮，謠諑謂予以善淫 註 謠，謂毀也。諑，猶譖也 元包經 諑加于譎，傳曰：遭讒毀也 韓愈·納涼聯句 拙謀傷巧諑 又 韻會小補 通作椓。引 左傳·哀十七年 又使椓之註，訴也。鎣又诼56278

誗 56201 29738 shán_8.15 集韻 類篇 丛時占切音蟾。言不實也。

諒 56202 29739 liàng_8.15 唐韻 集韻 韻會 力讓切 正韻 力仗切，丛良去聲 說文 信也 詩·小雅 諒不我知 鄭箋 信也 朱傳 誠也 禮·內則 請肄簡諒 註 言語信實也 又 小信也 論語 豈若匹夫匹婦之爲諒也 又 揚子方言 愋諒，知也 廣雅 哲也 玉篇 相也，助也 廣韻 佐也 正韻 照察也 又 巒州名 唐書·地理志 嶺南道有諒州 又 姓。諒毅，見 戰國策。諒輔，見 後漢·獨行傳 又 集韻 或作亮 爾雅·釋詁 亮，信也 疏 方言 云衆信曰諒。周南、召南、衞之語也 詩·鄘風 不諒人只 傳 諒，信也。本亦作亮 又 通作涼 詩·大雅 涼彼武王 傳 涼，佐也。本亦作諒 又 或作倞 禮·郊特牲 祊之爲言倞也 註 倞，猶索也。或爲諒 又 liáng 集韻 類篇 丛呂張切音良。亦同亮。信也 又 通作良 禮·樂記 易直子諒之心 註 子諒，朱子讀爲慈良。鎣又諒56284 谅56269

諓 56203 29740 jiàn_8.15 唐韻 慈衍切 集韻 韻會 在演切 正韻 慈演切，丛賤上聲 說文 善言也。一曰謔也。又 廣雅 諓諓，善也 前漢·李尋傳 說諓諓之言 師古註 小善也 又 廣韻 諂也 後漢·樊準傳 習諓諓之辭 李賢註 諂言也 又 廣韻 巧讒貌 劉向·九歎 讒人諓諓 又 玉篇 巧言也 類篇 淺薄貌 公羊傳·文十二年 惟諓諓善竫言 何註 淺薄之貌。賈逵云巧言也 尚書 作截截 又 玉篇 疾箭切 廣韻 集韻 韻會 才線切丛音賤。又 集韻 以淺切音演。又此演切音淺。又子淺切，音翦。又 集韻 韻會 將先切 正韻 則前切丛音箋。義丛同。

諔 56204 29741 jì_8.15 集韻 與宗、詠丛同 又 人名。崇諔，見 宋史·宗室表 又 chù 集韻 昌六切音俶。詭也 莊子·德充符 彼且蘄以諔詭幻怪之名聞 又 集韻 之六切音祝。義同。

諕 56205 29742 háo_8.15 唐韻 集韻 丛乎刀切音豪 說文 號也 集韻 或作謼 又 人名 宋史·宗室表 贈朝散大夫士諕 又 xià 玉篇 火訝切 集韻 韻會 虛訝切丛音罅 類篇 誑也。或作謼 玉篇 亦作謼。又 訛習諸字 諕原與嚇同，音罅。今諕嚇誤虎音 又 huò 玉篇 廣韻 虎伯切 集韻 霍虢切丛音砉。與磔同△ 字彙補 譌作諕，非。鎣又謼56486

論 56206 29743 lùn_8.15 唐韻 集韻 韻會 正韻 丛盧昆切音崘 說文 議也 廣韻 說也 周禮·春官·大司樂·賈疏 直言曰論，答難曰語。論者，語中之別，與言不同。又 論語·序解 正義 論者，綸也，輪也，理也，次也，撰也。以此書可經綸世務，故曰綸，圓轉無窮故曰輪，蘊含萬理故曰理，篇章有序故曰次，羣賢集定故曰撰 文心雕龍 昔仲尼微言，門人追述，故仰其經目，稱爲論語，蓋羣論立名，始于茲矣 又 釋名 倫也，有倫理也 玉篇 思理也 詩·大雅 於論鼓鐘 傳 思也 鄭箋 論之言倫也 朱傳 言得其倫理也 又 增韻 紬繹討論也 孔安國·尚書序 討論典墳。又 正韻 決罪曰論 又 官名 金史·百官志 其官長皆稱曰勃極烈，次曰國論忽魯勃極烈，國論言貴，忽魯猶總帥也 又 諸羌州名 唐書·地理志 劒南道有論川州，開元後置 又 姓 唐書 論弓仁，本吐蕃族也。又三字姓 金史·國語解·姓氏 烏古論曰商 又 lún 廣韻 力迍切 集韻 韻會 正韻 龍春切丛音倫。言有理也。又 禮·王制 凡制五刑，必卽天論 註 天論，天理也。與倫同 又 lùn 玉篇 力困切 廣韻 集韻 韻會 正韻 盧困切，丛崘去聲。義同。又 正韻 辨論也 書·周官 論道經邦 傳 論者，講明之謂 禮·王制 凡官民材，必先論之 註 謂考評其行藝之詳也 史記·蕭相國世家 論功行封△ 字彙補 譌作僐，非。鎣又论55737 論56487

誜 56207 29744 shòu_8.15 正韻 承呪切音壽。口授也 唐書·盧從史傳 得其密號誜諸軍△ 廣韻 作嗖 正字通 與授通。

諗 56208 29745 shěn_8.15 唐韻 集韻 韻會 正韻 丛式荏切音審 說文 深諫也 爾雅·釋言 念也 註 相思念也 廣韻 謀也，告也 左傳·閔二年 昔辛伯諗周桓公 又 潛藏也 家語 故龍以爲畜而魚鮪不諗 又 集韻 韻會 正韻 丛式禁切，審去聲。義同 又 niè 集韻 諾叶切 類篇 諾協切丛音埝。聲止也。與諗同。鎣又谂56272

諎 56209 29746 zhǎ_8.15 正韻牋 詐上聲 十五馬·逸字 與諸字別，姓也。漢有諎於，洛陽令，吳郡人 萬姓統譜 譌作諸，音查，非是。申敬中云萬歷閒，京師有四川衞官諎寵，唱名時呼諸寵不應，唱畢獨留。問是何姓，寵對曰：諎如詐字上聲，字从工从白 正字通 六書不載諎字，今亦罕此姓，存備考正。

誃 56210 29747 yí_8.15 正字通 同謻。

𧬈 56211 29748 yán_8.15 古文奇字 朱謀㙔曰：从二水，从言。放言也 正字通 按，𧬈與沯作𣻋，流作𣵺，丛重複，無深義。鎣或同詠55721 漢語大字典·P1712 𧬈，同言。

諘 56212 29749 biǎo_8.15 集韻 類篇 丛彼小切音表。讚也 又 人名 宋史·宗室表 敦武郎士諘。

諦 56213 29750 bàng_8.15 說文 謗本字。

誄 56214 29751 lěi_8.15 說文 誄本字

誈 56217 29754 wú_8.15 海篇 音無。欺妄也 又 加也，不信也 又 揚子方言 誈譕56176

諉 56215 29752 wǎn_8.15 集韻 委遠切音宛。慰也，從也。

諑 56216 29753 chōng_8.15 篇海 音憧。貪也。

諺 56218 29755 yàn_8.15 字彙補 魚變切音彥。語鬼也。鎣楊寶忠 俗諺56341

誙 56219 29756
wàng_8.15 字彙補 未向切音望。責也 揚子·太玄經
次三：兢其股，鞭其馬，寇誙其戶逃利 釋文 一作䡺。
○按音義即誔字。

譮 56220 29757
huà_8.15 字彙補 呼怪切音黊。誤也。一作譮 䶲龍
龕 譮或作，話正。

諼 56221 29758
xuān_8.15 海篇 音喧。高聲也。

誄 56222 29759
lèi_8.15 音義未詳。人名。伯諫，見 宋史·宗室表。
䶲鄧福祿：俗淚字 可洪音義 肢誄：上章移、昌支二反，
下力遂反。目汁凝也。

詠 56223 41871
chī_8.15 篇海類編 丑知切音痴。不知也。

諜 56225 41874
dié_8.15 搜真玉鏡 同諜。

誎 56226 41875
sù_8.15 川篇 音素。向也。

諏 56227 41876
zōu_8.15 說文長箋 同諏。

諗 56228 41877
còng_8.15 五音篇海 同認。

訿 56229 41878
zǐ_8.15 篇海類編 同訾。

諷 56230 41879
fěng_8.15 字彙補 俗諷字 三國志 敘魏諷。

讜 56231 41880
dǎng_8.15 字彙補 讜字省文 十六國春秋 司隸不進
讜言。又慕容皝立納諫之木，以開讜言之路。

譸 56232
chōu_8.15 篇海類編 疑即譸字。䶲 字彙補 楚鈎切
音搊。陰私小言也。

譄 56224 41873
xún_8.15 集韻 同詢。䶲

誸 56234 45519
háo_8.15 篇海類編 與譹同。

譐 56235 45520
rán_8.15 龍龕 音母。䶲鄧福祿：疑俗髯（髥）字。

認 56236 45521
hū_8.15 篇海類編 音忽。

譃 56237 45522
nìng_8.15 篇海類編 乃定切音佞。䶲 又诶56244

誴 56241 u2B7E1
cóng_8.15 簡 諓56143

譁 56239 45525
sù_8.15 龍龕 音訴。䶲 字彙補 誶，與訴音義同。

詀 56240 45526
zhān_8.15 字彙補 玷字之譌。

诨 56242 u2B7E0
chǎn_8.15 簡 譂56635

诶 56244 u2B36D
nìng_8.15 簡 譃56237

掩 56246 u2B36B
yàn_8.15 簡 謘56176

诖 56248 u2B33F
chí_8.15 或譁56549字異文。金文用作人名 曾子仲
譆鼎 唯曾子中譆用其吉金，自乍蘏彝。

揭 56249 uFABC
yè_8.15 俗謁56352

誔 56233 45518
pián_8.15 五音篇海 毗
潛切。䶲 又 dìng_日 廣漢和辭典 命令。御誔。

謓 56238 45523
xū_8.15 龍龕 與訏同。

诎 56243 u2B36E
qū_8.15 簡 謳56139

诪 56245 u2B36C
wǎng_8.15 簡 誷56147

譅 56247 u2B340
null_8.15 未詳。

請 56250 uFABB
qǐng_8.15 兼 請56189

調 56251 uFAB9
tiáo_8.15 兼 調56159

譳 56254 u27A57
null_8.15 人名用字。趙伯諛，見 宋史·宗室世系表一

詹 56255 u27A4F
zhān_8.15 俗詹55929

諹 56256 u27A4E
yáng_8.15 諹56340諻字 新撰字鏡 諹，餘譚反。謹
図 人名用字。見 宋史 図 正統道藏·上方天尊說真元通
仙道經·宿三·洞真元道之章 諹遚 釋音 諹。音青。遚。
音惶。

誤 56257 u27A4D
null_8.15 未詳。

謚 56258 u27A4C
shì_8.15 俗謚56301 可洪音義 謚法：上神利反。易
名申号也 図 直音篇 謚，音猛。

誇 56260 u27A4A
kuā_8.15 俗誇55946 可洪音義 誇企：上苦花反。

諓 56261 u27A49
null_8.15 未詳。

論 56263 uF941
lùn_8.15 兼 論56159

诤 56265 u8C09
shěn_8.15 簡 讅56869

译 56267 u8C07
suì_8.15 簡 誶56146

谅 56269 u8C05
liàng_8.15 簡 諒56202

调 56271 u8C03
diào_8.15 簡 調56159

谁 56273 u8C01
shuí_8.15 簡 誰56135

诿 56275 u8BFF
wěi_8.15 簡 諉56185

诽 56277 u8BFD
fěi_8.15 簡 誹56151

读 56279 u8BFB
dú_8.15 簡 讀56836

诹 56281 u8BF9
zōu_8.15 簡 諏56198

请 56283 u8BF7
qǐng_8.15 簡 請56189

誳 56252 u27A59
dàn_8.15 俗誕56026

詡 56253 u27A58
xǔ_8.15 詡55878本字

誯 56259 u27A4B
nèn_8.15 同槵25212

诅 56262 u4725
dàn_8.15 簡 誳56252

谊 56264 u8C0A
yì_8.15 簡 誼56155

谈 56266 u8C08
tán_8.15 簡 談56182

谆 56268 u8C06
zhūn_8.15 簡 諄56172

谄 56270 u8C04
chǎn_8.15 簡 諂56166

谂 56272 u8C02
shěn_8.15 簡 諗56208

谀 56274 u8C00
yú_8.15 簡 諛56288

课 56276 u8BFE
kè_8.15 簡 課56138

诼 56278 u8BFC
zhuó_8.15 簡 諑56200

诺 56280 u8BFA
nuò_8.15 簡 諾56347

诸 56282 u8BF8
zhū_8.15 簡 諸56337

諒 56284 uF97D
liàng_8.15 參見諒56202

謶 56285 29760
nǎo_9.16 集韻 類篇 夶乃老切音腦。語相侮也。或
作謷。䶲 集韻 謶，或作謷56526

謉 56287 29762
lì_9.16 同譽。謁省。䶲 正字通 俗詈55779

諛 56288 29763
yú_9.16 唐韻 揚朱切 集韻 韻會 容朱切夶音俞 說
文 諂也 書·囧命 僕臣諛，厥后自聖 史記·叔孫通傳 先
生何言之諛也 莊子·漁父篇 不擇是非而言謂之諛 荀
子·修身篇 以不善和人者謂之諛 鹽鐵論 富貴多諛言
図 yù_集韻 類篇 夶俞戍切，俞去聲。義同 莊子·天地篇
孝子不諛其親△俗作諛，非。䶲 又诶56274

諜 56289 29764
dié_9.16 唐韻 徒叶切 集韻 韻會 達協切夶音牒 說
文 軍中反閒也 玉篇 伺也 左傳·桓十二年 楚師分涉於
彭，羅人使伯嘉諜之 註 諜，伺也 疏 謂詐爲敵國之人，
入其軍中，伺候閒隙，以反報其主，兵書謂之反閒。又
宣八年 晉人獲秦諜 註 諜，往來閒諜者，今謂之細作。

又[哀元年]使女艾諜澆[註]候也[周禮·夏官]環人巡邦國搏諜賊[吳志·孫皓傳]宜遣閒諜，以觀其勢[又][字林]通作牒[廣韻]譜諜也[史記·三代世表]余讀諜記，黃帝以來皆有年數，稽其歷譜諜終始五德之傳，古文咸不同，乖異[後漢·張衡傳]子長諜之，爛然有第[註]諜，譜第也。與牒通[文心雕龍]百官詢事，則有關刺解諜。諜者葉也，短簡編諜，如葉在枝。諜亦書作牒[又]通作喋[史記·張釋之傳]豈斅此嗇夫，諜諜利口捷給哉[索隱曰][漢書]作喋喋，多言也[又]tiē[集韻]託協切音帖[說文]義同[類篇]安也[又]xiè[集韻]悉協切音燮[類篇]言相次也△[增韻]或作詸，[字彙補]又省作謀，𠀤非。鑾又谍56415[又][正字通]譺56723俗諜字。

⿰言亟 56290 29765 jí_9.16 [廣韻]紀力切[集韻]訖力切𠀤音殛。訥言也[又]人名。與⿰言亟、汝⿰言亟，見[宋史·宗室表]

⿰言函 56286 29761 huì_9.16 [玉篇]同詯

⿰言度 56291 29766 duó_9.16 [廣韻]徒落切[集韻]達各切𠀤音鐸[廣雅]欺也。

⿰言侯 56292 29767 hù_9.16 [玉篇]胡遘切音候。言貌。鑾又⿰言矦56293[可洪音義]⿰言侯口：上乎悟反。正作護。又識⿰言侯：音護。

⿰言矦 56293 29768 hù_9.16 [字彙]同⿰言侯

謥 56297 29772 còng_9.16 [字彙]俗謥字

諝 56294 29769 xǔ_9.16 [唐韻][正韻]私呂切[集韻][韻會]寫與切，𠀤胥上聲[說文]知也[廣雅]哲也[玉篇]才智之稱也[陸機·辨亡論]謀無遺諝，舉不失策[註]諝，智也[又][正字通]詐也[淮南子·本經訓]比周朋黨，設詐諝，懷機械巧故之心，而性失矣[又][廣韻]與胥同[周禮·天官·冢宰]胥十有二人[註]胥讀如諝，謂其有才知爲什長[又]xū[廣韻]相居切[集韻][韻會][正韻]新於切𠀤音胥。義同△[字彙補]譌作謂、諝，𠀤非。鑾又谞56398㥠17847[又][正字通]㥠，與諝通

諞 56295 29770 piǎn_9.16 [唐韻]部田切[集韻][韻會][正韻]蒲眠切𠀤音蹁[說文]便巧言也[書·秦誓]惟截截善諞言。又[論語]友諞佞。今文作便[又][玉篇]步連切[廣韻]房連切𠀤音㛹。義同[又]piān[集韻]紕延切音篇[類篇]辯佞之言也。[又]biàn[玉篇][廣韻]符善切[集韻]婢善切，𠀤㛹上聲。[又]biàn[廣韻]符蹇切[集韻]平免切，𠀤卞上聲。[又]biǎn[正韻]補典切音扁。義𠀤同。鑾又谝56399

諟 56296 29771 shì_9.16 [集韻][韻會][正韻]𠀤上紙切，音是[說文]理也[廣雅]是也[玉篇]審也，諦也[廣韻]正也。與是通[書·太甲]先王顧諟天之明命[傳]諟，是也[疏]諟與是，古今之字異，故變文爲是也[陳書·姚察傳]研覈古今，諟正文字[註]諟卽是也[集韻]或作提[又]dì[集韻][正韻]𠀤丁計切音帝。與諦同。或作諦。鑾又惿17765

⿰言奓 56298 29773 zhā_9.16 [集韻]諸、詫𠀤同。

諠 56299 29774 xuān_9.16 [唐韻]况袁切[集韻][韻會]許元切𠀤音暄。與諼56344同。詐也。又忘也[又][廣韻]譁也[正韻]嚻也[史記·鼂錯傳]諸侯諠譁[後漢·姚期傳]諠呼滿道[晉書·惠羊皇后傳]百姓諠駭[韻會]與喧同[正字通]與吅咺讙嚾𠀤通[又]xuǎn[集韻][類篇]𠀤火遠切，暄上聲。亦忘也[班固·幽通賦]猶諠己而遺形。鑾又諼56221

⿰言頁 56300 29775 yín_9.16 [玉篇]宜巾切音銀。頑也。鑾胡吉宣：嚚07638之後出俗字。

謚 56301 29776 shì_9.16 [唐韻][集韻][韻會]𠀤神至切音示[說文]行之迹也[爾雅·釋詁]靜也[疏]人死將葬，誄列其行而作之也◆[釋名]曳也。物在後爲曳，言名之於人亦然也◆[白虎通]謚之爲言引也。引列行之迹，所以進勸成德，使上務節也[增韻]誄行立號以易名也[汲冢周書]維周公旦、太公望，開嗣王業，攻于牧野之中，終葬乃制謚敘法，大行受大名，細行受細名，行出于己，名生于人[詩·大雅]文王在上[註]慎也，悉也。生存之行，終始悉錄之以爲謚也[穀梁傳·范甯註]謚者，所以勸善而懲惡[禮·檀弓]死謚周道也[疏]殷以上有生號，仍爲死後之稱，周則死後別立謚[周禮·春官·大史]小喪賜謚[疏]賜謚之制實始於周也[又][集韻][類篇]𠀤於賜切音縊。又[集韻][類篇]𠀤羊至切音肄。義𠀤同△[類篇]或省作諡。與謚別。鑾又謚56133諡56610謚56258

諢 56302 29777 hùn_9.16 [廣韻][集韻]𠀤五困切，兀去聲。弄言也[唐書·史思明傳]思明愛優諢，寢食常在側[遼史·伶官傳]打諢得不是黃幡綽[又]諢衣[雲仙雜記]穆宗以玄綃白書，素紗墨書爲衣服，賜承幸宮人，皆淫鄙之詞詩，號諢衣[又][金壺字考]與顐同[唐書·元結傳]諧臣顐官，怡愉天顏。鑾又诨55985⿰言暈56932[又][正字通]謰，俗諢字。

⿰言育 56303 29778 tuō_9.16 [類篇]同⿰言隋，省。

謏 56304 29779 xiǎo_9.16 [唐韻]先鳥切[集韻]先了切𠀤音篠[說文]小也，誘也。引[禮·學記]足以謏聞。今[學記]作謏。註：小致聲譽也[又][集韻]息有切，秀上聲。義同。或作訹。[又]sǒu[廣韻]蘇后切音叟。謏訹，誘辭[又][類篇]私罶也△[字彙補]謏省作謏，非。

諣 56305 29780 huà_9.16 [唐韻][集韻]𠀤呼卦切，譮去聲[說文]疾言也[又][廣韻]呼霸切[集韻]火跨切𠀤音化。義同[又]guā[集韻]公蛙切音媧[類篇]惰也，黠也。或作譮。鑾又⿰讠咼56091

諤 56306 29781 è_9.16 [廣韻]五各切[集韻][韻會][正韻]逆各切𠀤音鄂[廣雅]諤諤，語也[玉篇]正直之言也[史記·商君傳]千人之諾諾，不如一士之諤諤[家語]湯武以諤諤而昌。[又][廣韻]謇諤，直言也[後漢·儒林傳]臣無謇諤之節，而有狂瞽之言[又][韻會]通作鄂[禮·坊記鄭註]子於父母尚和順，不用鄂鄂[釋名]鄂本又作諤[又]通作咢[前漢·韋賢傳]咢咢黃髮[師古註]直言也△[類篇]或作⿰言噩。鑾又歞26520谔56408⿰黑咢07908

⿰言彖 56307 29782 qiàn_9.16 [唐韻]蒼甸切音蒨。⿰言彖，散也[又]xuàn[集韻]翾縣切音絢。與諯同[類篇]相責也。一曰數也。

謹 zhòng_9.16 ｜廣韻｜｜集韻｜汰竹用切，腫去聲｜類篇｜言相觸也 図 ｜正字通｜言謹重也 図 人名 ｜唐書·昭宗紀｜樞密使李周謹。或書作𧪄。

諦 dì_9.16 ｜唐韻｜都計切｜集韻｜｜韻會｜｜正韻｜丁計切汰音帝 ｜說文｜審也。｜書·洪範·孔傳｜必微諦 ｜疏｜聽當別彼是非，必微妙而審諦也。｜後漢·祭祀志｜禘之爲言諦也。諦諟昭穆尊卑之義。又｜李雲傳｜帝者，諦也 ｜註｜審諦於物也 ｜魏志·明帝紀｜君諦視之勿誤也 ｜關尹子·九藥篇｜諦毫末者，不見天地之大 ｜劉勰·新論·專學篇｜心不在學而强諷誦，雖入於耳而不諦於心 図 四諦 ｜魏書·釋老志｜初根，人爲小乘，行四諦法 ｜釋典·心經｜四諦：苦集滅道。苦謂生老病死，集謂集聚骨肉財帛，滅謂壞滅，道謂修行。又二諦：世諦以世俗顯緣起之事，諸法歷然，勸臣子以忠孝，勸家國以和治，此依俗諦。眞諦彰本寂之理，一性泯然，是非雙泯，能所俱亡，此依眞諦 図 ｜集韻｜或作諟56296、謕56557 図 tí ｜集韻｜田黎切音題。號也。與嗁、謕汰同。図 通作啼 ｜荀子·禮論篇｜哭泣諦號 ｜註｜啼、諦通用。
鍙 又谛56401

諑 sù_9.16 ｜字彙｜同訴。｜宋書·謝靈運傳｜諑愁衿兮鑑戚顏。

諲 biàn_9.16 ｜字彙｜皮面切音卞。出釋典 ｜正字通｜俗字，宜刪。

諧 xié_9.16 ｜唐韻｜戶皆切｜集韻｜｜韻會｜｜正韻｜雄皆切汰音骸 ｜說文｜詥也。又｜廣雅｜耦也｜玉篇｜合也，調也 ｜書·堯典｜克諧以孝。又｜舜典｜八音克諧 ｜左傳·襄十一年｜如樂之和，無所不諧 ｜禮·禮器｜君子有禮，則外諧而内無怨 図 ｜文心雕龍｜諧之言皆也，辭淺會俗，皆悅笑也 ｜前漢·敍傳｜東方瞻辭，詼諧倡優 ｜晉書·顧愷之傳｜愷之好諧謔，人多愛狎之 図 平論定其價也 ｜後漢·宦者張讓傳｜當之官者，皆先至西園，諧價，然後得去 図 古書名 ｜莊子·逍遙遊｜齊諧者，志怪者也 図 鳥名 ｜博雅｜鳭鳥，其雄謂之運日，其雌謂之陰諧 ｜淮南子·繆稱訓｜陰諧知雨 ｜註｜天將陰雨則鳴。鍙 又谐56412

諨 fú_9.16 ｜集韻｜｜類篇｜汰方六切音福。言備也。

諩 pǔ_9.16 ｜類篇｜同譜，省。◆春秋序｜譜第 ｜註｜譜，本又作諩 図 人名。與誧、孟諩，見｜宋史·宗室表。
鍙 又䛀56110諩56521

諴 jiè_9.16 ｜類篇｜同誡 図 人名，與諩、孟諴，見｜宋史宗室表。

諯 bèng_9.16 ｜集韻｜北諍切音迸 ｜類篇｜助言也。本作諵 ｜正字通｜俗誩字。

諤 tíng_9.16 ｜字彙｜唐丁切音亭。調諤也 ｜正字通｜亦作調停。

諫 jiàn_9.16 古文諫 ｜唐韻｜古晏切｜集韻｜｜韻會｜｜正韻｜居晏切汰音澗 ｜說文｜証也｜徐曰｜間也。君所謂否，臣獻其可，以間隔之，於文言柬爲諫。柬者，多別善惡，以陳於君 ｜白虎通｜間也，因也，更也。是非相間，革更其行也 ｜詩·衛風·淇澳序疏｜干也。干君之意而告之 ｜廣雅｜正也 ｜廣韻｜諫諍，直言以悟人也 ｜書·說命｜后從諫則聖 ｜禮·曲禮｜爲人臣之禮，不顯諫，三諫而不聽，則逃之。子之事親也，三諫而不聽，則號泣隨之 ｜前漢·賈山傳｜工誦箴諫，瞽誦詩諫，公卿比諫，士傳言諫過 ｜舊唐書·職官志｜凡諫有五：一曰諷諫，二曰順諫，三曰規諫，四曰致諫，五曰直諫 図 官名 ｜周禮·地官｜有司諫 ｜註｜諫猶正也，以道正人行 ｜後漢·百官志註｜胡廣曰：武帝元狩五年，置諫大夫為光祿大夫。世祖中興，以爲諫議大夫 図 鳥名 ｜說苑·辨物篇｜東方有鳥，名諫珂，文身而朱足，憎鳥而愛狐 図 果名 ｜本草綱目｜橄欖，一名諫果，出｜農書｜姓 ｜風俗通｜漢有治書侍御史諫忠 図 jiān ｜集韻｜居顏切，澗平聲 ｜類篇｜諍也。図 làn ｜集韻｜郎旰切音爛。與讕同△ ｜俗書證誤｜从柬，非。
鍙 又辣15284谏56413诼55834

剌 là_9.16 ｜集韻｜｜類篇｜汰郎達切音剌。誃剌，語聲 ｜正字通｜通作剌。

謦 qǐ_9.16 ｜字彙｜與啓同。鍙 ｜四聲篇海｜謦，音啓。張涌泉：俗稽40675

諭 yù_9.16 ｜唐韻｜羊戍切｜集韻｜｜韻會｜俞戍切汰音裕 ｜說文｜告也 ｜類篇｜曉也 ｜韻會｜及其未悟，告之使曉 ｜穀梁傳·桓六年｜修敎明諭國道也 ｜禮·祭義｜諭其志意 ｜疏｜使祝官啓告鬼神，曉諭鬼神以志意 ｜周禮·秋官｜訝士掌四方之獄訟，諭罪刑于邦國 ｜註｜告曉以麗罪，及制刑之本意 ｜疏｜諭爲曉，故曰告曉 ｜戰國策｜寡人諭矣 ｜註｜諭，曉也 ｜呂覽·離謂篇｜言者以諭意也 ｜淮南子·主術訓｜衰絰菅屨，辟踊哭泣，所以諭哀也 ｜註｜諭，明也 ｜玉篇｜譬諭也 ｜前漢·賈誼傳｜誼追傷屈原，因以自諭 ｜師古註｜諭，譬也 図 ｜廣雅｜諫也 図 官名 ｜唐書·百官志｜有左右諭德 図 縣名 ｜晉書·地理志｜新諭縣，屬荊州安成郡，吳置 ｜唐書·地理志｜招諭縣，屬錦州，垂拱三年置 図 姓 ｜廣韻｜東晉有諭歸，豫章人，撰｜西河記｜何承天云音樹 図 tǒu ｜玉篇｜他口切，偸上聲。誘也△ ｜集韻｜或作喻。鍙 又諭56421谕56407喻06671

諮 zī_9.16 ｜廣韻｜卽夷切｜集韻｜津私切汰音資。與咨同。謀也，問也 ｜詩·小雅｜周爰咨諏 ｜釋文｜咨本亦作諮 ｜左傳·桓六年｜夏，會於成，紀來諮謀齊難也 ｜後漢·趙典傳｜朝廷每有災異疑議，輒諮問之。鍙 又谘56404

諯 zhuān_9.16 ｜廣韻｜職緣切｜集韻｜｜類篇｜朱遄切汰音專 ｜說文｜數也。一曰相讓也。又 ｜呂覽·任地篇｜草諯大月。図 人名。與端、崇端，見｜宋史·宗室表 図 ｜廣韻｜純緣切｜集韻｜淳沿切汰音遄。又 ｜集韻｜｜類篇｜汰直碾切，纏去聲。又 ｜玉篇｜｜唐韻｜尺絹切｜集韻｜樞絹切汰音釧。又 ｜集韻｜翾縣切音絢。或作諗。義汰同。鍙 又諯56375

誘 yòu_9.16 ｜說文｜與羑、誘56035汰同 図 人名。與誘、

善謵，見 宋史·宗室表

諰 xǐ_9.16 56325 29800
唐韻 胥里切 集韻 想止切 韻會 正韻 想里切 𠀤音枲 說文 思之意 廣韻 言且思之 又 類篇 直言也 又 懼貌 荀子·議兵篇 諰諰然常恐天下之一合而軋己也 又 人名 宋史·宗室表 武翼郎士諰 又 sǎi 集韻 息改切，顙上聲 類篇 語也 又 shāi 廣韻 山佳切 集韻 所佳切，𠀤音篩 說文 義同。又 類篇 語失也 又 āi 集韻 塢皆切，音唉 類篇 呼彼之稱△ 說文 本作諰 字彙 同意。鑒 又 諰56376 諰46729

諻 huǐ_9.16 56326 29801
集韻 類篇 𠀤虎委切音毀。謗也。或作謉通作毀 又 人名 宋史·宗室表 左迪功郎不諻◆ 集韻 類篇 𠀤乃結切音涅 博雅 怒也。一曰訶也。與哩同△ 字彙補 諻作諻，非。

諱 huì_9.16 56327 29802
唐韻 集韻 韻會 𠀤許貴切音卉 說文 誋也 廣韻 避也 玉篇 隱也，忌也◆ 春秋序 隱諱以辟患 公羊傳·閔元年 春秋 爲尊者諱，爲親者諱，爲賢者諱 戰國策 罰不諱強大 註 諱，猶避也 史記·秦始皇紀 秦俗多忌諱之禁 又 畏也 史記·范睢傳 華陽、涇陽等擊斷無諱。又 增韻 護短曰諱 又 生曰名，死曰諱 左傳·桓六年 周人以諱事神，名終將諱之 疏 自殷以往，未有諱法，諱始於周 禮·檀弓 卒哭而諱 疏 古者生不相諱，卒哭，乃有神諱也 又 不諱，謂死也 史記·商君傳 公叔病，有如不可諱，將奈社稷何 後漢·桓榮傳 如有不諱，無憂家室也 註 死者人之常，故言不諱也。鑒 又 諱55743

詐 zhà_9.16 56328 29803
類篇 同詐 六書正譌 詐，別作詐，非。

諲 yīn_9.16 56329 29804
唐韻 於眞切 集韻 韻會 正韻 伊眞切 𠀤音因 爾雅·釋詁 敬也 又 人名 南齊書 太常丞何諲之 唐書 大都督長史呂諲 又 玉篇 之神切 集韻 之人切 𠀤音眞。義同△ 集韻 或作喥。

諳 ān_9.16 56330 29805
唐韻 集韻 韻會 正韻 𠀤烏含切音庵 說文 悉也 玉篇 知也 增韻 練也，歷也 六書統 熟聞也 字彙 曉也 後漢·虞延傳 陵樹株蘗，皆諳其數 晉書·刁協傳 久在中朝，諳練舊事 陳書·姚察傳 諳識內典 又 玉篇 記也，誦也，大聲也 廣韻 憶也 類篇 諷也 又 官名 金史·國語解 諳版勃極烈，官之尊且貴者 又 àn 集韻 烏紺切，庵去聲 類篇 背誦也 又 tǒu 集韻 他口切，偸上聲。言悉也△ 類篇 或作譜。亦作諳。鑒 又 諳56403

諴 xián_9.16 56331 29806
唐韻 集韻 胡毚切 韻會 胡讒切 正韻 胡喦切 𠀤音咸 說文 和也 書·召誥 其丕能諴于小民 又 韻會 誠也 書·大禹謨 至諴感神 蔡傳 諴感物曰諴 又 廣韻 調也，聲也 又 樂名 隋書·音樂志 皇帝初獻奏 諴夏 之樂 又 yān 集韻 魚咸切音嵒。同謳 又 gān 集韻 姑南切，爲平聲 類篇 嘗也。鑒 又 諴56859 諴56377

諵 nán_9.16 56332 29807
集韻 韻會 正韻 𠀤那含切音南。與諵同 玉篇 語聲 類篇 聑語也 又 人名。希諵、孟諵，見 宋史·宗

室表 又 nán 廣韻 女咸切 集韻 尼咸切 韻會 泥咸切，𠀤嬭平聲。詀諵也 又 諵諵，多言貌 韓愈·望秋詩 論詩說賦相諵諵 又 nàn 廣韻 集韻 𠀤尼賺切，嬭去聲。類篇 諵謏，私罵也△ 集韻 或作喃。束皙作妠。鑒 又 誦55686

諶 chén_9.16 56333 29808
唐韻 韻會 是吟切 正韻 時任切，𠀤甚平聲◆ 說文 誠諦也 爾雅·釋詁 信也，誠也 書·咸有一德 天難諶，命靡常 傳 諶，信也 楚辭·九章 諶荏弱而難持 註 諶，誠也 又 國名 前漢·地理志 有諶離國 又 人名 左傳·襄二十九年 禆諶，鄭大夫 註 諶本亦作湛 又 姓 萬姓統譜 漢荆州刺史諶仲，南昌人 又 與忱同 書·大誥 天棐忱辭 傳 忱，信也 說文 引作諶 通作訦 爾雅·釋詁 註 燕代東齊謂信曰諶 疏 按 方言 作訦。訦、諶音義同△ 集韻 一作愖。鑒 又 諶56416 又 shěn 姓。

諀 biàn_9.16 56336 29811
字彙 同辯

誺 chì_9.16 56334 29809
類篇 同諫。又 集韻 丑二切，絺去聲。言緩貌。

諷 fěng_9.16 56335 29810
廣韻 方鳳切 集韻 韻會 方鳳切，𠀤風上聲 說文 誦也 周禮·春官·大司樂 以樂語教國子，興道諷誦言語 註 倍文曰諷，以聲節之曰誦 前漢·藝文志 太史試，學童能諷書九千字以上，乃得爲史 晉書·阮瞻傳 諷誦遺言，不若親承音旨 又 廣雅 教也 玉篇 譬喩也 集韻 諫刺也 增韻 託言曰諷 史記·滑稽傳 優孟常以談笑諷諫 家語 忠臣之諫君有五義焉，吾從其諷諫乎 白虎通 諷者，智也。患禍之萌流，睹其事未彰而諷告，此智性也 又 與風通 詩·國風·關雎序 風，風也 註 上如字，下卽諷字。崔靈恩云用風感物，則謂之諷。又 小雅 或出入風議 箋 風猶放也。卽諷議 前漢·嚴助傳 令助諭意，風指於南越 師古註 以天子之意指諷告也 又 fēng 廣韻 方馮切音風。亦誦也。一曰告也。鑒 又 讽55734

諸 zhū_9.16 56337 29812
古文彮 唐韻 廣韻 章魚切 集韻 類篇 韻會 正韻 專於切，𠀤諸平聲 說文 辯也◆ 徐曰 別異之辭 爾雅·釋訓 諸諸，便便，辯也 註 皆言辭辯給也 又 玉篇 非一也。皆言也 正韻 凡衆也 書·舜典 歷試諸艱 詩·邶風 孌彼諸姬 史記·賈誼傳 紛亂諸事 又 廣雅 之也，於也 穀梁傳·莊二十四年 迎者行見諸，舍見諸 註 諸，之也 禮·射義 射求正諸己 註 諸，猶於也 又 韻會 語助辭 詩·邶風 日居月諸 疏 居，諸，語助也 公羊傳·桓六年 其諸以病桓與 註 其諸，辭也 又 韻會 有諸，疑辭 孟子 文王之囿方七十里，有諸 又 于諸，實也 公羊傳·哀六年 陳乞使人迎陽生，于諸其家 註 齊人語也 又 諸侯，國君也 易·比卦 先王以建萬國，親諸侯 又 官名 周禮·夏官 諸子 註 主公卿大夫士之子者。或曰庶子 又 神名 淮南子·地形訓 諸稽、攝提、條風之所生也。又 諸比，涼風之所生也 註 皆天神名 又 因諸，齊獄名 公羊傳·昭二十一年 宋南里者何。若曰：因諸者然 註 因諸者，齊故刑人之地 又 諸于，衣名 前漢·元后傳 政君獨衣絳緣諸于 師古註 諸于，大掖衣，卽袿衣之類也。又 偏諸，衣緣也 賈誼傳 爲之繡衣絲履，偏諸緣 師古註 若今織成，以爲要襻及褾等

者⊠韻會方諸，鑑名。以取明水於月⊠釋名諸，儲也。藏以爲儲，待給冬月用之也禮·內則桃諸、梅諸疏王肅云諸，菹也。謂桃菹、梅菹，卽今之藏桃、藏梅也。又周禮·天官·六飲疏紀莒之閒名諸爲濫⊠草木名爾雅·釋木諸慮，山樏註今江東呼樏爲藤，似葛而麤大嵇含·南方草木狀諸蔗一曰甘蔗，交趾所生者⊠獸名山海經單張山有獸，狀如豹，長尾，人首牛耳一目，名曰諸犍。又：敖岸山有獸，狀如白鹿，四角，名曰夫諸。⊠蟲名爾雅·釋魚蟾諸註似蝦蟆，居陸地，淮南謂之去蚊。一作詹55929諸⊠山水名山海經諸餘之山，諸餘之水出焉⊠邑名春秋·莊二十九年城諸及防註諸、防，皆魯邑前漢·地理志琅邪郡有諸縣註春秋城諸及郚者⊠澤名爾雅·釋地宋有孟諸疏一曰望諸。一曰孟豬57258⊠姓說苑越大夫諸發唐書兵部侍郎諸道。又複姓漢書有諸葛豐三國志有諸葛亮⊠zhē廣韻正奢切集韻之奢切叜音遮。亦姓也風俗通漢有洛陽令諸於何氏姓苑吳人。又南唐書·妖賊傳諸祐，蘄州獨木人註諸音查正字通六麻有諸姓，音查。按本作詻，譌作諸。詻56209，本詐上聲，音查，非⊠chú字彙常如切音稌。詹諸，蝦蟆也六書正譌別作蟾蜍，非。鼇又諸56420狀26630諸56282譜56854⊠夫諸，或作麕麚⊠巇14083，同㡿，古文諸龖龕巇晨，諸、請二音。

諔 56338 29813
qià_9.16　廣韻枯架切集韻丘駕切叜音愙類篇諔誵，巧言也。鼇諔誵或作喫誵。

誢 56339 29814
yuǎn_9.16　類篇同誢

諹 56340 29815
yáng_9.16　廣韻與章切集韻余章切叜音陽。響也，譽也⊠人名。希諹、與諹，見宋史·宗室表⊠yàng廣韻餘亮切集韻弋亮切，叜陽去聲。亦譽也⊠謹也。鼇又諹56256

諺 56341 29816
yàn_9.16　古文彦唐韻魚變切集韻魚戰切韻會疑戰切叜音彦說文傳言也廣韻俗言也書·無逸乃逸乃諺傳俚語曰諺左傳·昭元年諺所謂老將知而耄及之者⊠與唁、喭叜同文心雕龍諺者，直語也。喪言亦不及文，故弔亦稱諺新論·正賞篇子游褐裘而諺，曾參指揮而哂正字通按諺通作喭。弔唁，經皆從唁，不必借諺。喭新論作諺，偶譌誤耳⊠集韻魚旰切正韻魚幹切叜音岸類篇訑諺，自矜也增韻畔喭，剛猛也韻會叛諺，不恭也。或作喭。引論語註子路失於畔喭正義曰：舊註作呌喭。失言也。言子路性行剛彊，常呌喭，失於禮容也。鼇又彦55921谚56402誜56218

諳 56342 29817
ān_9.16　集韻類篇叜烏含切音庵。與諳同。悉也。一曰諷也⊠人名。必諳、崇諳，見宋史·宗室表

諻 56343 29818
huáng_9.16　廣韻虎橫切集韻韻會呼橫切叜音諻。語聲也。一曰大聲⊠與喤通左思·吳都賦諠譁喤呷註喤與諻通⊠huáng集韻類篇叜胡盲切音橫揚子方言譟、諻，音也△游原俗訇字正字通本作諻。

諼 56344 29819
xuān_9.16　唐韻況袁切集韻韻會許元切叜音暄

說文詐也廣韻欺也公羊傳·文三年此伐楚也，其言救江何，爲諼也前漢·息夫躬傳虛造詐諼之策⊠爾雅·釋訓忘也詩·衞風終不可諼兮大學引詩諠兮⊠草名詩·衞風焉得諼草，言樹之背傳諼草，令人忘憂者釋文諼，本又作萱說文作蕿。或作蘐。亦作諠謝惠連·西陵遇風詩無萱將如何註諠草，忘憂也。萱、諠通⊠廣韻況晚切集韻韻會火遠切正韻況遠切，叜暄上聲。義同。鼇又諼56406

詑 56345 29820
shī_9.16　集韻商支切音施。多言也。或省作訑⊠人名。與詑、崇詑，見宋史·宗室表⊠yǐ集韻演爾切，音酏。自得之語△集韻或作訑。

譁 56346 29821
gé_9.16　唐韻古覈切集韻各核切叜音隔說文飾也。一曰更也。又類篇謹也⊠人名。與譁、希譁，見宋史·宗室表⊠玉篇科核切廣韻楷革切集韻克革切，叜鏗入聲。又集韻類篇叜訖力切音殛。義叜同△集韻或作愘。

諾 56347 29822
nuò_9.16　古文喏唐韻正韻奴各切集韻韻會匿各切，叜囊入聲說文𧪾也玉篇荅也正韻應聲詩·魯頌莫敢不諾箋應辭也禮·玉藻父命呼唯而不諾註唯速而恭，諾緩而慢。又投壺大師曰諾疏承領之辭也吳志·顧雍傳註顧悌每得父書，拜跪讀之，每句應諾。⊠韻會以言許人曰諾左傳·襄十八年獻子許諾論語子路無宿諾史記·季布傳楚諺：得黃金百斤，不如得季布一諾老子道德經輕諾必寡信荀子·王霸篇刑賞已諾，信乎天下矣註諾，許也。已，不許也⊠自畢語公羊傳·僖元年慶父曰：此奚斯之聲也，諾已註諾、已，皆自畢語⊠南史·江夏王鋒傳鋒五歲，齊高帝使學鳳尾諾，一學卽工潘遠·紀聞談諸侯箋奏皆批曰諾，諾字有尾若鳳也⊠字彙補諾皋，神名西陽雜俎有諾皋記⊠水名前漢·匈奴傳韓昌、張猛與單于及大臣，俱登匈奴諾水東山師古註今突厥地，諾眞水也⊠州名唐書·地理志諾州，屬靜邊郡，貞觀五年置⊠姓。見姓苑。鼇又諾56419诺56280

詪 56348 29823
kěn_9.16　正字通俗詪字字彙作俗懇字，非。

諿 56349 29824
qì_9.16　廣韻集韻正韻叜七入切音緝。和也，辯也⊠人名。唐諿，見唐書·宰相表⊠xǔ字彙私呂切音醑。謀也揚子·太玄礥次七：女不女，其心予，覆夫諿註謀也釋文才智之稱也△游原本作聟。

詀 56350 29825
zhǎ_9.16　廣韻集韻類篇叜側洽切音眨。詀讘，多言也⊠chā集韻類篇叜測洽切音插。儳言也。⊠zhá。集韻類篇叜實洽切音䐲。詀諜，言不定也。△字彙補讘作詀，非。鼇又讘56765

謀 56351 29826
móu_9.16　古文䜪晉唐韻莫浮切集韻韻會迷浮切叜音牟說文慮難曰謀爾雅·釋言心也註謀慮以心廣雅議也玉篇計也字彙咨難慮患曰謀易·訟卦君子以

作事謀始 疏 凡欲興作其事，必先謀慮其始 書·洪範 聰作謀 傳 度也 詩·小雅 周爰咨謀 傳 咨事之難易爲謀 左傳·宣十四年 貪必謀人 疏 計謀也。又 襄四年 咨難爲謀 註 問患難也 前漢·藝文志 權謀者，以正守國，以奇用兵 晉書·刑法志 二人對議謂之謀 又 謀面 書·立政 謀面用丕訓德 傳 謀面者，謀人之面貌也 又 謀主 左傳·昭九年 民人之有謀主也 註 民人謀主，宗族之師長 又 菜名 本草綱目 蒔蘿，一名慈謀勒。李時珍曰：番言也 又 樂名 周禮·春官·大司樂 疏 孝經緯 云神農之樂曰下謀 又 官名 金史·百官志 諸謀克，從五品，掌撫輯軍戶，訓練武藝 又 姓 風俗通 周卿士蔡公謀父之後，以字爲氏 又 通作規55040 又 叶莫徒切音模 詩·小雅 民雖靡膴，或哲或謀 註 膴音呼 又 叶況于切音吁 焦氏易林 懿公淺愚，不受深謀 又 叶滿補切音母 詩·小雅 彼譖人者，誰適與謀。取彼譖人，投界豺虎 又 叶莫故切音暮 傳鶉瓠·馬皇后贊 作后作母，帝諮厥謀。國賴內訓，家應顯祚。 鋆 又 唕05614 喋06464 恖17166 謀56417

謁 56352 29827
yè_9.16　唐韻 集韻 韻會 正韻 迲於歇切，堰入聲 說文 白也 爾雅·釋詁 告也，請也 左傳·隱十一年 唯我鄭國之有請謁焉 註 謁，告也 禮·曲禮 問士之子，長曰能典謁矣，幼曰未能典謁也 註 謁，請也。典謁者，主賓客告請之事 又 增韻 訪也，請見也 後漢·卓茂傳 茂詣河陽謁見光武 又 釋名 謁，詣也，詣，告也。書其姓名於上，以告所至詣者也 正字通 刺名也。古之門狀，今之拜帖 史記·高祖紀 高祖乃紿爲謁曰：賀錢萬。實不持一錢 註 謁，謂以札書姓名，若今之通刺 又 謁舍，今之客舍也 前漢·食貨志 里區謁舍 又 官名 前漢·百官公卿表 謁者，掌賓讚受事 應劭註 謁，請也，白也。僕，主也 三輔黃圖 內謁者，署在未央宮，屬少府 又 星名 宋史·天文志 謁者一星在左執法東北，主賓客，辨疑惑。又 山名 山海經 謁戾之山多松柏，有金玉，沁水出焉 註 山今在上黨郡涅縣 又 姓 後漢·方術傳 汝南太守謁煥 又 yè 集韻 類篇 迲乙列切音煙。亦白也。李舟說 又 ài 正韻 於蓋切音愛。與藹同。陰晦也。引韓愈 秋雨聯句 牖變景明謁。一本作藹。義同 又 揚雄·百官箴 殷以刑顚，秦以酷敗。獄臣司理，敢告執謁。謁叶敗。又 史記·孔子世家 去魯歌云彼婦之謁，可以死敗。按此歌六句三韻，謁本音愛，與敗叶 字彙 謁改音意，敗叶音佩，誤 △正字通 俗作謁，非。 鋆 又 诣56385 謁56410 又 字典琢屑 前漢·應劭註 僕主也。此三字係衍文 又 後漢·卓茂傳 茂詣河陽謁見光武。徐慧：茂詣河陽謁見。

謘 56353 29828
jū_9.16　類篇 同諆 揚子·太玄 事次二：事在樞，有咨不謘，喪其哲符 註 謘，奏也 又 人名。希謘、與謘，見 宋史·宗室表

謂 56354 29829
wèi_9.16　唐韻 集韻 韻會 迲于貴切音胃 說文 報也 徐曰 謂之是報之也 廣雅 說也 廣韻 告也，言也 增韻 與之言也 易·乾卦 何謂也 疏 假設問辭，故言何謂 詩·召

南 求我庶士，迨其謂之 傳 但相告語而約可定矣 左傳·昭八年 子羔謂之 又 韻會 事有可稱曰有謂，失於事宜不可名言曰無謂 莊子·齊物論 今我則有謂矣，而未知吾所謂之，其果有謂乎，其果無謂乎 前漢·景帝紀 姦法與盜，盜甚無謂也 又 正韻 非與之言而稱其人亦曰謂 論語 子謂子賤，子謂子產，是也。指事而言亦曰謂 詩·召南 謂行多露 小雅 謂天蓋高之類，是也。稱其言，亦曰謂 論語 此之謂也，其斯之謂與，是也。又 正字通 援古釋義而言亦曰謂 易·臨卦 大君之宜，行中之謂也 禮·樂記 明聖者述作之謂也 又 爾雅·釋詁 勤也 詩·小雅 心乎愛矣，遐不謂矣 箋 謂，勤也。勤思君子也 又 廣雅 使也 玉篇 信也，道也 又 姓 萬姓統譜 宋有謂準，太平興國登科 △ 說文 本作謂。 鋆 又 谓56409 禣39968

誺 56355 29830
chì_9.16　玉篇 丑利切 集韻 丑二切迠音屎。笑也。或作咥 又 zhì 集韻 展豸切音撱。言也。 鋆 又 諓56497

諄 56356 29831
zhūn_9.16　字彙 俗諄字。

譼 56357 29832
jiàn_9.16　集韻 監37214古作譼。

譔 56358 29833
zhuàn_9.16　說文 譔本字。

謡 56359 29834
zhōu_9.16　六書故 古文讋56792字。

謻 56360 29835
yí_9.16　類篇 同訑

譚 56361 29836
xún_9.16　玉篇 與詢同 又 人名。與譚，見 宋史·宗室表

誝 56362 29837
fǎng_9.16　篇海 芳妄切，音放 ◇ 字彙補 問也。又詢也。 鋆 龍龕 誝俗，訪55668正。

諆 56363 29838
jì_9.16　字彙補 同記。又人名。與諆、必諆，見 宋史·宗室表 。 鋆 俗訊55591 五侯鯖字海 音計。義同。

譺 56364 29839
nù_9.16　字彙補 乃故切音怒。惡言也 ○ 按音義與誠同。分誠、譺爲二，非。

訶 56365 29840
hē_9.16　字彙補 同訶。

誻 56366 29841
jì_9.16　字彙補 在細切音嚌。多也。 鋆 龍龕 誻讀56814，子爲、在細二反。正作劑03830刀也。

誡 56367 41881
jiè_9.16　篇海類編 同誡。

諎 56368 41882
zhǎ_9.16　篇海類編 同諎。

謳 56369 45524
ǒu_9.16　篇海類編 音偶。 鋆 可洪音義 諧謳：上戶皆反。下五口反。和合也。正作偶01587也。

譽 56370 45527
biàn_9.16　龍龕 同辨。

誽 56371 45528
ná_9.16　篇海類編 火加切音蝦。 鋆 龍龕 誽，女加反。楊寶忠 同詉55780。

谤 56372 u2B374
lóu_9.16　簡 護56569

谫 56374 u2B372
xiǎo_9.16　簡 譊56441

谩 56376 u2B370
xǐ_9.16　簡 諰56325

諥 56373 u2B373
zhòng_9.16　簡 諥56308

谝 56375 u2B371
zhuān_9.16　簡 端56323

诚 56377 u2B36F
xián_9.16　簡 諴56331

誺 56378 u2B345 jué_9.16 俗譎56661 可洪音義 誺恠:上古血反。

誆 56379 u2B344 null_9.16 未詳。
諸 56381 u2B342 null_9.16 未詳。

諺 56380 u2B343 yǒng_9.16 直音篇 諺,音勇。

譚 56382 u2B341 null_9.16 未詳。
諭 56383 uFABE yù_9.16 同諭56321

諸 56384 uFABA zhū_9.16 兼諸56337
謁 56385 uFA62 yè_9.16 兼謁56352

謜 56386 u27A92 quán_9.16 同源56465登謜,人名。見 包山楚簡

諸 56387 u27A91 null_9.16 未詳。
譁 56388 u27A90 null_9.16 未詳。

譩 56389 u27A8F null_9.16 未詳。
諲 56390 u27A8E null_9.16 未詳。

諨 56391 u27A8D un_9.16 壯 諨伝:嫉妒。

諜 56392 u27A8C jié_9.16 同諜56137

諡 56393 u27A8B null_9.16 未詳。
諎 56394 u27A8A null_9.16 未詳。

諓 56395 u27A89 null_9.16 未詳。
諾 56397 uF95D nuò_9.16 兼諾。

謭 56396 u27A8B jiǎn_9.16 佩文韻府·卷四十六上·上聲·十六銑韻
謭,子淺切,淺也,本作譾56827

诇 56398 u8C1E xū_9.16 简讉56294
谝 56399 u8C1D piǎn_9.16 简諞56295
谜 56400 u8C1C mí_9.16 简謎56440
谛 56401 u8C1B dì_9.16 简諦56309
谚 56402 u8C1A yàn_9.16 简諺56341
谙 56403 u8C19 ān_9.16 简諳56330
谘 56404 u8C18 zī_9.16 简諮56322
谗 56405 u8C17 chán_9.16 简讒56902
谖 56406 u8C16 xuān_9.16 简諼56344
谕 56407 u8C15 yù_9.16 简諭56321
谔 56408 u8C14 è_9.16 简諤56306
谓 56409 u8C13 wèi_9.16 简謂56354
谒 56410 u8C12 yè_9.16 简謁56352
谑 56411 u8C11 xuè_9.16 简謔56450
谐 56412 u8C10 xié_9.16 简諧56312
谏 56413 u8C0F jiàn_9.16 简諫56318
谍 56415 u8C0D dié_9.16 简諜56289
谎 56414 u8C0E huǎng_9.16 简謊56435
谌 56416 u8C0C chén_9.16 简諶56333
谋 56417 u8C0B móu_9.16 简謀56351

謰 56418 u8B03 saengq_9.16 壯 亦作啮。託付,囑咐。

諾 56419 uFABD nuò_9.16 參見諾56347
諭 56421 u2F9D0 yù_9.16 參見諭56321

諸 56420 uFA22 zhū_9.16 參見諸56337

謄 56422 29842 téng_9.16 唐韻 集韻 韻會 正韻 丛徒登切音騰 說文 迻書也 徐曰 謂移寫之也 玉篇 傳也 正韻 移書傳鈔也 元史·選舉志 謄錄試卷,每行移文字,皆用朱書 図人名。崇謄,見 宋史·宗室表 △本从舟。俗从月,誤。鋆又謄48876謄56007

譑 56423 29843 chāo_10.17 集韻 韻會 丛楚絞切音炒。弄言。一曰聲也。又 字彙 相擾也。又 馬融·廣成頌 輕譑趒悍,廞疏婁領 註 譑,輕捷也 集韻 或作訬 図chōu 廣韻 楚鳩切 集韻 初尤切 丛楚擤 類篇 譑諑,陰私小言也。

諏 図zhōu 集韻 甾尤切音鄒。小言私授謂之諏△ 字彙補 諏作謅56232詶55955,非。鋆又诌55863

譇 56424 29844 jiē_10.17 玉篇 同謷 集韻 通作嗟 図 廣韻 楚懈切 集韻 楚懈切,丛釵去聲 類篇 異言也 図 五音集韻 籠臥切,蹉去聲 類篇 失也。鋆又謷56684謰56864嗟56848

譀 56425 29845 shàn_10.17 集韻 類篇 丛式戰切音扇。以言惑人也。鋆 撚黑豆集·卷八 週來惑世邪禪,雜譀日盛 図 諞56495

謪 56426 29846 án_10.17 玉篇 俄寒切 集韻 俄干切丛音豻。山形出貌。又山高貌 図 玉篇 人名 図 集韻 姓也 △ 玉篇 集韻 本作謍。

譪 56427 29847 ái_10.17 集韻 魚開切音獃。謹也 図人名。與譪、汝譪,見 宋史·宗室表

譣 56428 29848 wù_10.17 正字通 俗諲字。

謉 56429 29849 sù_10.17 說文 同訴 管子·版法解 法不盡理則疏遠,微賤者無所告謉 図人名。希謉,見 宋史·宗室表 △字彙補 譇作訽,非。鋆又謩56493

謰 56430 29850 shèng_10.17 集韻 類篇 丛石證切,乘去聲。促言也。

譺 56431 29851 hé_10.17 廣韻 胡臘切 集韻 轄臘切丛音盍。與嗑、呷丛同 類篇 多言也。又 玉篇 靜也 図人名。崇譺、善譺,見 宋史·宗室表 図gé 玉篇 古盍切 集韻 谷盍切,丛甘入聲。又 廣韻 辛律切音卹。義丛同。

謇 56432 29852 jiǎn_10.17 廣韻 正韻 九輦切 集韻 韻會 九件切丛音蹇。與謇56752同 廣雅 吃也 註 口吃,難於言也 玉篇 難也 屈原·離騷 謇吾法大前修兮,非世俗之所服 註 謇,難也 図 廣韻 正言也 韻會 直言貌 後漢·魯丕傳 廣納謇謇,以開四聰 図 正韻 謇諤,忠也 魏志·高堂隆傳 謇諤足以勵物 図姓。見 字彙 図 韻會 通作蹇 晉書·王豹傳 王臣謇謇 易·蹇卦 本作蹇蹇。又 楚辭·九歌 謇將憺兮壽宮 王逸註 蹇,詞也 図 集韻 韻會 丛紀偃切,犍上聲。引 揚子方言 吃也。鋆又嘻07183謰56451譖56913 図 龍龕 嘻嚀,二俗,居異反。正作謇。吃也 慧琳音義 嘻吃:上捷偃反,下斤乞反。語澀不利,風病。謇澀:上董偃反 周易 謇,難也 方言 謇,吃也。或作謰56909,亦作寋12185寋06762皆一也。

謈 56433 29853 pó_10.17 唐韻 蒲角切 集韻 弼角切丛音雹 說文 大呼自勉也 廣韻 嘀謈,大呼也 集韻 或作謶 図bó 集韻 北角切音剝 類篇 聲也 図pú 廣韻 集韻 丛匹角切音璞。亦大聲自勉也 図bào 集韻 類篇 丛簿皓切,袍上聲。白冤也 図páo 集韻 韻會 丛蒲襃切音袍 金壷字考 呼謈,痛冤聲 前漢·東方朔傳 郭舍人榜不勝痛呼謈 註 服虔音暴。師古步高切。自冤痛之聲也。今人痛甚,則稱阿謈 △ 說文 本作謈。

謉 56434 29854 kuì_10.17 廣韻 俱位切 集韻 基位切丛音愧。與媿、愧丛同。慙恥也 図guǐ 集韻 類篇 丛古委切音詭。與詭

同，責也。一曰詐也[又]huǐ[集韻][類篇]𠀤虎猥切音悔。哼譈，譃言也[又]duǐ[廣韻]都罪切音竨。譈諢，譃言。出[聲譜][又]tuí[集韻]徒回切音頹。謙也△[字彙補]亦書作譽。鎣又譈56496䜃56912𧮧56929䬘56482

謊 56435 29855
huǎng_10. 17 [正字通]俗謊字。鎣又詤55982谎56414

謋 56436 29856
huò_10. 17 [廣韻]虎伯切[集韻][韻會][正韻]霍虢切𠀤音砉[類篇]謋然，速也[莊子·養生主]動力甚微，謋然已解[玉篇]亦作諕[又]xì[集韻][類篇]𠀤迄逆切音虩[莊子]謋然，徐邈讀[又]tè[字彙補]同德切音特[莊子]謋然，林希逸讀。

謌 56437 29857
gē_10. 17 [玉篇]同歌[史記·孟嘗君傳]馮驩彈劒而謌[前漢·五行志]發於謌謠[荀子·議兵篇]近者謌謳而樂之。

謎 56438 29858
tà_10. 17 [集韻]同誻[又]人名[唐書·宗室表]修城郡公謎。

謍 56439 29859
yíng_10. 17 [唐韻]余傾切[集韻]維傾切𠀤音營[說文]小聲也。引[詩]謍謍青蠅。今[小雅]本作營[又][玉篇]往來貌[又]人名。與謍，見[宋史·宗室表][又][廣韻]虎橫切[集韻]呼橫切𠀤音𦒄。又[正韻]于平切音榮。義𠀤同[又][廣韻][集韻]𠀤烏宏切音泓[類篇]謍譁，小聲[馬融·長笛賦]錚鐄謍嗃[註][字林]曰：謍，小聲也[又]hōng[集韻]呼宏切音轟。大聲也[班固·西都賦]櫂女謳，鼓吹震。聲激越，謍厲天[集韻]或作嚶[又]yīng於莖切音罌。怒也。與譻同。

謎 56440 29860
mí_10. 17 [唐韻]莫計切[集韻][正韻]彌計切，𠀤迷去聲[說文]隱語也[演繁露]古無謎字。若其意制，卽伍舉、東方朔謂之隱者是也。至[鮑照集]則有井謎矣[文心雕龍]自魏代以來，頗非俳優，而君子隱，化爲謎語。謎也者，迴互其辭，使昏迷也[又][集韻]緜批切音迷[類篇]言惑也。或作詸。鎣又谜56400

謏 56441 29861
xiǎo_10. 17 [集韻][韻會][正韻]𠀤先了切音篠。與謥同[禮·學記]足以謏聞[又][廣韻]誘爲善也[又][正字通]稗官小史曰謏說[又]人名[晉書·儒林傳]韋謏，京兆人[又]sǒu[玉篇]蘇口切[集韻]蘇后切𠀤音叟。義同[又]sòu[廣韻]蘇奏切◆[韻會][正韻]先奏切，𠀤叟去聲。誎謏，怒言也[又]sù[廣韻][集韻]𠀤所六切音縮[禮·學記]足以謏聞。徐邈讀。鎣又谀56374

謓 56442 29862
jí_10. 17 [廣韻]秦悉切[集韻]昨悉切𠀤音疾[廣雅]苦也[類篇]毒也[玉篇]作愱[又][廣韻]語急也[正字通]與疾通。

謐 56443 29863
mì_10. 17 [唐韻]彌必切[集韻][韻會][正韻]覓畢切𠀤音蜜[說文]靜語也。一曰無聲也[爾雅·釋詁]靜也[廣韻]愼也，安也[班固·漢武帝內傳]內外寂謐[魏志·東夷傳]海表謐然[宋書·樂志]謝莊[明堂歌]云地紐謐，乾樞回。
鎣又謚55818諡56140谧56527

諸 56444 29864
chī_10. 17 [廣韻]處脂切[集韻]稱脂切𠀤音鴟。訶怒也[又]shí[集韻]市之切音時[廣雅]怒也[又][集韻]渠伊切音耆。義同。

謑 56445 29865
xǐ_10. 17 [唐韻]胡禮切[集韻][韻會][正韻]戶禮切，𠀤奚上聲[說文]恥也[玉篇]謑詬，恥辱也[集韻]小人怒也[荀子·非十二子篇]無廉恥而忍謑詢。謂詈辱也[又]人名[宋史·宗室表]武翼郎不謑[又]xí[集韻][韻會][正韻]𠀤弦雞切音奚[類篇]謑髁，不正貌[莊子·天下篇]謑髁無任，而笑天下之尚賢也[又]xià[廣韻]呼訝切[集韻][韻會]虛訝切𠀤音罅。怒言也[又]xiè[集韻]下解切音邂。怒聲也。或作噧△[說文]或作謨[類篇]書作謨[字彙補]譌作誤，非。

謒 56446 29866
qiāng_10. 17 [集韻][類篇]𠀤千羊切音瑲。語輕也。

譺 56447 29867
xì_10. 17 [五音集韻]許旣切音欷[字彙]語氣也。
鎣[正字通]譺，俗訖字。

謄 56448 29868
zhēng_10. 17 [集韻][類篇]𠀤諸仍切音蒸。謄仍，語煩。

謓 56449 29869
chēn_10. 17 [唐韻]昌眞切[集韻]稱人切𠀤音瞋[說文]恚也[廣雅]怒也[廣韻]與嗔、瞋同[集韻]或作𢚆[又]zhèn[集韻][類篇]𠀤之刃切音震。笑也[說文]賈侍中說。

謔 56450 29870
xuè_10. 17 [唐韻]虛約切[集韻][韻會][正韻]迄却切，𠀤向入聲[說文]戲也[爾雅·釋詁郭註]謂調戲也[詩·邶風]謔浪笑敖。又[衞風]善戲謔兮，不爲虐兮[後漢·陰皇后紀]不喜笑謔[又][爾雅·釋訓]謔謔、嗃嗃，崇讒慝也[疏]皆盛烈貌[玉篇]喜樂也[詩·大雅]天之方虐，無然謔謔[傳]謔謔然，喜樂[又]驛名[柳宗元·詩註]善謔驛，在襄州之南，卽淳于髡放鵠之所△[說文]本作謔。鎣又嗻07760
谑56411

謇 56451 29871
jiǎn_10. 17 [集韻]同譾[又]人名。希謇，見[宋史·宗室表]

謕 56452 29872
tí_10. 17 [唐韻][集韻][韻會]𠀤與啼同[揚子方言]詁55764謕[前漢·嚴助傳]孤子謕號[師古註]謕，古啼字。[又]與諦56309同[又]tī[廣韻]土雞切[集韻]天黎切𠀤音梯。語相誘也[又]sī[玉篇][廣韻]息移切[集韻]相支切𠀤音斯。數諫也，諒也。

謕 56453 29873
tí_10. 17 [正字通]謕字之譌。本作啼。

謞 56454 29874
tā_10. 17 [玉篇]他盍切[廣韻]吐盍切[集韻]託盍切𠀤音榻[類篇]謞譶，多言也△或作譶。

譳 56455 29875
dòu_10. 17 [集韻][類篇]𠀤丁候切音鬭[埤蒼]譳譳，不能言也。或作嬃。亦作詎媉。

謖 56456 29876
sù_10. 17 [廣韻][集韻][韻會]𠀤所六切音縮[爾雅·釋言]起也[禮·祭統]尸謖，君與卿四人餕[列子·黃帝篇]若夫沒人，則未嘗見舟而謖操之者也[又]謖然，翕斂貌[後漢·蔡邕傳]公子謖然，斂袂而興[又][字彙補]謖謖，峻挺貌[世說新語]世目李元禮，謖謖如勁松下風。
鎣又谡56533

謗 bàng_10.17 　唐韻 集韻 韻會 正韻 丛補浪切，傍去聲 說文 毀也 廣雅 惡也 玉篇 誹也，對也。人道其惡也 增韻 訕也 左傳·莊二十二年 覊旅之臣，敢辱高位，以速官謗 史記·孝文紀 朝有進善之旌，誹謗之木 戰國策 樂羊反而語功，文侯示之謗書一篋 図 集韻 韻會 丛逋旁切，傍平聲。義同 △ 正韻通 本作誘 字彙 从俗作謗，非。鍪 又谤56530

嗎 mà_10.17 　廣韻 集韻 丛莫駕切音罵。多言也。

謘 chí_10.17 　廣韻 直尼切 集韻 陳尼切丛音墀 說文 語諄諄也 荀子·樂論篇 衆積諄諄乎 図 人名。希諄，見 宋史·宗室表 図 唐韻 直离切 正韻 陳知切丛音馳。又 廣韻 集韻 韻會 丛直利切，墀去聲。義丛同 図 tuí 集韻 徒回切音頹。哼諄，語不正也。鍪 又諯56549諈56831讀56248

諰 xǐ_10.17 　集韻 息17298古作諰。

謙 qiān_10.17 　古文㗨 唐韻 集韻 韻會 正韻 丛苦兼切，欺平聲 說文 敬也 玉篇 讓也 增韻 致恭也。不自滿也。又卦名 易·謙卦 謙亨，君子有終 釋文 卑退爲義，屈己下物也 朱子·本義 有而不居之義 史記·樂書 君子以謙退爲禮 図 姓。見 字彙 図 集韻 或作嗛 前漢·藝文志 易之嗛嗛 師古註 與謙同。又 司馬相如·封禪書 陛下嗛讓而弗發也 史記 作謙讓 図 xián 正韻 胡兼切。與嫌同 荀子·仲尼篇 信而不處謙 註 言得信於上，不處嫌疑，使人疑其作威福也 図 qiǎn 集韻 正韻 丛苦簟切，欺上聲。安靜貌 禮·大學 此之謂自謙 註 謙讀爲慊。慊之言厭也 朱傳 謙，快也，足也 韻會 謙與慊通 図 qiè 字彙 苦劫切音怯 大學 義同。朱子讀 △ 六書統 一作譧。鍪 又謙56528

誝 àng_10.17 　集韻 嗌、詇丛同。

謚 yì_10.17 　唐韻 集韻 丛伊昔切音益 說文 笑貌。図 集韻 馨激切音闃。笑聲。或作赦 △ 正韻通 俗用爲謀之謚，非。鍪 又謐56529

講 jiǎng_10.17 　唐韻 集韻 韻會 正韻 丛古項切音港 說文 和解也 徐曰 古人言講解猶和解也 戰國策 今君禁之，而秦未與魏講也 図 廣雅 論也 廣韻 告也 禮·禮運 講信修睦 疏 談說也 又 講於仁 疏 猶明也 図 玉篇 習也 增韻 究也 易·兌卦 君子以朋友講習 左傳·隱五年 故春蒐，夏苗，秋獮，冬狩，皆於農隙以講事也 周禮·夏官·校人 冬獻馬講馭夫 註 講猶簡習 図 廣韻 謀也 左傳·襄五年 詩曰：講事不令，集人來定 杜註 逸詩 也。言謀事不善，當聚致賢人以定之 図 官名 唐書·百官志 國子監有直講四人，以經術講授。又 舊唐書·職官志 集賢殿書院有侍講學士 図 山名 山海經 泰室之山北三十里曰講山 図 與顜通 前漢·曹參傳 蕭何爲法，講若畫一 史記 作顜 図 gòu 字彙補 居候切音媾。和也 史記·甘茂傳 樗里子與魏講罷兵 註 講，讀曰媾 △ 說文 本作講。鍪 本作講56517 図 讲55744

諑 yuán_10.17 　唐韻 魚怨切 集韻 韻會 正韻 虞怨切，丛元去聲 說文 徐語也。引 孟子 故諑諑而來。今本作源 図 yuán 玉篇 魚園切 廣韻 集韻 韻會 愚袁切丛音元。義同 図 廣雅 度也 図 人名 唐書 邕王李諑。又 遼史·世祖紀 高麗王世子王諑來朝 図 quán 廣韻 此緣切 集韻 逡緣切丛音銓。言語和悅也。鍪 又諓56386

謝 xiè_10.17 　唐韻 辭夜切 集韻 韻會 正韻 詞夜切丛音榭 說文 辭去也 廣雅 去也 楚辭·九章 願歲幷謝與長友兮 註 謝，去也 図 正韻 絕也 史記·儒林傳 謝絕賓客。図 增韻 退也，衰也，彫落也 南史·范縝傳 形存則神存，形謝則神滅 淮南子·兵略訓 若春秋有代謝 図 類篇 告也 前漢·陳餘傳 厮養卒謝其舍 晉灼註 以辭相告曰謝 図 韻會 拜賜曰謝 前漢·張安世傳 安世嘗有所薦，其人來謝。安世以爲舉賢達能，豈有私謝邪 図 正字通 自以爲過曰謝 禮·檀弓 從而謝焉 史記·項羽紀 旦日不可不蚤自來謝項王 図 韻會 聽也 正韻 致仕曰謝 禮·曲禮 大夫七十而致事若不得謝，則必賜之几杖 註 謝，猶聽也。陳澔曰：君不許其致事也。如辭謝、代謝，皆却而退去之義 図 鳥名 張華·禽經 子規啼苦，則倒懸於樹，自呼曰謝豹 図 菜名 本草綱目 水苦蕒，一名謝婆菜 図 島名 唐書·地理志 登州東北海有大謝島 図 蠻名 舊唐書·南蠻傳 東謝蠻，其地在黔州之西 図 國名 詩·大雅 于邑于謝 毛傳 謝，周之南國也 朱傳 在今鄧州南陽縣 図 縣名 前漢·地理志 謝沐縣，屬蒼梧郡 図 姓 廣韻 出陳留、會稽二望。周宣王之舅姜申伯封于謝，以邑爲氏 左傳·昭七年 謝息，爲孟孫守。又複姓 風俗通 周宣王支子食采謝丘，因以爲氏 前漢·古今人表 謝丘章，魯人 図 通作榭 左傳·襄三十一年 宮室卑庳，無觀臺榭 註 本亦作謝 荀子·王霸篇 臺榭甚高 註 與謝同 図 或作繹。亦作射 爾雅·釋魚 龜仰者謝 疏 謂行時頭仰 周禮·地龜曰謝屬是也 周禮·春官·龜人鄭註 仰者繹 禮·玉藻鄭註 靈射之屬 釋文 射音亦 周禮 作繹 爾雅 作謝 △ 說文 本作讈。鍪 又姓 廣韻 出陳留會稽二望。出陳郡、會稽二望。図 谢56532 载55975

謞 xuè_10.17 　廣韻 許角切 集韻 韻會 黑角切丛音㹂 爾雅·釋訓 謞謞，崇讒慝也 註 樂禍助虐，增譖惡也 疏 詩·大雅 多將熇熇 鄭箋：多行熇熇，憯毒之惡。謞、熇音義同 図 人名。汝謞，見 宋史·宗室表 図 hè 廣韻 呵各切 集韻 韻會 正韻 黑各切丛音郝。義同 図 xiào 集韻 類篇 丛許教切音孝。與嗃同。大嘑也 管子·侈靡篇 鶡然若謞之靜 註 雖有謞躁之人，亦皆恬靜 春秋繁露 古之聖人，謞而效天地謂之號，鳴而命施謂之名。図 xiāo 集韻 正韻 丛虛交切，孝平聲。與詨同。叫呼也 図 莊子·齊物論 激者，謞者 註 謞，去而聲疾也。

謖 sù_10.17 　玉篇 先護切 廣韻 桑故切 集韻 蘇故切丛音素。譖也 図 人名。希謖、與謖，見 宋史·宗室表

諀 pī_10.17 　集韻 類篇 丛篇夷切音紕。叱聲也。或作咆。

謟 tāo_10.17　廣韻 土刀切 集韻 韻會 正韻 他刀切𠀤音叨 爾雅·釋詁 疑也 左傳·昭二十六年 天道不謟,不貳其命 釋文 本又作慆 又二十七年 天命不慆久矣 註 慆,疑也 🔲 集韻 叨号切,叨去聲 義同△毛氏曰:从言从舀,與謟諛字不同。鼇又譸67902諸56499

56471 29891
謠 yáo_10.17　唐韻 集韻 韻會 正韻 𠀤餘招切音遙。與𦱤同。謠,歌也 爾雅·釋樂 徒歌謂之謠 詩·魏風 我歌且謠 傳 曲合樂曰歌,徒歌曰謠。孫炎曰:聲消搖也 韓詩 曰:有章曲曰歌,無章曲曰謠。戴侗曰:歌必有度曲節,謠則但搖曳永誦之,兒童皆能爲,故有童謠也 前漢·藝文志 孝武立樂府而采歌謠 南齊書·五行志 歌謠,口事也。口氣逆則惡言,或有怪謠焉 🔲 毀也。詳詠56200字註 🔲 集韻 或作猺 禮·檀弓 陶斯咏,咏斯猶 🔲 韻會 通作繇 前漢·李尋傳 人民繇俗 師古註 謂若童謠,及輿人之誦。鼇又歋55660訧55714謡56537谣56531 🔲 二簡 谣56531簡作讹55712

56472 29892
䌛 yáo_10.17　唐韻 余招切 正韻 餘招切𠀤音遙 說文 隨從也。从系𡥜聲 徐鉉曰:今俗从謠。又 字彙 遠屬役也。通作徭。詳繇44822字註 🔲 yóu 正韻 余周切。與由同。俗作繇,非○按 說文 本載系部,當入十一畫 字彙 正字通 俱誤,从糸,附十畫內,非是。

56473 29893
磂 liù_10.17　集韻 類篇 𠀤力救切音溜。與磂同。祝磂也。

56474 29894
諽 gé_10.17　玉篇 公核切音隔 廣雅 慧也 🔲 正字通 語不相入也,故从咼 🔲 人名。希諽、師諽,見 宋史·宗室表。鼇又愲18397愲18332

56475 29895
譁 huā_10.17　說文 同譁 集韻 或作譁 🔲 人名。汝譁,見 宋史·宗室表 🔲 廣韻 集韻 𠀤呼瓜切音花 博雅 譁也 揚子方言 譁,吪然也 註 皆應聲也。

56476 29896
譴 qiǎn_10.17　集韻 類篇 𠀤去演切音遣。小息也。

56477 29897
譬 jiē_10.17　唐韻 子邪切 集韻 咨邪切。𠀤嗟本字 說文 咨也。一曰痛惜也 玉篇 憂歎辭也△ 說文 本作嗟。或省作譬 集韻 亦書作讋。俗省作嗟。

56489 41884
諝 xū_10.17　龍龕 同諝 同,亦書作諝 🔲 筭尹切音筍。謀也。鼇又諝56361

56494 u2B7E2
讀 tán_10.17　簡 讀56732

56496 u2B377
䝰 kuì_10.17　簡 䝰56434

56481 29901
誑 kuáng_10.17　說文 誑本字。

56500 u2B347
譗 null_10.17　未詳。

56483 29903
誖 bèi_10.17　字彙補 浦沒切音勃。言亂也。

56478 29898
譬 sǔn_10.17　集韻 與詢同,亦書作謵 🔲

56479 29899
譈 duī_10.17　集韻 與誚同

56480 29900
譆 xǐ_10.17　說文 誢本字

56482 29902
魁 kuì_10.17　字彙補 居依切音畿。言也。鼇 龍龕 魁或作,䝰56434正。

56501 u2B346
譺 null_10.17　未詳。

56502 uFABF
謹 jǐn_10.17　俗謹56586

56503 u27AF4
謹 jǐn_10.17　俗謹56586

56488 41883
謉 kuì_10.17　篇海類編 居位切,音貴◇媿也。

56508 u27AC8
譽 null_10.17　未詳。

56491 45530
謉 yù_10.17　篇海類編 音掩。又音郁。

56492 45531
謉 jié_10.17　篇海類編 渠業切,音結◇

56509 u27AC7
謣 null_10.17　未詳。

56497 u2B376
諴 chì_10.17　簡 諴56355

56498 u2B375
譺 áo_10.17　簡 譺56583

56504 u27ACE
謤 ja_10.17　韓 許謤,人名。

56505 u27ACD
諻 huáng_10.17　諻56343本字。

56506 u27ACC
譾 jiǎn_10.17　同譾56827亦作謭56396

56507 u27AC9
讂 guà_10.17　同詿55938欺詐 方言·卷六 爰、嗳,恚也。楚曰爰,秦、晉曰嗳,皆不欲膺而強詟之意也。錢繹箋疏:息夫躬傳 云虛造詐讂之謀,欲以譺誤朝廷 說文 譺,誤也。誤亦欺也 韓策 云譺誤人主 息夫躬傳 云疾讂誤之臣,思黃髮之言。譺與恚,讂與爰、嗳聲並相近,爰、讂皆欺詐之意,故 廣雅 並訓為欺,是惡其欺詐,故中心不欲膺而強詟之也,正恚之意也。

56484 29904
誓 xì_10.17　說文 誓本字

56485 29905
講 jiāng_10.17　說文 講本字。鼇渡部溫:講,講56517之誤。

56486 29906
諕 xià_10.17　字彙補 何駕切音夏。誑也。

56487 29907
論 lún_10.17　說文 論本字

56490 45529
僊 lùn_10.17　字彙補 同論

56493 45532
謉 sù_10.17　字彙補 同謬

56495 u2B378
譱 shàn_10.17　簡 譱56425

56499 u2B348
諂 tāo_10.17　參見譸67902

56510 u27AC6
諿 dǎng_10.17　俗讜56943

56512 u27AC4
謥 null_10.17　未詳。

56514 u27AC2
謥 null_10.17　未詳。

56516 u27AC0
諢 gǔn_10.17　同謑56573

56517 u27ABF
講 jiāng_10.17　說文 講56464本作講。

56518 u27ABE
諢 null_10.17　古璽彙編·姓名私璽.0633 王諢。

56522 u4727
諤 nǎo_10.17　簡 諤56526 🔲 洪音義·第廿五冊·新華嚴經音義兩卷·下卷「居韻」條

56523 u4726
諙 null_10.17　未詳。

56511 u27AC5
諤 hū_10.17　俗諤56591

56513 u27AC3
譽 null_10.17　未詳。

56515 u27AC1
諤 null_10.17　未詳。

56519 u27ABD
譜 null_10.17　未詳。

56520 u27ABC
諤 null_10.17　謂字。見 可

56521 u27ABB
誁 pǔ_10.17　同誁56110鈕樹玉 說文新附考·卷一 譜通作普或作𠰯 又考 隸釋 載 孫叔敖碑陰 有誁,而杜預 春秋左傳序 譜字,釋文云本又作誁。是漢時已有誁字,弟不作譜耳。

56524 u4702
譹 hào_10.17　同譹56637

56525 u4701
謉 xǐ_10.17　說文 謉56445,恥也。从言奚聲。謉,謑或从奚。

認 nǎo_10.17 俗認56641

謐 mì_10.17 簡謐56443

謙 qiān_10.17 簡謙56461

謚 shì_10.17 簡謚56301

謠 yáo_10.17 簡謠56471

謗 bàng_10.17 簡謗56457

謝 xiè_10.17 簡謝56466

謖 sù_10.17 簡謖56456

謨 mó_10.17 簡謨56550

讜 dǎng_10.17 簡讜56943

謡 yáo_10.17 同謠56471

護 hù_10.17 同護56790 蔡
侯䜌尊 禰護整肅△亦俗護 可洪音義 擁護：胡故反。

譽 yú_11.18 唐韻 羽俱切 集韻 雲俱切从音于 說文 妄
言也 揚子法言 誇言敗俗，誇好敗則。俗本誇作譚。
圀人名。與誇、汝誇，見 宋史·宗室表 圀 集韻 類篇 从
邕俱切音紆。義同 圀xū 集韻 類篇 从匈于切音吁。誇
輿，舉重勸力歌也 呂覽·淫辭篇 今舉大木者，前呼輿誇，
後亦應之△ 說文 或作誇。鼙 又誇56066謯56639

諃 biāo_11.18 集韻 類篇 从卑遙切音猋。言有所止也
圀piāo 集韻 類篇 从紕招切音漂。言輕也。

譁 xià_11.18 類篇 同譃。

謥 còng_11.18 廣韻 集韻 韻會 正韻 从千弄切，聰去
聲。謥詷51_55924 圀 集韻 蘇綜切音宋。義同△俗作認 字
彙補 謥作詥，非。

謦 qìng_11.18 唐韻 去挺切 集韻 韻會 正韻 棄挺切，
从磬上聲 說文 欬也 玉篇 欬聲也 莊子·徐無鬼 久矣夫，
莫以眞人之言，謦欬吾君之側乎 註 輕曰謦，重曰欬。
又 北史·崔悛傳 謦欬，爲洪鐘響 圀人名。善謦，見 宋
史·宗室表 圀qìng 集韻 類篇 从詰定切音罄。謦欬，言
笑也。鼙 又嚘07759俗。

謧 lí_11.18 唐韻 呂支切 集韻 鄰知切从音離 說文 謧
詍，多言也 玉篇 欺謾之言也 集韻 弄言也。或作讈、憛
圀 玉篇 力泥切 廣韻 郎奚切 集韻 憐題切从音黎。又 集
韻 類篇 从力交切音藜。義从同〇按 說文 本作謧，九
畫。俗作謧 字彙 列十一畫，誤。

謰 lǔ_11.18 集韻 韻會 籠
五切 正韻 郎古切从音魯。謰謱，言不定也 圀人名。希
謰、與謰，見 宋史·宗室表 圀 玉篇 古文訊55591字。

譺 pī_11.18 集韻 同諀

謺 duī_11.18 玉篇 丁回切 廣韻 都回切从音堆。謫也，
落也 廣韻 與搥同 圀 集韻 倉回切音崔。義同 圀一作
諥56219 鼙 又諳55892譴56479譁56167敦21589

謑 qiè_11.18 集韻 類篇 从千結切音切。正言也 字彙 小
語也 圀人名。希謑、與謑，見 宋史·宗室表 △ 集韻 或
省作謷。亦作嗫。鼙 又謑56782

譃 chí_11.18 字彙 同譁

謙 lěi_11.18 類篇 與譎同

謨 mó_11.18 古文暮莫膴 唐韻 正韻 莫胡切 集韻 韻會
蒙晡切从音模 說文 議謀也，徐曰 慮一事畫一計爲謀，
汎議將定其謀曰謨 虞書 有 大禹謨、皋陶謨 傳 謨，謀
也。大禹謀九功，皋陶謀九德 詩·大雅 訏謨定命 周禮·秋
官·大行人 夏宗以陳天下之謨 圀 爾雅·釋詁 僞也 註 謀
而不忠 圀 無也 南唐書·黨與傳 越人謨信，未可速攻 註
謨信，無信也。閩人語音 圀mù 集韻 韻會 从莫故切，
模去聲 前漢·敘傳 漢之宗廟，叔孫是謨。革自孝元，諸
儒變度。謨，音慕 圀mò 集韻 類篇 从末各切音莫。亦
謨也 前漢·班固·幽通賦 謨先聖之大謩。師古讀 圀叶滿
補切音姥。見 蔡邕·胡廣銘 △ 集韻 或作暮謩 又謨56535

謩 mó_11.18 集韻 同謨

諃 chà_11.18 玉篇 初嫁切
集韻 楚嫁切从音汉。異言也。或作訍。

謪 shāng_11.18 正韻 尸羊切音商。度也 荀子·儒效篇
謪德而定位 註 謪與商同。本或作謪。

謫 zhé_11.18 廣韻 集韻 韻會 从陟革切音摘。與讁同
廣雅 責也 玉篇 咎也，罪也，過也，怒也 類篇 罰也 左
傳·成十七年 國子謫我 註 譴責也 史記·申屠嘉傳 議以
謫罰，侵削諸侯 前漢·武帝紀 天漢元年，發謫戍，屯五
原 老子道德經 善言無瑕謫 圀 變氣也 左傳·昭三十一
年 日始有謫 圀zé 玉篇 治革切 集韻 士革切从音賾 揚
子方言 怒也 註 相責怒也 圀dì 集韻 丁歷切音的。亦罰
也△ 說文 本作讁。鼙 又讁56627嘀07620 圀唐·釋 慧琳
音義 謫罰：陟革反，罪小曰罰，罰罪曰謫。經文作
徝02209，非也。

競 jìng_11.18 唐韻 渠慶切 集韻 渠映切，从擎去聲 說
文 彊語也。一曰逐也。隸作競。

譀 jìng_11.18 玉篇 集韻 从同競41667 圀人名 宋史·宗
室表 承節郎不譀。

諦 dì_11.18 廣韻 特計切 集韻 大計切从音第 廣雅 諟
也 玉篇 禘諦，審諦也 圀人名 唐書·宗室表 魯陽郡公
諦 圀dì 集韻 韻會 从丁計切音帝 博雅 諟也。本作諦。
或作諟 圀dài 集韻 當蓋切音帶 揚子方言 癡諦，審也。
齊楚曰癡，秦晉曰諦。

諒 yàng_11.18 集韻 弋亮切音漾。聲變也。

謬 miù_11.18 唐韻 正韻 靡幼切 集韻 韻會 眉救切从
音繆 說文 狂者之妄言也 博雅 誤也，欺也 玉篇 亂也，
詐也 廣韻 差也 書·囧命 繩愆糾謬，格其非心 史記·李
斯傳 謬其說，絀其辭 前漢·司馬遷傳 差以豪氂，謬以
千里 蜀志·向朗傳 手自校書，刊定謬誤 圀姓 前漢·儒
林傳 謬生，申公弟子。與繆同 圀 通作繆 禮·大傳 一物
紕繆 註 紕繆，猶錯也。本又作謬 史記·司馬相如傳 臨
邛令繆爲恭敬 圀叶彌笑切音妙 陸機·演連珠 動循定
檢，天有可察，應無常節，身或難照。是以望景揆日，
盈數可期，撫臆論心，有時而謬△ 說文 本作謬 集韻 或

作嘮。鼇又謬56625

譾 jiǎn_11.18　字彙同譾。鼇又谫56626

讗 wéi_11.18　廣韻以追切集韻夷佳切夶音遺廣雅就也。類篇責也冈廣韻集韻夶視佳切音讗。又集韻倉回切音崔。又川佳切音推。又廣韻集韻夶千侯切，輈平聲。又集韻類篇夶此宰切音采。義夶同。

讀 zé_11.18　集韻韻會側革切正韻側格切夶音責。怒也，讓也。㳬原與責同冈人名。汝讀，見宋史·宗室表冈集韻類篇夶士革切音賾。大呼也。與嘖同。

諎 jiē_11.18　唐韻側加切集韻莊加切夶音樝·說文諎，妠也。長箋義未詳冈jiē廣韻子邪切集韻咨邪切夶音嗟。義同冈jū集韻子余切音苴。諑也。冈zhā廣韻集韻夶側下切音鮓。諎訝，訶貌集韻同訴冈zù韻莊助切，阻去聲。同詛前漢·孝成許皇后傳祝諎後宮有身者王美人及鳳等師古註諎，古詛字△集韻作禣。鼇又誰56612

讋 zhé_11.18　唐韻之涉切集韻質涉切夶音慴。言疾也。玉篇與讘同冈mò集韻類篇夶莫臥切，磨去聲。以大對小之言。

譬 jì_11.18　集韻類篇夶几利切音冀。言無次也。冈人名。與譬，見宋史·宗室表

諣 shǎ_11.18　廣韻沙瓦切集韻數瓦切夶音傻。強事言語也正字通與嘆通。鼇又谳56611龍龕誜55679俗。諓56041或作，諣正，所瓦反，強事言語也。又所化反，枉也。

譳 lòu_11.18　廣韻盧侯切集韻郎豆切夶音陋類篇譳訽，暴怒也。

謰 lián_11.18　唐韻力延切集韻陵延切夶音連說文謰謱也揚子方言謰謱，拏也。南楚曰謰謱玉篇嘲哳也字彙繁絮也楚辭·九思媒女詘兮謰謱冈人名。孟謰、與謰，見宋史·宗室表冈集韻類篇夶力展切，連上聲。謰謰，語亂也。鼇又諑56096冈謰謱，亦作嗹06928嘍。

謱 lóu_11.18　唐韻洛侯切集韻郎侯切夶音婁說文謰謱也。又集韻謹也。或作嘍冈lǒu廣韻郎斗切集韻朗口切，夶婁上聲。謰56568謱，小兒語冈lǚ廣韻力主切集韻隴主切夶音縷。覼謱，委曲也。鼇又谈56372

謲 cān_11.18　唐韻倉南切集韻倉含切夶音參說文相怒使也冈人名。孟謲，見宋史·宗室表冈sān集韻類篇夶蘇含切音毿。謲譚，怒語也冈càn廣韻集韻夶七紺切，參上聲。義同。一曰伺也冈chěn集韻類篇夶楚錦切，郴上聲。陰言譏之也。

譆 xì_11.18　類篇同譆。本作譆。

謳 ōu_11.18　唐韻集韻韻會正韻夶烏侯切音歐廣雅歌也玉篇吟也正字通謳爲歌之別調，歌爲謳之總名史記·張儀傳秦將以美人聘楚，以宮中善歌謳者爲媵列子·湯問篇薛譚學謳於秦青說文齊歌也前漢·高帝紀漢王既至南鄭，諸將及士卒皆歌謳思東歸師古註謂齊聲而歌。或曰齊地之歌冈姓左傳·哀十三年越大夫謳陽冈與嘔同荀子·富國篇拊循之，呴嘔之註呴嘔，嬰兒語聲。嘔與謳同冈xū集韻類篇夶匈于切音吁。煦也。又於謳，欲化貌莊子·大宗師需役聞之於謳註歌以樂之也。於音烏冈集韻類篇夶邕俱切音紆說文義同冈陸機·吳趨行楚妃且勿歎，齊娥且莫謳。四坐夶清聽，聽我歌吳趨。謳叶趨。鼇又讴55742冈古文四聲韻𧦝04490崔希裕篆古

諕 gǔn_11.18　集韻類篇夶古本切音袞。語不明也。冈gùn集韻類篇夶古困切，袞去聲。與謯、謾夶同。鼇又谗56516

諢 gùn_11.18　廣韻集韻夶古困切，袞去聲。靦人也。又順言譍弄貌。出聲譜，與諢同。或作諣。

諆 qī_11.18　集韻同諆冈人名。與諆、師諆，見宋史·宗室表

謵 xí_11.18　集韻席入切音習說文言謵讘也冈與習同莊子·庚桑楚夫復謵不餽而忘人，忘人因以爲天人矣註猶服習也冈chè廣韻叱涉切集韻尺涉切，夶襜入聲。謵讘，言不正也。又小語也冈玉篇丑涉切集韻勑涉切夶音鍤。義同。

謅 chāo_11.18　廣韻韻會正韻楚交切集韻初交切夶音抄。代人說也玉篇與勦同冈集韻韻會正韻夶楚教切，抄去聲。義同冈zhāo集韻莊交切音抓。與謅同△正字通本作謅。

譅 zhì_11.18　集韻陟栗切音窒。謧譅，言無倫脊也。

誃 chì_11.18　類篇同諓。或作詺冈廣韻初栗切集韻測乙切夶音刹。謧56423誃。鼇又谇56691

諲 wàng_11.18　廣韻巫放切音望。相責也字彙與誆同。

諯 zhuó_11.18　廣韻之若切集韻職略切夶音灼廣雅謫也類篇欺也冈shù集韻商署切音恕。冀也，通作庶冈zhē集韻之奢切音遮。多言也。與嗻同△字彙補亦書作護。鼇又諲56846

謷 áo_11.18　集韻韻會正韻夶牛刀切音敖說文不肖人也徐曰不肖人，其言煩苛也廣韻不肖語也呂覽·懷寵篇謷醜先王，排訾舊典楚辭·九思令尹兮謷謷王逸註不聽話言而妄語也冈說文哭不止，悲聲謷謷也前漢·食貨志天下謷謷然陷刑者衆師古註衆口愁聲也正字通通作聱冈韻會大貌莊子·德充符謷乎大哉，獨成其天冈正字通謷有甚意，今楚黃人謂事之甚者曰

謷 囡 廣韻 五交切 集韻 韻會 牛交切,丛敖平聲。義同 囡 ào 廣韻 五到切 集韻 正韻 魚到切,丛敖去聲。類篇 志遠也 字彙 譹也 正字通 倨也 唐書·周墀傳 宿將暴謷,不循令者,墀命鞭其背 韻會 與傲通 正韻 與慠通 囡 或作慠 詩·小雅 執我仇仇 傳 仇仇,猶謷謷也 釋文 謷,又作慠 △ 廣雅 書作謷 正韻 亦作謸。

謸 áo_11.18 正韻 同謷 囡 韻會 通作傲。引 荀子·禮論篇 歌謠謸笑。鋆 又谈56498

謸 sù_11.18 集韻 速60891古作謸 囡 人名 梁書·武帝紀 立昭明太子子謸爲武昌郡王 △ 正字通 與謿同。

鋆 古文速作謸56620

謹 jǐn_11.18 唐韻 居隱切 集韻 韻會 几隱切丛音卺 說文 慎也 玉篇 敬也 廣韻 絜也 增韻 愻也,專也,重也 易·乾卦 庸行之謹 書·盤庚 恪謹天命 詩·大雅 以謹無良 禮·月令 孟冬,命百官謹蓋藏 史記·萬石君傳 丞相醇謹而已 前漢·酈食其傳 舉大事不細謹 囡 嚴禁也 荀子·王制篇 謹盜賊 囡 姓。見 姓苑 囡 qín 字彙 渠斤切音芹。與墐同 禮·內則 炮取豚若將,塗之以謹塗 註 謹當爲墐,聲之誤也 △ 說文 本作𧫏。鋆 又谨56629謹56503謹56502 謹56617

讋 zhé_11.18 唐韻 之涉切 集韻 質涉切丛音慴 說文 讋讘也 廣韻 拾人語也 囡 人名。與讋,見 宋史·宗室表 囡 zhí 集韻 質入切音執。讋讘,多言也 囡 的協切,點入聲。義同 △ 說文 本作讋。

謐 bì_11.18 玉篇 卑密切 集韻 壁吉切丛音必。敬也 囡 人名。與謐,見 宋史·宗室表 囡 玉篇 與趩、躓丛同。止行也 囡 正字通 與畢同。言止也。

謻 yí_11.18 廣韻 弋支切 集韻 余支切丛音移。與誃55942同。凡門堂臺榭別出者曰謻。周有謻臺。又 石林燕語 東華門直北有東向門,與內東門相值,謂之謻門,無榜。王伯厚曰:謻門,始標額於熙寧十年 晉書·載記·劉曜傳 謻門旦空 註 謂別門也。又 唐書·韋弘機傳 列岸謻廊亘王城外。又 陸雲·與兄書 折其謻堂 又曹公有謻塘 劉孝綽詩 反景照謻塘 囡 埤蒼 冰室門名 張衡·東京賦 謻門曲榭,邪阻城洫 文選註 冰室門也 廣韻 與誃同。囡 諸蠻종名 唐書·地理志 劍南道有謻羅州 囡 人名 宋史·宗室表 右侍禁士謻 囡 chí 集韻 韻會 正韻 丛陳知切音馳 囡 chǐ 集韻 敞尒切音侈。丛與誃同。鋆 陸雲·與兄書 坼其謻堂 囡 誃56210

謻 ān_11.18 集韻 類篇 丛烏含切音諳。謧阿,語不決也。或作媕。通作媕。鋆 直音篇 謧同謧。

謼 hù_11.18 唐韻 集韻 韻會 正韻 丛荒故切,呼去聲 說文 謼,謼也 廣韻 號謼也 前漢·息夫躬傳 仰天大謼 集韻 或作嘑 囡 姓 前漢·功臣表 下摩侯謼毒尼 霍去病傳 作呼毒尼 囡 前漢·天文志 鬼哭若謼 評林字例 謼,古呼字 韻會小補 漢書·內,呼字皆去聲 囡 hū 玉篇 廣韻 荒烏切 集韻 正韻 荒胡切丛音呼。與虖同。大叫也 爾雅·釋言 號,謼也 註 今江東皆言謼 疏 謂叫謼也 前漢·王莽傳 欲謼邑與計較 囡 xiāo 集韻 虛交切,孝平聲。與詨同 前漢·灌夫傳 謼服謝罪 師古註 謼,古呼字。若謂啼爲謼服,則謼音火交反,服音平卓反〇按 正字通 作平聲轉去聲,入暮韻 說文 止有荒故切。諸韻書去聲內有謼字,與呼同。平聲內虖字或作謼,自應以去聲爲正。又 前漢·天文志 作去聲讀 灌夫傳 又作平聲讀,丛古呼字。兩字疑古皆通。鋆 又嘷06959謼56511

謁 yī_11.18 廣韻 烏奚切 集韻 煙奚切丛音鷖 廣雅 譍也 玉篇 是也,發聲也 廣韻 相言應辭 揚子方言 欸、謁,然也。南楚凡言然者曰欸,或曰謁 囡 人名。崇謁,見 宋史·宗室表 △ 集韻 或作詒。

謽 jiàng_11.18 集韻 類篇 丛巨兩切,強上聲。詞不屈也。

譖 yān_11.18 類篇 與譖、讝丛同 囡 人名。與譖、汝譖,見 宋史·宗室表

謾 mán_11.18 唐韻 母官切 集韻 韻會 正韻 謨官切丛音瞞 說文 欺也 史記·秦始皇紀 下慴伏謾,欺以取容 晉書·刑法志 違忠欺上謂之謾 囡 廣雅 緩也 廣韻 慢也 前漢·兩龔傳 婧謾亡狀 囡 欺毀也 荀子·非相篇 鄉則不若,背則謾之 囡 媟汙也 前漢·孝成皇后傳 淳于長書有詩謾 囡 汗漫也 莊子·天道篇 繙十二經以說,老聃中其說,曰:大謾,願聞其要 囡 mán 玉篇 莫殷切 廣韻 莫邊切 集韻 謨還切丛音蠻 揚子方言 謾台,懼也。燕代之閒曰謾台。又:虔儇,慧也,秦謂之謾 囡 mián 廣韻 武延切 集韻 韻會 彌延切 正韻 莫堅切丛音緜 類篇 慧黠也。一曰欺也 前漢·灌夫傳 謾好謝蚡 師古註 謾,猶詭也。詐爲好言也 集韻 或作謾 囡 màn 玉篇 馬諫切 集韻 正韻 莫晏切丛音慢 前漢·宣帝紀 務爲欺謾,以避其課 師古註 謾,誑也。音慢 囡 與慢同 周禮·秋官·禁暴氏鄭註 民之好爲侵陵。稱詐,謾,誕。此三者,亦刑所禁也。謾,本或作慢 囡 màn 廣韻 集韻 韻會 正韻 丛莫半切音縵 類篇 欺語也。又 增韻 且也。通作漫 △ 字彙補 一作謾。鋆 又嘎07084嘮06500嘪07350漫56628謾56597

譖 qiān_11.18 正字通 同謙 六書統 从言从盾。盾,古文廉字。人有盾恥,故不自滿。

譖 mán_11.18 正字通 同謾。

謢 bì_11.18 龍龕 同詖
56609 45535

譀 xuè_11.18 說文 謔本字
56598 29968

諨 null_11.18 未詳。
56613 u2B34C

譀 hàn_11.18 說文 譀本字
56599 29969

謧 lì_11.18 集韻 類篇 丛陵之切音釐。罵也。
56600 29970

譀 null_11.18 未詳。
56614 u2B34B

譜 pǔ_11.18 說文 譜本字
56601 29971

誁 56602 29972
bèng_11.18 類篇 誁本字。

謎 56615 u2B34A
null_11.18 未詳。

謈 56603 29973
jiē_11.18 字彙補 謈與
嗟06759同 漢魯君碑 能不號謈。

譀 56621 u27AF6
null_11.18 未詳。

譲 56604 29974
jié_11.18 字彙補 疾葉
切音捷。多言也〇按音義與謀同 字彙補 別出，非是。

譚 56605 29975
null_11.18 音義未詳。人名。師譚，見 宋史·宗室表

講 56622 u27AF5
null_11.18 未詳。

諞 56606 29976
piǎn_11.18 說文 論本字

諑 56607 41885
zhuó_11.18 字彙補 同諑。人名。明上洛王勤諑。

僊 56608 45533
xiān_11.18 字彙補 心千切，音仙◇。鋆同廯，倦。

諌 56623 u27AF3
null_11.18 未詳。

諡 56610 45537
shì_11.18 字彙補 諡字
之譌。鋆 字彙補 諡字之譌 龍龕 諡誤，諡正，神至反。
易名也。又由也。又音益，笑皃也。

谩 56611 u2B37A
shǎ_11.18 簡 諗56566

諣 56612 u2B379
jiē_11.18 簡 諧56563

诪 56616 u2B349
null_11.18 未詳。

谨 56617 uFA63
jǐn_11.18 兼 謹56586

諫 56618 u27AFC
mσ_11.18 喃 从言麻ma聲。

謎 56619 u27AFB
null_11.18 字見 殷周金文集成·8.4238·小臣謎殷（伯
懋父簋）。或从速，讀若諫。

警 56620 u27AF7
sù_11.18 集韻 速60891，蘇谷切。蘇谷切 說文 疾也。
一曰召也。古作警。籀作逮。

谑 56624 u4728
null_11.18 未詳。

谬 56625 u8C2C
miù_11.18 簡 謬56559

谫 56626 u8C2B
jiǎn_11.18 簡 譾56827

谪 56627 u8C2A
zhé_11.18 簡 謫56554

谨 56629 u8C28
jǐn_11.18 簡 謹56586

谩 56628 u8C29
mán_11.18 簡 謾56595

謿 56630 29977
cháo_12.19 集韻 韻會 正韻 丛陟交切，罩平聲。與
嘲同。謔也。前漢·揚雄傳 或謿雄以玄尚白，而雄解之，
號曰 解謿。唐書·武平一傳 嬰滑稽敏給，詔學士謿之。
又 集韻 與啁同 前漢·東方朔傳 朔與枚皋、郭舍人俱在
左右，詼啁而已 師古註 啁與謿同。

譀 56631 29978
hàn_12.19 廣韻 集韻 丛下闞切，酣去聲 說文 誕也。
廣韻 誇誕，引 東觀漢記 雖誇譀猶令人熱 又 類篇 調也
又 集韻 類篇 丛乎監切音銜。義同 又xiàn 廣韻 集韻
丛許鑑切，呷去聲。義同。又 玉篇 叫譀，怒也 又·廣
韻 譀謍 又 廣韻 呼甲切 集韻 迄甲切丛音呷 說文 義同
△ 說文 本作諏。俗作謵。鋆 慧琳音義 譀謍：呀監反，
亦作喊。下呀介反，或作喊，大呼大怒也。

諓 56632 29979
jiù_12.19 玉篇 子就切 集韻 即就切丛音僦。諏也。

譁 56633 29980
huá_12.19 廣韻 集韻 丛呼瓜切音花 說文 讙也 類
篇 諠譁也 書·費誓 嗟人無譁聽命 史記·叔孫通傳 竟朝
置酒，無敢讙譁失禮者 淮南子·精神訓 五聲譁耳，使耳
不聰 又huá 集韻 韻會 正韻 丛胡瓜切音華。義同 集

韻 或作嘩、譁 又wá 集韻 類篇 丛吾瓜切，瓦平聲 揚
子方言 譁涅，化也。燕朝鮮洌水之閒，或曰涅。或曰譁。
雞伏卵而未孚，始化之時謂之涅 郭註 譁，五瓜反，皆
化聲之轉也 集韻 或作譌△ 說文 本作譁。

譚 56634 29981
tǎn_12.19 集韻 類篇 丛他感切，貪上聲。譚譀，言
不定也 又 字彙 他含切音貪。義同。

譂 56635 29982
chǎn_12.19 集韻 類篇 丛齒善切音闡。妄言也。
又 人名。崇譂、善譂，見 宋史·宗室表。鋆 又谵56242

譃 56636 29983
lěi_12.19 類篇 同讄。亦作誄、謙。

譹 56637 29984
hào_12.19 廣韻 胡到切 集韻 後到切丛音號 類篇 譚
讀，相欺也 又 人名。崇譹、汝譹，見 宋史·宗室表
△ 正字通 嗥字之譌。鋆 又譹56524

讃 56638 29985
hè_12.19 集韻 類篇 丛何佐切音賀。譍語也。
又 人名。與讃、孟讃，見 宋史·宗室表

謣 56639 29986
xū_12.19 集韻 類篇 丛匈于切音吁。與譁同。妄言
也 又 顏氏家訓 吟嘯談謣，諷詠辭賦 字彙 本單作虗。
俗加言。

譅 56641 29988
sè_12.19 玉篇 色立切 集韻 色入切丛音澀。言甚多
也。又譅嘉，言不止也 又 難也 東方朔·七諫 言語訥譅
又nǎo 集韻 類篇 丛乃老切音腦。與腦同。鋆 類篇
譖56285乃老切。語相侮也。或作譅 集韻 譖，乃老切。
語相侮也。或作譖 又 譖56526 又 謑56642

譅 56642 29989
sè_12.19 玉篇 同譅

譄 56640 29987
zēng_12.19 唐韻 作滕
切 集韻 咨騰切丛音增 說文 加也 又 人名。希譄、汝譄，
見 宋史·宗室表 又céng 集韻 徂棱切音層。加言也。

譆 56643 29990
xī_12.19 廣韻 許其切 集韻 韻會 虛其切丛音僖 說
文 痛也 徐曰 痛而呼之言也 玉篇 救也，懼聲也 史記·趙
世家 簡子召之曰：譆，吾有所見子晣也 亢倉子·賢道篇
仰而譆 曹植·七啟 俯而應之曰譆 註 愁恨之聲也。譆與
嘻古通 又 譆譆，熱也 左傳·襄三十年 或叫于宋大廟曰：
譆譆出出 通雅 曰：當作嘻嘻咄咄。皆狀鬼神之聲。舊
訓火狀，誤 說文 引 左傳 作誒誒 又 譩56740譆，鳥名。
又yī 集韻 類篇 丛於其切音醫。恨聲也。同噫。
鋆 又譆56697

讅 56644 29991
huì_12.19 唐韻 集韻 韻會 正韻 丛胡對切音繢 說
文 中止也 司馬法 曰：師多則人讅。讅，止也 左思·魏
都賦 襲偏裻以讅列 註 讅列，或止或列也 又 廣雅 轉也，
欺也 又 玉篇 譯也 又 廣韻 列也 又 增韻 覺悟也 又 正
韻 呼聚也 又 廣韻 胡罪切 集韻 戶賄切，丛繢上聲。義
同△ 說文 本作讅。

譇 56647 29994
zhā_12.19 集韻 同譇

詐 56645 29992
xiè_12.19 說文 謝本字

譇 56646 29993
zhā_12.19 唐韻 集韻 丛陟加切音奓·說文 譇拏，羞
窮也 廣韻 語不止也 六書故 語競也 又 玉篇 怒也 又 集

韻 或作諝 図 集韻 類篇 𠀤抽加切，侘平聲。義同。或
作諗 図 shē 集韻 類篇 𠀤詩車切音奢。諸詙，不解也。

絲 luán_12.19 古文 䜌 唐韻 呂員切，戀平聲 說文 亂也。
一曰治也。一曰不絕也 玉篇 理也。又 六書正譌 繺也。
図 luán 縣名 前漢·地理志 南絲縣屬鉅鹿郡 図 luán 廣韻 落
官切 集韻 盧丸切𠀤音鑾。義同 図 六書統 與鑾同。鈴
名 總要 絲，聲音諧也。从音絲，取連續義。小篆从言
作絲，借和鈴，加金別作鑾 図 liàn 廣韻 力卷切 集韻 龍
卷切𠀤音戀 類篇 言不絕也 図 廣韻 何承天云姓也。漢
有絲祕，爲南郡太守 鑾 又 絲 56701 鞏 04627 䜌 04571 䜌 04629
鞏 32298 變 05330 図 集韻 絲，古作鞏 32262

譖 zhǎn_12.19 字彙 旨善切音膳。格人言也 正字通 卽
囍字。

譈 duì_12.19 廣韻 集韻 𠀤徒對切音隊。怨也，惡也 孟
子 凡民罔不譈 書·大誥 本作憝 図 人名 宋史·宗室表 忠
訓郎不譈。

證 zhèng_12.19 古文 䇎 廣韻 集韻 韻會 𠀤諸應切，蒸
去聲 說文 告也 玉篇 驗也 增韻 候也，質也 論語 其父
攘羊而子證之 史記·齊惇惠王世家 令其辭證皆引王 後
漢·張衡傳 采前世成事，以爲證驗 宋書·沈約自序 探摘
是非，各標證據 図 與徵通 禮·中庸 雖善無徵，無徵不
信 註 善無明徵，則其善不信也。徵或爲證 △ 集韻 唐
武后作䇎。䇎武后新證字，䇎 34692 爲正，䇎 51620 䇎 51621
䇎 63483 䇎 63728 䇎 63912 䇎 64052 䇎 64474 䇎 64425 並譌。
図 証 55874 証 55759 図 直音篇 噎 07239 同證。

譊 náo_12.19 唐韻 女交切 集韻 正韻 尼交切 韻會 泥
交切𠀤音鐃 說文 恚呼也 徐曰 聲高噪獰也 廣雅 鳴也，
語也 後漢·儒林傳 雄所謂譊譊之學，各習其師 蜀志·孟
光傳 光好 公羊春秋，而譏呵 左氏，每與來敏爭此二
義，光常譊譊讙咋 晉書·庾純傳 臨時喧譊 図 玉篇 爭也
揚子法言 譊譊者，天下皆訟也 註 譊譊，爭聲 図 xiāo 集
韻 類篇 虛馨幺切音憢。懼也。與嘵同。或作憢。
鑾 又 詨 55968

譋 lán_12.19 說文 與讕同。

諒 liáo_12.19 集韻 類篇 𠀤憐蕭切音聊。諒謰，巧言也。

謚 yì_12.19 廣韻 於計切 集韻 壹計切，並音翳 玉篇 謚
諦，審諦也。又 揚子方言 謚諦，諟也。吳越曰謚諦。

譌 é_12.19 唐韻 五禾切 集韻 韻會 正韻 吾禾切𠀤音
吪 說文 譌言也。引 詩 民之譌言。今 小雅 作訛 55641 図
玉篇 僞也，化也，動也。又妖言也 図 山海經 章莪山有
鳥，名曰畢方，見則邑有譌火 註 譌亦妖訛字 図 wá 集
韻 吾瓜切，瓦平聲。與譁同 図 guǐ 集韻 古委切音垝。
與詭同。鑾 又 韻 67905

譆 xì_12.19 廣韻 許及切 集韻 迄及切𠀤音吸。疾言

也。一曰謧評，語聲。

膺 yīng_12.19 唐韻 集韻 韻會 正韻 𠀤於證切，膺去
聲 說文 以言對也 図 yīng 集韻 韻會 𠀤於陵切音膺 玉
篇 對也 類篇 答言也 增韻 以言對問也 蘇軾·懷子由詩
遙知讀 易 西牕下，車馬敲門定不膺 図 韻會 通作應 李
密·陳情表 內無應門五尺之童 △ 說文 本作膺 集韻 或
作膺、噟。

謈 pó_12.19 說文 謈本字。

謰 xī_12.19 唐韻 先稽切 集韻 先齊切𠀤音西 說文 悲
聲也 玉篇 振也，呻也 図 類篇 善也 図 sī 玉篇 息移切
集韻 相支切𠀤音斯。諫也 図 聲之散也 △ 說文 本作䜴
集韻 亦書作謑 正字通 與嘶通。

譎 jué_12.19 唐韻 集韻 韻會 𠀤古穴切音玦 • 說文 權
詐也。益、梁曰謬欺天下曰譎 廣雅 欺也 揚子方言 詐
也。自關東、西或曰譎 論語 晉文公譎而不正，齊桓公
正而不譎 鄭註 詐也 朱傳 詭也 史記·司馬相如傳 奇物
譎詭，倜儻窮變 前漢·王吉傳 各取一切，權譎自在 荀
子·大略篇 奉妒昧者，謂之交譎 韓非子·孤憤篇 此人臣
之所以譎主便私也 註 設詐謀以誑誤於主也 図 玉篇
譎諫，依違不直言也 詩·國風·關雎序 主文而譎諫。
図 紆譎，曲折也 前漢·揚雄傳 超紆譎之清澄 博雅 譎
恑美也 図 譎觚 55366 図 集韻 或省作喬 38421 図 讀書通
通作泬 易·睽卦·王註 恢詭譎怪 釋文 詐也，乖也。本亦
作泬 荀子·儒效篇 譎德而定次 註 謂斷泬其德。譎與泬
同。鑾 又 謫 56712 譎 56553 図 䜰 56378 僪 01941，並俗譌 可 洪
音義 僪詭：上居血反，詐也。正作譎憰 18318 二形 △ 宏按，
譎字亦見 六年召伯虎盨 用獄譎爲白。

謲 láo_12.19 集韻 類篇 𠀤郎刀切音勞。聲也 尚書大
傳 譣然作 大唐之歌。鄭氏曰：譣，猶灼也 図 譣謝 56319
図 集韻 類篇 𠀤郎到切，勞去聲。聲多也 △ 集韻 或作
嘮 07154 鑾 談 56815字之譌。

譏 jī_12.19 唐韻 居依切 集韻 韻會 居希切𠀤音機 說
文 誹也 增韻 誚也 左傳·隱元年 稱鄭伯譏失教也 班
固·典引 司馬遷著書，微文刺譏，貶損當世 図 廣雅 問
也 增韻 伺察也 禮·王制 關執禁以譏，禁異服，識異言 註
譏，呵察也 図 廣雅 諫也 玉篇 嫌也 廣韻 譴也 図 官名
金史·百官志 譏察使掌譏察姦僞 図 韻會 通作幾 周
禮·地官·司關 國凶札，則無關門之征猶幾 註 猶幾謂無
租稅，猶苟察不令姦人出入。鑾 又 讥 55584 懱 18394 譏 11448

譐 zǔn_12.19 唐韻 茲損切 集韻 祖本切𠀤音撙。與噂
同。聚語也 魏書·安定王次子燮傳 譐諸明昏，有虧禮教
図 集韻 取本切音忖。義同。

譣 fā_12.19 字彙 方伐切音發。出言也。本作發，俗加
言。

譑 jiāo_12.19 56666 30013 廣韻居夭切 集韻 韻會 舉夭切丛音矯。
多言也 又 糾也 荀子·富國篇 或以无禮節用之,則必有
貪利糾譑之名 註 發人罪也 又jiǎo 集韻 正韻 丛吉了切
音皎。亦糾也 又qiào 廣韻 集韻 丛丘召切,蹻去聲。
弄言也。鎣 又诉55966

譒 bò_12.19 56667 30014 唐韻 集韻 韻會 正韻 丛補過切,波去聲
說文 敷也。引 尚書 王譒告之。今書·盤庚 作播 又 玉
篇 謠也 又 人名唐書則天后紀 給事周譒 又 集韻 逋禾
切音波 說文 義同。

諴 yán_12.19 56668 30015 廣韻五咸切 集韻 魚咸切丛音嵒 類篇 戲
言。一曰和也。或作誠 又 人名。希諴,見 宋史·宗室表

譓 huì_12.19 56669 30016 唐韻 集韻 正韻 丛胡桂切音惠。與譓同。
多謀智也。又辨察也 又 順也 前漢·司馬相如傳 義征不
譓 史記 作憓 又 人名。謝譓。見 南史

讁 zhé_12.19 56670 30017 唐韻陟革切音摘 說文 罰也。今書作讁。

譳 tuō_12.19 56671 30018 廣韻土禾切 集韻 土和切,丛涶平聲 揚
子方言 慧也。見譑56595字註 又 廣韻 退言也 緜襲·尤射
烈黨瞂譳,忱苦滑靖 註 言其德也 又 人名。與諉、崇譳,
見 宋史·宗室表 △ 類篇 或省作諵。鎣 又陾56136譻56672
讀56724諵56145

讆 suì_12.19 56672 30019 唐韻 集韻 丛雖遂切音崇 說文 相毀也。
又 人名 宋史·宗室表 承節郎不讆 又huī 玉篇 虛規切
廣韻 許規切 集韻 翾規切,丛音觿。義同。又 類篇 諉
也△ 字彙 諉、讆二字,文同而音義異。

譔 quán_12.19 56673 30020 唐韻此緣切 集韻 韻會 逡緣切 正韻 且
緣切丛音銓 說文 專教也 類篇 殊也 廣韻 善言也 禮·祭
統 論譔其先祖之美 疏 言子孫爲銘論說、譔錄其先祖
道德善事 又 集韻 類篇 丛須絹切,選去聲。義同。
又zhuàn 五音集韻 雛睆切,饌上聲。與撰同 類篇 述
也 韻會 造也,爲也 揚子法言 訓諸理,譔孝行 集韻 或
作篹 又 韻會 雛縮切 正韻 雛產切丛音撰。義同。
又 集韻 韻會 丛雛戀切音饌 說文 義同。又 楚辭·大招
四上競氣,極聲變只。魂兮歸徠,聽歌譔只 註 譔,具
也。言觀聽衆樂無不具也△ 說文 本作譔。

謣 wù_12.19 56675 30022 廣韻烏路切 集韻 韻會 烏故切,丛汙去
聲 類篇 毀也,恥也,憎也 又 集韻 於五切,汙上聲。
又 遏鄂切音惡。義丛同△ 集韻 與誷同。本作惡。

譹 lì_12.19 56674 30021 集韻 同譹 管子·形勢篇 譹臣者,可以遠舉 註
臣,有大言行者,可與圖國之遠也 又 人名。與譹,見 宋
史·宗室表 又wú 廣韻 武夫切 集韻 微夫切丛音無。誘
詞也 又 集韻 類篇 丛罔甫切,無上聲。義同。

讇 mó_12.19 56676 30023 集韻 謨古作
讇 臣者,可以遠舉 註 言行莫先謂之讇

譖 zèn_12.19 56677 30024 唐韻莊蔭切 集韻 正韻 側禁切 韻會 側
廕切,丛簪去聲 說文 愬也 博雅 諲也 玉篇 讒也 韻會 旁

入曰譖 詩·小雅 譖言則退 註 有譖毀之言,則共爲排退
之 公羊傳·莊元年 夫人譖公于齊侯 註 如其事曰訴,加
誣曰譖 前漢·孫寶傳 蒙受冤譖 又 蝎譖 埤雅 古者譖從
中起謂之蝎譖 又jiàn 韻會 子念切。與僭通。不信也
詩·大雅 譖始竟背 釋文 譖本亦作僭 又 覆謂我僭 箋 僭,
不信也。本亦作譖△ 正字通 俗作譛、譖,非。
鎣 又濟56716

諎 zhá_12.19 56678 30025 集韻 類篇 丛竹洽切音劄。諎詮56578

識 shí_12.19 56679 30026 古文戠 唐韻 賞職切 集韻 韻會 設職切丛
音式◆ 說文 常也。一曰知也 長箋 訓常無意義 玉篇 識,
認也 增韻 能別識也。又見識也 詩·大雅 不識不知,順
帝之則 左傳·襄二十九年 吳公子札聘于鄭,見子產如
舊相識 老子道德經 前識者,道之華而愚之始 莊子·繕
性篇 道固不小行,德固不小識 揚子法言 多聞見而識
乎正道者,至識也。多聞見而識乎邪道者,迷識也。
又 草名 大戴禮·夏小正 三月采識。識,草也 又 州名 唐
書·地理志 識利州屬高麗降戶州 又 姓。見 姓纂 又zhì
廣韻 集韻 韻會 丛職吏切音志。與誌同。記也 易·大畜
君子以多識前言往行,以畜其德 書·益稷 書用識哉 論
語 女以予爲多學而識之者與 又 韻會 器之款鏤爲識
史記·孝武紀 鼎文鏤無款識 註 韋昭曰:款,刻也。師古
曰識,記也。楊慎曰:三代鐘鼎文,隱起而凸曰款,以
象陽,中陷而凹曰識,以象陰 又 韻會 通作志 周禮·春
官 保章氏掌天星,以志星辰日月之變動 鄭註 志,古文
識字,記也 又 讀書通 通作幟 後漢·虞詡傳 以采綖縫賊
裾爲幟 註 幟,記也 又 集韻 韻會 丛式吏切音試。義同。
又 韻會 表識,謂有所標表,令異日可識知也 左傳·宣
十二年杜註 楚以茅爲旌識,謂以旌旗爲表也 前漢·劉
向傳 不可不識也 師古註 墓須表識。俱音試 又 集韻 類
篇 丛昌志切音熾。義同。又 釋名 識,幟也。有章幟可
按視也 前漢·王莽傳 旌旗表識 師古註 識讀與幟同。
△ 集韻 或書作戠。鎣 又戠19031試55691识55869訳55777

譃 mǔ_12.19 56680 30027 集韻 類篇 丛滿補切音姥。譃讕56544

誚 qiào_12.19 56681 30028 古文誚 唐韻 才肖切 集韻 韻會 才笑切 正
韻 在笑切,丛樵去聲◆ 說文 嬈譊也 廣雅 呵也 廣韻 責
也 增韻 以辭相責也 揚子方言 讓也,齊楚宋衞荆陳之
閒曰譙。自關而西秦晉之閒,凡言相責讓曰譙讓 史
記·萬石君傳 子孫有過失,不譙讓爲便坐對案不食 前
漢·高帝紀 樊噲亦譙讓羽 師古註 譙讓,以辭相責也 史
記·樊噲傳 作誚讓。譙誚56039二字古通 又 山水名 山海
經 譙明之山,譙水出焉,西流注于河 又qiáo 廣韻 昨
焦切 集韻 韻會 慈焦切 正韻 慈消切丛音樵。樓之別稱
也 史記·陳涉世家 守丞與戰譙門中 師古註 譙門,謂門
上爲高樓,以望遠者耳。樓一名譙,故謂美麗之樓爲麗
譙。譙,亦呼爲巢。所謂巢車者,亦於兵車之上爲樓以
望敵也。譙、巢聲相近,本一物也 莊子·徐無鬼 盛鶴列
于麗譙之閒 又 國名 左傳·隱二年杜註 譙國龍亢縣東南

有向城区縣名。沛郡有譙縣。見前漢·地理志区姓。譙周。見後漢·五行志区通作樵前漢·趙充國傳部曲相保，爲塹壘木樵師古註與譙同△亦通作燋詩·豳風予羽譙譙毛傳譙譙，殺也鄭箋譙或作燋区shuí字彙補視佳切音誰史記·衛綰傳景帝立歲餘，不譙呵綰註索隱曰：譙呵，音誰何，猶借訪也。鍌又谯56715鄡61992

譳 56682 30029
nòu_12.19　正字通俗譳字。

譚 56683 30030
tán_12.19　廣韻正韻徒含切集韻韻會徒南切丛音覃玉篇大也，誕也，著也大戴禮·子張問入官修業居久而譚註謂安縱也成公綏·嘯賦參譚雲屬註譚，猶著也。參譚，不絕区國名春秋·莊十年譚子奔莒杜註譚國在濟南平陵縣西南区姓。譚子之後後漢·逸民傳太原譚賢区正韻與談同魏志·管輅傳此老生之常譚莊子·則陽篇夫子何不譚我于王区通作覃詩·大雅實覃實訏鄭箋覃或作譚区dàn廣韻集韻丛徒感切，覃上聲。亦大也△說文本作𧪄。鍌又谭56717讀56732鄟62004

譻 56684 30031
jiē_12.19　正字通同嗟宋書·樂志文帝短歌行譻我白髮，生一何早。又明帝步出夏門行譻哉夷叔，仲尼稱賢。

譻 56685 30032
mán_12.19　五音篇海與謾56595同。

譬 56686 30033
zhé_12.19　說文謺本字。

譏 56687 30034
jì_12.19　類篇與𧮣同。

譆 56688 30035
gū_12.19　字彙補公呼切音姑。戾也。繆襲·尤射食言乃厥譆区揚子方言譆，罪也註章順反，謂罪惡也。

譇 56689 30036
chuáng_12.19　字彙補崇雙切音淙。尻骨也。

謹 56690 41886
zhòng_12.19　字彙補竹用切，音衆◇人名唐書·宦者傳李茂貞跋扈不軌，宰相杜讓能與内樞密使李周謹謀誅之。鍌字谨56696譚56308

譺 56691 45534
chī_12.19　五音篇海同諑字彙補諑字之譌。

譇 56692 45536
chuáng_12.19　奚韻同譇。

譝 56693 45538
yún_12.19　龍龕音云。鍌五侯鯖字海音雲。紛譝，亂語也。

誸 56694 45539
xì_12.19　篇海類編與誓同。

譂 56695 45540
zǐ_12.19　龍龕同訾

諱 56697 u2B7B
xǐ_12.19　簡禧56643

識 56699 u2B34E
null_12.19　未詳。

繺 56701 u9FBB
luán_12.19　同孌56648漢字構件。

譺 56702 u27B25
null_12.19　未詳。

讟 56696 u2B37C
zhòng_12.19　簡謹56690

調 56698 u2B34F
null_12.19　未詳。

謝 56700 u2B34D
null_12.19　喃未詳。

譖 56704 u27B22
zé_12.19　譖56194本字

戠 56703 u27B23
shí_12.19　集韻識56679古作戠。或書作𢧢。

諑 56706 u27B1B
null_12.19　未詳。

譙 56707 u27B1A
null_12.19　未詳。

諨 56709 u27B18
lán_12.19　集韻讕56908調，或从間。

識 56711 uF9FC
shí_12.19　兼識。

謫 56712 u8C31
jué_12.19　簡譎56661

讕 56714 u8C30
lán_12.19　簡讕56908

譖 56716 u8C2E
zèn_12.19　簡譖56677

譖 56718 u8B5B
zèn_12.19　干祿字書譖譖56677上俗下正。

諈 56705 u27B21
zhuì_12.19　諈56184本字

謳 56708 u27B19
null_12.19　未詳。

謀 56710 u27B17
jī_12.19　謀56575誛字

譜 56713 u8C31
pǔ_12.19　簡譜56719

譙 56715 u8C2F
qiào_12.19　簡譙56681

譚 56717 u8C2D
tán_12.19　簡譚56683

譜 56719 30037
pǔ_13.20　唐韻正韻博古切集韻韻會彼五切丛音補說文籍錄也廣雅牒也玉篇屬也釋名布也，布列見其事也文心雕龍總領黎庶，則有譜籍簿錄。譜者，普也。註序世統事資周普，鄭氏譜詩，蓋取乎此詩序以立斯譜孔疏譜亦是序類。避史夏序名，以其列諸侯世及詩之次，故名譜也史記·三代世表自殷以前，諸侯不可得而譜前漢·劉歆傳歆著三統歷譜舊唐書·經籍志譜系以紀世族繼序区集韻或作諩春秋序譜第註譜，本又作諩△說文本作諩。鍌又諩56521諩56110谱56713譜56824

讄 56720 30038
shéng_13.20　廣韻食陵切集韻韻會正韻神陵切丛音繩廣韻譽也。又稱舉也区言朴也子華子·問仕篇讄讄分如將孩区人名。希讄，見宋史·宗室表区集韻通作繩左傳·莊十四年蔡哀侯爲莘故，繩息媯以語楚子註譽也疏字書繩作讄，从言，訓爲譽。鍌字彙𠱥，與讄同。

諕 56721 30039
ào_13.20　廣韻烏到切集韻於到切丛音奥廣雅語也類篇告也区人名。汝諕、與諕，見宋史·宗室表区正字通隱語也。與奥通。

譞 56722 30040
xuān_13.20　唐韻許緣切集韻隳緣切丛音翾說文慧也廣韻智也区集韻火玄切韻會呼玄切正韻呼淵切，丛絢平聲。與譞同字林多言也区集韻類篇丛熒絹切音縣說文義同△說文本作譞。鍌又𧫍56767区原本玉篇殘卷儇，許緣反說文譞，慧也。野王案，謂慧也。與儇字同。

謰 56723 30041
shè_13.20　集韻類篇丛失涉切音攝。譽謰，言失也。

遀 56724 30042
suí_13.20　集韻類篇丛旬爲切音隨。言從也。

譇 56725 30043
chuáng_13.20　玉篇宅江切音幢。質也△字彙補一作諮。鍌鄧福祿：諮56216諮56689或俗諮。

譟 56726 30044
zào_13.20　唐韻蘇到切集韻韻會正韻先到切，丛掃去聲說文擾也玉篇羣呼煩擾也增韻聒也左傳·文十三年魏人譟而還穀梁傳·定十年齊人鼓譟而起註

羣呼曰譟 周禮·夏官·大司馬 車徒皆譟 鄭註 讙也。亦謂喜也。囜cāo 集韻 類篇 丛倉刀切音操。聲也。又 揚子方言 譟，諠音也。囜字彙 同噪。鼜又譣56570

譮 mài_13.20
唐韻 莫話切 集韻 莫敗切丛音邁 說文 譀也 廣韻 誇誕也 集韻 或作讀囜人名。崇譮、汝譮，見 宋史·宗室表囜 集韻 許邁切，音糧。又暮拜切，霾去聲。義丛同囜xiè 玉篇 火界切 廣韻 許介切丛音喊。譀譮，爭怒貌 類篇 或作謉△ 篇海 亦作譄 正字通 與嘜同。鼜又講56914

讀 tán_13.20
廣韻 集韻 丛他干切音灘 廣雅 欺也 揚子方言 讀謾，欺謾之語也。楚郢以南，東陽之郊通語也。又 字彙 冷讀，不顧也囜 博雅 緩也囜zhān 廣韻 陟山切 集韻 知山切丛音亶。欺也囜 集韻 抽延切音脡。時戰切音瞻。義丛同。

讜 dǎng_13.20
集韻 同讜囜人名 宋史·宗室表 贈朝散郎令讜囜 集韻 都郎切音當。忠言也。

譓 hui_13.20
唐韻 呼會切 集韻 韻會 呼外切丛音翽 說文 聲也 廣韻 衆聲也囜人名 唐書·宰相表 蕭譓，虔州刺史△ 正字通 與喊通。

譢 suì_13.20
唐韻 集韻 丛雖遂切音崇。讓也，諫也，告也，問也囜人名。與譓、必譢，見 宋史·宗室表△ 集韻 或作訊。通作誶。

譚 tán_13.20
篇海 徒南切，與譚同囜子邪切音嗟。義缺 正字通 譚字之譌。鼜又谭56494

譣 xiǎn_13.20
唐韻 息廉切 集韻 韻會 正韻 思廉切丛音纖 說文 問也。引周書 勿以譣人。今 書·立政 作憸。馬云憸利佞人也囜 玉篇 諴也 字彙 譣詖，姦言也囜 廣韻 七廉切 集韻 千廉切丛音僉。又 廣韻 集韻 韻會 丛虛檢切音險。義丛同囜yàn 集韻 魚窆切音驗 廣雅 證也 註 曹憲音釋曰：今人以馬旁驗字爲證譣，失之矣。

譏 jī_13.20
集韻 類篇 丛吉歷切音激。訐也。又 字彙 詐也△ 正字通 同謍○按諸韻書謍、譏音義俱別。

謍 jiào_13.20
唐韻 古弔切 集韻 韻會 吉弔切丛音叫 說文 痛呼也 玉篇 大呼也 廣韻 痛聲。又訐也 前漢·藝文志 及謍者爲之，則苟鉤、鈲析亂而已。鼜又譏56734

警 jǐng_13.20
唐韻 正韻 居影切 集韻 韻會 舉影切丛音景 說文 戒也 玉篇 救也 左傳·宣十二年 且雖諸侯相見，軍衞不徹警也 疏 戒之至也 周禮·天官·小宰 正歲則以灋警戒羣吏，令修宮中之職事 註 勑戒之言囜 猶起也 禮·文王世子 天子視學，大昕鼓徵，所以警衆也 疏 警動衆人，令早起也囜 廣韻 寤也囜 廣雅 警警，不安也囜曲名 唐書·儀衞志 鼓吹九曲，三曰警鼓囜通作儆 古今注 警蹕，所以戒行徒也 前漢·梁孝王傳 出稱警，入言蹕 師古註 警者，戒肅也，趯，止行人也 周禮·夏官鄭

註 作儆蹕囜州名 唐書·地理志 警州，本定遠城△亦通作驚 史記·司馬相如傳 祝融驚而蹕御 漢書 作警。鼜又譣56762

謙 lián_13.20
集韻 類篇 丛離鹽切音廉。謙詝，言不正也囜zhàn 集韻 直陷切音賺。與詀同。

譅 zá_13.20
字彙 昨答切音雜。譅譅，聲也。

譳 nóu_13.20
集韻 類篇 丛奴侯切音羺。譳譳，多言也。楚辭·九思 羣司兮譳譳 註 譳譳猶偬偬也，言皆競於佞也囜人名。崇譳、時譳，見 宋史·宗室表囜náng 集韻 濃江切音瀧。與噥同。嗔語也。一曰語不明也。鼜又诶55964

譩 yī_13.20
廣韻 集韻 於其切 正韻 於宜切丛音醫。與噫同 玉篇 不平之聲也。恨辭也 類篇 忿也，傷也。囜鳥名 本草綱目 姑獲鳥，一名譩譆囜yī 集韻 韻會 丛於希切音衣。痛聲也囜 集韻 於記切，醫去聲。義同。囜yǐ 廣韻 於擬切 集韻 隱己切 韻會 正韻 隱綺切，丛醫上聲。恨也。又應也。

謹 gùn_13.20
廣韻 集韻 丛古困切，袞去聲，摩人也。又 堯人也。或作謹、讙。

譪 ài_13.20
唐韻 於害切 集韻 正韻 於蓋切丛音藹。◆ 說文 臣盡力之美 詩·大雅 譪譪王多吉士 毛傳 猶濟濟也 朱註 衆多也 玉篇 正也 姓 萬姓統譜 漢平陽太守譪奐○按譪與藹同 字彙 分載言、艸二部，非是。

譾 jiǎn_13.20
集韻 類篇 丛子淺切音翦。語煩也。

譆 huà_13.20
類篇 同譮

謸 yà_13.20
集韻 類篇 丛五洽切，晶入聲。誩謸，語笑貌。

譫 zhān_13.20
集韻 韻會 丛之廉切音詹。多言也。囜病也 本草綱目·序例 心病譫妄煩亂囜人名。汝譫，見 宋史·宗室表囜 廣韻 徒盍切 集韻 敵盍切丛音蹋。或作諜。又 集韻 達合切音沓。又質涉切音聾。與譅同。義丛同△ 游原 本作詹 集韻 或作噡。鼜又谵56778讛56944

譬 pì_13.20
廣韻 匹賜切 集韻 韻會 正韻 匹智切，丛嚭去聲 說文 諭也。徐曰 猶匹也。匹而諭之也 詩·大雅 取譬不遠 禮·學記 罕譬而喻 註 比方之辭 後漢·第五種傳 羽請往譬降之 註 譬，諭也囜 猶曉也 後漢·鮑永傳 言之者雖戒，而聞之者未譬囜 集韻 或作辟 詩·小雅 譬彼舟流 箋 譬，本亦作辟 孟子 譬若掘井。鼜又辟60580

譭 huǐ_13.20
集韻 同諔。通作毀。

譮 huà_13.20
說文 籀文話字囜人名 宋史·孝宗紀 慶國公令譮囜huì 集韻 黃外切音會。悟也囜xiè 廣韻 集韻 丛許介切音喊。怒聲 集韻 與欬同囜huà 集韻 火夬切音咶。氣高貌。鼜 直音篇 語同譮。

譯 yì_13.20 唐韻羊昔切 集韻 韻會 正韻 夷益切丛音繹 說文 傳譯四夷之言者 揚子·方言 傳也。又見也 註 傳宣語卽相見 禮·王制 北方曰譯 疏 通傳。北方語官謂之譯。譯，陳也。謂陳說外內之言 劉氏曰：譯，釋也。猶言謄也。謂以彼此言語相謄釋而通之也。越裳氏重九譯而朝是也 周禮·秋官·象胥 賈疏 北方曰譯者，譯卽易，謂換易言語，使相解也 又 正字通 凡詁釋經義亦曰譯 又 官名 前漢·百官公卿表 大鴻臚屬官有行人譯官。又典屬國屬官有九譯令 又 叶弋灼切音藥 張協·七命 語不傳於輶軒，地不被乎正朔，莫不駿奔稽顙，委質重譯。△ 說文 本作𧨀。 又 译55858訳55745

誆 guà_13.20 唐韻 集韻 古罵切，瓜去聲 說文 相誤也 字彙 欺也 又 廣韻 丑亞切，侘去聲。義同△ 集韻 或作誠、詿。

譾 jiǎn_13.20 類篇 謇本字 揚子·方言 譾極，吃也。楚語也 註 亦北方通語也△ 集韻 或作嗴謇謭謏。

響 xiàng_13.20 廣韻 集韻 正韻 丛許亮切音向。不久也。又非美言也。又若也 又 xiāng 集韻 類篇 丛許兩切，向上聲。聲也。與響同。或作鄉。

訶 hè_13.20 玉篇 火个切 集韻 許箇切，丛呵去聲。誠訶，怒貌。

議 yì_13.20 唐韻 集韻 韻會 丛宜寄切音義 說文 語也 徐曰 定事之宜也 廣雅 言也，謀也 廣韻 評也 正韻 謫也 易·節卦 君子以制數度議德行 書·周官 議事以制 禮·曲禮 公事不私議 莊子·齊物論 六合之內，聖人論而不議 文中子·問易篇 議其盡天下之心乎 註 續書有議 又 廣韻 擇也 儀禮·有司徹 乃議侑于賓以異姓 鄭註 議猶擇也。擇賓之賢者，可以侑尸，必用異姓廣敬也 又 玉篇 法有八議 周禮·秋官·小司寇 以八辟麗邦法，附刑罰。一議親，二議故，三議賢，四議能，五議功，六議貴，七議勤，八議賓 又 唐書·百官志 下之通上，其制有六，四曰議 蔡邕·獨斷 其有疑事，公卿百官會議。若臺閣有所正處，而獨執異意，曰駁議 又 官名 後漢·百官志 議郎六百石 唐書·百官志 有諫議大夫。又司議郎 又 通作訛56038 又 yí 集韻 魚羈切 韻會 疑羈切，丛義平聲。謀度也 詩·小雅 或出入風議。陸德明·協勻音宜△ 說文 本作譺。𡥀 王引之·字典考證 易序。易節卦之誤。 又 訜55714议55628

譱 shàn_13.20 唐韻 常衍切 集韻 韻會 正韻 上演切，丛膳上聲 說文 吉也。从誩从羊，與義美同意 前漢·禮樂志 安上治民，莫譱於禮。移風易俗，莫譱於樂 師古註 古善字 又 玉篇 大也 又 人名。崇譱，見 宋史·宗室表 △ 說文 篆文作善 集韻 隸作善。亦作嬗。

譺 xìn_13.20 玉篇 集韻 丛火禁切，歆去聲。譺許，怒言也 又 字彙 謔譺，言不定也。

調 qū_13.20 說文長箋 謳本字。

讌 null_13.20 殷周金文集成 2.339·曾侯乙鐘 商，𦈏（羽）曾，讌音之宮。讀若膺（應）。

譯 yì_13.20 說文 譯本字。

𧬾 null_13.20 未詳。

謂 wèi_13.20 說文 謂本字

譯 xià_13.20 玉篇 同譇。讆 字彙補 或作謑56234

譀 jǐng_13.20 字彙補 與警同 鶡冠子·度萬篇 法者，使去私就公，同知壹譀，有同由者也。

調 null_13.20 未詳。

謬 miù_13.20 說文 謬本字

譁 null_13.20 未詳。

譽 áo_13.20 字彙補 五牢切。與警同。見 廣雅·釋言 又五交切，音堯◇義同。

𧬺 null_13.20 未詳。

諵 zhǎ_13.20 龍龕 與諵同

𧭂 bié_13.20 五音篇海 同誷。

譽 pín_13.20 簡 譽56877

𧭽 xuān_13.20 簡 謜56722

𧮻 tà_13.20 漢語方言大詞典 𧮻，滑而欲跌貌。吳語。

𧫹 lǐ_13.20 俗禮40087

讒 bèi_13.20 可洪音義 作讒：宜作誖，步沒反，河名也。

𧬸 null_13.20 未詳。

譫 zhān_13.20 簡 譫56745

譴 qiǎn_13.20 簡 譴56786 別字新編 引 隋徐智竦墓誌陰

讓 ràng_13.20 俗讓56905 碑別字新編 引 隋徐智竦墓誌陰

譀 yàn_13.20 簡 讕56945

讔 qiè_14.21 字彙 千結切音切。小語也 正字通 與讔同。

譳 nòu_14.21 廣韻 奴豆切 集韻 韻會 乃豆切丛音槈。詬56021譳△ 正字通 俗作譳。

讅 án_14.21 廣韻 五含切 集韻 吾含切，丛儑平聲。不慧也。又譴弄言也 集韻 或作僸 又 è 集韻 鄂合切音㟅。讅讅，笑語也。

譫 dàn_14.21 集韻 都濫切音儋。負也。與擔同。

譴 qiǎn_14.21 唐韻 去戰切 集韻 韻會 正韻 詰戰切丛音繾 說文 謫問也 廣雅 責也 廣韻 怒也，讓也 正韻 誚也 詩·小雅 畏此譴怒 傳 罪責也 戰國策 太卜譴之曰：周之祭地爲祟 註 謫問也 又 揚子·方言 譴，喘轉也 註 猶宛轉也 又 集韻 姓也。譫 又 譴56779

對 duì_14.21 集韻 正韻 丛直類切音墜。怨也。與懟同。

譶 tà_14.21 唐韻 徒合切 集韻 達合切丛音沓 說文 疾言也 嵇康·琴賦 紛譶兮以流漫 註 譶譶，聲多也。 又 zhé 廣韻 集韻 丛直立切音蟄。譅譶，言不止也。 左思·吳都賦 澀譶泬㶁，交貿相競 註 澀譶，眾言語喧

雜也△正字通與沓嗒諮讕丛同字彙補亦作譗。
鎣又讋56953讔60604

䜈 56789 30089
chāo_14.21 正字通䜈本字。

護 56790 30090
hù_14.21 唐韻集韻韻會正韻丛胡故切音瓠說文救視也廣韻助也增韻擁全之也書·畢命序孔傳成定東周郊境，使有保護史記·蕭相國世家高祖爲布衣時，何數以吏事護高祖前漢·西域傳凡遣使送客者，欲爲防護寇害也晉書·紀瞻傳帝使謂瞻曰：卿雖病，但爲朕卧護六軍，所益多矣又官名前漢·百官公卿表護軍都尉，秦官。又西域傳武帝時，西域内屬者三十六國，置使者校尉領護之，宣帝改爲都護唐書·百官志註龍朔閒改左右庶子爲左右中護又樂名呂覽·古樂篇湯乃命伊尹作大護周禮·春官·大司樂賈疏作大濩字彙補與頀同又曲名唐書·禮樂志丁都護，晉宋閒曲也。又草名本草綱目景天，一名護火。又薺一名護生草。又名醫别錄神護草。李時珍曰：物類志謂之護門草，王筠詩，風驚護門草，卽此也又地名爾雅·釋地周有焦護郭註今扶風池陽縣瓠中是也又諸羌州名唐書·地理志隴右道有護卬、久護、護川三州，俱開元十七年置。鎣又頀51923詎55724护19325諼56536又可洪音義誌謑56292：下胡故反。正作護。

諲 56791 30091
wàng_14.21 唐韻巫放切集韻無放切，丛亡去聲說文責望也。又類篇欺也又集韻武方切音亡。義同。△正字通通作望。或省作謹。

譸 56792 30092
zhōu_14.21 古文嚋嚋詶唐韻集韻韻會丛張流切音輈說文詶也玉篇譸張，誑也書·無逸民無或胥，譸張爲幻又人名。必譸，見宋史·宗室表又與籌通後漢·虞詡傳以詡譸之，知其無能爲也註譸，當作籌。又讀書通與輈、侏丛通劉琨·答盧諶詩自頃輈張，困於逆風註輈張，驚懼貌揚雄·國三老箴作侏張。又chóu集韻陳留切音儔。詶也△集韻或作譸、嚋六書故亦通作侜。鎣又诪56125噕36828

譑 56793 30093
yào_14.21 正字通同譑。俗省。

謗 56794 30094
mián_14.21 集韻類篇丛民堅切音眠。慧黠也。又人名。與謗，見宋史·宗室表。鎣俗謗56865

譅 56795 30095
tà_14.21 唐韻他合切集韻託合切丛音嚃◆說文言語相及也。又廣韻妄語也。又正字通方俗以言探人曰譅，與諮義同。本作沓又集韻達合切廣韻徒合切丛音沓。義同集韻與諮同。或作嗒。亦作誻△正字通唐本說文原訓言語相及。徐本譌作語相反譅，非是。鎣又譅56903

譈 56796 30096
chán_14.21 字彙俗讒字。

譹 56797 30097
háo_14.21 集韻類篇乎刀切正韻胡刀切丛音豪。與號同。號也莊子·齊物論叫者譹者註譹，下而聲濁也又hào集韻類篇後到切韻會正韻胡到切，丛豪去聲。與皋36752同。呼也。

譯 56798 30098
níng_14.21 唐韻女耕切集韻韻會尼耕切丛音儜。譻譯，小聲也又nìng集韻類篇丛乃定切音甯。與佞、詝丛通博雅諛諂也。鎣又讆56821

譧 56799 30099
zhěn_14.21 字彙同診鶡冠子·天則篇未見不得其譧，而能除其疾也又人名宋史·宗室表武德郎士譧。

譎 56800 30100
ruì_14.21 集韻兪芮切，音睿。恨言也又集韻弋睡切音瓗。義同又類篇婗譎，女官也。

譈 56801 30101
méng_14.21 集韻類篇丛謨蓬切音蒙。言不明也。亦作嚎又人名宋史·宗室表保義郎不譈。鎣又譈56823

譺 56802 30102
ài_14.21 廣韻五介切集韻牛戒切丛音懝說文騃也廣韻誡譺也類篇欺悱也又yǐ廣韻魚紀切集韻偶起切丛音擬。議也，欺也，調也集韻與擬同。或作儗。亦作疑。又書作譥又廣韻集韻丛魚記切，擬去聲。義同又yì集韻類篇丛鄂力切音嶷字彙補齊敬貌史記·褚氏·龜筴傳求之於白蛇蟠杅林中者，齋戒以待，譺然註索隱曰：譺，音嶷。求龜者齋戒以待，恆譺然也集韻與嶷同，或作嶷、儗。

譻 56803 30103
yīng_14.21 唐韻烏莖切集韻於莖切丛音鶯說文聲也廣雅鳴也後漢·張衡傳鳴玉鸞之譻譻註聲也。又人名。與譻，見宋史·宗室表△字彙與嚶同。

譔 56804 30104
chí_14.21 字彙同謘

譗 56805 30105
liè_14.21 集韻類篇丛力協切，音甀。與㖕同。㖕呃，多言也。

譵 56806 30106
zhòu_14.21 集韻鉏救切音驟。與㥮同。㑳㥮，詈也字彙惡貌正字通衆言會集也。

譼 56807 30107
jiàn_14.21 集韻監37214古作譼又人名梁書·武帝紀義陽王蕭譼。鎣又𧬃55855

譔 56808 30108
pū_14.21 集韻類篇丛普木切音撲。以言蔽也。

譽 56809 30109
yù_14.21 唐韻集韻韻會正韻丛羊茹切，余去聲說文稱也玉篇聲美也易·坤卦括囊无咎无譽註譽者，過美之名詩·周頌以永終譽箋聲美也禮·表記君子不以口譽人，則民作忠莊子·盜跖篇好面譽人者，亦好背而毁之又禮·祭統孔疏援神契云大夫之孝曰譽。又星名晉書·天文志瑞星，三曰含譽又姓。平原太守譽粹。見晉書又謚法狀古述今曰譽又通作豫詩·小雅是以有譽處兮傳譽，善聲也。處，安樂也。蘇氏曰：譽、豫通。凡詩之譽，皆言樂也又韻會小補通作與禮·射義詩曰：則燕則譽鄭註譽，或爲與又廣韻以諸切集韻韻會羊諸切丛音余。義同論語誰毁誰譽朱傳譽者，揚人之善，而過其實。譽平聲。又詩·大雅慶既令居，韓姞燕譽傳燕，安。譽，樂也。鎣又𧦝21908誉56008譽56813

讇 tāi_14.21 集韻 類篇 夵湯來切音胎。諟也 又 集韻 類篇 夵堂來切音臺。義同。

讇 tuǎn_14.21 集韻 類篇 夵土緩切，湍上聲。諯讇，言惑也 又 地名 唐書·西域傳 波讇羅川，春夏雨雪。

謷 ài_14.21 集韻 同諰 謷 yù_14.21 字彙補 音義未詳 王延壽·夢賦 智智謷謷 註 一作謷謷。

讃 jì_14.21 字彙補 才詣切，齊去聲。刀也。

談 yíng_14.21 字彙補 于平切音熒 尚書大傳 還歸二年，謍然乃作 大唐之歌 ○按前謍字註 集韻 引 大傳 作謍然。鄭氏曰：謍，猶灼也。訓灼，似宜從熒。又 南齊書·高帝紀 大唐遜位，謍然興歌。亦从熒。則前謍字 集韻 誤引 大傳 明矣。附記以備考正。

謄 téng_14.21 字彙補 徒能切音滕。多言也。

讕 guó_14.21 字彙補 古伯切音格。多言貌 讕 俗讟56840

議 yì_14.21 說文 議本字。

讘 tà_14.21 說文長箋 同嘻。

譀 jiàng_14.21 五音篇海 音强。又 字彙補 音倔。讘讘嘴，同强嘴，今作强嘴。

讀 null_14.21 u2B352 未詳。 譚 níng_14.21 u2B37E 簡 譚56798

讒 méng_14.21 u27B59 俗讔56801 譜 pǔ_14.21 u27B58 同譜56601

讘 null_14.21 u27B57 未詳。 諣 guà_15.22 30113 類篇 同課。

讕 jiǎn_15.22 30120 正韻 子踐切音翦 字彙 淺也 史記·李斯傳 能薄而材讕 又 人名 希讕、汝讕，見 宋史·宗室表 △ 正字通 本作讕 游原 與讕、俴夵同。讕 又謸56858 又 正字通 讕56743，俗讕字。嗰06469，讕56396字之譌。

讕 tǔ_15.22 30121 集韻 韻會 正韻 夵良據切音慮。詐也。 又 人名 宋史·宗室表 武顯郎不讕。

讒 sà_15.22 30122 集韻 桑葛切音薩。散言也。

讔 liè_15.22 30123 集韻 力涉切音獵。讔讔，多言也 讕 直音篇 讔同讔。

讕 chí_15.22 30124 字彙 陳知切音遲。言逸也△ 正字通 俗譯字。讕 又讕56804

讖 chàn_15.22 30125 正字通 俗讖字。

讔 xiě_15.22 30126 集韻 洗野切音寫。言以寫志也。 又 xiè 玉篇 司夜切，寫去聲。話讔也。

讕 huì_15.22 30127 玉篇 同讔 晉語 今陽子之情讕矣 註 辨察也 又 人名 伯讕、汝讕，見 宋史·宗室表

讕 zhì_15.22 30128 集韻 職日切音質。同嘖。野人之言也。

讀 dú_15.22 30129 唐韻 集韻 韻會 徒谷切 正韻 杜谷切夵音獨 說文 誦書也 徐鍇曰 讀猶瀆也。若四瀆之引水也 詩·鄘風 中冓之言，不可讀也 毛傳 抽也 鄭箋 抽猶出也 朱傳 誦言也 禮·文王世子 冬讀書，典書者詔之 又 樂名 周禮·春官·大司樂疏 孝經緯 云祝融之樂曰 屬讀 又 曲名 唐書·禮樂志 讀曲，宋人爲彭城王義康作也 又 官名 唐書·百官志 集賢殿書院有侍讀學士，掌承旨撰集文章，校理經籍 又 姓。見 姓苑 又 dòu 集韻 韻會 夵大透切音豆。義同 周禮·天官·宮正註 鄭司農讀火絕之 釋文 徐音豆。又 增韻 句讀，凡經書成文語絕處謂之句。語未絕而點分之以便誦詠，謂之讀。今祕省校書式：凡句絕，則點於字之旁讀，分則微點於字之中閒 又 韻會 通作投 馬融·長笛賦 察度於句投 註 說文曰：逗，止也。投與逗古今通，音豆。投，句之所止也○按此則讀與逗通。逗又與投通。讀 又讀56128讀56279嘖07641 又 玄應音義 句逗：徒鬥反。字書：逗，留也 說文 逗，止也 方言 逗，住也。經文有作逗，竹候反，順言也。逗非經旨。又作讀，未見所出也。孫星衍曰：句逗、句讀猶言句住，逗作讀，聲之緩急也。讀即讀訛字耳 又 讀56867，同讀。 又 祝融之樂曰 屬讀。孫壽瑋：屬續 之誤。

讕 mài_15.22 30130 集韻 同讕 讕 dǎng_15.22 30131 字彙 同讕

讕 zhé_15.22 30132 廣韻 同讕 小爾雅 責也 詩·邶風 室人交徧讕我 傳 責也 周語 秦師必有讕 註 猶咎也 前漢·武帝紀 發責吏穿昆明池 師古註 吏有罪者，發而役之。 又 揚子方言 過也。南楚以南，凡相非議人謂之讕 郭註 讕，音讀，謂罪過也。亦音適，罪罰也 又 集韻 通作適 詩·商頌 勿予禍適 毛傳 過也 韓詩 云數也 朱傳 適、讕通 前漢·武帝紀 發天下七科讕出朔方 史記·大宛傳 作七科適。

讕 guó_15.22 30133 集韻 郭獲切音虢。讕讕，多言也。讕 又讕56817

讕 bào_15.22 30134 廣韻 北教切音豹。讕噪，惡怒也。 又 báo 集韻 弼角切音雹。同謷。本作讕。謷 又嚗07903

讕 luò_15.22 30135 廣韻 盧各切 集韻 歷各切夵音落。讕詭，狂言也。

讕 xuàn_15.22 30136 唐韻 火縣切◇ 廣韻 許縣切 集韻 翾縣切夵音絢 說文 流言也 玉篇 有所求也 管子·宙合篇 讕充言心也 註 言心之營求充動也 又 juàn 廣韻 古縣切 集韻 扃縣切夵音睊。義同 又 xuān 集韻 類篇 夵火玄切，絢平聲。多言也。或作讕 正字通 字彙 讕作讕，非。

讚 zàn_15.22 30137 字彙 俗讚字。

讕 yù_15.22 30138 集韻 類篇 夵乙六切音郁。讕詇，聞香貌。

讕 zhuó_15.22 30139 字彙 同讕。

讕 lěi_15.22 30140 唐韻 力軌切 集韻 韻會 魯水切夵音壘 說

文 禱也。累功德以求福。引 論語 禬曰：禱爾于上下神祇。今本作誄 図 字彙 古者卿大夫歿，則君命有司累其功德，爲文以哀之，曰禬 図 人名 宋史·宗室表 太子右監門率府卒士禬△ 集韻 與誄通。或作讄譟誺。

讄 guà_15.22　集韻 同詿

譇 jiē_15.22　說文 善本字

讓 ràng_15.22 俗讓56905

譐 jǐn_15.22　說文 謹本字

謕 è_15.22　集韻 類篇 丛乙革切音厄。聲也。或作歇。

譄 zhūn_15.22　集韻 諄56172古作譄 𧮫 集韻·平聲二十八諄 諄，朱倫切 說文 告曉之孰也。一曰懇誠皃。或作啍忳純。古作譄 図 去聲上·二十二稕·稕 諄，告也 春秋傳 諄諄如八九十者。古作譄。

謭 jiǎn_15.22　簡 謭56827

譍 yìng_15.22　說文 譍本字

譸 zhū_15.22　字彙補 韓城鼎文諸字。

讈 mèi_15.22　字彙補 莫佩切音魅。

讋 hé_15.22　五音篇海 音何。

讈 null_15.22　未詳。

譞 xuān_15.22 譞56722本字

譀 null_15.22　未詳。

譣 xián_15.22 同諴56331
清·方濬益 綴遺齋彝器款識考釋·卷八 諴即諴。

讇 null_15.22　未詳。

譺 chài_15.22 諜56424本字

變 biàn_15.22 俗變56875 正字通 變，精薀 从久作變。

讀 dú_15.22　兼 讀。 直音篇 作讟56794，俗謅。

譖 mián_15.22　類篇 讆，民堅切。慧黠也 直音篇 作讟56794，俗謅。

讆 wèi_15.22 同讆56882

譖 shěn_15.22 同審12348

讂 xuàn_15.22 同譞56843 字彙 呼眩切，音絢。流言有所求也 字彙補 又遠也 管子 讂充末衡，易政利民。

讇 chǎn_16.23　唐韻 集韻 韻會 正韻 丛丑琰切，觇上聲 說文 諛也 玉篇 佞也 禮·少儀 爲人臣下者，頌而無讇 前漢·五行志 不知誰主爲佞讇之計。又 劉輔傳 朝廷無讇諛之士 師古註 讇，古諂字 図 yán 集韻 余廉切音鹽。過恭也 禮·玉藻 立容辨卑無讇 鄭註 謂傾身以自下也 図 chán 集韻 時占切音蟾 類篇 寐言也。

讈 lì_16.23　集韻 類篇 丛狼狄切音歷。謰56654讈。或省作謧。

譀 xiǎn_16.23　廣韻 虛偃切 集韻 許偃切，丛軒上聲。譀搏，狼戾也 𧮫 譀搏很戾。

譺 yí_16.23　玉篇 以佳切音遺。譯惡言也。又 廣雅 怒也。讓也 図 tuī 集韻 類篇 丛通回切音推 揚子方言郭璞解 汝南人呼欺爲讈。

變 biàn_16.23 古文 㣲㣲㣲 唐韻 祕戀切 廣韻 彼眷切 集韻 韻會 彼卷切，丛鞭去聲 說文 更也 小爾雅 易也 廣韻 化也，通也 增韻 轉也 正韻 改也 易·乾卦 乾道變化 易·解 自有而無謂之變，自無而有謂之化 禮·王制 一成而不可變 註 更也 周禮·夏官·司爟 四時變國火，以救時疾 註 變，猶易也 前漢·循吏傳 漢家承敝通變 図 動也 禮·檀弓 夫子之病革矣，不可以變 註 變，動也 荀子·議兵篇 機變不張 註 謂器械變動攻敵也 図 權變 前漢·魏豹傳贊 張耳、韓信皆徼一時之權變，以詐力成功 文中子·述史篇 非君子不可以語變 註 變，權也。反經合道之謂也 図 災異曰變 前漢·五行志 災異愈甚，天變成形。又 諸葛豐傳 災變數見 図 死喪曰變 穀梁傳·昭十五年 君在祭樂之中，大夫有變以聞，可乎 図 姓。見 姓苑 図 韻會 平免切音辨。正也 禮·禮運 大夫死宗廟謂之變 陳註 變讀爲辨。猶正也 図 叶必慎切音鬂 陸雲詩 羽儀未變，叶有客來信〇按 說文 本从支、䜌，載支部。徐曰：支，有爲也 精薀 从久，俗謅作攵，丛非 字彙 已載支部，是言部重出，下改从攵，非。又 集韻 俗作攪，亦非。𧮫 又變56895變56896变05218变09786變21866變05327㣲16477㣲16490㣲16507㪜21357變56866 図 訷67852，从音弁聲，變音之變。

譮 xiè_16.23　集韻 下介切音械。誠也。

譬 pín_16.23　唐韻 符眞切 集韻 毗賓切丛音頻 說文 匹也 類篇 多言也。𧮫 又譬56769 図 直音篇 頻68489同譬。

讋 zhé_16.23　唐韻 之涉切 集韻 韻會 正韻 質涉切丛音慴 說文 失氣言。一曰不止也 前漢·項籍傳 諸將讋服 師古註 讋，失氣也 図 後漢·班固傳 莫不陸讋水慄 註 讋，懼也 図 忌也 淮南子·氾論訓 故因其資以讋之 註 資，用。讋，忌也 図 人名 戰國策 左師觸讋 史記 作龍 図 tà 集韻 類篇 丛達合切音沓。言不止也△ 說文 籀文作讋。𧮫 又讋55876韻67889䶆75894

讌 yàn_16.23　廣韻 於甸切 集韻 韻會 伊甸切丛音宴 類篇 合語也 戰國策 孟嘗君讌坐 註 合語也。讌，卽燕字 図 玉篇 讌，設也 廣韻 讌會也。與醼同 後漢·樊準傳 每讌會而論難衎衎 晉書·王羲之傳 欲與知知，時坐歡讌 図 人名 士讌，見 宋史·宗室表△ 字彙補 一作讌。𧮫 又讌56900

譪 è_16.23　類篇 同諤 図 人名 與譔、崇譪，見 宋史·宗室表

讎 chóu_16.23 古文 㠹周恩 唐韻 市流切 集韻 韻會 時流切丛音酬 說文 猶譍也 玉篇 對也 正字通 言相讎對也 詩·大雅 無言不讎 毛傳 用也 正義 相對謂之讎。讎者，相與用言語，故以讎爲用 朱傳 答也 図 爾雅·釋詁 匹也 郭註 讎，猶儔也 廣雅 云輩也 邢疏 儔侶輩類之匹也 書·召誥 予小臣，敢以王之讎民，百君子 孔傳 匹也，言民在下，自上匹之 図 等也 前漢·霍光傳 皆讎有功師

古註 言其功相等類也 図 當也 前漢·灌夫傳 上使御史
薄責嬰所言,灌夫頗不讎 晉灼註 讎,當也 図 正韻 售
也,償也 史記·高祖紀 高祖每酤留飲酒,讎數倍 如淳
註 讎,亦售也 魏志·衞臻傳 子許買物,隨價讎直 図 字
彙補 應驗也 史記·封禪書 其方盡多不讎 索隱註 相應
爲讎。謂其言語不相應,無驗也 図 韻會 仇也。於文言
讎爲讎。讎,鳥之雙也。人之讎怨,不顧禮義,則如禽
鳥之爲,兩怨而有言在其間,必溢惡之言,若禽鳥之聲
也 書·微子 相爲敵讎 傳 言不和同 詩·邶風 反以我爲讎
疏 讎者,至怨之稱 左傳·襄三年 稱解狐其讎也 疏 讎者,
相負挾怨之名 字彙 報也 周禮·地官·調人鄭註 難相
與爲仇讎 疏 按 左氏桓公傳 云怨耦曰仇,則仇是怨也。
讎謂報也 図 韻會 校也。謂兩本相覆校如仇讎也 左
思·魏都賦 讎校篆籀 註 一人持本,一人讀書,若怨家
相對 図 揚子方言 予賴讎也。秦晉曰讎 姓 前漢·儒
林傳 沛人讎遷 図 通作酬 戰國策 屬之讎柞 註 與酬酢
同 図 或作稠 書·微子 用乂讎斂 傳 馬本作稠,云數也,
斂謂賦斂也 図 shòu 韻會 正韻 丛承呪切,酬去聲。亦
償也 詩·大雅 無言不讎。有平、去二音 図 字彙補 亦書
作讐。鑒 又讎 66264 讎 66295 讐 07974

讐 56882 30158
wèi _16.23 玉篇 爲劇切 五音集韻 于劇切丛音衛。與
德同。讆言不惠也 管子·形勢解 推譽不肖之謂讆 図 正
字通 詐也。與僞通。亦作讏 左傳·哀二十四年 是讆言
也 註 言不信也。鑒 又讏 56868

諄 56883 30159
zhūn _16.23 說文 諄本字 図 人名。崇讙,見 宋史·宗
室表

讚 56884 30160
hān _16.23 集韻 呼含切音唅。愛也。

讐 56885 30161
chóu _16.23 字彙補 同讎。鑒 又讐 55713

讖 56886 30162
chèn _16.23 集韻 初覲切音櫬。諦言也。

讘 56887 30163
shàn _16.23 字彙補 時扇切音繕。正也。

讚 56888 30164
huì _16.23 說文 讀本字。

讗 56889 30165
biàn _16.23 字彙補 同讏○按晉卽辯本字。

讔 56890 41890
yàn _16.23 篇海類編 同讌。

讏 56891 45544
biàn _16.23 字彙補 同辯。

讘 56892 45547
xié _16.23 篇海類編 音讔。

讖 56893 45548
chǎn _16.23 龍龕 音諂。鑒 鄧福祿: 俗諂。

變 56895 uFAC0
biàn _16.23 同變 56875

讝 56894 u2B353
zhàn _16.23 俗譧 56737
五音集韻 詀 55764, 被証。讝,俗。

變 56896 u2F9D1
biàn _16.23 同變 56875

讞 56897 u27B82
zèn _16.23 同譖 56677 直
音篇 讞,側禁切,愬也。又子念切。讞,同上。

讛 56898 u27B81
null _16.23 未詳。

讕 56900 u4729
yàn _16.23 简 讌 56879

讟 56899 u2633D
biàn _16.23 同讏 56889 亦作讙 字彙補 讟同辯 60598

讅 56901 30166
yào _17.24 廣韻 弋照切 集韻 弋笑切丛音燿 廣雅 誤
也 廣韻 誤言貌 図 類篇 謹也。

讒 56902 30167
chán _17.24 唐韻 士咸切 集韻 韻會 正韻 鋤咸切丛
音饞 說文 譖也 玉篇 佞也 正字通 崇飾惡言,毀善害能
也 書·舜典 朕聖讒說殄行 莊子·漁父篇 好言人之惡謂
之讒 荀子·修身篇 傷良曰讒 說苑·臣術篇 蔽善者,國之
讒也 図 星名 晉書·天文志 卷舌六星中,一曰天讒,主
巫醫 図 鼎名 左傳·昭三年 讒鼎之銘 疏 讒鼎,疾讒之
鼎 明堂位 所云崇鼎是也。一云讒,地名。禹鑄九鼎於
甘讒之地,故曰讒鼎 図 廣韻 集韻 士懺切 韻會 正韻 士
監切,丛饞去聲。義同 図 俗書證誤 从二兔,非。
鑒 又讒 56796 诶 56405

讇 56903 30168
tà _17.24 字彙 逤字之譌。鑒 字彙 譶字之譌。

讇 56904 30169
yīng _17.24 集韻 於莖切音甇 類篇 怒也。或作嚶。

讓 56905 30170
ràng _17.24 古文 嬽 唐韻 集韻 韻會 人樣切 正韻 而
亮切,丛壤去聲 說文 相責讓也 小爾雅 詰責以辭謂之
讓 左傳·僖五年 公使讓之 註 譴讓之 周禮·地官 司救掌
萬民之衺惡過失而誅讓之 史記·張耳陳餘傳 張耳責讓
陳餘以不肯救趙 図 玉篇 謙也 類篇 退也 字彙 先人後
己謂之讓 書·堯典 允恭克讓 左傳·文元年 卑讓,德之基
也。又 襄十三年 讓,禮之主也 禮·曲禮 君子恭敬撙節
退讓以明禮 疏 應受而推曰讓 儀禮·聘禮 賓入門皇升堂
讓 鄭註 讓,謂舉手平衡也。又 鄉飲酒禮註 事同曰讓,
事異曰辭 図 木名 左思·蜀都賦 交讓所植 註 交讓,木
名。兩樹對生,一樹枯則一樹生。出岷山,在安都縣。
図 諸羌州名 唐·地理志 劍南道有讓川州,開元後置
図 讀書通 通作攘 史記·司馬相如·封禪書 進讓之道,
何其爽與 漢書 作進攘 図 韻會小補 通作襄 周禮·地
官·保氏·五射鄭註 一曰襄尺 釋文 襄讀讓,本作讓△ 說
文 本作讓。鑒 又让 55633 譲 56018 讓 56857 讓 56781

讙 56906 30171
mài _17.24 篇海 同讄 音隱。嗼語也 字彙 誷言也 図 文心雕龍 讄者,隱也。
遯辭以隱意,譎譬以指事也 呂覽·重言篇 荆莊王立三
年,不聽而好讄 図 正字通 與隱通 劉向·新序 齊宣王發
隱書而讀之。隱卽讄字△ 字彙補 亦書作讔。

讜 56907 30172
yǐn _17.24 集韻 倚謹切

讕 56908 30173
lán _17.24 唐韻 洛干切 集韻 韻會 郎干切丛音蘭。
◆ 說文 詆讕也 玉篇 誣言相加被也 前漢·文三王傳 王陽
病詆讕置辭 師古註 讕,誣諱也。又 谷永傳 滿讕誣天 師
古註 謂欺罔也 春秋繁露 詰其名實,觀其離合,則是非
之情,不可以相讕已 註 讕,誣言相加也 図 廣韻 逸言
也 唐書·張亮傳 亮讕辭曰:囚等畏死見誣耳 音義 逸言
也 図 廣韻 落旱切 集韻 韻會 魯旱切,丛蘭上聲。又 廣
韻 集韻 韻會 丛郎旰切,蘭去聲。義丛同△ 說文 或作
譋 集韻 或作嗹、諫。鑒 又讕 56714 譋 56709 讄 56955

讜 jiǎn_17.24　集韻 同譾　図 人名 宋史·宗室表 武德郎不譾。

讖 chèn_17.24　唐韻 楚蔭切 集韻 楚譖切 韻會 正韻 楚禁切，夶屬去聲 說文 驗也 徐曰 凡讖緯，皆言將來之驗也 六書故 前定徵兆之言也 釋名 纖也。其義纖微也 史記·趙世家 公孫支書而藏之，秦讖於是出矣 後漢·光武紀 宛人李通等以圖讖說光武 註 讖，符命之書也 晉書·武帝紀 泰始三年，禁星氣讖緯之學 図 chàn 集韻 又鑑切，攙去聲。與懺同。懺也○按懺悔之懺本从心 集韻 强同，非 図 叶楚獻切音輚 山海經·堪孖魚蛡蛡獸贊 見則洪水，天下昏墊。豈伊妄降，亦應牒讖△俗作讖，非。鍪 又讖56923 譏43130 籤43136

譭 tuí_17.24　類篇 同讙　**誮** huá_17.24　說文 譁本字

譾 jiǎn_17.24　篇海類編 同譾。

調 mài_17.24　說文長箋 譀本字。

諳 ān_17.24　篇海類編 烏含切，音諳。

讔 yǐn_17.24　字彙補 與讔同。

譑 chūn_17.24　搜眞玉鏡 音春。

讘 null_17.24　未詳。　**讔** null_17.24　未詳。

讔 chí_17.24　喃 同譏43088 諡也。

彎 null_17.24　未詳。

讙 huò_17.24　俗讙56924　**讖** chèn_17.24　简 讖56910

讙 huò_18.25　唐韻 呼麥切音劃 說文 言壯貌，一曰數相怒也 図 玉篇 胡麥切 集韻 胡陌切夶音獲。義同。又 玉篇 疾言貌 類篇 譕讙，誇也。或作嚄 図 集韻 類篇 夶郝格切音赫。又 集韻 戶瓦切音踝。義夶同 図 hui 集韻 玄恚切音攜。自伐也△字彙補 亦省作讙。鍪 又讙56922 図 原本玉篇殘卷 讙 說文 言疾皃也。一曰數相讙也。

調 tà_18.25　唐韻 徒盍切 集韻 敵盍切夶音蹋 說文 嗑也 玉篇 調嗑，多言也 廣韻 忘語也 図 集韻 類篇 夶託盍切音榻。與譶同。

譩 yī_18.25　集韻 譆、噫、譆夶同 列子·黃帝篇 仲尼曰：譩，吾與若玩其文也久矣，而未達其實 註 譩，與譆同。

讋 zhé_18.25　唐韻 之涉切 集韻 質涉切夶音慴 說文 多言也 図 譾訣56016 図 縣名 前漢·地理志 狐讋縣，屬河東郡 図 人名 必讋、與讋，見 宋史·宗室表 図 niè 廣韻 而涉切 集韻 韻會 日涉切夶音囁。詀55764 譶△ 說文 本作譶 集韻 或作囁喦。亦省作讋。鍪 又麜56564 囁07856 呭05971

讙 huān_18.25　唐韻 集韻 韻會 正韻 夶呼官切音歡 說文 讙也 廣雅 鳴也 廣韻 諠也 玉篇 讙譁之聲 禮樂記 鼓

聲之聲讙讙以立動 註 聞讙嚣則人意動作 史記·陳丞相世家 諸將盡讙 註 讙也 荀子·儒效篇 天下應之如讙 註 喧也 図 喜說也 禮·檀弓 書 云三年不言，言乃讙 陳澔云 命令所布，人心喜悅也 図 獸名 山海經 翼望山有獸，狀如貍，一目三尾，名曰讙。或作原 図 山名 山海經 讙山，郁水出于其上，潛于其下 図 國名 山海經 讙頭國人，人面鳥喙，有翼。或曰：讙朱國 図 地名 春秋·桓三年 齊侯送姜氏于讙 註 讙，魯地。濟北蛇丘縣西有下讙亭。図 姓。見 萬姓統譜 図 xuān 廣韻 況袁切 集韻 韻會 許元切夶音喧。驚呼也。一曰讙，嚣貌 揚子方言 讙也。北燕凡相責讓曰讙 集韻 與吅同。通作喧誼 図 guàn 集韻 古玩切音貫。與懽同 図 huàn 集韻 呼玩切，歡去聲。與喚同。或作嚾。

讙 tuí_18.25　唐韻 杜回切 集韻 徒回切夶音穨 說文 譏也 集韻 或作譭 図 集韻 呼回切音灰。義同。

讜 bào_18.25　集韻 譟本字。

讗 liú_18.25　搜眞玉鏡 音留。

讕 hùn_18.25　五音篇海 與譚同。

讔 null_18.25　未詳。　**調** null_18.25　未詳。

讏 zuó_19.26　集韻 類篇 夶疾各切音昨。嘈也。

讚 zàn_19.26　集韻 韻會 夶則旰切音酇 小爾雅 明也 類篇 稱也 釋名 稱人之美曰讚。讚，纂也。纂集其美而敍之也。又錄也，省錄之也 左傳·宣十四年杜註 嘉淑令辭，稱讚也 後漢·崔駰傳 進不黨以讚己 註 讚，猶稱也 晉書·劉隗傳 共相讚白者，以爲忠節 図 佐也 潘岳·爲賈謐贈陸機詩 齊轡羣龍，光讚納言 註 讚，佐也 図 揚子方言 讚，解也 註 讚訟，所以解釋理物也 図 木名 埤雅 夢書曰：楸爲讚諤 図 集韻 通作贊 孔安國·尚書序 讚 易道以黜八索 疏 因而佐成曰贊 図 韻會 或作嚪 荀子·勸學篇 問一而告二謂之嚪 註 楊倞曰：嚪卽讚字，謂以强讚助之也△俗作讚。鍪 又嚪07617

讖 mài_19.26　類篇 同讗　**讞** yì_19.26　字彙 倪祭切音藝。寐語也 字彙補 又屏處語也 図 人名。與讘、必讘，見 宋史·宗室表 図 正字通 與囈同。當作讘。

讜 lí_19.26　集韻 同讕　**讜** pín_19.26　說文長箋 蒲眞切，音平◇匹也。鍪 說文 嚬56877，匹也。

辭 cí_19.26　殷周金文集成·16.10285 女亦既從辭從誓。容庚：辭60587或从言。

讖 zhān_19.26　正字通 讖56944，齒淺切，音闡。疾病人妄語。本作讘。亦作諂。

讜 dǎng_20.27　唐韻 多朗切 集韻 韻會 底朗切 正韻 多曩切夶音黨 說文 直言也 玉篇 善言也 前漢·班固敍傳

吾久不見班生，今日復聞讜言 魏志·王修傳 忠讜不昭
於時 又 人名 後漢·儒林傳 太守黃讜 又 通作黨 荀子·非
相篇 博而黨正，是士君子之辯也 註 黨與讜同。謂直言
也 又 dàng 集韻 正韻 丛丁浪切，黨去聲。言中理也。
或作讜 又 tàng 集韻 類篇 丛他浪切音儻。美言也。
鑿 又 說56510 詢56231 说56534 讚56838

讝 zhān_20.27 集韻 類篇 丛之廉切音詹。疾而寐語也
又 nián 集韻 女監切，音近嚴。病人自語也△ 正字通 本
作讝。鑿 又 讝56745

讞 yàn_20.27 廣韻 集韻 韻會 正韻 丛魚列切音孽。議
罪也。評獄也 禮·文王世子 獄成，有司讞于公 疏 言白
也 陳註 議刑也 前漢·景帝紀 諸獄疑若，雖文致於法，
而於人心不厭者，輒讞之 師古註 讞，平議也 後漢·襄
楷傳 州郡亂習，欲避請讞之煩 註 廣雅 曰：讞，疑也。
謂罪有疑者，讞於廷尉也 宋史·選舉志 司馬光奏設十
科舉士，十曰練習法令能斷請讞科 又 廣韻 魚塞切 集
韻 韻會 語塞切。丛孽上聲。又 集韻 魚戰切 韻會 疑戰
切丛彥彥。義丛同。鑿 又 讞56780 灂30506 又 正字通
嚥07930 舊註同讞。

讞 xué_20.27 玉篇 許縛切 集韻 怳縛切丛音瞁。妄言也
又 人名。不讞，見 宋史·宗室表

譱 shàn_20.27 字彙補 古文善字。徐氏曰：齊桓公謂敇
丘之鄉人曰：至德不孤，善言必三。故古善字从三言。

讀 dòu_20.27 篇海類編 音豆。

讛 nèn_20.27 篇海類編 奴渾切，嫩平聲。

讄 lěi_21.28 說文 同讄 又 人名。師讄，見 宋史·宗室表

譥 jìng_21.28 集韻 詇56064古作譥。

覽 lǎn_21.28 字彙補 力喊切音覽。

譶 tà_21.28 搜眞玉鏡 音刺。鑿 同譶56788

讕 lán_21.28 直音篇 讕同讕56908

讅 null_21.28 未詳。

讓 ràng_22.29 說文 讓本字

讀 dú_22.29 古文疽 唐韻 集韻 韻會 徒谷切 正韻 杜谷
切丛音獨 說文 痛怨也 徐鍇曰：象衆怨也，故从二言 廣
雅 惡也 揚子方言 讟、咎，謗也 郭註 謗，言噂讟也 左
傳·昭元年 民無謗讟 杜註 讟，誹也 前漢·五行志 怨讟
動於民 師古註 讟，痛怨之言。

譬 zhé_32.39 說文 籀文嚞字。

◆ 谷部 ◆

谷 gǔ_0.7 唐韻 集韻 韻會 正韻 丛古祿切音穀 說
文 泉出通川爲谷。从水半見，出於口 韻會 兩山間流水

之道也 爾雅·釋水 水注谿曰谷 疏 謂山谷中水注入澗谿
也 易·井卦 井谷射鮒 註 谿谷出水，從上注下 公羊傳·僖
三年 桓公曰：無障谷 註 水注川曰谿，注谿曰谷 禮·祭
法 山林、川谷、丘陵，民所取財用也 老子道德經 江海
所以能爲百谷王者，以其善下之 又 谷水 管子·度地篇
山之溝一有水一無水者，命曰谷水 又 暘谷，日所出處。
昧谷。日所入處 書·堯典 分命羲仲宅嵎夷，曰暘谷。分
命和仲宅西，曰昧谷 又 集韻 窮也 詩·大雅 進退維谷 疏
谷謂山谷。墜谷，是窮困之義 又 廣韻 養也 老子道德
經 谷神不死 又 爾雅·釋天 東風謂之谷風 詩·邶風 習習
谷風 詩詁 風出谷中也 疏 谷之言穀。穀，生也。生長之
風也 前漢·王莽傳 其夕穀風迅疾 師古曰 卽谷風 又 韻
會 竹溝曰谷 前漢·律歷志 黃帝使伶倫，取竹之解谷 註
解，脫也。谷，溝也。取竹之無谷節者，一說解谷，崑
崙之北谷名 又 墼谷，窟室也 左傳·襄三十年 鄭伯有
爲窟室夜飲，朝者曰：公焉在，其人曰：吾公在墼谷 註
地室也 又 人足內踝前後一寸陷中，曰然谷穴 奇經考
陰蹻之脈，起于跟中足少陽然谷穴之後 又 地名 春
秋·定十年 公會齊侯于夾谷 杜註 卽祝其也 又 郡縣名
前漢·地理志 上谷郡，秦置 魏書·地形志 谷陽縣，屬陳
留郡 又 山名 山海經 波谷山者，有大人之國 又 姓。漢
有谷永。又 複姓。金有夾谷謝奴 金史·金國語解·姓氏 夾
谷曰仝 又 yù 廣韻 余蜀切 集韻 韻會 俞玉切丛音欲。
義與 說文 爾雅 同 又 姓。北魏有谷渾氏。又 吐谷渾氏 金
壺字考 音突浴魂 又 lù 廣韻 集韻 韻會 丛盧谷切音鹿
史記·匈奴傳 置左右谷蠡王 註 谷蠡，音鹿離△ 音學五
書 山谷之谷，雖有穀、欲二音，其實欲乃正音 易 井谷，
陸德明一音浴 書 暘谷，一音欲 左傳 南谷中，一音欲 史
記 樊噲傳 橫谷 正義 音欲 貨殖傳 谷量牛馬，索隱音欲，
苦縣 老子銘 書谷神作浴神是也。轉平聲則音臾，上聲
則音與，去聲則音裕。今人讀谷爲穀而加山作峪，乃音
裕，非。鑿 又 㕍13400

谷 jué_0.7 唐韻 其虐切 集韻 極虐切丛音噱 說文 口
上阿也 又 廣韻 笑貌，或作嗉、膔。經史通作噱〇按篆
文谷字，上二八皆合，與山谷字分開者不同 說文 从口，
上象其理。宜歸口部 字彙 溷入谷部，非。鑿 俗作谷02579

谷 gǔ_0.7 部 谷56959

㪀 qiú_2.9 廣韻 巨鳩切 集韻 渠尤切丛音求。縵㪀，
亭名 顏氏家訓 晉陽東百餘里有亢仇城，不識本是何
地，及檢 字林 韻集，乃知亢仇舊是縵㪀亭，屬上艾。
鑿 又 㪀56967

㪀 yù_2.9 同欲26319 正字通 欲，鍾鼎文作㪀。

頷 jí_3.10 玉篇 側侁切音臻。谷名〇按 字彙 又音
噱，訓足跰跼，溷同頷字註，誤。鑿 俗頷56974从谷。

豽 qiān_3.10 廣韻 集韻 蒼先切 韻會 正韻 倉先切丛音
千。說文 望山谷豽豽青也 又 博雅 道也 玉篇 或作阡

図唐韻倉絢切集韻倉甸切，夶千去聲。義同。
鑒又衦56968

衳 jiāng_3.10　廣韻集韻夶古雙切音江。衳谷，在南郡
図hóng正韻胡公切音洪。大壑也字彙與谼同。

衹 qiú_3.10　類篇胡官切音桓，餕衹，亭名字彙補顔
氏家訓作衹○按類篇谷部衹、衹夶收。一音求，一音
桓，俱訓亭名。查玉篇廣韻夶不收衹字，是類篇誤
收，因从丸，改音桓，非。當从顔氏作衹爲正。鑒又jí集
韻𧗁01753，竭㦸切方言僄也。或作𧗁俗𧗁衹図同衹
56974集韻衹，訖逆切。相跱也。

衦 qiān_3.10　字彙補倉仙切音遷。山名。

峪 hóng_4.11　唐韻戸萌切集韻乎萌切，夶音宏。說文
谷中響也。徐曰鏗峪，谷中聲也玉篇谷空也図廣韻谷
名△韻會或作衖。

衖 hóng_4.11　韻會同峪図大聲也揚子法言或問大
聲，曰：非雷非霆，隱隱衖衖図通作閎前漢・司馬相如
傳崇論衖議師古曰衖，深也史記作閎。

衉 hán_4.11　類篇同衉，省。

衐 xiā_4.11　廣韻許加切集韻韻會正韻虛加切，夶
煆平聲字統衐衐，谷中大空貌前漢・司馬相如傳通谷
𧗁兮衐衐史記作衐𡈽，又作衐呀集韻或作𧗁嗚嗚同
文鐸作𡉲，非。

衚 fén_4.11　廣韻集韻夶符分切音墳。衚谷，在臨汾
図集韻方文切音分。義同。

衑 jí_4.11　唐韻其虐切音噱說文相跱衑也。本作衑
図jué集韻訖約切音腳。足相跱貌図訖逆切音戟。義
同図廣韻奇逆切集韻竭㦸切夶音劇。倦也前漢・司
馬相如傳徼衑受詘註衑音與劇同。言獸有倦極者，要
而取之。俗作衑，非○按衑字，从口阿之谷，不从山谷
之谷說文類篇載谷部正字通溷補入谷部，非。又玉
篇虬部已載衑字尤部又載衑字，音訓溷與衑同。分衑
衑爲二，亦非。鑒又衑03123衑05096衑03135衑56967

容 yǎn_4.11　集韻谷05351古作容。

衖 null_4.11　未詳。

衦 hān_5.12　韻會呼甘切音憨。衦閜，陵谷之形杜
甫・太淸宮賦仡神光而衦閜図正韻胡甘切音酣。義同
△正字通本作衦，譌作衦。从衦爲正。

衭 xiù_5.12　集韻音義與岫同。

容 xùn_5.12　唐韻私閏切集韻須閏切夶音迅，說文
深通川也。从谷从卪。卪，殘地阬坎意也書・益稷容畎
澮距川。今本作濬。或作濬図集韻逞員切音權。義同

図rui類篇兪芮切音銳字彙補古文叡05311字前漢・五
行志思曰容，容作聖。

衩 hóng_5.12　搜眞玉鏡胡萌切。鑒恐衩56970之譌。萌，
俗萌。

衖 hé_6.13　字彙胡閣切音合。兩山相合。

谼 hóng_6.13　廣韻戸公切集韻韻會正韻胡公切夶
音洪玉篇大谷名類篇大壑也莊子・達生篇孔子觀呂
梁，懸水三十仞，流沫四十里，今謂呂梁谼図亭名蘇
軾詩河漲西來失舊谼，孤城渾在水光中。自題云僕在
彭城，大水後登望谼亭，偶留此詩図寺名廣韻谼谷寺，
在相州図嶺名北齊書・斛律金傳高祖自出北道，度赤
谼嶺図希谼。人名，見宋史・宗室表。鑒又衳56966
磄38931峵13622

谹 hóu_6.13　廣韻戸鉤切集韻胡溝切夶音侯。谷名。
在成皋。亦作嵏、嵏。

衑 jí_6.13　說文衑本字。

壑 hè_7.14　說文壑本字。

䜁 láo_7.14　廣韻魯刀切集韻郎刀切夶音勞。嶈䜁，
深谷貌図谷空貌張志和・鶿鶿篇鼓嶈䜁而悲咤颺飀
図liáo廣韻落蕭切集韻憐蕭切夶音聊。義同図谷名。

谽 hán_7.14　廣韻火含切集韻呼含切夶音峆。谽，谷
空貌史記・司馬相如傳谽呀豁閜註大開貌張衡・思玄
賦趨谽閜之洞穴註深貌図集韻虛咸切音歆。義同。
△類篇或作谺。鑒又𧗁57001䜁56977

䦏 null_7.14　穆天子傳・卷之三丁未，天子飮于溫山
口考鳥。郭璞注：（竹書）紀年曰：穆王見西王母，西
王母止之曰：有鳥䦏人。疑說此鳥，脫落不可知也。

䜁 jú_8.15　集韻渠竹切音跼。谷名。在上艾図居六
切音氣。義同。

䜍 zhàn_8.15　廣韻士諫切集韻仕諫切夶音棧。谷名。
在上艾。一曰在成皋。

䜎 chóu_8.15　集韻陳留切音儔。谷名図xiāo集韻馨
幺切音嘵。谷大貌。

䜑 tài_8.15　類篇前西切音齊。人名列子・穆王篇主
車則造父爲御，離朱爲右註離朱，善御者，或謂車名，
或謂馬名，皆非△字彙補按• 淮南子・覽冥訓鉗且，泰
丙之御也，除轡銜，棄鞭策穆天子傳齒齒爲右。郭璞
音泰丙列子・穆王篇離朱爲右。張湛音泰丙。是離朱之
爲泰丙斷矣。乃湛于註末又云上齊下合，此古字，未嘗
以離朱音齊合也。林虙齋口義竟以齊合爲音，字書多
从之，誤矣。鑒離朱亦作訾00737閟。

䜓 qiàn_8.15　集韻口陷切，恰去聲。虎怒貌○按類

篇·虎部 虓、虢丛收，音訓各別 正字通 以虢爲譌虓字，宜刪，非。虢訓虎怒，从口阿之谷，宜歸虍部 字彙 溷入谷部，亦非。

嵱 hōng_8.15 廣韻 呼東切 集韻 呼公切丛音烘 字林 谷空貌 吳徽·浮丘仙賦 嵱壑奧寶，鬱律嬋娟 图lóng 廣韻 盧東切音籠。山深貌 史記·司馬相如傳 深山之嵱嵱 師古註 深通貌 晉灼註 長大貌。嵱，古爌字 图xiāng 廣韻 許江切 集韻 虛江切丛音胦。空谷貌 图qiāng 集韻 枯江切音腔。山谷深貌。鑾 龍龕 顬68175，俗。呼空反。正作嵱。

嵱 shè_8.15 搜眞玉鏡 音舍。

豯 null_8.15 未詳。 **谿** xī_8.15 俗谿57004

豰 yīng_9.16 集韻 於驚切音英。谷名。

谻 hòu_9.16 類篇 與谹同 图 集韻 下遘切，侯去聲。又許候切，齁去聲。義丛同。

豀 hóu_9.16 字彙補 同谻。

豃 hán_9.16 五音篇海 音欽。鑾 同谻56987 四部叢刊·初編集部·歐陽文忠公文集·五十四·古詩四·和徐生假山 或開如斷裂，或吐似谽豃。又 湖南通志·卷二百七十三藝文二十九·金石十五·宋李公彥澹山巖詩 欻然谽豃空而圓，陽烏飛景光自穿。

嘀 hang_9.16 喃 同豀57003 **豀** hang_9.16 喃 从谷香hương聲。坑洞△豀墒：洞穴。

谿 xī_10.17 唐韻 苦兮切 集韻 韻會 正韻 牽奚切丛音溪 說文 山瀆无所通者 爾雅·釋水 水注川曰谿 疏 杜預曰：谿，亦澗也。李巡曰：水出於山入於川曰谿。宋均曰：有水曰谿，無水曰谷 左傳·隱三年 澗谿沼沚之毛 荀子·勸學篇 不臨深谿，不知地之厚也 图弩名 戰國策 谿子少府 註 谿子，弩名。少府所造，射六百步之外 淮南子·俶眞訓 谿子之弩 註 谿，蠻夷也。以柘桑爲弩。一曰谿子，國名。又陽匠名 图獸名 山海經 天帝山有獸，狀如狗，名曰谿邊 註 或作谷遺 图地名 史記·吳太伯世家 楚復來伐，次于乾谿 註 楚東境 图姓 莊子·田子方 田子方侍坐于魏文侯，數稱谿工。又複姓 潛夫論 吳夫槩王奔楚棠谿，因以爲氏 图通作磎 馬融·長笛賦 臨萬仞之石磎 註 磎同谿 廣韻 或作嵠、溪 图jī 集韻 堅奚切音雞 類篇 蟰谿，土螽，似蝗而小 图 弦雞切音奚。義同。鑾 又谻56997 谿40687俗谿 图 正字通 豀57005同谿。

豀 xī_10.17 集韻 韻會 正韻 丛弦雞切音奚 類篇 反戾也 莊子·外物篇 室無空虛，則婦姑勃豀 註 勃，爭也。豀，空也○按毛氏曰：从谷从奚，當音嚛，口上阿也，與山谷字異 正韻 从谷者，俗書豀壑字也。

豁 huō_10.17 唐韻 集韻 韻會 正韻 丛呼括切，歡入聲 說文 通谷也 六書故 谷敞也 图 博雅 空也 史記·司馬相如傳 谺呀豁閜 註 豁閜，空虛也 图 正韻 疏通也 前漢·揚雄傳 灑沈菑於豁瀆 師古註 豁，開也 图 玉篇 大度量也 前漢·高祖紀 意豁如也 師古註 豁然，開大之貌 舊唐書·高祖紀 倜儻豁達，任性率眞△說文 本作豁。鑾 又谻05300谺57008

谺 huò_10.17 說文 豁本字。

豂 hè_10.17 川篇 火活切，谷堂也 字彙補 敵字之譌。

谻 xì_10.17 同谻57013 集韻 隙，乞逆切 說文 壁際孔也。一曰闚也。或作谻谻谻。

谼 lóng_10.17 同谻57031 **嘑** hāo_10.17 同豀57016

豂 liáo_11.18 唐韻 洛蕭切 集韻 韻會 憐蕭切 正韻 連條切丛音聊 說文 空谷也 博雅 深也，空也。

谻 xì_11.18 廣韻 綺戟切 集韻 乞逆切丛音綌。與隙同。壁際孔也 图 嫌恨也△或作谻谻。

謾 mǎn_11.18 廣韻 母官切 集韻 謨官切丛音瞞。謾歃56962，亭名 图 集韻 謨元切音槾。義同。

壑 hè_12.19 川篇 同壑 **谻** xiā_12.19 集韻 與谺谻嗃嗃丛同○按 字彙 从閟，非是。

嘑 hāo_12.19 廣韻 呼毛切 集韻 呼高切丛音蒿。謞谻56986 图 集韻 居勞切音高。又乎刀切音豪。又牽幺切音蹺。義丛同△ 正字通 本作謞。鑾 又謞57026

豂 lào_12.19 集韻 郎到切，勞去聲。谷空貌。

謙 hǎn_12.19 廣韻 荒檻切 集韻 虎檻切丛音猷。深谷貌 图 開也 郭璞·江賦 謙如地裂，豁若天開。又 唐書·西域傳 永徽二年，大食王謙密莫末膩始遣使者朝貢 音義 謙，開險貌 图 玉篇 谷名 图 集韻 韻會 正韻 丛虎覽切音喊。義同 图 集韻 溪谷貌。或作嵌。鑾 又謙57033

澗 jiàn_12.19 正字通 同澗 郭璞·江賦 幽澗積阻 李善註 山夾水曰澗。澗，與澗同。鑾 又謙57024

曆 lì_12.19 集韻 郎狄切，靈入聲。谷名。

謾 mǎn_12.19 正字通 俗謾字。

礲 chēng_12.19 同礲07216嘉慶 重刊宜興縣舊志·卷之十·藝文志·記·王世貞·遊善權洞記 始余探上洞時，足時硻然，又礲然若鐘，下洞空水傳之聲也。

澗 jiàn_12.19 同澗57019 **謞** hāo_13.20 龍龕 呼勞切，謞谻，深骨也 字彙補 謞字之譌。

澗 xiā_13.20 集韻 與谺谻嗃嗃丛同。

豂 xùn_14.21 集韻 須閏切音迅。深谷也。

𧯖 57028 u27BD6
jùn_14.21 俗濬30029

豄 57029 30250
dú_15.22 廣韻 集韻 㙛古文瀆66003字 爾雅·釋山 山豄，無所通谿 疏 豄，卽溝瀆也。

𧮰 57030 30251
liè_15.22 廣韻 良涉切 集韻 力涉切㙛音獵。谷名 又 𧮰餘，聚名 顏氏家訓 上艾縣東數十里有獵閭邨，不識本是何地。及檢 字林 韻集，乃知獵閭是舊𧮰餘聚。

豅 57031 30252
lóng_16.23 古文谾 唐韻 盧紅切 集韻 韻會 盧東切㙛音籠 說文 大長谷也 又 山深貌 又 lòng 集韻 盧貢切音弄。石洞。鑾 又䆍57010

𧯘 57032 45564
xī_18.25 五音篇海 音奚。

𧯛 57033 30253
hǎn_20.27 海篇 呼檻切音獥。開險貌。與豃通 又 字彙 呼典切音顯。義同。

𧯤 57034 30254
líng_24.31 集韻 郎丁切音靈。巖穴也。本作䉖。

◈ 豆部 ◈

豆 57035 30255
dòu_0.7 古文豆㿠昌 唐韻 徒候切 集韻 韻會 正韻 大透切㙛音竇 說文 古食肉器也 爾雅·釋器 木豆謂之豆 書·武成 執豆籩 詩·小雅 爲豆孔庶 公羊傳·桓四年 諸侯曷爲必田狩。一曰乾豆 註 豆，祭器，狀如鐙 禮·明堂位 夏后氏以楬豆，殷玉豆，周獻豆 註 楬，無異物之飾也。獻音娑，疏刻之也。又 禮器 天子之豆二十有六，諸公十有六，諸侯十有二，上大夫八，下大夫六。又 鄉飮酒義 六十者三豆，七十者四豆，八十者五豆，九十者六豆，所以明養老也。周禮·冬官考工記 旊人爲豆，實三而成觳，崇尺 註 崇，高也。豆實四升 史記·樂書 簠簋俎豆，禮之器也 又 揚子方言 陳、楚、宋、衞謂桮落爲豆籠 註 盛桮器籠也 集韻 或作梪、笠 又 韻略 穀也 博雅 大豆，尗也。小豆，荅也 周禮·天官·大宰·三農生九穀註 黍、稷、秫、稻、麻、大小豆、大小麥爲九穀 禮·投壺 壺中實小豆焉，爲其矢之躍而出也 干寶·晉書 駑馬戀棧豆。又 博雅 天豆，雲實也。又巴豆、海紅豆，皆藥名，出巴蜀。又相思子一名紅豆。又土芋一名土豆。皆尗豆別一種也。俗作荳，非 又 說苑·辨物篇 十六黍爲一豆，六豆爲一銖，二十四銖爲一兩 又 官名 南齊書·魏虜傳 北魏置九豆和官 又 地名 北史·周文帝紀 文帝伐魏，至盤豆，拔之 又 州名 唐書·地理志 隴右道有白豆州 又 姓。漢光武時，關內侯豆如意，後魏長廣王豆代田。又複姓。北周豆盧寧，本姓慕容氏，歸魏，賜姓豆盧氏。又三字姓。北魏次南有紇豆陵氏 又 dǒu 正韻 當口切音斗 玉篇 量名 周禮·冬官考工記·梓人 食一豆肉，飮一豆酒 註 豆，當爲斗。毛居正曰：豆，古斗字。如 左傳·昭三年 豆、區、釜、鍾之類，當音斗。後人誤讀爲俎豆之豆。斗斛之斗又作㪷，葢譌併耳 又 xiū 字彙補 思留切，讀作羞 周禮·天官·腊人 凡祭祀，共豆脯 註 脯非豆實，豆當爲羞，聲之誤也 釋文 豆，音羞 又 韻補 叶動五切音杜 柳宗元·牛賦 皮角見用，肩尻莫保。或穿緘縢，或實俎豆。豆叶保，保音補 又 叶田故切，讀作渡 詩·小雅 儐爾籩豆，飮酒之飫。兄弟旣具，和樂且孺 音學五書 豆叶孺 又 山名 後漢·郡國志 唐縣有都山。一名豆山。今關中人讀豆爲渡 說文 豎、侸、裋皆以豆得聲。樹字从壴，亦以豆得聲。鑾 又弅49123皁36744𧯡57038 𧯨57042

⾖ 57036 u2F96
dòu_0.7 部 豆57035

䜳 57037 u4733
dun_1.8 韓 人名用字

𧯡 57038 45565
dòu_2.9 搜眞玉鏡 同豆。

豇 57039 30256
jiāng_3.10 廣韻 集韻 㙛古雙切音江。豆名 本草綱目 李時珍曰：豇豆，蔓生，花紅白二色，莢白紅紫赤斑駁數色，長者二尺，開花結莢，兩兩㙛垂，有習坎之義。豆子微曲，象人腎形，所謂豆爲腎穀者，宜以此當之。又 字彙 居郎切音岡。義同。

壴 57040 30257
zhù_3.10 唐韻 中句切 集韻 株遇切㙛音註 說文 陳樂立而上見也 又 集韻 冢庾切，註上聲。又上主切音豎。義㙛同〇按 說文 本从屮从豆，隸省作壴。嘉彭尌鼛皆从壴 字彙·士部 譌作壴，非。鑾 又壴09716𡔷24259

豈 57041 30258
qǐ_3.10 廣韻 袪狶切 集韻 韻會 去幾切㙛音豈 說文 還師振旅樂也。又欲也，登也 徐曰 今借爲語詞 玉篇 安也，焉也 廣韻 曾也 增韻 非然之辭 書·五子之歌 怨豈在明 詩·召南 豈不夙夜 傳 豈不，言有是也 又 kǎi 集韻 正韻 㙛可亥切音鎧。與凱愷㙛通。軍勝之樂也。又樂也，和也〇按經傳凱歌、凱風、愷悌、樂愷皆借豈。古凱、愷、豈音義通，今分爲二△ 字彙 屮从耑省。俗作山頭，非 同文舉要 豈同剴，亦非。鑾 又岂13358 又 豈57044，同豈。

𧯨 57042 30259
dòu_3.10 字彙補 且𧯨，與俎豆同。見 字學指南

𧯥 57043 45566
dòu_3.10 篇海類編 音豆。

豈 57044 uF900
qǐ_3.10 兼 豈。

𧯧 57045 30260
chù_4.11 廣韻 芻注切 集韻 芻數切㙛音菆 博雅 勇也 玉篇 爲也。

豉 57046 30261
chǐ_4.11 唐韻 集韻 韻會 㙛是義切音𥻆。與枝同 說文 配鹽幽尗也 徐曰 尗，豆也。幽，謂造之幽暗也 釋名 豉，嗜也。五味調和，須之而成，乃可甘嗜也 史記·貨殖傳 鹽豉千合 前漢·食貨志 長安樊少翁賣豉，號豉樊 又 草豉 本草綱目 生巴西諸國，草似韭狀，豉出花中。彼人食之 又 豉蟲 葛洪·肘後方 此蟲正黑如大豆，浮遊水上，治射工毒成瘡、口不能語。用豉母蟲一枚含口中，卽瘥△ 類篇 或作𧯪。鑾 又枝21473𩚨68970 又 龍龕 𧯵57052俗，𧯧57045通，豉正。

𧯦 57047 45567
dòu_4.11 龍龕 丁侯切音兜。出釋典。鑾 可洪音義 𧯦斤：上竹角反。正作斲22084又𧯦訟：上都豆反。正作鬭71307𩰖二形 又 俗斗21956 可洪音義 𧯦斛：上都口反。

𧯿 57048 u27BDF
duǎn_4.11 俗短38554

𧰀 57049 30262
dōu_5.12 唐韻 集韻 㙛

當侯切音兜。與剅同 玉篇 小裂也 類篇 小穿也。一曰割也 㕛 玉篇 丁候切，兜去聲。義同。

豋 57050 30263
wān_5.12 唐韻 一丸切 集韻 烏丸切太音剜 說文 豆飴也。又 類篇 與豌同 博雅 豌豆，蹓豆也。楊慎引 唐六典 有豋豆，音彎。卽豌豆。俗譌呼爲安豆。改从宛作豌 㕛 yù 集韻 紆物切音鬱 㕛 yuè 於月切音𢽚。太豆飴也。或作䬈、餈。

豋 57051 30264
jǐn_5.12 正字通 譌薹字。

豉 57052 45568
chǐ_5.12 龍龕 同豉

豨 57056 30266
xiáng_6.13 廣韻 下江切 集韻 胡江切太音栙 廣雅 胡豆，豨豍也 本草綱目 豇豆，一名豨豍。音絳雙 李時珍曰 此豆紅色居多，莢必雙生，故有豇豨豍之名 廣雅 指爲胡豆，誤矣。

豍 57053 45569
dōu_5.12 搜眞玉鏡 都勾切。

豆 57054 u27BE3
duǎn_5.12 或同𧯠57048俗短。

豉 57055 30265
zài_6.13 集韻 作代切音再。豉也。

豢 57057 30267
juàn_6.13 唐韻 居倦切 集韻 古倦切太音卷 廣韻 黃豆 㕛 集韻 古轉切，卷上聲。又 廣韻 求晚切音圈。又 集韻 窘遠切音篋。義太同△ 說文 本作𧯫。

豊 57058 30268
lǐ_6.13 唐韻 盧啓切 集韻 里弟切太音禮 說文 行禮之器也 六書正譌 卽古禮字。後人以其疑於豐字，禮重於祭，故加示以別之。凡澧、醴等字从此△ 說文 本作豊。从豆，象形。

登 57059 30269
dēng_6.13 古文𤼷 唐韻 集韻 韻會 正韻 太都騰切，等平聲 說文 禮器也 爾雅·釋器 瓦豆謂之登 註 卽膏登也 疏 對文則木曰豆，瓦曰登，散則皆名豆 詩·大雅 于豆于登 傳 木豆薦葅醢，瓦登薦太羹，祀天用瓦豆，陶器質也 宋史·禮志 宗廟之祭，用太牢而三鉶。鉶旣設三，則登亦如其數，請設三登，實牛、羊、豕之湇以爲太羹。又 元史·祭祀志 太羹每室三登，和羹每室三鉶 㕛 通作鐙 禮·祭統 執鐙 註 鐙，豆下跗也 儀禮·公食大夫禮 實于鐙 註 瓦豆謂之鐙 集韻 或作甑△ 說文 本作𤼷，从廾，持肉在豆上，會意。隸作登 毛氏曰 登降之登，上从癶，癶音撥。登豆之登，上从月从又，月卽肉字，又卽手字，持祭肉于豆之義。二字取義不同 六書略 登，豆也。借爲升登之登。合登、登爲一，誤。𧯸又𤼷09892䒆16006𧯸57117𤼷15283𤼷15280𥍃37228

豋 57060 45570
dǒu_6.13 搜眞玉鏡 刀斗切。

䜴 57061 30270
qīn_7.14 廣韻 七林切 集韻 千尋切太音侵。野生豆也。一曰幽豆 㕛 qìn 集韻 七鴆切，侵去聲。豉也。

豉 57062 30271
chù_7.14 廣韻 集韻 太初六切音珽。小豆也。

豍 57063 30272
bī_7.14 類篇 與豍同。

𧯷 57064 30273
zhēng_7.14 廣韻 集韻 太中莖切音朾 字林 𧯷，設幕 類篇 張也。或作撜。

豉 57065 30274
měi_7.14 廣韻 武罪切 集韻 母罪切太音每。豆碎其也 㕛 méi 集韻 謨杯切，每平聲。豆其下葉也。

豉 57066 45571
shù_7.14 搜眞玉鏡 音束。

豋 57067 u27BEC
jǐng_7.14 俗頸68167

䒆 57068 30275
dēng_8.15 說文 登本字 字彙 作䒆，附七畫，非。今改正。

豌 57069 30276
wān_8.15 廣韻 一丸切 集韻 韻會 烏丸切 正韻 烏歡切太音剜。與豋同 本草綱目 李時珍曰：豌豆，種出西胡。其苗柔弱宛宛，故得豌名。百穀中最先登者，嫩時青色，老則斑麻。故有胡豆、戎菽、青斑、麻累諸名 遼志 名回鶻豆。鄉人呼豌豆爲淮豆。又有野豌豆，粒小，名翹搖△ 字彙補 亦作𧯞。

䜵 57070 30277
cè_8.15 韻會 測革切音策。磨豆也 唐書·張孝忠傳 孝忠與其下同麤淡，日膳裁豆䜵而已。

豐 57071 30278
fēng_8.15 說文 古文豐57106字。

䜮 57072 30279
qí_8.15 廣韻 集韻 太渠之切音其。豆莖也。與萁同。或作稘。

䜭 57073 30280
kàn_8.15 集韻 苦紺切音勘。豉味厚也。

豍 57074 30281
bī_8.15 廣韻 邊兮切 集韻 韻會 邊迷切太音篦。豆名 博雅 豍豆、豌豆，蹓豆也 類篇 或作豍 㕛 biǎn 集韻 補典切音扁。亦豆名。與䅺同。或作藊○按 本草綱目 李時珍曰：藊豆，本作扁，莢形扁也。一名蛾眉豆，俗名沿籬豆。趙宧光曰：扁豆，一名㡧廖豆。一種豆子，麤圓色白，俗名白扁豆，入藥。扁豆，無名豍者。一說豌豆名畢豆，亦作蹕豆。豍、豍皆蹕字之譌。

豎 57075 30282
shù_8.15 唐韻 臣庾切 集韻 韻會 上主切太音裋。◆說文 豎，立也 徐曰 豆器，故爲豎立 後漢·靈帝紀 槐樹自拔，倒豎 魏志·鍾繇傳 起偃爲豎 㕛 韻會 貞也 字彙 直也 㕛 廣韻 童僕之未冠者 列子·說符篇 鄰人亡羊，請楊子之豎追之 宋書·周朗傳 婢豎無定科 㕛 內廷之小臣也 周禮·天官 內豎掌內外之通令，凡小事 註 豎，未冠者之官名 左傳·僖二十四年 晉侯之豎頭須，守藏者也 註 豎，左右小吏 㕛 凡卑鄙者皆曰豎 史記·留侯世家 豎儒幾敗乃公事 晉書·阮籍傳 時無英雄，使豎子成名 㕛 姓 左傳·昭十六年 鄭大夫豎柎 㕛 韻會 通作裋 史記·秦始皇紀 寒者利裋褐 註 一作短，一作豎。謂褐布豎裁爲勞役之衣，短而且狹，故謂之短褐，亦曰豎褐 荀子·大略篇 衣則豎褐不完 註 僮豎之褐，亦短褐也 集韻 或作襡 㕛 正韻 字彙補 太殊遇切音樹 通鑑 龐涓曰：遂成豎子之名。胡三省讀去聲△ 集韻 籀作豎。或作傿。俗作竪，非。𧯸又竪41496豎57092竪41610傿01859 㕛 可洪音義 竪竪41604：殊主反，立也。正作豎、竪 龍龕 竪俗竪今，音樹，立也 㕛 童僕之未冠者也 㕛 姓。

豛 yù_8.15 字彙 乙六切音郁。豆也。

䴬 wān_8.15 字彙補 同豌。

䅘 lái_8.15 篇海類編 音來。

𫃃 null_8.15 或豆腐的腐字。

剅 há_8.15 喃 从豆呵ha省聲。

荳 chǔ_8.15 碑別字新編·楚24660 引 宋爨龍顏碑

䜇 chǐ_9.16 類篇 同豉。

䝰 phộng_8.15 喃 从豆奉phụng聲。亦作奉△豆䝰：落花生。油奉：花生油。

䘩 jǐn_9.16 唐韻 居隱切 集韻 几隱切夶音謹 說文 蠡也。廣韻 以瓢爲酒器，婚禮用之也 類篇 或作䘩 禮·昏義 合卺而酳 註 破瓢爲卺也△ 說文 从蒸豆省聲。俗作卺，非。䘩从豆，蒸省聲 又 集韻 䘩，或作䘩14707

䘫 mù_9.16 集韻 莫卜切音木。豆萁也 又 dú徒谷切音牘。豆名 又 gǔ 廣韻 集韻 夶古祿切音谷。義同。或作彀 又 móu 集韻 迷浮切音謀。䘫踰，豆秸。

彀 gǔ_9.16 集韻 同䘫。

踰 yú_9.16 廣韻 羊朱切 集韻 容朱切夶音俞。變色豆也。

䜃 yīn_9.16 廣韻 集韻 夶於金切音陰。戞豆也 博雅 戞謂之䜃 又 集韻 伊淫切音愔。義同△ 字彙補 作䛙。

䜄 gāi_9.16 字彙補 古來切音該。羊胎也。

䛖 pǐ_9.16 字彙補 疋鄙切音媲。大也。

䜅 yīn_9.16 篇海類編 同䜃。

豎 shù_9.16 俗豎57075 廣韻 集韻 韻會 正韻 夶下斬切，咸上聲 玉篇 豆半生也 又 集韻 乎錩切，咸去聲 類篇 餅中豆也。

䤎 liú_10.17 集韻 力求切音留。豆名。詳前䝅57074字註 又 liáo 集韻 憐蕭切音聊 類篇 并州謂豆曰䤎。

䝮 láo_10.17 廣韻 魯刀切 集韻 韻會 郎刀切夶音勞。野豆也 古今注 䝮豆，一名治豆。葉似葛而實長尺餘，可蒸食。一名䝮䔉 本草綱目 一名鹿豆 爾雅·釋草 蔨，鹿藿 註 今鹿豆也 唐書·夏侯端傳 擷䝮豆以食△ 玉篇 或作蕂 又 勞57120 集韻 䝮，或作𥡋40810䝤蓩50934

䜀 shòu_10.17 字彙補 丞狩切音授。德也。

豊 lǐ_10.17 說文 豐本字。

䜁 dōng_10.17 類篇 都籠切音東。䜁䜁，鼓聲。

䠌 pí_10.17 集韻 駢迷切音枇。騎鼓也。與鼙同。亦作鞞。

豎 shù_10.17 集韻 籀文豎字。

䶩 tiè_10.17 字彙補 他協切音貼。鼓無聲也。䶩同䶎。

蹋 tà_10.17 方 蹋撒物：不務正業者。清·蒲松齡 聊齋俚曲集·俊夜叉 宗元人一博徒，攧三骰又遊湖，眼看成了個蹋撒物。起初輸的錢合鈔，後來無錢當衣服，得空輸了他老婆的褲。

蹅 zhé_10.17 類篇 蹅，直涉切。豆也△宏按，集韻、汲古閣本 類篇 作䟪57128

䝿 lóu_11.18 字彙 盧侯切音樓。䝿豆，豆名。

䞄 tuān_11.18 字彙 他官切音湍。黃色 玉篇 作䞄△ 正字通 按 禮·檀弓 魯公子名䞄 集韻 䞄或作䐈、腶。改作䞄，非。从豈，無湍音。

豐 fēng_11.18 古文 䜬䜬 唐韻 敷戎切 集韻 韻會 敷馮切夶音酆◆ 說文 豆之豐滿者也。一曰器名 鄉飲酒 有豐侯，亦謂之廢禁 陸佃云 似豆而卑 海錄碎事 射禮 置豐於西階。古豐國之君以酒亡國，故以爲罰爵，圖其人形於下寓戒也 儀禮·鄉射禮 司射適堂西，命弟子設豐 註 將飲不勝者，設豐所以承其爵也 疏 按 燕禮 君尊有豐，此言承爵豐，則兩用之。又 玉篇 大也 廣韻 多也 易·豐卦疏 豐者，多大之名，盈足之義。財多德大，故謂之豐 書·高宗肜日 典祀無豐于昵 疏 謂犧牲禮物多也 楚語 彼若謀楚，其必有豐敗也哉 註 大也 揚子方言 凡物之大貌曰豐。又 趙魏之郊，燕之北鄙，凡大人謂之豐人 燕記曰：豐人杼首。杼首，長首也 又 廣韻 茂也，盛也 詩·小雅 在彼豐草 傳 豐，茂也 楚語 夫事君者，不爲豐約舉 註 豐，盛。約，衰也 又 猶厚也 周禮·地官·大司徒 原隰，其民豐肉而庳 又 歲熟曰豐 詩·周頌 豐年多黍多稌 公羊傳·桓三年 大有年何，大豐年也 註 謂五穀皆大成熟 又 博雅 雲師謂之豐隆。一曰雷師也 屈原·離騷 吾令豐隆乘雲 淮南子·天文訓 季春三月，豐乃發出 註 雷也。又 豐席 孔安國·書傳 豐，莞也。郭璞曰：今西方人呼蒲爲莞，用之爲席。鄭康成曰：刮凍，竹席也 又 豐本，韭別名 禮·曲禮 凡祭宗廟之禮，韭曰豐本 註 其根本茂盛也 又 地名 書·武成 王來自商，至于豐 傳 文王舊都在京兆鄠縣，今長安縣西北是也。通作酆 又 水名 詩·大雅 豐水東注 後漢·郡國志註 豐水出鄠南山豐谷，北入于渭。通作灃 又 縣名 前漢·地理志 豐縣，屬沛郡 又 州名。古太原郡，宋置豐州。又陝西，隋置豐州 又 山名。豐山，在滁州南二里許，上有豐樂亭。見 歐陽修記 又 人名 前漢·古今人表 陳豐，帝嚳妃，生堯 師古曰：卽陳鋒也 又 姓 廣韻 鄭穆公子豐之後。又複姓。豐將氏。見 潛夫論 ◆又 丰00182豐57058豐57097獹33755是35560鬒14499

𫂳 zhì_11.18 類篇 集韻 夶同𫂳。

䠆 bì_11.18 同畢 本草綱目 豌豆別名 唐史 作畢 崔實·月令 作䠆。一說䡄、䠆皆䠆之譌。

57109 30304 觎 yú_11.18 字彙補 以渠切，與平聲。量也。

57110 45575 觘 yì_11.18 篇海 同懿

豋 57111 45576 wù_11.18 龍龕 音務。

57112 30305 嚃 láo_12.19 玉篇 郎刀切音勞。與豷57095同。

57113 30306 韻 tián_12.19 集韻 韻會 亭年切 類篇 廷年切丛音田。韻韻，鼓聲也△集韻通作填。亦作闐。

57114 30307 嗛 lián_12.19 類篇 離鹽切音廉。與厱同。擊鼓謂之厱字彙補 鼓初打也。

57115 30308 叕 juàn_12.19 說文 卷本字。

57116 30309 爩 dēng_12.19 集韻 豋57059古作爩。

57117 41896 醏 dēng_12.19 篇海類編 音登。禮器。

57118 u2B384 nành_12.19 喃 同躨57130

57119 u27C0F byeon_12.19 韓 扁豆 訓蒙字會·上·禾穀 豍，白豍豆，黑豍豆。俗又呼沿籬豆。

57120 u27C0E láo_12.19 同豷57095明·鮑山 野菜博錄·草部卷二 豷豆：生田野中，莖蔓延附草木上。葉似黑豆葉，窄小微尖。開淡粉紫花，結小角，似黑豆，極小，味甘。

57121 30310 hào_13.20 集韻 下老切音皓。土鏊也△說文本作號集韻亦作豷。

57122 30311 zhì_13.20 廣韻 直一切 集韻 直質切丛音秩 說文 爵之次第也書·堯典 平秩東作 說文 引作醆字彙補 古秩字。醆從豐。或從豐作醆57141，誤。

57123 30312 guó_13.20 類篇 古獲切，音國◇鼕鼕，鼓聲。

57124 30313 liè_13.20 類篇 力協切，音䶏。鼓聲△譌作鼟35211又躨57138

57125 41898 què_13.20 字彙補 苦角切，音恪◇謹也，善也。

57126 u27C16 lǐ_13.20 俗醴40087

57127 u27C14 null_13.20 未詳。

57128 30314 zhé_14.21 集韻 直涉切音牒。豆也類篇作醆。

57129 41899 tán_14.21 字彙補 徒南切音覃。鼓聲。

57130 u27C17 nành_14.21 喃 从豆寧ninh聲△豆躨：大豆△亦作躨57118

57131 30315 qí_15.22 唐韻 渠稀切 集韻 渠希切丛音祈◆說文 麩也，訖事之樂也徐曰 說文 無麩字，當是訖字之誤。囗爾雅·釋詁 汔也疏 郭璞曰：謂相摩近。孫炎曰：汔，近也詩·大雅 汔可小康箋 汔，幾也。反覆相訓，是汔爲幾也囗ái集韻 魚開切音皚。通作劌爾雅·釋詁疏 譏，郭讀爲劌說文 云劌，摩也囗玉篇 且也，欲也，危也△正字通 爾雅 幾與譏分。然經傳皆从幾。加豈作譏，贅。

57132 u27C1C chòng_15.22 喃 从戲省重trọng聲。

57133 u27C1B liè_15.22 俗鼟57124

57134 u27C1A yàn_15.22 同醆57143

57135 u27C1F yàn_16.23 同醆57143

57136 u27C1E null_16.23 未詳。

57137 u27C1D què_16.23 同醆57125俗慤。

57138 30316 liè_17.24 類篇 力涉切音獵。鼓聲。鼟直音篇 鼟35211同躨。

57139 30317 shuāng_18.25 玉篇 廣韻 所江切 集韻 疎江切丛音雙。詳前驦57056字註。鼟又驦57145

57140 30318 lì_18.25 類篇 狼狄切音歷。詳前鼟57123字註。

57141 u8C52 zhì_18.25 俗醆57122

57142 30319 null_19.26 字彙補 音未詳 劉子雜俎 食醆餕。

57143 30320 yàn_20.27 唐韻 集韻 韻會 正韻 丛以瞻切，鹽去聲 說文 好而長也。从豐。豐，大也。益聲徐曰 容色豐滿也揚子方言 美也。宋衛晉鄭之間曰醆。一曰秦晉之間美色爲醆註 言光醆也詩·小雅 醆妻煽方處左傳·桓元年 美而醆囗正韻 光彩貌晉書·衛恒傳 摛筆醆于紈素韓愈·調張籍詩 光醆萬丈長囗自放縱貌潘岳·笙賦 汎淫泆醆囗歌名左思·吳都賦 荆醆楚舞註 醆，楚歌也囗縣名唐書·地理志 樂醆縣，屬芝州忻城郡囗集韻 或作閻前漢·谷永傳 閻妻驕扇，日以不臧囗增韻 歆羨也韻會 通作鹽禮·郊特牲 諸利註 鹽讀爲醆。使欣醆也○按韻書通作醆六書正譌 別作艷、灩，丛非。鼟又嫐11701嫐11726艳48905豔48921艶48941艳48946醆57134醆57135

57144 30321 xūn_20.27 集韻 許云切音薰。鼓鳴謂之鼟。

57145 u27C24 shuāng_20.27 俗驦57139佩文韻府 驦·韻藻增 驦驦：廣雅 驦驦，胡豆也管子註 豇豆莢雙生，兩兩下垂，故呼驦驦本草 豇豆別名驦驦。

57146 30322 yàn_21.28 正字通 同醆。

57147 30323 tēng_22.29 廣韻 集韻 丛他登切，忒平聲。益也。又集韻 小水相添益貌。與滕同。

◆ 豕部 ◆

57148 30324 豕 shǐ_0.7 古文布豕屌廣韻 施是切 集韻 韻會 賞是切丛音弛◆說文 彘也。竭其尾，故謂之豕，象毛足而後有尾徐曰 竭，舉也玉篇 豬豨之總名揚子方言 豬，關東西或謂之彘，或謂之豕林氏小說 以其食不絜，故名之豕大戴禮·易本命 四主時，時主豕，故豕四月而生本草綱目 李時珍曰：在畜屬水，在卦屬坎，在禽應室星。◆易·說卦 坎爲豕埤雅 坎性趨下，豕能俯其首，又喜卑穢，亦水畜也詩·小雅 有豕白蹢，烝涉波矣傳 犬喜雪，馬喜風，豕喜雨，故天將久雨，則豕進涉水波禮·曲禮 豕曰剛鬣疏 豕肥則毛鬣剛大也周禮·天官·食醫 凡會

膳食之宜，豕宜稷 疏 豻豬味酸，牝豬味苦，稷米味甘，是甘苦相成 図 國名 左傳·襄二十四年 范宣子曰：昔匄之祖在商爲豕韋氏 註 豕韋，國名 図 星名 博雅 營室謂之豕韋。又 史記·天官書 奎曰封豕，爲溝瀆 前漢·天文志 作封豨 図 藥名 爾雅·釋草 荷蕏，豕首 疏 豕首，一名彘顱，南人名爲地葵，今江東呼豨首，可以燭蠶蛹。又 莊子·徐無鬼 藥也，豕零也 註 豕橐一名苓根，似豬屎，其塊零落而下故也 韓愈·進學解 作豨苓 註 楚人呼豬爲豨，即豬苓是也 本草綱目 一名豨豬屎 図 集韻 亥古作豕。◆ 正字通 家語 或讀史云三豕渡河。子夏曰：己亥渡河。己譌爲三，亥譌爲豕。或曰支干內有五亥，己亥位居三，三豕渡河者是隱語 說文 亥與豕溷。李陽冰曰：古文亥比豕加一畫 說文 溷亂，不足信 図 叶施智切，施去聲 司馬相如·上林賦 格蝦蛤，鋌猛氏，絪騕裹，射封豕 韻會小補 相如賦本文，一段俱上聲 吳棫·韻補 以豕字叶入寘韻，誤◇ 字彙 凡偏傍從豕者，俗省作豕。鏊又豕57161

豕 57149 30325 shǐ_0.7　集韻 豕57148古作豕。

豕 57150 41900 gèng_0.7　海篇 古嶝切，音艮◇聚也。

豕 57151 u2F9D2 shǐ_0.7　俗豕57148　**豕** 57152 u2F97 shǐ_0.7　部豕57148

豖 57153 30326 chù_1.8　唐韻 丑六切 集韻 敕六切 丛音畜 說文 豕絆足行豖豖也 図 廣韻 集韻 丛丑玉切音丁。義同。或作豖△ 六書正譌 从豕，繫二足，指事。凡逐、琢等字丛从此。鏊又豖57159

豕 57154 u2B385 null_1.8　未詳。　**豖** 57155 u27C26 ụt_1.8　喃从豕乙ất聲△豖豖：啄兒啄兒（豬叫聲）

豣 57156 30327 tīng_2.9　集韻 湯丁切，聽平聲。豕貌 図 他定切音聽。義同。

豗 57157 30328 hàn_3.10　字彙 侯罕切音旱。豕奔貌。

豗 57158 30329 huī_3.10　廣韻 呼恢切 集韻 韻會 正韻 呼回切丛音灰 玉篇 豬豗地也 図 類篇 相擊也 木華·海賦 磊匌而相豗 韓愈·元和聖德詩 眾樂驚作，轟豗融冶 図 正韻 喧豗，鬭聲 李白·蜀道難詩 飛湍瀑流爭喧豗 張九齡·江上遇疾風詩 不知天地氣，何處此喧豗 図 字彙補 豗傀氏，古之君也。見 通鑑·因提紀 図 類篇 通作㳄。㳄㿔，馬病也◇按豗字本从匞。亦作九。譌作兀。是豗㿔豗本是一字 玉篇·九部 作㿔 類篇·匞部 作㿔，豕部重收豗，音同訓別，沿 集韻 之誤，分㿔、豗爲二，非 集韻 或作㧲 字彙 九部別作㧲，丛非。鏊又狟57160蚘52684虺75454狋57210

狋 57159 30330 chù_3.10　字彙 丑玉切音丁。豕行也。

狟 57160 30331 huī_3.10　集韻 呼回切音灰。豕也。一曰豕發土也。與蚘同。或作瓿。

豕 57161 30332 shǐ_3.10　字彙補 與豕同。見孔廟 百石卒史碑

豘 57162 45577 tún_3.10　龍龕 同㹠。

豖 57163 30333 hū_4.11　唐韻 集韻 丛呼骨切音忽。豕屬 說文 本作豭 類篇 或作豖。鏊又豭23078豖57165豯16424

狧 57164 30334 tún_4.11　集韻 同豚。本作㹠。或作狧。通作肫 字彙補 譌作狧，非。

豖 57165 30335 hū_4.11　字彙 同豖○按 說文·互部 載彖字 類篇·希部 載豖字，亦作豖。此字疑是彖、豖之譌。

豿 57166 30336 xióng_4.11　集韻 胡弓切音雄 玉篇 豕特也 図 集韻 與熊同 正字通 按 六書本義 熊註，猛獸，似豕，山居冬蟄。从能，炎省。諧音作豿、猚，非。據此說，熊俗作豿非同熊也。

豙 57167 30337 yì_4.11　集韻 同豪。　**彘** 57169 30339 chù_4.11　集韻 同豖。鏊 彡部 重出：廣韻 丑足切 集韻 丑玉切丛音棟 廣韻 豕行貌 集韻 豕絆足行。按，今併入 豕部

狖 57168 30338 yóu_4.11　集韻 于求切音尤 玉篇 豕也。

豚 57170 30340 tún_4.11　唐韻 徒蒐切 集韻 韻會 徒渾切 正韻 徒孫切丛音屯 說文 小豕也 小爾雅 豬子曰豚 易·中孚 豚魚吉 孔疏 豚，獸之微賤者 禮·曲禮 凡祭宗廟之禮，豚曰腯肥 周禮·天官·庖人 春行羔豚，膳膏香 図 地名 左傳·定六年 公侵鄭，往不假道于衛。及還，陽虎使季、孟舍于豚澤，衛侯使彌子瑕追之 図 水名 字彙補 豚水在牂柯郡 図 姓 印藪 有豚少公，漢人 図 河豚，魚名。與鮑同 博雅 鯸鮐，鮐也。背青，腹白，觸物卽怒，其肉殺人 註 正今人名爲河豚者也 図 廣韻 或作狪 莊子·徐充符 適見狪子食于其死母者 晉書·謝混傳 每得一狪，以爲珍膳 音義 狪，卽豚字 図 集韻 通作肫 晉書·王濬傳 蒸肫甚美 図 書作㹠 石鼓文 射其豜蜀 釋文 作豚。図 書作肩 石鼓文 又體如肩 釋文 作豚 図 dùn 集韻 本切 正韻 徒本切，丛屯上聲。行曳踵也 禮·玉藻 圈豚行，不舉足 註 豚性散，圈之則聚而回旋于其中。圈、豚丛上聲 図 集韻 或作脂 禮·曲禮 豚曰腯肥 釋文 腯作豚 図 韻會小補 徒困切，屯去聲。義同 図 dūn 字彙補 都昆切音墩。土豚，土墩也 魏志·蔣濟傳 豫作土肷遏絕湖水 図 叶徒丁切音庭 李尤·席銘 施席接賓，士過賢。值時所有，何必羊豚。賢音刑△ 說文 从彖省，象形。从又持肉，以給祠祀。篆文从肉豕作豚 玉篇 作脪 類篇 作脒 集韻 作㹠。亦作豚。或作狪、遯。鏊又豘05262豨15033豯15041犿33015狪33071㹠57162豭572 豭57262肷47036

豛 57171 30341 yì_4.11　唐韻 集韻 丛營隻切音役 說文 上谷名曰豛 玉篇 豰豕也△ 集韻 或作豛。鏊又豛57172犻57 豰57246㹠57211㹠57296

豛 57172 30342 mò_4.11　字彙 莫字切音沒。豬別名 正字通 豛字

謁。

57173 30343
豟 è_4.11 字彙同豟 集韻或作狚。鋆又豟57221狚，俗豟。

57174 30344
豜 jiān_4.11 正字通俗豜字。鋆又猏57234豣57290

57175 30345
豝 bā_4.11 唐韻伯加切 集韻 韻會 正韻邦加切夶音巴。說文牝豕也。一曰二歲，能相把拏也埤雅把拏，蕃之意也詩·召南壹發五豝傳豕牝曰豝周禮·夏官·大司馬註二歲爲豝小爾雅大者謂之豝何承天·纂文漁陽以大豬爲豝図韻會通作豝。臘屬五代史·四夷附錄耶律德光卒，契丹破其腹，實之以鹽，載之而走，晉人謂之帝豝△集韻或作豝。鋆正字通豝，豝字之譌。

57176 30347
豕 shǐ_4.11 唐韻集韻夶式視切音矢說文豕也。図chǐ廣韻尺氏切，侈上聲。義同。或省作彖△六書故豕與彖一字說文分爲二，非。鋆又彖57189彖16387豪57177

57177 30348
豪 shǐ_4.11 類篇商支切音施。豕也。

57178 30349
豩 huī_4.11 豗本字。

57179 41901
豞 hǔ_4.11 篇海類編火巨切音許。豕聲。又火角切音嶨。

57180 u2B386
豵 zōng_4.11 簡豞57286

57181 30350
豞 hòu_5.12 廣韻呼漏切集韻許候切夶音詬字林豕鳴也図xuè集韻韻會夶黑角切音謞。豕怒聲。韓愈·祭張員外文怒頰豞豞註豞，或作豰，非図韻會亦作豵左思·吳都賦封豨豵註豵，豨聲図集韻或作哮正字通與呴通図qú類篇權俱切音劬。與豞同爾雅·釋畜馬後足皆白，豞集韻或作駒驋図集韻果羽切音矩。義同字彙補譌作豞，非。鋆正字通豞57357，豞字之譌。

57182 30351
豟 è_5.12 古文豣廣韻於革切集韻乙革切夶音戹爾雅·釋獸豕絕有力，豝。又釋畜豖五尺爲豝註尸子曰：大豕爲豝，五尺。今漁陽呼豬大者爲豝△集韻通作豝。或作豝。鋆又豝33142図正字通豝57221，豝字之譌。

57183 30352
豰 dú_5.12 唐韻冬毒切集韻都毒切夶音篤說文椎毇物也図zhuó集韻竹角切音卓。擊也。與豰拵豰夶同図集韻都木切音剢。義同。

57184 30353
豴 yì_5.12 正字通俗豰字。

57185 30354
豠 chú_5.12 唐韻疾余切，咀平聲。又集韻祥余切音徐。又叢租切音徂說文豕屬図廣韻士魚切集韻牀魚切夶音鉏。義同類篇或作豠正字通與狙別。

57186 30355
豞 mǔ_5.12 集韻莫後切音母。豕名。或曰今人呼牝豕爲豞。

57187 30356
豷 ài_5.12 字彙五改切，皚上聲。豷，豷豕也。鋆正字通豷57261字之譌。

57188 30357
豽 nà_5.12 集韻女滑切，報入聲。豕名。鋆正字通豽57366字之譌。

57189 30358
彖 chǐ_5.12 正字通彖字之譌。

57190 30359
豲 líng_5.12 集韻郎丁切音靈。豬豲，藥名類篇本作豲。

57191 30360
象 xiàng_5.12 古文𧰼唐韻徐兩切集韻韻會正韻似兩切，夶詳上聲說文長鼻牙，南越大獸，三年一乳，象耳牙四足之形爾雅·釋地南方之美者，有梁山之犀象焉疏犀、象二獸，皮角牙骨，材之美者也詩·魯頌元龜象齒左傳·襄二十四年象有齒以焚其身，賄也禮·玉藻笏，諸侯以象，士竹本，象可也図王安石·字說象牙感雷而文生，天象感氣而文生，故天象亦用此字易·繫辭在天成象疏謂懸象，日月星辰也禮·樂記註象，光耀也図韓非子·解老篇人希見生象也，而得死象之骨，按其圖以想其生也，故諸人之所以意想者，皆謂之象也易·繫辭象也者，像此者也疏言象此物之形狀也左傳·桓六年申繻曰：名有五，以類命爲象註若孔子首象尼丘周禮·春官·大卜以邦事籀之八命，二曰象註謂災變雲物如衆赤鳥之屬，有所象似前漢·王莽傳白煒象平註象，形也。萬物無不成形于西方図法也書·舜典象以典刑傳法用常刑，用不越法儀禮·士冠禮繼世以立諸侯，象賢也註象，法也図象魏，門闕也。一曰書名周禮·天官·大宰正月之吉，縣治象之法于象魏疏周公謂之象魏，雉門之外，兩觀闕高魏魏然也左傳·哀三年命藏象魏疏由其縣于象魏，故謂其書爲象魏図象尊，酒器左傳·定十年犧、象不出門疏象尊以象鳳凰。或曰以象骨飾尊三禮圖云當尊腹上畫象之形禮·明堂位犧象，周尊也図通言之官禮·王制南方曰象註劉氏曰：象，像也。如以意倣象，其似而通之周官象胥是也図舞名詩·周頌序維清奏象舞也正義文王時有擊刺之法，武王作樂，象而爲舞，號其樂曰象舞禮·內則成童舞象史記·樂書文王之舞，舞之以未成人之童，故謂之象舞図象人，若今戲蝦魚、獅子者也前漢·禮樂志郊祭，常從象人四人図罔象，水怪名史記·孔子世家水之怪龍、罔象註罔象食人，一名沐腫。図藥名本草綱目盧會，一名象膽，以其味苦如膽也。図象教。即佛教也王中·頭陀寺碑正法既沒，象教陵侇註謂爲形象以教人也図郡名，州名，山名史記·秦始皇紀三十三年爲象郡註今日南。又百越地，陳置象郡，因象山名。隋平陳置象州図姓姓苑潁州望族。今南昌有此姓図正字通象有平、上、去三聲，諸韻書收入養韻，漾韻不收正韻亦然。六書有一字備四音者，有轉十數音者，獨至象必限以一音，此古今分韻之謬也。鋆又鳥00319爲31152象57192豫34619傷01812獂33631

57192 30361
象 xiàng_5.12 正字通俗象字。

57193 30363
𧰼 sì_5.12 集韻兕02382古作𧰼。

𧰾 57194 u27C3E
null_5.12 未詳。

𧱃 57195 30364
ài_6.13 廣韻五蓋切集韻牛蓋切丛音艾博雅豭也字林豕三毛聚居者。一曰豕老謂之𧱃。通作艾左傳·定十四年盍歸吾艾豭。

𧱄 57196 30365
xiān_6.13 集韻蕭前切音先。豕類。

豢 57197 30366
huàn_6.13 唐韻集韻韻會正韻丛胡慣切音宦說文以穀圈養豕也廣韻穀養畜也禮·月令仲秋,按芻豢註養牛馬曰芻,犬豕曰豢疏食草曰芻,食穀曰豢。又餌之以利,一曰豢左傳·哀十一年吳將伐齊,越子率其衆以朝,王及列士皆有餽賂,子胥懼,曰:是豢吳也夫註豢,養也又官名左傳·昭二十九年董父擾畜龍,以服事帝舜,帝賜之姓曰董,氏曰豢龍註豢龍,官名。以官爲氏又集韻通作圂禮·少儀君子不食圂腴註圂,同豢又韻會亦作犧莊子·達生篇祝宗人說彘曰:汝奚惡死,吾將三月犧汝又集韻戶管切音緩。義同又叶癸絹切,緣去聲歐陽修·讀書詩淡泊味愈長,始終殊不變。庶幾垂後世,不默死芻豢△說文本从豕类,手執米以養之,指事也。隸省作豢。鑾說文本从豕类作䚽62667

𧱎 57198 30367
tóng_6.13 廣韻徒紅切集韻徒東切丛音同類篇野彘也又獸名。亦作狪山海經泰山有獸,其狀如豚而有珠,名曰狪狪。其鳴自呼集韻或作𤜱又集韻他東切音通。義同。

𧱇 57199 30368
huán_6.13 玉篇同貆57275

𧱐 57200 30369
sì_6.13 字彙同兕〇按廣韻冢同兕集韻兕古作冢。今譌从豕作𧱐,非。

𧱑 57201 30370
sì_6.13 玉篇空旱切音侃。豕也。鑾俗𡴷31077

𧱒 57202 30371
yí_6.13 集韻序姊切音兕。豶豕也。

豣 57203 30372
jiān_6.13 唐韻古賢切集韻韻會正韻經天切丛音堅說文三歲豕,肩相及者廣韻大豕也詩·豳風獻豣于公張協·七命圓文之豣又通作肩詩·齊風竝驅從兩肩兮傳獸三歲曰肩。又周禮·夏官·大司馬註一歲爲豵,二歲爲豝,三歲爲特,四歲爲肩玉篇或作豜又qiān集韻輕煙切音牽。義同。或作𧲆又jiǎn集韻韻會丛吉典切,堅上聲爾雅·釋獸麐絕有力,豣又yàn廣韻五甸切集韻韻會正韻倪甸切丛音硯。義同。

鑾又豜57174又豜,同豣。

豤 57204 30373
kěn_6.13 唐韻康很切集韻口很切丛音懇說文齧也玉篇豕齧地廣韻豕食貌正字通齒深入物也。別作齦又與懇通前漢·劉向傳豤豤數奸死亡之誅師古曰豤豤,款誠之意集韻或作豰又kǔn集韻苦本切音梱。豕齧物也。或作𧲿又kūn廣韻苦坤切集韻苦昆切,丛梱平聲。亦齧也。又減也。或作𧱹△說文本作𧱾。

鑾又𧱹57252𧲿75751又集韻豤,或从犬作狠33151

𧱓 57205 30374
sān_6.13 集韻相干切音姍。豕名△本从冊字彙正字通俱譌从冊,非。鑾俗𤠫33172

𧱙 57206 30375
sì_6.13 字彙同隸〇按類篇·豸部隸或作𧱙豕部無𧱙字玉篇廣韻集韻俱从豸字彙譌收豕部,非。

豥 57207 30376
gāi_6.13 廣韻戶來切集韻何開切丛音孩爾雅·釋獸豕四蹢皆白,豥註蹢,蹄也又gāi廣韻古哀切集韻柯開切丛音該。又ái集韻魚開切音皚又hài集韻韻會正韻丛下楷切音駭。義丛同〇按爾雅邢疏詩白蹢鄭箋,以豥爲駭。駭者,躁疾之言也。駭與豥字異義同。楊慎字說豥同駭毛氏韻正韻豥亦作駭,丛非。

鑾又𧳃57265

豦 57208 30377
qú_6.13 唐韻强魚切集韻求於切丛音渠說文鬬相丮不解也。从豕虍會意。豕虍之鬬不相捨。司馬相如說,豦,封豕之屬。一曰虎兩足舉又jù集韻臼許切,渠上聲。封豕也又jù廣韻集韻丛居御切音據。獸名爾雅·釋獸豦,迅頭註今建平山中有豦,大如狗,似獮猴,黃黑色,多髯鬣,好奮迅其頭,能舉石擿人,玃類也。△六書故虎諧聲,豕虎無鬬理。相如說是。鑾又𤢹33654六書正譌豦,俗作處,非。

㣇 57209 30378
yì_6.13 唐韻集韻丛羊至切音肄說文籀文㣇字。修豪獸。一曰河內名豕也。从彑,下象毛足。

𧱰 57210 30379
huī_6.13 字彙補呼恢切音灰。同豗李賀·開愁歌主人歡我養心骨,莫受俗物相塡𧱰唐音統籤𧱰卽豗字,相擊也。塡𧱰,寫俗物撓塞心胷之意也。

𧱲 57211 30380
yì_6.13 字彙補于律切音聿。豬名。

𧱌 57212 u27C4C
jiā_6.13 古文家12092从爪家。人名楚公𧱌鐘楚公𧱌又楚簡有賲𧱌,亦作保𧱌、琛𧱌,筮具名又楚帛書.丙2不可𠃒𧱌女取臣妾。𧱌女,讀嫁女。

𧱋 57213 u27C4B
mèi_6.13 同鬽35530籀文魅71505

䝉 57214 u4749
méng_6.13 俗蒙50347

𧲂 57220 30386
chú_7.14 類篇同豠。

豧 57215 30381
fū_7.14 唐韻集韻丛芳無切音敷說文豕息也。又pū廣韻普胡切集韻滂模切丛音鋪。又pòu廣韻集韻丛匹候切音趦。義丛同又bù集韻蒲故切音步。豕謂之豧又fù廣韻集韻丛芳遇切,敷去聲。豕聲也。

𧱿 57216 30382
zòng_7.14 正字通譌豵字。

𧲀 57217 30383
zhuó_7.14 集韻都木切音豖。星名。與豝同〇按集韻本从豕字彙譌从豕,載七畫內,誤。

豙 57218 30384
yì_7.14 唐韻集韻丛魚既切音毅說文豕怒毛豎。一曰殘艾也集韻或作豙△六書正譌从辛者剛也,下从豕會意,故借爲剛毅字,有果決義。隸作毅。

𧲁 57219 30385
xiào_7.14 集韻許教切音孝。豕走貌。或作狰。又xiāo集韻虛交切,孝平聲。與哮同。豕驚聲。

豞 57221 30387
zhī_7.14 集韻章移切音支。豕高五尺爲豞。囻zhuó 玉篇丁角切音涿。山也。鑒又豞57173

豩 57222 30388
dòu_7.14 廣韻都豆切集韻韻會丁候切丛音鬪。龍尾,星名也楚語日月會於龍豩註龍尾也。日月會于尾,謂十月時也囻zhuó集韻竹角切音卓。義同。亦作豣。通作豚△韻會本从豕从龍監韻从豕,誤集韻或作狨,亦非。鑒又豞57241豩57412豩57247囻正字通豩57217,卽豩之譌囻字彙豩57248本从豕,俗省作豕。

腞 57223 30389
tún_7.14 玉篇同豚

毅 57224 30390
yì_7.14 集韻同毅。

豨 57225 30391
xǐ_7.14 唐韻虛豈切集韻韻會許豈切,丛希上聲玉篇豕也。莊子·知北遊監作履豨註豨,大豕也。囻廣韻楚人呼豬也揚子·太玄經豨毅其牙註豨,人呼豬也囻說文豕走豨豨正韻豕走聲也前漢·食貨志王莽大募天下囚徒、人奴,名曰豬突豨勇師古曰東方名豕曰豨。一曰豨,豕走也囻封豨,神獸。說文古有封豨修蛇之害楚辭·天問封豨是射註神獸曰封豨,星名。詳前豕57148字註囻陳豨,人名。見史記·列傳囻xī廣韻香衣切集韻韻會香依切丛音希。豬也揚子方言南楚謂之豨囻藥名韓愈·進學解皆醫師以昌陽引年,欲進其豨苓也。互詳豕57148字註囻本草綱目豨薟,一名豬膏母李時珍曰楚人呼豬爲豨,呼草之氣味辛毒爲薟。此草氣臭如豬而味薟螫,故名△廣韻亦作狶。鑒正字通豨57411俗豨字。

狲 57226 30392
bīn_7.14 唐韻伯貧切集韻悲巾切丛音彬說文二豕也。同文備考豕亂羣也囻huān唐韻集韻丛呼關切音懽。義同囻漢皋詩話狲,頑也劉夢得詩盃前膽不狲趙甆詩吞船酒膽狲。鑒又狲33274豩57310

豪 57227 30393
háo_7.14 廣韻胡刀切集韻韻會正韻乎刀切丛音毫說文豕鬣如筆管者,出南郡山海經竹山有獸,其狀如豚,白毛,大如笄而黑端,名曰豪彘註狟豬也。夾髀有麄毫,長數尺,能以脊上毫射物,吳越呼爲鸞豬囻穆天子傳天子之豪馬、豪牛、豪羊註豪,猶髭豬。髭馬如馬,足四節皆有毛。豪羊似髦牛囻玉篇俊也正韻英也孟子若夫豪傑之士淮南子·泰族訓智過百人者,謂之豪前漢·武帝紀選賢俊,講文學囻廣韻俠也史記·信陵君傳平原君之遊徒豪舉耳囻韻會彊也,健也前漢·食貨志故大賈畜家不得豪奪吾民矣囻玉篇帥也史記·韓長孺傳雁門馬邑豪聶翁壹註豪,猶帥也囻山名山海經豪山多金玉而無草木囻水名山海經密山,豪水出焉囻魚名山海經渠豬水中多豪魚,狀如鮪,赤喙,尾赤羽,可以已白癬囻劍名博物志豪曹,歐冶子所作越絕書越王取豪曹,薛燭曰非寶劍也。囻州名廣韻屬九江郡,古鍾離國,與吳爭桑而滅,隋改爲豪州囻姓正字通宋豪彥,乾道中進士。明豪英,天順中宜都知縣囻與毫通禮經解差若豪釐,繆以千里史記·張耳傳秋豪皆高祖力也〇按豪、毫古通用。徐鉉以毫爲俗字,泥△。說文本作豪。籀作豪玉篇亦作豪。鑒又豪16420像02148豪70838豪70840

豠 57228 30394
huán_7.14 玉篇狟本字。

狾 57230 u2B388
null_7.14 昶鼎掃片昶狾乍寶鼎。

蒙 57231 u2B387
méng_7.14 俗蒙50347

豤 57229 30395
kěn_7.14 說文狠本字。

豺 57232 30396
mài_8.15 集韻暮拜切,霾去聲。豺豴,頑惡也。

豵 57233 30397
shà_8.15 集韻色甲切音翣。與豵同。獸名。

貒 57234 30398
jiān_8.15 玉篇同豻呂覽·知化篇懼虎而刺貒集韻或作狷。

獬 57235 30399
zhù_8.15 玉篇同豬。

狴 57236 30400
shà_8.15 玉篇同貜。

貐 57237 30401
lún_8.15 集韻龍春切音倫玉篇獸也。

豵 57238 30402
jué_8.15 廣韻衢物切集韻渠勿切丛音掘。豕豵地也。豕食發土謂之豵囻玉篇九物切廣韻九勿切丛音剔。又廣韻集韻丛紀劣切音趏。又集韻巨劣切,權入聲。居月切音厥。株衛切音綴。義丛同囻jùn廣韻居運切集韻俱運切丛音捃。豕求食也。鑒又豵57244

隙 57239 30403
wéi_8.15 玉篇同貜

狠 57240 30404
kěn_8.15 集韻同狠。

豲 57241 30405
zhuó_8.15 玉篇音卓。龍車也〇按狨音卓,龍尾星也玉篇譌作豲,改訓龍車,誤。字彙汎訓龍尾,亦非。

豵 57242 30406
zòng_8.15 廣韻集韻韻會子宋切音綜。牡豕也。一曰豕子林氏小說豕子生六月曰豵囻集韻正韻丛作弄切音糉。義同△玉篇亦作豵。鑒又狨57216

豵 57243 30407
qiāng_8.15 正字通曲江切音腔六書統豕肉渾中空者

豵 57244 30408
jué_8.15 玉篇已劣切音趏。豕也字彙補與豵同。〇按豵、豵本一字玉篇分爲二,非。

豵 57245 30409
líng_8.15 類篇狑本字。

貘 57246 30410
mò_8.15 字彙補名勃切音沒。豬別名〇按音訓與豵同。毅、豵二字,諸韻書俱不收,當是譌字。

豵 57247 u27C67
zhuó_8.15 同犰14713

貓 57249 u27C65
null_8.15 未詳

狨 57248 u27C66
zhuó_8.15 同犰14713亦作豵57247豩57222俗作貜67907

豵 57250 u27C64
lǐ_8.15 同壽42293,古文蠡53682

豫 57251 30411
yù_9.16 古文㺚廣韻集韻類篇韻會羊洳切正韻羊茹切丛音預。象類說文象之大者,賈侍中說,不害於物囻爾雅·釋詁安也。又樂也玉篇怠也,佚也正韻悅也易·豫卦疏謂之豫者,取逸豫之義,以和順而動,動不違衆,衆皆悅豫書·太甲無時豫怠詩·小雅逸豫無期囻增韻遊也孟子一遊一豫,爲諸侯度張衡·東京賦度秋豫以收成註秋行曰豫囻爾雅·釋言敘也疏事豫備者亦有敘也玉篇早也,逆備也易·既濟君子思

患而豫防之 禮·學記 禁於未發之謂豫 中庸 凡事豫則立 註 素定也 玉篇 或作預 図 爾雅·釋詁 厭也 図 參與也 正韻 與與通 後漢·東夷傳 及楚靈會申，亦來豫盟 宋書·王弘傳 以私賤無名之人，豫公家有實之任 図 猶、豫，二獸名，性多疑。凡人臨事遲疑不決者，借以爲喻 史記·呂后紀 計猶豫未有所決 禮·曲禮 作猶與 註 與，本亦作豫 疏 猶，獲屬。與，象屬。二獸皆進退多疑，人多疑惑者似之 図 州名 書·禹貢 荊河惟豫州 疏 西南至荊山，北距河水 釋名 豫州在九州中，京師、東都所在，常安豫也 晉書·地理志 豫，舒也，言稟中和之氣性理安舒也。舒者豫 廣韻 秦爲三川郡，漢爲河南郡。後魏置同州，又改爲豫州 図 姓 潛夫論 豫氏，本姬姓。晉智伯臣豫讓 図 xiè 集韻 詞夜切音謝。與樹通 儀禮·鄉射禮 豫則鉤楹內，堂則由楹外 註 豫，讀如成周宣樹之樹，今言豫者，謂州學也。一云與堂序之序同 図 shū 集韻 商居切音書。與舒同。伸也。鑒 又豫00562豫15107忬16992 図 豫38463 金石文字辨異 豫 引 唐唐儉碑

猥 57252 30412
kěn_9.16 字彙 去演切音遣。豤也△ 正字通 豤字之譌。

猵 57253 30413
pián_9.16 集韻 毗連切，便平聲 玉篇 豵也。

豬 57254 30414
còu_9.16 廣韻 倉奏切 集韻 千候切丛音輳。溫豕也。鑒 四聲篇海 豬，貓豕也

㺃 57255 30415
jùn_9.16 廣韻 居運切 集韻 俱運切丛音捃。小野豕名 図 jūn 集韻 拘云切，捃平聲。豕也。

猯 57256 30416
tuān_9.16 字彙 他端切音湍 玉篇 豵也 本草綱目 李時珍曰：猯，團也。其狀團肥，即今豬貛也 李白·大獵賦 拳封猯 註 猯，野豬也△ 正字通 野獸似豕，故得從豕。犬部作貒，非。

豬 57257 30417
duò_9.16 集韻 同豬57292 図 集韻 杜果切，惰上聲。義同。

豬 57258 30418
zhū_9.16 唐韻 陟魚切 集韻 韻會 張如切，丛著平聲。◆ 說文 豕而三毛叢居者 爾雅·釋獸 豕子豬 註 今亦曰彘，江東呼豨，皆通名 揚子·方言 吳揚之閒謂之豬子 埤雅 豬性卑而率 揚子·太玄經 出野見虚，有虎牧豬。図 山豬，即彖57227豬也 図 嶺南有嬾婦豬 桂海虞衡志 嬾婦似山豬而小，喜食禾。田夫以機軸織紝之器掛田所，則不復近 図 貓豬 楊慎·丹鉛錄 毛犀即象也。善知吉凶，古人呼爲貓豬，交廣人謂之豬神 図 石豬 蜀志 蜻蛉縣有石豬，子母數千頭，傳言夷昔牧豬於此，一朝豬化爲石 図 官名 魏志·東夷傳 夫餘國以六畜名官，一曰豬加 図 草名 博雅 伏豬，木禾也 図 藥名 本草綱目 陶弘景曰：豬苓，其塊黑，似豬屎，故名。互詳前豕57148豨57225二字註 図 山水名 山海經 渠豬之山，渠豬之水出焉，而南流注于河 図 湫名 北夢瑣言 邠州有湫，有牝豕出入，號豬龍湫 図 州名 唐書·地理志 豬拔州，隸隴右道 図 廣韻 豬口，地名。亦作瀦 晉書·甘卓傳 軍次豬

口。又 閔公承傳 作腊口 図 韻會 通作瀦，水所停也 書·禹貢 大野既豬 孔傳 大野，澤名。水所停曰豬 蔡傳 水蓄而復流者，謂之豬 左傳·襄二十五年 規偃豬 註 下濕之地 図 孟豬，澤名。通作諸 書·禹貢 被孟豬 蔡傳 地志，在梁國睢陽東北，今南京虞城縣西北孟諸澤是也 左傳·僖二十八年 及 爾雅·釋地 作孟諸 図 zhē 字彙補 照迦切音遮 左傳·定十四年 宋野人歌曰：既定爾婁豬，盍歸吾艾豭。干寶讀△ 廣韻 俗作豬。鑒 又豬16414豬57452

貐 57259 30419
yǔ_9.16 字彙 弋主切音庾。獸也。聲如小兒，見則天下大水 本草綱目 貐貐，豪豬別名 星禽圖 壁水貐，豪豬也。鑒 山海經·東山經 又東北二百里曰剡山，多金玉。有獸焉，其狀如彘而人面，黃身而赤尾，其名曰合窳，其音如嬰兒。是獸也，食人，亦食蟲蛇，見則天下大水。楊寶忠：貐乃合窳獸之窳41282

豵 57260 30420
zòng_9.16 玉篇 同豵。

豭 57261 30421
jiā_9.16 唐韻 古牙切 集韻 韻會 正韻 居牙切丛音家 說文 牡豕也 揚子·方言 豬，北燕朝鮮之閒謂之豭 易·姤卦註 羣豕之中，豭强而牝弱 左傳·隱十一年 卒出豭 疏 謂豕之牡者 史記·秦始皇紀 夫爲寄豭 註 夫淫他室，若寄豭之豬也 図 韻會 或作豝 史記·衛康叔世家 太子與五人介輿豭從之。鑒 又豠57187

㹠 57262 30422
tún_9.16 字彙補 同豚 廣雅 㹠、豵，豘也。

㹠 57263 30423
tún_9.16 字彙補 同豘 篇韻 豕子也。鑒 說文 豘，小豕也。从豕省，象形。从又持肉，以給祠祀。豚57170，篆文从肉豕。

豥 57264 30424
gái_45578 龍龕 同豥 **斀** 57265 zhuó_30424 字彙補 竹角切音卓。行也〇按音義當从豕。鑒 俗斀21608

豶 57267 u8C6E
fén_9.16 简 豶57295 **豩** 57266 null_9.16 殷周金文集成·5.2830·師虎鼎 白（伯）亦克豩

豨 57268 30425
xì_10.17 廣韻 集韻 丛許既切音餼。豕息也。

豨 57269 30426
xī_10.17 唐韻 胡雞切 集韻 弦雞切丛音奚◆ 說文 生三月豚，腹豨豨貌也 揚子·方言 南楚謂豨之子，或曰豨。

豰 57270 30427
hù_10.17 廣韻 集韻 韻會 正韻 丛呼木切，烘入聲 獸名 爾雅·釋獸 貀，白狐，其子豰 疏 一名執夷，虎豹之屬 孫恆曰 豰似豹而小，腰以上黃，以下黑，形類犬食獼猴，俗名黃腰 蜀志 黃腰獸，貀身貍首，長則食母形類小，能食虎及牛、鹿 酉陽雜俎 黃腰，一名唐已 司馬相如·上林賦 獮胡豰蜼 張衡·南都賦 豰獲猱狿戲其巔 玉篇 或作豰 図 集韻 黑角切音諤。義同 図 bó 唐韻 步角切 廣韻 蒲角切 集韻 弼角切丛音雹 說文 小豚也 集韻 或作犦 図 集韻 呼酷切音熇。義同 図 hú 集韻 胡谷切音斛。豰豰也 図 集韻 黑各切音壑。豕聲 図 dú 廣韻 丁木切 集韻 都木切丛音剢。豰豰，動物 図 gòu 集韻

候切音覯。啖豬也。鼕又穀27159穀33474鼕57301 囝 穀穀穀27152穀。音dú的穀字系穀字之誤，當刪。

57271 30428
豯 huài_10.17 廣韻 火怪切音殢。詳豨57232字註。

57272 30429
獴 míng_10.17 廣韻 莫經切 集韻 忙經切 丛音冥。小豚也囝 集韻 莫定切，冥去聲。義同△ 集韻 或作猽。

57273 30430
猵 wēn_10.17 廣韻 烏渾切 集韻 烏昆切 丛音溫。豕名 爾雅·釋獸 豕，奏者猵 註 今猵豬短頭，皮理腠蹙。○按 爾雅 本作豱。俗作猵，非。

57274 30431
獉 táng_10.17 集韻 徒郎切音唐。豕名。

57275 30432
獂 huán_10.17 唐韻 集韻 韻會 正韻 丛胡官切音桓。•說文 豕之逸也博雅 豕屬 逸周書·周祝解 獂有爪而不敢以撅 前漢·揚雄傳 豪豬一名獂，自爲牝牡者也。囝 玉篇 亦作狟 山海經註 豪彘，狟豬也囝 玉篇 縣名 前漢·地理志 天水郡有獂道縣囝 廣韻 亦作猿 史記·秦本紀 斬戎之獂王 註 獂，戎邑囝 或作豲 史記·匈奴列傳 隴西有翟獂之戎 徐廣曰 在天水囝yuán 集韻 愚袁切音元。亦豕屬△ 正字通 唐本 說文 獂，豕屬。徐本改訓豕逸，非。獂本義从唐本爲是。鼕又狟57228

57276 30433
豳 bīn_10.17 唐韻 補巾切 廣韻 府巾切 集韻 韻會 悲巾切 正韻 卑民切丛音彬 說文 周太王國，在右扶風美陽。本作邠，从邑分聲。亦作豳，美陽亭卽豳也。民俗以夜市，有豳山 詩·大雅 篤公劉，于豳斯館 詩·譜 豳者，后稷曾孫公劉自邰出徙戎狄之地，今屬扶風栒邑，在雍州岐山，北至太王避狄人處。岐陽，今鳳翔府扶風縣岐陽鎮，乃太王之都，文王治岐之地，漢爲美陽縣。而公劉所居，乃今邠州，屬陝西京兆府路，北魏置南豳州，西魏去南字爲豳州，唐明皇以字類幽，開元中改爲邠囝 姓。出 姓苑囝bān 集韻 逋閑切。與斒同。斒，爛色不純也囝 通作玢 前漢·司馬相如傳 珉玉旁唐，玢豳文磷 史記 作璘瑞 註 瑞音班。文理貌囝 通作斑 史記·司馬相如傳 被豳文 註 著斑衣也 前漢書 作斑 師古曰 豳、豹之皮也。省作虨。或作斒。

57277 30434
鳳 fèng_10.17 字彙補 古文鳳72948字。

57278 u27C7A
猗 ỷ_10.17 喃从豕倚ỷ聲。狥猗：短嘴肥豬。

57279 u27C79
獆 pū_10.17 或同豧57458猗33452 廣韻 獆，豕名。

57280 u27C78
猏 tún_10.17 同豚57170

57281 u27C77
豵 zōng_10.17 俗豵57286

57282 30435
貌 mì_11.18 廣韻 莫狄切音覓。白豕黑頭也。

57283 30436
獌 màn_11.18 字彙 莫干切音瞞。豕屬。鼕 正字通 獌57477字之譌。舊註音瞞。豕屬，誤。

57284 30437
獉 zhēn_11.18 字彙 音義未詳。見 石鼓文囝 焦竑·略記字始 石鼓文 作㸈。音振 正字通 獉、㸈皆譌文。

57285 30438
猏 dí_11.18 集韻 丁歷切音滴。豕蹄。本作蹢。

57286 30439
豵 zōng_11.18 唐韻 子紅切 集韻 韻會 祖叢切丛音葼 說文 生六月豚。一曰一歲豵，尚羲聚也 爾雅·釋獸 豕生三，豵 註 豬生子常多，故別其少者之名 小爾雅 豕之小者謂之豵 詩·召南 壹發五豵 晉書·張協·七命 班題之豵囝 廣韻 卽容切 集韻 將容切丛音蹤。又 集韻 牆容切音從。義丛同△ 集韻 或作豵。鼕又豵57180豵57281豵57316囝 正字通 豵57260，同豵。

57287 30440
獲 lóu_11.18 廣韻 力朱切 集韻 龍珠切丛音瘻。求子豬也 林氏小說 牝豕也囝lǚ 集韻 龍遇切，瘻去聲lóu 廣韻 落侯切 集韻 郎侯切丛音樓。義丛同囝 通作婁 左傳·定十四年 旣定爾婁豬△ 廣韻 亦作獲 字林 作貗。

57288 30441
獆 guāi_11.18 玉篇 古懷切音乖。犬也囝 丘愧切音喟。義同△ 字學三正 獆，犬逐也。與獆別。鼕獆，俗乖字。

57289 30442
獈 yōng_11.18 正字通 譌獈字。

57290 30443
獥 qiān_11.18 集韻 同豣。

57291 u27C81
肄 yì_11.18 說文解字繫傳 肄15089，習也。从聿㠯聲。肄，籀文肄。肄，篆文肆46888

57292 30444
獩 wěi_12.19 廣韻 羊捶切 集韻 尹捶切丛音蔿 說文 獩也 爾雅·釋獸 豕子豬獩獩 註 俗呼小獩豬爲獩子 集韻 或省作獩，亦作㣆、獩囝wéi 廣韻 悅吹切 集韻 勻規切，丛蔿平聲。義同 類篇 或作獩囝duò 集韻 徒臥切音惰。豕名。與獩同。鼕又獩57315獩57312囝 直音篇 獩57300同獩。

57293 30445
獞 chōng_12.19 廣韻 丑凶切 集韻 癡凶切丛音蹱。土豬也囝 集韻 土精如狄，在地下也。

57294 30446
獜 lín_12.19 廣韻 力珍切 集韻 離珍切丛音鄰。獸名 山海經 几山有獸，狀如彘，黃身白頭白尾，名曰聞獜，見則天下大風。鼕又犪45894㹂48546㺜00513㺜00505

57295 30447
豶 fén_12.19 唐韻 集韻 韻會 正韻 丛符分切音墳 說文 羠豕也玉篇 犗也 爾雅·釋獸 豶豬 疏 豶，犍豬也 易·大畜 豶豕之牙。吉 疏 豶，除也。除其牙也 釋文 豕去勢曰豶 程傳 豕之有牙，百方制之，終不能使改，惟豶其勢，則性自調伏，雖有牙亦不能爲○按 說文 本（从賁）作豶，當入十三畫 字彙 省作豶，又別作豬、豶，丛非。鼕又豶57267

57296 30448
豷 yì_12.19 集韻 美隕切音閔。豕名。鼕楊寶忠：俗豬57211

57297 30449
獮 wěi_12.19 集韻 羽委切音蔿。豕名。

57298 30450
獳 céng_12.19 集韻 慈陵切音繒。與橧同 爾雅·釋獸 豕所寢，橧。或从豕囝 集韻 徂棱切音層 博雅 圈也。

57299 30451
獩 yì_12.19 唐韻 集韻 許利切音餼。又 廣韻 許位切音豷 說文 豕息也囝 人名 左傳·襄四年 寒浞因豷室。生澆及豷囝 廣韻 集韻 韻會 丛虛器切音齂。又 廣韻 於

計切 集韻 壹計切夶音翳。義夶同△ 集韻 或作豷 正字通 別作豱 正韻 本从豕。監本从豸，誤。鍌 又豶57503

獷 wěi_12.19　字彙補 羊捶切，音唯◇獷豕也 図 duò 徒臥切音惰。豬別名。

豰 hù_13.20　集韻 呼木切，烘入聲。豕聲。鍌 正字通 縠57270字之譌。

豴 suí_13.20　集韻 旬爲切音隨。豕牝謂之豴。

豴 bì_13.20　五音集韻 同豵。

豦 jù_13.20　字彙補 古去切音據。豕名。

麢 jiàn_13.20　俗麢57325古文薦 可洪音義 麢嘉：上即見反。

豩 shà_14.21　廣韻 所甲切 集韻 色甲切夶音翣 博雅 牝豕也 玉篇 老母豬也△或省作豴。譌作豴，非。

豵 méng_14.21　廣韻 莫中切 集韻 謨中切夶音矇。獸似豕，目在耳，出崑崙 図 集韻 謨蓬切音蒙。義同△ 集韻 亦作豵。

豬 zhù_14.21　集韻 崇刍切音雛 博雅 牝豕也 玉篇 小母豬也 何承天·纂文 齊徐以小豬爲豬 図 zhù 廣韻 雛禹切 集韻 撰禹切，夶雛上聲 図 zhòu 集韻 仕姤切音鰤。義夶同△ 玉篇 或省作豴。

豵 méng_14.21　集韻 同豵。

豩 bīn_14.21　字彙補 同豩。

豵 bó_15.22　集韻 弼角切音雹。與縠同 玉篇 小豕也。

豵 wéi_15.22　正字通 俗獷字。

豵 liè_15.22　唐韻 良涉切 集韻 力涉切夶音獵 說文 與鬣同，髮鬣鬣也 類篇 豕長毛謂之豵。

豵 è_15.22　集韻 貌57182古作豵。

豵 wěi_15.22　篇海類編 羊捶切，音唯◇小獷名。鍌楊寶忠：獷57292字之變。

豵 wěi_16.23　廣韻 同豵 **豵** zōng_15.22　龍龕 同豵

豵 null_16.23　未詳。 **豵** lóu_16.23　集韻 獲本字

豵 xī_17.24　集韻 虛宜切音犧。豕屬。或作豵。

豵 lìng_17.24　搜眞玉鏡 音令。

豵 wéi_18.25　類篇 同豵。

豵 huān_18.25　集韻 韻會 夶呼官切音歡。野豬也。一曰牝狼△ 說文 本作豵 集韻 亦作豵。

豵 zhé_18.25　廣韻 之涉切 集韻 質涉切夶音聾 博雅 豕屬 何承天·纂文 豕別名。梁州曰豵 集韻 亦作貓。

麢 jiàn_18.25　字彙補 古文薦51239字 晉語 補乏麢飢，道也 註 麢，古薦字△ 字彙補 或作麤。麤譌作麤，非。 鍌 字彙補 或作麤。麤字中无灬。

麤 bì_18.25　集韻 必益切音薜。麤邪，獸名。鳥喙。或作貏 集韻 必歷切音壁。義同。鍌 又貏57303

麤 wèi_20.27　五音集韻 于劇切音衛 說文 豕屬 玉篇 亦作麤。鍌 又麤57317麤16896麤15239

麤 wèi_22.29　篇海類編 同麤。

蝹 kūn_29.36　搜眞玉鏡 與昆蟲之昆同。

◆ 豸部 ◆

豸 zhì_0.7　唐韻 池爾切 集韻 韻會 丈尒切夶音阺 爾雅·釋蟲 有足謂之蟲，無足謂之豸 集韻 亦作蚳 図 說文 獸長脊，行豸豸然，欲有所司殺形 註 徐鍇曰：豸豸，背隆長貌 図 解也 左傳·宣十七年 使郤子逞其志，庶有豸乎 註 豸，解也 図 史記·司馬相如傳 陂池貏豸 文選 李善註 貏豸，漸平貌 図 嫿娜也 張衡·西京賦 增嬋娟以跎豸 註 跎豸，姿狀嫿娜也 図 廣韻 宅買切 集韻 韻會 丈蟹切夶音孹。與廌通 史記·司馬相如傳 弄解豸 後漢·輿服志 法冠，或謂之獬豸冠。獬豸，神羊，能別曲直，故以爲冠 佩觿集 蟲豸之豸爲獬廌△ 廣韻 同貌。鍌 又狾33233羿45835豸57331豖32226豸32995

豸 zhì_0.7　部 豸57330

豸 rǔ_1.8　俗乳00451

豺 lì_2.9　廣韻 林直切 集韻 六直切夶音力 類篇 犬名。出遼東。名無稽。

豺 zhé_3.10　集韻 陟格切音磔 類篇 豺駊，獸名。驢父牛母。或作豬。鍌 駊駓或豺猯，驢父馬母。

豹 bào_3.10　唐韻 北教切 集韻 韻會 巴校切 正韻 布恔切夶音爆 說文 似虎圜文 陸璣 詩疏 毛赤而文黑謂之赤豹，毛白而文黑謂之白豹 爾雅翼 屠州有黑豹 洞冥記 青豹出浪坂之山，色如翠 本草衍義 土豹更無文色，其形小 正字通 豹狀似虎而小，白面，毛赤黃，文黑爲錢圈，中五圈，左右各四者，一曰金錢豹，宜爲裘。如艾葉者曰艾葉豹。又西域有金線豹，文如金線 易·革卦 君子豹變 疏 如豹文之蔚縟也 詩·鄭風 羔裘豹飾，孔武有力 張衡·西京賦 搤水豹 註 謂水處也 列子·天瑞篇 程生馬 註 程，卽豹也 図 周禮·天官·司裘 王大射，則共虎侯、熊侯、豹侯，設其鵠 註 豹侯，卿大夫以下所射。図 後漢·輿服志 最後一車懸豹尾 古今注 豹尾車，周衛也。古軍正建之，今唯乘輿建焉 図 姓 風俗通 八元叔豹之後 魏志 騎將豹皮公。鍌 又貃33130 図 正字通 豹，卽豹字 図 豿57333，豹字之譌。

豺 chái_3.10　唐韻 士皆切 集韻 韻會 正韻 牀皆切夶音

儕 爾雅·釋獸 豻，狗足 疏 豻，貪殘之獸 說文 狼屬 急就篇 顏師古註 豻，深毛而狗足 正字通 豻，長尾，白頰，色黃。陸佃云俗云瘦如豻。豻，柴也。豻體細瘦，故謂之豻棘 詩·小雅 投畀豺虎 疏 豺虎食人 禮·月令 季秋之月，豺乃祭獸 干祿字書 與犴通。鼇 又豺57339猀33417 図 龍龕 狇33089犲33131，狼屬也。二同。

犴 57337 30478
àn_3.10
廣韻 俄寒切 集韻 俄干切 丛音忏 爾雅·釋獸 貙獌，似貍 註 今山民呼狐虎之大者為貙豻 疏 豻，野狗。似狐，黑喙，皆貙之類 正字通 似狐而黑身，長七尺，頭生一角，老則有鱗，能食虎豹 周禮·夏官·射人 士以三耦射豻侯 註 豻者，獸名也 図 • 禮·玉藻 麛裘青豻褎 註 豻，胡犬也 疏 一解作狐犬 図 與干同 儀禮·大射禮 干五十 註 干讀為豻 図 廣韻 集韻 丛可顏切音駻。又 集韻 韻會 正韻 丛河干切音寒。又 集韻 侯旰切音翰。義丛同 図 àn 唐韻 五旰切 集韻 魚旰切 韻會 疑旰切 正韻 魚幹切丛音岸 前漢·刑法志 獄豻不平之所致也 註 韋昭曰：鄉亭之繫曰豻，朝廷曰獄 図 與岸同 詩·小雅 宜岸宜獄 箋 岸，韓詩作豻 △ 說文 豻或从犬 集韻 或作貋。鼇 又犴33012

犹 57338 u2B38A
null_3.10
未詳。

豺 57339 u27CA3
chái_3.10
俗豺57336 可洪音義 豺狼：上仕皆反。

狐 57340 30479
zhǎo_4.11
唐韻 側絞切音爪。狐獠 玉篇 豸也。

豽 57341 30480
shēng_4.11
玉篇 魚容切音顋。獸似豖。鼇 俗豵35308

貔 57342 30481
pí_4.11
唐韻 房脂切音毗 說文 貔57461或从比。

貈 57343 30482
hú_4.11
玉篇 音鶻。獸名。

貉 57344 30483
hé_4.11
集韻 吾官切音岏 類篇 貉屬 図 集韻 曷各切音鶴。似狐，善睡。一曰 說文 从舟，誤。當从元，亦聲。鼇 貉57350譌字 類篇 貉，曷各切 說文 似狐善睡獸。引 論語 狐貉之厚。一曰 說文 从舟誤，當从亢聲（作貉）。

貏 57345 30484
bā_4.11
集韻 邦加切音巴 類篇 獸醜狀。

貀 57346 30485
nà_4.11
集韻 女滑切音肭 爾雅·釋獸 貀無前足 釋文 貀57366，本又作豽 註 似狗，豹文，有角 後漢·鮮卑傳 又有貂、豽、羆子，皮毛柔蝡，故天下以為名裘 註 豽，猴屬也 晉書·東夷傳 夫餘國出善馬及貂、豽 集韻 亦作犳。

貅 57347 30486
xiū_4.11
集韻 虛尤切音休。貅57386或省作犺。

豜 57348 30487
jiān_4.11
篇海 音堅。大豕。一曰豕二歲。
鼇 又豜57382

毅 57349 30488
yì_4.11
篇海 與毅同〇按即毅字之譌。

貉 57350 45582
hé_4.11
餘文 與貉同。鼇 慧琳一切經音義 狐貉：上音胡，野干之類也 說文 妖獸也，鬼所乘。下何各 說文 云似狐而小，善睡也。經中從犬作狢字也 說文 古

今正字典說 並從舟作貉，惣誤也。正體從亢。亢音各當反 考聲 亦作貈，足為溤據。或有作貊，亦通。

貊 57351 45583
mò_4.11
篇海類編 同貘

貅 57352 u27CAB
cọp_4.11 喃 从豸及cập聲△昆貅：老虎。

貙 57353 u4759
chū_4.11 簡 貙57483

貄 57354 30489
shì_5.12 篇海 疏吏切。貉也。音與狶同，義與狶同，疑譌。

貔 57355 30490
pī_5.12
廣韻 敷悲切 集韻 韻會 攀悲切丛音丕 爾雅·釋獸 貔子，貗。註 今或呼貔貍 図 pí 集韻 貧悲切音邳。與貊57410同。或作貔，豼也。鼇 又犾33093狉57370

貎 57356 30491
ní_5.12 廣韻 集韻 丛女夷切音尼。獸名。

豿 57357 30492
gǒu_5.12 集韻 舉后切 廣韻 古厚切音苟。熊虎之子 爾雅·釋獸 熊虎醜，其子狗 釋文 狗，本或作豿 図 集韻 許候切音詬。本作貓。義丛同 図 xuè 廣韻 許角切音鷽。豕聲。鼇 又狗57181

貄 57358 30493
zuǒ_5.12 玉篇 作可切音左。獸也。

豼 57359 30494
zhǎn_5.12 玉篇 中板切，音盞◇豸也。

豼 57360 30495
bō_5.12 五音集韻 方味切音沸。豸也。

貤 57361 30496
qiū_5.12 玉篇 音丘。獸名。鼇 又 正字通 貙，俗貙57483字。

狭 57362 30497
yāng_5.12 廣韻 烏郎切 集韻 於郎切，丛盎平聲 爾雅·釋獸 貑子貜 註 今江東呼貉為貑貑 疏 貑，貍類。鼇 正字通 狭，同貑，俗省。

狐 57363 30498
hú_5.12 正韻 同狐

彩 57365 30500
dōng_5.12 廣韻 集韻 丛都宗切音冬 玉篇 獸似豹，有角。鼇 又獴57495

貅 57364 30499
xin_5.12 篇海類編 與貈同〇按即貈字之譌。

貀 57366 30501
nà_5.12 唐韻 集韻 韻會 正韻 丛女滑切音肭 爾雅·釋獸 貀，無前足 註 晉太康七年，召陵扶夷縣檻得一獸，似狗豹文，有角兩足，即此種類。或說貀似虎而黑，無前兩足 說文 漢律，能捕豺獸，購百錢 唐書·回鶻傳 黠戛斯，古堅昆國，其獸有野馬、骨貀 異物志 貀出朝鮮，似狸，蒼黑色，無前兩足，能捕鼠。陳藏器曰：骨貀獸出西方突厥國，似狐而大，長尾 臨海志 狀如鹿形，頭似狗，出東海水中。寇宗奭曰：今出登萊州，狀非狗非狼非魚。前腳似獸，尾卻魚，身有短青白毛，毛有黑點。或曰方書膃肭臍即貀外腎〇按寇說與 爾雅 不合，存以備考 図 duò 集韻 當沒切音咄 図 女骨切音蚴。義丛同。鼇 又犳33054独33087貀57188

貁 57367 30502
yòu_5.12 唐韻 集韻 丛余救切音狖 說文 鼠屬，善旋 廣雅 貁，狖也 玉篇 猿屬 前漢·揚雄傳 蝯貁擬而不敢下 註 師古曰狖似猴，卬鼻而長尾 正字通 狖，黑猿 倉頡篇 曰：似貍△集韻 或作狖。

貂

貂 diāo_5.12　古文貂 廣韻 都聊切 集韻 韻會 正韻 丁聊切丛音雕 說文 鼠屬,大而黃黑 後漢·輿服志 武冠,侍中、中常侍加金璫,附蟬爲文,貂尾爲飾 註 應劭曰:貂內勁悍而外溫潤。徐廣曰:貂,紫蔚采潤,而毛采不彰灼,北方寒涼,本以貂皮暖額,附施於冠,遂爲首飾 唐書·回鶻傳 服貴貂豹,內貂鼠青鼠爲賦 ⊠ 姓 戰國策 貂勃 註 齊人 史記·貨殖傳 狐貂裘千皮 爾雅翼 貂實鼠類,故字亦从貂△ 正字通 俗省作貂,非。鋆 又貂75323 ⊠ 貂 偏類碑別字·貂 引 魏青州刺史元湛墓誌

貃 mò_5.12　正字通 同貊57394

貋 qú_5.12　篇海 音渠。猛也。鋆 楊寶忠:疑俗貐57355

貈 fú_5.12　篇韻 音義與狖同○按卽狖字之譌。

貅 xiū_5.12　篇韻 同狖○按卽狖字之譌。

貌 bō_5.12　篇海類編 音波。

貏 pí_5.12　川篇 音皮。鋆 鄧福祿:或俗貐55355字。

貐 zhǎi_5.12　篇海類編 側買切。

貙 jù_5.12　貙猭,蟬名。宋·章樵 古文苑·卷四·賦·楊雄·蜀都賦 貙猭蟖蚗,子鵡呼焉。注:皆禽蟲名。貙猭,音巨奘。方言 齊謂之蟔蠼,楚謂之蟗蛄。

貑 páo_5.12　貑33105亦作貑,貪獸 ⊠ beo 喃 从豹省 包bao聲△貑榻:黑豹 ⊠ 亦作獚33714貙57487

貓 null_5.12　未詳。

貘 null_5.12　未詳。

貗 shān_6.13　篇海 師閒切音山。惡健也○按 說文 狦,惡健犬也。狦,卽貗字 篇海 止訓曰惡健,非是。

貙 gòu_6.13　集韻 許候切音詬。或作豿 類篇 熊虎子名。

貚 jiān_6.13　正字通 與貚同。鋆 又貚57348

貔 biāo_6.13　玉篇 平表切。似羊,善睡 篇海 貔,同貔。

貔 sì_6.13　集韻 息利切音四 爾雅·釋獸 貔,脩毫 疏 貔,獸體多長毛 類篇 本作貄。鋆 又貄33179貄57206

貤 yí_6.13　集韻 余支切音移。貤或作貤 類篇 獸名。似犬,赤喙白首。

貅 xiū_6.13　廣韻 許尤切 集韻 韻會 正韻 虛尤切丛音休 禮·曲禮 前有摯獸,則載貔貅 註 貔57461貅,亦摯獸也 史記·五帝紀 教熊羆貔貅貙虎,以與炎帝戰於阪泉之野 註 此六者猛獸,可以教戰 ⊠ 集韻 香幽切音烋。義同△ 類篇 或省作貅。鋆 又狖33184狖57372

貆 huán_6.13　唐韻 集韻 韻會 正韻 丛胡官切音桓 爾雅·釋獸 貔子豰 說文 貉之類 詩·魏風 胡瞻爾庭有縣貆兮 周禮·地官·草人 凡糞種,鹹潟用貆 註 貆,貒也 類篇 與貒同 ⊠ 廣韻 況袁切 集韻 許元切丛音喧。義同。

貆 huān_6.13　廣韻 集韻 丛呼官切音歡。與貆同。鋆 又狟33150貆57418

貑 fú_6.13　篇海 房六切音伏。狐也。鋆 又狖57371

貉 chóng_6.13　正字通 譌字○按 集韻 豸亦作蜫 篇海 誤書作蜫,改音蟲,訓爲豸,非。鋆 俗蟲53436

貏 xìn_6.13　集韻 思晉切音信。類篇 獸名。鋆 又豿57364

貚 kūn_6.13　集韻 枯昆切音坤。貚或作狠 類篇 齧也,減也 ⊠ 正字通 同懇○按 說文 懇作懇,从心貚聲,貚,齧也。从豕艮聲,音康很切 漢書·劉向傳 故狠狠,數奸死亡之誅。師古曰狠狠,款誠之意,音懇。則狠亦通懇。後人懇从豸,故狠亦从豸。鋆 狠,懇。

貉 hé_6.13　唐韻 下各切 集韻 曷各切音涸 爾雅·釋獸 貉子,貆 疏 貉似狐,善睡 釋文 貉,本作貈 ⊠ 蟲名 爾雅·釋蟲 莫貉,蟷蜋、蚅 疏 莫貉,一名蟷蜋,一名蚅 ⊠ 與貊同 字林 北方人,非獸也。鋆 又貊57350狢57344

貉 hé_6.13　廣韻 下各切 集韻 韻會 正韻 丛曷各切音鶴。本作貈 正字通 貉似貍,銳頭,尖鼻斑色,毛深厚溫滑,可爲裘 墨客揮犀 貉狀似兔,性嗜紙,人或擊之,行數十步,輒睡,以物擊竹警之,乃起,既行復睡 詩·豳風 一之日于貉 箋 往搏貉,以自爲裘也 周禮·冬官考工記 貉蹂汶則死 淮南子·修務訓 獲貉爲曲穴 ⊠ 蟲名 爾雅·釋蟲 國貉蟲蠁 註 今呼蛹蟲 ⊠ mò 唐韻 集韻 韻會 丛莫白切音陌◦ 說文 北方豸種 五經文字 貉,經典相承作貈貊 周禮·夏官·職方氏 四夷八蠻七閩九貉 又 秋官·貉隸 註 征東北夷所獲,選以爲役員 公羊傳·宣十五年 寡乎什一,大貉小貉也 孟子 子之道,貉道也 註 貉,在荒服者也。貉之稅二十而取一 ⊠ 爾雅·釋詁 貉,縮綸也 註 綸,繩也。謂牽縛縮貉之 ⊠ mò 集韻 末各切音莫 爾雅·釋詁 靜也 ⊠ mà 集韻 正韻 丛莫駕切。同禡 周禮·春官·肆師 凡四時之田獵,祭表貉則爲位 註 貉,師祭 爾雅·釋天 是禷是禡 疏 禡 周禮 作貉。貉又爲貊字,古今之異也。鋆 又貊33155貈57350貈57344貆57351貉57397貉57499貉57508貔57514

貊 mò_6.13　廣韻 集韻 韻會 正韻 丛莫白切音陌。本作貉。或作貊 書·武成 華夏蠻貊 詩·大雅 其追其貊 傳 追、貊,國名 ⊠ 詩·大雅 貊其德音 傳 靜也 箋 德政應和曰貊 ⊠ 獸名 後漢·西南夷傳 哀牢夷,出貊獸 註 南中八郡志 曰:貊大如驢,狀頗似熊,多力,食鐵,所觸無不拉 廣志 曰:貊色蒼白,其皮溫煖 ⊠ 韻補 叶末切 張協·七命 華裔之夷,流荒之貊。語不傳于輶軒,地不被乎正朔。鋆 又狛33126 ⊠ 正字通 貊,貊字之譌。

貅 shì_6.13　廣韻 疏吏切音駛 廣雅 貅,狘也 ⊠ shǐ 集韻 爽士切音史。貅或从豸。獸名。似犬 ⊠ 狖57362貅,貍類。鋆 又豙27239狖57354貅57432 ⊠ 集韻 貅,或作豙

犵 tōng_6.13 廣韻 他紅切 集韻 他東切 达音通。犵，或作犵。獸名 山海經 泰山有獸，狀如豚而有珠，名曰犵，犵其鳴自訆 又 tóng 集韻 徒東切音同。野彘。

貓 mò_6.13 正字通 貃字之譌。王安石 字說 貃與貛同穴各處，故字从各不从合。同貃，非。

豣 dīng_6.13 川篇 丁林切。能也。

豿 null_6.13 未詳。　**貆** null_6.13 未詳。

犴 àn_7.14 廣韻 集韻 达侯旰切音翰 集韻 犬名 玉篇 猛獸△ 集韻 或作豻。

貌 mào_7.14 古文 狼 廣韻 莫教切 集韻 韻會 正韻 眉教切达音貌 說文 兒，頌儀也。从人，白面，象人面形。籀文兒从豹省作貌 書·洪範 五事，一曰貌 疏 貌是容儀，舉身之大名也 又 禮·郊特牲 委貌，周道也 註 或謂委貌爲玄冠 後漢·輿服志 委貌以皁絹爲之。又 史記·游俠傳 贊 諺曰：人貌榮名，豈有旣乎 註 榮名，飾表稱譽無極也 又 姓 正字通 戰國策 齊有貌辨 五音集韻 莫角切音殼 正韻 描畫人物類其狀曰貌 唐書·后妃傳 命工貌妃於別殿 又 與邈同。遠也 韓愈·月蝕詩 完完上天東 考異 完完，諸本作貌貌△ 集韻 或作貊 鑒 說文兒頌儀也从人白面象人面形。當作白象人面形 又 又02580 貌33304 狼33258 狼57419 貃57414 貌59712 逸60863 又 狼 偏類碑別字·貌 引 魏王偃墓誌 又 干祿字書 皇36740 兒貌，上俗中通下正 又 龍龕 貌57419 狼57391 二俗，貌古，貇正。

獬 xiè_7.14 正字通 同獬○按 廣雅 獬廌作貕貕。

貀 zhì_7.14 正字通 同廌。見貕字註。

狻 suān_7.14 廣韻 素官切 集韻 蘇官切达音酸。同狻。狻猊，師子，猛獸也。

豵 tū_7.14 玉篇 音禿。獸名。

貍 lí_7.14 唐韻 里之切 集韻 韻會 陵之切达音釐 集韻 或作狸 爾雅·釋獸 貍狐貒貈醜，其足蹯，其跡厹 說文 伏獸似貙 正字通 貍，野貓也。有數種，大小似狐，毛雜黃黑，有斑如貓。員頭大尾者爲貓貍，善竊雞鴨。斑如貙虎，方口銳頭者爲虎貍，食虫、鼠、果實。似虎貍，尾黑白錢文相閒者爲九節貍，皮可爲裘領。文如豹而作麝香氣者爲香貍，卽靈貓也。南方有白面尾似狐者爲牛尾貍，亦名白面貍。又登州有貍頭魚尾者，名海貍 書·禹貢 熊羆狐貍織皮 左傳·定九年 皙幘而衣貍製 疏 謂黃貍皮也 又 周禮·夏官·射人 若王大射，則以貍步張三侯 註 貍，善搏者也。行則止而擬度焉，其發必獲，是以量侯道法之也 又 儀禮·大射 奏貍首 註 貍首，逸詩 曾孫也。貍之言不來也。又 禮·檀弓 貍首之斑然 註 文采如貍之首 又 mái 集韻 謨皆切音霾。本作薶 論衡 小盜薶步鼠竊 又 或作埋 五經文字 貍，經典或借用爲埋字 周禮·天官·籱人 以時籱魚鼈龜蜃凡貍物 註 自貍藏

伏於泥中者。又 春官·大宗伯 以貍沈祭山林川澤 又 集韻 暮拜切音眛。義同 又 yù 集韻 韻會 达紆勿切音鬱。臭也 周禮·天官·內饔 鳥皫色而沙鳴，貍△ 廣韻 俗作狸。鑒 又 狋33307 貜57501

貑 xiāo_7.14 玉篇 相邀切 篇海 山貑也。

猫 wú_7.14 篇海 訛壺切音吾。獸名。鑒 正字通 㹴，猫字之譌。

豾 péi_7.14 集韻 貧悲切音邳。貔也 揚子方言 貔，北燕、朝鮮之閒謂之豾 類篇 或書作豾 又 集韻 部鄙切音痞。義同。

豨 huī_7.14 集韻 呼乖切音㾑 類篇 獸名。鑒 又 豨57225 五方元音 豨，音希，獸名。

貃 zhuó_7.14 篇海 與貈同。亦作貈。鑒 又 貈57248 犯14713

貌 mào_7.14 字彙補 古文貌57402字。

狼 mào_7.14 篇海類編 同貌。

貁 hùm_7.14 喃 从豸含hàm聲。貁吟：虎嘯。

貃 pā_7.14 或作貃57473未詳。

貆 huán_7.14 貆57387本字。

豾 lái_7.14 篇 豾57427　**狼** láng_7.14 俗狼33244 可洪音義 虒狼：洛堂反。正作狼 又 俗貌57402

豾 sì_8.15 廣韻 息利切音四 爾雅·釋獸 貍子豾 註 今或呼豾貍 又 廣韻 集韻 达渠記切音忌。又 集韻 羊至切音曳。又 以制切音曳。義达同 又 類篇 豾或作貄57384 鑒 又 狇33179 狘33171

豾 cuǐ_8.15 玉篇 此觜切。獸也。

豩 shà_8.15 廣韻 山洽切 集韻 色甲切达音翣。獸名。或作貗。

貎 ní_8.15 廣韻 五稽切 集韻 研奚切达音倪。同狋。狋33243 猊也 類篇 一曰麋。或从豸。鹿子也。

貚 zhōu_8.15 廣韻 之九切 集韻 止酉切达音帚 玉篇 猛獸 神異經 貚，西方獸名。大如驢，狀如猴，善緣木，純牝無牡，羣居要路，執男子合之而孕，十月生獹 李時珍曰 玃無牝，貚無牡，此牝牡相反。

豽 zhào_8.15 玉篇 張貌切音罩。豸也。

貌 wéi_8.15 玉篇 音維。獸名。鑒 正字通 俗蜼52863字。

貄 lái_8.15 廣韻 落哀切 集韻 郎才切达音來 揚子方言 貔，陳楚江淮閒謂之貄 又 lí 集韻 陵之切音釐。本作貍 玉篇 貄，貍57407別名。鑒 又 狋33307 狨57417 貄57433

猗 yī_8.15 集韻 於宜切音漪。猗，或从豸 類篇 犒犬也。

貏 bǐ_8.15 集韻 補靡切音彼。史記·司馬相如傳 陂池 貏豸，漸平貌 冈 集韻 部靡切音被。義同。鍌 又貏57430 冈 龍龕 貏正，貏今。

貏 bì_8.15 字彙 同貏 冈 類篇 皮寄切。獸名。

虦 háo_8.15 山海經 東海有神，人面鳥身，珥兩黃蛇，踐兩黃蛇，名禺虢。音未詳。鍌 禺虢，亦作禺號。

豺 shì_8.15 篇韻 音義同狋○按卽狋字之譌。

猍 lái_8.15 字彙補 狹字之譌。

獞 dǒng_8.15 奚韻 都勇切，音董◇出釋典。

貌 null_8.15 或俗貌。

豼 pí_8.15 俗貌57461 廣碑別字 引唐 右金吾衛冑曹參軍沈齊文墓誌

豽 null_8.15 宋洪遵 泉志·外國品中·屋馱國梵書錢 載梵字錢有「𬤌26605𪖐豽龣」四字，云：文不可辨。

貓 nǎo_9.16 廣韻 奴皓切 集韻 乃老切丛音腦。貓，或作貓。雌貓也 類篇 或作貓 篇海 同貓57509

猰 yà_9.16 廣韻 烏黠切 集韻 韻會 正韻 乙黠切丛音軋 爾雅·釋獸 猰㺄，類貙，虎爪，食人，迅走 釋文 猰，亦作猰。或作㺄 冈 集韻 烟㺄切音鶑。又於計切音瞖。又一結切音噎。義丛同。鍌 又貏57454

貐 yǔ_9.16 唐韻 以主切 集韻 韻會 勇主切丛音愰 爾雅·釋獸 猰57439㺄 釋文 㺄，或作㝢 冈 集韻 尹捶切音揣。義同。鍌 又㺄33393

豭 jiā_9.16 廣韻 古牙切 集韻 居牙切丛音嘉 爾雅·釋獸 羆如熊，黃白文 註 羆，關西呼曰豭羆 釋文 豭，本或作麚。又 釋獸 貜父善顧 註 豭，貜也。似獼猴而大。

貈 xiē_9.16 集韻 休皆切音俙 類篇 獸名。

猱 rǎo_9.16 廣韻 而沼切 集韻 爾紹切丛音擾。亦作猱，卽蒙貴也。其狀如猿而小，紫黑色，可畜捷捕鼠 爾雅·釋獸 蒙頌，猱狀 註 狀如蜼而小，紫黑色 廣志 獶獑有黑白黃者，暹羅最良。鍌 又㺅01600

貒 tuān_9.16 唐韻 他端切 集韻 韻會 正韻 他官切丛音湍 爾雅·釋獸 貒子貗 註 貒，豚也。一名㺄 疏 貒，獸。似豕而肥 揚子方言 貒，關西謂貒 楚辭·九思 貒貉兮蟫蟫 冈tuàn 廣韻 通貫切 集韻 吐玩切丛音彖。獸名。野豕也。或作㺄 冈huān 集韻 呼官切音歡。貛，或作貒。鍌 又貒33386貒57256貒57453

㺄 tuàn_9.16 集韻 吐玩切音彖。貒57444，或作㺄。

蝟 wèi_9.16 集韻 于貴切音胃。蝟，或作貐 玉篇 毛刺也 類篇 蟲，似豪豬。

貓 yóu_9.16 集韻 韻會 夷周切音由。猶，或作貓。貛屬 冈jiū 集韻 將由切音揫。犬名 冈qiú 自由切音酋。良犬也 冈yòu 集韻 余救切音狖。雌，或作猶。獸名。如猴，卬鼻，長尾。

貓 māo_9.16 廣韻 武儦切 集韻 韻會 正韻 眉鑣切丛音苗 說文 貍屬 廣韻 獸，捕鼠 禮·郊特牲 迎貓，爲其食田鼠也 正字通 陸佃曰：鼠善害苗。貓能捕鼠，故字從苗。又貓睛，子午卯酉如一線，寅申巳亥如滿月，辰戌丑未如棗核。鼻端常冷，惟夏至一日暖，陰類也。又 格古論 貓，一名烏員 冈 爾雅·釋獸 虎竊毛，謂之虦貓 疏 虎之淺毛者，別名虦貓 詩·大雅 有貓有虎 傳 貓，似虎淺毛者也 冈 唐韻 莫交切 集韻 韻會 正韻 謨交切丛音茅。義同△ 廣韻 俗作貓。鍌 又貓51089貓49961

貐 méi_9.16 李白·大獵賦 別有白猸飛駿 註 猸音眉。鍌 或作猸33405

𤝡 zhòng_9.16 篇海 竹用切，音重◇乳也。

豬 zhū_9.16 字彙補 與豬同。

猯 tuān_9.16 五音篇海 與貒同。

㺦 yà_9.16 川篇 同猰。

㺄 yuán_9.16 集韻 于元切音袁。㺄，或作㺄。亦作猨、猿33458善援。禺屬。

貏 bǐ_9.16 奚韻 皮寄切。鍌 同貏57429

豦 jù_9.16 簡 貗57479

狖 huī_9.16 同狖33379

䝱 null_10.17 未詳。

獲 bó_10.17 集韻 伯各切音博。獲或從豸 類篇 獸名。似人，有翼。

䝬 sōu_10.17 集韻 疎鳩切音搜 類篇 䝤䝬，獸名。

狷 juàn_10.17 篇海 音袁。與狷同。

貔 pí_10.17 唐韻 房脂切 集韻 韻會 頻脂切丛音毗 爾雅·釋獸 貔，白狐 說文 豹屬，出貉國 廣雅 貔，貍貓 書·牧誓 如虎如貔 傳 貔，一名執夷，虎屬也 詩·大雅 獻其貔皮 陸璣疏 貔似虎，或曰似熊，遼東謂之白熊。冈 旄旗名 禮·曲禮 前有摯獸，則載貔貅 註 兵車旄畫貔貅，形象威猛，使衆知警備 冈 正韻 蒲縻切音皮。義同△ 集韻 或省作犰。鍌 又犰33047貔33475貔57472貔57437貏57469

貀 gǔ_10.17 集韻 古忽切音骨 類篇 貀貀，獸名。

貕 xī_10.17 廣韻 胡雞切 集韻 韻會 正韻 弦雞切丛音奚 揚子方言 豬子或謂之豚，或謂之貕 揚雄·蜀都賦 距貕蟯蟧 冈 澤名 周禮·夏官·職方氏 東北曰幽州，其澤藪曰貕養 註 在長廣 疏 屬徐州。鍌 又貕57269

貔 pí_10.17 俗貔57461

貂 shào_10.17 玉篇 市照切音劭。獸名也 冈 音鄒。義同。

貆 57465 30574
huán_10.17　正字通 同貆　史記·匈奴傳 翟貆之戎 註
徐廣曰: 在天水。貆音丸〇按 漢書·地理志 天水郡有貆
道。應劭曰: 貆, 戎邑, 音完, 蓋貆與貆同。

貖 57466 30575
yì_10.17　集韻 乙革切音戹 玉篇 鼠屬。亦作貖。

貓 57467 30576
nǎo_10.17　集韻 類篇 乃老切音惱。雌貊也。本作
貓 爾雅·釋獸·貙子貜 註 其雌者名貗 釋文 亦作貓。

貂 57468 30577
zhǎo_10.17　篇韻 音沼。西南夷名 又 音老。義同。

貙 57473 u27CFE
null_10.17 未詳。　貔 57469 30578
pí_10.17　篇韻 音毗。
猛也。鍫 新修玉篇 作貔 57488 楊寶忠: 疑貔 57461 字之變

貙 57470 45592
dòng_10.17　篇海 音遍。又音縱。鍫 同貙 篇海 引 龍
龕 貙, 他冬、他動、作用三切。

貀 57474 u27CFD
liú_10.17　同貙 33451, 亦作貀 75418 貀 75350, 食竹鼠。
又 吳下方言考 貀, 音留。五代時童謠云貀貀引黑牛,
天差不自由。案: 貀貀, 鼠行急貌。吳中謂事之宜急者
曰火貀貀, 亦曰急貀貀, 亦曰伋 (音及) 貀貀。

貙 57475 30579
chī_11.18　集韻 抽知切音螭。猛獸。貙或从豸 周
禮·地官·大司徒·贏物 註 虎豹貔貙之屬 疏 爾雅 及諸經
不見有貙 曲禮 云載貔貅。貙, 卽狸也。

貙 57476 30580
péng_11.18　玉篇 步紅切音蓬。獸也。鍫 又 貙 57515

貙 57477 30581
màn_11.18　廣韻 集韻 丛無販切音萬 爾雅·釋獸 貙
獿似貍 釋文 獿, 亦作貓 又 集韻 謨官切音瞞。又謨還
切音蠻。又莫半切音慢。義丛同。

獛 57478 30582
chán_11.18　正字通 同獮 揚雄·蜀都賦 獮胡雖貜 註
獮胡, 獸名。似獼猴, 頭上有髦〇按 集韻 獮, 鋤咸切
音毚。獮狮, 獸名。似猿。蓋獮與獮同。鍫 獮胡雖貜。
獮胡雖貜。

貜 57479 30583
jù_11.18　廣韻 其矩切 集韻 郡羽切丛音寠 爾雅·釋
獸 貙子貜 註 貙, 豚也。一名貜 疏 貙, 獸。似豕而肥,
其子名貜 後漢·和帝紀 旄牛徼外白狼、貜薄夷率種人
內屬 又 集韻 龍珠切音懼。義同。鍫 又 貜 57456

貘 57480 30584
mò_11.18　唐韻 集韻 韻會 正韻 丛莫白切音陌 爾
雅·釋獸 貘, 白豹 註 似熊, 小頭庳脚, 黑白駁, 能舐食
銅鐵及竹骨, 骨節强直, 中實少髓, 皮辟濕 說文 似熊
而黃黑色, 出蜀中 正字通 貘齒最堅, 以鐵鎚之, 鐵皆
碎落。火不能燒, 惟羚羊角能碎之 神異經 南方有獸,
毛黑如漆, 食鐵飲水, 名齧鐵 拾遺記 昆吾山狡兔, 形
如兔, 雄黃雌白, 食丹石銅鐵。昔吳王武庫兵器悉盡,
掘地得二兔, 一白一黃, 腹內皆鐵, 取鑄爲劍, 切玉如
泥, 皆貘類也。又蘇頌曰: 唐世畫貘爲屏 白居易·貘屏
贊序 生南方山澤中, 圖其形辟邪 韻會 貘, 狼屬。通作
貊。鍫 痺脚, 庳脚。短脚 又 字彙 貘同貘。

獞 57481 30585
yōng_11.18　廣韻 集韻 丛餘封切音容 說文 猛獸也
玉篇 或作獞 司馬相如·上林賦 其獸則猓旄貘犛 註 郭

璞曰: 犛似牛, 領有肉堆〇按 漢書 作庸。師古曰庸牛
卽今之犛牛也。

獌 57482 30586
màn_11.18　廣韻 集韻 丛莫半切音幔 字林 獌, 一名
獌 廣韻 狼屬。同獌 又 集韻 謨還切音蠻。義同。

貙 57483 30587
chū_11.18　唐韻 敕俱切 集韻 韻會 椿俱切, 丛閠平
聲 爾雅·釋獸 貙獌似貍 註 今貙虎也。大如狗, 文如貍 字
林 似貍而大。一云似虎而五爪 前漢·武帝紀 腰五日 註
蘇林曰: 腰, 祭名也。貙, 虎屬。常以立秋日祭獸, 王
者亦以此日出獵, 還以祭宗廟, 故有貙腰之祭也 後
漢·禮儀志 貙劉之禮, 祠先虞 正字通 按腰、劉字別義
同。劉音留, 腰音閻, 劉亦讀閻, 腰亦讀劉 禮儀志 貙
劉, 卽 武帝紀 貙腰也 又 左思·蜀都賦 拍貙氓於葽草 註
貙氓, 謂貙人也。江漢有貙人, 能化爲虎 又 集韻 敕居
切。虎之大者。鍫 又 狐 57353 貙 33522 狚 57361

獋 57484 30588
shuǎng_11.18　字彙 疏兩切音爽 揚雄·蜀都賦 鴻獋
獋乳 註 獋、獋, 皆獸名。獋貴大者, 獋貴初生。

貙 57485 30590
wǔ_11.18　篇韻 音伍。獸也。

貙 57486 45593
huàn_11.18　五音篇海 音患。

貙 57487 u27D0B
beo_11.18　喃 同貇 57377 豹。

貔 57488 u27D09
pí_11.18　同貔 57469　貙 57489 u27D08
jìng_11.18 同貙 33521

貙 57490 30589
xū_12.19　字彙補 同魖 山海經 黃帝生禺貙, 處東
海, 是爲海神 楊慎·補註 貙, 卽魖也。

貙 57491 30591
qú_12.19　廣韻 強魚切 集韻 求於切丛音渠。貙貙,
獸名。食猛獸 又 蠷貙, 亦獸名。

獠 57492 30592
lǎo_12.19　廣韻 盧皓切 集韻 韻會 正韻 魯皓切丛音
老。西南夷名 集韻 或作獠 又 廣韻 張狡切 集韻 竹狡
切, 丛嘲上聲。義同 又 liáo 集韻 憐蕭切音聊。宵田爲
獠。獠亦作獠。

貙 57493 30593
fú_12.19　篇海 方六切音福。獸也。

貙 57494 30594
háo_12.19　集韻 乎刀切音豪 類篇 嘷或从豸, 咆也。

貙 57495 30595
zhōng_12.19　集韻 之戎切音終 玉篇 獸似豹 類篇 如
豹而角。鍫 胡吉宣: 與貉 57365 同。

貙 57496 30596
fén_12.19　篇海 符文切音焚 字彙 同貙。

貙 57497 30597
tán_12.19　唐韻 徒干切 集韻 唐干切丛音壇 說文 貙
屬 又 廣韻 徒年切 集韻 亭年切丛音田。又 集韻 他干
切音灘。又徒案切音憚。義丛同。

貙 57498 30598
biāo_12.19　廣韻 平表切 集韻 被表切丛音殍。獸名。
似狐, 善睡 篇海 同貙 鍫 又 正字通 貙 57509, 貙本字。

貙 57499 30599
hé_12.19　玉篇 與貈同。

貙 57500 41908
biāo_12.19　字彙補 平表切音摽。似豕, 善睡。

獵 57501 45594
lí_12.19　字彙補 同貍。

貁 57503 u27D12
yì_12.19　同貁57299

獿 57502 45595
náo_12.19　篇海類編 音猱。鑋楊寶忠：獿33577字之變。

獳 57504 u27D11
huī_12.19　貚獳，同貚獳33589 太平御覽·卷第九百八·獸部二十 貚 神異經曰：西荒之中有人焉，頭如人，着百結敗衣，手足虎爪，名曰貚獳。音偽。

獬 57505 30600
chī_13.20　字彙補 貐字之譌〇按 集韻 貐作獬。

貗 57506 30601
wèi_13.20　篇海 音穢。蠻夷人。鑋音穢。音獩。
囵 獳57504

雍 57507 30602
yōng_13.20　廣韻 集韻 夶於容切音邕 廣韻 獸似猿也。鑋 中山經 豐山有獸焉，其狀如猨，赤目赤喙、黃身，名曰雍和。胡吉宣：即此雍。

貉 57508 30603
hé_13.20　集韻 曷各切音鶴 玉篇 同貉。

貓 57509 30604
nǎo_13.20　爾雅·貓子貆註 雌者名貓 釋文 貓，同貓。鑋 又貓57498

貒 57510 30605
guài_13.20　篇海 古快切，音怪◇獸也。

獉 57511 u27D1C
sāo_13.20　字海 音騷。貉獉鬚，即絡腮鬚。

獬 57512 u27D1F
xiè_13.20　同獬33655 蒲松齡 日用俗字·走獸章第二十八 獬豸逢人知善惡，麒麟出世作禎祥。

獌 57513 30606
màn_14.21　字彙補 門桓切音瞞。獸名 李白·大獵賦 窮奇獌狿 蕭士贇註 獌，本亦作貜。

貊 57514 30607
mò_14.21　篇海 音鶴 字彙補 同貉。

貜 57515 30608
péng_15.22　篇海 同貚。

貚 57516 30609
lì_16.23　集韻 狼狄切音歷 類篇 獸名。或作貚、貚。

獭 57517 30610
tǎ_16.23　篇海 他達切。水狗〇按與獺同。

貛 57518 45596
xìn_17.24　五音篇海 音釁。鑋楊寶忠：神39721子之變。

貛 57519 30611
huān_18.25　唐韻 集韻 韻會 正韻 夶呼官切音歡 爾雅·釋獸 狼：牡，貛。牝，狼 疏 狼，牡名貛，牝曰狼 說文 野豕也 正字通 狗貛，蜀人呼天狗，似小狗而肥。李時珍曰：貛，豬貛也。貛，狗貛也。二種相似而略殊。遼東有海貛，皮可爲裘領 囵 集韻 逵員切音權 義同。△ 集韻 亦作貆、貓。通作犿。

貜 57520 30612
jué_20.27　唐韻 集韻 夶王縛切音籰 爾雅·釋獸 貜父善顧註 貑貜也。似獼猴而大，色蒼黑，能攫持人，好顧眄 疏 大猿也。 說文 貜貜也 廣雅 西方有獸焉，如鹿，白尾，馬足，人手，四角，其名曰貜 如 玉篇 貜狙，獸名 囵 貜且，郏定公名 左傳·文十四年 邾人辭曰：齊出貜且長 註 貜且，定公也 囵 jué 集韻 厥縛切音攫。又jué 廣韻 具籰切 集韻 局縛切夶音懼。義夶同△ 廣韻 同貜。

貛 57521 30613
yán_20.27　玉篇 音嚴。獸名。

◆ 貝部 ◆

貝 57522 30614
bèi_0.7　唐韻 集韻 韻會 夶博蓋切音跿 埤雅 貝以其背用，故謂之貝 說文 海介蟲也。古者貨貝而寶龜，周而有泉，至秦廢貝行錢 爾雅·釋魚 貝居陸贆，在水者蜬，大者魧，小者鰿 註 大貝如車渠，細貝亦有紫色者 又 餘貾黃白文 註 黃爲質，白文爲點 又 餘泉白黃文。註 白爲質，黃爲文點。今紫貝也。又 蚆博而頯 註 頯者，中央廣兩頭銳 又 蜠大而險 註 險者，謂汙薄 疏 此辨貝居陸、居水，大小文采不同之名也 相貝經 朱仲受之於琴高，以遺會稽太守嚴助，其略曰：貝盈尺，狀如赤電黑雲曰紫貝，赤質紅章曰珠貝，青地綠文曰綬貝，黑文黃畫曰霞貝。下此有浮貝、濯貝、皭貝、慧貝。又 山海經 陰山漁水中多文貝，邽山濛水多黃貝 易·震卦 億喪貝 註 貝，資貨糧用之屬也 書·盤庚 貝乃貝玉 疏 貝者，水蟲。古人取其甲以爲貨，如今之用錢然。又 顧命 大貝 傳 大貝如車渠 史記·平準書 農工商交易之路通，而龜貝金錢刀布之幣興焉 註 食貨志 有十朋五貝，皆用爲貨，各有多少，兩貝爲朋，故直二百一十六 囵 錦名 書·禹貢 厥篚織貝 疏 貝，錦名 詩·小雅 萋兮斐兮，成是貝錦 囵 樂器 正字通 梵貝，大可容數斗，乃蠡之大者，南蠻吹以節樂 囵 飾也 詩·魯頌 貝胄朱綅 傳 貝胄，貝飾也 疏 貝甲有文章，故以爲飾 囵 州名 廣韻 周置貝州，以貝丘爲名 囵 姓 玉篇 貝氏，出清河貝丘 姓苑 古有賢者貝獨坐，唐有貝韜 囵 集韻 敗21516古作貝。鑋 又蝕52696 瑱34081 貝57525 龜75939 緦44252

貝 57523 u2F99
bèi_0.7　同貝57522部首專用字。亦作贝57524

贝 57524 u2EC9
bèi_0.7　部 貝57523

贝 57525 u8D1D
bèi_0.7　简 貝57522

財 57526 30615
pò_2.9　廣韻 集韻 並匹角切，音璞。又 集韻 普木切，音扑。盈財也 類篇 羨財也。

貞 57527 30616
zhēn_2.9　古文鼑 唐韻 陟盈切 集韻 韻會 知盈切夶音禎 說文 卜問也。从卜貝，以爲贄 徐曰 周禮 有大貞禮，謂卜大事也 囵 易·乾卦 元亨利貞 疏 貞，正也。又 文言 貞者，事之幹也 書·太甲 一人元良，萬邦以貞 疏 天子有大善，則天下得其正 囵 書·洪範 曰貞，曰悔 傳 內卦曰貞，外卦曰悔 囵 禮·檀弓 故謂夫子貞惠文子 疏 諡法，外內用情曰貞 囵 釋名 貞，定也。精定不動惑也。囵 木名 本草 女貞，木名。蘇頌曰：女貞，負霜蔥翠，故貞女慕其名。一名冬青。鑋 又貞57538 鼑75225 囵 字彙補 卢，古文貞字。

貟 57528 30617
yuán_2.9　唐韻 集韻 韻會 夶于權切音圓〇按 說文 字从口从貝，于權切。物數也。徐鍇曰：古以貝爲貨，故數之，無云音 廣韻 集韻 从厶从貝，亦訓物數。引 說文 于權切，又入諄韻，音雲。又去聲，音運。疑从口，从厶本屬一字 說文 止一切，而後人增廣其音。及楊慎

曰云與貟古今字,云乃貟之省文。引 詩·鄭風 聊樂我貟 釋文 貟,本亦作云。則从ㄙ从口顯屬二字。然員05948 字或本通云,必曰云从貟省,終無考據,恐近穿鑿。今 从 正字通,字雖分列,从口者入口部,从ㄙ者入貝部。 仍依 說文 義。鼇 又貟57536 図 姓。

負 fù_2.9 唐韻 房久切 集韻 韻會 扶缶切丛音婦 說 文 恃也。从人守貝,有所恃也 史記·魏其武安侯傳 武 安負貴而好權 図 說文 一曰受貸不償 前漢·鄧通傳 通 家尚負責數鉅萬 図 釋名 負,背也。置項背也 玉篇 擔 也。或作偄 廣韻 荷也 易·解卦 負且乘,致寇至 詩·大雅 是任是負 左傳·莊二十年 弛於負擔 図 背也 禮·明堂位 天子負斧,依南鄉而立 註 負之言背也 図 依也 孟子 虎 負嵎 趙岐註 虎依嵎而怒 図 失也 戰國策 公負令秦與 彊齊戰 註 負,猶失也 図 老母之稱 史記·高祖紀 常從 王媼、武負貰酒 漢書註 如淳曰:俗謂老大母為阿負。 師古曰 列女傳 云魏曲沃負者,魏大夫如耳之母也。古 語謂老母為負耳 図 敗也 史記·陳丞相世家 無益於勝負 之數 孫子·攻謀篇 一勝一負 図 憂也 後漢·章帝紀 刺史 二千石不為負 註 負,猶憂也 図 愧也 後漢·張步傳 負 無可言 註 負,愧也 図 廣韻 背恩忘德曰負 李陵·答 蘇武書 陵雖孤恩,漢亦負德 類篇 違也 史記·信陵君 傳 以負於魏 註 索隱曰:負音佩。鼇 又貟57537 図 姓。 図 直音篇 貟57530同負 図 後漢·章帝紀 刺史二千石不 為負。徐慧:刺史二千石不以為負。

貦 57533 u27D29 bā_2.9 同蚆52384

貝 57532 u2B38E null_2.9 殷周金文集 成·12.7201·羊貮車船羊圓車。

貟 57530 30619 péi_2.9 字彙 簿回切音裴。河神名 図 與倍同。倍 尾,山名。亦作貟尾。上从力,與負字異。鼇 正字通 貟 六書有負無貟。舊本分貟負為二,非。改負尾為貟尾, 尤非。

貟 57536 u8D20 yuán_2.9 简貟57528

貨 57531 30620 huò_2.9 正字通 貨本 字。匕,古化字 六書故 貨从匕。

貧 57534 u27D28 pín_2.9 可洪音義 貧,音貧。

貟 57537 u8D1F fù_2.9 简負57529

助 57535 u27D27 zhù_2.9 俗助03944 偏 類碑別字 引 唐高道不仕房有非墓誌

貞 57538 u8D1E zhēn_2.9 简貞57527

財 57540 30622 dé_3.10 玉篇 同得。

貟 57539 30621 suǒ_3.10 唐韻 蘇果切 集韻 損果切丛音鎖 說文 貝 聲也 六書正譌 借為貧屑字。俗作貟。

財 57541 30623 cái_3.10 古文 合 唐韻 昨哉切 集韻 牆來切丛音裁 說文 人所寶也 徐曰 可入用者也 玉篇 所以資生者。納 財,謂食穀也,貨也,略也 易·繫辭 何以聚人曰財 註 財, 所以資物生也 書·禹貢 底慎財賦 傳 所慎者,財貨貢賦 周禮·天官·大宰 以九賦斂財賄 註 財,泉穀也 禮·坊記 先財而後禮 註 幣帛也。又 禮器 設於地財 註 財,物也。

各是土地之物 図 與裁通 易·泰卦 后以財成天地之道 釋文 財,荀作裁 爾雅·釋言疏 裁、財音義同 史記·封禪 書 民里社各自財以祠 前漢·郊祀志 作自裁 図 與材通 孟子 有達財者 図 與纔通 史記·孝文本紀 太僕見馬遺 財足 註 財,與纔同 図 集韻 昨代切,在去聲。義同。 鼇 又財57555貹57569貯57679賊57999

貢 57542 30624 gòng_3.10 唐韻 集韻 韻會 正韻 丛古送切,攻去聲 說文 獻功也 書·禹貢序 禹別九州,隨山濬川,任土作 貢 傳 任其土地所有,定其貢賦之差 周禮·天官·大宰 九貢致邦國之用 禮·曲禮 五官致貢曰享 註 貢,功也。 図 易·繫辭 六爻之義,易以貢 註 告也 図 爾雅·釋詁 貢, 賜也 図 廣雅 貢,上也 図 玉篇 貢,通也 図 廣韻 貢, 薦也 図 姓 前漢·貢禹傳 字少翁,琅邪人 急就篇 孔子 弟子子貢,其後以字為氏。鼇 又贡57556

貣 57543 30625 tè_3.10 唐韻 他得切 集韻 韻會 正韻 惕得切丛音 忒 說文 從人求物也◆ 廣韻 假貣,謂從官借本賈也 前 漢·韓王信傳 旦莫乞貣蠻夷 後漢·桓帝紀 若王侯吏民有 積穀者,一切貣得十分之三 註 貣,吐得反 図 廣韻 徒 得切 集韻 韻會 正韻 敵德切丛音特。義同 後漢·桓帝 紀註 又徒得反 図 同忒 史記·微子世家 卜五占之用,二 衍貣〇按 書·洪範 作忒△ 五經文字 貸57619,相承或借 為貣字。鼇 又貳57554貰01875

貤 57544 30626 yì_3.10 唐韻 集韻 韻會 以豉切 正韻 以智切丛音 易 說文 重次第物也 徐曰 路之邪次第為地,物之重次 第為貤 廣雅 益也 玉篇 跛也 前漢·武帝紀 無所流貤 註 今俗猶謂一重為一貤也 図 延也 史記·司馬相如傳 貤丘 陵 註 貤,猶延也 図 廣韻 羊至切音肄。又神至切音示。 義丛同 図 yí 集韻 韻會 丛余支切音匜。移也。鼇 又 貤37378貤37542貤57636貤57896

朋 57545 30627 rèn_3.10 玉篇 而晉切。牢也。鼇 張涌泉:俗朋46942

貟 57546 30628 shǎn_3.10 集韻 失冉切音閃。狄姓。鼇 又貟16447 貟57638貟37448

貨 57547 45597 suǒ_3.10 篇海類編 音鎖。只也 字彙補 俗貨字。 鼇 新修玉篇 引 川篇 貨,先果切。只也。

貯 57548 u2B391 null_3.10 喃 未詳。

貶 57549 u2B390 xì_3.10 黃德寬 古文 字譜系疏證 貶,疑餼69348異文。

貯 57550 u2B38F xū_3.10 俗旴37370 可洪音義 旴衡:上況于反。舉 目也。又怒皃也。正作旴盱二形也。

敗 57551 u27D31 nq_3.10 喃 从貝女nǚ聲。債△亦作嬡02153

貯 57552 u27D30 null_3.10 未詳。

貯 57553 u27D2F miē_3.10 同狽11826

貳 57554 u27D2E tè_3.10 同貣57543

財 57555 u8D22 cái_3.10 简財57541

贡 57556 u8D21 gòng_3.10 简貢57542

貫 57558 30630 shì_4.11 篇海 同賒。

未與錢也。鑒俗貫57609，唐代避諱字。

䟘 57557 30629
háng_4.11　篇海 戶郎切音杭。大貝也。

貦 57559 30631
wán_4.11　廣韻 集韻 丛五換切音玩 說文 玩，或从貝作貦 玉篇 好也。

䝗 57560 30632
mín_4.11　集韻 眉貧切音珉 廣雅 本也 玉篇 本作鍲。算也，稅也 集韻 或作䝗。

貧 57561 30633
pín_4.11　古文㐭 唐韻 符巾切 集韻 韻會 皮巾切 正韻 毗賓切丛音頻 說文 財分少也 爾雅•釋言 寠，貧也 註謂貧陋 疏 貧者，無財也 書•洪範 六極，四曰貧 傳 困於財 詩•邶風 終窶且貧 晉語 韓宣子憂貧，叔向賀之。
鑒又貧57595貟57534

貨 57562 30634
huò_4.11　古文賝尿 唐韻 集韻 韻會 正韻 丛呼臥切，火去聲 說文 財也 廣韻 貨者，化也。變化反易之物，故字有化也 易•繫辭 日中爲市，致天下之民，聚天下之貨，交易而退 書•洪範 八政，二曰貨 傳 貨，寶用物 周禮•天官•大宰 商賈阜通貨賄 註 金玉曰貨 前漢•食貨志 貨，謂布帛可衣及金刀龜貝，所以分財布利通有無者也 又 賂也 左傳•僖二十八年 晉侯有疾，曹伯之豎侯獳貨筮史，使曰：以曹爲解 註 貨，猶賂也 又 玉篇 貨，賣也 △ 六書故 作貨。鑒又货57599債57702㤉04533賨57976

販 57563 30635
fàn_4.11　唐韻 集韻 韻會 丛方願切音販 說文 買賤賣貴者 周禮•地官•司市 夕市，夕時而市，販夫販婦爲主 註 販夫販婦，朝資夕賣 禮•曲禮 雖負販者，必有尊也 史記•呂不韋傳 往來販賤賣貴 集韻 或作貶。
鑒又販57597

貪 57564 30636
tān_4.11　唐韻 集韻 韻會 正韻 丛他含切音歃 說文 欲物也 釋名 貪，探也。探入他分也 詩•大雅 貪人敗類 禮•禮運 用人之仁，去其貪 屈原•離騷 衆皆競進以貪婪兮 王逸註 愛財曰貪，愛食曰婪 又 集韻 他紺切音探。義同。鑒又贪57596嬐11532

貫 57565 30637
guàn_4.11　唐韻 集韻 韻會 正韻 丛古玩切音瓘 說文 貫，錢貝之貫 前漢•食貨志 京師之錢累百鉅萬，貫朽而不可校 又 博雅 穿也 五經文字 穿穴曰貫 易•剝卦 貫魚 釋文 貫，穿也 前漢•董仲舒傳 豈不同條共貫與 註 貫者，聯絡貫穿 又 中也 儀禮•鄉射禮 不貫不釋 註 貫，猶中也 又 穀梁傳•昭十九年 羈貫成童 註 羈貫，謂交午剪髮以爲飾 又 晉書•文苑傳 架彼辭人，共超淸貫 正字通 侍從之官曰淸貫 又 姓 姓氏急就篇 趙相貫高 古音略 貫高之貫，音冠 又 博雅 累也 又 韻府 本貫，鄉籍也 又 國名 括地志 故貫城卽古貫國，在曹州濟陰縣。又 詩•魏風 三歲貫女 傳 貫，事也 釋文 古亂反〇按朱傳：貫，習也。音慣 又 guàn 集韻 正韻 丛古患切音慣。慣，亦作貫 爾雅•釋詁 貫，習也 詩•齊風 射則貫兮 釋文 毛古亂反，中也。鄭古患反，習也 前漢•賈誼傳 習慣如自然 註 師古曰貫，亦習也 又 wān 集韻 烏關切音彎。

彎亦作貫 史記•伍子胥傳 貫弓執矢嚮使者 又 廣韻 集韻 韻會 丛古丸切音官。義同〇按 說文 毌，穿物持之也，音古丸切，貫音古玩切，毌與貫通，故經典貫亦音官。鑒又貦21729贯57592賨57807貫57658貫57650

貤 57566 30638
zhì_4.11　篇海 知意切音置。出 高僧傳，義缺。

責 57567 30639
zé_4.11　古文賾 廣韻 集韻 韻會 丛側革切音簀 說文 求也 左傳•桓十三年 宋多責賂于鄭 又 非也 書•君奭 誕無我責 傳 汝大無非責我留 又 誅責也 詩•邶風•旄丘序 責衛伯也 表記 君子與其有諸己也，寧有己怨 疏 責，謂許而不與而被責 又 責讓也 左傳•僖十五年 西鄰責言，不可償也 註 微刺也 又 任也 孟子 有言責者 又 取也 戰國策 歸其劍而責之金 又 問也 史記•周勃世家 吏簿責條侯 註 簿問其辭情 又 自訟也 前漢•韓延壽傳 痛自刻責 又 zhài 集韻 韻會 正韻 丛側賣切。與債同。◆禮•天官•小宰 聽稱責以傅別 註 稱責，謂貸予 疏 謂舉責生子，彼此俱爲稱責，故曰稱責也 左傳•成十八年 施舍己責 註 止逋責。鑒又责57603賾57762憤18097貰57827

貌 57568 30640
mào_4.11　字彙補 與貿同。

財 57569 30641
cái_4.11　字彙補 與財同 隸釋•李翕•西狹頌 貯容車騎。卽財字。與纔同。

貶 57570 30642
biǎn_4.11　說文長箋 同貶。

貯 57571 30643
dān_4.11　篇韻 音義與貯同。

貰 57572 30644
shì_4.11　篇韻 音義與貰同。鑒 龍龕 貰正，貰今，舒制、時夜二反。貰也 又 chài 黃征：俗賖。敦煌•P. 2999 太子成道經 朕生貰子，歡喜非常。

貟 57573 30645
mèn_4.11　篇海 音悶。財長也。

賖 57574 41909
chí_4.11　篇海類編 同賖。

購 57575 41910
gòu_4.11　篇海類編 音遘。治也。鑒同購。

財 57576 45598
shǒu_4.11　龍龕 音手。

肺 57577 u2B395
null_4.11　未詳。

貯 57578 u2B393
zhù_4.11　俗貯57608今簡化作貯。順天時報. 1902. Jan. 24① 廣告 日本東京貯藏銀行告白。

賆 57579 u2B392
fāng_4.11　从貝方聲，姓氏，見 古璽彙編•姓名私璽.3574 賆駐。字亦見 墮賆簠蓋

貺 57580 u27E51
guì_4.11　簡 賏57990

肥 57581 u27D45
bā_4.11　同蚆52384 清•郝懿行 爾雅義疏•釋魚 詩 錫我百朋箋：古者貨貝，五貝爲朋。李時珍云今貝獨雲南用之，呼爲海肥。以一爲莊，四莊爲手，四手爲苗，五苗爲索。

朋 57583 u27D42
null_4.11　未詳。

賖 57582 u27D44
chí_4.11　俗蚳52405亦作賖57630 說文通訓定聲 蚳，字亦作賖。

暴 57584 u27D41
mù_4.11　俗廖16467

貼 57585 u27D40
null_4.11　未詳。

賫 57586 u27D3F null_4.11 未詳。

𧏾 57587 u27D3E null_4.11 未詳。

貯 57588 u27D3D null_4.11 未詳。

貝斗 57589 u27D3C null_4.11 未詳。

賫 57590 u27D3B jué_4.11 俗覺55271

贒 57591 u4768 xián_4.11 同賢57809

贯 57592 u8D2F guàn_4.11 简貫57565

贮 57593 u8D2E zhù_4.11 简貯57608

购 57594 u8D2D gòu_4.11 简購57921

贫 57595 u8D2B pín_4.11 简貧57561

贪 57596 u8D2A tān_4.11 简貪57564

贩 57597 u8D29 fàn_4.11 简販57563

质 57598 u8D28 zhì_4.11 简質57820

货 57599 u8D27 huò_4.11 简貨57562

败 57601 u8D25 bài_4.11 简敗21516

账 57600 u8D26 zhàng_4.11 简賬57859

贤 57602 u8D24 xián_4.11 简賢57809

责 57603 u8D23 zé_4.11 简責57567

貮 57604 u8CAE èr_4.11 俗貳57613 可洪音義 猜貮：下音二。

貭 57605 u8CAD zhì_4.11 俗質57820 宋元以來俗字譜

貼 57606 30646 zhèn_5.12 集韻 止忍切音軫。賑57753或作貼。䥑又貾57607

貾 57607 30647 zhèn_5.12 字彙 同貼〇按字从㐱者，亦通作尔，如珍作珎是也。

貯 57608 30648 zhù_5.12 廣韻 丁呂切 集韻 展呂切𠀤音衿 說文 積也 玉篇 藏也 廣韻 居也 公羊傳·僖三年 無貯粟 前漢·食貨志 夫積貯者，天下之大命也 又 與儲、褚同 周禮·地官·廛人註 謂貨物儲藏於市中 釋文 儲本或作貯，又作褚，皆同 又 同著 史記·貨殖傳 積著之理 註 著，張呂反。䥑又貯57578贮57593賨57663 又 龍龕 貯57679俗，貯正。

貰 57609 30649 shì_5.12 廣韻 舒制切 集韻 韻會 正韻 始制切𠀤音世 說文 貸也 廣雅 賒也 史記·高祖紀 常從王媼、武負貰酒 前漢·食貨志 諸賈人末作貰貸 又 前漢·文三王傳 得見貰赦 註 師古曰貰，謂寬其罪 又 唐韻 集韻 𠀤神夜切音射。又 集韻 式夜切音赦。義𠀤同 又 集韻 時制切音誓。漢侯國名。䥑又貰57572貰57558贳57672 又 六書故·卷二十·動物四 詩制切。貰57765賒同聲，其義一也，因之爲寬貰 字彙補 貰，與貰同，見郭忠恕 佩觿

貾 57610 30650 shǔ_5.12 廣韻 踈阻切 集韻 韻會 爽阻切𠀤音所 說文 齎財卜問爲貾 徐曰 詩 握粟出卜是也 類篇 或作貾 又 集韻 方遇切音付。義同。

貱 57611 30651 bì_5.12 廣韻 集韻 韻會 𠀤彼義切音賁◆說文 迻予也 玉篇 益也 集韻 一曰貤貱，次第也 又 集韻 披義切音被。又兵媚切音祕。義𠀤同〇按 正字通 因 韻會 之譌，引 左傳·昭七年 齊與晉越欲此久矣，作齊與晉貱此久矣，非是。

貲 57612 30652 zī_5.12 廣韻 即移切 集韻 韻會 將支切𠀤音髭 說文 小罰以財自贖也。漢律，民不繇，貲錢二十二 徐曰 即今庸置 又 玉篇 財也，貨也 史記·仲尼弟子傳 子貢好廢舉，與時轉貨貲 又 與訾同 前漢·景帝紀 今訾算以上乃得官 註 師古曰訾，讀與貲同 又 六書故 資別作貲。䥑又赀57737㚸30784

貳 57613 30653 èr_5.12 唐韻 集韻 韻會 正韻 𠀤而至切音樲 說文 副益也 書·周官 貳公弘化 傳 副貳三公 周禮·天官·小宰 掌邦之六典、八灋、八則之貳 註 貳，副也 禮·少儀 乘貳車則式 註 貳車，副車 又 與二同 易·坎卦 樽酒簋貳 註 一樽之酒，二簋之食 禮·曲禮 雖貳不辭 註 貳，謂重殽膳也。又 坊記 惟卜之日稱二君 註 二，當爲貳 又 爾雅·釋詁 貳，疑也 疏 貳者，心疑不一也 書·大禹謨 任賢勿貳 詩·大雅 無貳爾心 左傳·閔元年 間攜貳 註 離而相疑者，則當因而間之 又 左傳·隱元年 既而大叔命西鄙北鄙貳於己 註 鄙，鄭邊邑。貳，兩屬也 又 左傳·隱二年 王貳于虢 註 王欲分政於虢 又 玉篇 代也，敵也，𠀤也 又 姓 廣韻 後秦錄 有後魏平陽太守貳塵。䥑又弍16032貮57675貮01903貮16058貮01731貮16050貮57721貮57723弍16037 又 名義 佴01081，次，貮57604

貴 57614 30654 guì_5.12 古文 𡭽𧵩 唐韻 居胃切 集韻 韻會 歸謂切𠀤音𩲡 說文 作䝿，物不賤也 易繫辭 卑高以陳，貴賤位矣 書·旅獒 不貴異物，賤用物 又 玉篇 高也，尊也 易繫辭 崇高莫大乎富貴 周禮·天官·大宰 以八統詔王馭萬民，六曰尊貴。又 禮·祭儀 昔者有虞氏貴德而尚齒 註 貴謂燕賜有加於諸臣也。又 孟子 用下敬上，謂之貴貴。又 欲也 戰國策 貴合於秦以伐齊 註 貴，猶欲也 又 玉篇 多價也 前漢·食貨志 器苦惡賈貴 又 釋名 貴，歸也，物所歸仰也 又 姓 風俗通 廬江太守貴遷 又 州名 韻會 春秋駱越地，隋鬱州，唐改貴州。䥑又贵57670𧶠57894𧴪37558

貵 57615 30655 piǎn_5.12 篇海 披免切，篇上聲。財長也。

䞶 57616 30656 hān_5.12 廣韻 呼談切 集韻 呼甘切𠀤音憨。戲乞人物。亦作歛 又 hàn 廣韻 呼監切 集韻 呼紺切𠀤音䰍。賺䞶，貪財也。

貶 57617 30657 biǎn_5.12 廣韻 方斂切 集韻 韻會 正韻 悲檢切𠀤音窆 說文 損也 公羊傳·隱二年 何以不氏貶 註 貶，猶損也 杜預·春秋序 春秋 雖以一字爲褒貶 又 詩·大雅 我位孔貶 傳 貶，墜也 又 玉篇 減也 又 增韻 謫也，抑也。又 集韻 補范切音㝃。義同 又 通作辯 周禮·秋官·士師 若邦凶荒，則以荒辯之灋治之 註 辯，當爲貶。遭飢荒，則刑罰，國事有所貶損，作權時灋也 又 通作辨 禮·玉藻 立容辨 註 辨讀爲貶。自貶卑，謂罄折也 又 fá 集韻 扶法切音乏 類篇 射者所蔽。䥑又㝋48323㝋48336㝋12556貶57570貶57676䝍58031

買 57618 30658 mǎi_5.12 唐韻 正韻 莫蟹切 集韻 韻會 母蟹切𠀤音蕒 說文 作買，市也 增韻 售人之物曰買 急就篇註 出曰賣，入曰買 周禮·天官·小宰 聽賣買以質劑 前漢·食貨志 衆民賣買五穀、布帛、絲緜之物 又 姓 氏族略 五代

買叔午。🗝又买00433買57651

貸 57619 30659
dài_5.12 唐韻 集韻 韻會 茲他代切音態 說文 施也 廣雅 予也 玉篇 假也，借盈也，以物與人更還其主也 周禮·地官·泉府 凡民之貸者，與其有司，辨而授之 左傳·文十四年 盡其家貸於公，有司以繼 区tè 集韻 惕得切音慝。本作貣 五經文字 貸，或相承借爲貣字 唐韻正 乞貸之貸音入聲，出貸與人之貸音去聲 禮·月令 命太史守典奉法，司天日月星辰之行，宿離不貸 註 宿，猶止也。離，猶行也。言占候躔次進退之度數不差忒也 音義 吐得反。又音二 又 季夏，命婦官染采，黼黻文章，必以法故，無或差貸 註 言所染五色，如其舊法不改易也 音義 他得反。又音二 区 集韻 韻會 茲敵德切音特。義同。🗝又廏22115貸57668㒱01886俗02094眥01875

斮 57620 30660
zuó_5.12 玉篇 音昨 篇海 財也。又貨也。

賸 57621 30661
shèng_5.12 廣韻 正韻 所敬切 集韻 所慶切，茲生去聲。財富也 玉篇 財也。

賍 57622 30662
zhù_5.12 玉篇 音註。財賍也。

貺 57623 30663
kuàng_5.12 古文貺 唐韻 集韻 韻會 許放切 正韻 虛放切，茲況貺 說文 賜也 廣韻 與也 詩·小雅 中心貺之 儀禮·士昏禮 吾子有惠，貺室某也 区與況通 前漢·武帝紀 遭天地況施△ 類篇 或从光作貺。🗝又貺57669

購 57624 30664
gòu_5.12 廣韻 古候切 集韻 居候切，茲音構 玉篇 槀給 篇海 治也。🗝又购57646購57575

际 57625 30665
shi_5.12 篇海 神至切音示。呈也。🗝 直音篇 與示39624同。

眏 57626 30666
yǎng_5.12 廣韻 於兩切 集韻 倚兩切，茲音怏。無貲量，謂無極限也。

費 57627 30667
fèi_5.12 廣韻 集韻 韻會 正韻 茲芳未切音沸 說文 散財用也 註 徐曰：財散出如湯沸然 論語 君子惠而不費 何晏註 無費於財 区 玉篇 損也，耗也 禮·曲禮 不辭費 韓詩外傳 不爲公費乎 区 玉篇 用也 史記·聶政傳 故進百金者，將用爲夫人麤糲之費 区 廣韻 惠也 区fú 集韻 分物切音弗 禮·中庸 君子之道，費而隱 鄭註 費，猶佹也 釋文 本又作拂 朱傳 費，用之廣也。音符味反。区bì 廣韻 集韻 正韻 茲兵媚切音祕。邑名，在魯。同鄪 書·費誓傳 費，魯東郊之地名 区fèi 集韻 父沸切音屝。姓也 急就篇註 費氏，楚大夫費無極之後。漢有費直。🗝又费57666

貼 57628 30668
tiē_5.12 廣韻 正韻 他協切 集韻 韻會 托協切，茲音帖 說文 以物爲質也 区 增韻 裨也，依附也，黏置也。区 篇海 卤貼，謂舒爽也。卤音條。🗝又贴57671

貽 57629 30669
yí_5.12 唐韻 與之切 集韻 韻會 盈之切，茲音飴 說文 贈，遺也。經典通用詒 爾雅·釋言 貽，遺 註 相歸遺 書·五子之歌 貽厥子孫 詩·邶風 貽我彤管 釋文 貽，本

又作詒 区 爾雅·釋魚 貽貝 註 黑色貝也 区 集韻 類篇 茲羊吏切音異。義同。🗝又貽57664賵57919

眙 57630 30670
chí_5.12 廣韻 直尼切 集韻 陳尼切，茲音墀 爾雅·釋魚 餘眙，黃白文 疏 李巡曰：餘眙，貝甲黃爲質，白爲文彩 集韻 通作蚔 篇海 俗作眂。

貿 57631 30671
mào_5.12 唐韻 集韻 韻會 正韻 茲莫候切音茂 說文 作賈。易財也 徐曰 賈，猶亂也，交互之義 五經文字 貿，經典相承隸省作貿 爾雅·釋言 貿，市也。又買也 詩·衞風 抱布貿絲 区 禮·檀弓 有餘者，蒙袂輯屨，貿貿然來 註 貿貿，目不明之貌 釋文 貿，一音牟 区 廣雅 貿，斁也 区姓 廣韻 出 姓苑，東莞人民 区通茅 公羊傳·成元年 敗績于貿戎 釋文 貿，一音茅 左氏傳 作茅戎。🗝又眽37624貿57667貲57655貲57632賀57705 区 慧琳音義 貿57802衆：莫候反 毛詩傳 云貿，買也 說文 從貝夘。集文作貿57568，俗誤。

貿 57632 30672
mào_5.12 同貿 柳宗元·天對 帝以貿嬙。

賈 57633 30673
gǔ_5.12 集韻 果五切音古。與賈57691同。

眩 57634 30674
xuàn_5.12 廣韻 黃絢切 集韻 韻會 熒絹切茲音縣。行眩，賣也 玉篇 今作衒 類篇 價也 区 廣韻 戶畎切音泫。義同。

賀 57635 30675
hè_5.12 唐韻 胡箇切 集韻 韻會 胡佐切茲音侉 說文 以禮物相奉慶也 詩·大雅 四方來賀 周禮·春官·大宗伯 以賀慶之禮，親異姓之國 禮·郊特牲 昏禮不賀人之序也。又 玉藻 有慶，非君賜不賀 後漢·禮儀志 每月朔、歲首爲大朝受賀 区 廣韻 賀，勞也，加也 区 揚子方言 賀，儋也。自關而西、隴、冀以往謂之賀。凡以驢馬馲駝載物者謂之負他，亦謂之賀 唐書·郝處俊傳 羣臣皆賀戴侍 区姓 玉海 賀氏，漢侍中慶純避安帝諱，改爲賀。又複姓 正字通 賀蘭、賀拔，皆複姓也。🗝又贺57665濆29612

賑 57636 30676
yì_5.12 正字通 同賑 史記·司馬相如傳 賑丘陵 漢書 作㐌57544 左思·魏都賦 兼重悷以賑繆 註 賑，重次第物也。

賁 57637 30677
bì_5.12 唐韻 集韻 韻會 茲彼義切音詖 說文 飾也 易·賁卦 山下有火，賁 釋文 鄭云變也。文飾之貌。王肅云有文飾，黃白色。又 序卦 賁，飾也。又 雜卦傳 賁，無色也 書·湯誥 賁若草木 註 賁，飾也 詩·小雅 賁然來思 区bān 集韻 逋還切音班 易·賁卦釋文 傅氏云賁，古班字。文章貌 区fén 集韻 符分切音焚 書·盤庚 用宏茲賁 傳 宏、賁，皆大也 詩·大雅 賁鼓維鏞 傳 賁，大鼓也 区 爾雅·釋魚 龜三足，賁 疏 龜之三足者名賁 区bēn 廣韻 博昆切 集韻 韻會 正韻 逋昆切茲音奔 書·立政 綴衣虎賁 傳 虎賁以勇力事王 周禮·夏官 虎賁氏 掌先後王，而趨以卒伍。又 旅賁氏 掌執戈盾，夾王車而趨 孟子 若是，則夫子過孟賁遠矣 趙註 賁，勇士也 区fèn 集

韻父吻切。與憤同 禮·樂記 粗厲、猛起、奮末、廣賁，
之音作，而民剛毅 註 賁讀爲憤。憤，怒氣充實也。
又沸也 穀梁傳·僖十年 覆酒於地而地賁 註 賁，沸也
釋文 與湓同 又地名 穀梁傳·昭五年 叔弓帥師，敗莒師
于賁泉 註 賁泉，魯地。扶粉反 又fèn 集韻 方問切音糞
禮·射義 賁軍之將 註 賁讀爲債，猶覆敗也 又lù 集韻 力
竹切音六。賁渾，地名 公羊傳·宣三年 楚子伐賁渾之戎
釋文 賁，舊音六 左傳 穀梁傳 作陸 又féi 廣韻 集韻 韻
會 汰符非切音肥。姓也 前漢·英布傳 中大夫賁赫 後
漢·光武紀 董憲將賁休 註 前書賁赫，音肥，今姓音奔
又fān 集韻 孚袁切音翻。番禺 山海經 作賁禺
鑒 又賁57673賁57713

57638 30678
貧 shǎn_5.12 廣韻 失冉切音陝。貪，亦作貧。蕃姓也

57639 30679
貥 fù_5.12 篇海 同賦

57640 30680
貼 gǔ_5.12 篇韻 同貫

57641 41911
貰 mài_5.12 奚韻 普怪切，音派◇出也 鑒 俗賣57928

57642 45599
貵 wǎ_5.12 篇海類編 音包 鑒 新撰字鏡 賜57990
瓦豉反，去。賭也，貨也。貵，上字。

57643 45600
貰 jū_5.12 字彙補 則于切音諏。出 尊勝神呪

57644 45601
賱 dǐng_5.12 字彙補 同頂。

57645 45602
貥 kē_5.12 搜眞玉鏡 音珂。

57646 u2B3A7
購 gòu_5.12 簡 购57624

57647 u2B3A6
賍 lòng_5.12 簡 朧58091

57648 u2B394
貨 null_5.12 未詳。

57649 u2AF7E
員 bó_5.12 从貝白聲，見
師裹簋 絲我員晦臣。讀若帛。

57650 u2F9D4
貫 guàn_5.12 俗貫57565

57655 u27D5A
貿 mào_5.12 俗貿57631

57651 u27E52
買 mǎi_5.12 俗買57618見 宋元以來俗字譜

57652 u27D61
册 cè_5.12 覆蓋 墨子·備穴 置板冗上，册板以井聽。
孫詒讓·間詁 册疑聯之誤。聯版，即文之連版也。岑仲
勉·注 余以爲册讀如册，覆蓋之義。

57653 u27D5F
貦 quà_5.12 喃 从贈省瓜qua聲△貦合：贈品。

57654 u27D5D
賍 huò_5.12 龍龕 賍，俗。呼括反。正作賊37492，視也。

57656 u27D59
貥 null_5.12 未詳。

57658 u27D57
買 guàn_5.12 俗貫57565天
一閣藏明嘉靖 固始縣志·卷四·民物志第四 共五十四百
三十一錠四買五百六十四文。

57657 u27D58
賝 dān_5.12 俗賝46571 直音篇 賝，與珊同。老聃

57659 u27D56
賝 null_5.12 未詳。

57660 u27D55
貣 null_5.12 未詳。

57661 u27D54
貟 null_5.12 未詳。

57663 u27D52
賔 zhǔ_5.12 字海 賔，同

貯57608字見孫詒讓 名原·奇字發微

57662 u27D53
賝 chāo_5.12 龍龕 賝，俗。昌消反。

57664 u8D3B
貽 yí_5.12 简 贻57629

57665 u8D3A
賀 hè_5.12 简 贺57635

57666 u8D39
費 fèi_5.12 简 费57627

57667 u8D38
貿 mào_5.12 简 贸57631

57668 u8D37
貸 dài_5.12 简 贷57619

57669 u8D36
貺 kuàng_5.12 简 贶57623

57670 u8D35
貴 guì_5.12 简 贵57614

57671 u8D34
貼 tiē_5.12 简 贴57628

57672 u8D33
貹 shì_5.12 简 贳57609

57673 u8D32
賁 bì_5.12 简 贲57637

57674 u8D31
賤 jiàn_5.12 简 贱57813

57675 u8D30
貳 èr_5.12 简 贰57613

57676 u8D2C
貶 biǎn_5.12 简 贬57617

57677 30681
賂 lù_6.13 唐韻 洛故切 集韻 韻會 正韻 魯故切汰音
路 說文 遺也 韻會 以財與人也 詩·魯頌 大賂南金 左
傳·桓二年 實其賂器於大廟。鑒 又賂57735賂58034

57678 30682
䝑 mín_6.13 集韻 眉貧切音珉。䝑57560，或作䝑。
又xiōng 集韻 許營切音詗 玉篇 貨也 又• 集韻 翾營切，
敻平聲。又葵營切音瓊。義汰同。或作賏。

57679 30683
財 cái_6.13 篇海 同財 鑒 又俗貯57608 可洪音義 財
入：上猪呂反。正作貯。

57680 30684
賗 guì_6.13 集韻 詭僞切音塊 玉篇 同賜57990
又wǎ 集韻 五寡切音瓦。財也。

57681 30685
賃 lìn_6.13 廣韻 乃禁切 集韻 韻會 正韻 女禁切汰音
誑去聲 說文 庸也 玉篇 借傭也 類篇 以財雇物也 史
記·范雎傳 臣爲人庸賃 又 廣雅 僦也△ 集韻 或作任。
鑒 又赁57736

57682 30686
貺 kuàng_6.13 集韻 類篇 汰許放切音況。貺57623，或
从光作貺。

57683 30687
賄 huì_6.13 唐韻 呼罪切 集韻 韻會 虎猥切汰音悔 說
文 財也 爾雅·釋言 賄，財也 疏 財帛總名 詩·衛風 以我
賄遷 周禮·天官·大宰 商賈阜通貨賄 註 布帛曰賄 又 儀
禮·聘禮 賄用束紡 註 賄，與人財之言也 左傳·文十二年
厚賄之 註 賄，贈送也 集韻 或作賄 又 集韻 呼內切音
痗。義同。鑒 又賄57738

57684 30688
賅 gāi_6.13 廣韻 古哀切 集韻 柯開切汰音該。賅也 玉
篇 奇也，非常也。亦作侅。鑒 又賅57732 又 正字通 侅
與胲賅賌通，皆以兼該之義。賌，猶該也。

57685 30689
賆 pián_6.13 廣韻 部田切 集韻 蒲眠切汰音胼 博雅 益
也 又 集韻 卑正切音摒。義同。

57686 30690
資 zī_6.13 唐韻 即夷切 集韻 韻會 正韻 津私切汰音
咨 說文 貨也 易·旅卦 旅即次，懷其資 註 必獲次舍，
懷來資貨 又 易·乾卦 萬物資始 釋文 資，取也 又 儀
禮·聘禮 問幾月之資 註 資，行用也 又 五經文字 齎，
與資同 儀禮·少牢饋食禮 資黍于羊俎兩端 註 資，猶減
也。今文資作齎 又 與咨同 禮·緇衣 民惟曰怨資 尚書 作
咨 又姓 玉海 資氏 陳留·風俗傳 黃帝之後 四明志 會稽

有資氏区zī 集韻資四切。與恣同。秦刻石文恣作資。
鎣又资57733憤18490鑕72759欬57710贄57930䫘75552䫘75551
区資氏，亦作鄎62055氏。

賍 zhì_6.13　集韻丈里切音峙 玉篇或作賍、庤 類篇
賍，畜財也。

賮 lǐn_6.13　篇海良紉切，音廩◇貪食也。

賯 ài_6.13　玉篇烏邁切，音隘◇貯賯也。

賷 xié_6.13　玉篇音協。財也。鎣同脅47207敦煌
P.5557 古文尚書傳賷從罔治区可洪音義賷勤：上許
刧反。下来得反。

賈 gǔ_6.13　唐韻公戶切 集韻 韻會果五切丛音古 說
文賈，市也。一曰坐賈，售也。書·酒誥肇牽車牛，遠服
賈 詩·邶風賈用不售 周禮·天官·大宰商賈阜通貨賄 註
行曰商，處曰賈区左傳·桓十年吾焉用此，其以賈害
也 註賈，買也区jià 廣韻古訝切 集韻 韻會居迓切 正
韻居亞切丛音駕。與價同 類篇售直也。論語求善賈而
沽諸区jiǎ 集韻 韻會 正韻丛舉下切音檟。姓也 急就
篇註賈，本姬姓之國也。晉叔滅之，其後稱賈氏。
鎣又真57633賨57739区賈57730，同賈，同形字。

賵 xù_6.13　集韻雪聿切音卹 玉篇分賑也。亦卹字。

賾 zé_6.13　玉篇古文責57567字。

賊 zéi_6.13　說文昨則切。敗也。从戈則聲 類篇隸作
賊57695

賊 zéi_6.13　廣韻昨則切 集韻 韻會疾則切丛音蠈。
盜也 玉篇刦人也 書·舜典寇賊姦宄 傳殺人曰賊。
区詩·大雅不僭不賊 傳不殘賊。又 左傳·僖九年不僭
不賊 註賊，傷害也区周禮·夏官·大司馬賊賢害民，
則伐之 疏賊虐 区害苗之蟲 詩·小雅去其螟螣，及其
蟊賊 傳食節曰賊 陸璣疏賊似桃李中蠹蟲，赤頭身長
而細耳。鎣又賕18900賊57741賊57694

賗 yí_6.13　篇海音頤。義闕 字彙補遺也，賗也。

賙 jiǎo_6.13　篇韻音皎。賙然也。

賑 shèn_6.13　篇韻音脤。賑質也。

賚 lǎi_6.13　字彙補力改切，來上聲 篇韻積聚也。

覝 kuàng_6.13　字彙補古文賑字。出秦·詛楚文

賓 bīn_6.13　五音集韻古文雦66356字。

賧 huò_6.13　金石韻府同貨。

賵 xiāo_6.13　篇海虛矯切，音嚻◇煩也。

賩 mào_6.13　篇韻同賀

賌 gāi_6.13　字彙補歌開
切音該 淮南子·兵略訓明於日月星辰之運，刑德奇賌
之數 註奇賌，陰陽奇祕之要。賌，音該。

賍 huò_6.13　龍龕呼括切。視也 搜眞玉鏡音戌。

賍 mài_6.13　龍龕音脉。鎣字彙補疑同脈47210

賓 guǎ_6.13　龍龕舊藏同寡。

賍 huó_6.13　搜眞玉鏡呼括切。

欼 zī_6.13　字彙補同資。

䢔 nì_6.13　搜眞玉鏡尼失切。

賍 null_6.13　未詳。

賏 bì_6.13　賏57637本字。

賍 zhèng_6.13　賍錢，同掙19893錢。唐樞蜀籟·卷四賍
錢容易積錢難区dành 喃同聲32274儲蓄。

預 null_6.13　未詳。

䞀 yún_6.13　同賦57760

賮 jìn_6.13　同賮57866金文。

賒 null_6.13　未詳。

貿 mǎi_6.13　買57618本字。

賡 gēng_6.13　俗賡57806

貳 èr_6.13　同貳57613

賧 null_6.13　未詳。

賦 èr_6.13　同貳57613

賕 null_6.13　未詳。

貯 zhǔ_6.13　或俗貯57608

賍 tián_6.13　简賍57726

賍 tián_6.13　龍龕賍，俗。
徒兼反。鄭賢章：賍疑即甜之俗。

賂 lù_6.13　兼賂

賘 jìn_6.13　俗賝58049 宋
元以來俗字譜 引嶺南逸事

賈 jià_6.13　兼賈。

賝 jìn_6.13　简賝58049

賅 gāi_6.13　简賅57684

資 zī_6.13　简资57686

賍 zāng_6.13　简賍58055

賂 lù_6.13　简賂57677

賃 lìn_6.13　简賃57681

貲 zī_6.13　简貲57612

賄 huì_6.13　简賄57683

賈 jià_6.13　简賈57691

贄 zhì_6.13　简贄57956

賊 zéi_6.13　简賊57695

賤 jiàn_6.13　同賤57813

賍 zāng_6.13　國語辭典賍58055之简寫。

賄 huì_7.14　玉篇同賄
音溮 說文深堅意也。从奴从貝。貝，堅寶也区集韻
邁切。義同。鎣又xiè 廣韻敱，何犗切。纔然区戴21753
敱05292賮57897賮57960敱57746敱57889

敱 gài_7.14　唐韻古代切

贅 cán_7.14　集韻財干切音殘。害物貪財也〇按 說文
敱从奴从貝。凡从叔者皆作奴，則敱與贅固屬一字。今
韻書兩字分列，音義各別，不知何據。

57747 30713
䙡 yīng_7.14 廣韻 集韻 㳠於敬切音映 說文 頸飾也 篇海 連貝飾頸曰䙡, 女子飾也 🔲yīng 集韻 於莖切音罌。義同。

57748 30714
賖 xùn_7.14 集韻 須閏切音峻 類篇 贐, 或作賖。益也。

57749 30715
賫 jǐ_7.14 篇海 同齎。鋆 可洪音義 各賫: 即西反。

57750 30716
賝 lìn_7.14 廣韻 集韻 㳠良刃切音吝 玉篇 貪也。難也。或作遴。鋆 熊加全: 俗吝05459

57751 30717
斯 zhá_7.14 廣韻 陟鎋切音哳。貨也。

57752 30718
賑 suǒ_7.14 賹字之譌〇按 字彙 音義與賹同 玉篇 本作賹, 譌書作賒, 而闕賑不收, 非是。

57753 30719
賑 zhěn_7.14 廣韻 章忍切 集韻 韻會 正韻 止忍切㳠音軫 說文 富也。爾雅·釋言 賑, 富也 註 謂殷賑富有 疏 皆豐財也 張衡·西京賦 鄉邑殷賑 類篇 或作軫 🔲 集韻 丑忍切音趂。義同 🔲zhèn 廣韻 章刃切 集韻 韻會 刃切㳠音震。贍也, 給也 史記·平準書 於是天子遣使者, 虛郡國倉廥以賑貧民 🔲 韻會 通作振 前漢·文帝紀 發倉庾以振民。鋆 又賑57785 脤59719 🔲 字彙 胗57606 㐱57607 竝同賑。

57754 30720
賒 shē_7.14 唐韻 式車切 集韻 韻會 詩車切 正韻 詩遮切㳠音奢 說文 貰買也 周禮·地官·司市 以泉府同貨而斂賒 註 無貨則賒, 貰而予之 🔲 類篇 一曰遠也 王勃·太公遇文王贊 城闕雖近, 風雲尚賒 🔲 篇海 凡人謂遲緩爲賒 🔲 同奢 後漢·仲長統傳 楚楚衣服戒窮賒 註 奢同△ 正字通 俗从余作賒。鋆 後漢·仲長統傳 楚楚衣服戒窮賒。徐慧: 楚楚衣服, 戒在窮賒 🔲賒57783 🔲 正字通 賒57810 賒字之譌 🔲 彙音賝鑑 賝57769同賒。

57755 30721
賻 bù_7.14 集韻 蒲故切音捕 類篇 財相酬也。

57756 30722
賓 bīn_7.14 古文 賓賓寳宾 唐韻 必鄰切 集韻 韻會 正韻 卑民切㳠音濱 說文 所敬也 玉篇 客也 易·觀卦 利用賓于王 書·舜典 賓于四門 又 洪範 八政, 七曰賓 傳 禮賓客無不敬 儀禮·士冠禮 主人戒賓 註 賓, 主人之僚友 🔲 爾雅·釋詁 賓, 服也 疏 賓者, 懷德而服 新序 先王所以拱揖指揮, 而四海賓者, 誠德之至已形于外, 故詩曰: 王猷允塞, 徐方既來 🔲 書·堯典 寅賓出日 傳 賓, 導也 釋文 從也 🔲 律名 禮·月令 律中蕤賓 註 仲夏氣至, 則蕤賓之律應 白虎通 蕤者, 下也。賓者, 敬也, 言陽氣上極, 陰氣始敬之也 🔲 闕賓, 西域國名 前漢·西域傳 闕賓國王治循鮮城 🔲 姓 玉海 賓氏, 周有賓滑、賓起, 齊有賓胥無、賓媚人 🔲 官名 唐書·百官志 司賓、典賓、掌賓各二人 🔲 龍賓 陶家瓶餘事 明皇御案墨, 一日見小道士如蠅, 呼萬歲。曰: 臣, 墨之精, 黑松使者也。凡世有文者, 墨上有龍賓十二。上神之, 乃以分賜掌文官 🔲 野賓 王氏見聞錄 王仁裕有猿, 小而慧黠, 名曰野賓 🔲bìn 集韻 必刃切音殯 書·多士 予惟四方罔

攸賓 釋文 徐音殯, 馬云卻也 史記·蘇秦傳 其次必長賓之 註 次計長擯棄關西 莊子·徐無鬼 先生居山林, 以賓寡人 音義 賓或作擯, 棄也。鋆 又賓57774 宎11984 宾12130 賓31564 賓57764 賓41305 賓57758 賓12328 宑41056 盲37358 容12055

57757 30723
賓 bīn_7.14 說文 古文賓57756字。

57758 30724
賓 bīn_7.14 韻會 俗賓字 五經文字 賓, 經典相承作賓已久, 不可改正。

57759 30725
賕 qiú_7.14 廣韻 巨鳩切 集韻 韻會 正韻 渠尤切㳠音求 說文 以財枉法相謝也 徐曰 非理而求之也 史記·滑稽傳 又恐受賕枉法 🔲 玉篇 賕, 質也, 請也。鋆 又賕57786

57760 30726
賱 yún_7.14 集韻 王分切音云 說文 物數紛賱亂也。从員云聲 註 徐曰: 即今紛紜字。

57761 30727
賮 chè_7.14 篇韻 同賮

57762 30728
賽 zé_7.14 篇韻 同賽。

57763 30729
賉 xù_7.14 字彙補 音戌。財長。

57764 30730
賓 bīn_7.14 篇海 與賓同。

57765 41913
賮 shì_7.14 字彙補 與賮57609同。見 佩觿

57766 41914
賮 bèi_7.14 字彙補 蒲昧切音佩。與背同。又姓。

57767 45608
賗 xī_7.14 搜真玉鏡 音希。

57768 45609
賦 wǒ_7.14 龍龕 音我。

57769 45611
賝 hán_7.14 龍龕 音含。鋆 龍龕 賝, 俗。胡南反。音義作胉46972

57770 u2B3A8
賮 liàn_7.14 簡 賮58031

57771 u2B399
賮 null_7.14 未詳。

57772 u2B398
賮 zhé_7.14 同悊17392 井人鐘 克賮乎德。

57773 u2B397
賮 null_7.14 未詳。

57774 uFA64
賓 bīn_7.14 兼 賓57756

57775 u27E53
賮 chéng_7.14 簡 賮57777

57776 u27D98
賮 lài_7.14 俗賚。唐·李商隱 上尚書范陽公啟三首·之三 嘉命猥臨, 厚賮仍及

57777 u27D94
賮 chéng_7.14 十分之一。分賮, 同分成 西康省政府公報. 1939. Num. 1. P. 163 甘孜縣府為呈報二十七年天災為患秋收歉薄懇請分別減賮征收地糧由。

57778 u27D93
賮 null_7.14 未詳。

57779 u27D92
賮 null_7.14 未詳。

57780 u27D91
賮 null_7.14 未詳。

57781 u27D90
賮 jǐ_7.14 俗齎75543 五侯鯖字海 賫57749, 音賫。義同。賫, 同上。

57782 u27D8F
賮 null_7.14 未詳。

57783 u8D4A
賒 shē_7.14 簡 賒57754

57784 u8D49
賮 lài_7.14 簡 賚57791

57785 u8D48
賑 zhèn_7.14 簡 賑57753

57786 u8D47
賕 qiú_7.14 簡 賕57759

57787 u8CD8
臧 zāng_7.14 同賍57743 俗賍58055

賗 57788 u8CD7
chuàn_7.14 民國新字典賗，錢串00190之串，或作賗。

賖 57789 u8CD6
shē_7.14 正字通賖57754俗从余作賖。

賙 57790 30731
zhōu_8.15 廣韻職流切集韻韻會之由切㚐音周玉篇給也，贍也，收也周禮·地官·大司徒五黨爲州，使之相賙註謂禮物不備相給足也又與周同詩·大雅靡人不周箋周，當作賙疏以周於人，其字當从貝，故轉爲賙。鑾又赒57851

賚 57791 30732
lài_8.15 廣韻集韻韻會正韻㚐洛代切音睞說文賜也爾雅·釋詁賚，予也書·湯誓予其大賚汝。又說命夢帝賚予良弼又集韻韻會㚐洛蓋切音賴。又集韻郎才切音來。義㚐同又玉篇勞賚爲勑字。勑，力代切，勞也。今作賚集韻或書作睞。鑾又赉57784賫57776龍龕睞贅57931俗賚正，勒代反。与也。賜也。

睞 57792 30733
lài_8.15 集韻同賚。

賝 57793 30734
liáng_8.15 廣韻集韻韻會㚐呂張切音良玉篇賦也又集韻力讓切音亮。義同。

賛 57794 30735
zàn_8.15 廣韻集韻韻會㚐則旰切音讚五經文字贊，經典相承隸省作賛。

賞 57795 30736
shāng_8.15 廣韻式陽切集韻尸羊切㚐音觴說文行賈也。从貝，商省聲字彙補古文商字。鑾又賷57979同資，商不省。

賜 57796 30737
cì_8.15 唐韻集韻韻會㚐斯義切，思去聲◇說文予也篇海錫也禮·曲禮三賜不及車馬註三賜，三命也疏受命卽受賜。又玉藻凡賜，君子與小人不同日又公羊傳·僖二年虞郭之相救，非相爲賜註賜，猶惠也又玉篇賜，施也，空盡也又姓玉海齊大夫簡子賜之後△正字通俗作賜，非。鑾又赐57853

賝 57797 30738
chēn_8.15 廣韻丑林切集韻正韻癡林切㚐音琛。賮也玉篇賨色。亦作琛。鑾又賝57886賝57830

貭 57798 30739
zhī_8.15 廣韻陟離切集韻韻會珍離切正韻珍而切㚐音知類篇以財質也。

賤 57799 30740
jì_8.15 廣韻集韻㚐奇寄切音芰。貝名廣韻賤貝，四向用也集韻一曰器用又集韻巨綺切音技。義同。

賞 57800 30741
shǎng_8.15 廣韻書兩切集韻韻會正韻始兩切㚐音鷃說文賜有功也書·大禹謨賞延于世。又仲虺之誥功懋懋賞周禮·天官·大宰三載，則計羣吏之治而誅賞之又戰國策故賞韓王，以近河外註賞，猶勸也又類篇一曰玩也，嘉也陶潛·移居詩奇文共欣賞又凡貽與者亦曰賞柳宗元·送薛存義序于其往也，賞以酒肉，重之以辭又姓姓纂晉人賞慶，註周易。鑾又赏57854賫57795賮57945

賳 57801 30742
wǎn_8.15 廣韻烏管切集韻鄔管切㚐音盌玉篇賳賶，小財貌字彙小有財也。

賈 57802 30743
mào_8.15 正字通同貿○按說文貿作賈，从貝丣聲。丣，古卯字長箋改从丣。丣，古酉字。酉與貿聲近，宜从丣。

賱 57803 30744
jùn_8.15 集韻區倫切音箘類篇貝也正字通同蜠爾雅·釋魚蜠大而險。

賟 57804 30745
tiǎn_8.15 廣韻集韻㚐他典切音腆玉篇富也。鑾正字通同腆47414經史皆從腆，俗從貝又賟57833

賠 57805 30746
péi_8.15 字彙古無此字。俗音裴，作賠補之字。○按正字通備字註：賠，本作備。楊愼曰：備，音賠。義同。昔高歡立法，盜私家十備五，官物十備三，後周詔盜官物，雖經赦免，徵備如法。備，補償也。俗用賠。鑾又赔57849

賡 57806 30747
gēng_8.15 廣韻古行切集韻韻會居行切正韻古衡切㚐音庚書·益稷乃賡載歌傳賡，續也又集韻居孟切，庚去聲。義同又說文古文續45145字。鑾又赓57850又賡57720賡57982賡15670賡15756賡15754，並俗賡集韻續，古作賡15814方成珪考正：賡。此作賡非是。

賯 57807 30748
guàn_8.15 玉篇同貫。鑾又欵21887

賰 57808 30749
jū_8.15 廣韻九魚切集韻斤於切㚐音居博雅賰，賺賣也類篇一曰貯也△集韻或作寠。鑾又賰57834又鄧福祿：賰02647賰字異寫。

賢 57809 30750
xián_8.15 古文臤贒廣韻正韻戶田切集韻韻會戶千切㚐音弦說文多才也玉篇有善行也易·鼎卦大亨，以養聖賢。又繫辭可久則賢人之德，可大則賢人之業書·大禹謨野無遺賢。又咸有一德任官惟賢材又禮·內則若富，則具二牲獻其賢者於宗子註賢，猶善也。又勝也禮·投壺某賢於某若干純註以勝爲賢又xiàn下見切音現周禮·冬官考工記輪人五分其轂之長，去一以爲賢註賢，大穿也。鑾又贤57602賢57591嫺11620又焦竑俗書刊誤賢，俗作臤04325贒，竝非國語辭典贒臤04320，俗賢。

賖 57810 30751
shē_8.15 篇海式車切音賒。不交也。

賣 57811 30752
yù_8.15 同賣57920○按說文本作賣。衙也。余六切，从貝㚃聲。㚃，古文睦六經正誤賣中从囧，非賣字也玉篇作賣廣韻作賣。或作儥。鑾又賣57812賫57973

賣 57812 30753
mài_8.15 古文𧶠廣韻集韻韻會正韻㚐莫懈切，音買去聲說文作𧷓。出物貨也。从出从買註徐鍇曰：貨精，故出則買之也九經字樣隸省作賣周禮·天官·小宰聽賣買以質劑。又地官·司市掌其賣價之事又集韻莫駕切音禡博雅價也。鑾又卖04566賣57811賫57975壳09696賣57641

賤 57813 30754
jiàn_8.15 古文𧶠唐韻集韻才線切正韻在線切㚐

音錢去聲 說文 賈少也 玉篇 卑下也,不貴也 廣韻 輕賤
易·屯卦 以貴下賤,大得民也 書·旅獒 不貴異物,賤用
物 前漢·食貨志 糴甚貴傷民,甚賤傷農 又 姓 風俗通 漢
北平太守賤瓊。鍌 又賎57674賎57742

睟 57814 30755
s
uì_8.15　廣韻 集韻 夶雖遂切音邃。貨也。
韓非子·說
疑篇 破家殘睟,陰約結以相固 玉篇 亦作粹。

睛 57815 30756
jīng_8.15　廣韻 集韻 正韻 夶疾正切音淨 玉篇 賜也
又 qíng 廣韻 疾盈切 集韻 慈盈切夶音晴。受賜也。
鍌 又睛57847

賦 57816 30757
fù_8.15　唐韻 集韻 韻會 夶方遇切音付。責取也
說文 斂也 爾雅·釋言 賦,量也 註 賦稅,所以評量 揚
子方言 賦,動也 註 賦斂,所以擾動民也 書·禹貢 厥賦
惟上上錯 傳 賦,謂土地所生,以供天子 周禮·天官·大
宰 以八則治都鄙,五曰賦貢,以馭其用 註 賦,口率出
泉也 前漢·刑法志 畿方千里有稅有賦,稅以足食,賦以
足兵 註 賦,謂發賦斂財也 又 韻會 稟受也,給與也
禮·中庸 天命之謂性 註 者,人所稟受 朱傳 氣以成形,
而理亦賦焉 又 布也 詩·大雅 明命使賦 傳 賦,布也 箋
使羣臣施布之也 又 鋪陳也 詩·周南·關雎序 詩有六義,
二曰賦 疏 賦之言鋪,直鋪陳今之政教善惡 班固·兩都
賦序 賦者古詩之流 又 貢士曰賦 前漢·晁錯傳 迺以臣
錯充賦 註 如淳曰:猶言備數也。臣瓚曰:云如賦調也。
鍌 又賏57639賦57858賷57824貸57825賦57965

賧 57817 30758
tàn_8.15　廣韻 集韻 韻會 正韻 夶吐濫切音僋 玉
篇 蠻夷以財贖罪也。同賧 又 集韻 韻會 夶杜覽切音啖。
義同。鍌 又賧57848

賨 57818 30759
cóng_8.15　廣韻 藏宗切 集韻 韻會 徂宗切夶音悰
說文 南蠻賦也 後漢·南蠻傳 歲令大人輸布一疋,小口
二丈,謂之賨布 又 風俗通 巴有賨人,剽勇。閬中人范
目說高祖,募取賨人定三秦 揚雄·蜀都賦 東有巴賨,綿
亘百濮。鍌 又賨57819賨58094 又 正字通 悰,同賨。

賝 57819 30760
cóng_8.15　正字通 同賨 廣雅 稅也。

質 57820 30761
zhì_8.15　唐韻 之日切 集韻 韻會 正韻 職日切夶音
桎 易·繫辭 原始要終,以爲質也 註 質,體也 又 詩·小雅
民之質矣 傳 質,成也 朱傳 實也。又 大雅 虞芮質厥成
傳 質,成也。成,平也 疏 三字義同,故以質爲成,以
成爲平 朱傳 質,正。成,平也 又 詩·小雅 發彼有的 傳
的,質也 疏 十尺曰侯,四尺曰鵠,二尺曰正,四寸曰
質。鵠及正、質,皆在侯中也 又 周禮·地官·質人 大市
以質,小市以劑 註 質劑者,爲之券藏之也 又 儀禮·士
冠禮 質明行事 註 質,正也 禮·月令 黑黃蒼赤,莫不質
良 註 所染者當得眞采正善也。又 聘義 君子於其所尊,
弗敢質 註 質謂正自相當 又 禮·曲禮 質君之前 註 質猶
對也 又 廣雅 質,地也 禮·禮器 禮釋回增美質 註 質,
猶性也 又 公羊傳·定八年 弓繡質 註 質,拊也 又 史

記·范雎傳 不足以當椹質 註 質,剉刃也 又 前漢·張釋
之傳 具以質言 註 質,誠也 又 廣雅 問,定也 又 小
爾雅 質,信也 又 玉篇 主也,樸也 禮·樂記 中正無邪,
禮之質也 註 質,猶本也。禮爲之文飾也 又 姓 前漢·貨
殖傳 質氏以洒削而鼎食 又 廣韻 集韻 韻會 夶陟利切
音致 說文 以物相贅 左傳·隱三年 故周鄭交質 又 集韻
脂利切。贅,亦作質 左傳·昭三年 將奉質幣,以無失時
晉語 臣委質於翟之鼓 孟子 不傳質爲臣。鍌 又质57598
貭57605贄58072 又 贄41993 金石文字辨異·質 引 東魏李仲
璇修孔子廟碑 又 龍龕 鵄57798俗鷙57880正,陟利反。賑
也。亦貝也 可洪音義 賑物:上音致,典也。正作質 又 廣
韻 鷙,質當也。亦作賱58009 篇海類編 賺,財物相當。

賵 57821 30762
ài_8.15　字彙補 五介切音懈。人名。明寧河王新
賵。

賨 57822 30763
mì_8.15　集韻 同密 賦斂也。鍌 又䫀05309

瞽 57823 30764
fèi_8.15　篇海 音費。
瞽36692瞽36701瞽36700

賻 57824 30765
fù_8.15　篇海 賦亦作賻。

貸 57825 30766
fù_8.15　篇韻 同賦。

賤 57826 30767
jiàn_8.15　集韻 賤57813古作賷。

賾 57827 45610
zé_8.15　川篇 與貴同。鍌 篇海 引 川篇 賾,音貴。
古文 新修玉篇 引 川篇 賾,音貴。古文。楊清臣:賾57693
字異寫。古文賾。

賵 57828 45612
gòu_8.15　龍龕 同購。

齎 57829 45613
jī_8.15　字彙補 俗齎字。鍌 又赍57856

賝 57830 u2B3A9
chēn_8.15　簡 賝57797

贄 57831 u2B39B
null_8.15　殷周金文集
成·5.2838·曶鼎賷效父酉許。

賵 57832 u2B39A
null_8.15　嗊 未詳。

賟 57833 u27E56
tiǎn_8.15　簡 賟57804

踞 57834 u27E55
jū_8.15　簡 踞57808

賬 57835 u27E54
zhàng_8.15　俗賬57859

賰 57836 u27DB0
null_8.15　未詳。

賱 57839 u27DAD
buôn_8.15　嗊 从販省
奔bôn聲△賱半:買賣。賱趀:跑買賣。行賱:商行。

餗 57837 u27DAF
cōng_8.15　嗊 从負共cộng聲。揹負。

賵 57838 u27DAE
của_8.15　嗊 从財省固cố聲。

賰 57840 u27DAC
đắt_8.15　嗊 从貝妲dát聲△賰錢:昂貴。

賥 57841 u27DAB
biểu_8.15　嗊 从贈省表biểu聲△賦賥:禮物。

賰 57842 u27DA8
null_8.15　未詳。

賵 57843 u27DA7
fèng_8.15　賵57881俗譌

賷 57844 u27DA6
null_8.15　未詳。

賵 57845 u27DA5
null_8.15　未詳。

賵 57846 u478E
fèng_8.15　简 賵57843

睛 57847 u478D
qíng_8.15　简 睛57815

賧 57848 u8D55
tàn_8.15　简 賧57817

賠 57849 u8D54
péi_8.15　简 賠57805

賡 57850 u8D53
gēng_8.15　简 賡57806

賙 57851 u8D52
zhōu_8.15　简 賙57790

57852 u8D51
贔 bì_8.15　简 䞫58056

57853 u8D50
賜 cì_8.15　简 賜57796

57855 u8D4E
贖 shú_8.15　简 赎58069

57854 u8D4F
賞 shǎng_8.15　简 赏57800

57856 u8D4D
賫 jī_8.15　简 賫57829

57857 u8D4C
賭 dǔ_8.15　简 赌57863

57858 u8D4B
賦 fù_8.15　简 赋57816

57859 u8CEC
賬 zhàng_8.15　日 同帳14943計簿。

57860 30768
賍 zhì_9.16　集韻 丈里切音峙 類篇 賳57687或作賍。

57861 30769
睕 huǎn_9.16　廣韻 胡管切 集韻 戶管切丛音緩 玉篇 睕賭，小有財也 図 duǎn 集韻 覩緩切音短。義同。

57862 30770
賭 shǔ_9.16　集韻 爽阻切音所 類篇 貹57610，或作賭。図 集韻 寫與切音諝。義同。

57863 30771
賭 dǔ_9.16　唐韻 當古切 集韻 韻會 正韻 董五切丛音睹 說文 博簺也博雅 奕取也廣韻 戲賭晉書謝安傳安與兄子玄圍棋，賭別墅，勝之。又 羊玄保傳 與帝奕，賭郡，保勝，補宣城守 図 玉篇 賭，賧也。鑃 又賭57857 図 正字通 賭，俗賭字 図 賜，俗賭字。

57864 30772
賧 dǔ_9.16　集韻 同賭。

57865 30773
賖 chà_9.16　集韻 敕洽切音插。博戲名。鑃 又賖57887

57866 30774
賮 jìn_9.16　唐韻 集韻 韻會 丛徐刃切音燼◆ 說文 會禮也廣韻 琛賮 類篇 貨以將意曰賮 顏延之·赭白馬賦 或踰遠而納賮 註 財貨也 図 韻會 送行財幣也 集韻 或从盡作賮。亦作賮 図 五音集韻 即刃切音進。義同。鑃 又賮57716賮57895

57867 30775
賷 guì_9.16　說文 貴本字 九經字樣 賷，隸省作貴。鑃 九經文字 賷57894同貴。

57868 30776
睺 hòu_9.16　唐韻 集韻 丛胡遘切音侯。睺瞜，貪財之貌 図 玉篇 龍貝也。出南海。

57869 30777
販 fàn_9.16　集韻 方願切。與販57563同。

57870 30778
賯 xiōng_9.16　集韻 同賯。貨也。

57871 30779
賰 chǔn_9.16　廣韻 集韻 丛式允切音蠢。亦作偆 玉篇 賰賰，富有也。鑃 又賰57906

57872 30780
睍 yǎn_9.16　廣韻 於幰切 集韻 隱幰切丛音偃 廣韻 物相當也 図 yàn 廣韻 集韻 丛於建切音堰。義同。

57873 30781
賱 yǔn_9.16　廣韻 於粉切音惲。賱賰，富也 図 集韻 紆問切音醞。義同。

57874 30782
賾 zé_9.16　正字通 同賾57923○按 隸釋 漢碑从臣之字，多有作匹者，如姬作妡，頤作頥之類也。鑃 又頙68039

57875 30783
賲 bǎo_9.16　廣韻 博抱切 集韻 補抱切丛音保 玉篇 有也。亦作案。粜藏 類篇 和價物者。

57876 30784
賊 zāi_9.16　玉篇 子才切音哉。義闕 篇海 貨也，財也。鑃 熊加全：疑俗賊37884

57877 30785
賴 lài_9.16　古文 頼 廣韻 集韻 韻會 正韻 丛落蓋切音癩 說文 贏也 類篇 一曰恃也 書·大禹謨 萬世永賴 疏 萬代常所恃賴 図 史記·高祖紀 大人常以臣無賴 註 晉灼曰：賴，利也。無利於家也。或曰江淮之閒謂小兒多詐狡猾爲無賴 図 揚子方言 予賴，讎也。南楚之外曰賴，秦晉曰讎 註 賴，亦惡名 図 姓 風俗通 交阯太守賴先 玉海 賴氏，國名。漢有校尉賴丹○按 說文 从貝剌聲。俗作頼，非。鑃 又糧55225赖57909頼68199

57878 30786
輭 ruǎn_9.16　廣韻 而兗切 集韻 乳兗切丛音軟 玉篇 小有財 図 集韻 女軟切。義同。鑃 又賱57993

57879 30787
賵 chèng_9.16　集韻 丑正切音竀 玉篇 賣不得 類篇 售也。

57880 30788
賳 zhì_9.16　廣韻 集韻 丛陟利切音致。賬也。亦貝也。

57881 30789
賵 fèng_9.16　古文 賵 唐韻 集韻 韻會 正韻 丛撫鳳切音覂 說文 贈死者 儀禮·既夕註 賵，所以助主人送葬也 春秋·隱元年 天王使宰咺來歸惠公仲子之賵 註 賵，助喪之物。仲子，惠公妾也 公羊傳 車馬曰賵，貨財曰賻 註 賵猶覆也，賻猶助也，皆助生送死之禮 穀梁傳·隱三年 歸死者曰賵，歸生者曰賻。鑃 又賵57908賵57843

57882 30790
賱 biào_9.16　玉篇 方廟切音俵。散匹帛與三軍。

57883 30791
賵 yīng_9.16　篇韻 與嬰同。

57884 30792
賯 tíng_9.16　字彙補 同丁切音亭 本草 瑣珆蟲，一名賯。

57885 30793
賵 mào_9.16　說文 貿57631作賵 長箋 又作賈57802

57886 41915
賝 chēn_9.16　字彙補 賝本字。

57887 41916
賖 chà_9.16　奚韻 丑夾切。博戲也 字彙補 同賖。

57888 41917
賷 yāo_9.16　字彙補 伊姚切音邀。青賷，小獸名 宛委餘編 青賷食虎。鑃 亦作青蠅52951青䗧47571，毒蛇名。

57889 41918
賯 cán_9.16　餘文 才干切音殘。害物貪財也。

57890 u2B3AA
賧 chèn_9.16　简 賧58090

57891 u2B39E
賹 null_9.16　未詳。

57892 u2B39D
賹 null_9.16　信陽楚墓.1.45 母賹善。

57893 u2B39C
賷 null_9.16　未詳。

57895 u27DC7
賮 jìn_9.16　同賮57866 清·畢沅 經典文字辨證書 賮正賮俗。

57894 u27DC8
賷 guì_9.16　古文貴。見 九經字樣

57898 u27DC3
賹 null_9.16　未詳。

57896 u27DC6
賒 yì_9.16　類篇 賒，羊至切。物重有次謂之賒 說文 作貤，重次弟物也。

57899 u27DC2
賎 null_9.16　未詳。

57897 u27DC4
賮 xiè_9.16　俗叡57745 字

彙補 賢57960，何介切，音邂。纏然也。或作賢。

賽 57900 u27DC1 ruì_9.16 俗睿37906

餐 57901 u27DC0 null_9.16 未詳。

賍 57902 u27DBF null_9.16 未詳。

賸 57903 u27DBE null_9.16 未詳。

賜 57904 u27DBD cì_9.16 俗賜57796 華英字錄 賜，confer。

賽 57905 u27DBC null_9.16 未詳。

賰 57906 u4790 chǔn_9.16 简賰57871

賙 57907 u478F null_9.16 未詳。

贈 57908 u8D57 fèng_9.16 简贈57881

賴 57909 u8D56 lài_9.16 简赖57877

贍 57910 30794 càng_10.17 玉篇 七浪切。義闕 篇海 積貨也。

贅 57911 30795 zhuì_10.17 集韻 贅57957古作贅。

賣 57912 30796 jī_10.17 廣韻 祖稽切 集韻 牋西切丛音躋 篇海 齎 或作賣 周禮春官小宗伯 受其將幣之齎 釋文 本又作賣。

贄 57913 30797 bì_10.17 篇海 毗祭切，音閉◇困惡也。

嶷 57914 30798 kū_10.17 廣韻 胡瞎切 集韻 下瞎切丛音錯 說文 囷 突出也。从土叒聲。鋆 又嶷09434嶷04704 名義 嶷，胡八 反，囷窦出也。又嶷09340字。

賸 57915 30799 shèng_10.17 廣韻 集韻 韻會 丛以證切音孕 說文 物相增加也。一曰送也，副也 註 徐曰：今俗謂物餘為 賸。古者一國嫁女，二國往媵之，媵之言送也，副貳也， 義出於此 玉篇 相贈也。以物加送也 囗 shèng 廣韻 實 證切音乘。長也 類篇 益也，餘也 唐書·杜甫傳 殘膏賸 馥，沾丐後人多矣 韻會 俗作剩，非是。鋆 又賸57988 賸58037賸57981 正字通 从舟，本作艃48875

賹 57916 30800 ài_10.17 廣韻 集韻 丛烏懈切音隘。賍，寄人物也。

賺 57917 30801 zhuàn_10.17 集韻 直陷切音詁。賣也。一曰市物失 實 囗 集韻 離鹽切音廉。義同△ 集韻 與賺同。 鋆 又賺57941

賻 57918 30802 fù_10.17 唐韻 集韻 韻會 丛符遇切音附 說文 助也 玉篇 以財助喪也 儀禮·既夕 知死者贈，知生者賻 公羊 傳·隱元年 貨財曰賻 註 賻，猶助也。互詳贈57881字註。 鋆 又賻38050賻57942

賷 57919 30803 yí_10.17 篇海 與之切音移。遺也，況也 正字通 貽 字之譌。

鬻 57920 30804 yù_10.17 集韻 韻會 正韻 丛余六切音毓。通作鬻、 粥○按卽 說文 鬻字，註省作賣 玉篇 省作賣 廣韻 省作 賣 字彙 有賣、賣，而無賣、賣，非是 正字通 以賣與賣 同，尤非。鋆 又賣57973

購 57921 30805 gòu_10.17 唐韻 古候切 集韻 韻會 正韻 居候切丛 音構 說文 以財有所求也 史記·韓世家 將西購於秦 前 漢·高帝紀 乃多以金購豨將 註 師古曰購，設賞募也。

囗 草名 爾雅·釋草 購，蔏蔞 疏 舍人曰：購，一名蔏蔞 囗 集韻 居侯切音鉤。義同。鋆 又购57594賻57828賻58010 賻58006

賽 57922 30806 sài_10.17 唐韻 集韻 韻會 正韻 丛先代切音塞 說 文 報也 長箋 今俗報祭曰賽神，借相誇勝曰賽 韓愈·城 南聯句 賽饌木盤簇 囗 韻會 通作塞 周禮·春官·都宗人 既祭，反命於國 註 祭謂報塞也 前漢·郊祀志 冬塞禱祠 註 師古曰塞，謂報其所祈也 急就篇 謁禓賽禱鬼神寵 王應麟·音釋 碑本賽作塞。鋆 又賽12344宙12072

賾 57923 30807 zé_10.17 古文嘖 廣韻 士革切音賾 易繫辭 聖人有 以見天下之賾 疏 謂幽深難見 釋文 賾，京氏作嘖。 ○按徐鉉 說文 敘辨俗書謫謬，不合六書之體者，以賾 為假借之字，當通用嘖△ 集韻 賾或作嚪。鋆 又嘖07593 賾57985嘖26660賾48179 囗 正字通 賾57874，賾57955字之 譌。賾，俗賾字。賾67478，賾字之譌。

贆 57924 30808 fén_10.17 篇韻 音焚。大頭。

賵 57925 30809 suǒ_10.17 玉篇 先臥切，音鎖。骨也。鋆 又賵57752 賺57953

贄 57926 30810 xié_10.17 篇韻 音脅。財也。

賵 57927 30811 chèng_10.17 篇韻 音遉。賣也。

賈 57928 30812 mài_10.17 說文 賣57812本字。从出从買。

齎 57929 30813 jī_10.17 說文長箋 同齎。

贅 57930 30814 zī_10.17 字彙補 同資。見 碧落碑

賭 57934 u2B39F null_10.17 未詳。

贄 57931 30815 lài_10.17 篇韻 與賚同 ○按 玉篇 云勑，今作賚。合二字作一字，非是。

贖 57936 u27DDC null_10.17 未詳。

賣 57932 30816 yù_10.17 廣韻 賣作賣。

賾 57938 u27DDA null_10.17 未詳。

贊 57933 u2B3A0 null_10.17 殷周金文集 成·15.9734·盞壺 或得賾猹司馬賙。讀若賢。

嗔 57935 u27DDD xoe_10.17 嗊 从圓省吹xuy聲△賒嗔：揉成團，籠絡。

賢 57939 u27DD9 null_10.17 未詳。

賵 57937 u27DDB kuì_10.17 同饋69455 清 稗類鈔·優伶類 得厚賵以償所需而已。

賙 57940 u27DD8 shàn_10.17 俗賙58027

賺 57941 u8D5A zhuàn_10.17 简賺57917

賻 57942 u8D59 fù_10.17 简賻57918

贅 57943 u8D58 zhuì_10.17 简贅57957

賿 57944 30817 liáo_11.18 集韻 力交切，音顟 類篇 庾語謂錢曰賿。

賷 57945 30818 shāng_11.18 正字通 同商 玉篇 通四方之珍異，謂 之寶人也 說文 作賷。

賹 57946 30819 yì_11.18 廣韻 以睡切 集韻 弋睡切丛音諉 博雅 益 也 玉篇 揜挈也。或作諸 囗 集韻 於賜切音縊。義同。 鋆 俗作賹57958

殯 57947 30820 bīn_11.18 篇海 疋賓切音繽。殯飛也。

敗 57948 30821 bài_11.18 集韻 敗21516古作敗。

賝 57949 30822 chěn_11.18 字彙 楚錦切音磣。賭也。

贙 57950 30823 xuàn_11.18 篇海 同贙58089

瞜 57951 30824 lòu_11.18 廣韻 盧候切 集韻 郎豆切，㕛音漏。賑瞜，貪財。

贓 57952 30825 zāng_11.18 篇海 同贓58055

賥 57953 30826 suǒ_11.18 篇海 先臥切音鎖。貨57925亦作賥。

贃 57954 30827 wàn_11.18 廣韻 烏患切音綰。支財貨。鋆又𧹗57969 贃38128 又 正字通 贃，賆57788字之譌。舊註支財貨，與賆義同。改烏患切音腕，分為二，七画闕賆，並非。

賾 57955 30828 zé_11.18 正字通 俗賾字。

贄 57956 30829 zhì_11.18 廣韻 集韻 韻會 㕛脂利切音至 玉篇 執玉帛也。亦作摯 周禮·春官·大宗伯 以禽作六摯，以等諸臣 釋文 摯，本或作贄 左傳·莊二十四年 男贄，大者玉帛，小者禽鳥，以章物也。女贄，榛栗棗脩，以告虔也 類篇 亦作質 又 集韻 魚列切音孽 類篇 不動貌 又zhí 集韻 陟立切音縶。義同。通作慹。鋆又䞇57984贽57740

贅 57957 30830 zhuì_11.18 古文贅贅 唐韻 之芮切 集韻 韻會 朱芮切㕛音叕 說文 以物質錢，从敖貝。敖者，猶放貝當復取之也 又 詩·大雅 具贅卒荒 傳 贅，屬也 疏 贅，猶綴也。謂繫綴而屬之 又 莊子·大宗師 彼以生爲附贅縣疣 釋名 贅，屬也。橫生一肉，屬著體也 又 史記·滑稽傳 淳于髡者，齊之贅壻也 註 索隱 曰：贅壻，女之夫，比于子，如人疣贅是餘剩物也 前漢·賈誼傳 家貧子壯則出贅 註 師古曰贅，質也。家貧無有聘財，以身爲質也。又 會也 前漢·武帝紀 毋贅聚 註 如淳曰：贅，會也。又 行不當也 老子道德經 其于道也，若餘食贅行 註 行之無當曰贅 又 言煩也 曾鞏·講官議 問一告二謂之贅 又 博雅 贅，定也 又 玉篇 最也，得也 又áo 集韻 牛交切音敖 類篇 熬贅，不媚。鋆又赘57943贅58035贅58043

贀 57958 30831 yì_11.18 篇韻 音義。拏也。鋆楊寶忠：俗贀57946

賯 57959 30832 mì_11.18 篇韻 音密。水流貌。鋆俗滵29331

賢 57960 30833 xiè_11.18 篇韻 音解。纔然也。亦作贀。

賫 57961 30834 mài_11.18 字彙補 古文賣57812字。

賷 57962 30835 kuì_11.18 篇海 與蕢同〇按即蕢字之譌。

贏 57963 45614 luó_11.18 篇海類編 落戈切音騾。鋆俗螺。

䝨 57964 45615 guī_11.18 龍龕 居隨切音規。

賦 57965 45617 fù_11.18 龍龕 同賦

𫎡 57966 u2B3A1 null_11.18 未詳。

𪥠 57967 u2A960 réng_11.18 简 𪥠58103

贈 57968 uFAC1 zèng_11.18 俗贈57995

𧹗 57969 u27E57 wàn_11.18 简 贃57954

𧷷 57973 u27DF7 yù_11.18 同賣57920

𧷺 57970 u27DFA tròn_11.18 喃 俗圇08242圓，圈。

𧷹 57971 u27DF9 tậu_11.18 喃 从貝造tạo聲。購置（大件物品）。

𧷸 57972 u27DF8 mua_11.18 喃 从買省模mô省聲△𧷸賻：批購。𧷸半：買賣。𧷸愶：消遣，取樂。

𧷰 57977 u27DF0 null_11.18 未詳。

𧷶 57974 u27DF6 shàn_11.18 淹𧷶，精通

𧷯 57978 u27DEF null_11.18 未詳。

𧷵 57975 u27DF5 mài_11.18 古文賣57812

𧷮 57979 u27DEE shāng_11.18 古文商06218

𧷭 57980 u27DED null_11.18 未詳。

𧷴 57976 u27DF4 huò_11.18 同貨57562馬王堆漢墓帛書 老子甲本·道經 難得之𧷴。

𧷬 57981 u27DEC shèng_11.18 俗賸57915亦作賸58037 可洪音義 或賸：音剩。

𧷫 57982 u27DEB gēng_11.18 俗賡57806

𧷪 57983 u27DEA null_11.18 未詳。

䞇 57984 u4787 zhì_11.18 俗贄57956

赜 57985 u8D5C zé_11.18 简 賾57923

贆 57986 30836 biāo_12.19 廣韻 甫遙切 集韻 韻會 卑遙切㕛音猋 爾雅·釋魚 貝居陸，贆 疏 居陸者名贆 五經文字 贆，从三犬。鋆 龍龕 賆俗，贆今，贆正。

𫎫 58012 u2B3AB dàn_12.19 简 贉57997

贆 57987 30837 biāo_12.19 譌字〇按 爾雅 貝居陸，贆。本作贆 正字通 以爲本作贆，非是。

𫎢 58013 u2B3A2 null_12.19 殷周金文集成·18.12110·鄂君啟車節 爲鄂君啟之府𫎢鑄金節。

賸 57988 30838 shèng_12.19 唐韻 以證切音孕 說文 賸57915作賸，送也，副也。

贈 57989 30839 jú_12.19 玉篇 巨律切，音厥◇ 篇海 貝也。

賵 57990 30840 guì_12.19 唐韻 詭僞切 集韻 居僞切㕛音垝 說文 資也 廣雅 賭也 又wǎ 集韻 五寡切音瓦 類篇 財也。或从危作䝿 又 玉篇 古文貨57562字。鋆又䝿57580䝿57642

贇 57991 30841 yūn_12.19 廣韻 於倫切 集韻 韻會 紆倫切㕛音䝾。美好貌。鋆又赟58022贇58008

𧸐 58016 u27E10 nì_12.19 俗膩47831

贕 57992 30842 dū_12.19 廣韻 當孤切 集韻 東徒切㕛音都。賭勝也。出 新字林

𧸏 58017 u27E0F null_12.19 未詳。

贕 57993 30843 ruǎn_12.19 篇海 而兗切音軟。小有財也〇按 玉篇 作賏 篇海 作贕。賏、贕同 隸釋 漢碑凡从耎者亦書作需。

𧸎 58018 u27E0E null_12.19 未詳。

贁 57994 30844 bì_12.19 集韻 毗祭切音敝 玉篇 今作幣 類篇 帛也。一曰財也。

贈 57995 30845
zèng_12.19 廣韻 正韻 丛昨互切音鄼 說文 玩好相送也 詩·鄭風 雜佩以贈之 傳 贈，送也 儀禮·聘禮 公使卿贈，如覿幣 禮·檀弓 何以贈我 図 詩·大雅 以贈申伯 傳 贈，增也 疏 凡贈遺者，所以增長前人，贈之財，使富增於本，贈之言，使行增於義，故云贈，增也 図 正字通 借封死者官稱曰誥贈，恩頒自朝廷也 図 詩·鄭風 知子之來之，雜佩以贈之 朱傳 贈，音則。來，音力 毛詩古音考 來音釐，贈疑是貽字之誤。未知孰是，存以備考。鑾 又韻 58011贈 58021贈 58014

賘 57996 30846
xiān_12.19 玉篇 火監切。有賄賘也〇按此下 正字通 尚有穨字，已入禾部，重出，今刪。

賝 57997 30847
dàn_12.19 廣韻 集韻 丛徒感切音菼。買物先入直也 玉篇 預入錢也 図 米芾·書史 隋唐藏書，皆金題錦賝 註 賝，卷首帖綾。又謂之玉池，有毬路錦賝、樓臺錦賝、樗蒲錦賝 図 廣韻 集韻 丛徒紺切音醰。義同。亦作賧。鑾 賧 58012

賹 57998 30848
yí_12.19 篇海 以追切音維。正作遺。

賦 57999 30849
cái_12.19 篇海 與財同。

賾 58019 u27E0D
null_12.19 未詳。

賥 58000 30850
zhǐ_12.19 集韻 展几切音黹 玉篇 當也 類篇 財物相當。鑾 又賿 58009賾 58093

贊 58001 30851
zàn_12.19 唐韻 集韻 韻會 丛則旰切音讚 說文 見也。从貝从兟 註 徐鉉曰：兟，音詵，進也。執贄而進，有司贊相之 図 易·說卦 幽贊於神明 註 贊，明也 疏 贊者，佐而助成，而令微者得著，故訓為明也 図 書·大禹謨 益贊于禹曰 傳 贊，佐也 儀禮·士冠禮 少退贊命 家語 游夏不能贊一辭 図 書·皋陶謨 贊贊襄哉 傳 亦贊奏上古行事而言之 疏 進習上古行事，贊成其辭而言之也 図 進也 前漢·東方朔傳 朔自贊曰 註 師古曰贊，進也。図 廣韻 出也，助也 図 姓 呂氏春秋 相馬贊君 図 叶則縣切音箭 蘇軾·謝吳山神文 禱于有神，陰假其便。不愆于素，咸出幽贊。鑾 又贊 57794贊 58023

贅 58002 30852
zhuì_12.19 類篇 贅 57957古作贅。

賣 58003 30853
yù_12.19 說文 余六切。賣本字。

贇 58022 u8D5F
yūn_12.19 简 贇 57991
不見貌。鑾 廣韻 必刃切 図 覞 55065

赞 58023 u8D5E
zàn_12.19 简 贊 58001
〇按膩譌作賦，後譌作職，丛譌字。

賥 58004 30854
bìn_12.19 篇韻 音賓。

膩 58005 30855
nì_12.19 篇韻 同膩。

購 58006 30856
gòu_12.19 篇韻 同購〇按卽購字之譌。

貴 58007 30857
guì_12.19 說文 古文貴 57614字。

賦 58008 41919
yūn_12.19 字彙補 與贇同，人名 馬令·南唐書 朱文進以黃紹顏守泉州，程賦守漳州。

賹 58009 41920
zhǐ_12.19 川篇 音黹。質也。鑾 同賥 58000

購 58010 41921
gòu_12.19 龍龕 古候切。購也。鑾 又購 58006

韻 58011 45616
zèng_12.19 篇韻 同贈

贈 58014 uFA65
zèng_12.19 同贈 57995

賭 58015 u27E13
chǔa_12.19 喃 从貝渚chā聲。貯存，積儲。

賰 58020 u27E0C
zhōng_12.19 姓。或讀鐘 包山楚簡 賰笄。

贈 58021 u8D60
zèng_12.19 简 贈 57995

赝 58024 u8D5D
yàn_12.19 简 贋 58026

赝 58026 u8D0B
yàn_12.19 同贋 58071

撲 58025 u8D0C
pú_12.19 租佃。

贍 58027 30858
shàn_13.20 唐韻 集韻 韻會 時豔切，丛探去聲 說文 給也 玉篇 周也。假助也 孟子 此惟救死而恐不贍 趙岐註 恐凍餓而不給 図 後漢·李王鄧來傳贊 李、鄧豪贍 註 鄧晨代以吏二千石為豪，李通家富為贍也。又 班固·傳論 固文贍而事詳 図 與澹同 史記·司馬相如傳 漉沈贍菑 註 索隱曰：漢書作灑沈澹灾。澹，安也。又 前漢·食貨志 猶未足以澹其欲也 註 師古曰澹，古通贍 集韻 贍，或作儋。亦作儋。鑾 又贍 58048賵 57940贈 58074

赚 58028 30859
zhuàn_13.20 唐韻 佇陷切 集韻 直陷切丛音賺 說文 重買也，錯也 類篇 一曰市物失實。或省作賺 図 lián 集韻 離鹽切，讀離。博雅 賣也。鑾 又賺 58045

購 58029 30860
wàn_13.20 唐韻 集韻 丛無販切音萬 說文 貨也 正字通 或曰貨多，故从萬，與贏字異義通，非貨名購也。図 lì 集韻 力制切音例。購 58070或省作購 図 落蓋切音賴。義同。鑾 又賜 57954賜 58095

贎 58030 30861
xué_13.20 集韻 相絕切音雪 類篇 贎，草名。鼠姑也。

贋 58031 30862
liàn_13.20 廣韻 集韻 丛力驗切音斂。市先入直。図 biǎn 集韻 悲檢切音貶。貶 57617或作贋 図 dàn 集韻 徒紺切音醰。賝 57997或作贋。鑾 又贋 57770

贏 58032 30863
yíng_13.20 廣韻 以成切 集韻 韻會 怡成切 正韻 餘輕切丛音盈 說文 有餘賈利也 左傳·昭元年 賈而欲贏，而惡囂乎 註 言譬如商賈求贏利者，不得惡誼囂之聲 前漢·食貨志 操其奇贏，日游都市 註 師古曰奇贏，謂有餘財而畜聚奇異之物也 図 周禮·冬官考工記·弓人 撟幹欲孰於火而無贏 註 贏，過孰也 図 禮·月令 天地始肅，不可以贏 註 贏，猶解也。又 淮南子·時則訓 天地始肅，不可以贏 註 贏，盛也 図 左傳·襄三十一年 以隸人之垣贏諸侯 註 贏，受也 疏 贏讀為盈。盈，滿也，故訓為受也 図 前漢·刑法志 贏三日之糧 註 贏，謂擔負也。図 玉篇 緩也，溢也 図 篇海 贏，輸之對也 正字通 凡攻戰、博簺勝曰贏，負曰輸 △ 類篇 或作㿝。鑾 又贏 58047贏 58062

賥 58033 30864
suì_13.20 篇韻 音遂。賻，賥也。

賂 58034 30865
lù_13.20 篇韻 音路〇按卽賂字之譌。

贅 58035 41922
zhuì_13.20 字彙補 與贅同 廣雅 贅，得也。

賰 58036 41923 xùn_13.20 川篇 音峻。益也。鎣 同賰。

賸 58037 45618 shèng_13.20 餘文 賸字之譌。

𧸤 58038 u27E24 kuài_13.20 龍龕 俗。古會反。

𧸣 58039 u27E23 null_13.20 未詳。

𧸢 58040 u27E22 null_13.20 未詳。

𧸡 58041 u27E21 null_13.20 未詳。

𧸠 58042 u27E20 null_13.20 未詳。

𧸟 58043 u27E1F zhuì_13.20 贅57957本字。

𧸝 58044 u27E1D bán_13.20 喃 从賣半bán聲。販賣△𧸝賆：批發。

𧸛 58046 u27E1B yàn_13.20 俗贗58071

𧸜 58045 u27E1C zhuàn_13.20 俗賺58028

赢 58047 u8D62 yíng_13.20 简 贏58032

赡 58048 u8D61 shàn_13.20 简 贍58027

贐 58049 30866 jìn_14.21 集韻 徐刃切音燼。與賮同 孟子 行者必以贐 趙岐註 贐，送行者贈賄之禮也。鎣 又𧸬58066䝲57731䝱57728𨯂69559 又 四聲篇海 𦾔51873與贐義同。

贕 58050 30867 làn_14.21 集韻 盧瞰切音濫 類篇 贕賗，貪財也。

贙 58051 30868 jù_14.21 集韻 居御切音據 類篇 質錢也。

贔 58052 30869 mián_14.21 玉篇 音綿。賵也。

贛 58053 30870 gàn_14.21 廣韻 古暗切音紺。灨，亦作贛。縣名。章貢二水合流，因其處立縣，便以爲名，在南康郡 集韻 或作贑。鎣 又𫎬58061

贒 58054 30871 xián_14.21 集韻 賢57809古作贒。鎣 俗賢。

贓 58055 30872 zāng_14.21 ◆廣韻 則郎切 集韻 韻會 正韻 茲郎切太音臧 玉篇 藏也 廣韻 納賄曰贓 又 通作臧 前漢·尹賞傳 其羞辱甚於貪汙坐臧。鎣 又䞚57734賍57743賘57787贜57952贜58109

贔 58056 30873 bì_14.21 廣韻 集韻 韻會 太平祕切音備 玉篇 贔屓，作力貌 張衡·西京賦 巨靈贔屓 註 贔屓，作力之貌 左思·吳都賦 巨鼇贔屭，首冠靈山 註 贔屓，用力壯貌。又 類篇 贔屓，鼇也。一曰雌鼇爲贔 正字通 贔屭，大龜，蟕蠵之屬，好負重。或名蚆蝮。今石碑下龜趺象其形 嶺南異物志 贔屓作係臂 又 與奰同 詩·大雅 內奰于中國 傳 奰，怒也。不醉而怒曰奰 疏 正義曰：西京賦 云巨靈奰屭，以流河曲。則奰者怒而自作氣之貌。不醉而怒者，以其承上醉事也。鎣 又贔57852奰10325 又 龍龕 贔68528俗，皮媚反。正作贔。屓也。

賯 58057 30874 xùn_14.21 廣韻 私閏切 集韻 須閏切太音峻 玉篇 益也 類篇 賯或作賐。鎣 又賰58086 又 正字通 賰58036思徇切音旬。益也。案，卽賰字。

贘 58058 30875 zhàn_14.21 篇海 直善切音邅。謀人財物謂之贘。

贙 58059 30876 gùn_14.21 字彙補 古困切音棍。圓也。

𧹠 58060 45619 yí_14.21 字彙補 與遺同。

𫎬 58061 u2B3AC gàn_14.21 簡 贛58053

𦢼 58062 u268BC yíng_14.21 贏58032本字

𧸰 58063 u27E30 khềnh_14.21 喃 从貝（背）輕聲△𦡟𧸰：靠背休息。

𧸮 58064 u27E2E wéi_14.21 俗贘55269 正字通 贘，滂原 作𧸮，非。

𧸭 58065 u27E2D null_14.21 未詳。

𧸬 58066 u27E2C jìn_14.21 同賮57866 睡虎地秦墓竹簡 𧸬玉者侯客節來使入秦。

𥜤 58067 u25724 rẻ_14.21 喃 从賤礼lễ聲△輕𥜤：輕視。

贕 58068 30877 dú_15.22 廣韻 集韻 太徒谷切音獨 玉篇 卵內敗也 又 淮南子·原道訓 獸胎不贕 註 胎不成獸曰贕○按 正字通 以爲同殰，非 玉篇 在卵部，今併入。鎣 又𧹣58075

贖 58069 30878 shú_15.22 廣韻 集韻 韻會 太神蜀切音數 說文 貿也 玉篇 質也。以財拔罪也 書·舜典 金作贖刑 傳 出金以贖罪 又 shù 集韻 殊遇切音樹 詩·秦風 如可贖兮 釋文 贖，又音樹 又 集韻 亦姓。鎣 又賥57855𧹫58112

贎 58070 30879 wàn_15.22 廣韻 集韻 太力制切音例。貨也。或省作贃58029

贗 58071 30880 yàn_15.22 廣韻 五晏切 集韻 韻會 正韻 魚澗切，太音鴈。僞物。同偐 玉篇 不直也 韓愈·酬崔少府詩 前計頓乖張，居然見眞贗 又 或作鴈 韓非子·說林篇 齊伐魯，索讒鼎，魯以其鴈往。齊人曰鴈也。魯人曰眞也。鎣 又贋58024贋58026𧸛58046

贄 58072 30881 zhì_15.22 篇韻 音致。當也○按贄，疑卽俗質字。

贌 58073 30887 chài_15.22 篇韻 音蠆。別寄異物也。亦書作𧸹58081 鎣 音蠆 又 四聲篇海 𧸹58081，楚介切。別寄異物也。又 貰57572

𧹄 58074 45620 shàn_15.22 龍龕 同贍

𧹣 58075 45621 dú_15.22 字彙補 同贕

𫎤 58076 u2B3A4 null_15.22 喃未詳。

𫎣 58077 u2B3A3 yíng_15.22 同贏58032

𧸼 58078 u27E3C kuàng_15.22 明憲宗純皇帝實錄·卷之九十九 省躬思咎，雖萬死，不足以贖尸𧸼之罪。史語所校勘記：舊校改𧸼作曠。

𧸻 58079 u27E3B búi_15.22 喃 𧸻𩯁：卷髮。

𧸺 58080 u27E3A còng_15.22 喃 从貝（𠃵）窮cùng聲△𧸺骸：駝背。

𧸹 58081 u27E39 chài_15.22 同贌58073 字彙補 𧸹，音瘥。別寄異物。又 chà用同差，奇異。敦煌·S.4128 太子成道變文 近到迦毗羅城，早有一場𧸹異。摩醯首羅神聖，自古釋鍾欽虔。又P.2299 太子成道經 或於一日，便上綵樓，謀（瞀）悶之次，便乃睡著。作一𧸹夢。忽然驚覺，遍體汗流。又P.2299 太子成道經 九龍吐水早是𧸹，千輪足下有瑞連（蓮）開。

𧸶 58082 u27E36 null_15.22 未詳。

𧸵 58083 u27E35 null_15.22 未詳。

瞭 58084 u27E34
null_15.22 未詳。

贙 58086 u478A
xùn_15.22 同贙58057 直音篇 贙，音峻，益也。贙58036 賧57748並同上。

矓 58085 u27E33
zhàn_15.22 同矓58058 直音篇 直善切。謀人財物。

贘 58087 u8D18
cháng_15.22 俗償02177 青年界·1931. V. 1. Num. 1. P. 49·芳艸·二次大戰的醞釀和英國空軍 關稅戰爭毀壞那國際的戰債協定，海牙賠贘協定，和楊歐文計劃。

贖 58088 30882
wèi_16.23 集韻 以醉切，遺去聲。遺，或作贖。類篇 贈也。

贙 58089 30883
xuàn_16.23 廣韻 黃絢切 集韻 熒絹切叏音縣 說文 分別也。从虤對爭貝 左思·魏都賦 兼葭贙，葟葀森 註 贙，分別也 又 爾雅·釋獸 贙，有力 註 出西海大秦國有養者，似狗，多力，獷惡 又 廣韻 一曰對爭也。倒一虎者，非也○按 正字通 誤音吟 說文 音語巾切者，乃贙字，非贙字也。鋻 又贙58100贙58101

覶 58090 30884
chèn_16.23 廣韻 集韻 叏初覲切音襯 玉篇 覶，錢也 正字通 供齋下覶禮 廣韻 與嚫同。嚫，施也。鋻 又賝57890

矓 58091 30885
lòng_16.23 廣韻 集韻 叏良用切音朧。貪也 又 玉篇 龍貌。

贙 58092 30886
xuàn_16.23 字義總略 疑卽觥字。與暴同○按 梁昇卿 御史臺精舍碑 錯磐螭以頓稅，鏤蹲贙以衡鋪。疑卽贙字。

矓 58093 30888
zhǐ_16.23 篇韻 與矓同。

贙 58094 41924
cóng_16.23 字彙補 疑卽賨字 管窺輯要 拂林國有獸，名贙，大如狗，獷惡而力。

贙 58095 45622
wàn_16.23 字彙補 同矓 鋻矓，贙字訛誤。字彙補 矓 說文長箋 矓字。

顜 58096 u2B3A5
null_16.23 从貝顜聲，義未詳，見 妊小簋

贎 58097 u27E45
nghèo_16.23 喃 从貧堯nghiêu聲△贎㵲：窮困。

贙 58098 u27E44
gàn_16.23 同贛58106

贙 58099 u27E43
null_16.23 未詳。

贙 58100 u27E42
xuàn_16.23 龍龕 贙或作，贙58089今。

贙 58101 u27E41
xuàn_16.23 同贙58092俗贙58089

贛 58102 30889
gòng_17.24 唐韻 集韻 韻會 正韻 叏古送切音貢 說文 作贛。賜也。从貝，竷省聲。籀文作贛 韻會 通作貢 禮·樂記 子贛見師乙而問焉 又 集韻 灨，水名，出豫章。或作灨，通作贛 又 gǎn 集韻 古禫切音感 前漢·地理志 豫章郡贛 註 豫章水出西南，北入大江。如淳曰音感。又 gàn 集韻 古暗切音紺 前漢·地理志 琅邪郡贛榆 註 師古曰贛，音紺 又 集韻 呼貢切，與戇同。愚也 又 集韻 陟降切音憃。義同 又 hòng 集韻 呼降切。賜也。

鋻 又贛58053贛58107贛41682贛58110贛58106

夒 58103 30890
réng_17.24 篇海 音仍。不知也 又 音備。義同○按 集韻 夒从三大三目。或省作奭。奭，通作贔，遂譌夒爲夒 篇海 音義俱非。鋻 又夒57967

贖 58104 45623
yuè_17.24 搜真玉鏡 羊灼切。

贙 58105 u27E4B
vay_17.24 喃 从貸爲vay聲△朱𥩾：借貸。

贛 58106 u27E49
gàn_17.24 同贛58102

贛 58107 u8D63
gàn_17.24 简 贛58102

贙 58108 45624
zī_18.25 海篇 音資。

贛 58110 u2F9D6
gàn_18.25 同贛58102

贜 58109 45626
zāng_18.25 字彙補 俗臟字。

贙 58111 u27E4D
null_18.25 未詳。

贖 58114 u27E4F
null_19.26 未詳。

贖 58112 30891
shú_19.26 說文 贖本字。

矓 58113 45625
luò_19.26 篇海類編 郎箇切，羅去聲。

• 赤部 •

赤 58115 30892
chì_0.7 古文烾 唐韻 集韻 韻會 正韻 叏昌石切音尺 說文 南方色也 玉篇 朱色也 易·說卦 乾爲大赤 疏 取其盛陽之色也 書·禹貢 厥貢惟土五色 疏 天子社廣五丈，東方青，南方赤，西方白，北方黑，上冒以黃土 禮·曲禮 周人尚赤 註 以建子之月爲正，物萌色赤 又 書·康誥 若保赤子 疏 子生而赤色，故言赤子 又 前漢·五行志 赤地千里 註 空盡無物曰赤 又 韻會 裸裎曰赤體，見肉色也 又 史記·孟子列傳 中國名曰赤縣神州 又 韻會 赤縣，謂畿縣也 晉書·成公綏傳 赤縣據於辰巳 又 水名 莊子·天地篇 黃帝遊乎赤水之北 博雅 崑崙虛，赤水出其東南陬 又 六赤 正字通 今骰子別名 李洞·贈李郎中詩 微黃喜兆莊周夢，六赤重新擲印成 又 姓 呂氏春秋 赤冀作臼 列仙傳 赤斧，巴人 又 qì 集韻 七迹切音戚 周禮·秋官 赤友氏 註 赤友，猶言捇拔也 疏 捇拔，除去之也 △說文 作烾。鋻 又夫30621

赤 58116 u2F9A
chì_0.7 部 赤58115

赫 58117 u27E58
hè_1.8 可洪音義 顯赫：音赫58142㮧為：上呼格反。盛也。正作赫。

靫 58118 30893
chēng_2.9 集韻 癡貞切音裎。赤色也 說文 經58140，或从丁作靫。

靫 58119 30894
chēng_2.9 篇韻 與靫同。

靫 58120 30895
hóng_3.10 集韻 胡公切音洪 類篇 皮肉腫赤。

赧 58121 30896
zhǐ_4.11 集韻 章移切音支 類篇 輕赧，面飾。

赩 58122 30897
xì_4.11 廣韻 許激切 集韻 韻會 馨激切 正韻 迄逆切叏音閴。赩赩，笑聲 元包經 言侃侃，笑赩赩 又 玉篇 赤也。

赦 58123 30898
shè_4.11 古文𢼃 廣韻 始夜切 集韻 韻會 正韻 式夜

切赱音郡 說文 置也，釋也。或从亦作赥 廣韻 赥，宥也 易·解卦 君子以赦過宥罪 書·湯誓 罔有攸赦。又 呂刑 五刑之疑有赦 周禮·秋官·司刺 掌三刺、三宥、三赦之法 註 赦，舍也 前漢·刑法志 三赦，一曰幼弱，二曰老眊，三曰惷愚 囚 姓 說苑 趙簡子臣赦厥 囚 通作舍 前漢·朱博傳 常刑不舍 囚cè 集韻 測革切。本作赦。擊馬也。
鋻 又赦21448祓21444祓39674赦21517

58124 30900
赧 nǎn_4.11　廣韻 奴版切 集韻 韻會 正韻 乃版切赱音戁 說文 面慚赤也 孟子 觀其色赧赧然 趙岐註 面赤，心不正之貌△ 說文 作赧 集韻 或从皮作赦，亦作戁。
鋻 又戁18172被36954赧58125 囚 龍龕 䩚55125古，赧正 囚 正字通 䩄67042，俗赧字 囚 字彙 䞓67092䞓67079同赧。

58125 u27E5C
赧 nǎn_4.11　俗赧58124 四部叢刊·初編集部·清·朱彝尊·曝書亭集·卷第六十·說 說舟示戴生鎈 有鹿頭，楊廉夫詩「鹿頭湖船唱赧郎」是也。

58126 u2466E
牪 ngàu_4.11　喃 从赤牛ngưu聲。猩紅。

58127 30899
彤 tóng_5.12　廣韻 集韻 赱徒冬切音彤 玉篇 同赨58131赤色。

58128 30901
赦 niǎn_5.12　集韻 同赧 揚子方言 愧也。秦晉之間，凡愧而見上謂之赦 吳質·答東阿王書 赧然汗下 註 面慚曰赦 囚 集韻 尼展切音碾 類篇 實赦，笛聲緩也 馬融·長笛賦 䆗窱實赦。

58129 u2B3AD
䞓 chēng_5.12　簡 䞓58140

58130 u27E5F
䄫 đà_5.12　喃 从赤它tha聲。

58131 30902
赨 tóng_6.13　廣韻 集韻 赱徒冬切音彤 說文 赤色也 管子·地員篇 其種，大苗細苗，赨莖黑秀，箭長 註 赨，卽赤也 玉篇 同彤 囚róng 集韻 余中切音融 類篇 赤蟲。囚xióng 集韻 胡弓切音雄。義同 囚 字彙補 古文雄66110字。鋻 又蚒52402䖶58127䖶52877 囚 虫部 重出：唐韻 集韻 赱徒冬切音彤 玉篇 赤蟲也 囚xióng 集韻 胡弓切音雄。義同 囚 正字通 通雄。註見蚒52717按，今併入 赤部

58133 30904
絧 dòng_6.13　集韻 杜孔切音動 類篇 赤色。

58134 30905
赧 nǎn_6.13　說文 赧作赧 五經文字 赧，从又。

58135 u2B3AE
赪 null_6.13　未詳。

58132 30903
赩 xì_6.13　廣韻 許極切 集韻 韻會 迄力切赱音衋 說文 大赤也 楚辭·大招 北有寒山，逴龍赩只 註 赩，赤色無草木貌也 左思·蜀都賦 丹沙赩熾出其坂 註 赩，赤貌也 囚 玉篇 赤白。又怒貌。囚 集韻 郝格切音赫。義同。鋻 又赩48916赩48924

58136 u27E62
胭 yān_6.13　五侯鯖字海 音烟 通雅 燕支，今作胭47170脂，古通焉支、閼氏、燕脂，字書因作䞉赦、胭脂 中州樂府·王予可·小重山 螺髻憂浮觴，鳳奩塵瑩恨，泡䞉霜。予可自解：胭霜，脂粉也。

58137 u27E61
栢 null_6.13　未詳。

58138 u8D6A
赪 chēng_6.13　簡 赪58154

58139 30906
赥 hān_7.14　集韻 呼含切音㟏 類篇 赤色。

58140 30907
䞓 chēng_7.14　廣韻 丑貞切 集韻 癡貞切 正韻 丑成切赱音檉 說文 赤色。引 詩 魴魚䞓尾○按 詩·周南 今本作赬 儀禮·士喪禮 䞓末長終幅。註：䞓，赤也△ 集韻 或作䞏浾泟。鋻 䞓58129 囚 敦煌·S.545 失名類書 露泫䞓68157蘭，映霄階而綴佩。

58141 30908
赨 wěi_7.14　廣韻 無匪切 集韻 武斐切赱音尾 玉篇 赤赨也 類篇 赤色 囚人名 廣韻 鄭大夫蔡赨。鋻 又赨58146 囚 直音篇 䞑同赨。

58142 30909
赫 hè_7.14　唐韻 正韻 呼格切 集韻 韻會 郝格切赱音焃 說文 火赤貌 博雅 赤也 詩·邶風 赫如渥赭 傳 赫，赤貌 囚 詩·大雅 王赫斯怒 箋 赫，怒意 囚 詩·大雅 赫赫炎炎 傳 赫赫，旱氣也 囚 詩·大雅 赫赫明明 傳 赫赫然盛也 囚 屈原·離騷 陟陞皇之赫戲兮 註 赫戲，光明貌 囚 小爾雅 赫，顯也 前漢·陳忠傳 使者所過，威權翕赫 張九齡詩 茲邦稱貴近，與世重赫。又 李白詩 烜赫耀旌旗 囚 廣韻 赫，發也 囚 姓。又赫連氏，複姓 囚xià 集韻 虛訝切音罅。與嚇同 詩·大雅 反予來赫 傳 赫，炙也 箋 口距人謂之赫 釋文 毛許白反，鄭許嫁反 莊子 所云以梁國嚇我是也 囚shi 韻會 施隻切音釋 爾雅·釋訓 赫赫，迅也 釋文 赫音釋 囚 前漢·孝成趙皇后傳 赫蹏書 註 鄧展曰：赫音兄弟鬩牆之鬩。應劭曰：赫蹏，薄小紙。晉灼曰：今謂薄小物曰闃蹏 類篇 或作爀。亦作赩、烆。囚 韻補 叶闃各切 荀勖·大會行禮歌 明明天子，臨下有赫。來格祈祈，邦家是若△ 正字通 火炙、日暴皆曰赫 說文 專訓火赤泥。鋻 又赩09013莕49526 囚 㹠10068 金石文字辨異 引 漢孔龢碑。苏49426引 唐九成宮醴泉銘

58143 u27E66
䞏 đỏ_7.14　喃 竆58182俗省。紅色△亦作覝55125

58144 u27E65
䄫 đỏ_7.14　喃 从赤杜đỗ聲。紅色。

58145 u27E64
赪 null_7.14　未詳。

58147 45628
赨 xī_8.15　奚韻 音惜。

58146 45627
赨 wěi_8.15　篇海類編 同赨。

58148 45629
赫 lín_8.15　五音篇海 音林。

58149 u2B3AF
赪 null_8.15　未詳。

58151 u27E6A
䡘 son_8.15　喃 同輪25010

58150 u27E6B
䞉 lòm_8.15　喃 从赤林lâm聲△覝禁：深紅色。

58152 30910
臙 yān_9.16　集韻 因連切音煙 類篇 臙赦，婦人面飾也 正韻 作胭脂。

58153 30911
䞗 xù_9.16　廣韻 況逼切 集韻 忽域切赱音洫.赭色 玉篇 絳色似雀頭色。

58154 30912
赬 chēng_9.16　唐韻 丑貞切 集韻 韻會 癡貞切 正韻 丑成切赱音檉 說文 䞓或从貞作赬 爾雅·釋器 再染謂之赬

註 赬,染赤 詩·周南 魴魚赬尾 傳 赬,赤也。魚勞則尾赤 釋文 赬 說文作䞓 ⊠ 集韻 通作䞓 左傳·哀十六年 如魚窺尾 註 窺,赤色。俗作赬。 鍙 又赩58138 䞓44535 䞓58118 䞘58119

赭 zhě_9.16 廣韻 章也切 集韻 韻會 正韻 止野切 丛音者 說文 赤土也 前漢·司馬相如傳 其土則丹青赭堊 註 赭,今之赤土也 ⊠ 博雅 赤也 詩·邶風 赫如渥赭 疏 赫然而赤,如厚漬之丹赭 史記·秦始皇紀 伐湘山樹赭其山 前漢·禮樂志 霑赤汗沫流赭 ⊠ 赭衣,罪人服 前漢·刑法志 赭衣塞路 荀子·正論篇 殺赭衣而不純 註 以赤土染衣,故曰赭衣。

赮 xiá_9.16 廣韻 胡加切 集韻 韻會 正韻 何加切 丛音遐 說文 赤色也 玉篇 東方赤色。亦作霞 前漢·天文志 雷電、赮蜺、辟歷、夜明者,陽氣之動也 郭璞·江賦 絕岸萬丈,壁立赮駮。

赩 liàn_9.16 奚韻 同煉 **赩** thắm_9.16 喃 同赩58178

赩 hường_9.16 喃 从赤香hương聲 △牟赩:赤色。

赮 null_9.16 未詳。

赩 táng_10.17 唐韻 集韻 丛徒郎切音唐。赤色 冐紫錄 人面色紫曰赩。

㲉 hù_10.17 廣韻 集韻 丛呼木切音臛 說文 日出之赤 廣韻 同㲉。 鍙 又䵳58167

赣 huàn_10.17 廣韻 胡管切 集韻 戶管切 韻會 合管切 丛音浣 說文 赤色也 類篇 濁也 ⊠ gàn 廣韻 古案切 集韻 韻 居案切丛音旰。大赤也 ⊠ 集韻 胡玩切音換。義同。

赨 xù_10.17 篇海 許六切音旭。反絳也。

赨 null_10.17 未詳。

䵳 hù_11.18 龍龕 同㲉。

赩 xi_11.18 篇韻 音吸。赤貌。 鍙 直音篇 赩同㯺。

赩 tía_11.18 喃 从赤細tói聲。紫紅色 △闅紅䞑㯺:萬紫千紅。

㲉 rú_12.19 字彙 同㲉 **㲉** cuì_12.19 篇韻 音脆。

赩 chì_12.19 集韻 熾31661古作㲉。

赭 đỏ_12.19 喃 从赤堵đỏ聲。紅色。亦作赩58173 䴀58182 䴀26092 䵒58144

赩 đỏ_12.19 喃 从赤都đô聲。同赭58172

㲉 rú_14.21 集韻 汝朱切音儒。火色 ⊠ 集韻 容朱切音俞 玉篇 色落也。又作渝。 鍙 又㲉58169

赩 xi_14.21 篇海 呼逼切音赩。赤色。

䵒 hú_14.21 奚韻 音㲉。 鍙 字彙補 䵒,何屋切音㲉。見 金鏡

㯺 tím_14.21 喃 从赤僭tiếm聲。紫色。

赩 thẩm_15.22 喃 深色的 △䞑䵒:深紅。㯺㯺58179:深藏青色。

㯺 thẩm_15.22 喃 同䵒58178

㲉 dēng_16.23 五音篇海 同燈。

㲉 yān_16.23 字彙補 音煙。

䴀 đỏ_16.23 喃 从赤覩đủ聲。同䴀58183 䴀58173 赭58172 䵒58144赤色△俗省作䵒58143

䴀 đỏ_16.23 喃 同䴀58182

◆ 走部 ◆

走 zǒu_0.7 古文芕 廣韻 子苟切 集韻 韻會 正韻 子口切,丛奏上聲 說文 趨也。从夭从止 註 徐鍇曰:夭則足屈,故从夭 五經文字 今經典相承作走 ⊠ 儀禮·士相見禮 將走 註 走,猶去也 ⊠ 司馬遷·報任少卿書 太史公牛馬走 註 走,猶僕也 班固·答賓戲 走亦不任厠技於彼列 ○按 漢書·敘傳 走作僕 ⊠ zòu 廣韻 集韻 韻會 正韻 丛則候切音驟 釋名 疾趨曰走。走,奏也。促有所奏至也 羣經音辨 趨向曰走 書·武成 駿奔走 孟子 棄甲曳兵而走 爾雅·釋宮 中庭謂之走 註 走,疾趨也 ⊠ 與奏同 詩·大雅 予曰有奔奏 疏 令天下皆奔走而歸趨之也。故曰奔走 釋文 奏,本亦作走。音同。 鍙 又赴26574走58186 歪26587 夽10044 ⊠ 同啀06161 正字通 走,訶斥使退。

走 zǒu_0.7 部 走58184 **走** zǒu_0.7 俗走58184

夲 zǒu_1.8 說文 走作夲。 鍙 亦作夲。走本字。

赳 jiū_1.8 篇韻 與赳同。

赲 lì_2.9 集韻 六直切音力 類篇 赲趮,行貌。

赳 jiū_2.9 廣韻 居黝切 集韻 韻會 吉酉切 正韻 舉有切 丛音糾 說文 輕勁有才力也 爾雅·釋訓 赳赳,武也 註 果毅之貌 詩·周南 赳赳武夫 朱傳 武貌 ⊠ 集韻 居虬切音樛。義同。或作勎 ⊠ jiù 集韻 祈幼切音赳 類篇 赳蟉,龍申頸行貌 史記·司馬相如傳 沛艾赳螑,仡以佁儗 註 赳螑,申頸低卬也 △ 五經文字 赳从丩。作赳,訛。 鍙 又赳58188赳58191赳58252

赳 jiū_2.9 正字通 赳字之譌。

赴 fù_2.9 廣韻 集韻 韻會 丛芳遇切音仆 爾雅·釋詁 赴,至也 疏 趨而至也 說文 趨也 註 徐鉉曰:春秋傳 赴告用此字,今俗作訃,非是 左傳·隱三年 赴以庚戌 鍙 又赽61076 ⊠ 玉篇 赴58647,方付切,趨赴。亦作赴。

赵 zhǎn_2.9 或俗趙58587 龍龕 赵,俗。知奄反。

赲 yì_2.9 俗越58232 中文大辭典 引 龍龕 音疫。走

貌。按，今本 龍龕 有音無義。

58195 u27E8D
赹 péi_2.9　漢語方言大詞典 赹，爬，涉水。吳語。

58196 u27E8C
趂 null_2.9　未詳。

58197 u27E8B
赺 jǐ_2.9　簡 趭58557

58198 u27E8A
起 null_2.9　未詳。

58200 u8D75
赵 zhào_2.9　俗趙58377 宋元以來俗字譜 引 目連記。今 簡

58199 u27E89
赵 zhào_2.9　俗趙58377 宋元以來俗字譜 引 金瓶梅

58201 30931
趌 chí_3.10　玉篇 直知切。走也。鋆 熊加全：同趂58315

58202 30932
趎 shǔ_3.10　玉篇 市玉切音屬。晉時四公子名。鋆 玉篇 作越58251 図 敊74516

58203 30933
趉 jué_3.10　集韻 九勿切音繘。與趀同。走貌○按 集韻 赶从孑，赶與孑同音。引 博雅 孑孑，短也。類篇 譌从孑作赶，今改正。

58204 30934
趓 qián_3.10　廣韻 巨言切 集韻 渠言切丛音犍 說文 舉尾走也 類篇 馬走 図 jué 集韻 其月切音橜。義同。図 gǎn 古旱切音稈 篇海 赶，趂也。鋆 又 斬74507赶58216赶15271趠58356

58205 30935
趚 cāi_3.10　廣韻 倉才切 集韻 倉來切丛音猜 說文 疑之等赹而去也 図 chāi 廣韻 楚皆切 集韻 初皆切丛音差。起去也 類篇 赹意也 図 集韻 初佳切音釵。義同。鋆 又越58506越58251

58206 30936
赿 jí_3.10　廣韻 集韻 丛其訖切 說文 作趄，直行也 玉篇 行貌 図 集韻 居乙切音訖。義同。

58207 30937
起 qǐ_3.10　古文起 図起 廣韻 正韻 墟里切 集韻 韻會 口㚸切丛音杞 說文 能立也 釋名 起，舉也。平舉體也 禮·曲禮 請業則起，請益則起 孟子 雞鳴而起 図 書·益稷 元首起哉 疏 言無廢事業 図 禮·孔子閒居 無聲之樂，氣志既起 註 起，猶行也 図 禮·儒行 雖危起居，竟信其志 註 起居，猶舉事動作也 図 論語 起予者，商也 疏 起，猶發也 図 姓 廣韻 出 何氏姓苑。鋆 又迟60675起58213起58256起14706

58208 30938
赶 tú_3.10　同文舉要 與赴、徒丛同。鋆 又赶58221

58209 30939
趌 zuó_3.10　篇韻 正作捽。摧走也。

58210 30940
趏 qióng_3.10　篇韻 音擎。獨行貌 図 音敖。義同。鋆 龍龕 趏俗，起58222正。

58211 30941
赸 shàn_3.10　篇韻 音訕。跳躍也。

58212 45636
赽 jiào_3.10　龍龕 音教。

58213 u2F9D7
起 qǐ_3.10　同起58207

58214 u27E9B
赶 null_3.10　未詳。

58216 u27E99
赶 qián_3.10　五音集韻 舉尾走也 正字通 赶58204字之譌。

58215 u27E9A
趠 chāo_3.10　俗超58276敦煌·S. 2073 盧山遠公話 蓋聞佛者，出世獨尊。一相之中，迥超三界。

58217 u27E98
赻 null_3.10　未詳。

58220 u27E95
趔 liào_3.10　漢語方言大詞典 趔，跛行。西南官話 図 rượt 喃 从走勺chước聲

58218 u27E97
赻 gǔ_3.10　字學呼名能書 赻，古忽切。

58219 u27E96
超 jué_3.10　同赶58216俗赶58204

58221 u27E94
赶 tú_3.10　同徒16634亦作赶58208

58222 30942
趏 qióng_4.11　廣韻 渠營切 集韻 葵營切丛音瓊 說文 獨行也。讀若煢 集韻 或从旬作趪 鋆 又赵58210跑58870

58223 30943
趐 yì_4.11　五音集韻 于聿切，音驈 ◇ 玉篇 走也。鋆 熊加全：疑赵58558字之俗。

58224 30944
趑 jí_4.11　說文 迄作趑。直行也。鋆 又赹58206

58225 30945
趖 qīn_4.11　集韻 丘甚切音坅。趣58583，或从今作趖。

58226 30946
趣 xiān_4.11　韻會 鮮 說文 本作赻。亦作赵 古文易 赵不及矣 正字通 趣之譌 說文 赻从是從少，不从走。

58227 30947
趒 tǎn_4.11　集韻 他感切音喥。趒踔，行進退也。

58228 30948
趑 zī_4.11　正字通 俗赵字。

58229 30949
趠 chì_4.11　玉篇 丑亦切音尺。超也，行也。

58230 30950
赻 bá_4.11　集韻 蒲撥切音跋。與跰同。行貌。

58231 30951
趠 zá_4.11　廣韻 子答切 集韻 韻會 作答切丛音帀 玉篇 走貌 類篇 趣趣，走急貌。

58232 30952
趀 tòu_4.11　廣韻 集韻 丛他候切音透。自投下也。亦作毄 玉篇 走也 図 yì 集韻 營隻切音役 類篇 趀趀，走貌。鋆 又赹58194逡60977

58233 30953
趨 zōng_4.11　廣韻 卽容切 集韻 將容切丛音蹤。急行也 図 廣韻 集韻 丛七恭切音樅。義同。

58234 30954
趣 qiú_4.11　集韻 渠尤切音求 類篇 足不伸也。或作趙。

58235 30955
趍 qí_4.11　唐韻 巨支切 集韻 翹移切，並音祇 ◇ 說文 緣大木也。一曰行貌 図 玉篇 趍趍，鹿走也 図 qǐ 廣韻 墟彼切 集韻 去倚切丛音綺 博雅 趍趍，行也。或作趏 図 集韻 去智切音企。義同 図 kuí 集韻 巨爲切 類篇 猱升木貌也。

58236 30956
趣 qù_4.11　字彙 同趣 石鼓文 趣趣六馬 周秦石刻釋音 趣，鄭云卽趣字 詩 蹶維趣馬。章云趣，今作徐。

58237 30957
趩 jué_4.11　廣韻 集韻 丛古穴切音玦 說文 踶也 博雅 疾也 玉篇 走也 廣韻 馬疾行也 図 guì 集韻 涓惠切音桂 類篇 趩趍，走貌。鋆 又趟58355

58238 30958
趣 yān_4.11　篇海 汪胡切音烏。東夷舞也。鋆 龍龕 寫作赵58257，音焉。

58246 u2B3B1
趜 lì_4.11　簡 趭58619

58239 30959
赻 qīn_4.11　廣韻 丘謹切

韻會 口謹切夶音听 說文 行難也 博雅 難也 玉篇 行謹貌
廣韻 跛行貌 図jǐn 集韻 几隱切音謹 類篇 慎也。

趶 58247 u27EB5
null_4.11　未詳。

趀 58240 30960
chí_4.11　廣韻 陳尼切
音墀。遲，或作趌○按 篇海 以爲同趏，非是。

赵 58241 30961
dǐ_4.11　篇海 同趏

趤 58244 45637
nì_4.11　字彙補 音逆

赽 58242 30962
chì_4.11　篇韻 音懘。超也。

赻 58243 30963
xǐ_4.11　篇韻 音徙。移也。

赶 58252 u27EAF
jiū_4.11　俗赳58190

赹 58245 45638
pòu_4.11　龍龕 音不。
鼞 龍龕 趌58475俗，趑58542趌58406赶或作，赶58364今。

赸 58248 u27EB4
wù_4.11　王念孫·讀書雜志 低赸，卽抵牾。

赵 58249 u27EB3
dǐ_4.11　俗趏58278 五侯鯖字海 同趏58278

赺 58253 u27EAE
null_4.11　未詳。

赼 58250 u27EB2
cǐ_4.11　俗赼58277 直音篇 音此。淺渡也。又 四聲篇海 倉胡切。淺渡也。

赲 58254 u27EAD
null_4.11　未詳。

起 58251 u27EB1
shǔ_4.11　玉篇 赵，市
玉切。晉時四公子名△譌作赵58202

趌 58255 u27EAC
null_4.11　未詳。

赵 58257 u27EAA
yān_4.11　同趏58238 龍龕 赵，音焉。東夷舞 四聲篇海 音烏。

趏 58256 u27EAB
qǐ_4.11　俗起58207

赵 58258 u27EA9
chǎo_4.11　字海 赵，同
炒30669見玄應·一切經音義 卷十三△宏按，玄應音義·卷十三 未見此字。或數74521譌字。

赳 58259 uFA23
jiū_4.11　同赶58252俗起。

赿 58260 30964
cǐ_5.12　廣韻 取私切 集韻 千咨切夶音趀 說文 作
趑。倉卒也。讀若資 廣韻 作趑。

赾 58261 30965
chù_5.12　廣韻 丑律切 集韻 敕律切夶音黜 玉篇 走
貌 類篇 走出也。鼞又 吉成侯州輔碑 論德比隆，君寔
缺45289□。

趖 58262 30966
sū_5.12　玉篇 相活切，酸入聲。走貌 図 篇海 素姑
切音蘇。義同。

趁 58263 30967
chèn_5.12　廣韻 集韻 韻會 正韻 夶丑刃切音疢 說
文 趏也 註 徐曰：自後及之也 廣韻 逐也。俗作趂 集韻
或作迧 図chén 廣韻 直珍切 集韻 池鄰切夶音陳。趂履
也 玉篇 躁也。或作趁 図niǎn 廣韻 集韻 夶尼展切音
輾。踐也。亦作躎 図zhēn 集韻 類篇 夶知鄰切音珍。
趁趌，行不進貌 図zhěn 集韻 止忍切音軫 類篇 走謂之
趁 図niǎn 集韻 乃殄切音撚。與躎同 類篇 蹈也。
鼞又趌58481趌起30968 図俗作趌58607趌58345趌58395

趈 58264 30968
zhēn_5.12　玉篇 同趁 杜甫·催宗文樹雞柵詩 驅趈制
不禁。

赿 58265 30969
dié_5.12　廣韻 集韻 夶徒結切音垤 玉篇 大走也。

趏 58266 30970
tú_5.12　集韻 陀沒切 類篇 走貌。

趐 58266 30970
yù_5.12　玉篇 魚曲切音玉。跛也。鼞又趏58758

趍 58267 30971
fú_5.12　廣韻 符弗切 集韻 符勿切夶音佛 玉篇 走
貌 類篇 跳也 図 集韻 芳未切音費。義同。鼞又趌58424
趌58468

趄 58268 30972
yóng_5.12　篇海 音雍。急走也。

趎 58269 30973
pò_5.12　集韻 匹陌切音拍。逼也 郭璞·江賦 趎漲
截洞 註 趎猶越也○按 集韻 亦作趎58326

趄 58270 30974
jǔ_5.12　廣韻 居許切 集韻 苟許切夶音舉 玉篇 行
貌。

越 58271 30975
bá_5.12　廣韻 集韻 夶蒲撥切音跋。同趼。行貌 篇
海 同魃，旱越也。

趁 58272 30976
xián_5.12　集韻 胡千切音賢。趌，或省作趏。走也。

趆 58273 30977
zhī_5.12　廣韻 集韻 夶之石切音隻。行也。

趄 58274 30978
tǎn_5.12　玉篇 他旱切音坦。行也。

趄 58275 30979
jū_5.12　廣韻 七余切 集韻 韻會 千余切夶音疽 說
文 趄趌也 図 集韻 或作且、跙 易·夬卦 其行次且 釋文
本亦作趑趄。或作趑跙。王肅云趑趄，行止之礙也。
鼞又趄58383趄58402 図 龍龕 趄60782，誤。七余反。正作
趄 図 正字通 趄，俗趄字。趄，俗字，一曰趄字之譌。
図 字海 趄58482趄的譌字。字見 中華大字典

超 58276 30980
chāo_5.12　廣韻 敕宵切 集韻 韻會 癡宵切夶音怊
說文 跳也 揚子方言 超，遠也 博雅 渡也 釋名 超，卓也。
舉腳有所卓越也 玉篇 出前也 左傳·僖三十三年 超乘者
三百乘 孟子 挾太山以超北海 楚辭·卜居 寧超然高舉以
保眞乎 図姓 廣韻 漢有太僕超喜 図chāo 集韻 丑小
切。輕走貌 図tiào 集韻 他弔切音糶。趒或作超。越也。
鼞又超58279超58215

趌 58277 30981
cǐ_5.12　廣韻 雌氏切 集韻 淺氏切夶音此 說文 淺
渡也 図 集韻 類篇 夶聰徂切音麤。義同。鼞又趌58250
趑60778

趌 58278 30982
dǐ_5.12　廣韻 都奚切 集韻 都黎切夶音低 說文 趏
也 玉篇 走貌 図 廣韻 都計切 集韻 丁計切夶音帝。又 集
韻 典禮切音邸。義夶同△ 篇海 或作趏。鼞又趏58249
趌58294趌58279趌58240

趏 58279 30983
dì_5.12　篇海 音帝。趏走也○按與 廣韻 趏字同，
疑卽趏字之譌 正字通 以爲超字之譌，非。

趌 58280 30984
pǎn_5.12　廣韻 集韻 夶普伴切音坢。走貌。

趌 58281 30985
xì_5.12　玉篇 私立切，心入聲。走貌。

趌 58282 30986
zuó_5.12　玉篇 則各切音作。走貌。

趤 chì_5.12　廣韻 集韻 𠫵丑例切音跐。述也。蹰也 玉篇 同趨 集韻 跐或作趤。𨔝 又赿58229

趈 zhān_5.12　集韻 知咸切音詀。與跕同 類篇 坐立不動貌 又 阮籍·清思賦 趈高躍而疾騖兮，至北辰而放之 註 同蹈。

趃 chě_5.12　廣韻 車者切 集韻 韻會 齒者切 正韻 昌者切𠫵音哆 說文 距也。漢令趃張百人 集韻 或作趌。 又 chè 廣韻 集韻 𠫵充夜切音絋 玉篇 怒也。又牽也。 又 qiè 廣韻 遷謝切 集韻 七夜切𠫵音笡。趃腳立也。 又 集韻 韻會 正韻 𠫵恥格切音坼。義同。𨔝 又趑58337 赿58346 趌58352 又 直音篇 趬58466同趃。

趃 chě_5.12　正字通 俗趃字。

趜 qú_5.12　廣韻 其俱切 集韻 權俱切𠫵音劬 玉篇 同趨。走顧貌 又 fū 廣韻 芳武切 集韻 斐父切𠫵音撫 玉篇 使也，治也，近也，健也 廣韻 亦作趌 又 qǔ 集韻 顆羽切音踽。行貌。亦作跔。𨔝 又狗16565 又 名義 趜：健，治，匠。跔41502：治，爲，作，巧，堅，匠 玉篇 近也。匠也之誤。

趉 jué_5.12　廣韻 集韻 𠫵九勿切，音亥 說文 走也 博雅 衕也 玉篇 卒起走也 集韻 蹶或作趉，亦作赽 又 jú 集韻 其律切音繘。趬58613或作趉 又 集韻 直律切音术。又渠勿切音倔。或作趬。又其月切音蹶。義𠫵同。 𨔝 又赽58216 趉58219 蹶58770

趤 qiú_5.12　集韻 丘救切音糗。與蹂同 類篇 跛行也。

越 yuè_5.12　古文𫉼戉 廣韻 集韻 韻會 𠫵王伐切音粤 說文 度也 玉篇 踰也 易繫辭傳 雜而不越 註 各得其序，不相踰越 禮曲禮 戒勿越 疏 戒慎毋得踰越 又 書太甲 無越厥命 傳 越，墜也 左傳僖八年 恐隕越於下 註 隕越，顛墜也 又 於也 書高宗 越有雊雉 傳 越，於也 詩陳風 越以鬷邁 傳 越，於也 又 遠也 書泰誓 予曷敢有越厥志 註 越，遠也 又 瑟下孔爲越 儀禮鄉飲酒禮 二人皆左何瑟，後首挎越 註 越，瑟下孔也 禮樂記 清廟之瑟，朱絃而疏越○按 儀禮禮記 越皆如字讀 字彙 音活，非是 又 蹕也 禮王制 越紼而行事 註 越，猶蹕也。 又 禮緇衣註 越之言蹷也 又 散也 左傳昭四年 風不越而殺 註 越，散也 又 爾雅釋言 越，揚也 註 謂發揚 周語 汨越九原 註 越，揚也 晉語 使越于諸侯 註 發聲聞也 又 迁也 魯語 越哉，臧孫氏之爲政也 註 越，迂也 又 失也 淮南子精神訓 嗜慾者使人之氣越 註 越，失也 又 國名 左傳宣八年 盟吳越而還 註 越國，今會稽山陰縣也 吳越春秋 少康封其庶子於越 又 姓 史記管晏傳 越石父 潛夫論 越象 又 布名 後漢馬皇后紀 白越三千端 註 白越，越布也 與粤通○按 史記 南越、東越 漢書 作粤 又 huó 廣韻 集韻 韻會 正韻 𠫵戶括切音活 禮禮運 越席疏布◆ 註 越席，翦蒲也 左傳桓二年 大路越

趀 註 越席，結草 廣韻 或作趏。𨔝 又郒61611

𫉼 yuè_5.12　字彙補 古文越字 七經圖 陽𫉼，虎之弟。

趣 qù_5.12　篇韻 同趣

起 zhǎi_5.12　篇海類編 側買切，齋上聲◇ 𨔝 篇海類編 原作仄買切。

趌 dī_5.12　五音篇海 趀字之譌。

趌 null_5.12　未詳。

趣 qū_5.12　或俗趨。

趤 táo_5.12　俗逃60828 金瓶梅詞話·第八十二回 不想玉樓哄趤，反陷經濟牢獄之災。又 脂硯齋重評石頭記（庚辰本）·第七十二回 這日晚間，忽有個婆子來悄告訴他道：你兄弟竟趤走了，三四天沒帰家。如今打發人四處找他呢。司棋听了，氣个倒仰。

趤 null_5.12　未詳。　趤 null_5.12　未詳。

趤 null_5.12　未詳。　趤 null_5.12　未詳。

趤 null_5.12　未詳。　趤 null_5.12　未詳。

趤 null_5.12　未詳。　趤 null_5.12　未詳。

趋 qū_5.12　俗趨58504今 简

趎 yòu_6.13　廣韻 于救切 集韻 尤救切𠫵音宥 說文 走也。𨔝 又逌60805

趌 jié_6.13　廣韻 去吉切 集韻 喫吉切𠫵音詰 說文 趌趨，怒走也 又 廣韻 居質切 集韻 正韻 激質切𠫵音吉。走意 又 廣韻 巨乙切 韻會 極乙切𠫵音姞。直行也 又 廣韻 居列切音孑。趌趨，跳貌 又 集韻 吉屑切音結。義同。𨔝 趌趨又作踖58830厥、踖蹶、趌58628趨、趌趨 又 造60818

趌 hé_6.13　廣韻 胡格切 集韻 轄格切𠫵音垎。趌趌，倒地 博雅 趌趌，僵也 玉篇 狂走也。

趤 hòu_6.13　廣韻 胡遘切 集韻 下遘切𠫵音候 玉篇 塞行。𨔝 余迺永：疑趂58406俗誤作趤。

趤 xī_6.13　集韻 香依切音希。趤或从夷作趤。走貌。

趤 xiàn_6.13　集韻 虛欠切音婺。走貌。

趤 bèng_6.13　廣韻 正韻 北孟切 集韻 北静切，並音迸 ◇ 玉篇 走也。與逬同。𨔝 又趤58444 又 集韻 趤趤，或从屏。

趤 kuǐ_6.13　廣韻 丘弭切 集韻 犬繁切𠫵音頍 說文 半步也 玉篇 一舉足也 類篇 凡人一舉足曰趤 集韻 或作跬。

趤 chí_6.13　廣韻 直離切 集韻 韻會 陳知切𠫵音馳 說文 趤趤，夊也 又 廣韻 趤，俗趨字 詩齊風 巧趨蹌兮 釋文 趨，本亦作趤。𨔝 又趤58201

趤 chú_6.13　廣韻 直誅切 集韻 韻會 重株切𠫵音廚。

人名莊子·庚桑楚 南榮趎 音義 庚桑楚弟子也 区 集韻
春朱切音樞。又慪朱切音殊。又椿俱切音貙。又陳留切
音儔。又蚩周切音犨。義丛同。

趏 58317 31007
guā_6.13 ◆廣韻古滑切音刮 玉篇走貌 区 huó 廣
韻 集韻 丛戶括切音活。與越同。草也。鏊 又趏58497

趪 58318 31008
kuāng_6.13 集韻曲王切音匡。距或从走。距躟,行
遶。

趚 58319 31009
jí_6.13 集韻資昔切音踖 說文側行也 詩曰:不
敢不趚 玉篇今作蹐 集韻或作趞 区 qì 廣韻 集韻 丛七
迹切音刺。遴趚,行貌。鏊 又趞58379 趱58422

趙 58320 31010
zhōu_6.13 廣韻 集韻 丛張流切音輈。趙趮,行不進
也。

趐 58321 31011
xuè_6.13 玉篇許劣切 篇海進也 区飛也,衆鳥叢
飛也。

越 58322 31012
xù_6.13 玉篇許聿切,熏入聲。走也 篇海與越不
同。

赼 58323 31013
zī_6.13 廣韻取私切 集韻 韻會千資切,丛次平
聲 說文趑趄,行不進也 廣雅趑趄,難行也 集韻或作
趑。亦作次跌 区 cì 集韻七四切,音次。趑趄,不行。
鏊 又趑58228 趼58708 狋16557

趄 58324 31014
qiè_6.13 集韻詰結切音猰。跳貌。或从足作踂。
鏊 又踂58687

趷 58325 31015
xiá_6.13 廣韻侯夾切 集韻轄夾切丛音洽。走貌 玉
篇 跛也。

趄 58326 31016
mò_6.13 廣韻 集韻 丛莫白切音陌。越也 玉篇走
貌 区 pò 廣韻 集韻 丛普伯切音拍。風入水貌。
鏊 又趣58448

趒 58327 31017
tiáo_6.13 廣韻徒聊切 集韻田聊切丛音迢 ◆說文
雀行也 区 廣韻吐雕切 集韻他雕切丛音桃。義同。
区 tiào 廣韻 集韻 韻會 正韻丛他弔切音糶。越也。
区 tiǎo 廣韻 集韻 丛土了切音眺。躍也。

趄 58328 31018
yuán_6.13 廣韻雨元切 集韻 韻會于元切丛音袁
說文趄田,易居也。鏊 又趄58393 亘26609

趜 58329 31019
qióng_6.13 集韻趜58222,或从旬作趜。

趌 58330 31020
guǐ_6.13 集韻巨委切。與跪同 区古委切音詭。義
同。

趩 58331 31021
jiàng_6.13 廣韻 集韻 丛疾亮切音匠 說文行貌。
区 集韻在兩切音蔣。義同。

趩 58338 u2B3B4
null_6.13 未詳。

趚 58332 31022
duǒ_6.13 字彙補丁果
切音朵 元曲坐成拋趚。鏊 又趚58354

趡 58333 31023
liè_6.13 字彙補力拽切音列。趚趚,足不進也。

趱 58334 31024
zuī_6.13 篇韻音攜。走也。

趜 58335 41925
qū_6.13 搜眞玉鏡同趨。

趜 58339 u2B3B3
bì_6.13 簡趨58536

趜 58336 41926
qū_6.13 字彙補與趨
同 近思錄若不可及則趜望之心怠矣。

趌 58337 45641
qiè_6.13 篇海類編同趌。

趨 58340 u27EEE
null_6.13 未詳。

趭 58341 u27EED
dậy_6.13 喃同趣58479

赸 58342 u27EEA
nhông_6.13 喃从走戎nhung聲△赸赸:徬徨。

赺 58343 u27EE9
rảo_6.13 喃从走老lāo聲△赺跳:加快腳步。

赻 58344 u27EE8
jiāo_6.13 字海同这60803 区 五侯鯖字海 音駮。走
也。

趀 58345 u27EE6
chèn_6.13 同趁58264

赿 58347 u27EE4
null_6.13 未詳。

赹 58346 u27EE5
chè_6.13 俗趀58285 新撰字鏡 赹,尺夜反。去。怒
也。一曰牽也。又丑格反。入。半步。

趂 58348 u27EE3
null_6.13 未詳。

趃 58349 u27EE2
null_6.13 未詳。

赽 58350 u27EE1
null_6.13 未詳。

赾 58352 u27EDF
chè_6.13 或同赹58346

起 58351 u27EE0
chuò_6.13 龍龕赿俗,赽58416正。

赲 58353 u27ED0
đuổi_6.13 喃从走对đối聲。同迖60852追,逐△赲古:
攆走。赲黜:趕走,開除。

趨 58354 u8D93
duǒ_6.13 同趚58332

趝 58355 31025
jué_7.14 正字通俗赽
字○按 說文赽从次省聲 廣韻 訓爲馬疾行 篇海 譌書
作趝,訓爲鳥疾行。馬譌作鳥,非是。

趕 58356 31026
gǎn_7.14 正字通同赶 字彙追也。

趖 58357 31027
suō_7.14 廣韻蘇和切 集韻蘇禾切丛音莎 說文走
意 廣韻走疾。鏊 又趖58487

趚 58358 31028
yùn_7.14 集韻牛吻切 類篇走貌。或作趚。

趚 58359 31029
hú_7.14 玉篇胡谷切音斛。走也○按 說文古文造
从舟 字彙以趚爲古文造字,非是。

趗 58360 31030
cù_7.14 廣韻七玉切 集韻 韻會趨玉切丛音促。
趗趗,局小貌 類篇趗趗,小步 張衡·東京賦狹三王之
趗趗 区 玉篇迫也,連也,或作促 博雅趗織,蜻蛚也
○按即促織 区 廣韻 集韻 正韻丛千木切音簇。義同。
鏊 又是58380

趢 58361 31031
tòu_7.14 集韻他候切。同透。跳也,過也。

趨 58362 31032
qiú_7.14 廣韻巨鳩切音求。違也。

趡 58363 31033
hái_7.14 廣韻戶來切 集韻何開切丛音孩 說文留
意 類篇一曰將走有意留 区 集韻魚開切音皚。義同
区 kuī枯回切音恢 類篇邪足也。

趏 58364 31034 fù_7.14 集韻 芳遇切音訃。頓也。一曰僵也。與仆同。

趚 58365 31035 cūn_7.14 廣韻 集韻 韻會 㚘七倫切音逡 說文 行趚趚也 又 qiù 廣韻 七溜切 集韻 千繡切㚘音簸。進也 博雅 趚，奔也。或从夋作踆。

趃 58366 31036 tū_7.14 集韻 通都切音㻌 玉篇 䟝趃，伏地也。又 集韻 類篇 㚘同都切音徒。義同。

趉 58367 31037 fù_7.14 古文 𧺊 廣韻 芳遇切音訃 玉篇 疾也。亦作赴 又 fú 集韻 房尤切音浮 類篇 行貌。

趤 58368 31038 làng_7.14 集韻 郎宕切音浪 類篇 趤趪，逸遊。

趿 58369 31039 shà_7.14 廣韻 所甲切 集韻 色洽切㚘音唼 玉篇 行趿趿 類篇 趿趿，行疾貌也。

趶 58370 31040 xī_7.14 廣韻 香衣切 集韻 香依切㚘音希。走貌。或作趚、趪。䇂 字彙補 趫58436，趶字之譌。

趷 58371 31041 zuó_7.14 廣韻 查獲切 集韻 查晝切，㚘音趞。急走也。或作趞。

趸 58372 31042 hú_7.14 篇海 胡谷切音斛。倒也。

趺 58373 31043 bū_7.14 廣韻 博孤切 集韻 奔模切㚘音逋。趃趺，伏地 玉篇 匍匐也 又 集韻 蓬逋切音蒲。又滂模切音鋪。義㚘同。

趻 58374 31044 shì_7.14 廣韻 集韻 㚘時制切音逝 玉篇 踰也。

趼 58375 31045 jué_7.14 篇海 刑狄切音檄。走也。䇂俗趹58425 新撰字鏡 趼，渠月反。行越趼。

趽 58376 31046 yǒng_7.14 廣韻 余隴切 集韻 尹竦切㚘音勇 說文 喪辟趽也 玉篇 與踊同○按辟趽，經典皆作辟踊58938

趙 58377 31047 zhào_7.14 廣韻 治小切 集韻 韻會 正韻 直紹切㚘音肇 說文 趍，趙也 又 釋名 趙，朝也。本小邑，朝事于大國也 又 廣韻 趙，少也，久也 又 姓 史記·趙世家 繆王賜造父以趙城，由此爲趙氏 又 國名 前漢·地理志 趙地，昴畢之分野。趙分晉，得趙國 又 揚子方言 朓杠，南楚之閒謂之趙 註 趙當作兆，聲之轉也。中國亦呼杠爲挑朓，皆通也 又 diào 集韻 徒了切音窕。掉或作趙，通作趙。刺也 詩·周頌 其鎛斯趙 傳 趙，刺也 箋 以田器刺也 又 qiǎo 集韻 起了切 詩·周頌釋文 沈重讀 又 同掉 荀子·賦論篇 頭銛達而剽趙繚者耶 註 趙讀爲掉。掉，繚長貌。䇂又赵58199赵58200

趪 58378 31048 guāng_7.14 五音集韻 古黃切音光。與跭同。行征伀也。䇂又趪58318 又 集韻 彺趪，誑王切。行征伀也。或从走 又 跓趪，曲王切。跓躟，行遽。或从走。

趚 58379 31049 sù_7.14 集韻 蘇谷切音速。趞趚，走聲。

趠 58380 31050 cù_7.14 類篇 趠，或書作䟶 博雅 急也。

趘 58381 31051 niè_7.14 篇韻 音涅。行也。

趣 58382 31052 qù_7.14 篇韻 同趣

趧 58383 31053 qū_7.14 篇韻 音趄。出釋典 又 音敗○按即趄字之譌。

趨 58384 31054 hǒu_7.14 篇韻 音吼。趨行不進貌。

趬 58385 31084 qù_7.14 篇韻 同趣

𫎷 58387 u2B3B7 null_7.14 未詳。

趭 58386 45642 mì_7.14 川篇 亾狄切。䇂 字彙補 趭，亡敵切，音近密。出 韻注。楊寶忠：或趚58533省變。

𫎵 58389 u2B3B5 null_7.14 趤伯。見 殷周金文集成·5.2839·小盂鼎

𧼍 58390 u27F0D lanh_7.14 喃 从走灵linh聲。敏捷，迅速。

𧼌 58391 u27F0C chạy_7.14 喃 同趍58392，跑。

𫎶 58388 u2B3B6 null_7.14 未詳。

𧼋 58392 u27F0B chạy_7.14 喃 从走豸trãi聲。跑△奔奔趍：飛馳△亦作𧼌58391

𧼉 58393 u27F09 yuán_7.14 趄58328本字。見 說文

𧼈 58394 u27F08 qù_7.14 俗趣58431

𧼇 58395 u27F07 chèn_7.14 同趁58264

𧼆 58396 u27F06 null_7.14 未詳。

𧼅 58397 u27F05 null_7.14 未詳。

𧼄 58398 u27F04 null_7.14 未詳。

𧼃 58399 u27F03 null_7.14 未詳。

𧼂 58400 u27F02 null_7.14 未詳。

𧼁 58401 u27F01 null_7.14 未詳。

䞲 58403 u47B2 null_7.14 未詳。

𧼀 58402 u27F00 jū_7.14 亦作趄、趧，俗趄58275 龍龕 趄，誤。新藏作趄。七余反。

趛 58404 31055 yǐn_8.15 廣韻 集韻 㚘牛錦切音僸 說文 低頭疾行也。䇂 正字通 趁，同趛，俗省。趍，趛字之譌。

趜 58405 31056 jú_8.15 廣韻 集韻 㚘渠竹切，音驧 說文 窮也 類篇 一曰趜趛，足不伸 又 jú 廣韻 集韻 並居六切，音掬。義同 又 集韻 丘六切，音麴。匑或作趜。謹敬也 又 qiú 集韻 渠尤切音求 類篇 趥58234或作趜。

趥 58406 31057 bó_8.15 廣韻 蒲北切 集韻 鼻墨切㚘音匐 說文 僵也 玉篇 或作踣 類篇 或作趠。頓也 又 集韻 匹候切音歆。義同 又 fù 廣韻 集韻 㚘芳遇切音訃。與仆00769同。䇂又趏58310趩58469

趝 58407 31058 jiàn_8.15 廣韻 紀念切 集韻 吉念切㚘音㺳 玉篇 疾行也 類篇 俯首疾行。䇂又 niǎn 驅趕。今作攆21102 清·祝慶祺 刑案匯覽·卷三十二·河撫咨劉之德攆犬適傷高敏身死案 劉之德順取鍋臺旁鐵通條向狗攆打，適高敏亦上前趝狗，適傷高敏左後脇，殞命。

趞 58408 31059 è_8.15 廣韻 烏合切 集韻 遏合切㚘音始 玉篇 趞趚，走貌 類篇 走急貌。

趟 58409 31060 xián_8.15 廣韻 胡田切 集韻 胡千切㚘音賢 說文 急走也 類篇 或省作赼。

趥 58410 31061
qǔn_8.15 廣韻 集韻 夶丘粉切音稛 說文 走意 類篇 趥或作趜 囜yǔn 集韻 牛吻切音輑 又丘運切，鞤去聲。又丘述切音屈。義夶同。

趞 58411 31062
què_8.15 廣韻 七雀切 集韻 七約切夶音鵲 說文 趞趞也。一曰行貌 博雅 趞趞，行也 囜qì 集韻 七迹切音籍 與趚同。側行也 囜jí 秦昔切音籍 與踖同。踐也。

趙 58412 31063
zhāo_8.15 廣韻 集韻 夶陟交切音嘲 玉篇 趙趙，跟趏也 廣韻 趙趙，跳躍貌 囜zhào 廣韻 都教切 集韻 陟教切夶音罩 類篇 行不正也。

趛 58413 31064
zhēng_8.15 廣韻 竹盲切 集韻 中庚切，並音飇 玉篇 趛趛，行貌 廣韻 趛趛，跳躍貌 韓愈·城南聯句 相殘雀豹趛 囜zhèng 廣韻 集韻 夶豬孟切音倀 囜chéng 集韻 除庚切音根。義夶同。

趤 58414 31065
jué_8.15 廣韻 集韻 夶紀劣切，眷入聲。與蹶同 玉篇 小跳也 囜zhuó 集韻 株劣切音輟。跳也。

越 58415 31066
xù_8.15 集韻 忽域切音淢 類篇 盜走。

趠 58416 31067
chuò_8.15 廣韻 集韻 夶敕角切音晫。與逴同 說文 遠也 晉書·曹毗傳 趠不希驥馺之蹤 囜 類篇 一曰塞也 囜tiào 集韻 他弔切音糶。與趒同 類篇 越也 囜chào 集韻 韻會 正韻 夶敕教切，颭去聲 玉篇 行貌 類篇 超也 韻會 通作踔 囜zhuó 集韻 丑交切音凮。義同 囜zhuó 集韻 竹角切音琢。疾走也 囜 風名。吳中梅雨既過，清風彌旬，謂之舶趠風。蘇軾有舶趠風詩。鑾 又逴16659 趠58351

趛 58417 31068
qǐn_8.15 廣韻 棄忍切 集韻 丘忍切夶音螼 說文 行貌 囜 集韻 遣忍切音螾。義夶同 囜qìn 廣韻 集韻 夶去刃切音螼。行緩貌。鑾 又趥58522

趡 58418 31069
cuǐ_8.15 廣韻 正韻 千水切 集韻 韻會 取水切夶音趡 說文 動也 囜 地名 左傳·桓十七年 公會邾儀父，盟于趡 註 趡，魯地 囜wěi 廣韻 以水切 集韻 愈水切夶音唯。走貌。與踓同 史記·司馬相如傳 蔑蒙踊躍，騰而狂趡 註 趡，走貌。鑾 廣雅 趡，犇也。王念孫·疏證：踓、趡58567卽趡之異文。

趧 58419 31070
dōng_8.15 篇海 德紅切音東。狂走。

趚 58420 31071
líng_8.15 玉篇 力登切音稜。越也。鑾 胡吉宣：夌09800趚古今字，陵通假字。

趨 58421 31072
tì_8.15 集韻 他歷切音逖 類篇 趨趨，狂走。

趒 58422 31073
qì_8.15 篇海 同趚。趒趨，行貌。

趌 58423 31074
lán_8.15 篇海 盧含切音婪。趌趍，走貌。

趘 58424 31075
fú_8.15 廣韻 集韻 夶敷勿切音拂 說文 走也。

趉 58425 31076
jué_8.15 集韻 渠勿切音倔。與趉同。走也 玉篇 行越趉也 囜 其月切音橜。義同。鑾 又趉58375

趘 58426 31077
qǐ_8.15 集韻 趘58235或作趘。

趜 58427 31078
chù_8.15 廣韻 集韻 夶丑玉切音琢。趜趜，小兒行也 囜chōng 廣韻 丑隴切 集韻 丑勇切夶音寵。義同。鑾 又逴61134

趜 58428 31079
jué_8.15 玉篇 同趣。

趨 58429 31080
quán_8.15 集韻 趩58629或作趨。

趚 58430 31081
lái_8.15 集韻 來01102，或从走作趚。

趚 58431 31082
lù_8.15 廣韻 集韻 夶盧谷切音祿 說文 趚趚也。囜 玉篇 趚趚，小貌 類篇 趚趚58360，踰也 囜 廣韻 龍玉切 集韻 力玉切夶音錄。義同。鑾 又趚58447

趣 58432 31082
qù_8.15 廣韻 集韻 韻會 夶七句切音娶 說文 疾也 博雅 遽也 廣韻 趣向 易繫辭 變通者，趣時者也 詩·大雅 左右趣之 音義 趣，七喻反 傳 趣，趍也 箋 左右之諸臣，皆促疾於事 朱傳 趣之，趣向也 囜 孝經序 會五經之指趣 囜 梵書 蚊蚋小蟲之屬名諸趣 囜cǒu 集韻 韻會 夶此苟切音剗 書·立政 趣馬 傳 趣，七口反。掌馬之官 詩·小雅 蹶維趣馬 箋 掌王馬之政 疏 七走反 周禮·夏官·趣馬註 趣馬，趣養馬者也 囜cù 集韻 趨玉切音促 禮·月令 乃趣獄刑 史記·項羽紀 數使使趣齊兵 囜 前漢·灌夫傳 局趣效轅下駒 註 應劭曰：局趣，踧小貌。囜zǒu 廣韻 側九切。與棷同。夜戒守有所擊也 囜zōu 集韻 將侯切音陬。義同 囜 與趨通 禮·月令 命有司趣民收斂 釋文 本又作趨，音促 周禮·地官·縣正 趣其稼事而賞罰之 釋文 趣本又作趨，音促。鑾 又趨05315 趠58236 趚58292 趠58394 趚58382 趚58385 趨58574

趠 58433 31083
cù_8.15 集韻 同趣。速也。

趚 58434 31086
dàng_8.15 集韻 大浪切音宕。趚趚，逸遊。

趚 58435 31088
bēi_8.15 篇韻 音卑。小行也。

趚 58436 31089
xī_8.15 篇韻 音看。走貌。

趚 58437 45643
fù_8.15 龍龕 趚字之譌。

趚 58438 45644
pàn_8.15 龍龕 同叛。

趚 58440 45646
dào_8.15 龍龕 音到。

趚 58439 45645
chí_8.15 搜眞玉鏡 同趣。

趚 58442 u2B3B9
null_8.15 未詳。

趚 58441 u2B3BA
cān_8.15 簡 趚58528

趚 58445 u27F27
null_8.15 未詳。

趚 58443 u2B3B8
jiàn_8.15 簡 趣58541

趚 58446 u27F23
null_8.15 未詳。

趚 58444 uFAD7
bèng_8.15 同趚58313

趚 58447 u27F22
lù_8.15 俗趚58430

趚 58448 31087
mò_9.16 篇海 與趚同

趚 58449 31090
huáng_9.16 篇海 胡光切音皇。走貌。

趚 58450 31091
chūn_9.16 集韻 敕倫切音杶 類篇 走貌。鑾 正字通 遁61032字之譌。

趚 58451 31092
jié_9.16 廣韻 居竭切 集韻 居謁切夶音訐 說文 趚

遏也区 集韻 丘葛切音渴。義同区 jué 居月切音厥。怒走也区 居曷切音葛。義同。

58452 31093 趩 chòng_9.16 集韻 昌用切音撞。挵趩,邪行也。

58453 31094 趍 chì_9.16 廣韻 集韻 丛丑例切音跐 說文 超特也 玉篇 亦作跐 廣韻 同跐。跳也。踰也。

58454 31095 趉 yù_9.16 集韻 王勿切音颲。行邊貌。

58455 31096 趖 cuī_9.16 玉篇 且雷切音崔。進貌。

58456 31097 趚 sù_9.16 廣韻 集韻 丛所六切音縮。趚趚,體不伸也。類篇 傴僂也区 sōu 廣韻 所鳩切 集韻 疎鳩切丛音搜 類篇 趚趚,不進区 sǒu 集韻 所九切音廋。走貌。区 qiù 千繡切音簌。遬,或作趚,奔也区 篇海 亦作趚。鑿 遬或作趚。集韻 趚趚,千繡切 博雅 趚趚,犇也。或从夌区 逯61146

58457 31098 趙 yǒng_9.16 玉篇 與恐切音勇。行也。

58458 31099 趥 qiū_9.16 廣韻 七由切 集韻 雌由切丛音秋 說文 行貌 類篇 徒行区 廣韻 集韻 丛千仲切,蹴去聲。又 集韻 將由切音揫。義丛同。鑿 又踃59112

58459 31100 趛 táng_9.16 廣韻 吐郎切 集韻 他郎切丛音湯 玉篇 前走 類篇 走貌。

58460 31101 趜 shù_9.16 廣韻 傷遇切 集韻 春遇切丛音戍。馬逾前也 玉篇 馬跳也 類篇 馬前負謂之趜区 yú 集韻 容朱切。同逾。或作趜。趜進也。鑿 又趜58478区 集韻 逾 說文 越進也。引 周書 無敢昬逾。或作踰59080趜。

58461 31102 趞 zī_9.16 正字通 俗趍字。鑿 正字通 趍,趍字之譌。

58462 31103 趧 tí_9.16 廣韻 杜奚切 集韻 田黎切丛音題 說文 趧婁,四夷之舞,各自有曲○按 周禮·春官 作鞮鞻区 集韻 都黎切音低。義同。

58463 31104 趠 zhá_9.16 廣韻 士洽切 集韻 實洽切,丛音箑 玉篇 行疾也。

58464 31105 趨 fú_9.16 集韻 房六切音伏 類篇 趨趚,小兒手據地行区 bì 弼力切音愎 類篇 走也。

58465 31106 趕 bèng_9.16 集韻 北靜切音迸 玉篇 同趃。

58466 31108 趤 chè_9.16 廣韻 集韻 丛丑格切音坼。半步也。一曰距也 集韻 與趀同。

步也。一曰距也 集韻 與趀同。

58467 31109 趦 cuàn_9.16 字彙補 與竄41410同。

58476 u2B3BC null_9.16 喃 未詳。走貌区 音撥。義同。鑿 或俗趖58424

58468 31110 趌 fú_9.16 篇韻 音佛。

58477 u2B3BB null_9.16 未詳。塞行。鑿 楊清臣:趖58406字之變。

58469 31111 趥 hóu_9.16 篇韻 音侯。

58470 41927 趨 jié_9.16 龍龕 音結。走貌。

58471 41928 趫 zhá_9.16 奚韻 丈甲切。趫冶,路貌。

58472 41929 趩 zhān_9.16 川篇 張延切。移也。

58473 45647 趌 chì_9.16 篇海類編 同趍。

58474 45648 趞 zhá_9.16 篇海類編 同趠。

58478 u2F9D8 趜 shù_9.16 同趜58460

58475 45649 趖 pòu_9.16 龍龕 同趖。

鑿 龍龕 趖俗,趖趖58406赻或作,趖58364今。

58479 u27F48 趒 dǎy_9.16 喃 从起曳dǎy聲。興起。亦作魖58480区 dǎy同趒58341起來△胗趒:坐起來。

58481 u27F43 趡 chèn_9.16 同趁58263字見明·朱國禎 涌幢小品·火器

58482 u27F40 趜 jū_9.16 同趜58383俗趚58275

58483 u27F3F 趥 yo_9.16 壯扶。

58480 u27F47 魖 dǎy_9.16 喃 同趒58479

58484 u27F3E 趚 null_9.16 未詳。

58485 u27F3D 趨 null_9.16 未詳。

58486 u27F3C 趖 null_9.16 未詳。

58487 u27F3B 趖 suō_9.16 同趖58357

58488 u27F3A 趖 null_9.16 未詳。

58489 u27F39 趖 null_9.16 未詳。

58490 u27F38 趖 miàn_9.16 俗麵74624 新撰字鏡 袁趖。

58491 u27F37 趖 yuán_9.16 同趖58515古姓。

58492 31112 趖 yǎn_10.17 篇海 於幰切音偃。煙上升也。

58493 31113 趖 suǒ_10.17 集韻 色窄切音柵 博雅 僵也 玉篇 趖趖,僵仆。

58494 31114 趖 chí_10.17 廣韻 直離切 集韻 陳知切丛音馳 說文 趖隓,輕薄也区 di 集韻 待禮切音弟。義同。鑿 又趖58439

58495 31115 趖 hái_10.17 玉篇 胡該切音孩。走也。

58496 31116 趖 wǔ_10.17 廣韻 安古切 集韻 於五切丛音塢 說文 走輕也区 集韻 汪胡切音烏。義同。

58497 31117 趖 huá_10.17 廣韻 集韻 丛戶八切音滑 玉篇 走也。鑿 胡吉宣:趖、趖58317當合併爲一字。

58498 31118 趖 diān_10.17 廣韻 都年切 集韻 多年切丛音顛 說文 走頓也区 diàn 廣韻 集韻 丛堂練切音電 類篇 走也。

58499 31119 趖 yáo_10.17 集韻 餘招切音遙 博雅 趖趖,行也。

58500 31120 趖 sōu_10.17 篇海 趖58456,亦作趖。

58501 31121 趖 qiān_10.17 廣韻 集韻 韻會 丛丘言切音攓 說文 走貌区 廣韻 集韻 丛虛言切音軒。義同区 廣韻 集韻 丘虔切音愆。與趖58502同。

58502 31122 趖 qiān_10.17 廣韻 去乾切 集韻 丘虔切丛音愆 說文 塞行趖趖也 廣韻 塞,足跟也区 集韻 丘閑切音慳。義

同。鋆又䟒58501

趌 jí_10.17 集韻 昨悉切音疾 類篇 走遶也。

趨 qū_10.17 廣韻 七逾切 集韻 韻會 正韻 逡須切，丛取平聲 說文 走也 博雅 行也 釋名 疾行曰趨。趨，赴也，赴所至也 詩·齊風 巧趨蹌兮 疏 趨，今之捷步 禮·曲禮 帷薄之外不趨 註 行而張足曰趨 爾雅·釋宮 門外謂之趨 古今注 吳趨行，吳人以歌其地。陸機 吳趨行 曰：聽我歌吳趨。趨，步也 图 樹名 齊民要術 自餘雜木，鼠耳，虿趨各其時 图 cù 集韻 趨玉切。同促 禮·樂記 衛音趨數煩志 註 趨數讀爲促速。又 祭義 其行也趨趨以數 前漢·高帝紀 令趨銷印 註 師古曰趨，讀曰促。促，速也。图 與趣同 禮·月令 乃命有司趣民收斂 釋文 趣，本又作趨，音促 图 史記·天官書 其趨舍而前曰嬴 註 索隱曰：趨音聚，謂促也 图 qù 集韻 逡遇切，取去聲。行之速也 詩·齊風 巧趨蹌兮 釋文 又七遇反 图 cǒu 此苟切音剿，趣馬，或作趨馬△ 五經文字 趨从芻，作多者訛 廣韻 俗作赵。赵本音池 集韻 或作踘。鋆又勡74566趍58306趄58335趍58336趨58432

趪 xiōng_10.17 廣韻 集韻 丛香仲切，蓄去聲 說文 行也 廣韻 趪趪，疲行貌 集韻 或作躿。鋆又趨58614趪58616

趲 cāi_10.17 玉篇 初緦切。走也。鋆熊加全：俗赵58205

趞 qì_10.17 篇海 欺訖切音乞。走貌。

趚 jūn_10.17 篇海 音均。走也〇按 字彙補 云見 集韻 攷 集韻 本作趣。

趂 zhēn_10.17 六書索隱 同臻。

趍 hái_10.17 篇韻 音孩。留意也。

趤 gòu_10.17 五音篇海 同遘。

趌 hé_10.17 从走盍聲，見金文 秦公鐘、秦公簋

趜 null_10.17 未詳。

趛 null_10.17 未詳。

趝 null_10.17 未詳。

趗 yuán_10.17 爰氏古作趜、趜 图 字學呼名能書 趜，賤宦切。

趞 null_10.17 未詳。

趜 mǎ_10.17 趜亥鼎 宋緇公之孫趜亥，自乍會鼎，子子孫孫，永壽用之。

趨 yǎn_11.18 集韻 隱懺切音偃 類篇 走貌。

趜 jǔ_11.18 廣韻 慈呂切音咀。邪出前也 图 jié 前結切音截。義同〇按 與趄同。

趜 cuī_11.18 廣韻 集韻 丛倉回切音崔 玉篇 逼也。图 篇海 趜步，驢後具。

趜 qǐn_11.18 篇海 去刃切，欽去聲◇走也 正字通 趣字之譌。

趩 chāo_11.18 集韻 初交切音鈔 類篇 競走 玉篇 起也。鋆 玉篇 詐交切。

趫 tuán_11.18 石鼓文 迬迬趫趫 周秦石刻釋音 趫，鄭氏音博。或云即端字△ 正字通 一說度官切音團。通作專。

趫 zhāng_11.18 玉篇 之陽切音章。走也。

趫 piāo_11.18 廣韻 撫招切 集韻 紕招切丛音漂 說文 輕行也 廣韻 亦作嫖。鋆 正字通 趫同趫58634蹼59385，舊註同蹼。

趨 mén_11.18 廣韻 莫奔切 集韻 謨奔切丛音門 說文 行遲也 图 mán 廣韻 謨官切 集韻 謨元切丛音瞞。又 集韻 謨還切音蠻。義丛同。鋆又趨58544趨58575趨58547

趫 cān_11.18 廣韻 集韻 丛倉含切音驂。走貌 玉篇 趫趨，驅走 左思·吳都賦 趫趫拉摞 註 相隨驅逐衆多貌 喬知之·嬴駿篇 趫趫暝走發章臺 图 cà 廣韻 七合切 集韻 錯合切丛音硞。走也，赴會也。鋆又趩58572趫58441

趩 lù_11.18 集韻 盧谷切音祿 類篇 趫趫，走貌。

趫 zhī_11.18 集韻 之石切音隻 類篇 走貌。

趫 chù_11.18 集韻 初六切音矗 類篇 直貌。

趫 qì_11.18 廣韻 集韻 丛七迹切音婧。倉卒也 類篇 恩遶也。图 zuó 廣韻 集韻 丛查獲切，音趩。與趩同。點貌 類篇 急走也。图 zè 集韻 士革切音讀。走貌。或作憤、遺。

趠 mì_11.18 集韻 莫逖切音覓 類篇 趠趠，狂走貌。鋆趠趠。趠趠 图 趠58386

趫 qiāng_11.18 篇海 千羊切音鎗。赵走貌 正字通 俗蹌字。

趲 zàn_11.18 集韻 昨濫切音暫。進也 玉篇 不久也。超忽而騰疾也 图 jiàn 廣韻 慈冉切 集韻 疾染切丛音漸。或作趣。義同。

趫 bì_11.18 廣韻 卑吉切 集韻 韻會 正韻 壁吉切丛音必 說文 止行也。一曰竃上祭名 博雅 止也 玉篇 與蹕同 周禮·秋官·大司寇 凡邦之大事，使其屬蹕 釋文 蹕，本亦作趫 史記·梁孝王世家 出言蹕，入言警。鋆又趫58339

趫 chuàn_11.18 篇海 丑戀切。同獌。犬走草中。

趫 liàn_11.18 篇韻 音戀。走也。

趫 cōng_11.18 字彙補 音義未詳。見劉向 請雨華山賦。鋆或同逤61205 劉向 請雨華山賦 睄陽趫梦。

趫 jí_11.18 龍龕 同趨。

趫 pòu_11.18 龍龕 疋侯切，剖去聲◇僵也。鋆又趫58364

趝 58541 45652 jiàn_11.18 篇海類編 同蹔。鎣 又趝58443

趧 58544 45657 mán_11.18 龍龕 同趧

趮 58543 45654 lì_11.18 龍龕 良被切

𫎾 58546 u2B3BE null_11.18 未詳。

𫎿 58545 u2B3BF null_11.18 殷周金文集成·1.109-110·井人女鐘 妄憲憲聖趚。

𧽱 58547 u27F71 mán_11.18 俗趧58527

𧽭 58549 u27F6D jí_11.18 龍龕 趌俗，趌58605正。才結反。傍出前也。又音吉。走意也。

𧽮 58548 u27F6E zhì_11.18 俗趩58582 廣韻 趩，直一切。走皃。

𧽬 58550 u27F6C null_11.18 未詳。

趩 58552 31152 chì_12.19 廣韻 恥力切 集韻 蓄力切𠀤音敕 說文 行聲也。一曰不行貌 玉篇 走貌 石鼓文 其來趩趩 集韻 或作踝。

趨 58551 31151 é_12.19 玉篇 五和切音譌 篇海 蹉行也。

趚 58553 31153 sù_12.19 玉篇 所六切，音肅◇走也。

趪 58554 31154 jué_12.19 唐韻 集韻 𠀤居月切音厥 說文 蹠也 玉篇 跳起也 廣韻 同趉 又 集韻 其月切音橜。義同 又 guì姑衛切音劌。蹶，或作趪。僵也。鎣 又趉58466

趫 58555 31155 xuàn_12.19 集韻 隨戀切音淀 類篇 始走意也。鎣 集韻 趫，隨戀切。給走意也。

趯 58556 31156 lì_12.19 廣韻 郎擊切 集韻 狼狄切𠀤音歷 玉篇 趯速，行貌。同趯。

趬 58557 31157 jī_12.19 廣韻 居依切 集韻 居希切𠀤音幾 說文 走也 又 集韻 渠希切音祈。又虛器切音屭。又香依切音希。義𠀤同。鎣 又趐58370赳58197趡58436趬58311

趭 58558 31158 jú_12.19 廣韻 居律切 集韻 訣律切𠀤音橘 說文 狂走也 廣韻 同趜 又 集韻 其律切音繘。又允律切音聿。義𠀤同。鎣 又超58223

趮 58559 31159 tán_12.19 廣韻 徒含切 集韻 徒南切𠀤音覃 玉篇 趁58528趮。

趪 58560 31160 huáng_12.19 廣韻 集韻 𠀤胡光切音黃 玉篇 作力貌 又 趪趪，武貌 張衡·西京賦 洪鐘萬鈞，猛虡趪趪 註 趪趪，張設貌 又 guāng 集韻 姑黃切音光 類篇 走貌。鎣 玉篇 僙，胡光切。作力皃。與趪同。

趫 58561 31161 liáo_12.19 玉篇 落迢切音遼。脚長貌。鎣 又敹21748敹21365顟68393

趫 58562 31162 qiáo_12.19 廣韻 巨嬌切 集韻 渠嬌切𠀤音喬◆說文 善緣木走之才 張衡·西京賦 非都盧之輕趫，孰能超而究升 註 都盧國，其人善緣高 又 顏延之·赭白馬賦 捷趫夫之敏手 註 健也 又 博雅 趫趫，行也 又 玉篇 善走也 又 舉足也 又 廣韻 起囂切 集韻 韻會 正韻 丘祅切𠀤音蹺。又 集韻 巨夭切音撟。義𠀤同 又 chǎo丑小切。同超。輕走貌。鎣 俗作嶠16813

趭 58563 31163 sǎn_12.19 石鼓文 其斿趭趭 周秦石刻釋音 趭，薛氏作散，即𥕐字。或音汕，叶平聲，相干反○按 石鼓文 本作趭。鎣 楊寶忠：俗趭58620

趯 58564 31164 dòng_12.19 玉篇 徒孔切，動上聲。走也。

趞 58565 31165 què_12.19 唐韻 七雀切音鵲 說文 趬趞也。一曰行貌。

趬 58566 31166 qiāo_12.19 廣韻 去遙切 集韻 丘祅切𠀤音蹺 說文 行輕貌。一曰趬，舉足也 玉篇 起也，高也 又 廣韻 集韻 𠀤丘召切音譑。又 集韻 牽幺切音鄡。又苦弔切音竅。義𠀤同。

趭 58567 31167 jiào_12.19 廣韻 弋照切音燿 博雅 奔也 玉篇 走貌 前漢·司馬相如傳 騰而狂趭 註 奔走也 揚雄·河東賦 神騰鬼趭 註 走也 又 廣韻 才肖切音噍。又子肖切音醮。義𠀤同。鎣 又𨗶61253趡58418

趲 58568 31168 zá_12.19 集韻 疾盍切，蹔入聲。疾走貌○按 集韻 作趲。內从非，不从韭 正字通 因 字彙 之譌，書作趲，入十三畫，今改正。鎣 又蹝59431

趮 58569 31169 zhí_12.19 篇韻 音執。走貌。

趲 58570 45655 dēng_12.19 五音篇海 音登。

趮 58571 45656 líng_12.19 搜真玉鏡 力丁切音零。

𧾌 58573 u27F8C trǒn_12.19 喃 从走巽rǒn聲。躲避△𧾌𨂫：逃避。

趁 58572 45658 cān_12.19 龍龕 同趁

𧾉 58574 u27F89 qù_12.19 字海 趣，同趣58431宋·蘇軾 廣州資福寺羅漢閣碑 眾生以愛，故入生死。由於愛境，有逆有順。而生喜怒，造種種業。展轉六趣，至千萬劫。本所從來，唯有一愛。

𧾈 58575 u27F88 mán_12.19 俗趧58527

𧾆 58576 u27F86 xuàn_12.19 同趫58555

𧾅 58577 u27F85 null_12.19 未詳。

𧾄 58578 u27F84 null_12.19 未詳。

𧾃 58579 u27F83 null_12.19 未詳。

趲 58580 31170 chán_13.20 廣韻 直連切 集韻 澄延切𠀤音廛 說文 趁也 玉篇 移也 類篇 轉也 又 zhān 廣韻 張連切音邅。行難也 又 zhàn 集韻 丈善切，䡪上聲。移行也。一曰循也。

趯 58581 31171 xuān_13.20 廣韻 况袁切 集韻 許元切𠀤音暄 說文 疾也 玉篇 疾行也 又 廣韻 許緣切 集韻 隳緣切𠀤音翾。義同。

趩 58582 31172 zhì_13.20 廣韻 直一切 集韻 直質切𠀤音秩 說文 走也○按 廣韻 譌作趨。鎣 又趨58606

趛 58583 31173 qǐn_13.20 集韻 丘甚切音吟。低首疾趨謂之趛。或从今作趁。

趭 58584 31174 zhú_13.20 廣韻 之欲切 集韻 朱欲切𠀤音燭 說文 行貌 玉篇 小兒行也 又 shǔ 集韻 殊玉切音蜀 類篇 跳也。

⿺走豦 58585 31175 qú_13.20 廣韻强魚切集韻求於切丛音渠。犯也。一曰小跳玉篇小步也。

⿺走敫 58586 31176 jiào_13.20 集韻吉弔切音叫。徼，或作趭類篇循也。一曰境也。

⿺走詹 58587 31177 zhǎn_13.20 集韻職琰切音颭。前趨貌 [又] 止染切音黵。⿺走詹⿺走詹，疾趨也。

⿺走辟 58588 31178 pì_13.20 篇海匹亦切音僻。走貌。

⿺走資 58589 31179 cī_13.20 廣韻取私切集韻千咨切丛音越。同趑58260

⿺走夆 58590 31180 zá_13.20 字彙同⿺走夆○按卽⿺走夆字之譌。

⿺走感 58591 31181 hǎn_13.20 集韻虎感切音喊。走貌。

⿺走雔 58593 31183 zī_13.20 集韻趑58323，或作⿺走雔。

𧾘 58594 u27F98 null_13.20 未詳。

趮 58592 31182 zào_13.20 廣韻集韻正韻丛則到切音竈說文疾也五經文字同躁前漢·天文志用兵靜吉趮凶 [又] sào 五音集韻蘇到切。矢傍掉也周禮·冬官考工記·矢人羽殺則趮○按說文註，臣鉉等曰：今俗別作躁，非是。經典皆通用趮。

𧾗 58595 u27F97 null_13.20 未詳。

𧾖 58596 u27F96 null_13.20 未詳。

⿺走齊 58597 31184 jī_14.21 玉篇子禮切。同躋。走也。

⿺走臾 58598 31185 yú_14.21 廣韻以諸切集韻羊諸切丛音余說文安行也 [又] 集韻韻會丛演女切音與。義同。鋈又⿺辶臾61401 [又] 新撰字鏡懙18529⿺走臾，同。羊諸反。平安行也。

⿺走蒦 58599 31186 guó_14.21 廣韻集韻丛求獲切。⿺走蒦⿺走豦，足長貌也。

⿺走⿰走走 58600 31187 bēn_14.21 石鼓文其戎⿺走⿰走走⿺走⿰走走周秦石刻釋音鄭云今作奔。或作走○按石鼓文本作⿺走⿱⿰走走⿰走走正字通以爲本作⿱⿰走走走，非。

⿺走叡 58601 31188 xún_14.21 廣韻詳遵切集韻松倫切丛音旬說文走貌。讀若紃○按說文从走叡聲。臣鉉等以爲叡聲，疑从睿字彙云與⿺走睿同，非也。⿺走睿音祀傳切，又辭戀切。見玉篇廣韻，與⿺走叡字異 [又] 集韻規倫切音鈞。又俱倫切音麇。義丛同。鋈段氏改篆作⿺走睿58620

趯 58602 31189 yuè_14.21 廣韻以灼切集韻弋灼切丛音躍說文踊也前漢·李尋傳涌趯邪陰註師古曰趯與躍同後漢·班固傳南趯朱垠註躍也 [又] tì 廣韻集韻韻會正韻丛他歷切音逖。跳貌。同⿺辶翟詩·召南趯趯阜螽傳躍也釋文趯，託歷切博雅趯趯，跳也。鋈又⿺走雈58604

⿺走𡿺 58603 41931 xún_14.21 字彙補詳倫切音巡。走也。

⿺走雈 58604 45659 yuè_14.21 篇海類編與趯同。

⿺走截 58605 45660 jié_14.21 篇海類編同⿺走戢。

𧾞 58606 u27F9E zhì_14.21 ⿺走識58582本字。

趰 58607 u8DB0 chèn_14.21 同趂58264俗趁58263四部叢刊·宋學士文集·卷第六十九·大慈山虎跑泉銘厝移泉眼趰行腳△漢語大字典.V.2.P.3735趰，同⿺辶爾。

⿺走廛 58608 31190 chán_15.22 玉篇直連切音纏。移也。

⿺走臱 58609 31191 biān_15.22 集韻卑眠切音邊說文走意類篇走頓也。鋈又𧾫58623

趲 58610 31192 zǎn_15.22 正字通俗趲字。

⿺走戢 58611 31193 jí_15.22 廣韻居質切集韻激質切丛音吉。走意類篇邪出前也○按廣韻⿺走桀亦訓邪出前，⿺走桀卽⿺走戢字省文 [又] 廣韻集韻丛昨結切音截。義同。鋈又⿺走桀58549

⿺走樂 58612 31194 lì_15.22 廣韻郎擊切集韻狼狄切丛音歷說文動也玉篇或作躒石鼓文多庶⿺走樂⿺走樂周秦石刻釋音郭云走也。鄭氏云與轢同 [又] 廣韻書藥切集韻式灼切丛音爍。又集韻弋灼切音躍。義丛同。

⿺走矞 58613 31195 jú_15.22 廣韻居聿切集韻訣律切丛音橘說文走意廣韻與⿺走喬同集韻或作趉 [又] 廣韻香兖切集韻馨兖切丛音顈。又廣韻許濊切集韻許穢切丛音喙。義丛同。

⿺走奄 58614 31196 yǎn_15.22 篇韻音掩。走也。

⿺走賣 58615 31197 dú_15.22 石鼓文其來⿺走賣⿺走賣周秦石刻釋音音獨。行貌。

⿺走凶 58616 45661 xiòng_15.22 五音篇海火仲切。鋈俗⿺走⿱凶𢖻58505

𧾦 58617 u27FA6 null_15.22 未詳。

⿺走憲 58618 31198 xiàn_16.23 廣韻集韻丛許建切音憲說文走意石鼓文⿺走憲⿺走憲⿰金憲⿰金憲 [又] 集韻五遠切音阮。又許偃切音巘。義丛同。鋈又⿰彳憲16877

⿺走歷 58619 31199 lì_16.23 廣韻郎擊切集韻狼狄切丛音歷。速行貌 [又] 集韻令益切音𥜃。⿺走歷趚，盜行。鋈又⿰彳鬲16752⿰彳歷16878⿺走厤58556⿺走力58246

⿺走睿 58620 31200 xuàn_16.23 廣韻辭戀切集韻隨戀切丛音鏇玉篇走也類篇大也。鋈又⿺走叡58601⿺走散58563

⿺走⿰散走 58621 41932 sǎn_16.23 字彙補⿺走散本字。見石鼓文

⿺走⿰走⿰走走 58622 41933 bēn_16.23 字彙補⿺走⿰走走本字。見石鼓文

𧾫 58623 u27FAB biān_16.23 ⿺走臱58609本字。見說文

𧾪 58624 u27FAA null_16.23 未詳。

趱 58625 u8DB1 zǎn_16.23 简趲58635

⿺走龠 58626 31201 yuè_17.24 廣韻集韻丛以灼切音躍說文趠⿺走龠也廣韻行貌類篇趠⿺走龠謂疾走○按音義丛與躍同。鋈又⿺辶龠61450⿰足龠59576

⿺走霝 58627 31202 líng_17.24 集韻郎丁切音靈。犬逐走貌。

趌 58628 31203 jié_17.24 廣韻古屑切集韻吉屑切𠀤音結說文走意。

趨 58629 31204 quán_18.25 廣韻巨員切集韻逵員切𠀤音權說文行趨趒也。一曰行曲脊貌類篇或作趁𫟼集韻巨班切音權類篇行偏也。

𧾱 58630 31205 yì_18.25 廣韻與職切集韻逸職切𠀤音弋說文趨進趨如也〇按論語作翼正字通義與翼通。

趜 58631 31206 qú_18.25 廣韻其俱切集韻權俱切𠀤音劬說文走顧貌類篇或从句作趜𫟼類篇大走也廣韻局縛切集韻具籰切𠀤音籰。又集韻厥縛切音蹻。義𠀤同。

趧 58632 45662 gān_18.25 篇海類編音甘。又音引。

趮 58633 45663 fēng_18.25 龍龕音豐。

趬 58634 u27FB4 piāo_18.25 趬58526本字。見說文。

趲 58635 31207 zǎn_19.26 廣韻藏旱切集韻在坦切𠀤音瓉。散走也𫟼zū集韻宗蘇切音租。走也𫟼子罕切音攢。又祖管切音纂。義𠀤同𫟼zàn廣韻集韻𠀤則旰切音讚。逼使走也。鼇又趱58610趲58625

趭 58636 31208 jué_20.27 廣韻居縛切集韻屈縛切𠀤音蹻說文大步也。

趨 58637 31209 qū_21.28 篇韻音趨。進貌。

• 足部 •

足 58638 31210 zú_0.7 古文足疋唐韻卽玉切集韻韻會正韻縱玉切𠀤音哫說文人之足也。在下，从止口註徐鍇曰：口象股脛之形釋名足，續也，言續脛也易說卦震爲足疏足能動用，故爲足也禮玉藻足容重註舉欲遲也𫟼廣韻滿也，止也書仲虺之誥矧予之德，言足聽聞詩小雅既霑既足禮學記學然後知不足老子道德經知足不辱𫟼不可曰不我足吳語天若棄吳，必許吾成而不吾足也𫟼草名爾雅釋草藗，百足註音纖。𫟼姓戰國策足强註韓人𫟼jù廣韻子句切集韻遵遇切韻會子遇切𠀤音緅論語巧言、令色、足恭疏足，成也。謂巧言令德以成其恭，取媚于人也朱傳過也揚子法言足言足容，德之藻矣𫟼管子五行篇春辟勿時，苗足本註足，猶擁也𫟼廣韻添物也類篇益也前漢五行志不待臣音，復調而足。鼇又疋05578疋58639𫟼可洪音義呢05968邊：上子玉反。正作疋05436

足 58639 u27FB7 zú_0.7 同足58638偏旁。

足 58640 u2F9C zú_0.7 同足58638部首專用字。亦作足58641

足 58641 u2ECA zú_0.7 部足58640

𧾷 58642 31211 zhèng_1.8 說文古文正26547字，从一足。足者亦止也。

趴 58643 31212 jiù_1.8 字彙同趴58646

趻 58644 31213 chēng_2.9 廣韻丑庚切集韻抽庚切𠀤音撑。行遲貌玉篇跮趻，行貌𫟼zhēng廣韻集韻𠀤中莖切音打。跉趻，脚細長也𫟼chēng廣韻丑貞切集韻癡貞切𠀤音檉。跉趻，行不正也𫟼dīng集韻當經切音丁類篇獨行也。

足 58645 31214 qì_2.9 正字通仚01204字之譌。

趴 58649 45664 jǐ_2.9 龍龕音几。

趴 58646 31215 jiù_2.9 廣韻巨幼切集韻祁幼切，𠀤虯去聲。醜行之貌玉篇蹎趴，踏行貌類篇趴蹎，行不正也。鼇又趴58643趴58648

趴 58647 31216 fù_2.9 唐韻集韻𠀤芳遇切音赴說文趣越貌玉篇亦作赴𫟼bó集韻鼻墨切音匐類篇僵也。

趴 58648 41934 jiù_2.9 龍龕巨幼切。同趴。趴蹎，醜行之貌。

趴 58650 45665 shí_2.9 五音篇海音計。鼇可洪音義趴跋：上音十。下音伐。又川音云音作趴58715，音鬪，非也。又郭氏音計，亦非也。應和尙未詳。按諸呪中皆作什伐之字也。郭氏又作趴，音科，非也。

趴 58651 u27FBF tréo_2.9 喃从足了liễu聲△趴蹎：坐禪，蹺二郞腿𫟼liuj壯趴趾：偷偷溜走。

趴 58652 u27FBC null_2.9 未詳。

趴 58653 u8DB4 pā_2.9 匍匐，伏，撲

跁 58654 31217 bō_3.10 廣韻集韻𠀤北角切音剝。擊也玉篇足擊聲𫟼bào集韻巴校切音豹。跳躍也齊乘濟南有跁突泉𫟼chuò集韻測角切音齪。足齊貌𫟼zhuó職略切音灼。跡也。或作躇。

趴 58655 31218 yuè_3.10 廣韻集韻𠀤魚厥切音月。趴58700或从兀作趴韓愈征蜀聯句呷呦叫寃趴註與趴同。

趺 58656 31219 gàn_3.10 集韻居案切音幹。骭，或作趺玉篇脛骨也𫟼下晏切音婥。義同。

跨 58657 31220 kuà_3.10 集韻苦故切音庫。股也。與胯同𫟼wù於故切音汙。踞也〇按集韻本作跨。

屈 58658 31221 jū_3.10 集韻斤於切。同居類篇居，或作屈。屈，臣光按說文尸部居字云俗居从足，當作屈。今本誤作踞，非。

趾 58663 31226 zhǐ_3.10 篇韻同趾晉書南越傳趾居〇按卽趾踞。亦作趺。

趴 58659 31222 qí_3.10 與蹊同。

跓 58664 45666 zhà_3.10 龍龕音吒。

踏 58660 31223 chà_3.10 集韻楚嫁切音衩。岐道也玉篇踏也。鼇又同踏59166宋釋普濟五燈會元卷十八鄆州子陵山自瑜禪師，僧問：如何是古佛心？師曰：赤脚踏泥冷似冰。

趴 58661 31224 xī_3.10 廣韻先立切集韻息入切𠀤音靸。膝坐類篇斂膝坐也。鼇又集韻或作跸。

趴 58662 31225 pāng_3.10 玉篇蒲郎切篇海趴跋。

<table>
<tr><td>

餃 58665 45667
qǐ_3.10 五音篇海 與夋同。

跨 58666 45668
kuà_3.10 篇海類編 同趶。又同胯。

趵 58667 u2B3C0
null_3.10 未詳。

跰 58669 u27FD0
chen_3.10 喃 从足
千thiên聲。擠入，插足△趵跰：擁擠，熙熙攘攘。

趶 58668 u27FD1
nhắc_3.10 喃 从足弋dặc聲。提起，抬高。

跁 58670 u27FCF
bà_3.10 同趴58703敦煌·P. 2717 碎金 跁跒：蒲下
反，口下反。

趷 58671 u27FCE
xí_3.10 同跣58661金州軍刻本 集韻 趷，斂膝坐也。

跨 58672 u27FCB
kuà_3.10 俗跨58826朝鮮本 龍龕 跨，俗。苦故切。

趹 58673 u27FCA
yuè_3.10 同趈58700朝鮮本 龍龕 趹，正。音兀。趹
趈也。趹，俗。

跐 58675 u27FC7
chí_3.10 俗弛16102跢跐，同跢弛，不遵道而行，放
蕩失檢 図tuó俗陁65526跢跐，同跋陁，見 可洪音義

跫 58676 u8DB8
dǔn_3.10 简 薼59454

跷 58674 u27FC8
kuàng_3.10 简 蹥59518

跫 58677 u8DB7
kē_3.10 跫蹬：象聲詞。物體撞擊聲。

跌 58678 31227
jué_4.11 唐韻 集韻 韻會 丛古穴切音抉 說文 馬行
貌 玉篇 疾也 戰國策 捔前跌後 史記·張儀傳註 謂前
足捔向前，後足跌於後。跌，謂後足抉地，言馬之走勢
疾也 後漢·班彪傳 要跌追蹤 註 跌，奔也 図gui 集韻 涓
惠切音桂。義同 図 蹳也 淮南子·兵略訓 有蹞者跌。
鍳又跌58807

跣 58679 31228
shì_4.11 廣韻 承紙切 集韻 韻會 正韻 上紙切丛音
是 說文 尌也 類篇 一曰積聚。

趺 58680 31229
fū_4.11 廣韻 甫無切 集韻 風無切丛音膚 集韻 與
跗同 束晳·補亡詩 白華絳趺 註 趺與跗同 劉禹錫·奚陟
碑 螭首龜趺 図 釋名 拜于丈夫爲趺，趺然屈折下視地
也 図 廣韻 跏趺，大坐也 婆娑論 結跏趺坐，是相員滿。
鍳又吷05534跌58946

跧 58681 31230
chěn_4.11 集韻 丑其切 正韻 丑錦切。跧同蹎 莊
子·秋水篇 吾以一足跧踔而行 図 集韻 楚錦切音墋。跧
蹲，行貌 図 丑減切。義同。

跣 58682 31231
chěn_4.11 集韻 與蹎同 廣雅 跣踔，無常也 木華·海
賦 跣踔湛藻 註 波前卻之貌 図 類篇 跰踔，行不進貌。

跷 58683 31232
hù_4.11 篇海 胡故切音護。趺跪，雙膝著地。

班 58684 31233
róu_4.11 集韻 女六切音朒 玉篇 行也。鍳胡吉宣
跙卻蹂59123 爾雅 釋文引 字林 蹂，或作狃。狃變易偏旁
爲跙，字本作内。

跷 58685 31234
hàng_4.11 廣韻 胡朗切 集韻 下朗切丛音沆 玉篇 伸
脛也 図gǎng 廣韻 各朗切 集韻 舉朗切丛音亢。伸足
也。一曰擊髁。鍳又跣58714跿58860跷59046

</td><td>

跰 58686 31235
yàn_4.11 正字通 同跰。

跙 58687 31236
qiè_4.11 廣韻 千結切音切。跙跌。

趾 58688 31237
qí_4.11 集韻 蹟58992古作跂。

跐 58689 31238
é_4.11 篇海 五禾切音訛。大跛。

跰 58690 31239
páng_4.11 唐韻 步光切 集韻 蒲光切丛音旁 說文 曲
脛馬也 類篇 曲足謂之跰 図fàng 廣韻 集韻 丛甫妄切
音放 図péng 集韻 韻會 正韻 丛蒲庚切音彭。義丛同
図fāng 廣韻 府良切◆集韻 分房切丛音方。跰也 博雅
跰，跼蹡也。鍳 龍龕 蹡或作，跰今。

蹋 58691 31240
bó_4.11 廣韻 集韻 丛蒲撥切音跋 玉篇 急行貌 類
篇 行貌。一曰猝也。或作踣 図fèi 廣韻 方味切 集韻 方
未切丛音沸。義同 図bèi 集韻 博蓋切音貝。與跟同。
步行蹞跋也。鍳 又趀58230

� 58692 31241
nè_4.11 集韻 奴骨切音訥 類篇 足傷 図nà 集韻
諸盍切。同衲。行貌。

跫 58693 31242
xiōng_4.11 集韻 許容切音凶。跫58841或从凶作跫。

趾 58694 31243
zhǐ_4.11 廣韻 集韻 韻會 丛諸市切音止 爾雅·釋
言 趾，足也 釋名 趾，止也。言行一進一止也 易·賁卦 賁
其趾 詩·豳風 四之日舉趾 禮·曲禮 請袵何趾 図 左傳·宣
十一年 略基趾 註 趾，城址也 図 禮·王制 南方曰蠻，
雕題交趾 前漢·地理志 交趾郡，屬交州 図通作止 前
漢·刑法志 當斬左止者，笞五百 註 師古曰止足也。
鍳又跐58663

趿 58695 31244
sà_4.11 唐韻 蘇合切 集韻 正韻 悉合切丛音馺 說
文 進足有所擷取也 図qi 集韻 七入切音葺 博雅 趿趿，
行也。鍳 玉篇 㩎，先荅、且立二切。行皃。與馺同。
或趿字。

柅 58696 31245
dǔn_4.11 篇海 丁本切，敦上聲。收錢了訖，昌黎子
作 正字通 韓通字學，必不背謬至此，當是 篇海 之譌。
鍳夊04217足合文，俗薼59454明萬曆己丑本 四聲篇海
柅，丁本切。收零了訖。文約曰柅。昌黎字凩作。今增 直
音篇 柅，丁本切。收夊了訖。

跂 58697 31246
tòu_4.11 廣韻 集韻 丛他候切音透。索彊跂也 類
篇 自投也。

跰 58698 31247
shēng_4.11 集韻 書蒸切音升。與陞同 類篇 登也。
鍳 集韻 陞阩跰，書蒸切。登也。或省。亦从足。通作
升。

跣 58699 31248
wán_4.11 集韻 吾官切音岏。蹞跣，蹲跣也。

趈 58700 31249
yuè_4.11 唐韻 集韻 丛魚厥切音月 說文 斷足也 韓
非子·外儲說 孔子相衛，弟子子皋爲獄吏，趈人也 玉篇
或作刖 類篇 趈或从兀作趹 図 集韻 五忽切音兀。又五
括切音捖。義丛同 図 與髡通 周禮·冬官考工記·瓬人 髻

</td></tr>
</table>

墾薛暴不入市　註　鬑讀爲跰　註　謂器不正敧邪者也。
鼇又跀58673

跍 chú_4.11　集韻　與躕59530同。

趵 fēn_4.11　集韻　敫文切音芬　類篇　歷也。

犯 bà_4.11　廣韻　傍下切　集韻　部下切夶音罷。犯砢，行貌　玉篇　犯砢，不肯前　李建勳詩　犯砢爲詩犯砢書。　又　pá　集韻　蒲巴切音爬　類篇　犯砢，蹲也　又　bà　廣韻　白駕切音杷。犯踦，短人　又　bà　集韻　步化切音杷　類篇　耀矲，短貌。耀，或作犯△　正字通　犯爲俗增，無意義。今俗謂小兒匍匐曰犯。鼇又砒58670

跂 qí_4.11　唐韻　巨支切　集韻　韻會　翹移切夶音岐　說文　足多指也　莊子·駢拇篇　故合者不爲駢，而枝者不爲跂　又　集韻　與蚑同。蟲行也　前漢·禮樂志　跂行畢逮　註　凡有足而行者稱跂行也　淮南子·原道訓　跂行喙息　又　zhī　集韻　韻會　夶章移切音支　莊子·馬蹄篇　蹩躠爲仁，踶跂爲義　註　皆用心力爲仁義之貌　又　集韻　顰尒切音邇。義同　又　qī　廣韻　丘弭切　集韻　遣尒切。夶與企同。望也。　類篇　舉踵也　詩·衞風　跂予望之　傳　跂足則可以望見之　禮·檀弓　不至焉者，跂而及之　又　國名　山海經　跂踵國，在拘纓東　又　qī　廣韻　集韻　韻會　夶去智切音吱。垂足坐　又舉足望　又　qí　集韻　渠羈切音奇。緩走。亦作攲　又　jī　竭戟切音劇。足也。鼇又企01204跮58846趷58741　又　龍龕　企58665，丘弭、去智二反。踶企。與跂同。

跜 zōng_4.11　六書故　蹤作跜。

趽 niè_4.11　韻寶　同躡。

趿 xī_4.11　篇韻　音兮。跡也。

趿 zǐ_4.11　字彙補　則私切音咨。卻行也。引　易·夬卦　其行次且。古作趿○按　釋文　作趿。鼇又俗跢58749

距 dì_4.11　篇韻　跐或作距。譌。

跢 dì_4.11　篇海　跂亦作跢。譌。

戾 tiào_4.11　龍龕　徒聊切。躍也。又跟踦上也。又去聲。

趴 hù_4.11　龍龕　胡故切。或上聲。趴跪，雙膝著地。鼇　字彙補　趴，同跘。

趵 chì_4.11　龍龕　丑例切。趵踰，跳躍也。又音曳。鼇　跰58794同趵跰58722，並趿58737字之譌。

跣 hàng_4.11　龍龕　同跣　斗 shí_4.11　字彙補　音科。鼇俗斗58650佛經記音用字。

跒 gé_4.11　五音篇海　古麥切，音格◇。

跰 bié_4.11　篇海類編　避列切，音別。鼇　集韻　仄蟹切。蹋也　又　跰58742

跰 bēn_4.11　搜眞玉鏡　同奔。

政 bì_4.11　俗跛58742

跰 cháng_4.11　簡　跟59016

趉 kú_4.11　方　蹲。

趉 chì_4.11　同趵58713　字彙補　趉，丑例切。音懤。跳躍也。卽趵58737字省文。

趃 viết_4.11　喃　从跡省曰viết聲△跙蹟：足跡。之跙：污點。

趏 jun_4.11　韓　俗蹲△亦見　二簡

趶 róu_4.11　龍龕　跨俗，蹂59123正。

跎 tuò_4.11　同跎58733

跮 bǎn_4.11　方　用力掙扎　又　trở　喃　同蹈05275返回，翻轉

趼 fū_4.11　同跰58775

趮 pāo_4.11　小琉球漫誌·卷七·海東賸語·臺灣訛字　臺地字多意造，爲字書所不載……「獸善走爲趮」之趮字。

跋 bá_4.11　龍龕　跋俗，跋58749正。

跄 qiāng_4.11　簡　蹌59193

跃 yuè_4.11　簡　躍59499

跎 tuò_5.12　集韻　闥各切音託　玉篇　與蹹同　前漢·武帝紀　跎弛之士　註　師古曰跎者，跎落無檢局　又　chì　集韻　昌石切音尺。義同。鼇又跰58727踏58839　五音集韻　跎，充夜切。歧道。

促 cù_5.12　玉篇　且欲切音簇。迫也，速也。或作促、趉。鼇又倅32465

跆 tái_5.12　廣韻　徒哀切　集韻　韻會　正韻　堂來切夶音臺　玉篇　蹋跆也　前漢·天文志　夶興兵相跆藉　又　廣韻　躞跆，連手唱歌也。

跀 yuè_5.12　唐韻　集韻　夶許月切音鐬　說文　輕也　玉篇　走貌　又　集韻　王伐切音越。義同。鼇又越59156

跇 yì_5.12　唐韻　餘制切　集韻　韻會　以制切夶音曳　說文　述也　玉篇　超踰也　廣韻　跳也　前漢·揚雄傳　跇巒阬　註　師古曰跇，渡也　又　chì　廣韻　集韻　夶丑例切。同踅。或作跰　又　集韻　時制切音誓。義同。鼇又踕59116赿58229跰58713趵58722　又　龍龕　赿58283趍58453或作，趘58473　又　集韻　赹58374，或作跰趀迣60807，通作迣60750

跢 dì_5.12　廣韻　都計切　集韻　丁計切夶音帝　玉篇　蹋也　又　zhī　集韻　張尼切音胝　類篇　跆也。或作踷。鼇又距58709跂58710跢58790踞59043

跈 niǎn_5.12　篇海　與跈同。

跈 niǎn_5.12　廣韻　集韻　夶乃殄切音撚。與躔同　玉篇　蹈也　類篇　逐也　莊子·外物篇　哽而不止則跈　音義　踐也。本或作蹨　又　niǎn　集韻　正韻　夶尼展切音碾。與躔同。　莊子·外物篇音義　跈，本或作蹨　又　與踐同　博雅　履也。

今之踐字 又 chén 集韻 池鄰切音陳。與趁同。邅也。又 diàn 徒典切音殄。止也。鎣又跡58739跈58787

踀 58741 31268 chù_5.12 廣韻 丑律切 集韻 敕律切太音黜。獸跡 又 類篇 踀踢，獸名 山海經 南海赤水之西，流沙之東，有獸，左右有首，名踀踢。鎣又狘33116

蹕 58742 31269 bì_5.12 集韻 蒲計切音薜 類篇 蹴也 又 bié 蒲結切音蹩。足擊。鎣鄧福祿：跳，俗抋19397 龍龕 跐58717 跛58720，二俗。蒲結反。

跡 58743 31270 zhuì_5.12 集韻 追萃切。同逑。足不前也。亦作逺、遳。

跸 58744 31271 fú_5.12 廣韻 集韻 韻會 太敷勿切音拂 說文 跳也 玉篇 急行貌 類篇 與跡58691同 又 集韻 符勿切音佛。又 方未切音沸。義太同。

跉 58745 31272 líng_5.12 廣韻 呂貞切 集韻 離貞切，並令去聲 玉篇 跉町，行貌 類篇 偏行 又 廣韻 集韻 太郎丁切音靈。與跉同。亦作伶。徐行不正貌。

跚 58746 31273 méng_5.12 集韻 謨蓬切音蒙。與髼同。䟌髼，茀離也。

昧 58747 31274 mèi_5.12 集韻 莫貝切音昧。踐也 又 莫佩切音妹。義同。

跊 58748 31275 mò_5.12 集韻 莫撥切音末 類篇 行過也。鎣 直音篇 跊跊太俗字。

跋 58749 31276 bá_5.12 唐韻 集韻 韻會 正韻 太蒲撥切音魃 說文 蹎跋也 玉篇 跋躠，行貌 詩·鄘風 大夫跋涉 傳 草行曰跋，水行曰涉 釋文 韓詩 云不由蹊遂而涉曰跋涉。又 詩·豳風 狼跋其胡 傳 跋，躐也 又 類篇 本也 禮·曲禮 燭不見跋 註 跋，本也 疏 本，把處也 又 前漢·揚雄傳 跋扈犛 註 張晏曰：跋，躐也。師古曰反戾也 又 後漢·崔駰傳 黎共奮以跋扈兮 註 跋扈，强梁也 又 篇海 足後爲跋。故書文字後曰跋 又 姓 五代名畫補遺 跋異，汧陽人 又 集韻 正韻 太北末切音撥。義同 又 bèi 集韻 博蓋切音貝。與䟺58931同。鎣又跋58795 又 可洪音義 欽跋58708：蒲未反。正作跋58730衣名欽跋罗，亦云欽婆罗，如五十五作欽跛58750罗是。郭氏作子尹反，非也。

跛 58750 31277 bá_5.12 正字通 俗跋字。

跈 58751 31278 tián_5.12 廣韻 徒年切 集韻 亭年切太音田 玉篇 踏地聲。

跲 58752 31279 jiǎ_5.12 集韻 古狎切音甲 玉篇 行聲。鎣俗甲35354 可洪音義 同蹛：音甲。蹄也。謂驢馬不分蹄也。

跌 58753 31280 diē_5.12 唐韻 集韻 韻會 徒結切 正韻 杜結切太音耋 說文 踢也。一曰越也 公羊傳·莊二十五年 肆者何，跌也 註 跌，過度 又 揚子方言 跌，蹷也 玉篇 仆也 前漢·鼂錯傳 跌而不振 註 師古曰跌足，失據也 又 後漢·律曆志 無有差跌 又 後漢·孔融傳 跌蕩放言 註 無儀撿也 又 淮南子·修務訓 夫墨子跌蹏，而趍千里 註 跌，疾行也 又 tú 集韻 陁沒切音突 類篇 足傷也。鎣 正字通 趃，俗跌字。

跍 58754 31281 kū_5.12 廣韻 苦胡切 集韻 空胡切太音枯。蹲貌。

跎 58755 31282 tuó_5.12 廣韻 徒何切 集韻 韻會 正韻 唐何切太音駝 說文 蹉跎也 晉書·周處傳 入吳尋二陸，見雲，具以情告，曰：欲自修而年已蹉跎 楚辭·九懷 驥垂兩耳兮中坂蹉跎 註 蹉跎，失足。鎣又跪58756

跟 58757 31284 mǐn_5.12 廣韻 武盡切 集韻 弭盡切太音泯。獸蹄甲也 又 mín 集韻 眉貧切音旻 玉篇 踔也 字彙 行蹲跛也。

跪 58756 31283 tuó_5.12 集韻 同跎

跊 58758 31285 yù_5.12 集韻 虞欲切音玉 玉篇 行不正。鎣胡吉宣：趏58266跊字同。

跇 58759 31286 liě_5.12 集韻 力者切音忚。身不就貌 又 què 乞約切音卻 類篇 行不進也。

跏 58760 31287 jiā_5.12 廣韻 古牙切 集韻 韻會 居牙切太音嘉。跏趺58680，坐也 玉篇 結跏坐 類篇 屈曲坐也。

跁 58761 31288 fěng_5.12 集韻 方勇切。覂或作跁。反覆也 又 fǎn 峯范切音釩。僨也。

跐 58762 31289 cǐ_5.12 廣韻 雌氏切 集韻 淺氏切太音此。蹈也 博雅 履也，蹋也 釋名 跐，弭也。足踐之使弭服也 列子·天瑞篇 若躇步跐蹈，終日在地上行止，奈何憂其壞 淮南子·齊俗訓 必有菅屩跐，踦短褐不完者 左思·吳都賦 將抗足而跐之 註 跐，躡也 又 集韻 阻氏切音祉。義同。又 zǐ 廣韻 將此切 集韻 韻會 蔣氏切太音紫。行貌。鎣又跐58786征16575

跑 58763 31290 páo_5.12 廣韻 薄交切 集韻 韻會 正韻 蒲交切太音庖。足跑地也 臨安新志 性空禪師居大慈山，苦無水。忽有神人告曰：明日當有水。是夜二虎跑地作穴，泉水涌出，因號虎跑泉 又 bó 廣韻 蒲角切 集韻 弼各切太音雹。秦人言蹴曰跑 博雅 趵也 又 集韻 潑沃切音僕。義同。鎣又跑58955跑58788

跜 58764 31291 zhǎn_5.12 正字通 蹍本字 字彙 誤分爲二，非。

跒 58765 31292 qiǎ_5.12 廣韻 苦下切 集韻 口下切，齣上聲 玉篇 跁58703跒 又 集韻 丘加切音齣。義同。

踇 58766 31293 mǔ_5.12 廣韻 莫厚切 集韻 莫後切太音母 玉篇 大踇指。鎣又跗58789

跓 58767 31294 zhù_5.12 廣韻 直主切 集韻 冢庾切，並音柱◇停足也 類篇 足不正。◆楚辭·九思 跓竢兮碩明。

跔 58768 31295 jū_5.12 唐韻 舉朱切 集韻 韻會 恭于切太音拘 說文 天寒足跔也 玉篇 寒凍手足跔不伸也 又 戰國策 䟃跔科頭 史記·張儀傳註 跳躍也。又偏舉一足曰䟃跔。

又 集韻 權俱切音劬。義同。或作踽 又 qǔ 集韻 顆羽切音踽。與趨同 類篇 行貌。

跕 58769 31296
tiē_5.12 廣韻 他協切 集韻 託協切𠀤音帖 玉篇 跕，履也 史記·貨殖傳 爲娼優女子則鳴瑟跕屣 註 躡跟爲跕也 前漢·地理志 彈弦跕躧 註 躧與屣同，謂小履之無跟者也。跕謂輕躡之也 又 dié 廣韻 丁愜切 集韻 韻會 的協切 正韻 丁協切𠀤音喋。墮落也 後漢·馬援傳 仰視飛鳶，跕跕墮水中 註 跕跕，墮貌也 又 類篇 一曰徐行。

䟕 58770 31297
jué_5.12 集韻 九勿切音緺。走貌。或作趉趏。

跖 58771 31298
zhí_5.12 唐韻 集韻 韻會 正韻 𠀤之石切音隻 說文 足下 淮南子·說山訓 善學者若齊王之食雞，必食其跖。

𤘽 58772 31299
chēng_5.12 廣韻 直庚切 集韻 韻會 正韻 除庚切𠀤音棖 說文 歫也 周禮·冬官考工記·弓人 維角牚之 註 讀如掌距之掌 疏 牚，正也 又 集韻 抽庚切音瞠。又式亮切，音晌。義𠀤同 又 chǎng 集韻 昌兩切 集韻 齒兩切𠀤音敞 博雅 蹋也 類篇 距也。鑾 集韻昌兩切。廣韻 昌兩切 又 牚26622𤘽12680蹚59379 又 正字通 蹡58989，俗牚字。蹚59265，俗牚字。

跔 58773 31300
qiù_5.12 集韻 丘救切音糗。跔跔，行貌。鑾 又俗嶇14162 可洪音義 踦跔：上丘宜反，下丘愚反。

跼 58774 31301
jú_5.12 廣韻 集韻 𠀤居六切音掬 玉篇 足也 類篇 足謂之跼。

跗 58775 31302
fū_5.12 廣韻 甫無切 集韻 韻會 風無切𠀤音膚。足趾也 玉篇 足上也 儀禮·士喪禮 乃屨綦結于跗連絇 註 跗，足上也 疏 謂足背也 莊子·秋水篇 蹶泥則沒足滅跗 音義 跗，足跗也 又 左傳·成十六年 有韎韋之跗注 註 跗注，戎服，若袴而屬于跗，與袴連 又 人名 史記·扁鵲倉公傳 醫有俞跗 註 黃帝時將也 又 fù 廣韻 集韻 韻會 𠀤符遇切音附。義同 又 與柎通 詩·小雅 鄂不韡韡 箋 不音夫，當作柎 音義 柎亦作跗。鑾 又蹄58984 又 直音篇 趺58680跅58728同跗。

跘 58776 31303
pán_5.12 集韻 蒲官切音槃。與蹣59280同 又 bǎn 補滿切音粄。交足坐也。鑾 又跦58865

跙 58777 31304
jù_5.12 廣韻 慈呂切 集韻 韻會 在呂切𠀤音咀。玉篇 行不進也 揚子·太玄經 四馬跙跙 又 集韻 狀所切音齟。義同 又 qū 集韻 千余切音疽。趄58275或作跙。又 qiě 淺野切音且 類篇 蹴跙，足利 又 zù 莊助切音阻 類篇 行不正也。一曰馬蹄病。或作𨄁 又 qiè 集韻 類篇 𠀤七夜切音笡 類篇 衺足立。鑾 又蹥59012 又 集韻 跙，或作𨄁、阻65518

䠷 58778 31305
guā_5.12 集韻 姑華切音瓜 類篇 足理文。或作蝸。

跚 58779 31306
shān_5.12 廣韻 蘇干切 集韻 韻會 相干切𠀤音珊。蹣跚，跛行貌 類篇 行不進 又 與散通 史記·平原君傳 有躄者槃散行汲 註 散亦作跚 又 與珊、姍通 史記·司馬相如傳 媻珊勃窣 漢書 作媻姍。鑾 龍龕 蹣蹣俗，跚正，跚今。

跛 58780 31307
bǒ_5.12 古文尯 唐韻 布火切 集韻 韻會 正韻 補火切𠀤音播 說文 行不正也。一曰足排之 篇海 足偏廢 易·履卦 跛能履 禮·問喪 跛者不踊 穀梁傳·成元年 衛孫良夫跛 又 bì 廣韻 集韻 韻會 𠀤彼義切音賁。偏任也 禮·曲禮 立毋跛 註 跛，偏也。又 禮器 有司跛倚以臨祭 註 偏任爲跛，依物爲倚 又 pō 集韻 滂禾切音頗。人名 類篇 楚有薳跛。鑾 又彼36939皺59672

跜 58781 31308
ní_5.12 唐韻 集韻 韻會 𠀤女夷切音尼 玉篇 蹮跜，虯龍動貌 李尤·辟雍賦 萬騎蹮跜以攫拏 王延壽·魯靈光殿賦 虯龍騰驤以蜿蟺，頷若動而蹮跜。

距 58782 31309
jù_5.12 唐韻 其呂切 集韻 韻會 正韻 臼許切𠀤音巨 說文 雞距也 左傳·昭二十五年 季氏介其雞，郈氏爲之金距 集韻 或作鉅、䶙 又 至也 書·益稷 予決九川，距四海 傳 距，至也 又 違也，抗也 書·禹貢 不距朕行 傳 天下無違距我命者 又 詩·大雅 敢距大邦 疏 抗距大國。又 儀禮·鄉射禮 距隨長武 註 始前足至東頭爲距，後足來合而南面爲隨 又 左傳·僖二十八年 距躍三百 註 超越也 疏 爲距地向前，跳而越物過也 史記·王翦傳 方投石超距 註 索隱 曰：超距，猶跳躍也 前漢·甘延壽傳 投石拔距 註 應劭曰：拔距，即超踰。張晏曰：拔距，超距也 又 前漢·趙廣漢傳 尤善爲鉤距，以得事情 註 距，閉也 又 淮南子·氾論訓 蹠距者舉遠 註 距，大也 又 釋名 鬐曲頭曰距。距，拒也。言其曲似拒也 又 增韻 凡刀鋒倒刺皆曰距 又 與拒通 儀禮·少牢饋食禮 長皆及俎拒 註 拒讀爲介距之距 孟子 距楊、墨 荀子·法行篇 欲來者不距，欲去者不止 註 與拒同。

跮 58783 31310
tiáo_5.12 隸釋 祝睦後碑 踐跮州郡。即阼字。

跁 58784 31311
pǒ_5.12 篇海 普火切音頗 篇韻 跁躍，跛足也。

𧿳 58786 31313
cǐ_5.12 集韻 跐或書作𧿳。

跡 58787 31314
nǐ_5.12 篇海 與跡同 又 乃禮切音伱。脚破。

跑 58788 41938
páo_5.12 五音篇海 音雹。秦人謂蹴也。

跨 58785 31312
kuà_5.12 篇韻 同跨

踇 58789 41939
mǔ_5.12 川篇 音丑。足指也。鑾 楊寶忠：踇58766字俗訛。音丑，音母之殘誤。

𨀛 58790 45675
dǐ_5.12 龍龕 音底。又音帝。鑾 字彙補 同跈58738

𨀜 58791 45676
wǎ_5.12 搜眞玉鏡 音瓦。

𫏆 58792 u2B3C6
bō_5.12 簡 蹳59374

𫏅 58793 u2B3C5
null_5.12 未詳。

𫏄 58794 u2B3C4
yì_5.12 俗跇58737

𨀒 58796 u28012
vó_5.12 喃 越·阮秉 五千字譯國語 蹢跡，駿浼。袯，襖跡馭。

跋 58795 u2F9DA
bá_5.12 同跋58749

𨀑 58797 u28011
ngoáy_5.12 喃 从足

外ngoai聲△狨迠雎：狗歡快地搖尾巴。

跤 58798 u28010
rong_5.12 喃 从足冬đông聲。流動不定貌△䠐跤：散步，溜達。迥跤：遊蕩，閒逛。

跙 58799 u2800F
đến_5.12 喃 从足旦đán聲。同䢱48279到。

跎 58800 u2800E
lộp_5.12 喃 从足立lập聲図踏59311俗省図新撰字鏡 跎，文北反。仆也，顛倒也，前覆也，弊也。太不留。又跎踚：琰塔反。蹋跈也。不弥尔志留。又古由。

跍 58801 u2800D
dùng_5.12 喃 从足用dụng聲△跍孕：躊躇。

跏 58802 u2800C
lánh_5.12 喃 从足另lánh聲。躲開。

跊 58803 u2800B
sẩy_5.12 喃 从足仕sĩ聲。擺脫，逃脫。

跄 58804 u2800A
dặng_5.12 喃 跍跊：躊躇。又越·阮秉五千字譯國語 徜徉，跊雎図dựng同踯41520

跉 58805 u28009
zhù_5.12 字海同佇00972図ningj 壯動詞後綴。跟佇跉：緊緊跟隨。

跚 58806 u28008
bex_5.12 壯疲勞，勞累図bước喃跨步，散步。

跙 58808 u28005
yǎn_5.12 同跃58997龍龕跙，以冄反。疾行貌。

跎 58809 u28003
jìng_5.12 俗踁58909可洪音義 脚踁：刑定反。

跎 58810 u28002
null_5.12 未詳。

跋 58807 u28006
jué_5.12 跌58678本字

跋 58811 u28001
lóng_5.12 簡躘59546

跋 58812 u8DF5
jiàn_5.12 簡踐58991

跛 58813 u8DDE
lì_5.12 簡躒59523

跟 58814 31315
gēn_6.13 唐韻集韻韻會正韻 丛古痕切音根說文足踵也。或从止作䟓釋名足後曰跟，在下旁著地，一體任之，象本根也後漢·張衡傳 阽焦原而跟止。鋆又眼47194跟58972

踖 58815 31316
yí_6.13 廣韻以脂切集韻韻會正韻延脂切丛音夷博雅 踞也廣韻同踞韻會通作夷論語原壤夷俟疏夷，踞也図集韻陳尼切音墀。義同。

跡 58816 31317
jī_6.13 廣韻集韻正韻 丛資昔切音積。與迹同釋名跡，積也。積累而前也類篇跡，步處也。鋆又迹60773速60813遺61198跡58840踈58889

距 58817 31318
kuāng_6.13 集韻曲王切音匡玉篇距躟，行邊也。鋆又趌58318図集韻距赾，或从走。

跢 58818 31319
dài_6.13 廣韻集韻 丛當蓋切音帶玉篇 倒也揚子方言 跢鹿也註江東言跢図duò廣韻正韻 丁佐切集韻丁賀切丛音䯁。小兒行也図duō集韻當何切丛音多。攜幼行也図chí陳知切音馳博雅蹢躅，跢跎也図集韻陟栗切音窒。義同。

跣 58819 31320
xiǎn_6.13 唐韻集韻韻會正韻 丛蘇典切音銑說文足親地也書命 若跣弗視地，厥足用傷禮·問喪雞斯徒跣史記·蕭相國世家 入，徒跣謝図qiǎn集韻此演切音淺図sǔn鎖本切音損。義丛同図xiān蕭前切音先。蹁跣，旋行貌。一曰舞容図與踐通前漢·文帝紀 自當給喪事服臨者皆無踐註孟康曰：踐，跣也。晉灼曰：漢語作跣。跣，徒跣也。

跤 58820 31321
qiāo_6.13 廣韻口交切集韻丘交切丛音敲玉篇 脛也。亦作骹類篇或作蹻。

跺 58821 31322
duò_6.13 集韻都果切音朵玉篇 行貌図吐火切音妥。義同。鋆又跥，頓足，通作踩58893

䠈 58822 31323
hài_6.13 集韻戶代切音瀣玉篇 急行也。

跦 58823 31324
zhū_6.13 廣韻陟輸切集韻韻會追輸切丛音株玉篇 行貌左傳·昭二十五年 鸜鵒跦跦註跳行貌図集韻張留切音輈。義同図chú重株切音廚。與躕同博雅蹢躅也成公綏·嘯賦 跰跦步趾註跰跦與跰跦古字通用。

踡 58824 31325
quán_6.13 廣韻集韻韻會 丛莊緣切音佺說文 蹴也。一曰卑也，縈也。又◆博雅踡莊，匍匐也図zūn廣韻將倫切集韻韻會蹤倫切丛音遵。又正韻租昆切音尊。義丛同図zhuān廣韻集韻 丛阻頑切。伏也。図quán集韻逡緣切正韻且緣切丛音詮類篇屈伏也図quán從緣切音全。行曲。鋆又躍踡，或作臠蹻、踡蹻，彎曲身體。

跐 58825 31326
fú_6.13 集韻房六切音伏玉篇 行貌類篇屈手足伏地図左思·吳都賦 魂褫氣踂而自踢跐者，應弦而飲羽註跐，崩也図bó集韻鼻墨切。與蔔同。

跨 58826 31327
kuà_6.13 唐韻正韻苦化切集韻韻會枯化切丛音胯說文渡也玉篇 越也左傳·昭十三年 康王跨之註過其上図廣韻兩股間也詩·魯頌 有驈有皇傳騜馬白跨曰驈疏郭云髀閒也倉頡篇云兩股閒也図kù廣韻集韻正韻 丛苦故切音庫。踞也晉語 不跨其國註猶踞也史記·李斯傳 此非所以跨海內制諸侯之術也図史記·司馬相如傳 跨野馬註索隱曰：跨，乘之也図kuā廣韻苦瓜切集韻韻會正韻枯瓜切丛音誇。吳人云坐曰跨類篇大坐也図kuǎ廣韻集韻韻會正韻 丛苦瓦切音垮。踾跨，行不進貌図kuǎ集韻枯買切音胯。踾跨，行貌。鋆又卂09769卂00175跡58785䟠58672跨58666䟓58657踦58827跤58950跨59067跨59172䟒59422

踤 58827 31328
kuà_6.13 集韻與跨同五經文字 踤，經典相承隸省作跨。

跙 58828 31329
xiáng_6.13 廣韻似羊切音祥。通作翔玉篇 趨行也。鋆徐文靖·管城碩記·卷之二十三·正字通三 跙，注云俗字。舊注音祥。趨行也。按曲禮少儀 皆借翔，俗作跙。今不從。按國策「楚王遊於雲夢，有狂兕跙車依輪而至」。鮑彪注曰：「集韻跙音詳。趨行也。」跙與戕義同。非翔字俗作跙也。

跬 kuò　6.13　[廣韻]苦括切[集韻]苦活切夶音闊[玉篇]跬也。58829 31330

踖 jié　6.13　[玉篇]許吉切音欯。行也。[鋆]正字通同趌58308　[图]踖跏，同結跏。敦煌·S.2585[觀經]復令有觀臍中，即見頂有五瑞相。觀已，見有一佛，有光中踖跏趺坐。58830 31331

踆 cù　6.13　[集韻]子六切音蹙。與踧同[博雅]踆踖，畏敬也。58831 31332

踎 cún　6.13　[集韻]徂昆切音存。與蹲同[玉篇]踞也。58832 31333

踊 tōng　6.13　[廣韻]他紅切[集韻]他東切夶音通[玉篇]走貌。58833 31334

踃 ruò　6.13　[廣韻]而灼切[集韻]日灼切夶音若。足下文也。58834 31335

踜 lù　6.13　[集韻]勒沒切音崒。踜踜，不進也。58835 31336

踱 duó　6.13　[集韻]達各切音鐸。與蹬同。跣足也。一曰乍前乍卻也。58836 31337

踅 shì　6.13　[集韻]時制切音誓[類篇]超踰也。或作踅。58837 31338

跪 guì　6.13　[唐韻]去委切[集韻][韻會]苦委切夶音垝[說文]拜也[釋名]跪，危也。兩膝隱地體危倪也[玉篇][聲類]云跽也[禮·曲禮]授立不跪。又主人跪正席，客跪撫席而辭[史記·留侯世家]因長跪履之[正字通]朱子謂兩膝著地，以尻著膝而稍安者爲坐，伸腰及股而勢危者爲跪，因跪而益致其恭，以頭著地爲拜[图][荀子·勸學篇]蟹六跪而二螯[註]跪，足也[图]guì[廣韻]渠委切[集韻][韻會]巨委切夶音跪。跟跪也。或作趺[图][集韻]古委切音詭。又虞爲切音危。義夶同。[鋆]又褀40093整59388 58838 31339

趚 chè　6.13　[集韻]充夜切音赿[類篇]岐道。58839 31340
[鋆]俗跬58733

跶 tà　6.13　[篇海]徒合切。同蹹。齧踰，出釋典。義未詳。[鋆]楊寶忠：俗跡58816[可洪音義]跶跤：二同。音積。下又苦交反，非。58840 31341

跫 qióng　6.13　[廣韻][集韻]夶渠容切音蛩[玉篇]踶聲[莊子·徐無鬼]聞人足音，跫然而喜矣[音義]司馬云喜貌。崔云行人之聲[图][集韻][正韻]許容切[韻會]虛容切夶音匈。又[集韻]丘恭切音銎。又[集韻][韻會]夶丘勇切音恐。義夶同。[鋆]又跙58693踔58866 58841 31342

跚 shān　6.13　[篇海]與蹣58779同。58842 31343

跬 kuǐ　6.13　[廣韻]丘弭切[集韻][韻會][正韻]犬繠切夶音頍。與蹞同[揚子·方言]半步爲跬[玉篇]舉一足也[類篇][司馬法]凡人一舉足曰跬。跬，三尺也。兩舉足曰步。步，六尺也[禮·祭義]故君子跬步而不忘孝也[集韻]或作頃頏窺蹞[图][集韻]空媧切音喎。義同[图]xiè先結切音屑。疲 58843 31344

也。一曰分外用力貌[莊子·駢拇篇]敝跬譽無用之言[音義]敝跬，用力貌。[鋆]又蹞59438

降 xiáng　6.13　[廣韻]下江切[集韻]胡江切夶音降。降蹤，豎立也[類篇]一曰行不進。58844 31345

踀 chì　6.13　[廣韻]丑利切[集韻]丑二切夶音尿[玉篇]踖踀，乍前乍卻[史記·司馬相如傳]踀踖輵轄容以委麗兮[註]張揖曰：踀踖，疾行乍前乍卻也[图][類篇]一曰忿戾[图][廣韻]丑栗切[集韻]敕栗切夶音抶。蹛也[图]dié[集韻]徒結切音窒。義同。[鋆]又同蹚48302敦煌·P.3718唐河西清河郡張公生前邈真讚並序[讚]：雄戎起霧，杜踀西天。金王踀切，選將百千。58845 31346

跂 qǐ　6.13　[集韻]與企同。58846 31347

路 lù　6.13　[唐韻]洛故切[集韻][韻會][正韻]魯故切夶音璐[說文]道也[註]徐鉉曰：道路，人各有適也[釋名]路，露也。人所踐踏而露見也[周禮·夏官·合方氏]掌達天下之道路[爾雅·釋宮]路，旅途也[註]途卽道也　又一達謂之道路[註]長道[图][爾雅·釋詁]路，大也[詩·大雅]厥聲載路[箋]是時聲音則已大矣[图]車也[詩·魏風]殊異乎公路[傳]路，車也[周禮·春官·巾車]王之五路[註]王在焉曰路[左傳·桓二年]大路越席[註]大路，玉路，祀天車也[疏]路訓大也。君之所在，以大爲號，門曰路門，寢曰路寢，車曰路車[图]鼓也[周禮·地官·鼓人]以路鼓鼓鬼享[註]路鼓，四面鼓也[图]弓也[史記·孝武紀]路弓乘矢[图]傾況貌[荀子·富國篇]田疇穢，都邑路[註]路謂無城郭牆垣也。[图]與輅同[禮·月令]乘鸞路[釋文]路本又作輅[图]姓[急就篇][註]路，水名也。又因爲縣，在涿郡，居者氏焉。漢有大夫路溫舒[图]luò[集韻]歷各切音洛[前漢·揚雄傳]爾廼虎路三嵏以爲司馬[註]晉灼曰：路音落。服虔曰：以竹虎落此山也。師古曰落，纍也。以繩周遶之也。[鋆]又踦14333輅64775跭58979 58847 31348

踓 lèi　6.13　[集韻]盧對切音未[類篇]足趺。58848 31349

迸 bèng　6.13　[廣韻][正韻]北孟切[集韻]北諍切夶音迸[玉篇]散走也。或作趙[图]pián[廣韻]部田切[集韻]蒲眠切，夶音駢。與胼同。通作骿[史記·天官書]歲星居戊，以四月與奎、婁、胃、昴晨出，曰踭踵[图]bǐng[集韻]必郢切音餅。夶足立貌。[鋆]又跰59021 58849 31350

跰 yàn　6.13　[唐韻]五堅切[集韻]倪堅切夶音妍[說文]獸足企也[爾雅·釋畜]騊蹄跰，善陞甗[註]騊蹄，蹄如跰而健，善上山[疏]跰，平也。謂蹄平正善陞[图][廣韻]吾甸切[集韻]倪甸切夶音硯。義夶同。[图]jiǎn[廣韻]古典切[集韻][韻會][正韻]吉典切夶音繭[莊子·天道篇]百舍重趼而不敢息[音義]跰，胝也[廣韻]與趼同。皮起也[類篇]一曰足指約中斷傷爲跰[图]jiān[集韻]經天切音堅[類篇]久行傷足謂之跰。[鋆]又跰58686 58850 31351

蹴37077蹴21870蹴21869蹴59609蹦48021蹦48048跰58863

58851 31352 趑 zī 6.13 [集韻] 千咨切。與趑同 [易·夬卦] 其行次且 [釋文] 本亦作趦趄。鋻 又作路59165跙。図 趑58708

58852 31353 踬 zhì 6.13 [廣韻] 直里切 [集韻] [韻會] 丈里切丛音峙 [類篇] 跱躇，行不進 [博雅] 跱，止也 図 [後漢·章帝紀] 所經道上郡縣，無得設儲跱 [註] 具也 図 [正韻] 丈几切音豸。與跱同。鋻 又侍01576待16677 [龍龕] 跱59149跱59036俗，跱正。

58853 31354 跙 qiè 6.13 [集韻] 詰結切音猰。趄，或从足，跳貌。

58854 31355 踨 zhěng 6.13 [篇海] 音拯。足也。

58855 31356 跲 jiā 6.13 [廣韻] [正韻] 古洽切 [集韻] [韻會] 訖洽切丛音夾 [說文] 躓也 [禮·中庸] 言前定，則不跲 [疏] 言得流行，不有躓蹶 [爾雅·釋言] 蹇，跲也 図 jié [廣韻] 居怯切 [集韻] 訖業切丛音劫 [博雅] 代也 図 [廣韻] 巨業切 [集韻] 極業切丛音枱。又 [集韻] 訖立切音急。義丛同。鋻 [集韻] 跲，或作劫逮。

58856 31357 跳 tiào 6.13 [廣韻] 徒聊切 [集韻] [韻會] [正韻] 田聊切丛音迢 [說文] 蹶也。一曰躍也 [博雅] 上也 [釋名] 跳，條也，如草木枝條務上行也 [莊子·逍遙遊] 東西跳梁 [史記·司馬相如傳] 馳波跳沫 [王褒·洞簫賦] 跳然復出 [類篇] 或作𨂫。図 táo [集韻] 徒刀切音陶。與逃通 [前漢·高帝紀] 漢王跳 [註] 如淳曰：音逃。謂走也 図 tiào 徒了切音窕 [類篇] 挑戰 図 diào 徒弔切音調。行貌。鋻 [正字通] 趒，同跳 図 [龍龕] 跿58943跱58783俗，跳58942通，展58711古，跳正。

58857 31358 𨂫 zuǒ 6.13 [廣韻] 姊末切 [集韻] 子末切丛音拶。蹉跎，行貌。鋻 又跱58951剢58881

58858 31359 跼 guǎ 6.13 [集韻] 古瓦切音寡。跼踏，行跨貌。

58859 31360 跰 bài 6.13 [篇韻] 音拜。亦作𨂫〇按即俗拜字。

58860 31361 跭 hàng 6.13 [篇韻] 音康。跭跿，跿足也。鋻 俗跿58685

58861 31362 跅 zài 6.13 [篇韻] 音在。足也。

58862 31363 跮 tí 6.13 [字彙補] 東器切，音帝◇足也〇按踶譌爲蹄，復譌爲跮，並非。鋻 足也 図 蹄59130

58863 31364 跰 jiǎn 6.13 [篇韻] 音咸。行貌。鋻 楊寶忠：俗跰58686

58864 31365 跰 yuān 6.13 [篇海] 音淵。躓也 [王延壽·王孫賦] 競爭飲而跰馳。

58865 45674 𨀵 pán 6.13 [字彙補] 同跘。

58866 45677 跫 qióng 6.13 [搜眞玉鏡] 渠弓切。鋻 楊寶忠：跫58841字之變。

58867 45679 跜 jì 6.13 [搜眞玉鏡] 同𤫧。

58868 45680 跇 zhé 6.13 [篇海類編] 知革切，音宅。又丑加切，音叉◇。鋻 佛經記音用字 図 chā 跿蹋，踐踏。

58869 45681 跋 fá 6.13 [字彙補] 音伐。

58870 45682 跔 xún 6.13 [篇海類編] 音旬。鋻 俗趨。

58873 u2B3C9 𨏉 null 6.13 未詳。

58871 u2B3CB 𨏋 qiāo 6.13 [簡] 蹻59387

58875 u2B3C7 𨏇 null 6.13 未詳。

58872 u2B3CA 𨏊 nyimz 6.13 [壯] 快步走

58874 u2B3C8 𨏈 gongx 6.13 [壯] 跰跰跰：精神抖擻地走。

58876 u2803F 𨠿 cǎng 6.13 [喃] 从足互cǎng聲。同踹59150

58877 u2803E 𨠾 nhõ 6.13 [喃] 从足汝nhớ聲△跥跳：失足。

58878 u2803D 𨠽 ríu 6.13 [喃] 从足吊điểu聲。交錯，纏糾。

58879 u2803C 𨠼 rǎo 6.13 [喃] 同趙58343疾行。

58880 u2803B 𨠻 nhòng 6.13 [喃] 从足戎nhung聲△高跥：細長，瘦高。

58881 u2803A 𨠺 zuó 6.13 文淵閣四庫本 [六書故] 踔，子末切。行相迫蹙也△宏按，跠58857譌字 図 lết [喃] 从足列liệt聲。図 leg [壯] 踔踔：單腳跳遊戲。

58882 u28039 𨀵 giang 6.13 [喃] 从足江giang聲△跤蹎：分開雙腿。

58883 u28035 𨀵 zhuàng 6.13 俗撞20686元·武漢臣 [包待制智賺生金閣·第二折] 俺那廝少不的落馬身跥，不久淪亡。

58884 u28032 𨀲 bài 6.13 同跰58859 [四聲篇海] 𨀲，音拜19401

58885 u28031 𨀱 lèng 6.13 俗踜59020 [龍龕] 踜，俗。音陵。

58886 u28030 𨀰 bǎng 6.13 [喃] 从足冰bǎng聲。崩落。

58887 u47F3 翄 chī 6.13 [說文通訓定聲] 翨46020，飛盛貌。从羽，之聲。錯本：羽盛兒。字亦作翅。

58888 u47F2 跿 chòng 6.13 同蹱59370 図 [方] 跿手：弄手。

58889 u47F1 跿 jī 6.13 同跡58816 [類篇] 跿，或作蹟、跡。

58890 uF937 路 lù 6.13 [兼] 路。

58892 u8DFB 躋 jī 6.13 [簡] 躋59493

58891 u8E2D 踭 zhēng 6.13 同踭47413足跟筋。明·陳獻章 [陳白沙集·卷六·七言絕句·龍山吟次韻陳冕] 第一山人俗姓盧，腳踭塗字也碑趺。明·湯顯祖 [南柯記·第八齣·情著] 蓮步天臺踭蹉，還似蟻兒旋磨 図 引申爲筋腱用力。明·湯顯祖 [紫簫記·第十二齣·捧盒] 踭上樹去，摘這花兒。

58894 u8DF9 跹 xiān 6.13 [簡] 躚59549

58893 u8DFA 跢 duò 6.13 頓足。亦作踤58821 [五燈會元·天童咸傑禪師] 此行將省覲，切忌便踤跟 [紅樓夢·第三十四回] 林黛玉急的跢腳。

58895 u8DF8 躂 bì 6.13 [簡] 躃59244

58896 u8DF7 跷 qiāo 6.13 [簡] 蹺59386

58897 u8DF6 跶 tà 6.13 [簡] 躂59433

58898 u8DF4 跴 cǎi 6.13 同踩59044亦作跐58762清·曹雪芹 [脂硯齋重評石頭記（庚辰本）·第四十一回] 劉姥姥掀簾進去，抬頭一看，只見四面墻壁玲

瓏剔透，琴劍瓶罏皆貼在牆上，錦籠紗罩，金彩珠光，連地下晒的磚，皆是碧綠鑿花的，竟越發把眼花了。 又晒訪，同晒緝：查尋緝捕。晒蛋兒：鳥類交尾。

蹴 jú_7.14　　廣韻渠玉切音局 玉篇 跼蹴，不伸也 廣韻 曲也，俛也，促也 史記·淮陰侯傳 駑驥之跼躅，不若駑馬之安步 又與局同 詩·小雅 謂天蓋高，不敢不局 釋文 局，本又作跼 又 qú 集韻 權俱切。與跔同。天寒足跔。鹽又鶋59285

跽 jì_7.14　　唐韻 暨几切 集韻 韻會 巨几切，並耆上聲 說文 長跪也 釋名 跽，忌也。見所敬忌，不敢自安也 戰國策 秦王跽曰：先生不幸教寡人乎 史記·項羽紀 項王按劍而跽 莊子·人間世 擎跽拳曲，人臣之禮也。 又與腃通 史記·滑稽傳 髡竊鰓鞠腃 註 徐廣曰：腃與跽同，謂小跪也。鹽又蹖59195蹅59326

踧 shū_7.14　　廣韻 集韻 並式竹切音叔。 說文 疾也。 類篇 長也 又 chōu 集韻 丑鳩切音抽 類篇 足病。鹽又悠17995憯02157憖18502倐58902

倏 shū_7.14　　玉篇 踧作倏。

跿 tú_7.14　　集韻 同都切音徒 類篇 跿跔，跣也。或從徒作跿 又 史記·張儀傳 跿跔科頭 註 偏舉一足曰跿跔58768

踡 xuàn_7.14　　集韻 隨戀切音淀。徐行。或作徲。

踀 chù_7.14　　集韻 初六切音齪。與蹴同。齊謹貌。

趺 xié_7.14　　集韻 奚結切音纈。姓也。後唐有趺琉。

踶 tī_7.14　　玉篇 他兮切。踶踢。鹽踶踢即踢踏。踶又俗梯字。

踑 hàn_7.14　　集韻 下罕切音悍 類篇 偏立也。

脛 jìng_7.14　　廣韻 胡定切 集韻 正韻 形定切並音脛 玉篇 腳脛。與脛同 又 類篇 胻也 又 kēng 集韻 丘耕切音鏗。與硜同。鹽又踁58809

踔 xiān_7.14　　篇海 音先。行也。

踫 shān_7.14　　集韻 尸連切音羶 玉篇 行也。

踀 tùn_7.14　　集韻 佗恨切音捗。蹋也。

踸 zhèn_7.14　　唐韻 章刃切 集韻 韻會 正韻 之刃切並音震 說文 動也 集韻 亦作紖。或作蜄 又 集韻 韻會 正韻 並之人切音眞。義同。鹽又抵19539儘16871

踂 niè_7.14　　廣韻 正韻 尼輒切 集韻 韻會 昵輒切並音聶 玉篇 兩足不相過 穀梁傳·昭二十年 兩足不能相過。齊謂之綦，楚謂之踂，衞謂之輒 釋文 踂，聚合不解也。鹽又跰59152踂59014

踃 xiāo_7.14　　廣韻 蘇彫切 集韻 思邀切音宵 玉

踃 篇 跳踃 類篇 跳踃，動也 揚雄·蜀都賦 舞節轉曲，踃駮應聲 傅毅·舞賦 簡惰跳踃 又 qiào 集韻 七肖切音陗 類篇 足筋急病。

硬 háng_7.14　　廣韻 胡郎切 集韻 寒剛切並音航 說文 远，獸迹也。或從足從更 又 gēng 集韻 居行切音庚。義同。

趥 qiú_7.14　　廣韻 巨鳩切 集韻 渠尤切並音求。蹴也。鹽又逮58974

蹉 cuò_7.14　　集韻 祖臥切音挫。葰亦從足作蹉。詐拜也。介士之拜 又 躍蹉，猶蹭蹬也。

踄 bó_7.14　　唐韻 旁各切 集韻 白各切並音泊 說文 踄，蹈也 又 bù 集韻 蒲故切音步。義同。

踅 chì_7.14　　廣韻 集韻 並丑例切音蹢。躍也 玉篇 踰也 揚子方言 蹐，跳也。楚曰踅 註 亦中州語 又 qì 集韻 去例切音愒。跛也。

踅 chì_7.14　　集韻 丑例切音蹢。一足行。或作蹔 又 xué 似絕切音覆。旋倒也。

蹞 kuí_7.14　　唐韻 渠追切 集韻 渠龜切並音逵 說文 脘肉也。一曰曲脛也 集韻 或作蹞 又 博雅 跀、跻，蹞也 又 guī 廣韻 居追切 集韻 居逮切並音龜。義同。鹽又踩59044

踞 kǔn_7.14　　正字通 苦本切音稇。瘃足也〇按卽踞字之譌 說文 從困，不從囷。

蹹 cén_7.14　　集韻 鋤簪切音岑 玉篇 蹣蹐停水。通作涔。亦作泠。鹽又澤29045

踆 qūn_7.14　　廣韻 集韻 正韻 並七倫切音逡。與竣同止也，伏也 玉篇 退也 張衡·東京賦 已事而踆 又 張衡·西京賦 大雀踆踆 註 大雀，容也 又 zhūn 集韻 壯倫切。義同 又 cún 集韻 正韻 並徂昆切音存 類篇 以足逆蹋曰踆 公羊傳·宣七年 祁彌明逆而踆之 又 dūn 集韻 租昆切音尊。蹲也 史記·貨殖傳 下有踆鴟 註 徐廣曰：蹲古作踆 莊子·外物篇 帥弟子而踆於窖水 音義 字林 云踆，古蹲字 淮南子·精神訓 日中有踆烏 註 踆，猶蹲。

踗 liè_7.14　　廣韻 力輟切 集韻 龍輟切並音劣。蹶踗跳踉貌。出 字統 玉篇 踰也。鹽又踩59044

踄 dōu_7.14　　集韻 當侯切音兜 玉篇 跌也。

踘 nuó_7.14　　集韻 囊何切音那 類篇 足跌。

踇 mǔ_7.14　　廣韻 莫厚切 集韻 莫後切並音母。行貌 又 踇偶，山名。

踈 shū_7.14　　正字通 疎字之譌。本從足 玉篇 誤從足

踊 bèi_7.14　　唐韻 集韻 並博蓋切音貝 說文 步行躐躐

也。或作跒、跋。通作狋⊠pèi ⊠廣韻⊠集韻⊠拺蒲蓋切音旆。蹳跟，行不正也⊠pèi ⊠集韻⊠普蓋切音霈。急行貌。

踱 58932 31399 dù_7.14 ⊠廣韻⊠徒故切音度⊠玉篇⊠不履⊠字彙⊠義與徒跕同⊠zhà ⊠集韻⊠宅下切。踱跒，行不進也。

趺 58933 31400 wǔ_7.14 ⊠集韻⊠罔甫切音武⊠博雅⊠跡也⊠集韻⊠或作躑⊠龍龕⊠躑俗，趺正⊠集韻⊠趺，或作遮61252躑，通作武。

跟 58934 31401 yàn_7.14 ⊠廣韻⊠吾甸切⊠集韻⊠倪甸切拺音硯。行不正。

踁 58935 31402 chéng_7.14 ⊠集韻⊠馳貞切音呈。行期⊠jìng 形定切音鋞。與脛同。

跟 58936 31403 liáng_7.14 ⊠廣韻⊠集韻⊠韻會⊠呂張切⊠正韻⊠龍章切拺音良。跳跟也⊠莊子·秋水篇⊠跳跟乎井幹之上⊠láng ⊠廣韻⊠魯當切⊠集韻⊠盧當切拺音郎⊠玉篇⊠跟蹡，欲行貌⊠類篇⊠行遽貌⊠làng ⊠集韻⊠郎宕切音浪。義同⊠liàng ⊠廣韻⊠力讓切音亮。跟躘，行不迅也⊠潘岳·射雉賦⊠跟躘而徐來。⊠跳跟又作跳梁、跳躒。

踊 58937 31404 pū_7.14 ⊠廣韻⊠普胡切⊠集韻⊠韻會⊠正韻⊠滂模切拺音鋪⊠玉篇⊠馬蹀踊⊠梁簡文帝·和湘東王橫吹曲三首·紫騮馬⊠驟急珂彌響，踊多塵亂飛。元·楊維楨⊠東維子集·卷三十·雜文·毘陵行⊠常山長蛇一斷尾，即墨怒牯齊犇踊⊠同敷，堥。清·毛奇齡⊠姜桐音墓誌銘⊠君乃穿戶傍貫族人所居，居久壞也，立四泥垣，坲汙泥踊其中，而獨身居⊠臥58647

踊 58938 31405 yǒng_7.14 ⊠唐韻⊠余隴切⊠集韻⊠韻會⊠正韻⊠尹竦切拺音勇⊠說文⊠跳也⊠詩·邶風⊠踊躍用兵⊠禮·檀弓⊠辟踊，哀之至也⊠疏⊠拊心爲辟，跳躍爲踊⊠左傳·僖二十八年⊠曲踊三百⊠註⊠跳踊也⊠左傳·昭三年⊠屨賤踊貴◆註⊠踊，刖足者⊠疏⊠刖足者之屨也⊠公羊傳·僖十年⊠晉之不言出入者踊，爲文公諱也⊠註⊠踊，豫也。齊人語，若關西言譑矣。⊠公羊傳·成二年⊠踊于棓而闚客⊠註⊠踊，上也⊠類篇⊠踊，或从勇作踴⊠又翹00158⊠龍龕⊠通58376正，趗58457今。⊠踊身，或作拰20219身、涌身。

踦 58939 31406 qì_7.14 ⊠篇韻⊠音棄。踤也。

踥 58940 31407 yuè_7.14 ⊠篇海類編⊠音悅。步楚也⊠又同稅40426⊠馬王堆漢墓帛書·老子甲本·德經⊠人之飢也，以其取食跭之多，是以飢。

踌 58941 31408 fū_7.14 ⊠字彙補⊠音趺。足也。

跳 58942 31409 tiào_7.14 ⊠篇海類編⊠與跳同。

踮 58943 31410 tiào_7.14 ⊠篇韻⊠音條。跳也，跟也。

踛 58944 31411 dí_7.14 ⊠篇海⊠與跡同⊠璽沬，俗叔字也。

踢 58945 41940 fāng_7.14 ⊠龍龕⊠音方。跰也。又音傍。脚脛曲也。

跌 58946 45678 fū_7.14 ⊠搜眞玉鏡⊠與跌同。

脚 58947 45683 jiǎo_7.14 ⊠篇海類編⊠同脚。

踱 58948 45684 tuǒ_7.14 ⊠龍龕⊠他果切音妥。璽又徑16628

踒 58949 45685 wǒ_7.14 ⊠龍龕⊠音我。璽距踒，同跙我，山坡貌。

跐 58952 u2B3CD null_7.14 喃未詳。

跨 58950 45686 kuà_7.14 ⊠字彙補⊠同跨

踤 58951 u2B3CE zuǒ_7.14 同踤58857高麗本⊠龍龕⊠踤，絑末反。踤蹙，行兒⊠直音篇⊠踤，音挲，踤蹙，行貌。

踩 58953 u2B3CC lái_7.14 ⊠簡⊠踩59065

跰 58954 u28074 tǎn_7.14 ⊠簡⊠踊59351

跑 58955 u28072 páo_7.14 俗跑58763从邑⊠五侯鯖字海⊠音袍。走也。⊠ấp喃从足邑ấp聲。猛墜△溚跑屲：潮湧。

踹 58956 u28071 vã_7.14 喃从足尾vĩ聲△倍踹：急促，慌張。

跂 58957 u28070 xụi_7.14 喃从足吹xuy聲。疲憊。

跡 58958 u2806F xếch_7.14 喃从足赤xích聲。歪斜△呀跡：乜斜。

踏 58959 u2806E lân_7.14 喃从足吝lận聲△踏跰：推進，穩步前進。

跰 58960 u2806D ràо_7.14 喃从足妙diệu聲。疾行貌。

踍 58961 u2806C duỗi_7.14 喃从足从伸，會意。蹬直△踍踚跇：伸直。

踔 58962 u2806B li_7.14 ⊠方⊠漢語方言大詞典⊠用脚掌摩擦，蹭。西南官話。四川成都。

踰 58963 u2806A dấu_7.14 喃从跡省酉dậu聲△踰踦：足跡⊠giấu踰謹：隱匿。

跁 58964 u28069 bã_7.14 喃从足把bã聲。

跢 58965 u28068 null_7.14 或同距58817

跜 58966 u28067 noi_7.14 喃从足肉núi聲。追隨△跜趬：傚法。

踳 58967 u28066 lõng_7.14 喃从足弄lộng聲。鹿走的小徑。

楚 58968 u28065 đủ_7.14 喃从足杜đỗ聲。足夠。

跥 58969 u28064 null_7.14 未詳。清·蒲松齡⊠磨難曲·第十六回⊠上山爬嶺，濟着你跥。之乎丟去，者也全忘。

蹯 58970 u28062 fán_7.14 ⊠類篇⊠蹯59365踃頠，符袁切⊠說文⊠獸足謂之番。或作蹯踃。亦書作蹪踃蹯。又符分切。獸跡。

踣 58971 u28060 shēng_7.14 同跰58698

跟 58972 u2805E gēn_7.14 跟58814本字

踄 58973 u2805D bó_7.14 踄跳，蹦跳。民國⊠嘉定縣續志·卷五·風土志·方言·實詞⊠踄踄跳：俗言心悸也。踄音勃⊠buột喃从足字bột聲。脫落⊠vọt踔踣：飛躍。

趗 58974 u2805B qiú_7.14 同跰58917

跣 58975 u2805A null_7.14 未詳。

跣 58976 u28059 miǎn_7.14 ⊠經典釋文·卷第二十八·莊子音義下·莊子

雜篇庚桑第二十三 勉聞道。崔向云勉04017強也。本或作跣。

跐 choāi_7.14　喃 从足扯chǎi聲△跐蹖：擘開腿。

踵 tǐng_7.14　震動 南齊書·張融傳 踵動崩五山之勢，睭輪煥七曜之文 又 吳下方言考·卷七 踵，音梃 張融·海賦 踵動崩五岳之山。案：踵，直也，吳中謂足直曰踵。

蹜 lù_7.14　俗路58847唐 碧落碑 攜削嶤於云蹜。

疏 shū_7.14　同疏35781

跔 móu_7.14　粵 蹲。跔街：蹲在馬路旁，喻指失業。跔監：坐牢。

蹻 xiāo_7.14　古音駢字續編 咆哮 靈棋經 、跑蹻 夵足翼 、焦然 詩 ，三同 又 qiāo足脛。同敲70632

躊 chóu_7.14　简 躊59485

踏 tà_8.15　廣韻 他合切 集韻 託合切 夶 音塔 玉篇 足著地也 又 集韻 韻會 正韻 夶達合切音沓。踐也 說文 本作蹋。今文作踏。或作蹹 郭茂倩·樂府 有踏歌詞、踏歌行。鍫 俗作踏59072

蹰 fū_8.15　正字通 俗跗字。

啞 yǎ_8.15　集韻 倚下切音啞 玉篇 行不正貌 又 yā 集韻 類篇 夶於加切音鴉 類篇 岐道也。

踔 zhuó_8.15　廣韻 陟劣切 集韻 株劣切夶音叕 博雅 跳也 又 jué 集韻 紀劣切。與趥同。小跳也 又 株衛切音綴。義同。

踛 lù_8.15　廣韻 集韻 夶盧谷切音祿 玉篇 同踓。行貌 類篇 一曰恭也 又 集韻 龍玉切音錄。義同。

踢 chǎng_8.15　集韻 齒兩切音敞 玉篇 踞也。

踟 zhì_8.15　集韻 直吏切音置 類篇 立也。

踐 jiàn_8.15　集韻 才線切音賤 說文 履也 禮·曲禮 修身踐言 註 踐，履也 博雅 蹹也 尚書序 成王東伐淮夷，遂踐奄 釋文 踐，藉也 又 玉篇 行也 類篇 列也 詩·豳風 籩豆有踐 傳 行列貌 又 廣韻 踐踐 禮·曲禮 毋踐屨 疏 踐，蹹也 又 釋名 踐，殘也。使殘壞也 又 廣韻 慈演切 集韻 韻會 正韻 在演切夶音餞。義同 與善同 禮·曲禮 日而行事，則必踐之 註 踐，讀曰善 疏 踐，善也。言卜得吉而行事，必善也 又 與翦通 周禮·天官·甸師 註 不踐其類也 釋文 音翦 O 按 禮記·文王世子 今作翦。鍫 又 踐58812

蹞 qí_8.15　古文跂 廣韻 集韻 夶渠之切音其。馴跡也 又 jī 集韻 居之切音姬 類篇 跂也 又 jī 集韻 巨几切音跽。長踞也。與跽同 劉伶·酒德頌 奮髯踑踞。鍫 又 跠58659踦59393 又 正字通 踅59259，俗蹞字。

跼 jī_8.15　集韻 躋59493古作跼。

踚 lù_8.15　廣韻 集韻 夶勒沒切音岉。跰踚，行不進

也。或作踾 又 lì 集韻 郎計切音麗。跛足。或作䏶。

踒 wǒ_8.15　唐韻 集韻 韻會 正韻 夶烏禾切音倭 說文 足跌也 又 集韻 烏臥切音涴。義同。或作踠 又 wēi 集韻 邕危切音逶 博雅 折也 類篇 折足也 又 ruí 集韻 儒佳切音痿。踒踒，兩足蹣也。張弩必以足，因爲弩名。或作踓。鍫 玄應音義 踒傷：烏臥反 通俗文 足跌傷曰踒 蒼頡篇 挫足爲踒 史記 踒人不忘起也。經文作痿36175，非體也。

楚 chǔ_8.15　字彙 同楚 正字通 楚从足。从足者，俗書也 O 按 隸釋 漢潘乾校官碑 李翕·郙閣頌 楚皆作楚。

跰 yǎn_8.15　廣韻 集韻 夶以冉切音琰。跰跰，疾行也 玉篇 疾趨也。鍫 又 踘58808

踓 wěi_8.15　廣韻 以水切 集韻 韻會 愈水切夶音唯。走也 類篇 狂走 玉篇 同趡 又 cù 集韻 七六切音蹙。蹵也。

跼 jū_8.15　集韻 恭于切音拘。足寒曲也。通作跼。

踔 chuō_8.15　唐韻 丑教切 集韻 韻會 敕教切夶音趫 說文 踶也 註 徐曰：踶亦當踔意 又 前漢·揚雄傳 踔天蟜 註 踔，走也 文選李善註 踔，踰也 後漢·蔡邕傳 踔宇宙而遺俗兮 註 踔猶越也 又 集韻 陟教切音罩。義同 又 tiào 集韻 他弔切音糶 史記·司馬相如傳 踔稀閒 註 踔，縣蹢也 又 chuō 廣韻 集韻 韻會 夶敕角切音逴 史記·貨殖傳 上谷至遼東，地踔遠 前漢·孔光傳 非有踔絕之能，不能踰越 註 踔，高遠也 又 莊子·秋水篇 吾以一足跂踔而行 音義 踔，本亦作卓。跨踔，行貌 玉篇 踔，踐也。踔踔，跛者行也 O 按 跂與趵同 楚辭·七諫 馬蘭踔踔而日加 註 踔踔，暴長貌 博雅 踔踔，無常也 陸機·文賦 故跂踔於短韻 註 今人以不定爲跂踔。不定，亦無常也 又 diào 集韻 徒弔切音宨。路遠也 又 diào 韻 類篇 夶徒弔切音調 類篇 遠騰貌 又 集韻 敕略切音鄀。略踔，行貌 又 chuō 集韻 正韻 夶竹角切音琢。與稵同。特止也。鍫 又 趠58286趠58337趠58285 玄應音義 一踔：丑兒反，謂半步曰踔也 字體 作趠。超踔：丑白、丑角二反，字宜作趠，謂半步曰趠。

踩 dié_8.15　篇海 踥59121或作踩。

踕 jié_8.15　廣韻 集韻 夶疾葉切音捷 玉篇 足疾。又 集韻 疾協切音蕺。行貌 又 與踂59037同。鍫 直音篇 踥59209同踕。

踣 chǎng_8.15　篇海 良蔣切音兩。足踞也。鍫 又 踢59066 楊清臣：俗踢58989

蹐 jí_8.15　古文踏 唐韻 集韻 韻會 正韻 夶資昔切音積 說文 長脛行也。一曰跰蹐也 廣韻 踧蹐，敬貌 論語 踧蹐如也 疏 踧蹐，恭敬也 又 qì 集韻 七迹切音刺 詩·小雅 執爨踖踖 傳 言爨竈有容也 疏 謂執爨之有容儀也

爾雅·釋訓踖踖,敏也⊠xí 集韻祥亦切音席 禮·曲禮 毋踖席 疏踖,猶躐也 釋名踖,藉也。以足藉之⊠què 廣韻七雀切 集韻七約切夶音鵲。駮也 類篇行貌⊠ 左傳·莊十九年 敗黃師于踖陵 註踖陵。黃地⊠廣韻陵也⊠jí 廣韻 集韻夶秦昔切音籍。踐也。或作蹐蹟趚。鼇又蹟59616趞58565

蹄 59005 31433
bēn_8.15 集韻逋昆切。與奔同。

踮 59006 31434
tiǎn_8.15 廣韻 集韻夶他典切音腆。行跡 類篇行貌。或从亶作躔。

踳 59007 31435
dé_8.15 廣韻多則切 集韻的則切夶音得。踳踳,行貌。

跕 59008 31436
niè_8.15 集韻諾叶切音捻 類篇行輕也。

跣 59009 31437
xǐ_8.15 篇海蹝59271或作跣。

跼 59010 31438
jū_8.15 廣韻 集韻 正韻夶居六切音掬 玉篇跼蹐也⊠廣韻 集韻夶渠竹切,窮入聲。義同⊠篇海亦作鞠。蹴鞠戲,以韋爲之,實以柔物,今謂之毬。

踿 59011 31439
chù_8.15 集韻丑玉切音亍。走也⊠zhuó 集韻 類篇夶竹角切音琢 類篇跳也。

跙 59012 31440
zǔ_8.15 集韻壯所切音阻。馬傷足病。

踊 59013 31441
kǔn_8.15 集韻苦本切音閫 說文瘃足也 類篇一曰跡也。鼇又踾58923

䟆 59014 31442
niè_8.15 集韻遵須切音諏 類篇足不相過 正字通踂字之譌。

䠎 59015 31443
è_8.15 廣韻烏合切 集韻遏合切夶音姶 玉篇跛䠎 類篇跛疾⊠廣韻烏洽切 集韻乙洽切夶音唈。義同。或作㿜。鼇又瘂36300㾪12841 集韻䠎㾪瘂36131,遏合切。跛疾。或作㾪瘂。

跧 59016 31444
cháng_8.15 廣韻直良切 集韻仲良切夶音長 玉篇跧登,拜也 揚子·方言跧登,立也。東齊、海岱、北燕之郊,跪謂之跧登 註今東郡人亦呼長跪爲跧登。鼇又蹎59379跥58719

踚 59017 31445
lún_8.15 廣韻力迍切 集韻龍春切夶音倫 博雅行也 註方言爲踚⊠集韻盧昆切音崙。行貌。

踘 59018 31446
jué_8.15 廣韻 集韻夶九勿切音蹴 揚子·方言觢力也。東齊曰踘 註律踘,多力貌 博雅威力也 玉篇足多力⊠廣韻衢勿切音倔。義同。鼇正字通踘,舊註音橘,足多力。或作勵。

踛 59019 31447
lù_8.15 廣韻 集韻夶力竹切音六。翹足也 玉篇翹踛也 郭璞·江賦爰㥘翹踛於夕陽 註莊子曰:翹尾而踛。司馬彪曰:踛,跳也〇按莊子·馬蹄篇作陸。音義云字書作驌。鼇龍龕皆俗,踛正。

踜 59020 31448
lèng_8.15 廣韻魯鄧切 集韻郎鄧切,夶俊去聲。踜蹬,行貌 類篇踜蹬,馬病⊠léng 集韻盧登切音棱 玉篇躐也 類篇踜騰,行貌⊠chěng 丑拯切。踜也。止也。

跰 59021 31449
bèng_8.15 正字通同踜。

踱 59022 31450
tú_8.15 廣韻 集韻夶他骨切音突。跦踱,行不進也 玉篇踩也。

踠 59023 31451
huàn_8.15 集韻胡玩切音換。逭或从足 類篇逃也 篇海迭也,轉也,步也,周也。鼇同逭60947

踝 59024 31452
huái_8.15 廣韻胡瓦切 集韻 韻會 正韻戶瓦切夶音跨 說文足踝也 釋名踝,确也。居足兩旁,磽确然也。亦因其形踝踝然也 急就篇註踝,足之外也 禮·深衣負繩及踝以應直 註踝,跟也⊠釋名踝踝,單獨之言也⊠釋名踝确,堅貌也。

踞 59025 31453
jù_8.15 唐韻 集韻 韻會 正韻夶居御切音據 說文蹲也 大戴禮獨處而踞 註踞,蹲也⊠左傳·襄二十四年皆踞轉而鼓琴 註轉衣裝 疏踞,謂坐其上也⊠前漢·高帝紀沛公方踞牀 註踞,反企也⊠前漢·陳餘傳高祖箕踞罵詈,甚慢之 註箕踞者,謂申兩脚,其形如箕 類篇或作屟58658⊠集韻斤於切音居。義同。鼇張涌泉:踞02647俗。

踔 59026 31454
fèi_8.15 唐韻扶沸切音朏 說文跰也 爾雅·釋言踔,刖也 註斷足 疏跰、刖音義同 書·呂刑刖罰之屬五百。

跂 59027 31455
zhǐ_8.15 前漢·賈誼傳病非徒瘇也。又苦跂鳌 註師古曰跂古蹠字,足下曰蹠,今所呼脚掌是也。

踟 59028 31456
chí_8.15 廣韻直離切 集韻 韻會 正韻陳知切夶音馳 玉篇踟躕,行不進也 詩·邶風搔首踟躕⊠集韻或作踶 禮·三年問蹢躅焉,踟躕焉 釋文踟亦作踶。鼇又踟躇或作踞崌⊠玉篇徊16669,直知切。行也。胡吉宣:疑與踟同。

踠 59029 31457
wǎn_8.15 廣韻 正韻於阮切 集韻 韻會委遠切夶音宛。體屈也 玉篇申脚也 後漢·班固傳馬踠餘足 註踠,猶屈也⊠wò 集韻烏臥切音浢。與踒同 類篇足跌也。鼇又踠59732

踡 59030 31458
quán_8.15 廣韻巨員切 集韻 韻會逵員切夶音權 玉篇踡跼,不伸也 淮南子·精神訓踡跼而諦,通夕不寐 楚辭·九思踡跼兮寒局數 類篇或作蹯。鼇又拴58824蹚59237

踢 59031 31459
tī_8.15 廣韻 集韻夶他歷切音逖。趺58741踢,獸名⊠shuò 集韻式灼切音鑠。邊貌 前漢·揚雄傳河靈矍踢 註驚動之貌⊠敕略切音都。義同。

踣 59032 31460
bó_8.15 唐韻蒲北切 集韻鼻墨切 正韻步墨切夶

音匐 說文 僵也 爾雅·釋言 斃，踣也 疏 斃，又謂之踣 周禮·秋官·掌戮 凡殺人者踣諸市，肆之三日 註 踣，僵尸也 左傳·襄十一年 與晉踣之 註 僵也 又 集韻 蒲枚切音裴。又蒲候切音抔。義丛同 又 pòu 廣韻 集韻 丛匹候切音𠋫。與仆同 莊子·外物篇 申徒狄因以踣河 呂氏春秋 將欲踣之，必高舉之 又 集韻 芳遇切音赴。義同。鋆 龍龕 踥俗，趑58542趑赴或作，趄今 又 篇海類編 赴58647，亦作踣 趑58437尳12842

踤 59033 31461

zú_8.15 唐韻 集韻 丛昨沒切音捽 說文 觸也 前漢·揚雄傳 帥軍踤阹 註 師古曰足躨之 左思·吳都賦 衝踤而斷筋骨 又 cù 集韻 蒼沒切。與猝同 說文 蒼踤也。 又 cuì 集韻 韻會 正韻 丛秦醉切音萃 揚子·太玄經 鷟踤於林 註 踤，集也 又 zú 廣韻 慈衂切 集韻 昨律切丛音崒。摧踤 又 說文 駭也 集韻 駭踤也。鋆 龍龕 趏俗，正作踤。

踦 59034 31462

bǐ_8.15 集韻 補弭切音俾 玉篇 股外也。詳骨部 髀70674字註 又 bāi 集韻 薜佳切音悻。蹟踦，行緩戾也。又 pián 集韻 韻會 丛部弭切音婢。形下大也。或作卑。亦作庳 又 bì 集韻 普弭切音庀。義同。

踫 59035 31463

péng_8.15 集韻 蒲登切音朋 玉篇 走也。

踬 59036 31464

zhì_8.15 篇海 直里切音痔。行難進也。

踥 59037 31465

qiè_8.15 廣韻 集韻 丛七接切音妾 博雅 踥踥，行也 玉篇 踥踥，往來貌 楚辭·涉江 衆踥蹀而日進兮 註 踥蹀，行貌。一作蹝。亦作踕。

踦 59038 31466

qī_8.15 唐韻 去奇切 集韻 韻會 丘奇切丛音欹 說文 一足也 博雅 蹇也 揚子方言 踦，奇也。自關而西，秦晉之閒，凡全物而體不具謂之倚。梁楚之閒謂之踦。雍梁之西郊，凡曽支體不具者謂之踦 廣韻 亦作㾒。又 前漢·段會宗傳 亦足以復鴈門之踦 註 應劭曰：踦，隻也。踦隻，不偶也 又 左思·蜀都賦 山阜猥積而踦嶇 註 傾側也 ○按與崎同 又 jǐ 集韻 巨綺切音技。足脛也 爾雅·釋畜 左白踦 註 前左脚白 又 釋蟲 蟿螽長踦 註 小菟螽長脚者 又 jǐ 廣韻 居綺切 集韻 韻會 舉綺切丛音掎 公羊傳·成二年 相與踦閭而語 註 閭，當道門。閉一扇，開一扇，一人在外，一人在內，曰踦閭 韓非子·亡徵篇 必其治亂，其強弱相踦者也 又 集韻 於義切音倚。義同 又 yǐ 集韻 語綺切音蟻。觸也 莊子·養生主 膝之所踦 音義 刺也 又 jǐ 集韻 居宜切音羈。與羇同。旅寓 又 揚子·太玄經 益以踦贏二贊成三百六十五日。鋆 華學誠：荀子 註引 方言 作秦晉之閒凡物體全而不具謂之倚 字典 與之相校，脫全面二字。此條在 方言 第二，原文作自關而西秦晉之閒凡全物而體不具謂之倚 字典 與之相校，前脫自關而西四字，中間釋義數字 字典 作凡物體不具，傳本 方言 作凡全物而體不具。

踶 59039 31467

dǐ_8.15 廣韻 徒歷切 集韻 韻會 亭歷切 正韻 杜

歷切丛音狄 說文 行平易也 詩·小雅 踧踧周道 傳 踧踧，平易也 又 cù 廣韻 集韻 正韻 丛子六切，音蹙。踧踖59004，行而謹敬也 類篇 或省作跛 又 與蹙同 後漢·陳蕃傳 黃門從官，騶蹋踧蕃 揚子法言 或人踧爾 木華·海賦 噏波則洪漣踧縮。鋆 又跡58944

蹤 59040 31468

zōng_8.15 集韻 蹤或省作踨。

蹁 59041 31469

biē_8.15 集韻 必結切音彆。跳也。鋆 㒼作小冂小，八畫。

蹈 59042 31470

dǎo_8.15 古音略 古文蹈59181字。見 堯母碑

踧 59043 31471

dǐ_8.15 篇韻 音底。行也。○按即跃字之譌。

踩 59044 31472

kuí_8.15 篇韻 音葵。跳也 又 音劣。義同。鋆 蹊58922 踤58926之譌 又 cǎi 同踩58898踐踏。

踁 59045 31473

jìng_8.15 韻會 同脛○按 集韻 脛或作踁 韻會 譌作踁。

跣 59046 41941

hàng_8.15 川篇 口郎切。跻也。鋆 俗跣58685

踏 59047 41942

dá_8.15 篇海類編 他達切，音塔◇足跌貌。鋆 龍龕 踏誤，躂正。

號 59048 41943

háo_8.15 龍龕 音毫。藥名。鋆 俗號52200 可洪音義 更跳：胡告反。名号也。正作號 又 跠59050

躐 59049 45687

zōu_8.15 五音篇海 與蹴同。

跠 59050 45688

háo_8.15 龍龕 與號同。

蹀 59051 45689

dié_8.15 五音篇海 與蹀同。

跋 59052 45690

yè_8.15 搜眞玉鏡 音夜。

踙 59053 u2B3D3

null_8.15 喃 未詳。

躍 59054 u2B3D2

null_8.15 未詳。

躞 59055 u2B3D1

luò_8.15 簡 㰍59605

跫 59056 u2B3D0

zàn_8.15 簡 蹔59243

蹾 59058 u2809A

rón_8.15 喃 俗蹂59343同蹂59308△跦蹾：躡手躡腳

踪 59059 u28099

ghềnh_8.15 喃 从足京kinh聲△踪踪：崎嶇不平。

踩 59060 u28098

rầm_8.15 喃 腳步雜沓，繁亂貌。

跧 59061 u28097

co_8.15 喃 从足孤cô聲。攣縮。

蹝 59062 u28096

khập_8.15 喃 从跛省泣khấp聲△踚蹝：腿腳跛拉。

踸 59063 u28095

lôm_8.15 喃 从足林lâm聲。

踽 59064 u28094

dọc_8.15 喃 从足育dục聲。沿（途），循（路）。

踩 59065 u28090

lái_8.15 方 踩。

蹭 59066 u2808E

chǎng_8.15 同蹭59003，俗蹭58989 四聲篇海 蹭，音雨（雨）。踞也。

跨 59067 u2808D

kuà_8.15 同跨58826

蹟 59057 u2B3CF

null_8.15 未詳。

踵 59068 u2808C

null_8.15 譌字。紅蝠山房刻本 方言箋疏 踳，箋疏

說文 踂，躐也。躐，僵也。一曰跳也。踔者，廣雅 踔
跳也△宏按，說文 跳，蹶也。蹶，僵也。

踦 59069 u2808B ǐ_8.15　俗蹟59493

蹢 59070 u2808A zhōu_8.15　方 踢倒，掀翻。

跶 59072 u480C tà_8.15　俗踏58985

踚 59074 u8E2E diǎn_8.15　企 雍熙樂府·卷之二·正宮·端正好·御溝紅葉 紅繡鞋 將身子兒斜擔定，踚着腳把柳條兒揪。

踡 59071 u28089 ái_8.15　同捱19836

蹠 59073 u8E2F zhí_8.15　简 蹠59521

蹛 59075 u8E2C zhì_8.15　简 蹛59525

踪 59076 u8E2A zōng_8.15　俗蹤59281

跫 59077 31474 pán_9.16　廣韻 白銜切 集韻 皮銜切丛音湴。步渡水也。類篇 涉也。跫或書作尵。鋆 又趏59233

歰 59078 31475 tàn_9.16　篇海 音炭。尵歰，不能行。

蹞 59079 31476 lǔ_9.16　集韻 履古作蹞 鍾鼎款識 齊侯鑄鐘伐蹞 同戲。蹞即履字。鋆 正字通 蹞67967，一曰蹞譌爲蹞。

踰 59080 31477 yú_9.16　集韻 韻會 丛容朱切音俞 說文 越也。博雅 遠也，渡也。易·謙卦 卑而不可踰 書·費誓 無敢寇攘踰垣牆 禮·曲禮 禮不踰節 左傳·隱元年 士踰月外姻至 註 踰月，度月也。又 yáo 集韻 餘招切。與遙同。又 chū 椿俱切音貐。義丛同。又 yǔ 勇主切。通作瘉。鋆 又窬12433踰59300

躍 59081 31478 duó_9.16　廣韻 徒落切音鐸。跣足躍地 玉篇 跥躍，乍前乍却 類篇 或从庀作跅 又 chuò 集韻 類篇 丛敕略切音都。與踱59448同。超邊也。

跍 59082 31479 xiā_9.16　唐韻 胡加切 集韻 何加切丛音遐 說文 足所履 廣韻 腳下。

蹂 59083 31480 zòu_9.16　集韻 則候切音奏 玉篇 蹋蹂也。

皀 59084 31481 jí_9.16　廣韻 子力切 集韻 節力切丛音卽。皀皀，迫急也。

踞 59085 31482 wò_9.16　集韻 乙角切音渥。與齷同。踞蹐，迫也。一曰小貌。

踖 59086 31483 dùn_9.16　集韻 杜本切音盾。與遯同。

蹠 59087 31484 wù_9.16　廣韻 集韻 丛亡遇切音務 玉篇 長跪也 揚子方言 跪謂之蹠59016蹠。鋆 又蹠59289

踳 59088 31485 chǔn_9.16　廣韻 集韻 韻會 尺尹切 正韻 尺允切丛音蠢。踳駮，相乖舛 孝經序 踳駮尤甚 左思·魏都賦 謀踳駮於王義 又 玉篇 踳駮，色雜不同 又 chuǎn 集韻 尺兗切。與舛48539同。鋆 又驌70171墸08973踳59420 又 集韻 踳，雜也。或作舛僝蝽。

踴 59089 31486 yǒng_9.16　集韻 踊或从勇〇按 五經文字 踊作踴，非。鋆 又踴59140踊59134

致 59090 31487 zhì_9.16　篇海 陟利切音致。踶也，跲也。亦作蹜。

踵 59091 31488 zhǒng_9.16　古文墥 唐韻 之隴切 集韻 韻會 主勇切丛音腫 說文 追也。一曰往來之貌 釋名 踵，鍾也。鍾，聚也。上體之所鍾聚也 玉篇 足後 集韻 本作墥 禮·曲禮 車輪曳踵 疏 踵，腳後也 左傳·昭二十四年 吳踵楚 註 躡楚踵跡 莊子·讓王篇 納履而踵決 淮南子·地形訓 北有跂踵民 註 跂踵，踵不至地，以五指行 又 孟子 踵門而告文公 趙岐註 踵，至也 又 因也 前漢·刑法志 踵秦而置材官於郡國 註 踵，因也 又 接也 前漢·霍去病傳 踵軍數十萬 註 踵，接也 又 頻也 莊子·德充符 踵見仲尼 註 踵，頻也 又 繼也 屈原·離騷 及前王之踵武 註 踵，繼也 又 zhòng 集韻 朱用切音種。躘踵，不能行貌。或作僮。鋆 又墥14001

踑 59092 31489 jì_9.16　集韻 其季切音悸 玉篇 足也 又 kuí 集韻 渠龜切音逵。踦或作踑，脛肉。一曰曲脛。

踶 59093 31490 dì_9.16　廣韻 特計切 集韻 韻會 正韻 大計切丛音第 說文 躗也 玉篇 蹋也 前漢·武帝紀 故馬或奔踶而致千里 註 聲類曰：踶，蹋也。師古曰踶也 莊子·馬蹄篇 怒則分背相踶 音義 通俗文 云小蹋謂之踶 又 tí 集韻 韻會 丛田黎切音題。踶或作踶，獸足也 又 zhì 廣韻 池爾切 集韻 丈尒切，丛音豸 莊子·馬蹄篇 踶跂爲義 音義 用心力貌 又 chí 集韻 陳知切音馳。與跮同 禮·三年問 踟躕焉 釋文 踶，音馳。或作跮 又 shì 集韻 上紙切音是 類篇 牛展足謂之踶。鋆 正字通 踶，俗踶字。

踗 59094 31491 qià_9.16　篇海 同䠓。腰踗也。

踙 59095 31492 qiù_9.16　廣韻 丘謬切 集韻 輕幼切丛音蟉。跀踙，行不正也 又 廣韻 苦鳩切 集韻 苦昊切丛音闚。踞也。又 集韻 丘救切音糗。跛行也 又 集韻 類篇 丛牛救切音鼽。義同 又 集韻 弃役切。跀踙，屈申貌。鋆 又踙59169

蹅 59096 31493 zhǎ_9.16　集韻 展賈切。裒行貌。

踠 59097 31494 chuàn_9.16　集韻 寵戀切音猭。行也。或作逡。

跈 59098 31495 chěn_9.16　唐韻 集韻 韻會 丑甚切 正韻 丑錦切丛音踸 說文 跈踔59000，行無常貌 又 集韻 癡林切音琛。又 丑減切音僭。義丛同△類篇 或作踜、跕。

踹 59099 31496 shuàn_9.16　廣韻 市兗切 集韻 豎兗切丛音剬。足踹也 玉篇 足跟也 淮南子·人閒訓 踹足而怒 註 踹足，蹀足也 又 duàn 廣韻 集韻 丛都玩切音鍛。義同。鋆 又 新撰字鏡 踹踹59403踹59505，三字作同。時產反。膞47551躝足也。

蹐 59100 31497 dá_9.16　集韻 他達切音闥。蹅，或省作蹐，足跌也。

踺 59101 31498 dá_9.16　博雅 踺作踺。跰踔，踺也。

踺 59102 31499 jiàn_9.16　集韻 渠建切音健 類篇 行貌。

踻 59103 31500 guā_9.16　廣韻 古華切 集韻 姑華切丛音瓜。跚或作踻。足理文 又 tuó 集韻 徒禾切音砣。踱踻，行踏貌。

鼅 字彙補 蹋，與蹋同。

蹞 kuǐ_9.16 59104 31501
廣韻丘弭切集韻犬癸切丛音頍玉篇足開貌張衡·西京賦蹞踽盤桓註蹞，開足也集韻或省作奎図kuí集韻傾畦切音睽類篇蹞踽，搏物貌。図wěi集韻類篇丛五委切音頠。義同。鼅又蹂59291

踼 táng_9.16 59105 31502
唐韻集韻韻會正韻丛徒郎切音唐說文跌踼也。一曰搶也廣韻頓伏貌左思·吳都賦魂褫氣懾而自踼跌者註踼，跌也図廣韻正韻徒浪切集韻韻會大浪切丛音宕。義同図廣韻吐郎切集韻他郎切丛音湯。跌踼，行不正図tǎng集韻坦朗切音儻。申足伏臥○按集韻又音尸羊切。瞿踼，驚動貌。卽漢書·揚雄傳河靈瞿踼也。已於踼字註引之，又誤以踼爲踼，引入踼字註，非。鼅又蹒59192踼59246蹚59265蹋59442

蹢 hú_9.16 59106 31503
集韻洪孤切音瑚類篇蹢跙，屈卻也。

踆 pò_9.16 59107 31504
廣韻集韻丛普活切音鏺。發或从足。以足蹋夷草。

蹃 yǎn_9.16 59108 31505
集韻語限切音眼。跡也。

踱 tuò_9.16 59109 31506
廣韻他各切集韻闥各切丛音託玉篇踱，弛也。亦作跥58733

蹇 zhì_9.16 59110 31507
正字通蹇字之譌○按說文蹇載東部。附足部，非。

踩 cāi_9.16 59111 31508
玉篇千來切音猜篇海急行貌○按玉篇踩字無義篇海又引玉篇踐升也，誤。

蹎 qiū_9.16 59112 31509
集韻雌由切音秋。與趥同玉篇行貌。図與鰌同莊子·秋水篇鰌我亦勝我音義鰌，藉也。本亦作蹈図cù集韻七六切音衊。迫也図子六切。蹙或作蹈。義同。

蹿 dú_9.16 59113 31510
集韻徒沃切音毒玉篇行不正。
鼅又蹿26625

夓 xià_9.16 59114 31511
正字通字彙古文夏字。按六書本義篆作夒舉要作夓，未有作夓者，卽夒字之譌。因篆爲楷，譌謬類如此。

踶 pián_9.16 59115 31512
集韻毘連切音緶類篇行貌。

踧 chì_9.16 59116 31513
集韻丑例切音跇。與趩同。超特也玉篇渡也。

踵 hùn_9.16 59117 31514
玉篇胡困切，渾去聲篇海行也。

踽 qǔ_9.16 59118 31515
唐韻驅雨切集韻韻會顆羽切丛音麌說文疏行貌玉篇獨行貌博雅踽踽，行也詩·唐風獨行踽踽傳踽踽，無所親也孟子行何爲踽踽涼涼図廣韻蹞59104踽図jǔ廣韻俱雨切集韻韻會果雨切丛音矩義同。鼅又遇61090孺11843僞01526

蹋 fú_9.16 59119 31516
廣韻集韻丛方六切音福。蹋踿，聚貌。馬融·長笛賦蹋踿攢仄図bì集韻筆力切音逼。蹋踿，行迫図pì拍逼切音堛玉篇踏地聲図弼力切音愎。踏也。

踿 zú_9.16 59120 31517
篇海子六切音足。迫急。又近也○按音義與踿同。从酋之字或有从秋者，如鰌之爲鰍是也。
鼅龍龕踿俗，蹙59251正図輶67381

蹀 dié_9.16 59121 31518
廣韻徒協切集韻韻會達協切丛音牒。蹀蹀，行貌博雅履也類篇蹈也列子·黃帝篇宋康王蹀足疾言淮南子·俶眞訓足蹀陽阿之舞顏延之·赭白馬賦望朔雲而蹀足図楚辭·涉江衆踥蹀而日進兮註踥蹀，行貌図張衡·南都賦羅襪躡蹀而容與註躡蹀，小步貌図篇海蹀躞，馬行貌。或作跕集韻託協切音帖。義同。鼅又蹀59292図龍龕蹀59051通蹀正蹀今，徒叶反。蹀躞，行不穩也。

蹁 pián_9.16 59122 31519
唐韻部田切集韻韻會蒲眠切丛音骿說文足不正也。一曰拖後足馬。或曰讀若偏図晉書·石崇傳牛本不遲，良由馭者制之，可聽蹁轍則駛矣図廣韻蹁躚，旋行貌張衡·東都賦蹂躄蹁躚図釋名膝頭曰膞。或曰蹁。蹁，扁也。亦因形而名之也図廣韻布玄切集韻卑眠切丛音邊。義同。或作蹳。鼅又蹁59468蹳59489

蹂 róu_9.16 59123 31520
廣韻人又切集韻韻會正韻如又切丛音輮說文厹，篆文从足柔聲。獸足蹂地也博雅疾也，履也玉篇踐也史記·項羽紀餘騎相蹂踐前漢·揚雄傳蹂蕙圃，踐蘭唐図廣韻耳由切集韻韻會正韻而由切丛音柔詩·大雅或簸或蹂箋蹂之言潤也疏蹂黍，以水潤米，必當蹂之使濕朱傳簸揚去糠也。蹂，蹂禾取穀以繼之也。鼅又跦58725狃33058跓58684内40161

踏 nuò_9.16 59124 31521
廣韻集韻丛女略切音闌。踐也玉篇蹃足貌図廣韻女白切集韻昵格切丛音搦。義同図ruò集韻日灼切音弱類篇蹂也図rě集韻類篇丛爾者切音惹。蹃踏，小兒始行之貌類篇蹃踏，距地用力也。

蹌 pīng_9.16 59125 31522
篇海滂丁切。跰蹌，行貌。亦作姘。

蹮 xuǎn_9.16 59126 31523
正字通同躚59343

蹤 cōng_9.16 59127 31524
集韻麤叢切音怱。蹤蹤，行邊。

踔 zhǎ_9.16 59128 31525
集韻側洽切音插類篇足動貌。

蹄 tí_9.16 59129 31526
古文蹏廣韻杜奚切集韻韻會田黎切正韻杜兮切丛音題釋名蹄，底也蔡經音辨獸足也易·說卦爲薄蹄儀禮·士喪禮其實特豚，四鬄去蹄穀梁傳·昭八年馬侯蹄図dì集韻大計切音第。踶或作蹄，躛也蔡經音辨足相躛曰蹄。鼅又跉58862蹏59130踶59294琦34352蹄41612

蹏 tí_9.16 59130 31527
篇海俗蹄字。

𨇦 59131 31528 chán_9.16 集韻 直碾切，廛去聲。跡也 篇海 同躔。

𨆍 59132 31529 suì_9.16 篇海 音邃。深也。

𨇨 59133 31530 hóu_9.16 篇韻 音蹜。行涉也 又 音躍。義同。鑒 可洪音義 趼𨇨：上步末反，下户鉤反。正作䠊37893

𨂷 59134 31531 yǒng_9.16 字彙補 踴字俗書。

𫏘 59135 u2B3D8 null_9.16 未詳。 𫏖 59137 u2B3D6 null_9.16 喃 未詳。

𫏗 59136 u2B3D7 duàn_9.16 方 民俗研究. 1994年第2期·民俗語言學·羅福騰·民間「四最」諺語概說 四最快：燕子飛，鷹子𫏗，騎快馬，雕翎箭。莒縣。原文註釋：𫏗，追赶。

𫏕 59138 u2B3D5 qīng_9.16 簡 䟥59486 𫏔 59139 u2B3D4 chù_9.16 同䟣67069

𨃒 59140 u280D2 yǒng_9.16 俗踴59089 𨃏 59143 u280CF xăm_9.16 喃 从足侵xâm聲。亦作𩣡。𨃏𨃏：俯首直行。

𨃑 59141 u280D1 quèo_9.16 喃 从足挑khiêu聲△𨃑蹎：用腳鉤住。

𨃐 59142 u280D0 đày_9.16 喃 从足苔đầy聲。放逐。

𨃎 59144 u280CE lỗm_9.16 喃 从足監lệm聲。

𨃍 59145 u280CD tọt_9.16 喃 从足突đột聲。迅速 又 thọt跛。

𨃌 59146 u280CC giày_9.16 喃 从足持trì聲。蹂躪。

𨃋 59147 u280CB ríu_9.16 喃 同𨀤58878

𨃊 59148 u280CA nhổm_9.16 喃 从足点điểm聲△𨃊：坐起身。

𨃉 59149 u280C9 zhì_9.16 俗跱58852 可洪音義 儲𨃉：直里反，待也。諸（儲）也。正作徛庤二形。又 詳校篇海 𨃉，澄濁。丈几切，讀如治。行難進。亦作跱 又 giãy 喃 从足待đãi聲。跳踢，掙扎。

𨃈 59150 u280C8 cẳng_9.16 喃 从足港cảng省聲△𨃈蹎：小腿。瘋𨃈：手腳發麻。

𨃇 59151 u280C7 jiāng_9.16 𨃇蹡。參見蹡59508

𨃆 59152 u280C6 niè_9.16 𨃆𨃂，同踂跋。參見𨃂59156

𨃅 59153 u280C5 bāi_9.16 蜀 𨃅子，跛子。

𨃄 59154 u280C4 wèi_9.16 方 𨃄球：坐時臀部扭動。𨃄𨃄囊囊：不利落。

𨃃 59155 u280C3 tà_9.16 俗蹋59188 可洪音義 𨃃普：上徒盍反。正作蹋。古經作蹹副 又 龍龕 𨃃，俗。音遢。又𨃃蹬，屈一脚起舞貌。明·呂坤 演小兒語 𨃃蹬邦邦，鼓舞商羊。獨行不前，獨立更難。

𨃂 59156 u280C2 yuè_9.16 漢·趙煜 吳越春秋·卷三·夫差內傳第五 不知黃雀盈綠林，徘徊枝陰，𨃆𨃂微進，欲啄螳螂。明·方以智 通雅·卷四十九·諺原 按，字書及 說文 無𨃆𨃂字，玉篇 有踂跋58736字。踂，細行，兩足不相過。跋，急行而輕也。於義亦合當，音聶越。今蜀滇之間有此語。又 hamj 壯 跨。𨃂卦汒：跨過水溝。

𨃁 59157 u280C1 null_9.16 未詳。 𨃀 59158 u280C0 lenh_9.16 壯 跑。

𨂿 59159 u280BF wǎi_9.16 同㧗20197今作崴13906扭傷。

𨂾 59160 u280BE nàn_9.16 粵 跨越，間隔，跨步張開的距離。𨂾光黑：黃昏天快黑的時候。

𨂽 59161 u280BD dàn_9.16 粵 跺。𨂽骹，跺腳。𨂽蹄𨂽爪，捶胸頓足。

𨂼 59162 u280BC rẽ_9.16 喃 或同䗶53828

𨂻 59163 u280BB dǎo_9.16 俗蹈59181 䠖 59165 u4816 zī_9.16 路跙，同跌跙

𨂺 59164 u280BA luán_9.16 簡 𨇻59624 蹅 59166 u8E45 zhā_9.16 中州音韻 蹅，之沙切。足踏聲也 又 chǎ踩踏。元·陳椿 熬波圖·自題熬波圖 又用生灰一擔蓋面，用腳蹅踏堅實 又 國語辭典 ㈠以足涉泥水。㈡插足其間△亦作跴58660

踫 59167 u8E2B pán_9.16 同蹣59077 𨆛 59168 31532 chá_10.17 篇海 直加切音茶。𨆛跱，行難進貌 又 五加切音侘。義同。

𨆝 59169 31533 xiòng_10.17 正字通 同趬 說文·走部 趬，行也 足部 無𨆝字 字彙 義與趬近，誤分爲二。

𨆔 59170 31534 qiù_10.17 玉篇 牛幼切音宥。跛行也。

𨅘 59171 31535 chù_10.17 集韻 敕六切音畜 類篇 足也 又 xù 集韻 類篇 丑許六切音畜。義同。

𨆨 59172 31536 kuà_10.17 廣韻 苦化切 集韻 枯化切𠀤音跨 說文 踞也。鑒 正字通 跨俗跨58826字。

𨅈 59173 31537 pì_10.17 廣韻 匹詣切 集韻 匹計切𠀤音媲 博雅 踦也 玉篇 偶也 又 集韻 篇迷切音批。義同。鑒 新撰字鏡 𨅈，普計反。亦作媲11136字。踦也。

𨅙 59174 31538 tuǐ_10.17 字彙 他罪切。與腿同。

𨅚 59175 31539 páng_10.17 廣韻 步光切 集韻 蒲光切𠀤音旁 玉篇 踉𨅚，急行 類篇 欲行貌 又 集韻 類篇 𠀤蒲浪切音傍。義同。

𨆟 59176 31540 téng_10.17 集韻 徒登切音騰 類篇 踜𨆟，行貌。

𨅣 59177 31541 zōu_10.17 廣韻 側鳩切 集韻 甾尤切𠀤音鄒 博雅 足也 玉篇 獸足。鑒 又 𨃡59049

蹇 59178 31542 jiǎn_10.17 唐韻 居偃切 集韻 韻會 紀偃切𠀤音鍵 說文 跛也 釋名 蹇，跛蹇也，病不能執事役也 史記·晉世家 郤克僂，而魯使蹇，衛使眇 前漢·敘傳 駑蹇之乘 莊子·達生篇 聾盲跛蹇 又 易·蹇卦 蹇，難也，險在前也 又 王臣蹇蹇 疏 涉蹇難而往濟蹇，故曰王臣蹇蹇 又 左傳·哀六年 彼皆偃蹇，將棄子命 註 偃蹇，驕敖 屈原·離騷 望瑤臺之偃蹇兮 註 高貌 又 何瓊珮之偃蹇兮 註 衆

盛貌。又〔九歌〕靈偃蹇兮姣服〔註〕舞貌〔補註〕委曲貌〔又〕〔史記·司馬相如傳〕蹇產溝瀆〔註〕蹇產，屈折也〔又〕〔管子·四時篇〕毋蹇華絕芋〔註〕蹇，拔也〔又〕〔屈原·離騷〕蹇將憺兮壽宮〔註〕蹇，詞也〔又〕〔博雅〕蹇，擾也〔又〕姓〔左傳·僖三十二年〕穆公訪諸蹇叔〔註〕秦大夫◆〔屈原·離騷〕吾令蹇脩以爲理〔註〕蹇脩，伏羲之臣也〔又〕〔廣韻〕九輦切〔集韻〕〔韻會〕九件切，夶蹇上聲。又〔集韻〕巨偃切音鍵。義夶同。〔又〕與蹇同〔莊子·山木篇〕蹇裳躩步〔楚辭·九章〕憚蹇裳而濡足〔補註〕蹇，讀若褰〔又〕與謇同〔屈原·離騷〕余固知謇謇之爲患兮〔註〕謇謇，忠貞貌〔易〕曰：王臣謇謇〔補註〕今易作蹇蹇。先儒引經多如此，蓋古今本不同耳〔六書正譌〕蹇从足，寒省聲。跛爲正義，借爲蹇難、蹇直字。別作謇，非。〔鍉〕又僸02257躚59571驨70521

跢 59179 31543
lì_10.17　〔篇海〕力質切音栗。踐也。

踏 59180 31544
tà_10.17　〔廣韻〕〔集韻〕夶他合切音蹋〔說文〕跿也〔揚子·方言〕蹋，跳也。秦晉之閒曰跳，或曰蹋〔註〕同蹋〔類篇〕或从荅作踏〔又〕〔集韻〕德合切音答。〔又〕〔類篇〕達合切音沓。義夶同。

蹈 59181 31545
dǎo_10.17　古文跿〔唐韻〕徒到切〔集韻〕〔韻會〕大到切〔正韻〕杜到切夶音導〔說文〕踐也〔博雅〕履也〔釋名〕蹈，道也。以足踐之，如道路也〔禮·樂記〕故不知手之舞之，足之蹈之也〔左傳·哀二十一年〕使我高蹈〔註〕高蹈，猶遠行也。〔又〕與悼同〔詩·小雅〕上帝甚蹈〔傳〕動也〔箋〕蹈讀曰悼〔釋文〕蹈，鄭作悼。病也。〔鍉〕又蹈59163

蹉 59182 31546
cuō_10.17　〔唐韻〕七何切〔集韻〕〔韻會〕〔正韻〕倉何切夶音磋〔說文〕蹉跎58755，失時也〔註〕徐鉉曰：按經史通作差池，此亦後人所加〔又〕〔廣韻〕蹉，跌也〔又〕〔張華·輕薄篇〕孟公結重關，賓客不得蹉〔註〕蹉，過也〔又〕〔集韻〕又宜切音差。義同。〔鍉〕又駈70323蹉59541

踒 59183 31547
wà_10.17　◆〔廣韻〕烏吳切〔集韻〕烏化切夶音窊。踒踏，踏地用力〔又〕wǎ〔集韻〕烏瓦切音脞。義同。

蹊 59184 31548
xī_10.17　〔廣韻〕胡雞切〔集韻〕〔韻會〕〔正韻〕弦雞切夶音奚〔博雅〕蹊，徑，道也〔釋名〕步所用道曰蹊。蹊，係也。射疾則用之，故還係于正道也〔左傳·宣十一年〕牽牛以蹊人之田〔註〕徑也〔孟子〕山徑之蹊閒〔史記·李將軍傳〕桃李不言，下自成蹊〔又〕與徯通〔禮·月令〕塞徯徑〔集韻〕或又作蹊〔集韻〕戶禮切。與徯同。待也。

蹌 59185 31549
yáo_10.17　〔唐韻〕〔集韻〕夶餘招切〔說文〕跳也〔揚子·方言〕陳鄭之閒曰蹌〔廣韻〕跳蹌，行步貌〔又〕〔集韻〕弋笑切音燿。義同。

蹄 59186 31550
sà_10.17　〔集韻〕桑葛切音撒。跋蹄，行不正。或作躠。

蹎 59187 31551
tiào_10.17　〔集韻〕與跳58856同。

蹋 59188 31552
tà_10.17　〔唐韻〕徒合切〔集韻〕達合切夶音沓〔說文〕踐也〔博雅〕履也。今蹹字〔釋名〕蹋，榻也。榻著地也〔又〕〔史記·蘇秦傳〕六博蹋鞠者〔註〕蹋鞠，兵勢也。所以練武士，知有材也〔又〕〔廣韻〕徒盍切〔集韻〕敵盍切夶音蹋。又〔集韻〕託盍切音榻。又託合切音塔。義夶同。〔鍉〕又蹋59404跌58840蹹59462躢59589跆59155

跿 59189 31553
tú_10.17　〔集韻〕與踮58903同。

蹩 59190 31554
pán_10.17　〔集韻〕〔韻會〕〔正韻〕夶蒲官切音槃〔類篇〕屈足也。〔鍉〕字彙蹩同蹩。

蹣 59191 31555
pán_10.17　〔集韻〕〔類篇〕夶蒲官切音槃。與蹣59280同。

蹚 59192 31556
táng_10.17　〔篇海〕音唐。行失正也。亦作蹚〔又〕〔正字通〕俗蹚字。

蹌 59193 31557
qiāng_10.17　〔唐韻〕七羊切〔集韻〕〔韻會〕〔正韻〕千羊切夶音鏘〔說文〕動也〔爾雅·釋訓〕蹌蹌，動也〔註〕恐動趨步〔詩·齊風〕巧趨蹌兮〔傳〕蹌，巧趨貌。又〔大雅〕蹌蹌濟濟〔箋〕士大夫之威儀也〔禮·曲禮〕士蹌蹌〔釋文〕蹌，本又作鶬，或作鏘〔又〕〔書·益稷〕鳥獸蹌蹌〔釋文〕舞貌〔又〕qiàng〔集韻〕七亮切。與蹡同。走也。〔鍉〕又跄58731瞉49259

蹍 59194 31558
zhǎn_10.17　〔廣韻〕知演切〔集韻〕〔韻會〕知輦切夶音展〔博雅〕履也〔玉篇〕足踏貌〔類篇〕踐也〔莊子·庚桑楚〕蹍市人之足〔音義〕蹍，蹈也〔張衡·西京賦〕當足見蹍〔註〕足所蹍爲蹍〔又〕niǎn〔集韻〕〔正韻〕夶尼展切音碾。與趁同。〔鍉〕又跈58764廛59206

跽 59195 31559
jì_10.17　〔正字通〕跽字之譌。

踱 59196 31560
chuò_10.17　〔集韻〕測角切，音齪。與娖同。謹也。一曰善也。

蹎 59197 31561
diān_10.17　〔唐韻〕都年切〔集韻〕〔韻會〕〔正韻〕多年切夶音顛〔說文〕跋也〔前漢·賈誼傳〕誠恐一旦蹎仆氣竭〔註〕師古曰：蹎躓也〔淮南子·覽冥訓〕其行蹎蹎。〔鍉〕又趈58498蹎59608〔又〕龕龕蹎59614俗，蹎蹎〔又〕可洪音義〕顚02656匍：上丁年反，下步北反。正作蹎踤。

蹓 59198 31562
sào_10.17　〔集韻〕先到切音噪。跳也。或作踃。〔鍉〕亦作踃16764

磽 59199 31563
qiāo_10.17　〔集韻〕口交切音敲。與骹同〔玉篇〕脛也〔又〕kào〔集韻〕口到切音犒。足不前也。

蹄 59200 31564
tí_10.17　〔唐韻〕杜奚切〔集韻〕〔韻會〕田黎切〔正韻〕杜兮切夶音題〔說文〕足也〔前漢·貨殖傳〕牧馬二百蹄〔註〕蹄古蹄字〔又〕〔史記·孝武紀〕舍之上林中蹄氏觀〔又〕〔前漢·孝成皇后傳〕赫蹏書〔註〕應劭曰：赫蹏，薄小紙也〔又〕〔左思·吳都賦〕罠蹏連綱〔註〕罠，麋網。蹏，兔網。

磔 59201 31565
zhé_10.17　〔篇海〕陟格切音責。正作磔。開張也。〔鍉〕又同揲20313敦煌·中村不折.044〔小乘戒律注疏〕八十七作雨浴衣長佛六磔手，廣二磔半。

蹖 59202 31566
róng_10.17　〔集韻〕如容切音茸〔類篇〕行貌〔又〕rǒng〔集

韻乳勇切音宂。與迒同。行也。

蹐 59203 31567 jí_10.17 唐韻集韻韻會正韻𠀤資昔切音積說文小步也詩·小雅謂地蓋厚，不敢不蹐傳蹐，絫足也五經文字蹐，經典相承作蹐。

蹡 59204 31568 bēn_10.17 集韻蹡作蹡。

蹻 59205 31569 qiāo_10.17 篇海同蹻 𨇰 59206 31570 zhǎn_10.17 淮南子·說山訓足𨇰地而爲迹註𨇰，履也〇按與蹍同。

𨄰 59207 31571 xūn_10.17 篇韻音塤。立也。

蹮 59208 41944 xuàn_10.17 五音篇海息絹切。足踏也。又罔也。鎏同蹮59343

踕 59209 41946 jié_10.17 川篇音接。行急。

𨅔 59210 41947 niè_10.17 字彙補俗躡字。見四史纂要

蹴 59211 45692 cù_10.17 字彙補音足。鎏。鄧福祿：俗蹙59251

蹨 59212 45693 zhé_10.17 龍龕同蹨 𨇂 59213 45694 jié_10.17 五音篇海音接。又音劫。鎏鄧福祿：俗𨒨35776

蹛 59214 45695 zhì_10.17 龍龕音時。鎏龍龕俗，音跱。

𫏛 59215 u2B3DB null_10.17 未詳。 𫏚 59216 u2B3DA null_10.17 喃未詳。

𫏙 59217 u2B3D9 null_10.17 喃未詳。 𨄄 59218 u28104 luán_10.17 簡躞59626

𨄂 59219 u28102 lứng_10.17 喃从足郎lang聲△𨄂亘：擔心，曖昧。

𨄁 59220 u28101 đâm_10.17 喃从足耽xẩm聲。碰，撞。

𨃾 59221 u280FE xửng_10.17 喃从足称xưng聲。撐。

𨃽 59222 u280FD nhúc_10.17 喃从足辱nhọc聲。同蓐53217

𨃼 59223 u280FC tọ_10.17 喃从足祚tộ聲。

𨃻 59224 u280FB lết_10.17 喃从足烈liệt聲△𨃻蹎趷：拖著腿走路又lệt𨃻別：疲憊。

𨃺 59225 u280FA nập_10.17 喃从足納nạp聲△𨃺𨃺：熙熙攘攘。

𨃹 59226 u280F9 lảng_10.17 喃从足浪lãng聲△𨃹往：徘徊，閒蕩。

𨃸 59227 u280F8 xông_10.17 喃从足竜long聲。衝，闖。

𨃷 59228 u280F7 chúc_10.17 喃从足祝chúc聲。墜，掉。

𨃶 59229 u280F6 ghếch_10.17 喃从足格cách聲△𨃶蹎蓮：足踏。

𨃵 59230 u280F5 chỗm_10.17 喃从蹲省朕trẫm聲。

𨃴 59231 u280F4 gủ_10.17 𨃴踤，同骨碌又gót喃从踵省骨cốt聲。△蹺𨃴：跟蹤。接𨃴：接踵而至。

𨃳 59232 u280F3 néng_10.17 方站立顛晃。民國南皮縣志·卷四·風土志下·方言𨃳𨃳，小孩習立也。

𨃱 59233 u280F1 pán_10.17 同𨂽59077

𨃰 59234 u280F0 yǎn_10.17 龍龕𨃰，俗。魚檢反。明·焦竑焦氏筆乘白打錢：齊雲論白打，蹴踘戲也。兩人對踢為白打，三人角踢為官場。又丁晋公有白打大𨃰斯又cồm喃从足兼kiêm聲△𨃰吸：靴聲。趍𨃰吸：走路咯咯地響。

𨃬 59235 u280EC zhuì_10.17 俗膇47663明·唐志契繪事微言·卷上·筆法記樹石頑澀，棱角無𨃬。用墨得玄，用筆無骨。

𨃫 59236 u280EB nhảo_10.17 喃从足倒đảo聲。

𨃪 59237 u280EA quán_10.17 同踡59030吳都賦國有鬱鞅而顯敞，邦有湫阨而𨃪跼。又金·段成已題秋暮山行圖行人何適來，負擔腰膂𨃪。

𨃩 59238 u280E9 xiàn_10.17 粵打滑，滑倒。

蹓 59239 u8E53 liū_10.17 方逛。蹓躂：閒逛，散步又liù同遛61129

蹒 59240 u8E52 pán_10.17 简蹣59280 𨇽 59241 31572 zhú_11.18 集韻厨玉切。同躅易·姤卦羸豕孚蹢躅釋文躅，古文作𨇽。

𨇿 59242 31573 qū_11.18 集韻虧于切音區玉篇跛行也。鎏又可洪音義踦𨇿：上丘宜反。下丘俱反。山路也，傾仰之義也。

𨇸 59243 31574 zàn_11.18 廣韻藏濫切集韻正韻昨濫切𠀤音暫玉篇不久也。同暫列子·楊朱篇其法可𨇸行於一國註𨇸同暫又類篇疾走貌又cán集韻財甘切音慙。住也。鎏又𨇸59056

蹕 59244 31575 bì_11.18 廣韻卑吉切集韻韻會正韻壁吉切𠀤音必玉篇同趩周禮·天官·宮正凡邦之事蹕註國有事，王當出，則宮正主禁絕行，若今衞士塡街蹕也。又夏官·隸僕掌蹕宮中之事註蹕，謂止行者，淸道，若今時警蹕漢官儀注皇帝輦左右侍帷幄者稱警，出殿則傳蹕，止行人清道也古今注警蹕，所以戒行徒周禮蹕而不警。秦制出警入蹕。謂出軍者皆警戒，入國者皆蹕止也。又蹕路也，所行者皆警於塗路又集韻毗至切音鼻。又必至切音畀。義𠀤同又篇海足偏任也列女傳立不蹕。鎏又俾01786譔56588跸58895畢07607驆70357𢕍16777

蹖 59245 31576 chōng_11.18 廣韻集韻韻會𠀤書容切音舂博雅蹖，蹋也。

踼 59246 31577 táng_11.18 篇海同蹚正字通俗踢字。

蹬 59247 31578 dèng_11.18 集韻徒等切。蹬蹬，行貌又篇海與蹬59455同。

𨆪 59248 31579 lù_11.18 集韻盧谷切音祿玉篇行貌類篇或作𨂕。鎏又𨆪59299

𨆧 59249 31580 liáng_11.18 集韻呂張切音梁類篇跳踉，走也。

蹘 59250 31581 liáo_11.18 集韻力交切，音䝤玉篇走也類篇一曰

足相交。

蹙 59251 31582
cù_11.18　唐韻 集韻 韻會 正韻 丛子六切音噈 說文 迫也 詩·大雅 今也日蹙國百里 禮·禮器 不然則已蹙 疏 則太急蹙 又 cù 集韻 七六切。與蹴同 禮·曲禮 蹙路馬芻有誅 釋文 蹙，本又作蹴 又 廣韻 蹙，近也 又 通作顣 孟子 已頻顣曰 朱傳 顣與蹙同 又 qì 集韻 倉歷切音戚 類篇 蹙蹙，縮小貌 詩·小雅 蹙蹙靡所騁 箋 蹙蹙，小之貌 爾雅·釋訓 蹙蹙，鞠也。又 顣68530 蹠59211 又 龍龕 䠖㩻俗，正作蹙。 蹴59120 䠞59618 䟃59594 蹵59252 俗，蹙正。

蹵 59252 31583
cù_11.18　類篇 蹙，亦書作蹵 左傳·成十六年 南國蹵。

蹅 59253 31584
chǎn_11.18　集韻 楚限切音剗 類篇 徒騎也。

䠤 59254 31585
qiè_11.18　篇海 倉結切，音妾◇行也。又 蹀59201字之譌。

蹋 59255 31586
lòu_11.18　廣韻 盧候切 集韻 郎豆切丛音漏 玉篇 蹋也。

蹀 59256 31587
dié_11.18　唐韻 徒協切 集韻 韻會 達協切丛音牒 說文 蹀，足也 類篇 一曰小步。或作蹸。又 蹀59295 蹀35793

蹸 59257 31588
xiè_11.18　集韻 同蹀 又 集韻 類篇 丛悉協切音燮。蹸，或作蹸。

躣 59258 31589
cuī_11.18　集韻 倉回切音崔 類篇 躣躣，急其也。

蹟 59259 31590
jī_11.18　篇海 居之切音基。作蹟本也。

蹻 59260 31591
piāo_11.18　廣韻 撫招切 集韻 紕招切丛音漂。與趨同 玉篇 輕行也 又 集韻 匹妙切音剽。義同。

躓 59261 31592
zǐ_11.18　集韻 子禮切音濟 玉篇 走貌。又 新撰字鏡 子米反。走也 正字通 趾58762字之譌。

蹳 59262 31593
fú_11.18　篇海 蒲北切音匐。伏仆也 正字通 俗匐字。

踤 59263 31594
cuì_11.18　字彙 七外切，音翠◇行貌。與躣同。

躁 59264 31595
cháo_11.18　集韻 鋤交切音巢。行捷也。

蹚 59265 31596
tāng_11.18　集韻 他郎切音湯。與踼同。跌蹚，行不正也 又 chēng 抽庚切音瞠。蹚，距也。或作躇 又 除庚切音根。義同。

躃 59266 31597
dài_11.18　廣韻 集韻 丛都計切音帝。姓也 前漢·王莽傳 中常侍躃惲〇按 玉篇 从疋，在疋部 又 chì 集韻 丑例切音跇。與跇同。一足行也 又 dài 集韻 類篇 丛當蓋切音帶 又 tài 徒蓋切音大。義丛同。又 躃惲。

蹛 59267 31598
dài_11.18　唐韻 集韻 韻會 正韻 丛當蓋切音帶 說文 踶也 又 史記·匈奴傳 大會蹛林 註 索隱曰：蹛林，地名 漢書註 服虔曰：蹛，音帶，秋社八月中會祭處也。

師古曰蹛者，繞林木而祭也 又 zhì 廣韻 集韻 丛直例切音滯 又 duō 集韻 當何切音多。義丛同 又 史記·平準書 留蹛無所食 註 索隱曰：音逝，謂貯也 又 tài 集韻 徒蓋切音大。過也 又 dān 都甘切音儋。與襜同 又 dié 集韻 類篇 丛徒結切音耋。與跌同。又 帯15138，同蹛 59266 又 正字通 蹛，同蹛。

踳 59268 31599
shuàn_11.18　集韻 豎兗切音歂。足踵也 玉篇 腓腸也。

蹉 59269 31600
cuó_11.18　唐韻 昨何切 集韻 才何切丛音醝 玉篇 蹉聲。亦作蹉 又 chá 集韻 鉏加切音查。行失序也。

蹜 59270 31601
sù_11.18　廣韻 集韻 韻會 丛所六切音縮。足迫也 禮·玉藻 舉前曳踵，蹜蹜如也 釋文 蹜，本或作宿 論語 足蹜蹜如有循 疏 言舉足狹數 集韻 通作縮。

蹝 59271 31602
xǐ_11.18　集韻 所綺切音縰 玉篇 同蹝59607 孟子 猶棄敝蹝也 趙岐註 草履也 淮南子·主術訓 猶卻行而脫蹝也。又 屣13029 蹝59009 韤67609 又 字彙 屣，同蹝。

蹞 59272 31603
kuǐ_11.18　集韻 正韻 丛犬榮切音頍 玉篇 同跬 荀子·勸學篇 故不積蹞步，無以致千里 註 蹞與跬同。又 蹞59357

蹟 59273 31604
jī_11.18　廣韻 集韻 正韻 丛資昔切音積。與迹同 詩·小雅 念彼不蹟 傳 不蹟，不循道也。

蹠 59274 31605
zhí_11.18　古文 跖 唐韻 集韻 正韻 丛之石切音隻 說文 楚人謂跳躍曰蹠 揚子方言 楚曰蹠。自關而西，秦晉之閒曰跳 又 廣韻 足履踐也 史記·蘇秦傳 被堅甲，蹠勁弩 前漢·揚雄傳 蹠彭咸之所遺 註 蹠，蹈也 楚辭·九章 眇不知其所蹠 註 蹠，踐也 又 淮南子·原道訓 自無蹠有 註 蹠，適也 又 玉篇 同跖 戰國策 蹠穿膝暴 註 蹠，足下 淮南子·主術訓 則蹠蹠之姦 註 盜蹠 又 集韻 章恕切音翥。義同 又 zhuó 職略切音灼。與跨同。跡也。

蹶 59275 31606
zú_11.18　集韻 作木切音鏃 類篇 蹶蹶，曲足貌。

蹡 59276 31607
qiāng_11.18　廣韻 七羊切 集韻 韻會 正韻 千羊切丛音鏘 說文 作蹡，行貌 又 與將同 詩·周頌 磬筦將將 傳 將將，集也 釋文 說文作蹡 又 qiàng 廣韻 集韻 正韻 丛七亮切。同蹌。行不正貌。又 蹡58534

踒 59277 31608
wō_11.18　集韻 與踒58995同。

蹖 59278 31609
mèng_11.18　廣韻 集韻 丛莫鳳切音夢 玉篇 蹖趀，疲行貌 類篇 極行也。

躓 59279 31610
zhì_11.18　古文 踬 唐韻 集韻 直炙切 正韻 直隻切丛音擲 說文 住足也。一曰躓躓，賈侍中說，足垢也 博雅 躓躓，跢跌也 易·垢卦 羸豕孚躓躓 釋文 躓躓，不靜也 一本作躑 程傳 跳躑也。又 禮·三年問 躓躓焉，踟躅焉 釋文 躓躑，不行也 又 集韻 治革切音謫。義同 又 dí 廣韻 都歷切 集韻 韻會 正韻 丁歷切丛音的 詩·小雅 有豕白躓 傳 躓，蹄也 爾雅·釋畜 馬四躓皆白，首 又 莊子·徐

無鬼 齊人蹢子於宋者 音義 蹢，投也。呈亦反。

璗 又 獂57285

蹣 59280 31611
pán_11.18 廣韻 薄官切 集韻 韻會 蒲官切夶音槃 玉篇 蹣跚，旋行貌。類篇 亦作蹒、跘 図 mán 廣韻 母官切 集韻 韻會 正韻 謨官切夶音瞞。踰牆也。璗 又蹣59240

蹤 59281 31612
zōng_11.18 廣韻 卽容切 集韻 韻會 將容切，並音縱 玉篇 跡也。釋名 從也。人形從之也。前漢·揚雄傳 躡三皇之高蹤○按 說文 無蹤字，古皆以縱44787爲蹤 図 韻補 叶卽王切音匡 陸雲·陸府君誄 耽精邃奧，肆志篇章。仰咨遺訓，思齊曩蹤。璗 又趽58705筮59329 図 陳士元 古俗字略 蹤，卽容切。迹也。蹤59040 踨61205，並同（蹤）。踪59076，俗。

踵 59282 31613
lián_11.18 篇韻 音連。跟也。

蹡 59283 31614
kāng_11.18 篇韻 音伉。跡也。

蹗 59284 31615
lù_11.18 篇韻 音六。翹蹗也。璗 俗跿59019

鵙 59285 31616
jú_11.18 字彙補 同踘 鶡冠子·王鈇篇 天地踘踘 註 或作鵙。璗 鳥部 重出：zú 等韻 卽玉切音呃 正字通 觚竹之荒有鳥曰鵙，翼生於股，熒惑見則孕△宏按，字彙補 鵙字兩見 字彙補·鳥部 鵙，子竹切音足，義闕 正字通 鵙，千木切音族。觚竹之荒，有鳥曰鵙，翼生于股，熒惑見則孕。見王氏 天祿閣外史。舊本闕。

趬 59286 31617
qiāng_11.18 說文 蹡59276作趬。璗 正字通 趬，趬字之譌。

蹩 59287 31618
lí_11.18 篇韻 音黎。疾行貌。

螯 59288 31652
áo_11.18 正字通 吾毛切音敖。蟹二大足，居前。亦作鰲。

踿 59289 41945
wù_11.18 川篇 音戊。踿也。璗 同趸59087長跪。踿，俗踆。

蹳 59290 41948
pó_11.18 字彙補 音澄。足蹳也。

蹏 59291 41949
kuǐ_11.18 龍龕 丘弭切。開足貌。璗 同跬

蹀 59292 45691
dié_11.18 五音篇海 與踥同。

蹱 59293 45696
zhāng_11.18 搜眞玉鏡 音張。

蹧 59302 u2B3DF
null_11.18 未詳。

蹸 59294 45697
tí_11.18 龍龕 同蹄。

蹩 59295 45698
dié_11.18 篇海類編 同踅。

敖 59296 45699
áo_11.18 篇海類編 同螯。

趬 59297 45700
yù_11.18 字彙補 音欲。出釋藏。

蹋 59298 45701
fú_11.18 五音篇海 同蹋。

蹽 59299 45702
lù_11.18 篇海類編 俗踉字。

蹢 59303 u2B3DE
null_11.18 未詳。

麿 59301 45704
jué_11.18 五音篇海 同躩。

蹞 59304 u2B3DD
null_11.18 喃 未詳。

蹢 59305 u2B3DC
null_11.18 未詳。

蹓 59306 u28149
lừng_11.18 喃 从足朗lãng聲△蹓暚：遲緩，慢騰騰。

踅 59307 u28147
tòi_11.18 喃 从足啐chót聲。（從水中）蹸出。

蹨 59308 u28144
nhón_11.18 喃 从足軟nhuyễn聲。翹踵而行△亦作蹸。蹸跪：蹸手蹸腳。

蹤 59309 u28143
xồng_11.18 喃 从足崇sùng聲△蹤蹤：直衝，直闖。

蹓 59310 u28142
mọp_11.18 喃 从足覓mịch聲△蹓跋：歪斜，扭曲。

蹚 59311 u28141
sụp_11.18 喃 从足笠lọp聲△坍蹚：崩潰。

蹩 59312 u28140
lẹp_11.18 喃 从足粒lạp聲△夯蹩插：拖著腿走路。

蹤 59313 u2813F
giong_11.18 喃 从足終chung聲△蹤驄：疾行，馳騁。

蹺 59314 u2813E
ghé_11.18 喃 蹺飽：接近，靠近。

蹈 59315 u2813D
hõm_11.18 喃 从足陷hãm聲。

踍 59316 u2813C
dời_11.18 喃 从足从移，移dời亦聲。搬。

蹞 59317 u2813B
dận_11.18 喃 从踏省寅dận聲。踐踏。

蹤 59318 u2813A
chui_11.18 喃 从足堆đôi聲。穿過，混入，潛入。

蹈 59319 u28139
dạo_11.18 喃 从足造tạo聲。散步△蹈鋪：逛街。

蹏 59320 u28138
đỉnh_11.18 喃 从足鼎đỉnh聲△蹏蹏：緩慢貌，從容不迫。

踈 59321 u28137
sừng_11.18 喃 从足爽sửng聲△踈踈：屹然聳立貌。

蹚 59322 u28136
dạng_11.18 喃 从足樣dạng省聲。

蹈 59323 u28135
sao_11.18 喃 从足悼điệu聲。瞎扯。

蹤 59324 u28134
sụp_11.18 喃 从足執chấp聲。

蹯 59325 u28133
bò_11.18 喃 从足莆bồ聲。爬，蔓延。

踸 59326 u28132
jì_11.18 同踞59195俗踞58900

蹤 59327 u28131
lẽi_11.18 俗礌39312稽康 琴賦 蹵踔磥硌，美聲將興。蹤硌，亦作磥硌，壯大貌。

蹵 59328 u2812E
shuāi_11.18 同摔20462蹵跤△方 蹵瞌睡：打瞌睡。跋蹵：不順利。

趽 59329 u28126
zōng_11.18 同蹤59281

蹹 59330 u28125
xià_11.18 鯥45343譌字

蹤 59331 u28124
null_11.18 未詳。

跂 59332 u28123
null_11.18 未詳。

蹿 59333 u28122
null_11.18 未詳。

蹴 59334 u28121
null_11.18 未詳。

蹸 59335 u28120
tất_11.18 喃 从足悉tạt聲。走近路△塘蹸：捷徑。

趦 59336 u2811F
duì_11.18　唷 同膭48084△秣趦：大腿。趦繢：豐臀。

踈 59337 u2811E
chóng_11.18　唷 从足从速。快速。

蹻 59338 u2811C
lǔ_11.18　躔蹻，劍名。亦作屬鏤。

蹢 59339 u8E80
guàn_11.18　粵 跌跤　蹧 59340 u8E67
zāo_11.18　國語辭典 蹧
蹢：同糟43558蹢。蹧踐：同糟踐。

蹦 59341 u8E66
bèng_11.18 牲畜快跑，跳躍。

踜 59342 31619
niǎn_12.19　廣韻 集韻 夵乃殄切音撚。踐也，續也，
執也，緊也 玉篇 踩踜也 類篇 蹈也，逐也。或作跈 図 廣
韻 人善切 集韻 忍善切夵音撚。義同。

蹮 59343 31620
xuàn_12.19　廣韻 息絹切 集韻 須絹切夵音選。本作
異 玉篇 冐獸足罔 逸周書 不卵不蹮，以成鳥獸 類篇 異
者，纒獸足也。故蹮或从足 図 廣韻 區倦切 集韻 苦倦
切夵音豢。又 集韻 區願切音券。義夵同。鋆 又蹟59208

蹢 59344 31621
zhé_12.19　集韻 正韻 夵直列切音哲。與轍同。迹也
列子·說符篇 絕塵弭蹢 図chè 集韻 敕列切音徹。通也。
亦與徹同。鋆 又蹢59519

蹞 59345 31622
duǒ_12.19　集韻 典可切音觰 類篇 蹞蹞，小兒行態
図duò 丁賀切音跢。踏也。

蹩 59346 31623
bié_12.19　唐韻 集韻 韻會 夵蒲結切音柲 說文 踶
也。一曰跛也 玉篇 蹩躠，旋行貌 莊子·馬蹄篇 蹩躠爲
仁，踶跂爲義 音義 用心爲仁義之貌 図 正韻 避列切音
別。義同 図piē 集韻 匹篾切音擎。反足踶也。鋆 又
蹢59347

蹳 59347 31624
bié_12.19　正字通 同蹩 張衡·東都賦 蹳躠踥蹀。

蹟 59348 31625
tuí_12.19　廣韻 杜回切 集韻 徒回切夵音頹 博雅 憊
也 玉篇 仆也 類篇 楚人謂跇仆爲蹟 淮南子·原道訓 足
蹟趂坮 註 蹟，蹶也。鋆 又蹟59556

蹣 59349 31626
xiào_12.19　集韻 類篇 夵先弔切音嘯。行貌。

蹞 59350 31627
é_12.19　　集韻 吾禾切音訛。與吪同。動也。

蹋 59351 31628
tǎn_12.19　字彙 丑犯切，音毯◇ 揚雄·蜀都賦 蹋 凄
秋，發 陽春 註 以足踏地而歌曰蹋 正字通 踏地歌。本
作蹋，蹋與踏同，俗作蹋，蹋卽蹋之譌○按十七畫蹋字
廣韻 音丑犯切。疑蹋卽爲蹋字之譌。鋆 又蹋59409
蹋58954

蹻 59352 31629
jú_12.19　廣韻 訣律切音橘 類篇 狂走也 玉篇 疲貌。

踉 59353 31630
cuì_12.19　廣韻 麤最切 集韻 取外切夵音襊 玉篇 行
貌。鋆 又踉59263

蹬 59354 31631
dèng_12.19　唐韻 徒亙切 集韻 韻會 正韻 唐亙切夵
音鄧 說文 蹭蹬也 木華·海賦 或乃蹭蹬窮波 註 蹭蹬，
失勢貌 図dèng 集韻 丁鄧切音磴 博雅 履也 図dēng 都

騰切。與登36690同。

躝 59355 31632
lán_12.19　集韻 盧含切音婪 玉篇 急行。

躄 59356 31633
wǔ_12.19　集韻 跣58933，或作躄。鋆 又俗蹢59267 可
洪音義 潰躄：音滯，直世反。中陰経作潰滯，四阿含暮
抄作備提，経律異相作潰陁，並一義異名也。此云善見
天也。又音带，都盖反。大樓炭経作潰踓，應和尚音義
作㗛，同，音帝，並正作蹢也。郭逐音武，非。

頳 59357 31634
kuǐ_12.19　篇海 音須。走也。鋆 熊加全：頳59272字
之譌。

蹜 59358 31635
zhì_12.19　篇海 陟利切，音智◇ 蹢也，頓也，跕也。

蹸 59359 31636
shù_12.19　集韻 殊遇切音樹。尌或作蹸，立也。
図chú 重株切音廚。蹢，或省作蹸。

蹹 59360 31637
zhǎ_12.19　集韻 竹下切 類篇 蹹蹹，行跨貌。
図tà 篇海 蹹踖也。出釋典。鋆 龍龕 蹹跜58840蹹59462，
舊藏作蹹59384，徒合反。蹹踖。在 六度集

蹪 59361 31638
zá_12.19　廣韻 徂合切 集韻 昨合切夵音雜 玉篇 止
也 図zān 集韻 祖含切音簪。又cán 徂含切音蠶。義夵
同。鋆 又蹢59362

蹢 59362 31639
cán_12.19　字彙 同蹪　蹭 59363 31640
cèng_12.19　唐韻 千鄧
切 集韻 正韻 七鄧切夵音剒 說文 蹭蹬59354，失道也。
図céng 集韻 慈陵切音繒。與騬同。馬四骹皆白，騬。

蹼 59364 31641
xiān_12.19　唐韻 集韻 正韻 蘇前切 韻會 蕭前切夵
音先。蹼或作躚 說文 蹁蹼，旋行貌 玉篇 蹁躚，蹯跚也
図 廣韻 集韻 夵相然切音僊。義同。鋆 又徟16787僊16861
蹼59581 正字通 躚 說文 本作蹼59601通作躚59570俗作
翷46262躚。

蹯 59365 31642
fán_12.19　古文料 唐韻 附袁切 集韻 符袁切 正韻 符
艱切夵音煩 說文 作番，獸足也 左傳·文元年 食熊蹯 註
熊掌 類篇 亦作蹖蹩頿 図 集韻 符分切音汾。義同。
鋆 又釆43156蚕43513蹯59402獖59460

蹰 59366 31643
chú_12.19　唐韻 直魚切 集韻 陳如切夵音除 說文 跱
蹰，不前也 類篇 或作踷 図chí 集韻 陳尼切音墀 博雅
止也 図 集韻 直加切 韻會 宅加切夵音茶。義同。

蹰 59367 31644
chú_12.19　字彙 俗蹰字。

蹸 59368 31645
shān_12.19　篇海 音珊。行貌 図 徐列切音暬。義同

蹕 59369 31646
bǐ_12.19　廣韻 鄙密切 集韻 逼密切夵音筆。走也。

踵 59370 31647
zhōng_12.19　廣韻 職容切 集韻 韻會 諸容切夵音
鍾。行不正貌。或作徸 玉篇 踵踵，小兒行 類篇 踵踵，
不能行 図 集韻 癡凶切，寵平聲。又丑用切音憃。義夵
同。鋆 又跾58888僮16817

髻 59371 31648
pèng_12.19　字彙 匹正切，烹去聲◇ 踶髻，踢地聲也

図篇海同蹙〇按即蹙字之譌。

蹢 59372 31649
dí_12.19　集韻蹢59279古作蹢。

蹲 59373 31650
dūn_12.19　古文踆唐韻韻會正韻徂尊切集韻徂昆切丛音存說文踞也後漢·魯恭傳蹲夷踞肆莊子·外物篇蹲乎會稽図cún集韻正韻丛七倫切音逡詩·小雅蹲蹲舞我傳蹲蹲,舞貌釋文蹲,七旬反。本或作僔前漢·揚雄傳蹲蹲如也註蹲蹲,行有節図cǔn集韻粗本切音鱒。聚也左傳·成十六年蹲甲而射之註蹲,聚也図zūn集韻蹤倫切音遵。鷷,或作蹲。雉,西方曰鷷図集韻祖本切音劋。義同図cuán集韻徂丸切。同蹲。或作蹲図qǔn集韻趣允切。蹲循,緩意。鐜又嶟26672跠58832跅58724蹐59427

蹳 59374 31651
bō_12.19　集韻韻會丛北末切音撥玉篇行也類篇足跋物前漢·夏侯嬰傳常蹳兩兒棄之註服虔曰:音撥図集韻蒲撥切音跋。義同。鐜又蹥59391

蹴 59375 31653
cù_12.19　廣韻集韻韻會正韻丛子六切音嘁說文躡也孟子蹴爾而與之趙岐註蹴,蹋也後漢·梁冀傳六博蹴鞠註劉向·別錄蹴鞠者,傳言黃帝時所作。或曰起戰國時類篇或作蹙図cù廣韻七宿切集韻七六切丛音鯻。義同図zú集韻類篇丛就六切音𪗇。蹴然,敬貌。鐜又蹵59376蹜59594躷59711

蹵 59376 31654
zú_12.19　玉篇同蹴博雅蹵踖也史記·燕世家王蹵之以足図前漢·董仲舒傳以迫蹵民。又孟子曾西蹵然曰趙岐註蹵然,猶蹙踖莊子·人間世子產蹵然改容更貌。鐜又憱18320

蹹 59377 31655
zhú_12.19　正字通俗躅字。

踬 59378 31656
chì_12.19　集韻蓄力切音敕。與趗同。行聲。一曰不行貌。

蹭 59379 31657
chéng_12.19　字彙俗跟字〇按跟與足同集韻類篇或作踩字彙作蹭。非是。

蹶 59380 31658
jué_12.19　唐韻集韻韻會正韻丛居月切音厥說文僵也。一曰跳也廣韻失脚孟子今夫蹶者之趨者莊子·人間世爲崩爲蹶図史記·孫子傳蹶上將註蹶,猶挫也図史記·申屠嘉傳材官蹶張註力能足踏强弩張之図前漢·揚雄傳蹶浮麋註蹶,蹴也図荀子·儒效篇竭蹶而趨之註竭蹶,顚倒也図爾雅·釋詁蹶,嘉也。図廣韻走也,速也図廣韻集韻丛紀列切音罽。又韻會其月切音粼。義丛同図guì廣韻居衞切集韻姑衞切丛音劌爾雅·釋詁蹶,動也。蹶蹶,敏也詩·唐風良士蹶蹶傳動而敏於事釋文蹶,俱衞反。又大雅文王蹶厥生傳蹶,動也釋文蹶,俱衞反。又禮·曲禮足毋蹶註行遽。又孔子閒居子夏蹶然而起図姓詩·大雅蹶父之子図jué集韻紀劣切音撅廣韻有所犯災也。鐜又趡58554麼59301蹳59555廮59582躣59584駃70432図經典文字辨證書蹶正,麼59381通,厥14255俗図字典琢屑

史記·申屠嘉傳註力能脚踏。舊作足踏。

麼 59381 31659
jué_12.19　五經文字蹶又作麼左傳·襄十九年是謂麼其本図史記·扁鵲傳暴麼註氣從下麼起上行,外及心脅当呂氏春秋處足則爲痿,爲麼註麼,逆疾也。鐜又癰36647

蹸 59382 31660
lìn_12.19　唐韻集韻韻會正韻丛良刃切音吝說文轢也類篇行貌。或作躪図lín集韻離珍切音鄰。義同。鐜又蹼59501図集韻蹸,或作躪轔轔。

踏 59383 31661
tà_12.19　廣韻都合切集韻德合切丛音答。與踏59180同。

蹹 59384 31662
tà_12.19　·廣韻徒合切集韻達合切丛音踏。躢蹹干祿字書通作蹋左傳·宣十二年註如今軍行,前有斥候蹹伏疏令人遠在軍前斥度候望,慮有伏兵,使蹹行之。鐜又龍龕踏59360跶58840蹹59462,舊藏作蹹,徒合反。躢蹹。在六度集

蹽 59385 31663
piāo_12.19　篇海同蹲。

蹺 59386 31664
qiāo_12.19　廣韻去遙切集韻韻會丘祅切丛音趫玉篇舉足也。或作蹻図集韻牽幺切音鄡。義同。鐜又嶠26671踍58896蹻59392

蹻 59387 31665
qiāo_12.19　唐韻去遙切集韻正韻丘祅切,丛同蹺說文舉足行高也前漢·高帝紀可蹻足待也註文頴曰:蹻,猶翹也図廣韻巨嬌切集韻韻會渠嬌切丛音喬。又廣韻其虐切集韻韻會極虐切丛音噱。義丛同。図jiāo廣韻居夭切集韻韻會舉夭切丛音矯詩·周頌蹻蹻王之造傳蹻蹻,武貌。又魯頌其馬蹻蹻傳言彊盛也図jué廣韻居灼切·集韻韻會訖約切丛音脚。走蹻蹻貌図爾雅·釋訓蹻蹻,憍也註小人得志,憍蹇之貌詩·大雅·小子蹻蹻傳驕貌図戰國策嬴縢履蹻註蹻,屨也史記·虞卿傳蹻屨擔簦註蹻,草履也前漢·王褒傳離蔬釋蹻而烹膏粱註應劭曰:木蹻也。臣瓚曰:以繩爲之也。師古曰蹻卽今之鞋耳類篇山行所乘,以鐵如錐,施之履下図呂氏春秋蹻然不固註蹻,讀乘蹻之蹻,謂其流行疾速,不堅固也図xuè集韻迄却切音謔揚子方言杜、蹻,澀也。趙曰:杜山之東西或曰蹻註𨂂蹻,燥澀貌図jú集韻拘玉切音掬。義同。樺或作蹻。鐜又勪04140嶠26671蹻59205跔58871蹻59419蹻59544蹻59535

蹼 59388 31666
guì_12.19　篇海與跪同。

蹼 59389 31667
pǔ_12.19　集韻博木切音卜爾雅·釋鳥鳬鴈醜,其足蹼註脚指閒有幕蹼屬相著疏蹼,猶蹼屬相著之謂也類篇本作蹼。或省作蹼。

躊 59390 31668
chóu_12.19　集韻同躊。

蹟 59393 31671
jī_12.19　集韻居之切音姬。箕通作蹟。鐜直音篇蹟同跡58992

蹥 59391 31669
bō_12.19　篇韻同蹳〇按譌作蹥,非。

蹺 59392 31670 qiāo_12.19 玉篇 巨皎切。行也。鑋俗蹺59386

蹺 59394 31672 fèi_12.19 集韻 父沸切音扉 玉篇 字書云亦踕字。

蹐 59395 31673 jí_12.19 字彙補 古文踖59004字。

蹔 59396 31674 chàn_12.19 篇海 與蹔同。

蹚 59397 31675 tāng_12.19 集韻 抽庚切音瞠。與蹚同。距也 釋名 棠，蹚也。在車兩旁蹚幰使不得進卻也 字彙 譌作蹚，非。

蹜 59398 31676 lù_12.19 篇韻 音六。翹也。

蹢 59399 31677 zhāi_12.19 篇韻 音摘。謹也。

蹠 59400 31678 què_12.19 篇韻 音却。步也 又 音敖。義同。

蹖 59401 45705 zào_12.19 龍龕 同躁

蹹 59404 45708 tà_12.19 字彙補 同踏

蹯 59402 45706 fán_12.19 篇海類編 同蹯

蹂 59403 45707 ruǎn_12.19 龍龕 與炗同。鑋楊寶忠：疑俗蝡52984

蹥 59405 u2B7E3 null_12.19 未詳。

蹨 59406 u2B3E2 null_12.19 喃 未詳。

蹩 59407 u2B3E1 null_12.19 未詳。

蹫 59409 u28180 chǎn_12.19 同躝59351

蹪 59408 u2B3E0 làn_12.19 方 俗躝59620跨。

蹴 59410 u2817F vượt_12.19 喃 从足从越，越việt亦聲△蹴岺：翻山越嶺。又 五千字譯國語·第二十六舉動 超騰，蹴戈。

蹂 59411 u2817E sụm_12.19 喃 从足森chùm聲△蹂蔀：倒，塌，垮。

蹝 59412 u2817D nhờn_12.19 喃 从足閑nhàn聲。滑動，潤滑。

蹤 59413 u2817C láy_12.19 喃 俗瞁37938

蹺 59414 u2817B khèo_12.19 喃 从足窖giáo聲。靈巧△蹺吶：能說會道。蹺悼：矯揉造作。

蹴 59415 u2817A chỏm_12.19 喃 从足敢cảm聲 又 gamz 壯 邁步。跐趽：跨步。

蹢 59416 u28179 trèo_12.19 喃 从足朝trào聲。攀，爬△蹢簜：爬梯子。蹢樑劍鮒：緣木求魚。

蹬 59417 u28178 daengj_12.19 壯 等待 又 đứng 喃 同竳41644站立。

蹴 59418 u28177 dọi_12.19 喃 从足隊đội聲。踏。

蹻 59419 u28173 jiāo_12.19 俗蹻59387

蹫 59421 u28170 chững_12.19 喃 从足極cực聲。(嬰兒)學站，齊整，端正。

蹐 59420 u28171 chǔn_12.19 同蹐59088 說文 舛，對臥也。从夂干相背。蹐，楊雄說：舛，从足、春。

蹕 59422 u2816F kuà_12.19 正字通 跨59172，俗跨字 說文 賷作跨。俗別作蹟，非。

蹈 59423 u2816E đo_12.19 喃 从足都đô聲。度量。

蹪 59424 u2816D tán_12.19 漢語方言大詞典 蹪倒：跌倒。閩語。又 daemh 壯 蹪，跺（腳）。

躝 59425 u2816C lán_12.19 簡 躝59569

躥 59426 u8E7F cuān_12.19 简 躥59602

蹲 59427 u8E7E dūn_12.19 同蹲59373 金瓶梅詞話·第三十八回 婦人呼道：達達！我只怕你跐的腿酸，拏過枕頭來，你墊着坐，等我淫婦自家動罷。

蹽 59428 u8E7D liāo_12.19 方 跑。民國三十三年 薊縣志·卷三·鄉鎮·方言 蹽啦，ㄌㄧㄠ ㄌㄚ，遠颺也。

躁 59429 31679 zào_13.20 唐韻 集韻 韻會 正韻 丵則到切音竈 說文 作趮，疾也。今俗別作躁。非是 釋名 躁，燥也。物燥乃動而飛揚也 易繫辭 躁人之辭多 禮·月令 君子齋戒，處必掩身毋躁 註 躁，猶動也 又 齊語 驕躁淫暴 註 躁，謂擾也。鑋又蹖59401

躚 59430 31680 tiǎn_13.20 廣韻 集韻 他典切音腆。踥，或从宣作蹮 玉篇 行貌 又 yān 集韻 於殄切音蝘。義同。

蹔 59431 31681 sà_13.20 廣韻 私盍切 集韻 悉合切，並音靸◇蹔蹔，行貌。

蹼 59432 31682 jīn_13.20 集韻 居吟切音今 類篇 坐也 又 集韻 類篇 丵巨禁切音噤。義同。

蹚 59433 31683 dá_13.20 集韻 他達切音闥 玉篇 足跌也 類篇 或省作踏。鑋又跶58897

蹨 59434 31684 zù_13.20 集韻 莊助切音詛。與跙同 類篇 行不正也。一曰馬蹄痛病。

躄 59435 31685 bì_13.20 廣韻 集韻 韻會 丵必益切音辟。躄，或从足作蹕。人不能行也 禮·王制 瘖聾跛躄 釋文 兩足不能行也 又 集韻 毗亦切音擗。倒也 類篇 仆也。

躄 59436 31686 bì_13.20 集韻 躄，或書作躃 史記·平原君傳 民家有躃者，槃散行汲 呂氏春秋 重水所多尰與躄之人。鑋又躄26680躄35795 又 可洪音義 緫躄59435：上呂員反，下必益反，卷攣，手足病也，並俗。癳癖：上力貟反，下必益反。正作躄也。又普擊反，非。

蹕 59437 31687 duò_13.20 篇海 達各切音鐸。跌足也。

蹞 59438 31688 kuǐ_13.20 篇海類編 丘癸切，虧上聲◇舉足也。鑋龍龕 蹞或作，跬58843正，丘弭反。舉足也。又窺癸反。半步也。

蹍 59439 31689 chǎn_13.20 五音集韻 丑犯切音儃。跋足也。鑋今本 五音集韻 無蹮有蹍59574，丑犯切。跧足望 新修玉篇 蹍，跋足望。

躅 59440 31690 zhú_13.20 古文蹢 唐韻 直錄切 集韻 韻會 廚玉切丵音蠋 說文 蹢59279躅 史記·淮陰侯傳 騏驥之跼躅，不如駑馬之安步 又 荀子·禮論篇 蹢躅焉 註 蹢躅，以足擊地

囝 zhuó 集韻 直角切音濁 類篇 迹也 前漢·敍傳 伏孔周之軌躅 △ 廣韻 同躅 鼇 又躅59377 囝 正字通 踿，卽俗躅字。

蹚 táng_13.20 篇海 同踼 蹮 juàn_13.20 集韻 扃縣切音睊。與獧同 類篇 疾跳也。一曰急也。

蹽 jù_13.20 集韻 居御切音據。手據地◆ 前漢·敍傳 超荒忽而蹽顥蒼也 註 師古曰蹽與據同 囝 類篇 僑蹽，猶動作也 揚子·太玄經 蹽戰喈喈 囝 正韻 訖逆切音戟。與攦同。

蹽 bèng_13.20 五音集韻 蒲迸切音倗。蹮蹽，蹋地聲 篇海 作蹮，譌。

蹮 chàn_13.20 廣韻 集韻 韻會 杴昌艷切音袩 玉篇 馬急行 囝 集韻 處占切音沾。義同。 鼇 又蹮59396

蹮 zhǐ_13.20 集韻 丘奇切音欹。器名。

顐 fán_13.20 廣韻 附袁切 集韻 符袁切杴音煩 玉篇 同蹯59365 呂氏春秋 使宰人臇熊蹯不熟 囝 廣韻 足有文也。

蹮 chú_13.20 集韻 韻會 陳如切 正韻 長魚切杴音除。與躇同 博雅 躇躇，猶豫也 前漢·李夫人傳 哀裵回以躇躇 註 師古曰躇躇，住足也 楚辭·九辯 塞淹留而躇躇 註 躇躇，進退貌 囝 集韻 丈呂切音宁。義同 囝 chuò 集韻 韻會 杴敕略切音都 公羊傳·宣七年 躇階而走 註 躇，猶超遽不順以次 釋文 與踱同。 鼇 又嶰26677著26641 嶰26679堵09402

蹮 liè_13.20 集韻 力涉切音獵。與躐同 禮·曲禮·毋踏席疏 升席不由前爲躐席 左思·蜀都賦 涉躐寮廓 註 經過也。

蹳 guì_13.20 集韻 遗穢切音蕢。小溺也。一曰倦也。

蹻 qiào_13.20 集韻 詰弔切音竅 史記·貨殖傳 馬蹄蹻千 註 蹻，苦弔反。馬八髎也 索隱 曰：尻骨爲八髎。一曰口也。蹄口共千，則爲二百。

蹳 zéi_13.20 集韻 疾則切音賊。踐害之也。

蹻 suì_13.20 篇海 音遂。深也。 鼇 字海 蹻，同蹴。字見朝鮮本 龍龕。

蘷 dǔn_13.20 字彙補 東本切，敦上聲。俗字。零蘷也。 鼇 又逫58676矵58696

蹮 téng_13.20 篇海類編 徒登切音滕。踜蹮，行貌。亦作蹺。

蹮 zhì_13.20 篇韻 與蹢同。

蹳 zhì_13.20 龍龕 陟利切。踢也 囝 音智。頓也。

蘷 qīng_13.20 奚韻 音輕。跳也。 鼇 周志鋒：俗蘷59486

蹹 tuí_13.20 川篇 音魋。在後也。 鼇 又蹹59557

蹹 fán_13.20 字彙補 同頤。

蹹 tà_13.20 龍龕 同踏。出釋藏 六度集

蹹 sè_13.20 龍龕 音瑟

蹹 dùn_13.20 字彙補 同鈍

蹹 liè_13.20 俗躐59520

蹹 null_13.20 喃 未詳。

蹹 null_13.20 未詳。

蹹 null_13.20 未詳。

蹹 pián_13.20 同蹁59122明·顧大典 青衫記·第二十九齣·裴興歸衙 休落了宛轉歌喉細，蹹蹹舞袖長。

蹹 tuǒn_13.20 喃 从足損tốn聲 △ 蹹珙：蜂擁而至。

蹳 quǎn_13.20 喃 从足群quần聲。卷，彎曲。

蹳 vọn_13.20 喃 从足萬vạn聲。水動貌 △ 蹳蹹：蕩漾。

蹳 lôi_13.20 喃 从足雷lôi聲。

蹹 dép_13.20 喃 从足葉diệp聲 △ 鞋蹹：草履 囝 nhịp 蹹度：速度。

蹹 quày_13.20 喃 从足葵quỳ聲。折轉，掉頭 △ 蹹肶：轉過身來。

蹹 đủng_13.20 喃 从足董đổng聲 △ 蹹踭：緩慢。

蹹 nủng_13.20 喃 从足農nông聲。蹹珊。

蹹 cúi_13.20 喃 从足會hội聲 △ 蹹攝：匍匐 囝 gối膝蓋。

蹹 xiǎn_13.20 俗險65961 可洪音義 踈蹹：音險。

蹹 null_13.20 未詳。

蹹 xiān_13.20 或俗躚。

蹹 null_13.20 未詳。

蹹 qín_13.20 粵 往高處爬 △ 蹹蹹：攀上 囝 cầm 喃 从足禽cầm聲。

蹹 guò_13.20 直音篇 蹹，音過。

蹹 choạng_13.20 喃 从足準chuẩn聲 △ 乱蹹：蹹珊。

蹹 chóu_14.21 廣韻 直由切 集韻 陳留切杴音儔 玉篇 蹹蹹59448也 類篇 或从罔作躊。 鼇 又跦58983

蹹 qīng_14.21 廣韻 去盈切 集韻 韻會 牽盈切杴音輕 玉篇 一足行貌 囝 廣韻 苦定切 集韻 韻會 詰定切杴音磬。又 正韻 丘正切音慶。義杴同。 鼇 又蹻59138

蹹 zhì_14.21 正字通 俗寘字。

蹹 chuò_14.21 集韻 測角切音齪。行也 正字通 行疾也。

蹹 pián_14.21 字彙 卑眠切音邊。人行不正也。

蹹 duàn_14.21 集韻 杜管切音斷。踐處也 楚辭·九思 鹿蹹兮躑躅 註 禽獸所踐處也 囝 玉篇 行速也○按 說文

从蹵，宜入十六畫 正字通 誤从蹵，入十四畫，非 集韻 以蹵音杜管切，訓踐處也。蹵音土緩切，訓禽獸所踐處。分蹵、蹵爲二，亦非。

蹐 59491 31713 jí_14.21 廣韻 集韻 丛秦昔切音籍。同踖。踐也。又 jiè 集韻 慈夜切音藉。蹐或省作踖。義同。

蹵 59492 31714 zòu_14.21 廣韻 才奏切 集韻 才候切，音棷。醉倒貌。出 埤蒼

躋 59493 31715 jī_14.21 古文𧾷㔕跻𧿒 唐韻 祖稽切 集韻 牋西切丛音賫 說文 登也 揚子方言 海岱之閒謂之躋 詩·秦風 道阻且躋 傳 躋，升也 又 廣韻 亦作隮 易·震卦 躋于九陵 釋文 躋，本又作隮 左傳·文二年 躋僖公 公羊傳 躋者何，升也 集韻 或作隮 又 廣韻 集韻 丛子計切音霽。義同。䜌又跻58892陟65664阹65663隮65832踦59069陵65969隮66017

蹼 59494 31716 pǔ_14.21 廣韻 集韻 丛博木切音卜。鳧雁駢跖也 類篇 或省作蹼59389

蹋 59495 31717 tà_14.21 集韻 達合切。與踏同。足趾重也 又 tǎ 集韻 類篇 丛託合切音塔。義同。

躌 59496 31718 wǔ_14.21 篇海 音舞。踐也，履也。

蹦 59497 31719 bìng_14.21 集韻 皮孕切音凭。蹦蹵，蹋地聲。

蹾 59498 31720 wěn_14.21 集韻 鄔本切音煴。㥏或从足。安也。通作穩。俗作㺂，非。

躍 59499 31721 yuè_14.21 廣韻 以灼切 集韻 韻會 正韻 弋灼切丛音藥 說文 迅也 博雅 上也，進也 六書故 大爲躍，小爲踊。躍去其所，踊不離其所 玉篇 跳躍也 易·乾卦 或躍在淵 詩·邶風 踊躍用兵。又 大雅 魚躍于淵 左傳·僖二十八年 距躍三百 註 距躍，超越也 疏 躍以疾生名，故以距躍爲超越 又 詩·小雅 躍躍毚兔 音義 他歷反 疏 跳疾也 爾雅·釋訓 躍躍，迅也。䜌又跃58732氿27936 又 正字通 踚59576，俗躍字。

躃 59500 31722 sǎ_14.21 集韻 與躠同。

蹸 59501 31723 lìn_14.21 唐韻 良忍切。同蹸59382

蹍 59502 31724 niǎn_14.21 篇海 奴典切音碾。蹈也。

蹞 59503 31725 pǒ_14.21 篇海 普火切音頗 篇韻 跛足不正。䜌 龍龕 跛58784蹞二俗，普火反。

蹮 59504 u2B3E8 xiān_14.21 简 躚59570 蹨 59505 u2B3E7 shuàn_14.21 俗踹59099

蹯 59506 u281C0 khiễng_14.21 喃 从足遣khiến聲△跄蹯：跛拉。

蹰 59507 u281BF gác_14.21 喃 从足閣các聲。擱。

蹳 59508 u281BE cā_14.21 蹉蹳：用砖或石砌成棱角的慢坡 又 xẹt 喃 从足察sát聲。掠過。

躷 59509 u281BD mó_14.21 獨躷，也作篤麽、突磨，徘徊、盘旋。元·薛昂夫 端正好·高隱 我若是醉時節笑引着兒孫和，醉時節麥場上閑獨躷。

蹰 59510 u281BC chú_14.21 同蹰59530 蹥 59511 u281BB null_14.21 未詳。

躕 59512 u281BA vêu_14.21 喃 从足漂phều聲。發楞△𧿆躕：呆坐。

蹳 59513 u281B9 giạt_14.21 喃 从足辣lạt聲。推，擠。亦音dạt。

躽 59514 u281B8 ngoèn_14.21 喃 从足愿nguyện聲。

蹾 59515 u281B7 đuổi_14.21 喃 从足對đối聲。追△蹾跛：趕上△亦作𧼋58353𨔍60852

躪 59517 u8E8F lìn_14.21 简 躪59613 躇 59516 u281B6 bò_14.21 喃 同蹯59325

躟 59518 31726 kuàng_15.22 集韻 苦謗切音壙 類篇 路曠遠也。䜌𧿶58674

躐 59519 31727 zhé_15.22 正字通 同躐。俗加彳。

躐 59520 31728 liè_15.22 廣韻 良涉切 集韻 韻會 正韻 力涉切丛音獵 玉篇 踐也 爾雅·釋言 跋躐也 疏 李巡曰：跋前行曰躐 禮·玉藻 登席不由前曰躐席 疏 失節而踐曰躐席。又 學記 學不躐等也 疏 躐，踰越也 楚辭·九歌 凌余陣兮躐余行 註 躐，踐也。一作蹹 又 後漢·崔駰傳 躐纓整襟 註 躐，持也。䜌 說文通訓定聲 邋，擠也。从辵，巤聲。按：字从辵，當別有本義。疑即躐字，踰越也。

躑 59521 31729 zhì_15.22 廣韻 集韻 韻會 直炙切 正韻 直隻切丛音擲。蹢，亦作躑。躑躅59440，行不進也 後漢·隗囂傳 得以數千躑躅三輔 註 躑躅，猶踟蹰也。又 蘇竟傳 或躑躅帝宮 註 謂上下不去也 荀子·禮論篇 躑躅焉。䜌又𨃜59073蹢59372

躦 59522 31730 cuó_15.22 玉篇 同蹉○按 集韻 作躦59606

躒 59523 31731 lì_15.22 廣韻 郎擊切 集韻 韻會 正韻 狼狄切丛音歷。同趮 玉篇 動也 大戴禮 騏驥一躒，不能千步。又 人名 左傳·昭九年 使荀躒佐下軍 註 荀盈之子。又 luò 廣韻 盧各切 集韻 歷各切丛音洛 班固·西都賦 逴躒諸夏 註 逴躒，猶超絕也 孔融·薦禰衡表 英才卓躒 註 卓躒，絕異也 又 左傳 荀躒，釋文 亦音雒 又 luò 集韻 力角切音犖。義同 又 yuè 集韻 弋灼切音藥 類篇 迅也。䜌又跞58813

躨 59524 31732 rǎo_15.22 集韻 爾紹切音擾 類篇 躨躟，足動。

躓 59525 31733 zhì_15.22 唐韻 集韻 韻會 丛陟利切音致 說文 跲也 詩曰：載躓其尾○按今 詩·豳風 作疐 左傳·宣十五年 杜回躓而顛 又 廣韻 蹋也 又 集韻 職日切音質。義同。又 zhī 集韻 張尼切音胝。跡或作躓 趙岐·孟子註 禹稷駢躓。䜌又踬59075踆59090踱59456𨖥61158 又 龍龕 踸躓俗，躓正。

躁 59526 31734 bào_15.22 集韻 薄報切音暴 類篇 行貌。䜌 五侯鯖字海 行急也 正字通 俗字。行急。通用暴。

蹬 59527 31735
dèng_15.22 篇海 唐亘切音鄧。失臥也，極也。出釋典。

躔 59528 31736
chán_15.22 唐韻 直連切 集韻 韻會 澄延切 正韻 呈延切 丛音纏 說文 踐也 徐曰 星之躔次，星所履行也 揚子方言 躔，逐循也。又歷行也，日運爲躔 博雅 行也。又行徑轍迹也 前漢·律歷志 舉終以定朔晦分至，躔離弦望 註 應劭曰：躔，徑也 爾雅·釋獸 其迹躔 註 脚所踐處 左思·吳都賦 未知英雄之所躔也 註 歷行也 集韻 或从展作跠 図 zhàn 集韻 丈善切音紾。移行也，循也。鼇 又 躇 59131 躔 59561 図 正字通 趒 58608，俗躔字。

躝 59529 31737
lài_15.22 廣韻 落蓋切音賴。跛躝，行貌 玉篇 跛行也。鼇 字彙 躢，同躝。

蹰 59530 31738
chú_15.22 廣韻 直誅切 集韻 韻會 重株切 丛音廚 玉篇 踟 59028 蹰，行不進貌 類篇 或省作跱。鼇 又 跦 58823 躕 59510 跦 58701 躕 59367 躇 59448 或从心作懤 18576

蹒 59531 31739
duàn_15.22 字彙補 徒玩切音斷。踐處也。鼇 又 蹮 59588 図 正字通 蹮，蹒字之譌 図 字彙補 躝，蹒字之譌。

躓 59532 31740
cuó_15.22 字彙補 作何切。踏也。

躓 59533 31741
zhì_15.22 廣韻 集韻 丛陟利切音致。躓，或作躓。礙不行也。

蹓 59534 41953
duàn_15.22 餘文 徒管切。踐處也。

蹻 59535 41954
jiǎo_15.22 川篇 音脚。超走也。鼇 亦作蹻 59544 蹻 59419 趫走。俗蹻 59387

躐 59537 45714
lí_15.22 餘文 音厘

躆 59536 45713
lǔ_15.22 字彙補 同顄

躆 59538 u281D3
gượm_15.22 喃 躆乜：暫停。

躐 59539 u281D2
lủi_15.22 喃 五千字譯國語 奔走：躐狨。

躍 59540 u281D1
bǎi_15.22 喃 躍怵：精疲力竭。

躓 59541 u281CF
cuō_15.22 蹉 59182 本字

蹸 59542 u281CD
niǎn_15.22 同撚 21102 驅逐，追趕 図 lền 喃 从足輦liền聲。潛入△亦作躏 38323

蹟 59543 u281CB
jí_15.22 蹟 59203 本字。見 說文

蹻 59544 u281CA
jiǎo_15.22 俗蹻 59387 直音篇 蹻，音脚。趙走也 字彙補 作蹻 59535 或作蹻 59419

躁 59545 u281C9
leo_15.22 喃 从足藔liêu聲。攀爬。

躘 59546 31742
lóng_16.23 廣韻 集韻 丛力鍾切音龍 玉篇 躘蹱，小兒行貌 図 廣韻 良用切音矓。又 集韻 魯勇切音隴。義丛同。鼇 又 跇 58811

躪 59547 31743
lìn_16.23 廣韻 集韻 正韻 丛良刃切音吝 玉篇 同躪 禮·曲禮 入國不馳 註 馳，善躪入也 疏 躪，雷刺也。若車馳則好行刺人也 図 躙，躪也。

蹪 59548 31744
lài_16.23 集韻 落蓋切音賴。跛也。一曰蹪跇，邪行。

躚 59549 31745
xiān_16.23 廣韻 集韻 正韻 丛蘇前切音先。亦作躚 59364 蹮 又 跹 58894 図 翩躚或作翩翾 46262

蹰 59550 31746
lú_16.23 集韻 凌如切音廬。或作臚 類篇 傳也。一曰上傳語告下爲蹰。

躛 59551 31747
wèi_16.23 廣韻 集韻 丛于劌切音衞 說文 衞也。図 左傳·哀二十四年 是躛言也 註 躛，過也 疏 躛，偽不信也 図 廣韻 火怪切 集韻 呼怪切 丛音喟。又 集韻 韻會 丛戶快切音話。義丛同。鼇 又 躛 59568

躒 59552 31748
lì_16.23 集韻 狼狄切音歷 類篇 足所經踐。

騰 59553 31749
téng_16.23 字彙 同騰

蹡 59555 31751
guì_16.23 廣韻 居衞切 集韻 姑衞切 丛音劌 爾雅 云蹡洩，苦棗。亦作蹶〇按今爾雅·釋木 作蹶。疏：蹶洩者，苦味之棗名也 図 類篇 僂也。一曰跳也〇按音義 丛與蹶同。

躘 59554 31750
lóng_16.23 集韻 盧東切音籠。躘踱，行貌。

蹪 59557 u2B3E9
tuí_16.23 同蹟 59459

躓 59556 31752
tuí_16.23 篇海 蹟本字

躐 59558 u281E3
lôm_16.23 喃 同躐 59620

磨 59559 u281E2
mó_16.23 独躓，亦作突磨，徘徊。

躔 59561 u281E0
chán_16.23 俗躔 59528 蹪 59188 或字。見 集韻。按，集韻 原作躔 59589

躐 59560 u281E1
tà_16.23 中華大字典

蹀 59562 u281DF
null_16.23 蹀蹀，踏步。明·姚茂良 精忠記·猾虜 曲袖飄飄舞茜紗，駱駝蹀蹀弄琵琶。

蹶 59563 u281DE
què_16.23 同蹶 59400

躚 59564 u281DD
chǎn_16.23 同躚 59593

躓 59565 u281DC
đủ_16.23 喃 足夠。亦作躓 59566

躓 59566 u281DB
đủ_16.23 喃 同躓 59565

躛 59568 u8E97
wèi_16.23 同躛 59551

躓 59567 u8E9C
zuān_16.23 简 躓 59606

躝 59569 31753
lán_17.24 廣韻 落干切 集韻 韻會 郎干切 丛音闌 玉篇 踰也 図 集韻 唐干切音壇。義同。鼇 又 躝 59425 躝 59621 正字通 躝，按史傳通作闌。

躚 59570 31754
xiān_17.24 集韻 相然切音僊。行步敧危貌。與躚同 玉篇 行也 莊子·大宗師 跰躚而鑑於井 音義 司馬云病不能行，故跰躚也 図 正韻 蘇前切音先。義同。鼇 又 躚 59504

蹇 59571 31755
jiǎn_17.24 篇海 九件切音蹇。跛也 正字通 俗蹇字。蹇从足，又加足旁，非。

躚 59572 31756
chàn_17.24 集韻 又鑑切音儳 類篇 行貌。

躞 59573 31757
xiè_17.24 廣韻 蘇協切 集韻 韻會 正韻 悉協切 丛音燮。躞蹀，行貌 六書故 嗜進連步貌 図 米芾·書史 隋唐藏書，皆金題玉躞 註 躞，軸心也。以玉爲之。鼇 又

驖70544 蹂59610 鞡67604

蹣 chǎn_17.24 廣韻丑犯切音僩。踳足望也五音集韻作蹣集韻作蹣。鋬又蹣59564

躟 ráng_17.24 廣韻汝陽切集韻如陽切夶音穰博雅佭躟，惶劇也玉篇躟躟，疾行貌類篇距躟，行邊也傅毅·舞賦擾躟就駕註坤蒼云躟，疾行貌集韻或作儴區rǎng廣韻如兩切集韻汝兩切夶音壤。義同。

蹂 yuè_17.24 廣韻以灼切集韻弋灼切夶音藥揚子方言蹂，登也註踊躍博雅履也，拔也類篇行也，或從蕭作蹂，從蕭作蹂。鋬又趯58626

蹪 sǎ_17.24 集韻同蹙 蹙 sǎ_17.24 廣韻集韻韻會夶桑葛切音撒玉篇蹙蹪，旋行貌莊子·馬蹄篇蹙59346蹪爲仁區xiè集韻韻會夶私列切音薛。又正韻先結切音屑。義夶同。鋬又蹪59500蹪59578

蹍 zhàn_17.24 集韻仕懺切音鑱。行貌。

蹎 kuǐ_17.24 集韻同跬58843

蹹 xiān_17.24 字彙補同躚。鋬俗蹹59601，躚本字。

麘 jué_17.24 龍龕同歷 蹩 sóm_17.24 喃从距从欽

蹶 jué_18.25 廣韻集韻夶居月切音厥說文蹷59380，或從闕作蹶。

躟 quán_18.25 廣韻巨員切集韻逵員切夶音權曲脊行也類篇蹬，或從蓳作躟。

蹋 niè_18.25 廣韻正韻尼輒切集韻韻會昵輒切夶音臿說文蹈也揚子方言躡，登也釋名躡，攝也登其上使攝服也博雅履也。又急也史記·秦始皇紀躡足行伍之間。鋬又跊58706踙59210

蹧 shuāng_18.25 廣韻所江切集韻疏江切夶音雙踤蹧，竦立也。鋬又蹧59615

蹾 duàn_18.25 同躝楚辭·九思鹿蹊兮躝躝王逸註躝，一作躝。

蹋 tà_18.25 廣韻徒盍切集韻敵盍切夶音塌。與蹋同前漢·霍去病傳去病尚穿域蹋鞠也。鋬又作躝59560，譌誤。

蹁 biān_18.25 集韻卑眠切音邊。足趾不正也區類篇蹁59122或作蹁。

躣 qú_18.25 廣韻其俱切集韻權俱切夶音劬說文行貌楚辭·九辯右蒼龍之躣躣廣韻亦作躣。

躤 jiè_18.25 廣韻集韻夶慈夜切音藉玉篇踐也史記·司馬相如傳人民之所蹈躤類篇或省作躤區jí廣韻集韻夶秦昔切音籍。義同玉篇亦作踖。

蹓 chǎn_18.25 集韻蹓作躔。

蹴 cù_18.25 篇韻音義與蹴同〇按卽蹴字之譌。

蹣 null_18.25 未詳。　　蹭 chôm_18.25 喃从足簪trâm聲。撲向，蹲踞區tròm蹭細：達成目標。

蹺 ống_18.25 喃从足甕ống聲。跭。

蹶 ngoeo_18.25 喃从足魏nguy聲。扭轉，轉彎。

躬 khuu_18.25 喃从足竅khíu聲。

蹺 nhào_18.25 喃从躓省慈nhiêu聲。

蹮 xiān_18.25 躚59364本字。

躥 cuan_18.25 國語辭典(一)向上跳。(二)湧濺，急瀉。(三)對人作疾言厲色以示怒曰躥。

躣 mǐ_19.26 廣韻文彼切集韻母被切夶靡上聲。行貌。或作癱、痲。

蹸 luán_19.26 集韻閭員切音攣。蹸踞，足病。

躐 luò_19.26 集韻郎佐切音邏類篇躐蹳，猶蹭蹬也。鋬又躒59055民國象山縣誌失足曰躐蹳。

躓 zuān_19.26 集韻徂丸切音欑類篇躓跊，聚足。或作蹲區cuó集韻才何切。躓或作躓類篇踏也。鋬又躓59567區龍龕躓躓俗，躓或作，躓正。

躧 xǐ_19.26 廣韻集韻韻會夶所綺切音縰說文舞履也廣韻躧，步也。又作躧、躧戰國策猶釋敝躧註草履也史記·封禪書去妻子如脫躧前漢·地理志彈弦跕躧註躧、屣同，謂小履無跟者。又雋不疑傳躧履相迎註履不著跟曰躧區集韻鄰知切音離。又廣韻集韻韻會正韻夶所蟹切音灑。義夶同區xí集韻所寄切。屣或作躧。

蹎 diān_19.26 頓足區直音篇躓59197音顛。蹎跋，蹎仆。躓，同上。

蹢 jiǎn_19.26 同跰58686清·俞樾諸子平議補錄·卷十九·山海經·南山經蹢者，蘭之後出字漢書·貢禹傳師古注曰：胝，蹢也。古字止作蘭，後又從足作蹢。

蹀 xiè_19.26 蹀蹀，同蹀蹀59573，馬行不穩貌。

躨 kuí_20.27 廣韻巨追切集韻渠龜切夶音逵玉篇躨跠58781，虯龍動貌。

躩 jué_20.27 廣韻韻會正韻丘縛切集韻屈縛切，夶音矍論語足躩如也疏足盤辟而爲敬也區前漢·司馬相如傳躩以連卷註躩，跳也淮南子·精神訓麂浴蝯躩區莊子·山木篇褰裳躩步註躩步，疾行區集韻虧碧切正韻驅碧切。義夶同。鋬又躩59627

躙 lìn_20.27 字彙補同蘭前漢·王商傳奔走相蹂躙註

蹮，檪也。鼇又躚59517躚59382

躚 59614 45716
diān_20.27　五音篇海同顚。

躠 59615 u28202
shuǎng_20.27　同躚59587

躤 59616 u28201
jí_20.27　同踖59004
慧琳音義蹈躤：徒到、自亦反廣雅蹈，行也字書躤，踐也釋名云蹈，道也。以足踐之如道也。躤，籍也。似籍足也。論文作籍，狼籍，籍非字體也。

躝 59617 31785
zhú_21.28　廣韻集韻丛直錄切音蠋。與躅59440同図集韻珠玉切音斸。行謹貌。

躦 59618 31787
cù_21.28　篇海子六切音蹵。迫也，急也，近也。

躡 59619 31787
yuè_21.28　集韻蹵或作躡揚子方言躡、扚，拔也。出休爲扚，出火爲躡註一作蹴図一曰行也。

躚 59620 u28207
làn_21.28　方跨。亦作躚59408躚59558図lôm喃躚苦：凹凸不平lôm躚巖：横爬貌，（螃蟹）横行。

躚 59621 u28206
lán_21.28　粵爬行図龍龕躚，舊葳作躚59569図說文通訓定聲·說文不錄之字躚，上林賦躚元鶴。注，踐也。按，躚59613之誤字。躚者，躚59382之俗字。

躚 59622 31788
dié_22.29　廣韻徒協切集韻達協切丛音牒玉篇躚，走聲也。

躚 59623 31789
kuí_22.29　正字通躚本字。

躚 59624 u2820A
luán_22.29　同躚59628元·關漢卿青杏子·離情殘月下西樓，覺微寒輕透衾裯。華胥一枕躚跰覺。

躚 59625 31790
yuè_23.30　集韻蹵或作躚

躚 59626 u2820C
luán_23.30　同躚59628龍龕俗，力負反。元·關漢卿錢大尹智寵謝天香·第三折·滾繡球我伏事的都入羅幃，我恰纔舒鋪蓋，似孤鬼，少不的躚跰寢睡。

躚 59627 u2820D
jué_24.31　俗躚59612

躚 59628 u2820E
luán_30.37　躚跰，或作跨跰、躚跰，彎曲身體。明·朱權荆釵記·第三十七齣程途趲，挤擔些巇嶮，受此躚跰。

❖ 身部 ❖

身 59629 31791
shēn_0.7　唐韻失人切集韻韻會正韻升人切丛音申說文躬也，象人之身爾雅·釋詁我也疏身，自謂也釋名身，伸也。可屈伸也廣韻親也九經韻覽軀也。總括百骸曰身易·艮卦艮其身。又繫辭近取諸身書·伊訓檢身若不及孝經·開宗明義章身體髮膚，受之父母図詩·大雅大任有身傳身，重也篆重爲懷孕也疏以身中復有一身，故言重図告身唐書·選舉志擬奏受皆給以符，謂之告身図◦史記·西南夷傳身毒國註索隱曰：身音捐。鼇字彙補戅，與身音義同図泉碑別字新編·身引魏元保洛墓誌

身 59630 31792
jué_0.7　篇韻古文厥04940字。

身 59631 31793
jué_0.7　字彙補古文厥04940字。

身 59632 45717
yá_0.7　搜眞玉鏡同牙。

身 59633 u2F9D
shēn_0.7　部身59629

身 59634 u28212
vóc_2.9　喃同肷46929

躬 59635 31794
gōng_3.10　唐韻居崇切集韻韻會居雄切丛音弓說文躳或从弓，身也五經文字躳，俗躬字。今經典通用易·蒙卦見金夫不有躬。又艮卦艮其身，止諸躬也疏躬，猶身也書·太甲惟尹躬克，左右厥辟詩·邶風我躬不閱図周禮·春官·大宗伯伯執躬圭註以人形爲琢飾図姓廣韻出何氏姓苑鼇又躬59753躳04277躬59674

躬 59636 31795
léng_3.10　玉篇力登切音楞。身也。鼇又方瘦弱，細長。躬瓢，弱小，通融的餘地。

躭 59637 31796
dān_3.10　篇海同軆

郰 59638 31797
yé_3.10　篇韻歪上聲。地名。鼇鄧福祿：疑爲耶46529字之訛。

身 59639 45718
rèn_3.10　五音篇海音恁。

咠 59640 45719
zhèn_3.10　五音篇海當禁切。鼇海篇直音咠音振。

躰 59641 31798
shǎo_4.11　集韻山巧切，稍上聲。躰躰，體長貌。

躯 59642 31799
zhī_4.11　篇海音泄。使也。鼇又龍龕躯俗，躯59644正。與肢46970胑二同，手足四支也。

躲 59643 31800
pí_4.11　廣韻房脂切集韻韻會頻脂切丛音琵。躬躲，體柔。或作躲、躲。通作毗。鼇又躲59708

躯 59644 31801
zhī_4.11　廣韻集韻韻會丛章移切音支。與胑同玉篇躯，體也。

躭 59645 31802
dān_4.11　篇海同軸〇按軸卽聃字。躭又因軸而譌。

躭 59646 31803
dān_4.11　玉篇俗耽字。鼇龍龕軆59817軆59805躭59637躭59656躭59655五俗，躭正，丁含反，好也，甄也。

躳 59647 31804
lú_4.11　篇海與爐同。太上作。身中陰陽既濟爲爐也。

躴 59648 31805
fú_4.11　正字通同服。

躴 59649 31806
wǒ_4.11　篇韻同我正字通從我爲正。改作躴，非。

躭 59650 31807
dān_4.11　篇韻音耽。義闕字彙補同軆。鼇俗躭59646

躲 59651 31808
shè_4.11　篇海躲亦作躲〇按躲卽射字。躲又因躲而譌。

躳 59652 31809
kāng_4.11　篇韻同軇

躳 59653 45720
máo_4.11　龍龕音毛。

躳 59654 45721
yǐn_4.11　龍龕音引

躭 59655 u28228
dān_4.11　俗耽46547可洪音義躭縋：上都南反。下弥充反。

躭 59656 u28226
jù_4.11　俗聚46665可洪音義躭落：上才句反。図字彙補躭同軆59805

躺 59657 u28224 null_4.11　未詳。

躺 59658 u28223 dān_4.11　俗耽46547過樂 可洪音義 軑洒：上都南反。下弥究反。

軀 59659 u8EAF qū_4.11　简 軀59775

紛 59660 u8EAE fēn_4.11　同文通考·國字 紛，自来子謂紛，犹言賤息也。

軨 59661 31810 líng_5.12　正字通 聆字之譌。

躰 59662 31811 bó_5.12　玉篇 蒲末切音跋 篇海 行急也。鋆蒲沒切。

躸 59663 31812 zhī_5.12　廣韻 集韻 韻會 丛章移切音支。與胑同。亦作肢。通作支。

軆 59664 31813 tǐ_5.12　玉篇 俗體字。

軴 59665 31814 zhù_5.12　集韻 重主切音柱。身直貌。或作胜。

軙 59666 31815 chēn_5.12　集韻 癡鄰切，音獜。走貌。

軫 59667 31816 zhěn_5.12　篇海 側謹切音宷。身端也。

軀 59668 31817 qū_5.12　玉篇 同軀。俗字。

軸 59669 31818 dān_5.12　玉篇 俗聘字 干祿字書 軸，通聘 篇海 亦作軶。

馱 59675 u28237 tuó_5.12　同馱69758符遇切音附。軶軕，著衣也 類篇 軶軕，服稱也。

軕 59670 31819 fù_5.12　廣韻 集韻 丛

舯 59671 31821 chōng_5.12　玉篇 救龍切。舯直也。

躷 59672 45722 bǒ_5.12　篇海類編 同跛。

躴 59673 45723 mǔ_5.12　篇海類編 音母。

躬 59674 45724 gōng_5.12　搜眞玉鏡 同躬。

軥 59676 u28233 null_5.12　未詳 鵰冠子·天權 鳥乘隨隨，軥螯垂鍬。

躬 59677 u28232 null_5.12　未詳。

躬 59678 u28231 null_5.12　未詳。

躬 59679 u28230 null_5.12　未詳。

躬 59680 u2822F yùn_5.12　或俗孕。

躬 59681 31822 guō_6.13　篇海 古活切，音郭◇同䏩。

軿 59682 31823 tiāo_6.13　廣韻 集韻 韻會 正韻 丛土了切音朓。身長貌 図 集韻 他弔切音糶。義同。

軇 59683 31824 tǒng_6.13　集韻 吐孔切音桶。軇軇，身不端。

軙 59684 31825 kuā_6.13　廣韻 苦瓜切 集韻 枯瓜切丛音誇。軇軙，體柔 玉篇 軇軙，以體柔誇人也 爾雅·釋言 作夸毗。鋆又軭59691

躴 59685 31826 hái_6.13　正字通 俗骸字。

躲 59686 31827 duǒ_6.13　玉篇 丁果切，多上聲。身也。

躲 59687 31828 duǒ_6.13　字彙 同躲。鋆又趓58354趀58332軇59733 軇59717 字彙 躲，丁可切，多上聲。躲避也。斝59786同躲。

躴 59688 31829 yé_6.13　篇韻 音耶 字彙補 父也〇按卽爺字之譌。

躴 59689 31830 zì_6.13　字彙補 同自〇按卽自字之譌。

躴 59690 31831 yùn_6.13　字彙補 與孕同。

躴 59692 45726 zāi_6.13　金鏡 音災。鋆同災。

躴 59691 45725 kuā_6.13　龍龕 與骻同。

躴 59693 45727 pìn_6.13　川篇 同聘

躴 59694 45728 rèn_6.13　篇海類編 同姙。

躴 59695 u2B3EB null_6.13　未詳。

躴 59697 u28246 cuì_6.13　同躥59790俗胮47385 龍龕 躥躟，二俗，千芮、千劣二反。

躴 59696 u2B3EA null_6.13　喃未詳。

躴 59698 u28245 yè_6.13　姑躨，同姑射，山名。唐潘尊師碣昔姑躨有神人，堯輕天下。

躴 59699 u28244 dān_6.13　俗聘46571亦作軸59645軶59669

躴 59700 u28241 dān_6.13　可洪音義 夲軶：都南反。正作躭59646図同晃22536

躴 59701 u2823F null_6.13　未詳。

躴 59702 u2823E null_6.13　未詳。

躴 59703 u2823D null_6.13　未詳。

躴 59704 u483A null_6.13　未詳。

躵 59705 31832 tǐng_7.14　篇海 他頂切，厅上聲。身長直也。鋆俗挺19668敦煌·上圖附4.812490.D 經律異相卷二七風去氣散，火滅軀冷，魂靈去矣。身體躵直，無復所知。

躬 59706 31833 gōng_7.14　唐韻 居崇切 集韻 韻會 居雄切丛音弓 說文 身也。从身，从呂。註 徐曰：呂，古脊字，象人牵骨之形。或从弓。鋆又躬59635躳59753

躴 59707 31834 láng_7.14　廣韻 魯當切 集韻 盧當切丛音郎 玉篇 躴躿，身長貌。鋆又鄉59761

躰 59708 31835 pí_7.14　篇海 與軴同。

躰 59709 31836 pí_7.14　集韻 軴，或作躰。

躲 59710 31837 tuō_7.14　篇韻 音脫。地名。

躵 59711 31838 cù_7.14　篇韻 音促 字彙補 與蹴同。

躬 59712 31839 mào_7.14　字彙補 同貌。

躵 59713 45729 huò_7.14　搜眞玉鏡 音禍。又音瘦。鋆同禍。

躴 59714 u2B3EC liǎ_7.14　字海 躴，方相互粘連。蜻蜓相躴天上飛，鴛鴦相躴戲水波△宏按，正字通 躴字註：躴音影。

躵 59716 u28251 shèng_7.14　金石文字辨異·去聲·敬韻·聖字 引 東魏太公呂望表 方知躵賢之門。案，躵卽聖46636字。

軇 59717 u28250 duǒ_7.14　俗躲59687敦煌·Φ209 聖地遊記述 在道逢雨，逕軇寺亭住図 龍龕 軇，音俄。

躴 59718 u2824F null_7.14　未詳。

躬 59715 u28253 mìng_7.14　喃俗軥59735

脤 59719 u2824E
shēn_7.14 俗賑57753 可洪音義 賑濟：上之刃反。

愬 59720 u8EB5
rěn_7.14 日 同文通考·國字 愬，隱射也。又窺敵也。

躳 59721 31840
qióng_8.15 廣韻 集韻 韻會 趑去仲切音焪。使役也。
亦作曲 類篇 曲躳也。

躶 59722 31841
luǒ_8.15 廣韻 郎果切 集韻 魯果切趑音裸。袒也。
同贏、贏 玉篇 赤體也。亦作裸 史記·陳丞相世家 躶而
佐刺船。

躮 59723 31842
dào_8.15 集韻 與騊同。

躷 59724 31843
ǎi_8.15 篇海 與矮同。一云坐倚貌。

躸 59725 31844
jǐ_8.15 廣韻 集韻 趑居宜切音羈 玉篇 身單貌 類
篇 身也 又qí 集韻 丘奇切音敧。隻也。

躹 59726 31845
jú_8.15 集韻 居六切音掬。躹躬也。篇海 通作鞠。

躺 59727 31846
zhuǎn_8.15 字彙補 躺車百乘。見 史記。音義未詳。
又同轉。

闞 59728 31847
zuān_8.15 字彙補 隱入也。今官牒多用此字。音未
詳。又同鑽64691 蜀籍·卷四 老不要臉去嫁飯碗，拜
堂三天就闞土眼。又：耗子闞牛角，越闞越緊。

軀 59729 31848
yù_8.15 篇韻 同躦 躗 59731 45731
zhōu_8.15 龍龕 音周。

躾 59730 45730
shè_8.15 五音篇海 同射。

躼 59732 45733
wǎn_8.15 龍龕 音剡。又 龍龕 躼，俗。一桓、於阮、
烏卧三反 可洪音義 或躼：於遠、烏活二反。正作踠59029
踠二形也。踠，體曲也。踠，乖也，不媚也。悮。

躰 59733 u28261
duǒ_8.15 直音篇 躲，音朶。躲身。躰、躲59687，同
上 又 可洪音義 垂躰：都果反。正作䐎46669

躺 59735 u2825F
mình_8.15 喃 从身命mệnh聲。身體 又 俗作躺59715

躼 59737 u2825A
yān_8.15 字海 躼，同腌47427 西廂記諸宮調·卷三
為鶯娘，近來妝就個躼浮浪。

賊 59738 u28259
null_8.15 未詳。 胖 59734 u28260
bǎn_8.15 喃同翔12589

軈 59739 u28258
null_8.15 未詳。 躼 59736 u2825E
lưng_8.15 喃同酸47976

賬 59740 u8EBC
lào_8.15 方 同躼59784身長。

腔 59741 u8EBB
kōng_8.15 日 同文通考·國字 腔，ウツケ，空虛也。
又罵人之調，犹言優癡也。

躺 59742 u8EBA
tǎng_8.15 平臥。元·秦簡夫 陶母剪髮待賓 陶侃，你
又飲酒，又失信，過來躺着，須當痛責。

軈 59743 31849
zhòng_9.16 廣韻 柱用切 集韻 儲用切趑音重。婦人
娠也。

躼 59744 31850
yǎn_9.16 廣韻 集韻 趑於殄切音蝘。身向前也 類
篇 曲身 又 玉篇 躼體也，怒腹也 又 集韻 隱幰切音偃。

偃也。躼原本 玉篇 歐26395，於建反 廣倉 大呼用力也
聲類 怒腹也。或為軀字，在 身部

躼 59745 31851
shù_9.16 廣韻 傷遇切 集韻 舂遇切趑音戍。尉躼，
服稱也。躼又祕54256

躼 59746 31852
hā_9.16 集韻 虛加切音砑。身偏貌。

軗 59747 31853
huáng_9.16 篇海 胡光切音皇。軗，樂鐘聲 又音橫。
義同。又 俗韹67877

軀 59748 31854
miàn_9.16 字彙補 同面○按即面字之譌。

䏙 59749 45732
méi_9.16 龍龕 音眉。 躼 59750 45734
tíng_9.16 篇海類編 音
亭。又 疑亭亭玉立的亭字。或俗聘字。

軀 59751 45735
qiè_9.16 龍龕 去謁切。

軀 59752 45736
chūn_9.16 搜眞玉鏡 音春。

胸 59753 u2826B
gōng_9.16 同躳04299 躼 59754 u28268
null_9.16 未詳。

賊 59755 u28267
null_9.16 未詳。 躼 59756 u8EBE
měi_9.16 日 同文通
考·國字 シツケ，習禮也 和爾雅·雜類 躼，可用禮字。

䏑 59757 31855
tǐ_10.17 字彙補 同體。

軈 59758 31856
hái_10.17 廣韻 戶來切 集韻 何開切趑音孩 玉篇 躼
軈，體長貌 又 集韻 類篇 趑魚開切音皚。義同。

軀 59759 31857
pí_10.17 集韻 與毗同。

軀 59771 u28273
null_10.17 未詳。 軀 59760 31858
pìn_10.17 玉篇 俗聘字
隸釋 鄭季宣碑 軀君之孫。卽聘字。

郎 59761 31859
láng_10.17 篇海 同躿 軀 59762 31860
tàng_10.17 篇海 他曠
切音盪。弱也 又 七甚切音沁。義同。又 沁，七鴆切。

軀 59764 45738
huò_10.17 搜眞玉鏡 同躼。

軀 59765 45739
róng_10.17 龍龕 音容。 軀 59763 45737
róng_10.17 龍龕 而容切

軀 59766 45740
qí_10.17 搜眞玉鏡 音其。

軀 59768 u2B3EE
null_10.17 未詳。 軀 59767 45741
shǎn_10.17 字彙補 失
冉切音閃。躼閃也，今文牒多用此字。

軀 59769 u2B3ED
null_10.17 未詳。 軀 59770 u28276
null_10.17 清·李調元 雨
村詞話·卷一 尿躼：黃山谷詞多用俳語，雜以俗諺，多
可笑之句。如鼓笛令詞云共道他家有婆婆。與一口管教
尿躼。又一首云凍著你，影躼村鬼，此類甚多，皆不可
解。且尿躼二字，字書不載，意卽甚麼之訛也。

軀 59772 u28272
null_10.17 未詳。 軀 59773 31861
guó_11.18 集韻 古獲切
音幗。軀軀，倮也。又 俗相37402

軀 59774 31862
kāng_11.18 廣韻 苦岡切 集韻 丘岡切趑音穅 玉篇
躼軀，身長也。又 航59652

軀 59775 31863
qū_11.18 唐韻 豈俱切 集韻 韻會 虧于切趑音區 說

文 體也 釋名 軀，區也。是眾名之大，若區域也 前漢·蓋寬饒傳 用不訾之軀 荀子·勸學篇 曷足以美七尺之軀哉 集韻 軀或作軀。鋆 又躯歋59668 軀59818 囟 偃 金石文字辨異·軀 引 西魏曹續生造像記。塸09189引 滎陽太守元甯造像記。軀64023引 東魏路文助等造像記

軁 lóu_11.18 集韻 郎侯切音婁。軀軁，偃也 囟 lǚ 隴主切音縷。僂或作軁。庄也 囟 龍遇切音屢。義同。

躬 qióng_11.18 字彙補 與窮同。

𦢚 tián_11.18 龍龕 音田　𦢏 null_11.18 殷周金文集成·6.3367·晨乍寶匋簋 晨乍寶𦢏段

腥 xiàng_11.18 五音篇海 音相。鋆 古俗字略 俗相37402

𩪻 null_11.18 未詳。　軆 tīng_11.18 俗聽46859
漢靈臺碑 遂見軆□△宏按，原字从身从惡。

躨 kuì_12.19 玉篇 五拜切，音外 ◇ 人名。鋆 俗䐹46803

劳 lào_12.19 集韻 郎到切音澇。劳軇，身長貌。
鋆 又脵59740

軟 ruǎn_12.19 篇海 而兗切 字彙 同軟。

軃 tuǒ_12.19 篇韻 音妥。廣厚也，垂下也 正字通 軃字之譌。鋆 又tǒ 蜀 軃神，流氓。

職 zhí_12.19 玉篇 俗職字。

䏼 pìn_12.19 篇韻 同娉 ○ 按即娉字之譌。

軼 dié_12.19 字彙補 與�同 篇韻 亦作軼。

軇 cuì_12.19 龍龕 千芮切。又千劣切。鋆 字彙補 軇，千芮切音翠。亦作䏻59697

軀 huò_12.19 搜眞玉鏡 同躨。

尭 xiāo_12.19 篇海類編 音囂。

軇 yuè_12.19 五音篇海 與喜樂之樂同。

躯 null_12.19 未詳。　軃 zhǎn_12.19 字海 同
軃59804見 字彙 △宏按，字彙 無此字。

軂 lǎn_12.19 喃 从身鄰lân省聲。

軓 mẩy_12.19 喃 从身買mãi聲。

軇 dié_12.19 四聲篇海 軇59789軇，二。音牒。

軇 pán_12.19 俗軇36668 集韻 軇，蒲官切。馬作足橫行曰軇 易 賁如軇如。董遇說。

䨿 null_12.19 未詳。　軆 yīng_12.19 日 人名、地名用字。笹原宏之：鷹之異體字。

躨 null_12.19 未詳。　軆 tǐ_13.20 廣韻 他禮切 集韻 土禮切䐆音捵。與體同。俗作躰，非是。

軇 zhǎn_13.20 集韻 旨善切音饘，偄也。或作僐 類篇 體搖也。鋆 字彙 之善切音展。裸形無可蔽也 囟 軃59797

軇 dān_13.20 篇海 丁含切，音單 ◇ 好也，甗也。亦作軇、軇。鋆 又軇59650軇59656

軇 níng_13.20 篇海 同軇　軃 dú_13.20 龍龕 與獨同

軇 null_13.20 喃 未詳。　軆 jiāng_13.20 宋·杜綰 雲林石譜·卷下 琅玕石：明州昌國縣沿海近淺岸水底生琅玕石，狀似珊瑚，或高三二尺，尤繁茂，必繫筏懸繩，方得之。初出水，色甚白，經久微紫黑，紋理如軆枝幹，一律遍多圓圓跡，扣之有聲，稍燥。土人不甚貴，西北遠方往往多裝治假山 △宏按，他本或作軆、軇。

軆 null_13.20 未詳。　軃 dào_14.21 集韻 大到音導。劳軃，身長也。或作躰。

軇 null_13.20 未詳。　軃 pín_14.21 篇海 與嬪同

軃 níng_14.21 篇海 奴頂切，寧上聲。本作軃，垢也。

軃 lán_14.21 集韻 盧甘切音藍。軃軃，身長貌。

軃 lóu_14.21 正字通 俗軁字。

軃 dān_14.21 篇海 同軇　軃 lěi_15.22 越諺·卷下·音義 單辭只義 軇，（音）累。圓轉不停也。

軃 qū_15.22 篇海 音與軀同 ○ 按即軀字之譌。鋆 又shēn 字彙補 軃，與身音義同。

臧 zāng_15.22 或俗臧。

軃 lì_16.23 集韻 狼狄切音歷。軇軃，偄也。

軃 lǒng_16.23 集韻 魯孔切音籠。軃軃，身不端也。

軃 dié_16.23 海篇直音 音耄 字彙補 軇，與䎶46327同。

軃 yīng_17.24 日 即刻 同文通考·國字 軃，犹少時也。

軃 chān_18.25 集韻 鋤咸切音讒。軃軃，身長貌。

軃 niè_18.25 龍龕 音聶　軃 luán_19.26 海篇 音攣

軃 yù_20.27 篇海 魚欲切音玉。古者貨貝爲寶，家有珍貝爲寶，又人之身精氣不散亂爲寶。太上作 亳州碑 上有之。鋆 又軀59729

• 車部 •

車 chē_0.7 古文軥 廣韻 九魚切 集韻 韻會 正韻 斤䐆切音居 廣韻 車，輅也 古史考 黃帝作車，引重致遠。少昊時加牛，禹時奚仲爲車正，加馬 書·舜典 車服以庸 易·大有 大車以載 論語疏 大車，牛車，平地載任之車也。小車，駟馬車、田車、兵車、乘車也 囟 山車，自然

之車也[禮·禮運]山出器車[疏]謂其政太平，山車垂鉤，不揉治而自員曲也[又]巾車，官名[周禮·春官]巾車，掌公車之政令[註]巾，猶衣也。巾車，車官之長，車皆有衣以爲飾，故名[又]公車，署名[後漢·光武紀]詔公卿、司隸、州牧，舉賢良方正各一人，遣詣公車[註]公車令一人，掌殿司馬門。天下上書及徵召，皆總領之。公車所在，因以名焉[又]揭車，香草名[屈原·離騷]畦留夷與揭車[註]留夷、揭車，皆香草也[又]覆車，網名[爾雅·釋器]罦，覆車也[註]今之翻車，有兩轅，中施罥以捕鳥。[又][廣韻][集韻][韻會][正韻]丛昌遮切音硨[說文]輿輪總名[又]牙車，牙所載也[左傳·僖五年]輔車相依[註]輔，頰輔。車，牙車[疏]車，牙下骨之名也。或又謂之頷車。輔爲外表，車爲內骨，故云相依[又]姓。漢丞相田千秋，以年老，得乘小車出入省中，時人謂之車丞相。其子孫因以爲氏。又子車，複姓[詩·秦風]子車仲行。鑾又车59833車59832𠦝00932俥01335𨏥59919[又]𨛜61740，同車，姓。

車 59830 u2F9E chē_0.7 同車59829部首專用字。亦作车59831

车 59831 u2ECB chē_0.7 [部]車59830

車 59832 uF902 chē_0.7 [兼]車。

车 59833 u8F66 chē_0.7 [简]車59829

轧 59835 u8F67 yà_1.8 [简]軋59834

軋 59834 31889 yà_1.8 [廣韻]於黠切[韻會][正韻]乙黠切，並音揠[說文]輾也[六書故]車載重，蹍軋有聲也[又]刑名[前漢·匈奴傳]罪小者軋，大者死[註]謂輾轉轢其骨節，若今之厭踝也。又勢相傾也[莊子·人閒世]名也者，相軋也[唐書·李宗閔傳]樹黨相磨軋[又]軋芴，緻密也[前漢·司馬相如傳]縝紛軋芴[史記]作軋沕[又]軋忽，長遠之貌[前漢·禮樂志]淸風軋忽[又]軮軋，無涯際也[揚雄·甘泉賦]軮軋無垠。[又][集韻]膺眼切音賓。義同。鑾又轧59835

軓 59836 31890 fàn_2.9 [集韻][韻會]丛父鋄切音犯[說文]車軾前也△[韻會]本作𨊻59857

軒 59837 31891 tīng_2.9 [玉篇]剔鈴切[正字通]俗字[字彙]音汀，車停。誤。

軌 59838 31892 guǐ_2.9 古文边衏[廣韻]居洧切[集韻][韻會]矩鮪切丛音宄[說文]車轍也[孟子]城門之軌[註]車轍迹也。[又]車軸也[禮·少儀]其在車，左執轡，右受爵，祭左右軌范乃飲[註]軌，謂轊頭也。又[正韻]法也，則也[左傳·隱五年]講事以度軌量謂之軌[前漢·賈山傳]軌，事之大者也[註]軌謂法度，故凡不循法度者謂之不軌[又][正韻]循也[史記·天官書]星辰軌道[註]謂循其常道也[前漢·賈誼傳]諸侯軌道[註]言循法度也[又]與宄通[左傳·成十七年]亂在外爲姦，在內爲軌。御姦以德，御軌以刑[註]軌本作宄[又][儀禮·公食大夫禮]宰夫設黍稷六簋于俎西[註]簋，古文作軌[又]叶居有切音九[詩·邶風]濟盈不濡軌，雉鳴求其牡○按[周禮·冬官考工記·匠人]經涂九軌。註：軌，謂轍廣，非。軌卽轍也[韻會]輪有高下廣狹皆定于軌。輪中之軌既同，則轍迹亦同，因謂車轍亦曰軌。其實軌乃轊頭也。自[說文]以軌爲車轍，後人沿之，遂專以車轍訓軌，失其字之本義矣[邢昺·孝經序疏]云兩轍之閒曰軌，車所轢曰轍。此爲確詁云。鑾又衏53983轨59848[又][干祿字書]軓59847軌，上通下正[又]𨊻59857[金石文字辨異]引[唐兗公頌]

𨊾 59839 31893 wèi_2.9 同軎59850 鑾[龍龕]𨊾軎59850轊，祥歲、胡桂二反。皆車軸鐵也。上一又時釗反。望也。

𨊿 59840 31894 jiū_2.9 [廣韻]居求切[集韻]居尤切丛音鳩。車軫長也[又]jiù[集韻]己幼切音𣐈。車軫上斡也[又]祁幼切音赳。義同。

軍 59841 31895 jūn_2.9 古文𠁡[廣韻]舉云切[集韻][韻會]拘云切丛音君[玉篇]衆也[周禮·地官]五師爲軍[註]萬二千五百人。周制：天子六軍，諸侯大國三軍，次國二軍，小國一軍[又]軍禮[周禮·春官]大宗伯以軍禮平邦國[註]謂威其不協僭差者[又]師所駐曰軍[左傳·桓六年]軍於瑕以待之[戰國策]軍于邯鄲之郊[註]屯也[又]姓。冠軍侯之後，因氏[又]◆[說文]軍，圜圍也。一曰軍，兵車也。鑾又𡨦02791𡪁12126𠢓04248𠢕04259𡧍10060𠁡45415军59849

𨋀 59842 31896 lì_2.9 [集韻]力質切音慄。刷𦅸具也[又][字彙補]力一切音栗。彩也。

𨋉 59843 u282A6 zài_2.9 同載60039字見[郾侯𨋉𣪕]。楊樹達謂𨏢60397或體。見[積微居金文說]

𨊥 59844 u282A5 wèi_2.9 同軎59850

𨊤 59845 u282A4 gàn_2.9 俗𨊤01398

𨊣 59846 u282A3 wǔ_2.9 熊加全：俗䲾60297[名義]䲾，烏戶反。𨊣頭，中（車）[廣雅]䲾頭，車也。

䡄 59847 u4844 guǐ_2.9 俗軌59838[可洪音義]軓式：上居洧反。

轨 59848 u8F68 guǐ_2.9 [简]軌59838

军 59849 u519B jūn_2.9 [简]軍59841

軎 59850 31897 wèi_3.10 [玉篇]于劌切音衛[說文]車軸頭也[又][廣韻]祥歲切[集韻]旋歲切丛音篲。義同△[集韻]或从彗从慧从惠，音義丛同。鑾又𨊾59839軎59871𨊥59844𨊥13876𨊥04563轊60341𨍿60374轊60457

軏 59851 31898 yuè_3.10 [廣韻][集韻][韻會]丛魚厥切音月[說文]車轅端持衡者[論語]小車無軏[又][廣韻][集韻][正韻]丛五忽切音兀。義同△[說文]本作軏。今通用軏。鑾又轫59863

軐 59852 31899 xiàn_3.10 [廣韻][集韻]丛先見切，音霰。轉軐，車迹也[又]zhèn[玉篇]之刃切音震。車也[又]xìn[集韻]思晉切音信。義同。

軖 59853 31900 gōng_3.10 [玉篇]沽紅切[字彙]俗釭字。

軑 59854 31901 dì_3.10 [廣韻]特計切[集韻][韻會][正韻]大計切，丛音第[說文]車輨也[屈原·離騷]齊玉軑而丛馳[又][廣韻]車輪也[揚子方言]韓楚之閒謂輪曰軑。又dài[正韻]度柰切音大。地名[前漢·地理志]江夏郡有軑縣○按[字彙]譌作

軝，可刪。鑒 又軟59876軤59912

軒 59855 31902
xuān_3.10 廣韻 集韻 韻會 丛虛言切音掀 說文 曲
輈藩車也 徐曰 載物則直輈。軒，大夫以上車。藩，兩
旁壁也 左傳·閔二年 鶴有乘軒者 註 軒，大夫車 又 歸
夫人魚軒 註 魚軒，夫人車。又 定九年 與之犀軒 註 犀
軒，卿車。夫人車以魚爲飾，卿車以犀皮爲飾也 图 車
前高曰軒，前下曰輊 詩·小雅 戎車既安，如輊如軒 註
輊，車覆而前也。軒，車却而後也 後漢·馬援傳 居前不
能令人輊，居後不能令人軒 註 言爲人無所輕重也。
图 檐宇之末曰軒 左思·魏都賦 周軒中天 註 周軒，長廊
有窗而周迴者 图 殿堂前檐特起曲椽無中梁者亦曰軒。
天子不御正座而御平臺，曰臨軒 前漢·史丹傳 天子自
臨軒檻 註 軒檻，欄版也 图 軒縣，樂縣也 周禮·春官·小
胥 諸侯軒縣 註 軒縣三面，其形曲，故又謂之曲縣 图 笑
貌 後漢·方技傳 軒渠笑自若 天祿外史 韓王軒然仰笑
图 舞貌 淮南子·道應訓 軒軒然迎風而舞 图 自得之貌
唐書·孔戣傳 軒軒自得。又 與憲通 禮·樂記 致右憲左 註
憲讀爲軒，足仰也 图 黎軒，國名 史記·大宛傳 北有奄
蔡、黎軒 註 國在西海之西 图 姓。黃帝號軒轅，後因爲
氏。又軒丘，複姓。梁相軒丘豹 图xiàn 集韻 韻會 丛許
建切音憲 禮·內則 麋鹿爲菹，麕皆有軒 註 切肉大如藿
葉也 图jiān 集韻 居言切音鞬。人名 前漢·功臣表 衆利
侯伊卽軒 图xiǎn 集韻 許偃切音幰。車軾 图hǎn 篇海
呼旱切。與䡏通。人名。鄭有軒虎。鑒 又軒45995軒59877
軒15255 图 龍龕 軒59906舊藏作軒 图 集韻 輐60236輨
67401衝60021，車後重曰輨。或从革。亦作衝。通作軒。

軘 59856 31903
chūn_3.10 集韻 韻會 丛敕倫切，音椿 說文 車約軘
也 周禮 孤乘夏軘。一曰下棺車 徐曰 約軘，節約刻飾
之也○按今本 周禮·春官·巾車 孤乘夏篆 註：夏篆，五
采畫轂約也 說文 引作夏軘，音不同而義同。古字或通
用△ 廣韻 同輴60224。

軓 59857 31904
fàn_3.10 同軓 周禮·夏官·大馭 左執鸞，右祭兩軹，
祭軓 鄭氏曰 軓，車軾前也 杜子春曰 軓當爲犯。
鑒 又俗軝59838敦煌·S.2499 究竟大悲經·卷三 軝心爲
則，軝身爲用，則法成用，久來解脫。

軔 59858 31905
rèn_3.10 廣韻 集韻 韻會 正韻 丛而振切音刃。
◆ 說文 礙車也 徐曰 止輪之轉，其物名軔 图 止物之行
皆曰軔 後漢·申屠剛傳 光武嘗欲出遊，剛諫不聽，遂以
頭軔乘輿輪 註 謂以頭止車輪也 图 去軔，輪動而車行，
故凡事始啓行曰發軔 屈原·離騷 朝發軔于天津。又 後
漢·馮衍傳 發軔新豐兮徘徊鎬京 图 與仞同 孟子 掘井
九軔。鑒 又軔59875軤59865

軒 59859 41955
yú_3.10 篇海類編 羽俱切音于。車也。鑒 玉篇 羽
俱切。車也。胡吉宣：疑與軒同 图 軒59924

軘 59860 45751
tún_3.10 龍龕 同軘

軝 59861 45752
qì_3.10 龍龕 音訖。鑒 黃德寬 古文字譜系疏證

軝 59862 u2B405
shān_3.10 簡 軝59878

軝，疑軝59851字異文 图 軤59874

軤 59863 u2B404
yuè_3.10 簡 軝59851

軤 59864 u2B3F2
null_3.10 未詳。

軤 59865 u2F9DE
rèn_3.10 同軔59858

軤 59866 u282B2
guǐ_3.10 俗軝59838 可
洪音義 範軤：上扶錣反。下居水反。

軤 59867 u282AE
yú_3.10 集韻 輿軤，羊諸切 說文 車輿也。一曰始
也。眾也。亦姓。或作軤。

軤 59868 u282AD
fǔ_3.10 同軤59967 馬王堆漢墓帛書·十六經·正亂
(吾) 將因其事，盈其寺，軤其力，而投之代，子勿言
也。又 張家山漢簡·247號墓·引書 引前而旁軤之。

軤 59869 u282AC
null_3.10 未詳。

軤 59870 u282AB
null_3.10 未詳。

軤 59871 u282AA
wèi_3.10 或同書59850

軤 59872 u282A9
xún_3.10 同巡14574秦 泰山碑 窺軤 集韻 巡或作軤。

軤 59873 u282A8
zhěn_3.10 俗軫59948 四部叢刊·初編集部·鮚埼亭
集·鮚埼亭集外編卷四十三·簡帖·三·與紹守杜君札 執
事軤念明故殉難諸家後人，每歲予以資卹

軤 59874 u4880
qì_3.10 簡 軝59861

軤 59875 u8F6B
rèn_3.10 簡 軔59858

軤 59876 u8F6A
dài_3.10 簡 軝59854

軤 59877 u8F69
xuān_3.10 簡 軒59855

軤 59878 u8ED5
shān_3.10 民國 萊陽縣志·方言 用駱載者曰駄軤，
或形如駄軤而曲竹如弓，上覆以席，則曰軤子。民國 牟
平縣志·方言 捲覆席篷之代用駄軤曰軤子。

軤 59879 31906
róng_4.11 廣韻 集韻 韻會 丛餘封切音容 廣韻 車
行貌△ 正韻 與輧同。

軤 59880 31907
kuáng_4.11 廣韻 巨王切 集韻 曲王切丛音劻 說文
紡車也。一曰一輪車 正字通 卽今役夫小車運載者。
图 集韻 渠王切音狂。車戻也△ 說文 本作輕。俗省作
軤。又譌作軤。鑒 又軤60107 正字通 軤，輕字之譌。
图 龍龕 軤60058俗，軤正，軤今。

軤 59881 31908
xīn_4.11 廣韻 息林切 集韻 思林切丛音心 廣韻 車
輞心木 集韻 車輞心，制軸者。

軤 59883 31910
tún_4.11 廣韻 集韻 韻會 徒渾切 正韻 徒孫切丛音
屯 說文 兵車也 左傳·宣十二年 晉人懼二子之怒楚師
也，使軘車逆之。鑒 又軘59860

軤 59885 31912
chén_4.11 字彙 同軤

軤 59882 31909
shū_4.11 玉篇 上邠切
字彙 音殳。車竿。鑒 又軤59921

軤 59887 31914
yuè_4.11 說文 軥字

軤 59884 31911
chén_4.11 玉篇 古文
陳65679字 廣韻 作軤。鑒 名義 軤59895，同軤。

軤 59886 31913
dài_4.11 正字通 軥字之譌。

軤 59888 31915
jué_4.11 集韻 同較60027或从爻。

軡 kǎng_4.11 [59889 31916]　廣韻 苦朗切音慷。軡軸也 図kàng 集韻 口浪切音亢。車軡也。図kuǎng 苦晃切音壙。車名。

軥 qú_4.11 [59890 31917]　同軥59941

鞎 fǎn_4.11 [59893 31920]　廣韻 集韻 韻會 丛府遠切音反。說文 車耳反出也。應劭曰 車籓爲軬，以簟爲之。或用革，所以屏蔽塵泥也。義與輴同。

軵 rǒng_4.11 [59891 31918]　玉篇 同軵59967 鍳又軵59927軵60001

軛 è_4.11 [59892 31919]　廣韻 於革切 集韻 韻會 正韻 乙革切丛音厄。正韻 轅端橫木，駕馬領者 周禮·冬官考工記 軛人衡任 註 衡任謂兩軛之閒也 疏 服馬有二，一馬有一軛。軛者，厄馬領不得出也△集韻 或作枙 莊子·馬蹄篇 加之以衡枙 図 叶乙役切音鬱 古詩 南箕北有斗，牽牛不負軛。良無磐石固，虛名復何益。鍳又軶59936軶59970軛67189軛50543椼23910 図 合併字學篇韻便覽 軛60106音厄，車軶 図 正字通 軶60092，軛字之譌。

軜 nà_4.11 [59894 31921]　廣韻 正韻 丛奴荅切音納 說文 驂馬內轡，繫軾前者 詩·秦風 鋈以觼軜 疏 謂白金飾皮靷，以納物也。四馬八轡，而經傳皆言六轡，明有二轡，當繫馬之有轡者，所以制馬之左右，令之隨逐人意。驂馬欲入，則逼於脅驅，內轡不須牽挽，故知納者，納驂內轡，繫於軾前也。鍳又軜60134軜59917

軝 qí_4.11 [59895 31922]　廣韻 巨支切 集韻 韻會 翹移切 正韻 渠宜切丛音奇 說文 長轂之軝也，以朱約 詩·小雅 約軝錯衡 註 約，束也。以皮纏束車之轂，而朱之也，錯文也 詩詁 軝，轂之旁出者也○按 考工記 參分其轂長，二在外一在內，以置其輻。是轂之外者長而內者短也。軝非轂名，乃轂之外長而旁出者也。凡在輪中者通名爲轂。轂之旁出者爲軝。鍳又軝59896軝59884軝67178軝59943

軝 qí_4.11 [59896 31923]　同軝

軞 máo_4.11 [59897 31924]　篇海 莫袍切音毛。公車也 詩·魏風 殊異乎公路 箋 公路，主君之軞車，庶子爲之△通作旄 左傳·宣二年 趙盾爲旄車之族。

軟 ruǎn_4.11 [59898 31925]　俗輭60204字。鍳又軟59934軟59928輭60440娞10986㜠38476

軏 yuè_4.11 [59900 31927]　集韻 魚厥切音月。車釭也。鍳又軏59931

軜 bā_4.11 [59901 31928]　集韻 邦加切音巴。兵車也。鍳胡吉宣：軜與鈀62810同。

軦 kuáng_4.11 [59902 31929]　集韻 尼心切音紆。紡車。

軡 qín_4.11 [59903 31930]　集韻 渠今切音琴。地名，在江南 図qián 其淹切音黔。軡中，地名。通作黔。

軑 dài_4.11 [59904 31931]　同軑59946

軡 hóng_4.11 [59905 31932]　同軡59945

軝 jī_4.11 [59906 31933]　集韻 堅奚切音雞。車兩軝 周禮·夏官·大馭 祭兩軹 註 故書軹爲軝，謂車兩軝也 正字通 考工記 有軹無軝，軝當爲軹之譌耳。鍳又軒59920

較 fǔ_4.11 [59908 31935]　同輔60093

軒 xuàn_4.11 [59907 31934]　廣韻 集韻 丛胡犬切音鞙 集韻 車弓也。或作鞙。

軖 wǎng_4.11 [59909 31936]　軖60142字俗省。

軗 jué_4.11 [59910 31937]　字彙補 吉岳切音角。車也。

軥 niǔ_4.11 [59911 31938]　字彙補 女久切音鈕。車軥也。

軗 fú_4.11 [59912 31939]　字彙補 奉扶切，音夫◇車轄。鍳楊寶忠：疑軗59854之譌。

軝 dǐ_4.11 [59913 45753]　篇海類編 同軝

軝 dǐ_4.11 [59914 45754]　五音篇海 同軝

軝 dù_4.11 [59915 45755]　搜眞玉鏡 丁故切。鍳同渡28806亦作渾28467

軥 jí_4.11 [59916 45756]　搜眞玉鏡 音極。鍳或同汲。汲水。

軜 nà_4.11 [59917 u2B407]　簡 軜59894

軣 lì_4.11 [59918 u2B406]　簡 轣60475

軖 chē_4.11 [59919 u2B3F3]　或同軖60462 軖卤 軖乍父丁寶尊彝 龍龕 轈正軠今，音曷。謬輟，軖刑也。

軡 jī_4.11 [59920 u28406]　簡 軡59906

軗 shū_4.11 [59921 u28405]　簡 軗59882

軜 null_4.11 [59922 u282CD]　未詳。

軝 yú_4.11 [59924 u282CB]　龍龕 軝，俗 音余 直音篇 軝59859，音于。軞也。軝，同上。

裏 hōng_4.11 [59923 u282CC]　俗轟60446 宋元以來俗字譜·轟 裏，目連記。又庚辰本脂硯齋重評石頭記·第三十三回 宝玉听了這話，不竟裏去魂魄，目瞪口呆。

輩 bèi_4.11 [59926 u282C8]　俗輩60166 墨子·備城門 百步一木樓，樓廣前面九尺，高七尺，樓軥居坫。孫詒讓·閒詁：或謂軥當為軥60157之訛。說文·車部 云軥，兵車也 後漢書·光武紀 李注引作樓車，亦通。

軥 péng_4.11 [59925 u282CA]　墨子·備城門

朅 yuè_4.11 [59931 u4881]　简 軡59900

軵 rǒng_4.11 [59927 u282C4]　或同軵60001

軡 fén_4.11 [59929 u282C2]　同軡60392包山楚簡遣冊牘：一軡正車。

軡 niǎn_4.11 [59930 u282C1]　同軡59976 直音篇 軡同轆60284

软 ruǎn_4.11 [59934 u8F6F]　简 軟59898

軨 ruǎn_4.11 [59928 u282C3]　俗軨59976 類篇 軨軟59898，乳充切。柔也。或从欠。軨又尺展切 說文 軨也 図jǐ 字海 軨軨：用轆轤引汲井水。參見軨60262

軡 lú_4.11 [59932 u484E]　俗轤60478 朝野新聲太平樂府·卷之七套數二·越調 調笑令 悶厭厭愁心怎熬，昏沉沉夢斷魂勞。秋聲和轆軡砧韻敲，淅零零細細洒芭蕉，初凋。

轮 lún_4.11 [59935 u8F6E]　简 輪60167

轰 hōng_4.11 [59933 u8F70]　简 轟60446

轭 è_4.11 [59936 u8F6D]　简 軛59892

转 zhuǎn_4.11 [59937 u8F6C]　简 轉60340

裏
59938 u8EE3
hōng_4.11　日同轟60446　同文通考·省文 裏，轟也。

転
59939 u8EE2
zhuǎn_4.11　日同轉60340

軕
59940 31940
hū_5.12　廣韻荒烏切集韻荒胡切丛音呼。姓也。

鑾又軒60008

䡧
59941 31941
qú_5.12　廣韻其俱切集韻韻會權俱切丛音衢 說文 輢下曲者 韻會 車輢兩邊叉馬頸者 左傳·襄十四年 射兩軥而還 註 車輢下卷者 図gōu 廣韻 古侯切 集韻 韻會 正韻 居侯切丛音鉤 廣韻 車軥心木 図 夏后氏之輅曰軥。通作鉤 釋名 鉤車以行爲陣，鉤股曲直有正，夏所制也 図gòu 廣韻 正韻 古侯切 集韻 韻會 居侯切丛音遘 廣韻 軥槅，軶車也 図gòu 等韻 公侯切音苟 前漢·朱家傳 乘不過軥牛 註 軥，軥枙也。軥牛，小牛也。

鑾又軥59890

軖
59942 31942
kuàng_5.12　集韻 韻會 許放切 正韻 虛放切丛音況。黃軖，蟲名 莊子·至樂篇 黃軖生乎九猷。

軧
59943 31943
dǐ_5.12　廣韻 都禮切 集韻 韻會 正韻 典禮切丛音邸 說文 大車後也 図chí 集韻 陳尼切音池。車兩尾也 図zhǐ 集韻 展几切音軹。大車後至。鑾又軝59914

軝59913軝60153

軨
59944 31944
líng_5.12　廣韻 韻會 丛郎丁切音靈 說文 車轖閒橫木 玉篇 車闌也 集韻 車有和鈴也 禮·曲禮 僕展軨效駕 註 車轖頭軨也 図 獵車 ◆ 前漢·宣帝紀 以軨獵車奉迎曾孫 註 載獵車前有曲軨 図 重較也 楚辭·九辯 倚結軨兮長太息 図 頹軨，地名 左傳·僖二年 入自頹軨 註 虞境也 図 軨軨，獸名 山海經 空桑之山有獸焉，其狀如牛而虎文，其名曰軨軨 図 與軨通 揚雄·甘泉賦 據軨軒而周流兮 註 軨軒，謂前軒之軨也。軨者，軒閒小木也。或作輣、軨，音義丛同。鑾軨59992

軦
59945 31945
hóng_5.12　集韻 苦肱切音宏 玉篇 載中〇按經史無軦字 詩·大雅 鞹鞃淺幭 註 鞃，載中也。軦當爲軨之譌。或作軥。

軩
59946 31946
dài_5.12　廣韻 徒亥切 集韻 蕩亥切丛音殆 廣韻 軩軝，車不平也。鑾又軑59904

軪
59947 31947
āo_5.12　廣韻 集韻 丛於交切音坳 廣韻 軪軋，奇貌 図 車聲 図ào 廣韻 集韻 丛於教切音軪。車有機也。

軫
59948 31948
zhěn_5.12　集韻 韻會 正韻 丛止忍切音胗 說文 車後橫木也 図 廣韻 轉也，動也 揚子·太玄經 軫轉其道。図 車衆盛也 淮南子·兵略訓 士卒殷軫 註 殷軫，乘輿多盛貌 図 紆軫，隱曲也 楚辭·九章 心鬱結而紆軫。又地形盤曲貌 後漢·馮衍傳 路紆軫而多艱 図 軫懷，痛念也 楚辭·九章 出國門而軫懷 韻會 宿名 史記·律書 軫者，言萬物益大而軫軫然也。又 天官書 軫爲車，主風 註 軫與巽同位，車動行疾有似于風，故主風 図 琴下轉絃者謂之軫 李白詩 拂霜弄瑤琴 図 國名 左傳·桓十一年

楚屈瑕將盟貳、軫 註 貳、軫皆國名 図 姓〇按 考工記 加軫與樸焉。鄭註云軫，輿也 輪人 軫圍註：軫，輿後橫者也 輈人 軫之方也，以象地也。疏云輿地以輿方而言，不言輿言軫者，軫，輿之本也。戴侗據輿方之說以駁鄭氏，謂軫爲輿四面木 博雅 軫謂之枕 釋名 軫，枕也。軫橫在前如臥牀之有橫枕也。枕有橫無直，則四面之說非也 韻會 軫註引秦風·小戎 俴收註云收，軫也。疏云大車前軫至後軫其深八尺，兵車之軫四尺四寸，比之爲淺，故曰俴收。收者，車前後兩端橫木所以收斂所載也。合鄭註與 詩 疏觀之，則是四面方者爲輿，前後橫者爲軫，皆加于伏兔之上以載人物者也。鄭註屢變其辭，非自相矛盾，各就本文所重言之耳。鑾又軫59873軫60007

軝59949軫59950輪60484

軤
59949 31949
zhěn_5.12　俗軫字。

軫
59950 31950
zhěn_5.12　俗軫字。

軬
59951 31951
fàn_5.12　廣韻 扶晚切 集韻 正韻 父遠切丛音飯 廣韻 車軬 釋名 軬，藩也。蔽水雨也 図bèn 集韻 步本切音沐。車上篷也 △ 或作輽、軷 鑾又擤20711 撜20334

軥59991 龍龕 軬05116俗，軬今 図 正字通 轓24866，俗軬字，譌誤。與棧24146同。

軵
59952 31953
pā_5.12　廣韻 集韻 丛普八切音汃。車破聲也。

軮
59953 31954
ǎng_5.12　廣韻 烏朗切 集韻 倚朗切丛音盎 廣韻 軮軋，聲也 図 集韻 遠相映貌 図fú 房六切音伏。縣名 後漢·皇后紀 浚儀公主適軮侯 註 軮縣，屬江夏郡 △ 正字通 舊註軮軋與坱圠同，引揚雄 甘泉賦 忽軮軋而無垠。按 楚辭 坱兮圠兮，賈誼賦坱圠無垠。圠與軋通，坱俗作軮。揚賦本作坱軋，改作軮，非。

軯
59954 31955
pēng_5.12　集韻 韻會 正韻 丛披耕切音伻 玉篇 行聲 図 鐘鼓聲 張衡·東京賦 軯磕隱訇 図 雷聲 張衡·思玄賦 豐隆軯其震霆兮 註 豐隆，雷神也。

軰
59955 31956
bèi_5.12　俗輩字。

鞏
59956 31957
gǒng_5.12　廣韻 居竦切 集韻 古勇切丛音拱 廣韻 輨也 集韻 車輨。又轐也 図 集韻 巨勇切音槊。義同。鑾鞏俗韏60062正。

軷
59957 31958
bèn_5.12　同軬59951

軱
59958 31959
gū_5.12　廣韻 古胡切 集韻 韻會 正韻 攻乎切丛音姑 廣韻 大骨也 図 盤骨也 莊子·養生主 技經肯綮之未嘗，而況大軱乎。

軹
59961 31962
chē_5.12　字彙 同硨

軲
59959 31960
kū_5.12　廣韻 苦胡切 集韻 空胡切丛音枯 廣韻 車也 図 山名 山海經 有依軲之山 図 姓 図gū 集韻 攻乎切音姑。義同。鑾又軲60014

軱
59960 31961
páo_5.12　集韻 薄交切音庖 廣韻 庂也 図 車軬也。

軴
59962 31963
zhù_5.12　廣韻 中句切 集韻 韻會 株遇切丛音註 韻 正韻 車軴 集韻 韻會 車止也。

軿
59963 31964
kēng_5.12　同軿60337

軮
59964 31965
yàng_5.12　廣韻 集韻 正韻 丛魚向切音仰 玉篇 軮軒。

聊 59965 31966 liǔ_5.12 集韻力久切音柳 玉篇載柩車 集韻喪車飾也。或作轀。通作柳。鋆又軔60129

𨍍 59966 31967 tuó_5.12 廣韻徒何切 集韻唐何切达音駝 玉篇車疾馳也。鋆又轮59990

輭 59967 31968 rǒng_5.12 廣韻 正韻而隴切 集韻 韻會乳勇切达音冗 說文反推車,令有所付也。一曰輕車 前漢·馮奉世傳再三發輭 図 fǔ 集韻斐古切音拊。推也 淮南子·覽冥訓輭車奉饟 図 róng人冬切,音近茸。擠也 淮南子·氾論訓相戲以刃者,太祖輭其肘。又 說林訓傾者易覆,倚者易輭也 集韻或作轉。俗作輭。鋆又軒59868輭60134輭60175軦60001頓68145 図 廣韻輭,推車。或作揯20282

䡕 59968 31969 mín_5.12 玉篇莫斌切音民。車伏兔也 図車輞也 釋名車輞曰䡕。䡕,緜也,緜連其外也。鋆又轉60473

軦 59969 31970 ní_5.12 玉篇柅夷切音泥。軾也。

軶 59970 31971 è_5.12 說文軶本字。

軧 59971 31972 zhà_5.12 集韻側駕切音乍。車裂也。

軷 59972 31973 bá_5.12 廣韻 集韻 韻會达蒲撥切音拔 廣韻將出祭名 詩·大雅取羝以軷 註祭行道之神也 周禮·夏官大馭掌馭玉路以祀及犯軷 註山行曰軷。犯者封土為山象,以菩芻棘柏為神主,既祭,以車轢之而去,喻無險難也 図 廣韻 集韻 韻會达蒲蓋切音旆。義同。鋆又軷59993

軩 59973 31974 yìn_5.12 廣韻 集韻达羊晉切音胤。車名。

軥 59974 31975 tián_5.12 集韻亭年切音田。軥軥,車衆聲,或从田。

軸 59975 31976 zhóu_5.12 廣韻 正韻直六切 集韻 韻會仲六切达音逐 說文持輪也 釋名軸,抽也。入轂中可抽出也。図織具 詩·小雅杼軸其空 註杼,持緯者。軸,受經者 図卷軸 韓愈詩鄴侯家多書,插架三萬軸 図乾軸、地軸,皆取旋運輪轉之意 袁宏·三國名臣贊达廻乾軸 木華·海賦地軸挺拔而爭廻 図當軸,秉國政也 前漢·田千秋傳當軸處中 図病不能行也 詩·衞風碩人之軸 箋病也 註盤桓不行之意 図地名 詩·鄭風清人在軸 註軸,河上衞地△ 集韻一作軥。鋆又軸60011坤08495

輾 59976 31977 niǎn_5.12 廣韻尼展切音碾 說文轢也 廣韻車轢物也。鋆 集韻作報59930, 類篇作報59928, 並俗。

軹 59977 31978 zhǐ_5.12 廣韻 正韻諸氏切 集韻 韻會掌氏切达音紙 說文車輪小穿 釋名軹,指也,如指而見于轂頭也 周禮·夏官·大馭祭兩軹 註軹,謂轊頭也 図▪縣名 史記·漢高祖紀秦王子嬰降軹道旁 図岐也 爾雅·釋地北方有軹首蛇 註岐頭蛇也 図語辭 莊子·大宗師許由曰:而奚來為軹 註軹、只同 図藥名 本草連翹一名軹。鋆又軹60010

軺 59978 31979 yáo_5.12 廣韻 集韻 韻會 正韻达餘招切音遙 說文小車也 釋名軺,遙也。四向遠望之車也 前漢·平帝紀徵天下通知逸經古記者,在所為駕,一封軺傳,遣詣京師 註以一馬軺車而乘傳 図 sháo 廣韻市招切 集韻時饒切达音韶 正韻丁聊切音刁。義达同△一作輻。鋆又軺60005

軳 59979 31980 pào_5.12 集韻披教切音砲。飛石車也。鋆又軳60243

軻 59980 31981 kē_5.12 廣韻苦何切 集韻 韻會丘何切达音坷 說文車接軸也 図 廣韻轗軻,不遇也。車行不利曰轗軻,故人不得志亦謂之轗軻 楚辭·七諫垎軻留滯 図 廣韻枯我切 韻會 正韻口我切达音可。義同 図 廣韻 集韻 韻會达口箇切音坷。義同。鋆又軻60013

軼 59981 31982 yì_5.12 廣韻夷質切 集韻 韻會 正韻弋質切达音佚 說文車相出也 楚辭·遠遊軼迅風于清源 註從後出前也 図 廣韻過也,突也 後漢·馮衍傳軼范蠡之絕迹。図 集韻侵軼也 左傳·隱九年懼其侵軼我也 図屈軼,草名 博物志堯時有草生於庭,佞人至則屈而指之。図與逸通 史記·伯夷傳睹軼詩,可異焉 図散軼也 史記·五帝紀其軼乃時時見于他說 図與溢通 前漢·地理志軼為榮 禹貢作溢 図 dié 廣韻 集韻 韻會徒結切 正韻杜結切达音絰。義同 図與迭通 史記·封禪書軼興軼廢 図 zhé 集韻 正韻达直列切音徹。與轍60376通。鋆又軼60009

輫 59982 41956 bì_5.12 北海相景君碑宜參鼎輫 隸釋字書無輫字,當是借作拂,取轉拂之義。

䡯 59983 41957 xǐ_5.12 五音篇海先伊切。輇軶也。

軬 59984 41958 jú_5.12 奚韻居玉切。車轡縛也。鋆 字彙補 畢字省文。

䡜 59985 45757 hé_5.12 龍龕音禾

輁 59986 45758 gōng_5.12 搜眞玉鏡音功。

輤 59988 45760 bù_5.12 搜眞玉鏡音布。

䡧 59989 45761 hún_5.12 搜眞玉鏡昆累切。鋆疑同軬08907

軥 59990 u2B7E4 tuó_5.12 簡軳59966

轮 59992 u2B409 líng_5.12 簡軨59944

軮 59995 u2B3F4 null_5.12 未詳。

軒 59996 u9FAB wò_5.12 俗軺22003

軸 59998 u282E4 lú_5.12 俗轤60478 図 so 喃同軂60486比較。

軥 59999 u282E3 null_5.12 黃德寬 古文字譜系疏證疑輀之異文。帛書殘片:左坪軥相星光 図 bánh 喃从車丙 bính聲。輪。

軷 60000 u282E2 lì_5.12 粵電梯,升降機。英文lift的音譯。

軽 59987 45759 qīng_5.12 川篇與輕同

軬 59991 u2B40A fàn_5.12 簡軬59951

軷 59993 u2B408 bá_5.12 簡軷59972

軬 59994 u2B3F5 zhěng_5.12 俗軬60026 合併字學篇韻便覽軬,呈生整正勝五音,軥車後登。

䡵 59997 u28407 lóng_5.12 簡轤60479

軏 60001 u282E0
rǒng_5.12 亦作軂59891 玉篇 軂，而勇切。多也。又同轙59967 集韻 軂轙軂，乳勇切 說文 反推車令有所付也。一曰輕車。或从茸从宂。通作挴19496

軂 60002 u282DC
è_5.12 俗軱59892

轊 60003 u4882
lì_5.12 簡 轊60000

轻 60004 u8F7B
qīng_5.12 简 輕60097

轺 60005 u8F7A
yáo_5.12 简 軺59978

轹 60006 u8F79
lì_5.12 简 轢60464

轸 60007 u8F78
zhěn_5.12 简 軫59948

轷 60008 u8F77
hū_5.12 简 軒59940

轶 60009 u8F76
yì_5.12 简 軼59981

轵 60010 u8F75
zhǐ_5.12 简 軹59977

轴 60011 u8F74
zhóu_5.12 简 軸59975

轳 60012 u8F73
lú_5.12 简 轤60478

轲 60013 u8F72
kē_5.12 简 軻59980

轱 60014 u8F71
gū_5.12 简 軲59959

軭 60015 31952
kuāng_6.13 廣韻 去王切 集韻 曲王切夶音匡 說文 車戾也 又 kuáng 廣韻 巨王切 集韻 渠王切夶音狂。義同。

軾 60016 31983
shì_6.13 廣韻 賞職切 集韻 設職切，夶音拭 說文 車前也 釋名 軾，式也。所伏以式敬者也 後漢·張湛傳 軾輅馬 註 乘車必正立，有所敬則撫軾，謂小俛也△通作式 論語 式負版者也。鍂又軾60070

軿 60017 31984
píng_6.13 俗軿60164字。鍂又輧60215軿60051

輌 60018 31985
ér_6.13 廣韻 韻會 正韻 如之切 集韻 人之切夶音而 說文 喪車△ 玉篇 同輌。鍂又輭60204轜60440

輁 60019 31986
qióng_6.13 廣韻 集韻 夶渠容切音蛩 廣韻 輁軸，所以支棺 儀禮·既夕 侇牀輁軸 註 輁狀如長牀，穿桯前後，著金而關軸 又 gǒng 廣韻 居竦切 集韻 古勇切夶音拱。義同。

輂 60020 31987
jú_6.13 廣韻 居玉切 集韻 韻會 拘玉切夶音輂 說文 大車駕馬也 周禮·地官·鄉師 正治其徒役與其輂輦 註 輂，駕馬，輦，人輓行，所以載任器也 又 舉土器 前漢·五行志 陳畚輂 註 輂，所以輿土也。鍂譌作輦50514

衝 60021 31988
juàn_6.13 廣韻 古縣切 集韻 局縣切夶音睊◆ 說文 車搖也。

輥 60022 31989
hún_6.13 集韻 戶昆切音魂。車革前也 韻會 車革前飾曰輥 郭璞曰 以革鞔車軾也△ 說文 作輨。

軷 60023 31990
fú_6.13 俗輹60232字。切音服。擊也。鍂又轊41684轐41683

輬 60024 31991
xiāng_6.13 集韻 虛江

軺 60025 31992
tiāo_6.13 集韻 他彫切音挑。愉也。

輋 60026 31993
zhěng_6.13 集韻 之庱切，蒸上聲 說文 輣車後登也 又 集韻 書蒸切，音升。義同△或作輇。譌作廯。鍂又集韻 輋60135輋，石證切。副車也。或从丞 又 廯60260 又 直音篇 輋59994音整，輣車後登也。輇輋同上。廯，音承，輣車後登。

較 60027 31994
jué_6.13 廣韻 古岳切 集韻 韻會 正韻 訖岳切夶音

覺 說文 車輢上曲銅也 崔豹·古今注 車較，重耳也。在車輢上重起，如兩角然 詩·衞風 猗重較兮 註 較，高于軾。輢是兩旁植木，較橫輢上。蓋古者車皆立乘，平常立則憑較，若應爲敬，乃俯憑軾。較在軾上，若兩較然，故云重較 又 廣韻 車箱也 後漢·輿服志 金薄繆龍，爲輿倚較 註 車箱爲較 又 與角通，相競也 孟子 魯人獵較 又 廣韻 古孝切音教。與校通。比較也 又 廣韻 略也 孝經 蓋天子之孝也 疏 蓋者，辜較之辭。辜較，猶梗概也。言舉其大略也 又 正韻 著明貌 前漢·孔光傳 較然甚明△ 集韻 或作較。今通用較。鍂又较60063 又 龍龕 較古，較今。

軳 60028 31995
páo_6.13 集韻 殺測切音色 博雅 軸軳，轉戾也。

軤 60029 31996
qǐ_6.13 廣韻 康禮切 集韻 遣禮切夶音啟。礙也。又至也。鍂又輺60091

輄 60030 31997
guāng_6.13 廣韻 同輄60380 鍂又軦60053

輄 60031 31998
hōng_6.13 集韻 呼宏切，音訇。鍂車聲 又 chūn 敕倫切，音椿。與輈同。

輅 60032 31999
lù_6.13 廣韻 洛故切 集韻 韻會 正韻 魯故切夶音路 玉篇 大車也 釋名 天子所乘曰玉輅。謂之輅者，言行於道路也 又 轅縛也 儀禮·既夕 賓奉幣，當前輅，致命 註 輅，轅縛，所以屬引 疏 謂以木縛于轅上，以屬引而輓之也 又 大也 後漢·張湛傳 禮下公門軾輅馬 註 輅，大也。君所居曰輅，寢車曰輅車 又 頤輅，蟲名 莊子·至樂篇 頤輅生乎食醯 又 集韻 歷各切，音洛 韻會 轄各切，音貉 史記·婁敬傳 脫輓輅 註 一木橫遮車前，二人挽之，三人推之 又 yà 集韻 魚駕切 正韻 五駕切夶音迓 左傳·僖十五年 輅秦伯將止之 註 輅，迎也 又 與路通。經書車輅之輅多作路。鍂又輅60064輅60396 又 集韻 輅60206或作輅。

輆 60033 32000
kǎi_6.13 廣韻 苦亥切 集韻 可亥切夶音愷。輆輨，不平也 又 集韻 口漑切音慨。輆沐，國名，在越東。鍂又輨60114

輇 60034 32001
quán_6.13 廣韻 市緣切 集韻 韻會 淳沿切，並音遄 又 集韻 逡緣切 正韻 且緣切，並音鈴 說文 蕃車下庳輪也。一曰無輻也。直斫木爲之，如推輪 又 與銓通 莊子·外物篇 輇才諷說之徒 註 輇，量人物也。一曰輇才謂小才也 又 與輇60219同 又 chūn 集韻 敕倫切音椿。與輈同。車約軥也。鍂又轮60065

軼 60035 32002
yì_6.13 集韻 以制切音曳。車馬贈亡謂之軼。或从車作轊。

軟 60036 32003
cì_6.13 集韻 七四切音次。以鬃飾車也。

輨 60037 32004
tuī_6.13 玉篇 同軘60169

輈 60038 32005
zhōu_6.13 廣韻 集韻 韻會 夶張流切音譸 說文 車轅也 詩·秦風 五桑梁輈 註 梁輈，從軫以前稍曲而上，

至衡則向下勾之。衡橫居輈下，而輈形穹隆如屋之梁，故曰梁輈 左傳·隱十一年 潁考叔挾輈以走 疏 方言 楚衛之閒謂轅爲輈 図 輈張，彊梁貌 後漢·董皇后傳 汝今輈張，怙汝兄耶。鑒 又輈60066 𧏗60513

載 60039 32006
zài_6.13 古文 𱠎 廣韻 集韻 韻會 正韻 丛作代切音再 說文 乘也 易·大有 大車以載。又承也，勝也 易·坤卦 君子以厚德載物 図 事也 書·舜典 有能奮庸，熙帝之載 註 言奮起其功，以廣帝堯之事也 図 始也。與哉通 詩·豳風 春曰載陽 孟子 湯始征自葛載 図 則也，助語辭 詩·周頌 載戢干戈，載櫜弓矢 図 成也 書·益稷 乃賡載歌 註 賡，續也。續歌以成其義也 図 行也 書·臯陶謨 載采采 註 言其所行某事某事以為驗 図 滿也 詩·大雅 厥聲載路 図 記載也 書·洛誥 丕視功載 註 視羣臣有功者記載之 史記·伯夷傳 載籍極博 図 飾也 淮南子·兵略訓 載以銀錫 註 箭以銀錫飾之也 図 載師，官名 周禮·地官 載師 註 載之爲言事也，事民而稅之也 図 姓 廣韻 集韻 韻會 丛昨代切，在去聲 集韻 舟車運物也 詩·小雅 其車既載 註 才再反 図 zǎi 廣韻 作亥切 集韻 正韻 子亥切 丛音宰。年也 書·堯典 朕在位七十載○按 爾雅·釋天 載，歲也。註：載，始也。取物終更始之義。蔡邕 獨斷 載，歲也。言一歲之中莫不覆載也。據此則年載之載亦可作去聲讀也 図 dài 集韻 都代切音戴。與戴通 詩·周頌 弁俅俅 禮·月令 載青旂。鑒 又 嵐68540 𪚾10210 廪14602 廪04625 載60119 𪜶35527 車59843 載60069 傤02115 傤01782

軯 60040 32007
pīng_6.13 集韻 蒲應切音砯。軯軯，車聲。

幹 60045 45763
wò_6.13 龍龕 同斡

輕 60041 32008
zhì_6.13 廣韻 集韻 陟利切，音致 說文 低也 正韻 車前重也 詩·小雅 如輊如軒59855△ 說文 作輷。別作摯輵頓，通作摯。鑒 又輊60068 輖60178 轋60453 輯60350 図 字彙補 輕59987同輕 図 龍龕 輯60420俗，輕或作，鞼60368正。

輕 60042 41959
qīng_6.13 川篇 去孟切。石動也。鑒 字彙補 輕，不動也。楊寶忠：不動，不重之誤。

軣 60046 45764
gōng_6.13 龍龕 音工

輨 60043 41960
kān_6.13 龍龕 苦寒切音看。視也。鑒 鄧福祿：俗翰37989

軫 60044 45762
zhěng_6.13 篇海類編 同鞏。鑒 又 廥60160 廥60260

軮 60047 45765
yáng_6.13 搜眞玉鏡 音羊

輞 60048 45766
xǔ_6.13 金鏡 音許

暉 60049 45767
fá_6.13 五音篇海 音伐。鑒 楊寶忠：疑晦48342字俗譌。

軷 60050 45775
chǐ_6.13 五音篇海 同吃。

軿 60051 u2B40C
píng_6.13 簡 軿60017

𨣈 60053 u28408
guāng_6.13 簡 軦60030

摰 60052 u2B40B
zhì_6.13 簡 輊60339

輯 60054 u28300
nhe_6.13 喃 从輕省耳nhĩ聲。俗輻60429△輯咥：輕言細語。

𣏟 60055 u282FF
chái_6.13 直音篇 𡷬，又兹切。却車抵堂。𣏟，同上。

𧿤60301，同上。又音釵。

輞 60056 u282F9
wǎng_6.13 同輞60142 說文 輭，車网也。段玉裁·注：今本作車輞 篇 韵 皆作車輞。輞譌爲軔，見 爾雅 釋文。輞从車旁，蓋俗。古衹作网耳。或曰許本有輞篆，解曰車輞也，在軿篆之上，今軔篆即輞之誤。然許有軔篆，諸家引之，疑未能明也。車网者，輪邊圍繞如网然。

軖 60058 u282F6
kuáng_6.13 可洪音義 鐵軖：音狂。正作軖59880

𨣕 60059 u282F5
null_6.13 未詳。

軴 60057 u282F8
xié_6.13 亦作軴60108 同挾19680 龍龕 軴，俗，胡頰反 篇海類編 軴，挾本字。

鞍 60060 u282F4
null_6.13 未詳。

輞 60061 u282F3
null_6.13 未詳。

鞏 60062 u4857
gǒng_6.13 同鞏59956

較 60063 u8F83
jiào_6.13 简 較60027

輅 60064 u8F82
lù_6.13 简 輅60032

輇 60065 u8F81
quán_6.13 简 輇60034

輈 60066 u8F80
zhōu_6.13 简 輈60038

轎 60067 u8F7F
jiào_6.13 简 轎60384

輊 60068 u8F7E
zhì_6.13 简 輊60041

載 60069 u8F7D
zài_6.13 简 載60039

軾 60070 u8F7C
shì_6.13 简 軾60016

輛 60071 u8F0C
liàng_6.13 同輛60130

輋 60072 u8F0B
shē_6.13 畬35587，古作輋。

輊 60073 32009
kuáng_7.14 軖本字。

輂 60075 32011
zàng_7.14 廣韻 徂浪切 集韻 正韻 才浪切，並音奘。修車也。

軖 60074 32010
kuáng_7.14 正字通 軖字之譌。

輂 60076 32012
chái_7.14 同𧿤60301 鑒 又 𥬇60180 籗60397

輁 60078 32014
kóng_7.14 同軭59945

輍 60077 32013
yù_7.14 廣韻 余蜀切 集韻 余玉切丛音浴 玉篇 車枕前也 集韻 車枕謂之輍。或从育。鑒 輔 玉篇 車軨前也。

輎 60079 32015
shāo_7.14 廣韻 所交切 集韻 師交切，並音梢 玉篇 兵車 集韻 兵車以鹿皮爲飾。

輇 60080 32016
tián_7.14 廣韻 徒年切 集韻 亭年切丛音田 玉篇 車聲 左思·魏都賦 振旅輇輇。鑒 又輇59974

軸 60082 32018
zhóu_7.14 正字通 俗軸字。鑒 俗舳48614

輖 60081 32017
yóu_7.14 同輶60228

輁 60083 32019
tián_7.14 廣韻 徒年切 集韻 亭年切丛音田 集韻 輇輇，喜動貌 呂覽 天子輇輇啟啟，莫不載悅 註 喜悅之貌。鑒 又輓60105

輀 60084 32020
xuàn_7.14 玉篇 同輇59907

輐 60085 32021
wàn_7.14 集韻 戶管切 韻會 互管切 正韻 胡管切，丛音緩 集韻 圓也。形裁之所用 莊子·天下篇 椎拍輐斷。或作䡧 図 韻會 正韻 丛五換切音玩。刓去圭角也 図 集韻 胡滿切音緩。義同。鑒 又ruǎn 玉篇 輐，虞遠切。車具也。

輑 60086 32022
qūn_7.14 廣韻 去倫切 集韻 正韻 區倫切丛音囷 廣

韻車軸相連也揚子方言輅謂之軸張衡·南都賦隈隆
相輑囚yǐn玉篇牛陞切音瑥說文車前橫木囚集韻
牛吻切音唔。義同。

輒 zhé_7.14　廣韻陟葉切集韻韻會陟涉切夶音輙說
文車兩輢也囚廣韻專輒也囚增韻忽然也韻會每事
即然也囚足疾也春秋·昭二十年秋，盜殺衛侯之兄輒
穀梁傳輒者何，兩足不能相過。齊謂之綦，楚謂之踂，
衛謂之輒囚姓○按說文从車耴聲。俗或作輙，非。
鋆又輒60122

輓 wǎn_7.14　廣韻無遠切集韻韻會武遠切夶音挽說
文引車也周禮·春官·巾車輦車組輓左傳·襄十四年或
輓之，或推之註前牽曰輓，後送曰推囚韻會前漢·張
良傳河渭漕輓天下，西給京師揚雄傳妻帤委輅脫輓。
夶音晚。或作挽囚輓歌，喪車執紼者相和聲囚韻會正
韻夶無販切音萬。義同。鋆又輓60115

輗 ní_7.14　同輗說文輗60125或从宄。

輬 láng_7.14　廣韻魯當切集韻盧當切夶音郎。兵車也。

輙 qǐ_7.14　同輢60029
音启。車器。鋆正字通輗59892字之譌。

軥 è_7.14　集韻章移切

輔 fǔ_7.14　廣韻扶雨切五音集韻父雨切夶音釜說
文人頰骨也易·咸卦咸其輔頰舌註輔，上頜也左傳·僖
五年輔車相依囚正韻車輔，兩旁夾車木也詩·小雅乃
棄爾輔疏輔以佐車，可解脫之物。今人縛杖于輻，以
防輔車也囚廣韻毗輔。又相助也，弼也增韻扶也
易·泰卦輔相天地之宜書·說命朝夕納誨，以輔台德。
囚以物相將曰輔周禮·地官鄉大夫以旌節輔令則達之
註民雖以徵令行，其將之者無節，則不得通囚四輔，
官名。禮·文王世子設四輔註謂師、保、疑、丞也。
囚府史胥徒亦謂之輔周禮·天官·大宰置其輔註庶人
在官者也囚韻會四輔，星名。所以輔佐北極囚三輔，
郡名。漢京兆、左馮翊、右扶風囚輔氏，地名左傳·宣
十五年秦伐晉，次于輔氏囚龍輔，玉名左傳·昭二十
九年公使獻龍輔于齊侯囚姓。晉智果別族爲輔氏。
鋆又俌01244輔39830軵59908輔。

輗 mào_7.14　廣韻莫教切集韻眉教切夶音貌玉篇引
也集韻引車也囚車軥心。鋆字彙補輗，與輗同。

輏 xīng_7.14　玉篇五音集韻夶息營切音騂。車也。

輸 xú_7.14　集韻詳余切音徐。車軨也。

輕 qīng_7.14　古文輕逕廣韻去盈切集韻韻會牽盈切
夶音輕說文輕車也囚廣韻重之對也囚qìng去聲廣韻
虛正切集韻韻會牽正切正韻丘正切，並輕去聲集
韻疾也左傳·桓十二年絞小而輕，輕則寡謀。又僖三
十三年秦師輕而無禮。鋆又輕60004輕59987囚五經文
字輕，苦盈反，作輕60042訛。

輐 wò_7.14　海篇大成何國切，音獲◇車軸轀也。
俗斡22003

輰 yàng_7.14　龍龕魚向切。輈轎也。輰亦作輸60261

輮 qú_7.14　龍龕音渠。車輈也。

輯 jí_7.14　龍龕同輯

輔 yìn_7.14　篇海類編夷
益切音亦。車也。鋆字彙補音胤囚輔59973

輯 zǒng_7.14　龍龕子順切。鋆楊寶忠：俗輆60209

輂 mào_7.14　川篇音貌。鋆同輗。

輨 tián_7.14　簡輨60083

輓 è_7.14　同輓59892

輁 kuáng_7.14　同輊60073

軶 null_7.14　或同輓60088

輬 xié_7.14　同挾19680直音篇輬、輬，胡頰切。

輬 null_7.14　未詳。

輼 null_7.14　未詳。

輬 null_7.14　未詳。

輖 kù_7.14　墨子·非攻下
天有輖命。孫詒讓間詁：輖疑當為酷。

輂 kuì_7.14　輂08907譌字玉篇丘愧切。里名。

輡 kǎi_7.14　墨子·卷六·節葬下第二十五昔者越之東
有輡沐之國者。孫詒讓·間詁：畢云輡舊作輟，不成字，
據太平廣記引作輗60033，音善愛反。今改。

輓 wǎn_7.14　俗輓60088龍龕輓，無返反。引也。

輾 zhǎn_7.14　俗輾60284可洪音義輾轉：上知演反。驪
輾：音展。轉也。宜作驎70261知扇反囚同震66528

輬 líng_7.14　俗輆60126四聲篇海音稜。車声。

輛 liàng_7.14　簡輛60130

輔 fǔ_7.14　簡輔60093

輒 zhé_7.14　簡輒60087

輅 lù_8.15　同輅60335
職流切集韻韻會之由切夶音周說文重也集韻重載
也囚韻會低也。一曰車前重也儀禮·既夕志矢一乘軒
輈中註軒輈，猶軒輊。中，適中也周禮·冬官考工記大
車之轅摯註摯，輈也。摯同輊。鋆又輈60183

輗 ní_8.15　廣韻五稽切正韻研奚切夶音倪說文大
車轅端持衡者論語大車無輗。又六書故轅端橫木，
卽衡也。輗乃持衡者，大車載重岐衡，故與小車不同。
囚yì五音集韻五計切音羿。輈輗，車名。鋆又梘24411
輗60089軵60182囚玉篇輊60171同輗。

輘 líng_8.15　五音集韻力承切韻會間承切夶音陵集
韻車輘也前漢·灌夫傳輘輘宗室註踐踏也囚史記作凌
囚通作陵前漢·惠帝紀陵轢邊吏囚léng廣韻魯登切
集韻韻會正韻盧登切夶音楞集韻輘輈，車聲韓愈
詩輘輈掉狂車囚lèng集韻郎鄧切音倰。軸也。

鑋又輭60118

轍 60127 32038
zhé_8.15 俗輒字。

轏 60128 32039
zhàn_8.15 廣韻 集韻
丛仕限切音棧 集韻 臥車也 班固·西都賦 乘轏輅 註 轏
輅，臥車 図 廣韻 兵車也 図 廣韻 集韻 韻會 丛仕諫切，
棧去聲。義同 図 通作棧 周禮·春官·巾車 士乘棧車 詩·小
雅 有棧之車。音義同△或作輚60386

輮 60129 32040
liǔ_8.15 玉篇 同輮。

輛 60130 32041
liàng_8.15 廣韻 里獎切 集韻 里養切 韻會 力壤切
正韻 良獎切，丛音兩。與兩同 韻會 乘也，匹也。又車
數 漢書註 車一乘曰一兩，言其輪轅兩兩而耦也 詩·周
南 百兩御之 註 百兩，百乘也 疏 車一乘爲一兩 風俗通
車有兩輪，馬有四匹，故車稱兩，馬稱匹。鑋又輛60071
輛60120

輪 60131 32042
zhēng_8.15 集韻 菑莖切音爭。車聲也。

輅 60132 32043
lù_8.15 廣韻 集韻 丛力竹切音陸 玉篇 軸也 廣韻
轒輅，車箱 集韻 轒輅，三箱車也。鑋 龍龕 轒俗，輅正。

輓 60133 32044
yuān_8.15 廣韻 集韻 韻會 丛於袁切音鴛 說文 大
車後壓也 図 廣韻 韻會 丛於云切音氳。義同 図 yǔn 廣
韻 於粉切 韻會 委粉切 等韻 烏吻切丛音搵 韻會 輴輓，
車名。或作輴。鑋又輓67321

輴 60134 32045
rǒng_8.15 正字通 軵字之譌。鑋 正字通軵字之譌。
疑軵為輴59983字之誤。龍龕 輴，而隴反。車輴 直音篇
輴，同輴 図 輴60175軔59891軐60001軵59967

窜 60135 32046
chéng_8.15 集韻 神陵切音乘。車一乘也。或作輮。
図 chèng 實證切音賸。副車也。

瑲 60136 32047
fú_8.15 廣韻 集韻 韻會 丛房六切音服。車笭閒
皮篋也 前漢·張安世傳·輕車註 麾瑲弩 張衡·西京賦 瑲
弩重旃 註 瑲，車闌閒皮篋以盛弩者△集韻 或作輹 韻
會 通作箙、服 図 廣韻 集韻 丛蒲蒙切音蓬。義同。

輜 60137 32048
zī_8.15 廣韻 側持切 韻會 正韻 莊持切，丛音淄。
◆說文 軿車前，衣車後，所謂庫車也 釋名 輜車，載輜
重臥息其中之車也。輜，厠也。所載衣物雜厠其中也。
輜、軿之形同，有邸曰輜，無邸曰軿 前漢·韓安國傳 擊
輜重 註 輜謂衣車，重謂載重，故行者之資總曰輜重。
図 zī 集韻 韻會 丛側吏切音萩 集韻 車輻入牙曰輜 韻
會 與萩通 周禮·冬官考工記 察其萩 註 萩謂輻入轂中
者也。萩讀如雜厠之厠，所謂建輜也 図 廣韻 楚持切音
纚。義同。鑋又輜60369輜60196輜60233輜60246輜60347

暈 60138 32049
jú_8.15 廣韻 居玉切 集韻 韻會 拘玉切丛音挶 說
文 直輮車軨縛也 図 韻會 土舉切 図 通作挶 左傳·襄八
年 陳畚挶。義與舉同。鑋又欅25902暴24430量59984
桐24219欅25583 正字通 暈60280暈字之譌。

輧 60139 32050
pì_8.15 集韻 匹計切，音淠 釋名 輧軼，猶祕齧。

在車軸上，正輪之祕齧前却也。

軿 60140 32051
pì_8.15 同輧。

輝 60141 32052
huī_8.15 廣韻 許歸切 集韻 呼韋切丛音揮 集韻 光
也。火之光也△說文 作煇。鑋 又夊30603輝31847煇60201
辉74794煉02460燀64507燂02491 図 龍龕 㸌02476俗，輝正。

輞 60142 32053
wǎng_8.15 廣韻 文兩切 集韻 韻會 正韻 文紡切丛
音罔 玉篇 車輞也 韻會 車輞，車之牙輞輮也 釋名 輞，
网也，謂网羅周輪之外也 後漢·輿服志 天子獵車，重輞
縵綸，繆龍繞之 図 輞川，地名。太原王摩詰別墅處有
輞川圖。鑋又椆24368輞60199 図 正字通 軛59909，同
輞60056

輟 60143 32054
chuò_8.15 古文徹 廣韻 陟劣切 集韻 韻會 正韻 株
劣切丛音啜 說文 車小缺復合者 図 廣韻 已也 集韻 止
也 增韻 歇也。鑋又輟60197

軶 60144 32055
è_8.15 五音集韻 烏合切音姶。車具。

輷 60145 32056
hōng_8.15 正字通 輷字之譌。鑋又tāo 字彙 韜67735
字之譌 正字通 舊註音淘。藏也。誤。

輎 60146 32057
táng_8.15 玉篇 徒郎切音堂。鐵軸也 集韻 同輱。

輚 60147 32058
cōng_8.15 同輣60334

輠 60148 32059
guǒ_8.15 廣韻 胡火切
集韻 戶果切 韻會 合果切 正韻 胡果切丛音夥 廣韻 車
脂角 集韻 筲。車盛膏器 韻會 車行，其軸當滑易，故
常載脂膏以塗軸，此即其器也。齊以淳于髡爲炙輠，謂
其言長而有味，如炙輠，器雖久而其膏不盡也 說文 作
楇 集韻 或作輠 guǒ 集韻 丛古火切音果。義同
図 huà 廣韻 胡瓦切 集韻 韻會 正韻 戶瓦切丛音踝 廣
韻 轂轉貌 禮·雜記 叔孫武叔朝，見輪人以其杖關轂而
輠輪 疏 關，穿也。輠，迴也。謂以其杖穿轂中而廻轉
其輪也 図 集韻 火猥切音腲。苦猥切音塊。戶賄切音瘣。
義丛同。鑋 集韻 輠，或作輠60295

輡 60149 32060
kǎn_8.15 廣韻 正韻 韻會 丛苦感切音坎 玉篇 輡
輘，車行不平也 図 集韻 不得志也△亦作轗。互詳前
輡59980字註。鑋 廣韻 轗輡，車行不利 図 轛60256

輇 60150 32061
juān_8.15 等韻 居宛切音卷。牽車也。

輟 60151 32062
chào_8.15 玉篇 丑教切音趠。車弓也。

輢 60152 32063
tà_8.15 廣韻 他合切 集韻 託合切，並音塔 廣韻 車
釭輢也。

輑 60153 32064
dǐ_8.15 正字通 俗軹字。

輢 60154 32065
yǐ_8.15 廣韻 於綺切 集韻 韻會 正韻 隱綺切丛音
倚 說文 車旁也 図 jǐ 集韻 奇寄切音芰。車旁兵所插處
図 正韻 於戲切音意。義同。鑋又輢60184

輶 60155 32066
yù_8.15 同輅 玉篇 車軫前也。通作育 釋名 兗冀謂
車軫以前曰育，御者坐中執轡育育然也。

輚 60156 32067
zōng_8.15 玉篇 同輚60333

輣 60157 32068
péng_8.15 廣韻 薄庚切 集韻 韻會 正韻 蒲庚切丛音彭 說文 兵車也 史記·淮南王傳 作輣車 又 廣韻 樓車也 後漢·光武紀 衝輣撞城 註 衝60388陷陣車。輣，樓車也 通雅 渠衝、衝輣，皆臨衝也。鑾又軪59925輧60273

輤 60158 32069
qiàn_8.15 廣韻 集韻 韻會 正韻 丛倉甸切音倩 廣韻 載柩車蓋 禮·雜記 諸侯之輤有裧，大夫以布，士以葦席 註 輤，載柩將殯車飾也。殯謂之輤，葬謂之柳△ 玉篇 或作倩 集韻 通作綪。

輥 60159 32070
gǔn_8.15 廣韻 集韻 韻會 丛古本切音袞 說文 車轂齊等貌 周禮·冬官考工記 望其轂，欲其輥 六書故 輥，轉之速也 又 集韻 韻會 丛戶袞切音渾。義同△俗作輹。鑾又辊60200 又 正字通 輣，俗輥字。

輻 60162 32073
mǐn_8.15 同輻60214

䡢 60160 32071
zhěng_8.15 俗䡡字。

鑾 集韻 䡡䡢，辰陵切 說文 軺車後登也。或从广。

輦 60161 32072
niǎn_8.15 古文䡬 廣韻 集韻 韻會 正韻 丛力展切音輦 廣韻 人步輓車也 詩·小雅 我任我輦 註 任，負任者。輦，人輓車也 又 輓運也 左傳·莊十二年 南宮萬以乘車輦其母 又 京師謂之輦下 後漢·周紆傳 典司京輦。又 宮中道曰輦道 司馬相如·上林賦 輦道纚屬 註 閣道可乘輦而行者 又 輦郎，官名 前漢·劉向傳 向以父德任爲輦郎 註 引御輦郎也 又 姓。鑾又辇60203 又 篇海類編 䢩61425䢦61432，二，力展切音璉。正作輦。

䡩 60163 32074
kēng_8.15 玉篇 口莖切音鏗。車鞭也。一作輷。鑾胡吉宣：車鞭，車鞕之誤。

輧 60164 32075
píng_8.15 廣韻 韻會 旁丁切 集韻 旁經切丛音瓶 說文 輕車也。重曰輜，輕曰輧 釋名 輧，屏也。四面遮蔽，婦人所乘車也 後漢·輿服志 皇太后出，非法駕則乘紫罽輧車 列女傳 齊孟姬曰：后妃踰閾必乘安車輜輧，今立車無輧，非所敢受命也 又 pēng 集韻 韻會 丛披庚切音烹。輧軥，車馬聲 又 廣韻 部田切 集韻 韻會 正韻 蒲眠切，並音駢。義同△俗省作軿。或作䡘。

輨 60165 32076
guǎn_8.15 廣韻 古滿切 集韻 韻會 正韻 古緩切丛音管 說文 轂端沓也 增韻 車轂端鐵 又 韻會 通作錧 孟子·題辭 五經之錧鎋 註 方言 作輨。輨，釭也。錧以冒轂，鎋以鍵輪。鑾𫐐60181

輩 60166 32077
bèi_8.15 廣韻 集韻 韻會 補妹切 正韻 邦妹切丛音背 說文 若軍發車百兩爲一輩 六書故 車以列分爲輩 又 玉篇 類也 正韻 等也 史記·婁敬傳 使者十輩來 前漢·黃霸傳 令郡國孝子、悌弟、貞婦爲一輩 又 玉篇 比也 正韻 班也 後漢·循吏傳 邊鳳、延篤先後爲京兆尹，時人以輩前世趙、張 吳志·張溫傳 當今無輩 又 正韻 行也 論語註 先進、後進，猶言前輩、後輩△俗省作輩。鑾又輩59926䡪60202

輪 60167 32078
lún_8.15 廣韻 力迍切 集韻 韻會 正韻 龍春切丛音倫 廣韻 車輪也 說文 有輻曰輪，無輻曰輇 釋名 輪，綸也，言彌綸也，周匝之言也 周禮·冬官考工記 察車自輪始 又 輪人，車官名 周禮·冬官考工記 輪人爲輪 又 廣輪，地形縱橫也 周禮·地官·大司徒 周知九州之地域廣輪之數 註 東西爲廣，南北爲輪 又 大也 禮·檀弓 美哉輪焉 註 輪困言高大也 又 史記·鄒陽傳 輪困離詭 註 委曲盤戾也 又 輪轉，廻旋也 又 輪氏，地名。鑾又轮59935

輫 60168 32079
pái_8.15 廣韻 集韻 丛步皆切音排 玉篇 車箱也 集韻 車箱，楚衞之閒謂之輫 又 廣韻 薄廻切 集韻 蒲枚切丛音裴。義同。

輴 60169 32080
tuī_8.15 廣韻 他回切 集韻 通回切丛音推 玉篇 車盛貌△或作䡖。

輬 60170 32081
liáng_8.15 廣韻 集韻 韻會 呂張切 正韻 龍張切丛音涼 說文 臥車也 韻會 師古曰輼輬，本安車，可以臥息，後因載喪，飾以柳翣，遂爲喪車。輼者密閉，輬者旁開，各別一乘，隨事爲名。後人既專以載喪，又去其一，總爲藩飾，合二名而呼之。孟康曰：如衣車有窗牖，閉之則溫，開之則涼。鑾又辌60198䡫60255輵60309 又 正字通 輬60090俗輬字。

輗 60171 32082
ní_8.15 字彙補 與輗同。

輷 60172 32083
kēng_8.15 集韻 丘耕切音鏗。輷輘，車聲也。鑾 龍龕 轒60302或作，輷正，口耕反。車聲也。

輕 60173 32084
qīng_8.15 集韻 輕60097古作輕。

輟 60174 32085
chuò_8.15 集韻 輟60143古作輟。

輭 60175 41965
rǒng_8.15 奚韻 如隴切。車輞也。

輥 60176 41966
yūn_8.15 五音篇海 於軍切。兵車也。

䡮 60177 45771
chái_8.15 篇海類編 同輂。

輊 60178 45772
zhì_8.15 五音篇海 與輊同。

䡯 60179 45773
huī_8.15 搜真玉鏡 與揮同。鑾俗翚46179 字彙補 音義與揮同。

䡰 60180 45774
chái_8.15 龍龕 同輂

𫐐 60181 u2B411
guǎn_8.15 简 輨60165

𫐏 60182 u2B410
ní_8.15 简 輗60125

𫐏 60183 u2B40F
zhōu_8.15 简 輈60124

𫐎 60184 u2B40E
yǐ_8.15 简 輢60154

𫏹 60185 u2B3F9
null_8.15 未詳。

𨍄 60186 u28344
cộ_8.15 喃 車輌：車輛。

𨌾 60188 u2833E
null_8.15 未詳。

𨌿 60187 u2833F
yìn_8.15 俗輴23320 四聲篇海 輴，音胤。大皷上小皷動也。

𨌽 60189 u2833D
null_8.15 未詳。

𨌼 60190 u2833C
null_8.15 未詳。

𨌻 60191 u2833B
null_8.15 未詳。

𨌹 60193 u28339
null_8.15 宋·謝莊 宋孝

武帝哀策文萬寓肅其北轅，靈阿閩其深隘。

輸 60192 u2833A hàn_8.15 俗輸46204 偏類碑別字引 唐朱光宙墓誌

輪 60194 uF9D7 lún_8.15 兼輪。

輦 60195 uF998 niǎn_8.15 兼輦。

辎 60196 u8F8E zī_8.15 简 輜60137

辍 60197 u8F8D chuò_8.15 简 輟60143

辌 60198 u8F8C liáng_8.15 同輬60170

辋 60199 u8F8B wǎng_8.15 简 輞60142

辊 60200 u8F8A gǔn_8.15 简 輥60159

辉 60201 u8F89 huī_8.15 简 輝60141

辈 60202 u8F88 bèi_8.15 简 輩60166

辇 60203 u8F87 niǎn_8.15 简 輦60161

輭 60204 32086 ruǎn_9.16 廣韻而兗切 集韻 韻會 正韻乳兗切太音軟 玉篇柔也 後漢·明帝紀安車輭輪 註以蒲裹輪，令柔輭也 又人柔弱亦謂之輭 史記·貨殖傳妻子輭弱。△俗作軟。或作輀。

輷 60205 32087 kēng_9.16 集韻丘耕切，音鏗 博雅車堅也。或作轉。

輅 60206 32088 hé_9.16 廣韻胡格切 集韻轄格切，並音垎 廣韻輓車當胷横木。

輮 60207 32089 róu_9.16 廣韻人九切 集韻 韻會 正韻忍九切，太柔上聲 說文車輞也 釋名輞，關西曰輮，言曲輮也 周禮·冬官考工記行澤者反輮，行山者仄輮 註澤地多泥，反輮者，反其木裏，使奭者在外，欲其滑也。山地多沙石仄輮者，使堅者在外，柔者在内，取其堅刃相成也。又與揉通 易·說卦坎爲矯輮 疏使曲者直爲矯，使直者曲爲輮 又 集韻踐也。與蹂通 又 ròu 廣韻人又切 集韻 韻會 正韻如又切，太柔去聲。又róu 集韻而由切音柔。義太同。鎣又鍒60247

輆 60208 32090 xié_9.16 玉篇戶皆切音諧 字彙登車也。

輚 60209 32091 zǒng_9.16 廣韻作孔切 集韻 韻會祖動切太音總 玉篇輪也 揚子方言關西輪謂之輚 又 集韻或作轇 釋名轇，言輻轇入轂中也 又平聲 集韻 韻會祖叢切 等韻祖東切太音葼。義同。鎣又轗60344輗60103轇60334

轇 60210 32092 zǒng_9.16 同輚。

輏 60211 32093 qiū_9.16 玉篇七留切音秋。輻也。鎣 鶡冠子·天權鳥乘隨隨，眴蜚垂輏。輏，或从車从耿作。眴，音義不詳。

輯 60212 32094 jí_9.16 廣韻 韻會 正韻太秦入切音集 說文車和輯也 六書故合材爲車咸相得謂之輯 又 玉篇和也 正韻睦也 書·湯誥輯寧爾邦家 又吐辭和好曰輯 詩·大雅辭之輯矣 又顏色和柔亦曰輯 詩·大雅輯柔爾顏。又斂也 書·舜典輯五瑞 禮·檀弓蒙袂輯屨 註力憊不能屨也 又與集通 前漢·郊祀歌澤汪濊，輯萬國 又與楫通 前漢·兒寬傳統楫羣元 註楫，聚也。當作輯。又 公孫賀傳發輯濯士 註輯，本從木，其音同耳 又與揖通 晉語君輯大夫就車 註輯作揖。鎣又輯60267輯60321 又 龍龕輎60242輅60102轗60406三俗，輯正。

輠 60213 32095 guǒ_9.16 同輠60148

輧 60215 32097 píng_9.16 俗輧字。

輰 60214 32096 mǐn_9.16 廣韻武盡切 集韻美隕切太音泯 說文車伏兔下革也〇按說文本作轗60507㥯古昏字。俗作輰。通作輾。音義太同。鎣又轗60465

輮 60216 32098 biàn_9.16 集韻婢善切音扁 玉篇小車也 又國名 山海經流沙之東有國名曰中輮。

輰 60217 32099 yáng_9.16 廣韻與章切 集韻余章切太音陽。輰轞，車也。

輱 60218 32100 xián_9.16 廣韻 集韻太胡讒切音咸。車聲也 又 集韻居咸切音緘。義同。

輲 60219 32101 chuán_9.16 廣韻市緣切 集韻淳沿切 等韻時緣切太音遄 廣韻無輻車 玉篇同輇 又chuàn 集韻豎兗切音歂。載柩車也 禮·雜記載以輲車 註有輻者別用木爲之，無輻者合大木爲之。

輝 60220 32102 hūn_9.16 廣韻戶昆切 集韻 韻會胡昆切太音渾 說文軘軥也 又 廣韻還也。車相避也 又 廣韻虛言切。與軒同。鎣又廣韻虛言切與軒同。廣韻輝，輴60236字之誤 又轗60431

輳 60221 32103 còu_9.16 廣韻倉奏切 集韻 韻會 正韻千候切太音腠 廣韻輻輳，輻共轂也 前漢·叔孫通傳四方輻輳 註輳，聚也。言如車輻之聚於轂也。通作湊 史記·張儀傳四通輻湊。又 賈誼傳輻湊並進。鎣又輳60269

鞏 60222 32104 mù_9.16 廣韻 集韻太莫卜切音木 玉篇轅也〇按詩·秦風作楘。或作鞏。亦作轐。

轐 60223 32105 duó_9.16 廣韻徒落切 集韻達各切太音鐸 廣韻轐，輅也 集韻轐輅，轉也。鎣轐輅又作轐轢。

輴 60224 32106 chūn_9.16 廣韻丑倫切 集韻 韻會敕倫切 等韻丑屯切太音椿 廣韻載柩車也 禮·檀弓菆塗龍輴 註輴車載柩，而畫轅爲龍，故曰龍輴 又泥行所乘也 書·益稷予乘四載註泥乘輴，以板爲之，其狀如箕，擿行泥上 史記·河渠書作橇 漢書·溝洫志作毳 又 禮·喪大記大夫葬用輴 註輴，當爲輇車之輇〇按玉篇輴與䡅同，不與輇同。輇與輲同。諸書多混纏眯目，附記於此。鎣又橇25363軸60031

輶 60225 32107 xǔ_9.16 集韻寫與切音稰。車下也。

輷 60226 32108 kēng_9.16 正字通俗字。鎣又輷60302軯59948 字彙輷，客庚切。音鏗。車聲。

輵 60227 32109 gé_9.16 廣韻古達切 集韻居曷切太音葛 廣韻轇輵，戟形 集韻鋒戟形 又 廣韻馳驅貌 集韻車馬喧雜貌 又yà 集韻乙轄切音鸛。車聲 揚雄·羽獵賦皇車幽輵 又 集韻丘葛切音渴。義同 又è 集韻阿葛切音遏。輵轄，轉搖貌 史記·司馬相如傳跮踱輵轄 註輵轄，搖

目吐舌也。或作轕60407通作葛。

輶 60228 32110
yóu_9.16 廣韻 以周切 集韻 韻會 夷周切，並音由 說文 輕車也 詩·秦風 輶車鸞鑣 又 輕也 詩·大雅 德輶如毛 又 廣韻 與九切 集韻 韻會 丛以久切音酉。又 廣韻 集韻 丛余救切音狖。義丛同。鎣又輏60081輎60242

輷 60229 32111
hōng_9.16 廣韻 集韻 正韻 丛呼宏切音轟。車聲 史記·蘇秦傳 輷輷殷殷 王褒·洞簫賦 輘輷佚豫 註 輘輷，大聲也△ 廣韻 同轟。一作訇。鎣又軥59899輣60145鸗70523𫐐60248

輸 60230 32112
shū_9.16 廣韻 式朱切 集韻 韻會 舂朱切 正韻 商朱切丛音鄃 說文 委輸也 左傳·僖二年 秦於是乎輸粟於晉 前漢·食貨志 武帝置平準，都受天下委輸 又 廣韻 盡也 左傳·襄九年 魏絳請施舍，輸積聚以貸 又 隳也 詩·小雅 載輸爾載◆春秋·隱六年 鄭人來輸平 註 輸平，隳成也 又 均輸，官名 桓寬·鹽鐵論 郡國諸侯，各以其方物貢輸，往來物多苦惡，不償其價，因置官以相紹運，故曰均輸 又 交輸，衣之後垂者 前漢·江充傳 曲裾後垂交輸 註 割正幅，使一頭狹若燕尾，垂之兩旁，見于後也。又 正韻 俗謂勝負爲輸贏 又 shù 廣韻 傷遇切 集韻 舂遇切丛音戍 廣韻 送也 增韻 凡以物送人，則讀平聲。指所送之物，則讀去聲 韻會 漢有三輔委輸官 又 經穴也 史記·扁鵲傳 五藏之輸 註 十二經皆以輸爲原，蓋經穴也。鎣又輸60271输60265輸60251

䡬 60231 32113
jiàn_9.16 同轞60443

輹 60232 32114
fù_9.16 廣韻 集韻 韻會 正韻 丛方六切音福 說文 車軸縛也 廣韻 車伏兔也 集韻 車軸縛也 釋名 車伏兔又曰轐。轐，伏也，伏于軸上也 易·大畜 輿脫輹。又 大壯 壯于大輿之輹 又 集韻 芳六切音蝮。義同。鎣又轐60390轅60353𨏥60477 又 玉篇 𨋠60136，同輹 又 安陽曹操墓出土石牌銘文：木軑60023机一，黃豆二升。

輜 60233 32115
zī_9.16 正字通 輜本字。

輻 60234 32116
fú_9.16 廣韻 集韻 韻會 正韻 丛方六切音福 說文 輪轑也 詩·小雅 員于爾輻 註 員，益也。輻，謂輪中木之直指者。下有菑以指輞，上有爪以湊轂 周禮·冬官考工記 輻也者，以爲直指也。又輪輻三十，以象日月 註 所以象其運行也。鎣又輻60263辐60268 又 䮠35707 金石文字辨異·輻 引 南唐本業寺記

輴 60235 32117
zhū_9.16 集韻 專於切音諸 玉篇 車也 又 集韻 同櫧。木名。

輯 60236 32118
xuān_9.16 玉篇 同軒59855

轂 60237 32119
gǔ_9.16 字彙補 古文轂60296字。

輵 60238 41967
huáng_9.16 龍龕 音皇。引也。

輬 60239 41968
suì_9.16 龍龕 音遂。暢也。

輶 60240 45776
dú_9.16 搜眞玉鏡 音毒。鎣或俗轆。

輳 60241 45777
yīng_9.16 龍龕 於典切。鎣 龍龕 音英 又 五侯鯖字海 輳，兵車也。

輎 60242 45778
jí_9.16 五音篇海 同輯。鎣又俗輶60228敦煌. P. 2524 語對 軒輎。

輓 60243 45779
pào_9.16 龍龕 軳字之譌。

輡 60244 45780
zī_9.16 五音篇海 音咨。

輵 60245 45781
gé_9.16 龍龕 音革。

輺 60246 45782
zī_9.16 五音篇海 同輜。

𫐓 60247 u2B413
róu_9.16 简 輮60207

𫐐 60248 u2B412
hōng_9.16 简 輷60229

𫏻 60249 u2B3FB
sau_9.16 喃 同𨏞60252後。

𫏺 60250 u2B3FA
yuán_9.16 同轅60300又人名 包山楚簡. 176 苛𫏺。

輸 60251 uFAC2
shū_9.16 同輸60230

𨍥 60253 u28365
null_9.16 未詳。

𨍦 60252 u28366
sau_9.16 喃 在後，後面。

𨍤 60254 u28364
xiá_9.16 可洪音義 輻𨍤：下行瞎反。忍𨍤：遐瞎反。車軸頭鐵 直音篇 同轄60299

𨍡 60255 u28361
liáng_9.16 直音篇 𨍡，同輬60170

𨌜 60256 u2835C
kǎn_9.16 𨌜轗，同輡60149轗 梁書·列傳第十五·張充 叔陽夐舉，𨌜轗乎千載。又南朝·宋·鮑照 觀漏賦 神怵迴而多慮，心𨌜轗而勘歡。

𨍙 60258 u28359
null_9.16 未詳。

𨌚 60257 u2835A
hàn_9.16 俗翰46204 碑別字新編 引 唐彭城劉氏龕像銘

𨍘 60259 u28358
null_9.16 未詳。

𨍗 60260 u28357
zhěng_9.16 𨍗60160譌字

𨍖 60261 u28356
yàng_9.16 同軮60099

輻 60263 uFA07
fú_9.16 兼 輻。

𨍕 60262 u28355
xiè_9.16 古文苑·卷第六·黃香·九宮賦 東井輗𨍕而播洒，彗勃佛仿以梢擊。按，輗𨍕，汲渫。

辔 60264 u8F94
pèi_9.16 简 轡60463

输 60265 u8F93
shū_9.16 简 輸60230

辒 60266 u8F92
wēn_9.16 简 轀60290

辑 60267 u8F91
jí_9.16 简 輯60212

辐 60268 u8F90
fú_9.16 简 輻60234

辏 60269 u8F8F
còu_9.16 简 輳60221

轀 60270 u8F3C
wēn_9.16 俗轀60290

輸 60271 u2F9DF
shū_9.16 參見輸60230

輍 60272 32120
róng_10.17 玉篇 同軵59879

輣 60273 32121
péng_10.17 廣韻 同𨏤。一作軿。鎣又𨏤60496𨐊65803

輑 60274 32122
yǐn_10.17 韻會 同轙60438

轣 60275 32123
lì_10.17 廣韻 集韻 丛力質切音栗。車名。鎣俗剽03661

轇 60276 32124
sǎng_10.17 集韻 寫朗切音類。車轈也。

轒 60277 32125
zhēn_10.17 同轃60298

轋 60280 32128
jú_10.17 玉篇 几足切音華。直轇轈縛也 說文 作轊60138

轉 60278 32126
bó_10.17 集韻 伯各切音博。車下索也。

轚 60279 32127
lì_10.17 正字通 同轢60464

轒 60281 32129
kē_10.17 集韻 克盍切，音榼 玉篇 車也 集韻 車聲。

鋻轕60312

轖 60282 32130
bèn_10.17 廣韻 同奔59951

轋 60283 32131
chéng_10.17 正字通 俗乘字。同轌。

輾 60284 32132
zhǎn_10.17 廣韻 知演切 集韻 韻會 正韻 知輦切丛音展 玉篇 轉也 詩·周南 輾轉反側 註 輾者，轉之半也 集韻 通作展 又niǎn 集韻 正韻 丛尼展切音碾。轢也。又nián 廣韻 集韻 韻會 丛女箭切，碾去聲 廣韻 水輾也 集韻 轉輪治穀也。鋻又輾60324報59930 又 正字通 輾，與碾39608櫢26144通 又 廣韻 報59976，車轢物。或作輾。

輿 60285 32133
yú_10.17 廣韻 以諸切 集韻 韻會 羊諸切，丛音余 說文 車底也 周禮·冬官考工記 輿人爲車 註 輿人專作輿，而言爲車者，車以輿爲主也 後漢·輿服志 上古聖人，觀轉蓬始爲輪。輪行不可載，因物生智，復爲之輿 韻會 詩詁曰：輈軸之上加板以載物，軫、軾、轛、較之所附植，輿，其總名也 又 乘輿 蔡邕·獨斷 天子所御車馬、衣服、器械、百物曰乘輿 註 輿，車也。乘，載也。又 韻會 權輿，始也。造衡自權始，造車自輿始也 又 正韻 堪輿，天地之總名 前漢·藝文志 堪輿金匱十四卷 註 堪，天道。輿，地道 又 載而行之之意 左傳·僖十一年 敬禮之輿也 註 謂其載禮以行也。又 襄二十四年 令名德之輿也 又 負也 戰國策 百人輿瓢而趨 又 廣韻 多也 集韻 衆也 左傳·僖二十八年 晉文公聽輿人之誦 又 韻會 扶輿，佳氣貌。又美稱 司馬相如·子虛賦 扶輿綺靡。又 輿人，賤官 左傳·昭四年 輿人納之 又 丘輿，地名 左傳·成四年 鄭公子偃帥諸丘輿 註 鄭地。又平輿 後漢·郡國志 平輿，屬汝南郡 註 古沈子國也 又 姓 韻會 周大夫伯輿之後 又 yù 廣韻 韻會 正韻 丛羊茹切音豫 增韻 車也。兩手對舉之車 △ 集韻 或作轝 史記·封禪書 作轝。鋻又轝60498與60327

輵 60286 32134
hú_10.17 集韻 胡骨切音鶻。轉物軸也。

轑 60287 32135
yáo_10.17 同輶59978

轘 60289 32137
kēng_10.17 集韻 丘莖切音鏗。車堅也。音義與輘、輷同。

轈 60288 32136
táng_10.17 廣韻 集韻 丛徒郎切音唐。轈轘，軔軨也 △ 或作轄。鋻又轈60146 又 字彙補 蕼，與輕同。

轀 60290 32138
wēn_10.17 廣韻 烏渾切 集韻 韻會 正韻 烏昆切丛音溫 玉篇 轀輬60170，車也 又 yūn 集韻 韻會 丛於云切

音氳。轀轒，匈奴車也。鋻又轜60433輼60270輼。

輮 60291 32139
qióng_10.17 廣韻 渠營切 集韻 葵營切丛音瓊 說文 車軬規也。一曰一輪車。

轙 60292 32140
rǒng_10.17 同軵59967

轠 60293 32141
liǔ_10.17 同輛59965

輠 60294 32142
kǎn_10.17 同輡60149 鋻又 字彙 輠，輠67735字之譌。

轊 60295 32143
huì_10.17 集韻 戶賄切音瘣 玉篇 轉也。

轂 60296 32144
gǔ_10.17 古文轜 廣韻 集韻 韻會 正韻 丛古祿切音谷 說文 輻所湊也 六書故 輪之正中爲轂，空其中，軸所貫也，輻湊其外 釋名 轂，埆也。體堅埆也 周禮·冬官考工記 轂以利轉也 又 韻會 暢轂，長轂也 詩·秦風 文茵暢轂 註 兵車之轂比大車爲長，故曰暢轂 又 笠轂 左傳·宣四年 射汰輈以貫笠轂 註 兵車無蓋，尊者則邊人執笠依蓋而立，謂之笠轂 又 正韻 薦舉人，謂之推轂 史記·鄭當時傳 其推轂士，常以爲賢于己。鋻又轂27094 鋻60337轂27137

轜 60297 32145
wū_10.17 廣韻 安古切 等韻 於五切丛音隖 玉篇 車頭中骨 又 wū 集韻 汪胡切音烏。義同。鋻又轜頭，車名 又 軐59846

轃 60298 32146
zhēn_10.17 廣韻 正韻 側詵切 集韻 韻會 緇詵切丛音臻 說文 大車簀也 又 與臻同。至也 前漢·郊祀歌 四極爰轃 王吉傳 福祿其轃 △ 集韻 或作轒。

轄 60299 32147
xiá_10.17 廣韻 胡瞎切 集韻 韻會 下瞎切丛音鎋 說文 車聲也。一曰鍵也 韻會 車軸端鍵 釋名 轄，害也。車之禁害者 左傳·襄三十一年 巾車脂轄 註 巾車，車官塗脂其轄，以利轉也 又 星名 晉書·天文志 轄星傅軫兩旁，主王侯。左轄爲同姓，右轄爲異姓 又 提轄，宋官名 又 kuì 集韻 苦會切音膾。車聲 又 hé 集韻 韻會 丛何葛切音曷。輠60227轄，轉搖貌 又 正字通 轄，一作鎋。鎋猶管也。轂空，裹之以金，如管也。管轄之義取此。又 與舝同 左傳·昭二十五年 昭子賦車舝 詩·小雅 作舝。鋻又轄60325舝67734輨60254轄60444 又 集韻 轄，或作鎋63851鞨60165

轅 60300 32148
yuán_10.17 廣韻 雨元切 集韻 韻會 于元切丛音袁 說文 輈也 釋名 轅，援也。車之援也 韻會 詩詁曰：車前曲木上鉤衡者謂之輈，亦曰轅。從軫以前稍曲而上至衡，則居衡之上而向下鉤之，衡卽輈端橫木以駕馬者 又 轅門 周禮·天官·掌舍 掌王會同之舍，設車宮轅門 註 王者出行于外，次車爲藩，仰車以轅相向表門，故曰轅門 又 軒轅，黃帝號 前漢·古今人表 黃帝作軒冕之服，故謂之軒轅氏 又 軒轅，星名 史記·天官書 軒轅十二星 又 姓 韻會 陳大夫轅濤塗之後 又 軒轅，複姓 通作爰 前漢·地理志 商軖作轅田 註 轅，與爰同 又 yuàn 集韻 于眷切 等韻 羽眷切丛音媛。地名 左傳·哀十年 取犁及轅 註 齊地 又 轅轅，縣名 史記·樊噲傳 從攻長社、轘轅

註 許州所屬縣也。鼇又轅60326輚60250

輋 60301 32149
chái_10.17　廣韻 士佳切 集韻 鉏佳切，並音柴。又 集韻 韻會 正韻 初皆切，並音差 說文 連車也 図 鄇車抵堂爲輋 張衡·東京賦 皇輿凤駕，輋于東階 註 輋之言鄇也。謂鄇于東階，天子未乘之時也 図 與差同 左傳·哀六年 差車鮑點 註 點，鮑牧臣也 図 集韻 千咨切音郪。又 廣韻 疾資切 集韻 才茲切 正韻 又茲切圡音雌。義圡同△ 說文 本作𦋺，省作輋。俗作輋。鼇又𦋺60470轟60428𦋺60180 図 直音篇 𦋺60055𦋺，同𦋺60177

輒 60302 32150
kēng_10.17　廣韻 口莖切音鏗◆ 說文 車軸鍘也 図 集韻 丘閑切音慳。義同 図 zhěn 集韻 止忍切音軫。義同軫。鼇又軫60311輭60163輒60205，車堅。

輳 60303 32151
jī_10.17　廣韻 奇逆切 集韻 竭戟切圡音屐 廣韻 車輳也 集韻 車軸伏兔也。鼇今作輹60320

輶 60304 32152
shàn_10.17　集韻 式戰切音扇。車輶也。

輭 60305 32153
niǎn_10.17　字彙補 古文輦60161字。

輷 60306 41969
hōng_10.17　龍龕 呼宏切音轟。衆車聲也。
　　鼇又輷60352

輴 60307 41970
lù_10.17　五音篇海 音六。車箱也。

輖 60308 41971
zhì_10.17　川篇 陟利切音致。小車也。

輱 60312 u2B414
kē_10.17　簡 轗60281

輚 60313 u2B3FD
null_10.17　喃 未詳。

輢 60314 u2B3FC
null_10.17　未詳。

輠 60315 u28386
so_10.17　喃 从車㝅so聲。比較。

輸 60316 u28383
wēng_10.17　或俗輸。

輼 60318 u28381
kēng_10.17　正字通 輭，說文 本作𦋺60337，譌从冥，非。

輮 60319 u28380
jiāo_10.17　同輮60375俗輮。

輬 60320 u2837F
jī_10.17　同輳60303

輭 60321 u2837E
jí_10.17　四聲篇海 輮輭，二秦入切。和也，諧也 字彙補 輭，或作輭，疑誤。

輴 60323 u2837C
lín_10.17　字海 同輴60394字見 宋史·宗室世系表四

輙 60309 45783
liáng_10.17　龍龕 同輬

輮 60310 45784
jiáo_10.17　字彙補 同轎

輭 60311 u2B7E5
kēng_10.17　簡 輒60302

辖 60325 u8F96
xiá_10.17　簡 轄60299

辗 60324 u8F97
zhǎn_10.17　簡 輾60284

舆 60327 u8206
yú_10.17　簡 輿60285

辕 60326 u8F95
yuán_10.17　簡 轅60300

輷 60328 32154
péng_11.18　集韻 蒲蒙切音蓬。車聲也。鼇又輷60461

輓 60329 32155
wàn_11.18　廣韻 集韻 圡無販切音萬 說文 衣車蓋也 図 màn 韻會 正韻 圡莫半切音幔 廣韻 戰車以遮矢也。

輥 60330 32156
gǔn_11.18　同輥60159 鼇又輥60322

輑 60331 32157
táng_11.18　同輴60288 鼇又輑60322

輶 60332 32158
xiū_11.18　廣韻 息流切 集韻 思流切圡音修 玉篇 輶輶，載喪車。

輵 60333 32159
zōng_11.18　廣韻 即容切 集韻 將容切圡音蹤 玉篇 車跡也△一作輵。

輵 60334 32160
cōng_11.18　廣韻 正韻 圡倉紅切音聰。檻車載囚者 図 與輵同。一作輵。

輵 60335 32161
lù_11.18　廣韻 集韻 韻會 正韻 圡盧谷切音鹿 集韻 車軌道謂之輵輵 図 正韻 車桼也 揚子方言 維車，趙魏之閒謂之輵輵△ 玉篇 同輵60459 集韻 或作輵。
　　鼇又輷60371

輮 60336 32162
jiāo_11.18　廣韻 古爻切 集韻 韻會 正韻 居肴切圡音交 廣韻 輮輵，戟形 張衡·東京賦 闔戟輮輵 図 集韻 長遠貌。一曰雜亂貌。互詳輵60227輵60407二字註△通作膠。俗作輮。鼇又輮60319輮60355

輒 60337 32163
kēng_11.18　廣韻 口莖切 集韻 丘耕切圡音鏗 說文 車堅也 図 kěng 集韻 苦杏切音伉。車聲也△或作軒。鼇又輒60163輒60226輒60289輒60318輭60205輒60172

輵 60338 32164
cháo_11.18　廣韻 集韻 韻會 正韻 圡鉏交切音巢。說文 兵高車加巢以望敵也 左傳·成十六年 楚子登巢車，以望晉軍 釋文 說文 作輵。鼇 正字通 輵 集韻 作輵60148非。

輊 60339 32165
zhì_11.18　同輊60041 鼇又摯60052𤕝60368 玉篇殘卷·車部 輊，竹利反 孝工記 今大夫車之輮輊，其登必難。既克其登，其覆車也必易，此无故，唯輮直且无橃也。鄭玄曰：輊，輈也 說文 輊，抵也。野王案，車前低頓曰輊，後曰軒也。

轉 60340 32166
zhuǎn_11.18　廣韻 集韻 韻會 圡陟兗切，囀上聲◆ 說文 轉運也 前漢·韓安國傳 轉粟輓輸以爲之備 図 廣韻 動也，旋也 詩·周南 輾轉反側 註 輾者轉之半，轉者輾之周 図 韻會 輾轉，無窮也 揚子·太玄經 輾轉其道。図 zhuàn 廣韻 知戀切 集韻 韻會 正韻 株戀切，並音囀。凡物自轉則上聲，以力轉物則去聲 図 車上衣裝曰轉◆ 左傳·襄二十四年 踞轉而鼓琴。鼇又转59939転59937

輵 60341 32167
wèi_11.18　同書。俗作輵。譌作輵。音義圡同。
　　鼇辂60356

輵 60366 u28392
null_11.18　未詳。

輵 60342 32168
kāng_11.18　正字通 口岡切音康。輵車，送亡者之紙窶也。

輵 60343 41972
nǎi_11.18　龍龕 音乃。輵也。鼇 集韻 作輵60387

輮 60355 u2B416
jiāo_11.18　簡 輮60336

輵 60344 41973
zǒng_11.18　龍龕 音總。輪也。鼇 龍龕 輵俗輵60209正。

輒 60357 u2B3FF
null_11.18　未詳。

輵 60345 41974
null_11.18　字彙補 音未

詳。人名。趙師轞。見 宋史·宗室表

轞 60348 45786 kǎn_11.18 龍龕同轞。車軶也。又音軒。車前舉也。鋆又轞60431轞60220

轏 60346 41975 hún_11.18 龍龕音渾。

轙 60347 45785 zī_11.18 五音篇海同轙。

轓 60364 u2839A fān_11.18 俗轓60393

輊 60350 45788 zhì_11.18 龍龕與輕同

轙 60349 45787 yàng_11.18 龍龕於尚切。

鼞 60351 45789 táng_11.18 五音篇海音敞。鋆字彙補輋，與輘同。

轛 60365 u28393 null_11.18 未詳。

軥 60352 45790 hōng_11.18 五音篇海音轟。鋆从彭，古文馬，同轟，眾車聲。

輹 60353 45791 fù_11.18 搜眞玉鏡同輹。

軀 60354 45792 qū_11.18 龍龕音轉。鋆俗驅。

轃 60359 u283A0 trước_11.18 喃同轃

轊 60356 u2B415 wèi_11.18 簡轊60341

轃 60358 u2B3FE cek_11.18 壯同㧟19417 ⊗trước喃同轃60360先，前。

轃 60360 u2839F trước_11.18 喃先，前。亦作轃60359轃60358

轃 60361 u2839E ngáo_11.18 喃从車敖ngào聲。

轈 60362 u2839D cáo_11.18 俗槽25134

轑 60363 u2839B liáng_11.18 俗梁24165
清·毛奇齡西河集·卷三十一·傳生時義二刻序轑無可驗，軥轑轑較無可顧盼，吾見其躅也。

轐 60367 u28391 fū_11.18 或同車夫之夫。又轐60258，待考。

轚 60368 u28390 zhì_11.18 俗轚60339

轆 60371 u8F98 lù_11.18 简轆60335

轖 60369 u2838F zī_11.18 慧琳音義轖60137軒：滓箕反 說文从車甾，甾亦聲。集作轖，不成字，非也。

軶 60370 u2838E guǒ_11.18 磠軶，或作軿軶，車聲。

轕 60372 u8F4C xuě_11.18 日地名用字。今秋田縣能代市内。

轌 60373 32169 dèng_12.19 集韻正韻䵺台鄧切音䃫。車羽也。

轗 60374 32170 wèi_12.19 書59850轗䵺同。

轎 60375 32171 jiāo_12.19 同轎60336

轍 60376 32172 zhé_12.19 廣韻集韻韻會正韻䵺直列切音徹。說文迹也。增韻車輪所碾迹也。餘詳前軌59838字註○按莊子·人間世螳蜋怒臂以當車轍。別作軼淮南子·道應訓絕塵弭轍。別作蹴史記·陳平傳門外多長者車轍。別作徹。古字多通用，不必泥。鋆又轍60403轍60422轍60483殷27070

軯 60377 32173 péng_12.19 集韻蒲庚切音彭。車聲○按詩·大雅出車彭彭。俗加車作軯。亦作輣。

轒 60378 32174 fén_12.19 正字通轒字之譌。班固·竇將軍北征頌奮轒輼之遠徑註轒，當作轒。轒轀，城上守禦以望敵者，故云遠徑。

轏 60379 32175 chán_12.19 廣韻仕山切集韻鉏山切䵺音潺玉篇輣也。⊗dān集韻多寒切音單。轏轑，車名。⊗chán時連切音禪。轏轑，車輞。

輭 60381 32177 ér_12.19 同輀60018

轥 60380 32176 guāng_12.19 廣韻古皇切集韻姑黃切䵺音光。廣韻車下橫木。或作輄。

輼 60382 32178 jiàn_12.19 正字通居晏切音諫。釋名輼，間也。間釭軸之間，使不相摩也。○按說文本作鐧。俗易車為輼耳。

轎 60383 32179 jiào_12.19 廣韻集韻䵺古弔切音叫。玉篇車輢也揚子方言轎，齊謂之轎。註又名轎。

轎 60384 32180 qiáo_12.19 廣韻巨嬌切集韻韻會渠嬌切䵺音橋玉篇小車也韻會竹輿也。前漢·嚴助傳輿轎而踰嶺註隘路車也。今竹輿⊗與橋通史記·河渠書山行卽橋正字通卽轎也。蓋今之肩輿，謂其平如橋也⊗jiào廣韻集韻韻會正韻䵺渠廟切音嶠廣韻車也韻會軸也。鋆又轿60067轎60310⊗廣韻轎，軿車也。

轗 60385 32181 sī_12.19 集韻相支切音嘶玉篇車也集韻輪之類。鋆新修玉篇引玉篇：轗，息移切。輪之類也。

轏 60386 32182 zhàn_12.19 同輚60128廣韻車名正韻兵車，又臥車左傳·成二年逢丑父寢于轏中。

轠 60387 32183 nuó_12.19 集韻乃可切音娜。轠也⊗乃簞切，娜去聲。義同。鋆龍龕轠正，鑻60395今⊗俗作轠60343

衝 60388 32184 chōng_12.19 廣韻尺容切集韻韻會昌容切，䵺音衝說文陷陣車也正韻亦作衝詩·大雅與爾臨衝註衝，衝車也。從旁衝突者也。餘詳前轀60157字註⊗廣韻直降切等韻直巷切䵺音撞。義同。

轃 60389 32185 zǎo_12.19 集韻子皓切音藻。車飾有華藻也周禮·春官·巾車藻車藻蔽註故書藻作轃。杜子春曰：轃讀為華藻之藻。鄭康成曰：藻，水草，蒼色，以蒼土塈車，以蒼繒為蔽也⊗集韻祖動切，音總。又倉刀切，音操。義䵺同。鋆又轍60400

轐 60390 32186 bú_12.19 廣韻集韻韻會正韻䵺博木切音濮說文車伏兔也周禮·冬官考工記加軫與轐焉註車軸圍，故加轐使平以安軫也，狀如伏兔。互詳前輹60232字註⊗廣韻集韻䵺蒲沃切音樸。義同。鋆又轐60398

轑 60391 32187 lǎo_12.19 廣韻盧皓切集韻韻會正韻魯皓切䵺音老玉篇車輻也廣韻車軸也集韻蓋弓也釋名轑，蓋叉也。如屋構橑⊗與橑通前漢·張敞傳得之殿屋重轑中註轑，椽也。重轑卽今之廊舍一邊虛為兩厦者也⊗lào集韻韻會正韻䵺郎刀切音勞。撓也，轑也前漢·楚元王傳陽為羮盡，轑釜註以勺轑釜，令為聲也。⊗liáo集韻韻會憐蕭切正韻連條切䵺音聊。轑陽，楚邑名左傳·宣四年囿伯嬴于轑陽⊗liǎo集韻朗鳥切音了。放火也。前漢·杜欽傳薰轑天下。

轒 60392 32188
fén_12.19 廣韻 集韻 韻會 丛符分切音汾 玉篇 轒輼，兵車也 六韜 攻城則有轒輼、臨衝 又 集韻 轒輻 匈奴車名 揚雄·長楊賦 碎轒輼 又 說文 淮陽名車穹窿爲轒。 鋆又軡59929轒60378轒60424

轓 60393 32189
fān_12.19 廣韻 集韻 韻會 丛孚袁切音翻 說文 轓，車之蔽也 韻會 應劭曰：車耳反出，所以爲藩屏翳塵泥。以簟爲之，或用革 前漢·景帝紀 令二千石車朱兩轓，千石至六百石朱左轓 又 通作藩 周禮·春官·巾車 漆車藩蔽 註 小車藩漆席爲之，以蔽禦風塵也 又 廣韻 車大箱也 集韻 緋轓，車箱 又 廣韻 甫煩切 集韻 方煩切丛音藩。義同 又 fān 集韻 甫遠切車反。同軬59893 鋆 前漢·景帝紀 吏二千石 又 轓60364

轔 60394 32190
lín_12.19 廣韻 力珍切 集韻 韻會 正韻 離珍切丛音鄰 說文 車聲 楚辭·九歌 乘龍兮轔轔 又 通作鄰 詩·秦風 有車鄰鄰 又 殷盛貌 揚雄·甘泉賦 振殷轔而軍裝。 又 戶限也 淮南子·說林訓 亡馬不發戶轔 註 楚人謂戶限曰轔 又 lìn 廣韻 集韻 正韻 丛良刃切音遴。轢也。蹸、轥丛通 又 廣韻 集韻 里忍切 正韻 良忍切丛音僯。義同。 鋆又轥60323轥60402轥60450

襻 60395 41976
nuó_12.19 餘文 奴可切。轙也。

轆 60396 45796
lù_12.19 篇海類編 同輅。

𦈹 60397 32191
chái_12.19 說文 𨎮字。鋆 𨎮本字。亦作𨌼60470

𦈹 60398 u2B417
bú_12.19 簡 轐60390

𦈹 60399 2B400
null_12.19 未詳。

轗 60400 u28409
zǎo_12.19 簡 轑60389 碑別字 引 唐前試左衞兵參軍裴孝仙墓誌

𦈹 60401 u283B0
hàn_12.19 俗翰46204 廣

轥 60402 u8F9A
lín_12.19 簡 轥60394

轍 60403 u8F99
zhé_12.19 簡 轍60376

轒 60404 32192
péng_13.20 集韻 蒲蒙切音蓬。車簨，南楚之外謂之蓬。或省作軬。亦作轒。 鋆 集韻 篷，蒲蒙切 方言 車簨，南楚之外謂之篷42511或省（作笔41974）。亦作轒。

輯 60406 32194
jí_13.20 俗輯字。

轒 60405 32193
dāng_13.20 廣韻 集韻 丛都郎切音當 廣韻 車輨也 集韻 通作檔。

轕 60407 32195
gé_13.20 集韻 正韻 丛居曷切音葛 廣韻 馳驅貌 揚雄·羽獵賦 縱橫膠轕。互詳前輵60227轇60336二字註。

轖 60408 32196
sè_13.20 廣韻 所力切 集韻 殺側切丛音色 說文 車籍交錯也 又 集韻 重革之蓑所以覆軨也 又 氣結也 枚乘·七發 中若結轖。鋆又轙67544

轗 60409 32197
kǎn_13.20 廣韻 集韻 韻會 正韻 丛苦感切音坎 廣韻 轗軻，坎壈也 又 廣韻 集韻 韻會 正韻 丛苦紺切音勘。義同。餘詳前輡60294軻59980二字註。鋆又轗60348轗60426

轘 60410 32198
huàn_13.20 廣韻 集韻 韻會 正韻 丛胡慣切音患 說文 車裂人也 周禮·秋官·條狼氏 誓馭曰車轘 左傳·桓十八年 齊人轘高渠彌 又 集韻 轘轅，地名。在緱氏縣。 又 廣韻 集韻 韻會 正韻 丛胡關切音還。義同。鋆又轘60471

轊 60411 32199
suì_13.20 廣韻 集韻 丛徐醉切音遂 廣韻 轊轛，車也 又 玉篇 車飾。鋆 龍龕 轊60239或作，轊正 又 轊60425

轈 60412 32200
qú_13.20 廣韻 強於切 集韻 求於切丛音渠 玉篇 輈也。

轣 60413 32201
lián_13.20 廣韻 力鹽切音廉。車軨也。

轙 60414 32202
yǐ_13.20 廣韻 魚倚切 集韻 韻會 語綺切丛音螘 說文 車衡載轡者 爾雅·釋器 註 軛上環轡所貫也 又 正韻 僕人嚴駕待發之意 前漢·郊祀歌 靈禔禔，象輿轙△ 廣韻 集韻 魚羈切 韻會 疑羈切 等韻 五羈切丛音宜。義同。或作鑀。鋆又轙60481

轛 60415 32203
mù_13.20 俗槳字。

轝 60416 32204
lǎn_13.20 廣韻 集韻 韻會 正韻 丛盧感切音壏 集韻 輡轝，車不進也。又車不平。互詳前輡60294轗60409二字註。鋆又轗60505轝60436

轚 60417 32205
jí_13.20 廣韻 集韻 韻會 吉歷切 等韻 訖歷切丛音激 說文 車轄相擊也 集韻 舟車序行也 周禮·秋官·野盧氏 凡道路舟車轚互者，序而行之 註 轚互，謂迫隘處。 又 挂也 春秋·昭八年 蒐于紅 穀梁傳 流旁握御轚者不得入 註 謂車兩轚，各去門邊空握。握，四寸也。轚挂則不得入門也 又 廣韻 集韻 正韻 丛吉詣切音計。義同 △ 通作墼 前漢·景帝紀 農桑墼畜〇按墼畜，言郡國地磽陜者，農桑促密而難畜，故民多乏食也。墼與轚音義丛同。師古註：以墼爲食養之，上下文義難通，宜與 周禮 轚互同義，附記於此。

轘 60418 32206
pì_13.20 崔豹·古今注 武王伐紂，大風折蓋，太公因折蓋之形而制曲蓋。戰國常以賜將帥。自漢以來，乘輿用四謂之轘輗蓋，即今之曲柄繖也 註 轘輗，車蓋也 〇按 集韻 轓，匹計切，音嬖。轓輗，車名。轘字字書不載，疑與轓字同。存考。

邅 60419 41977
chuán_13.20 川篇 音遄。死車無輪也。

轛 60420 41978
zhì_13.20 龍龕 陟利切。車前重也。

轛 60421 41979
kuāng_13.20 篇海類編 苦光切，音匡◇車也。

轛 60426 u2B418
kǎn_13.20 簡 轗60409

轍 60422 45793
zhé_13.20 字彙補 同轍

轝 60423 45795
xiàn_13.20 龍龕 同轝60488

轒 60424 45797
fén_13.20 龍龕 同轒

轊 60425 u2B7E6
suì_13.20 簡 轊60411

𨎮 60428 u283C7
chái_13.20 同𨎮60470

轥 60429 u283C4
nhẹ_13.20 喃 从輕耳

nhĩ聲。俗省作軡60054△灟轒：淡酒。轒襠：襄空，沒錢。

轚 60427 u2B401 null_13.20 未詳。

輻 60430 u283C3 gang_13.20 韓 訓蒙字 會·中·車輿 輻，中施一輪，一人所推，俗呼輻軸。

輯 60431 u283C2 hún_13.20 龍龕 輯俗，輯60220正。

轠 60432 u283BF léi_13.20 同輻60460 元·陳椿 熬波圖·卷下 輻車輪軸團轉，易於牽運，每輛可運柴五十束。塌車止載十五束。

轀 60433 u283BD wēn_13.20 同輼60290輼。

輷 60434 u283BC null_13.20 未詳。

襜 60435 u283BB chān_13.20 同襜54393 慧琳音義 襄襜：下鴎瞻反。鄭玄注 儀禮 云襜，車裳帷也。埤蒼 作此峽，聲類 作襜，並通也。

標 60436 u283BA lǎn_13.20 字海 標，同輞60416

輆 60437 32207 duì_14.21 廣韻 集韻 韻會 正韻 丼都内切音對 說文 車橫軨也 正字通 車前有式，其兩箱立木，置式於上。立者爲輆，橫者爲軹 周禮·冬官考工記 參分軹圍，去一以爲輆圍 註 謂車輿軨立者也。立者爲輆，橫者爲軹，在式木之下，對人爲名耳 図 zhuì 廣韻 集韻 韻會 丼追萃切音檊。義同。

轞 60438 32208 yǐn_14.21 廣韻 正韻 於謹切 集韻 韻會 倚謹切丼音隱 玉篇 車聲 図 博雅 轞轞，車轉也△集韻 或作輱。鍙 直音篇 輱60494同輼。

篳 60439 32209 shuàn_14.21 廣韻 所眷切 集韻 數眷切，並栓去聲 說文 治車軸也 図 集韻 所員切音栓。義同。

轜 60440 32210 ér_14.21 同輀60018

轞 60442 32212 xiàn_14.21 廣韻 正韻 胡黤切 集韻 韻會 戶黤切丼音檻 廣韻 車聲。與檻通 詩·王風 大車檻檻 註 車行聲也 図 囚車也。上著板，四周如檻形 前漢·張耳傳 轞車詣長安 図 釋名 轞車，上施檻欄以格猛獸之車也。鍙 又篳60231篳60443

輂 60441 32211 yù_14.21 同輿60285 鍙 又轟60498

篳 60443 32213 jiàn_14.21 同輱60460 左思·吳都賦 出車篳篳△俗省作篳。

轥 60444 32214 kài_14.21 集韻 丘蓋切音嘅。車聲 図 kě 丘葛切，音渴。輵轥，車聲△或从曷 正字通 俗轄字。

轈 60445 32215 cháo_14.21 正字通 轈本字。

轟 60446 32216 hōng_14.21 廣韻 集韻 韻會 正韻 丼呼宏切，音訇 說文 羣車聲也 図 廣韻 集韻 呼迸切 正韻 呼孟切，丼橫去聲。義同 図 叶呼光切音荒 韓愈詩 卑賤不敢辭，忽忽心如狂。飲食豈知味，絲竹徒轟轟△玉篇 同軯 集韻 或作輷。鍙 又裛59923轰59933裛59938攝21290軯60306

轜 60448 2B402 null_14.21 喃未詳。

轜 60447 45794 héng_14.21 龍龕 同衡

輂 60449 u283D0 null_14.21 未詳。

輴 60450 u283CF lín_14.21 轥60394本字

轔 60451 u283CD null_14.21 未詳。

輷 60452 u283CC null_14.21 未詳。

䡹 60453 u4879 zhì_14.21 同輊60041

轠 60457 32219 wèi_15.22 轊字之譌。

轣 60454 u4878 miè_14.21 或同幭15198車覆。

轆 60456 32218 luò_15.22 廣韻 盧各切 集韻 歷各切丼音落 玉篇 車轉聲 廣韻 郲輾，車聲。鍙 玉篇 轣60495同輆。

轏 60458 32220 shān_15.22 轏60490字俗省作轏。

轒 60459 32221 lù_15.22 同轆60335 鍙 又俗犢字。

轇 60455 32217 zhì_15.22 同輊60041

轠 60460 32222 léi_15.22 廣韻 魯回切 集韻 韻會 正韻 盧回切丼音雷 廣韻 轠轤，車屬也。図 不絕貌 揚雄·羽獵賦 繽紛往來，轠轤不絕。鍙 又轠60432轆60469 図 正字通 轠60456俗轠字。

轒 60462 32224 chē_15.22 籀文車字。

轢 60461 32223 péng_15.22 字彙 同轒

轡 60463 32225 pèi_15.22 廣韻 集韻 韻會 丼兵媚切音祕 說文 馬轡也 釋名 轡，咈也。牽引咈戾以制馬也。陸佃曰：御駕馬以鞭爲主，御驂馬以轡爲主。鍙 又轡60264轡60497 縊45063戀18759轟60504 図 龍龕 轡26697轡45226，俗。音秘。馬轡。正作轡。

轣 60464 32226 lì_15.22 廣韻 郎擊切 集韻 韻會 正韻 郎狄切丼音歷 說文 車所踐也。互詳前輘60126字註 図 廣韻 盧達切 集韻 郎達切丼音刺。又 廣韻 盧各切 集韻 正韻 歷各切丼音落。義丼同 集韻 或作轑轣轢。鍙 又轹60006

轝 60465 41980 mǐn_15.22 篇海類編 眉殞切音敏。車軾兔下轜 鍙 說文 轜60507車伏兔下革也。

轥 60466 45799 zuān_15.22 篇海類編 同轢

轤 60467 45800 rǎng_15.22 篇海類編 音壤。

轟 60468 45801 gé_15.22 五音篇海 音革。

輋 60470 u283DC chái_15.22 同輋60428 輂60301本字。

轘 60471 u283D9 huàn_15.22 輘60410本字。見 說文

轤 60472 u283D7 lǔ_15.22 轒轤，轒櫓25846之譌。

輻 60469 u2B419 léi_15.22 簡 輻60460

轀 60473 u487B mín_15.22 同輓59968 急就篇 輻轂輨轄輭輳轀。顏師古注：輭，車輞也。關西謂之輭，言其柔曲也。或謂之轀，言其縣連也。轀字或作輓59968，其音同輭者，轂中之空受軸處也。

輦 60474 uF98D lì_15.22 兼 轥。

轥 60475 32227 lì_16.23 集韻 郎狄切音歷 博雅 車軌道謂之轥轥。鍙 又輘60514轘60506軔59918

篳 60476 32228 pín_16.23 正字通 轝字之譌。

轐 60477 32229 fú_16.23 同瑞60136 後漢·輿服志 耕車有三蓋，一曰芝車，置轐耒耜之籙，上親耕所乘也。戎車，蕃以矛麾金鼓羽析幢翳轐青甲弩之籙。

轤 60478 32230 lú_16.23 廣韻 落胡切 集韻 韻會 正韻 龍都切丼音盧 廣韻 轆60335轤，圓轉木也 集韻 轆轤，井上汲水木。

或作橇櫨。鋆又馿59932轠67593轩60012

轣 60479 32231
lóng_16.23　廣韻 盧紅切 集韻 盧東切，並音籠 廣韻
軸頭也 玉篇 轠也 小爾雅 車轅上者謂之轣 揚子方言
車轊，齊謂之轣。鋆又轶59997

轤 60480 32232
zhì_16.23　同軽 潘岳•射雉賦 如轤如軒 詩•小雅 作軽。

轥 60481 32233
yǐ_16.23　同轙 淮南子•說山訓 遺人車而稅其轥 註
轥，所以納衡者也。

车 60482 41981
líng_16.23　川篇 音令。輅廐名也。鋆 龍龕 车，音令。
车輅，漢廐名轤也。張涌泉：俗轤。輅軨，廐名也

轧 60483 45802
zhé_16.23　龍龕 同轍。

輪 60484 45803
zhěn_16.23　龍龕 同軫。

轨 60485 u2840A
xiàn_16.23　簡 轤60488

轤 60486 u283E7
lú_16.23　　同轤60478
囝so 嗬 从車盧lu聲。比較，對比。

轞 60487 u283E6
lìn_16.23　同轤60510

轠 60488 u283E5
xiàn_16.23　同幰15209譌
作憲60423 釋名 轞，憲也，所以禦熱也。

羸 60489 32234
lián_17.24　廣韻 落賢切 集韻 靈年切，並音連 廣韻
羸陵，縣名 集韻 在交趾。

轛 60490 32235
shān_17.24　廣韻 所咸切 集韻 師咸切 夶音攕。車聲。
俗省作轛。

轣 60491 32236
líng_17.24　玉篇 同軨

轞 60496 45804
péng_17.24　集韻 同軂

轣 60492 32237
bó_17.24　玉篇 蒲莫切音薄。車飾也。

轤 60493 32238
lì_17.24　集韻 同轢60464

轤 60494 41982
yǐn_17.24　川篇 音隱。車聲也。

轤 60495 41983
luò_17.24　篇海類編 盧各切音洛。車轉聲。

轤 60497 45805
pèi_17.24　字彙補 同轡

肇 60498 u283EE
yù_17.24　洪武正韻 同輿60285舁車兩手對舉。

轤 60499 u283ED
lìn_17.24　亦作轤60516俗轤60510 可洪音義 道轤：力
進反。正作轤、轤二形。餘本皆云道駕。又 文選•西征
賦 爾乃階長樂，登未央，氾太液，凌建章。縈駁婺而歇
駘澄，轤枘詣而轤承光。

轤 60500 32239
xié_18.25　集韻 韻會 夶玄圭切音攜 集韻 車輪轉一
周爲轤，通作襭 禮•曲禮 立視五襭 註 襭，猶規也。陸
佃曰：乘車之輪六尺有六寸，五襭之袤三丈三尺 荀子
曰：立視前六尺而大之。

轤 60501 32240
gé_18.25　等韻 古伯切，音隔◇車轞也 釋名 轞，複
也。重複非一之言也。

肇 60502 32241
lián_19.26　字彙 閭員切，音聯◇綴也。鋆 古璽彙
編.2508 肇洰。何琳儀：燕璽肇，姓氏。疑讀樂。

轤 60503 32242
zuān_19.26　廣韻 借官切 集韻 祖官切 夶音鑽 玉篇
直轥也 集韻 車衡三束 廣韻 同轥。鋆 直音篇 轤同

轤。

轤 60504 45806
pèi_19.26　龍龕 音祕。鋆 金文轡60463字。

轤 60505 45807
lǎn_19.26　龍龕 同轥

轤 60506 u283FD
lì_19.26　俗亦作轤60514同轤60475 古今韻會舉要
轤，博雅 車軌道謂之轤轤。一曰車梨也 方言 維車，趙
魏之間謂之轤轤。亦作歷錄。

轤 60507 u283F5
mǐn_19.26　輯60214本字。見 說文

轤 60508 32243
niè_20.27　廣韻 集韻 韻會 正韻 夶魚列切音孽 說
文 車行載高貌 左思•魏都賦 四門轤轤。鋆 又轤60511

轤 60509 32244
jué_20.27　廣韻 九縛切 集韻 厥縛切，並音矍。車轤
也。

轤 60510 32245
lìn_20.27　廣韻 集韻 韻會 正韻 夶良刃切音吝 玉
篇 車聲 廣韻 轤也 正字通 轥60394轤夶同。鋆 又轤6051
轤60499 正字通 轤，轤蹸59382轤60487夶同。

轤 60511 41985
niè_20.27　說文長箋 與轤同。

轤 60512 u283FB
dàng_20.27　古紡車零部件。亦作檔25595

轤 60513 32246
zhōu_21.28　籀文輈字。

轤 60514 41984
lì_21.28　字彙補 與轤同 揚子方言 維車，趙魏之間
謂之轤轤。鋆 字彙補 轤60506 古今韻會 與轤60475同。

轤 60515 45808
kē_21.28　篇海類編 音榼。

轤 60518 32248
mǐn_23.30　同輯60214

轤 60516 u283FC
lìn_21.28　可洪音義
轤：上力進反。正作轤60510

轤 60519 32249
líng_24.31　同軨59944

轤 60517 32247
dié_22.29　廣韻 徒協切
集韻 達協切夶音疊 玉篇 車聲。

轤 60520 41986
zhé_24.31　篇海類編 音蜇。俗謂鑫鑫也。

轤 60521 u2B403
shēn_26.33　同轤60522 殷周金文集成•1.212•蔡侯申
鐘 蔡侯轤之行鐘。

轤 60522 u28404
shēn_31.38　蔡侯轤。見殷周金文。字亦作轤60521
轤35701轤32299同申、紳。或釋作緷。

• 辛部 •

辛 60523 32250
xīn_0.7　唐韻 息鄰切 集韻 韻會 斯人切 正韻 斯
鄰切夶音新 說文 秋時萬物成而熟，金剛味辛，辛痛即
泣出 徐曰 言萬物初見斷制，故辛痛也 書•洪範 金曰從
革，從革作辛 白虎通 金味所以辛者，西方煞傷成物，
辛所以煞傷之也，猶五味得辛乃委煞也囝歲、月、日
之名 爾雅•釋天 太歲在辛曰重光，月在辛曰塞 禮•月令
其日庚辛 註 辛之言新也 前漢•律歷志 悉新于辛 史
記•律書 言萬物之辛生也囝 正韻 葷味也 風土記 元

以蔥、蒜、韭、蓼、蒿芥,雜和而食之,名五辛盤,取迎新之意 囝 股象也 說文 辛承庚,象人股 徐曰 辛漸擊斂,故象人股,漸焦殺也 囝 養筋之味也 周禮·天官 以辛養筋 註 辛,金味,金之纏合異物似筋,人之筋亦纏合諸骨,故以辛養之也 囝 正韻 苦辛,取辛酸之意 李白詩 英豪未豹變,自古多艱辛 杜甫詩 生離與死別,自古鼻酸辛 囝 高辛,古帝號 囝 姓 史記·夏本紀贊 夏啟封支子于莘,因聲近改爲辛 囝 少辛,藥名 本草 卽細辛也。

囝 叶宵前切音先 焦仲卿詩 奉事循公姥,進退敢自專。晝夜勤作息,伶俜縈苦辛 △ 正字通 按 說文 徐註,泣出象股之說,與辛義反。壬癸繼辛,天道剝中有復,秋德義中寓仁,非偏屬斷制焦殺。徐曲附 說文,非。又 爾雅 重光辛 史記 改昭陽。昭陽癸 史記 改尚章。上章庚 史記 改商横。當有譌誤。舊註:重光一曰昭陽,使不知者疑 爾雅 歲陽在辛有二名,亦非。本作辛 字彙 譌省作辛,與辛音愆字形相溷,尤非。鋆 又亲41501 金石文字辨異·辛引 北魏孝文弔比干墓文

辛 60524 32251
qiān_0.7 廣韻 去虔切 集韻 韻會 丘虔切夶音愆 說文 辛,辠也。讀若愆○按 玉篇 本作辛41470 △ 正字通 字彙 音愆,辠也。引 說文 从干从二。二,古文上。又云此字與辛相似,但以畫之長短辯耳。按 說文 訓辭未詳,據篆形推之,辛七畫與辛八畫,多寡不似,非以上下畫短長分也。趙古則曰:从干犯上,是其辠也。會意。今用愆,籀作諐,俗作愆,非。此合愆、諐與辛爲一也。魏校曰:从干从上,有犯於上,未麗於法,辛愆音同,義小異。愆,踰禮也。辛,犯法也。此分辛與愆爲二也 說文 愆,過也。辛,辠也,讀若愆。魏氏與 說文 同,然考經史夶作愆 正韻 十一先收愆,諐闕辛,辛與愆音義通,趙說近是。

辛 60525 u2F9F
xīn_0.7 部 辛60523

辛 60526 32252
xīn_1.8 說文 辛本字

莘 60527 32253
shēn_3.10 字彙補 與莘同。國名也。見 路史·國名記

敘 60528 u2840E
xīn_3.10 同婞10724 叔向父簋 弔向父乍敘姒尊段。

乿 60529 41987
yǐn_4.11 字彙補 以忍切,音尹◇ 進也。

荒 60530 41988
jiè_4.11 川篇 音介。雜也。鋆 直音篇 音允。楊寶忠:俗靴13273進也。

䇂 60531 45809
xīn_4.11 漢孔耽碑 新字。

辜 60532 32254
gū_5.12 古文 砧 㪊 砧砧 唐韻 古乎切 集韻 韻會 正韻 攻乎切夶音姑 說文 罪也。从辛古聲 書·大禹謨 與其殺不辜,寧失不經 周禮·夏官 以救無辜,伐有罪。囝 必也 前漢·律歷志 六律,姑洗。洗,絜也。言陽氣洗物辜絜之也 註 辜絜,必使之絜也 囝 磔也 周禮·春官 以疈辜祭四方百物 註 疈,披牲胷也。疈辜,披磔牲以祭也 囝 障也 後漢·靈帝紀 豪右辜榷 註 謂障餘人賣買而自取其利也。一作辜較。義同 囝 辜較60027,大概也。

囝 月名 爾雅·釋天 十一月爲辜 囝 姓。鋆 又享19409 貼36953辜45779 莘60602 囝 集韻 辜,古作 砧 姑 囝 直音篇 莘同辜。

辝 60533 32255
cí_5.12 籀文辭字

靴 60534 u2B41A
null_5.12 喃未詳

辞 60535 u28413
cí_5.12 俗辭60541

辞 60536 u28413
cí_5.12 俗辭60587

辝 60537 32256
cí_6.13 正字通 俗辭字 佩觿集 辝、亂从舌,其蕪累有如此者。鋆 又辞60545 囝 未集下·舌部 重出: 正韻 詳茲切音詞。俗辭字 佩觿集 曰:辭、亂从舌,其蕪累有如此者,然循用既久,今亦不廢。按,今併入 辛部

莘 60538 32257
shēn_6.13 集韻 疏臻切音莘 玉篇 姓也 囝 多也。囝 集韻 虢地名。或作䇂。

䇂 60539 32258
shēn_6.13 同莘。

辞 60540 32259
sà_6.13 廣韻 桑割切 集韻 桑葛切夶音撒 廣韻 辞辞,味辛也。鋆 集韻 辛味 廣韻 俗云辞辞 正字通 俗字 囝 辞60553

辟 60541 32260
bì_6.13 古文 俟 侵 廣韻 集韻 韻會 正韻 夶必益切音璧 廣韻 君也 爾雅·釋訓 皇王后辟,君也。天子諸侯通稱辟 書·大甲 克左右厥辟 詩·小雅 百辟爲憲 集韻 或作辟 囝 人稱天曰辟 詩·大雅 蕩蕩上帝,下民之辟。

囝 妻稱夫亦曰辟 禮·曲禮 妻祭夫曰皇辟 囝 說文 法也 書·酒誥 越尹人祇辟 註 正身敬法也 囝 明也 禮·王制 天子曰辟廱 註 辟,明也。廱,和也。使天下之人皆明達和諧也。又 祭統 對揚以辟之 註 對,遂也。辟,明也。言遂揚君命,以明我先祖之德也 囝 徵辟也 後漢·鍾皓傳 前後九辟公府,皆不就 晉書·王褒傳 三徵七辟。

囝 星名,與壁同 禮·月令 仲冬之月,日在斗,昏東辟中 囝 姓 囝 pì 廣韻 普擊切 集韻 韻會 匹歷切,夶音僻。與僻同。偏也,邪也 禮·玉藻 非辟之心無自入也 左傳·昭六年 楚辟我衷,若何效辟 註 辟,邪也。衷,正也。囝 傾也,側也 禮·曲禮 辟咡詔之 註 謂傾頭與語也。囝 威儀習孰少誠實曰辟 論語 師也辟 又 友便辟。囝 辟名,空名也 周禮·天官 凡失財、用物、辟名者 註 辟名,詐爲書,以空作見,文書與實不相應也 囝 刑也 書·君陳 辟以止辟 周禮·秋官·小司寇 以八辟麗邦法 囝 與闢通 孟子 辟土地 囝 辟除行人也 周禮·秋官 王燕出入,則前驅而辟 孟子 行辟人可也 囝 衆人驚退也 史記·項羽紀 人馬俱驚,辟易數里 註 言人馬開張易舊處也。囝 鞭辟,策勵也。程子曰:學要鞭辟近裏。朱子曰:辟如驅辟一般,大約要鞭督向裏去 囝 與擗通。拊胷也 詩·邶風 寤辟有摽 禮·檀弓 辟踊 囝 與躄通。足病不能行也 賈誼·治安策 非亶倒縣之已。又類辟 囝 辟歷,雷聲。別作霹靂 囝 bì 集韻 正韻 夶毗義切。與避同 詩·魏風 宛然左辟 註 讓而避者必左 禮·儒行 內稱不辟親,外舉不辟怨 囝 與睥同 史記·灌夫傳 辟睨兩宮閒 註 與睥睨同。邪視也 囝 pì 集韻 正韻 夶匹智切,與譬同 禮·坊記 君子之道,辟則坊與 中庸 辟,如行遠 囝 bò 廣韻 集韻 韻會 夶博厄切,音擘 禮·內則 廥爲辟雞 註 聶而切

之也図與擘同 禮·喪大記 絞一幅爲三不辟 疏 大斂之
絞旣小，不復擘裂其末図mǐ 正韻 莫禮切音米。與弭
同 禮·郊特牲 有由辟焉 註 謂弭災兵也図pí 集韻 頻彌
切音皮。與紕同。帶之緣飾也 禮·玉藻 天子素帶朱裏終
辟 註 辟，緣也。終，竟也。天子熟絹爲帶，用朱于裏，
終此帶盡緣之也図bǐng 集韻 必郢切，音餅。除也 莊
子·庚桑楚 至信辟金。鑃 又服47464辟60535砕38977倖01318
図 集韻 辟，或作辟60557古作侵01462

辠 60542 32261
zuì_6.13　玉篇 古文罪45528字 說文 辠，犯法也。从
辛从自。自，古鼻字。言辠人蹙鼻，苦辛之憂。秦以辠
似皇字，改爲罪〇按經史辠、罪互用。今通用罪。
鑃 又辠48232鼻36831辠36802辠36768

辣 60544 u2B41B
null_6.13　未詳。

羛 60543 2B41C
null_6.13　曾大工尹戈
穆侯之子、西宮之孫，曾大攻君季羛之用。讀若怡

辝 60545 u2F98D
cí_6.13　同辭60537

辝 60546 u28417
null_6.13　未詳。

辡 60547 32262
biàn_7.14　廣韻 符寒切 集韻 平免切，犮辯上聲 說
文 罪人相訟也図 集韻 邦免切，鞭上聲。義同。

辢 60548 32263
là_7.14　廣韻 盧達切 集韻 韻會 正韻 郎達切犮音
刺 說文 辛甚曰辢△俗作辣，亦作辢。

辣 60549 32264
là_7.14　字彙補 同辢。鑃 又辬60555

辟 60550 41989
pì_7.14　川篇 灰義切。伯名。鑃 新修玉篇 引 川
篇 疋义切。州名。楊寶忠：俗躄29866

辟 60552 u28419
null_7.14　未詳。

群 60551 u2841A
qún_7.14　俗群45823唐
魏君妻雷氏墓誌 凸集群醫，不蒙瘵愈。

辤 60553 u28418
sà_7.14　同辤60540

嫛 60554 32265
yì_8.15　唐韻 魚廢切
廣韻 魚肺切 集韻 魚刈切，並音乂 說文 治也 廣韻 理
也 正韻 安也△通作乂。鑃 又嫛05307

辬 60555 32266
là_8.15　俗辢字。

辤 60556 32267
cí_8.15　同辭 說文 不受也。从辛从受。受辛，宜辤
之也図與文辭之辭通用 魏志·楊修傳 絕妙好辤。

辟 60557 32268
bì_8.15　集韻 辟60541或作辟。

辪 60558 41990
kù_8.15　五音篇海 音袴。味辛也。鑃 同羛60565

辜 60559 45810
gū_8.15　龍龕 音孤。鑃 同嫴。

辥 60560 32269
xuē_9.16　唐韻 集韻 韻會 正韻 犮私列切，音洩 說
文 辠也図 正譌 姓也図 正韻 國名△廣韻 經典通作
薛。鑃 又辟60572

辦 60561 32270
bàn_9.16　集韻 韻會 皮莧切 正韻 備莧切，並音瓣
說文 致力也 集韻 具也 史記·項羽紀 項梁常爲主辦 前
漢·韓信傳 多多益辦図與辨通 周禮·冬官考工記 以辦
民器 註 辦，猶具也。鑃 又办03909辬60600辬60567

辨 60562 32271
biàn_9.16　同辦 說文 判也△字彙 中从刀，與从力者
不同。力取致力之義，刀取判別之義。

辨 60563 32272
bàn_9.16　集韻 韻會 皮莧切 正韻 備莧切犮音瓣 說
文 判也 廣韻 別也 易·乾卦 問以辨之 禮·學記 離經辨志
註 辨，謂考問得其定也 周禮·天官 弊羣吏之治，六曰
廉辨 疏 辨，謂辨然于事分明，無有疑惑也図 韻會 牀
腾足第聞也 易·剝卦 剝牀以辨 疏 牀足之上，牀身之下，
分辨處也 程傳 牀之幹也図 變宂 楚辭·九辨 註 辨者，
變也。謂陳道德以變 說君也図 井地之數也 禮·王制 註
京陵之地，九夫爲辨，九辨而當一井図姓也図biàn 集韻
卑見切音徧。與徧通。帀也 史記·禮書 萬民和喜，瑞應
辨至 註 同徧図biàn 廣韻 符蹇切 集韻 韻會 平免切 正
韻 婢免切，犮辯上聲。義同図biǎn 集韻 邦免切，鞭上
聲。義同図與貶通 禮·玉藻 立容辨卑，無諂 註 辨作貶。
容雖貶損卑降，不傾側柔媚也図piàn 廣韻 普麫切 集
韻 正韻 匹見切犮音片。革中斷也 爾雅·釋器 革中絕謂
之辨，革中辨謂之羣 註 革中斷之名辨，復中分其辨名
羣 集韻 作辨。鑃 桂馥 說文解字義證 辨60562，隸作辨，
刀變爲刂，與班作班同図響56370羺60600辨60585

辥 60564 32273
xǐ_9.16　集韻 象齒切音祀。枲尚也。或作枱。

辤 60565 32274
kù_9.16　集韻 苦故切音庫 字彙 搗茱萸爲之，味辛
而苦也。鑃 又辪60558

辟 60566 32275
bì_9.16　集韻 辟60574或从廾。

颮 60567 45811
bàn_9.16　搜眞玉鏡 白限切。鑃 颮60600譌字，同辦
可洪音義 已颮：上音以，下步莧反，具也，侩也。

據 60568 45812
qú_9.16　五音篇海 音渠。

鞯 60569 45813
gé_9.16　龍龕 音革。

辣 60571 u28424
null_9.16　未詳。

辟 60570 u28427
bì_9.16　俗壁09417 宋元以來俗字譜 引 太平樂府

辥 60572 u8FAA
xuē_9.16　同辥60560

羛 60574 32276
bì_10.17　廣韻 集韻 犮
必益切音璧。治也。與嫛同。鑃 又辟60566

辯 60573 u8FA9
biàn_9.16　简 辯60598

嗛 60575 32277
qiān_10.17　集韻 五音
集韻 犮苦兼切音謙。嗛，苦艱也。

劈 60576 41991
pī_10.17　字彙補 普擊切音劈。分也。鑃 龍龕 劈
誤，普擊反。正作劈03801，裂也。

薛 60577 u2842E
cay_10.17　喃 从辛稼cây省聲。辣△薛薛：辛苦。

嫩 60578 u2842D
null_10.17　未詳。

壁 60579 u2842C
bì_10.17　俗壁09417

辟 60580 u2842B
pì_10.17　干祿字書 辟譬56747，上俗下正。唐 關芝
墓誌 詞翰雍容，無行非辟。

翱 60581 u2842A
ruò_10.17　義未詳 直音篇 翱，而夜切。

辯 60582 u8FAB
biàn_10.17　简 辯45078

辬 60583 32278
bān_11.18　廣韻 布還

切 集韻 逋還切丛音班。說文 駁也。廣韻 同斑。

辬 60584 32279
bīn_11.18 集韻 悲巾切音斌。駁也。鑾熊加全：疑
辬60583字之譌也。

辮 60585 32280
bàn_11.18 集韻 皮莧切音辨。兩股閒也。鑾楊寶忠：
同辮60563

辭 60586 u28432
cí_11.18 俗辭60587 可洪音義 辭訣：上音辞。下音夬。

辭 60587 32281
cí_12.19 古文龤 唐韻 似茲切 集韻 詳茲切丛音詞。
辭說也。易·乾卦 修辭立其誠 書·畢命 辭尚體要 図 說
文 訟也。周禮·秋官·小司寇 以五聲聽其獄訟，一曰辭聽
書·呂刑 明清于單辭，民之亂，罔不中聽獄之兩辭 疏 單
辭謂一人獨言也，兩辭謂兩人競理也 図 與辤同 正韻
卻不受也 書·大禹謨 稽首固辭 中庸 爵祿可辭也。又謝
也 前漢·韓王信傳 溫顏遜辭 図 別去也 楚辭·九歌 入不
言兮出不辭。鑾又辞60537辝60533辞60536辞60586譖56941
図 毄48502，同舜60556，俗辭 慧琳音義 文繹：似茲反 考
聲 云以言說理也。古文作嗣32269 說文 解訟也。從囂
辛，囂、辛猶理罪也。囂音亂。亂，理也。今經作毄，愚
人妄書不成字也。

辮 60588 32282
biǎn_12.19 字彙補 典切音扁。憂也，急也○按 說文
有辮無辮，宜从心。

疃 60589 32283
huò_12.19 廣韻 呼麥切 集韻 忽麥切丛音劃。辣疃
也。

夔 60590 41992
tái_12.19 字彙補 何光切音黃。劉子·雜俎 德德夔夔
石鼓文 作夔。鑾又趩58618趩58618夔32032夔32032

辥 60591 u28438
dǎng_12.19 喃 从辛登đăng聲。苦難。

辫 60592 u28437
chát_12.19 喃 从辛詐trá聲。澀嘴△味辫：味澀。
△亦作䪍60601

䄜 60593 32284
xǐ_13.20 籀文枲字。

競 60594 41993
jìng_13.20 字彙補 與競同 字彙 二言爲競。

蒇 60595 u2B41D
null_13.20 喃 未詳。

稼 60596 u2843B
null_13.20 未詳。

䅨 60597 u2843A
nòng_13.20 喃 从辛農nông聲。濃郁，香醇。

辯 60598 32286
biàn_14.21 同辨 說文 判也 廣韻 別也 易·履卦 君子
以辯上下，定民志 図 詳審也 周禮·天官 惟王建國，辯
方正位 図 明悉也 易·大有 明辯皙也 図 集韻 巧言也
禮·王制 言偽而辯 史記·荀卿傳 騶衍之術，迂大而閎辯
図 爭辯也 禮·鄉飲酒義 不慢不爭，則遠于鬥辯矣 図 說
文 治也 書·酒誥 勿辯乃司 左傳·昭元年 主齊盟者，誰
能辯焉 註 辯，治也 図 微辯，諷諭也 禮·儒行 其過失
微辯而不可面數也 図 與徧通 禮·樂記 其治辯者其禮具
註 辯，徧也 史記·五帝紀 辯于羣神 書·舜典 作徧 図 與
平通 字彙補 平均也 史記·五帝紀 辯秩東作，辯秩西成
書·堯典 作平 図 五音集韻 下辯，地名。在武鄉 図◆集
韻 韻會 筆別切 正韻 必列切丛音箯。與貶同 周禮·秋
官·士師 若邦凶荒，則以荒辯之法治之 註 辯，當爲貶。
遭饑荒，則刑罰、國事有所貶損。鑾又辯60573誓55820
誓55803誓55819詿56336譶56889譶56899譶56891畬63337

臂 60599 u2843D
null_14.21 未詳。

羊8 60600 45814
biàn_15.22 篇海類編 與
辮同。鑾 龍龕 古文。蒲幻反。與辦同。

䪍 60601 u2843F
chát_15.22 喃 从辛質chất聲。同辫60592嘴澀。

䪏 60602 45815
gū_17.24 篇海類編 同辜。

䪓 60603 45816
xīng_19.26 搜眞玉鏡 同興。

囍 60604 45817
tà_23.30 字彙補 同囍。

* 辰部 *

辰 60605 32287
chén_0.7 古文𠩟屒辰 唐韻 植鄰切 集韻 韻會 正韻
承眞切丛音晨。◆說文 辰，震也。三月陽氣動，雷電振，
民農時也 釋名 辰，伸也。物皆伸舒而出也 図 時也 書·皋
陶謨 撫于五辰 註 謂五行之時也 図 日也 左傳·成九年
浹辰之閒 註 自子至亥，十二日也 図 歲名 爾雅·釋天 太
歲在辰曰執徐 図 三辰，日月星也 左傳·桓二年 三辰旂
旗 疏 日照晝，月照夜，星運行于天，昏明遞匝，民得
取其時節，故三者皆爲辰也 図 日、月合宿謂之辰 書·堯
典 曆象，日月星辰 註 辰，日月所交會之地也 図 北辰，
天樞也 爾雅·釋天 北極謂之北辰 註 北極，天之中，以
正四時 図 大辰，星名 春秋·昭十七年 有星孛于大辰 公
羊傳 大辰者何，大火也。大火爲大辰，伐爲大辰，北辰
亦爲大辰 註 大火謂心星，伐爲參星。大火與伐所以示
民時之早晚，天下所取正。北辰，北極天之中也，故皆
謂之大辰 図 爾雅·釋訓 不辰，不時也 詩·大雅 我生不
辰。又 小雅 我辰安在 図 叢辰，術家名 史記·日者傳 叢
辰註 猶今之以五行生尅擇日也 図 韻會 州名。古沅陵
郡，隋置辰州，以辰溪名。鑾又辰60608厄04797厎04818
雷60623辰60606辰04835

辰 60606 32288
chén_0.7 正字通 辰本字。古文作辰 字彙 附厂部。
今復以此爲古文，非。

辰 60607 u2FA0
chén_0.7 部 辰60605

辰 60608 uF971
chén_0.7 參見辰60605

辰 60609 32289
chén_1.8 集韻 辰古作辰。註詳辰。

辱 60610 32290
rǔ_3.10 古文𢈹 唐韻 而蜀切 集韻 儒欲切丛音蓐
廣韻 恥也 禮·曲禮 孝子不登危，懼辱親也 図 汙也 左
傳·襄三十年 使吾子辱在塗泥久矣 図 屈也 禮·曲禮 君
言至，則主人出拜君言之辱 疏 辱者，言屈辱尊者之命
來也 図 僇也 說文 辱，从寸，在辰下。失耕時於封疆上
僇之也 図 姓。見 姓苑。鑾又辰17612愯18168崣53949
驉75039

屚 60611 32291
kè_6.13 字彙 克盍切音磕。閉門聲△ 正字通 屚字

之譌。

農 60612 32292
nóng_6.13 古文農詟鬞震曟欁辳匫辰 唐韻 集韻 丛奴冬切音儂 說文 耕也，種也 書·洪範 農用八政 註 農者，所以厚生也 周禮·天官·大宰 以九職任萬民。一曰三農生九穀 註 三農：山農、澤農、平地農也 左傳·襄九年 其庶人力于農穡 註 種曰農，斂曰穡 図 神農，古炎帝號 前漢·食貨志 闢土植穀曰農。炎帝教民耕穀，故號神農氏，謂神其農業也。又屬山氏有子曰農，能植百穀，後世因名耕畂爲農 図 司農，官名 前漢·百官志 秦曰治粟内史，漢景帝更名大司農 図 弘農，郡名 前漢·地理志 註 武帝元鼎四年置 図 姓也 風俗通 神農氏後。鍪又农02773微16886疅23506晨35576図古文四聲韻辰震蘔鬞欁26028，並崔希裕篆古

農 60613 32293
nóng_6.13 集韻 農古作晨。註詳農字。

辳 60614 32294
nóng_6.13 字彙補 古文農字。註詳農字。

晨 60615 32295
chén_7.14 廣韻 植鄰切，音辰 說文 早昧爽也。从臼从辰22640辰時也。

𦳊 60616 u4886
rǒng_7.14 同𦳊60617

𦳊 60619 u28448
rǒng_8.15 同𦳊60617

𦳊 60617 32296
rǒng_8.15 廣韻 正韻 而隴切 集韻 韻會 乳隴切丛音宂。不肖也 図 傄𦳊，劣也。亦作闒茸。鍪又𦳊60616 𡸓60619 𦳊12597 𦳊12592 𦳊12446

農 60618 32297
nóng_8.15 玉篇 古文農60612字。

𡉡 60620 u28449
chí_9.16 說文 𡉡，古文坁52474从辰、土。

䡷 60621 32298
zhěn_12.19 廣韻 集韻 韻會 丛止忍切音軫 廣韻 笑貌 莊子·達生篇 桓公䡷然而笑。一作𨎰 図 廣韻 丑饑切 集韻 抽遲切丛音絺。又 廣韻 集韻 韻會 丛丑忍切音趁。義丛同。

𧜋 60622 32299
nóng_12.19 廣韻 女容切 集韻 尼容切丛音濃 博雅 𧜋𧜋，多也 揚子方言 南楚凡大而多謂之𧜋。凡人語言過度及妄施行，亦謂之𧜋 崔駰·達旨 紛𧜋塞路 図 nǒng 廣韻 奴動切，濃上聲。絀𧜋，多貌○按 正字通 𧜋字下有農字。重出，刪。

曆 60623 32300
huì_13.20 廣韻 呼外切 集韻 黄外切丛音會 說文 日月合宿爲曆 図 chén 集韻 植鄰切音辰。義同△通作辰。

農 60624 32301
nóng_13.20 集韻 農60612古作農。

欁 60625 32302
nóng_14.21 集韻 農60612古作欁。

矘 60626 45818
chén_15.22 字彙補 承眞切音辰。

• 辵部 •

辵 60627 32303
chuò_0.7 唐韻 丑略切 集韻 敕略切丛音辵 說文 乍行乍止也 図 六書故 循道疾行也 図 與踱通 公羊傳·宣

六年 踱階而走 註 踱，一作辵△ 六書正譌 从彳从止，會意。隸作辶。有與足乇 三部相通者。互見本註。鍪又辵26553 図 辶60629，同辶60634，同形字。

辶 60628 45819
zhī_0.7 字彙補 與之同。出 漢伯戚碑

辶 60629 uFA66
chuò_0.7 兼辶60634 図 chuò_0.7 同辵60627部首專用字。亦作辶60633辶60632辶60631

辶 60630 u2FA1
chuò_0.7

辶 60631 u2ECE
chuò_0.7 部辵60630

辶 60632 u2ECD
chuò_0.7 部辵60630

辶 60633 u2ECC
chuò_0.7 部辵60630

辶 60634 u8FB6
chuò_0.7 同辵60627漢字偏旁。

辶 60635 u2B41E
null_1.8 未詳。

辶 60636 u8FB7
fāng_1.8 唐代从匚04353之字俗或从辶 図 yǐ 日 滑走。又地名。辶石。

辺 60637 32304
guǐ_2.9 玉篇 古文軌59838字。

辺 60638 32305
réng_2.9 廣韻 如乘切 集韻 如蒸切丛音仍 廣韻 往也 集韻 及也。

辺 60639 45820
qì_2.9 龍龕 與迄同。

迅 60640 45821
xùn_2.9 字彙補 與卂同。

辺 60641 45825
pēng_2.9 餘文 普庚切。鍪边迅60667pò，物落水聲。

辽 60642 u2B7E7
pǐ_2.9 俗匹04464 四聲篇海 辺辽，二音匹。

辽 60643 u8FBD
liáo_2.9 简遼61272

込 60644 u8FBC
rù_2.9 商務印書館 新字典 込，日本字。讀若米。入也 図 新加坡進60959簡字。

辻 60645 u8FBB
shí_2.9 日 商務印書館 新字典 辻，日本字。讀若子期。猶言十字路也。

辺 60646 u8FBA
biān_2.9 日 同邊61408 図 道61059停用二簡字。

边 60647 u8FB9
biān_2.9 简 邊61408

迊 60648 32306
fǔ_3.10 集韻 斐父切 等韻 芳武切丛音撫。安也，循也 古文奇字 撫古作迊。安恤其衆也。隸作迊 図 字彙 逃去也。

迋 60649 32307
tú_3.10 廣韻 古文徒16634字。

迶 60650 32308
yóu_3.10 集韻 夷周切。同遊。

达 60651 32309
tì_3.10 廣韻 集韻 丛他計切音替 字林 足滑也 王褒·洞簫賦 其妙聲則清靜厭厴，順敘卑达 註 达，滑也。図 tà 集韻 他達切音闥。與㒓同 博雅 逃也。一曰行不相遇 図 dá 陁葛切音達。與達同。通也。一曰迭也。△俗作达、达，丛非。

迍 60652 32310
chān_3.10 篇海 丑延切音脡。緩步也 図 人名 魏志 鍾會子名迍 註 迍，敕連反。

迀 60653 32311
jì_3.10 集韻 居吏切，音記。◆說文 古之遺人以木鐸記詩言 徐鍇曰 遺人行而求之，故从辵从丌，荐而進之于上也。

迀 60654 32312
gān_3.10 唐韻 韻會 古寒切 集韻 居寒切夶音干。說文 進也。

迁 60655 32313
qiān_3.10 俗遷字。

迂 60656 32314
yū_3.10 廣韻 羽俱切 集韻 韻會 雲俱切夶音于 玉篇 遠也 史記·孟軻傳 迂遠而闊于事情 後漢·王暢傳 其言若迂，其效甚近 又 曲也 書·盤庚 恐人倚乃身，迂乃心 註 恐浮言之人迂汝心，使邪僻也 管子·君臣篇 民迂則流之，民流通則迂之 註 迂，曲不行，則通之使行。流蕩不返則屈之使止也 又 迂久，良久也 後漢·劉寬傳 迂久大醉而還 又 說文 避也 玉篇 廣大也 唐韻 憶俱切音紆。義同△本作迃。通作于。 又 又 迃60670

迃 60657 32315
yū_3.10 正字通 迂本字。

迄 60658 32316
qì_3.10 唐韻 集韻 韻會 許訖切 等韻 呼訖切夶音汔 說文 至也 詩·大雅 以迄于今。又 周頌 迄用有成。 又 竟也 後漢·孔融傳 才疏意廣，迄無成功 又 與訖通 書·禹貢 聲教訖于四海。 又 迄60639 迄60717

起 60659 32317
qǐ_3.10 玉篇 古文起58207字。

迅 60660 32318
xùn_3.10 唐韻 息進切 集韻 韻會 正韻 思晉切夶音信 說文 疾也 楚辭·九章 羌迅高而難當。又 爾雅·釋獸 狼，其子獥，絕有力，迅 註 狼子絕有力者曰迅 疏 迅，疾也 又 廣韻 私閏切 集韻 須閏切夶音浚。義同。 又 迅60672

迍 60666 45823
zhūn_3.10 龍龕 同迍

起 60662 32320
qǐ_3.10 說文 古文起58207字。 又 迍60675迍60659紀14706同。

迤 60661 32319
yǐ_3.10 唐韻 移爾切 集韻 韻會 演爾切夶音酏 說文 邪行也 又 正韻 迆邐，連接也 又 邪倚也 周禮·冬官考工記 戈柲六尺有六寸，既建而迤 註 謂著戈於車邪倚也 又 yí 廣韻 弋支切音移。亦邪行也。

迣 60663 41994
chǐ_3.10 篇海類編 丑亦切，音尺◇跛也。

赴 60664 41995
tú_3.10 字彙補 迖本字。

还 60665 45822
pǐ_3.10 餘文 音匹。 又 俗匹04464

迗 60667 45824
pò_3.10 餘文 普沒切。

辻 60668 u2B41F
null_3.10 殷周金文集成·10.5404·商卣 帝司賞庚姬貝卅朋、辻絲廿孚（舒）。張亞初讀若貸。

迮 60669 u2845F
fǔ_3.10 同迗60648古文撫20712

迉 60670 u2845B
yū_3.10 同迃60657 正字通 迂60656，本作迃。

迤 60671 u2845A
yí_3.10 或同迻60817又返字之譌。

迅 60672 u28459
xùn_3.10 俗迅60660 增廣字學舉隅 迅，迅，非。

迣 60673 u28458
zhì_3.10 同迣60700俗迣60750

迈 60674 u8FC8
mài_3.10 简邁61332

让 60674 u28457
shàng_3.10 上00017繁文 鄂君舟節 逾沽让灘 又 trên 喃 俗連00156

起 60675 u28456
qǐ_3.10 古文起58207亦作起14706

違 60676 u28455
wéi_3.10 同違61061 中山王陵兆域圖銅版 王命賹為兆法闊狹大小之制，有事者官圖志，進退違法者死無赦，不行王命者殃連子孫。

过 60679 u8FC7
guò_3.10 简過61051

迟 60677 u8FC9
qī_3.10 迟迟，亦作迟迟 文選·揚雄·甘泉賦 徘徊招搖，靈迟迟兮 李善·注：迟迟，即棲遲也。毛萇詩傳曰：棲遲，遊息也。

從 60680 32321
cóng_4.11 正字通 同從。

迊 60681 32322
zā_4.11 廣韻 子答切 集韻 作答切，夶同帀。周也。从反之而帀也。或作迊 正韻 俗譌作匝。 又 俗迊60694 廣碑別字 引 魏元鑒墓誌

迫 60682 32323
bó_4.11 廣韻 集韻 夶北末切音撥 玉篇 急走也 集韻 前頓也 又 pò 集韻 普活切音鏺 廣雅 猝也 又 蒲撥切音跋。義同 又 說文 行貌△或作跡趹越。 又 迣61029 又 正字通 迫，本作跊60787

迋 60683 32324
wàng_4.11 唐韻 集韻 正韻 于放切 韻會 于況切夶音旺 說文 往也 左傳·襄二十八年 君使子展迋勞于東門之外 又 集韻 欺也 詩·鄭風 人實迋女 左傳·定十年 是迋吾兄也 又 恐懼也 左傳·昭三十一年 子無我迋 司馬相如·長門賦 魂迋迋若有亡 又 廣韻 集韻 正韻 俱往切，並音逛 集韻 韻會 求往切，並音俇 又 集韻 韻會 夶古況切音誆 又 集韻 曲王切 正韻 去王切夶音匡 又 集韻 渠王切音狂。義夶同。 又 迋60932迋60726

迲 60684 32325
xuè_4.11 玉篇 火決切 字彙 音血，走也。

退 60685 32326
qì_4.11 廣韻 集韻 夶去智切音企。避也 又 集韻 遣尒切音跂。義同。

迋 60686 32327
wù_4.11 廣韻 集韻 夶文弗切音物 博雅 遠也。 又 廣韻 集韻 夶呼骨切音忽。義同。

迗 60687 32328
xú_4.11 正字通 石鼓文 迂，今作徐。

迿 60688 32329
tuì_4.11 玉篇 古文退60823字。

迈 60689 32330
fǎng_4.11 玉篇 防罔切，音紡◇急行也。

迉 60690 32331
zhì_4.11 玉篇 陟栗切音窒。近也 又 閩迉迉60692，音tītó，亦作七桃、佚佗、彳亍，玩耍，廝混。

迪 60691 32332
dì_4.11 唐韻 都歷切 集韻 丁歷切夶音的 說文 至也 又 廣韻 集韻 夶多嘯切音釣。義同。 又 龍龕 迪俗迪60781正，的吊二音，至也。

迌 60692 32333
tù_4.11　玉篇 他沒切音㞚。𧾷誘貌。

迍 60693 32334
zhūn_4.11　廣韻 陟綸切 集韻 韻會 株倫切𠀤音屯 玉篇 迍，遭也 又 廣韻 徒渾切音豚。義同。鋻 五侯鯖 字海 迀60666，音迍。義同。

迎 60694 32335
yíng_4.11　唐韻 語京切 集韻 魚京切 韻會 疑京切𠀤音㼆 說文 逢也 增韻 逆也，迓也 揚子方言 自關而東曰逆，自關而西曰迎 淮南子·覽冥訓 不將不迎 註 將，送也。迎，接也。不隨物而往，不先物而動也 又 逆數也 史記·五帝紀 迎日推策 註 逆數之也。日月朔望，未來而推之，故曰迎日 又 yìng 廣韻 魚敬切 集韻 韻會 正韻 魚慶切，𠀤迎去聲 正韻 凡物來而接之則平聲，物未來而往迓之則去聲 詩·大雅 親迎于渭。鋻 又迎60681迎60793 又 迎60802 偏類碑別字·迎 引 唐高元裕碑

达 60695 32336
dá_4.11　正字通 达字之譌。

运 60696 32337
yǔn_4.11　集韻 羽粉切音抎。走貌。

迚 60697 32338
cōng_4.11　廣韻 七恭切音樅。遷也。

近 60698 32339
jìn_4.11　古文𣥻 廣韻 其謹切 集韻 韻會 正韻 巨謹切𠀤音瘽 玉篇 不遠也 詩·小雅 會言近止 易·繫辭 近取諸身 又 廣韻 幾也。言庶幾也 論語·其庶乎 註 庶言近道也 又 韻會 迫也 易·繫辭 二多譽，四多懼，近也 註 位偪于君也 又 廣韻 集韻 韻會 𠀤巨靳切，勤去聲 說文 附也 增韻 親也，近之也 書·五子之歌 民可近，不可下。又 洪範 是訓是行，以近天子之光 韻會 凡遠近之近，上聲。附近之近，去聲 又 集韻 居吏切音記。已也。辭也 詩·大雅 往近王舅 註 辭也。鋻 又𣥻15249𠫠04667 𨑂22055㟞26603

迬 60699 32340
yóu_4.11　集韻 于求切音尤。經過也。

迣 60700 32341
zhì_4.11　正字通 迣字之譌。

迒 60701 32342
háng_4.11　唐韻 胡郎切 集韻 寒剛切𠀤音航 說文 獸迹也 爾雅·釋獸 兔其迒 註 兔跡名迒 字林 迒，兔道也 張衡·西京賦 結罝百里，迒杜蹊塞 註 迒，道也，蹊徑也，皆以網杜塞之也 又 廣韻 古郎切 集韻 韻會 居郎切𠀤音岡。義同 又 xiáng 集韻 胡江切音降。車迹也 正字通 凡獸迹、車迹皆曰迒 △ 集韻 或作𨑭。鋻 又 遑60873 又 龍龕 迒迬60699，二俗，亢尤二音。

迓 60702 32343
yà_4.11　廣韻 韻會 正韻 五駕切 集韻 魚駕切𠀤音訝 說文 相迎也 書·盤庚 予迓續乃命于天。又 洛誥 旁作穆穆迓衡 註 言迎治平也 又 通作訝 周禮·秋官 訝士 註 訝，迎也，士官之掌迎四方賓客者 又 通作御 詩·召南 百兩御之。又 小雅 以御田祖 又 通作衙 周禮·夏官 田僕設驅逆之車 註 驅禽使前趨獲，逆衙還之，使不出圍。衙本作御，五嫁反。鋻 直音篇 迶同迓。

迤 60703 32344
xǐ_4.11　集韻 想氏切音徙。迻也 正字通 一作迻。通用徙。鋻 又𨗙61224

返 60704 32345
fǎn_4.11　廣韻 甫遠切 集韻 韻會 府遠切𠀤音反 說文 還也 玉篇 復也 前漢·董仲舒傳 返之于天 註 謂還歸之也。又 伍被傳 往者不返 註 言不復來也 △ 韻會 通作反。鋻 又𢓜16548迈60729

迕 60705 32346
wù_4.11　廣韻 集韻 韻會 正韻 𠀤五故切音誤 玉篇 遇也 後漢·陳蕃傳 王甫時出，與蕃相迕 註 迕，猶遇也 又 說文 逆也 前漢·食貨志 好惡乖迕 註 迕，違也。又 王褒·洞簫賦 氣旁迕以飛射 註 言氣競旁出，遞相逆迕也 又 錯迕，交雜也 宋玉·風賦 迴穴錯迕 又 wǔ 集韻 阮古切 韻會 疑古切𠀤音五。義同 又 正字通 遻遌遻𠀤通。古通午。鋻 又遻61049

迠 60706 32347
jì_4.11　字彙補 居以切，音己 九經考異 詩 往近60698王舅。楊慎作迠。一作迣。

达 60707 32348
dá_4.11　正字通 达字之譌。

迢 60708 41996
dì_4.11　川篇 音帝。不進也。

迏 60709 41997
é_4.11　篇海類編 五和切音譌。迏迤也。義未詳。

迅 60710 41998
zhuó_4.11　篇海類編 音拙。疾風也。

逃 60711 41999
xún_4.11　字彙補 巡字之譌 天淵發微 天日錯行，陰陽更迯。

迊 60712 42000
zǒu_4.11　龍龕 音走。行貌。

迎 60713 42001
cóng_4.11　篇海類編 疾容切音從 說文 相聽也。

迦 60714 42002
cóng_4.11　字彙補 與從同。見 漢孔耽碑

还 60715 45826
fú_4.11　篇海類編 音浮。又音否。俗作還字，非。

迉 60717 45828
qì_4.11　龍龕 同迄

迡 60716 45827
xùn_4.11　龍龕 與迅同

迨 60718 u2B421
null_4.11　未詳。

迬 60719 u2B420
shù_4.11　俗迲60770 可 洪音義 箸著者迮：上三同，竹慮反。

选 60720 u2B47B
rǒng_4.11　同选60747 詳校篇海 而隴切，音宂。行兒 又 đem 喃 从辵宂đem聲。攜帶，帶引。

迖 60722 u28479
cóng_4.11　同從16671

迗 60721 u2B47A
máo_4.11　西陽雜俎·正集·諸皇記上 酉㞷鬼名髮廷迗 正統道藏·洞神部·戒律類·女青鬼律·卷之二 百蠱之鬼，名遐迗。莫號切。又 人名 曾侯乙墓（竹簡）黃迗王 又 上博七·武王踐阼 吏民不迗而訓城。楊澤生：讀作秏，損害。

迣 60723 u28478
ěr_4.11　迩字之譌 直音篇 迣，同邇。

迸 60724 u28476
yán_4.11　俗延15883 碑別字新編 引魏 劉洛真造像。又 敦煌掇瑣·太子入山修道讚 四更夜，亦偏乘雲到雪山。端身正坐向欲前，坐禪迸。任二北：迸，延。

迮 60725 u28474
zào_4.11　俗造60892 碑別字新編 引 漢會稽豕地刻石 又 迮字亦見 古陶文彙編.3.1322，用為人名。

迋 60726 u28473
wàng_4.11 龍龕迋俗，迋60683正。

廷(辶) 60727 u28472
tíng_4.11 俗廷15885 可洪音義 迋出：上持頂反。又庭、定二音，非也。

辶 60728 u28471
null_4.11 未詳。

辶 60729 u28470
fǎn_4.11 俗返60704

辶 60730 u2846F
null_4.11 人名用字。時辶，見 八閩通志·卷之四十八·選舉·科第·福州府·宗子

辶 60731 u2846E
mùǐ_4.11 嘹同辿04588十 囡mùǐ同啲06340請。

迟 60734 u8FDF
chí_4.11 简遲61210 过，穀不完石。見 旬五志 旬五志·下 米谷不滿石為过 囡人名用字，袁大过，太平天国將領。

过 60732 u488F
du_4.11 韓 新字典·朝鮮俗字部·8畫 过，穀不完石。

返 60733 uFA24
jí_4.11 同返05156 殷周金文集成·9.4425·鼏叔盨 鼏弔其萬年永返仲姬寶用 囡gǎp嘹从辵及cập聲。遇△返逢：相逢，邂逅。返悴：倒霉。返時：走運。

连 60735 u8FDE
lián_4.11 简連60896

违 60736 u8FDD
wéi_4.11 简違61061

远 60737 u8FDC
yuǎn_4.11 简遠61139

进 60738 u8FDB
jìn_4.11 简進60959

迖 60739 u8FDA
dá_4.11 四聲篇海 音達 囡zūn遵61256停用二簡字 囡zhōng日 同文通考·國字 設兩辞。又希望辞也。

这 60740 u8FD9
zhè_4.11 俗這60883今 简

迸 60741 32349
pàn_5.12 集韻薄半切音畔。去也。

迌 60742 32350
yǎn_5.12 玉篇以喘切音兖。行也。

徂(辶) 60743 32351
cú_5.12 廣韻昨胡切集韻叢租切韻會全徒切丛音徂。往也△集韻或作徂遽。

迠 60744 32352
chè_5.12 集韻尺涉切音謵。行也。鑋又建15894二簡字。

迡 60745 32353
nì_5.12 廣韻奴計切集韻正韻乃計切，丛泥去聲。近也 囡玉篇同遟揚雄·甘泉賦徘徊招搖，靈迉迌兮 註迉迌，即棲遲也。鑋玉篇，迡同遟61210又奴計切。近也 囡伲16582

迉 60746 32354
qì_5.12 集韻苦席切音憩。曲行也。

迊 60747 32355
rǒng_5.12 集韻乳勇切音宂。行也。鑋又迖60720蹄59202

迢 60748 32356
tiáo_5.12 唐韻徒聊切集韻韻會正韻田聊切丛音條 說文迢遰也正字通遠不相通也 囡集韻迢迢，高貌。鑋又迗60790 囡莑50217金石文字辨異·迢引唐九成宫醴泉銘

迎(辶) 60749 32357
jiá_5.12 廣韻集韻丛古狎切音甲廣韻漢人名。

迡 60751 32359
nì_5.12 廣韻同遟字 說文迡，晉、趙曰迡 前漢·鮑宣傳 部落鼓鳴，男女遮迡 註言聞桴鼓之聲，以爲有盜賊，皆當遮列而追捕

迣 60750 32358
zhì_5.12 廣韻古文迣

囡 集韻丑制切音跐 玉篇超踰也 前漢·郊祀歌 體容與，迣萬里△俗譌作迮、迣，秇非。鑋又迪60847迣60673

迤 60752 32360
yǐ_5.12 集韻韻會丛演爾切音酏。與迆同爾雅註迤邐，旁行連延 囡集韻余支切音移。委迤，自得貌 囡tuó集韻正韻丛唐何切音駝。透迤，行貌。本作迱。鑋又迤60857橋25221 囡菈49254蘼，同迤蘼，連綿不絕貌

迥 60753 32361
jiǒng_5.12 廣韻戶頃切集韻韻會戶茗切正韻戶頂切丛音泂增韻寥遠也 囡廣韻光也，輝也△通作泂。俗作迥。鑋又迥60900廻15891迥60862

速 60754 32362
zhuì_5.12 廣韻古文遂61035字 囡集韻追萃切音轛。足不前也。或作跠迏迡。鑋又遬60791

迺 60755 32363
qiú_5.12 集韻徐由切音囚。拘留也。

迦 60756 32364
jiā_5.12 廣韻集韻韻會正韻丛居牙切音嘉增韻身毒國瞿曇，號曰釋迦 文中子·周公篇 齋戒修而梁國亡，非釋迦之罪也 囡廣韻韻會丛居伽切音義丛同 囡與邂通揚子·太玄經迦父迦近。鑋可洪音義 邏咖06494：上羅个反，下居伽反，外道名也 佛華嚴入如來不思議境界 作邏迦。

迍 60757 32365
chén_5.12 正字通 石鼓 迍禽奉雉。又乘馬既迍。丛與陳同。

迨 60758 32366
dài_5.12 廣韻徒亥切集韻韻會正韻蕩亥切，並音待 爾雅·釋訓迨，及也 詩·召南迨其今兮 囡與逮60948同。鑋又隸66064隸66069

迩 60760 32368
ěr_5.12 同邇，俗省

越 60759 32367
yuè_5.12 唐韻集韻丛王伐切音越 說文踰也 玉篇走散也。

逓 60761 32369
dǐ_5.12 說文都禮切。怒不進也 囡廣韻驚也，駭也 囡dì集韻丁計切音諦。義同。

迪 60762 32370
dí_5.12 唐韻徒歷切集韻韻會亭歷切正韻杜歷切丛音狄 廣韻進也，蹈也 書·臯陶謨 允迪厥德 註言信蹈其德也 囡說文道也 書·大禹謨惠迪吉 註言順道則吉也 囡增韻啓迪，開導也 書·太甲啓迪後人 註謂開導子孫也。又 康誥 矧今民罔迪不適 註謂民無導之而不從者 囡至也 前漢·班固敘傳 漢迪于秦，有革有因 囡由迪，相正也 揚子方言 東齊青、徐閒，相正謂之由迪。鑋又迪15893

逛 60763 32371
zhēng_5.12 玉篇古文征16576字。

迫 60764 32372
pò_5.12 廣韻博白切集韻韻會正韻博陌切丛音百 玉篇逼迫也 廣韻急也 楚辭·哀時命 衆比周以肩迫兮 前漢·武帝紀 外迫公事 囡增韻窘也 楚辭·遠遊 悲時俗之迫阨兮 後漢·朱暉傳 惶迫伏地，莫敢動 囡集韻通作柏 前漢·張耳傳 柏人迫于人也 武帝·瓠子歌 魚沸鬱兮柏冬日。鑋又迫15892廹21427廹36747

迣 60765 32373
shì_5.12 玉篇尸制切音世 字彙遊步也△正字通

迸字之譌。

迬 60766 32374 zhù_5.12 玉篇 之句切，又竹句切。義闕 又 字彙 古文往字 正字通 本作徃 說文 作迬。通作迬。

迭 60767 32375 dié_5.12 廣韻 集韻 韻會 徒結切 正韻 杜結切 丛音絰 說文 更迭也 易繫辭 迭用柔剛 詩·邶風 日居月諸，胡迭而微 禮·禮運 五行之動，迭相竭也 又 與軼通 左傳·成十三年 迭我殽地 註 迭，侵突 史記·封禪書 軼興軼廢 又 與逸通 家語 馬將迭 又 與佚通 史記·十二諸侯年表 四國佚興。鑾又迭60795迭60861

迯 60769 32377 táo_5.12 俗逃字。

迮 60768 32376 zé_5.12 廣韻 側柏切 集韻 韻會 正韻 側格切，丛音窄 說文 迮迮，起也 玉篇 迫迮也 後漢·竇融傳 囂執排迮，不得進退 註 排迮，蹙迫也 陳忠傳 鄰舍比里，共相壓迮 又 zuò 廣韻 則落切 集韻 卽各切丛音作。義同。通作作。鑾又迮61132

述 60770 32378 shù_5.12 廣韻 集韻 韻會 正韻 丛食律切音術 說文 循也 論語 述而不作 中庸 父作之，子述之 又 廣韻 著述也 正韻 修也，纘也，譔也。凡終人之事，纂人之言，皆曰述 禮·樂記 識禮樂之文者能述 又 述者之謂明 儀禮·士喪禮 筮人許諾述命 註 既受命而申言之曰述。又 陳也 孟子 諸侯朝於天子曰述職 又 冠名 後漢·輿服志 通天冠前有山展筩，爲述 記 曰：知天者冠述。又 通作術 禮·祭義 結諸心，形諸色，而術省之 註 術當爲述，聲之誤也 又 姓 風俗通 魯大夫仲述之後。鑾又呏05697遹61141 又 述，俗述 可洪音義 箸著着述：上三同，竹慮反。

迱 60771 32379 tuó_5.12 廣韻 徒何切 集韻 唐何切丛音駝。逶迱，行貌。或作迤。通作佗、他 又 yí 字彙補 余支切音移。與委蛇之蛇同。

迲 60772 32380 chuán_5.12 字彙補 古文遄61038字。

迹 60773 32381 jī_5.12 字彙補 古文迹60811字。

迿 60774 42003 qū_5.12 字彙補 音未詳 揚雄·蜀都賦 塡衍迿野。鑾俗驅。

逘 60775 42004 chuò_5.12 篇海類編 丑角切，音綽◇走也。

迶 60776 42005 yóu_5.12 五音篇海 音由。行也。

迲 60777 45829 qù_5.12 字彙補 音未詳。字見 毘陵志。鑾亦見簡帛文字。同去 又 韓 geop 地名，屬京畿道陰竹縣。又 束薪。量柴束之單位 漢韓大辭典 官司以鐵索量柴曰迲。

迣 60778 45830 cǐ_5.12 五音篇海 同趑。

逊 60779 45831 bié_5.12 篇海類編 音瞥。鑾 字彙補 音蹩。

迠 60780 45832 kàn_5.12 龍龕 音看

迪 60781 45833 dì_5.12 字彙補 同迪

迌 60782 45834 cú_5.12 龍龕 同徂

迒 60783 45835 háo_5.12 龍龕 同毫。

近 60784 u2B424 null_5.12 未詳。

迺 60785 u2B423 lòu_5.12 龍龕 迺，俗。盧候反。鄭賢章：迺即陋04469，與陋同。

迼 60786 u2B422 null_5.12 人名。司馬迼，見 包山楚簡. 12.9

逑 60787 u284A0 bó_5.12 迹60682本字。

迻 60788 u2849F qiān_5.12 俗遷61260 遼張哥墓志 遺流聖迹，後代迻移 又 đong 喃 从辵冬 đông 聲。同跢58798△迻迻：輕浮。

迩 60789 u2849B ěr_5.12 同迩60760 敦煌·P.3315 尚書釋文 耐迩：古文邇61373音迩。近。

迡 60790 u28499 zhí_5.12 何琳儀 戰國古文字典 迡，疑跖58771之異文 又 hòu 龍龕 迡俗，逅60830正 又 字海 通託55611 馬王堆漢墓帛書·老子甲本·道經 故貴為身于為天下，若可以迡天下矣 又 tiáo 俗迢60748 廣碑別字 引 唐孫君夫人宋氏墓誌 又 naek 壯 重，深奧。迡朏：專心，用心。

逑 60791 u28498 zhuì_5.12 同逑60754 集韻 逑，追萃切。足不前也。或从足（作跡）。亦作逶、邌 又 或同迹60682 集韻 逑，陟利切。前頓也。

迵 60792 u28497 tōng_5.12 字見甲骨文。黃德寬 古文字譜系疏證 疑通60886之省文。

迎 60793 u28496 yíng_5.12 俗迎60694見魏 太尉府諮議參軍元弼墓誌

逘 60794 u28495 fù_5.12 或讀若跗。見 筥小子逘𣪕

迭 60795 u28494 dié_5.12 俗迭60767 可洪音義 迭察：上田結反。又 偏類碑別字 引 魏樂安哀王元悅墓誌

逊 60796 u28493 xùn_5.12 俗遜61130

迶 60797 u28490 yòu_5.12 字海 迶，同佑00983 又 人名 古璽彙編·複姓私璽. 4055 成公迶。

延 60798 u28482 yán_5.12 俗延15883 可洪音義 延閣：上羊然反。正作延15883 又 俗匹04464 可洪音義 千延：普吉反。正作匹 又 俗近60698 可洪音義 延分：上音近。延此：上巨謹反正作近。

迳 60799 u8FF3 jìng_5.12 简 逕60877

逡 60800 32382 hòu_6.13 廣韻 古文後16602字。

迴 60801 32383 huí_6.13 正韻 胡瑰切。與回同 又 huì 廣韻 集韻 正韻 丛胡對切音潰 廣韻 曲也△ 正字通 古無迴字。蓋回卽雷字。水回爲回，後人欲別之加辶。鑾又廻60849 廻60937 又 篇海類編 迴，本作廻15890廻15895俗作廻1590

迎 60802 32384 yǐn_6.13 玉篇 於忍切，印上聲。走也。鑾 玉篇 迎迎迒，走也。

逡 60803 32385 jiāo_6.13 正字通 俗交字。鑾又趏58344

迵 60804 32386 dòng_6.13 唐韻 集韻 丛徒弄切音洞 廣韻 過也。史記·倉公傳 診其脈，曰：迵風 註 言風洞徹五臟也。又 tóng 玉篇 徒東切音同。達也 揚子·太玄經 中冥獨達

迴迴不屈 註 中心冥冥獨達，故通而不盡。

逌 yòu_6.13 玉篇 于救切音右。行貌。鼇 楊寶忠：趙58307字之變。

迀 yú_6.13 廣韻 羽俱切 集韻 雲俱切夶音于 廣韻 窻迀，杶也。

遾 shì_6.13 集韻 時制切音誓。超踰也。或作跩、跩。通作逝。

迷 mí_6.13 唐韻 莫兮切 集韻 韻會 緜批切 正韻 緜兮切，夶音麛 說文 惑也。易·坤卦 先迷後得 書·舜典 烈風雷雨弗迷 詩·小雅 俾民不迷。鼇 又迷60845

迻 hài_6.13 玉篇 戶愛切音亥。走也。

迸 bèng_6.13 同迸60946 鼇 又迸61052

迹 jī_6.13 古文迹 唐韻 集韻 韻會 正韻 夶資昔切音積 說文 步處也 廣韻 足跡也 左傳·宣十二年 遷大國之迹于鄭 前漢·揚雄傳 擬足而投迹 淮南子·說山訓 足蹍地而爲迹 又 凡功業可見者曰迹 書·武成 太王肇基王迹 前漢·王褒傳 索人求士者，必樹霸迹 又 凡前人所遺留者曰迹 莊子·天運篇 六經 先王之陳迹也 又 凡有所遵循亦曰迹 書·蔡仲之命 爾乃邁迹自身 註 仲無所因，故曰邁迹 前漢·平當傳 深迹其道，而務修其本 註 謂求其踪迹 又 凡有形可見者皆曰迹 淮南子·說山訓 循迹者，非能生迹也 唐書·魏徵傳 豈有君臣同心事形迹者。又 循實而考之亦曰迹 前漢·功臣表 迹漢功臣。又 杜欽傳 將以求天心，迹得失也 又 風迹，風化之迹也 後漢·朱浮傳 頗欲厲風迹 又 迹射，尋迹而射也 前漢·王尊傳 將迹射士千人 又 迹人，官名 周禮·地官 迹人 註 迹之言跡。知禽獸處也 又 與跡同 文中子·問易篇 心跡之判久矣 又 與蹟通 詩·小雅 念彼不蹟 註 謂不循故道也 △ 集韻 或作遺、速。鼇 前漢·王褒傳 必樹霸迹。徐慧：必樹伯迹。

迾 ruǎn_6.13 字彙 乳兗切音輭。行遲也。

速 jī_6.13 籀文迹字。

迸 yáng_6.13 玉篇 與章切音羊。進退貌。

迺 nǎi_6.13 玉篇 與乃同。語辭也 詩·大雅 迺立皋門，迺立應門 又 汝也 前漢·項籍傳 必欲烹迺翁 又 陳餘傳 豈少迺女乎 又 始也 前漢·賈誼傳 太子迺生 註 言始生也。鼇 又迺15897遁61016

迣 chì_6.13 廣韻 處脂切 集韻 稱脂切夶音鴟。走貌。

迻 yí_6.13 古文拕 唐韻 韻會 弋支切 集韻 余支切，夶同移 說文 遷徙也 楚辭·九歎 屢懲艾而不迻。又 惜誓 或推迻而苟容兮 註 迻，一作移 △ 集韻 或作扡、敧。鼇 又扡09920

迼 jié_6.13 玉篇 居列切，音結 ◇ 跳也。鼇 正字通 趙58308字之譌 又 俗迼60892 魏元天穆墓誌 中興迼運。

迨 hé_6.13 唐韻 侯閤切 集韻 曷閤切 正韻 胡閤切夶音合 說文 迨，遝 玉篇 行相及也。鼇 又迨16588

追 zhuī_6.13 唐韻 陟佳切 集韻 韻會 中葵切夶音騅 廣韻 隨也 增韻 逮也 玉篇 送也 詩·周頌 薄言追之 註 謂己發上道而追送之也 前漢·韓信傳 公無所追。追，信詐也 又 說文 逐也 周禮·秋官·士師 掌鄉合，以比追胥之事 註 追，追寇也 左傳·莊十八年 追戎于濟西 又 玉篇 及也，救也 書·五子之歌 雖悔可追 註 言雖欲改悔，其可追及乎 論語 往者不可諫，來者猶可追 左傳·襄九年 圍宋彭城，非宋地，追書也 註 追書者，其地已非宋有，追使屬宋也 又 凡上遡以往曰追 詩·大雅 聿追來孝 左傳·成十三年 追念前勳 又 遂非曰追非 前漢·五行志 歸獄不解，茲謂追非 註 謂歸罪過于民，不罪己也。解，止也。追非，遂非也 又 國名 詩·大雅 其追其貊，奄受北國 又 duī 集韻 韻會 正韻夶都雷切音堆 玉篇 治玉名 周禮·天官·追師 註 追，治玉石之名 詩·大雅 追琢其章 又 毋追，冠名 禮·郊特牲 毋追，夏后氏之道也 釋文 上音牟下多雷反 又 鐘紐 孟子 以追蠡 又 sui 字彙補 旬爲切。與隨通 楚辭·離騷 背繩墨以追曲兮 註 追，古與隨通 又 叶馳僞切音墜 司馬相如·上林賦 車騎雷起，殷天動地。先後陸離，離散別追。

迾 liè_6.13 古文迣 唐韻 正韻 良薛切 韻會 力薛切 五音集韻 良傑切夶音列 廣韻 遮也，遏也 又 集韻 車駕清道也 後漢·輿服志 張弓帶鞭，遮迾出入 張衡·西京賦 迾卒清候 又 通作列 禮·玉藻 山澤列而不賦 註 列，言遮迾也 又 廣韻 集韻 韻會夶力制切音例。義同 又 通作厲 周禮·地官·山虞 物爲之厲 註 厲，遮列守之也。互詳前迣60750字註。鼇 又迾61000迣61065

迵 xùn_6.13 廣韻 私閏切 集韻 韻會 正韻 須閏切夶音峻 玉篇 出表辭也 又 集韻 先也 公羊傳·定四年 朋友相衞，而不相迵 註 謂不當先相擊刺也 又 集韻 松倫切 正韻 詳倫切夶音旬。又 五音集韻 許縣切音絢。義夶同。

退 tuì_6.13 古文退迡復侊逯 集韻 韻會 正韻夶吐內切，推去聲 玉篇 卻也 禮·表記 君子三揖而進，一辭而退，以遠亂也 左傳·僖二十五年 退一舍而原降 又 玉篇 去也 老子·道德經 功成名遂身退，天之道也 又 遜讓也 禮·曲禮 君子恭敬撙節，退讓以明禮 後漢·鍾皓傳 好學慕古，有退讓風 又 進退人才，猶言用舍也 禮·檀弓 君子進人以禮，退人以禮 又 返也 屈原·離騷 退將復修吾初服 前漢·董仲舒傳 臨淵羨魚，不如退而結網。臨政願治，不如退而更化 又 和柔貌 禮·檀弓 其中退然如不勝衣 又 tùn 正字通 吐困切。與褪同 王建詩 粉光深紫膩，肉色退紅嬌 註 淺紅也。鼇 又退60933復16697 又 遳61391同退。字見 篇海

遬 60824 32406 xù_6.13 等韻 況出切音烌。衆走貌。

送 60825 32407 sòng_6.13 古文䢠遬 唐韻 集韻 韻會 正韻 䢇蘇弄切音送 說文 遣也 詩·邶風 遠送于野 禮·曲禮 使者歸,則必拜送于門外 又 增韻 將也 儀禮·聘禮 賓再拜稽首,送幣 又 公拜送禮 又 正韻 贈行曰送 詩·秦風 我送舅氏 又 株送,罪人相牽引也 前漢·食貨志 迺徵諸犯,令相引數千人,名曰株送徒 註 先至者爲魁株,被牽引者爲其根株所送也 又 目送,以目相送也 左傳·桓元年 目逆而送之 史記·留侯世家 四人趨出,上目送之 又 縱送,善射之貌。 ◆ 詩·鄭風 抑縱送忌 註 舍拔曰縱,覆彇曰送 △ 玉篇 籀文作遬。 又䢠61169 䢠24960 遬61018 遊61066 䢠01734 餞69392 饓69374 又 史記·留侯世家 四人趨出上目送之。徐慧:四人爲壽已畢,趨去。上目送之。

建 60826 32408 yù_6.13 廣韻 餘律切音聿 玉篇 分布也 又 行貌。又 正字通 踕,與辵部建同。

适 60827 32409 kuò_6.13 唐韻 集韻 韻會 正韻 䢇古活切音括 廣韻 疾也 又 人名 論語 南宫适,魯大夫。周八士伯适 △ 說文 本作逜。今通用适。又 類篇 适适,古活切,疾也。或从昏。适又苦活切。

逃 60828 32410 táo_6.13 古文迯 唐韻 集韻 韻會 正韻 䢇徒刀切音陶 說文 亡也 書·牧誓 乃惟四方,多罪逋逃 註 謂有罪逃亡之人也 又 廣韻 避也,去也 史記·吳世家 季札讓逃去 註 謂讓位而逃也 後漢·謝該傳 良才抱璞而逃,所謂往而不返者也 又 通作跳 逸去也 史記·高祖紀 項羽圍成皋,漢王跳 註 跳,音逃 前漢·燕王澤傳 跳驅至長安 △ 集韻 逃,俗作迯,非是。又逃60911 趒58296

逄 60829 32411 páng_6.13 廣韻 薄江切 集韻 韻會 皮江切䢇音龐 廣韻 姓也 孟子 逄蒙學射於羿 後漢·劉盆子傳 逄安。劉攽曰从夆。又 字彙 逄,蒲光切音旁。姓也 孟子 逄蒙學射於羿 孫季昭示兒編 以逄爲逢,譌 又 曰字異而義同者逄蒙 荀子·王伯篇 作蠭門 淮南子·王褒頌 作逄門 七略 作蠭蒙。

逅 60830 32412 hòu_6.13 唐韻 胡遘切 集韻 下遘切 韻會 正韻 胡茂切䢇音候 說文 邂逅也 增韻 不期而會曰邂逅 詩·鄭風 邂逅相遇 又 集韻 居候切音遘 義同 又 hóu 集韻 下溝切音侯。邂逅,解悅貌 字彙補 亦作不固之貌。又迀60790

逆 60831 32413 ni_6.13 唐韻 正韻 宜戟切 集韻 韻會 仡戟切,並迎入聲 增韻 迕也,拂也,不順也 釋名 逆,遻也。不從其理,則逆遻不順也 書·大禹謨 從逆凶 註 言悖善從惡也。又 太甲 有言逆于汝心 註 人以言拂逆汝也 又 廣韻 亂也 禮·孔子燕居 勇而不中禮,謂之逆 前漢·武帝紀 大逆不道 又 說文 迎也 周禮·春官·中春 龡豳詩以逆暑 書·呂刑 爾尚敬逆天命 春秋·桓八年 祭公來,遂逆王后于紀 又 玉篇 度也,謂先事預度之也 論語 不逆詐 易·說卦 知來者逆,是故 易 逆數也 又 奏事上書曰逆 周禮·天官宰

夫掌敘羣吏之治,以待諸臣之復,萬民之逆 夏官·太僕 掌諸侯之復逆 註 鄭云:復謂奏事也,逆謂受下奏。又 受也 儀禮·聘禮 衆介皆逆命不辭 註 逆,猶受也 周禮·天官·司書 以逆羣吏之徵令 註 逆受而鉤考之。又 河名 書·禹貢 同爲逆河,入于海 註 言九河合爲一大河,名爲逆河,而入于渤海也 又 曲逆,地名 史記·陳平傳 封平爲曲逆侯。又 徐慧:前漢·陳平傳

遀 60832 32414 huī_6.13 正字通 與恢同 成湯·靈臺碑 遀踐帝丘。

迡 60833 32415 cǐ_6.13 集韻 與趑58323同。

迯 60834 32416 táo_6.13 字彙補 古文逃60828字。又 䢇从屮,古攀字。迯60837古文造,从辵屮聲。

遊 60835 32417 yóu_6.13 字彙補 古文遊61044字 又 人名 宋史·世系表 宗室趙與逌。

退 60836 42006 gèn_6.13 篇海類編 古恨切音艮。走止也。

迊 60837 42007 suō_6.13 篇海類編 桑何切音娑。造作也 又 zào 在早切。與造同。

逓 60838 42008 dì_6.13 龍龕 音弟。更互也。又 俗遞61137

迊 60839 42009 qiān_6.13 字彙補 與遷同。見 馮少墟集

迍 60840 42010 dùn_6.13 篇海類編 杜本切音遁。註詳辵字。

近 60841 42011 tíng_6.13 字彙補 卽庭字。見 漢·吳仲山碑

逩 60842 42012 běng_6.13 集韻 必幸切。與逬同。行急也。又 集韻 逪、迸,必幸切。行急也。

逴 60843 42013 zhuó_6.13 龍龕 士角切。速也。

迓 60844 42014 yà_6.13 五音篇海 音迓。迎也。

迷 60845 45836 mí_6.13 龍龕 舊藏同迷。又郭氏云呼角切。

遊 60846 45837 jī_6.13 篇海類編 音擠。

迣 60847 45838 zhì_6.13 廣韻 同迣。

迪 60849 45840 huí_6.13 龍龕 音曲。又 迥字俗訛 可洪音義 烏迪:戶灰反,梵云烏迥鳩羅,此云无二平等 薩婆多律 云烏迥鳩名二,鳩羅名平等,其心无二平等,如稱名烏迥鳩羅也 又 迪向:上戶灰反。

进 60848 45839 gōng_6.13 龍龕 音恭。

逫 60850 45841 zú_6.13 龍龕 舊藏作卒。又子聿切。又子骨切。又蘇沒切。

迲 60851 u2B425 null_6.13 未詳。

迫 60854 u284B9 bǎi_6.13 四聲篇海 音百 又 bạch 喃 从辵百bách聲。

迠 60852 u284BB đuổi_6.13 喃 俗遻61399追。

逇 60853 u284BA quanh_6.13 喃 从巡省光quang聲。繞 △ 迣送:曲走。

逩 60855 u284B8 chuồn_6.13 喃 从遁省存tồn聲 △ 逩迭:溜走。

迵 60856 u284B7 pung_6.13 韓 俗風68533

迡 60857 u284B6
yǐ_6.13　俗迤60752 新撰字鏡 瀾迡:上仁移反。原相連漸漸平皀。

過 60858 u284B5
guò_6.13　殷周金文集成.7.3907.過伯簋 過白從王伐反荊,俘金,用乍宗室寶尊彝。

逜 60859 u4898
su_6.13　韓 三國史記·卷三十五·地理二 守城郡本高句麗逜城郡,景德王改名,今杆城縣。

逊 60860 u900A
xùn_6.13　简 遜61130

选 60861 u9009
xuǎn_6.13　简 選61264　図俗迭60767 金石文字辨異 引 漢靈臺碑

逈 60862 u9008
jiǒng_6.13　俗迴60753 隸辨·上聲·迴韻·逈字 引 張納功德敘 道逈且艱。顧藹注云碑訛從向。

逇 60863 32418
mào_7.14　玉篇 古文貌57402字。

逤 60864 32419
bài_7.14　古文敗 唐韻 集韻 犾薄邁切音敗 說文 壞也。玉篇 散走也。今通用敗。鍌古文則03463

逋 60865 32420
bū_7.14　唐韻 博孤切 集韻 韻會 正韻 奔謨切,並音餔 說文 亡也。書·大誥 于伐殷逋播臣 註 逋亡播遷之臣也。易·訟卦 歸而逋,其邑人三百戶。象曰:不克訟,歸逋竄也 左傳·文六年 趙宣子爲政,董逋逃 註 督竄逃有罪之人 図 廣韻 懸也 正韻 欠也。凡欠負官物,亡匿不還,皆謂之逋 前漢·昭帝紀 三年以前逋更賦未入者,皆勿收 後漢·光武紀 爲春陵侯家訟逋租。又 段潁傳 洗雪百年之逋負。鍌又逋60903逋61289逋,籀文。

逌 60866 32421
yóu_7.14　玉篇 余周切,音由 玉篇 氣行貌 図 正韻 逌爾,笑貌 史記·趙世家 烈侯逌然 註 寬緩也 班固·答賓戲 主人逌爾而笑 註 逌爾,寬舒顏色之貌 図 字彙補 古由字 班固·幽通賦 栗取弔於逌吉兮 図 與攸同 前漢·五行志 彝倫逌敘。又 地理志 鄦水逌同。鍌又逌61031 鹵04684 逌04663 粵04687 逌60913 逌60908 逌61016 図 龍龕 逌60974俗,逌通,遒61348正。

逍 60867 32422
xiāo_7.14　唐韻 相邀切 集韻 思邀切,犾音宵 說文 逍遙,猶翱翔也 詩·鄭風 河上乎逍遙 図 逍遙,與消搖通 莊子·逍遙遊註 黃幾復云逍者,消也。如陽動冰消,雖耗也,不竭其本。遙者,搖也。如舟行水搖,雖動也不傷其內。鍌逍遙或作翛翢。

逎 60868 32423
qiú_7.14　集韻 逎61057古作逎 図 地名 前漢·地理志 逎縣,屬涿郡。

退 60869 32424
tuì_7.14　玉篇 古文退60823字。鍌亦作逞60933

透 60870 32425
tòu_7.14　唐韻 集韻 韻會 正韻 犾他候切,偸去聲 說文 跳也,過也 図 增韻 徹也,通也 図 廣韻 驚也 揚子方言 宋、衞、南楚凡相驚曰獡,或曰透 註 皆驚貌。獡,音鑠。鍌又趚58361

逐 60871 32426
zhú_7.14　古文遂 唐韻 正韻 直六切 集韻 韻會 仲六切犾音軸 說文 追也 左傳·隱九年 祝聃逐之。又 隱十一年 子都拔戟以逐之 図 廣韻 驅也 正韻 斥也,放也 史記·李斯傳 非秦者去,爲客者逐。又 管仲傳 三仕三見逐 図 玉篇 競也 左傳·昭元年 自無令王諸侯逐進 後漢·趙壹傳 捷懾逐物,日富月昌 図 正韻 逐逐,篤實也。又 馳貌 易·頤卦 其欲逐逐 図 日逐,地名 前漢·宣帝紀 迎日逐,破車師 図 dí 集韻 韻會 亭歷切音迪 易 其欲逐逐 蘇林 音迪 図 tún 字彙補 同門切。與豚同 山海經 苦山有獸焉,名曰山膏,其狀如逐 図 zhòu 集韻 直祐切音冑。奔也 山海經 夸父與日逐。鍌又逐61033 碑別字新編·逐 引 齊李琮墓誌

逑 60872 32427
qiú_7.14　唐韻 巨鳩切 集韻 韻會 正韻 渠尤切犾音求 說文 斂聚也 詩·大雅 以爲民逑 図 玉篇 匹也,合也 詩·周南 君子好逑 前漢·揚雄傳 摻逑索耦 図 字彙補 與絿同 爾雅·釋訓 維逑,鞫也 疏 逑,急迫也。鞫,窮也。図 祭神名 史記·封禪書 諸布諸嚴諸逑之屬,百有餘祠。

逕 60873 32428
gēng_7.14　廣韻 古行切 集韻 居行切犾音庚。兔徑也 玉篇 同逕 正字通 同踁。

遞 60874 32429
dì_7.14　正字通 俗遞字。

遞 60875 32430
dì_7.14　正字通 俗遞字。

途 60876 32431
tú_7.14　唐韻 集韻 韻會 正韻 犾同都切音徒 玉篇 路也 廣韻 道也 図 通作涂、塗 周禮·冬官考工記·匠人 經涂九軌 論語 遇諸塗。鍌又壑09500 遍60994 図 正字通 奎26612俗途字。

逕 60877 32432
jìng_7.14　廣韻 集韻 犾古定切音徑 玉篇 路徑也。集韻 步道也 図 玉篇 近也 集韻 直也 図 正韻 至也,過也 図 逕庭,言相去遠也 莊子·逍遙遊 大有逕庭。鍌又逕60799

遜 60878 32433
xǐn_7.14　玉篇 許忍切,欣上聲◇迎遜也。

逛 60879 32434
kuò_7.14　說文 适本字。

逖 60880 32435
tì_7.14　唐韻 集韻 韻會 正韻 犾他歷切音踢 說文 遠也 書·牧誓 逖矣,西土之人。又 多士 移爾遐逖 図 遠之也 書·多方 離逖爾土 左傳·僖二十八年 糾逖王慝 註 有惡于王者,糾而遠之 図 逖逖,欲利貌 楚辭·九章 悼來者之逖逖 図 字彙 借作惕 易·渙卦 血去逖出。△ 韻會 同遏 集韻 亦作狄。

逗 60881 32436
dòu_7.14　唐韻 田候切 集韻 韻會 正韻 大透切犾音豆 說文 止也 玉篇 住也 後漢·張衡傳 逗華陰之湍渚。図 集韻 曲行也 前漢·韓安國傳 逗撓當斬 註 逗,曲行避敵也。撓,顧望也 後漢·光武紀 追鹵料敵,不拘以逗遛法 図 zhù 廣韻 持遇切 集韻 廚遇切犾音住。義同。図 姓也 図 qí 集韻 去智切音跂 図 tòu 他候切音透。義犾同 図 通作投 正韻 物相投合也 杜甫詩 遠逗錦江波。

逘 60882 32437
yǐ_7.14　玉篇 魚幾切,音矣◇進也 図 sī 集韻 犾史切音涘。待也,與涘同。

這 60883 32438 yàn_7.14 廣韻魚變切集韻牛堰切丛音彥玉篇迎也正字通周禮有掌訝，主迎。訝古作這。毛晃曰：凡稱此箇爲者箇，俗多改用這字。這，乃迎也。〓又遮61036 又zhè这60740𨔶61108

邊 60884 32439 biān_7.14 正字通俗邊61412字。

迭 60885 32440 dié_7.14 廣韻丁協切集韻的協切丛音聑廣韻迭遘，走貌又玉篇千后切，音湊。又七庾切音取。義丛同。〓又趣60945

通 60886 32441 tōng_7.14 古文䢠唐韻正韻他紅切集韻韻會他東切，丛統平聲說文達也正韻徹也易繫辭始作八卦，以通神明之德禮·學記知類通達又亨也，順也禮·儒行上通而不困註謂仕則上達乎君，不困于道德之不足也易·節卦不出戶庭，知通塞也又暢也爾雅四時和爲通正註通，平暢也又總也禮·王制以三十年之通制國用註通計三十年所入之數，使有十年之餘也又開也前漢·何武傳通三公官註謂更開置之也。又陳也前漢·夏侯勝傳先生通正言註謂陳道之也。又凡人往來交好曰通前漢·季布傳非長者勿與通。又陸賈傳剖符通使又書名白虎通班固著風俗通應劭著又書首末全曰通後漢·崔寔傳宜寫一通又凡物色純者謂之通周禮·春官·司常通帛爲旃註通帛，無他物之飾也又通鼓周禮·地官·鼓人以金鐸通鼓疏司馬振鐸，將軍以下卽擊鼓，故云通鼓又井地名前漢·刑法志方里爲井，井十爲通又廣韻州名又韻會馬矢曰通後漢·戴就傳以馬通薰之又左傳·杜預註旁淫曰通。〓又迵60792

逛 60887 32442 guàng_7.14 等韻居往切，狂上聲玉篇走貌。又kuàng集韻古況切音誑。欺也。

逜 60888 32443 wù_7.14 廣韻集韻正韻丛五故切音誤集韻寤也。謂相干寤也又wǔ集韻阮古切音五。過也△正字通與逆迕忤丛通。

逝 60889 32444 shì_7.14 唐韻集韻韻會丛時制切音誓說文往也增韻行也，去也詩·魏風逝將去女楚辭·九歌將騰駕兮偕逝又正韻亡也前漢·司馬遷傳長逝者魂魄。又發語辭詩·邶風逝不古處集韻或作遰又集韻征例切音制。義同。或作遾。〓奇字韻𨑳揚雄奇字以為逝字。

逞 60890 32445 chěng_7.14 唐韻集韻韻會正韻丛丑郢切音騁。說文通也玉篇快也左傳·隱十一年鬼神實不逞于許君又玉篇極也，盡也左傳·襄二十五年不可億逞。又玉篇解也左傳·隱九年乃可以逞註謂可以解患也又廣韻疾也揚子方言東齊海岱之閒，疾曰速，楚曰逞又增韻矜而自逞也又正韻不檢謂之不逞。又yíng集韻怡成切。與盈同。人名，晉有欒盈。盈，亦作逞。〓又呈05495逞15899

速 60891 32446 sù_7.14 古文警廣韻集韻正韻蘇谷切韻會蘇木切丛音倲說文疾也孟子王速出令又玉篇召也易·需卦有不速之客三人來詩·小雅以速諸父又速速，不相親附之貌楚辭·九歎躬速速而不吾親又與藗通。速速，陋也後漢·蔡邕傳速速方轂註速速，言鄙陋之小人也詩作蔌蔌又正韻鹿之足跡曰速石鼓文鹿鹿速速。籀作遬。〓石鼓文麀鹿速速又𩧰70426𩧰70350又集韻速，古作警56620籀作遬61197

造 60892 32447 zào_7.14 古文艁廣韻昨早切集韻韻會正韻在早切丛音皁增韻建也，作也，爲也易·乾卦大人造也書·大誥予造天役註造，爲也。言我之所爲，皆天所役使也又正韻始也書·伊訓造攻自鳴條周禮·天官·膳夫卒食以樂徹于造註謂造飲食處又上造，秦官爵名前漢·百官公卿表二上造，十五少上造，十六大上造。又zào廣韻韻會正韻丛七到切音慥說文就也詩·大雅小子有造禮·王制升于學者不征于司徒，曰造士。又正韻詣也，進也書·盤庚其有衆咸造，勿褻在王庭註衆皆至王庭，無褻慢也周禮·地官·司門凡四方之賓客造焉，則以告又造次，急遽也論語造次必於是。又祭名禮·王制造乎禰周禮·春官·大祝掌六祈，二曰造註祈禱之祭名造又納也禮·喪大記大盤造冰註造，猶內也。內與納同。先納冰盤中也又造舟，比舟而渡也詩·大雅造舟爲梁註天子造舟疏造舟者，比船于水，加板于上，卽今之浮橋又zào集韻則到切音竈史記·龜筴傳卜，先以造灼鑽註造謂灼龜燒荆之處。又cāo集韻倉刀切音操。進也。〓又艁48790𦺅50783䢵58359𨑈60837𨖍61133㸶21545𨧫63435又迠60725造60818，碑別字。

逡 60893 32448 qūn_7.14 唐韻集韻韻會正韻丛七倫切音踆說文復也玉篇退也，郤也集韻逡巡，行不進也前漢·公孫弘傳有功者上，無功者下，則羣臣逡註言有次第也楚辭·九章遷逡次而勿驅兮又月運之名揚子方言日運爲躔，月運爲逡又小爾雅體慚曰逡又與㕙通，兔名戰國策東郭逡者，海內之狡兔也又xùn集韻須閏切音竣。逡遒，縣名又與駿通禮·大傳執籩豆，逡奔走書·武成作駿。〓集韻逡，亦作遁㣋。

迸 60894 32449 qì_7.14 集韻棄24325古作迸。

逢 60895 32450 féng_7.14 唐韻集韻韻會丛符容切，音縫說文遇也。从辵，夆省聲正韻值也左傳·宣三年不逢不若書·洪範子孫其逢吉又正韻迎也揚子方言逢、迎，逆也。自關而西。或曰迎，或曰逢又逆也前漢·東方朔傳逢占射覆註逆占事，猶言逆刺也又大也禮·儒行衣逢掖之衣註衣掖下寬大也又閼逢，歲名爾雅·釋天太歲在甲曰閼逢註言萬物鋒芒欲出，壅遏未通也又與縫通禮·玉藻深衣縫齊倍要註縫，或爲逢又有逢，國名左傳·昭二十年有逢伯陵因之註逢伯陵，殷諸侯。又姓。齊逢丑父又péng廣韻韻會蒲蒙切集韻正韻

蒲紅切丛音蓬。鼓聲也詩·大雅鼉鼓逢逢又前漢·司馬相如傳·封禪書大漢之德，逢涌原泉註逢讀若熢，言如熢火之升，原泉之流〇按从夆者，音龐。从夆者，音縫、音蓬顏氏家訓逄、逢之別，豈可雷同。

連 60896 32451 lián_7.14 唐韻力延切集韻韻會陵延切丛音漣。◆說文員連也玉篇合也，及也廣韻續也，還也集韻屬也正韻接也詩·大雅執訊連連朱傳屬續貌禮·王制十國爲連，連有帥齊語四里爲連，十連爲鄉後漢·韓康傳連徵不至又姻親爲連史記·尉佗傳及蒼梧，秦王有連註有連者，連姻也又黏鳥曰連淮南子·覽冥訓連鳥于百仞之上又連尹、連敖，皆楚官名左傳·襄十五年屈蕩爲連尹史記·淮陰侯傳連敖註楚司馬官也。又連山易名周禮·春官·大卜掌三易之法，一曰連山註其卦以純艮爲首，山上山下，是名連山又鉛之未鍊者曰連史記·貨殖傳長沙出連錫又祈連，山名前漢·霍去病傳出北地，至祈連山註即天山也又韻會州名。漢屬桂陽郡，隋置連州又姓左傳·莊八年齊有連稱又集韻韻會正韻丛力展切，音輦。難也易·蹇卦往蹇來連註連，亦難也。又遲久之意又liàn集韻連彥切音摙禮·玉藻連用湯註連，猶釋也。以湯洗足垢，乾潔其體也又làn集韻郎旰切音爛。連石，山名淮南子·天文訓日至于連石。鑾又连60735縺44805䡉46483䡵。䡉枷，連枷。

𨓜 60897 32452 zāi_7.14 字彙將來切音災。出釋典△正字通譌字。

逤 60898 32453 suò_7.14 字彙補蘇箇切，唆去聲。邏逤，吐蕃地名高適詩西看邏逤取封侯。

𨓝 60899 32454 tíng_7.14 字彙補徒丁切音廷。草逕也。

迥 60900 32455 jiǒng_7.14 字彙補滑熒切音扃。遠也。俗迥字。

逰 60901 32456 yóu_7.14 集韻遊61044古作逰。

逩 60902 42015 null_7.14 字彙補音未詳道書已未名時通卿，亦曰退逩。

逋 60903 42016 bū_7.14 龍龕博孤切。懸也。又平也。鑾龍龕逋古，逋或作，逋正。

逦 60904 42017 lǐ_7.14 字彙補力紀切音里陳白沙詩大學西銘迤逦攤。鑾四聲篇海与邐同。

遙 60905 42018 yáo_7.14 龍龕余昭切。遠也，行也。鑾俗遙61127

逌 60906 42019 yǒng_7.14 川篇音勇。走也。

逡 60907 42020 jiāo_7.14 五音篇海音交。會也。

逌 60908 45842 yōu_7.14 篇海類編與逌同。

逳 60909 45843 tōng_7.14 字彙補與通同。見漢碑。

逃 60911 45845 táo_7.14 奚韻同逃

遞 60910 45844 dì_7.14 龍龕與遞同

邉 60912 45846 biān_7.14 搜眞玉鏡同邉。

逌 60913 45847 yóu_7.14 字彙補逌字之譌。

逮 60914 45848 dài_7.14 五音篇海音逮。

𫐪 60915 u2B42A null_7.14 喃未詳。

𫐩 60916 u2B429 null_7.14 未詳。

𫐨 60917 u2B428 null_7.14 未詳。

𫐦 60919 u2B426 null_7.14 未詳。

𫐧 60918 u2B427 null_7.14 殷周金文集成·7.3877·季佝父簋蓋季佝父𫐧乍寶𣪘，其萬年，子子孫孫永寶用。

𨓪 60920 u284EA null_7.14 未詳。

𨓟 60924 u284DF xuǎn_7.14 俗選61264亦人名用字。王遌男，見山右石刻叢編

𨓢 60921 u284E2 ngót_7.14 喃从近兀ngột聲△𨓢没𡨧：近百個。

𨓡 60922 u284E1 lùng_7.14 喃𨓡𨓡。參見𨓡61008

𨓠 60923 u284E0 dì_7.14 同遞60875俗遞61137

𨓜 60925 u284DC yì_7.14 干祿字書逸逸60967，上通下正名義逸，餘質反。失也。治也。逃也。縱也。奔也。置也文選·劉越石·答盧諶竿翠豐尋，逸珠盈椀又䈪42768

𨓚 60926 u284DA yì_7.14 俗逸60967碑別字新編引魏元愔墓誌

𨓕 60927 u284D5 null_7.14 未詳。

𨓔 60928 u284D4 null_7.14 未詳。

𨓓 60929 u284D3 yóu_7.14 俗遊61044

𨓏 60932 u284CF wǎng_7.14 同迬60971古文往16573又直音篇迬同迋。

𨓒 60930 u284D2 wǎng_7.14 同迬60932古文往。

𨓐 60931 u284D0 lạ_7.14 喃同邏61478怪異。

𨓤 60933 u284E4 tuì_7.14 同退60869古文退60823

連 60934 uF99A lián_7.14 兼連。

邐 60936 u9026 lǐ_7.14 简邐61479

逧 60935 u9027 qù_7.14 郭店楚簡·語叢一逧夌不逮，從一衍。或同去又gǔ日地名用字。

逥 60937 u9025 huí_7.14 洪武正韻迴60801亦作逥。

逫 60938 32457 xiè_8.15 同邂61029又同迣60754

逨 60939 32458 lái_8.15 廣韻落哀切集韻郎才切丛音來玉篇來也，至也，就也又lài廣韻集韻丛洛代切音賚。勞也。

逩 60940 32459 bèn_8.15 字彙逋悶切，奔去聲。奔走也。

逯 60941 32460 lù_8.15 廣韻力玉切集韻韻會龍玉切丛音錄說文行謹，逯逯也博雅逯逯，衆也又揚子方言逯，遡行也淮南子·精神訓渾然而往，逯然而來註逯，謂無所爲，忽然往來也又姓風俗通逯，秦邑。其大夫封于逯，因氏焉前漢蒙鄉侯逯並後趙錄金紫光祿大夫逯明又集韻與逮60948同。

逴 60942 32461
cuò_8.15 　唐韻 集韻 丛倉各切音錯 說文 这逴也 玉篇 亂也 集韻 俏也。今爲錯。鏊 又逴61274

遹 60943 32462
jué_8.15 　玉篇 吉穴切音決。遠也 又zhú 廣韻 集韻 丛竹律切音怵 廣韻 走貌 集韻 趨也 又遹律，氣出遲貌 王褒·洞簫賦 馳散渙以遹律。

遝 60944 32463
tá_8.15 　正字通俗逐字。

遫 60945 32464
qǔ_8.15 　同迦60885

逬 60946 32465
bèng_8.15 　廣韻 集韻 韻會 丛比靜切，繃去聲 說文 走散也 正韻 逬走也，涌也 又 與屏同 禮·王制 屏諸遠方 大學 逬諸四夷 朱註 屏、逬古字通用 又pēng 集韻 披耕切音怦。與伻同。使也 又 悲萌切音絣。義同△俗省作迸。譌作逬。

逭 60947 32466
huàn_8.15 　古文遄 唐韻 集韻 韻會 正韻 丛胡玩切音換 說文 逃也 書·太甲 自作孽，不可逭 又guǎn 集韻 古緩切音舘 玉篇 迭也，易也，轉也，步也，行也。鏊 又逭59023 又 正字通 㸁66375，同逭。

逮 60948 32467
dài_8.15 　古文逯 廣韻 集韻 韻會 徒戴切 正韻 度耐切丛音代 說文 及也 易繫辭 水火相逮 註 水火不相入而相逮及 書·周官 夙夜不逮 又 正韻 迨也 前漢·刑法志 逮繫 註 辭之所及，則逮捕之，故謂之逮 又dài 集韻 韻會 正韻 丛蕩亥切音迨。與迨同 又dì 廣韻 特計切 集韻 韻會 大計切丛音第。逮逮，安和貌 禮·孔子閒居 威儀逮逮。鏊 又逯60973遉61354捯20563

遊 60949 32468
yóu_8.15 　俗遊字。

遙 60950 32469
yín_8.15 　集韻 夷針切音淫。過也。鏊柳建鈺：淫28610涉「過」而換形的分化字 又 俗遙61127 申報·1872·Sep. 28·Num. 130·續滬江竹枝詞二十首 番舶雲屯黃浦前，帆檣分別號旗懸。望臺忽報輪船到，遙見青天十里烟。

遹 60951 32470
yuān_8.15 　唐韻 烏玄切 集韻 縈玄切丛音淵 說文 行貌。鏊 直音篇 遹同遹。

遧 60952 32471
jié_8.15 　玉篇 疾捷切，音接◇疾走也。鏊 又遧61377

週 60953 32472
zhōu_8.15 　玉篇 職由切。與周同 字彙 迴也。

逃 60954 32473
táo_8.15 　同逃60828 又 丘閑切音慳。義同。鏊 字彙補 遃60981同逃。

遷 60955 32474
qiān_8.15 　集韻 與慾同 又 遠貌 正字通 遷字之譌。鏊俗遙61127

遙 60956 32475
yáo_8.15 　玉篇 伊堯切，音要◇遠貌 正字通 遼字之譌。鏊俗遙61127

迓 60957 32476
yà_8.15 　玉篇 五價切音迓。迎也。

遄 60958 32477
guī_8.15 　正字通 同歸 石鼓文 舫舟西遄。

進 60959 32478
jìn_8.15 　古文遱进 唐韻 集韻 韻會 正韻 丛卽刃切，音晉 說文 登也 玉篇 升也 廣韻 前也 禮·曲禮 遭先生於道，趨而進 表記 君子三揖而進 註 人之相見，三揖三讓，以升實階 書·盤庚 乃登進厥民 疏 延之使前而告之也 又 正韻 薦也 禮·儒行 推賢而進達之 又 正韻 效也 禮·樂記 禮減而進，以進為文 註 自勉強也 易·乾卦 君子進德修業，欲及時也 又 近也 禮·檀弓 兄弟之子，猶子也。蓋引而進之也 又 進士 禮·王制 大樂正論造士之秀者，以告于王，而升諸司馬，曰進士 註 進士，可進而受爵祿也 又 特進 後漢·和帝紀 賜諸侯王公將軍特進 註 諸侯功德優盛，朝廷所敬異者賜位特進 又 與餕同 禮·祭統 百官進徹 註 進同餕 又 字彙補 與盡同 列子·黃帝篇 竭聰明，進智力 又 通作薦 列子·湯問篇 穆王薦之。張註：薦當作進 又 集韻 徐刃切。與贐同。會禮也 前漢·高帝紀 蕭何為主吏主進 註 主賦斂禮錢也。師古曰進本作贐，聲轉為進。鏊 又进60738辿60644

送 60960 32479
sòng_8.15 　籀文送字。

迓 60961 32480
yà_8.15 　廣韻 衣嫁切 集韻 衣駕切丛音亞 玉篇 次也 廣韻 次第行也。

逳 60962 32481
yù_8.15 　廣韻 集韻 丛余六切音育 玉篇 轉也，行也 廣韻 步也。

逴 60963 32482
chuò_8.15 　唐韻 集韻 韻會 丛敕角切音踔 說文 遠也 史記·霍去病傳 逴行殊遠 註 逴與卓同。遠也 又 超絕也 班固·西都賦 逴躒諸夏 又 玉篇 塞也 揚子方言 自關而西，秦晉之間，凡塞者謂之逴 註 行略逴也。體偏長短，亦謂之逴 又 逴龍，神名 楚辭·大招 北有寒山，逴龍赩只 又 廣韻 丑略切 集韻 韻會 敕略切丛音綽。義同。

逵 60964 32483
kuí_8.15 　廣韻 渠追切 集韻 韻會 渠龜切丛音馗 說文 九達道也 爾雅·釋宮 九達謂之逵 註 四道交出，復有旁道也 左傳·隱十一年 及大逵。杜註：逵道方九軌也 又 逵泉，魯地名 左傳·莊三十二年 歸及逵泉△說文 本作馗。鏊 集韻 馗，或作壝09502邍61424

逶 60965 32484
wēi_8.15 　唐韻 於為切 集韻 韻會 邕危切 正韻 烏為切，丛委平聲 說文 逶迤，衺去貌 漢·郊祀歌 票然逝，旗逶蛇△正字通 逶迤，別作逶迆、逶迤、委移、倭俀，載在史傳、詩賦者，各家文畫雖異，其音義則同也。鏊 又倭16678

遆 60966 32485
tì_8.15 　玉篇 遆，今作遰 詩·大雅 用遆蠻方 左傳·襄十四年 豈敢離遆。音義丛同 又 與狄同 前漢·人表 帝嚳妃簡遆。

逸 60967 32486
yì_8.15 　古文㲳 廣韻 夷質切 集韻 韻會 正韻 弋質切丛音佚 廣韻 失也，過也 書·盤庚 予亦拙謀作乃逸 註 過失也 又 廣韻 奔也，縱也 左傳·成二年 馬逸不能止。又 成十六年 乃逸楚囚 註 縱之也 又 正韻 隱也，遁也 論語 舉逸民 又 逸逸，往來次第也 詩·小雅 舉醻逸逸 又 韻會 通作佚 孟子 遺佚而不怨 又 與軼通 史記·管晏傳 贊論其軼事。鏊 又逸60998劮03987俊16689逸60926

囡 鏾32413，同鏾，古文。

遚 60968 32487 bì_8.15 字彙補 古文避61326字。

遒 60969 32488 qīng_8.15 集韻 輕60097古作遒。

逌 60970 32489 suì_8.15 集韻 遂61035古作逌。

逞 60971 32490 wǎng_8.15 字彙補 古往16573字。

過 60972 32491 guò_8.15 俗過字。

迦 60975 42022 jiā_8.15 集韻 同咖。

逮 60973 32492 dài_8.15 字彙補 古文逮60948字。

遊 60974 42021 yóu_8.15 龍龕 音由。遠也，氣行貌。

遌 60976 42023 xiè_8.15 龍龕 先叶切。迣遌也。

逗 60977 42024 tòu_8.15 篇海類編 他候切音透。自投下也。又徒候切音豆。義同。鏾又遠61095趏58232

遙 60978 42025 yáo_8.15 龍龕 余昭切。遠也，行也。

遧 60979 42026 shù_8.15 川篇 音述。行也。

遆 60980 42027 tī_8.15 篇海類編 土兮切音梯。區遆，薄也。鏾又匯04485遆61075

遷 60981 45849 qiān_8.15 五音篇海 同譽。鏾又僭02099遮60955

逓 60982 45850 xǐ_8.15 五音篇海 同逃。

遺 60984 45852 qīng_8.15 龍龕 同清。

遉 60983 45851 tuí_8.15 字彙補 同隤。

遨 60985 45853 yóu_8.15 龍龕 同由。鏾俗遊61044

遮 60986 45854 dí_8.15 篇海類編 同迪。

遳 60987 45855 dá_8.15 篇海類編 堂滑切，音達◇出 西江賦

逴 60988 45856 péi_8.15 龍龕 音堆。又音推。又音裝。又音匪。

遞 60989 45857 dì_8.15 龍龕 同遞。

遀 60990 u2B432 null_8.15 未詳。

遚 60991 u2B431 null_8.15 未詳。

逩 60992 u2B430 ní_8.15 姓。

遚 60993 u2B42F null_8.15 未詳。

遒 60995 u2B42D null_8.15 殷周金文集成·3.596·郳伯鬲 郳姚遒母鑄其羞鬲。

遍 60994 u2B42E tú_8.15 同途60876見 直音篇

遳 60997 u2B42B null_8.15 未詳。

逬 60996 u2B42C tíng_8.15 同莛49556 可洪音義 篁逬：特丁反。草莖也。

逸 60998 uFA67 yì_8.15 同逸60967

遙 60999 u28520 yáo_8.15 俗遙61127 字彙補 遙，余昭切，音遙。遠也，行也。亦作逸。

迾 61000 u2851C liè_8.15 迾60821本字。見 說文

遻 61001 u28515 null_8.15 未詳。

遪 61002 u28514 null_8.15 未詳。

迿 61003 u28513 null_8.15 未詳。

遇 61004 u28512 yù_8.15 俗遇61041 漢隸字源引 戚伯著碑。天津 益世報. 1948. Jun. 3. 第三版 鋼廠經理談南遷是國策，遇阻後已去電請示。

逍 61005 u28511 yán_8.15 俗逍15909

逹 61006 u28510 null_8.15 未詳。

迸 61007 u2850F ruò_8.15 俗迸61026

逓 61010 u2850B xiè_8.15 同逓60976 龍龕 逓俗，逓61029正，先叶反。迣逓也。

逦 61008 u2850D la_8.15 喃 俗邐△逦迣：奇怪。

迊 61009 u2850C co_8.15 喃 从辵孤cô聲△迊蹟：腿彎曲。

迚 61011 u2850A zú_8.15 俗卒04548 四聲篇海 音卒 囡suốt喃 从辵卒tốt聲。透，通。

逄 61012 u28509 gõ_8.15 喃 从辵擧cử聲△迊逄：相遇。

逈 61013 u28508 chơi_8.15 喃 从遊省制chế聲。遊玩△逈㖞：文字遊戲。逈俳：遊手好閒囡省作制。制妠：嫖娼。

巡 61014 u28507 xùn_8.15 俗遜61130宋·趙彥衛 雲麓漫鈔·卷七 玉質青黃，解理洞徹，拜受祇巡，夙夜惟寅。

遊 61015 u28506 yóu_8.15 俗遊61044晉·郭璞 太華山 華嶽靈峻，削成四方。爰有神女，是挹玉漿。其誰遊之，龍駕雲裳。

遹 61016 u28501 yóu_8.15 遹爾，同逌60866爾，笑貌囡nǎi 說文通訓定聲 遹60815，又誤作遹 宗俱碑 遹陜司空。

歸 61017 u284FC guī_8.15 同遍60958

遊 61018 u48A0 sòng_8.15 同送60825

逸 61019 uFA25 yì_8.15 兼逸

邏 61020 u903B luó_8.15 简 邏61478

遠 61021 u903A yuǎn_8.15 俗遠61139

達 61022 u9039 dá_8.15 俗達61060

逼 61023 32493 bī_9.16 廣韻 彼側切 集韻 韻會 筆力切丛音偪 說文 近也 廣韻 迫也 正韻 驅也△集韻 或作偪01575

運 61024 32494 dòng_9.16 玉篇 古文動04069字 晉書·李特傳 安臥不運。

道 61025 32495 dào_9.16 廣韻 同道61059

逽 61026 32496 nuò_9.16 廣韻 集韻 丛女略切音踔 玉篇 走，逽 集韻 先也。鏾又迸61007

逾 61027 32497 yú_9.16 古文㑛 唐韻 羊朱切 集韻 韻會 容朱切丛音俞 玉篇 越也，遠也，進也 書·禹貢 逾于洛。又 秦誓 日月逾邁△正韻 或作踰、隃。鏾又踰58460

遏 61028 32498 dàng_9.16 廣韻 正韻 徒浪切 集韻 韻會 大浪切丛音宕 廣韻 過也囡 集韻 失據而倒也 前漢·王式傳 陽醉遏地囡盪也 史記·倉公傳 脈盛者爲重陽，重陽者遏心主 集解 遏者，蕩也。謂病蕩心者，猶刺其心也囡táng 集韻 韻會 丛徒郎切音唐 突也 張衡·思玄賦 爛漫麗靡，藐以迭遏。鏾又 正字通 趤58459，俗遏字。蹚61335，俗遏字。

遞 61029 32499 xiè_9.16 廣韻 先頰切 集韻 悉協切丛音燮。迣遞，

走貌囚yè 集韻 於業切音浥。前頓也 囚zhuì 集韻 追萃切音轛。與遂同。詳前迻60754字註。鼞 又逮60938送60976逑61010

逇 61030 32500 suí_9.16 集韻 隨古作逇 正字通 俗隋字。古文作遒。隋煬帝惡前代屢遷，因去之作隋。獨 集韻 謂隨古作逇，臆說，不可從。

逌 61031 32501 yóu_9.16 逌、攸丛同 石鼓文 君子逌樂 前漢·韋賢傳 萬國逌平 註 古文攸21380字 囚 字彙補 說文 先訓曰：逌本行水之器，今之濆壺、筧槽之屬。後又借爲語辭。

遁 61032 32502 dùn_9.16 古文遯遁遯 唐韻 集韻 徒困切 正韻 杜困切丛音鈍 說文 遷也 玉篇 逃也 左傳·僖二十八年 曳柴而遁 囚 廣韻 隱也，去也 詩·小雅 勉爾遁思 後漢·郅惲傳 南遁蒼梧 囚 迴避也 後漢·杜林傳 上下相遁 註 謂上下相匿以文避法也 囚 遁甲 後漢·方術傳 推六甲之陰，而隱遁也 囚 廣韻 徒猻切 集韻 杜本切 正韻 徒本切丛音囤。義同 囚qūn 集韻 七倫切。與巡同 前漢·平當傳 逡遁有恥 囚 與逡通 前漢·賈誼·過秦論 遁巡不敢進△ 說文 亦作遯。鼞 又隨59461逶60941逯61222遯61422循02058趍58450顅00732遂61117遯61206偱17888

逯 61033 32503 chuàn_9.16 說文 古文遁字 前漢·匈奴傳贊 逯逃竄伏。又 班固·敘傳 攜手逯秦 註 逯，古遁字 囚 字彙補 丑絹切音猭。動也。

遄 61034 32504 chǎn_9.16 集韻 丑展切音搌 玉篇 行也 集韻 安步也。鼞俗作遧61167

遂 61035 32505 suí_9.16 古文迻遂迻遰 唐韻 集韻 韻會 正韻 丛徐醉切音穟 廣韻 達也 禮·月令 慶賜遂行，毋有不當 註 言通達施行，使之周徧也 前漢·王陵傳 上佐天子理陰陽，下遂萬物之宜 囚 進也 易·大壯 不能退，不能遂 書·仲虺之誥 顯忠遂良 註 良則進之也 囚 成也，從志也 禮·月令 百事乃遂 註 遂，猶成也 詩·衛風 言既遂矣 囚 稱也 詩·曹風 不遂其媾 囚 竟也 前漢·陳平傳 吾聞先生事魏不遂 囚 盡也 禮·曲禮 有後入者，闔而勿遂 註 遂，闔之盡也 囚 正韻 因也，兩事相因而及也 詩·邶風 問我諸姑，遂及伯姊 春秋·僖四年 侵蔡，蔡潰，遂伐楚 囚 擅成事也 易·家人 無攸遂 公羊傳·莊二十九年 大夫無遂事 囚 舒肆之貌 詩·衛風 容兮遂兮 又物生出曰遂 前漢·郊祀歌 青陽開動，根荄以遂 囚 前漢·胡母生傳 弟子遂之者 師古註 遂，謂名位成達者 史記·司馬相如傳 宦遊不遂，而來過我 囚 充備也 禮·鄉飲酒義 節文終遂焉 囚 順也 周語 以遂八風 囚 正韻 因循也 荀子·王制篇 小事殆乎遂 囚 鄉遂，郊外也。周禮·地官 遂人 五縣爲遂，王國內有六鄉，外有六遂 囚 小溝也 周禮·地官·遂人 夫閒有遂，遂上有徑 囚 遂人，官名 囚 國名 春秋·莊十三年 齊人滅遂 註 舜之後，國在濟北蛇丘東北。

遪 61036 32506 yǎn_9.16 廣韻 魚塞切 集韻 語塞切丛音嶷。行貌 囚àn 集韻 魚旰切音岸。遪也。鼞 又 慧琳音義 遪請：

上音彥 倉頡篇 遪，迎也 廣雅 行也 古今正字 從辵從彥。或從言作這60883，亦通。

迦 61037 32507 jiā_9.16 唐韻 古牙切 集韻 居牙切丛音加 說文 迦互，令不得行也 徐鍇曰 迦互，猶犬牙左右相制也。囚jià 集韻 居迓切音駕。迦枒，木如蒺藜，上下相距。鼞 又枷24727 囚 正字通 迦，今省作迦。

遄 61038 32508 chuán_9.16 古文辿 唐韻 市緣切 集韻 韻會 淳沿切丛音篅 說文 往來數也 玉篇 疾也，速也 易·損卦 已事遄往 詩·邶風 遄臻于衛 囚 臺名 左傳·昭二十年 晏子侍于遄臺。鼞 又遷61188遄61262

遟 61039 32509 chí_9.16 同遲。

遆 61040 32510 dì_9.16 集韻 田黎切音提。姓也。鼞 慧琳音義 遆相：經文作遞，或作遆，俗字也。

遇 61041 32511 yù_9.16 古文奚 唐韻 牛具切 集韻 韻會 元具切 等韻 魚具切丛音寓 玉篇 見也，道路相逢也 廣韻 不期而會也 春秋·隱八年 宋公、衛侯遇于垂 穀梁傳 不期而會曰遇 禮·曲禮 諸侯未及期相見曰遇 註 未及期，在期日之前也 周禮·春官·大宗伯 諸侯冬見曰遇 註 偶也，欲其若不期而偶至也 囚 待也，接也 前漢·季布傳 遇人恭謹。又 酈通傳 漢王遇我厚 囚 合也 前漢·揚雄傳 七十說而不遇 囚 姓 風俗通 漢有遇冲，爲河內太守 囚ǒu 字彙補 五口切，與偶同 史記·天官書 氣相遇者，卑勝高。囚yóng 集韻 韻會 丛魚容切音顒。地名 史記·高帝紀 戰曲遇東 註 曲音齲，遇音顒。鼞 又遇61004遰61298

遉 61042 32512 shí_9.16 廣韻 常職切 集韻 丞職切丛音寔 廣韻 流行貌 集韻 行也。鼞亦作遑61093

遉 61043 32513 zhēn_9.16 廣韻 丑鄭切 集韻 韻會 正韻 丑正切丛音偵 玉篇 邏候也 增韻 廉視探伺也△通作偵01586

遊 61044 32514 yóu_9.16 古文逞汙逶 唐韻 以周切 集韻 韻會 夷周切丛音猷 玉篇 遨遊也 書·大禹謨 罔遊于逸 詩·邶風 以遨以遊 禮·學記 息焉，遊焉 註 遊，謂無事閒暇總在于學也 囚 友也，交遊也 禮·曲禮 交遊稱其信也 戰國策 士未有爲君盡遊者 註 遊，猶友也。言不盡于交遊之道。囚 叶延知切音移 班彪·閒居賦 望常山之峨峨，登北岳以高遊。嘉孝武之乾乾，親釋躬于伯姬。鼞 又遊61110逰60929遊61015 囚 龍龕 逌60913遊60985二俗，迂60650古，遊60949通，遊正 囚 直音篇 迂迻60776遨遊同遊。

遫 61045 32515 chì_9.16 正字通 俗遫61196字。

遒 61046 32516 jiān_9.16 廣韻 則前切，音箋 說文 自進極也 囚 篇海 古文津字，別作遒。鼞 又津02906遒61088

遬 61047 32517 shù_9.16 玉篇 殊句切音樹。走也。

運 61048 32518 yùn_9.16 古文逕 廣韻 正韻 禹愠切 集韻 韻會 王問切丛音韻 玉篇 轉也，動也 正韻 行也，用也 易·繫辭 日

月運行 書·大禹謨 帝德廣運 註 行之不息也 禮·少儀 君子欠伸運笏 註 運，動也 又 說文 移徙也 廣韻 轉輸也 後漢·百官志 尉曹主卒徒轉運事 又 正韻 天造曰運 渾天儀 天運如車轂 又 韻會 五運，五行氣化流轉之名。又 運祚，曆數也 史記·高帝贊 漢承堯運 又 集韻 地南北謂之運 越語 廣運百里。註 東西爲廣，南北爲運。

※ 又 运60696 又 史記·高帝贊。徐慧 前漢·高帝紀

遌 61049 32519
è _9.16 唐韻 五閣切 集韻 逆各切 夶音噩 廣韻 心不欲見而見曰遌 玉篇 同迕，遇也 楚辭·九章 重華不可遌兮 班固·幽通賦 乘高而遌神兮 △ 正字通 同遻61271

※ 又 遻61135遻61092遻61112

遍 61050 32520
biàn _9.16 廣韻 與徧16707同。※ 又 漏28933徧61227

過 61051 32521
guò _9.16 廣韻 集韻 韻會 正韻 夶古臥切，戈去聲 玉篇 度也，越也 正韻 超也 易·繫辭 範圍天地之化而不過 禮·檀弓 過之者，俯而就之 史記·賈生傳 自以爲過之，今不及也 又 過失 書·大禹謨 宥過無大 註 過者，不識而誤犯也 前漢·文帝紀 俱去細過，偕歸大道 又 罪愆也 周禮·天官·大宰 八柄，八曰誅，以馭其過 又 責也 史記·項羽紀 聞大王有意督過之 又 卦名 易 大過、小過。

又 guō 廣韻 集韻 韻會 正韻 夶古禾切音戈 廣韻 經也 書·禹貢 東過洛汭，北過洚水 又 過所也 釋名 過所至關津以示也。或曰傳轉也，轉移所在，識以爲信。

又 國名 左傳·襄四年 處澆于過 註 過，國名。東萊掖縣有過鄉 又 澗名 詩·大雅 溯其過澗 又 姓 後漢·劉陶傳 過晏之徒 註 過，姓，過國之後 △ 正韻 經過之過，平聲。超過、過失之過，去聲。※ 又 过60679过60858過60972

遊 61052 32522
bèng _9.16 俗迸60946字。

遏 61053 32523
è _9.16 唐韻 烏割切 集韻 韻會 正韻 阿葛切夶音閼 爾雅·釋詁 遏，止也 註 以逆相止曰遏 廣韻 絕也 易·大有 君子以遏惡揚善 書·武成 以遏亂略 註 遏，絕亂謀也 又 爾雅·釋詁 逮也 揚子·方言 東齊曰遏，言相及也。

又 與按通 詩·大雅 以按徂旅 孟子 作遏 又 叶許竭切音歇。通作曷 詩·商頌 則莫我敢曷。叶截、烈 註 曷、遏通。

又 叶于歇切音謁 後漢·崔駰·反都賦 勒威赫斯，果秉其鉞。如川之流，動不可遏。※ 又 遏61113

遐 61054 32524
xiá _9.16 唐韻 胡加切 集韻 韻會 正韻 何加切夶音霞 說文 遠也 書·太甲 若陟遐必自邇 楚辭·遠遊 氾容與而遐舉兮 又 與何通 詩·小雅 遐不謂矣。又 大雅 遐不作人 又 叶寒歌切音何 左思·魏都賦 閑居隘巷，室邇心遐。富仁寵義，職競弗羅 又 叶洪孤切音胡 揚子·太玄經 缺船跋車，其害不遐。

遑 61055 32525
huáng _9.16 廣韻 集韻 韻會 正韻 夶胡光切音黃 玉篇 暇也 詩·召南 莫敢或遑。又 小雅 不遑啓處 又 急也 書·無逸 不遑暇食 註 遑在心，暇在事。事冗曰不暇，心勤曰不遑 又 與皇通 書·無逸 無皇曰：今日耽樂 左傳·昭七年 社稷之不皇 註 皇，暇也。

逪 61056 32526
chā _9.16 字彙 測洽切音插。行貌 正字通 俗字。

遒 61057 32527
qiú _9.16 古文酋 唐韻 自秋切 集韻 字秋切 韻會 正韻 慈秋切夶音酋 說文 迫也 楚辭·招魂 分曹並進，遒相迫些 註 遒，亦迫也 又 玉篇 盡也，忽也 楚辭·九辯 歲忽忽而遒盡兮 又 玉篇 固也 詩·豳風 四國是遒 又 正字通 聚也 詩·商頌 百祿是遒 註 遒，聚也 又 正字通 終也。通作酋 詩·大雅 似先公酋矣 註 言善始而善終也 又 正韻 遒人，宣令之官 又 正韻 健也，勁也 鮑照詩 獵獵晚風遒 鄭愔詩 魏國文雅遒 又 集韻 逎遒，縣名，在淮南 又 jiū 廣韻 即由切 集韻 將由切夶音揫 爾雅·釋木 枹遒木 註 謂木叢生 又 qiū 集韻 雌由切音秋 說文 行貌。

遳 61058 32528
zōng _9.16 集韻 祖叢切音聰。行也 △ 正字通 逡字之譌。

道 61059 32529
dào _9.16 古文衜𧗞 唐韻 徒皓切 集韻 韻會 正韻 杜皓切，夶陶上聲 說文 所行道也 爾雅·釋宮 一達謂之道路 詩·小雅 周道如砥 前漢·董仲舒傳 道者所由適于治之路也 又 廣韻 理也，衆妙皆道也，合三才萬物共由者 易·繫辭 一陰一陽之謂道 又 立天之道，曰陰與陽。立地之道，曰柔與剛。立人之道，曰仁與義 書·大禹謨 道心惟微 又 順也 書·禹貢 九河既道 註 順其道也 又 國名 左傳·僖五年 江黃道柏 註 道國，在汝南安陽縣南。又 韻會 州名。漢屬零陵郡，唐營州，改道州 又 當道，草名 博雅 當道，馬舄也 又 dǎo 集韻 韻會 大到切 正韻 杜到切，夶陶去聲 正韻 言也 孝經 非先王之法言不敢道 大學 如切如磋者，道學也 又 由也 禮·禮器 苟無忠信之人，則禮不虛道 中庸 尊德性而道問學 又 治也。與導同 論語 道千乘之國 史記·文帝紀 道民之略，在于務本 又 引也 左傳·隱五年 請君釋憾於宋，敝邑爲道。又 從也 前漢·淮南王傳 諸使者道長安來 註 道，從也 又 dǔ 字彙補 動五切音覩 易林 冬藪枯腐，當風于道。蒙蔽塵埃，左氏勞苦◇。※ 又 道07409衟07397衠53977衒53978衛54026逎61025趜61166辺60646

達 61060 32530
dá _9.16 廣韻 唐割切 集韻 韻會 陀葛切夶音蓬 玉篇 通也 書·堯典 達四聰 禮·禮器 君子之人達 左傳·昭七年 其後必有達人 註 知能通達之人也 又 通顯也 孟子 達不離道 又 達則兼善天下 又 薦也，進也 禮·儒行 賢而進達之 前漢·黃香傳 在位多所薦達 又 生也，遂也 詩·周頌 驛驛其達 註 苗生出土也。又 商頌 莫遂莫達 又 徧也 書·召誥 則達觀于新邑營 註 通達觀之，言周徧也 又 宜也 詩·商頌 受小國是達，受大國是達 註 言無所不宜也 又 皆也 禮·禮器 君子達亹亹焉 註 達，猶皆也 又 專決行事曰專達 周禮·天官·小宰 大事從其長，小事則專達 又 以物相將曰達 周禮·夏官·懷方氏 達之以節 註 達民以旌節，達貢物以璽節 又 從入曰達 書·禹貢 達于河 又 夾室也 禮·內則 天子之閣，左達五，右達五 註 達，夾室也。各有五閣，以庋食物也 又 窻牖也 禮·明堂位 刮楹達鄉 註 每室八窗爲四達，天子之廟飾也。

[又]小羊名達詩·大雅先生如達註羊子易生,無留難也[又]州名字彙補梁萬州改通州,宋改達州[又]tà廣韻集韻韻會正韻丛他達切音闥集韻行不相遇也正韻挑達,往來相見貌詩·鄭風挑兮達兮註挑,輕儇也。達,放恣也△集韻或作达。鑾逹61087本字[又]迏61064達61215達61116[又]直音篇達61022達60987達61385同達。[又]前漢·黃香傳。徐慧:後漢

違 61061 32531
wéi_9.16 唐韻羽非切集韻韻會于非切丛音幃說文離也廣韻背也書·堯典靜言庸違註行事則違背之也[又]正韻避也，去之也易·乾卦憂則違之註知難而避也禮·表記事君三違，而不出境註違猶去也論語違之之一邦[又]韻會奔放曰違左傳·宣十年凡諸侯之大夫違疏窘迫而奔，及以禮見放，通謂之違[又]邪惡也，過失也左傳·桓二年昭德塞違註塞違，謂閉塞邪違也後漢·百官志有違失，則劾奏[又]蓄怨也書·無逸否則厥心違怨註違怨者，怨之蓄于中也[又]韻會依違，不決也。一作猗違前漢·律歷志依違以惟，未能修明。又孔光傳猗違者連歲註猶依違也。依且違，言兩可也。鑾又违60736違61155違61111辺60676韡67681

運 61062 32532
yùn_9.16 字彙補古文運61048字。

退 61063 32533
tuì_9.16 集韻退60823古作遏。

迏 61064 32534
dá_9.16 字彙補同達。

迾 61065 32535
liè_9.16 字彙補同迾。

遳 61066 32536
sòng_9.16 籀文送字

逮 61067 32537
tà_9.16 字彙補徒合切音沓。行立也。鑾又遝61453

遷 61068 32538
qiān_9.16 字彙補古文遷61260字。

逹 61069 32539
suì_9.16 玉篇古文遂61035字。

遺 61070 32540
suì_9.16 字彙補古文遂61035字。

廻 61071 42028
hū_9.16 五音篇海音忽。乍也。

迾 61072 42029
liè_9.16 川篇音列。多節目也。鑾俗㚔。

還 61073 45858
huán_9.16 龍龕同還

遞 61075 45860
tī_9.16 龍龕同遞。

遹 61074 45859
lián_9.16 五音篇海同奩。

逩 61076 45861
fù_9.16 五音篇海同赴。

邎 61077 45862
yuán_9.16 龍龕音緣

遳 61079 u2B7E9
null_9.16 日戶籍用字

遣 61078 45863
qiǎn_9.16 字彙補之依切，音知◇出尊勝神呪。鑾俗遣61144碑別字新編引唐般若波羅密多心經

逺 61080 u2B7E8
yuǎn_9.16 俗遠61139

逷 61081 u2B439
null_9.16 喃未詳。

逭 61082 u2B438
null_9.16 未詳。

遱 61083 u2B437
lóu_9.16 簡遱61208

逸 61084 u2B436
yì_9.16 俗逸60967

逖 61085 u2B435
null_9.16 未詳。

遡 61086 u2B434
null_9.16 喃未詳。

逹 61087 u2B433
dá_9.16 達61060本字。

邉 61089 u28559
biān_9.16 俗邊61408

逮 61088 u2855B
jiān_9.16 同遴61148古文津28172字學三正津逮䏈，津。

遇 61090 u28558
qǔ_9.16 遇讀若踽殷周金文集成·3.948·遇甗唯六月既死霸丙寅，師雝父戍才古自，遇從師雝父，仴史遇事于䣄医，医蔑遇曆，易遇金，用乍旅獻。

選 61091 u28556
xuǎn_9.16 選61264本字。見說文

遻 61092 u28553
è_9.16 同遌61049亦作遻61112

遈 61093 u28552
shí_9.16 同遈61042

遃 61094 u28550
yán_9.16 同遃15909

逵 61095 u2854E
tòu_9.16 字彙補迶60977，或作逵。

逩 61096 u2854C
null_9.16 唐·段成式酉陽雜俎·卷十四·諸皐記上引太真科經說有鬼仙……壬戌日鬼名逩[又]cunz壯逩(踌)，(一)巡視，巡查。(二)探親，訪友，拜訪。

遃 61097 u2854B
yán_9.16 俗遃61152相顧視而行。

逶 61098 u2854A
null_9.16 未詳。

遊 61099 u28549
null_9.16 未詳。

遏 61100 u28548
null_9.16 未詳。

迣 61101 u28547
yán_9.16 俗延15883亦同迣49555龍龕迣，余戰切。蔓迣也。又平聲。草名可洪音義蔓迣：上無販反。下以箭反[又]俗筵42008可洪音義御迣：羊然反。几迣：上居履反。下以連反。[又]敦煌·S.5685妙法蓮華經難字·譬喻品難字婉迣。

遃 61102 u28546
yán_9.16 同遃61097俗遃61152

遷 61103 u28545
null_9.16 未詳。

遞 61104 u28544
xǐ_9.16 郭店楚簡·語叢一.101權，可去可遞。讀若徙。

遣 61105 u28543
null_9.16 未詳。

逦 61106 u28542
null_9.16 或俗迴。

遮 61107 u28541
xǐ_9.16 同遞61104

諸 61108 u2853E
zhè_9.16 俗這60883敦煌·Φ.096雙恩記吠舍釐君聞諸事，當時不敢舉干戈[又]chở喃从運省渚chã省聲△專諸：運送[又]trở从返省渚chã省聲△諸吏：返回，重返。

迦 61109 u2853D
qié_9.16 俗伽00962見隋覺城寺碑像願文

遊 61110 u2853C
yóu_9.16 同遊60949俗遊61044

違 61111 u2853B
wéi_9.16 俗違61061宋元以來俗字譜引列女傳等。

遻 61112 u2853A
è_9.16 同遌61049亦作遻61135直音篇音咢。遻同。

遏 61113 u28539
è_9.16 俗遏61053

遘 61114 u28538
gòu_9.16 遘61123譌字

蓮 61115 u28537
null_9.16 或俗蓮。

遯 61117 u28535
dùn_9.16 玄應音義遁61032走：今作遯、遂二形，同。

達 61116 u28536
dá_9.16 同達61060見漢曹全碑陰

迢 61118 u28534
tiáo_9.16 同迢50217

遳 61120 u2850E
null_9.16 未詳。

遀 61119 u28533
suí_9.16　俗隨65958 金石文字辨異 引 漢高彪碑

遺 61121 u9057
yí_9.16　简 遺61269

逦 61122 u9056
nán_9.16　日 以南辵會天晴意 同文通考·國字 遖,語詞,読作天晴 和漢三才圖會·藝文·倭字 遖,舊事本紀 及 古語拾遺 等,用天晴二字,多為讃美詞。近俗以遖字為天晴訓,未知其據

逋 61124 32542
bū_10.17　玉篇 籀文逋字。

遷 61125 32543
qiān_10.17　遷字俗省

遘 61123 32541
gòu_10.17　唐韻 古候切 集韻 韻會 正韻 居候切丛音姤 說文 遇也 爾雅·釋詁 遘、逢、遇、遻,見也 註 行而相值也◆書·洛誥 無有遘自疾 註 言身其康強,無有遘遇自罹疾害者 崔駰·慰志賦 嘉昔人之遘辰兮 又 與覯通 前漢·敍傳 遘閔既多 詩·邶風 作覯。鑾 又 遘16749 遘58511 遘61114

遑 61126 32544
càng_10.17　集韻 七浪切音滄。過也。

遙 61127 32545
yáo_10.17　古文逇 廣韻 集韻 韻會 正韻 丛餘招切音謠 說文 遠也 禮·王制 千里而遙 左傳·昭二十五年 遠哉遙遙 図 逍60867遙,徜徉也。鑾 龍龕 遙61356逞60978 逇60999逇61182逢60905俗,遙61183今 図 漢 史晨後碑 去市逇60956遠 図 經典文字辨證書 遴61467正,遙別 図 脂評本 石頭記(庚辰本)·第五回 清明涕送江边望,千里東風一夢逇60950

遫 61128 32546
chòu_10.17　廣韻 集韻 丛初救切音簉 廣韻 不進也。

遛 61129 32547
liú_10.17　廣韻 集韻 韻會 正韻 丛力求切音留 集韻 逗60881遛,不進也。鑾 又 遛61263蹓59239

遜 61130 32548
xùn_10.17　唐韻 集韻 韻會 正韻 丛蘇困切音巽 正韻 順也,謙恭也 書·舜典 五品不遜 又 太甲 有言遜于汝志 又 說命 惟學遜志 註 謙抑也。遜其志,如有所不能也 図 說文 遁也 書·微子 吾家耄遜于荒 註 逃遁于荒野也△通作孫 詩·豳風 公孫碩膚 禮·學記 孫其業也 春秋·莊元年 夫人孫于齊△ 集韻 亦作愻。鑾 又 遜60860遜61014

遡 61131 32549
cè_10.17　玉篇 古文廁04922字。

逆 61132 32550
zé_10.17　正字通 俗迮字。

遭 61133 32551
zào_10.17　正字通 俗造字。

遹 61134 32552
chù_10.17　玉篇 丑六切音畜。行貌。鑾 胡吉宣: 與趑58427相近。

遅 61135 32553
è_10.17　遻、遻61271丛同。

遝 61136 32554
tà_10.17　唐韻 徒合切 集韻 韻會 正韻 達合切丛音沓 正韻 雜遝也 前漢·劉向傳 雜遝衆賢,罔不肅和 曹植·洛神賦 衆靈雜遝 図 玉篇 迨遝,行相及也 古詩 迨遝高飛莫安宿 王褒·洞簫賦 駊合遝以諧謔 註 合遝,盛多貌 図 駊遝 陸機·文賦 紛葳蕤以馺遝 註 文辭壯奮也。鑾 又 逻61067道60944遝61453

遞 61137 32555
dì_10.17　廣韻 徒禮切 集韻 韻會 正韻 待禮切,丛音弟 說文 更易也 廣韻 遞,代也 正韻 更迭也 爾雅·釋詁 遞,迭也 註 更迭,間厠相代之義也 前漢·郊祀歌 四興遞代八風生 図 正韻 迢遞,遠也 図 增韻 傳遞,驛遞也 図 遞鐘,琴名 前漢·王褒傳 伯牙操遞鐘 図 廣韻 特計切 集韻 韻會 正韻 大計切丛音第。義同 図 dài 當蓋切音帶。繞也 前漢·王莽傳 絳侯依諸將之遞,據相扶之勢 註 言諸將同心,圍繞扶翼也△ 集韻 或作遞。俗作遞。鑾 遞60989逞61040遞60923逇60910遘61423 図 龍龕 遞61075道60838俗,遞通。

遟 61138 32556
chí_10.17　說文 籀文遲字。

遠 61139 32557
yuǎn_10.17　古文逺德 廣韻 雲阮切 集韻 韻會 雨阮切,丛爰上聲 說文 遼也 廣韻 遙遠也 正韻 指遠近定體也 図 yuàn 廣韻 集韻 韻會 于願切 正韻 于怨切,丛爰去聲 正韻 遠之也。遠近之遠上聲,如 詩 其人則遠之類。遠離之遠去聲,如 論語 敬鬼神而遠之之類是也。△俗作遠。鑾 又 远60737遠61080

遡 61140 32558
sù_10.17　廣韻 桑故切 集韻 韻會 正韻 蘇故切丛音素 說文 同泝 詩·秦風 遡洄從之 註 逆流而上也 又 遡遊從之 註 順流而下也 図 集韻 嚮也 正韻 迎也 詩·大雅 遡其過澗 註 嚮過澗而居也 又 如彼遡風 註 如嚮風之人,喑而不能息也 図 與愬通。訴告也 戰國策 衛君跣行,告遡于魏 註 遡、愬同 図 正字通 溯潫泝丛同。

逑 61141 32559
shù_10.17　玉篇 籀文述字。

遢 61142 32560
tà_10.17　廣韻 吐盍切 集韻 託盍切丛音榻 玉篇 穩行貌 集韻 邋遢,行貌 図 廣韻 邋遢,不謹事也。鑾 又 蹋57102

遑 61143 32561
jí_10.17　玉篇 古文及05156字。

遣 61144 32562
qiǎn_10.17　廣韻 集韻 去演切 正韻 驅演切丛音繾 說文 縱也 廣韻 送也 儀禮·既夕 書遣于策 註 遣,猶送也 図 正韻 祛也,逐也,發也 左傳·僖二十三年 姜氏與子犯謀,醉而遣之 前漢·孔光傳 遣歸故郡 図 qiàn 廣韻 去戰切 集韻 韻會 正韻 詰戰切,丛繾去聲 廣韻 人臣賜車馬曰遣車 正韻 將葬而祭曰遣奠。既祭,乃包牲體,載之以車,隨柩而行,曰遣車 禮·檀弓 遣車一乘 註 人臣賜車馬者,乃得有遣車。鑾 又 道61078

道 61145 32563
dào_10.17　集韻 道61059古作道。

逎 61146 32564
qiú_10.17　字彙補 七溜切音趥 集韻 進也。鑾 大字典 趥58456之異體。

遺 61155 45845
wéi_10.17　龍龕 同達

遷 61147 32565
bēng_10.17　集韻 悲萌切音繃 博雅 幽也。鑾 又 遷61293

遣 61148 32566
jiān_10.17　字彙補 音義丛同建。

遜 61149 32567
sòng_10.17　字彙補 古文送60825字。

避 61150 32568
sòng_10.17　[集韻]送60825古作𨓈。

遊 61151 42030
hū_10.17　[篇海類編]音忽。遠也。

遳 61156 45867
zhá_10.17　[龍龕]同𨗠

遭 61152 42031
yán_10.17　[五音集韻]以絹切音掾。相顧而行也。亦作道。鑾又道15909眪𥅂37702遭15914遳61097道61102図明刊本[四聲篇海]道，丑延切。相顧行也。遳61005，以見切。相顧視而行。

遣 61153 42032
null_10.17　[字彙補]音未詳。人名考古圖有遣磬銘。

淼 61160 u2B43D
null_10.17　喃未詳。

遒 61154 45864
huán_10.17　[龍龕]戶官切。

遣 61157 45868
kuā_10.17　[五音篇海]音誇。

鍵 61158 45869
jié_10.17　[龍龕]巨業切。同𨀎。

遐 61159 45870
wǎng_10.17　[字彙補]音枉。出[西江賦]。

遒 61162 u2B43B
null_10.17　[殷周金文集成·13.7477·伯趞爵]白遒。

遂 61161 u2B43C
páng_10.17　同徬16745[啓作且丁尊]遒山谷。

遨 61163 u2B43A
null_10.17　未詳。

趙 61166 u28581
dào_10.17　道61059本字

遒 61164 u28585
sang_10.17　喃从過省郎lang聲。來，往△遒滝：過河。遒昂：橫渡。遒醉：明年。

遒 61165 u28582
biān_10.17　俗邊61408葉永年[舊邊詩九首·右宣府]繞鎮衛城分十五，沿遒都闔轄西東。

遄 61167 u28580
chǎn_10.17　[集韻]延15877，丑展切。安步也。或作遄。

遊 61168 u2857E
jí_10.17　[字海]遊，同疾35925快，迅疾[太平廣記·卷四百七十八]引李玫[纂異記]其行迅遊。

避 61169 u2857C
sòng_10.17　[集韻]送60825，古作𨓈，隸作倯01734。

退 61169 u2857B
shēng_10.17　[榆林府志·方言]遑退，音繮生，俗呼聲者之能巫卜也。

遨 61171 u28576
null_10.17　或俗遨。

遨 61172 u28575
null_10.17　或俗遨。

遨 61173 u28574
null_10.17　未詳。

遨 61174 u28573
null_10.17　未詳。

遨 61175 u28572
null_10.17　未詳。

蓬 61176 u28571
péng_10.17　[可洪音義]蓬50625瀛盡：上步紅反，中以精反。下戶吳反[列子]曰：浡海之東有五山，之根、岱嶼、方丈、蓬萊、瀛洲是也。図俗逢60895敦煌·S.382[大乘淨土贊一本]道蓬梁（良）賢，把手想傳。道蓬不涼（良）賢，子母莫交傳。

遑 61177 u28570
null_10.17　未詳。

遊 61178 u2856F
null_10.17　未詳。

遊 61179 u2856E
null_10.17　未詳。

遲 61180 u2856C
wù_10.17　俗遲61271

迪 61181 u2856B
null_10.17　未詳。

遇 61184 u9064
hwing_10.17　[韓][青莊館全書·盎葉記·二]延安府有遇氏，姓。音喧應切。又[增補文獻備考·卷五十三·帝系考·氏族]遇（毀仍切）氏。

遙 61182 u48A3
yáo_10.17　俗遙61127見[龍龕]

遙 61183 u9065
yáo_10.17　同遙61127

遺 61185 32569
guàn_11.18　[廣韻][集韻]丛古玩切音貫[說文]習也[廣韻]行也〇按習貫，字本作貫。俗加心作慣，又加辶作遺，丛非。

達 61186 32570
shuài_11.18　[玉篇]古文帥14863字。

遣 61187 32571
cú_11.18　[正字通]籀文退字。

連 61188 32572
chuán_11.18　[正字通]俗遄字。

達 61189 32573
zhāng_11.18　[集韻]諸良切音章。週達，逗也〇按[大戴禮·千乘篇]立妃設如太廟，然乃中治。中治不相陵，斯庶孏達。庶孏達，則事上靜。據此，當爲彰顯明辨之意，與章同義[字彙]依[集韻]，訓作週達[正字通]力辨週達之非，亦無援據，因詳載[戴禮]，以備考證云。

遨 61190 32574
áo_11.18　[廣韻]五勞切[集韻][韻會][正韻]牛刀切丛音敖[玉篇]遨，遊也[後漢·劉盆子傳]乘鮮車大馬，赤屏泥絲襜絡，而猶從牧兒遨[梁鴻傳]聊道遙兮遨嬉図[廣韻]亦作敖[詩·邶風]以敖以遊。鑾又邀61346

遼 61191 32575
liào_11.18　[集韻]力弔切音廖。往也△[正字通]與遼通。有平、去二聲。

遙 61192 32576
yáo_11.18　[廣韻]古文遙61127字[前漢·郊祀志]遙興遲舉。

適 61193 32577
shì_11.18　[唐韻][集韻][韻會][正韻]丛施隻切音釋[說文]之也[廣韻]往也[正韻]如也，至也[詩·鄭風]適子之館兮[禮·曲禮]將適舍，求毋固図[廣韻]樂也[正韻]安便也，自得也[詩·鄭風]適我願兮[莊子·大宗師]適人之適，不適其適図從也[書·多士]惟我事不貳適[註]言割殷之無私心，一于從帝而無貳也[左傳·昭十五年]民知所適図[正韻]適然，猶偶然也[書·康誥]乃惟眚災適爾[註]適，偶也図事之常然者。亦曰適然[前漢·賈誼傳]以是爲然耳図[韻會]適來，猶爾來也。又甫爾之辭[唐書·武元衡傳]適從何處來図[廣韻]善也[韻會]貢得其人曰適[前漢·武帝紀]貢士有一適，再適，三適図[正字通]關西計補滿曰適[前漢·黃霸傳]馬不適士[註]馬少士多，不相補滿図[玉篇]女子出嫁也図[dí][廣韻]都歷切[集韻][韻會]丁歷切丛音的。與嫡同[詩·大雅]天位殷適[註]殷適，殷之嫡嗣也[禮·檀弓]扶適子，南面而立図適士，上士也[禮·祭法]適士二廟図適室，正寢也[禮·檀弓]哭之適室図[韻會]主也，專也[論語]無適也[詩·衛風]誰適爲容。又[小雅]誰適與謀図[集韻][韻會]亭歷切[正韻]杜歷切丛音狄。與敵同[禮·燕義]君獨升立席上，西面特立，莫敢適之義也[史記·田單傳贊]始如處女，適人開戶。後如脫兔，適不及距図[zhé][集韻]陟革切音摘。與謫同[詩·商頌]勿予禍適。又[孟子]人不足與適也図[tì][集韻]他歷切音惕。適適然，驚貌[莊子·秋水篇]適適然驚図[zhī][集韻]之石切音隻。往也。鑾又嫡11598适60827遭61275璛34773

遴 61194 32578
lìn_11.18　同遴61255，俗省。

遜 cà_11.18 61195 32579 廣韻 千合切。裏遜也 字彙 行也。走也。
鋻又遜61290

遫 chì_11.18 61196 32580 廣韻 恥力切 集韻 蓄力切夶音敕 玉篇 張也 集韻 開也△通作憨。譌作愍。鋻又遫61045

遨 sù_11.18 61197 32581 唐韻 桑谷切 集韻 正韻 蘇谷切 韻會 蘇木切,夶音速 韻會 遬,遨也 禮·玉藻 見所尊者齊遨 註 猶蹙蹙也 夊 剽遨,疾也 史記·禮書 輕利剽遨,卒如熛風 淮南子·兵略訓 欲疾以遨 夊 僕遨,凡短之貌 前漢·息夫躬傳 僕遨不足數 夊 字彙補 遨濮,國名 前漢·霍去病傳 討遨濮△ 玉篇 籀文速字。

遺 jī_11.18 61198 32582 正字通 同迹60811

遭 zāo_11.18 61199 32583 唐韻 作曹切 集韻 韻會 臧曹切 正韻 則刀切夶音糟 說文 遇也 禮·曲禮 遭先生於道 前漢·禮樂志 幸遭遇其時 夊 說文 遭行也 徐曰 遭,猶匝也。行復相值也 詩·齊風 遭我乎猇之閒兮 夊 正韻 巡也 劉禹錫 詩 山圍故國周遭在△ 說文 本作遭。今通用遭。
鋻又鋻61294遭61384

遱 zǎn_11.18 61200 32584 正字通 子感切音昝。遠也 夊 zhì知意切音致。行貌。

遙 yàng_11.18 61201 32585 字彙 餘亮切音漾。走也。

遻 wú_11.18 61202 32586 正字通 我字 石鼓文 遻車既攻△亦作䚯。

遮 zhē_11.18 61203 32587 廣韻 正奢切 集韻 韻會 正韻 之奢切夶音偖 說文 遏也 玉篇 冒也,斷也,要也,攔也 史記·高帝紀 三老董公遮說漢王 後漢·班超傳 伏兵遮擊 夊 正韻 蔽也 後漢·輿服志 張弓帶鞬,遮迆出入 夊 正字通 周遮,語多貌 白居易 詩 周遮說話長 夊 集韻 之夜切音柘 義同。鋻又遮61249遮61228

遳 chǐ_11.18 61204 32588 字彙 初里切,音齒◇近也△ 正字通 譌字。

從 cōng_11.18 61205 32589 集韻 七恭切,音樅。步緩也△ 正字通 從、从夶通。鋻同從16723 正字通 遯,從、辿並同。夊 阮元 經籍籑詁 蹤 楊著碑 追遯曾參。蹤59281作遯。夊 䞨58539

遯 dùn_11.18 61206 32590 集韻 遁61032本字 易·遯卦 天下有山遯,君子以遠小人,不惡而嚴 書·微子 我不顧行遯 夊 韻會 水名。夜郎縣有遯水。鋻又賸47792踳59086逯61033遂61117遯61452

遰 dì_11.18 61207 32591 唐韻 特計切 集韻 韻會 正韻 大計切夶音第 玉篇 迢遰也 夊 說文 去也 玉篇 往也 廣韻 逝也 夏小正 九月遰鴻雁 註 遰,往也。北來則曰向,南去則曰遰 夊 集韻 征例切。與逝同 史記·賈誼傳 鳳漂漂其高遰 夊 刀鞞也 禮·內則 右佩管遰 夊 dài 集韻 當蓋切音帶。連也。鋻又䢱04428匯04447遰61252

樓 lóu_11.18 61208 32592 唐韻 洛侯切 集韻 郎侯切夶音樓 說文 連遱也 集韻 不絕貌。鋻又遱61397遱61389逨61083

遫 jiù_11.18 61209 32593 廣韻 集韻 夶居右切音救 說文 恭謹行也△本作遫。俗作遫。

遲 chí_11.18 61210 32594 古文遟 唐韻 直尼切 集韻 韻會 陳尼切夶音墀 說文 徐行也 廣韻 久也,緩也 詩·衞風 行道遲遲 禮·玉藻 君子之容舒遲。又 孔子閒居 無體之禮,威儀遲遲 註 緩而不迫也 夊 委遲,迴遠貌 詩·小雅 周道倭遲 夊 韻會 棲遲,息也 詩·陳風 可以棲遲 夊 姓 書·盤庚 遲任有言 註 古賢人。又尉遲,複姓 夊 zhì 廣韻 韻會 集韻 直利切,音稚 廣韻 待也 後漢·章帝紀 朕思遲直士,側席異聞。又 趙壹傳 實望昭其懸遲 註 懸心遲仰之。夊 遲明卽黎明 前漢·高帝紀 遲明,圍宛城三匝 註 遲,未也。天未明之頃也 衞青傳 遲明行二百餘里 註 遲,待也。待天欲明也 夊 正韻 欲速而以彼爲緩曰遲,使彼徐行以待亦曰遲 荀子·修身篇 故學曰遲。彼止而待我 夊 乃也 史記·春申君傳 遲令韓、魏歸帝重於齊 註 遲,猶值。值,猶乃也△ 韻會 遲遲迡夶同。鋻又趌58240迟60734迡60745遲。

遭 záo_11.18 61211 32595 隸文鑿字。俗譌作遭61334

遳 cuō_11.18 61212 32596 字彙補 七禾切。行貌 夊 遳脆,急躁貌 左思·魏都賦 宵貌蕞陋,稟質遳脆。鋻又蓬50861

遇 yù_11.18 61213 32597 字彙補 同御 石鼓文 卽遇卽時 風雅廣逸 與遇小異。

趰 bào_11.18 61214 42033 字彙補 同報。見 古文老子

達 dá_11.18 61215 42034 字彙補 卽達字。見 蜀郡造橋碑

蓬 chòu_11.18 61216 42035 字彙補 楚漱切。搊去聲,齊也。

遾 yá_11.18 61217 42036 五音篇海 五加切音牙。遠也。

遾 zhuó_11.18 61218 42037 集韻 士角切音浞。與斲同。速也。鋻又遃60843萬15825迅60710焉31032

遶 yǒu_11.18 61219 42038 篇海類編 音酉。言意貌。

爇 jié_11.18 61220 42039 川篇 音挈。多節目也。鋻俗奠09703

遶 yāo_11.18 61221 45866 龍龕 同邀

遙 dùn_11.18 61222 45871 川篇 同遁。

遹 yū_11.18 61223 45872 五音篇海 音迂。鋻 五侯鯖字海 遹,音迂。遹闊,大言也。遹61241,同上 夊 tíng俗霆66527 可洪 音義 雷遹:音庭。

邌 xǐ_11.18 61224 45873 龍龕 與迻同。

遊 kuáng_11.18 61226 45875 五音篇海 音狂。出 西江賦

遍 biàn_11.18 61227 45876 奚韻 同徧

遺 hù_11.18 61229 45878 龍龕 同穀

遮 zhē_11.18 61228 45877 龍龕 同遮

還 huán_11.18 61225 45874 龍龕 同還

遉 61230 45886
tíng_11.18　字彙補 霆字之譌。

遃 61231 u2B443
null_11.18　喃未詳。

遱 61233 u2B441
null_11.18　未詳。

遧 61232 u2B442
null_11.18　叔尸鏄 遧或（越）徒四千。讀若造。

遦 61234 u2B440
null_11.18　喃未詳。

逝 61235 u2B43F
null_11.18　喃未詳。

遒 61237 u285A9
quýnh_11.18　喃 从辵眷quyến聲。慌亂貌。

遀 61238 u285A8
rời_11.18　喃 从遷从移，移dời亦聲。搬、離、散。

遧 61239 u285A7
mau_11.18　喃 从速毛mao聲。快。

逎 61236 u2B43E
null_11.18　喃未詳。

遌 61240 u285A6
bào_11.18　中華大字典 同報。見 古文老子 △宏按，當用遹61214字。

遻 61241 u2859C
yū_11.18　四部叢刊·初編子部·太玄經·卷第七 古者不遹不虞。注：遹，恕也△ 五侯鯖字海 同遻61223 図俗霆66527 可洪音義 遻擊：上特丁反。

遼 61242 u2859A
liáo_11.18　俗遼61272 廣碑別字 引 唐蒲州虞鄉縣丞 王安墓誌 図俗僚01918 隸釋·司隸校尉楊孟文石門頌 百遼咸從，帝用是聽。洪适注：碑以遼為寮。

遁 61244 u28598
huí_11.18　俗茴49339 可洪音義 遁香：上户灰反。

遺 61245 u28597
null_11.18　未詳。

遹 61243 u28599
chòng_11.18　同遹61265

遫 61246 u28596
null_11.18　未詳。

遍 61247 u28595
null_11.18　未詳。

遅 61248 u28594
chí_11.18　或同遲。

遮 61249 u28593
zhē_11.18　遮61203本字

遼 61250 u28592
liáo_11.18　金石文字辨異 遼，漢景君墓表 百遼失氣。邢澍案：遼作寮△ 漢隸分韻 作僚01918字 図俗遼61272 碑別字新編 引 漢韓勅碑陰

遳 61251 u28591
cuō_11.18　遳61212譌字

遷 61252 32598
wū_12.19　集韻 罔甫切 音武。跡也。鑾又俗遷61207 可洪音義 俱遷：音第。

遻 61253 32599
jiāo_12.19　玉篇 子小切音勦。走貌。鑾 胡吉宣：同趫58567

遰 61254 32600
xiàng_12.19　廣韻 徐兩切 集韻 似兩切 等韻 徐養切 丛音像。行貌。

遴 61255 32601
lìn_12.19　唐韻 集韻 韻會 正韻 丛良刃切音吝 說文 行難也 前漢·杜欽傳 誠難以忽，不可以遴 註 遴，難也 図 玉篇 貪也。與吝通 前漢·魯恭王傳 晚節遴，惟恐不足于財 地理志 潁川民貪遴爭訟 図 正字通 離呈切，音鄰◇ 謹識也。謂相比而選之也。故掄才謂之遴選。図 姓○按遴字，古惟去聲 正字通 以行難屬去聲，以謹選屬平聲，而以 正韻 闕平聲爲泥，不知何據。鑾又遴61194遴61278遴61372

遵 61256 32602
zūn_12.19　古文遳舜 唐韻 將倫切 集韻 韻會 蹤倫切 等韻 祖倫切丛音罇 說文 循也 詩·周南 遵彼汝墳 図 廣韻 率也，行也。習也 書·洪範 遵王之道，遵王之路 儀

禮·鄉射禮 大夫有遵者則入門左 註 言鄉之爲大夫者，能以禮樂化其民，使遵法之，故曰遵者 図 叶祖全切音牋 李尤·德陽殿賦 曰若炎唐，稽古作先。於赫聖漢，抗德以遵。鑾又遵16823遵61309遵61308迍60739

遼 61257 32603
shà_12.19　等韻 士洽切音煠。行書貌。

遠 61258 32604
yuǎn_12.19　廣韻 古文遠61139字。

遶 61259 32605
rào_12.19　廣韻 而沼切 集韻 正韻 爾紹切丛音繞 廣韻 圍繞也 図 正韻 寔照切音邵。義同△亦作繞。

遷 61260 32606
qiān_12.19　古文遷遷搯搨抅 唐韻 七然切 集韻 親然切丛音韆 說文 登也 廣韻 去下之高也 詩·小雅 遷于喬木 図 遷徙也 易·益卦 君子以見善則遷，有過則改 書·益稷 懋遷有無化居 註 懋，勉其民，徙有於無，交易變化，其所居積之貨也 図 移物曰遷 禮·曲禮 先生書策琴瑟在前，坐而遷之 註 諸物當前，跪而遷移之。図 變易也 左傳·昭五年 吾子爲國政，未改禮而又遷之 図 徙國曰遷 周禮·秋官·小司寇 二曰詢國遷 註 謂徙都改邑 図 徙官曰遷 前漢·賈誼傳 誼超遷，歲中至大中大夫 図 貶秩曰左遷 史記·韓王信傳 項王王諸將近地，而王獨遠居，是左遷也。又 張蒼傳 吾極知其左遷 註 是時尊右卑左，故謂貶秩爲左遷 図 正韻 謫也，放逐也。臯陶謨 何遷乎有苗 図 君遷，木名 左思·吳都賦 平仲君遷 図 姓 図 xiān 西烟切，音仙◇ 前漢·王莽傳 立安爲新遷王 註 服虔曰：遷，音仙。師古曰遷，猶仙耳。不勞假借。鑾又迁60655遷61125遷61286遷61353遷61295遷61472 遷61476遷61320遷61319迻60788轎04780瞾04779瞾04776 龝74296搧20564 図 古文四聲韻 遷61265 籀韻

遷 61261 32607
zhì_12.19　說文 古文遯61373字。

遄 61262 32608
chuán_12.19　正字通 遄字之譌。

遛 61263 32609
liú_12.19　正字通 遛本字。

選 61264 32610
xuǎn_12.19　廣韻 先兗切 集韻 韻會 正韻 須兗切丛音籑 玉篇 擇也 詩·邶風 威儀棣棣，不可選也 禮·禮運 選賢與能 左傳·襄九年 舉不失選 図 少選，須臾也 呂覽 少選發而視之。亦曰選閒 図 正韻 白選，貨貝名 史記·平準書 白金三品，其一圜之其文龍，名白選 図 xuàn 玉篇 先絹切 廣韻 思絹切 集韻 正韻 須絹切丛音渵 禮·王制 命鄉論秀士升之司徒，曰選士 註 選，宣練反 図 正韻 銓官也 唐書 有選舉志 図 環舞也 詩·齊風 舞則選兮 図 字彙補 萬也 山海經 五億十選九千八百步 楊慎云 選與萬，古音通，遂借其字 図 選懦仁弱也 後漢·淸河王傳 選懦之恩，知非國典 註 選懦，仁弱慈戀，不決之意也 図 選懦、選耎，畏怯之意 前漢·西南夷傳 議者選耎，復守和議 後漢·西羌傳 公卿選懦，容頭過身。図 suàn 廣韻 思管切 集韻 損管切丛音算 集韻 數也 書·盤庚 世選爾勞 傳 數也 左傳·昭九年 弗去懼選 註 懼數其罪而責之也 図 與算同 前漢·公孫賀傳贊 斗筲之

徒，何足選。音義與算同 図shuā 集韻 韻會 丛數滑切音刷。金選，鉄兩名 前漢·蕭望之傳 甫刑 之罰，小過赦，薄罪贖，有金選之品 應劭註 選，音刷 正字通 漢讀率 史記·周本紀 其罰百率。率，如刷。故劭以刷音之。△說文 本作𨕙。鑒又选60861遇60924逳61307選61474

遚 61265 32611
chòng_12.19 字彙 恥仲切音銃。逸也 図昌中切音充。義同。鑒亦作還61243 図同遚61260

遚 61266 32612
yù_12.19 唐韻 餘律切 集韻 允律切 韻會 正韻 以律切丛音聿 玉篇 循也，述也 正韻 遵也 書·康誥 祇遹乃文考 註 紹述也 図發語辭 詩·大雅 遹駿有聲 図姓 正字通 宋開寶中有通復，以太常博士判秦州 図shù 集韻 食律切音術。邪也 詩·小雅 謀猶回遹。鑒又遹61279

遟 61267 32613
yí_12.19 玉篇 古文遺61269字。鑒又遟61359

𨙷 61268 32614
qiāo_12.19 俗橇字。

遺 61269 32615
古文 遟遟遟 唐韻 以追切，音夷 集韻 韻會 夷佳切，音惟 說文 亡也 易·泰卦 不遐遺 註 用心弘大，無所遺棄也 詩·小雅 棄予如遺 註 言忘去不復存省也 周禮·秋官·司刺 三曰遺忘 図 正韻 失也 前漢·賈誼傳 功不遺矣 後漢·桓榮傳 慮無遺計 図 集韻 餘也 禮·樂記 有遺音者矣 註 有不盡之音 屈原·離騷 依彭咸之遺則 註 遺，餘也 図留也 書·大誥 寧王遺我大寶龜 左傳·昭十九年 古之遺愛也 図字彙補 便旋也 前漢·東方朔傳 小遺殿上 南史·謝幾卿傳 小遺沾令史 註 即俗言小便也 図正字通 遺遺，與委蛇通 戰國策 出遺遺之門 註 言其路逶迤也 管子·樞言篇 遺遺乎若有從治 図姓 魯費宰南遺之後 図wèi 廣韻 集韻 韻會 丛以醉切，遺去聲。投贈也，餽也 周禮·地官·遺人註 以物有所餽遺也 左傳·隱元年 請以遺之 集韻 徐醉切音遂。盈之切音怡。愈水切音唯。義丛同 図sui 集韻 韻會 句爲切等韻 似爲切。丛與隨同。謙以下人也 詩·小雅 莫肯下遺 註 遺，音隨。鑒又賵57998䙗58060遺61121遺61352遺61435鱝72854 図 正字通 擩21110，俗遺字 図 書·大誥 寧王遺我大寶龜。王懿榮：寧王，文王之誤。

𨙦 61270 32616
bēng_12.19 玉篇 布千切音邊 字彙 振繩墨也。一曰行不絕也。鑒同丝15309 慧琳音義 而絣44079：伯萠反 集訓 云振墨繩也。字書作𨙦。

遻 61271 32617
wù_12.19 廣韻 集韻 正韻 丛五故切音誤 廣韻 遇也 正韻 逢也，見也 楚辭·九章 重華不可遻兮 莊子·達生篇 醉者遻物而不慴 張衡·思玄賦 幸二八之遻虞兮 図è 集韻 正韻 丛逆各切音諤 集韻 相遇驚也。與愕同 正韻 迕也，逆也，與啎同 図觸也 馬融·長笛賦 掌距劫遻 註 掌，拄也。劫，脅也。遻，觸也。言笛聲烈而繁，若相凌距也△正韻 亦作遻连𤜂。鑒又遻61049遻61180

遼 61272 32618
liáo_12.19 唐韻 落蕭切 集韻 韻會 憐蕭切 正韻 連條切丛音僚 說文 遠也 楚辭·九歎 山修遠其遼遼兮。

図 集韻 水名，在遼陽縣 図 韻會 國名，契丹之後，至耶律德光，號大遼。鑒又廉15745辽60643遺61250逳60956遼61242

遺 61273 32619
wēi_12.19 字彙補 以每切，音委◇漢·逢盛碑 當遂遺地，立號建基。又 韓詩 引石經：遺地，與逶迤同。

遉 61275 32621
shì_12.19 說文 適字

𨖼 61276 32622
jī_12.19 字彙補 遺與幾同 漢·費鳳碑 庶遺昔子夏。

𨘓 61277 32623
jìn_12.19 集韻 進60959古作𨘓。

遾 61278 32624
lìn_12.19 字彙補 音義丛同遴。

遖 61279 42040
yù_12.19 字彙補 遹本字。

𨘤 61280 42041
tuí_12.19 五音篇海 徒回切。不進也。鑒又遺61350

達 61281 42042
xiàn_12.19 川篇 音現。遠也。鑒同逺61380張涌泉：俗遅61374

逜 61274 32620
cuò_12.19 字彙補 同遚

遻 61282 42043
huò_12.19 龍龕 呼角切。急速也。

遻 61283 42044
tíng_12.19 龍龕 特丁切音庭。出 續高僧傳。鑒霆66527譌字 龍龕 遻，誤，特丁反。正作霆。在 續高僧傳

迸 61284 42045
chào_12.19 川篇 初效切。充也。

遀 61285 42046
suí_12.19 字彙補 與隨同。見 漢·劉熊碑

遷 61286 42047
qiān_12.19 字彙補 與遷同。見 楚孫相碑

𨘣 61287 42048
yuān_12.19 奚韻 音淵。行貌。

𨘡 61288 42049
dú_12.19 龍龕 音獨。遺也。鑒 字彙補 遺字之譌。

遍 61289 45879
bū_12.19 篇海類編 同逋。

遜 61290 45881
cà_12.19 篇海類編 與迣同。

遼 61291 45882
dé_12.19 龍龕 與德同。鑒 篇海 作逳61314

霆 61292 45883
tíng_12.19 五音篇海 與霆同。

遴 61293 45884
běng_12.19 字彙補 與逬同。

遭 61294 45885
zāo_12.19 字彙補 與遭同，出漢碑。

遷 61295 45887
qiān_12.19 龍龕 同遷

遹 61296 u2B44A
null_12.19 喃未詳。

遍 61297 u2B449
null_12.19 从队，迥聲。叔夷鎛 敼䣉三軍徒遍。黃德寬 古文字譜系疏證 叔夷鎛：遍，疑讀幢。或讀徒遍爲徒從、徒衆，皆可通。

遹 61298 u2B448
yù_12.19 从辵寅聲。人名，見 子遹鼎。漢語大字典.V.2 遹，同遹61041

遬 61299 u2B447
null_12.19 喃未詳。

遬 61300 u2B446
null_12.19 喃未詳。

遬 61301 u2B445
null_12.19 喃未詳。

遲 61303 uFAC3
chí_12.19 同遲61210

遅 61302 u2B444
tíng_12.19 俗霆66527亦作遻61304

逶 61304 u2F9E0 tíng_12.19 俗霆66527

遵 61308 u285D6 zūn_12.19 遵61256本字

䢾 61305 u285DC nhanh_12.19 喃 同遡61429䢾䢺：敏捷。

𨗛 61306 u285DB chầu_12.19 喃 从辵朝trào聲。一回，一趟。

𨗚 61307 u285DA seon_12.19 韓 俗選61264

𨗕 61309 u285D5 zūn_12.19 同遵61308遵本字。

𨗑 61310 u285D1 xióng_12.19 鬼名。唐·段成式 酉陽雜俎·卷第十四·諾臯記上 乙酉日鬼名聶左，丙辰日鬼名天𨗑。

𨖏 61311 u285CF null_12.19 未詳。

𨖍 61313 u285CD null_12.19 未詳。

𨗎 61312 u285CE null_12.19 張家山漢簡·247號墓·奏讞書 河東守𨗎：士吏賢主大夫𨗎，𨗎盜書毄𨗎亡。獄史令賢求，弗得。

𨗌 61314 u285CC dé_12.19 同𨗌61291 四聲篇海 音德。古文。

𨗋 61315 u285CB jiù_12.19 𨗋61209本字 四聲篇海 居祐切。恭謹行㒵。

𨗊 61316 u285CA đò_12.19 喃 从辵都đô聲。渡過。

𨗉 61317 u285C9 suì_12.19 同𥨊41334俗𨗉61337

𨗈 61318 u285C8 null_12.19 未詳。

𨗆 61320 u285C6 qiān_12.19 俗遷61260

𨗇 61319 u285C7 qiān_12.19 俗遷61260見 漢衡方碑

𨗅 61321 u285C5 suì_12.19 同隧65957 馬王堆漢墓帛書·戰國縱横家書 齊不出呂𨗅，燕將不出屋。

遼 61322 uF9C3 liáo_12.19 兼 遼。

邆 61323 u9086 téng_12.19 同邆61341

遽 61324 32625 jù_13.20 廣韻 集韻 韻會 其據切 等韻 巨御切太音詎 玉篇 急也，疾也，卒也 禮·儒行 遽數之，不能終其物 左傳·僖二十四年 公遽見之 後漢·劉寬傳 雖在倉卒，未嘗疾言遽色 又 廣韻 戰慄也 集韻 窘也，懼也 左傳·襄三十一年 豈不遽止 註 遽，畏懼也 楚辭·九章 駭遽以離心兮 註 言意中驚駭，遂離己心也 又 說文 傳也，驛車也 禮·玉藻 士曰傳遽之臣 註 士位卑，供車馬之役，故自稱傳遽 左傳·僖三十三年 且使遽告于鄭 註 遽，傳車，即驛遞也 又qú 集韻 求於切音渠。蘧麥也 又 姓 又 正韻 魯遽，人名 又 集韻 權俱切音劬。義同。

遾 61325 32626 shì_13.20 廣韻 集韻 韻會 太時制切音逝 廣韻 逮也 正韻 及也 集韻 北燕曰遾 又 集韻 遠也。

避 61326 32627 bì_13.20 古文𨓍𧗸 唐韻 集韻 韻會 正韻 太毗義切，婢去聲 玉篇 迴避也 史記·藺相如傳 望見廉頗，引車避匿 前漢·王吉傳 避而入商雒深山 後漢·郅惲傳 避地教授 註 隱遁也 又 正韻 通作辟 論語 辟世、辟地、辟言、辟色，俱作辟。

𨗿 61327 32628 huì_13.20 玉篇 胡外切音會。匝也。

𨘅 61328 32629 qiǎn_13.20 集韻 七漸切音慊。𨘅𨘅，欲近貌。

䢾 61329 32630 shàn_13.20 集韻 時豔切音贍。行速貌。

𨘋 61330 32631 xiàn_13.20 廣韻 似面切音羨。遮也 又 廣韻 予線切 集韻 延面切，並音衍。移也 又 廣韻 以然切 集韻 夷然切太音延。行貌。䢾从羨，十三畫。

邀 61331 32632 yāo_13.20 廣韻 於宵切 集韻 韻會 伊消切太音腰 廣韻 遮也 晉書·陶潛傳 王弘令潛故人齎酒于半道，邀之 又 正韻 招也 李白詩 舉杯邀明月 又 集韻 求也。通作徼 中庸 小人行險以徼倖 又 正韻 通作要 孟子 使數人要於路 又 修其天爵，以要人爵。

邁 61332 32633 mài_13.20 廣韻 莫話切 集韻 韻會 莫敗切太音譪 說文 遠行也 詩·王風 行邁靡靡。又 小雅 我日斯邁 又 正韻 往也 詩·魯頌 從公于邁。又 小雅 後予邁焉 註 過也 又 老也 書·秦誓 日月逾邁 後漢·皇甫規傳 年齒之不邁 又 天子以時巡行曰邁 詩·周頌 時邁其邦 又 邁邁，不顧也 詩·小雅 視我邁邁 又 與勱通，勇往力行之意 書·大禹謨 臯陶邁種德 註 言臯陶勇往力行，以布其德也。又 說命 予惟克邁乃訓△ 說文 作邁。䢾又迈60678

𨙍 61333 32634 wěi_13.20 玉篇 爲委切，音偉◇姓也。䢾俗葦 可洪音義 𨙍索繫：上云鬼反，下古詣反。

𨘸 61334 32635 záo_13.20 字彙 在各切音鑿。與鑿同 巵言 漢司隸楊厥碑 𨘸通石門，𨘸，卽鑿也。省作凿。今作𨘸者，以辶代乚，如匹作辺，匣作迊之類，謂之隸變，古有此例 正字通 𨘸者，𨘸61211之譌。𨘸爲凿之變體，𨘸爲𨘸之譌文也。

𨘛 61335 32636 táng_13.20 等韻 徒郎切音唐。過也。

邂 61336 32637 xiè_13.20 唐韻 胡懈切 集韻 韻會 下懈切 正韻 下戒切，並蟹去聲 玉篇 邂逅60830，不期而會也 又xié 集韻 下買切音蟹。邂逅，悅貌 又 戶佳切音鞵。義同。

邃 61337 32638 suì_13.20 廣韻 集韻 雖遂切 正韻 須遂切太音粹 說文 深遠也 禮·玉藻 十有二旒，前後邃延 註 言十二旒在，前後垂而深邃，以延覆冕上 後漢·輿服志 聖人處天子之位，服玉藻、邃延、日月所以副其德，彰其功也。又 屋宇深遠亦曰邃 屈原·離騷 閨中既邃遠兮。䢾又𢡈18441宋41048𥨊41334𨗉61317 又 正字通 㥞17770徐醉切音遂 說文 深也。與𥨊通。

還 61338 32639 huán_13.20 唐韻 戶關切 集韻 韻會 正韻 胡關切太音環 說文 復也 玉篇 反也 詩·小雅 爾還而入，我心易也。還而不入，否難知也 註 反也 又 正韻 退也，歸也 儀禮·鄉飲酒禮 主人荅拜還，賔拜辱 註 還，猶退也 前漢·高帝紀 還守豐。又 灌嬰傳 還定三秦 又 顧也 左傳·昭二十年 無所還忌 註 還，猶顧也 又 償也 老子道德經 以道佐人主者，不以兵强天下，其事好還 又 大還、小還，日至之名 淮南子·天文訓 日至于鳥次，是謂小還。至于女紀，是謂大還 又 與環同 前漢·食貨志 還廬樹桑。

囩xuán 廣韻似宣切 集韻 韻會 旬宣切丛音旋。與旋同 禮·禮運 五行、四時、十二月，還相爲本也 註 迭相終而還相始，如環無端也 囩 正韻 轉也 禮·玉藻 周還中規,折還中矩 註 周旋圓轉,折旋方轉也 囩 便捷貌 詩·齊風 子之還兮 囩 速也,卽也 前漢·董仲舒傳 此皆可使還至而立效者也 囩huàn 集韻 韻會 正韻 丛胡慣切音患。遶也,圍也 儀禮·旣夕 祖還車不易位 司馬相如·子虛賦 旋還乎後宮。鑾 又 徸16843 还60715 遝61073 遣61225 還61413 囩 遱61354 偏類碑別字·還 引 齊張龍伯造象記

遭zhān_13.20 廣韻 集韻 韻會 丛張連切,音鱣 集韻 迍遭,難行不進貌 易·屯卦 屯如遭如 楚辭·哀時命 塞遭迴而不能行 囩zhàn 廣韻 持碾切 集韻 韻會 正韻 直碾切,丛趄上聲。轉也,逐也 屈原·離騷 遭吾道夫崑崙 註 遭,轉也。楚人名轉曰遭 又 楚辭·九歎 遭彼南道兮以征夫宵行 註 言已放逐而流轉江南也 囩zhàn 廣韻 除善切 集韻 丈善切,丛趄去聲。移也。又循也。鑾 又 徸16841

遰dí_13.20 廣韻 徒歷切 集韻 亭歷切丛音荻 廣韻 雨也 集韻 遰遰,雨貌 囩lèi 玉篇 力罪切,音類◇ 囩dú 集韻 徒沃切音毒。義丛同。鑾 俗霛66629

遯téng_13.20 字彙補 徒登切音騰 唐書·南蠻傳 六詔,四曰遯賧詔 囩 唐互切音蹬。義同。鑾 亦作遯61323

遶yōu_13.20 字彙補 古文憂18171字。

遶xǐ_13.20 五音集韻 古文徙16661字。

遺yí_13.20 集韻 遺61269古作遺。

遺yí_13.20 集韻 遺61269古作遺。

遨áo_13.20 字彙補 與遨同。

遊yóu_13.20 等韻 以周切音由 字彙補 貴玉也。

遊yóu_13.20 龍龕 音由。遠也。鑾 龍龕 遊俗,迶60866通,遊正。

遒jiù_13.20 篇海類編 音救。行謹也。鑾 又 遶61419

遺tuí_13.20 五音篇海 徒回切。不進也。鑾 五侯鯖字海 遺61280,同遺 囩 或痽36319譌字。

遱zǎn_13.20 奚韻 子敢切。速也。

遺yí_13.20 餘文 同遺。

遷qiān_13.20 龍龕 同遷。

遱dài_13.20 五音篇海 同逮。

遰dài_13.20 篇海類編 同帶。

遖yáo_13.20 龍龕 同遙

邊 61357 u2B7EA biān_13.20 俗邊61408

邂 61358 u2B44B null_13.20 喃未詳。

適 61360 u28606 null_13.20 未詳。

遚 61362 u28600 null_13.20 未詳。

遻miǎo_13.20 可洪音義 悠遻:下莫角反 龍龕 遻61378或作,遌正,邈今,莫角反。遂也。

邃dí_13.20 同篆42503 新撰字鏡 邃,土洽反。笛字行書也。在竹部。清·王星誠 西堥殘草·附詞·望江南 花裏夕陽西子社,柳邊涼邃上河船。嬌煞小青帘。

蓮 61366 u285F8 null_13.20 未詳。

遖xū_13.20 龍龕 頍68155正遖今,他頂反。頍直也。

遷xiān_13.20 俗遷23028 可洪音義 寶遷:音纖。

遒dǎo_13.20 俗導12594 可洪音義 倡遒:上音唱。下音道。

遳cuó_13.20 清·翟灝 通俗編·卷三十六·雜字 遳,升庵外集 京師俚語,目形短矮為遳 文選 有遳脆語 唐書·王俌傳 形容篷陋 通鑒音義 作七禾切。按:遳本作矬38551

邅lín_14.21 正字通 邂本字。

邇ěr_14.21 古文遐 廣韻 兒氏切 集韻 韻會 忍氏切丛音爾 說文 近也 書·舜典 柔遠能邇 詩·周南 父母孔邇 左傳·文十七年 以陳、蔡之密邇於楚 囩 通爾 詩·大雅 莫遠具爾 註 爾,近也 儀禮·燕禮 君南鄉爾卿,卿西面北上爾大夫 註 揖而移之近之也△ 說文 別作遪。俗省作迩、迩。鑾 又 讠60723趰58607

邅huì_14.21 集韻 黃外切 等韻 胡外切丛音會 說文 無遪也 囩 廣韻 形電切 集韻 形甸切丛音現。又 集韻 下蓋切音害。義丛同。鑾 又 遪61414邅61281遠61380

邅tà_14.21 廣韻 古文撻20823字。

遤tī_14.21 廣韻 集韻 丛他歷切音逖。躍也。與趯同。

逢shà_14.21 字彙 色洽切,衫入聲。疾行也 正字通 同逢。

邈miǎo_14.21 唐韻 莫角切 集韻 韻會 墨角切丛音懇 說文 遠也 正韻 渺也 屈原·離騷 神高馳之邈邈。又 九章 邈而不可慕 囩 爾雅·釋訓 邈邈,悶也 囩 正韻 輕視貌。與藐同 陸機·謝平原內史表 振景拔迹,顧邈同列 註 邈,凌也△ 說文 本作邈。鑾 又 邅61361邈61363邈61441

邆zūn_14.21 玉篇 古文遵61256字。

遖xiàn_14.21 篇海類編 形甸切音現。遠也。鑾 亦作遖61281張涌泉:俗邇61374

遷 61359 u2F9E1 yí_13.20 同遷61267

遖 61361 u28605 miǎo_13.20 同遖61363

遝 61364 u285FE dà_13.20 民國 重修鎮原縣志·正名 遝,習慣如稱父為爸爸,或稱遝遝。

檛 61367 u285F7 zhuā_13.20 俗檛25605

遻 61381 42055 biān_14.21 字彙補 與邉同。見 韓敕孔廟禮器碑

遜 61382 42056 huò_14.21 字彙補 何果切音禍。過也。廣雅 僉，過也。

遳 61383 42057 zhì_14.21 字彙補 與滯同。見 漢楊君碑

遭 61384 42058 zāo_14.21 字彙補 卽遭字。見 漢從事武君碑

逹 61385 42059 dá_14.21 龍龕 徒葛切音達。解也。

達 61386 42060 xiàn_14.21 字彙補 兮賤切，音現◇無也。

遾 61387 42061 shà_14.21 五音篇海 山夾切。疾行也。

縺 61388 45891 lián_14.21 五音篇海 與連同。

遱 61389 45892 lóu_14.21 龍龕 與遺同。

遌 61390 45893 xié_14.21 字彙補 與擷同。

遰 61391 45897 tuì_14.21 字彙補 同退。鿂又霆66690霋66728

遙 61392 45898 yáo_14.21 篇海類編 音遙。鿂鄭賢章：疑卽遙61127字。

遫 61393 u2B44F null_14.21 嗬未詳。

遬 61394 u2B44E yán_14.21 俗筵42008

遣 61395 u2B44D qiān_14.21 从欠遣聲。讀若譴。人名 邿造遣鼎 邿艁遣乍寶鼎，子子孫孫用享。按，从攴，譌。見遣。

遤 61396 u2B44C null_14.21 嗬未詳。

遺 61397 u28612 lóu_14.21 俗遺61208

遱 61398 u28618 vã_14.21 嗬从速尾vĩ聲。急促。

遄 61399 u28617 đuổi_14.21 嗬从逐省對đối聲。追。俗省作过60852 △迠古：驅趕。

遹 61401 u28615 yú_14.21 同趣58598 明·何喬遠 名山藏·卷之一百一·貨殖記·馬一龍 縱橫成列，紀律不違。密遹爲儔，尺寸如范。

遍 61400 u28616 shū_14.21 同疏35781

遒 61402 u28610 null_14.21 未詳。

遶 61404 u2860E null_14.21 未詳。

遷 61403 u2860F wěi_14.21 俗遶51371 直音篇 遷，同蓮。

遊 61405 u2860B null_14.21 未詳。

邉 61406 u9089 biān_14.21 同邊61408

遺 61407 32657 dú_15.22 唐韻 集韻 𠀤徒谷切音獨 玉篇 遺也，易也，數也 集韻 媟遺也。與嬻同。鿂又遺61462遺61482

邊 61408 32658 biān_15.22 古文𨙝 集韻 韻會 正韻 𠀤卑眠切音編 玉篇 畔也，邊境也 禮·玉藻 其在邊邑 註 邊邑，九州邊鄙之邑 左傳·成十三年 蕩搖我邊疆 又 正韻 旁近也 前漢·高帝紀 齊邊楚 又側也 禮·檀弓 齊衰不以邊坐 疏 喪服宜敬，起坐宜正，不可著齊衰而偏坐也 又 邊璋，半文飾也 周禮·冬官考工記 邊璋七寸 又姓。周大夫邊伯之後。南唐有邊鎬。鿂 說文 作邉61412 又 边60647辺60646 逿60912遑60884邊61089遺61165遝61406遑61357

邋 61409 32659 liè_15.22 唐韻 良涉切 集韻 力涉切𠀤音獵 說文 搚

也 廣韻 邁也 又 字彙補 旌旗動搖貌 石鼓文 邎邎員斿 又 廣韻 盧盍切 集韻 力盍切𠀤音臘。邋遢，行貌。

邌 61410 32660 lí_15.22 唐韻 郎奚切 集韻 韻會 憐題切 正韻 鄰溪切𠀤音黎 說文 徐也 廣韻 徐行貌 又 集韻 遲61210古作邌。鿂 龍龕 邌俗，邌今。

邍 61411 32661 yuán_15.22 字彙補 古文原字 石鼓文 邍隰陰陽。

邉 61412 32662 biān_15.22 說文 邊字

邉 61414 42062 huì_15.22 字彙補 何對切，音會◇無違也。鿂俗邉61374

還 61413 32663 huán_15.22 字彙補 還本字。

邊 61415 42063 biān_15.22 穆天子傳 至於積山之邊。音未詳。鿂同邊。

邎 61416 42064 kào_15.22 龍龕 苦告切。相違也。鿂 龍龕 邎俗，遑古文。

遑 61417 42065 kào_15.22 龍龕 音靠。相違也。

覦 61418 42066 yóu_15.22 五音篇海 音由。深視也。鿂同覦55131 覦55220

邎 61419 45895 jiù_15.22 篇海類編 同邎。

遼 61420 45896 lián_15.22 龍龕 與盦同。

邌 61421 45899 lí_15.22 搜眞玉鏡 音黎。

邎 61422 45900 dùn_15.22 五音篇海 同遯。

邎 61423 45901 dì_15.22 龍龕 同遞。

邎 61424 45902 kuí_15.22 龍龕 同達。

邎 61425 45903 niǎn_15.22 五音篇海 同輦。

邎 61426 u2B451 null_15.22 嗬未詳。

邎 61427 u2B450 null_15.22 嗬未詳。

邐 61428 u28636 lǐ_15.22 俗邐61479 宋元以來俗字譜 引 太平樂府

邎 61429 u28631 nhanh_15.22 嗬从速爭tranh聲△邎雁：輕快。

邎 61430 u28629 null_15.22 未詳。

遭 61431 u28628 null_15.22 未詳。

邎 61432 u28627 niǎn_15.22 龍龕 邎，俗。力展切。正作輦60161

蓮 61433 u28626 null_15.22 未詳。

邎 61434 u28625 null_15.22 未詳。

遺 61435 u28624 yí_15.22 遺61269本字。

邍 61436 32664 yuán_16.23 唐韻 集韻 愚袁切 等韻 宜袁切𠀤音元 說文 廣平之野，人所登也 周禮·夏官 邍師掌四方之地名 註 邍，地之廣平者。鿂又遠61451

邈 61437 32665 miǎo_16.23 說文 邈字 後漢·馮衍傳 邈名賢之高風 註 邈，凌也。

邐 61438 32666 lì_16.23 集韻 狼狄切音歷。近也。

邎 61439 32667 dùn_16.23 集韻 遁61032古作邎。

邋 huò_16.23　篇海類編 吁角切,音臒◇急速也。鑋 龍龕 作呼角切 図 直音篇 遹,同邁。

邎 miǎo_16.23　說文長箋 同邎。

逼 tuí_16.23　龍龕 同隤　**邍** null_16.23　未詳。

遲 chí_16.23　五音篇海 音遲。

邍 null_16.23　未詳。　**邎** yóu_16.23　俗邎61448

幰 xuên_16.23　喃 从達串xuyến聲。穿,透。

邎 yóu_17.24　同邎。　**邎** yóu_17.24　廣韻 以周切 集韻 夷周切 丛音由。疾行也 図 廣韻 集韻 丛餘招切音遙。義同△或作邎、遹。鑋 又邎61446 篠16884邎61488

遹 yuè_17.24　玉篇 以斫切音藥。遑也。鑋 胡吉宣:超趏58626与遹邎同,在 足部 爲踔踚59576

邍 yuán_17.24　正字通 邍本字。

遯 dùn_17.24　五音集韻 古文遁61032字。

遺 guì_17.24　龍龕 同匱　**邍** tà_17.24　篇海類編 徒合切,音達◇行立也。鑋同邌61136

邍 zàn_17.24　五音篇海 音贊。慢行也。

邍 null_17.24　殷周金文集成·5.2838·召鼎 王在邍应。

遜 null_17.24　未詳。　**邍** null_17.24　喃未詳。

邍 null_17.24　喃未詳。　**邍** qú_17.24　同邍51855

矯 kéo_17.24　喃 从辵矯kiểu聲。拖動,調動。

龥 tít_17.24　喃 从远節tiết聲。遙遠。

遺 dú_17.24　同遺61482 正字通 遺61407,本作遺。

邍 null_17.24　未詳。　**遟** null_17.24　未詳。

邍 null_17.24　未詳。　**邁** mài_18.25　字彙補 同邁

邎 yóu_18.25　與邎同。鑋 又邎61446

邍 yì_18.25　廣韻 與職切音弋。疾趨也。

邍 niè_18.25　玉篇 而涉切,音讘。行貌。

遷 zhù_18.25　唐韻 中句切 集韻 株遇切丛音註 說文 不行也。又 集韻 馬不行貌 図 玉篇 丑凶切 等韻 敕容切丛音蹱。義同。鑋 又遷61493 鵤70089

遑 huàn_18.25　玉篇 古文逭60947字。

遷 qiān_18.25　五音篇海 同逶。鑋 又遷。同遷61260

選 xuǎn_18.25　俗選61264 和字正俗通·和制一·言辭 選,カタホ。王寶平:片假名カタホ,在日語中寫作「偏」

或「片秀」,意為片面、不十分、不完全。從詞意上講可以跟「選」聯繫起來。

醉 suốt_18.25　喃 从通率suất聲。透。

遷 qiān_19.26　廣韻 古文遷61260字△ 集韻 作趣。

邏 luó_19.26　唐韻 集韻 韻會 正韻 丛郎佐切,羅去聲 說文 巡也 玉篇 游兵也 正韻 游偵也 晉書·戴洋傳 宜遠偵邏 図 集韻 遮也 正字通 山色環繞也 杜甫詩 雲山紫邏深 図 集韻 韻會 朗可切 等韻 力可切,丛羅上聲。又 集韻 良何切音羅。義丛同。鑋 又逻61020

邐 lǐ_19.26　唐韻 力紙切 集韻 韻會 輦尔切丛音離上聲 說文 行邐邐也 集韻 邐迆,旁行連延也。鑋 又邐60936 邐61428 図 迆迤60904,同迆邐。

邁 mài_19.26　說文 邁字　**遷** qiān_19.26　遷61260本字。

騽 lui_19.26　喃 从退雷lôi聲△騽兵:撤兵。

遺 dú_19.26　遺61407本字 說文 遺,媟遺也。从辵賣聲。

邍 chóng_19.26　喃 从速衆chúng聲。快速。

邏 luó_19.26　兼 邏。　**遷** yuè_20.27　集韻 正韻 丛王縛切音簿 廣韻 行不住也 集韻 遷遷,周旋也。

邍 jìn_20.27　玉篇 古文進60959字。.

遭 zāo_20.27　集韻 遭本字。

邎 yáo_20.27　奚韻 余肖切。相隨行也。鑋 同邎61448

邊 biān_20.27　同邊43109　**邎** xiǎn_20.27　奚韻 否典切。鑋 改併四聲篇海 引 奚韻 香典切。

邊 ài_21.28　龍龕 同爱　**邎** zhù_22.29　集韻 邎本字

邎 xoǎng_21.28　喃 从辵蠢xuẩn聲。

邎 yù_23.30　說文長箋 與鷸同。

• 邑部 •

邑 yì_0.7　唐韻 於汲切 集韻 韻會 乙及切 正韻 一入切丛音浥 說文 國也 正韻 都邑也 釋名 邑,人聚會之稱也 史記·五帝紀 舜一年而所居成聚,二年成邑 周禮·地官·小司徒 四井爲邑,四邑爲丘。又 載師 以公邑之田任甸地,以家邑之田任稍地 註 公邑,謂六遂之餘地。家邑,謂大夫之采地 図 王畿亦稱邑 書·湯誓 率割夏邑 詩·商頌 商邑翼翼 図 侯國亦稱邑 書·武成 用附我大邑周 詩·大雅 作邑于豐 図 於邑,氣逆結不下也 楚辭·九章 氣於邑而不可止 前漢·成帝贊 言之可爲於邑 註 於邑,短氣也 図 邑邑,與悒悒通 史記·商君傳 安能邑邑待數十百年 図 複姓 廣韻 漢有邑由氏 図 è 集韻 正韻 丛遏合切音姶。阿邑,與阿匼同,諂諛迎合貌 前

漢·張湯傳 以智阿邑人主，與俱上下 図叶弋灼切音藥
後漢·杜篤·論都賦 成周之隆，乃卽中洛。遭時制都，不
常厥邑 △ 說文 从口，音圍，象四境。卪聲。尊卑大小
有等，故从卪會意。偏旁作阝，俗从口从巴，非。
鼞 又囘08051呂61496

㠯 61496 42073　　字彙補 怨阮切。與苑同 鄭樵·通志略 反
邑爲苑。鼞同邑61495

邑 61497 u2FA2
yì_0.7　同邑61495部首專用字。亦作　阝61498

阝 61498 u2ECF
yì_0.7　　部 邑61497

邔 61499 32687
jǐ_2.9　　唐韻 居履切
集韻 舉履切丛音几。說文 地名。

邒 61500 32688
tíng_2.9　　集韻 湯丁切音庭 玉篇 鄉名 図 集韻 亭
名。

邜 61501 32689
shí_2.9　　五音集韻 是執切音十。什邡，廣漢縣名，
在蜀。或从邑 正字通 漢高帝惡雍齒，欲殺之，用張良
計，封爲什方侯。又 後漢·儒林傳 楊仁拜什邡令 註 今
益州什邡縣也。

邗 61502 42074
shān_2.9　　搜眞玉鏡 音山。地名。

邔 61503 u2866A
yǎng_2.9　俗印04718

叩 61504 32690
kǒu_3.10　　唐韻 苦后切
集韻 去厚切丛音口 說文 京兆藍田鄉名 △ 按从卪者，
音扣。从阝者，音口。俗多誤，今辨之。

邔 61505 32691
qǐ_3.10　　唐韻 居擬切 集韻 苟起切，並音己 說文 南
陽縣。又 廣韻 墟里切 集韻 口己切，並音起。又 集韻 巨
几切音跽。又 韻會 其紀切，其上聲。又 廣韻 集韻 並
渠記切，義並同。鼞 又邔61523邔61525邔61705

邕 61506 32692
yōng_3.10　　唐韻 集韻 韻會 正韻 丛於容切音雍 說
文 邑四方有水，自邕城池者是也 図 集韻 竭塞也。與
雍同 前漢·王莽傳 邕河水不流 図 正韻 和也。與雍同 晉
書·桑虞傳 閭門邕穆 図 韻會 州名。秦桂林郡，唐置邕
州 △ 正字通 邕雍雝㙻，古俱通用。鼞 又邕14584

邖 61507 32693
shān_3.10　　唐韻 所閒切 集韻 師閒切丛音山。地名
図 姓。見 正字通

邗 61508 32694
hán_3.10　　唐韻 胡安切 集韻 韻會 河干切丛音寒 廣
韻 邗溝，水名 左傳·哀九年 吳城邗，溝通江、淮 註 于
邗江築城穿溝，東北通射陽湖，西北至宋口入淮，通糧
道也 図 gān 集韻 居寒切音干。越之別名。

邘 61509 32695
yú_3.10　　廣韻 羽俱切 集韻 韻會 正韻 雲俱切丛音
于 說文 周武王子所封國 史記·周本紀 明年伐邘 註 邘
城在野王縣西北。一作于 図 地名 左傳·隱十一年 王取
鄔、劉、蒍、邘之田于鄭 註 蒍、邘，鄭二邑 図 姓 韻會
漢上谷太守邘侯 △ 說文 本作邘。

邙 61510 32696
máng_3.10　　唐韻 莫郎切 韻會 正韻 謨郎切丛
音忙 說文 河南洛陽北土山上邑 正字通 貴人冡多在北
邙山 図 廣韻 丛武方切音亡。義同。鼞 又同印

04726，俗印 可洪音義 南邙：一進反。又亡、忙二音，非
也。

邖 61511 32697
tǔ_3.10　　集韻 統五切音土。鄉名。

邖 61512 32698
rú_3.10　　集韻 人余切音如。國名 字彙補 路史·國
名記 本女艾國。當从上聲。音如，誤。鼞 又邖61649
図 字彙補 較譌 邖，案 國名記 邖本女艾國汝也。當从
上聲。作人諸切，誤。

邚 61513 32699
fán_3.10　　玉篇 扶嚴切音凡。地名。鼞 胡吉宣：本
止作凡03079

邨 61514 32700
cūn_3.10　　集韻 麤尊切音村。鄉名。

邦 61515 32701
cūn_3.10　　字彙 牆來切音才。鄉名 △ 正字通 同㙳，
俗省。鼞 亦作邨61524俗邨61514 直音篇 邦，音村。鄉名。

邛 61516 32702
qióng_3.10　　唐韻 集韻 韻會 丛渠容切音蛩 說文 地
名。在濟陰縣 図 縣名 玉篇 蜀郡有臨邛縣 史記·司馬相
如傳 素與臨邛令王吉相善 図 水名 韻會 邛水出嚴道邛
崍山，入靑衣江 図 丘名 詩·陳風 邛有旨苕 註 邛，丘也
図 廣韻 勞也，病也 詩·小雅 匪其止共，維王之邛 註 讒
人不能共職，徒爲王病也 又 我視謀猶，亦孔之邛 註 惑
於邪謀，不能斷以從善，故致亂也 図 姓 列仙傳 周有邛
疏 △ 韻會 从邑从工。俗作邛，非。邛卽俯仰之仰。又
卭與阝 別。鼞 又邛04723罵69855

邘 61517 32703
yú_3.10　　說文 邘本字。

邖 61518 32704
qiān_3.10　　集韻 親然切，音遷。地名 字彙補 邖與邖
異。鼞 俗邘61927

邖 61519 42075
xiàng_3.10　　字彙補 巷本字。鼞 集韻 邖61743，隸作
邖。

邦 61520 45911
cūn_3.10　　篇海類編 同邨。

邖 61521 45912
chā_3.10　　龍龕 音義。鼞 义，俗义。

邖 61522 u2B457
mǎo_3.10　俗卯04725

邔 61523 u2F9E2
qǐ_3.10　　同邔61505

邨 61524 u28674
cūn_3.10　　同邦61515邨61514俗譌。

邔 61525 u2866C
qǐ_3.10　　同邔61505

邝 61526 u909D
kuàng_3.10　　简 鄺62090

邖 61527 u909C
mǎo_3.10　俗卯04725

邞 61528 32705
fū_4.11　　唐韻 韻會 甫無切 集韻 風無切丛音夫 前
漢·地理志 邞縣，屬琅邪郡 図 集韻 馮無切音扶。義同。

邟 61529 32706
kàng_4.11　　唐韻 苦浪切 集韻 口浪切丛音抗 說文 潁
川縣名 図 玉篇 古衡切 集韻 居行切丛音耕。義同。
図 háng 廣韻 胡郎切 集韻 寒剛切丛音杭 廣韻 餘邟，
縣名。在吳興，今作杭 図 kāng 廣韻 苦岡切 集韻 丘岡
切丛音康 集韻 城名，在陽翟。鼞 又邟61553邟61571

邶 61530 32707
bèi_4.11　　廣韻 布蓋切 集韻 博蓋切丛音貝 說文 郡

名 图pèi 集韻 普蓋切。同沛。邑名。

邠 bīn_4.11 廣韻 府巾切 集韻 悲巾切 韻會 補巾切夶 音賓 說文 周太王國，在右扶風美陽縣，亦作豳57276 图 廣韻 州名，今屬陝西西安府 图 與彬同。文貌 揚子·太玄經 斐如邠如，虎豹文如。鼇 又岉61566 豳13748

邢 jǐng_4.11 廣韻 集韻 夶子郢切音井 玉篇 地名。鼇 又邟61618

邔 zhī_4.11 古文歧 集韻 同岐13390 前漢·郊祀志 太王建國於邔梁 图 五音集韻 章移切音支。邑名。在義陽。鼇 又岻61551

邡 fāng_4.11 唐韻 府良切 集韻 分房切夶音方 說文 邟邡，廣漢縣名 图fàng 廣韻 集韻 夶敷亮切音訪。與訪通 穀梁傳·昭二十五年 邡公也 註 邡，當爲訪。謀納昭公也。鼇 又邖邡，亦作邖邟61592，地名。

邢 xíng_4.11 唐韻 戶經切 集韻 韻會 乎經切 正韻 奚經切夶音形 說文 周公子所封國，地近河內懷縣 左傳·隱五年 鄭人邢人伐翼 註 邢國，在廣平襄國縣 图 韻會 州名。春秋邢國，隋置邢州，宋改邢臺，今因之 图 姓。邢侯，爲衛所滅，因爲氏 图gěng 集韻 古幸切音耿 史記·殷本紀 祖乙遷于邢 註 邢，音耿。今河東皮氏有耿鄉 括地志 絳州龍門縣東南十二里耿城，故耿國也。△本作邢。經史通作邢。鼇 又岉61567邤61667 正字通 本作邢61532，或作邟61618

邵 shào_4.11 唐韻 書沼切 集韻 韻會 始紹切夶音少 說文 魯地名 图 廣韻 集韻 夶子小切音勦 图 廣韻 式照切 集韻 失照切，夶少去聲。義夶同△一作邕。鼇 說文長箋 作烰61565

邥 niǔ_4.11 唐韻 集韻 類篇 夶女九切音鈕 說文 地名。从邑丑聲。

那 nuó_4.11 唐韻 廣韻 諾何切 集韻 韻會 襄何切 正韻 奴何切夶音儺 說文 西夷國安定有朝那縣 图 玉篇 何也 左傳·宣二年 棄甲則那 图 多也 詩·小雅 受福不那 图 集韻 安貌 詩·小雅 有那其居 图 姓 廣韻 西魏有那椿 图nǎ 上聲 廣韻 正韻 奴可切 集韻 乃可切夶音娜 集韻 何也 玉篇 俗言那事 图nuò 去聲 廣韻 奴箇切 集韻 韻會 正韻 乃箇切夶音哪。語助也 後漢·韓康傳 公是韓伯休那 杜甫詩 杖藜不睡誰能那△ 說文 本作邦。俗作郍。鼇 又糵16426椴25962腿61564 图 郍61659 金石文字辨異·那 引 後唐澤州乾明寺經幢

邦 nuó_4.11 說文 那本字。鼇 那本字作腿61564

邤 xīn_4.11 廣韻 集韻 夶許斤切音欣 玉篇 地名。图 集韻 鄰也 图 集韻 虛言切音軒。義同。

邒 yún_4.11 集韻 同鄖 左傳·宣四年 若敖娶於邒 註 邒本作鄖。

邟 shěn_4.11 廣韻 集韻 夶式荏切，音沈。地名 左傳·文十七年 周甘歜敗戎于邟垂 註 邟垂，周地河南新城縣北有垂亭 图 姓也 集韻 與沈同。

邦 bāng_4.11 古文峀邜邫 唐韻 博江切 集韻 韻會 悲江切夶音梆 說文 國也 周禮·天官 大宰掌邦之六典，以佐王治邦國 註 大曰邦，小曰國 图 釋名 邦，封也。封有功于是也 書·蔡仲之命 乃命諸王邦之蔡 图 姓 正字通 明有邦嚴。鼇 又邟61558邫61731邟32717羽05853郱61742 图 龍龕 邦61623俗，邦61616或作，邦61665通，邦正。图 邦61629 偏類碑別字·邦 引 隋宮人司飭丁氏墓誌

邟 yuán_4.11 廣韻 集韻 韻會 夶愚袁切音元 廣韻 秦邑名 左傳·文四年 晉侯伐秦，圍邟新城 图 唐韻 虞遠切 集韻 正韻 五遠切夶音阮。義同。

邨 cūn_4.11 集韻 韻會 麤尊切 正韻 倉尊切夶音村 玉篇 地名 图 墅也。與村同 图 廣韻 集韻 夶徒渾切音豚。義同。

邟 huǒ_4.11 唐韻 呼果切 集韻 虎果切夶音火 說文 地名△一作煜。鼇 又喦61557

邔 yǐng_4.11 說文 郢61720或省口，从壬。

邻 qín_4.11 廣韻 其今切 集韻 渠今切夶音琴 玉篇 亭名。在重安地。

邪 xié_4.11 廣韻 似嗟切 集韻 韻會 正韻 徐嗟切夶音斜 廣韻 不正也 正韻 姦思也，佞也 易·乾卦 閑邪存其誠 書·大禹謨 去邪勿疑 图 韻會 辟邪，獸名 图yá 唐韻 以遮切 集韻 韻會 正韻 余遮切夶音耶 說文 琅邪，郡名 图 莫邪，劍名。吳大夫莫邪作寶劍，因名 图 呼韓邪，匈奴王名 前漢·宣帝紀 呼韓邪單于來朝 图 若邪，水名。在越州會稽縣。又胥邪，木名 司馬相如·上林賦 留落胥邪 註 胥邪，似椶櫚，皮可爲索 图 汙邪，下地田也 史記·滑稽傳 汙邪滿車 图 助語，又疑辭，經傳俱作邪，俗作耶 图yú 集韻 羊諸切音余。與餘同 史記·歷書 歸邪於終 註 邪，餘分也。終，閏月也 图shé 集韻 時遮切音闍。瑞星名 史記·天官書 如星非星，如雲非雲，命曰歸邪 註 邪，音蛇 图zuǒ 字彙補 子可切音左 前漢·司馬相如傳 邪與肅慎爲鄰 註 邪讀爲左，謂東北接也。鼇 龍龕 衺袞古文。邪牙二音。邪，舊藏作邪。

邫 bāng_4.11 字彙補 古文邦61543字 洞靈經 有邫國者，謂其有人衆也。

邔 qí_4.11 集韻 岐13390古作邔。

邕 shǎo_4.11 說文長箋 與邵同。

邟 kàng_4.11 五音篇海 同邟。

邪 yá_4.11 龍龕 音邪

邸 dǐ_4.11 龍龕 同邸

邟 huǒ_4.11 說文長箋 同邟。

烏
61557 45917
huǒ_4.11　字彙補 同炶。

邦
61558 45918
bāng_4.11　搜眞玉鏡 同邦。

邼
61559 u2B459
kūn_4.11　字學呼名能書 邼，古魂切。

鄟
61560 u2B458
zhuān_4.11　簡 鄟61946

邱
61561 u28691
qiū_4.11　古文邱61586

邸
61562 u2868E
dǐ_4.11　俗邸61597北魏 鄭文公下碑 就邸設會，酒行樂作。

邶
61563 u2868D
bèi_4.11　正字通·首卷·從古 邶61594俗作邶。

岊
61566 u28687
bīn_4.11　邠本字。

胒
61564 u28689
nuó_4.11　邦61539本字

邠
61568 u28685
null_4.11　未詳。

焗
61565 u28688
shǎo_4.11　邵61536本字

邠
61569 u28684
null_4.11　未詳。

胒
61567 u28686
xíng_4.11　邢61655本字

邠
61570 u28683
null_4.11　未詳。

郂
61571 u28682
kàng_4.11　同郂61553　四聲篇海 苦浪切。邑名 字彙補 郂同郂61529

邪
61572 u28681
jì_4.11　從邑旡聲，古國名 散伯車父鼎 椒伯車父乍邪姞尊鼎。

邳
61573 u28680
pī_4.11　俗邳61590亦作邳61730邳61681 可洪音義 邳披：上步悲反。下普悲反。

邜
61574 u2867F
hóng_4.11　清 欽定續通志·卷八十六·氏族略六·補遺·平聲 邜，明河南信陽有邜氏。

邯
61575 u48B7
dān_4.11　侯馬盟書 邯邯。讀邯鄲62010

鄔
61576 u90AC
wū_4.11　簡 鄔61902

邲
61577 32729
bì_5.12　集韻 兵媚切音祕 玉篇 魯季氏邑 論語 作費。或作鄪 又fú 廣韻 集韻 丛分物切音弗 廣韻 姓也。漢九江太守邲修 又fèi 字彙補 扶味切。同費。地名 路史 今河南緱氏滑都，與魯費異。

郇
61578 32730
jù_5.12　廣韻 九遇切 集韻 俱遇切丛音屨 說文 地名 又qú 廣韻 權俱切 集韻 其俱切丛音衢 玉篇 地名。

邫
61579 32731
bāo_5.12　唐韻 布交切 集韻 班交切丛音包 說文 地名 又姓 正字通 通作包 又 廣韻 集韻 丛博毛切音褒。義同 又 廣韻 匹交切 集韻 披交切丛音胞。義同。

邮
61580 32732
yóu_5.12　廣韻 以周切 集韻 夷周切丛音由 玉篇 左馮翊高陵縣有邮亭 又 廣韻 鄉名 唐韻 徒歷切 集韻 亭歷切丛音笛。義同。鑾 集韻 邮，或作郵61710 又鄺61814今邮為郵61782簡化字。

郱
61581 32733
biàn_5.12　玉篇 集韻 丛皮變切音弁。邑名。

邯
61582 32734
hán_5.12　唐韻 胡安切 集韻 韻會 正韻 河干切丛音寒 玉篇 趙國有邯鄲62010縣 又水名 後漢·西羌傳 侯霸復上置東西邯屯田五部 註 邯，水名。邯分流左右，在今廓州 又 廣韻 集韻 韻會 丛胡甘切音酣 集韻 邯邯，漢縣名，屬樂浪郡 又 集韻 戶感切音頷 前漢·王莽傳 封

都匠仇延爲邯淡里附城 註 邯淡，豐盛之意。鑾 集韻 邯，胡甘切。訷邯，縣名。亦姓 又岅13493

邰
61583 32735
tái_5.12　唐韻 集韻 韻會 正韻 丛土來切音胎 說文 國名。炎帝之後，姜姓所封。帝嚳元妃，邰氏女也，生棄，爲后稷，復封於邰 詩·大雅 卽有邰家室 △或作斄 前漢·郊祀志 后稷祀斄 註 斄，讀如邰。今陝西西安府武功縣五丈原卽其地也。或曰鳳翔府郿縣亦有五丈原，有斄亭 又姓。鑾 又 五音集韻 邰斄21830釐62703斄29244，土來切。地名。后稷所封也。在始平。或作斄。

邔
61584 32736
zī_5.12　正字通 同鄑。

那
61585 32737
nuó_5.12　玉篇 同那 又qiū_5.12（邱61586）唐韻 去鳩切 集韻 袪尤切丛音丘。地名。鑾 又邱61561丕00075亝61599邱61660 又 龍龕 邱61626古，邱正。

邖
61587 32739
wèi_5.12　集韻 無沸切音未。地名。

邷
61588 32740
qū_5.12　唐韻 集韻 韻會 丛千余切音疽 說文 右扶風鄠縣有邷鄉 又jū 廣韻 子余切。義同。

邲
61589 32741
bì_5.12　唐韻 毗必切 集韻 韻會 薄必切 正韻 薄密切丛音佖 說文 鄭地 春秋·宣十二年 晉荀林父帥師及楚子戰于邲 註 在鄭州管城縣 又姓。見 姓苑 又 廣韻 集韻 丛兵媚切音祕 廣韻 好也。鑾 可洪音義 邲65535邲邲：上毗必反，中亭夜反，下羊羊反。正作邲邲邲。上又 川音 作邲48161，音秘，非也 經音義 作邲邲。

邳
61590 32742
pī_5.12　廣韻 丛悲切 集韻 韻會 貧悲切 正韻 蒲糜切丛音岯。地名 說文 奚仲之後，湯左相仲虺所封國，在魯薛縣 又下邳，縣名 史記·高祖紀 彭越渡睢水，戰於下邳 又上邳，地名 前漢·王子侯表 上邳侯郢客 註 高祖封楚元王子 又大邳，山名。與伾、岯通 書·禹貢 至于大伾 史記·河渠書 作邳。一作岯 又姓。晉有丕鄭 史記·晉世家 作邳鄭。鑾 又邳61730邳61681邳61573

邴
61591 32743
bǐng_5.12　唐韻 兵永切 集韻 韻會 正韻 補永切音丙 說文 宋下邑，在泰山 又鄭地 公羊傳·隱八年 鄭伯使宛來歸邴 邴者何，鄭湯沐之邑也 又姓 左傳·成二年 邴夏御齊侯。通作丙 前漢·宣紀 邴吉，或作丙吉 又和適貌 莊子·大宗師 邴邴乎其似喜乎 又bìng 廣韻 集韻 丛陂病切音柄 廣韻 邑名 又姓 左傳·哀十一年 邴洩爲右。

邮
61592 32744
jǔ_5.12　廣韻 居許切 集韻 句許切丛音舉 廣韻 亭名。在長沙 又qú 集韻 求於切音渠。聚名。鑾 又郖62052 正字通 郖62043同邮。

邵
61593 32745
shào_5.12　集韻 韻會 時照切 五音集韻 市照切丛音紹 廣韻 邑名 左傳·襄二十三年 齊侯伐晉，戍郫、邵 註 晉邑 又姓。與召通。召公奭之後 史記·白起傳 雖周、邵、呂望之功，不益于此矣 又邵陵，地名 史記·秦本紀 齊桓公伐楚，至邵陵 左傳·僖四年 作召陵 △ 正字通 從

邑者，爲邑，爲姓。从卪者訓勸勉，又訓高也。俗多譌混。鑾又邠61682

邶 61594 32746
pèi_5.12　廣韻 集韻 韻會 蒲昧切 正韻 步昧切丛音佩 說文 故商邑，自河內朝歌以北是也 詩·邶風·小序 武王克商，分朝歌而北謂之邶 図 集韻 補昧切音背。齊地名 左傳·襄二十八年 齊與晏子邶殿其鄙六十。與商之邶名同地異△ 廣韻 同鄁。鑾又出61563

鄗 61595 32747
háo_5.12　廣韻 集韻 丛胡刀切音豪 玉篇 南陽鄉名 図 廣韻 集韻 丛於嬌切音鴞。義同。

邷 61596 32748
wǎ_5.12　廣韻 集韻 丛五寡切音瓦。衞地。

邸 61597 32749
dǐ_5.12　唐韻 都禮切 集韻 韻會 正韻 典禮切丛音底 說文 屬國舍也 徐曰 諸侯來朝，所舍曰邸，有根柢也，根本所在也 前漢·文帝紀 至邸而議之 註 郡國朝宿之舍，在京師者率名邸。邸，至也，言所歸至也。今人因謂逆旅皆曰邸舍 図 凡物之底皆曰邸 爾雅·釋器 邸謂之柢 註 根柢皆物之邸。邸卽底，通語也 図 圭之本亦曰邸 周禮·春官·典瑞 四圭有邸，以祀天，旅上帝 註 圭本著于璧，故四圭有邸，圭末四出故也 図 屏風也 周禮·天官·掌次 王大旅上帝，則張氊案，設皇邸 註 張氊案，以氊爲牀，于幄中設皇邸，謂以板爲屏風，染羽象鳳凰羽色以爲之，王座所置也 図 正韻 至也。與抵通 史記·河渠書 西邸瓠口 図 觸也 宋玉·風賦 邸華葉而振氣 註 邸與抵同 図 姓 集韻 漢上郡太守邸柱 丛chí 韻會 正韻 丛陳知切音池。周禮·冬官考工記 絲三邸△ 廣韻 俗作邸。亦作廊。鑾 龍龕 邸阝邳61555三俗，邸61562正。

䯏 61598 32750
bāng_5.12　集韻 邦61543古作䯏。鑾同邳61550

䣅 61599 42077
qiū_5.12　說文長箋 同邱。

䣆 61600 42078
bì_5.12　六書統 與鄷同。

郝 61601 42079
hào_5.12　川篇 音昊。邑也。

䏔 61602 45919
hán_5.12　五音篇海 與邯同。

䣈 61604 45921
xì_5.12　龍龕 同邰

邹 61603 45920
zōu_5.12　龍龕 俗鄒字

郍 61605 45922
qié_5.12　川篇 音伽，出 靈寶經

䣇 61606 45923
kū_5.12　川篇 同邭

邵 61607 45924
hòu_5.12　龍龕 與邱同

䣊 61608 45925
duī_5.12　龍龕 丁灰切。

䣫 61610 u2B7EB
lì_5.12　簡 酈62088

邖 61609 45926
zhèng_5.12　龍龕 音正。

邖 61611 u2B45B
yuè_5.12　同越58290古國名。亦姓氏 越王勾踐劍 邖王龡淺自乍用鐱 古璽彙編·姓名私璽.3748 邖諱信鈴

䣎 61613 u286AB
què_5.12　俗卻04751

鄢 61612 u2B45A
yān_5.12　鄢61951俗省

邔 61614 u286AA
qí_5.12　可洪音義 邔屄：上巨尸反。正作祁39644

䣚 61615 u286A9
null_5.12　地名。在墊江縣。宋·范成大詩 䣚邖驛大

雨。清·李惺 西漚全集 有 䣚邖詩稿 二卷。

邦 61616 u286A6
bāng_5.12　同邦61543

鄂 61617 u286A4
kū_5.12　俗邭61636 四聲篇海 鄂，口孤切，地名。又鄂，苦孤切，地名。

邢 61618 u286A2
jīng_5.12　邢61532本字 說文 鄭地邢亭 六書正譌 邢，鄭地名。又姓。从邑幵聲。俗作邢，非。

叠 61619 u286A1
jǐn_5.12　龍龕 叠，音謹。正作邼14707酒器也。

夅 61620 u2869F
dōng_5.12　从邑冬聲。姓氏。見 古璽彙編

邮 61621 u2869E
yòu_5.12　古璽彙編·補遺.5584 邨。

郌 61622 u2869D
null_5.12　未詳。

邡 61623 u2869C
bāng_5.12　俗邦61543

邻 61625 u90BB
lín_5.12　簡 鄰62008

邺 61624 u48BA
chū_5.12　大字典 邺江：地名。在今四川省大邑縣境△宏按，文獻未見此字。

邺 61626 u90BA
yè_5.12　簡 鄴62046 図 同邺61561古文邱。

� 61627 32751
chén_6.13　唐韻 韻會 植鄰切 集韻 承眞切丛音辰 說文 地名 図 廣韻 章刃切 集韻 之刃切丛音震。義同。

郌 61628 32752
kuāng_6.13　唐韻 去王切 集韻 曲王切丛音匡 說文 河東聞喜縣鄉名。鑾又郌61911

邽 61629 32753
guī_6.13　廣韻 古攜切 集韻 韻會 涓攜切丛音圭 廣韻 縣名 正字通 漢隴西有上邽縣，今爲秦州天水縣，京兆弘農有下邽縣，今屬華州。或謂秦武公伐邽，戎遷其人于下邽，以有上邽，故名下邽 図 姓 史記·仲尼弟子傳 有邽巽。鑾又䢱61666

郦 61630 32754
tóng_6.13　廣韻 徒紅切 集韻 徒東切丛音同 玉篇 鄉名。

郏 61631 32755
gōng_6.13　廣韻 九容切 集韻 韻會 居容切丛音恭 玉篇 邑名 図 亭名 図 集韻 居雄切音宮。山名，在彭蠡。鑾 龍龕 郕俗，郏正。

巷 61632 32756
xiàng_6.13　廣韻 呼絳切音巷。里中道也。通作巷。或作鄉。

邾 61633 32757
zhū_6.13　唐韻 陟輸切 集韻 韻會 追輸切，並音株 玉篇 魯附庸國，顓頊之後所封也 春秋·隱元年 公及邾儀父盟于蔑 註 邾，今魯國鄒縣也 六書故 邾鄒同聲，實一也。春秋時邾用夷，故邾謂之邾婁，合邾婁之音爲鄒，故邾改名鄒也 輿地廣記 淄州鄒平縣，古鄒國。兗州鄒縣，邾文公所遷，邑有孟軻冢。楚滅之，遷之江夏，故江夏亦有邾城，今爲黃州黃岡縣 図 集韻 鍾輸切音侏。地名。漢衡山王吳芮都 正字通 此邾犂國，春秋時小邾子國也。

邿 61634 32758
shī_6.13　唐韻 書之切 集韻 正韻 申之切 韻會 商支切◇ 說文 附庸國 春秋·襄十三年 夏取邿 註 邿，小

國也。任城亢父縣有郜亭 图 山名 左傳·襄十八年 魏絳、樂盈以下軍克邿 註 平陰西有邿山。

郅 61635 32759
zǎo_6.13　 廣韻 集韻 丛子皓切音蚤 玉篇 邑名。在筑陽。

郚 61636 32760
kū_6.13　 廣韻 苦胡切 集韻 空胡切丛音枯 玉篇 秦地。在河東當郚首也。 鋻 又郣61617郚61796

郕 61637 32761
shèng_6.13　 集韻 常證切,丞去聲。縣名,在會稽。

郁 61638 32762
yù_6.13　 唐韻 於六切 集韻 韻會 正韻 乙六切丛音惰 集韻 地名 前漢·地理志 右扶風有郁夷縣,膠東有郁秩縣,又郁對縣,屬北地郡 图 郁郁,文盛貌 史記·五帝紀 其色郁郁,其德嶷嶷。又 天官書 郁郁紛紛,蕭索輪困,是謂卿雲 图 姓 廣韻 魯相有郁貢。 鋻 說文 本作郁61679 图 鄅69701 图 鬱71338簡化字。

郂 61639 32763
gāi_6.13　 唐韻 韻會 古哀切 集韻 柯開切丛音該 說文 陳留鄉名。

郁 61640 32764
cún_6.13　 廣韻 徂尊切 集韻 徂昆切丛音存 玉篇 郁鄢,縣名,在犍爲。

邽 61641 32765
xiǎn_6.13　 集韻 蘇典切音跣。國名。

郱 61642 32766
ān_6.13　 廣韻 烏寒切 集韻 於寒切丛音安 玉篇 當陽里名 图 廣韻 烏旰切 集韻 於旰切丛音按。義同。

郃 61643 32767
hé_6.13　 唐韻 侯閣切 集韻 韻會 曷閣切丛音合 說文 左馮翊郃陽縣 詩·大雅 在郃之陽。本作洽 註 洽,水名,在同州郃陽夏陽縣。今流已絕,故去水加邑 图 姓。

郋 61644 32768
guǐ_6.13　 廣韻 過委切 集韻 古委切丛音詭。陸郋,山名 山海經 陸郋之山,其上多玞瑰之玉 图 廣韻 暨軌切 集韻 巨軌切,丛遠上聲。又 集韻 苦委切音陒。巨几切音邔。義丛同 图 qī 集韻 丘奇切音崎。地名 图 wéi 虞爲切音危。邑名。

郤 61645 32769
xì_6.13　 集韻 正韻 丛乞逆切音隙。與郤同。地名 图 姓 集韻 晉大夫郤獻子,食邑于郤,因氏。通作郤,與卩部郤別 图 與隙同 史記·張釋之傳 雖錮南山,猶有郤 前漢書 作隙 莊子·知北遊 若白駒之過郤。 鋻 又郤61735郤61682

郅 61646 32770
zhì_6.13　 廣韻 職日切 集韻 韻會 正韻 之日切丛音質 廣韻 郅都,古縣名 图 集韻 至也 史記·司馬相如傳 文王改制,爰周郅隆 註 言文王改制,及周而大盛也 图 正韻 登也 揚子方言 魯、衞謂登曰郅 图 姓。前漢郅都,後漢郅惲 图 集韻 陟栗切音窒。義同 图 jí 集韻 激質切音秸。郅偈,竿杠之狀 揚雄·甘泉賦 夫何旗旟郅偈之旖旎也。

郆 61647 32771
jí_6.13　 廣韻 居質切 集韻 激質切丛音吉 玉篇 地名 图 郆成,山名。

郇 61648 32772
huāng_6.13　 集韻 呼光切音荒。縣名。 鋻 又郇61734

鄏 61649 32773
rú_6.13　 廣韻 韻會 人居切 集韻 人余切丛音如 說文 地名。 鋻 又 集韻 娜娜61512,或省。

戡 61650 32774
zài_6.13　 唐韻 集韻 丛作代切音再 說文 古國名,在陳留外黃縣 图 集韻 將來切 五音集韻 祖才切丛音栽。義同。 鋻 又邽61515邽61524戡61744

郇 61651 32775
xún_6.13　 唐韻 相倫切 集韻 韻會 正韻 須倫切丛音荀。國名 說文 在晉地 詩·曹風 四國有王,郇伯勞之 註 郇伯,郇侯,文王之後。嘗爲州伯,治諸侯有功 图 廣韻 地名 左傳·僖二十四年 晉師退軍于郇 註 解縣西北有郇城 图 姓。漢有郇越 图 huán 廣韻 戶關切 集韻 胡關切丛音環。亦姓也。唐郇模 宛委餘篇 郇越之郇,音荀。郇模之郇,音環△ 集韻 或作鄩。 鋻 又鄩61861

䢵 61652 32776
yǔ_6.13　 唐韻 集韻 丛王矩切音羽 說文 南陽舞陰亭名。

郲 61653 32777
lěi_6.13　 唐韻 集韻 丛盧對切音未 說文 桂陽郴陽縣 前漢·地理志 作未 图 廣韻 落猥切 集韻 魯猥切丛音磥。義同。 鋻 又郲61745沫28167和46385

郈 61654 32778
hòu_6.13　 唐韻 正韻 胡口切 集韻 韻會 很口切丛音厚。魯邑名 春秋·定十年 叔孫氏仇仲孫何忌,帥師圍郈 註 叔孫氏邑 图 姓 廣韻 魯大夫郈昭伯。後漢郈常 图 集韻 胡溝切音侯。又 廣韻 下遘切 韻會 正韻 胡茂切丛音候。義丛同。 鋻 又郈61607 图 字彙 郈,同郈。

邢 61655 32779
xíng_6.13　 說文 邢61535本字。

郱 61656 32780
nián_6.13　 韻會 奴顛切 集韻 寧顛切丛音年 說文 左馮翊谷口鄉。 鋻 又鞭61670邽61767

郊 61657 32781
jiāo_6.13　 唐韻 古肴切 集韻 韻會 正韻 居肴切丛音交 說文 距國百里爲郊 爾雅·釋地 邑外謂之郊 周禮·地官·載師 近郊、遠郊 註 五十里爲近郊,百里爲遠郊 書·費誓 魯人三郊、三遂 註 國外曰郊,郊外曰遂。天子六軍則六鄉、六遂。大國三軍,故魯三郊、三遂也 图 祭名。冬至祀天于南郊,夏至祀地于北郊,故謂祀天地爲郊 图 地名 左傳·文三年 秦伯伐晉,取王官及郊 註 晉地 集傳 叶音高。

郋 61658 32782
xí_6.13　 唐韻 韻會 胡雞切 集韻 弦雞切丛音奚 說文 汝南郋陵里名。

郍 61659 42080
nuó_6.13　 字彙補 諾何切音那 後周書 粟特國,在葱嶺之西,蓋古之庵蔡,一名溫郍沙。又房六切音伏。隱也。

邱 61660 42081
qiū_6.13　 集韻 邱,或作邱。

郒 61661 42082
rǎn_6.13　 字彙補 與陋同。見 路史·國名記

郐 61662 42083
quán_6.13　 字彙補 此緣切音詮。剔也。 鋻 俗剑0339

郋 61663 42084
jì_6.13　 奚韻 具義切。山名。 鋻 熊加全:疑郋6164

字之譌。

郔 61664 42085
yín_6.13　五音篇海 音銀。地名。

邫 61665 45927
bāng_6.13　五音篇海 同邦。

邽 61666 45928
guī_6.13　龍龕 同邦。

邢 61667 45929
xíng_6.13　搜眞玉鏡 音先。鐢楊寶忠：俗邢61655。

郰 61668 45930
zōu_6.13　五音篇海 與鄒同。

邖 61669 45931
shān_6.13　龍龕 同刪。

邨 61670 45932
nián_6.13　奚韻 同邨。

邮 61671 45933
dū_6.13　五音篇海 同都。

郰 61672 45934
zōu_6.13　龍龕 同鄒。

耆 61673 45935
qí_6.13　奚韻 同耆。

邚 61674 u2B45C
tāo_6.13　邚易，即洮陽，見 鄂君舟節 图yáo姓，同姚10574邚訧、邚眉，見 包山楚簡

邟 61675 u2AD79
jiāng_6.13　从邑江聲，國名 江叔鬲 邟弔盉乍其尊鬲。

邚 61676 u286C5
chǐ_6.13　郘04742譌字 集韻 郰，敞尒切。有大度也。
按，宋本作郰。

邚 61677 u286C2
tán_6.13　俗郯61774

邚 61678 u286C0
yóu_6.13　俗郵61782羅
振鋆·輯 碑別字 郵，郵也。漢 衡方碑

邚 61680 u286B9
null_6.13　未詳。

邚 61679 u286BA
yù_6.13　郁61638本字

邚 61681 u286B8
pī_6.13　同邳61573俗邳 碑別字新編 引 漢孔彪碑

邚 61682 u286B7
xì_6.13　朝鮮本 龍龕 郤61645，正。丘逆切。人姓。
郤、郄，并俗 图 俗郤61593 金石文字辨異 郤，漢 楊君石
門頌 南鄭趙郤，字季南。邢澍案：郤即邵字。

邧 61683 u90F1
píng_6.13　俗邟61777

邽 61684 u90D3
yùn_6.13　简 鄆61844

郎 61685 u90D2
láng_6.13　同郎61714

鄭 61686 u90D1
zhèng_6.13　简 鄭62000

邞 61687 u90D0
kuài_6.13　简 鄶62048

郏 61688 u90CF
jiá_6.13　简 郏61716

郎 61689 u90CE
láng_6.13　參見郎61714

郢 61690 32783
lǐ_7.14　廣韻 良己切 集韻 兩耳切丛音里 說文 南
陽西鄂亭名△俗譌作郢。鐢又 陻65604理37733理46637

郔 61691 32784
yán_7.14　唐韻 以然切 集韻 正韻 夷然切丛音延 說
文 鄭北地 左傳·宣三年 晉侯伐鄭，及郔 图 楚地 左傳·宣
十一年 楚左尹子重侵宋，王待諸郔。

郕 61692 32785
chéng_7.14　廣韻 是征切 集韻 韻會 正韻 時征切丛
音成。國名 左傳·隱五年 衛師入郕 註 東平亢父縣西南
有郕鄉，後屬魯，爲孟氏邑 图 地名 左傳·隱十一年 王
與鄭人之田溫原隰郕 註 隰郕，在懷縣西南。鐢又
鄖61968·郕65603

郐 61693 32786
tú_7.14　唐韻 集韻 韻會 丛同都切音徒◆說文 邾
下邑，魯東有郐城 图 廣韻 似魚切 集韻 詳余切丛音徐
又 集韻 通都切音稌。義丛同。鐢又 郐61977

郬 61694 32787
máng_7.14　集韻 謨郎切音忙。鄉名，在藍田 图 廣
韻 集韻 坣武方切音亡。義同。

郖 61695 32788
dōu_7.14　唐韻 集韻 坣當侯切音兜◆說文 弘農縣庾
地 图dòu 廣韻 集韻 坣大透切音豆。義同 图 字彙補 津
名 魏志·杜畿傳 遂詭道從郖津渡。鐢又 鄂61890

郗 61696 32789
chī_7.14　廣韻 丑飢切 集韻 抽遲切 韻會 丑脂切，
坣音絺 說文 周邑也。在河內野王縣 图 姓 正字通 郗與
郄別。黃長睿曰：郗讀，晉大夫郤縠之後。郗鑒，漢御
史大夫郗慮之後。姓源既異，音讀各殊，後世因俗書相
混，不復分郗、郤爲二。陸龜蒙詩：一段清光染郗郎。
亦誤讀也 图xī 集韻 香依切音希。骨節閒也。鐢骨節
間之郗04754从 卩作 图 可洪音義 迦郗：丑脂反。迦
郗03473：同上。

郴 61697 32790
chén_7.14　廣韻 植鄰切 集韻 丞眞切丛音辰。國名
路史 苑丘西南四十里有郴亭 图 廣韻 姓也。

郤 61698 32791
shào_7.14　唐韻 集韻 坣所教切，稍去聲◆說文 國
甸，大夫稍。稍，所食邑 周禮·天官·大宰 四曰家削之賦
註 削亦作郤，又作郤 地官·載師 以家邑之田任稍地 疏
名三百里地爲稍者，以大夫地少，稍稍給之，故云稍。
〇按據此則削稍郤三字義通。

郘 61699 32792
lǚ_7.14　廣韻 力舉切 集韻 兩舉切丛音呂。亭名。

郢 61700 32793
lǐ_7.14　正字通 郢字之譌。

郪 61701 32794
cuò_7.14　集韻 寸臥切音剉。山名。

郙 61702 32795
fǔ_7.14　唐韻 韻會 方矩切 集韻 匪父切丛音甫 說
文 汝南上蔡亭名 图 玉篇 芳殊切 集韻 芳無切丛音敷。
義同。

郚 61703 32796
wú_7.14　唐韻 五乎切 集韻 韻會 正韻 訛胡切丛音
吾◆說文 東海縣故紀侯邑 春秋·莊元年 齊師遷紀邢郚
郚 图 魯邑 左傳·文七年 城郚 註 郚，魯邑。卞縣南有郚
城 图yú 集韻 牛居切音魚。郚鄉，漢縣名 前漢·功臣表
郚鄉侯閔。鐢又 闍65081·關65164

郡 61704 32797
jùn_7.14　廣韻 子峻切 集韻 祖峻切丛音俊 玉篇 地
名。鐢熊加全：疑陵65600之異體字。

郙 61705 32798
jì_7.14　字彙 其義切，音忌◇古縣名。鐢張涌泉：
俗郘61525

郣 61706 32799
bù_7.14　廣韻 薄故切 集韻 蒲故切丛音捕。亭名。

郣 61707 32800
lòng_7.14　集韻 盧貢切音弄。邑名。在魯地。

郙 61708 32801
fǒu_7.14　集韻 俯久切音否。地名 左傳·隱十一年 滕
薛來朝 疏 薛，任姓，黃帝之苗裔。奚仲爲薛侯，後遷于
邳。又 前漢·地理志註 魯國薛縣，夏車正奚仲所居，後
遷于邳，湯左相仲虺居之△ 說文 作邳。

郉 61709 32802
xíng_7.14　廣韻 乎經切 集韻 胡經切丛音邢 玉篇 鄉

名，在高密囝集韻堅靈切音經。義同。

郎 61710 32803
yóu_7.14　集韻夷周切。亭名。在馮翊高陵縣。

郛 61711 32804
fú_7.14　古文垺廣韻集韻夶芳無切音孚。郭也囝左傳·隱五年邾人、鄭人伐宋，入其郛註城外大郭也。
鍫又垺08644囝字海垺同郛。字見篇海

郜 61712 32805
gào_7.14　唐韻古到切集韻韻會正韻居號切夶音誥。說文周文王子所封國名左傳·僖二十四年郜、雍、曹、滕，文之昭也註濟陰城武縣東南有郜城囝宋邑春秋·隱十年公敗宋師于菅，辛未，取郜囝晉邑左傳·成十三年焚我箕、郜註箕、郜，晉二邑囝姓廣韻晉高昌長郜玖囝集韻姑沃切音梏。義同。鍫又峇05684郜61787

郝 61713 32806
hǎo_7.14　廣韻呵各切集韻韻會正韻黑各切夶音壑說文右扶風鄠鰲屋鄉名囝姓廣韻商帝乙封子期于太原郡郝鄉，因氏囝shì廣韻集韻韻會夶施隻切音釋爾雅·釋訓郝郝，耕也註言耕土解散也囝廣韻姓也前漢·功臣表衆利侯郝賢囝人名史記·虞卿傳使趙郝約事于秦註音釋囝chǐ廣韻集韻夶昌石切音尺鄉名。鍫又陈65640

郎 61714 32807
láng_7.14　唐韻正韻魯當切集韻韻會盧當切夶音廊說文魯亭左傳·隱元年費伯帥師城郎註魯地。高平方與縣東南有郁郎亭囝夜郎，地名。屬牂牁郡。囝官名韻會秦初置郎中令，其屬官有三署郎。漢官尚書郎。初，三署郎既選入臺，稱郎中，歲滿，稱侍郎。隋文帝諱中字，惟置侍郎。煬帝置六侍郎，其諸曹直曰郎，除侍字。又員外郎，亦隋置囝男子之稱唐書·房玄齡傳高孝基曰：僕閱人多矣，無如此郎者囝婦謂夫爲郎晉書·列女傳謝道韞曰：天壤之間，乃有王郎。囝僕稱主亦曰郎唐書·宋璟傳鄭善果曰：中丞奈何卿五郎。璟曰：君非其家奴，何郎之云囝正韻與廊通前漢·東方朔傳今陛下累郎臺，恐其不高囝姓廣韻魯懿公費伯城郎居之，因氏。又漢有郎顗。鍫通作郎61689囝郒61685鄋61957郎61750

郐 61715 32808
kuài_7.14　集韻苦怪切，音鄶說文汝南安陽鄉名囝姓正字通與鄶同。春秋衛世子鄶瞶，石經作郐，今从之。

郏 61716 32809
jiā_7.14　廣韻正韻古洽切集韻韻會訖洽切夶音夾。郟鄏，地名左傳·宣三年成王定鼎于郟鄏囝正字通郟城在汝州，郟縣在襄陽。漢屬潁川郡囝字彙補門郟之室曰郟室大戴禮郟室雍人割雞于室中囝姓左傳·哀七年鄭有郟張。鍫又郟61688

郠 61717 32810
gěng_7.14　唐韻集韻夶古杏切音梗說文琅邪莒邑左傳·昭十年季平子伐莒取郠。鍫又鄭61865

郂 61718 32811
qiú_7.14　廣韻巨鳩切集韻渠尤切夶音求廣韻地

名囝玉篇鄉名，在陳留。

郡 61719 32812
jùn_7.14　唐韻渠運切集韻韻會正韻具運切，夶羣去聲釋名郡，羣也。人所羣聚也囝韻會說文云周制，天子地方千里，分爲百縣，縣有四郡，是縣大而郡小也。秦并天下，置三十六郡，以統其縣。漢遂因之。自隋唐以來，廢置不一。宋元設府于州，明制屬州於府，而郡之名遂廢。鍫又羣61729

郢 61720 32813
yǐng_7.14　唐韻以整切集韻韻會以井切，夶音涅說文楚都，在南郡江陵北十里公羊傳·宣十二年鄭之戰，子重諫曰：南郢之與鄭，相去數千里〇按六書故云郢，楚所都，今爲江陵府江陵縣。子西遷郢於都，楚考烈王自陳徙壽春，亦命曰郢。名雖同而地則異也囝字彙補節氣名管子·幼官篇十二小郢，十二中郢囝叶以成切音盈應劭·風俗通干木息偃以藩魏，包胥重繭而存郢。管氏朱絃而三歸，平仲辭邑以濯纓△或省作郢。

郣 61721 32814
bó_7.14　唐韻蒲沒切集韻薄沒切夶音勃說文郣海，地名囝地之起者曰郣囝正字通通作渤。渤澥，海名前漢·武帝紀作教海封禪書作澥海揚雄傳作勃解，皆轉寫之譌耳。

郤 61722 32815
xì_7.14　唐韻綺戟切韻會正韻乞逆切夶音隙說文晉大夫叔虎邑囝姓正韻晉大夫郤獻子之後，與郄通囝仰也儀禮·士昏禮贊啓會郤于敦南疏郤，仰也。謂仰于地也囝與隙通禮·曲禮諸侯相見於郤地曰會註郤地，謂閒隙之地囝骨肉之交也莊子·養生主批大郤，導大窾囝怨隙也史記·項羽紀令將軍與臣有郤。〇按正韻从谷，合音其虐切，非山谷之谷。从合从阝爲隙，从谷从阝爲却，形雖似而實不同也。鍫又郤61604郤61735郤61851

郓 61723 42086
yún_7.14　字彙補有軍切音云。國名。

郶 61724 42087
bù_7.14　字彙補音義未詳爻侗·論六書篇郶居殼雜。鍫疑同郶（部）。

郹 61725 42088
jú_7.14　字彙補邦沛切音貝。地名羅泌·國名記郹郹氏定十三年齊、衛境垂葭也，諸樊入郹，取楚夫人。鍫俗郹61818

郐 61726 42089
qín_7.14　字彙補音琴。亭名。

郪 61727 42090
huí_7.14　龍龕音回。鄉名。鍫又貃61733

郙 61728 42091
fú_7.14　川篇傍俱切。城也。鍫楊寶忠：俗郙61932

郡 61729 42092
jùn_7.14　字彙補郡本字漢書·酷吏傳所居郡，必凌其豪。

郫 61730 42093
pī_7.14　字彙補與邳同漢孔宙碑弟子下郫朱班也。

郫 61731 45936
bāng_7.14　五音篇海同邦。

郰
61732 45937
xiàng_7.14　五音篇海 同巷。

貇
61733 45938
huí_7.14　龍龕 同邳

郣
61734 45939
huāng_7.14　川篇 同郮

郶
61735 45940
xì_7.14　龍龕 丘逆切，人姓〇按卽郰字之譌。

𫩏
61736 u2B45F
null_7.14　未詳。

𫩟
61737 u2B45E
null_7.14　殷周金文集成·16.10337·郔子宿車盆 唯郔子宿車自乍行盆。

𫩝
61738 u2B45D
null_7.14　殷周金文集成·18.11544·越王太子矛 於戉𠯑王旨郘之大子三壽，自乍元用矛。

郱
61739 u286EA
bīng_7.14　字見 四部叢刊·三編集部·徐公釣磯文集·卷第四·賦·入國知教賦

郬
61740 u286E9
chē_7.14　同車59829姓 古璽彙編姓名私璽.1928 郬賣

郮
61741 u286E8
dū_7.14　俗都61825 廣碑別字 引 唐長陽盧氏女子歿後記

郯
61742 u286DF
bāng_7.14　直音篇 郯同邦61543

郰
61743 u286DC
xiàng_7.14　說文 郰，鄰道也。从邑从㠱。闕。朱駿聲按：巷鄉字皆从此會意。

郰
61744 u286DA
zài_7.14　郰61650本字。見 說文

郲
61745 u286D9
lěi_7.14　同郲61653

郳
61746 u286D8
null_7.14　未詳。

郰
61747 u286D7
xiàng_7.14　同郰61732

鄀
61748 u48C9
sap_7.14　韓 人名用字。

卸
61749 u48C3
xiè_7.14　正字通 卸04744俗作郰，非。

郎
61750 uF92C
láng_7.14　兼郎。

鄖
61751 u90E7
yún_7.14　简 鄖61904

酈
61752 u90E6
lì_7.14　简 酈62149

鄝
61753 32816
lí_8.15　唐韻 郎奚切 集韻 韻會 憐題切 正韻 憐溪切𠀤音黎 說文 殷諸侯國，在上黨東北 又 通作黎 書·西伯戡黎 詩·邶風註 黎侯失國。俱作黎 又 韻會 地理沿革表 云黎有二，一在河東潞州，有黎城。一在沿西濟州，魏置朝歌郡，北魏改黎州。又成都府路黎州，後周天和閒，生黎、熟黎開越嶲置州，有邛崍九折坂。𠀤又郲62019鄝62097

鄟
61754 32817
dǎng_8.15　唐韻 多朗切 集韻 韻會 底朗切𠀤音黨 說文 地名 又 玉篇 居也。一曰五百家爲鄟 釋名 鄟，長也。一聚所尊長也△或作鄲。亦作鄟。𠀤又郮61792

鄒
61755 32818
péi_8.15　唐韻 韻會 薄回切 集韻 蒲枚切𠀤音裴 說文 河東聞喜鄉名 又 姓 集韻 伯益之後，封於鄒鄉，因以爲氏。後封解邑，乃去邑从衣，故今姓作裴 又 集韻 符非切音肥。義同。

郰
61756 32819
shū_8.15　廣韻 傷魚切 集韻 商居切 集韻 韻會 式夜切𠀤音舒 集韻 鄉名，在廬江 又 集韻 式夜切音舍。邑名△通作舒。𠀤又部61849

鄐
61757 32820
jū_8.15　集韻 斤於切音居。國名。

鄑
61758 32821
yí_8.15　玉篇 語其切，音宜◇鄉名 又 邑名。

部
61759 32822
bù_8.15　廣韻 正韻 裴古切 集韻 韻會 伴姥切𠀤音部 集韻 總也，統也 前漢·地理志 凡十三部置刺史 後漢·宗室傳 柱天都部 註 柱天者，若天之柱。都部者，都統其衆也 又 廣韻 署也，六卿之署曰六部 又 分也 荀子·王霸篇 名聲部發於天地之閒 註 部，猶分布。言聲稱四溢也 又 正韻 部曲也 前漢·李廣傳 行無部曲 註 將軍領軍皆有部曲，大將軍營五部，部校尉一人，部下有曲，曲有軍候一人。廣尚簡易，不立部曲也 又 星辰布列亦曰部 史記·歷書 分其天部 註 分部二十八宿爲距度也 又 五行謂之五部 前漢·律歷志 起五部 註 五部，謂金木水火土也 又 書分四部 正字通 晉李充爲著作郎，刪定典籍，以類相從，分五經爲甲部，史記爲乙部，諸子爲丙部，詩賦爲丁部，甚有條貫，祕閣以爲永制 唐書·藝文志 聚書四部，以甲乙丙丁爲次，因充制也。
又 星名 晉書·天文志 北斗七星，七曰部星，亦曰應星主兵 又 字彙補 斗蓋 周禮·冬官考工記 輪人爲蓋，部長二尺 又 與棓同。大杖也 淮南子·說山訓 羿死桃部。
又 百部，藥名。蔓生，根多百十相連。一名野天門冬。
又 唐韻 蒲口切，音培 集韻 韻會 薄口切，音瓿。讀與剖近。部婁，小阜也 左傳·襄二十四年 部婁無松柏。
又 fǒu 字彙補 府九切音否 闕駰 十三州志 諺云仕宦不偶值冀部。𥙿又郰61793都61724 又 正字通 郰61708，隸作部。

郰
61760 32823
cǎi_8.15　集韻 此宰切音彩。地名。

郩
61761 32824
xiáo_8.15　集韻 胡交切音肴 玉篇 邑名 又 集韻 山名。在弘農 又 ǎo 廣韻 烏皓切音襖。邑名。

鄫
61762 32825
zhēng_8.15　集韻 甾莖切音爭。國名。

郰
61764 32827
dǐ_8.15　邸字之譌。

郪
61763 32826
qī_8.15　唐韻 七稽切 集韻 千西切𠀤音妻。郪丘，齊地 春秋·文十六年 公子遂及齊侯盟于郪丘 又 新郪，魏地 史記·蘇秦傳 說魏王曰：大王之地，南有新郪 註 汝南有新郪縣 又 集韻 先齊切音西。義同 又 cī 廣韻 取私切 集韻 韻會 千咨切𠀤音雌 前漢·地理志 廣漢郡有郪縣，卽今四川潼川州射洪縣。

郰
61765 32828
chóng_8.15　集韻 鉏弓切音崇。國名。

郰
61766 32829
yǎn_8.15　廣韻 集韻 衣檢切 韻會 倚广切 正韻 於檢切𠀤音奄 說文 公所誅郰國。在魯 孟子 作奄。

郰
61767 32830
jì_8.15　同郰61656 𥙿 郰从季，或从季之訛誤。今作薊 慧琳音義 陽郰：下驕庚反 禮記 云武王克商，下車封黃帝之後於郰 漢書 陽郰縣，燕國郰公所封也 古今正字 從契作郰61821，音訓同 玉篇 作郰61812，音訓亦同。

郫
61768 32831
pí_8.15　廣韻 符羈切 韻會 正韻 薄縻切，𠀤音脾 廣韻 郫邵，晉邑 左傳·襄二十三年 齊伐晉，戍郫邵 又 玉篇 蜀郡有郫縣 前漢·揚雄傳 遡江上處岷山之陽曰郫 又 成都紀 郫縣出大竹，土人截爲筒盛酒，謂之郫筒酒 杜甫詩 酒憶郫筒不用酤 又 姓 又 集韻 符支切音

㻸。又薄佳切音牌。義𡘋同。

䣆 61769 32832
xí_8.15　　廣韻祥易切 集韻祥亦切𡘋音席 廣韻鄉名。鋆 字彙䣥62005，與郡䣆同。

䣏 61770 32833
qīng_8.15　　等韻倉經切音青。地名。

䣊 61771 32834
hào_8.15　　廣韻胡老切 集韻下老切𡘋音皓 玉篇邑名。在南陽△ 廣韻與鄗同。

郭 61772 32835
guō_8.15　　古文𨝮 唐韻 正韻古博切 集韻 韻會光鑊切𡘋音椁 廣韻內城外郭 釋名郭，廓也。廓落在城外也 白虎通所以立城郭者，示有固守也 𡨄 正韻國名 春秋·莊二十四年赤歸于曹郭公 公羊傳赤者何，蓋郭公也 𡨄姓 玉篇王季之後，亦曰號叔之後 正字通郭之有號音者，周文王季弟封于號，或稱郭公，因爲氏 春秋傳攻號則虞救之 公羊作郭 左穀 孟子作號，異字轉音相近也 𡨄 五音集韻苦郭切。與廓同。鋆又章70850章00710章00705郭62057䣎70871䣒62156 𡨄 集韻章70839或作塄09220隤66006

郮 61773 32836
zhōu_8.15　　廣韻職流切 集韻之由切𡘋音周 玉篇故國，黃帝後所封國也。

郯 61774 32837
tán_8.15　　唐韻 集韻徒甘切 正韻徒藍切𡘋音談 國名 說文少昊之後所封 春秋·宣四年公及齊侯平莒及郯。又昭十七年郯子來朝 𡨄邑名 前漢·地理志郯縣，屬東海郡 𡨄姓 集韻郯以國爲氏。通作談。鋆又郯61677鄒62022

鄒 61775 32838
zōu_8.15　　唐韻 正韻側鳩切 集韻甾尤切𡘋音鄹 說文魯下邑，孔子之鄉 左傳·襄十年鄒人紇抉之，以出門者 註鄒，魯縣 𡨄姓 禮·檀弓孔子少孤，不知其墓，問于鄒曼父之母 𡨄通作鄹 論語孰謂鄹人之子知禮乎 𡨄通作郰 史記·孔子世家孔子生魯昌平郰邑 𡨄suàn 集韻緒纂切音選。亭名。在新豐△俗作鄹。鋆又聰61797

鄑 61776 32839
zī_8.15　　廣韻側持切 正韻莊持切𡘋音淄。鄉名。

邢 61777 32840
píng_8.15　　唐韻薄經切 集韻旁經切𡘋音瓶。地名 春秋·莊元年齊師遷紀、邢、鄑、郚 註邢，在東莞臨朐縣東南。鋆又邢61683

郲 61778 32841
lái_8.15　　廣韻落哀切 集韻郎才切𡘋音來。地名 春秋·隱十一年公會鄭伯于時來 註時來，郲也。榮陽縣東有釐城，鄭地也 𡨄山名 前漢·王尊傳行部至邛郲 註邛郲，山名也，在蜀郡嚴道縣 𡨄lěi 廣韻落猥切音礧。鄌鄌，不平貌。

郳 61779 32842
ní_8.15　　廣韻五稽切 集韻研奚切 韻會五雞切𡘋音倪。國名 春秋·莊五年秋，郳犁來來朝 註郳，附庸國也。東海昌慮縣東北有郳城。犁來，名也。後爲小邾子 𡨄姓。通作倪。

郻 61780 32843
hǔ_8.15　　廣韻呼古切 集韻火五切𡘋音虎。地名。

鄈 61781 32844
chēn_8.15　　唐韻丑林切 集韻 韻會癡林切 正韻丑森切𡘋音琛 說文桂陽縣名 一統志漢置桂陽縣，隋置郴州 史記·黥布傳項羽使九江王布等擊義帝，追殺之郴縣 𡨄姓 廣韻晉江夏郴寶。

郵 61782 32845
yóu_8.15　　唐韻羽求切 集韻 正韻于求切𡘋音尤 說文境上行書舍也 廣韻郵，驛也 風俗通漢改郵爲置，置亦驛也，度其遠近置之也 增韻馬傳曰置，步傳曰郵 爾雅·釋言郵，過也 註道路所經過也 𡨄 集韻田閒舍也 禮·郊特牲郵表畷 註郵若郵亭，謂田畯于田畔相連畷處造亭居之，以督民之耕也 𡨄 正韻過也。與尤通 禮·王制郵罰麗于事 註郵，過也。麗，附也。過人、罰人，當各附于其事，不可假他以喜怒也 前漢·成帝紀以顯朕郵 𡨄 正韻最也。殿最亦曰殿郵 列子·穆王篇魯之君子，迷之郵者 註郵，與尤同 𡨄 廣韻督郵，古官號 釋名主諸縣罰負郵殿糾攝之 晉書·陶潛傳郡遣督郵至縣 𡨄高郵，州名 𡨄姓 左傳·哀二年有郵無恤 𡨄chuí 集韻是爲切音垂。地名。在衞△ 正字通 說文本作𨞫。从垂。垂，遠邊也。俗省作郵、𨜕 集韻作郶。鋆又郵61580䣪61923邦61678

䣤 61783 32846
róu_8.15　　集韻同鄭。又是酉切音受。義同。鋆 集韻或作璕62146

䣊 61784 32847
dū_8.15　　集韻都61825古作䣊。

䣌 61785 32848
hù_8.15　　廣韻侯古切音戶 字彙補與鄠同 張衡·西京賦抱杜含鄠 西京雜記作䣌。

䣓 61786 42094
gōng_8.15　　龍龕音恭。亭名。又邑名。鋆 字彙補古冬切音恭。亭名。又 備考·人部重出：海篇音經。

䣎 61787 42095
gào_8.15　　字彙補與郜同 路史·國名記告，子爵郜也。今登封有廢郜城。

䣖 61788 42096
huàn_8.15　　川篇音宦。國名。鋆䣖又古姓氏，讀若官，見 天星觀竹簡

䣙 61789 42097
qiào_8.15　　川篇去要切。縣名。

䣗 61790 42097
zhī_8.15　　川篇音汁。鄉名。

䣋 61791 45941
dū_8.15　　字義總略同都。

䣕 61792 45942
dǎng_8.15　　搜眞玉鏡與䣕同。

䣞 61793 45943
bù_8.15　　龍龕同部。

䣚 61794 45944
zōu_8.15　　龍龕同鄹。

䣘 61795 45945
páng_8.15　　五音篇海同鄼。

䣒 61796 45946
kū_8.15　　篇海類編與郌同。

聰 61797 45947
jù_8.15　　龍龕同聚。

䣔 61798 45954
jī_8.15　　五音篇海同敧。

郿 61799 u2B7EC
mào_8.15　　簡䣎62108

61800 u2B489
null_8.15　从邑金聲。地名，見 包山楚簡

61801 u2B462
null_8.15　未詳。

61802 u2B461
méng_8.15　簡 鄳62039

61803 u2B460
null_8.15　未詳。

61804 u2870A
qíng_8.15　俗卿04762

61805 u28709
zōu_8.15　俗鄒61895

61806 u28707
qiāo_8.15　同鄡61823

61807 u28704
hù_8.15　同鄠61949字見徐光啟 擬東方朔陳泰階六符奏

61809 u286FE
jǐn_8.15　俗㲪19572 四聲篇海 音謹。

61810 u286FD
null_8.15　未詳。

61808 u28700
yè_8.15　類篇 鄡69130
鼰鄡，乙業切。鄡鹹，臭也。或从臭、从奄。

61811 u286FC
null_8.15　未詳。

61813 u286FA
qí_8.15　姓囜 四聲篇海 音山。張涌泉：鄑61999字之訛。

61812 u286FB
jì_8.15　同鄿61767古文薊51191

61815 u90F8
dān_8.15　簡 鄲62010

61814 u286F9
yóu_8.15　同邮61710亦作邮61580見 路史·國名紀·雜國上

61816 u90F7
xiāng_8.15　同鄉61903

61817 32849
yíng_9.16　廣韻 以成切 集韻 怡成切夶音盈 廣韻 姓也 正字通 姓苑 作盈。

61818 32850
jú_9.16　廣韻 古鬩切 集韻 關闃切夶音洰 說文 蔡邑也。引 左傳·昭十九年 楚子之在蔡也，郹陽封人之女奔之〇按 左傳 今本俱作郹。俗譌作鄇，非。鎏又鼰61848

61819 32851
xǐ_9.16　集韻 想止切音枲。漢侯國名。

61820 32852
qiāo_9.16　玉篇 輕彫切音趫。鉅鹿縣名〇按鉅鹿郡有鄡縣，無鄡縣。

61821 32853
jì_9.16　唐韻 古詣切音計 說文 周封黃帝之後于郟，上谷有郟縣囜 集韻 通作薊 前漢·地理志 薊，秦漁陽郡。鎏又鼰61855

61822 32854
yōng_9.16　廣韻 集韻 夶烏孔切音蓊 廣韻 鄽鑲，盛多貌 揚子方言 鄽，多也。凡大而多謂之鄽囜yōng 廣韻 集韻 夶於容切音邕。義同。鎏 集韻 鄽，或作雍。

61823 32855
qiāo_9.16　正字通 同鄡61950 前漢·地理志 有鄡縣，屬鉅鹿郡。

61824 32856
yī_9.16　廣韻 集韻 夶於希切音依 廣韻 殷國名 呂覽·慎大篇 湯為天子，夏民親郼如夏 高註 郼，讀如衣。今兗州人謂殷氏皆曰衣。又 呂覽·慎勢篇 湯其無郼，武其無岐，不能成功 註 郼，湯之本國 正字通 郼非即殷字。齊人讀殷如衣，高註讀郼如衣，皆方音，非定音也。鎏又鼰61866

61825 32857
dū_9.16　古文鄁 唐韻 當孤切 集韻 韻會 正韻 東徒切夶音闍 廣韻 天子所宮曰都 周禮·地官·小司徒 四縣為都囜 諸侯子弟封邑亦曰都 左傳·隱元年 大都不過參國之一 莊二十八年 凡邑，有宗廟先君之主曰都。囜卿大夫食采之邑亦曰都 禮·坊記 制國不過千乘，都城不過百雉囜 正韻 美也，盛也 詩·鄭風 洵美且都 前漢·司馬相如傳 從車騎，雍容閒雅，甚都囜 歔美之辭 書·皋陶謨 皋陶曰都囜 正韻 居也 東方朔·客難 身都卿相之位囜 廣韻 總也 曹丕·與吳質書 頃撰遺文，都為一集 韓愈·答崔立之書 若都不可得囜 字彙補 水所聚也 釋名 澤中有丘曰都丘，言蟲鳥所都聚也囜姓 集韻 漢臨亞侯都稽囜zhū 集韻 張如切音豬。與豬通 書·禹貢 大野既豬 又 被孟豬 史記·夏本紀 既豬作既都，孟豬作明都。鎏又都61875鄑61671鄐61870鄑61791鄑62136都61741

61826 32858
zhēng_9.16　廣韻 陟盈切 集韻 知盈切夶音貞。地名囜 廣韻 直貞切 集韻 馳貞切夶音呈。義同。

61827 32859
huáng_9.16　廣韻 集韻 夶胡光切音皇。古縣名。

61828 32860
xiàng_9.16　同巷61632

61829 32861
yǎn_9.16　唐韻 集韻 韻會 夶於建切音堰 說文 潁川縣名 正字通 即古郾子國故地，今為開封府許州郾城縣囜 廣韻 同鄢。

61830 32862
méi_9.16　唐韻 武悲切 集韻 韻會 旻悲切夶音眉 說文 右扶風縣名 詩·大雅 申伯信邁，王餞于郿囜魯地名 左傳·莊二十八年 冬築郿 註 魯下邑 廣韻 集韻 夶明祕切音媚。義同△ 說文 本作郿。俗作郿。

61831 32863
yù_9.16　廣韻 集韻 夶元具切音遇。地名囜yú 五音集韻 元俱切音愚。義同。

61832 32864
yīng_9.16　集韻 於驚切音英。地名。

61833 32865
ruò_9.16　廣韻 而灼切 集韻 韻會 日灼切夶音若。國名 左傳·僖二十五年 秦晉伐鄀 註 秦楚界上小國，其後遷于南郡鄀縣，遂為楚邑 史記·吳世家 楚恐而去郢遷鄀 註 鄀，楚邑囜chuò 集韻 敕略切音綽。邑名。鎏又䠓48749蟔52964

61834 32867
bèi_9.16　同邶61594

61835 32868
yǎn_9.16　廣韻 集韻 夶烏谷切音屋。地名。在南陽。

61836 32869
è_9.16　唐韻 韻會 五各切 集韻 正韻 逆各切夶音諤。國名 史記·殷本紀 以西伯、九侯、鄂侯為三公。囜楚地 史記·楚世家 中子紅為鄂王 註 九州記 曰：鄂，今武昌 輿地記 今鄂州武昌，楚之東鄂也囜晉邑 左傳·隱六年 逆晉侯于隨，納諸鄂，晉人謂之鄂侯 註 晉別邑囜 玉篇 南陽有西鄂 前漢·地理志 南陽郡西鄂縣 註 江夏有鄂，故加西囜 鄂然，外見貌 詩·小雅 鄂不韡韡囜 鄂鄂，辨屬也 大戴禮·立事篇 君子出言以鄂鄂。囜垠也 揚雄·甘泉賦 紛被麗其亡鄂囜幽州人謂額曰鄂 釋名 額，鄂也。有垠鄂也囜 與諤通 史記·趙世家 不聞周舍之鄂鄂 註 韓詩外傳 周舍立門下三日夜，簡子使人問之，對曰：願為鄂鄂之臣囜 與愕通 史記·五帝

紀 象鄂不懌。又 前漢·霍光傳 羣臣皆驚鄂失色 又 與噩
通 爾雅·釋天 歲在酉曰作噩 史記·天官書 作作鄂 又 姓。
漢安平侯鄂千秋 說文 本作鄂。俗作鄂。 鑒 又 鄂61871
鄂62051 又 龍龕 陽65748，五各反。國名。同鄂。

鄈 61837 32870
róu_9.16　集韻 而由切音柔。鄉名。亦作鄀。

鄃 61838 32871
shū_9.16　唐韻 式朱切 集韻 韻會 春朱切，丛音輸。
漢縣名 史記·河渠書 田蚡爲丞相，其奉邑食鄃 註 鄃縣，
屬清河郡 又 玉篇 庾娛切 廣韻 羊朱切丛音俞。義同。

鄄 61839 32872
juàn_9.16　五音集韻 古縣切音絹。衛地 春秋·莊十四
年 單伯會齊侯、宋公、衛侯、鄭伯于鄄 註 今東郡鄄城
是也 通雅 鄄城，古顓頊之墟，春秋衛成公都此，漢爲
濟陰鄄城縣，今山東濮州，屬東昌府 又 周邑 左傳·成
十一年 王使劉子復之盟于鄄而入 又 集韻 諸延切音
旃。稽延切，音寒平聲。之人切音眞。於巾切音駰。義
丛同。 鑒 又 鄄62011

鄆 61840 32873
yóu_9.16　俗郵字。 鑒 又 郵61782

鄅 61841 32874
yǔ_9.16　廣韻 集韻 丛王矩切音禹 說文 妘姓之國
春秋·昭十八年 邾人入鄅 註 鄅國，今琅邪開陽縣 又 姓
廣韻 鄅子之後，以國爲姓，去邑从禹 又 韻會 果羽切 五
音集韻 俱禹切丛音矩。義同。

鄇 61842 32875
sōu_9.16　鄋61884本字。

鄈 61843 32876
shěng_9.16　廣韻 集韻 丛所景切音省。地名〇按 字
彙 鄈字下又有鄍字。鄍已見本書，此重出，今刪。 鑒 又
廣韻 鄈，同消28836

鄆 61844 32877
yùn_9.16　唐韻 集韻 韻會 王問切 正韻 禹問切丛音
運。魯地名 春秋·文十二年 城諸及鄆 註 莒、魯所爭者，
以其遠逼外國，故帥師城之。又 成四年 冬城鄆 註 公
欲叛晉，故城而爲備。又 九年 楚公子嬰齊帥師伐莒，
莒潰，楚人入鄆 註 鄆，莒別邑。又 十六年 晉人執季孫
行父，公還待于鄆 註 魯西邑東郡廩丘縣有鄆城。又 襄
十二年 莒人伐我東鄆，圍台，季孫宿帥師救台，遂入
鄆。又 昭元年 取鄆 左傳 趙孟曰：魯、莒爭鄆，爲日久
矣 又 二十六年 公至自齊，居于鄆 六書故 春秋有二鄆，
莒在魯東，莒、魯所爭，東鄆也。公待于鄆者，西鄆也。
文公城諸及鄆，不聞與莒爭，及成公時，楚伐莒入鄆，
則鄆自爲莒邑，而四年所城者西鄆也 又 州名 韻會 古
兗州之域，魯附庸國，漢爲東平國，隋置鄆州 又 集韻
河內沁水鄉名 又 姓 廣韻 魯大夫，食采于鄆，後因氏。
又 集韻 于分切音云。義同。 鑒 又 鄆61684

鄇 61845 32878
hòu_9.16　唐韻 胡遘切 集韻 胡豆切丛音候 說文 晉
之溫地 左傳·成十一年 晉郤至與周爭鄇田 註 鄇，溫別
邑。河內懷縣西南有鄇人亭 又 hóu 廣韻 戶鉤切 集韻
下溝切丛音侯。義同。 鑒 又 鄇61862

鄈 61846 32879
kuí_9.16　廣韻 渠追切 集韻 韻會 正韻 渠惟切丛音

葵 說文 河東臨汾地，卽漢祭后土處 正韻 鄈地有三，
一在汾陰，一鄈丘，在河南，又在陳留 春秋 作葵丘，
在汾陰者亦作葵。

鄲 61847 42099
jiāng_9.16　字彙補 古岡切，音姜◇水名 山海經 陸
山，鄲水出焉而東流注于海。

鄋 61848 42100
jú_9.16　說文 鄋本字。

鄐 61849 42101
hé_9.16　川篇 何閣切音鄐。地名。 鑒 又 鄐61921
鄐61756 五侯鯖字海 音舍。又音鄐。池（地）也。

鄑 61850 45948
xù_9.16　龍龕 同鄑

鄒 61856 u2B7ED
null_9.16　人名用字

鄓 61851 45949
xì_9.16　五音篇海 與鄒同。

鄔 61852 45950
páng_9.16　龍龕 同鄒

鄕 61853 45951
lì_9.16　龍龕 同酈。

鄗 61854 45952
chán_9.16　五音篇海 同廛。

鄘 61855 45953
jì_9.16　字彙補 與鄲同。

鄙 61857 u2B464
kuài_9.16　从邑胃聲。字見 鄙公鼎。或曰通鄶。

鄚 61858 u2B463
null_9.16　未詳。

卿 61859 u2872E
qīng_9.16　俗卿04762

鄛 61860 u2872D
null_9.16　未詳。

鄜 61861 u2872C
xún_9.16　同鄩61907 篇
海類編 相綸切，音郇。義同。地名。在河東解縣。

鄝 61862 u2872B
hòu_9.16　鄇61845本字

鄞 61863 u28729
quán_9.16　仲邮鄞，泉
名 水經注·涑水 涑水又西逕仲邮鄞北。清·光緒 山西通
志·金石記九 引 聞喜縣志 此村（寺底村）依山有泉，
可灌田二頃，水經注 之仲邮鄞也。或亦名檀泉，見清·胡
聘之 山右石刻叢·卷二·北周·檀泉寺造像記

鄟 61864 u28728
gé_9.16　鄐61878本字。見 說文

鄠 61865 u28726
gěng_9.16　鄇61717本字。見 說文

鄡 61866 u28722
yī_9.16　同鄑61824

鄢 61867 u28721
jiē_9.16　古地名。

鄣 61868 u28720
null_9.16　未詳。

鄤 61870 u2871E
dū_9.16　都61875本字

鄥 61869 u2871F
zhèng_9.16　俗鄭62000見唐 申恭墓誌

鄦 61871 u2871D
è_9.16　鄂61836本字 說文 江夏縣。从邑咢聲。

鄧 61872 u48D2
guì_9.16　字見 包山楚簡

鄨 61873 u910A
xiāng_9.16　俗鄉61903

鄩 61875 uFA26
dū_9.16　參見都61825

鄫 61874 u9109
xiāng_9.16　鄉61903通作鄉。

鄪 61876 32866
zōu_10.17　字彙 仄侯切，音鄒◇地名。出西羌國 正
字通 西羌百五十四種，散處三河，其地無鄒。 鑒 楊實
忠：俗鄒61895

鄬 61877 32880
tóng_10.17　廣韻 集韻 丛徒冬切音彤。古國名。

鄭 61878 32881
gé_10.17　廣韻 古盍切 集韻 谷盍切丛音頜。地名 說
文 作鄐 又 kài 集韻 丘蓋切音嘅 又 hé 轄臘切音闔。義

丛同。鄪又鄦61942鄦62065

鄅 61879 32882
yù_10.17　集韻牛據切音御。鄉名。鄪彳部重出：
集韻牛據切音馭。鄉名。按，今併入邑部

鄖 61880 32883
wēn_10.17　廣韻烏渾切集韻烏昆切丛音溫玉篇蜀
鄉名。

鄙 61881 32884
yì_10.17　廣韻集韻丛伊昔切音益。地名。鄪胡吉
宣：疑卽益州、益都等字加邑旁者。

鄒 61882 32885
páng_10.17　唐韻步光切集韻蒲光切丛音旁玉篇
汝南銅陽亭名圖集韻鋪郎切音滂。義同。鄪又鄒61795
鄒61852

鄘 61883 32886
hòu_10.17　集韻下遘切音后。縣名。鄪或同邱61654
或亦俗鄘61922

鄋 61884 32887
sōu_10.17　唐韻所鳩切集韻疎鳩切丛音搜說文北
方長狄國也。在夏爲防風氏，在殷爲汪芒氏左傳·文十
一年鄋瞞侵齊註鄋瞞，狄國名。防風氏之後，姓漆。
圖集韻蘇遭切音騷。義同△說文作鄋。

鄌 61885 32888
táng_10.17　集韻徒郎切音唐。國名△正字通本作
唐。

鄐 61886 32889
lí_10.17　字彙鄰溪切，音離◇戎國名圖lí郎狄切
音歷。縣名正字通地志本作鬲。

鄍 61887 32890
míng_10.17　唐韻莫經切集韻韻會忙經切丛音冥。
邑名左傳·僖二年伐鄍三門註鄍，虞邑也。又成二年
公會晉師于上鄍註地名。關○按後漢·郡國志有鄍聚，
註：服虔曰：晉別都博物志曰：諸侯會于漻亭，蓋晉
地也。大約晉滅虞後，其地遂爲晉有，故說文直以鄍
爲晉地，而不復原其爲虞邑也。

鄎 61888 32891
xī_10.17　唐韻相卽切集韻悉卽切丛音息。地名春
秋·哀十年公會吳，伐齊南鄎，師于鄎註鄎，齊地說
文鄎，姬姓之國，在淮北。今汝南新鄎正字通漢·地
理志作息。孟康註曰：故息國，後徙東，故加新云。今
汝南府息縣卽息地○按左傳·隱十一年鄭息有違言息
侯伐鄭。疏：一本作鄎，汝南有新息縣，息在汝南，非
齊南鄎，則息卽可加邑爲鄎，而齊之鄎與息國之新息，
其地自不相混也。

鄏 61889 32892
suǒ_10.17　廣韻蘇果切集韻損果切丛音鎖玉篇河
南亭名。鄪又鄏61913

鄑 61890 32893
dòu_10.17　字彙同鄶61695

鄒 61891 32894
rǔ_10.17　唐韻而蜀切集韻韻會如欲切丛音辱。
鄏61716鄒，邑名，在河南集韻河南縣直城門宮陌地也。

鄐 61892 32895
chù_10.17　唐韻丑六切集韻敕六切丛音畜說文晉
邢侯邑左傳·襄二十六年雍子奔晉，晉人與之鄐圖姓
廣韻漢東海太守鄐熙圖廣韻許竹切集韻許六切丛

音蓄。又廣韻集韻丛丘六切音麮。義丛同。

翁 61893 32896
wēng_10.17　集韻烏公切音翁。邑名。

鄑 61894 32897
zī_10.17　唐韻卽移切集韻韻會將支切丛音貲韻
會邑名。古屬青州，周屬紀，後入齊春秋·莊元年齊師
遷紀、邢、鄑、郚61703註北海都昌縣西有貲城，卽鄑
城也圖集韻宋、魯閒地春秋·莊十一年公敗宋師于鄑
圖集韻卽刃切音晉。義同△說文作鄑。隷作鄑，譌
作鄑，俗作鄑，丛非。

鄒 61895 32898
zōu_10.17　唐韻正韻側鳩切集韻韻會甾尤切丛
音騶說文魯縣，古邾婁國，帝顓頊之後所封徐曰孟
子題辭邾國至孟子時，魯穆公改曰鄒圖通作騶史
記·孟軻傳孟子，騶人也圖姓廣韻漢有鄒陽圖jù字
彙補從婁切音聚史記·孔子世家如顏濁鄒之徒正義
鄒，音聚△俗省作邹。互詳前耶61775字註。鄪又鄒61805
郰61672鄒61668鄒61794鄒61987鄒62071鄒61876

鄐 61896 32899
qián_10.17　唐韻集韻丛渠焉切音乾說文河東聞喜
縣聚名圖集韻九件切音蹇。義同。鄪正字通鄐61780，
鄐字之譌。

鄌 61897 32900
lì_10.17　字彙力質切音栗。地名。

鄏 61898 32901
yí_10.17　集韻余支切音移。地名。鄪胡吉宣：字
亦作紊54248

鄢 61899 32902
mà_10.17　唐韻集韻韻會丛莫駕切音禡。郇鄢，
縣名圖mǎ廣韻莫下切集韻母下切丛音馬。義同。
鄪又騧61910

鄴 61900 32903
yè_10.17　正字通俗鄴61818字。

鄶 61901 32904
chuàng_10.17　等韻七岡切音倉。地名。鄪龍龕
初亮反。

鄔 61902 32905
wū_10.17　唐韻正韻安古切集韻韻會於五切丛音
隖。縣名左傳·隱十一年王取鄔、劉、蔿、邘之田于鄭註
河南緱氏縣西南有鄔聚圖晉地左傳昭二十八年司馬
彌牟爲鄔大夫註今汾州介休縣有故鄔城圖wū廣韻
哀都切集韻汪胡切丛音烏圖yù廣韻依倨切集韻依
據切丛音飫。義丛同。鄪又鄔61576鄥22203

鄉 61903 32906
xiāng_10.17　廣韻許良切集韻韻會正韻虛良切丛
音香釋名鄉，向也，衆所向也廣韻萬二千五百家爲
鄉前漢·食貨志五家爲鄰，五鄰爲里，四里爲族，五族
爲黨，五黨爲州，五州爲鄉，是萬二千五百戶也。
圖xiǎng上聲韻會正韻丛許兩切，與響同前漢·董仲
舒傳如影響之應形聲圖字彙補與響通前漢·文帝紀
專鄉獨美其福圖xiàng去聲集韻正韻丛許亮切。與嚮
同禮·曲禮則必鄉長者所視又請席何鄉圖爾雅·釋宮
兩階閒謂之鄉註人君南鄉當階閒禮·明堂
位刮楹達鄉疏每室四戶八窗，窗戶皆相對圖儀禮·士
虞禮祝從啓牖鄉如初註鄉，牖一名也疏北牖名鄉，

鄉亦是牖,故云一名也 又 正字通 昔也,曩也。往者在前,來者從後,故往者謂之鄉者,往日謂之鄉日 論語 鄉也,吾見於夫子而問知 又 姓 集韻 通作向。鑒 又乡15296 絸61919鄉61816鄉61874鄉61873鄉62074鄉62085

郧 yún_10.17 廣韻 韻會 正韻 炑于分切音云。國名 說文 漢南之國 左傳·桓十一年 鄖人軍于蒲騷 註 鄖國,在江夏雲社縣東南有鄖城 又 衛地 左傳·哀十一年 衛太叔疾死,殯于鄖 又 姓△或作邚61541 鑒 又鄖61751

鄝 quàn_10.17 廣韻 辛律切音邮。頯下也△ 正字通 鄝字之譌。鑒 朝鮮本 龍龕 鄝,俗。去願切。正作觠39881 祠也,福也。

鄔 wěi_10.17 廣韻 烏賄切音猥。鄔邩,不平貌 又 胡罪切音瘣。義同。

鄩 xún_10.17 集韻 郇61651或作鄩。

鄗 hào_10.17 廣韻 胡老切 集韻 下老切 韻會 合老切炑音皓 正字通 春秋晉邑,戰國屬趙 左傳·哀四年 齊國夏伐晉,取邢、任樂、鄗 註 鄗,晉地。後漢光武即位于此,改名高邑,即今趙州高邑縣 又 與鎬通 後漢·馮衍傳 西顧鄗、鄗 註 鄗、鄗,二水名。文王都鄗,武王都鄗。又 qiāo 廣韻 口交切 集韻 韻會 正韻 丘交切炑音敲。水名 左傳·宣十二年 晉師在敖、鄗之間 註 敖、鄗,二水名,在滎陽縣西北 又 唐韻 呼各切 集韻 韻會 正韻 黑各切炑音塙 又 集韻 虛到切音耗。義炑同 又 jiāo 字彙補 居嚻切,音郊◇地名。與郊同 史記·秦本紀 取王官及鄗 左傳·文三年 作郊。鑒 又郊61771隔65800

鄍 míng_10.17 海篇 莫經切音冥。晉邑。

馼 mǎ_10.17 字彙補 與鄢同 晉書·地理志 存馼縣,屬建寧郡 南齊·州郡志 存馼縣,屬建平郡。

鄺 kuāng_10.17 篇海類編 同鄺。

鄂 gē_10.17 五音篇海 音哥。

鄛 suǒ_10.17 川篇 與鄩同。

鄅 yǔ_10.17 龍龕 音諸。又音御。鑒 龍龕 語、御二音。張涌泉:俗御。

鄐 null_10.17 未詳。

鄏 null_10.17 未詳。

鄑 qīng_10.17 同卿04762

鄒 zī_10.17 同鄩61894

鄉 xiāng_10.17 鄉本字。

鄃 hé_10.17 同郃61849

鄚 shèng_10.17 同乘00324地名,見郲右戈

鄍 hòu_10.17 或與鄗61883同。見 路史·國名紀·雜國上

鄗 gāo_10.17 同鄗61993

鄣 yóu_10.17 鄗61782本字

鄙 zhài_11.18 廣韻 集韻 炑側界切,音瘵 說文 周邑也

鄈 _（右欄）_ 集韻 子例切音祭。義同。鑒 又鄈61966

鄆 gān_11.18 唐韻 古寒切 集韻 居寒切炑音干 說文 地名 正字通 春秋石經 乾侯 左傳註疏 皆缺音義 漢書註:顏師古音干,言其地水常涸也。與旱乾之乾音義同。鑒 又鄿61962

鄄 qiān_11.18 唐韻 七然切 集韻 親然切,炑音遷。地名。鑒 又鄄62153邗61518

鄥 táng_11.18 唐韻 集韻 炑徒郎切音堂。地名△ 說文 作鄥。鑒 又鄥62080

鄌 kāng_11.18 集韻 丘岡切音康。地名。

鄜 lí_11.18 廣韻 鄰知切音離。鄉名。

鄰 sēn_11.18 廣韻 疏簪切音參。地名。

鄁 péi_11.18 唐韻 薄回切 集韻 蒲枚切炑音裴。國名。前漢·功臣表 鄁成侯周緤 又 穆天子傳 西征至于鄁。又 玉篇 鄉名 說文 右扶風鄁鄉,沛城父有鄁鄉。又 pěng 廣韻 集韻 韻會 炑普等切,潠上聲。又 kuǐ 集韻 枯回切音恢。bēi 脴枚切音伓△ fú 房尤切音浮。義炑同。鑒 又郥61728削03709

鄮 guàn_11.18 集韻 古喚切音貫。亭名。

鄀 tú_11.18 字彙 同都切音徒。地名。

鄦 piáo_11.18 集韻 毘宵切音瓢。地名。

鄘 yōng_11.18 廣韻 集韻 韻會 炑餘封切音庸 說文 南夷國也 又 集韻 封畿內地名。互詳前邙61594字註。又 城也 左傳·昭二十一年 宋城舊鄘 註 舊鄘,故城也。又 姓 正字通 鄘國絕,子孫因氏。

鄙 bǐ_11.18 古文畐 廣韻 方美切 集韻 韻會 補美切,炑悲上聲 釋名 鄙,否也。小邑不能遠通也 周禮·天官·大宰 以八則治都鄙 註 都之所居曰鄙,公卿大夫之采邑,王子弟所食邑在畿內者。又 地官·遂人 掌造縣鄙形體之法,五酇爲鄙,五鄙爲縣 又 廣韻 邊鄙也 左傳·隱元年 太叔命西鄙北鄙貳于己 註 鄙,鄭邊邑 又 正韻 陋也,厭薄之也 左傳·宣十四年 過我而不假道,鄙我也 老子·道德經 衆人皆有以,我獨頑似鄙 又 鄙與都對言,朴野也 淮南子·詮言訓 夫始于都者,常大于鄙 又 鄙與仁對,言不通也 前漢·董仲舒傳 或仁或鄙 又 嗇於財者曰鄙吝△俗作鄙。鑒 又畐06242鄙61978

鄭 zhēng_11.18 正字通 同鄭62101

鄚 mò_11.18 廣韻 集韻 韻會 正韻 末各切音莫。縣名 史記·趙世家 與燕鄚易 註 皆屬涿郡 前漢·地理志 涿郡有鄚縣 正字通 唐開元十三年,命集賢學士衛包改古文,以鄚類鄭,去邑作莫。今莫州任丘縣,即古鄚地。又 姓。

鄜 61940 32927 lú_11.18 　唐韻 韻會 力朱切 集韻 龍珠切 夶音蔞 說文 南陽穰鄉 又 lóu 廣韻 洛侯切 集韻 郎侯切 夶音樓。義同。

鄛 61941 32928 cháo_11.18 　唐韻 集韻 韻會 夶鉏交切音巢 說文 南陽棗陽鄉 後漢·宦者傳 鄭衆封鄛鄉侯 又 集韻 莊交切音剿。義同。鋆 又鄛62082

鄧 61942 32929 gài_11.18 　正字通 同鄓，俗省 字彙 鄓，口外切音喝。鄓，居大切音蓋。分鄓、鄧爲二字，誤。

鄜 61943 32930 fū_11.18 　廣韻 集韻 韻會 正韻 夶芳無切音孚 正韻 左馮翊縣，隋置鄜州 史記·秦本紀 初爲鄜畤 註 鄜縣，屬馮翊，于鄜地作畤，故曰鄜畤 又 廣韻 集韻 夶盧谷切音鹿。地名△ 說文 本作酈。鋆 又酈62150 又 字彙補 鄜，卽酈字。

鄝 61944 32931 liǎo_11.18 　唐韻 盧鳥切 集韻 韻會 朗鳥切 正韻 盧皎切夶音了。國名 穀梁傳·宣八年 楚人滅舒、鄝 左傳·桓十一年 鄖人軍于蒲騷，將與隨、絞、州、蓼伐楚師 註 蓼國，今義陽棘陽縣東南湖陽城。蓼與鄝同。鋆 集韻 鄝，或作鄝62002 又鄝62112

鄞 61945 32932 yín_11.18 　廣韻 語巾切 集韻 正韻 魚巾切夶音銀 說文 會稽縣 後漢·郡國志 鄞，章安故治，閩越地，光武更名 註 本鄞縣鄮南之迴浦鄉，章帝章和元年立。又 順帝紀 註 鄞故城，在鄮縣東南 又 唐韻 語斤切 韻會 疑斤切夶音斳。義同。

鄟 61946 32933 zhuān_11.18 　廣韻 職緣切 集韻 朱遄切夶音專。地名 春秋·成六年 取鄟 註 附庸國 公羊傳 邾婁之邑。又 鄟門，城名 左傳·襄九年 諸侯伐鄭，門于鄟門 註 鄭城門也 又 廣韻 度官切 集韻 徒官切夶音團。又 廣韻 市兗切 集韻 豎兗切夶音膞。義夶同 又 通專 左傳·襄九年 釋文 鄟，本亦作專。鋆 又鄟65869鄟61560

郗 61947 32934 qī_11.18 　唐韻 親吉切 集韻 戚悉切夶音七 說文 齊地也〇按郗與郄不同。从阝者，訓地名。从卩者，膝本字。鋆 又郗62058

嶵 61948 32935 lí_11.18 　字彙 鄝其切音釐。巍嶵，山險怪狀 枚乘兔園賦 崢嶸巍嶵 正字通 嶵當是譌文，一作碗礫爲是。

鄠 61949 32936 hù_11.18 　廣韻 正韻 侯古切 集韻 韻會 後五切夶音戶。縣名。漢屬右扶風 又 與扈通 前漢·地理志 鄠縣 註 古國，有扈谷亭，卽夏啓所伐有扈國也。鋆 又鄠61785 鄠61976鄠61807

鄡 61950 32937 qiāo_11.18 　廣韻 苦幺切 集韻 牽幺切夶音磽 說文 鉅鹿縣 後漢·光武紀 擊銅馬于鄡 註 鄡，屬鉅鹿郡，故城在今冀州鹿城縣東 又 鄡陽 前漢·地理志 屬豫章郡 又 鄡亭，地名 前漢·王莽傳 析宰將兵數千，屯鄡亭。又 姓 史記·仲尼弟子傳 鄡單△一作鄡。俗作鄡。鋆 又鄡61806鄡61963

鄢 61951 32938 yān_11.18 　廣韻 韻會 於乾切 集韻 於虔切夶音焉 說文 南郡縣名 又 yǎn 廣韻 韻會 正韻 於幰切 集韻 隱幰切夶音偃。地名。在鄭 又 yàn 廣韻 集韻 夶於建切音堰。地名，在楚△ 字彙補 路史·國名紀 鄢地有三，楚之鄢都，襄陽之宜城也。鄭伯克段于鄢，開封之鄢陵也。若穆叔如莒及鄢陵，則沂之安陵也 正字通 荊州之鄢音焉，鄢城之鄢音偃 漢·地志 作傿 集韻 作傿，非 又 姓。鋆 又隁65698隁65703隁66008鄢61612

鄺 61952 32939 shāng_11.18 　同商。俗加邑作鄺。

鄜 61953 32940 hǔ_11.18 　集韻 火五切音虎。地名 又 荒胡切，音呼。義同。鋆 又鄜61780

鄣 61954 32941 zhāng_11.18 　唐韻 集韻 韻會 諸良切 正韻 止良切夶音章 說文 紀邑也 春秋·莊十三年 齊人降鄣，紀附庸國。東平無鹽縣東北有鄣城 又 莒邑 左傳·昭十九年 齊伐莒，莒子奔紀鄣 註 紀鄣，莒邑也 又 zhàng 等韻 之亮切。與障同 禮·祭法 鯀郭洪水而殛死 前漢·張湯傳 居一鄣閒 註 謂塞上要險處，築城以爲鄣蔽。

鄼 61955 32942 cuó_11.18 　唐韻 昨何切 集韻 韻會 正韻 才何切夶音醝 玉篇 縣名，屬沛郡 前漢·地理志 沛郡鄼縣 註 本作酇。王莽改曰贊治，故遂以酇爲鄼 正字通 正韻 十四歌，酇、鄼兩收。酇註沛國邑名，亦作鄼62148鄼註此沛國之酇。又 南陽之鄼，本音贊。班固曰：蕭何之所封，與何同韻，則南陽之鄼有平、去二聲。

鄤 61956 32943 màn_11.18 　廣韻 集韻 夶莫半切音蔓。地名 左傳·成三年 諸侯伐鄭，鄭公子偃帥師禦之，使東鄙覆諸鄤 註 鄤，鄭地 又 mán 集韻 韻會 正韻 夶謨官切音蹣。又 集韻 模元切音樠。無販切音萬。義夶同△或作鄤。鋆 音蹣。音瞞 鄤62124

鄓 61957 42104 láng_11.18 　說文長箋 與郎同。

鄪 61958 42105 lòu_11.18 　玉篇 力候切音陋。地名。鋆 又鄪12339 鄪02823鄪12385鄪12309

鄺 61959 42106 dàng_11.18 　五音篇海 徒朗切音蕩。邑名。

鄜 61960 42107 lù_11.18 　五音篇海 音鹿。地名。

鄛 61961 42108 zuò_11.18 　川篇 音作。地名。

鄵 61962 42109 gān_11.18 　說文長箋 同郂。

鄡 61963 42111 qiāo_11.18 　字彙補 同鄡 史記·仲尼弟子傳 鄡單 徐廣註 一作鄡單。

鄺 61964 45959 lí_11.18 　字彙補 與黎同 路史黎，一作鄺。

鄮 61965 45960 mào_11.18 　川篇 音茂。鋆 字彙補 同鄮62003

鄵 61966 45961 zhài_11.18 　五音篇海 與鄒同。

鄡 61967 45962 shùn_11.18 　搜眞玉鏡 音順。

郕
61968 45963
chéng_11.18　川篇　音成。鄵同郕。

鬱
61969 45964
shān_11.18　搜真玉鏡　音撣。

鄸
61970 u2B469
yǎng_11.18　从邑羕聲，音養。地名　鄸伯受臣　鄸白受用其吉金　鄸戈　鄸之寶戈。

鄜
61971 u28779
yú_11.18　同魚71707　姓氏　古璽彙編·姓名私璽.2084　鄜紿。

鄥
61973 u28779
null_11.18　未詳。

鄤
61972 u2B467
null_11.18　从邑區聲。人名　古璽彙編·姓名私璽.0577　王鄤。

鄙
61974 u28763
bǐ_11.18　俗鄙61937　可洪音義　輕鄙：兵美反。

鄑
61975 u28761
quàn_11.18　俗鄑39881亦作鄑61905　海篇直音　鄑，俗。音勸。

鄠
61976 u2875E
hù_11.18　同鄂61949字見　集韻

鄤
61977 u2875B
tú_11.18　集韻　鄤61693鄤，或从荼。

鄃
61979 u28759
null_11.18　未詳。

鄑
61978 u2875A
bǐ_11.18　鄙61937本字

鄒
61980 32944
xī_12.19　廣韻　許及切　集韻　迄及切，並音吸。又　集韻　息入切音噏。義同　說文　地名。

鄦
61981 32945
xǔ_12.19　唐韻　虛呂切　集韻　喜語切䒑音許　說文　炎帝太岳之胤甫侯所封，在潁川。今通作許。

鄦
61982 32946
xǔ_12.19　同鄦　史記·鄭世家　鄦公惡鄭于楚　註　許靈公也。

鄧
61983 32947
dèng_12.19　唐韻　徒亙切　集韻　韻會　正韻　唐亙切，䒑音蹬　說文　曼姓之國　春秋·桓七年　鄧侯吾離來朝　疏　鄧，在南地，屬衡岳　又　魯地　春秋·隱十年　春，齊侯、鄭伯盟于鄧　註　鄧，魯地　又　蔡地　春秋·桓二年　蔡侯、鄭伯會于鄧　註　潁川召陵縣西南有鄧城。疏　賈、服以鄧爲國，釋例以此爲蔡地，其鄧國則義陽鄧縣是也。以鄧是小國，去蔡遠，蔡、鄭懼楚而爲此會，不當反求近楚小國與之結援，故知非鄧國也　又　州名。本秦南陽郡，隋置南陽縣，改鄧州　又　姓　姓考　殷武丁封叔父于河北，爲鄧侯，後因氏。

鄷
61984 32948
féng_12.19　集韻　符風切音馮　說文　姬姓之國。

鄪
61985 32949
bì_12.19　唐韻　集韻　韻會　䒑必袂切音蔽　玉篇　䢵峒，縣名　又　水名　前漢·地理志　犍爲郡符縣溫水南至鄪　又　後漢·郡國志註　不狼山，鄪水所出　又　集韻　必列切音鱉。義同。

鄩
61986 32950
xún_12.19　唐韻　集韻　韻會　正韻　䒑徐林切音尋。地名　左傳·襄四年　寒浞使澆用師滅斟灌及斟鄩氏　註　北海平壽縣有鄩亭，今萊州濰縣卽斟鄩　又　周邑　左傳·昭二十三年　正月壬寅朔，二師圍郊，癸卯，郊、鄩潰　註　河南鞏縣西南有地名鄩中　又　姓　左傳·昭二十二年　鄩肸伐皇　註　鄩肸，周大夫。鋻　又鄩62031鄩62110鄩62105鄩47913

鄒
61987 32951
zōu_12.19　耶61775鄒䢺同。

鄪
61988 32951
bì_12.19　廣韻　集韻　韻會　正韻　䒑兵媚切音祕。魯邑名　史記·周公世家　以汶陽鄪封季友，通作費。鋻　又鄸61577鄸61600

鄏
61989 32953
tú_12.19　唐韻　集韻　韻會　䒑同都切音屠　說文　左馮翊鄏陽亭　又　廣韻　宅加切　集韻　直加切䒑音荼。義同。

鄍
61990 32954
tóng_12.19　廣韻　徒紅切　集韻　徒東切䒑音童。地名　又　姓。今通作童。

鄗
61991 32955
jiǎo_12.19　廣韻　居夭切　集韻　舉夭切䒑音矯。國名　字彙補　黃帝後，姬姓之國　路史　國名記　鄗同橋　又　玉篇　九小切音義同。

鄝
61992 32956
qiáo_12.19　廣韻　昨焦切　正韻　慈焦切䒑音樵。鄉名。鋻　胡吉宣：疑卽譙56681　又　同焦，姓氏　古璽彙編.2081　鄝西。

鄯
61993 32957
gāo_12.19　廣韻　古勞切　集韻　居勞切䒑音高。鄉名。鋻　又鄆61924　又　集韻　鄡61771鄯，下老切。邑名，在南陽。或从皋。

鄑
61994 32958
zī_12.19　集韻　將支切，音貲。谷名　又　正字通　縣名。一作鄑。

鄪
61995 32959
huáng_12.19　廣韻　集韻　䒑胡光切音黃。古國名。

鄫
61996 32960
céng_12.19　唐韻　疾陵切　集韻　韻會　正韻　慈陵切䒑音繒　說文　姒姓國，在東海　春秋·僖十四年　使鄫子來朝　註　今琅邪鄫縣　又　鄭地　春秋·襄元年　仲孫蔑會齊崔杼、曹人、邾人、杞人次于鄫　註　鄫，鄭地。在陳留襄邑縣東南。

鄬
61997 32961
wéi_12.19　廣韻　王嬀切　集韻　于嬀切䒑音爲。地名　春秋·襄七年　公會晉侯、宋公、陳侯、衛侯、曹伯、莒子、邾子于鄬　註　鄭地　又　集韻　阪名，在鄭　又　集韻　吁爲切音撝。又　廣韻　韋委切　集韻　羽委切䒑音蔿。義䒑同。鋻　又隓65780隓65910

鄂
61998 32962
è_12.19　正字通　鄂61836本字。

鄱
61999 32963
shān_12.19　集韻　師姦切，音刪。地名。鋻　又斯61813

鄭
62000 32964
zhèng_12.19　唐韻　集韻　韻會　正韻　䒑直正切音甑。國名　釋名　鄭，町也，地多平町町然也。正字通　鄭，本西都畿內地，周宣王封其弟友，是爲鄭。桓公寄帑與賄于虢鄶，其子武公，定平王于東都，因徙其封，施舊號于新邑，是爲新鄭。今河南開封府鄭州是也　又　南鄭，縣名。今屬陝西漢中府，桓公封邑在畿內，爲西鄭，漢中在京兆之南，故稱南鄭以別之　一統志　南鄭，古褒國附庸之邑。桓公歿，其民南奔居此，因曰南鄭　又　廣韻　鄭重，勤慤之意　前漢·王莽傳　非皇天所以鄭重降符命之意　又　姓　集韻　鄭滅于韓，子孫因以國爲氏。鋻　又郑61686鄿62021鄭61869漢29783

鄑 62001 32965 zī_12.19 同鄑61894

鄝 62002 32966 liǎo_12.19 集韻郎鳥切音了。邑名。鑋碑文作鄝62030

鄮 62003 32967 mào_12.19 唐韻 集韻 韻會 太莫候切音茂。縣名前漢·地理志鄮縣屬會稽郡，今浙江寧波府慈谿、奉化，鄮故地也。鑋又郙61965鄮62024鄮62063鄮62083鄮03767鄮62108

鄲 62004 32968 tán_12.19 唐韻徒含切集韻徒南切太音覃說文國也。齊桓公所滅又通作譚詩·衞風譚公維私春秋·莊十年譚子奔莒。鑋又鄲62144鄲62139鄲62160鄲62162

鄛 62005 32969 cán_12.19 廣韻昨含切集韻祖含切，並音蠶又集韻祖含切音簪廣韻亭名。在貝丘又廣韻集韻太祖合切音雜。又廣韻慈夜切音藉。又集韻他計切音替。義太同△或作鄛。鑋又鄛61769

鄪 62006 32970 jié_12.19 同鄑。

鄯 62007 32971 shàn_12.19 唐韻集韻韻會正韻太時戰切音擅◆說文鄯善，西域國名前漢·西域傳鄯善國，本名樓蘭，元鳳四年更名又廣韻州名。唐張守珪遷鄯州刺史又廣韻常演切集韻韻會正韻上演切太音善。義同。鑋又鄯62161

鄰 62008 32972 lín_12.19 古文厸唐韻力珍切集韻韻會正韻離珍切太音鄰廣韻近也，親也正韻比也釋名鄰，連也。相接連也周禮·地官·遂人五家爲鄰，五鄰爲里又連界之國，亦稱鄰書·蔡仲之命睦乃四鄰又左右輔弼亦曰鄰書·益稷臣哉鄰哉註臣以人言，鄰以職言又車聲與轔通詩·秦風有車鄰鄰註衆車聲又lìn集韻韻會正韻太良刃切音吝。與輾通集韻軟也正韻動也周禮·冬官考工記·輪人輪雖敝，不瓶于鑿註以輪之厚，石雖齧之，不能敝其鑿，旁使之動也。瓶，本又作鄰。△正字通本作鄰，隸作隣。今通作鄰。鑋又吅05396鄰61625鄰62018隣65990儞02216哭06108又字海隣65970同鄰。

鄱 62009 32973 pó_12.19 廣韻集韻蒲波切韻會正韻蒲禾切太音婆說文鄱陽豫章縣，今屬饒州又pí集韻蒲糜切，音皮。縣名。在魯又pán蒲官切音盤。趙地名。

鄲 62010 32974 dān_12.19 唐韻都寒切集韻韻會多寒切太音單邯鄲，古縣名左傳·定十年衞侯伐邯鄲午于寒氏註邯鄲，廣平縣也前漢·地理志邯鄲，屬趙國註邯，山名。鄲，盡也，邯山至此而盡也。城郭字從邑，故加邑作鄲又duō集韻當何切音多。漢侯國名史記·功臣表·中元元年封周隱爲鄲侯。鑋又鄲61815邯61575鄲62017

鄄 62011 42110 juàn_12.19 說文鄄本字。

鄴 62012 42112 yè_12.19 字彙補音未詳。國名路史·國名記鄴，上甲微居，卽桐也。鑋鄴，鄴字之誤。鄴或同鄴。

鄌 62013 42113 lì_12.19 字彙補音未詳。出潛夫論·志姓氏篇。鑋俗鄌62149文淵閣四庫本潛夫論·卷九·志氏姓第三十五優姓舒唐、鳩、舒龍、舒其、止龍、鄌、深、氽、會、

六、院、築、高國。又四部叢刊·初編子部·潛夫論·卷第九·王符志氏姓第三十五優性舒唐鳩舒龍舒其止龍鄌淫參會六院薁高國。

鄍 62014 42114 zhuó_12.19 川篇丁角切。地名。鑋楊寶忠：俗鄍22084

鄳 62015 42115 méng_12.19 龍龕音盲。縣名。鑋同鄳62039

鄪 62016 42117 lìng_12.19 搜眞玉鏡音令。地名。

鄲 62017 42118 duō_12.19 字彙補得何切音多。縣名。晉淮揚郡有鄲縣。鑋龍龕鄲古，鄲今，音丹。邯鄲，縣名也。

鄰 62018 45965 lín_12.19 搜眞玉鏡同鄰。

黎 62019 45966 lí_12.19 五音篇海同黎。

鄷 62020 45967 huān_12.19 川篇同鄷。

鄭 62021 45968 zhèng_12.19 金石韻府同鄭。

鄲 62022 45969 tán_12.19 字彙補鄲字之譌宋史·新編藝文志有鄲子新修六壬大玉帳歌十卷。

鄴 62023 u28788 yì_12.19 大字典鄴父齋，器名。清·高宗西清古鑑·卷三鄴父，人名△宏按，西清古鑑未見此字殷周金文集成·4.2454·鄴父鼎休王易鄴父貝，用乍厥寶尊彝。亦釋作鄴46126，讀作鄴。

鄮 62024 u28786 mào_12.19 俗鄮62003可洪音義鄮縣：上莫候反。鄮塔：上莫候切。

鄲 62025 u28785 méi_12.19 鄲61830本字。見說文

郵 62026 u28784 yóu_12.19 郵61782本字。見說文。亦作鄮61923

鄯 62027 u2877F null_12.19 未詳。

鄂 62028 u2877E null_12.19 未詳。

鄲 62029 u2877D jīn_12.19 四聲篇海音今。

鄩 62031 u2877B xún_12.19 同鄩61986

鄝 62030 u2877C liǎo_12.19 同鄝62002隸釋·卷第六·國三老袁良碑僭傋城之鄝。

鄛 62032 u2877A null_12.19 未詳。

鄚 62035 32977 yù_13.20 廣韻於六切集韻乙六切太音郁。姓也。出姓苑

鄲 62033 32975 wèng_13.20 集韻烏貢切音甕。臭氣。

鄲 62036 32978 xiàng_13.20 集韻同巷61632

鄲 62034 32976 zuó_13.20 同鄲62069

鄲 62037 32979 zhù_13.20 五音集韻陟玉切音逐。縣名又chù集韻樞玉切音觸。人名。

鄰 62038 32980 líng_13.20 正字通俗鄰字。

鄳 62039 32981 méng_13.20 廣韻武庚切集韻眉庚切韻會謨盲切，並音甿。又集韻謨耕切音甿。義同。縣名前漢·地理志江夏郡有鄳縣史記·蘇秦傳殘均陵，塞鄳阨註徐廣曰：江夏鄳縣正義曰：申州羅山縣。本漢鄳縣。

又通作冥 左傳·定四年 還塞大隧、直轅、冥阨 註 三者，漢東之隘道 通雅 曰：冥阨卽鄳阨 又 měng 唐韻 莫杏切 集韻 母耿切，𠀤與黽通 史記·春申君傳 秦踰黽隘之塞而攻楚 註 在申州 又 集韻 謨耕切音萌。又眉永切音皿。義𠀤同。 鄳 龍龕 鄳62015或作，鄳今 又 正字通 鄸62044，俗鄳字 又 鄸61802

鄯 62040 32982 yí_13.20 唐韻 集韻 韻會 𠀤魚羈切音宜 說文 臨淮徐地 又 集韻 語綺切音蟻。義同。

郡 62041 32983 qún_13.20 集韻 衢云切音羣。地名。

鄎 62042 32984 xǐ_13.20 字彙 許里切音喜。魯地名。

郹 62043 32985 qú_13.20 廣韻 强魚切 集韻 求於切𠀤音渠。聚名。

鄸 62044 32986 méng_13.20 廣韻 武庚切 集韻 眉庚切，𠀤音盲。古縣名，在義昌 又 集韻 眉兵切音明。義同。 又鄸62062

鄗 62045 32987 gé_13.20 唐韻 古達切 集韻 居曷切𠀤音葛 廣韻 鄉名，在南陽。

鄴 62046 32988 yè_13.20 唐韻 正韻 魚怯切 集韻 逆怯切𠀤音業 說文 魏郡縣名 正字通 今相州鄴城，齊桓公所築 又 正韻 地名。唐李泌封鄴侯 又 姓 風俗通 漢有梁令鄴鳳。

又邺61626

鄵 62047 32989 cào_13.20 廣韻 集韻 韻會 𠀤七到切音造。地名 春秋·襄十七年 鄭伯髡頑卒于鄵 註 鄭地 又 集韻 千遙切音鍫。蘇遭切音騷。倉刀切音操。倉含切音參。義𠀤同。

鄶 62048 32990 kuài_13.20 唐韻 集韻 韻會 正韻 𠀤古外切音檜。國名 說文 祝融之後，妘姓所封。潧洧之閒。鄭滅之 左傳·僖三十三年 鄭文夫人斂而葬之鄶城之下 註 鄶城，故鄶國，在滎陽密縣東北△通作檜 詩·檜風註 檜，國名。高辛氏火正祝融之墟，在禹貢豫州外方之北，滎波之南，今之鄭州，卽其地也 又 姓 集韻 宋有鄶士隆。

又郐61687䣛62059鄶62053

鄷 62049 32991 fēng_13.20 同酆62142

鄂 62051 42116 è_13.20 說文 鄂本字

鄹 62050 32992 jū_13.20 正字通 䣖字之譌。

郹 62052 42119 qú_13.20 字彙補 强魚切音渠。鄉名。

鄶 62053 45970 kuài_13.20 字彙補 同鄶62048 渡部溫：鄶，䣛62059之誤，當正。

鄦 62054 45972 xū_13.20 川篇 音戌

𫑫 62055 u2B46B zī_13.20 姓氏。亦作資。帝舜封黃帝之後於資，後人鄑氏。

𫑪 62056 u2B46A léi_13.20 同鄹62093

䣛 62059 u287A1 kuài_13.20 鄶62048本字

𨞥 62057 u287A5 guō_13.20 同鄗62113古文郭。

𨞢 62058 u287A2 qī_13.20 俗郪61947 龍龕 郪，音七。地名也。

𨞠 62060 u287A0 xiàng_13.20 說文 䢽，里中道。从䣈从共。皆在邑中所共也。胡絳切。巷，篆文从䣈省。

𨢟 62061 u2879F null_13.20 未詳。

𨞞 62062 u2879E méng_13.20 俗鄸62044

𨞝 62063 u2879D mào_13.20 俗鄚62003宋·羅泌 路史·卷三十·國名紀·雜國上 貿，鄚也。今明之鄚縣有貿氏鄚氏。隸為貿。

鄰 62064 32993 lín_14.21 正字通 粦62008本字。

鄿 62065 32994 gài_14.21 集韻 居太切音蓋。地名。或作盖 又 谷盍切，音顩。義同〇按 孟子 蓋大夫。又蓋、祿、萬、鍾，皆地名。凡都邑字，後人多加阝。

郤 62066 32995 què_14.21 玉篇 去虐切音却。地名。在江東。

胡吉宣：郤62143之偽字。

鄯 62067 32996 chóu_14.21 唐韻 市流切 集韻 時流切𠀤音酬 說文 蜀郡江原地 又 廣韻 直由切 集韻 陳留切𠀤音儔。義同 又 廣韻 殖酉切 集韻 是酉切𠀤音受 集韻 水名。在蜀。

鄸 62068 32997 méng_14.21 集韻 謨蓬切音蒙。邑名。

䣢 62069 32998 jí_14.21 唐韻 集韻 𠀤秦昔切音籍 說文 蜀地也。又 集韻 疾各切音昨。義同△俗省作䣢、郜。 又䣢46489䣢30084

鄸 62070 32999 méng_14.21 廣韻 莫中切 集韻 謨中切𠀤音瞢。邑名 春秋·昭二十年 曹公孫會自鄸出奔宋 註 鄸，曹邑 又 集韻 謨蓬切音蒙。又彌登切，音艷。又 廣韻 集韻 𠀤莫鳳切音夢。義𠀤同。 又䴿62076䣍62099

鄹 62071 33000 zōu_14.21 廣韻 同鄒。詳前郰61775字註。

又鄹61794

鄡 62072 42120 qiāo_14.21 搜眞玉鏡 丘消切音蹺。亭名。

鄿 62073 42121 cán_14.21 川篇 音蠶。亭名。

䣈 62074 42122 xiāng_14.21 說文 鄉本字。

鄙 62075 42123 bīn_14.21 字彙補 與彬同。人名 世說新語 人問王長史江鄙兄弟羣從 晉書 作彬。

䴿 62076 45971 méng_14.21 五音篇海 同鄸。

鄓 62077 45973 yì_14.21 龍龕 同劓

聚 62078 45974 jù_14.21 龍龕 同聚。

郷 62079 45975 shēn_14.21 搜眞玉鏡 音侁。

鄌 62080 45976 táng_14.21 篇海類編 同鄌。

𨞵 62083 u287B5 mào_14.21 正字通 鄚62003，本作鄚。

𫑬 62081 u2B46C null_14.21 未詳。

𨞴 62084 u287B4 yín_14.21 類篇 鄞，如林切。地名。又夷針切 廣韻 作鄞62115

𨞰 62085 u287B0 xiāng_14.21 鄉61903本字。亦作䣈、䣈。

𨞭 62086 u287AD chán_14.21 鄽62119譌字。見 篇海

鄛 62082 u2F9E6 chāo_14.21 同鄛61941

廛 62087 u287AC chán_14.21 俗廛15728 復古編 廛，別作鄽壥，竝非。直延切。

酈 62088 33001 lì_15.22 等韻 力制切音厲。姓也。通作厲。

鄜 61610

鄺 62090 33003 kuàng_15.22 廣韻 集韻 苂古晃切音廣 廣韻 姓也。出廬江縣 図 廣韻 集韻 苂呼光切音荒。義同。

鄺 又邝61526

鄤 62091 33004 wàn_15.22 說文 鄤字

鄻 62092 33005 liǎn_15.22 唐韻 集韻 苂力展切音輦 說文 周邑 左傳·昭二十九年 王子趙車入于鄻以叛。

酃 62093 33006 léi_15.22 集韻 盧回切音雷。地名。鄇又酃62056

酇 62094 33007 zàn_15.22 同酇62148

鄭 62095 33008 xīng_15.22 廣韻 集韻 苂虛陵切音興。地名 図 廣韻 集韻 苂許應切，興去聲。義同。

羹 62096 33009 láng_15.22 集韻 盧當切音郎。不羹，邑名。通作羹 左傳·昭十一年 楚子城陳蔡、不羹 註 襄城縣東南有不羹城，今河南南陽府舞陽縣有定陵城，卽其地也。 正字通 按 通雅 左傳 羹，音郎 漢書 作更，蓋古韻庚、陽二韻本通，更讀如岡，訛轉爲郎，諸家但知讀羹爲郎，而不知其爲更。據此，則 左傳 音郎，正義云古羹𪕈之羹亦爲郎 魯頌 楚辭 急就章 與陽房漿爲韻，近世獨以爲地名，此誤以轉音爲本音，非定論也 正韻 箋：郎與羹同，汪來虞說。此又誤以羹讀如郎，因與郎爲一字，尤非。

黎 62097 33010 lí_15.22 正字通 俗邌字。

廛 62098 33011 chán_15.22 廣韻 直連切 集韻 澄延切苂音廛 玉篇 廛亦作鄽 前漢·韓信傳 所謂騶市人而戰之也 註 市人，市鄽之人。鄇又廛15856屋05025廛04991闤65364闠65408 可 洪音義 鄜61854肆：上直連反 龍龕 厘廛05025，二俗。音纏。居也。正從广。

鄳 62099 33012 méng_15.22 正字通 鄸字之譌。

鄯 62100 33013 shì_15.22 等韻 鉏里切音士。鄉名，在密縣△ 正字通 蓟字之譌。

徵 62101 33014 zhēng_15.22 廣韻 陟陵切音徵。古國名△俗省作鄧

鄾 62102 33015 yōu_15.22 等韻 烏求切音憂。鄧國地 左傳·桓九年 鄧南鄙鄾人攻而奪之幣 註 在今鄧縣。又 哀十八年 巴人伐楚，圍鄾。蓋楚已滅鄧，而鄾遂爲楚耳，其實非有二地也。

鄸 62104 33017 fán_15.22 同鼙。

鼙 62103 33016 fán_15.22 唐韻 附袁切 集韻 扶園切苂音樊 說文 京兆杜陵鄉。

鄩 62105 42124 xún_15.22 說文長箋 同鄩。

廫 62106 u2B46D null_15.22 殷周金文集成·3.678·慶大司空鬲 鄘大酈 攻酈攻單，鑄其鬲，子子孫孫，永保用之。

鄋 62107 u287CB null_15.22 郭沫若 兩周金文辭大系圖錄考釋·鄋段 鄋，人名。

鄮 62108 u287CA mào_15.22 俗鄮62003縣名 図 酈61799

鄵 62109 u287C9 jū_15.22 同鄵62137俗鄵22015

鄟 62110 u287C8 xún_15.22 同鄟62105

鄑 62111 u287C7 lǔ_15.22 同魯71784姓。鄑安、鄑黃、鄑車右，並見 古璽彙編

鄝 62112 u287C6 liǎo_15.22 字海 鄝同鄝61944

郭 62113 33018 guō_16.23 集韻 郭61772古作郭。

鄎 62114 33019 xī_16.23 正字通 與鄎62141同。

鄩 62115 33020 yín_16.23 廣韻 餘針切 集韻 夷針切苂音淫。地名 図 集韻 如林切音壬。力錦切音凜。義苂同。鄇 集韻 作鄩62084

鄑 62116 33021 táng_16.23 說文 鄑61928字。

鄿 62117 33022 jī_16.23 集韻 居希切音機 前漢·地理志 沛郡有鄿縣。高帝破黥布，都尉治 正字通 一說作蘄○按蘄爲楚地，不屬沛郡，不可强合爲一也。鄇又鄿51610

鄢 62118 33023 yān_16.23 廣韻 因蓮切 韻會 烏前切苂音燕。邑名 図 鄢yǎn 集韻 於殄切，音偃。人名 左傳·襄二十九年 齊人立敬仲之曾孫鄢 図yàn 廣韻 集韻 苂伊甸切音宴。義同。

鄭 62119 33024 chán_16.23 廣韻 士咸切 集韻 鉏咸切苂音讒 說文 宋地 左傳·哀十七年 宋皇麇奪其兄鄭般之邑。鄇又鄭62086△宏按，當作鄭，部外十七畫。

酈 62120 33025 lì_16.23 集韻 狼狄切音歷。地名。鄇 集韻 酈酈，或从厤。

鄌 62121 42125 mó_16.23 字彙補 名婆切音摩 路史·國名記 商時國也。又與磨同 呂氏春秋 剪其髮，鄌其手。

鄶 62122 42126 wěi_16.23 川篇 音葦。地名。

酃 62123 42127 líng_16.23 龍龕 音零。地名。

鄤 62124 45977 wàn_16.23 字彙補 同鄤。

鄪 62126 u2B46F null_16.23 喃未詳。

龒 62125 u2B470 lóng_16.23 同龍75850地名，見 鄪公戈。又 包山楚簡 鄪城莫嚚。

廛 62127 u2B46E chán_16.23 俗廛15728 龍龕 廛，直連反，市廛。

鄑 62128 u287D5 zī_16.23 鄑61894本字。見 說文

霍 62129 u287D3 huò_16.23 字海 同霍66562字見羅泌 路史·國名紀己

四 図hù鄂61949譌字 永樂大典殘卷·卷之三千·九真·人

報讎殺人：百川學海·燕翼貽謀錄云：太宗雍熙三年，七月癸未，京兆府鄠縣民甄婆兒，報母讎殺人，詔決杖遣之。

鄁 62130 u287D2 null_16.23 未詳。

鄼 62131 u9142 cuó_16.23 简鄼62148

郺 62132 33026 yīng_17.24 廣韻於盈切集韻伊盈切太音嬰。縣名 又 唐韻集韻太於郢切音癭。義同。

鄿 62133 33027 ráng_17.24 廣韻汝陽切集韻韻會如陽切正韻如羊切太音穰廣韻南陽縣名前漢·地理志作穰。

酃 62134 33028 líng_17.24 廣韻集韻韻會太郎丁切音零。地名前漢·地理志長沙國有酃縣，今屬衡州府後漢·郡國志酃屬長沙郡。劉昭註引荊州記曰：有酃湖，周迴三里，取湖水爲酒，酒極甘美。鎣又酃62163 又 字彙補鄜，與郺同。鄜酃醽，音零地名三同。

鄜 62135 42128 lì_17.24 五音篇海音歷。地名。

鄯 62136 45978 dū_17.24 搜眞玉鏡同都。

鄭 62137 45980 jū_17.24 字彙補與鄭同。

鄬 62138 u287DD yù_17.24 俗鬱71338

鄲 62139 u287DC tán_17.24 中華大字典鄿62004本字。見說文△宏按，鄲62160譌字。

酄 62140 33029 huān_18.25 唐韻集韻韻會太呼官切音歡說文魯下邑玉篇濟北蛇丘縣正字通一作讙左傳·定十年齊人來歸鄆、讙、龜陰之田說文引傳作酄 又 quān 集韻驅圓切音卷。鄉名，在聞喜縣。鎣又鄱62020隴66036

酅 62141 33030 xī_18.25 廣韻集韻韻會太玄圭切音攜玉篇紀邑春秋·莊三年紀季以酅入于齊註地在齊國東安平縣 又 齊地春秋·僖二十六年齊人侵我西鄙，公追齊師至酅註酅，齊地。濟北穀城縣西有地，名酅下 又◆正字通城濮之戰，楚師背酅而舍註酅，丘陵險阻名。一說山名或地名△俗作酅。

酆 62142 33031 fēng_18.25 廣韻敷空切集韻韻會敷馮切太音豐集韻周文王所都左傳·昭四年康有酆宮之朝註酆，在始平鄠縣東，有靈臺，康王於是朝諸侯也 又 國名左傳·僖二十四年畢、原、酆、郇，文之昭也 又 姓左傳有酆舒 又 水名後漢·馮衍傳西顧酆、鄗註酆、鄗，二水名○按詩·大雅作邑于豐。豐水東注書·武成王來自商，至于豐。俱作豐。後人加阝作酆，無二義。鎣又酆62049

鄹 62143 33032 què_18.25 廣韻去約切集韻乞約切太音卻。鄉名 又 地名。在江東 又 廣韻丘員切音圈集韻厥縛切音矍。義太同正字通鄹字之譌。鎣又鄱62066

𫑱 62145 u2B471 null_18.25 喃未詳。

鄿 62144 42129 tán_18.25 說文鄿本字。

𨟡 62147 u287E1 null_18.25 未詳。

𨟢 62146 u287E2 róu_18.25 同鄴61837集韻郊61783是酉切。鄉名。或作𨟢。

鄼 62148 33033 zàn_19.26 廣韻正韻作管切韻會祖管切太音纂集韻聚也周禮·地官·遂人四里爲酇，五酇爲鄙。又禮·樂記綴兆註綴，謂酇舞者之位也。又奔喪乃爲位註位有酇列之處 又 zàn 廣韻集韻韻會正韻太子旰切音贊。地名玉篇南陽有酇縣前漢·蕭何傳封爲酇侯 又 廣韻在丸切集韻韻會正韻徂丸切太音鑽。義同。

又 cuó 集韻才何切音嵯前漢·地理志沛郡有酇縣註莽曰贊治。應劭曰：音嵯。師古曰此縣本爲鄼，應音是也○按字彙補蕭何封國在南陽之酇，非沛之鄼。蓋南陽酇邑爲漢陰縣，旁有筑水，古曰筑陽。何少子延初封筑陽，其明驗也。班固以酇叶何，謂蕭何封邑，與何同韻，而莽又改鄼爲贊治，此其所以譌也 又 與醝通周禮·天官·酒正·三曰盎齊註如今酇白也釋文卽今之白醝酒也。宜作醝，在何反△俗作鄼，非。鎣又鄼62131

酈 62149 33034 lí_19.26 廣韻呂支切集韻鄰知切，太音離。地名春秋·僖元年敗莒師于酈註魯地 又 唐韻郎擊切集韻韻會正韻狼狄切太音歷。亦地名前漢·高帝紀偕攻析、酈，皆降註酈，卽菊潭縣地理志屬南陽鄧州內鄉縣。又 姓也前漢·高帝紀酈食其爲里監門註音歷異基。鎣又郦61752鄜62013酈62158隦65920 又 字彙補鄗61853同酈，或作鄗61886

酆 62150 45979 fū_19.26 搜眞玉鏡同鄜。

𨟧 62152 u287E7 null_19.26 未詳。

鄸 62151 45981 luǒ_19.26 搜眞玉鏡郎可切。鎣楊寶忠：疑鄬22051字之變。

𨟦 62153 u287E6 qiān_19.26 鄄61927本字。俗作邗。

鄺 62154 33035 dǎng_20.27 同鄯61754

䣐 62155 33036 jué_20.27 廣韻其籰切集韻局縛切太音戄廣韻鄉名 又 què 集韻乞約切音卻。鄉名，在河東聞喜縣。或省作䣐 又 集韻屈縛切音躩。義同。

鄭 62156 45982 guō_20.27 龍龕同鄂。鎣鄭62113俗譌古文四聲韻鄭，鄭。崔希裕纂古

䣖 62157 42130 líng_21.28 龍龕音零。縣名。

酈 62158 45983 lí_21.28 篇海類編同酈。

𨟩 62159 u287ED jǔ_21.28 鄘侯少子簋鄘侯少子析庚壺庚率二百乘舟入鄘。王國維觀堂集林·卷十八鄘侯即莒49542侯。何琳儀戰國古文字典鄘，疑簋43002之異文。

𨟬 62160 u287EC tán_21.28 同𨟩62162

𨟪 62161 u287EA shàn_21.28 鄯62007本字。見說文

𨟩 62162 u287E9 tán_21.28 鄿62004本字。見說文

䣐 62163 45984 líng_24.31 搜眞玉鏡同酃。

𫑲 62164 u2B472 null_26.33 字見殷周金文集成·16.10404·公𫑲帶鉤

• 酉部 •

酉 62166 u2FA3
yǒu_0.7 部 酉62165

酉 62165 33037
yǒu_0.7 古文卯 廣韻 與九切 集韻 韻會 以九切夶音牖 說文 就也。八月黍成，可爲酎酒 徐曰 就，成熟也。卯爲春門，萬物已出。卯爲秋門，萬物已入。一，閉門象也 廣韻 飽也，老也 爾雅·釋天 太歲在酉曰作噩 史記·律書 八月也。律中南呂，其於十二子爲酉。酉者，萬物之老也 淮南子·天文訓 指酉。酉者，飽也。律受南呂。又 時則訓 仲秋之月，招搖指酉 釋名 酉，秀也。秀者，物皆成也。於 易 爲兌。图 大酉、小酉，山名。在辰州沅陵。相傳石穴中有書千卷。图 水名 後漢·郡國志 武陵郡酉陽縣，酉水所出，東入湘 图 字彙補 五酉，怪名，孔子在陳所見也。見 衝波集 图 姓 正字通 魏有酉牧。鋆 又同酒62178 馬王堆漢墓帛書·春秋事語 縣鍾而長飲酉。

酊 62167 33038
dǐng_2.9 唐韻 集韻 韻會 夶都挺切音頂 說文 酩酊，醉也 集韻 酩酊，醉甚 襄陽兒童歌 日夕倒載歸，酩酊無所知 图 韻會 通作艼 晉書·山簡傳 作茗艼。

酋 62168 33039
qiú_2.9 韻會 正韻 夶慈秋切音道◆ 說文 繹酒也。从酉，水半見於上，酒久則水上見而糟少也 周禮·天官·酒正 二曰昔酒註 昔酒，今之酋久白酒 疏 酋，亦遠久之義 图 博雅 酋，熟也 揚子方言 自河以北，趙魏之閒，火熟曰爛，氣熟曰糦，久熟曰酋，穀熟曰酷，熟，其通語也 图 酒官之長 禮·月令 仲冬之月，乃命大酋註 酒熟曰酋。大酋者，酒官之長。酋者，久遠之稱。久熟者善，故名酒官爲大酋 图 揚子·太玄經 酋，西方也，夏也，物以成象而就也註 酋，聚也。物以成就，可蓄聚也 图 爾雅·釋詁 酋，終也 詩·大雅 似先公酋矣 傳 酋，終也。嗣先君之功而終成之 图 前漢·敘傳 說難既酋，其身迺囚註 酋，雄也 图 矛名 周禮·冬官考工記 酋矛常有四尺 疏 酋，矛二丈也 图 酋長，魁帥之名 左思·吳都賦 儋耳黑齒之酋，金鄰象郡之渠 註 酋，渠，皆豪帥也 图 韻會 酋者，語發聲也 图 五音集韻 似由切音囚。義同 △ 集韻 或作醔。鋆 又岰13699

酏 62169 33040
bǐ_2.9 類篇 補履切音比。酒名。與酏同。

酌 62171 33041
zhuó_3.10 唐韻 之若切 集韻 韻會 正韻 職略切夶音灼 說文 盛酒行觴也 詩·周南 我姑酌彼金罍 禮·郊特牲 縮酌用茅 註 酌，猶斟也。酒已泲，則斟之，以實尊彝 前漢·蓋寬饒傳 無多酌我，我乃酒狂 班固·西都賦 騰酒車以斟酌 图 博雅 酌，漱也 又 益也 图 禮·曲禮 酒曰清酌 博雅 清酌，酒也 图 取善而行曰酌 左傳·成六年 子爲大政，將酌於民者也 註 酌取民心 禮·坊記 上酌民言，則下天上施 註 酌，猶取也 图 參酌也 周語 而後王斟酌焉 前漢·敘傳 斟酌六經，放 易 象論 图 地名 史記·建元以來王子侯者年表 平酌侯薺川懿王子 註 志屬北海 图 正字通 武王樂歌 周頌 於鑠王師之篇名。酌，亦省作勺 禮·内則 十三舞勺 註 勺與酌同 shuó 集韻

實若切音杓。挹也 左傳·成十四年 不内酌飲 釋文 酌，市略反，亦讀章略反。鋆 又郮62180

酹 62170 45985
lèi_2.9 龍龕 音類

酨 62172 33042
yì_3.10 唐韻 與職切 集韻 逸織切夶音弋 說文 酒色也 图 集韻 待戴切音代。與酨同。甘也 △ 類篇 亦作酨。鋆 又酨62209醳62187

配 62173 33043
pèi_3.10 唐韻 集韻 滂佩切 韻會 滂沛切夶音旆 說文 酒色也 图 玉篇 匹也，媲也，對也，當也，合也 易·繫辭 廣大配天地，變通配四時 書·君牙 對揚文、武之光、命追配于前人 图 夫婦曰配偶 易·蒙卦·納婦吉註 婦者，配己而成德者也 詩·大雅 天立厥配，受命既固 图 增韻 侑也 易·豫卦 先王以作樂崇德殷薦之上帝，以配祖考 禮·雜記 男子祔于王父則配 图 禮·禮器 齊人將有事于泰山，必先有事于配林 註 配林，林名 图 韻會 流刑隸也 王溥·五代會要 晉天福三年，左街從人韓延嗣徒二年半，刺面，配華州，發運務。或曰雖有配流嶺南之文，然配法刺面，當始於此 图 bèi 五音集韻 補妹切音肭。匹也，合也。

酎 62174 33044
zhòu_3.10 唐韻 除柳切 韻會 直久切，並音紂。又 廣韻 集韻 直祐切 正韻 直又切，並音胄 說文 三重醇酒也 玉篇 醇也，釀也 左傳·襄二十二年 見於嘗酎，與執燔焉 註 酒之新熟，重者爲酎 禮·月令 孟夏之月，天子飲酎 註 酎之言醇也。謂重釀之酒也。春酒至此始成 史記·孝文紀 高廟酎，奏武德文始五行之舞 註 張晏曰：正月旦作酒，八月成，名曰酎。酎之言純也 图 史記·平準書 列侯坐酎金，失侯者百餘人 註 漢儀注 王子爲侯，侯歲以戶口酎黃金於漢廟，皇帝臨，受獻金以助祭。大祀日飲酎，飲酎受金，金少不如斤兩，色惡，王削縣，侯免國。

酏 62175 33045
yí_3.10 廣韻 弋支切 集韻 韻會 余支切夶音移 玉篇 米酒也，甜也，清酒也 韻會 飲也 禮·内則 黍酏 註 以黍爲粥也 又 饘酏 註 饘，厚粥。酏，薄粥。賈逵曰：酏爲粥清。清者，粥而去米也 又 羞粮餌粉酏 註 酏，當讀如餈。餈，稻餅也。炊米搗之，以豆爲粉，糝餈上也 周禮·天官·酒正 辨四飲之物，四曰酏 註 酏，今之粥 内則 有黍酏。酏，飲粥稀者之清也。又 醯人 羞豆之實，酏食糝食 註 鄭司農云酏食，以酒酏爲餅。康成謂：酏，餐也。内則曰：取稻米舉糔溲之，小切狼臅膏，以與稻米爲餐 正字通 酏是粥，非豆實也。或曰酏有二，周禮四飲、六飲之酏，即内則所謂飲酏，酏之正義也。羞豆之酏食，即内則所謂粉酏，以豆薦者也 图 唐韻 移爾切 集韻 韻會 演爾切夶音迤。義同 說文 黍酒也。一曰甜也○按 說文 訓黍酒 玉篇 訓米酒，俱即今之粥也。詳考 内則 周禮，無獨訓爲酒者 图 zhān 正韻 諸延切音饘。引 禮記 稻米爲酏○按 禮記 酏訓爲饘，非音饘也 正韻 誤 △ 集韻 或作飵、䭃。鋆 又飵68915䭃69026

酐 62176 33046
hàng_3.10 廣韻 呼朗切 集韻 許朗切夶音汻。苦酒也。

酑 62177 33047 yú_3.10 五音集韻羽俱切音于。飲也。鎣又䤃62290 㕛胡吉宣：與醞62367同。

酒 62178 33048 jiǔ_3.10 唐韻子酉切，愀上聲◆說文就也，所以就人性之善惡。一曰造也。吉凶所造也釋名酒，酉也，釀之米麴，酉澤久而味美也。亦言踧也，能否皆彊相踧持飲之也。又入口咽之，皆踧其面也周禮·天官·酒正辨三酒之物，一曰事酒，二曰昔酒，三曰清酒註事酒，有事而飲也。昔酒，無事而飲也。清酒，祭祀之酒前漢·食貨志酒，百藥之長東方朔傳銷憂者莫若酒江統·酒誥酒之所興，肇自上皇，成之帝女，一曰杜康㕛玄酒，明水也禮·明堂位夏后氏尚明水，殷尚醴，周尚酒。㕛天酒，甘露也瑞應圖王者施德惠，則甘露降，一名天酒㕛官名周禮·天官酒正註酒官之長又女酒註女奴曉酒者㕛祭酒，尊稱之號前漢·伍被傳號爲劉氏祭酒註祭時惟尊長酹酒也㕛酒旗，星名曹植·酒賦仰漢旗之景曜，協嘉號於天辰㕛地名左傳·莊二十二年王與虢公酒泉之邑註邑在河南。又前漢·武帝紀以其地爲武威酒泉郡註酒泉，今肅州㕛姓。明有酒好德。㕛人名史記·晉世家靜公俱酒。鎣又㲋62210 酓62215 㕛氿27773，土俗酒字㕛俗或作湏。敦煌·P.3716.V王梵志詩飲湏妨生計，樗蒱必敗家。

酕 62179 33049 chún_3.10 字彙補同醇博雅酕，美也。

鄐 62180 45986 xù_3.10 字彙補同邮。鎣又敦煌·S.6537.V文様·社條上件事段，今已標題，輕重之間，大家斯鄐。斯鄐，斟酌62171

𫑳 62181 u2B473 null_3.10 未詳。

𨯳 62182 u287F3 yǐ_3.10 俗醷62581

酨 62183 u287F2 dài_3.10 同𩚦35223

𨟱 62184 u287F1 null_3.10 未詳。

酳 62185 33050 yìn_4.11 唐韻余刃切集韻羊進切太音釼說文少少歓也。鎣又酳62308 㕛正字通酳，酳字之譌。

酏 62186 33051 bǐ_4.11 五音集韻卑履切音匕。酒名。或省作酏。

酥 62188 33053 pēi_4.11 集韻同醅

㛮 62187 33052 yì_4.11 集韻古禾切音戈。酒色。鎣同酨62209俗酓62172

醇 62189 33054 chún_4.11 廣韻直倫切集韻重倫切太音幘玉篇美也廣韻純美酒也集韻純酒㕛集韻船倫切音脣。義同㕛廣韻常倫切集韻殊倫切太音純。與醇同。

酛 62190 33055 wèn_4.11 集韻文運切音問。酒器名。

酓 62191 33056 yǎn_4.11 廣韻集韻太於琰切音黶。與檿同史記·夏本紀其篚酓絲註孔安國曰：酓，桑蠶絲，中爲琴瑟絃㕛廣韻酒味苦也㕛集韻徒南切音覃。又呼含切音峪。又於念切音醶。義太同㕛yàn集韻於豔切音厭。酒盈量也㕛yǐn於錦切。同飲。鎣直音篇酳62192同酓㕛酓62294醃62349

酳 62192 33057 yǎn_4.11 玉篇於琰切音檿。酒也㕛於林切音陰。義同。

酾 62194 33059 miǎn_4.11 集韻同湎

酔 62193 33058 zuì_4.11 字彙俗醉字

䤊 62195 33060 jiàng_4.11 集韻醬62508古作䤊。鎣醬酉部十一畫㕛爿部重出：集韻醬62508古作䤊。按，今併入酉部

酐 62197 33062 gǎng_4.11 廣韻同䣶

酕 62196 33061 máo_4.11 廣韻莫袍切音毛。酕醄，醉也類篇極醉貌。

酖 62198 33063 dān_4.11 唐韻丁含切集韻韻會都含切太音貪說文樂酒也徐曰酖酖然安且樂也廣韻嗜酒㕛韻會或作沈前漢·五行志荒沈於酒㕛zhèn韻會正韻太直禁切。與鴆通韻會酒有鴆毒左傳·莊三十二年使鍼季酖之註酖，鳥名。其羽有毒，以晝酒，飲之則死。又閔元年宴安酖毒，不可懷也。鎣又䣶62207酰62286

酗 62199 33064 xù_4.11 廣韻香句切集韻吁句切太音煦玉篇同酌廣韻醉怒也書·微子我用沈酗于酒釋文酗，況具反。以酒爲凶曰酗。鎣又酌62263酗62293醧62292

酋 62200 33065 qiú_4.11 玉篇似由切音囚。酒色也。

䤉 62201 33066 pò_4.11 唐韻普活切音鏺。酒色也廣韻酒氣。鎣又酦62225酦62244

酘 62202 33067 tóu_4.11 廣韻田侯切集韻徒侯切太音頭廣韻酘酒集韻酒再釀抱朴子·金丹卷猶一酘之酒，不可以方九醞之醇耳㕛dòu集韻韻會正韻太大透切音豆。義同。

酯 62204 33069 zhī_4.11 五音集韻章移切音支。乳腐名。

酘 62205 33070 xiáo_4.11 集韻同殽

酘 62203 33068 lí_4.11 五音集韻呂支切音離。乳腐。鎣酘酯。俗作酘62218

酤 62206 33071 hú_4.11 集韻同醐

酖 62207 33072 dān_4.11 字彙補同酖抱朴子·知止卷李業煎蠶以吞酖。

酤 62208 33073 hú_4.11 韻會同醐

酨 62209 42131 yì_4.11 篇海類編同㛮。又音代。酒色光。又甜也。鎣俗酓62172

㲋 62210 42132 jiǔ_4.11 字學指南同酒。

酘 62211 45987 xiáo_4.11 川篇同酘

酙 62212 45988 zhēn_4.11 龍龕同斟。

酙 62213 45989 zhēn_4.11 字彙補同酙。

𨠌 62214 u28809 tǎm_4.11 喃从酉心tâm聲。

酓 62215 u28806 jiǔ_4.11 大漢和辞典·補遺同酒62178 㕛或酉字。

𨠅 62216 u28805 yǐn_4.11 或同歓26453 古璽彙編·姓名私璽.2100 郍酓季木藏陶·0068 谿萶杏匋里酓。

𨠄 62217 u28804 null_4.11 或俗酖62198

𨠃 62218 u28803 lí_4.11 俗酘62203 直音篇酘，音梨。酘酯。

䤃 62219 u48ED yóu_4.11 俗猷33402 可洪音義醇䤃：上市倫反。下

以修反。

酞 62220 u915E
tài_4.11　有機化合物 Phthalein 的總稱。

酝 62221 u915D
yùn_4.11　简 醞62457

醭 62222 u915C
pú_4.11　同酺62316或
音夫，同呋05534，化學的譯音用字。

酛 62223 u915B
yuán_4.11　日 酒母，酒麴。從酉、元會意。

酚 62224 u915A
fēn_4.11　辭海 酚，讀如分。苯酚通常單稱酚。又苯
醇類之簡稱。

酨 62225 33074
pò_5.12　廣韻 蒲撥切音跋。酒氣。

酤 62226 33075
gū_5.12　集韻 攻乎切音孤。酒爵也。本作觚。

酪 62227 33076
tóng_5.12　集韻 徒冬切音彤。酒醋壞。

酨 62228 33077
cú_5.12　正字通 叢無切，音雛◇酤釀，羹漿之屬。
王褒·僮約 沃不酪住酤釀。

酨 62229 33078
dài_5.12　集韻 待戴切音代。與酨同。鼝 類篇
弍62183亦作酨。

酟 62230 33079
tiān_5.12　韻會 他兼切音添。和也 張協·七命 煇以
秋橙，酟以春梅 註 謂和羹也。

酤 62231 33080
jù_5.12　集韻 求於切音渠。與釀同。合錢飲酒。
図 集韻 白許切音巨。又其據切音邊。又極虐切音噱。
義 从同。

酠 62232 33081
qiǎ_5.12　五音集韻 苦下切音跒。苦酒也。

酪 62233 33082
líng_5.12　集韻 同醽

酨 62234 33083
tí_5.12　集韻 與醍同

酗 62235 33084
xù_5.12　唐韻 香遇切 集韻 吁句切从音煦 說文 醉
營也 玉篇 兇酒曰酗營 前漢·趙充國傳 數醉酗羌人 註
酗即酗字。醉怒曰酗。

酡 62236 33085
cí_5.12　五音集韻 此移切音雌。糟也。

酡 62237 33086
tuó_5.12　廣韻 徒何切 集韻 韻會 正韻 唐何切从音
酡 玉篇 飲酒朱顏貌 集韻 飲而赭色著面也 增韻 酒容
也 楚辭·招魂 美人既醉，朱顏酡些 謝惠連·雪賦 朱顏酡
兮思自親 集韻 或作酡 図 duò 集韻 待可切音拕。將醉
謂之酡。

酡 62238 33087
tuó_5.12　集韻 同酡 図 集韻 余支切音移。與酡同。
飲粥稀之清也 図 商之切音施。義同。鼝 龍龕 酡誤，
酡正。

酢 62239 33088
cù_5.12　唐韻 集韻 正韻 从倉故切音措 說文 醶也
徐曰 今人以此為酬酢字，反以醋為酢字，時俗相承之
變也 玉篇 酸也 急就篇 酸醎酢淡辨濁清 馬第伯·封禪
記 酢棃酸棗 隋書·酷吏傳 長安語曰：寧飲三升酢，不
見崔弘度 図 zuò 廣韻 在各切 集韻 韻會 正韻 疾各切
从音昨。客酢主人也。廣韻 酬酢 倉頡篇 主答客曰酬，
客報主人曰酢 易·繫辭 是故可與酬酢，可與祐神矣

詩·小雅 君子有酒，酌言酢之 傳 酢，報也 図 器名 揚子
方言 甀自關而東謂之甀，或謂之酢鑪。鼝 又 鑪72822

酣 62240 33089
hān_5.12　唐韻 集韻 韻會 正韻 从胡甘切，音尷 說
文 酒樂也 徐曰 飲洽也 玉篇 樂酒也，不醉也 書·伊訓 酣
歌于室 傳 樂酒曰酣 戰國策 平原君乃置酒，酒酣起前，
以千金為魯連壽 韻會 俗作呼甘切者，非 図 hàn 集韻
呼紺切音頗。飲酒未既也。鼝 又 五音集韻 酣坢00236
佁00969，酣飲。應劭曰洽也。張晏曰中酒曰酣。又樂也。
図 正字通 酪62315俗酣字。

酧 62241 33090
fàn_5.12　正字通 同酓。

酓 62242 33091
fàn_5.12　唐韻 芳萬切 集韻 孚萬切从音娩 說文 酒
疾熟也 廣韻 一宿酒也 集韻 一曰不擇米而釀。或書作
酓 図 集韻 翻阮切音顓。類篇 方願切音販。義 从同。
鼝 又 畚62253 図 廣韻 弆10057同酓。

酤 62243 33092
gū_5.12　唐韻 古乎切 集韻 韻會 正韻 攻乎切从音
孤 說文 一宿酒也 徐曰 謂造之一夜而熟，若今雞鳴酒
也 図 玉篇 賣酒也 淮南子·氾論訓 出於屠酤之肆 史
記·吳王濞傳 周丘者，下邳人，亡命吳，酤酒無行 前漢·武
帝紀 初榷酤 註 以木渡水曰榷，謂禁民酤釀，獨官開置，
如道路設木為榷，獨取利也 図 集韻 一曰買酒 詩·小雅
無酒酤我 傳 酤，一宿酒也 箋 酤，買也 史記·高祖紀 高
祖每酤留飲酒讎數倍 図 通作沽 論語 沽酒市脯不食
図 hù 廣韻 正韻 侯古切 集韻 韻會 後五切从音戶 廣
韻 一宿酒 詩·商頌 既載清酤 傳 酤，酒也 釋文 音戶。
図 gǔ 集韻 韻會 果五切 正韻 公土切音古 集韻 一宿
酒 韻會 又賣酒也 図 gù 廣韻 集韻 韻會 正韻 从古慕
切音顧 廣韻 賣也 集韻 略也。

酺 62244 33093
pō_5.12　正字通 酺字之譌。

酦 62245 33094
bì_5.12　廣韻 毗必切音邲。飲酒俱盡。

酥 62246 33095
yòng_5.12　集韻 與饔同。

酨 62247 33096
bào_5.12　集韻 皮教切音皰。酒之色 楚辭·招魂 美
人既醉，朱顏酨些 註 美人醉酨，則面著赤色而鮮好也
図 玉篇 面上瘡。

醠 62248 33097
àng_5.12　集韻 與醠同 淮南子·說林訓 清醠之美，
始于耒耡。

酥 62249 33098
sū_5.12　集韻 韻會 正韻 从孫租切音蘇 玉篇 酪也
韻會 酪屬，牛羊乳為之，牛酥差勝 臞仙神隱書 造法，
以乳入釜，煎二三沸，傾入盆內，冷定，待面結皮，取
皮再煎，油出去滓，入鍋內即成酥油。北方名馬思哥。
図 正韻 酥酥，酒名。亦藥名△集韻 或作䴬䴗䴖。
鼝 又 䐹48070䐨57066

酮 62250 33099
tóng_5.12　字彙補 音未詳。醅也。見 酉陽雜俎。
鼝 酮字之譌。

酻 62251 33100　pò_5.12　字彙補 與粕同 理學彙編 時所資以進身者，皆古人之糟粕。

酸 62252 45990　suān_5.12　搜眞玉鏡 音酸。鋻 楊寶忠：俗酸。

酱 62253 45991　fàn_5.12　五音篇海 同酺。

酛 62254 45992　pēng_5.12　龍龕 音烹。

酲 62255 u28823　喃 从酉正chính聲。

酲 62256 u28820　xǐng_5.12　俗醒62407 宋元以來俗字譜 引 嶺南逸事

酳 62257 u2881E　null_5.12　未詳。　　醆 62259 u2881C　null_5.12　未詳。

酥 62258 u2881D　yòng_5.12　古今韻會舉要 酱，集韻 或作酥△宏按，集韻 作酥62246 图 清·徐文靖 管城碩記·卷之十七·楚辭集注四 吳酸蒿蔞，不沾薄只 集注 曰酸蒿蔞，一作酥酱酶。范祥雍：楚辭集注 及 楚辭補注 均作酥 图 人名。光緒 惠州府志·卷三十五·人物·文苑 錢萬選，字紹行，歸善人，宋熙寗間惠州守錢酥之後。

酣 62260 u2881B　gāng_5.12　宋·陳耆卿 嘉定赤城志·卷第三十六·風土門一·土貢·舊貢·乾薑 又去皮，然後曬乾置甕酣中，謂之酿也△宏按，文淵閣四庫本酣作甌35058

酤 62261 u2881A　null_5.12　四部叢刊·初編子部·新書 卷第七諭誠 楚昭王當房而立，愀然有寒色，曰：寡人朝飢饉時，酒二酤，重裘而立，猶惕然有寒氣，將奈我元元之百姓何。△宏按，或作酤62228 北堂書鈔 引作觛55501

酻 62262 u28819　pēi_5.12　同醅62357 四部叢刊·三編集部·沈氏三先生文集 卷第一·西溪文集卷第一·沈遘·五言次韻和景彝秋興詩 西風但高詠，將奈綠酻何。

醜 62263 33101　xù_6.13　正字通 俗酗字。

酖 62264 33102　èr_6.13　廣韻 集韻 丛仍吏切音餌 廣韻 重釀 集韻 酸酒也。一曰次釀 图 廣韻 集韻 丛女利切音膩。義同。鋻 又聑62279醰62447

酧 62265 33103　chóu_6.13　正字通 俗酬字。

酨 62266 33104　zài_6.13　唐韻 徒柰切 集韻 徒戴切丛音代 說文 酢漿也 玉篇 釋米汁也 博雅 酨，漿也 前漢·食貨志 魯匡言酒酨法，一斛之平，除米麴本價，計其利而什分之，以其七入官，其三及醩酨灰炭給工器薪樵之費 註 師古曰：酨，酢漿也 图 集韻 作代切音再。義同 周禮·天官·酒正·三曰漿疏 酨漿，酨之言載也。米汁相載也 图 廣韻 集韻 韻會 丛昨代切，在去聲。又 集韻 將遂切音醉。義丛同。鋻 本作酨62336

醲 62267 33105　nóng_6.13　集韻 思融切音嵩。酒名。鋻 正字通 俗釀62564字。舊註音嵩，誤。

酷 62268 33106　huó_6.13　集韻 戶栝切音活。未沛酒 抱朴子·百家卷 偏嗜酸酷甜者，莫能賞其味也 图 字學指南 與甜同。甘也。

酤 62269 33107　zhū_6.13　字彙 專於切音諸。酌也 图 醋也。鋻 又chua 喃 从酸省朱cho聲。酏酥。

酩 62270 33108　mǐng_6.13　唐韻 莫迥切 集韻 韻會 母迥切丛音茗 說文 酩酊62167，醉也△集韻 或作佲、偌。通作茗。

酪 62271 33109　lào_6.13　唐韻 盧各切 集韻 韻會 正韻 歷各切丛音洛 說文 乳漿也 玉篇 漿也，乳汁作 釋名 酪，澤也。乳作汁，所以使人肥澤也 禮·禮運 以爲醴酪 註 烝釀之也，酪，酢酨 前漢·食貨志 又分遣大夫謁者，教民煮木爲酪 註 如淳曰：作杏酪之屬也 李陵·答蘇武書 羶肉酪漿，以充飢渴 潘岳·閒居賦 牧羊酤酪，以俟伏臘之費 图 六書故 酒類也。北方以馬乳爲酪，故因謂渾酪，而酥與醍醐皆因之 禮·雜記 功衰食菜果，飲水漿。無鹽酪不能食，食鹽酪可也 註 酢酨也。與乳漿異。陳澔集說，訓乳漿，非 图 正字通 酪有乾濕二種 元·飲膳正要 造法，用乳半杓，鍋內炒過，入餘乳熬數十沸，頻以杓縱橫攪之，傾出，罐盛待冷，略取浮皮爲酥，入舊酪少許，紙封貯卽成酪。又乾酪法，以酪就日，曝使結，掠去浮皮，再曝，至皮盡却入釜，炒少時，器盛，再曝作塊，收用。图 lù 集韻 魯故切音路。醴屬△集韻 或作酪，亦作酪。鋻 又酪62299

酱 62272 33110　rǎn_6.13　唐韻 而琰切 集韻 時染切丛音冉 玉篇 醬酱 廣韻 醬酱，味薄 图 nàn 集韻 奴紺切音妠。餬也。图 nǎn 類篇 乃感切，南上聲。醬也。

醊 62273 33111　chuò_6.13　字彙 昌悅切，川入聲。鹹蒩也。

酬 62274 33112　chóu_6.13　廣韻 市流切 集韻 時流切丛音讐。同醻 儀禮·鄉飲酒禮 主人實觶酬賓 註 酬，勸酒也。酬之言周，忠信爲周。又 士冠禮 主人酬賓，束帛儷皮 註 飲賓客而從之以財貨曰酬 图 集韻 陳留切 正韻 除留切丛音儔 易繫辭 是故可與酬酢，可與祐神矣 註 酬酢，猶應對也。徐邈讀。鋻 又詶55923酋62265齤62297醻62503醻62559

酭 62275 33113　yòu_6.13　集韻 尤救切 正韻 爰救切丛音宥 玉篇 報也 集韻 醻酒也 韓愈·南山詩 惟用贊報酭。或作侑。

酮 62276 33114　tóng_6.13　廣韻 正韻 徒摠切 集韻 韻會 杜孔切音動 廣韻 酒壞 集韻 酒酢壞 博雅 酮，酢也 图 chóng 集韻 傳容切音重。義同 图 集韻 韻會 徒束切 正韻 徒紅切丛音同。馬酪也。一曰酢也。鋻 又酪62227 桐19546

醜 62277 33115　wéi_6.13　集韻 五回切音鮠。醉貌。

酵 62278 33116　xiáo_6.13　廣韻 胡茅切音肴。沽也 集韻 或作酵。鋻 又酵62211

聑 62279 33117　èr_6.13　字彙補 女利切音膩。重酒也。與酖同。

酨 62280 33118　fá_6.13　廣韻 集韻 丛房越切音伐 廣韻 酒一酨也 類篇 俗謂釀酒一成曰酨。鋻 又醬62291

酡 62281 42133 yí_6.13 龍龕止移切。飲酒也。鑾同酡62238

酕 62282 45993 lǎo_6.13 龍龕音皓。鑾海篇直音醅62376，音老。醉也。

62283 u2B7EE null_6.13 未詳。

酼 62285 u2B474 null_6.13 未詳。

62284 u2B475 null_6.13 新撰字鏡万須々々。

62286 u28835 dān_6.13 俗酖62198可洪音義嗜酒為酖：都南反。正作酖 又gōng俗觥55393宋詩鈔·秋崖小藁鈔·方岳·次韻鄭省倉買魚聊復醉酖船，萬事從來付老天 又xoàng 喃从醜省光quang聲△醒酖：世俗，質樸。

酾 62287 u28834 shī_6.13 俗釃62633明·高啟高太史大全集·卷十一·題滕用衡所藏山水圖詩柁樓酾酒喚長風，一日看山一千里。

62288 u28833 gây_6.13 喃同醎62379釀造。

62289 u28832 giấm_6.13 喃从醋省任nhậm聲△酟丐：米醋，醋母△亦作醂62579醞62432醲。

62290 u28831 yú_6.13 同酑62177長沙馬王堆一號墓竹簡牛首醑羹一鼎。

62291 u28830 fá_6.13 直音篇醱同酦62280

62294 u2882D yǎn_6.13 俗酓62191

酗 62292 u2882F xù_6.13 俗酗62199可洪音義酗酥：上許（許）遇切。下于命反。段玉裁古文尚書撰異·卷二十二·無逸第二十二·周書無若殷王受之迷亂酗于酒德哉。酗，唐石經作酗。

62295 u2882B null_6.13 未詳。

酗 62293 u2882E xù_6.13 正字通酗，俗酗62199字。从酌爲正舉要作酗。

济 62298 u28828 jì_6.13 簡醑62586

醉 62296 u2882A zuì_6.13 俗醉62364 元·張可久張小山北曲聯樂府·卷下·憑欄人粧淡亭亭堆髻螺，頭緩盈盈停眼波，念奴留意多，使君如醉何。

62299 uF919 lào_6.13 兼酪。

酧 62297 u28829 chóu_6.13 俗酬62274 字義總略·利集·一字互書酧，酬。音紬。

62300 u9171 jiàng_6.13 简醬62508

酦 62303 u9166 pō_6.13 简醱62544

62301 u9170 xiān_6.13 酰基，acyl之漢譯，化工用字。舊譯醯62540

62302 u916F zhǐ_6.13 有機化合物ester漢譯。舊譯醣62646

62304 33119 zāo_7.14 集韻籀文糟字。亦作醩。

62305 33120 juān_7.14 唐韻古玄切集韻圭玄切太音涓說文醑酒也玉篇以孔下酒也 又廣韻古縣切集韻扃縣切太音睊。義同。

62306 33121 yǐng_7.14 玉篇五鼎切音瞑。醒也。

62307 33122 chéng_7.14 唐韻直貞切集韻韻會馳貞切太音呈說文病酒也。一曰醉而覺也玉篇醉未覺也詩·小雅憂心如酲傳病酒曰酲前漢·禮樂志泰尊柘漿析朝酲註曰：酲，病也。析，解也。言柘漿可以解朝酲也張衡·南都賦其甘不爽，醉而不酲 又博雅酲，長也 又chēng集韻癡貞切音檉。病也。

酳 62308 33123 yìn_7.14 廣韻羊晉切集韻羊進切，太引去聲廣韻酒漱口也禮·樂記執爵而酳疏謂食訖，天子親執爵而酳口也。又昏禮合巹而酳疏酳，演也。謂食畢飲酒演安儀禮·士昏禮贊洗爵酌酳主人註酳，漱也。酳之言演也，安也嵇含·伉儷詩挹用合巹酳，受以連理盤。又儀禮·特牲饋食禮主人洗角，升酌酳尸註酳，猶衍也，是獻尸也。又士虞禮主人洗廢爵，酌酒酳尸註酳，安食也 又集韻士靳切，又士刃切。義太同△玉篇與酌同。鑾又醑62381醋62428酳62335酳62387

酴 62309 33124 tú_7.14 唐韻集韻太同都切音徒說文酒母也。又玉篇麥酒不去滓飲也 又廣韻酒名正字通重酘，酒名，酴醾揚雄·蜀都賦蒻漿酴清註酴清，酴醾酒輦下歲時記寒食賜宰臣以下酴醾酒白帖賜李絳酴醾，卽重釀酒也。鑾又醿62505

酵 62310 33125 jiào_7.14 廣韻古孝切集韻居效切太音教廣韻酒酵集韻酒滓正字通以酒母起麪曰發酵，蕭子顯齊書永明九年正月詔，太廟四時祭薦宣皇帝，起麪餅。註：發酵也。韋巨源食單有婆羅門輕高麪，今俗籠蒸饅頭發酵浮起者是也。金天曆元年有額外課，其十八曰酵。泰和四年定糟酵錢。遼元志有酵課。鑾又䤈62334 䤈62424酵62325醂62552

酶 62311 33126 méi_7.14 集韻謨杯切韻會謀梧切正韻謀杯切太音枚集韻酒本曰梅。或作酶五音集韻酒母也 又韻會通作媒前漢·李陵傳媒櫱其短註孟康曰：媒，酒教。櫱，麴也。謂釀成其罪。師古曰齊人名麴餅曰媒。

酷 62312 33127 kù_7.14 唐韻集韻韻會正韻太苦沃切音焅說文酒厚味也 又玉篇熟也揚子方言自河以北趙魏之閒，穀熟曰酷 又廣韻虐也增韻慘也白虎通極也，教令窮極也史記·曹相國世家百姓離秦之酷後，參與休息無爲前漢·刑法志窮民犯法，酷吏擊斷 又集韻甚也晉書·何無忌傳酷似其舅韓愈文集序酷排釋氏。又韻會香氣醲冽史記·司馬相如傳芬香漚鬱，酷烈淑郁後漢·張衡傳美襞積以酷裂兮註酷裂，香氣盛也。又正字通痛恨也顏氏家訓吾家世文章甚爲典正，未及編次，遭火蕩盡。銜酷茹恨，徹于心髓 又hè集韻黑各切音膗。虐也。鑾又酷60116

酸 62313 33128 suān_7.14 古文䤊唐韻素官切集韻韻會正韻蘇官切太音霰說文酢也。關東謂酢曰酸廣韻醋也書·洪範曲直作酸禮·月令孟春之月，其味酸周禮·天官·瘍醫凡藥，以酸養骨註酸，木味。木根立地中似骨前漢·百官公卿表廣安侯任越人爲太常，坐廟酒酸論。又◆釋名酸，遜也。遜，遁在後也。言脚疼力少，行遁

在後，以遜遁者也 嵇康詩 自致力所難，臨文情辛酸。
图 正字通 悲痛曰酸 後漢·公孫述傳 放兵縱火，聞之可
爲酸鼻 图 韻會 寒酸也。今作寒畯 范成大詩 洗盡書生
氣味酸 图 地名 史記·秦始皇紀 將軍驁攻魏，定酸棗 前
漢·地理志 陳留有酸棗縣 图 水名 山海經 少陽之山，酸
水出焉 註 其味微酸，流入文谷水 图 木名 爾雅·釋木
樲，酸棗 图 草名 博雅 酸木，狐桃也。又 山海經 鼓鍾
之山，有草焉，方莖而黃花，員葉而三成，其名曰焉酸
图 鳥名 山海經 景山有鳥焉，其狀如蛇，而四首、六目、
三足，名曰酸與 註 玄覽云三足之鳥，有酸鷛焉。
图 正字通 酸角，果名，生雲南臨安諸處，狀如豬牙，
皁莢浸水和羹，酸美如醋 图 字彙補 酸雞，蟲名。
鋆 又疫36051酸62593

醁 léi_7.14 33129 唐韻 郎外切 集韻 魯外切丛音纇 說文 醊
祭也 玉篇 以酒祭地也 廣韻 以酒沃地也 後漢·橋玄傳
不以斗酒隻雞過相沃醁。又 張奐傳 召主簿於諸芜前，
以酒醁地 图 集韻 盧活切音捋。又 廣韻 集韻 丛盧對
切音纇。義丛同。鋆 又瀨30174醁69111

酣 hān_7.14 33130 集韻 呼含切音嵅 玉篇 酒色也 集韻 面赭
色。

醭 pú_7.14 33131 唐韻 薄乎切 集韻 韻會 蓬逋切 正韻 薄
胡切丛音蒲 說文 王德布，大歈酒也 廣韻 大醭，飲酒
作樂也 史記·秦始皇紀 天下大醭 註 天下歈樂，大飲酒
也 前漢·文帝紀 醭五日 註 漢律，三人以上無故羣飲酒，
罰金四兩。今詔橫賜得令會羣飲酒五日也。師古曰醭之
爲言布也。王德布於天下，而合聚飲食爲醭。唐無醭禁，
亦賜醭者，蓋爲作伎樂，高年賜酒醊 集韻 或作脯 图 周
禮·地官·族師 春秋祭醭亦如之 註 醭者，爲人物裁害之
神也 图 集韻 韻會 蒲故切 正韻 薄故切丛音步。義同。
鋆 又 漢語大字典.V.2.P.3812 醆，同醭。

醉 zuì_7.14 33132 字彙補 將類切音醉。酒過昏也〇按卽醉
字之譌。

醔 năn_7.14 33133 字彙補 女盞切，音赧〇面上酒醊也。
〇按卽醔字之譌。

酼 hăi_7.14 45995 龍龕 音海。醬也〇按卽醢字之譌。

醆 zā_7.14 45996 龍龕 子答切。又所甲切。

醰 xī_7.14 45997 搜眞玉鏡 音希。

醚 mí_7.14 45998 字彙補 醚字之譌。

醔 yán_7.14 45999 搜眞玉鏡 音言。

靦 tiăn_7.14 46000 龍龕 他典切。面慚也 字彙補 靦字之譌。

酵 jiào_7.14 46001 搜眞玉鏡 音叫。

酼 null_7.14 u2B478 未詳。

醠 yàn_7.14 u2B477 簡 醶62570

醠 null_7.14 u2B476 未詳。

醅 null_7.14 u2884B 未詳。

醶 biêt_7.14 u2884A 喃 从醉省別biêt聲 图 miêt 醶磨：陶醉。

醶 dấm_7.14 u28849 喃 从醋省侵xâm省聲。

醶 choáng_7.14 u28848 喃 从醉省壯tráng聲△醶往：喝醉酒

醶 méng_7.14 u28847 醶62420譌字 新撰字鏡 醶，莫公反。濁酒
也 图 可洪音義 揭梨醶：下呼亐反△宏按，俗醶62540

醨 jiào_7.14 u2B846 同醨62310

醯 yìn_7.14 u2B840 同醯62308見 武威漢簡·儀禮·少牢

截 zài_7.14 u2B83E 截62266本字。見 說文

醶 null_7.14 u2B83D 未詳。

醶 null_7.14 u2B83C 未詳。

醶 null_7.14 u2B83B 未詳。

醇 chún_7.14 u2B83A 俗醇62359
金石文字辨異 醇，漢 劉熊碑 允鍾厥醇。邢澍按，諸
亨、享通用，從臺之字以享爲臺，復以亨爲臺

醶 niàng_7.14 u917F 简 醸62622

醶 shī_7.14 u917E 简 醨62633

醶 yàn_7.14 u917D 简 醶62637

醱 liáng_8.15 33134 唐韻 力讓切
集韻 力讓切丛音諒 說文 雜味也 集韻 一曰清漿曰醱
博雅 醱，漿也 周禮·天官·膳夫 飲用六清 註 六清：水
醴醱醬酏 图 liáng 集韻 韻會 丛呂張切音良。義同。
图 集韻 通作涼 周禮·天官·漿人 註 涼，以水和酒。康
謂：今寒粥，若糗飯雜水 禮·內則 漿水醷濫 註 濫，
也。水則臨時取用，涼則至用乃和。

醱 zhuì_8.15 33135 玉篇 位錐切音帷。肉酒 图 集韻 之瑞切
音悐。病也。鋆 胡吉宣：音切「錐位」原作「位錐」
依元刊乙轉。

醁 lù_8.15 33136 廣韻 力玉切 集韻 韻會 龍玉切丛音錄
韻 美酒 集韻 醽醁，酒名 抱朴子·嘉遁卷 寒泉旨於醽
正字通 通雅 曰：酃淥，因作醽醁、醽綠 廣韻 訓醽
淥酒，則以醁爲清酒矣。衡陽縣有酃湖，今之酃縣也
土人取其水以釀。晉武平吳薦醽酒於大廟 荊州記 淥
出豫章康樂縣，其閒烏程鄉有井。官取水爲酒，與湘
酃酒年常獻之。或曰酃湖水綠，故名酃綠，加酉爲醽
图 集韻 正韻 丛盧谷切音祿。義同。鋆 又醁醁，亦
醁酸、綠醁。

醱 néi_8.15 33137 集韻 奴回切，內平聲 字林 一醱飯。

醱 tǎn_8.15 33138 集韻 與醮同。

醶 yàn_8.15 33139 集韻 於念切音厭。苦味也。鋆 又酓62

醂 lǎn_8.15 33140 廣韻 集韻 丛盧感切音壈 廣韻 桃菹
图 集韻 藏柿也。

醂 tiǎn_8.15 33141 字彙 他典切音腆。酒厚也。

䣇 62352 33142
zhì_8.15 廣韻征例切音制。魚子醬。

醔 62353 33143
chōu_8.15 五音集韻丑鳩切音抽。酒名。

醃 62354 33144
yān_8.15 廣韻集韻韻會夶於嚴切音腌玉篇葅也廣韻鹽漬魚也集韻漬藏物也博雅醃，菹也区廣韻央炎切集韻依廉切夶音淹。又集韻烏紺切夶音暗。義夶同。鍪又醃62520

䣉 62355 33145
zhī_8.15 廣韻陟離切集韻珍離切夶音知。與䣇同区tǐ 五音集韻他禮切音體。與醒同。鍪又解62510
醬62523

醄 62356 33146
táo_8.15 集韻徒刀切音匋。酖醄，醉貌。鍪又醄62148

醅 62357 33147
pēi_8.15 廣韻匹回切集韻韻會鋪枚切正韻鋪杯切夶音胚說文醉飽也区廣韻酒未漉也杜甫詩尊酒家貧只舊醅李白詩恰似葡萄初釀醅区pōu 廣韻匹尤切音䬒。醉飽也区集韻普后切音剖。義同△集韻或作酥。鍪又酷62382酓62262

醆 62358 33148
zhǎn_8.15 唐韻集韻韻會夶阻限切音琖說文爵也詩·大雅·洗爵奠斝傳夏曰醆釋文醆，則簡反，或作琖区說文酒濁而微清也集韻盎齊也禮·禮運醴醆在戶。又郊特牲醆酒涗于清註醆酒，盎齊也。涗，沛也。清酒冬釀，接夏而成。盎齊差清，先和以清酒，而後沛之。以其差清，故不用茅也区廣韻集韻夶旨善切音瓊。義同。

醇 62359 33149
chún_8.15 古文䤃唐韻常倫切集韻韻會正韻殊倫切夶音純說文不澆酒也前漢·曹參傳來者皆欲有言，至者參輒飲以醇酒註醇酒不澆，謂厚酒也後漢·劉盆子傳乃益釀醇酒区玉篇專也区粹清也嵇康·養生論神氣以醇白獨著区厚也前漢·景帝紀至于移風易俗，黎民醇厚老子道德經其政悶悶，其民醇醇註其政教寬大，而民醇醇富厚，自相親睦区精也易繫辭天地絪縕，萬物化醇疏萬物變化而精醇也朱子本義醇謂厚而凝也区謹重也史記·萬石君傳事不關決于丞相，丞相醇謹而已前漢·衞綰傳醇謹無他区博雅醇鈞，劒也区同純。書·說命惟斅攸居，政事惟醇註居者，止而安也。安於義理之所止，故政事不雜也区前漢·禮樂志河龍供鯉醇犧牲註師古曰醇謂色不雜也。又食貨志天子不能具醇駟梅福傳一色成體謂之醇△集韻或作酏。鍪又酏62179醕62418醕62608醇62340

醬 62360 33150
jiàng_8.15 唐韻集韻夶即亮切，音將去聲說文鹽也。从肉从酉，酒以和醬也。爿聲玉篇同醬。

醰 62361 33151
tán_8.15 集韻徒甘切音談。酒醋薄也区dàn 杜覽切音啖。醰也。鍪俗淡字。

嘗 62362 33152
cháng_8.15 正字通俗嘗字。

醚 62363 33153
mì_8.15 字彙眉力切，音覓◇酪渟区yīn 於金切音音。酒聲区於南切音庵。義同。

醉 62364 33154
zuì_8.15 唐韻集韻韻會正韻夶將遂切音檇正韻爲酒所酣曰醉書·酒誥德將無醉詩·大雅旣醉以酒区心醉莊子·應帝王列子見之而心醉文中子·事君篇心醉六經区骨醉唐書·武后紀高宗王后蕭良娣爲武昭儀所誣，囚之，武氏置二人醸甕中，曰令二姬骨醉区心和神全曰醉淮南子·覽冥訓通于大和者，惛若純醉而甘臥以遊其中，不知其所由也区字彙補醉李，地名。與檇李同公羊傳·定十四年於越敗吳于醉李。区字彙補精崔切音嶊李世澤·韻圖醉字有平去二音△說文醉，卒也。卒其度量，不至於亂也。一曰潰也。正字通醉必伐德，喪儀、酒誥、賓筵言之甚詳，未有醉能卒其度量，不至亂者。因卒立義說文誤。鍪又醉62317醉62193醉62296区直音篇窨62468同醉。

醊 62365 33155
zhuó_8.15 廣韻陟劣切集韻株劣切夶音畷玉篇今作餟。祭酹也。亦作稯廣韻醊，連祭也集韻酹謂之醊史記·封禪書其下四方地爲醊食註索隱曰：餟，謂聯續而祭之正義曰：謂繞壇設諸神祭座相聯綴也△古詩·祠洛水歌洛濱醊禱，色連三光区zhuì 廣韻陟衞切集韻株衞切夶音綴。義同。

醧 62367 33157
yū_8.15 廣韻憶俱切集韻邕俱切夶音紆玉篇能飲者飲，不能飲者止区集韻宴也区廣韻羽俱切集韻雲俱切夶音于区集韻匈于切音訏。義夶同区日始旦也△集韻亦書作醮。鍪又酐62177醖62497

醋 62368 33158
zuò_8.15 廣韻在各切集韻疾各切夶音昨說文客酌主人也徐曰今俗作倉故切，溷酢，非是玉篇報也。進酒於客曰獻，客答主人曰醋。今音措儀禮·特牲饋食禮祝酌受尸，尸醋主人註今文醋曰酢区cù 廣韻集韻韻會正韻夶倉故切音措廣韻醬醋〇按醬醋之醋，古人作酢62239区醋溝，地名岑參詩龍堆接醋溝郭緣生·述征記醬魁城至醋溝十里。鍪又酢62558

醮 62369 33159
yū_8.15 集韻醧，亦書作醮。

醡 62370 33160
zhà_8.15 字彙補醉字之譌。

醶 62366 33156
mì_8.15 集韻同醲。

醏 62371 33161
zhì_8.15 五音集韻與䣇同。鍪又腤47402䯸47445麳47493

醿 62372 46002
wǔ_8.15 字彙補偈古切音五。鍪又醿69618

醿 62373 46003
yǐn_8.15 字學指南同飲。又篇韻酒也。

醢 62374 46004
hǎi_8.15 搜眞玉鏡音海〇按卽醢字之譌。

醯 62375 46005
yān_8.15 篇海類編同醶。

醹 62376 46006
lǎo_8.15 五音篇海音老。鍪从卤，古文老。

醑 62377 46007
xǔ_8.15 龍龕同醑

醶 62378 u2B479
null_8.15 喃未詳。

醿 62379 u28868
gây_8.15 喃从醸省其kì聲。

醿 62380 u28867
choạng_8.15 喃从醉省狀trạng聲△正醼：喝醉酒，

蹣跚。䣷䣷：暗淡。

醼 62381 u28866 yìn_8.15 同酳62308皮日休 正尸祭 立尸于廟，王則迎，有拜、有醼尸、有酢，所以立象生之敬也。

酓 62382 u28865 pēi_8.15 醅62357本字。見 說文

醊 62383 u2885F bì_8.15 集韻醊，蒲計切。或作醳62366 中華大字典 引 集韻醊，醳或字 大字典 醳，段玉裁歸古音十二部，今音蒲計切則在十五部。毘乃十五部諧聲偏旁，作為醳之異體，當從 中華大字典 為是。

酳 62385 u2885C null_8.15 未詳。

醞 62384 u2885E miǎn_8.15 俗醟62401 玉篇 醟，彌兗切。飲酒失度也。或作湎。

魗 62386 u2885B chǒu_8.15 同魗71563朝鮮本 龍龕 俗醜62453

醟 62387 u2885A yìn_8.15 俗酳62308

醈 62388 u28859 dān_8.15 簡 醰62531

醌 62389 u918C kūn_8.15 有機化合物quinone漢譯。

醄 62390 u9184 táo_8.15 韻學驪珠 酕醄，大醉也 西遊記·第五回 （大聖）就着缸，挨着瓮，放開量，痛飲一番。吃勾了多時，酕醄醉了。鎣又窗12405

醱 62392 33163 pō_9.16 字彙與醱同 集韻 夷針切丛音淫 說文 飄籀也 図shèn 集韻 時任切音諶 図chén持林切音沈 図cén 廣韻 昨淫切 集韻 才淫切丛音鬵。義丛同 図 博雅 醱，幽也 釋文 才心反。

醅 62391 33162 cén_9.16 唐韻 余箴切

醿 62393 33164 méi_9.16 廣韻 莫杯切 集韻 謨杯切丛音枚 廣韻 醋之別名。

醷 62395 33166 yì_9.16 集韻 與酏同 丛於金切音音。醉聲 図ān 集韻 烏含切音諳。醉謂之醷 図yìn於禁切音蔭。釀氣△ 正字通 按 炎徼紀聞 南蠻以蕎灰和秫粥，釀爲臭瀋，魚肉雜物投之，曰醷蛆蚋，叢喋以爲珍具。富義者則曰蓄醷桶幾世矣。據此說，醷與醱音別義通。凡物漬藏揜覆不泄氣者謂之醷。

醓 62394 33165 yīn_9.16 廣韻 集韻

醍 62396 33167 tǐ_9.16 唐韻 正韻 他禮切 集韻 韻會 土禮切丛音體 說文 清酒也 玉篇 酒紅色 禮·禮運 粢醍在堂 註 酒成而紅赤也 図 韻會 通作緹 周禮·天官·酒正 四曰緹齊 註 緹者，成而紅赤，如今下酒 疏 下酒，謂糟牀下酒，其色紅赤 図tí 廣韻 杜奚切 集韻 田黎切丛音題。醍醐 本草綱目 寇宗奭曰：酪上一重凝者爲酥，酥上如油者爲醍醐，甚甘美。陳藏器曰：性滑，物盛皆透，獨雞卵殼及壺蘆盛之乃不出。梵書以醍醐喻佛性。從乳出酪，從酪出酥，從生酥出熟酥，從熟酥出醍醐也。鎣又酏62234醤62355餂68982飻68969餁68983飽69028餂69222醍69317湜29739 可洪音義 飲68955醐：上音提。下音胡。蘇精也。亦作醍醐也。上又丁兮反。

醞 62397 33168 hùn_9.16 廣韻 胡本切 集韻 戶衮切丛音混 廣韻 醖酒相沃 図 集韻 王問切音運。義同。

醎 62398 33169 xián_9.16 廣韻俗鹹字 戰國策 晝游乎茂樹，夕調乎酸醎。

醏 62399 33170 dū_9.16 廣韻 當孤切 集韻 東徒切丛音都 玉篇 醺醏也 廣韻 醵醏，醬也。

醢 62400 33171 hǎi_9.16 集韻 許亥切音海。酒器。

醔 62401 33172 miǎn_9.16 集韻 彌兗切音緬。與湎同。沈於酒也 淮南子·修務訓 沈醔酖荒，不可教以道，不可喻以德。鎣又醞62384

醐 62402 33173 hú_9.16 唐韻 戶吳切 集韻 韻會 正韻 洪孤切丛音胡 說文 醍62396醐，酪之精者 廣韻 酥屬也 集韻 酥之精液△ 類別 或作酤。鎣又酺62206醤62422

醍 62403 33174 mú_9.16 唐韻 集韻 丛莫候切音茂 說文 督醐，楡牆也 図mú 廣韻 莫胡切 集韻 蒙晡切丛音模 図móu 集韻 迷浮切音謀。義丛同。

醄 62404 33175 tú_9.16 唐韻 田候切 集韻 大透切丛音豆 說文 督醐也 玉篇 楡醬也 釋名 醐，投也。味相投成也 齊民要術 二月，楡莢收，乾，可作督醐 図 梵書 美味曰磨醐 図 天酒名醐醐 図dóu 廣韻 度侯切 集韻 徒侯切音頭 図tú 廣韻 集韻 丛同都切音徒 図tū 集韻 通都切音瑹。義丛同。

醼 62405 33176 cōng_9.16 集韻 麤叢切音忽。膠謂之醼醼。或作醶。

醑 62406 33177 xǔ_9.16 廣韻 正韻 私呂切 集韻 韻會 寫與切。丛與湑同 集韻 釃酒也 增韻 酒之沛者 図 玉篇 美酒也 正字通 俗呼醨爲尾酒，醑爲頭酒 庾信·燈賦 中山醑清。鎣又醑62377醑62514

醒 62407 33178 xǐng_9.16 唐韻 集韻 韻會 桑經切 正韻 先青切丛音星 說文 醉解也 左傳·僖二十三年 醒，以戈逐子犯 前漢·蓋寬饒傳 次公醒而狂，何必酒也 楚辭·漁父 衆人皆醉我獨醒 図 增韻 夢覺也 図 廣韻 蘇挺切 集韻 韻會 鉎挺切，丛星上聲。義同 図xìng 廣韻 蘇佞切 集韻 韻會 新佞切，丛星去聲 韓愈·東都遇春詩 朝曦入牖來，鳥喚昏不醒 図jīng 字彙補 子清切音精。星名 孫氏瑞應圖 大醒，景星也。鎣又酲62256 図 龍龕 霻66634俗。音星。正作醒。

醂 62408 33179 nǎn_9.16 集韻 乃感切音湳 玉篇 夌也 集韻 脼也。 五音集韻 夌肉△ 玉篇 亦作腩。

醍 62409 33180 kuí_9.16 玉篇 居誄切音癸。醴也。

醬 62410 33181 jiàng_9.16 玉篇 籀文醬字。鎣亦作醢。

醋 62411 33182 kù_9.16 集韻 荒故切。與薅同。韭鬱也。一曰菹也。鎣又菕50899

醓 62412 33183 tǎn_9.16 集韻 韻會 正韻 丛他感切，貪上聲 說文 血醢也。本作盬，今文作醓 博雅 醓，醬也 詩·大雅醓

醢以薦 疏 用肉爲醢，特有多汁，故以醢爲名○按朱註：醢作平聲，音貪。又 周禮·天官·醢人 深蒲醓醢 註 醓醢，肉醬也 又 玉篇 醋也，酸也△ 集韻 或作盗、醯。
鎣又肷47004监53933盤37245

62413 33184
酋 jiū_9.16 集韻 將由切音湫。酒官。本作酋，亦作酋 又 qiú慈秋切音酋。義同。

62414 33185
酸 sōu_9.16 古文醙 廣韻 所鳩切 集韻 韻會 正韻 疏鳩切丛音搜 廣韻 白酒 集韻 一曰黍酒 儀禮·聘禮 醙黍清 皆兩壺 註 醙，白酒也 又 sǒu 集韻 正韻 丛所九切音溲。又 集韻 息有切音滫。義丛同。鎣又酸62435醙62443

62415 33186
醯 xī_9.16 正韻 虛宜切音僖 玉篇 同醯◇ 博雅 醯，酢也 王延壽·王孫賦 豁盱閎以瑣醯 註 醯，呼啼反。若吸酸，攢鎖眉目也 唐書·來俊臣傳 以醯灌鼻 又 人名 史記·扁鵲傳 秦太醫令李醯，自知伎不如扁鵲也。

62416 33187
酬 chōu_9.16 集韻 同籌 又 五音集韻 所鳩切。義同。又 類篇 與醙同。

62417 33188
龡 yǐn_9.16 說文 古文飲68949字。

62418 33189
醇 chún_9.16 字彙補 與醇同。

62419 33190
酭 yǒu_9.16 五音集韻 與九切音酉。酒名。鎣 龍龕 酭俗，醭62541正。

62420 33191
醚 méng_9.16 集韻 同醯。

62421 33192
酲 zhēng_9.16 廣韻 諸盈切音征。同胜。

62422 33193
醐 hú_9.16 說文長箋 與酬同。

62423 33194
酢 zhuó_9.16 集韻 朱劣切音拙。鹹菹。鎣又醛62505醛62479

62424 45994
酵 jiào_9.16 篇海類編 酵本字。

62425 46008
酳 shí_9.16 龍龕 同食

62427 u28884
醜 chǒu_9.16 俗醜62453

62426 46009
醡 zhà_9.16 龍龕 側駕切，壓酒器也 字彙補 俗醡字。

62428 u28882
醹 yìn_9.16 同酳62308

62429 u2887F
醢 hǎi_9.16 俗醢62463

62430 u2887E
醀 null_9.16 未詳。

62431 u2887D
酳 null_9.16 未詳。

62432 u2887C
醎 giám_9.16 喃 从醎省监（監）giám聲。

62433 u2887A
醦 kuì_9.16 簡 醦62545

62434 u28879
醁 null_9.16 未詳。

62435 u4907
酸 sōu_9.16 兼 酸62414

62436 u4900
醋 ndwq_9.16 壯 醋，酒糟。

62437 u9197
醚 pò_9.16 同醭62544

62438 u9196
醢 yùn_9.16 俗醢62457

62439 33195
醉 zuì_10.17 字彙 將遂切，音最◇ 人名。晉有邯鄲醉。

62440 33196
醃 kē_10.17 集韻 克盍切音榼。酒器。鎣 龍龕 醃62518
通，醃正，苦盍反。酒罍也。与槤24928同。又俗音海。
鄭賢章：音海，俗醢62463

62441 33197
醶 sāng_10.17 五音集韻 息郎切音桑 玉篇 乳酒也。

62442 33198
醞 mì_10.17 唐韻 迷必切 集韻 韻會 覓畢切丛音蜜 說文 歙酒俱盡也 又 玉篇 醞醞也。或作醳 博雅 醞，醬也 又 集韻 莫筆切音密。又簿必切音邲。又壁吉切音必。義丛同。鎣又 正字通 酦62245，同醞。

62443 33199
醙 sōu_10.17 正字通 俗酸字。鎣又酸62485

62444 33200
醚 mí_10.17 玉篇 莫夷切，音彌◇醉也。鎣又醚62322

62445 33201
醞 liù_10.17 集韻 力救切音溜。酒名。

62446 33202
醧 hàn_10.17 字彙 侯旰切音翰。清酒也。鎣从酉䢀聲。

62447 33203
醲 róng_10.17 唐韻 而容切 集韻 如容切丛音茸 說文 酒也 又 集韻 一曰酒重釀者 又 nì 集韻 女利切音膩 字林 重釀也。或作酛。鎣 段氏改篆作酛。

62448 33204
醔 wèi_10.17 集韻 五對切音碝。醉貌。

62449 33205
醊 chuò_10.17 集韻 測劣切音歠。酒味變也。鎣楊寶忠：醊當是荃49360後起加旁字，俗變作醊62423醊62479醊62505酹62273醊62535

62450 33206
醲 méng_10.17 唐韻 莫紅切 集韻 謨蓬切丛音蒙 說文 䍠生衣也 集韻 或作醲，通作霥。鎣又霥74684

62451 33207
醢 hú_10.17 廣韻 集韻 丛胡谷切音縠。濁酒 又 正字通 楊慎曰：官有憒憒於臨事，士有蔽蔽於臨文，世目爲醢濁蟲。鎣又醢62489酳27131醢62562

62452 33208
醨 lì_10.17 唐韻 郎擊切 集韻 狼狄切丛音歷 說文 酾也 玉篇 下酒 廣韻 釃酒 集韻 或作醨。

62453 33209
醜 chǒu_10.17 古文䰩醜 唐韻 集韻 韻會 正韻 丛齒九切，雙上聲 說文 可惡也 詩·小雅 日有食之，亦孔之醜 傳 醜，惡也 左傳·文十八年 醜類惡物 註 醜，亦惡也 史記·項羽紀 項王爲天下宰，不平。今盡王故王於醜地 又 釋名 臭也，如臭穢也 又 惡之也 左傳·昭二十八年 惡直醜正，實蕃有徒 史記·殷本紀 伊尹去湯適夏，既醜有夏，復歸於亳 又 相惡也 戰國策 又身自醜於秦 註 自醜於秦，與秦惡也 又 羞也 史記·魏世家 以羞先君宗廟社稷，寡人甚醜之。又 韓非傳 在知飾所說之所敬，而滅其所醜 註 索隱曰：謂人主有所避諱而醜之，游說者當滅其事端而不言也 又 貌惡也 前漢·五行志 或形貌醜惡，亦是也 淮南子·說山訓 不求美，又不求醜，則無美無醜矣。又 類也 易·漸卦 夫征不復，離羣醜也 疏 醜，類也 孟子 地醜德齊 又 衆也 詩·小雅 執訊獲醜 箋 醜，衆也 左傳·定四年 將其醜類 註 醜，衆也 又 比也 禮·學記 古之學者比物醜類 註 醜，猶比也 又 揚子方言 醜，同也。東齊曰醜 又 山名 山海經 崑崙之丘，洋水出焉，而西南流，注于醜塗之水 註 醜塗，亦山名也 又 禮·內則 鼈去醜 註 醜，謂鼈竅也 又 姓 後漢·袁術傳 有醜長。又 複姓 西秦錄 有下將軍醜門于弟 又 諡法 怙威肆行曰醜 晉

書·何曾傳 曾驕奢過度，宜諡繆醜△ 集韻 或作䤈。
鑾 又丑00031 醜62427 譀71606 魄71563

醳 62454 33210
shì_10.17　廣韻 同嗜。

醋 62455 33211
cuō_10.17　集韻 韻會 正韻 丛才何切音蓍 玉篇 白酒也 周禮·天官·酒正鄭白釋文 即今之白醋酒也 張華·輕薄篇 蒼梧竹葉清，宜城九醞醋 集韻 通作鄪。
🄰cuǒ 集韻 此我切音瑳。山醋，栗名。鑾 又蕎62469 醋62578 䪥62592

醈 62456 33212
mì_10.17　集韻 莫狄切音覛。乾酪也。或作醊。
鑾 又酷62363

醞 62457 33213
yùn_10.17　唐韻 正韻 於問切 集韻 韻會 紆問切丛音慍 說文 釀也 玉篇 釀酒也 張衡·南都賦 酒則九醞甘醴，十旬兼清 註 九醞、十旬，皆以釀法名酒也 王僧達答顏延年詩 春醞時獻斚🄰 正韻 醞藉含蓄 前漢·薛廣德傳 廣德爲人溫雅有醞藉 註 師古曰醞，言如醞釀也 北史·崔瞻傳 自太保以後重吏事，謂容止醞藉者爲潦倒，瞻終不改🄰 集韻 通作溫 詩·小雅 飲酒溫克 箋 猶能醞藉自持以勝 陸德明·音義 溫去聲 禮·禮器 溫之至也 註 爲溫藉，溫與醞通🄰 廣韻 於粉切 集韻 委隕切 韻會 正韻 委粉切丛音惲。義同。鑾 又酳62221 醞62438

醊 62458 33214
zhēng_10.17　集韻 同胜。

醟 62459 33215
yǒng_10.17　廣韻 集韻 韻會 正韻 丛爲命切音詠 說文 酗也 徐曰 酖失也 玉篇 酗也 韻會 小人飲酒，一醉日富。亦因酒爲榮，故从焱 抱朴子·論僊卷 酗醟者，不可非杜儀之爲酒 梁武帝檄 淫酗醟肆，酣歌壚邸🄰 字彙補 貝名 相貝經 有醟貝🄰 廣韻 休正切 集韻 虛政切丛音夐。義同🄰 韻會 正韻 丛于營切，音榮◇ 前漢·景十三王叙傳贊 魯恭館室，江都訬輕。趙敬險誣，中山淫醟 註 師古讀烏韻，音榮。鑾 又蕎47796 䪥50314 醆62246

醃 62460 33216
bāng_10.17　廣韻 博旁切音幫。加杯上酒。
鑾 又觥55482

醠 62461 33217
àng_10.17　唐韻 烏浪切 集韻 韻會 正韻 於浪切丛音盎 說文 濁酒也🄰 廣韻 烏朗切 集韻 韻會 倚朗切 正韻 於黨切丛音块。義同△ 類篇 或作醠。

醡 62462 33218
zhà_10.17　廣韻 側架切 集韻 正韻 側駕切 韻會 側嫁切丛音詐 廣韻 壓酒具也 集韻 酒盝也🄰 證俗文 打油具🄰 集韻 側賣切音債。義同△ 集韻 或作醆。
鑾 又酳42430 酳62370 醞62426 䪥62468 醞62493 醞62492 醞62573

醢 62463 33219
hǎi_10.17　唐韻 正韻 呼改切 集韻 許亥切丛音海 說文 肉醬也 詩·大雅 醓醢以薦 疏 醢，肉汁也 禮·曲禮 毋歠醢 疏 醢，肉醬也。醢宜鹹，客若歠之，則是醢淡也 周禮·天官 醢人掌四豆之實，醓醢、蠃醢、蠯醢、蜃蚳醢、兔醢、魚醢、鴈醢 註 凡作醢者，必先膊乾其肉，乃後莝之，雜以梁麴及鹽，漬以美酒，塗置瓶中，百日則成。

鄭司農曰：無骨曰醢🄰 烹也 史記·魯仲連傳 吾將使秦王烹醢梁王 前漢·班固敘傳 然卒潤鑊伏質，亨醢分裂。鑾 又醞37266 藍52082 藍52120 醞62374 鹽37287 醞62440 鹽37250 醞62476 🄰 龍龕 醞62429 醞62477俗，酖62319或作，醢正。

醬 62464 33220
jiàn_10.17　字彙補 音未詳。釀磧，地名 新五代史 自仲雲界西始涉釀磧，無水，掘地得濕沙，置之胷以止渴○按即釅字之譌。

鹹 62465 33221
guó_10.17　集韻 乙六切音或。面黃色。鑾 俗鹹69631

醫 62466 33222
yī_10.17　字彙補 音醫。酒也 周禮·天官·膳夫 飲用六清註 六清：水漿醴涼醬酏。

蘁 62467 42134
méng_10.17　字彙補 名隆切，音蒙◇ 濁酒也。

窖 62468 46010
zhà_10.17　篇海類編 同醡。

蕎 62469 46011
cuō_10.17　篇海類編 同醋。

醅 62470 46012
pǐ_10.17　龍龕 同醅

醐 62471 u2B47A
null_10.17　喃 未詳。

醆 62472 u2889F
cay_10.17　喃 从酉檫cây省聲。辛辣。

齍 62473 u2889E
jì_10.17　同醛62586

醎 62474 u2889D
xiàn_10.17　同餡69196
元·王實甫 破窯記·第二折 做下碗熱羹湯等待賢夫冷，揣著個凍酸醎未填還拙婦的饑，有甚希奇🄰 俗醎62308 雍熙樂府·卷之二十·雜曲 白鶴子 秋景：玉簪香滿迳，金凤色輝簾。紅黍恰嘗新，白酒初篘醎。

醛 62475 u2889C
què_10.17　同榷24916宋·陳亮 龍川集·卷十六·義烏縣減酒額記 乾道初，有宰驅八鄉牙櫃，列之市肆，商賈爭來，醛酤倍入 宋詩鈔·小畜集鈔·王禹偁·官醛 推醛奪人利，取錢入官屋。

醞 62476 u28898
xī_10.17　俗醞62540 可洪音義 覛醞：上都侯反。下呼兮反🄰hǎi俗醞62463 四聲篇海 音海。隋·杜臺卿 玉燭寶典·卷第四·四月孟夏第四 是月四日，可作醞醬。

醞 62477 u28897
hǎi_10.17　俗醞62463

醞 62478 u28896
null_10.17　未詳

醳 62479 u28895
tú_10.17　醳62423譌字。

醳 62480 u28894
shē_10.17　同醳62548

醳 62481 u28893
kào_10.17　俗犒32832段玉裁 說文解字注 漢府彰長碑又作勞醳。許不錄犒、醳字者，許以稾爲正字，不取俗字也。

醬 62482 u490C
qiāng_10.17　青稞酒🄰 利用鹽水或酒腌製蝦蟹。醬蟹，詩名，見宋·高似孫 蟹畧·卷四。醬蟹亦稱嗆蟹、醉蟹。又 申報·1921.Jul.4.Num.17372·⑱·自由談·社會小說·瞻廬·眾醉獨醒·第五十六回 紅白對鑲的是白肉蘸着蝦子醬油，青紅對鑲的是醬蝦浸着玫瑰乳腐。

醬 62483 u91A4
jiàng_10.17　俗醬62508 可洪音義 鹽醬：下子亮反。

醣 62484 u91A3
táng_10.17　碳水化合物之舊稱。民國 辭海 醣，讀如唐。有機化合物。舊名碳水化合物。

醙 62485 uFAC4 sōu_10.17 参見醙62443

䤳 62486 33223 bì_11.18 唐韻 集韻 丛蒲計切音薜 說文 擣榆醬也 集韻 或作䤳。鎣又䤳62383

醭 62487 33224 mú_11.18 字彙 莫胡切音模。酟醭，美漿。

䤳 62488 33225 hǒng_11.18 正字通 呼孔切，烘上聲 王延壽·王孫賦 䤳陋酮以迷醉 註 著酒顛頓狀。

醟 62489 33226 hù_11.18 正字通 醟字之譌。

䤚 62490 33227 mí_11.18 廣韻 莫兮切 集韻 緜批切丛音迷 廣韻 醭䤚，醬上白也 集韻 白生醬酢上 又 集韻 謨官切音瞞。義同△ 集韻 亦作醿。

醿 62491 33228 mí_11.18 集韻 同䤚 䣽 62492 33229 shài_11.18 廣韻 集韻 丛所賣切音曬。簀酒 又 zhà 集韻 側駕切音詐。酒滏也。與醡同 又 集韻 側賣切音債。義同。

䤪 62493 33230 zhà_11.18 正字通 醡字之譌。

醥 62494 33231 piǎo_11.18 廣韻 敷沼切 集韻 匹沼切 正韻 普沼切丛音縹 集韻 酒清謂之醥 左思·蜀都賦 觴以清醥，鮮以紫鱗。

醁 62495 33232 cōng_11.18 字彙 醁本字。鎣又醁62595醁62615

醦 62496 33233 chěn_11.18 廣韻 集韻 丛所斬切音摻。醋味 博雅 醦，酢也 又 廣韻 初朕切 集韻 楚錦切丛音墋。義同。又 廣韻 醉甚 又 chǎn 集韻 初斂切音醶。酢貌。

醧 62497 33234 yù_11.18 唐韻 集韻 丛依據切音飫 說文 私燕飲也 玉篇 私也 左思·魏都賦 愔愔醧讌，酣湑無譁 註 韓詩云 賔爾籩豆，飲酒之醧。能者飲，不能者已謂之醧 又 廣韻 集韻 丛烏侯切音謳。義同 又 ōu 集韻 於候切音漚。酒味和。鎣又 正字通 醞62367，俗醧字。

醟 62498 33235 shāng_11.18 集韻 同觴 禮·投壺 行觴 釋文 觴或作醟。

醨 62499 33236 lí_11.18 唐韻 呂支切 集韻 韻會 鄰知切丛音離 說文 薄酒也 楚辭·漁父 衆人皆醉，何不餔其糟而歠其醨 抱朴子·名實卷 醨酪専灌於圓丘 又 韻會 通作漓。今俗用爲醇漓字。

醮 62500 33237 chào_11.18 玉篇 士孝切，巢去聲。醉醮也。

醩 62501 33238 zāo_11.18 玉篇 籀文糟字 前漢·食貨志 魯匡言酒酤法：一斛之平，除米麴本價，計其利而什分之，以其七入官，其三及醩截灰炭給工器薪樵之費。

醪 62502 33239 láo_11.18 唐韻 魯刀切 集韻 韻會 郎刀切丛音勞 說文 汁滓酒也 廣韻 濁酒 史記·袁盎傳 乃悉以其裝齎，置二石醇醪 張華·輕薄篇 浮醪隨觴轉，素蟻自跳波。又 地名 寰宇記 會稽縣西三里有投醪河。鎣又㗦43617 又 直音篇 䤚62537同醪。

醻 62503 33240 chóu_11.18 說文 醻本字。

醫 62504 33241 yī_11.18 唐韻 韻會 集韻 於其切，音噫 說文 治病工也 禮·曲禮 醫不三世，不服其藥 史記·扁鵲傳 爲醫或在齊，或在趙 又 官名 周禮·天官 醫師掌醫之政令，聚毒藥以供醫事。註：醫師，衆醫之長也 後漢·百官志 太醫令一人六百石 註 掌諸醫 又 蟲名 崔豹·古今注 蝘蜓，一名蛇醫 又 集韻 或作毉 後漢·郭玉傳 毉之爲言意也 又 yǐ 集韻 隱己切，噫上聲 韻會 飲也 五音集韻 梅漿也 周禮·天官·酒正 辨四飲之物，二曰醫 註 醴濁，釀酏爲之則少清矣 又 集韻 或作醷，亦作臆 周禮·天官·酒正 註 鄭司農說 內則 漿水臆，醫與臆音亦相似，文字不同，記之者各異耳。此皆一物 釋文 醷，本又作臆 又 yì 集韻 壹計切音医 周禮·六飲 一曰醫。徐仙民讀。鎣又医04471 醫62466毉06968

䤩 62505 33242 tú_11.18 正字通 同酴。

醿 62506 33243 sū_11.18 集韻 與酥同 醬 62507 33244 zhī_11.18 唐韻 陟離切 集韻 珍離切丛音知 說文 酒也。或作䣽。

醬 62508 33245 jiàng_11.18 古文酱 廣韻 正韻 子亮切 韻會 即亮切，並將去聲 說文 醢也 韻會 醢，肉醬也。又豉醬。又菜茹亦謂之醬 正字通 麥麪米豆皆可罨黃，加鹽曝之成醬 禮·曲禮 醯醬處內 周禮·天官·膳夫 醬用百有二十罋 註 醬，謂醯醢也 史記·西南夷傳 南越食蒙蜀枸醬 註 劉德云枸樹如桑，其椹長二三寸，味酢，取其實以爲醬 枚乘·七發 熊蹯之臑，芍藥之醬△ 說文 本作牆。鎣又酱62360醤62483牆32414 又 二簡 酱62300，簡作夂12519

䤱 62510 33247 zhī_11.18 說文長箋 與䣽同。

醹 62511 46013 pēng_11.18 五音篇海 同烹。

醬 62512 46014 zhēng_11.18 五音集韻 同䤽。

醊 62513 46015 jì_11.18 龍龕 同祭 醬 62509 33246 niǎn_11.18 集韻 乃玷切音淰。消也 又 niàn 奴店切音念。義同。

醑 62514 46016 xǔ_11.18 龍龕 同醑 釃 62519 u288B7 shī_11.18 俗釃62633 明 錢穀 吴都文粹續集·卷四十八詩送王太守遷雲間 男屠猪羊女釃酒，共禱神祠留太守。

醅 62515 u2B47B null_11.18 或醽62463殘譌。

醿 62516 u288BC mĕn_11.18 喃 从酉㝘mǎm聲。

䤫 62517 u288BB miĕn_11.18 喃 从酉眼nhản聲。

醢 62518 u288B8 kē_11.18 龍龕 醢通，醢62440正，苦盍反。酒器也。与榼同。又俗音海。鄭賢章：醢疑乃醢字之訛。

醋 62521 u288B3 null_11.18 未詳。 醶 62520 u288B4 yān_11.18 同醃62354隋 張志相妻潘善利墓誌 珍羞一薦，則醶醯易其滋。水陸兼陳，則壜梅變其質 又 yǎn 同掩19913掩蓋。明·周履靖 物類相感志·群物奇制·花竹 香圓去蒂，以大蒜搗爛醶

蒂上，則滿室香，更以溼紙圍蓋上。

𨢱 62523 u288B1
zhī_11.18 醬62507譌字。

𨢲 62522 u288B2
sù_11.18 三音四聲字貫 同莤49567

𨡙 62524 33248
suān_12.19 玉篇 古文酸62313字。

醹 62525 33249
rú_12.19 正字通 俗醹字。

𨣂 62526 33250
jú_12.19 唐韻 居律切 集韻 訣律切𠀤音橘 說文 醬也 又 集韻 其律切音繘。又其述切音屈。義𠀤同 又 jué 集韻 古穴切音玦。蚌醬。𡔷又䣽74301

𨢟 62527 33251
pǐ_12.19 廣韻 符鄙切 集韻 部鄙切𠀤音否。覆也 又 玉篇 酒色。𡔷又醅62470

醭 62528 33252
bú_12.19 廣韻 集韻 普木切 正韻 普卜切𠀤音攴 廣韻 醋生白醭 集韻 酒上白 又 五音集韻 博木切音卜。義同。𡔷又䤖20599

醑 62529 33253
jǐn_12.19 唐韻 集韻 𠀤子朕切音浸 說文 歃酒也。又 廣韻 小甜 博雅 醑，美也 又 廣韻 集韻 𠀤七稔切，侵去聲。義同。

醿 62530 33254
wàng_12.19 廣韻 烏浪切 集韻 烏曠切𠀤音汪。醿醿，酒。

醰 62531 33255
dān_12.19 字彙 都艱切，音單◇醰醪，濁酒也。𡔷又䤉62388

醪 62532 33256
liǎo_12.19 五音集韻 盧鳥切音了。酒清。

醏 62533 33257
zhǎn_12.19 五音集韻 旨善切音蟮。苦酒也。𡔷 直音篇 醰同醏。

醿 62534 33258
jì_12.19 廣韻 集韻 𠀤其既切，祈去聲 廣韻 秫酒名 又 集韻 沐酒也。謂既沐飲酒 又 jī 集韻 舉豈切音機。酒浮也。

醷 62535 33259
gǒng_12.19 集韻 古勇切音拱。鹹葅。𡔷楊寶忠：醛62449（荃）字之變。

醮 62536 33260
jiào_12.19 唐韻 集韻 𠀤子肖切音醮 博雅 醮，祭也 前漢·郊祀志 或言益州有金馬碧雞之神，可醮祭而致 又 說文 冠娶禮祭 禮·冠義 醮於客位 疏 酌而無酬酢曰醮。又 昏義 父親醮子，而命之迎，男先於女也 註 父醮酌子，命往迎婦，以男當倡導其女也 又 盡也 爾雅·釋水 水醮曰厬 疏 醮，盡也 荀子·禮論篇 利爵之不醮也 註 謂祭祀告利成其爵，不卒奠於筵前也 又 正字通 凡僧道設壇祈禱曰醮 張端義·貴耳集 徽考寶籙宮設醮，一日，親臨之，道士伏章久乃起。上問故，對曰：適至上帝所，值奎宿奏事，畢，章始達。上問奎宿何神。曰：本朝蘇軾。是後謗議者言皆不入，雖道流之說出于憔怳，然不爲無補也 又 qiáo 五音集韻 昨焦切音樵。與憔同 莊子·盜跖篇 滿心戚醮 註 醮，卒也。𡔷又禚40063 䵂62549醮62616

醪 62537 33261
láo_12.19 字彙 郎刀切音勞。濁酒也。

醵 62538 33262
huā_12.19 字彙 呼瓜切音華。醇醵，酒。

𨣞 62539 33263
chuài_12.19 集韻 楚快切音嘬。醬也。𡔷又䶑74300

醯 62540 33264
xī_12.19 廣韻 呼雞切 集韻 馨奚切，𠀤音榼 說文 酸也 玉篇 酸味也 廣韻 酢味也 禮·曲禮 醯醬處內 史記·貨殖傳 醯醬千坻 又 釋名 醯多汁者曰醯。醯，瀋也。宋、魯人皆謂汁爲瀋 又 揚子方言 徯醯，危也。東齊椅物而危謂之徯醯 又 蟲名 列子·天瑞篇 醯雞生乎酒 字彙補 蠛蠓，蟲。一名醯雞。𡔷又酯62333䤈62551鬵71402 又 龍龕 醯䤈62551二俗，醓62476正 又 直音篇 醯醨並同醯。又 楊寶忠：醧62319亦醯字殘誤。

醙 62541 33265
yǒu_12.19 廣韻 與九切音酉。酒也。

醎 62542 33266
jiǎn_12.19 廣韻 古莧切 集韻 居莧切𠀤音襉。鹹也 又 五音集韻 古限切音簡。義同。𡔷又䤌62560

醰 62543 33267
tán_12.19 唐韻 集韻 𠀤徒紺切音瞫 說文 酒味苦也 又 玉篇 酒味不長也 又 tán 集韻 韻會 徒南切 正韻 徒含切𠀤音覃 集韻 厚味也 韻會 甜也 王褒·洞簫賦 良醰醰而有味 釋文 醰，徒南切 註 醰、甜同。長味也 又 正韻 醇也 左思·魏都賦 宅心醰粹 釋文 醰，徒南切 註 美也 又 廣韻 集韻 韻會 正韻 𠀤徒感切音禫。義同。𡔷又膻47857醰62643醰62557䵘74672 又 玉篇 瞫35252徒紺、徒含二切。長味也。或作醰。

醱 62544 33268
pō_12.19 韻會 北末切音撥。酘謂之醱 李白詩 恰似蒲萄初醱醅 類篇 亦作酦。𡔷 正字通 醱62409醱字之譌 又 酦62303醱62437

醶 62550 46019
yán_12.19 龍龕 同鹽

醩 62545 33269
kuì_12.19 字彙補 音未詳 劉邵·人物志 鹹而不醎，淡而不醩。𡔷又醩62433

醓 62546 42135
tǎn_12.19 川篇 音毯。醋也。

醦 62547 42136
chěn_12.19 川篇 初荏切。醋甚也。

醏 62548 46017
shē_12.19 五音篇海 音奢。

醾 62553 u2B47D
null_12.19 喃未詳。

䵂 62549 46018
jiào_12.19 字彙補 同醮

䤈 62551 46020
xī_12.19 五音篇海 同醯。

醮 62552 46021
jiào_12.19 五音篇海 同酵。

醇 62554 u2B47C
null_12.19 未詳。

醲 62555 u288D2
null_12.19 乳汁。明·虞摶 醫學正傳·卷之二·濕證七 或恣飲酒漿醲酪，多食柑橘瓜果之類，皆濕從內傷者也。

𨣏 62556 u288CF
tài_12.19 酞62220的舊譯。

𨣌 62557 u288CC
tán_12.19 龍龕 醰或作，醰62543今。

𨣊 62559 u288CA
chóu_12.19 同醻62503酬本字。

醩 62560 u288C9 jiǎn_12.19 同醶62542

醏 62558 u288CB zuò_12.19 醋62368本字

醆 62561 33270 líng_13.20 正字通 俗醽字。

醢 62562 33271 hú_13.20 字彙 胡谷切音斛。濁酒。 𦈡 正字通 譌字。舊註音義同醟62451

醶 62563 33272 méng_13.20 廣韻 莫紅切 集韻 謨蓬切夶音蒙。濁酒也。或作醭。𦈡 又醯62333

醲 62564 33273 nóng_13.20 唐韻 女容切 集韻 韻會 尼容切夶音濃。說文 厚酒也 廣韻 醇酒 淮南子·主術訓 肥醲甘脆，非不美也 張衡·七辯 蒲陶醲醲 𦈡 與濃同 後漢·馬援傳 明主醲于用賞，約于用刑 杜篤·袚禊賦 浮棗絳水，酹酒醲川 𦈡 集韻 濃江切音膿。義同。𦈡 又醸62267醿62639

醳 62565 33274 yì_13.20 廣韻 羊益切 集韻 韻會 正韻 夷益切夶音睪 廣韻 苦酒 集韻 一曰醇酒也 周禮·天官·酒正 一曰事酒 註 事酒，今之醳酒也 疏 事酒，冬釀春成，以漢之醳酒況之 左思·魏都賦 有醳順時 𦈡 史記·淮陰侯傳 百里之內，牛酒日至，以饗士大夫、醳兵 註 謂以酒食養兵士 𦈡 或作澤 禮·郊特牲 舊澤之酒也 註 澤讀爲醳。舊醳之酒，謂昔酒也 𦈡 集韻 思積切音昔。義同 𦈡 shi 集韻 施隻切音釋。漬也 𦈡 古文釋字 戰國策 王欲醳臣專任所善，則臣請歸醳事 史記·張儀傳 共執張儀，掠笞數百，不服，醳之 註 索隱曰：醳，古釋字也。𦈡 又醳62577

醴 62566 33275 lǐ_13.20 唐韻 盧啓切 集韻 韻會 里弟切夶音禮 說文 酒一宿孰也 玉篇 甜酒也 釋名 醴，禮也。釀之一宿而成，醴有酒味而已也 詩·小雅 且以酌醴 傳 饗醴，天子之飮酒也 詩詁 酒之甘濁而不沛者 周禮·天官·酒正 辨五齊之名，二曰醴齊 註 醴，猶體也。成而滓汁相將，如今恬酒 前漢·楚元王傳 元王每置酒，常爲穆生設醴 註 師古曰醴，甘酒也。少麴多米，一宿而熟 𦈡 廣韻 醴泉，美泉也。狀如醴酒，可養老 爾雅·釋天 甘雨時降，萬物以嘉，謂之醴泉 禮記·禮運 故天降膏露，地出醴泉 𦈡 正字通 木醴 建康實錄 陳末，覆舟山、蔣山松栢林冬日常出木醴，後主以爲甘露 𦈡 縣名 史記·惠景閒侯者年表 醴陵侯越 註 縣名，屬長沙 廣韻 醴泉縣，屬京兆府，本漢谷口縣也，屬馮翊。至後魏置寧夷縣，隋改醴泉，因周醴泉宮得名 韻會 唐置乾州，宋改醴州，因醴泉縣名 𦈡 澧水，亦作醴 楚辭·九歌 沅有芷兮醴有蘭 史記·夏本紀 又東至于醴 註 索隱曰：騷人所歌，濯余佩于醴浦，醴卽澧水也 𦈡 字彙補 與禮通 禮·內則 世子生，宰醴負子，賜之束帛 註 醴當爲禮。

醱 62567 33276 pào_13.20 字彙 疋貌切音砲。面生氣也。

醵 62568 33277 jù_13.20 唐韻 其虐切 集韻 韻會 正韻 極虐切夶音噱 說文 會飮酒也 廣韻 會錢飮酒也 禮·禮器 曾子曰：周禮，其猶醵與 註 合錢飮酒爲醵 史記·貨殖傳 歲時無以祭祀，進醵飮食 註 徐廣曰：會聚食也𦈡jù 廣韻 集韻 韻會 其據切 正韻 居御切夶音遽 𦈡qú 廣韻 强魚切 集

韻 韻會 正韻 求於切夶音渠。義夶同。𦈡 又朕47799 醌62231

醼 62569 33278 zhǎn_13.20 集韻 旨善切音瞻。酒苦謂之醼。

醶 62570 33279 yàn_13.20 唐韻 集韻 夶魚窆切音驗 說文 酢漿也 博雅 醶，酢也 𦈡 廣韻 初檻切 集韻 楚檻切夶音臟。又 廣韻 力減切音臉 集韻 盧感切音壈。義夶同 𦈡xiān 集韻 虛咸切音歔。鹵味。𦈡 又醶62637酓62327

醷 62571 33280 yì_13.20 廣韻 於力切 韻會 乙力切夶音億 廣韻 濁漿也 集韻 釀醴酏爲漿也 禮·內則 或以酏爲醴，黍酏、漿、水、醷、濫 註 醷，梅漿也 釋文 本又作臆 𦈡 廣韻 於擬切 集韻 隱已切 正韻 隱綺切夶音譩。義同。𦈡ài 正韻 烏懈切音隘 莊子·知北遊 生者喑醷物也 註 醷，於界反。喑醷，聚氣貌 𦈡 正韻 他感切音醓。義同。

醿 62572 33281 cháng_13.20 五音集韻 市羊切音常。嘗味。

醾 62573 33282 zhà_13.20 六書統 與醡同。

醹 62574 33283 gǎn_13.20 集韻 古禫切音感。齫味。或作醆。

醺 62577 46024 yì_13.20 龍龕 同醳。

醻 62575 46022 sù_13.20 字彙補 同茜

醼 62576 46023 suì_13.20 搜眞玉鏡 音遂。

醁 62578 46025 cuō_13.20 搜眞玉鏡 同醅。

醺 62579 u288E4 giǎm_13.20 喃 从醋省禁cấm聲。

醨 62580 u288DF null_13.20 未詳。

醼 62581 u288DE yǐ_13.20 醳醾，亦作醳酏62182綠醾、綠螘、綠蟻。酒面上的綠色浮沫，亦美酒之稱。宋·張綱 華陽集·卷第三十九·長短句·臨江仙 綠醾浮觴香泛泛，黃花共薦芳辰。

醴 62582 uF9B7 lǐ_13.20 兼醴。

釀 62583 u91B8 niàng_13.20 俗釀62622

醑 62584 33284 xù_14.21 廣韻 徐呂切 集韻 象呂切夶音敘 玉篇 美貌 廣韻 酒之美也 集韻 本作醧 𦈡 集韻 演女切音與。義同。

醸 62585 33285 méng_14.21 集韻 謨蓬切音蒙 說文 鞴生衣也。𦈡 玉篇 細屑也。𦈡 又籹74640醶62563酸62450

醸 62586 33286 jì_14.21 集韻 韻會 正韻 夶才詣切音嚌 玉篇 酒有五醸之名 𦈡 博雅 醸，醬也 正韻 鹹也。通作齊。𦈡 又酨62298齏62473

醮 62587 33287 jiàn_14.21 唐韻 慈冉切 集韻 疾染切夶音漸 玉篇 醮醮，味薄也 𦈡 集韻 一曰醬也 𦈡 集韻 子敢切音譼。義同。

醹 62588 33288 rú_14.21 唐韻 而主切 集韻 韻會 蘂主切夶音乳 說文 厚酒也 詩·大雅 酒醴維醹 傳 醹，厚也 𦈡 廣韻 人朱切 集韻 韻會 汝朱切音儒。又 集韻 尼主切音穤。義夶同。𦈡 又醸62525

醺 62589 33289
xūn_14.21 　廣韻　集韻　韻會　正韻　丛許云切音薰　說文　醉也　徐曰　飲有酒氣熏熏然　玉篇　醉也。醺醺，和悅貌　又　韻會　通作熏　詩·大雅　公尸來止熏熏。鼇本作醺62627

醂 62590 33290
làn_14.21 　唐韻　集韻　丛盧瞰切音濫◆說文　泛齊，行酒也　廣韻　醂醁　又　集韻　魯敢切音覽。義同。鼇又或同濫30026　名義醶，力輦反。似諸和水。

醻 62591 33291
chóu_14.21 　廣韻　市流切　集韻　韻會　時流切丛音讎　說文　主人進客也。本作醻，今文作酬　玉篇　同酬　詩·小雅　鐘鼓既設，一朝醻之　傳　醻，報也　箋　醻，猶厚也，勸也　詩詁　主人進酒於客曰獻，客答主人曰酢，主復酌賓曰醻。又　小雅　君子有酒，酌言醻之　傳　醻，道飲也　箋　主人既卒酢爵，又酌自飲，卒爵，復酌進賓，猶今俗之勸酒　疏　欲以醻賓，而先自飲以導之，此舉醻之初，其實飲訖進酒於賓，乃謂之醻　又　廣韻　周也　又　shòu　集韻　承呪切音授。報也　又　dào　大到切音導。美酒名。

醝 62592 33292
cuó_14.21 　字彙補　才何切，坐平聲　博雅　醝，鹹也。

酸 62593 33293
suān_14.21 　五音集韻　籀文酸字。

醷 62594 46026
yí_14.21 　搜眞玉鏡　音移。

醶 62595 46027
cōng_14.21 　篇海類編　同醠。

醴 62596 u2B47E
null_14.21 　嗝　未詳。

醢 62597 u288EB
null_14.21 　未詳。

醰 62599 33295
zhà_15.22 　集韻　與醡同

醴 62600 33296
bào_15.22 　集韻　韻會　薄報切　正韻　蒲報切丛音暴　玉篇　酒名　集韻　一宿酒也。

醵 62598 33294
xuè_15.22 　集韻　黑各切音臛。醋也　又　xuè　黑角切音吒。義同　又　字彙補　苦酒也。見醫書。

醞 62601 33297
mì_15.22 　集韻　莫狄切音覛。醞醞，乾酪。或作酩

醾 62607 u288F4
mǒ_15.22 　俗醶18542

醷 62602 33298
lì_15.22 　集韻　與醓同

釀 62603 33299
mò_15.22 　廣韻　莫撥切　集韻　莫葛切丛音末　字林　醬也　又　miè　集韻　莫結切音蔑。又莫八切音傄。義丛同。

醶 62604 33300
chǎn_15.22 　正字通　俗醶字。

醇 62605 33301
chún_15.22 　集韻　醇62359古作醇。

醹 62606 46028
cuán_15.22 　字彙補　祖丸切音攢。鼇俗攢。

醇 62608 33302
chún_16.23 　說文　醇本字。

醨 62610 33304
lì_16.23 　集韻　狼狄切音歷　五音集韻　下酒也。

醼 62609 33303
yàn_16.23 　廣韻　同宴

醶 62611 33305
lǎn_16.23 　五音集韻　盧敢切音覽。醋味也。鼇又醶62644

醩 62612 33306
zāo_16.23 　五音集韻　籀文糟字。

酥 62613 33307
sū_16.23 　集韻　與酥同。

黶 62614 33308
yān_16.23 　廣韻　一鹽切音懕。含怒。

醠 62615 33309
cōng_16.23 　廣韻　倉紅切　集韻　麤叢切丛音恖。醠醠，濁酒。與醠同。

醾 62617 u288FD
mí_16.23 　同醾62620

醮 62616 u2B47F
jiào_16.23 　俗醮62536　申報·1887. Feb. 18. Num. 4969　醮婦控子。

醽 62618 33310
líng_17.24 　廣韻　集韻　韻會　丛郎丁切音靈　玉篇　淥酒也　集韻　湘東美酒　抱朴子·嘉遯卷　寒泉旨於醽醁　潘尼　應令詩　羽觴飛醽醁，芳饌備奇珍△集韻　或作醽。亦作醁、醁。通作霝。鼇又醽62628

醾 62621 33313
mí_17.24 　集韻　同醾

醓 62619 33311
gǎn_17.24 　唐韻　古禫切音感　說文　酒味淫也　又　五音集韻　徒紺切音醰。義同。

醾 62620 33312
mí_17.24 　集韻　韻會　正韻　丛忙皮切音糜　集韻　酴醾，酒名。一曰麥酒不去滓而飲　增韻　重醸酒。或作醿、醾　又　花名　歲時記　本酒名，以花色似，故名　六書故　或謂取其芬以漬酒。亦作荼蘼。鼇又醾62617酴62621醾62634

醾 62625 33317
mí_17.24 　集韻　同醾

釀 62622 33314
niàng_17.24 　唐韻　集韻　女亮切，音糧　說文　醞也。作酒曰釀　廣韻　醞酒也　史記·孟嘗君傳　乃多釀酒買肥牛　貨殖傳　通邑大都酤一歲千釀　前漢·食貨志　一釀用麤米二斛，麴一斛，得成酒六斛六斗　又　增韻　後人因謂酒爲釀　世說新語　劉愷曰：見何次道飲，令人欲傾家釀　又　禮·內則　鶉羹、雞羹、駕，釀之蓼　註　釀謂切雜之也。鼇又釀62341醸62583

醾 62623 33315
mí_17.24 　集韻　緜批切音迷。麴蘖謂之醾。

醶 62624 33316
chǎn_17.24 　唐韻　初減切　集韻　楚減切丛音醶　說文　酢也　廣韻　酢味　又　qiǎn　廣韻　集韻　丛七漸切音壍。又　集韻　初斂切音醶。義丛同。或作醶。鼇又醶62604

醟 62626 42137
yǒng_17.24 　字彙補　爲命切音詠。酒壞也。

醽 62628 u28900
líng_17.24 　同醽62618

醺 62627 u28901
xūn_17.24 　醺62589本字。

釁 62629 33318
xìn_18.25 　唐韻　虛振切　集韻　許慎切　韻會　許刃切　說文　血祭也。象祭竈也　廣韻　牲血塗器祭也　禮·月令　孟冬之月，命大史釁龜筴　疏　謂殺牲以血塗釁其龜及筴　雜記　成廟則釁之　疏　謂宗廟初成，則殺牲取血以釁之，尊而神之也　史記·高祖紀　祭蚩尤於沛庭而釁鼓　註　釁，祭也。殺牲以血塗鼓曰釁　又　罪也　左傳·宣十二年　觀釁而動　註　釁，罪也　又　瑕也　左傳·桓八年　讐有釁，不可失也　註　釁，瑕隙也　史記·李斯傳　成大功者，在因瑕釁而遂忍之　註　索隱曰：言因諸侯有瑕釁，則忍心而剪除也　又　兆也　魯語　若鮑氏有釁，吾不圖矣　註　釁，兆也　陸機　答賈長淵詩　天厭霸德，黃祚告釁　又　塗也。一曰熏也　齊語　比至，三釁三浴之　註　以香塗身曰釁　周禮·春官·肆師　共其釁鬯　註　以鬯塗尸，使之香美也　周禮·春官　女巫掌歲時被除釁浴　註　釁浴，謂以香薰草藥沐浴也　前漢·賈誼傳　釁面吞炭　註　漆面以易貌。一曰熏也，以毒

熏入之囡動也左傳·襄二十六年夫小人之性釁於勇註釁，動也囡爾雅·釋獸獸曰釁疏獸之自奮迅動作名釁囡姓正字通周有釁夏囡正字通通作釁韓非子既蓄王資而承敵國之釁前漢·敍傳乘釁而運囡或作衈禮·樂記車甲衈而藏之府庫註衈，釁字也。包干戈以虎皮，明能以武服兵也囡或作興禮·文王世子既興器用幣註興，當爲釁字之誤。鋆又釁37329

醮 62630 33319
jiào_18.25 唐韻正韻丛子肖切音醮說文歙酒盡也博雅醮，盡也禮·曲禮長者舉未醮，少者不敢飲註盡爵曰醮前漢·游俠傳郭解姊子負解之勢，與人飲，使醮，非其任，强灌之註盡爵曰醮。其人不飲而使盡爵，乃强灌之張協·七命酒駕方軒，千鍾電醮。鋆又歙26482燋31799囡正字通㶶26529與醮62642醮62536音義同。

醮 62631 46029
jiǎn_18.25 五音篇海同醮。

醮 62632 u28903
cáng_18.25 同藏51440囡zān醮醮，亦作腌臢48125，不乾淨西遊記·第四十四回有些醮臢臭氣，你休惡心。

醮 62633 33320
shī_19.26 唐韻集韻韻會丛所綺切音躧說文下酒也徐曰醮，猶籬取之也詩·小雅醮酒有藇傳以筐曰醮，以藪曰湑釋文謂以筐盝酒前漢·馬援傳擊牛醮酒囡廣韻分也前漢·溝洫志乃醮二渠以引其河註孟康曰：醮，分也。分其流，泄其怒也劉向·說苑禹醮五湖而定東海囡或作㵢唐書·高士廉傳附故渠，斯引旁出囡廣韻所宜切集韻韻會山宜切丛音欐。又廣韻所菹切集韻韻會山於切丛音疏。又集韻所寄切，徙去聲。義丛同囡lí五音集韻呂支切音離。以水釃醮。鋆又䍦45698酾62287釃62342㠠45705醮62519

醮 62634 33321
mí_19.26 集韻同醮。

醮 62635 33322
xǐ_19.26 正字通同醮六書統酸味液也。

醮 62636 u28906
zān_19.26 同臢48125

醮 62637 33323
yàn_20.27 廣韻魚欠切，嚴去聲集韻魚窆切韻會疑窆切，並音驗說文本作醶。酢漿也廣韻酒醋味厚增韻醶也。鋆又酽62343

醮 62638 33324
sōu_20.27 集韻酸62435古作醮。

醮 62639 u28909
nóng_20.27 正字通醮62564，本作醲。

醮 62640 u28908
zāo_20.27 籀文糟43558說文醮，籀文，从西。段注大徐本作醮62612，集韵從之。小徐本作醮，韵會從之。汲古閣以小徐改大徐，非也。

醮 62641 33325
lì_21.28 廣韻郎擊切集韻狼狄切丛音歷廣韻醮酸，酪滓囡集韻憐題切音黎。又里弟切音禮。義丛同。鋆又醮62602

醮 62642 33326
jiào_21.28 說文長箋同醮。

醮 62644 u2890B
lǎn_21.28 同醮62611

醮 62643 u2890C
tán_21.28 醮62543本字。

醮 62645 33327
líng_24.31 正字通俗醮字。

醮 62646 u2890E
yán_24.31 俗鹽74307參見醮62520囡有機化合物酯62302舊譯。

◆ 釆部 ◆

釆 62648 u2FA4
biàn_0.7 部釆62647

釆 62647 33328
biàn_0.7 古文𧿧唐韻蒲莧切。辨本字。說文辨別也。象獸指爪分別也六書正譌本獸指爪，借爲別辨字。凡審、釋、悉、番之類从此

采 62649 33329
cǎi_1.8 唐韻倉宰切集韻韻會此宰切丛音採說文捋取也詩·周南采采卷耳朱註采采，非一采也。囡擇也禮·昏義昏禮：納采、問名、納吉、納徵、請期釋文采，擇也疏納采者，謂采擇之禮史記·秦始皇紀上古帝位號，號曰皇帝班固·兩都賦序奚斯頌魯，同見采於孔氏囡采色書·益稷以五采彰施于五色史記·項羽紀吾令人望其氣，皆爲龍虎，成五采，此天子氣也。囡物采左傳·隱五年取材以章物，采謂之物疏取鳥獸之材以章明物色，采飾謂之爲物文六年分之采物疏采物，謂采章物色魯語天子大采朝日，少采夕月註大采，袞職也。少采，黼衣也囡左思·蜀都賦符采彪炳註符采，玉橫文也囡事也史記·司馬相如傳使獲耀日月之末光絕炎，以展采錯事註采，官也。展其官職，設厯其事業者也囡官也書·堯典帝曰：疇咨若予采傳采，事也。馬云官也禮·明堂位九采之國疏各掌當州諸侯之事囡采地禮·禮運大夫有采，以處其子孫前漢·地理志大夫韓武子食采於韓原囡飾也前漢·嚴助傳樂失而淫，禮失而采註如淳曰：采，飾也。師古曰采者，文過其實囡墓地揚子方言冢，秦晉之間謂之墳，或謂之采註古者卿大夫有采地，死葬之，因名囡風采前漢·霍光金日磾傳政自己出，天下想聞其風采左思·魏都賦極風采之異觀囡詩·秦風兼葭采采傳采采，猶萋萋，盛也囡詩·曹風蜉蝣之翼，采采衣服傳采采，衆多也朱註采采，華飾也謝靈運·緩歌行采采彤雲浮囡幣也史記·周本紀召公奭贊采註正義曰：采，幣也。又詩篇名禮·玉藻趨以采齊，行以肆夏囡姓風俗通漢度遼將軍采皓囡地名左傳·僖八年晉里克帥師，敗狄于采桑註平陽北屈縣西南有采桑津囡玉名司馬相如·上林賦晁采、琬琰，和氏出焉註晁采，玉名。囡木名史記·秦始皇紀堯舜采椽不刮註索隱曰：采，木名。即今之櫟木也囡草名博雅采，蓂采也囡cài韻會正韻丛倉代切音菜。臣食邑周禮·天官·八則註公卿大夫采邑。音菜孟子·元士受地視子男註所受采地之制。音菜前漢·食貨志註采，官也。因官食地，故曰采地囡與菜同周禮·春官·大胥春入學，舍采合舞註舍采，謂舞者皆持芬香之采。鄭康成曰：舍卽釋也，采讀爲菜。始入學，必舍菜，禮先師也。菜，蘋、蘩之屬。囡zǒu五音集韻子苟切音走。採取也。鋆又字學三正采，俗作採。

酉集 • 里部

62650 33330
bō_3.10　〔玉篇〕古文播20717字。

62651 33332
juàn_4.11　〔五音集韻〕渠卷切音倦。摶飯也。

62653 u91C8
shì_4.11　〔同文通考·省文〕釈，釋62670也〇按〔娑婆論〕釋迦作尺加，佛氏因造釈字。亦因造訳字爲譯。後人承訛，凡如擇懌澤驛等字皆从尺，並非。

62652 u28910
mí_4.11　俗䆼43231。

62655 u2B480
null_5.12　或粵俗譌。

62656 u91CA
shì_5.12　简〔釋62670〕

62654 33333
yòu_5.12　〔集韻〕余救切音狖。物有光也。通作油。鎏又䄱38815䆼19089

62657 33334
wéi_7.14　〔字彙〕與爲同。亢倉子製。

62658 33335
juàn_7.14　〔說文長箋〕同眷。

62659 u28914
vě_7.14　喃同㘸21914〔五千字譯國語·第二十六舉〕動裝，厜△厜榮：光輝的，光彩的。

62660 33336
è_8.15　〔集韻〕遏合切，音姶。繪也。

62661 33337
quán_8.15　〔說文〕卷04743本字。

62662 u28917
juàn_8.15　眷37607本字。

62664 u28919
juàn_9.16　〔正字通〕絭44092本作絭。

62663 33338
fèn_9.16　〔字彙〕方問切音奮。弃除也〔六書正譌〕俗作糞，非。

62665 33339
fèn_10.17　〔字彙補〕方問切音糞。䨦掃也。

62667 u2891C
huàn_10.17　絭57197本字。

62668 u2891B
null_10.17　未詳。

62666 46030
bān_10.17　〔字彙補〕同𤳹。

62671 u2891E
null_13.20　未詳。

62669 u2891D
fèn_11.18　同糞43556

62670 33340
shì_13.20　〔唐韻〕賞職切〔集韻〕〔韻會〕施隻切𠀤音適〔說文〕解也。从釆，釆取其分別物也〔左傳·襄二十九年〕春王正月，公在楚，釋不朝正于廟也〔註〕釋，解也〔疏〕解釋公所以不得親自朝正也〔吳語〕乃使行人奚斯釋言於齊〔註〕釋，解也。以言自解也〔廣韻〕捨也〔前漢·食貨志〕今農事棄捐，而采銅者日蕃，釋其耒耨，冶鎔炊炭〔管子·霸形篇〕釋實而攻虛，釋堅而攻膬，釋難而攻易〔又〕消也，散也〔前漢·景十三王傳〕骨肉冰釋〔註〕師古曰冰釋，言消散也〔淮南子·俶眞訓〕北方有不釋之冰〔又〕放也〔書·多方〕開釋無辜，亦克用勸〔傳〕開放無罪之人〔左傳·哀八年〕請釋子服何於吳〔又〕〔爾雅·釋詁〕釋，服也〔疏〕釋者，釋去恨怨而服也〔又〕〔書·大禹謨〕釋茲在茲〔傳〕釋，廢也〔又〕〔禮·王制〕出征，執有罪反，釋奠于學，以訊馘告〔註〕釋菜，奠幣，禮先師也〔又〕〔禮·禮器〕禮釋回，增美質〔註〕釋，猶去也。回，邪辟也〔又〕〔儀禮·士虞禮〕舉魚腊俎，俎釋三个〔註〕釋，猶遺也〔又〕〔書·太甲〕若虞機張，往省括于度則釋〔疏〕

釋弦發矢〔又〕潤也〔禮·內則〕欲濡肉，則釋而煎之以醢〔疏〕欲得濡肉，則以水潤釋而煎之以醢也〔又〕〔詩·大雅〕釋之叟叟〔傳〕釋，淅米也〔又〕釋迦，佛號。今僧家皆稱釋氏〔支遁·詠人日詩〕釋迦乘虛會〔梁·昭明·東齋聽講〕昔聞孔道貴，今覿釋花珍〔又〕姓〔又〕〔韻會〕或作澤〔詩·周頌〕其耕澤澤〔註〕言土解也〔周禮·冬官考工記〕水有時以澤〔又〕〔集韻〕亦作繹。通作醳〔史記·魏世家〕與其以秦醳衛，不如以魏醳衛〔又〕yì 〔字彙補〕羊益切音亦。悅也〔六書正譌〕別作懌，非〔嵆康·琴賦〕康樂者聞之，則欤愉懽釋。鎏又釈62653釋62673释62656㣇16849

62672 u28920
dí_14.21　俗釕43705

62673 u2891F
shì_14.21　俗釋62670

62674 33341
guàng_15.22　〔類篇〕古曠切，光上聲。飾色也。

◆ 里部 ◆

62675 33342
lǐ_0.7　〔廣韻〕良已切〔集韻〕兩耳切〔正韻〕良以切𠀤音裏〔爾雅·釋言〕里，邑也〔詩·鄭風〕將仲子兮，無踰我里〔傳〕里，居也〔周禮·地官·遂人〕五家爲鄰，五鄰爲里〔前漢·食貨志〕在壄曰廬，在邑曰里〔風俗通〕五家爲軌，十軌爲里。里者，止也，五十家共居止也〔又〕〔正韻〕路程，今以三百六十步爲一里〔又〕憂也〔詩·大雅〕瞻卬昊天，云如何里〔箋〕里，憂也〔又〕姓〔左傳·昭十七年〕鄭之未災也，里析告子產〔註〕里析，鄭大夫。又百里、相里，複姓〔又〕地名〔左傳·宣三年〕子臧得罪而出，誘子華而殺之南里〔註〕南里，鄭地〔又〕山名〔史記·封禪書註〕高里山，在泰山下〔又〕〔五代史·附錄〕契丹所居曰梟羅箇沒里〔註〕沒里者，河也〔又〕古夫稱妻曰鄉里〔南史·張彪傳〕我不忍令鄉里落它處〔沈約·山陰柳家女詩〕還家問鄉里，詎堪持作夫〔又〕〔正韻〕漢制：長安有戚里，人君姻戚居之，後世謂外戚爲戚里〔又〕〔周禮·冬官考工記·匠人〕里爲式，然後可以傅眾力〔註〕里讀爲已，聲之誤也〔釋文〕里，音以。鎏又里62676里62677

62676 u2FA5
lǐ_0.7　部里62675

62677 uF9E9
lǐ_0.7　兼里。

62678 33343
zhòng_2.9　古文𡍄〔唐韻〕柱用切〔集韻〕〔韻會〕儲用切𠀤音緟〔說文〕厚也〔增韻〕輕之對也〔易·繫辭〕夫茅之爲物薄，而用可重也〔禮·王制〕輕任幷，重任分〔又〕〔廣韻〕更爲也〔博雅〕重，再也〔又〕難也〔戰國策〕梁之所重處重留也〔註〕重，猶難也〔前漢·淮南王傳〕文帝重自切責之〔註〕如淳曰：重，難也〔又〕貴也〔戰國策〕張儀之殘樗里疾也，重而使之〔註〕重，猶貴也〔又〕尊也〔禮·祭統〕所以明周公之德，而又以重其國也〔註〕重，猶尊也〔又〕尚也〔禮·緇衣〕臣儀行不重辭〔註〕重，猶尚也〔疏〕爲臣之法，不尚虛華之辭〔又〕數也〔左傳·襄四年〕武不可重，用不恢于夏家〔註〕重，猶數也〔又〕其也〔禮·檀弓〕子之哭也，壹似重有憂者〔戰國策〕今攣能而公重不相善也〔註〕重猶甚也〔又〕〔淮南子·氾論訓〕古者，人醇，工龐，商朴，女重〔註〕女重，貞正無邪〔戰國策〕軍重踤高宛〔註〕重，輜重也〔前漢·張耳陳餘傳〕從閒

路絕其轜重[又]星名[博雅]歲星謂之重星[又]縣名[前漢·地理志]重平縣，屬渤海郡[又]山名[山海經]有重陰之山[又]木名[博雅]重皮，厚朴也[又][集韻][韻會]柱勇切[正韻]直隴切𠀤音憧[集韻]厚也，善也，愼也[五音集韻]多也[韻會]毛氏曰：凡物不輕而重，則上聲。因其可重而重之，與再重、鄭重，皆去聲○按[說文]柱用切，厚也，卽與輕重義同[集韻]柱勇切，愼也，卽與鄭重義同。上去雖有二音，𠀤無二義。古人三聲通用，必謂上去異訓，不可通押，此宋人拘泥之過也[又]chóng[廣韻]直容切[韻會]傳容切𠀤音褈[廣韻]複也，疊也[易·乾卦]九三，重剛而不中[疏]上下俱陽，故重剛也[書·舜典]重華協于帝[禮·禮器]天子之席五重，諸侯之席三重，大夫再重[楚辭·九辯]豈不鬱陶而思君兮，君之門以九重[又]穀名[詩·豳風]黍稷重穋[傳]後熟曰重[釋文]重，直容切，先種後熟曰重。又作穜，音同[又]多也[左傳·成二年]重器備[註]重，猶多也[釋文]直恭切[又]累也[詩·小雅]無思不憂，祇自重兮[箋]重，猶累也[釋文]直龍切，又直用切[又][爾雅·釋天]太歲在辛曰重光[釋文]直龍切[又]地名[左傳·僖三十一年]臧文仲往宿於重館[註]高平方與縣西北有重鄉城[釋文]直龍切[又]車名[詩·衞風]猗重較兮[傳]重較，卿士之車[釋文]直恭切[又]屋承霤也[禮·檀弓]池視重霤[疏]重霤，屋承霤也，以木爲之[釋文]直容切[又]地名[左傳·襄十七年]衞孫蒯田于曹隧，飮馬于重丘[註]重丘，曹邑[又]人名[書·呂刑]乃命重黎[傳]重卽羲，黎卽和[釋文]直龍切[又]姓[正字通]重黎之後，明有重省[又]神所依也[禮·檀弓]重，主道也[註]始死未作主，以重主其神也。重旣虞而埋之，乃復作主[疏]言始死作重，猶若吉祭木主之道。主者，吉祭，所以依神。在喪重亦所以依神。故云重主道也[又]tóng[正韻]徒紅切音同。與穜同。穀名[又]與童同[禮·檀弓]與其鄰重汪踦往，皆死焉[註]重當爲童，未冠者之稱[釋文]重，音同[又]zhòng[正韻]之仲切音衆[前漢·匈奴傳]不如重酪之便美[註]重，乳汁也。本作湩。鑾又𨤗62683𡍬09033𡐓45623[集韻]重，古作𡒊09666𡓅09460𡓈09656

𫟯 62679 u2B7EF zhòng_2.9 俗重62678

𨤤 62680 u28924 liě_3.10 佛經譯音用字[希麟音義]睹𨤤：下里也反。

野 62681 33344 yě_4.11 古文埜壄[唐韻]羊者切[集韻][韻會][正韻]以者切𠀤音也[說文]郊外也[易·同人]同人于野，亨[疏]野，是廣遠之處[詩·魯頌]駉駉牡馬，在坰之野[傳]邑外曰郊，郊外曰野[又][周禮·地官·遂人]掌邦之野[註]郊外曰野，此野爲甸稍縣都[又][周禮·秋官]縣士掌野[註]地距王城二百里以外至三百里曰野[又][韻會]朴野[論語]質勝文則野[禮·檀弓]故騷騷爾則野[疏]田野之人，急切無禮。[又]官名[左傳·昭十八年]使野司寇各保其徵[註]野司寇，縣士也[禮·月令]季春之月，命野虞毋伐桑柘[註]野虞，謂主田及山林之官[又]地名[書·禹貢]原隰底績，至于豬野[傳]豬野，地名[左傳·宣十七年]晉人執晏弱于野王[註]野王縣，今屬河內。又[昭二十五年]齊侯唁公于野井[註]濟南祝阿縣東有野井亭。又鉅野，縣名。見[前漢·地理志][又]藪名[書·禹貢]大野旣豬[周禮·夏官·職方氏]河東曰兗州，其山鎭曰岱山，其澤藪曰大野[又]東野，複姓[呂氏春秋]東野稷以御見莊公[又][莊子·逍遙遊]野馬也，塵埃也，生物之以息相吹也[註]野馬者，遊氣也[又][博雅]野雞，雉也[又]shù[廣韻][正韻]承與切[集韻]上與切。𠀤與墅同[集韻]田廬也[正韻]此正古墅字，田下已从土，後人以其借爲郊野字，復加土字[又]yǔ[集韻]演女切音與。郊外也。鑾又墅08956壄09378[又][玉篇]壄，亦者切。古文野。

𤆬 62682 33345 mái_4.11 [字彙]謨皆切音埋。少也。

𨤗 62683 33346 zhòng_4.11 [字彙補]重本字。鑾當為部外三畫。

𦙶 62684 33347 lǐ_4.11 [集韻]與李同。木名。

量 62685 33348 liàng_4.11 [集韻]量62687古作量。

𫒁 62686 u2B481 null_4.11 未詳。

量 62687 33349 liàng_5.12 古文量量[廣韻][集韻][韻會]力讓切[正韻]力仗切𠀤音亮[集韻]斗斛曰量[書·舜典]協時月正日，同律度量衡[釋文]量，力尚切，斗斛也[左傳·昭三年]齊舊四量，豆區釜鍾[禮·明堂位]頒度量，而天下大服[註]量，謂豆、區、斗、斛、筐、筥所容受[前漢·律歷志]量者，龠、合、升、斗、斛也[又][正韻]度量，能容之謂量[蜀志·黃權傳]魏文帝察其有局量[程子遺書]或問：量可學乎。曰：可。學進則識進，識進則量進，人量隨識長，亦有識高而量不長者，識未至也[又]限也[禮·禮運]月以爲量[疏]量，猶分限也[又][禮·曲禮]凡祭宗廟之禮幣曰量幣[釋文]量，音亮。又音良[又]審也[禮·少儀]事君者量而后入，不入而后量[釋文]量，音亮[又]酒量[論語]惟酒無量不及亂[東都事略]太祖謂王審琦曰：天必賜卿酒量[又]liáng[唐韻][集韻][韻會]呂張切[正韻]龍張切𠀤音良[說文]稱輕重也[馮衍·遂志賦]弃衡石而意量兮[又][廣韻]度多少也[增韻]概量多寡也[唐書·武后紀]補闕連車載，拾遺平斗量[又]度長短也[周禮·夏官]量人[註]量，猶度也。謂以丈尺度地[前漢·枚乘傳]銖銖而稱之，至石必差。寸寸而度之，至丈必過。石稱丈量，徑而寡失[又][韻會]商量[又][博雅]量，度也[左傳·隱十一年]度德而處之，量力而行之[釋文]量，音良[韓愈詩]蚍蜉撼大樹，可笑不自量○按古文亮、良二音通，今讀度量、器量爲亮，讀丈量、商量爲良，二音遂分[又][山海經]犬封國有文馬，縞身朱鬣，目若黃金，名曰吉量[註]郭璞曰：一作良[又][字彙補]與緉同。雙履也[世說]阮孚曰：未知能著幾量屐。鑾又𣅽23090

𨤻 62688 33350 liàng_5.12 [玉篇]古文量字。註詳量。

偅 62689 42138 shū_5.12 [字彙補]式六切，音縮◇倏忽也。

𨤿 62690 42139 chōng_5.12 [餘文]丑凶切。地名。

欪 62691 u28927 lē_5.12 　嘸 从理省尔né聲。道理。

量 62692 uF97E liàng_5.12 　兼 量。

崟 62694 u2892A null_6.13 　未詳。

釐 62693 46031 lí_6.13 　龍龕音狸。又音里。

毦 62695 u2B483 null_7.14 　嘸未詳。

釐 62696 u2892C qín_7.14 　集韻 堇08812，渠巾切 說文 黏土也。古作釐幕。

釐 62697 33351 lí_8.15 　集韻同釐。

嫩 62698 u2892E dǎm_8.15 　嘸俗嫩62708里程△舒嫩：千里。嫩長：長途。

題 62699 46032 zhí_9.16 　字彙補 澄暚切音姪。

鞮 62700 u28930 nhé_9.16 　嘸从理尔né聲。同鞮62714袿39790褸40131

釐 62701 u2B484 lí_10.17 　俗釐62704

釐 62703 u28932 lí_10.17 　俗釐62704

釐 62702 u28933 null_10.17 　未詳。

釐 62704 33352 lí_11.18 　古文釐 廣韻 集韻 里之切 韻會 陵之切，丛音狸 廣韻 理也 書·堯典 釐降二女于嬀汭 疏 釐降，謂能以義理下之 揚雄·劇秦美新 荷天衢，提地釐 註 釐，理也。荷天道，提地理，言則而效之 図 說文 家福也 揚雄·甘泉賦 澄釐三神者 註 釐，福也 図 治也 書·堯典 允釐百工，庶績咸熙 傳 釐，治也 図 數名。與釐、氂丛同 前漢·東方朔傳 正其本，萬事理，失之毫釐，差以千里 淮南子·主術訓 是故審毫釐之計者，必遺天下之大數。図 揚子方言 陳楚之間，凡人嘼乳而雙產，謂之釐孳。図 博雅 耦也 図 揚子方言 釐姆，貪也 図 賜也，予也 詩·大雅 其僕維何，釐爾女士 傳 釐，予也 又 釐爾圭瓚 傳 釐，賜也 図 山名 山海經 釐山 註 按 名勝志 釐山在嵩縣西 図 草名 爾雅·釋草 釐，蔓華。本作釐。俗从牙作釐 図 陟釐，紙名 正字通 海藻本名陟釐。南越以海苔爲紙，其理倒側，故名側理紙 図 姓 山海經 大荒之中有大人之國，釐姓 註 按 國名記 帝鴻之後也 氏族志 南北朝有釐豔 図 人名 山海經 大暭生咸鳥，咸鳥生乘釐 註 乘釐，是司水土 又 重陰之山，有人食獸，曰季釐。図 與嫠同 韓詩外傳 鄰之釐婦 後漢·西羌傳 納其釐嫂 図 xī 集韻 正韻 丛虛其切音僖。福也 前漢·文帝紀 祠官祝釐 註 如淳曰：福也。師古曰本作禧，假借用。図 倉頡篇 祭餘肉也 前漢·賈誼傳 上方受釐宣室 註 徐廣曰：祭祀福胙也。應劭曰：祭餘肉也 図 與僖同 史記·魯世家 季友奉子申入，立之，是爲釐公 史記·匈奴傳 齊釐公與戰於齊郊 註 釐音僖 図 史記·孔子世家 汪罔氏之君守封禺之山，爲釐姓 註 釐音僖 図 tāi 五音集韻 土來切音胎。地名。邰或作釐，后稷所封也 図 同秾 前漢·劉向傳 貽我釐籹 註 師古曰釐，力之反，又音來 図 字彙補 同萊 戰國策 齊伐釐、莒 図 lài 集韻 落蓋切音賚。賜也 詩·大雅 釐爾圭瓚。沈重讀。鋥 又厘04868釐12306 釐62701氂27508釐62697釐12470厂00013釐62711

鞭 62705 33353 xiè_11.18 　五音集韻 蘇協切音燮。斬也。

譬 62706 42140 chóu_11.18 　字彙補 澄求切音紬 篇韻 田也。

鍾 62707 u28936 chǒng_11.18 　嘸从二重，重trọng亦聲。壘，疊。

嫩 62708 u28935 dǎm_11.18 　嘸从里淡đạm聲。俗省作嫩62698

輯 62709 u2B485 null_12.19 　嘸未詳。

緑 62710 46034 liáng_13.20 　字彙補 與糧同。

釐 62711 u28938 lí_13.20 　俗釐62704 可洪音義 祇釐：音狸。

鞭 62712 33354 jí_14.21 　集韻 卽入切，音喋。物相重類 鋥 篇海 物相重類 集韻 類篇 物相重累。

歝 62713 33355 lí_14.21 　金石韻府 古文釐62704字。鋥當从攴作。

鞮 62714 u2893B nhé_18.25 　嘸从理爾nhāi聲。道理△亦作鞮62700

釀 62715 u2893C nặng_23.30 　嘸从重曩nặng聲。負荷。

戌 集

◈ 金部 ◈

金 62716 33356 jīn_0.8 古文金金唐韻居音切集韻韻會正韻居吟切丛音今易繫辭註天地之數，五五相配以成金、木、水、火、土疏地四與天九相得，合爲金書·洪範五行，四曰金，金曰從革傳金可以改更疏可銷鑄以爲器也又從革作辛傳金之氣味疏金之在火，別有腥氣，非苦非酸，其味近辛，故云金之氣味又金有五色說文五色金也，黃爲之長，久薶不生衣，百煉不輕，從革不違。西方之行，生於土爾雅·釋器黃金謂之璗，其美者謂之鏐，白金謂之銀，其美者謂之鐐書·禹貢厥貢惟金三品傳金、銀、銅也前漢·食貨志金有三等，黃金爲上，白金爲中，赤金爲下註白金，銀也。赤金，丹陽銅也。師古曰金者五色，黃金、白銀、赤銅、青鉛、黑鐵又公羊傳·隱五年百金之魚註百金，猶百萬也。古者以金重一斤，若今萬錢矣莊子·逍遙遊請買其方百金註金方寸重一斤爲一金。百金，百斤也史記·平準書黃金一斤註索隱曰：如淳云時以錢爲貨，黃金一斤直萬錢，非也。又臣瓚云秦以一鎰爲一金，漢以一斤爲一金，是其義也。董彥遠曰：漢一斤金四兩，直二千五百文正字通或曰古十兩爲一斤。兵法：興師一萬，日費千金。燕昭王以千金養士，皆此數也。非若今人以二十四銖爲一金也又樂有八音，一曰金左傳·成十二年金奏作于下疏金奏，擊鐘以爲奏樂之節。金，謂鐘及鎛也周禮·春官·鍾師掌金奏又兵也禮·中庸衽金革朱註金戈，兵之屬又韻會軍行鉦鐸曰金釋名金鼓。金，禁也，爲進退之禁也前漢·李陵傳聞金聲而止註金，鉦也。一名鐲。又黃色也前漢·宣帝紀金芝九莖，產於函德殿銅池中註金芝，色像金也李白·宮中行樂詞柳色黃金嫩。又堅也前漢·司馬相如傳上金隄註金隄，言水之隄塘，堅如金也賈誼·過秦論金城千里又官名周禮·秋官職金掌凡金、玉、錫、石、丹青之戒令魏志·王修傳行司金中郎將唐書·百官志更金部曰司金遼史·國語解陰山採金，置冶採鍊，名山金司元史·世祖紀置淮南淘金司。又前漢·百官公卿表更名執金吾註金吾，鳥名也，主辟不祥。天子出行，職主先導，以禦非常，故執此鳥之象，因以名官古今注金吾，棒也。以銅爲之，黃金塗兩末，謂爲金吾。御史大夫、司隸校尉，亦得執焉。又論語·摘輔象風后受金法註金法，言能決理是非也。又地名五音集韻金州，周爲附庸國，魏於安康縣置東梁州，後周改爲金州。又前漢·地理志金城郡註昭帝始元六年置。應劭曰：初築城得金，故曰金城。臣瓚曰：稱金，取其堅也方輿勝覽楚威王置金陵邑，因其地有王氣，埋金鎮之，故名又山名廣輿記在鎮江府城西北江中，唐裴頭陀於此開山得金，故名。又述異記黃金山，生交讓樹又南金山有師子獸又臺名白帖燕昭王置千金于臺上，以延天下之士，故謂黃金臺又花名五代史·附錄湯城淀池多異花。一曰旱金，大如掌又樹名洞冥記影蛾池北有生金樹，破之，皮間有屑，如金而色青，亦名青金樹又草名周禮·春官·鬱人註鬱金，香草，宜以和鬯。又拾遺記祖梁國獻蔓金苔正字通百兩金，藥名。又唐本草牡丹，亦名百兩金又古天子號帝王世紀少昊氏以金德王，故號金天氏。又國號金史·太祖紀國有金水，源產金，故號大金又姓五音集韻古天子，金天氏之後。又漢複姓。金留氏，出姓苑又書名前漢·蕭望之傳金布令甲註金布者，令篇名也。其上有府庫金錢布帛之事，因以名篇令。甲者，其篇甲乙之次唐書·藝文志海蟾子元英還金篇一卷宋史·藝文志叢金訣一卷又神名前漢·郊祀志或言益州有金馬碧雞之神註金形似馬，碧形似雞又闕門名前漢·公孫弘傳待詔金馬門註武帝時更名魯班門爲金馬門又金精，珠名。見博雅釋珠又鍾名拾遺記帝顓頊有浮金之鍾又星名酉陽雜俎北斗第三星曰祿金清異錄高麗謂星曰屑金又金丹抱朴子·金丹卷神人授之金丹仙經又石名淮南子·地形訓黃澒五百歲生黃金註澒，水銀也。黃金，石名又jìn去聲字彙補音噤荀子·解蔽篇金口閉舌。

鑾又衾62744衾01468金01303，亦古文又釒62721钅62720金62719

金 62717 u2FA6 jīn_0.8 同金62716部首專用字。亦作釒62721钅62718

钅 62718 u2ED0 jīn_0.8 部金62717

金 62719 uF90A jīn_0.8 兼金。

钅 62720 u9485 jīn_0.8 同釒62721

釒 62721 u91D2 jīn_0.8 部金62717

钇 62723 u9487 yǐ_1.9 简釔62725

釓 62722 33357 qiú_1.9 篇海類編釚62732亦作釓。鑾又钆62724又gá化學元素Gadolinium漢譯。序數64。符號Gd。舊亦作錷63645

钆 62724 u9486 qiú_1.9 简釓62722

釔 62725 u91D4 yǐ_1.9 化學元素Yttrium漢譯。符號Y。序號39又銥63370

鈚 62726 33358 pī_2.10 玉篇匹犁切音砒。箭也集韻本作錍。

鑾正字通鈚同鈚62840

釕 62727 33359 diǎo_2.10 廣韻都了切集韻丁了切丛音鳥廣韻釕鈌，帶頭飾集韻鞓釕也又liǎo集韻韻會丛朗鳥切音了。義同。鑾又钌62746

釖 62728 33360 dāo_2.10 集韻與刀同。

釗 62729 33361 zhāo_2.10 唐韻止遙切集韻韻會正韻之遙切丛音招說文刓也又揚子方言遠也。燕之北郊曰釗又說文註鄭樵曰：釗，或以爲弩機又姓正字通明釗劒佩，三河人又爾雅·釋詁釗，勉也揚子方言釗、薄，勉也。秦、晉曰釗，或曰薄。自關而東周鄭之閒曰勔釗又廣韻見

也汲冢周書釗我周王☒jiāo廣韻古堯切集韻堅堯切夶音澆義同☒周康王名史記·三代世表康王釗註索隱曰克堯反又音昭☒zhāo集韻莊交切音瞧周康王名書·顧命釋文徐邈讀鑒又釗62748☒廣韻釗古堯切覬也遠也亦弩關一云周康王名又作覴55067☒俗釗62757可洪音義鐶釗上古亂反辟鐶也下尺絹反指鐶也

鈋62733 33365 qiú_2.10　集韻同鈯

釘62730 33362 dīng_2.10　唐韻集韻韻會正韻夶當經切音丁說文鍊鉼黃金☒◆正韻鈴釘矛名郭璞曰鶴鈯矛江東呼爲鈴釘一曰鐵鉥☒正韻鐵釘又晉書·陶侃傳竹頭木屑悉令掌之及桓溫伐蜀以所貯竹頭作釘裝船☒國名山海經有釘靈之國註吳任臣云釘靈今丁靈國又名丁令亦作丁零☒抱朴子·黃白卷光明美色可中釘也☒dǐng集韻都挺切音頂前漢·王子侯者年表有利侯劉釘註音丁又音鼎☒集韻鍊鉼金☒dìng廣韻集韻韻會正韻夶丁定切音矴義同☒增韻以釘釘物也☒líng五音集韻郎丁切音靈字類撞矝鑒又釘62749

鈘62731 33363 pò_2.10　集韻匹角切音璞玉篇金鈥集韻金鈘也鑒元刻本玉篇鈥普剝切金鈥胡吉宣：鈥62850譌字集韻鈥金鈘☒朴23539鈥62747

鈌62732 33364 qiú_2.10　廣韻巨鳩切集韻渠尤切夶音求玉篇弩牙集韻或作鉥鈌篇海類編亦作鈌鑒鈌62741鈌62801

釛62734 33366 bā_2.10　玉篇胡刻切音劾金也☒廣韻博拔切音八義同鑒明嘉靖朝鮮歸真寺本龍龕鈥62738音八治金也釛金類也鈚同今增

釜62735 33367 fǔ_2.10　廣韻扶雨切集韻奉甫切夶音父說文鬴或作釜俗省作釜古史考黃帝始作釜易·卦傳坤爲釜疏取其化生成熟也詩·召南維錡及釜註有足曰錡無足曰釜釋文釜符甫反☒量名論語與之釜左傳·昭三年豆區釜鍾四升爲豆各自其四以登于釜釜十則鍾註釜六斗四升鍾六斛四斗☒山名史記·封禪書黃帝合符釜山括地志釜山在嬀州懷戎縣北☒水經注西海鹽池北西王母有石室石釜鑒又醱71382釜33878☒正字通釜說文鬲部鬴重文作釜從金父聲篆作釜62848俗省作釜62752別作蓥32314並非

針62736 33368 zhēn_2.10　廣韻之林切集韻正韻諸深切夶音斟說文徐註俗鍼63720字所以縫也易·乾卦各從其類疏若磁石引針琥珀拾芥天寶遺事唐宮中七夕結綵樓陳瓜果酒炙祀牛女妃嬪各執九孔針五色線向月穿之過者爲得巧☒姓明隆慶舉人針惠☒方書針灸法☒蟲名古今注蝌蚪一名玄針☒書法有垂露體懸針體庾信·謝趙王啓垂露懸針書恩不盡☒zhèn廣韻之任切集韻韻會正韻職任切夶枕去聲集韻縫也☒刺也鑒又針62750☒集韻鍼鐵64354或從葳

鈙62741 u2B7F2 qiú_2.10　簡鈌62732

鈃62737 33369 zhí_2.10　五音集韻陟

立切音縶鐵器☒玉篇銛也鑒又鈀62745

鈀62742 u2B4E5 bā_2.10　簡鈀62738

鈀62738 33370 bā_2.10　廣韻博拔切集韻布拔切夶音八玉篇冶金也

金62739 33371 jīn_2.10　集韻金62716古作金

釚62740 46035 qiú_2.10　龍龕俗亂字鑒楊寶忠：俗鈌62732

釵62743 u28941 chā_2.10　俗杈23569可洪音義鐵釵杈：二同音义

傘62744 u28940 jīn_2.10　同金62775亦作釜01468古文金

鈂62745 u2893F zhí_2.10　同鈃62737朝鮮本龍龕鈃陟立切鐵器

釕62746 u948C liǎo_2.10　簡釕62727

釙62747 u948B pò_2.10　簡鈥62731

釗62748 u948A zhāo_2.10　簡釗62729

釘62749 u9489 dīng_2.10　簡釘62730

鈉62751 u91E2 nǎi_2.10　化學元素鐯之舊譯

釜62752 u91E1 fǔ_2.10　直音篇釜同釜62735

针62750 u9488 zhēn_2.10　簡針62736

釣62753 33372 diào_3.11　唐韻集韻韻會正韻夶多嘯切音弔說文鉤魚也詩·召南其釣維何傳釣者以此有求于彼淮南子·說山訓詹公釣千歲之鯉呂氏春秋太公釣于滋泉以遇文王宋玉·釣賦昔堯舜禹湯之釣也以聖賢爲竿道德爲綸仁義爲鉤祿利爲餌四海爲池萬民爲魚取也淮南子·主術訓虞君好寶而晉獻以璧馬釣之☒姓正字通宋紹興進士釣宏鑒又釣62793鈄62845

銏62754 33373 shàn_3.11　廣韻集韻韻會夶所鑒切音訕玉篇大鎌也韻會鏟屬抱朴子·逸民卷推黃鉞以適銏鎌之持韓愈·李大夫墓誌鐯銏鉏斸註銏大鑱斸大鉏☒xiān集韻思廉切音銛刀名☒集韻師咸切音攕韻會師銜切音衫人名晉有沙樓國帥銏加☒姓晉書·東夷傳銏加又明有玉田人銏資鑒又銏62796釤62787鏥63990鎺63989鐥64326鐥64308

鈔62755 33374 qiǎo_3.11　廣韻親小切集韻七小切夶音悄玉篇美金也☒廣韻好也又淨也揚子方言鈔嫽好也青徐海岱之閒曰鈔或謂之嫽註今通呼小姣潔喜好者爲嫽鈔☒集韻一曰微也☒jiāo集韻子小切音剿利也

釦62756 33375 kòu_3.11　唐韻正韻苦厚切集韻韻會去厚切夶音口說文金飾器口也後漢·鄧皇后紀其蜀漢釦器九帶佩刀夶不復調註釦音口以金銀緣器也☒鏤也班固·西都賦玄墀釦砌註墀階也以粢飾階釦砌鏤砌也揚雄·蜀都賦雕鐫釦器百伎千工☒韻會謹動也吳語三軍皆譁釦以振旅註譁釦謹呼也韋昭曰：釦猶叩也攷也謂擊金聲譁謹呼也☒kòu集韻丘候切音寇義同☒正字通俗謂衣紐曰釦

釧62757 33376 chuàn_3.11　唐韻尺絹切韻會正韻樞絹切夶音竁說文臂環也玉篇釵釧正字通古男女同用今惟女飾

有之何偃·與謝尚書珍玉名釧，因物寄情庚信·竹杖賦
玉關寄書，章臺留釧墨莊漫錄唐文宗問宰臣，金條脫
何物。宰臣未對。文宗曰：古詩「輕衫穩條脫」，即今
臂釧也，別作玔図姓萬姓統譜萬曆間，撫州照磨釧國
賢，閩中人。貴陽縣丞釧佩，雲南人図chuān類篇昌
緣切音穿。車釧。鑋又钏62797鐪63770釧62729

釴 62758 33377
jié _3.11 廣韻居列切集韻韻會吉列切丛音孑廣
韻戟也◆揚子方言戟，秦晉之間謂之釴又矛或謂之釴。
鑋正字通釴62759，釴字之譌。

釴 62759 33378
zǐ _3.11 集韻祖似切音子玉篇剛也集韻或作鐨。

釩 62760 33379
fán _3.11 廣韻集韻丛峰范切音軓玉篇拂也図集
韻器也図fàn集韻孚梵切音泛。杯也。鑋又钒62794

釪 62761 33380
yú _3.11 廣韻羽俱切韻會正韻雲俱切丛音于，錞
釪，樂器，形如鐘，以和鼓。亦作淳于。譌作將于図博
雅鐏也揚子方言鐏謂之釪，或謂之鐱字彙補鉢釪，
僧家飯器世說新語王、劉聽林公講，王語劉曰：向高
坐者，故是凶物。復更聽，王又曰：自是鉢釪後王、何
人也。鑋亦作鉌63348

鋘 62762 33381
huá _3.11 廣韻戶花切集韻胡瓜切丛音華廣韻兩
刃臿也図集韻時遮切音闍。義同図hú洪孤切音胡。
泥鏝也。塗工之具。本作鋘図wū廣韻哀都切集韻汪
胡切丛音烏。義同。

釬 62763 33382
hàn _3.11 唐韻集韻韻會侯旰切正韻侯幹切丛音
翰說文臂鎧也図廣韻釬，金銀器，令相著集韻固金
鐵藥正字通釬藥，以硼砂合銅爲之，用胡桐汁合銀，
堅如石。今玉石刀柄之類，釬藥加銀一分其中永不脫
図管子·戒篇弛弓脫釬註釬，所以鉤弦図gān集韻居
寒切音干。器也図急也莊子·列禦寇有緩而釬註釬，
胡旦反。又音干。急也△集韻亦作銲。

釭 62764 33383
gāng _3.11 唐韻集韻韻會丛古雙切音江說文車轂
中鐵也博雅鐧、錕，釭也。謂車轂中鐵，自關以西謂之
釭◆釋名釭，空也。其中空也図廣韻鐙也謝朓詩但願
置樽酒，蘭釭當夜明○按金釭，非燈，乃詩人誤用也。
註詳下図gōng廣韻正韻古紅切集韻韻會沽紅切丛
音工班固·西都賦金釭銜壁，是爲列錢前漢·趙皇后傳
壁帶往往爲黃金釭註壁帶，壁之橫木，露出如帶者也。
於壁帶之中，往往以金爲釭，若車釭之形也。晉灼曰：
以金環飾之也。釭，音工，流俗音江，非也。韻會云俗謂
金釭爲燈，音杠。又書作缸，字義、字音、字畫皆誤。
図箭鏃釋名關西曰釭図gōng廣韻古冬切集韻古宗
切韻會沽宗切丛音攻。轂鐵。一曰鐙也。鑋直音篇
輕60046同軖。

孖 62779 u2B4E6
zǐ _3.11 簡釴62759

釮 62765 33384
qí _3.11 字彙前西切
音齊篇海利也図牋西切音躋。義同。

釯 62766 33385
máng _3.11 正字通俗鋩字。鑋又vòng喃手鐲。

釰 62767 33386
rì _3.11 集韻入質切音日。鈍也。鑋同釰62800，
俗劍03806図rèn龍龕音刃03255劍釰也。

鈦 62768 33387
dì _3.11 唐韻特計切集韻韻會正韻大計切丛音
第◆說文鐵鉗也廣韻以鎖加足增韻在頸曰鉗，在足曰
鈦史記·平準書敢私鑄鐵器、煮鹽者，鈦左趾註鈦，踏
腳鉗也字林音大計反図dài廣韻集韻韻會丛徒蓋切
音大。義同図前漢·揚雄傳肆玉鈦而下馳註鈦，車轄
也。音大，又音第図tāi集韻他蓋切音太博雅鉛也。
一曰在項曰鉗，在足曰鈦。鑋又鉳62997図鈦62922，楊
寶忠：俗鈦。

釲 62769 33388
sì _3.11 集韻象齒切音俟玉篇金子也図集韻與
鋁同博雅鋁、鉿，鋌也。鑋又釲62786钯62778

鈒 62770 33389
xì _3.11 唐韻集韻韻會丛許訖切音迄說文本作
鈒。乘輿馬頭上方鈒唐韻乘輿，馬頭上插以翟尾，曰
方鈒後漢·輿服志金鍐方釳插翟尾蔡邕·獨斷金鍐，方
鈒，繁纓重戴張衡·東京賦方鈒左纛李善註以五寸鐵，
中高兩頭低，如山形，翟尾結著轅兩邊，防馬相突図玉
篇鐵孔也図廣韻魚訖切音疙。義同。鑋又釳62783

鈍 62776 46036
dùn _3.11 龍龕同鈍

鈘 62771 33390
yì _3.11 廣韻與職切
集韻韻會丛逸職切音弋爾雅釋器鼎附耳外謂之鈘註
鼎耳在表釋文鈘，音弋。鑋正字通鈘，鈗字之譌。

釵 62772 33391
chāi _3.11 唐韻楚佳切集韻韻會初佳切，丛音靫說
文笄屬。本只作叉，此字後人所加玉篇婦人岐笄也司
馬相如·美人賦玉釵挂臣冠秦嘉·與婦徐淑書今致寶釵
一雙，可耀首曹植·美女篇頭上金爵釵図金釵股，藥
名本草綱目李時珍曰：石斛，狀似金釵，故名。又忍冬
藤，解毒。亦號金釵股図叶千古切音楚毛詩註疏欲買
赭，不謂竃下有黃土。欲買釵，不謂山中自有楛。
鑋又钗62789

钯 62778 u2B7F3
sì _3.11 簡釲62769

鉈 62773 33392
shī _3.11 字彙補同鎞
荀子·議兵篇宛鉅鐵鉈，慘如蠆薑。

鈵 62774 33393
pàn _3.11 集韻普患切音襻。器系。與鎜同。

金 62775 33394
jīn _3.11 玉篇古文金62716字。

釠 62777 46037
zhù _3.11 五音篇海之酉切。鑋同鑄。見殷周金文。

妾 62780 u2B488
null _3.11 未詳。

钇 62783 u28C3F
xì _3.11 簡釳62770

鈶 62781 u2B487
dùn _3.11 朱公鈶鐘陸
蟠之孫邾公鈶。人名。又龍龕鈶，新藏作鈶62776

钨 62784 u28C3E
mǎ _3.11 簡鎷64015

鈖 62782 u2B486
null _3.11 新撰字鏡
鈒62785鈖，二字毛知支利△宏按，他本作鈚。

鈊 62785 u28949
null _3.11 日新撰字鏡鈖鈊，二字毛知支利。

釲 62786 u28948
sì _3.11 同釲62769

鈇 62788 u28945
zhàng _3.11 同杖23587

釤 62787 u28946
shàn _3.11 俗鈒62754日新撰字鏡·金部第六十八所

鑒反。大鎌也。字又見 和字正俗通·和制一·噐財

钗 62789 u9497
chāi_3.11　简 釵62772

锡 62790 u9496
yáng_3.11　简 錫63677

钕 62791 u9495
nǚ_3.11　简 鈗62803

钔 62792 u9494
mén_3.11　简 鍆63630

钓 62793 u9493
diào_3.11　简 釣62753

钒 62794 u9492
fǎn_3.11　简 釩62760

钑 62795 u9491
sà_3.11　简 鈒62831

钏 62797 u948F
chuàn_3.11　简 釧62757

钐 62796 u9490
shàn_3.11　简 釤62754

釼 62800 u91FC
jiàn_3.11　俗劍03806亦

作劎62767可洪音義釰婆：上居欠反。正作劔。

釚 62801 u91FB
qiú_3.11　同鍒63263亦作釚62732 五侯鯖字海 音求。

弩機也图 wán 曰圓形鐵器。

釬 62802 u91FA
qiān_3.11　釬子，鋼釬图 金文編 釬，說文 所無。器

名。形為鍼 中山侯鉞 作丝軍釬。

钎 62798 u948E
qiān_3.11　简 釬62802

釹 62803 u91F9
nǚ_3.11　稀土化學元

素Neodymium漢譯。符號Nd，序號60。舊譯鈤63301

釸 62804 u91F8
xī_3.11　化學元素矽38680舊譯。

钍 62799 u948D
tǔ_3.11　简 釷62805

釷 62805 u91F7
tǔ_3.11　金屬化學元

素Thorium漢譯。符號Th，序號90。

釟 62806 33395
pī_4.12　集韻 韻會 夶匹歷切音霹 揚子方言 梁益

之間，裁木爲器曰釟 左思·蜀都賦 藏鏹巨萬，釟攍兼呈

註 裁木爲器曰釟，裂帛爲衣曰攍图 揚子方言 斲也。

晉趙之閒謂之釟釟 註 釟，劈歷反图 劍鉾 越絶書 薛燭

相劍曰：觀其釟，爛如列星之行图 集韻 匹麥切 正韻 普

伯切夶音拍。義同图 正韻 破也 前漢·藝文志 鉤釟析亂

而已 註 釟，破也。音普革反。又音普狄反〇按 字彙 云

俗鈲字。然考 說文 从金从爪 長箋 亦云誤爪爲辰，則字

須从爪，安得反以从辰者爲正字。今从 說文 改正。

鑒又釟63144振19511版32458鈲63037图 正字通 釟62878，

俗鈲字。別作釟62932，尤誤。

釾 62807 33396
yé_4.12　唐韻 以遮切 集韻 韻會 余遮切夶音耶 說

文 鏌釾，吳神劍名也图 通作邪 前漢·賈誼傳 莫邪爲鈍

兮，鉛刀爲銛 應劭 註 莫邪，吳大夫也。作寶劍，因以冠

名图 通作耶 荀子·議兵篇 若莫邪之利鋒 集韻 亦作鋣、

鎁。鑒又釾62890

釸 62808 33397
xì_4.12　說文 釸本字

釿 62809 33398
yín_4.12　唐韻 宜引

切 集韻 擬引切夶音齗 說文 劑斷也图 jīn 廣韻 集韻 夶

舉欣切音斤。義同图 集韻 與斤同。斫木也 莊子·在宥

篇 釿鋸制焉 註 釿，音斤。又有節，則用此釿

之，所以詳謹令平滅斧跡也图 yín 韻會 疑巾切 正韻 魚

巾切夶音銀。器之釿鍔图 韻會 或作沂 禮·哀公問 車不

雕幾 註 幾附緣爲沂鄂 △正韻 亦作圻、垠。

釛 62810 33399
bā_4.12　唐韻 伯加切 韻會 正韻 邦加切夶音巴 說

文 兵車也。从金巴聲 玉篇 候車也 司馬法 晨夜内釛車

图 說文 一曰鐵也图 正字通 鉏屬。五齒，平土除穢用

之。俗呼耙图 pá 廣韻 普巴切 集韻 披巴切夶音葩 廣韻

江東呼鎲箭 博雅 釟、錍，鏑也 揚子方言 凡箭鏃胡合嬴

者，廣長而薄鎌謂之錍。或謂之釛 註 音葩。鑒又釟62892

靶59901

鈁 62811 33400
fāng_4.12　唐韻 府良切 集韻 分房切夶音方 說文 方

鍾也 博雅 鏗謂之鈁图 廣韻 鑊屬。鑒又鈁62896

鈂 62812 33401
chén_4.12　廣韻 直深切 集韻 持林切夶音沈 說文 耑

屬 六書故 鐵杵 字彙 鐵籤也 集韻 或作鈂图 集韻 時任

切音諶。義同图 qín 廣韻 昨淫切 集韻 才淫切夶音鷃。

義同。又 博雅 耕也图 zhèn 集韻 知鴆切音揕。重也。

鑒又鈗62897图 龍龕 鈂62875俗釞正鈂62855今图 可洪

音義 鐵鈂62921：直林反，錘屬，或作杭，直林反，繫牛

弋也 經音義 以砧字替之，知林反。

鈃 62813 33402
xíng_4.12　正字通 俗鈃字。鑒又鈃45273瓶35021

鈃62915鈃15952鈃63715图 集韻 鈃，或作瓶甄鏗。

鈄 62814 33403
dǒu_4.12　廣韻 天口切 集韻 他口切夶音斖。姓也 姓

苑 宋處州刺史鈄滔图 tǒu 集韻 徒口切音蘬。義同。

图 六書溯原 鈄，俗鐺63902字△本作鈄。鑒又鈄62894

鈅 62815 33404
chǒu_4.12　集韻 敕九切音丑。械也。與杻同。

鈇 62816 33405
yuè_4.12　廣韻 集韻 夶魚厥切音月 玉篇 兵器也。

鑒又鈇62882俗鉞。

鉛 62817 33406
qiān_4.12　廣韻 與專切音沿。同鉛 淮南子·齊俗訓 鉛

不可以爲刀 前漢·江都王傳 以鉛杵舂 註 鉛者，錫之類

也。又 賈誼傳 莫邪爲鈍兮，鉛刀爲銛图 國名 爾雅·釋

地 東至於泰遠，西至於邠國，南至於濮鉛，北至於祝栗

謂之四極 註 皆四方極遠之國图 廣韻 職容切 集韻 諸

容切夶音鍾。鐵也。鑒 正字通 鉛，俗鉛字。舊註音終

美鐵，俗作鉛，誤。按：集韻 鉛或作鉛，改音終，非。

图 铅62862

鈎 62818 33407
qióng_4.12　字彙 音穹。釧也。鑒又玒33920图 龍龕

鈎，音硬。

鈇 62819 33408
fū_4.12　廣韻 甫無切 韻會 風無切夶音膚 說文 莝

斫刀。从金夫聲 倉頡篇 斧也 禮·王制 諸侯賜弓矢，然

後征。賜鈇鉞，然後殺 列子·說符篇 人有亾鈇者 註 鈇

音夫图 fǔ 集韻 匪父切音甫 禮·王制 鈇鉞 釋文 鈇，方于

反。又音斧。鑒又鈇62865

鈈 62820 33409
pī_4.12　字彙 同鈈。鑒又釟62913

鈉 62821 33410
nà_4.12　集韻 諾荅切音訥 玉篇 打鐵图 rui 廣韻 諾

鋭切音芮。鋭鈉 類篇 刻木尚，所以入鑿。鑒又鈉62890

图 直音篇·金部 鈉63456，鋭也。鈉，同鎩。

鈊 62822 33411
xīn_4.12　玉篇 思林切音心。金名图 qìn 類篇 七燖

切音沁。利也。

鈋 62823 33412 é_4.12 唐韻五禾切集韻正韻吾禾切𠀤音吪說文鈋，圜也玉篇削也廣韻去角也博雅刓也。𤧟又鈋62871 又張小虤：俗鈋62840敦煌·S. 2009管衙交割什物點檢曆大鈋頭三隻，小竹籆鈋頭兩隻。

鈌 62824 33413 jué_4.12 唐韻於決切集韻一決切𠀤音抉說文本作刔。刺也 又gui集韻涓惠切音桂。義同 又jué廣韻集韻𠀤古穴切音玦。義同。又博雅取也。音釋鈌，音決。又與缺通史記·司馬相如傳貫列鈌之倒景兮前漢書作列缺註列缺，天閃也。𤧟俗作鈇62951

鈍 62825 33414 dùn_4.12 唐韻韻會徒困切正韻杜困切𠀤音遯說文錭也 又玉篇頑鈍也史記·陳丞相世家士之無恥、頑鈍、嗜利者，亦多歸漢 又正字通凡質魯者曰鈍前漢·鮑宣傳臣宣呐鈍于辭 又廣韻不利也前漢·賈誼傳莫邪爲鈍兮陳琳·檄吳文兵不鈍鋒 又博物志鏡劒名。鈍鉤，歐冶子所作 又淮南子·覽冥訓鈍悶以終註鈍悶，無情也 又通作頓賈誼·治安策芒刃不頓前漢·翟方進傳遲頓不及事。𤧟又𬊤59461鈍62910鈗62781

鈘 62827 33416 chǐ_4.12 字彙同鉹

鈎 62826 33415 gōu_4.12 字彙俗鈎字。

鈏 62828 33417 yǐn_4.12 廣韻余忍切集韻韻會以忍切𠀤音引爾雅·釋器錫謂之鈏疏錫，今白鑞也。一名鈏釋文鈏，音引 又shèn集韻時刃切音慎。又五音集韻時忍切音腎。又唐韻集韻𠀤羊晉切音胤。義𠀤同 又yìn廣韻鐵鈏五音集韻鈇鈏。

鈐 62829 33418 qián_4.12 古文鈃唐韻巨淹切集韻韻會其淹切𠀤音箝說文鈐鑣，大犂也。一曰類耟 又玉篇車轄也。又廣韻兵鈐以閉房，神府以備非常 又廣韻鉤鈐，星名前漢·天文志熒惑守房之鉤鈐。鉤鈐，天子之御也註房爲天駟，其陰右驂，旁有二星曰鉤鈐，故曰天子御也石氏星經二星主法，明則羣臣奉職，天下道治孝經·內事昆弟親睦，則鉤鈐不離房晉書·天文志鉤鈐主關籥，王者孝則鉤鈐明 又山名山海經西次二經之首曰鈐山 又鑷也爾雅·序六藝之鈐鍵疏鈐，鑷也 又揚子方言矛，其柄謂之鈐註巨巾反 又hán集韻胡南切音含。鈇也 又千尋切音侵。義同。𤧟又鈐62903

鈑 62830 33419 bǎn_4.12 集韻韻會正韻𠀤補綰切音版。餅金曰鈑爾雅·釋器餅金，謂之鈑釋文鈑，音版周禮·秋官·職金祭五帝供金鈑賀知章詩鈑鏤銀盤薦蛤蜊 又字彙補與版同莊子·徐無鬼金鈑六弢。𤧟又钣62904

鈒 62831 33420 sà_4.12 唐韻蘇合切集韻悉合切𠀤音靸說文鋋也陸雲·答車安茂書舉鈒成雲，下鈒成雨 又廣韻鈒鏤六書故細鏤金銀爲文曰鈒鏤。又國史補四姓，榮陽鄭、岡頭盧、澤底李、土門崔，皆爲鼎甲。大原王亦四姓之匹，時號鈒鏤王家，喩銀質金飾也 又sè廣韻色立切集韻正韻色入切𠀤音澀廣韻戟也，鋋也 又集韻或作鍤。又作闒史記·商君傳持矛而操闒戟者，旁車而趨註闒，亦作鈒。所及反 又集韻迄及切音吸。義同 又xì息入切音靸。小鋒。𤧟又𫓳62795

鈂 62832 33421 rén_4.12 集韻同鈓

鈔 62833 33422 chāo_4.12 唐韻韻會正韻楚交切集韻初交切𠀤音讓說文又取也徐鉉曰今俗別作抄廣韻略也後漢·公孫瓚傳尅會期日，攻鈔郡縣 又韻會或作撚張衡·東京賦撚昆聊 又作抄杜甫詩飯抄雲子白 又姓正字通明鈔秀，鈔奇 又增韻謄寫也。◆抱朴子·金丹卷余令略鈔金丹之都較，以示後之同志好之者 又博雅强也 又廣韻初教切集韻韻會正韻楚教切，𠀤音讓去聲周禮·夏官·射鳥氏歐烏鳶註烏鳶，善鈔盜。便汙人釋文鈔，初教反 又正字通楮貨名。宋史，紹興二十四年，女眞以銅少，循宋交子法，造鈔引一貫、二貫、三貫、五貫、十貫五等謂之大鈔。一百、二百、三百、五百、七百五等謂之小鈔。與錢𠀤用，以七年爲限，納舊易新，諸路置交鈔庫官受之，每貫取工墨錢十五文，公私便焉 又韻會定正官收物而給印信文憑也。卽今鈔關 又與杪同管子·幼官篇教行於鈔註鈔，末也 又聽之鈔，故能聞未極註鈔，深遠也 又chāo集韻齒紹切音麨。取也。𤧟又钞62909

鈕 62834 33423 niǔ_4.12 古文𨥈唐韻集韻正韻𠀤女九切音狃說文印鼻也正韻又鏡弩鼻正字通凡物鉤固者，皆曰鈕 又楚辭·九思遺失兮鈕樞註玉斗鈕樞，皆所寶者 又姓何氏姓苑東晉有鈕滔，吳興人 又chǒu集韻敕九切音丑。與杻同。械也。𤧟又钮62893

鈖 62835 33424 fēn_4.12 篇海敷文切音分。玉名 又方文切，音賁◇義同。𤧟又钤62860玢33845

鈗 62836 33425 yǔn_4.12 唐韻余準切集韻韻會庾準切𠀤音尹說文侍臣所執兵也。引周書，一人冕執鈗〇按今書·顧命作銳。孔穎達疏云銳，當作鈗，音允。據孔說，銳爲鈗字之譌。今蔡沈傳引說文，不知說文本孔疏也 又集韻俞芮切音叡。又五音集韻杜外切音兌。義𠀤同。𤧟又鈗62837 又集韻鈗鑢，或从惠 又铉62859

鈗 62837 33426 yǔn_4.12 五音集韻以芮切音銳。侍臣所執兵正字通銃字之譌。

鈘 62838 33427 yǐ_4.12 集韻語綺切音螘玉篇釜也。與敧同 又集韻巨綺切音技。義同。

鈙 62839 33428 qín_4.12 唐韻集韻𠀤渠金切音琴說文持也。或作捦 又廣韻集韻𠀤巨禁切音妗。義同。𤧟又鈙62869鈙62917 又直音篇鈙鈙62838並同錡龕龕鈙，巨金反，持也。

鈚 62840 33429 pí_4.12 廣韻房脂切集韻韻會頻脂切𠀤音毗玉篇鐵也 又廣韻犂錧別名也 又集韻一曰箭名。或作鎞鈚杜甫詩長鈚及犲兔 又pī集韻篇迷切音捵。本作錍揚子方言箭鏃，廣長而薄鎌，謂之錍註普蹄反。𤧟又鈚62726鈚62823

鈟 62845 33434 diào_4.12 字彙同釣

鍋 62841 33430 guō_4.12 集韻同鍋。𤧟又金文同戈18805 殷周金文集成·17. 11034·陳卯造戈

陳卯錯鈇 ☒ 可洪音義 錢斧：上于月反。正作鈇62981
☒ 可洪音義 鐵鈇：羊力反。犁也。正作杙23591

鈜 62842 33431　hóng_4.12　廣韻 戶萌切 集韻 乎萌切夶音宏 廣韻 金聲 集韻 鏗鈜，鐘鼓聲。或从口作吰。瑝 又釳63026 ☒ 可洪音義 鏗鈜63291：上苦耕反，下胡耕反。

鉼 62843 33432　mán_4.12　篇海 夷斟切音淫。見釋典。瑝 俗鉼32729

鈞 62844 33433　jūn_4.12　古文銞 唐韻 居匀切 集韻 韻會 規倫切夶音均 說文 三十斤也 孟康曰 萬一千五百二十銖 書·五子之歌 關石和鈞 疏 三十斤爲鈞，四鈞爲石，鈞石所以一天下之重輕，而立民信也 ☒ 集韻 一曰陶旊輪 正字通 陶人模下圓轉者爲鈞 前漢·賈誼傳師古註 陶家名轉者爲鈞，蓋取周回調均之義 ☒ 大鈞，天也 前漢·賈誼傳 大鈞播物，塊圠無垠 註 如淳曰：陶者作器于鈞上，此以造物爲大鈞也。言造化爲人，亦猶陶之造瓦耳。又 杜甫詩 八荒開壽域，一氣轉洪鈞 ☒ 樂名 張衡·西京賦 饗以鈞天廣樂，帝有醉焉 ☒ 劍名 淮南子·覽冥訓 淳鈞之器成 註 淳鈞，古劍 ☒ 地名 左傳·昭四年 夏啓有鈞臺之享 註 河南陽翟縣南有鈞臺陂 ☒ 水名 前漢·霍去病傳 涉鈞者 註 鈞者，水名 ☒ 姓 風俗通 楚大夫元鈞之後，漢有侍中鈞喜 ☒ 與均同。平也 詩·大雅 四鍭既鈞 註 矢鏃重羽輕，必參亭而三分之，一在前，二在後，得平均也。☒ 等也，同也 左傳·成六年 善鈞從衆 註 鈞，等也。又 襄二十六年 多鼓鈞聲 註 鈞，同其聲△ 集韻 或書作銞。瑝 又钧62900鉤63100

鉳 62846 33435　xiōng_4.12　集韻 同鍫

釜 62848 33437　fǔ_4.12　說文 金本字

釩 62847 33436　cōng_4.12　正字通 鏦本字。

銶 62849 33438　qiú_4.12　集韻 同釚 瑝 又鉥62933卟62731廿，古文礦。

鉵 62850 33439　kuàng_4.12　集韻 同礦。

銎 62852 33441　jūn_4.12　集韻 同鈞

鈨 62851 33440　yì_4.12　廣韻 營隻切音役 玉篇 器也 集韻 小矛。或作鍛。瑝 又钗62872 ☒ 俗敆21800賊鈨，當作賦歆。見 焦氏易林 ☒ 俗鈇63180

鈡 62853 46038　zhōng_4.12　搜眞玉鏡 音中。瑝 鐘的異體字。

鋆 62854 46039　cén_4.12　五音篇海 音岑。

釽 62855 46040　chén_4.12　篇海類編 同鈂。

鉼 62856 46041　jīng_4.12　五音篇海 音井。

鋬 62857 46042　xiōng_4.12　龍龕 同鉳

鈇 62858 46043　chǔ_4.12　字彙補 拙平聲，出釋典。瑝 同釬62867，鐵杵。

铳 62859 u2B7F5　yǔn_4.12　簡 鈗62836

钤 62860 u2B7F4　fēn_4.12　簡 鈖62835

钋 62861 u2B4EB　null_4.12　簡 釟62877

钍 62862 u2B4EA　qiān_4.12　簡 釺62817

钗 62863 u2B4E9　cōng_4.12　簡 鏦64074

钱 62864 u2B4E8　guō_4.12　簡 鈌62841

铁 62865 u2B4E7　fū_4.12　簡 鈇62819

釬 62867 u2B48D　chǔ_4.12　亦作鈇62858

可洪音義 剛鈇：昌与反。正作杵23649

鈺 62866 u2B48E　null_4.12　或同彖28640古文飮。

鈫 62868 u2B48C　jīn_4.12　可洪音義 釿聲：上居殷反 ☒ jiè 方 鎌刀。

鈙 62869 u2B48B　qín_4.12　同鈙62839 直音篇 鈙，音琴，持止也。

鈖 62870 u2B48A　fēng_4.12　从金丰聲。見 曾侯乙墓（竹簡）

钊 62871 u28C42　é_4.12　簡 銥62823

铍 62872 u28C41　yì_4.12　簡 鈨62851

钘 62873 u28C40　hù_4.12　簡 鈲62880

舒 62874 u28964　shū_4.12　俗舒48485 可洪音義 舒縮：上音書，伸也。正作舒。袤舒：上音帙。下音書。伸也，展也，叙也。正作舒也。郭氏作莫侯反，非也 龍龕 舒，舊藏作舒 ☒ máo俗鈵62961 可洪音義 刀鈵：莫侯反，檜別名也。正作矛也，或作鈵。

鈗 62875 u28961　chén_4.12　俗鈂62812

鈘 62876 u28960　null_4.12　人名用字 明史·列傳第一百九十七·流賊（李）自成自攻荊州，湘陰王儼鈘遇害，燒獻陵木城，穿爇宮殿。

鈵 62877 u2895F　null_4.12　農政全書·荒政·備荒考下 中用稍碎磚瓦，少以泥和填實，仍用鐵牽鈵釘。又：上用地伏磚扁砌，亦用鐵牽鈵釘牢固。石聲漢校注：鈵不見字書，疑係盼的轉化，意思是絆。

鈲 62878 u2895D　pò_4.12　正字通 鈲，俗鈹63129字。

鈥 62879 u2895C　yāo_4.12　人名用字 五侯鯖字海 音天。

釜 62883 u28957　null_4.12　未詳。

鈺 62880 u2895B　hù_4.12　鈺鈵，兜鍪。

鈜 62885 u28955　null_4.12　未詳。

鈰 62881 u2895A　zā_4.12　同鈰62970

清·厲鶚 閏四月二十一日集竹墩積照堂聯句用顏魯公石尊聯句韻 渴畏茗匲盡，夢欣香鈰溫。

鈒 62882 u28958　null_4.12　同鈗62816俗鈌。

鈖 62886 u28954　null_4.12　未詳。

鑫 62884 u28956　shuāng_4.12　同鑅64681

鈌 62887 u28953　qiē_4.12　同鈖62886

物 62888 u497C　null_4.12　未詳。

钚 62890 u497A　yè_4.12　簡 釾62807

钪 62889 u497B　null_4.12　見 包山楚簡

鈊 62891 u4920　zhǐ_4.12　化學元素鍺之舊譯 ☒ 釦62785釷62782

钯 62892 u94AF　bǎ_4.12　簡 鈀62810

钮 62893 u94AE　niǔ_4.12　簡 鈕62834

钭 62894 u94AD　dǒu_4.12　簡 鈄62814

钬 62895 u94AC　huǒ_4.12　簡 鈥62923

钫 62896 u94AB　fāng_4.12　簡 鈁62811

钪 62897 u94AA　kàng_4.12　簡 鈧62921

钩 62898 u94A9　gōu_4.12　簡 鈎62826

钨 62899 u94A8　wū_4.12　簡 鎢63688

钧 62900 u94A7　jūn_4.12　簡 鈞62844

钦 62901 u94A6　qīn_4.12　簡 欽26355

钥 62902 u94A5　yào_4.12　簡 鑰64632

钤 62903 u94A4　qián_4.12　簡 鈐62829

钣 62904 u94A3　bǎn_4.12　簡 鈑62830

钢 62905 u94A2　gāng_4.12　簡 鋼63443

钡 62906 u94A1　bèi_4.12　簡 鋇63282

钠 62907 u94A0　nà_4.12　簡 鈉62821

钟 62908 u949F zhōng_4.12 简鐘64221鍾63725

钝 62910 u949D dùn_4.12 简鈍62825

釸 62916 u922C duó_4.12 日同鐸64363

钞 62909 u949E chāo_4.12 简鈔62833

鈫 62917 u922B qín_4.12 俗欽62869 新撰字鏡考異·金部五十七 鈫，未詳，恐鈙之誤。

钜 62911 u949C jù_4.12 简鉅62954

鈩 62919 u9229 lú_4.12 俗鑪64594 新撰字鏡 鉡，力刀反。鉀鈩也 四部叢刊續編集部·山谷外集詩註·卷之七 汝才躍鈩金，自必為鏌鎁。

鈪 62918 u922A é_4.12 粵 字海 鐲子。見 廣東話方言詞典

钛 62912 u949B tài_4.12 简鈦62922

鈨 62920 u9228 yuán_4.12 日 刀鐔 同文通考·國字 鈿，刀飾。鈨，同上。

钚 62913 u949A pī_4.12 简鈈62820

鈧 62921 u9227 chén_4.12 同鈂62812 又 弭伯簋 金鈧。讀若衡 又 kàng化學元素Scandium之漢譯，序數21，符號Sc。舊譯鉰63079鐮64165錆63643

鈦 62922 u9226 tài_4.12 俗鈦62768 又 化學元素Titanium之漢譯，序數22，符號Ti，銀白色金屬。

钙 62914 u9499 gài_4.12 简鈣62925

鈥 62923 u9225 huǒ_4.12 化學元素Holmium之漢譯，序數67，符號Ho。

鈤 62924 u9224 rì_4.12 鍺63714舊譯 新字典 鈤，讀如日。英名Germanium 金屬，化學原質之一 又 化學元素鍺之舊譯

钘 62915 u9498 xíng_4.12 简鈃62813

鈣 62925 u9223 gài_4.12 化學元素Calcium之漢譯。符號Ca，序數20。

鈢 62926 u9222 xǐ_4.12 俗鉨62996

鈮 62928 33443 nǐ_5.13 玉篇 與檷25739同。絡絲柎也。鑾又铌63046鉨62992

鈭 62927 33442 zī_5.13 唐韻 即移切 集韻 將支切丛音貲 說文 鈭錍，斧也 又 廣韻 此移切 集韻 七支切丛音雌。義同。鑾又銮63177 又 同鎡37194 工尹坡鈭 飞尹坡岀萚鈭。又 類篇 鈭，將支切 說文 鈭鉀，斧也。又七支切△宏按，鉀或錍字之訛。

鈯 62929 33444 tú_5.13 廣韻 陀骨切 集韻 陀沒切丛音突 博雅 鈍也 又 廣韻 小刃也 又 與掘同 荀子·正論篇 鈯人之墓，抉人之口。鑾又铽63017

鈰 62930 33445 shì_5.13 集韻 上史切，音市。劒名。鑾又铈63050鏭64655

鈱 62931 33446 mín_5.13 集韻 彌鄰切音民 玉篇 鐵葉 集韻 鐵也。又 廣韻 武巾切音珉 五音集韻 算稅也。本作鍲。

鈲 62932 33447 gū_5.13 集韻 攻乎切音孤。鐵鈲也。鑾又钴63018

鈳 62933 33448 kuàng_5.13 廣韻 古文鑛字 本草 錫恡脂 李時珍曰 此乃波斯國銀鈳也。又丹砂受青陽之氣，始生鈳石，二百年成丹砂，而青女孕△ 集韻 書作鈳。鑾又鈳62731

鈳 62934 33449 kē_5.13 廣韻 烏何切 集韻 於河切丛音阿 玉篇 鈳鉾，小釜也。或作鈳 又 集韻 倚可切音閜。義同。鑾又钶63068

鈴 62935 33450 líng_5.13 唐韻 集韻 韻會 丛郎丁切音靈 說文 令丁也 廣韻 似鍾而小 正韻 爲圓形，半裂以出聲，錮銅珠於內以鳴之 左傳·桓二年 錫鸞和鈴，昭其聲也 註 鈴在旂，有鳴聲 釋文 鈴，音零 爾雅·釋天 旐旂有鈴曰旂 又 唐制學士院深嚴，懸鈴索備警，長慶中河北用兵，常夜作聲以鳴緩急 李德裕詩 銀花懸院榜，風撼引神鈴 又 博雅 鈴鈴，聲也 前漢·天文志 丙戌，地大動，鈴鈴然 又 揚子法言 好說而不要諸仲尼，說鈴也 註 喻小說不合大雅也 又 馬兜鈴，藥名 本草 一名土青木香，蔓生，葉脫時其實尚亟，如馬項鈴，故名 又 草名 正字通 鈴兒草，卽沙薓，象花形 墨莊漫錄 明宣德年，帝夢神語，雨打無聲鼓子花。帝口占，風吹不響鈴兒草。至今傳爲絕對。又 花名 夢華錄 菊黃色而圓曰金鈴 又 與軨通 周禮·春官·巾車 大祭祀，鳴鈴以應雞人 註 鈴或作軨 又 說文 霆雷餘聲也。鈴鈴，所以挺出萬物 又 通作令 詩·齊風 盧令令 註 纓環聲。鑾又铃63055䥄63028

鈵 62936 33451 bìng_5.13 玉篇 彼病切音柄 博雅 固也 揚子方言 錮也 註 謂堅固也。音柄 又 bǐng 集韻 補永切音丙。義同。

鈶 62937 33452 sì_5.13 廣韻 詳里切 集韻 象齒切丛音似 廣韻 鋌鈶 集韻 矛屬也 又 yí 集韻 盈之切音飴 說文 耒耑也。本作枱。或作檯粭 又 cí 集韻 詳茲切音詞 博雅 柄也 五音集韻 鎌柄也 管子·輕重篇 耜、耒、耨、懷、鉊、鈶、乂、櫌、權渠、緥緤，所以御春夏之事也 集韻 本作柌。或作枱、檯。

鈷 62938 33453 gǔ_5.13 廣韻 集韻 丛公戶切音古 ◆ 玉篇 鈷鉾也 又 hú 集韻 洪孤切音胡。盛黍稷器名。同瑚。本作鍸。又 gù 集韻 古慕切音顧。斷也。鑾又钴63070

鈸 62939 33454 bó_5.13 廣韻 集韻 韻會 正韻 丛蒲撥切音跋 玉篇 鈴也 集韻 鈴屬 韻會 樂書 銅鈸，南齊穆士素所造，其圓數寸，大者出於扶南、高昌、疎勒之國，其圓數尺，隱起如浮漚，以韋貫之，相擊以和樂。唐燕樂法曲，有銅鈸相和之樂 正字通 亦謂之銅盤，司馬承禎製玄眞道曲，大羅天曲，有鐃鈸，蓋其小者，今亦用之以節樂。或謂之草子。或謂之鋪鈸。鑾又鈸63014钹63065鈸63189

鈹 62940 33455 pī_5.13 唐韻 敷羈切 集韻 韻會 攀糜切丛音帔 說文 大針也 又 說文 劒如刀裝者 揚子方言 錟謂之鈹 左傳·襄十七年 使賊殺其宰華吳，賊六人以鈹殺諸盧門。又 昭二十七年 夾之以鈹 註 說文 云劒也 又 官名。與鈲同 史記·高祖功臣年表 長鈹都尉擊項羽有功 索隱曰 徐廣以長鈹爲官名。鈹，音敷皮反 前漢書 作鈲 又 與披同 荀子·正名篇 吏謹將之無鈹滑 註 鈹，與披同。滑與汩同。言不使紛亂披汩也。鑾又鈈62820铍63045

鈺 62941 33456 yù_5.13 玉篇 五錄切音玉 五音集韻 寶也。又堅金也。鑾又钰63074

鉩 62942 33457 qí_5.13 唐韻徂奚切集韻前西切𠀤音齊說文利也又廣韻祖稽切集韻牋西切𠀤音齎。義同△集韻或作鏶。鎣龍龕鉩俗鉃63031正，賫、齊二音，利也。

鉰 62943 33458 sì_5.13 集韻象齒切音佀博雅鉰、鈴，鋌也。或作鈻。

鉎 62944 33459 zuó_5.13 廣韻在各切集韻疾各切𠀤音昨玉篇釜也廣韻鉹也集韻甑也。梁人呼爲鉹，吳人呼爲鉎。鎣鉎，矛。見吳王夫差矛吳王夫差，自乍甬鉎又楊寶忠：酢62239字之變。

鉔 62945 33460 bū_5.13 五音集韻博孤切音逋玉篇金版。鎣又铈63066又búa喃錐子。

鈾 62946 33461 zhòu_5.13 篇海字彙𠀤古文宙字○按古文無鈾字篇海誤。字彙仍之，亦非。鎣又铀63058又龍龕鈾，直救反。鄭賢章：俗冑02713又yóu化學元素Uranium漢譯，符號U，序號92。

鈿 62947 33462 tián_5.13 唐韻待年切集韻韻會正韻亭年切𠀤音田說文金華也六書故金華爲飾田田然庾肩吾詩縈鬟起照鏡，誰忍去金鈿又正韻陷蚌曰螺鈿正字通螺鈿，婦人首飾，用翡翠丹粉爲之。又唐書·王鉷傳以寶鈿爲井幹引泉，號自雨亭又diàn廣韻集韻韻會𠀤堂練切音電。義同△集韻或作鏌鑭。鎣又钿63059

鉀 62948 33463 jiǎ_5.13 廣韻集韻韻會𠀤古狎切。與甲同。鎧也晉載記姚弋仲貫鉀上馬廣韻今單作甲又hé集韻轄臘切音盍。鉀鑪揚子方言箭其小而長，中穿二孔者，謂之鉀鑪又gé廣韻古盍切集韻谷盍切𠀤音顩。義同△或作鑉。鎣又钾63060又化學元素Potassium漢譯。符號K，原子序數19。舊譯作鉲63182

鋄 62949 33464 wàn_5.13 集韻亡范切。同錽。馬首飾也又fàn孚梵切音泛。與鈒同。杯也。

鉁 62950 33465 zhēn_5.13 集韻與珍同

鉃 62952 33467 shì_5.13 集韻善指切音視玉篇箭頭又zú作木切。本作鏃。義同。

鉠 62951 33466 jué_5.13 五音集韻疎士切音史玉篇鐶也又篇海刺也。鎣楊寶忠：俗鈌62824

鉄 62953 33468 zhí_5.13 玉篇古文紩43938字△正字通俗用爲鐵字，誤。

鉅 62954 33469 jù_5.13 唐韻其呂切集韻韻會正韻臼許切𠀤音巨說文大剛也。从金巨聲商子·論兵篇怨如鉅鐵史記·禮書宛之鉅鐵註徐廣曰：大剛曰鉅正義曰：鉅，剛鐵也又大也。同巨史記·禮書宜鉅者鉅，宜小者小。又天子曰鉅公前漢·郊祀志吾欲見鉅公註張晏曰：天子爲天下父，故曰鉅公。師古曰鉅，大也又正字通尊者通稱李賀·高軒過詩文章鉅公又說文弓名荀子·性惡篇繁弱、鉅黍，古之良弓也又劒名荀子·性惡篇干將、莫邪、鉅闕、辟閭，此皆古之良劒也又正韻呂鉅，矯貌莊子·列禦寇一命而呂鉅又五音集韻澤名。又地名史記·殷本紀盈鉅橋之粟註服虔曰：鉅橋，倉名。許慎曰：鉅鹿水之大橋有漕粟也。又項羽紀章邯令王離涉閒圍鉅鹿。又王子侯者年表鉅合侯劉發註鉅合，在平原前漢·武帝紀上耕于鉅定註服虔曰：地名。近東海。應劭曰：齊國縣也。又地理志山陽郡鉅壄縣，齊郡鉅定縣又人名前漢·古今人表封鉅黃帝師。又藝文志將鉅子五篇註六國時人又草名爾雅·釋草蕎，邛鉅註今藥草，大戟也本草大戟，一名邛鉅，苗名澤漆又韻會鉤鉅潘岳·西征賦弛青鯤於網鉅註鉅，鉤也。又同詎戰國策臣以爲王鉅速忘矣註鉅詎通又與遽同荀子·正論篇是豈鉅知見侮之爲不辱哉。

鎣又钜62911鉅63192

鉆 62955 33470 chān_5.13 唐韻敕淹切集韻丑廉切𠀤音覘說文鐵銸也又說文一曰膏車鐵鉆又qián廣韻巨淹切集韻其淹切𠀤音箝廣韻持鐵者集韻以鐵有所劫束也字彙補同鉗倉頡篇鉆，持也正字通凡器兩頭交合，用鐵片錮之，或轉角處，鐵片兩頭拘定之，皆曰鉆又與鍼通周禮·夏官·射鳥氏註鍼箭具釋文鍼，其炎反。或作鉆。又刑具後漢·章帝紀鉆鑽之屬，慘苦無極陳寵傳絕鉆鑽諸慘酷之科又tiē廣韻韻會𠀤託協切音帖廣韻鉆箸物也又zhēn集韻知林切音碪。鬼谷子有飛鉆揣摩篇正字通言察是非，飛而鉗持之又集韻知廉切音霑。又渠金切音琴。義𠀤同又正韻同銛揚子法言筆不鉆而獨加諸砥○按法言本作銛，音籤。譌作鉆正韻譌引。

鉇 62956 33471 shī_5.13 正字通俗鉈字。

鉈 62957 33472 shé_5.13 唐韻食遮切集韻韻會時遮切正韻石遮切，並音闍◇說文短矛也又shī或作鍦揚子方言矛，吳揚江淮南楚五湖之閒謂之鍦註常蛇反又廣韻式支切音施又類篇施智切，音翅。義𠀤同○按廣韻視遮切註：又音夷，五支韻闕此一音。鎣又㮇38411𥟖38441鉇62773铊63048扨19160鉇62956鍦63485又tā金屬元素Thallium，序數81，符號Tl，其化合物有毒。舊譯作鉈62937又秤鉈，同秤砣38754天津大公報.1903.Apr.8.Num.285·附件·論中國敗壞之原因（續昨稿）這廠子裏三年鑄了一百個秤鉈、二百口大鐵鍋，賣的錢，不彀少掌櫃花一天的。

鉉 62958 33473 xuàn_5.13 唐韻集韻韻會正韻𠀤戶畎切音泫說文舉鼎也易·鼎卦六五鼎黃耳金鉉，利貞疏鉉，所以貫鼎而舉之也又jiōng集韻涓熒切。與扃通儀禮·士冠禮設扃鼏鄭註扃，古螢反。今文扃爲鉉陸德明·音義扃鼎扛也。又士喪禮右人抽扃士虞禮左人抽扃註扃，即鉉字又集韻居閑切音閒。又姑還切音關。又圭玄切音涓。義𠀤同又字彙補讀作弦戰國策矛戟折，鐶鉉絕。鎣又铉63049

鉊 62959 33474 zhāo_5.13 廣韻止搖切韻會正韻之遙切𠀤音昭說文大鎌也揚子方言刈鉤，江淮陳楚之閒謂之鉊管

子‧輕重篇 耝耒耧懷鉊鉽乂橿櫂渠緄緤，所以御春夏之
事也。鑿又 正字通 鉊篇海 作錯63686，訓錐，非。

鉋 62960 33475
bào_5.13　集韻 韻會 丛皮教切音皰 玉篇 平木器 正
字通 鐵刃，狀如鑔，銜木匡中，不令轉動，木匡有孔，
旁兩小柄，以手反復推之，木片從孔出，用捷于鑔。方
音讀若袍。通作刨。俗作鑤 図 六書故 一曰搔馬具。
図 páo 廣韻 薄交切音庖。鉋刷 図 báo 集韻 弼角切音
雹。鑤字省文。杵頸謂之鑤。鑿又 鉋63000 鉋63247 刨63051

鉾 62961 33476
máo_5.13　玉篇 古文矛字 王褒‧僮約 倚盾曳鉾 註 盾
可蔽身，鉾可刜賊，所以巡警盜竊也。鑿又 鉾62874

鉌 62962 33477
hé_5.13　廣韻 正韻 戶戈切 集韻 韻會 胡戈切丛音
和 廣韻 鉌，鸞鈴也。通作和。

鉍 62963 33478
bì_5.13　廣韻 集韻 丛兵媚切音祕 玉篇 矛柄也 廣
韻 同柲 図 集韻 韻會 正韻 丛壁吉切音必 集韻 矛穜謂
之珌 図 集韻 韻會 丛薄必切音邲。義同 図 集韻 一曰偶
也。鑿又 鉍63047

鉎 62964 33479
shēng_5.13　廣韻 所庚切 集韻 韻會 師庚切丛音生
玉篇 鏉也 集韻 鐵衣也 図 廣韻 集韻 丛桑經切音星。義
同。鑿又 㲋63791 図 正字通 鍟63682同鉎。

鉏 62965 33480
chú_5.13　唐韻 士魚切 集韻 韻會 牀魚切，丛同鋤 說
文 立薅所用也。从金且聲 釋名 鋤，助也，去穢助苗長
也 前漢‧賈誼傳 秦人借父耰鉏，慮有德色 図 治山也 前
漢‧劉章耕田歌 非其種者，鉏而去之。又 兒寬傳 帶經而
鉏 図 廣韻 誅也 韓詩外傳 凌轢無罪之民，成威于閭巷
之間者，衆之所誅鋤也 図 地名 晉語 賜公南陽陽樊、溫、
原、州、陘、絺、鉏、欑茅之田 左傳‧成四年 鄭伯伐許，
取鉏任冷敦之田。又 哀二十五年 請適城鉏 註 城鉏，宋
邑 後漢‧郡國志 東郡有鉏城 図 鳥名 爾雅‧釋鳥 鷺，舂鉏
註 白鷺。一名舂鉏 図 姓 左傳‧宣二年 鉏麑 註 晉之力
士 図 人名 左傳‧莊十六年 刖强鉏。又 僖二十四年 鄭大
夫孔將鉏 史記‧齊世家 故從犂鉏之計 左傳 作犂彌。
図 zū 集韻 宗蘇切音租。茅藉祭也 周禮‧春官‧司巫 蒩
館 註 蒩讀爲鉏。鉏，藉也。館，神所止也 釋文 鉏，子都
反 図 xú 集韻 詳余切音徐。人名 左傳‧成十八年 西鉏吾
註 宋大夫 釋文 鉏，仕居反。徐，在居反 図 國名 左傳‧襄
四年 后羿自鉏遷于窮石 註 鉏羿，本國名 釋文 鉏，仕居
反 図 chá 集韻 鋤加切音茬。鉏牙，物傍出也 周禮‧冬官
考工記‧玉人 註 二璋，皆有鉏牙之飾 釋文 鉏，側魚反，
沈讀徐加反 図 jǔ 廣韻 牀呂切 狀所切丛音齟。鉏
鋙，相距貌 楚辭‧九辯 圜鑿而方枘兮，吾固知其鉏鋙而
難入 註 鉏，牀舉反 図 zhù 集韻 牀據切音助。與耡同。
藉稅也。

鉐 62966 33481
shí_5.13　集韻 常隻切音石。鍮鉐，以石藥治銅
図 zú 類篇 作木切音鏃。姓也○按 五音集韻 係鏠63774
字音義，疑 類篇 之誤。鑿又 鉽63494 図 集韻 鉐，作木
切。姓也。出彭城。楊寶忠：廣韻 作鎷63857

鉑 62967 33482
bó_5.13　集韻 白各切音泊。金薄也 正字通 金鉑，
薄金也。藥紙隔金屑錘之，金已薄，紙不損。紙初褐色，
久則色似烏金。本借薄，俗加金作鉑。鑿又 铂63056
図 bạc 喃 从銀省白 bạch 聲△鼉鉑：銀髮。錢鉑：金錢。

鉒 62968 33483
zhù_5.13　廣韻 中句切 集韻 株遇切丛音註 玉篇 器
也。送死人具也 図 博雅 鉒署，置也。又 淮南子‧說林訓
以瓦鉒者全，以金鉒者跂，以玉鉒者發 註 鉒者提馬，
雒家謂之投糿 図 通雅 鉒金，鉒銀，皆屮也 管子‧地數
篇 上有鈆者，其下有鉒銀。上有丹砂者，其下有鉒金。
上有慈石者，其下有鉒銅。此山之見榮者也 図 集韻 韻
會 丛朱戍切音注。義同。

鉓 62969 33484
chì_5.13　集韻 蓄力切音敕。飾也。鑿 正字通 俗
飾69020 図 鉽63280 錺63642 鐯63378

鉔 62970 33485
zā_5.13　字彙 作荅切音匝。香毬也 西京雜記 長安
巧工丁緩，作寢被中香爐，爲機環轉四周，爐體常平 司
馬相如‧美人賦 金鉔熏香。鑿又 鉔62881 铔63006

鉕 62971 33486
pō_5.13　集韻 滂禾切音頗。鉕鐸，銅器。
鑿又 钷63067

鉖 62972 33487
tóng_5.13　玉篇 徒冬切音彤。釣鉖。

鉗 62973 33488
rǎn_5.13　集韻 而琰切音冉。鐵也。

鉗 62974 33489
qián_5.13　唐韻 巨淹切 集韻 韻會 其淹切丛音箝 說
文 以鐵有所刼束也。从金甘聲 前漢‧高帝紀 自髡鉗爲
王家奴 註 鉗，以鐵束頸也 後漢‧光武紀 弛解鉗衣 註 倉
頡篇 曰：鉗，釱也。釱，足鉗。又 五行志 廣漢鉗子謀攻
牢 師古註 鉗子，謂鉗徒也 晉律 鉗重二斤，翹長一尺五
寸 集韻 或作鉆 図 鉔也 後漢‧梁冀傳 妻孫壽，性鉗忌 註
鉗，取也。言性忌害如鉗之能鉔物也 図 揚子方言 惡也。
南楚，凡人殘罵謂之鉗 図 家語 無取鉗鉗 註 鉗鉗，妄行
不誠也 図 呂氏春秋 後時者，小莖而麻長，短穗而厚糠
小米，鉗而不香 図 澤名 張衡‧南都賦 其陂澤則有鉗盧
玉池 図 姓 正字通 唐元和中長令鉗耳 図 與拑通 後
漢‧袁紹傳 道路以目，百辟鉗口 註 以木銜其口也。或作
拑。渠廉反 図 集韻 其嚴切音黔。義同 図 集韻 五甘切
音柑。刃也。鑿 集韻 又 钳63071 髻70951 図 龍龕 筘42138
俗箝42298正，渠炎反。鑤頭也。又姓。與鉗同。

鉘 62975 33490
fú_5.13　玉篇 浮勿切音佛。飾也。鑿 胡吉宣：字
本作髴、鬅70963

鉙 62976 33491
zhǎi_5.13　玉篇 知駭切音鉍。金也。

鉚 62977 33492
liǔ_5.13　集韻 力九切音柳。美金。鑿又 铆63052

鉛 62978 33493
yán_5.13　唐韻 與專切 集韻 韻會 余專切丛音沿 說
文 青金也 玉篇 黑錫也 正字通 錫類，生蜀郡平澤，今銀
坑處皆有之。一名黑錫。錫白，故鉛爲黑錫。李時珍曰：
鉛，易沿流，故謂之鉛 書‧禹貢 鉛松怪石 寶藏論 鉛有
數種，波斯鉛堅白，爲第一。草節鉛出犍爲，銀之精也。

衔銀鉛，銀坑中之鉛，内含五色。上饒、樂平鉛次之，負版鉛鐵苗也。獨孤滔曰：雅州釣腳鉛，形如皁莢，大如蝌蚪子，黑色，生沙中，亦可乾汞 又 鉛粉，亦名胡粉。卽鉛華也 曹植·洛神賦 鉛華勿御 正字通 鉛粉，卽今化鉛所成。一曰粉錫，非以錫爲之，其法縣鉛塊于酒缸中，封閉四十九日，鉛化爲粉，不白者，炒爲黃丹。蘇恭謂炒錫造之，朱震亨謂胡粉乃錫粉，以陶弘景化鉛之說爲誤，太非也 又 縣名 唐書·地理志 信州鉛山縣 又 與延同。人名 前漢·古今人表 鉛陵卓子 又 正韻 循也 荀子·榮辱篇 鉛之重之 註 謂撫循之申重之也。鋆 又鈆62817 铅63053䤤38818今化學元素，音qiān。

銔 62979 33494 fú_5.13　廣韻 縛謀切 集韻 房尤切太音浮 玉篇 銔鏂，籢飾也 廣韻 銔鏂，大釘 集韻 或作鋢。

鉝 62980 33495 lì_5.13　集韻 力入切音立。食器。林邑王獻流離蘇鉝。鋆 又𬬻63002

鉞 62981 33496 yuè_5.13　廣韻 集韻 韻會 太王伐切音越 廣雅 鉞，斧也 書·牧誓 王左杖黃鉞 左傳·昭十五年 鏚鉞、秬鬯 疏 鉞大而斧小 太公·六韜 大柯斧重八斤。一名天鉞 釋名 鉞，豁也。所向莫敢當前，豁然破散也 又 星名 史記·天官書 東井爲水事，其西曲星曰鉞△說文 本作戉。大斧，鉞車鑾聲，呼會切，引 詩 鑾聲鉞鉞 徐鉉曰 俗作鐬。以鉞作斧戉之戉。非是 正字通 按徐說迂曲難通 說文 絾越狘皆从戉聲，鉞从戉，讀若誨，別訓鑾聲，自相矛盾。徐謂俗作鐬，非，不知从戉無嘒聲，尤非。古作戉 司馬法 从戉 詩 書 周禮 史傳太从鉞。鉞當卽戉之重文也。鋆 又钺63064钺63015鉞63013戉62841鉞63110鐬63240鈅62816鈅62882 又 龍龕 鉽63096鏚64198鉞63113俗，鉞正。

鉟 62982 33497 pī_5.13　廣韻 敷悲切音丕 玉篇 刃戈 韓愈·會李正封聯句 何當鑄鉅鉟 又 與鈹62940通 又 廣韻 符悲切音邳。義同。

鉠 62983 33498 yāng_5.13　廣韻 集韻 韻會 正韻 太於良切音央 玉篇 鈴聲 張衡·東京賦 和鈴鉠鉠 又 集韻 於郎切音鴦。又於驚切音英。義太同△本作鍈。鋆 又鉠63005

鉡 62984 33499 bàn_5.13　類篇 部滿切音伴。鋬也〇按 玉篇 鋬卽臿也。鋆 又bǎn 喃 射擊。鉡涞，擊落。

鉢 62985 33500 bō_5.13　廣韻 集韻 韻會 太北末切，音撥 玉篇 器也 蘇軾·宸奎閣碑 廬山僧懷璉，持律嚴甚。上常賜以龍腦鉢盂，璉對使者焚之，曰：吾法以瓦鐵食，此鉢非法。使者歸奏，上嘉歎。又 梵書 自釋迦相傳有衣鉢，世相付受。後魏天竺國王子號達磨，出家入南海，齎衣鉢航海至梁詣武帝，隱嵩山少林寺，以其法傳慧可 又 凡物相傳，皆曰衣鉢 古今名賢集 和凝第十三名及第。後知舉，取范質第十三名。質往謝。凝曰：公文合在中選，屈就此，傳老夫衣鉢耳。未幾，凝入相。後質拜相，有登庸衣鉢亦相傳之句。又 蘇軾詩 傳家有衣鉢 註 家學有素也 又 廣韻 亦作盋 前漢·東方朔傳註 盂若盋而大，俗謂盋盂 又 無花果名優曇鉢 廣志 狀似枇杷，不花而實 又 叶音瞥 蘇軾·臘梅詩 君行適吳我適越，笑指西湖作衣鉢。鋆 又钵63069缽45292盋37091

鉣 62986 33501 jié_5.13　唐韻 居怯切 集韻 訖業切太音刼 說文 組帶鐵也△集韻 或作鉫。鋆 集韻 鉣、鉫63314，或从劫 類篇 鉣、鉫，或从刼。

鉤 62987 33502 gōu_5.13　廣韻 古侯切 集韻 韻會 正韻 居侯切太音溝 玉篇 鐵曲也 又 廣韻 劍屬 韻會 古兵有鉤，有鑲，皆劍屬。引來曰鉤，推去曰鑲 前漢·韓延壽傳 鑄作刀劍鉤鐔 註 鉤，亦兵器也。似劍而曲，所以鉤殺人也 又 劍環 戰國策 無鉤、竿、鐔蒙須之便 註 鉤，劍頭環 史記·楚世家 楚國折鉤之喙，足以爲九鼎 註 凡戟有鉤喙，鉤口之尖也。言楚國戟之鉤口尖有折者，足以爲鼎也 又 劍名 淮南子·修務訓 純鉤魚腸 註 純鉤，利劍名 又 刀名 鮑照·樂府 錦帶佩吳鉤 沈括曰 吳鉤，刀名也。刀彎，今南蠻用之，謂之葛黨刀 李賀詩 男兒何不帶吳鉤 又 釣鉤 莊子·外物篇 任公子爲大鉤巨緇，五十犗以爲餌，蹲乎會稽，投竿東海，旦旦而釣 又 帶鉤 孟子 豈謂一鉤金 註 鉤，帶鉤也 又 刈禾鐮曰刈鉤 前漢·龔遂傳 遂爲渤海太守，賊棄弓弩而持鉏鉤 又 幔鉤 隋書·蘇威傳 威見宮中以銀爲幔鉤，盛陳節儉之美，帝爲改容 又 馬頷鉤 詩·大雅 鉤膺鞗革 註 婁頷之鉤 又 凡縣物者曰鉤。亦曰鹿觡，曰鉤格。見 揚子方言 又 鉤物也 左傳·襄二十三年 或以戟鉤之 又 正字通 鉤索義理，猶言窮理也 易繫辭 鉤深致遠 疏 物在深處，能鉤取之。又繞也 儀禮·鄉射禮 豫則鉤楹內 註 鉤楹，繞楹而東也 又 屈也 戰國策 弓撥矢鉤 註 鉤，矢鋒屈也。或作拘。古通 又 留也 前漢·鮑宣傳 使吏鉤止丞相掾史 註 鉤，留也 又 致也 前漢·趙廣漢傳 善爲鉤距，以得事情 註 鉤，致也。距，閉也。使對者無疑，示若不問而自知，衆莫覺所由以閉，其術爲距也 前漢·陳萬年傳 咸皆鉤校，發其姦臧 又 規也 前漢·揚雄傳 帶鉤矩而佩衡兮 註 鉤，規也。矩，方也 又 牽引也 後漢·靈帝紀 皆爲鉤黨下獄 註 鉤，謂相牽引也 又 車名 禮·明堂位 鉤車，夏后氏之路也 註 鉤，有曲輿者也。又 車心木 易·小畜輿脫輻疏 謂輿下縛木，與軸相連，鉤心之木是也 周禮·冬官考工記·車人 以鑿其鉤 註 鉤，鉤心 又 射具 詩·小雅 決拾既佽 疏 決，鉤弦也 又 服飾名 儀禮·士虞禮 鉤袒 註 如今擐衣也 疏 若漢時人擐衣以露臂，故云如今擐衣也 又 星名 後漢·班固傳·兩都賦 周以鉤陳之位 註 前書音義曰：鉤陳，紫宮外星也。宮衞之位亦象之。又鉤鈐62829 又 字彙補 鉤芒，神名。與句芒同 前漢·揚雄傳 麗鉤芒與驂蓐收兮 又 漢宮名 前漢·車千秋傳 鉤弋夫人 註 鉤弋，宮名。趙婕妤好居之，故號鉤弋夫人。又 列仙傳 鉤弋夫人發手得一玉鉤，故號焉 又 宦者署 前漢·昭帝紀 上耕於鉤盾弄田 註 鉤盾，宦者近署 又 官名 前漢·百官公卿表 又中書謁者、黃門、鉤盾、尚方、御府、永巷、內者、宦者八官令丞 註 鉤盾，主近苑囿 又 地名 前漢·李陵傳 遮鉤營之道 註 單于要

害道図山名山海經鉤吾之山図水名爾雅·釋水九河
八鉤盤註水曲如鉤流盤桓也疏在東光之南,鬲縣之北
図草名爾雅·釋草鉤,芺,註大如拇指,中空,莖頭有
臺似薊,初生可食疏薊類也。一名鉤。一名芺又鉤,
蘽姑註鉤,瓝也。一名王瓜。實如飽瓜正赤,味苦博
雅莨,鉤吻也図藤名山海經其上多桃枝、鉤端註郭
云鉤端,桃枝屬。吳任臣曰:鉤端,藤也図鳥名山海
經有鳥焉,其狀如鳧而鼠尾,善登木,其名曰絜鉤。
図姓正字通宋鉤光祖図藏鉤風土記京師人臘日後
爲藏鉤之戲,分二曹,鬬勝負李商隱詩隔坐送鉤春酒
暖図正韻與鬮同荀子·君道篇探籌投鉤図交鉤,語不
止也歐陽修詩異日說交鉤図鉤輈,鷓鴣鳴聲林逋詩
雲水叫鉤輈図qú集韻權俱切音劬。鉤町,西南夷國名
前漢·西南夷傳立牁波爲鉤町王註鉤音鉅于反,町音
大鼎反図gòu集韻居候切,音構。鉤梯,攻城具詩·大
雅以爾鉤援傳鉤,鉤梯也。所以鉤引上城者釋文·鉤,
古候反。又古侯反。鼗又鈎62898鈎62826鞲63875鞠51231

62988 33503
鉥 shù_5.13 唐韻集韻ㄙㄨ食聿切音術說文綦鍼也管
子·海王篇一女必有一鍼一鉥註鉥,長鍼也図導也晉
語子盍入乎,吾請爲子鉥註鉥,導也。借鍼義,猶言
前導也図xù集韻雪律切音卹。誘也。本作怵。
鼗又鉥63132鉥63513

62989 33504
鈀 bā_5.13 五音集韻百轄切音捌。金類。

62990 33505
鉦 zhēng_5.13 唐韻集韻韻會諸盈切正韻諸成切ㄓㄥ
音征說文鐃類也。似鈴,柄中上下通玉篇鉦从靜之,
鼓以動之。一云鐲也詩·小雅鉦人伐鼓。濮斗南曰周
禮·鼓人以金鐲節鼓,以金鉦止鼓。無鉦名。鐲、鐃通
謂之鉦蘇軾詩樹頭初日掛銅鉦。又周禮·冬官考工記
鳧氏爲鍾,鼓上謂之鉦註鉦,鼓所擊處,鍾腰之上,居鍾
體之正處曰鉦図石鼓名郡國志洞庭山宮門東石樓,
樓下兩石鼓,扣之聲清越,世謂之神鉦晉·孝武樂章神
鉦一震,九域來同。鼗又钲63072

62991 33506
鉧 mǔ_5.13 正字通同鉬。柳宗元有永州鈷鉧潭記.范
成大·驂鸞錄鈷鉧,熨斗也。潭之形似之。

62992 33507
鈮 nǐ_5.13 字彙補與鈀同。絡絲柎也。與鉨字異。

63002 u2B7F7
钲 lì_5.13 簡鉝62980

62993 33508
鈩 lüè_5.13 字彙補音義
未詳博古圖·周淮父卣銘錫貝山鈩。鼗鉝字之譌。

62994 33509
鈐 qián_5.13 字彙補古文鈐62829字。

62995 33510
鈄 dǒu_5.13 五音集韻鈄本字。

62996 33511
鉜 niè_5.13 集韻諾叶切音捻博雅正也図五音集韻
小箱△集韻隸作鍎。亦作鈚。鼗小箱。小箱図鉌62926

63003 u2B7F6
鉄 shàn_5.13 簡鉏63001

62997 33512
鉪 dì_5.13 釋名鉪,殺
也,言殺物也。音未詳。鼗同鈇。

63004 u2B4EE
铼 null_5.13 簡鐯63914

62998 46044
鈂 zhèn_5.13 字彙補古鎮
字。見集韻○按集韻今作鈂。

62999 46045
鉝 jiā_5.13 龍龕音加。又古何切。

63005 u2B4ED
铗 yāng_5.13 簡鉠62983

63000 46046
鉋 bào_5.13 川篇與鉋同

63001 33544
鉏 shàn_5.13 玉篇所諫切音訕。鐵器也図五音集韻
楚革切音策。義同。鼗又铲63003

63006 u2B4EC
鉔 zā_5.13 簡鉔62970

63007 u2B494
鋅 shèng_5.13 簡鋰64416
図包山楚簡金鋅二鋅。劉信芳:字從金,聲符同怪字
之聲符,讀爲由。金鋅,即金塊。

63008 u2B493
null_5.13 字見新撰字鏡·金部

63009 u2B492
null_5.13 未詳。

63010 u2B491
null_5.13 未詳。

63017 u28C44
鉥 tú_5.13 簡鉥62929

63011 u2B490
仐 soeit_5.13 韓人名用字

63012 u2B48F
鉳 mǐn_5.13 同皿37079廿七年鉳窑爲鉳。

63013 u9FAF
鉯 yuè_5.13 俗鉯62981

63014 u2F9E7
鉑 bó_5.13 同鈸62939

63015 u28C46
鉞 yuè_5.13 簡鉞63013

63016 u28C45
鉁 zhēn_5.13 簡鉁62950

63018 u28C43
鈲 gū_5.13 簡鈲62932

63019 u28981
鉃 sà_5.13 喃从金仕sĩ
聲。分解△鉃鮎:剁肉。又sā鉃喺:無禮。

63020 u28980
鉸 kéo_5.13 喃从金叫khiếu聲。剪刀。

63021 u2897F
鈔 chảo_5.13 喃从鍋省巧xảo聲△丐鈔:鐵鍋。
図rẻo没鈔厴:一塊布。鈔躂:沿着。

63022 u2897E
鉟 pĩ_5.13 俗鉟63122

63024 u2897C
鈇 zhá_5.13 俗鍘63675

63023 u2897D
null_5.13 从金同聲,或同鉖62813見信陽楚簡

63025 u2897B
鏴 jué_5.13 鉥62824本字。見說文

63026 u2897A
鈜 hóng_5.13 說文通訓定聲鈜,从金,弘聲。字亦作
鈜。又說文輴,車輴鈜也。段氏作車輴宏聲也。

63032 u28979
鈢 qiōng_5.13 俗鈢63115

63027 u28978
鐃 náo_5.13 或同鐃篇海
類編鐃,碎金云鐃子直音篇鐃,音鐃。鐃子。

63028 u28977
鈴 líng_5.13 清·徐鼐小腆紀年附考·卷八 祁陽王(朱)
企鈴大字典疑爲鈴字別體。

63029 u28976
鈶 dài_5.13 釹鐠混合物didymium之漢譯。

63030 u28974
鈤 kǒu_5.13 同屚04961合併字學集篇音口。閉口也。

63033 u28971
null_5.13 未詳。

63031 u28973
鈏 qí_5.13 同鈏62942復
古編鈏,利也。从金市。別作鏤,非。徂奚切。

63034 u28970
鈷 yòu_5.13 人名用字。朱成鈷,見明·何喬遠名山藏

63035 u2896F
鈈 fǒu_5.13 俗瓿45278

63036 u2896E
鈕 null_5.13 未詳。

63037 u2896D
鈚 pī_5.13 龍龕鈚或作,鈖63129正。

63038 u2896C 鋻 null_5.13　未詳。

63039 u2896B 鎯 liǔ_5.13　同鉚62977

63040 u497F 鋶 lì_5.13　简鑗64572

63041 u497E 鎨 xiě_5.13　简鑴64539

63042 u497D 鋝 pō_5.13　简鏺64176

63043 uF9B1 鈴 líng_5.13　兼鈴

63044 u94CE 铎 duó_5.13　简鐸64363

63045 u94CD 铍 pī_5.13　简鈹62940

63046 u94CC 铌 nǐ_5.13　简鈮62928

63047 u94CB 铋 bì_5.13　简鉍62963

63048 u94CA 铊 tā_5.13　简鉈62957

63049 u94C9 铉 xuàn_5.13　简鉉62958

63050 u94C8 铈 shì_5.13　简鈰62930化學元素Cerium之漢譯。符號Ce,序數58。

63051 u94C7 铇 bào_5.13　简鉋62960

63052 u94C6 铆 liǔ_5.13　简鉚62977

63053 u94C5 铅 qiān_5.13　简鉛62978

63054 u94C4 铄 shuò_5.13　简鑠64540

63055 u94C3 铃 líng_5.13　简鈴62935

63056 u94C2 铂 bó_5.13　简鉑62967

63057 u94C1 铁 tiě_5.13　简鐵64357

63058 u94C0 铀 yóu_5.13　简鈾62946

63059 u94BF 铏 tián_5.13　简鉭62947

63060 u94BE 钾 jiǎ_5.13　简鉀62948

63061 u94BD 钽 tǎn_5.13　简鉭63082

63062 u94BC 钼 mù_5.13　简鉬63083

63063 u94BB 钻 zuān_5.13　简鑽64691

63064 u94BA 钺 yuè_5.13　简鉞62981

63065 u94B9 钹 bó_5.13　简鈸62939

63066 u94B8 钸 bū_5.13　简鈽62945

63067 u94B7 钷 pō_5.13　简鉕62971

63068 u94B6 钶 kē_5.13　简鈳62934

63069 u94B5 钵 bō_5.13　简鉢62985

63070 u94B4 钴 gǔ_5.13　简鈷62938

63071 u94B3 钳 qián_5.13　简鉗62974

63072 u94B2 钲 zhēng_5.13　简鉦62990

63073 u94B1 钱 qián_5.13　简錢63496

63074 u94B0 钰 yù_5.13　简鈺62941

63075 u9274 鉴 jiàn_5.13　简鑒64467

63084 u84E5 蓥 yīng_5.13　简鎣63889

63076 u9273 鉳 běi_5.13　化學元素鉳63458舊譯。

63077 u9272 鉲 kǎ_5.13　化學元素鎘63869舊譯gvah壮半月鋤

63078 u9271 鉱 kuàng_5.13　日同鑛64531

63079 u9270 鉰 sī_5.13　化學元素鈧62921的舊譯。民國新字典鉰,讀如司。化學原質之一。英名Scandium金屬。極罕見。

63080 u926F 鈥 yǐ_5.13　未經證實之化學元素illinium的譯名。

63081 u926E 鉮 huán_5.13　同鐶64358,釧改併四聲篇海·金部引類篇鉮,音還shén化學名詞。Arsonium,亦作胂、砷。shēn化學元素「砷」的舊譯。

63082 u926D 鉭 tǎn_5.13　化學元素,序數73。舊譯鑕64371

63083 u926C 鉬 mù_5.13　化學元素,序數42。舊譯鉬63779

63085 33513 鋶 lǎi_6.14　廣韻來改切音唻。連絲釣曰鋶△集韻或作鑘。鋆又鋶63152

63086 33514 鉵 tóng_6.14　唐韻集韻韻會正韻丛徒冬切音彤說文

粗屬玉篇鉏大貌集韻或作鑪博雅鉹鑪謂之鑪。

63087 33515 鉶 xíng_6.14　唐韻戶經切集韻韻會乎經切丛音刑說文本作鉶。器也。廣韻祭器玉篇羹器也周禮·天官·亨人祭祀共大羹鉶羹註羹加五味,盛以鉶器,故曰鉶羹儀禮·公食大夫禮宰夫設鉶註鉶,菜和羹之器疏據羹在鉶言之,謂之鉶羹。據器言之,謂之鉶鼎前漢·司馬遷傳堯舜飯土簋,歠土鉶註鉶,瓦器也史記省作刑△集韻或作鉶。通作鉶。鋆又鉶63239鉶63387鉶63542

63088 33516 鉫 duǒ_6.14　廣韻丁果切集韻都果切丛音朵玉篇缺也duò集韻都唾切音桗。到也正韻與剁同。鋆又鉫63200

63089 33517 鉷 hóng_6.14　廣韻戶公切集韻正韻胡公切丛音洪玉篇弩牙人名正韻唐有王鉷。鋆又鉷63148

63090 33518 鉸 jiǎo_6.14　廣韻韻會丛古巧切集韻絞玉篇釘鉸釋名鐼,敵也。齊謂之鏫,關西謂之釭。釭,鉸也。今凡刀柄、鞍首皆有釘鉸廣韻鉸刀六書故交刃刀也。利以翦李賀·五粒小松歌綠波浸葉滿濃光,細束龍髯鉸刀翦註束龍髯,形容松葉之齊,如刀翦截也。鉸,卽今婦功縫人所用者。俗呼翦刀廣韻古肴切音交。義同。jiào廣韻古孝切韻會正韻居效切丛音教。義同。類篇以金飾器也顏延之·赭白馬賦寶鉸星纏註鉸,裝飾也。鋆又鉸63208

63091 33519 鉿 kāi_6.14　五音集韻苦哀切音開。器名。鋆又鉓63147

63092 33520 鉹 chǐ_6.14　唐韻尺氏切集韻韻會敞尒切丛音侈說文曲鉹也。一曰鬵鼎爾雅·釋器鬵,鉹也註涼州呼鉹爲鬵廣韻甑也集韻一曰小刀集韻韻會余支切,音移。又集韻賞是切音豸。義丛同△集韻或作鈲。鋆龍龕鈚62726俗,鉹正。

63093 33521 鉺 èr_6.14　正韻而至切音二玉篇鉤也韓愈·城南聯句脩箭橐金鉺。鋆又鉺63236

63094 33522 鉻 luò_6.14　唐韻集韻丛歷各切音洛說文鬄也正字通言鬄去髮也梵書鬢髮自鉻。通作落gé廣韻古伯切集韻各額切丛音格玉篇鉤也抱朴子·君道卷武則鉤鉻摧於指掌釋文鉻,居額切。鋆又鉻63212

63095 33523 鉼 bǐng_6.14　正字通俗鉼字。

63096 33524 鉽 shì_6.14　廣韻賞職切集韻設職切丛音識廣韻鼎鉽也。鋆又鉽63149

63097 33525 鉾 móu_6.14　類篇迷浮切音謀玉篇劍端也字林古文矛38400字。鋆鉒鉾,兜鍪鍔63145鉾63151

63098 33526 鉿 jiā_6.14　玉篇古洽切音夾。聲也揚子·太玄經陽氣扶物,鑽乎堅,鉿然有穿註大寒之候,陰氣堅於上,陽氣扶萬物而下,鑽之鉿然而穿也。鉿陷聲阮籍·清思賦鐘鼓闐鉿,則延子不揚其聲gé廣韻古沓切集韻葛

合切达音閤博雅鋌也廣韻二尺鋌囝集韻渴合切音
屆。義同。鏊又铪63214

銀 yín_6.14 唐韻語巾切集韻韻會正韻魚巾切达音
闉說文白金也爾雅·釋器白金謂之銀前漢·食貨志朱
提銀重八兩爲一流,直一千五百八十。它銀一流直千註
朱提,縣名,出善銀囝黃銀山海經·臬塗之山註黃銀
出蜀中,與金無異,但上石則色白。又唐書·房玄齡傳賜
玄齡黃銀帶囝寶藏論銀有十七種,天生牙出銀坑內石
縫中,狀如亂絲,色紅者上,入火紫白,如草根者次之。
銜黑石者最奇,生樂平、郡陽產鉛之山,一名龍牙,一
名龍鬚。生銀出石鈄中,成片塊,大小不定,狀如硬錫。
母砂銀生五溪丹砂穴中,色理赤光。黑鉛銀得子母之
氣。此四種爲眞銀。有水銀銀、草砂銀、曾青銀、石綠
銀、雄黃銀、雌黃銀、硫黃銀、膽礬銀、靈草銀,皆是
以藥制成者。丹陽銀、銅銀、鐵銀、白錫銀,皆以藥點
化者,皆假銀也。外國四種,新羅銀、波斯銀、林邑銀、
雲南銀,达精好囝水銀前漢·劉向傳水銀爲江海桂海
虞衡志邕州丹砂盛處,椎鑿有水銀自然流出囝烏銀
本草綱目陳藏器曰:今人用硫黃熏銀,再宿瀉之,則色
黑。工人用爲器。養生家以器煮藥,可辟惡囝姓正字
通漢銀木,明正德雞澤知縣銀鏡囝地名公羊傳·昭十
一年會于屈銀左傳穀梁作厥愁囝集韻州名。陝西白
狄地,北周立銀州囝字彙上聲黃香·九宮賦眄旭歷而
銳銀註猶鑽研囝同文鐸與垠同荀子·成相篇守其銀
囝字彙補廉鍔也大戴禮銀手如斷,是卜商之行也。
鏊又银63202鋃63371鋃63137跟48887銀69066

鉤 jūn_6.14 集韻鉤62844古作鉤〇按玉篇作鋆。
鏊又钧63153

鉊 zhōu_6.14 五音集韻職流切音周。金刀。鏊又
铡63146

銃 chòng_6.14 集韻充仲切音梳玉篇銎也集韻斧穿
也囝字彙補銃礑,蜀語也。見黃山谷集囝集韻昌六
切音俶。義同。鏊又硫38902铳63205

銄 xiǎng_6.14 字彙餉字之譌。

銅 tóng_6.14 唐韻徒紅切集韻韻會徒東切达音同說
文赤金也本草集解銅有赤白青三種。赤銅出川廣雲貴
等處,山中土人穴山采礦錬取之。白銅出雲南,青銅出
南番廣韻金之一品前漢·律歷志凡律度量用銅者,取
爲物至精,不爲燥濕寒暑變節,不爲霜露風雨改形也
囝自然銅,一名石髓鉛囝銅青本草集解銅之精華,
大者即空綠,次即空青也抱朴子·金丹卷銅青塗脚,入
水不腐囝地名左傳·成九年執諸銅鞮註銅鞮,晉別縣,
在上黨前漢·地理志益州郡銅瀨縣囝山名前漢·吳王
濞傳吳有豫章郡銅山囝官名前漢·百官公卿表水衡都
尉屬官有辨銅令丞註辨銅,主分別銅之種類也。
囝宮名左傳·襄三十一年銅鞮之宮數里註銅鞮,晉離

宮囝人名前漢·古今人表銅鞮伯華囝前漢·宣帝紀金
芝九莖產于函德殿銅池中註銅池,承霤也。以銅爲之。
囝古今注秦始皇有名馬曰銅爵囝史記·孝文本紀初
與郡國守相爲銅虎符囝與洞通山海經洞庭之山註
洞,或作銅。鏊又铜63227

鉬 mò_6.14 廣韻集韻达莫白切音陌。鉬刀,兵器。
鏊又日中子,即刀插入把內的部份,刻有製作者銘文。

鈚 guǐ_6.14 唐韻過委切集韻正韻古委切达音詭說
文甾屬。一曰熒鐵囝鳥名前漢·揚雄傳註買鈚,鶬鴰
別名。春中鳴則農事興,故名買鈚。又名布穀,蓋聞其
聲則思買鈚甾以布穀也yǐ玉篇魚豈切音顗。以捩鋸
齒也。鏊又鍋64307

銇 lèi_6.14 廣韻集韻达盧對切音類廣韻鑽也集韻
平版具。

鍏 jī_6.14 五音集韻古奚切音雞玉篇金圭也。
鏊又铚63156

鋊 yù_6.14 廣韻餘律切集韻允律切达音聿。針也。

鈬 xù_6.14 廣韻辛律切集韻雪律切达音卹玉篇鋸
聲也囝集韻一曰鋼鈬,瑣處也。鏊又鈬63155

鈓 rén_6.14 廣韻集韻达如林切音壬字林濡也博雅
鞣也nín集韻尼凜切音拰。鋸鈓,聲不進貌王褒·洞
簫賦行鋸鈓以穌囉註鈓,奴錦反。鋸鈓,聲不進貌△集
韻或作鈺。

鋜 zùn_6.14 五音集韻祖悶切音鐏。鑽也。

鉞 yuè_6.14 正字通鉞字之譌。

銍 zhì_6.14 唐韻韻會达陟栗切音室說文穫禾短鎌
也釋名銍,穫黍鐵也詩·周頌奄觀銍艾傳銍,穫也疏
銍器可以穫禾,故云穫也囝小爾雅禾穗謂之穎,截穎
謂之銍書·禹貢二百里納銍傳銍刈,謂禾穗也疏禾穗
用銍以刈,故以銍表禾穗也囝廣韻古縣名。在譙前
漢·陳勝傳攻銍酇苦柘譙,皆下之註五縣名。銍音竹乙
反地理志沛郡銍縣囝通作銍史記·秦本紀百里奚曰:
臣嘗游困於齊,而乞食銍人徐廣曰:銍,一作銍囝廣韻
之日切集韻職日切达音質。義同△集韻或作鐺。
鏊又铚63229鐺63367鐺63515

銎 qióng_6.14 唐韻曲恭切韻會丘恭切达音簅說文斤
斧穿也廣韻斤斧受柄處也太公·六韜大柯斧銎長八寸
囝詩·豳風取彼斧斨傳斧,隋銎。斨,方銎囝揚子方
言骹謂之銎註矛刃下口囝玉篇銎銎,擊貌囝廣韻
集韻达許容切音匈。義同囝xiōng廣韻懼也。鏊又
銐62846鋬62857銎63032銎63372銎63735

銐 chì_6.14 廣韻集韻达尺制切音掣。除艸器也。本
作鏩囝廣韻徒例切音滯。義同囝jì集韻才詣切音嚌。

利也 図 lì 集韻力制切音例。義同。鋻又鏗63518 釖63143

銑 xiǎn_6.14 唐韻 集韻 韻會 丛穌典切音洗 說文 金之澤者 爾雅·釋器 絕澤謂之銑 疏 金之最有光澤者名銑 図 說文 一曰小鑿也 図 晉語 銑者，寒甚矣 註 銑，灑也。灑灑，寒貌，言不和潤也 図 說文 一曰鐘兩角謂之銑 周禮·冬官考工記 鳧氏爲鐘，兩欒謂之銑 註 銑，鍾口兩角也 疏 古樂器，應律之鍾，如今之鈴不圓，故有兩角。図 爾雅·釋器 弓以金者謂之銑 註 以金飾弓之兩頭也 疏 飾弓以金者名銑。鋻又銑63220 鍌63658

鈃 xíng_6.14 廣韻戶經切 韻會乎經切丛音形 說文 似鍾而頸長。从金开聲。一曰酒器 図 jiān 集韻 經天切音堅。人名 荀子·非十二子篇 是墨翟、宋鈃也 図 集韻 與鉶63087通△ 集韻 或作䤯34976 甄35044鈃45273

銓 quán_6.14 唐韻此緣切 集韻 韻會 逡緣切丛音詮 說文 衡也 廣韻 量也，次也，度也 爾雅·釋言 銓也 疏 謂銓量輕重也 前漢·王莽傳 考量以銓 註 銓，權衡也 図 玉篇 平木器 図 三銓唐六典 吏部有三銓法，尚書典其一，爲尚書銓。侍郎分其二，爲中銓、東銓。以四事擇其才，曰身、言、書、判。以三類觀其異，曰德、才、勞。凡流外兵部、禮部舉人，郎官得自主之，曰小選 註 尚書掌七品以上選，侍郎掌八品以下選 図 姓。漢捕羌校尉銓徵△ 集韻 或作輇 莊子·外物篇 輇才諷說之徒 註 輇量人物也。亦作硂。鋻又銓63216 鋤63771

銅 huì_6.14 玉篇 呼内切，音彗◇金銅。

鈆 qiān_6.14 廣韻 集韻 丛丘廉切音㑩。曲頭鑿 図 集韻 丘嚴切音欦。又丘凡切音顩。義丛同。

鈚 pī_6.14 集韻攀悲切 韻會 攀糜切丛音披。靈姑鈚，旗名也 左傳·昭十年 公卜使王黑以靈姑鈚率，吉 註 王黑，齊大夫。靈姑鈚，旗名也 疏 卜使王黑以此旗率人以戰得吉也 図 集韻 貧悲切音邳。義同。鋻又鈚63022 直音篇 鈈62982 鈙62820，同鈚。又刀戈也。

銕 tiě_6.14 集韻 鐵64357古作銕 図 廣韻 杜奚切 集韻 田黎切丛音題 字林 鐵名 図 yí 集韻 延脂切音夷。嵎銕，東表之地。通作夷 書·堯典 宅嵎夷 釋文 尚書考靈曜 及史記 作禺銕。鋻又銈63181

銖 zhū_6.14 唐韻市朱切 集韻 韻會 慵朱切丛音殊。◦ 說文 權十分黍之重也。一曰十黍爲絫，十絫爲銖。又八銖爲錙，二十四銖爲兩。又孟康曰：黃鍾一龠容千二百黍，爲十二銖 禮·儒行 雖分國如錙銖 図 博雅 鈍也 淮南子·本經訓 其兵戈銖而無刃 註 楚人謂刀頓爲銖 図 姓 正字通 明弘治舉人銖炫，德興人 図 人名 前漢·宣帝紀 右賢王銖婁渠堂入侍 註 銖音殊。鋻又銖63221

銗 hóu_6.14 集韻 胡溝切音侯。頸鉗也 博雅 銗鍛謂之鑷銗 図 ◦ 前漢·王溫舒傳 投銗購告言姦 註 銗，所以受投書也。

銘 míng_6.14 唐韻 莫經切 集韻 韻會 忙經切丛音冥 說文 記也 集韻 志也 釋名 銘，名也，記名其功也 又 述其功美，使可稱名也 禮·祭統 夫鼎有銘。銘者，自名也，自名以稱揚其先祖之美，而明著之後世者也 註 銘，謂書之刻之，以識事者也 禮·大學 湯之盤銘曰 註 銘，銘其器以自警之詞也 図 禮·檀弓 銘，明旌也 周禮·春官·小祝 設熬置銘 註 銘，今書或作名。鄭云銘，書死者名于旌。鋻又銘63211 諺55931

銙 kuǎ_6.14 廣韻 集韻 韻會 丛苦瓦切音跨。帶具 唐書·柳渾傳 玉工爲帝作帶，誤毀一銙 正字通 唐制，帶，一、二品銙以金，六品已上犀，九品已上銀，庶人鐵。明制，革帶前合口處曰三台，左右排三圓桃，排方左右曰魚尾，有輔弼二小方，後七枚，前大小十三枚。唐之十三銙卽此式初制也 図 集韻 枯買切音胯。義同。△ 集韻 本作銙。亦作鍈。鋻又銙63583

銚 yáo_6.14 唐韻以招切 集韻 韻會 餘招切丛音遙 說文 溫器也 廣韻 燒器 正字通 今釜之小而有柄有流者亦曰銚 図 揚子方言 鐈，宋楚魏之閒，或謂之銚銳 図 說文 一曰田器 図 姓 後漢·銚期傳 銚期，字須況，穎川郟人 図 國名 前漢·禮樂志 銚四會員十二人，齊四會員十九人 註 銚，國名。音姚 図 馬融·長笛賦 勞橛銚懂，晢龍之慧也 註 皆分別節制之貌 図 qiāo 集韻 千遙切音鍬。舀也 詩·周頌 庤乃錢鎛 疏 世本 云垂作銚。宋仲子註云銚，刈也。然則銚，刈物之器也 釋文 銚，七遙反 莊子·外物篇 銚鎒於是乎始修 註 銚，七遙反。削也。能有所穿削也。又他堯反 図 廣韻 吐彫切 集韻 他彫切丛音桃。義同 図 diào 廣韻 集韻 韻會 丛徒弔切音調。燒器 集韻 或作鑃、鐋 集韻 他弔切音糶。義同 図 yào 弋笑切音燿。與䥶同。䥶芅，草名 爾雅·釋草 長楚銚芅 註 今羊桃也。或曰鬼桃。葉似桃，華白，子如小麥，亦似桃。○按 釋文 銚，音姚，與 集韻 音異 図 tiáo 集韻 田聊切音迢。長矛也 呂氏春秋 長銚利兵。鋻又銚63213 瓶35025 図 字彙 錭63444，同銚。

鈹 pī_6.14 字彙與鈚同。鋻又錄63037 図 劍鈹 正字通 披昔切，音劈。裂也。又斯也 方言 晉趙間謂斯謂之鈹。又劍鋒 越絕書 薛燭相劍曰：觀其鈹，爛如列星之行。図 越絕書·卷第十一·越絕外傳·記寶劍第十三 觀鈹62932，巍巍翼翼，如流水之波。

銛 xiān_6.14 唐韻息廉切 集韻 思廉切丛音襳 說文 鍤屬 図 玉篇 利也 賈誼·過秦論 非銛於句戟長鎩也 史記·秦始皇紀 作銛 前漢·賈誼傳 莫邪爲鈍兮，鈆刀爲銛 註 晉灼曰：世俗謂利爲銛 図 廣韻 纂文曰：鐵有距施竹頭以擲魚，爲銛也 図 姓 正字通 宋有銛朴翁，工詩 図 xiàn 集韻 習琰切音燄。鍤屬 図 tiǎn 廣韻 他玷切 韻 他點切丛音忝 博雅 鍤謂之銛 博雅 斷也 音 釋 銛，他點反。又息廉反 図 揚子方言 銛，取也 註 謂挑取物也。音忝。鋻又銛63218 銛63671 枚24506 銽63635 銽63610 鐵18522

又 集韻 鋸63270，或从舌作銛。

銜 63131 33560 xián_6.14 廣韻 戶監切 集韻 韻會 乎監切，太音艦 說文 馬勒口中。从金从行。銜，行馬者也 徐曰 馬銜所以制之行也。會意 戰國策 伏軾撙銜，橫歷天下 前漢·張敞傳 利其銜策 又 正字通 凡口含物曰銜 詩·豳風·勿士行枚箋 初無行陳銜枚之事 東京夢華錄·下赦 車駕登宣德樓。旋立雞竿，約高四十數丈，竿尖有大木盤，上有金雞，口銜紅幡子，書皇帝萬歲字 盧照隣詩 龍銜寶蓋迎朝日 又 正字通 奉君命而行曰銜命 又 官吏階位曰銜 語林 近代選曹補授，先具舊官於前，次書擬官於後，新舊相銜也 白居易·贈張籍詩 獨有詠詩張大祝，十年不改舊官銜 陸游詩 頭銜字字敵冰淸 又 感也 管子·法法篇 法立而民樂之，令出而民銜之 林景熙詩 心銜造化仁 又 憾也 前漢·外戚傳 栗姬怒不應，言不遜，景帝心銜之 唐書·薛藝傳 藝頻爲李景所辱，深銜之 又 人參，一名人銜 本草 其成有階級，故名 蘇軾詩 舊聞人銜芝，生此羊腸嶺 又 馬銜，海神也 木華·海賦 海童邀路，馬銜當蹊 註 海童、馬銜，皆神名。馬銜，馬首，一角，龍形。

鎣 又啣06302嗛07515銜54003銜54012銜63255啣06427啣06659啣07079嗛07321嗛07311

銝 63132 33561 xiū_6.14 字彙 虛尤切音休。長針也。

鍪 63145 46050 móu_6.14 龍龕 同鉾

銞 63133 33562 jūn_6.14 玉篇 古文鈞62844字 又 人名。宋有承直郎李銞。

銟 63134 33563 chā_6.14 篇海類編 初加切音叉。魚器。

鈾 63146 u2B7FB zhōu_6.14 簡 銂63101

鎩 63135 33564 shā_6.14 集韻 與鎩同

銠 63136 33565 lǎo_6.14 字彙補 音未詳。王審知鑄大鐵錢，俗謂之銠励。鎣 又铑63237銠字也借指貴金屬rhodium，簡稱Rh。銠63648金屬銠舊譯。鉚63183亦金屬銠舊譯。

銀 63137 33566 yín_6.14 篇海 宜斤切音圻。馬飾器。鎣 同銀63371

铠 63147 u2B7FA kāi_6.14 簡 鍇63091

銠 63138 33567 chá_6.14 音未詳 唐書·車服志 景龍中，腰帶垂頭於下，名銠尾，取順下之義 宋志 銠尾，即今之魚尾。鎣 銠尾或作獺尾。

鋗 63139 33568 xuān_6.14 玉篇 鋗63302作鋗。

鉷 63148 u2B7F9 hóng_6.14 簡 鉷63089

銡 63140 33569 jí_6.14 字彙補 古乞切，音吉◇ 錢氏·桑海遺錄序 機械銡軋。

鉟 63141 42141 pī_6.14 龍龕 音劈。器也。鎣 同釽62806

鉫 63142 46047 rú_6.14 篇海類編 音汝。鎣 又鋫63185铷63201

銐 63143 46048 chì_6.14 搜眞玉鏡 同銐。

鈖 63144 46049 pò_6.14 篇海類編 同鈲。

鉽 63149 u2B7F8 shì_6.14 簡 鉽63096

鐺 63150 u2B7F0 dāng_6.14 俗鐺64366

鉾 63151 u2B4F4 móu_6.14 簡 鉾63097

铼 63152 u2B4F3 lǎi_6.14 簡 錸63085

銁 63153 u2B4F2 jūn_6.14 簡 鉤63100

鐈 63154 u2B4F1 qiáo_6.14 簡 鐈64196

鈹 63155 u2B4F0 xù_6.14 簡 鉥63110

銈 63156 u2B4EF jī_6.14 簡 銈63108

鏈 63157 u2B49C null_6.14 未詳。

鋅 63158 u2B49B null_6.14 未詳。

鉨 63159 u2B49A null_6.14 新撰字鏡 馬乃加弥波龙美。

鋝 63160 u2B499 null_6.14 未詳。

鑫 63164 u2B495 null_6.14 未詳。

銗 63161 u2B498 fǒu_6.14 同缶45261 繇書缶 擇其吉金，以钕鑄銗。

鉠 63162 u2B497 yì_6.14 龍龕 鉠，羊制反。

鉚 63163 u2B496 xī_6.14 化學用字，指四價硒的陽離子。

鋘 63165 u2F9E9 huá_6.14 同鋘63303

鉚 63167 u289AA null_6.14 未詳。

鋊 63166 u289AB yǔ_6.14 鍛鋊，同鍛羽 又 同鍘63872 可洪音義 作鋊：所卓反，見作槊，刺也。郭氏音盂，非也。

鋑 63168 u289A9 vòng_6.14 喃 越·阮秉 五千字譯國語 虹蜺，梂鋑。

鋲 63169 u289A8 null_6.14 未詳。

鉾 63170 u289A7 nến_6.14 喃 从金年nên聲△台鉾：燭臺 又 新撰字鏡 須弥加支。

鋅 63171 u289A6 vỡ_6.14 喃 从金宇vũ聲 又 yeiq 壯 玉。

鍦 63172 u289A5 chì_6.14 喃 从鉛省池trì聲△鍦錫：鉛和錫。鐱鍦：鋅。

銹 63173 u289A4 jul_6.14 韓 鐦也。銼刀△亦作鋑63761

鋷 63175 u289A2 sōu_6.14 俗鎪63899

銳 63174 u289A3 ruì_6.14 同銳63258 龍龕 銳，羊稅反。利也，錐刀鋒芒也。

鉾 63176 u289A1 róng_6.14 或俗融，鎔 龍龕 与隆反 合併字學集篇 鉾，音羊 又 yáng化學名詞。鉾鹽。

鍌 63177 u289A0 zī_6.14 龍龕 鍌，或作。雌、資二音。正作鉴62927

鋒 63178 u2899F fēng_6.14 正字通 鋒63295俗作鋒，非。

鋘 63180 u2899A huá_6.14 集韻 苿23759或作鋘鋘鏵。

鐵 63181 u28998 tiě_6.14 同鐵63123

鉶 63184 u28995 xíng_6.14 鉶63087本字

鉥 63182 u28997 huī_6.14 人名用字。明·何喬遠 名山藏·卷之四十·分藩記五 邵陵王厚熡，長子載增，長孫翊鉥 又 化學元素鉀的舊譯。1892. 春季號 格致彙編·醫藥略論 白礬，又名磺強鉥釩。又 民國日報. 1919·Mar. 27. Num. 1140·②·特約電 德以鉥養三萬噸供英△宏按，鉥養，氧化鉀。

鉚 63183 u28996 lòu_6.14 金屬銠63136舊譯。

鋫 63185 u28994 rú_6.14 同鉫63142

鈸 63179 u2899B bó_6.14 合併字學集篇 鈸，音扶 太平寰宇記·南蠻四·渤泥國 凡歲終十二月以七日為節，地熱多風雨，民最樂，必坎鼓吹笛擊鈸，抵掌歌舞為樂 漢語大字典. V. 2 鈸，鈸62939譌字。

鉎 63186 u28993 shèng_6.14 同鋥63007，俗鉧64416

鉅 63188 u28991 null_6.14 未詳。

鈒 63187 u28992 null_6.14 未詳。

鈂 63190 u2898F wàn_6.14 俗鋄63639

鈉 63189 u28990 bō_6.14 同鈸62939

鉅 63192 u2898D jù_6.14 俗鉅62954見 原本玉篇寫本殘卷

鈣 63193 u2898C null_6.14 未詳。

鋄 63191 u2898E wàn_6.14 簡鋄64087

鑫 63195 u2898A null_6.14 未詳。

釜 63194 u2898B yáng_6.14 或同鈺63176

鍊 63196 u28989 sù_6.14 俗鍊63284朝鮮本 龍龕鍊，音速。

鉏 63197 u28988 chú_6.14 俗鉏63318 四聲篇海 鋑，音宪。鉏頭曲鐵 図 新撰字鏡鉏鋑，二字奈太。

鋏 63198 u28987 jiá_6.14 簡鋏63290

翊 63199 u4980 yǔ_6.14 簡翊63166

鍈 63200 u492A duǒ_6.14 同鍈63088

銣 63201 u94F7 rú_6.14 簡銣63142

银 63202 u94F6 yín_6.14 簡銀63099

铵 63203 u94F5 ǎn_6.14 簡銨63250

锡 63204 u94F4 tāng_6.14 簡錫64200

铳 63205 u94F3 chòng_6.14 簡銃63102

铲 63206 u94F2 chǎn_6.14 簡鏟64062

铱 63207 u94F1 yī_6.14 簡銥63253

铰 63208 u94F0 jiǎo_6.14 簡鉸63090

铷 63209 u94EF sè_6.14 簡鉋63247

铭 63211 u94ED míng_6.14 簡銘63126

铮 63210 u94EE zhēng_6.14 簡錚63486

铬 63212 u94EC luò_6.14 簡鉻63094

铫 63213 u94EB yáo_6.14 簡銚63128

铪 63214 u94EA jiá_6.14 簡鉿63098

铩 63215 u94E9 shā_6.14 簡鎩63897

铨 63216 u94E8 quán_6.14 簡銓63119

铧 63217 u94E7 huá_6.14 簡鏵64169

铣 63218 u94E6 xiān_6.14 簡銑63130

铥 63219 u94E5 diū_6.14 簡銩63249

铣 63220 u94E3 xiǎn_6.14 簡銑63117

铢 63221 u94E2 zhū_6.14 簡銖63124

铡 63222 u94E1 zhá_6.14 簡鍘63675

铠 63223 u94E0 kǎi_6.14 簡鎧63894

铟 63224 u94DF yīn_6.14 簡銦63252

铞 63225 u94DE diào_6.14 簡銱63241

铝 63226 u94DD lǚ_6.14 簡鋁63274

铜 63227 u94DC tóng_6.14 簡銅63104

铛 63228 u94DB dāng_6.14 簡鐺64366

铚 63229 u94DA zhì_6.14 簡銍63114

铙 63230 u94D9 náo_6.14 簡鐃64189

铗 63231 u94D7 jiá_6.14 簡鋏63290

铕 63233 u94D5 yǒu_6.14 簡銪63248

铖 63232 u94D6 chéng_6.14 簡鋮63240

铔 63234 u94D4 yā_6.14 簡錏63468

铓 63235 u94D3 máng_6.14 簡鋩63437

铒 63236 u94D2 ěr_6.14 簡鉺63093

铑 63237 u94D1 lǎo_6.14 簡銠63136

鋮 63240 u92EE chéng_6.14 人名用字。明阮大鋮 龍龕 音成。 図yuè俗鋮62981 廣碑別字 引唐 扶風郡公主墓誌

銱 63241 u92B1 diào_6.14 釘銱兒：即屈戌，裝在門窗上，用來拴鎖 的金屬扣環或絞紐。銱子：亦稱吊子，一種口大，柄長， 由砂土或金屬製成的用來煎藥或燒水的小壺。

铐 63238 u94D0 kào_6.14 簡銬63246

鈘 63242 u92B0 ài_6.14 同艾48967敦 煌·S.5431 開蒙要訓鈒炙療除。

铏 63239 u94CF xíng_6.14 簡鉶63087

钱 63245 u92AD qián_6.14 俗錢63496

鉇 63243 u92AF sī_6.14 日俗鉇63347

鉋 63247 u92AB bào_6.14 俗鉋62960 可 洪音義 鉋掘：上步包反。下其月反 図sè化學元素 Cesium漢譯。符號Cs。序數55。舊譯作鏴64166

铐 63246 u92AC kào_6.14 同銬42027鐯64558

銪 63248 u92AA yòu_6.14 銀銪，鉛。明崇禎八年刊本 軍器圖說·火 攻從藥 銀銪，爛。清 趙學敏 本草綱目拾遺 卷二·金部 銀 銪：一作釉。服銀銪水者，烏梅湯灌之即解 図yǒu化學 元素，序數63。舊譯鑀64580鐟64579

鋱 63249 u92A9 diū_6.14 化學元素，序數69。舊譯銩63429

鞍 63250 u92A8 ǎn_6.14 同鞍67258見 包山楚簡

鉱 63251 u92A7 kuàng_6.14 見 吳王光鑑 吳王光擇其吉金，玄鉱白 銑。銑，張亞初讀若礦。

鑾 63244 u92AE luán_6.14 簡鑾64692

鋽 63252 u92A6 yīn_6.14 化學元素 Indium漢譯。符號In，序數49。舊譯鎲63958

銥 63253 u92A5 yī_6.14 化學元素。符號Ir，序數77。舊譯銥63845

衔 63255 u8854 xián_6.14 簡銜63131

鉳 63254 u92A4 mǐ_6.14 化學元素 鋂63325舊譯 図化學元素鎇63842舊譯。

鋓 63256 33570 chán_7.15 集韻 鉏衔切。同鏟。

銲 63257 33571 hàn_7.15 玉篇同銲

銳 63258 33572 ruì_7.15 唐韻以芮切 集韻 韻會 俞芮切夶音叡 說文 芒也 図 書·顧命 一人冕 執銳 傳 銳，矛屬也 釋文 銳，以稅反。又 左傳·成二年 銳 司徒免乎 註 銳司徒，主銳兵者 釋文 銳，悅歲反 図 廣 韻 利也 史記·武安侯傳 魏其銳身爲救灌夫 前漢·淮南王 傳 於是王銳欲發 註 王意欲發兵，如鋒刃之銳利。又 劉 向·說苑 哀公問取人。孔子對曰：毋取口銳。口銳者， 多誕寡信 図 左傳·哀十一年 子羽銳敏 註 銳，精也 桓十 一年 我以銳師，宵加於鄙 王褒·講德論 各采精銳，以貢 忠誠 図 正字通 今凡物鐵利曰銳 前漢·天文志 下有三星 銳，曰罰 註 上小下大，故曰銳 爾雅·釋丘 再成銳上爲 融丘 註 纖頂者 釋文 唯歲反。又 釋山 銳而高，嶠 疏 銳 則鐵也，言山形鐵峻而高者，名嶠 図 正韻 細小也 左 傳·昭十六年 且吾以玉賈罪，不亦銳乎 註 銳，細小也 疏 銳是鋒鋩 釋文 銳，悅歲反 図 姓 姓苑 升平申鮮里，有 御史中丞銳管 図duì 韻會 正韻 夶徒外切音兌。矛屬 図 集韻 都外切音祋。義同 図 図yuè 五音集韻 弋雪切音 悅 揚子方言 盂，宋楚魏之間或謂之銚銳△ 集韻 籥缚切音 剟。或作悅。鏊又銳62836銳63436锐63401 図 銳63174漢隸 字源·銳 引 樊毅脩華嶽碑 図 正字通 鋭63456俗銳字。

鍪 63259 33573 shì_7.15 唐韻 集韻 夶時制切，言誓◦說文 車樘結 也 図 說文 銅生五色也 図 廣韻 以芮切 集韻 俞芮切 音叡。又 集韻 蒲計切音薜。又吉曳切音瘞。義夶同。 図zhì 集韻 直例切音滯。小車耳鉤。鏊又銟63260

鏗 63261 33575
kēng_7.15　廣韻口莖切。與鏗同博雅撞也又聲也

鉽 63260 33574
shì_7.15　字彙同鉽

鈔 63262 33576
suō_7.15　廣韻素何切集韻韻會桑何切夶音娑。鈔鑼,銅器也又shā集韻師加切音沙。義同△集韻或作鎈正字通或作沙鐁斯宋志駕前皆捧斯鑼元志作水礶鐁鑼。南宋市肆記亦言酒器沙鑼。蓋水盆,以金銀爲之,如今之銅面盆。沙、斯、鐁皆鈔,音相近。一說鈔謂作斯、鐁,今馬上急遞所擊者,似鑼而小,俗呼篩鑼,即鈔鑼也。

銶 63263 33577
qiú_7.15　廣韻巨鳩切集韻韻會正韻渠尤切夶音求。鑿屬◦詩·豳風又缺我銶傳木屬曰銶釋文銶,音求。鑿屬。一解云今之獨頭斧又集韻渠幽切音虯。義同詩·豳風釋文徐邈讀△通作鈌。鋻又銶63352又直音篇鈄62733釚62732釻62849同銶。

銷 63264 33578
xiāo_7.15　唐韻相邀切集韻韻會思邀切夶音宵說文鑠金也史·秦始皇紀收天下兵,聚之咸陽,銷以爲鍾鐻又釋也,盡也前漢·鄒陽傳積毀銷骨王勃·滕王閣序虹銷雨霽杜甫詩金吼霜鐘徹,花催蠟炬銷又禮·樂記禮減而不進則銷註銷,音消。言不自進,則禮道銷衰也又莊子·則陽篇其聲銷註銷,音消。小也又張協·七命銷踰羊頭註銷,生鐵也淮南子·修務訓羊頭之銷註羊頭之銷,白羊子刀又姓山海經帝鴻生白民,白民銷姓又釋名銛或曰銷。銷,削也。能有所穿削也淮南子·齊俗訓刓劊銷鋸註銷,音削又通作消周禮·冬官考工記栗氏爲量改煎金錫則不耗註消涷之精,不復減也。鋻又销63417

鉆 63265 33579
zhé_7.15　唐韻陟葉切集韻陟涉切夶音輒說文鉆也又niè類篇昵輒切音聶玉篇拔髮也類篇箝也。與鑷同又集韻諾叶切音捻博雅正也。與鈮同。亦作鋷。鋻正字通鈂63438鉆字之譌。

銹 63266 33580
xiù_7.15　集韻息救切音秀。鐵生衣也。本作鏥。鋻又锈63409

鑸 63267 33581
zàng_7.15　類篇在朗切音奘。鈴聲。鋻又鑸64665

銻 63268 33582
tí_7.15　古文厗唐韻杜兮切集韻韻會田黎切夶音題說文鏅銻,火齊珠名。鋻又锑63400

銼 63269 33583
cuò_7.15　唐韻昨禾切集韻徂禾切夶音矬說文鍑也玉篇銼鑸,鍑也博雅鴞銷謂之銼鑸又zú廣韻集韻夶昨木切音族。義同。或作鎐又cuò集韻寸臥切音剒。義同廣韻蜀呼釜銼杜甫詩土銼冷疏煙註銼,音挫。蜀人呼釜爲銼。又與挫同史記·楚世家兵銼藍田。鋻又锉63408

鉪 63270 33584
guā_7.15　唐韻古活切音括。又集韻古刹切音刮說文斷也。

銾 63271 33585
hòng_7.15　五音集韻胡孔切音澒。鐘聲。

鐘 63272 33586
zhōng_7.15　說文同鐘64221又廣韻集韻夶同

鏽64060

鋀 63273 33587
dòu_7.15　集韻韻會正韻夶徒口切,頭上聲說文本作鋀。酒器也又tōu廣韻託侯切集韻他侯切夶音偷。石名。似金。與鍮同。

鋁 63274 33588
lǚ_7.15　玉篇與鑪同博雅鋁謂之錯揚子方言燕齊摩鋁謂之希註鋁,音慮。鋻又铝63226

鋂 63275 33589
méi_7.15　廣韻莫杯切集韻謨杯切韻會謀桮切夶音枚說文大鎖也。從金每聲。一環貫二者增韻子母環也詩·齊風盧重鋂傳鋂,一環貫二也又玉篇古萌49846字。鋻又鍪63376鋂63842

鋃 63276 33590
láng_7.15　唐韻魯當切集韻韻會盧當切正韻魯堂切夶音郎說文鋃鐺,鎖也前漢·王莽傳作琅當。以鐵瑣琅當其頸也六書故鋃鐺之爲物,連牽而重,故俗以困重不舉爲鋃鐺又廣韻一曰鐘聲。鋻鐵瑣,鐵鎖。又鋼63585锒63399

鋄 63277 33591
wàn_7.15　廣韻集韻夶亡范切音妥玉篇馬首飾張衡·東京賦金鋄鏤錫馬融·廣成頌金鋄玉鑲正字通今俗名馬鞍曰鋄銀事件,是也謝朓集映興鋄於松枏註蔡邕獨斷金鋄者,馬冠也。如玉華形,在馬髦前。鋻又锿63531鋄63514鋄63988又直音篇鈛62949同鋄63639又龍龕鋄64092俗,鋄63769今又字彙補鋄64087鋄字之譌。

鏒 63278 33592
láo_7.15　廣韻魯刀切集韻郎刀切夶音勞玉篇哘鑢鏒又廣雅鏒,鑪鏑也又集韻一曰鎪鏒,銅器△或作鎯。

鋅 63279 33593
zǐ_7.15　集韻祖似切音子。剛也玉篇同釨。鋻又锌63405

鎁 63280 33594
shì_7.15　五音集韻賞職切音識玉篇粙也。

鋆 63281 33595
yún_7.15　五音集韻羊倫切音勻。金也。

鋇 63282 33596
bèi_7.15　廣韻布蓋切集韻博蓋切夶音貝博雅鋌也。鋻名義補賴反。柔鋌又钡62906

鋈 63283 33597
wù_7.15　唐韻集韻韻會夶烏酷切音沃說文白金也。從金沃聲詩·秦風陰靷鋈續韻會按詩傳,毛云白金也。鄭云白金飾續靷之環,軜之觼,以白金爲飾。孔疏云金白謂之銀,其美者謂之鐐。然則白金不名鋈,言鋈者,謂銷白金以灌鋈靷環,非訓鋈爲白金也。金銀銅錫總名爲金,未必皆白銀也。今詳詩言鋈續、鋈錞,則是以鐵爲質,以他金灌沃其外,共名爲鋈。猶今人以銀爲質,金鍍其外,共名爲鍍也。鄭釋鋈續,不云白金爲環,但云以白金飾環,猶未瑩徹。今人作門環,皆以鐵爲質,而灌以錫,古所謂鋈歟又集韻屋郭切音膗。又遏鄂切音惡。義夶同。

鋉 63284 33598
sù_7.15　五音集韻桑谷切音速。金也。鋻又铼63196

铼63351 ☒ 直音篇 鏺64183同鍊。

鉛 yù_7.15　唐韻余足切 集韻 韻會 俞玉切夶音欲 說文 可以鉤鼎耳及鑪炭。从金㕣聲 廣韻炭鉤也 ☒ 說文 一曰銅屑 前漢·食貨志 姦或盜摩錢質以取鉛 註臣瓚 曰：鉛，銅屑也。摩錢漫面，以取其屑，更以鑄錢。師 古曰鉛，音浴。又 南宋·孔覬·鑄錢議 五銖錢周郭其上下， 令不可磨取鉛 五音譜 磨礱漸銷曰鉛。今俗謂磨光曰磨 鉛 ☒ róng 集韻餘封切音容。鉤鉛，取炭器。

鋋 chán_7.15　唐韻市連切 集韻 韻會 時連切，夶音禪 說文 小矛也 揚子方言 五湖之閒謂矛爲鋋 釋名鋋，延 也，達也。去此至彼之言也 前漢·鼂錯傳 此矛鋋之地也 註師古曰鋋，鐵把短矛也。音上延反。又 司馬相如傳 鋋 猛氏 註猛氏，獸名 ☒ 淮南子·修務訓 苗山之鋋 註苗 山，利金所出 ☒ yán 廣韻以然切 集韻夷然切夶音延。 義同。

鋌 dìng_7.15　唐韻徒鼎切 集韻 韻會 待鼎切夶音挺 說 文 銅鐵樸也。从金廷聲 廣韻金鋌也 南史·梁廬陵王傳 嗣子應不慧，見內庫金鋌，問左右，此可食否 ☒ 箭鋌 周 禮·冬官考工記 冶氏爲殺矢，刃長寸，圍寸，鋌十之 註 箭足入稾中者也 釋文鋌，徒頂反 ☒ 博雅 盡也 音釋鋌， 逢鼎反 揚子方言 物空盡者曰鋌。鋌，賜也 又 鋌，空也。 語之轉也 ☒ 張協·七命 耶谿之鋌，赤山之精 註鋌，銅 鐵也 ☒ tǐng 集韻他頂切音脡 廣雅 鐵鏷，鋌也 ☒ 左 傳·文十七年 鋌而走險，急何能擇 註鋌，疾走貌 釋文鋌， 他頂反。夶博雅盡也音釋鋌逢鼎反。隋 曹憲博雅音鋌， 達鼎。王念孫：各本達譌作逢，今訂正 ☒ 鋋63426

鋍 bó_7.15　集韻薄沒切音孛。同勃。

銲 hàn_7.15　集韻戶版切 韻會 合版切夶音皔。刀也。

鋏 jiá_7.15　唐韻吉叶切 集韻 韻會 吉協切 正韻古協 切夶音頰 說文 可以持冶器鑄鎔也。从金夾聲。一曰 若挾持 徐曰金鐵夾持鑄鎬者也 玉篇 劒也 戰國策 馮 驩彈鋏，歌曰：長鋏歸來乎 左思·吳都賦 毛羣以齒角爲 矛鋏 註鋏，刀身劒鋒，有長鋏短鋏 ☒ 通作夾 莊子·說 劒篇 韓魏爲夾 註夾，古協反。把也。一本作鋏。
夶又鋏63231鋏63198

鍠 hóng_7.15　玉篇戶萌切音宏。器也。夶 正字通鉷， 俗鈜字。舊註汎訓器也，誤。

鍱 shè_7.15　廣韻時攝切 集韻實攝切，並音涉◇ 玉篇 鐵鍱也。

鈒 jí_7.15　五音集韻居立切音急。鋤屬。夶楊寶忠： 疑俗鈒。

鋑 cuān_7.15　廣韻古文鐫64336字 ☒ 集韻七丸切，音 竄平聲 玉篇刀也 ☒ jiān將廉切音尖。錐也。或作㨻。

鋒 fēng_7.15　唐韻 集韻 韻會夶敷容切音丰 說文 兵耑

也。本作鏠。省作鋒 釋名 刀其末曰鋒，言若鋒刺之毒 利也 ☒ 前漢·東方朔傳 變詐鋒起 荀子·王制篇 嘗試之 說鋒起 註如鋒刃齊起而難犯 ☒ 軍之前列 前漢·黥布傳 布爲前鋒 ☒ 星名 史記·天官書 斗杓端有兩星，一內爲 矛，招搖，一外爲盾，天鋒 ☒ 國名 史記·五帝紀 帝嚳娶 陳鋒氏女，生放勳 正義作陳豐 ☒ 劒名 典論 寶劒有三， 其二曰華鋒。夶又锋63406鏠64125鋒63178 ☒ 直音篇 鋒64009同鋒。

鍤 chān_7.15　集韻癡廉切音覘。銳也。夶又鐵鍤，同 蒺藜。

鉶 xíng_7.15　集韻乎經切音刑。祭器。與銒同。

銕 wǎn_7.15　字彙亡返切音挽。引也。

鈠 yì_7.15　集韻營隻切音役。小矛，本从矛。
夶作殴38406亦作鈠62851

誌 zhì_7.15　類篇職吏切音志。銘也。夶 可洪音義 碑 誌：音志，記也。正作誌。

鉰 sī_7.15　廣韻息夷切 集韻相咨切，夶音私 玉篇平 木器。今作鍦。

鋗 xuān_7.15　唐韻 集韻火玄切 韻會 呼玄切夶音駽 說 文 小盆也。从金肙聲。一曰無足鐺 五音集韻 銅銚 博雅 鑴鬴甂甌謂之鋗 ☒ 玉聲 前漢·郊祀歌 展詩應律鋗玉鳴 註晉灼曰：鋗，鳴玉聲也。師古曰鋗，音火懸反。
☒ 人名 史記·項羽紀 番君將梅鋗功多 ☒ xuàn 五音集 韻胡畎切音泫。玉聲 ☒ xuàn 集韻隨戀切音淀。車鐶 也。或作鏃 ☒ juān 正字通 音蠲 史記·楚世家 王行遇其 故鋗人 註今之中涓也 萬石君傳 作中涓△ 玉篇書作 鋗。夶又铅63340

鋘 huá_7.15　廣韻戶花切 韻會 正韻胡瓜切夶音華 說 文 本作釫。兩刃臿也 廣韻鋘鏉 後漢·獨行傳 戴就被考 掠。燒鋘斧，使就挾于肘腋 註鋘斧，臿也 集韻或作鏵 ☒ hú 集韻洪孤切音胡。泥鏝也。塗工之具。或作釪 ☒ wú 廣韻五乎切 集韻 韻會 正韻訛胡切夶音吾。錕 鋘，山名。出金，可作刀以切玉 列子·湯問篇 作錕鋙 司 馬相如·子虛賦 作昆吾。夶又鋘63165鋘63180

鋙 yǔ_7.15　廣韻魚巨切 集韻偶舉切 韻會語許切 正 韻偶許切夶音語 說文 本作鉏。鉏鋙也 廣韻鉏鋙，物不 相當 楚辭·九辯 圜鑿而方枘兮，吾固知其鉏鋙而難入 ☒ 玉篇樂器也 ☒ 正韻不安貌。亦作岨峿 ☒ yú 廣韻 語居切 集韻牛居切夶音魚 廣韻鋤屬 ☒ wú 集韻訛胡 切音吾。本作鋘。錕鋙，山名。出金，可作刀以切玉 列 子·殷湯篇 錕鋙之劒 註鋙，音吾。夶又铻63422

鋚 tiáo_7.15　集韻田聊切音條 玉篇鐵也。一曰轡首鐵 也○按 說文 本作鋚63331，音以周切 玉篇 集韻改作鋚， 音田聊切，非。夶又鋚67296儵01756 ☒ 正字通 鋚63892

鎣字之譌。

鉚 liú_7.15 63309/33623 集韻同鏐

鉱 kuàng_7.15 63306/33620 字彙古猛切音礦。金銀銅鐵璞也〇按卽鉫字之譌。

錾 zhuó_7.15 63307/33621 廣韻士角切集韻韻會仕角切𡘋音浞。足鈴玉篇鏁足也韓愈·納涼聯句青雲路難近，黃鶴足仍錾圂chuò集韻測角切音婼。鋤也。本作鏃。

鋟 lüè_7.15 63308/33622 古文鋝唐韻正韻力輟切集韻韻會龍輟切𡘋音劣說文十銖二十五分之十三，或曰二十兩爲鋟小爾雅倍舉曰鋟，鋟謂之鍰。宋咸曰：舉三兩，鋟六兩周禮·冬官考工記戈戟皆重三鋟，劍重九鋟，次七鋟，下次五鋟註今東萊或以大半兩爲鈞，十鈞爲環，環重六兩大半兩。鍰鋟似同矣，則三鋟爲一斤四兩六書故說文十銖二十五分之十三爲鋟，則三鋟不得爲一斤四兩也。且戈戟纔重三十一銖，爲已輕矣。至以二十兩爲鋟，則劍重九鋟者，十有一斤四兩，爲已重矣，亦不然也。鍰鋟63701皆六兩，其實一字圂shuā集韻所劣切音刷。義同。或作率。鎣又鋝63407鋟63316

鍮 cōng_7.15 63311/33625 集韻同鏦

鋞 xíng_7.15 63310/33624 唐韻戶經切集韻乎經切𡘋音形說文溫器也。圜而直上圂xìng集韻下梗切音杏。義同。圂xìng集韻形正切音脛。長鍾也。鑄謂之鋞圂廣韻胡頂切集韻下頂切𡘋音婞。義同。圂jīng集韻何耕切音莖。鑼斡。鎣又鋞63369

鋟 qiān_7.15 63312/33626 集韻千廉切音籤。刻也。公羊傳·定八年睋而鋟其板註以爪刻其板。或作鑯圂集韻韻會正韻七稔切音寢。又集韻韻會𡘋子鴆切音浸。義𡘋同圂集韻子朕切音醋。博雅錐也圂集韻韻會千尋切正韻千林切𡘋音侵。義同圂廣韻子廉切集韻將廉切𡘋音尖博雅銳也。鎣又鋟63398剗03474

鋠 shèn_7.15 63313/33627 集韻時刃切音慎玉篇圓鐵圂廣韻時忍切集韻是忍切𡘋音腎。義同。鎣鋠63341

鋤 jié_7.15 63314/33628 字彙同鈷

鋡 hán_7.15 63315/33629 廣韻胡男切集韻胡南切𡘋音含揚子方言受也。齊楚曰鋡，猶秦晉曰容盛也圂博雅鋡鑛謂之鑪。

鋟 lüè_7.15 63316/33630 正字通鋝字之譌。

鋣 yé_7.15 63317/33631 玉篇同鋣後漢·崔駰傳求鏌鋣於明智註吳越春秋曰：干將，吳人也。造二劍，一曰干將，二曰莫邪。莫邪者，干將之妻名也。干將作劍，采五山之精，合六金之英，百神臨觀，遂以成劍。鎣又鋣63427

鋤 chú_7.15 63318/33632 廣韻士魚切集韻牀魚切𡘋音鉏左傳·僖三十三年註耨，鋤也釋文本又作鉏楚辭·卜居寧誅鋤草茅，以力耕乎釋名鋤，助也，去穢助苗長也圂jǔ集韻狀所切。與鉏同。鉏鋙亦作鋤鋙。鎣又鋤63413拗19783鋤63197圂龍龕鋤46418與鋤同。

鋞 nǎn_7.15 63319/33633 篇海奴敢切，音赧〇鋞鐵，打銀具。

鎣 yíng_7.15 63320/33634 篇海乎經切，音熒〇冶金也。

鋥 zèng_7.15 63321/33635 廣韻集韻韻會正韻𡘋除更切音瞪。磨鋥出劍光。或作碇。鎣又鋥63414圂集韻磨也。或作碇、敞。

鋦 jū_7.15 63322/33636 古文鋸廣韻居玉切集韻拘玉切𡘋音輂玉篇以鐵縛物。鎣又鋦63559鋦63397鋦63336

鋧 xiàn_7.15 63323/33637 集韻胡典切，音峴。銑鋧，小鑿也圂正字通按鋧，鑱屬，小稍也陳書侯安都飲蕭摩訶，摩訶擲銑鋧，中其西域胡之額，應手而斃。楊慎以鋧爲秦瓊所用之簡，讀鋧如簡。

鋸 jū_7.15 63324/33638 集韻鋦63322古作鋸。

鐵 tiě_7.15 63325/33639 字彙鐵字之譌。鎣又鈇63410

鋽 shì_7.15 63326/33640 六書統古文誓字〇按古文無鋽字六書統誤。

鋩 máng_7.15 63327/33641 廣韻集韻韻會武方切正韻無方切𡘋音亡玉篇刀端左思·吳都賦雄戟耀鋩韓愈·祭田橫文何五百人之擾擾，不能脫夫子於劍鋩孟郊詩慷慨丈夫志，可以耀鋒鋩圂正韻謨郎切音茫。義同。鎣又鋩63437釯62766铓63235

鋪 pū_7.15 63328/33642 唐韻普胡切集韻韻會正韻𡘋滂模切音稉說文著門鋪首也。從金甫聲增韻所以銜環者，作龜蛇之形，以銅爲之，故曰金鋪前漢·揚雄傳排玉戶而颺金鋪兮註鋪，門首也圂廣韻陳也，布也詩·周南序疏賦之言鋪，直鋪陳今之政教善惡。又小雅·乃安斯寢箋乃鋪席，與羣臣安燕以樂之大雅鋪敦淮濆註鋪，布也。布其師旅也禮·樂記鋪筵席，陳尊俎圂病也。與痛通詩·周南·我僕痡矣釋文痡，音敷。又普烏反。本又作鋪。又大雅淮夷來鋪傳鋪，病也圂徧也詩·小雅淪胥以鋪箋鋪，徧也釋文鋪，普烏反。王云病也圂正字通古器曰鋪，豆屬，有鋪陳薦獻之義博古圖周劉公鋪，高五寸五分，深一寸六分，口徑七寸六分，容二升三合。銘云劉公作杜嬬尊鋪，永寶用。名雖爲鋪，其器則豆也圂fū廣韻集韻正韻𡘋芳無切音敷集韻陳也，設也。〇按詩·小雅大雅禮·樂記釋文𡘋兼稉、敷二音圂揚子方言鋪，止也註鋪，芳孤反圂揚子方言揄鋪，龕也。荊揚江湖之閒曰揄鋪註謂物之行蔽也。鋪音敷圂揚子方言鋪頒，索也。東齊曰鋪頒，猶秦晉言抖擻也註鋪，音敷圂bū集韻奔模切音逋。設也圂pù廣韻集韻韻會𡘋普故切音怖。義同。一曰鋪首，著門衛環者圂韻會賈肆也圂正字通俗作舖。資暇集市肆中，筐筥等鱗次其物而粥者曰星貨鋪，言羅列繁密如星。今呼星火舖，非。鎣又舖48514铺63423

鈇 fū_7.15 63329/33643 字彙芳無切，音夫〇見阿含經。鎣可洪音義因鈇：芳無反，麥皮也。正作麩74532也。

鑗 63330 33644 lí_7.15 集韻良脂切，音梨。黑金也。本作鑗玉篇作黎。

鋚 63331 33645 tiáo_7.15 說文以周切音由。鐵也。一曰轡首銅也。石鼓文鋚勒馯馯註轡首垂銅也〇按玉篇集韻譌作鋚63305，音條，誤。鋚石鼓文鋚勒馯馯。當作鋚勒馵馵。

鋭 63333 33647 zhèn_7.15 集韻鎮63904古作鋭。

鋈 63334 46051 wù_7.15 搜真玉鏡烏故切。

𫟼 63338 u2B7FC null_7.15 簡鐽64371

鏮 63335 46052 chuáng_7.15 龍龕音床

𫓧 63339 u2B4F7 xuán_7.15 簡鏇63346

鋬 63332 33646 pàn_7.15 五音集韻普患切音襻。器系。或作鈚。鋬又鋬63597

鋸 63336 46053 jū_7.15 篇海類編同鋦。

𨨏 63337 46054 biàn_7.15 搜真玉鏡音䛒。𨨏俗辯60598 直音篇音置五侯鯖字海音便。白金也 中文大辭典與䛒同 ⊠ 字學呼名能書𨨏，無髯切。鋟，瞋禁切。

𫓦 63340 u2B4F6 xuān_7.15 簡鋗63302

𫓥 63341 u2B4F5 shèn_7.15 簡鋠63313

𫒥 63342 u2B4A5 null_7.15 喃未詳。

𫒤 63343 u2B4A4 null_7.15 俗鐏64615

𫒣 63344 u2B4A3 luán_7.15 俗鑾64692

𫒡 63346 u2B4A1 xuán_7.15 漢語方言大詞典鏇兒：唱戲時打的鑼。冀魯官話。

𫒠 63347 u2B4A0 yáo_7.15 可洪音義各𫒠：上音高。下音遥。正作咎繇44822，亦作臯陶也 ⊠ xì 日門上的扣吊、插銷或鍋子。俗作鎐63243 延喜式作鎹64013

𫒢 63345 u2B4A2 null_7.15 未詳。

𫒟 63348 u2B49F yú_7.15 直音篇釪62761音于，錞釪，如鐘。𫒟，同上。

𫒞 63349 u2B49E null_7.15 未詳。

𫒝 63350 u2B49D gēng_7.15 龍龕古行反。又去聲 直音篇音更。平、去二声。

𫟉 63351 u28C48 sù_7.15 簡鋉63284

𫟈 63352 u28C47 qiú_7.15 簡銶63263

𨧥 63353 u289E5 xiē_7.15 化學元素鍇63435舊譯。

𨧤 63354 u289E4 hēng_7.15 人名用字。張錞，見宋會要輯稿

𨧣 63355 u289E3 xớt_7.15 喃从金壳xác聲。刈除。

𨧞 63360 u289DE null_7.15 未詳。

𨧢 63356 u289E2 bịt_7.15 喃从金别biết聲。鑲△𨧢鉢：金屬鑲邊的茶碗。

𨧜 63362 u289DC bāng_7.15 方鋤頭。

𨧡 63357 u289E1 jù_7.15 鋸63439譌字 四部叢刊·三編史部·天下郡國利病書·第二千七百八十四冊·曹州志河防又有馬頭𨧡牙木岸者，以蹙水勢護堤

𨧠 63358 u289E0 gang_7.15 喃从金肝gan聲。生鐵。

𨧟 63359 u289DF nhẫn_7.15 喃越·阮秉五千字譯國語釼，𨧟。

𨧝 63361 u289DD đẫn_7.15 喃从金但đản聲。砍，切。

𨧛 63363 u289DB chào_7.15 同鈔63564 類篇𨧛，楚教切。鍪也。

𨧚 63364 u289DA zú_7.15 同鏃64024 可洪音義鐵𨧚：同上（子木反）

𨧘 63365 u289D8 bàn_7.15 俗絆43979 正統道藏·太平部·金·王喆·重陽全真集·卷之十二·詞·踏莎行·詠鑁𨧘倒恩山，打摧愛獄，是非煩惱頻頻斸。鋭然敲碎碱砆頑，便令發出崑崙玉。

𨧔 63366 u289D4 záo_7.15 俗鑿64693

𨧓 63367 u289D3 zhì_7.15 銍63114譌字

𨧒 63368 u289D2 null_7.15 人名用字明史·諸王世表一王在𨧒，朝𨪫嫡一子，萬曆二十九年封長子，既而襲封。

𨧑 63369 u289D1 xíng_7.15 俗鈃63310筒形溫酒器。

𨧐 63370 u289D0 tūn_7.15 化學元素釔62725舊譯 ⊠ 方𨧐鑼，小型的銅鑼。吳語。

𨦍 63373 u289CD null_7.15 未詳。

𨦏 63371 u289CF yín_7.15 銀63099本字

𨦎 63372 u289CE qiōng_7.15 銎63115本字。見說文

𨦌 63374 u289CC null_7.15 未詳。

𨦋 63375 u289CB liǔ_7.15 同鎦63039

𨦊 63376 u289CA méi_7.15 同鋂63275

𨦉 63377 u289C9 null_7.15 未詳。

𨦈 63378 u289C8 chì_7.15 俗鎊63642裝飾金物。

𨦇 63379 u289C7 null_7.15 未詳。

𨦆 63380 u289C6 null_7.15 人名用字唐文拾遺·卷二十三侯𨦆。𨦆，德宗朝人 ⊠ bửa 喃从金否bĩ聲。剖開△𨦆柑：破開橙子。

𨦅 63381 u289C5 null_7.15 同鐺64644

𨦄 63382 u289C4 null_7.15 未詳。

𨦃 63383 u289C3 null_7.15 未詳。

𨦂 63384 u289C2 null_7.15 未詳。

𨦁 63385 u289C1 null_7.15 未詳。

𨦀 63386 u289C0 dù_7.15 化學元素dubnium之漢譯。符號Db，序數105。

𨥿 63387 u289BF xíng_7.15 同鉶63087

𨥾 63388 u289BE shā_7.15 同鎩63135

𨥽 63389 u289BD rảng_7.15 喃从金吝lận聲。

𨥼 63390 u289BC chèn_7.15 字學呼名能書𨥼，瞋禁切 全唐文·卷四百七十九·許孟容·唐故侍中尚書右僕射贈司空文獻公裴公神道碑銘中書令張九齡奏請和爐𨥼鈲。

𨥻 63391 u289BB null_7.15 未詳。

𨥺 63392 u289BA null_7.15 未詳。

𨥹 63393 u289B9 null_7.15 未詳。

䦁 63394 u4981 bāng_7.15 简𨧜63362

䤲 63395 u4932 chì_7.15 化學元素鍶63709舊譯。

锔 63397 u9514 jū_7.15 简鋦63322

鋳 63396 uFA27 kào_7.15 或銬字之譌 乾隆南澳志·卷之八·海防·火藥器械明發熕銃三門，中旗三面，帶三條。佛狠機銃十五門，帶鋳七十五個。

锓 63398 u9513 qǐn_7.15 简鋟63312

锒 63399 u9512 láng_7.15 简鋃63276

锑 63400 u9511 tí_7.15 简銻63268

锐 63401 u9510 ruì_7.15 简鋭63258

锏 63402 u950F jiàn_7.15 简鐧64324

锎 63403 u950E kāi_7.15 简鐦64325

63404 u950D 銃 shū_7.15 简銃63428	63405 u950C 鋅 xīn_7.15 简鋅63279
63406 u950B 鋒 fēng_7.15 简鋒63295	63407 u950A 鋊 lüè_7.15 简鋊63308
63408 u9509 鋤 cuò_7.15 简鋤63269	63409 u9508 銹 xiù_7.15 简銹63266
63410 u9507 銕 tiě_7.15 简銕63325	63411 u9506 鋯 gào_7.15 简鋯63435
63412 u9505 鍋 guō_7.15 简鍋63656	63413 u9504 鋤 chú_7.15 简鋤63318
63414 u9503 鋥 zèng_7.15 简鋥63321	63415 u9502 鋰 lǐ_7.15 简鋰63434
63416 u9501 鎖 suǒ_7.15 简鎖63867	63417 u9500 銷 xiāo_7.15 简銷63264
63418 u94FF 鏗 kēng_7.15 简鏗64053	63419 u94FE 鏈 liàn_7.15 简鏈64031
63420 u94FD 鋱 tè_7.15 简鋱63433	63421 u94FC 錸 lái_7.15 简錸63644
63422 u94FB 鋙 yǔ_7.15 简鋙63304	63423 u94FA 鋪 pù_7.15 简鋪63328
63424 u94F9 鐒 láo_7.15 简鐒64209	63425 u94F8 鑄 zhù_7.15 简鑄64451
63426 u94E4 鋌 dìng_7.15 简鋌63287	63428 u92F6 銹 shū_7.15 銹45306譌字

字彙補銹，心夫切，音疏。義闕 ⊠liǔ有色金屬冶煉過程中生產出的各種金屬硫化物的互熔體，其中含有各種貴重金屬 ⊠銹化物，指含有四價硫的有機化合物。

63427 u94D8 鋣 yé_7.15 简鋣63317　　63431 u92F3 鑄 zhù_7.15 俗鑄64451

63429 u92F5 銩 tū_7.15 化學元素鋀63249的舊譯。

63430 u92F4 鐃 náo_7.15 俗鐃64189 可洪音義 清鐃：女交反。正作鐃 ⊠字彙補鐃，古鎮字，見 集韻 △宏按，集韻鎮古文作鐃63333 ⊠kè化學元素鐒63880鐒63636之舊譯。

63432 u92F2 鋲 bīng_7.15 日 びょう。大頭釘，圖釘。

63433 u92F1 鋱 tè_7.15 化學元素Terbium漢譯。符號Tb，序數65。

63434 u92F0 鋰 lǐ_7.15 龍龕鋰，良宜反 五侯鯖字海 鋰，麗金也 ⊠化學元素Lithium漢譯。符號Li，序數3。

63435 u92EF 鋯 zào_7.15 同60892 陳卯戈 陳卯鋯鈠 ⊠gào化學元素Zirconium漢譯。符號Zr，序數40。舊譯鈚63353

63436 u92ED 銳 ruì_7.15 同銳63258

63439 33649 鋸 jù_8.16 唐韻 集韻 韻會 正韻 丛居御切音據 說文 槍唐也。从金居聲 廣韻 刀鋸 古史考 孟莊子作鋸 正字通 鐵葉爲齟齬，其齒一左一右，以片解木石也 詩·周頌 設業設虡 傳 業，捷業，如鋸齒 前漢·刑法志 中刑用刀鋸 註 刀，割刑。鋸，刖刑也。⊠玉篇 解截也。鋩又鋸63603鋸63357鋸63556

63437 u92E9 鋩 máng_7.15 同鈦63327

63440 33650 鋹 chǎng_8.16 廣韻 集韻 韻會 丑兩切音昶 玉篇 利也 ⊠正韻 人名。五代有劉鋹

63438 33648 鋜 zuì_8.16 玉篇 祖誨切，音最◇錐屬也。鋩又俗鋜64667字 可洪音義 鐵鋜：女輒、知荼二反。

63441 33651 鋺 yuǎn_8.16 玉篇 於遠切。秤鋺也 ⊠五音集韻 謁言切音蔫。鋤頭曲鐵。與錗同。鋩 五音集韻 鋺64026鋺，於袁切。鋤頭曲鐵。

63442 33652 鑒 jiàn_8.16 唐韻 古甸切 集韻 經電切丛音見 說文 剛也 集韻 剛鐵也 ⊠jiān 廣韻 古賢切 集韻 經天切丛音堅。義同 ⊠六書故 淬刀劍刃，使堅也 ⊠元包經 支鑒之喆 傳 行之直也。

63443 33653 鋼 gāng_8.16 廣韻 古郎切 集韻 韻會 正韻 居郎切丛音岡 玉篇 鍊鐵也 列子·湯問篇 鍊鋼赤刃，用之切玉，如切泥焉 魏文帝·樂府 羊頭之鋼 筆談 世煆鐵謂鋼者，用熟鐵屈盤之，以生鐵陷其間，泥封煉之，煆令相入，謂之團鋼，亦謂之灌鋼，此乃偽鋼耳。余出使磁州煆坊，始識凡鐵有鋼者，如麫中有筋，鍛百餘火，一煆一輕，至紊煆斤兩不減，則純鋼也 本草 李時珍曰：鋼分三種，有生鐵夾熟鐵煉成者，有精鐵百煉出鋼者，有西南海山中生成，狀如紫石英者。凡刀劍諸刃，皆是鋼鐵也。⊠gàng 廣韻 古浪切 集韻 居浪切，丛岡去聲。義同。鑒 又鋼62905鋼63543

63444 33654 鋽 diào_8.16 集韻 徒弔切音調 玉篇 燒器也 ⊠集韻 鐵未鍊 ⊠廣韻 集韻 丛他弔切音糶。義同。鑒 又銚63128

63445 33655 鋾 táo_8.16 五音集韻 徒刀切音陶。魍鈍也。

63446 33656 鋿 cháng_8.16 廣韻 市羊切 集韻 辰羊切丛音常 玉篇 磨也 ⊠集韻 一曰車輪繞鐵。或作鐺。鑒 玉篇 鐕，舒養切。或作鋿。

63447 33657 錀 lún_8.16 玉篇 力迍切音淪。金也 ⊠fēn 廣韻 撫文切音芬。兔奄錀。鑒 又 可洪音義 關錀：音藥。正作錀64632也。又鏀錀：上蘇果反。下羊略反。

63448 33658 錁 kuǎ_8.16 集韻 苦瓦切音髁。帶具。本作銙。亦作銙 ⊠guǒ 集韻 古火切音果。車膏器也。本作輠。鑒 又錁63620

63449 33659 錂 líng_8.16 五音集韻 力膺切音陵 玉篇 金名。鑒 錂63545 ⊠龍龕 錂正，錂今，音陵。金名。

63451 33661 鈹 pī_8.16 集韻 攀糜切音鈹 玉篇 鉏也 ⊠廣韻 彼爲切 集韻 班糜切丛音陂。義同△集韻 或作鈹。

63452 33662 鈹 pī_8.16 集韻 同鑒

63450 33660 鈈 yè_8.16 集韻 黃謝切音夜。鏡也 ⊠廣韻 慈夜切音藉。義同。

63453 33663 錄 lù_8.16 唐韻 力玉切 集韻 韻會 龍玉切,並音籙 說文 金色也 ⊠玉篇 具文也 ⊠說文 借鈔寫字也 正字通 謄膳曰錄 ⊠集韻 一曰采也 公羊傳·成九年 錄伯姬也 註 取也 ⊠集韻 記也 公羊傳·隱十年 春秋錄內而略外 禮·檀弓 愛之，斯錄之矣 ⊠增韻 齒也，總也 前漢·于定國傳 萬方之事，大錄于君 註 大錄，總錄也 ⊠錄事，官名 職官要錄 總錄眾事。又內錄，錄尚書事也 晉書·桓溫傳 固讓內錄 ⊠籍也 周禮·天官·職幣 皆辨其物，而奠其錄 註 定其錄籍也 ⊠正字通 書籍名。梁阮孝緒撰 七錄 十二卷，一經典，二傳說，三子兵書，四文集，五術伎名內篇，六佛法，七仙道名外篇。趙岐有 三輔決錄。陶潛

有聖賢羣輔錄。宋諸儒有語錄名臣言行錄図第也吳語今大國越錄註第也図目錄，書前總目也詩·鄘風·干旄疏鄉射目錄図姓正字通顓頊師錄圖。一曰綠圖。図韻會檢束也荀子·修身篇程役而不錄図與麓通書·舜典納于大麓傳麓，錄也。納舜使大錄萬幾之政。図字彙補借作綠。劒名荀子·性惡篇文王之錄註與綠同。以色爲名図lù韻會正韻夲盧谷切音祿。錄錄，不自異也史記·平原君傳公等錄錄前漢·蕭何傳當時錄錄，未有奇節註錄錄，猶鹿鹿。言在凡庶之中也。又灌夫傳此特帝在卽錄錄註錄錄，言循衆也図lù集韻韻會正韻夲良據切音慮。寬省也揚子·太玄經蹲于垤獄，三歲見錄王涯說通作慮前漢·雋不疑傳錄囚徒師古註省錄之，知情狀有冤滯與不。今云慮囚。本錄之去聲。力具切。俗訛遂爲慮，失其原矣。鑾又录16374記55959錄63600錄63650

鏫 lí_8.16　玉篇與鑗同集韻作犁。

鎐 zhuó_8.16　字彙竹角切音卓。擊也。

鋭 ruì_8.16　類篇儒稅切音芮玉篇銳也図zhuó集韻株劣切音叕。策耑有鐵。本作錗。

錆 qiāng_8.16　五音集韻千羊切音瑲。精也。鑾又錆63628鏪64043

錇 póu_8.16　集韻蒲侯切音捊。錇鍞，釘名。本作鈵。図fú集韻房尤切音浮。義同図正字通按儲光羲《題京口崇上人山亭詩》叫叫海鴻聲，軒軒江燕翼。寄言清淨者，閻閻徒白錇。註：錇，裴畢反。缶別名。楊慎曰：音與翼韻不叶，或是菩字。菩，蒲北切，草也。言民窮，惟白草而已。鑾又péi化學元素berkelium漢譯，符號Bk，序數97。舊譯鈚63076簡化作锫63607

錈 juǎn_8.16　集韻窘遠切音捲。屈金也呂氏春秋柔則錈，堅則折又劒折且錈，焉得爲利劒図集韻驅圓切，音圈。義同。鑾又锩63609

鋺 mín_8.16　唐韻武巾切集韻眉貧切夲音珉說文業也。賈人占鋺博雅稅也集韻或作銏。鑾又昀57560鋺63703

鐋 tàng_8.16　集韻他浪切音儻。治木器。本作鍚。

鋶 zuì_8.16　五音集韻子對切音晬玉篇鍊也図zú廣韻將毒切集韻租毒切夲音鏃。姓也。鑾又鎍63857

錋 péng_8.16　集韻蒲庚切音彭。兵器。

釬 àn_8.16　五音集韻五旰切音岸。柔鐵。

錍 bēi_8.16　唐韻府移切集韻韻會賓彌切夲音卑說文鏻錍也博雅錍謂之鈶図集韻班麋切正韻逋眉切夲音陂。又廣韻匹支切音磇。義夲同図pī集韻篇迷切音撘爾雅·釋器·金鏃翦羽謂之鍭註今之錍箭是也揚子

方言凡箭簇胡合嬴者，廣長而薄鐮，謂之錍註錍，普蹄反集韻或作鈚鈚鎞図集韻韻會夲邊迷切音螷。義同図pí集韻頻脂切音毗。犂錍也。一曰箭名。本作鈚。

鎮 sào_8.16　集韻先到切音喿。碎鐵。

銘 xiàn_8.16　廣韻集韻夲戶韽切音陷廣韻車鐶集韻連鐶也図集韻苦感切音坎。義同図gàn五音集韻古暗切音紺。鑪屬図字林與陷同莊子·外物篇銘沒而下。

鋞 yā_8.16　唐韻烏牙切集韻於加切，夲音鴉說文鋞鋣，頸鎧也。或作鑜図yà集韻衣駕切音亞。柔剛鐵也。鑾又钘63234図直音篇鑜63522同鋞。

鍓 hán_8.16　廣韻胡男切集韻韻會正韻胡南切夲音含博雅鍓甲，介鎧也。通作函図xián集韻胡讒切音咸。匵也，杯也。本作函。鑾又鐦63878函63747

錐 zhuī_8.16　唐韻職追切集韻韻會正韻朱惟切夲音佳說文銳器也玉篇鍼也釋名錐，利也左傳·昭六年錐刀之末，將盡爭之註錐刀末，喻小事史記·平原君傳毛遂曰：臣得如錐之處囊中，乃脫穎而出，非特末見而已前漢·枚乘傳舜無立錐之地，以有天下図淮南子·兵略訓疾如錐矢註錐，金鏃箭羽之矢図毛錐，筆也五代史·史弘肇傳安朝廷，定禍亂，直須長鎗大劒，若毛錐子安足用哉。鑾又錐63613

鋸 lèi_8.16　廣韻集韻夲盧對切，音纇玉篇平版具也図léi集韻盧回切音靁。鑽也。

鈳 kē_8.16　集韻於河切音阿。本作鈳。鈳鏍，釜屬。鑾亦音ā。又锕63629

鋳 zì_8.16　正字通俗剚字。

銎 kōng_8.16　玉篇口觥切音袿五音集韻器名。

錔 tà_8.16　唐韻他荅切韻會託合切，夲音塔說文以金有所冒也玉篇器物錔頭也史記·魯周公世家邴氏金距註以金錔距。鑾又鎝63969

錕 kūn_8.16　廣韻古渾切集韻韻會公渾切夲音昆。赤金謂之錕鋙廣韻錕鋙，鐵赤色，可為劒列子·湯問篇錕鋙之劒司馬相如·子虛賦作昆吾図gǔn廣韻集韻韻會正韻古本切音袞玉篇車釭也揚子方言車釭，齊燕海岱之間或謂之錕図集韻戶袞切音混。又五音集韻如延切音然。義夲同。鑾又锟63619

鉼 bǐng_8.16　廣韻集韻韻會夲必郢切音餅。金鈑也爾雅·釋器鉼金謂之鈑註周禮曰：祭五帝，卽供金鈑是也釋文鉼，音餅正字通傾金銀似餅者通雅鉼，亦謂之笏，猶今之謂錠也墨莊漫錄宋崇寧中，米芾爲太常博士，詔以黃庭小楷作千文以獻，賜白金十六笏。又滉與擔夫白金一版。笏與版猶鉼也。今閩、甌、湖南皆傾銀作餅，卽鉼之遺也集仙傳·王暉詩若能思得之，賜

與金一鉼 🔲博雅 鋪也 揚子方言 鋏，北燕、朝鮮、洌水之閒或謂之鏵，或謂之鉼 註 音餅 🔲 píng 集韻 旁經切 音缾。漢侯國名 史記·惠景閒侯者年表 鉼侯孫鄲 索隱 註 鉼，縣名。屬琅邪 🔲 bìng 集韻 卑正切 音摒。北燕謂釜曰鉼。鑿 又鉼63095

鏚 qī_8.16 集韻 同鈇

鋷 dú_8.16 廣韻 冬毒切 集韻 都毒切 夶篤 玉篇 鑮舌。鑿 又鋷63366

鋙 nèi_8.16 唐韻 集韻 夶女恚切 音諉 說文 側意也。🔲 zhuì 玉篇 竹瑞切，音錣 🔲 五音集韻 同錘 🔲 集韻 弋睡切 音瑞。懸也。鑿 新撰字鏡 竹恚反。側意也，縣也。

鎚 chuí_8.16 廣韻 直垂切 集韻 重垂切 夶音箠 說文 八銖也。淮南子·詮言訓 雖割國之鎚錘以事人 註 六兩曰鎚，倍鎚曰錘○按此與 說文 解異 🔲 玉篇 稱錘也 博雅 權謂之錘，其形垂也 韻會 或作鎚 🔲 博雅 重也 揚子方言 重也。東齊之閒曰鎵，宋魯曰錘 註 錘，直垂反。🔲 與垂同 揚子·太玄經 錘以玉鐶 🔲 人名 前漢·郊祀志 使黃錘、史寬舒受其方 註 二人皆方士。錘，直垂反。🔲 縣名 史記·惠景閒侯者年表 錘侯呂通 索隱 註 縣名。屬東萊 🔲 zhuì 廣韻 集韻 韻會 夶馳偽切 音縋。稱錘也 周禮·冬官考工記 以爲稱錘以起量 釋文 錘，直偽反。劉讀直危反 🔲 zhuì 集韻 竹恚切 音諈。義同。一曰側意 🔲 zhuì 集韻 韻會 正韻 夶之瑞切 音惴。鍛器 莊子·大宗師 在爐錘之閒耳 註 爐，烹物之具。錘，成物之具。🔲 集韻 正韻 夶主蕊切 音捶。又 韻會 息委切 音髓。義夶同。鑿 又錘63614 錘63956 錍63953 錐64093 錣64270 錘63964

鏖 mí_8.16 集韻 同鑢

錙 zī_8.16 唐韻 側持切 集韻 韻會 莊持切 夶音菑 說文 本作錙。六銖也 荀子·富國篇 註 八兩曰錙 正字通 古人言較量錙銖，謂輕微也 荀子 註 誤云八兩曰錙 正韻 錙引 荀子 韻會 銖字註，八銖爲錙。夶非。从 說文 爲正 🔲 莊子·徐無鬼 無徒驥於錙壇之宮 註 錙壇，壇名。鑿 又錙63601 錙63962

鑿 zhèng_8.16 字彙 古文證字 正字通 按 篇海 證古作錾鑿塞 鄭樵·六書略 唐武后代舊十六字，鑿證 孫奕·示兒編 作鑿64224 焦竑·略記字始 武后，證改作鑒。今 宣和書譜 作鑿。以六書之義推之，皆譌文，非古文也。鄭氏謂鑿爲武后原本古篆文，亦非。

鉈 shī_8.16 正字通 俗鉈字。

錚 zhēng_8.16 唐韻 側莖切 集韻 葘莖切 夶音爭 說文 金聲也 潘岳·籍田賦 衝牙錚鎗 後漢·劉盆子傳 光武曰：卿所謂鐵中錚錚者 🔲 鉦也 東觀漢記 段熲有功而還，介士鼓吹錚鐸 馬端臨曰 錚卽 說文 鉦，形圓如銅鑼 🔲 廣韻 楚耕切 集韻 韻會 初耕切 夶音琤。義同△ 集韻 或作鎗。鑿 又錚63210 🔲 正字通 鏳，錯字之譌。

錛 bēn_8.16 集韻 逋昆切 音奔。平木器。鑿 又錛63623

錛63954 鎮64370

鋷 niè_8.16 廣韻 奴協切 集韻 諾叶切 夶音捻 玉篇 小釵 王粲·七釋 戴明中之羽雀，雜華鋷之葳蕤 孔煒·七引 長袖隨腕而遺耀，紫鋷承鬢而騁輝 🔲 集韻 一曰小頭釘。鑿 又鋷63528

鍐 zòng_8.16 五音集韻 祖紅切 音騣 玉篇 金毛 🔲 廣韻 子宋切，宗去聲。義同。鑿 又鍐63526

錞 chún_8.16 廣韻 常倫切 集韻 韻會 正韻 殊倫切 夶音純 廣韻 樂器，鳴之所以和鼓也 周禮·地官 鼓人 以金錞和鼓 註 錞于也。圜如碓頭，大上小下，樂作鳴之，與鼓相和 晉語 戰以錞于丁寧，儆其民也 註 錞于，形如碓頭，與鼓相和。丁寧，鉦也 韻會 一說形如鐘，有舌，謂之錞于 樂書 云自金聲之淳言之，謂之錞。後周平蜀，獲其器，太常卿斛斯證曰：錞于也。以芒筒捋之，其聲極振，取以和樂。通作淳于 🔲 集韻 都昆切 音敦。義同。🔲 duì 廣韻 徒對切 音隊 詩·秦風 厹矛鋈錞 傳 錞，鐏也 疏 矛之下端 釋文 錞，徒對反。又徒猥反。一音敦 🔲 淮南子·說林訓 錞之與刃，孰先弊也 註 錞讀頓首之頓。🔲 廣韻 徒猥切 集韻 正韻 杜罪切 夶音皭。義同。🔲 duò 集韻 徒臥切 音憜。覆殯也 禮·喪大記 大夫殯以幬櫄 註 幬，或作錞 釋文 錞，徒對反。又徒臥反。又徒猥反 🔲 山海經 是錞于西海 註 郭曰：錞，猶堤埠也。章閏反 🔲 又 是錞于北海 註 謂依附于北海也 🔲 正字通 北海有錞于縣。一作淳于、錞釪，皆因出山川之形似圜堆深箄者，故以爲名，如玉甑峯、鈷鉧潭之類△ 說文 作鐜。鑿 說文 錞，矛戟柲下銅鐏也。段氏改篆作鐓64211 🔲 錞63756 鐓64549 錞63981

銛 tán_8.16 唐韻 集韻 夶徒甘切 音談 說文 長矛也 揚子方言 銛謂之鈹 🔲 集韻 他甘切 音餂。又疾染切 音漸。義夶同 🔲 xiān 集韻 思廉切。同銛。利也 史記·秦始皇紀 非銛於句戟長鎩也 註 銛，一作銛 🔲 yǎn 集韻 韻會 正韻 夶以冉切 音琰。利刃也 史記·蘇秦傳 銛戈在後 註 銛，由冉反。鑿 又銛63606

錠 dìng_8.16 唐韻 集韻 正韻 夶丁定切 音矴 說文 鐙也 廣韻 豆有足曰錠，無足曰鐙 正字通 薦熟物器，上環以通氣之管，中置以烝飪之具，下致以水火之齊，用類巋 博古圖 漢虹燭錠，高五寸五分，深四寸五分，口徑三寸，容四升八合。銘云王氏銅虹燭錠，兩辟并重二十二斤四兩，第一。共一十八字。自三代至秦，器無斤兩之識，此器顯其斤重，字畫與漢五鳳鑪款識相類，實漢物也。銘曰虹燭者，取其氣運如虹之義。始薦熟食之器，但闕其蓋而不完。曰王氏，不知其爲誰。曰第一。則爲虹燭者數不止此 🔲 集韻 堂練切 音電。義同 🔲 廣韻 集韻 夶徒徑切 音定。義同 🔲 廣韻 錫屬。鑿 又錠63605

錡 qí_8.16 廣韻 渠綺切 集韻 韻會 正韻 巨綺切 夶音技。釜也 詩·召南 維錡及釜 註 有足曰錡，無足曰釜 釋文 錡，其綺反。三足釜也 左傳·隱三年 筐筥錡釜之器 揚子方言 鍑，江淮陳楚之閒謂之錡 🔲 yǐ 唐韻 魚綺切 集

韻韻會語綺切夶音螘。義同◆說文鉏鍸也圖張衡·西京賦武庫禁兵,設在蘭錡註兵器架也。受他兵曰蘭,受弩曰錡釋文錡,魚几反圖姓左傳定四年殷民七族,有錡氏釋文錡,魚綺反前漢·藝文志雒陽錡華賦九篇註錡,姓。華,名圖人名孟子北宫錡左傳宣十四年晉魏錡。又定十一年公爲與其嬖僮汪錡乘釋文錡,夶魚綺反圖澗名左傳昭二十二年榮錡澗註河南鞏縣有榮錡澗釋文錡,魚綺反圖前漢·司馬相如傳岩陁甗錡註甗錡,隆屈窊折貌。錡,音蟻。又陸機·文賦固崎錡而難便註崎錡,不安貌。錡,音擬圖qí廣韻集韻韻會渠羈切正韻渠宜切夶音竒廣韻鐅屬集韻釜屬詩·豳風又缺我錡傳鐅屬曰錡釋文錡,巨宜反韓詩云木屬。鑒又锜63622鐑63755圖直音篇鈸62839釹62838並同錡。

鉞 63494 33704
zú_8.16　字彙將沃切,音族◇姓也。鑒又锥63523

錭 63495 33705
qū_8.16　集韻曲勿切音屈。錭鈇,鎖鈕也正字通按錭鈇,一作屈膝、屈戌。李賀宫娃歌屈膝金鋪鎖阿甄。陸友仁曰:金鋪爲門飾,屈膝蓋鉸鍊,上二乘者爲錭,下三衡爲鈇。李商隱詩:鎖香金屈戌。張伯雨有一器,是香爐蓋有鎖者,屈戌乃受鎖之搭連卷口也字彙云小鈇。又錭鈇,金未鍊也。夶非。鑒又锢63546鋸63746

錢 63496 33706
qián_8.16　廣韻昨仙切,音賤平聲玉篇財也集韻貨泉也。其藏曰泉,其行曰布。取其流行無不徧也正字通冶銅爲錢,易貨也。古之爲市,所有易所無,布幣金刀龜貝之法窮,錢始行。周制以商通貨,太公望立九府圓法,錢外圓而内孔方,輕重以銖。圓者爲均通也。九府者,掌財帛之官也。歷代便之。周景王鑄大錢,曰寶貨,肉好有輪郭,以勸農贍不足,百姓蒙其利。錢形似璧,故亦稱肉好。或謂肉爲邊,不知錢邊曰郭,肉在邊之中也。漢以後,大小輕重不一,名稱各殊,國家改元必更錢,以年號爲文,輪郭如舊。紀錢制者,唐張台、封演有泉譜,陶岳有貨泉錄,宋洪遵有泉志,馬端臨有錢幣考,彼此異同,本註不具載圖與泉同史記·天官書下有積錢,金寶之上皆有氣,不可不察註錢古作泉字。圖朝野僉載張鷟號青錢學士,謂萬選萬中也圖縣名前漢·地理志會稽郡錢唐縣註武林山,武林水所出。圖後漢·梁冀傳意錢之戲何承天·纂文一曰詭億,一曰射意,一曰射數,一曰持掩,即今攤錢也潛夫論或以遊博持掩爲事註博,博六也。掩,意錢也歐陽修詞堂上簸錢堂下走圖馬飾古樂府鐵驄金面青連錢庾信楊柳歌連錢障泥渡水騎晉書·王濟傳作連乾圖綠錢,苔別名沈約詩賓階綠錢滿,客位紫苔生。又岑參詩楡莢小於錢張籍詩蓮葉出水大如錢圖連錢,鶺鴒別名廣韻頸有錢文。一名錢母圖姓。晉有歷陽太守錢鳳。圖jiàn唐韻即淺切集韻韻會子淺切正韻子踐切夶音翦說文銚也。古田器詩·周頌庤乃錢鎛傳錢,銚也。圖集韻在演切,義同圖字彙補古與盞通。酒器也續鍾鼎銘有雀錢。鑒又钱63073錢63245攵04217戋02457

鉳 63497 33707
fèi_8.16　集韻父尾切音膹。小丁圖pī正字通匹依切,音鈹◇素問·血氣形志篇註砭石,今以鉳鍼代之。

鋣 63498 33708
yè_8.16　廣韻於業切集韻乙業切夶音腌博雅椎也集韻一曰治甲器圖集韻憶笈切音輒。又衣檢切音掩。義夶同圖ān烏含切音諳。溫器。

錣 63499 33709
zhuì_8.16　集韻韻會夶株劣切音輟玉篇針也集韻策耑有鐵列子·說符篇白公勝慮亂,罷朝出,倒杖策,錣上貫頤,血流至地而弗知,鄭人聞之曰:頤之忘,將何不忘哉淮南子·道應訓註策馬捶,端有針,謂之錣,倒杖策,故錣貫頤也。張湛曰:錣,杖末鋒圖廣韻丁刮切,音鶡。義同圖廣韻集韻韻會夶株衛切音綴廣韻針也圖集韻與錔同。羊車騶箠也。箸箃其耑長半分增韻亦謂之鐅圖揚子方言錣,餒也圖箄◆管子·國蓄篇且君引錣量用,耕田發草,上得其數矣。

錤 63500 33710
jī_8.16　廣韻集韻居之切,音基。鎡錤,鉏也禮·月令·具田器註鎡錤之屬孟子作鎡基史記·樊噲傳贊作兹基圖廣韻集韻夶渠之切音奇。義同。鑒又锱63530鎡64149

鉶 63501 33711
yù_8.16　廣韻集韻夶余六切音育。鎢錥,溫器博雅鎢錥,謂之銼鑪。鑒又钰63525

錦 63502 33712
jǐn_8.16　唐韻集韻韻會正韻夶居飲切音膠◆說文襄色織文也。从帛金聲徐曰襄,雜色也。漢魏郡有縣,能織錦綺,因名襄邑釋名錦,金也。作之用功重,其價如金,故字从金帛詩·衛風衣錦褧衣傳錦,文也左傳·襄三十一年子有美錦,不使人學製焉拾遺記員嶠山有冰蠶,霜覆之,然後成繭。其色五采,後代效之,染五色絲,織以爲錦圖五代史·吳越世家臨安有大樹,錢鏐幼時嬉於此,及貴歸,衣以錦,號其樹曰衣錦將軍圖南窗紀談中散大夫,舊說謂之十樣錦。受命之初,不俟恩赦,便許封贈父母,一也。妻封郡君,二也。不隔郊奏薦,三也。奏子爲職官,四也。乘馬許行馳道,五也。馬鞍上施紫絲座,六也。馬前執破木板,七也。宴殿用金器具朶殿上,八也。許上遺表,九也。國史立傳,十也圖姓。漢郎中令錦被圖貝錦,蟲名詩·小雅萋兮菲兮,成是貝錦註水中介蟲,文似錦圖水名司馬相如·報卓文君書錦水有鴛,漢宫有木。又廣輿記成都府城南有錦江,一名汶江,織錦濯此則鮮麗,其地曰錦里,其城曰錦官城。鑒又锦63612鐘64162萋21929鐘64162碪39106

錧 63503 33713
guǎn_8.16　廣韻古滿切集韻韻會正韻古緩切夶音管玉篇車具也儀禮·旣夕木錧疏其車錧常用金,喪用木釋文錧,音管圖正韻與輨同孟子題辭五經之錧鎋圖guàn廣韻集韻夶古玩切音貫。義同圖字林田器爾雅·釋樂疏錧,田器也。自江而南呼犂刃爲錧。鑒又錁63862

錩 63504 33715
chāng_8.16　字彙齒良切音昌。器也。鑒又锠63618

図鋧銷，當作鵭63888銷，溫器。

鈿 tiǎn_8.16　集韻他典切音腆 說文朝鮮謂金曰鈿 博雅䩞也 揚子方言鍅，北燕、朝鮮、洌水之閒，或謂之鈿 註音腆 図廣韻多殄切音典。義同 図 tǔn 集韻吐袞切音黗 博雅重也 揚子方言東齊之閒曰鈿，宋魯曰錘 註鈿，吐本反。璽 正字通鍐，鈿字之譌。

錫 xī_8.16　古文鐊 唐韻先擊切 集韻 韻會先的切达音裼 說文銀鉛之閒。从金昜聲 徐曰銀色而鉛質也 詩·衛風如金如錫 傳金錫鍊而精 爾雅·釋器錫謂之鈏 疏錫，白鑞也。一名鈏 図博雅赤銅謂之錫 図爾雅·釋詁賜也 易·師卦王三錫命 書·堯典師錫帝曰 傳錫，與也 左傳·莊元年王使榮叔來錫桓公命 註錫，賜也 禮緯文九錫，一曰輿馬、二曰衣服、三曰樂器、四曰朱戶、五曰納陛、六曰虎賁、七曰弓矢、八曰鈇鉞、九曰秬鬯 図粉錫，胡粉也 図姓 吳志漢末有錫光 図地名 左傳·文十一年楚伐麋，至於錫 前漢·功臣表無錫侯多軍 図 sì 集韻斯義切音漾。予也。本作賜 図五音集韻思積切音昔。細布也 禮·雜記加灰錫也 註取繐以爲布，又加灰治之，則曰錫，言錫然滑易也 儀禮·大射儀冪用錫若絺 註錫，細布也 疏謂之錫者，治其布，使之滑易也 史記·司馬相如傳被阿錫 註錫，布也 図 tì 集韻他歷切音逖。髮也 図大計切音弟。義同。璽又錫63617鑢02338

鍱 yè_8.16　字彙俗鍱字。

鑗 chì_8.16　集韻尺制切音掣。除草器。或作鏫。

錬 jiàn_8.16　集韻都籠切音東 揚子方言輨軑，趙魏之閒曰錬鏅 正字通 說文鐗，車軸頭鐵 集韻或作錬。又田器 說文鈐鏅，大犂也 博雅錬鏅，錧也。卽 說文鈐鏅。以此推之，則錬爲鍊之譌也。

錭 táo_8.16　唐韻 集韻达徒刀切音陶 說文鈍也 集韻或作鉤 図集韻都勞切音刀。義同 図 diāo 正韻與雕同 荀子·富國篇必將錭琢刻鏤，黼黻文章，以塞其目。

錮 gù_8.16　唐韻 集韻 韻會 正韻达古慕切音顧 說文鑄塞也 徐曰鑄銅鐵以塞隙也 前漢·劉向傳雖錮南山猶有隙 註錮，謂塞也 図揚子方言 註錮，謂堅固也 図廣韻禁錮，重繋也 左傳·成二年子反請以重幣錮之 註禁錮勿令仕 後漢·黨錮傳 註謂塞其仕進之路也 図前漢·賈誼傳失今不治，必爲錮疾 註堅久之疾△俗作痼。通用固。璽又錮63616

錯 cuò_8.16　古文鐠 唐韻 集韻倉各切 韻會清各切 正韻七各切达音厝 說文金涂也 前漢·食貨志錯刀，以黃金錯其文，一刀直五千，與五銖錢达行 註錯刀，王莽錢 張衡詩何以贈之金錯刀 図詩·大雅篟茀錯衡 傳錯衡，文衡也 史記·趙世家翦髮文身，錯臂左衽 註錯臂，亦文身，謂以丹青錯畫其臂 図玉篇鑢也 書·禹貢錫貢磬錯 疏治玉石曰錯。磬有以玉爲之者，磬錯，謂治磬

錯也 図正韻厲石也 詩·小雅他山之石，可以爲錯 傳錯，石也，可以琢玉 釋文錯，厲石也 図玉篇雜也 書·禹貢厥賦惟上上錯 傳錯，雜出 疏交錯是閒雜之義，故錯爲雜也 図亂也 尚書·孔安國序錯亂磨滅，勿可復知。図易·繋辭錯綜其數 疏錯謂交錯 禮·文王世子禮樂交錯于中。又 祭義不錯則隨 註錯，鴈行也。父黨隨行，兄黨鴈行 詩·小雅獻醻交錯 傳東西爲交，邪行爲錯。図集韻乖也 增韻舛也，誤也 五代史·羅紹威傳帥魏博牙軍驕恣，盡殺之，由此勢弱，曰：聚六州四十二縣鐵，鑄一个錯不成 註借義，喻錯悮也 図前漢·五行志宣元之後，劉向治穀梁春秋，數其磯福，傳以洪範，與仲舒錯 註錯，謂牴牾不合也 図廣韻厠也，言相閒厠也 図禮·中庸辟如四時之錯行 朱註錯，猶迭也 図易·離卦履錯然 註錯然，敬愼之貌 図馬融·廣成頌嵬崿錯崔 註錯崔，高峻貌 山海經帶山有獸，其狀如馬，一角有錯 註言角有甲錯也 図神名 後漢·禮儀志錯斷食巨 註逐疫之神也 図姓 廣韻宋太宰之後 図人名 史記·高祖功臣年表蒿侯陳錯 索隱註漢表作鏪，音揩 図蟲名 字彙補莎雞，幽州人謂之蒲錯 図與厝通 前漢·地理志五方雜厝，風俗不純 註厝，錯古通 図 cù 廣韻 集韻 韻會 正韻达倉故切音措 集韻金塗謂之錯。亦姓。本作鏪 図博雅藏也 図楚辭·九章萬民之生，各有所錯兮 註錯，安也 図史記·司馬相如傳展采錯事 註展其官職，設厝其事業也。錯，音措 図易·繋辭苟錯諸地而可矣 疏錯，置也 釋文錯，音措 史記·周本紀成康之際，天下安寧，刑錯四十餘年不用 註錯，置也 図史記·張儀傳秦魏之交，可錯矣 註錯，停止也。音措 図後漢·寒朗傳二人錯愕不能對 註錯，七故反。錯愕，猶倉卒也 図揚子方言滅也。周秦曰錯 註音酢 図與醋同 管子·弟子職置醬錯食 図集韻七約切音碏。物理麤也。璽又厝04983道60942錯63625

鑠 shù_8.16　正字通鈇字之譌。

鋄 wàn_8.16　字彙補鋄字之譌。

鍉 zhì_8.16　字彙補陟栗切音窒。刈也。

鑫 zhēn_8.16　字彙補古文珍33929字。

鋷 zú_8.16　簡錊63494

鉂 null_8.16　簡欻63557

鋊 yù_8.16　簡鋊63501　古猛切音礦。金銀銅鐵璞也。璽又鈩63591

鎀 zòng_8.16　簡鋷63489

鈖 rǔ_8.16　五音篇海音乳。

鍘 jié_8.16　集韻同鈘。璽 集韻鈘或从刼作鋤63314 類篇鈘或从刧作鍘。

鑆 chì_8.16　龍龕昌制切，音熾◇除刈也。璽 四聲篇海昌制、直例二切。除利也

鑛 kuàng_8.16　篇海類編古猛切音礦。金銀銅鐵璞也。璽又鈩63591

鑦 mí_8.16　龍龕音彌。青州人呼鐮也。璽又鑒63484璽64635

鎝 63522 46056
yā_8.16 搜眞玉鏡 於加切。出藏經。鑃同鎝。

鈪 63527 u2B4FC
hé_8.16 簡鈪63563

錼 63528 u2B4FB
niè_8.16 簡錼63488

鋔 63529 u2B4FA
lǔ_8.16 簡鋔64335

鋔 63530 u2B4F9
jī_8.16 簡鋔63500

鋬 63531 u2B4F8
wàn_8.16 簡鋬63639

鋮 63532 u2B4AF
null_8.16 未詳。

鋎 63533 u2B4AE
null_8.16 未詳。

鋏 63534 u2B4AD
bǎo_8.16 簡鋏64697

鋟 63535 u2B4AC
null_8.16 喃未詳。

鋿 63536 u2B4AB
null_8.16 未詳。

鋭 63537 u2B4AA
null_8.16 新撰字鏡 加夫止。

鋤 63539 u2B4A8
null_8.16 喃未詳。

鋒 63538 u2B4A9
bàng_8.16 鐵棒24341 龍龕 鋒，步項反 合併字學集篇 鋒，音棒。

鋼 63540 u2B4A7
null_8.16 未詳。

鎭 63541 u2B4A6
siz_8.16 壯 鎭（錦），方 鑰匙図 新撰字鏡 鎭，湏支。

鈃 63542 uFAC5
xíng_8.16 同鈃63087 撰字鏡 鈃，古郎反。鈃鐵図 朝鮮本 龍龕 鈃，正。音固。無敢切。出真言図 五侯鯖字海 鈃，音滿。魚鍋也。

錮 63543 u9FAC
gāng_8.16 俗鋼63443 新撰字鏡 鋼，古郎反。鋼鐵図 朝鮮本 龍龕 鋼，正。音固。無敢切。出真言図 五侯鯖字海 鋼，音滿。魚鍋也。

锁 63544 u28C4C
guàn_8.16 簡鎖64029

錂 63545 u28C4B
líng_8.16 簡錂63449

鋸 63546 u28C4A
qū_8.16 簡鋸63495

鋽 63547 u28C49
liàng_8.16 簡鋽63632

鋀 63548 u28A2B
cǎi_8.16 或同彩 包山楚簡 戝異之鋀金

鋦 63549 u28A2A
che_8.16 喃 从金制ché聲△鋦鋦：割愛。

鉦 63551 u28A28
chiêng_8.16 喃 从金征chinh聲。鉦，鑼。

鋝 63552 u28A27
qiè_8.16 龍龕 鋝，音妾図thép喃 从鋼省妾thiếp聲△鋝鋝：鋼鐵。釘鋝：強有力。

鍫 63553 u28A26
mai_8.16 喃 从金枚mai聲。鍤，鍫△枺鍫，鋤頭。

鉣 63555 u28A24
khép_8.16 喃 从金怯khiếp聲。

鈍 63550 u28A29
null_8.16 未詳。

鉅 63556 u28A23
jù_8.16 俗鋸63439 可洪音義 鉅齒：上居去反。正作鋸也。

鍬 63557 u28A22
null_8.16 人名用字 清實錄·世祖章皇帝實錄·卷之五 甲子，故明宗室朱帥鍬具啟投誠。

鎢 63558 u28A21
wū_8.16 鎢63888譌字 慧琳音義 鎢銷：鄔胡反。下融宿反 坤蒼 鎢銷，小釜也。又 玉鎢謂之銼鑭也。二字並從金，烏、育皆聲。經文作鋨，非也。銼音才戈反，鑭音力戈反，軍行所用。此皆方言差別。蜀人名銼，倉臥反図 化學元素「鈾」的舊譯。

鋂 63554 u28A25
null_8.16 未詳。

鋦 63559 u28A20
jū_8.16 俗鋦63322 蒲松齡 增補幸雲典·第六回 鋦子匠不釘眼，生釘這狗頭図cuốc喃 从鋤省匊cúc聲。△丐鋦：鋤頭。

鎈 63560 u28A1F
zǒng_8.16 俗鎈64047 可洪音義 鎈鍵：上倉紅反。

鏒 63568 u28A15
sǎn_8.16 俗鏒64044

鋍 63561 u28A1E
fǔ_8.16 同斧22031 土地寶卷·樹林火起品 無數天兵，齊動釖鋍，越砍越長。

銅 63569 u28A14
null_8.16 未詳。

銲 63562 u28A1D
hán_8.16 銲63315譌字図 人名用字。清·徐鼒 小腆紀傳·宗藩傳二 石泉王（宋）聿銲，唐藩裔，蓋隆武時所封也 崑新兩縣續修合志·卷二十七·忠節上 （胡）泓時資性絕人。同學推畏友城守時，散家財犒士，約家人同殉。兵入被執至安禪菴，命薙髮不從，遇害年二十三。妻陸及子銲俱死。

銄 63563 u28A1B
hé_8.16 同盉37113 哀成叔銄 哀成弔乍銄図 銅量器 左關銄 左關之銄△亦作銄63527鑃63572

鈔 63564 u28A1A
chào_8.16 集韻 鈔，楚教切。鏊也図 類篇 作鈔63363

鈫 63565 u28A18
qiān_8.16 明·方以智 物理小識·金石類·識銀法 其最巧偽者，曰鑽鈫，曰釣角。鑽鈫者，從孔而鑽空之，入鉛而滴珠封其穴。原註：鈫音慳。

鍹 63566 u28A17
jìn_8.16 人名用字。朱耷，別號八大山人，譜名統鍹 篇海類編 渠飯切，直音篇 鍹，渠飲切。

鍫 63567 u28A16
qín_8.16 古文琴34196 直音篇 鍫鍫簪，並古琴図zhēn同鑫63516古文珍 四聲篇海 鍫鑫，二音珍。

鎝 63570 u28A13
null_8.16 未詳。

鎈 63571 u28A12
null_8.16 未詳。

鍽 63573 u28A10
null_8.16 未詳。

鎝 63572 u28A11
hé_8.16 或同銄63563

鏺 63574 u28A0F
bō_8.16 放射性化學元素bohrium的漢譯，符號Bh，序數107図boz 壯 鏺，金箔。

鄉 63575 u28A0E
null_8.16 未詳。

鎃 63576 u28A0D
null_8.16 未詳。

鍟 63577 u28A0C
null_8.16 未詳。

鍞 63578 u28A0B
zhèn_8.16 从金夐聲，鎮字或體 秦公簋 鍞靜不廷 秦公大墓石磬 廷鍞瀞。

鋷 63579 u28A0A
null_8.16 未詳。

鎯 63580 u28A09
huā_8.16 同銑63647

鋑 63581 u28A08
null_8.16 未詳。

鎠 63582 u28A07
null_8.16 未詳。

銙 63583 u28A06
kuā_8.16 同銙63127

鍼 63584 u28A05
huò_8.16 或俗鑊64460図 新撰字鏡 鍼，加比 新撰字鏡考異·金部五十七 鈥，一本作鍼図vạc喃 从金域vực省聲。鼎，鑊。

鋼 63585 u28A04
liàng_8.16 同兩02525 皇明經世文編·卷之四百二十·郭青螺文集二·雜著·錢法（錢法利弊）鑄鑄無窮，何契契乎銖鋼之較也図 字海 鋼，同銀。鋼鐺。

銏 63586 u28A03
null_8.16 未詳。

鏞 63587 u28A02
yōng_8.16 俗鏞64060

銼 63588 u28A01
null_8.16 未詳。

銼 63589 u28A00
null_8.16 未詳。

鎣 63590 u289FF
yíng_8.16 俗鎣63889 新撰字鏡 鎣，古囧反，冶器。

鏚 63591 u289FE
kuàng_8.16 同鐄63519

鏊 63592 u289FD
null_8.16 未詳。

銟 63593 u289FC
null_8.16 未詳。

鎡 63594 u289FB
null_8.16 未詳。

鍊 63595 u289FA
null_8.16 未詳。

銂 63596 u289F9
null_8.16 未詳。

鎜 63597 u289F8
pàn_8.16 俗鎜63332 類篇 鎜鈲，普患切。器系。或丬。

鋷 63598 u289F7 shū_8.16 人名用字

鋅 63599 uFA28 xīn_8.16 俗鋅63279

錄 63600 uF93F lù_8.16 兼錄。

锱 63601 u9531 zī_8.16 简錙63482

锯 63603 u952F jù_8.16 简鋸63439

锰 63602 u9530 měng_8.16 简錳63649

键 63604 u952E jiàn_8.16 简鍵63707

锭 63605 u952D dìng_8.16 简錠63492

锬 63606 u952C tán_8.16 简錟63491

锫 63607 u952B péi_8.16 简錇63458

锪 63608 u952A huō_8.16 简鍃63633

锩 63609 u9529 juǎn_8.16 简錈63459

锨 63610 u9528 xiān_8.16 简鍁63635

锧 63611 u9527 zhì_8.16 简鑕64522

锦 63612 u9526 jǐn_8.16 简錦63502

锥 63613 u9525 zhuī_8.16 简錐63470

锤 63614 u9524 chuí_8.16 简錘63481

锣 63615 u9523 luó_8.16 简鑼64690

锢 63616 u9522 gù_8.16 简錮63511

锡 63617 u9521 xī_8.16 简錫63506

锟 63619 u951F kūn_8.16 简錕63476

锠 63618 u9520 chāng_8.16 简錩63504

锞 63620 u951E kuǎ_8.16 简錁63448

锝 63621 u951D dé_8.16 简鍀63636

锜 63622 u951C qí_8.16 简錡63493

锛 63623 u951B bēn_8.16 简錛63487

锚 63624 u951A máo_8.16 简錨63651

错 63625 u9519 cuò_8.16 简錯63512

锘 63626 u9518 tiǎn_8.16 简鍩63692

锗 63627 u9517 duǒ_8.16 简鍺63714

锖 63628 u9516 qiāng_8.16 简錆63457

鍆 63630 u9346 mén_8.16 化學元素Mendelevium之漢譯。符號Md，序數101。

锕 63629 u9515 ā_8.16 简錒63472

鍅 63631 u9345 fǎ_8.16 化學元素Francium之漢譯。符號Fr，序數87。亦譯作鈁62811

鍄 63632 u9344 liàng_8.16 人名用字。或打擊樂器可洪音義王鍄：音諒龍龕手鑑音亮直音篇鍄，音諒。清·毛奇齡蠻司合志富者乘馬鳴鍄，貧則否。

鍃 63633 u9343 zǒng_8.16 俗鏓63699 ⊠huō鍃孔。金屬加工用字。

鍂 63634 u9342 piān_8.16 方鈹。鍂鏢。

鍁 63635 u9341 xiān_8.16 同銛63130

鍀 63636 u9340 dé_8.16 化學元素Technetium，Tc，序數43。舊譯鎝63430亦譯鎝63880

錿 63637 u933F hǔ_8.16 直音篇錿，音虎。

錾 63638 u933E zàn_8.16 简鏨64076

錼 63640 u933C nài_8.16 化學元素Neptunium之漢譯。符號Np，序數93。亦譯作鎿64007

錽 63639 u933D wàn_8.16 鋄63277正作錽。

錻 63641 u933B wǔ_8.16 日馬口鐵。荷蘭語blik的日文音譯字，讀作ブリキ。青島特別市社會局勞工狀況.1940.Num.3.P.53錻鐵器具製造業。

錺 63642 u933A chì_8.16 同鉓62969名義釦，枯后反。金錺器。⊠fāng日廣漢和辭典金属製の装飾細工。

錹 63643 u9339 kěn_8.16 化學元素銾62921舊譯。

錸 63644 u9338 lái_8.16 化學元素Rhenium漢譯。符號Re，序數75。

錷 63645 u9337 gá_8.16 同釓62722

錴 63648 u9334 lù_8.16 金屬銠舊譯

錶 63646 u9336 biǎo_8.16 計時器。亦作表54077

錵 63647 u9335 huā_8.16 化學元素鈥62923舊譯 ⊠日刀閃。刀身上的金屬光澤。

録 63650 u9332 lù_8.16 同錄63453

錳 63649 u9333 měng_8.16 化學元素Manganese漢譯。符號Mn，序數25。

錨 63651 33714 máo_9.17 五音集韻武瀌切音苗玉篇器也焦竑·俗書刊誤船上鐵猫曰錨。或曰鏋、錨同。即今船首尾四角叉，用鐵索貫之，投水中，使船不動搖者。俗讀若茅。茅苗音別，其用一也。㊀又锚63624

鍇 63652 33729 kǎi_9.17 唐韻苦駭切集韻韻會正韻口駭切丛音楷說文九江謂鐵曰鍇徐曰鐵好也。一曰鐵精則白也左思·吳都賦銅鍇之垠註鍇，金屬 ⊠博雅鍇鑒也音釋鍇，音揩。又公諧反 ⊠人名左傳·哀四年文之鍇後至註鍇，蔡大夫釋文鍇，音揩，又音皆。又客駭反前漢·功臣年表槀侯陳鍇 ⊠廣韻古諧切集韻居諧切丛音皆。又集韻雄皆切音諧。義丛同 ⊠jiě集韻古駭切，音皆上聲揚子方言堅也。自關而西，秦晉之閒曰鍇。㊀又锴63839

鍈 63653 33730 yāng_9.17 廣韻集韻丛於驚切音英玉篇鈴聲也。或省作鉠。㊀又锳63840

鍉 63654 33731 dī_9.17 廣韻都奚切集韻都黎切丛音低玉篇鋒也 ⊠tí集韻田黎切音題。歃血器 ⊠chí集韻韻會丛常支切音匙。鑰也正字通鑰鍉，所以啓鑰者，俗作匙，讀時、矢二音。鑰以閉戶，鍉以啓鑰，鎖腹有須，鍉入內鉤合其須，則鑰開。鍉與鑰別，舊註鑰也，非 ⊠後漢·隗囂傳牽馬操刀，奉盤錯鍉，遂割牲而盟註字詁：鍉即題，音徒啓反方言曰：宋楚之閒謂盎爲題。據下文云鍉不濡血，明非盆盎之類前書漢遣韓昌等，與單于及大臣俱登諾水東山，刑白馬，單于以徑路刀金留犂撓酒。應劭云留犂，飯匕也。撓，攪也。以匕攪血而歃之，今亦奉盤措匙而歃也。以此而言，鍉即匙字 ⊠dì正韻丁歷切音的五音集韻喹器 ⊠與鏑同史記秦楚之際月表銷鋒鏑註鏑，一作鍉索隱曰：鏑，音的，鍉字亦音的前漢·項籍傳銷鋒鍉註鍉與鏑同。箭足也。㊀又锑63743

鍊 63655 33732 liàn_9.17 唐韻韻會正韻丛郎甸切音練◆說文冶金也正字通煎冶銅鐵使精熟也陳琳·武軍賦鎧則東胡闕鞏，百鍊精剛皇極經世金百鍊然後精，人亦如此。⊠精金也王褒·四子講德論精鍊藏於鑛鏷 ⊠凡物精熟者，皆爲鍊淮南子·地形訓鍊土生木，鍊木生火註鍊猶治也 ⊠唐六典道士修行，其德高思精者，稱鍊師。⊠酷吏巧入人罪曰鍊前漢·路溫舒傳鍛鍊而周內之註言深文之吏，入人之罪，猶工冶陶鑄鍛鍊，使之成熟也。

通作煉図通作湅周禮·冬官考工記·栗氏改煎金錫則不耗註削湅之精不復減也図jiàn集韻居晏切音諫博雅車軸鐵。鏊又鍊63745練44607鍊63509譌字。

鍋 guō_9.17　廣韻韻會正韻丛古禾切音戈玉篇車釭揚子方言車釭，齊燕海岱之閒謂之鍋図玉篇盛膏器揚子方言自關而西，盛膏者乃謂之鍋廣韻溫器正字通俗謂釜爲鍋図玉篇公禍切，音過◇義同。図guǒ集韻古火切音果。刈鉤也。與鐹同△集韻或作錁戞。鏊又鬲71341锅63412戞18933斛21998堝31305

鏉 còu_9.17　集韻千候切音湊。槍屬。

銑 xiān_9.17　集韻穌典切音銑。義闕。人名。唐有寶維銑。鏊又字彙同銑63117

鋄 ruàn_9.17　字彙人絹切，軟去聲。柔銀也。鏊又鋄63961鋼64202

鍍 dù_9.17　廣韻集韻韻會徒故切正韻獨故切丛音度廣韻金飾物也図tú廣韻集韻韻會正韻丛同都切音徒。義同△通作塗。鏊又鍍63827

鍎 tú_9.17　廣韻陀骨切集韻陀沒切丛音突廣韻覆鍎集韻槍也。或作鋏。

鍦 yǎn_9.17　集韻隱憶切音匽。與鰋同。戟三刃者謂之鰋。

鍏 wéi_9.17　廣韻雨非切集韻于非切丛音章。臿也揚子方言臿，宋魏之閒謂之鍏。或謂之鍏図廣韻于鬼切集韻羽鬼切丛音煒。義同。

鋑 zuǎn_9.17　集韻與鑕同。鏊玄應音義執鑕：字詁古文鋑鑕38489二形。今作纜。同。千亂反。

鍐 zōng_9.17　韻會祖叢切音嵏。馬冠後漢·輿服志金鍐蔡邕·獨斷金鍐者，馬冠也。高廣各四寸，如玉華形，在馬髦前図通作嵏晉書·輿服志金嵏而方釳。金嵏，以鐵爲之，以金爲文旄，大三寸，中央兩頭高，如山形，貫中以翟尾而結著之後漢·馬融傳揚金嵏而拖玉瓔。鏊又鍐64441図獨斷金鍐者。劉尚慈：當作金鍐者。図晉書輿服志金嵏而方釳。中華書局校點本晉書·輿服志嵏作夋，是字彙·夂部誤作「嵏與鍐同晉書·輿服志:『金夋而方釳』」康熙字典承字彙之誤也。這段引文亦錯亂不可讀。當爲：金夋而方釳。金嵏謂以金嵏爲文。釳以鐵爲之，其大三寸，中央兩頭高，如山形，貫中以翟尾而結著之図康熙字典鍐字之註及所引獨斷均不誤，曰：正字通今俗名馬鞍曰鍐銀事件是也謝朓集映興鍐於松楸註蔡邕·獨斷金鍐者，馬冠也。如玉華形，在馬髦前。

鍑 fù_9.17　廣韻集韻韻會丛方副切音富說文本作鍑。釜大口者揚子方言釜，自關而西或謂之鍑前漢·匈奴傳多齎鬴鍑薪炭註鍑，音富。釜之大者也図廣韻集

韻韻會正韻丛方六切音福。義同〇按正字通云博古圖周獸耳鍑，容五斗八升，口徑八寸六分，兩目連環，似釜而口斂，口上載鬲以熟物。漢獸耳鍑，容一斗四升八合，口徑五寸，兩耳環與周鍑同。鍑似二甌俯仰合，甌邊稍著，上有小口。據此說，鍑當是小口者說文訓釜大口，未詳考鍑形制故也。鏊又鍑63685

鍒 róu_9.17　唐韻耳由切集韻韻會正韻而由切丛音柔說文鐵之耎也△集韻或作鑐。鏊又鍒63741

鎪 sōu_9.17　廣韻所鳩切集韻正韻疏鳩切丛音搜集韻鎪也爾雅·釋器鏤，鎪也註刻鏤物爲鎪釋文鎪，蘇婁反〇按廣韻云馬首飾也，乃鎪字訓義，今芟図集韻雙趨切音覷。義同△正韻亦作鎪。鏊又鎪63819

鍓 jí_9.17　集韻籍入切音集說文鍱也。本作鍱。

鍔 è_9.17　廣韻五閣切集韻韻會正韻逆各切丛音咢玉篇刀刃也廣韻劍端前漢·蕭望之傳底属鋒鍔註鋒，刃端也。鍔，刃旁也莊子·說劍篇天子之劍，以燕谿石城爲鋒，齊岱爲鍔図正韻圬張衡·西京賦前後無有垠鍔図張衡·西京賦增桴重栞，鍔鍔列列註鍔鍔，列列，皆高貌。鏊又鍔63836鐺64082鍔64110図字彙剽03608同鍔図正字通鐔64593俗鍔字。

銛 kuò_9.17　正字通銛字之譌。

鈞 jūn_9.17　字彙居云切音軍。梵語鈞錄，卽軍持也。

鍖 chěn_9.17　廣韻集韻丛丑甚切音踸玉篇鍖鈌王襃·洞簫賦行鍖鈌而縰囃註鍖，丑錦反。鍖鈌，聲不進貌図zhēn集韻知林切音碪。本作枮。斫木櫍也前漢項籍傳·身伏斧質註質謂鍖也。

鍗 tí_9.17　集韻田黎切音題。本作鎕。器也。一曰釜屬図玉篇金名。

鍘 zhá_9.17　字彙士戛切，音札◇鍘草也。鏊又鍘63222鍘64600鍘64658鍘63843銅63024剗03588剳03558鐯64491

鍙 hù_9.17　字彙呼木切，烘入聲。銀也。

鍚 yáng_9.17　廣韻與章切集韻韻會余章切正韻移章切丛音陽。與錫同詩·大雅鉤膺鏤鍚箋眉上曰鍚，刻金飾之，今當盧也左傳·桓二年鍚鸞和鈴，昭其聲也註鍚，在馬額，有鳴聲図邑名左傳·哀十二年彌作、頃丘、玉暢、喦、戈、鍚註六邑名図廣韻兵名。盾背飾以金爲之禮·郊特牲朱干設鍚，諸侯之僭禮也。鏊又钖62790図正字通鐊，俗字。馬頭飾。从金毛詩作鍚。

鍛 duàn_9.17　唐韻丁貫切集韻韻會正韻都玩切丛音碫說文小冶。从金段聲徐曰椎之而已，不消，故曰小冶倉頡篇椎也廣韻打鐵增韻冶金曰鍛書·費誓鍛乃戈矛傳鍛鍊戈矛也晉書·嵇康傳康好鍛，每於柳樹下鍛，鍾會造之，康鍛如故図前漢·路溫舒傳上奏畏卻，

則鍛鍊而周内之 註 精熟周悉，致之法中也 後漢·韋彪 傳 鍛鍊之吏，持心近薄 註 鍛鍊，猶言成熟也。言深文之吏，入人之罪，猶工冶陶鑄鍛鍊，使之成熟也 又 儀禮·喪服 鍛而勿灰 疏 冠用六升布，加以水濯，勿用灰而已。又 士喪禮 功布 註 功布，鍛濯灰治之布也 又 馬融·長笛賦 靁叩鍛之岌峇兮 註 叩鍛，岌峇，爲聲 倉頡篇 曰：鍛，椎也 又 與瑕通 左傳·哀十一年 股脰釋文 股，丁亂反。亦作鍛 穀梁傳·莊二十四年 婦人之贄，棗栗鍛脩 註 鍛，丁亂反。脩也。鍛而加薑桂曰脩 又 詩·大雅 取厲取鍛 傳 鍛，石也 箋 鍛厲斧斤之石也 釋文 鍛本又作碫，丁亂反 說文 云碫，厲石也 又 矢名 前漢·衡山王傳 作輣車鍛矢。鑒 又 煅31227煅31396鍜63832 又 字彙 煅31228與鍛同 又 鍛63767鍜63679鑪63856並俗鍛 可洪音義 如鍛：都乱反 龍龕 鑪俗，鍛正 四聲篇海 鍛鍛：下多乱切，椎也；上胡加切，鉈鍛。

鍜 63679 33756
xiá_9.17 唐韻 乎加切 集韻 韻會 正韻 何加切夶音遐 說文 鉈鍜，頸鎧也。與鍛鍊字不同。

鍝 63680 33757
yú_9.17 廣韻 集韻 韻會 夶元俱切音虞 玉篇 鋸也 又 集韻 鏤鍝，穿耳物也 杜篤·論都賦 椎結左衽鏤鍝之君 埤蒼 穿耳以垂金寶也。

鏗 63681 33758
kēng_9.17 集韻 丘耕切。同鏗 博雅 聲也。鑒 又俗 鎮63905偏類碑別字 引 周段摸墓誌

鋥 63682 33759
xīng_9.17 集韻 桑經切音星。鐵衣。鑒 又 粵鋟。

鍠 63683 33760
huáng_9.17 唐韻 乎光切 集韻 胡光切夶音黃 說文 鐘鼓聲也 爾雅·釋訓 鍠鍠，樂也 註 鐘鼓音 又 與喤通 詩·周頌 鐘鼓喤喤 疏 字書云鍠鍠，樂之聲也 又 集韻 兵器也 古今注 秦改鐵鉞作鍠，始皇制也。一本云鍠，秦制也。今乘輿，諸侯、王公、妃主車建之也 開元禮儀 鍠，形如劍而三刃，連柄共長三尺五寸，以虎豹皮爲袋。今乘輿之前，刻木爲斧，謂之儀鍠 又 廣韻 戶盲切 集韻 韻會 正韻 胡盲切夶音橫。義同 後漢·馬融傳 鍠鍠鎗鎗 奏於農郊大路之衢 註 鍠，音橫。鐘鼓聲也 又 集韻 呼橫切音諻。義同△ 集韻 或作鍠。鑒 又 锽63830喤59747 又 正字通 鍠，本作鍠63952鐄64190與鍠通。鏍64452同鍠。

鍢 63685 33762
fù_9.17 字彙 同鍑

鍡 63684 33761
wěi_9.17 唐韻 烏賄切 集韻 鄔賄切夶音猥 說文 鍡鑸，不平也。

鉊 63686 33763
zhāo_9.17 集韻 之遙切音昭 博雅 錐也 又 集韻 田聊切音迢。又都聊切音貂。義夶同。鑒 又 鉊63909

鍤 63687 33764
chā_9.17 廣韻 楚洽切 集韻 韻會 正韻 測洽切夶音臿。說文 郭衣鍼也 又 集韻 臿也 釋名 鍤，插也。插地起土也 史記·河渠書 舉鍤如雲，決渠爲雨 又 或作疀 爾雅·釋器 𦥑謂之疀 又 通作臿 前漢·溝洫志 舉臿爲雲 又 通作插 史記·田單傳 身操版插 又 chè 廣韻 丑輒切 集韻 勅涉切夶音㤴。綴衣針。鑒 又 銔63835 又 龍龕 鍤63956俗，鍤正，鍤63955今。

鍥 63688 33765
qiè_9.17 唐韻 苦結切 集韻 正韻 詰結切夶音猰 說文 鎌也 揚子方言 刈鉤，自關而西或謂之鎌，或謂之鍥 集韻 或作鐑 又 廣韻 刻也 戰國策 鍥朝涉之脛 註 鍥，刻也 荀子·勸學篇 鍥而舍之，朽木不折。鍥而不舍，金石可鏤 又 廣韻 斷絕也 左傳·定九年 盡借邑人之車，鍥其軸 註 鍥，絕也 又 刻酷曰鍥 後漢·劉陶傳 寬鍥薄之禁 又 集韻 詰計切 正韻 去計切夶音契。義同 又 jié 廣韻 正韻 古屑切 集韻 吉屑切夶音結。鎌也 集韻 或作鑠鐑鍥。鑒 又 剢03609鍥63841

鉇 63689 33766
shé_9.17 廣韻 視遮切 集韻 時遮切夶音闍 集韻 短矛也 揚子方言 矛，吳揚江淮南楚五湖之閒謂之鉇 註 嘗蛇反 左思·吳都賦 藏鉇於人 註 鉇，矛也 又 shē 集韻 詩車切音奢 又 shī 廣韻 式支切 韻會 商支切夶音施 又 chì 廣韻 韻會 夶施智切音翅。義夶同△ 廣韻 同鉈 集韻 或作鉈鉇鉇。鑒 又 狋33418鉈62773

鍧 63690 33767
hōng_9.17 廣韻 集韻 正韻 呼宏切，音訇 廣韻 鏗鍧，鐘鼓聲相雜也 班固·東都賦 鐘鼓鏗鍧，管絃燁煜△ 集韻 或作鑅。

鍨 63691 33768
kuí_9.17 廣韻 渠追切 集韻 渠龜切夶音馗。兵也。與戣同 又 集韻 求位切音匱。義同。

鍩 63692 33769
tiǎn_9.17 玉篇 他點切，音腆 又 取也。鑒 又 錪63626

鍪 63693 33770
móu_9.17 唐韻 莫浮切 集韻 迷浮切 正韻 莫侯切夶音謀 說文 鍑也 又 廣韻 兜鍪，首鎧 書·說命 惟甲胄起戎 註 胄，兜鍪也 釋文 鍪，莫侯反 韻會 譌作鍪 又 正韻 冠卷 荀子·禮論篇 冠有鍪而無縱 又 mào 集韻 莫候切音茂 博雅 釜也△ 正字通 兜鍪，形似釜而反脣，非炊具 說文長箋 云軍士以首鎧爲炊具，故曰兜。兜爲胄名，鍪則釜名，一物兼二義。按軍伍鐎斗，晝炊夜擊，未有以首鎧炊者。凡被圍，糧匱援絕，煮弩鎧，食筋革，皆勢窮使然，非軍士例用首鎧爲炊也。箋說誤。鑒 又 鍪63765餐69296

鈙 63694 33771
jīn_9.17 字彙 居銀切，音斤 又 斫木器 又 yǐn 語謹切，銀上聲 又 齊也，斷也。

鍫 63695 33772
qiāo_9.17 廣韻 七遙切 集韻 千遙切 韻會 遷遙切 正韻 此遙切夶音幧 玉篇 臿也 揚子方言 奋鍫也。江淮南楚閒謂之臿 集韻 亦書作鍬。

鍬 63696 33773
qiāo_9.17 集韻 同鍫。鑒 又 胊03595胊15692鍬63834鏉64341枭06685

鍭 63697 33774
hóu_9.17 唐韻 乎鉤切 集韻 韻會 胡溝切 正韻 胡鉤切夶音侯 爾雅·釋器 金鏃翦羽謂之鍭 註 今之錍箭是也。鍭猶候也，候物而射也 詩·大雅 四鍭既鈞 疏 鍭，矢參亭。三分矢，一在前，二在後，輕重鈞亭也 揚子方言 關西曰箭，江淮謂之鍭 班固·西都賦 列刃鑽鍭 又 作鏃 儀禮·旣夕禮 鏃矢一乘 又 廣韻 胡遘切 集韻 下遘切 韻會 正韻 胡茂切夶音候。義同。鑒 又 鏃63818

鋀 tōu_9.17 63698 33775 廣韻託侯切集韻韻會他侯切夶音偷玉篇鋀石似金一统志苔兒密,古之丹眉流國,產鋀石格古要論鋀石,自然銅之精也。今爐甘石煉成者,假鋀也。崔昉曰:銅一斤,爐甘石一斤,煉之成鋀石。真鋀生波斯國者如黃金,燒之赤色不黑本草綱目水銀墮地,鋀石可引上冈姓正字通南涼臣鋀勿倫△集韻或作鉔。鎣又鍮63754鎧63902

鏓 zǒng_9.17 63699 33776 集韻麤叢切音悤◆玉篇大鑿,平木器。冈馬融·長笛賦鏓硐頹隳註說文鏓,大鑿中木也。然則以木通其中,皆曰鏓冈集韻蘇叢切音樬。又損動音敀。義夶同。鎣又鏓63633鏓63608

錊 duò_9.17 63700 33777 廣韻徒果切音墮。車轄也冈玉篇犁錧也冈五音集韻徒猥切音錞。義同。

鍰 huán_9.17 63701 33778 唐韻戶關切集韻韻會正韻胡關切夶音還說文鋝63308也玉篇六兩也小爾雅二十四銖曰兩,有半曰捷,倍捷曰舉,倍舉曰鋝,謂之鍰。宋咸曰:舉三兩,鍰六兩書·呂刑其罰百鍰傳六兩曰鍰。鍰,黃鐵也釋文鍰,戶關反。六兩也。鄭及爾雅同說文云六鋝也。鋝,十一銖二十五分述之十三也。馬同。又云,賈逵說俗儒以鋝重六兩周官劍重九鋝。俗儒近是疏考工記云戈矛重三鋝。馬融云鋝,量名。當與呂刑鍰同。俗儒云鋝六兩爲一川。不知所出耳。鄭康成云鍰,稱輕重之名。今代東萊稱,或以大半兩爲鈞,十鈞爲鍰。鍰重六兩大半兩,鍰、鋝似同也。或有存行之者,十鈞爲鍰,二鍰四鈞而當一斤。然則鍰重六兩三分兩之二周禮謂鍰爲鋝,如鄭康成之言,一鍰之重六兩,多於孔、王所說,惟挍十六銖爾。黃鐵,今之銅也冈與環同前漢·五行志宮門銅鍰註鍰,讀與環同冈集韻胡慣切音患。又五音集韻王眷切音院。義夶同。鎣鋝六兩爲一川。川,鼂頭音釋本作斤冈鍰63829

鍱 yè_9.17 63702 33779 唐韻與涉切集韻弋涉切夶音葉說文鍱也廣韻銅鍱集韻鍱,齊謂之鍱正字通一說銅、鐵椎鍊成片者曰鍱,如甲制一葉爲一札之類。鍱,猶緝也,與集通。鍱从枼象形,有葉義。會分析意冈集韻實攝切音涉。義同冈xié虛涉切音傺。鋌也,鐶也冈五音集韻徒協切音牒。義同。鎣又鍱64217鎑63507冈正字通鍱64360鎑64359,俗鍱字。

鑒 jiàn_9.17 63704 33781 字彙同鑑

鍲 mín_9.17 63703 33780 廣韻武巾切集韻眉貧切夶音珉玉篇鍲,業也,算稅也集韻與緡同

錀 chí_9.17 63705 33782 字彙陳知切,音持◇梵語鍕錞,此云雙口澡灌。鎣裙稚迦,即澡罐,舊曰軍持19512

鍴 duān_9.17 63706 33783 廣韻集韻夶多官切音端玉篇鑽也揚子方言鑽謂之鍴註音端。

鍵 jiàn_9.17 63707 33784 唐韻渠偃切集韻韻會巨偃切夶音楗說文鉉也。一曰車轄也冈韻會籥牡也禮·月令修鍵閉註鍵牡閉牝也疏凡鏁器,入者謂之牡,受者謂之牝,俗云鏁須閉者,鏁筩也周禮·地官司門掌授管鍵小爾雅鍵謂之鑰冈揚子·太玄經榰鍵棁桷註榰,乖也。鍵,析也。冈星名前漢·天文志鍵閉一星近鉤鈐,主關籥,謂之天鍵冈通作健前漢·司馬遷傳大道之要,去健羨服虔曰門戶鍵牡也冈廣韻其輦切集韻韻會正韻巨展切夶音件。又廣韻集韻夶紀偃切音湕。又jiàn集韻九件切音蹇冈qián廣韻集韻韻會正韻夶渠焉切音乾。又jiàn集韻渠建切音健。夶籥牡也△玉篇亦作鐽。鎣又鍵63604鐽64348鍵63763冈字彙鬮65224古文鍵字。

鏃 zú_9.17 63708 33785 五音集韻作木切音鏃。姓也。出彭城。

鍯 zǒng_9.17 63709 33786 五音集韻息恭切音蚣。鐵器也。鎣胡吉宣:鍯64047之譌字冈sī鍶63837

鍷 kuí_9.17 63710 33787 集韻傾畦切音睽。鑝也。

鰗 hú_9.17 63711 33788 集韻洪孤切音胡。黍稷器,夏曰鰗、商曰璉、周曰簠、簋。或作鈷。通作瑚冈與糊同揚子法言珍膳寧鰗註寧鰗,糊其口也。

鍹 xuān_9.17 63712 33789 集韻荀緣切音宣。銚也。

鍥 jiāo_9.17 63713 33790 集韻堅堯切音驍。戟屬。

鍺 duǒ_9.17 63714 33791 廣韻丁果切音埵。車鍏。鎣又鍺63627冈zhě化學元素Germanium漢譯,符號Ge,原子序數32。

鈃 xíng_9.17 63715 33792 字彙奚經切音刑。酒器。同鈃正字通鈃字之譌。

鋳 tú_9.17 63717 33794 集韻陁沒切音捹。槍也。同鋊。

鋙 yǔ_9.17 63716 33793 字彙偶許切音語。樂器,狀如伏虎爾雅·釋樂作敔。

鋂 méng_9.17 63719 33796 集韻同鋂

鍻 jié_9.17 63718 33795 廣韻集韻居謁切音訐廣韻金鍻集韻金飾鼓名。大駕鼓吹有金鍻。鎣楊寶忠:金鍻,金鐲之誤。

鍼 zhēn_9.17 63720 33797 唐韻職深切集韻韻會正韻諸深切夶音斟說文所以縫布帛之錐也左傳·成二年楚侵及陽橋孟孫請往賂之,執斲、執鍼、織紝,皆百人註執鍼,女工列子·湯問篇詹何以獨繭絲爲綸,芒鍼爲鉤集韻或作箴。亦作針冈刺也前漢·廣川王傳以鐵鍼鍼之註鍼,刺也冈方書鍼石刺病。唐狄仁傑善鍼術冈人名左傳·定四年鍼尹固與王同舟釋文鍼,之林反冈qián韻集韻夶巨鹽切五音集韻鐵針撽物也冈qián廣韻巨淹切集韻韻會其淹切夶音箝。人名詩·秦風子車鍼虎左傳·隱八年陳鍼子送女註鍼子,陳大夫。又莊三十二年命僖叔待於鍼巫氏註鍼巫氏,魯大夫。又僖二十八年鍼莊子爲坐釋文鍼,夶其廉反冈地名左傳·成六年侵宋師于鍼釋文鍼,其廉反。一音針冈jiān五音集韻古咸切音緘。病無所取,丸散不能消除,病在經絡,

以鋮鋮之。鋈又鋮64536鋮64354

鈰 63721 33798
dā_9.17 [集韻]德盍切音腌。鉤也。本作剐。

劚 63722 33799
shuò_9.17 [集韻]色角切音朔。鐶也。

鏒 63723 33800
pō_9.17 [集韻]與鏺同

鍞 63724 33801
biān_9.17 [五音集韻]卑連切音鞭。金鍞 区方緬切音褊。義同。

鍾 63725 33802
zhōng_9.17 [唐韻]職容切[集韻][韻會]諸容切丛音鐘。[說文]酒器也。[孔叢子·儒服篇]堯舜千鍾,孔子百觚[正字通]壺屬。漢大官銅鍾,卽壺也。俗謂酒巵[晉書·崔洪傳]洪性儉,屏遠珠玉,汝南王亮以琉璃鍾行酒,洪不執。区[玉篇]聚也[左傳·昭二十一年]天子省風以作樂,器以鍾之[註]鍾,聚也。以器聚音又[二十八年]天鍾美於是[晉書·王戎傳]然則情之所鍾,正在我輩区[正字通]天所賦予亦曰鍾[曹植詩]經危履險阻,未知命所鍾[鮑照詩]去來今何道,未知生所鍾区[廣韻]當也区重也[周禮·冬官考工記]鍾氏染羽[註]鍾,重也。染色欲其深重,羽以飾王后之車及旌旐也区量名[左傳·襄二十九年]餼國人粟,戶一鍾[註]六斛四斗曰鍾[前漢·食貨志]穀糶千鍾。又[小爾雅]二缶謂之鍾[註]八斛也。又[淮南子·要略篇]一朝用三千鍾贛[註]鍾,十斛区地名[春秋·成十五年]會吳于鍾離[註]鍾離,楚邑淮南縣[左傳·昭六年]吳人敗其師于房鍾[註]房鍾,吳地[史記·王子侯者年表]千鍾侯劉搖。区縣名[前漢·地理志]江夏郡鍾武縣区國名[左傳·昭二十七年]吳公子燭庸奔鍾吾[註]鍾吾,小國区官名[前漢·百官公卿表]水衡都尉屬官有鍾官令丞[註],主鑄錢官也[後漢·隗囂傳]民坐挾銅炭,沒入鍾官区姓[左傳·定四年]鍾建負季芊[註]鍾建,楚大夫。又鍾離,複姓[五音集韻]世本云與秦同祖,其後因封爲姓区琴名[前漢·王褒傳]雖伯牙操遞鍾[註]臣瓚曰:[楚辭·九思]云奏伯牙之號鍾。號鍾,琴名也。馬融[長笛賦]曰:號鍾高調。伯牙以善鼓琴,不聞說能擊鍾也。晉灼曰:遞音遞送之遞,二十四鍾,各有節奏,擊之不常,故曰遞。師古曰:琴名是也。字旣作遞,則與[楚辭]不同,不得卽讀爲號,當依晉音耳区龍鍾。竹名。產羅浮山[韓愈詩]東野不得官,白首誇龍鍾[丹鉛錄]龍鍾,似竹搖曳不自持也[杜弼·爲侯景檄梁文]龍鍾稚子[蘇氏演義]龍鍾,謂不翹舉,如䯀鬢拉搭之類[荀子·議兵篇]隴種而退[註]遺失貌,如隴之種物[正字通]龍鍾卽隴種二字聲之轉。或又作儱偅[盧全詩]作躘踵区垂淚貌[琴操·退怨歌]空山欷歔涕泣龍鍾区與鐘通[正字通][說文]鍾,酒器。从金重聲,職容切。鐘,樂器,秋分之音,物種成,童聲,職茸切。分爲二,泥[漢志]黃鐘[周禮]作鍾[詩]鐘鼓亦作鍾。古二字通用。区zhòng[集韻]朱用切音種[字林]酒器也。一曰樂器。鋈又鍾63833鈊21948鍾45324鈊53174钟62908钟62853

鋼 63726 33803
zī_9.17 [正字通]鋼本字。

鉁 63727 33804
xiū_9.17 [玉篇]宿由切音修。鋌也。鋈又鎨64028

鉦 63728 33805
zhèng_9.17 [焦竑·略記字始]武后,證改作鑑。

鎈 63739 u2B7FF
suǒ_9.17 [簡]鎈63848

鎍 63729 33806
yé_9.17 [廣韻]以遮切,音耶。同釾[呂氏春秋]長劍期乎斷,不期乎鏌釾。

鏺 63730 33807
shā_9.17 [類篇]與鍛同。鋈[類篇]鏺63897,或作鈒。

蠫 63731 33808
zhèng_9.17 [字彙補]古文證56651字。

鋥 63732 42145
yìng_9.17 [篇海類編]乎絅切。冶器也。

鑋 63733 42146
jiàn_9.17 [字彙補]古電切,音鑑◇踢毛毬。

鏠 63740 u2B7FE
zú_9.17 [簡]鏠63774

鯩 63734 46057
dōng_9.17 [搜眞玉鏡]音柬。鋈音柬,音柬之誤。[字彙補]德紅切。

鏭 63735 46058
qióng_9.17 [龍龕]同鋊。鋈又鋊63372鋊63115

鉪 63736 46059
guà_9.17 [龍龕]音封。鋈[可洪音義]鉪頸:上古話反。正作掛。下居郅反,頸,項也。

鎍 63741 u2B504
róu_9.17 [簡]鎍63667 鋈[龍龕]士衝反。鄭賢章:俗鑐。

鐤 63737 46060
chán_9.17 [篇韻]音琰。

鑐 63742 u2B503
jiàn_9.17 [簡]鑐64601

鐭 63738 46061
yù_9.17 [龍龕]與鐭同

鍉 63743 u2B502
dī_9.17 [簡]鍉63654

鏼 63744 u2B501
fén_9.17 [簡]鏼64370

鍊 63745 u2B500
liàn_9.17 [簡]鍊63655

鈝 63747 u2B4B6
hán_9.17 同鈝63469

鋸 63746 u2B4B7
qū_9.17 同鋸63495[直音篇]鋸,音屈,鋸鈌,金未鍊。

鋭 63748 u2B4B5
ruì_9.17 俗銳63258

鍇 63750 u2B4B3
null_9.17 未詳。

鏴 63749 u2B4B4
null_9.17 [新撰字鏡]保巳乃佐支

鉼 63751 u2B4B2
null_9.17 未詳。

鐆 63757 u28A82
suì_9.17 俗鐆64333[合併字學集篇]鐆,音遂,取火于日中。

鐳 63756 u28A83
tíng_9.17 [可洪音義]三鐳:音亭,表戒、定、慧三事。張小豔:鐳或停的換旁俗字区鐳,俗鐳63490[龍龕]鐳誤鐳正,音純,鐳于,樂器也。下又音隊,矛下銅也。

鏵 63753 u2B4B0
null_9.17 未詳。

鍈 63752 u2B4B1
null_9.17 [曾侯乙鐘]宮,徵曾,無鍈之宮。字或从目。讀若射。

鉝 63761 u28A7E
jul_9.17 [韓]同鉝63173[璽彙編·姓名私璽].3687。吳振武:當釋爲鏤64072字。

鍢 63758 u28A81
null_9.17 人名。見[古璽彙編·姓名私璽].3687。

鍱 63759 u28A80
mú_9.17 [合併字學集篇]鍱,音模。

鎀 63760 u28A7F
hu_9.17 [韓]人名[朝鮮正宗實錄·卷四十九·二十二年九月壬申]進士金鎀,到記居首,直赴殿試。

鏬 63762 u28A7D
xià_9.17 鏬64086字之譌,亦作鏬64010,俗鏬45343

鍮 63754 u28C4E
tōu_9.17 [簡]鍮63698

鍵 63763 u28A7C
jiàn_9.17 同鍵63707[唐張鷟·朝野僉載·卷六]椀中錢滿,關鍵忽發。

鋺 63764 u28A7B
wǎn_9.17 俗鋺63639[龍龕]鋺,亡敢反。呪中字。

鍪 63765 u28A7A
móu_9.17 [直音篇]鍪,同鍪63693

鏑 63755 u28A86 qí_9.17 同錡63493

鐉 63766 u28A78 quān_9.17 鐉64197本字

鍛 63767 u28A77 duàn_9.17 俗鍛63678 合併字學集篇 鍛，音断，鍛鍊。

鋺 63768 u28A76 wā_9.17 嘉慶 如皋縣志·卷八·方言 鋺，剜取也。

鍐 63769 u28A75 wǎn_9.17 俗鋄63639見 龍龕

鋛 63770 u28A74 chuān_9.17 同釧62757 龍龕 鋛，俗。音川。

銓 63771 u28A73 quán_9.17 龍龕 銓俗，銓63119正。

鍣 63772 u28A72 zī_9.17 同鎡63887

鏟 63773 u28A71 chǎn_9.17 同鏟64062 名義 鏟，楚簡反。削 龍龕 鏟俗，鏟63903鏟二正。

鏃 63774 u28A70 zú_9.17 姓。亦作鏃63708鏃63857 ㊁ 简 鏃63740

鍋 63775 u28A6E jiōng_9.17 同扃19079見 字海

鑤 63776 u28A6D bǎo_9.17 俗鑤69080

鞭 63777 u28A6B biān_9.17 古金屬兵器。短杆狀，上有棱。明·茅元儀 武備志 鐵鞭、鐵簡、兩色鞭，其形大小、長短隨人力所勝用之，又有作四稜者，謂之鐵簡，言方稜似簡形，皆鞭類也。

鏟 63778 u28A6A chǎn_9.17 俗鏟 玉篇 鏟，丑善切。長也 集韻·僊韻 鏟，抽延切。長引也 直音篇 鏟，音闡。鏟物令長。

鋂 63779 u28A69 mào_9.17 鉬63083之舊譯。

鍤 63780 u28A68 chǎ_9.17 戳，刺。明·茅元儀 武備志·軍資乘·戰·器械 龍刀鎗：砍人亦可，鍤人亦可 ㊁ cax 壯 鈹。

鉤 63781 u28A66 gǒu_9.17 龍龕 鉤，音苟。

鍔 63782 u28A64 null_9.17 未詳。

鎰 63783 u28A63 null_9.17 未詳。

鍎 63784 u28A62 null_9.17 未詳。

鐒 63785 u28A61 null_9.17 未詳。

鍞 63786 u28A60 tǐn_9.17 喃 从金省tǐnh聲。小罐，瓮。

鎔 63787 u28A5F null_9.17 未詳。

鏬 63788 u28A5E xià_9.17 俗罅。

鍷 63789 u28A5D null_9.17 未詳。

鏬 63790 u28A5C null_9.17 未詳。

鑫 63791 u28A5B xīng_9.17 同鍟63682

鏁 63792 u28A5A null_9.17 未詳。

鎣 63793 u28A59 yíng_9.17 鎣肖，同楹24706肖。天一閣藏 莘縣志·卷之八·祠廟碑刻·重脩三教寺記 斬茅結菴，堅節苦行，銖積寸累，構堂三鎣肖、三教像於中。

鏬 63794 u28A58 xià_9.17 俗罅。

鋁 63795 u28A57 null_9.17 未詳。

鈴 63796 u28A56 lình_9.17 喃 从錐省苓lình聲。

鏨 63797 u28A55 null_9.17 未詳。

鐡 63798 u28A54 null_9.17 未詳。

鑿 63799 u28A53 null_9.17 未詳。

鐃 63800 u28A52 null_9.17 或同鐃。

鏄 63801 u28A51 null_9.17 未詳。

鏤 63802 u28A50 lòu_9.17 俗鏤64072

鐰 63803 u28A4F null_9.17 未詳。

鏡 63804 u28A4E null_9.17 未詳。

鏤 63805 u28A4D null_9.17 未詳。

鍝 63807 u28A4B null_9.17 未詳。

鋏 63806 u28A4C yì_9.17 四部叢刊·續編集部·吳騷合編·卷之三·商調·冬日閨情·奈子花 闌珊鏁鋏，零落流蘇。

鐥 63808 u28A4A null_9.17 未詳。

鍈 63809 u28A49 null_9.17 未詳。

錯 63810 u28A48 null_9.17 未詳。

鏽 63811 u28A47 null_9.17 未詳。

鍼 63812 u28A46 null_9.17 未詳。

鉷 63813 u28A45 null_9.17 未詳。

鋥 63814 u28A44 null_9.17 未詳。

鍪 63816 u28A42 lí_9.17 字海 同犁32731見 敦煌變文字義通釋·釋名物

鍪 63817 u28A41 dōu_9.17 鍪鍪，同兜02416鍪。

鍭 63818 u28A40 hóu_9.17 鍭63697本字。見 說文

鎪 63819 u28A3F sōu_9.17 同鎪63668 合併字學集篇 鎪，音收。刻也。

鏮 63820 u493C xiàn_9.17 俗綫44318 可洪音義 針鏮：相箭反。正作線。鍼鏮：上音針。下音線。悞。又 慧琳音義 倚枕：上衣矣反。下章荏反。鏮彩為囊盛褁物，貴人左右倚憑也。

鍊 63821 uF99B liàn_9.17 兼 鍊。

鏄 63815 u28A43 null_9.17 未詳。

镄 63823 u9544 fèi_9.17 简 鐨64323

镅 63822 u9545 méi_9.17 简 鎇63842

镂 63825 u9542 lòu_9.17 简 鏤64072

镃 63824 u9543 zī_9.17 简 鎡63887

镀 63827 u9540 dù_9.17 简 鍍63660

镁 63826 u9541 měi_9.17 简 鎂63847

镮 63829 u953E huán_9.17 简 鐶63701

锿 63828 u953F āi_9.17 简 鎄63845

锼 63831 u953C sōu_9.17 简 鎪63899

锽 63830 u953D huáng_9.17 简 鍠63683

锹 63834 u9539 qiāo_9.17 简 鍬63696

锻 63832 u953B duàn_9.17 简 鍛63678

锸 63835 u9538 chā_9.17 简 鍤63687

锺 63833 u953A zhōng_9.17 简 鍾63725

锶 63837 u9536 sī_9.17 简 鍶63709化學元素Strontium，符號Sr，序數38。舊譯鋉63395鎴64018

锴 63839 u9534 kǎi_9.17 简 鍇63652

锷 63836 u9537 è_9.17 简 鍔63670

锳 63840 u9533 yīng_9.17 简 鍈63653

锵 63838 u9535 qiāng_9.17 简 鏘64054

鎇 63842 u9387 méi_9.17 放射性化學元素Americium之漢譯。符號Am，序數95。亦譯作鋂63275 ㊁ sip 壯 鎇，劘鎇：禾鐮。

鎆 63843 u9386 zhá_9.17 四聲篇海 鎆，士戞切，鍘同，俗。

锲 63841 u9532 qiè_9.17 简 鍥63688

鎅 63844 u9385 jiè_9.17 粵 鋸，裁，割 鎅刀：裁紙刀 ㊁ gaiq 壯 鎅楄：鋸木板。

鎄 63845 u9384 āi_9.17 化學元素Einsteinium之漢譯。符號Es，序數99。舊譯鑀64442 ㊁ 化學元素鈘63253舊譯。

鎃 63846 u9383 pài_9.17 化學元素鏷64172的舊譯。

鎂 63847 u9382 měi_9.17 化學元素Magnesium漢譯。符號Mg，序數12

鎈 63848 33809 suǒ_10.18 玉篇 相可切音縒。金光也 ㊁ chā 廣韻 初牙切 集韻 正韻 初加切㸦音叉。錢異名。鎈又鎈63739

鐽 63849 33810
dá_10.18 五音集韻都合切音答。鐽鉤也。

鎊 63850 33811
pāng_10.18 廣韻集韻韻會丛鋪郎切音滂玉篇削也。瀅又镑63995

鎋 63851 33812
xiá_10.18 廣韻胡瞎切集韻下瞎切正韻胡八切丛音轄玉篇車鎋也廣韻車軸頭鐵孝經鉤命決孝道者，萬世之桎鎋詩·小雅·惟周之氐箋言爲周之桎鎋，持國政之平疏以鎋能制車，喻大臣能制國，故以太師之官爲周之桎鎋也釋文鎋，又作轄，胡瞎反。

鐮 63852 33813
lián_10.18 廣韻力鹽切集韻韻會離鹽切丛音廉說文鍥也揚子方言刈鉤，自關而西或謂之鐮釋名鐮，廉也，體廉薄也。其所刈稍稍取之。又似廉者也鮑照·東武吟腰鐮刈葵藿韓愈·寄張十八助教詩晴雲如擘絮，新月似磨鐮又揚子方言凡箭鏃，胡合嬴者四鐮。或曰枸腸註四鐮，廣稜也又揚子方言東齊，僞物謂之冉鐮△集韻或作鎌。瀅又镰64434

鎍 63853 33814
suǒ_10.18 集韻昔各切音索。鐵繩也又色窄切音栜。鐵弗。瀅又𫓹63923

鎎 63854 33815
kài_10.18 唐韻集韻丛許旣切，欷去聲說文怒戰也。引春秋傳諸侯敵王所鎎○按左傳·文三年今本作愾又集韻口溉切音慨。義同。瀅龍龕𨦫，俗。許旣反。正作鎎。

鎏 63855 33816
liú_10.18 集韻力求切音留。美金謂之鎏又五音集韻垂玉也。冕飾也。今典籍作旒。瀅又𨫞34409鉚62977

鍛 63856 33817
duàn_10.18 字彙丁貫切音煅。打鐵。又鎚也。

鏃 63857 33818
zú_10.18 廣韻作木切音鏃。姓也。出彭城又yáo集韻餘招切音遙。酒器。瀅又銗62966錊63462

鎑 63858 33819
yè_10.18 玉篇于劫切，音葉◇五音集韻鐵器也。又tà他盍切音榻。鎑鑪又gé集韻谷盍切音顉。鎑鏻，溫器又yè五音集韻魚怯切音業。鞍韉貌。

鎒 63859 33820
nòu_10.18 五音集韻奴豆切。同耨詩·周頌·庤乃錢鎛傳鎛，鎒也疏鎒，或作耨字詁云頭長六寸，柄長一尺。鎒，古字也。今作耨又hāo玉篇呼高切音蒿。除草戰國策操銚鎒，與農人居壠畝之中註鎒，呼高反淮南子·說山訓治國者，若鎒田去害苗者而已。瀅又鎒64233

鎓 63860 33821
wēng_10.18 集韻烏公切音翁。鍬也。

鍡 63861 33822
wěi_10.18 玉篇五罪切音頠。金鍡也。瀅或从鬼。又乾隆昌邑縣志·卷之八·藝文·詩·薛瑄·四知臺人間無處不天公，却笑黃金鍡夜中。千載四知臺下過，馬頭猶自起清風。

錁 63862 33823
guān_10.18 廣韻古頑切集韻姑頑切丛音鰥。錁犂，釪也。瀅楊寶忠：錧63503之聲旁變異字。

鎔 63863 33824
róng_10.18 唐韻余封切集韻韻會餘封切丛音容說文冶器法也史記·平準書姦或盜摩錢裏取鎔徐廣曰冶器法謂之鎔前漢·食貨志冶鎔炊炭註鎔，形容也。作錢模也董仲舒·賢良策上之化下，下之從上，猶金之在鎔，惟冶者所爲又廣韻鎔，鑄也增韻銷也。瀅又镕63991熔31527

鋾 63864 33825
tāo_10.18 玉篇吐刀切音滔。函也。

鎕 63865 33826
táng_10.18 唐韻集韻丛徒郎切音唐◆說文鎕銻，火齊赤珠也。

鍥 63866 33827
qiè_10.18 集韻詰結切。與鍥同淮南子·本經訓鐫山石，鍥金玉註鐫刻金玉以爲器也又jié集韻吉屑切。亦與鍥同。鐮也。

鎖 63867 33828
suǒ_10.18 唐韻正韻蘇果切集韻韻會損果切丛音瑣說文鐵鎖，門鍵也集韻鋃鐺也前漢·王莽傳以鐵鎖琅當其頸註琅當，長鏁也班固·敘傳繫名聲之韁鎖抱朴子·逸民卷屈龍淵爲錐鎖之用又正字通鎖子甲，五環相互，一環受鏃，諸環拱護，故箭不能入杜甫詩雨拋金鎖甲△集韻或作鏁。瀅又锁63416𩪭70756𩩾70741𦢊47799又龍龕鏁俗，鎻64011正又骨鎖，或曰骨鎖觀，亦云骨想，即觀身肉既散，但爲白骨相連。

鎗 63868 33829
chēng_10.18 唐韻集韻韻會丛楚庚切，音瑲說文鐘聲也後漢·馬融傳鍠鍠鎗鎗，奏於農郊大路之衢博雅聲也集韻或作鏿又廣韻鼎類六書故三足鬴也。俗作鐺又正韻酒器。南齊竟陵王子良遺何默以徐景山酒鎗。古借用倉又chéng集韻鋤庚切音傖。亦鐘聲也。又qiāng集韻千羊切音瑲。與鏘同史記·樂書君子之聽音，非聽其鏗鎗而已也前漢·禮樂志但能紀其鏗鎗鼓舞，而不能言其義註鏗鎗，金石之聲也潘岳·籍田賦衝牙錚鎗又與鶬通詩·周頌·鞗革有鶬釋文鶬，七羊反。本亦作鎗傳有鶬，言有法度也箋鶬，金飾貌又長腰鎗，米別名李賀·憶昌谷山居詩長鎗江米熟註江米，江南所貢玉粒又字彙補鎗去聲，鬃工有鎗金鎗銀法。見輟耕錄△正字通俗以鎗爲刀槍字，誤。瀅又𨵽65271

鎘 63869 33830
lì_10.18 廣韻郎擊切集韻狼狄切丛音歷。與鬲同。鼎屬△類篇或作鬲歷。瀅又鎘64273𨯳64614又gé化學元素。簡化作镉64003舊譯作鉌63077

鍗 63870 33831
tí_10.18 唐韻杜兮切集韻田黎切丛音題說文器名集韻一曰釜屬也。或作鍗。瀅又锑63951

鏟 63871 33832
chǎn_10.18 集韻丑展切音蕆玉篇長也五音集韻鏟物令長博雅鏟、抒，長也又集韻抽延切音脡。義同。瀅又𬬻63778

鎙 63872 33833
shuò_10.18 五音集韻所角切。同槊。矛長丈八也。瀅又銆63166𬭼63920

鎟 63873 33834
sāo_10.18 集韻蘇遭切音騷。鎟鉾，銅器。

鎚 63874 33835
chuí_10.18 廣韻正韻直追切集韻韻會傳追切丛音

椎玉篇鐵鎚也廣韻金鎚抱朴子·僊藥卷以鐵鎚鍛其數千下又廣韻權也正韻與錘同又duī廣韻集韻韻會太都回切音磓廣韻治玉集韻鍛也又廣韻直類切，音墜。又集韻馳僞切，音縋。好銅半熟也。鎏又鎚64374

鉤 63875 33836
gōu_10.18 集韻居侯切。同鉤釋名鉤，溝也。既割去壟上草，又辟其土，以壅苗根，使壟下爲溝，受水潦也。

鋡 63878 33839
hán_10.18 字彙鋡本字

鍇 63876 33837
qí_10.18 廣韻渠脂切集韻渠伊切太音鬐。衛軸鐵也。

鎛 63877 33838
bó_10.18 唐韻補各切集韻韻會正韻伯各切太音博。說文鎛，鱗也。鐘上橫木上金華也。从金尃聲徐曰鐘笋上飾玉篇鎛解，獸似人，懸鐘橫木也又正韻大鐘周禮·春官鎛師掌金奏之鼓左傳·襄十一年及其鎛磬周語伶州鳩對周景王曰：細鈞有鐘無鎛，昭其大也。大鈞有鎛無鐘，甚大無鎛，鳴其細也。大昭小鳴，龢之道也註韋昭曰：細，細聲，謂角、徵、羽也。鈞，調也。鐘，大鐘。鎛，小鐘也。昭，明也。有鐘無鎛，爲兩細不相和，故以鐘爲節。明其大者，以大平細也。大謂宮商也。爲兩大不相和，故去鐘用鎛，以小平大也。甚大，謂同尚大聲，故又去鎛。獨鳴其細，細謂絲竹革木也。大聲昭，小聲鳴，龢平之道也正字通按：鎛小於鐘，韋註甚明，而周禮儀禮註，鄭康成皆云鎛如鐘而大，與國語不合又說文一曰田器詩·周頌庤乃錢鎛傳鎛，鎒也釋文鎛，音博釋名鎛，鋤類也又淮南子·俶眞訓華藻鎛鮮註鎛，今之金尊。鮮，明好也。鎏又镈64004鑮64630䥶46460

鎜 63879 33840
pán_10.18 玉篇古文盤37224字。

鎝 63880 33841
sà_10.18 集韻悉合切音趿。鏤也。通作鈒。又正字通今俗鐵鎝，發土具，頭廣一尺，功用勝於耜。鎏音dā。又锴63932又化學元素technetium, Tc，原子序數43。亦譯作銠63430鍀63636

鎞 63881 33842
bī_10.18 廣韻邊兮切集韻韻會正韻邊迷切太音豍玉篇釵也又增韻掠器也正字通櫛髮具杜甫詩耳聾須畫字，短髮不勝鎞。或作鈚。史傳借用比。俗作篦又方書刀似箭鏃者曰鎞涅槃經有盲人詣良醫，醫卽以金鎞刮其眼膜，使復明杜甫詩金鎞刮眼膜又pí集韻頻脂切音毗。犂錧也。一曰箭名。本作鈚又pī篇迷切音砒。本作錍揚子方言箭簇廣長而薄鐮謂之錍。或作鎞。鎏又鑈64626𫓧63921

鎵 63882 33843
méng_10.18 集韻謨蓬切音蒙博雅鏵鎵，鑿也。又mèng集韻蒙弄切，蒙去聲。義同。一曰鑿刃。鎏又鑛64486

鎟 63883 33844
sǎng_10.18 集韻寫朗切音顙。鈴聲。鎏又新撰字鏡鎟，宜作磉39239桑郎反。柱下石，即柱礎也。

鎩 63884 33845
shā_10.18 集韻桑何切音娑。同鈔。鈔鑼，銅器。

鐬 63885 33846
yù_10.18 廣韻於六切集韻乙六切太音郁。溫器。本作鐭。

鎠 63886 33847
gāng_10.18 字彙同剛。

鎡 63887 33848
zī_10.18 廣韻子之切集韻韻會津之切，太音茲玉篇鎡錤，鉏也孟子雖有鎡基韻會通作茲前漢·樊噲傳作茲基。鎏又镃63824又鐖64424鐕63772鐂63726可洪音義鍵鎡：音慈。鍵鎔：上巨焉反，下才咨反，淺鑶鉢也正字通鎡，鎡本字又梵書鍵鎔，音咨，母論譯云淺鐵鉢，經音疏云鉢中之小鉢，今呼為鐼子。四分律云鍵鎔入小鉢，小鉢入次鉢，次鉢入大鉢。或作建鎡、犍茨，从梵音輕重。按鎔為俗增。別作茨、鎔，非。

鎢 63888 33849
wū_10.18 廣韻哀都切集韻汪胡切太音烏玉篇鎢錥，小釜廣韻鎢錥，溫器博雅鎢錥謂之銼鑹晉書·杜預傳釜甑銚槃鎢錥，皆民閒之急用也。鎏又钨62899鋘63504又訛作鋖63558

鎣 63889 33850
yīng_10.18 唐韻烏定切集韻韻會縈定切太音瑩說文器名也正字通磨金器令光澤也又廣韻飾也又博雅磨也又yíng廣韻余傾切集韻惟傾切太音營。采鐵也又集韻玄肩切，音熒。磨也。一曰器也又字彙補人名。唐有孫鎣又jiǒng集韻畎迥切音熲。冶器，以金爲之又集韻於丁切音嫈。又五音集韻烏莖切音甖。義太同。鎏又蓥63084鎣50787

鎤 63890 33851
huàng_10.18 集韻虎晃切，音怳。鐘聲又戶廣切音晄。義同。

鏶 63891 33852
jí_10.18 集韻昨悉切音疾。鏶鏁，鐵搗。

鎥 63892 33853
tiáo_10.18 字彙田聊切音條。金石。

鎦 63893 33854
liú_10.18 唐韻集韻正韻太力求切音留說文殺也。◆徐鍇曰說文無劉字，偏旁有之，此字又史傳所不見，疑此卽劉字也。从金从丣，刀字屈曲，傳寫誤作田爾。○按玉篇作古文劉字又liù集韻力救切音溜。梁州謂釜曰鎦揚子方言甑，自關而東或謂之酢鎦。鎏又磂39229镏63997鐂64188鎦63950

鎧 63894 33855
kǎi_10.18 唐韻苦亥切正韻可亥切太音愷說文甲也釋名鎧，猶塏也。塏，堅重之言也書·說命·惟甲胄起戎註甲鎧也管子·地數篇葛盧之山，發而出水，金從之，蚩尤受而制之，以爲劒鎧廣韻鎧甲，介鎧也周禮·夏官·司甲疏古用皮，謂之甲。今用金，謂之鎧初學記首鎧謂之兜鍪，亦曰胄。臂鎧謂之釬。頸鎧謂之鋋鍜雲笈·軒轅紀蚩尤始作鎧甲兜鍪，時人不識，以爲銅頭鐵額又梵書袈裟爲忍辱鎧又廣韻苦愛切集韻韻會口溉切太音慨。義同。鎏又铠63223鎧64294

鎨 63895 33856
sǔn_10.18 集韻聳尹切音筍。金之萌生曰鎨。

鎗 63896 33857
yuè_10.18 集韻逆角切音嶽。齊人謂大椎曰鎗。

鎩 63897 33858 shā_10.18 唐韻所拜切集韻韻會所戒切,𠀤殺去聲說文鈹有鐔也韻會一曰長矛賈誼·過秦論非銛於句戟長鎩也釋文鎩,所拜反漢書註音山列反集韻或作𨭼。亦作𨫊韻會或作鎍 又 廣韻剪翮左思·蜀都賦鳥鎩翮註鎩,殘也顏延年·五君詠鸞翮有時鎩,龍性誰能馴。又 shā 廣韻所八切集韻韻會正韻山戛切𠀤音殺。又韻會式列切音設。義𠀤同 又 shì 廣韻集韻𠀤所例切音𢤱。戟屬 又 sè 集韻色入切音𥀾。鋋也。本作𨶖。
鑾又鎍63388铩63215

鏝 63900 33861 wàn_10.18 字彙同鋄

錯 63898 33859 cù_10.18 集韻倉故切音措。金塗謂之錯 又 姓△或省作錯。鑾又错63918

鎪 63899 33860 sōu_10.18 廣韻集韻韻會正韻𠀤先侯切音涑廣韻刻鏤也集韻彫也左思·魏都賦木無彫鎪 又 增韻鐵蝕也集韻本作鎫 又 韻會踈鳩切音搜。鏤也。一曰馬耳,金飾也。本作鋑。鑾又鋏63175鎫63947锼63831鋑63819

鏟 63903 33864 chǎn_10.18 字彙同鏟

鎬 63901 33862 hào_10.18 唐韻乎老切集韻下老切𠀤音晧說文溫器也 又 說文地名。武王所都,在長安西上林苑中詩·大雅鎬京辟雍傳武王作邑於鎬京書·洪範傳以箕子歸鎬京釋文鎬,胡老反。本又作鄗 又 正字通靈夏等地亦曰鎬詩·小雅侵鎬及方箋鎬、方,皆北方地名 又 來歸自鎬,我行永久劉向疏吉甫之歸,周厚賜之,其詩曰:來歸自鎬。鎬去京師千里,王肅以鎬爲鎬京,王基非之 又 何晏·景福殿賦故其華表,則鎬鎬鑠鑠註皆謂光顯昭明也。鑾又镐63996

鎠 63902 33863 dòu_10.18 唐韻大口切集韻徒口切,𠀤頭上聲說文酒器也。从金豆,象器形。或省作豆集韻或作鋀。
鑾又鎀63908鑎64377豆04773豆00119

鎮 63904 33865 zhèn_10.18 古文鈂唐韻集韻韻會𠀤陟刃切音瑱。
◆說文博壓也玉篇重也,壓也前漢·枚乘傳馬方駭,鼓而驚之,係方絕,又重鎮之周語爲摯幣瑞節以鎮之註鎮,重也楚辭·九歌白玉兮爲鎮註以白玉鎮坐席也。一作瑱 又 玉篇安也周禮·春官王執鎮圭註鎮,安也左傳·桓十三年夫固謂君訓衆而好鎮撫之 又 正韻藩鎮、山鎮,皆取安重鎮壓之義禮·禮器·其餘無常貨註其餘謂九州之外,夷服,鎮服,蕃服之國周禮·夏官·職方氏辨九服之邦國,曰侯服、甸服、男服、采服、衞服、蠻服、夷服、鎮服、藩服註言鎮守之書·舜典·封十有二山傳每州名山大者,以爲其州之鎮周禮·夏官·職方氏其山鎮曰會稽註鎮名山,安地德者也 又 韻會州名,漢恆山郡,後周立恆州唐改鎮州。五代唐改眞定府 又 姓。出姓苑。又萬姓統譜湖廣松滋縣有鎮氏 又 星名史記·天官書太歲在甲寅,鎮星在東壁 又 zhēn 廣韻陟鄰切集韻韻會知鄰切𠀤音珍廣韻戍也 又 集韻寶器也周禮·春官·天府國之玉鎮註玉瑞也。一音珍。或作瑱。又 周語是陽失其所而鎮陰也註鎮,音珍,爲陰所鎮笮也史記·周本紀作填 又 tián 集韻亭年切音田。與填同。塞也晉語譬之如室,既鎮其甍矣註鎮,或作填,經史通用 又 馮衍·顯志賦稱古今以敬思兮,覽聖賢以自鎮。嘉孔父之知命兮,大老聃之貴玄。鎮,叶音田。鑾又鈂62998鋴63430鋴63333镇64005鋠63578鎮63681

鎭 63905 33866 zhèn_10.18 字彙俗鎭字。

𫠀 63918 u2B800 cù_10.18 簡錯63898

鎯 63906 33867 luǒ_10.18 集韻朗可切音橠。鎯鉤,出異字苑。鑾又锣63933鎯69347鏍63934

鎰 63907 33868 yì_10.18 唐韻夷質切集韻韻會正韻弋質切𠀤音逸孟子雖萬鎰註鎰,二十兩也。鄭康成曰:三十兩晉語黃金四十鎰正字通或曰史記註:臣瓚曰:秦以一鎰爲一金,漢以一斤爲一金。蓋漢以前以鎰名金,漢以後以斤名金也。鎰者二十四兩,斤者十六兩也 又 韻會通作溢前漢·食貨志黃金以溢爲名荀子·儒效篇千溢之寶韓非子·五蠹篇鑠金百鎰禮·喪記朝一溢米,夕一溢米註方氏曰:溢,與鎰同。米二十四分升之一。
鑾又镒63994

鎀 63908 33869 dòu_10.18 海篇音缸。酒器也。鑾四聲篇海鎀,徒原切。酒器也△宏按,俗鎠63902

鍣 63909 33870 zhāo_10.18 揚子方言錐謂之鍣註廣雅作銘○按即鍣字之譌。鑾廣雅作鉊62959

鏊 63910 33871 qín_10.18 玉篇古文琴34196字。

鏊 63911 33872 qín_10.18 說文長箋古文琴34196字。

鏊 63912 33873 zhèng_10.18 後山叢談唐武后所製證字。鑾武后新字,正作鏊34692鏊鏊鏊并譌 又 鏊,古文證。

鎛 63919 u2B7F1 bó_10.18 俗鎛63877

鎱 63913 33874 yuán_10.18 字彙補音袁。人名郭正域墓誌銘壻朱蘊鎱。

鎉 63914 33875 null_10.18 字彙補音未詳。刺也三國志註引諸葛恪別傳曰:恪嘗獻權馬,先鎉其耳。

鏊 63915 33876 qín_10.18 玉篇古文琴34196字。

鎓 63916 33877 zhuì_10.18 集韻除芮切。曲刀也,削竹也○按字彙作鏋,入十二畫,譌。鑾廣韻訛作鏋64490

鏫 63917 46062 lì_10.18 五音篇海音利。

𫔈 63920 u2B508 shuò_10.18 簡鎙63872

𫔇 63921 u2B507 bī_10.18 簡鎞63881

𫔆 63922 u2B506 bēi_10.18 簡鑼64523

𫔅 63923 u2B505 suǒ_10.18 簡鎍63853

𫒾 63924 u2B4BE null_10.18 喃未詳。

𫒽 63925 u2B4BD null_10.18 字見鎣盤

𫒼 63926 u2B4BC null_10.18 未詳。

𫒻 63927 u2B4BB null_10.18 未詳。

𫒺 63928 u2B4BA null_10.18 未詳。

𫒹 63929 u2B4B9 null_10.18 未詳。

𫒸 63930 u2B4B8 null_10.18 未詳。

鿲 63931 u9FB2 null_10.18 未詳。

𨱏 63932 u28C4F sà_10.18 簡鎝63880

𨱍 63933 u28C4D luǒ_10.18 簡鎯63906

𨬅 63934 u28B05 luǒ_10.18 同鎯63906集韻鏍,郞可切。曳釣也。

𨫎 63935 u28ACE zhēn_10.18 同鑫63516古文珍33929朝鮮本龍龕珍，音珎。鑫，古。今增篇海㻸鑫，二音珎。

𨫌 63937 u28ACC null_10.18 未詳。

𨫍 63936 u28ACD huì_10.18 俗鏸64173南宋浙刊本龍龕鏸，音惠。鋭也。又三隅弔也。

𨫋 63938 u28ACB gòng_10.18 同熕31526，炮。

𨫊 63939 u28ACA lì_10.18 人名用字 ⊠sắt 喃从鐵省栗lật聲。

𨫉 63940 u28AC9 thìa_10.18 喃从金時thì聲△鍟銙：鑰匙。

𨫈 63941 u28AC8 chọc_10.18 喃从金座toà聲。

𨫇 63942 u28AC7 chũm_10.18 喃从金朕trẫm聲。鐃鈸。

𨫆 63943 u28AC6 null_10.18 未詳。

𨫃 63946 u28AC3 null_10.18 未詳。

𨫅 63944 u28AC5 lon_10.18 喃从金倫luân聲。圓罐。

𨫄 63945 u28AC4 băm_10.18 喃从金班ban聲。剁。亦作㪵03677

𨫂 63947 u28AC2 sōu_10.18 同鎪63668

𨫀 63949 u28AC0 zhǎn_10.18 錐形構件火攻挈要·卷上·下模安心起重運重引重機器圖說下餘一尺為圓鋠，鋠頭尖圓，插入下截柱內，以便轉動。

𨫁 63948 u28AC1 pō_10.18 龍龕鏺64176或作，鏺正。

𨪾 63951 u28ABE tí_10.18 俗鍗63870

𨪿 63950 u28ABF liú_10.18 俗鎦63893龍龕鎦，音留。金名。又殺也。又力救反。

𨪽 63952 u28ABD huáng_10.18 正字通鍠63683本作鍠。

𨪼 63953 u28ABC chuí_10.18 正字通錘63481本作錘。俗作鎚64270

𨪻 63954 u28ABB bēn_10.18 同錛63487類篇錛，逋昆切。平木器。

𨪺 63955 u28ABA chā_10.18 俗鍤63687四聲篇海鍤，楚洽切。鍬也。

𨪷 63957 u28AB7 gǔ_10.18 鍝鋷，即骨朵，亦稱金瓜，古西域兵器。⊠龍龕鍝，相居反⊠化學元素鈣62925舊譯。

𨪶 63958 u28AB6 yàn_10.18 化學元素銦63252舊譯。

𨪵 63959 u28AB5 null_10.18 人名用字清史稿·卷四·世祖本紀一乙未，朱聿釗弟聿鐭僭號紹武，據廣州，佟養甲、李成棟率師討之，斬（朱）聿鐭及周王肅㬊、益王思夬、遼王術雅、鄧王器壛、鉅野王壽鏑、通山王蘊越、高密王弘椅、仁化王慈鈉、鄢陵王肅汭、南安王企壟等。廣州平。

𨪸 63956 u28AB8 chuí_10.18 同錘63481

𨪴 63960 u28AB4 jī_10.18 俗鐕64529

𨪰 63964 u28AB0 chuí_10.18 俗錘63481

𨪳 63961 u28AB3 ruàn_10.18 俗鋘63659龍龕鍋鋘，人絹反。柔銀也。二同。

𨪯 63965 u28AAF cōng_10.18 俗鏦64074

𨪲 63962 u28AB2 zī_10.18 俗錙63482龍龕錙或作，錙正。側持反。錙銖也。

𨪮 63966 u28AAE null_10.18 未詳。

𨪱 63963 u28AB1 null_10.18 疑俗鋈，古文珍。人名用字。清·溫睿臨南疆逸史·上官星拱傳統鋈以永曆三年至靈山被害，其墓尚存。

𨪭 63967 u28AAD null_10.18 未詳。

𨪬 63968 u28AAC null_10.18 未詳。

𨪫 63969 u28AAB tà_10.18 俗錔63475

𨪪 63970 u28AAA héng_10.18 俗鑅64452

𨪩 63971 u28AA9 null_10.18 未詳。

𨪨 63972 u28AA8 xià_10.18 俗鎼64086

𨪦 63974 u28AA6 null_10.18 未詳。

𨪧 63973 u28AA7 fán_10.18 俗鐢64328

𨪥 63975 u28AA5 null_10.18 未詳。

𨪤 63976 u28AA4 ruò_10.18 銀雀山漢墓竹簡·孫臏兵法·五教法鍸所以教耳也。

𨪣 63977 u28AA3 null_10.18 未詳。

𨪢 63978 u28AA2 null_10.18 未詳。

𨪡 63979 u28AA1 null_10.18 未詳。

𨪠 63980 u28AA0 ào_10.18 俗鏊64115

𨩿 63981 u28A9F chún_10.18 同錞63490

𨩾 63982 u28A9E thuổng_10.18 喃从金痛thống省聲。半圓鍬，穿鎬△亦作鑙64261

𨩽 63983 u28A9D kèn_10.18 喃从金虔kiền聲。喇叭⊠kèn鎳。

𨩼 63984 u28A9C null_10.18 未詳。

𨩻 63985 u28A9B null_10.18 未詳。

𨩺 63986 u28A9A null_10.18 未詳。

𨩹 63987 u28A99 qiāng_10.18 同鏘64054俗槍24952可洪音義鋗貫：鋗貫：上七羊反。下古丸反。鐵鋗：下七羊反。鋗：七羊反。正作槍。

𨩸 63988 u28A98 wàn_10.18 俗鋄63639文苑英華·卷五十四·（杜甫）有事于南郊賦朱輪竟野而杳冥，金鋄成陰以結絡。

䥇 63990 u4947 shàn_10.18 同釤62754長柄鐮刀。

镕 63991 u9555 róng_10.18 简鎔63863

䦂 63989 u4982 shàn_10.18 简䥇63990

镔 63992 u9554 bīn_10.18 简鑌64462

镓 63993 u9553 jiā_10.18 简鎵64017

镒 63994 u9552 yì_10.18 简鎰63907

镑 63995 u9551 bàng_10.18 简鎊63850

镐 63996 u9550 hào_10.18 简鎬63901

镏 63997 u954F liú_10.18 简鎦63893

镎 63998 u954E ná_10.18 简鎿64007

镍 63999 u954D niè_10.18 简鎳64019

镌 64000 u954C juān_10.18 简鐫64336

镋 64001 u954B tǎng_10.18 简钂64717

镊 64002 u954A niè_10.18 简鑷64667

镇 64005 u9547 zhèn_10.18 简鎮63905

镈 64004 u9548 bó_10.18 简鎛63877

鎽 64009 u93BD fēng_10.18 俗鋒63295高麗本龍龕鋭，羊稅反。利也，錐刀鋒芒也。

鎿 64007 u93BF ná_10.18 化學元素Np。亦譯作錼63640舊譯作釹62751

鎻 64011 u93BB suǒ_10.18 俗鎖63867慧琳音義枷鎻：下桑果反考聲云鎻，鋜也玉篇云鎻，連環也。從金貨聲。貨音同上。

鎺 64012 u93BA zǔ_10.18 日同鉊62920刀飾留東學報.1936.V.1.Num.2·3合刊.P.105·王桐齡·留學生之日語問題·漢字以外之書法·第二十表·國字鎺，打刀柄之金屬器。

镉 64003 u9549 gé_10.18 简鎘63869

鎹 64013 u93B9 sòng_10.18 日義同鎍63347門扣同文通考·國字鎹，螞蝗絆也。

鎸 64014 u93B8 juān_10.18 同鐫64336

鎷 64015 u93B7 mǎ_10.18 化學元素Masurium的漢譯，Ma，序數43。德國於西元一九二五年

發現。但一九三七年美國科學家證明爲誤，而由新發現的鐒63880所取代図化學元素鈁62754的舊譯。

鈶 64016 u93B6 gē_10.18 化學元素鈮62928舊譯。

镆 64006 u9546 mò_10.18 简镆64036

鎵 64017 u93B5 jiā_10.18 化學元素Gallium之漢譯。符號Ga，序數31。

鎴 64018 u93B4 xí_10.18 化學元素鍶63709舊譯。

鎳 64019 u93B3 niè_10.18 化學元素Nickel之漢譯。符號Ni，序數28。

鎴 64008 u93BE null_10.18 未詳。

鋭 64020 u93B2 tǎng_10.18 同鏜64717 武備志·第一百四卷 鋭鈀：長六尺七寸，重五斤。

鎼 64010 u93BC xià_10.18 俗鏁64086 同鎖。銀鎼也。潘岳·馬汧督誄 罔以鐵鎼。

鏁 64022 33879 suǒ_11.19 集韻損果切。

鏀 64021 33878 lǔ_11.19 廣韻郎古切集韻籠五切丛音魯 玉篇釜也 集韻本作鑪 廣韻以木爲刀柄。

鏂 64023 33880 ōu_11.19 廣韻集韻丛烏侯切音謳 玉篇鈄鏂 集韻門鋪謂之鏂鉼 博雅鉖鍜謂之鏂鈄図kōu集韻墟侯切音彄。剡也。本作鏂。鑾又區04490鍮64068

鏃 64024 33881 zú_11.19 唐韻集韻韻會丛作木切音鑿 說文利也 玉篇箭鏃也書·禹貢·礪砥砮丹傳 砮石中矢鏃 釋文鏃，子木反賈誼·過秦論秦無亡矢遺鏃之費 集韻或作鈇図集韻正韻丛千木切音簇。又集韻側角切音捉。又千候切音湊。義丛同図zú集韻昨木切音族。與鉒同。図chuò集韻測角切音娖。鋤也。諺曰：欲得穀，馬耳鏃。賈思勰說：或作鉒。鑾又鍥38506耖38535碌39296鏃64152鏃63364

鏅 64025 33882 mǔ_11.19 廣韻模朗切集韻韻會母朗切正韻母黨切丛音莽。鈷鏃，溫器図集韻滿補切正韻莫補丛音姥。義同。

鏆 64026 33883 yuān_11.19 廣韻於袁切音鴛玉篇鋤頭曲鐵。鑾字彙鏇63441與鏆同。

鏄 64027 33884 tuán_11.19 集韻徒官切音團。塊鐵。

鏅 64028 33885 xiū_11.19 集韻思留切音脩 博雅鏅，鏅，鋌也。図xiù集韻息救切音秀。鍜也。

鏵 64029 33886 guàn_11.19 廣韻集韻丛古玩切音貫 玉篇穿也 集韻鐶手謂之鏵。鑾又锁63544

鏇 64030 33887 xuàn_11.19 唐韻辭戀切音淀 說文圜鑪也 廣韻轉軸裁器六書故溫器也，旋之湯中以溫酒。或曰今之銅錫盤曰鏇，取旋轉爲用也図xuán廣韻似宣切集韻旬宣切丛音旋。轆轤也。鑾又鏇64151

鏈 64031 33888 lián_11.19 唐韻力延切集韻陵延切丛音連 說文銅屬 玉篇鉛鑛也図正字通通作連 史記·貨殖傳江南出金錫連註徐廣曰：鉛未煉者図六書故今人以銀鑛之類相連屬者爲鏈図chān集韻抽延切音脡。義同。一曰卅也。鑾又链63419

鋽 64032 33889 lüè_11.19 集韻鋝63308古作鋽。

鏉 64033 33890 shòu_11.19 唐韻所右切集韻所救切丛音瘦 說文利也集韻一曰鏉鏽，鐵上衣図sòu廣韻蘇奏切集韻先奏切丛音漱。義同図sōu廣韻速侯切集韻先侯切丛音涑。彫也。或作鏉図集韻蘇谷切音速。義同。鑾又鍬64102鏉16425鏉16415鏉64114

鏊 64034 33891 ào_11.19 廣韻五到切集韻正韻魚到切丛音傲 廣韻餅鏊 集韻燒器図山名 山海經大荒之中有山，名曰塵鏊鉅図yào集韻牛召切音虐。亦燒器図áo牛刀切音敖。釜屬。鑾又鏉63980鍒64544図龍龕鏉64115正，鏊今。鍬64116，同鏊。

鏍 64037 33894 luó_11.19 集韻同鏍

鏋 64035 33892 mǎn_11.19 廣韻莫旱切集韻母伴切丛音滿 玉篇金也 集韻金精謂之鏋。

鏌 64036 33893 mò_11.19 唐韻慕各切集韻韻會正韻末各切丛音莫 說文鏌釾也 玉篇鏌釾，劍名 莊子·大宗師我且必爲鏌鋣註鏌，音莫。鏌鋣，劍名 揚雄·羽獵賦杖鏌邪而羅者以萬計。鑾又镆64006

鏎 64038 33895 bì_11.19 廣韻卑吉切集韻壁吉切丛音必。簡也。

鏜 64040 33897 zhì_11.19 集韻同鈗

鏏 64039 33896 wèi_11.19 唐韻集韻丛于歲切音衞 說文鼎也 玉篇銅器，三足有耳也図suì廣韻祥歲切集韻旋芮切丛音彗。又hui集韻胡桂切音慧。義丛同。鑾又鐩64553図集韻鐺鑴64173，大鼎，或从惠。

鏐 64041 33898 liú_11.19 唐韻集韻丛力幽切音蟉 說文弩眉也図說文黃金之美者 廣韻紫磨金 爾雅·釋器黃金謂之璗，其美者謂之鏐註鏐卽紫磨金 詩·小雅·鞞琫有珌箋大夫鐐琫而鏐珌釋文鏐，力幽反。又力幼反，又力虯反。黃金之美者図人名五代史吳越王錢鏐図與璆通書·禹貢厥貢璆鐵銀鏤砮磬註璆，紫磨金図廣韻集韻韻會正韻丛力求切音留。又集韻渠幽切音虯。又力救切音溜。義丛同図集韻憐蕭切音聊，白金也。鑾又鏐64150鈗63309塗34409図直音篇鏐68665同鏐。

鏑 64042 33899 dí_11.19 唐韻都歷切集韻韻會正韻丁歷切丛音的 說文矢鏠也 釋名鏑，敵也。可以禦敵也 史記·秦楚之際月表銷鏠鏑註鏑，音的。一作鍉。又匈奴傳作鳴鏑註鏑，箭也。如今鳴射。鑾又鏑64153鏅64220鏑64140鏑64528

鏘 64043 33900 qiāng_11.19 五音集韻千羊切音瑲。俗同鏘。

鏒 64044 33901 sǎn_11.19 玉篇思感切音糝。金鏒也 五音集韻鐵器之貌図qiāo集韻千遙切音斠。以箴紩衣。通作繰。図càn五音集韻七紺切音謲。鋤也。鑾又鏒63568

鐶 64045 33902 huán_11.19 正字通俗鐶字 顏之推·書證篇或問：東

宮舊事，何以呼鴟尾爲祠尾。答曰：張敞吳人，不堪稽古，隨宜記註，沿鄉俗訛謬，造作書字。吳人呼祠祀爲鴟祀，故以祠代鴟，呼鑊爲霍，故以鍃代鑊。又金旁作患爲鐶字，火旁作庶爲炙字。

64046 33903
鐼 pēng _11.19 集韻披庚切音磅。鍊金也。又鐼64301

64047 33904
鏓 zōng _11.19 唐韻倉紅切音怱。說文鎗鏓也。一曰大鑿平木者△俗作鏓。又鏓63709 又龍龕鏓64091 新藏作鎈63560音忿。

64048 33905
鋀 dòu _11.19 集韻大透切音豆。鏉鋀，鐵生衣 又lòu廣韻盧候切集韻郎豆切夶音陋。義同。又鋀64103

64049 33906
鐺 yí _11.19 廣韻以脂切集韻延脂切夶音夷。戟無刃者揚子方言戟，秦晉之閒謂之釾，或謂之鐺 又yín集韻夷眞切音寅博雅鐺，矛戟也。

64050 33907
鏕 lù _11.19 廣韻集韻夶盧谷切音祿。玉篇鉅鹿，鄉名。俗作鏕 又集韻釜名。

64051 33908
鏖 āo _11.19 廣韻集韻韻會正韻夶於刀切音鏖集韻盡死殺人曰鏖前漢·霍去病傳合短兵，鏖皋蘭下註鏖，謂苦擊而多殺也 又山名。見前鏊64034字註 又字彙補器也。亦銅盆也 又biāo集韻悲嬌切音鑣。津名。又攏21026 又正字通鏕，俗鏖字。

64052 33909
窒 zhèng _11.19 字彙古文證字○按古文無窒。互詳鏊63483字註。

64053 33910
鏗 kēng _11.19 廣韻口莖切集韻韻會丘耕切夶音硜玉篇鏗鏘，金石聲禮·樂記鐘聲鏗疏言金鐘之聲鏗鏗然前漢·禮樂志但能紀其鏗鎗鼓舞註鏗鎗，金石之聲集韻或作鎬鈁 又韻會琴聲論語鼓瑟希，鏗爾 又廣韻撞也楚辭·招魂鏗鐘搖簴註鏗，撞也班固·東都賦發鯨魚，鏗華鐘 又人名楚辭·天問彭鏗斟雉帝何饗註彭鏗，彭祖也神仙傳彭祖，姓籛名鏗。又撜19675鏗63418 又龍龕鈞鉶63093鏗，三同。

64054 33911
鏘 qiāng _11.19 古文鸧廣韻七羊切集韻正韻千羊切夶音瑲玉篇鏘鏘，聲也廣韻鏗鏘集韻玉聲也。一曰樂聲詩·大雅八鸞鏘鏘箋鏘鏘，鳴聲左傳·莊二十二年鳳凰于飛，和鳴鏘鏘禮·玉藻然後玉鏘鳴也註鏘，聲也 又後漢·張衡傳踚高閣之鏘鏘註鏘鏘，高貌 又與蹌通禮·曲禮士蹌蹌註蹌，本又作鶬。或作鏘疏容貌舒揚也 又集韻初耕切音琤。義同。又鎗64137鏘63838鏘63987璐34534 又可洪音義金鏘：七羊反。正作鎗63868

64055 33912
鏙 cuī _11.19 玉篇七回切，音催。鏙錯也集韻一曰文采貌郭璞·江賦鱗甲鏙錯 又廣韻七罪切集韻取猥切夶音漼。義同。又鏙64651

64056 33913
鏚 qī _11.19 廣韻集韻韻會夶倉歷切。同戚廣韻干鏚，斧鏚也左傳·昭十二年君王命剝圭以爲鏚柲註鏚，斧也。柲，柄也淮南子·本經訓干鏚羽旄。又鏚64373

64057 33914
鐺 cháng _11.19 集韻辰羊切音常。磨也。一曰車輪繞鐵。

64058 33915
鏜 tāng _11.19 唐韻土郎切集韻韻會正韻他郎切夶音湯說文鐘鼓之聲詩·邶風擊鼓其鏜傳鏜然，擊鼓聲也 又韻會亦作闛摯虞·思遊賦闛昜兮識故居 又集韻亦作闛司馬法鼓聲不過闛 又廣韻以鐵貫物也。又鏜64159

64059 33916
鏝 mán _11.19 唐韻母官切集韻韻會謨官切夶音瞞說文鐵杇也。與槾同廣韻泥鏝爾雅·釋宮鏝謂之杇註泥鏝疏鏝者泥鏝也。一名杇。塗工之作具也 又韻會亦作墁孟子毀瓦畫墁 又揚子方言㪺，東齊秦晉之閒謂其大者曰鏝胡註即今雞鳴鉤是也 又màn廣韻集韻正韻夶莫半切音縵。同墁。又鏝刀，工人器也。又鏝64158鏝64356

64060 33917
鏞 yōng _11.19 唐韻余封切集韻餘封切夶音容說文大鐘爾雅·釋樂大鐘謂之鏞書·益稷笙鏞以閒註鏞，大鐘 又通作庸詩·周頌庸鼓有斁傳大鐘曰庸△廣韻或作鋪。又鏞64155鏞63587

64061 33918
鐵 tiě _11.19 集韻同鐵

64062 33919
鏟 chǎn _11.19 唐韻初限切集韻韻會楚限切正韻楚簡切夶音剗說文鏟也。一曰平鏟韻會平木鐵器 又正韻與剗同木華·海賦鏟臨崖之阜陸杜甫詩意欲鏟疊障 又摕削也唐書·高竇傳埋光鏟采陳子昂傳鏟山輩山 又與產同鮑照·蕪城賦鏟利銅山 又廣韻初雁切集韻韻會初諫切夶音屪。義同 又集韻齒善切音闡博雅鏟謂之鏟。又剗03305铲63206鏟63773 又龍龕鏟64831鏟71176，俗。初產反。正作鏟。

64063 33920
鏠 fēng _11.19 唐韻集韻夶敷容切音峰說文兵耑也前漢·東方朔傳變詐鏠出，莫能窮者 又旗名前漢·郊祀志爲泰乙鏠旗，命曰靈旗，爲兵禱，則太史奉以指所伐國△說文或作鋒。

64064 33921
鏡 jìng _11.19 唐韻集韻韻會正韻夶居慶切音竟說文取景之器也玉篇鑑也釋名鏡，景也。言有光景也前漢·韓安國傳清水明鏡，不可以形逃 又明也前漢·衛姬傳深說經義，明鏡聖法 又石鏡，山名潯陽記石鏡山之東，一圓石縣厓，明淨照人見形 又石名述異記饒州舊傳，軒轅氏鑄鏡於湖邊，今有軒轅磨鏡石 又破鏡，獸名前漢·郊祀志人有言，古天子常以春解祠，祠黃帝用一梟、破鏡註祠祭以解罪求福，梟鳥食母，破鏡似貙，食父，黃帝欲絕其類，故使百吏祠皆用之 又姓姓苑漢河內令鏡敷，後唐同光中腰臣鏡新磨。又镜64154

64065 33922
鏢 biāo _11.19 唐韻撫招切集韻紕招切夶音漂說文刀削末銅也廣韻刀劍鞘下飾也 又集韻卑遙切音焱。與鑣同。刀鋒也。又鏢64160鏢64495鏢64678鏢64714

64066 33923
鏲 zhì _11.19 正字通鏊字之譌。

64067 33924
鷙 zhì_11.19　正字通　鷙字之譌　說文　本作鷙,十二畫　字彙　省作鷙,又分鷙、鷙爲二,非。

64068 33925
鎪 kōu_11.19　集韻　墟侯切音彄。與鏂同。剅也。

64069 33926
鏉 shù_11.19　集韻　商署切音恕。器名。

64070 33927
鐯 chún_11.19　集韻　殊倫切音純。器名。

64071 33928
鋙 yǔ_11.19　唐韻　魚舉切　集韻　偶舉切丛音語　說文　鉏鋙也　玉篇　樂器也　集韻　一曰白錫謂之鋙。或作鏐鋘。　又 yú 集韻　牛居切音魚。鉏鋙,機具也。一曰金屬。鑒　正字通　鋙,俗鋙字。

64072 33929
鏤 lòu_11.19　唐韻　盧侯切　韻會　正韻　郎豆切丛音漏　說文　剛鐵可以刻鏤　書·禹貢　厥貢璆鐵銀鏤砮磬　傳　鏤,剛鐵　又　說文　一曰釜也　博雅　鏤,鍑　揚子方言　鍑,江淮陳楚之間或謂之鏤　又　正韻　彫刻也　爾雅·釋器　金謂之鏤　註　刻鏤物爲鏤　又　金謂之鏤　註　冶器之名　詩·秦風　虎韔鏤膺　箋　鏤膺,刻金飾也　左傳·哀元年　器不彤鏤　註　鏤,刻也　又　前漢·司馬相如傳　鏤靈山　師古註　鏤,謂疏通之以開道也　又　姓。出　姓苑　又 lú 唐韻　力朱切　集韻　韻會　龍珠切丛音慺。劍名　史記·吳太伯世家　賜子胥屬鏤之劍　註　屬鏤,劍名。鑒　又鏤63802鏤63825　又　劍名屬鏤,又作鐲鑼59338

64073 33930
鏥 xiù_11.19　集韻　息救切音秀。鐵生衣也。或作銹鏽。鑒　鏥64095

64074 33931
鏦 cōng_11.19　唐韻　集韻　丛七恭切音樅　說文　矛也　集韻　一曰稍小者　揚子方言　矛,吳揚江淮南楚五湖之間謂之鏦,或謂之鋋,或謂之縱　又　前漢·南粵傳　欲鏦嘉以矛　註　鏦,音蔥。謂撞刺之也。又　吳王濞傳　使人鏦殺吳王　註　蘇林曰:鏦,音從容之從。師古曰　鏦,謂以矛戟撞之,音楚江反,鄒氏又音窗　又 chuāng 廣韻　楚江切　集韻　韻會　初江切丛音囪。義同　後漢·馬融傳　鏦特肩　註　楚江反。撞也　又　廣韻　打鐘鼓也　△　說文　或作鏦　集韻　亦作穂鉤。鑒　又鈔62847鏦63965釚62863

64075 33932
鑨 lóng_11.19　集韻　盧冬切音醴。鼓聲。或作鑒。

64076 33933
鏨 zàn_11.19　唐韻　藏濫切　集韻　韻會　昨濫切丛音暫　廣韻　鑱石　又　說文　小鑿也　又　廣韻　才敢切　集韻　在敢切丛音槧　又　廣韻　慈染切　集韻　疾染切丛音漸　又　廣韻　士咸切　集韻　鋤咸切丛音讒　又　集韻　財甘切,音慚。義丛同。鑒　又鏨63638　又　集韻　鏨,或書作鋤。

64077 33934
鏨 jiàn_11.19　集韻　疾染切音漸。鏨鏨,銳進貌　揚子·太玄經　銳鏨鏨　進無二也　又　揚子·太玄經　挫鏨鏨　註　火性炎上曰鏨鏨　又　集韻　鋤咸切音讒。義同。

64078 33935
鏪 cáo_11.19　集韻　財勞切音曹。穿也。

64089 46063
鏈 lián_11.19　川篇　音鐮。工人治木器 ○ 按卽錫字之譌。

64090 46064
鏵 huá_11.19　龍龕　同鏵

64079 33936
鐋 tàng_11.19　五音集韻　他浪切音儻。

64080 33937
鎮 null_11.19　字彙補　音未詳。鉤鏁千佛名,出　賢愚經。鑒　又鑠64119

64081 33938
鑠 lí_11.19　鑠字重文。見　字彙補

64082 33939
鐺 è_11.19　字彙補　卽鍔字　吳越春秋　季孫拔劍逐之,鐺中缺者,大如黍米。

64095 u2B50A
鏥 xiù_11.19　簡　鏥64073

64096 u2B509
鑙 yīng_11.19　簡　鑙64649

64083 33940
鍑 fù_11.19　說文　鍑本字

64084 33941
鐇 chún_11.19　博雅　低也　音釋　鐇,是聞反 ○ 按此字韻書不載。鑒　同鐇。

64085 33942
鍪 móu_11.19　◆ 韻會　迷浮切音謀。鞮鍪,首鎧也　後漢·袁紹傳　紹脫兜鍪抵地 ○ 按卽鍪字之譌。

64097 u2B4C3
鎮 null_11.19　未詳。

64086 33943
鏬 xià_11.19　左思·蜀都賦　楱栗鏬發　註　謂栗皮拆鏬而發也 ○ 按卽罅字之譌。鑒　又鏬64010鏬63794鏬63788鏬63972

64087 42147
鐵 wàn_11.19　字彙補　鋄字之譌。鑒　字彙補　鋄字之譌。

64099 u2B4C1
鐱 null_11.19　未詳。

64088 42148
鏹 jiàng_11.19　字彙補　巨兩切音勥　六書略　鉛屬。鑒　集韻　作鏹64591

64091 46065
鑔 zǒng_11.19　五音篇海　同鏓。

64093 46068
錘 chuí_11.19　五音篇海　同錘。

64094 46069
鏸 yí_11.19　字彙補　與飴同。

64101 u2B4BF
鎬 null_11.19　未詳。

64098 u2B4C2
鑰 yào_11.19　俗鑰64632　可洪音義　開鑰:上古還反。下羊略反。又尸鑰:音藥。

64100 u2B4C0
鋤 null_11.19　新撰字鏡　鋤釛,二字久豆和。

64103 u28C50
鎘 dòu_11.19　簡　鎘64048

64102 u28C52
鏉 shòu_11.19　簡　鏉64033

64104 u28B0C
鎧 null_11.19　未詳。

64109 u28B07
鷙 zhì_11.19　俗鷙64067

64105 u28B0B
鎤 miěng_11.19　喃　从金冕miện聲。

64106 u28B0A
鏯 giáo_11.19　喃　从金教giáo聲。稍。

64107 u28B09
鎚 dùi_11.19　喃　从金堆đôi聲。同鎚64607鎚子。

64108 u28B08
鏻 ma_11.19　喃　从鍍省麻ma聲　△　鏻鍍:鍍鎳。

64110 u28B06
鐚 è_11.19　同鐺63670　古今圖書集成·方輿彙編·職方典·第六十七卷·保定府部彙考一·保定府疆域圖　形勝附八景:雄山晚照、易水秋聲、瓦橋夜月、石鐚甘泉、柳溪垂釣、望山雲樹、呂廟煙波、蓮浦晴遊。

64112 u28B00
鑲 jù_11.19　俗鑲64369

64111 u28B02
鎟 null_11.19　人名用字　明史·諸王世表一　王在鎟,朝埁庶一子,萬曆五年封長孫

64114 u28AFE
鏉 shòu_11.19　俗鏉64033

64113 u28AFF
鑑 kuī_11.19　同盍37152亦人名用字。劉鑑,見光緒　靖江縣志

64116 u28AFA
鏊 ào_11.19　同鏊64544　龍龕　鏊正,鏊64034今。鏊,同上

64117 u28AF9
鑒 qín_11.19　同鑒34828古文琴34196

鑸 64118 u28AF8 null_11.19 未詳。

鏌 64115 u28AFC ào_11.19 同鏊64034

鐺 64119 u28AF7 null_11.19 同鐪64080 字學呼名能書 徒玉切。

鏰 64120 u28AF6 null_11.19 未詳。

鋼 64121 u28AF5 cuốc_11.19 喃从金國quốc聲。同鐦63559 ⊠guek 壯 鋤頭。

鏷 64122 u28AF4 null_11.19 未詳。

鏺 64123 u28AF3 null_11.19 未詳。

鏠 64124 u28AF2 null_11.19 未詳。

鏻 64125 u28AF1 fēng_11.19 或俗鋒63295

鏼 64126 u28AF0 null_11.19 未詳。

鏹 64127 u28AEF null_11.19 未詳。

鏴 64128 u28AEE null_11.19 未詳。

鏵 64129 u28AED null_11.19 未詳。

鏸 64130 u28AEC null_11.19

鏳 64131 u28AEB null_11.19 未詳。

鏰 64132 u28AEA han_11.19 喃从銹省漢hán省聲。

鏭 64133 u28AE9 null_11.19

鏱 64134 u28AE8 null_11.19 未詳。

鏮 64135 u28AE7 null_11.19 未詳。

鏯 64136 u28AE6 zhì_11.19 同鏊64067

鏲 64137 u28AE5 qiāng_11.19 或同鏘。

鏏 64138 u28AE4 null_11.19 未詳。

鏟 64139 u28AE3 null_11.19 未詳。

鏬 64141 u28AE1 null_11.19 未詳。

鏑 64140 u28AE2 dí_11.19 俗鏑64042 碑別字新編 引 魏元融墓誌

鏐 64142 u28AE0 null_11.19 未詳。

鏖 64143 u28ADF null_11.19 未詳。

鏍 64144 u28ADE null_11.19 未詳。

鏈 64145 u28ADD guàn_11.19 俗鑵64662

鏇 64146 u28ADC null_11.19 人名用字

鏃 64147 u28ADB null_11.19 未詳。

鏉 64149 u4953 jī_11.19 鎡錤63500亦作鎡鏵，鋤頭。

鏒 64150 u9560 liú_11.19 简鏐64041

鏪 64148 u4983 zhuó_11.19 简鐯64340

鏇 64151 u955F xuàn_11.19 简鏇64030

鏐 64152 u955E zú_11.19 简鏃64024

鏑 64153 u955D dí_11.19 简鏑64042

鏡 64154 u955C jìng_11.19 简鏡64064

鏞 64155 u955B yōng_11.19 简鏞64060

鏰 64156 u955A bèng_11.19 简鏰64163

鏍 64157 u9559 luó_11.19 简鏍64037

鏝 64158 u9558 màn_11.19 简鏝64059

鏜 64159 u9557 tāng_11.19 简鏜64058

鏢 64160 u9556 biāo_11.19 简鏢64065

鏹 64161 u93F2 qiān_11.19 漢語大字典.V.2.P.4579鏹，同繦44794

鏒 64162 u93F1 jǐn_11.19 漢語大字典.V.2同錦⊠人名用字。⊠或鐘字之譌。

鏰 64163 u93F0 bèng_11.19 鏰子，清末無孔一文銅幣。

鏺 64164 u93EF tiě_11.19 漢語大字典.V.2.P.4575鏺，同鐵64357

鏮 64165 u93EE kāng_11.19 化學元素鈧62921舊譯。

鏴 64166 u93ED xī_11.19 化學元素鉐63247舊譯。

鏛 64167 33944 chēng_12.20 廣韻士耕切集韻鋤耕切夶音崢。鏛鏛，玉聲⊠chēng集韻初耕切音琤。金聲。

鏴 64168 33945 lù_12.20 玉篇力故切音路◆篇海金路。鏊鄭賢章：鏗鏴，即鍋露。

鏵 64169 33946 huá_12.20 廣韻戶花切集韻正韻胡瓜切夶音華玉篇鏊也釋名鏵，或作鏵。鏵刲地爲坎也揚子方言甴，宋魏之間謂之鏵淮南子·精神訓·揭鑺甴註甴，鏵也集韻與鈂、鋘同。鏊又鏵63217鏵64090茉23666慧琳音義若鏵：古文茉23736釬62761二形，今作鈂，或作鋘，同。胡瓜反。犁刃也。經文作鏵64633，非也。

鏯 64170 33947 duò_12.20 唐韻徒果切集韻杜果切夶音惰說文鈴鏯也博雅鈴鏯謂之鑰⊠duì集韻杜罪切音錞博雅鍊鏯，鈥錧也揚子方言關之東西曰輨，趙魏之間曰鍊鏯⊠duǒ集韻都果切音朶。車轄頭。鏊又鑮64433鏉64588⊠正字通鏯63700同鏯，俗省。

鏱 64171 33948 jí_12.20 唐韻正韻秦入切集韻籍入切夶音集說文鏱也博雅鏱謂之鏻⊠qiè廣韻集韻夶七接切音妾。義同。鏊又鍻63669

鏷 64172 33949 pú_12.20 廣韻集韻夶蒲沃切音僕玉篇鏷鏷，矢名〇按本作僕。見左傳·莊十一年⊠張協·七命鏷越鍜成註鏷，生鐵也。鏊又鏷64319鏷64450⊠化學元素Protoactinium漢譯。符號Pa，序數91。舊譯鏷63846

鏸 64173 33950 huì_12.20 廣韻集韻夶胡桂切音慧。銳也。一曰矛三隅謂之鏸⊠sui集韻旋芮切音彗。大鼎⊠ruì俞芮切音叡。侍臣所執兵。鏊又鏸63936

鏱 64174 33951 zhuì_12.20 字彙音墜。曲刀削竹也〇按从筒無墜音，當卽鏑字之譌。

鏹 64175 33952 qiǎng_11.19 廣韻居兩切集韻韻會舉兩切正韻居仰切夶音襁。以繩貫錢左思·蜀都賦藏鏹巨萬註鏹，錢貫也正字通白鏹，金別名漢·食貨志，萬室之邑，藏鏹千萬。繦、鏹音同義別，錢謂之鏹，以索貫錢謂之繦字彙系部，繦訓錢貫，引正譌別作鏹，非。此又云以鏹貫錢，則是以錢貫錢也韻會鏹，通作繦，亦非。鏊干禄字書鏹繦，上通下正⊠鏹64313宏按，鏹64254為正。

鏺 64176 33953 pō_12.20 廣韻集韻正韻夶普活切音潑說文兩刃，木柄，可以刈草集韻或省作鏺⊠正韻刈也，韓愈·曹成王碑鏺廣濟⊠bō集韻北末切音撥。鎌也。鏊又鏺63042鏺63948

鏻 64177 33954 lín_12.20 廣韻力珍切集韻離珍切夶音鄰。健貌。⊠廣韻郎丁切音靈。又廣韻集韻夶良刃切音吝。義夶同。

鏾 64178 33955 sè_12.20 玉篇所革切音楝。鐵槍也。

鏿 64179 33956 lí_12.20 正字通俗鏷字。

鏽 64180 33957 xiù_12.20 集韻息救切音秀。鐵生衣也。本作銹。⊠正字通鏡鏽，鏡上綠也。俗名楊妃垢⊠集韻息六

切音肅。義同。鎣又鏥64073

鏾 64181 33958 sǎn_12.20 [廣韻]蘇旱切[集韻]顙旱切丛音散。弩牙緩也[又]sàn[集韻]先旰切音繖。弩也[又][正字通]一說弩無鏾名，鏾音線。今俗雄雞去勢謂之鏾，與宦牛、閹豬、騸馬義同。郭師孔誤書鏾作線，說見[謇齋瑣綴錄]。舊註音散，非[臞仙肘後經]作鏾雞。鏾亦俗增也。鎣又馓64241

鏿 64182 33959 chēng_12.20 [集韻]楚庚切，音鎗。鐘聲也。

鏍 64183 33960 sù_12.20 [集韻]須玉切音粟。金也。

鐝 64184 33961 jué_12.20 [廣韻][集韻]丛其月切音鱖[玉篇]磨也。鎣又镢64321鐝64332

鐀 64185 33962 kuì_12.20 [正韻]具位切音匱。匣也[前漢·司馬遷傳]紬石室金鐀之書[註]鐀，與匱同。

鏖 64186 33963 lì_12.20 [集韻]同鎘

鐁 64187 33964 sī_12.20 [廣韻]息移切[集韻]相支切丛音斯。平木器名[釋名]鐁，鐁彌也。釿有高下之跡，以此鐁彌其上而平之也[玉篇]本作鉍。

鐂 64188 33965 liú_12.20 [正字通]鎦本字。

鐃 64189 33966 náo_12.20 [唐韻]女交切[集韻][正韻]尼交切[韻會]泥交切丛音呶[說文]小鉦也。軍法，卒長執鐃[玉篇]似鈴無舌，軍中所用也[釋名]鐃，聲鐃鐃也[周禮·地官·鼓人]以金鐃止鼓[註]鐃如鈴，無舌，有柄，執而鳴之，以止擊鼓。[又]奏樂所用也[禮·樂記]始奏以文，復亂以武[註]文謂鼓，武謂金，鐃樂始奏先擊鼓，亂猶言終也。鼓聲爲陽，故謂文。鐃聲爲陰，故謂武。文以始之，武以收之，言節奏得宜也[又][博古圖]漢舞鐃二，其形上圜下方，下作疏櫺，中含銅丸，謂之舌鼓，動有聲[又]樂府有鐃歌，軍中鼓吹曲也[又]與譊通[後漢·五行志童謠]今年尚可，後年鐃○按[風俗通]作譊[又]nào[集韻][正韻]丛女教切，與橈同[莊子·天道篇]萬物無足以鐃心者。鎣又铙63230鐃63430

鐅 64192 33969 piě_12.20 [集韻]同鐅

鐅 64191 33968 piě_12.20 [唐韻]芳滅切[集韻]匹滅切丛音擎[說文]河内謂臿頭金[揚子方言註]江東又呼鍫刃爲鐅△[集韻]或書作鐅。

鐄 64190 33967 héng_12.20 [廣韻]戶盲切[集韻][韻會][正韻]胡盲切丛音横[玉篇]鐘聲[廣韻]大鐘也[又][馬融·長笛賦]錚鐄譬嗃[註]錚鐄，聲也[又][廣韻]鎌也。鎣又𫓧64257

鑑 64193 33970 lán_12.20 [字彙]盧含切音婪。鑑鏒，馬口中鐵。

鐆 64194 33971 suì_12.20 [廣韻][集韻][韻會][正韻]丛徐醉切音遂。與鐩同[說文]書作鐆。陽鐆也，火珠火鏡之類皆是[廣韻]可取火於日中者。鎣又鐩63757

鐇 64195 33972 fán_12.20 [廣韻]附袁切[集韻]符袁切丛音煩。廣刃斧[又]fān[集韻]孚袁切音翻[後漢·杜篤傳]鐇钁株林[註][廣雅]曰：鐇，音甫袁反。椎也[埤蒼]云鐇，鏟也。謂以鏟钁去林木之株蘖也[又][博雅]椎也[又][集韻]方煩切音藩。義同。鎣又𫓩64240

鐈 64196 33973 qiáo_12.20 [唐韻]巨嬌切[集韻]渠嬌切丛音喬[說文]似鼎而長足[博雅]鐈鬲鬷鋗謂之銚[正字通][博古圖]文王子父二鼎，皆鐈屬[又][集韻]舉夭切音矯。又渠廟切音嶠。義丛同。鎣又𫓨63154

鐉 64197 33974 quān_12.20 [唐韻]此緣切音詮[說文]所以鉤門戶樞也。一曰治門戶器也[又][集韻]椿全切音狻。義同。鎣又鐉63766鐉64618

鉞 64198 33975 yuè_12.20 [正字通]俗鉞字。

鐊 64199 33976 yáng_12.20 [唐韻]與章切[集韻]余章切丛音陽[說文]馬頭飾也。引[詩]鉤膺鏤鐊。一曰鍱車輪鐵[徐鉉曰]今經典作錫[急就篇]鞇靴靯鞲鞍鑣鐊[註]鐊同錫。

鐋 64200 33977 tāng_12.20 [廣韻][正韻]丛他浪切音儻。工人治木器[韻會]以鐵爲斵，凡木石有斤斧痕迹者，摩之令平也。亦作鎕。鎣又𫓭63204鐋64079

鐌 64201 33978 xiàng_12.20 [集韻]似兩切音象[玉篇]鐌鼻，器鈕。[又]錦名。

鐍 64202 33979 ruàn_12.20 [五音集韻]人絹切音瞍。銀也。

鐍 64203 33980 jué_12.20 [廣韻][集韻]丛古穴切音玦[玉篇]環有舌者。與觼同[後漢·輿服志]自青綬以上，縌皆長三尺二寸，縌者，古佩璲也。佩綬相迎，故曰縌。紫綬以上，縌綬之閒，得施玉鐶鐍[又]玉鐍[前漢·天文志·背穴註]皆日旁氣也。背形如背字也。穴多作鐍，其形如玉鐍也。如淳曰：向外爲背，有氣刺日爲鐍。鐍，抉傷也[又]扃鐍，箱篋前鎖處也[莊子·胠篋篇]固扃鐍[註]鐍，古穴反。紐也。[又]yù[集韻]允律切音聿。錐也。鎣又𫔎64239

鐎 64204 33982 jiāo_12.20 [唐韻]即消切[集韻][韻會][正韻]玆消切丛音焦[說文]鐎，斗也[廣韻]溫器三足而有柄[周禮·天官·鬱人註]以煑之鐎中，停于祭前[史記·李將軍傳·刁斗註]以銅作鐎器，受一斗，晝炊飯食，夜擊持行，名曰刁斗。又[博古圖]漢熊足鐎斗，高四寸八分，深三寸二分，口徑二寸三分，容一升四合有半，重一斤十兩，有流，有柄，三足，流蓋與柄多爲物象，足飾以熊。龍首鐎斗，高七寸八分，深二寸三分，口徑四寸三分，容三升重三斤一兩，有耳有流有柄，首飾以龍，皆銅爲之。趙襄子使厨人操斗，以食大工。古者行食以斗，而此有柄與流，知其爲盛羹湇之具也[正字通]據此說，與[周禮]註煑鐎小別。然以形制推之，鐎斗與軍中鐎斗，名同實異[說文]鐎汎訓鐎斗。徐氏誤引[史記]，鐎器受二升，晝炊夜擊，以實之[六書故][正韻][韻會]鐎字註，與刁斗合爲一，皆非也[集韻]通作焦[又]qiáo[廣韻]昨焦切[集韻]慈焦切丛音樵。溫器。形如銚[又]jiū[五音集韻]即由切音遒。釜屬。鎣又𫓸64256

鐏 64205 33983 zūn_12.20 [唐韻]徂寸切[集韻][韻會]徂悶切，丛鱒去聲

説文 柲下銅也。禮·曲禮 進戈者前其鐏 註 銳底曰鐏，取
其鐏地。疏 鐏在尾而鈍，鈍向人爲敬，所以前鐏後刃也。
図zùn 廣韻 正韻 祖悶切 集韻 祖寸切，丛尊去聲。
又zuǎn 集韻 祖管切 正韻 作管切丛音纂。又zūn 集韻 租
昆切音尊。義丛同。鑒 銳底曰鐏，取其鐏地 図 鐏64255
正字通 銌63112俗鐏字。

鐐 64206 33984
liáo_12.20 唐韻 洛簫切 集韻 韻會 落簫切丛音遼 説
文 白金也。爾雅·釋器 白金謂之銀，其美者謂之鐐 詩·小
雅·韓奕 鞸琫有珌箋 大夫鐐琫而鏐珌。何晏·景福殿賦 鐐質輪
菌。図 廣韻 有孔爐 図liào 廣韻 集韻 韻會 正韻 丛力弔
切音料。美金。図lào 集韻 郎到切，勞去聲。義同。図 正
字通 宋仁宗遊後苑，還宮，索漿急，宮嬪曰：大家何不
于外宣索而受渴。曰：吾屢顧不見鐐子，恐問之，則所
司有得罪者。楊慎曰：鐐子，庖人之別稱。鑒 又鐐64320
鐐64404鐐64146

鐗 64207 33985
tián_12.20 集韻 同鈿62947 晉書·輿服志 貴人太平髻
七鐗，公主、夫人五鐗，世婦三鐗。

鍣 64208 33986
jié_12.20 集韻 吉屑切音結。鎌也。與鍥同。
鑒 又鐐64311

銹 64209 33987
láo_12.20 集韻 同銲。鑒 又銹63424鐩64267

鐬 64210 33988
kuǎn_12.20 廣韻 口煥切 集韻 苦淡切丛音鰥 廣韻
燒鐵炙也 集韻 一曰灼鐵以識簡次 図 廣韻 苦管切 集
韻 苦緩切丛音款。義同 図 廣韻 鐬縫 字林 鐬刻也。今
于紙縫上署記，謂之鐬刻。鑒 又鐬64242

鐓 64211 33989
duì_12.20 廣韻 正韻 丛杜對切音隊。矛戟下銅鐏
禮·曲禮 進矛戟者前其鐓 註 平底曰鐓。取其鐓地。疏 鐓，
爲矛戟柄尾，平底如鐓，柄下也。以平鐏人，敬也 釋文
鐓，本又作錞。杜對反 図 集韻 韻會 正韻 丛杜罪切音
錞 図duàn 集韻 都玩切音鍛 図dūn 都昆切音敦。義丛
同 図duī 集韻 都回切音埻。下垂也。一曰千斤椎。或書
作鐜。鑒 又鐓64317鐴64711轂64710鐜64705鐜02481鐩64347

鐔 64212 33990
xín_12.20 唐韻 徐林切 集韻 韻會 正韻 徐心切丛音
尋 説文 劍鼻也 徐鍇曰 劍鼻，人握處之下也 正韻 三蒼
云劍口。又劍環。司馬彪云劍珥 戰國策 無鉤竿鐔蒙須
之便 註 鐔，劍珥鼻也 図 縣名 前漢·地理志 牂牁郡鐔封縣。
図 姓。漢豫州刺史鐔顯 図yín 廣韻 夷針切 集韻 餘針切
丛音淫。義同 戰國策·鐔蒙註 前漢·地理志·鐔封縣註 韓
延壽傳·劍鐔註 丛兼尋淫二音讀 図tán 廣韻 正韻 徒含
切 集韻 韻會 徒南切丛音覃 張衡·東京賦 底柱輟流，鐔
以大岯 註 言大岯險，同劍口也。鐔，徒南反 縣名 前
漢·地理志 武陵郡鐔成縣 註 鐔音譚 淮南子·人間訓 一軍
塞鐔城之嶺 註 鐔城，在武陵西南，接鬱林郡 図 後漢·陳
寵傳 寵到，顯用良吏王渙、鐔顯等，以爲心腹 註 鐔，
徒南反 正字通 姓有潭、尋二音。漢鐔政，明鐔鑑，一讀
尋，一讀潭 図dàn 類篇 徒感切，潭上聲。劍口也 莊子 説

劍篇 周宋爲鐔 註 鐔，徒感反。劍口也 図xìn 集韻 尋浸
切音覃。刀本 図duó 達各切音鐸。劍珥。鑒 又鐔64322
鐥64722

鐥 64213 33991
chán_12.20 廣韻 士山切音醝 玉篇 小鑿名 類篇 趙
魏謂小鑿爲鐥 図 廣韻 側詵切 集韻 鎡詵切丛音臻。又
廣韻 士連切 集韻 鉏連切丛音潺。義丛同。鑒 又鐥64238

鐤 64214 33992
xū_12.20 集韻 詢趨切音須。鎖牡也。本作鑐。
鑒 又鐤，同盨 京叔盨 京叔休父⊔旅鐤，其永寶用 殷周
金文集成·9.4388·叔姞盨 叔姞⊔旅鐤，其萬年永寶用。

鐕 64215 33993
zān_12.20 正字通 鐕字之譌。鑒 鐕亦俗鐕。

鐖 64216 33994
jī_12.20 廣韻 居依切 集韻 韻會 居希切丛音機 集
韻 無鐖之鉤，不可以得魚 玉篇 鉤逆鋩 図 淮南子·齊俗
訓 工匠之爲連鐖 註 連鐖，鐖發也 図qí 集韻 渠希切音
祈。大鐮 図ái 類篇 魚開切音騃。義同 史記·淮南王傳 非
直適戍之衆，鐖鑿棘矜也 註 徐光曰：大鐮謂之剴，或
是鐖乎。劉氏：鐖音吾裏反。鄒氏：音機。

鍱 64217 33995
yè_12.20 正字通 俗鐷字。

鐧 64218 33996
jiàn_12.20 唐韻 古莧切 集韻 居莧切，丛音襉 説文 車
軸鐵也 博雅 鐧也 釋名 鐧，間也。間釭軸之間，使不相
摩也。鑒 又輼60382鐧64324鋼63402

鐧 64219 33997
cù_12.20 五音集韻 古文錯63512字 図 集韻 刌五切
音蔖 博雅 鋁謂之鐧。

鏑 64220 33998
dí_12.20 正字通 與鏑同。

鐘 64221 33999
zhōng_12.20 唐韻 職容切 集韻 韻會 諸容切丛音鍾
説文 樂鐘也 廣韻 世本曰：垂作鐘 釋名 鐘，空也。内空
受氣多，故聲大也 詩·周南 鐘鼓樂之 図 韻會 律名，黄
鐘十一月，夾鐘二月，林鐘六月，應鐘十月〇按 周禮 皆
作鍾63725，古字通用 図 地名 春秋·桓十一年 公會宋公
于夫鐘 註 夫鐘，郕地 図 山名 廣輿記 鐘山屬金陵。
△ 集韻 或作鋪。鑒 又鐘62908鐘62853

鑕 64222 34000
zhǐ_12.20 集韻 展几切音黹。鑽也。鑒 類篇 作
鑕64680

鐙 64223 34001
dēng_12.20 唐韻 都滕切 集韻 韻會 都騰切丛音登
説文 錠也 徐鉉曰 錠中置燭，故謂之鐙。今俗別作燈，
非是 楚辭·招魂 華鐙錯些 劉公幹 贈五官中郎將詩 明鐙
熺炎光 図 山名 山海經 鼓鐙之山 図 與登同 儀禮·公食
大夫禮 實于鐙 註 瓦豆謂之鐙。疏 詩 于豆于登。毛傳：
木曰豆，瓦曰㽅 後漢·禮儀志 瓦鐙一，彤矢四 図dèng 廣
韻 都鄧切 集韻 韻會 正韻 丁鄧切丛音嶝 廣韻 鞍鐙 集
韻 馬鞁具 正字通 馬鞍兩旁，足所踏也 韓致堯詩 和裙
穿玉鐙 図 韻會 豆下跗 禮·祭統 執鐙 註 鐙，豆下跗也 釋
文 鐙，音登。又丁鄧反。鑒 又鐙64312鐙64342鞽67530
鐙64487

鏺 64224 34002
jiào_12.20 字彙補 古文校23965字。鏺楊寶忠：俗鎣34692武后所造證56651字。

鐚 64225 34003
yā_12.20 集韻同錏

鑀 64226 34004
null_12.20 十六國春秋 辛攀父鑀尚書郎。音未詳。

鐆 64227 34005
suì_12.20 說文鐆本字

鐍 64228 34006
chū_12.20 字彙補 古文初03335字。鏺俗鐍14676

鎒 64233 46067
nòu_12.20 龍龕同鎒
鎒，飽也註 鎒音映○按當作鎒。

鐛 64229 34007
yǐng_12.20 揚子方言

鐑 64235 46072
xuè_12.20 川篇 音血
脂利切音至 說文 羊箠也。端有鐵 廣韻 田器 図xiè 廣韻 集韻 丛私列切音薛 博雅 椎也 音釋 思列反 図 廣韻 一曰器，以治苗殺草 図 廣韻 集韻 丛蒲計切音薛。又 五 音集韻 丁協切音耴。又徒協切音牒。義丛同 図zhí 廣 韻之入切 集韻 質入切丛音執。羊箠也 図 集韻 一云東 夷謂鏺爲鐛△ 說文 本作鐛。各韻書俱譌作鏺，又譌作 鏺，丛非。鏺又鏺64136 図 龍龕 鏺64109鏺64489二或作， 鏺，執薛至三音。羊捶鏺也。亦田罟也。

鏺 64230 34008
zhì_12.20 唐韻 集韻 丛

鏺 64231 34009
duī_12.20 五音集韻 都回切音碓。同鏺。

鐵 64232 42149
dié_12.20 字彙補 徒結切音耋。鐵利也。鏺俗鐵64357

鏺 64234 46070
bō_12.20 搜真玉鏡 音剥。

鏺 64236 46073
zhù_12.20 五音篇海 音注。

镵 64238 u2B50F
chán_12.20 簡鑱64213

鐃 64237 34071
níng_12.20 廣韻 女耕切 集韻 尼耕切丛音儜 廣韻 鐵鐃 集韻 刀柄 図nǐng 集韻 乃挺切音頲。吳俗謂刀柄入處爲鐃。鏺又鐃64521

镐 64239 u2B50E
jué_12.20 簡鎬64203

镭 64240 u2B50D
fán_12.20 簡鐇64195

镢 64241 u2B50C
sǎn_12.20 簡鏾64181

镞 64242 u2B50B
kuǎn_12.20 簡鏉64210

鏺 64243 u2B4CE
null_12.20 未詳。

鍩 64245 u2B4CC
dā_12.20 同鍩63880

鏺 64244 u2B4CD
null_12.20 字見 新撰字鏡·金部

鏺 64247 u2B4CA
null_12.20 未詳。

鍠 64248 u2B4C9
null_12.20 未詳。

鏺 64246 u2B4CB
null_12.20 敦煌·P. 2568 南陽張延綬別傳 長城以北，休聞沓鏺之交。大漠以南，斁斷西戎之臂。

鈕 64249 u2B4C8
null_12.20 未詳。

鍱 64252 u2B4C5
null_12.20 或俗鎃64355

鏫 64250 u2B4C7
null_12.20 韓鍾劍 韓鍾之鏫鏺。讀若造劍。

鐏 64255 u28C54
zūn_12.20 簡鐏64205

鐰 64253 u2B4C4
shù_12.20 龍龕 音樹。

鏺 64251 u2B4C6
null_12.20 喃未詳。

鐎 64256 u28C53
jiāo_12.20 簡鐎64204

鏺 64254 u2F9EB
qiǎng_12.20 同鏹64175 図白鏺，白銀。敦煌 P. 3432 龍興寺器物曆 佛帳上金渡銅花并白鏺花，叁面畫垂額壹正字通 鏹，白鏺，金別名。

鐶 64258 u28B81
ào_12.20 同鐭64338

镜 64257 u28C51
héng_12.20 簡鐄64190

鏺 64259 u28B54
null_12.20 未詳。

鏺 64263 u28B4F
choang_12.20 喃从金 腔xoang聲。亦作鑫64260光耀貌△吶鏺鏺：銅鑼聲。

鑫 64260 u28B52
choang_12.20 喃同鏺64263

鏺 64261 u28B51
thuǒng_12.20 喃从金統thống聲。同鏞63982

鐑 64262 u28B50
dī_12.20 俗鐇39389 可洪音義 珥金鐑：上人志反。 下丁兮反。染繒黑石也。正作鐥也。出瑯琊山。

鐥 64264 u28B4E
xǐ_12.20 人名用字。王鐥，見明萬曆 會稽縣志 図放射性人造金屬元素seaborgium,序數106,符號Sg。

鏺 64265 u28B4D
bay_12.20 喃从鏺省悲bi聲。瓦刀。

鏺 64269 u28B48
máo_12.20 同鏻63651

鏺 64266 u28B4C
pēng_12.20 粵英文pan 的音譯。平底鍋 図鏺飽：象聲詞。啪嚓。

鐵 64274 u28B4B
tiě_12.20 同鐵64357

鏺 64267 u28B4A
láo_12.20 雲笈七籖·卷 六十五 先以釜置鐵鏺上。楊寶忠：鏺64209字之訛。

鏺 64268 u28B49
bān_12.20 鏺21945譌字 道光榆林府志·方言 鏺，音班。 俗謂文武全才。因有取以為名者。

鍾 64270 u28B47
chuí_12.20 鍾63481本字。亦作鉖63953

鏺 64275 u28B3E
null_12.20 未詳。

鏺 64271 u28B46
hēi_12.20 人工放射性 元素Hassium 漢譯。符號Hs，序數108。

鏺 64276 u28B3D
null_12.20 未詳。

鐳 64272 u28B43
chēng_12.20 俗鐳64327

鏺 64277 u28B3C
null_12.20 未詳。

鏪 64273 u28B40
lì_12.20 鏪63869本字

鏺 64278 u28B3B
null_12.20 未詳。

鐫 64279 u28B3A
juān_12.20 俗鐫64336

鏺 64282 u28B37
null_12.20 未詳。

鏻 64280 u28B39
huán_12.20 新撰字鏡
鏺鏺：二字金豆加。考異：鏺，一本作鐶64358

鏺 64284 u28B35
null_12.20 未詳。

鏺 64281 u28B38
huán_12.20 鐶64358譌字

鏺 64283 u28B36
huò_12.20 汗簡 鏺，鏺64460

鏺 64286 u28B33
null_12.20 未詳。

鏺 64285 u28B34
ruì_12.20 同鏺64447

鏺 64287 u28B32
null_12.20 未詳。

鐮 64288 u28B31
null_12.20 未詳。

鏺 64289 u28B30
hang_12.20 壯生鐵。

鏺 64290 u28B2F
null_12.20 未詳。

鏺 64291 u28B2E
null_12.20 未詳。

鏺 64292 u28B2D
null_12.20 未詳。

鏺 64293 u28B2C
null_12.20 未詳。

鏺 64294 u28B2B
kǎi_12.20 六書統 鏺63894苦亥切。甲也。从金豈聲。鏺，古文。

鏺 64295 u28B2A
null_12.20 未詳。

鏺 64296 u28B29
null_12.20 未詳。

鏺 64297 u28B28
null_12.20 未詳。

鐥 64298 u28B27
shàn_12.20 俗鐥64343

鏺 64299 u28B26
null_12.20 未詳。

鏺 64300 u28B25
null_12.20 未詳。

鏺 64301 u28B24
pēng_12.20 俗鏺64046

鏺 64302 u28B23
null_12.20 未詳。

鏺 64303 u28B22
null_12.20 未詳。

鏺 64304 u28B21
null_12.20 未詳。

鐥 64305 u28B20
jing_12.20 韓 帽結，戰笠結也。或稱頂子，鐥子。

鐟 64306 u28B1F
gū_12.20 同鐟64378

鐇 64307 u28B1E
bēi_12.20 字海 同鑼

64523 一種農具 図 說文通訓定聲 銫63106，字又作鐇。
淮南·精神訓注 甾，三輔謂之鐇。爲、危雙聲。

鑲 64309 u4984
null_12.20 未詳。

鐠 64308 u4985
shàn_12.20 简 鐥64326

鐖 64310 u495C
han_12.20 韓 銼 六典條例·卷三·戶典·戶曹·放料 內
弓房弓箭匠料，鐖匠各二，各一朔八日，每日米二升。

鐧 64311 u495B
jié_12.20 同鐯64208 類篇 鐯，或从結。

鑹 64314 u9569
cuàn_12.20 简 鑹64670

鐙 64312 u956B
dèng_12.20 简 鐙64223

鐯 64315 u9568
pǔ_12.20 简 鐯64330

镪 64313 u956A
qiǎng_12.20 简 鏹64175

镧 64316 u9567
làn_12.20 简 鑭64628

镦 64317 u9566
duì_12.20 简 鐓64211

镥 64318 u9565
lǔ_12.20 简 鑥64584

镤 64319 u9564
pú_12.20 简 鏷64172

镣 64320 u9563
liào_12.20 简 鐐64206

镢 64321 u9562
jué_12.20 简 鐝64332

镡 64322 u9561
xín_12.20 简 鐔64212

鐨 64323 u9428
fèi_12.20 人造放射性
化學元素Fermium之漢譯。符號Fm，序數100。

鐧 64324 u9427
jiàn_12.20 同鐧64218
図 kāi化學元素Californium漢譯。符號Cf，序數98。

鐦 64325 u9426
kuī_12.20 同盔37152

鑾 64328 u9422
fán_12.20 或同礬39531
図 曰水銀 図 seon 韓 盈葉記 我國以容酒四盃之器為
一大也。也字或是匜字之訛歟。一大也亦稱一鑾。鑾字，
字書無之。高麗史世家忠宣王三年，遣左常伺金之兼如
元賀皇太子誕日，獻金鑾二。蓋自高麗已用鑾字。俗亦
以盥洗盤稱大也，與酒器名同，而大小懸殊。

鐥 64326 u9425
shàn_12.20 同釤62754

鏴 64327 u9423
chēng_12.20 餅鏴，烙餅用的平底鍋。

鐵 64329 u9421
tiě_12.20 廣韻 鐵64357俗作鐵。

鐟 64331 u941F
zān_12.20 俗鐟64469

鐠 64330 u9420
pǔ_12.20 稀土金屬元
素Praseodymium之漢譯。符號Pr，序數59。

鐝 64332 u941D
jué_12.20 龍龕 鐝俗，鍥64184正。

鏖 64334 u34011
áo_13.21 唐韻 集韻 韻會 正韻 夶於刀切音麈 說文
溫器也。一曰銅器 五音集韻 銅瓮 博雅 鎘 図 六書故
今人以慢火爛爇肉物爲鏖 図 yù 集韻 乙六切音䫄。義
同△本作鏕。鑾 又鏖64640鏎63885

鐪 64335 u34012
lǔ_13.21 唐韻 郎古切 集韻 籠五切夶音魯 說文 煎
膠器也 図 集韻 一曰刀柄△ 集韻 或作鑪。鑾 又鏴63529

鐩 64333 u34010
suì_13.21 玉篇 同鑒◆ 集韻 韻會 遵全切夶音銓 說文 穿木鑱也 釋名
鑱，鐩也。有所鐩入也 図 廣韻 鑽也，斲也 揚子方言 掾
也。晉趙謂之鑱 前漢·溝洫志 可鑱廣之 註 鑱，謂琢鑿
之 淮南子·本經訓 鑱山石 註 鑱，猶鑿也 抱朴子·臣節卷

鐩 64336 u34013
juān_13.21 唐韻 正韻

昆吾彝器，能者鑴勳 庾信·枯樹賦 雕鑴始就，剞劂仍加
図 正韻 讁也 正字通 中外官降級曰鑴級。又 說文 一曰
瑑石也 正字通 瑑圭璧上起觚瑑石也。今刻石文曰瑑石
図 jiān 集韻 將廉切音尖。錐也。亦作鐱銕 図 juǎn 集韻
子兗切音臇 博雅 鑿也。鑾 又鐥64000觿65413雋66287
鑴64279 図 龍龕 鑴鐥鐥64403三俗，鐥64578正。

鐬 64337 34014
huì_13.21 廣韻 呼會切 集韻 呼外切夶音譓 玉篇 鈴
聲 図 博雅 鐬鐬，盛也。

鐭 64338 34015
yù_13.21 集韻 乙六切音䫄。溫器也。或作鏕鑪 図 ào
五音集韻 烏到切音奧。義同。鑾 又鏊63738鏖64258

鐮 64339 34016
lián_13.21 集韻 同鎌。鑾 又鏹64434劖03794鎌64436

鐯 64340 34017
zhuó_13.21 廣韻 張略切音礿。钁也 爾雅·釋器 斫謂
之鐯 註 钁也 疏 說文 云钁，大鉏也 図 集韻 直略切音
著。義同。鑾 又錯64148楮25699鐯64546礿39525礿39446

鐰 64341 34018
qiāo_13.21 廣韻 七遙切 集韻 千遙切。夶同鐰
図 sào 集韻 先到切音糙。金鐵大剛曰鐰 博雅 鐰，燥也。
図 cáo 集韻 財勞切音曹。鐵剛折也。

鐙 64342 34019
dèng_13.21 正字通 俗鐙字。

鐩 64343 34020
zhǎn_13.21 唐韻 集韻 夶旨善切音戰 說文 伐擊也
玉篇 割也 図 shàn 集韻 式戰切音扇。齊謂相簎曰鐩。
鑾 又鐥64379鐩64493鐩64298

鐹 64344 34021
guó_13.21 集韻 古獲切音馘。鐵器。

鑩 64345 34022
shéng_13.21 字彙 同繩。

鐱 64346 34023
qiān_13.21 集韻 千廉切音簽。舌也 図 jiàn 玉篇 渠驗
切，音儉◇金也。

鐓 64347 34024
duì_13.21 字彙 吉了切音皎。鐓耳也。鑾 俗鐓。

鐽 64348 34025
jiàn_13.21 正字通 俗鍵字。

鐲 64349 34026
zhuó_13.21 唐韻 集韻 韻會 正韻 夶直角切音濁。說
文 鉦也。从金蜀聲。軍法，司馬執兩鐲 周禮·地官·鼓人
以金鐲節鼓 註 鐲，鉦也。形如小鍾，軍行鳴之，以爲鼓
節 釋文 鐲，直角反 図 集韻 竹角切音斸。義同 図 shǔ 廣
韻 市玉切 集韻 韻會 殊玉切夶音蜀。鎢錥，溫器也 図 正
韻 藥名 図 zhú 廣韻 陟玉切音瘃。與劚同。鑾 又鐲6443?

鐾 64350 34027
biāo_13.21 集韻 卑遙切音焱。刀鋒曰鐾 後漢·輿服
志 皆以白珠鮫爲鐾口之飾 註 通俗文 曰：刀鋒曰鐾。或
省作鏢。

鐬 64351 34028
là_13.21 集韻 與鑞同。

鐳 64352 34029
léi_13.21 廣韻 魯回切 集韻 盧回切夶音雷 廣韻 瓶
也，壺也 集韻 古缾也 潘岳·馬汧督誄 寘壺鐳瓶瓵以俟
之 図 字彙補 鐳柚，大橘也。見 臨海志。鑾 又鐳64439

鐷 64353 34030
yè_13.21 集韻 於歇切音謁。以鐵爲揭也。

鍼 64354 34031
zhēn_13.21　集韻職任切，針去聲。縫也，刺也。
鍫 正字通俗鍼63720字。

鏑 64355 34032
bì_13.21　廣韻集韻毗必益切音辟。犂耳也。
図集韻必歷切音壁。義同図蒲計切音薜。治刀使利。
鍫又鎞64372

鍋 64356 34033
màn_13.21　正字通俗鏝字。

鐵 64357 34034
tiě_13.21　古文銕鐵唐韻天結切集韻韻會正韻他結切，太天入聲說文黑金也。書·禹貢厥貢璆鐵銀鏤砮磬史記·貨殖傳邯鄲郭縱以冶鐵成業。蜀卓氏之先趙人也，用冶鐵富魯人，曹邴氏亦然江淹·銅劍讚序古以銅爲兵，至於秦時，攻爭紛亂，兵革互興，銅既不克給，故以鐵足図黃鐵，銅也書·呂刑其罰百鍰傳鍰，黃鐵也疏古者金銀銅鐵，總號爲金，此傳言黃鐵，舜典傳言黃金，皆是今之銅也。古人贖罪，悉皆用銅，而傳或稱黃金，或言黃鐵，謂銅爲金爲鐵耳図禮·月令孟冬，駕鐵驪註鐵驪，色如鐵詩·秦風駟鐵孔阜傳鐵驪也疏鐵者，言其黑色如鐵○按今集註作驖図地名春秋·哀二年戰于鐵註鐵，衛地，在戚城南図水名山海經敝鐵之水出焉図獸名神異經南方有獸，名曰齧鐵，大如水牛，色如漆，食鐵，飲水，其糞可作兵器，其利如鋼。図書名前漢·藝文志桓寬鹽鐵論六十篇図姓正字通宋鐵南仲，明鐵鉉。又廣韻複姓。赫連勃勃改其支庶爲鐵伐氏，云庶朕宗族，剛銳如鐵，皆堪伐人図dié集韻徒結切音眰。利鐵也。鍫又铁63057鈇62953鈘63181鐡64061鐵64686鐵64492鐵64415鐵64232鐵64329図龓龕
鈇63325鐵二俗，鐵64274鐵二正。

鐶 64358 34035
huán_13.21　廣韻戶關切集韻正韻胡關切太音還廣韻指鐶集韻金鐶正字通凡圜郭有孔，可貫繫者謂之鐶揚子·太玄經錘以玉鐶図xuàn集韻隨戀切音淀。車鐶也。本作鋗。鍫又鐶64045鐘63081鐶44438鐶64281
鐶64280鐶67557

鏷 64359 34036
xié_13.21　廣韻徒協切音牒廣雅鋌也。

鏶 64360 34037
xié_13.21　集韻虛涉切音愶。鋌也，鐶也。鍫又龓龕鏶俗鎃63507今鎃64217正，音茥，金鐵鏶也。

鏺 64361 34038
shā_13.21　集韻與鍛同

鑾 64362 34039
lóng_13.21　廣韻力冬切集韻盧冬切太音癃。鼓聲，本作鑾図集韻魯宋切，癃去聲。又五音集韻七役切音昦。義太同。鍫又鑾64483

鐸 64363 34040
duó_13.21　唐韻待各切集韻韻會正韻達各切太音度。說文大鈴也。軍法，五人爲伍，五伍爲兩，兩司馬執鐸玉篇所以宣教令也釋名鐸，度也。號令之限度也書·胤征遒人以木鐸徇于路傳木鐸，金鈴木舌，所以振文教周禮·天官·小宰徇以木鐸註古者將有新令，必奮木鐸以警衆。木鐸，木舌也。文事奮木鐸，武事奮金鐸。又地官·鼓人以金鐸通鼓註鐸，大鈴也。振之以通鼓図牛鐸世說晉荀勖逢趙賈人牛鐸鳴，識其聲，及掌樂，

音未調，曰得趙賈牛鐸則諧矣。下郡國，悉送牛鐸，得之果諧図開元遺事宮中簷閒縣碎玉片，風搖如環珮聲，名占風鐸図地名左傳·僖十六年狄侵晉，取狐廚受鐸註受鐸，晉地，在汾北図國名左傳·宣十六年晉士會帥師滅赤狄甲氏，及留吁鐸辰註鐸辰，留吁之屬図宮名左傳·哀三年司鐸火註司鐸，宮名図姓左傳·成十八年鐸遏寇爲上軍尉前漢·藝文志鐸氏微三篇註楚太傅鐸椒也図人名左傳·僖二十八年曹叔振鐸。又昭十三年司鐸射註魯大夫。鍫又铎63044釾62916

鍋 64364 34041
guǒ_13.21　廣韻集韻太古火切音果。刈鉤揚子方言刈鉤，江淮陳楚之閒，或謂之鍋註音果図guō集韻古禾切音戈廣雅鍋錕，釭也図guò集韻古臥切音過。車釭也。鍫又廣韻划03302同鍋図同鍋63656北大·D.032大般若涅槃經·卷第三一善男子，譬如工匠鉗鍋盛金，自在隨意，耗攪融消，菩薩定慧亦復如是。

鑿 64365 34042
záo_13.21　五音集韻與鑿同。

鐺 64366 34043
dāng_13.21　唐韻集韻韻會正韻太都郎切音當說文鋃鐺63276鐺，鎖也図tāng集韻韻會太他郎切音湯。與鏜同，鼓聲也史記·司馬相如傳鏗鎗鐺鼞註鐺鼞，鼓音図chēng廣韻楚庚切集韻韻會楚庚切，太音鎗。釜屬通俗文鬴有足曰鐺緯略三足溫酒器也。唐薛大鼎、賈敦頤、鄭德本，號鐺脚御史宋史·太祖紀雷德驤判大理寺，言趙普強市人第宅。上怒叱曰：鼎鐺猶有耳，汝不聞普吾社稷臣乎。鍫又铛63228鐺63150

鸁 64367 34044
luó_13.21　字彙力戈切，音羅◇鈺鸁，小釜。
鍫又鑼64695

鎺 64368 34045
báo_13.21　集韻弼角切音雹。杵頸謂之鎺。或省作鉋。

鐻 64369 34046
jù_13.21　廣韻其呂切集韻正韻臼許切太音巨。與簴同。鍾鼓之柎也史記·秦始皇紀收天下兵，聚之咸陽，銷以爲鍾鐻註鐻，音巨図jù廣韻集韻太居御切音據。樂器。形似夾鍾，削木爲之莊子·達生篇梓慶削木爲鐻，鐻成，見者驚猶鬼神註鐻，音據。樂器也図qú集韻正韻太求於切音渠集韻金銀器名山海經青要之山，魖武羅司之，穿耳以鐻郭璞曰鐻，金銀器名後漢·張奐傳遺金鐻八枚註鐻，音渠。食器名。未詳形制左思·魏都賦鐻耳之傑図廣韻九魚切韻會斤於切太音居。義同。鍫又鑢64112

鐼 64370 34047
fén_13.21　唐韻火運切集韻吁運切太音訓。說文鐵屬図廣韻集韻太符分切音文。又類篇許云切音薰。義太同図bēn集韻逋昆切音奔。平木器。或从奔作鐼○按字彙从賁，列十二畫，非，今改正。鍫又镄63744

鐽 64371 34048
null_13.21　音未詳佩觿集鐺鐽之鐽，其備率有如此者。鍫鐽dá，化學元素鉕的舊譯図钛63338図鐽震，公司名。

鑑 64374 46071 chuí_13.21 龍龕同鎚 鐴 64372 34049 bì_13.21 字彙補音避。治刀使利也〇按即鏎字重文。

鏚 64373 34050 qī_13.21 鏚字之譌。見字彙補

鏕 64375 46074 biāo_13.21 龍龕同鑣 鐙 64377 46079 dòu_13.21 字彙補同鐙

鐫 64376 46075 cuàn_13.21 篇海類編同鑹。

鐥 64379 u2B511 shàn_13.21 簡鐥64343 鏵 64378 33981 gū_13.21 廣韻古胡切集韻韻會正韻攻乎切㕞音孤。鏷64172鏵，矢名。通作姑。鑿原部外十二畫，誤。龍龕作鏵64306

鐓 64380 u2B510 null_13.21 簡鐓64408 鐜 64381 u2B4D5 dūn_13.21 同敦21589 公克敦郘公胄（克）鑄其鐈鐜，永保用之。

鐿 64382 u2B4D4 null_13.21 新撰字鏡乃保支利。

鐢 64383 u2B4D3 null_13.21 未詳。 鐰 64384 u2B4D2 null_13.21 喃未詳。

鐮 64385 u2B4D1 null_13.21 未詳。 鏚 64387 u2B4CF null_13.21 未詳。

鏸 64386 u2B4D0 null_13.21 新撰字鏡～良久支。

鏾 64388 u28C55 gǎi_13.21 簡鏾64401 鐰 64391 u28B8F null_13.21 未詳。

鑵 64389 u28B91 thoi_13.21 喃从金催thòi聲。錠△鑛鑵：金條。

鐺 64390 u28B90 nhọn_13.21 喃从金遁trốn聲。鋭利。

鏴 64392 u28B8E lạp_13.21 喃从金落lạc聲。

鐣 64393 u28B8D lín_13.21 鐣鐘，亦作敹鐘、鐵鐘、林鐘。見殷周金文 区vẳm 喃从金稟bẩm聲。斫△鐣岵：剁肉。

鑐 64394 u28B8C rựa_13.21 喃从金預dự聲。砍柴刀。

鏓 64395 u28B8B giũa_13.21 喃丐鏓：銼刀。刞鏓：刪改。

鐵 64396 u28B8A đâm_13.21 喃从金斟châm聲。

鏺 64397 u28B89 cùn_13.21 喃从鈍省群quần聲△鏺鈌：遲鈍。

鐰 64398 u28B88 hom_13.21 喃从金歆hâm聲。鋒芒。

鑖 64399 u28B87 bung_13.21 喃丐鑖：大鍋。

鐖 64424 u28B68 zī_13.21 同鎡63887 鐶 64400 u28B85 null_13.21 人名用字。明·何喬遠名山藏·卷之四十·分藩記五·英八·徽王徽恭王十一子：咸平王載塔。長子翊鐶。先王薨。

鐴 64401 u28B82 gǎi_13.21 方亦作鋸鐴，即鋸解，鋸開。明·楊寅秋臨皋文集·卷四·雜著浮橋上漫板，應預於狴狼等一帶近便處所，令匠役伐樹鐴造長一丈五尺厚一寸寬一尺二寸板木四十塊，每塊價銀二分，共銀八錢。

鏆 64402 u28B7F cuàn_13.21 俗鑹64670亦作鏆64376

鐫 64403 u28B7D juān_13.21 同鐫64336 鐦 64407 u28B79 niè_13.21 簡钀64706

鐐 64404 u28B7C liáo_13.21 鐐64206本字。見說文

鏳 64405 u28B7B zhèng_13.21 俗鏳34692武后新字。

鐽 64406 u28B7A jīn_13.21 箭头龍龕居陰反南齊書·卷三十·列傳第十一·戴僧靜啟世祖以鍛箭鐽用鐵多，不如鑄作。東冶令張候伯以鑄鐽鈍，不合用，事不行 区geum 韓佛寺所用佛具也，似鍾，或作鐽口、金鼓、禁口 韓國美術史資料集成·卷五·工藝一·佛具·禁口·貞祐二年銘鐽口阿彌陀佛之願，鑄成鐽口一入，重三十斤，納景禪寺。時貞祐二年戊寅七月日。謹記棟梁，僧敦惠。

鐵 64408 u28B78 null_13.21 未詳。明·淩濛初虬髯翁·第三齣看汪洋，掬不來，那羞慚，難洗湔。這是生瑜生亮天公變。俺則去圖他海外鐵圜界，拚得個去了城南金谷園。

鐹 64409 u28B77 null_13.21 未詳。 鐗 64410 u28B76 null_13.21 未詳。

鐔 64412 u28B74 null_13.21 未詳。 鐓 64411 u28B75 zuì_13.21 或同鐓63438

鐈 64413 u28B73 null_13.21 未詳。 鐛 64414 u28B72 null_13.21 未詳。

鐵 64415 u28B71 tiě_13.21 俗鐵64357 鐙 64416 u28B70 shèng_13.21 同銓63186

鐪 64417 u28B6F qín_13.21 人名用字 鐽 64418 u28B6E zhǎn_13.21 或同盞。

鐥 64419 u28B6D null_13.21 未詳。 鐫 64420 u28B6C null_13.21 人名用字。見明神宗顯皇帝實錄·卷之五百六

鐪 64421 u28B6B null_13.21 未詳。 鐗 64423 u28B69 null_13.21 未詳。

鐺 64422 u28B6A null_13.21 新撰字鏡乃保支利。

鑋 64425 u28B67 chū_13.21 四聲篇海鑋，古文證56651字。鄭賢章：同鑋64228，俗鑋14676武后所製初字。

鐷 64426 u28B65 yè_13.21 改併四聲篇海鐷，音業。

鐶 64427 u28B66 null_13.21 未詳。 鐖 64428 u28B64 null_13.21 未詳。

鐩 64429 u28B63 null_13.21 未詳。 鐰 64430 u28B62 null_13.21 未詳。

鐿 64431 u28B61 thau_13.21 喃从金滔thao聲。黃銅。

鐁 64432 u28B60 null_13.21 未詳。 鐹 64433 u4966 duò_13.21 同鏥64170

鐮 64434 u4965 lián_13.21 俗鐮64339 镱 64435 u9571 yì_13.21 簡鐿64443

镰 64436 u9570 lián_13.21 簡鐮64339 镯 64437 u956F zhuó_13.21 簡鐲64349

镭 64439 u956D léi_13.21 簡鐳64352 镮 64438 u956E huán_13.21 簡鐶64358

镬 64440 u956C huò_13.21 簡鑊64460 鐩 64441 u9441 zōng_13.21 同鏓63665同文書局石印本後漢書·志·卷三十九考證金鐩方釳插翟尾。注，方釳，鐵也，廣數寸，在馬鐩後〇鐩當作騣。

鑀 64442 u9440 ài_13.21 化學元素鎄63845舊譯。

鐤 64444 u9424 dǐng_13.21 同鼎75220 鐿 64443 u943F yì_13.21 稀土金屬元素Ytterbium之漢譯。符號Yb，序數70。

鑄 64445 34051 mèng_14.22 廣韻武亙切集韻母亙切㕞音懜博雅鍚鑄，鏝也廣韻重鏝 区集韻莫鳳切音夢。義同。鑋直音篇鐨同鑄。

鑂 xùn_14.22 集韻 呼運切音訓。金色渝也。

鏇 xuán_14.22 字彙 俗璇字。鎣又鏇64285

鑪 lù_14.22 集韻 正韻 𠀤良據切音慮。玉篇 錯也。集韻 錯銅鐵也。本作鋁。周禮·冬官考工記·秦無盧註盧，或曰摩鑪之器 疏 柄須摩鑪使滑。又lú 集韻 凌如切音臚。矛戟受柄處。

鏷 pú_14.22 類篇 同鏷。

鑃 diào_14.22 集韻 徒弔切音調。燒器。本作銚。或作鑃。

鑄 zhù_14.22 古文𨮝 唐韻 之成切 集韻 朱成切 𠀤音注。說文 銷金成器也。玉篇 鎔鑄也。左傳·宣三年鑄鼎象物 註 象所圖物，著之於鼎。又昭二十一年天王將鑄無射。又國名左傳·襄二十三年臧宣叔娶于鑄 註 鑄國，濟北蛇丘縣所治。又地名 後漢·郡國志 濟北國有鑄鄉城。又與祝通 禮·樂記 封帝堯之後于祝 註 祝，或爲鑄。又姓 姓苑 堯後。以國爲氏。又zhòu 字彙補 照秀切音呪。淮南子·俶眞訓 今夫冶工之鑄器 註 鑄，讀作祝。鎣又釘62777 铸63425鑄63431鑄64498鑄64513鑄64545

鍈 héng_14.22 集韻 胡盲切音橫。鐘聲。鎣又鐄64190 鍈63970

鋊 yù_14.22 集韻 羊茹切音豫。鈿謂之鍈。或書作鋊。

鐓 zhuì_14.22 五音集韻 直類切音墜。銅半熟。鎣又鐓64510

鑇 jī_14.22 集韻 牋西切音齎。地也。鎣 正字通 俗劑03830。又慧琳音義 爲齊75525：茨奚反。謂齊整也。經文從金作鑇，誤也。

鑷 niè_14.22 廣韻 奴協切 集韻 諾叶切 𠀤音捻。揚子方言 鑷，正也 註 謂堅正也。又niè 集韻 昵輒切音聶。同錜。又nǐ 廣韻 奴禮切 集韻 乃禮切 𠀤音禰。同檷，絡絲具也。鎣又鈦62996鑷64597鑷64557

鑆 wéi_14.22 廣韻 無非切音微。懸物鉤 揚子方言 鉤，自關而西或謂之鑆 註 懸物者。鎣又鑆64484

鑖 xiǎn_14.22 集韻 呼典切音顯。削也。

鑘 hé_14.22 集韻 託盍切音榻。鑘鑪，箭也。又 轄臘切音盍。義同。鎣又鑘64477

鑊 huò_14.22 廣韻 胡郭切 集韻 韻會 黃郭切 𠀤音穫。說文 鑴也。从金蒦聲 廣韻 鼎鑊 增韻 金屬 周禮·天官·亨人 掌共鼎鑊 註 鑊，所以煑肉及魚腊之器 前漢·刑法志 有鑊顚抽脅鑊亨之刑 師古註 鼎大而無足曰鑊，以鬻人也。鎣又鑊64440鑊64283鑊64592

鑋 qìng_14.22 唐韻 苦定切 集韻 詰定切 𠀤音磬。說文 金聲也。讀若春秋傳鑋而乘於他車〇按今本 左傳·昭二十六年作鑋，註，鑋，一足行也。又 集韻 牽正切，輕去聲。義同。又qīng 廣韻 去盈切 集韻 牽盈切 𠀤音輕。義同。又斷也。又qīng 五音集韻 去挺切音謦。一足行也。△正字通 按 說文 金聲也。讀若春秋傳鑋而乘他車。蓋鑋訓金聲，金薄則聲越，故从輕。鑋，一足行也。鑋鑋同音，故云讀若鑋，非鑋卽訓鑋也。俗本 左傳 杜預註，鑋譌作鑋。諸韻書誤合鑋、鑋爲一，不知从金與从足，音通義別也。鎣又鑋64496

鑌 bīn_14.22 廣韻 必鄰切 集韻 韻會 正韻 卑民切 𠀤音賓。鑌鐵，爲刀甚利。鎣又鑌63992鑌64515

鑍 yīng_14.22 集韻 伊盈切音嬰。博雅 鑍謂之釼。

鑎 kuì_14.22 集韻 求位切音匱。與匱同。匣也。

鑐 xū_14.22 廣韻 相俞切 集韻 洵趨切 𠀤音須。集韻 鎖牡也。或作鑐。又rú 集韻 汝朱切音儒。金鐵銷而可流者。通作濡。又róu 而由切音柔。與鍒同。鐵之耎也。

鑑 jiàn_14.22 唐韻 革懺切 集韻 韻會 居懺切 𠀤音監。說文 人盆也。◆說文 鑑諸，可以取明水於月 周禮·秋官·司烜氏 以鑑取明水於月 註 鑑，鏡屬。取水者，世謂之方諸。又廣韻 鏡也。左傳·莊二十一年王以后之鑑鑑予之 註 鑑，工暫反，鏡也。文子·符書篇 人舉其疵則怨，鑑見其醜則自善，以鑑無心故也。又廣韻 照也。左傳·昭二十八年光可以鑑。吳語 王盍亦鑑于人，無鑑于水。又廣韻 誡也。正字通 考觀古今成敗爲法戒者，皆曰鑑。因鑑能照物取義。唐書·張九齡傳 玄宗千秋節，九齡述前興廢之原，爲書五卷，號 千秋金鑑錄，以申諷諭。宋史·司馬光傳 光編年史，名 資治通鑑。又 韻會 通作監 書·泰誓 厥監惟不遠，在彼夏王。又 酒誥 人無于水監，當于民監。又 鑒寐，假寐也。齊武帝詔 永思民瘼，弗忘鑒寐 梁武帝詔 興言夕惕，無忘鑒寐。又 廣韻 正韻 古銜切 集韻 居銜切，𠀤監平聲。義同。又hàn 集韻 胡暫切音鑱。陶器，如甄，大口，以盛冰 正字通 冰鑑，盛冰器。上體如斗，有疏稜。鏤底如風窗，承以大盤，置食于上，設冰于盤，使寒氣通徹，以禦暑 周禮·天官·凌人 春始治鑑 註 鑑，如甄大口，以盛冰，置食物于中，以禦溫氣，春而始治之 疏 漢時名爲甄，卽今之甕是也 釋文 胡暫反。本或作監。又 祭祀共冰鑑。又xiàn 集韻 胡懺切。與鬫同 博雅 鬵甂，鬫也。鎣又鑑64601鑑64723鑑64653。又𨮯63442 偏類碑別字 引唐驍騎尉皇甫壁墓誌

鑒 jiàn_14.22 廣韻 同鑑。鎣又鑒63075鉴63704

鑴 zhuó_14.22 正字通 俗斲字。

鐕 zān_14.22 唐韻 則參切 集韻 韻會 正韻 祖含切 𠀤音簪。說文 可以綴著物者 玉篇 無蓋釘 禮·喪大記 用雜金鐕 註 鐕，子南反。釘也。集韻 一曰綴衣。又 博雅 磨也。又zēn 集韻 緇岑切音先。可以綴著物者。又zàn 集韻 徂感切音歆。綴物也。又 與攢通 班固·西都賦 列刃鑽鑠 註 鑽與攢通，聚也。〇按 字彙 作鐕，譌入十二畫 正字通 駁

之，是也。然 正字通 从朁，亦與十四畫不符，應是刊刻之誤。今遵 說文 改正。鏨又鐕64622鐕64215鐯64331

鎛 64471 34078 bó_14.22 集韻 同鎛 古作鐈 抱朴子·金丹卷 以鐵匕攪之，十日，還爲丹。

鐵 64470 34077 tiě_14.22 集韻 鐡64357

鋊 64472 34079 yù_14.22 玉篇 翌恕切音豫。義闕 集韻 同鏃。

鎕 64477 u2B801 hé_14.22 簡 鑑64459

鐻 64473 34080 jù_14.22 字彙補 與虡同。見 集韻 ○按今本 集韻 作鐻。

鏙 64474 34081 zhèng_14.22 六書略 唐武后改證字作鏙。

鑁 64475 42150 chuò_14.22 篇海類編 初角切音歠。鉼鑁。

鑶 64478 u2B512 null_14.22 簡 鑶64488 音築朴也。鏨 楊寶忠：或俗鐲64468築朴切。

鐯 64476 42151 zhuó_14.22 五音篇海

鐸 64479 u2B4DA null_14.22 新撰字鏡 青豆留支。

鏉 64480 u2B4D9 null_14.22 未詳。

鐪 64481 u2B4D8 null_14.22 未詳。

鏄 64482 u2B4D7 null_14.22 未詳。

鏊 64483 u2B4D6 qì_14.22 同鏊75294 新撰字鏡 鏊64362鏊：二同。倉歷反。守夜鏊也図同鏊75302敦煌·P.2717 字寶·平聲 鼓聲鏊鏊，騰騰。

鐬 64484 u28C56 wéi_14.22 簡 鑶64457

鐙 64487 u28BB4 dèng_14.22 同鐙64223

鏺 64485 u28BB6 péu_14.22 喃 从金漂phèu聲。

鏄 64486 u28BB5 méng_14.22 同鐄63882 類篇 鏓，謨蓬切 博雅 鎽鏓，鏊也図muǒng 喃 从金蒙mông聲△丐鏓：湯匙。

鑶 64488 u28BB3 null_14.22 四部叢刊·三編史部·罪惟錄·帝紀卷之十 南渭王長子應鑶有罪，廢徙鳳陽。

鏊 64489 u28BB2 zhì_14.22 俗鏊64067 鐈63916譌字 廣韻 鐇，除芮切。曲刀也。削竹也。

鐜 64490 u28BB1 zhuì_14.22 同鐜64174

鐪 64491 u28BB0 zhá_14.22 同鐦63675元·喬夢符·李太白匹配金錢記·第一齣·楔子 則那坐車兒折末有勢劍銅鐪。

鐡 64492 u28BAF tiě_14.22 同鐡64357

鐥 64493 u28BAE shàn_14.22 俗鐥64343

鍿 64494 u28BAD sī_14.22 鑼鑼，亦作鈔63262鑼，水盆。

鏕 64495 u28BAC biāo_14.22 俗鏕64350

錦 64499 u28BA8 null_14.22 未詳。

鏖 64496 u28BAB qing_14.22 類篇 鏖64461或書作鏖。

鉨 64497 u28BAA xǐ_14.22 同璽34723 金璽。太平天国新造字。

鐥 64498 u28BA9 zhù_14.22 正字通 鑄64451本作鐥。

鏏 64500 u28BA7 wǔ_14.22 四部叢刊·初編集部·後村先生大全集·卷之一百六十一·墓誌銘·夫人宗氏 篋笥無鏏銖異蓄。

鐪 64501 u28BA6 null_14.22 未詳。

鎔 64502 u28BA5 null_14.22 未詳。

鐪 64503 u28BA4 null_14.22 未詳。

鐪 64504 u28BA3 null_14.22 未詳。

鐪 64505 u28BA2 null_14.22 未詳。

鐪 64506 u28BA1 null_14.22 未詳。

爐 64507 u28BA0 huī_14.22 同輝60141亦作爐02491

鏲 64508 u28B9F null_14.22 未詳。

對 64510 u28B9D zhuì_14.22 同鐷64454

鑘 64509 u28B9E biāo_14.22 可洪音義 鑘銜：上彼苗反。正作鑣64543

鐪 64512 u28B9B null_14.22 未詳。

鏨 64511 u28B9C jiān_14.22 饗69541字之誤。重訂直音篇·食部 鏨，子冉切，食味薄。

鎵 64514 u28B99 null_14.22 未詳。

鐪 64521 u944F níng_14.22 參見鐪64237

鐪 64513 u28B9A zhù_14.22 同鐥64498鑄本字。

鑌 64515 u28B98 bīn_14.22 俗鑌64462

鑔 64519 u9454 chǎ_14.22 打擊樂器。似鈸而小，以銅製成，圓形，由兩片相互敲擊發聲。

鑒 64516 u28B86 wèn_14.22 俗鏖64551與璺同。

鑔 64517 u9572 chǎ_14.22 簡 鑔64519

鐪 64518 u9467 kuān_14.22 指寬大的金屬板 漢語大字典.V.2.P.4597 鐪，同鋽63323

鐪 64520 u9453 qiǎn_14.22 日 同文通考·國字 鐪，鎗也。

鑕 64522 34082 zhì_15.23 廣韻 之日切 集韻 韻會 正韻 職日切丛音質 玉篇 鐵鑕砧 廣韻 斧也 增韻 斧鑕，椹也 公羊傳·襄二十七年 負羈絏，執鈇鑕註鑕，之實反。一作鈇質。鏨又锧63611

鑙 64523 34083 bēi_15.23 唐韻 彼爲切 集韻 班糜切丛音陂 說文 耕屬 廣雅 耕也 集韻 或作鑙。今耕者，先以耙起土，次潴水用鑙平之，柄似耒平底有齒。或作耰図 廣韻 薄蟹切 集韻 部買切，並牌上聲。大鐵杖図 集韻 補買切音擺。義同図bà 集韻 步化切音杷。耕也。鏨又鎞63922鎞64307

鐷 64524 34084 miè_15.23 集韻 莫結切音蔑 博雅 鐷，鏾鋌也。図mì 集韻 彌計切音謎。小釜。

鐲 64525 34085 chuò_15.23 字彙 初角切，音歠◇鐵鐲。見釋典。

鑗 64526 34086 lí_15.23 廣韻 郎兮切 集韻 憐題切丛音黎 說文 金屬。一曰剝也図 廣韻 力脂切 集韻 良脂切丛音棃。義同△亦作犁。鏨又黎63454鎅64081鑗64179

鐳 64527 34087 léi_15.23 廣韻 魯回切 集韻 盧回切丛音雷 玉篇 劍首飾也図 集韻 與櫑同。龜目酒尊，刻木作雲雷象，象施不窮也図lěi 廣韻 落猥切音磥。鍸鐳，不平也。鏨又櫑25844鑘64668鐳64547

鏑 64528 34088 dí_15.23 字彙 丁歷切音的。龍鎖。鏨 正字通 鏑，譌字。舊註音的。龍鎖。誤。一曰俗鏑64042字。

鐉 64529 34089 jī_15.23 廣韻 古奚切 集韻 堅奚切丛音雞 揚子方言 堅也。吳揚江淮之閒曰鐉図 博雅 鞏也図 集韻 遣禮切音啓。義同。鏨又鐉64586鐉64577亦譌作鐉63960

鑽 64530 34090 zuàn_15.23 正字通 俗鑽字。

鑛 64531 34091 kuàng_15.23 古文鉚 集韻 古猛切音懭。鑛，鐵也。又金璞也 王褒·四子講德論 精練藏於鑛朴。鏨又鈗63078

鑱 64532 34092
chán_15.23 字彙 呈延切音纏。鑱釧。

鑜 64533 34093
shǎng_15.23 集韻同銄

鑝 64534 34094
péng_15.23 集韻蒲蒙切音蓬。首著兜鍪也。引 莊子 鑝頭○按 莊子 說劍篇作蓬頭。鑒又 蘽51927縫45171，鑝字之譌。

鑶 64536 34096
zhēn_15.23 集韻同鍼

鑞 64535 34095
là_15.23 廣韻盧盍切 集韻 韻會 力盍切夶音臘。玉篇錫鑞也 集韻本作鑞 爾雅·釋器·錫謂之鈏註白鑞。鑒又鑞64581

鑟 64537 34097
dú_15.23 類篇徒谷切音獨。印匵也。

鑥 64538 34098
méng_15.23 廣韻武庚切 集韻眉庚切夶音盲。銷也。⊠正字通即今之飛矛也東觀記光武作飛鑥，攻赤眉賊。鑥，當作鑥。鑒又錳63719

鎬 64539 34099
xiě_15.23 集韻洗野切音寫。範金也。鑒又鎶63041

鑠 64540 34100
shuò_15.23 唐韻書藥切 集韻 韻會 正韻式灼切夶音爍 說文銷也。孟子非由外鑠我也 史記 張儀傳眾口鑠金⊠ 爾雅·釋詁美也 詩·周頌於鑠王師傳鑠，美也。史記·李斯傳鑠金百鎰註索隱曰：鑠，美也⊠揚子方言摩也⊠後漢·馬援傳豐鑠哉，是翁也註夐鑠，勇貌。⊠好目也揚子方言宋衛韓鄭之間曰鑠註言光明也⊠何晏·景福殿賦故其華表，則鎬鎬鑠鑠註皆謂光顯昭明也⊠集韻或作爍前漢·藝文志爍金爲刃⊠yuè 集韻弋灼切音藥。烁也莊子·胠篋篇鑠絕竽瑟⊠一曰銷也⊠lì 集韻狼狄切音栗。鼎屬也。本作鬺。鑒又孋11700铄63054鑠64696鑠69564

鑜 64541 34101
chuò_15.23 集韻測角切音娖。人名。王莽時有廉斯鑜⊠玉篇鉼鑜也。鑒龍龕鑜鑜二同。

鑢 64542 34102
lǜ_15.23 唐韻 韻會 正韻夶良據切音慮。說文錯銅鐵也。詩·大雅尚可磨也箋尚可磨鑢而平釋文鑢，音慮⊠治也揚子·太玄經躬自鑢註自治其身⊠姓前漢·古今人表鑢金註鑢，音慮。楚大夫⊠與鑪64594通△玉篇或作鋁。鑒字彙鑢，同鑢。

鑣 64543 34103
biāo_15.23 唐韻補嬌切 集韻 韻會悲嬌切夶音瀌說文馬銜也正韻一名扇汗，一名排沫爾雅·釋器鑣謂之鑯註馬勒旁鐵釋名鑣，苞也。所以在旁苞斂其口也曹植應詔詩玄駟藹藹，揚鑣漂沫⊠博雅鑣鑣，盛也詩·衛風朱幩鑣鑣傳鑣鑣，盛貌。鑒又艫55543鑣64509鑣64375鑣64582鑣64573驫70500鑣67586

鐰 64544 34104
ào_15.23 字彙俗鏊字。鑒又鏊64116

鑄 64545 34105
zhù_15.23 字彙俗鑄字。

鑜 64546 34106
zhuó_15.23 集韻陟略切音磔。與㯮同○按廣韻作鐯64340

鑨 64547 46076
léi_15.23 篇海類編同鑸

鑬 64548 46078
cài_15.23 龍龕蒼葛切。又音蔡。

鑘 64554 u28BD9
null_15.23 未詳。

鑞 64549 u2B4DC
chún_15.23 鐓63490本字

鑭 64550 u2B4DB
null_15.23 未詳。

鑮 64551 u28BDC
wèn_15.23 同璺34719

鑯 64552 u28BDB
ám_15.23 喃从金蔭ám聲。茶壺。

鑰 64553 u28BDA
wèi_15.23 同鑰64039名義鑰，于桂反。䶊△直音篇詳桂切△亦人名用字。同治徐州府志卷第二十三中列女傳劉鑰妻王……以上俱守四十餘年。

鑱 64555 u28BD8
kēm_15.23 喃从金儉kiệm聲。鋅。

鑲 64557 u28BD6
niè_15.23 集韻鑲，隸作鑲64456

鑳 64556 u28BD7
null_15.23 未詳。

鑴 64558 u28BD5
kào_15.23 鐐鑴。今作銬福惠全書·刑名部一·詞訟·用刑杻與鑴，有鐵、木之異。因罪人強悍者，每以木杻撞人，今多用鐵鑴。

鐵 64559 u28BD2
jiān_15.23 俗鐵64631

鑶 64560 u28BD1
null_15.23 未詳。

鑷 64561 u28BD0
null_15.23 未詳。

鑸 64562 u28BCF
null_15.23 未詳。

鑺 64563 u28BCE
null_15.23 未詳。

鑻 64564 u28BCD
null_15.23 未詳。

鑼 64565 u28BCC
null_15.23 未詳。

鑽 64566 u28BCB
null_15.23 未詳。

鑾 64567 u28BCA
null_15.23 未詳。

鑿 64568 u28BC9
null_15.23 未詳。

鑇 64569 u28BC8
guǎ_15.23 龍龕俗，古瓦切。

鑈 64570 u28BC7
null_15.23 未詳。

鑉 64571 u28BC6
null_15.23 未詳。

鑊 64572 u28BC5
lì_15.23 同礪39529

鑋 64573 u28BC4
biāo_15.23 同鑣64543

鑌 64574 u28BC3
sǒ_15.23 喃从金數số聲△鑌怓：鑌。

鑍 64575 u28BC2
null_15.23 未詳。

鑎 64576 u28BC1
null_15.23 未詳。

鑏 64577 u28BC0
jī_15.23 同鐥64529

鑐 64581 u9574
là_15.23 简鑞64535

鑑 64578 u4974
juān_15.23 龍龕鐫鑑鑑三俗，鑴正。

鑒 64579 u4973
yōu_15.23 化學元素銪63248之舊譯。

鑖 64580 u4972
ōu_15.23 化學元素銪63248之舊譯。

鑗 64582 u9573
biāo_15.23 简鑣64543

鑘 64583 u9466
xián_15.23 人名用字。同治安義縣志·卷十二·人物志·列女·節婦萬化鑘之妻劉氏：十九歲守節，七十五歲完貞。

鑙 64584 u9465
lǔ_15.23 化學元素Lutecium之漢譯，屬稀土元素。符號Lu，序數71。亦譯作鎦63893

鑚 64585 u9464
páo_15.23 同刨03351

鑛 64586 u9459
jī_15.23 同鐥64529

鑜 64587 34107
xiāo_16.24 唐韻呼鳥切 集韻馨鳥切夶音曉說文鐵文也⊠廣韻古了切音皎。又集韻他弔切音糶。義夶同。

鑢 64588 34108
duò_16.24 字彙同鐸

鑣 64589 34109
lì_16.24 廣韻與鬲同。鼎屬吳越春秋見兩鑣蒸而不炊左思·嬌女詩心爲茶荈劇，吹噓對鼎鑣抱朴子·黃白卷於鑣中加微火。

鑡 64590 34110
lóng_16.24 集韻盧東切音籠。器也。

鎠 jiàng 16.24 （64591 34111）[集韻]巨兩切,强上聲.鉛屬.鎣又鎠64088

鑊 huò 16.24 （64592 34112）[正字通]俗鑊字.詳前鑊64045字註.
鎣又鑊64602

鑑 jiàn 16.24 （64601 46077）[龍龕]同鑑

鑪 lú 16.24 （64594 34114）[唐韻]洛乎切[集韻][正韻]龍都切[韻會]籠都切丛音盧[說文]方鑪也[徐鉉曰]今俗別作爐,非[廣韻]火林[韻會]一曰火函[左傳·定三年]鄆莊公廢于鑪炭[周禮·天官·宮人]共鑪炭[前漢·賈誼傳]天地爲鑪,造化爲工,陰陽爲炭,萬物爲銅[又][正韻]酒器[又]酒肆[史記·司馬相如傳]令文君當鑪[註]韋昭曰:鑪,酒肆也.以土爲墮,邊高似鑪[又]鉌62948鑪,箭名[又][韻會]熏器.或作爐[漢官典職]尚書郎給女,使執香爐[又]與鑪通[左傳·定四年]鑪,金初宮于子期氏[釋文]鑪,本又作鑪.金名.音慮.鎣又爐30657鈩62919

鐥 mèng 16.24 （64595 34115）[類篇]母亙切音懜[博雅]鉤鐥,鐶也.

鑫 xīn 16.24 （64596 34116）[玉篇]呼龍切音胷.又許金切音歆.義丛闕[正字通]鑢字註宋子虛名友,五子,以鑫森淼焱垚立名.又[南康郡志]黃鑫由明經辟薦,任餘杭令,擢監察御史.

鑊 huò 16.24 （64602 u2B513）[簡]鑊64592

鑷 niè 16.24 （64597 34117）[集韻]諾叶切音捻[博雅]正也.或省作鑷.亦作銸[又]與桹同[子夏易傳]繫于金鑷○按[易]姤卦作金柅.

鐜 duì 16.24 （64598 34118）[說文]徒對切音憝.矛戟柲下銅鐜也.引[詩·秦風]叴矛沃鐜○按[詩]今本作錞[又]dūn[集韻]都昆音敦.錞釪如鐘,以和鼓.本作鐜.

鐾 yǔ 16.24 （64599 34119）[集韻]與鈤鋙之鋙同.

鑀 null 16.24 （64603 u2B4DF）[喃]未詳.

鍘 zhá 16.24 （64600 34120）[集韻][類篇]丛槎轄切音泆.斷草刀也○按[廣韻][正韻]作鍘.

鑝 null 16.24 （64605 u2B4DD）未詳.

鏻 lín 16.24 （64604 u2B4DE）鑑鐘,亦作鏻鐘、敦鐘、林鐘.見殷周金文.

鑃 đúc 16.24 （64606 u28BF9）[喃]从鑄省篤đốc聲.

鎚 dùi 16.24 （64607 u28BF8）[喃]从金頹đồi聲.錐.亦作錐64107

鑘 đáng 16.24 （64608 u28BF7）[喃]从金蓥đáng聲.

鑑 heon 16.24 （64609 u28BF6）[韓]申鑑,人名.

鍏 xīng 16.24 （64610 u28BF5）人名用字[清實錄·世祖章皇帝實錄·卷之六十九]惟賊渠李明忠,遁走雷州.偽軍門杜永和、偽博興侯張月等,同偽西平王朱聿鍏,縛明忠來降.

鐯 zhuó 16.24 （64611 u28BF4）俗斵22084

鑿 záo 16.24 （64612 u28BF3）同鑿64693

鍮 tóu 16.24 （64613 u28BF2）化學元素鍮63433舊譯.

鑠 lì 16.24 （64614 u28BF1）同鑠63869[龍龕]鑠或作,歷正.

鐰 null 16.24 （64615 u28BF0）未詳.

鑯 null 16.24 （64616 u28BEF）未詳.

鐮 null 16.24 （64617 u28BEE）未詳.

鑮 null 16.24 （64619 u28BEC）未詳.

鑽 chuān 16.24 （64618 u28BED）同鑽64197[篇海]鑽,丑緣切.

鐾 null 16.24 （64620 u28BEB）未詳.

鑛 null 16.24 （64621 u28BEA）未詳.

鐯 zān 16.24 （64622 u28BE9）俗鐕64469

鑏 null 16.24 （64623 u28BE8）未詳.

鑺 null 16.24 （64624 u28BE7）未詳.

鑬 null 16.24 （64625 u28BE6）未詳.

鎞 bī 16.24 （64626 u28BE5）同鎞63881[清·沈謙·臨平記·卷之三·附記]謙曰:越砥,功可反明,有金鎞之效,爲歷代名醫所稱.

鑼 luó 16.24 （64627 u28BE4）俗鑼64695[明·李實·蜀語]軍中赤金小釜曰鑼鍋.鑼,音羅.俗作鑼64690非.

鑭 làn 17.25 （64628 34121）[廣韻][集韻]丛郎旰切音爛[玉篇]金光貌[廣韻]光鑭[集韻]金采也.鎣又鋼64316鑭64725

鏢 biāo 17.25 （64629 34122）[正字通]鏢字之譌.

鎛 bó 17.25 （64630 34123）[唐韻][集韻]丛匹各切音粕◆[說文]大鐘,淳于之屬,所以應鐘磬也.堵以二金樂則鼓鎛應之[儀禮·大射儀]其南鎛[註]鎛如鐘而大,奏樂以鼓鎛爲節[又]田器也.與鎛同[釋名]鎛亦鋤類也.鎛,迫也[又]bó[廣韻]補各切[集韻][韻會][正韻]伯各切丛音博[集韻]十二辰頭鈴鐘也[又]bó[廣韻]傍各切[集韻]白各切丛音泊[廣韻]似鐘而大.鎣[直音篇]鎛64471同鎛.

鐵 jiān 17.25 （64631 34124）[唐韻]子廉切[集韻]將廉切丛音尖[說文]鐵器也.一曰鎬也[徐鉉曰]今俗作尖,非是[爾雅·釋山]銳而高[註]言鐵峻[疏]銳則鐵也.言山形鐵峻而高[博雅]銳也[又]qiān[集韻]千廉切音籤.刻也.與鏩同.鎣又鐵64559鐵64699

鑰 yào 17.25 （64632 34125）[廣韻]以灼切[集韻][韻會][正韻]弋灼切丛音藥[說文]本作鑰.關下牡也[揚子方言]戶鑰,自關而西謂之鑰[抱朴子·至理卷]堅玉鑰於命門,結北極於黃庭[又]通作籥[戰國策]齊君之魯,魯人投其籥,不果内[史記·蕭相國家]高祖出征,何每居守管籥[又]入也[淮南子·原道訓]排閶闔,鑰天門[註]鑰,入也.鎣又钥62902鑰64098鑰63447蒤51432蒿49753

鑱 chán 17.25 （64633 34126）[唐韻]士銜切[集韻][韻會]鋤銜切丛音巉[說文]銳器也.或作鋑[史記·扁鵲傳]鑱石撟引[索隱註]鑱仕咸反.謂石針也.撟,謂爲按摩之法,矯撟引身,如熊顧鳥伸也[又][廣韻]吳人云犁鑱[杜甫·寓同谷縣歌]長鑱長鑱白木柄,我生託子以爲命[又][玉篇]刺也,鑿也[正字通]與劖通[韓愈·送區弘南歸詩]洶洶洞庭莽翠微,九疑鑱天荒是非[宋郊詩]激切波瀾立,鑱鑱物象危[又][藥韻][抱朴子·逸民卷]何須乎鑱鼎哉[陸游詩]正令不遇亦何慚,藥鑱丹爐老青嶂[又]zhàn[廣韻]士懺切[集韻]仕懺切音轈.鑱土具.鎣又鑱64657

鑲 64634 34127 ráng_17.25 唐韻汝羊切集韻汝陽切丛音穰說文作型。中腸也正字通或曰型者，鑄器之法。凡作型，先以繩爲坯胎，型固，則從竅搯繩緒耑，繩窮而型存，有類於腸也 又 廣韻鉤鑲，兵器釋名鉤鑲，兩頭曰鉤，中央曰鑲。或椎鑲，或鉤引，用之之宜也 又 xiāng 廣韻息良切集韻思將切丛音襄。又niáng 廣韻女良切集韻尼良切丛音孃。義丛同。䥶又镶64656

鑋 64635 34128 mí_17.25 廣韻武移切集韻民卑切丛音彌玉篇青州謂鐮爲鑋。或作鍪。

鑳 64636 34129 jiàn_17.25 玉篇同鍵　鑷 64637 34130 líng_17.25 博雅鑷，瓶也 ○按韻書不載此字，疑卽鑘字之譌。

鐻 64638 34131 jù_17.25 集韻臼許切音巨。與簴同。鍾鼓之柎也。飾爲猛獸，从虍，異象其下足。

鑡 64639 46080 chuò_17.25 龍龕初角切音婼。

鑢 64640 46081 áo_17.25 五音篇海與鏖同。

鑶 64642 u2B4E2 null_17.25 未詳。　鐍 64641 46082 jué_17.25 龍龕子略切

鐵 64643 u2B4E1 null_17.25 未詳。　鑋 64646 u28C08 kiĕng_17.25 喃从金擎kình聲。支鍋鐵圈，項圈，足鐲。

鐣 64644 u2B4E0 null_17.25 未詳。　鐶 64648 u28C04 huán_17.25 同環34674長沙東晉升平五年潘氏墓石刻衣物疏：故銀鐶九雙。

鑯 64647 u28C07 kẽm_17.25 喃从金歛liễm聲。同鐱64555

鑾 64645 u28C31 miǎo_17.25 義未詳。　鑍 64649 u28C03 yīng_17.25 俗瓔34821可洪音義鑍珞：上於盈反。正作瓔也。

鑓 64650 u28C02 qiàn_17.25 同鐫45377朝鮮本龍龕音倩。器也五音集韻紡錘說文曰瓦器也。又七鈍切合併字學集篇音茜。

鑺 64651 u28C01 cuī_17.25 俗鏙64055　鑵 64652 u28C00 null_17.25 未詳。

鑻 64654 u28BFE null_17.25 未詳。　鑑 64653 u28BFF jiàn_17.25 或俗鑑64466

鑗 64655 u28BFD lí_17.25 龍龕鑗，俗。音離 又 化學元素鉌的舊譯。

鑱 64657 u9575 chán_17.25 简鑱64633　镶 64656 u9576 xiāng_17.25 简鑲64634

鑕 64658 34132 zhá_18.26 廣韻正韻丛查鍣切音沭廣韻秦人云切草正韻切草器○按集韻類篇作鍘。

鑴 64659 34133 xī_18.26 唐韻戶圭切集韻韻會玄圭切丛音攜說文甍也 又 廣韻大鍾 又 揚子方言䥍也註鑴，音攜。又 集韻一曰日旁氣刺日周禮·春官·眡祲掌十煇之灋，以觀妖祥，辨吉凶。一曰祲、二曰象、三曰鑴註鑴，謂日旁氣，四面反鄉，如煇狀也 又 huī 廣韻許規切集韻韻會翾規切丛音隓廣韻大鐘集韻鼎屬。一曰日旁氣周禮釋文鄭康成讀 又 wēi 集韻宣爲切音眭。亦日旁氣也周禮釋文劉昌宗讀。亦作下圭反 又 guī 集韻涓畦切音圭。錐也。䥶又镌64676 又 直音篇鐫64403鑴同鑴64578

鑈 64666 34140 tián_18.26 集韻同鈿　鑹 64660 34134 luó_18.26 字彙魯戈切，音羅◇小釜。一曰溫器。○按卽鑼字之譌。

鑘 64661 34135 lǎi_18.26 集韻同銇　鑋 64663 34137 hōng_18.26 集韻同鍧。

鑵 64662 34136 guàn_18.26 集韻古玩切音貫。汲器。䥶又鏆64145

鑸 64664 34138 tóng_18.26 集韻同銿博雅鈴鏞謂之鑸。

鑶 64665 34139 cáng_18.26 集韻慈郎切音藏。鈴聲。䥶又鋆63267

鑷 64667 34141 niè_18.26 廣韻正韻尼輒切集韻昵輒切丛音聶。鑷子釋名鑷，攝也。攝取物也雲仙雜記王僧虔晚年惡白髮，一日對客，左右進銅鑷。僧虔曰：却老先生至矣，庶幾乎 又 首飾後漢·輿服志簪以瑇瑁爲擿，長一尺，端爲華勝，上爲鳳凰爵，以翡翠爲毛羽，下有白珠，垂黃金鑷崔瑗·釵銘三珠璜釵，鑷髮鑽瑩△集韻或作鑈類篇亦作鈮。䥶又镊64002鑈63438 又 直音篇鉩62992同鑷。

鑸 64668 34142 lěi_18.26 唐韻洛猥切集韻魯猥切丛音磊說文鍡鑸，不平也。

鑴 64676 u2B514 xī_18.26 简鑴64659　鑉 64669 34143 tà_18.26 集韻託合切，音塔。物墮聲 又 金石韻府借作塔。

鑗 64677 u2B4E3 null_18.26 未詳。　鑹 64670 34144 cuàn_18.26 廣韻七亂切集韻取亂切丛音竄。小矟也正字通隋紀有嶺南排鑹手，卽今小矟。與穳通。䥶又鋛64402镩鋛64376 又 集韻鑹，或作穳38491慧琳音義作欑26216

鑃 64673 34147 diào_18.26 集韻同銚　鑺 64671 34145 qú_18.26 唐韻其俱切集韻權俱切丛音劬說文兵器也廣韻戟屬，或作戵。

鑣 64678 u2F9ED biāo_18.26 俗鑣64672　鑣 64672 34146 biāo_18.26 說文鏢本字

鑾 64682 u28C19 null_18.26 未詳。　鑿 64674 34148 záo_18.26 字彙補古文鑿字。漢隸釋·張公神道碑刊鑿涿摩。

鑯 64675 34149 jiǎn_18.26 字彙補古典切音簡。兵器。䥶又鑯64679

鑗 64685 u28C16 null_18.26 未詳。　鑯 64679 u28C1D jiǎn_18.26 同鑯64675

鑕 64680 u28C1B zhǐ_18.26 同鑕64222類篇鑕，展凡切。鑽也。

鑁 64681 u28C1A shuāng_18.26 光緒重修儀徵縣志·卷四十五·藝文志·集類披裘集、鑁艭集，陳邦楨撰。

鑁 64683 u28C18 fēng_18.26 或同鉾62870直音篇鑁，音豊。

鑑 64684 u28C17 null_18.26 敦煌P.4981當寺轉帖右件眾徒（徒眾），今緣裴寺水漂破壞，切要眾力修助，僧官鈳鑑壹个，徒眾鍬鑺（钁）一事，又二人落鞏一枚。鈳鑑，或作阿藍、鈳鑑、鈳鑑，一種西域有柄農具。

鑯 64686 u28C15 tiě_18.26 同鐵64357　鑏 64687 u28C14 null_18.26 未詳。

鑖 64688 34150 mó_19.27 玉篇莫羅切音磨。金也。

鑻 64689 34151
pàn_19.27 字彙普諫切,攀去聲。腰帶鑻面 正字通 按 六書通 作襻。俗加金旁,非。

鑼 64690 34152
luó_19.27 廣韻魯何切 集韻 韻會 良何切 正韻 郎何 切 夶音羅 廣韻 鈔鑼,器也 正字通 築銅爲之,形如盆, 大者聲揚,小者聲殺。樂書有銅鑼。自後魏宣武以後, 有銅鈸沙羅,沙羅卽鈔鑼 六書故 今之金聲,用於軍旅 者。亦以爲盥盆。鑒又锣 63615

鑽 64691 34153
zuān_19.27 唐韻借官切 集韻 韻會 正韻 祖官切 夶 音劗 說文 所以穿也 图 前漢·刑法志 其次用鑽鑿 註 鑽, 臏刑也。師古曰鑽,鑽去其臏骨也 图 史記·禮書 施鑽如 鑫蠆 註 鑽謂矛刃及矢鏃也 图 正字通 金剛鑽生水底, 如鐘乳,體似紫石英,惟安南高石山羚羊角能碎之。 图 廣韻 刺也。爾雅·釋木 槸棃曰鑽之 莊子·外物篇 神龜 知能七十二鑽而無遺筴,不能避剖腸之患,如是則知有 所困,神有所不及也 图 凡深入者,借用鑽 論語 鑽之彌 堅 爾雅·序 沈研鑽極,二九載矣。又班固·答賓戲 商鞅 挾三術以鑽孝公 註 帝王霸三策,鑽者,取必入之義。 图zuàn 廣韻 子算切 集韻 祖算切 夶音攢。義同 六書故 去聲,借貫也,穿器也。用之穿物曰鑽,平聲 正字通 按 以鑿鑿木皆讀昨,不聞鑿一音,鑿物又一音,鑽亦如之。 必分平去二聲,泥。鑒又钻 62955 钻 63063 鑽 64530 礦 39606 闠 59728 图 可洪音義 鏪鑽 64708:上足遙反,下子管反, 錫杖頭足下飾也。正作鏢鑽也。下又 經音義 作鑽,子 乱反,非 图 集韻 鑽橕 26127,祖筭切。或从木。

鑾 64692 34154
luán_19.27 唐韻 洛官切 集韻 盧丸切 正韻 盧官切 夶 音鸞◆ 說文 人君乘車,四馬鑣,八鑾鈴,象鸞鳥聲,和 則敬也 图 翰林志 翰林院與金坡殿相接,故學士院號金 鑾 又 德宗移學士院於金鑾坡 图 集韻 通作鸞 古今注 禮記 云行前朱鳥鸞也。前有鸞鳥,故謂之鸞。鸞口銜鈴, 故謂之鑾鈴。今或爲鑾,或爲鸞,事一而義異也。

鑒又鎣 63244

鑿 64693 34155
záo_19.27 古文齹 唐韻 在各切 集韻 韻會 正韻 疾各 切 夶音昨 廣韻 鑿也 古史考 孟莊子作鑿 師古曰 鑿所以 穿木也 图 說文 穿木也 易繫辭 刳木爲舟疏 刳剡謂鑿其中 图 詩·豳風 二之日鑿冰沖沖 朱註 鑿冰,取冰於山也。 图 黥刑 前漢·刑法志 其次用鑽鑿 註 鑿,黥刑也 图 開也 前漢·張騫傳 然騫鑿空 註 鑿,開也。空,通也。騫始開 通西域道也 图 造也 公羊傳·成十三年 公鑿行也 註 鑿, 猶更造之意 釋文 鑿,在洛反。猶造意也 图 韻會 六情曰 六鑿 莊子·外物篇 心無天游,則六鑿相攘 註 六情也。 图 正字通 恣意不求合義理,謂之鑿 孟子 爲其鑿也 前 漢·禮樂志 以意穿鑿 图 書名。緯書有 乾坤鑿度 图zuò 廣韻 則落切 集韻 韻會 正韻 卽各切 夶作鑿 集韻 鮮明 貌 詩·唐風 白石鑿鑿 傳 鑿鑿,鮮明貌 釋文 鑿,子洛反 图 九章算術 粟率五十,鑿二十四。言粟五斗,爲米二 斗四升 左傳·桓二年 粢食不鑿 註 不精鑿 釋文 鑿,子洛 反 杜甫詩 秋菰成黑米,精鑿傳白粲 图zú 廣韻 集韻 夶

昨木切音族 廣韻 鑿鏤花葉 图zào 集韻 韻會 正韻 夶在 到切,漕去聲 集韻 穿空也 增韻 孔竈 周禮·冬官考工 記·輪人 凡輻,量其鑿深以爲輻廣 釋文 鑿,曹報反。又 如字 前漢·楚元王傳 羊入其鑿 師古註 鑿,在到反。謂 所穿冢藏者 楚辭·九辯 何時俗之工巧兮,滅規矩而改 鑿。獨耿介而不隨兮,願慕先聖之遺教 图cào 集韻 七 到切音操。穴也 图 唐韻正 平聲,音漕 水經注 桓玄有問 鼎之志,乃漕一洲,以充百數。漕卽鑿字。鑒又凿 03232 榖 27103 鍫 63366 榖 27116 榖 27160 榖 27172 鑿 27174 醫 48440 遙 61211 遙 61334 鑿 64365 鑿 64612 鑿 64703 鑿 75841 鑿 75588

鑶 64698 u2B515
lèi_19.27 簡 鑶 64701

鑺 64699 u2B4E4
jiān_19.27 俗鐵 64631

鑻 64696 46083
shuò_19.27 篇海類編 同鑠。

鑽 64697 46085
bǎo_19.27 五音篇海 必老切。鑒又鑃 64709 鉎 63534

鑴 64700 u28C27
sǔng_19.27 喃 从金寵sǔng聲。金屬相碰擊聲。

鑶 64701 u28C25
lèi_19.27 人名用字。朱統鑶。見 明史

鑿 64703 u28C22
záo_19.27 俗鑿 64693

鑺 64704 u28C21
xǐ_19.27 同璽 34723 古璽彙編·吉語璽·4623 私鑺。

鑿 64705 34158
duī_20.28 說文 都回切音堆。下垂也。一曰千斤椎。 ○按韻書俱作鑿。

鑖 64694 34156
bēi_19.27 廣韻彼爲切 集韻 班糜切 夶音陂。粗屬。與鑼同。

鑻 64695 34157
luó_19.27 唐韻魯戈切 集韻 韻會 盧戈切,並音臝 說文 鉎鑻也 廣韻 小釜 集韻 溫器 博雅 鍑銷謂之鉎鑻 △ 集韻 或作臝、鏍 字彙 譌作 鑻。鑒又臝 64367 鏍 64037 鏍 64157 鑻 64627 鑼 64690

鑶 64702 u28C23
lì_19.27 四部叢刊三 編子部·太平御覽·卷第三百四十七·兵部七十八·弓 江 表傳曰:高句鑶王遣使貢孫權角弓。

鑽 64709 u28C30
bǎo_20.28 同鑽 64697

鑶 64710 u28C2F
duī_20.28 同鑶 64211

鑺 64706 34159
niè_20.28 廣韻 集韻 韻 會 正韻 夶魚列切音孽 玉篇 鑺也 爾雅·釋器 鑺謂之鑺 註 馬勒旁鐵 釋文 鑺,魚列反 图 廣韻 集韻 韻會 正韻 夶 語許切音齬。義同 图yǐ 集韻 魚羈切音宜。與轙同。車 衡載轡者 图 集韻 語綺切音螘。義同。鑒又鏑 64407

鑺 64707 34160
jué_20.28 唐韻居縛切 集韻 韻會 正韻 厥縛切 夶音矍 說文 大鉏也 博雅 檛謂 之鑺 淮南子·精神訓 負鑺舌 註 鑺,斫也。音矍。鑒又 鑺 64716 钁 38486 图 直音篇 钁 38490與鑺同。

鑽 64708 46084
zuǎn_20.28 五音篇海 音纂。

鑶 64711 u28C2E
duì_20.28 同鑶 64211

鑺 64713 u28C2D
null_20.28 未詳。

鑽 64714 u28C28
biāo_20.28 同鑽 64678俗鑽 64672

鑶 64715 u28C2A
thiếc_20.28 喃 从錫省釋thích聲。

鑺 64712 u28C2C
null_20.28 未詳。

鑽 64716 u4986
jué_20.28 簡 鑺 64707

鑶 64717 u9482
tǎng_20.28 亦作鋭 64020民國 新字典 鑶,讀如儻。兵

器，如小說書所言金鑭之類。形製未詳 中華大字典 鑭，兵器，形如半月，有柄。小說中有流金鑭、混金鑭等名。明弘治 八閩通志 卷之六十九·人物·人物·汀州府 曾先：字彥登，長汀人。少剛鷙好俠，因交亡命拘因。朝旨下汀，募又鑭手戍邊，時畏縮無敢行者，先獨倡勇應募，由是得千餘人。

鑭 64718 34161
shǔ_21.29 集韻 殊玉切音蜀 玉篇 鉏也 釋名 鑭，誅也。以以誅除物根株出 荀子·榮辱篇 所謂以狐父之戈鑭牛矢也 囚 zhú 玉篇 陟玉切音瘃。義同 囚 正韻 鑭鏤，劍名。亦作鐲。鐾 又斷22124

鑶 64719 42152
zhē_21.29 字彙補 章奢切音遮 七修類稿 鑫鑶，俗語也。

鑱 64720 u28C36
jiàn_21.29 或俗鑒64727

鑲 64721 u28C34
nén_21.29 喃 從鉛省曩nán聲 △鑲銷：一錠黃金。佁鑲：二十兩（625公克）。

鐔 64722 u28C33
xín_21.29 鐔64212本字。

鑼 64723 u28C32
jiàn_21.29 同鑑64466見 直音篇

鑺 64724 u4979
seol_21.29 韓 人名用字。

鑭 64725 u9484
lán_21.29 字海 同鑭64628

鐵 64726 46086
yú_22.30 龍龕 音俞，祭名。

鑒 64727 u28C39
jiàn_22.30 或同鑒。

鑽 64728 u28C37
null_22.30 人名用字 明史·諸王世表二 鄘鑽，廷埔嫡二子。

鑁 64729 u28C3A
bén_23.31 喃 從銳省變biến聲 △鑁銳：尖銳。

鑫 64730 46087
bǎo_24.32 搜真玉鏡 音寶。又音玉。

鑶 64731 u28C3D
luán_27.35 或同鑾。

鑾 64732 u28C3D
luán_30.38 人名用字 明實錄·明英宗睿皇帝實錄·卷之一百四十一 戊寅。賜韓府襄城王二子名，長曰徵鉅，次曰徵鑾。

• 長部 •

長 64733 34162
cháng_0.8 古文镸兵兂兂兂兂镸髪 唐韻 集韻 直良切 正韻 仲良切丛音嘗 增韻 短之對也 孟子 今交九尺四寸以長 前漢·田橫傳 尺有所短，寸有所長 囚 久也 詩·商頌 濬哲維商，長發其祥 箋 長，猶久也 老子道德經 天地所以能長且久者，以其不自生，故能長生。囚 遠也 詩·魯頌 順彼長道，屈此羣醜 箋 長，遠也 古詩 道路阻且長 囚 常也 陶潛歸去來辭 門雖設而長關 李商隱詩 風雲長爲護儲胥 囚 大也 世說新語補 願乘長風，破萬里浪 囚 善也 晉書·樂廣傳 論人必先稱其所長 唐書·韓琬傳 文藝優長，挾也 囚 吳語 孤敢不順從君命，長弟許諾 註 長弟，猶云先後也 囚 星名 博雅 太白謂之長庚 詩·小雅 東有啓明，西有長庚 傳曰旦出，謂明星爲啓明。日既入，謂明星爲長庚 囚 宮名 班固·西

都賦 北彌明光而互長樂 謝朓·怨情詩 掖庭聘絕國，長門失歡宴 註 長門，漢陳皇后所居 囚 地名 玉海 長安，本關中地，西漢建都于此，後因謂天子所都爲長安。囚 山名 說林 公見東陽長山，曰：何其坦迤 金史·禮志 有司言，長白山在興王之地，禮合尊崇 囚 國名 山海經 有鹽長之國 囚 獸名 山海經 有獸焉，其狀如禺，而四耳，其名長右 囚 草名 爾雅·釋草 長楚，銚芅 疏 長楚，一名銚芅 囚 姓 左傳·僖二十八年 甯子先長牂守門 註 長牂，衛大夫。又仲長，複姓。又長乘，神名 山海經·郭璞贊 九德之氣，是生長乘。人狀狗尾，其神則凝。妙物自潛，世無得稱 囚 zhǎng 廣韻 知丈切 集韻 韻會 正韻 丛展兩切。孟也 易·乾卦 元者，善之長也 疏 元爲施生之宗，故言元者善之長也 戰國策 君長齊奚以薛爲 註 長，雄長之長 囚 齒高也 書·伊訓 立愛惟親，立敬惟長 禮·曲禮 年長以倍，則父事之。十年以長，則兄事之。五年以長，則肩隨之 囚 位高也 書·益稷 外薄四海，咸建五長 傳 言至海諸侯五國，立賢者一人爲方伯，謂之五長，以相統治 釋文 五長，衆官之長 囚 周禮·天官·大宰 乃施則于都鄙，而建其長 註 長謂公卿大夫，王子弟之食采邑者。囚 進也 易·泰卦 君子道長，小人道消也 囚 生長也 孟子 苟得其養，無物不長 囚 長養之也 前漢·董仲舒傳 陽常居大夏，而以生育養長爲事 囚 詩·大雅 克明克類，克長克君 箋 教誨不倦曰長 囚 官名 左傳·襄十一年 秦庶長鮑庶長武帥師伐晉，以救鄭 註 庶長，秦爵也 囚 縣名 左傳·襄十八年 夏，晉人執衛行人石買于長子 註 長子縣，屬上黨郡。囚 zhàng 集韻 韻會 正韻 丛直亮切音仗 集韻 度長短曰長 囚 集韻 餘也 正韻 多也，宂也，剩也 論語 長一身有半 世說新語 平生無長物 陸機·文賦 故無取乎宂長 囚 zhàng 正韻 知亮切音障。增盛也 韓愈詩 得時方長王。鐾 又長64741大00816买01034厃02371兵64736兂03114

镸 64739 u2ED2
zhǎng_0.8 部 長64737

镸 64734 34163
cháng_0.8 字彙 古文長字。註詳上 正字通 長字在旁之文，髟髪諸字从此。

長 64740 u2ED1
zhǎng_0.8 部 長64737

兂 64735 34164
cháng_0.8 集韻 長古作兂。註詳上○按 字彙 兂字下尚有兂字，訓古文長字 正字通 云 說文 集韻 古文長字俱作兂，無有作兂者 字彙 或另有據，但字形亦不應入長部。今移入匕部，此刪。

兂 64736 u28C58
cháng_0.8 同买01034，古文長。

兂 64738 u2ED3
zhǎng_0.8 部 長64737

長 64737 u2FA7
zhǎng_0.8 同長64733部首專用字。亦作長64740镸64739镸64738

长 64741 u957F
cháng_0.8 简 長64733四畫，筆順：丿、一、乚、乀。

凯 64742 34165
kūn_2.10 字彙補 丘敦切音坤。凯屯，醜牛貌 淮南子·說山訓 凯屯犁牛，既犐以犞，決鼻而羈，生子而犧。

釨 64743 34166
jiǔ_3.11 集韻 己有切音久。長也。鐾 俗作釨64757

釤 64744 46088
 jī_3.11 龍龕 同髻

髭 64746 34168
sōng_4.12 字彙 詳容切音松。燕云長也 正字通 俗鬚字。

毇 duàn_4.12　字彙杜翫切音段。投物也。鑾可洪音義宍毇：上而六反。下徒乱反直音篇毇，同段27023

敊 qí_4.12　集韻翹移切音衹。長敊，國名。其人髮長於身。

叕 gǎi_4.12　龍龕音改。

敨 yàng_4.12　字彙以長切音養。舉也区徒亂切音毇。出釋典

髜 áo_4.12　廣韻集韻𡡓烏浩切音媼博雅髜，長也左思·吳都賦爾乃地勢坱圠，卉木髜蔓註髜，長也区廣韻烏到切音奥。義同。鑾又敤64763区正字通勆64759，俗敤字。

髦 máo_4.12　漢隷分韻與髦同。

髡 kūn_4.12　龍龕音坤。去髮也。

襄 ǎi_4.12　字彙補烏解切音矮篇韻短也。

朡 chuāng_4.12　篇海類編音唱。又音杒。鑾龍龕朖，俗。初亮、初絳二反。正作朒。

斞 máo_4.12　字彙補與髦同。鑾字彙補斞，音義與髦同，出佛經，疑斞64760字之譌。

氏 shì_4.12　搜眞玉鏡音氏。鑾楊寶忠：俗髻70999

歆 jiǔ_4.12　俗歆64743

敊 dào_5.13　字彙都到切音倒。長貌。鑾楊寶忠：俗朓64777

勆 yǎo_5.13　集韻伊鳥切音杳。勆蛈，長而不勁。鑾又髟70944駋69845

斞 máo_5.13　正字通髾字之譌。

趺 dié_5.13　集韻徒結切音絰爾雅·釋魚趺，蛈註蝮屬，大眼，最有毒。今淮南人呼蛈子。鑾又氒64779

勆 zī_5.13　同髭70948

趐 jiē_5.13　集韻咨邪切音蹉。與𪉖同。通作嗟。山名。在東海山海經𪉖丘註或作㩉○按集韻古文嗟字作𪉖玉篇又以趐字作古文𪉖字，疑誤区zuǒ集韻子我切音左。丘名。

敤 ǎo_5.13　正字通髜字之譌。

毲 zhǎng_5.13　龍龕直羊切。又如養切。鑾龍龕毀，俗。直良、知兩二反。楊寶忠：俗髮70919区duàn同段64745，俗段27023偏類碑別字引周段模墓誌

髍 mí_5.13　搜眞玉鏡彌久切。鑾同𩠐

勯 shāo_5.13　龍龕山交切，音燒◇。

敁 diān_5.13　篇海音店蕎。又音母。鑾可洪音義多鬝64772：如瞻、如焰二反。頜毛也。正作髯70911也川音作剥，母、蕎二音，並非也。

鉗 qián_5.13　篇海類編音鉗。又音紺。

𨿍 fú_5.13　搜眞玉鏡音弗。

剝 rán_5.13　同鬝64768俗髯70911区đườn嘲同𩠑64848

肆 sì_5.13　俗肆46890曾榮汾異體字字典·異體字研訂說明肆為肆作為數字大寫時之異體。國字之大寫時，數目「四」寫成「肆」，然通俗亦見將右旁之「聿」以「四」取代者，蓋以意符換所致。通俗寫法既見此形，據以收為「肆」之異體可也。

髂 lù_6.14　字彙同路

叕 fà_6.14　字彙與髮同郭忠恕·答英公書鶴毀半生，猿心久死。

髳 niǎo_6.14　集韻乃了切音裊。勆髳，長而不勁区字彙補淮南子水行用舟，沙行用髳呂氏春秋髳作鳩。楊愼曰：按臬字蓋从髟省，似有毛毳之物，恐如今之山東皮幫鞋，漏水不漏沙之義。鑾又髳64791絜71028

朓 nǎo_6.14　集韻乃老切音瑙。敊朓，長貌区五音集韻徒到切音導。又那到切音腍。義敊同。鑾又龍龕朓64778或作，髾70985正，朓今区髶71059敊64758髾70897髾70995髾70965

朓 nǎo_6.14　正字通俗朓字。

毤 dié_6.14　說文長箋同毨。

絨 sōng_6.14　字彙補音松。細毛。

鉾 niè_6.14　川篇音桮。長也。鑾楊寶忠：同髶70947

髻 zhāo_6.14　搜眞玉鏡音招。

襲 cén_6.14　龍龕士金切。

朧 cōng_6.14　五音篇海音夗。

髞 nóng_6.14　簡髞64845 dấy聲。延，綿△髞弋。漫長。髞敊：長久△亦作髞64786

肄 dài_6.14　嘲从長夷dí聲。同髞64787延，長。

毀 null_6.14　未詳。

鉾 niè_7.15　字彙魚列切音孽。長也。鑾同鉾64781髶70947

絲 cì_7.15　字彙七四切音次。漆塗器。

髳 niǎo_7.15　五音集韻奴鳥切音嫋。勆髳，長而不勁。○按音義與髳字同，未審孰是。

朡 shāo_7.15　龍龕所交切。髮毛也。鑾又髾71030

絽 zōng_7.15　五音篇海同綜

朘 jùn_7.15　龍龕子峻切。

認 nhẳng_7.15　嘲从長忍nhẳn聲。糾纏不斷。

綜 zōng_8.16　字彙將容切音宗。亂髮也正字通俗髮字。

64797 34189
鵻 zhú_8.16 字彙竹律切，諄入聲。髳也。

64798 34190
錘 tuǒ_8.16 字彙吐火切音妥。好髮貌図duǒ都火切音朵。與髽同図集韻唐武后所作聖字〇按集韻誳引。詳後錘64826字註。

64799 34191
髯 àn_8.16 集韻魚旰切音岸。長大也。

64800 34192
鬘 bī_8.16 字彙必迷切音卑。冠飾。鑒正字通鬟71072鞸68418同図髀64833

64801 34193
靜 zhēng_8.16 字彙除庚切音根。髮亂貌。

64802 34194
屈 jué_8.16 正字通渠勿切音屈後漢·光武紀諸于繡屈註字書無屈字續漢書作裾，音其物反揚雄·方言曰：襜褕，其短者，自關而西謂之袪裾。郭註，俗名裾掖。據此，卽是諸于上加繡裾，如今之半臂也。廣記韓晉公見少年單練裾西陽雜俎作屈。

64803 34106
錫 tì_8.16 篇海類編音剔。鑒可洪音義錫頭：上他的反。正作鬍71140也。郭氏音堂，非。

64804 46107
鬙 xiá_8.16 龍龕胡加切音遐。

64805 46108
鬗 pī_8.16 搜真玉鏡音丕。鑒俗髮70946

64806 46109
綠 qiú_8.16 海篇音求

64807 u2B517
綵 null_8.16 未詳。

64808 u28C8F
綣 quán_8.16 俗鬈71071祝睦後碑君尉綣入學。敦煌·P.2014切韻綣，髮好。

64809 u28C8D
長 null_8.16 未詳。

64810 34195
鞘 shěng_9.17 集韻所景切，生上聲。長貌。鑒又省01545

64811 34196
璁 zōng_9.17 字彙與綜同。

64812 34197
髻 duǒ_9.17 字彙補都果切音朵博雅髻，盡也。

64813 46110
緒 qí_9.17 龍龕同緒。鑒龍龕緒俗，髻71142今。

64815 46112
扁 piān_9.17 五音篇海音扁

64816 46113
聖 shèng_9.17 字彙補同聖。鑒又璽34693髻70900

64817 46114
錙 zī_9.17 五音篇海同髭

64818 46115
頭 tì_9.17 篇海類編音剃。鑒俗鬍71032

64819 46116
聖 shèng_9.17 龍龕與聖同。

64820 u28C97
張 tāng_9.17 類篇長，他郎切。聲也。引詩擊鼓其鏜75297或作脹。

64814 46111
鞘 mán_9.17 龍龕同鬘

64821 u28C96
髭 ngòng_9.17 喃從長禺ngung聲△髭巆：曲折，蜿蜒，逶迤。

64822 34198
劚 tì_10.18 正字通他歷切音別揚子·太玄經兼貝以役，往益來劚註劚，憂也。言王道微弱，貨貝爲市，日以侵折，下不奉上，故致憂図除也揚子·太玄經陽氣傷劚，陰無救瘣，物則平易註陽氣上升，劚除瘣病，萬物平易。

64823 34199
鎔 róng_10.18 字彙餘封切音容。飾也。鑒楊寶忠：同鬙71145

64824 34200
嗟 jiē_10.18 集韻嗟06759古作嗟爾雅·釋詁嗟、咨，嗟也註今河北人云嗟嘆揚子·太玄經極樂之幾，不移日而悲，則哭泣之嗟資註嗟，音嗟。嗟資，哀貌図丘名山海經嗟丘爰有遺玉註嗟，音嗟。或作迮。

64826 34202
錘 shèng_10.18 字彙補武則天所製聖字。見大周泰山碑。又後山叢談作髮集韻作錘，疑誤。鑒从舌（古文王）主厺（長）図錘64819璽64828

64827 u28CA4
鬐 qí_10.18 俗髻71142可洪音義鬐鬐：上巨尸反。下力茉反図qí俗鰭72471四部叢刊·三編子部·太平御覽·卷第六十二·地部二十七·漢沔又曰漢東經西城縣故城，為鱣湍。洪波漭蕩，溯浪雲頹。古者舊言：有鱣魚奮鬐望濤直上，至此曝鰓，因以名鱣湍焉。

64825 34201
鞼 jì_10.18 字彙同髻

64828 u28CA3
璽 shèng_10.18 同錘64826

64829 34203
鏊 áo_11.19 玉篇午刀切音敖。長大貌。

64830 34204
鏓 cōng_11.19 字彙倉紅切，音蓯◇髮亂貌。

64831 34205
鏟 chǎn_11.19 字彙與鏟同。

64833 42157
鞞 bī_11.19 龍龕同鬘

64832 34206
鬘 mán_11.19 字彙補與鬘同。花鬘，南方婦人首飾也。出古音駢字

64834 46117
錙 zī_11.19 五音篇海同髭

64835 46118
鬍 máo_11.19 龍龕音務。鑒同鬍71195髮至眉。

64836 46119
鏠 féng_11.19 搜真玉鏡音逢

64837 46120
鬚 jī_11.19 搜真玉鏡音蹟

64838 34207
鐐 liáo_12.20 類篇朗鳥切音了博雅鐐鐎，長也。図liáo集韻憐蕭切音聊埤蒼細長也。

64839 34208
鐈 jiào_12.20 類篇巨夭切，喬上聲。鐐鐈，長也。鑒又髻71219

64840 34209
鏼 láo_12.20 集韻郎刀切音勞。鏼鏊，長貌。

64841 34210
鐕 zēng_12.20 字彙咨登切音增。編髮繩。

64842 42158
鬣 liè_12.20 字彙補力涉切音獵。須也。

64843 46122
鵬 péng_12.20 搜真玉鏡音蓬

64844 46123
綵 cǎn_12.20 篇海類編音參。又音慘。鑒同鬖71180図慧琳音義綵綵：颯甘反 叉聲髮長垂貌也。傳從艸作蔘50700，俗字，非也。或作彡14756也。

64845 34211
鬞 nóng_13.21 廣韻女容切音醲。多也。

64846 46121
鬭 chǎn_13.21 搜真玉鏡丑善切。

毃 64847 46124
áo_13.21　篇海類編 同𪗾。鼞 又鬖71169，同。

𪗇 64848 u28CB7
đuòn_13.21　嘈 从長壇đàn省聲。挺尸（晉詞）。

𪗄 64849 u28CB4
wàn_13.21　購58029字之譌。

𪗋 64850 34212
níng_14.22　字彙 女耕切，音寧◇𪗋𪗋。

𪗉 64851 34213
mí_14.22　唐韻 集韻 汯民卑切 說文 長久也，今作彌。鼞 又𪘀64855

𪖷 64852 46125
jié_14.22　搜眞玉鏡 子結切。鼞 俗鬖71241

𪗍 64853 46126
bìn_14.22　五音篇海 同鬖。鼞 又鬖71253續71255

𪘀 64855 34215
mí_15.23　篇海 同𪗉

鼞 64854 34214
jiē_15.23　類篇 遭哥切，佐平聲。與嗟同 周易王蕭本 大𡨋之鼞。

𪗥 64856 46127
kuì_15.23　搜眞玉鏡 音貴。鼞 張涌泉：俗鬖71202

𪗦 64858 u28CBD
zàn_15.23　同鬖71263

鼞 64857 46128
mán_15.23　復古編 同鬖

𪗯 64859 34216
niǎo_16.24　類篇 奴弔切，溺去聲。柔長也。

𪗼 64860 34217
chōng_16.24　字彙 丑容切，音冲◇ 直也。鼞 又𪘂64864，與𪖾71275同。

𪗻 64861 42159
zhàn_17.25　五音篇海 士懺切。髮貌。鼞 又鬖71118

𪘁 64863 46130
zàn_19.27　龍龕 同鬖

𪘀 64862 46129
ráng_17.25　龍龕 同鬖。

𪘂 64864 46131
chōng_21.29　篇海類編 同𪗼。

𪘃 64865 u28CC6
nàng_22.30　集韻 𪘃，乃浪切。髮亂△宏按，宋本作𪘃71288亦作𪖹71278

◆ 門部 ◆

門 64866 34218
mén_0.8　唐韻 莫奔切 集韻 正韻 謨奔切 韻會 謨昆切汰音捫。◆ 說文 聞也。从二戶，象形 玉篇 人所出入也。在堂房曰戶，在區域曰門 博雅 門，守也 釋名 捫也。言在外爲人所捫摸也 易·同人 同人于門 註 心無係吝，通夫大同，出門皆同，故曰同人於門也 書·舜典 賓于四門，四門穆穆 傳 四門，四方之門 禮·月令 孟秋之月，其祀門 周禮·天官·掌舍 爲帷宮，設旌門 註 王行止食息，張帷爲宮，樹旌以表門 又 設車宮、轅門 註 王止宿險阻之處，車以爲藩，則仰車以其轅表門。今幕府亦稱轅門，牙門 楚辭·九辯 君之門以九重 註 天子九門：關門、遠郊門、近郊門、城門、臯門、雉門、應門、路門、寢門，亦曰庫門 図 譙門，城上爲高樓以望者 前漢·陳勝傳 獨守丞與戰譙門中 図 橋門，國學也 後漢·儒林傳 圜橋門而觀聽者，蓋億萬計 図 師門 後漢·桓榮傳 上則通達經旨，下則去家慕鄉，求謝師門。又 通鑑 唐狄人傑，嘗薦姚元崇等數十人。或謂曰：天下桃李，悉在公門 図 正字通 世族盛著曰門望。韓顯宗疏，言門望者，祖父之遺烈 図 凡物關鍵處，皆謂之門 易繫辭 道義之門 疏 物之得宜，從此易而來，故云道義之門，謂易與道義爲門戶

也。又 老子道德經 衆妙之門 図 期門，勇士也 後漢·譙玄傳 帝始作期門，數爲微行 註 前書，武帝微行，常與侍中、常侍、武騎及待詔，北地良家子能騎射者，期諸殿門，故有期門之號，自此始也。成帝微行亦然，故言始也 班固·西都賦 期門佽飛，列刃攢鍭 図 官名 周禮·地官 司門，祭祀之牛牲繫焉，監門養之 後漢·百官志 黃門侍郎六百石，掌侍從左右給事中 又 門大夫六百石 註 漢官曰：門大夫二人，選四府掾屬 図 周禮·春官·小宗伯 其正室，皆謂之門子 註 正室，適子也，將代父當門者也 左傳·襄十年 大夫諸司門子弗順 図 地名 左傳·襄二十七年 託於木門 註 木門，晉地 史記·項羽紀 兵四十萬在新豐鴻門 孟康註 在新豐東十七里。又 秦本紀 敗三晉之師於石門 一統志 在平陽府解州東南白徑嶺，踰中條山，通陝州道，山嶺參天，左右壁立，闇不容軌，名曰石門 図 鴈門，郡名。見 前漢·地理志 図 山名 書·禹貢 浮于積石，至于龍門 傳 龍門山，在河東之西界 後漢·逸民傳 龐公攜其妻子，登鹿門山。又 正字通 北方北極之山曰寒門 漢·光武紀 寒門 註，師古曰今冶谷去甘泉八十里，盛夏凜然 図 星名 史記·天官書 其南北兩大星曰南門 註 南門二星，在庫樓南，天之外門。占：明則氏、羌貢 天文志 大微星南四星執法，中端門，左右掖門 図 姓氏也 公卿之子，教以六藝，謂之門子。後因以爲氏，後魏門文愛。又 東門、西門、雍門、木門，俱複姓 左傳·宣十八年 註 襄仲居東門，故曰東門氏 図 樂名 周禮·春官·大司樂 以樂舞教國子，舞 雲門 大卷 大咸 大磬 大夏 大濩 大武 註 此周所存六代之樂。黃帝曰雲門、大卷 図 人名 史記·秦始皇紀 使盧生求羨門高誓 註 羨門，古仙人 前漢·藝文志 逢門射法 二篇 註 卽逢蒙 荀子·正論篇 羿蠭門者，天下之善射者也 図 正字通 僧曰沙門、桑門 前漢·郊祀志 沙門，漢言息心、削髮、絕情欲，歸於無爲也。鼞 𨳲门64871𨳌64882𨳗64884𨳌64886𡉵19050

𨳌 64867 u28CC8
luǎn_0.8　俗卵04738 可洪音義 成𨳌：郎管反。鳥𨳌也。無乳生毃者曰𨳌也。正作卵（卵）也。又音躲，非 図 tung 韓 增補文獻備考·卷五十三·帝系考·附氏族 鎭川旀氏，文川𨳌氏，右兩姓，韻書未詳。

𨳌 64868 u28CC7
mén_0.8　龍龕 門正，門64866今。

𨳗 64869 u2FA8
mén_0.8　同門64866部首專用字。亦作门64870

门 64870 u2ED4
mén_0.8　部 門64869

门 64871 u95E8
mén_0.8　簡 門64866

𨳎 64872 34219
mò_1.9　篇海類編 莫轄切音𪑛。邪視也。

𨳏 64873 34220
xiā_1.9　篇海 呼八切音瞎 字彙 邪視也。

𨳑 64874 34221
shuān_1.9　字彙補 數還切音攔。門橫關也。鼞 又闩64876㯱26098㧕21198捵20400扊19130 図 增廣字學舉隅 攔26017，俗作閂。

𨳓 64875 u2B518
chéng_1.9　胡懷琛·簡易字說 閂，門上直栓，讀若帳或讀扛。民國十二年刻本 崑新兩縣續補合志·卷一·方

言門之關，橫者曰閂，豎者曰閅。字當作桄24348亦作撐。

閂 64876 u95E9
shuān_.1.9　簡閂64874

閄 64877 34222
jiū_2.10　字彙居尤切音鳩。訟也。鼇龍龕居牛切。訟也。闧65187，同上。

閇 64878 34223
jǐ_2.10　篇海類編居里切，音几◇字彙門也。

閃 64879 34224
shǎn_2.10　唐韻集韻韻會正韻夶失冉切音睒。說文闚頭門中也。从人，在門中。會意廣韻出門貌。又增韻躲避也。禮·禮運龍以爲畜故魚鮪不淰註淰之言閃也。釋文閃，失冉反。又暫見也。木華·海賦蛟像暫曉而閃屍註音式染反，閃屍，暫見貌。又正字通動貌。古詩：寒鴉閃閃前山去。杜甫詩：閃閃浪花翻。俗作潣。又姓。明永樂中，永州判閃霢。又傾佞貌。後漢·趙壹傳榮納由於閃榆，孰知辨其蚩妍註閃榆，傾佞貌。又shàn廣韻集韻韻會正韻夶舒贍切音掞。又集韻式劍切音痁。又子豔切音壍。義夶同。鼇又閁64886嫠11142

兩 64880 34225
zhèn_2.10　說文直刃切。登也。从門二，會意，讀若軍敶之敶。徐鉉曰下言自下而登上也，故从下。商書曰：若升高，必自下。又集韻丑刃切音疢。義同。鼇段注从門二當作从从門二，篆當作兩。篇韻龗字可證。

閅 64882 34227
mén_2.10　篇海同門

閃 64881 34226
huò_2.10　字彙補和誠切，音或◇隱身忽出。驚人之聲也。

兩 64883 u28CCF
zhèn_2.10　說文解字注兩64880，篆當作兩。

閁 64886 u95EA
shǎn_2.10　簡閃64879

閅 64884 u28CCE
mén_2.10　汗簡閅。門。出王存乂·切韻鼇峑樓觀道德經碑彔鈔出閅。又殷周金文集成.4.2108·襄閅鼎之宅襄閅申脥。

閈 64885 u28CCD
cat_2.10　粵屄。亦作閄64877

閜 64887 34228
chù_3.11　廣韻丑注切音疰。直開也。鼇又閜64971屋19076

閆 64888 34229
yán_3.11　五音集韻余廉切音鹽。同閻義，俗用。又正字通姓也說文有閻無閆，今姓譜分爲二。鼇又閆64909

閉 64889 34230
bì_3.11　玉篇俗閉字。

閈 64890 34231
hàn_3.11　唐韻集韻韻會侯旰切正韻侯幹切夶音翰說文門也。汝南平輿里門曰閈廣韻里也，居也，垣也左傳襄三十一年高其閈閎釋文閈，戶旦反。閈也張衡·西京賦閈庭詭異註閈，音汗倉頡篇曰：垣也前漢敘傳縮自同閈註閈，音扞。楚名里門爲閈又閉也張衡西京賦·閈庭註沈云閈也。又人名戰國策公孫閈謂鄒忌。鼇又閆64908

閉 64891 34232
bì_3.11　唐韻博計切集韻韻會必計切夶音蹕說文闔門也。从門才，才所以距門也。會意，亦像形。俗从下，非禮·月令修鍵閉註鍵，牡。閉，牝也疏何氏曰：鍵是門扇，後樹兩木，穿上端爲孔，閉者將局關門，以內孔中左傳·桓五年閉蟄而烝註建亥之月，昆蟲閉戶

釋文必計反又左傳·桓五年凡分、至、啟、閉，必書雲物註閉，立秋、立冬又廣韻掩也書·大誥予不敢閉于天降威用傳言我不敢閉絕天下威用而不行之史記·樂書禮者，所以閉淫也又淮南子·道應訓劉氏奪之，若轉閉錘註閉錘，格也又玉篇塞也易·坤卦天地閉疏謂二氣不相交通，天地否閉又藏也淮南子·天文訓萬物閉藏又詩·秦風竹閉緄滕傳閉，絥也正字通弓檠也又服式也釋名反閉，襦之小者也，却向著之，領反于背後，閉其襟也又廣韻方結切集韻韻會必結切夶音蹩。義同。鼇又閇64907閄64903又龍龕閈64940閅64949關65229三俗，閇64939通，閉正。

閦 64892 34233
chèn_3.11　字彙丑禁切，音趂◇從門出入貌。鼇龍龕閦俗，閭65275正。

刅 64898 u2B52C
null_3.11　喃未詳。

閕 64893 34234
wù_3.11　廣韻集韻夶五忽切音兀廣韻閕，括也集韻一曰婞很也又集韻胡骨切音搰。義同。鼇正作閔71293又閕64927

兩 64899 u2B519
null_3.11　未詳。

閞 64894 34235
tǐng_3.11　字彙補他頂切音挺。門上關也。鼇又閞64924閞64900

兩 64895 46132
mén_3.11　搜眞玉鏡音門。

閦 64897 46134
chù_3.11　龍龕同閦

閱 64896 46133
yuè_3.11　龍龕音悅。鼇朝鮮本龍龕閱，同閱65090今增又古璽彙編.2761胥閱又四部叢刊·續編集部·蛻菴詩·卷之一·五言律詩瀨溪古渡猴涇外，風烟淡淡無。島人形貌恠，閱閲語言殊。閱閲，它本作閱団08008又閱64901

閞 64900 u28E01
tǐng_3.11　簡閞64894

孒 64901 u28E00
yuè_3.11　簡閱64896

刢 64902 u28DFF
xiàng_3.11　簡閱65368

閅 四四 u28CD2
mọn_3.11　喃同閅12687角12690△玎閅：微不足道的，小氣的。

閉 64903 u28CD3
bì_3.11　俗閉64891清·王昶金石萃編·卷三十八·隋一·杜乾緒等造象銘銅人閉景。閉卽閉字。

问 64906 u95EE
wèn_3.11　簡問06228

闯 64905 u95EF
chuǎng_3.11　簡闖65275

闭 64908 u95ED
bì_3.11　簡閉64891

闩 64909 u95EC
hàn_3.11　簡閈64890

闫 64909 u95EB
yán_3.11　簡閆64888

屵 64910 u958A
shān_3.11　日同文通考·國字閄，ツカエル，大不得入於小之謂。

閫 64911 34236
guǎn_4.12　五音集韻古滿切音管。所以出鏈也。通作管。鼇俗閫65117又龍龕閫俗，閫64920正又可洪音義閫理：上以劣反。正作閫65090

閔 64912 34237
zhōng_4.12　廣韻職容切集韻諸容切夶音鍾。門外開也。

閆 64913 34238
tún_4.12　集韻徒渾切音屯。闉門也。

開 64914 34239
kāi_4.12　古文開闁廣韻苦哀切集韻韻會丘哀切夶音侅說文張也廣韻解也韻會啟也爾雅·釋言闢也又五音集韻通也易·乾卦疏亨通也。會合萬物，令使

開通而爲亨也🔲發也禮·學記故君子之教喻也。開而
勿達註開謂發頭角疏但爲學者，開發大義頭角而已
🔲釋也易·乾坤卦文言疏諸卦及爻，皆從乾坤而出，
故特作文言，以開釋之書·多方殄戮多罪，亦克用勸，
開釋無辜，亦克用勸🔲韻會條陳也🔲始也後漢·馮衍
傳開歲發春兮，百卉含英註開、發，皆始也禮·檀弓曩
者爾心或開予註開，謂諫爭有所發起🔲星名史記·天
官書北斗七星註春秋運斗樞云斗第六開陽🔲集韻州
名。本漢胸胭縣地，後魏置開州鎮🔲縣名史記·高祖紀
與偕攻開封。又功臣年表開封侯陶舍註縣名。屬河南
🔲集韻人名左傳襄二十三年曹開御戎註齊臣🔲韻
會姓也🔲集韻通作闓65268🔲qiān集韻輕煙切音牽。
山名。在雍州。通作汧。🔊又开15925🔲開64943闤65009
闤65233闤65280闤65359開64955開64998獮33606🔲正字通
開65027開本字🔲龍龕開64923俗，開正🔲古文四聲韻
闤65033籀韻。

闓 64915 34240

ruì_4.12　玉篇而睡切五音集韻而志切，並音二◇
玉篇內入也。

閄 64916 34241

fēn_4.12　集韻敷文切音芬。與闟同說文·闟字註闟
連結闟紛相牽也。或作閄🔲xì字彙胡計切音系。門扇
也△亦作閄。

闟 64917 34242

xī_4.12　字彙許及切音吸。鬧也。

閄 64918 34243

xiè_4.12　廣韻胡介切集韻下介切尥音械說文門
扇也🔲xì廣韻集韻尥胡計切音系。扇扉也博雅閄，
扉也釋文呼計反。🔊又闟65391閄64916🔲直音篇
閄64994閄64919同閄。

閄 64919 34244

xì_4.12　字彙與閄同。🔊龍龕閄閄二俗，閄64918
今。

閌 64920 34245

kàng_4.12　唐韻苦浪切集韻韻會正韻口浪切尥音
亢說文閌閬，高門也前漢·揚雄傳閌閬閬其寥廓兮註
高門貌🔲韻會盛也🔲同伉文選·左思魏都賦高門有
閌註毛詩曰：皋門有伉。與閌同🔲集韻丘岡切音穅。
義同。🔊又閌64962閌64911

閍 64921 34246

bēng_4.12　廣韻甫盲切集韻韻會晡橫切尥音絣玉
篇宮中門也。亦巷門也🔲廟門名爾雅·釋宮閍謂之門
疏廟門名🔲廣韻名延切音綖。又集韻分房切音方。
義尥同。🔊又閍64947

閎 64922 34247

hóng_4.12　唐韻戶萌切集韻乎萌切，尥音宏說文
巷門也。從門，厷，意兼聲爾雅·釋宮衖門謂之閎註閎，
衖頭門也左傳·成十七年乘輦而入于閎註巷門。又襄三
十一年高其閈閎註閎，門也。又昭二十年使華齊御公
孟，宗魯驂乘，及閎中註閎，曲門中🔲天門也前漢·揚
雄傳騰九閎註九閎，九天之門🔲廣韻門辟旁長橶爾
雅·釋宮所以止扉，謂之閎註閎，長杙，即門橜也。又左
傳襄三十一年·閈閎釋文又云所以止扉，謂之閎🔲廣

韻姓也書·君奭有若閎夭傳閎氏，文王弟🔲人名史
記·歷書落下閎運算轉歷註姚氏按益部耆舊傳，閎字
長公，明曉天文，隱于落下🔲hōng集韻呼宏切音訇。
閎廓，深遠也🔲中寬曰閎禮·月令其器圜以閎註閎，
讀如紘。紘，謂中寬，象土含物韓愈·進學解閎其中，
肆其外🔲虛廓也莊子·知北遊彷徨乎馮閎，大知入焉，
而不知其所窮註閎，虛廓之謂也🔲敦美也揚子·太玄
經大圜閎閎註閎閎，敦美之意🔲集韻一曰大也楚
辭·九歌山峻高以無垠兮，遂曾閎以迫身註曾，重也。
閎，大也🔲集韻胡肱切音弘。義同。🔊又閎64965
闊65122

閅 64923 34248

tǐng_4.12　玉篇他頂切廣韻他鼎切尥音珽。門上關
也。

閅 64924 34249

tǐng_4.12　集韻他頂切音珽。門上關也正字通閅，
閅尥俗字。閅即閅字之譌。🔊从門壬聲。悶64894開並
俗。

閏 64925 34250

rùn_4.12　古文𡭊廣韻如順切集韻韻會正韻儒順
切尥音潤說文餘分之月，五歲再閏。告朔之禮，天子
居宗廟，閏月居門中。从王，在門中周禮閏月，王居門
中，終月也史記·五帝紀黃帝起消息，正閏餘易繫辭歸
奇於扐，以象閏，五歲再閏註凡閏，十九年七閏爲一
章。五歲再閏者二，故略舉其凡也疏歸奇於扐，以象
閏者。奇爲四揲之餘，歸此殘奇於所扐之策而成數，以
法象天道。歸殘聚餘，分而成閏也。五歲再閏者，凡前
閏後閏，相去大略三十二月，在五歲之中，故五歲再閏
書·堯典朞三百有六旬有六日，以閏月定四時成歲疏斗
之所建，是爲中氣，日月所在斗指兩辰之間，無中氣，
故以爲閏也穀梁傳·文六年閏月者，附月之餘日也。積
分而成于月者也🔲正字通皇極經世曰：一歲之間，
六陰六陽，三年三十六日，故三年一閏。五年六十日，
故五年再閏。天時地理人事三者，知之不易。註：一歲
中，常數退六日爲陰，進六日爲陽，所以置閏。又陳氏
曰：古曆，十九歲爲一章。章有七閏，三年閏九月，六
年閏六月，九年閏三月，十一年閏十一月，十四年閏八
月，十七年閏四月，十九年閏十二月。若于後漸積餘分，
大率三十二月則置閏，每月三十日餘，以日月會爲一
月，則每月惟二十九日餘。每月參差，氣漸不正，但觀
中氣所在，以爲此月之正，取中氣以爲正月。閏前之月，
中氣在晦。閏後之月，中氣在朔。無中氣則謂之閏月也。
閏法，詳黃瑞節說，及章歲積日圖，此不載🔲博雅牧
閏，謂命使也。🔊又閏64968閏65017🔲正字通閏64924
即閏字之譌🔲龍龕閏65101閏俗，閏正。

閏 64926 34251

niǔ_4.12　集韻女九切音紐。門關也🔲五音集韻女
洽切音図。義同。

閏 64927 34252

sàn_4.12　廣韻蘇紺切音俕。覆蓋也正字通按路
史·三皇紀，次民氏歿，辰放氏作，時多陰風，教民絢
髮閏首，去靈雨，而人從之。據此說，閏首者，即今雨

笠，所以覆冒其首也。〇又闓64946 図名義闓，五椊反。括。楊寶忠：同閟64893

閑 64928 34253
xián_4.12 唐韻戶閒切集韻韻會何閒切正韻何艱切夶音閒說文闌也。从門，中有木徐曰閑，猶闌也。以木距門也，會意廣韻防也，禦也，法也易·乾卦閑邪存其誠疏言防閑邪惡，當自存其誠實也。又家人閑有家疏正義曰：治家之道，在初卽須嚴正，立法防閑也。又書·畢命雖收放心，閑之維艱図廣韻大也詩·商頌旅楹有閑疏陳列其楹，有閑然而大図詩·魏風桑者閑閑兮傳閑閑然，男女有別，往來之貌図爾雅·釋詁習也詩·秦風遊于北園，四馬旣閑傳閑，習也。又禮經解以之田獵有禮，故戎事閑也図韻會馬閑也前漢·百官公卿表龍馬閑駒註閑闌，養馬之所也。故曰閑駒周禮·夏官校人天子十有二閑每廐爲一閑左傳·成十八年註每廐爲一閑，閑有二百一十六匹図周禮·夏官·虎賁氏舍則守王閑註閑，楗柮疏閑與楗柮，皆禁衞之物也。図閣也。〇易·大畜曰閑輿衞註閑，闌也。衞，護也。進得其時，雖涉艱難，而無患也。輿雖遇閑，而故衞也疏進得其時，涉難無患，雖曰有人欲閑閡車輿，乃是防衞見護，故曰閑輿衞也図動搖也詩·大雅臨衝閑閑傳閑閑，動搖也図荀子·修身篇多見曰閑図博雅閑，遮也。△正字通閒暇、閒穴與閑音同義別潘岳·閒居賦淸穆敞閑，本作閒吳棫·韻補引賦改作閑字彙引入閑註，譌誤與韻補同正韻十絣閑註：俗作閑。分閒、閑爲二。閑註，闌也，習也。又訓散也，宂也，暇也。亦作嫺。嫺註：通作閑。合閒閑爲一，自相矛盾。閑習之閑或借嫺，防閑、馬閑，古今未有改从嫺者，汎云閑亦作嫺，尤非。〇又閑64966閑64970図直音篇閞同閑。

閒 64929 34254
jiān_4.12 古文開閒唐韻古閒切集韻韻會居閒切夶音蕑說文隙也。从門从月。會意，亦形徐鍇曰門夜閉，閉而見月光，是有閒隙也禮·樂記一動一靜者，天地之閒也莊子·山木篇周將處夫材不材之閒。又史記·郭解傳洛陽人有相讐者，邑中賢豪，居閒以十數，終不聽註居中爲他道和輯之周語我先王不窋，用失其官，而自竄於戎、翟之閒図容也禮·文王世子凡待坐於大司成者，遠近閒三席註閒，猶容也前漢·文帝紀願請閒師古註閒，容也。猶今言中閒也。請容暇之頃，當有所陳也図簡也釋名閒，簡也。事功簡省也図車轚聲也詩·小雅閒關車之轚兮傳閒關，設轚聲也図黃閒，弩名前漢·李廣傳射以大黃註黃肩弩。晉灼曰：卽黃閒。大黃，其大者也図地名春秋·昭二十二年大蒐于昌閒図人名史記·項羽紀田角弟田閒，故齊將。又樂毅傳以樂毅子閒爲昌國君註閒，紀閒反図xián集韻韻會何閒切正韻何艱切夶音閑集韻安也詩·周南·窈窕淑女傳言后妃有關雎之德，是幽閒貞專之善女朱傳有幽閒貞靜之德左傳·僖三十三年皇武子曰：吾子取其麋鹿，以閒敝邑，若何周禮·地官·旅師掌聚野之鋤粟、屋粟、閒粟註閒粟，閒民無職事者所出釋文夶音閑禮·王制其餘以祿士，以爲閒田史記·信陵君傳侯生乃屏人閒語註閒，音閑。謂靜語也。又司馬相如傳雍容閒雅，甚都註韋昭曰：閒，讀曰図隙也禮·曲禮少閒願有復也註言欲須少空閒，有所白也図廣韻近也左傳·成十六年以君之靈，閒蒙甲胄註閒，猶近也。図jiàn廣韻古莧切集韻居莧切，夶音襉爾雅·釋詁代也書·立政相我受民，和我庶獄庶愼，時則勿有閒之傳閒，代也詩·周頌皇以閒之儀禮·燕禮乃閒歌魚麗，笙由庚図爾雅·釋言倪也註左傳謂之諜。今之細作也釋文閒，音諫図博雅誤也釋文諰卽諰謗之諰図廣韻厠也易·屯卦註固志同好，不容他閒正義曰：閒者，厠也。五應在二，是堅固其志，在於同好，不容他人閒厠其閒也左傳·隱三年石碏曰：遠閒親，新閒舊釋文閒，閒厠之閒図迭也書·益稷笙鏞以閒傳閒，迭也疏更迭閒厠，相代之義，故閒爲迭也。吹笙擊鐘，更迭而作。図隔也前漢·楚元王傳或脫簡，或閒編註閒，古莧反。謂舊編爛絕，就更次之，前後錯亂也韋玄成傳閒歲而祫註閒歲，隔一歲也図與也左傳·莊十年齊師伐我，公將戰，曹劌請見，其鄉人曰：肉食者謀之，又何閒焉註閒，猶與也図空也前漢·高帝紀步從閒道走軍註閒，空也。投空隙而行，不公顯也図離也晉語且夫閒父之愛，而嘉其旣註閒，離也図遠也淮南子·俶眞訓溝中之斷，則醜美有閒矣註閒，遠也図非正色曰閒詩·衛風綠兮衣兮傳綠，閒色図廣韻瘳也正字通病恆在身，無少空隙，今病旣損有空隙，故謂病瘳爲閒也図送也図正字通非皆，亦曰閒図致隙曰閒左傳·定四年讒閒王室図以計誤敵曰反閒孫子兵法反閒者，因敵閒而用之也図地名戰國策割河閒以事秦註閒音諫。趙地図jiàn集韻賈限切音簡。地名。引春秋，大蒐于昌閒〇按陸德明·音義閒如字，無作上聲讀者。未知集韻何據図博雅覵也釋文閒，孤限切。覵，音司図xiá集韻下瞎切音馨爾雅·釋詁代也。施乾讀。〇說文閒，古文閒。段氏改古文作𨳠64994図𨳑64942𨳌65012

閒 64930 34255
jiàn_4.12 正字通同閒。俗字。〇又𨳖64964𨳜64936𨳘64937𨳌64994珔34643同02692

閱 64931 34256
xuě_4.12 廣韻集韻夶呼決切音血。閱閱，無門戶也。〇或同闋。

閔 64932 34257
mǐn_4.12 唐韻眉隕切集韻韻會美隕切正韻弭盡切夶音敏說文弔者在門也徐曰今別作憫，非図玉篇病也詩·衛風覯閔旣多傳病也禮·儒行不閔有司釋文閔，本亦作愍図傷念也詩·周南·遵彼汝墳序婦人能閔其君子註傷念也図勉也書·君奭子惟用閔于天越民傳閔，勉也図地名穀梁傳·僖二十三年齊侯伐宋，圍閔釋文閔，左氏作緡図姓韻會孔子弟子閔損。又閔馬父。見左傳図人名前漢·哀帝紀立魯頃王子郞鄉侯閔爲王図mín集韻眉貧切音岷說文秋天也。引虞書，仁閔覆下，則稱旻天。或書作閔。通作顝図詩·豳風恩斯勤斯，鬻子之閔斯註亦病也。〇又𢡃17993閔64963

癙36465

閕 xiā_4.12　集韻虛加切音煆。門閉也　図yà魚駕切音
訝。開裂也　司馬相如·上林賦　谽呀豁閕註　呵下反。豁
閕，空虛也。

閛 pì_4.12　字彙補便亦切，音弻◇開也，啟也。
鋻龍龕閛古，鬨今。

閍 wǎng_4.12　字彙補微昉切音罔。水也。

開 jiān_4.12　集韻閒64929古作開。

開 jiàn_4.12　玉篇古文閒64929字。

閍 fēn_4.12　字彙補芳文切音芬。火氣也。

閍 biàn_4.12　篇海類編皮變切音卞。搏也。又　字彙補　與
閉同　荀子·外篇　而不閍　図biē必結切音鱉。義同　陶潛詩
荊扉晝常閍　李紳詩　嚴城畫角三聲閍。

閛 bì_4.12　五音篇海　音閉。鋻俗閉。

閁 dòu_4.12　俗鬨71319　宋元以來俗字譜　引目連記
図簡閁64969

閅 jiān_4.12　俗閒64929

开 kāi_4.12　俗開64914

閆 null_4.12　未詳。

㞷 sàn_4.12　簡閆64927

閄 null_4.12　和字正俗通·和制一·言辭閄，虛。

閁 bēng_4.12　簡閁64921

閎 wēng_4.12　俗閎71296

閁 ngǒ_4.12　喃同㘴19070巷弄。

閍 bì_4.12　俗閉64891見　龍龕

閉 null_4.12　未詳。

開 null_4.12　未詳。

閉 null_4.12　未詳。

閙 nào_4.12　俗鬧71298敦
煌·S. 328　伍子胥變文　兵馬浩浩灘灘，數百里之交横，
金甲胗朧，銀鞍煥爛，騰踏山林，奔波閙乱。

開 kāi_4.12　俗開可洪音義惡開。傳本作慧開。
図俗開65310　可洪音義有開：古還反，開涉也，連也。
正作開開二形。函谷開：下古還反。正作開。

関 guān_4.12　俗開65310敦煌·P. 3451　張淮深變文　初離
魏關煙霞靜，漸過蕭關磧路平。

閏 null_4.12　未詳。

閄 pì_4.12　同閄65033

閛 suǒng_4.12　喃从門双song聲△閛㤼：放浪。

閁 null_4.12　未詳。

㥗 mèn_4.12　簡悶17735

閆 kàng_4.12　簡閆64920

閔 mǐn_4.12　簡閔64932

间 jiān_4.12　簡間64930

闳 hóng_4.12　簡閎64922

闲 xián_4.12　簡閑64928

闱 wéi_4.12　簡闈65218

闰 rùn_4.12　簡閏64925

閁 dòu_4.12　俗鬨71319　宋
元以來俗字譜　引　白袍記　等　図dou　壯門。

閑 xián_4.12　俗閑64928　偏類碑別字　引唐張達妻李夫人
墓誌。又人名　古璽彙編·姓名私璽.1770　事閑。又　龍龕
閑，俗。音澇　図shuǐ　日水門，水閘。

閐 chù_5.13　集韻丑注切。直開也。或作庢。
鋻俗閐64887

閍 dàng_5.13　集韻大浪切音宕。門不開。

閘 yā_5.13　唐韻烏甲切　集韻乙甲切　夶音押　說文開
閉門也　図gē　廣韻古盍切　集韻谷盍切夶音頜。閉門也
図zhá　正字通　字彙同㿻。按今漕艘往來，甃石左右如
門，設版瀦水，時啟閉以通舟，水門容一舟，銜尾貫行，
門曰閘門，河曰閘河。設閘官司之　說文　開閉門也。未
詳　字彙汎云同㿻，非。鋻又牐32466閘65016欄25697

閙 nào_5.13　廣韻奴教切　集韻韻會正韻女教切夶音
橈　集韻擾也　韻會　不靜也，喧囂也。又猥也　廣韻　同夜集
韻或作㘚　正韻从門从市，門音鬨。俗作鬧，从門，誤。

閁 zhān_5.13　玉篇側銜切，音尖◇立待也。

閖 nǐ_5.13　五音集韻奴禮切音禰。智少力劣。

閛 pēng_5.13　廣韻普耕切　集韻披耕切，夶音怦　廣韻
門扉聲　集韻　闔扉聲　揚子法言　闢之廓然，見四海。闔之
閛然，不視其裏。俗作閛然，非　図pèng　集韻　巨迸切音
鞞。開閉門也△或作閛。鋻又　字彙　閛64978同閛。

閛 pēng_5.13　篇海普耕切，音烹◇門聲也。

閔 wén_5.13　集韻眉貧切音珉。鄉名。本作閔　五音集
韻亭名。在汝南。

閐 yí_5.13　集韻余支切音移。門白也　正字通　義同廖。
鋻又闖65047　図　字彙閐，閅字之譌。

閍 chān_5.13　集韻攙廉切音覘。小開門以候望也　図玉
篇丑占切，音沾◇獲也　潘岳·射雉賦　闚閍薿葉註閍，
丑占反。謂雉在麥田中薿葉閒，闚閍於外，不敢出場也。

閌 diàn_5.13　篇海類編堂練切音殿。于閌，國名。亦作
閡。

閁 dǎn_5.13　集韻黨旱切音亶。厥廔也　図　儻旱切音坦。
闗也玉篇橐也。門旁橛，所以止扉也。

開 guān_5.13　集韻關，或省作閞。

閍 dié_5.13　廣韻集韻夶徒結切音絰。閍閍，鄭城門　左
傳作桔柣。

閐 jī_5.13　篇海類編音稽。門白也。

閐 gǎn_5.13　篇海類編戶感切，漢上聲◇　字彙門聲也。

鎣玉篇故敢切。閗門也。

閜 64988 34281
kuāng_5.13 篇海祛玉切音曲。門閗也。

閜 64989 34282
xiǎ_5.13 唐韻火下切集韻許下切达音啁說文大開也廣韻大裂博雅閜,開也史記·司馬相如傳谺呀豁閜註閜,呼內反索隱曰:豁閜,空虛也図說文大杯亦爲閜揚子方言閜,棲也,其大者謂之閜博雅閜,杯也釋文呼雅切図集韻倚可切。同閜說文門傾也。或省史記·司馬相如傳阬衡閜砢郭璞註閜,惡可反。阬衡閜砢揭孽傾敧貌也漢書註閜,烏可反。閜砢,相抶持也図集韻口我切音可。義同図jiǎ正字通音罅。亦大杯,受六升。鎣閜砢相抶持也。相扶持也図字彙閜64933與閜同。

閗 64990 34283
yòu_5.13 玉篇古文祐39700字。鎣又俗閗65029

開 64998 46136
kāi_5.13 海篇音開

閜 64991 34284
líng_5.13 集韻郎丁切音靈。門上窗謂之閜。或从霝。鎣又冷64999

閙 64992 34285
biàn_5.13 唐韻集韻达變切音卞說文門橜也爾雅·釋宮閙謂之槷疏閙者,柱上木名。又謂之槷。又名樗,亦名枅,柱上方木是也図廣韻符萬切集韻扶萬切达音飯。義同。鎣又枅23831閙65000図俗闗65310金石文字辨異引隋龍藏寺碑

閟 64993 34286
bì_5.13 唐韻集韻韻會正韻达兵媚切音祕說文閉門也図凡隱而不發皆作閟詩·邶風視爾不臧,我思不閟傳閟,閉也釋文閟,悲位反左傳·莊三十二年初公築臺臨黨氏,見孟任,從之閟註閟,不從公。又閔二年狐突曰:命以時卒,閟其事也註冬十二月,閟盡之時前漢·盧綰傳綰愈恐,閟匿図玉篇慎也。書·大誥天閟毖我成功所傳言天慎勞我周家成功所在図神也。詩·魯頌閟宮有侐箋閟,神也図正韻深也詩·魯頌閟宮朱傳深閉也図五音集韻彼義切音貫。義同。

閧 64994 34287
xì_5.13 篇海類編呼計切,音係◇門扇也。

閜 64995 34288
jiōng_5.13 集韻類篇达涓熒切。同扃。外閉之閖也。一曰鼎扃◯按字彙作古文扃字,非。

闡 64996 34289
chǎn_5.13 篇海昌演切。與闡同。

開 64997 34290
kāi_5.13 集韻開64914古作開。

冷 64999 u2B802
líng_5.13 簡閜64991

閙 65000 u2B530
biàn_5.13 簡閙64992

閣 65001 u2B520
null_5.13 未詳。

閙 65003 u2B51E
null_5.13 未詳。

閧 65005 u2B51C
huó_5.13 俗閤65042明·劉永澄劉練江先生集·卷四·書·三上歸德沈公公卿閧閧之榮,文章翰墨之業,都不關意。

閍 65002 u2B51F
fá_5.13 閥65037譌字。

聞 65004 u2B51D
wén_5.13 俗聞46676可洪音義若聞:音文。正作聞也。耳知聲也。郭氏作呼目反,非也。

閙 65006 u28D0C
nán_5.13 闟65045字之誤,見中華大字典

闉 65007 u28D0B
ài_5.13 俗閡65018可洪音義无閡:五愛反。

關 65008 u28D0A
guān_5.13 龍龕閞俗,關正。

開 65009 u28D09
kāi_5.13 同闗65163古文開。

閜 65010 u28D08
qū_5.13 同曲23262名義閜,丘玉反。

閜 65011 u28D07
null_5.13 或同閜(曲)図元·關漢卿關張雙赴西蜀夢·第三折虧閜了腸肚雞鴨剁字海閜同剁。

閖 65012 u28D05
jiān_5.13 古文閖64929新撰字鏡閖閖,二。上。古文作未詳。

閖 65013 u28D04
yān_5.13 龍龕閖俗,閖65144正。

閘 65014 u28D03
zhá_5.13 閘閖,亦作扎挣,挣扎、勉強。

閙 65015 u95F9
nào_5.13 简閙71298

閘 65016 u95F8
zhá_5.13 简閘64973

閏 65017 u95A0
rùn_5.13 正字通閏64925俗從玉作閏,非。

閡 65018 34291
ài_6.14 唐韻五溉切集韻韻會牛代切达音礙說文外閉也。從門,亥意兼聲玉篇止也易·蒙卦註退則困險,進則閡山疏坎在艮下,是山下有險,恐進退不可,故蒙昧也。又中孚註欲進而閡敵,故或鼓也左思·吳都賦寒暑隔閡於邃宇註閡,五蓋反抱朴子·仁明卷學而不思,則疑閡實繁。又廣譬卷靈鳳所以晨起丹穴,夕萃軒丘,日未移晷,周章九陔,凌風蹈雲,不蹠不閡者,以其六翮之輕勁也。又列子·黃帝篇和者,大同於物,物無得傷閡者,遊金石,蹈水火,皆可也釋文閡,音艾図hài集韻類篇达下改切音亥。藏塞也前漢·律歷志該藏萬物,而雜陽閡種註孟康曰:閡,藏塞也。図廣韻古代切,音溉。又集韻戶代切,音劾。義並同図hé集韻紇則切音劾。礙也図kǎi五音集韻苦亥切音愷。開也釋文叶音改。鎣又閡65062閡65066閡65007閡65154

閉 65019 34292
pēng_6.14 集韻披耕切音怦。閤扉聲。本作閉。鎣又閉65179

閜 65020 34293
xiá_6.14 廣韻胡八切集韻下八切韻會下瞎切达音黠廣韻門聲韻會或作閜図xié廣韻胡結切集韻奚結切达音纈集韻桔柣,鄭門名。或作閜。詳閜64985字註。

閘 65021 34294
móu_6.14 篇海類編莫侯切,音謀◇開也。

閙 65022 34295
xù_6.14 字彙許逼切,音旭◇門阻也。

閜 65023 34296
sǒng_6.14 玉篇先摠切五音集韻先孔切达音敪。門白也。

閙 65024 34297
shèn_6.14 玉篇所進切五音集韻所陣切达音矧。生澀不滑貌図篇海守門也。

閜 65025 34298
kuāng_6.14 玉篇祛王切類篇曲王切,並音匡玉篇門閜也類篇門周木也図五音集韻丘玉切音曲。義同。

鎣 正字通闓，譌作闇。

65026 34299
閞 guān_6.14　正字通俗關字。

65027 34300
門 kāi_6.14　說文開本字。

65028 34301
閾 xù_6.14　廣韻况逼切集韻忽域切夶音洫。同侐說文靜也。引詩·魯頌閾宮有侐。本从門。

65029 34302
閣 gé_6.14　唐韻古洛切集韻剛鶴切韻會正韻葛鶴切夶音各說文所以止扉者。從門，各意兼聲徐曰按：杙長者謂之閣，所以止扉。卽今云門頰，扇所附著也正字通按爾雅·釋宮樴謂之杙，在牆者謂之楎，在地者謂之臬，大者謂之棋，長者謂之閣図博雅閣，載也図集韻一曰觀也。一曰皮藏之所玉篇樓也。揚雄校書于天祿閣正字通漢宮殿疏：麒麟閣、天祿閣，蕭何造，以藏祕書，延賢士。唐制：宣政，前殿也，謂之衙，衙有仗。紫宸，便殿也，謂之閣。朔望不御前殿，而御紫宸，謂之入閣図食閣，木板爲之，所以皮食物博雅閣，庖廚也禮·內則大夫七十而有閣註閣，以板爲之，皮食物也又天子閣，左達五，右達五註天子尊，庖廚遠，故左夾室五閣。右夾室五閣図閣道，樓陛也前漢·司馬相如傳輦道纚屬註輦道，閣道也戰國策故爲棧道木閣，而迎王與后於城陽山中図甬路，亦名飛閣，複道也史記·高祖紀輒燒絕棧道註棧道，閣道也。崔浩云險絕之處，傍鑿山巖，而施版梁爲閣正字通馬鳴閣道，利州棧道也。今保寧府廣平縣，其閣梁，一頭入山腹，一頭立柱水中。張良燒絕秦棧道，卽此地興志昭化縣有馬鳴閣。劍州有劍閣図周禮·秋官·野廬氏註車有轀輬軧閣疏軧閣，道路之名也図星名史記·天官書六星絕漢，抵營室，曰閣道註閣道，北斗之輔図詩·小雅約之閣閣毛傳猶歷歷也詩詁端直貌図蛙聲韓愈·雜詩蛙黽鳴無謂，閣閣祇亂人註閣閣，如其聲。喻羣言害道也。図姓急就章有閣幷訢正字通唐御史閣輔鎣又阁65067攔21017図閤64990碑別字新編·閤引隋張軻墓誌可洪音義樓閣：音各，正作閣，又音右，悞。

65030 34303
閤 gé_6.14　唐韻正韻夶古沓切，音鴿說文門旁戶正韻內中小門爾雅釋宮小閨謂之閤疏閨之小者名閤前漢·文翁傳使傳教令出入閨閤註閨閤，內中小門也史記·汲黯傳臥閨閤內不出△正字通毛晃曰：唐制，天子日御前朝，見羣臣，曰常參。朔望薦食陵寢，有思慕之感，不臨前殿，則御便殿見羣臣，謂之入閤。前殿卽宣政殿。便殿卽紫宸殿。立仗必於前殿，喚仗則自東西閤入，故曰入閤。又門下省以黃塗門，謂之黃閤，長官曰閤老。今俗通呼小室曰閤子韻會引公孫弘傳開東閤延賢。師古曰閤者，小門。東向開之，避當庭門，而引賓客，以別椽史官屬。明周圻名義考：閤爲皮寢之閤禮·內則天子之閤，漢天祿等閤，皆謂重屋也。閤爲閨閤之閤。文翁傳閨閤，公孫弘東閤，皆謂門也。唐志：中書舍人以久次者一人爲閤老，制本省雜事。今輔臣延登曰入閤。稱謂曰閤老，名雖同而義則異，此古今諸家分閤與閣爲二者也。一說自漢迄宋、明，凡祕閣、龍圖閣、天章閣、寶文閣、東閣、文淵閣，皆非从合，皆不專屬小門。唐太宗引刺史入閣，問民疾苦貞觀制，自今中書門下，及三品以下入閣議事，諫官隨之。宋太宗藏經、史、子、集、天文、圖畫分六閣，與閤同。今尊稱曰閣下。韓愈上宰相書，皆从閣。由此推之，閣，閤音義通也。毛周諸說夶非字彙沿襲正韻，亦非図閤閒，船首也揚子方言舟首謂之閤閒註今江東呼船頭屋謂之飛閭是也。

65031 34304
闋 què_6.14　廣韻集韻夶苦穴切音闋。闋閮，無門戶也博雅闋，空也。鎣又闋65205

65032 34305
闈 wéi_6.14　字彙魚爲切音危。門危也図古委切音詭。義同。

65033 34306
闢 pì_6.14　玉篇古文闢65363字。

65034 34307
柵 zhà_6.14　集韻所晏切音訕。編竹木爲落也。本作柵。或作簎。亦省作冊。

65035 34308
限 xiàn_6.14　廣韻胡簡切集韻韻會下簡切夶音硍廣韻門閾集韻或作㫔㫔，通作限。鎣又阆65059闄65220

65036 34309
閈 shì_6.14　集韻正韻夶時吏切音侍。寺人，奄官。或从門図sì集韻祥吏切音飼說文廷也。有法度者也。本作寺五音集韻寺者，司也。官之所止有九司釋名曰：寺，嗣也。治事者相嗣續于其內。又漢西域白馬馱經來，初止于鴻臚寺，遂取寺名，刱置白馬寺。

65037 34310
閥 fá_6.14　唐韻集韻韻會夶房越切音伐說文閥閱，自序也韻會閥閱，功狀史記·功臣年表人臣功有五品，明其等曰閥，積日曰閱図正韻門在左曰閥，在右曰閱。又正字通元朝品制，有爵者其門爲烏頭閥閱冊府元龜閥閱二柱，相去一丈，柱端置瓦筒，號爲烏頭図說文通用伐左傳·成十六年卻至驟稱其伐杜預註伐，功也。又前漢·車千秋傳無伐閱功勞註師古曰伐，積功也。鎣又阀65068閥65002

65038 34311
閦 chù_6.14　集韻初六切音珿。衆在門中図玉篇衆也。出字統。釋典有阿閦正字通阿閦，佛名。見釋藏。按華嚴經彌陀經東方有阿閦鞞佛音釋云閦，初六翻。阿閦，此云無動。鞞，一作毘。又阿閦淨名經云有國名妙喜，佛號無動。疏云阿之言無，閦之言動。又法華經云其二沙彌，東方作佛。一名阿閦，在歡喜國。一名須彌頂六書故閦，初六切，引孫愐曰：衆也。類篇曰：衆在門中同文舉要屋韻，閦與衆同。出佛書，合閦衆爲一。或曰訓衆。當从衆，不必別作閦書故舉要無確證，閦字經史不載，闕可也字彙音初，譌作閦。謂閦同閦。皆非。鎣又閦65039龍龕閦閦65053闖65048悶64897四俗，關65056今，關65124正，初六反。衆也。正從三人，如衆字下從三人是也。餘皆變體。

闎 65039 34312
chù_6.14 廣韻初六切音琡。衆也。出字統。或作閦正字通按仾卽众之變體。本作閦。謁从乑，尤非。鑾又閦64897

閧 65040 34313
hòng_6.14 廣韻集韻韻會正韻𠀤胡貢切音哄廣韻兵鬬也集韻鬬聲孟子鄒與魯閧博雅閧，鬬也釋文胡貢反 又xiàng廣韻胡絳切集韻韻會正韻胡降切𠀤音巷。義同 又集韻與䣈同說文·䣈字註里中道也。或作鄉巷術 又姓△韻會毛氏曰：當作鬨，从鬥从共。鬥音鬬，兩士相對，兵杖在後，象鬥之形廣韻云今與門戶字同，其實非也正韻孟子鄒與魯鬨揚子一鬨之市。皆有兩音，後人傳寫，誤从門。今塲屋中，用孟子揚子及經史中假借字，姑从門，其餘宜依本文△廣韻俗作閧。

閨 65041 34314
guī_6.14 唐韻古攜切集韻韻會涓畦切𠀤音邽說文特立之戶。上圜下方，有似圭左傳·襄十年蓽門閨竇之人註閨竇，小戶，穿壁爲戶廣韻閨閤前漢·循吏傳傳教令出入閨閤註閨閤，內中小門也玉篇宮中門小者曰閨杜甫·贈李白詩李侯金閨彥，脫身事幽討註東方朔、公孫弘，待詔金馬門，故云金閨謝朓詩既通金閨籍註列名仕版也 又南史·陳文帝紀每夜刺閨，取外事分判者，前後相續，敕雞人司漏，傳籤殿中註夜有急報，投刺於宮門也 又女稱閨秀，所居亦曰閨李白詩揮鞭萬里去，安得念春閨後漢·皇后紀贊班政蘭閨劉珊詩石家金谷妓，妝罷出蘭閨 又通作圭禮·儒行蓽門圭窬註小戶如圭形。鑾又闺65074

閪 65042 34315
kuà_6.14 集韻苦滑切音勖。大開門貌 又呼括切音䛡。義同。鑾又閜65005

閨 65043 34316
dié_6.14 廣韻集韻韻會𠀤丁結切音窒類篇門闔謂之閨 又集韻職日切音質。又徒結切音耋。義𠀤同。鑾又闼65058

閩 65044 34317
mǐn_6.14 唐韻武巾切集韻韻會眉貧切正韻彌鄰切𠀤音珉說文東南越蛇種廣韻閩越周禮·夏官職方氏辨其邦國、都鄙、四夷、八蠻、七閩史記·東越傳閩越王無諸註閩，東越之別名註按說文云閩，東越，蛇種也。故字从虫門聲山海經閩在海中註閩越卽西甌，今建安郡是也 又古養鳥官周禮·秋官·閩隷閩隷掌役畜養鳥，而阜蕃教擾之 又wén廣韻集韻𠀤無分切音文周禮·七閩釋文又音文 又廣韻音旻周禮·七閩釋文鄭氏音旻 又mán集韻謨官切音瞞周禮·七閩釋文漢書音義服虔音近蠻。鑾又闽65071 又正字通闤65429，同閩。

閳 65049 46138
chǎn_6.14 龍龕同闡

閵 65045 34318
nán_6.14 篇海音男。門人。鑾五侯鯖字海守門人也 又閆65006

閵 65046 34319
lìn_6.14 字彙補良忍切音嶙。火貌。鑾又閵31429

閸 65047 42161
yí_6.14 五音篇海余支切。門臼也。

閷 65048 46137
chù_6.14 篇海類編同閦。

閮 65050 46139
niǎn_6.14 五音篇海年典切。

閯 65051 46140
gōng_6.14 搜真玉鏡音公。出國書

閰 65052 46141
chāo_6.14 篇海類編音趙。鑾龍龕閱，俗。音超。

閱 65053 46142
chù_6.14 龍龕同閦

閲 65054 46143
yàn_6.14 搜真玉鏡音安。鑾五侯鯖字海又音晏大字典或同𨶏65261

閳 65056 46147
chù_6.14 龍龕同閦

閵 65055 46144
ruò_6.14 搜真玉鏡音弱。鑾楊寶忠：疑弱16202筆畫重組。

𫔱 65057 u2B531
null_6.14 未詳。

𨸅 65058 u28E05
dié_6.14 簡閨65043

𨸄 65059 u28E04
xiàn_6.14 簡閑65035

𨴦 65060 u28D26
cửa_6.14 喃俗𨴦65415

𨴤 65061 u28D24
null_6.14 神名用字。宋·張君房雲笈七籤·卷之五十一·玉珮金鐺魄靈帝君姓𨴤，諱閽元。

𨴢 65062 u28D22
ài_6.14 俗閡65018先秦漢魏晉南北朝詩·梁詩卷二十八·談士雲·詠安仁得果月上河陽縣，來看洛陽花。擲果人相𨴢，非是故停車古今圖書集成·博物彙編·草木典·第十六卷·果部藝文二·詩引詠安仁得果𨴢作閡。

𨴜 65063 u28D1C
dòu_6.14 俗鬭71319見龍龕 又俗祐39700同閐64990玄應音義祐助：古文閐、佑二形，于救反。

䦛 65065 u499B
zhēng_6.14 同掙19893明·韋宓箜篌記·僧話䦛脫風塵，貪圖清隱 又䦛閩，亦作掙扎、閩䦛國語辭典閩䦛，即扎掙，元曲中多用之。

阂 65066 u9602
ài_6.14 简閡65018

䦶 65064 u49B6
zhēng_6.14 简䦛65065

阁 65067 u9601
gé_6.14 简閣65029

阀 65068 u9600
fá_6.14 简閥65037

闿 65069 u95FF
kǎi_6.14 简闓65268

闾 65070 u95FE
lǘ_6.14 简閭65083

闽 65071 u95FD
mǐn_6.14 简閩65044

闼 65072 u95FC
tà_6.14 简闥65371

闻 65073 u95FB
wén_6.14 简聞46676

闺 65074 u95FA
guī_6.14 简閨65041

閪 65075 u95AA
seo_6.14 韓五洲衍文長箋散稿·土俗字閪音西，俗訓遺失曰閪失 又xī粵同肹47010女陰。

閫 65076 34320
chù_7.15 韻會敕六切音蓄字統衆也。本作閦65038

闍 65077 34321
tú_7.15 集韻同都切音徒。地名。

閫 65078 34322
kǔn_7.15 廣韻集韻正韻𠀤苦本切音悃廣韻門限也集韻門橛也史記·馮唐傳閫以內者，寡人制之註此郭門之閫也，門中橛曰閫儀禮·士冠禮·布席於門中闑西閾外註閾，閫也易·師卦註閫外之事，將軍所裁，臨事制宜，不必皆依君命 又天閫前漢·揚雄傳天閫決兮地垠開註天閫，天門之閫也 又kùn集韻韻會正韻𠀤苦悶切音困。義同△集韻本作梱。鑾又阃65130 又閩64982偏類碑別字·閫引唐嬀泉府左果毅都尉陳秀墓誌 又正字通閫65142俗閫字。

閬 65079 34323
làng_7.15 唐韻來宕切集韻韻會正韻郎宕切𠀤音

浪說文門高也圖空虛也前漢·揚雄傳閌閬閬其寥廓兮註閬，音浪。閬閬，空虛也圖空曠也莊子·外物篇胞有重閬，心有天遊註閬，空曠也。音浪圖土閬管子·度地篇城外爲之郭，郭外爲之土閬圖山名屈原·離騷朝吾將濟於白水兮，登閬風而緤馬註閬風，山名。在崑崙之上前漢·司馬相如傳登閬風而遙集兮註張揖曰：閬風山，在崑崙閬閬之中圖地名。巴郡有閬中縣前漢·地理志閬中註屬巴郡。閬音浪圖lǎng集韻里黨切音朗。爣閬，寬明貌圖人名史記·周本紀釐王子惠王閬立圖liǎng集韻里養切音兩說文蜽蛧也史記·孔子世家木石之怪夔、罔閬註夔，音逵。閬，音兩家語作魍魎圖láng廣韻魯當切集韻盧當切夶音郎。亦門高也。又後漢·張衡傳太微之閬註閬，明大也揚雄·甘泉賦文選註閬音郎。閬閬，高大貌圖táng集韻徒郎切音唐。高門謂之閬。或作閬。鏧又閬65287阆65127

閘 65080 34324
bǔ_7.15　五音集韻博古切音補。門也正字通按鋪首，著門銜環者。俗誤作闆門。不必別立閘名。

閘 65081 34325
wú_7.15　篇海類編訛胡切音吾。國名正字通一說左傳本作部。

閘 65082 34326
yán_7.15　篇海音閻。出釋典。

閭 65083 34327
lǘ_7.15　廣韻力居切集韻韻會正韻凌如切夶音臚說文里門也周禮五家爲比。五比爲閭。閭，侶也。二十五家相羣侶也書武成式商容閭傳式其閭巷禮·內則與其得罪於鄉黨州閭註二十五家爲閭戰國策·齊桓公，宮中女市女閭七百註閭里，中門也後漢·班固傳閭閻且千註字林曰：閭里，門也圖門名左傳·襄十八年州綽門於東閭註齊東門穀梁傳·成元年客不說而去，相與立胥閭而語註胥閭，門名釋文閭，力居反。圖仙所居史記·孝武紀石閭者，在泰山下阯南方，方士多言此仙人之閭也圖亭名春秋·襄二十一年邾庶其以漆閭丘來奔註高平南平陽縣西北有顯閭亭圖古官名周禮·地官·閭胥閭胥各掌其閭之徵令離騷序屈原與楚同姓，仕於懷王，爲三閭大夫史記·屈原傳註三閭之職，掌王族三姓圖石名五音集韻尾閭。司馬云閭者，聚也。水聚族之處，在扶桑東，一名沃焦。一石方圓四萬里，厚四萬里，海水注者無不燋圖山名爾雅·釋地東方之美者，有醫無閭之珣玗琪焉註醫無閭，山名。今在遼東圖揚子方言舟首謂之閭閬註今江東呼船頭屋謂之飛閭是也圖劍名荀子·性惡篇干將，莫邪，鉅闕，辟閭，此皆古之良劍也。註新序曰：辟閭、巨闕，天下之良劍也圖五音集韻草名。狀如艾蒿前漢·司馬相如傳奄閭軒于註奄閭，蒿也。子可治疾圖正韻夶閭，木名史記·司馬相如傳仁頻、幷閭註仁頻、幷閭俱註作棕。然玫之樀皮作索，則棕應屬幷閭，仁頻作枒櫚也圖集韻獸名。如驢，一角，岐蹄山海經縣雍之山，其獸多閭麋註郭曰：閭卽羭也。似驢而岐蹄，角如麢羊。一名山驢圖美女戰國策閭姝、子奢莫知媒兮註閭姝荀子作閭

娸。韋昭云梁王魏翟之美女圖姓左傳·哀十一年宗子陽與閭丘明相屬也前漢·藝文志閭丘子十三篇註魏人正字通將閭、閭葵，皆複姓。漢·唐君碑處士閭葵班圖人名史記·秦本紀吳王閭閭前漢·武帝紀東夷薉君南閭等註南閭者，薉君之名史記·建元以來王子侯者年表俞閭侯。鏧又閭65133簡化作闾65070

閣 65084 34328
hú_7.15　廣韻集韻夶胡沃切音鵠。門聲謂之閣。

閣 65085 34329
yǒng_7.15　玉篇余腫切五音集韻余隴切夶音勇玉篇門入也。

閣 65086 34330
huò_7.15　廣韻呼麥切音劃玉篇門聲廣韻閣門。圖集韻霍虢切音諕。開也。

閣 65087 34331
tíng_7.15　集韻唐丁切音庭。門中也圖tǐng待鼎切音挺。門外啓謂之閣。

閣 65088 34332
shà_7.15　集韻所稼切音嗄。開也。

閣 65089 34333
jú_7.15　廣韻集韻夶居六切音匊。閑也類篇閉也圖篇海類編兩手捧物也。又斂手曰臼，與臼字不同。臼字下畫連，音舅。

閱 65090 34334
yuè_7.15　唐韻弋雪切集韻韻會欲雪切夶音悅說文具數于門中徐曰春秋大閱，簡車馬也。具數，一一數之也玉篇簡軍實也周禮·夏官·大司馬中冬教大閱註大閱，簡軍實春秋·桓六年秋八月壬午，大閱註簡車馬圖說文一曰察也。出門者，察而數之也博雅閱數也左傳·襄九年商人閱其禍敗之釁註閱，猶數也。圖正韻簡閱也書·多方克閱于乃邑謀介疏謂簡閱其事。又呂刑閱實其罪疏簡練核實圖正韻歷也前漢·文帝紀閱天下之義理多矣註閱，猶更歷也。又車千秋傳無伐閱功勞師古註閱，經歷也圖廣韻閥閱也史記·高祖功臣年表積日曰閱後漢·章帝紀或起畎畝，不繫閥閱註史記曰：明其等曰閥，積其功曰閱。言前代舉人務取賢才，不拘門地圖韻會買賣損價也荀子·修身良價不爲折閱不市註折閱，謂損其所賣物價也。圖容也詩·邶風我躬不閱傳閱，容也。又曹風蜉蝣掘閱傳掘閱，容閱也箋掘閱，掘地解閱。謂其始生時圖稟也老子道德經自古及今，其名不去，以閱衆甫註閱，稟也。甫，始也。言道實與萬物始生，從道受氣。圖遂也爾雅·釋宮梠直而遂，謂之閱註謂五架屋際，椽正相當疏屋椽，長直而遂遂，五架屋際者名閱。圖正韻觀也圖人名左傳·僖三十年冬，王使周公閱來聘。又襄九年華閱註華閱，宋臣華元子史記·田敬仲世家公孫閱謂成侯忌曰：公何不謀伐魏。鏧又悅552閱65132阅65128閼64896閱64911

閱 65091 34335
huàn_7.15　字彙古患字〇按說文本作閈。

閱 65092 34336
shǐ_7.15　篇海類編詩止切音始。門也。鏧金文作閱65434

闟 65093 34337 chù_7.15 字彙補 昌六切音閦。佛之名。

闋 65094 34338 què_7.15 篇海 苦穴切，音窟◇無門戶也。

闗 65095 42162 ě_7.15 龍龕 烏可切，偃也，門傾也。鼉 又闁 64989 闗 65146

闙 65096 42163 qì_7.15 字彙補 丘帝切音稧。門也。

闟 65097 46145 què_7.15 龍龕 同闕。

闧 65102 46151 yán_7.15 龍龕 與闔同。

閻 65098 46146 yán_7.15 五音篇海 同閻。

闊 65099 46148 kuò_7.15 五音篇海 同闊。

闡 65100 46149 chǎn_7.15 龍龕 闡字之譌。

閏 65101 46150 rùn_7.15 五音篇海 同閏。

闟 65103 46152 zhǐ_7.15 五音篇海 音紙。

闦 65104 46153 jiān_7.15 川篇 音閒。鼉 闟闟，同闟闟，亦作闞闞、閒闞，掙扎 囝 闟 65126

闦 65106 46155 wěn_7.15 龍龕 與穩同。

闥 65105 46154 lǐ_7.15 五音篇海 音理。

閜 65107 46156 guā_7.15 五音篇海 音利。鼉 改併四聲篇海 引 類篇 音刮。

闐 65108 46157 tí_7.15 五音篇海 徒兮切。

闛 65109 46158 mén_7.15 搜眞玉鏡 音門。

闚 65110 u2B533 cǔa_7.15 喃 俗闕 65416或作降 65112

闖 65111 u2B532 xiāo_7.15 簡 闟 65119

降 65112 u2B524 cǔa_7.15 喃 俗闕 65416

闗 65113 u2B523 null_7.15 未詳。

嫲 65116 u28D47 null_7.15 未詳。

闝 65114 u2B522 guān_7.15 古文關 65310 鄂君舟節「木闗」、楚璽「勿 正闗鉩」、包山竹簡「左闗尹」，闗並關字。

闗 65115 u2B521 dòu_7.15 俗闘 71319見 龍龕

闧 65117 u28D44 guǎn_7.15 集韻 古緩切。所以出鍵也。通作管 42130 囝 閔 64911，俗作 篇海 引 餘文 閔，古滿切。所以出鍵也。

閦 65118 u28D3D mèn_7.15 同悶 17735 馬王堆漢墓帛書·老子甲本·道 經 鬻（人昭昭，我獨若）胃呵。鬻人蔡蔡，我獨同悶悶閔 呵。閔又用同昏 22400

闟 65119 u28D39 xiāo_7.15 闟豁，亦作庨豁，高峻深邃貌。

闟 65120 u28D37 wéi_7.15 同闈 65218

闟 65121 u28D36 null_7.15 未詳。

宏 65122 u28D35 hōng_7.15 直音篇 闂同闊。

闣 65123 u28D34 null_7.15 未詳。

闟 65124 u28D33 chù_7.15 同閦 65038

闋 65125 u28D32 null_7.15 未詳。

坔 65126 u49B7 wěn_7.15 簡 闟 65106

閬 65127 u9606 làng_7.15 简 閬 65079

阅 65128 u9605 yuè_7.15 简 閱 65090

闠 65129 u9604 jiū_7.15 简 闠 71322

闶 65130 u9603 kǔn_7.15 简 閫 65078

閲 65131 u95B4 qù_7.15 俗闃 65204

阅 65132 u95B2 yuè_7.15 同閱 65090

闾 65133 uF986 lú_7.15 參見閭 65083

閵 65134 34339 lìn_8.16 古文龠 廣韻 集韻 正韻 丛良刃切音吝。廣韻 閵鵑，鳥名 說文 閵似雉 鵖而黃 囝 踐也 前漢·司馬相如傳 徒車之所閵轢 郭璞註 閵，踐也 囝 集韻 郎甸切音練。義同。鼉 又閵 65175

閛 65135 34340 fēi_8.16 玉篇 孚微切 五音集韻 符非切，並音肥◇ 玉篇 門火氣△ 篇海類編 同扉。

闍 65136 34341 dū_8.16 集韻 都木切音穀。水名 山海經 成山四方 而三壇，其上多金玉，其下多青護，闍水出焉 註 闍音 涿 囝 zhuó 集韻 竹角切音斲。義同 囝 shǐ◆ 玉篇 式旨切 五音集韻 詩止切，並音始◇ 闍，門也。

闤 65137 34342 huán_8.16 玉篇 五音集韻 丛胡官切音桓。深閎也。 囝 字彙 闤也。

闓 65138 34343 chāng_8.16 唐韻 尺量切 集韻 韻會 蚩良切 正韻 齒 良切丛音昌 說文 天門也。一曰楚人名門曰闓闔 前漢·禮 樂志 游闓闔 註 闓闔，天門 後漢·杜篤傳 排闓闔，入幽 谷 淮南子·原道訓 排闓闔，鑰天門 註 闓闔，始升天之 門也 囝 風名 史記·律書 闓闔風居西方。闓者，倡也。闔 者，藏也。言陽氣道萬物闓黃泉也 淮南子·天文訓 四十 五日闓闔風至 註 兌卦風 囝 周禮·夏官·大司馬中軍以 鼟令鼓 註 司馬法曰：鼓聲不過闓 囝 門名 正字通 闓門， 姑蘇城門名 囝 tāng 集韻 他郎切音湯。鼟或作闓。鼓聲 也。鼉 又闆 65197闓 65232

糦 65139 34344 shài_8.16 正字通 與殺 27044同。有上去入三聲 考工 記·弓人 相角，秋糦者厚，春糦者薄。註：糦，同殺，入 聲。又 弓人 爲柎而發，必動於糦。註：柎，弓側骨也。 糦，接中也。柎與接中相爲體用，柎既發，則接中亦動 也。陸氏：糦，色界反。又 匠人 凡爲防，廣與崇，方其 糦三分去一，大防外糦。註：糦者，減削之意。防基三 分，上二分則堅固。大防，則基三分之外，上二分之內。 糦而又糦，防愈固也。生殺之殺，入聲。隆殺、等殺之 殺，去聲。殺不必从 周禮 作糦，沿俗書作煞 正韻 六泰 殺註，亦作煞。四轄殺註，刑不以罪曰殺。汎云亦作糦 煞，丛非 周禮 改殺爲糦，亦泥。鼉 或訛作糦 65291糦 40700

闊 65140 34345 kuò_8.16 篇海類編 苦活切音闊。遠也，廣也。

闙 65141 34346 yǔ_8.16 集韻 偶舉切音語。小門。

閫 65142 34347 kǔn_8.16 字彙 苦本切音悃。宮中門。

闍 65143 34348 shé_8.16 廣韻 集韻 丛士列切音薛。城門版也 囝 五 音集韻 查鎋切音鍘。義同。

闇 65144 34349 yān_8.16 唐韻 英廉切 集韻 韻會 衣廉切 正韻 衣炎 切丛音淹。說文 豎也。宮中闇閽閉門者。从門，奄，意 兼聲 廣韻 男無勢，精閉者 前漢·敘傳 闇尹之皆 註 謂宮 人爲闇者，謂其精氣奄閉不洩也。一曰主奄閉門者。 囝 爾雅·釋天 太歲在戌曰闇茂 釋文 音淹 史記·歷書

游兆，閹茂二年註閹茂，一作淹戊管子·幼官篇春行冬政，蕭行秋政，雷行夏政，閹註陽氣獨盛囝廣韻集韻韻會衣檢切正韻於檢丛音渰。義同△集韻通作奄。鼇又閼65198閨65013㢰03584剷03690剹03598

閔 65145 34350 wěi_8.16　玉篇於委切五音集韻於詭切丛音委。門高也。

阿 65146 34351 ě_8.16　唐韻烏可切音婀說文門傾也廣韻閼砢，欲傾貌囝集韻類篇丛倚可切音旖。義同。

閺 65147 34352 wén_8.16　集韻眉貧切音珉。鄉名。或作閿五音集韻亭名，在汝南囝wén集韻無分切音文說文低目視也。弘農湖縣有閺郡。鼇俗閿65208

閹 65148 34353 fù_8.16　篇海敷救切，音富◇開門也。

潤 65149 34354 chān_8.16　篇海類編蚩占切音襜。獲也。

閼 65150 34355 xī_8.16　集韻類篇丛虛宜切音犧。閼虛，壁隙也囝qí五音集韻渠羈切音奇。克也，信也囝割截也。鼇又閼65180

閻 65151 34356 yán_8.16　唐韻集韻韻會丛余廉切音鹽說文里中門後漢·班固傳閻閻且千註字林曰：閻，里中門也史記·越世家莊生雖居窮閻，然以廉直聞於國囝玉篇巷也博雅閻謂之衖囝揚子方言閻笘，開也。東齊開戶謂之閻笘囝勸也揚子方言食閻，勸也。南楚，凡已不欲喜，而旁人說之，不欲怒，而旁人怒之，謂之食閻。或謂之慫慂囝廣韻姓也。閻職。見左傳·文十八年閻敖，楚大夫。見莊十八年囝xián集韻類篇丛徐廉切音燅。鬼閻，地名。在潁川左傳·昭二十年戰於鬼閻註潁川長平縣西北有閻亭釋文閻，似廉反囝縣名左傳·昭九年周甘人與晉閻嘉爭閻田註閻嘉，晉閻縣大夫釋文閻，以廉反囝yàn集韻以贍切音爓說文好而長也五音集韻美色也囝衣長也史記·司馬相如傳眇閻易以戍削註閻易，衣長貌囝yǎn集韻以冉切音琰。地名左傳·昭二十年鬼閻釋文又以冉反△集韻或作㘭。鼇又閆64888阎65193閻65098閰65102闇65244閻65292囝字彙閇65082閻字之譌。

閼 65152 34357 ě_8.16　唐韻烏割切集韻韻會正韻阿葛切丛音遏說文遮壅也廣韻止也，塞也前漢·景十三王傳今臣雍閼不得聞註閼，烏曷反。止也楚辭·九思志閼絕兮安如註志望已訖，不知所之列子·楊朱篇管夷吾曰：肆之而已，勿壅勿閼蔡邕·樊惠渠歌我有長流，莫或閼之釋文丛音遏囝爾雅·釋天太歲在甲曰閼逢，太歲在卯曰單閼釋文閼，烏割切淮南子·天文訓寅在甲曰蓬註言萬物鋒芒欲出，擁遏未通，故曰閼蓬也囝星名前漢·律歷志大火，閼伯之星也囝城名史記·秦本紀攻趙閼與註儀州和順縣，即古閼與城郡縣志閼與，在磁州武安縣。今屬彰德府。又後漢·郡國志上黨涅縣有閼與聚囝人名左傳·襄九年陶唐氏之火正閼伯居商丘。

又隱十一年公孫閼，與潁考叔爭車註公孫閼，鄭大夫釋文丛於葛反前漢·景帝紀閼為臨江王註閼，一曷反囝廣韻集韻韻會正韻丛於歇切音謁。義同囝集韻或作堨08930囝yù五音集韻依倨切音飫。閼與，容暇貌前漢·揚雄傳窮宨閼與註晉灼曰：閼與，容貌也。師古曰閼與，容暇之貌也囝yān廣韻烏前切集韻因蓮切丛音煙。閼氏，單于適妻也前漢·韓王信傳乃使人厚遺閼氏註閼，於連反史記·匈奴傳後有所愛閼氏索隱註閼氏，匈奴皇后號也。習鑿齒與燕王書曰：山下有紅藍，北方人採取其花染緋黃，將取其上英鮮者作臙脂，婦人採用以為顏色，因名妻作閼氏囝史記·歷書年名焉逢註甲歲雄也。漢書作閼逢。閼亦音焉囝廣韻於乾切集韻尤虔切丛音焉。義同。鼇又閦65192

闖 65153 34358 chuài_8.16　集韻楚快切音嘬。石抑闖，穀名囝五音集韻倉夬切音啐。義同。

閡 65154 34359 ài_8.16　字彙五愛切音艾。以木欄門也。

閽 65155 34360 hūn_8.16　唐韻集韻韻會正韻丛呼昆切音昏說文常以昏閉門隸也禮·祭義閽者，守門之賤者也周禮·天官閽人掌守王宮中門之禁註言閽人者，墨者使守門。閽人守王宮中門耳正字通凡吏民冤抑，詣闕自愬者，曰叩閽囝正韻閽寺易·說卦為閽寺疏取其禁止人也。鼇又闇65194閽65243囝周禮·天官閽人註註，疏之誤。

閾 65156 34361 yù_8.16　古文閾唐韻于逼切集韻正韻越逼切丛音域說文門榍也。論語曰：行不履閾徐曰門限也囝爾雅·釋宮柣謂之閾疏謂門下橫木為外內之限禮·玉藻賓入不中門，不履閾註閾，門限左傳·僖二十二年婦人送迎不出門，見兄弟不踰閾前漢·王莽傳思不出乎門閾註門橛也囝廣韻況逼切集韻忽域切丛音洫。義同。鼇又閾65199

閿 65157 34362 wén_8.16　五音集韻無分切音文。低視也。與閺同。囝前漢·武五子傳閿鄉註孟康曰：閿，古閿字。從門從昬。建安中改作閿。師古曰閿字本從門從昬，其後轉訛誤，遂作門中受耳。郭璞乃音汝授反，蓋失理遠耳。○按說文閿訓低目視廣韻閿俗作閿漢書註則以閿為古閿字，閿與閿既異義，又以閿為古字，尤不可解。自應以廣韻為正。鼇又閿65195

閧 65158 34363 hòng_8.16　五音集韻胡降切音巷字彙陌也。又備也。鼇正字通閧，俗閧65040字。舊註音巷。陌也。非。囝備也。尤非。

閳 65159 34364 bāo_8.16　字彙補博毛切，音包◇褒讚也。

閨 65166 46159 qín_8.16　川篇同琴

閧 65160 34365 hòng_8.16　字彙補匣蟲切音鴻。閧以呂氏春秋崔杼之子，相與私閧。

閑 65161 34366 xián_8.16　篇海音閑。習也，法也。

闘 65162 34367 gǔ_8.16　篇海音古。獨扇門也。

關
65163 34368
kāi_8.16　字彙補古文開64914字。

鬨
65164 34369
wú_8.16　字彙補同闉。國名。

鬨
65165 34370
pì_8.16　字彙補古文闢65363字。

闑
65167 46160
yīng_8.16　五音篇海音英。

闑
65168 46161
xié_8.16　搜眞玉鏡胡結切。

闗
65169 46162
huì_8.16　五音篇海呼貴切。闒又闟65391

闗
65170 46163
wāi_8.16　搜眞玉鏡五乖切。

闟
65171 46164
què_8.16　五音篇海同闕。

闟
65172 46165
jiè_8.16　搜眞玉鏡音居。

闖
65173 46166
fú_8.16　搜眞玉鏡音服。

闗
65174 46167
pì_8.16　五音篇海音辟。

崔
65175 u2B534
lìn_8.16　簡闟65134

閦
65176 u2B527
bī_8.16　閦塞，同逼塞，充滿。

65177 u2B526
null_8.16　喃未詳。

闡
65178 u2B525
null_8.16　未詳。

闑
65179 u2F9EF
pēng_8.16　開65019本字

闍
65180 u28D64
qí_8.16　同闍65150

闔
65182 u28D62
qù_8.16　俗闃65204

闖
65181 u28D63
cǔa_8.16　喃俗𣀕65415△𨳔字：佛門，佛教。

闍
65183 u28D5D
tà_8.16　時務報·梁啟超·治始于道路說其有習居閤冗，而不以為惡者，其長老必從而詬誶之，外人必從而誹訛之。闤冗，同闤65267茸，猥賤。

闖
65184 u28D5C
jiū_8.16　俗闖71322

闖
65185 u28D59
qù_8.16　俗闃65204

闔
65186 u28D56
null_8.16　未詳。

闖
65188 u28D54
null_8.16　未詳。

闓
65187 u28D55
jiū_8.16　龍龕同閦64877

闌
65189 u49A8
lán_8.16　俗闌65226古今韻會舉要闌从柬，俗作東，非。

閲
65190 u49A7
xì_8.16　俗直音篇閲同闐71303

闡
65191 u9610
chǎn_8.16　简闡65342

闏
65192 u960F
è_8.16　简闗65152

闈
65193 u960E
yán_8.16　简闈65151

闐
65194 u960D
hūn_8.16　简闇65155

闓
65195 u960C
wén_8.16　简闓65157

闃
65196 u960B
xì_8.16　简闃71303

闑
65198 u9609
yān_8.16　简闑65144

闐
65197 u960A
chāng_8.16　简闐65138

闒
65199 u9608
yù_8.16　简闒65156

闍
65200 u9607
dū_8.16　简闍65227

軋
65201 34371
yà_9.17　唐韻乙鎋切集韻乙轄切𠀤音鵡說文門聲廣韻門扇開也韓愈·征蜀聯句熬堁煽歊熺，抉門呀拗閜又集韻韻會𠀤乙黠切音軋。義同。

閿
65202 34372
yīng_9.17　玉篇於迎切五音集韻於驚切𠀤音霙。門中也又五音集韻於香切音迎。義同。

省
65203 34373
shěng_9.17　廣韻集韻𠀤所景切音省廣韻閝府，今爲省字集韻禁署。本从門。通作省。

闃
65204 34374
qù_9.17　唐韻集韻韻會正韻𠀤苦昊切音趒說文靜也玉篇靜無人也易·豐卦闃其无人疏闃視其屋，而闃寂無人也又集韻求獲切音趪。義同△說文徐註按易窺其戶，闃其無人。窺，小視也。昊，大張目也。言始小視之，雖大張目亦不見人也。義當只用昊字。又闃65256闃65185閝65293又干禄字書閝65131闃65182上俗下正。

闃
65205 34375
què_9.17　集韻苦穴切音闋。闃闃，無門戶也。本作闃。

闄
65206 34376
yǎo_9.17　廣韻於小切集韻於兆切𠀤音夭。隔也博雅闄，遮也釋文於小反又集韻伊鳥切音杳。又集韻類篇𠀤以紹切音溔。義𠀤同。

閜
65207 34377
hāng_9.17　篇海類編呼郎切，墾平聲。開也又香也。

閿
65208 34378
wén_9.17　廣韻韻會𠀤無分切音文說文低目視也廣韻俗作閿韻會地名。弘農湖縣有閿亭又bīn廣韻府巾切音彬。義同又前漢·武五子傳閿鄉註孟康曰：閿，古閩字。从門从昬。建安中改作閿〇按閿說文訓低目視，與聞見之聞義異，未知漢書註何義，存之備考。又閿65252閿64979集韻譌作闅65147

兪
65209 34379
yú_9.17　廣韻羊朱切集韻韻會容朱切𠀤音俞玉篇窺也集韻閝閝，私視也左思·魏都賦距遠闗以閝閝註閝閝，望也。

閝
65210 34380
kuā_9.17　集韻空媧切音咼。門不正開。或作閝。又玉篇苦乖切五音集韻苦淮切，並剮平聲。義同。

閵
65211 34381
yù_9.17　集韻閝65156古作闥。

闖
65212 34382
chǔn_9.17　玉篇敕尹切五音集韻敕準切𠀤音楯。中門也。

閝
65213 34383
pǎn_9.17　玉篇五音集韻𠀤匹限切音盼。門中視也。又老閝，亦作老板。

闇
65214 34384
àn_9.17　◆唐韻集韻韻會烏紺切正韻胡紺切𠀤音暗說文閉門也又廣韻冥也玉篇幽也易·蒙卦疏蒙者微昧闇弱之名，物旣蒙昧，惟願亨通，但闇者求明，明者不諮於闇，故云童蒙求我也禮·曲禮孝子不服闇註闇，冥也。不於闇冥之中從事書·大禹謨蠢茲有苗昏迷不恭傳昏，闇也又博雅闇，夜也禮·祭義夏后氏祭其闇註闇，昏時也公羊傳·莊二十五年以朱絲營社。或曰脅之，或曰爲闇，恐人犯之，故營之註爲天闇冥，恐人犯歷之，故營之又周禮·春官·眡祲掌十煇之灋，以觀妖祥，辨吉凶，五曰闇註闇，日月食也又不明也莊子·齊物論我與若不能相知也，則人固受其黮闇註黮闇，不明貌又蟲名博雅闇蝸，蠮螉也又ǎn集韻韻會正

韻　㽱㽱感切音晻。隱晦貌。禮·中庸闇然而日章 釋文 闇，於感反 又 yǎn 集韻 乙減切音黤。隱暗也 又 yǐn 五音集韻 於錦切音歆。大水至也 又 yīn 集韻 韻會 㽱於金切音音。默也 又 ān 烏南反 儀禮·喪服 既虞翦屏柱楣疏 闇謂廬也。廬有梁者，所謂柱楣也 釋文 闇，烏南反。

闢
65215 34385
pī_9.17　　字彙 匹亦切音僻。塞也。 又 闛65240

闚
65216 34386
xié_9.17　　廣韻 胡結切 集韻 奚結切㽱音纈。門聲。

闙
65217 34387
nüè_9.17　　廣韻 集韻 㽱女略切音虐。牽引也。

闈
65218 34388
wéi_9.17　　唐韻 羽非切 集韻 于非切㽱音韋 說文 宮中之門也 禮·雜記 夫人至，入自闈門 釋文 闈，音韋，宮中之門 左傳·閔二年註 宮中小門謂之闈 釋文 音韋 史記·齊太公世家 攻闈與大門 註 宮中之門曰闈 前漢·敘傳 皆及岢君之門闈 又 地名 左傳·昭二十三年 尹辛取西闈 註 西闈，周地 釋文 闈，音韋 又 huī 集韻 吁韋切，音揮 禮·雜記 夫人至，入自闈門 釋文 劉昌宗音暉 左傳·閔二年註 宮中小門，謂之闈 釋文 亦音暉 又 或作幃 禮·雜記 闈門 註 幃門，或爲帷門 △俗作闈，非。 又 闱64967 闈65120

闍
65219 34389
zhì_9.17　　集韻 直利切音緻 揚子·太玄經 闥首，次二，闥無閒。測曰：無閒之闥，一其二也 註 二火也。而在火行，二火相會合，闥密如一，故無閒。一其二，言一陰二陽，道相交也。 又 闧65282

閞
65220 34390
xiàn_9.17　　字彙 下簡切音限。門閞也。本作閞。俗加門作閞。

闉
65221 34391
yīn_9.17　　廣韻 於眞切 集韻 韻會 正韻 伊眞切㽱音因。◆說文 城內重門也 正韻 城內曲重門也 詩·鄭風 出其闉闍 傳 闉，曲城也 前漢·揚雄傳 櫖槍爲闉 註 障蔽如城門外女垣也 又 塞也 周禮·地官 掌厲掌斂互物厲物，以共闉壙之蜃 註 闉，猶塞也 淮南子·兵略訓 獵者逐禽，車馳人趨，各盡其力，無刑罰之威，而相爲斥闉要遮者，同所利也 註 塞也 又 易·屯卦 窮困闉厄 又 姓 左傳·定五年 吳子乃歸，因闉輿罷 莊子·德充符 闉跂支離無脤 註 闉跂支離，言脚常曲，行體不正，卷縮也。無脤，名也 又 yǎn 集韻 因蓮切音煙。曲也 莊子·德充符 闉跂，司馬彪讀。 又 闉65355 闉65344 闉65360 闉65402

闊
65222 34392
kuò_9.17　　廣韻 正韻 苦括切 集韻 韻會 苦活切，並 蛞 說文 疏也。一曰遠也 爾雅·釋詁 闊，遠也 又 廣韻 廣也 又 韻會 闊，勤苦也 詩·邶風 死生契闊 傳 契闊，勤苦也 又 寬也 前漢·王莽傳 闊其租賦 註 闊，寬也 又 乖闊 詩·邶風 于嗟闊兮 疏 于嗟乎，此軍伍之人，今日與我乖闊兮 又 簡闊 後漢·馬融傳 及漢祖杖劍，武夫勃興。憲令寬賒，文禮簡闊 又 迂闊 後漢·律曆志 至元封中，迂闊不審 又 正韻 凡久不相見曰開闊 後漢諸葛豐傳 開何闊 又 集韻 苦滑切音劀。義同。 又 闊65288 濶30394 闊65294 又 正字通 闊，俗作濶30113閪65042，俗闊字。

闐
　　又 直音 篇 闐65140 闐65099同闐。

65223 34393
què_9.17　　唐韻 集韻 㽱傾雪切音缺 說文 事已閉門也 玉篇 止也 博雅 闕，訖也 又 玉篇 息也 詩·小雅君子如屆，俾民心闕 傳 息也 後漢·楊璇傳 剽人盜邑者，不闕時月 註 息也 又 廣韻 盡也 前漢·王莽傳 物物印市，日闕亡儲 註 盡也，言當日卽盡 張景陽·七命 繁肴既闕，亦有寒羞 又 玉篇 終也 增韻 樂終也 禮·文王世子 有司告以樂闕 註 闕，終也 周禮·夏官·大司馬 鼓戒三闕 前漢·張良傳 歌數闕 又 空也 莊子·人閒世 瞻彼闋者，虛室生白 註 闋，空也。室比喻心，心能空虛，則純白獨生也 又 正韻 門開也 又 kuì 集韻 暌桂切音楑。止也 禮·郊特牲 卒爵而樂闋 註 闋，止也 又 què 廣韻 集韻 韻會 㽱苦穴切音溪。義同 又 jué 集韻 古穴切音玦。馬名 爾雅·釋畜 回毛在背，闋廣 疏 旋毛在背者名闋廣。 又 闋65253 闋65321

闥
65224 34394
jiàn_9.17　　集韻 巨展切音鍵。拒門木。本作楗 又 玉篇 五音集韻 㽱其偃切音寋 玉篇 義同 五音集韻 闌楗。

闠
65225 34395
xù_9.17　　玉篇 許勿切音颭。小門也。

闌
65226 34396
lán_9.17　　唐韻 洛干切 集韻 韻會 正韻 郎干切㽱音蘭 說文 門遮也 戰國策 晉國之去梁也，千里有餘，有河山以闌之 史記·楚世家 雖儀之所甚願爲門闌之廝者，亦無先大王 後漢·明帝紀 勞賜縣掾史及門闌走卒 註 續漢志曰：五伯、鈴下、待閤、門闌部署、街里 又 車上闌 左傳·宣十二年 楚人惎之脫扃 註 扃，車上兵闌也 又 廣韻 晚也 岑參詩 蕭條芳歲闌 增韻 褪也，衰也 又 玉篇 牢也 又 廣韻 希也。飲酒半罷也 史記·高祖紀 酒闌 註 闌，言希也。謂飲酒者，半罷半在，謂之闌 杜甫詩 廚人語夜闌 又 廣韻 盡也 蔡琰·胡笳十八拍 更深夜闌兮，夢汝來斯 又 妄也 史記·汲黯傳 文吏繩，以爲闌出財物於邊關乎 註 闌，妄也 又 無符傳出入爲闌 史記·高祖功臣年表 陽平侯杜相夫闌出函谷關 前漢·成帝紀 闌入尚方掖門 註 應劭曰：無符籍妄入宮曰闌 又 腕闌 元氏掖庭記 元靜懿皇后旦日，人獻翠腕闌 註 闌，手鐲類 又 闌干 左思·吳都賦 珠琲闌干 註 闌干，猶縱橫也 又 縣名 前漢·地理志 闌 註 屬越嶲郡 又 làn 集韻 郎旰切。同彩。文也。或作爛。亦省。 又 闌65257 闌65189 躝59569

闍
65227 34397
dū_9.17　　唐韻 當孤切 集韻 韻會 正韻 東徒切㽱音都 說文 闉闍也。从門者聲 廣韻 城上重門 玉篇 城門臺也 詩·鄭風 出其闉闍，有女如荼 傳 闍，城臺也 釋文 闍，鄭、郭音都。孫炎云積土如水渚，所以望氣祥也 禮·月令·仲夏之月可以處臺榭 註 闍者謂之臺 集韻 或作堵。 又 shé 廣韻 視遮切 集韻 韻會 時遮切 正韻 石遮切，並 社 平聲 說文 闉闍也 詩·鄭風 闉闍 釋文 又 音蛇 又 正字通 梵言闍維，卽茶毗，僧死而焚之也。天竺第九祖人滅，衆以香油栴檀闍維其體。闍維，讀若荼毗。蘇軾夜閱傳燈錄 燈花燒一僧字，題詩曰：曹溪夜岑寂，燈下讀傳燈。不覺燈花落，茶毗一個僧 又 zhē 集韻 之奢切音遮。

城臺也詩·鄭風闉闍。徐邈讀。鑾又閣65200

闔65228 34398
hé_9.17 篇海胡答切，音盍◇門扉也○按卽闔字
之譌。

闢65229 34399
bì_9.17 字彙補博計切音閉。扃也。門戶也。

閮65230 46168
liáng_9.17 海篇音良

闤65231 46169
nán_9.17 龍龕音南

闡65232 46170
chāng_9.17 五音篇海與闛同。

開65233 46171
kāi_9.17 字彙補與開同。

闃65234 46172
jìng_9.17 搜眞玉鏡音竟。

闥65235 u2B528
null_9.17 未詳。

閤65237 u28E09
tǎ_9.17 簡閤65260

緉65236 u2F9F0
shā_9.17 直音篇 緉緉同殺27044

闞65238 u28E08
mǒ_9.17 喃俗翺65379開。

便65239 u28E07
pián_9.17 簡闢65246

闛65240 u28E06
pì_9.17 簡闢65215

關65241 u28D7F
guān_9.17 俗關65310

闈65242 u28D7E
wéi_9.17 篇海類編

闈65218，俗作關廣碑別字引隋段濟墓誌

閽65243 u28D7D
hūn_9.17 同闗65155

閻65244 u28D7B
yán_9.17 俗閻65151敦

煌·S.1153諸雜人名一本閻瘦筋。

閑65245 u28D7A
zhēng_9.17 閑闛，同閘65065闛。

闢65246 u28D78
pián_9.17 闢闢，充塞貌。

闔65247 u28D75
hé_9.17 同閤65269

闤65248 u28D73
null_9.17 未詳。

闔65250 u28D71
null_9.17 未詳。

闔65249 u28D72
hé_9.17 闔65247譌字

闢65251 u49B8
null_9.17 未詳。

闅65252 u49A9
wén_9.17 俗閽65208

闃65253 u9615
què_9.17 简闢65223

濶65254 u9614
kuò_9.17 简闊65222

𧷩65255 u9613
huì_9.17 简闠65341

闃65256 u9612
qù_9.17 简闃65204

闌65257 u9611
lán_9.17 简闌65226

風65258 u95CF
paeng_9.17 韓門間風

闡65259 u95CE
niè_9.17 或俗闡65266

閤65260 34400
tǎ_10.18 字彙託甲切，
音塔。同鞳。閤閤，鐘鼓聲。鑾又阁65237

闟65261 34401
yàn_10.18 字彙伊甸切，音晏◇晚也。鑾正字通闟，
舊註音晏，晚也。義與晏同。經史本作晏，加門，非。

闒65262 34402
ài_10.18 集韻烏懈切音隘。闔也。

闐65263 34403
tián_10.18 唐韻待年切集韻韻會正韻亭年切夶音
田說文盛也博雅闐闐，盛也図博雅闐闐，聲也詩·小
雅振旅闐闐朱註闐闐，鼓聲也爾雅·釋天振旅闐闐註
闐闐，羣行聲左思·蜀都賦車馬雷駭，轟轟闐闐註皆
言車馬之聲図增韻滿也史記·汲鄭傳始翟公爲廷尉，
賓客闐門前漢·游俠傳人無賢不肖闐門図地名前
漢·西域傳到卑闐城抱朴子·僊藥卷得于闐國白玉
図與顚同禮·玉藻盛氣顚實揚休註顚讀爲闐。盛身中
之氣，使之闐滿其息図集韻或作寘前漢·游俠傳闐門

註師古曰與寘字同図diàn廣韻集韻韻會堂練切正
韻蕩練切夶音電。于闐，國名図jì音冀前漢·陳湯傳涉
康居界，至闐池西註闐，音冀。鑾又間64982闐65301
図于闐或作釬鎮、釬鑽64709釬瓊34846

闍65264 34404
dù_10.18 廣韻陟駕切集韻陟嫁切夶音吒◆說文奠
爵也廣韻同詫集韻一曰戆也。

闑65265 34405
lìn_10.18 玉篇古文闐65134字。

闑65266 34406
niè_10.18 唐韻集韻韻會正韻夶魚列切音孽說文
門梱玉篇門橜也廣韻門也，礙也五音集韻門中礙也
正韻門中橛爲闑爾雅·釋宮橛謂之闑禮·玉藻君入門，
介拂闑釋文闑，門梱也儀禮·士冠禮布席于門中闑西
前漢·五行志明離闑內。又馮唐傳闑以內，寡人制之。
図集韻韻會夶倪結切音齧。又集韻九芮切音劂。
義夶同△集韻或作臬槷。鑾又闑65281闑65259或俗闑。

闒65267 34407
tà_10.18 唐韻徒盍切集韻敵盍切夶音蹋說文樓
上戶也。从門，弱意兼聲廣韻門樓上屋也周禮·夏官·大
司馬中軍以鼙令鼓註司馬法曰：鼓聲不過闒，鼙聲不
過闒釋文闒，吐獵反図集韻一曰間闒里也博雅闒，
里也図海外國名山海經闒非，人面而獸身，靑色。
図tà集韻韻會夶託盍切音榻。闒茸，意下也前漢·司
馬遷傳在闒茸之中註闒，下也。闒茸，猥賤也。又賈
誼傳闒茸尊顯兮楚辭·九歎雜班駮與闒茸註闒茸，駑
頓也図集韻力盍切音臘。義同図tà託合切音鎝，鎲鞳，
鐘鼓聲。本作鞳。鑾鎲鞳。龕頭音釋本改作鐺闒。
図可洪音義鐺闒：上他郎反。以鐵貫物。下徒盍反。
妄語也。正作謵也。意謂論義失理者，不伏墮貟，妄將
餘語穿突亂道者。闒，徒盖反。門樓上屋也。恐非此義
也図闒闒，鐘鼓聲図闒65183闒65300

闓65268 34408
kǎi_10.18 廣韻苦亥切集韻韻會正韻可亥切夶音
愷說文開也正韻闢也，解也揚子方言東齊開戶謂之
闓笘，楚謂之闓前漢·匈奴傳今欲與漢闓大關曹植·矯
志詩門機之闓，楛矢不追図博雅闓，欲也図通作凱
前漢·司馬相如傳昆蟲闓懌史記作凱澤図kāi集韻正
韻夶丘哀切音開集韻明也図決拾也儀禮·鄉射禮·袒
決遂註決，猶闓也，以象骨爲之，著右大擘指，以鉤弦。
闓，體也釋文闓，音開図人名後漢·劉表傳遂起立學
校，博求儒術，綦母闓、宋忠等註闓，音開図廣韻苦
愛切集韻韻會口漑切，夶音慨。義同。鑾又闓65069

闔65269 34409
hé_10.18 唐韻胡臘切集韻轄臘切，夶音盍說文門
扇也爾雅·釋宮闔謂之扉疏闔，扇也禮·月令仲春之月，
乃修闔扇註用木曰闔左傳·襄十八年以枚數闔註闔，
門扇也史記·宋微子世家牧齒著門闔註闔，門扇図韻
會雙曰闔，闔門也。單曰扇，扇戶也図說文閉也易繫
辭闔戶謂之坤疏謂閉藏萬物，若室之閉闔其戶左
傳·襄十七年吾儕小人，皆有闔廬，以辟燥濕寒暑註闔，
謂門戶閉塞図苦也周禮·夏官·圉師茨牆則剪闔註闔，

苦也図正韻撼合也後漢·張儉傳儉見曹氏世德已萌，乃闔門懸車，不與政事前漢·武帝紀今或至闔郡，而不荐一人註總一郡之中，故曰闔郡図廣韻閭閭前漢·禮樂志游閭闔註閭闔，天門淮南子·原道訓排閶闔，鑰天門註閶闔，始升天之門也図風，亦名閶闔史記·律書閶闔風，居西方図助語詞莊子·列禦寇闔胡嘗視其良，旣爲秋栢之實矣註闔，語助也。又則陽篇日與物化者，一不化者也，闔嘗舍之註言何不試舍其所爲乎図國名前漢·陳湯傳又遣使責闔蘇、大宛諸國歲遺註闔蘇，國名。在康居北一千里図人名莊子·人閒世註顏闔，魯之賢人，隱者。鑒又闔65247闔65302闔65323闔65249闔65228

闀 65270 34410
xiāo_10.18　集韻馨幺切音膮。門大開貌。

闁 65271 34411
qiāng_10.18　廣韻七羊切集韻千羊切𠀤音鏘廣韻門聲和也。鑒名義七羊反。鎗63868字。

閄 65272 34412
wǔ_10.18　玉篇烏古切五音集韻安古切𠀤音隖玉篇門也。

闕 65273 34413
què_10.18　廣韻袪月切集韻韻會正韻丘月切𠀤音絅說文門觀也。徐曰中央闕而爲道，故謂之闕玉篇象魏闕也。廣韻闕在門兩旁，中央闕然爲道也正韻宮門雙闕也韻會爲二臺于門外，作樓觀於上，上員下方，以其縣法，謂之象魏。象，治象也。魏者，言其狀魏魏然高大也，使民觀之，因爲之觀，兩觀雙植，中不爲門。又宮門、寢門、冢門皆曰闕古今注闕，觀也。古每門樹兩觀於其前，所以標表宮門也。其上可居，登之則可遠觀，故謂之觀。人臣將至此，則思其所闕，故謂之闕爾雅·釋宮觀謂之闕詩·鄭風挑兮達兮，在城闕兮傳乘城而見闕左傳·莊二十一年鄭伯享王于闕西辟註闕，象魏也史記·高祖紀立東闕、北闕。又秦本紀築冀闕註劉伯莊云冀猶記事，闕卽象魏也図廣韻失也，過也図集韻乏也，空也図增韻不恭也図玉篇少也左傳·成十三年又欲闕翦我公室図廣韻不供也左傳·襄四年敝邑褊小，闕而爲罪註闕，不供也図增韻虛也禮·禮運三五而闕註一盈一闕，屈伸之義也図增韻游車補闕者曰游闕周禮·春官·車僕掌戎路之萃，廣車之萃，闕車之萃註闕車，所用補闕之車也左傳·宣十二年潘黨率游闕四十乘註游車，補闕者図不合也前漢·王莽傳歸師勿遏，圍城為之闕註此兵法之言也。闕，不合也。図毀也禮·曾子問入自闕註闕，謂毀宗也図正韻闕翟后后刻繪爲衣，不畫也周禮·天官·內司服掌王后之六服：褘衣、揄狄、闕狄、鞠衣、展衣、緣衣註闕狄，畫羽飾。展衣，白衣也詩·衞風玼兮玼兮其之翟也傳褕翟，闕翟，羽飾衣也図劒名荀子·性惡篇闔閭之干將、莫邪、鉅闕、辟閭，此皆古之良劒也図國名左傳·昭十五年闕鞏之甲註闕鞏國所出鎧図獸名爾雅·釋獸闕泄、多狃疏闕泄，獸名。其脚多狃。狃，指也図山名前漢·司馬相如傳遺屯騎於玄闕兮註玄闕，北極之山也

図塞名戰國策乃摩燕烏集闕，見說趙王於華屋之下註闕，塞名也。又史記·周本紀西周恐，將天下銳師出伊闕，攻秦註括地志云在洛州南十九里図廣韻姓也。出下邳。漢有荆州刺史闕羽三図正韻亦作屈図jué正韻其月切音橜左傳·隱元年潁考叔曰：若闕地及泉。又襄二十一年方暑，闕地，下冰而牀焉吳語闕爲石郭，陂漢以象帝舜註闕，穿也管子·山權數篇北郭有掘闕而得龜者註穿地至泉曰闕。鑒又闕65290闕65289闕65097闕65171闕65299闕65295闕65284闕65347

65274 34414
闛
táng_10.18　廣韻集韻𠀤徒郎切音唐廣韻高門也。△集韻或从良。鑒作閶65079

65275 34415
闖
chèn_10.18　唐韻韻會正韻𠀤丑禁切音𦡱說文馬出門貌。从馬在門中，會意亦象形。讀若郴図出頭貌公羊傳·哀六年開之則闖然，公子陽生也註闖，出頭貌。図玉篇或作覘韓愈·同宿聯句儒門雖大啓，姦首不敢闖。皆以窺覘爲義図集韻丑甚切音踸公羊傳·哀六年闖然釋文又丑衽反図chēn集韻癡林切音琛。義同。鑒又闖65356閗64905𨶤64892

65276 34416
闗
zhǎn_10.18　篇海之兗切，音展◇開閉門利也。

65277 34417
闟
jùn_10.18　篇海子閏切音浚。英也。

65278 34418
闚
què_10.18　篇海苦穴切。止也，終也。

65281 u2B536
闃
niè_10.18　簡闟65266

65279 46173
闡
něng_10.18　搜眞玉鏡奴等切。鑒又粵lan同嚨06717屛。

65280 46174
闓
kāi_10.18　五音篇海同開。

65282 u2B535
闗
zhì_10.18　簡闟65219

65284 u28E0A
闕
què_10.18　簡闕65295

65283 u2F9F1
闓
wēn_10.18　同閲65370

65286 u28D9A
闗
guān_10.18　同關65310

65285 u28D9B
闦
cǒng_10.18　喃从門貢cǒng聲。扉△丏闦：門。

65287 u28D97
闠
làng_10.18　同閬65079莘縣志·卷之十·斗城捧月芙蓉有窺銀甕，閬苑無聲獻玉盤。

65289 u28D95
闕
què_10.18　俗闕65273

65288 u28D96
闊
kuò_10.18　同闊65222復古編闊，疏也，从門㓿。隷作闊，非。

65290 u28D94
闕
què_10.18　俗闕65273

65291 u28D93
𨶋
shài_10.18　粷65139譌字

65292 u28D92
闟
yán_10.18　金石文字辨異·閻65151引唐臨高寺碑

65293 u28D8D
闒
null_10.18　未詳。

65294 u28D90
闊
kuò_10.18　俗闊65222宋金盈之·新編醉翁談錄·史丞相上梁文方乾坤之氣，豁陶清夷。宜國家之典，舉於希闊。

65295 u28D8F
闕
què_10.18　同闕65273宋真宗御製玉京集·卷之二·官二·萬歲殿祥瑞表十一道·太祖皇帝近以宸闈必葺，久

65304 u28D91
闃
qù_10.18　正字通闃65204俗作閴、闃，非。民國杭州府志·卷二十二·山水三·錢塘縣·二·方家峪唐以前，嶺中林莽茂密，闃無人居

65298 u28D8C
闞
null_10.18　未詳。

闓於興工；吉日協期，爰從於授役。

闃 65296 u28D8E
qù_10.18　或俗闋 65204　五侯鯖字海 音闃。

闕 65299 u9619
què_10.18　简 闕 65273

闒 65300 u9618
tà_10.18　简 闒 65267

闐 65301 u9617
tián_10.18　简 闐 65263

闔 65302 u9616
hé_10.18　简 闔 65269

鬥 65303 u95D8
dòu_10.18　同鬥 71307俗鬪。

關 65304 u95D7
guān_10.18　同關 65310

闟 65305 34419
qǐ_11.19　廣韻 康禮切
集韻 遣禮切夶音棨。闢門也。通作啓。

鬭 65306 34420
dòu_11.19　廣韻 都豆切。俗鬥字図 dǒu 字彙 當口切
音斗。姓也。図 dòu 大透音豆。呼也。

闚 65307 34421
kuī_11.19　唐韻 去隨切集韻 韻會 缺規切，並音窺說
文 閃也。謂傾頭門中視也。从門，規意兼聲廣韻 小視集
韻 窺，通作闚易觀卦 闚觀，利女貞註 所見者狹，故曰
闚觀疏 闚竊而觀也。又豐卦 闚其戶疏 闚視其戶也
禮禮運 其餘鳥獸之卵胎皆可俯而闚也史記刺客傳
以重利後漢 李固傳 秦人不敢闚兵于西河図同窺列
子黃帝篇 夫至人者，上闚青天釋文 同窺図 集韻 窺睡
切音觖。義同。鼇又北魏 穆亮妻尉太妃墓誌 深淵匪測，
巨刃難闚 65343

闛 65308 34422
táng_11.19　唐韻 集韻夶徒郎切音唐說文 闛闛，盛
貌。从門，堂意兼聲図 tāng 廣韻 吐郎切集韻 他郎切
夶音湯。鼓聲也。前漢 司馬相如傳 鏗鎗闛鞈註 闛鞈，
鼓音也。図 chāng 集韻 蚩良切音昌說文 天門也。楚人
名門曰闛闔。本作闛前漢 揚雄傳 西馳闛闔註 闛，讀
與閭同。闛闔，門名也。

鬫 65309 34423
shú_11.19　集韻 與塾同。

關 65310 34424
guān_11.19　唐韻 古還切集韻 韻會 正韻 姑還切，並
音瘝說文 以木橫持門戶也韻會 要會也。図 玉篇 扃也
正韻 塞門也，門牡也。図 關津周禮地官司關 掌國貨之
節以聯庶市註 界上之門也禮王制 關譏而不征易復
卦 先王以至日閉關図 墓門也周禮 春官 巾車 及墓，嘑
啓關陳車註 關，墓門也図 集韻 通也書 五子之歌 關石
和鈞疏 關，通衡石之用，使之和平易 同人註 雖是同
人卦下之辭，不關六二之義図 韻會 關，所以閉也楚
辭招魂 虎豹九關註 使神虎豹，執其關閉図 正字通 關
策，猶關說也史記 梁孝王世家 有所關說于景帝。
図 博雅 驛也図 塞也図 正韻 庚機也。又聯絡也。
図 涉也後漢 張升傳 升少好學，多關覽註 關，涉也。
図 由也前漢 董仲舒傳 太學者，賢士之所關也註 關，
由也図 穿也禮 雜記 叔孫武叔朝見，輪人以其杖，關
轂而輠輪者疏 關，穿也図 三關淮南子 主術訓 三關者，
不可不慎守，謂耳目口不當妄視聽言也図 關藏荀
悅 申鑒 善養性者得其和，鄰臍三寸謂之關。關藏呼吸，
以受四氣也図 關脉史記 倉公傳 少陽初關一分註 脉
經云從魚際至高骨，却行一寸，其中名曰寸口。其骨自

高從寸至尺，名曰尺澤。寸後尺前名曰關。陽出陰入，
以關爲界図 關孔周禮 冬官 車人 五分其長以其一爲
之首註 首六寸，謂今剛關頭斧疏 漢時斧近刃，皆以剛
鐵爲之。又以柄關孔図 史記 封禪書 因巫爲主人，關飲
食〇按關卽索字意図 韻會 闒關，崎嶇屈轉貌後漢 荀
彧傳 荀君乃越河冀闒關以從曹武図 正韻 關，白也前
漢 王褒傳 進退得關其忠図 正字通 闒關，車轊聲詩 小
雅 闒關，車之轊兮傳 闒關，設轊也図 正字通 關關，
鳥鳴聲詩 周南 關關雎鳩傳 關關，和聲也図 斧名後
漢 馬融傳 揚關斧註 關斧，斧名也図 地名史記 項羽
紀 行略定秦地函谷關前漢 高帝紀 先入定關中者王之
註 自函谷關以西，總名關中図 集韻 亦姓図 wān 集韻
烏關切正韻 烏還切夶音彎図 集韻 持弓關矢也左傳 昭二
十一年 將注，豹則關矣註 關，引弓釋文 烏環反孟子 越
人關弓而射之。鼇又关 02575闗 64984闗 64956開 64992
関 65008開 64955闗 65026閞 65286鬭 65304關 65353閞 65114
図 直音篇 闗 65135闗 65241，同關。

瞰 65311 34425
kàn_11.19　唐韻 苦濫切，音瞰說文 望也。从門設聲

闒 65312 34426
jiǎo_11.19　篇海 古了切，音矯◇字彙補 降殺也。

闑 65313 34427
niè_11.19　篇海 魚列切音孽図字彙補 門闑也。

闒 65315 34429
yú_11.19　篇海 語居切音魚。門名。

闒 65316 42164
piáo_11.19　字彙補 平姚切音瓢。溺倡也。俗字。

闒 65317 46175
cè_11.19　龍龕 音側

闒 65314 34428
yín_11.19　字彙補 同闇

闒 65319 u2B537
null_11.19　喃未詳

闒 65318 u2B538
cǔa_11.19　喃俗軇 65415

闒 65320 u2B529
null_11.19　未詳。

闒 65321 u28DAB
què_11.19　俗闕 65223

闒 65322 u28DAA
jiǎo_11.19　俗闒 71310

闒 65324 u28DA7
null_11.19　未詳。

闒 65323 u28DA9
hé_11.19　同闔 65269　可洪音義 闔眼：上胡塔反。開
闒：含塔反図 闒俗開字可洪音義 闔門：上苦哀反。
正作開口二形。又戶塔反。悞。

闒 65325 u28DA6
què_11.19　俗闕 65273

闒 65326 u28DA5
null_11.19　未詳。

闒 65327 u28DA4
null_11.19　未詳。

闒 65328 u28DA3
null_11.19　未詳。

闒 65329 u49B0
jiū_11.19　俗闒 71322

闒 65330 u961A
kàn_11.19　简 闒 65337

闒 65331 34430
huò_12.20　集韻 忽麥切音懂。開也図字彙 破物也。

闒 65332 34431
wén_12.20　篇海類編 無分切音文。縣名。

闒 65333 34432
yē_12.20　集韻 一結切音噎。闤也。鼇又闠 65351

闒 65334 34433
wěi_12.20　唐韻 韋委切集韻 韻會 羽委切夶音蔿說
文 闔門也。从門，爲意兼聲魯語 闔門與之言，皆不踰
閾註 闔，關也図 博雅 闔，開也図 集韻 亦姓図 kuāi 集
韻 枯懷切五音集韻 苦淮切，夶蒯平聲。門邪也図 kuā
集韻 韻會 夶空媧切音咼。義同△集韻 或作闔。

闐 65335 34434
䶀𥁊 篇海類編 五克切，音額◇閉也。

闛 65336 34435
guāng_12.20　集韻 枯光切音觥。門闛也 又 玉篇 叱終切 五音集韻 敕中切，並音忡◇義同。

闞 65337 34436
kàn_12.20　廣韻 集韻 韻會 正韻 𠀤苦濫切音瞰 說文 望也 又 博雅 闞，視也 又 玉篇 臨也 又 廣韻 魯邑 左傳·昭二十五年 叔孫昭子如闞 註 闞，魯邑 穀梁傳·昭三十二年 公在乾侯，取闞 又 亭名 後漢·郡國志 東平陸，六國時曰平陸，有闞亭 又 姓 史記·齊太公世家 闞止有寵焉 又 hān 集韻 韻會 𠀤虎檻切音㺊。虎聲 詩·大雅 闞如虓虎 傳 闞然如虎之怒 釋文 火斬反 前漢·敘傳 於是七雄虓闞 又 hàn 廣韻 集韻 許鑒切 韻會 胡懺反 正韻 胡監切 𠀤音㒈 廣韻 犬聲 集韻 獸怒聲 又 集韻 韻會 正韻 𠀤虎覽切音㘚。義同。鑒 又 闞 65330 闞 65311 闞 71313

闤 65338 34437
huā_12.20　玉篇 五音集韻 𠀤呼瓜切音華。開門也。

䦧 65339 34438
jiāo_12.20　集韻 兹消切音焦。木名。皮堅黑若鐵，生水中 正字通 王會篇：卜人以丹砂，夷用䦧木。註：木生水中，黑色而光堅若鐵，即今烏木。崔豹古今注：蹳木出交州，色黑有文，亦謂之烏文木也。俗譌作翳木，非。鑒 又 闠 65352

闟 65340 34439
xì_12.20　廣韻 正韻 許及切 集韻 韻會 迄及切 𠀤音吸 玉篇 戟名 類篇 鋋也 史記·商君傳 持矛而操闟戟者，旁車而趨 註 顧野王云鋋也 方言 云矛，吳揚江淮南楚五湖之間謂之鋋，其柄謂之矜 釋名 云戟格也。旁有格 張衡·東京賦 闟戟轇輵 註 闟，鋋也 又 函也 後漢·輿服志 屬車四十六乘，前驅有九斿雲䍐、鳳凰闟戟 註 薛綜曰：闟之言函。取四戟函車邊 又 車名 後漢·輿服志 獵車，其飾重輈，縿輪繆龍繞之。一曰闟豬車，親校獵乘之 註 魏文帝改曰闟虎車 又 住立貌 管子·小問篇 桓公北伐孤竹，未至卑耳之谿十里，闟然止，瞠然視 註 闟，住立貌 又 正韻 闟也 韓愈·南山詩 闟闟屋摧霤 又 集韻 安定縣 史記·匈奴傳 闟然更始 註 闟，音揄。安定意也 又 韻會 闟也 又 sè 集韻 色入切音澀。義同 又 tà 集韻 敵盍切，音蹋。土闟，谷名 前漢·地理志 犍為郡，漢陽山，漢水所出 又 地名 前漢·匈奴傳 屠耆單于，即引西南，留闟敦地 後漢·馮異傳 又 降匈奴于于林闟頓王 註 前漢書音義 闟音蹋 又 闟茸也 文選·任彥昇劉整整間闒闟茸 註 闟，土合反 司馬遷·報任安書 爲掃除之吏，在闒茸之中 註 闟，吐臘反。闒茸，猥賤也。茸，細毛。張揖 訓詁 以爲闟獷劣也 又 作鈒 史記·商君傳闟戟 註 索隱曰：闟亦作鈒。鑒 又 闟 71314

闠 65341 34440
huì_12.20　廣韻 集韻 正韻 𠀤胡對切音潰 說文 市外門也 廣韻 闤闠，市門 張衡·西京賦 通闤帶闠 註 市門曰闠 又 道也 博雅 闤闠，道也 又 集韻 求位切音匱。義同。鑒 又 闠 65255 闠 65418 闠 08213

闡 65342 34441
chǎn_12.20　唐韻 昌善切 集韻 韻會 正韻 齒善切 𠀤音燀 說文 開也 增韻 闡也 後漢·班固傳 厥有氏號，紹天

闡繹者 註 闡，開也 又 增韻 顯也 玉篇 明也 易繫辭 夫易彰往而察來，而微顯闡幽 註 闡，明也 書·大禹謨·舞干羽于兩階傳 修闡文教，舞文舞于賓主階間 春秋左傳杜序 其微顯闡幽，裁成義類者，皆據舊例而發義，指行事以正褒貶 揚子·太玄經 次六：幽闡積 註 六爲水，稱幽，施祿及下，故闡積 玉篇 大也 易·豐卦註 闡者，弘廣之言。凡物之大，具有二種，一者自然之大，一者由人之闡弘使大 書·君陳·爾惟弘周公丕訓傳 汝爲政，當闡大周公之大訓 又 廣也 史記·秦始皇紀 闡并天下。又 禪梁父註 禪闡，廣地土也 又 地名 左傳·哀八年 夏，齊人取讙及闡 註 闡在東平剛縣北 後漢·郡國志 益州越巂郡 闡 又 chān 集韻 稱延切音燀 陸雲·陸府君誄 瑰光旣耀，靈寶未闡，弗慮皇圖，銜恨殂遷。鑒 又 闡 65191 闡 64996 可洪音義 闡開 65100：昌演反。正作闡。

覤 65343 34442
kuī_12.20　篇海 口圭切。小視也○按卽闚字之譌。

闛 65344 34443
yīn_12.20　字彙補 伊申切音因。闛闛○按卽闉字之譌。

闍 65345 42166
shē_12.20　字義總略 社平聲。闍黎，僧稱。今作闍，非。

𨳜 65346 42167
niú_12.20　川篇 語虯切，音牛◇取也。

闕 65347 42168
què_12.20　字彙補 俗闕字 性理會通 蓋古人錢闕，方鑄錢以益之。

闏 65349 46177
lèi_12.20　龍龕 音淚

商 65348 46176
shāng_12.20　搜眞玉鏡 音商。鑒 或同商 07810，古文商。

𨲀 65350 46178
yòng_12.20　搜眞玉鏡 音用。

壹 65351 u28E0C
yē_12.20　簡 闖 65333

闗 65353 u28DC0
guān_12.20　同關 65310 四部叢刊·初編集部·白氏長慶集·卷第七十一·閑居 風雨蕭條秋少客，門庭冷靜晝多闗。

閘 65354 u28DBF
zhá_12.20　同閘 64973 宋·岳珂 金陀續編·卷十八 詔令 凡控扼處分兵閘備，有警，率將士極力捍禦。元·李好文 長安志圖 卷下·建言利病 候水大之時。將閘下水程并開一斗或三斗以補之 又 闑字之譌。明·湛若水 楊子折衷 卷之四·論春秋禮樂 揖讓而升堂，升堂而樂闑。

𨳋 65352 u28E0B
jiāo_12.20　簡 闛 65339

闗 65355 u28DBE
yīn_12.20　闉 65221 本字

𨶷 65357 u28DB9
guān_12.20　同關 65304 俗關 65310

𨶸 65358 u28DB8
null_12.20　未詳。

闖 65356 u28DBB
chèn_12.20　同闖 65275 樊宗師 蜀綿州越王樓詩 危樓倚天門，如闖星辰宮。

闓 65359 u28DB7
kāi_12.20　同開 64914 亦作闓 65280

闛 65360 u28DB5
yīn_12.20　同闉 65221

闞 65361 34444
suì_13.21　玉篇 夕醉切 五音集韻 徐醉切 𠀤音遂。門偏也。

闠 65362 34445
xiàng_13.21　篇海 呼絳切，音向◇直視也。

闢 65363 34446
pì_13.21 古文𨴔𨵵 唐韻 房益切 集韻 韻會 正韻 毗亦切 丛音擗 說文 開也。从門，辟意兼聲 廣韻 啓也 易繫辭 其動也闢 疏 動則開生萬物，故其動也闢 又 闢戶謂之乾 疏 謂吐生萬物，若室之開闢其戶 書·舜典 詢于四岳，闢四門 傳 開闢四方之門 左傳·宣二年 晨往，寢門闢矣 又 避也 周禮·天官·閽人 凡外內命夫命婦，出入則爲之闢 註 闢行人，使無干也 釋文 避也 又 集韻 匹辟切音僻 爾雅·釋水 湀闢流川 註 通流也 又 正韻 亦作辟 周禮·天官·閽人闢 釋文 闢，本又作辟。𨼊 又閔64959 𨵶64934

闡 65364 34447
chán_13.21 字彙 澄連切音纏。市門。𨼊 玉篇 作闡65417或从廛作闤65408同。

闟 65365 34448
sà_13.21 集韻 悉盍切音磼。閉也。

闤 65366 34449
dàng_13.21 廣韻 正韻 丛丁浪切音譡。閌闤人。又 tāng 集韻 他郎切音湯。鼓聲也。引 詩 擊鼓其鏜。或作闛○按 詩·邶風 今作鏜 又 五音集韻 闛，盛貌。

闫 65367 34450
yán_13.21 唐韻 集韻 丛余廉切音鹽 說文 闉謂之樀。樀，廟門也 玉篇 語林 云大夫立闉而立 集韻 通作檐。又 qiǎn 集韻 丘檢切音顩。門屋。又 chàn 廣韻 集韻 丛昌豔切音韂 廣韻 閌闉 集韻 視貌。又 qiàn 集韻 去劍切音欠。小開戶也。

闓 65368 34451
xiàng_13.21 唐韻 集韻 韻會 正韻 丛許亮切音向◆ 說文 門響也 爾雅·釋宮 兩階閒謂之闓 註 人君南鄉，當階閒也 玉篇 門頭也 集韻 一日牖闓，刮楹達闓，天子之廟飾 博雅 窻、牖，闓也 左思·吳都賦 肅肅階闓 註 兩階閒日闓。又 xiǎng 集韻 許兩切音響。門響也。𨼊 又闶64902

闤 65369 34452
huán_13.21 唐韻 戶關切 集韻 韻會 胡關切 丛音還 說文 市垣也。从門，瞏意兼聲 廣韻 闤闠 古今注 闤，市垣也 又 博雅 闤闠，道也 張衡·西京賦 通闤帶闠 註 闤，市營也 又 正韻 烏還切音彎。義同。𨼊 又闤65386 闤65404

闔 65370 34453
chāng_13.21 字彙 烏昆切音溫，門扇也。見釋典。𨼊 又闔65283 又 龍龕 闔闔二同。

闥 65371 34454
tà_13.21 唐韻 集韻 韻會 正韻 丛他達切音撻 說文 門也 博雅 闥謂之門 詩·齊風 彼姝者子，在我闥兮 傳 闥，門內也 釋文 闥，他達反 韓詩 云門屏之閒曰闥。又 韻會 漢號禁門曰黃闥 前漢·高后紀 不出房闥 註 闥，宮中小門 樊噲傳 噲乃排闥直入 註 闥，土曷反。宮中小門也。一日門屏也 又 闥也 後漢·桓帝紀 乙未，南宮承善闥火 註 闥謂之闥 又 jiān 集韻 巨偃切音寋。拒門木 玉篇 飛闥，突出方木也。𨼊 又閌65072 又 正字通 闥，闥字之譌。

闌 65372 34455
yì_13.21 字彙 補余日切，音亦◇闥門也。

闣 65373 42165
fēn_13.21 龍龕 芳文切。闥闣也。

闤 65376 46182
yūn_13.21 奚韻 音熅

闧 65374 46179
wén_13.21 龍龕 五昆切

闬 65375 46181
rùn_13.21 搜眞玉鏡 音閏。

闤 65377 u2B52A
null_13.21 未詳。

闤 65378 u28DD6
dòu_13.21 同闤71319 新加九經字樣 闤闤，下隸省，非從門。

闤 65379 u28DD1
mǒ_13.21 喃 从開美mǐ聲△闤霍：敞開。闤悉：啟蒙。

闤 65381 u28DCD
jiū_13.21 俗闤71322

闤 65380 u28DCF
xì_13.21 朝鮮本 龍龕 闤65391，俗。下記切。闤，同上。今增 又 字海 闤65421 的訛字。字見 嘉慶重修一統志·廣西·思恩府·山川

闤 65382 u28DCC
null_13.21 未詳。

闤 65383 u28DCB
null_13.21 未詳。

闤 65384 u28DCA
null_13.21 未詳。

闤 65385 u28DC9
null_13.21 未詳。

闤 65386 u961B
huán_13.21 簡 闤65369

闤 65387 34456
jiàn_14.22 廣韻 在甸切 集韻 才甸切 丛音荐 廣韻 門次 又 玉篇 在莧切 五音集韻 才線切，並音賤◇義同。𨼊 又闤65424

闤 65388 34457
nǐ_14.22 廣韻 綿婢切 集韻 母婢切 丛音弭 廣韻 力褋 集韻 褋狹也。一日智少力劣而爭 博雅 闤，弱也 又 廣韻 奴禮切 集韻 乃禮切 丛音禰。義同△ 集韻 或作閖。𨼊 又閟64976俗闤71320 字彙 閖，此字見門部，从門者譌。

闤 65389 34458
xù_14.22 五音集韻 許勿切音颭。小門。

闤 65390 34459
wěi_14.22 集韻 同閖 𨼊 又 龍龕 闤閚65169，二俗。下記反 又 闤65380

闤 65391 46180
xì_14.22 龍龕 音系。

闤 65392 46183
shú_14.22 篇海類編 與墊同。

闤 65393 u2B539
null_14.22 喃 未詳。

闤 65395 u28DDE
null_14.22 未詳。

闤 65394 u28E0D
cụp_14.22 喃 从闤及cập聲。低垂貌△闤雕：夾着尾巴。闤烏：合傘△或从下作及00087

闤 65396 u28DDD
null_14.22 未詳。

闤 65397 u28DDC
null_14.22 未詳。

闤 65398 u28DDB
null_14.22 未詳。

闤 65399 u28DDA
bīn_14.22 俗闤71318

闤 65400 u28DD7
null_14.22 未詳。

闤 65402 u95E7
yīn_14.22 同闤65221

闤 65401 u29993
mǒ_14.22 喃 从開馬mã聲。打開。

闤 65403 46185
xié_15.23 五音篇海 音絜。

闤 65404 u28DE4
huán_15.23 同闤65369

闤 65405 u28DE3
null_15.23 未詳。

闤 65406 u28DE2
fēn_15.23 同闤71323

闤 65407 u28DE1
null_15.23 未詳。

闤 65409 u28DDF
jiū_15.23 俗闤71322

闤 65408 u28DE0
chán_15.23 亦作闤65364 闤65417，同鄽62098 可洪音義 市闤：直連反。

闤 65410 34460
lì_16.24 集韻 狼狄切音歷。開也。

闤 65411 46184
huō_16.24 搜眞玉鏡 呼括切。

闤 65412 46186
tóu_16.24 五音篇海 音頭。

闤 65413 46187
juān_16.24 龍龕 同鐫

闤 65414 46188
mǐ_16.24 龍龕 音米。

闦 cǔ_16.24 㗱从門舉cǔ聲。同闦65416

闯 cǔ_16.24 㗱从門舉cǔ聲△闦鼬庖:出入口。闦数:窗口△亦作闦65415俗作㝵65181闦65060

闭 chán_16.24 同闦65364

闠 huì_16.24 闠65341本字

翼 null_16.24 未詳。門上窗謂之閣。本从雷五音集韻門上小窗，出崔浩女儀。鑒闉65380閣64991

闩 null_16.24 未詳。

闋 líng_17.25 集韻郎丁切音靈。

闦 null_16.24 未詳。

闦 zhuǎn_17.25 唐韻旨沇切集韻主兗切丛音膊說文開閉門利也。一曰緵十紘也图集韻馨兗切音蠟。義同。鑒名義闦，之兗反。之專反。開閉門戶利也图闦65428闦65432

闦 null_17.25 未詳。

闦 yuè_17.25 唐韻以灼切集韻弋灼切丛音藥◆說文闦下牡也。从門，龠意兼聲廣韻門闦博雅投謂之闦图玉篇余酌切◇固闦，令不可開。或作籥△集韻或从金。鑒又瀹65426

闦 jiàn_17.25 篇海類編同闦。

瀹 yuè_17.25 簡闦65423

闦 fēn_18.26 俗闦71323

闦 dòu_17.25 同闦71319

字學三正·體製上·俗書簡畫者闦，俗作鬥。

闦 zhuǎn_17.25 闦65432俗譌

闦 mǐn_18.26 集韻無分切音文。東南越名。本作闦。

闦 jiū_18.26 直音篇闦，同闦71322

闦 zhuǎn_18.26 同闦65422王筠說文解字句讀闦，從門縣聲。桂氏曰縣當作縣。縣，隨從也。隨從故利。當云從門從縣，門亦聲。段氏曰當由唐韻乃旨沇切。未詳。筠案:縣蓋縣之重文，今捝耳玉篇亦之羨、止兗二切，則桂氏云門亦聲，或有然也。

闦 lán_19.27 唐韻洛干切集韻韻會郎干切丛音蘭說文妄入宮掖也图五音集韻落官切音鸞。義同。

闦 shǐ_21.29 同闦65092殷周金文集成·14.9093·婦闦爵婦闦乍文姑日癸尊彝，乑。

闦 yán_24.32 字彙弋廉切音鹽。見內典。義闕。

闦 dàng_24.32 搜眞玉鏡音蕩。又音奪。

◆ 阜部 ◆

阜 fù_0.8 古文垈唐韻集韻房九切韻會扶缶切正韻房缶切丛音䰼爾雅釋地大陸曰阜說文山無石者釋名土山曰阜，言高厚也詩·小雅如山如阜图大也書·周官阜成兆民註大成兆民之性命图玉篇肥也詩·秦風駟驖孔阜疏馬甚肥大也图盛也詩·鄭風火烈具阜傳阜，盛也图多也詩·小雅爾殽既阜傳阜，猶多也。

图長也魯語助生阜也图山名左傳·文十六年楚大饑，戎伐其西南，至于阜山图地名禮·明堂位封周公于曲阜。又左傳·文十五年置諸堂阜。又阜城，屬渤海郡。阜陵，屬九江郡。丛見前漢·地理志图阜螽，蟲名詩·召南趯趯阜螽傳阜螽，蠜也图韻會佛寺曰香界，亦曰香阜○按唐韻正四十四有之半，古與篠小巧晧四韻通爲一韻詩·鄭風叔于田，乘乘鴇，兩服齊首，兩驂如手。叔在藪，火烈具阜小雅田車既好，四牡孔阜，東有甫草，駕言行狩。又吉日維戊，既伯既禱。田車既好，四牡孔阜易林倬然遠咎，辟害高阜，田獲三狐，巨貝爲寶。桓驎七說超絕壑，踰懸阜。馳猛禽，射勁鳥。王粲瑪瑙勒賦總衆材而課美，信莫臧於瑪瑙，被文采之華飾，雜朱綠於蒼阜左思·魏都賦喬雲翔龍，澤馬丁阜，山圖其石，川形其寶韻會小補於紙韻、遇韻俱云叶音，非△說文本作㠯集韻同㠯。鑒又焯31089䆣07090凖04585卑15971㟜13790图卑15956漢隷字源·阜引無極山碑图埤雅阜螽，一名蚱蜢。

㠯 fù_0.8 說文阜本字。

阝 fù_0.8 正字通偏傍阜字。

阜 fù_0.8 同阜65437部首專用字。亦作㠯65442阝 65441

阝 fù_0.8 部阜65440

㠯 fù_0.8 部阜65440

阞 réng_2.10 集韻如蒸切音仍玉篇地名。

阞 shí_2.10 集韻寔入切音十。阞阞，縣名。或作邝汁○按前漢·張良傳及地理志俱作什邡。

阞 qiǎo_2.10 集韻苦絞切音巧玉篇地名。

阞 dīng_2.10 唐韻集韻丛當經切音丁說文丘名。

阞 qí_2.10 集韻渠伊切音祁。本作阞。伊阞，古天子號。亦地名。或作𨸗，通作耆類篇本作阞。

阞 diāo_2.10 五音集韻都聊切音凋玉篇山穴。

阞 lè_2.10 唐韻盧則切集韻韻會正韻歷德切丛音勒說文地理也周禮·冬官考工記·匠人凡溝逆地阞，謂之不行註阞，謂脈理。不行，謂決溢也图通作仂。數之餘也周禮·冬官考工記·輪人以其圍之阞捎其藪註阞，三分之一也疏凡言阞者，分散之言，數亦不定。是以王制云祭用數之阞。

阞 duì_2.10 简隊65754

阞 wēi_2.10 類篇同阞65447图國名史記·周本紀·耆國註徐廣曰:一作阞正義曰:卽黎國也○按阞亦音祁字彙補云公其切音飢，誤图字彙補無非切音微字辨崔也。

阞 fú_2.10 阞05162譌字。文淵閣四庫本類篇阞，子結切。治也△宏按，汲古閣本作阞05179

阞 hóng_3.11 集韻胡公切音洪。本作陙65558

阡 65454 34479
zǐ_3.11 玉篇咨以切集韻祖似切夶音子玉篇地
名。鍌熊加全：阡65480字之譌。

阠 65455 34480
xìn_3.11 廣韻息晉切集韻韻會正韻思晉切夶音
信說文陵名爾雅·釋地東陵阠圖唐韻所臻切集韻疏
臻切夶音莘。又集韻所陣切音闐圖廣韻集韻夶試刃
切音胂。義夶同。

阡 65456 34481
qiān_3.11 唐韻集韻韻會正韻夶倉先切音千說文
路南北爲阡史記·秦本紀開阡陌註風俗通曰：南北爲
阡，東西曰陌。河東以東西爲阡，南北爲陌。朱子曰：
二說不同，後說爲正。陌之爲言百也，遂洫從，而涇涂
亦從，則遂閒百畝，洫閒百夫，而涇涂爲陌。阡之爲言
千也，溝澮衡，而畛道亦衡，則溝閒千畝，澮閒千夫，
而畛道爲阡，阡陌之名由此而得○按陸機答張士然詩：
迴渠繞曲陌，通波扶直阡。此以南北爲阡也。柳宗元田
家詩：蓐食狗所務，驅車向東阡。此以東西爲阡也圖姓
正字通唐有阡能圖墓道也杜甫故武衞將軍挽詩新阡
絳水遙。通作仟前漢·原涉傳京兆尹曹氏葬茂陵，民謂
其道爲京兆仟圖與芊同。密茂貌楚辭·九懷遠樓兮阡
眠謝朓·和王著八公山詩阡眠起雜樹游東田詩遠樹暖
阡阡註阡與芊同。亦作仟仟圖集韻倉甸切音蒨。義同
△玉篇或作阡丼。鍌又豩56965。

阢 65457 34482
hàn_3.11 集韻侯旰切音汗。關名。在峽中正字通國
策本作扞，扞關有二，趙之扞關，陸地之關。楚之扞關，
水道之關。譌作阢，非○按趙之扞關與峽中無涉，楚之
扞關或近峽中，然集韻所云阢關，未必卽戰國策之扞
關正字通以阢爲扞字之譌，亦鍌。

阢 65458 34483
wù_3.11 唐韻集韻夶五忽切音兀說文石山戴土
也集韻或作屼圖集韻魚屈切音崛。又語韋切音巍。
義夶同圖wéi集韻類篇夶吾回切音桅玉篇崔也集韻
高貌。與隗同圖釋名危，阢也。阢阢不固之言也△玉篇亦
作屼。

阣 65459 34484
yì_3.11 集韻魚乙切。同屹。屹崒，山貌圖五音
集韻古太切音蓋。義闕圖gài集韻居代切音溉。陵也。

地 65460 34485
zhì_3.11 唐韻集韻韻會夶丈爾切音褫說文小崩
也玉篇毀也，落也周語聚不阤崩，而物有所歸註大
曰崩，小曰阤集韻或作陊陁圖集韻一曰崖際周禮·冬
官考工記輪已庳，則於馬終古登阤也註阤，阪也。輪
庳則難引釋文阤，丈爾反。劉讀堂何反圖shǐ廣韻施
是切集韻韻會賞是切正韻詩止切夶音豕廣韻壞也
後漢李膺傳綱紀頹阤圖duò集韻韻會夶待可切音舵
博雅壞也。或作陊陀圖yǐ集韻演爾切音迤。本作陁
65526圖tuó韻會小補唐何切。同陀史記·司馬相如傳登
陂阤之長坂漢書作陁。鍌又可洪音義岸堨08980：直
尒反。龍龕墭09145塲，直尒反，落也。又豭52253，俗。直
氏反。山甪也。鄭賢章：豭，堨、墭之俗。

广 65461 34486
yuán_3.11 篇海同阮65477

邖 65462 46191
yóu_3.11 五音篇海音尤。

阤 65463 u2B53A
null_3.11 殷周金文集成·18.11486·辛邑矛 辛邑阤

阺 65464 34487
jí_4.12 集韻訖立切音急。階等也。通作級。

阥 65465 34488
yīn_4.12 字彙俗陰字。

阦 65466 34489
yáng_4.12 字彙俗陽字。

阧 65467 34490
dǒu_4.12 廣韻集韻韻會夶當口切音斗玉篇阧峻
也集韻峻立也韻會崖壁峭絕也廣韻同陡韻會通作斗。

陁 65468 34491
ài_4.12 集韻正韻烏懈切韻會幺解切夶音褍集
韻本作隘。或作隒，陋，陋也正韻狹也左思·吳都賦邦
有湫陋而踸踔圖左傳·昭元年彼徒我車，所遇又陋註
地險不便車。又定四年還塞大隧、直轅、冥陋註三者，
漢東之隘道史記·秦始皇紀閉關據陋圖è集韻正韻夶
乙革切音厄集韻限也。本作阨，塞也圖周禮·地官·鄉
師以歲時巡國及野，而賙萬民之囏阨孟子阨窮而不憫
○按說文玉篇廣韻皆有阨無陋，故正字通云陋，俗
阨字。然左傳孟子皆作陋，亦未可以爲俗字也。
鍌又庀19043泥27943圖元·曹本續復古編骹65545
陋65587，塞也。从阜。

陔 65469 34492
gài_4.12 正字通俗字○按諸書皆不載，應刪。
鍌字彙陔，居大切音蓋。陵也。又與屺同。山貌。

阩 65470 34493
shēng_4.12 集韻書蒸切音升。登也。本作陞。或作
阩。

阪 65471 34494
bǎn_4.12 唐韻集韻韻會夶甫遠切音反說文坡者
曰阪。一曰澤障。一曰山脅也玉篇險也廣韻大陂不平
詩·小雅瞻彼阪田箋阪田，崎嶇墝埆之處禮·月令善相
丘陵阪險原隰戰國策外阪遷延註阪，坡也史記·范睢
傳右隴蜀，左關阪○按鄭風東門之墠，茹藘在阪。其
室則邇，其人甚遠。阪、遠二字廣韻俱在阮韻。朱註，
阪，叶孚巘切字彙正字通仍之，云又音顯圖地名書·立
政夷微盧烝，三亳阪尹左傳·昭二十三年單子從阪道，
劉子從尹道伐尹○按書傳訓作阪地之尹長，而左傳云
阪道、尹道，明是二地名，當從左氏。又釋文詩禮阪
字，俱兼反、畈二音，惟書阪尹專音反圖廣韻同坂08317
集韻亦同岅13370圖與反同荀子·成相篇阪爲先聖註
阪與反同。反先聖之所爲圖bǎn玉篇步坂切集韻部版
切夶音飯集韻陂也圖bǎn集韻蒲限切音版。阪泉，地
名左傳·僖二十五年遇黃帝戰於阪泉之兆圖叶平聲王
襃·關山篇從軍出隴阪，驅馬渡關山。鍌又阺08351。
阪65488陟65599

阣 65472 34495
hāi_4.12 玉篇火哀切廣韻呼來切夶音哈廣韻毀
阣，笑聲也○按集韻作阣，疑阣爲阣字之譌圖類篇毀
阣，剛卯也。

陪 65473 34496
péi_4.12 集韻韻會正韻夶蒲枚切音陪集韻牆也。
或作坏莊子·庚桑楚日中穴陪圖集韻韻會正韻夶鋪

枚切音胚。義同。

阬 65474 34497
kēng_4.12 唐韻 客庚切 集韻 韻會 正韻 丘庚切夶音硎 說文 閬也 玉篇 坮也，池也 爾雅·釋詁 阬阬，虛也 註 阬阬，謂阬壟也 疏 阬阬者，坎陷之虛也 史記·貨殖傳 馳阬谷 廣韻 同坑。亦同硎 增韻 陷也 史記·秦始皇紀 秦王之邯鄲，諸嘗與王生趙時母家有仇怨，皆阬之。 又 長阬，地名 前漢·趙充國傳 出鹽澤，過長阬。 又 姓 左傳·哀十四年 司馬牛卒於魯郭門之外，阬氏葬諸丘輿 註 阬氏，魯人也 釋文 阬，苦庚反。或音岡。 又 gāng 集韻 居郎切音岡。地名 又 莊子·天運篇 在谷滿谷，在阬滿阬。塗郤守神，以物爲量 楚辭·九歌 高飛兮安翔，乘清氣兮御陰陽。吾與君兮齊速，導帝之兮九阬 又 揚雄·甘泉賦 陳衆車於東阬 註 師古曰阬，大皇也，讀與岡同。一曰東阬，東海也 又 kàng 廣韻 苦浪切 集韻 口浪切夶音抗 廣韻 門也 集韻 坑也。

阭 65475 34498
yǔn_4.12 唐韻 余準切 集韻 庾準切夶音尹 說文 高也 又 一曰石也 又 yuàn 集韻 粗兗切音雋 玉篇 高也。又地名 又 集韻 俞罪切，音陒 ◇ 義同 又 yǎn 集韻 以轉切音兗。亦高也。或作阮。 鼇 又 陷 65521

陕 65476 34499
pì_4.12 古文鵩 廣韻 芳逼切 集韻 拍逼切夶音堛 玉篇 地裂也。或作隔 又 jué 集韻 類篇 夶古穴切音玦。陵阜突也 又 集韻 呼決切音血。義同。 鼇 四聲篇海 鵩 65991，所冀切。突窐也。

阮 65477 34500
ruǎn_4.12 唐韻 虞遠切 集韻 韻會 正韻 五遠切夶音邧 玉篇 山名 又 玉篇 關名 前漢·成帝紀 流民欲入五阮關者，勿苛留 又 國名 詩·大雅 侵阮徂共 又 姓 廣韻 出陳留 又 yuán 唐韻 集韻 韻會 夶愚袁切音元 說文 代郡五阮關也 前漢·地理志 作五原 正韻 阮，古原字 又 廣韻 五阮郡 前漢·地理志 作五原郡 註 秦九原郡，武帝元朔二年更名△ 篇海 同阢。

阯 65478 34501
zhǐ_4.12 唐韻 集韻 韻會 夶諸市切音止 說文 基也 史記·封禪書 石闕者，在太山下阯南方 前漢·疏廣傳 頗立產業基阯 又 釋名 水出其前曰阯。丘阯，基阯也，言所出然△ 說文 阯，或作址 又 交阯，漢郡名 前漢·武帝紀 合浦、交阯 後漢·南蠻傳 其俗男女同川而浴，故曰交阯 正字通 亦作趾。

阰 65479 34502
pí_4.12 廣韻 房脂切 集韻 韻會 頻脂切夶音琵 廣韻 山在楚南 屈原·離騷 搴阰之木蘭兮 謝朓·春思詩 阰山起朝日 集韻 或作隉 又 玉篇 婢吏切，音比 ◇ 又 集韻 頻彌切音牌。義夶同。

㝟 65480 34503
xù_4.12 集韻 象呂切音緒 玉篇 今作序 集韻 東西牆也。或作圩。

阺 65481 34504
shì_4.12 集韻 韻會 正韻 夶上紙切音是 集韻 本作氏，姓氏也○按 集韻 引 說文 云巴蜀山名，崖脅之旁著欲落墮者，名氏。或作阺，是誤以阺爲阺 65517 正韻 仍

之，非。

阱 65482 34505
jǐng_4.12 古文㘅 廣韻 集韻 韻會 正韻 夶疾郢切音靜 廣韻 坑也 集韻 陷也 周禮·秋官·雍氏 春令爲阱擭溝瀆之利於民者，秋令塞阱杜擭 又 集韻 韻會 正韻 夶疾政切音淨。義同 △ 集韻 同穽。 鼇 又 坅 08361 荃 08342 穽 41032 阱 65489 阱 65495

防 65483 34506
fáng_4.12 唐韻 集韻 韻會 正韻 夶扶方切音房 說文 隄也 玉篇 鄣也 廣韻 防禦也 爾雅·釋地 墳，大防 疏 墳謂厓岸，狀如墳墓，名大防也 周禮·冬官考工記·匠人 凡溝必因水埶，防必因地埶 左傳·襄二十五年 町原防 註 防，隄也 穀梁傳·昭八年 艾蘭以爲防 註 防爲田之大限 孟子 無曲防 戰國策 有長城鉅防，足以爲塞 又 玉篇 備也 易·既濟 君子以思患而豫防之 又 玉篇 禁也 禮·檀弓 賈也，宰夫也。非刀匕是供，又敢與知防 註 防，禁放溢也 又 爾雅·釋宮 容謂之防 註 形如今牀頭小曲屛風，唱射者所以自防隱也 顏延之·答鄭尚書詩 踟躕淸防密 註 淸防，屛風也 又 陳邑名 詩·陳風 防有鵲巢 傳 防，邑也。 又 魯地名 春秋·隱九年 冬，公會齊侯于防 註 防，魯地，在琅琊縣東南。又 隱十年 取防 註 高平昌邑縣西南有西防城 又 防風氏，國名 魯語 禹致羣神于會稽之山，防風氏後至 又 姓 正字通 漢有孝子防廣明、防盛 又 與房同 史記·項羽紀 封楊武爲吳防侯 前漢·地理志 作吳房，屬汝南郡 註 孟康曰：本房子國。又 武帝紀 有芝生殿防內中。又 溝洫志 宣防塞兮萬福來 又 說文 或作陸 玉篇 或作坊 禮坊記 大爲之坊，民猶踰之 註 坊，同防 又 fāng 集韻 分房切音方 詩·秦風 維此仲行，百夫之防 傳 防，比也 箋 猶當也 釋文 毛音方，鄭音房 又 集韻 通作方 前漢·功臣表 汁防肅侯雍齒 史記 作什方 又 fàng 廣韻 符況切 集韻 韻會 符訪切，並房去聲 廣韻 守禦 ◦ 春秋序 聖人包周身之防 釋文 防，扶放切，又音房 又 集韻 隄也亦同坊。 鼇 又 埅 08657 矴 38654

陑 65484 34507
dǐ_4.12 篇海 直尼切音墀。陵阪也。

阳 65485 34508
yáng_4.12 與陽同。見 字彙補 陜字註。

阴 65486 34509
yīn_4.12 與陰同。見 字彙補 陰字註。

阪 65488 46193
bǎn_4.12 字彙補 同阪。

阭 65487 46192
jùn_4.12 字彙補 移愁切。 鼇 同陵（峻） 字彙補 阭移然切音沿。高也。

阱 65489 46194
jǐng_4.12 字學指南 與阱同。

𬯀 65490 46195
fú_4.12 篇海類編 音刜。 鼇 同阞 21387 類篇 阞，𬯀結切。治也。

陔 65491 u2B53B
wèn_4.12 改併四聲篇海 引 搜真玉鏡 亡㤖切 五侯鯖字海·𣆪部 陔，地名也。

陔 65492 u28E28
tiǎn_4.12 同陑 65530 見 集韻

65493 u28E27
dǐ_4.12 龍龕 阺65517或作，阤今。

65494 u28E26
qiān_4.12 同岍13574地名。

65495 u28E25
jǐng_4.12 同阱65482類篇餠，疾正切。陷也。所以取獸者五音集韻穽，陷穽。又音靜。蒅餠，並古文。

65496 u28E24
null_4.12 未詳。

65497 u28E23
null_4.12 未詳。

65498 u28E22
null_4.12 未詳。

65500 u28E20
null_4.12 未詳。

65499 u28E21
niú_4.12 姓 古璽彙編·姓名私璽. 2331 阥疾首。

65501 u28E1F
qū_4.12 簡 阨65878

65502 u49C0
null_4.12 未詳。

65503 u49BF
zhòng_4.12 同仲00838見漢 韓勑造孔廟禮器碑碑陰。

65504 uF9C6
ruǎn_4.12 兼阮。

65505 u9636
jiē_4.12 簡 階65759

65506 u9635
zhèn_4.12 簡 陣65622

65507 34510
xǔ_5.13 廣韻況羽切集韻火羽切蒅音詡玉篇鄉名廣韻在安邑 図集韻博雅離也 図qú廣韻其俱切集韻權俱切蒅音衢廣韻地名。在河東 図xū集韻匈于切音訏。鄉名。

65508 34511
null_5.13 字彙見周宣王石鼓文。今作坴正字通陸本作坴，籀文篆作隴。先卽坴之譌省字彙因篆誤○按石鼓文我戎世陸字彙正字通皆不可從。瑩趙撝都〈石鼓文〉新解此字從阝從矢，即古文阤字。

65509 34512
xuàn_5.13 五音集韻戶畎切音泫。坑也。

65510 34513
chēng_5.13 玉篇丑貞切集韻癡貞切蒅音檉玉篇丘也 図篇海吞也。瑩又隉65726

65511 34514
zhào_5.13 集韻之笑切音照。本作陛65665

65512 34515
chén_5.13 玉篇古文陳65679字。

65513 34516
pō_5.13 廣韻集韻蒅滂禾切音坡玉篇陂陀，不平 △集韻或作陂。

65514 34517
tián_5.13 集韻亭年切音田玉篇地名。

65515 34518
è_5.13 唐韻於革切集韻韻會正韻乙革切蒅音戹說文塞也廣韻限也，礙也史記·漢興以來諸侯年表秉其阸塞地利 図廣韻危也，迫也前漢·元帝紀百姓仍遭凶阸 図ài廣韻集韻正韻蒅烏懈切音隘玉篇險也，塞也廣韻阻塞也史記律書後且擁兵阻阸前漢 諸侯王表至虖阸隔河洛之閒註應劭曰:阸者，狹也 図廣韻阸巇，山形 △玉篇同隘65820集韻同阨65468 瑩又頟65545 阸65587

65516 34519
qū_5.13 唐韻去魚切集韻韻會丘於切蒅音祛說文依山谷，爲牛馬圈也 司馬相如·上林賦江河爲陆揚雄·長楊賦序以罔爲周陆註李奇曰:陆，遮禽獸圍陳也 馬融·廣成頌周陆環瀆註因山谷遮禽獸曰陆 図弩陆，漢宮名前漢·揚雄傳近則洪厓、旁皇、儲胥、弩陆△玉篇亦作弆。

65517 34520
dǐ_5.13 唐韻丁禮切集韻韻會典禮切蒅音邸說文秦謂陵阪曰阺後漢·寇恂傳復助瓻拒隴阺集韻同坻 図揚雄·解嘲繄若阺隤註師古曰阺，丁禮切。巴蜀人名。山旁堆欲墮落曰阺。應劭以爲天水隴阺，失之矣。○按說文引入氏字註集韻仍之，丛非 図chí玉篇直梨切集韻陳尼切蒅音池玉篇陵也，阪也，理也，下也。 図dì集韻丁計切音帝。阪也。瑩又陉65484 阤65493 図字彙 阺65481，同阺。

65518 34521
zǔ_5.13 唐韻側呂切集韻韻會正韻壯所切蒅音俎說文險也廣韻隔也易繫辭德行恆簡以知阻詩·秦風遡洄從之，道阻且長。又商頌 罙入其阻周禮·夏官·司險周知其山林川澤之阻釋名山嶮曰險，水隔曰阻。若泛言，則山水通用集韻同岨 図釋名水出其後曰阻丘，此以水爲險也 図爾雅·釋詁阻，艱難也書·舜典黎民阻饑 図止也讀書通通作沮詩·小雅亂庶遄沮禮·儒行沮之以兵正字通蒅與阻同 図左傳隱四年州吁阻兵而安忍註阻，恃也史記·秦本紀阻法度之威，以督責於下。 図玉篇疑也 図廣韻憂也 図與淹通史記·魯世家勤勞阻疾註徐廣曰:阻作淹 図zù廣韻集韻蒅莊助切音詛廣韻馬阻蹄集韻行不正也。本作跙。亦作蹱。瑩俗或從女作姐太素男子如蠱，女子如姐△宏按，負面字或從女作，又如嫗俗作傴，然姐、嫗等字極罕見 図史記·秦本紀阻法度之威，以督責於下。徐慧：督責，責督之誤。

65519 34522
zuò_5.13 廣韻昨誤切集韻韻會存故切正韻靖故切蒅音祚說文主階也玉篇阼階，東階，所以答酢賓客禮·曲禮踐阼臨祭祀疏阼，主人階。天子祭祀升阼階儀禮·公食大夫禮無阼席 図集韻叢租切音祖。又疾各切音昨。義蒅同。瑩又岝58783

65520 34523
yán_5.13 唐韻集韻韻會蒅余廉切音鹽說文壁危也玉篇危也廣韻臨危前漢·食貨志安有爲天下阽危者若是註阽，音閻。又丁念反 図diàn集韻都念切音店。同墊。亦作埝。下也。屈原·離騷阽余身而危死兮，覽余初其猶未悔前漢·文帝紀或阽於死亡註如淳曰：阽，近邊欲墮之意。服虔曰：阽，音反坫之坫。孟康曰：阽，音屋檐之檐。師古曰服孟二音蒅通。

65521 34524
yán_5.13 玉篇音沿。義闕○按阽字止見 玉篇 篇海諸書皆不載字彙云地名，似無據。

65522 34525
lǐng_5.13 玉篇力井切集韻里郢切蒅音領玉篇阪也廣韻古文嶺14368字 図líng廣韻集韻蒅郎丁切音靈廣韻阪名集韻顀阾，阪名。通作軨。

65523 34526
gū_5.13 集韻攻乎切音姑玉篇地名。

65524 34527
ē_5.13 唐韻集韻韻會正韻蒅於何切音娿爾雅·釋地大陵曰阿玉篇水岸也，邸也詩·小雅菁菁者莪，在彼中阿傳中阿，阿中也。又大雅有卷者阿 図爾雅·釋地偏高曰阿丘釋名阿，荷也。如人擔荷物，一邊偏高也詩·鄘風陟彼阿丘，言采其蝱 図玉篇倚也。阿衡，

商官名書·太甲不惠于阿衡傳阿，倚。衡，平図史記·范雎傳不離阿保之手。又倉公傳故濟北王阿母註服虔云乳母也図前漢·王莽傳太阿右拂，大司空甄豐，少阿義和，京兆尹劉歆註皆官名図儀禮·士昏禮賓升西階，當阿，東面致命註阿，棟也。今文阿爲庪周禮·冬官考工記·匠人四阿重屋註四阿，若今四柱屋。又詩·小雅隰桑有阿箋枝條阿阿然長美図玉篇比也，曲也左傳·昭二十年阿下執事孟子汙不至阿其所好図集韻一曰慢應図地名左傳·襄十四年敗公徒于阿澤註濟北東阿縣西南有大澤史記·李斯傳阿縞之衣註東阿縣，繒帛所出前漢·地理志涿郡阿陵縣図宮名史記·秦始皇紀先作前殿阿房註括地志云秦阿房宮，亦曰阿城，在雍州長安縣。一云阿，近也，以其去咸陽近，故號阿房。図太阿，劍名戰國策龍淵太阿図鬼名莊子·達生篇東北方之下者，陪阿鮭蠪躍之註陪阿，狀如小兒，長尺四，黑衣，赤幘，大冠，帶劍持戟図淮南子·天文訓天阿者，羣神之闕也図月御已纖阿◦司馬相如·子虛賦纖阿爲御図陽阿，古名俳，善歌者古詩渡江采菱發陽阿図姓官氏志唐阿光進，明阿賢，本出阿伏氏図韻會小補與呵通老子道德經唯之與阿，相去幾何註唯與阿，遲速小異図ě集韻倚可切，嫛上聲。與猗同。柔貌詩·檜風猗儺其枝釋文猗，於可反集韻猗，或作阿。図wū韻會小補音屋古詩家中有阿誰木蘭詩阿耶無大兒又阿妹聞姊來世說新語一門則有阿大中郎図è字彙補阿葛切音遏釋典有阿難。瑬又匬04412

陀 65525 34528
tuó_5.13 廣韻徒何切集韻韻會正韻唐何切夶音駝玉篇陂陀，險阻也爾雅·釋地註陂陀，不平博雅陂陀，褒貌玉篇俗作陁集韻同迆図沙陀，後唐始興之地五代史·唐本紀別自號曰沙陀。沙陀者，大磧也，在金莎山之陽，蒲類海之東図補陀，山名，在明州昌國海中図chí音遲司馬相如·上林賦巖陀甗錡註陀，音遲。郭璞曰：陀，崖際〇按漢書陀作阤，音豸図duò集韻待可切音舵。與阤同淮南子·繆稱訓岸崝者必陀。△集韻本作阤。或作陊。瑬又崿13465㱐40330陏65581

陁 65526 34529
tuó_5.13 玉篇俗陀字司馬相如·子虛賦罷池陂陁図zhì集韻丈爾切音褫本作阤65460或作陊図yǐ集韻演爾切音迆。邪貌。或作阤図yí平聲，音移史記·司馬相如·子虛賦登降陁靡註音移廓〇按漢書陁作阤，弋爾反。瑬又訑55602訑55795跎09902扡09881㐌00479阤16386図可洪音義跙58675跌：上徒何反，下步末反，喬崛魔羅師名跋陁也。㑥。按：跙跌，當作跋跎。

阢 65527 34530
jú_5.13 廣韻集韻韻會正韻夶居六切音菊玉篇古岸也廣韻曲岸水外曰阢。或作坬沝図wēi集韻烏回切音煨。與隈65752同。

陂 65528 34531
bēi_5.13 唐韻彼爲切集韻韻會班縻切夶音碑說文阪也。一曰池也玉篇澤鄣也風俗通義陂者，繁也。言因下鍾水，以繁利萬物也。今陂皆以溉灌書·禹貢九澤既陂禮·月令毋竭川澤，毋漉陂池註畜水曰陂。図地名左傳·成四年許人敗諸展陂註展陂，許地。又昭十三年次于魚陂註竟陵縣城西北有甘魚陂。又正字通黃陂，縣名，今黃州府図前漢·禮樂志騰雨師，洒路陂註路陂，路傍也図集韻或作波史記·貨殖傳水居千石魚陂。又灌夫傳陂池田園前漢書夶作波。又前漢·景十三王傳遊雷波註波讀爲陂。雷陂，陂名図pí集韻蒲糜切，音皮。陂池，旁頹貌図pō集韻韻會夶滂禾切音坡集韻與阤同。陂陀，不平爾雅·釋地陂者曰阪揚子方言陂，褒也，陳、楚、荊、揚曰陂釋名山旁曰陂，言陂陁也玉篇陂陀，靡迆也唐韻正書·洪範無偏無陂遵王之義。本作頗，唐明皇改爲陂韻補曰：古義字皆音俄周官註亦音俄，故古文尚書本作無偏無頗遵王之義，以叶俄音。唐明皇以義字今音爲乂，改頗爲陂，以從今音，古音遂湮矣図bō集韻逋禾切音波博雅陂陁，衺也図集韻一曰山坡，或作岥図pó集韻蒲波切音婆。陂陁，不平図bì廣韻集韻韻會夶彼義切音賁玉篇傾也，邪也正韻不平曰陂，不正曰陂易·泰卦无平不陂，无往不復周禮·春官·典同陂聲散史記·五宗世家邯鄲中諸使過客，以彭祖險陂，莫敢留邯鄲。

阰 65529 34532
bǐng_5.13 集韻補永切音丙。人名。宋有鮑阰。

陕 65530 34533
tiǎn_5.13 玉篇集韻夶他玷切音忝玉篇亭名，在京兆図niǎn廣韻集韻夶乃玷切音淰廣韻亭名。在鄭。図tiàn廣韻集韻夶他念切音栝。義同△集韻書作陙

附 65531 34534
fù_5.13 廣韻集韻韻會夶符遇切音駙玉篇依也，近也，著也廣韻寄附集韻托也易·剝卦山附于地禮·樂記附親萬民也周禮·地官·大司徒其附于刑者，歸于士註附，麗也孟子附於諸侯曰附庸図玉篇附，益也論語季氏富於周公，而求也爲之聚斂，而附益之前漢·諸侯王表設附益之法註封諸侯過限，曰附益〇按說文附益作坿字，泥。図廣韻姓也。晉有附都図轉附，山名孟子吾欲觀於轉附朝儛図附耳，星名史記·天官書畢曰罕車，其大星旁小星爲附耳図高附，國名後漢·西域傳高附國，在大月氏西南，亦大國也図附子，藥名前漢·外戚傳卽擣附子，齎入長定宮図與祔通禮·雜記大夫附于士註附讀爲祔。祔，祭也図fù唐韻符又切集韻扶富切夶音覆說文附婁，小土山也図夏侯惠·景福殿賦曾櫨外關，榱桷內附。或因勢以連接，或衺詭以構図pǒu集韻薄口切音瓿玉篇附婁，今作培集韻或作峊嶏図與坿通。親戚曰肺附前漢·劉向傳臣幸託肺附図fū集韻芳無切音敷。古孚11753字。卵孚也。

陞 65534 42169
pī_5.13 集韻同岯又所律切。義夶闕字彙補與師同。見楊震碑陰〇按字有所類所律二切，師字必譌也，當作與帥同。

陠 65532 34535
shī_5.13 篇海所類切又所律切。義夶闕字彙補與師同。見楊震碑陰〇按字有所類所律二切，師字必譌也，當作與帥同。

陞 65535 46196
bì_5.13 龍龕音祕

陙 65533 34536
duǒ_5.13 篇海與陊同

阯 65536 46197
zǐ_5.13 五音篇海音子。又音茲。

隉 65539 u2B53D
null_5.13
簡 陧65977

陣 65537 46198
yā_5.13
龍龕 烏甲切

陰 65538 46199
lìn_5.13
搜眞玉鏡 力近切

陆 65540 u2B53C
null_5.13

陜 65541 u28E3E
bậc_5.13
喃 从階省
北bắc聲。梯級，等級，輩分。亦作䧝42972

陉 65542 u28E3D
zhào_5.13
人名。見陉貯篁△宏按，陉，或隸定作陬。張亞初殷周金文集成引得釋筆。

阫 65543 u28E39
pī_5.13
說文通訓定聲 坏08336，水經·河水注 引 說文 字作坏。按，亦作㟝13481作阫。

陙 65544 u28E38
null_5.13
未詳。

詉 65545 u28E37
è_5.13
阨65468本字

阩 65546 u28E36
null_5.13
未詳。

陉 65549 u9649
xíng_5.13
簡 陘65605

陕 65547 u28E35
yì_5.13
或同阣65469俗屹13317

师 65548 u28E34
shī_5.13
俗師14910 碑別字新編 引齊劉操造象記

陈 65550 u9648
chén_5.13
簡 陳65679

陇 65551 u9647
lǒng_5.13
簡 隴66016

陆 65552 u9646
lù_5.13
簡 陸65689

际 65553 u9645
jì_5.13
簡 際65872

陊 65554 34537
duò_6.14
廣韻 徒可切 集韻 待可切 夶音舵 玉篇 壞也 廣韻 下坂貌。又落也 于遜·聞奇錄 徐知業少時遊天台山，歇於大樹陰，巖上石盤欲陊。空中語曰:下有人。石砎然架樹，回身乃落，震地塪然 又 楊集收復睦州，至一巖下，忽一大石盤陊下 集韻 本作阤。亦作陀 又 玉篇 小岬也 又 duò 唐韻 徒果切 集韻 杜果切 夶音垛 說文 亦落也 註俗作墮，非 集韻 或作陸墻 又 zhì 廣韻 池爾切 集韻 丈爾切 夶音豸 廣韻 山岬也 集韻 本作阤。或作陁。

陌 65555 34538
gè_6.14
集韻 剛鶴切音各。人名 史記·建元以來侯者年表 幾侯張陌，以朝鮮王子漢兵圍朝鮮降侯 又 集韻 韻會 夶各額切音格。義同。

陋 65556 34539
lòu_6.14
唐韻 盧候切 集韻 韻會 正韻 郎豆切 夶音漏 說文 阨陜也 論語 在陋巷 疏 隘陋之巷 左傳·成九年 莒恃其陋，而不設備 又 玉篇 醜猥也 唐書·盧杞傳 郭子儀曰:杞貌阤心險 又 玉篇 隱小也 又 廣韻 疎惡也 書·堯典 明明揚側陋 又 荀子·修身篇 少見曰陋 禮·學記 獨學而無友，則孤陋而寡聞△ 說文 本作陋。夶 又 洒60785

陌 65557 34540
mò_6.14
廣韻 集韻 正韻 莫白切 韻會 莫百切 夶音貊 玉篇 阡65456陌也 又 市中街也 後漢·袁紹傳 塡接街陌 又 釋名 綱頭或曰陌頭，言其從後橫陌而前也。齊人謂之幍○按陌頭之陌，當與帕通 又 姓。見 正字通 又 唐韻正 古音莫各反 史記·龜筴傳 故牧人民，爲之城郭，內經閭術，外爲阡陌 楚辭·九思 遂巡兮周藪，率彼兮畛陌。川谷兮淵淵，山皋兮硌硌 魏文帝·陌上桑詩 披荆棘，求阡陌，側足獨窘步，路局窄。虎豹嘷動，雞驚，禽失羣，鳴相索○。窄，古音作 又 借作百 五代史·王章傳 緡錢出入，皆以八十爲陌，章減其出者陌三 夢溪筆談 今之數錢，百錢謂之陌。借陌字用之 正韻 亦作佰。夶 路局窄。劉尚慈:窄當作笮zé，側伯切，狹也。段注:說文無窄字，笮窄古今字。

陙 65558 34541
hóng_6.14
廣韻 戶公切 集韻 胡公切夶音洪 廣韻 從陙，山名，在雲南 前漢·地理志 益州郡來唯縣 註 從陙山出銅 集韻 或作阷 又 集韻 古送切音貢。義同。
夶 又陞65650阱65568

陕 65559 34542
guāng_6.14
集韻 類篇 夶姑黃切音光。陌也 又 集韻 本作垙。或作㽸。

降 65560 34543
xiáng_6.14
古文夆 廣韻 下江切 集韻 韻會 正韻 胡江切夶音缸 爾雅·釋詁 降，落也 禮·曲禮 羽鳥曰降 釋文 降，戶江反 又 爾雅·釋言 降，下也 書·堯典 釐降二女于嬀汭 禹貢 桑土既蠶，是降丘宅土 又 北過降水 水經注 鄭註尚書 北過降水，云降，下江反，聲轉爲共。今河內北共山，淇水共水出焉，東至魏郡黎陽入河，近所謂降水也。周時，國於此地者，惡言降，故改爲共耳 又 玉篇 降，伏也 春秋·莊八年 夏，師及齊師圍郕，郕降于齊師 又 爾雅·釋天 降婁，奎婁也 註 奎爲溝瀆，故爲降 疏 孫炎云降，下也 左傳·襄三十年 於是歲在降婁，降婁中而旦 註 周七月，今五月，降婁中而天明 釋文 降，戶江反○按 集韻 類篇 收入絳韻，作胡降切，非 又 hóng 集韻 乎攻切音碻。下也 又 屈原·離騷 帝高陽之苗裔兮，朕皇考曰伯庸。攝提貞於孟陬兮，惟庚寅吾以降 註 降，平攻反 班固·北征頌 奉聖皇之明策，奮無前之嚴鋒。採伊吾之城壁，蹈天山而遙降 又 唐韻正 古音洪，凡降下之降，與降服之降，俱讀爲平聲。故自漢以上之文，無讀爲去聲者 詩·召南 未見君子，憂心忡忡。亦既見止，亦既覯止，我心則降。又 大雅 瑟彼玉瓚，黃流在中。豈弟君子，福祿攸降 又 既燕于宗，福祿攸降。公尸燕飲，福祿來崇 左傳·哀二十六年 六卿三族，降聽政 註 降，和同也。和同即切降字，乃疾言、徐言之別耳 楚辭·九歌 靈皇皇兮既降，猋遠舉兮雲中。又 天問 皆歸射鞠而無害厥躬，何后益作革而禹播降○按降下之降，今讀去聲，相沿已久，然 唐韻正 歷有明據，應從之 類篇 降字無平聲，非 又 jiàng 唐韻 集韻 韻會 正韻 夶古巷切音絳 玉篇 下也，落也，歸也 正韻 貶也○按降以去聲爲正音，自玉篇 始 又 叶胡郎切音杭 東方朔·七諫 忠臣貞而欲諫兮，讒諛毀而在旁。秋草榮其將實兮，微霜下而夜降 又 叶餘亮切音漾 嵇鑒齒燈詩 煌煌問夜燈，修修樹閒亮。燈隨風煒煒，風與燈升降 又 叶覃韻 梁鴻·適吳詩 遊舊邦兮遐征，將遙集兮東南。心惙怛兮傷悴，志菲菲兮升降。欲乘策兮縱邁，疾吾俗兮作讒◇。○按諸韻書無叶覃韻者，存俟考証。夶 又犀13106屌13096陯65582降65651陮65596

陑 65561 34544
yí_6.14
廣韻 以脂切 集韻 韻會 延脂切夶音姨 玉篇 地名 又 廣韻 陬陑，險阻。

陎 65562 34545
shū_6.14
廣韻 市朱切 集韻 慵朱切夶音殊 廣韻 陳陓，縣名。

隋 65563 34546
duò_6.14 字彙 徒火切，惰上聲 史記·貨殖傳 果隋蠃
蛤 註 索隱 曰：隋，徒火反 正義 曰：隋，今爲搖。果搖，
猶搖蕩包裹也，今楚越之俗，尚有裹搖之語。楚越水鄉，
足螺魚鱉，民多探捕積聚，搖蕩包裹，煮而食之。班固
不曉裹搖之方言，述地云果蓏蠃蛤，非太史公意也。
〇按隋字，諸書皆不載，無由稽考 易·說卦 爲果蓏，京
房本作果墮，則墮卽蓏字，古字借也 史記 隋字 漢書 改
作蓏，必非無據 正義 訓爲搖，似不可從 図 suí 篇海 旬
爲切音隨。國名。

隋 65564 34547
duò_6.14 廣韻 徒果切 集韻 杜果切夶音墮 廣韻 本
作垛。射垛也 集韻 射埘。本作垛 図 集韻 堂塾。

隋 65565 34548
duò_6.14 玉篇 廣韻 丁戈切 集韻 都戈切夶音楇 玉
篇 小堆也。亦作陊 廣韻 陊，堆 集韻 本作垛 図 duǒ 廣
韻 丁果切 集韻 都果切夶音䐔 廣韻 小崖〇按二音 集韻
夶書作陊。陊、陊二字音義大同小異，疑卽一字，訛分
爲二。

陷 65566 34549
duì_6.14 玉篇 徒罪切音膇。高也。鼞 胡吉宣：卽
隗65668字。

限 65567 34550
xiàn_6.14 廣韻 乎簡切 集韻 韻會 正韻 下簡切夶音
硍 說文 阻也 玉篇 界也，度也，齊也 易·艮卦 九三，艮
其限 註 限，身之中也。三當兩象之中，故曰艮其限 戰
國策 南有巫山黔中之限 史記·平準書 乘輿服僭於上
無限度 図 說文 一曰門榍也 玉篇 閫也 廣韻 與閫通，門
閫也 図 wěn 集韻 正韻 夶魚懇切音艮 集韻 切急意也
図 hèn 韻會小補 胡艮切音恨 釋名 艮，限也。時未可聽
物生，限止之也。鼞 又陙65593 阬65615 正字通 限，本作
阸65646 㡰15449俗字。舊註音㡰。門閫。義與阜部㡰同。

洪 65568 34551
hóng_6.14 廣韻 戶工切 集韻 胡公切夶音洪 玉篇 坑
也。鼞 楊寶忠：陙65558 洪一字之變。

陑 65569 34552
ér_6.14 廣韻 如之切 集韻 韻會 人之切夶音而 玉
篇 地名 書序 伊尹相湯伐桀，升自陑 傳 陑在河曲之南
廣韻 本作隅 集韻 或作隅。鼞 龍龕 陑通，隅陝65849二
正。

陒 65570 34553
guǐ_6.14 唐韻 過委切 集韻 古委切夶音詭 說文 毀
垣也。本作垝 篇海 亦作陒 図 玉篇 山名 図 guǐ 集韻 苦
委切音詭。本亦作垝。義同 図 xǐ 集韻 類篇 夶虛宜切音
羲。毀也。本作墟。同隳墟 図 險也 前漢·杜周傳贊 業因
勢而抵陒，註 師古曰：陒。讀與戲同。音許宜反。戲亦險
也，言擊其危險之處 鬼谷子 有 抵戲篇

陓 65571 34554
yū_6.14 廣韻 憶俱切 集韻 韻會 邕俱切夶音紆。揚
陓，藪名 爾雅·釋地 秦有楊陓 註 在今扶風汧縣西 疏 周
禮·夏官 雍州澤藪曰弦蒲。鄭註云在汧，卽此楊陓也。
図 集韻 汪胡切音烏。義同。鼞 又陓65721 陓65708

陕 65572 34555
yī_6.14 唐韻 集韻 夶於希切音衣 說文 酒泉天依
阪也 前漢·地理志 酒泉郡天陕縣 註 此地有天陕阪，故

名 図 yǐ 集韻 隱豈切音扆，陵名。

陔 65573 34556
gāi_6.14 唐韻 古哀切 集韻 韻會 正韻 柯開切夶音
該 說文 階次也 玉篇 階也，陔也 前漢·郊祀志 祠壇放亳
忌泰一壇，三陔 註 陔，重也。三陔，三重壇也 図 南陔
笙詩音 詩序 南陔，孝子相戒以養也 儀禮·燕禮 笙入，
立于縣中，奏 南陔 白華 華黍 図 陔夏，樂名。九夏之一
儀禮·鄉飲酒禮 賓出，奏 陔 註 陔 陔夏也。陔之言戒也。
終日燕飲，酒罷，以 陔 爲節，明無失禮也 図 通作祴 周
禮·春官 鐘師祴夏 註 祴讀爲陔鼓之陔。客醉而出，奏 陔
夏 図 玉篇 亦作垓 揚雄·河東賦 行睨陔下與彭城 史
記·項羽本紀 作垓下 図 與閡通 前漢·禮樂志郊祀歌 專
精厲意逝九閡 註 閡，猶陔 淮南子 期乎九陔之上，謂九
天之上也。

陷 65574 34557
xuàn_6.14 玉篇 集韻 夶乎畎切音泫 玉篇 坑也〇按
玉篇 廣韻 集韻 類篇 俱作陷，从厶 字彙 正字通 从口作
陷，入七畫，非。今改載六畫後。鼞 又宭41155 肎15452
㑜65509

飻 65575 34558
dào_6.14 金石韻府 古文盜37176字。

陽 65576 34559
yáng_6.14 字彙補 與陽同 五音集韻 俗用字體也。昌
黎子添之 図 字彙補 道藏有陽氜阧阳等字，皆與陽同。
附記於此。

隂 65577 34560
yīn_6.14 字彙補 陰字 五音集韻 俗用字體 図 字彙
補 亦作隖阥氜，夶與陰同。

陀 65581 46200
tuó_6.14 龍龕 同陀。

陁 65578 34561
shǎn_6.14 篇海 音閃。
縣名。在弘農郡〇按卽陝字之譌。

陶 65579 34562
yáo_6.14 篇海 音遙。皐陶65686正字。

陾 65580 34563
rǎn_6.14 字彙補 而琰切音染。陾伯，周文王之後也
路史 今京兆有陾亭。鼞 又鄬61661

隆 65582 46201
jiàng_6.14 字彙補 俗降字。

阳 65584 u2B3F
null_6.14 未詳。

陕 65583 u2B540
null_6.14 殷周金文集
成·8.4238·白懋父簋 述東陕，伐海眉（湄）。

陃 65585 u2B53E
null_6.14 人名 殷周金文集成·6.3653·子陃作父己
簋 子陃乍父己寶尊彝。

陀 65587 u28E56
è_6.14 俗阸65468 五侯鯖字海 陀，音厄。險也，
塞也，隘也。

阱 65586 u28E57
bīng_6.14 集韻 阱，卑盈切。屋蔽也。通作屏12993

陁 65588 u28E54
chí_6.14 俗池27821 新撰字鏡 隍陁：隍，城下坑也
有水曰陁，无水曰惶（隍）。

阹 65589 u28E52
dào_6.14 同飻65575古文盜。

陶 65591 u28E50
null_6.14 未詳。

㝍 65590 u28E51
lóng_6.14 道教符咒用
字。見 正統道藏·上方天尊說真元通仙道經·宿三·洞真

元道之章，原書附釋音：陉，音隆。

陀 zhái_6.14 俗宅11948 唐棲志·卷五·園亭別墅 園中疊石為坡，陀旁置石筍。又字海陀，姓。

陒 xiàn_6.14 俗陒65646限65567本字。

陜 jiāo_6.14 越南之簡稱 天下郡國利病書·第二千八百十冊·緬甸始末·鄧渼兼制東川疏 竊照滇中四面皆夷，西隣緬甸，南界陜岡，皆悍夷也。又 德宗景皇帝實錄·卷之二百七十九 以緝獲陜私，私行釋放，革雲南通判李唐、守備馮祐職 ❺ 陜鹽，安南海鹽 申報.1937.Jan.6.Num.22874④ 滇省鹽務概況：去年起實施統制，鹽稅大增。製鹽自礦成本重，不敵陜鹽。

陏 yīn_6.14 清·鄧廷楨 雙硯齋筆記·卷四·古字有古多於今者 古陻65727塞作堙。或作陏，今作陻。是古多堙、陏字也。

降 jiàng_6.14 兼降。 **陎** lòu_6.14 兼陋。

陝 shǎn_6.14 同陝65612 ❺ 俗陝65611

陓 xù_7.15 字彙 音序。見 石鼓文 正字通 陓與序同，非音序有二義也〇按 石鼓文 第六鼓註：陓，音序。郭作阪，音反。無同序之說 正字通 非。

陵 xùn_7.15 唐韻 私閏切 集韻 須閏切夶音浚 說文 陗高也 玉篇 險也 ❺ 玉篇 亦作峻 司馬相如·上林賦 徑陵赴險 前漢書 作峻 ❺ 廣韻 亭名，在馮翊△ 集韻 同埈 篇海 亦作陵隌。鋻 又皖65487鄝61704

陗 qiào_7.15 廣韻 集韻 韻會 正韻 夶七肖切音俏 說文 陵也 玉篇 險也 廣韻 山峻也 ❺ 玉篇 隝也 廣雅 急也 前漢·鼂錯傳 為人陗直刻深 註 陗，與峭同，謂峻陋也。

陒 tūn_7.15 集韻 他根切音吞。阬也。

陒 chéng_7.15 集韻 時征切音成 玉篇 山地名。鋻 正字通 本作郕61692，譌作陒，非。

陒 lǐ_7.15 集韻 兩耳切音里 玉篇 亭名 五音集韻 本作郢，亭名。在西鄂。

陉 xíng_7.15 唐韻 戶經切 集韻 韻會 乎經切 正韻 奚經切夶音形 說文 山絕坎也 玉篇 限也 爾雅·釋山 山絕，陉 疏 謂山形連延中忽斷絕者，名陉 ❺ 廣雅 陉，阪也。❺ 地名 春秋·僖四年 遂伐楚，次于陉 註 楚地名，潁川召陵縣南有陉亭。又 左傳·隱十一年 與鄭人陉。又 春秋·僖二十二年 及邾人戰于升陉 註 魯地。又 左傳·成二年 晉師從齊師入自丘輿，擊馬陉 註 齊邑戰國策 秦攻韓，圍陉 註 在絳州曲沃縣西北，汾水之旁 ❺ 山名 戰國策 楚魏戰於陉山 註 括地志 在鄭州縣西南 史記 秦始皇紀 王翦將上地下井陉 註 山名，在常山，今獲鹿縣 前漢·地理志 常山郡井陉 註 井陉山在南 ❺ 禮·月令 其祀竈 註 東面設主於竈陉 疏 竈陉，謂竈邊承器之物，以土為之

❺ 姓 字彙 晉大夫，以邑為氏 ❺ jìng 集韻 吉定切音徑 左傳·襄十六年 孟孺子速遂塞海陉而還 註 海陉，魯隘道也 釋文 陉，音刑。徐音古定反△ 篇海 同陘陉陉。鋻 又崝13685陉65549

陙 chún_7.15 唐韻 食倫切 集韻 船倫切夶音脣 說文 水阜也 玉篇 小阜也 ❺ 廣韻 常倫切 集韻 殊倫切夶音純。又 集韻 丞眞切音辰。義夶同。

陸 fáng_7.15 廣韻 集韻 夶符方切音房 說文 與防65483 同 集韻 亦與坊同 ❺ fāng 集韻 分房切音方。本作坊。邑里之名也。

陚 fù_7.15 唐韻 集韻 夶方遇切音付 說文 丘名 玉篇 小阜也 ❺ wǔ 集韻 類篇 夶罔甫切音武。平原也。

陛 bì_7.15 唐韻 傍禮切 集韻 韻會 部禮切夶音髀 說文 升高階也 玉篇 天子階也 戰國策 秦舞陽奉地圖匣，以次進至陛 前漢·東方朔傳 是時朔陛戟殿下。又 王莽傳 朱戶納陛 註 孟康曰：納，內也。謂鑿殿臺際為陛，不使露也。師古曰尊者不欲露而升陛，故內之於霤也 ❺ 天子陛下 史記·秦始皇紀 今海內賴陛下神靈一統，皆為郡縣 蔡邕·獨斷 天子必有近臣，執兵立於陛側，以戒不虞。羣臣與天子言，不敢指斥，故呼在陛下者而告之，因卑達尊之意 集韻 或作垍 篇海 別作陛 ❺ 韓愈·曹成王碑辭 王亦有子，處王之所。惟舊之視，蹷蹷陛陛，實取實似。刻詩其碑，為示無止 註 陛陛，猶比比，言衆多層次也。一說言王之子孫日益盛大，如歷階陛以升堂也 海篇 別作陳〇按 諸韻書陛字皆止上聲，惟 正韻 有上去二音，今夶存之 正字通 以去聲為正音，非。鋻 又毕08339階65896

陆 kù_7.15 唐韻 苦沃切 集韻 枯沃切夶音酷 說文 大阜也 說文 一曰右扶風郿有陆阜 ❺ gù 廣韻 古沃切 集韻 姑沃切夶音梏。又 kū 廣韻 空谷切音穀。義夶同。❺ gào 唐韻 正 音誥 說文 云陆，从阜告聲。當讀去聲。

陝 xiá_7.15 古文軍 唐韻 侯夾切 集韻 韻會 轄夾切 正韻 胡夾切夶音洽 說文 陘也 註 徐鉉曰：今俗从山作峽，非是 玉篇 不廣也。亦作狹 爾雅·釋宮 陝而修曲曰樓 前漢·郊祀志 行溪谷中，陝陝且百里 司馬相如·封禪書 迹陝遊原，迴闊泳沫 上林賦 赴隘陝之口 ❺ 尋陝，地名 史記·南越傳 樓船將軍將精卒，先陷尋陝，破石門 註 尋陝，在始興西三百里 ❺ 廣韻 與陜同 史記 尋陝 前漢書 作尋陜 ❺ jiá 集韻 訖洽切音夾。義同 ❺ 集韻 地名。周召所分〇按 地名乃陝也。陝字音閃，止有上聲，無入聲。陝字雖有洽夾二音，夶無地名一解 集韻 註誤△ 篇海 俗作陝。鋻 司馬相如封禪書迹陝遊原迴闊泳沫。文選 作：邇陝遊原，遐闊泳沫。

陝 shǎn_7.15 廣韻 集韻 韻會 正韻 夶失冉切音閃 說文 弘農陝也。古虢國，王季之子所封也 廣韻 周為二伯，分陝之地，卽虢國之上陽也。秦屬三川郡，漢弘農之陝

縣，後魏改爲陜州公羊傳·隱五年自陜而東者，周公主之。自陜而西者，召公主之。鑾又陝65578陝65598陜65576又陜65611金石文字辨異·陜引漢張遷碑

陞 65613 34578
shēng_7.15 廣韻識蒸切集韻韻會書蒸切太音升玉篇上也，進也廣韻登也，躋也爾雅·釋天素陞龍於縿註畫白龍於縿，令上向也又姓。見字彙△玉篇同升集韻或作阩陹。鑾又䟫58971

陟 65614 34579
zhì_7.15 古文㣥唐韻集韻韻會太竹力切音稙爾雅·釋詁陟，陞也說文登也書·舜典汝陟帝位。又太甲若陟遐，必自邇。又立政其克詰爾戎兵，以陟禹之迹詩·周南陟彼崔嵬又廣韻進也書·舜典三載考績，三考黜陟幽明又玉篇高也爾雅·釋山山三襲陟疏山之形若三山重累者名陟又人名書·君奭在太戊時則有若伊陟臣扈又dé集韻的則切音得周禮·春官大卜掌三夢之灋，一曰致夢，二曰觭夢，三曰咸陟註陟之爲言得也。讀如王德翟人之德。言夢之皆得也△集韻或作徏徝𨻶。

峴 65615 34580
xiǎn_7.15 玉篇呼典切音顯字彙地名又xiàn集韻胡典切音峴。限也〇按正字通云限65567字之譌，無據，不可從。鑾熊加全：俗限。

陠 65616 34581
pū_7.15 廣韻普胡切集韻滂模切太音鋪集韻衺也又bū廣韻博孤切集韻奔模切太音逋廣韻屋上平也。與庯同又博雅衺也。又集韻普故切音怖。義同。又bù蒲故切音步。舍下也。

陠 65617 34582
dòu_7.15 集韻丁候切音鬬。峻也。本作䠟。

陷 65621 34586
xì_7.15 集韻同隙

陡 65618 34583
dǒu_7.15 廣韻集韻韻會正韻太當口切音斗玉篇地名又廣韻集韻太與阧65467同杜甫·義鶻行陡上捩孤影又正韻頓也。通作斗。鑾又陟65707𨻶65815正字通陠65617陡，俗阧字。

陖 65619 34584
suī_7.15 集韻宣隹切音雖玉篇地名。

院 65620 34585
yuàn_7.15 唐韻王眷切集韻韻會于眷切太音瑗說文堅也玉篇周垣也。亦作寏增韻有垣牆者曰院唐書·宣宗紀作五王院，以處皇子之幼者又官廨曰院唐書·明皇紀置麗正書院，聚文學之士。又令狐綯傳綯爲翰林學士，夜對禁中燭盡，以金蓮花炬送歸院。又南部新書自唐初來，歷五院惟二人，李商隱，張延賞註五院，謂監察、殿中、侍御史、中丞、大夫也又儒者所居曰書院方隅勝略白鹿書院，在廬山。鵝湖書院，在鉛山縣又浮屠所居曰僧院傳燈錄本行和尚云若有人道得著，老僧分半院與汝同住又道流所居曰道院白樂天·尋郭道士詩看院止留雙白鶴又廣韻集韻太胡官切音桓。又集韻委遠切音婉。義太同。鑾傳燈錄本行和尚云若有人道得著老僧分半院與汝同住。劉尚慈：傳燈錄未見此文五燈會元·卷十三·金峰從志禪師作：還有人道得么？如有人道得，金峰分半院與他住。另見于北宋惠洪林間錄金峰玄明禪師……若人道得，我分半院與伊又阮65718陖65775垸08690寏12194

陣 65622 34587
zhèn_7.15 廣韻集韻韻會正韻太直刃切音眒玉篇旅也廣韻列也史記·淮陰侯傳信乃使萬人先行出，背水陣後漢·禮儀志兵官皆肄孫吳兵法六十四陣又玉篇本作陳周禮·夏官·大司馬中春，教振旅，司馬以旗致民，平列陳，如戰之陳左傳·成七年巫臣通吳於晉，教之戰陳佩觿集軍陳爲陣，始於王羲之小學章〇按史記作陣，非自羲之始也。鑾又塦09098陳65679㪫21719旆22196阵65506陣65712又正字通旆22195，古文陳。

陒 65623 34588
yì_7.15 集韻乙及切音邑。陒䧙，陜也。

除 65624 34589
chú_7.15 唐韻直魚切集韻韻會陳如切正韻長魚切太音儲說文殿陛也班固·西都賦玉除彤庭又前漢·蘇武傳扶輦下除註除謂門屏之閒又玉篇去也書·泰誓除惡務本左傳·隱元年蔓草猶不可除。又昭十七年振除火災周禮·春官女巫掌歲時祓除釁浴又揚子方言病愈者或謂之除又算法有乘除前漢·律歷志法除之又治也易·萃卦君子以除戎器，戒不虞註除者，治也禮·曲禮馳道不除。又周禮·地官·山虞若祭山林，則爲主而修除註治道路場壇左傳·昭十三年令諸侯日中造於除註除地爲壇，盟會處又玉篇開也史記·呂后紀請得除宮前漢·高五王傳作清宮又拜官曰除史記·平準書諸買武功爵官首者試補吏，先除註先除，用也前漢·田蚡傳君除吏盡未，吾亦欲除吏註凡言除者，除去故官，就新官又正字通隋內官服半除，唐減爲半臂。言肩有袖，至臂臑而止，今呼齊肩又易也。新舊歲之交謂之歲除。俗云除夕孟浩然詩青陽逼歲除。又除道，漢縣名前漢·地理志北地郡除道縣又yú集韻羊諸切音餘詩·小雅日月方除箋四月爲除疏爾雅除作余。李巡曰：四月萬物皆生枝葉，故曰余。余，舒也。除余字雖異，音實同也又shū集韻類篇太商居切音書集韻或省作余。義同又zhù廣韻集韻遲倨切韻會遲據切正韻治據切，並音筯詩·唐風蟋蟀在堂，歲聿其莫。今我不樂，日月其除傳除，去也。又小雅風雨攸除，鳥鼠攸去，君子攸芋。又小雅俾爾單厚，何福不除。俾爾多益，以莫不庶傳除，開也。

陗 65625 34590
chǎn_7.15 篇海同產。見藏經。

陋 65626 34591
lòu_7.15 說文陋本字。

隆 65627 34592
lóng_7.15 篇海力中切。同隆。中央高也。豐也，大也，成也〇按即隆字之譌。

陞 65628 34593
chè_7.15 篇海叱涉切音謵。能行也。

陘 65629 34594
xíng_7.15 篇海同陘

陒 65630 34595
guǐ_7.15 篇海居委切音詭。阪也又垣毀也〇按即陒字之譌。

𨸗 65631 u2B543
null_7.15 未詳。

院 65632 u2B542
null_7.15 殷周金文集成·3.611·王作贊母鬲王乍𨸗𨸗（蔣）贊母寶𨸗彝。

陑 65633 u2B541　null_7.15　未詳。

陳 65635 u2E73　null_7.15　未詳。

陝 65634 u2EBA　qiǎn_7.15　同瞢48360中華大字典陝,本作瞢65761說文瞢商,小塊也。从自从夾。

陟 65636 u2E72　null_7.15　未詳。

陛 65637 u2E71　null_7.15　未詳。

陃 65638 u2E70　null_7.15　未詳。

陼 65639 u2E6F　null_7.15　未詳。

陕 65640 u2E6E　hǎo_7.15　郝61713譌字懷集縣志·卷三·賦稅志·榷稅·鹽課康熙二十一年,地方大定。巡撫陕更定鹽法,行府查懷集鹽引,不經梧州,准照東餉秤納△宏按,原書他處作:巡撫郝更定鹽價,每觔紋銀一分二厘。

陌 65641 u2E6D　pī_7.15　同阫65543

陵 65647 u2E67　líng_7.15　俗陵65685

陷 65642 u2E6C　lǒ_7.15　喃从阜呂lǔ聲。同堝08739倒塌。

陛 65643 u2E6B　lěi_7.15　大字典同隥65823☒晚晴簃詩匯·卷八十二·朱筠·三歸臺廉恥天維張,勢陛土甌剖。

阮 65644 u2E6A　null_7.15　清·顧祖禹讀史方輿紀要·卷三十三·山東四·兗州府下州襟帶河、濟,控援魏、博,舟車四通,屹為津要。戰國時,蘇代說齊湣王曰:有宋、衛之阮而危。原註:阮地,一作陽地。孔氏曰:今濮陽之地。

陰 65645 u2E69　yīn_7.15　大字典同陰65672太平寰宇記·山南東道·鄧州陰識,字次伯,新野人,陰貴人兄也,封陰鄉侯,帝嘉之。按:後漢書·陰識傳作陰。

阠 65646 u2E68　xiàn_7.15　限65567本字。見說文

陝 65648 u2E66　null_7.15　未詳。

陙 65649 u2E65　null_7.15　未詳。

陚 65650 u2E64　hóng_7.15　同阷65558

陎 65651 u49CF　jiàng_7.15　同降65560

陰 65652 u49CE　xuàn_7.15　同陷65574

陰 65653 u9669　xiǎn_7.15　简險65961

陨 65654 u9668　yǔn_7.15　简隕65816

陧 65655 u9667　niè_7.15　同陧65753

陶 65656 u9666　dǎo_7.15　简隌65985

陷 65657 u9665　xiàn_7.15　俗陷65688

隃 65658 34596　guō_8.16　集韻光鑊切音郭。本作墎。隸作墎13798

陡 65659 34597　dǐ_8.16　玉篇古文陡65744字☒廣韻篆文云姓也。

陮 65660 34598　jùn_8.16　集韻窘遠切,音菌說文河東安邑陶也集韻聚名,在河東☒juǎn廣韻居轉切集韻古轉切丛音卷。又juàn集韻古倦切音眷。義丛同。

陪 65661 34599　péi_8.16　唐韻薄回切集韻韻會正韻蒲枚切丛音裴說文重土也☒說文一曰滿也☒玉篇貳也,隨也廣韻厠也增韻伴也詩·大雅爾德不明,以無陪無卿傳無陪貳也釋文陪,本又作培☒玉篇加也左傳·昭五年殷有陪鼎釋文陪,薄回反,又扶杯反。又定二年分之土田陪敦註陪,增也。亦作倍。步回反魯語士有陪乘,告奔走也註陪,猶重也☒爾雅·釋言陪,朝也註陪位爲朝☒玉篇助也,益也史記·孝文紀淮南王弟也,秉德以陪朕躬註陪,輔也☒禮·曲禮列國之大

夫,入天子之國曰某士,自稱曰陪臣某☒陪尾,山名書·禹貢熊耳外方桐柏,至于陪尾☒陪,在平原,陪安在魏郡,皆漢侯國。見史記·建元以來王子侯者年表。△篇海亦作陪。

陫 65662 34600　péi_8.16　集韻蒲枚切音裴玉篇山名☒fèi廣韻浮鬼切集韻韻會父尾切丛音膹廣韻陋也。亦作陫集韻或作陫☒fèi集韻父沸切,音狒。隱也楚辭·九歌隱思君兮陫側。本作陫。或作陫。

隮 65663 34601　jī_8.16　集韻與隮同。

隮 65664 34602　jī_8.16　集韻與隮同。

隉 65665 34603　zhào_8.16　廣韻之少切集韻之笑切丛音照說文耕以臿浚出下壚土也。一曰耕休田也玉篇界場也集韻隉也,界也。或作陷。

陬 65666 34604　zōu_8.16　唐韻子侯切集韻韻會正韻將侯切丛音緅說文阪隅也戰國策康王之時,有雀生鸇于城之陬史記·絳侯世家後吳奔壁東南陬☒爾雅·釋天正月爲陬史記·歷書閏餘乖次,孟陬珍滅註正月爲孟陬屈原·離騷攝提貞於孟陬☒莊子·天地篇子貢卑陬失色,頊頊然不自得註卑陬,愧恧貌☒黔陬,漢縣,因山而名前漢·地理志琅邪郡黔陬縣註故介國也後漢·淳于恭傳客隱琅邪黔陬山☒廣韻聚隱也☒前漢·西域傳昆莫欲使其孫岑陬尚公主史記·大宛傳作岑娶註陬,子侯反☒zōu廣韻側鳩切集韻甾尤切丛音鄒玉篇隅也☒廣韻鄉名類篇魯邑史記·孔子世家孔子生魯昌平鄉陬邑註陬,孔子父叔梁紇所治邑論語作鄹人之子☒jū廣韻子于切集韻遵須切丛音諏張衡·南都賦天封大胡,列仙之陬,上平衍而曠蕩,下蒙籠而崎嶇△集韻或作陬。

陭 65667 34605　yī_8.16　唐韻於離切集韻於宜切丛音漪說文上黨陭氏阪也前漢·地理志上黨郡陭氏縣☒與崎同史記·司馬相如傳陭嶇而不安☒集韻於希切音衣。義同☒yǐ集韻隱綺切音倚。隨也☒jǐ廣韻集韻丛於義切音輢廣韻陭氏縣☒集韻奇寄切,騎去聲。義同△集韻或作崎戲。通作猗。

陮 65668 34606　duǐ_8.16　唐韻都皐切集韻覩猥切丛音頠說文陮隗,高也玉篇陮隗,不平也☒duì廣韻徒猥切集韻杜罪切丛音薩。又集韻都回切音磓。義丛同。璧又陮65865陷65566

陳 65669 34607　lái_8.16　集韻郎才切音來玉篇階,陳也☒集韻一曰陳陑,長貌。

朋 65670 34608　bèng_8.16　集韻步等切,朋上聲玉篇山名☒集韻崩13812古作朋。

陯 65671 34609　lún_8.16　唐韻集韻丛盧昆切音崙說文山阜陷也☒lún廣韻力迍切集韻龍春切丛音倫。義同☒玉篇亦作

淪 図lùn 集韻 盧困切音論。同埨。坎陷也。鋆 正字通 錀，同埨。

陰 yīn_8.16 古文黔会皁隌兾痦 唐韻 集韻 韻會 於今切 正韻 於禽切夶音音 說文 闇也 釋名 陰，蔭也，氣在內奧，蔭也 玉篇 幽無形，深難測，謂之陰 易·坤卦 陰雖有美，含之以從王事，弗敢成也。地道也，妻道也，臣道也 禮·月令 百官靜事毋刑，以定晏陰之所成。又 周禮·天官·內宰 以陰禮教六宮 註 陰禮，婦人之禮。又 內小臣 掌王之陰事、陰令。又 地官·大司徒 以陰禮教親，則民不怨 註 陰禮，謂男女之禮 図 陰晴 詩·邶風 曀曀其陰 又 以陰以雨 図 說文 山之北也 書·禹貢 南至于華陰 図 說文 水之南也 前漢·地理志 河東郡汾陰縣 註 介山在南 図 玉篇 影也 晉書·陶侃傳 大禹惜寸陰，吾輩當惜分陰 図 正字通 碑背曰陰。楊修解曹娥碑 陰八字 図 前漢·郊祀歌 靈之至，慶陰陰 註 師古曰言垂陰覆徧於下 図 玉篇 默也 戰國策 齊秦之交陰合 図 詩·秦風 陰靷鋈續 傳 陰，揜軓也 釋名 陰，蔭也。橫側車前，以陰笒也。 図 地名 左傳·襄九年 濟于陰阪，侵鄭。又 昭十九年 楚工尹赤遷陰于下陰。又 二十二年 帥師軍于陰 前漢·地理志 南陽郡陰縣 註 卽 左傳 下陰也。又漢有兩陰山縣 地理志 西河郡陰山，又桂陽郡陰山 図 山名 史記·秦始皇紀 自楡中夶河以東，屬之陰山 註 徐廣曰：在五原之北 図 姓 廣韻 管修自齊適楚，爲陰大夫，其後氏焉○按 史記·褚少孫·龜筴傳 陰兢活之，與之俱亡 索隱曰：陰，姓。兢，名也。是商時卽有陰姓矣。又 左傳·僖十五年 晉陰飴甥會秦伯，盟于王城。註：飴甥，食邑于陰 戰國策 有陰簡、陰姬，疑卽出於此。又 昭二十四年 陰不佞，以溫人南侵。疑陰亦姓也 図 正字通 男子勢曰陰 史記·呂不韋傳 私求大陰人嫪毐爲舍人 図 逸周書 堲上張赤帟陰羽 註 陰，鶴也，以羽飾帳也△ 玉篇 今作陰 五音集韻 俗作陰 字彙 俗作陜 字彙補 亦作隃陰兾 図ān 集韻 烏含切音菴。本作闇，治喪盧也 論語 高宗諒陰，三年不言 図yìn 集韻 韻會 夶於禁切音蔭 集韻 瘞，藏也 禮·祭義 骨肉斃于下，陰爲野土 註 陰讀爲依廕之廕 図 詩·大雅 旣之陰女，反予來赫 箋 覆陰也 韻會小補 蔭，通作陰 図yīn 正字通 音飲。古醫方有淡陰之疾，俗作淡飲。 図 韻會小補 本作殷。淺黑色也。亦作陰 詩·小雅 我馬維駰 傳 陰白雜毛曰駰。陰，淺黑色也。 鋆 又枂23377 隂65831 陰65645 阴65486 隌66041 陰65854

障 fù_8.16 廣韻 房久切 集韻 扶缶切夶音阜 廣韻 盛也。亦作阝 集韻 同崮 図 集韻 扶富切音覆。本作晶。兩阜閒也。

陶 jū_8.16 集韻 居六切音菊。養也 図 盈也△通作鞠。

陲 chuí_8.16 唐韻 集韻 韻會 夶是爲切音倕 說文 危也 図 廣韻 邊也 增韻 疆也 左傳·成十三年 虔劉我邊陲 史記·律書 連兵於邊陲 図 韻會 本作垂 爾雅·釋詁 疆界邊衞圉，垂也 註 皆在外垂也 戰國策 今大國之地半天下，

有二垂 荀子·臣道篇 邊境之臣處，則疆垂不喪。 鋆 又陲65757 陲65935

周 zhōu_8.16 五音集韻 職流切音周 玉篇 大阜貌。

隐 niàn_8.16 五音集韻 奴店切音念 玉篇 隈在岸上。

隁 tiǎn_8.16 集韻 他典切音腆。隁華，藥草。

陳 chén_8.16 古文阽軙軙 唐韻 直珍切 集韻 韻會 正韻 池鄰切夶音塵 玉篇 列也，布也 書·咸有一德 乃陳戒于德 詩·小雅 陳饋八簋 図 史記·李斯傳 所以飾後宮，充下陳 註 下陳，猶後列也 図 廣韻 故也 詩·小雅 我取其陳，食我農人 史記·平準書 太倉之粟，陳陳相因 図 久也 書·盤庚 失于政，陳于茲 傳 今旣失政，而陳久於此而不徙 疏 釋詁云塵，久也。孫炎曰：陳居之久，久則生塵矣。古者陳塵同也。故陳爲久之義 図 廣韻 張也 禮·表記 事君愼諫不欲陳 註 陳謂言其過於外也 図 廣韻 衆也 図 爾雅·釋宮 堂途謂之陳 註 堂下至門徑也 釋名 言賓主相迎陳列之處也 詩·小雅 彼何人斯，胡逝我陳 註 北當階，其南接門內雷 図 國名 廣韻 周武王封舜後胡公滿於陳，楚滅陳爲縣，漢爲淮陽國，隋爲陳州 図 姓 胡公滿之後，子孫以國爲氏 図 玉篇 或作敶塵 図zhèn 廣韻 集韻 夶直刃切。同陣。軍伍行列也。 鋆 又陳65886 逥60757 軙65936 陈65550 図 正字通 軙59885 軙59884 竝古陳字。

陕 bì_8.16 海篇 同陛

陕 yù_8.16 玉篇 古文域08762字。

陴 pí_8.16 唐韻 符支切 集韻 韻會 頻彌切 正韻 蒲糜切夶音脾 說文 城上女牆俾倪也 左傳·宣十二年 守陴 又 成十五年 閉門登陴 図bì 集韻 賔彌切音卑。同裨。接益也 釋名 陴，裨也，裨助城之高也 図 集韻 蒲街切，音牌。義同△ 說文 籀文作䫾。 鋆 又鞞11896 鞞70872 鞞70877 鞞70853 陴65954

陵 jiàn_8.16 唐韻 慈衍切 集韻 在演切夶音踐 說文 水阜也。

阏 gāng_8.16 篇海 音岡。嶺也 正字通 俗阏字。

陵 líng_8.16 古文夌䧖陎 唐韻 力膺切 集韻 韻會 閭承切夶音凌 爾雅·釋地 大阜曰陵 釋名 陵，崇也，體崇高也 書·堯典 蕩蕩懷山襄陵 図 爾雅·釋丘 後高陵丘 又 陵丘 東陵，地名 書·禹貢 過九江，至于東陵 図 玉篇 冢也 齊語 陵爲之終 註 以爲葬也 図 玉篇 犯也 廣韻 侮也，侵也 易·貢象 永貞之吉，終莫之陵也 書·畢命 以蕩陵德 傳 陵，遲也 禮·學記 不陵節而施之謂孫 註 陵，躐也 図 荀子·宥坐篇 百仞之山，任負車登焉，何則陵遲故也 註 王肅曰：陵遲，陂陀也 史記·平準書 選舉陵遲 前漢·成帝紀 曰以陵夷 図 玉篇 慄也 図 馳也 図 草名 爾雅·釋草 菤，陵苕 註 一名陵時 図 淬也 荀子·君道篇 兵刃不待陵而勁 図 荀子·致仕篇 凡節奏欲陵，而生民欲

寬註峻也囗州名唐書·地理志劍南道陵州仁壽郡。囗姓正字通永樂中灤州同知陵茂,高郵人囗廣韻漢複姓六氏,吳季子之後有延陵氏高士傳有於陵子仲戰國策有安陵丑呂氏春秋有鉛陵卓子,漢有高陵顯,秦高陵君之後。楚有公子,食采於鄧陵,後以爲氏。囗叶力中切音隆胡廣·侍中箴國有學校,侯有泮宮。各有攸教,德用不陵囗叶落胡切音盧柳宗元·佩韋賦雲岳岳而專强兮,果黯黮而乖圖。咸觸屏以拒訓兮,肆隄越而就陵◇囗與鯪同楚辭·天問陵魚何所。一作鯪囗與凌通史記·秦始皇紀陵水經地註正義曰:陵作凌,歷也△玉篇或作劾穆天子傳作陝。鑾又陵65825

陵65787陵65647墬09286墬09286瑔34228

陶 65686 34624 táo_8.16 唐韻集韻韻會正韻丛徒刀切音桃爾雅·釋丘再成爲陶丘疏丘形上有兩丘相重累書·禹貢東出于陶丘北釋名於高山上一重作之,如陶竈然也說文陶丘,在濟陰戰國策秦客卿造謂穰侯曰:秦封君以陶註今定陶縣前漢·地理志濟陰郡定陶縣史記·越世家范蠡止於陶註徐廣曰:今定陶正義曰:括地志云陶山在濟州平陰縣東三十五里。止此山之陽囗說文陶丘有堯城,堯嘗所居,故堯號爲陶唐氏書·五子之歌惟彼陶唐,有此冀方囗縣名漢·地理志魏郡館陶縣,雲中郡陶林縣,定襄郡安陶縣,雁門郡淇陶縣玉篇陶甄廣韻尸子曰:夏桀臣昆吾作陶汲冢周書神農作瓦器詩·大雅陶復陶穴囗陶正,官名左傳·襄二十五年昔虞閼父爲周陶正囗書·五子之歌鬱陶乎予心傳鬱陶,言哀思也囗爾雅·釋詁鬱陶,繇喜也禮·檀弓人喜則斯陶,陶斯咏,咏斯猶註陶,鬱陶也疏鬱陶者,心初悅而未暢之意也囗揚子方言陶,養也。秦或曰陶。囗後漢·杜篤傳粳稻陶遂註韓詩曰:陶,暢也囗廣韻正也,化也囗揚雄·解嘲後陶塗註北方國名,出馬,因以爲名囗蒲陶,果名史記·大宛傳有蒲陶酒司馬相如·上林賦櫻桃蒲陶囗姓左傳·定四年殷民七族:陶氏、施氏、繁氏、錡氏、樊氏、饑氏、終葵氏廣韻唐之後,今出丹陽囗玉篇亦作匋篇海亦作陶荀子·榮辱篇陶誕突盜註陶,當爲檮杌之檮。頑嚚之貌。或曰陶當爲逃,隱匿其情也囗韻會鞠通作陶周禮·冬官考工記韗人爲皋陶註皋陶,鼓木也。陶字从革囗韻會裪,通作陶左傳·襄三十年使爲君復陶註復陶,主衣服之官。又左傳·昭十二年王皮冠秦復陶註秦所遺羽衣也。囗yáo廣韻集韻韻會正韻丛餘昭切音搖詩·王風君子陶陶,左執翿,右招我由敖傳陶陶,和樂貌釋文陶,音遙囗禮·祭義陶陶遂遂,如將復入然註陶陶遂遂,相隨行之貌釋文陶,音遙囗廣韻皋陶,舜臣。一作咎繇篇海本作陶囗dào集韻大到切音導詩·鄭風淸人在軸,駟介陶陶。左旋右抽,中軍作好傳陶陶,驅逐之貌釋文陶,徒報反。好,呼報反。又朱註陶,叶徒候反。好,叶許候反。鑾又埳08863碯39085

陝 65687 34625 suǒ_8.16 集韻色窄切音搣。本作硴。碎石陿聲。

陷 65688 34626 xiàn_8.16 唐韻戶韽切集韻韻會正韻乎韽切丛音餡說文高下也。一曰陟也玉篇墜入地也,沒也,隤易·需·象剛健而不陷史記·灌夫傳戰常陷堅囗魯語子服景伯戒宰人曰:陷而入於恭註猶失過也△玉篇亦作銘集韻同埳篇海亦作陌鑾龍龕陷65859陷65657通,陷陌正囗陷65784舍45726

陸 65689 34627 lù_8.16 古文坴唐韻廣韻集韻類篇韻會丛力竹切音六玉篇厚也廣韻高也爾雅·釋地高平曰陸釋名陸,漉也。水流漉而出也易·漸卦鴻漸于陸詩·豳風鴻飛遵陸囗地名孟子孟子之平陸註齊下邑囗藪名爾雅·釋地晉有大陸左傳·定二年魏獻子田於大陸。囗縣名隋書·地理志趙郡大陸縣囗州名。唐置。囗漢侯國,在壽光。見史記·建元以來王子侯者年表。囗卑陸,外國名前漢·西域傳卑陸國王,治天山東乾當國囗玉篇星也爾雅·釋天北陸,虛也。西陸,昴也疏陸,中也。北方之宿,虛爲中也。西方之宿,昴爲中也左傳·昭二年古,者日在北陸而藏冰,西陸朝覿而出之註陸,道也。在北陸,謂夏十二月,日在虛危。在西陸,謂夏三月,日在昴畢囗玉篇道也,無水路也周禮·冬官考工記作車以行陸莊子·則陽篇方且與世違,而心不屑與之俱,是陸沈者也註人中隱者,譬之無水而沈也。囗玉篇陸離,猶參差也,雜亂也屈原·離騷斑陸離其上下囗魁陸,水族爾雅·釋魚魁陸。註:即今之蚶也疏卽魁蛤也。一名魁陸囗揚雄·甘泉賦飛蒙茸而走陸梁註走者陸梁而跳也囗姓廣韻古天子陸終之後正字通齊後有大陸氏,後因姓陸。又春秋陸渾之戎,後亦爲陸氏囗後漢·馬援傳今更共陸陸註猶碌碌也△說文籀文作陸集韻作陸。鑾又陸00343霖66039霖66045陆65552阸65508巇14388囗正字通陸66007,籀文陸。

隆 65690 34628 lóng_8.16 海篇同隆

陪 65691 34629 pēng_8.16 字彙補古文砰38778字。

陳 65692 34630 yú_8.16 篇海新藏五居切。同隅◇見藏經高僧傳

陶 65693 34631 xiàn_8.16 篇海同陷。

陶 65694 34632 táo_8.16 篇海同陶。鑾俗可洪音義陶家:上徒刀反。又廣碑別字引魏義橋石像碑

陘 65695 34633 xíng_8.16 篇海同陘

阜 65696 34634 fù_8.16 唐韻房九切集韻扶缶切丛音負說文兩阜之閒也囗集韻盛也。囗集韻類篇丛扶富切音榎。義同。亦作障。

陽 65697 34635 shēng_8.16 集韻書蒸切音升。本作昇。日之升也囗州名

陳 65698 34636 yàn_8.16 篇海同隁

陁 65699 46202 tuǒ_8.16 搜眞玉鏡他火切。鑾陸字之譌。

隔 65700 46203 guī_8.16 龍龕音歸。鑾同歸(歸)。

隊 65701 46204 zhuó_8.16 篇海類編音輟

陏 65702 u2B545 jī_8.16 俗隋65983

陙 65703 u2B544 yàn_8.16 同隁65698

隆 65704 u28E9B
lóng_8.16　俗隆65750
洪音義 陦殘：上力中反。正作瘻。

隚 65705 u28E9A
lóng_8.16　俗隆65750　可

阰 65706 u28E99
pí_8.16　陣阰，俗作坿堄08809，亦作𨛕𨙅00738

陡 65707 u28E97
dǒu_8.16　陡65618譌字 拾雅 陵，陡也。峻峭也。

陓 65708 u28E95
yū_8.16　俗陓65571

歸 65709 u28E94
guī_8.16　同歸26686

阩 65711 u28E92
null_8.16　未詳。

隆 65710 u28E93
lóng_8.16　俗隆65750 金
石文字辨異 引北齊武平元年造像

𨺑 65713 u28E90
null_8.16　未詳。

障 65712 u28E91
zhuō_8.16　黃征 敦煌俗
字典 卓，障。S.6836 葉淨能詩 穿上金甲，障上兜鍪。
俗陣65622 正統道藏·道法會元·卷之一百一十三·邑
十·帝令寶珠五雷祈禱大法 沖天三障雷兵。

陵 65715 u28E8E
null_8.16　未詳。

俺 65716 u28E8D
yǎn_8.16　或同掩。

陶 65714 u28E8F
zhào_8.16　字見 陶貯篚。亦隸定作陶65542

𨺗 65717 u28E8C
null_8.16　未詳。

阮 65718 u28E8B
yuàn_8.16　俗院65620敦
煌·Φ.096 雙恩記 伏利名，閒松阮，長使俗塵生仰羨。

陓 65719 u28E8A
tíng_8.16　同陣65791

㗐 65720 u28E89
null_8.16　未詳。

陓 65721 u28E88
yū_8.16　同陓65571 皮子文藪·柳開·皮日休文集序
古國之大，各有藪焉。魯大野，晉大陸，秦楊陓△清·陳
鴻墀 全唐文紀事·總論一 引皮子文藪序 作楊陓。

陡 65722 u28E87
null_8.16　未詳。

陸 65723 uF9D3
lù_8.16　兼陸

陵 65724 uF959
líng_8.16　兼陵

險 65725 u967A
xiǎn_8.16　同險65961

隁 65726 34637
zhēng_9.17　唐韻 陟盈切 集韻 知盈切丛音貞 說文
丘名。鑾 正字通 隝，俗作阤65510

陻 65727 34638
yīn_9.17　廣韻 於眞切 集韻 韻會 正韻 伊眞切丛音
因 玉篇 塞也 書·洪範 鯀陻洪水△廣韻 本作垔。亦作堙
垔 篇海 亦作隖。鑾 又陑65595

𨺠 65728 34639
zhǔ_9.17　廣韻 章與切 集韻 韻會 掌與切丛音煮 爾
雅·釋水 小洲曰𨺠，小𨺠曰沚 越語 電黿之與同𨺠 楚
辭·九章 朝發枉𨺠兮，夕宿辰陽 司馬相如·子虛賦 且齊
東𨺠巨海 註 東有大海之𨺠 揚雄·反離騷 鳳凰翔於蓬
註 蓬萊之𨺠，在海中 又 丘名 爾雅·釋丘 如𨺠者，𨺠丘
又 dǔ 唐韻 當古切 集韻 董五切丛音睹 說文 水中高者
也 又 集韻 同堵08945垣也 又 tú 集韻 同都切音徒。本作
陼61989 鑾 正字通 隝65918，𨺠字之譌。

陽 65729 34640
yáng_9.17　古文隝陿昜 唐韻 與章切 集韻 韻會 余章
切 正韻 移章切丛音羊 玉篇 營天功，明萬物謂之陽 說
文 高明也 又 日也 詩·小雅 湛湛露斯，匪陽不晞 傳 陽，
日也 左傳·文四年 天子當陽 禮·祭義 殷人祭其陽 註 陽
謂日中時也 孟子 秋陽以暴之 又 楚辭·遠遊 集重陽，入
帝宮 註 積陽爲天，天有九重，故曰重陽 又 玉篇 雙也

又 月建 爾雅·釋天 十月爲陽 詩·小雅 歲亦陽止 又 爾
雅·釋天 春爲青陽 註 氣清而溫陽 又 爾雅·釋天 太歲在
癸曰昭陽 又 五月五日曰端陽，九月九日曰重陽，見 月
令廣義 又 爾雅·釋山 山西曰夕陽，山東曰朝陽 詩·大雅
度其夕陽 又 梧桐生矣，于彼朝陽 又 水北也 詩·大雅 在
洽之陽 穀梁傳 僖二十八年 水北爲陽 又 釋名 山南曰陽
丘，體高近陽也 又 詩·豳風 我朱孔陽 傳 陽，明也 又 玉
篇 清也 又 詩·周頌 龍旂陽陽 傳 陽陽，言有文章也 又
詩·王風 君子陽陽 傳 陽陽，無所用其心也 又 周禮·地
官·大司徒 以陽禮教讓，則民不爭 註 陽禮謂鄉射飲酒
之禮 又 國名 春秋·閔二年 齊人遷陽 註 陽，國名 戰國策
塞漏舟而輕陽侯之波 註 博物志，晉陽國侯溺水，因爲
大海之神 又 春秋·昭十二年 齊高偃帥師，納北燕伯于
陽 註 陽卽唐，燕別邑，中山有唐縣 又 縣名 史記·高祖
紀 西過高陽 註 屬陳留 又 關名 前漢·西域傳 去陽關七
千八百二里 又 左傳·昭二十四年 公孫于齊，次于陽州
又 陽城，山名。漢爲縣，屬潁川郡 又 古帝號 史記·五
帝紀 帝顓頊高陽氏 又 釋名 立人，象人立也。或曰陽門，
在前曰陽，兩旁似門也 又 玉篇 傷也 又 莊子·達生篇 西
北方之下者，則泆陽處之 註 泆陽，鬼名 又 抱朴子·登
涉篇 山中有大樹，有能語者，非樹能語也，其精爲之，
名曰雲陽 又 昌陽，菖蒲別名 韓愈·進學解 昌陽引年。
又 姓 史記·司馬相如·子虛賦 陽子驂乘 註 古仙人陽陵
廣韻 周景王封少子於陽樊，後裔因邑命氏。又漢複姓，
有二十二氏：歐陽、高陽、青陽、孫陽、子陽、周陽、涇
陽、偪陽、梗陽、戲陽、鮭陽、葉陽、陵陽、鮮陽、櫟陽、
濮陽、太陽、老陽、安陽、成陽、朱陽、索陽 又 通作揚
禮·玉藻 盛氣顚實揚休 註 顚讀爲闐。揚讀爲陽。盛身中
之氣，使之闐滿其息，若陽氣之體物也 釋名 陽，揚也。
氣在外發揚也 又 與佯同 禮·檀弓 陽若善之 前漢·高帝
紀 陽尊懷王爲義帝，實不用其命 又 cháng 音腸 爾雅·釋
詁 陽，予也 註 魯詩 云陽如之何，今巴濮之人自呼阿陽
疏 漢書·藝文 云魯申公爲詩訓，故是爲魯詩。其經云
陽如之何，申公以陽爲予，故引 釋文 陽，音腸。
△五音集韻 俗作陜 字彙 俗作阦 字彙補 亦作隖阳氜。
鑾 又隝65939 昜38293 阳65485 暘04626

陾 65730 34641
réng_9.17　唐韻 如乘切 集韻 韻會 如蒸切 正韻 如陵
切丛音仍 說文 築牆聲也 詩·大雅 捄之陾陾 傳 陾陾，衆
也 又 ér 廣韻 如之切 集韻 人之切丛音而 廣韻 本作
隬65913 亦作陑65569 篇海 譌作陾 又 nòu 廣韻 集韻 丛乃
后切音耨 廣韻 衆陾 集韻 衆也。

陜 65731 34642
xiá_9.17　廣韻 侯夾切 集韻 轄夾切，丛同陜65612 前
漢·景帝紀 郡國或磽陜 註 師古曰陜謂褊陜也。鑾 原本
玉篇 殘卷作陜65793

陲 65732 34643
chóng_9.17　集韻 傅容切音重 玉篇 地名。

陌 65733 34644
shǔn_9.17　五音集韻 食尹切音吮 集韻 階也。

陔 zōng_9.17 集韻祖叢切音嵕玉篇國名。鍪正字通按：書遂伐三嵕。或譌作腄，史記省作嵕09806，未有從邑作陔者

隁 yàn_9.17 集韻於建切音鳫玉篇以畜水也集韻本作堰，亦作壖。障水也区yǎn集韻隱憾切音偃。阪也。区人名前漢藝文志陽丘侯劉隁賦十九篇師古註隁音偃。

陛 bì_9.17 集韻弼力切音愎玉篇陭山也集韻山陊。

陰 yīn_9.17 玉篇同陰。

颵 fēng_9.17 集韻方馮切音風玉篇地名区五音集韻房戎切音馮。義同。

殿 duàn_9.17 集韻都玩切，音鍛玉篇人名。或作鍜、破区集韻險也。鍪又隁65782

偪 pì_9.17 廣韻芳逼切集韻拍逼切夶音堛。與陜同。

阮 yǎn_9.17 集韻以轉切音兖玉篇高貌集韻與阮同。

隃 shù_9.17 唐韻傷遇切集韻韻會春遇切夶音戍爾雅釋地北陵西隃雁門是也戰國策作西俞区廣韻式朱切集韻韻會春朱切夶音輸。義同区xū廣韻相俞切集韻詢趨切夶音須。義同区集韻一曰越也区yú廣韻羊朱切集韻容朱切夶音俞廣韻隃麋，縣名前漢地理志右扶風隃麋縣区人名史記周本紀子毀隃立註隃，音踰区呂氏春秋次制十二筒，以之阮隃之下，聽鳳凰之鳴，以別十二律正韻與逾同左傳襄二十三年隃隱而待之司馬相如上林賦隃絕梁前漢嚴助傳輿轎而隃嶺区yáo集韻餘招切音姚。遠也，行也。與遙同前漢英布傳隃謂布何苦而反。又趙充國傳兵難隃度。

陕 sǒu_9.17 集韻蘇后切音叟。阬也。

隄 dī_9.17 古文陞唐韻都兮切集韻韻會正韻都黎切夶音低說文唐也玉篇橋也，限也廣韻防也。與堤同正韻岸也爾雅釋宮隄謂之梁註即橋也禮月令修利隄防史記封禪書閒者河溢皋陸，隄繇不息区地名左傳昭二十六年次于隄上註隄上，周地区高隄，平隄，漢縣名，屬信都國。見前漢地理志区tí廣韻杜奚切集韻田黎切夶音題。義同区廣韻隄封前漢溝洫志作堤区shí集韻常支切，音匙。隄封，或作堤。通作提区chī集韻直兮切，音墀◇防也左傳襄二十六年棄諸堤下釋文堤，亦作隄。徐讀丁兮反。沈讀直兮反。鍪又埞08761磇39155

隊 zhuàn_9.17 唐韻持兖切集韻柱兖切夶音篆說文道邊庳垣也廣韻道邊埤也区博雅院也区去聲說文徒玩切，从𨸏象聲○按徐氏說文音切悉本唐韻，最爲近古。獨此字自玉篇以下皆止有上聲字彙正字通俱从說文讀去聲，今兩存之。

隁 qiú_9.17 集韻徐由切音因。邰隁，縣名，在臨淮。

○按前漢地理志本作邿猶集韻改从阜作隁，不知何據。

隅 yú_9.17 廣韻遇俱切集韻韻會元俱切夶音虞說文陬也玉篇角也書益稷帝光天之下，至于海隅蒼生詩邶風俟我於城隅禮曲禮摳衣趨隅註趨隅，升席也。又檀弓童子隅坐而執燭註隅坐，不與成人並論語舉一隅，不以三隅反区玉篇廉也詩大雅抑抑威儀，維德之隅禮儒行砥厲廉隅区海隅，十藪之一爾雅釋地齊有海隅区周禮冬官考工記匠人宮隅之制七雉，城隅之制九雉註宮隅，城隅，謂角浮思也区山名魯語汪芒氏之君也，守封隅之山者也註封山，隅山，在今吳郡永安縣說文作嵎区叶呼侯反，音齁揚雄反離騷有周氏之嬋媛兮，或鼻祖於汾隅。靈宗初諜伯僑兮，流于末之揚侯篇海亦作嵎。鍪又陳65692隅65790隅65786

隁 è_9.17 集韻逆各切音咢。阜貌。

健 qián_9.17 五音集韻與乾00486同。

隆 lóng_9.17 唐韻力中切集韻韻會正韻良中切夶音癃說文豐大也区玉篇中央高也爾雅釋山宛中隆疏山形中央蘊聚而高者名隆区戰國策雖隆薛之城到於天，猶之無益也区與窿通正韻穹窿，天勢。本作𨺓◆司馬相如上林賦穹隆雲橈区玉篇盛也禮檀弓道隆則從而隆，道汙則從而汙司馬相如封禪文文王改制，爰周郅隆前漢武帝紀迫隆冬至註隆冬，猶言盛冬也。区禮祭義頌禽隆諸長者註隆，猶多也区荀子致士篇君者，國之隆也註隆，猶尊也史記平準書方隆貴用事区前漢王莽傳臣莽夙夜隆就孺子註隆，長也。言成就之，使其長大也区厚也後漢皇后傳使後世不見隆薄進退之隙区前漢五行志沛郡鐵官鑄鐵，鐵不下，隆隆如雷聲区地名史記晉世家齊伐魯，取隆註隆，卽龍也。魯地有隆山区州名。後周陵州，宋升隆州区豐隆，雷師屈原離騷吾令豐隆乘雲兮，求宓妃之所在正韻靁霳，本作豐隆区與南通淮南子俶眞訓終南作終隆区叶盧王切音郎道藏歌但聞仙道貴，不聞鬼道隆。諸歌參天氣，賈生元正章。鍪又隆65710陸65783陸65705陸65704肇35305陸65627隆65690陸65837隆65893区隆14214起，同隆起区司馬相如封禪文。徐慧：史記司馬相如傳

陒 wēi_9.17 廣韻集韻夶於非切音威玉篇陒陳，險阻也。鍪又陝65829

隈 wēi_9.17 唐韻烏恢切集韻韻會烏回切正韻烏魁切夶音煨說文水曲也爾雅釋地隩隈疏隩一名隈也。隈卽厓內深隩之處也区厓內爲隩，外爲隈疏厓內近水爲隩，其外爲輪。隈，當作輪，傳寫誤也左傳僖二十五年秦人過析隈註析，楚邑。隈，隱藪之處也管子形勢篇大山之隈，奚有於深楚辭天問隅隈多有，誰知其數淮南子原道訓舜釣於河濱，朞年而漁者爭處湍瀨，以

曲隄深潭相予。图正字通弓之曲處曰隄。儀禮·大射儀大射正執弓，以袂順左右限。註限，弓淵也。图wèi廣韻集韻丛烏繢切音胃。廣韻隈限集韻或作阢。篇海別作隁。

隉 65753 34664
niè_9.17　唐韻五結切集韻韻會倪結切丛音臬。說文危也。从𠂤从毀省。徐巡以爲隍凶也。班固說，不安也。書泰誓邦之杌隉。图說文賈侍中說，隉法度危也△玉篇或作𠛬。廣韻同𡾟。集韻或作隒摰杌倪。鍫又陧 65655

隊 65754 34665
duì_9.17　唐韻集韻韻會徒對切正韻杜對切丛音憝。說文从高隊也，失也。图玉篇部也。百人也。廣韻羣，隊也。左傳·文十六年楚子乘駟，會師於臨品，分爲二隊。註隊，部也。兩道攻之。司馬相如·上林賦車按行，騎就隊。图zhuì集韻正韻丛直類切音懟。落也。禮·檀弓退人若將隊諸淵。又樂記上如抗，下如隊。釋文隊，直媿反。左傳·成十二年俾隊其師。集韻本作墜。亦作隧。图sui集韻徐醉切音遂。與隧 65957 同。图前漢·王莽傳分爲六尉六隊。註隊，音遂。图穆天子傳得絕鈃山之隊。註隊，謂谷中險阻道也。图集韻杜罪切，憝上聲。羣也。鍫又队 65452 䧢 65769

隋 65755 34666
duò_9.17　唐韻徒果切集韻杜果切丛音惰。說文裂肉也。从肉从隓省。图玉篇落也。詩·衞風其雨而隋傳隋，隋也。釋文隋，又作墮，唐果反。图玉篇㦛也。图tuǒ廣韻他果切集韻韻會正韻吐火切丛音妥。廣韻裂肉也。集韻埋祭餘也。图正韻圓而長。詩·豳風破斧斨傳隋銎曰斨。釋文徒禾反，又湯果反。孔形狹而長也。禮·月令穿竇窖註隋曰竇，方曰窖。疏隋者，似方非方，似圓非圓。禮器·大夫士揜禁註如今方案隋隄局。图史記·天官書廷藩西有隋星五。註南北爲隋。隋，垂下也。图sui廣韻集韻韻會丛句爲切音隨。廣韻國名。本作隓。左傳·桓六年漢東之國，隨爲大，漢初爲縣，後魏爲郡，又改爲州。戰國策寶珍隋珠。图國號。楊隋受封於隨，及有天下，以隨从辵，周齊奔走不寧，故去辵作隋，古音妥。楊堅改隨爲隋，後人遂以隋爲隨。图姓。正字通漢五原太守隋昱明。图集韻順裂肉也。图sui集韻宣佳切音綏。祭食也。或作㛥。图huī集韻韻會丛翾規切音陸。義同。或作綏㛥。图一曰釁荐血。周禮·春官·大祝隋釁。註謂荐血也。又小祝贊隋註尸之祭也。釋文隋，許規反，又惠圭反。图晉語隋其前言。註隋，許規反。图tuō集韻土禾切音詑。中高四下也。图xì集韻呼恚切音嫿。周禮·春官·守祧旣祭，則藏其隋與其服。註隋，謂神前所沃灌器名。康成曰：謂尸所祭肺脊黍稷之屬，藏之以依神。釋文隋，許恚反，又相恚反。集韻或作墮綏㛥。图集韻思累切音髓。義同。

隌 65756 34667
ǎn_9.17　廣韻集韻丛烏感切音䃲。爾雅·釋言隌，闇也。註隌然冥貌。集韻不明也。亦作暗。玉篇與晻同。图廣韻集韻丛於金切音音。又集韻於禁切音蔭。義丛同。

𨼊 65757 34668
chuí_9.17　正字通俗陲字。

隍 65758 34669
huáng_9.17　唐韻集韻韻會正韻丛胡光切音黃。爾雅·釋詁隍，虛也。註隍，城池無水者。又釋言隍，塹也。註城池空者爲塹。說文城池也。有水曰池，無水曰隍。玉篇城下坑也。易·泰卦城復于隍。图集韻爲命切音詠。義同。鍫又埠 08936

階 65759 34670
jiē_9.17　唐韻古諧切集韻韻會正韻居諧切丛音皆。說文陞也。玉篇登堂道也，級也。書·大禹謨舞干羽于兩階。图釋名階，梯也，如梯之有等差也。禮·喪大記復有林麓，則虞人設階。無林麓，則狄人設階。註階，所乘以升屋者，梯也。图易繫辭言語以爲階。詩·大雅誰生厲階。图禮·少儀不得階主。註階，上進者。疏階是等級。人升階，必上進，故以階爲上進。图星名。前漢·東方朔傳願陳泰階六符。註泰階，三台也。图官階。南史·張融傳融不知階級，階級亦可不知。融唐書·百官志文階二十八階，武階二十一階。图烏階，草名。爾雅·釋草註𦽛，一名烏階。图州名。韻會西戎別種，白馬氐地，魏武州，唐改階州。图叶居夷切音基。詩·小雅彼何人斯，居河之麋。無拳無勇，職爲亂階。又大雅懿厥哲婦，爲梟爲鴟。婦有長舌，維厲之階。鍫又堦 08927 阶 图可洪音義嚴硂 39122 ：宜作階、堦，二同，音皆。

際 65760 34671
líng_9.17　字彙補古文陵字。穆天子傳西王母爲天子謠曰：白雲在天，山際自出。

臤 65761 34672
qiǎn_9.17　唐韻集韻丛去衍切音遣。說文臤商，小塊也。○按徐鉉曰：臤，古文賈字。賈廣韻載去聲十六怪。臤，載上聲二十八獮。迥不相合。徐氏說誤△玉篇作臿。廣韻作臤。

隰 65770 u2B803
xí_9.17　簡隰 65987

隬 65763 34674
cā_9.17　字彙補倉夾切，音插。◇張融·海賦幽崖隖隬限隩之窮○按隬字諸書皆不載，止見南齊書，註音倉夾反，大約崖岫峻狹之意。字彙補訓作山崖，非。

陖 65764 34675
jùn_9.17　篇海息閏切。同隓。亭名。本作陵 65600

隈 65765 34676
wēi_9.17　篇海與隈同。

陝 65766 42170
zhǎn_9.17　龍龕音所。邑名。鍫龍龕音斬。

陽 65767 46205
mǎo_9.17　搜眞玉鏡音卯。

㢟 65768 46206
xián_9.17　搜眞玉鏡祥延切。

餘 65769 46207
zhuì_9.17　篇海類編同隊。

陨 65771 u2B54D
null_9.17　未詳。

隔 65772 u2B54C
null_9.17　未詳。

隝 65774 u2B54A
null_9.17　字見殷周金文集成·6.3524·隝伯簋

隞 65775 u2B549
yuàn_9.17　直音篇隩，同院。

隖 65773 u2B54B
null_9.17　未詳。

暍 65776 u2B548
jié_9.17　俗竭 41600 可洪音義隊暍：上索郎反。下音竭，國名。隊暍闍亦云桑

陞 65762 34673
jiè_9.17　集韻居拜切音介。本作阶，境也。或作堺、介。五音集韻書作㘉，非。

跂 雜阿含經 作僧伽羅，少年婆羅門是也。此婆羅門是
桑竭國人，即以國為名也。正作桑竭也，上郭氏音堞，
非也。應和尚未詳。歧、跂二同，音祇。

陸 65777 u2B547
null_9.17　見 殷周金文集成·4.2285·子陸□之孫鼎

隔 65778 u2B546
gé_9.17　俗隔65814

陼 65779 uFAC9
zhǔ_9.17　兼陼65728

陻 65780 u2F9F2
wéi_9.17　同隔65910

陘 65781 u28EBE
xíng_9.17　俗陘65605 龍龕 陘陘二俗，陘今。

假 65782 u28EBD
duàn_9.17　叚65738譌字 図jiǎ 可洪音義 利陝：究那
反。經自切。陁羅尼集經作叚05222

隆 65783 u28EBC
lóng_9.17　字鑑 隆65750，俗作隆。

陷 65784 u28EBB
xiàn_9.17　同陷65657 敦煌俗字譜 陷引 太平樂府 等。

湫 65785 u28EB9
jiāo_9.17　字海 同湫28907低下。

隅 65786 u28EB7
yú_9.17　龍龕 隅俗，隅65747正。

陵 65787 u28EB6
líng_9.17　字海 陵，同陵65685字見 寇胤哲墓誌

陒 65789 u28EB3
null_9.17　未詳。

陰 65788 u28EB4
yīn_9.17　或俗陰65672

停 65791 u28EB1
tíng_9.17　亦作陪65719或同亭。

陕 65792 u28EB0
měi_9.17　黃德寬 古文字譜系疏證 疑嵄之異文。戲
邊陕以西、陕陵，見 散氏盤

陜 65793 u28E9E
xiá_9.17　俗陝65731 玉篇殘卷 陜，胡夾反 礼記 廣即
容姦，陜即思欲。野王案，陜，迫隘不大也。

隆 65794 uF9DC
lóng_9.17　兼隆。

隱 65795 u9690
yǐn_9.17　俗隱65989 碑
別字新編引 梁瘞鶴銘 △今简

随 65796 u968F
suí_9.17　俗隨65958

陂 65797 34677
pí_10.18　集韻頻脂切。
與阤65479同 図bī邊迷切，與陛65879同。

隑 65798 34678
gāi_10.18　集韻柯開切音該 玉篇梯也 揚子方言隑，
陭也 註江南人呼梯爲隑，所以隑物而登者也 図揚子
方言隑，企立也。東齊、海岱、北燕之郊，委痿謂之隑
企 註脚躄不能行也 図ái 廣韻五來切 集韻魚開切丛音
獃 廣韻企立也 図qí 集韻韻會丛渠希
切，音祈。本作崎。曲岸也。亦作碕埼 史記·司馬相如
傳 臨曲江之隑州 註隑，長也 索隱曰：隑音祁。卽碕字，
謂曲岸頭也 図集韻魚衣切音沂。又 類篇五亥切，音駭。
義丛同 図gài 集韻巨代切 玉篇梯也 博雅隑也 図集
韻 類篇丛口漑切音慨。又 集韻戶代切音瀣。義丛同。
鑾又墊09099隑65836隑65901

隱 65799 34679
xī_10.18　集韻悉卽切音息。地名。

隔 65800 34680
hào_10.18　集韻下老切音昊。本作鄗，邑名。在常山
○按 後漢·光武紀 行至鄗。註：鄗，縣名，屬趙州。音火
各反，字从邑 集韻 類篇 云同隔，讀作上聲，未知何據。
鑾又隔65856

隁 65801 34681
yàn_10.18　篇海 於建切音堰。地名。

陳 65802 34682
yǎn_10.18　唐韻 集韻 正韻魚檢切 韻會疑檢切丛音
曮 說文 厓也 爾雅·釋山重甗，陳 註山形如累兩甗。甗，
甑也。山形狀似之，因以名云 疏 孫炎云崖有重岸也。
又 釋畜 疏 善陟甗者，登山陳也 詩·王風·在河之漘 傳 漘，
水陳也 疏 陳是山岸，漘是水岸，故云水陳 郭璞·江賦 厓
陳爲之泬嵲，碕嶺爲之島嶼 図玉篇 方也 図集韻 丘檢
切音嗛。又力冉切音斂。義丛同。

陪 65803 34683
bàng_10.18　集韻蒲浪切音傍 玉篇 附，陪也。本作
傍 集韻 近也，或作並 図péng 集韻蒲庚切音彭。車聲
也。本作輷。亦作傍。通作彭。

陫 65805 34685
fèi_10.18　集韻 同陫

隟 65804 34684
táng_10.18　集韻徒郎切
音唐 玉篇 長沙謂隄隙曰隟 図集韻 引 爾雅 廟中路謂之
隟。通作唐○按今 爾雅·釋宮 本作唐。

蚩 65807 34687
chī_10.18　集韻充之切，音蚩。地名 図zhī 集韻直几
切 類篇丈几切丛音雉 集韻山名。

隓 65808 34688
huī_10.18　唐韻許規切 集韻翩規切丛音墮 說文敗
城阜曰隓 徐曰俗作墮，非 玉篇 廢也，毀也，損也 揚子
方言擴隓，壞也 說文 篆作隓 玉篇 亦作墮 集韻 又同隓
図duò 集韻杜果切音妥。與陊65554同。

陧 65806 34686
niè_10.18　集韻同陧
音涅。亭名。與陵65600同。

陖 65809 34689
jùn_10.18　篇海息閏切
音浚。鑾正字通俗峻13677字。

䞊 65810 34690
zhì_10.18　集韻丈爾切音豸 玉篇地名。

塔 65811 34691
tā_10.18　集韻託合切，音塔。墊也。鑾正字通陷，
俗塌09055字。

隭 65812 34692
suǒ_10.18　篇海音鑠。地名。本作隭字彙作隭○按
正字通 云隙字之譌，未知何據。

禡 65813 34693
mà_10.18　廣韻 集韻丛莫駕切音罵 揚子方言禡，益
也 図廣韻巧也 図fù 廣韻房久切 集韻扶缶切丛音阜
廣韻本作障 集韻本作騨，馬盛也。一曰益也。

隔 65814 34694
gé_10.18　唐韻古核切 集韻 韻會各核切 正韻各領
切丛音膈 說文障也 玉篇塞也 史記秦始皇紀防隔內外
前漢·常惠傳欲隔絕漢 図通作鬲 荀子·大略篇鬲如也
註謂鬲絕於上 史記·大宛傳鬲漢道焉 前漢·薛宣傳西
州鬲絕。又 陸厥與沈約書 一家之文，工拙壤鬲 図與融
通 史記秦始皇紀昭隔內外，靡不清淨，施於後嗣 註隔，
一作融。鑾又膈32516隔65937 図阻隔，或俗作阻攔21017

陶 65815 34695
dòu_10.18　集韻同陶

隕 65816 34696
yǔn_10.18　唐韻于敏切
集韻 韻會 正韻羽敏切丛音殞 說文從高下也 爾雅·釋
詁隕，墜也 又隕，磒落也 註磒，猶隕也。方俗語有輕
重耳 書·湯誥慄慄危懼，若將隕于深淵 易·姤卦有隕自
天 春秋·莊七年夜中星隕如雨 公羊傳作霣 図禮·儒行
不隕穫於貧賤 註隕穫，困迫失志之貌也 図同殞 左傳

襄三十二年巢隕諸樊 又 yùn 集韻王問切音運。義同 又 詩·小雅心之憂矣，涕既隕之 釋文音蘊 又 yún 集韻于倫切音筠。義同詩·衛風桑之落矣，其黃而隕。自我徂爾，三歲食貧註隕叶于貧反 又 yuán 集韻王權切音圓。均也詩·商頌幅隕既長傳隕，均也箋隕，當爲圓。圓謂周也。鑾又陨65654伃01310幁15075

隖 65817 34697
wù_10. 18　古文䳱唐韻正韻安古切集韻於五切太音鄔說文小障也唐韻村隖也。與塢同 又 說文一曰庳城廣韻壁壘也後漢·董卓傳卓築萬歲隖，積金穀，爲三十年儲 又 集韻烏故切，烏去聲。障也△或作䃁、埡。

隗 65818 34698
wěi_10. 18　唐韻正韻午罪切集韻韻會五賄切太音頠說文陮，隗也玉篇高也揚雄·甘泉賦崿嵲隗㕓其相嬰註嵲隗，猶崔嵬也 又 國名公羊傳·僖二十六年楚人滅隗，以隗子歸鄭語西有虞虢晉隗霍楊魏芮 又 姓左傳·僖二十三年狄人伐廧咎如，獲其二女，叔隗、季隗註隗，姓。又僖二十四年昭公奔齊，王復之。又通于隗氏註隗氏，狄后周語翟隗，姓也史記·秦始皇紀丞相隗林註隗，姓。林，名 又 wéi 集韻吾回切韻會魚回切太音桅集韻高貌 又 人名戰國策欲將報讎，故往見郭隗李白詩燕昭延郭隗，遂築黃金臺 又 guī 集韻類篇太俱爲切，音嬀集韻山名字彙大隗，山名〇按莊子·徐無鬼篇黃帝將見大隗乎具茨之山。具茨既爲山，則大隗必非山也。

陸 65819 34699
yì_10. 18　集韻類篇太與瘞同。

隘 65820 34700
ài_10. 18　唐韻集韻正韻烏懈切韻會幺解切太音稏左傳·僖二十二年古之爲軍也，不以阻隘也戰國策塞黽隘 又 說文陋也玉篇急也，陝也詩·大雅誕置之隘巷禮·禮器君子以爲隘矣戰國策人之急也，若自在隘窘之中荀子·王霸篇生民則致貧隘 又 è 正韻乙革切。與阨陒太同戰國策太子辭於齊王而歸，齊王隘之 又 寡人之所以閉關不通使者，爲中山之獨與燕趙爲王，而寡人不與聞焉，是以隘之註隘，亦不通也。讀作阨△說文籒作䧈玉篇本作陒集韻或作阨篇海一作隥。鑾又𡋟09113𨽍65870𨺾66040𨼈66038 又 集韻𨼈66023或作隘。

隙 65821 34701
xì_10. 18　古文隟唐韻綺戟切集韻韻會正韻乞逆切太音綌說文壁際孔也玉篇穿穴也，裂也禮·三年問若駟之過隙然釋文隙，本又作郤左傳·昭元年牆之隙壞孟子鑽穴隙相窺史記·貨殖傳秦文孝繆居雍隙註隙者，閒孔也。地居隴蜀之閒要路，故曰隙 又 玉篇閒也左傳·隱五年皆於農隙，以講事也註隙，閒也 又 廣韻怨也史記·樊噲傳大王今日至，聽小人之言，與沛公有隙 又 前漢·匈奴傳贊遭王莽始開邊隙 又 前漢·地理志北隙烏丸夫餘註隙，際也 又 唐韻正古音綺略反。義同 又 唐韻正古音綺路反韓非子·亡徵篇木之折也，必通蠹。牆之壞也，必通隙◇說苑·建本篇枯魚銜索，幾何不蠹。二親之壽，忽如過隙〇按玉篇廣韻韻會正韻諸書皆作隙，故字彙載入十一畫內。惟說文作隙集韻類篇因之正譌巢从二小，中从日，景也，會意。作隙，非。故正字通收入十畫內。應从正字通△集韻同郤。亦作𨻶、𨺈篇海譌作隟。鑾又𨺻57013隟65812 又 龍龕隟隙隟三俗，隙正。

陘 65822 34702
xí_10. 18　正字通同隰。引周禮·地官·大司徒五曰原陘〇按周禮本作隰，諸書皆無陘字字彙亦不載正字通誤增，應刪。

隂 65823 34703
lěi_10. 18　玉篇力罪切廣韻落猥切集韻魯猥切太音儡◆說文磊也廣韻隂䞀，果實垂也△集韻書作陊。鑾又陞65643

隓 65824 34704
xù_10. 18　集韻雪律切音恤。頽也。

陵 65825 34705
líng_10. 18　集韻陵65685古作陵。

隥 65826 34706
yì_10. 18　集韻瘞36298古作隥。

墜 65827 34707
dì_10. 18　韻會古文地08280字。

䳱 65828 34708
wù_10. 18　字彙補古文隖65817字。

隇 65829 34709
wēi_10. 18　篇海音威。西陵名〇按爾雅·釋地西陵威夷。本作威。今加阜，又从威，疑譌。

陪 65830 34710
péi_10. 18　篇海薄回切。同陪廣雅陪儓，臣也。

隂 65831 34711
yīn_10. 18　篇海同陰

隮 65832 34712
jī_10. 18　篇海同隮。

陳 65833 34713
chēn_10. 18　篇海丑申切音䪴。地名。

陛 65835 34715
bì_10. 18　篇海同陛

隟 65834 34714
sāng_10. 18　字彙補徒協切音牒。出開元釋迦目錄。鑾隟陽65776，國名。

隆 65837 46208
lóng_10. 18　龍龕同隆

隑 65836 42171
ái_10. 18　五音篇海五來切字彙補甌隑，國名。百越之分土也路史作甌隑。

䧑 65838 u2B54F
null_10. 18　隆伯鬲夆白乍䧑孟姬尊鬲。

陵 65842 u28EEA
líng_10. 18　同陵65825敦煌·P. 3315尚書釋文陵，古作陵。大阜曰陵。

䧶 65839 u2B54E
null_10. 18　未詳。

隙 65843 u28EE9
xì_10. 18　四聲篇海隙隙65821，二。豈逆切。窓也。裂也。孔也。

隩 65840 u28EEC
xó_10. 18　喃从隅省臭 xú 聲。

隴 65841 u28EEB
lǒng_10. 18　俗隴66016廣碑別字·隴俺，引齊天統四年明玉珍墓誌 又 luống 喃同壠09139

隕 65844 u28EE8
suǒ_10. 18　同隕65812四聲篇海音鏁。地名。

㽌 65845 u28EE7
liú_10. 18　㽌隍，地名乾隆潮州府志·卷十四·墟市·豐順縣㽌隍市：縣東九十里，㽌隍社二五八日市。

隰 65846 u28EE5
xí_10. 18　俗。乾隆元和縣志·卷之三十四·藝文·吳偉業·大中丞韓公講德書院記膴膴其原，昫昫其隰。△宏按，四部叢刊·初編集部·梅村家藏藁·卷弟四十·講

德書院記作昫昫其隰65987

陾 65847 u28EE4
shǎn_10.18 㛼11142，說文篆作陾。

陾 65848 u28EE3
yuán_10.18 同源29059管城碩記·卷之二十一·正字通一王僧達依古詩少年好馳俠，旅宦遊關源。無源字。按，源他本作源。

𨻡 65850 u28EE1
null_10.18 未詳。

陑 65849 u28EE2
ér_10.18 同陑65730四聲篇海音而。地名。峻嶮。又乃口切。衆陑。

隔 65851 u28EE0
null_10.18 未詳。

隁 65852 u28EDF
null_10.18 未詳。

隠 65853 u28EDE
null_10.18 未詳。

陰 65854 u28EDD
yīn_10.18 俗陰65739敦煌·S.789毛詩·鄁栢舟故（詁）訓傳第三·終風曀曀其陰，虺虺其雷。寤言不寐，願言則懷。

墐 65855 u28EDC
null_10.18 未詳。

隔 65856 u28EDB
hào_10.18 同隔65800

隌 65857 u28EDA
yǎn_10.18 同隌65716

隗 65858 u28ED9
null_10.18 未詳。

陷 65859 u49DF
xiàn_10.18 俗陷65688

隝 65860 uFA29
dǎo_10.18 同島13669五侯鯖字海音搗。海中大山曰隝。

隮 65861 34716
bēng_11.19 集韻崩13812，亦作隮。又與堋同。

隭 65862 34717
xià_11.19 唐韻呼訝切集韻虛訝切，𡘋蝦去聲說文本作墲。墲也玉篇裂也。或作罅集韻亦作罅〇按廣韻四十禡止收墲字，無隭字，而隭亦專訓地名，𡘋無墲裂一義。又另載罅字，訓作孔罅，亦不云與墲通，是廣韻與說文玉篇迴異也。舊云廣韻卽唐韻，徐氏說文自言音切悉本唐韻，而廣韻與說文不合如此，則廣韻之非唐韻可知又tú集韻通都切音稌。與墲同。坼也。又後五切音戶。義同。

隱 65863 34718
yàn_11.19 集韻於建切音漹。與隁同後漢·董卓傳於所度水中僞立隱，以爲捕魚，而潛從隱下過軍註隱，一作堰又yān集韻於乾切音蔫。與鄢同後漢·郡國志潁川郡隱陵，春秋時曰鄢〇按前漢·地理志作傿陵，音偃△篇海別作隁、隱。

隌 65864 34719
zhàn_11.19 篇海士陷切音儳。陷也。

隆 65865 34720
cuī_11.19 廣韻集韻𡘋倉回切音崔廣韻隆，崩隤也集韻同𡿜又zuī集韻遵綏切音檇。本作崔。高大貌。又duì杜罪切音薩。與陮同。

隙 65866 34721
xì_11.19 正字通俗隙字。

隰 65868 34723
xí_11.19 玉篇同隰

隷 65867 34722
kāng_11.19 廣韻苦岡切集韻丘岡切𡘋音康廣韻爾雅云虛也〇按今爾雅·釋詁本作漮△集韻司馬相如作㝩。鄭康成作荒。

隟 65869 34724
shuàn_11.19 玉篇市兗切集韻豎兗切𡘋音膞玉篇地名集韻本作鄟61946

隘 65870 34725
ài_11.19 篇海同隘

隚 65871 34726
táng_11.19 廣韻集韻𡘋徒郎切音唐廣韻殿基玉篇亦作堂。

際 65872 34727
jì_11.19 唐韻集韻韻會𡘋子例切音祭說文壁會也玉篇合也廣韻會也易·泰卦天地際也坎卦剛柔際也前漢·翼奉傳詩有五際註詩內傳曰：五際，卯酉午戌亥也，陰陽終始際會之歲，於此則有改變之政也。又爾雅·釋詁際、接、翜，捷也註捷謂相接續也疏際者，相會之捷也小爾雅際，接也又交際孟子萬章曰：敢問交際何心也莊子·徐無鬼仁義之士貴際唐書·房琯傳不諧際人事又玉篇方也廣韻邊也，畔也易·豐卦天際翔也莊子·知北遊物物者，與物無際，而物有際者，所謂物際者也。不際之際，際之不際者也。鑒又际65553傺02221

障 65873 34728
zhàng_11.19 唐韻集韻韻會𡘋之亮切音嶂爾雅·釋言障，畛也註謂壅障說文隔也廣韻界也禮·月令毋有障塞左傳·昭元年障大澤註陂障之又釋名障，衞也左傳·定十三年且成孟氏之保障也。又史記·秦始皇紀築亭障以逐戎人。又張湯傳居一障閒註障，謂塞上要險之處。別築城，置吏士守之又廣韻步障也。王君夫作絲布步障三十里，石崇作錦障五十里，以敵之。又zhāng廣韻集韻諸良切正韻止良切𡘋音璋。義同〇按經傳釋文凡障字，平去二音皆可讀又廣韻丘山頂上平。通作章爾雅·釋山上正，章疏正，猶平也。言山形上平者名章又左傳·昭十九年齊高發帥師伐莒，莒子奔紀障註紀障，莒邑又正韻障泥，鞍飾。亦作韓。△集韻本作墇。或作㢓。通作鄣。鑒又步障，亦作步幛。民國新字典幛，讀如章，去聲。以幅帛題字，贈人爲慶弔之禮者，本古人步障遺意。字當作障，今多從巾，如壽幛、祭幛之類。

隫 65874 34729
qīng_11.19 唐韻去營切集韻窺營切，𡘋頃平聲說文仄也玉篇危也。亦作傾集韻伏也，敧也又集韻犬潁切音頃。義同。

陃 65875 34730
lóu_11.19 唐韻落侯切集韻郎侯切𡘋音樓玉篇縣名又lǒu集韻朗口切音塿前漢·地理志交阯郡羸陃縣註師古曰陃，來口反又lǚ廣韻力主切集韻隴主切𡘋音縷。義同。

隝 65876 34731
dǎo_11.19 集韻覩老切音擣司馬相如·上林賦阜陵別隝註隝，水中山也玉篇今作島。亦作隯集韻亦作嶹又diǎo集韻丁了切音鳥。義同又同鴡後漢·循吏傳仇覽爲蒲亭長，鄉邑爲之諺曰：父母何在，在我庭。化我隝梟，哺所生註隝梟，卽鴡梟也〇按正字通又見鳥部，重出，應刪。

隴 65877 34732
yōng_11.19 集韻餘封切音容玉篇城牆也集韻與墉同。

嘔 65878 34733
qū_11.19 唐韻豈俱切集韻虧于切𡘋音區◆說文敧也徐鉉曰俗作崎嶇，非是前漢·諸侯王表至虖陁嘔河洛之閒註應劭曰：嘔者，踦嘔也又廣韻嘔隅，不安貌集韻與岴同又ōu集韻烏侯切音謳。嘔窬，深下貌。

鼞又阤65501

陛 65879 34734
bì_11.19　唐韻邊兮切 集韻 韻會 正韻 邊迷切夶音篦 說文牢也，所以拘非也 玉篇 所以拘罪人也 廣韻 亦作㹠 集韻 亦作陫 图 廣韻 匹迷切 集韻 篇迷切夶音批。義同 图 正韻 部比切音婢。義同。

陙 65880 34735
áo_11.19　集韻 牛刀切音鏊。地名 史記 • 殷本紀 仲丁遷于隞 集韻 通作敖嚻。

陜 65881 34736
xǐ_11.19　宋庠補音 古文隙 65821字 管子 • 七臣七主篇 故上慘則陜不計，而司聲直祿 揚子 • 太玄經 鑽於內陜属 鮑昭 • 擬阮公詩 惠氣漂夜清，素景緣陜流。鼞陜，俗隙。

陝 65882 34737
xí_11.19　集韻 同隰

隂 65883 34738
yīn_11.19　篇海 同陘

陻 65884 34739
lěi_11.19　集韻 陳書作陻

㝷 65885 34740
xí_11.19　集韻 隰 65987古作㝷

陳 65886 42172
chén_11.19　正韻 陳本字。

陌 65888 u2B552
null_11.19　未詳。殷周金文集成 • 16. 10321 趙孟陌諆各妝，司寮女寮。

隇 65887 u2B553
null_11.19　殷周金文集成 • 16. 10321 趙孟陌諆各妝，司寮女寮。

陶 65889 u2B551
null_11.19　未詳。

陝 65890 u2B550
null_11.19　未詳。

陒 65891 u28F09
cuàn_11.19　同𥡠 41400 墨子 • 卷十四 • 備穴 有鼠陒。孫詒讓間詁：下一字疑即竄之異文，變穴形為阜耳。

陷 65892 u28F08
zhàn_11.19　俗隵 65956見 篇海

隆 65893 u28F07
lóng_11.19　說文 • 生部 隆，豐大也。从生降聲△俗作隆 65750

隱 65894 u28F06
yǐn_11.19　正字通 隱 65989，俗作隱。

陉 65895 u28F05
null_11.19　未詳。

階 65896 u28F04
bì_11.19　俗陛 65609 碑 別字新編 引 齊夏侯顯穆造象

陑 65897 u28F03
null_11.19　未詳。

堪 65898 u28F02
null_11.19　未詳。

陞 65899 u28F01
null_11.19　未詳。

障 65900 u28F00
null_11.19　未詳。

隝 65901 u28EEF
ái_11.19　同隝 65836

陡 65902 u96A1
chǎn_11.19　俗產 35279 五侯鯖字海 陡，音產。業也。基土也。

隱 65903 u96A0
yǐn_11.19　俗隱 65989 漢隸字源 引 靈臺碑

無 65904 34741
wú_12.20　唐韻 武扶切 集韻 微夫切夶音無 說文 弘農陝東陬也。鼞又隖 66042

隴 65905 34742
pú_12.20　廣韻 集韻 夶博木切音卜 廣韻 彭隴，蠻夷國名 集韻 或作濮。通作濮。

陳 65906 34743
huì_12.20　集韻 胡桂切音惠 玉篇 陳名。

隃 65907 34744
xū_12.20　玉篇 許魚切音虛 五音集韻 地名。

跦 65908 34745
chēn_12.20　玉篇 丑申切音縝。地名。

隯 65909 34746
háo_12.20　廣韻 集韻 夶胡刀切音濠 廣韻 隯，墅。图 集韻 一曰城下道△集韻 或作隊。

隖 65910 34747
wéi_12.20　唐韻 許爲切 集韻 吁爲切夶音麾 說文 鄭地阪 春秋傳 曰：將會鄭伯于隖○按今 春秋 會于鄔，三傳俱从邑作鄔 釋文 有于軌、几吹二反 穀梁傳釋文 本又作僞。無作隖者，未知何據 图 wéi 集韻 于嬀切音爲。又 wěi 廣韻 韋委切 集韻 羽委切，夶蔿上聲。又 wèi 集韻 于僞切，爲去聲。義夶同。

隢 65911 34748
rǎo_12.20　集韻 爾紹切音遶 玉篇 地名。

𨺂 65912 34749
jué_12.20　廣韻 子悅切 集韻 租悅切夶音蕝 廣韻 隔𨺂。

隭 65913 34750
ér_12.20　廣韻 如之切音而。地名。與陑陝同。图 夔險也。

隣 65914 34751
lín_12.20　廣韻 俗鄰字。

陗 65915 34752
chèn_12.20　玉篇 士禁切音碜。隯陗也。

隤 65916 34753
tuí_12.20　唐韻 杜回切 集韻 韻會 正韻 徒回切夶音穨 說文 下隊也 玉篇 壞隊下也 司馬相如 • 上林賦 隤牆填壍 前漢 • 食貨志 因隤其土，以附苗根 註 隤謂下之也。又 蘇武傳 士衆滅兮名已隤 图 揚雄 • 河東賦 發祥隤祉 註 隤，降也 图 詩 • 周南 我馬虺隤。亦作瘣 爾雅 • 釋詁 虺瘣，病也 图 前漢 • 景十三王傳 曰崔隤 註 崔隤猶言蹉跎也 图 易繫辭 夫坤隤然，示人簡矣 註 隤，柔貌 图 禮 • 曲禮 凡遺人弓者 註 弓有往來體，皆欲令其下曲，隤然順也 釋文 隤，本又作頹 禮 • 檀弓 頹乎其順也 图 地名 左傳 隱十一年 王與鄭人隤 註 在修武縣北 後漢 郡國志 河內郡修武有隤城 图 左傳 成十六年 公出于壞隤 註 魯邑 图 duò 韻會 小補 湯過切，音惰◇通作瘣 周禮 • 冬官 工記 梓人 則必瘣爾如委矣 釋文 瘣，如字，李讀湯過反△玉篇 或作頹壞 篇海 本作隤。鼞又壝 09603壝 09598 迯 60983 邁 61442 隋 66020 图 集韻 隤，或作頹。

隥 65917 34754
dèng_12.20　唐韻 都鄧切 集韻 韻會 正韻 丁鄧切夶音凳 說文 仰也 图 玉篇 險阪也 穆天子傳 乃絕隃之關隥 又 天子南還，升於長松之隥 图 廣韻 梯隥△玉篇 或作蹬 集韻 同嶝磴。

隚 65918 34755
chá_12.20　廣韻 宅加切 集韻 直加切夶音茶 廣韻 丘名 集韻 或作圶 图 集韻 陳知切音馳。義同。

陣 65919 34756
chǎn_12.20　廣韻 昌善切 集韻 齒善切夶音闡 玉篇 魯邑名 集韻 本作僤 图 集韻 尼展切音趁。義同。

隲 65920 34757
zhì_12.20　集韻 直炙切音躑。與鄿 62149同。縣名。

隂 65923 34760
yīn_12.20　篇海 同陰

隒 65921 34758
xún_12.20　廣韻 徐林切 集韻 徐心切夶音尋 玉篇 小阜 廣韻 小堆阜也 集韻 小阜，在三輔○按 正字通 云潯字之譌，未知何據。

隨 65922 34759
suí_12.20　集韻 隨 65958古作隨。

阰 65926 34763 ye_12.20 篇海 同阰

閜 65924 34761 yáng_12.20 篇海 同陽。

阿 65929 u28B556 null_12.20 喃 未詳。

陒 65925 34762 yáng_12.20 字彙補 古文陽字 乾坤鑿度 元皇分，雖測問陲隖，術行大旨也。

陕 65927 46209 gé_12.20 龍龕 音隔。鑿 俗隔。

阽 65928 u28B557 null_12.20 殷周金文集成·4.2363·亞父庚祖辛鼎 亞俞，父庚保阽且辛。亦見 亞父庚祖辛簋。

隖 65930 u28B555 gé_12.20 俗隔65814

陕 65931 u2B554 null_12.20 未詳。

陷 65932 u28F29 null_12.20 未詳。

陇 65933 u28F28 lǒng_12.20 同隴66016

陷 65934 u28F27 zhàn_12.20 隖65956譌字。亦作隌65892見 篇海

陲 65935 u28F26 chuí_12.20 陲65675本字。見 說文

阪 65936 u28F24 chén_12.20 俗陳21719

障 65937 u28F23 gé_12.20 俗隔65814見 黃征 敦煌俗字典 引 廬山遠公話 汝自今已後，切須精進，善爲住持。吾今與汝障生永別。又 敦煌掇瑣·孟姜女等小唱七首 喫酒則爲障飲病，願身强律早還歸。

隋 65938 u28F22 duò_12.20 俗墮09324見東魏 太公呂望表

阺 65939 u28F21 yáng_12.20 同隖65925古文陽。陲隖，即陰陽。

隬 65940 u28F20 null_12.20 未詳。

隙 65941 u28F1F null_12.20 未詳。

隬 65942 u28F1E null_12.20 未詳。

隖 65943 u28F1D null_12.20 未詳。

陲 65944 u28F1C null_12.20 未詳。

隥 65945 u28F1B null_12.20 未詳。

隒 65946 u28F1A be_12.20 喃 从阜悲bi聲。培高。

阧 65947 u49E9 null_12.20 未詳。

隣 65948 uF9F1 lín_12.20 兼隣。

陼 65949 34764 chǔ_13.21 集韻 牀所切音楚 玉篇 阪也。

隫 65950 34765 qú_13.21 集韻 求於切音渠。階也。

隿 65951 34766 yǐ_13.21 集韻 語綺切音礒。與嶬同。嶬，山高貌。亦作巇。

隉 65952 34767 ye_13.21 廣韻 魚怯切 集韻 逆怯切 丛音業 玉篇 險也，危也 廣韻 危貌 玉篇 今作業 篇海 別作隉 又bì 集韻 北及切音皀。崖險危貌。

解 65953 34768 xiè_13.21 唐韻 胡買切 集韻 下買切 丛音蟹◆ 說文 水衡官谷也 又 說文 一曰小溪 △ 玉篇 亦作澥。

辟 65954 34769 pǐ_13.21 篇海 普米切音頓。辟圾，女牆也 又pí 篇海 避支切音腗。義同○按 說文 本作陴俾，亦作俾倪，有平聲三音而無上聲。惟 集韻 作坤圾。坤，卜禮切 篇海 辟作普米切，當與坤同。其避支切一音，則與陴同也。

隨 65955 34770 jiǎn_13.21 五音集韻 其偃切音寋。本作傿。偃也。

陷 65956 34771 zhàn_13.21 集韻 昌豔切音襜 玉篇 陷也 又 廣韻 仕陷切音儳。又 集韻 又鑑切音譏。義丛同△ 篇海 俗作隌。

鑿 篇海 作隌65892

隧 65957 34772 suì_13.21 古文隊 廣韻 集韻 韻會 正韻 丛徐醉切音遂 玉篇 墓道也 左傳·隱元年 闕地及泉，隧而相見 註 隧，若今延道。又 僖二十五年 晉侯朝王，王饗醴，命之宥，請隧弗許 註 闕地通路曰隧 周禮·春官·冢人 及竁以度爲丘隧 註 隧，羨道也 又 道也 詩·大雅 大風有隧 禮·曲禮 出入不當門隧 魯語 具舟除隧 前漢·匈奴傳 起亭隧 註 隧，謂開小道而行，避敵鈔寇也 又 左傳·襄七年 叔仲昭伯爲隧正 註 隧正，主役徒 又 周禮·冬官考工記·鳧氏 于上之攠，謂之隧 註 隧在鼓中，窐而生光，有似夫隧。又 草名 爾雅·釋草 出隧，蘧蔬 疏 菌類也。一名出隧，一名蘧蔬 又 正字通 高麗國左有大穴，曰神隧 又 地名 戰國策 吳見伐齊之便，而不知干隧之敗也 註 干隧，吳地 又 縣名 前漢·地理志 河閒國武隧縣 又 轉也，回也 莊子·天下篇 若磨石之隧 註 隧，音遂，回也 又zhui 集韻 直類切音墜。落也。與墜同 荀子·儒效篇 至共頭而山隧 班固·幽通賦 眷峻谷曰勿隧 註 可以免於顛隧 前漢·王莽傳 不隧如髮 又sui 集韻 雖遂切音粹。與邃同。深遠也 周禮·冬官考工記·輿人 參分車廣，去一以爲隧 註 鄭司農云隧謂車輿深也，讀如鑽燧改火之燧。康成謂：讀如邃宇之邃 又duì 集韻 杜罪切音薩 左傳·襄二十五年 當陳隧者，井堙木刊 註 隧，徑也。徐邈讀上聲△ 廣韻 俗作塴。鑿又遂61321隊66025 又 說文通訓定聲 餉65696或曰即今隧字。

隨 65958 34773 suí_13.21 古文隋遀追 廣韻 集韻 韻會 丛旬爲切音隋 廣韻 從也，順也 書·禹貢 隨山刊木 易·巽·象 隨風巽，君子以申命行事 詩·大雅 無縱詭隨 傳 詭，人之善。隨，人之惡者 又 易卦名 又 易·咸卦 咸其股，執其隨往咨 註 隨，謂趾也 疏 腓動，則足隨之，故謂足爲隨。又 艮卦 艮其腓，不拯其隨 又 儀禮·鄉射禮 其閒容弓，距隨長武 註 距隨者，物橫畫也。始前足至東頭爲距，後足來合而南面爲隨 又 地名 左傳·隱五年 翼侯奔隨 註 隨，晉地。又 國名。漢爲縣 左傳·桓六年 楚武王侵隨 註 隨國，今義陽隨縣 前漢·地理志 南陽郡隨縣 註 故厲國也 韻會 晉置隨郡，齊改爲州 正韻 亦作隋65755 又 西隨，縣名 前漢·地理志 牂牁郡西隨縣 又 沙隨，地名 春秋·成十六年 會于沙隨 註 宋地。梁國寧陵縣北有沙隨亭 又 姓 風俗通 隨侯之後，漢有博士隨何 史記·匈奴傳 有詔捕太醫令隨但 前漢·藝文志 隨巢子 六篇 註 墨翟弟子 又 正韻 亦作遺 詩·小雅 莫肯下遺 箋 遺，讀曰隨 疏 隨從於人，先人後己，以相卑下之義也 又 集韻 古通追 屈原·離騷 背繩墨以追曲 註 追，與隨通 又 唐韻正 古音旬禾反 論語 季隨，季騧 楊慎曰 大理董難曾引宋人小說，周有八士，命名八人而四韻。季隨、季騧，隨，旬禾反，騧，烏戈反，一韻也 老子·道德經 音聲相和，先後相隨 管子·白心篇 人不倡不和，天不始不隨 易林 宮商旣和，聲音相隨 馬融·廣成頌 魴鱮鱣鰋，鰻鯉鱨鯊。樂我純德，騰躍相隨 顧炎武曰 隨字自 素問·天元紀大論，知迎知隨，

氣可與期，始入之韻[又]史記·天官書前列直斗口三星，隨北端兌註索隱曰：隨，他果反[又]與橢通淮南子·齊俗訓闚面於盤水則員，於杯則隨，面形不變，其故有所員，有所隨者，所自闚之異也呂大臨曰隨，當讀橢，圜而長也△正字通俗作随。鎣又遒61285璲34459遒61119[又]第二次漢字簡化方案（草案）·第二表·輪廓字隋、随，簡作陏65563

隩 65959 34774 ào_13.21 唐韻烏到切集韻韻會正韻於到切𠀤音奥爾雅·釋地隩隈註今江東呼爲浦隩說文水隈崖也[又]玉篇藏也鄭語申呂方彊，其隩愛太子亦必可知也註隩，隱也莊子·天下篇弱於德，强於物，其塗隩矣史記·封禪書自古以雍州積高，神明之隩[又]玉篇亦作墺澳唐韻正亦作鄭漢敦煌長史武班碑領校祕鄭。鄭，卽隩字[又]yù廣韻於六切集韻韻會正韻乙六切𠀤音郁廣韻本作澳。水內曰隩[又]集韻四方土可居也書·禹貢四隩既宅傳四方之宅已可居前漢·地理志作四奧。[又]書·堯典厥民隩傳隩，室也。民改歲，入此室處，以避風寒釋文馬云煖也△集韻本作墺。

隁 65960 34775 kěn_13.21 玉篇口很切音墾。遲也。鎣又𤄽29950 詪55896

險 65961 34776 xiǎn_13.21 唐韻集韻韻會正韻𠀤虛檢切音獫說文阻難也玉篇高也，危也易·屯卦動乎險中坎卦習坎，重險也又天險不可升也，地險山川丘陵也，王公設險，以守其國，險之時用大矣哉[又]司險，官名周禮·夏官司險掌九州之圖，以周知其山林川澤之阻，而達其道路[又]玉篇邪也，惡也書·盤庚今汝聒聒，起信險膚傳起信險僞膚受之言[又]周禮·春官·典同險聲斂註險謂偏弇也。險則聲斂不越也[又]周禮·冬官考工記·弓人疢疾險中註險，傷也[又]地名史記·朝鮮傳都王險註險城，在樂浪郡浿水之東前漢·地理志遼東郡險瀆註朝鮮王滿都也，依水險故名。又地理志中山國安險[又]爾雅·釋魚蜠大而險註險者，謂汙薄[又]shǎn集韻所斬切音摻。艱難也[又]xiǎn希埯切，葼上聲。峻也[又]jiǎn巨險切音芡。與儉同[又]居奄切音檢字林山形似重甑○按此乃㻺字之音義類篇㻺又居奄切，而集韻㻺闕此一音，乃㻺譌作險耳[又]yán集韻魚銜切音巖。本作巖史記·殷本紀得說於傅險中註險，亦作巖△集韻或作嶮。鎣又礆39433险65653険65725㷫14346𨁋59478[又]崄13880嶮14317，俗險从山。

隫 65962 34777 fén_13.21 集韻符分切音汾。與墳同管子·地員篇若在陵在山，在隫在衍○按字彙作隫，附十二畫，非。今改正。

隓 65963 34778 huī_13.21 集韻同隓

𨻶 65964 34779 chè_13.21 廣韻叱涉切集韻尺涉切𠀤音謵廣韻女子態。又前郤𨻶媚也。

𨼆 65965 34780 jué_13.21 集韻𨸏65476古作𨼆。

𨼇 65966 42173 qú_13.21 字彙補强魚切音渠博雅將𨼇，帥也。

隊 65967 42174 zhuì_13.21 字彙補卽墜字。見漢繁陽令碑。鎣疑卽𨻳字。

𨼍 65968 u28F3C nhǒ_13.21 喃从阿乳nhũ聲。

𨼋 65969 u28F3B jī_13.21 亦作𨼋66017字彙補𨼋，與躋同。見石鼓文

𨼊 65970 u28F3A lín_13.21 字海隣，同鄰商輅三元記·第十六折果然是千家隣里。

𨼉 65971 u28F39 shì_13.21 大字典同澨29830涯岸。清·林文驄新小說叢·祝詞盧騷著書，倡民約放西隥。

𨼶 65974 u28F36 null_13.21 未詳。

𨼸 65972 u28F38 zé_13.21 唐·劉肅大唐新語·卷之四·持法第七若宗室疏遠者，非有大功，如周之郇、滕，漢之賈、澤，並不得濫居名器，所以別親疏也△宏按，舊唐書唐會要並作澤。

𨼵 65975 u28F35 null_13.21 未詳。

𨼷 65973 u28F37 null_13.21 唐·柳宗元河間傳期年，乃敢復召，邀於姑，必致之，與偕行，遂入𨼷隥州西浮圖兩池間△宏按，能改齋漫錄引作禮隥州

𨼴 65976 u28F34 dāng_13.21 同當35601

𨼳 65977 u28F33 null_13.21 未詳。

隭 65981 34783 ér_14.22 集韻同陑

𨼲 65978 u28F32 yìn_13.21 俗蔭50745

隊 65979 34781 méng_14.22 集韻謨蓬切音蒙。阜名。

隬 65980 34782 nǐ_14.22 集韻乃禮切音你玉篇地名。

隭 65982 34784 yè_14.22 集韻益涉切音魘。地險隘也。

隮 65983 34785 jī_14.22 廣韻祖稽切集韻正韻牋西切𠀤音擠玉篇登也書·顧命由賓階隮[又]玉篇氣也，升也詩·鄘風朝隮于西箋朝有升氣於西方釋文隮，子西反，又子細反周禮·春官·眡祲十煇，九曰隮註隮，虹也[又]zī集韻津私切，音資。義同詩·曹風薈兮蔚兮，南山朝隮。婉兮孌兮，季女斯饑傳隮，升雲也[又]jì廣韻集韻𠀤子計切音霽。義同[又]書·微子今爾無指，告予顛隮傳顛，隕。隮，墜釋文隮，子細反△廣韻本作躋集韻亦作𨺹陵石鼓文作𨼋篇海作𨺑。鎣又𨺹65702[又]石鼓文遊𨼋于埃。又遊以𨼋于遵。亦作𨼋65969

隯 65985 34787 dǎo_14.22 玉篇同島

𨽁 65984 34786 jù_14.22 集韻同𨹧。鎣慧琳音義𨽁隱：古文𨽁、𨹬二形，今作聚46665，同，才句反廣雅聚，居也。謂人所聚居也可洪音義𨽁邑：上音聚佛般泥洹經作聚。沙𣿂30021：同上（𨽁）。

𨽂 65986 34788 háo_14.22 集韻胡刀切音濠。與隍同釋名城下道曰𨽂。𨽂，翺也。都邑之內，翺翔祖駕之處也。

隰 65987 34789 xí_14.22 古文𨺅唐韻似入切集韻韻會正韻席入切𠀤音習說文阪下濕也釋名下濕曰隰。隰，蟄也。蟄，溼意也書·禹貢原隰底績詩·邶風山有榛，隰有苓公羊傳·昭元年下平曰隰[又]詩·周頌徂隰徂畛箋隰謂新發

田也 疏 隩，指地形而言，則是未嘗墾發，故知謂新發
田也 图 左傳·桓三年 逐翼侯于汾隰 註 汾隰，汾水邊也
後漢·西羌傳 昔晉侯敗北戎于汾、隰 註 二水名〇按汾
隰，當從 左傳 註 地名 左傳·隱十一年 王與鄭人隰郕
註 在懷縣西南 前漢·地理志 西河郡隰成。又 左傳·文十
六年 先君蚠冒，所以服陘隰也 註 陘隰，地名 图 廣韻 州
名 左傳 曰：重耳居蒲，即隰川州，故蒲城是也。漢爲蒲
子縣，後魏、齊、周之閒爲沁州。隋爲隰州，以州前有
泉下濕，蓋取下濕之義名之也 图 姓 左傳·僖九年 齊隰
朋帥師會秦師，納晉惠公 图 xiè 集韻 悉協切音燮。人
名春秋傳有公子隰〇按春秋·襄八年 鄭人侵蔡，獲蔡
公子燮。燮穀梁傳作溼 釋文 溼，本又作隰，又音變，
是隰直與變通用，不特音同也 △ 玉篇 同隰 集韻 或作㙷
濕。 璽 又隰65846 㘲65770 陘65822

隱 65989 34791
yǐn_14.22 古文 㥯乚 唐韻 正韻 於謹切 集韻 韻會 倚
謹切 达音㥯。爾雅·釋詁 隱，微也 註 微謂逃藏也 易·乾卦
龍德而隱者也 图 禮·禮運 大道既隱 註 隱猶去也 图 說
文 蔽也 玉篇 匿也 論語 言及之而不言，謂之隱 禮·檀弓
事親有隱而無犯 魯語 刑五而已，無有隱者，隱乃諱也
图 廣韻 私也 論語 吾無隱乎爾 疏 孔子教人無所隱惜
图 玉篇 不見也 易·繫辭 巽稱而隱 註 稱揚命令，而百姓
不知其由 史記·韓長孺列傳 壺遂之深中隱厚 图 禮·曲
禮 不以隱疾 註 隱疾，衣中之疾也。又 史記·秦始皇紀 隱
宮徒刑者，七十餘萬人 註 宮刑，一百日隱於陰室養之，
故曰隱宮 图 史記·滑稽傳 齊威王之時喜隱 前漢·藝文
志 隱書十八篇 註 劉向·別錄 云隱書者，疑其言以相問，
對者以慮思之，可以無不喻 图 禮·玉藻 隱辟而後屨 註
隱辟，偒逡巡而退著屨也 图 爾雅·釋言 隱，占也 註 占，
度 疏 占者，視兆以知吉凶，必先隱度 禮·少儀 軍旅思
險，隱情以虞 註 隱，意也，思也 後漢·安帝紀 隱親悉心，
勿取浮華 註 皆隱審盡心，勿取浮華不實者 图 揚子·方
言 隱，定也 图 玉篇 安也 图 痛也 詩·邶風 如有隱憂 傳
痛也 禮·檀弓拜，稽顙，哀戚之至隱也。稽顙，隱之甚
也 孟子 王若隱其無罪而就死地 又 皆有怵惕惻隱之心
前漢·韓安國傳 此仁人之所隱也 图 左傳·昭二十五年
隱民多取食焉 註 隱約窮困。又 定三年 君以弄馬之故，
隱君身 註 隱，憂約也 荀子·儒效篇 隱隱兮其恐人之不
當也 註 隱隱，憂戚貌 图 司馬相如·上林賦 湛湛隱隱 註
隱隱，盛貌。又 前漢·郊祀歌 休嘉砰隱溢四方 註 砰隱，
盛意 图 左傳·襄二十三年 踰隱而待之 註 隱，短牆也。
图 諡法 隱拂不成曰隱，不顯尸位曰隱，見美堅長曰隱
图 姓 吳志 有廷尉左監隱蕃 图 爾雅釋草 莠，隱荵 註 似
蘇，有毛，江東呼爲隱荵，藏以爲菹 图 yìn 廣韻 集韻 达
於靳切音檼 廣韻 隈隱之貌 图 孟子 隱几而臥 註 隱，倚
也。於靳反 图 集韻 築也 前漢·賈山傳 厚築其外，隱以
金椎 图 yìn 集韻 於刃切，䭴去聲 禮·檀弓 既葬而封，廣
輪揜坎，其高可隱也 註 隱，據也。封可手據，謂高四尺
所 釋文 隱，於刃反 △ 集韻 俗作隱65894 㥯17942 隐65795
璽 又隱65903

隣 65990 34792
lín_14.22 正字通 隣本字。

隳 65991 34793
jué_14.22 廣韻 集韻 达疏吏切，使去聲 玉篇 𨸏突也
集韻 阜也〇按 玉篇 隳註，與 說文 隳義同，而音切各異
玉篇 廣韻 有隳無隳，疑隳即隳字之譌 集韻 類篇 或因
玉篇 有隳字，故既收隳字，復載隳字。今以 玉篇 廣韻
所載，不應遽刪，仍存之。

隩 65992 42175
bīn_14.22 字彙補 與瀕同 前漢·賈山傳 瀕海之觀畢
至。註：瀕，或作隩。

隳 65988 34790
pú_14.22 集韻 同隳

隳 65993 u28F4C
yǐn_14.22 直音篇 隳，
音隱。隳栝，柔曲也。璽26018同上。

隳 65994 u28F4B
suǐ_14.22 同隳70679 慧琳音義 筋骨髓：下雖紫反。說
文 作髓，云骨中脂也。從骨隨省聲。正體從隓作隳。隳
音許規反 图 衡方碑 禕隳在公。禕隳，倭遲。

隳 65995 u28F4A
chán_14.22 俗隳66028

隳 65996 u28F49
shǔ_14.22 大字典 同曙23150破曉。唐·王季友 寄韋子
春 出山秋雲隳，山木已再春。

隳 65997 u28F48
ài_14.22 俗隳65820 敦煌·P.3718 後唐河西歸義軍
左馬步都虞候梁幸德遐真讚 路隳張掖，獫狁侵纏。

隳 65998 u28F47
null_14.22 未詳。

隳 66000 u28F45
null_14.22 未詳。

隳 65999 u28F46
dēng_14.22 俗登36690 可洪音義 蹋隳：都鄧反。

隳 66001 u49ED
null_14.22 未詳。

隳 66002 u96B2
zhì_14.22 同騭70258

隳 66003 34794
dú_15.23 古文讀 唐韻 集韻 达徒谷切音獨 說文 通
溝 廣韻 通溝以防水也 玉篇 亦作瀆 图 轉注古音 徒弄
切，與洞同 急就章 乘風懸鐘，華洞樂皇 象書 洞作瀆。
音洞。隳猶通也。璽 正字通 隳，本作瀆。

隳 66004 34795
huī_15.23 廣韻 許規切。俗陸字 老子道德經 故物或
行或隨，或呴或吹，或强或羸，或載或隳 宋玉·高唐賦 長
吏隳官 图 通作墮 禮·月令 繼長增高，毋有壞墮 釋文 墮
亦作隳 图 讀書通 與毀通 荀子·富國篇 非將隳之也，說
不免焉 後漢·袁紹傳 所過毀突 文選 作隳。璽 又隳18398
㚜14646

隳 66005 34796
huī_15.23 字彙 同隳

隳 66008 34799
yān_15.23 篇海 同隯

隳 66006 34797
guō_15.23 集韻 光鑊切音椁。本作墎。隸作郭61772

隳 66007 34798
yáng_15.23 集韻 陽65729古作隳。

隳 66009 u28F55
null_15.23 未詳。

隳 66010 u28F54
null_15.23 未詳。

隳 66011 u28F53
null_15.23 未詳。

隳 66012 u28F52
null_15.23 未詳。

隳 66013 34800
niǎo_16.24 集韻 乃了切音嫋。偊低貌。

隳 66014 34801
bīn_16.24 集韻 濱30041古作隳。

隳 66015 34802
xiàn_16.24 字彙 許建切音憲。地名 图 xiǎn 香偃切音

顯。義同。

隴 lǒng_16.24 唐韻力踵切 集韻 韻會魯勇切 正韻力董切 丛音壟 說文天水大阪也 前漢·地理志 天水郡隴縣註今呼隴城縣者也。又 史記·六國表 文公踰隴 秦本紀 又使司馬錯發隴西，因蜀攻楚黔中 前漢·地理志 隴西郡註 應劭曰：有隴坻，在其西也。師古曰隴坻，謂隴阪，卽今之隴山也。此郡在隴之西，故曰隴西 地理直音 漢隴西，今羣昌府。漢天水，今羣昌府秦州 図 廣韻州名。漢汧縣，後魏置東秦州，改爲隴州，因山名之 地理直音 隋汧陽郡，今鳳翔府隴州〇按今陝西羣昌府淸水縣，平涼府華亭縣，鳳翔府隴州，皆有隴山。洮州衞有東隴山 図 春秋·文二年 盟于垂隴 註 鄭地，滎陽東有隴城。図 姓 図 正韻丘壟之壟，亦作隴 列子·天瑞篇 逆之隴端 前漢·劉向傳 皆無丘隴之處 図 壟畝亦作隴 史記·項羽紀 起隴畝之閒 図 荀子·議兵篇 案角鹿埵，隴種東籠而退耳 註 隴種，遺失貌，如隴之種物然。或曰卽龍鍾 新序 作隴鍾。鋻 又隍65551 隯65841 隖65933

隤 tuí_16.24 龍龕 同隤 目隤于遷 註 隤，升也 字彙補 作隤，誤。

陵 jī_16.24 同隮 石鼓文

隤 tuí_16.24 篇海類編 隤本字。

𨵝 ài_16.24 同隘66038

陰 yīn_16.24 字彙補 古文陰字。見 乾坤鑿度。互詳前隉65925字註。

𨵞 jiāng_16.24 同疆35716 冉鉦鍼 余處此南𨵞。

𨵞 yàn_16.24 大字典 嚥07729的訛字。

𨵜 null_16.24 參見隯66026

𨵛 suì_16.24 同隧65957 王闓運 丁文誠誄 遠送公於𨵛門。

𨵚 null_16.24 亦隸作隯。見 隯簋 隯乍寶尊彝。

隵 xī_17.25 廣韻許羈切 集韻 虛宜切 丛音義 玉篇 隩也 廣韻 本作塒，毀也 集韻 同陒65570墙。

隩 chán_17.25 集韻鋤銜切音鑱 玉篇 地名 図 zhàn 集韻 仕懺切音儳。陷也。鋻 又隩65995

𨽤 suì_17.25 玉篇 古文隧65957字。

隩 dú_17.25 正字通 隤66003，本作隩。

𨽢 null_17.25 未詳。

𨽣 null_17.25 未詳。

隖 gé_18.26 集韻昵立切音籋。陌隖，陝貌 図 風俗通義 魯有右成叔聘衞，右宰穀留而觴之。陳樂而不樂，酒酣而不飲，送以璧。其妻挐隖宅而居之，分祿而食之。鋻 同隔65927 俗隔 図 風俗通義魯有右成叔聘衞右宰穀留而觴之。劉尚慈：右爲后

之訛。魯之公族有厚氏，亦作后氏、邱氏。

𨽉 hùn_18.26 唐韻胡本切 集韻 戸衮切 丛音混 說文 大阜也 玉篇 山也。

隯 huān_18.26 集韻 呼官切音歡。本作酄62140魯下邑。

隯 qián_18.26 集韻慈鹽切音潛。縣名，在廬江。通作灊。鋻 類篇 作隯66047

𨽥 ài_18.26 集韻 隘本字。

𨽦 lù_18.26 五音篇海 籀文陸字。

𨽧 ài_18.26 字彙補 同隘。

隂 yīn_19.27 同隂66018古文陰。

隖 wú_19.27 隖65904本字。見 說文

𨽨 xià_20.28 龍龕 音罅。鋻 同庌52199

隖 lù_21.29 說文 籀文陸字 玉篇 作隖。鋻 玉篇 籀文陸字作隯，古文作𡺼。

𡾵 lù_21.29 籀文陸65689。亦作𨽦66039隖66044隖66007 𡺼00343

隯 líng_24.32 集韻 類篇 丛郎丁切音靈。陳罅也。

隯 qián_24.32 同隯66037 類篇 隯，慈鹽切。縣名。在廬江。通作灊30470

𨽝 ài_25.33 說文 籀文隘字。

𨽞 suì_25.33 同燧31816 說文 𨽞，塞上亭守熢火者也。从𨽞从火遂聲。熢，篆文�省。段玉裁注：此爲小篆，則知上爲籀文矣。

• 隶部 •

隶 lì_0.8 部隶66050

隶 dài_0.8 唐韻徒耐切 集韻待戴切 丛音代 說文 及也。从又，从尾省。又，持尾者，从後及之也 玉篇 亦作逮 集韻 或作隶 図 yì 廣韻 集韻 韻會 羊至切 正韻 以智切 丛音肆。義同 図 廣韻本也 図 shì 集韻神至切音示 方言餘也，秦晉之閒曰隶 〇按今揚子方言本作肆 図 duì 集韻徒對切音隊。从後及之也 図 一曰與也 図 dì 大計切音第。狐子也。〇按 爾雅·釋獸 貍子，隸 釋文 音曳 集韻作隶，音大計切，未知何據 図 dài 蕩亥切音殆。與迨隸逮同。

畫 huà_5.13 玉篇 古文畫35548字。

隸 lián_6.14 字彙補 音連。

隸 lì_7.15 俗隸66065

隸 sì_7.15 唐韻 集韻 丛息利切音四 說文 極陳也。从長隶聲 図 集韻 一曰遂也。又故也 図 姓 △ 集韻 或作肆46890肆。鋻 又𣢲71053

隸 66055 34820
yì_7.15 [字彙]同肄46888 [又]揚子方言烈，枿餘也，
秦晉之間曰隸[註]音謚○按[集韻]隶字註引[方言]作隶。
[方言]今本作隸，特兩存之。

隸 66057 u28F7B
lì_7.15 俗隸66065

魏 66058 u28F7A
null_7.15 未詳。

隸 66059 34821
lì_8.16 [玉篇]同隸

隸 66060 34822
sì_8.16 [五音集韻]息
利切音四。俗稀字。鼠名[又]豕聲。

隸 66062 u28F7E
lì_8.16 俗隸66065

隸 66061 34823
yì_8.16 [正字通]同肄

隸 66063 uF9B8
lì_8.16 兼隸。

隸 66064 34824
dài_9.17 [廣韻]徒亥切
[集韻]蕩亥切丛音殆[玉篇]及也[集韻]本作迨。或作逮。
[又][唐韻]徒耐切[集韻]待戴切丛音代。義同[說文][詩]曰：
隸天之未陰雨○按今[詩]·豳風作迨。

隸 66065 34825
lì_9.17 [唐韻][集韻]丛郎計切音麗[說文]附著也[後
漢·馮異傳]部分諸將，各有配隸[註]隸，屬也。又[孔融傳]
皆隸名而已[又][史記·酷吏傳]關東吏隸郡國出入關者[註]
隸，閱也[又][廣韻]僕隸[集韻]賤稱也[左傳·隱五年]皁隸之
事[註]士臣皁，皁臣輿，輿臣隸。又[桓二年]士有隸子弟[註]
士卑，自以其子弟爲僕隸[周禮·夏官·方相氏]帥百隸而
時儺[儀禮·既夕]隸人涅厠[註]隸人，罪人也。今之徒役
作者也[晉語]其猶隸農也[註]隸，今之徒也[又]官名[周
禮·夏官]隸僕掌五寢之埽除糞洒之事。又[秋官]司隸掌
五隸之灋。罪隸、蠻隸、閩隸、夷隸、貉隸。又[前漢·百
官公卿表]司隸校尉周官[又][後漢·律曆志]隸首作數[註]
博物記曰：隸首，黃帝之臣。一說隸首，善算者也[又][正
字通]姓也。漢隸延之[又]隸書[晉書·衛恆傳]秦既用篆，
奏事繁多，篆字難成，即令隸人佐書，曰隸字，漢因行
之。隸書者，篆之捷也○按隸書，諸說不一。或云秦後
旴陽變小篆爲隸書。或言程邈獄中所造[韻會]辨之頗當，
蓋古之隸，即今之眞書行書也。周興嗣[千字文]，杜彙鍾
隸。蕭子雲云論草隸法，逸少不及元常，子敬不及逸少。
任玠[五體序]云隸則義、獻、鍾、庾、歐、虞、顏、柳。
孫過庭[書譜]曰：元常精于隸，伯英工于草，逸少兼之，
此皆以眞行書爲隸也。歐陽修[集古錄]，始誤以八分書
爲隸[書苑]云蔡琰言，割程隸八分，取二分，割李篆二
分，取八分，於是爲八分書。任玠亦云八分酌乎篆隸之
間，則隸之非八分可知[唐六典]云校書郎正字，所掌字
體有五，一古文，二大篆，皆不用。三小篆，印璽旗旛
用之。四八分，石經碑刻用之。五隸書，典籍表奏公私
文疏用之。據此，益可信隸即今之楷書[正字通]云東魏
大覺寺碑題曰：隸書，今楷字也。亦其一証[又]lì[集韻]力
智切音荔。附也[又]lì[類篇]力結切音挍。僕也△[說文]本
作𨽻[廣韻]俗作𨽻[韻會][正韻]作隸，非。[鑒]又隸66057
𨽸40010𨽿25669隸66063隶66050𨽻66067[又]款26384金石文
字辨異引漢楊淮表紀。[疑]43459，引[唐鹽池靈慶公神祠
碑][又][廣韻]隸66059，同隸。俗作𨽻43537

隸 66066 34826
lì_10.18 [說文]隸本字。

𨽻 66067 34827
lì_10.18 [字彙補]同隸。

𨼿 66068 34828
wèi_11.19 [廣韻][集韻]丛于貴切音胃[廣韻]獸似鼠。
[鑒]楊寶忠：[彙]16394字之變。

隸 66069 34829
dài_12.20 [篇海]徒亥切音殆。及也[字彙]同隸。

𤲸 66070 u28F84
duì_14.22 同𤲸75001 [六書故]𤲸75108又作𤲸。

隹部

隹 66071 34830
zhuī_0.8 [廣韻]職追切[集韻][韻會][正韻]朱惟切丛音
錐[說文]鳥之短尾總名也。象形[又][爾雅·釋鳥]隹其鳺鴀
[註]今鵻鳩[疏]雏，一名鳺鴀[詩]曰：翩翩者雏。毛傳：雏，
夫不也[春秋傳]云祝鳩氏司徒。祝鳩即雏[又]zuǐ[集韻]遵
綏切，醉平聲。與崔同。崔崔，高大也。亦作嶉崒隺。
[又]zuǐ[集韻]祖誄切音濢。與摧同。山貌[莊子·齊物論]山
林之畏隹[郭註]大風之所扇動也[劉註]山林之偎僻角尖
處，風所不到也[又]zhuǐ[集韻]諸鬼切。山貌[莊子·齊物
論]畏隹註]李軌讀[又][集韻]祖猥切，觜上聲。義同。

隹 66072 u2FAB
zhuī_0.8 [部]隹66071

雂 66073 34831
jiū_2.10 [集韻]同鳩72921

雌 66074 34832
cì_2.10 [集韻]同鳲72916

崔 66075 34833
hú_2.10 [唐韻][集韻]丛胡沃切音雐[說文]高至也。从
隹，上欲出冂[易]曰：夫乾崔然○按今[易繫辭]作確然。
[又]què[集韻]克角切音榷。崔然，心志高也[又]hè曷各切
音鶴。鳥飛高也[又]忽郭切音霍。義同△[字彙]俗用爲鶴
字，非。[鑒]又崔12182

隻 66076 34834
zhī_2.10 [唐韻][集韻][韻會][正韻]丛之石切音炙[說文]
鳥一枚也。从又，持隹。持一隹曰隻，持二隹曰雙[玉篇]
奇也[增韻]物單曰隻[後漢·方術傳]得一隻舄[穆天子傳]載
玉萬隻[又][列子·力命篇]多偶，自專，乘權，隻立，四人
相與遊于世，胥如志也。[鑒]又只05347隻66094

雕 66077 34835
diāo_2.10 [集韻]同鵰72922

隼 66078 34836
sǔn_2.10 [唐韻]息允切[集韻]聳尹切[正韻]聳允切丛
音笋[說文]祝鳩也[爾雅·釋鳥]鷹隼醜[疏]陸璣云鶚屬也。
齊人謂之擊征，或謂之題肩，或謂之雀鷹。春化爲布穀
者是也[埤雅]鷹之搏噬，不能無失，獨隼爲有準，故每
發必中。古之制字者，以此化書曰隼，憫胎義也。蓋隼
之擊物，遇懷胎者輒釋不斃也[禽經]曰：隼以尹之[易·解
卦]公用射隼，于高墉之上[疏]隼者，貪殘之鳥，鸇鷂之
屬[詩·小雅]鴥彼飛隼，其飛戾天[箋]隼，急疾之鳥也，飛
乃至天，喻士卒勁勇，能深攻入敵也[禮·月令]鷹隼早鷙
[魯語]仲尼在陳，有隼集於陳侯之庭[註]隼，鷙鳥，今之
鶚也[又][集韻]一曰鶉子△[廣韻]本作雖[集韻]亦作鶽。

隹 66079 34837
bú_2.10 [集韻]同鳪72923

隽 66080 34838
jùn_2.10 [字彙補]與雋同。鳥肥也。

难 66081 u96BE
jī_2.10 同鸡72935，俗雞[又]nán[简]難66312

雁 66082 34839
shī_3.11 [集韻]同鳲72945

雂 66083 34840
jiǔ_3.11 [唐韻]舉有切[集韻]己有切太音久[廣韻]姓也。出[纂文]。鎏俗作雂66120

雃 66084 34841
gān_3.11 [集韻]居寒切音干[玉篇]鳱，鵠鵠。[又]yàn[禽經·張華註]音鴈。隨陽鳥也[鹽鐵論]引[詩]雝雝鳴鳱〇按今[詩·邶風]作鴈。

雄 66085 34842
yì_3.11 [唐韻]與職切[集韻]逸職切太音弋[說文]繳射飛鳥也。从隹从弋[玉篇]今作弋[楚辭·九章]矰弋機而在上[朱註]弋，一作谁[玉篇]亦作雂。鎏又雄66097鳶72952

雄 66086 34843
hóng_3.11 [唐韻]戶工切[集韻]胡公切太音洪[說文]鳥肥大雄雄也。从隹工聲。或作鴻[又][玉篇]傭也[又][集韻]戶孔切音澒。義同。

雌 66087 34844
cí_3.11 [集韻]雌66138古作雌。

雀 66088 34845
què_3.11 [唐韻]即略切[集韻][韻會][正韻]即約切太音爵[說文]依人小鳥也。从小，隹。讀與爵同[古今注]雀，一名家賓[埤雅]雀，物之淫者[詩·召南]誰謂雀無角[左傳·襄二十五年]如鷹鸇之逐鳥雀也[又][書·顧命]二人雀弁[傳]雀韋弁[疏]雀，言如雀頭色也[又][周禮·春官·巾車]漆車，藩蔽，豻禝，雀飾[又][戰國策]雀立不轉[註]雀立，踊也[又]◆[揚子方言]鸝黃，或謂之楚雀[爾雅·釋鳥]鵹黃，楚雀[註]即倉庚也[又][爾雅·釋鳥]鸛，負雀[註]鸛，鷂也。善捉雀，因名[又][爾雅·釋鳥·桑鳸竊脂註]俗謂之青雀[又][爾雅·釋鳥·桃蟲鷦註]鷦鷯，桃雀也。俗呼爲巧婦[疏][方言]說，巧婦之名，自關而東謂之工爵，自關而西或謂之韈雀[又][揚雄·羽獵賦]玄鸞，孔雀。又[臨海異物志]南海有黃雀魚，六月化爲黃雀，十月入海爲魚[又][爾雅·釋草]蘥，雀麥[註]即燕麥也[又]朱雀，南方宿名[禮·曲禮]前朱雀而後玄武。鎏又鳥72943鳶73031[又][直音篇]鵉41320與雀同。

雁 66089 34846
shī_3.11 [集韻]與鳲同。

雀 66090 46213
yì_3.11 [篇海類編]同谁。

雄 66091 46214
gān_3.11 [川篇]音于。鎏楊寶忠：俗雃66084

雄 66092 46215
bǎo_3.11 [篇海類編]同鴇。

雁 66093 u28F91
bǎo_3.11 同鳵72950

隽 66095 u28F8E
kuí_3.11 俗奊10073

隻 66094 u28F8F
zhī_3.11 [正字通]隻66076，俗从夂作隻，非。

雄 66096 34847
háng_4.12 [字彙]胡郎切音杭。飛高下也[正字通]鴻翃頏通。

雄 66097 34848
gē_4.12 [篇海]音戈[字彙]同鴿。

雁 66098 34849
yàn_4.12 [唐韻]五晏切[集韻]魚澗切，太音贗[說文]鳥也。从隹从人厂聲。讀若鴈73015[註]徐鉉曰：雁，知時鳥。大夫以爲摯，昏禮用之，故从人[爾雅·釋鳥]鳧雁醜[詩·邶風]雝雝鳴雁。鎏又鳫73548雁04411

雄 66099 34850
fáng_4.12 [唐韻]府良切[集韻][類篇]分房切太音方[說文]鳥也。从隹方聲。讀若方[集韻]本作鴋[又][集韻]符方切音房。又[廣韻][集韻]太甫妄切音放。義太同。

雄 66100 34851
zhī_4.12 [唐韻][集韻][韻會]太章移切音支[說文]鳥也。从隹支聲[又][集韻]或作鳷[玉篇]武帝造鳷鵲觀，在雲陽[司馬相如·上林賦]過雄鵲[註]徐廣曰：甘泉宮觀名[韻會]通作枝[又]◆[說文]一曰雄度[韻會]猶今言度支也。

雄 66101 34852
qín_4.12 [唐韻]巨淹切[集韻]其淹切太音箝[說文]鳥也[廣韻]白喙鳥。本作鳹[又][廣韻]巨金切[集韻]渠金切太音琴。又[集韻]枯含切音堪。又姑南切音弇。又胡南切音含。義太同[又]án[集韻]五甘切音玵。人名[左傳·昭二十一年]齊師、宋師敗吳師于鴻口，獲其二帥公子苦雄、偃州員〇按[釋文]雄，古含反△[篇海]譌作雄。

鎏又雄66145

雄 66102 34853
jué_4.12 [集韻]同鴂73005

雄 66103 34854
zhèng_4.12 [集韻]同鴊73019

隽 66104 34855
kuí_4.12 [集韻]渠龜切音逵[博雅]眷、隽，顧也。

鎏又隽66115

雄 66105 34856
ǎo_4.12 [集韻]同鴹73438

雄 66106 34857
bǎo_4.12 [集韻]同鴇73012

雄 66107 34858
guī_4.12 [廣韻]居隋切[集韻][韻會]均窺切[正韻]居爲切太音規[玉篇]子雄，子鳺鳥[廣韻]鶤雄，鳥名[集韻]亦作鳺巂[又]fū[集韻]風無切音膚。同鳺72982

雄 66108 34859
zhèn_4.12 [集韻]同鴆73009

雄 66109 34860
qiān_4.12 [正字通]雃字譌省。

雄 66110 34861
xióng_4.12 古文𩿡◆[集韻][韻會]太胡弓切音熊[說文]鳥父也[爾雅·釋鳥]鳥翼右掩左，雄。左掩右，雌[詩·邶風]雄雉于飛，泄泄其羽[又][集韻]牡也[詩·齊風]雄狐綏綏〇按[詩·衛風]傳云飛曰雌雄，走曰牝牡。然[齊風]言雄狐，狐，走類也，亦曰雄[正字通]云物各有雌雄，鱗介至蟣蝨皆然[詩]傳分屬獸禽，非[又][集韻]一曰武稱[左傳·襄二十一年]齊莊公朝，指殖綽、郭最曰：是寡人之雄也[人物志]草之精秀者爲英，鳥之將羣者爲雄。張良是英，韓信是雄[又]州名[韻會]本涿郡地，周置雄州。又南雄州，百粵地南，漢置雄州，宋加南字[又][廣韻]亦姓。舜友有雄陶[集韻]亦作鴆。鎏又雄66143

雅 66111 34862
yā_4.12 [唐韻]烏加切[集韻]於加切太音丫[說文]楚烏也。一名鸒，一名卑居。秦謂之雅。从隹从牙[註]徐鉉曰：今俗別作鴉，非是△[集韻]亦作鵶鴉[又][小爾雅]小而腹下白，不反哺者謂之雅烏[又][唐韻]五下切[集韻][韻會][正韻]語下切太音庌。義同[又]yǎ[玉篇]正也[爾雅疏]雅，

正也周禮·春官·大師教六詩：曰風、曰賦、曰比、曰興、曰雅、曰頌註雅，正也。言今之正者，以爲後世法。又詩·小雅以雅以南箋雅，萬舞也。周樂尚武，故謂萬舞爲雅。雅，正也又論語子所雅言註孔曰：雅言，正言也朱註雅，常也又玉篇儀也，嫻雅也史記·司馬相如傳從車騎，雍容閒雅甚都又玉篇素也史記·張耳陳餘傳張耳雅遊註韋昭曰：雅，素也又史記·淮南王傳天子以伍被雅辭，多引漢之美後漢·竇后紀及見雅以爲美又樂名周禮·春官·笙師應雅註雅，狀如漆筩而弇口，大二圍，長五尺六寸，以羊韋鞔之，有兩紐疏畫又酒器名東觀漢記今日歲首，請上雅壽註雅，酒聞也。別作盄又姓正字通元詩人雅琥又yá五音集韻五加切音牙。人名周書有君雅，通作牙。鑾廣韻疋，足也。古爲雅字又字彙疋，語下切音雅。正也。黃直翁曰：古文大雅小雅爾雅字本作疋，今文皆作雅。

集 66112 34863 jí_4.12 古文雦唐韻廣韻韻會正韻秦入切集韻類篇籍入切𠀤音箿說文本作雧。羣鳥在木上也詩·周南集于灌木又廣韻就也，成也書·武成大統未集傳大業未就詩·小雅我行既集箋集，猶成也又韻會雜也孟子是集義所生者註集，雜也又廣韻衆也又廣韻安也史記·曹參世家問所以安集百姓又玉篇合也廣韻聚也，會也，同也史記·秦始皇紀天下雲集響應前漢·鼂錯傳動靜不集註師古曰集，齊也史記·司馬相如傳鱗集仰流又左傳·昭二十三年險其走集註走集，邊境之壘辟也又前漢·藝文志劉歆總羣書，而奏其七略，故有輯略註師古曰輯與集同。謂諸書之總要韻會文集，文所聚也。唐有子史經集四庫又州名廣韻漢宕渠縣，梁恭帝爲集州又廣韻姓也。漢有集壹又韻補叶疾救切音就詩·小雅我龜既厭，不我告猶。謀夫孔多，是用不集。猶，于救切◇。

雌 66113 34864 chǐ_4.12 玉篇昌耳切音齒五音集韻雌也又qí集韻翹移切音衹。本作鴟，雞也。

雇 66114 34865 hù_4.12 唐韻正韻侯古切集韻韻會後五切𠀤音戶說文九雇，農桑候鳥，扈民不婬者也。从隹戶聲。春雇鳻盾，夏雇竊玄，秋雇竊藍，冬雇竊黃。棘雇竊丹，行雇唶唶，宵雇嘖嘖，桑雇竊脂，老雇鷃也集韻或作鶚鳸爾雅·釋鳥作扈又gù廣韻集韻韻會正韻𠀤古慕切音顧廣韻相承借爲雇賃字集韻傭也又韻會通作顧前漢·鼂錯傳斂民財以顧其功註顧，讎也。若今言雇賃也又韻會通作故史記·馮唐傳註索隱曰：故行不行，謂故命人行而身不自行，故與雇同。鑾又鳸73024僱02033

隽 66115 42179 kuí_4.12 字彙補渠追切音逵。顧貌。鑾俗集。

𩀖 66116 46216 fù_4.12 篇海類編與鳺同。

雟 66117 46217 shòu_4.12 龍龕同售

𫥿 66119 u28F9F wǔ_4.12 見晉公𫥿𥂶。清·吳榮光筠清館金文·卷三𫥿，同午。

𫕚 66118 u2B55A cóng_4.12 簡𪍿66302

𫦞 66120 u28F9E jiǔ_4.12 俗奞66083 清·徐珂清稗類鈔·姓名類·僻姓𫦞，音韭。

雈 66121 u96C8 huán_4.12 說文雈，鴟屬。从隹从𦫳。有毛角。所鳴，其民有旤。

雓 66122 34866 róng_5.13 玉篇人中切音戎。人姓也又róu集韻而由切音柔。鳥名。鑾胡吉宣玉篇校釋人部佟00997廣倉云人姓也集韻以為鳥名，則與鳥部鴏同。佟姓或本為鴏73124後以人姓而變易偏旁，猶廣韻引埤倉鳻為人姓，後去鳥旁而為弁。

雂 66123 34867 qín_5.13 正字通雂字之譌。

雃 66124 34868 hàng_5.13 集韻雗66260古作雃又玉篇胡廣切音沆。田器。鑾俗雗。

雀 66125 34869 qiǎo_5.13 篇海音巧字彙同鵲。

雅 66126 34870 wù_5.13 正字通俗鶩字。

雉 66127 34871 zhì_5.13 古文鴙鵜唐韻集韻直几切韻會正韻丈几切𠀤音薙說文雉有十四種爾雅·釋鳥鷂雉、鷮雉、鳪雉、鷩雉、秩秩海雉、鸐山雉、翰雉、鵫雉。雉，絕有力，奮。伊洛而南，素質五彩皆備成章曰翬。江淮而南，青質五彩皆備成章曰鷂。南方曰𠷎，東方曰鶅，北方曰鵗，西方曰鷷疏別諸雉之名也易·說卦離爲雉周禮·春官·大宗伯六摯，士執雉公羊傳·襄二十七年昧雉彼視又爾雅·釋鳥鶌鳩，寇雉註寇雉，一名鶌鳩又晏子·問篇鄒滕雉犇而出其地，猶稱公侯又晉語雉經於新城之廟註雉經，頭搶而懸也又周禮·冬官考工記·匠人王宮門阿之制五雉，宮隅之制七雉，城隅之制九雉註雉，長三丈，高一丈左傳·隱元年都城過百雉註方丈曰堵，三堵曰雉。一雉之牆，長三丈，高一丈。侯伯之城方五里，徑三百雉，故其大都不得過百雉管子·海王篇吾欲藉於臺雉又春秋·定二年雉門及兩觀災註雉，公宮之南門又揚雄·甘泉賦列新雉於林薄註服虔曰：新雉，香草也又爾雅·釋詁雉，陳也註義未詳又揚子方言雉，理也又韻會姓也。殷後有雉氏又前漢·高后紀註荀悅曰：諱雉之字曰野雞。師古曰呂后名雉，故臣下諱雉韻會漢人諱之，謂雉爲野雞又sì集韻序姊切音兕。本作𧆨31077又yǐ集韻演爾切音酏。縣名前漢·地理志江夏郡下雉縣註雉，羊氏反又南陽郡雉縣註弋爾反又kǎi集韻口駭切音鍇。桂林人謂人短爲矲雉，或作矲䲹又zhì直利切音稚。野雞也。鑾又㷽38601雞66203鷄73863鵗73414又雉66128偏類碑別字引魏上黨王元天穆墓誌又集韻雉，或作鴙鳺73098鵜73631

雊 66128 34872 dié_5.13 集韻徒結切音耋。同鴩。鑾集韻䲹䲹雉，鳥名說文鋪豉也，或作䲹，亦从隹又俗雉66127可洪音義雉雞：上持履反，下吉兮反。

雐 66129 34873 gū_5.13 集韻同鴣73121

雊 66130 34874
wǔ_5.13 　集韻同鵡73118

雌 66131 34875
chī_5.13 　唐韻處脂切集韻稱脂切夶同鴟73114◆說文雖也。从隹从氏。

雊 66132 34876
gòu_5.13 　唐韻古候切集韻韻會居候切夶音遘說文雄雌鳴也。雷始動，雉鳴而雊其頸。从隹从句，句亦聲書·高宗肜日越有雊雉禮·月令雉雊，雞乳集韻或作雊呴鵴図縣名前漢·地理志上谷郡雊瞀縣註雊，工豆反図jù集韻俱遇切音句。義同前漢·地理志註孟康曰：雊瞀音句無。

雉 66133 34877
mín_5.13 　集韻同鵾73674

瑞 66134 34878
tǒu_5.13 　集韻同塢73086

雄 66135 34879
bó_5.13 　五音集韻蒲撥切音跋。與鵓同。鳥名，似鳧。

雋 66136 34880
juàn_5.13 　唐韻集韻韻會正韻夶徂兗切，音吮說文肥肉也。从弓，所以射隹前漢·蒯通傳通論戰國時說士權變，亦自序其說，凡八十一首，號曰雋永註雋，肥肉也。言其所論甘美而深長也図說文長沙有下雋縣前漢·地理志長沙國下雋註莽曰閏雋図廣韻姓也。漢有雋不疑図juǎn集韻子兗切音臇。肥也図zuì將遂切音醉。本作檇25574図與儁偶前漢·禮樂志進用英雋人物志張良體弱而精彊，爲衆智之雋也。鐙前漢·蒯通傳註言其所論甘美而深長也。徐慧：而義深長也。図隽66080

雁 66137 34881
yīng_5.13 　唐韻集韻夶於陵切音膺說文鳥也。从隹，瘖省聲徐鍇曰：鷹隨人所指蹤，故从人說文作雁集韻或作鷹73967

雌 66138 34882
cí_5.13 　古文雄唐韻七移切集韻韻會七支切夶音㰣說文鳥母也。从隹此詩·小雅誰知烏之雌雄図廣韻牝也詩·小雅以雌以雄史記·司馬相如·上林賦·素雌註索隱曰：素雌，猿之雌者。餘詳雄66110字註図qī集韻正韻夶千西切音妻集韻牝也莊子·齊物論猿猵狙以爲雌。鐙又嶋73034鴜26669䳄73107鶿73171

雊 66139 34883
fū_5.13 　集韻同鵗73113

雍 66140 34884
yōng_5.13 　古文邕廣韻集韻韻會正韻夶於容切音廱玉篇和也書·堯典黎民於變時雍図爾雅·釋天太歲在戌曰著雍図水名水經四方有水曰雍図縣名前漢·地理志漁陽郡雍奴縣図前漢·中山靖王傳雍門子壹微吟註張晏曰：齊之賢者，居雍門，因以爲號。蘇林曰：六國時人，名周図廣韻姓也。祭仲壻雍糾。見左傳·桓十五年図集韻通作雝固東都賦乃流辟雍。〇按禮王制作辟雝図yǒng集韻委勇切音壅周禮·秋官·司寇雍氏註謂隄防止水者也釋文雍，於勇反図集韻祐也揚雄·甘泉賦雍神休註晉灼曰：雍，祐也。師古曰雍，聚也。雍讀曰擁図yòng廣韻集韻韻會正韻夶於用切音壅廣韻九州名。雍，擁也。東崤，西漢，南裔，北居庸，四山之所擁翳也書·禹貢黑水西河惟雍州釋文雍，於用切〇按爾雅·釋地作雝図韻會國名左傳·僖二十四年郜雍曹滕註雍國，在河內山陽縣釋文雍，於用反図廣韻姓也韻會文王子雍伯之後。鐙又雄66202雝66180廱15784貛57507

雎 66141 34885
jū_5.13 　廣韻韻會七余切集韻千餘切夶音疽玉篇王雎也詩·周南關關雎鳩傳雎鳩，王雎。鳥摯而有別釋文七胥反◆左傳昭十七年雎鳩氏，司馬也註雎鳩，王雎也。摯而有別，故爲司馬，主法制◆釋文雎本又作雎，七徐反図玉篇次雎。行難也図姓正字通明洪武御史雎稼，請立學宮臥碑△集韻本作鴡。鐙又雅29451鴡38062図龍龕嶋73505俗，雎正。

雕 66142 34886
lí_5.13 　字彙補與離同。見漢楊耽碑

雄 66143 34887
xióng_5.13 　字彙補與雄同。

窜 66144 46218
xùn_5.13 　篇韻同奞

雊 66145 46219
qín_5.13 　奚韻巨林切。鐙張涌泉：俗雉。

雄 66146 46220
suǐ_5.13 　字彙補同奞。鐙字彙補雄，心軌切音髓。

雊 66147 46221
cí_5.13 　龍龕音辭。出大莊嚴經

奮 66149 u28FAD
suǐ_5.13 　字彙補雄66146，亦音奞。

翟 66148 u28FAF
rú_5.13 　同駕73244

雛 66150 u96CF
chú_5.13 　简 雛66282

雔 66153 34890
yù_6.14 　廣韻余蜀切集韻俞玉切夶音欲。同鷸73341

雊 66151 34888
gē_6.14 　集韻同鴿73246

雓 66152 34889
zhū_6.14 　集韻同鵃73226

翟 66154 34891
guī_6.14 　廣韻古攜切集韻涓畦切夶音圭玉篇谷名集韻在西縣。

翟 66155 34892
rú_6.14 　廣韻人諸切集韻人余切夶音如玉篇翟，鴇母，即離也，或作駕。

雃 66156 34893
qiān_6.14 　唐韻正韻苦堅切集韻韻會輕煙切夶音牽說文石鳥。一名雝鸅，一名精列，从隹幵聲図人名左傳·襄九年秦伯使士雃乞師于楚釋文苦田反図án廣韻俄寒切集韻俄干切夶音豻。雃砳，鳥名。鸘鶏。図集韻丘耕切音鏗。又倪堅切音妍。義夶同図è集韻逆革切音蟈。同鵳。鴺鶏也△集韻本作鵳玉篇省作雃，非。

雐 66157 34894
hū_6.14 　唐韻荒烏切集韻荒胡切夶音呼說文鳥也。从隹从虍。

雜 66158 34895
yàn_6.14 　集韻同鴳73218

雡 66159 34896
xiǎn_6.14 　集韻蘇典切音銑。同毨27341

翟 66160 34897
liè_6.14 　集韻同鴷73225

66161 34898 睢 jiù_6.14 集韻同鷲73329，亦書作鶩。

66162 34899 雐 wū_6.14 集韻同鴶73208

66163 34900 雑 zá_6.14 字彙俗雜字。

66164 34901 雠 zhuī_6.14 集韻朱惟切音隹。小鳥也。

66165 34902 雝 guǐ_6.14 集韻同鶬73206

66166 34903 雎 chī_6.14 集韻同雌66131

66167 34904 雒 luò_6.14 唐韻盧各切 集韻 韻會 正韻歷各切夶音洛 說文鵋鵙也。从隹各聲 釋名雅，雒也。爲之難，人將爲之雒，雒然憚之也 又馬名 詩·魯頌有驈有雒 傳黑身白鬣曰雒 釋文雒音洛,本作駱 又水名 周禮·夏官·職方氏豫州，其川榮、雒 又國名 左傳·僖二十一年伊雒之戎 春秋·文八年公子遂會雒戎盟于暴 又縣名 前漢·地理志弘農郡上雒縣〇按左傳·僖二十一年疏云雒水，出上雒縣冢領山，東北經弘農至河南鞏縣，雒戎因此而名也 又雒陽縣，屬河南郡 前漢·地理志註師古曰魚豢云漢火行，忌水，故去洛水而加隹。如魚氏說，則光武以後改爲雒字也 正字通楊慎曰：春秋書雒戎左傳凡洛皆作雒。非後漢始改也〇按魚氏說必有所本，故師古从之 左傳今文洛皆作雒,安知古本左傳不書作洛乎。未可據今本左傳駁魚氏說也 又雒縣，屬廣漢郡 前漢·地理志註音山，雒水所出，南至新都谷入湔 又姓後漢·南蠻傳徼側者，麓冷縣雒將之女 又與絡通 莊子·馬蹄篇刻之雒之 註雒同絡 又與額同 前漢·韓嫣傳子增封龍雒侯 註雒，或作額。鑒又雒66179雒66359

66168 34905 雺 tiào_6.14 篇海他弔切音跳。低頭聽也。

66169 34906 雦 ér_6.14 集韻本作鴯73209

66170 34907 翟 jú_6.14 集韻居六切音氋。與鷑同。

66171 34908 雘 yuè_6.14 字彙補余略切，音岳◇某心中一子也 馬融·圍碁賦橫行陣亂，敵心駭惶。迫兼碁雘，頗棄其裝。

66172 34909 雂 rén_6.14 字彙補如林切，音仁◇戴勝鳥也。

66176 u2B55B 雓 guā_6.14 或同鴰73211

66173 46222 隹 zuǐ_6.14 龍龕音觜
又音吮。鑒直音篇隹，同膡47945

66174 46223 雥 ài_6.14 篇海類編同鴱

66175 46224 雐 chú_6.14 篇海類編同雛

66177 u28FCA 雛 chú_6.14 龍龕雛俗，雛俗通，雛66282正 又zhòu俗 皺37026可洪音義雛眉：上音皺。恨。

66178 u28FC8 隻 shòu_6.14 同售06174 龍龕隻古雟今隻正，時呪反。賣物与曰雟，買物持去也。

66179 u28FC5 雒 luò_6.14 俗雒66167可洪音義雒陽：上郎各反。

66180 u28FC4 雝 yōng_6.14 俗雝66140

66181 u28FC3 隺 rén_6.14 同雟73247

66182 34910 雡 jīng_7.15 集韻同鶄73362

66183 34911 雛 bū_7.15 集韻同鵏73335

66184 34912 雓 é_7.15 集韻同鵝73366

66185 34913 雂 hú_7.15 集韻同鵠73372

66186 34914 雎 jú_7.15 正字通俗鶪字。

66187 34915 雂 wú_7.15 集韻同鵡73915

66188 34916 雈 cuǐ_7.15 廣韻千水切音趡。細頸。鑒又稚66198

66189 34917 雛 kàn_7.15 集韻同鳱73371

66190 34918 縱 yì_7.15 集韻同鷁73359

66191 34919 雥 jùn_7.15 集韻同鵔73345

66192 34920 雎 juān_7.15 集韻同鵑73339

66193 34921 雓 yú_7.15 廣韻以諸切集韻韻會羊諸切夶音余玉篇雞子也 爾雅·釋鳥雞大者蜀，蜀子雓。

66194 34922 雤 xī_7.15 集韻同鵗73355

66195 34923 雤 tū_7.15 集韻同鵚73361

66196 34924 雂 kuáng_7.15 集韻同鵟73370

66197 34925 雤 zhì_7.15 玉篇古文雉66127字。

66200 46225 雤 shòu_7.15 龍龕同售

66198 34926 雈 cuǐ_7.15 字彙補青軌切，崔上聲◇細頸也〇按卽雅字之譌。

66199 34927 雧 mǎng_7.15 字彙補名項切音慃。雧，鴟鳥也。鑒同鶅73389髟見集韻。亦作髦73343

66201 46226 雧 zhì_7.15 篇海類編音雉。

66204 u28FDC 雒 yù_7.15 同鴰73341

66202 u28FDF 雝 yōng_7.15 字海雝同雝66140字見清·方濬益綴遺齋彝器款識考釋·十八

66203 u28FDD 雧 zhì_7.15 同雤66197玄應音義雧鳥：古文雜同。

66205 u28FDA 雓 fú_7.15 直音篇雒，音浮。鶵73348同。

66206 34928 雤 shuǐ_8.16 唐韻是偽切集韻樹偽切夶音睡說文鴟也。从隹垂聲 廣韻雟鳥別名集韻鴟鳥也 又chuí廣韻集韻夶是爲切音垂玉篇子雤，鴟也△集韻或作鵻鑒又雤66337

66207 34929 雤 chún_8.16 集韻殊倫切音純。鷁屬玉篇亦作鶉

66208 34930 雤 dōng_8.16 玉篇德紅切音東。鳥名△廣韻集韻作鶇廣雅亦作鷥

66209 34931 雤 qí_8.16 集韻同鶀73484

66210 34932 雤 yè_8.16 集韻同鴶73473

66211 34933 雤 jú_8.16 集韻同鶪73461

䧤 66212 34934
pǒu_8.16 [集韻]同䳝73440

䧳 66213 34935
zhuó_8.16 [集韻]同鵫73448

𩀨 66214 34936
hàn_8.16 [集韻]同雗66272

雓 66215 34937
shū_8.16 [集韻]同鵨73443

𩀱 66216 34938
qī_8.16 [集韻]同䳢73494

𩀲 66217 34939
kūn_8.16 [正字通]俗鵾字。

𩀳 66218 34940
qí_8.16 [集韻]同䳢73469

䧿 66219 34941
què_8.16 [唐韻]七雀切[集韻]七約切𠀤音碏[玉篇]䧿䧿[集韻]或作䳶73458 [又]山名[山海經]南山經之首曰䧿山[註][三才圖會]有䳶山之神 [又]xī[集韻]思積切音昔。雉名。

巂 66220 34942
guī_8.16 [集韻]同巂66286

䨁 66221 34943
jīng_8.16 [集韻]同鶄73508

𩀸 66222 34944
wéi_8.16 [篇海]余雖切音遺。飛貌。鎣[正字通]䨊，䨊字之譌。

𩀹 66223 34945
tù_8.16 [集韻]同鵵73463

雔 66224 34946
chóu_8.16 [唐韻]市流切[集韻]時流切𠀤音酬[說文]雙鳥也。从二隹[爾雅·釋蟲]雔由，樗繭[註]食樗葉[釋文]音讎。鎣又䨽07974

䨼 66225 34947
lí_8.16 [廣韻]郎奚切[集韻]憐題切𠀤音黎[玉篇]䨼黃，楚雀。其色黎黑而黃，亦作鵹[集韻]本作䳐。或作鵹鸝。鎣又鵹73338䳐74144

𩀻 66235 u28FFE
null_8.16 未詳。

𩁁 66226 34948
cháng_8.16 [篇海]辰羊切音常。鶬鴴〇按卽雞字之譌。

𩁂 66227 34949
jiān_8.16 [集韻]同鶼73459

𩁃 66228 34950
lù_8.16 [集韻]同䴪73457

雕 66229 34951
diāo_8.16 [唐韻]都僚切[集韻][韻會][正韻]丁聊切𠀤音貂[說文]鷻也。从隹周聲[玉篇]鷲也。能食草[禽經]雕以周之[埤雅]雕，似鷹而大，黑色，俗呼皁雕。一名鷲，其飛上薄雲漢。今大雕翱翔水上扇魚，令出沸波，攫而食之。一名沸河[史記·李廣傳]生得一人，果匈奴射雕者也 [又][荀子·議兵篇]雕雕焉縣貴爵重賞於其前[註]雕雕，章明之貌 [又][爾雅·釋器]玉謂之雕[又]雕謂之琢[孟子]必使玉人雕琢之[埤雅]雕之義出於雕鶚之雕，雕性刻制故也 [又]官名[周禮·冬官考工記]雕人 [又]雕題，國名[禮·王制]雕題交阯[註]雕文，謂刻其肌，以丹青涅之也 [又]人名[前漢·功臣表]常樂侯稠雕 [又]姓[前漢·武帝功臣表]臧馬康侯雕延年。又複姓[論語]子使漆雕開仕△[集韻]或作鵰。鎣又琱63510 [又][直音篇]䧯同雕 [又]𪂆72922[宋元以來俗字譜]引[目連記]

𩀽 66238 u28FFA
null_8.16 未詳。

雁 66230 34952
yīng_8.16 [說文]雁本字

𩁄 66231 34953
zī_8.16 [集韻]莊持切音菑。與鶅同。東方雉也。

𩁅 66232 34954
bēi_8.16 [集韻]賓彌切音卑。與鵯同。鵯鶋，鳥名。

𩁆 66233 34955
gēng_8.16 [集韻]居行切音庚。與鶊同。鶬鶊，鳥名。

𩁇 66234 46227
nán_8.16 [龍龕]如寒切。鎣同難。

𩀿 66239 u28FF9
mín_8.16 同䨪66248

𩀼 66237 u28FFC
zá_8.16 俗雜66283[直音篇]雜，昨合切，參錯也。雜雜，同上。

𩀽 66236 u28FFD
suī_8.16 [字彙]雖66260俗作雖。

𩀸 66240 u28FF8
jī_8.16 俗雞66285

𩀷 66241 u28FF7
duò_8.16 同鵽73477

䙰 66242 u256ED
lẻ_8.16 [喃]从隻礼lễ聲△䙰雷：孤單。

䨂 66243 34956
chǒng_9.17 [廣韻]充隴切[集韻]蠢勇切𠀤音喠[玉篇]雀也[廣韻]小鳥飛也[集韻]或作鷸 [又][集韻]蚩工切音充。義同。

𩁈 66244 34957
yǎn_9.17 [集韻]同鷃73614

𩁉 66245 34958
kuí_9.17 [集韻]同䳫74036鵟。

𩁊 66246 34959
ān_9.17 [集韻]同䳺66311

𩁋 66247 34960
wù_9.17 [廣韻][集韻]𠀤亡遇切音務[玉篇]雀子[廣韻]雞雛[集韻]或作鶩。

䨪 66248 34961
mín_9.17 [集韻]同鶻73674

𩁌 66249 34962
yāo_9.17 [集韻]同鷂73590

𩁍 66250 34963
chuàn_9.17 [集韻]同鶨73631

𩁎 66251 34964
tú_9.17 [集韻]同鵌73613

𩁏 66252 34965
è_9.17 [集韻]同鶚73597

𩁐 66253 34966
xuān_9.17 [集韻]同鶱73573

𩁑 66254 34967
hú_9.17 [集韻]同鶘73624

𩁒 66255 34968
jiē_9.17 [集韻]同鶛73603

𩁓 66256 34969
qiū_9.17 [廣韻]七由切[集韻]雌由切𠀤音秋[玉篇]雞雛[廣韻]雅雛 [又]zōu[集韻]子幽切音鎡[揚子方言]雞雛，齊魯之間謂之𩁓子 [又][集韻]將由切音楢。義同。

𩁔 66257 34970
ruán_9.17 [集韻]儒轉切音㬉[玉篇]𪇰雞[博雅]𩁔，𪇰也 [又]rún[廣韻]如均切[集韻]濡純切𠀤音犉[廣韻]𪇰雞晚生 [又][集韻]而宣切音瑞。義同△[集韻]或作鶫。鎣又䳂66334

𩁕 66258 34971
lí_9.17 [字彙]離字之譌。

𩁖 66259 34972
yú_9.17 [集韻]同鸆73620

雖 66260 34973
suī_9.17 古文帷[唐韻]息遺切[集韻][韻會]宣隹切𠀤音綏[說文]似蜥蜴而大。从虫唯聲 [又][玉篇]詞兩設也[廣韻]助語也[集韻]不定也。況辭也[爾雅·釋訓]每有，雖也[註]

詩曰:每有良朋,辭之雝也 禮·少儀 雝請退可也 疏 雝,假令也。當此時假令請退則可也 又 玉篇 推也 又 與唯通 禮記·表記 唯天子受命於天。註:唯當爲雝。又 荀子·性惡篇 今以仁義法正爲固無可知可能之理耶。然則唯禹不知仁義法正,不能仁義法正也。楊倞註:唯讀爲雝。 鍌 又魚52330虽52381蠳53289雝66236

66261 34974 雔 jú_9.17 集韻 同鴡73635亦作鳩。

66262 34975 雗 nàn_9.17 集韻 難66312古作雖。

66266 u29004 雗 mín_9.17 俗鷭73464

66263 34976 雗 chūn_9.17 集韻 與鶉同

66264 46228 雗 chóu_9.17 五音篇海 同讎。

66265 u29016 雗 jí_9.17 同喋07156馬王堆漢墓帛書·十六經·正亂 腐其骨肉,投之苦醯,使天下雔之。

66267 u29013 雗 gē_9.17 俗鴿73712亦作鴣73669

66268 u29012 雗 null_9.17 未詳。

66269 u29011 雗 yù_9.17 玉篇 雊,俞玉切。鳥名。鴰鴠也。或作雓66153

66270 34977 雗 tǐ_10.18 集韻 本作鷈73752

66272 34979 雗 hàn_10.18 唐韻 侯幹切 集韻 侯旰切丛音翰 說文 雗,鳷也。从隹軑聲 玉篇 白鷳雉也 廣韻 雉別名 爾雅·釋鳥 雗,雉 註 白鷳。江東呼爲白鷳,亦名白雉 又 集韻 何干切音寒。義同△ 集韻 或作雗。

66271 34978 雗 yào_10.18 字彙 同鷂

66273 34980 膗 wò_10.18 唐韻 正韻 烏郭切 集韻 韻會 屋郭切丛音雘 說文 善丹也。从丹蒦聲 書·梓材 惟其塗丹雘 釋文 烏郭反 山海經 雞山。其下多丹雘 註 郭璞曰:雘,赤色者。吳任臣:蓋赤石脂之類 又 集韻 爵縛切音婐。義同 書·丹雘釋文 又杻略反。 又 yuè 集韻 王縛切音籰。䂄,雘丹也 又 hù 瑚故切音護 博雅 丹也。 鍌 字鑑 雘,俗作雘48851

66274 34981 雗 nàn_10.18 玉篇 古文難66312字。

66276 34983 雗 táng_10.18 集韻 同鷓73725

66277 34984 雙 shuāng_10.18 唐韻 所江切 集韻 韻會 疏江切丛音霜 說文 隹二枚也。从雔,又持之 後漢·王喬傳 有雙鳧,從東南飛來 又 玉篇 兩也 儀禮·聘禮 凡獻執一雙 又 玉篇 偶也 詩·齊風 冠綏雙止 箋 五人爲奇,而襄公往從而雙之 又 獸名 山海經 南海之外,赤水之西,流沙之東,有三青獸相并,名雙雙 註 郭璞曰:言體合爲一也 公羊傳 所云雙雙而俱至者,蓋謂此也。吳任臣云 獸經曰:文文善呼,雙雙善行 駢志 云雙雙合體,蠻蠻假足 麟書曰:雙雙俱來,孟極是覆 又 鳥名 公羊傳·宣五年其諸爲其雙雙而俱至者與 疏 舊說云雙雙之鳥,一身二首,尾有雌雄,隨便而偶,常不離散,故以喻焉〇按 公羊傳 疏與 山海經 註異 又 正字通 溫庭筠詩:招客先開四十雙。王弇州註云雙,五畝也。四十雙,二百畝也。或曰 唐書·南詔傳 官給田四十雙,爲二百畝。又 雲南雜志 俗耕田,三人使二牛,前牽,中壓,後驅,犁一日爲一雙。又 陶九成 輟耕錄 謂一雙爲四畝,佛地以二畝爲一雙,蓋各從其方俗而名之,非有成數也 又 姓 正字通 南北朝孝子雙泰貞 又 shuàng 集韻 朔降切音淙。偶也。 鍌 又双05163隻05282雙05295覆66666霙66902夒66279毚68884 又 字鑑 雙,俗作雙66316雙66340

66278 34985 雕 diāo_10.18 篇海 丁澆切音雕。鶚屬。

66279 34986 夒 shuāng_10.18 篇海 俗雙字。

66275 34982 雗 tà_10.18 字彙 同鶎

66280 34987 雃 cāng_10.18 唐韻 七岡切 集韻 千剛切丛音倉 廣韻 雞雍,同鶬73701

66281 34988 雚 guàn_10.18 唐韻 工換切 集韻 正韻 古玩切丛音灌 說文 雚,小爵也。从萑吅聲 玉篇 水鳥 詩·豳風 雚鳴于垤 集韻 或作鸛 又 草名。◆爾雅·釋草 雚,芄蘭 註 雚芄蔓生,斷之有白汁,可啖 釋文 雚,音貫 又 huán 集韻 胡官切音桓。與芄48989同 又 guān 集韻 古丸切音官。水鳥也。或作鸛。 鍌 又蘿51875

66282 34989 雛 chú_10.18 唐韻 仕于切 集韻 韻會 崇芻切丛音犓 說文 雞子也。从隹从芻 爾雅·釋鳥 生噣,雛 註 生能自食者 釋文 雛,仕俱反 禮·月令 天子乃以雛嘗黍 釋文 仕于反 孟子 力不能勝一匹雛 又 禮·內則 不食雛鼈 註 鼈伏乳者 又 莊子·秋水篇 南方有鳥,其名鵷雛 司馬相如·子虛賦 鵷雛孔鸞 註 鵷雛,鳳屬也 集韻 或作鶵。俗作雛,非 又 jù 集韻 類篇 從遇切音聚 集韻 人名。仲尼弟子顏濁雛。 鍌 又雛66150讎66175翵73256鷄32292

66283 34990 雜 zá_10.18 廣韻 徂合切 集韻 韻會 昨合切丛音雜 說文 五彩相合也 玉篇 糅也 易·坤卦 夫玄黃者,天地之雜也 周禮·冬官考工記 畫繢之事雜五色 又 禮·玉藻 雜帶 註 雜,猶飾也,卽上之輡也 又 玉篇 同也 廣韻 集也 易·繫辭 雜物撰德 疏 言雜聚天下之物 又 揚子方言 碎也 易·繫辭 其稱名也,雜而不越 疏 辭理雜碎,各有倫序,而不相乖越 又 玉篇 厠也 又 最也 又 廣韻 帀也 又 穿也 又 鳥名 爾雅·釋鳥 爰居,雜縣 疏 爰居,海鳥也,一名雜縣 又 集韻 七盍切,音囃。又 韻會 正韻 七合切,音趿 公羊傳·成十五年諸大夫皆雜然曰:仲氏也,其然乎 釋文 雜,七合反,又如字。 鍌 又杂23562榘25667襍54729雜66163雜66237

66284 34991 雝 yōng_10.18 唐韻 集韻 韻會 正韻 丛於容切音邕 說文 雝渠也 爾雅·釋鳥 鶺鴒,雝渠 註 雀屬 又 詩·邶風 雝雝鳴雁 傳 雝雝,雁聲和也。又 大雅 雝雝喈喈 又 詩·召南 不肅雝 傳 雝,和也。又 周頌 有來雝雝 箋 雝雝,和也 又 地名 詩·周頌 于彼西雝 傳 雝,澤也 又 姓 晉語 邢侯與雝子爭田〇按 左傳 作雍 又 yǒng 正韻 尹竦切音勇 詩·小雅 無將大車,維塵雝兮 箋 雝,蔽也 釋文 於勇反 又 yòng 正韻 於用切音灉 詩·小雅·塵雝釋文 又作壅。於用反。 鍌 又鷛74077鶲74106鸎73744雝66292

雞 66285 34992
jī_10.18　[唐韻]古兮切[集韻][韻會]堅奚切[正韻]堅溪切夶音稽[說文]知時畜也[玉篇]司晨鳥[爾雅·釋畜]雞，大者蜀。蜀子，雓。未成雞，健。絕有力，奮[疏]此別雞屬也[春秋說題辭]曰：雞爲積陽，南方之象，火陽精物炎上，故陽出雞鳴，以類感也[易·說卦]巽爲雞[書·泰誓]牝雞無晨[周禮·春官·大宗伯]六摯，工商執雞[禮·曲禮]雞曰翰音[图][爾雅·釋鳥]翰，天雞[註]翰雞赤羽[逸周書]文翰若彩雞，成王時蜀人獻之[图][爾雅·釋蟲]䗚，天雞[註]小蟲，黑身赤頭，一名莎雞，又曰樗雞[詩·豳風]六月莎雞振羽[爾雅翼]一名梭雞。一名酸雞[图][周禮]雞人，官名[周禮·春官·雞人]掌共雞牲，辨其物。大祭祀，夜嘑旦以嘂百官[图][禮·明堂位]灌尊，夏后氏以雞彝[图]地名[春秋·襄三年]同盟于雞澤[註]在廣平曲梁縣西南。又[昭二十三年]吳敗頓、胡、沈、蔡、陳、許之師于雞父[註]雞父，楚地[戰國策]負雞次之典[前漢·地理志]鬱林郡，雍雞縣[图]姓[正字通]明正統，陝西苑馬寺監正雞鳴時。△[說文]籀文作雞73743。
[图]又鸡72931鷄72935鶏05278雞66081鷄73569雞66240
[图][四聲篇海]䳓73758苦奚切，知時鳥，又作鷄。

䳏 66286 34993
guī_10.18　[唐韻]戶圭切[集韻][韻會]玄圭切夶音攜。•[說文]周燕也。从隹从屮，象其冠也。同聲[通雅][爾雅]本文：䳏周，燕燕乙。陸機云䳏周，子規也。燕燕則乙[說文]失[爾雅]之句讀，誤以周燕釋䳏[玉篇]卽布穀[集韻]或作鴶[图][禮·曲禮]立視五巂[註]巂，猶規也。謂輪轉之度之。巂，或爲榮[釋文]巂，惠圭反，車輪轉一周爲巂。一周，一丈九尺八寸也[图][公羊傳·僖二十六年]公追齊師至巂[釋文]巂，戶圭反○按[左傳]作酅[图]guī[集韻]均窺切音規[爾雅·釋鳥]䳏周[釋文]巂音規[集韻]本作雟。或作鴶[图]xī[廣韻][韻會]息委切[集韻]選委切夶音髓。郡名[前漢·地理志]越巂郡[註]元鼎六年開。應劭曰：故邛都國有巂水，言越此水，以章休盛也。師古曰巂音先蘂反[集韻]或作嶲[图]juàn[集韻]徂兗切，音吮。地名[公羊傳·至酅][釋文]又似兗反[集韻]或作酀。[图]又巂66220[图]俗从山[新撰字鏡·山部]嶲66296巂14098巂14329，三同。正胡圭反，平。布穀鳥規也。借思詭反。上謂輪轉之度也。

雋 66287 34994
juān_10.18　[字彙補]子泉切，音箋◇鑽鏤也。出[續高僧傳]

雒 66288 46229
wéi_10.18　[龍龕]音維。

雗 66289 46230
nán_10.18　[龍龕]同難。

雔 66290 u2B55C
null_10.18　未詳。

難 66291 uFAC7
nán_10.18　同難66312

雤 66293 u29020
kòu_10.18　同鷇73750

雌 66292 u29022
yōng_10.18　雝66284或作雌。見[六書統][毛公鼎]女顨于政，勿雌律庶民。

䳚 66294 u4A03
yàn_10.18　[中文大辭典·隹部]與鷃73742同[集韻]鷃，鴳屬。或作鶠。亦从隹△宏按，[集韻]鷃鷃鶠，鴳屬。或作鶠。亦从隹。从隹當作雞。

雠 66295 u96E0
chóu_10.18　[简]雠56881

巂 66296 u5DC2
xī_10.18　同巂14329

難 66297 34996
nán_11.19　[正字通]俗字[說文]鷬，重文作難。俗省作難。

雦 66298 34997
zhuó_11.19　[集韻]同鵫73858

雟 66299 34998
xí_11.19　[集韻]本作鶛73827[玉篇]鳥也。

雧 66300 34999
cán_11.19　[集韻]同鷷73856

雡 66301 35000
liù_11.19　[唐韻][集韻]夶力救切音溜[說文]鳥大雛也。从隹翏聲[图]一曰雉之莫子爲雡[图][廣雅]雡，雛也。[图]又雡66363

䳝 66302 35001
cóng_11.19　[集韻]牆容切音從。雞也[揚子方言]桂林之中謂雞曰䳝△[集韻]或作䳯[廣韻]書作雞。[图]又鷀73814鴠66118

雦 66303 35002
jí_11.19　[集韻]同鶺73822

䧌 66304 35003
má_11.19　[集韻]謨加切音麻。雞名。

雦 66305 35004
òu_11.19　[集韻]於候切音漚。鳥聲。

雦 66306 35005
yóng_11.19　[集韻]同鷛73850

離 66307 35006
lí_11.19　[唐韻]呂支切[集韻][韻會]鄰知切夶音驪[說文]離黃，倉庚也，鳴則蠶生。从隹离聲[玉篇]亦作鸝[廣韻]今用鸝爲鸝黃，借離爲離別[集韻]或作鴷[图]卦名[易·離卦·象]曰：離，麗也[玉篇]離，明也[图][玉篇]散也[廣韻]近曰離，遠曰別[揚子方言]參、蠡，分也。秦晉曰離[易·乾卦]進退無恆，非離羣也[詩·王風]有女仳離[图][玉篇]遇也[揚子方言]羅謂之離[易·小過]飛鳥離之[前漢·揚雄傳]反離騷[註]應劭曰：離，猶遭也[图][詩·小雅]不離于裏[疏]離，歷也[玉篇]兩也[禮·曲禮]離坐離立[註]離，兩也。兩相麗謂之離[图][玉篇]判也[禮·學記]一年視離經辨志[註]離經，斷絕句也[周禮·夏官·形方氏]無有華離之地[註]華讀爲呱，正之使不呱邪僻絕[图][禮·明堂位]叔之離磬[註]離，謂次序其聲懸也[疏]叔之所作編離之磬[图][儀禮·大射儀]中離維綱[註]離，猶過也，獵也[图][玉篇]陳也[左傳·昭元年]設衛離服[註]離，陳也[图][爾雅·釋親]男子謂姊妹之子爲出，謂出之子爲離孫[图][荀子·非相篇]離然[註]離離，不親事之貌[图][爾雅·釋詁]覭髳，茀離也[註]謂草木之蒙茸翳薈也。茀離卽彌離，彌離猶蒙茸[图][屈原·離騷]長余佩之陸離[註]陸離，猶嵾嵯，衆貌也。許慎云美好貌。師古云分散也[图][前漢·郊祀歌]闟流離[註]流離，不得其所者[图][司馬相如·大人賦]滂濞泱軋，麗以林離[註]林離，捃攡也[揚雄·羽獵賦]淋離廓落[图][司馬相如·大人賦]前長離而後矞皇[註]服虔曰：皆神名也。師古曰長離，靈鳥也○按[前漢·禮樂志]作長麗。[註]云星名[張衡·思玄賦]前長離使拂羽兮[註]長離，南方朱雀神也。[图][爾雅·釋樂]大琴謂之離[疏]音多變聲流離也[图][前漢·西域傳]罽賓出璧流離[註]師古曰[魏略]云大秦國出赤、白、黑、黃、青、綠、縹、紺、紅、紫十種流離。[图]馬名[李斯·諫逐客書]乘纖離之馬[图]鳥名[詩·邶風]流離之子[傳]流離，鳥也○按[爾雅·釋鳥]註作留離[图]草名

屈原·離騷扈江離與辟芷兮註離，蘼蕪也。又司馬相如·子虛賦檗離朱楊註離，山梨。又埤雅韓詩曰：芍藥，離草也。將離，相贈以芍藥。一名可離又木名史記·孔子世家註皇覽曰：塋中樹，柞、枌、雒、離。又水名前漢·武帝紀出零陵下離水又地名左傳·成十五年會吳于鍾離註鍾離，楚邑，淮南縣又國名前漢·西域傳東離國，大國也拾遺記泥離之國來朝又廣韻姓也。孟子弟子離婁又chī集韻抽知切音痴。本作螭53262又lǐ集韻輦尒切音邐。離跂，攘臂貌又司馬相如·上林賦離靡廣衍註離靡，謂相連不絕也。離，音力爾反。又lì廣韻集韻韻會丛力智切音荔廣韻去也書·胤征畔官離次釋文離，如字，又力智反禮·曲禮鸚鵡能言，不離飛鳥又與荔同司馬相如·上林賦答遝離支註晉灼曰：離支，大如雞子，皮粗，剝去皮，肌如雞子，中黃，味甘多酢少。師古音力智反又lì廣韻集韻韻會丛郎計切音麗禮·月令司天日月星辰之行，宿離不貸註離，讀如儷偶之儷。宿儷，謂其屬馮相氏、保章氏，掌天文者，相與宿偶，當審伺候，不得過差也釋文離，呂計反。偶也。鑾又雛66142離66258又☲，離卦。
又前漢·西域傳。徐慧：後漢之誤。

雔 66308 35007
chén_11.19 集韻同鷐73813

雔 66309 35008
lǘ_11.19 集韻同鷜73852

雔 66310 35009
cháng_11.19 集韻同鶬73830

雔 66311 35010
ān_11.19 玉篇集韻烏含切唐韻恩含切丛音諳說文雗鷽。从隹从酓玉篇雔雗。亦作鶴△集韻亦作鴿鵅鶕雗。

難 66312 35011
nán_11.19 古文難難雖難難離雔難廣韻韻會那干切集韻那肝切丛音䕼說文鳥也。本作鷬又玉篇不易之稱也書·臯陶謨惟帝其難之咸有一德其難其慎又珠名曹植·美人行珊瑚閒木難註南越志曰：木難，金翅鳥沫所成碧色珠也又姓正字通南北朝難從党。見姓苑又nuó集韻韻會囊何切正韻奴何切。丛同儺集韻難，卻除凶惡也周禮·春官·占夢遂令始難歐疫夏官·方相氏率百隸而時難，以索室驅疫禮·月令季春，命國難又季冬，命有司大難又詩·小雅其葉有難傳難然盛貌釋文乃多反又nuò集韻乃可切音娜。同橠25395又nàn廣韻奴案切集韻韻會正韻乃旦切丛音攤廣韻患也易·否卦君子以儉德辟難，不可榮以祿禮·曲禮臨難毋苟免周禮·地官·調人掌司萬民之難，而諧和之註難，相與爲仇讎又詰辨也唐史·韋處厚傳張平叔議糶鹽，韋處厚發十難以詰之又書·舜典惇德允元而難任人傳難，拒也釋文乃旦反又公羊·隱八年·我入邴傳其言入何難也註難，辭也釋文乃旦反，一音如字。又孟子於禽獸又何難焉註難，責也又人名左傳·文元年難也收子釋文乃多反，一音如字。鑾古文亦作難66391又難66318难66081難66291雖66289難66297難66362難66364鸛74129又直音篇雔66234同難又四聲篇海難66381古文難字又龍龕難66384籀文。

雔 66313 35012
cóng_11.19 廣韻疾容切音從。楚人謂雞△集韻作鏦。

雔 66314 46231
sǎn_11.19 搜真玉鏡音散。

離 66317 uF9EA
lí_11.19 兼離。

雔 66315 u29033
sǒng_11.19 喃从雄，弄lộng聲。同鳷73288△雔雔：公雞。

難 66318 uFA68
nán_11.19 參見難66312

雙 66316 u29031
shuāng_11.19 俗雙66277

雔 66319 35013
fén_12.20 集韻同鳻73969

雔 66320 35014
liáo_12.20 集韻同鷯73951

雔 66321 35015
huá_12.20 集韻同鷨73929

雔 66322 35016
wéi_12.20 集韻勻規切音蓨。同鸖。詳後雔66347字註又huī◆集韻翾畦切音睳。義同。

雔 66323 35017
fán_12.20 集韻同鷭73944

雔 66324 35018
náo_12.20 集韻同鶫73949

雔 66325 35019
gāo_12.20 集韻同鷎73953

雔 66326 35020
mǎi_12.20 集韻同鷶73962

雔 66327 35021
jiù_12.20 集韻同鷲73982

雔 66328 35022
sàn_12.20 唐韻蘇旰切集韻先旰切丛音散說文繳𢿐也。从隹㪔聲註罾繳，以取鳥也又說文一曰飛𢿐也玉篇飛𢿐不聚也。或作散又集韻顙旱切，散上聲。義同。鑾又𢿐21847

雔 66329 35023
yín_12.20 集韻同鷣73919

雔 66330 35024
jué_12.20 集韻同鷢73918

雔 66332 35026
jīn_12.20 篇海同雔

雔 66331 35025
jīn_12.20 唐韻子心切集韻咨林切丛音祲玉篇雞也廣韻雞之別名集韻或作鷀又集韻子鴆切，音浸。義同。鑾又雔66332

雔 66333 35027
bì_12.20 集韻同鷩73936

雔 66334 46232
rún_12.20 搜真玉鏡如純切。鑾疑同雗。

雔 66335 46233
lí_12.20 篇海類編音離。鑾疑雔字之譌。

雔 66337 u29045
shuì_12.20 同雔66206

雔 66336 u29046
què_12.20 鵲73458本字

雔 66338 u29042
huān_12.20 同雚10293

雔 66339 u29041
yín_12.20 俗嚚07638

雙 66340 u4A07
shuāng_12.20 俗雙66277

雔 66341 35028
zé_13.21 集韻同鸅74050

雔 66342 35029
yì_13.21 集韻同鷧74031

雔 66343 35030
zhān_13.21 集韻同鸇74053

雔 66344 35031
pì_13.21 集韻同鸊74065

66345 35032
qú_13.21　集韻同鸜73963

66346 35033
xué_13.21　唐韻胡角切集韻轄覺切丛音學說文鷽，或作鸒　图wò集韻乙角切音渥。亦與鷽74026同。

66347 35034
suī_13.21　廣韻集韻丛山垂切音夊說文飛也。　图wéi集韻勻規切音蠵。義同。或作鶾鷬　图huī。翾規切音睢。本作陸65808或作隓，亦書作墮。俗作隳，非。

66348 35035
shǔ_13.21　集韻同鸜74035

66349 35036
líng_13.21　集韻同鸏74029

66350 35037
dǎn_13.21　集韻本作鸅74049

66351 35038
lù_13.21　韻會同鷺

66353 u29051
null_13.21　未詳。

66352 46234
yáng_13.21　字彙補俗鸉字。

66354 35039
yuè_14.22　集韻同鷽74102

66355 35040
níng_14.22　集韻同鸋73874

66356 35041
bīn_14.22　古文賓　五音集韻必鄰切音賓玉篇小雀。

66357 35042
yù_14.22　集韻同鷸74109

66358 35043
mí_14.22　集韻同鸍74091

66360 46235
chún_14.22　龍龕同鶉

66359 35044
luò_14.22　字彙補歷各切音洛。鳥名。見朱育集字　〇按即雒字。

66361 u29065
zhuó_14.22　靳22106譌字。見墨子·經說上

66362 u2905A
nán_14.22　同難66373古文難。

66363 u29059
liù_14.22　難66301之訛名義難，来救反。

66364 u29058
nán_14.22　同難66371古文難。

66365 35045
lěi_15.23　集韻同鸓74146

66366 35046
miè_15.23　集韻同鷭74137

66367 35047
cài_15.23　集韻同鸅74130

66368 35048
lí_15.23　唐韻郎兮切集韻憐題切丛音黎說文雜黃也。从隹从黎。一曰楚之雀也，其色黎黑而黃集韻或作鸝鶹鸝　图集韻良脂切音棃。與鷅73472同。

66369 35049
bǔ_15.23　集韻同鸔74133

66371 35051
nán_15.23　玉篇古文難66312字。

66372 35052
nán_15.23　集韻難66312古作難。

66373 35053
nán_15.23　字彙補古文難66312字。

66374 u29066
loi_15.23　嘀从隻雷lôi聲。

66375 35054
huàn_16.24　正字通同逭

66370 35050
gǔ_15.23　集韻同鷢

66376 35055
zá_16.24　唐韻祖合切

集韻昨合切丛音雜說文羣鳥也。从三佳許善心·神雀頌景福氤氲，嘉覜讎集　图玉篇走合切音帀。義同。

66377 35056
lú_16.24　集韻本作鸕74156

66378 35057
jí_16.24　字彙補古文集66112字。見雲臺碑

66379 35058
nán_16.24　集韻難66312古作難。

66381 16.24　同難66371古文難。

66383 35060
yīng_17.25　集韻同鸚

66380 u2906B
quán_16.24　集韻卷鸏逵貟切。曲也。一曰縣名。或从蕢。

66382 35059
nán_17.25　玉篇古文難66312字。

66385 u2906D
null_17.25　未詳。

66384 u2906E
nán_17.25　籀文難66312

66386 46236
yuè_18.26　搜眞玉鏡音籥。

66387 u29071
nhóm_18.26　嘀从集監giám聲△鱻趴：召集，集合

66388 46237
guān_19.27　字彙補同瞿。

66389 35061
jí_20.28　唐韻秦入切集韻藉入切丛音箿說文羣鳥在木上也。从雥从木　图集韻一曰聚也屈原·離騷鷬芙蓉以爲裳△說文或省作集66112

66390 35062
nán_20.28　集韻難66312古作難。

66391 u29073
nán_22.30　同難66390古文難。

66392 35063
yuān_24.32　唐韻烏玄切集韻縈玄切丛音淵說文鳥羣也。鑾又四聲篇海於蠲切。羣鳥也　图鸞66394
鸞66393

66394 46239
yuān_28.36　龍龕同鸞

66393 46238
yūn_24.32　搜眞玉鏡音氲。鑾又四聲篇海於君切。楊寶忠：俗鸞66392

◆ 雨部 ◆

66395 35064
yǔ_0.8　古文雨冇冏冐衆宋唐韻集韻韻會丛王知切音羽說文水从雲下也。一象天，冂象雲，水霝其閒也玉篇雲雨也元命包陰陽和爲雨大戴禮天地之氣和則雨釋名輔也。言輔時生養易·乾卦雲行雨施，品物流形書·洪範八庶徵，曰雨，曰暘　图爾雅·釋天暴雨謂之凍，小雨謂之霡霂，久雨謂之淫。陸佃云疾雨曰驟，徐雨曰零，久雨曰苦，時雨曰澍　图穀雨，二十四氣之一。見後漢·律曆志　图正字通雨虎，蟲名適甲開天圖曰：霍山有雨虎，狀如蠶，長七八寸，在石內，雲雨則出，可炙食。或曰雲師、雨虎，皆石蠶之類。詳見本草綱目　图集韻歐許切音攼。義同图yù廣韻集韻韻會丛王遇切音芋集韻自上而下曰雨雨韻會風雨之雨上聲雨下之雨去聲詩·邶風雨雪其雱。又小雅雨我公田釋文雨，于付反禮·月令仲春，始雨水註漢始以雨水爲二月節图叶羽軌切音以易林陰積不已，雲作淫雨。鑾又溺28251　图兩金石文字辨異·雨引唐贈泰師孔宣

公碑又古文四聲韻宋冏峤13586，並崔希裕纂古

66396 u2FAC
yǔ_0.8　同雨66395部首專用字。亦作⻗66397

66397 u2ED7
yǔ_0.8　部雨66396

66398 u29036
ngât_1.9　喃从雨屼ngât省聲。

66399 35065
chēng_2.10　玉篇敕庚切音䞓。雨也。

66401 u29078
null_2.10　未詳。

66400 u2B55D
null_2.10　殷周金文集成·8.4265·佣生簋厥紉（絶）雩谷。

66402 35066
yú_3.11　唐韻羽俱切集韻韻會雲俱切丛音于說文夏祭，樂於赤帝，以祈甘雨也。从雨于聲玉篇請雨祭也爾雅·釋訓舞號雩也註雩之祭，舞者吁嗟而求雨禮·月令仲夏，大雩註雩，吁嗟求雨之祭也左傳·桓五年龍見而雩註遠爲百穀祈膏雨也疏雩之言遠也。遠者豫爲秋收，言意深遠也又雩婁。地名左傳·襄二十六年楚子秦人侵吳及雩婁釋文雩，音于。又前漢·地理志豫章郡雩都，琅邪郡雩叚又xū廣韻況于切集韻匈于切丛音訏廣韻雩婁，古縣名。在廬江左傳·雩婁釋文徐邈讀又xū集韻休居切音虛左傳·雩婁釋文韋昭讀又wū集韻汪胡切音烏左傳·雩婁釋文或讀一呼反。又yù集韻類篇丛王遇切音吁爾雅·釋天螮蝀謂之雩。螮蝀，虹也註俗名美人虹。江東呼雩釋文雩，于句切△說文或作䨞。鼇又羿45990雩66403

66403 35067
yú_3.11　正韻同雩

66404 35068
sǎn_3.11　五音集韻桑感切音繆玉篇小雨也又shān廣韻所咸切集韻師咸切丛音攕。又集韻師銜切音衫。義丛同。或作霎。

66405 35069
líng_3.11　篇海力丁切音零。女字。

66406 35070
xuě_3.11　唐韻集韻相絶切韻會正韻蘇絶切丛音㡨●說文本作䨮。凝雨元命包陰凝爲雪釋名雪，綏也。水下遇寒氣而凝，綏綏然下也埤雅雪六出而成華，言凡草木華五出，雪華獨六出，陰之成數也詩·邶風雨雪其雱又廣韻除也韻會洗也莊子·知北遊澡雪而精神戰國策得賢士與共國，以雪先王之恥，孤之願也又廣韻拭也家語以黍雪桃史記·酈食其傳沛公遽雪足杖矛，曰：延客入又小雪、大雪，丛節候名。見後漢·律曆志又山名後漢·明帝紀註天山卽祈連山。一名雪山又陽春白雪，古曲名又姓正字通明洪武中巡簡雪霽。鼇又劓03713彐16362

66407 35071
yǔ_3.11　字義總略古文雨66395字。

66410 u2B55E
null_3.11　未詳。

66408 46240
nüè_3.11　龍龕與虐同

66413 u2907F
nüè_3.11　俗虐52133

66409 46241
nǎ_3.11　龍龕奴寡切

66411 u29081
báo_3.11　俗雹66453亦作䨔66419龍龕雹俗，雹66453正又ngút喃从雨兀ngột聲。氛氲

66412 u29080
cơn_3.11　喃从雨干can聲△䨏䨎：一陣風。

66415 u2907D
null_3.11　未詳。清·胡聘之山右石刻叢編·卷十二·宋·李將軍墓碑䨝霆而雷操。

66414 u2907E
null_3.11　未詳。

66416 35072
fǒu_4.12　篇海芳否切音恒。霧霏也○按卽霏字之譌。

66417 35073
hū_4.12　篇海音忽。雷也。鼇俗或作霘龍龕霘，霧雷。霧雷又作霶雷、忽雷、呼雷，雷響又民國膠志雷聲曰霧霆。

66418 35074
shài_4.12　集韻所介切音鎩。雨疾也。鼇譌作霡66469直音篇霡，音曬。雨疾也。

66419 35075
báo_4.12　篇海蒲角切。同雹。雨冰也○按卽雹字之譌。

66420 35076
sè_4.12　廣韻色立切集韻色入切丛音澀玉篇霎，雨聲廣韻小雨聲也又xí集韻息入切音䲵。同霅。

66421 35077
tún_4.12　集韻徒渾切音屯玉篇大雨也。鼇正字通䨘66575，同霕。

66422 35078
jiān_4.12　篇海音尖。小雨貌又音衫。義同。

66423 35079
mù_4.12　集韻莫卜切音木。鳥羽澤也。

66424 35080
fǒu_4.12　集韻匹九切音㨗。霧也又fù房尤切音浮。義同又fù玉篇芳賦切音赴。雨不止也。鼇又霈66416

66425 35081
yīn_4.12　集韻與霒同。

66426 35082
wén_4.12　廣韻集韻韻會正韻丛無分切音文廣韻雲文集韻雲成章曰雯古三墳日雲赤曇，月雲素雯。

66427 35083
fēn_4.12　廣韻撫文切集韻韻會正韻丛敷文切，音芬玉篇霧氣也又韻會雰雰，雪貌詩·小雅雨雪雰雰又釋名潤氣，著草木，遇寒凍色白曰雰又fén唐韻集韻丛符分切音汾說文本作氛。祥氣也集韻或作氛。

66428 35084
jīng_4.12　篇海烏迴切音淡字彙深池也又篇海音營。義同○按卽霐字之譌。鼇可洪音義帑霏：上於營反，覆也。覆，敗也。下徂頂反，小水也。正作泬也法句喻經云如壞穿水，是也經音義作濴水，烏營反，非也。覆，芳伏反，傾敗也。

66429 35085
pāng_4.12　唐韻正韻普郎切集韻韻會鋪郎切丛音磅玉篇雪盛貌詩·邶風雨雪其雱又fāng集韻類篇丛敷方切音芳。雰雰，雪貌△集韻本作滂，沛也。或作霶雱。

66430 35086
qìn_4.12　玉篇七鴆切，侵去聲。雲行也。

66431 35087
yún_4.12　唐韻集韻王分切韻會正韻于分切丛音云說文山川气也。从雨、云，象雲回轉形廣韻河圖曰：雲者，天地之本元命包陰陽聚爲雲易·乾卦雲行雨施又詩·大雅倬彼雲漢傳雲漢，天河也又爾雅·釋親仍孫之子爲雲孫註言輕遠如浮雲又周禮·春官·大司樂

舞雲門 大卷 註 周所存六代之樂，黃帝曰 雲門 大卷 図 史記·黃帝紀 官名，皆以雲命爲雲師 図 澤名 書·禹 貢 雲土夢作。又 左傳·定四年 楚子涉睢濟江，入于雲中 爾雅·釋地 楚有雲夢 疏 此澤跨江南北，亦得單稱雲，單稱夢 司馬相如·子虛賦 雲夢者，方九百里 図 拾遺記 蓬萊山，亦名雲來 図 郡縣名 前漢·地理志 琅邪郡雲縣。又雲中郡 図 姓 正字通 緜雲氏之後。唐雲洪嗣。明雲衢，雲岫 図 叶于員切 陳琳·馬瑙勒賦 初傷勿用，俟慶雲兮。君子窮達，亦時然兮 △ 說文 通作云。鑒 又皇48210 今簡化作云00572

霖 66434 46243
chuān_4.12　龍龕 音川　需字。見 歸藏易。李陽冰曰：雲上于天也。

雩 66432 35088
xū_4.12　字彙補 古文

霁 66433 46242
fù_4.12　五音篇海 音父。鑒 楊寶忠：俗虔52143

䨓 66435 u2B560
bà_4.12　二簡 霸66814，簡作䨓。

霄 66436 u2B55F
xiāo_4.12　俗霄66518 碑別字新編 引 齊石信墓誌

霄 66440 u2908C
null_4.12　未詳。

雸 66438 u29090
rám_4.12　喃 从雨壬nhăm聲。陰霾△雸沫：背陰，陰涼。

霁 66441 u2908B
null_4.12　未詳。

雺 66439 u2908F
qián_4.12　龍龕 音虔。鄭賢章：俗虔 図 che 喃 遮 △ 雺霜：躲雨。雺霈：保護。

雳 66443 u96F3
lì_4.12　簡 靂66871

霘 66437 u29091
bùng_4.12　喃 同靄66648

霗 66444 35089
hóng_5.13　字彙 同洚　金石文字辨異 引 五代後周顯德五年舍利銅塔銘

霛 66442 u2908A
líng_4.12　俗靈66880

霱 66445 35090
chì_5.13　廣韻 丑入切 集韻 敕立切 丛音裮 玉篇 霱霱 廣韻 大雨 博雅 雨也 図 集韻 力入切音立。義同。

霙 66446 35091
yāng_5.13　集韻 倚朗切音块 玉篇 霙霙，白雲貌 図 yāng 集韻 韻會 丛於良切音央。義同。

零 66447 35092
líng_5.13　古文 𩂃 唐韻 集韻 韻會 丛郎丁切音靈。◆說文 餘雨也。从雨令聲 図 玉篇 徐雨也 図 廣韻 落也 詩·鄘風 靈雨既零 傳 零，落也 図 字彙 畸零，凡數之零餘也 図 後漢·高句驪傳 好祠鬼神，社稷零星 註 風俗通 曰：辰之神爲零星 図 水名 前漢·匈奴傳 零吾水上。図 前漢·司馬相如傳 通零關道 註 徐廣曰：越巂有零關縣。又 前漢·地理志 武陵郡零陽。零陵郡零陵。又 韻會 丁零，亦地名。通作靈令 図 姓 正字通 明成化舉人零混。図 與苓通 莊子·徐無鬼 豕零也 註 進學解 所謂豨苓也 図 lián 廣韻 落賢切 集韻 韻會 正韻 靈年切丛音蓮 廣韻 先零，西羌也 前漢·趙充國傳 先零豪言，願時渡湟水北 註 零，音憐 図 lìng 廣韻 集韻 丛郎定切音令 廣韻 零，落 集韻 或作霗。亦作霝。鑒 又𩃀02079霤30554零66604㵤66579霳66779 図 㮮41074 偏類碑別字·零 引 魏杜文雅造象記 可 洪音義 木㮮：力丁反，葉落也。正作零、蓉51149二形 図 字海 㮮66460，同零，字見 字彙補 △宏按，字彙補 㮮，音義闕。㮮中，闕名。古有零中峽。

霡 66448 35093
yì_5.13　玉篇 於罽切，音意 ◇ 大露也 図 ài 集韻 𩂺 懈切音隘。亦霧也。

霚 66449 35094
dōng_5.13　廣韻 集韻 韻會 丛都宗切音冬 廣韻 雨貌。

雷 66450 35095
léi_5.13　古文 𩅹 𩂣 𩅾 𩃪 雷 𩃨 𩄣 䨳 𩇓 唐韻 魯回切 集韻 韻會 正韻 盧回切丛音罍。◆說文 本作𩂣。陰陽薄動，𩂣雨生物者也。从雨畾聲。象回轉形 易·說卦 震爲雷 禮·月令 仲春，雷乃發聲 図 禮·曲禮 毋雷同 註 雷之發聲，物無不同時應者。人之言當各由己，不當然也 図 司馬相如·大人賦 左玄冥而右黔雷 註 黔雷，黔嬴也，天上造化神名 図 周禮·地官·鼓人 以雷鼓鼓神祀 註 雷鼓，八面鼓也 図 韻會 雷門，會稽城門，有大鼓，聲聞百里 前漢·王尊傳 毋持布鼓過雷門 図 南部新書 胡琴大曰大忽雷，小曰小忽雷 図 山名 書·禹貢 壺口雷首 疏 雷首，在河東蒲坂縣南 図 澤名 書·禹貢 雷夏既澤 傳 雷夏，澤名 図 漢侯國名。在東海。見 史記·建元以來王子侯者年表 図 外國名 前漢·西域傳 無雷國王治盧城。図 州名 韻會 在廣西，其山爲雷所震，水流爲江。唐置雷州 図 姓也 前漢·淮南王安傳 郎中雷被 図 léi 音罍 楚辭·九歌 駕龍輈兮乘雷，載雲旗兮委蛇 晉語 青陽方雷氏之甥也 註 方雷，西陵氏之姓。黃帝娶於西陵氏之子曰纍祖，實生青陽。雷纍同 〇 按 晉語 註，雷有纍音，非止叶音也 図 lěi 集韻 魯水切音壘。推石下也 図 lèi 集韻 盧對切音類。本作礧。或作壘礧榴埪蒼 推石自高而下也 周禮·秋官·職金 註 槍雷，椎椁之屬 釋文 劉音誄。沈云當爲礧，郎對反 前漢·鼂錯傳 具藺石 註 如淳曰：藺石，城上雷石。師古曰：雷，來內反 図 正字通 擊鼓曰雷 古樂府 官家出遊雷大鼓。鑒 又𩂣08238𩃪35737䨳35762 図 正字通 潘29837，舊注音雷，澤名。按：古雷澤卽舜所漁處，地在城陽周處。

霜 66451 35096
án_5.13　集韻 五甘切音泔。霜也。

霘 66452 35097
fú_5.13　集韻 分物切音弗。雨貌。

雹 66453 35098
báo_5.13　古文 䨔 𩄆 𩆱 唐韻 蒲角切 集韻 韻會 正韻 弼角切丛音撲 說文 雨冰也 大戴禮 陽之專氣爲霰，陰之專氣爲雹。霰雹者，一氣之化也 註 陽氣在雨，溫暖如陽。陰氣薄之，不相入，搏而爲雹。故 春秋穀梁說 雹者，陰脅陽之象也 坤雅 陰包陽爲雹。申豐以爲古者藏冰固陰，沍寒而無雹，蓋陽無所洩，雹之所以生也 雹形似今半珠，其粒皆三出。雪六出成華，雹三出成實，雹冰之類，造化權輿。曰：雹者，雨之冰也。又曰：北方之氣，雲雨雹霰雪 禮·月令 仲夏，行冬令，則雹凍傷穀 註 子之氣乘之也。陽爲雨，陰起脅之，凝爲雹 左傳·昭四年 聖人在上，無雹。雖有，不爲災 韻會補 洮岷間，雨雹曰白雨。又曰硬頭雨。宋紹興十七年，臨安雨雹，太學屋瓦皆碎。學官諱言雹，遂稱硬雨 図 集韻 蒲沃切音僕。義同。鑒 又霘66419 図 龍龕 霘66492霚66411雹66673三俗，𩆱66635霘䨔六古三古，雹正。

霡 66454 35099
fú_5.13 集韻敷勿切音拂。雲貌。

霿 66455 35100
méng_5.13 廣韻正韻莫紅切集韻韻會謨蓬切夶音蒙爾雅釋天天氣下,地不應曰霿註言蒙昧疏書洪範曰霿。註:霿聲近蒙詩零雨其蒙,則霿是天氣下降,地氣不應,蒙闇也玉篇本作霚廣韻同霧集韻或作霧夶móu廣韻莫浮切集韻韻會迷浮切夶音謀。義同集韻或作霿蒙夶mèng廣韻韻會莫綜切集韻莫宋切夶同霧廣韻地氣上,天不應韻會補古文尚書雨霿,霿圛克註霿,地氣上。天氣不下也夶廣韻莫候切音茂。義同夶wù玉篇武賦切集韻亡遇切夶音務集韻本作霚66612或作霧66710

霅 66456 35101
zé_5.13 集韻側格切音窄。雨貌。

霈 66457 35102
pò_5.13 集韻普沒切音頖。雲貌。

電 66458 35103
diàn_5.13 古文霅唐韻集韻韻會堂練切正韻蕩練切夶音殿說文陰陽激燿也。從雨從申埤雅電與雷同氣。雷從回,電從申,陰陽以回薄而成雷,以申洩而爲電。或曰雷出天氣,電出地氣,故電從坤省說卦離爲電。電,火屬也。蓋陰陽暴格,分爭激射,有火生焉,其光爲電,其聲爲雷。今鐵石相擊則生火,燒石投井則起雷。又況天地大爐之所薄動,眞火之所激射乎。董子曰:太平之世,雷不驚人,號令啓發而已。電不炫目,宣示光耀而已釋名電,珍也。乍見則珍滅也易·噬嗑雷電合而章註雷電夶合,不亂乃章。又豐卦雷電皆至疏雷者,天之威動。電者,天之光耀。雷電俱至,則威明備足以爲豐也詩·小雅爗爗震電禮·月令仲春,雷乃發聲,始電疏電是陽光,陽微則光不見,此月陽氣漸盛,以擊於陰,其光乃見,故云始電春秋·隱九年大雨震電疏河圖云陰激陽爲電,電是雷光穀梁傳震,雷也。電,霆也淮南子·原道訓電以爲鞭策。鼜又屯35359霣66733霝66732霅66496霅66494電66552

雺 66459 35104
xiá_5.13 字彙補古文陝字。見同文鐸

霉 66465 u2B562
null_5.13 未詳。

零 66460 35105
líng_5.13 字彙補關名。音未詳李尤·函谷關賦其南則有蒼梧、荔浦、離水、謝沐、涯浦、零中註蒼梧以下六關在南

霌 66461 35106
dàng_5.13 字彙補徒浪切音宕。洞屋。鼜俗宕12003

霝 66466 u2B561
null_5.13 喃未詳。

霻 66462 42180
wā_5.13 五音篇海烏瓜切音蛙。霻下也。鼜俗窊41075

霔 66471 u2909B
null_5.13 未詳。

霈 66463 46244
pào_5.13 龍龕普孝切

霬 66472 u2909A
hū_5.13 同霚66417

霴 66464 46245
hū_5.13 龍龕音行。又音于。鼜同虖夶鄭賢章:霿疑乃零字之訛。

霫 66467 u290A0
đây_5.13 喃從雨代đại聲。

霥 66468 u2909F
mù_5.13 喃從雨戌mậu聲。霧,霾。

霵 66469 u2909D
yīng_5.13 龍龕霵誤,霙66611正夶shài清刻本集韻

霙,所介切。雨疾也。按,宋本作霙66418

霷 66470 u2909C
chù_5.13 俗處52157可洪音義霷世:上尺与反。

零 66473 uF9B2
líng_5.13 兼零。

雷 66474 uF949
léi_5.13 兼雷。

霧 66475 u96FE
wù_5.13 简霧66710

霨 66477 35108
cí_6.14 集韻才資切音茨玉篇大雨夶集韻雨聲。或作霶,亦書作霶。

霪 66476 35107
yín_6.14 唐韻鉏箴切集韻鉏簪切夶音岑說文霖雨也。南陽謂霖雨爲霪。從雨㸒聲夶ái廣韻擬皆切集韻宜皆切,並駭平聲。又集韻魚音切音吟。義夶同。夶廣韻五佳切集韻宜佳切夶音崖廣韻雨聲。

霋 66478 35109
qià_6.14 廣韻侯夾切集韻轄夾切夶音狹玉篇與洽28203同夶集韻澈濕也。

落 66479 35110
luò_6.14 唐韻盧各切集韻韻會正韻歷各切夶音洛說文雨零也。從雨各聲玉篇或作落。

霊 66480 35111
huà_6.14 玉篇胡卦切,音話◇海船也。

霏 66481 35112
tí_6.14 廣韻杜奚切集韻韻會田黎切正韻杜兮切夶音啼玉篇霼雲集韻一曰雨止。

霠 66482 35113
yìn_6.14 廣韻於刃切集韻伊刃切夶音印玉篇氣也廣韻氣行集韻氣流行謂之霠。

羽 66483 35114
yǔ_6.14 唐韻集韻夶王矩切音羽說文水音也。從雨羽聲夶yù廣韻集韻夶王遇切音芋。義夶同△集韻通作羽。

霦 66484 35115
bèng_6.14 集韻北諍切音迸。雷聲。

雷 66485 35116
léi_6.14 集韻雷66450古作雷韻會通志曰:回,古雷字,後人加雨作雷。回象雷形,古尊罍多作雲回。

霘 66486 35117
yū_6.14 廣韻憶俱切集韻邕俱切夶音紆玉篇雨貌廣韻霠,注雨貌集韻霠霛,暴雨△廣韻書作霠。

霝 66487 35118
sè_6.14 集韻色責切音棟。霰也。

雷 66488 35119
léi_6.14 玉篇古文雷66450字。

霝 66489 35120
diào_6.14 字彙徒弔切音棹。晴霝,幽冥也王逸·九思聞晴霝兮摩睹夶zhái字彙補直格切音宅。與翟氏之翟同。高峻貌淮南子·原道訓上遊於霄霝之野。◆俶眞訓蕭條霄霝,無有彷彿又橫局天地之間,而不霝不通△篇海本作窕。

需 66490 35121
xū_6.14 古文㝢唐韻相兪切集韻韻會詢趨切夶音須說文頯也。遇雨不進,止頯也。從雨而聲易曰:雲上于天,需註徐鉉曰:李陽冰據易雲上于天云當從天。然諸本皆從而,無從天者玉篇卦名易·需象需,須也。險在前也周禮·冬官考工記輈人,行數千里,馬不契需疏從易·需卦之需釋文音須莊子·徐無鬼濡需者,豕蝨是也註濡則不去,需則有待夶集韻一曰疑也韻會遲疑需待也左傳·哀十四年需,事之賊也夶韻會

索也。又 字彙 姓也 図rú 集韻 汝朱切音儒。韋柔滑貌 戰國策 其需弱者來使,則王必聽之 註 需,音儒 集韻 或作 剿 図ruǎn 集韻 正韻 汰乳兗切音㮃 集韻 本作輭,柔也。或作輭、軟、濡,通作㮃 韻會 本作剿。或作剿 周禮·冬官考工記 鮑人,欲其柔滑,而腥脂之,則需 註 故書需作剿。剿讀爲柔需之需 釋文 需,人兗反 図 周禮·冬官考工記·弓人 薄其帤則需 註 需,謂不充滿 疏 需,幖不進,故爲不充滿。陸云罷需 図nuàn 集韻 奴亂切音糯。弱也 周禮·冬官考工記 馬不契需 註 需讀爲畏需之需 釋文 又乃亂反 集韻 本作偄。或作愞懦燸㮃 図 韻會補 鄭玄 周易註 需讀爲秀。陽氣秀而不直前者,畏上坎也。
鍪又需46364

霄 66491 35122
xiè_6.14　字義總略 音屑。雪也 楊慎 轉注古音 說文 雨霓爲霄,從雨肖聲。霓即古文霰字。肖音俏,霄亦當音俏。徐鉉以相邀切音之,蓋誤以肖爲肖耳○按 說文 本作霄。升庵以爲霄字,不知何據 正字通 仍 字義總略 作先結切音屑。而歷引 爾雅·釋天 謝莊·雪賦,駁相邀切之非。今按諸書本俱作霄。汰無作霄者。姑誌以備參考。

霓 66492 35123
báo_6.14　字彙補 霓字之譌。

霄 66497 46247
jì_6.14　龍龕 同霽

霓 66493 35124
chǔ_6.14　字彙補 與處同 漢楚相孫君碑 霓幽暗而照明。

電 66494 35125
diàn_6.14　字彙補 與電同。見漢碑。

零 66495 35126
yū_6.14　廣韻 雩書作霅。

霍 66498 u2B564
null_6.14　未詳。

霓 66496 46246
diàn_6.14　川篇 與電同

霅 66499 u2B563
null_6.14　未詳。

霖 66501 u290B4
sè_6.14　集韻 涑28151,色責切 說文 小雨零皃。或作霖、溹。

霜 66500 u290B6
sét_6.14　嗬 同熮66702霹靂。

霙 66503 u290B2
null_6.14　未詳。

霊 66502 u290B3
líng_6.14　俗靈66880亦作靈 金石文字辨異 引唐內侍李輔光墓志

裘 66504 u290B1
null_6.14　未詳。

霂 66505 u290B0
null_6.14　未詳。

霖 66507 u290AE
kāng_6.14　俗康15552

霂 66510 35127
mù_7.15　唐韻 集韻 韻會 正韻 汰莫卜切音木 說文 霡霂也,從雨沐聲 爾雅·釋天 小雨謂之霡霂 詩·小雅 益之以霡66663霂。

霖 66506 u290AF
null_6.14　未詳。

霏 66511 35128
fú_7.15　廣韻 縛謀切 集韻 房尤切汰音浮 玉篇 霏霏,雨雪貌。通作浮。

霑 66508 u290AD
null_6.14　未詳。

霓 66512 35129
chén_7.15　唐韻 直深切 集韻 韻會 正韻 持林切汰音沈 說文 久陰也。從雨沈聲 集韻 通作沈。鍪又霓66514霓66513

霙 66509 u9701
jì_6.14　简 霽66831

霖 66516 35133
sè_7.15　集韻 色責切音棘。本作溹。小雨零貌。或作溹。鍪俗霖66501

霓 66513 35130
chén_7.15　正字通 霓字之譌。

霓 66514 35131
chén_7.15　正字通 俗霓字。

霙 66515 35132
yì_7.15　廣韻 集韻 汰營隻切音役 玉篇 大雨也 廣韻 霙霙,大雨。鍪俗作霙66531

霰 66517 35134
xiàn_7.15　唐韻 蘇甸切 集韻 正韻 先見切,汰先去聲 爾雅·釋天 雨霓爲霄雪 疏 霓與霰音義同 埤雅 霰本睍省,睍從消省 詩曰:見睍曰消。蓋雪以微溫搏之,故散而成霓。郭璞所謂冰雪雜下,謂之消雪是也△說文 本作霰66767 玉篇 亦作霾 集韻 或作霖。

霄 66518 35135
xiāo_7.15　廣韻 相邀切 集韻 韻會 思邀切汰音宵 說文 雨霓爲霄。從雨肖聲。齊語也 爾雅·釋天 雨霓爲霄雪 註 詩 如彼雨雪,先集維霰。霰,冰雪雜下者,謂之霄雪 疏 霄,即消也 韻會 霄雪,今人所謂濕雪也。著物則消 図 玉篇 雲氣也 廣韻 近天氣也 揚雄·甘泉賦 騰清靄而軼浮景 註 師古曰霄,日旁氣也 図 陵霄,花名 爾雅翼 苕,陵苕,今陵霄 図 奔霄,穆王八駿之一。見 拾遺記 図 地名 左傳·定十四年 城莒父及霄 図 國名 拾遺記 西方有因霄之國,人皆善嘯 図 姓 正字通 韓非子有霄略 図 人名 春秋·襄十一年 楚人執鄭行人良霄 史記·楚世家 是謂霄敖 図xiāo 集韻 仙妙切音笑。與肖同 図 陸雲·陸丞相誄 窮化幾神,探賾衆妙。駭塵氛埃,澄響清霄。霄,叶音笑 図 叶桑何切音莎 道藏歌 彈璈北寒臺,七靈曜紫霄。濟濟臺仙擧,紛紛塵中羅 図 叶思留切 搜陸機詩 恢恢天網,飛沈是收。受茲下臣,騰光清霄 △集韻 或作霄、氛。鍪又霄66436

霓 66519 35136
chè_7.15　廣韻 丑輒切 集韻 敕涉切汰音鍤 玉篇 霓霎,小雨。

霙 66520 35137
gěng_7.15　集韻 古杏切音梗。雲貌。

霳 66521 35138
lóng_7.15　玉篇 盧冬切,音龍◇雨聲。

霪 66522 35139
yín_7.15　字彙 余林切音淫。久雨也 正字通 霖字譌省。

霄 66523 35140
píng_7.15　集韻 滂丁切音竮。霄霄,雨貌。

霅 66524 35141
zhá_7.15　唐韻 丈甲切 集韻 韻會 正韻 直甲切汰音喋 說文 霅霅,震電貌 図 說文 一曰衆言也。從雨,㗊省聲 韻會 衆聲 図 後漢·馬融·廣成頌 霅霅霅雹落 註 霅,素洽反 廣雅 曰:雨也 図 左思·吳都賦 靸霅驚捷 註 靸霅,走捷貌 図 廣韻 霅陽,縣名 図 廣韻 水名,在吳興 集韻 通作霅 図 姓 字彙補 博物志 孟舒,國名,人首鳥身,其先主爲霅氏 図xiá 廣韻 胡甲切 集韻 轄甲切汰音狎 玉篇 衆言也 図 班固·答賓戲 霅霅其閒 註 霅,下甲反。霅霅,光貌 図yì 集韻 域及切音煜。霅霾,雨聲 図sà 廣韻 蘇合切 集韻 韻會 正韻 悉合切汰音趿 廣韻 雨霅霅 図zhé 廣韻 之涉切 集韻 韻會 正韻 質涉切汰音讘 廣韻

雪雪，震電貌図shà集韻色甲切音霎。散也揚雄·甘泉賦雪然陽開註晉灼曰：散也。師古曰雪，音所甲反。図zhǎ集韻斬狎切音眨。地名。雪陽障，在樂浪。

霣 66525 35142
yǔn_7.15　集韻牛尹切音輑玉篇雨也。

霆 66526 35143
yàn_7.15　集韻延面切音衍。霆霆，雲貌。

霆 66527 35144
tíng_7.15　唐韻特丁切集韻韻會正韻唐丁切丛音庭說文雷餘聲也。鈴鈴所以挺出萬物。从雨廷聲玉篇霹靂也。爾雅·釋天疾雷爲霆霓易·繫辭鼓之以雷霆詩·小雅如霆如雷禮·孔子閒居神氣風霆，風霆流形図玉篇電也。穀梁傳·隱九年電，霆也〇按埤雅云當音挺図字彙補借作庭漢·楚相孫君碑庭堅，作霆堅図tǐng集韻他頂切音珽。迅雷図tǐng廣韻正韻徒鼎切集韻待頂切韻會待鼎切丛音挺廣韻疾雷詩·小雅如霆釋文又音挺左思·吳都賦鉤爪鋸牙，自成鋒穎。精若曜星，聲若雷霆埤雅霆，或謂之電。蓋音庭則爲雷，音蜓則爲電淮南子·天文訓陰陽相薄，感而爲雷，激而爲霆。又曰：疾雷不及掩耳，疾霆不及掩目。皆宜音蜓。図dìng集韻韻會正韻丛徒徑切音定集韻雷也詩·小雅·如霆釋文霆，又音定△集韻或作霈霋又遯61283遯61230霆61292運61304運61302霈66691運61223図正字通霆66526，霆字之譌。

霅 66528 35145
zhèn_7.15　古文霃唐韻章刃切集韻韻會正韻之刃切丛音振說文劈歷振物者。从雨辰聲註徐鉉曰：今俗別作霹靂，非是易說卦震爲雷詩·小雅爗爗震電傳震，雷也春秋·僖十五年震夷伯之廟疏雷之甚者爲震釋名震，戰也。所擊輒破，若攻戰也図卦名易·說卦萬物出乎震。震，東方也図易·說卦震，動也書·舜典震驚朕師盤庚爾謂朕，曷震動萬民以遷詩·周頌薄言震之。莫不震疊春秋·文九年地震疏公羊傳曰：震者何，動地也周語伯陽父曰：陽伏而不能出，陰迫而不能烝，於是有地震図爾雅·釋詁震，懼也易·震卦洊雷震，君子以恐懼修省図廣韻威也易·未濟震用伐鬼方詩·大雅王奮厥武，如震如怒図廣韻起也易·雜卦震起也図公羊傳·僖九年葵丘之會，桓公震而矜之，叛者九國。震之者何，猶曰振振然図爾雅·釋詁娠，震動也註娠，猶震也疏大雅·生民云載震載夙。昭元年左傳曰：邑姜方震大叔。哀元年左傳曰：后緡方震。皆謂有身爲震，故云娠猶震也図書·禹貢震澤底定傳震澤，吳南太湖名図shēn集韻升人切音申。與娠同。女姙身動也左傳震動釋文震又音申，懷姙也集韻通作侲図集韻一曰官婢，女隸謂之娠図zhēn韻會正韻丛之人切音眞。怒也班固·東都賦赫然發憤，應者雲興。霆擊昆陽，憑怒雷震前漢·敘傳票騎冠軍，猋勇紛紜。長驅六舉，電擊雷震註師古曰震音之人反図字彙補震旦，中國也梁書盤盤國稱梁主爲震旦天子。从之人切。霋又䡴60117霾66930図攄，俗震可洪音義雷攄：之刃反。惧図☷，震卦。

霈 66529 35146
pèi_7.15　廣韻集韻韻會丛普蓋切音沛玉篇大雨廣韻霶霈，雨多貌図正韻水流貌說文作霈図集韻多澤也図宋玉·高唐賦雲興聲之霈霈註興聲霈霈然。霈，浦大切。

霉 66530 35147
méi_7.15　正字通莫裴切音枚。項甌東曰：江南以三月爲迎梅雨，五月爲送梅雨。或言古語：黃梅時節家家雨。張蒙溪謂：梅當作霉，雨中暑氣也。霉雨善汙衣服，故又云霉涴，言其久霉所壞也。按埤雅風土記皆作梅雨。霉，義與黴通。

霠 66531 35148
yì_7.15　字彙補名勃切音沒。雨下。霋楊寶忠：俗霈66515大雨。

霰 66532 35149
xiàn_7.15　韻會小補與霰同。

霈 66538 u2B566
null_7.15　未詳。

霈 66533 35150
suī_7.15　集韻宣佳切音綏玉篇小雨貌集韻與浽同。浽微，小雨。

霈 66534 42181
yá_7.15　奚韻五佳切。雨聲。

霈 66535 42182
sè_7.15　川篇色麥切。雨下也。

黇 66536 46248
tún_7.15　龍龕同黇。霋龍龕徒昆反。

彤 66537 46249
jìng_7.15　龍龕在性切。

霤 66543 u290CA
null_7.15　未詳。

霣 66539 u2B565
yǔn_7.15　簡賈66672

雳 66540 u290CF
líng_7.15　四聲篇海与霝66880同。

霶 66541 u290CE
páng_7.15　霶66811霈或作霶霈。

淞 66542 u290CD
sòng_7.15　霶淞，同霶霿、霧凇。

霣 66544 u290C9
yú_7.15　俗虞52197図可洪音義霣界：上牛俱反。菩薩名。或作虞74383，牛禺反。

霆 66545 u290C8
null_7.15　未詳。

露 66546 u290C7
null_7.15　未詳。

霝 66547 u290C6
null_7.15　未詳。

霑 66548 u290C5
null_7.15　未詳。

霨 66549 u290C4
méng_7.15　从雨尨聲，見曾侯乙墓（竹簡）。黃德寬古文字譜系疏證霨疑霿66841之異文。

靈 66550 u970A
líng_7.15　俗靈66880隸辨·平聲·青韻引王稚子闕漢故先靈侍御史。按：即霝字，復變從亚。

霊 66551 35151
duǒ_8.16　集韻都果切音朵。雲不族也。

電 66552 35152
diàn_8.16　說文電本字。

霰 66553 35153
shān_8.16　廣韻所咸切集韻師咸切丛音攕說文微雨也。从雨毚聲廣韻雨貌集韻本作霰66893或作霙。図jiān唐韻子廉切集韻將廉切丛音尖玉篇瀸也。或作霰図集韻師銜切音衫。與雾同。細雨謂之霙說文霙，讀若芟図集韻思廉切音銛。義同。本作霙。

霋 66554 35154
qī_8.16　唐韻七稽切集韻韻會正韻千西切丛音

妻說文霽謂之霋。从雨妻聲冈玉篇雲行貌。

66555 35155
霩 hū_8.16　玉篇呼骨切音忽。雨下也類篇雨貌。

66556 35156
霖 chuáng_8.16　集韻仕莊切音牀。急雨。或作潒。

66557 35157
霣 xiè_8.16　集韻息葉切音偰。雨雪貌。

66558 35158
霈 sè_8.16　廣韻山責切，音槭。又集韻色窄切，音索。雨也冈廣韻霰也冈xī集韻先的切音錫。霈霈，小雨冈集韻一曰霰貌△玉篇或作霈。鋻又霈66487

66559 35159
霮 ǎn_8.16　集韻烏感切音馣。雲氣類篇雲氣盛也。冈yǎn廣韻集韻丛衣檢切音奄廣韻雲狀。

66560 35160
霔 zhōu_8.16　玉篇職由切音周篇海雲雨貌。

66561 35161
霮 tuán_8.16　集韻徒官切音團。霮霮，露多也。本作漙。或作𩂱、溽。

66562 35162
霍 huò_8.16　廣韻虛郭切集韻韻會正韻忽郭切丛音霩玉篇揮霍集韻揮霍，猝遽也陸機·文賦紛紜揮霍註揮霍，疾貌馬融·廣成頌徽嫮霍奕冈荀子·議兵篇霍焉離耳註霍焉，猶渙焉也司馬相如·大人賦霍然雲消冈揚雄·甘泉賦翕赫曶霍註師古曰開合之貌文選註曶霍，疾貌冈前漢·嚴助傳夏月暑時，歐泄霍亂之疾。冈爾雅·釋山大山宮，小山霍註宮謂圍繞之疏小山在中，大山在外，圍繞之。山形若此者名霍，非謂大山名宮，小山名霍也冈山名爾雅·釋山江南，衡註衡山，南嶽又霍山爲南嶽註即天柱山疏衡之與霍，一山而有二名也。本衡山，一名霍山。漢武帝移嶽神於天柱，又名天柱，亦爲霍，故漢已來衡霍別矣註即天柱山。釋曰：此據作註時霍山爲言也。其經之霍山，即江南衡是也〇按據此註，霍山有二，南嶽衡山及天柱山，皆名霍山白虎通南方爲霍，霍之爲言護也。言太陽用事，護養萬物也風俗通義衡山，一名霍山者，萬物盛長，垂枝布葉，霍然而大。又周禮·夏官·職方氏河內曰冀州，其山鎮曰霍山爾雅·釋地西方之美者，有霍山之多珠玉焉晉語景霍以爲城。註：景，大也。大霍，晉山名。冈國名書·蔡仲之命傳武王克商，封弟叔處于霍。左傳·閔元年滅霍註永安縣有霍大山。霍國，姬姓。冈邑名左傳·哀四年襲梁及霍註梁南有霍陽山，蠻子之邑也公羊傳·僖二十一年會于霍冈姓廣韻武王弟霍叔之後冈與藿通前漢·鮑宣傳漿酒霍肉註劉德曰：視肉如藿也。師古曰霍，豆菜，貧人茹之冈玉篇烏飛急疾貌冈luò集韻歷各切音洛。艸名。爾雅·釋草柜，霍首冈hè集韻曷各切音鶴。義同。或作藿。通作雀。冈suǒ上聲，音瑣。霍人，地名史記·周勃世家降下霍人註正義曰：霍，音瑣，又蘇寡反。師古曰山寡反。鋻又𩃙62129燿32063冈前漢·嚴助傳歐泄霍亂之疾。徐慧：之病。

66563 35163
霎 shà_8.16　廣韻山洽切韻會正韻色洽切，並音歃。又集韻色甲切，音翣說文小雨也。从雨妾聲玉篇霎

霎集韻雨聲冈玉篇子葉切音接。義同冈sà集韻悉合切音趿。與雪66524同。

66564 35164
霏 fēi_8.16　古文䨠唐韻芳非切集韻韻會正韻芳微切丛音菲說文雨雪貌。从雨非聲集韻雱也詩·邶風雨雪其霏傳霏，甚貌。又小雅雨雪霏霏。鋻俗作䨏66713

66565 35165
霙 gōng_8.16　廣韻古橫切集韻姑橫切丛音觥廣韻吳王孫休子名。詳後霬66769字註。鋻亦訛作霠66749

66566 35166
霨 péng_8.16　玉篇北朋切，音鵬◇大雨冈字彙補㦿也乾坤鑿度氣分萬霨。

66567 35167
霏 qīng_8.16　集韻親盈切音清玉篇女神集韻霏，女神名。

66568 35168
霟 xuàn_8.16　集韻瑚畎切音泫。露貌。

66569 35169
霟 hóng_8.16　五音集韻烏宏切音泓。水名。出靈寶經冈幽深貌王延壽·魯靈光殿賦霟寥窲以峥嶸註霟，幽深之貌釋文霟，烏宏切△字彙亦作霐。鋻俗欽。

66570 35170
霑 zhān_8.16　唐韻張廉切集韻韻會知廉切丛音沾說文雨霂也，从雨沾聲廣韻霑，濕也。又濡也，漬也詩·小雅既霑既足疏言霑潤禮·曾子問雨霑服齊語霑體塗足前漢·陳遵傳俟遵霑醉時註師古曰霑，濕揚雄·長楊賦仁霑而恩洽揚子方言瀧涿謂之霑潰集韻通作沾。

66571 35171
霒 yīn_8.16　玉篇古文陰65739字說文雲覆日也。从雲今聲△集韻書作霠。或作霜、零廣韻書作霠。鋻又霠66671㑴00820霠66653

66572 35172
霠 yīn_8.16　集韻同霒。

66573 35173
霓 ní_8.16　唐韻五雞切集韻韻會正韻研奚切丛音倪說文屈虹，青赤。或白色，陰气也。从雨兒聲玉篇雲色似龍也埤雅雄曰虹，雌曰霓。舊說，虹常雙見，鮮盛者雄，其闇者雌。一曰赤白色謂之虹，青白色謂之霓爾雅·釋天曰：霓爲挈貳，貳蓋言二淮南子·說山訓曰：天二氣則成虹是也孟子若大旱之望雲霓也集韻通作蜺冈爾雅·釋天疾雷爲霆霓註雷之急擊者謂之霹靂。冈yì廣韻五計切集韻研計切丛音詣。義同張衡·東京賦龍輅充廷，雲旗拂霓。夏正三朝，庭燎晢晢冈niè廣韻五結切集韻倪結切丛音齧。義同釋名霓，齧也。其體斷絕，見於非時，此災氣也。傷害於物，如有所食齧也。南史·王筠傳沈約製郊居賦，示筠草。筠讀至雌霓連蜷，約撫掌欣忭曰：僕常恐人呼爲霓〇按雌霓之霓，五的反。雲霓之霓，五兮反學林曰：范蜀公召試學士院，用彩霓作平聲。考試者以范爲失韻，當時學士爲之憤鬱。司馬光曰：約賦但取聲律便美，非霓不可讀爲平聲也冈張衡·西京賦直坳霓以高居註坳霓，高貌。冈yì集韻韻會丛倪歷切音鶂集韻雌霓△集韻本作蜺。或作蚭

66574 35174
霔 zhù_8.16　廣韻之戍切集韻朱戍切丛音注玉篇霔

霖 廣韻 霖霮 集韻 本作澟,時雨澟生萬物。

㞣 66575 35175
tún_8.16　篇海 徒昆切音屯。雲大貌。鋆 又氃66536
霊66421大雨也。

霖 66576 35176
lín_8.16　唐韻 力尋切 集韻 韻會 犁針切 正韻 犁沉切夶音林 說文 雨三日已往。从雨林聲 玉篇 雨不止也 爾雅·釋天 久雨謂之淫,淫謂之霖 書·說命 用汝作霖雨傳 霖以救旱 左傳·隱九年 春王正月,大雨霖以震,書始也。凡雨自三日以往爲霖。

霳 66577 35177
lā_8.16　集韻 落合切音拉。雨聲也。

霰 66578 35178
xiàn_8.16　集韻 同霰△ 韻會 補作霰 字彙補 作霰。

霠 66580 35180
jì_8.16　字彙補 與霽同 說文先訓 从雨而見大昕,是霽也 歸藏易 既濟作岑霠。

霮 66581 35181
dài_8.16　字彙補 徒奈切,音代◇雲狀也。

霶 66586 u2B567
null_8.16　未詳。

霸 66583 42183
bà_8.16　川篇 伯罵切。雨也。鋆楊寶忠:俗霸66814

霩 66584 46250
yǔ_8.16　五音篇海 音雨。

霿 66587 u290F3
bóng_8.16　喃 霿66698俗省。

霼 66588 u290F2
qī_8.16　籀文柒24158見 曾伯霼簠

霾 66589 u290F1
tuó_8.16　參見霾66590 全唐文·卷八百二·獨孤霖·玉晨觀祈雨歡道文 隨風而遠,俄視霾霿。

霾 66590 u290F0
tuó_8.16　霧霾、霧霾,同滂沱27975 四部叢刊·初編·集部·臨川先生文集·卷第十三·古詩·丙戌五日京師作二首·二 誰令昨夜雨霧霾,北風蕭蕭寒到骨。

霧 66591 u290EE
null_8.16　人名用字。清·劉獻廷 廣陽雜記·卷第三 康繼武,吉安安福人。予因問以安福風物,繼武言,姪孫康放仁,奇士也。放仁字霧孫,天資過人,性穎悟。

霧 66592 u290ED
sòng_8.16　霧霿,同霧淞 別雅·卷四 鬖鬆、霧霿,霧淞也 圂 霧霿河,水名。在今内蒙古。

霒 66593 u290EC
yīn_8.16　同黔66571古文陰。

霠 66594 u290EB
bó_8.16　俗霠54991

霡 66595 u290EA
null_8.16　未詳。

霢 66596 u290E9
null_8.16　未詳。

霣 66597 u290E8
null_8.16　未詳。

霤 66598 u290E7
null_8.16　未詳。

霥 66599 u290E6
null_8.16　未詳。

霦 66600 u290E5
null_8.16　未詳。

霧 66601 u290E4
null_8.16　未詳。

霨 66602 u290E3
null_8.16　未詳。

霩 66603 u290E2
shān_8.16　同霙66553

霚 66604 u9717
líng_8.16　同霙66900

霛 66605 35183
yǔ_9.17　唐韻 集韻 韻會 夶王矩切音羽 說文 雨貌。方語也。从雨禹聲 圂 hǔ 集

韻 火五切音虎。北方謂雨曰霛。呂靜說 圂 集韻 呼句切音煦。義同 圂 yù 王遇切音芋 博雅 舒也 圂 一曰雨貌

霈 66606 35184
rǎn_9.17　唐韻 集韻 夶而琰切音冉 說文 濡也。从雨染聲 圂 集韻 而豔切,染去聲。沾也。

霅 66607 35185
wā_9.17　集韻 烏瓜切音窊。蹄涔也。

震 66608 35186
bó_9.17　集韻 蒲撥切音跋。雲貌。

霉 66609 35187
dài_9.17　篇海 音代。雲貌。

霋 66610 35188
dòng_9.17　五音集韻 徒弄切音洞。出徐寅 黃河賦

霙 66611 35189
yīng_9.17　廣韻 集韻 韻會 於驚切 正韻 於京切夶音英 玉篇 雨雪雜下 集韻 霰也 埤雅 今雪寒甚則爲粒,淺則成華,華謂之霙 韓詩外傳 雪華曰霙 集韻 通作英。圂 yāng 廣韻 正韻 夶於良切音央 廣韻 霙霙,白雲貌。鋆 龍龕 重誤,霙正。

霧 66612 35190
wù_9.17　唐韻 集韻 夶亡遇切音務 說文 地气發,天不應。从雨孜聲。籀文省作霚 註 徐鉉曰:今俗从務 玉篇 天氣下,地氣不應也 圂 méng 廣韻 莫紅切 集韻 謨蓬切夶音蒙。義同△ 玉篇 亦作霚 廣韻 亦作霿 集韻 與霧同。

霙 66613 35191
líng_9.17　玉篇 古文靈66880字。

霠 66614 35192
ǎi_9.17　集韻 正韻 夶於蓋切音藹。與霭66874同 謝惠連·雪賦 連氛累霭 註 霭,一大切。

霜 66615 35193
hán_9.17　玉篇 與霜同。

霘 66616 35194
fèi_9.17　集韻 與霩同。鋆 又魝16186靅66863 圂 正字通霩,與魝同。

霣 66617 35195
zhǎ_9.17　集韻 側洽切音眨 玉篇 大雨 集韻 雨聲。圂 zhá 集韻 竹洽切音劄。義同。

霿 66618 35196
hóu_9.17　玉篇 胡溝切音侯 篇海 雨也。

霮 66619 35197
dàn_9.17　廣韻 集韻 夶徒感切音禫 廣韻 霮霴,雲貌 集韻 與霴同。或作黮。

霡 66620 35198
lí_9.17　字彙 見 石鼓文 第九鼓。郭云恐是籀文霾字。鄭云卽汧字 正字通 焦竑載 石鼓 作霖,音黎。

霸 66621 35199
pò_9.17　唐韻 集韻 夶匹各切音粕 說文 雨需革也。从雨从革。讀若膊 圂 玉篇 雨也 圂 gé 廣韻 古核切 集韻 各核切夶音隔。義同。鋆 正字通 霸66763俗霸字。

霜 66622 35200
fēn_9.17　字彙 芳文切音芬。霧也 圂 雪貌 圂 與氛同。

廎 66623 35201
yù_9.17　字彙 音預。揚雄 蜀都賦 廎廎,獸名,似鹿而大,宜从鹿 古文苑 作廎,恐傳寫之譌。鋆 从鹿作麜74419

霜 shuāng_9.17 唐韻所莊切 集韻 韻會 正韻師莊切 丛
音驦 玉篇 露凝也 釋名 霜，喪也。其氣慘毒，物皆喪也 大
戴禮 陽氣勝，則散爲雨露。陰氣勝，則凝爲霜雪 易·坤
卦 履霜堅冰至 詩·秦風 白露爲霜 又 字彙補 國名 西域
記 屈霜國 又 姓。見 姓苑 又 正字通 歷年曰霜 李白詩 陛
下之壽三千霜 又 集韻 類篇 丛色壯切音媚。隕霜，殺物
也。或作瀧 潘岳·馬汧督誄 馬生爱發，在險彌亮。精貫
白日，猛烈秋霜。鑾 又霜66778

霝 líng_9.17 唐韻 集韻 丛郎丁切音齡 說文 雨零也。从
雨皿，象䨻形 詩曰:霝雨其濛○按 詩·豳風 今本作零 玉
篇 落也 廣韻 墮也 又 與靈通 石鼓文 霝雨奔㵿 詩·衛風
靈雨旣零。作霝 註 靈，善也。

霞 xiá_9.17 唐韻胡加切 集韻 韻會 正韻何加切 丛音
霞 說文 赤雲氣也。从雨叚聲 玉篇 東方赤 廣韻 赤氣騰
爲雲 集韻 雲日氣相薄 增韻 日旁彤雲。通作赮 又 字彙
補 漢複姓有霞露氏 又 與䰕通 楚辭·遠遊 載營魄而登霞
朱註 古與䰕借用 又 增韻通作蝦 吳越春秋·烏鳶歌 啄
霞矯翻兮雲閒 字彙補 霞，卽蝦也。

霊 hóng_9.17 五音集韻戶工切音洪。出徐寅 黃河賦

霉 jì_9.17 廣韻 於金切音音。雲覆日 古三墳 雲日蔽
霉 宋玉·九辯 霉曀而莫達 又 姓 廣韻 出 篆文 急就篇 洗
濯霉冷參辛㬰○按卽霉字之譌。

霝 dí_9.17 廣韻徒歷切 集韻亭歷切 丛音荻 廣韻 霝
霝，雨也 又 dú 集韻徒沃切音毒。雨貌。鑾俗作遥61340

霅 diàn_9.17 玉篇古文電66458字。

霗 líng_9.17 字彙補古文霝66880字。

霛 dàn_9.17 搜眞玉鏡徒敢切。霛霉，雲貌。

霥 méng_9.17 字彙補莫紅切音蒙。小雨也。

霾 xǐng_9.17 龍龕音星。鑾醒62407晴22704二字之俗。

雹 báo_9.17 五音篇海同雹。

洌 null_9.2B56A 喃未詳。　霽 jì_9.17 龍龕與霽同

霔 lìng_9.17 搜眞玉鏡音令。

虹 hóng_9.17 同虹52350
音虺 廣韻 震雷也 集韻 雷聲。鑾俗霠66658

洴 pāng_9.2F9F6 同霜66727　霣 yǔn_9.17 同霣66672

拯 xǐng_9.17 喃从霽省拯chǔng聲。放晴。

霪 rợp_9.17 喃俗霙66823陰涼，蔭蔽。

霝 líng_9.17 同霝66909朝鮮本 龍龕 䨄67920，力丁切。
聲也。霝，同上。音 又 ūm 喃从雨音âm聲。

霝 nồm_9.17 喃从雨从南，南nam亦聲△䨴霝:東南

風。

霳 péng_9.17 俗霳66684 直音篇 音蓬。雨聲 又 giáng
从雨降giáng聲△霳爝:朝霞。霳朝:晚霞。

風 bùng_9.17 喃从雨風phong聲。俗作霦66437

霝 mưa_9.17 喃霝瞵:暴雨。紇霝:雨滴。雯霝:躲雨

屋 kū_9.17 可 洪音義41198窟，二同，苦骨反。上屬
上句，下屬下句也。下惧△唐·程浩 上天皷文 何必霹霹
潛屋之龍，養育吠堯之狗。

秋 null_9.2910D 未詳。　濡 rú_9.2910B 俗濡30009
越·阮秉 五千字譯 國語霈濡，音濡。淫浹

雲 yīn_9.17 俗雲66593宋·吳聿 觀林詩話 引溫庭筠 記
狐書迷陽郡曲，霈雯霾暗。

靈 líng_9.17 俗靈66880宋元以來俗字譜 引 嶺南逸事

盫 yūn_9.17 正字通 氲27735，舉要 同靈，非 又 lú 龍龕
音盧。楊寶忠:俗盧37246

袍 null_9.29103 未詳。　霖 null_9.29102 未詳。

霾 huī_9.17 集韻 謝鬼切。雷聲 正字通 呼委切音毀。
通作虺52353 詩·邶風 虺虺其靁。朱傳：虺虺，雷將發未
震之聲。舊註：雷震，誤 又 俗作霠66638

霯 wěng_10.18 集韻 鄔孔切，音蓊。霯霯，雲貌。

雷 hán_10.18 唐韻 集韻 丛胡男切音含 說文 久雨也。
从雨圅聲 玉篇 多雨也。或作霠。

霈 sè_10.18 玉篇 同霈　霣 zī_10.18 唐韻卽夷切
集韻 津私切 丛音咨 說文 雨聲 又 玉篇 才私切音慈。義
同△ 玉篇 或作䨩。亦作濟。鑾 又霣66715

陣 zhèn_10.18 玉篇 直吝切音陣。雲也。鑾 又霰66735

霡 mài_10.18 集韻 莫獲切，音麥 釋名 霡霂，小雨也。
言裁霡歷霂漬，如人沐頭，惟及其上枝，而根不濡也 爾
雅·釋天 小雨謂之霡霂 詩·小雅 益之以霡霂 左思·吳都
賦 流汗霡霂，而中逵泥濘△ 說文 本作霢 集韻 或作霿

霢 mài_10.18 說文 霡本字。霢霂，小雨也。从雨脈聲 集
韻 或作霿 又 集韻 莫狄切音覓。義同。

霩 huò_10.18 廣韻胡郭切 集韻 黃郭切 丛音穫 玉篇 霩
霩，大雨 篇海 本作霩 又 廣韻 集韻 丛之石切音隻。義
同 又 shuāng 字彙補 與雙同。見 復古編

霕 cuó_10.18 集韻才何切音醝。雨聲。

霚 pāng_10.18 廣韻 同雺。鑾 直音篇 霚同霶66811

霖 lì_10.18 篇海 狼狄切音歷。霖霖，雨不止也○按霂
霖字之譌省。

霼 66670 35222 ái_10.18 集韻魚開切音豈。本作皚36841

霠 66671 35223 yīn_10.18 玉篇於今切音陰。沉雲貌△正字通霒字之譌。

霣 66672 35224 yǔn_10.18 古文𩂣𩂣唐韻韻會正韻于敏切集韻羽敏切太音殞說文雨也。齊人謂雷爲霣。从雨員聲玉篇雷起出雨也 又 說文一曰雲轉起也 又 墮也。與隕同公羊傳·莊七年夜中星霣如雨 又 kūn 集韻公渾切音昆。齊人謂雷曰霣 又 集韻王問切音運。義同。鎣又霣66642𩂣66869𩂣66911霣66539

䨨 66673 35225 zhuī_10.18 廣韻陟誰切集韻韻會中葵切太音追。隱也 又 玉篇雷也 又 禮·玉藻端行，頤䨨如矢註頤或爲䨨釋文䨨，徐音追 又 yí 集韻延脂切音夷。義同禮·玉藻釋文䨨，亦音夷 又 集韻類篇太徒回切音穨。義同

𩆵 66674 35226 diān_10.18 集韻多年切音顛。雨聲。一曰雨甚。

霤 66675 35227 liù_10.18 唐韻集韻韻會正韻太力救切音溜說文屋水流也。从雨留聲禮·玉藻端行，頤霤如矢註行既疾，身乃小折，而頭直俯臨前，頤如屋霤之垂也儀禮·鄉飲酒禮磬，階閒縮霤，北面鼓之禮·雜記襚者降，受爵，弁服於門內霤左思·吳都賦玉堂對霤註禮記註曰：堂前有承霤 又 禮·月令其祀中霤註中霤，猶中室也。土主中央，而神在室，古者複穴，是以名室爲霤疏土，五行之主，故其神在室之中央。中霤，所祭土神也。杜註：春秋在家則祀中霤，在野則爲社。又郊特牲云家主中霤，而國主社。社神亦中霤神也。古者複穴，皆開其上取明，故雨霤之，後因名室爲中霤。又禮·祭法中霤註中霤，主堂室居處 又 韻會與溜通前漢·枚乘傳泰山之霤穿石。鎣又霤66855霤66824霤66739霤66791 又 龍龕霤66750俗霤正。

䨩 66676 35228 lián_10.18 唐韻力鹽切集韻離鹽切太音廉說文久雨也。从雨兼聲 又 lán 集韻盧含切音婪。或作溓。義同。鎣又䨩66826溓30332

𩅰 66677 35229 gòu_10.18 集韻居候切音茩玉篇大雨。

霿 66678 35230 mèng_10.18 集韻蒙弄切音幪。霿聲。

靁 66679 35231 léi_10.18 集韻雷66450古作靁。

霸 66680 35232 bà_10.18 五音集韻同霸。

𩅾 66681 35233 hán_10.18 字彙補疑卽𩅾字駢雅𩅾，大雨也。

靈 66682 35234 líng_10.18 字彙補道藏靈字。

霾 66683 35235 mái_10.18 集韻同霾

霰 66685 35237 xiàn_10.18 字彙補同霰

𩇓 66684 35236 péng_10.18 字彙補泣馮切音蓬。雨聲。鎣又𩇓66647

𩅯 66686 42186 piào_10.18 字彙補疋教切，音票◇雲伏。

𩅫 66687 42187 hè_10.18 五音篇海呼各切。雲散也。

𩃎 66688 42188 xià_10.18 龍龕乎加切。孔𩃎也。鎣俗罅。

𩆯 66689 42189 lóng_10.18 川篇盧東切，音隆◇雷聲。

𩄍 66690 46255 duì_10.18 字彙補同䨺。鎣又𩄍66728𩄍61391

𩅹 66691 46256 tíng_10.18 龍龕同霆

𩆀 66692 46257 wù_10.18 龍龕同寤。

𩃺 66694 u2B56B null_10.18 未詳。

𩄚 66693 46259 yīng_10.18 龍龕同霙。鎣五侯鯖字海音英。雨雪雜也。

𩅪 66696 u29136 xối_10.18 喃从雨欳xôi聲。淋雨。

𩅩 66697 u29135 nấp_10.18 喃从雨納nạp聲。躲在背陰處，托蔭。

𩄹 66695 u29139 null_10.18 未詳。

𩄴 66698 u29134 bóng_10.18 喃从雨俸bổng聲。影也△𩄴𩄴：樹蔭△俗作𩄴66587

𩄳 66699 u29133 tạnh_10.18 喃从霽省竝tính聲。雨過天晴。

𩄲 66700 u29132 mây_10.18 喃从雲省迷mê聲△𩄲䨜：白雲。𩄲樸：青雲。𩄲霤：雲雨。

𩄱 66701 u29131 líng_10.18 同靇66818古文靇。

𩄰 66702 u29130 sét_10.18 喃从雨烈liệt聲。霹雷。亦作㓼66500熮31926越·阮秉五千字譯國語霹靂，𩄰奇。

𩄯 66703 u2912F wù_10.18 清·曹寅即事炭渚楊花𩄯凇飛，瓜州雲日弄霏微。𩄯凇，同霧凇。

𩄩 66705 u29129 null_10.18 未詳。

𩄬 66704 u2912C hòu_10.18 越諺卷中·天部音吼去聲。即虹。又卷上·占驗之諺第六東𩄬西水級，落雨勿肯歇：𩄬、水級，皆虹也。又𩄬高日頭低，曬殺老雄雞，𩄬低日頭高，落雨要討饒。

𩄨 66706 u29128 guột_10.18 喃从雲省骨cốt聲△𩄨霴：浮雲。

霦 66707 35238 bīn_11.19 廣韻府巾切韻會悲巾切太音彬玉篇玉光色廣韻璘霦，玉光色也。

䨮 66708 35239 mò_11.19 集韻末各切音莫。雨貌。

霢 66709 35240 mài_11.19 集韻同霡

霧 66710 35241 wù_11.19 廣韻韻會太亡遇切音務爾雅·釋天地氣發，天不應，曰霧。霧謂之晦註言晦冥釋名霧，冒也，氣蒙亂覆冒物也廣韻元命包曰：陰陽亂爲霧禮·月令氛霧冥冥玉篇本作霚廣韻同雺集韻同雺 又 méng 集韻謨蓬切音蒙。又蒙弄切音幪。又莫鳳切音夢。義太同。鎣又霧66747𩄯66703雺66475 又 龍龕雺俗，霧正△宏按，雺疑爲霚字之譌。

霨 66711 35242 wèi_11.19 集韻紆胃切音尉。雲起貌。

霩 66712 35243 kuò_11.19 唐韻苦郭切集韻韻會闊鑊切太音廓說文雨止雲罷貌。从雨郭聲廣韻雲消貌 又 韻會雪消謂之霩 又 淮南子·天文訓道始於虛霩，虛霩生宇宙韻會廖廓，開朗貌。通作寥廓 又 集韻正韻太忽郭切音霍。

義同。鍌又𩂝66919𩅃66927 ⊠ 龍龕 燿32063，俗音霍。正作𩃺。

霏 66713 35244
fēi_11.19 玉篇 非尾切音菲。雲貌。鍌 正字通
霏66564字之譌。

䨓 66714 35245
lǔ_11.19 集韻 隴主切音縷。雨貌。

霣 66715 35246
zǐ_11.19 集韻 側革切音責。雨貌。鍌 熊加全：疑
俗霣66661

雹 66716 35247
bó_11.19 集韻 薄沒切音孛。雲貌。

霖 66717 35248
lán_11.19 集韻 盧含切音婪。詳前霝66676字註。鍌又
灠30332

霫 66718 35249
diàn_11.19 唐韻 集韻 𡘋都念切音店 說文 寒也。從
雨執聲 ⊠ 說文 或曰早霜。讀若春秋傳𡏳阨 集韻 或作
𩆜 ⊠ 集韻 的協切音聑。義同 ⊠ zhí 廣韻 集韻 𡘋陟立
切音縶。小濕也。鍌又霫66794

鞩 66719 35250
xiāo_11.19 集韻 同霄

霅 66720 35251
xuě_11.19 說文 雪本字
埤雅 雪從彗，蓋雨雪之可埽者也，亦能淨坋穢若彗。

霺 66721 35252
mǎng_11.19 集韻 母朗切音莽。霺霺，雲色。

霪 66722 35253
yín_11.19 廣韻 餘針切 集韻 韻會 正韻 夷針切𡘋音
淫 玉篇 久雨也 韻會 雨過十日以往。又淮南子·修務訓
禹沐浴霪雨△ 集韻 或作淋。通作淫。鍌又㴍29689
𩅧66522 ⊠ 龍龕 霪66825与針反，久雨也。

霛 66723 35254
tuán_11.19 廣韻 度官切 集韻 徒官切𡘋音團 廣韻 露
貌 集韻 本作溥。或作霟漙 ⊠ shuàn 集韻 豎兖切音腨。
義同。本作溥。

霠 66724 35255
zhuàng_11.19 集韻 仕巷切音漴。雨貌。鍌又 篇海
霠，音崇。注同。

麗 66725 35256
lù_11.19 廣韻 集韻 𡘋盧谷切音祿 玉篇 大雨也 集
韻 暴雨謂之麗。

霫 66726 35257
xí_11.19 廣韻 先立切 集韻 正韻 息入切𡘋音習 玉
篇 霝霫，大雨也 廣韻 字林 云雨貌 爾雅 霫霫，雨也。
⊠ 廣韻 奚立切，東北夷名 集韻 或作霫 ⊠ 廣韻 似入切 集
韻 席入切𡘋音習。霝霫，大雨也 ⊠ 集韻 白霫，北狄國
唐書·回鶻傳 白霫，居鮮卑故地，其部有三：曰居延，
曰無若沒，曰潢水。

霮 66732 46258
diàn_11.19 海篇 同電

霖 66727 35258
pāng_11.19 字彙補 普郎切音滂。霖霈，大雨也。
鍌又霂66641

霮 66728 35259
duì_11.19 集韻 同霸。鍌又霫66690邅61391

霣 66733 46260
diàn_11.19 海篇 同電
同乾坤鑿度一霣之霣，名混沌

霳 66735 46262
zhèn_11.19 龍龕 同霆

部 66729 35260
bù_11.19 字彙補 與蔀

霪 66730 35261
zhàng_11.19 音未詳 古三墳 川雲流霪 註 聖人以防
備水患也。鍌同瘴。

霬 66731 42190
yì_11.19 字彙補 移益切，音翼◇人名 三國志·荀彧
傳 彧子惲，惲子霬，官至中領軍。鍌 楊寶忠：俗虞5228

磎 66734 46261
xǐ_11.19 搜眞玉鏡 音溪。

霤 66739 46266
liù_11.19 龍龕 同雷

雹 66736 46263
báo_11.19 字彙補 同雹

霳 66740 2B56D
null_11.19 未詳

霫 66737 46264
tiàn_11.19 奚韻 他林切

鍌 龍龕 奊霙 玉篇 他林反。二同。

霸 66741 2B56C
null_11.19 未詳

霤 66738 46265
hé_11.19 龍龕 與翯同

霸 66742 2915C
ráng_11.19 嗍从霞省朗lǎng聲△霸雺：晚霞。

霸 66743 2915B
bùng_11.19 嗍从雨逢phùng聲。

堆 66744 2915A
dòi_11.19 嗍从雨堆đôi聲。

霪 66745 u29159
cǎn_11.19 黃征 敦煌俗字典 霪黪75058同字異形。
P.3906 碎金 霪霪：烏敢反，七敢反。

速 66746 u29158
tóc_11.19 嗍同䨺71192△霪霪：雲髮，秀髮。

霧 66747 u29157
wù_11.19 清·桂馥 札樸卷七 匡謬 霧，釋文云霧66671
字林 作霧66840 馥案：霧從目，見 說文 。至
諸字書、韻書並無從口之字，蓋誤也。清·任大椿 字林
考逸 霧，霧霧相近，霧當爲霧之訛。

霈 66748 u29155
jīn_11.19 字海 同寴12239

霾 66752 2914B
null_11.19 未詳

霝 66749 u29154
gōng_11.19 霙66565譌字

霤 66750 u29151
liù_11.19 俗雷66675 玄應音義 屋雷：力救反 說文 屋
水流下也。凡水下處皆曰雷。

霢 66751 2914D
màn_11.19 直音篇 霪，同霪66837

霙 66753 u2914A
yīng_11.19 同霣66693

霭 66755 u972D
ǎi_11.19 简靄66874

霝 66754 u29149
zhōng_11.19 同霝66770，小雨

龗 66756 35262
ǎn_12.20 正字通 與䨺74976通。

韘 66757 35263
zhōng_12.20 篇海 音中。出素問 字彙 素問·陰陽離
合論 陰陽韘韘，積傳爲一周。註：韘韘，言氣之往來也
別本作衝 字彙補 按熊宗立 內經音釋 韘音中 素問 註
云一本作衝，非以韘音衝也。梅註似未詳。

霝 66758 35264
báo_12.20 玉篇 古文雹66453字。

霝 66759 35265
nàn_12.20 集韻 尼賺切音諵 玉篇 泥也 集韻 雨淂也

霪 66760 35266
dàn_12.20 集韻 韻會 𡘋徒感切音禫 集韻 霪霪，繁雲
⊠ 左思·吳都賦 霄露霪霪 註 霪霪，露垂貌 集韻 或作
𩆜 ⊠ 集韻 韻會 𡘋徒濫切音憺 集韻 雲貌也。霪謂之
霪。或作𩆜。鍌又霪66782 ⊠ 四聲篇海 霝，徒敢切，
霪，雲皃。

霧 66761 35267
tèng_12.20 集韻台隥切 正韻台鄧切𠀤音鐙 玉篇大雨也。

霩 66762 35268
tuò_12.20 集韻吐臥切音唾。雨下貌。

霂 66763 35269
pò_12.20 集韻匹各切音粕 玉篇雨也。又 集韻陂澤也。本作濼。或作潷。𧗸又薄66805𩃦66621潷30373

霬 66764 35270
hé_12.20 集韻下革切。與𩆊55012同。

雲 66765 35271
yún_12.20 篇海音兌。雲貌。

𩂖 66768 35274
duì_12.20 集韻同霴

𩃒 66766 35272
xiàn_12.20 字彙𩃒本字

霰 66767 35273
xiàn_12.20 古文霄 唐韻蘇甸切 集韻 韻會 正韻先見切，𠀤先去聲 說文稷雪也。从雨散聲 詩·小雅如彼雨雪，先集維霰 箋將大雨雪，始必微溫，雪自上下，遇溫氣而摶，謂之霰 大戴禮陽之專氣為霰 註陰氣在雨水，凝滯為雪。陽氣薄之不相入，散而為霰。故 春秋穀梁說曰：霰者，陽脅陰之符也 釋名霰，星也。水雪相摶，如星而散也 埤雅閩俗謂之米雪，言其霰粒如米，所謂稷雪，義蓋如此。今名濔雪，亦名濕雪 図字彙補佛之外道曰霰尼。見 楞嚴經 △說文或作霓 玉篇亦作霄 集韻或作霚。𧗸又霚66532霙66685𩁾66889𩂢66766𩁾66862

𪔀 66769 35275
wān_12.20 廣韻 集韻𠀤烏關切音彎 廣韻吳王孫休長子名吳錄孫休詔曰：禮名子欲令難犯易避，今為四男作名字。長子名𪔀字莔，次子名𩁾弃。次子名𧰧字晶，次子名寇字㷱。此都不與世所用者同，故鈔舊文會合作之。𪔀音彎，莔音迄，𩁾音魷，弃音賢，𧰧音莽，晶音舉，寇音裹，㷱音擁。取其易避也。

𩁾 66770 35276
zhōng_12.20 唐韻職戎切 集韻 韻會之戎切，𠀤音終 說文小雨也。从雨眾聲 明堂月令曰：𩁾雨 図集韻之仲切音眾。義同。𧗸亦作霚66754

霱 66771 35277
yù_12.20 廣韻餘律切 集韻允律切 韻會 正韻以律切，𠀤音聿 廣韻霱雲，瑞雲。本亦作霄。又 集韻卿雲謂之霱 西京雜記雲三色為霱。

露 66772 35278
lù_12.20 唐韻洛故切 集韻 韻會 正韻魯故切，𠀤音路 說文潤澤也。从雨路聲 玉篇天之津液，下所潤萬物也 釋名露，慮也。覆慮物也 大戴禮陽氣勝，則散為雨露 五經通義和氣凝為露 蔡邕·月令露者，陰之液也 白虎通露者，霜之始 禮·月令孟秋，白露降 詩·召南厭浥行露 箋厭浥然濕，道中始有露，謂二月中嫁娶時也。又 小雅英英白雲，露彼菅茅 屈原·離騷朝飲木蘭之墜露 前漢·鼂錯傳覆露萬民 註如淳曰：覆，蔭也。露，膏澤也 春秋緯武露布，文露沉 註甘露降其國，布散者，人尚武，沉重者，人尚文 図玉篇露，見也 集韻彰也 禮·孔子閒居風霆流形，庶物露生 疏露見而生 左傳·襄三十一年其暴露之 戰國策諸侯見齊之罷露 註在野曰露 図左傳·昭元年勿使有所壅閟湫底，以露其體 註露，羸也 疏肌膚瘦，則骸骨露也 図正字通軍中捷書曰露

布 図後漢·禮儀志請驛馬露布 文心雕龍露布者，露版不封，布諸視聽 図臺名 史記·孝文紀常欲作露臺 図史記·楚世家蓽露藍縷 註服虔曰：蓽露，柴車，素大輅也 後漢·靈帝紀得民家露車共乘之 図揚子方言覆結或謂之承露 図正字通庫露，器名 皮日休詩襄陽作髹器，中有庫露真 註玲瓏空虛，故曰庫露。今諺呼書格曰庫露格 図前漢·董仲舒傳玉杯蕃露 註皆其所著書名也 字彙補繁露，冕之緌旒也。董仲舒 春秋繁露，程大昌 演繁露，皆取此義 図巫露，書法也 王愔·文字志其阿那若濃露之巫 図爾雅·釋草蔜葵，繁露 註承露也，大莖小葉，華紫黃色 図汲冢周書渠叟以䵣犬。䵣犬者，露犬也。能飛，食虎豹 図白露、寒露，𠀤節候名。見 後漢·律曆志 図詩·邶風胡為乎中露 傳中露，衛邑也 図姓 廣韻史記·三皇紀其後有州甫甘、許戲露、齊紀怡、向申呂，皆姜姓之後，𠀤為諸侯 魯語以露堵父為客 風俗通漢有上黨都尉露平。𧗸䵣犬 中華古今注作獹犬，即獵犬。

𩅀 66773 35279
lóng_12.20 廣韻力中切 集韻 韻會 正韻良中切，𠀤音隆 玉篇豐隆，雷師。俗从雨 韻會雲師 屈原·離騷淮南子·天文訓司馬相如·上林賦皆作豐隆 水經作封隆。

霃 66774 35280
cén_12.20 廣韻鋤針切 集韻鋤簪切，𠀤音岑 廣韻雨聲 廣雅霃霃，雨也 図廣雅霩霃，霖也 図shèn 集韻時鴆切音甚。雨貌。𧗸又霪66796

隷 66775 35281
dài_12.20 字彙補同鞮○按字从雲 正字通誤入隶部，今改正。

覆 66776 35282
fù_12.20 集韻芳福切音腹。覆水也。

霖 66777 35283
lì_12.20 集韻同霻

霜 66778 35284
shuāng_12.20 集韻色壯切音孀。霣霜殺物 字彙補同霜。𧗸又潇30372

霛 66779 46267
líng_12.20 五音篇海 同霝。

霖 66781 46269
dài_12.20 龍龕同隸

霳 66780 46268
qióng_12.20 龍龕去重切，音控◇。𧗸 龍龕去仲反。正作曲。

𩃏 66784 u2B571
null_12.20 未詳。

𪔂 66782 46270
dàn_12.20 字彙補同鼟

霶 66785 u2B570
null_12.20 喃未詳。

霒 66783 46271
hūn_12.20 字彙補音昏

𩂚 66786 u2B56F
null_12.20 未詳。

霤 66787 u2B56E
null_12.20 未詳。

霜 66788 u2917B
chǒ_12.20 喃从雨渚chǎ聲△霎霜：庇護。

霝 66789 u29179
mây_12.20 喃从雲省湄mưa聲。同霳66700雲彩。

霶 66790 u2917A
râu_12.20 喃未詳。

雷 66791 u29178
liù_12.20 雷66675本字

渥 66792 u29175
wò_12.20 大字典同渥28811引清·謝階樹 養生論·下而已僵之木，雖泡榮露，澍甘泉，霑時雨，不植。

𪔃 66793 u29173
ǎi_12.20 俗靄66874清·黃宗羲 南雷文定集·前集·卷二·過雲木冰記余與晦木澤望，入四明。自雪竇返至過雲，霧靄淒濁，蒸滿山谷。雲亂不飛，瀑危弗落，迤路

窈然。

露 66800 uF938 lù_12.20　兼露。

霔 66795 u29170 sī_12.20　同霈66891 叶韻彙輯霔，息移切。小雨也。佩文韻府·霔·韻藻增 輕霔。徐鉉·薔薇詩光明烘書錦，潤膩裹輕霔。又 韻府拾遺·霔·補藻流霔。徐孚遠詩翳翳沒无光，星漢激流霔。

靉 66794 u29171 diàn_12.20　霾66718本字。見 說文

霪 66796 u2916E cén_12.20　龍龕霪通，霗66774正。

霝 66797 u2916D null_12.20　未詳。

霿 66798 u2916C wù_12.20　同霧66747

霼 66799 u2916B dài_12.20　同霖66781俗霥66836

霵 66801 35285 jí_13.21　廣韻阻立切 玉篇本作霵66870 類篇本作霵 图王褒·洞簫賦嘈霵晔踕註衆聲疾貌。釋文霵， 助急切 图qì 集韻七入切音緝。本作霵 图jì 廣韻仕戢 切音霵。暴雨貌。

霉 66802 35286 jiān_13.21　廣韻子廉切 集韻將廉切 夶音尖 說文小 雨也。从雨僉聲。集韻或作霗 图 廣韻 集韻 夶力驗切音 斂。又 集韻子豔切，音瀸。又章豔切音霑。又莊陷切音 蘸。義夶同 图jiàn 廣韻 集韻 夶子鑑切音覽 廣韻以物 內水中。出 音譜

震 66803 35287 nóng_13.21　廣韻 集韻奴冬切 正韻奴宗切 夶音農 廣韻露多 book 書作霘。震震，露也 集韻或作濃 图 集 韻 類篇 夶尼容切音醲。詩：零露濃濃。或从雨 集韻本 作濃。

霮 66804 35288 dàn_13.21　集韻同霮 图

霈 66805 35289 pò_13.21　集韻匹各切 音粕 玉篇大雨也 图fù 廣韻孚縛切 集韻拂縛切 夶音 縛。義同。霮又直容篇霮66763同霮。

霟 66806 35290 huò_13.21　篇海霟本字 字彙義取大雨，宜加水。

霢 66807 35291 huì_13.21　集韻黃外切音會 玉篇雨也 图wèi 集韻 烏外切音薈。小雲謂之霢。

霛 66809 35293 cí_13.21　集韻同霽 图

霽 66808 35292 zī_13.21　廣韻卽夷切 集韻津私切 夶音咨 玉篇雨聲。本作霽66661或作濟。 图cí 廣韻疾資切 集韻 韻會才資切 夶音茨。義同 集韻 本作霫66477，亦書作霽 图 廣韻涔霽，久雨。

霿 66810 35294 yǒng_13.21　集韻委勇切音擁。雲氣。

霶 66811 35295 pāng_13.21　集韻同滂。霶又霶66541霶66668

霅 66812 35296 sà_13.21　集韻悉盍切音馺 玉篇雨下也。

霷 66813 35297 yáng_13.21　集韻 韻會余章切 正韻移章切 夶音羊 集韻十月爲霷。通作陽。

霸 66814 35298 pò_13.21　古文霸 唐韻 廣韻 正韻普伯切 集韻 類篇 韻會匹陌切 夶音拍 說文月始生霸然也。承大月二日， 承小月三日。从月霸聲 增韻月體黑者謂之霸 玉篇今作

魄 書·武成·旁死魄 釋文魄，普白反 說文作霸，匹革反 前 漢·律歷志四月己丑朔死魄。死魄，朔也。生魄，望也。 是月甲辰望，乙巳旁之，故 武成篇曰：惟四月既旁生 霸 師古曰霸，古與魄同 韻會補歐陽曰：俗从西作霸， 非 图bà 廣韻 集韻 韻會 正韻夶必駕切音灞 玉篇霸， 王也 孟子以力假仁者霸 禮·祭法共工氏之霸九州也 註 共工氏無錄而王，謂之霸 左傳·成二年五伯之霸也 註 夏伯昆吾，商伯大彭、豕韋，周伯齊桓、晉文。或曰齊 桓、晉文、宋襄、秦穆、楚莊 疏伯者，長也。言爲諸侯 之長也。鄭康成云霸，把也，言把持王者之政教，故其 字或作伯，或作霸也 史記·項羽紀項羽自立爲西楚霸王 ○按毛氏曰：五伯之伯讀曰霸。伯者，取牧伯之長諸侯之 義。後人恐與侯伯字相溷，故借用霸字以別之。又周伯 琦曰：今俗以爲王霸字，而月霸乃用魄字，非本義。王 霸當借用伯字，月魄當用霸字，其義始正 图 集韻一曰 月始生也 图州名 韻會秦上谷郡地，唐置霸州，五代周 改莫州 图霸陵，漢縣名，屬京兆尹，故芷陽，文帝更名， 見 前漢·地理志 图水名 前漢·地理志註霸水，出藍田谷， 北入渭。師古曰茲水，秦穆公更名，以章霸功視子孫 史 記·項羽紀沛公軍霸上 图姓 韻會益州耆壽傳有霸栩。 霸又廡52295霸54992霸54993霸54998霸66680霸66435霸66583 图 字海 朝67183，同霸 馬王堆漢墓帛書·經法察逆順之 觀于朝王危亡之理。

霹 66815 35299 pī_13.21　廣韻普擊切 集韻 韻會匹歷切 夶音澼 玉 篇霹靂 爾雅·釋天疾雷爲霆霓 註雷之急擊者爲霹靂 疏 說文云震，劈歷振物者。然則疾雷一名霆霓，又名震 春 秋震夷伯之廟，謂劈歷破之是也。霹靂，俗字也 埤雅震 又曰辟歷。辟，折也。所歷皆破折也 集韻或作礔 图pì 韻匹辟切音闢。義同 韻會補一曰雷神名。霹又龍龕礔 俗，正作霹。

霺 66816 35300 wēi_13.21　集韻無非切音微。小雨也。本作溦。或作 溦。

霻 66817 35301 yǔn_13.21　玉篇古文霣66672字 图tíng 集韻唐丁切 音庭。本作霆66527

霊 66818 35302 líng_13.21　集韻龗75892古作霊。

霛 66819 35303 líng_13.21　集韻龗75892古作霛。

震 66820 35304 zhèn_13.21　字彙補古文震66528字。

霗 66821 u2B572 null_13.21　喃未詳。

霂 66823 u2918F rơp_13.21　喃从雨 葉diệp聲。陰涼，遮蔽。俗作霂66644

霰 66822 u29190 sấm_13.21　喃从雷省槑bẩm聲。亦作驂66907

霤 66824 u2918E liù_13.21　可洪音義餘霤：力就反。

霪 66825 u2918D yín_13.21　同霪66722 玉篇霪，余林切，久雨也。 图rào 喃湄霪霪：雨淅淅瀝瀝。又dào同霪66852△霤霤： 驟雨。

霳 66826 u2918C
lián_13.21 同靂66676久雨。錢芳標 湘瑟詞·卷之一·山花子 洞戶春寒嬾揭簾，黃昏香爐雨霳。又 芭蕉雨半餉漸霳霱，無端又教、烟鎖虛簷。

霿 66827 u2918B
ráo_13.21 嘸从雨搖gieo聲。雨疾貌。

靈 66829 u973B
fēng_13.21 同靈66903

齺 66828 u2918A
wàn_13.21 或作齺04201 娩10738 廣韻 齺，無販切。姓。梁之子齺杰之後。

霼 66830 35305
xǐ_14.22 廣韻 虛豈切 韻會 許豈切 夶音稀 玉篇 霼靏，雲貌 図 xì 廣韻 集韻 夶許既切 音欷。義同 図 木華·海賦 彷像其色，霼靏其形 註 霼靏，不審貌 釋文 霼，虛氣反。鑒云27695

霽 66831 35306
jì_14.22 唐韻 集韻 韻會 正韻 夶子計切 音擠 說文 雨止也。从雨齊聲 爾雅·釋天 濟謂之霽 註 今南陽人呼雨止爲霽 疏 濟，止也 書·洪範 曰雨曰霽 傳 龜兆形有似雨者，有似雨止者 前漢·魏相傳 爲霽威嚴 註 霽，止也。図 集韻 才詣切 音嚌。晴也 埤雅 雨晴曰霽 図 集韻 在禮切 音薺。又子禮切 音沛。義夶同。鑒又霋66509霄66497霏66580霽66636

霰 66832 35307
suān_14.22 唐韻 素官切 集韻 韻會 正韻 蘇官切 夶音酸 說文 小雨也。从雨酸聲。

霛 66833 35308
líng_14.22 篇海 力丁切 音靈。天霛，人頂骨。鑒俗作霛66901

齺 66834 35309
nóu_14.22 廣韻 奴鉤切 集韻 韻會 正韻 奴侯切 音羺 玉篇 娩也 廣韻 兔子 集韻 江東呼兔子爲齺。或作㲚，亦書作齺 韓愈·毛穎傳 明际八世孫齺 註 爾雅·釋獸 兔子娩。郭註云俗呼曰齺齺，與齺同 図 wàn 廣韻 集韻 夶無販切音萬 廣韻 姓也 集韻 齺杰，梁四公子名。鑒又齺14350庬15566癡36253

霼 66835 35310
xì_14.22 唐韻 集韻 夶虛器切 音欷 說文 見雨而止息。从雨从覬。讀若欷 図 集韻 丘閑切 音拏。義同。図 xī 香依切 音希。雨止貌。

靈 66836 35311
duì_14.22 唐韻 集韻 韻會 徒對切 正韻 杜對切 夶音隊 說文 靆靈，雲黑貌。从雨對聲 玉篇 靉靈 廣韻 靆靈，雲狀 集韻 或作靆、霠。鑒又靆66690霠66799黜75110 靉75036 図 龍龕 靈66877霠66781俗，靈正。

霢 66837 35312
mán_14.22 集韻 謨官切 韻會 正韻 謀官切 夶音瞞 集韻 雨露濃貌 図 màn 類篇 莫半切，瞞去聲。雲貌。鑒又霻66751

靂 66838 35313
diàn_14.22 集韻 與霸同。

霾 66839 35314
mái_14.22 唐韻 莫皆切 集韻 韻會 正韻 謨皆切 夶音埋 說文 風雨土也。从雨貍聲 釋名 霾，晦也。言如物塵晦之色也 埤雅 霾下也 爾雅·釋天 風而雨土爲霾 疏 孫炎曰：大風揚塵，土从上下也 詩·邶風 終風且霾 傳 霾，雨土也 集韻 或作霾 図 正韻 左傳 叔豹，季霾〇按 左傳·文

十八年，今本作季貍 図 集韻 韻會 夶暮拜切音靺。義同。鑒又霧66620靉66882霾66905

霧 66840 35315
méng_14.22 唐韻 莫弄切 集韻 韻會 正韻 蒙弄切，夶懞去聲 說文 天氣下，地不應，曰霧。霧，晦也。从雨瞀聲 集韻 或作霧 図 mèng 集韻 莫宋切。與霿同 図 mào 集韻 韻會 正韻 夶莫候切音茂 集韻 散霧，鄙吝也 前漢·五行志 霧恆風若 註 師古曰霧，莫反反。應劭曰：散霧，鄙吝則風不順之也。又 五行志 貌言視聽，以心爲主。四者皆失，則區霧無識，故其咎霧也 集韻 或作愁佅怴侮 図 wù 玉篇 武賦切音附。地氣發，天不應也。亦作霧 図 méng 廣韻 正韻 莫紅切 集韻 謨蓬切 夶音蒙 廣韻 本作霿66455霧。鑒又愗17907懥17885

霺 66841 35316
méng_14.22 廣韻 莫紅切 集韻 謨蓬切 夶音蒙 廣雅 霺霺，雨也 集韻 微雨也 玉篇 亦作濛。鑒又霓66549

霝 66842 35317
líng_14.22 字彙補 力丁切音靈。玉名。

靆 66848 u2B574
null_14.22 未詳。

霛 66843 35318
líng_14.22 集韻 與零同

雹 66844 35319
báo_14.22 字彙補 古文雹66453字。

靂 66845 35320
pāo_14.22 集韻 普袍切音抛。雪貌。

靬 66849 u2B573
null_14.22 未詳。

靀 66846 35321
liè_14.22 五音集韻 力協切音聯。小雨。鑒亦作霴66858，俗靀66850

霝 66847 35322
líng_14.22 唐韻 力丁切音零 說文 空也。

靀 66850 u291A3
liè_14.22 同靀66846 類篇 靀，力協切。小雨。

喑 66851 u291A2
ǎm_14.22 嘸从雷音ǎm聲。隆隆聲。

霴 66858 u2919B
liè_14.22 俗靀66850

靐 66852 u291A1
dào_14.22 嘸同霳66825

霿 66853 u291A0
mǒng_14.22 嘸虹霓。亦作霿66864

齺 66854 u2919F
nóu_14.22 集韻 齺，乃俱切 字林 兔子也。又齺，奴侯切。江東呼兔子爲齺66834或作㲚。亦書作齺。

霤 66855 u2919E
liù_14.22 俗霤66675 可洪音義 所霤：力右反。

靂 66856 u2919D
lì_14.22 俗靂66871 可洪音義 霹靂：下呂擊反。

靈 66857 u2919C
líng_14.22 玉篇 靈，與靈66880同。

霮 66859 35323
dàn_15.23 集韻 徒紺切音醰 玉篇 久雨也。

霅 66860 35324
shǎn_15.23 玉篇 所板切音潸 集韻 雨貌。

靁 66861 35325
léi_15.23 玉篇 與雷同 詩·召南 殷其靁 釋文 靁，亦作雷 楚辭·九歌 靁塡塡兮雨冥冥 前漢·中山靖王傳 聚蟁成靁 註 師古曰靁，古雷字。言衆蚊飛聲有若雷也 図 周禮·春官·大司樂 靁鼓靁鼗 図 地名 史記·匈奴傳 北益廣田，至胘靁爲塞 註 胘靁，地名，在烏孫北 図 周禮·春官·龜人 掌六龜之屬，西龜曰靁屬 釋文 力胃反，又如字

爾雅·釋魚龜，左倪不類 疏 倪，庳也，不發聲也，謂行時頭左邊向下者名類 周禮 西龜曰靁屬是也 又 集韻 力救切音溜。靁名也。

霰 xiān_15.23 字彙補 與霰同。

霰 xiān_15.23 俗靁66893

罍 fèi_15.23 字彙補 芳味切音費。雲貌○按卽罍字之譌。

霥 mǒng_15.23 喃 亦作霥。从雨蒙mông聲。虹霓。

蔑 mịt_15.23 喃 从雨蔑miệt聲。同曀23200

澍 zhù_15.23 同澍29667

鑋 null_15.23 未詳。

鼎 yǔn_15.23 俗霣66897古文實。

霵 jí_16.24 集韻 側立切音戢 玉篇 雨下也 集韻 雨聲 又 集韻 七入切音緝。義同 △ 玉篇 或作霫。 鍪 又 霫66920

歷 lì_16.24 廣韻 郎擊切 集韻 韻會 正韻 郎狄切丛音歷 玉篇 霹66815靂。 鍪 又 疠66443霳66856 又 可洪音義 礔礰39572：下音歷，正作靂。礔礰39556：上普擊反。下呂擊反。礔曆07730：音曆。正作霹靂。

霝 líng_16.24 集韻 靈66880古作霝 又 廣韻 器名。 又 人名。

霍 huò_16.24 唐韻 呼郭切 集韻 韻會 正韻 忽郭切丛音霍 說文 飛聲也。雨而雙飛者，其聲霍然 又 suǐ 廣韻 韻會 正韻 息委切 集韻 選委切丛音髓 玉篇 露也 又 廣韻 霍靡，草弱貌 楚辭·招隱士 蘋草霍靡 又 集韻 霍霍，細貌 又 suǐ 玉篇 綏彼切音髓。霍靡，草隨風貌。亦作霍。

霭 ài_16.24 唐韻 集韻 韻會 正韻 丛於蓋切音藹 說文 雲貌。从雨，謁省聲 集韻 或作靄 又 韻會 雲集貌 又 ǎi 韻會 正韻 丛依亥切音欸。義同。又 韻會 氛也 又 廣韻 於葛切 集韻 韻會 正韻 阿葛切丛音遏。義同。 鍪 又 霭66755靄66793 又 說文通訓定聲 靄，蓋也。从艸，渴聲。今字作靄、作靄。

霸 fèi_16.24 廣韻 集韻 丛芳味切音費 玉篇 雲貌 廣韻 霱靁，雲布 集韻 或作靅 又 pèi 集韻 滂佩切音配。靁靁，雲盛。

霮 zhàn_16.24 玉篇 阻懺切音僭。水也 又 jiān 集韻 將廉切音尖。本作霒66802

霒 duì_16.24 正字通 俗靆字。

霴 dài_16.24 廣韻 待耐切 集韻 韻會 徒戴切 正韻 度耐切丛音代 玉篇 不明貌 又 廣韻 靉靆，雲狀 集韻 靉靆，雲盛貌 韻會 通俗文 雲覆日爲靉靆。或作靆 又 集韻 韻會 正韻 丛蕩亥切音駘。義同。 鍪 靉靆或作曃曃、靉靆 又 靆 又 龍龕 靆俗，靆正 又 正字通 靆，與靆同，別作靆。

霿 líng_16.24 玉篇 同靇 又 集韻 盧東切音籠。靇靇，雷聲。 鍪 龍部 重出：玉篇 與靇75892同。

靈 líng_16.24 古文 霊霿誓霝靈 唐韻 集韻 韻會 丛郎丁切音鈴 玉篇 神靈也 大戴禮 陽之精氣曰神，陰之精氣曰靈 書·泰誓 惟人萬物之靈 傳 靈，神也 詩·大雅 以赫厥靈 又 大雅·靈臺傳 神之精明者稱靈 又 詩·鄘風 靈雨旣零 箋 靈，善也 又 廣韻 福也 又 廣韻 巫也 楚辭·九歌 思靈保兮賢姱 又 靈氛，古之善占者 屈原·離騷 欲從靈氛之吉占兮 又 周禮·地官·鼓人 以靈鼓鼓社祭 註 靈鼓，六面鼓也 又 禮·檀弓 塗車芻靈 註 芻靈，束茅爲人 又 左傳·定九年 載葱靈 註 葱靈，輜車名 又 楚辭·天問 曜靈安臧 註 曜靈，日也。又 揚雄·羽獵賦 上獵三靈之流 註 如淳曰：三靈，日月星垂象之應也 又 廣韻 寵也 又 禮·運 何謂四靈，麟鳳龜龍 爾雅·釋魚 二曰靈龜 註 卽今觜蠵龜。一名靈蠵，能鳴 史記·龜策傳 下有伏靈，上有兔絲 又 諡法 亂而不損曰靈，不勤成名曰靈，死而志成曰靈，死見神能曰靈，好祭鬼怪曰靈，極知鬼神曰靈。 又 州名 史記·匈奴傳 丁靈 註 魏略 云丁靈，在康居北 後漢·西羌傳 擊零昌於靈州 韻會 魏武置靈州，取靈武縣名 又 姓 廣韻 風俗通 云齊靈公之後。或云宋公子靈圍龜之後 △ 說文 本作霝。 鍪 又 霋06024窒07404腝19126 霣66540灵30613霝35796盧52286䨩66682靈66890霝66910 曡66654霝66857灵10020坙66442霝66502靈66550 又 龍龕 霝 霝66579雷66779三同。霝66842，古靈字。

霦 bīn_16.24 五音集韻 與彪同。

霩 null_16.24 未詳。

霾 lí_16.24 正字通 音黎。見 石鼓文。詳前霾66620字註。

霿 mèng_16.24 龍龕 莫鳳切音夢。霿，雨也。

霅 shǎn_16.24 字彙補 始檢切音閃。電光。

霠 null_16.24 未詳。

霌 null_16.24 未詳。

盧 lờ_16.24 喃 从雨盧lu聲。混濁，模糊。

霞 xiàn_16.24 同霰66767

霝 líng_16.24 兼 靈。

霹 sī_17.25 唐韻 息移切 集韻 相支切丛音斯 說文 小雨財零也。从雨鮮聲。讀若斯 玉篇 小雨也 又 xiàn 集韻 蘇禾切音霎。義同 又 廣韻 集韻 丛先見切，先去聲。與霰66767同 集韻 或作霩霰。 鍪 又 霹66795

霙 ráng_17.25 廣韻 汝陽切 集韻 如陽切丛音穰 玉篇 露盛貌。亦作瀼 又 集韻 奴當切音囊。義同。

霰 shān_17.25 廣韻 所咸切 集韻 師咸切丛音攕 玉篇 微雨也 集韻 細雨謂之霰 廣韻 雨貌 又 jiān 廣韻 子廉切 集韻 將廉切丛音尖。漬也 又 xiān 集韻 韻會 正韻 丛思廉切音銛。微雨也 玉篇 或作霙 集韻 或作雺。 鍪 又 霰66926 又 龍龕 雺66603或作，雺66422霰66868二正。

囡正字通霻66802，同雲。

霽 66894 35344
yǐn_17.25 集韻倚謹切音隱。靐靐，雲貌。

靉 66895 35345
ài_17.25 廣韻烏代切集韻韻會於代切丛音愛玉篇靉靆，雲貌囡正字通靉靆，眼鏡也。洞天清錄靉靆，老人不辨細書，以此掩目則明。元人小說言靉靆出西域。又方輿勝略滿刺加國出靉靆，地名囡yì集韻於既切，衣去聲。靉靆，雲貌囡yǐ廣韻於豈切集韻隱豈切，丛衣上聲廣韻靉靆，不明貌囡木華·海賦氣似天霄，靉靆雲布囡集韻韻會倚亥切正韻依亥切，丛愛上聲。雲盛貌。鋆又礇05138餀69726餀69709邅61491鶺69685暧23122暧38210

灆 66896 35346
zhuó_17.25 廣韻集韻丛直角切音濁玉篇大雨廣韻大雨灆灆。

霿 66897 35347
yǔn_17.25 集韻霣66672古作霿。鋆又霺66911

霚 66898 35348
jī_17.25 字彙補俗羇字。

霳 66899 u291BE
khuya_17.25 喃从雨霳khuya聲。

泠 66900 u291BC
líng_17.25 集韻零66447霊霝圞，郎丁切說文餘雨也。又姓。或作零。亦从泠。古作圞。

霝 66901 u291BB
líng_17.25 俗霝66833越諺·卷中·身體天霝骨：中（音）零。

霜 66902 35349
shuāng_18.26 集韻疏江切音雙玉篇雨貌。鋆又霜66917張涌泉：俗雙。雨兒。

霻 66903 35350
fēng_18.26 集韻敷馮切音灃。霻霶66773鋆又霻66829

霶 66904 35351
nóng_18.26 字彙補與霳同廣雅霶霶，露也。

霾 66905 35352
mái_18.26 字彙補明排切音埋。風而雨土也。

霺 66906 42193
hùn_18.26 五音篇海呼頓切。忘也。

畉 66907 u291C6
sǎm_18.26 喃同霺66822亦作霡14673霺。

諜 66908 u291C5
mù_18.26 喃从雨諜mô聲。同霓66468薄霧。

霅 66909 u291C4
líng_18.26 集韻纛67920霅，郎丁切。音也。或省。

霸 66911 u291C2
yǔn_18.26 同霣66897古文霣。

霶 66910 u291C3
líng_18.26 古霝66880字。

霳 66913 35354
lì_19.27 集韻郎狄切音歷。霖霳，雨不止貌。或省作霖。鋆又霖66669

儵 66912 35353
shū_19.27 集韻式竹切音叔。人名。晉庾儵，字玄默囡木華·海賦儵昱絕電註儵昱，疾貌。

鶴 66915 u974E
hè_19.27 俗鶴66916鋆龍龕俗。音寶12465囡作霶66918

鶴 66916 u974D
hè_19.27 同鶴73721亦作霶。俗作霶。

霶 66914 46272
bǎo_19.27 龍龕同寶。

靀 66917 46273
shuāng_20.28 龍龕同霜。

寶 66918 u291C9
bǎo_20.28 同寶66914字彙補霶，篇韻與寶同。

霶 66919 35355
kuò_21.29 說文長箋霶本字。

灌 66923 u2B577
null_21.29 未詳。

霶 66920 35356
jí_21.29 類篇七入切音戢。雨下貌。或作霶○按集韻作霶。

電 66921 35357
báo_21.29 字彙補古文電66453字。

霎 66922 42194
líng_21.29 五音篇海音零。善也。

霶 66924 u291CD
lòa_21.29 喃从雨霶loa聲。模糊不清。

鶴 66925 u974F
hè_21.29 同鶴73721名義霶，河各反，大鳥。

纖 66926 u291CF
xiān_23.31 霶纖，同霶霶66893，細雨連綿。金·董解元西廂記諸宮調·卷一釀花天氣，雨兒霶纖，風兒淅瀝。

霶 66927 u291D1
kuò_24.32 霶66712本字。見說文

衢 66928 u291D0
qú_24.32 霶霶，驛站名。亦作霶衢。

霶 66929 35358
duì_28.36 玉篇徒罪切音憝。雲貌。鋆又霶66765

纛 66930 46274
zhèn_30.38 篇海類編籀文震字。

霶 66931 35359
bìng_31.39 廣韻皮證切集韻蒲應切丛音凭。霶霶，雷聲。

霶 66932 35360
léi_32.40 集韻雷66450古作霶。

霶 66933 42195
nóng_40.48 五音篇海音濃。雲廣貌。

霶 66934 35361
bèng_44.52 廣韻集韻丛蒲迸切音偙廣韻雷聲。囡字彙補郎仁寶曰：山谷集中有銃霶等字，蜀語也。

• 青部 •

青 66935 35362
qīng_0.8 古文莆峑岺夅青唐韻集韻韻會丛倉經切音鶄說文東方色也釋名青，生也。象物之生時色也書·禹貢厥土青黎荀子·勸學篇青出之藍而青於藍。囡神名史記·封禪書秦宣公作密畤于渭南，祭青帝。囡州名書·禹貢海岱惟青州囡鳥名禮·曲禮前有水，則載青旌註青，青雀，水鳥囡木名庾信·步虛詞空青爲一林註雲笈七籤玉清天中有樹，似松，名曰空青之林。又廣韻男青、女青，皆木名。出羅浮山記囡果名青子，橄欖也蘇軾詩紛紛青子落紅鹽囡藥名本草綱目空青，腹中空，破之有漿，治眼疾。一名楊梅青囡白青，治目疾，色深者爲石青，淡者爲碧青淮南子·畢萬術云白青，得鐵卽化爲銅。又曾青、綠青、扁青、綠膚青，丛詳本草綱目囡韻會竹皮曰青後漢·吳祐傳殺青簡以寫經書註以火炙簡令汗，取其青，易書復不蠹，謂之殺青囡唐·李肇·翰林志凡大淸宮道觀薦告詞文，用青藤紙，朱字，謂之青詞囡李綽·歲時紀上巳，曲江禊飲，曰踏青囡姓廣韻出何氏姓苑。又複姓三氏，漢

有青鳥子。又有青牛氏，青陽氏図jīng 集韻 韻會 丛子丁切。與菁同 詩•衞風 綠竹青青 傳 青青，茂盛貌 釋文 青，子丁反。本亦作菁。又 小雅 其葉青青 釋文 青，子零反。鑒 通作青66938 図岺13606皁13269夼13330並古文青字図䒌35271丰35260

靑 qīng_0.8 同青66938部首專用字。亦作青66937

青 qīng_0.8 部 青66936

青 qīng_0.8 參見青66935

彭 jìng_3.11 唐韻 集韻 丛疾郢切音靜 說文 清飾也。从彡青聲図字彙彭粍，毛布也。鑒又俗靜66963 可洪音義彭渕：上才井反。下烏玄反。亥彭：上盡歷反。下自井反。

靚 null_3.11 㗌未詳。

晴 yīng_3.11 集韻於丁切音婆 玉篇 小語 集韻 晴吟，小語図qíng 集韻 慈盈切。本作情 史記•禮書 晴文俱盡 註 晴，古情字。

靔 tiān_4.12 字彙補 與天同。

禘 zhèng_4.12 金鏡音政。又音形。

靑 tiān_4.12 简靝66968

靚 jìng_4.12 简靓66960

靖 zhēn_5.13 篇海之人切音眞。太上作 亳州老君碑，張道忠添註：从一从止从主从月。正者，眞也，一併止爲正。主者，注也，注月爲青。青者，東方之色也，五方之首也，四正之初也。正者，眞也。人能行眞正，不染邪曲者，爲仙之基本也。

靖 jìng_5.13 唐韻 集韻 韻會 正韻 丛疾郢切音穽 說文 立竫也図一曰細貌図 玉篇 謀也 書•盤庚 自作弗靖 傳 靖，謀也 詩•小雅 靖共爾位。又 周頌 日靖四方図 廣韻 思也 揚子方言 靖，思也。東齊、海岱之閒曰靖図 廣韻 理也 詩•小雅 俾予靖之 傳 靖，治也 左傳•僖九年 君務靖亂，毋勤于行図 廣韻 和也 韻會 安也 詩•周頌 肆其靖之 傳 靖，和也 箋 終能和安之図 謚法 柔德安衆曰靖，恭己鮮言曰靖，寬樂令終曰靖図 姓 廣韻 齊靖郭君之後。風俗通云單靖公之後図通作清 書•微子 自靖，人自獻于先王 釋文 靖，馬本作清。謂潔也図 韻會 正韻 丛疾正切，穽去聲。義同図 正韻 足也。鑒又靖66955靖66950

靗 null_5.13 未詳。

靗 null_5.13 㗌未詳。

靖 jìng_5.13 兼 靖66947

靖 qíng_5.13 氰27724舊譯

靗 null_5.13 未詳。

靖 jìng_5.13 參見靖66947

靗 null_5.13 未詳。

靗 chèng_6.14 玉篇丑鄭切音逞。覷也。譯也。亦作偵図chēng 集韻 抽庚切音瞠。本作窺。正視也。一曰深意也。

靖 null_5.13 未詳。

靗 chēng_6.14 集韻 癥貞切音梃。本作窺。正視也図chèng 廣韻 丑鄭切 集韻 丑正切丛音逞 廣韻 覰也 集韻 廉視也。本亦作窺○按 玉篇作靗，入先部 集韻 抽庚切，亦从先。而癥貞、丑正二切 廣韻 集韻 丛作靗，遂分爲二字。宜以 玉篇 爲正。

靜 jìng_6.14 同靜66963

靘 qìng_6.14 唐韻 集韻 丛千定切音靘 玉篇 靚靘，青黑色也。

靚 jìng_7.15 唐韻 集韻 韻會 正韻 丛疾正切音淨 說文 召也図 玉篇 裝飾也 司馬相如•上林賦 靚莊刻飾 註 靚莊，粉白黛黑也 後漢•南匈奴傳 豐容靚飾図 廣韻 裝飾也。古奉朝請，亦作此字図 集韻 韻會 正韻 丛疾郢切音彭 集韻 召也図 集韻 一曰女容徐靚図 與靜同 賈誼•服鳥賦 澹乎若深淵之靚 揚雄•甘泉賦 稍暗暗而靚深 註 師古曰靚，卽靜字。鑒又靚66945

瀞 qìng_8.16 集韻 千定切音靘。本作瀞。冷寒也。

靛 diàn_8.16 集韻堂練切音電。以藍染也 本草綱目 藍質浮水面者爲靛花。

靜 jìng_8.16 古文彰 唐韻 集韻 韻會 正韻 丛疾郢切音穽 說文 審也。从青，爭聲 註 徐鍇曰：丹青明審也図 增韻 動之對也 易•坤卦 至靜而德方図 書•堯典 靜言庸違 傳 靜，謀也図 詩•邶風 靜言思之 傳 靜，安也。又 鄭風 琴瑟在御，莫不靜好 詩•邶風 靜女其姝 傳 靜，貞也図 廣韻 息也 禮•月令 百官靜事毋刑図 韻會 澄也図 廣韻 和也図 韻會 通作靖。亦通作靚。亦通作竫。図 韻會 正韻 丛疾正切音淨。義同 前漢•揚雄傳 京師之語曰：維寂寞自投閣，爰清靜作符命図 詩•大雅 籩豆靜嘉 箋 潔清而美 釋文 清，如字，又才性反。清靜皆可讀去聲○按 玉篇 廣韻 集韻 類篇 靜字皆無去聲 韻會 始收入敬韻 正韻 因之。考 大雅釋文 及 揚雄傳 京師語，靜字本可讀去聲，但 韻會 引 解嘲 爰清爰靜句，云，顏註合韻，音才性切，則謬甚 解嘲 云，爰清爰靜，游神之庭。卽音才性切，如何與庭叶，是必因爰清靜句而誤記也 正韻 仍其失，今特辨之図叶千廷切音淸 六韜 秋道斂，萬物盈。冬道藏，萬物靜。鑒又靜66959靖66965彭66939

䶂 tiān_8.16 篇海與天同。出道書。

靗 null_11.19 未詳。

靗 jìng_8.16 俗靜66963 可洪音義亥靗：情井反。正作靜。

靗 null_11.19 未詳。

瀞 qìng_9.17 篇海七信切音靘 博雅 寒也。鑒又瀞66967靘66961

瀞 qìng_9.17 同瀞66966 字彙補 瀞，松金切，音心。寒也。

靗 tiān_10.18 篇海與天同。出道書。鑒又靑66944

靗 è_10.18 集韻乙盍切音鮚。本作匎。飾采。

靗 xanh_12.20 㗌从青撐xênh省聲△靜碧：碧綠色。△亦作撐、橕25489△撐摖：葱翠。

靗 sè_13.21 篇海所櫛切音瑟。色赤青也。鑒又綏45030

護
hù_14.22　廣韻胡誤切集韻胡故切夶音護玉篇青
屬集韻黝屬山海經青丘之山，其陽多玉，其陰多青護
註護音弧，黝屬尚書大傳云青丘出青護，今石青、白
青之屬六書索隱云善丹曰護，从丹。善青曰護，从青
○按玉篇云青護，山名。誤。鍌又䕶66976

66975 u291E4
蠃
null_16.24　未詳。

䕶
hù_17.25　同護66974

◆ 非部 ◆

非
66978 u2FAE
fēi_0.8　部非66977

非
66977 35380
fēi_0.8　唐韻甫微切
集韻韻會匪微切夶音飛說文違也。从飛下翄，取其相
背玉篇不是也書·說命無恥過作非易繫辭辨是與非
图玉篇下也图玉篇隱也增韻訾也孝經·五刑章
非聖人者無法，非孝者無親图玉篇責也前漢·魏相傳
使當世貴人非我图山名也山海經非山之首，其上多金
玉图姓風俗通非子，伯益之後图fēi集韻韻會正韻
夶妃尾切音斐集韻本作誹。謗也前漢·食貨志不入言
而腹非史記·平準書作腹誹。又鼂錯傳非謗不治註非，
讀曰誹图fēi韻會方未切音沸。本作誹。義同。

66979 35381
非
mǎo_2.10　集韻同丣。鍌古文卯，卯本字。

66980 35382
非
mǎo_2.10　玉篇古文卯04725字。

66981 u291E6
非
mǎo_2.10　同丣66980古文卯。

66982 35383
䨿
fèi_3.11　玉篇蒲罪切音琲。大也。鍌胡吉宣：與
奜10167同。熊加全：並俗蜚08759

66983 35384
䖀
fèi_3.11　唐韻非尾切集韻府尾切夶音匪說文別
也。从非己聲图fēi廣韻敷尾切集韻妃尾切夶音斐。鳥
名。山梟也图類篇別也图bèi廣韻平祕切音備。鳥
如梟集韻書作琶66992图集韻攀悲切音丕。義同。

66988 u291EC
琶
null_3.11　未詳。

66984 35385
㟮
fèi_3.11　廣韻扶沸切
集韻父沸切夶音翡玉篇隱也。亦作㟮集韻本作㟮。
同㟮○按㟮㟮66986㟮㟮，四字夶同。

66985 35386
啡
pēi_3.11　集韻鋪枚切音胚玉篇睡聲图pái集韻
蒲皆切音排。吹也图pǎi廣韻匹愷切普亥切夶音
俖廣韻出唾聲图pěi集韻普罪切音琣。義同图pèi滂
佩切音配。臥息图一曰吐聲。鍌龍龕啡，疋愷反。出
垂聲隨函又音敗。吹火具也图㗂啡，今作咖啡。

66986 35387
㟮
fèi_3.11　廣韻符沸切音翡玉篇隱也廣韻陋也。
○按說文本作㟮，音義夶與㟮同玉篇分見，實無二義。
又玉篇㟮字註云亦作㟮集韻㟮字本作㟮，同㟮。則㟮
㟮㟮㟮四字，皆一字而重文也。

66987 35388
䮸
fēi_3.11　字彙芳輝切，音非◇輕也。

66989 35389
裴
fèi_4.12　集韻父沸切音翡。本作韋。塵也。

66990 35390
㩊
fèi_4.12　集韻方未切音沸。覆手也。

66991 35391
毰
fēi_4.12　集韻匪微切音非。細毛爲毰图玉篇紛也。
○按毰字音義夶與氋同。當卽氋字之省。

66992 35392
琶
féi_4.12　廣韻集韻夶符非切音肥廣韻蠹琶，鳥名
山海經㺓次之山有鳥焉，其狀如梟，人面而一足，曰橐
琶图集韻平祕切音備。義同图pī匹寐切音屁。義同。
又別也○按說文玉篇有琶66983無琶廣韻集韻類篇
琶、琶分見。音義略同，應卽一字，譌分爲二。今姑依
各書中所載分註。鍌又宋姚寬西溪叢語·卷上·肥遯即
飛遯周易遯卦：肥遯，無不利。肥字古作琶，與古蜚字
相似，即今之飛字。後世遂改爲肥字。

66993 35393
乑
zá_4.12　集韻疾盍切音撨玉篇惡也廣韻作乑。
图集韻亦姓图正字通楊慎曰：乑，在臙切。俗云臙乑
图sà集韻悉盍切，音嗞。本作俕，惡也。亦作僅。
鍌又乑67008又通雅·卷四十九·諺原踏跤條：姓乑者嫌
「非」字，改作乑。

66994 35394
爽
sè_4.12　字彙補古文瑟34316字。

66997 u291F1
𢱂
null_4.12　未詳。

66995 35395
翈
shī_4.12　字彙補古文
師字遁甲開山圖雨師作宋翈。

66996 46277
㟮
fāng_4.12　搜眞玉鏡音芳。又音芬。

66998 u291F2
𢱂
null_4.12　未詳。

66999 35396
㟮
kǔ_5.13　字彙補與苦
同山海經大㟮之山，多三足鱉。

67000 35397
㦲
wǒ_5.13　字彙補與我同。曜仙作。

67001 u2B57D
靠
null_6.14　未詳。

67002 u291F7
𢲀
null_6.14　未詳。

67003 35398
靠
kào_7.15　唐韻苦到切集韻口到切夶音犒說文相
違也。从非告聲集韻或作搞图正字通今俗依附曰倚
靠图集韻類篇夶枯沃切音酷。義同图gù集韻姑沃
切音牿。相連也△或書作靠。

67004 35399
靠
kào_7.15　集韻同靠。

67008 46279
乑
zá_7.15　龍龕同乑。

67005 35400
韮
fèi_7.15　字彙補音未詳管子·輕重甲篇彼十鈞之
弩，不得韮撒，不能自正。鍌俗韮。

67006 35401
韮
bèi_7.15　五音集韻平祕切音祕。壯韮也。

67007 46278
䛭
huì_7.15　五音篇海音惠。鍌楊寶忠：俗慧18115

67009 46280
蕃
fán_8.16　龍龕音煩，百合蒜也○按卽蕃字之譌。

67010 46281
韮
féi_10.18　搜眞玉鏡符微切。

67011 35402
靡
mǐ_11.19　古文𪏆唐韻文彼切廣韻文被切集韻母
被切韻會母彼切夶音敝說文披靡也廣韻偃也左
傳·莊十年望其旗靡史記·項羽紀項王大呼馳下，漢軍
皆披靡註正義曰：靡，言精體低垂图玉篇侈靡，奢侈
也周禮·地官·司市以政令禁物靡而均市註靡，謂侈靡
也禮·檀弓若是其靡也戰國策專淫逸侈靡图揚子方

言私小也。秦晉曰靡 註 靡，細好也 司馬相如·上林賦 靡
曼美色於後 註 張揖曰：靡，細也 図 爾雅·釋言 靡，無
也 書·咸有一德 命靡常 詩·邶風 靡日不思 揚雄·解嘲 胥
靡爲宰 註 張晏曰：靡，無也。言相師以無爲作宰者也。
図 玉篇 罪累也 詩·周頌 無封靡于爾邦 傳 封，大也。靡，
累也 疏 奢侈淫靡，是罪累也 図 書·畢命 商俗靡靡 疏 韓
宣子稱紂使師延作靡靡之樂。靡靡者，相隨順之意 史
記·淮陰侯傳 燕從風而靡。又 儒林傳 靡然鄉風 図 史
記·殷本紀 說爲胥靡 註 靡，隨也。古者相隨坐，輕刑之
名 図 詩·王風 行邁靡靡 傳 靡靡，猶遲遲也 図 史記·司
馬相如傳 敞罔靡徙 註 靡徙，失正也 図 司馬相如·上林
賦 登降施靡 註 施靡，猶連延 図 司馬相如·上林賦 明月
珠子，玓瓅江靡 註 靡，崖也 図 胥靡，周地。見 左傳·定
六年 図 禮·月令 孟夏之月，靡草死 註 靡草，薺葶藶之
屬 図 mí 集韻 韻會 正韻 忙皮切，音糜。分也 易·中孚
我有好爵，吾與爾靡之 註 靡，散也。分散而共之 集韻 通
作縻 図 揚子方言 靡，滅也 孟子 靡爛其民而戰之 前
漢·景十三王傳 連日夜靡盡 図 越語 靡王躬身 註 靡，損
也 戰國策 寡人屈於內，而四國靡於外 荀子·君道篇 無
靡費之用 図 與 蘼 通 揚雄·反離騷 精瓊靡與秋菊 ○按離
騷本作蘼 図 mó 集韻 眉波切音摩。散也 図 左傳·成二
年 師至於靡笄之下 註 山名 釋文 靡，如字，又音摩 図 莊
子·齊物論 與物相刃相靡 荀子·性惡篇 身日進於仁義，
而不自知也者，靡使然也 註 磨，切也 史記·淮南王衡山
王傳贊 亦其俗薄，臣下漸靡使然也 図 má 集韻 莫加切
音麻。收靡，縣名，在益州，外靡藥草所出 前漢·地理
志 益州郡收靡縣 註 李奇曰：靡音麻，即升麻，殺毒藥
所出也 図 集韻 韻會 忙縻詖切，靡去聲 集韻 偃也，曳
也，散也 前漢·郊祀歌 衆嫭忙綽奇麗，顏如荼兆逐靡。
又 揚雄·甘泉賦 今朝廷純仁，遵道顯義。并包書林，聖
風雲靡 註 師古曰靡，忙武義反。鍙 又與 蘼 通。又與 縻
通 図 靡 74711 図 字典琢屑 揚雄·解難。舊作 解嘲

䴾 67012 35403
fán_12.20　正字通 蟠字之譌。註詳韭部。

䶞 67013 35404
fēi_12.20　廣韻 芳非切 集韻 芳微切夶音霏 說文 毛
紛紛也。从毳非聲 廣韻 細毛 図 玉篇 紛也 図 唐韻 甫微
切 集韻 匪微切夶音非。義同。鍙 又 䶏 66991

爨 67014 35405
gòng_12.20　字彙 與共同。見 亢倉子

𦥃 67016 46283
duì_12.20　龍龕 音隊。鍙 或俗肇 67823

䶝 67017 u2B57E
null_13.21　喃 未詳。

𦥂 67015 46282
fán_12.20　龍龕 音煩。

𦥇 67018 u2B57F
null_17.25　邾翔伯鼎 竈𦥇白乍此嬴尊鼎。

䶞 67019 u29202
bay_18.26　喃 从蜚悲bi聲。

・面部・

面 67020 35406
miàn_0.9　唐韻 集韻 韻會 夶彌箭切音偭 說文 本作
面，顏前也。从百，象人面形 書·益稷 汝無面從，退有

後言 図 見也 禮·曲禮 夫爲人子者，出必告，反必面 註 反
言面者，從外來，宜知親之顏色安否 儀禮·聘禮 擯者出
請事，實面如覿幣 註 面，亦見也 周禮·秋官·司儀 私面 註
私覿也 図 向也 書·周官 不學牆面 疏 人而不學，如面向
牆 禮·曲禮 天子當依而立，諸侯北面而見天子，曰覲。
又 玉藻 唯君面尊 註 面，猶鄉也 周禮·冬官考工記·匠人
面朝後市 図 廣韻 前也 儀禮·士冠禮 覆之面葉 註 面，
前也 図 韻會 方面，當四方之一面也 書·顧命 大輅，在
賓階面，綴輅，在阼階面 周禮·冬官考工記 或審曲面勢
註 審察五材曲直方面形勢之宜 史記·留侯世家 獨韓信
可屬大事，當一面 図 韻會 相背曰面 史記·項羽紀 馬童
面之 註 如淳曰：面，不正視也 前漢·項羽傳 註 師古曰
如淳說非也。面謂背之，不面向也。面縛亦謂反背而縛
之，杜元凱以爲但見其面，非也 図 前漢·張敞傳 自以便
面拊馬 註 師古曰便面，扇之類也。亦曰屏面。鍙 又
圎 08114 靦 59748 面 67023

面 67021 42196
miàn_0.9　說文長箋 面本字。

面 67022 u2FAF
miàn_0.9　部 面 67020

鍙 又俗衈 53907 可洪音義 敗衈：女六反。

靣 67023 u9763
miàn_0.9　俗 面 67020

耐 67024 35407
nài_3.12　字彙 耐字之譌。

䤲 67025 35408
niǔ_3.12　篇海 同衈。挫也。

衦 67026 35409
gǎn_3.12　集韻 古旱切
音笴。本作衦。面黑气也。或作黚 図 居案切音銲。義同。

衚 67027 35410
pā_4.13　集韻 披巴切音葩。面黃。

衧 67028 35411
xiān_4.13　廣韻 許咸切 集韻 虛咸切夶音猷 廣韻 衧
衧，出頭貌 集韻 小頭 図 集韻 乎監切音銜。義同。

衈 67029 35412
niǔ_4.13　篇海 女六切音恧。慙也 ○按 廣韻 集韻 忸
字音義與此同。當即忸字之譌。

衃 67030 35413
pàng_4.13　集韻 匹降切音胖。面腫。

衉 67031 35414
dàn_4.13　廣韻 集韻 夶丁紺切音馾 廣韻 頑劣貌。
鍙 又衉 67033 衉 67034

衉 67033 46284
dàn_4.13　龍龕 同衉

衉 67032 35415
shì_4.13　廣韻 集韻 夶
是義切音弒 廣韻 衉衉，面貌。出 新字林

衉 67034 46285
dàn_4.13　搜眞玉鏡 同衉

衉 67035 46286
ài_4.13　龍龕 五介切音睚

靦 67036 u4A44
miǎn_4.13　簡 靦 67072

衈 67037 35416
tiǎn_5.14　唐韻 集韻 夶
他典切音腆 說文 本作靦 67072

衉 67038 35417
chǎo_5.14　集韻 楚絞切音炒。衉衉，面曲。

衉 67039 35418
ǎo_5.14　集韻 於絞切音拗。衉衉 67038 図 yǒu 集韻
於九切音懮。衉靦，面醜。

衉 67040 35419
zhǎn_5.14　篇海 音輾。寬也。

衉 67041 35420
mèi_5.14　玉篇 音妺 字彙 面貌。鍙 胡吉宣：疑同

顡68142

67042 35421
nǎn_5.14 集韻同䩓類篇書作䵐。

67043 35422
bào_5.14 廣韻防教切集韻皮教切丛音皰玉篇面瘡也囝集韻本作皰。面生气也。亦作皰、疱〇按廣韻皰訓面瘡，皰訓面生气，二字分見集韻合皰、皰爲一，專訓面生气，非。鋆又皰74938醀62567皰48927

67044 35423
zhǎn_5.14 廣韻側板切集韻阻板切丛音拃玉篇酠䩾，老也廣韻酠䩾，面皺也囝集韻一曰色惡。

67045 35424
zhān_5.14 廣韻竹咸切集韻知咸切，丛站平聲玉篇酟齡，小頭也廣韻酟齡，出頭貌囝diān集韻丁兼切音髻。酟䫜，面陋。

67046 46287
bò_5.14 搜眞玉鏡白可切。

67047 46288
mài_5.14 龍龕音脈

67048 46289
hān_5.14 龍龕同酣

67049 u2B580
null_5.14 喃未詳。

67051 u29215
yù_5.14 同酨67056

67050 u29218
mǎt_5.14 喃面，臉△䩈倍：皺眉。

67052 u29213
null_5.14 未詳。

67054 35425
kuò_6.15 集韻戶括切音活玉篇面小集韻本作頔。短面也。

67053 u29212
null_5.14 未詳。

67055 35426
pīng_6.15 等韻必郢切音併篇海面色黃貌囝足丁切音傅。義同。鋆又酺67085

67056 35427
yù_6.15 字彙乙六切音郁。血面〇按篇海止有酨字，音鹹，血面。不書作酨正字通云譌字。

67057 35428
duī_6.15 廣韻集韻丛都回切音磓廣韻酟酺，醜面。

67058 35429
nǎn_6.15 類篇同䩓

67060 46291
dào_6.15 字彙補音到

67059 46290
zhòu_6.15 五音篇海同皺

67062 u2B581
null_6.15 未詳。

67061 46292
qiáo_6.15 字彙補同醮

67063 u29220
null_6.15 未詳。

67066 35431
xing_7.16 廣韻許令切集韻馨正切丛音夐廣韻面醒醒也集韻酲醒，頑劣貌。

67064 u9765
yè_6.15 简䫴67123

67067 35432
nì_7.16 玉篇音溺。愁面〇按集韻有䏯字，同惄，憂貌。疑卽此字。

67065 35430
huì_7.16 集韻呼内切音誨。本作頮。面多肉也。

67068 35433
hān_7.16 廣韻火含切集韻呼含切丛音峆廣韻面紅集韻面赭色。或作酣。鋆又齡67048

67069 35434
chù_7.16 篇海初六切，音促◇齊也。鋆又覅59139

67070 35435
shuǎ_7.16 集韻數瓦切音羳。面醜。或作頮。

67071 35436
fǔ_7.16 廣韻扶雨切集韻奉甫切丛音腐說文頰也。从面，甫聲玉篇左傳·僖二年酺車相依。今作輔廣韻頰骨也。同頰楚辭·大招酺輔奇牙朱註輔，一作酺。

頰車也淮南子·說林訓酺酺在頰則好，在顙則醜集韻本作輔。或作顝較囝唐韻集韻丛符遇切音附。義同。鋆又酺酺或作靥輔囝酺67074酺69624

67072 35437
tiǎn_7.16 唐韻集韻韻會正韻丛他典切音腆說文面見也。从面見，見亦聲詩小雅有酟面目爾雅釋言酟，姡也註面姡然越語余雖酟然而人面哉註酟，面目之貌囝玉篇惄貌廣韻面惄△說文或作酠玉篇同齫酺。鋆又miǎn酟酟，亦作腼47641腼囝酟67036腼37866黽55167酟55156酟55224囝龍龕酟62324酲俗，他典反。亦作酟。

67074 46293
fù_7.16 龍龕同顤

67073 35438
mǎn_7.16 集韻母伴切音滿。塗面也囝謨官切音瞞。義同。

67075 u2B582
naj_7.16 壯面孔，面子。湿䵵：洗臉。

67076 u2922A
trán_7.16 喃从面壯tráng聲。同顛68010額，額頭。

67077 u29229
nạ_7.16 喃从面那na聲△䵷酺：面膜。

67078 u29227
null_7.16 未詳。

67079 35439
nǎn_8.17 篇海女盞切。酠䩾，面破也〇按卽䩾字之譌。鋆又䵐67042酺67058

67080 35440
wàn_8.17 廣韻集韻丛烏患切，綰去聲廣韻面曲貌囝集韻鄔版切音綰。義同。

67081 35441
wǎn_8.17 集韻委遠切音宛玉篇眉目之閒美貌詩清揚酟兮。今作婉集韻面柔也囝wò廣韻集韻丛烏括切音斡廣韻目開之貌。鋆又窨67086

67082 35442
yì_8.17 廣韻集韻丛宜寄切音議。酏67032酺。

67083 35443
diào_8.17 玉篇徒弔切音調。酺習也。

67085 2F9F7
pīng_8.17 同酺67055

67084 35444
yān_8.17 篇海烏咸切音猏。面黑子。鋆渡部溫：篇海作酺，乙咸切，音煙。酺67102，烏咸切，音俺正字通俗酺67123字。

67086 u29231
wǎn_8.17 類篇酟67081，或書作窨

67087 u29230
mǎt_8.17 喃从面宓mệt聲。臉。

67088 35445
suàn_9.18 篇海音算。面博也。

67089 35446
miǎn_9.18 篇海音涵。酟酺也。

67090 35447
ǎn_9.18 集韻烏感切音唵玉篇面酺黤色也集韻酺黤，慘容囝集韻乙減切音黯。義同。

67091 35448
lán_9.18 廣韻魯甘切集韻盧甘切丛音藍玉篇酺，面長貌。鋆俗作鹽37282

67092 35449
nǎn_9.18 廣韻奴板切集韻乃板切丛音赧玉篇酠酺，色惡△玉篇或作赧集韻或作䩓篇海譌作䵧。

67094 u2B583
huì_9.18 简䫴67110

67097 46295
nuǒ_10.19 字彙補音姬

67093 46294
yǎn_9.18 龍龕烏感切音唵。

面部

醮 67095 35450 qiǔ_10.19 集韻 去久切音糗。面醜。

鑹 67103 u29240 làn_11.20 同灠30336

靤 67096 35451 miàn_10.19 廣韻 莫甸切 集韻 暋見切丛音麪 廣韻 靦炫,汗血。

顪 67098 35452 cán_11.20 廣韻 集韻 並作三切,靡平聲。又 集韻 財甘切,音慙。黯齭,面長貌 图 集韻 鋤銜切音巉。又 廣韻 集韻 丛子鑒切音覽。義丛同。

靤 67099 35453 mǒ_11.20 集韻 母果切音麼 玉篇 面靑貌△ 集韻 本作懡。懡㦬,慙也。或作靤靤。鑾 又靤67128

靤 67100 35454 cǎn_11.20 集韻 七感切音慘。靤67090靤。

靤 67102 46296 yǎn_11.20 篇海類編 同靤。

靤 67104 u2923E zhú_11.20 同靤67101

靤 67101 35455 zhú_11.20 集韻 竹律切音怵。面短。本作貧。或作靤。鑾 又靤67104

靤 67105 35456 tiǎn_12.21 篇海 他典切音腆。面黃色。

醫 67106 35457 yè_12.21 集韻 同靤

靤 67107 35458 qiáo_12.21 唐韻 卽消切 集韻 茲消切丛音焦 說文 面焦枯小也。从面焦 玉篇 楚辭云顏色靤頓 图 qiáo 廣韻 昨焦切 集韻 慈焦切丛音樵。義同 图 jiào 廣韻 集韻 丛子肖切音醮 廣韻 面不光 集韻 面不澤。鑾 又勳67061㬹67113

靤 67108 35459 liǎo_12.21 廣韻 力小切 集韻 朗鳥切丛音繚 玉篇 面白靤靤也。

靤 67109 35460 xuān_12.21 集韻 荀緣切音宣。本作顀,圓面也。或作顀 图 集韻 徒玩切音段。又 類篇 從緣切音全。義丛同。

靤 67110 35461 huì_12.21 廣韻 荒內切 集韻 韻會 呼內切丛音悔 玉篇 洗面也。與頮同 集韻 本作沬。洒面也 禮·內則 面垢燂潘請靤。又 玉藻 沐稷而靤粱。鑾 又頮67094㬹53957 靤67130

靤 67111 35462 nián_12.21 集韻 乃殄切音撚。靦靤,少色。

靤 67114 42199 qià_12.21 集韻 同帕

靤 67112 42197 yè_12.21 字彙補 同醫 淮南子 口曾撓,奇牙出,靤靤搖。

靤 67113 42198 qiáo_12.21 字彙補 同靤 廣雅 靤悴,憂也。

靤 67115 46299 shuǎ_12.21 搜眞玉鏡 音耍。

靤 67116 u2B584 null_12.21 喃未詳。

靤 67117 u29245 null_12.21 未詳。

靤 67118 35463 tiǎn_13.22 玉篇 同覥。

靤 67119 46297 cí_13.22 龍龕 同慈。

靤 67120 u4A4E null_13.22 未詳。

靤 67121 35464 mǒ_14.23 集韻 同靤。

靤 67122 35465 jiǎn_14.23 集韻 子冉切音辴。色弱。

靤 67123 35466 yè_14.23 唐韻 於協切 集韻 韻會 益涉切丛音魘 說文 面妾也。从面,厭聲 玉篇 淮南子·說林訓 靤輔在頰前則好○按 淮南子 今本作靤靤67071 廣韻 面上靤子 集韻 頰輔也 楚辭·大招 靤輔奇牙,宜笑嗎只 集韻 或省作靤

图 yǎn 集韻 於琰切,厭上聲。面黑子 图 一曰靤也。

鑾 又曆67064靤67084屢75106 图 經典文字辨證書 靨11553正曆俗。

靤 67124 46298 gàn_14.23 搜眞玉鏡 音幹。

靤 67125 46300 yí_14.23 龍龕 音疑。

靤 67126 u2924E null_14.23 未詳。

靤 67128 35468 mǒ_15.24 篇海 同靤

靤 67127 35467 miè_15.24 廣韻 集韻 丛莫結切音蔑 玉篇 面小也 廣韻 靤尐,小也。

靤 67129 46301 xiū_15.24 字彙補 音未詳。赧恥也。鑾 陳士元 古俗字略 羞,息流切。恥也。靤,出道書。俗用。

靤 67130 u29253 huì_16.25 正字通 頮67110,同頮 禮·內則 作靤。俗作靤。

靤 67131 35469 jiàn_17.26 集韻 子豔切音巇。面包。

靤 67132 46302 guó_17.26 篇海類編 音摑。

靤 67133 35470 huì_18.27 篇海 與顪同。

靤 67135 u29258 zhān_18.27 同靤67134俗靤27582

靤 67136 35471 luǒ_19.28 集韻 朗可切音砢 玉篇 靤靤 集韻 本作懡。懡㦬,慙也。鑾 或作㦬㦬、靤靤,面慙貌。

靤 67137 35472 mǒ_19.28 集韻 同靤

靤 67134 46303 zhān_18.27 龍龕 同靤。鑾 俗靤27582 龍龕 靤靤二俗。音甑。

• 革部 •

革 67138 35473 gé_0.9 古文靤 唐韻 古覈切 集韻 韻會 各核切丛音隔 說文 獸皮治去其毛。革更之 註 徐鍇曰:皮去其毛,染而瑩之曰革 韻會 皮熟曰韋,生曰革。呂氏曰:革者,去毛而未爲韋者也 書·禹貢 齒革羽毛 傳 革,犀皮 詩·召南 羔羊之革 傳 革,猶皮也 疏 獸皮治去其毛曰革。對文言之異,散文則皮、革通 周禮·天官 掌皮掌秋斂皮,冬斂革 疏 革須治用功深,故冬斂之 图 正字通 人與獸皆曰革 禮·禮運 膚革充盈 註 革,卽膚內厚皮也 图 禮·明堂位 革車千乘 註 革車,兵車也 周禮·夏官·司弓矢 王弓、弧弓,以授射甲革椹質者 註 甲革,革甲也 图 玉篇 改也 易·革卦 天地革而四時成 書·堯典 鳥獸希革 傳 革,改也 疏 毛羽希少,改易 洪範 金曰從革 傳 金可以改更 管子·山權數 丁氏歸革築室 註 革,更也 图 爾雅·釋器 轡首謂之革 詩·小雅 鞗革冲冲 傳 鞗,轡也。革,轡首也 疏 馬轡所靶之外,有餘而垂者,謂之革 图 詩·小雅 如鳥斯革 傳 革,翼也 箋 如鳥夏暑希革張其翼時 釋文 革,如字 韓詩作勒,云翅也 图 軍禮曰兵革 禮·中庸 袗金革 註 革,甲冑之屬 图 周禮·春官·大師 皆播之以八音:金、石、土、革、絲、木、匏、竹 註 革,鼓鼗也 图 揚子方言 革,老也。南楚江湘之閒代語也 图 姓 廣韻 漢功臣表有煑棗侯革朱 图 jí 集韻 訖力切音殛。本作亟。急也 禮·檀弓 夫子之病革矣 註 革,急也 釋文 紀力切 图 jí 集韻 韻會

億切音極。義同 禮·檀弓釋文 又音極 集韻 或作亟。鼇又玄應音義 皮革：古文革04596悙17780諽56346三形，同。古核反。

革 67139 u2FB0
gé_0.9　部 革67138

靮 67142 u2925B
null_2.11　未詳。

靪 67140 35474
dīng_2.11　唐韻 集韻 夶當經切音丁 說文 補履下也。从革丁聲 又 dǐng 廣韻 集韻 夶都挺切音頂。義同 集韻 博雅 補也 又 集韻 待鼎切音挺。又丁計切音帝。又丁定切音釘。義夶同△ 集韻 亦作靲。

靬 67141 46304
hàng_2.11　龍龕音吭。鼇又靬靬，夶俗剛字。

靫 67143 35475
chá_3.12　廣韻 楚佳切 集韻 韻會 初佳切夶音釵 玉篇 箭室也 坤蒼 韇靫，箭室 又 chā 廣韻 初牙切 集韻 韻會 正韻 初加切夶音叉。又 chuà 五音集韻 初刮切音刷。義夶同。鼇又靫67154

靭 67144 35476
jiān_3.12　廣韻 集韻 夶居言切音犍 說文 乾革也。又 說文 武威有麗靬縣 又 kān 廣韻 集韻 韻會 正韻 夶丘寒切，音刊。義同 又 集韻 弓衣也 又 jiān 廣韻 集韻 夶居閑切音閒 廣韻 黎靬，國名。在西域 前漢·西域傳以大鳥卵及黎靬眩人獻于漢 又 qián 集韻 渠焉切音虔。驪靬，縣名 前漢·地理志 張掖郡驪靬縣 註 李奇曰：音遅虔 又 kàn 唐韻 苦旰切 集韻 墟旰切夶音侃 玉篇 盛矢器，著弓衣 又 hàn 集韻 侯旰切音翰。馬被具。鼇又靬67625

靷 67145 35477
rèn_3.12　集韻 而振切音刃。本作朒。堅柔也。亦作靭67624 鼇又靭67155

靰 67146 35478
hū_3.12　廣韻 集韻 夶呼骨切音忽 坤蒼 急繫縛也 又 jí 集韻 紀彳切，本作靪67287 鼇又靰67153

靮 67147 35479
guì_3.12　篇海 居僞切，規去聲。革也。

靮 67148 35480
dí_3.12　唐韻 都歷切 集韻 韻會 丁歷切夶音的 說文 馬羈也 玉篇 所以繫制馬 集韻 繮也 禮·檀弓 執羈靮而從 註 靮，靮也。

靯 67149 35481
dù_3.12　廣韻 徒古切 集韻 動五切夶音杜 玉篇 靯韤，鞦 廣韻 韇靫之別名。一云靯韤 集韻 一曰車中薦 又 集韻 統五切音土。義同。

靰 67150 35482
hóng_3.12　玉篇 與靯同。

靬 67152 35484
yú_3.12　說文 靬本字

靬 67151 35483
yú_3.12　唐韻 羽俱切 集韻 雲俱切夶音于◆ 說文 本作靬，韜內環靶也 博雅 靬謂之鞏 又 廣韻 况于切 集韻 匈于切夶音訏。又 廣韻 憶俱切 集韻 邕俱切夶音紆。義夶同。

靰 67153 46305
hū_3.12　篇海類編 同靰。

靭 67155 u9771
rèn_3.12　同靷67145

靫 67154 u29260
chá_3.12　同靫67143 玉篇 靫，楚崖、楚加二切。箭室也。

靮 67156 u9770
wù_3.12　靮靰：東北地區以靮靰草所製的保暖鞋。

靲 67157 35485
qín_4.13　唐韻 巨今切 集韻 渠金切夶音琴 說文 鞻也 玉篇 靲鞻也 廣韻 靲鞻，四夷樂也 又 集韻 居吟切音今。又其淹切音箝。義夶同 又 jìn 巨禁切音妗。鞻帶也，束物韋也 又 gàn 其闇切。竹簚也 儀禮·士喪禮 冪用疏布，久之繫用靲 註 竹簚也。鼇又靲67635靲67632

靳 67158 35486
jiá_4.13　篇海 古八切音戛。皮韉也。

靯 67159 35487
jǐ_4.13　篇海 居逆切音戟 字彙 鞍也。

靮 67161 35489
miǎn_4.13　玉篇 同靮

靳 67160 35488
jìn_4.13　唐韻 居近切 集韻 韻會 居焮切夶音撞 說文 當膺也 註 徐鍇曰：靳，固也。靳制其行也 左傳·定九年 吾從子，如驂之靳 註 靳，車中馬也 疏 靳是當胷之皮也。驂馬之首，當服馬之胷，胷上有靳 又 集韻 吝也 左傳·莊十一年 宋公靳之 註 戲而相愧曰靳 疏 服虔云恥而惡之曰靳 又 孔叢子·唐言篇 靳，取也 又 姓 廣韻 楚有大夫靳尚。鼇又靳22089

靴 67162 35490
xuē_4.13　集韻 呼肥切音批 說文 鞮屬 玉篇 鞾也。亦履也 隋書·禮儀志 惟褶服以靴。靴，履也。取便於事，施於戎服 廣韻 本作鞾 集韻 亦作鞾履屨。鼇又鞾67605靴67359鞾67531 又 集韻 鞾，或作屨13150 又 字彙補 鞾67406 集韻 與鞾同△宏按，集韻 有鞾無鞾字 字彙補 鞾字兩見，或俗鞾。

靴 67163 35491
qí_4.13　篇海 巨支切，音期◇鞍飾也。

靮 67164 35492
jiāo_4.13　字彙 同靮○按章韋部靮字又云同靮，彼此俱無音義，況靮字諸書皆無 篇海 亦有靮無靮，應刪。

靮 67165 35493
niǔ_4.13　篇海 同紐。鼇 備考·革部 重出：龍龕 同靮△宏按，靮，紐之誤。龍龕 靮，俗。女久反。正作紐。

靳 67170 35498
hóng_4.13　集韻 同靴

靮 67166 35494
xuàn_4.13　廣韻 集韻 夶瑚畎切音琄 玉篇 車靷也 集韻 車弓也 釋名 靮，懸也。所以懸縛軛也 廣韻 本作軒 集韻 又作輯。

靮 67173 35501
gǔ_4.13　篇海 同靮

靶 67167 35495
bà_4.13　唐韻 集韻 韻會 正韻 夶必駕切音灞 說文 轡革也 爾雅·釋器 轡首謂之革 註 轡，靶勒 疏 字林云靶，轡革也 又 爾雅·釋器 輿革前謂之鞎 註 以韋靶車軾 疏 靶，謂鞍也。

靮 67168 35496
yǐn_4.13　廣韻 集韻 韻會 正韻 夶羊晉切音酳 說文 引軸也 集韻 駕牛具。在胷曰靮 詩·秦風 陰靮鋈續 傳 所以引也 釋文 沈云靮，舊本皆作靳 左傳·哀二年 我兩靮將絕，吾能止之 疏 古之駕四馬者，服馬夾轅，其頸負軛，兩驂在旁，挽靮助之 說文 云靮，引軸也 億二十八年 註云在胷曰靮。然則此皮約馬胷而引車軸也 釋文 靮，以刃切 又 yǐn 唐韻 余忍切 集韻 以刃切夶音引。又 zhèn 集韻 丈忍切音紖。義夶同。鼇 籀文作鞲67573，从𢇍 又 靲67553鞙67575鞇67612鞇67570

靮 67169 35497
duò_4.13　玉篇 徒果切音墮。履跟緣也。同鞣 又 shān 集韻 師銜切音衫。本作鞎67487

鞳 fēng_4.13 集韻敷容切音丰。鞳鞳，鞃飾。亦作韸。

鞍 gǔ_4.13 集韻鼓75241古作鞍。

鞯 róng_4.13 廣韻集韻汰而用切。同韝。

鞍 sà_4.13 唐韻蘇合切集韻息合切韻會正韻悉合切汰音跶說文小兒履也玉篇履也釋名鞍，韋履深頭者之名也。鞍，襲也，以其深覆裹足也譚子化書序杖鞍而去図集韻息入切音鄒。義同△集韻亦作鞈鞍。

鞅 áng_4.13 廣韻五剛切集韻魚剛切汰音卬說文鞅角，鞃屬玉篇絲履也揚子方言東北朝鮮洌水之間謂之鞅角図yǎng集韻語兩切音仰。履也。鍪又鞅67224鞅67243図黄征敦煌俗字典鞅，敦研365大般涅槃經卷第十五煩惱堅鞅，亦復如是。按：鞅大正藏作硬38964，是。又作鞕字彙補音蒲誥切，非是。

鞂 qí_4.13 廣韻巨支切集韻翹移切，並音衹。本作鞆59895亦作鞁図集韻常支切音匙。紂餘鞆也。

鞉 shā_4.13 集韻師加切音沙博雅鞉鞉，鞃也集韻或作鞍図suō類篇桑何切音娑。鞉鞃，樂器。

鞀 nà_4.13 字彙補音未詳呂氏春秋凡耕之道，必始於墟，爲其寡澤而後枯，必厚其鞀。

鞊 dì_4.13 篇海類編同鞊。

鞃 hàng_4.13 龍龕與鞆同。鍪又鞆，汰俗剛字。

鞌 bà_4.13 龍龕步駡切。

鞁 bì_4.13 集韻同鞍

鞍 yìng_4.13 搜眞玉鏡五浪切。又五桑切。鍪可洪音義鞍鞁：上五孟反。俗作鞅，強也。堅牢也。正作鞕、硬、鞕三形也。

鞀 fén_4.13 龍龕音汾。鍪音元，音六之誤。鞀，俗鞀。

鞆 gāng_4.13 龍龕音元。

鞈 dǐ_4.13 龍龕丁奚切音低。出呪中。

鞊 yào_4.13 俗鞊67209唐·王建賽神曲青天無風水復碧，龍馬上鞍牛服鞊。

鞋 è_4.13 同鞯59892

鞍 gǔ_4.13 同鞍67172鞍67173，古文鼓。

鞏 dì_4.13 俗鞏67195

鞌 wēng_4.13 同鞌67442新撰字鏡·卷第十二馬鞍調度章：鞌軒鞌鞋鞌鞌。

鞊 null_4.13 未詳。

鞃 xuàn_5.14 廣韻集韻汰戶畎切音泫玉篇刀鞃也集韻本作鞎67298

鞌 dì_5.14 廣韻都計切集韻丁計切汰音帝玉篇鞌，鞋也集韻本作鞌67140図dī集韻都黎切音低図tí田黎切音題。義汰同。本作鞌67400

鞂 jù_5.14 等韻其呂切音巨篇海鞍也。

鞀 nǐ_5.14 集韻乃禮切音禰玉篇鞿垂貌図集韻頓也。或作鞍。鍪字彙同鞴67561

鞁 tuó_5.14 唐韻徒何切集韻唐何切汰音駝說文馬尾鞁也。今之般緒廣韻鞍緒集韻又作鞁。

鞳 tuó_5.14 集韻同鞁

鞋 mò_5.14 廣韻莫撥切音末玉篇鞋鞋，蕃人，出北土図隋書·禮儀志赤舄，絳鞋。鍪鞋鞨或作靺鞨、瑠璃，寶玉名。

鞍 zǔ_5.14 廣韻則古切集韻總古切汰音祖廣韻鞍，勒名集韻馬鞁也図淮南子·氾論訓蘇秦，匹夫徒步之人也。鞍轎羸蓋，經營萬乘之主。

鞃 shēn_5.14 集韻升人切音申說文大帶也集韻本作紳。

鞌 dá_5.14 古文鞳廣韻集韻汰當割切音怛說文柔革也図唐韻旨熱切集韻之列切汰音哲。又集韻儻旱切音坦。義汰同。鍪又鞲67284

鞉 bì_5.14 唐韻毗必切集韻簿必切汰音邲說文車束也集韻一作鞸。一作靴図集韻毗至切音庳。車革也鞌図兵媚切音祕。同鞸60463

鞀 bàn_5.14 廣韻集韻韻會汰博漫切音半玉篇同絆廣韻鞁絆也集韻駕牛具。在後曰絆釋名鞀，半也。拘使半行，不得自縱也。

鞁 zhòu_5.14 集韻直祐切音宙。本作胄荀子·議兵篇冠鞁帶劍註鞁，同胄○按諸韻書汰書作鞁。

鞳 fú_5.14 集韻分物切音弗。輿革後謂之鞋。通作第。

鞋 yì_5.14 廣韻餘制切集韻以制切汰音裔廣韻馬鞍贈亡人集韻博雅鞊、鞊、舉也図xī集韻許羈切音戲。馬被具。或作戟，亦書作韇図xiè私列切音薛義同図儀禮·既夕薦乘車，鹿淺幦，干、笮、革鞋註鞋，轡革也釋文鞋，息列反。鍪又鞍67354

鞍 yào_5.14 廣韻集韻汰於教切音靿玉篇靴鞍也集韻曲也。俗謂靴鞁曰鞍隋書·禮儀志長鞍靴，畋獵豫遊則服之。鍪又鞊67188

鞃 táo_5.14 唐韻集韻汰徒刀切音陶說文遼也玉篇與鞉同。如鼓而小，持柄搖之，旁耳還自擊禮·月令命樂師修鞀鞀鼓釋名鞃，導也，所以導樂作呂氏春秋桓作鞃淮南子·主術訓武王立戒慎之鞃△集韻或作鞉鞌。籀作磬，亦書作鼗。鍪又鞌11566鞁67302鞌67498

鞀 xiá_5.14 廣韻胡甲切音狎。鞀鞀何晏·景福殿賦紅葩鞀鞀李註鞀鞀，花相次比貌。鍪當从華作鞀51058鞀鞀，正作鞀鞀、鞀鞀51956

鞁 páo_5.14 玉篇步包切音匏字彙柔革工。

鞂 tiè_5.14 廣韻他協切集韻韻會託協切汰音帖說

文 鞏飾 廣韻 鞏鞊 図 dié 廣韻 丁悷切 集韻 的協切 丛音喋 廣韻 鞊鞢，鞏具 集韻 鞊鞢，馬被具。鼟 又鞊67646 鞢67452鞢67458

鞠 qú_5.14 集韻 權俱切音衢 玉篇 兵器也 図 集韻 鞠鞢，詳上鞢67208字註。

鞁 bì_5.14 廣韻 平義切 集韻 平義切，丛音髲 說文 車駕具也 廣韻 裝束鞁馬 晉語 鐵之戰，郵無正御，曰：吾兩鞁將絕，吾能止之 註 鞁，平義切。靮也 図 bèi 玉篇 皮彼切音被。又pī 集韻 披義切音帔。義丛同。鼟 又鞁67460 鞢67234

鞀 pò_5.14 玉篇 匹革切音劈。靜也。鼟 胡吉宣：卽 怕17110

鞃 wǎn_5.14 玉篇 於阮切音婉。履也 揚子方言 自關而東，複履庫者謂之鞃 下 註 音婉。集韻 作鞃。

鞃 hóng_5.14 唐韻 丘弘切 集韻 韻會 苦弘切丛音銌。◆說文 車軾也。从革弘聲 詩·大雅 鞹鞃淺幭 傳 鞃，軾中也 釋文 苦弘反 図 hóng 廣韻 集韻 韻會 丛胡肱切音弘 廣韻 軾中靶也 図 集韻 姑弘切音肱。又丘弓切音穹。義丛同△玉篇 亦作鞃 集韻 亦作鞃鞃鞃。鼟 又鞃60078 鞢67234

鞄 páo_5.14 廣韻 集韻 丛匹角切音璞 說文 柔革工也。讀若朴 周禮·冬官考工記·攻皮之工·函鮑韗韋裘 註 鮑，或為鞄 倉頡篇 有鞄鞻 釋文 鞄，匹學切。劉音僕。図 bó 唐韻 蒲白切 集韻 弼角切丛音雹 図 pú 集韻 蒲沃切音僕。又páo匹沃切，音尃 図 páo 廣韻 薄交切 集韻 韻會 正韻 蒲交切丛音庖。又 廣韻 蒲巧切 集韻 韻會 正韻 部巧切丛音鮑 図 bào 廣韻 防教切 集韻 皮教切 韻會 正韻 步教切丛音鮑。義丛同。鼟 鞄鞻或作鞄鞻。図 鞄67230鼟67493鞄67637 図 直音篇 鞄67693同鞄。図 正字通 鞄67212俗鞄字 図 龍龕67402俗，鞄正。

鞟 líng_5.14 篇海 郎丁切音靈。羊子也。鼟 新修玉篇 引餘文鞟，力丁切。羊子。惧。从羊正。楊寶忠：俗 羚45769

鞢 mà_5.14 篇海 亡八切，蠻入聲。皮鞢也。

鞅 yǎng_5.14 唐韻 於兩切 集韻 韻會 正韻 倚兩切丛音快 說文 頸鞁也 廣韻 牛羈也 左傳·襄十八年 抽劍斷鞅 釋名 鞅，嬰也。喉下稱嬰，言纓絡之也。其下飾曰樊纓，其形樊樊而上屬纓也 図 詩·小雅 或王事鞅掌 傳 鞅掌，失容也 箋 鞅，猶何也。掌，謂捧之也。負何捧持以趨走，言促遽也 疏 傳以鞅掌為煩勞之狀，故云失容，言事煩鞅掌然，不暇為容儀也。今俗語以職煩為鞅掌，其言出於此。鄭以鞅掌為事煩之實，故言鞅荷也。鞅讀如馬鞅之鞅，以負荷物則須鞅持之，故以鞅表負荷也。図 人名 左傳 晉有士鞅 図 揚子方言 强也，懟也 史記·韓信傳 居常鞅鞅。通作快 図 yāng 集韻 於良切音央。馬頸革 図 yāng 於郎切音鴦 博雅 鞅冈，無賴也 図 yàng 於

亮切音怏。馬駕之具也。

鞻 zhòu_5.14 廣韻 集韻 丛直祐切音宙 玉篇 作胄 廣韻 兜鍪也 集韻 亦書作軸。

鞊 jiā_5.14 龍龕 音加 巢氏病源 楊升菴以為匹角、博教二切。俗云鞊起，是其義也。鼟 又鞊67407楊寶忠：鞊67177字俗訛。

鞊 bào_5.14 字彙補 音報。見

鞻 yì_5.14 篇海類編 同鞊。

鞊 yù_5.14 龍龕 音玉 詳。

鞊 gé_5.14 字彙補 音未 詳。脅鞊，盾屬 管子·輕重篇 穆渠當脅鞊。鼟俗鞐。

鞊 gǔ_5.14 五音篇海 音鼓。

鞈 páo_5.14 篇海類編 同鞄。

鞥 mài_5.14 五音篇海 音脈。

鞧 null_5.14 未詳。

鞲 lóng_5.14 簡 鞲67589

鞝 hóng_5.14 同鞃67218 集韻 鞃，丘弓切。車軾中。方成珪考正：鞃譌鞝，也譌中，據 說文 及 類篇 正。

鞈 běng_5.14 明·陶宗儀 說郛·卷一百一十一下·楊太真外傳·卷上 上（唐明皇）喜甚，謂後宮人曰：朕得楊貴妃，如得至寶也。乃製曲子曰 得寶子，又曰 得鞈子。明·方以智 通雅 鞈，方孔反。考字書絕無鞈字，恐是鞝67336字，乃瑺34188之俗文……可知唐人方言呼寶為鞝 図 la 鞝鞈，亦作鞈鞝、鞈鞝、烏拉。參見鞝67156 図 方 鞖鞈，亦作鞖拉，將鞋子後幫踩在腳跟下當成拖鞋。

鞖 fá_5.14 字海 鞖，同鞖37914

鞆 bǐng_5.14 日 同文通考·國字 鞆，鞁也。鞁在臂避弦具也。

鞟 róng_6.15 篇海 而容切音茸。韂飾也。

鞣 yǎng_6.15 玉篇 餘兩切音養。治皮。

鞢 yì_6.15 集韻 以制切音曳◆玉篇 車馬贈亡人◆集韻 或作輁 図 集韻 許劌切音懑。義同○按音義丛與鞢同。鼟 玉篇 鞢，余制切。以韂贈亡人也。

鞍 kuǎ_6.15 集韻 苦瓦切音跨。本作錡。帶具。亦作鍱 図 kù 枯買切音胯。義同 図 kù 苦故切音庫。脛衣。

鞍 jiào_6.15 篇海 古弔切 字彙 囊也。

鞉 áng_6.15 集韻 伊刃切音印。木履有足 揚子方言 複履，東北朝鮮洌水之間謂之鞉角。徐土邳、圻之間大䋈謂之鞉角 註 今漆履有齒者。鼟 又 正字通 鞉67177字之譌。

鞆 bǐng_6.15 玉篇 布頂切 字彙 皮帶。

鞇 yīn_6.15 廣韻 於眞切 集韻 正韻 伊眞切丛音因 說

文 車重席 韓詩外傳 子夏曰：齊君重鞇而坐，吾君單鞇而坐 集韻 本作茵。亦作鞇。鼇 直音篇 鞚，與鞉同。

鞧 67246 35549
yí_6.15 玉篇 集韻 苡延脂切音夷。韋也 図 tì 他計切音替。馬鞍具。

鞜 67247 35550
tóng_6.15 集韻 徒東切音同。車被具飾。本作鞙。

鞅 67248 35551
jiā_6.15 唐韻 古洽切 集韻 訖洽切苡音夾。◆說文 防汗也 玉篇 櫜也。以防捍也 荀子·議兵篇 鞅如金石 註 鞅，堅貌 図 管子·小匡篇 輕罪入蘭、盾、鞅革二戟 註 蘭，卽蘭錡，兵架也。鞅革，重革，當心著之，所以禦兵 図 廣韻 古沓切 集韻 葛合切苡音閤。義同 集韻 或作鞅 図 sǎ 集韻 悉合切音趿。與鞅同 図 馨 75262 古作鞅。或作鞜 図 tà 託合切音鎝。本作鞅 67433 或作鞅馨闒。鼇 又 馨 75295 図 字海 軻，同鞅。古代革制的胸甲 管子·輕重乙 擕渠當脅軻。

鞘 67249 35552
miǎn_6.15 篇海 彌兗切音緬。勒鞘名也〇按卽鞅字之譌。

鞉 67250 35553
táo_6.15 集韻 徒刀切音匋 詩·周頌 鞉磬柷圉 傳 鞉，小鼓也 釋文 亦作鼗 集韻 本作鞀 67210 籀作鞀鼕。

鞅 67251 35554
fú_6.15 廣韻 集韻 苡房六切音伏 玉篇 車鞅 廣韻 車具 釋名 鞅，伏也。在前，人所伏也 玉篇 亦作紱鞅鞅。又同輻 集韻 本作紱 図 玉篇 皮祕切，音被◇義同。

鞳 67252 35555
luò_6.15 唐韻 盧各切 集韻 歷各切苡音洛 說文 生革可以爲縷束也 呂氏春秋 乃以麋鞳置缶而鼓之。

鞊 67253 35556
jí_6.15 集韻 激質切，音吉。鞅也。

鞞 67254 35557
guǐ_6.15 集韻 古委切音詭 玉篇 角不齊 集韻 觤也。鼇 正字通 軌 55392 字之譌。

鞞 67255 35558
duò_6.15 廣韻 徒果切 集韻 杜果切苡音墮 廣韻 履跟緣也 玉篇 本作鞍 図 duǒ 廣韻 丁果切 集韻 都果切苡音埵。義同。鼇 又 鞍 67666

鞋 67256 35559
xié_6.15 廣韻 集韻 苡戶佳切音膎 釋名 鞋，解也。著時縮其上如履然，解其上則舒解也 玉篇 本作鞵。図 xī 集韻 玄圭切，音攜。系也 図 wā 公蛙切音媧。車上系。鼇 又 鞵 67352 鞋 67361 図 直音篇 鞵 67376 同鞋。

鞍 67257 35560
ān_6.15 唐韻 烏寒切 集韻 正韻 於寒切苡音安。說文 馬鞍具也 玉篇 馬鞁 廣韻 鞌鞴 前漢·韓安國傳 投鞌高如城者數所 図 地名 左傳·成二年 戰於鞌。鼇 又 駿 69990 駿 69999 案 44138 綏 44141 鉂 63250

鞍 67258 35561
ān_6.15 韻會 同鞌 前漢·李廣傳 令皆下馬解鞍。

鞊 67259 35562
zhì_6.15 唐韻 集韻 苡脂利切音至。◆說文 蓋杠絲也 註 徐鍇曰：絲其繫系也 玉篇 亦作鞊 図 集韻 軫視切音旨。義同。

鞎 67260 35563
hén_6.15 唐韻 戶恩切 集韻 韻會 正韻 乎恩切苡音

痕 說文 車革前曰鞎 爾雅·釋器 輿革前謂之鞎 疏 李巡曰：輿前以革爲車飾曰鞎 図 類篇 五根切音垠。又 集韻 居言切音攐。又胡昆切音魂。又下懇切音很。又戶袞切音混。又古恨切音艮。義苡同。鼇 又 鞎 60022 図 正字通 鞎 67657 與鞁 67313 通。

鞁 67261 35564
zhì_6.15 玉篇 與鞁同。

鞏 67262 35565
gǒng_6.15 唐韻 正韻 居竦切 集韻 韻會 古勇切苡音拱 說文 以韋束也 易·革卦 鞏用黃牛之革 図 爾雅·釋詁 鞏，固也 又 硈，鞏也 註 硈然堅固 詩·大雅 藐藐昊天，無不克鞏 図 揚子·方言 鞏，火乾也。凡有汁而乾謂之煎，東齊謂之鞏 図 國名 左傳·昭十五年 闕鞏之甲，武所以克商也 註 闕鞏國所出鎧 図 廣韻 縣名 左傳·昭二十五年 尹文公涉于鞏 註 於鞏縣涉洛水也 図 羌名 前漢·趙充國傳 煎鞏，黃羝之屬 後漢·順帝紀 討鞏唐羌 図 州名 韻會 唐渭州，宋改鞏州 図 姓 左傳·成二年 晉侯使鞏朔獻齊捷於周。鼇 又 鞏 02624 巩 14632 鞏 67314

鞕 67263 35566
yāng_6.15 字彙補 於兩切音鞅。强也，荷也，頸鞅也。

鞍 67264 46320
zhòu_6.15 龍龕 同鞦

鞀 67265 46321
shòu_6.15 篇海類編 音狩。

鞔 67266 46322
zhèn_6.15 奚韻 音陣。

鞭 67267 46323
è_6.15 川篇 音厄。

鞔 67268 46324
zhèn_6.15 搜眞玉鏡 音陣。

鞠 67269 46325
zhū_6.15 搜眞玉鏡 音朱。

鞔 67270 46326
bá_6.15 搜眞玉鏡 音跋。

鞭 67271 46327
yāng_6.15 搜眞玉鏡 音鞅。

鞑 67272 u2B588
null_6.15 未詳。

鞜 67273 u2B587
xuē_6.15 簡 鞾 67517

鞂 67274 u292A0
null_6.15 未詳。

鞒 67275 u9792
qiáo_6.15 簡 鞽 67515

鞑 67276 u9791
dá_6.15 簡 鞳 67546

鞒 67277 u9790
kǎ_6.15 日 上下相合的爪形小釦。从革上下會意

鞓 67280 35569
tīng_7.16 廣韻 他丁切 集韻 湯丁切苡音汀 玉篇 皮帶鞓。亦作鞓 集韻 系綬也。本作綎。

鞞 67278 35567
fēng_7.16 集韻 同鞾

鞅 67281 35570
jiā_7.16 唐韻 古洽切 集韻 訖洽切苡音夾。◆說文 鞌鞅，沙也 玉篇 鞌屬 集韻 或作鞂 図 gé 集韻 葛合切音閤。本作鞅 67248

鞓 67279 35568
tīng_7.16 玉篇 同鞓

鞌 67282 35571
dòu_7.16 唐韻 田候切 集韻 大透切苡音豆 說文 車鞁具也 玉篇 車鞁具。

鞔 67283 35572
mán_7.16 唐韻 母官切 集韻 莫官切苡音瞞 說文 履空也。又覆也 註 徐鍇曰：履空，猶言履殼也 廣韻 鞔，鞋履 呂氏春秋 南家工人也，爲鞔百合 図 爾雅·釋器 疏 靼謂鞔也 集韻 武遠切音晚。義同 図 mèn 母本切音㥃。煩也。本作懣。或作鞔、懑 呂氏春秋 味衆珍則胃充，胃充則中大鞔。鼇 篆从兔 図 鞔 67391

靳 67284 35573
zhì_7.16 廣韻 集韻 丛征例切音制 玉篇 刀鞘 博雅 鞞靳，刀削 图 zhè 廣韻 集韻 丛之列切音浙。義同 集韻 與靯、轄通。

鞐 67285 35574
tú_7.16 廣韻 他胡切 集韻 通都切 丛音瑹 廣韻 轄鞐，屡也 图 集韻 同都切音屠。義同。

鞕 67286 35575
yìng_7.16 廣韻 五更切 集韻 正韻 魚孟切 丛音硬 玉篇 堅也 廣韻 堅牢 博雅 鞕也。鎣 又鞭67415 鞕67403 可洪音義 鞕67263 靬：上五孟反。俗作鞕67184，強也。堅牢也。正作鞕硬38964鞕67397三形也 图 俗鞕 可洪音義 鞕杖：上卑連反。正作鞭。又音硬，怏。

鞚 67287 35576
xié_7.16 廣韻 虎結切 集韻 顯結切 丛音擷 說文 繫牛脛也 廣韻 急繫 集韻 繫牛脛。一曰急也 图 jí 唐韻 集韻 丛紀彳切。義同 亦作乾 图 集韻 訖力切，音亟。義同。

鞀 67288 35577
niǎn_7.16 玉篇 奴典切音撚。車鞀也。

鞓 67289 35578
dàn_7.16 廣韻 徒旱切 集韻 蕩旱切 丛音袒 玉篇 馬帶也 图 chān 集韻 抽延切音脡。鞓也。

鞓 67290 35579
bù_7.16 玉篇 薄故切音步，靿也 图 集韻 伴姥切音簿。本作轐67596

鞅 67291 35580
duì_7.16 廣韻 杜外切 韻會 徒外切 丛音兌 玉篇 補具飾 廣韻 補鞅。

鞄 67292 35581
suō_7.16 廣韻 素何切 集韻 桑何切 丛音娑 廣韻 鞄鞄，樂器。亦謂馬尾 图 shā 廣韻 所加切 集韻 師加切 丛音沙 廣韻 輴鞄，素鞈履 集韻 本作鞄。

鞁 67293 35582
suī_7.16 集韻 同輴

鞈 67294 35583
sè_7.16 廣韻 山責切 集韻 色責切 丛音棟 玉篇 堅硬也。

鞋 67295 35584
bì_7.16 玉篇 步禮切，音陛 字彙 鞞鞋，鎣 直音篇 靴，同。

鞗 67296 35585
tiáo_7.16 廣韻 徒聊切 集韻 韻會 正韻 田聊切 丛音迢 玉篇 鞶也 廣韻 革鞗 詩·小雅 鞗革冲冲 傳 鞗，轡也 玉篇 亦作鋚。鎣 又肇67299 图 十三經注疏·詩·小雅 作俤01756

鞘 67297 35586
shāo_7.16 廣韻 所交切 集韻 師交切 丛音梢 玉篇 鞭鞘 博雅 轡謂之鞘 图 唐韻 私妙切 集韻 韻會 仙妙切 丛音肖 說文 刀室也 詩·小雅 鞞琫有珌 傳 鞞，容刀鞘也 疏 古之言鞞，猶今之言鞘 西京雜記 開匣投鞘 △ 廣韻 同鞘 集韻 本作鞘。亦作削、鞘。鎣 龍龕 鞘俗，鞘正。

鞔 67298 35587
xuàn_7.16 廣韻 集韻 韻會 正韻 丛戶畎切音泫 說文 大車縛軛鞔也 图 廣韻 輴鞔，刀鞘也 图 詩·小雅 鞔鞔佩璲 傳 鞔鞔，玉貌 釋文 瑚畎反，或作珧 集韻 亦作乾。 图 juàn 集韻 葵兗切音蜎。大車縛軛鞔 图 juān 廣韻 古玄切 集韻 圭玄切，丛音涓 廣韻 鞔，馬尾也 集韻 馬勒。 图 集韻 火玄切音鋗。義同。鎣 又鞀67166 鞔67367

肇 67299 35588
tiáo_7.16 玉篇 與鞗同。

鞢 67300 35589
xiè_7.16 五音集韻 呼決切音血。急繫也。

鞚 67301 46328
nào_7.16 川篇 奴到切，憂也 〇 按卽惱字之譌。

鞄 67302 46329
táo_7.16 篇海類編 同鞄。

鞏 67303 46330
xùn_7.16 五音篇海 音濬。

鞟 67304 46331
zhé_7.16 川篇 音哲。

鞙 67305 46332
bù_7.16 搜眞玉鏡 音步。

鞍 67306 46333
jū_7.16 龍龕 居六切，推窮也 〇 按卽鞠字之譌。鎣 又輴67494

鞬 67307 46334
jué_7.16 奚韻 音角。

鞨 67308 46335
zhì_7.16 奚韻 音志。

鞝 67309 46336
tāo_7.16 龍龕 同韜

鞳 67313 u292B7
hén_7.16 鞎67260本字

鞮 67310 u2F9F8
lù_7.16 同鞣67342

鞏 67314 u292B3
gǒng_7.16 鞏67262本字

鞴 67311 u292BE
dōn_7.16 喃 从鞋省甬dōng聲 △ 鞴撑：女式藍靴。

鞞 67312 u292BD
hia_7.16 喃 从鞋省希hơi聲。靴。

鞤 67315 u292B1
null_7.16 未詳。

鞴 67316 35590
xì_8.17 集韻 思積切音昔。履也。本作舄48352亦作鞴。

鞳 67317 35591
sǎ_8.17 集韻 所蟹切音灑。同鞴67609 图 xǐ 玉篇 所綺切音躧。同鞴67471

鞚 67318 35592
kòng_8.17 集韻 苦貢切音控 玉篇 馬勒也。

鞝 67319 35593
chàng_8.17 集韻 丑亮切音暢 玉篇 弓衣也 图 集韻 直亮切音仗。義同 △ 廣韻 本作鞝67691

鞪 67320 35594
zhuó_8.17 唐韻 陟劣切 集韻 株劣切 丛音輟 說文 車具也。从革叕聲。

鞔 67321 35595
yuǎn_8.17 廣韻 集韻 丛於袁切音鴛 玉篇 本作鞔67446 廣韻 量物之具 图 wǎn 廣韻 於阮切 集韻 委遠切音宛。或作鞔 图 yún 集韻 於云切音熅。本作輴60133

鞴 67322 35596
bài_8.17 字彙 薄賣切，音敗 ◇ 吹火具。

鞠 67323 35597
yáo_8.17 集韻 餘招切音遙。鼓也。亦作鼗 图 táo 徒刀切音陶。鼓木也 周禮·冬官考工記 韗人爲皋陶 註 鄭司農云 韗或爲鞠。皋陶，鼓木也。康成謂鞠者，以皋陶名官也。鞠卽陶，字从革 釋文 鞠，音陶，徒刀反。

鞰 67324 35598
guǎn_8.17 唐韻 古滿切 集韻 古緩切 丛音管 說文 車鞁具也。鎣 正字通 輴，俗鞰字。

鞙 67325 35599
chǒu_8.17 廣韻 初九切 集韻 楚九切 丛音齱 玉篇 束也 廣韻 鞙，束 △ 集韻 或作鞙。

鞜 67326 35600
tà_8.17 篇海 他達切音撻。打也。

鞴 67327 35601
liǎng_8.17 篇海 音亮。鞋鞴 字彙 同緉 正字通 亦作兩。

鞏 67328 35602
qiān_8.17 廣韻 苦閑切 集韻 丘閑切 丛音豤 玉篇 堅

也博雅固、確，鞏也廣韻堅破聲也。

鞸 bì_8.17　廣韻方結切集韻必結切夶音彌廣韻刀飾集韻刀削飾。亦作柲。

鞟 nào_8.17　玉篇奴到切，音腦◇字彙優皮也。鎣字彙補鞟，同鞟。

鞍 jiān_8.17　集韻與韉同 鞎 yù_8.17　集韻越逼切音域玉篇羔裘縫。亦作緘、𩊕集韻亦作羭夊集韻乙六切音淢。又忽域切音緎。義夶同。

鞥 è_8.17　唐韻烏合切集韻遏合切夶音姶說文車具也夊廣韻小兒履名鞥嚴集韻亦作鞥夊yè廣韻於業切集韻乙業切夶音浥廣韻車具也。

鞵 běng_8.17　集韻補孔切音菶玉篇軍器也詩·小雅鞞琫有珌釋文琫，又作鞵，必孔切。佩刀鞵上飾△集韻亦作鞛。

鞳 yì_8.17　集韻夷益切音繹。素鞳，履也。

鞛 běng_8.17　集韻補孔切音菶。與鞵同左傳·桓二年藻率鞞鞛註鞞，佩刀削上飾。鞛，下飾釋文布孔反。鎣又鞄67235玉篇鞛，必孔切。刀下飾。亦作琫34188

鞿 jī_8.17　玉篇古文羈45694字。鞿也，絡頭也集韻馬絆也。本作𩍿。又作羈、鞮後漢·馬援傳臣謹依儀氏鞿中註鞿，居奇反。

鞈 tà_8.17　廣韻他合切集韻託合切夶音踏玉篇鞮也廣韻革履揚雄·長楊賦革鞈不穿註師古曰鞈，革履也夊集韻達合切音沓。本作𩌇67248

鞗 xiāo_8.17　篇海思彫切，音宵◇羽翼鞗蔽者也。

鞝 zhǎng_8.17　玉篇諸兩切音掌。扇安皮也。鎣又綗44458夊二簡綗44448鞝，簡作上。

鞺 jué_8.17　集韻正韻夶渠勿切音掘集韻本作倔01388亦作詘。鎣又鞺67559鞺67552

鞴 lù_8.17　集韻盧谷切音祿。本作𩍠43000鎣又𩍠67310

鞊 niè_8.17　廣韻奴協切集韻諾叶切夶音捻廣韻鞍鞊，薄也。出字林

鞞 bǐng_8.17　唐韻并頂切集韻韻會補鼎切夶音鞞說文刀室也玉篇劍削也詩·小雅鞞琫有珌傳鞞，容刀鞞也疏古之言鞞，猶今之言鞘。又大雅鞞琫容刀傳下曰鞞，上曰琫夊bì廣韻并弭切集韻韻會補弭切正韻補委切夶音俾。義同揚子方言劍削，自關而西謂之鞞註鞞，方婢反夊bēi廣韻府移切音卑。牛鞞，縣名，在蜀前漢·地理志犍爲郡牛鞞縣註孟康曰：鞞音髀。師古曰必履反夊pí集韻蒲糜切音皮。本作鞞61768夊pí廣韻部迷切集韻韻會駢迷切夶音椑詩·周頌·應田縣

鼓傳應，鞞鼓也禮·月令命樂師修鞀鞞鼓疏釋名鞞，助也。鞞助鼓節廣韻本作鞞集韻或作鞞。又琕34154鞞67453鞞67700夊古今韻會舉要鞞，或作鞞。

鞊 shān_8.17　玉篇與鞊同。

鞊 xiè_8.17　字彙俗鞣字 鞊 bīng_8.17　集韻悲陵切音冰。車靬。鎣楊寶忠：或俗弸16232

鞹 kuò_8.17　集韻與鞹同淮南子·說山訓剝牛皮鞹。鎣又鞹67500鞹67414鞹67461

鞠 jū_8.17　古文𩍅唐韻集韻韻會正韻夶居六切音掬說文蹋鞠也戰國策六博蹹鞠註劉向·別錄蹵鞠，黃帝作，蓋因娛戲以練武士揚子法言捖革爲鞠夊爾雅·釋言鞠，生也揚子方言養也。陳楚韓鄭之閒曰鞠詩·小雅母兮鞠我書·盤庚鞠人謀人之保居夊爾雅·釋言鞠，稚也書·康王之誥無遺鞠子羞傳鞠子，稚子。夊玉篇推也廣韻推窮也書·盤庚爾惟自鞠自苦傳鞠，窮也詩·齊風旣曰告止，曷又鞠止。又小雅鞠爲茂草註鞠，窮也戰國策事敗而好鞠之註鞠，窮也夊爾雅·釋詁鞠，盈也詩·小雅降此鞠訩傳鞠，盈也夊玉篇告也詩·小雅陳師鞠旅傳鞠，告也夊韻會鞠躬也儀禮·聘禮執圭入門鞠躬焉，如恐失之夊姓廣韻出東萊戰國策太傅鞠武風俗通漢尚書令鞠譚西京雜記鞠道龍善爲幻術夊星辰大戴禮鞠則見。鞠者何也，星名也。夊與菊通禮·月令鞠有黃華釋文鞠，本作菊夊jú廣韻集韻渠竹切韻會渠六切夶音趜廣韻蹋鞠，以革爲之，今通謂之毬子集韻或作毱夊qū廣韻驅匊切集韻正韻丘六切夶音麴廣韻亦姓也夊禮·月令天子乃薦鞠衣於先帝註黃桑之服釋文去六切周禮·天官·司服鞠衣註黃桑服也。色如麴塵，象桑葉始生夊集韻酒母也。本作𪓾42995或作鞠麴74608麴豪74578夊qiōng集韻丘弓切音穹左傳·宣十二年有山鞠窮乎註山鞠窮，所以禦濕釋文鞠，起弓反集韻本作营50327，亦作芎49005鎣又𪓾09847麴27467麴59726鞠67306鞠67587鞠67689夊字彙鞣09846，同鞠43067

鞣 chǒu_8.17　篇海類編同鞠。

鞣 shè_8.17　篇海類編音涉。指揷也。鎣四聲篇海引川篇音枼夊鞣67555夊字彙鞣67346，俗鞣67363字。

鞋 xié_8.17　龍龕同鞋 鞀 tāo_8.17　龍龕徒了切

鞍 yì_8.17　五音篇海同鞍。

鞀 jū_8.17　五音篇海音居。

鞲 guǒ_8.17　搜眞玉鏡音果。

鞀 suǒ_8.17　龍龕音鏁 靴 xuē_8.17　同靴67162可洪音義靴量：上許肥反。正作鞾67517

鞀 null_8.17　鞀鞠，未詳。宋·曾公亮武經總要·營法攤

子、靮鞻、澁子各十分，三萬七千百量。

鞰 67360 u292D5 null_8.17 未詳。

鞳 67361 u292D4 xié_8.17 中文大辭典 引 龍龕 鞳，俗鞋字。按，龍龕 原作鞳67352

鞡 67362 u97A1 la_8.17 靴67156鞡。

鞢 67363 35625 xié_9.18 廣韻 蘇協切 集韻 悉協切丛音燮 玉篇 鞊鞢，韏具也 集韻 鞊鞢，馬被具 說文 能射御者佩韘。鍪 鞊鞢或作韘鞢 又 鞢67346

鞴 67364 35626 fú_9.18 集韻 方六切，與韛67377同 又 fú房六切，與韍42116同 又 fù扶富切音復。與鞴67704同。

鞠 67365 35627 miǎn_9.18 唐韻 集韻 丛彌兗切音湎 說文 勒鞠也 玉篇 勒鞠，鞠係也 集韻 一作鞆 又 miàn 集韻 彌箭切音面。馬轡當面皮。鍪 又鞙67249

鞰 67366 35628 jí_9.18 唐韻 紀力切 集韻 訖力切丛音亟 說文 急也 集韻 或作革 又 qī 廣韻 丘力切 集韻 乞力切丛音緙 廣韻 皮鞭貌 集韻 韋堅也。或作鞰。鍪 又鞙67513鞢67615

鞙 67367 35629 xuàn_9.18 集韻 卽入切音暊 博雅 鞙謂之鞙。一曰車鞙。鍪 四聲篇海 鞙，舊藏作鞙。王念孫：鞙字之譌。

鞣 67368 35630 róu_9.18 唐韻 耳由切 集韻 韻會 而由切丛音柔 說文 爽也 玉篇 乾革也 廣韻 熟皮 又 集韻 忍九切音揉。柔皮也 又 廣韻 人又切 集韻 如又切丛音踓 又 集韻 女救切音糅。義丛同。鍪 又鞣45868鞣67707

鞬 67369 35631 shì_9.18 廣韻 集韻 丛式質切音室 玉篇 刀鞬 集韻 刀削謂之鞬。通作室。

鞤 67370 35632 bāng_9.18 廣韻 正韻 博旁切 集韻 逋旁切丛音幇 玉篇 鞋革皮 集韻 本作幇15187又作緕鞤斂。鍪 又鞤37007 又 正字通 鞠，卽鞤字。

鞝 67371 35633 xuàn_9.18 廣韻 虛願切 集韻 呼願切丛音楥 玉篇 履鞝也 集韻 本作韗67711 鍪 又鞙67387

鞮 67372 35634 tí_9.18 玉篇 杜奚切音提。常也。

鞱 67373 35635 yù_9.18 玉篇 右律切，音聿◇ 字彙 皮器。鍪 楊寶忠疑俗鞱字。

鞬 67374 35636 xiá_9.18 廣韻 胡加切 集韻 何加切丛音遐 玉篇 履跟 廣韻 本作鞬67708

鞔 67375 35637 duàn_9.18 集韻 杜管切音斷。本作鞔67709

鞵 67376 35638 xié_9.18 玉篇 戶皆切音諧。履也 又 kài 集韻 正韻 丛口戒切音烗 集韻 鼓名。通作揩。

鞴 67377 35639 fú_9.18 集韻 方六切音福。革帶也。或作鞴。

鞧 67378 35640 zhì_9.18 廣韻 集韻 丛直利切音緻 玉篇 履底 廣韻 履鞧底也 集韻 本作緻。又作鞧。

鞐 67379 35641 èng_9.18 唐韻 烏合切 集韻 遏合切丛音姶 ◆ 說文 彎韐。一曰龍頭繞者 廣韻 皮裹角也 又 集韻 一憎切。馬轡

也。

鞦 67380 35642 qiū_9.18 廣韻 七由切 集韻 雌由切丛音秋 玉篇 車鞦也 廣韻 本作鞧。又作緧、緰 又 鞦韆，繩戲也 古今藝術圖 鞦韆，北方戲，以習輕趫者。本作秋千。

鞧 67381 35643 qiū_9.18 廣韻 七由切 集韻 雌由切丛音秋 廣韻 車鞧也。或作鞦、緰 集韻 本作緧。鍪 又鞦59120

鞨 67382 35644 hé_9.18 廣韻 胡葛切 集韻 韻會 正韻 何葛切丛音曷 玉篇 靺鞨 廣韻 靺鞨，蕃人名 唐書·北狄傳 黑水靺鞨，居肅慎地，亦曰挹婁。元魏時曰勿吉 又 紅靺鞨 唐寶記 靺鞨國產寶石，大如栗。中國謂之靺鞨 又 廣雅 鞨，履也 又 廣韻 集韻 丛食列切音舌 廣韻 治皮。亦作剶 集韻 又作碟 又 shé 集韻 士列切音闑。義同。或作鞨、剶 又 mò 正韻 莫轄切音帓 揚子·方言 鞨巾，俗人帕頭是也 列子·湯問篇 北國之人，鞨巾而裘。鍪 又鞨67724鞨67548

鞮 67383 35645 nǐ_9.18 廣韻 奴禮切 集韻 乃禮切丛音嬭 廣韻 鞮鞮，頓貌 集韻 本作鞮67197

鞻 67384 35646 yú_9.18 廣韻 羊朱切 集韻 容朱切丛音俞 玉篇 餘也，孳也 又 shū 集韻 雙雛切音葰。本作鞻14987 又 shù 廣韻 傷遇切 集韻 春遇切丛音輸 廣韻 集韻 刀鞻 又 集韻 一曰餘也。和也。

鞍 67387 35649 xuàn_9.18 正字通 同鞝 **鞘** 67386 35648 xiāo_9.18 篇海 息妙切音笑。刀鞘也 又 shāo 所交切音捎。鞭鞘也。

鞢 67385 35647 dū_9.18 廣韻 當孤切 集韻 東徒切丛音都 廣韻 析皮具。牛牽船 集韻 牛牽舟謂之鞢。

鞪 67388 35650 mù_9.18 唐韻 集韻 丛莫卜切音木 說文 車軸束也 玉篇 曲轅束也。亦作棨 集韻 亦作鞪、鞪 又 集韻 墨角切音督。輖束 又 廣韻 莫浮切 集韻 迷浮切 正韻 莫侯切丛音謀 集韻 鞮鞪，首鎧 前漢·韓延壽傳 被甲鞮鞪 註 師古曰鞮鞪，卽兜鍪也。莫侯反 △ 集韻 通作牟、鍪。

鞺 67389 35651 yáng_9.18 廣韻 與章切 集韻 余章切丛音陽 玉篇 馬頭上靮 廣韻 馬額上靮。

鞠 67390 35652 jū_9.18 唐韻 集韻 韻會 正韻 丛居六切音菊 說文 窮理罪人 玉篇 問鞠也 爾雅·釋言 鞠、究，窮也 詩·大雅 鞠哉庶政 史記·酷吏傳 訊鞠論報 又 詩·邶風 昔育恐育鞠，及爾顚覆 傳 鞠，窮也 釋文 鞠亦作鞫 又 詩·大雅 芮鞫之卽 箋 水之內曰隩，水之外曰鞫 爾雅·釋丘 厓內爲隩，外爲隈 疏 隈，當作鞫。傳寫誤也 又 地名 左傳·成二年次于鞫居 註 衞國地 △ 集韻 本作鞫。或作簕、簶 鍪 集韻 或作簕42616簶 集韻 籕 說文 窮理罪人也。或省作簕42396亦作簽鞠鞫 又 簶42461籕43068簕43095鞠51778 又 字彙 鞫12451與鞠同 又 四聲篇海 簕簶42302，二。居六切 說文 曰窮治辠人也。

鞔 67391 35653 mán_9.18 篇海 莫管切音滿。鞔，鞋履也。鍪 正字通 鞔鞔67283字之譌。

鞖 sōu_9.18　廣韻速侯切集韻先侯切夶音涑玉篇軟皮也集韻治革也△玉篇或作鞧鼇又鞖67425

鞤 fěng_9.18　玉篇方奉切，風上聲。軍人皮。

鞬 jiān_9.18　唐韻集韻韻會夶居言切音攐說文所以戢弓矢廣韻馬上盛弓矢器左傳·僖二十三年左執鞭弭，右屬櫜鞬註櫜以受箭，鞬以受弓揚子方言弓謂之鞬釋名馬上曰鞬。鞬，建也。弓矢夶建立其中也△廣韻或作韃図前漢·西域傳奧鞬王治奧鞬城図jiàn韻會巨偃切音楗。韜也。元積策文皇鞬囊干戈。或作建。鼇又鞬67601鞬67597

鞃 hú_9.18　集韻洪孤切音乎。鞃籚，箭室。

鞚 zòng_9.18　集韻作弄切音粽。鞚鞚，駕馬邊也。

鞭 biān_9.18　古文㲈唐韻集韻韻會夶卑連切音編說文本作鞭。驅也。玉篇笞也。馬箠也。書舜典鞭作官刑傳以鞭爲治官之刑左傳·僖二十三年左執鞭弭，右屬櫜鞬禮·曲禮乘路馬，必朝服載鞭策，不敢授綏周禮·地官·司市凡市入，則胥執鞭度守門史記·三皇紀以赤鞭鞭草木。鼇又正字通金21399𨮂02524字之譌図可洪音義鞭67286之：上卑連反。擊也。正作鞭搞20075二形。

鞦 zhòu_9.18　集韻丈九切，本作紂。馬緧也。

鞆 yùn_9.18　唐韻集韻韻會王問切正韻禹憫切夶音運說文攻皮治鼓工也廣韻理鼓工考工記云韗人爲皋陶。皋陶，鼓木也〇按考工記今本作韗図五音集韻虛縣切音楥。又集韻王分切音雲。義夶同△集韻又作韗。

鞮 dī_9.18　唐韻都兮切集韻韻會正韻都黎切夶音低說文革履也玉篇單履也揚子方言自關而東，複履下禪者謂之鞮註今韋鞮也禮·曲禮鞮屨註鞮屨無絇之菲也疏謂無絇飾履也。履以絇爲飾，凶，故無絇也戰國策甲盾鞮鍪註鞮，革履也周禮·春官·宗伯鞮鞻氏註鞮讀如履也。鞮屨，四夷舞者所屝也図禮·王制西方曰狄鞮註鞮之言知也。今冀都有言狄鞮者前漢·司馬相如傳狄鞮之倡註韋昭曰：狄鞮，地名。在河內。出善倡者図揚子法言東鞮北女，來貢其珍図地名左傳·昭二十八年樂霄爲銅鞮大夫註上黨有銅鞮縣史記·仲尼弟子傳銅鞮伯華註銅鞮，晉大夫羊舌赤之邑，世號赤鞮銅鞮伯華。又後漢·和帝紀追至和渠北鞮海図人名左傳·昭十五年以鼓子鞮鞮歸図姓前漢·匈奴傳單于姓攣鞮氏図tí集韻田黎切音題。亦革履也△集韻或作靴。鼇又鞮67191図龍龕靴67187古，丁奚反。今作靴67181

鞈 xuān_9.18　韻會小補與軒同。

鞄 páo_9.18　字彙補音報。持皮也。

鞕 yìng_9.18　篇海類編音硬。鼇俗鞕（硬）。

鞝 zhū_9.18　龍龕音豬。

鞝 méi_9.18　龍龕音眉。

韡 wéi_9.18　龍龕音韋。鼇疑同韋。

鞘 bào_9.18　字彙補鞘字之譌。

鞱 gào_9.18　龍龕音告

鞳 é_9.18　龍龕音革。鼇集韻鞳，補履謂之鞳廣韻鞴，補履。

鞴 bǔ_9.18　龍龕音卜，絡牛頭繩〇按卽鞴字之譌。

鞳 gǔ_9.18　龍龕音鼓

鞳 null_9.18　敦煌變文集·蘇武李陵執別詞　是日也，酌別酒，敲鞭鞳，唱如歌。蔣禮鴻敦煌變文字義通釋·變文字義待質錄鞭鞳67576鞭鞳字形相近，不知是否一物図龍龕鞳或作，𩎟正，去願反。曲也。又革中斷也。又音倦。緣鞳韐縫也。

鞳 giầy_9.18　喃从革苩đây聲。同𩏡37015鞋。

鞈 kuò_9.18　同鞈67348

韥 yìng_9.18　鞭67286本字

鞝 la_9.18　靯67156鞝，同靯鞎，亦作靯鞎。

鞳 null_9.18　未詳。

鞉 qián_9.18　或同鞉67454當胷。張磊·新撰字鏡班賀，口同。鞉、鞚67318又上同

䩥 wēn_9.18　同䩥67737說文夶丑郢切音逞說文驂馬也玉篇騎具也図集韻直几切音雉。義同図chǎn廣韻丑善切集韻丑展切夶音搌。義同図集韻收絲器也。鼇又鞝67456

䩥 chěng_10.19　唐韻集韻

鞳 jiān_9.18　简䩮67595

鞳 guì_10.19　五音集韻戶恢切音回玉篇鬼布図廣韻集韻夶求位切音匱廣韻馬鞳図集韻丘媿切音喟。義同。鼇集韻通作鞼67508

鞱 tāo_10.19　集韻與韜67735同。

鞳 chǒu_10.19　廣韻初九切集韻楚九切夶音醜玉篇與鞝67325同図zōu集韻甾尤切音鄒。革文蹙也。或作鞦。鼇又鞝67350

鞍 sōu_10.19　篇海速侯切，音搜◇軟皮也。

鞝 suǒ_10.19　集韻損果切音鎖。革鎖也。鼇革鞝也。

鞳 tà_10.19　五音集韻吐盍切音榻。兵器。鼇正字通鞳67731，同鞈。

鞍 suǒ_10.19　廣韻蘇各切集韻昔各切夶音索廣韻屨也釋名鞝鞸，韠之缺前壅者，胡中所名也。鞝鞸，猶速獨，足直前之言也。

鞴 gōu_10.19　玉篇恪侯切音彄。射鞴，臂捍也図gōu古侯切音鉤。義同△廣韻書作鞴。

鞳 bāng_10.19　集韻同幫15187

鞳 tà_10.19　字彙他達切音撻。打也〇按字書無鞳字，惟篇海鞝字音義同此，當卽鞝字之譌。

鞳 rǒng_10.19　唐韻而隴切集韻乳勇切夶音冗說文罃

毳飾也 集韻 本作毴27501 又 ròng 廣韻 集韻 并而用切音䰷。義同 玉篇 或作䋠 廣韻 又作毧 集韻 又作氄䋠。又 róng 廣韻 而容切 集韻 如容切并音茸。義同。鑾 直音篇 毾，音戎。毳飾。鞯同 又 四聲篇海 毺，而容切。毳飾也。今作鞯同 又 字彙 鞀，鞯字省文。

鞜 67433 35677 tà_10.19 集韻 韻會 并託合切音錔 玉篇 兵器也。又 集韻 鞺鞜，鐘鼓聲。或作鞈鞻鼛闒 韻會 漢相如賦：鏗鎗鞺鞜○按 史記 司馬相如·上林賦 作鼛 前漢書 文選 作鞈 又 集韻 吐盍切音榻。義同。鑾 又鞳67533鞻67469

鞨 67434 35678 é_10.19 廣韻 五陌切音額 玉篇 履頭也 廣韻 補履 又 è 廣韻 五革切 集韻 逆革切并音藹 廣韻 履頭 集韻 履首爲之鞨 又 hé 集韻 下革切音覈 博雅 補也 又 集韻 各核切音隔。義同。鑾 又鞜67408

鞍 67435 35679 xuè_10.19 廣韻 許角切 集韻 黑角切并音嗀 玉篇 急束也 唐書·索元禮傳 作鋏籠，鞍囚首，加以楔。鑾 又鞏67457 又 漢語大字典·P3931 唐·張鷟 朝野僉載·卷二 訊囚作鐵籠頭，鞍其頭，仍加楔焉，多至腦裂髓出。原註：鞍，呼角反。按：太平廣記·卷二百六十七·索元禮 條亦作鞍 舊唐書 作鞍 新唐書 作鞏67755

鞏 67437 35681 gǒng_10.19 玉篇 古孔切，公上聲。生皮也。

鞈 67438 35682 jiǎ_10.19 廣韻 古狎切音甲 玉篇 鞈鞅履 廣韻 鞈鞅胡履 又 kè 集韻 克盍切音榼。鞅革履 又 谷盍切音顩。又訖洽切音夾。義并同。鑾 又鞈67574

鞴 67439 35683 fú_10.19 廣韻 集韻 正韻 并房六切音伏 玉篇 本作韛67251 又 bèi 廣韻 集韻 并平祕切音備 廣韻 本作韍44081 又 bù 廣韻 集韻 并蒲故切音步 廣韻 鞴靫，盛箭室 △ 類篇 書作鞴。鑾 又鞴67732韛26123鞴67499鞴67440 韍67695韝67687㖃66985鞴67499 又 bài 龍龕 韍鞴鞴鞴67699 俗，鞴正。蒲拜反。鞴囊，吹火具也 正字通 囊鞴67322 鞴并同。鞴67492，鞴本字 又 直音篇 鞴67766同鞴。

鞸 67436 35680 yōng_10.19 集韻 同鞴

鞴 67440 35684 bèi_10.19 篇海 音鞁。裝束馬也 字彙 同鞴 正字通 俗鞴字。

鞵 67441 35685 xié_10.19 唐韻 集韻 韻會 并戶佳切音膎◆ 說文 革生鞮也 玉篇 革鞮也。革底麻枲 廣韻 屩也 淮南子·齊俗訓 不亟於爲文句疏短之鞵 玉篇 同鞋 又 集韻 正韻 并雄皆切音諧。履也。

鞥 67442 35686 wēng_10.19 廣韻 烏紅切 集韻 烏公切并音翁 廣韻 吳人靴靿曰鞥。鑾 希琳 續一切經音義 鞥頭：上烏紅反 廣韻 云吳人謂鞾靿曰鞥。案，即鞾靺等鞥也。律文作縙44715非 又 鞥67193

鞾 67443 35687 bó_10.19 唐韻 補各切 集韻 伯各切并音博◆ 說文 車下索也 玉篇 或作鞾 又 fú 集韻 方縛切音䪖。車上囊。亦作鞾 又 bù◆ 廣韻 集韻 并蒲候切音胎 廣韻 尻衣 集韻 本作鞴67596 又 fù 集韻 扶富切音覆。本作韍67704

鞶 67444 35688 pán_10.19 古文𩍐 唐韻 薄官切 集韻 韻會 正韻 蒲官切并音槃 說文 大帶也 易·訟卦 或錫之鞶帶 禮·內則 男鞶革，女鞶絲 註 小囊盛帨巾者 儀禮·士昏禮 庶母及門內施鞶 左傳·莊二十一年 王以后之鞶鑑予之 註 鞶，帶而以鏡爲飾也。又 定六年 定之鞶鑑 釋文 步丹反，又蒲官反 集韻 或作𩊟。鑾 又紁43898

鞻 67445 35689 tà_10.19 集韻 與鞜同。

鞬 67446 35690 yuǎn_10.19 唐韻 集韻 并於袁切音鴛 說文 量物之鞬。一曰抒井鞬，古以革 又 wǎn 廣韻 於阮切 集韻 委遠切并音宛。義同△ 集韻 或作鞔。

鞟 67447 35691 kuò_10.19 字彙補 古文鞹字 秦·詛楚文 韜鞫棧輿。一本韜作鞟。鑾 詛楚文 原作鞧67461

鞼 67448 46350 gǔ_10.19 字彙補 與瞽同。

鞺 67449 46352 suō_10.19 五音篇海 素何切。

鞶 67456 u2F9F9 chǎn_10.19 同韂67421

鞿 67450 46354 chuí_10.19 川篇 直追切

鞏 67457 u29325 xuè_10.19 同鞍67435

鞪 67451 46355 bà_10.19 龍龕 步罵切

鞢 67452 46356 tiè_10.19 五音篇海 音黏。鞍鞢也。鑾 亦作鞢67458

鞞 67453 46357 bǐng_10.19 奚韻 同鞞

鞫 67454 46358 xiōng_10.19 龍龕 音胸。

鞢 67458 u29324 tiè_10.19 俗鞢67452

鞨 67455 46359 hé_10.19 搜真玉鏡 音厄。鑾 篇海 引 搜真玉鏡 下革切。楊寶忠：疑俗鞨67434

鞲 67459 u29323 bǔ_10.19 同鞲67409 龍龕 鞲俗，鞲67511正。

鞸 67460 u2931F bì_10.19 同鞸67215明·湯顯祖 紫簫記·就婚 窣地錦襠 春紅帶醉袖籠鞭，壓鞸葳蕤照水邊。

鞧 67461 u2931E kuò_10.19 古文鞹67473俗作鞧、鞧。

鞗 67462 u2931C tāo_10.19 同絛44066

鞽 67463 u2931A qiāo_10.19 俗鞽67515

鞼 67464 u29319 xù_10.19 北堂書鈔·卷一百二十六·武功部十四·勒五十五·富者金琅 引 鹽鐵論 今富者鞼耳銀鑷韉，黃金琅勒，罽繡弇汙，垂珥胡鮮。按，佩文韻府·卷六十三·去聲·四寘韻·珥·韻藻增·垂珥 引 鹽鐵論 作：富者韉67490耳銀鑷韉。清·王先謙 鹽鐵論校勘小識 韉與鞢67485同。

鞭 67467 u29316 null_10.19 未詳。

鞺 67465 u29318 tà_10.19 俗撻20823亦譌作鞺67431 四聲篇海 鞺，他達切。打也。

鞷 67469 u29314 tà_10.19 俗鞻67445

鞹 67466 u29317 null_10.19 或俗鞹73605

韆 67468 u29315 qiān_10.19 俗韆67577亦作韆67504

鞷 67470 u97B7 gé_10.19 辭海 鞷，歌启切，音隔，陌韻。懸鍾格也 荀子·樂論 鞉、柷、拊、鞷、椌、楬似萬物。王先謙集解引郝懿行曰：拊鞷，禮論篇 作拊膈47667，其義當同。

韃 67471 35692 xǐ_11.20 唐韻 集韻 韻會 并所綺切音屣 說文 鞮屬 廣韻 革履也 又 sǎ 廣韻 集韻 并所蟹切音灑 又 xì 廣韻

集韻韻會丑所寄切，屜去聲。義仝同。本作鑼。亦作靴。𩎟又䩺67491鞝67480縰44425屜13148

鞑 67472 35693 bì 11.20 廣韻卑吉切集韻壁吉切仝音畢集韻本作韠67757 図集韻簿必切音邲。同鞑67204

鞹 67473 35694 kuò 11.20 古文鞹 唐韻正韻苦郭切集韻韻會闊鑊切仝音廓說文去毛皮也論語虎豹之鞹 図詩·齊風載驅薄薄，簟茀朱鞹傳諸侯之路車，有朱革之質，而羽飾之也釋文苦郭反。革也△集韻又作鞟。𩎟又䩱67616鞼67461鞹67500図直音篇鞟67348同鞹。

鞒 67474 35695 mò 11.20 集韻末各切音幕。靺鞨，履也。

鞝 67475 35696 chóng 11.20 廣韻蜀庸切集韻常容切仝音慵廣韻通俗文云乾革也図集韻引船淺水中。亦作䒷。

鞖 67476 35697 suī 11.20 玉篇素回切，音衰◇鞖，鞍皮也𩎟俗鞖

鞜 67477 35698 tāng 11.20 集韻他郎切音湯。本作鐋75297

鞟 67478 35699 zé 11.20 篇海音責。微也。

鞶 67479 35700 féng 11.20 廣韻集韻仝符容切音逢玉篇鼓聲。図集韻字林云被縫也図一曰靲鞶，草名。

鞁 67480 35701 lù 11.20 集韻盧谷切音祿。本作簶42790

鞿 67482 35703 luò 11.20 集韻同鞹

鞝 67481 35702 zhāng 11.20 廣韻集韻仝諸良切音章玉篇鞝泥也廣韻鞝泥，鞍飾集韻馬鞝

鞦 67483 35704 yū 11.20 集韻於候切音漚玉篇胡矛集韻胡鞧図廣韻憶俱切集韻邕俱切仝音紆。義同。

鞨 67484 35705 zhè 11.20 集韻之夜切音柘。石鞨，藥草。一名石韋。

鞙 67485 35706 xù 11.20 廣韻似足切集韻松玉切仝音續玉篇鞙也廣韻白鞙，鞙也集韻或作韇図shú廣韻神蜀切音贖。鞙也図zhuó集韻仕角切音浞廣雅履也。𩎟又鞹67592鞽67490

鞬 67486 35707 jiān 11.20 篇海古田切音堅。窯人所用。出道地經。𩎟又鞬67524鞭67525

鞗 67487 35708 shān 11.20 廣韻所銜切集韻師銜切仝音衫玉篇旌旗旒也集韻馬鞘垂貌玉篇亦作縿。又作靫集韻或作靾図xiān廣韻所咸切音攕。鞍鞗，垂貌図集韻思廉切音銛。本作韅67598亦作縿。𩎟又䩰67523

鞻 67488 35709 lóu 11.20 廣韻洛侯切集韻郎侯切仝音婁玉篇鞮鞻氏，掌四夷之樂官図集韻郎豆切音漏。又集韻韻會仝俱遇切音屨。義仝同図lǜ集韻龍遇切音屢。義同周禮·春官·宗伯鞮鞻氏註鞻讀爲屨。鞮履，四夷舞者所屝也。呂忱云鞮，革履也。鞻者，軨鞻釋文九具反，又力具反。𩎟又鞻67754

鞔 67489 35710 sōu 11.20 玉篇同鞍詳呂氏春秋鄭人之下鞔也註邑名。一本作鞻。

鞋 67490 35711 xù 11.20 字彙補音未詳

𩎟又鞭67485鞝67464耳，同鞝耳，馬耳的裝飾。

鞑 67491 35712 xǐ 11.20 字彙補所倚切音徙。革履也六書故別作屜，非。

鞴 67492 42202 bèi 11.20 字彙補與鞴同東坡志林有水鞴法。

鞄 67493 46360 páo 11.20 五音篇海與鞄同。

鞽 67494 46361 jìn 11.20 龍龕音近。𩎟俗鞙55240又䩱67503靳67306鞽67486楊寶忠：或為甄35096字之變。

鞙 67495 46362 jiǎng 11.20 搜真玉鏡居兩切。

鞝 67496 46363 xiǎn 11.20 龍龕同鞝

韀 67498 46365 táo 11.20 龍龕同鞉

鞝 67497 46364 suǒ 11.20 五音篇海先果切。𩎟疑同鏁

鞴 67499 u2B589 bài 11.20 四聲篇海鞴鞴，二，蒲界切。与鞴67439義同，俗。

鞬 67505 u29335 jiān 11.20 俗鞬67595

鞹 67500 u2933C kuò 11.20 鞹67461譌字。

鞞 67506 u29334 null 11.20 未詳。

鞭 67501 u2933B biān 11.20 鞭67397本字

鞝 67502 u2933A xiǎn 11.20 龍龕鞝，俗鞝67568

鞽 67503 u29338 jìn 11.20 鞽67494鞽。俗鞙55240

鞬 67504 u29337 qiān 11.20 同鞬67577正字通鞬，泝原省作鞬。

鞼 67507 35713 fén 12.21 廣韻集韻仝符分切音汾玉篇鼓也。或作鼖集韻又作鼖75307

鞼 67508 35714 guì 12.21 唐韻集韻仝求位切音匱說文韋繡也廣韻繡革也。盾綴革也齊語輕罪贖以鞼盾、一戟註盾綴革，有文如繢也図淮南子·原道訓堅強而不鞼註鞼，折也図guì廣韻公回切集韻姑回切仝音傀。又kuì集韻丘媿切音喟図huì廣韻對切音潰。義仝同図wèi集韻曰內切音韑也。一曰繡韋也△廣韻亦作韞集韻或作韞。𩎟又鞼67591韞67782鞁67422䩱67729

鞳 67509 35715 mái 12.21 廣韻集韻仝莫佳切音暉玉篇鞋也廣韻鞳鞵，履也。

鞳 67510 35716 guǎn 12.21 篇海音管。車鞁具也。

鞴 67511 35717 bǔ 12.21 廣韻集韻仝博木切音卜玉篇絡牛頭廣韻絡頭繩集韻絡髮謂之鞴図廣韻封曲切集韻逋玉切仝音襮。義同集韻本作鞴。𩎟又鞴67409図龍龕鞴67459俗，鞴正。

鞴 67512 35718 nóu 12.21 篇海奴侯切音羺。胡羊也。

鞈 67513 35719 gé 12.21 廣韻古核切集韻各核切仝音隔玉篇靼也，勒也廣韻轡首廣雅羈鞈，勒也玉篇同鞈。亦作革図集韻訖力切音殛。又乞力切音輕。義仝同。

鞱 67514 35720 tóng 12.21 廣韻徒紅切集韻徒東切仝音同玉篇鞁具飾廣韻鞁具飾。𩎟又鞱67247

轎 67515 35721
qiāo_12.21 廣韻起囂切 集韻丘沃切丛音趫 廣韻本
作橇25350 集韻又作橋 囝jué 集韻訖約切音脚。本作
屬13202

鞨 67516 35722
xì_12.21 廣韻 集韻丛思積切音昔 玉篇 履也。亦作
舄 集韻又作轄。

韡 67517 35723
xuē_12.21 唐韻許臠切 集韻呼肥切，丛音扴 說文
鞮屬 廣韻 韡鞋。趙武靈王所服 釋名 韡，跨也。兩足各
以一跨騎也 廣韻亦作靴 集韻又作鞾履屨。鍫又韡
67605鞋67273鞾67531

鞔 67518 35724
dūn_12.21 篇海音敦。胡人酒器。鞋鞔也。

鞾 67519 35725
xuē_12.21 集韻與韡同。

羈 67520 35726
jī_12.21 廣韻居依切 集韻居希切丛音機 玉篇 羈
在口 廣韻 繫馬 集韻 馬絡頭 屈原 離騷 余雖好修姱以鞿
羈兮，謇朝誶而夕替 註 馬羈在口曰鞿，革絡頭曰羈 前
漢 刑法志 是猶以鞿而御駻突。

鞴 67522 46367
fù_12.21 龍龕音富

鞾 67528 u2B58A
null_12.21 未詳。

鞃 67524 46369
shéng_12.21 龍龕音繩。出藏經。鍫 龍龕 靷，新藏
作。靷，舊藏作。郭氏俗音繩。在道地經 囝靷67486同。

鞃 67525 46370
shéng_12.21 五音篇海 同靷。鍫又靷67486。

鞁 67529 u29352
null_12.21 未詳。

鞼 67527 46372
jiān_12.21 五音篇海居言切。鍫疑韀字之譌。

鐙 67530 u29350
dèng_12.21 同鐙64223馬鐙。

韚 67532 u2934C
zhòu_12.21 同冑02713 札樸 卷八 金石文字 銅弩機文
程君（敦）于西安得銅弩機，有金錯隷書十二字，曰：
右中郎將曹稅赤黑間卷韚臂。

鞳 67533 u29348
tà_12.21 同鞳67433

鞃 67534 35727
yōng_13.22 集韻於容切音邕。韡勒也。或作鞃。亦
作鞃。鍫又鞼67442韃67738

鞠 67535 35728
qū_13.22 廣韻驅匊切 集韻丘六切丛音麹 廣韻本
作麹74608 集韻本作籟43067 鍫 集韻本作籟

韃 67536 35729
dá_13.22 廣韻古文韃67203字。

韢 67537 35730
yì_13.22 廣韻於力切 集韻乙力切丛音億 玉篇 五
綵絲條履下也 廣韻 履頭也 玉篇 或作繶。

鞤 67538 35731
bāng_13.22 篇海 布江切，音帮 ◇ 鞋鞤也。鍫楊寶
忠：或俗鞤67430

韀 67539 35732
jiān_13.22 集韻將先切音箋。馬被具。亦作韉、繺。

韁 67540 35733
jiāng_13.22 廣韻 集韻 韻會 正韻丛居良切音薑 玉

篇 馬緤 釋名 韁，疆也，繫之使不得出疆限也 前漢 敘
傳 繫名聲之韁鎖 玉篇 亦作繮45007 鍫又繮45075繮45041

韛 67541 35734
bèi_13.22 廣韻 集韻丛平祕切音備 廣韻本作紴
44081 囝bù 正韻薄故切 集韻蒲故切丛音捕 廣韻
韛輄，盛箭室 囝fú 廣韻 集韻 正韻丛房六切音伏 廣韻
韋囊步輄 集韻或作韍、韨。

韂 67542 35735
chàn_13.22 廣韻 集韻 正韻丛昌豔切音韂 集韻 馬
障泥也 廣韻亦作韂。

韣 67543 35736
dú_13.22 集韻殊玉切音蜀 戰國策 因罷兵倒韣而
去 集韻本作韣67773

韢 67544 35737
sè_13.22 廣韻所力切 集韻殺測切丛音色 ◦ 玉篇 車
籍交革也 廣韻 車馬絡帶 玉篇 亦作韢 集韻本作韢60408

韙 67545 35738
tǐ_13.22 廣韻他禮切 集韻土禮切丛音體 廣韻 韙
鞁，頓貌 集韻 軟謂之韙。

韃 67546 35739
tà_13.22 篇海同撻 正字通本作韃。又韃鮙始起地，
處契丹西北，族出沙陀別種。鍫又韃67276

韢 67547 35740
suí_13.22 集韻同綏45032

韅 67548 35741
hé_13.22 篇海胡葛切音曷。鞳韅，蕃人名。
鍫 正字通本作韣67382

韢 67549 35742
duó_13.22 廣韻徒落切 集韻達各切丛音鐸。鞳67428
韢。

韕 67550 35743
xiè_13.22 集韻下買切音蟹 廣雅 韕謂之鞦。

鞿 67551 42203
xuè_13.22 川篇大角切。繼也。鍫同轂。

韤 67552 46373
jué_13.22 六書統與韜同。鍫 韜67559俗譌。

韃 67558 u29360
tà_13.22 同韃67546

韤 67553 46374
yǐn_13.22 字彙補同靷

韤 67554 u2B58B
xiá_13.22 俗鞖67374 新撰字鏡徒典反。履跟也。

韤 67555 u29363
shè_13.22 詳校篇海 書涉切，音葉。或與鞢同。又
昔列切，音泄 囝dép 喃从革葉diệp聲。拖鞋，涼鞋。

韤 67556 u29362
roi_13.22 喃从鞭省雷lôi聲。

韤 67559 u2935E
jué_13.22 同韜67341

韤 67557 u29361
huán_13.22 俗鐶64358
四部叢刊·初編集部·南豐先生元豐類藁·卷之二·古詩·之
南豐道上寄介甫 林僧授館舍，田客扳鞍韤。

韥 67560 35744
rǔ_14.23 玉篇而庾切音乳。鞋韥也。鍫又麤74741

韤 67561 35745
nǐ_14.23 廣韻奴禮切 集韻乃禮切丛音禰 廣韻彎
垂 集韻通作鞔。鍫又靴67197韤67578

韢 67562 35746
zhòu_14.23 集韻側救切音縐。鞁也。

韤 67563 35747
bó_14.23 集韻與韛同。

韤 67564 35748
guì_14.23 集韻與韢同 韤 67565 35749
qiàn_14.23 廣韻去戰

切集韻詰戰切丛音譴玉篇罾帶鞼集韻韋帶謂之韃

鞦 67566 35750
bǔ_14.23　集韻逋玉切音撰。牛首絡也。或作䩉。

鞧 67567 35751
hù_14.23　唐韻乙白切集韻乙格切丛音攖。本作鞹。
✦說文佩刀絲也圀è集韻韻會丛屋虢切音嚄。義同。
圀莊子·庚桑楚夫外韄者不可繁而捉，將內捷。內韄者
不可繆而捉，將外捷圀hè集韻胡陌切音獲。義同。
圀wò乙角切音渥。縛也。一曰刀靶中韋圀hù廣韻胡
誤切集韻胡故切丛音護玉篇佩刀絲也廣韻佩刀飾也
集韻佩刀謂之鞹。

韅 67568 35752
xiǎn_14.23　廣韻集韻韻會正韻丛呼典切音顯廣韻
在背曰韅✦集韻著掖韅曰釋名韅，經也，橫經其腹下
也荀子·禮論篇寢兕持虎，蛟韅絲末，彌龍所以養威也
註馬服之革，蓋象蛟形。徐廣曰：以蛟魚皮爲之。
圀xiàn集韻韻會丛馨甸切音灦。義同左傳·僖二十八
年晉車七百乘，韅靷鞅靽註在背曰韅，在腹曰鞅。韅
許見反，又去見反圀qiàn集韻類篇丛輕甸切音俔。
義同玉篇同韅△集韻或作韆。鑾又韅67781韖67496
𩋽67502鞻67751

䩚 67569 35753
luò_14.23　集韻力角切音犖。䩚㿑，皮堅也△類篇亦
作鏐。

鞩 67570 35754
yǐn_14.23　字彙補籀文靷字。

歔 67571 46375
quē_14.23　字彙補音決。缺也〇按卽歔字之譌。

鞰 67572 46376
róng_14.23　五音篇海同鞈。

鞥 67573 u29371
yǐn_14.23　說文靷67168引軸也。从革引聲。鞥，籀文
靷。

韠 67574 u29370
jiǎ_14.23　或同韅67438宋·吳曾能改齋漫錄·卷十
五·方物·猓然獸彼人取之以皮韠鞍韠。

鞙 67575 u2936D
yǐn_14.23　亦作鞥67553玉篇靷67168，余振切。以引
軸。鞙，籀文。

鞚 67576 u2936C
null_14.23　唐·李筌太白陰經·神機制敵太白陰經卷
四·戰具類·器械篇第四十一麻鞋，三十分，三萬七千五
百緉。攤子、靶鞚、滋子，各十分，三萬七千五百事。

韆 67577 35755
qiān_15.24　廣韻七然切集韻韻會親然切丛音遷廣
韻鞦韆，繩戲也集韻鞦韆，北方戲，以習輕趫者張有復
古編詞人高無際作鞦韆賦，漢武帝後庭繩戲也。本云千
秋，祝壽詞也，語譌轉爲秋千。後人譌轉爲鞦韆。鑾省作
韆67504韆67468

鞴 67578 35756
nǐ_15.24　廣韻章移切音支。皮鞍。鑾楊寶忠：同
鞴67561誤植鞴67542音義。

韣 67579 35757
dú_15.24　唐韻集韻韻會丛徒谷切音獨說文弓矢
韣也玉篇以藏矢廣韻箭筃集韻今謂之胡鹿儀禮·士
冠禮笰人執笰，抽上韣，兼執之，進受命於主人註藏

笰之器。今時藏弓矢者，謂之韣丸也集韻亦作䩪。

韂 67580 35758
liè_15.24　廣韻良涉切集韻力涉切丛音獵廣韻韂，
馬䩞也。

韍 67581 35759
wà_15.24　廣韻望發切集韻勿發切正韻無發切丛
音襪玉篇屬韍韓非子·外儲說文王韍繫解，因自結廣
韻本作韤67783

䪅 67582 35760
xù_15.24　字彙補字見呂氏春秋。詳前䪅67490字註。

䪊 67583 35761
zuān_15.24　集韻祖管切音纂。車衡三束也〇按卽䪊
字重文。

䪈 67584 46377
zhī_15.24　搜真玉鏡音知。

䪉 67585 46378
quē_15.24　篇海類編音決。䪉同䪄67571俗歔70859

䪍 67586 u29376
biāo_15.24　冏鑑64543宋·王安石次韻約之謝惠詩幾
能孩童舊，握手皆鬖白。有興即聯韆，東阡與南陌。

鞠 67587 35762
jū_16.25　唐韻集韻丛居六切音匊說文本作
鞠67349

䪌 67588 35763
xuàn_16.25　集韻呼願切音楥。本作鞿67711

䪑 67589 35764
lóng_16.25　廣韻盧紅切集韻盧東切丛音籠玉篇韆
頭也集韻馬被具廣韻本作䪖。鑾又靫67233

韣 67590 35765
wèi_16.25　玉篇以貴切音謂字彙絲繩也。

韣 67591 42204
guì_16.25　篇海類編與韣同。

䪐 67592 u2937D
shú_16.25　類篇䪐，神蜀切。鞮也。又松玉切。履也。
鞪67485，松玉切博雅履也。又仕角切。

䪏 67593 u2937C
lú_16.25　䪏韆，韆韆60478

韇 67594 u2937A
suī_16.25　同鞰67606龍龕韇，素回反。鞼鞍。

韉 67595 35766
jiān_17.26　唐韻正韻丛則前切音箋說文馬鞁具也
玉篇鞍韉也。鑾又韛67420鞕67505繿45205圀集韻韉繿
韉，或从戔从糸圀正字通韉67539，同韉。韉，韉字之
譌。韉67607，韉字之譌。

鞴 67596 35767
bó_17.26　廣韻傍各切集韻白各切丛音泊釋名靻
鞴，車中重薦也。輕靻鞴，小貂也廣雅靻鞴謂之鞆廣
韻鞴䩥，屨也集韻或作韛韔圀bù集韻伴姥切音簿
義同。或作韛輔圀pòu蒲候切，哀去聲。革裹車軶也。
或作韛。鑾又韛67563韛67780

韀 67597 35768
jiān_17.26　玉篇同鞬

䪎 67598 35769
zhàn_17.26　集韻鉏咸
切音讒玉篇鞍韉集韻馬韉也圀xiān集韻思廉切音
銛。旌旗末也。或作鞤繆圀shān集韻師炎切音襳。本
作鞤15087圀zhàn廣韻集韻丛仕懺切音鑱。鞍韉

韊 67599 35770
lán_17.26　廣韻落干切集韻郎干切丛音闌說文所
以盛弩矢，人所負也。本作蘭43046玉篇書作韊。

韡 67600 46379 róng_17.26 搜眞玉鏡而用切。

韉 67601 46380 jiān_17.26 龍龕同韉

韂 67602 46381 zhān_17.26 龍龕同氈。

韉 67603 u29386 null_17.26 未詳。宋·吳自牧夢粱錄·內諸司內轄司、濠寨司、織染所、奉安所、御酒庫主管……輕韉庫。

韄 67604 u29383 xiè_17.26 韘韄。亦作鞊韘、鞊韘字學三正·第一冊·雙字變體·冠服韘韄，帶下垂者以佩帉帨之類。蹀躞59573

韢 67605 u29381 xuē_17.26 鞾67517本字

韢 67606 35771 suī_18.27 唐韻集韻太山垂切音鑴說文綏也廣韻鞍韢。一曰垂貌廣雅韢謂之鞘又集韻雙隹切，音衰。馬垂鞘又集韻韻會太蘇回切音脽集韻搴邊帶。或作韢。𡕥又鞖67476韉67594

韣 67607 35772 shú_18.27 集韻神蜀切音贖。韔也又xù松玉切音續。本作鞫67485

韆 67609 35774 xǐ_19.28 廣韻所徙切集韻所綺切太音徙廣韻本作躧59607集韻又作蹝又sǎ集韻所蟹切音洒。履也。又xì所寄切，屣去聲。本作鞿67471

韆 67610 46382 luó_19.28 五音篇海音羅。

韇 67608 35773 zuān_19.28 集韻同韉

韊 67611 35775 lán_21.30 玉篇力丹切音闌。藏弩矢服也。亦作闌史記·信陵君傳平原君負韊矢，爲公子先引廣韻集韻太書作韊。

韅 67614 42205 xiǎn_23.32 說文韅本字。

韄 67612 35776 yǐn_21.30 字彙補同靷

韅 67613 35777 xiǎn_23.32 唐韻集韻太呼典切音顯◆說文著掖鞥也集韻本作韅67568 又xiàn集韻馨甸切音灦玉篇鞥在背集韻駕牛具，在背曰韅玉篇亦作韅又集韻輕甸切音俔。義同。

韈 67615 35778 gé_24.33 五音集韻古伯切音格。靶勒也。

韉 67617 u29390 null_25.34 或俗韉。

韉 67616 u2938F kuò_24.33 鞹67473本字

韉 67618 35779 zuān_29.38 唐韻借官切集韻祖官切太音鑽說文車衡三束也。曲轅韉縛，直轅韉縛又cuān集韻徂丸切音欑。義同。或作韉、韉。𡕥又韉67583

◈ 韋部 ◈

韋 67619 35780 wéi_0.9 古文𡗕𡘆𡗕唐韻宇非切集韻韻會于非切太音幃◆說文相背也。从舛囗聲。獸皮之韋，可以束枉戾相韋背，故借以爲皮韋廣韻柔皮左傳·僖三十三年以乘韋先疏乘韋，四韋也周禮·春官·司服凡兵事，韋弁服儀禮·聘禮君使卿韋弁註韋弁，韎韋之弁史記·孔子世家讀易，韋編三絕楚辭·卜居將突梯滑稽，如脂如韋，以挈盈乎又前漢·郊祀歌依韋饗昭註師古曰依韋諧和，不相乖離也又國名詩·商頌韋顧既伐箋韋，豕韋，彭姓也左傳·襄二十四年在商爲豕韋氏註豕韋，國名一統志直隸大名府滑縣，古豕韋氏之國。又豨韋氏，古帝王號莊子·外物篇以豨韋氏之流觀今之世又不韋，縣名，屬益州郡，見前漢·地理志又姓姓苑出自顓頊大彭之後，夏封于豕韋，以國爲氏又通圍前漢·成帝紀大風拔甘泉時中，大木十章以上註師古曰章，與圍同又huí集韻胡隈切音徊。本作回08010 𡕥又韡37012韡38619𡗕38616韦67622

韋 67620 u2FB1 wéi_0.9 同韋67619部首專用字。亦作韦67621

韦 67621 u2ED9 wéi_0.9 部韋67620

韦 67622 u97E6 wéi_0.9 简韋67619

韋 67623 u2B58C null_1.10 未詳。

韧 67626 u97E7 rèn_3.12 简韌67624

韌 67624 35781 rèn_3.12 唐韻而進切集韻韻會正韻而振切太音刃說文柔而固也。从韋刃聲廣韻柔韌集韻本作肕。或作忍。𡕥又靭67145韧67626䏰22343

韓 67625 46383 hàn_3.12 五音篇海音旱。

韍 67627 35782 fú_4.13 廣韻集韻太平祕切音備玉篇車軾也廣韻本作紴。或作鞴集韻或作茯。𡕥廣韻韍，同紴。

韎 67628 35783 nà_4.13 廣韻奴荅切集韻諾荅切太音納玉篇栗也。𡕥韧67634

韐 67629 35785 xiáo_4.13 五音集韻胡茅切音爻玉篇囊韐又jiāo廣韻古肴切集韻居肴切太音交。義同集韻本作較。

韐 67630 35786 sǎ_4.13 廣韻蘇合切集韻息合切太音趿玉篇屩也廣韻小兒履也又xì廣韻先立切集韻息入切太音霫。義同△玉篇亦作靸集韻或作鞈。

韐 67632 u2B591 qín_4.13 简韐67635

韐 67631 46384 jūn_4.13 龍龕口云切又方吻切。𡕥字彙補口云切音皸，見篇韻

韍 67633 u2B58D null_4.13 未詳。

韧 67634 u293FC nà_4.13 简韎67628

韐 67635 u29396 qín_4.13 同韐67157竹篾又qián韜韐，同韜鈐62829，六韜和玉鈐的簡稱，借謂韜略。敦煌·P.2552唐人選唐詩·信安王出塞並秉韜韐述，兼該翰墨筵。

韠 67636 35787 bì_5.14 廣韻集韻太兵媚切音祕玉篇弓紲詩·秦風·竹閉緄縢疏既夕記說明器之弓云有韠註云韠，弓檠也。弛則縛之於弓裏，以備損傷也。以竹爲之。引詩云竹閉緄縢。然則竹閉一名韠也。言閉紲者，謂置弓韠裏，以繩紲之，因名韠爲紲。又周禮·冬官考工記·弓人註紲，弓韠也。角長則送矢不疾，若見紲于韠矣釋文韠音悲位反又詩·秦風釋文徐音邊惠反又biè集韻必結切音珌。義同詩·秦風·釋文韠，一音必結反。

韜 67637 35788 páo_5.14 玉篇步交切音庖釋名胞韜也。韜，空虛之言也又bào集韻步巧切音鮑。本作靤67219 又pào皮教切音泡。柔皮工。

韍 67638 35789 yuè_5.14 集韻王伐切音越。斧衣也。

韜 67639 35790 chè_5.14 廣韻丑格切集韻恥格切太音坼廣韻韄

靳 集韻 刀把中韋。

鞈 67640 35791 tuó_5.14 字彙唐河切音陀。皮帖履也△集韻類篇 䩱作靼。

韍 67641 35792 fú_5.14 廣韻韻會分勿切集韻分物切䩱音弗說文本作市，韠也。篆文从韋从犮註徐鉉曰：今俗作紱，非是禮·玉藻一命縕韍幽衡，再命赤韍幽衡，三命赤韍蔥衡註此玄冕爵弁服之韠，尊祭服，異其名耳。韍之言蔽也前漢·諸侯王表奉上璽韍註師古曰璽之組也 囝fèi集韻方未切音沸。蔽膝也。鋻市，遮羞布。囝韍67656囝字彙韠67642，同韍。

韍 67642 35793 fú_5.14 集韻分物切音弗玉篇引棺繩也。鋻又韍67648緋43968

韸 67643 35794 pēi_5.14 集韻鋪枚切音姯。引爾雅山一成曰韸。或作坯、伾○按爾雅·釋山今本作坯。

鞋 67644 35795 zhù_5.14 廣韻之戍切集韻韻會朱戍切䩱注。玉篇皮袴囝集韻戎服蔽膝也。

靰 67647 35798 wǎn_5.14 集韻同鞔。

韎 67645 35796 mèi_5.14 古文䩐唐韻集韻韻會正韻䩱莫佩切音妹說文茅蒐染韋也。从韋末聲。詩·小雅韎韐有奭傳韎韐者，茅蒐染草也。一曰韎韐所以代韠也禮·玉藻韎韐註縕，赤黃之閒色，所謂韎也左傳·成十六年有韎韋之跗注，君子也註韎，赤色。跗注，戎服疏賈逵云一染曰韎儀禮·士冠禮緇帶韎韐囝玉篇東夷樂名周禮·春官·宗伯韎師掌教韎樂禮·明堂位作昧囝mài廣韻集韻䩱莫拜切音眜玉篇茅蒐染草也囝集韻居氣切音既。又莫貝切音韎。又莫轄切音韎。又五音集韻莫撥切音末。義䩱同囝wà集韻勿發切音韤。與韤67783同。

△字彙韎與休同者，宜从末，中畫短。莫佩切者，宜从未，中畫長○按說文从韋無从未字彙强分爲二，非也正字通駁字彙之誤，而以諸書爲皆从未，尤非。鋻又韎67654

鞉 67649 u293FE tāo_5.14 簡韜67652

鞾 67650 u293FD zhái_5.14 簡韡67774

韠 67648 46385 fú_5.14 字彙補同韠

鞢 67646 35797 dié_5.14 集韻的協切音喋。鞢韡，帶具。鋻又鞊67213

韜 67651 u293A3 táo_5.14 同韜67210

鞉 67652 u293A2 tāo_5.14 同鞀16141四部叢刊初編集部·增廣註釋音辯唐柳先生集·卷之十·唐故邕管經略招討等使朝散大夫持節都督邕州諸軍事守邕州刺史兼御史中丞賜紫金魚袋李公墓誌銘鞉弓櫜甲。

韔 67655 u2939E null_5.14 未詳。

韛 67653 u293A0 fù_5.14 四部叢刊·初編集部·鮚埼亭詩集·第八卷·臨挂伯錦歸曲 副樞張公緩帶陪，大將焦公韎韛隨。或同韔67727△字海同紼43931

韍 67656 u97E8 fú_5.14 簡韍67641

韎 67654 u2939F mèi_5.14 俗韎67645

鞒 67659 35801 jiào_6.15 集韻居看切音交。囊也。亦作鞂。鋻又鞂67164鞂67242

韇 67657 35799 kēn_6.15 玉篇口恩切，墾平聲。束也。

韅 67658 35800 xì_6.15 集韻許罽切音韗。繡也。

韏 67660 35802 juàn_6.15 唐韻九萬切集韻俱願切䩱音攣爾雅·釋器革中絕謂之辨，革中辨謂之韏註復分半也囝玉篇詘也，曲也囝quàn集韻區願切音券。革中辨謂之韏廣韻車上所用皮也囝集韻正韻䩱逵眷切音倦。又集韻古倦切音眷。又已袁切音拳。又廣韻居轉切集韻韻會正韻古轉切䩱音卷。義䩱同囝juǎn集韻九遠切音養。屈也囝窘遠切音眷。義同。鋻張按：音攣，音攣之誤囝直音篇韡67韏。

韍 67661 35803 fú_6.15 廣韻集韻䩱房六切音伏玉篇車軾廣雅韍謂之軾廣韻本作韍。或作韍囝玉篇皮祕切，音避◇義同。

韗 67662 35804 yùn_6.15 篇海虛願切音揎。作鼓工。亦韗也。

韐 67663 35805 jiā_6.15 唐韻正韻古洽切集韻訖洽切䩱音夾玉篇韎韐廣韻韎韐，韋蔽膝也說文本作帢集韻亦作韐囝gé廣韻正韻古沓切集韻韻會葛合切䩱音閤廣韻韎韐，大帶集韻韎韐，士服，制如韍儀禮·士喪禮設韐帶註韐帶，韎韐緇帶。不言韎緇者，省文，亦欲見韐自有帶。韐帶用革，古文韐爲合也集韻或作帢、帢。囝集韻轄夾切音洽。義同。

煒 67664 42206 wěi_6.15 字彙補于鬼切音偉。光也。

韝 67665 46386 gōu_6.15 龍龕同韝

韗 67667 46388 yīn_6.15 龍龕同因。

韍 67666 46387 duò_6.15 五音篇海同鞍。

韍 67669 u2B804 null_6.15 未詳。

韍 67668 46389 yì_6.15 字彙補音亦。

韍 67670 u2B592 bì_6.15 簡韠67757

韑 67671 u293AE wéi_6.15 同夒67715類篇羽非切說文裛也。从交韋聲。

韑 67672 u293A9 wéi_6.15 同韣67728說文通訓定聲韑，束也。从束韋聲。按：此字訓束，則當从韋，束聲。今在束部，疑即韡67764之或體，花盛也。

韑 67673 35806 wéi_7.16 集韻同韑

韒 67676 35809 qiào_7.16 廣韻私妙切集韻仙妙切䩱音笑玉篇刀韒也集韻亦作鞘削鞘。

韐 67674 35807 fù_7.16 廣韻扶雨切集韻奉甫切䩱音釜玉篇車下韍也囝廣韻尻衣也囝集韻帗也。

韍 67675 35808 suì_7.16 集韻與韢同。

韐 67677 35810 gé_7.16 集韻訖洽切音夾。本作帢。亦作韐67663

韍 67678 42207 yì_7.16 川篇音亦。皮也。

韍 67679 46390 xiá_7.16 龍龕音轄。鋻疑韊32862字。

韹 67680 46391
juān_7.16 搜眞玉鏡音涓。

儰 67681 46392
wéi_7.16 川篇音違。韠 新修玉篇引川篇違犯也。

韨 67682 46393
duàn_7.16 搜眞玉鏡韨字之譌。

韢 67683 u293B4
wéi_7.16 同韡67728

韷 67684 35811
quàn_8.17 篇海去願切音券。曲也。又音倦。緣韠縫也。

韼 67685 35812
yù_8.17 玉篇音域。袞也正字通俗緎字。

韵 67686 35813
wǎn_8.17 廣韻於阮切集韻委遠切太音宛廣韻韵底，履名集韻本作韜67217 韠 又靴67647

韣 67687 35814
bài_8.17 篇海蒲拜切，音敗◇韋囊吹火也。

韰 67688 35815
tuó_8.17 集韻唐何切音駝。皮帖履也。

鞠 67689 35816
jú_8.17 玉篇巨竹切，音鞠。裹也。

韓 67690 35817
hán_8.17 唐韻集韻胡安切韻會正韻河干切太音寒說文井垣也。从韋，取其帀也。倝聲。囻國名詩·大雅·奕箋韓，姬姓之國也，後爲晉所滅，故大夫韓氏以爲邑名左傳·桓三年韓萬御戎韻會曲沃桓公之子萬，食邑于韓，後分晉爲國囻三韓，國名，辰韓，弁韓，馬韓也。見後漢·東夷傳囻廣韻姓也韻會秦滅韓，以國爲氏△說文本作韓集韻亦作倝幹。韠 又塪08675 塪08972韓67703

韔 67691 35818
chàng_8.17 唐韻集韻韻會太丑亮切音暢說文弓衣也。从韋長聲詩·秦風虎韔鏤膺，交韔二弓傳韔，弓室也。交韔，交二弓于韔也。又小雅言韔其弓禮·檀弓韔弓註韔，韜也囻zhàng集韻持亮切音仗。義同詩·小雅言韔其弓釋文韔，又治亮反囻liàng集韻力讓切音亮詩·小雅言韔其弓釋文沈重讀集韻或作韔。

韃 67692 35819
tà_8.17 集韻託合切音錔。指衣也囻達合切音沓。本作揸19814 韠 正字通韃，同韜。

韛 67693 35820
páo_8.17 字彙補蒲交切音庖。柔也。

韞 67694 35821
chún_8.17 字彙補音未詳管子·白心篇韞乎其圓也，韞韞乎莫得其門註韞，復貌。謂遇圓則爲圓也。

韜 67695 46394
bài_8.17 龍龕同韠

韝 67696 46395
shè_8.17 龍龕同韝。

韗 67698 u2B58E
null_8.17 未詳。

韘 67697 u2B593
bǐng_8.17 簡韠67700

韜 67699 u293C4
bài_8.17 俗韠67732亦作鞴67766

韛 67700 u293C2
bǐng_8.17 同韠67344 囻同韠67748

韜 67701 u293C0
null_8.17 未詳。

韩 67703 u97E9
hán_8.17 簡韓67690

韠 67702 u293BF
null_8.17 未詳。

韍 67704 35822
fù_9.18 集韻扶富切，阜去聲。皮衣也。又車軛也△或作韍鞴鞴。

韠 67705 35823
yùn_9.18 集韻呼願切音楥。同韠。

韠 67706 35824
yùn_9.18 集韻呼願切音楥。同韠。

鞣 67707 35825
rǒu_9.18 集韻忍九切音蹂。韌也。韠 廣韻鞣，車韌龍龕鞣，人九反。車軔。韌音刃囻同鞣67368清·徐珂清稗類鈔動物類下海花石:海花石爲珊瑚蟲類本草謂之浮石。面有多數淺窩，紋如菊花，灰白色，堅硬如石。鞣皮廠中每以之磨皮垢，小者常供案頭清玩。

韄 67708 35826
xiá_9.18 唐韻乎加切集韻何加切太音遐說文履也。从韋叚聲廣韻履跟後帖集韻或作韍、緞。韠 又韄67721 囻集韻韍，或作緞44637韍67374

韍 67709 35827
duàn_9.18 唐韻集韻太徒玩切音段說文履後帖也。从韋叚聲廣韻徒管切集韻杜管切太音斷。又集韻土緩切音瞳。義太同△集韻或作韍緞。韠 又韍67682

韡 67710 35828
ruǎn_9.18 集韻乳兗切音臠。本作髹35074柔革也。

韗 67711 35829
yùn_9.18 唐韻集韻太王問切音運說文本作韗周禮·冬官考工記攻皮之工，函鮑韗韋裘註韗讀爲運又韗人爲臯陶註臯陶，鼓木也囻玉篇靴也集韻通作煇囻xùn集韻類篇太吁運切音訓。攻皮工也囻xuàn廣韻虛願切集韻呼願切音楥。義同考工記釋文韗又況萬反集韻或作韍韗韗韗煇五音集韻亦作韗囻集韻王分切類篇于分切太音雲。義同。韠 字彙韗，與韍同。疑韗字之譌。

韘 67712 35830
shè_9.18 唐韻集韻韻會正韻太失涉切音攝說文射決也，所以鉤弦。以象骨、韋系著右巨指。从韋枼聲玉篇指沓也詩·衛風童子佩韘傳韘，玦也。能射御則帶韘箋韘之言沓，所以彄沓手指集韻或作韘囻xiè廣韻蘇協切集韻悉協切太音燮廣韻韘韗，射具也囻集韻鮎韘，帶具。韠 又殐16220殐16235殐16256韝67696韝67555

韙 67713 35831
wěi_9.18 唐韻于鬼切集韻韻會羽鬼切太音偉說文是也。从是，韋聲左傳·隱十一年犯五不韙前漢·敘傳昭韙見戒註張晏曰：是也。明其是者，戒其非也後漢·荀爽傳五韙咸備△集韻通作愇。韠 又韙67726 韙67714

韙 67714 35832
wěi_9.18 字彙同韙。韠 又韙67722

韙 67715 35833
wéi_9.18 唐韻羽非切集韻于非切太音韋說文衺也，从交韋聲。韠渡部溫：唐韻集韻說文作夐00731。當据正囻夐67671夐54748

韠 67716 35834
jí_9.18 集韻乞力切音緙。本作韠67366

韜 67717 35835
tāo_9.18 篇海同韜

韐 67718 46396
gé_9.18 五音篇海音革。韠 又韐67720 囻楊寶忠：俗韐。

韝 67719 46397
gōu_9.18 龍龕與韝同。

韐 67720 u2B805
gé_9.18 簡韐67718

韄 67721 u29400
xiá_9.18 簡韄67708

韙 67722 u293FF
wěi_9.18 簡韙67714

韞 67725 u97EB
yùn_9.18 簡韞67737

韜 67723 u293CD
tāo_9.18 俗韜67735 可洪音義 慧韜：音叨。

韜 67724 u293CC
hé_9.18 靺韜，同靺鞈67382

韙 67726 u97EA
wěi_9.18 简韙67713

韢 67727 35836
pò_10.19 唐韻 集韻 苾匹各切音粕 說文 軶裹也。从韋專聲 图 bì 集韻 平碧切音檘。韋裹車軶 图 bó 方縛切音欂。本作韠67443 图 fù 扶富切，阜去聲 玉篇 尻衣也 集韻 本作韝。韢 又韖67364 韣67779 图 正字通 轉，轉字之譌。

韑 67728 35837
wéi_10.19 唐韻 集韻 苾于非切音韋 說文 束也。从韋東聲 註 徐鍇曰：言束之，象木華實之相累也 集韻 或作韑。韢 又韑67672韑67683

韓 67730 35839
hán_10.19 說文 韓本字。

韃 67731 35840
dā_10.19 廣韻 都盍切 集韻 德盍切，苾音搭 玉篇 熱韃韃也 集韻 皮衣也。

魏 67729 35838
guì_10.19 玉篇 同韢。韢 又魁71601韥67508

韛 67732 35841
bài_10.19 廣韻 集韻 韻會 苾步拜切音憊 玉篇 韋囊，可以吹火令熾。亦作橐 廣韻 或作囊 集韻 或作韝囊。图 fú 集韻 房六切音伏。本作韍42116 韢 又韛67743 韍75470

韢 67733 35842
dá_10.19 玉篇 音荅 字彙 皮指。

韣 67734 35843
xiá_10.19 玉篇 下瞎切 字彙 與轄同。車軸頭鐵也。

韜 67735 35844
tāo_10.19 唐韻 土刀切 集韻 韻會 正韻 他刀切苾音叨 說文 弓衣也。从韋舀聲 玉篇 劍衣也 廣韻 藏也 詩·小雅·彤弓傳 櫜韜也。又 周頌·時邁疏 櫜者，弓衣也。一名韜弓，故納弓於衣謂之韜弓 图 玉篇 義也 图 玉篇 韜杠也 儀禮·鄉射禮 杠長三仞，以鴻脰韜上二尋 註 以帛巾冒杠上加雁頸也 图 玉篇 寬也 图 韻會 與弢同 前漢·藝文志 六弢 註 師古曰即今之六韜也。弢與韜同 图 tào 集韻 叨号切音套。臂衣也△集韻 或作韜。韢 又鞱67309 韜67717韜67723韜67744 图 龍龕 韜60145韜60294，二俗，他刀反。正作韜（韜）。藏也。

韝 67736 35845
gōu_10.19 唐韻 古侯切 集韻 韻會 正韻 居侯切苾音鉤。說文 射決也。从韋冓聲 玉篇 結也，臂沓也 史記·張耳陳餘傳 趙王袒韝蔽自上食 註 徐廣曰：韝者，臂捍也。又 滑稽傳 衿韝鞠膼 註 韝，音溝 前漢·東方朔傳 董君綠幘傅韝 註 韋昭曰：韝形如射韝，以縛左右手，于事便也。師古曰即今之臂韝也。韝，工侯反 图 kōu 廣韻 恪侯切 集韻 墟侯切苾音彄。又 gòu 集韻 居侯切音遘。義苾同△玉篇 作韝。韢 又韐67665韝67719韝67742 图 bài 俗韛67732 風箱。清張問陶 船山詩草 卷二十藥庵退守集下·癸西·水月煉師照 丹華肯練風聞艺术，爐韝全抛火自紅。

韢 67738 35847
yōng_10.19 正字通 同鞴。

韜 67737 35846
wēn_10.19 廣韻 烏渾切 集韻 烏昆切苾音溫 玉篇 赤黃之閒色也 廣韻 赤色 图 玉篇 裏也 图 集韻 韞也。

图 yùn 廣韻 於粉切 韻會 正韻 委粉切，苾音惲 廣韻 韞櫝 論語 韞匵而藏諸 註 韞，藏也 陸機·文賦 石韞玉而山輝 图 地名 韓詩外傳 子路與巫馬期薪於韞丘之下。

韞 又韞67419韞67725縕44667

韏 67740 46398
juǎn_10.19 篇韻 音卷

韤 67739 35848
bài_10.19 類篇 與韛同

韤 67741 46399
hùn_10.19 川篇 黿上聲

韝 67742 u2B595
gōu_10.19 簡韝67736

韝 67743 u2B594
bài_10.19 簡韛67732

韜 67744 u97EC
tāo_10.19 簡韜67735

韓 67745 u97DF
gāo_10.19 同韓67763

韤 67746 35849
suī_11.20 玉篇 素回切音接 字彙 韤，鞍也。

韤 67747 35850
jiāo_11.20 集韻 鋤交切音巢。本作糀。束也。

韤 67752 u2B58F
null_11.20 未詳。

韠 67748 35851
bì_11.20 唐韻 卑吉切 集韻 韻會 正韻 璧吉切苾音必 說文 韍也。所以蔽前以韋。下廣二尺，上廣一尺，其頸五寸。一命縕韠，再命赤韠。从韋畢聲 廣韻 胡服蔽膝 詩·檜風 庶見素韠兮。又 小雅·采菽箋 芾，太古蔽膝之象也。冕服謂之芾，其他服謂之韠 疏 韍、韠俱是蔽膝之象，其制同 禮·玉藻 韠，君朱，大夫素，士爵韋 註 此玄端服之韠也。韠之言蔽也。凡韠以韋爲之，必象裳色 廣韻 或作韠 集韻 通作縪。韢 又韠67757韠67700韠67670

韢 67749 35852
suì_11.20 廣韻 徐醉切音遂 玉篇 囊組名 图 集韻 雖遂切音邃。義同△廣韻 或作韢 集韻 類篇 苾作韢。

韢 67750 42208
yù_11.20 川篇 音域。震也。韢 同韍67331俗緎44362

韤 67753 uFAC9
bài_11.20 兼 韛67732

韤 67751 46400
bài_11.20 搜眞玉鏡 音敗。韢 楊寳忠：或同韢，俗韤67732 图 xiǎn 可洪音義 带韤：呼見反。義与韤同 經音義 作韝也。

韢 67754 u293DD
lóu_11.20 韣韢氏，同韣韢67488氏。

韢 67755 u293DC
xuè_11.20 俗縠67435

韠 67757 u97E0
bì_11.20 參見韠67748

韤 67756 u293DB
null_11.20 未詳。

韢 67758 35853
zhèng_12.21 廣韻 集韻 苾豬孟切音倀 廣韻 張皮也。韢 又韢67768

韤 67760 35855
jiū_12.21 字彙 同韤

韢 67759 35854
guì_12.21 玉篇 巨貴切。頎上聲。韢，緝也。亦作韢 图 huì 集韻 胡對切音潰。緝韋囊 图 kuì 求位切音匱。義同△或作韢。

韢 67761 35856
fān_12.21 集韻 孚袁切音翻 玉篇 韕韢也 集韻 韜也。韋平方也 图 fán 集韻 符袁切音煩。韋裹曰韢。

韢 67762 35857
huī_12.21 集韻 吁爲切音麾。柔革平均也 图 kuī 集韻 韻會 苾驅爲切音虧 周禮·冬官考工記·鮑人 註 無迆許革不韢 釋文 韢音虧。又許皮反。

韢 67763 35858
gāo_12.21 集韻 居勞切音高。本作櫜25866 管子·法法篇 九曰舉韢章。

韢 67764 35859
wěi_12.21 唐韻 于鬼切 集韻 韻會 羽鬼切丛音偉 說文 本作韙,盛也。从冄,韋聲 唐韻 華盛貌 詩·小雅 常棣之華,鄂不韡韡 傳 韡韡,光明也△ 集韻 類篇 書作韡。 鏊 又薜51314韢67718

韢 67765 35860
suì_12.21 唐韻 集韻 丛胡計切音系 說文 囊紐也。从韋惠聲。又 說文 一曰盛虜頭囊也 註 徐鍇曰：謂戰伐以盛首級 集韻 盛鹹囊 囡hui 集韻 胡桂切音慧 囡cuì 廣韻 集韻 此芮切,音毳。義丛同 集韻 或作鞝 囡suì 集韻 徐醉切音遂。囊紐也。◆ 又一曰盛虎頭囊。或作韢。

韢 67766 46401
bài_12.21 五音篇海 音敗。 鏊俗韛67732

韡 67767 46402
dān_12.21 搜真玉鏡 音單。

韢 67768 u2B596
zhèng_12.21 簡 韢67758

韢 67769 u293E7
wěi_12.21 同韢67764 類篇 蕚部 韡,羽鬼切。盛也。 又冄部 韡,羽鬼切 說文 盛也。引 詩 萼不韡韡。

韢 67770 35861
yōng_13.22 集韻 於容切音邕。與韡67534同。

韢 67771 35862
xiān_13.22 廣韻 集韻 丛虛嚴切音忺 廣雅 寢衣衾韢被也 囡xiǎn 集韻 虛檢切音險 玉篇 被也 囡 虛欠切音娎。義同。

韢 67772 35863
chān_13.22 廣韻 集韻 丛處占切音姑 玉篇 韢屏也 集韻 本作襜 囡yán 集韻 余廉切音鹽。衣蔽也 囡chàn 廣韻 集韻 韻會 正韻 丛昌豔切音躡 廣韻 本作韂。鞍小,障泥 囡 集韻 鞁也。通作襜幨。

韢 67773 35864
dú_13.22 廣韻 集韻 韻會 徒谷切 正韻 杜谷切丛音讀 玉篇 弓衣也。韔也 禮·月令 帶以弓韣 少儀 弓則以左手屈韣執拊 儀禮·覲禮 乘墨車，載龍旂弧韣 註 弓衣曰韣。又 禮·明堂位 載弧韣 註 弧，旌旗所以張幅也。其衣曰韣 囡 唐韻 之欲切 集韻 朱欲切丛音燭。又 廣韻 尺玉切 集韻 樞玉切丛音觸。又 廣韻 市玉切 集韻 韻會 殊玉切丛音蜀。義丛同△ 集韻 或作韢。 鏊 又韢67784

韢 67774 35865
zhái_13.22 廣韻 場伯切 集韻 直格切丛音宅 廣韻 韢韡，刀飾 集韻 韢韡，刀靶韋也。 鏊 又韢67650

韢 67775 35866
sè_13.22 玉篇 韢67544，亦作韢。

韡 67776 35867
wěi_13.22 說文 韡本字。

韢 67777 35868
kē_13.22 川篇 音柯

韡 67778 35868
hù_14.23 廣韻 一號切 集韻 屋號切丛音擭。韢韢67774△ 集韻 或作韢。

韢 67779 35869
bǔ_14.23 玉篇 與韛同。

韢 67780 35870
bó_14.23 集韻 同韛67596

韢 67781 35871
xiān_14.23 字彙 同韢67568

韢 67782 35872
guì_14.23 字彙 同韢67564

韢 67783 35873
wà_15.24 唐韻 望發切 集韻 勿發切丛音襪 說文 足衣也。从韋蔑聲 註 徐鉉曰：今俗作韤，非是 左傳·哀二十五年 褚師聲子韤而登席 註 古者見君解韤 史記·張釋之傳 王生曰：吾韤解△ 廣韻 或作韤襪 集韻 或作韤韢 絑韤袜韤。

韢 67786 u2B590
null_15.24 師兪鼎 韢伯太師武。讀若褘。

韢 67784 35874
dú_15.24 廣韻 集韻 丛徒谷切音獨 廣韻 箭筩也。 囡 集韻 弓衣也。本作韣。

韢 67785 35875
suì_15.24 集韻 同韢。 鏊 又韢67749

韢 67788 35876
yù_16.25 集韻 紆勿切音鬱。本作鬱。芳草也。或作韢。◆ 管子·地員篇 葉下于韢，韢下于莧，莧下于蒲。

韢 67789 35877
bǔ_17.26 玉篇 布古切。同韛67674 囡bó 廣韻 傍各切音泊。韢韛，屐也。 鏊 又韢67779

韢 67790 35878
jiū_18.27 唐韻 正韻 卽由切 集韻 將由切丛音揪 說文 收束也 前漢·律歷志 秋韢也。物韢斂，乃成孰 說文 或作韢 囡 集韻 茲消切音焦。義同 囡qiú 集韻 字秋切音酋。本作揫。聚也。一曰細也 囡jiào 子肖切音醮。收束物也。 鏊 又韢67792韢67791韢43710韢67760

韢 67792 u293F7
jiū_18.27 同韢67790

韢 67791 42209
jiū_18.27 字彙補 同韢

韢 67793 35879
juàn_19.28 玉篇 居願切 字彙 柔韋也。

韢 67794 35880
jué_20.29 集韻 厥縛切音矍。韢韢，刀靶韋也。

韢 67795 46404
kòu_20.29 川篇 音寇。

❖ 韭部 ❖

韭 67797 u2FB2
jiǔ_0.9 部韭67796

韭 67796 35881
jiǔ_0.9 廣韻 集韻 韻會 舉有切 正韻 己有切丛音久◆ 說文 菜名。一種而久者，故謂之韭。象形。在一之上。一，地也 韻會 通志 云韭性溫，謂之草鍾乳 禮·曲禮 韭曰豐本。又 內則 豚，春用韭，秋用蓼 儀禮·聘禮 韭菹 列子·天瑞篇 老韭之爲莧也 埤雅 韭之美在黃 囡 爾雅·釋草 藿，山韭 疏 韭生山中者名藿 本草 李時珍曰：諸葛韭，亦山韭也，但因人命名耳 囡 本草 孝文韭，生塞北，狀如韭，云是魏孝文帝所種 囡 羣芳譜 水韭，五六月堪食，不葷而脆 北戶錄 水韭，生於池塘中，葉似韭，得非龍爪韭乎 字林 云簽，水中野韭也 囡 本草 麥門冬，一名禹韭，齊名愛韭，秦名烏韭，楚名馬韭，越名羊韭。 鏊 又韭67798韭51094

韭 67798 35882
jiǔ_4.13 集韻 同韭 世說新語 庾杲之清素自業，食惟有韭菹、瀹韭、生韭。或戲之曰：誰謂庾郎貧，食鮭常有二十七種〇按徐氏 說文 註曰：韭刈之復生，異於常草，故自爲字 集韻 加艸，非。 鏊 又薜50561

韭 67799 35883
zá_4.13 廣韻 才盍切音雜。惡也 囡 姓也。出 篡文 今北海有之〇按 集韻 類篇 俱作韲66993

韭 67800 35884
xiè_4.13 字彙 舉有切音九。姓也〇按韰字諸書皆

不載姓譜亦無殗姓字彙誤。韲俗韲30273敦煌.P.2524語對沆殗浆又字彙補殗，又借作解55391見漢逢童碑又字海殗，同薤51237字見杜台卿·玉燭寶典·正月孟春

韰 67801 46405 xiè_4.13 五音篇海韰字之譌。

韯 67802 35885 xiān_6.15 玉篇同韱

韮 67804 u4A9F jī_6.15 同齏67816

韭 67803 42210 null_6.15 字彙補音未詳泉志尊盧氏幣有此字。

韰 67805 35886 xiè_7.16 廣韻胡介切集韻下介切丛音械廣韻韰惈，猶果敢也又集韻與㑤同博雅陋也。又一曰速也。韲又韰67801

韲 67806 35887 jì_7.16 字彙補古文季11775字。

韯 67807 35888 sà_8.17 廣韻私盍切集韻悉盍切丛音偅廣韻韯，攱起也。出新字林。韲亦作韯21788韯21371

韱 67808 35889 xiān_8.17 唐韻息廉切集韻思廉切丛音銛說文山韭也。从韭𢦔聲玉篇或作韯集韻或作韱又廣韻韱細又jiān集韻將廉切音尖。山韭也。

韲 67809 46406 jī_8.17 篇海類編同韲。

韲 67810 u29408 jī_8.17 同韲67812

韲 67812 u4AA0 jī_8.17 齏67816俗省。

韲 67811 u29406 jī_8.17 俗齏75547

韲 67815 35892 xiè_10.19 集韻下介切音械。送死歌也〇按卽薤字之譌。

韲 67813 35890 jī_10.19 集韻同齏75547

韲 67814 35891 jī_10.19 正字通齏字之譌。

齏 67816 35893 jī_10.19 唐韻祖雞切音蹟說文韲也。或作齏集韻鄭康成曰：凡醯醬所和細切韲。一曰擣辛物爲之楚辭·九章懲熱羹而吹齏兮，何不變此志也〇按說文齏从韭、次、𠂔。市，古𠂔字玉篇別作韲廣韻別作齏，丛非。韲又齏75547韲67812

韲 67817 35894 jī_10.19 集韻牋西切音蹟說文本作齏。詳上齏67816字註莊子·知北遊君子之人若儒墨者師，故以是非相韲也，而况今之人乎郭象註韲，和也。儒墨之師，天下之難和者，而無心者猶能和之，而况其凡乎。又列禦寇使人輕乎貴老，而韲其所患郭象註韲患，言以美形動物，則所患亂生也。

韲 67818 35895 jī_11.20 玉篇同齏

韲 67819 46407 zǐ_11.20 篇海金鏡同自。韲龍龕韲，古文。音子。按，俗𪚺14607

韲 67820 u2940E jī_11.20 俗齏75547

韲 67821 u2940A jī_11.20 同齏67816

韲 67822 u4AA3 jī_11.20 同齏67816

韲 67823 35896 duì_12.21 唐韻集韻丛徒對切音隊說文韲也。从韭隊聲玉篇韲菹△集韻或作𨼧、𪗣。韲又𩞁67016，或俗訛。

韲 67824 35897 fán_12.21 唐韻附袁切集韻扶袁切丛音煩說文小蒜也。从韭番聲玉篇百合蒜也張衡·南都賦藷蔗薑韲註韲，小蒜〇按正字通云韲似蒜，名百合蒜，亦名蒜㒇，非蒜也說文及文選註皆誤。存以俟考△廣韻書作韲。韲又𩟬67009𩟬67015𩟬67012𩟬43606

韲 67825 35898 fán_12.21 廣韻韲，書作韲。

韲 67826 u29410 jī_12.21 同齏75547

韲 67827 u29413 jī_13.22 俗齏75547

韲 67828 u29412 jī_13.22 俗齏75547

韲 67829 u29411 jī_13.22 俗齏75547

韲 67830 35899 xiè_14.23 唐韻胡介切集韻韻會正韻下介切丛音械說文菜也，葉似韭。从韭𣪊聲玉篇葷菜也。俗作薤禮·內則脂用蔥，膏用韲釋文韲，戶界反。俗本多作薤，非也爾雅·釋草韲，鴻薈疏韲，一名鴻薈，本草謂之菜芝埤雅韲之美在白又爾雅·釋草葝，山韲疏韲生山中者名葝農書野薤，俗名天薤，生麥原中，葉似薤而小。又揚雄·反離騷何文肆而質韲註應劭曰：韲，狹也。△集韻或作𩐎。

韲 67831 35900 hǎo_14.23 字彙補古文好10354字。

韲 67832 46408 duì_14.23 字彙補徒對切。韲也。

韲 67833 46409 duì_14.23 五音篇海同𪗣。

韲 67834 35901 jì_16.25 字義總略古文季11775字。

◈ 音部 ◈

音 67835 35902 yīn_0.9 唐韻集韻韻會正韻丛於今切音陰。◆說文聲也。生於心，有節於外，謂之音。宮商角徵羽，聲。絲竹金石匏土革木，音也。从言，含一書·舜典八音克諧禮·樂記變成方，謂之音疏方，謂文章，聲旣變轉和合，次序成就文章謂之音。音則今之歌曲也周禮·春官·大師以六律爲之音疏大師以吹律爲聲，又使其人作聲而合之，聽人聲與律呂之聲合，謂之爲音詩序情發於聲，聲成文，謂之音疏此言聲成文謂之音，則聲與音別樂記註：雜比曰音，單出曰聲記又曰：審聲以知音，審音以知樂，則聲音樂三者不同，以聲變乃成音，音和乃成樂，故別爲三名。對文則別，散則可以通。季札見歌秦曰：此之謂夏聲公羊傳曰：十一而稅頌聲作，聲卽音也。下云治世之音，音卽樂也。是聲與音樂各得相通也又易·中孚翰音登于天禮·曲禮雞曰翰音又姓。見姓苑又yìn正韻於禁切。與蔭通左傳·文十七年鹿死不擇音杜預註音，所茠蔭之處。古字借用〇按註借用，是古字聲同，皆相假借，且釋文作於鳴反，丛不作去聲讀正韻非。

音 67836 u2FB3 yīn_0.9 部音67835

訌 67837 35903 hóng_3.12 廣韻戶公切集韻胡公切丛音洪廣韻大聲集韻或作叿05388哘05889

韵 67839 46410 báo_3.12 龍龕音雹。韲佛經譯音用字可洪音義鏉韵：鞞約反。誸韵：上毗偕反，下毗約反。

韷 67838 35904 chí_3.12 廣韻直離切集韻陳知切丛音馳廣韻咸

韷，黃帝樂名禮·樂記作池。

歆 67840 u29417 xīn_3.12 歆26398俗譌

韴 67841 35905 zá_4.13 廣韻徂合切集韻昨合切𠀤音雜廣韻斷聲。

韵 67843 35907 yùn_4.13 集韻與韻同

韹 67842 35906 yín_4.13 唐韻集韻𠀤魚音切音唫說文本作吟05462同詅。

韷 67846 u2B597 null_4.13 未詳。

韏 67844 35908 ruǎn_4.13 集韻五遠切音阮。樂名。䨻樂器名。亦作韽67880，又稱五弦阮。

韸 67845 46411 qīn_4.13 五音篇海去斤切。

韍 67847 35909 fú_5.14 集韻敷弗切音拂。樂聲乍息貌。

韼 67848 35910 péng_5.14 篇海音蓬。屋響也。䨻朝鮮本龍龕韸67865，正。薄紅切。聲也。韼，俗。韸，同上。又疋江切。

韶 67849 35911 sháo_5.14 古文䫦唐韻市招切集韻韻會時饒切正韻時昭切𠀤音韶說文虞舜樂也玉篇繼也，紹也書·益稷簫韶九成禮·樂記韶，繼也註韶之言紹也。言舜能繼紹堯之德又左傳·襄二十九年見舞韶濩者註殷湯樂疏言其能紹繼大禹也又集韻一曰美也韻會凡言韶華，韶光，取此又韻會州名。古百越地，漢曲江縣，隋置韶州。有兩石相對如雙闕。或曰舜作樂於此，故名韶石又姓正字通晉中牟令韶石△廣韻同磬集韻亦作招。䨻又磬75258

韷 67850 35912 lè_5.14 篇海力虢切音磱。音聲煩鬧也。

韽 67851 42211 páo_5.14 龍龕音匏。樂名。

韵 67853 u2941D null_5.14 未詳。

韺 67852 u2B598 biàn_5.14 同變56875曾侯乙鐘文王之韺商，爲東音羿角淮南子·地形變宮生徵，變徵生商，變商生羽，變羽生角，變角生宮。

韾 67854 u4AAA gam_5.14 韓黑。人名用字。

韽 67855 35913 yìn_6.15 集韻於禁切音蔭。韽㖂，不平聲。䨻可洪音義愔隘：上宜作韽，於禁反。韽㖂，不平聲也。又喑隘，嘆息怨聲也。

韽 67856 35914 bó_6.15 廣韻集韻𠀤北角切音剝廣韻指聲集韻本作箹。手足指節鳴也。或作敁。通作肑。䨻又敁21318

韹 67857 35915 hōng_6.15 廣韻呼東切集韻呼公切𠀤音烘廣韻韹𩐯，大聲△集韻或作𠹗。

韷 67858 35916 cù_6.15 集韻子六切音蹙。樂懸斷貌。

響 67859 35917 xiǎng_6.15 字彙補與響同。

韽 67860 46412 hē_6.15 五音篇海音喝。

韹 67861 46413 gōng_6.15 五音篇海古橫切。

韷 67862 46414 dòng_6.15 海篇音洞

韽 67864 35918 ān_7.16 類篇烏含切音諳。聲小也〇按集韻書作韽，誤。

韷 67863 46415 wò_6.15 龍龕音藥。䨻張涌泉：俗韹。

韸 67865 35919 péng_7.16 廣韻蒲紅切集韻蒲蒙切正韻薄紅切𠀤音蓬玉篇和也，鼓聲也集韻本作逢。或作韼、鼕又集韻敷逢切音豐。義同。䨻字彙補韼67848，與韸同又集韻逢：逢逢，鼓聲。又姓。或作韸韼鼕又韸67868鼕75260：鼓聲。或作鼕又山谷外集詩註·卷之八·送彥孚主簿衙鼓趁鼕鼕。註：詩·靈臺鼉鼓逢逢。

韺 67866 35920 jīng_7.16 廣韻戶耕切集韻何耕切𠀤音莖正字通與莖通博雅六韺，顓頊樂周禮·春官·大司樂註作五莖，言能爲五行之道立根莖也。䨻又韹67899

韷 67867 35921 pò_7.16 廣韻集韻𠀤普沒切音馞廣韻按物聲。或作䪬。

韽 67870 46417 sù_7.16 龍龕音速

韸 67868 35922 pāng_7.16 廣韻匹江切集韻披江切𠀤音胮廣韻鼓聲集韻或作鼕又páng廣韻薄江切集韻皮江切𠀤音龐。本作鼕。義同。

韷 67871 u2942A null_7.16 未詳。

韽 67869 46416 kǎn_7.16 川篇音坎，反也〇按即贛字之譌。䨻贛41668字之譌。

韽 67872 u29429 null_7.16 未詳。

韽 67873 35923 niè_8.17 廣韻奴協切集韻諾叶切𠀤音捻廣韻聲絕集韻聲止也。或作諗。

韽 67874 42213 è_8.17 龍龕烏黑切。聲也。

韽 67875 46418 fèng_8.17 川篇音賵。䨻又韽67884

韽 67876 46419 háo_8.17 川篇戶臯切。

韹 67877 35924 héng_9.18 廣韻胡盲切集韻戶盲切𠀤音橫玉篇樂聲也爾雅·釋訓韹韹，樂也又huáng廣韻集韻𠀤胡光切音黃廣韻韹樂，鐘聲也集韻本作鍠又yīng集韻於莖切音罌。銅器聲。

韽 67881 46420 tíng_9.18 龍龕音亭

韺 67878 35925 yīng_9.18 廣韻集韻𠀤於驚切音英玉篇帝嚳樂名六韺。亦作英廣韻五韺，高陽氏樂集韻博雅五韺，帝俈樂。

韘 67879 35926 yè_9.18 五音集韻與涉切音葉。樂器。

韽 67882 u2B599 null_9.18 未詳。

韽 67880 42212 ruǎn_9.18 龍龕音阮。樂器。見貫珠集。䨻同韏67844，即五弦阮，西晉阮咸創製並善彈此樂器，因以得名。

韽 67884 u29432 fèng_9.18 同韽67875

韻 67883 u29433 yùn_9.18 可洪音義合韻：音運，正作韻67888也。悞。

韽 67885 35927 chǒu_10.19 集韻楚九切音𩏄。韽韽，衆聲。又初口切音鯫。樂音美也。

韽 67886 35928 dòng_10.19 廣韻集韻𠀤徒弄切音洞廣韻鐘聲。△集韻或作韽。

䪯 67887 35929 yíng_10.19 廣韻於營切集韻娟營切𠀤音縈廣韻聲也又yōng集韻乙榮切玉篇聲也集韻䪯譍，聲也。

囡yīng 集韻 於莖切音罌。呻也。囡 初耕切音琤。義同。囡yīng 類篇 烏熒切音濴。小聲。

韻 yùn_10.19 古文均 唐韻 集韻 韻會 王問切 正韻 禹慍切𥔥音運 說文 和也。从音員聲 玉篇 聲音和曰韻 文心雕龍 異音相從謂之和，同聲相應謂之韻 晉書律曆志 凡音聲之體，務在和韻，益則加倍，損則減半 陸機·文賦 收百世之闕文，采千載之遺韻○按文人言韻，始見於此。漢魏以上之書，皆言音不言韻。自晉以後，音降而爲韻矣。至韻書之最古者，莫如魏李登聲類，晉呂靜倣其法作韻集，齊周顒始著四聲切韻，梁沈約有四聲一卷，隋秦王俊有韻纂，陸法言有切韻，至唐孫愐唐韻出，而諸書皆廢。宋陳彭年等重修廣韻，丁度有集韻，金韓道昭有五音集韻，元黃公紹有韻會舉要，明洪武中宋濂等修正韻，此韻書大略也囡 正韻 風度也△ 說文 裴光遠云古與均同 唐書楊收傳 夫旋宮以七聲爲均。均言韻也。古無韻字，猶言一韻聲也△ 集韻 或作韵。
鑒又賵07551 訽55687 韻41661 匂04216 韻67883

䫴sāng_10.19 龍龕 音桑。 䪼zhé_10.19 字彙補 之涉切音摺。言多也○按卽䜍字之譌。

䪿null_10.19 五音篇海音鮴。 鑒龍龕音鮴 字學呼名能書潮禾切。王竹溪： 字典 無鮴字，也許是鯀字。

䪻péng_11.20 集韻同韸。 䪼ān_11.20 唐韻恩甘切 集韻 韻會 正韻 烏含切𥔥音諳 說文 下徹聲 廣韻 聲小 周禮·春官·典同 微聲韽 註 韽，聲小不成也囡 集韻 於金切音陰。又 類篇 衣廉切音淹。又 集韻 鄔感切，諳上聲。又烏紺切，諳去聲。義𥔥同○按 周禮釋文 韽，劉音闇。又於瞻反。鄭於貪反。戚於感反。李烏南反。凡五音，皆可讀囡yàn 廣韻 集韻 韻會 正韻 𥔥於陷切音揞 廣韻 下入聲。俗作稫。 鑒 正字通 諳，同韽。

䪩yīn_11.20 廣韻 挹淫切 集韻 伊淫切𥔥音愔 廣韻 聲和靖也。又 集韻 烏含切音諳。義同。

䪴lè_11.20 川篇 音勒。打也。 䪭mò_11.20 五音篇海 音莫。 䪿sù_11.20 龍龕音辣。 䪿dòng_11.20 集韻同韻。 䪿jīng_11.20 篇海類編 同䪭。 䪼null_11.20 喃未詳。 䪼xiǎng_11.20 同響67910 䪼tāo_11.20 殷周金文集成·2.425.徐𩶁尹鉦 鄰𩶁尹者故蟒，自乍征城。𩶁或隸作諮，張亞初釋諮56470

䪼pǔ_12.21 龍龕音樸。同。唐堯神人暢有韻在坐，敕于爲宮在玄中 正字通 神人暢雖見謝希逸琴論，然辭不雅馴，必非堯作也。 䪼xiǎng_12.21 字彙 與響同。

䪼é_12.21 川篇音譌。 鑒楊寶忠：俗譌。

䪼null_12.21 未詳。 䪼zhuó_13.22 廣韻直角切音濁。龍䪼 鑒疑同龍䬐57248，龍尾星。

䫀yè_13.22 集韻逆怯切音業。樂也 廣韻 本作𩐩。 䫀yī_13.22 篇海音依。痛聲。 䫀yè_13.22 廣韻 𩐩本字。

響xiǎng_13.22 古文䚎䨏 唐韻 集韻 韻會 正韻 𥔥許兩切音享 說文 聲也。从音鄉聲 註 徐鍇曰：聲之外曰響。響猶怳也，怳怳然浮也。實而精者曰聲，朴而浮者曰響。響之附聲，如影之著形 玉篇 應聲也 書·大禹謨 惟影響囡方響，樂器 杜陽雜編 太和九年，宮人沈阿翹進白玉方響△ 集韻 或作鄕 韻會 又作鄕。通作饗䬐。 鑒又響67914響67901响05944㗽12097䨏12262響39463響56753䨏67859䫀67903囡 古文四聲韻䚎41118籥韻。 䚎12208䨏41243，並 崔希裕纂古

䫆null_13.22 未詳。 䫀kǎn_13.22 字彙補 古弄切音貢。賜也○按卽贛字之譌。 鑒贛41668字之譌。

響xiǎng_13.22 參見響67910

護hù_14.23 廣韻 胡誤切 集韻 韻會 正韻 戶故切𥔥音護 玉篇 大護，湯樂名 廣韻 周禮作濩 韻會 亦作護。

䫄mù_16.25 同穆40736 殷周金文集成·2.293·曾侯乙鐘.5A爲䫄音之翠顊下角。

䫅xiāng_14.23 字彙補 許姜切音香。擊也。或作靾。 鑒又靾41683

䫄guàng_15.24 奚韻古曠切。聲也。 䫃rěn_18.27 五音篇海 音稔。 鑒楊寶忠：疑諗56208 䫄líng_24.33 集韻郎丁切音靈。音也。或省作霝。 鑒又霝66645

• 頁部 •

頁xié_0.9 集韻 奚結切 韻會 正韻 胡結切𥔥音纈 說文 頭也。从百从儿囡 六書故 頁卽首字，不當音纈 說文 分部分切，非。 鑒又頁67925頁67922

頁xié_0.9 說文 頁本字。 頁yè_0.9 同頁67921部首專用字。亦作頁67924 頁yè_0.9 部頁67923 頁yè_0.9 简頁67921

頂dǐng_2.11 唐韻 集韻 韻會 𥔥都挺切音鼎 說文 顚也 廣韻 頂顚，頭上 揚子方言 顚頂，上也 易·大過 過涉滅頂△ 籀作頔。或作頴。 鑒又顚68468頂57644頂67934首69601

頄yòu_2.11 集韻尤救切音宥。同煩。頭顚也。

䫀yào_2.11 字彙牛召切音傲。舉頭䫀䫀。 鑒四聲篇海丩召切海篇直音音叫囡 正字通俗䫆68416字。熊加

全：正字通非是。頫當即虧52246之俗訛字。

頃 67929 35950 qǐng_2.11 古文𩑶廣韻去穎切集韻韻會犬穎切正韻丘穎切，太傾上聲玉篇田百畝爲頃後漢·黃憲傳叔度汪汪若千頃波又俄頃禮·三年問小者至於燕雀，猶有啁噍之頃焉又地名左傳·哀十二年宋鄭之閒有隙地焉，曰頃丘。音苦穎反，又音傾又qīng唐韻去營切集韻韻會正韻窺營切，太與傾同說文頭不正也又器名詩·周南采采卷耳，不盈頃筐韓詩云敧筐也又謚法甄心動懼曰頃。敏以敬慎曰頃又西頃，山名前漢·地理志隴西郡臨洮，禹貢西頃山在縣西顏師古註頃讀曰傾。今本禹貢作傾。西頃卽西傾也〇按廣韻作地名，非。又kuǐ正韻犬蘂切。與跬同禮·祭義君子頃步而弗敢忘孝也註頃當爲跬，缺婢反。又丘弭反。一舉足爲跬。再舉足爲步說文从匕从頁徐鉉曰匕者，有所比附不正也。鎏又顷67933頴68139頼68362頔68110

頄 67930 35951 kuí_2.11 廣韻巨鳩切集韻正韻渠尤切太音求玉篇面顴也廣韻頰閒之骨易·夬卦壯于頄又kuí廣韻渠追切集韻韻會渠龜切太音逵。義同又集韻厚也。與頯同又guī集韻居逵切音龜。膗骨也又集韻琴威切，巋上聲。又區倫切音菌。義太同。

𩑏 67931 u2944F qióng_2.11 同䪌67941玉篇𩑏，渠公切。面上也。

𩑎 67932 u2944E shùn_2.11 同順67944太平天国新造字化民告示爾民尚知𩑎天者昌，逆天者亡。

顷 67933 u9877 qǐng_2.11 简頃67929 **顶** 67934 u9876 dǐng_2.11 简頂67926

頝 67935 35952 chāi_3.12 廣韻楚佳切集韻初佳切太音釵廣韻頷頝，頤傍又集韻初加切音叉。義同。

頟 67936 35953 yāo_3.12 字彙於宵切音腰。頭小貌。鎏又頶67948

頦 67937 35954 gǎi_3.12 集韻己亥切音改。頰下曰改。或作胲、臓又五音集韻戶來切。俗孩字。鎏頰下曰頦。或作頞68085字又頣68041，頤下。

項 67938 35955 xiàng_3.12 唐韻胡講切集韻韻會正韻戶講切，太學上聲說文頭後也釋名項，确也。堅确受枕之處儀禮·士冠禮緇布冠缺項註缺讀如有頍者弁之頍，緇布冠無笄者，著頍圍髮際，結項中，隅爲四綴，以固冠。又冠後爲項儀禮·士冠禮賓右手執項註項，結纓也。又國名春秋·僖十七年夏滅項註項國，今汝陰項縣前漢·地理志汝南郡。項註故國又唐書·西域傳党項，漢西羌別種又姓韻會本姬姓國，齊滅之，子孫以國爲氏史記·項羽本紀項氏世世爲楚將，封於項，故姓項氏。又大也詩·小雅四牡項領傳項，大也箋但養大其領，不肯爲用又唐韻正古胡孔切，鴻上聲張衡·西京賦鮪鯢鱨魦，修額短項。大口折鼻，詭類殊種。鎏又项67955

頓 67939 35956 duó_3.12 唐韻集韻太徒谷切音牘◆說文頓顱也釋名頓顱謂之髑髏又廣韻徒落切集韻達各切太音鐸。義同又tuō集韻闥各切音託。腦髈又廣韻丑格切集韻恥格切太音坼。腦蓋又廣韻集韻太陟格切音磔。義同。

頋 67940 35957 wù_3.12 集韻五忽切音兀。去髮刑。本作髡。或作完。鎏集韻髡，或作完頑。又𩑏67952

䪌 67941 35958 qióng_3.12 五音集韻渠公切，音窮◇面上也。鎏玉篇作𩑏67931

頍 67942 35959 kū_3.12 廣韻苦本切音閫玉篇禿也又集韻丘謁切音揭。義同又唐韻正韻太苦骨切音窟廣韻白禿正韻頰旁骨周禮·冬官考工記注之而頰頍也〇按說文有頍無頍廣韻有頍無頍。諸韻書音義大同小異，蓋卽一字，而誤分爲二也。鎏又顽67951頍67984

頊 67943 35960 xū_3.12 集韻匈于切音訏。顊頊，頭動貌。鎏又顚68450

順 67944 35961 shùn_3.12 古文慎巡俶唐韻正韻太食閏切，脣去聲。又集韻殊閏切，純去聲說文理也。从頁从巛，會意。川流也玉篇從也詩·大雅有覺德行，四國順之箋有大德行，則天下順從其政釋名順，循也，循其理也。又放之也儀禮·大射儀大射正執弓，以袂順左右隈疏以袂向下，於弓隈順放之又山名，水名山海經有順山，順水出焉又釋名鳳皇五色，心文曰德，翼文曰順又揚子方言目好謂之順註言流澤也又增韻和也易·豫卦豫順以動，故天地如之疏聖人和順而動，合天地之德，故天地亦如聖人而爲之禮·樂記和順積中，而英華發外又增韻不逆也爾雅·釋詁舒業順，敘也疏順者不逆有敘也又謚法慈惠偏服曰順又小爾雅順，退也。

鎏又顺67954𩑎67932㥧15000又可洪音義柔慎18082：又作慎，同。音順。又時刃反，詳義讀之。

頑 67945 35962 huán_3.12 玉篇胡官切音桓。丸也又頑頤也。

頇 67946 35963 hān_3.12 廣韻集韻太許干切音頇玉篇顢頇廣韻大面貌又集韻河干切音寒。義同又àn廣韻集韻太五旰切音岸。頭無髮頇頟也又集韻冠敬後謂之頇又è廣韻五割切集韻牙葛切太音辥。無髮也又集韻丘寒切，音刊。義同。鎏又顸67956

須 67947 35964 xū_3.12 廣韻鍚俞切集韻韻會詢趨切太音需說文面毛也易·賁卦賁其須註須之爲物上附者也疏須上附于面釋名頤下曰須。須，秀也。別作鬚。俗作鬚。又待也易·歸妹歸妹以須詩·邶風人涉卬否，卬須我友又與額通左傳·成十二年日云莫矣，寡君須矣爾雅·釋詁額，待也又資也，用也。與需通爾雅·釋獸須屬獸曰釁，人曰撟，魚曰須，鳥曰狊疏此皆氣倦體罷所須若此，故題云須屬也又斯須，猶須臾也禮·樂記禮樂不可斯須去身又遲緩也左傳·成二年子不少須，衆懼盡後漢·清河孝王傳且復須留註東觀記須留，作宿留又須女，星名史記·天官書·婺女註正義曰：須女，四

星。亦婺女，天少府也。須女，賤妾之稱，婦職之卑者。圂國名春秋·僖二十二年公伐邾，取須句公羊傳作須胊前漢·地理志東郡須昌縣，故須句國。又左傳·定四年分唐叔以密須之鼓史記·周紀文王伐密須註密須氏，姞姓之國。今安定陰密縣是也圂邑名詩·邶風思須與漕傳須、漕，衞邑。又後漢·郡國志南陽郡順陽有須聚圂菜名爾雅·釋草須，薞蕪疏詩·谷風采葑采菲傳葑，須也。先儒以須葑蓯當之。孫炎云須，一名葑蓯圂草名爾雅·釋草薹，夫須疏薹，一名夫須。莎草也。圂鳥名爾雅·釋鳥鷦，須鸁疏鷦，一名須鸁圂兵器釋名須盾，本出於蜀。須，所持也圂揚子方言須捷，敗也。南楚，凡人貧，衣被醜弊，謂之須捷圂姓左傳·莊十七年有須遂氏戰國策魏大夫須賈圂人名左傳·僖二十四年晉侯之豎頭須，守藏者也圂左思·吳都賦旗魚須註以魚須爲旗之竿也圂bān集韻逋還切音斑。班也玉藻笏，大夫以魚須文竹釋文崔云用文竹及魚班也。隱義云以魚須飾文竹之邊。須音班△說文徐註此本須鬚之須。頁，首也。彡，毛飾也。借爲所須之須。俗書从水，非。毛氏曰：須與湏別。湏，火外切。爓也。鑾又须67953鬠41640

頌頴 yāo_3.12　字彙補頌字之譌。

頙 yí_3.12　字彙補與之切，音移◇養也，頷也。鑾龍龕頙俗，与之反。正作頤。

彰領 zhèn_3.12　搜眞玉鏡音振。鑾或同彰16484古文變。

领 kū_3.12　簡頷67942

顺 kūn_3.12　同順67940

须 xū_3.12　簡須67947、鬚71206

顺 shùn_3.12　簡順67944

项 xiàng_3.12　簡項67938

预 hàn_3.12　簡預67946

頲 tǐng_4.13　集韻同頳字彙補譌作頲，非。

頊 xū_4.13　唐韻許玉切集韻韻會吁玉切夶音旭說文頭頊頊謹貌圂莊子·天地篇頊頊然不自得註頊頊，自失貌。又作旭旭圂顓頊，帝高陽氏號禮·月令其帝顓頊風俗通顓者，專也。頊者，信也五經通義顓頊者，頊，猶愉也圂星名爾雅·釋天顓頊之虛，虛也註顓頊，水德，位在北方圂yù廣韻魚欲切•集韻虞欲切夶音玉廣韻人頊煩。鑾又頊68007

頛 běng_4.13　集韻補孔切音琫。耳本圂補講切音綮。義同圂lèi盧對切音未。與頪68065同。

頋 ě_4.13　五音集韻五果切音妮。靜也。鑾又頋68072頋67996頋67995頋68028楊寶忠：頷68080俗省。

頯 fà_4.13　集韻髮70949古作頯。

頖 dǎn_4.13　字彙都感切，音膽◇顳頖也。圂dàn都紺切音擔。義同。

頙 áng_4.13　字彙五剛切音昂。頙頭。

頨 rán_4.13　正字通同頯省。

領 kān_4.13　廣韻口含切集韻枯含切夶音龕玉篇醜也圂qiān集韻丘凡切音顩68455圂集韻呼含切音峆。義同。

頌 róng_4.13　廣韻集韻韻會夶餘封切音容說文貌也前漢·儒林傳魯徐生善爲頌。又唐生、褚生應博士弟子選詣博士，摳衣登堂，頌禮甚嚴註夶與容同圂從頌，與從容同史記·魯仲連傳世以鮑焦爲無從頌而死者，皆非也註音從容圂前漢·刑法志年八十以上，八歲以下，當鞫繫者頌繫之註謂寬容之，不桎梏也圂公也前漢·吳王濞傳它郡國吏欲來捕亡人者，頌共禁不與註頌，猶公也圂sòng唐韻集韻韻會正韻夶似用切音誦正韻稱述也釋名稱頌成功謂之頌。又頌，容也。敘說其成功之形容也韻會徐曰：此容儀字。歌頌者，美盛德之形容，故通作頌。後人因而亂之，以此爲歌頌字禮·少儀頌而無諂註頌謂將順其美圂磬名儀禮·大射儀西階之西頌磬註言成功曰頌。西爲陰中，萬物之所成，是以西方鐘磬謂之頌圂琴名左傳·襄二年使擇美檟，以自爲櫬與頌琴圂占兆之詞周禮·春官大卜其頌，皆千有二百註頌謂繇也圂姓。鑾又頌68001頷68343誵56101

頍 chè_4.13　玉篇楚革切音策。正也。

領 kū_4.13　集韻韻會夶苦骨切音窟說文禿也圂集韻沽罪切音腜。頰高貌。又苦本切音梱。又戶骨切音混。又古本切音袞。又其懇切，音近瘝。又苦紇切音揭。義夶同圂gěn舉很切音頢說文頰後也○按頷與領同。

頯 péi_4.13　集韻薄皆切音排說文曲頤也圂péi集韻蒲枚切音裴。義同。或作頯頷圂bāi藥皆切◇大面貌。與頯同○按頯頯頷本一字，韻書譌分爲三。

頮 kuǐ_4.13　唐韻丘弭切集韻韻會正韻犬蘂切夶音跬說文舉頭也。从頁支聲詩·小雅有頯者弁六書故禮緇布冠頯項。鄭康成讀頍爲頮。冠無筓者用頮，以組圍頭，以繫冠。頍其當項處，以俟繫束也。弁有筓不用頮，故毛傳直緣詩辭，以爲弁貌圂quàn集韻窺絹切五音集韻犬縣切，夶缺去聲。義同。一曰頭小而銳圂wěi集韻五委切音碨。弁貌。鑾又頯67992頯68112頯68191

頎 qí_4.13　廣韻集韻韻會夶渠希切音祈廣韻長貌詩·衞風碩人其頎。又齊風頎而長兮圂玉篇頎頎然，佳也圂人名左傳·定十二年仲尼命申句須、樂頎下伐之註魯大夫。頎祈圂kěn集韻口很切音墾。至也禮·檀弓稽顙而後拜，頎乎其至也釋文頎音懇，惻隱貌圂頎典，堅忍貌周禮·冬官考工記·輈人輈欲頎典註堅忍貌。鄭司農云頎讀爲懇。典讀爲殄圂少小也周禮·冬官考工記·梓人大胷燿後註燿讀爲哨。頎，小也疏哨與

頏皆少小之義釋文頏，音傾。一音懇。鑒又頏68003

頏 67972 35982
háng_4.13 廣韻胡郎切韻會寒剛切正韻胡岡切丛音航韻會鳥飛貌。本作翑。上曰翓，下曰頏。今文通作頡頏詩·邶風燕燕于飛，頡之頏之傳飛而上曰頡，飛而下曰頏又或作昕揚雄·甘泉賦魚頡而鳥昕又gāng集韻正韻丛居郎切音剛說文人頸也。本作亢。或作肮又hàng上聲集韻戶朗切韻會下黨切丛音沆。聲也。同吭又kǎng集韻口朗切音忼。亦與吭同。咽也。又舉朗切音頷。義同又kàng去聲廣韻苦浪切音抗。咽頏又hàng集韻韻會丛下浪切，杭去聲五音集韻鳥咽也。鑒又頏68000又龍龕頏俗，頏頏二正。

頵 67973 35983
yún_4.13 唐韻余準切集韻庾準切丛音尹說文面目不正貌又集韻羽敏切音殞。頵頵，面不平正。又於夷切音伊。義同。

預 67974 35984
yù_4.13 唐韻韻會羊洳切集韻正韻羊茹切丛音譽正字通與像同經典通作豫又正韻及也，參預也。干也。通作與。鑒又預67999埍09012

頑 67975 35985
wán_4.13 唐韻集韻正韻五還切音癏。又韻會魚鰥切，削平聲說文梋頭也。从頁元聲玉篇鈍也廣韻愚也韻會癡也書·堯典父頑母嚚左傳·僖二十四年心不則德義之經曰頑又人名左傳·成十年鄭人立髠頑註髠頑，鄭成公子。鑒又頑68006癏36535

頋 67976 35986
yòu_4.13 唐韻于救切集韻尤救切丛音宥說文顚也。从頁尤聲又玉篇病也。亦作疣。鑒正字通頋，與頋同。頋，同頋。

頊 67977 35987
zhěn_4.13 廣韻集韻丛章荏切音枕玉篇◆說文云項枕也。倉頡云垂頭之貌又dǎn廣韻集韻丛都感切音黕。顊頊，醜也又dàn集韻丁紺切，擔去聲。頊頷，癡貌。鑒又頊67993頊68095又正字通頊67962頊字之譌。

頤 67980 35990
mén_4.13 集韻同頤五老切，敖上聲。顊頤，大頭。鑒正字通頤，俗頤字。

頒 67978 35988
ǎo_4.13 廣韻集韻丛五老切，敖上聲。顊頤，大頭。鑒正字通頤，俗頤字。

頒 67979 35989
fén_4.13 廣韻集韻韻會正韻丛符分切音汾廣韻魚大首。亦衆貌詩·小雅魚在在藻，有頒其首又bān唐韻布還切集韻韻會正韻逋還切丛音班廣韻布也，賜也禮·明堂位頒度量而天下大服註頒讀爲班周禮·天官·大宰匪頒註匪，分也。頒讀爲班布之班，謂班賜也又說文鬢也正韻頒兩旁曰頒孟子頒白者註頒，班也。頭半白班班者又分也書·洛誥乃惟孺子，頒朕不暇傳我爲政，常若不暇。汝惟小子，當分取我之不暇而行之釋文頒音班。又甫云反又說文通作肦禮·王制名山大澤不以肦釋文肦讀爲頒，賦也又鳥名揚子方言戴勝，自關而東或謂之戴頒又揚子方言鋪頒，索也。東齊曰鋪頒，猶秦晉言抖藪也。鑒又肦46976頒68002頛68335

頜 67981 35991
wò_4.13 唐韻集韻丛烏沒切，溫入聲。內頭水中

也又mò廣韻集韻丛莫勃切音沒。義同。鑒又頝68193

頓 67982 35992
dùn_4.13 唐韻集韻韻會正韻丛都困切，敦去聲說文下首也周禮·春官·大祝辨九撢，二曰頓首註頓首，拜頭叩地也又博雅頓，僵也又揚子方言頓愍，惛也。江湘之間謂之頓愍。南楚飲毒藥懑亦謂之頓愍，猶中齊言眠眩也又增韻貯也，宿食所也隋書·煬帝紀每之一所，輒數道置頓又增韻次也。又食一次也世說新語襄陽羅友，嘗伺人祠乞食。往太蚤，主人問何得在此。答曰：聞卿祠，欲乞一頓食耳杜甫詩頓頓食黃魚又陡頓，遽也列子·天瑞篇一氣不頓盡，一形不頓虧又壞也左傳·襄四年甲兵不頓註頓，壞也正義曰：頓，謂挫傷折壞，今俗語委頓是也又止也史記·王翦傳三日三夜不頓舍又捨也曹植·七啟頓網縱綱註頓，捨也。縱，緩也又地名詩·衞風送子涉淇，至于頓丘傳丘一成爲頓丘前漢·地理志頓丘縣屬東郡師古註以丘名縣也。丘一成爲頓丘，謂一頓而成也又國名春秋·僖二十五年楚人圍陳，納頓子于頓前漢·地理志南頓縣屬汝南郡註故頓子國。頓迫於陳，其後南徙，故號南頓又姓魏志·華陀傳有頓子獻又dùn集韻徒困切正韻杜困切丛音鈍集韻不利也前漢·賈誼傳芒刃不頓註頓，讀曰鈍。又duò韻會正韻丛當沒切音咄前漢·匈奴傳單于太子曰冒頓註冒，音墨。頓，徒沃切音毒。鑒又敪21396頓68004鞼69637頛68117

頨 67983 35993
yǔ_4.13 字彙補王矩切音羽釋典孔子頭也。在弘明集中。顧充曰：義合作頨。

頍 67984 35994
kū_4.13 字彙補同頝67942頭禿無毛。互詳頝67968字註。

頖 67988 46431
dǒu_4.13 奚韻音斗

頪 67985 35995
lèi_4.13 字彙補同頪

頦 67991 46434
yǎ_4.13 龍龕音雅

頤 67986 35996
yí_4.13 字彙補同頤

頛 67987 46430
là_4.13 搜眞玉鏡郎合切。

頯 67989 46432
fǔ_4.13 字彙補音撫，出釋典。又音規，出百緣經。鑒可洪音義頯以：上古随反。正作規又可洪音義所頯：相朱反。待也。正作頯68233須竴三形也。又玉篇音撫，非也。熊加全：亦作頯68047，俗頯。

頰 67992 u2B806
kuǐ_4.13 簡頰67970出西域記中，誤音傾字，側也。

頲 67990 46433
qīng_4.13 字彙補此字

頊 67993 u2B5AB
zhěn_4.13 簡頊67977

頲 67994 u2B59D
null_4.13 未詳。

頵 67995 uFACB
ě_4.13 同頵67960

頵 67996 u2F9FE
ě_4.13 同頵67960

頷 67997 u2F9FD
yàn_4.13 同頷68086

頤 67998 u2946B
rán_4.13 同頤68026

預 67999 u9884
yù_4.13 簡預67974

頏 68000 u9883
háng_4.13 簡頏67972

頌 68001 u9882
sòng_4.13 簡頌67966

頒 68002 u9881
bān_4.13 簡頒67979

頎 68003 u9880
qí_4.13 簡頎67971

頓 68004 u987F
dùn_4.13 簡頓67982

顾 68005 u987E
gù_4.13　简 顧68439

顽 68006 u987D
wán_4.13　简 頑67975

顼 68007 u987C
xū_4.13　简 頊67958

頔 68008 35997
dí_5.14　廣韻 徒歷切 集韻 韻會 亭歷切 正韻 杜歷切 丛音狄 玉篇 好也。図 人名，唐有于頔図 廣韻 古文頃67929字。

頙 68009 35998
jū_5.14　集韻 子余切音苴。頷也。

頖 68010 35999
tǎn_5.14　集韻 儻旱切音坦。面平也。鼜 又頭68102 図 trán 嗬 从頁旦切 đán 聲。頷頭。

頗 68011 36000
fà_5.14　集韻 髪70949古作頗。

頕 68012 36001
hòu_5.14　廣韻 呼漏切 集韻 許候切，並 軥去聲 玉篇 勤也。図 集韻 頡顤，老稱也。図gòu 集韻 居候切音姤。頕頕，勤力也。

頞 68013 36002
mín_5.14　廣韻 武巾切 集韻 眉貧切丛音珉 廣韻 强也 集韻 彊頭也。或从昬。鼜 集韻 頤頤68299韻68494，彊頭也。或从昬。古作顳。

頛 68014 36003
bāi_5.14　廣韻 敷悲切 集韻 攀悲切丛音丕 玉篇 大面図 集韻 蘗皆切◇義同図pái 廣韻 步皆切 集韻 薄皆切丛音排。曲頤貌図péi 廣韻 薄回切 集韻 蒲枚切丛音裴。義同。或作頹頹。

頟 68015 36004
dān_5.14　廣韻 都甘切音擔 玉篇 頰緩也。図diàn 集韻 都念切音店。垂首也。

頠 68016 36005
yòu_5.14　字彙 于救切音右。顫疾△或作煩疚。

頯 68017 36006
pàn_5.14　廣韻 集韻 正韻 丛普半切。同泮 禮 王制 諸侯曰頯宮 註 頯之言班也，所以班政教也。又頯之言半也，以南通水北無水也。

頦 68018 36007
qiǎn_5.14　廣韻 集韻 丛丘檢切音歉 玉篇 頦頗，不平也△集韻 或作頷頷。

頡 68019 36008
yào_5.14　集韻 於教切，音靿。頸不隨也。

頢 68020 36009
wèi_5.14　廣韻 集韻 丛無沸切音未。面前也。

頣 68021 36010
hú_5.14　廣韻 戶吳切 集韻 洪孤切丛音胡 玉篇 牛頷垂也。與胡同図kū 集韻 空胡切音枯。頷車。

頤 68022 36011
mò_5.14　廣韻 莫撥切音末。頤頤，健也図 集韻 一曰面平。

頥 68023 36012
hě_5.14　廣韻 虛我切 集韻 許我切丛音歌 玉篇 傾頭視貌図duò 集韻 待可切音桗図hē 廣韻 集韻 丛虎何切音訶。義丛同。

頦 68024 36013
xuàn_5.14　集韻 胡涓切，音玄 玉篇 傾後也図 廣韻 黃絢切音縣 集韻 熒絹切音眩。義丛同。鼜 正字通 頦，頦68194字之譌。

頧 68025 36014
gé_5.14　字彙 古盍切，音閣◇車頷骨。鼜 車頷骨 字彙 原誤。龍龕 頷俗，同頷68357図頞，都困反。

挽縱掣頷也図 俗頓、扡的俗字 可 洪音義 整頷：都困反。搧頷：上尺列反，下都困反，搧頷，挽而撼之也。正作掣扡也，並惧。頷67959捨：上都困反。

顃 68026 36015
rán_5.14　五音集韻 汝鹽切，與鬗同，頰須也 莊子 田子方 黑色而頷。

頋 68027 36016
bì_5.14　字彙 符逼切音愎。髮白貌。鼜 熊加全：俗頷68074

顲 68028 36017
ě_5.14　玉篇 俗顆字。鼜 又顆，五果切。

頤 68029 36018
pō_5.14　類篇 滂禾切音坡。頭偏也図 普火切音頗。義同。

頋 68030 36019
zī_5.14　正字通 同頤，省。

頩 68031 36020
biàn_5.14　廣韻 集韻 丛皮變切音卞 玉篇 冠名 廣韻 傾冠 集韻 冠碩貌図fàn 廣韻 扶晚切 集韻 父遠切丛音煩上聲。無髮也。鼜 正字通 俗弁15926字。

頗 68032 36021
pō_5.14　唐韻 集韻 韻會 滂禾切 正韻 普禾切丛音坡 玉篇 不平也，偏也 書 洪範 無偏無陂 釋文 舊本作頗，音普多反 又 人用側頗僻，民用僭忒 傳 在位不敦平，則下民僭差。又 多方 爾乃惟逸惟頗，大遠王命 韻 補古義字皆音俄，周官註亦音俄，故 古文尚書 本作無偏無頗，遵王之義，以叶俄音。唐明皇以義字今音爲乂，改頗爲陂，以从今音，古音遂湮滅矣図 廣韻 集韻 韻會 正韻 丛普火切音叵 博雅 少也。又差多曰頗多，良久曰頗久，多有曰頗有 史記 · 叔孫通傳 臣願頗采古禮與秦儀，雜就之図pò 廣韻 集韻 丛普過切音破 集韻 偏也。一曰疑辭図pí 集韻 蒲糜切，音皮。蓮頗，楚人名。見 左傳。鼜 又頗68060図 集韻 頗頤，或从囘。古作誠。

頲 68033 36022
zhuō_5.14　廣韻 職悅切 集韻 朱劣切丛音拙 五音集韻 面秀骨 博雅 顴頄頩頲也 玉篇 漢高祖隆頲龍顏〇按 史記 漢書 作隆準，註音拙図zhú 唐韻 集韻 丛之出切音朮 說文 頭頡頲也。从頁出聲 集韻 頭貌図gǔ 集韻 古忽切音骨。面頹也。

頤 68034 36023
dī_5.14　集韻 都黎切音氐。頭垂下貌。

頩 68035 36024
hào_5.14　字彙 胡到切音號。白首人也。鼜 熊加全：俗顥68431

診 68036 36025
zhěn_5.14　集韻 止忍切音軫 說文 顏色診隣，慎事也。从頁参聲図 集韻 一曰懇也図zhèn 廣韻 章刃切 集韻 止刃切丛音震。義同図 廣韻 診隣，頭少髮也△集韻 亦作頝。鼜 又診68051趚68046頷68040

領 68037 36026
lǐng_5.14　唐韻 良郢切 集韻 正韻 里郢切 韻會 里整切丛音嶺。說文 項也。从頁令聲 釋名 領，頸也。以壅頸也。亦言總領衣體，爲端首也 詩 · 小雅 交交桑扈，有鶯其領 傳 鶯鶯然有文章也。領，頸也 荀子 · 勸學篇 若挈裘領図 廣韻 理也 韻會 方氏曰：承上令下謂之領 禮 · 祭

義先王之教因而弗改，所以領天下國家也。又樂記領父子君臣之節註領，猶理治也。又仲尼燕居言游進曰：敢問禮也者，領惡而全好者歟註領，猶治也図韻會統領也前漢·魏相傳總領庶職図廣韻錄也劉公幹詩沈速簿領書註領，錄也図楚官名左傳·昭二十七年鄢將師爲右領図晉官名晉書·職官志中領軍將軍，魏官也図地名左傳·昭二十二年樊頃子奉王以追單子及領註領，周地前漢·王子侯表蒲領侯嘉図山道，與嶺通前漢·嚴助傳輿轎而踰領図正字通受也。鼇又領68061図領偏類碑別字·領引魏汾州刺史元彬墓誌

68038 36027 頗 pò_5.14 字彙補匹各切音顮。面大貌図作奋。○按卽顀字之譌。

68046 46436 䫀 zhěn_5.14 龍龕同䫈

68039 36028 頙 zé_5.14 字彙補初責切音拆。正也図人名博古圖有周史頙鼎。鼇徐文靖管城碩記·卷之二十三·正字通三頙从正，當讀爲正。頙59079頙67967皆頙之譌。楊寶忠：俗蹟57874

68048 46138 䫂 zhǔ_5.14 龍龕音主

68040 36029 頠 zhěn_5.14 字彙補之刃切音震。無髮也。亦作䫀。○按卽䫈字之譌。

68049 46439 䫃 huì_5.14 龍龕同頮

68041 36030 頤 hái_5.14 字彙補戸來切音孩。頤下○按卽頯字之譌。

68042 36031 頌 shī_5.14 字彙補同施。戚施，字書作頹頌。

68050 u2B5AD 頧 null_5.14 簡頧68053

68043 36032 頯 kǎn_5.14 字彙補苦感切音坎。頯疾。鼇龍龕頯疾也。楊寶忠：或俗顣68304

68045 46435 頯 zhěn_5.14 篇海類編同䫈。

68051 u2B5AC 䫬 zhěn_5.14 簡䫬68036

68044 36033 䪾 biàn_5.14 字彙補川責切音冊。䪾淥。見呂覽·知士篇。鼇新修玉篇音遍。楊寶忠：俗顭68088又䪾淥。戰國策作頤豕。

68047 46437 頨 xū_5.14 搜眞玉鏡音須。鼇頨67989字之譌。

68052 u2B59E 顣 null_5.14 未詳。

68053 u2948E 頧 null_5.14 人名用字梁書·武帝紀中安西將軍宕昌王梁彌頧進號鎮西將軍。

68054 u2948D 頸 jǐng_5.14 俗頸68167

68055 u2948B 頗 pò_5.14 同頗68038俗頗68079

68056 u29486 頂 dǐng_5.14 玉篇頂67926或作頂。

68057 u29485 頙 null_5.14 未詳。

68058 uF9B4 領 lǐng_5.14 兼領。

68059 u9888 颈 jǐng_5.14 简頸68167

68060 u9887 颇 pō_5.14 简頗68032

68061 u9886 领 lǐng_5.14 简領68037

68062 u9885 颅 lú_5.14 简顱68515

68063 u981A 颈 jǐng_5.14 俗頸68167

68064 36034 頮 huì_6.15 集韻呼內切音誨。大首。

68065 36035 頛 lěi_6.15 廣韻落猥切集韻魯猥切丛音磊說文頭不正也図lèi集韻盧對切音礧。義同。說文从頁从耒。耒，頭傾也。鼇又賴68192頛67959

68066 36036 頣 xìn_6.15 集韻凶08011古作頣。

68067 36037 頙 chǐ_6.15 玉篇昌旨切音齒。面大也。又面黑。

68068 36038 頵 gěn_6.15 廣韻古很切集韻舉很切丛音詪說文頵後也図集韻古恨切音艮。又多珍切音典。又吉典切音繭。義丛同図gǔn類篇古本切音袞。頵高也。或作頵△廣韻作頵。鼇又頵68194頵68106

68069 36039 頜 hé_6.15 廣韻古沓切集韻葛合切丛音閤玉篇口也廣韻頜頜，頤傍公羊傳·宣六年癸蹐階而從之，祈彌明逆而踆之，絕其頜玉篇引作頷揚子方言頷、頤，頜也。秦晉謂之頜，頤其通語也揚雄·長楊賦稽顙樹頜註音蛤図集韻耳下骨也図gé姓左傳·莊十七年夏，遂因氏、頜氏、工婁氏、須遂氏，饗齊戍，醉而殺之，齊人殲焉図集韻渴合切音溘。又遏合切音姶。義丛同図hé曷閤切音盍。頜車也。図hàn唐韻胡感切集韻戸感切丛音頷說文頤也図hán集韻胡南切音含。面黃也。同頷。鼇又喺06699胲47312頜68123

68070 36040 頋 kuàng_6.15 集韻曲王切音匡。目匡也。或作眶。

68071 36041 頝 qiāo_6.15 廣韻口交切集韻丘交切丛音骹玉篇頝薄，不媚也廣韻頝頧頭不媚也図qiǎo集韻苦絞切音巧。薄媚也。

68072 36042 頋 ě_6.15 正字通同頋。鼇楊寶忠：頋68080俗省。

68073 36043 頛 hǒng_6.15 集韻虎孔切音嗊。顙頛，頭昏。

68074 36044 頮 bì_6.15 廣韻集韻丛毗至切音鼻廣韻首也。図集韻犬初生子，一曰首子。與瞶同△字彙補譌作頮。鼇玉篇譌作頮68027

68075 36045 頋 duǒ_6.15 廣韻丁可切集韻典可切丛音哆玉篇醜貌。鼇又頋68107

68076 36046 頞 è_6.15 唐韻烏割切集韻韻會正韻阿葛切丛音遏玉篇鼻莖也孟子疾首蹙頞而相告莊子·至樂深矉蹙頞図博雅頏也図釋名頞，鞍也。偃折如鞍也。図幽頞，獸名山海經·幽頞贊幽頞似猴，俾愚作智。觸物則笑，見人佯睡。好用小慧，終是嬰繫図玉篇亦作齃史記·蔡澤傳魋顏蹙齃註齃，烏葛反図音案史記·西南夷傳秦時常頞略通五尺道註頞，音案。孚遠曰：常頞，疑人姓名。鼇又顪68476

68077 36047 額 é_6.15 唐韻五陌切集韻韻會正韻鄂格切，丛同額說文顙也揚子方言中夏謂之額，東齊謂之顙六書故髮下眉上謂領図不休息貌書·益稷罔晝夜額額傳額額，肆惡無休息也正韻一曰推車聲図釋名額，鄂也，有垠鄂也図地名史記·建元以來侯者表龍額侯韓說前漢·地理志平原郡龍額縣註今書本領字，或作額，而崔浩云有龍額村，作額者非。

68078 36048 頭 nóu_6.15 玉篇奴兜切音羺。頭頭，面折。

頿 68079 36049
niè_6.15 玉篇五舌切音孽。面醜也。又pò集韻匹各切音粕。同顊。面大貌図è逆各切音咢。同顎。恭嚴也。鼇又顪68038頖68055

頠 68080 36050
wěi_6.15 廣韻正韻五罪切集韻韻會五賄切夶音隗說文頭閑習也註低仰便也廣韻閑容止也。図爾雅·釋詁頠，靜也図人名。裴頠，見晉書。図廣韻頭也図廣韻魚毀切集韻韻會五委切夶音硊。義同。鼇又顪68072

頡 68081 36051
xié_6.15 唐韻正韻胡結切集韻韻會奚結切夶音纈說文直項也図詩·邶風燕燕于飛，頡之頏之，傳飛而上曰頡，飛而下曰頏集韻又作翓図人名前漢·藝文志倉頡一篇◆春秋·僖二十三年重耳奔狄，從者顛頡。又皇頡，鄭大夫。馬師頡，鄭子羽孫図姓風俗通古賢人頡衞図莊子·胠篋篇知詐漸毒，頡滑堅白，解垢同異之變多，則俗惑于辨矣註頡滑，謂難料理也。崔云纏屈也。李云滑，滑稽也。一云頡滑，不正之語也音義戶結反図jiá廣韻古黠切集韻正韻訖黠切夶音戛正韻欆也史記·楚元王世家高祖微時，與賓客過巨嫂食，嫂詳爲羹盡櫟釜，乃封其子信爲羹頡侯註索隱曰：羹頡，爵號，非縣名正義曰：括地志云羹頡山，在嫓州懷戎縣東南十五里，高祖取其山名爲侯號者，怨故也図遼史·耶律斡臘傳車駕獵頡山図增韻減尅也，掠除也唐書·高仙芝傳盜頡資糧。鼇又顁68162頜68126

頢 68082 36052
kuò_6.15 廣韻集韻夶古活切音括玉篇短面貌。図廣韻小頭貌図玉篇戶括切音活。義同。鼇字彙頢，同頢字図正字通䫄，俗頢字。

頣 68083 36053
shěn_6.15 唐韻式忍切集韻矢忍切夶音哂說文舉目視人貌。從頁臣聲。

頤 68084 36054
yí_6.15 唐韻與之切集韻韻會盈之切夶音怡說文頜也。◆禮·玉藻頤霤垂拱疏霤，屋簷，身俯故頭臨前，垂頤如屋霤又端行，頤霤如矢釋文頤音夷前漢·賈誼傳頤指如意註但動頤指麾，則所欲皆如意図卦名易·頤卦頤，貞吉，觀頤，自求口實疏頤，養也又初九，觀我朵頤註朵頤者，嚼也期頤，老也禮·曲禮百年曰期頤註飲食居處皆待于養也図小爾雅頤，深也。図語助聲史記·陳涉世家夥頤，涉之爲王沈沈者註楚人謂多爲夥。又言頤也，助聲之辭也図地名史記·灌嬰傳與漢王會頤鄉註苦縣有頤鄉△說文本作匝集韻亦作䫲。鼇又顁67986頤68210齛69615䶴69629䶴69619齛69621頯68085頙67949頜68253澖30234図頥68039漢隸字源·頤引郎中鄭固碑図直音篇頤68101同頤図龍龕灝30234頤頜68087俗頤正。

頦 68085 36056
hái_6.15 唐韻戶來切韻會何開切夶音孩図玉篇頤下韓愈·記夢詩我手承頦時拄座図集韻下改切音亥。義同図gāi集韻正韻夶柯開切音該博雅醜也図gǎi廣韻古亥切集韻己亥切夶音改。義同図集韻頦頦也。

顊 68086 36057
yàn_6.15 集韻倪甸切音硯。顊顊，狦也。鼇又顑67997

頧 68087 36058
duī_6.15 廣韻集韻韻會正韻夶都回切音磓正字通母頤冠，冠名禮·郊特牲作追釋文追，多雷反図duǐ廣韻都罪切集韻禮猥切夶音骽集韻頭不正貌。

頨 68088 36059
yǔ_6.15 集韻紞延切音䫊◆說文頭妍也図廣韻許緣切音翾。義同図唐韻集韻夶王矩切音羽。義同字彙補作頨図廣韻孔子頭也図biàn集韻卑見切音遍。顊顊，狦也。或作翩。鼇孔子頭如反頨。頨，許緣反，從頁翩省聲。頭妍。頨，有矩反。

頩 68089 36060
dòng_6.15 唐韻他孔切集韻吐孔切夶音侗說文直項△本作敃。亦書作娪。

頳 68090 36061
pīng_6.15 廣韻普丁切集韻韻會滂丁切，夶音頩廣韻面色博雅艵頩，色也。宋玉·神女賦頩薄怒以自持兮，曾不可乎犯干註頩，怒色青貌図楚辭·遠遊玉色頩以脫顏註盛氣貌図pīng廣韻匹迥切集韻韻會普迥切，夶頩上聲說文縹色也。本作艵図廣韻斂容也。鼇又頯68245

頮 68091 36062
lèi_6.15 玉篇力外切廣韻郎外切夶音誄廣雅疾也図說文難曉也。一曰鮮白貌。從頁米聲，從粉省註難曉亦不聰之義図集韻盧對切音纇。義同。鼇又頖67985

頫 68092 36063
fǔ_6.15 唐韻方矩切集韻匪父切夶音甫說文低頭也。從頁逃省。太史卜書頫仰字如此。揚雄曰：人面頫徐鉉曰：頫首者，逃亡之貌，故從逃省。今俗作俯，非是。或作俛図玉篇麾卷切音緬。義同図tiào廣韻韻會正韻夶他弔切音糶周禮·春官·典瑞頫聘註大夫眾來曰頫，寡來曰聘。又秋官·大行人殷頫以除邦國之慝◆註殷頫，謂一服朝之歲也。一服朝之歲，五服諸侯，皆使卿以聘禮來頫天子。又小行人存、頫、省、聘、問、臣之禮也疏存、頫、省三者，天子使臣，撫邦國之禮。聘、問二者，是諸侯使臣行聘左傳·昭五年享頫有璋註頫，見也釋文頫，他弔反。又他彫反図爾雅·釋詁頫，視也註謂察視也張衡·思玄賦流目頫夫衡阿兮，睹有黎之圮墳図tāo集韻他刀切音叨。盥也△韻會小補古音流變，字亦隨異，如俯仰之俯，本作頫，或作俛，今皆作俯。而頫音兆，俛音免，不復音俯矣。鼇又頫68108頄68094頯68219図龍龕頫66168新藏作頫。

頵 68093 36064
chǒng_6.15 玉篇尺勇切音翻。充也。

頄 68094 36065
fǔ_6.15 揚雄·蜀都賦如平陽頄臣沼註頄，疑是頻字。與俯同。

頯 68095 36066
zhěn_6.15 字彙烏葛切音遏王粲·羽獵賦潰頸破頯註義闕。鼇龍龕頯，支甚反。鄧福祿：俗頯67977

顊 68101 46440 yí_6.15　龍龕同歐

顆 68096 36067 qī_6.15　字彙補與戚同 詩·邶風得此戚施 字書或作顊。䫡或作頍頌。

頖 68097 36068 duǒ_6.15　洪武·正韻餞與躲同。

頣 68098 36069 gěn_6.15　廣韻古很切音艮。詳前頣68068字註。

頴 68100 42217 xū_6.15　川篇音須。女頴也。

頋 68103 46442 xìn_6.15　龍龕同頣

頭 68102 46441 tǎn_6.15　龍龕與頭同

頴 68104 46443 xū_6.15　川篇同禤

頲 68099 36070 tǐng_6.15　字彙補他領切音珽。頭頲也。○按卽頲字之譌。

頴 68105 46444 qǐn_6.15　川篇同顾

頨 68107 u2B5B0 duǒ_6.15　簡頨68075

顄 68106 u2B5B1 gěn_6.15　簡頣68068

顙 68109 u2B5AE yǐ_6.15　簡頭68337

頵 68110 u294CF qǐng_6.15　同頵68008古文頃。

頗 68108 u2B5AF fǔ_6.15　簡頗68092

頾 68111 u294AC chuà_6.15　玉篇頾，丑滑切。強兒 集韻頾，丑刮切。頾頤，小頭。一曰面短兒 廣韻作顦68131，丑刮切。顦頤，強可兒，丑刮切。

頴 68113 u294A8 qǐ_6.15　同韶69617 叔夷鐘頴首，同稽首。

頤 68114 u294A5 qiǎn_6.15　頤68116譌字 廣韻頤，丘广切。頤醜 集韻頤，口广切。頤顄，醜也。直音篇頤，苦簟切，頤醜。

頸 68115 u294A4 jǐng_6.15　俗頸68167

頔 68112 u294A9 kuǐ_6.15　娹67970譌字

頙 68116 u294A3 qiǎn_6.15　同頤68132

頔 68117 u294A1 dùn_6.15　俗頓67982

頴 68118 u294A0 yǐng_6.15　俗頴40753

頴 68119 u2949F kuí_6.15　俗頴68143

頴 68120 u988F hái_6.15　簡頴68085

頴 68121 u988E jiǒng_6.15　簡頴31566

頴 68122 u988D yǐng_6.15　簡頴29436

頜 68123 u988C hé_6.15　簡頜68069

頲 68124 u988B tǐng_6.15　簡頲68155

頬 68125 u988A jiá_6.15　簡頬68147

頡 68126 u9889 xié_6.15　簡頡68081

顫 68129 36071 zhèn_7.16　集韻之刃切音震。頭動也 又 集韻脣47304古作顫。

頰 68127 u982C jiá_6.15　俗頰68147

頯 68130 36072 qiú_7.16　廣韻巨鳩切 集韻渠尤切夶音求。冠飾貌 說文本作頄 詩·周頌載弁俅俅 傳俅俅，恭順貌。或作頯 又 廣韻戴也。

顊 68128 36055 yí_7.16　正字通俗頤字。

頾 68131 36073 chuà_7.16　廣韻 集韻夶丑刮切音灘 玉篇 強貌 廣韻頾頤，強可貌 又 集韻頾頤，小頭也。一曰面短貌。 又 顦68111

顦 68132 36074 qǐn_7.16　廣韻 集韻夶士瘁切，岑上聲。顦顄，醜貌。或作頯 又 集韻丘甚切音坅。義同。或作顦 又 丘凡切音灰。義同 又 qiǎn丘檢切音欦。顦顄，面不平也。或作頙 又 頴68105頜67965頭68349顦15799 又 集韻頜68455，丘檢切。頜顄，面不平也，或作頙68116頙68018又頙頙68349，或从金 又 字彙補頙68177，疑與頙爲一字。

頟 68133 36075 é_7.16　廣韻五何切 集韻牛河切夶音莪。齊也 又 博雅頟，衺也。一曰齊貌 又 廣韻五可切 集韻語可切夶音我。側弁也 又 集韻行頟也。與俄同。

頵 68134 36076 kūn_7.16　唐韻苦昆切 集韻枯昆切夶音坤 說文無髮也 又 耳門也 又 集韻苦本切音閫。又 廣韻 集韻夶苦悶切音困。義夶同。 又 說文本作顧68266

顙 68135 36077 sàn_7.16　廣韻 集韻夶蘇紺切音俕。顩顙，搖頭貌。 又 楊寶忠：同顙68390

頢 68136 36078 kuò_7.16　廣韻下括切 集韻戶括切夶音活 說文短面也 又 唐韻 集韻夶五活切音枂。又 集韻牙葛切音嶭。義夶同。

顝 68137 36079 mèi_7.16　唐韻 集韻夶莫佩切音妹 說文眛前也。 又 huì 集韻呼內切音誨。義同。

頹 68138 36080 hòng_7.16　集韻戶孔切音澒。頭直也。

頃 68139 36081 qǐng_7.16　集韻犬頃切。同頃。田百畝也○按趙古則从頃，以頃爲非。 又 應歸田部。

顣 68140 36082 chéng_7.16　廣韻是征切 集韻時征切夶音成 玉篇頸也 博雅頸顣，項也 又 廣韻 集韻夶渠京切音擎。義同。

頭 68141 36083 tóu_7.16　古文𠫤 唐韻度侯切 集韻 韻會 正韻徒侯切夶音投 說文首也 禮·玉藻頭容直 釋名頭，獨也，於體高而獨也 又 古者謂一人爲一頭 春秋·元命苞十紀，其一曰九頭紀，卽人皇氏。人皇兄弟九人故也 又 儀禮·士相見禮贄，冬用雉，夏用腒，左頭奉之 註頭，陽也 疏執禽者左首。雉以不可生服，故殺之，雖死猶尚左，以從陽也 又 人名 左傳·僖二十四年晉侯之豎頭須，守藏者也 註豎，小吏，名頭須 又 藥名 本草綱目百頭，貫衆也。一名鴟頭 陶弘景曰葉似大蕨，毛芒似老鴟頭 又 唐韻正云音徒 古詩 東方千餘騎，夫壻居上頭。何用識夫壻，白馬從驪駒 王延壽·魯靈光殿賦上紀開闢，遂古之初。五龍比翼，人皇九頭 ◇ 又 與兜通 山海經讙頭國 註讙兜，堯臣，有罪投南海而死，帝憐之，使其子居南海而祠之 博物志作讙兜國。 又 又头10003 又 豆57035 宋元以來俗字譜 引目連記 等 又 正字通頣68074，頭字之譌。

顪 68142 36084 huì_7.16　廣韻荒內切 集韻呼內切夶音誨。洗面也。同頮 書·顧命王乃洮頮水 釋文頮音悔。馬云頮面也。 又 正韻胡對切音潰。義同。 又 頮68208頮68049酶67041

頯 68143 36085 kuí_7.16　五音集韻苦對切音塊 莊子·大宗師其容寂其頯頯 註頯，大朴貌，苦對反。向本作頳 又 kuǐ 集韻苦軌切音歸。義同 又 莊子·天道篇而頯頯然 註高露發美之貌 又 guī 廣韻居洧切 集韻矩鮪切夶音晷 廣韻小頭 爾雅·釋魚貝蚆，博而頯 註頯者，中央廣兩頭銳 又 kuǐ 集韻苦委切 韻會犬蕊切夶音垝。義同 又 集韻

面頯也。一曰厚也 [又] kuí 唐韻渠追切集韻韻會渠龜切太音逵◆說文權也集韻頰骨。一曰厚也。或作頄。[又]地名左傳·哀十六年王孫燕奔頯黃氏註頯黃，吳地。頯，求龜反 [又] qiú 集韻渠尤切音求。亦頰骨也。同頄。△正字通从月。月，肉也。俗从夕，非。鎣又頯68144 頯68276頯68197頯68189頯68119

頯 68144 36086 kuí_7.16 正字通頯字之譌。

頙 68145 36087 chē_7.16 集韻昌遮切音車。牙車也。通作車。鎣又龍龕頙俗，而隴反。正作軵59967

頚 68146 36088 qǐn_7.16 集韻七稔切音寑。體陋也。或作㝲。

頬 68150 36092 rán_7.16 字彙同頿

頰 68147 36089 jiá_7.16 廣韻正韻古協切集韻韻會吉協切太音筴說文面旁也博雅輔謂之頰釋名頰，夾也，兩旁稱也。亦取夾斂食物也易·咸卦咸其輔頰舌疏輔頰舌者，言語之具。又前漢·高帝紀漢王謂酈食其曰：緩頰往說魏王豹註徐言引譬喻也。[又]地名公羊傳·定十年公會齊侯于頰谷左傳作夾谷 [又]正字通赤頰，鶴別名。又批頰，鵊鳴鳥別名△集韻籀作䪼。或作䏡。鎣又頬68125頬68127䐑69610𩑟68373

頱 68148 36090 luō_7.16 集韻盧活切音捋。頱頣，面醜。

頿 68149 36091 rán_7.16 唐韻汝鹽切集韻韻會如占切正韻而占切，太冄平聲說文頰須也 [又]別作髯史記·高祖紀美鬚髯註在頤曰鬚，在頰曰髯 [又]集韻亦作頾史記·趙世家鬚麋髭頾△集韻亦作𣯃、䫇。

頳 68151 36093 zèn_7.16 集韻士痒切，岑上聲。醜貌。或作𩒳。[又] shèn時鴆切音甚。頳頳，俯首。或作㑪 [又] cén 鋤簪切音岑。義同△字彙補譌作頳，非。鎣集韻頳，或作𩒳。

頫 68152 36094 fù_7.16 廣韻扶雨切集韻奉甫切太音父玉篇頰骨也廣韻同䩉。鎣亦作䫍、輔。

頣 68153 36095 yìn_7.16 集韻宜禁切，吟去聲。頷頣，首動也。

頬 68154 36096 hōng_7.16 集韻呼公切音灴。頬頬，頭悶貌。

頲 68155 36097 tǐng_7.16 廣韻他鼎切集韻韻會他頂切太音珽◆說文狹頭，頲也 [又]廣韻直也爾雅·釋詁梏、梗、較、頲、庭、道，直也註皆正直也 [又]人名唐書·蘇瓌傳瓌子頲 [又] tīng 集韻湯丁切音聽。狹頭貌。鎣又𨗴61368頲67957頲68124

頶 68156 36098 xī_7.16 集韻香依切音希。頶頣，頭動貌。

頳 68157 36099 chēng_7.16 玉篇丑盈切音檉。赤也。本作赬詩·周南魴魚赬尾傳赬，赤也說文作䞓。又作頳。

頴 68158 36100 yǐng_7.16 正字通俗穎字〇按字彙正字通頁部穎字外，尚有穎潁熲三字。今遵說文穎歸禾部，潁歸水部，熲歸火部。頴字雖說文所無，今亦改歸木部。

鎣又頴68205

頶 68159 36101 wú_7.16 集韻訛胡切音吾。大頭也。鎣又䫜68252

頹 68160 36102 máng_7.16 集韻莫江切音厖。頭也。

頵 68161 36103 yūn_7.16 唐韻於倫切集韻紆倫切太音贇◆說文頭頵頵大也 [又] jūn 廣韻君筠切音麏。義同 [又]人名史記·楚世家楚成王頵。又唐書有田頵傳 [又] jǔn 集韻巨隕切音窘。頭貌。鎣又頵68181

頶 68162 36104 hú_7.16 廣韻集韻太胡沃切音鵠廣韻鼻高貌。鎣又俗頶68081吐魯番出土文書(壹)·北涼玄始十二年失官馬責賠文書一(李)頶前列辭。

頷 68163 36105 hàn_7.16 唐韻胡感切集韻韻會正韻戶感切太音菡說文面黃也屈原·離騷長顑頷亦何傷註顑頷，不飽貌 [又]顋頷釋名頷，含也。口含物之車也。或曰頰車，亦所以載物也前漢·班超傳虎頭燕頷莊子·說劍篇驪龍頷下。又揚子方言頷，頤頷也。南楚謂之頷 [又] ǎn 正韻五感切音䪩。低頭左傳·襄二十六年衛侯入逆于門者，頷之而已註頷，搖其頭 [又] hán 五音集韻胡男切音含。亦面黃也。鎣又頷68206䯂70641四聲篇海䯂70653，胡感切。正作頷68275

頴 68164 36106 shuǎ_7.16 集韻數瓦切音葰。面醜。或作䤆。

頶 68165 36107 ào_7.16 正字通同顤。俗省。

頹 68166 36108 tī_7.16 集韻天黎切音梯。頶頹，頭不正也。

頸 68167 36109 jǐng_7.16 唐韻居郢切集韻韻會經郢切，太勁上聲說文頭莖也釋名頸，徑也，徑挺而長也廣韻頸在前，項在後禮·玉藻頭頸必中 [又]凡物之領皆曰頸禮·玉藻韠其頸五寸註頸，中央也 [又]史記·天官書七星，頸爲員官，主急事正義七星爲頸，一名天都，以明爲吉，暗爲凶。宋均云頸，朱鳥頸也 [又]周禮·冬官考工記·輈人參分其兔圍，去一以爲頸圍。五分其頸圍，去一以爲踵圍註頸，前持衡者。踵，後承軫者也 [又]廣韻巨成切音鵛。義同。鎣又踁57067頸68054頚68059 [又]頚68063宋元以來俗字譜引目連記等。頚68115引嬌紅記可洪音義頚上：上居郢(反)、居成二反。在前曰頸，在後曰頚也。蝢52985項：上居郢反。正作頸也。

頾 68168 36110 mào_7.16 集韻同貌前漢·刑法志人宵天地之頾。〇按正字通以爲古文貌字，非。

頹 68169 36111 tuí_7.16 唐韻杜回切集韻韻會正韻徒回切太音魋玉篇頹下。又六書故首禿也 [又]廣韻暴風也。通作穨詩·小雅維風及頹爾雅·釋天焚輪謂之穨註暴風從上下 [又]爾雅·釋訓虺頹，病也。通作隤詩·周南我馬虺隤釋文馬退不能升之病說文作穨集韻作㿉 [又]順也禮·檀弓拜而後稽顙，頹乎其順也註頹，順也疏頹然不逆之意也 [又]墜也禮·檀弓泰山其頹乎。又廣雅壞也司馬相如·長門賦無面目之可顯兮，遂頹思而就牀註言

壞其思慮而就牀也。又水下流也。史記·河渠書水頹以絶
商顏註下流曰頹。商顏，山名。○又頹68212頹68207
頹68170

颓 68170 36112
tuí_7.16　正字通頹字之譌。

頻 68171 36113
pín_7.16　古文頻 唐韻符眞切集韻韻會毗賓切夶
音嚬玉篇急也廣雅比也詩·大雅國步斯頻傳頻，急也
箋頻猶比也。國家之政，行此禍害比此然。又姓風俗通
漢有酒泉太守頻暢。又說文水厓徐鉉曰今俗別作水
濱，非是詩·大雅池之竭矣，不云自頻傳頻，厓也箋頻，
當作濱。又與顰同易·復卦頻復頻无咎註謂頻蹙之貌
又果名前漢·司馬相如·上林賦仁頻并閭註仁頻，賓榔
也。頻或作賓。○又频68209頻68185频68186

頧 68172 36114
péi_7.16　集韻蒲枚切音裴說文曲頤也。或作顀頯。

顂 68173 36115
lài_7.16　字彙補古文賴57877字。

頗 68174 36116
pī_7.16　集韻普溝切音捊。須短白也。

顃 68175 36117
hōng_7.16　五音篇海同谾。○龍龕顃，俗。呼空反。
正作谾。又可洪音義顃捃：上尺玉反。正作觸55530也。
下徒骨反。上又郭氏作虎空、張紬二反，非。

頥 68176 36118
yuè_7.16　篇海同頢。

顑 68177 46445
qǐn_7.16　海篇同顑。

頖 68178 46446
fú_7.16　搜眞玉鏡音孚。

頟 68179 46447
é_7.16　字彙補音額。出續高僧傳

頣 68180 46448
bì_7.16　字彙補同顡。

頨 68181 u2B5B3
yūn_7.16　簡頵68161

顐 68182 u2B5B2
hùn_7.16　簡顯68336

頠 68183 u2B5A0
xū_7.16　同頢68233亦作頩41640

頯 68184 u2B59F
null_7.16　未詳。

頻 68185 uFACC
pín_7.16　俗頻68171

频 68186 uFA6A
pín_7.16　兼頻68171

頜 68187 u294DC
màng_7.16　喃同恾。想到，念及。

顑 68188 u294DB
ngup_7.16　喃沉沒。

頍 68189 u294DA
kuí_7.16　俗頍68143

頍 68191 u294D7
kuǐ_7.16　頍，同頍67970
文天祥己卯歲除弓戈叱奇字，刀鋸摧頍弁。

潁 68190 u294D9
yǐng_7.16　俗潁40753

頛 68192 u294D5
lèi_7.16　頛68065本字
說文頛，頭不正也。从頁从耒。

頢 68193 u294D4
mò_7.16　頢67981本字。見說文

頣 68194 u294D3
gěn_7.16　頣68068本字說文頣，頰後也。从頁皀聲。

頩 68196 u294CE
null_7.16　未詳。

頦 68195 u294D0
bó_7.16　俗脖47277四
部叢刊·三編史部·罪惟錄·志卷之三·五行志總論·五行
志（萬曆）十五年，丁亥十一月，秀水縣思賢鄉見異
鳥集樹，人頭鳥身，頦有白髮，竟日去，後不復見。

頍 68197 u294CD
kuí_7.16　俗頍68143

頵 68198 u294CC
null_7.16　或俗頵。

潁 68200 u294CA
yǐng_7.16　俗潁29436

頩 68201 u294C9
biàn_7.16　或俗頩68031

頩 68202 u294C8
null_7.16　未詳。

頯 68199 u294CB
lài_7.16　俗賴57877偏
頛碑別字引唐澧州司戶參軍卜元簡墓誌

頟 68203 u294C7
null_7.16　未詳。

潁 68204 u9896
yǐng_7.16　簡潁40753

潁 68205 u9895
yǐng_7.16　簡潁68158

頷 68206 u9894
hàn_7.16　簡頷68163

頹 68207 u9893
tuí_7.16　簡頹68212

頮 68208 u9892
huì_7.16　簡頮68142

頻 68209 u9891
pín_7.16　簡頻68171

頤 68210 u9890
yí_7.16　簡頤68084

頼 68211 u983C
lài_7.16　同賴57877

顡 68214 36120
zī_8.17　正字通同頾。
左傳·昭二十六年至于靈王，生而有頾。

頹 68212 u9839
tuí_7.16　同頹68169

顀 68215 36121
chuí_8.17　唐韻直追切
集韻傳追切夶音鎚說文出額也。又廣韻項顀。

頾 68213 36119
zī_8.17　唐韻卽移切集韻將支切夶音貲說文口
上須也。从須此聲。徐鉉曰今俗別作髭。非是。

頲 68216 36122
dìng_8.17　廣韻集韻韻會正韻夶丁定切音訂玉篇
題頲也。通作定詩·周南麟之定傳定，題也△爾雅·釋
言頲，題也。註：題額也。引詩麟之定釋文頲，丁佞
反。又dǐng集韻都挺切音鼎。與頂同。

頠 68217 36123
wēi_8.17　集韻邕危切音逶。女隨人也。通作委。
又tuí集韻徒回切音頹。下墜也。

頦 68218 36124
pǐ_8.17　唐韻匹米切集韻普米切，夶批上聲玉篇
傾首也，不正也。又集韻普弭切，音諀。又匹寐切音屁。
義夶同。○又俋01498

頻 68219 36125
fǔ_8.17　正字通頻字之譌。

頡 68220 36126
bié_8.17　廣韻集韻夶蒲結切音蹩玉篇頡頻，短
貌。○又頡68255

賴 68221 36127
lài_8.17　玉篇力載切音賴。賴蒙也。又lái集韻郎才
切音來。賴體，頭長貌。△正字通賴字之譌。

頸 68222 36128
jìng_8.17　唐韻集韻正韻夶疾政切音淨說文好貌
廣韻頸首。又正字通樂工、倡優、弄人，一曰頸。俗作
淨。又集韻疾郢切，音靜。頸頸，好貌。

頯 68223 36129
tán_8.17　集韻徒甘切音談玉篇面長也。又余廉切
音鹽。義同。○又频68262

頷 68224 36130
hàn_8.17　廣韻胡感切韻會戶感切夶音菡說文頤
也韻會同頷前漢·王莽傳侈口蹙頷。又唐韻胡男切音
含。義同。○又脑47381頷68310頷68345

顋 68225 36131
zhuō_8.17　廣韻職說切集韻朱劣切夶音拙廣韻頭
短。又集韻株劣切音綴。義同。

頜 68226 36132
hàn_8.17　玉篇口咸切。與鴿同。鵝鴿也。○正字
通頜，頷68345字之譌。舊註音謙。頜頷，非。

䫏 68227 36133 qī_8.17 唐韻去其切集韻丘其切𠀤音欺說文醜也。从頁其聲。今逐疫有䫏頭廣韻方相也。與魌同。

𩑋 68229 36135 guī_8.17 集韻同頯

頯 68228 36134 guī_8.17 廣韻居隨切集韻吉窺切𠀤音規說文作𩔃。小頭𩔃𩔃也 又 釋名晝也 又 唐韻己恚切，規去聲。又集韻居悸切，音季。義同△集韻或作𩑋。鎣又𩕄68366

顅 68230 36136 qiān_8.17 唐韻苦閑切集韻韻會正韻丘閑切𠀤音慳說文頭鬢少髮也 又 集韻長脰貌周禮·冬官考工記·梓人數目顅脰註顅，長脰貌 又 玉篇居研切集韻經天切𠀤音肩。又集韻輕烟切音牽。又五音集韻戶弔切，皛去聲。義𠀤同。鎣又𫖶68258

𩒨 68231 36137 kě_8.17 字彙古老切音杲。頭也。鎣 正字通顆68234字之譌。舊註頭也，與說文顆訓近。改从杲，非。

𩓐 68232 36138 lín_8.17 集韻犁針切音林。𩓐頫，俯首 又 lìn力鴆切，臨去聲。義同。或作僯。

𩑺 68233 36139 xū_8.17 正字通與須同。鎣亦作𩑺41640䫀68183

顆 68234 36140 kě_8.17 廣韻集韻韻會正韻𠀤苦果切，科上聲說文小頭也 又 韻會今言物一顆，猶一頭也六書故凡圜物以顆計。又珠琲曰顆 又 與堁同。土塊前漢·賈山傳使其後世曾不得蓬顆蔽冢而托葬焉註顆謂土塊。蓬顆，謂塊上生蓬者也 又 kuǎn集韻苦緩切音款。草名爾雅·釋草菟奚，顆涷註款冬也疏欒草。一名菟奚，一名顆涷 又 人名。魏顆，晉大夫。史顆，秦大夫。見左傳。鎣又𩓩68277𩒨68231𩓬68271

𩒳 68235 36141 àn_8.17 集韻魚旰切音岸。額也。

𩓊 68236 36142 yuè_8.17 唐韻五角切集韻逆角切𠀤音岳說文面前岳岳也集韻本作𩓊。鎣又𫖵68259

䫑 68237 36143 yī_8.17 字彙於宜切音猗。好也。鎣又倚01968 又 正字通䫑，俗顊字。

𩓗 68238 36144 wù_8.17 集韻魚屈切音崛。𩓗顇，面短貌。

𩓕 68239 36145 míng_8.17 字彙魚羈切音宜。眉目也。鎣楊寶忠：俗𩓕68350

顇 68240 36146 cuì_8.17 唐韻集韻韻會正韻𠀤秦醉切音萃說文顦顇也爾雅·釋詁顇，病也揚雄·反離騷慶夭顇而喪榮 又 通作瘁詩·小雅維躬是瘁註顇瘁音義同。又zú集韻昨律切，音崒。𩓗顇，面短貌。鎣又婎10946悴17538

𩓠 68241 36147 jīng_8.17 廣韻子盈切集韻咨盈切𠀤音精廣韻𩕢𩓠，頭也集韻𩕢𩓠，頭不正。

𩓥 68242 36148 dōu_8.17 集韻當侯切音兜。𩔈𩓥，面折 又 wù於五切音隖。首巾謂之𩓥。或作幞。鎣又𩓥68358䪽68078

𩓟 68243 36149 lù_8.17 集韻盧谷切音祿玉篇𩓟項也 又 五音集韻奴鉤切音羺。義同。

顈 68244 36150 xuǎn_8.17 廣韻集韻𠀤胡典切音峴廣韻顈綴。又 jiǒng廣韻口迥切集韻犬迥切𠀤音褧正字通似苧，可績爲布禮·雜記如三年之喪，則既顈。其練、祥皆行註言今之喪既服顈，乃爲前三年者，變除而練、祥祭也。顈，草名，無葛之鄉，去麻則用顈 又 五音集韻禪也儀禮·士昏禮女從者畢袗玄，纚笄，被顈黼在其後註顈，禪也疏讀如詩云褧衣之褧，故爲禪也 又 jiōng集韻涓熒切音扃。義同。鎣又顈44940

𩓋 68245 36151 pīng_8.17 正字通頩本字。

𩓬 68250 36156 pī_8.17 集韻同𩔁

顐 68246 36152 mén_8.17 唐韻莫奔切集韻謨奔切𠀤音門說文繫頭殟也。从頁昏聲五音集韻頭多殟顐。亦作顐、𩒼。鎣又𩒼67980

顉 68247 36153 ǎn_8.17 唐韻集韻韻會𠀤五感切，音媕說文低頭也。引左傳·襄二十六年迎於門顉之而已。今本作頷。杜註：頷，搖其頭也 又 qǐn廣韻欽錦切集韻丘甚切𠀤音坅。同顩 又 qīn廣韻去金切集韻韻會祛音切正韻驅音切𠀤音欽廣韻曲頤之貌前漢·揚雄傳顉頤折頞。

𩔄 68248 36154 quán_8.17 類篇逵員切音權。曲角也。

𩓫 68249 36155 tuí_8.17 廣韻杜懷切集韻幢乖切𠀤音𩖁廣韻頭朕也。出聲類。鎣鉅宋廣韻杜懷切。

𩔋 68251 36157 jì_8.17 字彙補秦李切，音薺◇惡貌。

𩒽 68252 36158 wú_8.17 字彙補𩓗字之譌。

𩓒 68253 36159 yí_8.17 字彙補余其切音頤韓非子·喩老篇白公勝慮亂，罷朝，倒杖而策，銳貫𩓒，血流至于地而不知。

𩓣 68254 36160 pín_8.17 字彙補與頻同。亦作𩕁。

𩔈 68255 46449 piē_8.17 搜眞玉鏡疋滅切。鎣楊寶忠：俗𩔈68220

𩔃 68256 46450 guī_8.17 篇海類編與頯同。

𩔆 68257 46451 jué_8.17 搜眞玉鏡音角。

𫖶 68258 u2B5B6 qiān_8.17 簡 顅68230

𫖵 68259 u2B5B5 yuè_8.17 簡 𩓊68236

𫖴 68260 u2B5B4 zé_8.17 簡 𩕅68386

𫖡 68261 u2B5A1 null_8.17 未詳。

𩖖 68262 u29596 tán_8.17 簡 𩔗68223

𩖕 68263 u29595 xū_8.17 簡 𩑺68233

𩓿 68264 u294FF rán_8.17 玉篇髥70953，汝占切。頰須也。本作𩓿。

𩓾 68265 u294FE rán_8.17 廣韻髥70953同䫇。

𩓽 68266 u294FD kūn_8.17 正字通𩓽68134，本作顐。

𩓷 68269 u294F7 null_8.17 未詳。

𩓺 68267 u294FA jiǒng_8.17 類篇𩓺，畎迥切說文火光也說文原作𤇾31566

𩓶 68270 u294F6 null_8.17 未詳。

𩓹 68268 u294F9 null_8.17 骨名。清·黃六鴻福惠全書·刑名部六·檢骨左右手腕，及左右臁肕骨、兩膝頭各有𩓹骨，隱在其間，大如指。

<table>
<tr><td>

頣 68272 u294F4
null _8.17_ 未詳。

顇 68271 u294F5
null _8.17_ 四部叢刊·初
編經部·經典釋文·卷第三十·爾雅音義下·釋魚第十六活
東，如字，謝施音括。舍人本作頪東 廣雅疏證 引 釋魚
云：科斗，活東。舍人本作頪 68234 東。

顙 68273 u294F3
null _8.17_ 未詳。

顏 68274 u294F2
yán _8.17_ 俗顏 68297

頷 68275 u294F1
hàn _8.17_ 俗顎 68163

頯 68276 u294F0
kuí _8.17_ 俗頯 68143

顆 68277 u9897
kē _8.17_ 简顆 68234

頠 68278 36161
wài _9.18_ 唐韻 集韻 丛
五怪切音聭。▪ 說文 頭蔽䫁也。从頁𡗜聲。

頏 68279 36162
huì _9.18_ 廣韻 荒内切 集韻 呼内切丛音誨 玉篇 面
肥貌 囵 聲類 與頪同。洗面也 集韻 或作䫂。鍪 又嶹 53957
䨺 67133

頯 68280 36163
qì _9.18_ 唐韻 胡計切音系 說文 伺人也。一曰恐也
囵 qì 廣韻 苦計切 集韻 詰計切丛音契。義同 囵 qiè 廣韻
苦結切音挈。頯頯，短貌。

顋 68281 36164
sāi _9.18_ 廣韻 蘇來切 集韻 韻會 正韻 桑才切丛音
鰓 玉篇 頰顋△ 廣韻 俗作腮，非。鍪 又膼 47904 癏 36272
囵 貉貗 57511 䶞，同絡腮䶞。

頵 68282 36165
dùn _9.18_ 廣韻 集韻 丛徒困切音鈍 廣韻 頵頯，禿
也。

頨 68283 36166
yuǎn _9.18_ 廣韻 雲阮切 集韻 雨阮切丛音遠 說文 面
不正也 囵 集韻 五遠切音阮。又于元切音袁。又虞怨切
音願。義丛同。

頍 68284 36167
dié _9.18_ 集韻 丁結切音窒。頍頯，小頭貌。

頢 68285 36168
chěn _9.18_ 廣韻 集韻 丛丑甚切音踸 玉篇 頢頢，憸
劣貌 囵 集韻 昌枕切，音瀋。弱也 囵 shèn 時鴆切音甚。
頢頢，頭貌。一曰弱也。

頣 68286 36169
xiá _9.18_ 廣韻 胡加切 集韻 何加切丛音遐 玉篇 頹
頣 廣韻 言語無度△ 集韻 或作愘。

頶 68287 36170
hé _9.18_ 廣韻 胡葛切 集韻 何葛切丛音曷 玉篇 健
貌 囵 集韻 傾頶，揚言也。一曰頹頶，鼻面平也。一曰
健也 囵 廣韻 集韻 丛許葛切。義同 囵 kě 集韻 丘葛
切音渴。鬢禿。本作䯸。

頡 68288 36171
jié _9.18_ 集韻 吉屑切音結。頭小貌。

題 68289 36172
tí _9.18_ 廣韻 杜溪切 集韻 韻會 田黎切丛音啼 說
文 額也 小爾雅 頭也 禮·王制 南方曰蠻，雕題交阯 爾
雅·釋言 頴，題也 註題，額也 史記·越世家 雕題 註 謂刻
其頴，涅以丹青也 囵 廣韻 書題 釋名 書稱題。題，諦也。
審諦其名號也 正字通 註疏有孟子題辭，所以題號孟子
之書 囵 韻會 椽頭玉飾曰琭璣、玉題，亦名璧璫。
囵 題目也 杜甫詩 天老看題目 囵 品題也 李白·上韓荆
州書 一經品題，便作佳士 囵 國名 南史·裴子野傳 有白
題及滑骨入貢 囵 縣名 前漢·功臣表 題侯張富昌。

</td><td>

囵 博雅 平題，鏑也 囵 dì 廣韻 獨計切音第。視也 詩·小
雅 題彼脊令 傳題，視也 孔子·丘陵歌 題彼泰山。
鍪 又題 55192 題 68330

頗 68290 36173
pǐ _9.18_ 集韻 匹計切音媲。傾頭貌。鍪 又頗 68334

額 68291 36174
é _9.18_ 廣韻 五陌切 集韻 韻會 正韻 鄂格切丛音
客 說文 額 68077，顙也。鍪 又額 68325 囵 龍龕 額，舊藏
作額。

顙 68292 36175
sǎng _9.18_ 正字通 俗顙字。

額 68293 36176
guì _9.18_ 集韻 其季切音悸。大口也。

頢 68294 36177
guā _9.18_ 集韻 姑華切音瓜 玉篇 短頭也。

頜 68295 36178
gǎo _9.18_ 廣韻 盧皓切音老。廣大貌 正字通 謞字。
○按 五音集韻 頜，古老切，訓廣大貌，或卽頜字之謞。

頞 68296 36179
è _9.18_ 廣韻 五闔切 集韻 逆各切丛音咢 玉篇 面
高貌。同頞 囵 廣韻 嚴敬曰頞 集韻 恭嚴也。或作頞頞。
鍪 又頞 68328 鄂 04763

顏 68297 36180
yán _9.18_ 唐韻 五姦切 集韻 韻會 正韻 牛姦切，丛鴈
平聲 說文 眉目之閒也 詩·鄘風 子之清揚，揚且之顏也
毛傳 顏，額角豐滿也 左傳·僖九年 天威不違顏咫尺 黃
帝·素問 心熱者，顏先赤 揚子方言 䫉、領、顏，頯也。
汝潁淮泗之閒謂之顏 囵 幘顏 興服雜事 漢桓帝延熹
中，京師作幘，皆顏短耳長，以爲服妖 囵 那顏。外國語，
猶華言大人 囵 商顏，山名 前漢·溝洫志 引洛水至商顏
下 註 商山之顏，猶山領也 囵 屠顏，山高貌 歐陽修詩 空
碧更屠顏 囵 姓 姓苑 出琅邪。魯伯禽支庶，食采顏邑，
因氏。又邾武公字顏，公羊稱顏公後遂爲氏。鍪 又顏
68332 顏 68326 䫬 48919 㒾 48926 䫀 69636 顏 68274 顏 68448 䫔 48929

頛 68298 36181
pò _9.18_ 廣韻 集韻 丛匹各切音粕 廣韻 面大貌。俗
作奋。鍪 又頛 68055 頛 68038 頛 68079

頣 68299 36182
mén _9.18_ 廣韻 莫奔切 集韻 謨奔切丛音門。與
頣 68246 同 囵 mín 集韻 眉貧切音珉。與頤同。彊頭也。
囵 hūn 集韻 呼昆切音昏。與殙同。瞀也 五音集韻 病也。
又未立名而死曰頣。鍪 又頤 67980

頣 68300 36183
zhuàn _9.18_ 五音集韻 雛睆切音撰 說文 選具也 玉
篇 或作僎 囵 集韻 須兗切音䞊。又雛戀切音襈。又蘇困
切音遜。義丛同。鍪 又頣 68352 頣 68346 二字俗訛 可洪音
義 頭倒：上丁田反。正作䫀。又敦煌.P. 2160 摩訶摩耶
經·卷上 唯頣降法雨，洽潤於枯槁。

頤 68301 36184
hóu _9.18_ 廣韻 戶鉤切 集韻 胡溝切丛音侯 玉篇 頤
頣，言不正也 囵 廣韻 大言 集韻 頤頣，揚言也。一曰健
貌。

頢 68302 36185
wèn _9.18_ 廣韻 集韻 丛五困切音諢 玉篇 頛頢，禿也
囵 廣韻 弄言也。與譚同 唐書·元結傳 諧臣頢官，怡愉
天顏 囵 hún 廣韻 戶昆切音魂。頤頢，禿無髮也 囵 牛昆

</td></tr>
</table>

切音偅。義同。

頳 68303 36186
āo_9.18　廣韻 集韻 韻會 正韻 丛於交切音坳 玉篇
頭凹也 王延壽·魯靈光殿賦 頳顡顙而睽睚 又 集韻 大首
深目貌。鼇 睽睚。睽睚 又 鷛73680

顑 68304 36187
kǎn_9.18　廣韻 苦感切音坎◦ 說文 飯不飽,面黃起行
也 廣韻 瘦也 屈原·離騷 苟余情其信姱以練要兮,長顑
頷亦何傷 韓愈·送吳島歸范陽詩 欲以金帛酬,舉室常顑
頷 註 顑,頷也。頷卽頤。顑,饑貌,言面頤虛浮也。
又 yàn 廣韻 玉陷切音獫。顑長面也 又 kàn 集韻 苦紺切
音勘。食不飽也 又 呼紺切,酣去聲。義同。鼇 又 顃68341
頜68043 臧02655 顤68456 餡69502

顒 68305 36188
yóng_9.18　唐韻 集韻 韻會 正韻 丛魚容切音喁 說文
大頭也 又 廣韻 仰也 易·觀卦 有孚顒若 疏 顒顒,嚴正之貌
詩·大雅 顒顒卬卬 傳 顒顒,溫貌 箋 體貌則顒顒然敬順
爾雅·釋訓 顒顒卬卬,君之德也 又 大貌。獸壯大者曰顒
詩·小雅 四牡修廣,其大有顒。鼇 又 顒68329顒68313
騳70163

顓 68306 36189
zhuān_9.18　唐韻 職緣切 集韻 朱湍切 正韻 朱緣切
丛音專 說文 頭顓顓謹貌 又 韻會 顓,蒙也 又 古帝號 玉
篇 昌意生高陽,是爲帝顓頊。顓者,專也。頊者,正也。
言能專正天之道也 又 顓頊67958,星名 又 顓臾,國名。
又 姓 神仙傳 太玄女顓頊和。又 顓孫,複姓 又 與專通,
獨也 史記·陳涉世家 客愚無知,顓妄言輕威 前漢·高后
紀 上將軍祿、相國產顓兵秉政 班固·典引 豈其爲身而
有顓辭 又 圜貌也 前漢·賈捐之傳 顓顓獨居一海之中 註
顓與專同。專專,猶區區也。一曰圜貌。鼇 又 顒68327

顄 68307 36190
hàng_9.18　字彙補 何朗切音沆。顄頑也。

頯 68308 36191
pī_9.18　字彙補 滂基切,音批◇短鬢披貌。亦作頯。

顄 68313 46455
yóng_9.18　篇海 同顒

頯 68310 46452
hàn_9.18　龍龕 胡耽切,音含。頤也〇按卽頷字之譌。
鼇 四聲篇海 引 龍龕 無。今本 龍龕 無。

顄 68311 46453
yóu_9.18　搜眞玉鏡 音由。

嶬 68312 46454
wài_9.18　龍龕 五怪切。又苦怪切。鼇 苦怪切。同
蔵50064 龍龕 頯68278俗,嶬正,頯68396今。

顃 68314 46456
áng_9.18　搜眞玉鏡 五郎切。

顊 68315 u2B5B7
null_9.18　簡 顄68320

顄 68316 u2B5A3
null_9.18　未詳。

類 68318 u29517
lèi_9.18　字學三正 類68359俗作類。

類 68319 u29516
lèi_9.18　字鑑 類68359,力遂切 說文 「種類相似,
唯犬爲甚」,故下從犬。俗從大小字作類,誤。

顊 68317 u2B5A2
null_9.18　未詳。

顂 68320 u29511
null_9.18　顂嶺,山名,
在江西省龍南縣。清·顧祖禹 讀史方輿紀要·江西·龍南

縣 志云縣南二十五里有顂嶺。

顯 68321 u29510
xiǎn_9.18　俗顯68487 趙弼·效顰集·下卷·夢遊番陽彭
蠡傳 海洋弱水隔蓬萊,內隱眞仙顯異才。

顊 68322 u2950F
null_9.18　未詳。

贊 68323 u2950E
null_9.18　未詳。

顩 68324 u2950D
lóng_9.18　或俗龍。

額 68325 u989D
é_9.18　简 額68291

顔 68326 u989C
yán_9.18　简 顏68297

顓 68327 u989B
zhuān_9.18　简 顓68306

顎 68328 u989A
è_9.18　简 顎68296

顒 68329 u9899
yóng_9.18　简 顒68305

题 68330 u9898
tí_9.18　简 題68289

顏 68332 u9854
yán_9.18　俗顏68297

显 68331 u9855
xiǎn_9.18　中文大辭典 顯68487之簡字。

顖 68333 36193
xìn_10.19　集韻 囟08011古作顖。

顝 68334 36194
kuǐ_10.19　字彙 匹計切。同頍。

顤 68335 36195
qiāo_10.19　廣韻 火幺切 集韻 馨幺切丛音膮 說文 大
頭也 又 集韻 馨叫切音嬲。義同 又 廣韻 去遙切音蹺。
額大貌 又 fén 集韻 符分切音汾。詳頒67979字註。

顐 68336 36196
hùn_10.19　唐韻 胡本切 集韻 戶袞切丛音混◦ 說文 面
色顐顐貌 集韻 顐顐,面急。又面首俱圓謂之顐 又 廣韻
云粉切 集韻 羽敏切丛音抎。又 集韻 胡昆切音魂。義丛
同。鼇 又 頵68182 玉篇 作顐74793

顗 68337 36197
yǐ_10.19　唐韻 魚豈切 集韻 韻會 語豈切丛音螘 爾
雅·釋詁 靜也 廣韻 靖也,樂也 說文 謹莊貌 又 人名。
荀顗,周顗,見 晉書 又 集韻 五亥切音愷。義同。
鼇 又 顊68109 嶬14467

頍 68338 36198
pī_10.19　廣韻 符悲切 集韻 貧悲切丛音邳 玉篇 短
須髮貌 又 集韻 攀悲切音丕。義同△ 集韻 或作頯。
鼇 又 頯68308 又 集韻 頯或省作頯68174

顫 68340 36200
zhān_10.19　集韻 同顫

顊 68339 36199
wēng_10.19　廣韻 正韻
烏紅切 集韻 韻會 烏公切丛音螉 玉篇 頸毛也。與翁同
前漢·郊祀歌 殊翁雜五采文 註 翁46015,鳳頸也 又 wěng
集韻 鄔孔切,翁上聲。顊朊,屈强貌。與勜同。

顩 68341 36201
yán_10.19　唐韻 五咸切 集韻 魚咸切丛音嵒◦ 說文 頭
煩長也 又 yán 集韻 牛廉切音巖。顩顩,醜貌 又 qiǎn 廣
韻 丘檻切音顩。長面貌 又 qiàn 口陷切,歉去聲。顩、
顑義同 又 jiàn 公陷切音監。顩胡,劑面。

顧 68342 36202
sī_10.19　廣韻 息移切 集韻 相支切丛音斯 玉篇 顧
顑,頭不正也 又 集韻 一曰好貌。

額 68343 36203
róng_10.19　玉篇 籀文頌字。

顃 68344 36204
qìn_10.19　集韻 丘禁切音捦。顃顃,首動也。

顄 68345 36205
hàn_10.19　唐韻 胡男切 集韻 胡南切丛音含 說文 頤
也。或作顄 又 馬融·長笛賦 顄淡滂流 註 顄淡,水搖蕩
貌 又 集韻 戶感切音頷。義同。鼇 又 頷68226

願 68346 36206
yuàn_10.19 古文願 唐韻魚怨切 集韻 韻會 虞怨切丛音愿 說文 大頭也 又 爾雅·釋詁思也 疏欲思也 廣雅欲也 書·大禹謨 敬修其可願 又 正韻 覬望也 禮·少儀 不願于大家 疏 謂見彼富大不可願效之也 又 羨慕也 禮·祭義國人稱願焉曰：幸哉，有子如此，所謂孝也已 又 每也 詩·邶風 願言思子，中心養養 傳 願，每也 疏 每有所言思此二子，中心養養然不知所定 又 集韻 五遠切音阮。面短貌。鼇又 願18757 又 四聲篇海 願，古文願字。又 顅68300 碑別字新編 引 魏魏靈藏造象記。又 可洪音義 所願：魚勸反，欲也，念也。正作願顅68479二形也。

顙 68347 36207
sǎng_10.19 唐韻蘇朗切，桑上聲 玉篇 額也 易 說卦 震其於馬也爲的顙 又 巽其於人也爲廣顙 儀禮·士喪禮 主人哭拜稽顙 註 頭觸地無容 揚子方言 顛、領、顏，顙也 又 sāng 集韻 韻會 丛蘇郎切音桑。義同 易林 玄黿黑顙，東歸高鄉 魏文帝·東巡觀兵詩 古公宅岐邑，實始翦殷商。孟獻營虎牢，鄭人懼稽顙。鼇又 顙68292顙68381

頾 68348 36208
xī_10.19 集韻 弦雞切音兮。頭不正。鼇 熊加全：疑頾68283字之謁 又 俗雞73743 可洪音義 頾頭：上古兮反。正作雞也。

頔 68349 36209
qǐn_10.19 集韻 丘甚切音坅，與顃同。醜貌。

顝 68350 36210
míng_10.19 廣韻莫經切 集韻 韻會 忙經切丛音冥 說文 顝，眉目之間也△ 正字通 毛詩 爾雅 借用名05410 張衡·西京賦 作眳，音義丛同。鼇又 覭55219顝68239

顛 68351 36211
diān_10.19 唐韻都年切 集韻 韻會 正韻 多年切丛音願 說文 頂也 爾雅·釋言 顛，頂也 疏 謂頭上也 詩·秦風 有馬白顛 傳 白顛，的顙也 疏 額有白毛，今之戴星馬也 又 玉篇 山頂曰顛 蘇軾·琴操 山有時而童顛 又 本末曰顛 陸機·文賦 如失機而後會，恆操末以續顛 註 言先後失序也 又 小爾雅 殞也 釋名 倒也 書·微子 告予顛隮 疏 謂從上而隕 莊子·人閒世 形就而入，且爲顛爲滅 郭註 若遂與同，則是顛危而不扶持 正字通 別作倶。又 與癲同。狂也 唐書·張旭傳 旭大醉，呼叫狂走，以頭濡墨而書，世號張顛 又 地名 左傳·僖二年 冀爲不道，入自顛軨。伐郇三門。杜註：河東大陽縣東北有顛軨阪 又 縣名。與滇同 司馬相如·上林賦 文成顛歌 註 文穎曰：文成，遼西縣名。顛，益州顛縣。其人能作西南夷歌。顛，即滇字 又 專一也 莊子·馬蹄篇 至德之世，其行填填，其視顛顛 陸德明·音義 顛顛，丁田反。崔云專一也 又 姓。晉有顛頡。見 左傳 人名 書·君奭 有若泰顛。又 tián 集韻 亭年切音田。顛顛，憂思貌 禮·玉藻 喪容纍纍，色容顛顛 註 憂思貌也 釋文 顛字又作蹎，音田。又丁年反 又 與闐通 禮·玉藻 盛氣顛實揚休 註 顛讀爲闐 疏 顛，塞也 釋文 闐音田 又 zhēn 集韻 典因切。亦頂也 司馬相如·上林賦 長嘯哀鳴，翩幡互經。夭蟜枝格，偃塞杪顛 又 tián 廣韻 他甸切，瑱去聲。與瑱同△ 集韻 亦作蹎。鼇又 顛68352蹎59608攧21263攧21279

顚 68352 36212
diān_10.19 正字通 俗顛字。鼇 又 倶01688顚02657 顚02656 颠68382

䪾 68353 36213
miè_10.19 五音集韻 莫結切，音滅◇ 䪾頡也。

䪼 68354 36214
kuǐ_10.19 廣韻 五罪切 集韻 韻會 五賄切丛音傀 說文 頭不正也 廣雅大貌 又 唐韻 口猥切，魁上聲 集韻 丘其切音欺。義丛同。

䪵 68355 36215
jiǎng_10.19 集韻 古項切音講。明也，和也，直也 史記·曹相國世家 蕭何爲法，䪵若畫一。通作講 又 jué 集韻 訖岳切，音覺。義同。通作較。

顖 68356 36216
kū_10.19 唐韻 集韻 韻會 丛苦骨切音窟 博雅大也 說文 大頭也 又 倉頡篇 相抵觸也 又 廣雅 醜也 又 獨處貌 張衡·思玄賦 顖羈旅而無友兮，余安能乎留茲 又 kuǐ 廣韻 口猥切音碨。首大骨 又 kuǎ 口瓦切，跨上聲。髁貌 又 kuǐ 廣韻 苦回切 集韻 枯回切丛音恢。亦大頭也。

頜 68357 36217
gé_10.19 廣韻 古盍切 集韻 谷盍切，丛音都。◆ 玉篇 車頜骨也 又 集韻 丘蓋切音磕。頭骨貌。或作頜 鼇 玉篇 頜，公盍切，頜車骨 正字通 頜，俗字。舊註音閣，車頜骨也。又 與頜68478同。並非 又 頜68025

顗 68358 36218
dōu_10.19 集韻 當侯切音兜。顗顗，面折。

類 68359 36219
lèi_10.19 唐韻 集韻 韻會 正韻 丛力遂切，音淚 爾雅·釋詁 善也 詩·大雅 克明克類 箋 類，善也。勤施無私曰類 又 孝子不匱，永錫爾類 傳 類，善也 又 玉篇 種類也 易·乾卦 則各從其類也。又 繫辭 方以類聚 又 比也 禮·學記 知類通達 註 知事義之比也 又 緇衣 子曰：下之事上也，身不正，言不信，則義不壹，行無類也 註 類謂比式 疏 言行之無恆，不可比類也。又 左傳·襄九年 晉君類能而使之 註 隨所能 又 肖似也 禮·曲禮 諸侯既葬見天子曰類見 註 代父受國。類，猶象也。執皮帛，象諸侯之禮見也 又 祭名 書·舜典 肆類于上帝 詩·大雅 是類是禡 周禮·春官 肆師 類造上帝 鄭註 類禮依郊祀而爲之者 又 爾雅·釋魚 龜不類 疏 倪，庳也，不發聲也。謂行時頭左邊庳下者名類 又 山海經 亶爰之山有獸焉，其狀如貍而有髦，其名曰類。自爲牝牡，食者不妒 又 爾雅翼 載兩類曰臂類、奇類，即兩體自爲牝牡者。臂與脬同 又 國名 後漢·西域傳 有蒲類國 又 姓 史記·梁平王世家 類犴反 正字通 宋類演，福州寧德尉 又 lèi 集韻 盧對切，音酹。偏也 左傳·昭十六年 刑之頗類 又 lǜ 集韻 劣戌切音律。似也 曹植·七啟 麗草交植，殊品詭類。綠葉朱榮，煕天曜日△ 說文 種類相似，唯犬爲甚。从犬頪聲。鼇又 類68319類68380 臂22837类43171类43208顅68364 又 類68318類68375類68376

瀕 68360 36220
mí_10.19 集韻 縣批切音迷。瀕頤，頭垂貌。

顰 68361 36222
pín_10.19 集韻 頻68171古作顰。

頃 68362 36223
qǐng_10.19 字彙補 同頃。田畝也○ 按即頃字謁文。

68363 36224
顊 yí_10.19 字彙補以之切音頤。養也。又輔車骨也。

68364 36225
頦 lèi_10.19 五音篇海類字之譌。

68365 36226
顖 xìn_10.19 字彙補顖字之譌。

68366 36227
頍 guī_10.19 字彙補居窺切音規。見藏經字義〇按即頍字之譌。

68367 46457
頵 bān_10.19 搜眞玉鏡音班。

68368 u2B5B8
顩 yuàn_10.19 簡顩68346

68369 u2B5A4
頋 null_10.19 殷周金文集成·8.4330·沈子它簋蓋乃沈子其顋褰多公能福。

68370 u29532
顗 liú_10.19 唐·段成式酉陽雜俎續集·卷八北海有木兔，類鼮顗。楊寶忠：鼮顗，鴶鷜73730

68371 u29531
題 juān_10.19 字海同顅53788

68372 u29530
顕 xiǎn_10.19 正字通顯68487，俗作顕露淚緣十一回老爺指望你登金榜，顕親揚名把正事圖。

68373 u2952F
顜 jiá_10.19 說文顜，籀文頰。

68374 u2952D
類 null_10.19 未詳。

68375 u2952C
頛 lèi_10.19 俗顮68359

68376 u2952B
顮 lèi_10.19 俗顮68359漢隸字源引白石神君碑

68377 u2952A
頔 null_10.19 未詳。

68378 u29523
顫 zhān_10.19 同顫68385

68379 u4AE7
顥 gǎo_10.19 同顥68423

68380 uF9D0
頛 lèi_10.19 兼頛。

68381 u98A1
顙 sǎng_10.19 簡顙68347

68382 u98A0
顛 diān_10.19 簡顛68352

68383 u989F
顢 mán_10.19 簡顢68397

68386 36228
頙 zé_11.20 廣韻集韻夶側革切音責廣韻頙顪，頭不正貌。璽又頙68260

68384 u989E
顪 niè_10.19 簡顪68526

68387 36229
顤 áo_11.20 廣韻五勞切集韻牛刀切夶音敖說文顤顤，高也。從頁堯聲玉篇高大也図ào唐韻五到切集韻魚到切夶音傲。義同。璽又贅68416顤68464軣67928顤68165

68385 36221
顫 zhān_11.20 廣韻集韻夶諸延切音邅玉篇顙也揚子方言顫、領、顏，顙也。湘江之閒謂之顫。或從采作頛△正字通顫字舉要訓雙顙，非。璽又顫68378

68388 36230
顦 xù_11.20 廣韻許玉切集韻吁玉切夶音旭廣韻顖顦。出聲譜△集韻或作髓。璽又顖68404

68389 36231
顲 lán_11.20 集韻盧含切音婪。顲顉，俯首貌。

68390 36232
顙 sǎn_11.20 廣韻集韻夶桑感切音鏒廣韻鎖顙，搖頭也図廣韻七感切音慘。義同。璽又顙68445頒68135

68391 36233
顢 má_11.20 廣韻莫霞切集韻謨加切夶音麻廣韻顢顸，難語△集韻或作謨廮頹。

68392 36234
顢 má_11.20 集韻同顢

68393 36235
顟 láo_11.20 玉篇力弔切音料。顟顟，頭長貌図láo廣韻力嘲切集韻力交切，並音僇。義同図liáo集韻憐蕭切音聊。高鼻深目貌。

68394 36236
顙 shuǎng_11.20 廣韻疎兩切集韻所兩切夶音爽玉篇醜也図廣韻初丈切集韻楚兩切夶音磢。義同。

68395 36237
顤 piāo_11.20 廣韻符少切集韻婢小切夶音摽玉篇髮白貌図集韻匹妙切音剽。義同図紕招切音漂。顤顤，髮亂貌。與鬃同◆楚辭·九思含憂强老兮愁不樂，鬢髮寧頜兮顤鬃白註顤，疋招切，髮亂貌図匹沼切音縹。義同。

68396 36238
額 yì_11.20 廣韻集韻夶魚旣切音毅玉篇癡額，不聰明也図wài廣韻集韻夶五怪切音聵。義同図tuì五音集韻他怪切。顔惡也図zhuài集韻迍怪切音膪。擊頭聲。一曰聩額，無志図廣韻五罪切集韻五賄切夶音頠。義同。璽又額68432瘭56093頩46710頛68278図正字通額，本作顡68495

68397 36239
顢 mán_11.20 廣韻母官切集韻謨官切夶音瞞玉篇顢頊，大面。璽又顢68383

68400 36242
顬 lóu_11.20 集韻同髏

68398 36240
頔 ōu_11.20 集韻烏侯切音謳玉篇顢頸，面折。

68399 36241
頔 bēi_11.20 唐韻府移切集韻賓彌切夶音卑玉篇須髮半白図聲類冪貌。

68401 36243
顣 cù_11.20 唐韻集韻韻會正韻夶子六切音蹙廣韻顣頞，鼻頤促貌孟子己頻顣曰：惡用是鶃鶃者爲哉。図qì集韻倉歷切。嚬也。璽又顣68407

68407 u2B5B9
顣 cù_11.20 簡顣68401

68402 36244
顱 lú_11.20 六書故同顱

68403 36245
頭 póu_11.20 五音集韻同髻。

68408 u2B5A6
頔 null_11.20 喃未詳。

68404 36246
顦 xù_11.20 字彙補曉谷切，音勗◇禄也。璽楊寶忠：俗顦68388

68409 u2B5A5
頔 null_11.20 未詳。

68405 36247
顫 yī_11.20 集韻與顫同

68406 46458
顖 yōu_11.20 搜眞玉鏡與憂同。

68410 u29548
頔 fán_11.20 類篇蹯59365躨頔，符袁切說文獸足謂之番。或作蹞蹯。亦書作墦頔蹯。又符分切。獸跡。

68411 u29546
頔 hǒng_11.20 同頔68419集韻頔頔，虎孔切。肥皃。

68412 u29545
顐 qīn_11.20 同顐68132亦作顐68349

68413 u29544
顖 xìn_11.20 同顖68333古文囟

68414 u29543
顕 xiǎn_11.20 俗顯可洪音義高顯：呼典反。正作顯6848

68415 u29541
頔 chún_11.20 同唇06011類篇頔，船倫切。口尚也。

68416 u29540
贅 áo_11.20 顤68387本字。見說文

68417 u2953F
頤 yì_11.20 俗頤68084

68419 36248
頔 hǒng_12.21 字彙呼孔切，烘上聲。肥貌。璽集韻作頔68411

68418 u2953E
頔 bī_11.20 同輩71072

68420 36249
顫 zhǎn_12.21 唐韻集韻夶旨善切音膳說文倨視人也。璽說文本作顫68496

顙 68422 36251
sěn_12.21 集韻所錦切音痒。顪顙，懦弱貌。

顠 68423 36252
gǎo_12.21 集韻古老切音杲 玉篇廣大貌 図háo 廣韻胡刀切 集韻乎刀切夶音豪 廣韻顠顠，大面貌 図集韻居勞切音高。義同。鼇或作頗顠。

顤 68424 36253
yáo_12.21 廣韻許交切 集韻虛交切夶音虓 廣韻顤顠，人面也 釋名高也 王延壽·魯靈光殿賦顤顠顠而睽睢 図yáo 廣韻五聊切 集韻倪幺切夶音堯 玉篇高長頭貌 図唐韻韻會五弔切 集韻倪弔切，夶堯去聲。義同 図qiào 集韻丘召切音嶠。舉首也。

顥 68425 36254
lǔ_12.21 玉篇古文履 13164 字。

顠 68426 36255
pó_12.21 唐韻薄波切 集韻逋禾切 正韻蒲禾切夶音婆 說文同皤。老人白也 図廣韻顠顠，勇舞貌。
図fán 集韻符袁切音煩。白喙。

顠 68428 36257
huì_12.21 集韻戶賄切音瘣。顪顠，頭貌 図胡對切音潰。無髮貌。

顠 68421 36250
nǐng_12.21 集韻同顠 夶章荏切音枕 玉篇低頭貌 図廣韻頭銳長也 図qǐn 集韻七稔切音寢。懦劣也。鼇又顠 68442

顠 68429 36258
chán_12.21 集韻常含切。顠顠，俯首貌。

顠 68430 36259
liào_12.21 廣韻 集韻夶力弔切音料 玉篇顠顠，頭長貌。與顠同。

顠 68431 36260
hào_12.21 唐韻 正韻胡老切 集韻下老切 韻會合老切夶音昊 說文白貌 五音集韻天邊氣 楚辭·大招天白顥顥 註顥顥，光貌 班固·西都賦鮮顥氣之清英 前漢·安世房中歌西顥沈碭 註韋昭曰：西方少昊也 △集韻或作皜，亦作皜皞皦顥。鼇又顥 68453 顥 68035

顠 68432 36261
wài_12.21 正字通顠字之譌。

顠 68433 36262
fán_12.21 類篇符袁切音煩。大醜貌。

顠 68435 36264
lìn_12.21 唐韻 集韻夶良忍切音嶙 說文頯顠也。一曰頭少髮。亦作顠。鼇又顠 68493 顠 68490

顠 68436 36265
wài_12.21 集韻五怪切音聩。人名 漢有北平康侯顠。

顠 68438 36267
qiáo_12.21 唐韻昨焦切 集韻慈焦切 正韻慈消切夶音樵 玉篇顠顠，憂貌 図正韻瘁也 △集韻或作憔憔癄醮 正韻亦作焦樵蕉。

顠 68434 36263
yù_12.21 字彙同預

顠 68437 36266
xuān_12.21 廣韻須緣切 集韻荀緣切夶音宣 玉篇圓面也。亦作圓 図集韻從緣切音全。義同。鼇又顠 67109

顠 68439 36268
gù_12.21 古文鶚 唐韻 廣韻 集韻 類篇 韻會 正韻夶古慕切音故 玉篇瞻也。迴首曰顧 詩·小雅顧我復我 箋顧，旋視也 書·太甲顧諟天之明命 傳謂常目在之。
図眷也 詩·大雅乃眷西顧。又 書·康誥顧乃德 傳謂顧

省汝德。又 詩·小雅不顧其後 箋不自顧念 図但也 禮·祭統上有大澤，則惠必及下，顧上先下後耳 疏言上有大澤，則惠必及。但尊上者在先，卑下者處後耳。一曰顧，故也，謂君上先餕，臣下後餕，示恩則從上起也。
図發語辭 史記·刺客傳顧不易耶 註顧，反也 前漢·賈誼傳首顧居下 註顧亦反也，言如人反顧然 図與雇同 前漢·鼂錯傳斂民財，以顧其功 註顧，讎也，若今言雇賃也 図引也 後漢·黨錮傳郭林宗、范滂等爲八顧，言能以德行引人者也 図國名。亦姓 詩·商頌韋顧既伐，昆吾夏桀 傳有韋國者，有顧國者 箋顧、昆吾，皆己姓 図地名 左傳·哀二十一年公及齊侯邾子盟于顧 註顧，齊地 図山名 方輿勝覽鎮江北固山，梁武改曰北顧。
図gǔ 五音集韻公戶切音古。義同 書·微子我不顧行遯。徐邈讀△俗作顄。鼇顧 67996 顧 67960 顄 67995 顄 68028，俗顄 図顄 68005

顠 68444 46460
rú_12.21 川篇同顠

顠 68440 36269
xùn_12.21 說文同巽。从丌从顠 徐曰顠之義亦遜具也。鼇或訛作興 68473

顠 68441 36270
yī_12.21 集韻顠字省文。

顠 68442 36271
zhěn_12.21 字彙補顠字之譌。

顠 68443 46459
lìn_12.21 篇海類編同顠。

顠 68445 46461
sǎn_12.21 川篇同顠

顠 68446 46462
kuí_12.21 川篇音逵

顠 68447 u2B5A7
null_12.21 喃未詳。

顠 68448 u2955D
yán_12.21 籀文顠 68297

顠 68449 u2955B
xiǎn_12.21 同顠 68487 天亡簋不顠考文王。

顠 68451 u29559
null_12.21 未詳。

顠 68450 u2955A
xū_12.21 晚晴簃詩匯·卷一百七十二·吳受福·酬劉語石明經相見如顠顠，豈復矜詞藻。顠顠，同顠顠 67943，頭動貌。

顠 68452 u29558
bīn_12.21 瀕 30242 本字。顠 68472 顠 68361 並顠之誤。

顠 68453 u98A2
hào_12.21 簡顠 68431

顠 68454 36272
è_13.22 集韻五盍切，音瞌。嚴顠，首動貌。或作髍。

顠 68455 36273
yǎn_13.22 唐韻 集韻夶魚檢切音广 玉篇 說文云齱貌 倉頡云狹面銳頤之貌 図qiǎn 集韻丘檢切，枕上聲。顠顠，面不平也。或作顠預 図hàn 呼濫切音顠。頑顠，癡貌 図zhèn 廣韻直稔切 集韻丘甚切夶音鋐 廣韻顠頤，醜貌 集韻頤上曲曰顠。或从金 図集韻丘凡切，凵平聲。義同。鼇正字通顠，頷字之譌 図集韻顠，或作顠顠顠。

顠 68456 36274
kǎn_13.22 集韻苦感切音坎 玉篇動首也 五音集韻瘦也。或作顠 図hǎn 廣韻呼唵切音喊。食不飽也。
図hàn 廣韻 集韻夶呼紺切 廣韻面虛黃色 図集韻胡紺切音憾。顠顠，頭面不平也。

顠 68457 36275
hàn_13.22 集韻胡紺切音憾。臨火气也 図呼紺切音熯。義同。

68458 36276
顪 dú_13.22 廣韻 集韻 𠀤徒谷切音獨 玉篇 埤蒼 云顪顡，頭骨。

68459 36277
顮 jìn_13.22 廣韻 集韻 𠀤渠飲切音噤 集韻 顮顡，懦劣 又 玉篇 怒也 又 廣韻 集韻 𠀤渠領切音痙。義同。又 yìn 廣韻 于禁切音㱃。顮顲，切齒怒貌。鑒 又 顮68471

68460 36278
顢 huì_13.22 廣韻 韻會 許穢切 集韻 許濊切𠀤音喙 廣韻 䫴也 集韻 頤下毛。一曰頯謂之顢。或作嘒 莊子·外物篇 接其鬢，壓其顪 音義 顢，許穢反。頤下毛也。

68461 36279
顫 zhàn_13.22 廣韻 集韻 韻會 正韻 𠀤之膳切音戰 玉篇 頭不正也 又 廣韻 四支寒動也 又 shān 集韻 韻會 正韻 𠀤尸連切音羶 集韻 謂審於氣臭也 莊子·外物篇 鼻徹爲顫 音義 顫，舒延反。鑒 又 顫68475 又 懾、憚，俗。玄應 衆經音義 戰慴：字體作顫，又作懾，同，之見反 慧琳一切經音義 戰慴：字體作顫，又作懾，同，之見反。

68462 36280
顩 sè_13.22 廣韻 所力切 集韻 殺測切𠀤音色。䫴也。

68463 36281
顶 dǐng_13.22 集韻 籀文頂字。

68470 u2B5A8
蠤 null_13.22 未詳。

68464 36282
顤 ào_13.22 字彙補 五高切音敖 廣雅 顤顤，高也 △今作顤。

68465 36283
顲 dàn_13.22 五音集韻 亭紺切，音淡 ◇顲髊，頭貌。

68466 42218
顳 méng_13.22 五音集韻 與儚同。

68467 46463
顥 xuān_13.22 字彙補 音喧。

68468 46464
顥 dǐng_13.22 篇海類編 同顥。

68471 u29597
顤 jìn_13.22 簡顮68459

68469 46465
頬 è_13.22 字彙補 同頬

68472 u29568
顮 bīn_13.22 俗顮68452

68473 u29567
顨 xùn_13.22 俗顨68440 廣韻 顨 說文 云巽也，此 易 顨卦為長女為風者。

68474 u29565
顤 null_13.22 未詳。

68475 u98A4
顫 chàn_13.22 簡顫68461

68476 36284
頬 è_14.23 正字通 髃字之譌。

68477 36285
顬 rú_14.23 廣韻 人朱切 集韻 汝朱切𠀤音儒。耳穴動謂之顬顬。鑒 又 顬70795顬68444顬68498

68478 36286
顆 kē_14.23 集韻 丘蓋切。與磕同。頭骨貌。鑒 與磕同。與顤同 集韻 顤68357顤，頭骨兒。或從蓋。

68480 36288
顮 dāo_14.23 廣韻 都牢切 集韻 都勞切𠀤音刀 廣韻 顮顡，大面貌 又 集韻 徒刀切音陶。義同。

68479 36287
顲 yuàn_14.23 集韻 同顲

68481 36289
顃 hōng_14.23 廣韻 呼肱切 集韻 呼乢切𠀤音薨 說文 憴也 又 méng 集韻 彌登切，音瞢。義同 △集韻 或作㒱。亦作顲。

68482 36290
顲 mián_14.23 廣韻 武延切 集韻 民堅切𠀤音綿 揚子方言 雙也。南楚江淮之間曰顲 又 玉篇 雙生也 集韻 博雅 健顲，孿也。一曰美也。鑒 類篇 作顲68511

68483 36291
顭 měng_14.23 集韻 母揔切音蠓。顭顡，頭昏。

68484 36292
巇 yǐ_14.23 廣韻 於離切 集韻 於宜切𠀤音猗 玉篇 睋盻貌。又美容貌 △集韻 或作巇。鑒 又巇68405巇22285巇22287 又 卯集下·方部 重出：玉篇 居起切。失容也。按 玉篇 㪱部，巇，居起切。失容也 玉篇·頁部 巇68441，乙敏切。睋盻兒 又 美容兒。今併入 頁部

68485 36293
顁 nǐng_14.23 廣韻 集韻 正韻 乃挺切 韻會 乃頂切，𠀤寧上聲 玉篇 頂顁也 △集韻 或作顁。

68486 36294
顮 bīn_14.23 廣韻 必鄰切 集韻 卑民切𠀤音賓 玉篇 憤懣也 揚子方言 毗顮，懣也 又 集韻 毗賓切音頻。義同。鑒 又顮68492

68487 36295
顯 xiǎn_14.23 古文㬎 唐韻 集韻 韻會 正韻 𠀤呼典切音憲 爾雅·釋詁 光也。又見也 玉篇 明也，覿也，著也 書·泰誓 天有顯道，厥類惟彰 傳 言天有明道，其義類惟明 又 達也 左傳·僖二十五年 是求顯也 孟子 而未嘗有顯者來 疏 言未嘗有富貴顯達者來 家中 姓 風俗通 周卿顯甫 又 xiàn 正韻 曉見切音韅。覿也 又 人名 禮·檀弓 子顯致命于穆公 釋文 顯，呼遍切 又 ◆說文 顯，頭明飾也。從頁㬎聲 △俗作顕，非。鑒 又㬎22528㬎23052㬎22603頭68321顯68331顯68449顯68414覼55181 又 覵55164，直見爲顯。

68488 36296
顤 lǎn_14.23 字彙補 與顤68521同。

68489 36297
顰 pín_14.23 字彙補 皮名切，音平 ◇出言多也。

68492 u2957D
顮 bīn_14.23 同顮68486

68490 36298
顤 lìn_14.23 字彙補 力忍切，音廩 ◇頭少髮貌 ○按卽顤字重文。

68493 u2957C
顤 lìn_14.23 同顤68435

68491 46466
顤 cāng_14.23 川篇 音蒼

68494 u2957B
顤 mín_14.23 古文頤68013見 集韻

68497 u29577
顧 null_14.23 未詳。

68495 u2957A
顤 yì_14.23 顤68396本字

68498 u98A5
顬 rú_14.23 簡顬68477

68496 u29578
顤 zhǎn_14.23 顤68420本字

68499 36299
顤 yuàn_15.24 唐韻 魚怨切 集韻 虞怨切𠀤音願 說文 顡頂也 博雅 欲也 又 字彙 顤，古願68346字 ○按 說文 願訓大頭，從頁原聲。顤訓顡頂，從頁㻎聲。諸韻書二字俱分 字彙 以爲古願字，未知何據。鑒 又顤68510 正字通 顤，別作顤68518

68500 36300
頣 yǎn_15.24 字彙 魚檢切，音儼。不平貌。

68501 36301
顬 fán_15.24 唐韻 附袁切 集韻 符袁切𠀤音煩 說文 大醜貌 又 廣韻 符分切音汾。又 集韻 翻阮切音疲。義𠀤同。鑒 又顬68505 正字通 爛，同顬。

68502 36302
顰 pín_15.24 玉篇 正韻 𠀤毗賓切音貧 玉篇 顰蹙，憂愁不樂之狀也 易·復卦 作頻 王註 謂頻蹙之貌 又 通作矉 莊子·天運 西施病心而矉其里，其里之醜人見而美之，歸亦捧心而矉其里 李白詩 蛾眉不可學，況乃效其矉 △亦作嚬。鑒 又 說文 本作顰 又 矉68512顰60476

嬾11650

櫷 68505 u2B5BA
fán_15.24 簡 顟68501

顊 68503 36303
è_15.24 五音集韻五各切音号。嚴敬也。鑿又頞68469顊68513頛68509

顑 68506 u2B5A9
null_15.24 殷周金文集成·18.11997·郘公鏃顑之蚯

數頁 68507 u29585
sǒ_15.24 喃从頁數số聲。頭，首。亦作皷69633

願 68508 u29584
yǐn_15.24 同顤68514

顡 68504 36304
yá_15.24 字彙補五夏切，雁入聲道藏·三元經顡齓齟齬

顊 68509 u29583
è_15.24 龍龕頞俗，顊68503正，五各反。面高皃。

顎 68510 u29582
yuàn_15.24 同顅68499

顋 68511 u4AF5
mián_15.24 同顧68482

顰 68512 u98A6
pín_15.24 簡 顰68502

顤 68514 36306
yǐn_16.25 廣韻欽錦切集韻顑鈴玉篇顔顤，醜貌図集韻丘廉切音懨。又丘凡切音芡。義丛同図yǎn魚檢切音儼。頜顤，面不平。鑿又顤68508正字通顤，俗頜字。

顊 68513 36305
è_16.25 集韻逆各切音愕玉篇面高貌。與顎同。

顱 68515 36307
lú_16.25 廣韻落胡切集韻正韻龍都切韻會籠都切丛音盧玉篇博雅曰頇顱謂之髑髏図通作盧前漢·武五子贊頭盧相屬于道。△集韻或作臚六書故作顱鑿又顱68062

顎 68518 u29588
yuàn_16.25 同顅68499

顉 68516 36308
lǎn_16.25 唐韻集韻丛盧感切音壈說文面顉顉貌聲類面脣貌図lǐn廣韻力稔切集韻力錦切丛音廩廣韻顉然，作色貌図làn集韻郎紺切，音儉。面色黃貌。鑿又顉68488

顤 68517 36309
qiāo_16.25 集韻口交切音蹺。面不平也。

顝 68519 36310
hōng_17.26 廣韻呼肱切音薨玉篇惛也。或作儚。

顠 68520 36311
líng_17.26 唐韻集韻丛郎丁切音靈說文面瘦淺顠顠也。鑿廣韻疒35930，同顠。

顉 68521 36312
lǎn_17.26 正字通顉字之譌字彙附十七畫，非。

顈 68523 36314
yǐng_17.26 集韻於郢切，嬰上聲說文頸瘤也。

顝 68524 u2958E
hōng_17.26 俗顝68519廣韻顝，惛迷也。

顴 68525 u98A7
quán_17.26 簡 顴68527

顫 68522 36313
chān_17.26 集韻初銜切音攙鬛顫，頭貌図zhàn仕懺切音鑱。頭長也。

顳 68526 36315
niè_18.27 廣韻而涉切集韻日涉切丛音讘玉篇在耳前曰顳廣韻顳顬，鬢骨図集韻顳顬，耳前動也。

顴 68527 36316
quán_18.27 廣韻巨員切集韻韻會正韻逵員切丛音權廣雅頯也集韻輔骨曰顴。或作髖。與頯、頬音別義同。通作權。鑿又顴68525喏06413

顝 68528 36317
bèi_18.27 字彙補皮媚切音贔。眉也。

顭 68529 36318
shǒu_18.27 字彙補與首同。見釋典。

顣 68530 u29591
cù_18.27 慧琳音義顣蹙59251：下酒育反左傳云蹙，促也廣雅云急也。迫也考聲聚也。文字典說從足，戚聲。經從頁作顣，非也。

顴 68531 46467
guān_20.29 搜眞玉鏡音官。又音顴。

顰 68532 u29593
pín_20.29 顰68502本字。

❖ 風部 ❖

風 68533 36319
fēng_0.9 古文戌風凮飌飌唐韻方戎切集韻方馮切正韻方中切丛音楓。風以動萬物也莊子·齊物論大塊噫氣，其名爲風河圖風者，天地之使元命包陰陽怒而爲風爾雅·釋天南風謂之凱風，東風謂之谷風，北風謂之涼風，西風謂之泰風禮·樂記八風從律而不姦疏八方之風也史記·律書東北方條風，立春至。東方明庶風，春分至。東南方清明風，立夏至。南方景風，夏至至。西南方涼風，立秋至。西方閶闔風，秋分至。西北方不周風，立冬至。北方廣莫風，冬至至周禮·春官·保章氏以十有二風，察天地之和命，乖別之妖祥註十有二辰皆有風吹其律，以知和不図玉篇散也易繫辭風以散之図颭風，疾如風也左傳·成十六年郤至三遇楚子之卒，見楚子必下免胄而趨風図玉篇教也書·畢命彰善癉惡，樹之風聲。又說命四海之内，咸仰朕德，時乃風註言天下仰我德，是汝之教也詩·關雎序風之始也箋風是諸侯政教也図風俗禮·樂記移風易俗，天下皆寧図疾急左傳·昭元年風淫末疾註末，四肢也。風爲緩急図廣韻佚也書·費誓馬牛其風傳馬牛風佚疏僖四年左傳云惟是風馬牛不相及也。賈逵云風，放也。牝牡相誘謂之風。然則馬牛風佚，因牝牡相逐而遂至放佚遠去也図防風，國名。今湖州武康縣図地名。寧風，齊地，見左傳。右扶風，見漢書図官名前漢·地理志武帝太初元年，更名主爵都尉爲右扶風図鳥名詩·秦風鴥彼晨風爾雅·釋鳥晨風，鸇疏晨風，一名鸇，摯鳥也。郭云鷂屬図晉書·輿服志相風中道正字通晉制，車駕出，相風居前。刻烏於竿上，名相風。又述征記長安南有臺，高十仞，立相風銅烏，遇風輒動図草名西京雜記懷風，苜蓿別名。一名光風図姓。黃帝臣風后。又風胡，見越絕書図神異經西方有披髮東走，一名狂，一名顛，一名狷，一名風図fèng\fēng廣韻方鳳切音諷詩·關雎序詩有六義焉。一曰風，上以風化下，下以風刺上，主文而譎諫，言之者無罪，聞之者足戒，故曰風箋風化、風刺，皆謂譬諭，不直言也釋文下以風之。風，福鳳反註風刺同図叶分房切音方楚辭·惜誓涉丹水而馳騁兮，右大夏之遺風。黃鵠之一舉兮，知山川之紆曲，再舉兮睹天地之圜方図叶甫煩切音蕃王粲詩烈烈冬日，蕭蕭淒風。潛鱗在淵，歸鴈載軒図叶閭承切後漢·馮衍顯志賦摛道德之光輝兮，匡衰世之渺風。褒宋襄于泓谷兮，表季札于延陵図叶孚金切音分。詩·邶風緄兮紞兮，淒其以風。我思古人，實獲我心。又大雅吉甫作頌，穆如清風。仲山甫永懷，以慰其心楚

辭·九章乘鄂渚而反顧兮，欸秋冬之緒風。步余馬兮山皋，邸余車兮方林釋名兗豫幷冀，橫口含脣言之，讀若分。青徐，踧口開脣推氣言之，讀若方。風，放也，氣放散也陳第·毛詩古音考風古與心林音淫爲韻，孚金切。或曰今太行之西，汾晉之閒讀風如分，猶存古音正韻一東收風，十二侵闕，蓋未詳風古有分音也△說文風動蟲生，故蟲八日而化。从虫凡聲趙古則曰凡物露風則生蟲，故風从虫，凡諧聲。鑋又凬03134颪03118鳳14590风68537飍43059繁52099⊠風03110宋元以來俗字譜引通俗小說等⊠迪60856風字俗寫。

凬 68534 36320
fēng_0.9 玉篇古文風字正字通風从天气形，从日中出气成風字彙作凬，非。今改正。鑋或入几部七畫

風 68535 u2FB5
fēng_0.9 同風68533部首專用字。亦作风68536

风 68536 u2EDB
fēng_0.9 部風68535　　**风** 68537 u98CE
fēng_0.9 简風68533
⊠俗鳳72948，宋元以來俗字譜引通俗小說等。

嵐 68540 u29598
zài_2.11 同㞉10210　　**颭** 68538 36321
chāo_2.11 廣韻救交切集韻丑交切丛音炒玉篇颭颲，吹貌⊠廣韻熱風⊠集韻尼交切音鐃。義同。鑋又颲68559颰68539

颰 68539 u29599
chāo_2.11 龍龕颭俗，颭68538正。

颮 68541 36322
biāo_3.12 集韻與飆同△韻會小補作颰，誤。

颴 68542 36323
péng_3.12 廣韻薄紅切集韻蒲蒙切丛音蓬廣韻風貌⊠piáo廣韻皮彪切集韻皮虯切，音滮。義同。

颷 68543 36324
péng_3.12 字彙同颴　　**颭** 68544 36325
hóng_3.12 廣韻戶公切集韻胡公切丛音洪玉篇風聲⊠廣韻大風。

嵐 68549 u2959F
lán_3.12 俗嵐13949　　**颲** 68545 36326
liáo_3.12 篇海力交切，音寮◇風聲。鑋楊寶忠：以形求之，疑爲颲異寫，以義求之，疑爲颲訛省。材料不足，不能遽定。

颩 68546 36327
biāo_3.12 字彙補巴收切，音彪◇元曲颩了僧伽。

颭 68547 42220
biāo_3.12 韻會小補與颩同。

颸 68550 u2959E
null_3.12 未詳。　　**颲** 68548 46468
bèi_3.12 龍龕北妹切

飏 68551 u98CF
yáng_3.12 简颺68724　　**颪** 68552 u98AA
xià_3.12 日落山風。

颬 68553 36328
hóng_4.13 集韻乎萌切音宏玉篇大風也。或作颭。

颭 68554 36329
hóng_4.13 集韻同颬⊠呼乩切音薨。與颲同。

颮 68555 36330
yù_4.13 廣韻于筆切集韻韻會越筆切，丛音聿玉篇大風也庾闡·海賦百川輻輳，四瀆橫通。迴颮決潗，簀散穹窿韓愈詩如新去耵聹，雷霆逼颰颮颮⊠唐書·百官志有颮海道⊠謝颮，外國名。本名漕矩吒，武后改今名。鑋說文颮，大風也。从風日聲。段氏改爲从風曰聲⊠作颭68607

颭 68556 36331
fú_4.13 廣韻防無切集韻韻會馮無切正韻逢夫

切丛音扶玉篇風自上下謂之颭颭⊠廣韻颭風，大風〇按爾雅·釋天莊子·逍遙遊通作扶。亦作颮。

颹 68557 36332
xín_4.13 廣韻徐林切音尋玉篇姓也。或作颲。

颲 玉篇颲，寺林切。姓也。胡吉宣校釋：廣韻颹，姓也姓苑云汝南人切韻鄩61986，古姓集韻膷47913，古姓⊠俗或作颹11051

颿 68558 36333
tún_4.13 集韻徒渾切音屯。風也。

颲 68572 46472
pèi_4.13 龍龕音霈　　**颲** 68559 36334
chāo_4.13 玉篇楚交切音抄。風起也。鑋熊加全：疑俗颲68538

颺 68573 u2B5C7
yù_4.13 简颲68555　　**颲** 68560 36335
xuè_4.13 集韻呼決切音血玉篇風也⊠集韻翾劣切音威。同颲。

颲 68561 36336
gān_4.13 集韻姑南切音弇玉篇風也。

颲 68562 36337
xiā_4.13 廣韻許加切集韻虛加切丛音煆廣韻風貌⊠開口吐氣貌張衡·西京賦含利颬颬，化爲仙車註含利，獸名，性吐金言。初爲獸，後化爲仙人車，乃以驪馬駕之字彙謂爲山車，非。

颬 68563 36338
pāo_4.13 廣韻普袍切集韻普刀切丛音薼。輕貌。

颭 68564 36339
biāo_4.13 玉篇非鳳切音諷。焚也。鑋俗颲68807

颲 68565 36340
hū_4.13 集韻與颲同。

颲 68566 36341
wǎng_4.13 字彙補微昉切音罔。經風也。

颲 68567 42219
xià_4.13 六書略與夏同。

颬 68568 42221
niè_4.13 字彙補乃協切音聶篇海聲絕也。

颲 68570 46470
xín_4.13 龍龕同颹。鑋龍龕颹颲俗，颲68594正。

颲 68571 46471
náo_4.13 搜眞玉鏡女交切。

颲 68574 u2B5BB
null_4.13 未詳。　　**颲** 68569 46469
fú_4.13 篇海與颲同

颲 68576 u295AA
null_4.13 未詳。　　**颲** 68575 u295B1
xuè_4.13 颲68583譌字

颲 68577 36342
bī_5.14 廣韻普蔑切集韻匹蔑切丛音擎。小風貌⊠bī廣韻彼側切集韻筆力切丛音逼。風也。或作颲⊠集韻弼力切音復。義同⊠bì壁吉切音必。與颲同。寒風。鑋又颲68600⊠龍龕亦姓。楊寶忠：俗颲08072

颲 68578 36343
liǔ_5.14 廣韻力久切集韻韻會正韻力九切丛音柳廣韻颲颲。風貌集韻緒風謂之颲颲△集韻或作颲韻會或作颲。鑋又颲68660

颲 68579 36344
líng_5.14 集韻郎丁切音靈玉篇寒風。

颲 68580 36345
chāo_5.14 廣韻敕宵切集韻癡宵切丛音超廣韻涼風集韻清風謂之颲。

颲 68581 36346
zhǎn_5.14 廣韻占琰切集韻韻會正韻職琰切丛音拈廣韻風吹落水說文風吹浪動也柳宗元詩驚風亂颲芙蓉水劉歆·遂初賦猋風肎其飄忽兮。迴颲颲其冷冷正

字通 凡風動物，與物受風搖曳者，皆謂之颭。
颫 又颷68610

颻 yǒu_5.14 廣韻於柳切集韻於九切𠀤音懮 廣韻颻颿，風聲 集韻緒風謂之颻颻 yōu 類篇於糾切音幽 朱子·遊南康景德觀詩 飛泉天上來，一落不復收。披崖日璀璨，噴壑風颻颻 颫 正字通颻，俗颿字。

颬 xuè_5.14 廣韻許劣切音映 玉篇小風貌 図 xù 集韻雪律切音卹。義同△正字通本作颬，从尗。俗改从术，非。颫 又颰68637颬68575颬68602

颐 yí_5.14 廣韻弋支切集韻余支切𠀤音移 廣韻小旋風，咸陽有之，小颐於地也 集韻回氣謂之颐也。

颭 qū_5.14 集韻曲勿切音屈。風也。或作風。

颭 háo_5.14 集韻乎刀切音豪。風聲△正字通颭本借號 莊子·萬竅怒號是也。

颭 xuè_5.14 廣韻集韻韻會𠀤許月切音泧。風也。颫 又颰68615

颐 yí_5.14 玉篇羊脂切，音移◇大風。又風收 篇海作颐。颫 又颐68628

颷 biāo_5.14 集韻韻會𠀤卑遙切音標 玉篇同飆。暴風也 班固·答賓戲七雄虓闞，分裂諸夏。游說之徒，風颷雷激，𠀤起而救之 図 páo 廣韻薄交切集韻蒲交切𠀤音庖 廣韻風聲 図 pào 五音集韻皮教切，庖去聲。風貌。 図 pò 廣韻集韻韻會𠀤匹角切音璞 廣韻衆多貌 班固·西都賦颭颭紛紛，矰繳相纏。風毛雨血，灑野蔽天 註言弓矢衆發，獲禽獸多也 図 báo 集韻弼角切音雹。颭颭，物自空墮貌。颫 又颭68609

颴 hàn_5.14 玉篇戶紺切音憾。風定貌。又風聲。

颷 hòng_5.14 集韻戶孔切，洪上聲。風貌。颫 俗颴68658

颯 sà_5.14 唐韻蘇合切集韻韻會正韻悉合切𠀤音趿 說文翔風也 図 風聲 宋玉·風賦有風颯然而至 杜甫·寓同谷歌 四山多風溪水急，寒雨颯颯枯樹溼。 図 衰颯 杜甫·夔府書懷詩 白首颯淒其 岑參詩 鬢毛颯已蒼 図 颯沓，衆盛貌 顏延之·詠史詩 賓御紛颯沓，鞍馬光照地 図 集韻蘇谷切音速。義同 図 lì 集韻正韻𠀤力入切音立 五音集韻颯颯，大風 図 正韻人名。前漢有劉颯，後漢有衛颯△字彙補或作颰。颫 又颐68599颯68608

颮 fú_5.14 廣韻集韻𠀤分物切韻會分勿切𠀤音弗 玉篇風也集韻小風謂之颮。一曰疾風。或作颮 図 韻會通作弗 詩·小雅飄風弗弗。

颰 bá_5.14 廣韻集韻𠀤蒲撥切音跋 玉篇疾風 図 fā 廣韻集韻𠀤方伐切音發。義同 図 釋典有阿颰經△正字通本作颰。颫 又颰68604颐68627 龍龕颯68557颐68595颬68570俗，颰正。

颰 bá_5.14 36360 正字通颰字之譌。

颯 sà_5.14 36361 字彙補與颯同。

颐 yí_5.14 36362 篇海延知切音移。微風。

颰 bī_5.14 u2B808 簡颰68577

颴 null_5.14 36363 字彙補鯨颴，人名。見穆天子傳。音未詳。

颱 yù_5.14 u29666 簡颱68607

颰 bá_5.14 u29665 簡颰68594

颴 sà_5.14 46474 字彙補同颯

颴 tǒ_5.14 u295C3 喃从風且thả聲。風暴。

颯 mát_5.14 u2B5BC 喃同颭68606

颯 sà_5.14 u98D2 簡颯68592

颬 xuè_5.14 u2FA01 同颬68583 集韻颬颬，翾劣切。小風。或从夬。

颮 biāo_5.14 u98D1 簡颮68589 末mạt聲。陰涼。俗作胈68601沫02888

颯 mát_5.14 u295C2 喃从風

颭 zhǎn_5.14 u98D0 簡颭68581

颱 yù_5.14 u295C0 同颱68555颱颱，音伯卓，或作颮颱。元沈貞樂神·曲風伯 駘蕩兮春初，颱颱兮夏徂 図 颱颱，類推簡化作颱颱、颭颭。

颱 tái_5.14 u98B1 颱風。簡化作台风 浮生六記·卷五·中山記歷 琉人每言大風，必曰颱颶。

颴 hōng_6.15 36364 廣韻呼東切集韻呼公切𠀤音烘 玉篇風聲。

颲 liè_6.15 36365 唐韻良辥切集韻力糵切韻會力薛切𠀤音列 玉篇颲，惡風也 廣韻風雨暴至 図 韻會通作烈 書·舜典烈風雷雨弗迷 図 通作列 前漢·王莽傳列風 註與烈同。本作刿△正字通隸作颲 字彙沿俗作颲，非。颫 又颲68698颲68739

颲 lì_6.15 36366 集韻韻會郎計切正韻力霽切𠀤音麗 玉篇急風 郭璞·江賦 廣莫颲而氣整 集韻亦作颲○按从刕者音麗。从刕者音協、音甄，訓義不同。諸韻書皆蒙混。

颭 xù_6.15 36367 廣韻許聿切音矞。小風貌。

颰 sōu_6.15 36368 字彙許鳩切音休。颰瑟，風聲。

颴 hòu_6.15 36369 集韻同颴

颴 sà_6.15 36371 集韻與颯同

颮 biāo_6.15 36370 字彙布遙切音標。狂風。

颳 guā_6.15 36372 字彙古滑切音刮。惡風。

颴 xī_6.15 36373 集韻類篇𠀤闕吉切音欫。風貌。

颿 fān_6.15 36374 玉篇古文帆14755字集韻亦作颿。

颲 xié_6.15 36375 集韻檄頰切音協。風調也 図 lì 集韻力協切音甄。風也△字彙補與颲68614字不同。

颴 shi_6.15 46473 川篇音式

颰 bá_6.15 u295D2 颰68594譌字

颴 huà_6.15 46476 川篇音劃

颮 piāo_6.15 u295CF 颮，飄。出義

雲章。又颿水巖，亦作飄水巖，地名，在江西省都昌縣。

颺 68625 46475 zǎo_6.15　搜眞玉鏡音早。

颰 68628 u295D1 yí_6.15　同颶68588　　翅 68630 u295CD chì_6.15　俗翅46022敦煌·S. 5431 開蒙要訓 搏颴鷗吻。

颷 68631 u295CC liú_6.15　簡颹68840　　颮 68632 36376 bó_7.16　集韻薄沒切音勃玉篇風貌。鍫胡吉宣：元刊云風驟也集韻入聲沒韻云風皃。颮之言勃04007也，勃然興起皃文選·風賦勃鬱煩冤，衝孔入門。李注：風迴旋之皃。本書火部焞，煙起皃。義與颮亦近也図颫68654

颲 68633 36377 lì_7.16　唐韻集韻圡力質切音栗玉篇颲颲，暴風說文風雨暴疾也図廣韻集韻圡力至切音利。義同。鍫又颸68750

颭 68634 36378 něi_7.16　廣韻奴罪切集韻弩罪切圡音餒玉篇風動貌。鍫胡吉宣：與颭68673同。

颭 68635 36379 yuàn_7.16　廣韻以絹切集韻俞絹切圡音掾廣韻再揚穀。又小風也。

颭 68636 36380 duì_7.16　集韻都外切音綴。小風也。

颭 68637 36381 qiú_7.16　集韻渠尤切音求玉篇小風也。

颭 68638 36382 huò_7.16　廣韻呼麥切集韻霍虢切，並音劃◇玉篇熱風也。

颭 68639 36383 shà_7.16　廣韻所甲切集韻色洽切圡音唼廣韻風疾。

颭 68640 36384 liáng_7.16　集韻同颶音尾。颶颶，風偃物也。鍫集韻作颭68699　　颭 68642 36386 wěi_7.16　集韻武斐切

颭 68641 36385 jù_7.16　正字通颶字之譌。

颭 68643 36387 xuán_7.16　集韻旬宣切音旋玉篇風轉也。鍫又颴68794胡吉宣：即旋22189之俗字。

颭 68644 36388 chè_7.16　集韻敇列切音徹。颭颭，風也。

颭 68645 36389 yóu_7.16　集韻夷周切音由。颭颭，風聲。

颭 68646 36390 hū_7.16　玉篇與颭同。颭68684颭

颭 68647 36391 shāo_7.16　廣韻所交切集韻韻會師交切圡音梢玉篇風聲図xiāo集韻思邀切音宵。義同。

颭 68648 36392 wèi_7.16　五音集韻於胃切音畏。義闕。

颭 68649 36393 huǐ_7.16　字彙補同虺。鍫亦俗虺52996字 可洪音義颭颭04306：上子老反，下所櫛反。正作虿虵52740二形也。

颭 68650 36394 sà_7.16　集韻桑葛切音薩。颭颭，風也。或作颭。

颭 68651 46477 fáng_7.16　龍龕音防　　図字 68654 u2B5C8 bó_7.16　簡颮68632

颭 68652 46478 biāo_7.16　龍龕疋角切。又普高切。鍫俗颮。

颭 68653 46479 hàn_7.16　篇海類編音旱。

颭 68655 u29667 táo_7.16　簡颸68833

颭 68656 u295E6 liè_7.16　同颲68613

颭 68659 u295E1 táo_7.16　俗颸68833　　颭 68658 u295E2 hòng_7.16　集韻颭，戶孔切。風兒△宏按，俗作颭68591

颭 68657 u295E3 sōu_7.16　同颭68746集韻颭，先侯切。颭颭，風聲。

颭 68661 u295DF null_7.16　未詳。　　颭 68660 u295E0 liǔ_7.16　或同颭68578

颭 68663 36396 pōu_8.17　廣韻匹尤切集韻披尤切圡音桮玉篇颭颭，風吹貌。鍫又颭68686

颭 68662 36395 léng_8.17　集韻盧登切音楞玉篇颭颭，大風。

颭 68664 36397 chī_8.17　字彙同颭。別作颭。

颭 68665 36398 liú_8.17　字彙力求切音留。風行聲図力九切音柳。義同。

颭 68666 36399 hū_8.17　古文颭唐韻集韻圡呼骨切。同颭。疾風貌図廣韻集韻韻會正韻圡許勿切音欻。義同。鍫又颭68565颭68718颭55316颭68860

颭 68667 36400 zhòu_8.17　集韻職救切音咒玉篇風貌図陟交切音嘲。義同。

颭 68668 36401 pí_8.17　集韻駢迷切音鼙玉篇風也。海篇亦作颭。

颭 68669 36402 liáng_8.17　唐韻集韻韻會呂張切正韻龍張切圡音良玉篇北風也。或作颭集韻或作颭図韻會通作涼詩·邶風北風其涼図廣韻集韻力讓切正韻力仗切圡音亮。義同。

颭 68670 36403 lì_8.17　集韻韻會郎計切正韻力霽切圡音麗集韻颭颭，風聲。

颭 68671 36404 guó_8.17　廣韻集韻圡古獲切，音馘玉篇颭颭，赤氣熱風之怪図xù集韻忽域切音淢。風貌。

颭 68672 36405 sī_8.17　集韻同颸　　颭 68673 36406 ruí_8.17　廣韻烏恢切集韻烏回切圡音隈玉篇風低貌。

颭 68674 36407 chuí_8.17　集韻類篇圡是爲切音垂。風偃物貌。

颭 68675 36408 xī_8.17　集韻先的切音錫。颭颭，風聲。

颭 68676 36409 zhēng_8.17　字彙甾耕切音爭。風颭△正字通本作箏。

颭 68677 36410 xiè_8.17　集韻息葉切，音偞。風貌。

颭 68678 36411 bèng_8.17　集韻蒲蠓切音菶。風起貌。

颭 68679 36412 zhēng_8.17　字彙竹更切，音爭◇風聲。

颭 68680 36413 suì_8.17　字彙須銳切，音碎◇破也。

颭 68681 36414 jù_8.17　集韻韻會衢遇切正韻忌遇切圡音懼韻會海中大風投荒雜錄嶺南諸郡，皆有颶風，以四面

俱至也 南越志 颶風者,具四方之風也,常以五六月發,永嘉人謂之風癡。陸游曰:嶺表有瘴母,初起圓黑,久漸廣,謂之颶母 韓愈·赴江陵詩 颶起最可畏,訇哮簸陵丘 註 嶺表錄異云嶺嶠夏秋雄風曰颶○按韻箋引楊慎說,颶作䫻,音貝,佛經云,風虹如貝。柳宗元詩,颶母偏驚估客船,補入七隊逸字中。又 六書故 颶,補妹切,海之災風也。俗書誤作颶。又 藝林伐山 云颶風之作,多在初秋 南越志 亦云颶母卽孟婆,春夏閒有暈如虹是也。又李西涯譏許氏从具,謂具四方之風,乃北人不知南人之候,誤以貝爲具耳。西涯博學,必有所据,且閩粵諸儒,皆云颶風。今韻書多从具,姑誌以備考。鏊又飀68704

颫 68682 36415
bù_8.17 玉篇 裴負切,音缶◇風細貌。

颬 68683 36416
ruí_8.17 廣韻 人垂切 集韻 類篇 儒垂切 𠀤音痿 廣韻 風緩貌 郭璞·江賦 徐而不颬,疾而不猛△ 字彙補 同飆。鏊又䫽11551 飆68634

飀 68691 46484
yǔ_8.17 龍龕 音雨

飇 68684 36417
yǎn_8.17 字彙補 翁軒切,音奄◇ 古韻 駢字 飇飇,與奄忽同。

徎 68693 u2B5BD
null_8.17 喃 未詳。

飆 68685 36418
biāo_8.17 篇海 布消切音標。狂風。鏊又飚68694飆68703飆68808

颲 68686 36419
pōu_8.17 字彙補 與飆同。

颫 68687 46480
wù_8.17 海篇 音汙。又音惡。鏊猛風。

飆 68688 46481
liáng_8.17 篇海類編 同颲。

颺 68689 46482
liǎng_8.17 篇海類編 音兩。

飉 68690 46483
qīng_8.17 五音篇海 音青。

飈 68692 u2B5C9
bèng_8.17 簡 飈68678

颷 68694 u2966A
biāo_8.17 簡 飆68685

飈 68695 u29669
zhuó_8.17 簡 飆68700

飈 68696 u29668
sù_8.17 簡 飆68798

飍 68697 u29604
may_8.17 喃 从風枚mai聲。

飅 68698 u29603
liè_8.17 颲68613本字。見 說文。亦作颲。

飈 68699 u29602
wěi_8.17 集韻 颲,武斐切。颲颲,風偃物△ 字典 引 集韻 作飈68642

飈 68700 u29600
zhuó_8.17 颲飈。參見颲68607

飈 68701 u295FB
null_8.17 未詳。

飈 68702 u295FA
yáng_8.17 俗颺68724 唐韻殘卷 颺,風飛。

飈 68703 u295F9
biāo_8.17 俗飆68806 可洪音義 風飆:必遙反。風也 新撰字鏡 颮、飆,俾遙反,平。暴風。

颬 68705 36420
jiē_9.18 廣韻 古諧切 集韻 居諧切 𠀤音皆 玉篇 疾風也 正字通 與喈通 詩·邶風 北風其喈△ 字彙補 或作颬。鏊 名義 柯諧反。疾皃 正字通 與喈06456通。

颬 68706 36421
zī_9.18 廣韻 楚持切 集韻 又緇切,並音輜 說文 涼風也 左思·吳都賦 翼颬風之颲颲 謝靈運·初發石首城詩 出宿薄京畿,晨裝博曾颬 註 曾颬,高風也 図sī 集韻 新茲切 韻會 新慈切 正韻 相咨切丛音思。義同。鏊又颬68672飍68742颬75409 図 字典琢屑 謝詩 晨裝搏曾颬。

颬 68707 36422
bǐ_9.18 集韻 同颬

颬 68708 36423
hōng_9.18 集韻 呼宏切 音訇 玉篇 風聲。鏊又颬68850

颬 68709 36424
yōu_9.18 集韻 於虬切音幽。風聲。

颬 68710 36425
chī_9.18 字彙 抽知切,音鴟◇同颬。

颲 68711 36426
là_9.18 集韻 郎達切音剌。風貌。

颬 68712 36427
wěi_9.18 廣韻 于鬼切 集韻 韻會 羽鬼切丛音韙 廣韻 大風貌。或作飊 郭璞·江賦 長風颬以增扇 図wéi 玉篇 于歸切。義同◇ 海篇 又作颷颷,丛非。

颬 68713 36428
hòu_9.18 集韻 胡溝切音侯。風貌 図 下遘切音候。義同。鏊又颲68617

颲 68714 36429
sōu_9.18 字彙 所鳩切音颼。颲瑟,風聲。

飆 68715 36430
yuàn_9.18 廣韻 集韻 丛以轉切音兗 玉篇 小風貌。

颬 68716 36431
wèi_9.18 廣韻 集韻 丛于貴切音胃 玉篇 大風也。図yù 唐韻 集韻 韻會 正韻 丛王勿切音㑑。義同。鏊又颬68831颲68790颬68771

颲 68717 36433
yè_9.18 集韻 弋涉切音葉。風動貌。

颲 68718 36434
hū_9.18 廣韻 俗颲字。

颲 68719 36435
sōu_9.18 唐韻 所鳩切 集韻 韻會 正韻 疎鳩切丛音搜 廣韻 颲颲,風貌 趙壹·迅風賦 啾啾颲颲,吟嘯相求。阿邪裵徊,聲若詞謳。搏之不可得,繫之不可留 張正元·南風之薰賦 颲颲淒淸 図xiāo 集韻 先彫切。同颲。又所九切,音溲。義丛同。鏊又颲68746

颲 68720 36436
àn_9.18 正字通 烏幹切,音暗◇ 沈佺期·夜泊越州詩 颲颲縈海若,霹靂耿天吳 註 颲颲,颶風也。天吳,朝陽谷神名,是爲水伯。詳見 山海經。鏊又颲68734

颲 68721 36437
yú_9.18 正字通 芋劬切音余。註見颲68720

颲 68722 36438
yǐng_9.18 廣韻 於丙切音影。高風 図yīng 集韻 於驚切音英。義同△ 字彙補 或作飀。

颲 68723 36439
shǎng_9.18 玉篇 可講切,腔上聲。亂風 図 可降切,腔去聲。義同。

颺 68724 36440
yáng_9.18 唐韻 與章切 集韻 韻會 余章切 正韻 移章切丛音陽 說文 風所飛揚也 図 書·益稷 工以納言,時而颺之 傳 是正其義而揚道之 図 大言而疾曰颺 書·益稷 臯陶拜手稽首颺言 図 簸颺,颺去穅粃也。與揚通 晉書·孫綽傳 簸之颺之,糠粃在前 詩·小雅 作簸揚 図 左傳·昭二十八年 子少不颺 註 顏貌不揚顯 図 正字通 舟

徐行貌陶潛歸去來辭舟遙遙以輕颺囜鳥飛去曰颺魏志·呂布傳譬如養鷹，饑則爲用，飽則颺去囜廣韻韻會正韻餘亮切集韻弋亮切叕音漾。義同△从易。俗作颺，非字彙補亦作飇。鏧又颺68551

68725 36441
颭 héng_9.18　韓愈詩註同飀68803

68726 36442
飌 juān_9.18　集韻子泉切音鐫。風動。

68727 36443
颻 yóu_9.18　字彙補以周切音游。風也。

68728 46485
飅 pí_9.18　龍龕步迷切。鏧同飅。

68729 46486
飆 wěi_9.18　海篇大成同飅。

68730 46487
飈 yǐng_9.18　篇海類編同飅。

68731 46488
飁 yáng_9.18　篇海類編同飅。

68732 46489
飀 quán_9.18　龍龕音泉。

68734 u2B5CA
颸 àn_9.18　簡颱68720

68733 46490
飂 xiāo_9.18　字彙補同颱。見集韻○按集韻無此字。

68735 u2B5BF
null_9.18　喃未詳。

68736 u2B5BE
鯗 yú_9.18　同飀68721

68737 u2966C
颱 tuí_9.18　簡颱68799

68738 u2966B
颾 sāo_9.18　簡颱68752

68739 u2961B
颲 liè_9.18　同飀68698颲本字。

68740 u29617
颰 jiē_9.18　龍龕飀或作，飇68705正，音皆。疾風也。

68742 u98D4
颸 sī_9.18　簡颱68706

68741 u29614
颩 piāo_9.18　俗飇68788偏類碑別字引唐郭君夫人楊氏墓誌

68743 36432
颿 hóng_10.19　廣韻戶冬切集韻韻會平攻切叕音碻玉篇風聲廣韻大風。鏧正字通颱同颮。

68744 36444
飄 yáo_10.19　廣韻餘昭切集韻韻會正韻餘招切叕音遙玉篇飄飄，上行風也。又風動物左思·吳都賦與風飄颻，飇瀏飀颲孟郊詩鏡海見纖悉，水天步飄飄。囜yào集韻弋笑切音燿。風高貌△字彙補亦作颺。通作搖。鏧又颻68775

68745 36445
飀 táng_10.19　集韻徒郎切音唐。風貌。

68746 36446
颼 sōu_10.19　玉篇所流切音搜。颼颼，風聲。與颱同。亦作颱囜廣韻所救切音瘦。義同。鏧又飀68776飀68657囜龍龕飀68714飀68759颱68616俗，颼俗通，颱正。

68747 36447
颽 kǎi_10.19　廣韻苦亥切集韻可亥切叕音愷玉篇南風囜通作凱詩·衛風凱風自南。或作颱。

68748 36448
飁 suǒ_10.19　集韻昔各切音索。風聲囜色窄切音棟。義同。鏧又飀68765

68749 36449
飃 piāo_10.19　字彙撫招切音飄。吹也，疾風也。又迴風也。

68755 36455
飀 lì_10.19　韻會同颱韻叕力質切音栗。風也△集韻同颱。風雨暴疾也。

68750 36450
飀 lì_10.19　集韻韻會正

68751 36451
飆 xiāo_10.19　廣韻許交切集韻虛交切叕音虓。飆飆，吹貌囜集韻飀飆，熱風。鏧又飆68789颱68764

68752 36452
飀 sāo_10.19　廣韻集韻蘇遭切韻會正韻蘇曹切叕音騷廣韻風聲。又sōu集韻疏鳩切。與颾同。颼颼，風也囜先到切音槁。義同。鏧又颼68738颱68827颱68822囜正字通颱，颱字之譌。

68753 36453
飌 fàn_10.19　唐韻集韻韻會正韻叕扶泛切音梵玉篇馬疾步也，風吹船進也博雅飌飌，走也囜fān玉篇扶嚴切音帆。義同左思·吳都賦樓船舉飌而過肆註舟船之飌，本用此字，今別作帆。周伯琦曰馬疾步也，从馬風會意，借爲舟飌字。又崔豹·古今注曹子貞馬名驚飌，言疾如帆也△或作飀，亦作飌。鏧又駅69759囜字典琢屑古今注曹真。此作曹子貞。

68754 36454
飀 sōu_10.19　字彙補生句切音搜。風聲。

68756 46491
颺 yáo_10.19　海篇金鏡同飀。

68757 46492
飀 kǎi_10.19　篇海類編同飀。

68758 46493
颺 yè_10.19　篇海類編音夜。又音亦。

68759 46494
飀 sōu_10.19　五音篇海與颱同。

68760 46495
飀 fán_10.19　五音篇海與飌同。

68762 u2B5C1
腿 thói_10.19　喃同飀68769風俗。

68764 u2966E
飀 xiāo_10.19　簡飆68751

68761 u2B5C2
遺 thói_10.19　喃同颱68769

68765 u2966D
飀 suǒ_10.19　簡颱68748

68763 u2B5C0
海 hây_10.19　喃同颱68767

68766 u2962C
thói_10.19　喃同颱68769風俗，習慣，毛病。

68767 u2962B
海 hây_10.19　喃从風海hài聲。吹△飀霈霈：微風吹拂

68768 u2962A
dông_10.19　喃从風容dung聲。暴風△亦作飀68770囜giông厄運，凶兆△被飀奇薛：整年都倒霉。

68769 u29629
thói_10.19　喃从風退thoái聲。風俗。亦作颱68766△或从心作悷18044，从俗作颱02272 △俗作腿68762遺68761△遺法：戒律，家規。

68770 u29628
飀 dông_10.19　喃同飀68768△飀素：暴風驟雨。

68771 u29624
飀 yù_10.19　龍龕飀俗，飀68716正。王勿反。風聲也五侯鯖字海飀68790，音曹，風聲。亦作飀。

68772 u29623
飀 tố_10.19　喃从風素tố聲。暴風雨。亦作颱68605

68773 u29622
null_10.19　喃未詳。

68774 u98D7
飀 liú_10.19　簡飀68777

68775 u98D6
飀 yáo_10.19　簡飄68744

68776 u98D5
飀 sōu_10.19　簡颼68746

68777 u98C0
飀 liú_10.19　同飀68801

68778 36456
飀 xiū_11.20　集韻思流切音脩。風也。鏧熊加全：疑俗飀68854

68779 36457
鰲 áo_11.20　集韻牛刀切音敖。風聲。

68780 36458
tuán_11.20 集韻徒官切音團。風也。

68781 36459
bì_11.20 集韻壁吉切音必。風吼也。又與颷渾同。寒氣也。

68782 36460
xí_11.20 廣韻似入切集韻席人切正韻息入切夶音習廣韻颯颯，大風。鼇又68795

68783 36461
sù_11.20 集韻息六切音肅。風吼也。

68784 36462
shuài_11.20 集韻朔律切音率。風聲。

68785 36463
chī_11.20 字彙抽知切，音鴟◇同魑。

68786 36464
liù_11.20 唐韻集韻韻會正韻夶力求切音劉。高風貌。淮南子·覽冥訓至陰颸颸，至陽赫赫又liáo集韻憐蕭切音聊。義同潘岳·西征賦吐清風之颸戾註音聊。又liù力救切音溜。義同又正韻國名。高陽氏之後五音集韻在南陽湘陽又姓左傳昭二十九年昔有颸叔安註颸，國名。叔安，君名音義力謬反又集韻力竹切音六。義同△集韻或作飈、颸，通作飂。鼇又飈68797

68787 36465
piào_11.20 集韻匹妙切音勡。風貌。或作飆又piāo五音集韻撫招切音漂。旋風也。

68788 36466
piāo_11.20 集韻韻會正韻夶卑遙切音標玉篇旋風也詩·檜風匪風飄兮釋文符遙反，又必遙反前漢·蒯通傳飄至風起註必遙反。謂疾風又piáo廣韻符霄切集韻毗霄切夶音瓢。義同爾雅·釋天回風爲飄釋文音瓢詩·小雅飄風發發釋文飄，避遙反又piāo唐韻撫招切集韻紕招切夶音嫖。飄飄史記·司馬相如傳天子大說，飄飄有凌雲之氣又韻會吹也曹植詩驚風飄白日陶潛·歸去來辭風飄飄而吹衣又落也莊子·達生篇雖有忮心者，不怨飄瓦註落也音義飄，匹遙反又韻會通作漂前漢·楊惲傳漂然皆有節槩，知去就之分。又通作標前漢·揚雄傳標標有凌雲之志又集韻匹妙切音剽曹植·感節賦折若華之翳日，庶朱光之長照。願寄軀于飛蓬，乘陽風而遠飄△說文作飆六書故作飆。鼇又飄68796剽03865飈68839颸68741汗簡作颸68629又龍龕颸68787飈68749二俗，飄正。

68796 u98D8
piāo_11.20 簡飄68788

68789 36467
xiāo_11.20 字彙補呼交切。與飍同釋·眞空·貫珠集颸，風也。

68793 u2966F
héng_11.20 簡颴68803

68790 36468
yù_11.20 字彙補王物切，音聿◇風聲。鼇又飍68771颸68716

68791 46496
liù_11.20 篇海類編同颸。

68792 46497
fēng_11.20 字彙補夫中切音風談薈夏禹作伺鳶，卽相竿也○按此疑卽風、烏二字之譌。

68794 u29636
xuán_11.20 直音篇音旋。風轉也。玉篇作飈68643

68795 u29634
xí_11.20 直音篇同颯68782

68797 36469
liù_12.21 正字通俗颸字。

68798 36470
sù_12.21 廣韻息逐切集韻息六切夶音夙廣韻風聲又廣韻集韻夶所六切音縮。義同。鼇又颸68696又字彙颸同颸68783

68799 36471
tuí_12.21 集韻徒回切音穨玉篇風貌。與頹同爾雅·釋天焚輪謂之頹註暴風從上下。鼇又颸68737

68800 36472
yù_12.21 廣韻餘律切集韻允律切夶音聿玉篇急風○按廣韻作飇。

68801 36473
liú_12.21 廣韻集韻夶力求切音劉玉篇颸颸，風聲湛方生·風賦亦有飀泠之氣，不疾不徐。颸颸微扇，壹亹清舒又liǔ韻會力九切。同颸，緒風○按廣韻又音溜，訓高風，乃颸字之譌。鼇又颸68774颸68777颸68840

68802 36474
zhēng_12.21 集韻中莖切，音箏。颸颸。風聲。

68803 36475
héng_12.21 廣韻戶盲切集韻韻會胡盲切夶音橫玉篇暴風也集韻颸颴，暴風韓愈·城南聯句靈燔望高囪，龍駕聞敲牖註駕相擊，聲如風也。或作飈，亦作颸又集韻呼橫切，音喤。義同。鼇又飍68793

68804 36476
zhēng_12.21 廣韻竹盲切集韻中庚切，並音趀廣韻颸颸，狂風又chéng集韻除庚切音根。義同△集韻亦作颸。

68805 36477
nuó_12.21 字彙古文儺字○按玉篇古文儺字作颸，奴多切。蓋鼉與儺同，故此字从風从鼉字彙从單，誤。

68806 36478
biāo_12.21 集韻韻會正韻夶卑遙切音標說文扶搖風也。从風猋聲玉篇暴風也沈約詩隔年未相識，聲論動風飈陳子昂詩盲飈忽號怒韓愈詩雪霜刻以慘，獰飈摺空衢。或作颷又通作猋爾雅·釋天扶搖謂之猋註暴風從下上禮·月令孟春，行秋令，則猋風暴雨總至。又通作熛史記·司馬相如傳雷動熛至△正字通俗省作颷，音標。唐長安西有金颷門游原以颷爲俗飈字。鼇又颷68541颷68547颸68820飆68703龍龕颸68618颸68564飆68821三俗，颷68808颷二今，颷正。

68807 36479
biāo_12.21 正字通同飆。

68808 36480
biāo_12.21 正字通颷字之譌。鼇又颷68819

68809 36481
liáo_12.21 廣韻落蕭切集韻憐蕭切夶音聊玉篇風也△字彙補亦作飈。

68811 42222
liú_12.21 龍龕音柳。風行聲。鼇同颸。

68812 42223
yù_12.21 廣韻同颸

68810 36482
táo_12.21 集韻與颸同

68814 46498
wěi_12.21 龍龕同儺

68813 42224
chéng_12.21 集韻同颸

68815 46499
suí_12.21 五音篇海音隨。

68816 46500
liáo_12.21 篇海類編同颸。

68817 46501
héng_12.21 篇海類編與颸同。

飄 68818 u29640
null_12.21　未詳。

飚 68819 u98DA
biāo_12.21　簡飈68808

飙 68820 u98D9
biāo_12.21　簡飈68806

飚 68821 u98CA
biāo_12.21　俗飈68806

颼 68822 36483
sāo_13.22　集韻與颼同。璧又颼68827

颯 68823 36484
sè_13.22　廣韻所櫛切集韻韻會正韻色櫛切夶音瑟玉篇秋風。璧又颼68824

颯 68824 u2B5CB
sè_13.22　簡颼68823

愙 68825 u2B5C4
gió_13.22　喃同颶68828

膽 68826 u2B5C3
gió_13.22　同颶68828風△膽北：北風。膽腠：風月。

颼 68827 u29670
sāo_13.22　簡颼68822

逾 68829 u2964C
gió_13.22　喃同颲68830
△㵝逾：風箱。烆逾：日曬風吹。

颶 68828 u2964D
gió_13.22　喃同颲68830△颶培：風塵。颶鐼：秋風。

颲 68830 u2964B
gió_13.22　喃亦作逾68829颶68828膽68826愙68825風。△颲喂：風吹。颲北：東北風。颲和：淳風。

颹 68831 u2964A
wèi_13.22　颹68716本字說文颹，大風也。从風胃聲。

颸 68832 u29649
null_13.22　未詳。

飆 68837 u2B5C5
null_14.23　未詳。

颼 68833 36485
chóu_14.23　廣韻直由切集韻陳留切夶音紬廣韻風颼也。或作颹⊠táo廣韻集韻韻會正韻夶徒刀切音陶。大風。璧又颶68655颹68659

颹 68834 36486
nuó_14.23　玉篇古文儺02305字△字彙譌作颹，非。

飆 68836 46503
gǔ_14.23　龍龕音古

颷 68835 46502
fēng_14.23　川篇音風。

颸 68838 36487
liè_15.24　集韻力涉切音獵。風聲。

飆 68839 36488
piào_15.24　集韻匹妙切音勡玉篇飆颷，風吹貌。與颹同⊠piāo廣韻撫招切集韻紕招切夶音飄。義同。

颸 68840 36489
liú_15.24　廣韻集韻類篇夶力求切音劉玉篇風行聲左思·吳都賦翼颹風之颹颹⊠liǔ集韻力九切音柳同颹。璧又颹68631颹68846⊠龍龕颹68665颹68811二俗，飆68844或作，颹今。

颹 68842 u2B5CE
null_15.24　未詳。

颹 68841 36490
hōng_15.24　集韻同颹。

颷 68844 u29654
liú_15.24　同颹68840

颹 68843 u29655
bāo_15.24　喃从風从暴，暴bāo亦聲。風暴，颮風。俗作飆23168

颹 68845 36491
lì_16.25　集韻狼狄切音歷。颹颹，風聲。

颹 68846 36492
liú_16.25　字彙補颹字之譌。

颹 68847 36493
xiāo_16.25　廣韻蘇刁切集韻韻會正韻先彫切夶音蕭玉篇北風也集韻涼風謂之颹。璧又颼68719颹68733

颹 68848 42225
chū_16.25　龍龕丑於切。舒也。

颹 68849 46504
lóng_16.25　五音篇海音龍。

颹 68850 36494
hōng_17.26　廣韻呼肱切，音薨廣韻颹颹，大風。⊠集韻呼宏切，音訇△集韻亦作颹。璧又颼68554

⊠集韻颹68708颹，呼宏切。風聲。或从薨。

變風 68851 36495
xiè_17.26　集韻悉協切音變。風貌。璧直音篇颹同颹。

飌 68852 36496
fēng_18.27　玉篇古文風68533字周禮·春官祀飌師。

颹 68853 36497
shè_18.27　集韻失涉切音攝。風貌。

颹 68854 36498
xiū_18.27　廣韻集韻夶香幽切音烋廣韻驚風⊠玉篇驚走貌左思·吳都賦儋耳黑齒之酋，金鄰象郡之渠。鷦駃鸓喬，轘雪驚捷，先驅前途註鷦音浮，駃音月，鸓音休，喬音聿，轘音撒，雪音匣。言外國渠酋，馳走爲吳王前導也。蓋借疾風形，擬奔走之狀也⊠集韻必幽切音彪。又步幽切音滮。義夶同。璧又颹68778

飆 68855 36499
piāo_18.27　說文飆本字。从風奰聲。

颹 68856 u2965F
null_19.28　未詳。

飆 68857 46505
lóng_26.35　龍龕音龍。

颹 68858 36500
hōu_27.36　字彙補匹幽切，音近婄。風也。

飆 68859 46506
xuán_28.37　龍龕音旋。璧又字彙補·風部飆，申帥切。義闕。

飆 68860 46507
fēng_37.46　五音篇海音風。

飆 68861 36501
hū_39.48　集韻颶68666古作飆。

❖ 飛部 ❖

飛 68862 36502
fēi_0.9　古文飛꜀唐韻甫微切集韻韻會匪微切夶音非玉篇鳥翥廣韻飛翔易·乾卦飛龍在天詩·邶風燕燕于飛⊠官名前漢·宣帝紀西羌反，應募佽飛射士⊠釋名船上重室曰飛廬。在上，故曰飛也⊠六飛，馬名前漢·爰盎傳騁六飛，馳不測山註六馬之疾若飛也。別作騛⊠桑飛，鷦鷯別名⊠飛廉，神禽名三輔黃圖能致風，身似鹿，頭似雀，有角，蛇尾，文似豹郭璞云飛廉，龍雀也。世因以飛廉爲風伯之名，其實則禽也⊠本草漏蘆，一名飛廉⊠廣韻古通作蜚史記·秦紀蜚廉善走⊠借音非漢·藁長蔡君頌飛陶唐其孰能若是△說文徐註上旁飛者，象鳥頸。璧又飌46288龘68883飞68866飞00424乱00432⊠𩙶16404碑別字新編引周強獨樂爲文帝造象

飛 68863 36503
fēi_0.9　集韻飛古作飛。註詳上。

飛 68864 u2FB6
fēi_0.9　同飛68862部首專用字。亦作飞68865

飞 68865 u2EDC
fēi_0.9　部飛68864

飞 68866 u98DE
fēi_0.9　簡飛68862

犻 68867 36504
fēi_4.13　廣韻甫微切集韻匪微切夶音奜玉篇獸似牛，白首，一目。璧俗飛，牛名。

㕤 68868 u29673
lięng_5.14　喃从飛令lệnh聲。翱翔。

旆 68869 36505
hàn_6.15　字彙石鼓文旛旆霢霢，音義與翰同正字通石鼓本作翰字彙譌从方，非。

霏 68870 36506
fēi_8.17　廣韻 芳非切 集韻 芳微切 太音霏 玉篇 雨
雪貌 図 揚雄·河東賦 雲霏霏而來迎 註 霏，古霏字。

㫰 68871 u2B5CC
null_8.17　嗝未詳。

翥 68872 36507
zhù_9.18　廣韻 集韻 太
章恕切音著 廣韻 飛舉貌 集韻 或作翥。

鞥 68873 u29675
null_9.18　未詳。

翰 68874 36508
hàn_10.19　字彙 侯幹切
音汗。同翰，見 石鼓文。郭註：籀文翰从飛。

䨄 68876 46508
mǎng_10.19　篇韻 音塵

翃 68877 u29679
bǒng_11.20　嗝 从飛，
逢phùng聲。凌空貌△穆翃：高飛。

犇 68875 36509
niù_10.19　字彙補 魚救切，牛去聲。飛也。

翼 68878 36510
yì_12.21　唐韻 與職切 集韻 逸職切 太音弋 玉篇 籀
文翼字 說文 翄也。从飛異聲△集韻 或作翄翔翼。

翻 68879 36511
fān_12.21　廣韻 集韻 太孚袁切音旛 玉篇 飛也 王
粲·贈蔡子篤詩 苟非鴻鵰，孰能飛翻。雖則進慕，予思
罔宣 図 水之溢洄曰翻，見 劉績·管子註

穆 68880 u2967B
bay_12.21　嗝 从飛悲bi聲。飛翔。

翾 68881 36512
xiān_13.22　集韻 虛延切音嗎。翩翩，飛也。或从飛。

翾 68882 36513
huán_13.22　廣韻 戶關切 集韻 韻會 正韻 胡關切 太
音還 廣韻 翾，飛遠貌 韻會 或作鶠

飛飛 68883 36514
fēi_18.27　字彙補 芳微切，音非◇見 金鏡

犪 68884 46509
shuāng_22.31　海篇大成 音隻。鼙俗雙66277 直音篇
音雙。

◆ 食部 ◆

食 68885 36515
shí_0.9　古文皀餐 唐韻 乘力切 集韻 韻會 實職切
太音蝕。說文 一米也 玉篇 飯食 增韻 殽饌也。又茹也，
啗也 釋名 食，殖也，所以自生殖也 古史考 古者茹毛飲
血，燧人鑽火，而人始裹肉而燔之，曰炮。及神農時，
人方食穀，加米于燒石之上而食之。及黃帝，始有釜甑，
火食之道成矣 易·需卦 君子以飲食宴樂 書·益稷 暨稷
播，奏庶艱食，鮮食 傳 眾難得食處，則與稷教民播種
之，決川有魚鱉，使民鮮食之 図 書·洪範 惟辟玉食 註 珍
食也 図 食祿也 禮·坊記 君子與其使食浮于人也，寧使
人浮于食 図 祭曰血食 史記·陳涉世家 置守冢三十家
碭，至今血食 図 飲酒亦曰食 前漢·于定國傳 定國食酒
至數石不亂 図 耳食 史記·六國表 學者牽于所聞，見秦
在帝位日淺，不察其終始，因舉而笑之，不敢道，此與
以耳食無異 図 目食 宋史·司馬光傳 飲食所以為味也，
適口斯善矣。世人取果餌刻鏤之，朱綠之，以為桮案之
飾，豈非以目食乎 図 吐而復吞曰食 書·湯誓 朕不食言
左傳·僖十五年 我食吾言，背天地也 爾雅·釋詁 食，偽
也 疏 言而不行，如食之消盡，故通謂偽言為食言，故
此訓食為偽也 図 蠱惑曰食 管子·君臣篇 明君在上，便
嬖不能食其意 図 消也 左傳·哀元年 伍員曰：後雖悔之，

不可食已 註 食，消也 図 書·洛誥 乃卜澗水東、瀍水西，
惟洛食 傳 卜必先墨畫龜，然後灼之，兆順食墨 図 日食、
月食 易·豐卦 月盈則食 春秋·隱三年 日有食之 図 左
傳·襄九年 晉侯問於士弱曰：吾聞之，宋災，於是乎知
有天道，何故。對曰：古之火正或食於心或食於味，以
出內火 図 禮·檀弓 我死，則擇不食之地而葬我焉 註 不
食，謂不墾耕 図 前漢·外戚傳 房與宮對食 註 應劭曰：
宮人自相與為夫婦，名對食。房宮，二人名 図 揚子方
言 食閭，勸也。南楚凡已不欲喜而旁人說之，不欲怒而
旁人怒之，謂之食閭 図 寒食，節名 荊楚歲時記 去冬至
一百五日，即有疾風甚雨，謂之寒食 図 大食，國名，
在西域波斯國西，都婆羅門，兵刃勁利，勇于野鬥 図 廣
韻 戲名。博屬 図 姓。漢有食子通 希姓錄 後漢食于公。
図 sì 集韻 祥吏切 正韻 相吏切 太音寺 論語 有酒食，先
生饌 禮·曲禮 食居人之左 註 食，飯屬也 図 糧也 周禮·地
官·廩人 匪頒賙賜稍食 図 以食與人也 詩·小雅 飲之食
之 禮·內則 國君世子生，卜士之妻，大夫之妾使食子 註
食謂乳養之也 左傳·文元年 穀也食子 註 食，養生也。
図 yì 廣韻 集韻 韻會 太羊吏切音異 廣韻 人名。漢審食
其，酈食其 荀悅·漢紀 作異基。饎 又自68896食68897
亻68896酏62425倉68887貪68886會68889 図 字學三正倉，古
文。

倉 68886 36516
shí_0.9　正字通 食本字。从皀。皀，古香字，米之
氣味也。亼聲。亼音集。

倉 68887 36517
shí_0.9　正字通 俗食字。

倉 68888 36518
shí_0.9　集韻 食68885古作倉。

倉 68889 46510
shí_0.9　川篇 同食

倉 68890 u2967F
shí_0.9　食68885偏旁。

食 68891 u2FB7
shí_0.9　部 同食68885食68895飠68894飠68893亻68892

飠 68892 u2EE0
shí_0.9　部 食68891

食 68893 u2EDF
shí_0.9　部 食68891

飠 68894 u2EDE
shí_0.9　部 食68891

食 68895 u2EDD
shí_0.9　部 食68891

飠 68896 u9963
shí_0.9　食 68897簡化偏旁。

飠 68897 u98E0
shí_0.9　食68885偏旁。

飴 68898 36519
yí_1.10　集韻 同餄

飻 68899 36520
tāo_2.11　集韻 同饕

飫 68900 36521
yù_2.11　集韻 牛據切
音御 玉篇 以酒食送客也 集韻 餞也。

飧 68901 ...
cān_2.11　集韻 七安切音餐 說文 吞也 韻會 俗飧字
図 cán 五音集韻 昨干切音殘。唉也 図 sūn 集韻 蘇昆切
音孫。水沃飯也○按 說文 餐从水作飧，後人譌省作
飧。又餐與飧別，飧从夕，俗譌為飧 孫奕·示兒編 字音
之譌有以餐為飧者，謂其讀餐為孫。

飢 68902 36523
jī_2.11　唐韻 集韻 居夷切 韻會 居狋切 太音肌 玉
篇 餓也 書·舜典 黎民阻飢 爾雅·釋天 穀不熟為飢 註 五
穀不成 又 仍飢為荐 註 連歲不熟 韓詩外傳 一穀不升曰
歉，二穀不升曰飢 図 正字通 國名。西伯伐飢國，滅之

図姓左傳·定四年殷民七族,有飢氏。又漢有大豪飢恬○按說文飢、饑二字,飢訓餓,居夷切,饑訓穀不熟,居衣切。汪來虞方伯說,饑饉之饑从幾,飢渴之飢从几,諸韻書俱分列支微兩韻,止集韻飢字訓或从幾,經傳頗通用長箋云近代喜茂密者通作饑,趨簡便者通作飢,遂成兩謬。經傳不誤,恐傳寫之謁也△集韻別作飺。鎣又饥68908彭68922饒69190飤68928飢68927

饤 dìng_2.11　简飣68903　68909 u9964
飣 dìng_2.11　68903 36524　廣韻集韻韻會正韻汰丁定切音訂玉篇貯食玉海唐少府監御饌,用九盤裝縶,名九飣食。今俗燕會,黏果列席前曰看席飣坐,古稱飣坐,謂飣而不食者○按唐書·李遠傳人目爲飣坐梨。今以文詞因襲縶積爲餖飣△集韻或作肛。鎣又飣68909簞42720簞42249饡42732䅮42835

飤 sì_2.11　68904 36525　唐韻集韻韻會汰祥吏切音寺說文糧也玉篇食也。與飼同增韻以食食人也東方朔·七諫子推自割而飤君兮,德日忘而怨深○按謂介子推從晉文公出亡,割股肉以飤文公也。通作食図或作飴晉書·王薈傳以私米作饘粥,以飴餓者註飴,音嗣△玉篇通作飼六書故飤飾皆从飤爲聲。鎣又飤68905

飤 sì_2.11　68905 36526　字彙補與飤同篇韻喂飼畜也。

饥 jī_2.11　68908 u9965　简饑69469飢68902

飢 è_2.11　68906 46511　龍龕同飯

飥 tuō_3.12　68910 36527　廣韻他各切集韻闥各切汰音託玉篇餺飥,餅屬揚子方言餅謂之飥齊民要術麥麪堪作餅飥五代史李茂貞傳作不托王闓運·湘水燕談作飥飥△篇海或作饟。鎣又飥68932図正字通麰74503舊註同飥。

飩 qì_3.12　68913 36530　玉篇去穀切音氣。食怒図xi五音集韻許訖切音迄。飽也△正字通古借氣爲餼,飩即餼之省。鎣又飩68921餞68968餼69212饐69145図麵飩饉69530韓疙瘩湯。

飧 null_2.11　68907 u29686　未詳。

屐 zhān_3.12　68914 36531　玉篇古文饘69592字図集韻諸延切音旃。與饘同。糜也。

畚 yí_3.12　68911 36528　字彙延知切音佟。粥也。

釣 yuē_3.12　68912 36529　集韻乙却切音約。食節也。通作約劉書·從化篇楚靈王好細腰,臣妾爲之約食。

飽 yí_3.12　68915 36532　集韻陳知切音馳玉篇飴,飽也。鎣胡吉宣:即酏62175

餰 zhān_3.12　68916 36533　集韻居言切音犍。同鍵粥也図人名穆天子傳諸餰獻酒于天子図zhān集韻韻會正韻汰諸延切音旃。與饘同図gān集韻居寒切音干。燥飯。鎣又饦68925

飧 sūn_3.12　68917 36534　廣韻思渾切集韻韻會正韻蘇昆切汰音孫說文餔也△集韻或作餐,通作湌図玉篇水和飯也釋名飧,散也。投水于中,自解散也禮·玉藻君未覆手,不敢飧註覆手者,謂食畢以手循口旁,恐有肴汙著也。未覆手,言君初飧未竟,臣不敢飧也。又雜記孔子曰:少施氏食我以禮,吾飧,作而辭曰:疏食也,不敢以傷吾子註禮,食竟,更作三飧,以助飽。飧謂以飲澆飯也。鄭康成釋飧爲勸食,誤図食也図周禮·秋官·司儀致飧,如致積之禮註飧,食也。小禮曰飧,大禮曰饔餼儀禮·聘禮宰夫朝服設飧註食不備設也図熟食也詩·小雅有饛簋飧傳飧,熟食図夕食也周禮·天官·宰夫賓賜之飧牽註鄭司農云飧,夕食也△說文作餐。夕食,故从夕正韻謁作飧,非。鎣又飧69039喰06561図類篇飧或作餐69060

飤 yì_3.12　68918 36535　玉篇古文饐69468字。

飩 tún_3.12　68919 36536　五音篇海與飩68934同。

䏣 róu_3.12　68920 36537　五音篇海女救切音糅。雜飯也。

飽 xì_3.12　68921 36538　篇海類編與飩68913同。

彭 jī_3.12　68922 46512　五音篇海同飢。

飾 shì_3.12　68923 46513　龍龕同飾

餮 tāo_3.12　68924 46514　龍龕同饕。

釬 gān_3.12　68925 u2B5DE　简餰68916

飢 jī_3.12　68927 u29691　俗飢68902偏類碑別字引魏司空王誦墓誌

飲 null_3.12　68926 u29694　司馬飲,人名,見鋤經堂古印譜図nǚ嗣从餌省汝nǚ聲。誘餌,誘惑。

飢 jī_3.12　68928 u29690　俗飢68902偏類碑別字引齊雋敬碑

夋 sūn_3.12　68929 u2968F　飧68917本字說文夋,舖也。从夕食。

飢 null_3.12　68930 u2968C　未詳。

饧 táng_3.12　68931 u9967　简錫69279

飥 tuō_3.12　68932 u9966　简餺68910

飨 xiǎng_3.12　68933 u98E8　简饗69519

飩 tún_4.13　68934 36539　廣韻集韻汰徒渾切音屯玉篇餛飩也正字通今餛飩即餃餌別名,俗屑米麪爲末,空中裹餡,類彈丸形,大小不一,籠蒸啖之南粵志閩人十月一日作京飩,祀祖告冬食物志餛飩,或作餫飩。餫飩,象其圓形図dùn集韻屯閏切,迍去聲。味厚也。鎣又飩6897麰74519粍43196飩68919

飲 yǐn_4.13　68935 36540　字彙古文飲68949字。

鈕 niǔ_4.13　68936 36541　集韻女九切音紐玉篇雜飯也図róu廣韻集韻汰女救切音糅。亦作粔。義同。鎣又餘69270釼68920

飪 rèn_4.13　68937 36542　古文胙唐韻如甚切集韻韻會正韻忍甚切汰音荏玉篇大熟也揚子方言徐揚之間曰飪論語失飪,不食釋常談過熟謂之失飪図儀禮·聘禮賜饔唯飪註羹飪謂腍一牢也。肉謂之羹。又特牲饋食禮請曰羹飪註飪,熟也図集韻如鴆切音妊。義同。鎣又飪30853飪31831胙46979饪飪69056饐69177原本玉篇

殘卷 飪，字書或爲䏧47429字，在肉部。或爲焦30878字，在火部。

飫 yù_4.13 68938 36543
古文䬫 廣韻依倨切 集韻 韻會 正韻依據切丛音淤 玉篇 食多也 廣韻 飽也，饜也 図 說文 燕食也。本作㝩 詩·小雅 儐爾籩豆，飲酒之飫 毛傳 儐，陳。飫，私也。不脫屨升堂謂之飫 鄭箋 私者，圖非常之事。若議大疑於堂，則有飫禮焉 朱傳 飫，饜也 図 周語 王公立飫，則有房烝，王公諸侯之有飫也，將以講事成章，建大德，昭大物也，故立成禮，烝而已●又武王克殷，作飫歌 韋昭曰 立謂立行禮不坐也。立曰飫，坐曰晏。歌辭，互見支21310字註 図 廣韻賜也 左傳·襄二十六年 將賞爲之加膳，加膳則飫賜 図 尚書序 逸書有䊈飫篇名 傳 䊈，勞。飫，賜也△集韻 或作飯饇。鼛 又饫68976飯69031餅69527饗69221

飪 rǒng_4.13 68939 36544
玉篇而勇切音宂。食也。

餖 dòu_4.13 68940 36545
廣韻 都豆切 集韻 丁候切丛音鬬 廣韻 餖飣 図 dòu 集韻 大透切音豆。與飳同。飣也 図 shè 式列切音設。陳飲食也。

餭 yuán_4.13 68941 36546
集韻 吾官切音岏 玉篇 餌也 揚子方言 餌謂之餭 図 廣韻 愚袁切音元。又五丸切音岏。義丛同。鼛 又飦68960

餉 gōu_4.13 68943 36548
字彙同餉

餸 jiù_4.13 68942 36547
集韻居又切音救 玉篇 飽也 図 集韻 同䭔 說文 飽也。祭祝曰厭餸。

饌 juàn_4.13 68944 36549
五音集韻同饌。鼛 又俗饌69074

飭 chì_4.13 68945 36550
廣韻恥力切 集韻 韻會 蓄力切丛音敕 說文 致堅也 玉篇 謹貌 禮·樂記 再始以著往，復亂以飭歸 註 再擊鼓以明其進，復擊鐃以謹其退也 図 修治 易·雜卦 蠱則飭也 図 勤也 周禮·天官·大宰 百工飭化八材 疏 飭，勤也。又 冬官考工記 飭力以長地財，謂之農夫。図 廣韻 整備也 詩·小雅 戎車既飭 傳 飭，正也 禮·月令 仲冬，飭死事 註 晢戒六軍，厲必死之志也 前漢·武帝紀 飭躬齋戒 図 與敕同。命令也 齊語 飭其子弟，相語以事 前漢·張敞傳 明飭長吏守丞△集韻 或作飾。鼛 又饬68975飭69184餝69093䙇09811

鈔 chǎo_4.13 68946 36551
正字通 與䴵麨丛同。

餓 è_4.13 68947 36552
玉篇同䬳

魶 nà_4.13 68948 36553
廣韻 奴盍切 集韻 諾盍切，丛音魶 玉篇 食貌 廣韻 餲魶 鼛 又钠68963

飲 yǐn_4.13 68949 36554
古文㱃龡㱃㳄歙飮䭵 廣韻 集韻 韻會 正韻丛於錦切音上聲 玉篇 咽水也。亦歠也 釋名 飲，奄也。以口奄而引咽之也 周禮·天官·膳夫 飲用六清。又 酒正 辨四飲之物：一曰清、二曰醫、三曰漿、四曰酏 註 清謂醴之泲者，醫即 內則 以酏爲醴者，漿之截漿，酏今之粥也 図 歠也 儀禮·公食大夫禮 賓坐祭，遂飲奠於豐上 註 飲，歠也 図 隱也 後漢·蔡邕傳 邕上疏曰：臣一入牢獄，當爲楚毒所迫趣，以飲章辭情，何緣復聞 註 趣音促，飲猶隱也，今匿名文書也 図 正字通 樂律有聲飲，以聲相轉而合也。梁武帝自制四器，名曰通，每通施三絃，因以通聲，隨聲酌其清濁高下也 図 飲器，溺器也 戰國策 趙襄子殺智伯，漆其頭以爲飲器 註 溺器也。或曰酒器 図 受箭曰飲箭 郭璞·蛟贊 漢武飲羽 図 yìn 廣韻 於禁切音蔭。以飲飲之也 禮·檀弓 酌而飲寡人 左傳·昭二十六年 成人伐齊師之飲馬于淄者 図 莊子·則陽篇 或不言而飲人以和△說文 或作歟。通作飲。互詳酉部酓62191字註。鼛 又飲68980饮68973嗽07488歆26466㴪28481籥62373酓62216

飯 fàn_4.13 68950 36555
廣韻 扶晚切 集韻 韻會 父遠切丛音笲 玉篇 篇 餐飯也 禮·曲禮 飯黍毋以箸。又 文王世子 文王一飯亦一飯，文王再飯亦再飯 図 儀禮·少牢饋食禮·尸又 食 註 或言飯，或言食。食，大名，小數曰飯 疏 食大名者，以其論語文多言食，故云食大名也。小數曰飯者，此 少牢 特牲 言三飯、五飯、九飯之等，據一口謂之一飯，五口謂之五飯之等，據小數而言，故云小數曰飯 図 論語 亞飯、三飯、四飯 註 以樂侑食之官 白虎通 王者平旦食、晝食、晡食、暮食，凡四飯，諸侯三飯，大夫再飯。図 指本 儀禮·士喪禮 設決，麗于掔，自飯持之 註 麗，施也。掔手後節中也。飯，大擘指本也。決，以韋爲之，籍，有彄。彄內端爲紐，外端有橫帶，設之，以紐擐大擘指本也 図 唐韻 符萬切 集韻 韻會 扶萬切，丛煩去聲 說文 食也。汲冢周書 黃帝始炊穀爲飯 禮·曲禮 毋摶飯 疏 取飯作摶，則易得多。是欲爭飽，非謙也 図 儀禮·公食大夫禮 賓升，公揖退于箱。賓卒食會飯三飲 註 會飯謂黍稷也 図 叶扶霰切音卞 蘇轍詩 岸上遊人暮不歸，清香入袖涼吹面。投壺擊鞠綠楊陰，共盡清尊餐白飯。△廣韻 同餅。俗作飰。鼛 又飯68981饭68974 図 板偏類碑別字·飯 引 魏嵩高靈廟碑

餏 fàn_4.13 68951 36556
玉篇俗飯字。

飧 sūn_4.13 68952 36557
正字通俗飧字。

飲 yǐn_4.13 68953 36558
集韻飲68949古作飲。

饲 yuán_4.13 68960 u2B5DF
簡飦68941

饦 zhāng_4.13 68959 u2B5E0
簡餦69204

飳 zhāi_4.13 68956 36561
桂海雜字與齋同。鼛 范成大 桂海雜志 図 字彙補 薺字學元元 與齋同。按，从不食會意。

餠 gān_4.13 68957 46515
龍龕與餠同。鼛 字彙補 餠，餠69009字之譌 図 龍龕 餠俗，餳69058或作，音甜。

飶 bó_4.13 68958 46516
字彙補與餺同。鼛 又飶69044

餉 tiè_4.13 68954 36559
字彙補他結切音鐵 篇韻 貪食曰餉也△與餮不同。

餢 tí_4.13 68955 36560
字彙補同飥

餚 xiāo_4.13 68961 u2B5CD
同孝11757 殷周金文集成·9.4587.番君召簠 番君盠乍饍臣，用宮用餚。字从食，孝省聲。

饤 68962 u29800
bā_4.13　简 飽68967

饳 68963 u297FF
nà_4.13　简 飿68948

饫 68964 u297FE
null_4.13　未詳。

餀 68972 u2969F
kuài_4.13　餌餀，即餌塊，一種雲南特產的糕餅，古稱玉餌。

饸 68965 u296A7
quà_4.13　喃 从食戈qua聲。零食。

餇 68966 u296A6
thết_4.13　喃 从食切thiết聲△餇待：款待。

飽 68967 u296A5
bā_4.13　同粑43216 警世通言·卷二十一·趙太祖千里送京娘 舉棒望腦後劈下，打做个肉飽。

飿 68968 u296A4
xì_4.13　同饢69348 集韻 飿，許訖切。飽也。

餝 68969 u296A2
tí_4.13　同飥68982俗醍62396

饮 68973 u996E
yǐn_4.13　简 歆68949

餉 68970 u296A1
chǐ_4.13　洛陽金谷園漢墓出土陶壺文字：鹽餉萬石。陳直：敔57046異體。

飥 68971 u296A0
fǎng_4.13　訪55668或从食作飥。

饭 68974 u996D
fàn_4.13　简 飯68950

饬 68975 u996C
chì_4.13　简 飭68945

饫 68976 u996B
yù_4.13　简 飫68938

饪 68977 u996A
rèn_4.13　简 飪68937

饩 68978 u9969
xì_4.13　简 餼69348

饨 68979 u9968
tún_4.13　简 飩68934

飲 68980 u98EE
yǐn_4.13　參見飲68949

飯 68981 uFA2A
fàn_4.13　參見飯68950

飥 68983 36563
tí_5.14　字彙同飥 飯68982今 图 直音篇 餤69079同飥

飥 68982 36562
tí_5.14　廣韻杜奚切 音啼 玉篇飥飿也 廣韻寄食也图 廣韻都奚切 集韻都黎切丛音低。義同。鑒又 飥68955图 龍龕 飥69222飯68983 飿69028俗，飥正，飯68969今 图 直音篇 餤69079同飥

饁 68987 36567
yǎng_5.14　廣韻於兩切 集韻 韻會 正韻倚兩切丛音鞅 玉篇飽也 博雅滿也图 yìng 集韻於慶切。與饟同。亦飽也图 yàng 廣韻 集韻 韻會 正韻丛於亮切音怏 集韻飫也。

飳 68986 36566
ěr_5.14　集韻同餌

飴 68984 36564
hú_5.14　廣韻戶吳切 集韻洪孤切丛音胡。與餬同。寄食也。鑒又 饮69034

餗 68985 36565
zhù_5.14　集韻朱戍切音注。餌也图 tǒu 廣韻天口切 集韻他口切丛音妵 廣韻同麩 集韻或作餗麴。

餮 68988 36568
tāo_5.14　正字通俗饕字。

飴 68989 36569
yí_5.14　古文飴 唐韻與之切 集韻 韻會 盈之切，丛音怡 玉篇餳也 六書故 以米蘗煎秫爲目飴也 釋名飴小弱于錫，形怡怡然也 本草 膠飴乾枯者曰錫 詩·大雅董荼如飴图 周禮·天官·鹽人 王之膳羞共飴鹽 註 飴鹽，鹽之恬者，今戎鹽有焉 疏 即石鹽是也图 通作粕 晉書·石崇傳 王愷以粕澳釜图 si 集韻 韻會丛祥吏切音寺。本作飤 晉書·王薈傳 以私米作饘粥以飴餓者△ 集韻亦作饌、粧。籀文作亯。鑒又 鎌64094饴64045飤69143

飴 68990 36570
yí_5.14　玉篇古文飴字。註詳上。

飳 68991 36571
zhēng_5.14　字彙諸成切音征。飳餅。

餀 68992 36572
è_5.14　唐韻於革切 集韻 正韻乙革切丛音厄 玉篇飢貌。與餀飽丛同图 廣韻烏格切，督入聲。義同。鑒又飢68906飯69139

酢 68993 36573
zuò_5.14　唐韻在各切 集韻疾各切丛音昨 玉篇楚人相謁食麥曰酢 揚子方言 饟、酢，食也。陳楚之內相謁而食麥饘謂之饟，楚曰酢。凡陳楚之郊，南楚之外，相謁而飱，或曰酢，或曰鉆。秦晉之際，河陰之間，曰饇饘，此秦語也图 zé 集韻側格切音窄。饊也图 廣韻昨誤切 集韻 韻會存故切 正韻靖故切丛音祚。義同。鑒又酢69033图 龍龕 餛俗，酢正。

餔 68994 36574
póu_5.14　廣韻薄侯切 集韻蒲侯切丛音裒 廣韻餔餾曰食。

鉆 68995 36575
niān_5.14　唐韻 集韻 韻會丛奴兼切音拈 玉篇相謁而食麥曰鉆图 nián 廣韻女廉切 集韻尼占切丛音黏。又rán 集韻汝甘切音蚺。又如占切音顄。義丛同。

餂 68996 36576
shào_5.14　廣韻寔照切 集韻時照切丛音邵 廣韻小食也。

餑 68997 36577
bèn_5.14　集韻部本切音獖。粗食。

餒 68998 36578
nì_5.14　玉篇古文餒69469字图 集韻乃歷切音溺。與怒同。心之飢也。一曰憂也。

餒 68999 36579
ní_5.14　廣韻 集韻丛女夷切音尼 廣韻餌餒。鑒又飷69078

餴 69000 36580
fēn_5.14　集韻方文切音分。蒸飯也。與饋同。

餰 69001 36581
jiǒng_5.14　廣韻古迥切 集韻畎迥切丛音炯 玉篇飽也。鑒又餰69144

餖 69002 36582
bì_5.14　唐韻毗必切 集韻 韻會薄必切丛音邲 說文食之香也 詩·周頌有餖其香 傳餖，芬香也。一作苾图 廣韻 集韻 韻會丛蒲結切音蹩。又 正韻薄密切音弼。義丛同。鑒又餖69032

餒 69003 36583
jiě_5.14　廣韻茲也切 集韻子野切丛音姐 集韻食無味图 集韻側下切音鮓。義同图 zhū 臻魚切音苴。餕餒，食無味。

餉 69004 36584
gōu_5.14　集韻居侯切音鉤 玉篇牛飽也。鑒又餉68943

餅 69006 36586
fàn_5.14　玉篇俗飯字

餮 69007 36587
yù_5.14　廣韻紆物切 集韻紆勿切丛音鬱 玉篇同餀。餚也，飴和豆也。图 yuè 廣韻 集韻丛於月切音噦。義同。本作登。

餄 69005 36585
jiá_5.14　集韻訖洽切音夾 玉篇餅也 集韻與餕餄同。

餦 69008 36588
tāo_5.14　正字通同饕

鉗 69009 36589
gān_5.14　集韻沽三切音甘。餌也。鑒又鉗69038餌68957

卿 69010 36590
bǎo_5.14 　集韻力九切音柳。餌也。

餛 69011 36591
zhù_5.14 　集韻之六切。同祝。

䬎 69012 36592
bǎn_5.14 　廣韻博管切集韻補滿切夶音板玉篇屑米餅廣韻與板粁同南史·齊衡陽王鈞傳鈞所生母病，便加慘悴。左右依常以五色䬎飴之，不肯食，或麥麩，或屑米爲之。夶又䬎69036

䬃 69013 36593
lì_5.14 　玉篇古文粒43222字。

餈 69014 36594
cí_5.14 　廣韻疾移切集韻才支切夶音疵玉篇嫌食貌集韻或作呰嘚図cí集韻才資切音茨。飫也。
図zǐ蔣氏切，音紫。惡食也管子·形勢解餈食則不肥。

餮 69015 36595
tiè_5.14 　說文餮本字。貪食也図集韻他典切音腆。又徒典切音殄。義夶同。

飻 69016 36596
tiè_5.14 　正字通俗餮字。

飼 69017 36597
sì_5.14 　玉篇同飤。夶又飤68905飼69047飤69051

餗 69018 36598
mò_5.14 　唐韻莫撥切音末說文食馬穀也毛詩作秣。

飽 69019 36599
bǎo_5.14 　古文餀饗餔唐韻集韻韻會正韻夶博巧切，包上聲說文厭也玉篇飽滿也廣韻食多也易·漸卦飲食衎衎，不素飽也。又禮·文王世子嘗饌善，則世子亦能食。嘗饌寡，世子亦不能飽図陸機·豪士賦心酖居常之安，耳倦從諛之說図姓正字通宋添差通判臨江軍事飽安盈図xì五音集韻許旣切音欷。飫也図古通有韻詩·小雅牂羊墳首，三星在罶。人可以食，鮮可以飽。夶又饱69048餮69029餚69054饚69309餜69080饛63776餗69280餷69435餗69158饚69362饝69096正字通卿69010說文飽，古文作饗，從丣聲，俗作卿。

飾 69020 36600
shì_5.14 　廣韻賞職切集韻韻會設職切夶音識玉篇修飾也逸雅飾，拭也，物穢者拭其上使明，由他物而後明，猶加文于質上也図禮·樂記聲者，樂之象也。文采節奏，聲之飾也，故君子動其本，樂其象，然後治其飾註以聲而被之器也図詩·鄭風羔裘豹飾註飾，緣袖也。禮，君用純物，臣下之，故裘以豹皮爲飾也。図周禮·地官封人飾其牛牲註刷治潔清之也図禮·曲禮飾羔鴈者以繢疏飾，覆也。畫布爲雲氣，覆之以相見也図禮·月令天子乃厲飾註厲飾謂戎服，尚威武也図史記·公孫弘傳習吏事，緣飾以儒術後漢·章帝紀詔曰:俗吏矯飾外貌，似是而非，朕甚厭之図周禮·夏官·掌固設其飾器註兵甲之屬也図正字通滿飾，國名△說文敝也。从人从巾，食聲。讀若式，一曰襐飾。夶又飾69049卿68923餝69184餗69215餝42328餝69168飾62969餝63280

飴 69021 36601
líng_5.14 　廣韻集韻夶郎丁切音靈玉篇餌也揚子·方言餌謂之餻，或謂之飴。

飺 69022 36602
tiè_5.14 　說文長箋同餮。

饖 69023 36603
zuì_5.14 　字彙補子尉切，音醉◇裝飾也。

餕 69024 42226
shì_5.14 　篇海類編時吏切音事。粎也。又食名。夶同餕69059餕69077

饼 69032 u2B5E3
bì_5.14 　簡餅69002

飿 69025 42227
duò_5.14 　字彙補當沒切音咄。義見餺69366字註。夶又飿69046

饴 69026 42229
yǐ_5.14 　字彙補移爾切音倚。膏屬類新唐書·禮樂志饴食、糁食。夶又饴69037飴62175

餔 69027 42230
pāi_5.14 　字彙補音未詳。蒸餅類武林舊事餖餔、科斗。夶餖餔，一作餖69356拍。

饨 69028 46517
zuò_5.14 　簡餯68993

䬓 69033 u2B5E2
tí_5.14 　龍龕與飫同

饕 69029 46518
bǎo_5.14 　篇海類編與飽同。

餎 69035 u2B5CE
null_5.14 　未詳。

䬒 69030 46519
tiè_5.14 　龍龕浦昧切。又蒲昧切。夶可洪音義餎餮:上音鐵。下音叩。

餧 69031 46520
yù_5.14 　五音篇海與飫同。

䭀 69036 u2FA03
bǎn_5.14 　同䬎69012

饴 69037 u29802
yǐ_5.14 　簡饴69026
字義總略飫，七安切。食也。素餐。俗作飡。不得通飫。

钳 69038 u29801
gān_5.14 　簡餷69009

饂 69039 u296C8
cān_5.14 　同餐69113

饿 69040 u296C4
bǐngj_5.14 　壯餅。
図bánh喃从餅省丙bính聲。亦作粝43262

餬 69034 u2B5E1
hú_5.14 　簡餬68984

餫 69041 u296C3
quà_5.14 　喃从食瓜qua聲。零食。

餪 69042 u296C2
no_5.14 　喃从食奴nô聲。飫△餪播：饜飽。

餼 69043 u296BD
null_5.14 　未詳。

飴 69044 u296BC
bó_5.14 　飫飫，同餑68958飫。

饴 69045 u9974
yí_5.14 　简飴68989

飿 69046 u9973
duò_5.14 　简飿69025

饱 69048 u9971
bǎo_5.14 　简飽69019

饲 69047 u9972
sì_5.14 　简飼69017

饰 69049 u9970
shì_5.14 　简飾69020

饯 69050 u996F
jiàn_5.14 　简餞69186

飼 69051 uFA2B
sì_5.14 　參見飼69017

餲 69052 36604
hài_6.15 　唐韻呼艾切集韻虛艾切，夶哈去聲說文食臭也六書故食敗氣丯人也爾雅·釋器餲謂之餰疏餲餰皆穢臭也図集韻丘蓋切音磕。又許罽切音憩。義夶同集韻同饁。夶字彙餲48251同餲図餯69423

饱 69054 36606
bǎo_6.15 　正字通俗飽字。宋劉原父載匜銘有饝字。黃長睿曰:饝與饜同，音飽。譌省作饞字彙補亦作饝。

餡 69055 36607
nǎo_6.15 　玉篇奴倒切音惱。熟食也。

饪 69056 36608
rèn_6.15 　集韻同飪

餩 69057 36609
gāi_6.15 　廣韻古哀切集韻柯開切夶音該。飴也図ai廣韻於戒切集韻乙界切，並挨去聲廣韻通食氣也図集韻與餲同。

餂 69058 36610
tiǎn_6.15 　玉篇古文舚35237字図集韻韻會正韻夶

他點切音忝韻會鉤取也孟子是以言餂之也 图tiàn 韻會正韻丝他念切音掭義同。

餕 shì_6.15　玉篇同餼。鋆又餕69086

餃 jiào_6.15　集韻居效切音教。飴也△正字通今俗餃餌屑米糆和飴爲之，乾濕小大不一。水餃餌，即段成式食品，湯中牢丸。或謂之粉角，北人讀角如矯，因呼餃餌，謁爲餃兒。餃非飴屬，教非餃音。鋆又饺69101

餄 jiā_6.15　廣韻古洽切集韻訖洽切丝音夾玉篇餌也集韻餅也。或作飲鈕。鋆又饸69103

餡 chì_6.15　集韻同饎　**餅** bǐng_6.15　正字通俗餅字。鋆又饼69099 图正字通䴶74556俗餅字。

餐 cān_6.15　餐字之譌

餚 yáo_6.15　廣韻餘昭切集韻餘招切丝音遙廣韻餚，餌食。

餇 tóng_6.15　玉篇徒紅切音同。食也。

餶 duī_6.15　玉篇同餾。餭也。鋆又俗銀63099可洪音義金餶：音銀。

餧 èn_6.15　集韻五恨切音餽。餧也。

餈 cí_6.15　唐韻疾資切集韻韻會才資切丝音茨說文稻餅也玉篇餈餾也釋名餈，漬也，烝燥屑，使相潤漬餅之也周禮·天官·籩人羞籩之實，糗餌粉餈註皆粉稻黍米爲之，餌言糗，餈言粉，互足其義也。合烝曰餌，餅之曰餈疏今餈糕之名出于此△說文或作秫集韻或作餈鋆又糍43536饎69540糍43493粢43427餈69312 图集韻餈，或作粢43281

餩 shě_6.15　廣韻書冶切集韻始野切丝音捨玉篇餩飫也。與餻同 图nǎ集韻女下切音絮。饜也。

餉 xiǎng_6.15　古文餽唐韻集韻韻會正韻丝式亮切，商上聲說文饋也玉篇餽也集韻自家之野曰餉書·仲虺之誥乃葛伯仇餉傳葛伯遊行，見農民餉于田者，殺其人，奪其餉，故謂之仇餉 图正字通與貺通魏志·文帝紀註以所著典論及詩賦餉孫權 图正字通今俗軍糧曰餉，或讀享，或讀繾 图集韻正韻丝始兩切音賞。又集韻尸羊切音商。義丝同△集韻亦作餸粷攘餳餉饟。鋆又糃43395餉63103饷69104

餷 zhì_6.15　類篇陟栗切音窒。與鈤同篇海餷人。地名。一曰刈禾人史記·秦本紀百里傒曰：臣常遊困于齊，乞食餷人△正字通从食从金，類別史記古本作鈤譌作餷，非餷與鈤也。

餡 mǎn_6.15　廣韻謨敢切音娒篇海俗呼哺兒曰餡。鋆類篇集韻作餡69238，喂幼兒的軟米飯。

餜 yàng_6.15　字彙余亮切音樣。餜餌。

養 yǎng_6.15　古文羏羛廣韻餘兩切集韻韻會正韻以兩切，並音癢玉篇育也，畜也，長也易·頤卦觀頤，觀

其所養也 图取也詩·周頌於鑠王師，遵養時晦傳養，取也 图養養，憂貌詩·邶風中心養養註憂不定貌图博雅養，使也公羊傳·宣十二年廝役扈養註艾草爲防者曰廝，汲水漿者曰役，養馬者曰扈，炊烹者曰養。又史記·儒林傳兒寬常爲弟子都養註都養，爲弟子造食也图姓。養由基，見左傳·成十六年。養奮，見孝子傳图與癢同荀子·正名篇疾養滄熱，滑鈹輕重，以形體異图yàng廣韻正韻餘亮切集韻弋亮切丝音恙玉篇供養也，下奉上也禮·月令收祿秩之不當，供養之不宜也註謂凡恩命濫賜膳服，侈僭踰制者△說文本作羪字彙省作養，附六畫，非。鋆又羪21518䍩10296羕02603伜2219䍧45848瀁07706 图俗書刊誤養，俗作養68944养10100，並非 图眷37607碑別字新編·養引魏賈道貴造像

養 juàn_6.15　集韻俱願切音攣。常山謂祭曰養五音集韻作養 图古倦切，卷去聲。又九遠切音卷。義丝同。鋆張按：音攣，音攣之誤 图桊39769

餌 ěr_6.15　集韻正韻丝忍止切音耳玉篇食也，餅也，餻也說文粉餅也徐鍇曰釋名燥屑餅之曰餈，非也。粉米烝屑皆餌也，非餈也許慎曰餈，稻餅，謂炊米爛乃擣之，不爲粉也。粉餈以豆米粉糝餈上也。餌則先屑米爲粉，然後溲之。餈之言滋也，餌之言堅潔若玉珥也楚辭·招魂粔籹蜜餌 图禮·內則糝：取牛羊豕之肉，三如一，小切之，與稻米。稻米二，肉一，合以爲餌，煎之註此周禮糝食也 图周禮·冬官考工記·弓人魚膠餌註色如餌 图禮·內則擣珍，取牛羊麋鹿麕之肉，必脄，每物與牛若一，捶反側之，去其餌，孰出之，去其皽，柔其肉註餌，筋腱也图啗魚具莊子·外物篇五十犗以爲餌 图陰以利誘人曰餌前漢·賈誼傳五餌三表 图èr廣韻集韻韻會丝仍吏切，耳去聲。義同△說文彌部作䭖。重文从食耳聲，作餌。鋆又弭16249䭅68986饵69106 图字彙䖌52596與餌同 图龍龕餝69128俗，餌正。

餕 shì_6.15　字彙補神至切音示。粧飾。

餌 ní_6.15　字彙補與餌同。

餯 tí_6.15　字彙補徒兮切音提。寄食也。

餼 gōng_6.15　龍龕音供　**鑞** bǎo_6.15　呂氏春秋爲其唯厚，而及鑞者莊之字彙補書無音義。疑卽餡字。

餉 xùn_6.15　字彙補心晉切音信本草太極眞人有靑精乾石餉飯法，即今烏飯也。亦作迅。今或作餗，非。

龕 yí_6.15　字彙補籀文飴字。

齌 zhāi_6.15　龍龕側皆切。鋆俗齋。

餇 yùn_6.15　簡餼69253　**饫** shì_6.15　簡餕69059

餞 null_6.15　喃未詳。　**餧** null_6.15　未詳。

餈 null_6.15　未詳。　**餫** null_6.15　未詳。

侠 69091 u29803
jiá_6.15　簡餤69137

斛 69092 u296DC
đói_6.15　喃同餕69556

餂 69093 u296D9
chì_6.15　俗飭68945

饕 69094 u296D7
null_6.15　未詳。

餕 69095 u296D6
null_6.15　未詳。

飽 69097 u296D4
null_6.15　未詳。

鎱 69096 u296D5
bǎo_6.15　俗飽69019見 佛教難字字典

餞 69098 u4B3B
jiàn_6.15　俗餞69186 四部叢刊·三編集部·梨園按試樂府新聲·卷中·水仙子·冬 常記的离筵飲泣餞行時，折尽青青楊柳枝。欲拈班管書心事，无那可乾坤天樣般紙。

饼 69099 u997C
bǐng_6.15　简餅69063

依 69100 u997B
xī_6.15　简餏69107

饺 69101 u997A
jiǎo_6.15　简餃69061

餎 69102 u9979
le_6.15　简餎69108

餄 69103 u9978
jiá_6.15　简餄69062

饷 69104 u9977
xiǎng_6.15　简餉69070

饶 69105 u9976
ráo_6.15　简饒69472

饵 69106 u9975
ěr_6.15　简餌69076

餏 69107 u990F
xī_6.15　以配給特定糧食、布匹等實物計算貨幣或工資的單位，曾經使用於二十世紀四十年代的中國共產黨解放區。

饜 69109 u990D
yàn_6.15　简饜69545
集韻 韻會 縈絹切 正韻 迃絹切 丛音甸 玉篇 厭也 廣韻 饜飽 集韻 賈思勰曰：飽食不餧，或作饑 図 集韻 於泫切 音狷。義同。鋆又嗾07264饅69505

餎 69108 u990E
le_6.15　飴餎。嘉慶 如皋縣志·卷十·禮典·歲時·十月 蕎麥新收，春仁作飯，磨麵為餅餌、合餎，美於諸穀 図gē餎餈，即麵疙瘩 図餎餏，亦作餎餚。

餶 69111 36635
lèi_7.16　集韻同醹，饋祭也。

餑 69112 36636
bǎo_7.16　字彙古文飽字 正字通 說文 古从釆作餗。亦作饗。今字彙譌作餑，非。一說賈公彦以餗餶為泡起，即韋巨源·食單之婆羅門輕高麬 齊書之起膠餅，今俗籠烝饅頭，發酵浮起者是也。與餗別。

餐 69113 36637
cān_7.16　廣韻 七安切 集韻 韻會 千安切 丛粲平聲 說文 吞也 詩·魏風 不素餐兮 釋文 餐，七丹反 說文 或从水作湌 韻會 俗作湌 図 飲饌曰餐 前漢·高后紀 賜餐錢 註 厨膳錢也。又 韓信傳 令其裨將傳餐 註 服虔曰：立騎傳餐食也。如淳曰：小飯曰餐。師古曰：餐，古食字。千安反 図 採也 王儉·褚淵碑 餐輿誦于丘里，瞻雅詠于京國 註 採輿論，稱述其德也 図 古通先 古樂府·君子行 周公下白屋，吐哺不足餐。一沐三握髮，後世稱聖賢。図sūn 集韻 蘇昆切 音孫。與飧同。餔也 爾雅·釋言 粲，餐也 釋文 餐，音飧 図càn 集韻 蒼案切 音粲。餅也。△ 正韻 作餐 字彙 作餐，丛非。鋆字彙作餐 字彙 無餐者，字典 誤 図 餐殙69039餐69148 図 顏元孫 干祿字書 餐飧：上千安反，字亦作喰06561；下息魂反。

餕 69114 36638
shuì_7.16　廣韻 舒芮切 集韻 韻會 正韻 輸芮切 丛音稅 玉篇 小餕也 図 集韻 儒垂切，音痿。又 翾規切 音墮。義丛同 図shuì 式瑞切 音祝。小祭也 図lèi 廣韻 郎外切

音酹。門祭 図duì 正字通 湯餕，薄餅，以湯沃之，宜冬食，見晉 束晳賦。餕音兌△或作餶。鋆 龍龕 饡，以芮、書芮二反。小餕也。

餑 69115 36639
bō_7.16　廣韻 蒲沒切 集韻 薄沒切 丛音勃 玉篇 餑餑 博雅 餑餶，長也。鋆又饽69167餑69237餑69236

餒 69116 36640
něi_7.16　廣韻 奴罪切 集韻 韻會 正韻 弩罪切 丛音鮾 玉篇 餓也 左傳·襄二十年 吾有餒而已 図 魚爛也 爾雅·釋器 魚謂之餒 註 肉爛 疏 魚爛從內發，故云內爛。今本內作肉，恐誤 図 同餒 楚語 民之羸餒日日已甚 前漢·魏相傳 振乏餒 說文 作餒。鋆又餒69163

餂 69117 36641
tí_7.16　廣韻 杜奚切 集韻 韻會 田黎切 正韻 杜兮切 丛音題 玉篇 饘餂，餌也 集韻 兗豫謂之饘餂。

餓 69118 36642
yuān_7.16　集韻 於袁切音鴛。與饞同 博雅 饞貪也 図 集韻 武遠切音晚。又 模元切音桓。義丛同。鋆 集韻 餓69339饞，於袁切 博雅 貪也。或省。

餛 69119 36643
wěi_7.16　廣韻 無匪切 集韻 武斐切 丛音尾 集韻 食餘 玉篇 微也 図mèi 集韻 明祕切音媚 博雅 饘也。與糜糜同。亦作餲 図wèi 集韻 無沸切音味。義同 図mò 五音集韻 莫撥切音末。與粖同。麋也。鋆又餛69234

餖 69120 36644
zuō_7.16　五音集韻 子戈切音坐。骨餖。

餓 69121 36645
è_7.16　唐韻 正韻 五箇切 集韻 韻會 牛箇切，丛我去聲 玉篇 飢也 廣韻 不飽也 禮·檀弓 昔者衛國凶飢，夫子為粥，與國之餓者○按 韓子·飾邪篇 家有常業，雖飢不餓 淮南子·說山訓 寧一月飢，毋一旬餓。以此推之，餓甚于飢也。故孟子朝不食，夕不食，兼飢餓言。鋆又饿69165

餒 69122 36646
xùn_7.16　正字通 思晉切音迅。烏飯也。一曰青精飯。蘇頌曰：陶隱居 登眞隱訣 青精餒說：謂以藥草密溲曝之也。陳藏器曰：烏飯法：取南天燭莖葉擣汁，浸糯米，九烝九曝，米粒緊小如珠，囊之可適遠方。李時珍曰：此道家服食法，今釋氏四月八日造以供佛，入柿葉、楊桐葉助色，詳 本草綱目 通雅曰：沈存中云 本草 南燭草乃木也，名南天燭，今人植庭側，葉似楝，秋實，赤如丹。智按，此俗所謂天竹也，即烏飯樹。今更有烏飯草，又作青精者，或以楓葉烏柏染之，嶺南或以榕枝。南燭一名維那木，一名猴菽。鋆又迎60640餒69081饒69153

餖 69123 36647
láng_7.16　字彙 魯堂切音郎。羹也 正字通 按羹本音庚，俗因 左傳 地名不羹音郎 楚辭 讀羹如郎，臆造餖字，羹實無餖名。鋆又 可洪音義 餖末：上魚巾反。正作銀63099 図饨69149

餒 69124 36648
zhì_7.16　廣韻 集韻 丛征例切音制 玉篇 臭敗之味 図 集韻 之列切音浙。義同。

餒 69125 36649
xiū_7.16　廣韻 息流切 集韻 思留切 丛音修 玉篇 饙

也。與餦同廣韻饋謂之餈。或从修字彙補譌作餈。又xiǔ集韻息有切音滫。又所九切音溲。義太同。瀅龍龕餈俗，餈正又慧琳音義餈饋：思流反，下又作餴，同，府云反字書蒸米也廣雅饋謂之餈爾雅云饋，稔也，亦餾也。

餔 69126 36650 bū_7.16 廣韻博孤切集韻韻會正韻奔模切太音逋玉篇日加申時食也呂氏春秋旦至食，食至日昳。昳至餔，餔至下晡，下晡至日夕又食也楚辭·漁父餔其糟而啜其醨又通作哺後漢·趙壹傳弟季出，遇赤眉賊將，爲所哺又bù廣韻正韻薄故切集韻韻會蒲故切太音捕集韻餹餔，餌也。或作糒粆又正字通餳之濁者曰餔又鳥名爾雅·釋鳥鴩，餔豉註未詳釋文餔，音步。又集韻博故切音布。與食也前漢·高帝紀老父請歓，因餔之師古曰以食食之謂之餔。瀅又铺69151逋37223逋53950

餕 69127 36651 jùn_7.16 唐韻子峻切集韻韻會祖峻切太音俊玉篇熟食也說文食之餘也禮·內則父母在，朝夕恆食，子婦佐餕，既食恆餕，父沒母存，冢子御食，羣子婦佐餕如初，旨甘柔滑，孺子餕註佐餕，勸父母再食，子婦始食。餕，既盡也，盡食其所餘也。御食者恐父母獨食心傷，故侍之食也。旨甘，如棗栗飴蜜之類，能調衆味，故如孺子之餕，以頤養老人也又祭畢食神之餘禮·祭統古之君子曰：尸亦餕鬼神之餘也，惠術也，可以觀政矣又凡食人之餘，及日晚食饌之餘，皆云餕禮·玉藻日中而餕註餕，食朝之餘也又quàn集韻疾眷切，泉去聲。義同△六書故亦作饡。瀅又馂69162餥51435饞69295

餌 69128 36652 ěr_7.16 字彙而志切，音貳◇食也。

餎 69129 36653 yǒng_7.16 集韻尹竦切音甬。食也。同餶。

餏 69130 36654 yì_7.16 廣韻於汲切集韻韻會乙及切太音邑玉篇溼也博雅臭也廣韻食餏又集韻億姞切音乙。義同又集韻乙業切音腌。餏餣，臭也。或作䬡䬯。

餐 69131 36655 zài_7.16 廣韻集韻太作代切音載玉篇始也，設食也說文設飪也。讀若載。瀅又䴵18557

餖 69132 36656 dòu_7.16 廣韻田候切集韻韻會大透切太音豆玉篇飣68903餖韓愈·南山詩肴核分飣餖。瀅又饾69166

餗 69133 36657 sù_7.16 唐韻桑谷切集韻正韻蘇谷切韻會蘇木切太音速。鼎實也易·鼎卦鼎折足，覆公餗正義餗，糝也。八珍之膳，鼎之實也周禮·天官·醢人·糝食註糝食，菜餗蒸疏若今煮菜，謂之蒸菜也又chuò集韻測角切，音娖。義同△說文本作鬻集韻亦作餥餸。瀅又𫗧69150粥16270餥69440饎69489

餘 69134 36658 chèng_7.16 集韻丑正切，音遉。饋也。

餰 69135 36659 jiān_7.16 字彙居言切音釬。粥也正字通飦字之譌。

餪 69136 36660 mào_7.16 類篇眉教切音貌。飽懣也。瀅又殦26819

餜 69137 36661 jiá_7.16 玉篇同餅。瀅又𫗥69091

餘 69138 36662 yú_7.16 唐韻以諸切集韻韻會羊諸切太音余說文饒也玉篇殘也廣韻賸也周禮·天官·冢宰以九賦斂財賄。九曰幣餘之賦鄭註百工之餘左傳·文元年歸餘于終。又孟子餘夫二十五畝註一夫，上父母，下妻子，以五口八口爲率。如有弟，是餘夫也又周禮·地官·小司徒凡國之大事，致民。大故，致餘子註餘謂羨也。鄭康成謂：餘子卿大夫之子，當守於王宮者也左傳·宣二年又宦其餘子註餘子，嫡子之母弟又國名春秋·莊二年夏公子慶父帥師伐於餘丘註於餘丘，國名。又地名左傳·昭二十二年莒敗齊師于壽餘又舟名左傳·昭十七年楚大敗吳師，獲其乘舟餘皇又草名山海經招搖山有草，如韭，青花，名祝餘，食之不飢。又姓。晉有餘頠，餘文仲。又梁餘、夫餘，俱複姓，見姓譜又yé集韻余遮切音耶莊子·讓王篇其緒餘以爲國家司馬彪註緒餘，殘也。緒音奢，餘音耶△正字通按周禮·地官·委人凡其余聚以待頒賜。本作餘，因聲近譌作余，故註云余當爲餘，謂縣都畜聚之物。據本註，餘不當作余正韻·四魚餘字註引周禮餘亦作余。合余、餘爲一，非。瀅又馀69164

餛 69139 36663 yù_7.16 字彙烏域切音育。饑聲正字通餛字之譌。

餱 69140 36664 hóu_7.16 正字通餱本字說文作餱。

餋 69141 36665 yǎng_7.16 正字通養本字。从羊，非。

餚 69142 36666 yù_7.16 字彙與叔切音育。養也△正字通與育義同。沿俗加食旁，非。育七畫字彙作餚，附八畫，尤非。今改正。

馕 69149 u2B5E8 láng_7.16 簡餓69123

餞 69143 36667 yí_7.16 字彙補同飴

餇 69144 36668 jiǒng_7.16 字彙補與餇同。

餓 69145 42231 xì_7.16 篇海類編許訖切，音吸◇飽也。

餙 69146 46523 tí_7.16 搜真玉鏡音啼。

餟 69147 46524 zhuì_7.16 搜真玉鏡音綴。

餐 69148 46525 cān_7.16 龍龕音餐。瀅字彙補餐，音義與餐同。又龍龕餮俗，餐正，子耐反。裝飾也。

餗 69150 u2B5E7 sù_7.16 簡餗69133

铺 69151 u2B5E6 bū_7.16 簡餔69126

餢 69152 u2B5D3 null_7.16 未詳。

饳 69153 u29807 xùn_7.16 簡飿69122

饮 69154 u29805 dá_7.16 簡饏69530

饭 69155 u29804 null_7.16 未詳。

餴 69156 u296F8 mǒi_7.16 喃从餌省每mǒi聲△捻餴：撒魚餌。

餢 69157 u296F7 bữa_7.16 喃从食否bĩ聲。一頓（飯）△餢咹：吃飯又同晤22675餢𩛷：前幾天。

餜 69158 u296F4 bǎo_7.16 同餜69286六書統餜、餜，博巧切。厭也。上从食，保聲。下呆聲。与飽69019同。古文。

餤 māng_7.16 方 飯 図 餤飯，亦作芒飯。宋·何薳 春渚 紀聞·卷三·雜記三·牛王宮餤飯 即有牛首人持飯至，視 之皆小鐵蒺藜，其大如麥粒而鋒鋩甚利。

餚 shào_7.16 同㴃29625泔水。

餕 jùn_7.16 简 餕69127

餒 něi_7.16 简 餒69116

䅩 qiú_7.16 日 廣漢和辭典 䅩，あさる。探し求める。

余 yú_7.16 简 餘69138餘簡化作余00991，並規定：在意 義可能混淆時，可使用餘。

饿 è_7.16 简 餓69121

餙 shì_7.16 字鑑 飾69020 俗作餙 図 龍龕 餙，音希 図 日 美食。从希食會意。

饾 dòu_7.16 简 餖69132

餶 jú_8.17 廣韻 集韻 韻 會 正韻 丛居六切音菊 玉篇 餶也。

饽 bō_7.16 简 餑69115

屟 zhān_8.17 集韻 饘69592 古作屟 図 集韻 饘45232古作屟 図 集韻 韻會 正韻 丛諸 延切音旃 集韻 同饘。糜也。鼇又屟13158

餚 yáo_8.17 廣韻 胡茅切 集韻 何交切丛音爻 玉篇 饌 也 廣韻 與肴47005同 図 集韻 乎刀切音豪 図 義同。

餯 lù_8.17 玉篇 力谷切音祿。食也。

餉 táo_8.17 集韻 徒刀切音陶。餉陰，地名，在齊 図 玉 篇 餌也。與餡同。

餛 hún_8.17 廣韻 戶昆切 集韻 胡昆切丛音魂 玉篇 餛 飩 揚子方言 餅謂之飥，或謂之餛飩 図 kūn 集韻 公渾切 音昆。義同△ 集韻 亦作餫餫。鼇又馄69249

餯 huì_8.17 集韻 同餯

餳 xíng_8.17 唐韻 韻會 丛 徐盈切，夕平聲 集韻 飴也 揚子方言 餳謂之餭餭。 ○按餳、餳69279二字今混爲一 重修廣韻 餳，徐盈切。 餳，徒郎切。各不相蒙 正字通 槩云餳字之譌，亦非。

餣 rěn_8.17 廣韻 如甚切 集韻 忍甚切丛音荏 玉篇 飽 也 図 廣韻 與飪68937同 図 niè 集韻 諾叶切音捻 篇海 餅 正字通 寒具，一名環餅 劉賓客嘉話 以寒具爲捻頭 雲溪友議 李日新 題仙娥驛詩 商山食店太悠悠，陳黯餔 饠古餣頭。即捻頭也 集韻 或作餦。鼇又餣69228

䭣 chì_8.17 集韻 同饎

餜 guǒ_8.17 集韻 古火切 音果 玉篇 餅也。鼇又馃69250 図 胡吉宣：粿74592同餜

餭 shì_8.17 玉篇 同飾 音事。嗜食也 玉篇 同餳。鼇又餳69024

錘 zhuì_8.17 集韻 竹恚切音諈。飢也。

餕 líng_8.17 廣韻 力膺切 集韻 閭承切丛音陵 玉篇 馬 食穀多，氣流四下也 図 集韻 盧登切音稜。又子孕切音 甑。又 唐韻 里甑切 集韻 里孕切丛音鯪。義丛同。

餬 hú_8.17 集韻 洪孤切音胡 玉篇 餅也 說文 本作餬， 鍵也 集韻 通作翩 図 gù 集韻 古慕切音故。饘也。

餫 jù_8.17 集韻 韻會 衢遇切 正韻 忌遇切丛音懼 集 韻 寒餫，餅屬 正字通 本作餫 桓譚新論 孔子，匹夫莫不 祭之，下及酒脯寒具，致敬而去。加食旁者，俗增也。

餞 jiàn_8.17 廣韻 正韻 丛慈演切音踐 說文 送去也 徐 曰 以酒食送也 詩·邶風 飲餞于禰 註 祖而舍軷，飲酒其 側曰餞 釋文 餞，音踐 爾雅·釋詁 餞，進也 疏 餞者，進 飲食之名也 図 凡送皆曰餞 書·堯典 分命和仲，宅西 曰昧谷，寅餞納日 註 寅，敬也，餞禮送行者之名。納日， 方納之日也。蓋以秋分之暮夕方納之日，而識其景也 釋 文 餞，賤衍反 図 廣韻 疾箭切 集韻 韻會 才線切 正韻 在 線切丛音賤。義同 詩·邶風 飲餞，徐邈讀 図 集韻 子賤 切音箭。義同。鼇又餞69098饯69050

餟 zhuì_8.17 唐韻 陟衞切 集韻 韻會 株衞切丛音綴 玉 篇 祭酹也，餟也 史記·武帝紀 其下四方地爲餟食 註 索 隱曰：餟謂聯續而祭之 正義曰 謂繞壇設諸神祭座，相 連綴也 前漢·郊祀志 作腏 循吏傳 作酹 図 廣韻 陟劣切 集韻 株劣切丛音輟。義同。

餧 è_8.17 玉篇 與餒同。

䜩 zuò_8.17 字彙 昨故切音祚。相謁食也。

饑 jī_8.17 集韻 饑69469古作饑。

餭 juǎn_8.17 集韻 古倦切音卷 玉篇 饌也。鼇又饡69227

餅 bǐng_8.17 唐韻 集韻 韻會 丛必郢切音鉼 說文 麪餈 也 釋名 餅，并也，溲麪使合并也 揚子方言 餅謂之飥， 或謂之餦，或謂之餛 文選 束晳有 餅賦 図 水引餅 齊 書·何戢傳 太祖好水引餅，戢令婦女躬執事以進 正字通 即今之水麪也 図 正韻 亦作鉼 世說新語 何平叔美姿 儀。魏明帝疑其傅粉，正夏日與熱湯餅，汗出，色轉皎 然。

餴 yù_8.17 廣韻 同飫

餐 nè_8.17 廣韻 尼乭切 集韻 尼厄切丛音疒 玉篇 炙 餅餌也 図 說文 楚謂小兒嬾曰饗。鼇又餐69220

䭤 shě_8.17 玉篇 同餙。

餡 xiàn_8.17 字彙 胡鑑切音陷。凡米麪食物，坎其中， 實以雜味，曰餡。或作餷 歐陽修·歸田錄 京師賣酸餡者， 俚俗誤書爲酸豏也。滑稽子謂爲俊叨，蓋不知餡之从舀， 而誤从舀也。鼇又馅69248 図 字海 酳62474同餡。王實甫 破窯記·第二折 揣著個凍酸豏未填還拙婦的餡，有甚希 奇。

餚 zī_8.17 集韻 莊持切音菑。饘名。

餉 xiǎng_8.17 集韻 與餉同。又 後漢·章帝紀 賜給公田， 爲雇耕傭賃種餉 註 餉，糧也。古餉字。

餢 pǒu 69199 36699 8.17
集韻薄口切，哀上聲。餢쳣，餅也。正字通餢鍮，起麴也，發酵，使麴輕高浮起，炊之爲餅。賈公彥以酏食爲起膠餅，膠即酵也。涪翁說，起膠餅，今之炊餅也。齊民要術有餢鍮△篇海同麹。

餘 yè 69200 36700 8.17
廣韻於業切，集韻乙業切，夶音腌。玉篇餈也。廣韻餌也，粢也，博雅䬹餘，餌也，揚子方言餌謂之餻，或謂之餘。鼞方言·卷十三餌謂之餻，或謂之粢，或謂之䬹，或謂之餘。

餤 tán 69201 36701 8.17
廣韻集韻韻會夶徒甘切音談。玉篇進也。詩·小雅盜言孔甘，亂是用餤，傳餤，進也。釋文餤，沈旋音談。又yán 集韻韻會余廉切，正韻移廉切，夶音鹽。義同。詩·小雅亂是用餤。徐邈讀。又廣韻集韻夶杜覽切，談上聲。同啖。說文噍啖也，集韻或作啖嘽噉。又六書故今以薄餅卷肉，切而薦之曰餤。正字通唐賜進士，有紅綾餤，南唐有玲瓏餤，駝蹄餤，鸞鸑餤，皆餅也。又廣韻集韻夶徒濫切，談去聲。亦噉也，食也。又餌之也。史記·趙世家故以齊餤天下。

餞 yuè 69202 36702 8.17
廣韻同䭾。府尾切音匪。說文餱也。爾雅·釋言䭾，食也，揚子方言陳楚之內相謁食麥饘曰䭾。又fěi 廣韻甫微切，集韻韻會匪微切，夶音非。又fèi 集韻方未切音沸。義夶同。

饕 fěi 69203 36703 8.17

餦 zhāng 69204 36704 8.17
廣韻陟良切，集韻仲良切，夶音張。玉篇餌曰餦餭。廣韻餦餭，餳也。楚辭·招魂粔籹蜜餌，有餦餭些。鼞又帳68959

餗 dōng 69205 36705 8.17
古文忴。廣韻德紅切，集韻都籠切，夶音東。廣韻地理志云東郡餗名。

餲 yì 69206 36706 8.17
集韻一結切音噎。玉篇食不下也。說文室也。前漢·賈山傳祝饐在前，註同饐。楚辭·九思仰長嘆兮氣餲結。鼞又餲69232

饈 zhēng 69207 36707 8.17
集韻同胵47065

餧 wèi 69208 36708 8.17
廣韻集韻韻會夶於僞切音委。玉篇餧，飼也。廣韻餧，飯也。說文食牛也。禮·月令季春，餧獸之藥，毋出九門。註餧者，啗之也。藥，毒物也。楚辭·九辯騏驥不驟進而求服兮，鳳亦不貪餧而妄食。註謂不貪人飲己妄食也。又něi 唐韻奴罪切，集韻韻會正韻弩罪切，夶音餒。玉篇飢也。一曰魚敗曰餧。楚語民之羸餧，日日已甚。前漢·魏相傳振乏餧○按餧餒古通，今相承以餧爲餧飼之餧，以餒爲飢餒之餒，遂分爲二。鼞又餧69224 腲47416

館 guǎn 69209 36709 8.17
唐韻集韻韻會正韻夶古玩切音貫。玉篇客舍。詩·鄭風適子之館兮。禮·曾子問公館復，私館不復。註公館，若今縣官舍也。周禮·地官·遺人五十里有市，市有候館，候館有積。又西京雜記公孫弘開客館，招天下之士。一曰欽賢館，德任毗贊佐理陰陽者居之。次曰翹材館，才堪九列二千石者居之。次曰接士館，一善一藝者居之。又周禮·春官·司巫祭祀則共匰主，及道布

及蒩館。註蒩之言藉，祭食有當藉者，館所以承蒩，謂若今筐也。又重館，地名，在今山東魚臺縣。左傳·僖三十一年宿於重館。又與管通。儀禮聘禮管人布幕於寢門外。註管猶館也。又集韻韻會夶古緩切音管。義同。又舘48518 馆69247 館69251 又可洪音義紫舘：古玩反，舍也，止容曰舘也。正作舘館二形也。误。

餰 yù 69210 36710 8.17
玉篇同飫。後漢·馬融傳餰賜犒功。註同飫。

餶 è 69211 36711 8.17
廣韻愛黑切，集韻乙得切，夶音檍。玉篇噎也。廣韻噎聲。鼞又餶69226

餱 null 69213 36713 8.17
字彙補飴也。見酉陽雜俎。音未詳。鼞酉陽雜俎·酒食飴謂之餱，一曰饐。

餗 shì 69215 36715 8.17
字彙補音義與餝69184同。鼞備考·食部重出：龍龕與餝同。

餼 xì 69212 36712 8.17
集韻同飵。

餐 nǎng 69214 36714 8.17
字彙補乃綱切，五音集韻近也，忽也，咫尺見也。

餚 xiū 69216 36716 8.17
餐字之譌。見字彙補

饋 bǎo 69217 36717 8.17
玉篇古文飽69019字。

餸 chóng 69218 36718 8.17
字彙補餠弓切，瑞平聲◇餸饞，貪食也。

餱 bèi 69219 36719 8.17
字彙補蒲意切，音備◇與糒同。

餐 nè 69220 42232 8.17
川篇音泉。嬾也。鼞字彙補從元切，篇韻懶也。疑是餈69194字之譌。又新修玉篇引川篇音白。小嬾也。楊寶忠：泉，白小二字誤合。

餐 yù 69221 46526 8.17
龍龕音飫。鼞字彙補同飫。

餻 tí 69222 46527 8.17
龍龕音飥。

餗 gēng 69223 46534 8.17
海篇音羹。

馁 wèi 69224 u2B5EA 8.17
簡餧69208

锣 luó 69225 u2B5E9 8.17
簡饠69591

餶 è 69226 u2FA04 8.17
同餶69211

馇 juǎn 69227 u29809 8.17
簡餶69191

馂 rěn 69228 u29808 8.17
簡餡69177

锭 dìng 69229 u29806 8.17
簡餖69235

餀 mǒi 69230 u2972B 8.17
喃从食枚mai聲。

餘 nhạy 69231 u2972A 8.17
喃从餌省奈nai聲。

餐 cān 69233 u29728 8.17
餐69113譌字。正字通餐非作湌。湌，湌69206譌字。

餰 yì 69232 u29729 8.17
字彙餐69173同餰。

餵 wěi 69234 u29727 8.17
同餵69119原本玉篇殘卷餵，亡鬼反坤蒼陳太子餵也。字書或尾字也。尾，微也，鳥獸尾也。

锭 dìng 69235 u29726 8.17
餖勝，亦名定勝、定生，糕點名。

餺 bō 69236 u29725 8.17
饆饆，即餑餑。元曲選·邯鄲道省悟黃梁夢·第四折他懷裏又沒點點，與孩兒每討饆饆。

餑 bō 69237 u29724 8.17
同饆69236

饇 mǎn 69238 u29720 8.17
同飴69072。類篇餶，母敢切。吳人謂哺子曰餶。

𩜟 69239 u2971F àng_8.17 類篇𩜟，魚浪切。食無廉。

𩜞 69240 u2971E null_8.17 未詳。

𩜝 69241 u2971D null_8.17 未詳。

𩜜 69242 u2971C null_8.17 未詳。

𩜛 69243 u2971B null_8.17 未詳。

𩜚 69244 u2971A null_8.17 未詳。

馆 69247 u9986 guǎn_8.17 简館69209

𩜙 69245 u29719 ráo_8.17 俗饒69472

𩜘 69246 u29718 cuì_8.17 四部叢刊·初編經部·大戴禮記·卷第十一·用兵第七十五甘露不降，百草殨黄，五穀不升，民多夭疾，六畜𩜘胔。原註：瘁36156當字誤𩜘也。瘁，病也。胔，瘦也。

馅 69248 u9985 xiàn_8.17 简餡69196

馄 69249 u9984 hún_8.17 简餛69174

馃 69250 u9983 guǒ_8.17 简餜69178

館 69251 uFA2C guǎn_8.17 參見館69209

餪 69252 36720 nuǎn_9.18 廣韻集韻韻會𠀤乃管切音暖博雅餪餫，饋也玉篇餽女也集韻女嫁後三日餉食，爲餪女。又nuàn集韻奴亂切音偄。婚三日而宴謂之餪△字林譌从女，非。鑾又𩞂69300𩟄69467

餫 69253 36721 yùn_9.18 廣韻正韻禹慍切集韻韻會王問切𠀤音運說文野饋也左傳·成五年晉荀首如齊逆女，宣伯餫諸穀註運糧餽之六書故古之使者所過邦國，皆有委積牽餼，無運糧之說。荀首過魯，魯畏晉，遠餽牽餼，故謂之餫又hún廣韻戶昆切集韻胡昆切𠀤音魂正字通與餛通。今俗以麪裹肉加湆，謂之餫飩。鑾又𩜰69085

餬 69254 36722 hú_9.18 唐韻戶吳切集韻韻會正韻洪孤切𠀤音胡爾雅·釋言餬，饘也註糜也疏餬饘，鬻糜相類之物。稠者曰糜，淖者曰鬻，餬饘是其別名左傳·昭七年饘於是，鬻於是，以餬余口又玉篇寄食也左傳·隱十一年餬其口於四方註餬，鬻也。鑾又𩜶69301𩱗71400𩟣69282𩝖69478又龍龕𩞲69468𩞰69290俗，餂68984或作，餬今。

𩛕 69255 36723 kē_9.18 集韻苦禾切音科。𩛕斗，餌也。象蟲形。與蝌同。

𩛮 69257 36725 chì_9.18 集韻同饎

𩝏 69259 36727 jiān_9.18 廣韻集韻韻會𠀤居言切音鞬。粥也又zhān韻會諸延切音饘。義同△集韻或作𩞓餰飦鞬鬻鬻。鑾又𩜹69135

餭 69256 36724 huáng_9.18 廣韻集韻韻會𠀤胡光切音黄玉篇乾飴也。又餌曰餦餭爾雅翼蜜和米麪，煎熬作粔籹集韻黍檮爲餳，謂之餦餭又集韻于方切音王。義同。鑾又𩜵69298正字通𩞏，與餭同。𩟒，俗餭字。

餿 69258 36726 sōu_9.18 廣韻所鳩切集韻疎鳩切𠀤音搜玉篇飯壞也。與餕同字林飯傷濕熱。鑾又𩜧69327𩝰69383

餈 69265 36733 cí_9.18 玉篇同餈

𩝃 69260 36728 pì_9.18 廣韻芳逼切集韻拍逼切𠀤音堛玉篇飽也。

䭂 69261 36729 suǐ_9.18 廣韻息委切集韻選委切𠀤音髓玉篇豆屑雜糖也廣韻䭂餅揚子方言餅謂之䭂集韻或作䭂𩟞又集韻尹捶切音唯。義同。鑾又𩟸69511

䭈 69262 36730 kǎn_9.18 集韻口敢切音厰玉篇飢也。

𩝇 69263 36731 fú_9.18 集韻方六切音福。食也。

𩛳 69264 36732 yǒng_9.18 集韻尹竦切音甬。食也。或省作𩛋。

餮 69266 36734 tiè_9.18 廣韻集韻韻會正韻𠀤他結切音鐵玉篇與飻同。貪食也左傳·文十八年縉雲氏有不才子，貪於飲食，冒於貨賄，天下謂之饕餮註貪財爲饕，貪食爲餮，卽三苗也。又呂氏春秋周鼎饕餮，有首無身。食人未咽，害及其身。又正字通古器有饕餮，垂腹，羸其面，坐則似人。下有若承盤者，敦彝器，止有獸面，無身，皆以寓戒也〇按山海經所紀渾敦、窮奇、檮杌、饕餮，皆惡獸名，故取以爲四凶之號又集韻徒典切音殄。義同。鑾又飻69022𩚵69030又龍龕餘𩞁俗，餮今。

𩝠 69267 36735 tuán_9.18 字彙音團。米𩝠。通作團。鑾又𩜻69307

𩝋 69268 36736 huì_9.18 廣韻集韻𠀤許濊切音喙廣韻飯臭爾雅·釋器餀謂之𩝋△集韻或作餯。

𩝦 69269 36737 tǒu_9.18 正字通他口切，偸上聲。餢69199𩝦，餅也。

𩝑 69270 36738 ròu_9.18 集韻如又切音揉玉篇餾也又róu集韻女救切。同餌。雜飯也。

餰 69271 36739 zhān_9.18 唐韻韻會正韻𠀤諸延切音饘玉篇同饘荀子·禮論篇酒醴餰鬻又字彙補亦作𩟃內則稻米爲酏釋文酏讀爲𩟃，之然反又jiān集韻韻會𠀤居言切音犍。又zhǎn集韻旨善切音膳。義𠀤同。

𩜓 69272 36740 yāo_9.18 集韻於喬切音媄。餳也。

䭊 69273 36741 yǐng_9.18 廣韻於丙切集韻於境切𠀤音影集韻餌也，飽也。與𩞦同。亦作饃又yǎng集韻倚兩切音鞅。滿也。亦作𩚳〇按䭊𩚳𩞦饃四字，音訓略同。諸韻書遞相譌混，不見經傳，要皆俗字也。

餱 69274 36742 hóu_9.18 廣韻戶鉤切集韻韻會胡溝切正韻胡鉤切𠀤音侯說文乾食也徐鉉曰今人謂飯乾爲餱詩·大雅迺裹餱糧釋文餱，音侯，食也。鑾又𩞬69297糇43455餱69140𩜀。

餲 69275 36743 ài_9.18 廣韻集韻於例切韻會於罽切𠀤音緆玉篇飯臭也爾雅·釋器食饐謂之餲註飯穢臭論語食饐而餲集韻或作饐又è廣韻烏葛切集韻正韻阿葛切韻會阿曷切𠀤音遏。又wài集韻正韻𠀤於邁切音嘬。又ài廣韻於戒切集韻韻會乙界切，𠀤挨去聲。義𠀤同。或作餀又hé廣韻胡葛切集韻何葛切𠀤音曷。義同又廣韻餅名。

𩟅 69278 36746 tāo_9.18 字彙同饕

𩝔 69277 36745 yē_9.18 正字通𩝔字之譌字彙引靈樞經𩝔不得息，譌作𩝔。

饌 69276 36744 zhuàn_9.18 說文籑字重文。諸韻書俱作饌69459

餳 69279 36747
táng_9.18　集韻 韻會 正韻 丛徒郎切音唐 說文 飴和
麱也 揚子方言 餳謂之餭 釋文 餳，洋也。煮米消爛，洋
洋然也 急就章 棃柿柰桃待露霜，棗杏瓜棣饊飴餳 詩話
劉禹錫曰：詩中僻字，宜有來歷。宋考功云 沈佺期 嶺
表寒食詩 馬上逢寒食，春來不見餳。常疑之。因讀 毛
詩 簫管備舉 鄭箋 簫，編小竹管，如今賣餳者所吹，六
經惟此中有餳字。吾緣明日重九，押一餳字讀，尋思六
經無餳，故不敢爲之〇按 重編廣韻 云餳，徐盈切，當
从易 正韻 从易，誤。餳，徒郎切，當从易。今混爲一字，
非 字彙 既有餳字，从徐盈反，復于餳字作徐盈、徒郎
二切，尚未了然於字書之誤也。鑒 說文 餳，飴和麱者
也 段注 改篆作餳 图饧 图 正字通 餳，與餳同。

餒 69280 36748
bǎo_9.18　正字通 與飽餒丛同 路史 民食鳥獸之肉，
有不能餒者飲其血。

餴 69281 36749
fēn_9.18　玉篇 甫云切音分。半蒸飯也。與饙同 詩·大
雅 挹彼注茲，可以餴饎 註 餴，蒸米一熟，而以水沃之，
乃再蒸也△本作饙 字彙 省作餴，附八畫，非。今改正。

饛 69282 36750
hú_9.18　集韻 同飷。

餚 69283 36751
null_9.18　字彙補 音未詳 酉陽雜俎 飽飯謂之餚。

餯 69284 36752
yàn_9.18　字彙補 五健切，音彦◇ 酉陽雜俎 飴謂餯。

饘 69285 36753
zhān_9.18　字彙補 與飦同 禮·內則 以與稻米爲酏 釋
文 酏讀爲饘，之然反。

餲 69286 36754
bǎo_9.18　玉篇 古文飽69019字。

餯 69287 36755
fēn_9.18　字彙補 甫文切音分 海篇 餐餯，飯也。

餅 69288 36756
zhuàn_9.18　字彙補 同饌。

餬 69302 2B5D7
null_9.18　字見 殷周金文集成·17.10890·餬戈

餴 69289 36757
fēn_9.18　字彙補 同餴。

饙 69290 36758
hú_9.18　字彙補 皇盧切音弧 海篇 寄食也。又麋也

顝 69291 42233
yù_9.18　龍龕 羊句切，音預◇ 齊遇也。

餣 69292 46529
suì_9.18　五音篇海 音遂。

餐 69293 46530
cān_9.18　搜眞玉鏡 音飡。

鹹 69294 46531
xián_9.18　篇海類編 音咸。鑒 俗鹹。

餔 69304 u2B5D5
null_9.18　未詳。

餱 69297 u2B5EF
hóu_9.18　簡 餱69274
務。鑒 俗鉴63693 敦煌·S.6836 葉净能詩 忽有一將軍，
身穿金甲，陣上兜餮，拔劍上殿，擬斬岳神。

馈 69299 u2B5ED
wèi_9.18　簡 餵69331

馈 69300 u2B5EC
nuǎn_9.18　簡 餪69252

餕 69295 46532
jùn_9.18　龍龕 與餕同。

餐 69296 46533
móu_9.18　搜眞玉鏡 音
務。鑒 俗鉴63693 敦煌·S.6836 葉净能詩 忽有一將軍，
身穿金甲，陣上兜餮，拔劍上殿，擬斬岳神。

饃 69298 2B5EE
huáng_9.18　簡 餭69256

餬 69301 2B5EB
hú_9.18　簡 餬69254

餼 69305 u2B5D4
null_9.18　未詳。

餬 69306 u2980B
xū_9.18　簡 餬69308

餭 69308 u29754
xǔ_9.18　同糈43456

麵 69303 u2B5D6
miàn_9.18　俗麵74624

餺 69307 u2980A
tuán_9.18　簡 餺69267

餯 69309 u29753
bǎo_9.18　同饇69310亦
作饇69054 通雅·卷三十三·器用（古器）劉原父弆仲医銘
有塵鑪盛□糕米具餯諸字，餯與飽同。

饇 69310 u29752
bǎo_9.18　同餯69309 图 俗作餸69335

餲 69311 u29751
xuān_9.18　方 吃（貶義）。清·蒲松齡 翻魘殃·第三回
你就趁閒趕（挦）下餅，休要管他餲不餲。又 眉語·V.1.
Num. 14·文苑二·牆頭記·第一段·老鰥凍餒 張大送出來李
氏說：你看咱爹吃了多麼點子，若是你達（父）着，從
來沒見那東西，不知待餲多少哩。

餈 69312 u29750
cí_9.18　同糍43493明·陳與郊 袁氏義犬·第一齣 便
是熱餈團倒引起麃兒吠，鬧吒吒到處怨天公，便有女媧
來，補不得這人心碎△越諺·卷中·飲食 麻餈：（音）時。
糯粉餡烏豆沙如餅，炙食擔賣。多喫能殺人。

饞 69314 u2974E
chán_9.18　俗饞69583 宋元以來俗字譜 引 目連記 等。

餱 69315 u2974D
hóu_9.18　餱69274本字。見 說文

鍬 69316 u2974B
qiāo_9.18　宋·耐得翁 都城紀勝·食店 市食點心，涼
暖之月，大槩多賣。豬羊雞煎煤鍬劃子、四色饅頭、灌
肺、灌腸、紅燠薑豉、蹄子肘件之屬△宏按，永樂大典
殘卷·卷之七千六百三 作鍬劃子。

餻 69313 u2974F
gāo_9.18　俗餻69340

餲 69317 u2974A
tí_9.18　俗醍62396 皮
日休詩 雕胡飯熟餲餬軟，不是高人不合嘗。

饁 69318 u29749
yè_9.18　正字通 饁69360，本作饁。

餲 69319 u29747
yè_9.18　字海 餲69325的訛字。

餞 69320 u29746
null_9.18　未詳。

餯 69321 u29745
null_9.18　未詳。

餴 69323 u29743
fēn_9.18　同餴69422

餲 69325 u4B4E
yè_9.18　同糜43453

餶 69322 u29744
wō_9.18　餶餶頭，同窩窩頭 益世報. 1930. Jan. 11·
慈善界 饑寒交迫是安分民眾，他不要幾百萬出洋，只
求餶餶頭。殘冬過了，依然可以努力自求生。

餬 69324 u4B4F
pyeon_9.18　韓 糕餅 新字典 餬，餅也。見俗書。

馋 69326 u998B
chán_9.18　簡 饞69583

馈 69327 u998A
sōu_9.18　簡 餿69355

馈 69328 u9988
kuì_9.18　簡 餽69455

馇 69329 u9987
chā_9.18　簡 餷69330

餷 69330 u9937
chā_9.18　方 餷粥：熬粥。又 餶餷：餃子。亦作餶餔。
餶餷 图 zha 餎餷，亦作餎餍68993

餵 69331 u9935
wèi_9.18　同喂06446

餳 69332 36759
táng_10.19　廣韻 集韻
韻會 正韻 丛徒郎切音唐 玉篇 餳餳，餌也 廣韻 餳餳，
黍膏 揚子方言 餳謂之餳◆ 本草 飴卽軟餳。凡粳粟大麻
白朮皆堪作，惟糯米作者入藥△ 集韻 或作糖糭餳

饏 69333 36760 shì_10.19 正字通俗嗜字。

饏 69334 36761 chǎn_10.19 集韻丑展切音蔵。長味。鼞當从蚩。

饏 69335 36762 xiá_10.19 廣韻胡瞎切集韻下瞎切夶音轄。飽也。鼞正字通飽不必別作饏。饏卽饀69309餡69310之譌。

饏 69336 36763 yàng_10.19 廣韻餘亮切集韻弋亮切夶音恙玉篇餌也△集韻作餍。鼞龍龕餠饏二俗，餒正。

餺 69337 36764 bó_10.19 廣韻補各切集韻韻會正韻伯各切夶音博玉篇餺飥，餠屬△廣韻作餺。亦作餺。鼞又餗68958餺69387饢69476

鎌 69338 36765 lián_10.19 廣韻良冉切集韻力冉切夶音斂廣韻小食也說文噮也長箋正飯之後有小飯，如茶點之類，北方謂之小食，飯之餘也又說文廉潔也長箋因小義，故借廉潔，廉則薄德也又唐韻力鹽切集韻離鹽切夶音廉。義同又xiàn集韻乎籋切音陷。餠中肉。或作鎌鎌䑑。一作餡又qiàn集韻苦簟切音歉。食不飽。同鎌。鼞又鎌69371

饞 69339 36766 yuān_10.19 廣韻集韻夶於袁切音鴛玉篇食也。△集韻或省作饜。

饉 69340 36767 gāo_10.19 廣韻古勞切集韻韻會居勞切正韻姑勞切夶音高玉篇饉麋也博雅饉，餌也揚子方言餌謂之饉集韻作糕。別作餻。

餻 69341 36768 kào_10.19 廣韻苦到切集韻口到切夶音犒玉篇勞也廣韻餻軍集韻或作犒槀脯又gāo集韻居勞切正韻姑勞切夶音高。與饉同。

鎗 69342 36769 cāng_10.19 集韻千剛切音蒼。食也。

餔 69343 36770 chā_10.19 集韻測洽切音插。餌也。

餱 69344 36771 qiǔ_10.19 集韻去久切音糗。食物爛也。

餲 69345 36772 xǐ_10.19 廣韻相卽切集韻悉卽切夶音息玉篇氣息也揚子方言餲、㗖、呬，息也。周鄭宋沛之間曰餲。自關而西，秦晉之間，或曰㗖，或曰餲。東齊曰呬又廣韻食也博雅長也。

饏 69346 36773 qiǎn_10.19 廣韻集韻夶去演切音遣廣韻黏也博雅饏糕，摶也。一曰黏也。一曰乾餌△集韻或作饘。

鄹 69347 36774 luǒ_10.19 五音集韻來可切音㔯異字苑鄹，飼也。鼞鄹63906字之譌集韻鄹，鄹鉤，出異字苑。

餼 69348 36775 xì_10.19 廣韻集韻許旣切韻會於旣切夶音欷玉篇饋餉也周禮·秋官·司儀致饔餼註小禮曰飧，大禮曰饔餼。又周語廩人獻餼註禾米也又牲生也儀禮·聘禮餼之以其禮，上賓大牢，積惟芻禾，介皆有餼註凡賜人以牲生曰餼。餼猶槀也，結也疏按經云，主國使卿歸饔餼五牢。云飪一牢，腥二牢，餼二牢，陳于門西。鄭註云餼，生也。牛羊右手牽之。豕東之。是牲生曰餼。

論語告朔之餼羊，鄭註亦云牲生曰餼春秋傳餼臧石牛。服氏亦云牲生。是凡牲生曰餼春秋·僖三十三年鄭皇武子云餼牽竭矣。服氏以爲腥曰餼，以其對牽，故以餼爲腥。詩序云雖有牲牢饔餼。鄭云腥曰餼，以其對生是活，故以餼爲腥又魯語馬餼不過稂莠註秣也○按說文本作氣。饋客芻米也。齊人來氣諸侯。見春秋傳·桓十年。或从食作餼，或从旣作槩，亦借旣。義夶同。今通作餼。鼞又槩43491腏47666飫68913飽68968饻68978餼69145眃57549餼69413又直音篇饗69426同餼。

饞 69350 36777 yuàn_10.19 集韻同餉
餤 69349 36776 dā_10.19 廣韻都盍切集韻德盍切，並音耷玉篇餤䬧，食也。

餗 69351 36778 sù_10.19 集韻蘇故切音素。膳徹葷也正字通按六書本作素儀禮·士喪禮飯素食。註：猶故也，謂復平生時食也漢書·霍光傳註：菜食無肉曰素集韻作餗，非。

餽 69352 36779 kuì_10.19 廣韻集韻韻會求位切正韻具位切夶音匱說文吳人謂祭曰餽又廣韻同饋前漢·食貨志千里負擔餽饟又貽也孟子王餽兼金一百而不受又姓譜晉中行穆伯攻鼓，餽間倫欲因其嗇夫而下之不從又集韻基位切，餽亦聲。又歸謂切音貴。義夶同。

餾 69353 36780 liù_10.19 唐韻集韻韻會正韻夶力救切音溜玉篇飯氣蒸也廣韻餾飯爾雅·釋言饙餾稔也註饙熟曰餾疏孫炎曰：烝之曰饙，均之曰餾。郭氏今呼餐飯爲饙，饙熟爲餾說文云饙，一蒸米也。餾，飯氣流也。然則蒸米謂之饙，饙必餾而熟之，故言餾。本作䭛又liú廣韻集韻夶力求切音劉。義同。鼞又熘31523餾69386

餿 69354 36781 èn_10.19 集韻五困切音顇說文餿餿也。謂相謁食麥。秦人語。或作稳又廣韻集韻夶五恨切音鎁廣韻飽也又玉篇餿也。

餿 69355 36782 sōu_10.19 玉篇同餿。鼞又餿69327

餿 69356 36783 duī_10.19 廣韻集韻夶都回切音磓玉篇蜀人呼蒸餠爲餿李莘·饞語詩㧱餿舐指不知休△集韻或作餛䭔糙。鼞又餿69372又龍龕餿俗，餿正。

餠 69357 36784 tāo_10.19 集韻他刀切。與饕同又táo徒刀切音陶。餌也。與麴同。通作餘又kàn苦紺切音勘。味過甘也。鼞胡吉宣：與啥06238同。

饕 69358 36785 zhāi_10.19 正字通俗齋字。

餿 69359 36786 xiū_10.19 集韻同餐
餿 69362 36789 bǎo_10.19 字彙補博考切，音飽◇見張仲匜銘○按集古錄及鍾鼎款識所載不同，惟東觀餘論作餿。互詳餑69054字註。

饁 69360 36787 yè_10.19 唐韻筠輒切集韻域輒切正韻弋涉切夶音葉玉篇餉田食爾雅·釋詁饁、饟，饋也疏野饋曰饁詩·豳風饁彼南畝左傳·僖三十三年白季使過冀，見冀缺耨，其妻饁之又周禮·夏官·大司馬致禽饁獸於郊註

聚所獲禽，因以祭四方之神於郊也図集韻乙業切音腌。野饋也。鏊又饁69389饐69318

餤 69361 36788
huā_10.19　字彙補果騧切音瓜。餤消食也。

饆 69363 36790
null_10.19　字彙補音未詳酉陽雜俎饆饠餺餻飯，餌也。鏊譌字廣雅餤饆餳飿飯，餌也。

饈 69369 46536
xiū_10.19　龍龕音饊

饕 69364 36791
jiāng_10.19　字彙補同漿莊子·列禦寇吾嘗食于十饕而五饕先饋。又作餰。

饛 69365 36792
méng_10.19　與饛同。見六書故

餶 69366 42234
gǔ_10.19　字彙補古忽切音骨武林舊事市食有鵓鴿餶餬兒，麵果也。鏊武林舊事·市食有鵓鴿餶餬兒。市食二字原誤合爲一字，今正図餶。

餴 69367 42237
fēn_10.19　字彙補餴本字。

鴮 69368 46535
wū_10.19　五音篇海安姑切。

饕 69370 46537
tāo_10.19　搜眞玉鏡同饕。

饌 69371 u2B5F1
lián_10.19　簡餯69338

饂 69372 u2B5F0
duī_10.19　簡饂69356

饐 69373 u2B5D8
null_10.19　未詳

餸 69374 u2980C
sòng_10.19　簡餸69392

饎 69375 u2977B
chǎn_10.19　喃从食真chǎn聲。飼養△饎䭑：養蠶。

餒 69376 u2977A
nuòi_10.19　喃从食捘nõi聲。同饛69595

饁 69377 u29779
yōng_10.19　同饕69504

餶 69380 u29772
null_10.19　未詳。

饏 69378 u29778
yuān_10.19　同餂69339玉篇饏，於元切。貪也。

餺 69379 u29773
bèi_10.19　同糒43503

饁 69381 u29771
null_10.19　未詳。

餤 69382 u29770
null_10.19　未詳

鰮 69384 u2976E
null_10.19　未詳

餿 69383 u2976F
sōu_10.19　俗餿69258里語徵實飯壞曰餿。

饊 69385 u2976D
null_10.19　未詳。

餾 69386 u998F
liù_10.19　簡餾69353

餺 69387 u998E
bó_10.19　簡餺69337

饃 69388 u998D
mó_10.19　簡饃69447

饁 69389 u998C
yè_10.19　簡饁69360

餶 69390 u9989
gǔ_10.19　簡餶69366

餫 69391 u9942
wēn_10.19　餫飩，同雲呑，即餛飩。

餸 69392 u9938
sòng_10.19　粵東莞縣志·卷十二·輿地略十一·方言下膳謂之送。按：蘇軾詩「香粳飽送如塡塹」。莞謂以膳將飯送之入口曰送飯，因借言之謂膳亦曰送，據蘇詩，語當始宋時。俗別造餸，非図餸尾：剩菜。

饟 69393 36793
jiàng_11.20　類篇巨兩切，强上聲。硬食。鏊又饇69484

餳 69394 36794
táng_11.20　正字通同餹。

餶 69395 36795
xiǎng_11.20　集韻同饟。

饛 69396 36796
zhé_11.20　集韻陟革切音摘。日月饛蝕図治革切，橙入聲。義同。

糝 69397 36797
sǎn_11.20　廣韻集韻䟵桑感切，甦上聲玉篇羹糝也。說文本作糂，以米和羹也。一曰粒也図五音集韻與糣同。糣，糜滓也図chěn集韻楚錦切音墋。食有沙。図càn七紺切音黪。鼓曲也。與參同後漢禰衡爲漁陽參撾。

糜 69398 36798
mó_11.20　廣韻莫婆切集韻眉波切䟵音摩玉篇食也図集韻一曰哺小兒。或作饝図mí集韻忙皮切。與糜同。粥也。或作麿。鏊又饃69447饃69557糜43686饃69388糜43714饝69575糢43586

饅 69399 36799
mán_11.20　廣韻母官切集韻韻會正韻謨官切䟵音瞞集韻饅頭，餅也正字通麪食也。饅開首者曰橐駝臍。吳下呼餡臍，讀若幽詐，言熟食之肥也。長曰饆，斜曰桃晉書·束皙賦饅頭薄持事物紀原諸葛亮南征，將渡瀘水。土俗殺人首祭神，亮令以羊豕代，取麪，畫人頭祭之。饅頭名始此，又南唐有子母饅頭燕翼詒謀錄仁宗誕日，賜羣臣包子，即饅頭別名。今俗屑麪發酵，或有餡，或無餡，烝食者謂之饅頭△集韻或作饝。鏊又饅69444図四聲篇海饅，本作糢。

饕 69400 36800
tāo_11.20　集韻籀文饕字△字彙補或作虣。

饟 69401 36801
shǎng_11.20　集韻同餉図xiǎng式亮切，傷去聲。餉也。與餉同図尸羊切音商。義同。

餳 69402 36802
bì_11.20　廣韻卑吉切集韻韻會正韻壁吉切䟵音必玉篇餳饠，餅屬。用麪爲之，中有餡資暇集蕃中畢氏羅氏好食此味，因名畢羅。後人加食旁，爲餳饠〇按酉陽雜俎有人夢入畢羅店，及醒，店子曰：郎君與客食畢羅二斤，何不計直而去。即餳饠也△集韻或作韠。

饈 69403 36803
cáo_11.20　玉篇昨糟切音曹。食餡也。鏊又饆6942...

催 69404 36804
suī_11.20　集韻蘇回切音催。飯也。

饖 69405 36805
chuáng_11.20　廣韻士江切集韻鉬江切䟵音淙廣韻饞餮，愛食集韻欲食也。或書作饕。

饇 69406 36806
yù_11.20　集韻韻會正韻䟵依據切音瘀。同飫詩·小雅如食宜饇箋王如食老者，則宜令之飽図廣韻衣遇切集韻韻會威遇切䟵音嫗。又集韻於口切音毆。義並同。

糜 69407 36807
mí_11.20　集韻同麿

饡 69408 36808
zǎn_11.20　廣韻集韻䟵子敢切音昝玉篇潊饡，無味図jiǎn集韻子冉切，音䜴嘗食也。一曰饡醋，味醶。或从漸図zàn昨濫切音暫。義同。或書作饡。鏊又饗69541鑽64511

餗 69409 36809
zhú_11.20　集韻佇六切音逐。食貌図餠也。

饇 69410 36810
zhù_11.20　廣韻集韻䟵章恕切音翥玉篇豕食也。図廣韻大糜。鏊廣韻大糜。大，犬之誤。

饞 69411 36811
chóng_11.20　廣韻鉏弓切集韻鉬弓切，䟵音崇。餚...

餩, 貪食。鎏又餀69405

饈 69412 36812 xiū_11.20 類篇思留切音修。進獻也。一曰致滋味曰羞。或从食字彙膳也, 薦也。鎏又腩47764膡47791馐69446瑈34553

飱 69417 36817 sù_11.20 集韻同餗 音既。饋食生也。鎏楊寶忠: 同饍69348

餲 69413 36813 jì_11.20 集韻居氣切

傭 69414 36814 chóng_11.20 集韻昌容切音衝玉篇饞傭也集韻不廉。

餗 69418 36818 sù_11.20 集韻同餗

饉 69415 36815 jǐn_11.20 廣韻渠遴切集韻韻會渠吝切正韻具吝切丛音僅廣韻無穀曰飢, 無菜曰饉論語因之以飢饉图韓詩外傳三穀不升謂之饉△字彙補亦作鞏。鎏又饉69445

餯 69416 36816 yǐng_11.20 集韻於境切音影。與饁同。

鞏 69419 36819 jǐn_11.20 字彙補同饉

鍘 69420 36820 zǎn_11.20 集韻同饗 潃飯也。从食奉聲徐註奉音忽, 非聲, 疑卽弅字之譌△字彙補作饗, 非。鎏又饊69323饁69441饖69492

饛 69421 36821 chuáng_11.20 集韻同饓。

饕 69424 46538 tāo_11.20 篇海類編同饕

饟 69425 46539 jiāng_11.20 龍龕同饟

餏 69423 42235 hài_11.20 字彙補呼泰切音餀。臭氣。鎏楊寶忠: 餀69052字之變。

饜 69426 46544 yàn_11.20 篇海類編同饜

饯 69427 u2B5DA jiǎn_11.20 简饯69541

饋 69428 u2B5D9 null_11.20 未詳。

餷 69429 u2980E cáo_11.20 简饝69403

饅 69433 u2979D mèm_11.20 喃从飯省 窆màm聲△餎饅: 軟飯。饅論: 柔軟。

馇 69430 u2980D xuán_11.20 油馇, 一種渦旋狀蔥油圓形小餅。

饔 69431 u297A0 yōng_11.20 同饔69587

饝 69434 u2979C níng_11.20 玉篇殘卷奴耕反坤舌内充實也△今本玉篇作饝69539

饟 69432 u2979F jiāng_11.20 同饟69364

饝 69437 u29798 mǎn_11.20 俗滿29345可洪音義飽饝: 莫官反。正作滿萬曆野獲編補遺·内監而乾清宮内, 則有……冰膳局, 饝膳局, 麵劢局。

饱 69435 u2979B bǎo_11.20 同餴69286古文飽。

饊 69436 u29799 lián_11.20 同鱗74671寒具。字見集韻

餫 69438 u29797 null_11.20 未詳。

饓 69439 u29796 null_11.20 未詳。

餗 69440 u29795 sù_11.20 同餗69133集韻作飱69417

饙 69441 u29794 fēn_11.20 同饖69422

饅 69444 u9992 mán_11.20 简饅69399

饡 69442 u29793 zī_11.20 清李調元奇字名卷十一·魚名饡69443鰦, 法帖釋文二字韻書不載, 考三國志俱作鰦72155

饡 69443 u29792 zī_11.20 同鰦72155參見饡69474鰦72619

饉 69445 u9991 jǐn_11.20 简饉69415

馐 69446 u9990 xiū_11.20 简饈69412

饃 69447 u9943 mó_11.20 餅類食物。也指饅頭。

餝 69448 36823 chì_12.21 集韻同饎

饎 69449 36824 suǐ_12.21 集韻同饎。

饊 69450 36825 sǎn_12.21 廣韻韻會蘇旱切集韻穎旱切丛音散廣韻饊, 飯也說文熬稻粻程也。鎏又糤43590儆69499儆69578

饕 69451 36826 tāo_12.21 正字通俗饕字。

餲 69452 36827 yǐng_12.21 廣韻於丙切集韻於境切丛音影玉篇飽滿也集韻餌也, 飽也。或作餳饁图集韻於慶切音映。義同。或作餕。鎏又鐐64229

饒 69453 36828 dūn_12.21 集韻都昆切音敦。貪食。

餉 69454 36829 xiāng_12.21 集韻始兩切。同餉。

饋 69455 36830 kuì_12.21 古文匱唐韻集韻韻會求位切正韻具位切丛音匱廣韻餉也周禮膳夫凡王之饋鄭註進食于尊者曰饋图儀禮特牲饋食禮特牲饋食之禮, 不諏日註祭祀自孰始曰饋食。饋食者, 食道也。又士虞禮特豕饋食註饋, 猶歸也。以物與神及人, 皆言饋图左傳·成十年晉侯欲麥, 使甸人獻麥, 饋人爲之註饋人, 主治公膳者也△集韻或作歸餽图tuí集韻徒回切音頹。饙饋, 餌名, 屑米和蜜蒸之。鎏又馈69328饋69574覼57937

餳 69456 36831 chēng_12.21 字彙丑庚切音撐。饟餳, 飽也。鎏又饛69487图重刊訂正篇海餳餳, 同。

饐 69457 36832 jǐn_12.21 廣韻集韻丛子朕切音醋廣韻濕通上也图博雅美也集韻味小甘也△集韻通作醰。鎏又饖69479

餉 69458 36833 shǎng_12.21 廣韻書兩切集韻始兩切丛音賞玉篇晝食也。與餉同廣韻日西食也。

饌 69459 36834 zhuàn_12.21 集韻雛綰切五音集韻雛睆切丛音撰玉篇飯食也說文具食也周禮·天官·酒正以共王之四飲三酒之饌疏謂饌陳具設之也儀禮·燕禮膳宰具官, 饌于寢東註具其官之所饌, 謂酒也, 牲也, 脯醢也。图韻會小補或作籑前漢·元后傳獨置孝元廟故殿, 以爲文母籑食堂註孟康曰: 籑, 音撰。晉灼曰: 籑, 具也图fàn集韻扶萬切音飯。又五音集韻士戀切音饌。義丛同图xuǎn正韻須兗切音選尚書大傳夏后氏不殺不刑, 死罪罰二千饌馬融云饌, 六兩史記·平準書作撰蘇林云撰音選擇之選△說文本作籑, 从食, 算聲。或从巽作饌。諸韻書沿俗作饌。鎏又餠69288饌69498图廣韻撰47840同饌。

籑 69460 36835 zhuàn_12.21 正字通同饌, 譌省。

黵 lì_12.21 69461 36836 ‖集韻‖令益切音剹。黵簫，食相箸。

饙 huáng_12.21 69462 36837 ‖集韻‖胡光切音黃。糜也。

饍 shàn_12.21 69463 36838 ‖廣韻‖‖集韻‖‖正韻‖丛時戰切音繕‖玉篇‖食也。與膳同‖說文‖具食也‖周禮·天官‖膳夫掌王之食飲膳羞。膳之言善也☒‖正韻‖上演切音善。義同。

饎 chì_12.21 69464 36839 ‖唐韻‖‖集韻‖‖韻會‖‖正韻‖丛昌志切音熾‖爾雅·釋訓‖饎，酒食也‖註‖猶今之云饎餴，皆一語而兼通‖疏‖饎，一字通酒食兩名也。李巡云得酒食則喜歡也‖詩·小雅‖吉蠲爲饎，是用孝享☒‖玉篇‖黍稷也‖儀禮·特牲饋食禮‖主婦視饎爨於西堂下‖註‖炊黍稷曰饎☒xī‖集韻‖虛其切音僖。義同△‖集韻‖或作餏鎚饎糦喜餝‖正韻‖亦作饎。

劗 null_12.21 69486 u2B5DB 未詳。

餤 dàn_12.21 69465 36840 ‖集韻‖杜覽切音澹‖玉篇‖食無味也。通作澹。

饁 chuáng_12.21 69466 36841 ‖廣韻‖宅江切‖集韻‖‖韻會‖傳江切丛音幢‖廣韻‖喫貌‖集韻‖食無廉也。或作噇。

餪 nuǎn_12.21 69467 36842 ‖正字通‖俗餪字。

餲 yì_12.21 69468 36843 古文饙‖廣韻‖‖集韻‖‖韻會‖丛乙冀切音懿‖玉篇‖餲餲，臭味變‖說文‖飯傷濕也‖爾雅·釋器‖食餲謂之餲‖集韻‖或作飤餲☒‖集韻‖於例切音餲。義同☒yē‖集韻‖一結切音噎‖說文‖飯窒也‖集韻‖或作餉噎☒‖集韻‖益悉切音壹。義同。鑒又饖68965饙50206

饑 jī_12.21 69469 36844 古文饑飢‖玉篇‖紀衣切音機‖說文‖穀不熟爲饑。从食幾聲。餘詳飢68902字註。鑒又饥68908

餤 dēng_12.21 69471 36846 ‖集韻‖都騰切音登‖玉篇‖祭食也☒dèng‖廣韻‖都鄧切‖集韻‖‖正韻‖丁鄧切丛音嶝。義同。

饒 ráo_12.21 69472 36847 ‖廣韻‖‖集韻‖‖韻會‖‖正韻‖丛如招切音蕘‖玉篇‖多也，飽也，豐也，厚也，餘也。又益也，贍也‖禮·曲禮‖大饗不問卜，不饒富‖註‖富之言備也。備而已，勿多於禮也‖前漢·陳平傳‖平娶張氏，資用益饒。又對漢王曰：大王能饒人以爵邑☒俗謂寬恕曰饒‖杜甫·立秋後詩‖日月不相饒，節序昨夜隔☒‖國名‖‖前漢·地理志‖北海郡縣饒‖註‖侯國☒‖縣名‖‖前漢·地理志‖屬西河郡，莽曰饒衍‖後漢·郡國志‖安平國饒陽，故名饒☒‖州名‖本楚番邑，吳置鄱陽郡，隋改饒州，以物產富饒也☒‖姓‖‖風俗通‖漢有饒武，爲漁陽太守☒‖廣韻‖‖集韻‖‖韻會‖人要切‖正韻‖實照切丛音郄。義同。鑒又饶69105饒69245

餧 yàng_12.21 69473 36848 ‖集韻‖餦69336，或从羕。

鰛 zī_12.21 69474 36849 ‖字彙補‖淳化帖·薛稷書孫權與介象論鱠，象以鰛魚爲上，乃庭中作坎置水，投以釣餌，不經食，得鱸魚付廚〇按鰛、鱛二字，韻書不載‖三國志‖作鯔，帖中筆墨小變，譌分爲二，其實一字也。

饌 yí_12.21 69470 36845 ‖玉篇‖同飴。

餹 chēng_12.21 69475 36850 ‖字彙補‖丑庚切音撐。痛食曰餤，出‖兔疑雜字韻‖

饏 dàn_12.21 69480 46543 ‖龍龕‖同饕 杭州府志有冬餛飩，年饏飥之諺。

餺 bó_12.21 69476 42236 ‖字彙補‖同餺

饀 huò_12.21 69477 46540 ‖搜眞玉鏡‖與饕同。

饘 jǐn_12.21 69479 46542 ‖篇海類編‖同饉。

嚇 null_12.21 69485 u2B5F2 未詳。

饇 hú_12.21 69478 46541 ‖龍龕‖與餬同

餷 duò_12.21 69481 46545 ‖搜眞玉鏡‖徒臥切。

餕 sǎn_12.21 69482 46546 ‖篇海類編‖與糝同。

饟 lín_12.21 69483 46548 ‖篇海類編‖音隣。

餰 jiàng_12.21 69484 u2B5F3 ‖簡‖餰69393

饟 chēng_12.21 69487 u2980F ‖簡‖饟69456

饜 yàn_12.21 69488 u297B9 俗黵69545 ‖可洪音義‖惡饜：於焰反。

餗 sù_12.21 69489 u297B8 ‖字海‖同餗69133引明·無心子‖千祥記·開詔‖但年力衰頹，恐有覆餗之患。

餾 liù_12.21 69490 u297B7 餾69353本字‖說文‖飯气蒸也。从食畱聲。

饙 fēn_12.21 69491 u297B4 ‖字彙補‖饙，亦作餴69422

餴 fēn_12.21 69492 u297B3 同饙69422

饆 dá_12.21 69493 u297B1 同饆69530

餎 dá_12.21 69494 u297B0 餎餎，麵疙瘩。

糧 liáng_12.21 69495 u297AF 同糧43602

馕 liáng_12.21 69496 u4B6A ‖簡‖糧69495

餠 ryo_12.21 69497 u4B5C ‖韓‖新字典·朝鮮俗字部‖飢乏不食。

饊 sǎn_12.21 69499 u9993 ‖简‖饊69450

饌 zhuàn_12.21 69498 u9994 ‖简‖饌69459

饙 kuài_13.21 69500 36851 ‖集韻‖古外切音儈。食也。

䐀 dú_13.22 69501 36852 ‖集韻‖徒谷切音牘‖玉篇‖粥也。

餡 hàn_13.22 69502 36853 ‖廣韻‖‖集韻‖丛呼紺切音顑。食不飽也。

饛 yǒng_13.22 69503 36854 ‖集韻‖委勇切音擁。食餲也。

饔 yōng_13.22 69504 36855 ‖唐韻‖‖集韻‖‖韻會‖‖正韻‖丛於容切音邕‖玉篇‖熟食也‖詩·小雅‖有母之尸饔‖傳‖熟食曰饔‖孟子‖饔飧而治‖註‖饔飧，熟食也。朝曰饔，夕曰飧☒‖周禮·天官·內饔‖註‖饔，割烹煎和之稱‖疏‖饔，和也，熟食曰饔。熟食須調和，故號曰饔☒‖儀禮·聘禮‖君使卿韋弁歸饔餼五牢‖註‖牲殺曰饔，生曰餼☒通作雝‖國語‖佐雝者嘗焉。☒‖韻會‖‖正韻‖丛於用切，雍去聲。義同。鑒又饔69587 饔69431☒‖正字通‖饛69503，饔69377饔同☒‖唐·慧琳·一切經音義‖饔，籀文从共作饔。

饛 yuàn_13.22 69505 36856 ‖字彙‖與縣切，音院◇黵飽也。鑒‖正字通‖俗餉69110字。

餜 guò_13.22 69506 36857 ‖廣韻‖古臥切音過‖玉篇‖食也。

餈 líng_13.22 69507 36858 ‖廣韻‖‖集韻‖丛郎丁切音靈。食飽也。

餼 chì_13.22 69508 36859 ‖正韻‖同饎‖周禮·地官‖饎人，掌凡祭祀共盛

共王及后之六食。

𩞁 69509 36860 yì_13.22 集韻夷益切音繹玉篇祭之明日又祭曰𩞁又集韻飯壞曰𩞁。

𩞂 69510 36861 liàn_13.22 字彙力驗切音殮。食無味又liǎn良冉切音斂。義同。

𩞃 69511 36862 suǐ_13.22 字彙同餚 𩞄 69512 36863 ào_13.22 廣韻烏到切集韻韻會於到切𠀤音奥玉篇妒食。

𩞅 69513 36864 dāng_13.22 字彙都郎切音當。與食也又丁浪切音擋。義同。

饕 69514 36865 tāo_13.22 唐韻土刀切集韻韻會他刀切𠀤音滔玉篇貪財也韻會貪嗜飲食曰饕左傳·文十八年天下之民以比三凶，謂之饕餮註貪財爲饕，貪食爲餮69266 ▣又號69008虢69424饕69400餡69357又龍龕叨68924飹68899㕡68988飺69203䬣69278俗，饕饕69451正。

𩞇 69515 36866 yè_13.22 字彙與涉切音葉。餅屬。

𩞈 69516 36867 qiàn_13.22 集韻苦簟切音慊。食不飽也。一曰不足貌。或作𩜭，通作嗛又jiǎn五音集韻兼玷切音嬐博雅祈也。

𩞉 69528 46550 cān_13.22 海篇音餐 𩞊 69517 36868 yì_13.22 玉篇於利切音懿。飽也字彙譌刻作𩞊，今改正。

𩞋 69518 36869 wèi_13.22 唐韻於廢切集韻烏廢切𠀤音穢說文飯傷熱也廣韻飯臭又yì集韻乙冀切音懿。義同。本作饐。

饗 69519 36870 xiǎng_13.22 唐韻集韻韻會正韻𠀤許兩切音享玉篇設盛禮以飯賓也說文鄉人飲酒也詩·小雅一朝饗之箋大飲賓曰饗周禮·秋官·掌客三饗，三食，三燕。又禮·郊特牲大饗尚腶脩而已矣註此大饗饗諸侯也。又儀禮·士昏禮舅姑共饗婦，以一獻之禮註以酒食勞人曰饗。又公羊傳·莊四年夫人姜氏饗齊侯于祝丘註牛酒曰犒，加羹飯曰饗又祭名禮·禮器大饗其王事歟註祫祭也又◆書·顧命王三祭。上宗曰：饗註宗伯曰饗者，傳神命以饗告也詩·周頌伊嘏文王，既右饗之箋文王既右而饗之，言受而福之又通作享左傳·成十二年享以訓恭儉，宴以示慈惠註享，同饗。宴，同燕又通響前漢·禮樂志五音六律，依韋饗昭。又xiāng集韻韻會正韻𠀤虛良切音香集韻祭而神歆之也前漢·郊祀歌闢流離，抑不祥。賓百寮，山河饗註師古曰合韻音鄉。又安世房中歌嘉薦芳矣，告靈饗矣。告靈既饗，德音孔臧。▣又飨68933

饑 69520 36871 nóng_13.22 廣韻女江切集韻濃江切𠀤音膿玉篇𩟄饑，强食也。▣集韻饑，尼降切。食无厭。

𩞌 69522 36873 shàn_13.22 集韻同贍 饘 69521 36872 zhān_13.22 唐韻集韻韻會正韻𠀤諸延切音旃玉篇糜也說文周謂之饘，宋謂之餬禮·檀弓饘粥疏厚曰饘，希曰粥又zhǎn廣韻集韻𠀤旨善切音膳。義同集韻或作鬻飦𩚳𩟒䭪𩟓𩟔𩟕𩟖。▣又饘69529又字彙補鬻71430，與饘同。

𩞍 69523 36874 fēn_13.22 集韻韻會𠀤方文切音分玉篇半蒸飯釋名饙，分也，衆粒各自分也又爾雅·釋言饙、餾，稔也註今呼餐飯爲饙，饙熟爲餾疏稔熟也。孫炎曰：蒸之曰饙，均之曰餾。郭云今呼餐飯爲饙，饙熟爲餾說文云饙，一蒸米也。餾，飯氣流也。然則蒸米爲之饙，饙必餾而熟之，故言饙、餾，稔也大雅·泂酌云可以饙饎。饙餴音義同△說文本作餴△字彙省作饙，附十二畫，非。今改正。▣又餴69000餴69289餴69367饙69579餴69491又龍龕饙俗，餴或作，饙正又玉篇餴69323餴69492，同饙。

𩞎 69524 36875 zàn_13.22 字彙補子旦切音贊。羹和飯也。

饘 69529 u2B5F4 zhān_13.22 簡饘69521 𩞏 69525 36876 xìn_13.22 字彙補許讃切，音謕◇食未熟而餂也。出藏經字義

𩞐 69526 46547 zā_13.22 搜真玉鏡祖葛切。

𩞑 69527 46549 yù_13.22 龍龕音飫。▣俗𩜨69193

𩞒 69531 u297CF null_13.22 未詳。 𩞓 69530 u297D0 dá_13.22 𩚌68913𩞓。字亦作𩞓69493宋·陶穀清異錄·卷下·薰燎門𩚌𩞓香：江南山谷間，有一種奇木，曰麝香樹。其老根焚之亦清烈，號𩚌𩞓香又dal韓麵𩚌𩞓，疙瘩湯，麵片兒湯。

𩞔 69532 u297CE null_13.22 未詳。 𩞕 69533 36877 èn_14.23 廣韻烏恨切集韻於恨切，𠀤恩去聲說文秦人謂相謁而食麥曰𩞕𩞖又玉篇食欲飽也揚子方言關西呼食欲飽爲𩞕𩞖。又唐韻集韻𠀤烏困切音搵。義同。

䭪 69534 36878 wò_14.23 唐韻正韻烏郭切集韻屋郭切𠀤音臒。玉篇無味也廣韻味薄集韻伊尹曰：甘而不餶，肥而不䭪又集韻黄郭切音穫。又恥格切，音拆。義𠀤同。

𩞗 69535 36879 hài_14.23 集韻同餀 饞 69538 36882 chán_14.23 字彙俗饞字

𩞘 69536 36880 chá_14.23 字彙初戛切音察。添食也。

𩞙 69537 36881 bó_14.23 玉篇蒲突切音勃。𩞙䭫字彙𩞙䭫，飽也。

𩟄 69539 36883 níng_14.23 廣韻女耕切集韻尼耕切𠀤音儜玉篇內充實也又𩟄饑，强食也集韻食也。▣又𩜸69434

𩞚 69540 36884 cí_14.23 集韻同餈 𩞛 69541 36885 jiǎn_14.23 集韻同䊞。

𩞜 69542 36886 qiǎn_14.23 廣韻集韻𠀤去演切音遣玉篇嗛也。又乾麪餅集韻一曰乾餌又博雅摶也。一曰黏也。△集韻或省作𩝗。▣俗作𪍽74878

饛 69543 36887 méng_14.23 唐韻正韻莫紅切集韻韻會謨蓬切𠀤音蒙說文盛器滿貌詩·小雅有饛簋飧傳饛，滿簋貌。△六書故作𥂝。▣又盟37190𥁰37133𥂜37184

𩞝 69544 36888 zhēng_14.23 字彙同烝。▣即蒸50410敦煌·P.2744

食物帳廿二日，准舊十二行拜至，饎胡食三十分，用麵
五斗四升。

饜 yàn_14.23　廣韻 集韻 韻會 正韻 쌨於豔切音厭 玉篇
飽也，足也 左傳·襄十六年 以險徼幸者，其求無饜 孟子
饜酒肉而後反 図 通作厭04980 書·洛誥 萬年厭于乃德 註
厭，飫也 釋文 厭於豔，徐於廉反 図 yán 廣韻 一鹽切
集韻 於鹽切 正韻 衣炎切쌨音懕。義同 △ 吳棫·韻補 左
傳序 饜而飫之 孟子 饜酒肉。或作猒 書·洛誥 註：飽也。
亦作懕。通作厭 周禮·大司徒 註：厭服於十二教。疏云
謂厭飫服行。又 賈山傳 好善無饜。無音 孟子 不奪不饜
左傳 貪惏無饜。有平去二音。舊韻猒饜厭三字訓解不
同，許於經傳有明音，卽依本音，如無明音，卽平仄聲
通使。毛氏曰：三字訓解不同，謂厭斁、厭禳、厭服、
厭厭之類，當隨出處。若訓飽足者，平去聲三字쌨同，
其閒字音獨異，如 孟子 不奪不饜有二音，至饜酒肉、
饜足乃獨去音，皆合通押。按本韻三字各出，如厭之爲
斁，饜之爲飫，猶曰不同，如猒字直是省文，各出誤矣。
鑋又饕69488饜69109饕69426 図 龍龕 瘱36578瘞36333㾢
36659俗，厭75106饜正。又饑70802餤70712二俗，正作饜。

饘 jié_14.23　廣韻 集韻 쌨昨結切音截 玉篇 食也。
鑋 玉篇 作饘69563

饌 zhuàn_14.23　唐韻 士戀切 集韻 韻會 雛戀切쌨音撰
說文 籑本字 図 zhuǎn 集韻 株戀切音囀。饌也 図 juàn
遂眷切音倦。食也。鑋又籑42938篹12423籑51785

饛 tāng_14.23　字彙補 音未詳 尚書大傳 儀伯樂舞馨哉，
其歌聲比大謠。鑋 楊寶忠：俗饟75280

餺 bó_14.23　五音集韻 與餺同。

鑑 null_14.23　未詳。

饒 null_14.23　字彙補 音未
詳 穆天子傳 戱戙十篋 註 疑紵葛之屬。

餻 méng_14.23　川篇 莫紅切。

饖 null_14.23　未詳。

餼 wěi_14.23　同餵69560

饘 wěi_14.23　同餵69560

餬 đối_14.23　喃 从飢省
對 đối聲。飢餓。亦作餫69092 △ 餫洌：饑寒。

餔 bò_14.23　喃 从食蒲bò聲 △ 飹餔：蜂糕。

饃 mó_14.23　同饃69447餅類食物。

饉 jìn_14.23　同賮58049 図 日 同飯。

饆 juǎn_15.24　正字通 俗騰字。

饟 yàng_15.24　字彙 同饚
音猥。食而吐也字彙此字當作饚。鑋又饚69554

饘 jié_15.24　字彙 昨結切，音節 ◇ 食也。鑋 字彙
饘69546，同饘。又 類篇 作饘69581

鑠 shuò_15.24　字彙 式灼切音爍。銷鑠。鑋 龍龕 鑠，
舊藏作鑠64540

饟 huò_15.24　字彙補 呼各切，音喝 ◇ 篇海 羮臛。
鑋又饕69477

饎 null_15.24　字彙補 音無考。餌也。見 段成式·食經

饡 zàn_15.24　篇海類編 同饡。

餙 xǒi_15.24　喃 从食磊lỗi聲 △ 唆餙：（用鹽醃一下）
現吃，急於求成。

餟 chuò_15.24　同歠26511 四部叢刊·初編集部·誠意伯劉
文成公文集·卷之四·郁離子·公孫無人 以其所不願則任
王之事者，非圖餔餟，則有所不得已焉耳。

籠 lóng_16.25　廣韻 盧紅切 集韻 盧東切쌨音籠 廣韻 饢
餅。鑋 集韻 饢饢74687，餅屬。或从麥。

饢 huài_16.25　類篇 胡怪切音壞。食販也。鑋 類篇 饢，
食敗也 図 正字通 饢，俗餲69275字。

饢 huò_16.25　字彙 黑各切音郝。羮饢。

饢 tuō_16.25　集韻 與飥同。鑋 新修玉篇·食部 引陰祐
餘文：饢，他各切，餺飥，同作飥字 正字通 饢，俗飥字

餘 yú_16.25　川篇 音余

饢 kuì_16.25　說文 饋本字

饢 mó_16.25　字彙補 與饝同。又餅也。

饢 fēn_16.25　同饢69523

饢 đúc_16.25　喃 同糕43712

饢 sǎn_16.25　正字通 饢69450本作饊。

饢 chàn_17.26　集韻 楚鑑切音懺。貪食。鑋 類篇 饢，
又鑑切。貪食。又昨結切。食也 △ 亦作饘69546亦俗饘69563

餺 bō_17.26　玉篇 同餺

饢 mǐ_17.26　字彙 母彼切
音靡。哺小兒也。鑋 直音篇 饢同饢。

饞 chán_17.26　廣韻 士咸切 集韻 韻會 鉏咸切 正韻 鉏
咸切쌨音讒 廣韻 不廉 集韻 饕也 図 韻會 通作嚵 韓愈·
月蝕詩 雖食八九無嚵名。鑋又饞69326饞69538饞69314

饗 xiǎng_17.26　廣韻 集韻 韻會 正韻 쌨式亮切。與餉同
爾雅·釋詁 饁、饗，饋也 疏 食人曰饗，自家之野也 詩·周
頌 其饗伊黍 釋文 饗，式亮反 図 shǎng 廣韻 書兩切 集
韻 韻會 正韻 始兩切쌨音賞。周人謂饋曰饗 図 集韻 人
樣切音讓。又 廣韻 式羊切 集韻 韻會 正韻 尸羊切쌨音
商。義쌨同。鑋又饟69585餉69395饟69454

饟 xiǎng_17.26　簡 饟69584

饢 shui_18.27　廣韻 集韻
쌨山垂切音鞴 廣韻 小餟也 図 廣韻 舒芮切 集韻 輸芮
切 正韻 始銳切쌨音稅。義同 廣韻 與餜同 図 集韻 儒垂
切，音痿。又翾規切音墮。又兪芮切音睿。義쌨同。
図 xié 五音集韻 戶圭切音攜 揚子方言 饋也。

饔 69587 36914
yōng _18.27　正字通 饔本字 字彙 以饔爲俗字，誤。

饗 69588 36915
huò _18.27　字彙補 呼各切，音喝◇羹也。

籃 69589 46554
lǎn _18.27　龕龕音覽

饢 69591 36916
luó _19.28　廣韻 魯河切 集韻 韻會 良何切 正韻 郎何切夶音羅 玉篇 餺饢 集韻 餅也 正韻 食名△ 集韻 本作䭾。鼞 又㖡 69225 糯 43738

饢 69590 u297F9
qú _18.27　道教咒符用字。參見饢 69598

饢 69592 36917
zàn _19.28　古文 㑃屓 廣韻 集韻 夶則旰切音贊 玉篇 以羹澆飯也 楚辭·九思 將夭折兮碎糜，時混混兮澆饢 註 言混濁如澆饢之亂也㖡 集韻 以膏煎稻爲酏也△ 字彙 補 亦作饢。鼞 龕龕 饢俗，饢正。

饢 69593 36918
mó _19.28　廣韻 莫婆切 集韻 眉波切夶音摩 玉篇 哺 小兒也 廣韻 呭貌㖡 集韻 與魔同。食也。

饢 69596 u9995
náng _22.31　簡 饢 69597
曩曩聲。同臟 48142△ 餒饢：養育。

饢 69594 u297FB
nǎng _21.30　㖡 从食

饢 69595 u297FC
nuôi _22.31　㖡 从養餒nuôi聲△ 饢饢：撫養。

饢 69597 u9962
náng _22.31　波斯語naan的音譯。維吾爾族、哈薩克族人用來當作主食的一種烤麵餅。

饢 69598 u297FD
líng _24.33　道教咒符用字 正統道藏·太平部·法海遺珠·卷二十一·弗十·混合五雷內修·元皇寶劄 餞饢饢：右劄元皇金闕，準令奉行。入事寶劄一到，萬神成聽。遵奉符命，火急施行。故勑。清·章有謨 景船齋雜記·卷上 世廟夢饢、饢二字，曉起命內侍檢 玉篇 諸字書俱無……楊（豫孫）歸與其夫人張氏言之，張曰：我嘗閱道藏 法海元珠 有此二字，乃鬼來求食也。急索其書，于某卷，果得之。

◦ 首部 ◦

首 69599 36919
shǒu _0.9　古文 㫢省 廣韻 書久切 集韻 韻會 正韻 始九切夶音手 說文 頭也 易·說卦 乾爲首 周禮·春官·大祝 辨九撵，一曰䭫首，二曰頓首，三曰空首 註 稽首，拜頭至地也。頓首，拜頭叩地也。空首，拜頭至手，所謂拜手也㖡 元首，君也 書·益稷 元首起哉㖡 廣韻 始也 公羊傳·隱六年 春秋雖無事，首時過則書 註 首，始也。時，四時也。過，歷也。春以正月爲始，夏以四月爲始，秋以七月爲始，冬以十月爲始㖡 揚子方言 人之初生謂之首㖡 魁帥也 禮·檀弓 毋爲戎首，不亦善乎 註 爲兵主來攻伐曰戎首㖡 標表也 禮·閒傳 苴惡貌也。所以首其內，而見諸外也 集說 首者，標表之義，蓋顯示其內心之哀痛于外也㖡 要領也 書·秦誓 予誓告汝羣言之首 傳 衆言之本要㖡 左傳·僖十五年 秦獲晉侯以歸，大夫反首拔舍從之 註 反首，謂頭髮下垂㖡 左傳·成十六年 塞井夷竈，陳於軍中，而疏行首 註 疏行首者，當陣前決開營壘爲戰道㖡 禮·曲禮 進劍者左首 疏 首，劍拊環也。㖡 周禮·冬官考工記·廬人 五分其晉圍，去一以爲首圍

註 首，戈上鑽也㖡 貍首，樂章名 周禮·春官·樂師 凡射，諸侯以貍首爲節㖡 禮·檀弓 貍首之斑然 註 木文之華㖡 官名 史記·犀首傳 犀首者，魏之陰晉人也。名衍，姓公孫氏 註 司馬彪曰：若今虎牙將軍㖡 山名 書·禹貢 壺口雷首 疏 在河東蒲坂縣南，一名首山 左傳·宣二年 宣子田於首山，卽此㖡 邑名 春秋·僖五年 會王世子於首止 註 衛地，陳留襄邑縣，東南有首鄉 公羊傳 作首戴。又 左傳·昭二十八年 韓固爲馬首大夫 註 今壽陽縣。又牛首，鄭邑，見 左傳·桓十四年。又剠首，晉地，見 左傳·文七年㖡 國名 山海經 有三首國㖡 咳首，八蠻之一，見 風俗通㖡 馬名 爾雅·釋獸 馬四蹢皆白，首 註 蹢，蹄也。四蹢白者名首。俗呼爲踏雪馬㖡 禮·月令 季種不入 註 種種謂稷 疏 百穀稷先種，故云㖡 豕首，莐藬別名。見 爾雅·釋草㖡 姓 正字通 明弘治汀州推官首德仁。㖡 shòu 廣韻 集韻 韻會 正韻 夶舒救切音狩 廣韻 自首前罪 正字通 有咎自陳，及告人罪，曰首 前漢·文三王傳 驕嫚不首 註 不首，謂不伏其罪也。首，失救反㖡 服也 後漢·西域傳 雖有降首，曾莫懲革 註 首，猶服也，音式救反㖡 頭向也 禮·玉藻 君子之居恆當戶，寢恆東首 註 首，生氣也 釋文 首，手又反㖡 戰國策 以秦之疆首之者 註 言以兵向之㖡 叶詩紙切音始 揚子·太玄經 凍登赤天，陰作首也。虛贏踦踦，擅無已也。鼞 又百 48197 賞 68529 頯 69638 昔 48215

首 69600 u2FB8
shǒu _0.9　同首 69599部首專用字。亦作 省 69601

首 69601 u2EE1
shǒu _0.9　部首 69600

馗 69604 36922
kuí _2.11　集韻 渠龜切音逵 正字通 頯頄同。面頯骨也㖡 集韻 與逵同 說文 馗，九達道也。似龜背，故謂之馗。馗，高也，故从 六 書故 爾雅 九達謂之逵。亦借作馗 字彙 古者涂方九軌，故从九首，一道爲一首㖡 菌名 爾雅·釋草 中馗菌 註 地蕈，似蓋。江東名土菌，亦曰馗厨 疏 大者名中馗，小者名菌㖡 鍾馗，人名 正字通 人之名鍾馗者非一。宋禁中舊有吳道子所畫鍾馗，卷首唐人題云明皇開元，講武驪山，還宮，上不懌疻作夢大鬼制小鬼，命吳道子畫之。熙寧五年，上令畫工摸揭，鋟版印賜兩府輔臣各一本，是歲除夜，遣內供奉官梁楷就東西府給賜鍾馗像 唐逸史 載，明皇夢鬼藍袍。曰：臣終南山進士鍾馗，除天下虛耗之孽。詔吳道子畫之賜二府，其說未詳。後漢有李鍾馗，隋將有喬鍾馗、楊鍾馗，北史堯暄本名鍾馗，字辟邪。胡應麟 筆叢 曰：六朝已有鍾馗，後人附會爲作傳，如北史及唐人張鍾馗，諸取名者，皆以鬼神爲名也。據諸說，鍾馗之名，非始于開元也㖡 椎亦名鍾馗 周禮·冬官考工記 註 齊人謂椎爲終葵。葵馗聲相近，卽鍾馗也㖡 與夔同 廣成子傳 蚩尤飛空走，以馗牛皮爲鼓，九擊而止之，尤不能飛走，遂殺之 山海經 作夔㖡 qiú 廣韻 渠鳩切音求。義同〇按 王粲·從軍詩 雞鳴達四境，黍稷盈原馗。館宅充鄽里，士女滿莊馗。此從 廣韻 渠鳩切本音，而 正字通 以爲叶尤韻，誤△ 集韻 亦作旭 正字通 俗譌作馗。鼞 又旭 46520

首 69602 36920
shǒu_1.10 集韻 首古作䪇◦ 說文 古文百也◦巛象髮，謂之鬊，卽巛也○按鬊音舜，亂髮。

䪇 69603 36921
dǐng_2.11 集韻 同頂　䭄 69605 u29812 kuí_2.11　頍 69604本字

䪈 69606 u29813 喃 从首乞khất聲△䪈頭：點頭。

䪉 69607 u29814 mào_4.13 喃 从首从毛，毛mao亦聲△䪉鴟：雞冠。䪉鴟：孔雀羽冠。

䪊 69608 36923 fà_5.14 玉篇 古文髮70949字。

䪋 69609 36924 fà_5.14 集韻 髮70949古作䪋。

䪌 69610 36925 jiá_5.14 字彙補 與頰同。

䪍 69611 42238 fà_5.14 說文長箋 與䪊同。

斦 69612 u2B5F6 null_5.14 喃 未詳。

稽 69616 36928 jī_6.15 集韻 稽古作䭵◦ 前漢 ·諸侯王表 厥角䭵首◦ 玉篇 亦書作稽◦ 周禮 ·春官 ·大祝 辨九攃，一曰䭵首◦ 註 䭵音啟，本又作稽。

䫟 69613 u29818 ngoái_5.14 喃 从首外ngoai聲△䫟胏：回頭。

䫠 69614 36926 hái_6.15 字彙 戶該切，音該◇首也。

䫡 69615 36927 yí_6.15 玉篇 籀文頤字。亦作䭵。

䫢 69618 46555 wǔ_6.15 川篇 音五◦䰠 又䫁62372

䭵 69617 36929 jī_6.15 玉篇 同䭵　䫤 69619 46558 yí_6.15 字彙補 同䫡。

䫣 69621 u2981D yí_6.15 俗䫡69630　䫖 69620 u29820 cúi_6.15 喃 同䭞69647

䫧 69622 u4B6C qǐ_6.15 同稽69616古文稽。

䫥 69623 36930 jiá_7.16 廣韻 古協切 集韻 吉協切 达音頰 說文 本作頰◦籀作䫥。

䫦 69625 46556 qǐ_7.16 龍龕 同䭵　䫨 69626 46557 qǐ_7.16 龍龕 同䭵

䫩 69624 36931 fǔ_7.16 字彙補 與䫩同。

䫬 69627 u2B5F7 null_7.16 喃 未詳。

䫮 69628 u29827 gục_7.16 喃 从首局cục聲△䫮頭：點頭。䫮頢：垂頭喪氣。

䭍 69629 u29822 yí_7.16 同䭞69630王筠 說文解字句讀 ·附錄 然則臣為古文，䭍為籀文，頤為小篆，三者較然明白。

䭞 69630 u29821 yí_7.16 同䭞69615 說文 臣48148籀文从首。

䫸 69631 36932 guó_8.17 廣韻 集韻 韻會 並古獲切音蟈。又 集韻 骨或切音國。義同 玉篇 截耳也 說文 軍戰斷耳也 詩 ·大雅 攸馘安安 註 軍法，獲而不服，則殺而獻其左耳 禮 ·王制 以訊馘告 註 訊是生者，馘是死而截耳者 爾雅 ·釋詁 馘，獲也 註 今以獲賊耳為馘 圖xù 五音集韻 呼昊切音洫。面也 莊子 ·列禦寇 槁項黃馘△ 說文 本作聝 字林 截耳則作耳旁，獻首則作首旁 圖 叶況壁切音翕 詩 ·魯頌 矯矯虎臣，在泮獻馘。叶上德服。䰠 又䫸69644馘62465 圖 字彙補 䫮67132，義與馘同。

䫴 69632 u2B5F8 null_8.17 喃 未詳。

敳 69633 u29829 sǒ_8.17 喃 从首效số聲。同頬68507頭。

頀 69635 36933 shǒu_9.18 廣韻 書久切 集韻 始九切达音手 玉篇 人初産子 集韻 産而不䫞謂之頀◦䰠 龍龕 䭵俗，頀正。

䫽 69634 u29828 jī_8.17 俗稽40675

顏 69636 36934 yán_9.18 玉篇 籀文顏字。

䫿 69637 36935 dùn_9.18 字彙補 與頓同。見 六書統

䬁 69638 46559 shǒu_9.18 五音篇海 同首。

䬂 69639 u2982D óc_9.18 喃 从首屋óc聲。腦，頭腦。

髯 69640 36936 fú_10.19 廣韻 集韻 达敷勿切音髴 玉篇 婦人首飾也 廣韻 額前飾也◦䰠 又髯69650髴71096髴71239髯70963

䬃 69641 46560 wéi_10.19 五音篇海 音惟。

䬄 69642 u2B5F9 null_10.19 喃 未詳。

䬊 69645 u2B5FA null_11.20 喃 未詳。

䬅 69643 u29831 chui_10.19 喃 从首追truy聲。

䬆 69644 36937 guó_11.20 正字通俗馘字。

䬋 69646 u29833 chui_12.21 喃 从首椎chòi聲。同䬅69643

䬌 69647 u29834 cúi_13.22 喃 从首會hội聲。下俯△䭞頢：俯身。䭞頭：低頭△或从下作䭞00153俗省作䫖69620

䬍 69648 46561 shǒu_14.23 龍龕 音首。

䬎 69649 u29835 chọi_14.23 喃 从首寨trai聲。

䬏 69651 u2B5FB null_15.24 喃 未詳。

髴 69650 36938 fú_15.24 字彙補 分物切音弗。婦人首飾也○按卽髯字之誤。

䬐 69652 u29838 nóc_16.25 喃 从首篤đốc聲。頂部。

䬑 69653 36939 zhuǎn_18.27 集韻 主兖切音轉 說文 截也 廣雅 斷也◦與劗同 圖tuán 集韻 徒官切音團。又 廣韻 職緣切 集韻 朱遄切达音專。又 集韻 止元切，音近邅。義达同。

◦ 香部 ◦

香 69654 36940
xiāng_0.9 古文䰠 廣韻 許良切 集韻 韻會 正韻 虛良切达音鄉 玉篇 芳也 正韻 氣芬芳 書 ·君陳 至治馨香，感于神明 詩 ·周頌 有飶其香 禮 ·月令 中央土，其臭香。圖 草木之香，如沉香，棧香，蜜香，檀香，具載 洪芻 ·香譜 及 葉延珪 ·香錄 諸書 圖 獸亦有香 談苑 商女山中多麝，其性絕愛其臍，爲人逐急，卽投巖舉爪，剔裂其香 又 本草 麝香有三等：第一生香，亦名遺香，乃麝自剔出者。其次臍香。其三心結香。又有小麝，其香更奇。圖 風香 庾信詩 結客少年塲，春風滿路香 圖 含香 漢官儀 尚書郎含雞舌香，伏奏事 圖 酒香 王績詩 稍覺池亭好，偏宜酒甕香 杜甫詩 浩蕩風塵外，誰知酒熟香。圖 花名 廬山記 一比丘晝寢盤石上，夢中聞花香酷烈，及覺，求得之，因名睡香。四方聞之，謂爲花中祥瑞，

遂名瑞香。又丁香 本草 一名丁子香，花紫白色，生子，小者爲丁香，大者爲母丁香 図 酒名 蘇軾·送碧香酒詩 碧香近出帝子家，鵝兒破殼酥流盎 劉子翬詩 未饒赤壁風流在，且向何家醉碧香 図 阿香 搜神記 永和中，義興人姓周，出都，日暮。道邊有一新草小屋，一女子出門，周求寄宿。一更中，聞外有小兒喚阿香聲，云官喚汝推雷車。女乃辭去。夜遂大雷雨 図 人名。黃香，仇香，見後漢書 図 姓。明四譯館通事香牛 図 山名 唐書·白居易傳 與香山僧如滿結香火社，自稱香山居士 図 水名 述異記 吳故宮有香水溪 図 殿名 三輔黃圖 武帝時，後宮八區，有披香殿 図 亭名 李白詩 沉香亭北倚闌干。鎏 又 卣23265 香35489 香69659 馨69720 麿74425 香74845 香74828 香40342 貢48894 薰69724 馤69697 鬱69693，或籀文香。図 玉篇 薌51196 亦作香 図 字彙補 酥69669同稽40595

香 69655 u2FB9
xiāng_0.9　部 香69654

馚 69657 36941
bié_4.13　玉篇 步結切 音蹩。香也 図 hán 集韻 胡男切 音含，馚馚。本作馠 図 hān 呼含切 音岾。小香也。本作馠

查 69656 u2983A
zhā_1.10　或同查23839 三尊譜錄 第一度師上玄真明道君，法姓香諱奇字堯 字學 呼名能書 陟加切。

馢 69658 36942
fén_4.13　廣韻 符分切 音汾。與黂同。

香 69659 36943
xiāng_4.13　字彙補 與香同 漢·華山廟碑 香亦作香。

馠 69660 46562
tán_4.13　五音篇海 音檀。鎏 俗檀25562 図 酥69669

瘍 69661 36944
hāng_5.14　字彙 呼郎切 音炕。氣病。

馡 69662 36945
piē_5.14　集韻 同馟 bá_5.14　廣韻 集韻 益蒲撥切 音跋 玉篇 大香 博雅 香氣 図 piē 集韻 匹蔑切。同馟。香也。鎏 廣雅 作馟40923

馣 69663 36946

馤 69664 36947
bó_5.14　集韻 同馟 bié_5.14　廣韻 集韻 韻會 益蒲結切 音蹩 玉篇 大香也。或作馝 図 bì 廣韻 毗必切 集韻 薄必切 正韻 薄密切 益音邲。義同 図 秘邦，複姓，後改爲邦氏。見 後魏書。鎏 又 馝69682

馥 69665 36948
nǐ_5.14　集韻 乃倚切 音柅。馤馤，香也。

馧 69666 36949

馦 69667 36950
bié_5.14　五音集韻 同馟。

馨 69670 u29841
null_5.14　未詳。

馩 69668 46563
yú_5.14　字彙補 音諛。

馫 69669 46564
tán_5.14　搜眞玉鏡 音檀。鎏 或同酥。

馬 69672 u2B5FD
null_6.15　未詳。

馬 69673 u2B5FC
null_6.15　未詳。

馬 69671 42239
piē_6.15　龍龕 正結切 音撇。小香也。

馬 69674 u29846
null_6.15　未詳。

馟 69676 36951
bó_7.16　廣韻 韻會 正韻 蒲沒切 集韻 薄沒切 益音勃 玉篇 大香也 博雅 馝馟，香也 集韻 或作馟 図 通作弗 史記·司馬相如傳 晻薆咇弗 図 pò 集韻 普沒切 音馞。香貌。鎏 又 馟69696馟69677

馫 69675 u29842
null_6.15　未詳。

馟 69677 36952
bó_7.16　字彙 陀胡切 音涂。香也。鎏 熊加全：俗馟69676 大正藏 本宋贊寧撰 宋高僧傳·卷第十四·明律篇·卷四之一·唐京兆西明寺道宣傳 形似棗華，大如榆莢，香氣祕馟，數載宛然。

馠 69678 36953
hān_7.16　廣韻 火含切 集韻 呼含切 益音啥 玉篇 香也 博雅 馠馠，香也。或作馠。

馩 69679 46565
bié_7.16　龍龕 同馩

馞 69680 u29847
pèng_7.16　漢語方言大詞典 馞，香氣濃烈。西南官話。四川宜賓。清·光緒二一年 敘州府志 香氣盛曰馞，蓬去聲。馞香：香氣濃烈。西南官話。四川南川。1931年 南川縣志 物極香曰馞。

馛 69681 36954
bèng_8.17　集韻 蒲蠓切 音莑。香氣盛也。

馝 69682 36955
bié_8.17　廣韻 集韻 益蒲結切 音蹩 玉篇 小香。或作秋 集韻 或作酥馛馚 図 piē 廣韻 普蔑切 集韻 匹蔑切 益音撆。義同 図 集韻 同秘 本草 馞齊 註馝，音別。段成式云馝齊出波斯國，拂林國亦有之，名頳勃黎佗。頳音奪。樹長丈餘，皮色青，薄葉，似阿魏，生枝端，一枝三葉。八月伐之，臘月復抽新條。七月斷其枝，有黃汁，如蜜，微香，入藥療病。鎏 又 馟69722馝69717馟69667酥69669馟69671馩40883 図 龍龕 馝69711馨69679俗，馝正。

馡 69683 36956
fēi_8.17　廣韻 甫微切 集韻 匪微切 益音斐 廣雅 馡馡，香也 図 韻會 通作菲 楚辭·九歌 芳菲菲兮滿堂 司馬相如·上林賦 郁郁菲菲 図 集韻 韻會 正韻 芳微切 音霏。義同。

馡 69688 u2B5FE
null_8.17　喃 未詳。

馩 69684 36957
jiān_8.17　集韻 將先切 音箋。香木名。或作箋 香譜 馩香，沉香同類，其香方皆用馩 桂海志 作箋香 南方草木狀 作棧香。實一字也。△或作箋。鎏 集韻 棧25753，或作馩。

馛 69690 u29849
fēn_8.17　或同芬。

馨 69685 36958
yǐ_8.17　集韻 韻會 益隱綺切 音倚 集韻 馨馜，香也。

馩 69686 36959
ān_8.17　廣韻 集韻 韻會 益烏含切 音諳 博雅 馩馩，香也 図 集韻 韻會 正韻 益鄔感切 音晻。又 集韻 衣檢切 音奄。通作唵。又 遏合切 音姶。義益同。鎏 又 稚40482

馩 69687 46566
fù_8.17　五音篇海 同馥。

馣 69689 u2984B
thơm_8.17　喃 从香添thiêm省聲。芳香。

馤 69691 36960
ài_9.18　廣韻 集韻 韻會 正韻 益於蓋切 音藹 玉篇 香也 韓愈·城南聯句 園菊茂新芳，逕蘭銷晚馤 図 集韻 於代切 音愛。義同。鎏 又 馤69712 図 正字通 蘊，俗馤字。馤與馤同。

馥 69692 36961
fù_9.18　廣韻 集韻 韻會 正韻 益房六切 音伏 廣韻 香氣芬馥 図 人名。冀州牧韓馥，見 後漢·袁紹傳 図 bì 廣韻 符逼切 集韻 弼力切 益音愎。義同 図 潘岳·射雉賦 彳丁中輟，馥焉中鏑 註 馥，中鏃聲也 図 集韻 拍逼切 音堛。義同。鎏 又 馩69687馩69698馤68309馥69707稷40571馩74875

69693 36962
馫 xiāng_9.18　字彙補火良切音香。大香也。亦作馫。

69694 36963
猷 bó_9.18　字彙補步囚切，音滂◇廣雅香也。

69695 36964
䭫 xiū_9.18　字彙補香幽切，音休◇香氣也。

69696 42240
馛 bó_9.18　龍龕蒲沒切音勃。大香也。

69697 46567
馫 xiāng_9.18　搜眞玉鏡音香。鑾又馫69693

69698 46568
馥 fù_9.18　篇海類編同馥。

69699 u2B5FF
馫 null_9.18　未詳。

69700 u2FA05
馧 yūn_9.18　同馧69705

69701 u2984F
馩 yù_9.18　同郁61638香氣濃郁。宋·王明清揮麈後錄·卷二其下則植梅以萬數，綠萼承趺，芬芳馥馩。

69702 36965
馣 wěng_10.19　集韻鄔孔切音蓊。香也。或作馞。

69703 36966
馦 xiān_10.19　廣韻許兼切集韻馨兼切夶音薟玉篇香味博雅馦馦，香也圂集韻火占切音苫。義同。或作馦。

69704 36967
馤 hè_10.19　廣韻集韻夶許葛切音頗廣韻香氣圂hài廣韻呼蓋切集韻虛艾切夶音餀集韻臭也。或作馤。

69705 36968
馧 yūn_10.19　廣韻韻會夶於云切，音氳玉篇馧馧廣韻香也。今作蒀圂wò廣韻集韻夶烏沒切音頢廣韻馧馞，大香。鑾又馧69700

69708 u29857
馩 null_10.19　未詳。

69706 36969
馞 péng_10.19　廣韻薄庚切集韻蒲庚切夶音彭廣韻馞馞，大香。

69709 u29856
馥 ài_10.19　簡馥69726

69707 46569
馥 fù_10.19　字彙補同馥

69710 36970
馨 xīn_11.20　廣韻呼刑切集韻韻會正韻醯經切夶音鉶玉篇香遠聞也書·酒誥黍稷非馨，明德維馨詩·大雅爾殽既馨。又周頌有椒其馨楚辭·九歌折芳馨兮遺所思韓愈·答張徹詩寒狄酸骨怨，怪花醉覓馨圂晉人以爲語助晉書·王衍傳何物老嫗，生此寧馨兒世說新語王朗之雪中詣王螭，持其臂。螭曰：冷如鬼手馨，強來捉人臂通雅寧馨、寧馨，此呼語辭，今讀能亨，亦云那，向有平去二音，可平可仄，古人多假借字也。鑾長箋作馨圂馨07763槃25213槃40762馫69732馫74880

69713 u2B601
馩 null_11.20　未詳。

69711 42241
馦 bié_11.20　龍龕普結切音撇。小香也。鑾同馦69671蘇69662馦69682

69712 46570
馤 ài_11.20　篇海類編同馤。

69714 u2B600
馞 null_11.20　喃未詳。

69717 u29859
馞 bié_11.20　宋·洪芻香譜（文淵閣四庫本）卷上·香之異馞齊香：酉陽雜俎曰出波斯國△宏按，酉陽雜俎作馦69682

69715 u2985C
馞 lyng_11.20　喃馞味：香氣瀰漫。

69716 u2985B
馨 null_11.20　未詳。

69718 36971
馩 fén_12.21　廣韻集韻夶符分切音汾廣韻馩馧，香氣集韻或作馚、蒫。

69721 u2B602
馩 null_12.21　未詳。

69719 36972
馩 tán_12.21　廣韻徒含切集韻徒南切夶音潭廣韻馝馩，香氣。

69720 46571
馫 xiāng_12.21　五音篇海音香。鑾同香。

69722 u2985F
馞 bié_12.21　同馦69682亦作馞69717古今圖書集成·草木典·香部彙考一·葉廷珪名香譜馞齊香：出波斯國，入藥治百病圂五侯鯖字海馞，音止。小香也。

69723 u2985E
馩 null_12.21　未詳。

69726 u29863
馥 ài_13.22　同馤66895蘇軾·東坡樂府·滿庭芳香馥雕盤，寒生冰箸，畫堂別是風光。褚人穫堅瓠集·補集卷之三·鵲橋飯頃，雲氣紛郁，香馥滿空，飄小雨數點而散，則鵲橋之說，似真有之。

69724 46572
馫 xiāng_13.22　海篇音香。鑾或同馫69697

69725 u2B603
馞 null_13.22　喃未詳。

69727 36973
馤 ài_14.23　集韻於蓋切音藹玉篇同藹。香也△字彙補作馤。

69728 36974
馩 pīn_14.23　集韻紕民切音繽玉篇香氣衝也集韻香氣盛貌。

69729 46573
馫 wèi_15.24　五音篇海音類。鑾俗馫69731

69730 36975
馞 piáo_17.26　集韻毗霄切音瓢。馞馩，香貌。鑾集韻作馞69733

69731 36976
馫 wèi_18.27　集韻虞貴切音魏。阿馫，藥名。通作魏正字通阿魏分草木二種。草者出西域，苗葉根莖似白芷，擣根汁，曝之如膠，西國持呪人禁食之。木者出南番。蘇頌曰：今廣州亦有之，云是木膏液滴釀結成。段成式云木生波斯及伽闍那國，卽北天竺也。長八九尺，皮色青黃，三月生葉，葉似鼠耳，無花實，其枝汁出如飴，久乃堅凝，名阿魏。摩伽陀僧言，取其汁，和米豆屑合成，與廣州者相近，今兩浙人家亦種之范成大詩夾路風來阿魏香是也。波斯國呼爲阿虞，天竺國呼爲形虞涅槃經謂之央匱，蒙古謂之哈昔泥。元飲膳正要云阿魏，根名穩展，性臭，能止臭，和食料甚香美。詳見酉陽雜俎本草綱目。鑾又馫69729，俗。

69732 36977
馨 xīn_18.27　字彙補虛陵切音興。香氣也。鑾篇海類編馨69710或作馨。

69734 u2B604
馩 null_20.29　未詳。

69733 u29866
馞 piáo_18.27　集韻毗霄切。馞馩，香兒△作馞69730，誤。

亥 集

◆ 馬部 ◆

馬 69735 36978
mǎ_0.10 古文影駅影 唐韻 正韻 莫下切 集韻 韻會
母下切，丛麻上聲 說文 怒也，武也。象馬頭髦尾四足
之形 玉篇 黃帝臣相乘馬。馬，武獸也，怒也 正韻 乘金。
生於午，稟火氣。火不能生木，故馬有肝無膽。膽，木
之精氣也。木臟不足，故食其肝者死 易·說卦傳 乾爲馬
疏 乾象天，天行健，故爲馬 春秋說題辭 地精爲馬 春
秋·考异記 地生月，精爲馬。月數十二，故馬十二月而
生 周禮·夏官·馬質 掌質馬，馬量三物，一曰戎馬二曰田
馬三曰駑馬，皆有物賈。又 校人 掌王馬，辨六馬之屬。
凡大祭祀，朝覲，會同，毛馬而頒之。凡軍事，物馬而
頒之。註：毛馬齊其色。物馬齊其力。又 趣馬 掌贊正良
馬。又 巫馬 掌養疾馬而乘治之，相醫而藥攻馬疾。又 廋
人 掌十有二閑之政教以阜馬 圉人 掌養馬芻牧之事，以
役圉師 司馬，官名 周禮·夏官·大司馬 註 謂總武事也。
又 清夜錄 漢制，卿駟馬右騑◦ 前漢·東方朔傳 太守，駟
馬駕車，一馬行春 衡宏·輿服志 諸侯四馬，駙以一馬 南
史·柳元策傳 兄弟五人，丛爲太守。時人語曰：柳氏門
庭，五馬逐迤 正字通 故今太守稱五馬大夫 田野浮
氣曰野馬 莊子·逍遙遊 野馬也，塵埃也，生物之以息相
吹也 註 日光也。一曰遊絲水氣 陽馬 何晏·景福殿賦
承以陽馬，接以圓方 註 陽馬，屋四角引出承短椽者，
連接或圓或方也 投壺勝算曰馬 禮·投壺 爲勝者立
馬，一馬從二馬，三馬既立，請慶多馬 註 立馬者，取算
以爲馬，表其勝之數也。謂算爲馬者，馬爲威武之用，
投壺及射，皆以習武也 字彙補 打馬，彈棋類也。宋
李易安有 打馬圖 地名。馬陘，齊邑。馬陵，鄭地。丛
見 左傳 天馬，獸名。有翼能飛 竈馬，蟲名 酉陽雜
俎 狀似促織，好穴竈旁。今俗呼竈雞 馬勃，草名 正
字通 生濕地腐木上，一名馬疕。韓愈所云牛溲馬勃，
兼收丛蓄是也 海馬，魚名。牙骨堅瑩，文理細如絲，
可制爲器 姓 姓苑 本伯益之後，趙奢封馬服君，遂氏
焉。又司馬、巫馬、乘馬，皆複姓 前漢·溝洫志 諫大夫
乘馬延年 孟康曰 乘馬，姓也。又 風俗通 有白馬氏。
馬流 俞益期曰 馬援立銅柱，岸北有遺兵，居壽冷岸，
南對銅柱，悉姓馬，號曰馬流 方隅勝略 謂馬人散處南
海，謂之馬流 韓愈詩 衙時龍戶集，上日馬人來 註 卽馬
流也。一作馬留 門名 前漢·項籍傳註 宮垣內兵衛所
在，四面皆有司馬以主事，故總稱司馬門。又 公孫弘傳
註 武帝時，相馬者東門京作銅馬法，立於魯般門外，
更名金馬門 亭名。謝靈運爲永嘉太守，以五馬自隨，

立五馬亭 mǔ 集韻 滿補切音姥。義同△ 前漢·石慶傳
馬字與尾當五 師古曰 馬字，下曲者尾，并四點爲足，
凡五。鼇 又幕14983影16496马69739馬69736

馬 69736 u2B809
mǎ_0.10 俗馬69735

马 69739 u9A6C
mǎ_0.10 简 馬69735

馬 69737 u2FBA
mǎ_0.10 同馬69735部首專用字。亦作马69738

马 69738 u2EE2
mǎ_0.10 部馬69737

駅 69742 36981
bā_2.12 唐韻博拔切
集韻 布拔切丛音八 玉篇 馬八歲也。

馬 69740 36979
huán_1.11 說文 馬一歲也。从馬，一絆其足。讀若
弦。一曰戶關切，讀若環 玉篇 譌作畢69744，非。

馬 69741 36980
mǔ_1.11 字彙補 米普切音姥 玉篇 馬行貌。

駆 69743 36982
yù_2.12 廣韻 牛倨切 集韻 牛據切 正韻 魚據切，丛
語去聲 玉篇 與御同。使馬也 說文 卸，解車馬也。或彳
或卸，皆御者之職。古作駆衙御御。一曰侍也，進也 周
禮·夏官·駆夫 掌駆貳車，從車，使車，分公馬而駕治之。
又 天官·大宰 以八柄詔王駆羣臣，以八統詔王駆萬民。
又 夏官·大駆 掌駆玉路以祀及犯軷 註 大駆，駆之最尊
者。軷，祭行道之神也。通作御。又 地官·保氏 五駆 註 一
鳴和鸞，二逐水曲，三過君表，四舞交衢，五逐禽左 正
韻 詩 書 皆作御。御與駆。義同者不得重押，義異者非。
鼇 又駆69769駿69989縶09834驭69752驤70246 駆69788，俗
精嚴新集大藏音·馬部

憬 69745 36984
huán_2.12 字彙 同畢

畢 69744 36983
huán_2.12 廣韻 戶關切
集韻 胡關切丛音還 玉篇 馬一歲也 xuàn 廣韻 胡畎
切 集韻 胡犬切丛音鉉。義同△ 字彙 字从十，宜十歲。
云一歲，似誤 正字通 按 說文 本作馬。馬一歲也。从馬，
一絆其足。讀若弦。一曰若環 字彙 譌作畢，弦譌作眩，
又音孩，丛非。鼇 又驟70465憬69745

馮 69746 36985
píng_2.12 古文溯 廣韻 扶冰切 集韻 韻會 皮冰切丛
音憑 說文 馬行疾也 玉篇 乘也，陵也，登也 易·泰卦
包荒用馮河 疏 用馮河者，無舟渡水，馮陵於河，是頑
愚之人。此九二能包含容受，故曰用馮河也 爾雅·釋訓
馮河，徒涉也 疏 小雅·小旻 不敢馮河。毛傳云馮，陵也。
然則空涉水陵波而渡，故訓馮爲陵也。又 周禮·夏官·大
司馬 馮弱犯寡則眚之 註 馮，謂乘陵也 馮馮，牆堅聲
詩·大雅 削屢馮馮 傳 削牆鍛屢之聲馮馮然 朱傳 削屢，
牆成而削治重複也。馮馮，牆堅聲 借爲馮依字 詩·大
雅 有馮有翼 傳 可馮依，以爲輔翼也 揚子方言 馮，
怒也。楚曰馮 註 馮，恚盛貌 左傳·昭五年 今君奮焉，震
電馮怒 恃也，矜也 史記·伯夷傳 衆庶馮生 註 馮者，
恃也。言衆庶之情，蓋馮恃矜其生也。又 莊子·盜跖篇 富
人俴溺於馮氣，若負重行而上也 註 呂吉甫曰：馮，恃
多資氣驕滿也。舊註馮讀如憑，非 不滿之意 張衡·西
京賦 惟帝王之神麗，懼尊卑之不殊。雖斯宇之既坦，
心猶馮而未攄 註 宮室神嚴，所以別尊卑，故此宇雖寬
坦，心未攄散也 郡名 前漢·地理志 左馮翊註：故秦

內史，太初元年更名。又馮乘縣，屬蒼梧郡 又 官名 周禮·春官·宗伯 馮相氏 註 馮，乘也，相視也 又◆馮夷，神名 又 pēng 集韻 披耕切音怦。馮，閎大也。一曰虛廓。又 féng 唐韻 房戎切 集韻 韻會 符風切 正韻 符中切，鳳平聲 玉篇 姓也 韻會 鄭馮簡子 又 bìng 集韻 皮命切音病。據也 又 fèn 父吻切。與憤同。懣也。鑾宮室神嚴。宮室神麗 又 馮29089冯69753

馰 69749 46574 dīng_2.12 五音篇海 音丁。

馹 69750 u2986E null_2.12 未詳。

凮 69747 36986 fàn_2.12 字彙補 奉暗切，音梵◇內典 引 古讖記 凮凰逆序，蒼蒼叔度 註 凮音梵 楊慎曰 字當作凮，从馬，非鳳凰之鳳。鑾或同颿。

驭 69752 u9A6D yù_2.12 简 馭69743

馬 69748 36987 mǎ_2.12 字彙補 古馬字 路史·國名記 趙奢封馬服君。

馬 69751 u2986D yàn_2.12 俗驗70443 史南誌異 （烏雷）又曰：昔呂仙翁戒我曰：尔之聲色得失相當。其言馬矣。乃死。

冯 69753 u51AF féng_2.12 简 馮69746

馲 69755 36989 bǎo_3.13 字彙 博考切音保。驄馬也△ 字彙補 亦作駂。

馯 69754 36988 hàn_3.13 廣韻 集韻 正韻 𠀤侯旰切音翰 玉篇 與騂同。馬突也 又 qiān 廣韻 韻會 丘姦切 集韻 丘顏切𠀤音慳 集韻 馬青黑色 又 姓 前漢·儒林傳 魯商瞿子木受易孔子，以授魯橋庇子庸，子庸授江東馯臂子弓 又 hán 集韻 河干切音寒。東夷別種名。鑾又马干69768

馩 69756 36990 fēn_3.13 字彙 同馚

馰 69757 36991 dí_3.13 唐韻 都歷切 集韻 韻會 丁歷切𠀤音的 玉篇 馰顙，白額馬也 說文 一曰駿也 爾雅·釋畜 馰顙，白顛 註 今之戴星馬也。額有白毛，謂之的盧。準有旋毛及白毛，謂之的吻。凶。

馱 69758 36992 tuó_3.13 廣韻 徒何切 集韻 韻會 正韻 唐何切𠀤音駝 玉篇 馬負貌 廣韻 馱騎也 李白詩 吳姬十五細馬馱 又 duò 韻會 或作他 揚子方言 凡以驢馬、馲駝載物者，謂之負他 又 或作佗 前漢·趙充國傳 以一馬自佗負 師古註 凡以畜產載負物者，皆謂之佗 又 tuǒ 唐韻 集韻 韻會 正韻 𠀤唐佐切，佗去聲 又 dài 集韻 五音集韻 𠀤徒蓋切音大。義𠀤同 又 集韻 縣名，在江夏。鑾又馱69833 馱69825駝59675驮69775

驰 69773 u9A70 chí_3.13 简 馳69762

馻 69759 36993 fán_3.13 五音集韻 符炎切，音凡◇ 玉篇 馬行貌。說文 本作颿。

馶 69760 36994 qí_3.13 正字通 古文騏70104字。

馲 69761 36995 zhé_3.13 廣韻 集韻 𠀤陟格切音磔 玉篇 馲駱，驢父牛母 本草 牡驢交牛生者爲馲駱。駱或作驚 崔豹·古今注 驢牡馬牝則生騾，騾卽馲駱也 又 luò 廣韻 盧落切 集韻 韻會 歷各切𠀤音洛 集韻 馲駝，畜名。或作驝，亦作橐，通作駱 又 tuō 集韻 闥各切音託。又 wò 屋郭切音臒。義𠀤同。鑾又馲69843 又 正字通 駝69935，俗馲字。

驝70472，同馲。

馳 69762 36996 chí_3.13 古文䮈 廣韻 直離切 集韻 韻會 正韻 陳知切𠀤音池 玉篇 走奔也 廣韻 馳騖也，疾驅也 左傳·莊十年 公將馳之 又 玉篇 天子道也 正字通 馳道，天子所行路，若今之中道 又 姓 姓苑 明馳九垓，仁壽縣舉人。又 tuó 集韻 唐何切音駝。亦走也。鑾又驰69773馳69945

驯 69774 u9A6F xún_3.13 简 馴69764

馹 69763 36997 rì_3.13 玉篇 同馹△ 正字通 从刃，無義，當是馹譌。

馴 69764 36998 xún_3.13 唐韻 詳遵切 集韻 韻會 松倫切 正韻 詳倫切𠀤音旬 說文 馬順也 玉篇 從也，善也 莊子·馬蹄篇註 與物無害，故物馴也 陸德明·音義 馴，以遵反。或音純 又 凡以漸而至曰馴 易·坤卦 馴至其道，至堅冰也。又 擾也，從也 史記·五帝紀 其文不雅馴，薦紳先生難言之 又 集韻 殊倫切音純。又兪倫切音勻。義𠀤同。又 xùn 集韻 韻會 𠀤吁運切音訓 史記·漢文本紀 列侯亦無由教馴其民 正義 馴，古訓字。鑾又驯69774驯70010

馽 69765 36999 zhí_3.13 正字通 俗馽字。

馵 69766 37000 zhù_3.13 唐韻 之戍切 集韻 韻會 朱戍切𠀤音注 說文 馬後左足白也 爾雅·釋畜 左白，馵。又膝上皆白惟馵 詩·秦風 駕我騏馵 又 玉篇 馬懸足也 易·說卦傳 震爲馵足 陸佃云 馵足蓋取其躁，故二絆其足，言制之而動。今字書馽从馬，一絆其足。馵，二絆其足。馽，口其足。又 zhú 集韻 朱欲切音燭。義同。鑾 正字通 驅69848馵字之譌。舊註馬一歲，同馽，訓改音洪，誤 又 縣名。無明據。六書無馵。

駂 69767 46575 bǎo_3.13 篇海類編 同馲。

马干 69768 u2B61B hàn_3.13 简 馯69754

驭 69769 u2B605 yù_3.13 俗馭69743 可洪音義 之馭：音御。海馭：魚據反。正作馭。

馲 69770 u29876 mǔ_3.13 公馬。讀若牡32593

馯 69771 u29874 null_3.13 未詳。

馬 69772 u213E2 mǔ_3.13 同牳32846牡馬 六書統 馬，莫後切。馬父也。从馬从土。行地無疆也

驮 69775 u9A6E tuó_3.13 简 馱69758

馶 69776 37001 zhī_4.14 廣韻 巨支切 集韻 翹移切𠀤音祇 玉篇 勁也 說文 馬彊也 又 zhī 唐韻 集韻 𠀤章移切音支。義同 又 shì 廣韻 集韻 𠀤施智切，施去聲。馬病。鑾施智切。馬強。

馩 69777 37002 fēn_4.14 玉篇 甫賁切 字彙 音廢◇馬走也。鑾又馩69756馚69800 字彙 芳未切音廢。

駍 69778 37003 pèi_4.14 集韻 普蓋切音霈。馬壯貌。

駎 69779 37004 shī_4.14 集韻 同獅

馻 69780 37005 xìn_4.14 五音集韻 許覲切音釁。馬重也 又 jìn 集韻 居焮切音靳。車中馬。

駀 69781 37006 yì_4.14 集韻 同駯

馻 69784 37009 jiè_4.14 唐韻 古拜切

集韻居拜切丛音戒◆說文系馬尾也。鋆又驲69817

馹 69782 37007
rì_4.14 唐韻正韻人質切集韻韻會入質切丛音日說文驛傳也玉篇傳也爾雅·釋言馹、遽，傳也註皆傳車驛馬之名左傳·文十六年楚子乘馹，會師于臨品正字通按六書故置馬代馳，取疾也。以車曰傳，以騎曰馹△楊慎曰孟子置郵傳命。古註：置，驛也。郵，馹也。置緩郵速，驛遲馹疾也。置有安置意，猶今制云日行一程，郵有過而不留意，猶今制云倍道兼行，言速馳也。後世不達馹字義，以馹爲驛之省文。永樂中刻春秋大全，盡改左傳馹字爲驛，驛與馹溷而不分，故解經皆繆。元許謙云馬遞曰置，步遞曰郵。皆臆揣妄說，初無所祖，不思古註，郵訓爲馹，若是步遞字，何以从馬。據此說，馹驛義別，存以備考正。鋆又驲69828駤69763

駃 69783 37008
sà_4.14 唐韻蘇合切集韻韻會正韻悉合切丛音趿說文馬行相及也玉篇馬行貌揚雄·甘泉賦輕先疾雷而駃遺風註車騎之疾也図駃娑，漢殿名班固·西都賦經駃澹而出駃娑図駃娑，參差透遲貌。鋆說文㲴，與駃同図正字通駃，俗駃字。

馻 69785 37010
yǔn_4.14 廣韻余準切集韻庾準切丛音尹玉篇馬毛逆爾雅·釋畜逆毛居馻註馬毛逆刺図廣韻集韻丛以轉切音兖。又xún集韻松倫切，音旬。義丛同。

駷 69786 37011
yǎo_4.14 玉篇同䯄

髦 69787 37012
máo_4.14 集韻韻會謨袍切正韻莫夭切丛音毛集韻車要，以禦風塵図馬長毛也図liè集韻力涉切音獵周禮·春官·巾車翟羽蓋註故書要為髦釋文音獵，或音毛。鋆又犾57334慧琳音義枚髦。下音毛考聲云髦，馬鬣長也說文形聲字也。

駮 69788 37013
wén_4.14 唐韻集韻丛無分切音文玉篇馬不純。◆說文馬赤鬣縞身，目若黃金，名曰駮。吉皇之乘，周文王時犬戎獻之△六書略或書作鴌。鋆又駁69811

馽 69789 37014
zhí_4.14 唐韻陟立切，音縶說文絆馬足也玉篇絆也韓愈·祭柳宗元文天脫馽羈図韻會或作縶詩·小雅縶之維之疏在腹曰鞅，在後曰絆。絆，繫足也。繫之謂絆，維之謂繫正字通說文縶，馽本一字重文，从糸執聲，作縶。今經傳皆从縶字彙引正譌以俗作絆爲非，迂泥図集韻食律切音術莊子·馬蹄連之以羈馽陸德明·音義馽，丁邑反，徐丁力反，絆也，李音述図集韻德合切音答。義同△集韻作䯅字彙作䯂。丛非。

駳 69790 37015
dàn_4.14 廣韻集韻丛丁紺切音馾廣韻馬步近前。又集韻馬睡貌図dǎn集韻都感切，耽上聲。馬名。鋆龍龕駤70047俗，駳正。

駢 69791 37016
pián_4.14 正字通俗駢字。

駙 69792 37017
fù_4.14 廣韻扶雨切集韻韻會奉甫切丛音父玉篇牡馬也図集韻匪父切音甫。義同。

馿 69793 37018
lǘ_4.14 正字通俗驢字。

駥 69794 37019
yóu_4.14 集韻于求切音尤玉篇馬名。

駮 69795 37020
bó_4.14 唐韻集韻韻會丛北角切，音剝玉篇馬色不純。爾雅·釋畜駵白，駮易·說卦傳乾爲駮馬詩·幽風皇駮其馬註黃白曰皇，駵白曰駮図爾雅·釋木駮，赤李疏李之子赤者名駮図今俗謂駹雜爲駮，雲開曰解駮△正韻同駮69953。鋆又駁69969駮69830駮69821駮69827

駉 69796 37021
áng_4.14 廣韻正韻五剛切集韻魚剛切韻會疑剛切丛音卬玉篇駉駉，馬怒貌。又廣韻千里駒図集韻一曰馬白腹謂之駉〇按駉無馬白腹義，馬白腹係駉69881字図ǎng廣韻五朗切集韻韻會語朗切，丛卬上聲玉篇馬搖頭也集韻馬驚謂之駉図廣韻五浪切，卬去聲。義同。鋆集韻駉69992語朗切。馬驚謂之駉。或作䭣駥69798

駤 69797 37022
zhuàng_4.14 玉篇古文壯09691字。

駃 69798 37023
ǎng_4.14 玉篇五黨切集韻語朗切，丛卬上聲玉篇馬頭高集韻與駉69796同。

駵 69799 37024
bǎo_4.14 廣韻博抱切集韻韻會補抱切丛音寶玉篇驪馬雜毛，今之黑驄也爾雅·釋畜驪白雜毛，駵註今烏驄△集韻或作駍正字通按詩·鄭風叔于田，乘乘駍。从鳥从馬，古通周禮馬八尺以上曰龍爾雅二目白曰魚，馬可以名龍，名魚，則駍亦可曰駵。舊註云不宜从駍，誤。鋆又駵69816駵69974䮜69767正字通駥69755，俗駵字。

駹 69800 37025
fēn_4.14 集韻敷文切音芬。馬行疾貌。鋆又鴌69756

駃 69801 37026
jué_4.14 唐韻集韻丛古穴切音玦玉篇駃騠，馬也，生七日，超其母。說文駃騠，馬父臝子古今注曹真有駃馬，名驚帆，言其馳驟如烈風之舉帆疾也図kuài廣韻集韻正韻丛苦夬切。與快同酉陽雜俎河水色渾駃流尸子黃河龍門駃流如竹箭元好問·詩駃雨東南來自註駃與快同。鋆又駃69810

駃 69807 46578
gē_4.14 川篇音戈

駃 69802 37027
suó_4.14 集韻桑何切音娑。馳駃，馬行貌。或从沙。鋆又鴻70035驚70034

駤 69803 37029
qí_4.14 集韻古文騏70104字。

鴌 69804 42242
wén_4.14 篇海類編無分切音文。馬不純。又六書略駮，或書作鴌。鋆名義不純色也。

駤 69805 46576
qún_4.14 篇海類編同羣。

鴌 69806 46577
lǘ_4.14 篇海類編同驢。

駃 69810 u2B61D
jué_4.14 簡駃69801

駃 69809 46580
wàn_4.14 龍龕五貫切

駀 69808 46579
tuó_4.14 五音篇海音馳。

駮 69811 u2B61C
wén_4.14 簡駮69788

駃 69812 u2B609
null_4.14 未詳。

駮 69813 u2B608
null_4.14 未詳。

駤 69814 u2B607
pǐ_4.14 同匹04464馬

匹之匹的專字曾姬無卹壺蒿閒之無駈。

駊 69815 u2B606
bo_4.14　壯童養媳

𢑢 69816 u2FA06
bǎo_4.14　同𩤉69799

驯 69817 u299E6
jiè_4.14　簡駖69784

駧 69818 u2988B
null_4.14　未詳。

駍 69819 u29888
bǎo_4.14　集韻駍，補抱切。馬名，烏驄也。或書作𢑢69799

駁 69821 u29883
bó_4.14　同駁69795　龍龕駁，馬雜色也。

騺 69822 u29882
null_4.14　未詳。

馭 69820 u29887
fù_4.14　六書故

駙69873駭，符遇切。副馬也。一曰近也。

鳶 69823 u29881
null_4.14　未詳。

馳 69824 u29880
tún_4.14　俗屯13235敦煌·S.2144韓擒虎話本 奎虎得兵，進軍便起，迅速不停，来到中謀（牟）境上，馳軍便住。

駄 69825 u4B7E
tuó_4.14　字彙駄69758今俗作馱。

驴 69826 u9A74
lǘ_4.14　簡驢70508

驳 69827 u9A73
bó_4.14　簡駁69795

驲 69828 u9A72
rì_4.14　同駅69782

驱 69829 u9A71
qū_4.14　簡驅70354

驱 69831 u99C6
qū_4.14　俗驅70354史南誌異 田野田父將與童子，上體聖明為民除害之意，水之，火之，出汝洞穴。因而招來白老，驅出健驢，以與尔從事。

駅 69832 u99C5
yì_4.14　同驛70449

馭 69830 u99C7
bó_4.14　名義馭，補貞（角）反。白黑佩纙馭馭：上無分翻。馭馬百駟。下步角、北角二翻。馬雜色。亦作駁69795

駄 69833 u99C4
tuó_4.14　駄69758類篇作馱。

罵 69834 37028
mà_5.15　字彙補與罵、傌同。見耳目資

駈 69836 37031
qū_5.15　玉篇同驅

駆 69835 37030
guā_5.15　正韻同騧。宋明帝以咼音喝，騧旁似禍，改作駆，今當从騧。

駉 69837 37032
jiōng_5.15　廣韻古螢切集韻韻會涓熒切丛音扃玉篇與駫同，馬肥壯盛貌詩·魯頌駉駉牡馬，在坰之野傳良馬腹幹肥張〇說文牧馬苑也〇按詩在坰之野毛傳林外謂之坰。坰非駉，駉非牧苑說文引用誤。鑒又駉70022

駇 69838 37033
bǒ_5.15　廣韻布火切集韻補火切丛音跛玉篇駇駯，馬搖頭廣韻駇駯，馬惡行也杜甫·觀成都尹嚴公揚旗詩 庭空四馬入，駇駯揚旆旌〇高大貌揚雄·甘泉賦 崇丘陵之駇駯註與峨峨義通〇pǒ唐韻集韻丛普火切音叵。義同。鑒又駁69893駈69856

駝 69839 37034
duō_5.15　廣韻集韻丛當沒切音咄廣韻駎駝，獸名，出北海。

罵 69840 37035
zhí_5.15　正字通𩣡字之譌。

馱 69841 37036
yì_5.15　廣韻夷質切集韻弋質切丛音逸玉篇馬疾走也，徵也〇說文馬有疾足〇dié廣韻集韻丛徒

結切，音耋。義同。鑒又駃69896駂69781

駋 69842 37037
zhāo_5.15　集韻之遙切音昭。馬名。

駣 69843 37038
zhé_5.15　集韻與駃同。

嫶 69844 37039
cǐ_5.15　唐韻雌氏切集韻淺氏切丛音此玉篇馬名。鑒龍龕馳嫶二同。

駒 69845 37040
yǎo_5.15　字彙伊鳥切，音咬◇馬驂也。鑒楊寶忠：俗勋64759

駌 69846 37041
yuān_5.15　等韻於元切音冤字彙污面馬。鑒龍龕汗面馬也。楊寶忠：汗面馬，汗血馬之誤，即大宛馬。

駁 69847 37042
bó_5.15　廣韻與駇同。

騔 69848 37043
hóng_5.15　集韻乎萌切音宏。馬一歲也〇按卽畢字之譌𫝶集韻一曰縣名。

駍 69849 37044
bàn_5.15　廣韻集韻丛博漫切，音半玉篇駍騗，馬行也𫝶集韻普半切音判。義同。鑒集韻博漫切。駍騗，馬兒。

駓 69850 37045
pí_5.15　玉篇平悲切音皮。馬名◇𫝶pēng集韻披耕切音怦。與軯同揚雄·甘泉賦 聲駓隱而歷鐘。

駎 69851 37046
zhòu_5.15　廣韻集韻丛直祐切音胄玉篇馬競馳也。鑒又駎69901

駇 69852 37047
bù_5.15　廣韻薄故切集韻蒲故切丛音捕玉篇馬名。鑒龍龕駇，馬名。駓70031音步。步馬，習馬也。

騈 69853 37048
pián_5.15　正字通俗駢字。

駯 69854 37049
mò_5.15　五音集韻莫撥切音末玉篇馬走貌。

駏 69855 37050
qióng_5.15　字彙其凶切音邛。獸如馬。

駊 69856 37051
pǒ_5.15　集韻類篇丛普火切音頗玉篇馬行貌。△正字通俗駊字。

駏 69857 37052
jù_5.15　集韻韻會正韻丛臼許切音巨玉篇駏驢，獸似驟古今注 騾爲牝，馬爲牡，生駏唐書·李賀傳 從小奚奴，騎駏驢註 似驘而小韻會通作距𫝶駏名韓愈詩 終始如駏蛩註 孔叢子北方有獸，名蟨，食得甘草，必齧以遺蛩蛩、駏虛。二獸見人來，必負蟨以走。二獸非愛蟨，爲其得甘草以遺之，蟨非愛獸也，爲其假足也。鑒又狘33103

奮 69858 37053
fēn_5.15　字彙芳問切音忿。走馬也。

駐 69859 37054
zhù_5.15　唐韻中句切集韻韻會株遇切，丛音註說文馬立也玉篇馬止也釋名駐，株也，如株木不動正字通天子行在之所曰駐蹕𫝶集韻廚遇切音柱。義同。鑒又駐69917

駑 69860 37055
nú_5.15　廣韻乃都切集韻韻會農都切丛音奴玉篇最下馬也正字通馬頓劣也。凡馬給宮中之役者曰

駕。駕、駘皆下乘。皮日休曰：造父善御，不能御駕駘。陽貨者，仲尼之駕駘也。鼇又努69915

駊 69861 37056
bá_5.15　廣韻 集韻 夶蒲撥切音跋 玉篇 駊輪，蕃中馬也△ 正字通 駊當从友，譌作駊，非。

駒 69862 37057
jū_5.15　唐韻 擧朱切 集韻 韻會 恭于切夶音拘 說文 馬二歲曰駒 註 六尺以上馬，五尺以上駒 爾雅·釋畜 牝駒，裊驪 註 牝駒小馬，別名裊驪。或曰此卽腰裊，古之良馬名 周禮·夏官·廋人 攻駒 註 攻駒，騬其蹄齧者。又 校人 春祭馬祖，執駒 註 執駒，無令近母，猶攻駒也。又 禮·月令 仲夏，游牝別羣，則縶騰駒 註 季春妊孕已遂，故仲夏不使同羣，拘縶騰躍之駒，防踶齧 又 驪駒，歌名 前漢·儒林傳 王式謂歌吹諸生曰：歌驪駒 註 服虔曰：逸 詩 篇名。見 大戴禮 客欲去歌之 又 元駒，魚名 崔豹·古今注 兗州人呼赤鯉爲元駒，又 蟻別名 又 株駒，枯樹本也 列子·黃帝篇 若橛株駒 又 姓。周駒伯，漢駒幾，見 萬姓統譜 又 集韻 駒驪，國名 又 叶居侯切音鉤 易林 川深難游，水爲我憂。多虛少實，命鹿爲駒。鼇又駒69919 又駒69757，見 佛教難字字典·馬部

駓 69863 37058
pī_5.15　唐韻 敷悲切 集韻 韻會 攀悲切夶音丕 玉篇 駓駓，走貌 楚辭·招魂 逐人駓駓些 註 駓駓，走貌 又 爾雅·釋畜 黃白雜毛曰駓 註 今桃花馬 詩·魯頌 有騅有駓 又 pí 集韻 貧悲切，音邳。義同△ 集韻 或作駓 鼇又駓70020

駔 69864 37059
zǎng_5.15　唐韻 集韻 韻會 子朗切 正韻 子党切，夶臧上聲 說文 壯馬也。一曰馬蹲駔也。又 唐本說文 駔，奘馬也。奘，譌爲壯 玉篇 駿馬也 左思·魏都賦 冀馬填廄而駔駿 註 駔，壯 又 爾雅·釋言 奘，駔也 註 江東呼大爲駔，駔猶麤 又 牙儈狡捷者曰駔 呂氏春秋 段干木，晉國之大駔 史記·貨殖傳 駔儈，會兩家交易者，如今之度市 註 駔者，其首率 又 zǔ 廣韻 祖古切 集韻 類篇 坐五切，夶祖上聲 周禮·春官·典瑞 駔圭、璋、璧、琮、琥、璜之渠眉 註 駔讀爲組，渠眉，玉飾之溝瑑也 疏 此六玉兩頭皆有孔，又於兩孔之閒爲溝渠，於溝之兩畔稍高爲眉瑑，以組穿聯於其中也 又 cū 集韻 聰徂切音粗。亦馬壯也 又 chú 牀魚切音鉏。人名，齊公子駔，見 左傳 鼇又駕70507駔69923

駈 69865 37060
gě_5.15　唐韻 古達切 集韻 居曷切夶音葛 玉篇 馬疾足 又 jié 集韻 居謁切音訐。義同△亦作駃、驕。

駕 69866 37061
jià_5.15　古文 駍 唐韻 古訝切 集韻 韻會 居迓切 正韻 居亞切夶音嫁 說文 馬在軛中 又 馭也 禮·曲禮 君車將駕 正字通 唐制，天子居曰衙，行曰駕 又 車乘也。漢制，六駕屬車八十一乘 後漢·輿服志 天子出，有大駕，有法駕，有小駕 又 別駕，官名 通典 漢別駕從事史一人，刺史行部別乘一乘傳車，故稱曰別駕。唐改郡丞爲別駕，德宗時復省，今府通判是也 又 具車馬曰駕 前漢·高帝紀 詔賢士大夫能從我游者，郡守身勸爲之駕，遣詣

丞相 又 騰駕也 揚子·法言 仲尼駕說者也，不在此儒乎。如將復駕其所說，莫若使諸儒金口而木舌 註 仲尼乘行而贊述之。金口木舌，鐸也。言莫如使諸儒宣揚之也 又 陵駕也 左傳·昭元年 子木之信，稱於諸侯，猶詐晉而駕焉 註 駕，猶陵也 又 人名 左傳 魯大夫榮駕鵝 又 jiā 集韻 居牙切音嘉。義同。鼇又格32687駕69914

駈 69867 37062
qū_5.15　正字通 俗驅字 字彙補 亦作駈。

駨 69868 37063
xuán_5.15　廣韻 集韻 夶胡涓切，音玄 玉篇 馬一歲 又 集韻 一曰馬黑色 又 集韻 熒絹切音縣。義同。鼇 名義駨，胡蠲反。小馬也。又 爾雅·釋畜 玄駒 郭璞注：玄駒，小馬別名。陸德明釋文：玄 字林 作駨，音同。 又駨69892

駖 69869 37064
líng_5.15　廣韻 集韻 夶郎丁切音靈 廣韻 駖礚，蓋車騎聲 又 集韻 力耕切音磷。馬衆聲。

駗 69870 37065
zhēn_5.15　廣韻 章忍切 集韻 止忍切，夶音軫 玉篇 駗驙，馬載重難行 又 集韻 知鄰切音珍。又 集韻 知忍切，珍上聲。義同 又 lín 廣韻 力珍切 集韻 離珍切夶音鱗 廣韻 馬色。鼇又駖69871

駗 69871 37066
zhěn_5.15　正字通 俗駗字。

駘 69872 37067
tái_5.15　唐韻 徒哀切 集韻 韻會 正韻 堂來切夶音臺 玉篇 駑馬銜脫也 崔寔·政論 馬駘其衡 又 駘蕩，曠遠也 又 地名 左傳·昭九年 魏駘芮岐畢，吾西土也 註 駘在始平武功縣 哀·六年 遷孺子於駘 註 駘，齊邑 釋文 他才反。又 徒來反 神名 韻會 金天氏子曰昧，生允格、臺駘 又 人名 莊子·德充符 魯有兀者王駘 又 五音集韻 土來切音胎。義同 又 dài 廣韻 徒亥切 集韻 正韻 蕩亥切夶音待 玉篇 駘蕩，廣大意 又 正字通 春色舒放曰駘蕩 又 廣韻 疲也，鈍也 又 類篇 駘騠，馬不進也 又 莊子·德充符 衞有惡人焉，曰哀駘它 音義 駘音殆。李云哀駘，醜貌。它，其名也 又 與跆同 史記·天官書 兵相駘籍 前漢書 作跆。鼇又駘69912駘69883騠70484

駙 69873 37068
fù_5.15　唐韻 集韻 韻會 夶符遇切音附 說文 副馬也。一曰近也。一曰疾也 又 駙馬都尉，官名。漢武帝置，掌駙馬，魏、晉尚公主夶稱駙馬 趙葵·行營雜錄 皇女爲公主，其夫必拜駙馬都尉，故謂之駙馬。宗室女封郡主者，謂其夫爲郡馬，縣主者爲縣馬，不知何義△ 六書故 作駇。俗作䮛，非。鼇又駙69920

駚 69874 37069
yǎng_5.15　廣韻 於兩切 集韻 倚兩切夶音鞅 廣韻 駚鵟，馬貌 又 集韻 駚牟，獸跳踏自撲也 又 廣韻 烏朗切 集韻 倚朗切夶音盎。義同。鼇又駚69898鵟69906 又 駚鵟，駿馬名。

駛 69875 37070
shǐ_5.15　廣韻 疎士切 集韻 韻會 爽士切 正韻 師止切，並音史。又 廣韻 疎吏切，史去聲。義同 玉篇 疾也 增韻 馬行疾也。鼇又駛69922駛69932 又 可洪音義 渡28701

水：上音使。速也。正作駛。

駜 69876 37071
bì_5.15 唐韻毗必切集韻韻會簿必切太音邲玉篇馬肥壯貌說文馬飽也詩·魯頌有駜有駜，駜彼乘黃毛傳馬肥彊貌又廣韻房密切集韻正韻薄宓切太音弼。又集韻毗至切，音鼻。義太同。鎣又駊70189

駝 69877 37072
tuó_5.15 廣韻徒何切集韻韻會正韻唐何切太音陀玉篇駱駝也。一作馲駝前漢·西域傳鄯善國多馲駝註師古曰脊上肉鞍隆高若封上，俗呼封牛。或曰駝狀似馬，頭似羊，長項垂耳，有蒼褐、黃紫數色，性耐寒惡熱，夏至退毛至盡。人欲載，輒屈足受之。自燉煌往外國，流沙千餘里，無水，有伏流，駝遇其處，停不進，以足跑地，掘之常得水。又青海北。夏有熱風，傷行旅。風將至，駝先引頸鳴，以鼻、口匿沙中，人見之，則以氈擁蔽口面，避其患，其臥，腹不帖地，屈足，糞煙直上如狼煙。亦名橐駝古諺少所見，多所怪，見橐駝以爲馬腫背。又唐制驛置有明駝使，非邊塞軍機不得擅發。俗本改明作鳴，非又通作它揚雄·長楊賦敺橐它。又背僂也柳宗元·郭橐駝種樹傳註人背駝，不能仰也。或作他莊子·德充符衞有惡人焉，曰哀駘它註它與駝同，言背僂也又凡以畜負物曰駝。或作佗前漢·趙充國傳以一馬自佗負。別作駞李白詩吳姬十五細馬駞。鎣又肔47142驼69916馳70112

駞 69878 37073
tuó_5.15 集韻同駝。鎣又驼69894

駟 69879 37074
sì_5.15 唐韻集韻韻會太息利切音四玉篇四馬一乘也詩·鄘風良馬五之。疏：王肅云，古者一轅之車駕三馬，則五轡，夏后氏駕兩謂之麗。殷益一騑謂之驂。周又益一騑謂之駟。駟者，一乘四馬，兩服、兩驂是也。董氏曰：馬在車中爲服，在車外爲驂又左傳·文十一年富父終甥駟乘又前漢·郊祀志秦祀四時，每時用木寓龍一駟，木寓車馬一駟，各如其帝色註李奇曰：寓，寄也，寄生龍形於木也。師古曰一駟亦四龍也又星名爾雅·釋天天駟，房也註房四星謂之天駟又地名前漢·地理志琅邪郡駟望縣又樂浪郡駟望縣又姓左傳·定十年郈工師駟赤。又前漢·文帝紀齊王舅父駟鈞又借作四禮·樂記夾振之而駟伐，盛威於中國也註駟當爲四。每奏四伐，一擊一刺爲一伐又集韻韻會正韻太息七切音悉。義同。鎣又驷69921

駢 69880 37075
pián_5.15 字彙補與駢同。

駵 69881 37076
liú_5.15 字彙補力由切音留。馬白腹也○按郭忠恕·佩觿集駵，五郎翻。千里駒也。駵，力由翻。馬白腹也字彙誤以二義爲一字，俱註於駵字下，特別出之。鎣又騮70058駵70146騮70263

駕 69882 37077
jià_5.15 字彙補古文駕字石鼓文駕言卤遌。△與駋字不同，駋从召，此从台。

駠 69884 37079
liú_5.15 字彙補同駵

駘 69883 37078
tái_5.15 字彙補疑即駘字考古圖·寅簋銘鴉軒朱鞏。

駫 69885 37080
rǎn_5.15 字彙補而琰切音冉學海武王封母弟季載於冉季，是爲駫陃也路史又作駫。鎣又驹69897

駅 69886 42243
cǐ_5.15 篇海類編雌氏切音此。馬名。

駆 69887 46581
qū_5.15 篇海類編同駐。

駦 69888 46583
móu_5.15 五音篇海音謀。

騁 69889 46584
chěng_5.15 字彙補騁字之譌。

骇 69892 u2B80A
xuán_5.15 簡駭69868

駖 69890 46585
gān_5.15 篇海類編音甘。鎣又音hān，佛經譯音用字寶星陀羅尼經·卷第九·寶星陀羅尼經護正法品第十一即說呪曰：多地也他阿摩離，一。阿駖，呼甘反，麼離，二。阿駖麼離，三。

駘 69891 46586
hú_5.15 搜眞玉鏡音胡。鎣馬名隨縣竹簡.176朱司城之駘又俗鴣73121字見可洪音義

驳 69893 u2B61F
bǒ_5.15 簡駊69838

驼 69894 u2B61E
tuó_5.15 簡駞69878

骏 69895 u299EF
bō_5.15 簡驋70388

驮 69896 u299ED
yì_5.15 簡駃69841

驹 69897 u299EC
rǎn_5.15 簡駫69885

驶 69898 u299EB
yǎng_5.15 簡駚69874

骁 69899 u299EA
lóng_5.15 簡驡70506

骁 69900 u299E9
xiàn_5.15 簡驋70141

驹 69901 u299E8
zhòu_5.15 簡駎69851

验 69902 u299E7
null_5.15 未詳。

駐 69907 u298A4
null_5.15 未詳。

駗 69903 u298AC
lǘ_5.15 俗驢70508

又lừa喃。越·阮秉五千字譯國語驢，駗。遴，駗。

駈 69904 u298A9
qū_5.15 亦作驅69972同驅70354光緒曹縣志·卷之十六·藝文志上·詩賦·武張聯·壬午南遊入白下上大司徒張藐山先生臨池縱筆龍蛇繞，駈走二王供至寶。

駼 69905 u298A6
giong_5.15 喃五千字譯國語·雜戲仇球：逞駼。

駩 69908 u298A3
null_5.15 未詳。

駦 69906 u298A5
yǎng_5.15 或同駚69874

駥 69910 u4B85
róng_5.15 俗駥69936

駅 69909 u298A2
zhǐ_5.15 駢雅訓纂·卷七中·訓纂十五·釋鳥駅73108餘，御火鳥也。按，庶物異名疏·二十四·羽部上引駅駼作駅餘。

駊 69911 u4B82
bá_5.15 廣韻駊，蒲撥切。駊鶻，蕃中馬也。

骀 69912 u9A80
tái_5.15 简駘69872

驿 69913 u9A7F
yì_5.15 简驛70449

驾 69914 u9A7E
jià_5.15 简駕69866

驽 69915 u9A7D
nú_5.15 简駑69860

驼 69916 u9A7C
tuó_5.15 简駝69877

驻 69917 u9A7B
zhù_5.15 简駐69859

驺 69918 u9A7A
zōu_5.15 简騶70278

驹 69919 u9A79
jū_5.15 简駒69862

驸 69920 u9A78
fù_5.15 简駙69873

驷 69921 u9A77
sì_5.15 简駟69879

驶 69922 u9A76
shǐ_5.15 简駛69875

驵 69923 u9A75
zǎng_5.15 简駔69864

罵 69924 37081
mà_6.16 廣韻莫霸切集韻韻會正韻莫駕切太音

禡 玉篇 罟也 図 廣韻 莫下切 集韻 母下切 夶音馬。義同 正字通 按六書本作禡，通作罵，俗作駡。罵載馬部，駡別載网部，此字彙 編次之誤，今仍之。

傗 69925 37082
xiū_6.16 唐韻 許尤切 集韻 虛尤切 夶音休 玉篇 馬名也，駿也 △ 字彙補 亦作駚。

騗 69926 37083
pián_6.16 正字通 俗騙字。

駽 69927 37084
huāng_6.16 唐韻 集韻 夶呼光切音荒 玉篇 馬奔也 △ 集韻 或作驚 字彙補 亦作㟃。鼇 又禡69996 駽69997

駣 69928 37085
táo_6.16 廣韻 集韻 韻會 夶徒刀切音陶 玉篇 馬四歲也 図 正韻 馬三歲 周禮·夏官·廋人 教駣攻駒 註 三歲為駣。教駣，始乘習之也 音義 徐音肇，劉音道，李讀湯堯反。沈讀徒刀反 図 集韻 駣、駣，馬屬。又 廣韻 治小切 集韻 韻會 正韻 直紹切音趙。又 廣韻 徒皓切 集韻 韻會 正韻 杜皓切，夶桃上聲。又 集韻 大到切音導。義同。鼇 又駣70027 駣70118

駤 69929 37086
zhì_6.16 廣韻 集韻 夶陟利切音致 玉篇 驟駤，馬蹢躅不前也 博雅 驟駤，止也 図 馬高大 図 淮南子·修務訓 胡人有知利者，而人謂之駤 註 忿戾不通達也。鼇 又駤69978

駂 69930 37087
fú_6.16 廣韻 集韻 夶房六切音伏 玉篇 馬名。

駉 69931 37088
huí_6.16 廣韻 戶恢切 集韻 胡隈切 夶音回 玉篇 馬名。

駛 69932 37089
shǐ_6.16 唐韻 集韻 韻會 夶疎吏切，使去聲 說文 疾也。一曰馬行疾 杜甫·雨詩 潺潺石間溜，汩汩松上駛。俗本譌作駚 正字通 本作駛，省作駛，因从史，讀若史，夶非 図 shǐ 正韻 師止切音使。義同。

駒 69933 37090
qú_6.16 廣韻 其俱切 集韻 權俱切 夶音衢 玉篇 馬後足皆白 爾雅·釋畜 亦作駒 集韻 或作駏、驧。鼇 又 鵾73747 鵑46231

駭 69934 37091
jié_6.16 集韻 喫吉切音詰 玉篇 馬色也。鼇 廣韻 去吉切 図 駤69981

駞 69935 37092
tuō_6.16 玉篇 同驝

駥 69936 37093
róng_6.16 唐韻 如融切 集韻 韻會 而融切 正韻 而中切 夶音戎 玉篇 馬八尺也，雄也 爾雅·釋畜 絕有力，駥 図 sōng 廣韻 息弓切音嵩。細毛。鼇 又駥69910 駥69994 駥70204

駚 69937 37094
yú_6.16 集韻 容朱切音俞。疾也。鼇 又駡70208

騰 69938 37095
téng_6.16 正字通 俗騰字。

駧 69939 37096
dòng_6.16 唐韻 集韻 夶徒弄切音洞 玉篇 馬疾走 說文 馳馬洞去也 図 動也 易·乾鑿度 驅駧元化。鼇 又駧69984

駰 69940 37097
xún_6.16 玉篇 相倫切音荀。駰駒，馬走貌 図 音旬。義同 図 集韻 翾縣切音絢。馬青驪謂之駒。或作駽。

駹 69941 37098
mò_6.16 廣韻 集韻 韻會 正韻 夶莫白切音陌 廣韻 同狢。駹駹，驢父牛母。鼇 又驚70289

駓 69943 37100
pī_6.16 集韻 同駓

駩 69942 37099
quán_6.16 廣韻 此緣切 集韻 韻會 逡緣切 正韻 且緣切 夶音詮 玉篇 白馬黑脣 図 集韻 從緣切音全。義同。亦作騕。鼇 又駩69982

駿 69944 37101
yù_6.16 玉篇 同驈 張流切音輈。駽駿，蕃中大馬。鼇 又駽69983

駎 69946 37103
zhōu_6.16 廣韻 集韻 夶
（同上字）

駧 69945 37102
chí_6.16 集韻 同馳

駪 69947 37104
shēn_6.16 唐韻 所臻切 集韻 韻會 正韻 疏臻切 夶音莘。馬眾貌 詩·小雅 駪駪征夫 傳 眾多貌。一作甡、姺 図 或作侁 楚辭·招魂 往來侁侁些 註 侁侁，往來聲也。五臣云眾貌。鼇 又禡69967

駉 69948 37105
jiōng_6.16 廣韻 古螢切 集韻 涓熒切 夶音扃 玉篇 馬肥壯盛貌 図 與駉同。鼇 又駉69977

駋 69949 37106
jiù_6.16 集韻 巨九切音臼。馬八歲謂之駋。通作舅。鼇 又鳥69970

騎 69950 37107
xuān_6.16 正字通 俗駽字。

駬 69951 37108
ěr_6.16 廣韻 而止切 集韻 韻會 正韻 忍止切 夶音耳 廣韻 騄駬，周穆王馬名。

駭 69952 37109
hài_6.16 唐韻 侯楷切 集韻 韻會 正韻 下楷切，並諧上聲 玉篇 驚起也 公羊傳·哀六年 諸大夫見之，皆色然而駭 莊子·大宗師 且彼有駭形而無損心 註 以變化為形之駭動耳，故不以死生損累其心 図 集韻 與駭同 周禮·夏官·大司馬 鼓皆駭 釋文 駭本亦作駭 王粲·英雄記 整兵駭鼓 図 散也 陸機詩 三后始基，世武不承，協風旁駭，天暑仰澄 註 言和風遠馳四方也 図 水名 書·禹貢 九河既道 傳 九河，一曰徒駭 疏 禹疏九河以徒眾起，故云徒駭 図 人名 春秋·隱二年 無駭帥師入極 図 叶許已切音喜 吳子·治兵篇 戢其耳目，無令驚駭。習其馳逐，閑其進止 韓愈·鄆州谿堂詩 淺有蒲蓮，深有菱葦。公以燕賓，其鼓駭駭 図 叶于支切音怡 韓愈·瀧吏詩 官今行自到，那邊妄問為。不虞卒見困，汗出愧且駭〇按古音駭讀作矣，轉怡聲 図 叶喜語切音許 陸機·凌霄賦 因扶桑而東顧兮，天傾光之可駭。惑坤輿之茫茫兮，心蒙蔽而無緒 註 緒上聲 図 叶許計切音戲 蘇轍·黃樓賦 舞魚龍於隍壑，閱帆檣於睥睨。方飄風之迅發，震鼙鼓之驚駭。鼇 又駭70004

駮 69953 37110
bó_6.16 唐韻 集韻 韻會 北角切 夶音剝 山海經 中曲山有獸如馬，而身黑、二尾、一角、虎牙爪，音如鼓，名曰駮。食虎、豹，可以禦兵 正字通 此獸之別一種，非馬族也 詩·秦風 隰有六駮 傳 駮如馬 疏 陸機云駮馬，梓榆也。其樹皮青白駮犖，遙視似駮馬，故謂之駮馬。下章：山有苞棣，隰有樹檖。皆山隰之木相配，不宜云獸 図 國名。四裔駮馬，地近北海，唐永徽中，遣使朝賀。図 秦叔寶有乘馬，名忽雷駮 図 朝廷章奏不合事理、別

議改正曰駁 前漢·刑法志 文書盈於几閣，典者不能遍睹，是以郡國承用者駁註 不曉其指，用意不同也 王球·貽謀錄 給事中掌封駁司，不可一日無。淳化四年，太宗推考廢職始於唐末，乃命魏庠、柴成務同知給事中。未幾隸銀臺，通進司爲封駁司。眞宗咸平四年，吏部侍郎知封駁事。陳恕乞鑄印，命取門下印用之，因改名爲門下封駁司 図 正字通 論列是非亦謂之駁。如柳宗元·駁復讎議 夏侯銛·駁安定公主合葬議是也〇按駁與駮同 九經字樣 泥 說文，分駁、駮爲二者，非。

騵 69954 37111
zhū _6.16　 五音集韻 章俱切，音誅◇馬口黑。

駠 69955 37112
lú _6.16　 廣韻 力居切 集韻 凌如切𠀤音閭 廣韻 傳馬名 集韻 如今遽馬 唐會要 驛傳曰使駠註 駠音閭。図 lǜ 五音集韻 良倨切音慮。義同△ 集韻 或作𩣡。

騼 69956 37113
shú _6.16　 玉篇 時俱切音殊。朱色也 字彙 騵、騼二字，文同而音釋異 正字通 朱色不必從馬，口黑不宜從朱，沿 篇海 誤，六書馬屬無騵。

騻 69957 37114
yí _6.16　 集韻 延脂切音夷。馬名。鼞 又 駬 70134

驇 69980 u299F6
jié _6.16　 簡 鼞 69991

駤 69958 37115
kuāng _6.16　 廣韻 去王切音匡。馬耳曲也。鼞 又 𩥉 60015

𩣓 69981 u299F5
jié _6.16　 簡 𩣓 69934

駰 69959 37116
yīn _6.16　 廣韻 集韻 於巾切 韻會 正韻 伊眞切𠀤音因 玉篇 泥驄馬也 爾雅·釋畜 陰白雜毛，駰 疏 陰，淺黑色。毛淺黑而白兼雜毛者，今名泥驄 詩·小雅 我馬維駰。鼞 又 駰 70008

駫 69960 37117
qióng _6.16　 廣韻 集韻 𠀤渠容切音蛩 廣韻 獸似馬而青，一走千里也 図 集韻 古勇切音拱。義同。

駩 69982 u299F4
quān _6.16　 簡 駩 69942

駱 69961 37118
luò _6.16　 唐韻 盧各切 集韻 韻會 正韻 歷各切𠀤音洛 玉篇 白馬黑鬣 詩·小雅 嘽嘽駱馬 禮·明堂位 夏后氏駱馬黑鬣 図 國名 史記·南越王佗傳 佗以兵威邊，財物賂遺閩越、西甌、駱，役屬焉註 漢書音義曰：駱，越也 索隱 曰：姚氏按 廣州記 云交阯有駱田，仰潮水上下，人食其田，名爲駱侯，諸縣自名爲駱將，後蜀王子將兵討駱侯，自稱爲安陽王。尉佗攻破安陽王，令二使典主交阯、九眞二郡。卽甌駱也 図 縣名 前漢·地理志 定襄郡駱縣 図 姓。駱統，見 吳志 図 與落通 史記·天官書 大荒駱歲，歲陰在已。又 歷書 作大荒落 図 字彙補 魯故切，與輅同。◆ 史記·秦本紀 非子爲周大駱是也 図 jià 字彙補 居訝切音駕 轉注古音 古駕、輅皆同駱字，駱主車駕，故字可互用，猶甸之與乘也△ 玉篇 又作𩣑。鼞 又 𩫹 15238 駱 70005 駂 70064

駎 69983 u299F3
zhōu _6.16　 簡 駎 69946

駆 69962 37119
liè _6.16　 廣韻 良薛切 集韻 力糵切𠀤音列 玉篇 馬名 図 說文 次第馳也 図 lì 唐韻 集韻 𠀤力制切音例。義同 集韻 一曰馴也△ 廣韻 或作驖，亦作𩢂。鼞 又 駅 69987

駍 69963 37120
liè _6.16　 廣韻 同駕

駐 69964 37121
fù _6.16　 正字通 駥本

字，音與 詩 駉駉孔阜之阜通。言馬肥大也 図 籀文 駉 70094 省作駉△ 字彙 譌作駉，非。鼞 又 騂 70091

駍 69965 37122
rǎn _6.16　 字彙補 同駍。見 路史

駎 69966 37123
chěng _6.16　 字彙補 卽騁字。見 漢周憬碑

駍 69968 37125
nǎo _6.16　 篇海 同駍

駂 69967 37124
shēn _6.16　 字彙補 與駪同。衆多也。見 博古圖·周召公尊銘

駉 69977 u2B621
jiōng _6.16　 簡 駉 69948

駂 69969 37126
bó _6.16　 字彙補 與駁同 九經考異 易爲駁馬 釋文 作騱。

駉 69970 37127
jiù _6.16　 五音集韻 俗駒字。

駆 69971 42244
qū _6.16　 字彙補 與駆同 後趙錄 長駆至鄴。

駈 69978 u2B620
zhì _6.16　 簡 駈 69929

駆 69972 46582
qū _6.16　 篇海類編 同駈。鼞 龍龕 駆駈 69836 二通，駆 70354 正。

駉 69973 46587
xiū _6.16　 篇海類編 同儵

駂 69974 46588
bǎo _6.16　 字彙補 䭷字之譌。

駉 69979 u2B60A
null _6.16　 未詳。

駉 69975 46589
liú _6.16　 龍龕 與駠同

駕 69976 46590
huāng _6.16　 篇海類編 同駭

駧 69984 u299F2
dòng _6.16　 簡 駧 69939

駃 69985 u299F1
jì _6.16　 簡 駃 70268

駓 69986 u299F0
hún _6.16　 簡 駓 70165

駕 69987 u299EE
liè _6.16　 簡 駕 69962

駥 69994 u298CA
róng _6.16　 俗駥 69936

騎 69988 u298D4
kuà _6.16　 同跨 58826

明·王九思 渼陂集·卷三·詩七言古·昔年行贈閣公甫 昔年吾與濬西子，騎馬東遊長安市。

駥 69989 u298D3
yù _6.16　 同駆 69743 見 狀駆箆

駊 69991 u298CF
jié _6.16　 駊駊，同桀駊。

駊 69992 u298CD
ǎng _6.16　 同駍 69796

駿 69990 u298D1
ān _6.16　 同鞍 67258 天一閣藏弘治修明鈔本 偃師縣志·卷之四·詩·偃師八景·馬駿山色 縣城南望馬駿山，山在雲霞縹渺間。

駕 69996 u298C8
huāng _6.16　 同駕 69976

駒 69993 u298CB
null _6.16　 人名用字 新唐書·宗室世系表下 吏部常選（李）駒。

駕 69995 u298C9
null _6.16　 如馬二字之譌。

駥 69997 u298C7
huāng _6.16　 同駥 69927 集韻 駥駥 70286，呼光切 說文 馬奔也。或從荒。

駥 69998 u298C6
null _6.16　 未詳。

駿 69999 u4BC3
ān _6.16　 簡 駿 69990

駥 70000 u4B8D
niǎo _6.16　 同裊 54605

駱 70001 uF91A
luò _6.16　 兼駱。

驫 70002 u9A89
biāo _6.16　 簡 驫 70548

骈 70003 u9A88
pián _6.16　 簡 駢 69926

骇 70004 u9A87
hài _6.16　 簡 駭 69952

骆 70005 u9A86
luò _6.16　 簡 駱 69961

骅 70006 u9A85
huá _6.16　 簡 驊 70387

骄 70007 u9A84
jiāo _6.16　 簡 驕 70412

駰 70008 u9A83 yīn_6.16　简駰69959

駧 70010 u99F2 null_6.16　未詳。

骁 70009 u9A81 xiāo_6.16　简骁70391

駤 70012 37129 dàn_7.17　正字通 徒亶切音但。散馬卽誕馬，亦曰但00971馬，或作輇馬。

駱 70011 37128 lìn_7.17　集韻 良刃切音吝。牝馬。

騀 70013 37130 qú_7.17　五音集韻 同騀。

駭 70014 37131 hài_7.17　廣韻 侯楷切 集韻 韻會 正韻 下楷切夶音駴 玉篇 雷擊鼓也 周禮·夏官·大司馬 鼓皆駴，車徒皆譟 図 莊子·外物篇 聖人之所以駴天下 音義 駴，戶楷反，謂改百姓之視聽也 図 震擊也 張衡·西京賦 燎京薪，駴雷鼓 註 積高爲京。雷鼓，八面鼓也。互見前駭69952字 註 図 jiè 集韻 居拜切音戒。上不問下。

駵 70015 37132 liú_7.17　廣韻 集韻 韻會 正韻 夶力求切音劉 玉篇 赤馬黑鬣 詩·秦風 騏駵是中 禮·月令 孟夏，駕赤駵。季夏，駕黃駵 図 前漢·地理志 華騮、綠耳之乘 註 師古曰華駵，言其色如華之赤。綠耳，耳綠色。

駶 70016 37133 jú_7.17　廣韻 渠玉切 集韻 衢錄切夶音局 廣韻 馬立不定。鋻 又駶70054

駸 70017 37134 xì_7.17　廣韻 集韻 夶許旣切音歊 廣韻 馬走貌。鋻 直音篇 騴70251同駸。

甂 70018 37135 niè_7.17　唐韻 尼輒切 集韻 昵輒切夶音聶 說文 馬行疾也 図 集韻 日涉切音讘。又如潁切。義夶同。鋻 又驠70531

駷 70019 37136 zhá_7.17　正字通 俗駷字。

駓 70020 37137 pī_7.17　◆玉篇 普悲切音丕。與駓同 図 集韻 貧悲切，音邳。馬行也 図 bǐ 補美切，音鄙。駓騃，獸行也。図 部鄙切，音痞。義同。

語 70021 37138 wú_7.17　類篇 訛湖切音吾。駬駵，馬名。

駉 70022 37139 jiōng_7.17　正字通 駉字之譌。

駥 70023 37140 sǒng_7.17　廣韻 息拱切 集韻 筍勇切 韻會 筍勇切 正韻 息勇切夶音竦 廣韻 馬搖銜走也 公羊傳·定八年 陽越下取策，臨南駥馬，而由乎孟氏 註 挃馬銜走 釋文 駥本又作摗，字書無此字，相承用之。一說駥與駷，字異義同 図 廣韻 集韻 夶蘇后切音叟。義同。鋻 摗，俗摗20465 図 集韻 駥駿，或从夌。

駸 70024 37141 qīn_7.17　廣韻 正韻 七林切 集韻 韻會 千尋切夶音侵 玉篇 駸駸，馬行疾貌 詩·小雅 載驟駸駸 註 驟貌。図 cān 廣韻 楚簪切 集韻 初簪切夶音參 図 chěn 集韻 楚錦切音墋。義夶同△本作駸 篇海 作騋，非。鋻 又駿70067

駯 70025 37142 lèi_7.17　集韻 郎外切音頛。馬毛斑白 図 luò 盧臥切音猓。駴藏，穀名。賈思勰說 図 luō 盧活切音捋。義同。鋻 又馲27367

駹 70026 37143 máng_7.17　唐韻 集韻 韻會 夶莫江切音厖 玉篇 馬黑白毛也 爾雅·釋畜 面顙皆白，惟駹 前漢·匈奴傳 圍高帝於白登，漢兵不得相救。匈奴騎其西方盡白，東方盡駹，北方盡驪，南方盡騂 註 駹，青馬也 図 周禮·秋官·犬人 用駹可也 註 駹謂不純色也 疏 謂雜色牲 図 國名 史記·西南夷傳 冄駹最大 註 應劭讀厖 図 水名 華陽國志 汶江道溮水、駹水出焉。鋻 又駹70231

駣 70027 37144 táo_7.17　正字通 俗駣字。

駬 70028 37145 pū_7.17　廣韻 普胡切 集韻 滂模切夶音鋪。馬名。

駺 70029 37146 láng_7.17　廣韻 魯當切 集韻 盧當切夶音郎 玉篇 馬尾白 図 liáng 集韻 呂張切音良 山海經 犬封國有文馬，縞身朱鬣，名曰吉駺。

駹 70030 37147 fù_7.17　正字通 駴字之譌。

駬 70034 37151 suó_7.17　集韻 同駥

駂 70031 37148 bù_7.17　廣韻 正韻 薄故切 集韻 韻會 蒲故切夶音捕 玉篇 馬習步也。今作步 左傳·襄二十六年 左師見夫人之步馬者。鋻 又 玉篇 駂69852，音步。馬名。胡吉宣：以直音步推之，應卽習馬

馯 70032 37149 hàn_7.17　唐韻 集韻 韻會 侯旰切 正韻 侯幹切夶音翰 玉篇 馬突也 韓非子·五蠹篇 古今異俗，新故異備，如欲以寬政治急世之民，猶無轡策御駻馬，此不智之患也 図 集韻 一曰馬高六尺也△通作駻。鋻 又駻70051

駺 70033 37150 yì_7.17　集韻 逆及切音岌。馬行貌。鋻 篇海類編 駺，馬名 図 正字通 駺，俗馭69783字。

馮 70035 37152 suó_7.17　集韻 同駥。鋻 集韻 作駥。

駮 70036 37153 bó_7.17　廣韻 蒲沒切 集韻 薄沒切夶音勃 玉篇 馬牛尾，一角 山海經 敦頭之山中多駮馬，牛尾白身一角，音如虎 郭璞·江賦 駮馬騰波以噓蹀 図 廣韻 蒲角切 集韻 韻 弼角切音雹。義同△集韻 或作駊。

駼 70037 37154 tú_7.17　唐韻 集韻 韻會 正韻 夶同都切音徒 玉篇 駒駼，良馬名 図 獸名 山海經 北海有獸，狀如馬，名騊駼，色青 前漢·百官志 有騊駼監 図 國名 揚雄·解嘲 今大漢左東海，右渠搜，前番禺，後陶塗 註 騊駼馬出北海上。陶塗，北方國名，本國出馬，因以爲名 図 爾雅·釋畜 騊駼駼駼 駼駼，亦似馬而牛蹄 図 人名，後漢有劉騊駼 図 宋書·符瑞志 亦作騟。

駽 70038 37155 xuān_7.17　唐韻 集韻 火玄切 韻會 呼玄切 正韻 呼淵切夶音鋗 爾雅·釋畜 青驪，駽 註 今鐵驄 詩·魯頌 駜彼乘駽 図 廣韻 許縣切 集韻 翾縣切 韻會 呼縣切 正韻 翾縣切夶音絢。又 集韻 熒絹切音縣。又胡畎切音泫。又犬縣切，缺去聲。義夶同。鋻 又駽69950駶69940

駾 70039 37156 tuì_7.17　唐韻 他外切 集韻 韻會 吐外切夶音娧 玉篇 馬行貌 図 廣韻 奔突也 詩·大雅 混夷駾矣 註 駾，突也 疏 混夷惶怖，驚走奔突也。鋻 俗从兌作駾。

駿 70040 37157
jùn_7.17 唐韻子峻切 集韻 韻會 正韻 祖峻切 茲音俊 玉篇 馬之美稱 博物志 周穆公欲駟八駿,周行天下 図 與俊同。英儁也 史記·屈原傳 誹駿疑桀 図 大也 詩·商頌 爲下國駿厖 傳 駿,大也 図 與峻通 詩·大雅 崧高維嶽,駿極于天 図 爾雅·釋詁 速也 疏 駿者猶迅也 詩·周頌 駿發爾私 鄭箋 駿,疾也 朱傳 駿,大也,使之大發其私田也 図 駿狼,山名 淮南子·天文訓 曰冬至駿狼之山。一本作峻 図 集韻 韻會 正韻 茲須閏切音峻。義同。鼇又駿70066

䭴 70041 37158
wǒ_7.17 唐韻 正韻 五可切 集韻 韻會 語可切 茲音我 說文 䭴駤,馬搖頭貌 図 博雅 駤䭴,馬屬 図é 集韻 牛河切音俄。義同。鼇又髲70960 髮71035,同駄䭴 図 䭴70046 鵞70061

騁 70042 37159
chěng_7.17 古文䮏 唐韻 集韻 韻會 正韻 茲丑郢切音逞 玉篇 直馳也,走也 莊子·天地篇 時騁而要其宿,大小、長短、修遠 註 皆恣而任之,會其所極而已。鼇又騁69889 騁69966 騁。

騂 70043 37160
xīng_7.17 唐韻 息營切 集韻 思營切 茲音辛 玉篇 馬赤黃 詩·魯頌 有騂有騏 図 牲赤色 書·洛誥 文王騂牛一,武王騂牛一 禮·明堂位 夏后氏牲尚黑,殷白牡,周騂剛 疏 騂,赤色。剛,壯也 図 周禮·地官·草人 凡糞種,騂剛用牛 註 騂,謂地色赤而土剛强也 図 弓調和貌 詩·小雅 騂騂角弓 △ 正字通 本作騂70135 字彙省作騂,非。鼇又騂70068 犕32918 △ 集韻 騂辛32726,牲赤色。或从牛 △ 說文·新附 作騂70276

駭 70044 37161
ái_7.17 唐韻 五駭切 集韻 韻會 正韻 語駭切 茲音疾 廣韻 癡也 図 說文 馬行仡仡也 図si 廣韻 集韻 韻會 正韻 茲牀史切音俟。駥駭,獸行貌 張衡·西京賦 植物斯生,動物斯止。眾鳥翩翻,群獸駥駭 図 類篇 丈里切音豸。義同。鼇又駭70050

駉 70045 37162
cōng_7.17 正字通 騘本字。

鵞 70046 37163
é_7.17 字彙補 五何切音俄。馬行也。

駴 70047 37164
dàn_7.17 字彙補 丁紺切,音擔◇ 冠幘近前也。鼇又駴69790 楊寶忠:俗髮70914

駖 70048 46591
qū_7.17 篇海類編 音折。鼇 可洪音義 駖耶:上丘愚反,逐也,趁也。正作駆、驅二形也。

駲 70049 46592
lì_7.17 搜真玉鏡 音利。鼇又稝70056

骏 70050 u2B624
ái_7.17 簡 駭70044

骍 70051 u2B623
hàn_7.17 簡 駻70032

骄 70052 u2B622
null_7.17 未詳。

駼 70053 u2FA07
tuì_7.17 同駾70039

骟 70054 u299FA
jú_7.17 簡 駶70016

䮙 70055 u299F9
null_7.17 未詳。

驷 70057 u299F7
null_7.17 未詳。

稝 70056 u299F8
lì_7.17 或同駲70049

駵 70058 u29937
liú_7.17 俗駵69881

騀 70059 u298EC
shì_7.17 正字通 駛69932,本作駛。

騀 70061 u298E8
wǒ_7.17 同駤70041

駊 70062 u298E7
null_7.17 未詳。

騀 70063 u298E6
null_7.17 未詳。

駱 70064 u298E5
luò_7.17 駱69961譌字。

骐 70065 u4BC4
guā_7.17 簡 騧70198

骏 70066 u9A8F
jùn_7.17 簡 駿70040

駥 70067 u9A8E
qīn_7.17 簡 駸70024

骍 70068 u9A8D
xīng_7.17 簡 騂70043

验 70069 u9A8C
yàn_7.17 簡 驗70443

骋 70070 u9A8B
chěng_7.17 簡 騁70042

骊 70071 u9A8A
lí_7.17 簡 驪70541

騄 70074 37167
lù_8.18 廣韻 力玉切 集韻 韻會 龍玉切 茲音錄 玉篇 騄耳,駿馬,周穆王八駿之一 列子·穆王篇 作綠耳。鼇又騄70122

騌 70072 37165
cōng_8.18 正字通 俗騣字。

騠 70073 37166
tù_8.18 篇海 土故切音兔。騠騠,良馬,本作飛兔。

騅 70075 37168
zhuī_8.18 唐韻 職追切 集韻 韻會 朱惟切 茲音錐 爾雅·釋畜 蒼白雜毛,騅 詩·魯頌 有騅有駓 図 姓 左傳 晉大夫騅歂 図 人名 左傳 荀騅 註 騅音佳,晉大夫 図 黃騅,魚名 古今注 兗州人呼黃鯉爲黃騅。鼇又騅70151

騆 70076 37169
zhōu_8.18 玉篇 職收切音周。神馬。鼇又 龍龕 騆舊藏作騆69939

騉 70077 37170
zhuō_8.18 集韻 竹角切音卓。騉騀,馬行不前貌。鼇又 集韻 騉,馬馳也。

騇 70078 37171
shè_8.18 廣韻 始夜切 集韻 式夜切 茲音舍。牝馬 爾雅·釋畜 牝曰騇 註 草馬名 図shě 廣韻 書冶切 集韻 始野切 茲音捨。義同。鼇又輅32746

騊 70079 37172
dá_8.18 廣韻 集韻 徒合切 韻會 正韻 達合切 茲音沓 玉篇 馼騊,馬行貌。鼇又騊70317

騠 70080 37173
cuì_8.18 集韻 類篇 茲七醉切音翠。馬卒○按 正字通 云馬卒。本作倅,通作卒 字彙 作騠,誤。不知 集韻 本有騠字,非 字彙 杜撰也。鼇又騠70137

騄 70081 37174
lù_8.18 廣韻 集韻 茲力竹切音六。健馬也。

騈 70082 37175
pián_8.18 唐韻 部田切 集韻 韻會 正韻 蒲眠切 茲音蹁 說文 駕二馬也 図 朋比也 管子·四稱篇 入則乘等,出則党騈 註 言與貨賄之人同國,則同乘而等。至其出也 又用黨而騈 茲 図 凡增贅旁出者曰騈 莊子·騈拇篇 騈拇枝指,出乎性哉,而侈於德 音義 騈,盛田反 廣雅 云大也。李云併也 図 與骿同◆ 左傳·僖二十三年 晉公子重耳及曹,曹共公聞其騈脅 註 騈,猶比也。亦作骿 図 地名 齊騈邑 図 集韻 韻會 茲旁經切音餅。義同 △ 石鼓文 騨 鼇 騈闐或作闐65246 闐 図 騈69926 駢70003 駢65239 駢69791 駢69853 駢69880 驕70246

騵 70083 37176
yān_8.18 五音集韻 烏前切音煙。馬行貌。鼇又駌70138

𩤯 70084 37177 dōng_8.18 集韻都籠切音東玉篇馬名。

𩢍 70085 37178 qiè_8.18 字彙若劫切音怯。馬怕石不能行。
鑾字彙馬怕石不能行。此俗字也，宜用怯17152

𩥄 70086 37179 wò_8.18 字彙與涴同又叶一決切音抉韋莊·應天長詞想得此時情更切，淚沾紅袖騗。鑾又音wǎn，良馬名又骯70131

䮭 70087 37180 míng_8.18 玉篇靡京切音明。汗馬又mǐng類篇眉永切音皿。義同。

騉 70088 37181 kūn_8.18 廣韻古渾切集韻公渾切太音昆玉篇騉蹄，馬名爾雅·釋畜騉蹄，趼，善陞甗註甗，山形似甑，上大下小。騉蹄，蹄如趼而健上山。秦時有騉蹄苑又騉駼，枝，蹄趼，善陞甗註騉駼，亦似馬而牛蹄。
鑾又騉70124

駯 70089 37182 zhù_8.18 集韻韻會太株遇切音駐說文本作邁，馬不行也又zuī五音集韻醉綏切，音觜◇與騒同。馬小貌○按駯、騒二字，諸韻書或分或合，疑卽一字之譌。

騒 70090 37183 zuī_8.18 廣韻子垂切集韻津垂切，並觜平聲。馬小貌集韻或作駯又玉篇重騎也又唐韻之壘切，捶上聲。義同△籀文作騀。鑾又騀70361騀70312鵻73861鷊70424

騲 70091 37184 fù_8.18 集韻扶缶切音婦。馬盛也。一曰益也。或作隖正字通義與石鼓文駐同詩·秦風駟鐵孔阜。作阜。
鑾石鼓文遵馬既駐69964

䮠 70092 37185 qū_8.18 集韻曲物切音屈玉篇䮠產，良馬。本作屈。鑾又驅70121

騡 70093 37186 chuò_8.18 集韻株劣切音輟玉篇白額馬。又集韻馬名。的盧也。

騊 70094 37187 táo_8.18 唐韻集韻韻會正韻太徒刀切音陶玉篇騊駼70037，獸如良馬。鑾又騊70123

騋 70095 37188 lái_8.18 廣韻集韻落哀切韻會郎才切太音來玉篇馬高七尺以上爲騋爾雅·釋畜騋牝，驪牡詩·鄘風騋牝三千傳馬七尺以上曰騋。騋馬與牝馬也又集韻洛代切，萊去聲。義同。

驞 70096 37189 bēn_8.18 正字通俗驞字。鑾又骄70130

䮴 70097 37190 ǎo_8.18 集韻烏浩切音媪。馬名。

䮖 70098 37191 chāng_8.18 字彙齒良切音昌。馬名。

騴 70099 37192 àn_8.18 唐韻五旰切集韻韻會魚旰切正韻魚幹切太音岸玉篇駻騴，馬行貌又馬頰白至脣。一曰馬流星貫脣謂之騴說文馬頭有發赤色者徐曰所謂馬發，言色有淺處，若將起然又yàn集韻魚澗切音鴈。馬首。
鑾又騴70197

䮾 70100 37193 qiāng_8.18 集韻枯江切音腔。馬行貌。

騌 70101 37194 zōng_8.18 正字通俗騣字。鑾又骔70150

騍 70102 37195 kè_8.18 正字通苦臥切音課。俗呼牝馬，卽草馬。詳後騲70267字註。鑾又骒70152

騎 70103 37196 qí_8.18 唐韻集韻韻會渠羈切正韻渠宜切太音奇說文跨馬也釋名騎，支也，兩脚支別也又jì廣韻集韻韻會正韻太奇寄切音芰。義同又增韻馬軍曰騎禮·曲禮前有車騎疏古人不騎馬，故經典無言騎。今言騎是周末時禮能改齋漫錄左傳·昭二十五年左師展將以公乘馬而歸。劉炫謂欲與公單騎而歸，此騎馬之漸也正字通古者服牛乘馬，馬以駕車，不言單騎。至六國時始有單騎，蘇秦所謂車千乘、騎萬匹是也又票騎，官名前漢·武帝紀以霍去病爲票騎將軍註位三司，品秩同大將軍又旄頭騎漢官儀舊選羽林爲旄頭，被髮先驅。或云旄頭騎自秦始又飛騎正字通唐貞觀中擇膂力驍捷善射者謂之飛騎。衣五色袍，乘六閑馬，每上出遊幸，從駕行又姓戰國策燕將騎劫。鑾又骑70153

騏 70104 37197 qí_8.18 古文馯駇唐韻集韻韻會太渠之切音其。◆說文馬青驪，文如博棊也詩·秦風駕我騏馵註騏，文也疏色之青黑者名爲綦。馬名爲騏，知其色作綦文爾雅·釋獸驨，如馬一角，不角者，騏又縣名前漢·地理志河東郡騏縣註侯國又姓。漢騏殷，下邽令又古今注兗州人呼白鯉爲白騏。鑾又驥70381骐70154

𩥉 70106 37199 jú_8.18 玉篇同驧

䮘 70105 37198 ér_8.18 正字通五奚切音倪。小馬。鑾四聲篇海音兒。

騐 70107 37200 yàn_8.18 正字通俗驗字。

䮙 70108 37201 yù_8.18 廣韻雨逼切集韻越逼切太音域玉篇馬名又集韻騙䮙，馬走貌又集韻忽域切音洫。義同。

䮚 70109 37202 lèng_8.18 集韻郎鄧切音倰玉篇䮚蹬，馬病傷穀也又líng集韻閭承切音夌。與餧同◆馬食粟曰餧。

騑 70110 37203 fēi_8.18 唐韻甫微切集韻匪微切太音非玉篇驂馬也禮·曲禮註車有一轅四馬，中兩馬夾轅名服馬，兩邊名騑馬，亦名驂馬又廣韻芳非切集韻韻會正韻芳微切太音霏集韻騑騑，馬行不止貌詩·小雅四牡騑騑又韻會或作匪禮·少儀車馬之美，匪匪翼翼又本草馬三歲曰騑又人名左傳·襄八年騑也，受其咎註騑，子駟名音義騑，芳非反。鑾正字通騤，俗騑字。別作騤，亦非。

𩦂 70111 37204 fù_8.18 集韻同駙

䭾 70112 37205 tuó_8.18 字彙補同駝

𩦄 70113 37206 zōu_8.18 字彙補與騶同△亦作騶。

䮦 70114 37207 qū_8.18 集韻同駈△字彙補亦作驅。

𩦷 70115 37208 qūn_8.18 字彙補區均切音囷。馬也。

騂 70116 37223
tàn_8.18 ｜字彙｜他紺切音探。馬行步向前。

騃 70117 42245
chī_8.18 ｜篇海類編｜丑飢切，音癡◇大貌。

騀 70118 46593
huá_8.18 ｜川篇｜音桃。又｜字彙補｜與驊同。｜鋆｜楊寶忠：
音桃之騀當是騧69928字俗訛。

騊 70119 46594
què_8.18 ｜搜眞玉鏡｜音鵲。

騋 70120 46595
kùn_8.18 ｜五音篇海｜音困。

騌 70121 46596
qū_8.18 ｜篇海類編｜與驅同。

骡 70122 u2B627
lù_8.18 ｜簡｜騄70074

騤 70123 u2B626
táo_8.18 ｜簡｜駒70094

騏 70124 u2B625
kūn_8.18 ｜簡｜騉70088

騣 70125 u2B60E
null_8.18 未詳。

騦 70126 u2B60D
null_8.18 未詳。

騧 70127 u2B60C
null_8.18 未詳。

騨 70128 u2B60B
null_8.18 未詳。

騩 70129 u299FD
null_8.18 未詳。

騬 70130 u299FC
bēn_8.18 ｜簡｜驅70096

騯 70131 u299FB
wǎn_8.18 ｜簡｜騀70086

騼 70132 u29915
bíu_8.18 喃 从馬表biểu聲。

騸 70133 u29914
eom_8.18 ｜韓｜武藝圖譜通志·卷一·長槍｜退一步，做
騸劍勢。

騶 70134 u29912
yí_8.18 同騻69957｜玉篇｜騶，音宜。馬名△亦人名
用字。同治 即墨縣志·卷之九·人物·列女（貞）黃氏：范
士騶妻。年二十九夫亡，守節撫孤，壽八十餘。

駽 70135 u29911
xīng_8.18 駻70043本字

騵 70136 u29910
péng_8.18 騯70264本字

騺 70137 u2990F
cuì_8.18 ｜集韻｜騿，七醉切。馬卒 区騿70080倅01369

騻 70138 u2990E
yān_8.18 ｜大字典｜疑為騌70083之異體。引元·湯式｜殘
曲·點絳唇｜能食水草，不會奔馳。倦嘶喊，懶騀騻。

騶 70139 u2990D
zōu_8.18 俗騶70278｜四聲篇海｜騶騶，二。側鳩切。
廐御，亦騶虞，神獸也。亦姓。

騖 70143 u29906
null_8.18 未詳。

騰 70140 u2990C
téng_8.18 騰70474譌誤

駏 70144 u29905
null_8.18 未詳。

騻 70141 u2990A
xiàn_8.18 ｜吳下方言考｜
騻，音涎去聲。高誘 戰國策｜使齊犬馬騻而不言。案騻，
急於行也。今無錫謂急行曰騻 区或同賤57813

騱 70145 u29904
null_8.18 未詳。

騯 70142 u29907
lún_8.18 馬名。周穆王
八駿有驊騮、騳騯。亦作踰輪。

駺 70147 u29902
null_8.18 未詳。

騳 70146 u29903
liú_8.18 同駵69881｜龍
龕｜騳70058俗，駵或作，騳正，音留。馬白腹曰駺。

骖 70148 u9A96
cān_8.18 ｜簡｜驂70351

骕 70149 u9A95
sù_8.18 ｜簡｜驌70390

骔 70150 u9A94
zōng_8.18 ｜簡｜騌70101

骓 70151 u9A93
zhuī_8.18 ｜簡｜騅70075

骒 70152 u9A92
kè_8.18 ｜簡｜騍70102

骑 70153 u9A91
qí_8.18 ｜簡｜騎70103

骐 70154 u9A90
qí_8.18 ｜簡｜騏70104

骖 70155 u9A13
yàn_8.18 同驗70443

騷 70156 u9A12
sāo_8.18 俗騷70285
音腦。裹騷，馬名。

騳 70157 37209
nǎo_9.19 ｜集韻｜乃老切
鋆｜又騮69968

騲 70158 37210
chéng_9.19 ｜集韻｜除庚切音棖。馬住貌。鋆｜又騁70219

騴 70159 37211
gé_9.19 ｜集韻｜同駒。鋆｜又騔70224騽70434

騵 70160 37212
duān_9.19 ｜集韻｜多官切音耑。馬名。

騼 70161 37213
shà_9.19 ｜集韻｜實洽切音箑｜玉篇｜馬行也｜集韻｜同騙。
馬騻貌。区yè｜集韻｜弋涉切音葉。馬輕行貌。

騕 70162 37214
yǎo_9.19 ｜廣韻｜烏皎切｜集韻｜伊鳥切丛音杳｜玉篇｜騕
裹，良馬｜司馬相如·上林賦｜胃騕裹｜註｜騕裹，神馬，日行
萬里△亦作騕。

顒 70163 37215
yóng_9.19 ｜廣韻｜集韻｜丛魚容切音顒｜玉篇｜大貌｜集韻｜
同顒｜爾雅·釋訓｜顒顒卬卬，君之德也。或作騳。鋆｜又｜龍
龕｜騳騳，上音春。下音顒。騳騳，鈍馬也。

騍 70164 37216
zhě_9.19 ｜集韻｜止野切音者。馬名。

驒 70165 37217
hún_9.19 ｜廣韻｜戶昆切｜集韻｜胡昆切丛音魂｜廣韻｜驒
騉，野馬｜正字通｜按｜說文｜驒騉，野馬。本从單，舊註驒
騉，誤 区huī｜集韻｜吁韋切音暉。獸名｜山海經｜太行之山
其首曰歸山，有獸狀如麢，四角馬尾有距，名曰驒，善
還｜註｜還言旋舞也。驒音暉。鋆｜又騀69986

騖 70166 37218
wù_9.19 ｜唐韻｜集韻｜韻會｜丛亡遇切音務｜玉篇｜奔也
疾也｜漢書音義｜直騁曰馳，亂馳曰騖｜爾雅·釋詁｜騖、務
強也｜疏｜騖謂馳騖，務謂事務，二者皆以力勉強｜張衡·東
京賦｜仁風衍而外流，誼方激而遐騖。鋆｜又鶩70237
鶩70314 区｜龍龕｜騳70280馼70167俗，騖正。

駃 70167 37219
wù_9.19 ｜正字通｜同騖。

騗 70168 37220
piàn_9.19 ｜廣韻｜匹戰切｜集韻｜匹羨切，丛偏去聲｜集韻｜
躍而乘馬也。或作騙。

驄 70169 37221
cōng_9.19 ｜集韻｜同驄。

騙 70170 37222
piàn_9.19 ｜集韻｜同騗｜正
字通｜今俗借為誆騙字。鋆｜又騙70241騗70203

騜 70171 37224
chǔn_9.19 ｜集韻｜韻會｜尺尹切｜正韻｜尺允切丛音蠢｜海
篇｜馬雜文 区鈍馬也。鋆｜敦煌·S. 2071｜箋注本｜切韻｜上
聲軫韻尺尹反：蹲59088，蹲駮。亦作騜 区｜騝70223

騬 70172 37225
yáng_9.19 ｜集韻｜余章切音陽。馬名。

騝 70173 37226
qián_9.19 ｜廣韻｜昨先切｜集韻｜才先切丛音前｜玉篇｜馬
四蹄皆白。鋆｜又騝70215

騜 70174 37227
xié_9.19 ｜唐韻｜戶皆切｜集韻｜雄皆切丛音諧｜玉篇｜馬
和也。

騛 70175 37228
fēi_9.19 ｜唐韻｜甫微切｜集韻｜韻會｜匪微切，並音飛。
騛兔，古之駿馬 区◆｜說文｜馬逸足也。引｜司馬法｜曰：騛
衛斯輿。通作飛｜徐曰｜史記｜騁六飛，六馬也。

鶱 70176 37229
xuān _9.19 廣韻須緣切音宣。鶱鶱，馬名。

騜 70177 37230
huáng _9.19 廣韻集韻韻會正韻夶胡光切音黃玉篇馬黃白爾雅·釋畜黃白，騜註黃白相間色。詩借用皇△正字通本作騜，十畫，俗省从白。別作驦。鋻又騜70210

騝 70178 37231
qián _9.19 廣韻集韻韻會正韻夶渠焉切音乾玉篇騝馬黃脊又jiān廣韻集韻夶居言切音犍義同石鼓文右驂騝騝。韻叶旃，邅。鋻又騝70221

騪 70179 37232
sōu _9.19 廣韻所鳩切正韻疎鳩切夶音搜。騪駿，蕃中大馬又集韻搲馬衙走也。同騪又sǒu集韻蘇后切音叟。義同。

騞 70180 37233
huò _9.19 集韻正韻夶霍虢切音諕玉篇行不止。又解牛聲莊子·養生主奏刀騞然音義騞，呼獲反。徐許臂反，向他亦反，又音麥。崔云音近獲，聲大于君也又mò五音集韻莫白切音陌。又tì土益切音剔。義夶同。鋻又騞70416騞70318

騙 70181 37234
bī _9.19 廣韻彼側切集韻筆力切夶音逼玉篇駝騙。鋻又騙70225

騟 70182 37235
yú _9.19 廣韻羊朱切集韻容朱切夶音諛玉篇紫色馬博物志八駿有騟騟〇按卽穆天子傳踰輪又酉陽雜俎骨利幹國馬名淩波騟。鋻又騟70217

騠 70183 37236
tí _9.19 廣韻杜奚切集韻韻會田黎切正韻杜兮切夶音題玉篇駃69801騠，良馬孟康曰駿馬生七日而超其母又dī廣韻丁奚切集韻都奚切夶音低。義同又騠茲，地名，在琅邪。漢騠茲侯稽谷姑。鋻又騠70184騠70211

騠 70184 37237
tí _9.19 正字通俗騠字。

騡 70185 37238
quán _9.19 集韻從緣切音全。白馬黑脣，與騜同。又逡緣切音詮。義同。

騴 70186 37239
duàn _9.19 集韻徒玩切音段。款騴，馬行緩〇按後漢·馬援傳作款段。俗加馬，非。

騢 70187 37240
xiá _9.19 廣韻胡加切集韻韻會正韻何加切夶音遐玉篇赭白色似鰕魚爾雅·釋畜彤白雜毛，騢註卽今赭白馬。彤，赤也清波雜志碧雲騢，廄馬旋毛也，碧如霞如雲，然貴而不掩旋毛之醜。

騣 70188 37241
zōng _9.19 唐韻子紅切集韻韻會祖叢切夶音葼玉篇全騣，馬冠也說文馬鬣也杜甫·驄馬行隅目青熒夾鏡懸，肉駿碨磥連錢動欒城集余在岐下，見秦州進一馬，騣如牛，項下垂胡側立倒傾，毛生肉端，蕃人曰：此肉騣也△通作鬃，俗作駿，別作鬉鬠鬃，夶非。鋻又騣70101

騩 70189 37242
bì _9.19 集韻簿必切音邲玉篇同駜。馬肥壯貌。集韻馬飽也又神馬名黃香·九宮賦騵駿騩而俠穹奇。

駁 bō 集韻北角切音剝。同駁。

騤 70190 37243
kuí _9.19 唐韻渠追切集韻韻會渠龜切夶音逵。說文馬行威儀也又強不息也詩·小雅四牡騤騤傳騤騤，彊也又jué廣韻集韻夶古穴切音玦爾雅·釋畜回毛在背曰騤騤。今本亦作闋廣。鋻又騤70239騤70435

騷 70191 37244
zhá _9.19 廣韻士洽切，音獞集韻實洽切，音渫。玉篇騷騷，騨也又chà集韻磣歃切音舂。馬行貌。鋻又騷70201

騥 70192 37245
róu _9.19 廣韻耳由切集韻而由切夶音柔爾雅·釋畜青驪繁鬣，騥註繁鬣，兩被毛。或云美髦鬣。鋻又鬃71107

騧 70193 37246
shuǎ _9.19 字彙所瓦切音耍。所言不當△正字通按騧，六書不載，或方言俚說如此。

騴 70194 37247
xián _9.19 廣韻集韻夶胡讒切音咸廣韻騴驪，古縣名〇按前漢·地理志九眞郡有咸驪縣，非作騴，存考。又正字通釋氏諸經音義，騴騴，俳戲人也。騴，魚洽切。楊慎引入洽韻，今不从。

騸 70195 37248
xián _9.19 玉篇諧閒切，今作閑六書統騸馬，步習也。

騘 70196 37249
sī _9.19 集韻新茲切音思玉篇馬名。

騨 70197 37250
àn _9.19 正字通駻字之譌。

騦 70199 37252
qīn _9.19 集韻同駸。

騧 70198 37251
guā _9.19 唐韻正韻古華切集韻韻會姑華切夶音瓜玉篇黃馬黑喙爾雅·釋畜黑喙，騧詩·秦風騧驪是驂◆註淺黃色。宋明帝以騧旁似禍，改作騜又季騧，人名，見論語又廣韻古蛙切集韻韻會公蛙切夶音媧。義同。鋻又騧70065騧70442

鶔 70200 37253
é _9.19 字彙補鄂格切音額廣韻鶔鶔，馬名。〇按馬名本作鶔領廣韻譌作鶔，非。

騭 70201 37254
zhá _9.19 五音篇海同騷。

騱 70202 37255
dǎo _9.19 集韻同騱鋻說文重文作騱，段改作騱。

騙 70203 37256
piàn _9.19 字彙補匹面切音駢。躍上馬也〇按卽騗字之譌。

駥 70204 37257
róng _9.19 字彙補與駥同說文駥，馬高八尺，从馬戎。

騣 70205 42246
zòng _9.19 奚韻子貢切音縱。馬騣。

騢 70206 46597
yù _9.19 字彙補見石鼓文。楊慎云當作騢。鋻或同馭。

鬐 70207 46598
yōu _9.19 奚韻音幽。

驪 70208 46599
yú _9.19 搜眞玉鏡音余。

騢 70209 46600
xí _9.19 龍龕同騱。

騠 70211 u2B628
tí _9.19 簡騠70183

騜 70210 u2B629
huáng _9.19 簡騜70177

騐 70213 u2B610
null_9.19　未詳。

騻 70212 u2B611
mǎ_9.19　喃同鶼25696

騦 70214 u2B60F
null_9.19　未詳。

騗 70215 u29A0A
qián_9.19　簡騚70173

騗 70216 u29A09
là_9.19　簡駵70232

騟 70217 u29A08
yú_9.19　簡騟70182

駿 70218 u29A07
lóu_9.19　簡驍70330

騁 70219 u29A06
chéng_9.19　簡騁70158

騖 70220 u29A05
wèi_9.19　簡騠70228

騝 70221 u29A03
qián_9.19　簡騝70178

驄 70222 u29A02
cōng_9.19　簡驄70353

騖 70223 u29A01
chǔn_9.19　簡騊70171

騔 70224 u29A00
gé_9.19　簡騔70159

騗 70225 u299FF
bī_9.19　簡騗70181

騹 70226 u299FE
null_9.19　未詳。

騾 70228 u29938
lǔ_9.19　同驢70508黃

香九宮賦騾驟驈驕目差贏。磋磕晧晭目駿樂。耶律楚
材湛然居士文集（四部叢刊本）卷之七·題寒江接舫圖
一派瀟湘萬里山，閑騎凍騾點江天。

驗 70227 u2993C
yàn_9.19　字海驗，同驗70443字見淮南子·氾論

駺 70232 u29932
là_9.19　虎駺，良馬名。

駍 70233 u29931
null_9.19　未詳。

騽 70229 u29936
null_9.19　字海人名新
唐書·宰相世系表二下有（張）騽。

驫 70234 u29930
null_9.19　未詳。

騂 70230 u29935
xīng_9.19　俗腥47544

明·佚名薛仁貴征東白袍記·第三十七折狗咬了沙狐
子血淋淋，土豹子揸住了野驪騂。

鷙 70235 u2992F
null_9.19　未詳。

驉 70231 u29934
máng_9.19　字海驉，同
驉70026字見姚令儀金川崇化屯新建慰忠祠碑

騿 70236 u2992E
null_9.19　未詳。

鶩 70237 u9A9B
wù_9.19　簡鶩70166

騒 70238 u9A9A
sāo_9.19　簡騷70285

騤 70239 u9A99
kuí_9.19　簡騤70190

騺 70240 u9A98
zhì_9.19　簡騺70258

騗 70241 u9A97
piàn_9.19　簡騗70170

騨 70242 u9A28
tuó_9.19　同驒70406

駼 70244 37259
sōu_10.20　廣韻集韻韻
會丛疎鳩切音搜。廣韻蕃中大馬図索也前漢·百官表
駿粟都尉註如捜狩之搜。捜，索也。鎣又駿70309

騩 70243 37258
kuì_10.20　唐韻俱位切集韻基位切丛音愧玉篇馬
淺黑色漢儀丞相見免，乘騩馬自府歸図guī廣韻居追
切集韻韻會居逵切丛音蕢。義同図guī廣韻舉韋切集
韻韻會居韋切丛音歸。山名後漢·郡國志河南尹密縣
有大騩山山海經大騩之山，其陰多鐵，多美堊図tuí集
韻徒回切音頹。白馬△字彙補亦作魋。

騠 70245 37260
tī_10.20　廣韻土雞切音梯字彙駿馬名。

驈 70246 37261
yù_10.20　字彙見石鼓文。鄭云作馭正字通按略記
字始石鼓文無驈，从虔，非。馭義。鄭說不足信六書
統有驈，註：驈一作騠。據此說，騠譌作驈，驈又譌作
驈，不知騠即石鼓文駢字也。从騈爲正。

鶱 70247 37262
qiān_10.20　廣韻丘乾切集韻韻會丘虔切丛音愆。

◆說文馬腹繁也徐曰馬腹病図鶱也詩·小雅如南山之
壽，不騫不崩前漢·鼂錯傳外無騫污之名図輕儇躁進
貌柳宗元·乞巧文沓沓騫騫図姓風俗通漢金城騫包。
又唐有侍中騫味道図五音集韻怯建切，攘去聲。義同
図jiǎn集韻九件切音蹇。鶱也○按鶱、騫二字音訓不
同，以字書正之，鶱音掀，从鳥，註飛貌。騫音愆，从
馬，註馬病。又虧也。文人相承以騫爲掀舉之義，押入
先韻，非也。鎣又騫70326

騷 70248 37263
sāng_10.20　集韻蘇郎切音桑。馬色黃，尾白。或作
騻図sǎng寫朗切音顙。騑騻，馬貌。

駸 70249 37264
qīn_10.20　說文駸本字。

騬 70250 37265
chéng_10.20　廣韻食陵切集韻神陵切，丛音乘。又
集韻韻會正韻慈陵切音繒。義同說文犗馬也周禮·夏
官·校人祭先牧，頒馬攻特註攻特，謂騬之図集韻實
證切，音剩。義同。鎣又騬70294騬70394

騱 70251 37266
xì_10.20　五音集韻許既切，歆去聲。馬走。鎣龍
龕騱或作，騎70017正。

騏 70252 37267
táng_10.20　集韻徒郎切音唐。馬色也。

鬐 70253 37268
qí_10.20　正字通渠宜切，音耆◇馬頂上鬐，通作鬐
△字彙補亦作鬐。

驨 70254 37269
hè_10.20　唐韻下各切集韻曷各切丛音鶴說文苑
名図一曰馬白頷也図yuè集韻逆角切音嶽。又jué訖
岳切音覺。又huò忽郭切音霍。義丛同図wò五郭切音
瓁。馬名。鎣說文苑名又一曰馬白頷也。頷，領字之譌
図正字通驨，同雔。

騻 70255 37270
méng_10.20　唐韻莫紅切集韻謨蒙切丛音蒙說文
驢子也李時珍曰牡牛交驢者爲駏騻図mèng集韻蒙
弄切音懞。義同。鎣又騻70478

驔 70256 37271
diān_10.20　廣韻都年切集韻韻會正韻多年切丛音
顛玉篇馬白額集韻馬頳戴星謂之驔，通作顛詩·秦風
有馬白顛。詳前駒69757字註。鎣又驔70308

驪 70257 37272
lì_10.20　廣韻郎擊切集韻狼狄切丛音歷廣韻馬
色字彙同驪。

騭 70258 37273
zhì_10.20　廣韻集韻韻會正韻丛職日切音質玉篇
牡馬也爾雅·釋畜牡曰騭図六書統乘馬登山也。从陟
陟，登也爾雅·釋詁騭，陞也註方言曰：魯衛之間曰
騭図定也書·洪範惟天陰騭下民傳云定也釋文騭，之逸
反。馬云升也，升猶舉也，舉猶生也正義傳以騭即質
也。質訓爲成，成亦定義，故爲定也図集韻竹力切音
陟。義同。鎣又騭70240騭70493図正字通騭，省作隲
66002，非図集韻陟，竹力切說文登也。或作隙隲隲徏
徝。

騊 70259 37274
táo_10.20　唐韻土刀切集韻他刀切丛音饕玉篇馬

行貌△五音集韻作䮓。

駴 70260 37275

lǜ_10.20 廣韻良倨切集韻良據切夶音慮廣韻傳馬正字通驛傳有步、馬、急遞三等使，駴卽急遞也。或作駥讀書通亦作驉。

驏 70261 37276

zhàn_10.20 廣韻集韻韻會夶陟扇切，展去聲玉篇馬轉臥土中又廣韻馬土浴也正字通本作驏，通作輚。鍌又駥70306驏70373

䮀 70262 37277

wēn_10.20 廣韻烏渾切集韻烏昆切夶音溫玉篇䮀驏，駿馬。

駵 70263 37278

liú_10.20 集韻正韻夶力求切音留玉篇紫駵馬。◆說文赤馬，黑毛尾也△集韻亦作駠字彙補亦作䮊。鍌又駵69884駠69975駵70327䮊70371又龍龕駵70058俗，駵70146正。

騯 70264 37279

péng_10.20 唐韻薄庚切集韻韻會正韻蒲庚切夶音彭說文騯騯，馬行貌詩·小雅四牡騯騯又韻會通作彭詩·小雅出車彭彭大雅駟騵彭彭魯頌以車彭彭。皆壯盛意詩緝詩中彭彭，夶如字，俗讀如邦，誤。又páng廣韻步光切集韻蒲光切夶音傍廣韻馬盛貌又bǎng集韻補朗切音榜。義同。鍌又駍70136

騰 70265 37280

téng_10.20 唐韻集韻韻會正韻夶徒登切音滕玉篇上躍也，奔也禮·月令季春，合累牛騰馬，游牝于牧註累、騰，皆乘匹之名疏季春，陽盛，物皆產乳，故合累牛騰馬，使牝就牡，欲孳生蕃也又◆說文傳也。一曰特馬也又姓又與滕通儀禮·公食大夫禮衆人騰羞者盡階不升堂，授以蓋降出註騰當作滕。滕，送也。授，授先者一人△俗作騰。鍌又騰48871躨59553鷟69938騰70329驤70524又龍龕鷟70522騰70418騬70347三俗，騰正。

騱 70266 37281

xí_10.20 集韻堅奚切音雞爾雅·釋畜前足皆白，騱又唐韻胡雞切集韻韻會正韻弦雞切夶音奚。義同。又說文驒騱，馬也前漢·司馬相如傳駃騠驢騱又通作奚前漢·匈奴傳奇畜則橐駝、驢奚師古曰驢奚，駏驢類。鍌又騱70209騱70299

騲 70267 37282

cǎo_10.20 廣韻采老切集韻采早切夶音草玉篇牝畜之通稱正字通本作草。晉郭欽謂魏杜畿課民畜牸牛、草顏氏家訓詩·魯頌駉駉牡馬。江南本皆作牝牡之牡，河北悉爲放牧之牧。鄴下博士見難云駉頌既美僖公牧于坰野之事，何限騲騭乎。余答云按毛詩駉駉良馬，腹幹肥張也。若作放牧之意，通於牝牡，則不容限在良馬，獨得騲騭之稱，良馬諸侯以充朝聘，郊祀必無騲馬。今以詩傳良馬通於牧騲，恐失毛氏意。鍌又騲70333，俗。

驥 70268 37283

jì_10.20 廣韻九利切集韻几利切夶音冀玉篇千里馬同驥又借爲冀禮·文王世子註大夫勤于朝，州里驥于邑。孔穎達曰：驥謂仰冀之也魯相韓敕修孔廟禮器碑自天王以下，至於初學，莫不驥思歎印。鍌莫不驥思歎印。莫不驥思歎仰又駾69985

驕 70269 37284

jiāo_10.20 字彙居喬切，音交◇馬高六尺△正字通譌字說文馬高六尺爲驕。非作驕。

鷔 70270 37285

āo_10.20 玉篇烏高切音鏖。馬行貌。鍌正字通驁70412字之譌。

馽 70271 37286

dú_10.20 玉篇徒鹿切音獨。馬走也六書故兩馬夶馳，聲馽馽也。鍌正字通驚，同馽。

馽 70272 37287

òu_10.20 玉篇五豆切，偶去聲篇海馽，馳不齊也。鍌又馽70271

騔 70273 37288

qià_10.20 類篇丘瞎切音礚。馬駁。

騴 70274 37289

yàn_10.20 廣韻烏鴈切集韻於諫切夶音晏玉篇馬尾本白。鍌又騴70300

騵 70275 37290

yuán_10.20 廣韻集韻韻會夶愚袁切音元玉篇騵馬白腹也詩·大雅駟騵彭彭禮·檀弓周人尚赤，戎事乘騵。鍌又騵70301

騂 70276 37291

xīng_10.20 說文騂本字。

騂 70277 37292

hàn_10.20 唐韻集韻夶侯旰切音翰玉篇馬毛長。又hán廣韻胡安切集韻韻會正韻河干切夶音寒廣韻駿騂，蕃中大馬。

騶 70278 37293

zōu_10.20 唐韻正韻側鳩切集韻韻會甾尤切夶音鄒玉篇騶虞，義獸，至德所感則見，馬之屬埤雅騶虞尾長於身，西方之獸也。不履生草，食自死之肉詩·召南于嗟乎騶虞〇按賈誼·新書以詩騶虞爲騶人、虞人，非獸也正字通騶虞或作騶吾、騶牙。吾牙字雖與虞異，其爲騶虞一也字彙分騶虞、騶牙爲二獸，泥又說文廄御也禮·月令季秋，天子教於田獵，命僕及七騶咸駕註七騶，謂趣馬主爲諸官駕說者也疏天子馬有六種，種別有騶，則六騶也。又有總主之人，夶六騶爲七，故爲七騶，皆以馬駕車。又左傳·成十八年程鄭爲乘馬御，六騶屬焉，使訓羣騶知禮註六騶，六閑之騶又騶虞，縣名前漢·地理志西河郡騶虞縣又姓。周騶衍，騶忌皆齊人，見戰國策又與菆同前漢·鼂錯傳材官騶發，矢道同也註蘇林曰：騶音馬驟之驟。如淳曰：騶，矢也。師古曰騶謂矢之善者也春秋左氏傳作菆字，其音同。騶發，發騶矢以射也。蘇音失之矣又與趨追之趨同荀子·正論篇步中武象，騶中韶濩，所以養耳又zòu集韻才候切。與驟同禮·曲禮車驅而騶註騶音驟。鍌又駒69918騶70139騶70113

騂 70279 37294

zǎi_10.20 集韻子亥切音宰。馬雜驄色。

騖 70280 37295

wù_10.20 字彙亡遇切音務。驅馳奔聯也。

騠 70281 37296

tiě_10.20 字彙他協切音帖。馬赤黑色。

骭 70282 37297

gú_10.20 廣韻集韻夶古忽切音骨玉篇骭駣，獸

名，出北海。

䮻 70283 37298
shī_10.20 　集韻霜夷切音師。野馬。或省作㺑。

驝 70284 37299
tǎ_10.20 　廣韻土盍切集韻託盍切，並音榻玉篇驝
騣，馬行不進。鋻又𩦽70307

騷 70285 37300
sāo_10.20 　唐韻集韻蘇遭切韻會正韻蘇曹切达音
搔玉篇動也說文擾也詩大雅徐方驛騷註騷，擾動也
図說文一曰摩馬図揚子方言騷，塞也。吳、楚偏塞曰
騷註塞，跛行也図玉篇愁也正字通屈原作離騷，言
遭憂也。今謂詩人爲騷人図禮檀弓喪事雖遽，不陵節，
騷騷爾則野註騷騷，急疾貌図驅殺，飄揚下垂貌張
衡・東京賦駙承華之蒲梢，飛流蘇之騷殺註流蘇，五采
毛雜之，以爲馬飾，凡下垂者爲蘇図騷屑，凄涼也謝
靈運詩騷屑出穴風杜甫詩平人固騷屑王安石詩歸夢
得蕭騷歐陽修詩休把青銅照雙鬢，君謨今已白刀騷
図蒲騷，地名左傳・桓十一年敗鄖師于蒲騷註卽陽臺
巫山，在今峽川図xiāo集韻韻會正韻达先彫切音簫
義同図sāo正韻蘇老切音埽史記・李斯傳窟上騷除。
又黥布傳大王宜騷淮南之兵註言盡舉之如埽地也。
與埽通図sào集韻正韻达先到切音燥。義同。
鋻又骚70238騒70156

䮣 70286 37301
huāng_10.20 　集韻與駫同。

騸 70287 37302
shàn_10.20 　正字通式戰切音扇。割去勢也膃仙肘
後經騸馬、宦牛、羯羊、閹豬、鐓雞、善狗、淨貓。
図接樹曰騸樹月令廣義有騸樹法△一作扇五代史・郭
崇韜傳謂繼岌曰：當盡去宦官，至於扇馬，亦不可騎。
鋻又騗70325剸03683騸70416

䮜 70288 37303
tāo_10.20 　五音集韻同駣。

驀 70289 37304
mò_10.20 　字彙補闕音駢雅馬父驢母曰騰驀。互詳
駃69761字註。鋻同駋69941駢雅訓纂音陌。

䮻 70290 37305
lí_10.20 　字彙補與驪同荀子・性惡篇驊騮驪驥。

䮄 70291 37306
liú_10.20 　字彙補同騮。

䮝 70292 37307
zuī_10.20 　五音集韻籀文騷字△字彙補亦作騒。

騥 70293 37308
yóu_10.20 　字彙補與狖同元覽騥騥也，四角之獸也。

骙 70299 u2B62C
xí_10.20 　簡騱70266 犗馬也。見廣雅△字彙作騱。

骛 70300 u2B62B
yàn_10.20 　簡騴70274

䯂 70296 46602
qí_10.20 　篇海類編與騎同。

䮲 70297 46603
huān_10.20 　字彙補驩字之譌。

䮡 70298 46604
zú_10.20 　篇海類編音足。鋻字彙補作騌70367

骝 70301 u2B62A
yuán_10.20 　簡騵70275

骒 70294 37309
chéng_10.20 　字彙補食
陵切音䮄。犗馬也。見廣雅△字彙作驊。

魕 70295 46601
guī_10.20 　字彙補同騩

骓 70302 u2B615
null_10.20 　未詳。

骚 70303 u2B614
null_10.20 　未詳。

骏 70304 u2B613
null_10.20 　未詳。

骐 70305 u2B612
null_10.20 　未詳。

骧 70306 u29A0D
zhàn_10.20 　簡驏70261

骦 70307 u29A0C
tǎ_10.20 　簡驝70284

骟 70308 u29A0B
diān_10.20 　簡驒70256

骘 70309 u29A04
sōu_10.20 　簡驦70244

骙 70310 u2996A
null_10.20 　未詳。

骜 70311 u29969
null_10.20 　未詳。

骛 70314 u29966
wù_10.20 　五侯鯖字海
鶩70166，音騖。直騁曰馳，亂馳曰鶩。亦作騖，从務。

骝 70312 u29968
zuī_10.20 　同騒70292籀文騷

骗 70313 u29967
huáng_10.20 　騜70177本字。

骘 70315 u29963
yáo_10.20 　驢驈，也做玉逍遙，宋仁宗御馬名，色白。
明・葉憲祖鸞鎞記・第二十二齣・廷獻玉面驢驈，跨上征
鞍八尺高，騎出長安道，馳向陰山崤。

骦 70316 u29961
luó_10.20 　俗羸70444墨子・卷十・經說下通問者曰：
子知飆乎？孫詒讓間詁：說文馬部云鸁，驢父馬母者
也，從馬鸁聲。或從鸁作驘。此蓋從鸁省聲，而以吂爲
西，則傳寫之訛。

骖 70317 u29960
zhá_10.20 　集韻骱，竹洽切。馬行皃。

骜 70318 u2995F
huò_10.20 　俗騞70180

骛 70320 u2995C
null_10.20 　未詳。

骘 70322 u2995A
null_10.20 　未詳。

骐 70319 u2995D
null_10.20 　未詳。

骓 70321 u2995B
null_10.20 　未詳。

骗 70323 u29959
cuō_10.20 　同蹉59182敦
煌變文集・妙法連華經講經文修行從此又䮳䮱。

骈 70324 u4BC5
niè_10.20 　簡驜70531

骍 70326 u9A9E
qiān_10.20 　簡騫70247

骎 70328 u9A9C
ào_10.20 　簡驁70348

骏 70325 u9A9F
shàn_10.20 　簡騸70287

骐 70327 u9A9D
liú_10.20 　簡驑70263

骑 70329 u817E
téng_10.20 　簡騰70265

骒 70330 37310
lóu_11.21 　集韻郎侯切音婁。馬類。一曰大騤図lú
凌如切音閭。與驢同。鋻又骚70218

骓 70331 37311
zhì_11.21 　唐韻集韻韻會达陟利切，音致玉篇馬伏
也說文馬重貌史記・晉世家惠公馬驇不能行註馬重而
陷於泥。或曰馬脚曲図chì集韻丑二切音疐。驇曼，馬
距扼遲頓貌。一曰馬旁出。鋻又骛70380図史記・晉世
家惠公馬驇不能行。徐慧：能字衍。

骔 70332 37312
chōng_11.21 　集韻韻會正韻达書容切音舂集韻駥
馬。

骕 70333 37313
cǎo_11.21 　玉篇亡各切音莫。馬名。鋻正字通驀
與驀同。鄧福祿：俗驀。

骖 70334 37314
shuǎng_11.21 　集韻韻會正韻达所兩切音爽玉篇
驦驦，古之良馬図通作爽左傳・定三年唐成公如楚，
有兩驌爽馬図或作騻晉書・郭璞傳昆吾挺鋒，驌驦軒
髦註驌當爲驦図shuāng廣韻色莊切集韻韻會正

師莊切丛音霜。義同。鑒又騻70365

驑 lí_11.21 70335 37315
集韻 鄰知切音離。驢子曰驑。

䮂 yú_11.21 70336 37316
集韻 正韻 丛牛居切音魚。與䮉同,通作魚。爾雅·釋畜 二目白,魚 註 似魚目。陸佃曰:今之環眼馬 詩·魯頌 作魚,別作䐃、膴,丛非。

㺢 chǎn_11.21 70337 37317
廣韻 集韻 丛所簡切音產 廣韻 馬名。

𩢲 lù_11.21 70338 37318
廣韻 集韻 韻會 正韻 丛盧谷切音祿 博雅 䮉驢,馬屬。一曰野馬。鑒又骒70363

𩣺 yì_11.21 70339 37319
廣韻 爲立切 集韻 域及切 丛音煜 玉篇 驪馬黃脊 又 說文 馬豪骭也 又 xí 唐韻 似入切 集韻 席入切 丛音習。義同。

驚 yī_11.21 70340 37320
集韻 煙奚切音翳。黑色馬。

駿 ào_11.21 70349 37329
字彙 同驁

騾 luó_11.21 70341 37321
廣韻 落戈切 集韻 韻會 盧戈切 丛音摞 廣韻 騾馬也 正韻 同贏 呂氏春秋 趙簡子臣陽城渠胥有疾,醫云得白騾肝則生,不得則死。簡子殺所愛白騾,取肝與之 神仙別傳 李少君死後,有人見之,在河東蒲阪乘青騾。帝聞之,發棺,皆無所有矣 李賀詩 少君騎海上,人見是青騾。鑒又騾70378 騩70316 䮫70482 騾70545 驘70549

䮅 zhāng_11.21 70342 37322
字彙 諸良切音章。馬名。

䮈 fēi_11.21 70343 37323
廣韻 敷尾切音斐。馬名。

駅 mì_11.21 70344 37324
廣韻 集韻 丛莫狄切音覓 玉篇 馬多惡也 集韻 馬齧謂之䮝。一曰馬驚視。鑒又駿70499

驀 mò_11.21 70345 37325
唐韻 集韻 韻會 正韻 丛莫白切音陌 說文 上馬也。又超越也。今俗猶言驀越驀忽 李賀詩 煙底驀波乘一葉 又 mà 集韻 莫駕切音禡。登也。鑒又驀70382

䮧 mài_11.21 70346 37326
集韻 莫獲切音麥。騋騋,騾屬。

䮲 téng_11.21 70347 37327
正字通 俗騰字。

驁 áo_11.21 70348 37328
集韻 韻會 正韻 丛牛刀切音敖 廣韻 駿馬 又 馬驕不馴也 莊子·外物篇 老萊子謂仲尼曰:夫不忍一世之傷,而驁萬世之患,抑固窶邪。忘其略弗及邪 註 不云驁然不顧貽萬世之患,但云驁萬世之患,古文省字法也。又 前漢·竇嬰傳 諸公稍自引而怠驁 又 驁夏,樂章名 周禮·春官·鍾師 凡樂事,以鐘鼓奏九夏 王夏 肆夏 昭夏 納夏 章夏 齊夏 族夏 祴夏 驁夏 集韻 或作敖 又 ào 集韻 正韻 魚到切 韻會 疑到切 丛音傲。義同。又 集韻 牛召切音𩢶。驍驁,馬行貌。鑒又駑70328 駿70349

䮞 sǒng_11.21 70350 37330
字彙 見 石鼓文。鄭音速 正字通 按本文右驂駷駷,諧奕德韻,非速音。本作駷,从矢,矢有急疾意 字彙 改从夫,非。鑒又驠70527 䮸70372

驂 cān_11.21 70351 37331
唐韻 集韻 韻會 正韻 丛倉含切音參 玉篇 驂馬 • 說文 駕三馬也。又車中兩馬曰服,兩馬驂其外,小退曰驂 詩·秦風 騧驪是驂 儀禮 覲禮 使者降以左驂出 註 騑馬曰驂 又 驂乘 左傳·文十八年 齊懿公納閻職之妻,而使職驂乘 史記·漢文帝紀 代王令宋昌驂乘 註 乘車之法,尊者居左,御者居中,又一人處車右,以備傾側,取三人爲名義也 又 爾雅·釋宮 七達謂之劇驂 註 三道交復有一岐出者,今北海劇縣有此道 又 cǎn 集韻 七紺切,參去聲。騑也。鑒又驂70148 䮅70376

驃 piào_11.21 70352 37332
唐韻 集韻 韻會 正韻 丛毗召切,摽去聲 玉篇 驍勇也 說文 黃馬發白色。一曰白髦尾也 又 集韻 馬行疾貌 又 驃騎,官名 前漢·武帝紀 驃騎將軍霍去病出隴西 霍去病傳 作票騎 又 集韻 卑笑切,摽去聲。馬黃色。鑒又驃70379 騳70402 驃70485 驃70534

驄 cōng_11.21 70353 37333
唐韻 正韻 倉紅切 集韻 麤叢切 丛音聰 說文 馬青白雜毛也 六書故 馬茵青色。一名荏鐵 後漢·桓典傳 常乘驄馬,京師爲之語曰:行行且止,避驄馬御史 又本作騘。鑒又駬70222 騘70072 驄70169 驄70377

驅 qū_11.21 70354 37334
古文 敺 唐韻 豈俱切 集韻 韻會 虧于切 正韻 丘于切 丛音區 玉篇 逐遣也 禮·月令 驅獸,毋害五穀 又 說文 走馬謂之馳,策馬謂之驅 玉篇 騁也,奔馳也 易·比卦 王用三驅失前禽 又 軍前鋒曰先驅,次前曰中驅 又 qiū 集韻 韻會 丛袪尤切音丘。義同 詩·鄘風 載馳載驅,歸唁衛侯 陸雲賦 昶愁心以自邁,肅旁人以曾驅。詔河馮以清川,命湘娥而安流 ◇ 又 qù 廣韻 集韻 韻會 丛區遇切音姁。義同 班固·東都賦 擧燧伐鼓,申令三驅。輕車霆激,驍騎電騖 陶侃·相風賦 華蓋警乘,奉引先驅。豹飾在後,葳蕤先路 又 通作敺 史記·趙世家 敺代地 前漢·食貨志 敺民而歸之農 △俗作馻、駈,丛非。鑒又驅69831 駈69904 駆70114 敺26654 歐21734 驱69829 駈69971 駈70048 正字通 駈69836,俗驅字 韻補 駈或作𩥇 篇海類編 作𩥉69887 駈69867 馳69972,並非 又 迥,同驅 馬王堆漢墓帛書·老子乙本卷前古佚書·戰國縱橫家書:謂燕王章 天下服聽,因迥韓、魏以伐齊 又 可洪音義·第廿八冊·續高僧傳·第三十卷音義 驅轉革:上丘禺反,中知克反,下古厄反,改也。驅屬上句 川音 作輷60354,彼悞。韓小荊:對應文句「唄匿之作沿世相驅,轉革舊章多弘新勢」。輷爲驅字的換旁俗字 又 可洪音義 駈69780蘇:上丘愚反。正作駈 七佛呪經 作駈字也 川音 音斯,非也。

𩣺 lù_11.21 70363 u2B80B
簡 𩢲70338

𩥒 zhé_11.21 70355 37335
集韻 陟革切音摘。騾駥,騾屬。鑒又䮹70364

騘 zhú_11.21 70356 37336
廣韻 直六切 集韻 佇六切 丛音逐。馬騘,獸名 又 正字通 羣馬相追逐也。

驆 bì_11.21 70357 37337
字彙補 邦匹切音畢。見釋典 江西函

䮩 tiě_11.21 70358 37338
洪武通韻 與驖70441同。

驪 70359 37339
lí_11.21 字彙補 與驪同 廣雅 驊騮、駣驊。鋆又
騋70501 驒70543 騺70542 騋70393 騵70360

騟 70362 46605
tú_11.21 龍龕 音徒

騋 70360 42247
lí_11.21 篇海類編 力
脂切，音犁◇駣騋，獸名，似馬。

騟 70367 u2997F
zú_11.21 同騟70298

騌 70361 42248
zuī_11.21 字彙補 之累
切，追去聲◇馬小貌。鋆 同騌70090

騬 70364 u2B62E
zhé_11.21 簡騬70355

騫 70368 u2997E
yàn_11.21 俗騫70443

騯 70365 u2B62D
shuǎng_11.21 簡騯70334

騜 70369 u2997C
hài_11.21 同駭69952

騤 70366 u9FAD
null_11.21 或俗騤70518

騞 70370 u2997B
null_11.21 未詳。

騳 70371 u2997A
liú_11.21 俗騳70263 可
洪音義 驊騳：上戶花反。下力由反。周穆王馬也。

騍 70372 u29979
sǒng_11.21 同騍70350 明·方以智 通雅·釋詁（重言）石
鼓文射騄騍騍。即駃駃70023字也，言馬之速也。

騷 70373 u29978
zhàn_11.21 字海 同騷70261 敦煌變文集·故圓鑒大師
二十四孝押座文 犬解報恩能騷草。

騬 70374 u29977
zōng_11.21 俗鬃71051

騙 70375 u29976
sù_11.21 俗騙70390

騘 70376 u29975
cān_11.21 同騘70351 龍龕 騘，倉含反。騘駕 說文 云
駕二馬右者曰騘也。

騘 70377 u9AA2
cōng_11.21 簡騘70353

騾 70378 u9AA1
luó_11.21 簡騾70341

騾 70379 u9AA0
biāo_11.21 簡騾70352

騺 70380 u9A47
zhì_11.21 同騺70331

騾 70381 u9A39
mò_11.21 簡騾70345

騷 70382 u84E6
lí_11.21 同驪70290 廣
雅疏證 騏70104驥：騏或作騷 荀子·性惡篇 驊騮、騷驥、
纖離、綠耳，此皆古之良馬也。楊倞注云騷讀為騏。

騞 70383 37340
yù_12.22 廣韻 餘律切 韻會 正韻 以律切丛音聿 玉
篇 驪馬白跨 詩·魯頌 有騞有騢 又shù 唐韻 食聿切 集
韻 食律切丛音術。又xué 集韻 戶橘切音穴。又 五音集
韻 于聿切音颶。義丛同。鋆又騿69944

騟 70384 37341
xián_12.22 唐韻 戶開切 集韻 何開切丛音閑 說文 馬
一目白曰騟，二目白曰魚。鋆又驪70460騟70431騟70385

驢 70386 37343
xū_12.22 廣韻 朽居切 集韻 韻會 正韻 休居切丛音
虛 廣韻 駏驢，獸似騾也。鋆又獳33575

騙 70385 37342
xián_12.22 字彙 同騟

騊 70387 37344
huá_12.22 廣韻 戶花切
集韻 韻會 正韻 胡瓜切丛音華 玉篇 驊騮，駿馬。周穆
王八駿之一。互詳騊70015字註 又 或作騞51230 列子·周
穆王篇 右服騞騮而左綠耳 又 通作華 前漢 地理志 華騮
綠耳之乘 註 與驊同△ 正字通 本作騞。鋆齸51893
齸51883齸51975，同齸 又 駓70006 駓70118

騥 70388 37345
bō_12.22 廣韻 集韻 丛北末切 玉篇 馬走也。
又 廣韻 馬怒 又 集韻 馬搖首 又 集韻 普活切音潑。義

同。鋆又駁69895

驥 70389 37346
huáng_12.22 集韻 同騜。

騙 70390 37347
sù_12.22 廣韻 息逐切 集韻 息六切丛音肅 玉篇 騙
騋，古之良馬 又 集韻 所六切音縮。義同。鋆又騙70375
騙70149

驍 70391 37348
xiāo_12.22 唐韻 古堯切 集韻 韻會 正韻 堅堯切丛音
澆 說文 良馬也 又 玉篇 勇捷也 又 廣韻 驍武 漢書 梟騎，
借用梟，與驍通 又 西京雜記 古之投壺取中而不求還，
郭舍人則激矢令還，一矢百餘反，謂之爲驍。又 顏氏家
訓 汝南周瑨、會稽徵，丛能一箭四十餘驍。鋆又驍70009

騋 70392 37349
lí_12.22 廣韻 郎奚切 集韻 憐題切丛音黎 玉篇 桃
騋馬△ 字彙補 亦作騋。

騋 70393 37350
lí_12.22 集韻 良脂切，音梨。駣騋，獸名，似馬△ 字
彙補 作騋，譌。

騋 70394 37351
chéng_12.22 集韻 同騋△ 字彙補 作騋，譌。

騏 70395 37352
lìn_12.22 集韻 里刃切音吝。隱騏，馬色駁也 玉篇 馬
黑脣 又 lín 廣韻 力珍切 集韻 韻會 正韻 離珍切丛音鱗。
義同 又 集韻 馬斑文 爾雅·釋畜 青驪，驎駂。通作粼。
鋆又騏70480

騷 70396 37353
zhàn_12.22 正字通 鉏版切，棧上聲。馬不施鞍轡爲
騷 吹萬集驪，不鞍而騎也 令狐楚·少年行 少小邊州慣
放狂，騷蕃蕃馬射黃羊。如今老大無筋力，獨倚營門數
鴈行。鋆又騷70433

敦 70397 37354
dūn_12.22 廣韻 集韻 丛都昆切音敦 字林 去畜勢。
△ 肘後經 作鐓。

騷 70398 37355
fán_12.22 五音集韻 附袁切音煩。生養蕃也。
鋆又騷70421

騮 70399 37356
liú_12.22 說文 同騮

騰 70400 37357
dèng_12.22 廣韻 徒亙
切 集韻 正韻 唐亙切丛音鄧 廣韻 行欲倒也 又 集韻 騰
騰，馬傷穀病 又 tēng 集韻 他登切音騰。義同。

驪 70401 37358
xì_12.22 集韻 迄力切音赩 玉篇 馬走。

騾 70402 37359
biāo_12.22 正字通 驃字之譌。

騖 70403 37360
bié_12.22 字彙 幷結切，音別◇馬名。

騫 70404 37361
hán_12.22 集韻 河干切音寒。馬多貌。

騴 70405 37362
tóng_12.22 集韻 徒東切音同。馬名。一說小馬。與
駯音別義同△ 字彙補 亦作騽。

騮 70406 37363
tuó_12.22 集韻 正韻 丛唐何切音駝 說文 騮騋，野馬
也 又 一曰青驪白鱗，文如鼉魚 爾雅·釋畜 青驪驎驒 韓
詩 字林 皆以白馬黑髦，或曰卽連錢騋 詩·魯頌 有驒有
駱 註 青驪，鱗色淺深，似魚鱗班駁，今連錢騋 又 廣韻
徒干切音壇 集韻 他干切音灘。又都黎切音低。義丛同

囡diān 廣韻都年切集韻多年切丛音顛廣韻騏騢，畜似馬而小。鼇又騲70242

騌70407 37364 céng_12.22 廣韻疾陵切集韻慈陵切丛音繒爾雅·釋畜四骹皆白，騌註骹，却下也囡集韻昨互切音贈。義同。鼇又騜70419

驔70408 37365 diàn_12.22 唐韻徒玷切集韻韻會徒點切丛音簟玉篇驔馬黃脊增韻馬毫骭白曰驔。言毫在骭而白也詩·魯頌有驔有魚囡集韻韻會徒南切正韻徒含切丛音覃。又集韻徒念切音磹。義丛同。鼇說文本作驔70550

騹70409 37366 qí_12.22 玉篇巨希切音祈。馬也。

騻70410 37367 sāng_12.22 廣韻息郎切集韻蘇郎切丛音桑玉篇馬尾白囡shuāng集韻師莊切音霜。騪騻，馬淺黃色。鼇又騪70248

騦70411 37368 biāo_12.22 集韻仕戢切。同驫。馬眾也。

驕70412 37369 jiāo_12.22 唐韻舉喬切集韻韻會居妖切丛音嬌說文馬高六尺爲驕玉篇壯貌囡野馬也囡馬驕逸不受控制也囡正字通恣也，自矜也書·周官位不期驕詩·小雅驕人好好，勞人草草囡作喬樂記齊音敖，辟喬志註喬音驕囡jiào集韻嬌廟切音撟。驕驚，馬行貌。又縱恣也史記·司馬相如傳低卬夭蟜，椐以驕驚兮註椐，直項也。驕驚，縱恣也。驕音居召反囡jiào五音集韻居夭切音矯。僨驕不可禁之勢莊子·在宥篇僨驕而不可係者，其惟人心乎音義驕如字。又居表反囡xiāo集韻虛嬌切正韻吁驕切丛音嚣。與獢同。短喙犬也詩·秦風載獫歇驕釋文驕，本又作獢。許喬反。鼇又骄70007 驫70270囡龍龕驕70269俗，驕正。

駓70414 37371 fēi_12.22 集韻同駓

駧70413 37370 tóng_12.22 字彙補同驒

騽70415 37372 liè_12.22 字彙補良涉切音獵。踐也。鼇又蹸59449

騰70418 46606 téng_12.22 龍龕同騰

騞70416 37373 huō_12.22 字彙補列子·湯問篇騞然而過，隨過隨合口義騞合作騞。

騤70417 37374 dǎo_12.22 集韻同騠△字彙補譌作騠。

驎70420 u2B617 null_12.22 未詳。

驓70419 u2B62F céng_12.22 簡騌70407

驈70421 u29A0F fán_12.22 簡騛70398

驋70422 u29A0E null_12.22 簡騦70366

驛70424 u2999B zuī_12.22 同驤70089驤字或體。

驝70423 u2999D null_12.22 未詳。

驈70425 u2999A null_12.22 人名用字·李驈，見新唐書·宗室世系表第十下

驒70428 u29997 null_12.22 未詳。

騬70426 u29999 sǒng_12.22 石鼓文左驂驈驈，右驂驈驈驈△或作駥70372駥70350

驩70427 u29998 huān_12.22 俗驩70533宋元以來俗字譜引列女傳

驖70430 u29995 tiě_12.22 俗驖70441紀容舒唐韻考驖，他結切。

騙70431 u29994 xián_12.22 亦作騙70460騙70385譌誤。

驎70429 u29996 null_12.22 未詳。

驏70433 u9AA3 zhàn_12.22 簡驏70396

驖70432 u29992 jué_12.22 同蹶59380

驒70434 37375 gé_13.23 集韻同駒

驔70435 37376 kuí_13.23 字彙同騤

駼70437 37378 yú_13.23 廣韻以諸切集韻羊諸切丛音余玉篇馬行徐而疾囡yù廣韻集韻丛羊洳切音豫。義同。鼇又駼70439

騯70436 37377 bàng_13.23 廣韻毗養切，房上聲玉篇人姓。鼇又騯70457囡廣韻騯，毗養切。姓也。

騜70438 37379 dú_13.23 廣韻集韻丛徒谷切音獨玉篇馬行貌。同驖囡廣韻驖騜，野馬囡字彙補軍牙也宋史·儀衛志殿廷立仗，每隊旗二，角端、赤熊、兕、太平、馴犀、鵁鶄、驖騜、騜牙囡zhuó集韻仕足切。義同。

騧70439 37380 wò_13.23 唐韻於角切集韻乙角切丛音渥說文馬行徐而疾也。一曰馬腹下鳴囡廣韻集韻丛烏酷切音沃。又jué廣韻古岳切集韻訖岳切丛音覺。義丛同。鼇段氏改篆作騧，从馬與聲。

驌70440 37381 yú_13.23 廣韻俗虞字說文騶虞，仁獸名。俗作騶。

騧70442 37383 guā_13.23 玉篇同騧

驖70441 37382 tiě_13.23 唐韻集韻韻會正韻丛他結切音鐵玉篇馬如鐵赤黑色詩·秦風駟驖孔阜班固·東都賦歷騶虞，覽駟驖，嘉車攻，采吉日註騶虞駟驖，皆風雅章名囡通作載前漢·地理志車轔四載小戎之篇廣韻集韻丛徒結切音垤。義同。鼇又驖70358驖70430囡正字通驖70281，俗驖70488字。舊註音義同驖。改从垔，十四畫。譌作驖70475並非。

驗70443 37384 yàn_13.23 唐韻集韻韻會丛魚窆切，驗去聲玉篇馬名囡證也，效也史記·晉世家獻公曰：何以爲驗。荀息對曰：使死者復生，生者不愧，爲之驗囡考視也前漢·楊惲傳惲下廷尉于定國考問左驗明白註左，證左也。言當時在其左右見此事者也。又前漢·平帝詔其當驗者，即驗問註就其所居而問△俗作驗、驗，非。鼇又驗70155驗70069驗70227駩69751

羸70444 37385 luó_13.23 廣韻落戈切集韻韻會盧戈切，並音螺說文驢父馬母正字通羸似驢而健，驢力在髀，羸力在腰，乘者隨其力進退之。又楚辭·九歎同駕羸與棄駟兮前漢·霍去病傳單于遂乘六羸，壯騎數百，直潰漢圍△玉篇亦作驘六書正譌俗作騾正字通本从羸字彙省从嬴，非。

驙70445 37386 zhān_13.23 廣韻知連切集韻韻會張連切丛音邅說文驂驙也。引易·屯卦乘馬驙如。與邅同五音集韻馬載重行難囡玉篇白馬黑脊也囡廣韻徒干切集韻韻會唐干切正韻唐蘭切丛音壇。義同囡tān集韻他干切音灘。騏驒謂之驙囡zhàn陟扇切。同驏。馬臥也。

鼆又驙70458

驥 70446 37387
wèi_13.23　廣韻於廢切 集韻烏廢切 丛音穢 玉篇 驥䮫，馬怒 囡gui 集韻姑衛切音檜。馬性惡也。

職 70447 37388
jí_13.23　集韻仕戢切音霵。職職，馬行貌。

驚 70448 37389
jīng_13.23　唐韻 集韻舉卿切 正韻居卿切 丛音京 說文馬駭也 玉篇駭也 易·震卦震驚百里 詩·大雅震驚徐方 老子道德經得之若寵，失之若辱，是謂寵辱若驚。
鼆又惊17577憼18510

驛 70449 37390
yì_13.23　唐韻羊益切 集韻韻會 正韻夷益切 丛音亦 玉篇譯也，道也 增韻今之遞馬。又傳舍也唐書·劉晏傳初州取富人主郵遞，謂之捉驛 囡 正字通稱頌人曰：驛其聲而吟之 囡往來不絕曰駱驛 後漢·郭伋傳駱驛不絕 囡落驛書·洪範乃命卜筮，曰雨曰霽，曰蒙曰驛曰克 傳驛，氣落驛不連屬也 囡 詩·周頌驛驛其達 註驛驛，苗生貌 囡 姓△本作驛，俗省作驛。互詳駉69782字註。鼆又駅69832驿69913

驜 70450 37391
yè_13.23　廣韻魚怯切 集韻逆怯切 丛音業 玉篇壯貌 囡 廣韻驜驜，馬高大。鼆又驜70466

驨 70451 37392
bēn_13.23　玉篇同奔10113〇按驨从賁，十三畫 字彙附十二畫，非，今改正。

驘 70452 37393
zǎng_13.23　字彙補與髒同。

驉 70453 37394
mán_13.23　字彙補與鬘同。

驚 70454 37395
jī_13.23　字彙補古歷切音擊。鳥名。同鷘。

驙 70458 u2B630
zhān_13.23　簡驙70445

驎 70455 42249
líng_13.23　字彙補見胡文煥·山海經圖〇按經作廳，疑傳寫之譌。

驌 70456 46607
lóng_13.23　字彙補同驨。

驝 70457 u2B80C
bàng_13.23　簡驝70436

驂 70461 u299B2
zōng_13.23　同駿70188杜甫天育驃騎歌是何意態雄且傑，驂尾蕭梢朔風起。

驔 70460 u299B4
xián_13.23　中華大字典驔，同駽。見字彙。按，字彙原作驔70385同駽。或亦寫作驔，並誤。

驚 70459 u2B618
null_13.23　未詳。

驙 70462 u299B1
kuài_13.23　駔儈02065，亦作駔驙，舊時交易市場中年經紀人。

驎 70470 u299A9
xí_13.23　同驤70530

驊 70463 u299B0
huá_13.23　驊70387本字

驛 70464 u299AF
yì_13.23　驛70449本字 說文置騎也。從馬睪聲。

驩 70465 u299AE
huán_13.23　同驪69744漢·黃香·九宮賦駜驩驦騶目差贏，磋磲晧嵪目駿樂。章樵注，驩，音環，字或作皋，馬一歲也。

驜 70466 u299AD
yè_13.23　同驜70450 新撰字鏡驜驜，高大也，盛貞

驖 70467 u299AC
zú_13.23　或同駔70367

驘 70468 u299AB
niǎo_13.23　古音駢字續

編 要褱54605 驥褱 淮南子 驟驥 新論 要袞 思玄賦

驤 70469 u299AA
xiāng_13.23　俗驤70517 宋元以來俗字譜引 嶺南逸事

驥 70471 37396
jì_14.24　正字通見石鼓文彼走驥驥。音齊，鄭音劑。鼆趙經都石鼓文新解鳶翔于天，霓虹見彼。或竚或走，驥驥馬羣。

驝 70472 37397
tuō_14.24　廣韻他各切 集韻闥各切 丛音託 玉篇驝駝，有肉鞍也。行百里，負千斤，而知水行 囡官名 前漢·百官公卿表牧驝昆蹏令丞。亦作槖 囡 廣韻盧各切 韻會歷各切 丛音落。義同。

驧 70473 37398
dǎo_14.24　廣韻都皓切 集韻覩老切 丛音島 說文本作裯 註 禂牲，馬祭也 囡dào 集韻刀號切音到。義同。或作驨。

騰 70474 37399
téng_14.24　集韻韻會 正韻丛徒登切音騰。本作騰 說文黑虎也 玉篇亦作騰。鼆 玉篇亦作騰。驨字典訛誤字。

職 70475 37400
tiě_14.24　正字通職字之譌。

驥 70476 37401
jì_14.24　韻會同驥

驤 70477 37402
xiàn_14.24　玉篇戶監切，音陷◇馬走 囡 集韻戶黤切，咸上聲。義同。

驠 70478 37403
méng_14.24　集韻與驟同。

驥 70479 37404
pīn_14.24　集韻紕民切音繽。驥駖，衆聲也 揚雄·校獵賦驥駖駖礚。鼆 又驥70489

驪 70480 37405
lí_14.24　說文驪本字。

驟 70481 37406
zhòu_14.24　廣韻鉏祐切 集韻韻會 正韻鉏救切 丛音縐 玉篇奔也 說文馬疾步也 詩·小雅載驟駸駸 註 小曰馳，不馳而小疾曰驟。又凡疾速曰驟 囡數也 左傳·襄十一年晉能驟來 註 晉以諸侯之師，更番而出，故能數來 囡 集韻才候切音剩。義同△本作驟。鼆 又骤70490

鸁 70482 37407
luó_14.24　正字通贏本字。

驤 70483 37408
luò_14.24　集韻同駱

駵 70485 37410
piào_14.24　海篇與驃同

驤 70484 37409
tái_14.24　字彙補與駘同。

驪 70486 u2B639
null_14.24　未詳。

職 70488 u299C0
tiě_14.24　職70441本字 說文馬赤黑色。从馬䵂聲 詩 曰：四職孔阜。

驟 70487 u299C1
zhòu_14.24　驟70481本字。見說文

驥 70489 u299BF
pīn_14.24　俗驥70479

骤 70490 u9AA4
zhòu_14.24　简 驟70481

驪 70491 37411
lì_15.25　字彙郎笛切音歷。馬色。鼆 又驪70257

驫 70492 37412
liè_15.25　集韻同駕

驥 70493 37413
zhì_15.25　集韻職日切音質。馬名鼆胡吉宣：卽驚70258之後出或體，牡馬也

驤 70494 37414
fán_15.25　集韻符袁切音煩 玉篇驤驒，止也。或作

樊。

驦 70495 37415
liè_15.25 集韻力涉切音獵 玉篇馬行也。亦作躐。
囝là 集韻力盍切音臘。驦驦，馬不進也。鋻又骊70503

驊 70496 37416
cài_15.25 五音集韻倉代切，音蔡◇馬名。

䮷 70497 37417
dú_15.25 集韻同驖

䮑 70498 37418
guāng_15.25 廣韻古黃切 集韻韻會姑黃切丛音光 廣韻決䮑，馬旋毛在脊上 集韻馬回毛在背曰閞䮑。或作䮑。

䮤 70499 37419
xiòng_15.25 五音集韻呼正切音敻。馬怒。或曰敻，營求也。從敻，言馬求芻不得而怒也。鋻楊寶忠：俗騄70344

驠 70500 37420
biāo_15.25 字彙卑遙切音標。同鑣。馬銜也王元長•遊仙詩燭龍導輕驠註燭龍，駕日之神。言仙者驠御所至，燭龍爲之引導。

驪 70501 37421
lí_15.25 廣韻郎奚切 集韻憐題切丛音黎 廣韻駣驪，馬屬 囝集韻良脂切音離。駣驪，獸名，似馬。△集韻或作驪驪。

騏 70502 46608
qì_15.25 搜眞玉鏡音訖。

騽 70503 u29A10
liè_15.25 簡驦70495

䮘 70504 u299CD
ruǐ_15.25 喃從馳省磊㐌聲△驦趂：疾馳。驦遠：急追。

䮠 70505 37422
yàn_16.26 廣韻 集韻丛伊切切音宴 玉篇馬白州也 爾雅•釋畜註州，竅也。謂馬白尻者名䮠 囝廣韻烏前切 集韻因蓮切丛音煙。義同△正字通按伯樂相馬亦言白州，獨 山海經 倫山之熊如彙，其川在尾上 註川，竅也。據此說州當作川，川能流通，故與竅義合。凡作州者，皆川之誤，如水牛、老牛之名州留，或方言，非一類，又不必改州爲川留也字彙以州爲尻，非。

驠 70506 37423
lóng_16.26 廣韻薄紅切音蓬 玉篇驠驠，充實貌。與龐同 囝集韻盧東切音籠。又 廣韻呂江切 集韻閭江切丛音瀧。義丛同 囝lòng 集韻良用切音驠。重騎也。鋻又駹69899 驧70515

騛 70507 37424
lóng_16.26 廣韻 集韻丛力鐘切音龍。野馬 囝人名 晉書•周紀傳斬趙騛於蕪湖 囝zǎng 廣韻 集韻韻會丛子朗切，臧上聲。騛騛，良馬。鋻名義駔69864子朗反。駿馬。騛，同上。

驢 70508 37425
lú_16.26 唐韻力居切 集韻韻會 正韻凌如切丛音廬 玉篇似馬長耳 正字通驢長頰、廣額、修尾，有褐、白、黑三色，以午及五更初而鳴，協漏刻 囝正字通女眞遼東出野驢，似驢，色駁，人食之 囝合璧事類貔鼠，秦人謂之小驢。鋻又驴69826驴69793馬69806駿70330驢70552

驨 70509 37426
xī_16.26 正字通俗驛字。

䮢 70511 37428
téng_16.26 海篇徒登切音滕。馬躍也。

驠 70510 37427
jué_16.26 字彙古岳切音角。馬白額 囝曷各切音鶴。義同。

騡 70512 37429
tuō_16.26 集韻同驒

驔 70513 46609
jù_16.26 搜眞玉鏡音聚。

䮞 70514 u299D3
xiāo_16.26 驕騒，馬名。參見騒70315

騠 70516 u9AA5
jì_16.26 簡驥70518

驠 70515 u299D1
lóng_16.26 俗驠70506北魏恒農太守寇臻墓誌驠驠將軍。

驤 70517 37430
xiāng_17.27 唐韻 正韻息良切 集韻韻會思將切丛音襄 爾雅•釋畜後右足白，驤 囝說文馬之低昂也六書故馬行迅疾，首騰驤也 囝舉也，遠也 蜀志•諸葛亮傳亮之素志，欲龍驤虎視，苞括四海 潘岳•籍田賦龍驤驠騰 囝官名 晉書•五行志孫皓天紀中童謠曰：不畏岸上獸，但畏水中龍。武帝聞之，加王濬龍驤將軍 囝古通襄韻前漢•韓彭英盧敘傳雲起龍襄，化爲侯王 囝rāng 集韻如陽切音穰。馬右足白字彙補作馬名，非。鋻又驤70528 騠70469

驥 70518 37431
jì_17.27 古文驥 唐韻 集韻丛几利切音冀 說文千里馬，孫陽所相者 徐曰孫陽卽伯樂 張協•七命天驥秉氣靈淵，受精皎月 囝縣名。天水有驥縣 囝白驥，魚名古今注兗州人呼白鯉爲白驥△玉篇引 穆天子傳 作麃筆叢作麃。鋻又驥70268騠70476騠70516騠70346騠70526

驦 70519 37432
shuāng_17.27 廣韻色莊切 集韻韻會 正韻師莊切丛音霜。與驦同 晉書•郭璞傳昆吾挺鋒，驦驦軒鼇註驦當爲驦。又 徐彥伯詩驦驦已躑躅，鳥隼方葳蕤 杜甫詩聞說眞龍種，仍殘老驦驦 囝shuǎng 正韻所兩切。同爽。鋻又騠70529

䮪 70520 37433
jú_17.27 廣韻 集韻丛渠竹切，音毱 廣韻馬跳躍也 囝五音集韻居六切音菊。馬曲脊也△集韻或作駒。鋻又駒70539

驧 70521 37434
jiǎn_17.27 正字通俗蹇字。驧驧，本作蹇。

䮶 70522 37435
téng_17.27 海篇徒登切音滕。奔馳躍也。又虛也，度也。

驞 70523 37436
hōng_17.27 字彙補呼宏切。與軯同。

䮶 70524 37437
téng_17.27 海篇音義同騰。

驨 70525 u2B61A
null_17.27 未詳。

驫 70527 u299D7
null_17.27 石鼓文左驂旛旛，右驂驨驨。或作駅70426騠70350

驥 70526 u9FAE
jì_17.27 俗驥70518

驤 70528 u9AA7
xiāng_17.27 簡驤70517

驦 70529 u9AA6
shuāng_17.27 簡驦70519

驨 70530 37438
xī_18.28 廣韻戶圭切音攜 玉篇騠驨也 爾雅•釋獸驨如馬一角，郭註角如鹿茸。鋻又驨70509騠70537騠70470貜33749

驨 niè .18.28 集韻 韻會 昵輒切 正韻 尼輒切夶音聶。馬步疾也。與貀同 晉·載記·隴上歌 隴上壯士有陳安，驪驄文馬鐵鍛鞍 又 通作籋 前漢·禮樂志 籋浮雲。鏊又駷70324

驨 qú .18.28 集韻 權俱切音劬。馬行也。

驩 huān .18.28 唐韻 集韻 韻會 正韻 夶呼官切音歡 玉篇 馬名 又 備考 馬和樂貌 又 驩頭，南荒國名 又 州名。秦屬象郡，隋改驩州 又 咸驩，縣名 前漢·地理志 合浦郡咸驩縣 又 驩兜，人名 書·舜典 放驩兜于崇山 又 與歡同 孟子 驩虞如也 左傳·昭四年 寡人願結驩於二三君 前漢·董仲舒傳 驩然有恩 王褒傳 驩然交欣。鏊又驩70297 驩70427

驃 piào .18.28 說文 驃本字 △ 字彙 書作驃省文，非本字也。

驨 qú .18.28 五音集韻 權俱切。與駒69933同。
驨 zhuǎn .18.28 搜真玉鏡 知卷切。
驨 xí .18.28 簡驤70530
驨 lí .18.28 參見驪70541
驨 zhàn .18.28 正字通 驏70261，本作驏。
驨 jú .18.28 直音篇 驨，同馿70520

驪 lí .19.29 唐韻 呂支切 集韻 韻會 鄰知切夶音離 玉篇 盜驪，千里馬也。爾雅·釋畜 小領，盜驪 郭註 穆天子傳 曰天子之駿盜驪，綠耳，又曰右服盜驪。又 詩·齊風 四驪濟濟 禮·檀弓 夏后氏尚黑，戎事乘驪。又 月令 冬駕鐵驪 又 駕兩馬曰驪 後漢·寇恂傳 光武北征時，軍食急乏，寇恂以輦車驪駕轉輸，前後不絕 註 驪駕，併駕也 又 山名 後漢·郡國志 京兆尹新豐有驪山 註 杜預曰：古驪戎國。韋昭曰：戎成居此山，故號驪戎 又 高句驪，國名 又 縣名 前漢·地理志 右北平郡驪成縣 廣韻 郎奚切 韻會 憐題切 正韻 鄰溪切夶音黎。義同 又 chí 集韻 陳尼切，音遲。驪軒，縣名 前漢·地理志 張掖郡驪軒縣 註 李奇曰：音遲虔。師古曰：驪，力遲反。軒音虔。今其土俗人呼驪軒，疾言之曰力虔。鏊又䮓70071 驔70381 驔70290 驪70540

驨 luó .19.29 同騾70341
驨 lí .19.29 同驪70542
驨 lí .19.29 集韻 與驪同
驨 xiè .19.29 同蹀59573馬行貌。宋·蘇轍 欒城應詔集·卷六·進策五道·君術·第一道 王良、造父為之先後而制其遲速，驪之有方而掣之有時，則終日驊驊而不知止此術之至也。

驨 chěng .20.30 玉篇 古文騁70042字 六書統備考 從三馬夶驨見意。
驨 jué .20.30 集韻 厥縛切音矍。獸名。鹿形馬足人手。
驨 biāo .20.30 廣韻 甫休切 集韻 悲幽切夶音彪 玉篇 走

貌 說文 衆馬也 左思·吳都賦 驫駥矞喬 註 衆馬走貌。又 集韻 卑遙切音標。又 jí 仕戙切音𩗲。義夶 又 與飆同。水名 水經注 沁水，南歷猗氏關，與驫水合。鏊又驫70002 驥70411 驫05047

驨 luó .21.31 玉篇 與贏同 正字通 字彙 省作驘，列十九畫，非，今改正。
驨 diàn .21.31 驔70408本字。見 說文
驨 shēn .24.34 廣韻 所臻切 集韻 疎臻切夶音莘 玉篇 衆馬行貌 說文 衆盛也 逸周書 驫疑沮事 又 jí 廣韻 集韻 夶仕戙切音𩗲，木盛貌 又 集韻 側立切音戢。義同。鏊又驫40998
驨 lǔ .26.36 搜真玉鏡 同驢。

• 骨部 •

骨 gǔ .0.10 唐韻 韻會 古忽切 集韻 吉忽切夶音汨 說文 肉之覈也 釋名 骨，滑也。骨堅而滑也 靈樞經 腎主骨，張筋、化髓、幹以立身 周禮·天官·瘍醫 以酸養骨 註 酸，木味，木根於地中似骨 疏 謂似人之骨立肉中者 列子·天瑞篇 精神者，天之分。骨骸者，地之分。屬天清而散。屬地濁而聚 又 牲骨 禮·祭統 凡為俎者，以骨為主 儀禮·鄉射禮註 以骨名肉，骨貴也 又 姓 隋書骨儀傳 骨儀，京兆長安人 又 唐書·東夷傳 新羅，其族名第一骨、第二骨以自別 又 苦骨，苦參別名。又 多骨，白荳蔻別名。見 本草綱目。鏊又蹭59231 龠02520 𩊄47137

骨 gǔ .0.10 同骨70553部首專用字。亦作骨70555
骨 gǔ .0.10 部首骨70554
骨 yì .1.11 篇海 音弋。小骨。鏊 字彙 骹，與骩同 又 與肎同。
骨 tīng .2.12 集韻 湯丁切音聽 類篇 胻骨。
骨 jī .2.12 正韻 堅溪切音雞 篇海 同肌 列子·黃帝篇 骹骨無瘯 註 與肌同。
骨 kū .2.12 廣韻 集韻 夶苦骨切音窟。力作也。◆博雅 骩仍也 玉篇 用力也 又 廣韻 口滑切音闊。義同。
骨 wěi .2.12 正字通 骩字之譌○按 說文 從凡 毛晃 增韻 從九。
骨 gān .2.12 川篇 音干
骨 wěi .3.13 唐韻 於詭切 集韻 韻會 鄔毀切夶音委 說文 骨耑骩奰也 玉篇 骨曲也 又 前漢·淮南厲王傳 骩天下正法 註 師古曰：骩，古委字，謂曲也 枚臯傳 其文骨骩 註 骨骩，猶言屈曲也 又 楚辭·招隱士 林木茷骩 王逸註 枝條盤紆 又 司馬相如·上林賦 崔錯骫骳 註 郭璞曰：骩骳，蟠戾也 又 司馬相如·大人賦 容以骩麗兮 註 張楫曰：骩麗，左右相隨也 又 揚子·太玄經 禍所骩也 註 禍所鍾也 又 姓 廣韻 出 纂文

骩 70563 37458 wěi_3.13 玉篇同骫。鼈又骫70560骪70569

㷆 70564 37459 huá_3.13 篇海戶八切音滑。治骨聲。

骬 70565 37460 yú_3.13 廣韻羽俱切集韻雲俱切夶音于廣雅髃骬，缺盆骬也正字通髃骬，骬前缺盆骨靈樞經缺盆以下至髃骬，長九寸。鼈又骭70570骭70574髃70711

骭 70566 37461 gàn_3.13 唐韻古案切集韻韻會居案切夶音幹爾雅釋訓骭瘍爲微註骭，脚脛也說文骸也廣韻脅也甯戚·飯牛歌短布單衣適至骭九經韻覽亦作幹又集韻下晏切音旰。又侯旰切音翰。又下簡切音限。義夶同。鼈龍龕骭胖，古岸反。肋脅骨也。今作幹字。

骫 70567 37462 yà_3.13 篇海音牙。髂也○按音義與玉篇骭字同，疑卽骭字之譌。

骩 70568 37463 yì_3.13 廣韻與職切集韻逸職切夶音弋。脅或作骫。缺盆骨玉篇小骨也。

骩 70569 37464 wěi_3.13 正字通骫字之譌。

骭 70570 37465 yú_3.13 集韻同骬 骫 70571 42250 zé_3.13 字彙補音未詳。浮丘伯·相鶴經骷煩骩耳則知時。鼈又骸70639

骫 70572 46613 wā_3.13 搜眞玉鏡烏刮切。

骹 70573 46614 qì_3.13 搜眞玉鏡音訖。又烏架切。

骬 70574 46615 yú_3.13 五音篇海音腴。鼈俗骭70570

骹 70578 37469 qiāo_4.14 集韻同骹 骫 70575 37466 bà_4.14 集韻必駕切音霸。與杷同。亦作櫊玉篇刀骫也類篇枋也。

骹 70576 37467 qí_4.14 集韻渠羈切音奇。與骹同類篇緩走也。

骹 70577 37468 sà_4.14 集韻悉合切音趿類篇骹骷，首動貌。

骬 70579 37470 yà_4.14 玉篇五加切音牙。髂也。鼈正字通牛霞切音牙。髂也。別作骫，非字彙牛加切。

骫 70580 37471 wán_4.14 廣韻五丸切集韻吾官切夶音岏博雅骫，䯊也玉篇骼骫也。鼈又骫70640

骹 70581 37472 hàng_4.14 廣韻胡朗切集韻正韻下黨切夶音沆玉篇骹髖體胖又kǎng廣韻苦朗切集韻口朗切夶音慷。義同。鼈又骯46990骭70620

骹 70582 37473 wā_4.14 廣韻烏八切音軋說文咽中息不利也。鼈又嘈06736噲07533

骹 70583 37474 xiǎn_4.14 篇海息淺切音尠。少也。又sǎn桑感切音糁。骨輕骹。

骹 70584 37475 tóu_4.14 廣韻度侯切集韻韻會正韻徒侯切夶音頭。骹子，博陸采具類篇博齒溫庭筠詩玲瓏骰子安紅豆又gǔ集韻果五切音古。股或作骹。

骬 70585 37476 jiá_4.14 廣韻古黠切集韻訖黠切夶音戛玉篇髇骬，小骨。一曰堅也又hé廣韻胡葛切集韻何葛切夶音曷。又xiè集韻下介切音楔。又xiá下瞎切音轄。義夶同。鼈又骬70589骬70594骬70593骫70586骨70617骸70706

骬 70586 37477 jiá_4.14 正字通骬本字。

骹 70587 37478 fáng_4.14 篇海音方。脂也。本作肪。

骹 70588 37479 dǐ_4.14 篇海與骶同。

骹 70589 46616 jiá_4.14 龍龕與骬同。

骹 70593 u29A27 jiá_4.14 同骬70589 骨 70590 46617 kǔn_4.14 龍龕與閫同

骹 70591 46618 fàn_4.14 五音篇海音飯。

骹 70592 u29A28 cī_4.14 骹70606譌字廣韻骹，疾智切。鳥鼠殘骨。

骬 70594 u29A26 jiá_4.14 同骬70585 骨 70595 u29A25 zhěn_4.14 明·方以智通雅·卷四十六·動物魚腦骨曰骨，音枕。

骹 70596 37480 gǔn_5.15 廣韻集韻夶古本切音袞。與髃70657同。又類篇細骨也。

骹 70597 37481 quē_5.15 廣韻去靴切集韻丘靴切夶音瘸。手足疾貌篇海肥骹，手足曲病。鼈又骹70618骹70644

臂 70598 37482 è_5.15 集韻牙葛切音枿類篇骹臂，骨高貌又集韻五葛切音杌。義同。

骹 70599 37483 qióng_5.15 篇海巨狄切音窮。脈也。

骹 70600 37484 dié_5.15 集韻徒結切音耋。與胅同類篇骨差也。

骹 70601 37485 bào_5.15 廣韻蒲角切集韻韻會正韻弼角切音雹爾雅釋器骨鏃不剪羽謂之志註今之骨骹是也通鑑蕭道成晝臥裸袒，宋主昱令起立，畫腹爲的，引滿將射之，道成斂板曰：老臣無罪。乃更以骹箭射其臍集韻骹箭骨鏃，箭不能傷人又玉篇擊也又廣韻薄巧切集韻部巧切夶音鮑。又廣韻房教切集韻皮教切，夶庖去聲。又廣韻集韻夶普木切音撲。又集韻蒲交切音庖。又五巧切音骹。義夶同。

骹 70602 37486 kē_5.15 廣韻苦何切音珂。膝骨又qià集韻丘駕切，䯊去聲玉篇腰骨也。與髂、骹同。鼈又胢47110

骹 70603 37487 bó_5.15 廣韻集韻夶蒲撥切音跋玉篇肩膊也。又類篇骹臂，骨高貌又kě廣韻苦葛切集韻丘葛切夶音渴。又fèi集韻房廢切音吠。義夶同。

骹 70604 37488 kāo_5.15 集韻口刀切音尻玉篇骨也篇海尻骨也正字通尻，脊梁盡處。鼈又髏70715

骹 70605 37489 bì_5.15 集韻韻會夶平義切音被。骩70562骹，屈曲也。又脛曲又mǐ廣韻母被切音靡。義同。

骹 70606 37490 cí_5.15 廣韻疾移切集韻韻會才支切夶音疵說文鳥獸殘骨曰骹。骹，可惡也周禮·秋官·蜡氏掌除骹註

謂死人骨也。骨之尚有肉者及禽獸之骨皆是 図 說文 或從肉作骴 禮·月令 掩骼薶骴 註 肉腐曰骴 釋文 有骨曰骴。亦作胔 集韻 或作髊 韻會 或作殰 図 廣韻 集韻 韻會 𠀤疾智切音漬。又 集韻 將此切音紫。又zhài仕懈切音砦。義𠀤同。鑒又殨26774殈26811瞉70607骴70592

骭 cǐ_5.15　集韻 同骴

骹 líng_5.15　廣韻 集韻 𠀤郎丁切音靈。骹髊骨 類篇 髒骹，骨貌。或省作骹。

骹 mà_5.15　集韻 莫八切音嗎。骹骹，所以礙也。

骹 tǐ_5.15　正字通 俗體字。

骹 kū_5.15　集韻 苦骨切音窟 前漢·揚雄傳 西厭月骹 註 服虔曰：月骹，月所生也 図 duó 集韻 當沒切音咄 玉篇 鳥鳴豫知吉凶。鑒又骹14099骹70619

骹 yǎo_5.15　廣韻 以沼切 集韻 以紹切𠀤音鷕。肩骨 類篇 脅骨。與骹同 五經文字 骹，又作骹。

骹 quē_5.15　廣韻 同骹

骹 dì_5.15　廣韻 都計切 集韻 丁計切𠀤音帝。博雅 背謂之骹 図 玉篇 臀也 図 dǐ 集韻 典禮切音邸。義同。鑒又骹70588

骹 kū_5.15　集韻 空胡切音枯 廣韻 骹骹，骫也。

骹 gàn_5.15　集韻 居案切音榦 類篇 體也。鑒又骹70623

骹 zhī_5.15　字彙補 同肢○按卽胑字之譌。

骹 jiá_5.15　篇海 音曷。骨堅也○按卽骻字之譌。

骹 kǎng_5.15　龍龕 同骹

骹 gàn_5.15　同骹70615

骹 kū_5.15　集韻 同骹70611 図 唐書·地理志 營州土貢：人葠，豹尾，皮，骨骹 釋音 骹，都骨切。

骹 jiǎ_5.15　龍龕 音甲。鑒疑同胛。

骹 zhù_5.15　五音篇海 音注。鑒與胙、軴同。

骹 kheo_5.15　喃 从骹省丘khâu聲。

骹 guā_6.16　廣韻 集韻 𠀤古活切音括。與骺同。骨端也 博雅 骫也 図 集韻 戶栝切音活。義同 図 huá 集韻 戶八切音滑 類篇 骹骹，所以礙也。鑒又骹70720

骸 hái_6.16　唐韻 戶皆切 集韻 韻會 正韻 雄皆切𠀤音諧 說文 脛骨也 博雅 骨也 左傳·宣十五年 析骸以爨 莊子·齊物論 百骸、九竅、六藏，賅而存焉。又 德充符 直寓六骸 釋文 手、足、首、身也 図 gāi 集韻 柯開切音該。與胲同◆類篇 足大指毛也。鑒又屧12982骹59685骹70663骹70702骹70723骹70627

骹 hái_6.16　篇海 戶皆切音諧。骹骨。鑒 正字通 俗體骹70626字。

骹 kuāng_6.16　廣韻 苦光切 集韻 枯光切𠀤音硄 博雅

骫也 玉篇 骹骹，股骨也。

骹 héng_6.16　廣韻 戶庚切 集韻 何庚切𠀤音行 類篇 牛脊後骨。鑒又脛47283

骹 duī_6.16　集韻 都回切音堆 類篇 骨起。

骹 wá_6.16　廣韻 五瓜切 集韻 吾瓜切，並瓦平聲。髃骹骼骨。鑒 廣韻 髃骹，骼骨 集韻 髃骹，骼上骨。

骹 qiāo_6.16　唐韻 口交切 集韻 韻會 正韻 丘交切𠀤音敲 說文 脛也 廣韻 脛骨近足細處 周禮·冬官考工記·輪人 參分其股圍，去一以爲骹圍 註 骹謂近牙者也，言骹以喻其細 図 周禮·冬官考工記·弓人 註 齊人名手足擘爲骹 図 爾雅·釋畜 馬四骹皆白，驓 註 骹，郤下也 図 揚子方言 骹謂之銎 註 卽矛刃骹 類篇 或作骹 図 jiāo 集韻 居肴切音交。又下巧切音佼。又後教切音效。又口教切，敲去聲。義𠀤同 図 xiāo 集韻 虛交切音哮。與髇同。鳴鏑也。鑒又蹺58982骹58820蹺59199

骹 kuí_6.16　集韻 苦圭切 集韻 傾畦切𠀤音暌。肩骨 図 玉篇 六畜頭中骨 相鶴經 骹顙骹耳則知時。

骹 hóu_6.16　廣韻 戶鉤切 集韻 胡溝切𠀤音侯。骨骹 玉篇 骹，骹 類篇 骨端謂之骹。一曰骨鏃。或作骹 図 集韻 居候切音構。義同。鑒又骹70713，同骹

骹 méi_6.16　集韻 謨杯切音枚。同腜 類篇 背肉也 図 mài 篇海 莫代切，音邁◇脊側之肉也。

骹 kuà_6.16　廣韻 苦化切 集韻 枯化切𠀤音跨 玉篇 腰骨 類篇 股閒也 唐書·車服志 有從戎骹骹之服 釋音 腰骹 廣韻 同跨 韻會 或作骹、袴 図 kuǎ 集韻 正韻 𠀤苦瓦切，夸上聲。同踝。鑒 集韻 或作屩13055

骼 gé_6.16　唐韻 古伯切 集韻 韻會 正韻 各額切𠀤音格 說文 禽獸之骨曰骼◆周禮·秋官·蜡氏疏 言骼胔者，凡人物皆是 禮·月令 掩骼薶骴 註 骨枯曰骼 釋文 露骨曰骼 図 gè 集韻 剛鶴切音各 類篇 牲後脛骨 儀禮·特牲饋食禮 舉骼及獸魚如初。又 有司徹·羊骼 註 古文骼爲胳 九經韻覽 骼或作胳。

骹 nǎo_6.16　字彙補 奴老切。同腦47547

骹 zé_6.16　浮丘伯·相鶴經 骹顙骹則知時 註 骹音責 字彙補 譌引作骩，非。

骹 wán_6.16　篇韻 音刓。骫骹也○按卽骫字之譌。

骹 hàn_6.16　篇韻 音頷。與骹同○按卽骹字之譌。

骹 gàn_6.16　篇韻 音榦。肋脅骨○按卽骹字之譌。

骹 yán_6.16　字彙補 音研。

骹 quē_6.16　餘文 同骹

骹 null_6.16　喃 未詳。

骹 70646 u29A48 kuài_6.16 簡 髞70779
平。牛羊骨 本草綱目·目卷五十上·獸之一·畜類二十八種附七種·羊脛骨：音行。亦作骱。又名骹骨。胡人名頗兒必。明·孫一奎 赤水玄珠·卷二十八·異痘須知·婦女痘 羊骹骨髓，治痘痂欲落，不落瘢痕：羊骹骨髓，一兩，煉入輕粉一錢，研成膏，塗之。

骱 70648 u29A45 tóng_6.16 新撰字鏡徒江反。

骱 70647 u29A47 sǒng_6.16 喃 从骨充sung聲。同髻47975

髹 70649 37522 tīng_7.17 集韻湯丁切音廳 類篇 髇髹，長骨貌。

髃 70650 37523 xiāo_7.17 集韻虛交切音哮。與髇同 唐書·地理志 嬀州土貢髃矢。釋音，髇，鳴鏑。

骹 70651 37524 láng_7.17 廣韻魯當切 集韻盧當切夶音郎 博雅 骪骹，骱也 玉篇 股骨也 廣韻 股肉也 又 集韻呂張切音良。義同。

髀 70652 37525 bì_7.17 廣韻傍禮切 集韻部禮切夶音陛。與髀同。股也 又 與胜同 韓愈·陸渾山火詩 髵其肉皮通胜臀 註 胜，从月从骨，一也。

骽 70654 37527 tuǐ_7.17 廣韻 集韻夶吐猥切。與腿同 玉篇 股也。

骭 70653 37526 hàn_7.17 篇海同頷音形 玉篇 骨也。

脛 70655 37528 jìng_7.17 集韻乎經切，音形 玉篇 骨也。 鋆 正字通 脛47283別作骹。

骹 70656 37529 huàn_7.17 廣韻 集韻夶胡玩切音換。膝骨 又 類篇 堄或作骹。以枲和灰而鬖也。鋆 又髌70664

骹 70657 37530 gǔn_7.17 廣韻 集韻 韻會 正韻夶古本切音袞 禮·祭法 夏后氏亦禘黃帝而郊鯀 釋文 鯀，本又作骹。

髆 70658 37531 pīng_7.17 集韻滂丁切，音娉 類篇 肋骨也。

髇 70659 37532 fǔ_7.17 集韻匪父切音甫 博雅 骹也 又 pò 集韻匹各切音粕。或作髊。

骹 70660 37533 yǎo_7.17 廣韻以沼切 集韻以紹切夶音鷕。脅骨也 詩·小雅·大疧不盈傳 射左髀，達於右骹爲下殺 疏 射左股髀，而達於右骹骹 釋文 骹謂水臁也。字書無此字。一本作髀 唐書·禮樂志 左髀達於下骹爲下射 釋音 髀，肩骨也 又 xiāo 集韻胡了切音晧。又子小切音勦。義夶同。鋆 小雅·車攻 又 骹70670骹70688骹70612骹70668

腰 70661 37534 gěng_7.17 唐韻 集韻 韻會夶古杏切音梗 說文 食骨留咽中也 註 徐鍇曰：古有骨鯁之臣，遇事敢刺骾不從俗也 晉書·崔洪傳 骨骾不同於物 集韻 通作鯁。鋆 又腰47323骹70722

骹 70662 37535 guā_7.17 集韻古活切音括 說文 骨耑也 玉篇 亦作骪70625

骹 70664 46624 huàn_7.17 字彙補骹字之譌。

骹 70665 46625 zhuó_7.17 龍龕士角切。

骹 70666 46626 hè_7.17 奚韻音褐。骹骨也○按卽骹字之譌。

骹 70663 37536 hái_7.17 字彙補戸皆切音諧。

骹 70667 u29A56 sǒng_7.17 喃 从骨弄lǒng聲。同髻47975

骹 70668 u29A53 yǎo_7.17 同骹70660 五經文字 骹70612，羊紹反。見春秋傳。又作骹。見 詩

骹 70669 u29A51 yǔ_7.17 字海同齬75678

骹 70670 u29A50 yǎo_7.17 俗骹70660 新撰字鏡骹，以小反。腹傍空處也。

骹 70671 37537 shē_8.18 集韻詩車切音奢 玉篇 骨也。

骹 70672 37538 yǔ_8.18 廣韻於許切 集韻歐許切，並於上聲 玉篇 肩骨。或省作骹。鋆 類篇 作骹70696

骹 70675 37541 bì_8.18 玉篇同骹

骹 70673 37539 pián_8.18 唐韻部田切 集韻 正韻蒲眠切夶音駢 說文 并脅也。晉文公骿脅 註 徐曰：謂肋骨連合爲一也。骿脛字同，今別作胼，非 晉語 聞其骿脅，欲觀其狀 註 骿，并榦也 左傳 作駢。

骹 70674 37540 bì_8.18 唐韻并弭切 集韻 韻會補弭切 正韻補委切夶音俾 說文 股也 釋名 骹，卑也。在下稱也 禮記·深衣 帶下毋厭骹 又 祭統 殷人貴骹 註 爲其厚也 又 集韻 毋婢切音弭。義同 又 廣韻傍禮切音陛。與髀同。或作胜。鋆 集韻毋婢切。集韻母婢切 又 髀59034骹70676骹70675骹70735骹70759 又 敦煌·中村不折.044 小乘戒律注疏 居士嫌六群累胜47302，露形體耶。

骹 70676 37542 bì_8.18 正字通俗骹字。

骹 70677 37543 ji_8.18 玉篇巨綺切音技。小骨也。

骹 70678 37544 wàn_8.18 篇海烏貫切音惋。膝骹也 唐書·孝友傳 張進昭截左骹，盧于墓。鋆 同腕47440 新唐書·卷二百二十五下·逆臣 其十月，巢據荊南，脅李迢草表報天子，迢曰：吾骹可斷，表不可爲。巢怒，殺之 又 鄭賢章：骹70626字之訛 又 漆骹 南史·卷六十四·杜崱傳附杜岸 又發其墳墓，燒其骸骨，灰而揚之，并以爲漆骹。

隋 70679 37545 suí_8.18 集韻同髓 黃帝·素問 隋，骨之充也。

腔 70680 37546 qiāng_8.18 廣韻苦江切 集韻枯江切夶音腔。髖腔，尻骨也。鋆 又 新撰字鏡腔，腔47439輕二同字。羊腊也。

骹 70681 37547 shāng_8.18 唐韻 集韻夶他歷切音逖 說文 骨閒黃汁也 又 集韻丑格切音坼。義同 又 廣韻 集韻夶思積切音昔。骻骨閒也。鋆 俗傷01811或从易作 龍龕骹32128，舊藏作骹，古歷反，出 道地經。骹，古歷反，骻閒汁也。又音昔 又 可洪音義 髓骹：始羊反。損也。正作傷也 玉篇 及郭氏音并音惕，惕他的反 玉篇 又徒厄反，并非經意也 切韻 音擊，骻閒黃汁也，亦非義。又 慧琳音義 髓骹：上雖柴反 說文 云骨中脂也，從骨從隨省聲也。下

天亦反 韻詮 云髇者骨間髇黃汁也，言人臨歾之時，髓變爲黃汁流出，亦形聲字也。

髊 70682 37548　shuǐ_8.18　集韻 樹僞切音瑞。桼器先以屑垸之也。鎣 玄應音義 桼篅42126：下又作髊，同。音瑞。江南名髊，北人名骬70656。骬音換。髊，常貴反。

骱 70683 37549　chuò_8.18　玉篇 知劣切音輟。續骨也。

骔 70684 37550　zú_8.18　廣韻 集韻 丛昨沒切音捽 玉篇 小骨也。図 集韻 蒼沒切音猝。義同。

髁 70685 37551　kē_8.18　唐韻 集韻 丛苦臥切音課 說文 髀骨也 博雅 膝髁，臗也 廣韻 膝骨図kě 集韻 苦果切音顆。又kē 苦禾切音科。義丛同図kuā 集韻 苦瓦切，夸上聲 莊子 天下篇 謑髁無任 釋文 謑髁，不正貌。王云猶謹刻也 韻會 髁，今作骻図kuì 集韻 苦會切音膾。義同。或作屍。

髆 70686 37552　léng_8.18　集韻 盧登切音稜 類篇 骨高貌。

骴 70687 37553　ní_8.18　集韻 語支切音輗。骨貌。

骹 70688 37554　yǎo_8.18　字彙補 音鷕。肩骨也○按即骱字之譌。

骺 70689 46627　dàn_8.18　五音篇海 音啖。

骲 70690 46628　wā_8.18　龍龕 烏花切。

髐 70691 u29A6C　xác_8.18　喃 从骨从殼省，殼xác亦聲△髐䯒：蝙殼，肉體。髐蝎：蟬蛻。

骨昌 70692 u29A6B　xương_8.18　喃 从骨昌xương聲△髇䯒：骨肉。髇髖：頭蓋骨。

骨冒 70693 u29A6A　xương_8.18　喃 同骨昌70692

骹 70694 u29A69　vêu_8.18　喃 从骨表biểu聲。消瘦。

骨床 70695 u29A68　bǐ_8.18　同屍12958 五侯鯖字海 骹，音庇。婦人陰門曰骹。

骹 70696 u29A66　yǔ_8.18　類篇 骹腪，歐許切。肩骨。或省。亦書作鬈70672

骲 70697 u29A65　zhá_8.18　大字典 骲，切韻 仕洽反，入洽崇。骲骲，簻響聲 切韻·洽韻 骲，簻鳴骲骲。

髓 70699 37556　shěng_9.19　集韻 所澋切音眚。與瘠同。瘦也。

髏 70700 37557　dù_9.19　集韻 動五切音杜 類篇 顱也。

骭 70698 37555　suǐ_9.19　集韻 同髓 **骴** 70701 37558　biàn_9.19　廣韻 薄泫切 集韻 婢典切，並音辮。骨骴生貌。

骱 70702 37559　jiē_9.19　篇海 口駭切音楷。同骱。瘦也。鎣 又 字彙 骱，同骸。

骹 70703 37560　qià_9.19　廣韻 枯駕切 集韻 韻會 丘駕切 正韻 枯架切，丛嗣去聲 玉篇 腰骨 前漢·揚雄傳 折骨拉髂。

鎣又 路59094 骱70602 骱70704 図 可洪音義 尾骱47745：苦駕反。膏骨也。正作髂。亦作髂47550也。

骱 70704 37561　qià_9.19　玉篇 同髂 **骱** 70705 37562　kuā_9.19　廣韻 苦瓜切音誇。額上骨也 玉篇 骨骴，骱上骨也。

骹 70706 37563　duì_9.19　廣韻 集韻 丛徒對切音隊 玉篇 骹骹，愚貌。鎣又 篇海 音點。骹骨聲也。楊寶忠：俗骱70585

髆 70707 37564　hé_9.19　廣韻 胡葛切 集韻 何葛切丛音曷 玉篇 髆骱70570，肩骨 図 集韻 許竭切音歇。又許代切音餀。義丛同。

骺 70710 37567　hóu_9.19　集韻 同骺。脛氣足腫。亦作瘇尰尰。 **骺** 70708 37565　zhǒng_9.19　集韻 豎勇切音踵。與瘇同。鎣又 骺70788

骹 70709 37566　yán_9.19　集韻 魚咸切音喦 類篇 骹骹，骨高貌。

髃 70711 37568　yú_9.19　廣韻 遇俱切 集韻 韻會 元俱切丛音虞。與髃同 說文 肩前也 詩·小雅·大庖不盈傳 自左髆而射之，達於右髃爲上殺 釋文 髆，本亦作髃。謂肩前兩閒骨。図 廣韻 五口切 集韻 韻會 正韻 語口切丛音偶。又 集韻 吾回切音嵬。又五公切音嵤。義丛同。

骴 70712 37569　yàn_9.19　篇海 於豔切音厭。飽也。同饜。

骹 70713 46629　hóu_9.19　篇海類編 同骺。

骹 70714 46630　yǎo_9.19　搜眞玉鏡 音鷕。鎣骱字之譌。

髀 70716 46632　lè_9.19　龍龕 同勒 **髇** 70715 46631　kāo_9.19　字彙補 同骭。

腥 70717 u2B634　null_9.19　喃 未詳。 **髀** 70718 u2B633　jiàn_9.19　方 姜亮夫邵通方言疏證·釋人 邵人言踵跟之上曰髀。

髂 70719 u29A7F　hom_9.19　喃 从骨歆hâm省聲。細骨△髂骱：魚刺。

骨朕 70720 u29A7B　téng_9.19　清·胡文英吳下方言考 骨朕，音騰 素問 刺皮骨朕以下，至少腹而止。案：骨朕，皮肉堅厚處，謂臍下也。吳中謂皮厚曰厚骨朕骨朕，譏顏厚者曰骨朕皮図 內經難字音義·素問·長刺節論第五十五 皮骨朕：王注皮骨朕謂齊下五寸橫約文。字書無骨朕字。王氏釋音作皮骱70625，古活切 說文 骱，骨嵩也。林校據全元起本作皮髓図 清·高世栻 黃帝素問直解·卷之五·長刺節篇第五十五篇 骨朕，膌47569同。音突。

骨朿 70721 u29A7A　sóng_9.19　同屍13160精液。

骬 70723 u29A77　hái_9.19　俗骸70626 可洪音義 形骬：胡皆反。正作骸△敦煌P.2491 鷥子賦 但知脊背衹承，何用密篦相骬。

髏 70724 u9AC5　lóu_9.19　简 髏70755 **骬** 70722 u29A79　gěng_9.19　骾70661本字。

髄 70725 u9AC4　suǐ_9.19　俗髓70783 廣碑別字 引隋尉氏女墓誌

髆 70726 37570　bó_10.20　唐韻 補各切 集韻 韻會 伯各切丛音博 說文 肩甲也 前漢·武帝紀 皇子髆爲昌邑王 註 晉灼曰：髆

許慎以爲肩髆字集韻或作髇図pò集韻匹各切音粕。義同。本作髆。

髓 70727 37571
zhuī_10.20 集韻傳追切，音椎類篇項後骨也。

髇 70728 37572
xiāo_10.20 廣韻許交切集韻正韻虛交切夶音哮玉篇髇，箭也△類篇或作骹骱。

髍 70729 37573
guì_10.20 五音集韻苦外切，音快◇玉篇髍骸，愚貌。

髊 70730 37574
ái_10.20 集韻魚開切音皚類篇頦髊，頭長貌。

髈 70731 37575
pǎng_10.20 廣韻匹朗切集韻普朗切，夶滂上聲。髀，吳人云髈玉篇股也，脅也図páng廣韻步光切集韻蒲光切夶音旁。與膀同。膀胱。

髒 70732 37576
ǎo_10.20 廣韻集韻夶烏皓切音媼。藏骨玉篇腰骨。

髐 70733 37577
hài_10.20 集韻下蓋切音害玉篇骨也。

髓 70734 37578
suǐ_10.20 篇海與髓同。

髒 70736 37580
jiàn_10.20 集韻吉念切，兼去聲。瘦貌。

髏 70735 37579
bì_10.20 集韻同髀

髆 70737 37581
bó_10.20 廣韻集韻夶北角切音剝。骱骳玉篇骨尚也。類篇骨堅白図jué集韻訖岳切音覺。義同。鑒又雒70761

髊 70738 37582
cī_10.20 集韻同髊玉篇腐骨也呂氏春秋掩骼霾髊註有骨曰髊図cuō集韻倉何切音蹉。通作磋。治牙骨也。鑒又髊70757髊70801

骬 70739 37583
tǐ_10.20 篇韻古文體70785字。

髄 70740 42251
suǒ_10.20 搜眞玉鏡音鎖。

髄 70741 u29A87
suǒ_10.20 可洪音義骨髓：素菓反△同骨鎖63867

髌 70742 u9ACC
bìn_10.20 简髕70793

髋 70743 u9ACB
kuān_10.20 简髖70798

瘷 70744 37584
mó_11.21 唐韻莫鄱切集韻韻會莫波切正韻眉波切夶音摩說文瘯病也類篇謂身支半枯也。鑒又瘷36644瘷70745瘷15792髊70792

瘷 70745 37585
mó_11.21 集韻同瘷図集韻母果切。與磨同前漢·敘傳又況么瘷尚不及數子註小也。

骺 70746 37586
xù_11.21 廣韻許玉切集韻呼玉切夶音頊。與顖同玉篇骺，顖也。謂髑髏也聲類亦作頊。

髟 70747 37587
biāo_11.21 集韻卑遙切音猋。體壯也。或作僄。

螯 70748 37588
áo_11.21 廣韻五勞切集韻牛刀切夶音遨。蟹大脚也玉篇蟹螯。

縫 70749 37589
fèng_11.21 廣韻扶用切集韻房用切夶音俸。灼龜坼図篇海脅也正字通即脊前骨會合處，猶衣之有縫。鑒又徉16614擇19682史記·龜策列傳撻策定數，灼龜觀兆，變化無窮。

軀 70750 37590
shū_11.21 廣韻昌朱切音樞。軀骨玉篇身也正字通與軀同。

髎 70751 37591
liáo_11.21 廣韻落蕭切集韻憐蕭切夶音聊玉篇髎也方書章門下八寸，監骨上陷，中爲居髎、缺盆中上毖骨際陷中中央爲天髎類篇一曰馬胻上骨爲八髎図廣韻力昭切集韻離昭切夶音燎。又力弔切音嫽。義夶同。鑒又髎70767

髒 70752 37592
mǎng_11.21 集韻母朗切音莽類篇䯕髒，體胖也。

髓 70753 37593
suǐ_11.21 集韻同髓。

髖 70754 37594
guó_11.21 廣韻古獲切音膕。曲脚中也。同膕。

髏 70755 37595
lóu_11.21 廣韻落侯切集韻韻會郎侯切夶音樓說文髑髏也博雅頏顱謂之髑髏莊子·至樂篇莊子之楚，見空髑髏集韻或作頢。鑒又髏70724

髒 70756 37596
suǒ_11.21 字彙補與鏁同。鑒又慧琳音義骨鏁：下蘇果反。正體字也。論文作髒，非也。撿諸字書，悉無此髒字也考聲云鏁，連環也字書云鏁，還束也古今正字義同，從金貨聲。貨音與上同図中阿含經·卷十二彼眾生等順流、逆流、順逆流時，皮熟墮落，肉熟墮落，或皮肉熟俱墮落，唯骨髒在。

髊 70757 37597
cī_11.21 字彙補與髊同。

髈 70758 46633
áo_11.21 篇海類編同螯。

髀 70759 u29A96
bì_11.21 俗髀70674北史·卷七·齊本紀中支解其屍，弄其髀爲琵琶。一座驚怖，莫不喪膽。

臀 70760 u29A94
tún_11.21 同臀47935類篇臀，徒渾切說文髀也。

髆 70761 u29A93
bó_11.21 龍龕髆俗雒70737正，北角反。骳（骳）骱也。

厥 70762 37598
jué_12.22 唐韻集韻夶居月切音厥。與厥同說文臀骨也。鑒又臀47864臀70769

髕 70763 37599
kuì_12.22 唐韻集韻夶丘愧切音喟說文卻脛閒骨也廣韻膝加地也図集韻古對切音憒類篇頭骨貌。鑒說文作髖。

橦 70764 37600
chuáng_12.22 廣韻宅江切集韻傳江切夶音幢。橦骱，尻骨也。或作膧。

髇 70765 37601
yì_12.22 玉篇音億。胷骨也○按卽髂字之譌。鑒又髇70770

髇 70766 37602
xiāo_12.22 集韻虛交切音哮玉篇髇，箭也図莊子·至樂篇莊子之楚，見空髑髏，髇然有形釋文髇，白骨貌図集韻馨幺切，音膮。義同。

髇 70770 u29A9F
yì_12.22 同髇70787

髎 70767 37603
liáo_12.22 篇海與髎同

髁 pú_12.22　集韻匹角切音璞。骨箭。

臋 jué_12.22　廣韻集韻𣂰其月切音橜。尾本也玉篇與髉同。鏊字彙（增補本）臋，音掘，尾末，見篇海

䫈 sǔn_12.22　喃䫈𩩡：軟骨。

䐉 zǎng_12.22　俗髒70778五音集韻骯，骯髒，體盤。

膺 yīng_13.23　廣韻集韻𣂰於陵切音膺玉篇同膺

臀 tún_13.23　廣韻集韻𣂰徒渾切音豚說文本作𡱂，髀也註徐曰：或作臋，从骨殿。今文作臀玉篇與臋同廣韻與脾同。

髑 dú_13.23　唐韻集韻韻會徒谷切正韻杜谷切𣂰音獨說文髑髏70755，頂也廣韻同顱

䯏 qiān_13.23　集韻丘銜切音嵌類篇䯑䯏，骨高貌。

臆 yì_13.23　集韻乙力切音億。與肊同。亦作臆髂70787鏊又髂70770髂70765

髒 zǎng_13.23　廣韻集韻韻會子朗切正韻子黨切𣂰音駔。骯髒，體胖也𠂤集韻韻會正韻𣂰則朗切音葬。後漢·趙壹傳抗髒倚門邊註抗髒，婞直之貌。鏊又㲱29241髊70772髒70752𠂤音zāng。章炳麟新方言·卷二·釋言第二今人謂汙垢曰黨，音如髒，借髒為之。

髐 kuài_13.23　唐韻集韻韻會正韻𣂰古外切音儈說文骨摘之可會髮者。通作會詩·衛風會弁如星傳皮弁所以會髮也釋文會說文作髐周禮·夏官·弁師王之皮弁會五采註故書會作髐，謂以五采束髮也𠂤通作檜儀禮·士喪禮檜用組乃笄註檜讀與髐同，書之異耳。沛國人謂反紒為髐廣韻同髻。鏊又骩70646

䯓 è_13.23　集韻五盍切音嶪。骹䯓，首動貌。或作顤。

䯖 líng_13.23　集韻郎丁切音靈類篇䯖䑓，骨貌。或省作骿。

髓 suǐ_13.23　唐韻韻會正韻悉委切集韻選委切𣂰音濉說文骨中脂也前漢·郊祀志先䴥鶴髓、毒冒、犀玉二十餘物漬種△集韻或作䯝䯣䯖䐹篇海亦作𩪏髄。

髓 suǐ_13.23　集韻同髓釋名髓，遺也。遺，濆也前漢·禮樂志浹肌膚而臧骨髓。鏊又䐁47921䏩48075隋70679䯣70698髄70734䯮70753䯈70806隋65994䯝70725

髀 bì_13.23　集韻卑義切音臂博雅𩩤䏫，髀也玉篇弓弣𠂤集韻必益切音辟。又毗亦切音擗。義𣂰同。

體 tǐ_13.23　古文骵唐韻正韻他禮切集韻韻會土禮切，𣂰涕上聲◆說文總十二屬也釋名體，第也。骨肉、毛血、表裏、大小相次第也廣韻四支也禮·中庸動乎四體𠂤易文言君子體仁，足以長人疏體包仁道。

𠂤書·畢命辭尚體要註辭以理實為要𠂤詩·衛風爾卜爾筮，體無咎言傳體，兆卦之體𠂤詩·大雅方苞方體，維葉泥泥箋體，成形也𠂤周禮·天官體國經野註體，猶分也𠂤周禮·天官·內饔辨體名肉物註體名，脊脅臂臑之屬𠂤禮·文王世子外朝以官體異姓也註體，猶連結也𠂤禮·學記就賢體遠註體，猶親也𠂤禮·中庸體物而不可遺註猶生也𠂤禮·中庸體羣臣也註猶接納也𠂤左傳·昭二十年聲亦如味，一氣二體疏樂之動身體者，唯有舞耳。舞者，有文武二體△廣韻俗作體集韻作躰增韻俗作体，非。鏊又躳59757体70610𠂤龍龕軀59748体二俗，體俗通，他禮反。正作體。軀軆。上又音面。

聱 áo_13.23　篇海聱本字。

臆 yì_13.23　集韻乙力切音億。與肊同。智骨也○按字當从音，音，古意字玉篇譌作髂，非。鏊又髂70770

䯕 zhǒng_13.23　字彙補與䯏同。

䐑 qì_13.23　直音篇䐑，音礎。

䯏 àn_14.24　集韻五紺切音儑。首骨高貌𠂤qì集韻乞及切音泣。與䯏同。胸脯也。一曰乾也。

䫎 huò_14.24　篇海胡郭切音鑊。骨聲𠂤美肉。

䯒 bìn_14.24　俗髕70793　**䯌** mǒ_14.24　集韻母果切音麼。漏病也。鏊字彙與髍70744同。

髕 bìn_14.24　唐韻毗忍切集韻婢忍切，𣂰同臏說文厀岢也白虎通髕，去膝蓋骨也史記·鄒陽傳司馬喜髕脚於宋前漢·刑法志髕罰之屬五百。鏊又髌70742髌70796

䯰 xūn_14.24　龍龕許君切音熏。鏊疑同䯰。

臑 rú_14.24　字海同顬68477字見王懽烈婦胡氏傳

䯊 lián_14.24　字海髋，同臁47936

髋 kuān_15.25　唐韻苦官切集韻韻會正韻枯官切𣂰音寬。與臗同說文髀上博雅髖，䯤也釋名髖，緩也，其腋皮厚而緩也廣韻兩股間也前漢·賈誼傳屠牛坦一朝解十二牛，而芒刃不頓者，所排擊剝割，皆衆理解也至于髖髀之所，非斤則斧𠂤kūn廣韻苦昆切集韻枯昆切𣂰音坤。體也，臀也。鏊又䯡70743𠂤龍龕臗，舊藏作髖。音寬。

䯭 huá_15.25　廣韻胡八切集韻下八切𣂰音點。齧骨聲篇海亦作䶶。鏊龍龕齝75639俗齝正。胡刮反。齒（齧骨聲）

骨末 mò_15.25　廣韻莫撥切集韻莫葛切𣂰音末。骨堅也玉篇骨末骱，小骨𠂤mà集韻莫八切音䫉。義同。鏊又䯮70810

髊 cī_15.25 正字通 髊本字。

髊 yàn_15.25 龍龕 於鹽切。又於焰切。

髊 so_15.25 喃 从骨數ső聲△髑髊：頭蓋骨。

髊 null_15.25 未詳。 髓 suǐ_16.26 篇海 與髓同

髊 lú_16.26 廣韻 落胡切 集韻 龍都切丛音盧。與顱同 唐書·張九齡傳 髊足旁午 釋音 髊，頭髊。

髊 lì_16.26 集韻 狼敵切音歷 類篇 骨病。

髊 tán_16.26 餘文 音曇 髊 kuì_16.26 字彙補 同髓

髊 mà_17.27 字彙補 髊字之譌。

髊 quán_18.28 集韻 逵員切音權。與顴同 類篇 輔骨曰顴。

彎 luán_19.29 集韻 閭員切音攣。與癵同。病體拘曲也。亦作癵、癵。

◆ 高部 ◆

高 gāo_0.10 廣韻 古勞切 集韻 韻會 居勞切丛音羔 說文 崇也。象臺觀高之形。从门口。與倉舍同意 易繫辭 卑高以陳貴賤位矣 註 高謂天體也 又 崇高莫大乎富貴。 又 史記·高祖紀註 張晏曰：禮諡法無高，以爲功最高而爲漢帝之太祖，故特起名高 又 地名 前漢·地理志 沛郡高縣 又 姓 史記·仲尼弟子傳 高柴 又 gào 集韻 韻會 丛居号切音誥。度高曰高 左傳·隱元年·都城過百雉註 一雉之牆，長三丈，高一丈 釋文 高，古報反。又如字。 又 叶居何切 蘇黃門·嚴顏碑 相傳昔者嚴太守，刻石千歲字已譌。嚴顏生平吾不記，獨憶城破節最高△韻會 俗作高。鑒 又 亿00812 伀00910 臺46640

高 gāo_0.10 部 高70813 髙 gāo_0.10 同高70813

高 null_2.12 喃未詳。 髙 qǐng_2.12 集韻 犬穎切 音頃 說文 小堂也。或作廎 類篇 瓜屋也 又 集韻 棄挺切音謦。又 qìng 傾復切，傾去聲。義丛同。

髙 shú_3.13 字彙 同孰〇按孰譌作孰，復譌作孰。舊註以爲亢倉子所製，今亢倉子無此字。

髙 qiāo_3.13 玉篇 古文敲21685字。又 集韻 類篇 丛黑各切音壑。大也。鑒 胡吉宣：敲之僞字 又 俗豁57006亦作敲31482敲70820 可洪音義 窐然：上呼括反。窐達，大空皃也。正作豁、敲二形。

髙 kài_3.13 字彙補 苦蓋切音愾。引 廣韻 擊也〇按 廣韻 無此字，疑卽敲字之譌。

髙 mào_4.14 玉篇 莫告切音冒。髦髦也。

髙 qiào_4.14 篇海 苦弔切音竅。高也。鑒 俗敲07362

髙 xiāo_4.14 集韻 虛交切音虓 類篇 謹也。

髙 yōng_4.14 字彙補 古文塘09214字。

髙 hè_4.14 五音篇海 嚣字之譌。

髙 qiāo_4.14 俗敲21685 髙 ǎi_4.14 方 同矮38574

髙 null_4.14 未詳。 髙 null_4.14 未詳。

髙 gop_4.14 韓 漂亮。人名用字。

髙 null_4.14 未詳。 髙 tǎ_5.15 字彙 與塔同

髙 kāo_5.15 五音集韻 苦刀切音尻。明也。

髙 mèi_5.15 龍龕 音媚 髙 null_5.15 喃 未詳。

髙 guo_5.15 或同亳70847 髙 qiāo_5.15 俗敲21685 可洪音義 敲銅：上苦交反，俁。朝鮮本 龍龕 敲，客角切 四聲篇海 奥，口交切。擊也。今作敲。

髙 háo_6.16 說文 長箋 與豪同。

髙 guō_6.16 字彙補 郭本字。

髙 náo_6.16 搜眞玉鏡 奴刀切。

髙 null_6.16 未詳。 髙 háo_6.16 字彙補 引 長箋 云豪本字〇按 長箋 本作亳。

髙 gǎo_6.16 棟髙，同枯槁24933參見棟24287

髙 null_6.16 未詳。 髙 null_6.16 未詳。

豪 háo_7.17 集韻 乎刀切音濠 說文 亳豕鬣如筆管者，出南郡，从希高聲。籀文从豕作豪 註 今俗別作毫，非是 玉篇 亦作豪57227

亳 guō_7.17 唐韻 古博切 集韻 光鑊切丛音郭 說文 度也，民所度居也。从回，象城亳之重，兩亭相對也 玉篇 今作郭。鑒 又 亳70850章00710章00710余24089高70836

髙 null_7.17 未詳。 髙 null_7.17 未詳。

亳 guō_7.17 同亳70847 髙 háo_8.18 說文 豪本字。

髙 qiāo_8.18 集韻 輕皎切音磽 類篇 高也。

髙 pí_8.18 俗髀70877籀文陴。

髙 null_8.18 未詳。

髙 chót_8.18 喃 从高卒tốt聲。頂端。

髙 kǎo_9.19 廣韻 集韻 丛苦浩切音考。顤顟，大頭。 又 kào 集韻 苦到切音犒。義同。

豪 háo_9.19 亳字之譌〇按 說文 希从互，下象毛足，讀若弟，象在互部，从互从豕，通貫切。亳从希不从象

正字通以毫爲同豪，毫爲豪字之譌，丛非。

70858 u29ADF
离　null_9.19　未詳。

70859 37656
𫓧 quē_10.20　集韻傾雪切，音缺說文缺也。古者城闕其南方，謂之𫓧 囝集韻一決切音抉。義同。鎣又𫓧67571

70860 u29AE4
𬟼 null_10.20　未詳。

70861 u29AE3
𩑖 null_10.20　未詳。

70862 u29AE2
𩑗 null_10.20　未詳。

70863 u29AE1
𪓐 null_10.20　未詳。

70864 37657
𪓒 cáo_11.21　集韻鉏交切音漅玉篇高足也。類篇高貌。

70865 37658
𪓓 sào_11.21　篇海與𪓒同。

70866 37659
𪓔 láo_12.22　廣韻集韻丛郎到切音澇。𪓔𪓒，𪓒急貌玉篇𪓔𪓒，高貌囝láo廣韻魯刀切集韻郎刀切丛音勞。義同。

70867 37660
𪓕 yuán_12.22　廣韻集韻丛古文垣08548字。

70868 37661
𪓖 hào_12.22　集韻下老切音昊。與顥同類篇白貌正字通字彙作古文顥字，失考證。

70869 37662
𪓗 chéng_13.23　說文籀文城字。

70870 37663
𪓘 sào_13.23　廣韻蘇到切集韻先到切丛音噪玉篇𪓔70866𪓒。鎣又𪓓70865

70871 37664
𪓙 guō_13.23　集韻與郭62113同。

70872 46641
𪓚 pí_13.23　字彙補籀文陴字〇按卽𪓛字之譌。

70873 37665
𪓛 pí_14.24　廣韻符支切集韻頻彌切，丛與陴同玉篇籀文陴字。女垣也。鎣正作𪓝70877

70874 u29AEC
𩑕 null_14.24　未詳。

70875 37666
𪓜 dǔ_15.25　廣韻當五切集韻董五切丛音堵說文本作堵。垣也。籀文作𪓜類篇或作𪓜。

70876 37667
𪓝 bó_16.26　集韻補各切。同博。

70877 u29AEE
𪓞 pí_16.26　同𪓛70873說文𪓞，籀文陴65683从𡱀。

70878 37668
𪓟 lóu_17.27　集韻樓25171或作𪓟。

70879 37669
𪓠 yōng_17.27　玉篇古文墉09214字。

70880 37670
𪓡 duǒ_18.28　廣韻丁可切集韻典可切，丛多上聲玉篇廣也。又垂下貌。今作𪓡。

70881 46642
𪓢 xiē_18.28　搜眞玉鏡音蝎。

70882 37671
𪓣 xiāo_21.31　篇韻音踃。喧也。鎣同𪓣07857

＊ 髟部 ＊

70883 37672
髟 biāo_0.10　唐韻甫遙切集韻韻會卑遙切丛音猋說文長髮猋猋也潘岳秋興賦斑鬢髟以承弁兮李善註白黑髮雜而髟囝後漢馬融傳羽毛紛其髟鼬註髟鼬，羽

旄飛揚貌囝biāo廣韻甫烋切集韻韻會必幽切丛音彪。又piào集韻匹妙切音剽。義丛同囝shān唐韻所銜切集韻師銜切丛音杉。屋翼也。

70884 u2FBD
髟 biāo_0.10　部髟70883

70885 u2B638
髟 null_1.11　未詳。

70886 37673
髟 xiān_2.12　篇海息廉切音銛。好髮貌。鎣龍龕髟髟71024，息廉反。好髮也。二同。

70890 46643
髦 máo_2.12　龍龕同髦

70887 37674
髟 nái_2.12　集韻囊來切，乃平聲。鬢髟，髮亂囝奴登切音能。義同。

70888 37675
髟 jū_2.12　集韻居六切音掬。與髮同玉篇亂髮也。

70889 37676
髟 kūn_2.12　韻會俗髡字。本从兀，不从儿。

70891 u29AF8
髟 lì_2.12　髟髟，鬎鬁元曲選梁山泊李逵負荊·第二折抖搜着黑精神。扎煞開黃髟髟。音釋：髟音利。

70892 u29AF6
髟 yā_2.12　俗髟70899綉荷苞子弟書·二回玉人兒欠體低聲忙讓坐，命髟奶洗一個潔淨的缸兒把茶斟。又清·周家楣順天府志·卷二十四地理志六·祠祀下御製髟髻山玉皇閣碑。距京師百里有山曰髟髻，隸懷柔縣，兩峰高矗，望之如髻，故得是名。又卷二十五地理志七·寺觀砠堂寺在縣東髟髻山。

70893 u29AF5
髟 bà_2.12　髟髟。參見髟70902

70894 37677
髡 kūn_3.13　唐韻苦昆切集韻韻會正韻枯昆切丛音坤說文𩮛髮也。从髟兀聲。或从元周禮·秋官·掌戮髡者使守積註王之同族不宮之者髡頭而已前漢·刑法志當黥者髡鉗爲城旦舂囝人名孟子註淳于髡，齊之辨士囝樹禿曰髡齊民要術種柳千樹，足柴，歲可髡二百樹囝集韻去骨切音窟。又五忽切音兀。義丛同。鎣又髟70889髨64751順67940髠71090髡70928髡70901完11973完11960

70895 37678
髟 chéng_3.13　篇海同髾〇按卽髾字之譌。

70896 37679
髢 tì_3.13　唐韻集韻丛他計切音替說文與髢同。髮也詩·鄘風不屑髢也疏髢，一名髲。髲，益髮也。言人髮少，聚他人髮益之也禮·曲禮斂髮毋髢註毋垂餘如髢也左傳·哀十七年初，公自城上見己氏之妻髮美，使髢之，以爲呂姜髢類篇或作鬄、髢囝dì廣韻特計切集韻大計切丛音第。又xī集韻思積切音惜。義丛同。鎣又髢70930

70897 37680
髟 nǎo_3.13　篇海音惱。髮軟也〇按卽髾字之譌。

70898 u2B639
髟 shān_3.13　同髟70883新撰字鏡所銜、市休二反。平。垂髮皃。又屋翼也。比佐志。

70899 u29AFE
髟 yā_3.13　髟環，同丫鬟△俗作髟70892

70900 u29AFD
髟 shèng_3.13　宋·郭忠恕佩觿忌諱出自宋明，草創起於天后。注：唐天后以埊代地，忠代臣，𠤞代年，𡆠代

正，髻代聖46636

髡 70901 u29AFC
kūn_3.13　俗髡70894 可洪音義 髡頭：上苦昆反。

髻 70902 u29AFB
jī_3.13　髻髮，或作乩耙、髻髻、雞髦，男性生殖器 金瓶梅詞話·第五十一回 你在誰人根前試了新，這回剩了些殘軍敗將，纔我這屋里來了。俺每是雌剩髻髮合的？你還說不偏心哩。

髿 70903 37681
suō_4.14　篇海 同髿。

髻 70904 37682
jiè_4.14　唐韻 古拜切 集韻 韻會 正韻 居拜切丛音戒 說文 簪結也 玉篇 同髻 類篇 一曰覆髻巾 篇海 一曰假髻。鑋又髹70921 髹70923

髹 70905 37683
chéng_4.14　五音集韻 助庚切音傖。與髻同。髹髹，亂髮貌。鑋又 正字通 帮70895 帮70938 皆髻字之訛。

髴 70906 37684
nèi_4.14　集韻 奴對切音內 類篇 髹髴，髮亂。

髣 70907 37685
fǎng_4.14　廣韻 正韻 妃兩切 集韻 撫兩切丛音紡。與仿同。髣髴70963也。鑋又髹71010髹70955 俩00947

髹 70908 37686
xiū_4.14　廣韻 許尤切 集韻 虛尤切丛音休 周禮·春官·巾車 髹飾 註 髹，赤多黑少之色 又 史記·貨殖傳 木器髹者千枚 註 徐廣曰：髹，漆也 前漢·趙皇后傳 殿上髹漆 註 師古曰以漆漆物謂之髹。今關東俗，器物一再著漆者，謂之捎漆。捎卽髹聲之轉耳 玉篇 同髹 廣韻 同髹 又 集韻 七四切音次。義同。

髹 70909 37687
pī_4.14　集韻 貧悲切音邳。被髮走也。或作髻。又pēi集韻 鋪杯切音胚。義同 又 增韻 髹髻，多鬚也。又fù集韻 奉甫切音父 類篇 髮謂之髹。鑋又髹27298髹70922髹70946

髺 70910 37688
kuò_4.14　正字通 髻字之譌。

髯 70911 37689
rán_4.14　廣韻 汝鹽切 集韻 韻會 如占切 正韻 而占切，丛冉平聲 前漢·高帝紀 美須髯 註 師古曰在頤曰須，在頰曰髯 釋名 隨口動搖，髯髯然也 又 廣韻 集韻 丛而豔切，音冉去聲。頷毛△ 說文 髯，頰須也 註 今俗別作髯，非是。鑋又諯56235髻70924 髻64768髻70953 託27274韻68149 鹽27650 顡67964 顚68026 㗻68150 㗻64772 髻70933 顡68264 顡67998

髻 70912 37690
jié_4.14　集韻 子列切，音蠿。與鬣同。束髮少也。鑋同髻70934

髦 70913 37691
máo_4.14　唐韻 莫袍切 集韻 韻會 謨袍切丛音毛 說文 髮也 釋名 髦，冒也。覆冒頭頸也 詩·鄘風 髧彼兩髦 傳 髦者，髮至眉，子事父母之飾 儀禮·旣夕 主人說髦 註 兒生三月，翦髮爲鬌，男角女羈，否則男左女右，長大猶爲飾存之，謂之髦。所以順父母幼小之心 左傳·昭九年 豈如弁髦，而因以敝之 小爾雅 弁髦，太古冠冠而敝者也 又 詩·小雅 烝我髦士 傳 髦，俊也 爾雅·釋言 髦，選

也 疏 毛中之長毫曰髦，士之俊選者也 又 馬鬣 儀禮·旣夕 馬不齊髦 註 齊，翦也 禮·曲禮 乘髦馬 疏 不鬄落髦鬣 又 正字通 牛長髦者爲髦牛 史記·西南夷傳 取其筰馬、僰僮，髦牛 又 丘名 釋名 前高曰髦丘，如馬舉頭垂髦也 又 揚子方言 蟷蜋謂之髦 又móu 集韻 迷浮切音謀 詩·小雅 如蠻如髦 箋 髦，西夷別名。武王伐紂，八國從焉 疏 牧誓曰：及庸蜀羌髳微盧彭濮。彼髳此髦，音義同也 釋文 髦，舊音毛，尋毛、鄭之意，當與 尚書 同音，莫侯反△ 集韻 本作髳，或作髳。鑋又髳64754 髳64750 髳70890 又 龍龕 髳俗，正作髦。

髧 70914 37692
dàn_4.14　廣韻 集韻 韻會 正韻 丛徒感切音萏。髮垂也 詩·鄘風 髧彼兩髦 傳 髧兩髦之貌 釋文 髧，本作优。鑋又 新撰字鏡 大欠反。上髮至扇（眉）垂兒 又 髧70925 駼70047

髧 70925 u2B63B
dàn_4.14　俗髧70914

髶 70915 37693
pā_4.14　集韻 披巴切音葩 類篇 髻貌 又bà集韻 步化切音杷。髶鬃，髮亂貌。鑋 髶髻，同乩耙，男性生殖器。或作髶、髶。

髮 70926 u2B63A
null_4.14　或俗髮。

髮 70917 37695
fà_4.14　篇海 與髮同

鬟 70927 u29B0E
shèng_4.14　俗髲64826

鬆 70916 37694
sōng_4.14　廣韻 與鬆同

髻 70923 46645
jiè_4.14　龍龕 同髻

髡 70918 37696
kūn_4.14　說文 與髡同

髮 70919 37697
zhǎng_4.14　字彙補 直良切音長。鬌也。鑋又 毁64764

髯 70920 42252
shāo_4.14　字彙補 心叫切，音肖◇ 字義總略 髮覆目也。鑋 楊愼：同髾。俗髾71030

髦 70921 42253
jiè_4.14　字彙補 古拜切音介。簪結也。鑋俗髻。

髻 70922 46644
pī_4.14　龍龕 同髻。鑋 龍龕 不見髻字 四聲篇海 髻，音髹。義同 字彙補 髻，音義與髻同。

髦 70924 46647
rán_4.14　五音篇海 音母。鑋 鄧福祿：疑俗髯字。

髡 70928 u29B0C
kūn_4.14　俗髡70894

髮 70929 u29B0A
fà_4.14　俗髮70949亦作髮31499 漢·陸賈 新語·愼微 夫播布革，亂毛髮，登高山，食木實。皮日休 憂賦 不勞膏沐，自清其髮。天一閣藏明弘治刻本 重修保定志·卷第二十三·詩文·雜詩五首·劉因·元日二首 在燕圖圍：天上青門隔，人間白髮催。

髢 70930 u29B08
tì_4.14　俗髢70896髢子，假髮。文淵閣四庫本 洪武正韻 鬄，髮也。亦作髢△宏按，明刻本髢作髢。又清·李漁 閒情偶寄·卷六·聲容部·盥櫛 後以假髢製作龍形。

髮 70931 u29B07
fà_4.14　俗髮70949 龍龕 髮髮今，髮正。

鬢 70932 u29B06
bìn_4.14　同鬢71248亦作鬢70936

髯 70933 u29B05
rán_4.14　俗髯70911

鬢 70936 u9AE9
bìn_4.14　漢語大字典·P.4519 鬢，同鬢71248臉旁靠近耳朵的頭髮。宋晁補之 摸魚兒 君視觀，滿青鏡，星星鬢影今如許。清·佚名 靈寶刀·支郡憐寃 為國就憂鬢已霜。

髮 70934 u29B04 jié_4.14 四聲篇海髮，音鬣71257義同。

髮 70935 u9AEA fà_4.14 龍龕髮今髮70949正。

髫 70937 37698 diān_5.15 廣韻集韻丛丁兼切，玷平聲博雅髫也玉篇髫鬑，鬑髮踈薄貌又chān集韻癡廉切音覘。義同。

髳 70938 37699 chéng_5.15 篇海同髳○按卽髳字之譌。

髳 70939 37700 chéng_5.15 篇海同髳○按卽髳字之譌。

髳 70940 37701 líng_5.15 集韻郎丁切音零。與鬡同。髮疎也。

髫 70941 37702 tiáo_5.15 唐韻徒聊切集韻韻會正韻田聊切丛音迢說文小兒垂結也玉篇小兒髮後漢·伏湛傳髫髮厲志註埤蒼曰：髫髦也。髫髮謂童子垂髮也干祿字書俗作齠。

髮 70942 37703 fà_5.15 正字通髮字之譌。

髮 70943 37704 zhěn_5.15 篇海止忍切音軫。白髮長也。

髳 70945 37706 nǐ_5.15 玉篇同鬑

髳 70944 37705 yǎo_5.15 篇海伊鳥切，音夭◇髳鬃，長而不勁○按廣韻作鰗鰗。

髬 70946 37707 pī_5.15 廣韻敷悲切集韻攀悲切丛音丕。髬髵，猛獸奮鬣貌張衡·西京賦及其猛毅髬髵。𠔃字彙髬，披髮走又髬64805髬70922髬70909髬70976又正字通髬70991，同髬。俗。因丕作平，故作髬。从髬爲正又龍龕髬27298髬64750，二俗。普悲反。正作髬字。

髳 70947 37708 niè_5.15 集韻牙割切音櫱。髳餘髮玉篇小兒貌。𠔃亦作髳64781髳64789

髭 70948 37709 zī_5.15 唐韻卽移切集韻韻會將支切丛音貲說文本作頿。口上須也註今俗別作髭，非是釋名髭，姿也。爲姿容之美也。𠔃又髭64834頿68030髭68213又直音篇髭64771髭同髭。

髮 70949 37710 fà_5.15 古文𩭤頒頣頫唐韻集韻韻會正韻丛方伐切音發◆說文根也玉篇首上毛也釋名髮，拔也。拔擢而出也黃帝·素問腎之華在髮草木子血之榮以髮又莊子·逍遙遊窮髮之北音義髮，猶毛也。北極之下無毛之地也。毛，草也。地理書云山以草木爲髮又姓。前漢·儒林傳東海髮福。又禿髮，複姓。𠔃又髮70935发05182𡟭10976頒10978䯬64774𢽾69608𡟭69611猶33432髮70917髮70942髮70929紼31499髮70931

髳 70950 37711 fū_5.15 唐韻甫無切集韻風無切丛音膚說文結也博雅髻也廣韻露髻也。

髯 70951 37712 qián_5.15 ◆集韻其淹切音箝釋名髯，剔也。剔刑人之髮爲之也又gàn集韻古暗切音紺類篇髮青紺色。𠔃楊寶忠：其淹切俗鉗62974，以鐵束頸。古暗切俗紺43966髯髮，即紺髮。

髳 70952 37713 qióng_5.15 玉篇渠匈切音蛩。髮亂。𠔃又髳71006髳70983

髳 70953 37714 rán_5.15 正字通俗髯字。

髳 70954 37715 jū_5.15 廣韻集韻丛居六切音掬。亂髮也。△或作髳。

髣 70955 37716 fǎng_5.15 集韻撫兩切音紡。與仿同。或作髣。又bìng篇海陂病切音柄。毛粗也。

髳 70956 37717 máo_5.15 篇海同鬘又北齊書·禮服志女官偏髾髻註少女之飾，四垂短髮，僅覆眉目，頂心長髮，繞爲臥髻○按正字通莫毫切音毛。無據。𠔃同髾70920，俗髾71030髮尾。

髳 70957 37718 zhà_5.15 集韻側駕切音詐玉篇多毛。

髳 70958 37719 tì_5.15 集韻同鬀又字彙補古文剃03458字。

髱 70959 37720 bào_5.15 集韻皮教切音鮑類篇多須貌。

髲 70960 37721 bì_5.15 唐韻集韻韻會丛平義切音被◆說文鬄也博雅髮謂之髲儀禮·少牢饋食禮主婦被裼註被裼讀爲髲鬄。古者或剔賤者、刑者之髮，以被婦人之紒爲飾，因名髲鬄焉。𠔃又髲27276

髳 70961 37722 máo_5.15 廣韻莫浮切集韻韻會迷浮切丛音謀說文與髳同書·牧誓及庸蜀羌髳微盧彭濮人傳八國皆屬文王者，髳、微在巴蜀詩·小雅·角弓疏髳、髦70913音義同又集韻謨袍切音毛。義同又méng廣韻正韻莫紅切集韻韻會謨蓬切丛音蒙爾雅·釋詁覭髳，茀離也註謂草木叢茸翳薈。𠔃又髳58746髳64760

髫 70962 37723 tāi_5.15 廣韻土來切集韻湯來切丛音胎。髫髵，婦人僞髻。

髴 70963 37724 fú_5.15 唐韻集韻韻會正韻丛敷勿切音拂說文若似也後漢·馮衍傳以至人之髣髴註言髣髴似之集韻或作彿又fú廣韻集韻丛分物切音弗。婦人首飾。又fèi廣韻集韻丛芳味切音費類篇髮亂貌。𠔃又髴16184髴17146髴62975又字彙補髴64770，夫物切音弗。義無考字海同髴又髴71091，同髣髴。

髳 70964 37725 jiē_5.15 江暉·亶爰集纈甘華于髳丘字彙補按，字書無髳字山海經髳丘有甘華、甘柤。當是髳字之譌。

髳 70965 37726 nǎo_5.15 字彙補髳字之譌。

髳 70966 46646 yòng_5.15 龍龕音用

髳 70967 46648 mán_5.15 字彙補髳字之譌。𠔃俗鬘71186字彙補髳，莫班切音蠻。花髳也。又莫賢切音眠。燒烟畵眉也。案此字當爲髳字之誤。篇韻注髳與髳同。姑別出以竢考。

髳 70975 u29B28 null_5.15 未詳。

髳 70968 46649 zhǎi_5.15 篇海類編音

跣。又音節。鑒字彙補知買切。

髲 70969 46650
shī_5.15　字彙補音失。

鬗 70970 u2B63C
râu_5.15　喃俗䯶71081鬚。

鬖 70971 u29B2F
nǐ_5.15　同鬖70945玉篇鬖，同鬙71249

鬋 70977 u29B26
null_5.15　未詳。

鬚 70972 u29B2C
bàng_5.15　鬚71094譌字集韻鬚，說文鬖也。按，說文本作鬚71135，鬖也。

鬘 70973 u29B2A
bọp_5.15　喃从髟乏phap聲。

鬖 70980 u29B23
jīng_5.15　簡鬘71042

鬐 70974 u29B29
jì_5.15　俗鬐71002可洪音義鬐髮：上古詣反。下音發。

鬖 70976 u29B27
pī_5.15　鬖70946譌字佩文韻府擽地：李君房白獸樽賦擽地空象夫鬖鬖，揚睛欲間乎哮吼。

鬖 70979 u29B24
chōng_5.15　簡鬖71275

鬖 70978 u29B25
rán_5.15　俗髯70953可洪音義髭鬖：而占反新撰字鏡鬖，如廉反。煩毛也。

鬖 70981 37727
ér_6.16　廣韻如之切集韻韻會人之切夶音而說文本作而。煩毛也註今俗別作髯玉篇多毛貌。亦作髵図廣韻鬖70946髯，獸奮鬣貌。

鬖 70982 37728
róng_6.16　廣韻如容切集韻而容切夶音茸說文亂髮也張衡·東京賦鬖髦被繡註鬖髦，髦頭茸騎也。類篇或作鬖図廣韻而至切，音二。又集韻仍吏切，音餌。去髮飾。

鬖 70983 37729
qióng_6.16　廣韻集韻夶渠容切音蛩。鬖鬆，髮亂也。鑒又鬖71006鬖70952鬖70992

鬖 70984 37730
sōng_6.16　廣韻息躬切集韻思融切夶音嵩玉篇細髮図類篇鬖鬈，氍布。

鬖 70987 37733
tí_6.16　集韻同鬖

鬖 70985 37731
dào_6.16　集韻杜皓切音道。髮長図大到切音導。長也。鑒龍龕鬖64778或作，鬖正，跳64777今，惱、道二音。髮長兒。

鬖 70986 37732
qū_6.16　集韻區玉切音曲。鬖鬖，蓬髮貌○按詩小雅予髮曲局。後人加髟作鬖鬖。

鬖 70988 37734
zhuǐ_6.16　廣韻集韻夶陟賄切音腜。假髮髻也。

鬖 70989 37735
gōng_6.16　廣韻九容切集韻居容切夶音恭。鬖鬆，髮亂。鑒又鬖鬆、鬖鬆、鬖鬆，同。

鬖 70990 37736
xiū_6.16　廣韻許尤切集韻正韻虛尤切夶音休。與鬖70908同。鑒又鬖71037鬖71166鬖71173

鬖 70991 37737
pī_6.16　集韻同鬖。鑒又鬖70922䯯27298鬖70946

鬖 70992 37738
qióng_6.16　篇海音印。髮亂。鑒楊寶忠：俗鬖70983

鬖 70993 37739
sì_6.16　玉篇與肆同○按說文作鬖71053又篇海毫毛也図獸名。

鬖 70994 37740
cì_6.16　唐韻集韻韻會夶七四切音次說文用梳比也玉篇首飾爲髮篇海通作次，謂編次髮長短爲之。

鬖 70995 37741
nǎo_6.16　集韻乃老切音惱。髮貌。鑒又鬖70897鬖70965楊寶忠：並俗跳64777

鬖 70996 37742
bō_6.16　篇海北末切，音剝◇女大髻。

鬖 70997 37743
kuāng_6.16　廣韻去王切集韻曲王切夶音匡。鬖鬖，亂髮。

鬖 70998 37744
zhǐ_6.16　玉篇都爾切音諹五音集韻鬖也図篇海美髮也図qí篇海巨支切音岐。馬項上鬖○接卽鬖字之譌。

鬖 70999 37745
kuò_6.16　唐韻集韻韻會夶古活切音括。說文本作鬖，潔髮也。儀禮·士喪禮主人鬖髮，袒疏鬖髮者，去笄纚而紒韻會或作鬖。通作括図集韻戶括切音活。義同図周禮·冬官考工記·旅人凡陶旅之事，鬖墼薜暴不入市註鄭司農云鬖墼爲刮。康成謂：鬖讀爲跀疏跀謂器不正敬邪者也。鑒又鬖70910紙64755

鬖 71005 u2B63D
kuò_6.16　簡鬖71233

鬖 71000 37746
duǒ_6.16　集韻都果切音朵。與鬖同玉篇髮垂也類篇剃餘髮。

鬖 71006 u2FA09
qióng_6.16　同鬖70983

鬖 71001 37747
cōng_6.16　篇海此琮切，音聰◇髮也○按卽鬖字之譌。

鬖 71002 37748
jì_6.16　唐韻古詣切集韻韻會正韻吉詣切夶音計說文總髮也。从髟吉聲。古通用結，此字後人所加史記陸賈傳尉佗魋結箕踞漢書註結讀曰鬖玉篇同鬖集韻亦作紒図jié集韻喫吉切音詰莊子·達生篇竈有鬖註，竈神，著赤衣，狀如美女図集韻激質切音吉。義同。鑒又鬖71048鬖27529鬖64744鬖64825鬖70974

鬖 71003 37749
bǎo_6.16　集韻補抱切音寶。鬖也。一曰髮未長。或作鬖字彙譌作鬖。鑒又鬖71036

鬖 71004 46651
zhuā_6.16　字彙補俗鬖字。

鬖 71008 u29B45
yì_6.16　俗鬖46227蓬亂△鬖頭：蓬頭，頭腦紊亂。

鬖 71007 u29B46
xọp_6.16　喃从髟合họp聲。

鬖 71011 u29B41
null_6.16　未詳。

鬖 71009 u29B44
cǎi_6.16　鬖71062俗譌

鬖 71013 u29B3F
null_6.16　未詳。

鬖 71010 u29B42
fǎng_6.16　俗鬖70907元·陳夢根徐仙翰藻（續道藏本）卷之三·靈濟宮賦覿幽人之髦鬖兮，守以又玄而莫莫。

鬖 71014 u29B3E
yā_6.16　簡鬖71088

鬖 71012 u29B40
mán_6.16　同鬖71186可洪音義拍鬖：莫奸反。亦云拍鬖。

鬖 71015 37750
lí_7.17　廣韻里之切集韻韻會陵之切夶音釐。鬖鬖，髮起也図玉篇髮卷。鑒鬖71254鬖71143

鬖 71016 37751
péng_7.17　廣韻薄紅切集韻韻會蒲蒙切正韻蒲紅

切太音蓬。鬔鬆，髮亂貌。或作鬔。鑾又鬅71018

鬗 71017 37752 mán_7.17 篇海同鬘

𩭾 71019 37754 jú_7.17 五音集韻渠玉切音局類篇鬗𩭾，髮鬈之貌。本作局。

鬅 71018 37753 péng_7.17 正字通鬔字之譌。

𩮵 71020 37755 wén_7.17 集韻吾昆切音僤。鬍髮也。

𩮀 71021 37756 liè_7.17 集韻力協切音甄。髮疎貌。

𩮫 71023 37758 zōng_7.17 篇海子紅切，音棕◇毛亂。

鬑 71024 37759 xiān_7.17 廣韻息廉切集韻思廉切太音銛玉篇髮也又集韻斯兼切音縿。垂貌。鑾又髮70886

髽 71025 37760 zhuā_7.17 唐韻集韻韻會太莊華切音撾說文喪結儀禮·士喪禮婦人髽于室註去笄纚而紒也。又喪服註露紒也。猶男子之括髮禮·檀弓魯婦人之髽而弔也，自敗于臺鮐始也。鑾說文作髽又髽71004

𩭲 71026 37761 wǒ_7.17 篇海烏果切，窩上聲。好髮髻也。

𩮇 71022 37757 póu_7.17 玉篇同髻

𩬴 71027 37762 shǐ_7.17 篇海詩止切，音豕◇髻髮。鑾正字通舊註音豕。髻髮。與篇海同。按，髻从豕無義。一曰鬤71152字之譌。

𩮣 71028 37763 niǎo_7.17 篇海奴了切音裊。鬗鬤，長也廣韻作跡。

𩬶 71029 37764 máng_7.17 集韻莫江切音龙類篇毛蒼也△一曰髮亂也。

髾 71030 37765 shāo_7.17 廣韻正韻所交切集韻韻會師交切太音梢。髮尾史記·司馬相如傳蜚纖垂髾又曳彗星以爲髾註髾，燕尾也後漢·馬融傳曳長庚之飛髾註卽旌旗所垂之羽毛也又shào集韻所教切音稍。義同又shǎo集韻山巧切音稍。毛髮長。鑾又髾70920髾70956又龍龕䈾64792俗髾正。

髿 71031 37766 shā_7.17 廣韻所加切集韻韻會師加切太音沙。鬖髿，髮美也玉篇髮垂貌郭璞·江賦綠苔鬖髿乎研上註通俗文髮亂曰鬖髿又suō廣韻集韻太蘇禾切音蓑。又集韻韻會正韻太桑何切音娑。義太同△篇海亦作髿。鑾集韻省髿，髮垂皃韻會或作毸。

鬀 71032 37767 tì_7.17 唐韻集韻韻會正韻太他計切音替說文鬄髮也。大人曰髡，小兒曰鬀，盡及身毛曰鬄註今俗別作剃，非是。

𩭹 71033 37768 jiū_7.17 玉篇字由切，音因◇接髮也○按卽鬏字之譌。

𫘿 71038 u2B63F null_7.17 喃未詳。

髺 71034 37769 kuò_7.17 說文髺本字

𫘾 71039 u2B63E nǎo_7.17 同𡲘27397

𩭿 71035 42254 wǒ_7.17 字彙補音義與騀同李商隱詩欄藥日高紅髮𩭿○按甘泉賦崇丘陵之駊騀兮。註：駊騀，高大貌。髮𩭿，當亦此意。

𩮈 71036 46652 bǎo_7.17 篇海類編同髼。

𩮎 71037 46653 xiū_7.17 五音篇海同髼。

𩭜 71040 u29B5C xùi_7.17 喃从髟吹xuy聲。蓬鬆△頭𩭜：蓬頭。

𩭛 71041 u29B5B jiǎo_7.17 同總角之角水滸傳·第四十二回李逵看那人時，戴一頂紅絹抓𩭛兒頭巾，穿一領麤布衲襖，手裏拿著兩把板斧，把黑墨搽在臉上。

𩭗 71043 u29B57 péng_7.17 俗鬅71055

𩭙 71042 u29B59 jīng_7.17 明·孫柚琴心記·第三齣·文君新寡能照千𩭙髮，難諳一片心。

𩭖 71044 u29B56 póu_7.17 俗髻71022亦作髻71080直音篇髻同髻71054

𩭔 71046 u29B54 fǎng_7.17 𩭔髴，同髣70907髴。

䯼 71047 u4BFC dí_7.17 䯼髻，古代婦女用假髮盤成的髻。一說婦女戴用的罩髻冠。元·馬致遠青衫淚·第二折拄杖兒過頭，䯼髻兒稍天。明·張世維雙烈記·引狎道我是油䯼髻的魔王，真個是粉骷髏的太歲又作翟髻、鬍髻西遊記·第二十三回時樣鬍髻皂紗漫，相衬着二色盤龍髮。

𩭕 71045 u29B55 dàn_7.17 或俗髧70914

䯻 71048 u4BFB jì_7.17 五侯鯖字海髻，音記。綰髮爲髻。又作髻71002，从吉。

鬂 71049 u9B02 bìn_7.17 彙音寶鑑·髟部鬂，同鬢71248

鬁 71050 u9B01 lì_7.17 鬎鬁，同瘌痢，禿髮瘡。

鬃 71051 37770 zōng_8.18 唐韻藏宗切集韻徂宗切太音悰玉篇高髻也又韻會馬鬃也。或作騣又廣韻士江切集韻鉏江切太音淙。義同。鑾又踪41591稯27429䗥64793猔32784騌70101鬉。

鬄 71052 37771 tì_8.18 唐韻集韻韻會正韻太他計切音替說文髮也玉篇髢70896本字又類篇剃也前漢·司馬遷傳其次鬄毛髮嬰金鐵受辱又與剔同詩·魯頌·狄彼東南箋狄當作剔。剔，治也釋文韓詩作鬄，除也又周禮·夏官小子掌祭祀，羞羊肆註肆讀爲鬄。羊鬄者，所謂豚解也儀禮·士喪禮其實特豚四鬄去蹄註鬄，解也。四解之殊肩髀而已又xī廣韻集韻太思積切音惜。又dì集韻韻會太大計切音第。又集韻他歷切音逖。義太同。鑾又鬄70987髻71063又龍龕髢70958頙64818二俗，髢通，鬄正。

𩯅 71053 37772 sì_8.18 廣韻集韻太息利切音四。與肆同。極陳也。

𩮯 71054 37773 póu_8.18 廣韻薄侯切集韻蒲侯切太音裒說文髮貌玉篇髮好也。或作髻又集韻芳無切音敷。又風無切音膚。又斐父切音撫。義太同又pǒu廣韻集韻太普后切音剖。髮短貌又bǎo集韻補抱切音寶。與髼71003同。鑾又𡡣16519頯68403髻71080

髝 71055 37774 péng_8.18 廣韻步崩切集韻蒲登切丛音朋。髝鬇，被髮。鎣龍龕髝70966鬅71043，二俗，音甫△宏按，俗髝。元·陳鎰午溪集·卷六·題陳思復喜白髮詩卷一任髝鬇颯垂領，居閑幸免着塵纓。

髫 71056 37775 tiáo_8.18 唐韻徒聊切集韻田聊切丛音迢說文髮多也又zhòu廣韻集韻丛職救切音呪。又chóu集韻陳留切音儔。義丛同又diāo廣韻都聊切集韻丁聊切丛音雕。小兒留髮。鎣又髫71242

髮 71057 37776 zú_8.18 集韻昨沒切音捽玉篇髻髮也又zuì集韻摧內切音啐類篇髮髮，髮亂又suì集韻蘇對切音碎。義同。

髮 71058 37777 wǒ_8.18 集韻鄔果切音婐類篇髮髻，髮貌。鎣又髮71125

髮 71059 37778 dào_8.18 篇海音卓。長也。鎣音卓，音悼之誤。又髮64758髮70985

髮 71060 37779 fèi_8.18 唐韻集韻丛芳未切音費說文鬅也，忽見也又集韻博木切音卜。義同。

髮 71061 37780 qiān_8.18 集韻丘顏切，音馯。寡髮也。

髮 71062 37781 cǎi_8.18 廣韻倉宰切集韻韻會正韻此宰切丛音采。髮髮又cài廣韻集韻丛倉代切音菜揚子方言絡頭，或謂之髮帶註髮亦髻也玉篇髮帶幓頭類篇一曰覆巾。鎣又髮71009又落髮，又作落髮、落彩、落采，剃髮出家。

髻 71063 37782 xī_8.18 篇海音昔。髮也。鎣張涌泉：同髮71052，髮也。

髮 71064 37783 àn_8.18 篇海魚幹切音岸。長也。

鬆 71065 37784 sōng_8.18 廣韻私宗切集韻蘇宗切，並宋平聲。又集韻蘇業切，音葱。髮鬆，髮亂。或作髮又廣韻昔恭切集韻思恭切丛音蚣。髮鬆，髮亂又sòng廣韻集韻韻會正韻丛蘇弄切音送。髮鬆，髮貌又cōng集韻七恭切，音樅。與髮同△亦與髮同。髮亂貌。鎣又髮64746髮71101又字彙補松23662與鬆同。

髻 71066 37785 dá_8.18 集韻達合切音沓玉篇髮也。

鬆 71067 37786 zǒng_8.18 字彙同鬆。 髮 71069 37788 chuí_8.18 集韻傳追切音椎。與髻同。髮隋也玉篇垂髻也。

髻 71068 37787 hàn_8.18 集韻戶感切音頷。髮短貌。

鬇 71070 37789 chéng_8.18 集韻鋤庚切音傖玉篇鬇鬡，毛髮亂貌。亦作鬇廣韻同鬇類篇或作鬇又廣韻士耕切集韻鋤耕切丛音崢。又集韻中莖切音玎。義丛同。鎣又鬇70895鬇70905鬇70938

鬈 71071 37790 quán_8.18 廣韻巨員切集韻韻會正韻逵員切丛音權說文髮好也詩·齊風其人美且鬈禮·雜記燕則鬈首疏謂分髮爲鬌紒也又類篇一曰髮曲也又廣韻丘圓切集韻驅圓切丛音棬。義同。鎣又髮64808又龍龕髮71073或作，鬈正，渠員反。髮好也。又番人髮也。

髮 71072 37791 bī_8.18 篇海邊迷切音篦。冠飾也。亦作髮。

髮 71073 37792 quán_8.18 篇海巨員切音權。髮好也。鎣直音篇同鬈71071又胡人髮。

鬉 71074 37793 dòng_8.18 廣韻集韻丛多貢切音涷。鬉鬆，髮貌。

髮 71075 37794 jué_8.18 正字通與髮同後漢·五行志更始諸將軍皆幘而衣婦人衣繡擁髮酉陽雜俎繡髮，半臂羽衣也。

髮 71078 u2B641 null_8.18 未詳。 髮 71076 37795 zhǎng_8.18 篇韻音兩。髮也。鎣四聲篇海音長髮也。楊寶忠：俗髮71185

髮 71077 42255 mín_8.18 川篇眉吟切。掘土貌。

髻 71080 u29B78 póu_8.18 同髻71044俗髻71022

髮 71079 u29B79 sān_8.18 簡髮71180 髮 71081 u29B76 râu_8.18 喃从髮省油dầu聲△髮髮：髮髮△俗省作髮70970

髮 71082 u29B75 quǎn_8.18 喃从髟官quan聲。捲髮△髻跳：扭曲。

髮 71083 u29B74 kòng_8.18 字海音控。髮鬆，頭髮蓬鬆。宋·黃機竹齋詩餘·摸魚兒髮鬆不理金釵溜。

髮 71085 u29B72 dí_8.18 髮髻，亦作髮71047髻。

髻 71086 u29B71 shùn_8.18 同髻71215 髮 71084 u29B73 huō_8.18 清·胡文英吳下方言考音豁易林遯之震：驄驪黑髮。案：髮，尾動也。吳中謂犬馬類尾動曰搖頭髮尾又方攞。

髻 71087 u29B70 qí_8.18 俗髻71142唐·段成式酉陽雜俎·廣知魚有睫，及目合，腹中自連珠，二目不同，連鱗，白髻，腹下丹字，並殺人△宏按，錦繡萬花谷引此字下从香作。

髮 71088 u29B6F yā_8.18 髮鬟，即丫鬟。

髮 71089 u29B6E null_8.18 未詳。 髮 71090 u29B6D kūn_8.18 或同髡70894

髮 71091 u29B6C fú_8.18 髮髮，同髮髮70963明·黃佐泰泉集（文淵閣四庫本）卷五七言古詩醉歌贈王天與歸關中兼訊馬伯循珠江髮髮軒轅邱，金鰲蹙沓銀河流。

鬉 71092 37796 zōng_9.19 廣韻子紅切集韻韻會祖叢切丛音葼類篇髮亂。鎣龍龕髮64793髮64811髮64796髮71023四俗，髮64811通，鬉正，子紅反。毛乱也又髮71101髮鬆。又正字通鬉，俗鬉字。

髻 71093 37797 fù_9.19 廣韻集韻丛敷救切音副博雅假髻謂之髻又集韻通作副周禮·天官·追師掌王后之首服爲副編次△玉篇或作髻。

髤 71094 37798
péng_9.19 廣韻薄庚切集韻蒲庚切𠀤音彭。髼鬏，髮亂貌 囗bǎng 廣韻北朗切集韻補朗切𠀤音榜。又bàng集韻蒲浪切音傍。又páng蒲光切音旁。又fǎng甫兩切音昉。義𠀤同△說文本作髦。𡣑集韻䯥說文髮也說文䯂，鬏也。

鬊 71095 37799
sāi_9.19 集韻韻會正韻𠀤桑才切音鰓。玉篇小髮增韻鬓鬊，多須也。或作思 囗正韻相咨切音私。義同。

髴 71096 37800
fú_9.19 篇海同髴69640

髮 71097 37801
bǎo_9.19 字彙同髮。𡣑保禾，同保 囗髪71036

髶 71098 37802
róng_9.19 篇海乞格切音客。髮甚長也。𡣑張涌泉：俗髶71145音容。

髳 71099 37803
máo_9.19 集韻謨袍切音毛說文髮至眉也。或作髳。亦作髦 囗móu 廣韻莫浮切集韻迷浮切𠀤音謀。義同。𡣑又髳71167鬏71195䯳64835

髻 71100 37804
nà_9.19 廣韻集韻𠀤而轄切玉篇細毛。

鬆 71101 37805
zōng_9.19 廣韻子紅切集韻祖叢切𠀤音髮。與駿同玉篇馬鬣 囗類篇繫髮縞曰頭鬆 囗zǒng 廣韻作孔切集韻韻會正韻祖動切𠀤音總。鬆角。本亦作總。囗sōng集韻蘇宗切。與鬆同。𡣑又髻71172鬏71171

髮 71102 37806
qià_9.19 廣韻恪八切集韻丘八切𠀤音劼。與髇同博雅禿也 囗廣韻古鎋切音揭。又集韻訖點切音戛。又午轄切音聒。義𠀤同△本作髻，或作髻。

髇 71103 37807
xiā_9.19 廣韻許鎋切集韻許轄切𠀤音瞎。與髻同。禿貌。

鬟 71104 37808
sōu_9.19 集韻先侯切音鎪。與鬆71181同。

鬚 71105 37809
xū_9.19 正字通同須復古編髯本作須。今以須爲所須字，而面毛字別作鬚，俗又傳寫作鬓。

髤 71106 37810
xiū_9.19 篇海許尤切音休。龍車飾。

鬞 71107 37811
róu_9.19 廣韻耳由切集韻而由切𠀤音柔玉篇馬之繁鬣 囗類篇一曰黃髮。𡣑又騄70192

鬊 71108 37812
shùn_9.19 古文巛巛唐韻舒閏切集韻韻會輸閏切𠀤音舜說文本作鬊，鬊髮也禮·喪大記君大夫鬊爪實于綠中註鬊，亂髮也前漢·天文志有黑雲，狀如焱風亂髮 囗博雅鬊帶，幧頭也 囗集韻尺尹切音蠢。義同。𡣑又鬊71175，从春 囗鬏71165髻71215

髮 71109 37813
nà_9.19 五音集韻乃亞切音肭。髱髮，髮亂貌。

鬋 71110 37814
jiān_9.19 廣韻集韻子仙切韻會將仙切𠀤音煎說文女鬢垂貌楚辭·招魂盛鬋不同制註鬋，鬢也 囗jiǎn 廣韻即淺切集韻子淺切𠀤音翦禮·曲禮不蚤鬋註鬋，鬢髮也疏剔治須髮也釋文鬋，子淺反 囗正韻作甸切

音薦。義同。鬋又鬏71154，本字。

鬎 71111 37815
tì_9.19 篇海與鬎同。

鬎 71112 37816
mián_9.19 正字通鬏字之譌。

鬌 71113 37817
duǒ_9.19 廣韻丁果切集韻韻會都果切正韻都火切𠀤音朵說文髮隋也玉篇小兒剪髮爲鬌類篇剃餘髮。一曰髮美禮·內則剪髮爲鬌註鬌，所遺髮也疏三月剪髮，所留不剪者爲鬌 囗duò 廣韻徒果切集韻杜果切𠀤音墮。又tuǒ集韻他果切音妥。又廣韻直垂切集韻重垂切𠀤音錘。又chuí集韻韻會𠀤傳追切音椎。又集韻翾規切，音陸。義𠀤同。鬌又錘64798鬏71000䯳71069 囗字海䭨64812，同鬌。字見字彙補。䯴71217，同鬌。陳基群珠碎傷吳帥潘元紹眾妾作蘭膏䯴鬟瓊肌香。

鬃 71123 u29B93
liè_9.19 俗鬣71259

鬏 71114 37818
jiū_9.19 集韻將由切音擎。髮接髮也△玉篇譌作鬏。

鬘 71115 37819
mán_9.19 字彙補鬘字之譌。

鬏 71125 u29B91
wǒ_9.19 同鬏71058辨證鬏，今家訓作暨。𡣑同鬏71142

鬜 71116 37820
qí_9.19 音未詳佩觿

鬏 71127 u29B8D
null_9.19 未詳。

鬏 71117 46654
shè_9.19 五音篇海音涉。𡣑楊寶忠：力涉切。俗鬣71259

鬤 71118 46655
chán_9.19 篇海類編音讒。𡣑或同䯬64861

鬏 71128 u29B8C
null_9.19 未詳。

鬏 71119 u2B642
rấu_9.19 喃俗鬏71191

鬏 71120 u2B640
qí_9.19 同鬏71116，俗鬏71142

鬏 71121 u29B95
xồm_9.19 喃从鬏省侵xâm聲△鬐鬏：鬏子拉碴。

鬏 71122 u29B94
quǎn_9.19 喃从髟軍quân聲△鬏鬏：頭髮捲曲。

鬏 71124 u29B92
mán_9.19 同鬏71186見類說·卷二十·傳燈錄

鬏 71126 u29B8E
zhā_9.19 毛髮、髮髻豎立。亦作鬏鬏。元·彭致中鳴鶴餘音·卷之八·水仙子（漢）鍾離頭綰著雙鬏髻，身穿著百衲衣。又元·朱庭玉青杏子·歸隱穿布袍麻條搭撒，撚衰髯短髮鬏鬏。又明·湯顯祖還魂記·第八齣·勸農他一樣小腰撧，一般雙髻鬏，能騎大馬。

鬏 71129 u29B8B
null_9.19 新撰字鏡方干反、疋部反。髮白頭字

鬏 71130 u29B8A
liè_9.19 直音篇鬏，同鬣71224

鬏 71131 u9B0F
jiū_9.19 鬏71205黃侃蘄春語漢魏之際，謂婦人假髻為撮。今北方謂此為纂兒，纂與撮正對轉音也；吾鄉謂之鬏，即由切。

鬏 71132 u9B0E
là_9.19 鬏鬏，同瘌痢，禿髮瘡。

鬍 71133 u9B0D
hú_9.19 民國新字典鬍，讀如胡。俗稱鬚曰鬍子。本作胡 囗𩭹27259舌27261尾27262

⿱髟豈 71134 37821 ái_10.20 篇海魚開切音皚。長貌。

⿱髟益 71135 37822 péng_10.20 說文髼本字。

⿱髟蒿 71136 37823 hāo_10.20 集韻呼高切音蒿類篇髮貌。

⿱髟茸 71137 37824 róng_10.20 廣韻如容切集韻而容切丛音茸玉篇亂髮也類篇與髶同。

⿱髟蚤 71138 37825 sāo_10.20 集韻蘇遭切音騷類篇⿱髟蚤⿱髟蚤，髮貌。

⿱髟索 71139 37826 suǒ_10.20 集韻色窄切音榡。髮豎貌。

⿱髟剔 71140 37827 tì_10.20 唐韻集韻丛他歷切音逖說文鬀髮也。[又]廣韻施隻切音釋。義同。鎣又鬄71111𩑶64803

⿱髟害 71141 37828 xiā_10.20 集韻許轄切音瞎玉篇⿱髟害，鬜，秃也類篇或作⿱髟舝 [又]yà廣韻五鎋切集韻五瞎切丛音楬。義同。

鬐 71142 37829 qí_10.20 唐韻渠脂切集韻韻會渠伊切丛音耆說文馬鬣也廣韻馬項上鬐也揚子方言鬐，尾稍盡也註鬐，毛物漸落去之名 [又]儀禮·士虞禮記魚進鬐註鬐，脊也莊子·外物篇揚而奮鬐。鎣又鬐71120鬐71087鬐71116𩑔64827𩑓64813

⿱髟貍 71143 37830 lí_10.20 篇海鄰知切，音狸◇髮卷。鎣又⿱髟貍71254俗⿱髟里71015

⿱髟齒 71144 37831 bìng_10.20 篇海筆命切，音病◇毛相。鎣又⿱髟丙70955

⿱髟容 71145 37832 róng_10.20 集韻餘封切音容。髮長貌 [又]一曰飾也。鎣又⿱髟容71098𩑷64823

⿱髟差 71146 37833 suǒ_10.20 集韻想可切音縒說文髮好也 [又]唐韻千可切集韻此我切，並音瑳。又集韻楚委切音揣。義丛同 [又]cuó廣韻昨何切音嵯。髮多貌 [又]爾雅·釋詁嵯咨縒也鄭樵註縒作⿱髟差，讀與罝同。鎣又⿱髟差71265

鬑 71147 37834 lián_10.20 廣韻集韻丛勒兼切音濂說文鬋也。一曰長貌玉篇髻鬑，鬑髮疎薄貌 [又]唐韻力鹽切音廉。義同。

⿱髟般 71148 37835 pán_10.20 唐韻薄官切集韻韻會蒲官切丛音槃說文臥結也註徐曰：古今注所謂槃桓髻廣韻⿱髟般頭，屈髮爲之 [又]廣韻集韻丛薄半切音畔。又集韻補滿切音鉡。義丛同 [又]bān廣韻布還切集韻逋還切丛音班。髮半白柳宗元詩賈傅辭寧切，虞童髮未⿱髟般。鎣又⿱髟盤71260

⿱髟尃 71149 37836 bó_10.20 集韻伯各切音博玉篇髲⿱髟尃類篇髮也。

鬒 71150 37837 zhěn_10.20 廣韻章忍切集韻韻會正韻止忍切丛音軫說文本作㐱，稠髮也。或从髟詩·鄘風鬒髮如雲傳黑髮也左傳·昭二十八年有仍氏生女，鬒黑而甚美註服虔云髮美爲鬒 [又]集韻之刃切音震。義同。

鬒 71158 uFACD zhěn_10.20 兼鬒71150

⿱髟眞 71151 37838 zhěn_10.20 五經文字鬒71150作⿱髟眞。鎣又㐱00794，本字。

⿱髟冡 71152 37839 méng_10.20 篇海同⿱髟蒙。鎣又⿱髟冡71027

⿱髟亞 71153 37840 zhuā_10.20 說文髽本字。

⿱髟歬 71154 37841 jiǎn_10.20 說文長箋與鬋同。

𩮪 71161 u29BAA zōng_10.20 同鬉71101

鬘 71155 37842 mán_10.20 篇韻與⿱髟蔓同

𩮩 71162 u29BA9 null_10.20 未詳。

⿱髟鳥 71156 42256 liè_10.20 龍龕良涉切。鬣也。鎣同⿱髟鳥，俗⿱髟鼠71259龍龕⿱髟鳥⿱髟鳥俗，鬣正。

⿱髟殺 71157 46656 shā_10.20 五音篇海音殺。

𩮭 71159 u29BAD ria_10.20 喃从髭省師sư聲。

𩮬 71160 u29BAC wěng_10.20 大字典同蓊50442引明·彭而珩湖盜出沒叵測議處防守疏港汊縱橫，蘆葦𩮬密。

𩮨 71163 u29BA8 null_10.20 未詳。

𩮦 71165 u29BA6 shùn_10.20 禮記注疏·喪大記·卷四十五君、大夫𩮦爪實于綠中，士埋之。孫詒讓·校記：𩮦（⿱髟舂71108），亂髮也。〇𩮦，誤從脊。

𩮥 71166 u29BA5 xiū_10.20 同⿱髟桼71173字彙⿱髟桼，許尤切，音休。漆赤多黑少也六書正譌俗作髹，非。

𩮧 71164 u29BA7 null_10.20 未詳。

𩮤 71167 u29BA4 móu_10.20 廣韻𩮤，莫浮切。髮至眉。或作髳。按，譌。鉅宋本作⿱髟務71099

鬓 71168 u9B13 bìn_10.20 简鬢71248

鬔 71170 37844 péng_11.21 集韻同髼

⿱髟敖 71169 37843 áo_11.21 集韻牛刀切音遨類篇髮貌。

⿱髟從 71171 37845 cōng_11.21 廣韻集韻丛七恭切音樅。⿱髟兇⿱髟從，髮亂貌。或作鬆 [又]zǒng集韻祖動切音總。與鬉同。馬鬣。一曰⿱髟從角。

⿱髟悤 71172 37846 zǒng_11.21 篇海與鬉同。

⿱髟桼 71173 37847 xiū_11.21 廣韻許尤切集韻虛尤切丛音休。與髤70908髹丛同 [又]廣韻七四切音次。義同。

鬕 71174 37848 mà_11.21 唐韻集韻韻會丛莫駕切音禡◆說文帶結飾也類篇袜額也張衡·西京賦朱鬕鬣髽 [又]集韻末各切音莫。義同。

⿱髟舂 71175 37849 zhuāng_11.21 集韻株江切音樁。⿱髟舂⿱髟龍，亂髮。鎣又⿱髟舂71262

⿱髟產 71176 37850 chǎn_11.21 篇海同鏟

⿰⿱殹镸彡 71179 37853 yī_11.21 集韻煙奚切音鷖類篇黑髮。俗作⿱殹髟。鎣正作黳75061

⿱髟票 71177 37851 piào_11.21 廣韻集韻丛匹妙切音剽。與顠同玉篇髮白貌 [又]piāo集韻紕招切音漂玉篇亂髮 [又]piē集韻鋪結切音擎。髮貌。鎣又⿱髟票71247

⿱髟崔 71178 37852 suī_11.21 集韻蘇回切音綏類篇髮亂垂貌 [又]cuǐ集韻取猥切音嶉。毛髮貌。鎣又⿰毛崔27530

髟 71180 37854
sān_11.21 廣韻 集韻 並蘇甘切音三。又 集韻 韻會 正韻 蘇含切音毿。鬖髟，毛垂也 玉篇 亂髮也 図 sēn 集韻 疏簪切音森。又 chēn 初簪切音參。又 shān 師咸切音攕。又 shǎn 所斬切音摻。又 sàn 蘇暫切，三去聲。義並同△ 篇海 亦作髿。鍌又髿 71079 鬃 71234

鬋 71181 37855
sōu_11.21 廣韻 速侯切 集韻 先侯切並音鎪。髤鬋，白頭人也 類篇 髤鬋，髮亂也。或作鬆。鍌又鬢 71183

髱 71182 37856
dōu_11.21 廣韻 集韻 並當侯切音兜。髤鬋 71181

鬆 71183 37857
sōu_11.21 正字通 鬋字之譌。

縲 71184 37858
luó_11.21 篇海 音騾。髮稠也。鍌 可洪音義 鬝鬐：上洛戈反。按，即螺髻。

鬗 71185 37859
wàn_11.21 廣韻 集韻 並無販切音萬 說文 髮長也 前漢 禮樂志 掩回轅，髳長馳 註 髳鬗，長貌 図 mán 廣韻 謨官切 集韻 韻會 母官切並音瞞。義同。鍌又髳 71076

髮 71188 46657
bǔ_11.21 龍龕 同鬘

鬘 71186 37860
mán_11.21 ◆ 廣韻 莫還切 集韻 謨還切並音蠻。衣也 韻 補 纓絡也 西陽雜俎 天女九退相，九髮散臝澀，又脣動不止，瓔珞花鬘皆重。白居易·悟真寺詩 貫橐為華鬘。又 酉陽雜俎 四媣女如影等，各有十二億那由他侍女，壽五千歲，地名月鬘。図 集韻 謨官切音瞞 類篇 髮美貌。鍌又髷 64814 鬘 64832 鬹 64857 髩 70453 髻 70956 髻 71017 髻 70967 髻 71115 鬣 71155 鬢 71187 鬌 71124 鬤 71189 図 字彙補 髷 71235 與鬘同。

髳 71187 37861
mán_11.21 篇海 同鬘

鬙 71191 u29BC1
ráu_11.21 喃 从鬚省 娄 lâu 聲△亦作䰰 71081 俗作鬖 71119

鬘 71189 u2B643
mán_11.21 同髳 71187 俗鬘 71186

髤 71190 u29BC2
gáy_11.21 喃 从髟既 kỳ 聲。同臘 48105

鬚 71192 u29BC0
tóc_11.21 喃 从髟速 tốc 聲△鬚泊：白髮。

鬕 71194 u29BBE
yì_11.21 俗鬂 75061 亦作鬔 64835 鬤 70961 直音篇 鬕，音牟，髮至眉也。

鬓 71195 u29BBC
máo_11.21 同鬕 71099，亦作鬄 71099

髶 71196 u29BBB
liè_11.21 同鬣 71210

鬇 71193 u29BBF
chóp_11.21 喃 从髟執 chấp 聲△頂鬇：頂部。鬇籤：笠的尖端。

鬝 71197 37862
bì_12.22 集韻 兵媚切音祕 類篇 鬝鬣，多須貌 玉篇 髮也。鍌 集韻 或作鬘鬣，多須。

鬌 71198 37863
zùn_12.22 廣韻 子寸切 集韻 祖寸切並音焌 玉篇 頂上無髮。

鬖 71199 37864
fù_12.22 廣韻 集韻 並敷救切音副。與鬝 71093 同。図 廣韻 芳福切 集韻 芳六切並音覆。義同。

髳 71200 37865
nào_12.22 集韻 女教切音閙 類篇 多須貌。

鬙 71201 37866
dēng_12.22 集韻 都騰切音登 類篇 鬙髲，毛亂貌。図 集韻 當來切，音駘。義同。

鬩 71202 37867
kuì_12.22 唐韻 集韻 並丘媿切音喟 說文 屈髮也 博雅 鬙也 図◆ 揚子方言 絡頭，其偏者謂之鬙帶 図 集韻 丘畏切音毅。義同。鍌又鬙 71273 韼 64856

戲 71203 37868
zhí_12.22 集韻 質力切音職 類篇 髮垢也。鍌楊寶忠：疑為臘 47856 之易旁字。

髻 71204 37869
sēng_12.22 廣韻 蘇增切 集韻 正韻 思登切並音僧。鬅髻，髮短 類篇 髮亂。

鬙 71205 37870
cuō_12.22 集韻 麤括切音撮 類篇 鬙也。鍌又鬆 71131

椶 71206 37871
zōng_12.22 同鬃 71092

鬚 71206 37871
xū_12.22 廣韻 相兪切 集韻 韻會 詢趨切並音須 玉篇 髭須也。本作須 韻會 須已从乡，俗加髟作鬚，非。鍌又须 67953 鬚 71105 鬚 71244

髦 71207 37872
liáo_12.22 廣韻 落蕭切音聊。細長。

鬚 71222 u29BD5
null_12.22 未詳。

戟 71208 37873
jǐ_12.22 廣韻 几劇切 集韻 訖逆切並音㦸。髭戟 類篇 髭貌。

鬙 71223 u29BD4
bin_12.22 俗鬢 71248

鬆 71209 37874
bō_12.22 廣韻 集韻 並北末切音撥 玉篇 鬆鬙，鬢多毛。

鬷 71210 37875
liè_12.22 鬣 71259 字省文。

鬙 71211 37876
cóng_12.22 集韻 祖聰切音葼 類篇 毛髮聚生。

鬙 71224 u29BD3
liè_12.22 俗鬣 71259

鬙 71212 37877
chéng_12.22 集韻 同鬇

髮 71214 37879
bǔ_12.22 集韻 博木切音卜。鬐鬙貌。鍌又鬘 71188

鬙 71215 37880
shùn_12.22 說文 鬇本字。鍌又髻 71086

鬖 71216 37881
sān_12.22 篇海 同鬖

髯 71213 37878
qiān_12.22 唐韻 苦閑切 集韻 韻會 正韻 丘閑切並音慳 說文 鬢禿也 註 徐曰：頭鬢少髮也 韓愈·南山詩 或赤若秃髯 註 頭瘡也 図 廣韻 恪八切 集韻 韻會 丘八切並音劼。又 集韻 丘葛切音渴。又苦八切音𪗪。又鉏山切音潺。義並同。鍌又髮 71102 図 正字通 髯 71061 俗髯 71226字。

鬙 71217 u29BDA
duǒ_12.22 劉衍文 雕蟲詩話·卷三 紀河間 館課存稿 中，亦有 賦得花缺露春山得山字 同題之作，亦復稍點其略，鈔之於下：遙隔玲瓏影，斜窺鬖鬙鬙。鬙鬙，亦可寫作倭墮。蘇軾 遷居詩 青山滿牆頭，鬖鬙幾雲鬙。鬙亦可寫作鬙 71113，皆髮貌、鬙貌。試帖極忌用僻字僻典。此以前人詩句有過，庶可通融。

鬙 71225 u29BD2
zàn_12.22 簡 鬙 71263

鬟 71218 u29BD9
huán_12.22 清·沈謙 菩薩蠻 相攜鬪草長春洞，垂鬟覆額眉痕重。清·李調元 雨村詞話·卷四 鬟，韻府不載，殆鬟 71232字之訛。

鬙 71219 u29BD8
jiào_12.22 龍龕 鬙正 鬤 64839今，長兒也。

髯 71226 u9B1D
qiān_12.22 同髯 71213

鬙 71220 u29BD7
yī_12.22 字海 鬙，同鬙 75061字見宋·曾慥 類說·卷十六

髮 71227 37882
yào_13.23 集韻魚教切音猺。髮髮，髻高。

髗 71228 37883
lǔ_13.23 篇海郎古切音鲁。鬣也 又髮也。瑩熊加全：疑鬛71270字之俗。

鬛 71229 37884
liè_13.23 集韻良涉切音獵。與鬣同。髮鬣也。

鬞 71230 37885
nóng_13.23 廣韻女容切集韻尼容切𠀤音醲埤蒼鬞鬞，亂髮玉篇毛多也 又類篇髮長也 又náng廣韻集韻𠀤濃江切音囔。義同。或作髶 又nòng集韻奴涷切音齈。又nàng尼降切音饢。義𠀤同。瑩又鬤71274

鬖 71231 37886
càn_13.23 集韻蒼案切音粲玉篇髮光。

鬟 71232 37887
huán_13.23 唐韻戶關切集韻韻會胡關切𠀤音還說文總髮也。按古婦人首飾，琢玉爲兩環，此字後人所加玉篇髻鬟類篇屈髮爲髻庾信·夜聽擣衣詩花鬟醉眼纈 又喻山色范成大詩破碎岷山千髻鬟。又虞集詩𥦗中遠黛曉千鬟 又宋史·儀衛志宮中導從之制，置高鬟青袍大將二人。瑩又鬟71269㚯10406鬟71218

鬠 71237 u29BE5
null_13.23 未詳。

鬠 71233 37888
kuò_13.23 廣韻集韻𠀤古活切音括玉篇同髺儀禮·士喪禮鬠笄用桑疏以髻爲鬠，取以髮會聚之意 又鬠用組註古文鬠皆爲括。又kuài廣韻集韻𠀤古外切音儈。又集韻戶括切音活。又黃外切音會。義𠀤同。瑩又髺71005

鬉 71238 u29BE3
zōng_13.23 同鬉71092

鬖 71234 37889
sān_13.23 字彙補同鬖〇按鬖譌爲鬖，復譌爲鬖，𠀤非。

鬗 71235 37890
mián_13.23 韻經與鬗同。

鬜 71236 46658
zhān_13.23 五音篇海同䩆。

鬴 71239 u29BE2
fú_13.23 同髻69650俗髻69640

鬛 71240 u29BE1
liè_13.23 俗鬣71259

鬝 71242 37892
tiáo_14.24 集韻韻會陳留切正韻除留切𠀤音儔。髮多也。或作鬌。

鬞 71241 37891
jì_14.24 廣韻集韻韻會𠀤子計切音霽說文本作鬞，束髮少也廣韻婦人束小髻也類篇髻小而高爲鬞又jié廣韻姊列切集韻子列切𠀤音屮。義同。或作髿。又集韻在禮切音薺。義同。瑩又髮70912鬞71279鬞71267鬞71266 又集韻鬞64852，露髻曰鬞。

鬛 71243 37893
lán_14.24 唐韻魯甘切集韻盧甘切𠀤音藍說文髮長也玉篇髮多也廣韻鬛髮踈貌 又集韻力銜切音𪐴。又盧瞰切音濫。義𠀤同。

鬚 71244 37894
xū_14.24 正字通俗鬚字。

鬡 71245 37895
méng_14.24 廣韻莫紅切集韻謨蓬切𠀤音蒙。馬垂鬣也篇海亦作鬡。瑩又鬡鬆，亦作鬡71277鬆，模糊不清。喬吉喬夢符小令·雙調·水仙子·丁朝卿西齋半間雲碧窓秋窄玉玲瓏，古冉春慳香鬡鬆，矮屏分得梨花夢。

鬡 71246 37896
níng_14.24 廣韻女耕切集韻尼庚切，𠀤音儜。鬡鬡，髮亂貌。或作鬤。

鬚 71247 37897
piào_14.24 正字通俗鬚字。

鬢 71248 37898
bìn_14.24 唐韻集韻韻會𠀤必刃切音儐說文頰髮也釋名鬢，峻也。所居高峻也 又其上連髮曰鬢。鬢，濱也。濱，崖也。爲面頰之崖岸也晉語美鬢長大則賢註鬢，髮頰也。瑩又𩯭64853髩71049髩71168鬢71253鬢71282鬢71223髩70936髩70932

鬢 71253 u29BED
bìn_14.24 俗鬢71248

鬍 71249 37899
nǐ_14.24 唐韻奴禮切集韻乃禮切𠀤音禰說文髮貌玉篇同髶。瑩又髶70945

鬁 71254 u29BEC
lí_14.24 同鬁71143

鬛 71250 37900
chéng_14.24 正字通同鬡〇按玉篇鬡或書作鬛。遂譌作鬛。

鬘 71251 u29BEF
zhàn_14.24 同鬘71281見集韻

鬘 71252 u29BEE
mờn_14.24 喃从髟滿mãn聲。

鬢 71255 u29BEB
bìn_14.24 俗鬢71248

鬗 71256 u29BEA
wǎn_14.24 髮髻霓裳續譜·雜曲·太平年兒那個女孩他會頑，身穿一件素羅衫，漆黑的頭髮挽著水鬗，鬗上帶上妙常冠。

鬣 71257 37901
jié_15.25 說文鬣本字。瑩又髪70934鬣71279

鬘 71258 37902
mián_15.25 唐韻莫賢切集韻民堅切𠀤音眠說文髮貌 又玉篇燒煙畫眉。瑩又鬘71112鬘71235

鬣 71259 37903
liè_15.25 唐韻良涉切集韻韻會正韻力涉切𠀤音獵說文髮鬣鬣也。从髟，巤聲。或作𢑘、獵廣雅鬣，髦也 又玉篇長須也左傳·昭七年使長鬣者相 又馬領毛禮·明堂位夏后氏駱馬黑鬣，周人黃馬蕃鬣 又豕也儀禮·士虞禮敢用絜牲剛鬣禮·曲禮豕曰剛鬣 又帚端儀禮·既夕埽者執帚，垂末內鬣從禮·少儀拚席不以鬣 又增韻凡魚龍頷旁小鬐皆曰鬣 又yè集韻弋涉切音葉。亦帚端。瑩又鬣71156鬣71123鬣73799巤14600鬣71229鬣71210鬣71272鬣71285巤14582巤14583鬣71240鬣71117 又字海鬣，同鬣。字見篇海 又直音篇鬣71130同鬣71224

鬃 71260 37904
pán_15.25 正字通俗鬆字。

鬃 71261 37905
pú_15.25 集韻步木切音僕。與髤同。毹髤，毛不理也。

鬃 71262 37906
zhuàng_15.25 集韻陟降切音戇類篇鬃鬞，髮亂貌。

鬢 71263 37907
zàn_15.25 廣韻作旰切集韻子罕切𠀤音攢玉篇髮光澤也 又zuǎn◆廣韻集韻𠀤則旱切音濽。款貌 又zā集韻子末切音𨁋。毛多也。瑩又鬢71225𩯫64858

鬠 71264 u29BF9
sói_15.25 喃从髟磊lỗi聲。𩈘然△頭被鬠：禿頭。

鬖 71265 u29BF8
suǒ_15.25 鬖71146本字。見說文

鬷 71266 u29BF7
jì_15.25　俗鬷71241 廣韻鬷，子例切，露髻。又音霽。

鬶 71267 u29BF6
jié_15.25　俗鬶71279

鬷 71268 u29BF5
null_15.25　未詳。

鬷 71269 u29BF4
huán_15.25　鬷71232本字。見說文

鬷 71270 37908
lú_16.26　唐韻力居切集韻凌如切达音臚說文鬷也廣韻毛也類篇髻鬷，髮起貌廣韻落胡切集韻籠都切达音盧。義同。鏊又五音集韻鬷71228，髮也。

鬷 71271 37909
lì_16.26　集韻狼狄切音歷類篇髮疏貌也。

鬷 71273 46659
kuì_16.26　餘文同鬷

鬷 71272 37910
liè_16.26　篇韻音義與鬷同○按卽鬷字之譌字彙補復譌作鬷，达非。

鬷 71274 46660
nóng_16.26　龍龕女紅切。又女容切。鏊同鬷。

鬷 71275 46661
chōng_16.26　字彙補音冲。鏊髮亂。宋·劉學箕賀新郎·午睡鶯驚起，鬢雲偏、鬷鬆未整，鳳釵斜墜。錢光夔·粵吟·怪石古供猊猂浴髮鬷，猓玃飲鹹鬶。亦作鬷64864
鬷64860 又髮70979

鬷 71276 u29BFD
lài_16.26　鬷鬑，同癩36208痢，禿髮瘡。清·錢泳履園叢話·笑柄·兩槐夾井俗語所謂十個鬍子九個騷，十個鬷鬑九個刁，此其典耳。又上海世界書局家庭月刊·1936. Num. 8. P. 168滑稽小說鬷鬑之犧牲者

鬷 71277 u29BFC
méng_16.26　宋·歐陽修漁家傲葉裏黃鸝時一哢，猶鬷鬷，等閒驚破紗窗夢。鬷鬷，同鬷71245鬆，模糊不清。

鬷 71278 37911
ráng_17.27　廣韻汝陽切集韻如陽切达音穰。鬷鬷，亂毛貌玉篇亂髮楚辭·大招被髮鬷只又集韻汝兩切音壤。義同又níng廣韻乃庚切集韻尼庚切。达與鬷71246同。鏊又鬷64865鬷71288鬷27633鬷64862

鬷 71279 37912
jié_17.27　篇海鬷通作鬷張衡·西京賦朱鬢鬷髻註通俗文曰：露髻曰鬷，以雜麻爲髻，如今撮也。

鬷 71280 37913
líng_17.27　集韻郎丁切音零。髮疏也。或作髳。

鬷 71282 u29C04
bìn_17.27　同鬷71248

鬷 71281 37914
zhàn_17.27　集韻仕懺切音鑱玉篇髮也。鏊集韻作鬷71251

鬷 71283 37915
chéng_18.28　玉篇同摰。

鬷 71284 42257
fú_18.28　字彙補夫末切，音弗◇首飾。鏊大字典同鬷69640

鬷 71285 46662
liè_18.28　字彙補鬷字之譌。

鬷 71286 37916
zàn_19.29　類篇同鬷71263

鬷 71287 u29C08
nheo_21.31　喃從髟饒nhiêu聲。皺。

鬷 71288 u29C09
nàng_22.32　宋本集韻鬷，乃浪切。髮亂△宏按，俗作鬷64865亦作鬷71278

◆ 鬥部 ◆

鬥 71289 37917
dòu_0.10　唐韻都豆切集韻丁候切达音鬪說文兩士相對，兵杖在後，象鬥之形廣韻凡从鬥者，今與鬥戶字同字彙鬥右音戟，鬥字从手，手有所執，左音掬，鬥字反鬥，執物則一又集韻克角切音摧。鬪也。鏊又斗21956鬪71316鬪65306鬪71315鬥71295鬪65378鬪71321鬪65427鬥64941鬪64969又龍龕鬪65063鬪65115二俗，鬪正又直音篇鬪鬪71309鬪71307鬪71302鬪71301鬪65303同鬥。

鬥 71290 42258
jǐ_0.10　字彙補姑的切，音戟◇字彙鬥右，音戟鬥字从手，手有所執。今或作鬥。

鬥 71292 u2FBE
dòu_0.10　部鬥71289

鬥 71291 42259
jú_0.10　字彙補古曲切，音匊◇字彙鬥左，音匊，鬥字反鬥，執物則一。

鬥 71293 u29C0C
hú_3.13　類篇鬩，胡骨切。婟很也。又五忽切。扞也△宏按，从鬥。俗作鬩64893

鬥 71294 37918
biàn_4.14　集韻皮變切音卞。搏也篇海擊也。

鬥 71295 37919
dòu_4.14　篇海俗鬪字。

鬥 71296 37920
wēng_4.14　集韻胡淈切，音玄說文試力士錘也。鏊又廣韻鬩64950，烏宏切。試力士錘。

鬥 71297 37921
fēn_4.14　玉篇與鬩同。

鬥 71298 37922
nào_5.15　唐韻奴教切集韻韻會女教切达音淖說文不靜也廣韻同吏。猥也，擾也柳宗元·答韋中立論師道書以召鬧取怒乎又白居易·寄翰林學士詩貴主冠浮動，親王轡鬧裝薛田詩九苞縮就佳人髻，三鬧裝成子弟騌。今京師有鬧裝帶合衆寶雜綴而成，故曰鬧裝△類篇或作𢬵。鏊又丙00647㐁14831吏00840鬧65015鬧64954鬧15136可洪音義暄鬧64974：正作喧丙09995

鬥 71299 37923
nǐ_5.15　集韻與鬩同。

鬥 71300 37924
hòng_6.16　廣韻集韻韻會正韻达胡貢切音哄說文鬪也孟子·鄒與魯鬨趙註鬪聲也，猶構兵而鬪也。又xiàng廣韻胡絳切集韻韻會胡降切达音巷。義同或作鬩。鏊龍龕鬩鬩，胡降反。門陌也又鬪也。構兵二同又直音篇鬩65158鬩俗鬩字。

鬥 71301 46663
dòu_6.16　五音篇海同鬪。

鬥 71302 46664
dòu_7.17　五音篇海同鬪。

鬥 71303 37925
xì_8.18　唐韻許激切集韻韻會馨激切达音赦說文恆訟也。从鬥从兒。兒，善訟者也詩·小雅兄弟鬩牆傳鬩，很也爾雅·釋言鬩，恨註相怨恨揚子方言鬩，懼也。宋衞之閒，凡怒而噎噎謂之脅鬩又與鬩通易·豐卦·鬩其无人釋文鬩，姚作鬩，孟作室，达通又hè集韻郝格切音赫。義同。鏊又詠56060鬩65196鬩71308鬩65190

71304 37926
鬨 hòng_8.18　廣韻與鬨同。鬒渡部溫：廣韻作鬨65158

71305 37927
鬵 qín_8.18　字彙補古文琴34196字。

71306 37928
鬮 jiū_10.20　篇海居求切音鳩。俗鬮字。

71307 37929
鬥 dòu_10.20　玉篇俗鬥字。

71308 46665
鬩 xì_10.20　五音篇海同鬩。

71309 37930
鬥 dòu_11.21　九經字樣鬥，隸省作鬥集韻俗作鬥，非。

71310 37931
鬮 liú_11.21　唐韻力求切音劉說文經繆殺也博雅絞也又jiǎo廣韻古了切集韻吉了切丛音皎。義同。又喪之降殺又集韻狼狄切音歷。義同。鬒又鬮65322

71311 37932
鬮 bīn_11.21　唐韻匹賓切音繽說文鬥也。从門，賓省聲△玉篇作鬮。

71312 u29C18
鬮 jiū_11.21　俗鬮71322

71313 37933
鬮 hǎn_12.22　廣韻火斬切集韻韻會虎檻切正韻虎覽切丛音喊。虎聲詩·大雅鬮如虓虎。又前漢·敘傳七雄虓鬮又hàn廣韻集韻丛許鑒切，喊去聲。獸怒聲△增韻鬮本从門。俗今从門正字通鬮望、鬮姓之鬮當从門，卽孟子王使人瞯夫子之瞯，訓竊視。虓鬮之鬮當从門，卽詩鬮如虓虎之鬮，訓奮怒。鬒又鬮07924鬮07609

71314 37934
鬮 sè_12.22　正字通鬮本字。鬮，兵器。當从門○按史記·商君傳持矛而操鬮戟者張衡·東京賦鬮戟鏒鏐。鬮皆从門玉篇廣韻諸書亦無从門者，今增入門部，非是。

71315 u29C1A
鬥 dòu_12.22　同鬥71289篇海鬥，俗用。

71316 u29C1B
鬥 dòu_13.23　同鬥71289見字海

71317 37935
鬮 fēn_14.24　正字通鬮字之譌。

71318 37936
鬮 bīn_14.24　同鬮玉篇爭亂也又廣韻集韻丛匹刃切音橫。義同。鬒又鬮65399說文解字注鬮，鬮鬮，門連結繽紛相牽也。

71319 37937
鬥 dòu_14.24　唐韻集韻韻會都豆切正韻丁候切，丛兜去聲說文遇也玉篇爭也廣韻鬥，競禮·檀弓遇諸市朝，不反兵而鬥孟子今有同室之人鬥者疏有鬥爭之者又姓左傳·桓六年鬥伯比言于楚子註楚大夫又dōu集韻當侯切音兜。交爭也。鬒又斱57047

71320 37938
鬮 nǐ_14.24　唐韻集韻丛奴禮切音禰說文智少力劣也又廣韻綿婢切集韻母婢切丛音弭。義同玉篇褊狹也△類篇或作鬮。鬒又鬮65388鬮64976鬮65414

71321 u9B2C
鬥 dòu_14.24　同鬥71319見集韻

71322 37939
鬮 jiū_17.27　廣韻居求切集韻居虬切丛音鳩說文鬮取也玉篇手取也又集韻吉酉切音糾。義同。鬒又鬮65329鬮65184鬮65129鬮71306鬮71312鬮65381鬮65430

71323 37940
鬮 fēn_18.28　唐韻撫文切音芬說文鬮連結鬮紛相牽也註一本从幽○按說文無幽字。鬒又鬮64916鬮65431

鬨71297鬮71317鬮65373鬮65406

• 鬯部 •

鬯 71324 37941
chàng_0.10　唐韻集韻韻會丛丑亮切音悵。說文以秬釀鬱艸，芬芳攸服以降神也易·震卦不喪匕鬯註鬯，香酒，奉宗廟之盛也書·洛誥以秬鬯二卣曰明禋傳黑黍曰秬，釀以鬯草詩·大雅秬鬯一卣傳鬯，香草也。築煑合而鬱之曰鬯周禮·春官鬯人掌共秬，鬯而飾之註鬯，釀秬爲酒，芬香條暢於上下也又詩·鄭風抑鬯弓忌註鬯弓，弢弓又與暢同前漢·郊祀志草木鬯茂註師古曰鬯與暢同△集韻或作秬鬒又鬯03214凼03210瞢36765省36759秬40517秠40690又龍龕㿈17033俗，鬯正。

鬯 71325 u2FBF
chàng_0.10　部鬯71324

鬯 71326 37942
xǔ_5.15　集韻寫與切音諝。與糈同。糧也。

鬯 71327 37943
shǐ_5.15　集韻爽士切音史。香之美者。

鬯 71328 37944
shǐ_6.16　唐韻疏吏切集韻疏吏切丛音駛。說文列也玉篇烈也○按鬯與鬯異，合爲一字者非是。

鬯 71329 42260
jué_8.18　字彙補爵字古文。見長箋○按長箋作鬯字彙補誤。

鬯 71330 37945
jù_10.20　廣韻其呂切集韻白許切丛音巨說文黑黍也。一稃二米以釀也玉篇今作秬40317

鬯 71331 37946
jué_11.21　◆說文爵本字。禮器也。象鬯之形，中有鬯酒，又持之也。所以飲器象爵者，取其鳴節節足足也玉篇竹器，所以酌酒也，今作爵32278

鬯 71332 u29C26
jué_11.21　同鬯71331爵32278本字。

鬯 71333 37947
jué_12.22　廣韻古文爵32278字。

鬯 71334 42261
jué_13.23　字彙補同爵。

鬱 71335 u9C29
yù_17.27　俗鬱71338　鬱 71336 u9B30
yù_17.27　俗鬱71338

鬱 71337 37948
yù_18.28　集韻紆物切音蔚說文芳艸也。一曰鬱鬯，百艸之華，遠方鬱人所貢芳草以降神。鬱，今鬱林郡也九經字樣鬱，芳草也。鬱，木叢生也。今經典相承通用鬱71338字△類篇或作鬱。

鬱 71338 37949
yù_19.29　古文鬱唐韻廣韻集韻類篇韻會丛紆物切音蔚說文木叢生者詩·秦風鬱彼北林傳鬱，積也。疏鬱積而茂盛又詩·豳風六月食鬱及薁傳棣屬陸璣疏其樹高五六尺，其實大如李，色正赤，食之甘又書·五子之歌鬱陶乎予心疏鬱陶，憤結積聚之意又周禮·冬官考工記㐭氏鍾弇則鬱註聲不舒揚又禮·內則鳥黮色而沙鳴，鬱註鬱，腐臭也又左傳·昭二十九年鬱湮不育註鬱，滯也又爾雅·釋言鬱，氣也疏謂鬱蒸之氣也又廣雅鬱，長也又廣韻鬱，幽也，悠思也又地名前漢·地理志鬱林郡，故秦桂林郡，屬尉佗又水名

山海經鬱水出象郡囝姓廣韻出姓苑干祿字書俗作欝囝與鬱通周禮·春官鬱人和鬱鬯，以實彝而陳之。註鄭司農云鬱，草名。十葉爲貫，百二十貫爲築，以煮之鐎中，停于祭前。鬱爲草若蘭。鑿又欝45372鬱16525欝26160欝71335欝26101欝45379欝26058欝26113欝25813欝26093欝26197欝26139蔚25993欝25633欝26185欝26208欝26186鄠62138郁61638鬱71336欝67788欝75129欝75130欝26140

• 鬲部 •

鬲 71339 37950　lì_0.10　古文䰛廣韻郎擊切集韻韻會正韻狼狄切丛音歷說文鼎屬，實五穀，斗二升曰觳爾雅·釋器鼎款足謂之鬲註鼎曲脚也疏款，闊也。謂鼎足相去疏闊者名鬲前漢·郊祀志其空足曰鬲註蘇林曰：足中空不實者名曰鬲也揚子方言鍑，吳揚之間謂之鬲囝gé廣韻正韻各核切集韻韻會古核切丛音隔禮·喪大記陶人出重鬲疏縣重之罋也。是瓦瓶囝姓囝儀禮·士喪禮苴絰大鬲註鬲，搹也，中人之手搹圍九寸，經之差自此出焉釋文鬲，又作搹囝國名左傳·襄十四年靡奔有鬲氏註鬲，國名。今平原縣囝爾雅·釋水鬲津，九河之一註水多阨狹，可隔以爲津而橫渡囝與隔同前漢·五行志鬲閉門戶註師古曰鬲與隔同囝è集韻乙革切音厄。與軶同周禮·冬官考工記·車人凡爲轅，鬲長六尺註鬲謂轅端厭牛領者。鑿又䰛，同䰛，古文。
囝瓹71348歷35158鎘64589䰜71362鬴71382鬸71396鬲05850囝龍龕䥶64614或作，鬳64186正囝正字通鬴，俗鬲字。

鬲 71340 u2FC0　gé_0.10　部鬲71339

䰝 71341 37951　guō_3.13　唐韻集韻丛古禾切音戈說文秦名土釜曰䰝囝luó集韻盧戈切音螺。義同。鑿又鬲71342䰝71346䰰12326鍋63656

䰝 71342 37952　guō_3.13　集韻同䰝

䰨 71343 37953　yǐ_4.14　唐韻魚綺切集韻語綺切丛音螘說文三足鍑也。一曰滫米器也。囝jì集韻巨綺切音技。義同。鑿又䰨70826鎅62838

䰡 71344 37954　wén_4.14　廣韻集韻丛無分切音文玉篇摩也。鑿集韻䰡字林糜上汁。一曰以手拭物玉篇譌作䰡21703

䰝 71345 37955　guō_4.14　集韻古禾切音戈。與鍋同。

䰝 71346 37956　guō_4.14　䰝字之譌，見字彙補

䰶 71347 u2B644　null_4.14　未詳

鬲 71348 37957　lì_5.15　集韻狼狄切音歷說文鬲，或从瓦作瓹，漢令作歷。

䰷 71349 37958　hú_5.15　集韻洪孤切音胡。與黏同。又作粘䵅糊䵖粘䵏篇海又曰㷀米及黏爲粥。

䰵 71350 u2B645　null_5.15　未詳

䰬 71351 u29C30　jīng_5.15　簡鬷71363

䰸 71352 37959　yàn_6.16　集韻俱願切音絭說文鬲屬。

鬺 71353 37960　shāng_6.16　唐韻式羊切集韻尸羊切丛音商說文煑也玉篇同鬺。亦作鬺類篇或作鬺。

鬻 71354 37961　lì_6.16　集韻狼狄切音歷說文鬲也。象孰飪五味氣上出也囝fèi集韻父沸切音屝。義同。鑿同䰛，古文鬲。

䰟 71355 37962　xié_6.16　廣韻集韻丛戶圭切音攜。與窐同玉篇甑下空也囝集韻涓畦切音圭。義同。

䰺 71356 37963　ér_6.16　廣韻如之切集韻人之切丛音而。與胹同玉篇熟也類篇爛也揚子方言秦晉之郊謂熟曰䰺。

鬳 71357 37964　yuán_6.16　正字通甗字之譌。

䰹 71358 37965　hái_6.16　集韻何開切音孩類篇乾也。一曰糜中塊囝集韻魚開切音皚。義同。

䰛 71359 37966　lì_6.16　集韻鬲71339古作䰛。

䰻 71360 37967　zōng_6.16　篇韻同鬷○按卽鬷字之譌。

䰬 71361 u29C38　chǎo_6.16　俗鬸71381亦作鬸。

鬴 71362 37968　fǔ_7.17　唐韻扶雨切集韻韻會奉甫切丛音父說文鍑屬玉篇或作釜周禮·地官·廩人凡萬民之食食者，人四鬴上也。人三鬴中也。人二鬴下也註六斗四升曰鬴囝爾雅·釋水覆鬴，九河之一▪註水中可居住而其狀如覆釜囝lì狼狄切音歷。與鬲同。鑿又鬴71382囝正字通鬴，又姓。見姓苑萬姓統譜。譌作鬴07473

䰱 71363 37969　jìng_7.17　廣韻集韻丛古定切音徑博雅隔也。
鑿又䰱71351

䰸 71364 46666　zōng_7.17　龍龕同鬷

䰸 71365 46667　kè_7.17　川篇音客

䰺 71366 u29C3D　zōng_7.17　同鬷71367廣碑別字引唐文林郎上柱國董本墓誌

䰻 71367 u29C3A　zōng_7.17　俗鬷71377

鬻 71368 37970　fèi_8.18　廣韻方味切集韻方未切，並與沸同說文涫也楚辭·哀時命氣涫鬻其若波註與沸同囝集韻芳未切音費。義同。鑿又鬻71388鬻71415

鬵 71369 37971　qín_8.18　古文䰛廣韻徐林切集韻韻會徐心切丛音尋說文大釜也。一曰鼎大上小下若甑曰鬵詩·曹風溉之釜鬵傳鬵，釜屬爾雅·釋器鬵謂之鬵。鬵，鉹也註涼州呼鉹揚子方言甑，自關而東謂之甗，或謂之鬵囝廣雅鬵，疾也囝廣韻昨鹽切集韻韻會慈鹽切丛音潛。又集韻才淫切，音鱏。又緇岑切，音簪。義丛同。鑿又鬵71370鬵71414鬵71423鬵71399鬵71379

鬵 71370 37972　qín_8.18　篇海俗鬵字。

鬵 71371 37973　pēng_8.18　鬵字之譌，見字彙補。鑿又見廣雅

䰺 71372 46668　chǎo_8.18　龍龕初巧切。鑿俗鬸（炒）。

鬵 71373 46669　gēng_8.18　五音篇海與羹同。

鬹 71374 u9B39　guī_8.18　簡鬹71389

䰽 71375 37974　jiān_9.19　集韻同鬵

71376 37975
䰳 ní_9.19 集韻人移切音而。與腉同。有骨醢也。
𩰦 集韻汝來切音荋。義同。鬵人移切。人移切。又
𩰗46377𩰘71356䰳71383

71377 37976
鬷 zōng_9.19 唐韻子紅切集韻韻會祖叢切丛音葼說
文釜屬也𩰗詩·陳風越以鬷邁傳鬷，數也疏鬷謂麻
縷，每數一升而用繩紀之，故鬷爲數也𩰗詩·商頌鬷假
無言傳總也〇按中庸引詩作奏假𩰗地名後漢·郡國
志濟陰郡定陶有三鬷亭註湯伐三鬷𩰗姓左傳·昭二
十九年昔有飂叔安，有裔子曰董父實，甚好龍，以服事
帝舜。帝賜之姓曰董氏，曰豢龍，封諸鬷川，鬷夷氏其
後也𩰗zōng廣韻作孔切集韻正韻祖動切丛音總。草
名。爾雅·釋草素華軌鬷𩰗zòng集韻作弄切音糉。漢
侯國名〇按前漢·王子侯年表作鬷，音悾。又子弄反。
又子公反。鬵又䵃71360鬷71367鬷71366鬷71364鬷71378

71378 37977
鬸 zōng_9.19 字彙補同鬷。引前漢·王子侯表參鬸侯
則〇按漢書本作鬷字彙補誤。

71379 46670
鬷 xián_9.19 搜眞玉鏡音嫌。

71380 37978
𩰞 lì_10.20 篇海音歷。去滓也。

71381 37979
71382 37980
䰵 fǔ_10.20 集韻同鬴 𩰦 chǎo_10.20 廣韻初爪
切集韻楚絞切丛音炒。與鬻71420同。

71383 37981
䰼 ér_10.20 篇海同鬴〇按卽䰳字之譌。

71384 37982
鬵 gēng_10.20 集韻居行切正韻古衡切丛音庚說文
鬻71421，或省作鬻玉篇亦作鬻𩰗集韻烹30960古作鬻。

71385 37983
䰺 liù_10.20 集韻力救切音溜類篇關東謂甑曰䰺。

71386 37984
鬻 yù_11.21 鬻字之譌，見字彙補

71387 37985
鬻 hú_11.21 集韻洪孤切音胡說文鍵也玉篇或作糊
集韻或作餬。通作鬻。鬵字彙鬻同鮕。

71388 37986
鬻 fèi_11.21 正字通鬻字之譌。

71389 37987
鬹 guī_11.21 廣韻居隋切集韻均窺切丛音規說文三
足釜也。有柄、喙𩰗集韻俱爲切音媯。義同𩰗xié集
韻玄圭切，音攜。鑊也。通作鑴。鬵又鬻71374

71390 37988
鬻 áo_11.21 集韻牛刀切音遨類篇乾煎也。

71391 37989
鬺 shāng_11.21 集韻韻會式羊切正韻尸羊切丛音商。
與鬺博雅鬺，餁也史記·封禪書皆嘗烹鬺上帝鬼神
註徐廣曰：鬺，烹煮也前漢·郊祀志註師古曰鬺，烹煮
而祀也韓詩引采蘋曰：于以鬺之，唯錡及釜。鬵又
鬺71392鬺71394鬺75239

71392 37990
鬺 shāng_11.21 集韻同鬺 鬺 fú_11.21 同燹31085
人名掀仲燹盤敀中鬺履用其吉金，自乍寶盤。

71393 u2B646

71394 u29C51
鬺 shāng_11.21 正字通鬺71353，鬺本字說文鬺，煑也。

古鼎銘文作鬺、亦作鬺。本从羊。

71395 37991
鬻 ěr_12.22 唐韻集韻丛仍吏切音餌說文粉餅也。或
作餌類篇或作粥。

71396 37992
鬺 lì_12.22 集韻狼狄切音歷。與鬲同。

71397 37993
鬺 zèng_12.22 唐韻集韻丛子孕切音甑說文鬵屬爾
雅·釋器䰝謂之鬵疏䰝，一名鬵玉篇鬺，亦作甑𩰗集
韻類篇丛卽凌切。義同。

71398 37994
鬻 zhōu_12.22 唐韻集韻丛之六切音祝說文鍵也註
今俗作粥爾雅·釋言鬻，糜也註淖糜儀禮·士喪禮鬻餘
飯註以飯尸餘米爲鬻也左傳·昭七年饘於是，鬻於是
註饘、鬻，餬屬也𩰗yù集韻正韻丛余六切音育左
傳·昭三年有鬻踊者註賣也𩰗莊子·德充符四者天鬻
也。天鬻也者，天食也音義鬻，養也𩰗姓前漢·藝文
志鬻子名熊，爲周師，自文王以下問焉，周封爲楚祖。
𩰗jū集韻居六切音鞠詩·豳風鬻子之閔斯傳鬻，稚也
朱傳養也𩰗mí集韻忙皮切音糜。通作麋、麿。
鬵又鬻16357俏01357粥16282鬻71386鬻71404鬻71432鬻16356
䵃35689鬻16325古文四聲韻債02187崔希裕篆古。
𩰗玉篇賣57811，余六切。衙也。或作粥鬻。

71399 u29C55
鬻 qín_12.22 俗鬻71369

71400 u29C52
鬻 hú_12.22 復古編·卷
下·聲相類餬黏鬻：𥪝戶吳切。上餬，寄食也。从食、胡。
中黏，黏也。从黍、古。下鬻，鍵也。从鬲、古。

71401 37995
鬻 sù_13.23 廣韻同鬻
集韻克革切，並音磬說文裹褢也集韻或作禍𩰗集韻
吉歷切音激。義同。鬵又䰍71410

71403 37997
䰍 kè_13.23 廣韻楷革切

71402 37996
鬻 xǐ_13.23 集韻馨奚切。與醯同類篇酸也。

71404 37998
鬻 yù_13.23 集韻余六切音育說文鬻字省文。鬵又
鬻71413鬻71430鬻71432

71405 37999
鬻 bó_13.23 唐韻蒲沒切集韻薄沒切丛音勃說文吹
釜溢也玉篇釜湯溢集韻或作鋍。鬵又鬻16334

71406 38000
鬷 zōng_13.23 前漢·王子侯年表參鬷侯則。晉灼音悾。
師古：音子弄反。又子公反〇按此字說文及諸韻書俱
作鬷。

71407 38001
鬻 rǔ_13.23 廣韻集韻丛而蜀切音辱玉篇大鼎也。
鬵玉篇作鬻71422𩰗鼻16018

71408 46671
鬻 jiào_13.23 川篇音教

71409 46672
鬻 zhōu_13.23 龍龕同粥。

71410 u29C5D
䰍 kè_13.23 同䰍71403

71412 38003
鬻 jiān_14.24 廣韻集韻丛
居言切音犍說文鬻也。或作䭠䭜鍵類篇或作鬻、䵺。
𩰗zhān唐韻集韻丛諸延切音饘。義同。

71411 38002
鬻 qín_14.24 說文古文鬻71369字。

71415 46674
鬻 fèi_14.24 篇海類編同鬻。

毓 71413 38004
yù_14.24　鬻字省文

彌 71416 38005
yù_15.25　廣韻 與鬻同

䰛 71414 46673
qín_14.24　餘文 同鬻　章與切音炎 說文 㸑也。或从火作煮。或从水在其中作鬻 周禮·天官·鹽人 凡齊事鬻鹽，以待戒令 前漢·食貨志 冶鑄鬻鹽 註 師古曰鬻同煮△ 玉篇 亦作鬻。鑋 楊寶忠：𩰴46832𩱩43728，並鬻字俗訛。

鬻 71422 38010
rǔ_16.26　篇海 同鬻

鬻 71418 38007
zhāi_15.25　字彙補 同鬻

鬻 71419 46675
yuán_15.25　搜真玉鏡 音垣。

鬻 71424 46676
yuè_16.26　川篇 音淪

鬻 71420 38008
chǎo_16.26　廣韻 初爪切 集韻 楚絞切 丛音炒 說文 㷅也。註 今俗作煼，別作炒，非是△ 廣韻 同爆 集韻 或作䵹、炒。鑋 又鬻16313 㷅32008 ⊠ 玄應音義 炒粳：古文作鬻 㷅30904 㷅31084 㷅31404 四形，今作㷅71361 ⊠ 龍龕 鬻正，䵹71372今。

鬻 71421 38009
gēng_16.26　唐韻 集韻 丛古行切音庚 說文 五味盉羹也。或省作羹，或省作鬻。小篆作羹45950

攀 71423 38011
qín_16.26　字彙補 鬻字之訛。

鬻 71425 38012
sù_17.27　唐韻 桑谷切 集韻 蘇谷切 丛音速 • 說文 鼎實，惟葦及蒲。陳留謂健爲鬻。或作餗 廣韻 與鬻同。

鬻 71426 38013
lín_17.27　集韻 犂針切音林。與淋同。以水沃也。

鬻 71429 u2B647
null_18.28　殷周金文集成·4.2318·泓作文父丁鼎 泓乍文父丁煬，鬻叙。讀若鑊。

鬻 71427 38014
zèng_18.28　唐韻 集韻 丛子孕切。同甑 玉篇 炊器也。亦作䰝。

鬻 71428 46677
rǔ_18.28　搜真玉鏡 音辱。鑋 與鬻字音同。

鬻 71430 38015
yù_19.29　鬻字之訛，見 字彙補

鬻 71431 38016
zhǔ_19.29　說文 同鬻

鬻 71432 38017
yù_19.29　唐韻 集韻 丛余六切音育 說文 鬻也。从弼毓聲。或作鬻 集韻 或作粥 鬻 䭈 ⊠ 集韻 之六切音祝。義同。

鬻 71433 38018
yuè_20.30　廣韻 以灼切 集韻 弋灼切 丛音藥 說文 內肉及菜湯中薄出之。鑋 又淪30357 鬻71437 鬻41645

鬻 71434 38019
zhāi_20.30　集韻 莊皆切。與齋同 玉篇 敬也。鑋 又鬻71418

鬻 71435 38020
xiāo_21.31　唐韻 許嬌切 集韻 類篇 虛嬌切 丛音囂 說文 炊氣貌。

鬻 71436 38021
miè_21.31　正字通 鬻字○按 說文 作鬻。

鬻 71437 38022
yuè_22.32　篇韻 同鬻○按卽鬻字之訛。

鬻 71439 u29C78
mò_27.37　同鬻71438

鬻 71438 38023
mò_27.37　廣韻 莫撥切音末 說文 涼州謂鬻爲鬻 廣韻 糜也 ⊠miè 唐韻 集韻 丛

莫結切音蔑。義同。鑋 又鬻71439 林43235

• 鬼部 •

鬼 71440 38024
guǐ_0.10　古文 䰬 䰫 䰮 • 唐韻 集韻 韻會 丛居偉切，歸上聲 說文 人所歸爲鬼。从人，象鬼頭。鬼陰气賊害，从厶 爾雅·釋訓 鬼之爲言歸也 詩·小雅 爲鬼爲蜮 禮·禮運 列於鬼神 註 鬼者精魂所歸 列子·天瑞篇 精神離形，各歸其真，故謂之鬼。鬼，歸也。歸其真宅 ⊠ 易·既濟 高宗伐鬼 詩·大雅 覃及鬼方 傳 鬼方，遠方也 ⊠ 星名 史記·天官書 輿鬼，鬼祠事，中白者爲質 註 輿鬼，五星，其中白者爲質 ⊠ 姓 前漢·郊祀志 黃帝得寶鼎，冕侯問於鬼臾區 註 黃帝臣也 ⊠ 國名 山海經 鬼國在負二之尸北 ⊠ 烏鬼 杜甫·遣悶詩 家家養烏鬼 漫叟詩話 川人家家養豬，每呼豬作烏鬼聲，故謂之烏鬼 夢溪筆談 夔州圖經 稱，峽中人皆養鸕鶿，以繩繫頸使捕魚，得則倒提出之，謂之烏鬼 元微之·江陵詩 病賽烏稱鬼 自註 南人染病，競賽烏鬼 ⊠ 揚子方言 虔、儇，慧也。自關而東趙魏之閒謂之黠。或謂之鬼。鑋 又䰬71477 魖71538 魖7160 魖71694 魖71445 䰖33491 ⊠ 或18888亦作魖18969，同鬼 ⊠ 字彙補 䰬35525與鬼同。

鬼 71441 u2FC1
guǐ_0.10　同鬼71440部首專用字。亦作鬼71442

鬼 71442 u2EE4
guǐ_0.10　部鬼71441

魁 71446 u2B648
null_2.12　未詳。

魑 71443 38025
chī_2.12　篇韻 音癡。鬼名。

魁 71444 46678
jiū_2.12　搜真玉鏡 音鳩。

魁 71445 46679
guǐ_2.12　五音篇海 音鬼。鑋 楊寶忠：俗鬼71440

魁 71447 u29C7A
wěi_2.12　直音篇 魁，同魁71454

魆 71448 38026
wèi_3.13　魑字之訛。魆邦，境垧也。鑋 又魁71447

魁 71454 38032
wèi_3.13　集韻 鄔賄切音猥。魁邦，境垧也。鑋 又魁71447

瑰 71449 38027
tuò_3.13　篇海 他各切音托。落魄，貧無家業○按 俗字也。因魄有托音，乃附會爲此字耳。

魅 71450 38028
mèi_3.13　篇海 同魅

魁 71451 38029
mèi_3.13　篇海 同魅

魅 71452 38030
xí_3.13　玉篇 詞惜切音席 五音集韻 鬼名。

魅 71458 46680
mèi_3.13　龍龕 同魅

魅 71453 38031
mèi_3.13　廣韻 集韻 丛明祕切音媚 說文 老精物也。从鬼彡。彡，鬼毛。或作 周禮·春官 以夏日至，致地示物魅 註 百物之神曰魅。鑋 又魅71461 ⊠ 類篇 魅，明祕切 說文 老精物也。从鬼彡。彡，鬼毛。或作魅71505，籀作魆57213，亦作录1637

魟 71460 u29C87
null_3.13　未詳。

魁 71455 38033
zhuó_3.13　字彙補 昭切音勺。斗星名 元應錄 每叩齒而念一星，星者：魁魁魓魓魓魁魓○按 魁卽魁字之訛，魓卽杓字之訛。

魁 71457 38035
kuí_3.13　字彙補 魁字之訛。見 魟字註。

71461 u29C86 彲 mèi_3.13　俗彲71453　音痕。魅嫭，廢風苦熱。鼟又魅71448

71459 46681 魁 mèi_3.13　搜眞玉鏡音魅。鼟蒐。

71462 38036 魌 qí_4.14　廣韻 集韻 丛渠羈切音奇 說文 鬼服也。一曰小兒鬼 韓詩外傳 鄭交甫逢二女，魌服 張衡·東京賦 八靈爲之震慴，況魌蜮與畢方 註 魌，小兒鬼 急就篇 射魌辟邪除羣凶 註 射魌，謂大剛卯也。以金玉及桃木刻而爲之。一名欬改。其上有銘而旁穿孔，系以綵絲，用繫臂焉，亦所以逐精魅也 囡 唐韻 集韻 丛奇寄切音芰。又ji 集韻 巨綺切音技。義丛同。鼟又魌71572魌71493

71463 38037 魀 hào_4.14　集韻 虛到切音耗。虛屬也。或作妔。

71464 38038 魆 hāng_4.14　玉篇 火郎切音炕。鬼也。

71465 38039 魴 fāng_4.14　玉篇 扶方切音房。星名。

71466 38040 魌 qí_4.14　集韻 渠希切音祈 山海經 北號之山有鳥狀如雞而白首，鼠足而虎爪，其名曰魌雀。亦食人。囡 楚辭·天問 魌堆焉處 註 魌堆，奇獸也 囡 楚辭·九歎 九魌與六神 註 九魌，北斗九星也。

71467 38041 魈 niú_4.14　玉篇 魚丘切音牛。鬼也。鼟又魈35533

71468 38042 魖 yòu_4.14　篇海音右。鬼名。鼟又魖71551

71469 38043 魊 jiè_4.14　篇海音介。與尬同。尲尬，行不正也。囡 人名 戰國策 魏尬渭建信君曰 註 尬音介，元作魊。

71470 38044 魄 huà_4.14　廣韻 呼霸切 集韻 火跨切丛音化 說文 鬼變也。鼟又魄71484

71471 38045 魁 kuí_4.14　古文魁 廣韻 苦回切 集韻 韻會 正韻 枯回切丛音恢。魁，帥 書·胤征 殲厥渠魁 傳 魁，帥也 禮·檀弓 不爲魁 註 魁，猶首也 囡 博雅 大也 史記·孟嘗君傳 始以薛公爲魁然也。今視之，乃眇小丈夫耳 囡 莊子·庚桑楚 人見其跂，猶之魁然 註 魁，安也。一曰主也 囡 博雅 魁岸，雄傑也 囡 星名 史記·天官書 魁枕參首 註 魁，北斗第一星也 後漢·郡國志 魁方杓 註 春秋緯曰：瑤光第一至第四爲魁 囡 蜃也 儀禮·士冠禮 素積白屨，以魁柎之 註 魁，蜃蛤。柎，注也 疏 以魁蛤灰柎之者，取其白耳。魁即蜃蛤一物 囡 姓 囡 小阜 周語 以爲魁陵 註 小阜曰魁 囡 與塊同 前漢·東方朔傳 魁然無徒 註 師古曰魁讀曰塊 囡 與科同 後漢·東夷傳 大率皆魁頭露紒 註 魁頭，猶科頭也。謂以髮縈繞成科結也 囡 kuǐ 集韻 苦猥切音頠。魁瘣，大枝節盤結也。鼟 說文 魁，羹斗也。指平底大勺 囡 魁71457魅71481魅71511 囡 羅振鋬·碑別字 魌71466魌魁，一，漢石門頌。二，唐于孝顯碑 囡 可洪音義 閩膾上苦迴反，伸也。正作魁21994

71472 38046 魅 mèi_4.14　玉篇 眉祕切，靡去聲 正字通 即彲字。

71474 38048 魂 hún_4.14　集韻 同魂

71473 38047 魂 hún_4.14　唐韻 戶昆切

集韻 韻會 正韻 胡昆切丛音渾 說文 陽氣也 易繫辭 遊魂爲變 禮·檀弓 若魂氣則無不之也 左傳昭七年 人生始化爲魄。既生魄，陽曰魂 疏 魂魄，神靈之名。附形之靈爲魄。附氣之神爲魂也 淮南子·說山訓 魄問於魂 註 魄，人陰神。魂，人陽神 白虎通 魂猶伝伝也，行不休於外也，主於情 囡 魂者，芸也，情以除穢 囡 揚子·太玄經 魂魂萬物 註 魂魂，多貌。鼟又覍71474 认00903

71477 46682 鬽 guǐ_4.14　字彙補 古文鬼字〇按卽䰡字之譌。

71478 46683 魍 wǎng_4.14　龍龕 同魍。鼟从罔02669

71479 46684 魅 mèi_4.14　龍龕 同魅

71475 38049 魅 mèi_4.14　篇海 同彲。

71480 46685 魁 guǐ_4.14　五音篇海 同鬼

71481 46686 魁 kuí_4.14　五音篇海 同魁

71483 46688 魺 zhú_4.14　龍龕 音竹。

71476 38050 魁 kuí_4.14　字彙補 古文魁字 隸釋·楊君石門頌 奉魁承杓。

71484 46689 魆 huà_4.14　篇海類編 同魄。

71485 u2B649 魁 fǔ_4.14　魁71550省文 魁父卣 魁父乍旅彝。

71487 u29C97 null_4.14　未詳。

71482 46687 魋 mào_4.14　龍龕 同耄。

71488 u29C96 null_4.14　未詳。

71486 u29C9F null_4.14　明·劉基 歌 行·二鬼 神魆清唱毛女和，長烟裊裊飄熊旂。

71490 u29C93 魑 chī_4.14　俗魑71631見 龍龕

71491 u29C92 魋 làng_4.14　簡 魋71573

71489 u29C95 null_4.14　未詳。

71492 38051 魂 guǐ_5.15　玉篇 古文鬼71440字。

71494 38053 魋 shén_5.15　廣韻 失人切 集韻 升人切丛音申 說文 神也 山海經 青要之山，是多僕纍、蒲盧，魋武羅司之 註 武羅，神名。魋即神也。鼟又魋71596魁71625

71495 38054 魄 jiǎ_5.15　篇海 音甲。竊鬼。

71497 38056 魋 chì_5.15　集韻 同魅

71493 38052 魆 bì_5.15　玉篇 皮彼切音被。鬼衣服〇按與 說文 魌字同。訓即魌字之譌也。鼟 正字通 魆71462字之譌 說文 六書統 有魌無魆。舊本魆註與 說文 同。復出魌字，改音避，註云鬼服。割 說文 魌訓分載，益見魌譌爲魆，非魌外別有魆，誤與 篇海 同。

71496 38055 魋 tiáo_5.15　字彙 王文考·夢賦 撲莕薶。註：莕亦作魋

71498 38057 魆 lǜ_5.15　篇海 劣戌切音律。殺也。

71499 38058 魋 kǒng_5.15　玉篇 去拱切音恐。地名。

71500 38059 魃 bá_5.15　唐韻 薄撥切 廣韻 集韻 韻會 正韻 蒲撥切丛音跋 說文 旱鬼也 周禮 有赤魃氏，除牆屋之物也〇按 周禮·秋官 作赤犮 註 赤犮，猶言捇拔也 詩·大雅 旱魃爲虐 傳 旱神也 神異經 南方有人，長二三尺，袒身而目在

頂上，走行如風，名曰魃，所見之國大旱。鼇又妭10468

齻 71501 38060
zuǐ_5.15　玉篇卽委切音觜。星名。

艆 71502 38061
líng_5.15　集韻郎丁切音靈。鬼也。

魌 71503 38062
qí_5.15　篇海渠宜切，音其◇星名。

魄 71504 38063
pò_5.15　古文霸唐韻正韻普伯切集韻韻會匹陌切夶音拍說文陰神也玉篇人之精爽也禮·祭義魄也者，鬼之盛也註耳目之聰明爲魄疏魄，體也。若無耳目，形體不得聰明關尹子·四符篇因意有魄，因魄有精白虎通魄者，迫然著人主於性也図晉語其魄兆乎民矣註魄，形也図爾雅·釋詁魄，閒也疏閒謂閒隙也。図爾雅·釋木魄，榒楍註魄，大木，細葉似檀疏魄，一名榒楍図後漢·西南夷傳哀牢夷出虎魄註虎魄生地中，其上及旁不生草，深者八九尺，大如斛，削去皮，成虎魄如斗。初時如桃膠，凝堅乃成図書·武成惟一月壬辰，旁死魄傳月二日近死魄疏魄者，形也。謂月之輪廓無光之處名魄也釋文魄漢書·律歷志作霸66814 図bó集韻白各切音泊聲也史記·周本紀有火自上復于下，至于王屋，流爲烏，其色赤，其聲魄云註馬融曰：魄然，安定意也図與粕同莊子·天道篇古人之糟魄已夫音義司馬云爛食曰魄。一云糟爛爲魄。又作粕。図tuò廣韻正韻他各切集韻韻會闥各切夶音托。落魄，貧無家業史記·酈生傳家貧落魄漢書註應劭曰：志行衰惡之貌。師古曰失業無倚也〇按史記漢書俱音薄図與薄同史記·司馬相如傳旁魄四塞荀子·性惡篇雜能旁魄而無用註旁魄，廣博也。鼇又祊39744鬾71517

魅 71505 38064
mèi_5.15　古文彔廣韻集韻韻會夶明祕切音媚說文彪或作魅左傳·文十八年投諸四裔，以禦螭魅註螭魅，山林異氣所生，爲人害者。又宣三年螭魅罔兩註怪物史記·五帝紀註螭魅，人面獸身四足，好惑人。鼇又彔16379彔16383彔16405彔28674彔35578彔35530彔57213魁71451魂71459䰠71458魔71450魖71475魊71472魑71479魈71557魑71588魑71602魑71621魍71619魈71627魅71562魈71529祙39715

魅 71506 38065
chì_5.15　廣韻集韻夶丑吏切音眙說文屬鬼也玉篇魑魅之類也。亦作殊図chī集韻抽知切音摛。引山海經剛山多神魅〇按山海經作魑図集韻敕栗切音拂。義同。鼇又魈71497魁71507魈71581

魑 71507 38066
chì_5.15　篇海同魅

魖 71508 38067
xū_5.15　字彙補許屈切，訓入聲。譎也図猝然也。鼇又戱74941

䰟 71509 38068
zhú_5.15　字彙補知畜切音竹。鬼頭也。

魕 71510 42262
chāng_5.15　五音篇海丑良切。鬼也。

魋 71511 46690
kuí_5.15　搜眞玉鏡苦回切。鼇同魅71481

魑 71512 46691
chī_5.15　篇海類編同魅

魖 71514 46693
gǔ_5.15　龍龕音古

魖 71513 46692
yāng_5.15　龍龕於良反

魖 71515 46694
sū_5.15　龍龕音蘇。鼇元·谷子敬城南柳·第一折（這劍）屠的龍，誅的虎，滅的魖魖。

魖 71516 46695
jiǎ_5.15　篇海類編同魄。

鬼 71517 u29CB8
pò_5.15　俗魄71504玉篇魄71504，亦作鬼可洪音義血鬼：普百反。麻谷作鬼，悮也。

魖 71518 u29CB2
zù_5.15　鬼名正統道藏·太上洞玄靈寶上師說救護身命經弟子等晝夜在其左右，擁護是人，眾邪魖魖魖魖不得來近。

魄 71519 u29CB0
null_5.15　未詳。

魅 71520 u29CAF
null_5.15　未詳。

魖 71521 u29CAE
null_5.15　未詳。

賦 71522 u29CAD
null_5.15　未詳。

魑 71523 38069
chà_6.16　廣韻初八切音察。與魙同。羅魑鬼。

魖 71524 38070
yáo_6.16　玉篇五交切音堯篇海鬼也。

魖 71525 38071
hū_6.16　集韻同魖

魖 71526 38072
xìng_6.16　玉篇胡硬切，行去聲。鬼也図篇海斗星名。

魖 71528 38074
yù_6.16　◆玉篇于目切音唷。貌也。

魅 71529 38075
mèi_6.16　篇海同彲

聟 71527 38073
jiàn_6.16　篇海俱位切音賋。大視貌。鼇瞷46844俗省。

魖 71530 38076
chī_6.16　篇海丑知切音癡。魖魅也。

魖 71531 38077
chì_6.16　山海經剛山多神魅，其狀人面獸身，一足一手註亦魑魅之類也。音揮〇按集韻作魅71506

魖 71532 38078
chì_6.16　說文長箋同魅

魏 71533 38079
shài_6.16　集韻所介切音鎩。與魙同。鬼名〇按魏魅疑卽一字，但集韻有魏無魅，音亦有異，故兩存之

魕 71534 42263
chà_6.16　五音篇海音察。羅魕，鬼也。鼇同魙

鬼 71535 46696
dōu_6.16　字彙補音兜。

魖 71536 46697
yì_6.16　龍龕音役

魖 71537 46698
chū_6.16　龍龕暢朱切

魖 71538 46699
guǐ_6.16　五音篇海同鬼

魖 71539 46700
lài_6.16　搜眞玉鏡音滲。又音賴。

魛 71540 u2B64A
null_6.16　未詳。

魄 71542 u29CC4
null_6.16　未詳。

魖 71541 u29CCA
ranh_6.16　喃从鬼名danh聲。童鬼△魖昆：小淘氣

魍 71543 u4C23
wǎng_6.16　同魍71583

魘 71544 u9B47
yǎn_6.16　簡魘71681

魖 71545 38080
wú_7.17　玉篇五姑切音吾篇海鬼大図神名。

魖 71546 38081
yǐng_7.17　廣韻煙涬切集韻煙頂切夶音櫿。巫厭。

魖 71547 38082
xiāo_7.17　唐韻相邀切集韻思邀切夶音宵。山魈，出汀州，獨足鬼抱朴子·登涉篇山精，形如小兒，獨足

向後，夜喜犯人，名曰魅。呼其名，則不能犯也。鋻字海猴，同魅。字見正字通

魖 71548 38083
fú_7.17 玉篇縛尤切音浮。星名。

魏 71549 38084
zhuàn_7.17 篇海音篆。醜貌。

魊 71551 38086
yòu_7.17 篇海同魖 魕 71550 38085 fú_7.17 集韻匪父切
音甫。北斗星名。鋻又魕71638魖71485

魊 71552 38087
sù_7.17 集韻蘇谷切音速。鬼名。

魕 71553 38088
lǐ_7.17 篇海良以切音里。惡鬼。

魏 71554 38089
yào_7.17 廣韻五教切集韻魚教切丛音猇。醜也。

魊 71555 38090
tuì_7.17 篇海吐內切音退。苦熱病也 図tì他漬切
音刹。義同。鋻楊寶忠：俗魊12828

魕 71556 38091
jú_7.17 篇海與魕同。

魖 71557 46701
mèi_7.17 搜眞玉鏡與魅同。

魖 71558 46702
lǜ_7.17 搜眞玉鏡音律。

魖 71559 46703
guì_7.17 搜眞玉鏡音桂。

魖 71560 46704
huò_7.17 篇海類編同魊。

魖 71561 u2B64B
null_7.17 未詳。 魖 71565 u29CDA null_7.17 未詳。

魅 71562 u29CDE
mèi_7.17 俗魅71505通志·六書略四先儒所以顛沛
淪於經籍之中，如汎一葦於溟渤，靡所底止，皆爲假借
之所魅也。魅，王重民點校本作魅。

魊 71563 u29CDC
chǒu_7.17 同魗62386俗醜62453

魊 71564 u29CDB
chē_7.17 道教用字。宋·甯全眞上清靈寶大法·卷之
七·爵七·修鍊佩服門·隱名內篇 魊。西南爲。

魏 71566 u29CD9
chà_7.17 同魅71523 魊 71567 u29CD8 chà_7.17 同魅71523

魊 71568 u29CD7
null_7.17 未詳。 魖 71569 u9B49 liǎng_7.17 简魖71584

魏 71570 38092
dōng_8.18 廣韻德紅切集韻都籠切丛音東。醜貌玉
篇鬼殺人類篇鬼名。

魖 71571 38093
yàn_8.18 集韻於瞻切音厭。污觸也。或作殗裺裺。

魖 71572 38094
qí_8.18 集韻渠羈切音奇。與魅同。童鬼也。

魖 71573 38095
làng_8.18 篇海郎宕切音浪。江鬼醜貌。鋻又魖71491

魖 71574 38096
yù_8.18 廣韻雨逼切集韻越逼切丛音域。小兒鬼
図huò廣韻胡國切集韻穫北切丛音或。鬼魖，旋風類
篇一說鬼因風伺人。

魖 71575 38097
yù_8.18 集韻同魖玉篇短狐，如龜，含沙噀人。
鋻又魖71560

魖 71576 38098
tuí_8.18 唐韻杜回切集韻韻會正韻徒回切丛音

蟈說文神獸也爾雅·釋獸蟈如小熊，竊毛而黃註今建
平山中有此獸，狀如熊而小，毛麤淺，赤黃色，俗呼爲
赤熊図人名禮檀弓註桓司馬宋向戌之孫名蟈図chuí
集韻韻會傳追切正韻直追切丛音椎前漢·陸賈傳尉
陀蟈結箕踞註服虔曰：蟈音椎，今兵士椎頭髻也。

魖 71577 38099
zhú_8.18 五音集韻丁木切，音啄◇玉篇醜頭。

魖 71578 38100
qī_8.18 廣韻去其切集韻韻會丘其切丛音欺說
文醜也。今逐疫有顋頭註徐鍇曰：顋頭，方相四目也。
今文作魖周禮·夏官·方相氏註以驚歐疫癘之鬼，如今
魖頭也△廣韻同魖集韻通作魖。

魖 71579 38101
pǐ_8.18 玉篇匹米切音頧篇海醜也。又妖魅。

魖 71580 38102
hū_8.18 唐韻荒烏切集韻荒胡切丛音呼說文鬼
貌△類篇或作魖。鋻又魖71590魖71586

魖 71581 38103
chī_8.18 篇海丑知切音癡。魖魖正字通魖字之譌。

霓 71582 38104
jī_8.18 五音集韻古歷切音激。雨鬼図龍龕霓，
俗。苦對反。鋻楊寶忠：俗霓66573

魖 71590 46706
hū_8.18 龍龕同魖 魖 71583 38105 wǎng_8.18 廣韻文兩切
集韻韻會文紡切丛音罔。與蝄同玉篇魖魖，水神，如
三歲小兒，赤黑色，家語木石之怪夔魖魖〇按左傳作罔
兩國語作蝄蜽。鋻又魖71543

魖 71584 38106
liǎng_8.18 廣韻正韻良獎切集韻韻會里養切丛音
兩。與蜽同。詳上魖71583字註。鋻又魖71569

魏 71585 38107
wèi_8.18 廣韻魚貴切集韻韻會虞貴切，並巍去聲
說文本作巍。高也。從鬼委聲註徐鉉曰：今人省山以
爲魏國之魏詩·魏風譜魏者，虞舜、夏禹所都之地也。
在禹貢冀州雷首之北，析城之西，周以封同姓焉図周
禮·天官·大宰乃縣治象之法于象魏註象魏，闕也図姓
廣韻本自周武王母弟，受封于畢，至畢萬，仕晉，封魏
城，後因氏焉図wéi集韻語韋切音巍莊子·知北遊魏
魏乎其終則復始也図揚子方言魏，細也。自關而西，
秦晉之間，凡細而有容謂之魏註魏魏，小成貌図集韻
正韻丛吾回切音鬼。義同。

魖 71592 46708
chǐ_8.18 龍龕音侈 魖 71586 38108 hū_8.18 字彙補烘孤
切音呼篇韻鬼名。鋻楊寶忠：俗魖71580

魖 71587 38109
chī_8.18 奇字韻魖71631古作魖。

魖 71588 38110
mèi_8.18 字義總略與魅同。鋻楊寶忠：魁字訛變。

魖 71589 46705
liǎng_8.18 篇海類編同魖。

魖 71591 46707
jīng_8.18 五音篇海音精。

魖 71593 46709
kuí_8.18 搜眞玉鏡同魁。

魖 71594 u2B64D
null_8.18 喃未詳。 魖 71597 u29CEC null_8.18 未詳。

𩳳 71595 u29CF3 trơi_8.18 喃从鬼來lai聲△魔𩳳：鬼火。

𩳱 71596 u29CF1 shén_8.18 同䰠，䰠71494本字。

𩳫 71598 u29CEB null_8.18 未詳。

魌 71601 38113 guì_9.19 篇海同魏。

䰯 71599 38111 jú_9.19 篇海古役切，扃入聲。靜也。或作䰯。

魌 71600 38112 zhá_9.19 玉篇士甲切音箑。醜也。

魅 71602 38114 mèi_9.19 玉篇同彪

魏 71603 38115 chě_9.19 廣韻正韻昌者切集韻韻會齒者切㚲音哆。與魏同。醜魏，惡也。又dū集韻東徒切音都。山鬼。鎣又魋71608

魒 71604 38116 miáo_9.19 集韻眉鑣切音苗。蠱鬼。

魈 71605 38117 guǐ_9.19 字彙補音義與鬼71440同。

魗 71606 38118 chǒu_9.19 字彙補與醜71678同。

魋 71607 46710 jí_9.19 字彙補音急。鬼名。

魑 71608 46711 zhū_9.19 五音篇海音猪。鎣同魏71603

𩴅 71609 u29D05 vía_9.19 喃同魑71670魂魄。

𩴄 71610 u29D04 null_9.19 越絕書·卷第八·外傳記地傳第十巫山者，越𩴄，神巫之官也，死葬其上，去縣十三里許。

𩳿 71613 u29CFF null_9.19 未詳。

𩴂 71611 u29D02 xùn_9.19 同鵔74089𩴂魂，亦名鵔鸃，即鴞，古人認為是惡鳥。

𩳾 71614 u29CFE null_9.19 未詳。

𩴁 71612 u29D01 gà_9.19 尷𩴁，同尷尬四部叢刊·續編集部·雍熙樂府·卷之一·醉花陰·怨恨楊柳嫩，海棠酣，景物尷𩴁，離恨何時減。

𩳽 71615 u29CFD null_9.19 未詳。

𩳼 71616 u29CFC null_9.19 未詳。

𩳻 71617 u29CFB gà_9.19 尷𩳻，今作尷尬。

鬾 71618 38119 qí_10.20 唐韻集韻㚲渠希切音祈類篇南方之鬼曰鬾。與鬿71656同。鎣說文作鬾71666

魅 71619 38120 mèi_10.20 正字通魅字之譌。

魌 71620 38121 shài_10.20 集韻所介切音鎩。鬼名。或省作魀。

魅 71621 38122 mèi_10.20 正字通魅字之譌。

魂 71622 38123 yùn_10.20 篇海于郡切音韻。鬼名。

魐 71623 38124 gān_10.20 篇海音緘。與尲同。尲尬，行不正也。

魆 71624 38125 yòu_10.20 ◆篇海同魆

魁 71625 38126 shén_10.20 說文䰠本字

魄 71626 46712 shòu_10.20 龍龕所救切。又所六切。

𩴏 71628 u29D0F null_10.20 未詳。

魅 71627 46713 mèi_10.20 龍龕與魅同

𩴌 71629 u29D0C gān_10.20 簡𩴌71688

魆 71632 38129 yòu_11.21 篇海音右。神在山中也。亦鬼名。或作魆、魆。鎣又魆71468

魓 71630 38127 lǜ_11.21 集韻劣戌切音律。鬼名。

魑 71631 38128 chī_11.21 古文魑唐韻丑知切集韻韻會正韻抽知切㚲音摛說文鬼屬。詳魅71505字註。鎣龍龕魑68664魑68785魑68710俗，丑知反。正作魑字。魅71490魑71512魅71530魁71443魑71581俗，魑正又魑71663

魒 71633 38130 jiàng_11.21 集韻巨兩切，強上聲。鬼名。

魒 71634 38131 piāo_11.21 玉篇匹姚切音飄。星也篇海斗星名。

魓 71635 38132 bì_11.21 五音集韻卑吉切音畢。斗星名。今作畢。

魔 71636 38133 mó_11.21 唐韻莫波切集韻韻會眉波切㚲音摩說文鬼也楞嚴經降服諸魔又天魔舞王建·宮詞子大夫魔舞袖長△正字通譯經論曰：魔，古从石作磨，礦省也。梁武帝改从鬼。鎣王建·宮詞子大夫魔舞袖長。元·薩都剌上京即事十六天魔舞袖長。

魌 71637 38134 nuó_11.21 唐韻諾何切集韻囊何切㚲音那說文見鬼驚詞玉篇驚敺疫癘之鬼也又náo集韻尼交切音鐃。又nàn乃旦切音難。又乃箇切音那。義㚲同。鎣正字通魌說文魌71683，見鬼驚聲。从鬼難省聲，讀若詩求福不儺。按詩本作那魌71644與儺同。

魊 71638 38135 fǔ_11.21 字彙補魊字之譌。

魙 71639 38136 jiàn_11.21 魙字之譌，見字彙補

𩴀 71640 42264 xū_11.21 說文長箋與虛同。

魖 71642 46715 yòu_11.21 搜眞玉鏡音右，鬼名。

𩴗 71644 u29D17 nuó_11.21 同魌71637

魆 71641 46714 jù_11.21 字彙補音據

𩴖 71645 u29D16 null_11.21 未詳。

𩴚 71643 u29D1A trơi_11.21 喃俗魑71698

魕 71646 38137 téng_12.22 篇海徒登切音滕。空中鬼。

魌 71647 38138 wéi_12.22 玉篇于嫣切，音帷◇篇海鬼也又神名。

魏 71648 38139 chě_12.22 集韻齒者切音哆。醜魏，惡也。或省作魏

魈 71649 38140 chāo_12.22 廣韻楚交切集韻初交切，並音抄。又cháo集韻鉏交切，音巢。疾貌博雅健也玉篇剽輕爲害之鬼也又zhào廣韻集韻㚲士絞切音僟。黠也。

魕 71650 38141 lìn_12.22 集韻良刃切音吝。鬼也。

魖 71651 38142 gù_12.22 玉篇古悟切音故篇海神也。

魓 71652 38143 jú_12.22 集韻其律切音繘。狂鬼玉篇無頭鬼。鎣又魏71653

魏 71653 38144 jú_12.22 正字通同魓。

魔 71654 38145 lì_12.22 集韻狼狄切音歷。鬼名。

魒 71655 38146 liào_12.22 篇海來孝切，音料◇驚也。

魕 71656 38147
qí_12.22 廣韻 集韻 从渠希切音祈 說文 鬼俗也 淮南傳曰:吳人鬼,越人魕 類篇 南方之鬼曰魕 又 集韻 居希切,幾上聲。又舉豈切,幾上聲。義从同△ 集韻 本作鬽 玉篇 亦作機。鑒 又覍71618

魖 71657 38148
xū_12.22 唐韻 朽居切 集韻 韻會 休居切从音虛 說文 耗鬼也 前漢·揚雄·甘泉賦 捎夔魖而抶獝狂。鑒 又魖71669 裖40066 獟57490 魆71640

䰊 71659 46716
yáng_12.22 五音篇海 音羊。

魒 71660 46717
biāo_12.22 龍龕 必遙切。

魒 71661 46718
yì_12.22 五音篇海 音異。

魑 71663 u29D2D
chī_12.22 魑71631本字。見 說文

魌 71664 u29D2C
vía_12.22 喃 同魌71670魂魄。

魖 71665 u29D2B
nuó_12.22 俗魖71662

魆 71668 u29D26
null_12.22 未詳。

魌 71662 u2B64E
nuó_12.22 同魖06705即儺02305俗作魖 直音篇 魖,奴多切。

魕 71666 u29D2A
qí_12.22 同覍71618亦作魕 說文 覍,鬼俗也。从鬼幾聲 淮南傳 曰吳人鬼,越人覍。

魈 71667 u29D27
jiāo_12.22 字海 上魈。明·湯顯祖 牡丹亭還魂記·卷一·第十五齣·虜諜 看文武班齊到,骨碌碌南人笑,則箇鼻凹兒蹻,臉皮兒皰,毛梢兒魈。

魖 71669 u29D25
xū_12.22 正字通 魖,一作魖。

魌 71670 u21CFA
vía_12.22 喃 從魄尾vī聲△抶魌:失魄。魌唱:靈魂△亦作魌67787魕71609俗省作馗36798

魕 71671 38150
yì_13.23 玉篇 羊益切音繹。鬼使也。

魖 71672 u29D30
null_13.23 未詳。

魖 71674 u4C2E
null_13.23 未詳。

魖 71673 u29D2F
jù_13.23 亦作魖71641義未詳 龍龕 魖,俗。音據。改併四聲篇海 魖,音據字 直音篇 魖,音據。

魖 71675 38151
pín_14.24 唐韻 符眞切音頻 說文 鬼貌 图bīn 廣韻 必鄰切 集韻 卑民切从音賓。又 集韻 紕民切音繽。義从同。鑒 又魖71684

魖 71676 38152
méng_14.24 玉篇 武稜切音朦。鬼也。

魖 71677 38153
yì_14.24 廣韻 集韻 从魚記切音饐。恐也 博雅 懼也。又纏也 图 集韻 魚旣切音毅。義同。鑒 又覍71686

醜 71678 38154
chǒu_14.24 廣韻 昌九切 集韻 齒九切从音醜 詩·鄭風 無我醜兮 傳 醜,棄也 箋 亦惡也 疏 醜與醜,古今字 釋文 醜,本亦作歜。又作穀 图chóu 廣韻 市流切 集韻 時流切从音儔。義同。

魖 71679 38155
rú_14.24 廣韻 人朱切 集韻 汝朱切从音儒 說文 鬼

彪聲,魖魖不止也 图 廣韻 奴鉤切 集韻 奴侯切从音獳。又 集韻 乃豆切音槈。義从同。鑒 又魖71658魖71685

魖 71680 38156
chà_14.24 廣韻 初八切 集韻 初戞切从音察。羅魖鬼 玉篇 羅魖國 集韻 亦作魅。鑒 又魑71533魅71567魆71566魖71620 图 羅魖,即羅刹,惡鬼。梵語音譯詞。

魘 71681 38157
yǎn_14.24 唐韻 集韻 於琰切 韻會 幺琰切从音黶 說文 夢驚也 類篇 眠不祥也 图yè 廣韻 於協切 集韻 益涉切从音厭入聲。義同。或作魘。鑒 又魘71544

魕 71682 38158
jiàn_14.24 玉篇 側減切音斬 篇海 鬼名 图 辟邪也。符尾也。山尸奉敕覍者卽此也。鑒 又覍71639聾71527 图 正字通 覍,聾46844字之譌。

魖 71683 38159
nuó_14.24 說文 魖本字。

魖 71684 46719
bīn_14.24 篇海類編 同魖。

魖 71685 46720
rú_14.24 篇海類編 同魖。

魖 71686 46721
yì_14.24 篇海類編 同魖。

魖 71687 u29D39
zhuó_14.24 鬼物名。南宋·金允中 上清靈寶大法·卷之六·獸六·玉札靈章品·口表 今總而直言,天名魖,地名魖,則以不可名之體而立別名。

魖 71688 u29D35
gān_14.24 魖魖,今作尷尬。明·施紹莘 十二紅·閨恨 套曲 九分是休,恩人反教成敵頭,不魖不魌把我丟。

魖 71688-1 u293F3
vía_14.24 喃 從魄韋vī聲。同魌71670魂魄。

魖 71689 38160
dí_15.25 玉篇 徒歷切音覿。醜也。

魖 71690 38161
léi_15.25 集韻 盧回切音雷。雷鬼。

魖 71691 u29D3E
null_15.25 未詳。

魖 71692 u29D3D
null_15.25 未詳。

魖 71693 u29D3C
lěi_15.25 鬼魖,亦作鬼儡02181傀儡,即木偶。

魖 71694 46722
guǐ_16.26 搜眞玉鏡 同鬼。

魖 71695 38162
líng_17.27 廣韻 集韻 从郎丁切音靈。神名 山海經 小人國有神,人面獸身,名曰犂魖之尸 類篇 或作魖。鑒 又魖71697覾55314覾71699

魖 71696 38163
huān_17.27 玉篇 呼官切音歡。星名。

魖 71697 46723
líng_17.27 篇海類編 同魖。

魖 71698 u29D43
trơi_17.27 喃 從鬼齋trai聲。虛幻。亦作㥾71595

魖 71699 u29D42
líng_17.27 龍龕 魖魖71695二同。

魖 71700 38164
qú_18.28 篇海 音劬。亞也。鑒 又魖71703 图 正字通 魖,舊註音劬。鬼物名。引王延壽 夢賦 扶夔魖。按賦本作夔魖71657,與 甘泉 東京 二賦同。譌作魖,非。按,今本 藝文類聚 引 夢賦 作扶夔魖71687

鸓 71701 46724
luó_19.29　搜眞玉鏡音羅。鑾字彙補鬼名。楊寶忠：或羅刹之羅加旁字。

䰟 71702 u29D46
zān_19.29　䰟䰟，同腌臢48125清·桑霽直字觸補·卷五·諧部·中峰詩戲䰟䰟婆子扶材哭，齷齪孩兒傍壁啼。

鸜 71703 42265
qú_20.30　五音篇海音劬。亞也。鑾字彙補魖71700字之譌。

魖 71704 42266
kuí_22.32　字彙補渠追切音逵。怪石王廷相·陰陽管見辨罔兩、罔象、山魈、水魖之怪，來遊人間，皆非所謂神也。

𩲜 71705 u29D4A
kuí_23.33　同魖71704

靈 71706 38165
líng_24.34　集韻類篇䰠與靈同　字彙補古文龍75850字。

• 魚部 •

魚 71707 38166
yú_0.11　古文㝋唐韻語居切集韻韻會正韻牛居切，𡘋御平聲。說文本作㝋，水蟲也。象形，魚尾與燕尾相似註徐鍇曰：下火象尾而已，非水火之火韻會隸省作魚易·中孚豚魚，吉註魚者，蟲之隱者也儀禮·有司徹魚匕註魚無足翼史記·周本紀白魚躍入王舟中註馬融曰：魚者，介鱗之物，兵象也　蠹魚，亦名衣魚，本草生，久藏衣帛及書紙中　詩·小雅象弭魚服傳魚服，魚皮陸璣疏魚服，魚獸之皮也。似猪，東海有之。一名魚貍，其皮背上斑文，腹下純青，今以爲弓鞬步叉者也　唐書·車服志初罷龜袋，復給以魚遼史·興宗志試進士於廷，賜馮立等緋衣銀魚金史·輿服志親王佩金魚，一品至四品佩金魚，以下佩銀魚　左傳·閔二年歸夫人魚軒註魚軒，夫人車，以魚皮爲飾　馬名爾雅·釋畜二目白，魚註似魚目也詩·魯頌有驔有魚　地名左傳·僖二年齊寺人貂漏師于多魚　文十六年惟裨、儵、魚，人實逐之註魚，魚復縣，今巴東永安縣　晉語夷鼓，彤魚氏之甥也註彤魚，國名　姓左傳·成十五年魚石爲左師史記·秦本紀秦之先爲嬴姓，其後分封，以國爲姓，有修魚氏　與吾同列子·黃帝篇姬，魚語女註姬讀居，魚讀吾。鑾又鱼71712㝋71709鄃61971　直音篇㝋㷋30841，並同魚。

鱼 71711 u2EE5
yú_0.11　部魚71710　○按集韻古文魚字作㝋。㝋即㝋字之譌。

㝋 71708 46725
yú_0.11　字彙補同魚

鱼 71712 u9C7C
yú_0.11　簡魚71707

㝋 71709 u29D4B
yú_0.11　俗魚71707宋元以來俗字譜引古今雜劇等。

魚 71710 u2FC2
yú_0.11　同魚71707部首專用字。亦作鱼71711

魞 71713 38167
yà_1.12　廣韻烏黠切集韻乙黠切，𡘋音軋。魞魞，魚名本草黃䰞魚。一名魞魞，無鱗埤雅魞魞魚，其膽春夏近上，秋冬近下正字通身尾似鮎，腹黃背青，腮下二橫骨兩須，羣游作聲軋軋然。一名黃鱨魚，又名黃頰魚。

魛 71714 38168
dāo_2.13　廣韻集韻都牢切正韻都高切𡘋音刀。魛，鱭魛，今鮆魚也玉篇蔑刀魚正字通本作刀，言魚形似刀也。改作魛，非。鑾又魛71727魛71733

魟 71715 38169
xiǎo_2.13　廣韻先鳥切集韻先了切𡘋音篠。鰷或作魟。魚名　liǎo集韻朗鳥切音了。義同。

魷 71716 38170
qiú_2.13　五音集韻巨鳩切音求玉篇魚名。

魜 71717 38171
rén_2.13　玉篇而眞切音人。魚也南齊書·張融傳鱳魜鱍鰭正字通按鯢魚，即海中人魚，眉耳口鼻手爪頭皆具，皮肉白如玉，無鱗有細毛，五色髮如馬尾，長五六尺，體亦長五六尺，臨海人取養池沼中，牝牡交合，與人無異。郭璞有人魚贊。人魚加人作魜，猶牛魚加牛作鮮也。

魝 71718 38172
jié_2.13　廣韻古屑切集韻吉屑切𡘋音結說文楚人謂治魚也博雅割也　jì集韻吉詣切音計。解也。鑾又剴03808

𩵥 71719 38173
yǔ_2.13　集韻偶舉切音語。籞或作𩵥篇海池水編籬養魚。

魤 71720 38174
huà_2.13　廣韻呼霸切集韻呼跨切𡘋音化說文魚名。

魥 71721 38175
qī_2.13　集韻戚悉切音七。與鰦同。魚名。

儵 71722 38176
yú_2.13　字彙補音義未詳。人名，弘農王倪儵。

魨 71723 u2B64F
null_2.13　未詳。

魩 71724 u29D53
lè_2.13　民國鉛印本台州府志·卷六十二·物產略上·魚之屬鱲72543，骨多肉白，形似鱘。案，舊邑志赤城志俱省作魩。

魥 71725 u29D52
bā_2.13　亦作魞71824鯉科，產於華南和西南水流湍急的潤溪中。

魟 71726 u4C33
liǎo_2.13　俗魟71715文淵閣四庫本五音集韻魟，盧鳥切。魚名　jeong韓書永篇下蠢魚稱魟。

魛 71727 u9C7D
dāo_2.13　簡魛71714

魥 71728 u9B5E
rù_2.13　日えり，筥　同文通考·國字魥，エソ，魚名。

魟 71729 38177
gōng_3.14　廣韻古紅切集韻沽紅切𡘋音公。䲓或作魟。魟魟，江蟲，形似蟹，可食　jiāng集韻古雙切音江。義同　hóng廣韻戶公切集韻胡公切𡘋音洪。白魚類篇白魟，魚名。一曰魚肥○按酉陽雜俎黃魟魚，色黃，無鱗，頭尖，身似鰤葉，口在頷下，眼後有耳，竅通於腦，尾長一尺，末三刺甚毒。據此說，魟有黃、白二種類篇特舉白者言之耳　hōng廣韻呼東切集韻呼公切𡘋音烘。河魚似鼈六書故海魚，無鱗，狀如蝙蝠，大者如車輪。鑾又魟71740

魠 71730 38178
tuō_3.14　唐韻他各切集韻闥各切𡘋音託說文哆口魚也玉篇黃頰魚前漢·司馬相如傳鰅鰫鰭魠

鮀 71731 38179
tuó_3.14 篇海 音義與鮀同。

魡 71732 38180
dí_3.14 廣韻 都歷切 集韻 丁歷切夶音的。魚名。図 䰼魚也。或作罜 図 diào 集韻 多嘯切音弔 玉篇 亦作釣。餌取魚也 莊子·刻意篇 䰼魚閒處 音義 魡,本亦作釣。

魥 71733 38181
rèn_3.14 篇海 音刃。魚名○按卽魥字之譌。

鰺 71739 u2B68A
yáng_3.14 簡 鍚72354

魥 71734 38182 xiǎo_3.14 廣韻 私兆切 集韻 忍兆切夶音小 玉篇 魚名也 字彙 細魚。

魟 71740 u2B689
hóng_3.14 簡 魟71729

鮋 71736 38184 sì_3.14 玉篇 疾里音似。魚也。鑋 本草綱目拾遺·卷十·鱗部 鮋魚: 滇程記 雲南百夷中有小孟貢江,產鮋魚。彼夷食之,日御百婦,故夷性極淫,貴賤俱數妻。

魦 71735 38183 qì_3.14 廣韻 集韻 夶居乞切,音訖。魚游也 図 玉篇 斷魚也 図 類篇 一曰魚名。

鮨 71737 38185 zī_3.14 何喬遠·閩書 鮨魚似烏魚而小。音未詳。鑋 大字典 鯔魚別名 図 方言。鳳尾鮨的別名。

櫶 71738 46726 biē_3.14 五音篇海 音鼈。又音魚。

鮋 71741 u2B688 yú_3.14 簡 鯰72795

鮮 71744 u29D5F null_3.14 遼海叢書·開原縣志·卷下·物產志·物產 水族之屬:鯿魚、烏魚、重脣、鮮條、紅翅、黃骨、赤眼、鱉、蟹。

舁 71742 u2B650 yú_3.14 殷周金文漁29347,从収。

魟 71743 u29DB7 null_3.14 未詳。

鮮 71745 u29D5E xiān_3.14 鮮于,即鮮于 古璽彙編·複姓私璽.4021 鮮于謹。

魝 71746 u29D5D chài_3.14 喃 从魚才tài聲。漁。

魡 71748 u29D5A dù_3.14 魡鱅,魚名,亦稱杜部、土附,即杜父魚,俗名船矴魚。

魟 71749 u29D59 null_3.14 新撰字鏡 魟,久知良 図 人名。周進本 全本 季木藏陶.0895 盧魟。

魢 71752 u9C7E jǐ_3.14 簡 魢71753

壑 71750 u29D58 dù_3.14 或同魡71748

魟 71751 u4C36 mang_3.14 韓 同鰟72281 畫永篇·下 魚名有魟。

魢 71753 u9B62 jǐ_3.14 魚名。

魶 71747 u29D5C cá_3.14 喃 从魚个cá聲。魚類△釣魶:釣魚。魶鮀:泥鰍。

鮠 71754 38186 wěi_4.15 玉篇 於鬼切,威上聲。同鮠。魚名 図 niú 五音集韻 語求切音牛。義同△正字通 按通雅曰:牛魚,北方鮼類也 王易·燕北錄 曰:牛魚,觜長鱗鰾,頭有脃骨,重百斤,卽南方鱘魚。俗加魚作鮮。互詳前魰71717字註。

鮛 71755 38187 xù_4.15 集韻 與鰴同。

鮀 71756 38188 é_4.15 廣韻 五禾切 集韻 吾禾切夶音訛。魚名。或作鮀。

鮀 71757 38189 é_4.15 集韻 五禾切音訛。魚名。同鮀 図 五音集韻 奴果切音婑。義同。

魻 71758 38190 è_4.15 廣韻 五合切 集韻 鄂合切,並音燅。魚名 図 qiè 廣韻 去劫切 集韻 乞業切夶音怯。以竹貫魚爲乾。出復州界 類篇 枯魚也。鑋 又 魻71811

鯊 71759 38191 shā_4.15 唐韻 集韻 夶所加切音沙 說文 魚名。出樂浪潘國 玉篇 鮫魚 集韻 與鯊同。今之吹沙小魚是也 後漢·馬融傳 鱣鯉鱏鯊 註 鯊或作鯋 図 suō 廣韻 集韻 夶蘇禾切音莎。魚名。或作鮻 図 shào 集韻 失照切音少。義同。鑋 又鯋71805鯗71795 図 龍龕 鯊72551鯊72214二或作,鯊今。

歃 71760 38192 hè_4.15 廣韻 呼盍切 集韻 黑盍切夶音欱。魶歃,魚名 図 zā 集韻 作答切音帀。魚口動貌。鑋 正字通 鰽72737字之譌。

鮮 71761 38193 bàng_4.15 集韻 部項切音棒。與蚌同。蜃屬。一曰美珠。亦作硨○按 山海經 禺水北流,注于招水,其中多鮮魚,其狀如蚳,其音如羊 事物紺珠 鮮魚,如龜,魚尾,二足。是鮮爲魚屬,非蜃屬也 集韻 訓與蚌同,非。

鮒 71762 38194 gōng_4.15 廣韻 古紅切 集韻 沽紅切夶音公。鮒鮒,魚名。似鱉。或作魟 図 hóng 集韻 戀公切。義同。

魰 71763 38195 zéi_4.15 篇海 鰂或省作魰,即烏鰂魚也。亦通作賊。

魟 71764 38196 gāng_4.15 唐韻 古郎切 集韻 居郎切夶音岡 說文 大貝也 爾雅·釋魚 貝大者魟 註 書大傳曰:大貝如車渠。車渠謂車輞,魟屬 図 說文 一曰魚膏 集韻 韻會 朗切 正韻 下黨切夶音沆。義同 図 háng 廣韻 胡郎切 集韻 寒剛切夶音航。魚名 博雅 魟,魠也。鑋 又魟71802魟71776魟71886 図 正字通 魟57557,俗作魟 図 魠也。胡吉宣:魠,魟之形誤。

鮖 71765 38197 tún_4.15 五音集韻 徒渾切音豚 玉篇 魚名 本草集解 河魨,狀如科斗,大者尺餘,背色青白,有黃縷,無鱗、腮,目能眨者有毒。一名鯸鮐。一名鰗鮧。一名鯢魚。本作豚。鑋 又魨71829

魾 71766 38198 pēi_4.15 集韻 鋪枚切音肧。魚名 図 類篇 一曰魚臠未成鮺。鑋 名義 魾,俗飢反。同上(鰾)。呂浩校釋作鮃71839

鮽 71767 38199 yì_4.15 集韻 與鮽同。

魩 71768 38200 mò_4.15 五音集韻 莫撥切音末。魚尾。

魶 71769 38201 fèi_4.15 廣韻 符廢切音吠。魚名。

魶 71770 38202 mù_4.15 篇海 音木 正字通 魶,一名魶。鑋 又魶71803鯗71820

魶 71771 38203 qí_4.15 集韻 與鯕同。

魶 71772 38204 jiè_4.15 廣韻 古拜切 集韻 韻會 正韻 居拜切夶音

戒玉篇兩䲆,即比目魚也左思·吳都賦罩兩䲆註左右䲆一目,所謂比目魚。鰲又䰻71773䰻71859

71773 38205
䰻 jiè_4.15　正字通䰻字之譌。

71774 38206
歟 yú_4.15　集韻牛居切音魚。與戲同張衡·西京賦遒欲畋歟註歟,捕魚也図集韻牛據切音御。義同。鰲可洪音義畋歟:上音田。下音魚。歟獵:上牛居反。

71775 38207
魫 shěn_4.15　集韻式荏切音審。魚子図持林切音沉。義同。

71776 38208
魧 háng_4.15　篇海同魫。鰲龍龕魧,直深反。大貝也直音篇魧,音沉(沅)。大貝。楊清臣:魧71764字之變。

71777 38209
䰿 bǎn_4.15　廣韻扶板切集韻部板切夶音阪。魚名正字通比目魚名版魚,俗改作䰿。

71778 38210
鮄 fū_4.15　唐韻甫無切集韻風無切夶音膚說文鮄,魚名。出東萊。鰲又鮄71810說文鮄,鯕魚。出東萊。

71779 38211
魭 yuán_4.15　集韻愚袁切音元。與黿同。大鼈也本草如鼈而大図集韻五管切音浣。輐或作魭。魭斷,無圭角貌莊子·天下篇而不免於魭斷註雖立而魭斷,無圭角也図wǎn集韻正韻夶五換切音玩。義同。鰲又蒹71801

71780 38212
鮍 pí_4.15　唐韻房脂切集韻韻會頻脂切夶音毗說文鮍,魚名山海經濫水西流,注于漢水,多鰼鮍之魚,狀如覆銚,鳥首而魚翼魚尾,音如磬石之聲郭璞·江賦文鮍磬鳴以孕珍類篇或作鮇図bǐ集韻補履切,音妣。魚名。尾有毒。

71781 38213
鮆 jì_4.15　集韻與鱭同。

71782 38214
熶 zhěn_4.15　集韻章荏切音枕。魚首骨正字通魚腦骨曰枕。俗作熶。

71783 38215
鮼 qín_4.15　廣韻昨淫切集韻才淫切夶音鱏說文鱘也。一曰大魚爲鱘,小魚爲鮼図集韻式荏切音審。又shèn食荏切音甚。又士瘁切音顏。又徂感切音鐕。義夶同。鰲又鰐72061

71784 38216
魯 lǔ_4.15　古文炋廣韻正韻郎古切集韻韻會籠五切夶音虜說文鈍詞也論語參也魯于晏註魯,鈍也。曾子性遲鈍図國名詩·魯頌譜魯者,少昊摯之墟也前漢·地理志周興,以少昊之虛曲阜封周公子伯禽爲魯侯,以爲周公主釋名魯,魯鈍也。國多山水,民性樸魯也図姓廣韻伯禽之後,以國爲姓,出扶風。又複姓有魯步氏図集韻旅22163古作魯。鰲又婁21356魯71828装26565鄒62111魯71914

71785 38217
鮫 wén_4.15　集韻無分切音文。魚名。埤雅佹鱧,鱗細有花文,一名文魚正字通文魚之改爲鮫,猶人魚之改爲魧也。一說即文鯦魚。鰲又蒹71821

71786 38218
鮍 hú_4.15　篇海胡谷切音斛。斗魚。

71787 38219
鮏 wáng_4.15　廣韻集韻夶雨方切音王。鮏鮪,魚名正字通王鮪,本作王,誤作鮏。

71788 38220
鮜 hú_4.15　廣韻戶吳切集韻洪孤切夶音胡爾雅·釋魚鯦,當鮜註海魚也。似鯿而大鱗,肥美多鯁,今江東呼其最大長三尺者爲當鮜類篇一曰出有時,吳人以爲珍,即今鮛魚図hù集韻胡故切音互。與鱯72796同。鰲直音篇鮍,同鮜。図鮮71796

71789 38221
鱸 lú_4.15　篇海音蘆。魚名正字通俗鱸字,與馬部驢作驉同。

71790 38222
鮹 zā_4.15　廣韻子答切集韻作答切夶音帀玉篇魚也図shī集韻霜夷切音師。與鰤72453同。

71791 38223
鮿 bèi_4.15　廣韻集韻夶博蓋切音貝說文魚名。出樂浪潘國山海經敦水東流注于鴈門之水,其中多鮿鮿之魚,食之殺人本草即鯸鮐也。與鮭同魏武帝食制謂之鮮鮿。鰲又鮍71906

71792 38224
魴 fáng_4.15　唐韻集韻韻會正韻夶符方切音房說文赤尾魚。或从旁作鰟詩·周南魴魚赬尾傳魚勞則尾赤疏魴魚,尾本不赤,赤故爲勞也陸璣疏魴魚廣而薄,肥恬而少力,細鱗,魚之美者爾雅·釋魚魴,鯿註江東呼魴魚爲鯿。一名鯸。梁水魴尤美,故鄉語曰:居就糧,梁水魴正字通魴魚,小頭縮項,闊腹穹脊,細鱗色青白,腹內肪甚腴図姓姓氏急就篇漢有魴山。鰲又魴71827鰟72444

71793 38225
鱝 fén_4.15　唐韻敷粉切集韻韻會撫吻切夶音忿說文魚名。出薉邪頭國爾雅·釋魚鱝,鰕疏鱝魚,一名鰕〇按正字通云鰕,江海所在皆有之,非必出薉邪頭國說文誤図fèn廣韻房吻切集韻父吻切夶音憤。又fén唐韻集韻夶符分切音汾。義夶同図fèn廣韻匹問切集韻芳問切,並忿去聲。與鯼同。魚小曰鱝。一曰魚名。鰲又魵71804

71794 38226
魶 nà_4.15　廣韻奴盍切集韻諾盍切夶音魶。魚名。似鼈,無甲有尾,口在腹中博雅鯢也玉篇鯢也益部方物略魶魚出溪谷及雅江,有足,能緣木,其聲如兒啼史記·司馬相如傳禺禺鱸魶註徐廣曰:魶,一作鰨漢書註魶,鯢魚也。鰲鰋魚疑鯢魚図正字通魶72461同魶

71795 38227
鯊 shā_4.15　同鯊石鼓文漁漁又鯊釋音鯊今作鯊。鰲石鼓文鯊从小从魚,系小魚合文図xiāo鮹71734

71803 u2B80F
鮲 mù_4.15　簡鮋71770

71796 38228
鮮 hú_4.15　字彙補同鮜

71797 38229
鮫 jiāo_4.15　字彙補音義與熶同〇按即鰍字之譌。

71798 38230
鮇 wǔ_4.15　字彙補音午閩中海錯疏鮇魚,鱸之別種圓厚短鱉,味豐,漳、泉有之。

鼢 71804 u2B68D
fén_4.15 簡鼢71793
詳。人名。萬曆時宗人克鼢，疏救御史劉光復。

鮘 71800 46727
chī_4.15 五音篇海 同魠。

鱻 71801 46728
yuán_4.15 篇海類編 同魭。

魧 71802 46729
háng_4.15 龍龕 胡郎切。魚名○按卽魧字之譌。

鈔 71805 u2B68C
shā_4.15 簡鈔71759

魦 71807 u2B652
null_4.15 未詳。
撰字鏡鯛，即由反。烏化為也。頂上有細骨如烏毛者也

鮟 71811 u29F79
è_4.15 簡鮟71758
(疑) ngờ聲。鮐魚。或作鰃、鱄72520

鮍 71809 u29F7B
fù_4.15 簡鮍71818 可
洪音義 如鮍：音魚。獵也。新撰字鏡鮍，語吾反。獵也。
⊠ trê 喃 从魚支chi聲。鬍子鮎，塘鱺。

魟 71810 u29F7A
fū_4.15 簡魟71778
心 tâm聲。越·阮秉 五千字譯國語 毗，植扒魟。

魬 71815 u29D7C
bō_4.15 俗鮍71844朝鮮本 龍龕魬，音撥。魚指(掉)
尾也。又蒲撥切。魚名。似鯉而赤色。又普活切。

鮈 71816 u29D7B
gǒu_4.15 同鮈71863唐段成式 酉陽雜俎·卷之七·酒
食 竹根粟，菰首，鱷子鮈，熊蒸。

鮔 71817 u29D7A
null_4.15 大字典魚名。引清·光緒年修臺灣澎湖
志·物產鮔魚，身扁，無鱗，尖頭，短尾。亦名牛牿鮔。

鮒 71818 u29D79
fù_4.15 魚名。吐鮒，亦名渡父、杜父。

魲 71819 u29D75
null_4.15 未詳。

鱻 71821 u29D73
wén_4.15 同鮫71785

鮖 71823 u4C9D
chāng_4.15 簡鰭72528 鯉
科，產於華南和西南水流湍急的澗溪中⊠bà同鮍71844

魯 71825 uF939
lǔ_4.15 兼魯

魴 71827 u9C82
fáng_4.15 簡魴71792

魨 71829 u9C80
tún_4.15 簡魨71765

鮵 71831 u9B79
máo_4.15 日 地名用字。鮵崎，岩手縣。

鮱 71832 u9B78
piàn_4.15 日 新撰字鏡鮱，奈万豆。鮱，上同⊠同
文通考·國字鮱，ナマズ，鰊魚也。

魷 71833 u9B77
yóu_4.15 國語辭典魷魚，即柔魚。

鮖 71834 38231
hé_5.16 廣韻胡歌切集韻寒歌切ㄊ音何。魚名博
雅鮖、鯱，魠也⊠gě集韻賈我切音哿。鮓也。南越曰
鮖。鐾又鮖71931⊠魠，魨之形誤。

鮃 71799 42267
yá_4.15 字彙補音未
詳。人名。萬曆時宗人克鮃，疏救御史劉光復。

鱄 71806 u2B68B
zhuān_4.15 簡鱄72578

鮃 71808 u2B651
jiū_4.15 俗鮍71845新

鮂 71812 u29D7F
ngừ_4.15 喃 从魚亏

鮤 71813 u29D7E
yú_4.15 俗漁29347可

鮃 71814 u29D7D
tôm_4.15 喃 从鰕省

鮐 71824 u4C3E
bā_4.15 同魢71725鯉

鮞 71826 u9C83
bā_4.15 简鮐71824

魯 71828 u9C81
lǔ_4.15 简魯71784

魷 71830 u9C7F
yóu_4.15 简魷71833

鮊 71835 38232
bǐng_5.16 廣韻蒲幸切，音偋。又集韻補永切，音
丙說文蚌也廣韻蛤鮊。與鱷、鱺同⊠bèng集韻白猛
切音鮃。蟲名。鐾又鮊71894

鮙 71836 38233
xiá_5.16 集韻轄甲切音狎。魚名⊠xiā集韻迄甲
切音呷。鮙鰈，鱗次衆多貌潘岳·笙賦鮙鰈參差註鮙
鰈，裝飾重疊貌。

鮏 71837 38234
qū_5.16 唐韻去魚切集韻丘於切ㄊ音墟說文魚
也類篇一曰比目魚前漢·司馬相如傳禺禺鮏鰨註鮏，
比目魚也。狀似牛脾，細鱗紫色，兩相合乃得行⊠山
海經紙山有魚焉，其狀如牛，蛇尾有翼，有羽在脅下，
曰鮏魚玉篇亦作鰈類篇或作鱸⊠tà廣韻吐盍切集
韻託盍切ㄊ音榻。又xié集韻迄業切音脅。義ㄊ同。

鮖 71838 38235
hān_5.16 廣韻集韻ㄊ胡甘切音酣。魽或作鮖。蛤
也玉篇似蛤，有文如瓦屋類篇蚌屬，魁陸也。橫縱其
理⊠廣韻呼談切集韻呼甘切ㄊ音憨。義同。鐾又明
嘉靖朝鮮歸真寺本 龍龕手鑑鱛，同鮖⊠鮖71889

鮣 71839 38236
pī_5.16 廣韻符悲切集韻韻會貧悲切ㄊ音邳說
文大鱍也。其小者名鮡爾雅·釋魚鮣，大鱍註似鮎而
大，白色古今注白魚雄者曰鮣⊠唐韻敷悲切集韻攀
悲切ㄊ音丕。義同⊠pí集韻頻脂切音毗。鮣也。爾雅·釋
魚鮣，鮣註鮣，一名鮣。鐾又鮮71948鮣71766

鮰 71840 38237
líng_5.16 唐韻集韻ㄊ郎丁切音靈說文鮰，蟲連行
紆行者⊠集韻離貞切音伶。義同⊠五音集韻力珍切
音鄰。與鱗同。魚甲也。

鮀 71841 38238
tuó_5.16 唐韻徒何切集韻韻會正韻唐何切ㄊ音
駝爾雅·釋魚鯊，鮀註今吹沙小魚，體圓而有點文正
字通鮀卽小沙魚別名說文以鮀爲鮎，以鰋72341爲鮀，
ㄊ非⊠本草圖經鮀魚，生湖畔土窟中，形似守宮而大，
長丈餘，背尾俱有鱗甲。鐾直音篇鮑鮀鱺鱺並同鮀。

鮀 71842 38239
tuó_5.16 玉篇鮀，俗作鮀。

鮏 71843 38240
yāng_5.16 集韻於良切音央。魚名本草陶弘景曰：
肉善醒酒⊠鮏鱺71713，魚名⊠集韻於郎切，盎上聲。
義同。鐾又鮏71892

鮍 71844 38241
bō_5.16 唐韻集韻正韻ㄊ北末切音撥說文鱣鮪
鮍鮍○按詩·衛風·碩人作發發類篇或作鱍⊠fèi廣韻
房廢切集韻符廢切ㄊ音吠。魚名⊠pō集韻普活切音
潑。魚游貌⊠bá集韻蒲撥切音跋。魚名。似鯉而赤。
鐾又鮍71930鮐71824鮞71826鮍71815

鮋 71845 38242
qiú_5.16 廣韻似由切集韻徐由切ㄊ音囚。白儵爾
雅·釋魚鮋，黑鰦註卽白儵魚，江東呼爲鮋疏鮋，一名
黑鰦⊠jiū廣韻卽由切集韻將由切ㄊ音揫。烏化爲魚，
頂上有細骨如鳥毛△玉篇或作鮋。鐾又鮋72013鮋71808

鮃 71846 38243
píng_5.16 五音集韻符兵切音平玉篇魚名。鐾又
鮃71929

䲝 71847 38244 zhù_5.16 玉篇音宁。魚名。

鮄 71848 38245 fú_5.16 玉篇音佛。海魚。鑿又鮄71890

鮅 71849 38246 bì_5.16 唐韻毗必切集韻簿必切𠀤音邲說文魚名爾雅·釋魚鮅，鱒註似鯶子，赤眼疏鮅，一名鱒72657 又本草石鮅魚，出南海方山中，長一寸，背裏腹下赤 又廣韻畢吉切集韻壁吉切𠀤音必。義同。或作鯶。鑿又鮅71891 又字典琢屑本草背裏腹下赤。按，裏當作黑。

䱠 71850 38247 tǒu_5.16 集韻與䱏同。

䱔 71851 38248 zhú_5.16 集韻直律切音朮。魚名正字通按雜俎南海有水族，前左腳長，右腳短，口在脅傍背上，常以左腳捉物，寘於右腳，右腳中有齒嚼之內於口，大三尺餘，其聲朮朮，南人呼爲海朮。據此說，䱔卽海朮，亦魚怪也。

䲂 71852 38249 chī_5.16 廣韻處脂切集韻稱脂切𠀤音鴟博雅鮣䲂，鮉也△類篇或作鯷。鑿又鮉71800 又䲂，鮉之形誤。

鮴 71853 38250 qiáo_5.16 字彙祈姚切音喬。魚名正字通陽鱎也荀子·榮辱篇儵鮴者，浮陽之魚也註魚好浮水上就陽也。一名陽鱎轉注古音鮴从夲，夲音叨，故鮴音喬。俗譌作鮴，音鉢，非。鑿又鮴71893楊寶忠：俗鮬71970

䱂 71854 38251 yǒu_5.16 廣韻於柳切集韻於九切𠀤音懮說文魚名博雅鯉也正字通按䱂爲鮒屬，生溪澗中，狀似吹沙魚而短，闊口大頭，歧尾，色黃黑有斑，脊背上鬐刺螫人魚經鯽魚有附土者曰京魚，一曰吐魰食物本草曰渡父臨海志曰吐魰，卽杜父魚，一名黃䱂，俗呼船矴魚，見人則以啄插入泥土中，如船矴也又廣韻於堯切集韻伊堯切𠀤音幺。又集韻於虯切音幽。又於糾切音黝。又乙六切音彧。義𠀤同。

鮆 71855 38252 jì_5.16 唐韻徂禮切集韻韻會正韻在禮切𠀤音薺說文飲而不食，刀魚也。九江有之正字通魏武食制謂之望魚。一名鱭魚，一名鮤魚爾雅·釋魚·鮤鱴刀註今之鮆魚也。亦呼爲魛魚山海經苕水北流，注于具區，其中多鮆魚註鮆魚，狹薄而長頭，大者尺餘，太湖中今饒之博雅鮆，鱴也史記·貨殖傳鮐鮆千斤註鮆，刀魚也又博雅短也揚子方言江湖之會，凡物生而不長大，亦謂之鮆又廣韻卽移切集韻將支切𠀤音貲。又集韻仕知切音柴。又淺氏切音此。又疾智切音漬。又自爾切音薺。又子智切音恣。又才豉切，疵去聲。義𠀤同。鑿又䱴71856鮆71987鮆72023

䱴 71856 38253 zǐ_5.16 廣韻同鮆又集韻蔣氏切音紫山海經汾水多䱴魚，其狀如儵而赤鱗。

䱃 71857 38254 zhì_5.16 集韻直質切音秩。魚名。

䱆 71858 38255 shěn_5.16 集韻式荏切音審。大魚。

鮕 71859 38256 jiè_5.16 正字通魪字之譌。

䱅 71860 38257 mò_5.16 廣韻莫撥切音末。魚名玉篇海中魚。與鱴同。

鮇 71861 38258 wèi_5.16 廣韻集韻𠀤無沸切音未。魚名正字通嘉魚也。長身細鱗，肉白如玉，出漢、沔丙穴中又山海經諸鉤之山，多寐魚註卽鮇魚。鑿又寐41289

䲘 71862 38259 hū_5.16 五音集韻荒烏切音呼玉篇魚也。

鮈 71863 38260 jū_5.16 廣韻舉朱切集韻恭于切𠀤音拘玉篇鯸鮈，魚名又人名史記·五宗世家子鮒鮈立又qú集韻權俱切音劬。義同又集韻舉后切音詬。鯷鮈，魚名。鑿又鮈71816

䲠 71864 38261 bū_5.16 廣韻博孤切集韻奔模切𠀤音逋。與鯆同。江豚也又集韻普故切音怖。義同。

䱚 71870 38267 yìng_5.16 集韻同鱦

鮉 71865 38262 diāo_5.16 集韻與鯛同

鮊 71866 38263 bó_5.16 唐韻旁陌切集韻韻會正韻薄陌切𠀤音白說文海魚名博雅鮊，鱎也又bà集韻步化切音杷。義同。鑿又鮊71923鯑72203鮲72358

䍡 71867 38264 guān_5.16 集韻鰥72454古作䍡。

鮋 71868 38265 yóu_5.16 廣韻以周切集韻韻會夷周切𠀤音由。鮂鮋也玉篇與鮂同郭璞·江賦鯖鰊鰷鮋註鮋似鱓。又chóu廣韻市流切集韻時流切𠀤音讎。小魚，同鯈又集韻陳留切音儔。義同。鑿又鮋71926

鮌 71869 38266 gǔn_5.16 廣韻集韻正韻𠀤古本切音袞說文魚也又與鯀同吳語今王既變鮌禹之功註鮌卽鯀字。

鮍 71871 38268 pī_5.16 唐韻敷羈切集韻攀糜切𠀤音披說文魚名玉篇鰟魚也又類篇一曰破魚。或作鮍。鑿又鮍71920

鮎 71872 38269 nián_5.16 廣韻集韻韻會𠀤奴兼切音拈說文鯷也爾雅·釋魚註鮎別名鯷，江東通呼鮎爲鮧本草圖經鮧背青而口小者名鮎。周益公記：宜興洞有四足鮎，宋乾道六年行都北關有鮎魚，色黑，腹下出人手於兩旁，各具五指，此魚妖也又集韻正韻𠀤尼占切音黏。義同。鑿又鮎71928鯰72303鯰72288鰜72777鱇72896

鮏 71873 38270 xīng_5.16 唐韻集韻𠀤桑經切音星說文魚臭也註今俗作鯹又zhēng集韻甾莖切音爭。魚名。

䱇 71874 38271 shàn_5.16 集韻上演切音善玉篇魚似蛇。同鱓山海經湖灌之水，其中多䱇註亦鱓魚字。

鮐 71875 38272 tái_5.16 廣韻土來切集韻韻會湯來切𠀤音台說文海魚名正字通河豚別名前漢·貨殖傳鮐鮆千斤註師古曰鮐，海魚也左思·吳都賦紅鮪鯸鮐註鯸鮐魚，狀如科斗，大者尺餘，腹下白，背上青黑有黃文又爾雅·釋詁鮐背疏老人皮膚消瘠，背若鮐魚也揚子方言

鮐，老也。秦、晉之郊，陳、兗之會，曰耇鮐註言背皮如鮐魚釋名九十曰鮐背，背有鮐文也図通作台詩·大雅黃耇台背箋台之言鮐也図集韻正韻汰堂來切音臺。又集韻盈之切音怡。義汰同。鐾又鮐71919鯣72492

鮑 71876 38273
bào_5.16 唐韻薄巧切集韻韻會正韻部巧切汰音抱說文饐魚也玉篇潰魚也。今謂裛魚釋名鮑魚。鮑，腐也，埋藏奄使腐臭也急就篇註鮑亦海魚，加之以鹽而不乾者也周禮·天官·籩人臕、鮑魚、鱐註鮑者於楅室中糗乾之，出於江淮◆史記·貨殖傳鮑千鈞註鮑，脯魚也。謂破開中，頭尾不相離爲鮑，謂之脯關者也周語鮑魚不登俎豆家語與不善人居，如入鮑魚之肆，久而不聞其臭図姓左傳·莊十四年註鮑叔牙，小白之傅齊語鮑叔牙，齊大夫，姒姓之後図與鞄同周禮·冬官考工記攻皮之工，函，鮑註鮑，或書爲鞄，蒼頡篇有鞄氂図集韻披交切音拋。魚名図集韻班交切音包。人名。楚有申鮑胥。通作包。鐾又鮑71922鮠71997図漢語大字典·P. 2845蚫52465，同鮑，鰒的俗名。

鮒 71877 38274
fù_5.16 唐韻集韻韻會汰符遇切音附說文魚名博雅鰿也爾雅翼鮒，鰿也。今作鯽易井卦井谷射鮒釋文子夏傳謂蝦蟇儀禮·士昏禮魚用鮒疏義取夫婦相依附者也戰國策所謂無雄免紺魚者也註鮒魚，魚之小者莊子·外物篇車轍有鮒魚焉酉陽雜俎洞庭之鮒。陸佃曰：此魚好旅行，吹沫如星，以相卹謂之鯽，以相附謂之鮒劉劭·七華洞庭之鮒出於江岷，紅腴、青顱、朱尾、碧鱗図集韻蓬逋切音蒲。義同。鐾又鮒71924鮒72188鮒72159鰒72570

鱒 71880 38277
móu_5.16 集韻同鰰會正韻汰側下切。與鯗同。藏魚也釋名鮓，滓也。以鹽米釀之如菹熟而食之也図zhà集韻助駕切音乍。魚名。或作鮓博物志東海有物，狀如凝血，從廣方員，名曰鮓魚。無頭目處所，內無藏，衆蝦附之，隨其東西，人贲食之。鐾又鮓71925鰿72463鰿72479鰿72391鱸72822鱢72803鱸72871図字彙補鱸72885與鮓同。

鮊 71879 38276
qí_5.16 玉篇古文鮨71964字。

鮭 71889 u2B810
hān_5.16 簡鮭71838 音胐◇蠚也。鐾鮭75597譌字。

鮚 71890 u2B692
fú_5.16 簡鮚71848

鮿 71883 38280
è_5.16 鰐字之譌，見字彙補

鮴 71884 38281
rǎn_5.16 字彙補而琰切音冉。魚名元覽鯈魚、鮴遺、鮐鮐，皆六足山海經作冉遺之魚。鐾又鮴71940

鮋 71885 42268
jù_5.16 篇海類編音巨。魚名。

鮊 71886 42269
gāng_5.16 川篇音罵。魚名。又音航。鐾新修玉篇音對。又音航。魚。楊寶忠：俗魷71764

鮽 71878 38275
zhǎ_5.16 廣韻集韻韻會正韻汰側下切。

鮓 71887 46730
gū_5.16 篇海類編音沽。鐾又鮕71900

鮖 71888 46731
mù_5.16 篇海類編音目。魚名。

鮐 71891 u2B691
bì_5.16 簡鮐71849

鮏 71892 u2B690
yāng_5.16 簡鮏71843

鮇 71893 u2B68F
qiáo_5.16 簡鮇71853

鮎 71894 u2B68E
bǐng_5.16 簡鮎71835

鮀 71895 u2B657
null_5.16 未詳。

鮈 71896 u2B656
ní_5.16 鮈鰍，泥鰍。

天津大公報. 1902. Sep. 15. Num. 91·時事要聞 蕭邸督修道路工程，聞已借定洋欵，現在各大街已經各木廠丈量估價。原係甬路者，改用小石子。原係石頭道者，但翻轉原石，換其破碎而已，惟須一律修成鮈鰍背形式。每一丈估定工價銀十五、六元不等云。

鮍 71897 u2B655
null_5.16 未詳。

鮉 71898 u2B654
lú_5.16 俗鱸72852

鮌 71899 u2B653
null_5.16 未詳。

鮄 71900 u29F80
gū_5.16 同鮓71887

鮼 71901 u29DA0
huí_5.16 同鮰72045

鮸 71903 u29D9D
chình_5.16 喃从魚
正chính聲。同鰊72250△魠鮸：鰻魚。

鮃 71902 u29D9F
bướp_5.16 喃从魚乏phạp聲。

鮺 71906 u29D9A
bèi_5.16 鮺71791本字

鮹 71904 u29D9C
guài_5.16 篇海類編鮺71945，古壞切，音怪。魚名。疑當作鮹 正字通鮺，俗字山海經凡怪山、怪水、怪風、怪雨、怪鳥、怪魚，皆作怪，魚無名鮺者。俗作鮹。譌作鮺。魚鳥與族類異者，通稱怪。舊註音怪，汎云魚名，無稽。

鮫 71908 u29D98
lì_5.16 鯛72172別名。有紅鮫白鮫黑鮫。

鮪 71909 u29D97
ěr_5.16 日廣漢和辭典淡水魚の一。鯋。

鮬 71910 u29D95
null_5.16 未詳。

鮐 71905 u29D9B
jiā_5.16 加吉魚，即鯛魚古今圖書集成·禽蟲典·第一百四十八卷·雜魚部彙考一·直省志書·招遠縣鮐鮏，俗作家雞魚。傳記無考。以肉潔白似雞。穀雨後，一網可獲數萬，其利甚厚，亦時多時少，不可為常。清明魚回則網止。

鮟 71911 u29D94
null_5.16 未詳。

鮏 71907 u29D99
yǒng_5.16 明·曹學佺蜀中廣記引（益部）方物略云：鮏魚，出蜀江，背鱗黑而膚理似玉，蜀人以為鱠。味美。又佩文韻府鮏魚：益部方物畧記鮏魚，出西山溪谷，狀如鯢，有足，能緣木，聲如兒啼，蜀人養之△大字典音永。

鮞 71912 u29D93
null_5.16 未詳。

鮮 71915 u29D90
null_5.16 未詳。

鮥 71913 u29D92
xù_5.16 俗鮥71755龍龕鮥或作，鯜72795正。

鲁 71914 u29D91
lǔ_5.16 字鑑·上聲·姥韻魯，郎古切，說文鈍詞也。從囟從魚，囟，古自字。俗作魯71784

鮠 71916 u29D8F
null_5.16 未詳。

鮰 71917 u4C9F
yìn_5.16 简鮰71958

鮫 71918 u4C9E
lì_5.16 简鮫71908

鮐 71919 u9C90
tái_5.16 简鮐71875

鮍 71920 u9C8F
pī_5.16 简鮍71871

鮪 71921 u9C8E
hòu_5.16 简鱟72726

鲍 71922 u9C8D bào_5.16 简鮑71876

鲌 71923 u9C8C bà_5.16 简鮊71866

鲋 71924 u9C8B fù_5.16 简鮒71877

鲊 71925 u9C8A zhǎ_5.16 简鮓71878

鲉 71926 u9C89 yóu_5.16 简鮋71868

鲈 71927 u9C88 lú_5.16 简鱸72852

鲇 71928 u9C87 nián_5.16 简鮎71872

鲆 71929 u9C86 píng_5.16 简鮃71846

鲅 71930 u9C85 bō_5.16 简鮁71844

鲄 71931 u9C84 hé_5.16 简魺71834

鮘 71932 u9B98 dài_5.16 閩鯉。連橫臺灣通史·卷二十八·虞衡志·魚之屬鯉：俗稱鮘，有紅、黑二種，飼於池沼。

鮗 71933 u9B97 dōng_5.16 新撰字鏡鰶鯯鮁鱀鮗鰔，六字己乃志呂同文通考·國字鮗，鯯魚也。

鮖 71934 u9B96 shí_5.16 日清·黃遵憲日本國志·卷之三十九·物產志二鯋鮖廣漢和辭典鮖，淡水魚の一。鰍。

鰨 71935 38282 tǎ_6.17 正字通俗鰨字。

鮚 71936 38283 jié_6.17 唐韻巨乙切集韻極乙切太音姞說文蚌也漢律會稽郡獻鮚醬類篇䱀鮚，大蛤又集韻吉屑切音結前漢·地理志會稽郡鄞縣有鮚埼亭註師古曰鮚，音結，蚌也。長一寸，廣二分，有一小蟹在其腹中又集韻其吉切音佶。義同又集韻丘八切音劼玉篇魚也類篇與鰗同。鎣又鮚72038

鯍 71937 38284 méng_6.17 廣韻武登切集韻彌登切太音瞢說文䲆鯍也玉篇卽鱛字又集韻母亙切音懜。義同。鎣又鯍71984鯍72019鯍72097

鴾 71938 38285 móu_6.17 玉篇莫侯切音牟。魚也。

鮛 71939 38286 shū_6.17 集韻式竹切音叔。魚名爾雅·釋魚註鮪，鱣屬也。大者名王鮪，小者名鮛鮪。互詳鮥71961鮪71966二字註類篇或作䱇。鎣爾雅·釋魚鮥，鮛鮪又鮛71979

鮒 71940 38287 rǎn_6.17 集韻之由切音舟。魚名山海經英鞮之山，涴水出焉，是多鮒魚。鎣胡吉宣：俗鮒71884

鮏 71941 38288 xiǎn_6.17 廣韻集韻太蘇典切音銑玉篇魚也。

鮜 71942 38289 hòu_6.17 廣韻胡遘切集韻下遘切太音候博雅鮜，鯸也又集韻韻會太許候切，吼去聲。義同。鎣又鮜72032

鮝 71943 38290 xiǎng_6.17 正字通俗鯗字。

鮑 71944 38291 huǐ_6.17 玉篇盱鬼切音喟。魚也古今注白魚赤尾者曰鮑。一曰魭。或云雌者曰白魚，雄者名鮑。鎣亦作觓55395音紅。

鮭 71945 38292 guài_6.17 篇海古壞切音怪。魚名〇按字疑當作鮭。

鮊 71946 38293 jiù_6.17 集韻巨九切音臼。魚名。鎣正字通俗鮥72201字又字彙補鯦71983，同鮊。

鮞 71947 38294 ér_6.17 唐韻如之切集韻韻會人之切太音而說文魚子也魯語魚禁鯤鮞註鯤，魚子。鮞，未成魚也。又呂氏春秋魚之美者，洞庭之鱄，東海之鮞註鱄、鮞，魚名又ròu廣韻如六切音肉。義同。鎣又鮞72035鮂71953

鮍 71948 38295 pī_6.17 集韻同魾

鮇 71949 38296 mù_6.17 玉篇莫六切，音木◇魚名。鎣熊加全：疑俗鮇71794

鮟 71950 38297 àn_6.17 集韻於旰切音按。魚名〇按卽鰀字之譌。鎣又鮟鱇，魚名。類推簡化作鮟鱇。

鮏 71951 38298 chī_6.17 集韻同䲈

鮴 71952 38299 mǐ_6.17 廣韻莫禮切集韻母禮切太音米。魚名。一曰魚子古今注魚子曰鱦，亦曰鯤，亦曰鮴，言如散稻米也正字通南海諸郡八九月收魚子，著草中褁縣竈烟上。二月雷發，取草浸池塘，旬日出，如科斗，謂之鮴鱶。

鮂 71953 38300 ròu_6.17 字彙而六切音肉。魚子又xù正字通呼昊切音衄。魚子泊草，損傷不成魚也〇按，卽鮞字之譌也。

鮠 71954 38301 wéi_6.17 廣韻五灰切集韻吾回切太音嵬。魚名。似鮎類篇鯷之小者本草圖經鮧魚口小背黃腹白者名鮠正字通鮠似鮎而大，白色，背有肉鬐，秦人謂其發癩呼爲獺魚。鎣又鮰72045

鮡 71955 38302 zhào_6.17 唐韻治小切集韻直紹切太音肇說文魚名廣韻似鮎而大類篇似鮎，白色爾雅·釋魚魾，大鱯。小者曰鮡又廣韻集韻太田聊切音迢。又集韻餘招切音遙。又dào杜皓切音道。義太同。鎣又鮡72245

鮮 71956 38303 gǒng_6.17 廣韻居悚切集韻古勇切太音拱。魚子也博雅鯤也本草鮮，鯷子也。

鮢 71957 38304 zhū_6.17 廣韻章俱切集韻鍾輸切太音朱。魚名山海經鮢鱬，似蝦無足。

鮣 71958 38305 yìn_6.17 廣韻於刃切集韻伊刃切太音印。魚名，身上如印類篇鮣鱗，魚名。如篆，一曰首象印左思·吳都賦鮣龜鱕䱜註鮣魚長三尺，無鱗，身中正四方如印。扶南俗云諸大魚欲死者，鮣魚皆先封之。鎣又鮣71917

鮤 71959 38306 liè_6.17 廣韻良薛切集韻力蘖切太音列。刀魚也。一名鱴。今鮆魚也爾雅·釋魚鮤，鱴刀疏鮤，名鱴刀。又廣韻集韻太力制切音例。義同。鎣又鮤71980鮤72366鮤71990

鮖 71960 38307 shí_6.17 集韻同鰣

鮥 71961 38308 luò_6.17 唐韻盧各切集韻歷各切太音洛說文叔鮪也爾雅·釋魚鮥，鮛鮪註今宜都郡自京門以上，江中通出鱏、鱣之魚。有一魚，狀似鱣而小，建平人呼鮥子疏鮪71966一名鮥，肉色白味不如鱣也又集韻戶賄切，回上聲。又剛鶴切音各。義太同又集韻各頟切音格。鮥72466或作鮥。

鮦 71962 38309 tóng_6.17 唐韻正韻徒紅切集韻韻會徒東切太音

同說文魚名。一曰鱨也爾雅·釋魚鰹，大鮦，小者鮷疏即鱧也。其大者名鰹，小者名鮷類篇或作鱅图唐韻正韻直隴切集韻韻會柱勇切，丛重上聲。又集韻傳容切，重平聲。義丛同图廣韻直柳切集韻正韻丈九切丛音紂。鮦陽，縣名前漢·地理志汝南郡鮦陽縣註應劭曰：在鮦水之陽〇按正字通引漢書·孟康註鮦，音紂紅反左傳襄四年註：鮦陽縣南，鮦音紂後漢書陰興子慶封鮦陽侯。註：鮦音紂。孫恒東韻收鮦，直蒙、直柳二切。此皆地理註之音紂紅反，譌失其下紅反二字也。戴侗定爲徒紅、篆蛹二切韻會補定音冢，則又緣紂紅改爲上聲者。據此說文直隴切六書略音胄正韻收入有韻，丛非。鋆又鮦72034鯶72344

鮧 yí_6.17 廣韻以脂切集韻延脂切丛音夷。鮧鮧，鹽藏魚腸也图魚名也。亦作鯷本草鮧魚，即鯷也。今人皆呼慈音，即是鮎魚爾雅翼鮧魚偃額，兩目上陳，口方頭大尾小，身滑無鱗，謂之鮎魚，言黏滑也。图tí廣韻杜奚切集韻韻會田黎切正韻杜兮切丛音題。與鯷同。大鮎也。

鮨 qí_6.17 古文鮺唐韻旨夷切集韻蒸夷切丛音脂。◆說文魚䏽醬也，出蜀中。一曰鮨魚名图集韻市之切音時。義同图廣韻渠脂切集韻渠伊切丛音祁。鮓鮨爾雅·釋器魚謂之鮨註：鮓屬也類篇或作鮺图yí集韻研計切音詣。魚名山海經諸懷之水西流注于嚚水，其中多鮨魚而大首，其音如嬰兒，食之已狂。鋆又鰭72471

鮩 bing_6.17 廣韻蒲猛切，彭上聲。又集韻蒲幸切，輧上聲。與鯾同。鮑魚別名玉篇白魚也图廣韻蒲迥切集韻部迥切丛音竝。又bì集韻薄必切音邲。義丛同。

鮪 wěi_6.17 唐韻榮美切集韻韻會羽軌切丛音洧說文鮥鮪71961也爾雅·釋魚鮥，鮛鮪註：鮪，鱣屬也詩·衞風鱣鮪發發傳鮪，鮥也釋文鮪似鱣，大者名鮛鮪，小者名鮛鮪。沈云江、淮閒曰鮛，伊、洛曰鮪，海濱曰鮥周禮·天官·獻人春獻王鮪禮·月令薦鮪于寢廟陸璣疏鮪似鱣而靑黑，頭小而尖，似鐵兜鍪，口在頷下，大者爲王鮪，小者爲叔鮪，肉白，味不逮鱣，今東萊、遼東謂之尉魚图類篇一曰水名。鞏縣西北、臨河有周武山，武王伐紂，使膠革禦之鮪水上，蓋其處也。相傳山下有穴通江，穴有黃魚，春則赴龍門，故曰鮪岫。今爲河所侵，不知穴之所在图集韻云九切音有。義同。鋆又鮪72036图龍龕鰡或作，鮪正。

鮫 jiāo_6.17 唐韻古肴切集韻韻會正韻居肴切丛音交說文海魚，皮可飾刀山海經漳水東南流注于睢，其中多鮫魚，皮可飾刀劍，口錯治材角註鮫，鮷魚類也。皮有珠文而堅，尾長三四尺，末有毒螫人述異記魚虎，老變爲鮫魚通雅鮫，海鯊魚之最大者也本草陳藏器曰：鮫魚出南海。似鼈無腳而有尾。一名沙魚，一名鰒魚。李時珍或言：本作鮫，鮫譌爲鮫。鮫長丈許，腹有兩洞，貯水養子，一腹容三四子，朝從口出，暮還入母腹史記·禮書鮫韅註徐廣曰：鮫魚皮可以飾服器後漢·輿服志皆以白珠鮫爲鑣口之飾荀子·議兵篇楚人鮫革、犀兕以爲甲註以鮫魚皮及犀兕爲甲图官名左傳昭二十年澤之萑蒲，舟鮫守之註舟鮫，官名也疏鮫，大魚之名，澤中有水有魚，故以舟鮫爲官名也图鮫人左思·吳都賦訪靈夔於鮫人註鮫人居水中述異記鮫人水居如魚，不廢機織，眼泣則成珠。鋆又鮫71822鮫55397鮫72029图可洪音義鮫人：牛居反。捕魚人也。正作䲃漁29347䲃三形也。又音交，懆。

鯁 gèng_6.17 廣韻古鄧切集韻居鄧切丛音亙。與鮪同史記·司馬相如傳鯁鰽蚸離註郭璞曰：鯁鰽，鮪也。李奇云周洛曰鮪，蜀曰鯁鰽。出鞏山穴中，三月遡河上，能度龍門之限則爲龍矣。

鯁 wú_6.17 集韻元俱切音虞。鮈鯁，魚名图集韻訛胡切音吾。義同。或作鮬图集韻五矩切音麌。義同。

鯆 bù_6.17 廣韻薄故切集韻蒲故切丛音步爾雅·釋魚鱝鯆，鱴歸註小魚也。似鮒子而黑，俗呼爲魚婢，江東呼爲妾魚图kū廣韻苦胡切集韻空胡切丛音枯。又集韻韻會丛虧于切音區。又集韻貧悲切音邳。又匈于切音訏。又楛瓜切音誇。義丛同图kù集韻苦故切音庫。藏魚子也。鋆又鯆71971鯆71853鯆72082

鯆 kū_6.17 正字通俗鯆字。

鮭 guī_6.17 廣韻古攜切集韻涓畦切丛音圭。魚名山海經敦薨之山，其中多赤鮭註今名鯸鮐爲鮭魚雷公炮炙論鮭魚插樹，立便枯乾。一名鯢魚，一名嗔魚。日華子謂之鯡魚，今謂之河豚論衡鮭肝死人图廣韻集韻丛戶佳切音鞵。吳人謂魚菜總稱世說庾杲之淸貧，每食三韭。任昉戲之曰：誰謂庾郎貧，每食鮭菜，常有二十七種图廣韻苦圭切集韻頃畦切丛音暌。複姓後漢·牟融傳代鮭陽鴻爲大司農註鮭陽，姓也图集韻烏媧切音蛙。鮭蠪，神名莊子·達生篇倍阿鮭蠪註倍阿，神名也。鮭蠪，狀如小兒，長一尺四寸，黑衣赤幘大冠，帶劍持戟图集韻戶瓦切音踝。楚冠名。鋆又鮭72039

鮮 xiān_6.17 唐韻集韻韻會丛相然切音仙。魚名。出貉國禮·內則冬宜鮮羽註鮮，生魚也图玉篇生也書·益稷曁益播，奏庶艱食鮮食傳鳥獸新殺曰鮮儀禮·士昏禮腊必用鮮疏義取夫婦日新之義左傳襄三十年唯君用鮮註鮮，野獸也图廣韻潔也易·說卦爲蕃鮮註鮮，明也图釋名鮮，好也玉篇善也图國名後漢·東夷傳昔箕子避地朝鮮。又鮮卑傳鮮卑者，依鮮卑山，故因號焉图山水名水經注北鮮之山，鮮水出焉图姓後蜀錄李壽司空鮮思明。又鮮于，複姓風俗通武王封箕子於朝鮮，其子食采於鮮，因氏焉图廣韻集韻丛息淺切音獮易·繫辭故君子之道鮮矣釋文盡也图書·無逸惠鮮鰥寡傳又加惠鮮乏鰥寡之人疏鮮，少乏也詩·鄭

風 終鮮兄弟 箋 鮮，寡也 禮·中庸 民鮮能久矣 註 鮮，罕也 又 少也。亦善也 詩·邶風 籩籩不鮮 箋 鮮，善也 朱傳 少也 又 爾雅·釋山 小山別大山，鮮 疏 李巡云大山少，故曰鮮 詩·大雅 度其鮮原 傳 大山曰鮮 朱傳 鮮，善也。 又 正韻 與獻同 禮·月令 天子乃鮮羔開冰 註 鮮當爲獻，聲之誤也 又 與犀同 前漢·匈奴傳 黃金犀毗一 註 師古曰犀毗，帶鉤也。亦曰鮮卑，亦謂師氏，總一物也，語有輕重耳 又 集韻 私箭切，狷去聲。姓也。 鑾 又鮮72028 鮃71745 鮮55402 又 直音篇 鯭72587 蠡72902同鮮。

鮯 71974 38322
gé_6.17 　 廣韻 古沓切 集韻 葛合切丛音閤 山海經 深澤有魚，其狀如鯉而六足，鳥尾，名曰鮯鮯之魚。 鑾 又鮯71986

鴽 71975 38323
rú_6.17 　 字彙補 人盧切，音如◇ 山海經 濫水西流，注于漢水，多鴽鮸之魚，其狀如覆銚，鳥首而魚翼，音如磬石之聲 註 鴽音如。

鮧 71976 38324
yí_6.17 　 王充·論衡 鮧鮸殺人。音未詳。 鑾 或同 鮷72046 論衡·言毒 爲鮧鮸螫有毒 又 鮧72000

鮀 71977 38325
zhà_6.17 　 字彙補 與蛇同 閩書 一名鮓。一名水母。 鑾 又鮀72002

魾 71978 42271
lǐ_6.17 　 龍龕 音禮。魚名。 鑾 又鱧72740

鮤 71980 46732
liè_6.17 　 篇海類編 同烈。

鰪 71981 46733
xié_6.17 　 篇海類編 音叶。

鮹 71982 46734
sāo_6.17 　 龍龕 同鰠 又 矢六切。寂也。 鑾 矢六切。俗鯍71939又 从叔作鰍。

鵤 71983 46735
jiù_6.17 　 篇海類編 音舅。

鮇 71985 u2B698
huà_6.17 　 簡 鱯72705 武登切〇按卽魷字之譌。 鑾 又魷71937

鮸 71984 46736
méng_6.17 　 五音篇海

鮯 71986 u2B697
gé_6.17 　 簡 鮯71974

鰤 71988 u2B695
shī_6.17 　 簡 鰤72453

魝 71990 u2B693
liè_6.17 　 簡 烈71959

鮻 71992 u2B65E
null_6.17 　 未詳。 殷周金文集成·4. 2085·鄧鼎 鼖鱗之臥貞（鼎）。

鮛 71987 u2B696
jì_6.17 　 簡 鮆71855

鮰 71989 u2B694
huí_6.17 　 簡 鮰72045

鯡 71991 u2B65F
null_6.17 　 未詳。

鮴 71993 u2B65D
null_6.17 　 殷周金文集

鯨 71994 u2B65C
null_6.17 　 未詳。

鮂 71995 u2B65B
null_6.17 　 喃 未詳。

鮚 71996 u2B65A
null_6.17 　 未詳。

魳 71998 u2B658
null_6.17 　 未詳。

鮑 71997 u2B659
bào_6.17 　 俗鮑71876 可洪音義 鮑静：上步夘反。 又 俗鱭48931 新撰字鏡 鱧鮑：上千定反。下亡定反。

鮶 71999 u9F84
xùn_6.17 　 簡 鮶72113

鮟 72001 u9F7E
àn_6.17 　 簡 鮟71950

鮏 72003 u29F7C
hùn_6.17 　 簡 鱓72304

鮽 72000 u29F7F
yí_6.17 　 簡 鮧71976

鮀 72002 u29F7D
zhà_6.17 　 簡 鮀71977

鮬 72008 u29DC6
kuài_6.17 　 俗鱠72728

鮲 72004 u29DCA
thu_6.17 　 喃 从魚收thu聲。亦作鱉72392

鮹 72005 u29DC9
giếc_6.17 　 喃 从魚亦diệc聲。

鮴 72006 u29DC8
liệt_6.17 　 喃 从魚劣liệt聲。

鮖 72007 u29DC7
húng_6.17 　 喃 从魚兇húng聲。

鮷 72009 u29DC5
jiāng_6.17 　 同鱂72575

鮃 72010 u29DC4
jiàng_6.17 　 魚鮃山，亦作魚鮃72115山。

鮴 72011 u29DC1
nuǒ_6.17 　 四聲篇海 奴果切。魚名 篇海類編 奴可切 字彙補 乃果切，音婑△宏按 字典 作鮴72095，誤。

鮳 72012 u29DC0
jí_6.17 　 楊寶忠：俗鱀72276

鮰 72013 u29DBE
null_6.17 　 或鮰71845譌字 又 鮰鰰72260，未詳。

鮸 72016 u29DBA
róng_6.17 　 新撰字鏡·魚部七十一 鱶鮰鮍鱉鮟鮸，六字已乃志曰 又 俗字。烏鮸，同烏賊。

鮸 72017 u29DB9
null_6.17 　 未詳。

鮷 72018 u29DB7
sì_6.17 　 俗鯢55440 直音篇 徐姊切。

鮏 72019 u29DB6
méng_6.17 　 同魷71937

鮴 72014 u29DBC
null_6.17 　 疑俗鯊字。

鮳 72015 u29DBB
null_6.17 　 未詳。

鮾 72020 u29DB5
null_6.17 　 未詳。

鮴 72022 u29DB3
yǒu_6.17 　 清·屈大均 廣東新語·卷二十二·鱗語·魚生 粵俗嗜魚生，以鱸、以鰍、以鱈白、以黃魚、以青鱗、以雪鮻、以魷為上△ 字海 音友。

鮴 72024 u4C4E
gèng_6.17 　 同鮰71968

鱏 72025 u9C9F
xún_6.17 　 簡 鱘72669 晉·陸雲 陸士龍集·卷九·書答車茂安書 鱠鰡鮻，炙鱉鮸，烝石首，膾鮺鴽，真東海之俊味，肴膳之至妙也。

鮴 72021 u29DB4
chí_6.17 　 清·屈大均 廣東新語·卷二十二·鱗語·漁具 取鮴魚以釣，其竿五尺，繫以天蠶之絲，餌以公魚、騰鱔△ 字海 音池。

鱣 72023 u29DB2
cǐ_6.17 　 或同鱝71855

鱶 72026 u9C9E
xiǎng_6.17 　 簡 鱶71943

鮮 72029 u9C9C
xiān_6.17 　 簡 鮮71973

鱭 72030 u9C9A
jì_6.17 　 簡 鱭72794

鮜 72032 u9C98
hòu_6.17 　 簡 鮜71942

鮦 72034 u9C96
tóng_6.17 　 簡 鮦71962

鮪 72036 u9C94
wěi_6.17 　 簡 鮪71966 考·國字 鮪，鮧也 廣漢和辭典 鮪，淡水魚の一。石斑魚。

鮺 72027 u9C9D
zhǎ_6.17 　 簡 鮺72057

鮫 72028 u9C9B
jiāo_6.17 　 簡 鮫71967

鱠 72031 u9C99
kuài_6.17 　 簡 鱠72728

鰂 72033 u9C97
zéi_6.17 　 簡 鰂72324

鮞 72035 u9C95
ér_6.17 　 簡 鮞71947

鮾 72040 u9BCE
chéng_6.17 　 日 同文通考·國字 鮾72148，魚名。鮾，同上。

鮳 72037 u9C93
kǎo_6.17 　 簡 鮳72042

鮚 72038 u9C92
jié_6.17 　 簡 鮚71936

鮳 72042 u9BB3
kǎo_6.17 　 乾製魚類食品，如蝦鮳 越諺·卷上·借喻之諺第五 大頭魚鮳：譏豐外餒中者 陳白沙集 大頭鰕是也。

鮂 72043 u9BB2
fú_6.17 　 日 牛尾魚 同文通考·國字 鮂72148，魚名。鮂，同上。

鮭 72039 u9C91 guī_6.17　簡鮭71972

考·國字鮭，ボラ，鰡魚大者和爾雅·雜類鮭，鰡字佳。

鮱 72044 u9BB1 lǎo_6.17　日同文通

鮴 72041 u9BB4 xiū_6.17　日廣漢和辭典めばる。海魚の一。

鮰 72045 u9BB0 huí_6.17　正字通鮰71954，俗作鮰六書故鮰，吾回切。魚似鮎，小口，皮黃，亦有黑者別出。鮰，戶恢切。鮰魚不鱗，狀似蚖，生大江中。分二音二物，非，併可也図作鮰71901，亦類推簡化作鮰71989

鮦 72046 38313 yí_7.18　廣韻與之切集韻盈之切𠀤音飴廣韻鮧鮦，魚也正字通河豚別名博雅鮧鮦，魨也類篇背青腹白，觸物卽怒，其肝殺人。

鮵 72047 38326 duó_7.18　廣韻集韻𠀤徒活切音奪爾雅·釋魚鯶，大鮦，小者鮵註今青州呼小鱯爲鮵。鋀又鮵72098

鮶 72048 38327 jūn_7.18　廣韻羣云切集韻拘云切𠀤音君。水鮶，蟲名。似魚。鋀又鯧72136

鮀 72049 38328 tǒu_7.18　廣韻天口切集韻他口切𠀤音黈說文魚名類篇或作鮀図集韻大透切音豆。義同。

鮸 72050 38329 yì_7.18　廣韻集韻𠀤營隻切音役。魚名。有四足類篇如鼉而行疾。亦作鮸正字通狀如鮎，四足長尾，聲似小兒，善登竹。別作鯢。

鮍 72051 38330 dí_7.18　廣韻徒歷切集韻亭歷切𠀤音狄。東海有馬鮍魚六書故䐃肉毳美。

鯁 72052 38331 qíng_7.18　唐韻巨成切集韻渠成切，並瘂平聲說文魚名埤雅廣要鮏，一名鯁図廣韻胡頂切集韻下頂切𠀤音脛。義同。

鮷 72053 38332 tí_7.18　廣韻杜奚切集韻田黎切𠀤音題說文大鮎也博雅鮷，鮎也左思·蜀都賦鮷、鱧、魦、鯖図集韻大計切，音第。義同△類篇或作鮷。亦作鯷。

鮸 72054 38333 miǎn_7.18　唐韻亡辨切集韻美辨切𠀤音免說文魚名。出薉邪國図正字通石首魚，一名鮸，生東南海中，形如白魚，扁身弱骨細鱗，頭中白石二，腹內白鰾可作膠嶺表錄謂之石頭魚浙志謂之江魚，乾名者鯗魚。図wǎn集韻武遠切音挽。義同。鋀又鮸72106鮸72184鮸72243正字通繁同鮸図字彙補鰻，同繁。

鮹 72055 38334 shāo_7.18　廣韻所交切集韻師交切𠀤音梢。海魚，形如鞭鞘本草鮹魚，腹似馬鞭，尾有兩岐如鞭鞘，故名爲鮹。出江湖図廣韻相邀切集韻思邀切𠀤音宵。義同。

鯛 72056 38335 jú_7.18　五音集韻渠玉切音局。魚名。鋀熊加全：疑俗鮴72186

鯗 72057 38336 zhǎ_7.18　廣韻集韻𠀤側下切音鮓說文本作鮺，藏魚也。南方謂之䰹，北方謂之鮺。鋀又鯗鮭72463鯗72476䰹72799䰳72822䰹72885鯗字今部外六畫。

鮻 72058 38337 suō_7.18　五音集韻蘇禾切音蓑。與魦同。魚名。山海經姑射山有鮻魚，人面人手魚身，見則風濤起。鋀俗鮻72206山海經陵魚，人面手足魚身。在海中。

鰻 72059 38338 qīn_7.18　玉篇七尋切音侵。魚名。

鰋 72060 38339 yǎn_7.18　說文鰋本字。

鱘 72061 38340 qín_7.18　廣韻昨淫切集韻才淫切𠀤音蕁。與鮺71783同。鱘也図集韻鋤簪切音岑。義同。

鮣 72062 38341 zhì_7.18　玉篇之利切，音志◇魚名。

鯲 72063 38342 yú_7.18　玉篇與魚切音余。魚也。

鮾 72064 38343 něi_7.18　廣韻奴罪切集韻弩罪切𠀤音餒。與鯘同。魚敗也。通作餒。亦作鯘。

鮄 72066 38345 fū_7.18　廣韻集韻𠀤芳無切音敷。魚名博雅鮄也本草江豚別名。鮄魚魏武帝食制謂之鮄魳図類篇蘆鮄，魚名，似鱓蚖而細文図廣韻縛謀切集韻房尤切𠀤音浮。又集韻悲幽切音彪。義𠀤同。

鮺 72067 38346 zhé_7.18　廣韻陟葉切集韻韻會陟涉切𠀤音輒。鮺鮺魚，卽青衣魚図玉篇腷肉也，鹽漬魚也前漢·貨殖傳鮺鮑千鈞註師古曰鮺腷魚，卽今不著鹽而乾者也。鋀又鱲72884鮺72099

鱂 72065 38344 shēn_7.18　集韻同鱘音莘。

鱪 72068 38347 xué_7.18　集韻似絕切音薛。鱪𩽹，江蟲，形似蟹，可食類篇䲁鱪，魚名。似鱓鱘，生海中図集韻食列切音舌。義同。

鯀 72069 38348 gǔn_7.18　唐韻集韻正韻𠀤古本切音袞說文魚也玉篇大魚也図書·堯典於，鯀哉傳鯀，崇伯之名釋文禹父也廣韻亦作鮌。鋀又鯀72139図龍龕縣70657骸70596，古本反，禹父名也，二同図可洪音義骸55370放：上苦本反，禹父名也。正作縣骸二形。下方同反，堯字放勗也，勗音薰也。

鮿 72070 38349 yè_7.18　廣韻於業切集韻乙業切，𠀤音腌。與鮿同。魚名前漢·貨殖傳鮿鮑千鈞註鮿，今之鮿魚也。図集韻憶笈切，音敏。義同。

鯅 72071 38350 láng_7.18　廣韻魯當切集韻盧當切𠀤音郎博雅蟹，其雄曰鯅鰡。鋀又鯅72438

鯁 72072 38351 gěng_7.18　唐韻集韻韻會𠀤古杏切，音梗說文本作鯁，魚骨廣韻刺在喉儀禮·公食·大夫禮註乾魚近腴，多骨鯁前漢·賈山傳祝鯁在後図廣韻骨鯁塞諤之臣後漢·來歙傳太中大夫段襲骨鯁可任註骨鯁，喻正直也図淮南子·地形訓蛟龍生鯤鯁図與梗同後漢·殷潁傳至今鯁鯁註與梗同図集韻居孟切，梗去聲。義同。鋀又鯁72146

鯉 72073 38352 tíng_7.18　集韻唐丁切音庭。與鱏同。魚名。亂也。図正字通鰡，魚名異魚圖贊鰡魚極眇，一筋千頭，名

曰跳鯅，不以網收 又 集韻 他頂切音挺。全魚醬。

鎏又shān俗鯅72077 龍龕 鯅，式連反。魚醬也。

鯂 72074 38353 sū_7.18 篇海 孫租切音蘇。鯂，息也，死而更生。△正字通 別作甦。鎏又鱅72394

鯃 72075 38354 wú_7.18 集韻 同鯃

鯄 72076 38355 qiú_7.18 五音集韻 巨鳩切音求 玉篇 魚名。與觩同。鎏又鯄72108

鯅 72077 38356 shān_7.18 廣韻 式連切 集韻 尸連切𠀤音羶 玉篇 魚醬 又 集韻 抽延切音脠。又shěn矢忍切音矧。義𠀤同。鎏又鯅72073

鯆 72078 38357 bū_7.18 廣韻 博孤切 集韻 奔模切𠀤音逋。鯆鮃，魚名。或作鮬。亦作鱅 類篇 魚名。尾有毒 本草 江豚別名鯆魚 又 pū 廣韻 韻會 普胡切 集韻 滂謨切，音鋪。江豚別名，天欲風則見。亦作鱄 又 廣韻 方矩切 集韻 匪父切𠀤音甫 玉篇 大魚 又 集韻 彼五切音補。義同。

鎏又鱄72578鯆72100 又 經典文字辨證書 鱛72749，俗 史記正義 吳東門曰鱛門，卽鮃門，今名葑門。此門有鱛鮃隨濤入，故名。攷鱛鮃 說文 作溥浮。

鯇 72079 38358 huàn_7.18 廣韻 集韻 𠀤戶板切音睅 說文 魚名 爾雅·釋魚 鯇 註 今鯶魚，似鱒而大○按 爾雅 鱧、鯇二字𠀤列，非以鯇訓鱧也。疏云鱧一名鯇，非 又 本草 鯇似鯉，生江湖閒，膽至苦，主喉閉 類篇 亦作鯶、鰀 又 廣韻 胡本切 集韻 胡袞切𠀤音混。又 集韻 戶管切音浣。又胡玩切音換。義𠀤同。鎏又鯇72137鯶72262

鯈 72080 38359 tiáo_7.18 唐韻 以周切 集韻 夷周切𠀤音由 說文 魚名 集韻 與鮋同 莊子·秋水篇 鯈魚出游 音義 卽白鯈魚也 淮南子·覽冥訓 不得其道者，若觀鯈魚 註 鯈魚，小魚 正字通 俗呼參條魚，長而小，時浮水面，性好遊，故名。又 山海經 帶山彭水西流至芘湖，其中多鯈魚，其狀如雞赤毛，三尾六足四目，其音如鵲○按與 莊子 淮南子 別是一種 又 地名 左傳·文十七年 將悉敝賦以待于鯈 註 鯈，晉、鄭之境 又 人名 左傳 晉公子伯鯈，後漢劉鯈。又 廣韻 直由切 集韻 韻會 陳留切 正韻 除留切𠀤音儔。義同 又 集韻 正韻 𠀤田聊切音迢。本作鰷72553 鎏三尾六足四目。三尾六足四首 又 鯈72081

鯈 72081 38360 tiáo_7.18 集韻 同鰷。亦作鯈 莊子·至樂篇 食之鰌鯈。

鯆 72082 38361 bù_7.18 玉篇 音步。魚名。鎏胡吉宣：卽魼71970魚。

鯉 72083 38362 lǐ_7.18 唐韻 良止切 集韻 韻會 兩耳切 正韻 良以切𠀤音里 說文 鱣也 爾雅·釋魚 鯉 註 今赤鯉魚 詩·陳風 豈其食魚，必河之鯉 陶弘景·本草 鯉最爲魚中之主，形既可愛，又能神變，乃至飛越山湖，所以琴高乘之 酉陽雜俎 道書以鯉多爲龍，故不欲食 正字通 神農書曰：鯉爲魚王，無大小，脊旁鱗皆三十有六，鱗上有小黑點，文有赤白黃三種○按 爾雅·釋魚 鯉、鱣二字相偶，無二名。毛公、說文 誤謂 爾雅 以鱣釋鯉，遂合鱣、鯉爲一，非也 又 唐制，佩用魚符，亦象鯉形 又 書札曰雙鯉 古樂府 客從遠方來，遺我雙鯉魚 李商隱詩 雙鯉迢迢一紙書 註 古人尺素結爲鯉魚形，卽緘也△類篇 亦作鱺。鎏又鯉72142鱧72754

鯈 72084 38363 móu_7.18 廣韻 莫浮切 集韻 迷浮切𠀤音謀 玉篇 魚名 集韻 或省作鮇 正字通 似鰻而小，一名黃花魚。福、溫多有之 溫海志 名黃靈魚，卽小首魚，首亦有石 又 集韻 謨杯切音枚。魚行貌。鎏又鉧52516

鯏 72085 38364 liú_7.18 集韻 與鰡同

餐 72086 38365 cān_7.18 集韻 千安切音餐。與䬸同 正字通 白鰷別名。

鯊 72087 38366 shā_7.18 廣韻 所加切 集韻 韻會 師加切𠀤音沙。與魦同 爾雅·釋魚 鯊，鮀 註 今吹沙小魚 疏 鯊，一名鮀。陸璣云魚狹而小，嘗張口吹沙 通雅 鯊，吹沙小魚，黃皮黑斑，正月先至，身前半闊而扁，後方而狹，陸氏以爲狹小，非也 詩·小雅 魚麗于罶，鱨鯊 又 海鯊 正字通 青目赤頰，背上有鬣，腹下有翅，味肥美 六書故 曰：海中所產，以其皮如沙得名，哆口，無鱗，胎生，其類尤多，大者伐之盈舟 又 集韻 所嫁切，沙去聲。義同。鎏又鯊71795鯊72138魦72088鯋72551

魦 72088 38367 shā_7.18 篇海 同鯊

鯃 72089 38368 kuáng_7.18 集韻 渠王切音狂。大魚。鎏或書作𩻾72116

鯈 72090 38369 yì_7.18 集韻 逆及切音岌。魚衆也。

鯱 72091 38370 bàng_7.18 與硥同 隸釋·咸陽靈臺碑 鯱魚復生 註 淮南子·地形訓 載海外三十六國，西北方有無繼民，硥魚在其南。註云硥魚如鯉，有神靈乘行九野。硥讀如蚌。字書蚌或作鮮、硥，無鯱字也。所謂鯱魚，疑卽此爾。

䰽 72092 38371 lí_7.18 同𩹷。見 字彙補

鯄 72093 38372 bó_7.18 字彙補 蒲沒切音浡。魚名。出 異魚圖贊

鯌 72094 38373 kào_7.18 字彙補 口到切音靠。魚名。

鯀 72096 42273 tūn_7.18 篇海類編 音吞 字彙補 魚名。

鲵 72098 u2B69B duó_7.18 簡 鮵72047

鯈 72095 42270 nuǒ_7.18 字彙補 乃果切音娜。魚名。鎏 字彙補 作鮷72011

鲰 72099 u2B69A zhé_7.18 簡 鮿72067

鯍 72097 46737 méng_7.18 篇海類編 同鱕○按卽鯍字之譌。鎏又鯍71937

鲬 72100 u2B699 bū_7.18 簡 鯆72078

鯉 72101 u2B663 null_7.18 未詳。

鲽 72102 u2B662 dié_7.18 同鰈72337

鯱 72103 u2B661 null_7.18 未詳。

鲧 72104 u2B660 null_7.18 未詳。

鯜 72105 u29F89 xiá_7.18 同鯜72129

鮸 72106 u29F83 miǎn_7.18 簡 鮸72054

鯈 72107 u29F82 chóu_7.18 簡 鰽72792

鲀 72108 u29F81 qiú_7.18 簡 鯄72076

鯵 72111 u29DF2 null_7.18 未詳。

鰳 72109 u29DF6
máng_7.18 漢語大字典.V.2 真熱帶鰳:魚名。頭體側扁,長約三寸,產於我國雲南省瀾滄江流域 図mǎng 喃从魚芒mang聲。鱸魚,虬目魚。

鯤 72110 u29DF3
vẫy_7.18 喃从鱗省尾vĩ聲。亦音vảy△鯤魟:魚鱗。

鰛 72112 u29DF1
jì_7.18 同鰵72427清·李調元 南越筆記·卷十 鰛魚:鰛一作暨,魚之大者長二丈餘,脊若鋒刃,嘗至南海廟前,謂之來朝。或一年數至,或數十年一至。若來數,則人有疫疾 志稱南海歲有風、魚之災。風,颶風。魚,謂暨魚也。有烏、白二種。來輒有風,故又曰風魚。

鯀 72113 u29DF0
xùn_7.18 謝靈運·山居賦 鱸紫乘時以入浦,鱤鯀沿瀨以出泉。注:鱤音感,鯀音迅,皆出谿中石上,恒以為羞。

鰲 72114 u29DEF
wò_7.18 四部叢刊·三編子部·太平御覽·卷第九百四十·鱗介部十二 鰲魚,音沃,臨海水土記 曰鰲魚,似蒲魚,長三尺。

鰽 72115 u29DED
jiàng_7.18 俗鰽72010清·顧祖禹 讀史方輿紀要·卷八十二·湖廣八·郴州 魚鰽山:州東三十里。自山而東南,有七十一峰,亦謂之東嶺 大字典 按,萬曆郴州志 乾隆郴州志 均作魚鰽山。

鱇 72116 u29DEC
kuáng_7.18 集韻 鮏72089,或書作鱇。

鰌 72117 u29DEB
juān_7.18 清·嘉靖 邵武府志·山川 紫雲溪,水清而駛,無大魚,有鰌焉。紅裏而白腮,冬月始出。又光緒清遠縣志·卷二·輿地·鱗介類 鰌魚:山坑清水處多此魚,名坑鰌,味清甜,捕屬八片諸坑多有之。海中無此魚。

鮶 72118 u29DEA
guī_7.18 鮶72583譌省。見 字海 図太平御覽·卷第九百四十二·鱗介部十四 蚨蠮:臨海水土物志 曰蚨蠮,似蛤,如鮶大△宏按,疑俗貝字。

鵝 72122 u29DE6
null_7.18 未詳。

鯼 72119 u29DE9
null_7.18 洪武正韻 鯼,異魚圖贊 鯼魚,長咫尺,大如竹竿。爆之為燭,光明有爛 太平御覽·卷第九百四十·鱗介部十二 鯼魚:臨海異物志 曰鯼魚如指,長七八寸,但有脊骨,好作羹,大者如竹竿,曝作燭,極有光明。

鯱 72120 u29DE8
yì_7.18 或同鰢72090魚眾也。唐·元結 演興四首·初祀靈巫纛兮舞顒千,薦天鯱兮酒陽泉,獻水芸兮飯霜秙。湛若水校注:鯱,羊至反。

鰔 72121 u29DE7
chì_7.18 清·李調元 南越筆記·卷十·魚 鰔魚、鱈白,皆以仲春出。大者重數十斤,入自大洋,望之如黑雲。至虎門則鰔魚之稚者多變為鱈。漁者輒合圍取之。又鰔魚大至時,其下堆積至數十百丈,不可底極。以槍刺一魚,取。次魚飲其血,復上,復槍刺取之。如是者相連不斷,不可勝取。故鰔魚時節,所在人民醫飫,多糟之為終歲食。蓋鰔魚放卵,雄者為雌者含卵口中,卵不分散,故類繁。彼此尾相衝,無一斷續,故得其一則千萬源源可得 図俗赤58115金·侯善淵 上清太玄集·卷之六·七言全篇 詹何何事釣綸收,鰔鯉騰波掣斷鈎。明·陳汝元 金蓮記·第十九齣·飯魚 小桃紅 丁頭就網,鰔尾吞鈎,涸轍苦相投也。

鰐 72123 u29DE5
dǎi_7.18 清·徐文靖 管城碩記·卷二十一·正字通略記一·食貨志 太祖弟巴勒噶岱(原作字羅古鰐)大王子。無鰐字△宏按,譌字 元史 作字羅古鰐55430

鰜 72124 u29DE4
null_7.18 未詳。

鰓 72125 u29DE3
null_7.18 未詳。

鰲 72126 u29DE2
null_7.18 未詳。

鰲 72127 u29DE1
null_7.18 未詳。

鰰 72128 u29DE0
null_7.18 未詳。

鰟 72129 u29DDF
xiá_7.18 黃鰟,魚名。亦名鮡鰛、鰟鮖、黃頰、黃顙,似鮎而小,背黃腹白。

鱉 72130 u29DDE
null_7.18 未詳。

鲹 72131 u29DDD
null_7.18 未詳。

鰐 72132 u29DDC
è_7.18 俗鱷72850

鲬 72134 u9CAC
yǒng_7.18 簡鲬72148

鰾 72133 u29DDB
giếc_7.18 喃从魚角góc聲 図ndoek 壯塘角魚

鲫 72135 u9CAB
jì_7.18 簡鯽72319

鲪 72136 u9CAA
jūn_7.18 簡鮶72048

鲩 72137 u9CA9
huàn_7.18 簡鯇72079

鲨 72138 u9CA8
shā_7.18 簡鯊72087

鲧 72139 u9CA7
gǔn_7.18 簡鯀72069

鲦 72140 u9CA6
tiáo_7.18 簡鰷72553

鲥 72141 u9CA5
shí_7.18 簡鰣72450

鲤 72142 u9CA4
lǐ_7.18 簡鯉72083

鲣 72143 u9CA3
jiān_7.18 簡鰹72557

鲢 72144 u9CA2
lián_7.18 簡鰱72538

鲡 72145 u9CA1
lí_7.18 簡鱺72891

鮞 72149 u9BD1
xī_7.18 鮞山,在海中,與琉球相望。清·周煌 琉球國志略·卷七·祠廟 天妃宮有三……一在久米村,曰上天妃宮。……林麟焻聯一:累朝疊誥表神功,嶽降自鮞江,翊運疑庥,頻現紅燈宣聖化;重譯獻琛逢盛世,皇華臨馬齒,摳衣展拜,永清碧海耀吾宗 図同文通考·國字 鮞,カズノコ,鰊鮞魚子,盖呂覽 所謂「東海之鮞」也。

鲠 72146 u9CA0
gěng_7.18 簡鯁72072

鮰 72150 u9BD0
zǒu_7.18 日同文通考·國字 鮰,スバシリ,鯔魚小者。

鮛 72147 u9BD3
shēn_7.18 鮶鮛:指近海浮出水面的大型沙洲,如鮶浮游於海上。亦用為地名,在臺灣。

鮹 72148 u9BCA
yǒng_7.18 魚名。亦名牛尾魚。

鮸 72151 u9BCF
lì_7.18 同文通考·國字 鮸,虫蛤屬,盖蜊52720字之訛 図天一閣藏明嘉靖刻本 江陰縣志·卷之六·食貨記第四下·土產 鰻鮸魚:似鱔而大,腹白背青,肉味濃厚稍腥,盛於八月 埤雅 有雄無雌,以影漫於鱧之鬐鬣而生,故謂之鰻鱺72891 図八閩通志·卷之二十五·食貨·土產·福州府 鮸魚:亦名甜魚。

鱤 72152 38374
duò_8.19 說文 籀文鰭字。

鲂 72153 38375
fáng_8.19 說文 魴71792,或从旁作鰟。鬱又鰟72444

鱮 72154 38376
zhào_8.19　唐韻都教切音罩 說文 烝然鱮鱮○按
詩·小雅作罩罩 又zhuó 集韻竹角切音琢。魚名。

鯔 72155 38377
zī_8.19　廣韻側持切 集韻莊持切夶音菑。魚名 本
草 鯔魚，似鯉，身圓頭扁，骨軟，生江海淺水中 左思·吳
都賦 鮫鯔琵琶 註 鯔魚如鮹，長七尺，吳、會稽、臨海
皆有之。 又 䱥69443鰛69442鰛69474鯔72283鯔72759
鯔72478鯔72676鰡72619鮵71737

鯕 72156 38378
qí_8.19　廣韻 集韻夶渠之切音其 說文 魚名 玉篇
鮇鯕 廣韻 鯿魚也 △類篇 亦作鰶。 又鯕72295

鯖 72157 38379
zhēng_8.19　廣韻 集韻諸盈切 正韻諸成切夶音征。
煑魚煎肉曰鯖。或作鯖 西京雜記 婁護遊五侯之門，每
旦，五侯餽餉之，婁合所餉爲鯖，世稱五侯鯖 廣韻 亦
作䲌 又qīng 廣韻 集韻夶倉經切音青。魚名。青色，有
枕骨 正字通 形似鮹，青色，即青魚。俗呼烏鰡，南人以
作鮓 本草圖經 青魚古作鯖字，所謂五侯之鮓是也 左
思·吳都賦 黿鼉鯖鰐 註 鯖魚出交趾，合浦諸郡 又 集韻
親盈切 正韻七情切夶音清。義同。 又鯖72297

鱶 72158 38380
xiǎng_8.19　廣韻 正韻息兩切 集韻 韻會 寫兩切夶音
想。乾魚腊也 吳地記 闔閭入海，會風浪，糧絕不得渡，
王拜禱，俄見金色魚逼來，吳軍取食。及歸，會羣臣
思海中所食魚。所司云暴乾矣。索食之甚美，因書美下
魚爲鱶字 △類篇 或作鱶。 又鱶72026鱶71943鱶72473

鮒 72159 38381
fù_8.19　集韻同鮒。

鮾 72160 38382
něi_8.19　集韻 韻會 夶弩罪切音餒。魚敗也 博雅 敗
也。又臭也 △類篇 或作餒。 又鮾72064鮾72671

鮏 72161 38383
shū_8.19　集韻同鮏71939 王充·論衡 鮤鮏殺人。
又鮏72240

鯥 72162 38384
lù_8.19　廣韻力玉切 集韻龍玉切夶音錄 玉篇 魚名。

鱮 72163 38385
xù_8.19　集韻忽域切音淢。魚名 正字通 六書故 與
鮍同。韻書分二音，非。

鮚 72164 38386
qià_8.19　集韻丘八切音劼。魚名。或作鮚。

鰞 72165 38387
què_8.19　◆廣韻七雀切 集韻七約切夶音鵲。魚名。
出東海 類篇 鼻前有骨如斧斤。一說生子在腹中，朝出
食，暮還入 本草 鮫魚皮，即裝刀靶鮫魚皮也 又cuò 廣
韻 集韻 夶倉各切音錯。義同。 又鮍72678

鯎 72166 38388
shèng_8.19　玉篇 時正切音盛。魚也 正字通 本作鱻。

鰨 72167 38389
tǎ_8.19　篇海 音塔。鰨魚 正字通 鰨字之譌。

鯙 72168 38390
chún_8.19　集韻殊倫切音純。魚名。

鮃 72169 38391
pái_8.19　廣韻薄佳切 集韻蒲街切夶音牌 博雅 黑
鯉謂之鮃 又 集韻班麋切音陂 又bēi寘彌切音卑 又pǐ
匹寐切音怵。義夶同。

鯚 72170 38392
jì_8.19　篇海 音季 字彙 魚名 正字通 魚銳喙細鱗，
俗呼鯚魚。

鰇 72171 38393
nài_8.19　廣韻奴帶切 集韻乃帶切夶音奈。鰇鰇，
魚名。 又鰇72395鰇72482 楊寶忠：俗鰇72552

鯛 72172 38394
diāo_8.19　唐韻都僚切 集韻 丁聊切夶音雕 說文 骨
耑脃也 又 玉篇 魚名 △類篇 或作鮉。 又鯛72287
鮡71908

鰶 72173 38395
qiè_8.19　唐韻 集韻 夶七接切音妾 說文 魚名。出樂
浪潘國 正字通 即妾魚，其行以三爲率，一前二後若婢
妾 集韻 或作鰈 又 集韻 即涉切音接。義同。

鮨 72174 38396
qí_8.19　集韻與鮨同。

鮀 72175 38397
tuó_8.19　正字通俗鮀字。

鵬 72176 38398
pèng_8.19　玉篇 匹瓦切，澎去聲 篇海 魚名 正字通
繃魚，形似河魨而小，背青，有斑文，無鱗，尾不岐，
腹白有刺。俗改作鮙。

鋸 72177 38399
jù_8.19　廣韻 集韻 夶居御切音據。魚名 函史物性
志 形似石首魚，三牙如鐵鋸。或曰石首，雄。鋸，雌也
廣興記 惠州謂鋸爲狼藉 又jū 集韻斤於切音居。與蜛
同。蜛蝫，蟲名。一頭尾有數條，左右有腳，狀如蠶，
可食。

鱉 72178 38400
biē_8.19　集韻必結切音彆。魚行貌。

鯵 72179 38401
zhàn_8.19　集韻仕限切音棧。魚名。或作鮻。 又
鯵72668

鮰 72180 38402
gù_8.19　廣韻 集韻 夶古暮切音顧。魚肚中腸 類篇
杭越之間謂魚胃爲鮰 又 正字通 黃鮰，狀似白魚，長不
近尺，闊不踰寸，扁身細鱗，腸腹多脂，南人謌名黃姑，
北人謌名黃骨魚。 又鮰72290

鱝 72181 38403
fèn_8.19　集韻父吻切音憤。與鱝72718同 又fèn 集
韻 芳問切音忿。魚小曰鱝。一曰魚名。或作魵 又pèn 集
韻 普悶切音噴。義同。

鯞 72182 38404
zhǒu_8.19　廣韻之九切 集韻 韻會 止酉切夶音帚。
鱤鯞也 爾雅·釋魚 鱖鯞71970，鱤鯞 註 小魚也。 又
鯞72230

鰊 72183 38405
dōng_8.19　廣韻德紅切 集韻都籠切夶音東。魚名。
似鯉 郭璞·江賦 鰌、鰊、鱻、鮋 註 鰊似鯉。

鮸 72184 38406
wǎn_8.19　正字通鮸字之譌。 又 篇海 湯故切。魚
名。

鯑 72185 38407
huà_8.19　唐韻胡瓦切 集韻戶瓦切夶音跨 說文 鱧
也 廣韻 魚似鮎也 六書故 同鰀 正字通 按 說文 魿，大鱧
也。鱧，鰀也 又鯑，鱧也 廣韻 鰀，胡化切。鯑，胡瓦切。
則鰀、鯑本屬一字。又 通雅 鰕偃，鱧圓，魴方。毛、鄭

皆以爲鮎。許氏以爲鮀。又訓鮀爲鮎，鱯，寔鮎之大者。許氏又訓魾、鱧爲鱯，訓鰈爲鱧，則鮎、鰈、鮀、鰋、鱧、魴、鱯太是一物，疑無此理六書故知鰈同鱯，而不辨說文鱧鱯、鰈鱧互訓之誤，失考正。鏊又鱆72705

鮈 72186 38408 jū_8.19 廣韻集韻太居六切音掬說文魚名。出樂浪潘國。一曰鮈魚，出江東，有兩乳類篇鱄也。或作蘜又廣韻集韻太渠竹切音跼。又廣韻丘玉切集韻區玉切太音曲。又集韻丘六切，音麴。義太同。鏊又鞠72858蘜52072

鯠 72187 38409 lái_8.19 廣韻落哀切集韻郎才切太音來。魚名。鰻鯠，魚也又◆爾雅·釋魚鰲鯠埤蒼鰲鯠，魾也。

鮒 72188 38410 fù_8.19 正字通俗鮒字。

鯡 72189 38411 fèi_8.19 廣韻方味切集韻方未切太音沸玉篇魚子也又類篇一曰海魚名又fēi集韻匪微切音飛。與䲆72342同。鏊又鯡72293

䲓 72190 38412 yè_8.19 集韻同鮑

鯢 72191 38413 ní_8.19 唐韻五稽切集韻韻會正韻研奚切太音倪說文刺魚也爾雅·釋魚鯢大者謂之鰕註今鯢魚似鮎，四脚，前似獮猴後似狗，聲如小兒啼，大者長八九尺，別名鰕◆疏鯢，雌鯨也◆本草鯢魚，一名王鮪，在山溪中，似鮎，有四腳，長尾，能上樹，天旱則含水上葉覆身，鳥來飲水，因而取之。伊洛閒亦有，聲如小兒啼，故曰鯢魚。一名鱯魚，一名人魚，膏燃燭不滅左傳·宣十二年取其鯨鯢而封之註鯨鯢，大魚名，以喻不義之人吞食小國疏雄曰鯨，雌曰鯢又莊子·庚桑楚尋常之溝，巨魚無所還其體，而鯢鰌爲之制註制，折也，謂小魚得曲折也又外物篇趨灌瀆，守鯢鮒註鯢、鮒，皆小魚也。鏊又鯢72289

鯣 72192 38414 yì_8.19 篇海夷益切音易。鱺鯣。鏊正字通鯣，譌字。舊註音亦，鯣鱺，誤△宏按，俗鯣72354

鰐 72193 38415 è_8.19 集韻遏鄂切音惡。魚名。如蛇。鏊又鱷72220鰐72212

鯤 72194 38416 kūn_8.19 廣韻古渾切集韻韻會正韻公渾切太音昆爾雅·釋魚鯤，魚子註凡魚之子名鯤魯語魚禁鯤、鮞類篇或作鰥鰈又玉篇大魚列子·湯問篇有魚焉，其廣數千里，其長稱焉，其名爲鯤莊子·逍遙遊北冥有魚，其名爲鯤陸德明·音義崔譔云鯤當爲鯨又集韻胡昆切音渾。義同。鏊又鯤72292鰥72589

鯩 72195 38417 hàn_8.19 鯩字之譌。

鯥 72196 38418 lù_8.19 廣韻集韻太力竹切音六山海經柢山有魚焉，其狀如牛，蛇尾，有翼，其羽在脅下，音如留牛，其名曰鯥陳禹謨·駢志鯥魚陵居郭璞·江賦鯪鯥踦躅於垠墈。

鯖 72197 38419 zhēng_8.19 廣韻側莖切集韻甾莖切太音爭。魚名博雅竹頭，鯖也異魚圖贊滇池所饒，亦名竹丁又集韻鋤耕切音崢。義同。

鯚 72198 38420 zú_8.19 集韻即律切音卒博雅鯈也又類篇一曰鮪別名。

鮍 72199 38421 pī_8.19 集韻同鮍

鯧 72200 38422 xiàn_8.19 唐韻戶籍切集韻乎籍切太音陷說文魚名山海經留水南流，注于河中，其中有鮥父之魚，其狀如鮒魚而彘身，食之已嘔異苑諸魚欲產，鮥魚輒以頭衝其腹。鮥欲自生，亦更相撞觸，俗謂衆魚之生母又廣韻古念切集韻吉念切，太兼去聲。又集韻他刀切音叨。義太同。鏊又鰼72440

鮥 72201 38423 jiù_8.19 唐韻其久切集韻巨九切太音臼說文當互也爾雅·釋魚鮥，當魱71788註海魚也又集韻巨救切音舊。義同又qiú集韻徐由切音囚。魚名。似鯿而大鱗，肥美，多鯁。或作鰽又集韻字秋切音酋。義同又ǎi集韻倚亥切音欸。叔鮪也。鏊又鮊71946

鯧 72202 38424 chāng_8.19 廣韻尺良切集韻蚩良切太音昌。鯧鯸，魚名正字通生南海，似鯿，頭上突起連背，身圓肉厚，止一脊，骨耎可食，閩人譌爲鯧魚。鏊又鯧72291鯧71823鱨72810又正字通鯧72575六書故鯧亦作鯫，鯫即鯧。鯧鯧音別類同，舊本訓鯭鯧分註，誤。

鯙 72203 38425 bó_8.19 正字通同鮊石鼓文又鱄又鯙釋音鄭氏作鮊，音白。潘云今按叶韻音綿。

鯨 72204 38426 jīng_8.19 廣韻集韻韻會正韻太渠京切音擎說文本作鱷，海大魚也玉篇魚之王古今注鯨魚者，海魚也。大者長千里，小者數十丈。其雌曰鯢72191，大者亦長千里，眼如明月珠。後漢·班固傳於是發鯨魚，鏗華鐘註海岸中有大魚名鯨又有獸名蒲牢。蒲牢素畏鯨魚，鯨魚擊蒲牢，蒲牢輒大鳴。凡鐘欲令其聲大者，故作蒲牢於其上，撞鐘者名爲鯨魚又西京雜記漢武刻石爲鯨，置昆明池，每雷雨，魚常鳴吼，鱗鬣皆動杜甫詩石鯨鱗甲動秋風又集韻渠良切音彊。義同。鏊又鯨72286鱆72873鰴72721

鯩 72205 38427 lún_8.19 廣韻力迍切集韻龍春切太音倫。魚名山海經來需之水多鯩魚，黑文，其狀如鮒，食者不睡郭璞·江賦鯪、鰩、鯩、鰱。

鯪 72206 38428 líng_8.19 廣韻力膺切集韻閭承切太音陵。魚名楚辭·天問鯪魚何所◆註鯪魚，鯉也本草陶隱居云鯪鯉，形似鼉而短小。又似鯉魚，有四足又異魚圖贊吞舟之魚，其名曰鯪。背腹有刺，如三角菱，罟師畏之，網羅莫膺。一說鯪鯉皮曰穿山甲又類篇一曰獸名又石鯪，藥名。鏊又鯪72296鯪72058

鯫 72207 38429 zōu_8.19 唐韻子侯切集韻韻會正韻將侯切太音陬說文白魚也類篇一曰小魚史記·貨殖傳鯫千石註正義曰：謂雜小魚也。徐云膊魚也又集韻士九切音穊。

義同 図 廣韻 集韻 夶仕垢切音杽。義同 図 史記·項羽
紀 鮆生說我 註 鮆，士垢反。服虔曰：小人貌也。瓚曰：
楚漢春秋 鮆，姓也 図 廣韻 祖鉤切 集韻 祖侯切夶音緅。
又 集韻 此苟切，轉上聲。又 廣韻 七逾切 集韻 逡須切
夶音趨。又 正韻 七演切音淺。義夶同。鍌 又 鮆72294
鰶72789

鮆72208 38430
zhì_8.19　廣韻 集韻 韻會 正韻 夶征例切音制。魚
名。可爲醬 異魚圖贊 鮆鮆之味，其美在額 図 ji 集韻 子
例切音祭。與鰶同。魚名。鍌 又 鮡72221

鰲72209 38431
lí_8.19　廣韻 力脂切 集韻 良脂切夶音梨。魚名。
◆爾雅·釋魚 鰲，鯠埤蒼 鰲鮍，鮇也 図 廣韻 郎奚切 集
韻 憐題切夶音黎。義同。鍌 又 鰲72233 鰲72826 鮂72225 鮰
72151 鰲72611 鰲72701 図 正字通 鰲72567，鰲72092鰲夶同。

鮶72210 38432
měng_8.19　集韻 母梗切音猛。同蜢。胡蜢，蝦蟆屬。

雒72211 38433
yín_8.19　臨海記 雒鮹，即河豚之大者。音未詳。
鍌 類篇 夷針切 說文 魚名。引 傳 曰伯牙鼓琴，雒魚出
聽。沈祖春：鱏72653字訛誤。

鰪72212 38434
è_8.19　集韻 與鰪同 図 yā 字彙補 於加切音鴉 嶺
海異聞 云狄人以小鹹魚爲鰪鮍。鍌 又 鰲72220

鯮72213 38435
zōng_8.19　陳藏器·本草 鯮魚，多食宜人〇按與鰻同。

鮻72214 38436
suō_8.19　篇韻 音梭。魚名。

鮼72215 38437
mìng_8.19　閩中海錯疏 鮼魚，形如石首而差大，鱗
細口紅。音未詳。

鮗72216 38438
dìng_8.19　字彙補 音定。魚名 閩書 廣人呼爲錦魚。

鮴72217 38439
dié_8.19　鰈字之譌，見 字彙補

鮞72218 38440
rú_8.19　字彙補 乃侯切音糯。魚名。

鰬72219 38441
shàn_8.19　戰國策 俯喝鱔鯉 註 鱔，故書作鰬。字書
無鰬字。鍌 又 鱓72231

鰪72220 42274
è_8.19　五音集韻 同鰪。

鯯72221 42275
zhì_8.19　字彙補 同鮆。閩魚訛鯯魚，板身，多鯁而
肥美 爾雅 謂之嘗鮽。

鯵72222 42276
mí_8.19　篇海類編 音弥。魚名。鍌 即坻鯵，又稱
提迷魚，梵語Timingila,指一种能吞食其它魚的大魚。

鮧72223 46738
yí_8.19　篇海類編 音宜。

鰸72224 46740
tuó_8.19　篇海類編 同鰽。

鮂72225 46741
lí_8.19　篇海類編 力脂切音梨。鰻鮂，又鮂鰲，夶
魚名〇按即鰲字之譌。

鯢72227 46743
ní_8.19　篇海類編 音泥。

鯱72228 46744
yàn_8.19　篇海類編 音熒。鍌 可洪音義 光鯱：羊贍

反。正作焰、燄二形也。郭氏音熒，非也。

鯞72229 46745
xū_8.19　龍龕 同鱛

鰞72230 u2B6A1
zhǒu_8.19　簡 鰞72182

犐72232 u2B69F
zhì_8.19　簡 鰲72266

鰶72234 u2B69D
huà_8.19　簡 鰶72185

鮖72236 u2B667
null_8.19　未詳。

鮂72238 u2B665
null_8.19　未詳。

鮍72240 u29F88
shū_8.19　簡 鮍72161

鯢72242 u29F86
ní_8.19　簡 鯢72263

鮴72244 u29E3D
huā_8.19　日 廣漢和辭典 海魚の一。

鰊72246 u29E3A
lì_8.19　同 鰊72272

鰊72247 u29E38
qī_8.19　漢語方言大詞典 鰊魚：青魚。吳語。江
蘇蘇州 図 thia 喃 从魚妻thê聲△鰊鰊：鬧魚，鬥魚。

鮯72249 u29E36
nhám_8.19　喃 从魚岩nham聲。

鰉72250 u29E35
chình_8.19　喃 从魚征chinh聲。海鰻。

鮔72251 u29E34
trê_8.19　喃 从魚知tri聲。塘鱧。

鰍72252 u29E33
mòi_8.19　喃 从魚枚mai聲。

鰊72253 u29E32
sửa_8.19　喃 从魚使sứ聲△昆鰊：海蜇。

鮯72254 u29E31
ghím_8.19　喃 从鰻省金kim聲△魟鮯：鰻魚。

鮾72255 u29E30
go_8.19　喃 从鰓省孤cô聲△鮾魟：魚鰓。

鮾72256 u29E2F
chuổi_8.19　喃 魟鮾：烏鱧。

鮾72258 u29E2D
luỵ_8.19　喃 从鰻省戾lệ聲。

鮾72259 u29E2C
bèi_8.19　或俗蓓50455 文苑英華·卷三百三十七·草
木·明月湖醉後薔薇花歌·英才 柔條嫩藥（一作葉）輕
鮾鰓，一低一昂合又開。

鮾72262 u29E29
huàn_8.19　同鯇72079
清·蔣毓英 臺灣府誌·卷之四·鱗之屬 鮌魚俗呼鯇鮾。

鰮72264 u29E24
null_8.19　白鰮，魚名。

鰀72261 u29E2A
wǎn_8.19　太平御覽 卷九百四十引 臨海異物志 鰀
魚，三月生溪中，裁長一寸，至十月中，東還死於海，
香氣聞於水上，到時月，輒復更生△漢語大字典·V.2 即
香魚科的香魚。

鯢72263 u29E26
ní_8.19　鯢鰍，同泥鰍。亦省作鮔71896鰍。

鯡72293 u9CB1
fèi_8.19　簡 鯡72189

鮴72226 46742
sì_8.19　龍龕 徐姊切

鱔72231 u2B6A0
shàn_8.19　簡 鱔72219

犛72233 u2B69E
lí_8.19　簡 鰲72209

鯢72235 u2B69C
guī_8.19　簡 鯢72583

鰲72237 u2B666
null_8.19　未詳。

魷72239 u2B664
null_8.19　未詳。

鯱72241 u29F87
hǔ_8.19　簡 鯱72302

鮸72243 u29F85
wǎn_8.19　簡 鮸72184

鮱72245 u29E3C
zhào_8.19　鮡71955本字

鰥72265 u29E23
shòu_8.19　即綬魚 至正
四明續志·卷第五·土產·水族 華臍魚：一名老婆魚，一
名綬魚，蓋其腹有帶如帔，子生附其上，故名綬。

鮰72260 u29E2B
null_8.19　鮰鮰，未詳。

72294 u9CB0　鯫　zōu_8.19　｜简鯫72207｜

72266 u29E21　鑰　zhì_8.19　｜太平御覽｜卷九百四十三引｜臨海水土記｜海鯫如龜，狹後廣前，其肉中食，亦又多膏。楊寶忠：鰲72554字形誤。

72295 u9CAF　鮨　qí_8.19　｜简鮨72156｜

72267 u29E1E　鯚　qí_8.19　明·陸容｜菽園雜記·摘抄卷五｜寧波奉化縣有鮨鯜巡檢司，初不解其名義。玫之志書，引顏師古云鮨音結，蚌也。長一寸，廣二分，有小蟹在其腹中。埼，鉅依反，曲岸也。其中多鮨，故以名。今埼08801作鯜，韻書並無，因印文之誤耳。

72296 u9CAE　鯪　líng_8.19　｜简鯪72206｜

72268 u29E1D　鰲　sōng_8.19　｜古今圖書集成·方輿彙編·職方典·第一千一百四卷·漳州府部彙考十·漳州府物產考·府志｜鯡魚：｜通志｜曰雌作卵，雄吞之成魚，青色，無鱗，蓋庸魚也，故謂之鯡。俗呼為鯪魚。又赤魚：狀如鰲魚。鰲有兩鬚，而赤魚四鬚。

72269 u29C1C　鰡　null_8.19　未詳。

72248 u29E37　鰒　rói_8.19　｜喃｜俗鰖72841

72270 u29C1B　鯔　null_8.19　未詳。

72257 u29E2E　鰆　bōng_8.19　｜喃｜从魚俸 bōng省聲。同鰱72495△魛鰱：鰕虎魚。

72271 u29C1A　鮭　null_8.19　未詳。

72272 u29E19　鰊　lì_8.19　清道光刻本｜乾隆南澳志·卷之十·物產｜鰊魚，頭圓。

72273 u29C18　鯆　quǎn_8.19　｜喃｜从魚官quan聲。

72274 u29C17　鯷　null_8.19　未詳。

72276 u29E14　鱭　jí_8.19　章魚　｜四部叢刊·三編子部·太平御覽·卷第九百三十八·鱗介部十｜鰲魚：音佶｜臨海異物志｜曰鰲似烏賊，肥食甘美。亦譌作傴02278見｜本草綱目｜。譌作鰲72012見｜古今圖書集成｜

72275 u29E15　鰽　cháng_8.19　｜日｜海魚の一。

72278 u29E12　鮬　gāng_8.19　魚名。清·屈大均｜廣東新語·卷二十二·鱗語·漁具｜凡魚首有石者，皆驚入眾，無者則否。首有石者，曰黃花、曰鮬、曰鰤子、曰鯮魚、曰鶲、曰鱸、曰馬鱭、曰鱸。此八者善驚。

72279 u29E11　鮓　zhǎ_8.19　或同鯗72391鯗72463譌字。

72280 u4C6A　鰥　null_8.19　未詳。

72277 u29E13　鰢　pó_8.19　清·黃叔璥｜臺海使槎錄·卷三·赤嵌筆談·物產｜蛤鰢鯊，口闊，尾尖。

72281 u4C69　鰊　null_8.19　或俗鰊72314

72281 u4C69　魍　wǎng_8.19　清·屈大均｜廣東新語·卷二十二·鱗語·魚｜江海魚之美者，語有曰：第一鰶、第二鰡、第三第四馬膏鰶図mang｜韓｜刺鰭魚，刺蝦虎魚。玫事要覽｜魍魚一尾，價二戔。

72283 u9CBB　鯔　zī_8.19　｜简鯔72155｜

72284 u9CBA　鯺　shī_8.19　｜简鯺72299｜

72285 u9CC9　鯵　shēn_8.19　｜简鯵72561｜

72286 u9CC8　鯨　jīng_8.19　｜简鯨72204｜

72287 u9CC7　鯇　diāo_8.19　｜简鯇72172｜

72288 u9CC6　鯰　nián_8.19　｜简鯰72303｜

72289 u9CC5　鯢　ní_8.19　｜简鯢72191｜

72290 u9CC4　鯴　gù_8.19　｜简鯴72180｜

72292 u9CC2　鯤　kūn_8.19　｜简鯤72194｜

72291 u9CC3　鯛　chāng_8.19　｜简鯛72202｜

72298 u9BF5　鯵　shēn_8.19　俗鯵72561

72297 u9CAD　鯖　zhēng_8.19　｜简鯖72157｜

72300 u9BF3　鯳　dǐ_8.19　｜日｜介黨鱈。从魚从底，會海底之魚意。

72301 u9BF2　鰲　yú_8.19　｜日｜同文通考·國字｜鰲，泥鰍倭字考泥鰍之泥，淤泥也。鰲合淤泥之魚成字，淤省，從魚。

72302 u9BF1　鯱　hǔ_8.19　｜日｜逆戟鯨図傳說中的一種海獸。

72303 u9BF0　鯰　nián_8.19　｜日｜同鮎71872倭名類聚抄鯰，崔禹｜食經｜云鯰，貌似鯶而大頭者也。奴霑反。奈末豆。

72299 u9BF4　鯴　shī_8.19　魚鯴。

72304 38442　鱞　hùn_9.20　｜廣韻｜胡本切｜集韻｜戶衮切丛音混。與鯇72079同図唐律號鱜鯠爲赤鱓公，以國氏李諱同音也。璽又鮶72003鯤72194

72305 38443　鯷　tí_9.20　｜唐韻｜杜奚切｜集韻｜田黎切｜正韻｜杜兮切丛音題。同鯷博雅鮎也。｜類篇｜魚重千斤｜戰國策｜鯷冠秫縫註鯷，大鮎，以其皮爲冠図｜前漢·地理志｜會稽海外有東鯷人図｜廣韻｜｜集韻｜丛是義切音諟。又dì｜廣韻｜特計切｜集韻｜大計切，並音第。又shì｜集韻｜上紙切音是。義丛同。璽又鯷72422鯤71963

72306 38444　鯸　hóu_9.20　｜廣韻｜戶鉤切｜集韻｜胡溝切丛音侯｜說文｜魚名博雅鯸，魟也｜玉篇｜鯸，鯸魚図河魨71765，一名鯸鮧。璽字海鯸72504同鯸。字見｜太平廣記｜卷二百五十六。図魟，魨之形誤。

72307 38445　鰤　yé_9.20　｜五音集韻｜以遮切音耶｜玉篇｜魚似蛇，長一丈。

72309 38447　鰩　pō_9.20　｜集韻｜同鰷

72308 38446　鯹　xīng_9.20　｜廣韻｜｜集韻｜｜韻會｜桑經切｜正韻｜先青切丛音星。與鮏同。魚臭。

72310 38448　鰶　còu_9.20　｜篇海｜千候切音輳。鰶鰶，蚌屬。

72311 38449　鰆　zhū_9.20　｜集韻｜專於切音諸。與蠩同。蜛蠩，蟲名。一曰蝦蟆図｜正字通｜蜛鰆，一頭數尾，長二三尺，左右有腳，狀如龞，可食図鰆72211

72312 38450　鰟　bìng_9.20　｜集韻｜蒲幸切，音偋。魚名。或作鮩。

72314 38452　鰊　là_9.20　｜集韻｜同鰭

72313 38451　鰭　là_9.20　｜集韻｜郎達切音辢。魚名図落蓋切音賴。義同。

72315 38453　鰃　wèi_9.20　｜廣韻｜｜集韻｜丛于貴切音胃。魚名｜山海經｜樂游之山，桃水多鰃魚，似蛇而四足。

72316 38453　鰊　xū_9.20　｜廣韻｜相居切｜集韻｜新於切丛音胥｜說文｜魚名。璽又鰊72380鯕72229

72317 38455　鰣　gèng_9.20　｜唐韻｜古恆切｜集韻｜居曾切丛音緪◆｜說文｜魱也｜前漢·司馬相如傳｜鰣鱭漸離註周洛曰鮦，蜀曰鰣鱭図｜集韻｜｜韻會｜丛居鄧切音亙。義同。或作鮔。璽又鮂72410鯤72024

72318 38456　鰼　zōng_9.20　｜廣韻｜子紅切｜集韻｜祖叢切丛音㚇博雅石

首，鰻也郭璞·江賦鰻鰺順時而往還註鰺魚出南海，頭中有石，一名石首魚正字通鰺，魚體員厚而長，似鱤魚，腹稍起，扁額長喙，細鱗腹白，背微黃色，性好噉魚。諸書皆以爲石首，非也。鼟又鰻72776鯨72213

鯽 ji_9.20　廣韻集韻韻會正韻丛資昔切音積。與鰦同。魚名本草形似鯉，色黑體促，腹大脊隆杜甫詩鮮鯽銀絲膾図廣韻子力切集韻節力切丛音即。義同。図zéi集韻疾則切音賊說文鰂72324，或从即作鯽。鼟又鯽72135鰿72833鰿72569鰤72772

鯿 biān_9.20　廣韻集韻韻會丛卑連切音鞭說文魚名玉篇魴魚也山海經大鯿居海中註鯿，即魴也。鼟又鯁72374鰷72894鯿72321鯿72475

鯇 huàn_9.20　集韻同鯶爾雅·釋魚註江東呼魴魚爲鯿宋玉·釣賦思不出乎鰤鯿後漢·馬融傳魴鰝鱨鯿註鯿，魴之類也襄陽耆舊傳漢中鯿魚甚美，常禁人捕，以槎斷水，因謂之槎頭縮項鯿。又劉弇詩歸釣潭頭楓葉鯿図廣韻布還切音斑。又集韻逋閑切音編。義丛同。鼟又鯿72412

鰁 quán_9.20　集韻從緣切音全。魚名。鼟又鰁72414

鰂 zéi_9.20　唐韻昨則切集韻韻會疾則切丛音賊說文鰞鰂，魚名正字通一名墨魚。一名黑魚。狀如算囊，無鱗，兩須長似帶，腹下八足，聚生口旁，縮喙在腹下，懷扳含墨，見人及大魚至，則噀墨。方數尺，背上一獨骨，厚三四分，兩頭尖，色白，輕脃如通草，入藥，名海鰾鮹図通作賊蘇軾·魚說海之魚有烏賊其名者。或从即作鯽類篇亦作鰦。鼟又鰂72033鹹72872図直音篇戠同鰂。

鰋 é_9.20　篇海同鰋
鰋 é_9.20　廣韻五陌切集韻鄂格切丛音額。鰝鰋，魚名。鼟又鰋72326

鰄 hài_9.20　廣韻呼艾切集韻虛艾切丛音餀。魚名。鼟又可洪音義鰄魚：上五各反善見律第十一卷云失守摩羅，漢言鰐72352魚也，應和尚云廣州土地有之川音作鰄72753以竭字替之，非也。

鰃 wēi_9.20　廣韻烏恢切集韻烏回切丛音隈。魚名。鼟又鰃72420龍宇純：俗鰄55466

鰄 wēi_9.20　廣韻集韻丛於非切音威。魚名。

鰅 yú_9.20　唐韻集韻韻會丛魚容切音顒說文魚名。皮有文，出樂浪，東晼。神爵四年初捕收輸考工。周成王時，揚州獻鰅博雅鰝也玉篇鰃鰅，魚也前漢·司馬相如傳鰅、鰫、鰬、魠註郭璞曰：鰅魚，有文彩図楚辭·大招鰅鱅短狐註鰅鱅，短狐類補註狀如犁牛図廣韻遇俱切集韻元俱切丛音虞。義同。

鰎 yīng_9.20　篇海音英字彙魚名正字通鰌字之譌。

鰆 chūn_9.20　集韻樞倫切音春。海魚名。鼟又鰆72409

鰇 róu_9.20　廣韻耳由切集韻而由切丛音柔。魚名正字通柔魚，似烏鰂，無骨，生海中，越人重之。本作柔。

鰢 zhàn_9.20　集韻同鱻

鰎 tíng_9.20　廣韻特丁切集韻唐丁切丛音庭。魚名博雅鮷也△類篇或作鯹

鰘 zhì_9.20　廣韻集韻丛直利切音稚。魚名。

鰈 dié_9.20　唐韻吐盍切集韻託盍切丛音榻說文比目魚也爾雅·釋地東方有比目魚，不比不行，其名謂之鰈註狀似牛脾，鱗細，紫黑色，一眼，兩片相合乃得行。今水中所在有之。江東又呼爲王餘魚後漢·邊讓傳註比目魚，一名鰈，今江東呼爲板魚異物志一名箬葉魚。俗呼鞋底魚臨海志曰：婢屩魚風土記曰：奴屩魚集韻或作鰨図集韻達協切音牒。義同。或作鰼図集韻七接切音妾。與鰜同。魚名。出樂浪潘國図集韻實洽切音箑。鮙71836鰈，鰈次衆多也。一曰裝飾重疊貌。鼟又鰈72217鰈72425鰈72102鶎73667

鰉 huáng_9.20　集韻胡光切音黃。與鱑同。魚名正字通鱣也。鼟又鰉72415

鰲 mú_9.20　正字通鰲字之譌。

鰊 liàn_9.20　廣韻集韻丛郎甸切音煉。魚名。似鱧。

鰋 yǎn_9.20　廣韻韻會正韻於幰切集韻隱幰切丛音偃爾雅·釋魚鰋註今鰋額白魚詩·小雅魚麗于罶，鰋鯉正字通一說鰋，身圓白額，性好偃，腹平著地，故名。○按說文本作鰋。鮎也。鮎，鮎也詩·小雅毛傳：鰋，鮎也六書故曰：爾雅鯉、鱣、鰋、鮎、鯊、鮀，各舉六物。讀者以鱣釋鯉，鮎釋鰋，鮀釋鯊。毛氏、說文皆蹈此誤，丛以鰋爲鮎說文又并以鮀爲鮎。尤非。鼟又鰋72375鮱71950鰻72458図直音篇鰋同鰋。

鰈 fēi_9.20　廣韻甫微切集韻匪微切丛音飛。魚名。似鮒。出澇水。或作鯡。

鰌 yóu_9.20　玉篇以周切音游。魚名。

鰅 zhòng_9.20　正字通同鮦爾雅·釋魚鰅註鮦也疏鰫，今鰅魚也。鮦與鰅音義同。鼟又鍾72379

鰍 qiū_9.20　唐韻七由切集韻韻會雌由切正韻此由切丛音秋說文鰌也廣韻魚名。二月有之正字通鰍生下田淺淖中。似鱓，短首，銳，色黃黑，有漦濡滑難握，穴泥中與他魚牝牡爾雅·釋魚鰼，鰌註今泥鰌疏穴於泥中莊子·齊物論鰌然乎哉音義鰌，魚名荀子·富國篇黿、鼉、魚、鱉、鰌、鱣，以時別，一而成羣集韻或作鰍図海鰌水經海鰌魚，長數千里，穴居海底，入穴則海水爲潮，出穴則潮退図船名宋史·虞允文傳官軍以海鰌船衝敵軍図人名左傳·襄十年史鰌註史魚図廣韻自秋切集韻字秋切丛音酋。義同図與蹂同莊子·秋

水篇鰌我亦勝我 音義鰌，藉也。亦作蹴 荀子·强國篇大
燕鰌吾後 註鰌，跽也。如蹴沓於後也。鋬又鰌72408

鰍 72346 38484　qiū_9.20　集韻同鰌。鋬新撰字鏡鰍，七由反。

鰲72392鱒（鰌）鱃72576，四字同。

鰎 72347 38485　jiǎn_9.20　集韻紀偃切音犍。魚名图正字通鮑魚微
用鹽曰鰎。鋬又鱃72672

鯷 72348 38486　tí_9.20　廣韻杜奚切集韻田黎切丛音題。魚黑色
也。又魚四足者山海經休水多鯑魚，狀如蟄蜼而長距，
足白而對图dì集韻丁計切音帝。魚名。大鯉也。
鋬又鰶72349

鰶 72349 38487　tí_9.20　字彙俗鯷字。

鰥 72350 38488　guān_9.20　正字通鰥字之譌。

鰏 72351 38489　bī_9.20　玉篇彼力切音逼。魚名。鋬又鰏72424

鰐 72352 38490　è_9.20　廣韻五各切集韻正韻逆各切丛音咢。鰐
或作鱷。魚名，似蜥蜴，出日南博物志南海有鰐魚，狀
如鼉，斬其頭而乾之，去齒而更生，如此者三，乃止左
思·吳都賦黿鼉鰭鰐註鰐魚長二丈餘，有四足，如鼉，
喙長三尺，甚利齒，虎及大鹿渡水，鰐擊之，皆中斷類
篇或作鱷72850

鰐 72353 38491　yuán_9.20　廣韻與專切集韻余專切丛音沿。魚名。

鰑 72354 38492　yáng_9.20　廣韻與章切集韻余章切丛音陽。魚名博
雅鯛也玉篇赤鱺也。鋬又鰑71739

鰒 72355 38493　fù_9.20　唐韻集韻丛房六切音伏說文海魚名前
漢·王莽傳啗鰒魚註師古曰海魚也後漢伏隆傳詣闕上
言，獻鰒魚註鰒似蛤，偏著石廣志鰒無鱗有殼，一面
附石，細孔雜雜，或七或九图báo廣韻蒲角切集韻韻
會弼角切丛音雹。義同。一說石決明。藥，旁有七空者
良图集韻步木切音僕。義同。鋬說文作鰒图鰒72416
鱁72804

鰐 72356 38494　kuí_9.20　廣韻渠追切集韻渠惟切丛音葵玉篇魚
名。

鰘 72357 38495　àn_9.20　玉篇於陷切音滻篇海魚名

鰢 72358 38496　bà_9.20　廣韻白駕切集韻步化切丛音杷。與鮊同。
海魚也图集韻蒲巴切音爬。義同。

鰓 72359 38497　sāi_9.20　廣韻蘇來切集韻韻會桑才切丛音頤。魚
頰中骨也宋史·五行志淳化三年，京師里巷婦女，裝鏤
魚鰓中骨，號魚媚子图前漢·刑法志鰓鰓常恐註鰓，
音葸，懼貌也。鋬又鰓72419

鰔 72360 38498　gǎn_9.20　集韻古禫切音感。與鱤同。魚名。魠也。
一曰黃頰图jiān集韻居咸切音緘。又xián胡讒切音咸。
又jiàn古咸切音緘。又jiàn古斬切音減。義丛同。

鰕 72361 38499　xiā_9.20　唐韻胡加切集韻韻會何加切丛音遐◆說
文魵也爾雅·釋魚魵，鰕註出穢邪國疏魵魚，一名鰕
图◆爾雅·釋魚鯢，大者謂之鰕疏鯢72191，雌鯨也。大
者長八九尺，別名鰕图爾雅·釋魚鰝，大鰕註鰕大者
出海中，長二三丈，鬚長數尺，今青州呼鰕魚爲鰝魚也
虞荔鼎錄宋文帝得鰕魚，遂爲鼎图山海經龍魚陵居，
狀如狸。一曰鰕。卽有神聖乘之以行九野图說文長箋
同蝦急就篇註鰕，今之海鰕，堪爲酢醃，及所呼鰕米
者。又所在水中小鰕，可生嘗，若爚而食之，皆是也正
字通水蟲，可食，溪澤江海皆有之。磔須鈹鼻，背有斷
節，尾有硬鱗，多足好躍，腸屬，腦子在腹外图南海
雜志商舶見波中雙檣遙漾，高可十餘丈，意其爲舟。
老長年曰:非舟,此海鰕乘霽曝雙鬚也图集韻韻會正
韻丛虛加切音岈。又集韻舉下切音睱。義丛同。
鋬又蝦72372蝦52992

鰑 72371 u2B811　sōu_9.20　簡鰦72457

鰹 72363 38501　gěng_9.20　說文鯁本字。

蝦 72372 u2B6A5　xiā_9.20　簡鰕72361

鰌 72365 38503　hú_9.20　本草鮭，一名鯢魚。一名嗔魚。日華子謂
之鰌魚。今謂之河豚註鰌，音胡。

鱃 72368 46739　zhào_9.20　龍龕同鯦

鱄 72373 u2B6A4　zī_9.20　簡鰦72455

鯛 72369 46746　jīng_9.20　搜眞玉鏡音京。

鰄 72370 46747　wēi_9.20　搜眞玉鏡音威。

鯾 72374 u2B6A3　biān_9.20　簡鰾72320

鰿 72376 u2B66A　null_9.20　未詳。

鰈 72377 u2B669　null_9.20　未詳。

鱛 72380 u29F8A　xū_9.20　簡鱛72316

鯳 72381 u29E70　tranh_9.20　喃从魚貞trinh聲△昆鯳：石首魚。

鰈 72383 u29E6E　mú_9.20　喃从魚某mỗ聲。魚名图新撰字鏡鰈，
其之反。編平魚。衣比。

鰣 72384 u29E6D　chày_9.20　喃从魚持trì聲△魟鰣：赤眼鱒。

鮕 72385 u29E6C　khô_9.20　喃从魚枯khô聲。

鰼 72386 u29E6B　tép_9.20　喃从魚揖âp省聲。小蝦。

鰫 72387 u29E6A　mè_9.20　喃从魚眉mi聲。

鰍 72388 u29E69　nâu_9.20　喃从魚芾nào聲。

鱍 72362 38500　duò_9.20　正字通同鱍

鹹 72364 38502　hàn_9.20　篇海侯幹切
音汗。詳鰷72310字註。鋬又鰔72522鹹72195

烈 72366 38504　liè_9.20　篇海與烈同

鱣 72367 38505　zhān_9.20　字彙補同鱣

鯿 72375 u2B6A2　yǎn_9.20　簡鰋72341

鱪 72379 u29F8B　zhòng_9.20　簡鱩72344

蝦 72378 u2B668　xiā_9.20　俗蝦52992

鯴 72382 u29E6F　tươi_9.20　喃从魚哉tai
聲。新鮮，鮮艷△魟鯴：鮮魚。

鰨 72389 u29E68
xiā_9.20　俗蝦52992亦作鰕72378 清實錄·高宗純皇帝實錄·卷之四百十五 大抵蝗蝻本屬濕生、化生之物，水濱沮洳，魚鰕微卵，入土即皆變蝗。又 申報.1880.Dec.13 諷經求雨 飭自本月二十九日起至冬月初二日止，禁止屠宰。此三日內，凡大小酒館及熟食各店，均著暫行停止，不准販賣魚鰕，以昭誠潔。

鯇 72390 u29E67
sāo_9.20　直音篇 鯵72561鯇，同鰠。

鰜 72391 u29E66
zhā_9.20　俗鰜72463 世說新語·紕漏第三十四 虞嘯父為孝武侍中。帝從容問曰：卿在門下，初不聞有所獻替。虞家富春，近海，謂帝望其意氣。對曰：天時尚煗，絜魚蝦鰜未可致，尋當有所上獻。帝撫掌大笑。按，蝦鰜，太平御覽·卷第九百四十三·鱗介部十五·蝦 作蝦鮓。

鰤 72392 u29E64
qiū_9.20　新撰字鏡 鰍72346鰤鱒鰜，四字同 図thu 嘈 从魚秋thu聲△魡鰤：鱉魚。

鰡 72393 u29E61
null_9.20　字海 鰡司，一種水生動物。引 西遊記·第四十三回 少揚刺硬如鐵棍，鰡司針利似鋒芒。

鰠 72394 u29E60
sū_9.20　鰠72074俗譌 永樂大典殘卷·卷之二千四百五·六模 鰠，孫租切。韓道昭 五音類聚 桑姑切。

鰟 72395 u29E5F
nài_9.20　同鯰72171

鰞 72398 u29E5C
null_9.20　未詳。

鰞 72396 u29E5E
nán_9.20　難字大字典 大鱗白鱓。

鰝 72397 u29E5D
null_9.20　乾隆 南澳志·卷之十·物產 鰝魚：大為鰝婆。皮粗肉細 字學呼名能書 鰝，潮禾切。

鰛 72399 u29E5B
null_9.20　未詳。

鰚 72400 u29E5A
null_9.20　未詳。

膡 72401 u29E59
null_9.20　未詳。

鰘 72402 u29E58
null_9.20　未詳。

鯡 72403 u29E57
null_9.20　未詳。

鰖 72404 u29E56
null_9.20　未詳。

鰕 72405 u29E55
gé_9.20　正字通 鰴72466字譌作鰕。

鰔 72406 u29E54
sōu_9.20　同鰠72457

鰓 72407 u29E53
rú_9.20　同鱬72790

鰁 72408 u4CA1
qiū_9.20　简 鰍72345

鰀 72409 u4CA0
chūn_9.20　简 鰆72332

鮄 72410 u4C74
gèng_9.20　同鯾72317

鰋 72411 u9CCB
sāo_9.20　简 鰠72445

鯿 72412 u9CCA
biān_9.20　简 鯾72321

鯽 72413 u9CC9
jiāng_9.20　简 鱂72575

鰊 72414 u9CC8
quán_9.20　简 鰁72323

鰉 72415 u9CC7
huáng_9.20　简 鰉72338

鮄 72416 u9CC6
fú_9.20　简 鰒72355

鰍 72417 u9CC5
qiū_9.20　简 鰍72346

鰐 72418 u9CC4
è_9.20　简 鱷72850

鰓 72419 u9CC3
sāi_9.20　简 鰓72359

鰋 72420 u9CC2
wēi_9.20　简 鰃72328

鰛 72421 u9CC1
wēn_9.20　简 鰛72474

鯷 72422 u9CC0
tí_9.20　简 鯷72305

鱨 72423 u9CBF
cháng_9.20　简 鱨72787

鰏 72424 u9CBE
bǐ_9.20　简 鰏72351

鰈 72425 u9CBD
dié_9.20　简 鰈72337

鱝 72426 u9CBC
fèn_9.20　简 鱝72718

鱀 72427 u9C40
jì_9.20　同鱀72571

鰛 72428 u9C1B
wēn_9.20　同鰛72474

鰚 72429 u9C1A
xuān_9.20　日 廣漢和辭典 鰚はらか。鮸の別名。海魚の一。一說に、鱒の別名。腹赤。

鰘 72431 u9C18
shì_9.20　日 廣漢和辭典 鰘，むろあじ。海魚の一。

鰙 72430 u9C19
ruò_9.20　韻學驪珠 鰙，鰙鰟，魚名，即比目魚也。民國 杭州府志·卷八十·物產三·鱗屬 箬魚：富陽江有箬魚（大清一統志）。其形似箬，蓋比目之類。俗書作鰙。富陽五月有之成化志。形似箬，止一目，世以為比目者，非錢塘縣志。

鰜 72432 38506
jiān_9.20　唐韻 古甜切 集韻 韻會 堅嫌切 正韻 古嫌切 丛音兼◆ 說文 魚名 廣韻 比目魚 玉篇 鰜也 図 集韻 胡讒切音咸 図 賢兼切音嫌。義丛同 図 jiàn 集韻 吉念切，兼去聲。魚名。大而青 図 qiàn 集韻 詰念切音傔。義同。鑋又鰜72529

鱃 72433 38507
chù_10.21　五音集韻 許竹切音蓄。魚名。出梁州。

鱄 72434 38508
pū_10.21　廣韻 普胡切 集韻 滂模切 丛音鋪。與鮬72078同 博雅 鮬也 玉篇 鱄，鮱魚。一名江豚。天欲風則踊。

鰝 72435 38509
hào_10.21　唐韻 正韻 胡老切 集韻 韻會 下老切 丛音皓 說文 大鰕也 爾雅·釋魚 鰝，大鰕72361 図 集韻 古老切音杲。又黑各切音臒。義丛同。

鰰 72436 38510
wēng_10.21　唐韻 烏紅切 集韻 烏公切 丛音翁 說文 魚名 本草 漳州海中有海鰰魚，取其糞，乾之盛器，可辟蠅。

鰞 72437 38511
wū_10.21　廣韻 哀都切 集韻 汪胡切 丛音烏。鰞鰂，魚名。九月寒烏入水化為之 玉篇 本作烏。互詳鯽72324鱡72729二字註。

鰃 72438 38512
láng_10.21　正字通 同鰋。

鎖 72439 38513
suǒ_10.21　集韻 損果切音鎖。魚名。亦作鱳。

鮥 72440 38514
xiàn_10.21　正字通 鮥字之譌。

鱨 72441 38516
táng_10.21　廣韻 集韻 丛徒郎切音唐 博雅 魠也。鑋胡吉宣：魠，鮊之形誤。

鮠 72442 38517
wěi_10.21　玉篇 於鬼切，威上聲。魚也 図 正字通 鬼頭魚。出廣東韶州府樂昌榮溪中，味美，狀獰惡，故名。俗加魚。

鱤 72443 38518
gǎn_10.21　集韻 古禫切音感。魚名。

鰟 72444 38519
fáng_10.21　集韻 無芳切音房。魴亦作鰟。鑋又鰟72530

鰠 72445 38520
sāo_10.21　廣韻 集韻 丛蘇遭切音騷。魚名 山海經 渭水東流注于河，其中多鰠魚，其狀如鱣魚，動則其邑有大兵。鑋又鰠72411鰠71982

鱯 72446 38521
hù_10.21　正字通 鱯字之譌。

鰡 72447 38522 liú_10.21 　廣韻 集韻 ｜力求切音劉。魚名。同鰡。鑾又鰡72484

鮥 72448 38523 gé_10.21 　廣韻 古伯切 集韻 各核切｜音格 博雅 魿也 区 廣韻 古核切音隔。義同 区 lì 廣韻 來的切 集韻 狼狄切｜音歷。鮥鮛，魚名。亦作鱧。

鰢 72449 38524 mǎ_10.21 　廣韻 莫下切 集韻 母下切｜音馬。魚名 正字通 按此即海鰕。名水馬。俗遂作鰢。

鮏 72450 38525 shí_10.21 　廣韻 集韻 韻會 市之切 正韻 辰之切｜音時。魚名。似鮥肥美，江東四月有之。或作鮭 爾雅·釋魚 一名當魱 韻會 通作時。鑾又鮖72141

鰤 72451 38526 pí_10.21 　集韻 同鮍 廐 72452 38527 yú_10.21 　廣韻 語居切 集韻 正韻 牛居切｜音魚 五經文字 同漁 周禮·天官·廐人 掌以時廐爲梁 区 yù 集韻 韻會 牛據切 正韻 魚據切｜音御。義同△ 玉篇 同廐。又作澲。鑾又廐72526

鰤 72453 38528 shī_10.21 　廣韻 疏夷切 集韻 霜夷切｜音師。老魚 類篇 一說出歷水，食之殺人。或省作鰤。鑾 山海經 歷虢之水出焉，而東流注于河，其中有師魚，食之殺人。
区 鰤71988

鰥 72454 38529 guān_10.21 古文 黑 唐韻 古頑切 集韻 韻會 姑頑切｜音瘝 說文 魚也 詩·齊風 其魚魴鰥 傳 大魚也 孔叢子·抗志篇 衛人釣於河，得鰥魚焉，其大盈車。子思問曰：如何得之。對曰：吾垂一魴之餌，鰥過而不視，更以豚之半，則吞矣 区 書·堯典 有鰥在下曰虞舜 傳 無妻曰鰥 禮·王制 老而無妻曰鰥 釋名 鰥，昆也。昆，明也。愁悒不寐，目恆鰥鰥然也。故其字从魚，魚目恆不閉者也 白虎通 鰥之言鰥鰥無所親，則寡者少也 区 kūn 集韻 公渾切音昆。與鯤同 爾雅·釋魚疏 鰥，魚子。鰥、鯤字異，蓋古字通用也 区 與瘝同 爾雅釋詁 鰥，病也 鄭樵註 鰥，即瘝也 区 guàn 廣韻 集韻 ｜古幻切音慣。視貌。或作矖。鑾又鰥72350鰥72617鰥72700鰥72532鰥72719鰥55529 区 鱞55490同鰥 隸辨·平聲·山韻 引北海相景君銘

鰦 72455 38530 zī_10.21 　廣韻 子之切 集韻 津之切｜音茲。魚名 爾雅 釋魚 鰦，黑鰦 註 即白鯈魚 疏 鰦，一名黑鰦 六書故 今之鹹淡水中者，長不踰尺，搏身椎首而肥，俗謂之鰦，海亦有之。

輪 72456 38531 hàn_10.21 　廣韻 集韻 ｜侯旰切音翰。魚名。

鰒 72457 38532 sōu_10.21 　集韻 疎鳩切音搜。人名。韓將有鰒、申差 区 與緧同 周禮·冬官考工記·輈人 必緧其牛後 註 故書緧爲鰒。鄭司農云鰒讀爲緧。鑾 直音篇 鰒72406同鰒。
区 鰒72371

鰒 72458 38533 yǎn_10.21 　玉篇 與鰋同。

騰 72459 38534 téng_10.21 　廣韻 集韻 ｜徒登切音騰。魚名。蒼身赤尾 山海經 合水多騰魚。狀如鱖，居逵 類篇 或作鰧。

鱵 zhèn 廣韻 集韻 ｜直稔切音朕。魚似鰕，赤文。鑾又騰72527鱵72026騰72662 字彙 鰲71943同騰。

鰨 72460 38535 tǎ_10.21 　唐韻 吐盍切 集韻 託盍切｜音榻 說文 虛鰨也 前漢·司馬相如·上林賦 禺禺鮎鰨 註 鰨，鯢魚也。似鮎，有四足，聲如嬰兒 正字通 鰨，即今福州銅盆魚。区 集韻 諾盍切，音魶。與魶同 区 dié 集韻 達協切音沓。東方比目魚名也。鑾又鰈72337鮙71935鰨72699鰨72533

鰊 72461 38536 nà_10.21 　廣韻 奴答切 集韻 諾答切｜音納 說文 魚。似鼈，無甲，有尾，無足，口在腹下。鑾又魶71794鰊72523

鰩 72462 38537 yáo_10.21 　唐韻 余招切 集韻 韻會 正韻 餘招切｜音遙 說文 文鰩，魚名 山海經 觀水西流，注于流沙，其中多文鰩魚，狀如鯉魚，魚身而鳥翼，蒼文而白首赤喙，以夜飛，其音如鸞雞 呂氏春秋 藿水之魚，名曰鰩。其狀若鯉而有翼 神異經 東南海中有溫湖，中有鰩魚，長八尺 本草 文鰩出海南，大者長尺許，有翅，與尾齊，一名飛魚。羣飛水上，海人候之，當有大風。鑾又鰩72531

鰖 72463 38538 zhǎ_10.21 　集韻 側下切。同鮺。藏魚 周禮·天官·庖人 註 若荊州之鰖魚。鑾 或訛作鰖72391鮓72279鮓72479，俗鮓71878

鰕 72464 38539 hái_10.21 　唐韻 戶來切 集韻 何開切｜音孩 玉篇 鰕鰖，雄蟹 区 集韻 魚開切音騃。義同。

鰖 72465 38540 huá_10.21 　廣韻 集韻 ｜戶八切音滑 山海經 排水注于稷澤，其中多鰖魚，其狀如蛇，而四足 区 山海經 求如之山，滑水西流，注于諸毗之水，其中多滑魚，狀如鱓，赤背，音如梧，食之已疣 註 音如人相枝梧聲 区 山海經 桐水多鰖魚，其狀如魚而鳥翼，出入有光，其音如鴛鴦 郭璞·江賦 鰖鰊鰖鮋○按 山海經 三魚音同類別 区 集韻 古忽切音骨。義同。

鮥 72466 38541 gé_10.21 　廣韻 古伯切 集韻 各額切｜音格。海魚。似鰻。肥美。鑾又鰡72405

鱠 72467 38542 gé_10.21 　集韻 谷盍切，音頷。魚名。似鯽而小 玉篇 鱠鱗，魚名 区 é 廣韻 安盍切 集韻 乙盍切，｜音盍。義同。鑾又鱠72574

鰫 72468 38543 yóng_10.21 　唐韻 余封切 集韻 餘封切｜音容。與鱅同 說文 魚也 類篇 似鰱而黑 区 集韻 常容切音鱅。又尹竦切音勇。義｜同。鑾又鰫72486

鰿 72469 38544 jì_10.21 　廣韻 集韻 ｜資昔切音積 說文 本作鰿。魚名 玉篇 鰿，鮒也。與鰿、鯽｜同。

鰬 72470 38545 qián_10.21 　廣韻 集韻 韻會 ｜渠焉切音乾 博雅 大鱓謂之鰬 史記·司馬相如傳 鰢鱅鰬魠 註 鰬似鱓。鑾又鰬72524

鰭 72471 38546 qí_10.21 　廣韻 渠脂切 集韻 韻會 渠伊切｜音祁。魚脊上骨 禮·少儀 夏右鰭 註 脊也 疏 夏時陽氣在魚脊，故

右鰆 史記·司馬相如傳 揵鰆擢尾 註 正義曰：鰆，魚背上鬣也 㕛 玉篇 與鮨同。魚名 㕛 鮓屬。䲞又鰆72534 䰻64827

鱣 72472 38547 zhǎn_10.21 正字通 知演切音展 臨海異物志 鱣魚如指，長七八寸，但有脊骨，宜作羹，滑美 㕛 音戰。義同。

鯗 72473 38548 xiǎng_10.21 正字通 鯗本字。

䲅 72474 38549 wēn_10.21 閩書 似馬鮫而小。音未詳。䲞又鰛72421 鰛72428

鯿 72475 38550 biān_10.21 石鼓文 黃帛其鯿 釋音 鄭氏云鯿，卽鯾字。

鮺 72476 38551 zhǎ_10.21 集韻 與鮓同。

䰼 72477 38552 zhēng_10.21 篇海 音征。以醋煮魚爲䰼。

鯔 72478 38553 zī_10.21 字彙補 同鯔。

鮺 72479 38554 zhǎ_10.21 干祿字書 鮓，俗作鮺。䲞 干祿字書 鮓鮺72463，上俗下正。

鱶 72480 42277 xī_10.21 字彙補 弦鷄切，音攜◇。䲞同鱶72836

鯱 72481 46748 sī_10.21 篇海類編 音思。

鯵 72482 46749 nài_10.21 字彙補 同鯵。

鱎 72483 46750 jiāo_10.21 篇海類編 同鱎。

鰡 72484 46751 liú_10.21 字彙補 同鰡。

鰺 72487 u2B66F null_10.21 未詳。

鮒 72485 u2B80D null_10.21 日 戶籍用字

鱶 72490 u2B66C null_10.21 未詳。

鰫 72486 u2B6A6 yóng_10.21 簡 鰫72468

鰈 72488 u2B66E jié_10.21 魚名。連橫 劍花室詩集·之二·寧南詩草·碧潭 春水初添三四尺，登盤已薦鰈魚香。

鰷 72489 u2B66D chán_10.21 同鰷72513俗鱴72869

鱠 72491 u2B66B null_10.21 未詳。

鮐 72492 u29EAC tái_10.21 新撰字鏡·魚部七十一 鮐71875鮐，同。勑文□□二反。毒也，老也，佐女。又 魚部第八十七 鮐，与之反。

鱍 72493 u29EAA bơn_10.21 喃 从魚般bàn聲。鰈。

鰤 72494 u29EA9 vảy_10.21 喃 从魚罢bãi聲。魚鱗。

鮮 72495 u29EA8 bống_10.21 喃 从魚俸bổng聲。鰕虎鱼，笋殼魚。

鯅 72496 u29EA7 cháy_10.21 喃 从魚烓cháy聲△鲊鯅：鰣魚。

鱘 72497 u29EA6 thờn_10.21 喃 从魚唇thần聲△鲊鱘鱍：靴底魚，比目魚。

鰨 72498 u29EA5 sò_10.21 喃 从魚芻so聲。蛤蜊。

鰾 72499 u29EA4 biào_10.21 朝鮮本 龍龕 鰾，毗小切。魚鰾，可作膠也。鰾72566，俗 新撰字鏡 鰾，符小反。上。臭膠也。

鯤 72500 u29EA3 tràu_10.21 喃 从魚晁chiêu聲。鲊鯤：小種花斑生魚。

鯺 72501 u29EA2 chạch_10.21 喃 从魚哲triết聲。泥鰌。

鰰 72502 u29EA1 bơn_10.21 喃 同鱍72493比目魚。

鱊 72503 u29EA0 yù_10.21 同鱊72610俗鱊72638

鯸 72504 u29E9F hóu_10.21 同鯸72306

鱢 72505 u29E9E sǎng_10.21 黃鱢魚，亦名黃頰、黃鱨 越諺·卷中·水族 黃鱢：呼如盎賞，此口音之別也。背腮有刺骨毒人，鶶鵜且畏之。明·周履靖 益齡單·諸魚 黃鱢魚，祛風。其涎療消渴，不益人反荆芥

鯢 72506 u29E9D nì_10.21 逆魚 古今圖書集成·博物彙編·禽蟲典·第一百四十八卷雜魚部彙考一·直省志書·烏程縣 鯢魚，黃梅時甚多，以逆水遊故名 申報.1931.Jul.4.Num.20922·自由談·逆魚小譚（履冰）逆魚一小魚耳。然在吳興，則頗著名。魚與叉條魚相似，惟遍體肥腴，嘴亦較團，加清油透煮，味既鮮美，而肉中不含細骨，尤稱特點。腹內多子，食之別具風味，故湖人之購逆魚也，輒擇取胸部實滿者，殆以子多足供大嚼耳。

鱵 72507 u29E98 zhēn_10.21 真魚，亦作鱵魚 廣續方言 鱵魚俗謂之猶魚 御覽·九百四十 引 臨海水土記。又 四部叢刊·三編子部·太平御覽·卷第九百四十·鱗介部十二 織杼（杼）魚：臨海水土記 曰織杼魚狀似鰵魚，味美於諸魚。沈懷遠 南越志 曰織杼魚，如真魚，背上正青。

鰨 72508 u29E97 tǎ_10.21 古今圖書集成·博物彙編·禽蟲典·第一百四十六卷·比目魚部彙考·直省志書·瑞安縣 鰨鰻（瑞安縣志）：比目魚，形似箬葉，紫黑，細文，兩魚合一目駢身比合而行，俗名鰨鰻 㕛 dá清·徐珂 清稗類鈔·動物類 馬寶：爲馬腹所生者，如牛黃、猴棗之類，真者難得。相傳主治一切惡瘡及癲癇，醫書謂之鮓鰨，質堅，似石而光瑩，色雜紅黃藍白，大小不一，如卵如栗。大者一枚，或至三五七枚，或十數枚。

鯥 72509 u29E96 null_10.21 未詳。

鱍 72510 u29E95 null_10.21 未詳。

鰲 72511 u29E94 null_10.21 未詳。

鰵 72512 u29E93 null_10.21 未詳。

鰷 72513 u29E92 chán_10.21 俗鱴72869

鰟 72514 u29E91 null_10.21 未詳。

鰤 72515 u29E90 null_10.21 未詳。

鰛 72516 u29E8F null_10.21 未詳。

鱗 72518 u29E8D null_10.21 未詳。

鱘 72517 u29E8E xún_10.21 或俗鱘72669

鱒 72519 u29E8C giải_10.21 喃 从魚帯đai聲。大龜。

鰟 72520 u29E8B ngừ_10.21 喃 同鰟。亦作魣71812鮐魚。

鯇 72521 u29E8A null_10.21 和字正俗通·妄制 鯇，アラ。

鱋 72522 u29E89 hàn_10.21 俗鱋72364清·李元 蠕範·卷六 蚌，廬也，蜃也，含漿也，蠊蛾也，鰊鱋也，珠母也，貍物也。

鰲 72523 u29E88 nà_10.21 正字通 鰲72461，同魶 說文 作鰲 㕛 清·李

元蠕範·卷三䱆，魟也，鮝也。

𩺇 72524 u29E87 qián_10.21 同鰬72470

䲤 72525 u4CA4 null_10.21 未詳。

䲣 72526 u4CA3 yú_10.21 简鱋72452

䲢 72527 u4CA2 téng_10.21 简鰧72459

鳒 72529 u9CD2 jiān_10.21 简鰜72432

䱽 72528 u4C7D chāng_10.21 同鯧72202

鳐 72531 u9CD0 yáo_10.21 简鰩72462

鳑 72530 u9CD1 fáng_10.21 简鰟72444

鳎 72533 u9CCE tǎ_10.21 简鰨72460

鳏 72532 u9CCF guān_10.21 简鰥72454

鰰 72536 u9C30 shén_10.21 日 同鱩72785

鰯 72537 u9C2F ruò_10.21 日 沙丁魚 同文通考·國字 鰯，鰮也。

鳍 72534 u9CCD qí_10.21 简鰭72471

鰱 72538 38555 lián_11.22 唐韻 力延切 集韻 陵延切丛音連 說文 魚名 博雅 鱮也 陸璣·草木蟲魚疏 鱮，徐州人謂之鰱 郭璞·江賦 鯪鯉鰩鰱 又 正字通 鰫魚似鰱。俗呼黑鰱。鎣又鰎72144

鳌 72535 u9CCC áo_10.21 简鰲72539

䱾 72540 38557 lóu_11.22 唐韻 洛侯切 集韻 郎侯切丛音樓◆說文 魚名。一名鯉。一名鰜 玉篇 大青魚 又 廣韻 力朱切 集韻 龍珠切丛音慺。義同。

鰲 72539 38556 áo_11.22 廣韻 五勞切 集韻 韻會 牛刀切丛音敖 玉篇 魚名 正字通 俗鼇75203字。鎣又鳌72535鰲72756

鰧 72541 38558 téng_11.22 集韻 徒登切音騰。與螣同 郭璞·江賦 鯩鰊鰧鮋 註 鰧，其狀如鱖。

鹿 72542 38559 lù_11.22 集韻 盧谷切音祿。與鱳72828同。

鰳 72543 38560 lè_11.22 篇海 歷得切音勒 正字通 鰳魚以四月至海上，漁人聽水聲取之。狀如鰣魚，小首細鱗，腹下有硬刺，乾曰鰳鮝。鎣又䱉71724鰳72633

鏃 72544 38561 zú_11.22 集韻 昨木切音族。魚名。鎣又鏃72621

徽 72545 38562 huī_11.22 集韻 吁韋切音煇 爾雅·釋魚 魚有力者，徽 註 强大多力也 類篇 或作鰴。鎣又鰴72744

䲆 72546 38563 yú_11.22 唐韻 語居切 集韻 牛居切丛音魚 說文 二魚也 又 wú 集韻 訛胡切音吾。魚之大者 說文長箋 䲆卽魚之重文。

鰴 72547 38564 nì_11.22 廣韻 女力切 集韻 昵力切丛音匿。魚名 類篇 似鯇而小。

鰵 72548 38565 mǐn_11.22 廣韻 眉殞切 集韻 美殞切丛音愍。海魚名也。鎣又鳘72628

鯚 72549 38566 qī_11.22 集韻 戚悉切音七 玉篇 魚也。或作魜。

鏨 72550 38567 chàn_11.22 玉篇 初陷切音懺。魚也。鎣胡吉宣：文選·上林賦 䰰鰽漸離。李注引司馬彪曰：漸離，魚名也 史記·司馬相如傳 作螹離。

鯊 72551 38568 shā_11.22 正字通 俗鯊字。

鰶 72552 38569 jì_11.22 廣韻 集韻 丛子例切音祭 玉篇 魚名 類篇 或作鮆。鎣俗作鯚72395

鰷 72553 38570 tiáo_11.22 廣韻 徒聊切 集韻 韻會 正韻 田聊切丛音迢。白鰷，魚名 正字通 形狹而長，若條然 詩·周頌 鰷鱨鰋鯉 傳 白鰷也 集韻 或作鯈、鮉 又 集韻 先了切，音篠。義同。鎣又魡71715鯈72140

鷙 72554 38571 zhì_11.22 廣韻 集韻 丛脂利切音至 山海經 崌山，江水出焉，其中多鷙魚。鎣又鷙72590鷙72266

鰻 72555 38572 mán_11.22 集韻 與鰻同。

鰸 72556 38573 qū_11.22 唐韻 豈俱切 集韻 虧于切丛音區 說文 魚名。似鰕，無足，長寸，大如釵股，出遼東 又 集韻 邕俱切音迂。又委羽切音傴。又烏侯切音謳。義丛同。

鰹 72557 38574 jiān_11.22 廣韻 古賢切 集韻 經天切丛音堅。鮦71962大者鰹。鎣又鲣72143

鰰 72558 38575 shēn_11.22 廣韻 所臻切 集韻 韻會 正韻 疏臻切丛音莘。魚尾長也 詩·小雅 有莘其尾。字書从魚 類篇 或作鮮。

鰴 72559 38576 kuǎn_11.22 字彙 俗鱇字。

鳚 72560 38577 wèi_11.22 廣韻 於胃切 集韻 紆貴切丛音尉。魚名。似蛇。鎣又鳚72626鰄72588

鰺 72561 38578 sāo_11.22 字彙 鱢字之譌。鎣又 倭名類聚抄·卷十九·鱗介部三十·龍魚類第二百三十六 崔禹錫 食經 云：鰺，蕪遭反。與騷同。和名阿遲。味甘溫，無毒。貌似鰻而尾白，刺相次者也 又 正字通 鰺，鱢字之譌。俗以為鰲鰷之鰲72086民國 甘泉縣續志·物產攷第七下 鰺即鰲魚 又 shēn魚名。鰺科魚類的總稱 又 鯵72390鰺72298鲹72285

鰻 72562 38579 mán_11.22 唐韻 母官切 集韻 韻會 謨官切丛音瞞 說文 魚也 廣韻 鰻鯠，魚也 本草 鰻鱺，似鱓而腹大 又 通雅 桂林有石鰻，出洞穴，性涼 又 廣韻 集韻 丛無販切音萬。義同。鎣又鳗72629鰻72555鰻72658

鰼 72563 38580 xí_11.22 唐韻 似入切 集韻 席入切丛音習 說文 鰌也 爾雅·釋魚 鰼，鰌 註 今泥鰌 疏 鰼，一名鰌。穴於泥中 又 山海經 囂水西流注于河，其中多鰼鰼之魚，其狀如鵲而十翼，鱗在羽端。其音如鵲，可以禦火。鎣又鳛72625

鰽 72564 38581 qiú_11.22 集韻 徐由切音囚。與鰌同。魚名。似鯿而大鱗，肥美多鯁 又 異物志 鰽魚，鰽鳥所化，故腹中有鳥腎二枚 又 集韻 字秋切音酋。義同。鎣又鰽72593

鱅 72580 38597 bū_11.22 集韻 同鯆

鰏 72565 38582 bì_11.22 廣韻 卑吉切 集韻 璧吉切丛音必。與鮅71849同。鎣 太平御覽·卷第九百四十·鱗介部十二 鱲魚：沈懷遠 南越志 曰鱲魚似鮇鰏，音畢。尾上有刺，如欓樹刺也。

鯤 72589 46754 kūn_11.22 集韻同鯤

鰾 72566 38583 biào_11.22 廣韻符少切 集韻婢小切𠀤音摽。魚鰾，可作膠 類篇魚胞也 又 本草鯅鮧，一名鰾。 鑾又鰾72632鰾72832鰾72887鰾72499

鯬 72567 38584 lí_11.22 集韻陵之切音釐。魚名。

鏇 72568 38585 xuán_11.22 集韻旬宣切音旋。魚名，出梁州。

鰿 72569 38586 jī_11.22 廣韻 集韻 韻會 正韻𠀤資昔切音積。與蟦同 爾雅·釋魚貝小者鰿 註今細貝，亦有紫色者，出日南 又 博雅鰿，鮒也 楚辭·大招煎鰿臛雀 註鮒也 類篇小魚也。今鯽魚 又 廣韻 集韻𠀤士革切音賾。又 集韻側革切音責。義𠀤同。 鑾又鰿72816鰿72770

鰟 72570 38587 fáng_11.22 石鼓文又鰟又鲌 釋音鰟，鄭氏云今作鮒，音附。郭云𠀤呼反，今文从鰟。

鱀 72571 38588 jì_11.22 廣韻具冀切 集韻巨至切，並音垍 又 集韻其既切音禨 爾雅·釋魚鱀，是鱁 註鱀，鰭屬也。體似鱏魚，尾如魶魚，大腹，喙小銳而長，齒羅生上下相銜，鼻在額上能作聲，少肉多膏胎生，健啖細魚。大者長丈餘，江中多有之 又 集韻巨至切音技。又居氣切音旣。又其既切音禨。義𠀤同△ 類篇亦作鯚。 鑾又鱀72809 鯚72572鱀72427鱀72723鮆72112白鱀豚，今名白鰭豚。

𫚨 72592 u2B6A8 bù_11.22 簡 䱆72602

鯚 72572 38589 jì_11.22 正字通同鱀

鱁 72573 38590 zhú_11.22 廣韻直六切 集韻佇六切𠀤音逐 玉篇鱁鮧也 爾雅·釋魚鱀72571是鱁。

鰪 72574 38591 gé_11.22 正字通俗鮯字。

𫚧 72593 u2B6A7 qiú_11.22 簡 鰽72564

鱂 72575 38592 jiāng_11.22 廣韻即良切 集韻資良切𠀤音將。鰪鱂，魚名。 鑾又鱂72413

鱃 72576 38593 qiū_11.22 集韻雌由切音秋 博雅鯉也 山海經蒼體之水多鱃魚，其狀如鯉而大首 註今蝦鰌，字亦作鱃，秋音 本草拾遺鱃魚，卽鱅魚。

鱜 72577 38594 zǎo_11.22 廣韻 集韻𠀤子皓切音早。魚名，雞足 山海經瀤澤之水，東北流注于泰澤，其中多鱜魚，其狀如鯉而雞足 又 suǒ 集韻損果切音鎖。亦作鎖。義同。 又 cháo 集韻鉏交切音巢。魚子也。

鱄 72578 38595 zhuān_11.22 廣韻職緣切 集韻 韻會朱遄切 正韻朱緣切𠀤音專 說文魚也 儀禮·士喪禮魚鱄鮒九 家語魚之大者名爲鱄 呂氏春秋魚之美者洞庭之鱄 又 廣韻專諸，吳刺客。或作鱄 左傳·昭二十年乃見鱄設諸焉，而耕於鄙 註鱄諸，勇士 又 tuán 廣韻 集韻𠀤徒官切音團 山海經黑水南流注于海，其中多鱄魚，其狀如鮒而彘尾，其音如豚，見則天下大旱 註鱄，音團扇之團 又 廣韻旨兗切 集韻 韻會主兗切 正韻止兗切，並專上聲。 又 集韻豎兗切音善。義𠀤同 又 liàn 集韻龍眷切音戀。人名 左傳·成十四年吾不獲鱄也，使主社稷 註鱄，衞侯衎之母弟。 鑾又䲓53316

鱅 72579 38596 yōng_11.22 唐韻蜀容切 集韻 韻會常容切𠀤音慵 說文魚名 陸璣·草木蟲魚疏鱮，或名鱅 史記·司馬相如傳鰅鱅鰬魠 註郭璞曰：鱅似鰱而黑 正字通似鰱，大頭細鱗，目旁有骨 類篇或作鰫 又 正字通海魚，肉如彘。亦名鱅 又 山海經食水多鱅鱅之魚，其狀如犂牛，其音如彘鳴 又 廣韻 集韻𠀤余封切音容。義同。 鑾又鱅72627

𫙶 72594 u2B676 null_11.22 未詳。

鰒 72582 38599 fù_11.22 廣韻與鰒同

鰵 72581 38598 mǐn_11.22 字彙補同鰵。閩魚，鰵身類鱸，石首口大。

鱥 72583 38600 guī_11.22 本草鱥魚，一名鶘夷。以物觸之，卽嗔腹如氣毬。亦曰嗔魚。白背有赤道如印，魚目得合，與諸魚不同，卽今河魨也 註音規。 鑾又鱥72235鱥72118

鱉 72585 38602 lín_11.22 字彙補鰵字之譌。

鰋 72586 42279 yǎn_11.22 搜眞玉鏡音偃。魚名。

𩵹 72587 46752 sū_11.22 龍龕音仙。又音蘇。

鳚 72588 46753 wèi_11.22 篇海類編同鰃。

𫙵 72595 u2B675 null_11.22 未詳。

鱆 72584 38601 zhāng_11.22 字彙補音章 閩書鱆魚。一名望潮魚。 鑾又𫠒72591

鷙 72590 46765 zhì_11.22 篇海類編同鰲。

𫙳 72597 u2B673 null_11.22 未詳。

𫠒 72591 u2B812 zhāng_11.22 簡 鱆72584

𫙴 72596 u2B674 null_11.22 新撰字鏡伊和志。

𫙲 72598 u2B672 cháng_11.22 明嘉靖刻本 廣東通志初稿·卷三十一·土產骨鱨，一名大頭 又 日海豚。

𫙱 72599 u2B671 null_11.22 未詳。

𩾌 72601 u29F8C kāng_11.22 簡 鱇72635

𫙰 72600 u2B670 bèi_11.22 日俗鞴72838 新撰字鏡鞴，岐无。

𩻗 72602 u29ED7 bù_11.22 鮏䱆，魚名 又 𫚨72592

𩻕 72603 u29ED5 trắm_11.22 喃从魚酖đam聲。鱵△鮒鱵：梭子魚。

𩻔 72604 u29ED4 thệ_11.22 喃从魚逝thệ聲。

𩻓 72605 u29ED3 dưa_11.22 喃从魚荼dưa聲。

𩻒 72606 u29ED2 sộp_11.22 喃从魚笠lợp聲。鱧魚，烏魚。

𩻑 72607 u29ED1 lẹp_11.22 喃从魚粒lạp聲。一種淡水魚名。

𩻐 72608 u29ED0 mắm_11.22 喃从魚㚘mảm聲△鰻魤：鹹蝦。

𩻏 72609 u29ECF san_11.22 韓 茲山魚譜·卷二·無鱗類·四方魚四方魚……全身皆利錐如鱃鯊，體堅如鐵石。

𩻎 72610 u29ECE yù_11.22 俗鱊72638亦作鱊。

𩻊 72612 u29ECA liè_11.22 同鱲72801 類篇鱲，力協切。魚名。

𩻈 72613 u29EC8 null_11.22 未詳。

𩻌 72611 u29ECC lí_11.22 同鯬72826

可洪音義 鰑鯠：上英官反。下力脂反。

𩻇 72614 u29EC7 null_11.22 未詳。 𩻆 72615 u29EC6 null_11.22 未詳。

𩻅 72616 u29EC5 null_11.22 未詳。 𩻄 72617 u29EC4 guān_11.22 俗鰥72454

𩻃 72618 u29EC3 null_11.22 未詳。 𩻂 72619 u29EC2 zī_11.22 同鯔72155 清·李調元 奇字名·卷十一·魚名 錙69443𩻂，法帖釋文 二字韻書不載，考 三國志 俱作鯔72155

𩻁 72620 u29EC1 null_11.22 未詳。 𩻀 72621 u29EC0 zú_11.22 同[族魚]72544 太平御覽·卷第九百三十七·鱗介部九·鱒魚 張衡七辨曰：鞏洛之鱒，割以為𩻀。分芒折縷，細亂蚉足。

𩺿 72622 u29EBF jìng_11.22 蒲松齡 日用俗字·鱗介章第三十 街上鯉乾包大簍，海中鯧𩺿下甜糟。

䲇 72624 u4C87 null_11.22 未詳。 䲈 72623 u4C88 má_11.22 字海 同蟆。字見李石 續博物志·卷九 又 ma 韓 鮪魚。

鳛 72625 u9CDB xí_11.22 简 鰼72563 鳛水縣，同习水县。1959年1月31日 国务院关于同意將鳛水县改名为習水县、婺川县改名为务川县給貴州省人民委員会的批复。見1959年第2期 中華人民共和國國務院公報

鳚 72626 u9CDA wèi_11.22 简 鳚72560 鳙 72627 u9CD9 yōng_11.22 简 鱅72579

鳘 72628 u9CD8 mǐn_11.22 简 鰵72548 鳗 72629 u9CD7 mán_11.22 简 鰻72562

鳖 72630 u9CD6 biē_11.22 简 鱉72636 鳕 72631 u9CD5 xuě_11.22 简 鱈72634

鳔 72632 u9CD4 biào_11.22 简 鰾72566 鱈 72634 u9C48 xuě_11.22 同文通考·國字 鱈，吴魚也〇按朝鮮俗名大口魚。

鱇 72635 u9C47 kāng_11.22 鮟鱇，魚名。參見鮟71950

鳓 72633 u9CD3 lè_11.22 简 鰳72543 鱉 72636 38603 biē_12.23 廣韻 幷列切 集韻 必列切。太與鼈同 干祿字書 鱉通鼈 易·說卦 離爲鱉 釋文 鱉本又作鼈 莊子·秋水篇 東海之鱉 音義 鱉亦作鼈。鎣又鳖72630鼈21865鼈75945

鱭 72637 38515 qí_12.23 集韻 前西切音齊。魚名，出漢水，似鯉而小。鎣 集韻 作鱭75549 又 按，原十畫，非。

鱊 72638 38604 yù_12.23 廣韻 餘律切 集韻 允律切太音聿 爾雅·釋魚 鱊鮬，鱖歸 註 小魚也 又 廣韻 食聿切 集韻 食律切太音術。又 廣韻 集韻 太古滑切音劀。又 集韻 古穴切音玦。義太同。鎣又鱊72503鱊72610鱊72680

鱋 72639 38605 qū_12.23 集韻 丘於切音墟。與魼同 史記·司馬相如傳 禺禺鱋魶 註 鱋一作魼，比目魚。

[魚間] 72640 38606 jiàn_12.23 篇海 居晏切音澗。魚名。鎣又[魚間]72691

鰐 72641 38607 è_12.23 正字通 俗鱷字。

[魚無] 72642 38608 wú_12.23 五音集韻 武夫切音無 玉篇 魚名。

[魚斯] 72643 38609 sī_12.23 集韻 相支切音斯。魚名也 又 字彙 一曰鮪別名。

鰖 72644 38610 duò_12.23 廣韻 他果切 集韻 韻會 正韻 吐火切太音妥 說文 魚子已生者 類篇 或作鱔 集韻 或作鰲、鱴 又 唐韻 徒果切 集韻 杜果切太音惰。又 集韻 翾規切音睢。又徒臥切音鬌。義太同 又 wěi 廣韻 以水切 集韻 愈水切太音唯。蟹子 又 tuò 集韻 吐臥切音唾 類篇 魚去鱗曰鰖。鎣又鮪72362鰖72720

[魚朁] 72645 38611 cén_12.23 廣韻 鋤針切 集韻 鉏簪切太音岑 說文 魚名 類篇 一說南方謂鯗曰[魚朁] 又 jīn 廣韻 子心切 集韻 咨林切太音祲。又 集韻 才淫切音鬵。又時任切音諶。義太同。鎣又[魚替]72646

[魚替] 72646 38612 cén_12.23 正字通 俗[魚朁]字。

[粦魚] 72647 38613 lín_12.23 唐韻 力珍切 集韻 離珍切太音鄰 說文 魚名。鎣又鱗72690[粦魚]72339[粦魚]72585[粦魚]72704

[魚巽] 72648 38614 zhuàn_12.23 五音集韻 雛晥切音撰。魚名。無骨。

鱌 72649 38615 xiàng_12.23 廣韻 徐兩切 集韻 似兩切太音象。魚名。似魟而鼻長。

鱍 72650 38616 bō_12.23 廣韻 集韻 正韻 太北末切音撥。與鮁同。魚掉尾也 玉篇 尾長貌 詩·衛風 鱣鮪發發 釋文 發 韓詩 作鱍 又 廣韻 集韻 太普活切音潑。義同。鎣又鱍72309

鱬 72651 38617 rú_12.23 正字通 俗鱬字。

鱎 72652 38618 jiǎo_12.23 廣韻 居夭切 集韻 舉夭切太音矯。白魚別名 說苑 宓子賤爲單父宰。陽晝謂之曰：投綸錯餌，迎而吸之者，陽鱎也，肉薄而不美。若存若亡，若食若不食者，魴也，肉厚而味美。子賤曰：善。未至單父，冠蓋交接於道。子賤曰：車驅之，此陽晝所謂陽鱎者也。又 jiāo 集韻 居妖切音驕。義同。鎣又鱎72483

鱏 72653 38619 xún_12.23 廣韻 徐林切 集韻 韻會 正韻 徐心切太音尋 說文 魚名。傳曰：伯牙鼓琴，鱏魚出聽 爾雅·釋魚疏 鱏，長鼻魚也，重千斤 後漢·馬融傳 魴鱮鱏鯿 註 鱏，口在頷下，大者長七八尺 又 yín 廣韻 餘針切 集韻 夷針切太音淫 玉篇 鮪也。

鱐 72654 38620 sù_12.23 廣韻 息逐切 集韻 息六切太音肅。魚腊 周禮·天官·庖人 夏行腒鱐 疏 鱐謂乾魚 禮·內則 夏宜腒鱐 釋文 鱐，本又作鱐 又 集韻 思留切音脩。義同。

鱑 72655 38621 huáng_12.23 廣韻 集韻 太胡光切音黃。魚名。或作鰉。

[魚爲] 72656 38622 huī_12.23 廣韻 許爲切 集韻 吁爲切太音麾 玉篇 大魚 正字通 按[魚爲]魚，潮州有之，俗名蒲魚 又 集韻 于嬀切音爲。義同。

[魚童] 72659 38625 tóng_12.23 集韻 同鮦 鱒 72657 38623 zūn_12.23 廣韻 才本切

集韻韻會粗本切，夶蹲上聲說文赤目魚也。爾雅·釋魚鮂鱒註似䱹子赤眼疏鮂，一名鱒陸璣·草木蟲魚疏鱒似䱹魚，而鱗細於䱹，赤眼詩·豳風九罭之魚，鱒魴傳大魚也囦五音集韻士晚切音撰。又柱兗切音篆。義夶同囦zùn廣韻集韻韻會夶祖悶切音鐏。魚名。又魚入泥囦五音集韻士戀切音饌。義同。鋻又鱒72712

鰻72658 38624 mán_12.23　正字通俗鰻字。

歀72660 38626 kuǎn_12.23　唐韻苦管切集韻苦緩切夶音款。魚名囦kuàn廣韻口喚切集韻苦喚切，夶寬去聲玉篇魚撞罩類篇魚觸網也。鋻又鯇72559

鱓72661 38627 shàn_12.23　唐韻常演切集韻韻會正韻上演切夶音善。魚名類篇蛇鱓，黃質黑文爾雅翼鱓似蛇無鱗，體有涎沫，夏月於淺水作窟本草圖經鱓似鰻鱺而細長，亦似蛇而無鱗，有青黃二色，生水岸泥窟中異苑死人髮所化淮南子·覽冥訓蛇鱓著泥囦tuó集韻唐何切音駝。與鼉同說文魚名。皮可冒鼓史記·太史公自序鼉鱓與處註索隱曰：鱓音鼉李斯·上秦始皇書樹靈鼉之鼓註徒何切，鱓皮可以冒鼓呂氏春秋乃令鱓先爲樂倡，鱓乃偃浸，以其尾鼓其腹。

鰧72662 38628 téng_12.23　正字通同䲢。

鮓72663 38629 zhǎ_12.23　說文鮺本字。

鱔72664 38630 shàn_12.23　集韻上演切音善。魚名〇按與鱓同。
鋻又䰽71874魿71882鮺72219鱓72714鱣72731

鱕72665 38631 fān_12.23　廣韻甫煩切集韻方煩切夶音番玉篇魚名南越志鱕魚，鼻有橫骨如鐇，海船逢之必斷左思·蜀都賦魪鱕鰟鮂註鱕鮂，有橫骨在鼻前，如斤斧形。東人謂斧斤之斤爲鐇，故謂之鱕鮂也囦集韻孚袁切音番。又符袁切音煩。義夶同。

鱖72666 38632 guì_12.23　唐韻居衛切集韻姑衛切夶音劌說文魚名玉篇魚，大口，細鱗，斑彩爾雅·釋魚鱊鮬71970，鱖鯞註小魚也本草鱖魚背有黑點昔仙人劉憑嘗食石桂魚，今此魚猶有桂名，恐是此也。生江溪閒正字通魚，扁形闊腹，大口細鱗，皮厚肉緊，味如豚，一名水豚，又名鱖豚。焦氏筆乘謂鱖名鯛魚，誤。蓋因鄉語謂鱖爲計，故以鱖本音桂，與鮑近也囦廣韻集韻夶居月音厥。又集韻於月切音噦。又居逸切音劂。義夶同。鋻又鱥72715䴬47246囦直音篇鱥72734同鱖。

鱗72667 38633 lín_12.23　廣韻力珍切集韻韻會正韻離珍切夶音鄰說文魚甲也玉篇魚龍之鱗也周禮·地官·大司徒其動物宜鱗物註鱗，龍之屬禮·月令其蟲鱗註龍蛇之屬淮南子·地形訓凡鱗者，生於庶魚囦正字通雙鱗魚，產湖廣石門縣東陽山水中，鱗有兩重，與諸魚別，味肥美囦姓左傳·文十六年鱗鱹爲司徒類篇或作䲛。
鋻又魿71840鱗72713鱗72797鱗72849

鱣72668 38634 zhàn_12.23　六書故同鱄。

鱘72669 38635 xún_12.23　本草鱘魚出江中，背如龍，長一二丈註音尋。鋻又鱏72025鱘72517鱏72653鱣72898

鱷72670 38636 hēi_12.23　集韻迄得切音黑。魚名。鱇也。

鮾72671 38637 něi_12.23　博雅諸每切。敗也。

鰬72672 38638 jiǎn_12.23　本草鮑、鰬二魚，鮑似屍臭，以無鹽也。鰬臭差微有鹽故也。出沔州〇按與鰜同。

鰠72673 38639 sāo_12.23　篇海鰠字之譌。

鱙72674 38640 miáo_12.23　路史三鱙，美言聞於內，惡言聞於外楊慎外集三苗路史作三鱙。

鰦72676 38642 zī_12.23　字彙補同鰦。見淳化帖薛稷書。

䱆72677 42278 láo_12.23　篇海類編音勞。魚名。

鰼72678 46755 cuò_12.23　篇海類編鰼本字。

鰥72679 46756 guān_12.23　龍龕同鰥張融·海賦鰍鮂鰥鮺。鋻楊寶忠：鰥72577字之誤。

鰥72675 38641 guǒ_12.23　字彙補音果

鱮72680 u2B6AA yù_12.23　簡鱮72638

鯎72681 u2B6A9 péng_12.23　簡鯎72707

鰧72682 u2B67C null_12.23　新撰字鏡女久地良。

鰯72683 u2B67B null_12.23　未詳。

鰔72684 u2B67A null_12.23　未詳。

鰌72685 u2B679 null_12.23　未詳。

鱖72687 u2B677 guì_12.23　魚名本草綱目·卷四·百病主治藥下·諸瘡下·軟癰鱖魚尾，貼。又清史稿·卷五十九·志三十四·地理志六·安徽·貴池貴池水，一名池口河，北達大江，古稱鱖江。

鯛72686 u2B678 null_12.23　未詳。

鰷72688 u29F01 rô_12.23　喃从魚都ᵭ聲。攀鱸囦新撰字鏡鰷，奈万豆。

鱲72689 u29F00 vây_12.23　喃从魚圍vê聲。魚鰭，魚翅。

鰶72690 u29EFF lín_12.23　同鰵72647

鱯72692 u29EFD huà_12.23　魚名。清·屈大均廣東新語·卷二十二·鱗語·漁具凡魚首有石者，皆驚入罛，無者則否。首有石者，曰黃花、曰鯛、曰鰤子曰鯮魚、曰鶴、曰鱸、曰馬鮟、曰鱯。此八者善驚。

鰹72691 u29EFE jiàn_12.23　同鰹72640

鰷72694 u29EFB leo_12.23　喃从魚寮liêu省聲囦新撰字鏡鰷，伊加。

鱭72693 u29EFC zhì_12.23　同鱭72745

鯗72698 u29EF7 shèng_12.23　正字通鯗72166本作鯗，小魚也，猶鯫、鯔之類通雅曰鯗魚，亦鯇。鯗、鯇72739同一字。舊本省作鯗，非。从鯇爲正。

鮴72695 u29EFA vây_12.23　喃从魚悲bi聲。同鱲72689

鰷72696 u29EF9 chèo_12.23　喃从魚朝trào聲。斑竹鰷。

鰶72697 u29EF8 dài_12.23　紅鰶，魚名。鰶港，地名，在台灣。

鰵 72699 u29EF5
dié_12.23 說文通訓定聲 鰩72460亦作鰈72337作鰵。

鱝 72700 u29EF4
guān_12.23 增廣字學舉隅 鰥72454，鱝，非。

鰳 72701 u29EF3
lí_12.23 龍龕 鰳或作，鱺72209正。

鰬 72707 u29EEC
péng_12.23 蝠鰬。

鰲 72702 u29EF1
jīng_12.23 方 魚名。黃河河裂尻魚。鯉科，裂腹魚亞科。

鱂 72710 u29EE9
null_12.23 未詳。

鱃 72703 u29EF0
null_12.23 或同鱐72769
古今圖書集成·曆象彙編·庶徵典·第七卷·庶徵總部彙考七·明·婁元禮·田家五行·論魚 鰕籠中張得鱃魚，主風水。

鱗 72711 uF9F2
lín_12.23 兼 鱗。

鱉 72704 u29EEF
lín_12.23 玉篇 鱉，力因切。魚名 正字通 鰲72647譌作鱉，非。

鱕 72705 u29EEE
huà_12.23 篆隸考異 鱕，俗篆作鱕，胡化切。魚名。徐珂 清稗類鈔·農商類 塞外多山水，而產魚之澤僅有三區，要以外蒙古京朋北克泊河為最，周八百里，茫茫無垠，所產鱕子魚肉肥刺細，大者盈尺，小半之，味甚美。

鱇 72706 u29EED
null_12.23 古今圖書集成·博物彙編·禽蟲典·第一百四十八卷·雜魚部彙考一 直省志書·招遠縣 鱇魚，似魰魚而小，味微酸 又 鰻鱇。參見鰻72879

鱝 72708 u29EEB
jié_12.23 連橫 雅堂文集·卷三·臺灣漫錄 國姓魚：麻薩末，番語也，產於鹿耳門畔。漁者掬其子以畜之塭，至秋則肥，長及尺。相傳186延平入臺，始有此魚，因名國姓魚。而臺北之鱗魚亦稱曰國姓魚。

鱉 72709 u29EEA
biē_12.23 俗鼈75207 可洪音義 魚鱉：幷列反。

鱒 72712 u9CDF
zūn_12.23 简 鱒72657

鱗 72713 u9CDE
lín_12.23 简 鱗72667

鱔 72714 u9CDD
shàn_12.23 简 鱔72664

鱛 72716 u9C5B
zēng_12.23 日 狗母魚 和字正俗通 和制一 蟲魚 鱛，エソ。

鱖 72715 u9CDC
guì_12.23 简 鱖72666

鱟 72717 u9C5A
xǐ_12.23 魚名。亦稱沙鑽、雞魚 又 字彙補 鱟，唐韻與熹同。

鱝 72718 38643
fèn_13.24 正字通 房問切音憤。魚形如大荷葉，長尾，口在腹下，目在額上，尾長有節，螫人。又 鯆72426

鱝 72719 38644
guān_13.24 字彙 同鰥 楚辭·天問 舜閔在家，父何以鱝 王逸註 無妻曰鱝 補註 鱝，經傳多作鰥 又 龍龕 鰥55490俗，正作鱝。又 鰥72679俗，鱝正。

鱤 72720 38645
wěi_13.24 玉篇 以水切音唯 字彙 魚名○按與鮪同。

鱥 72721 38646
jīng_13.24 篇海 巨京切音擎。魚王 正字通 俗鯨字。

鱧 72722 38647
lǔ_13.24 廣韻 郎古切 集韻 龍五切 坲音魯 說文 魚名。出樂浪潘國。

鱨 72723 38648
jì_13.24 五音集韻 居刈切 玉篇 魚名。又亦作 鱍72427 劓45664

鱱 72724 38649
yí_13.24 集韻 魚羈切音宜。魚子。

鱰 72725 38650
xiè_13.24 廣韻 胡買切 集韻 下買切。坲與蟹同 又 玉篇 鮰也。又 又 鱰72755

鱟 72726 38651
hòu_13.24 廣韻 胡遘切 集韻 下遘切坲音候。魚名。似蟹，有子可爲醬 山海經註 鱟魚形如惠文冠，青黑色，十二足，長五六尺，似蟹，雌常負雄，漁子取之必得其雙。子如麻子，南人爲醬 嶺表異錄 雄小雌大，水中雄者浮雌者沉 左思·吳都賦 乘鱟黿鼉 又 號鱟媚 郭璞·江賦 蜦蜛鱟媚 又 廣韻 集韻 坲烏酷切音沃 又 集韻 正韻 坲許候切，齁去聲。又 集韻 乙角切音渥。義坲同。又 鯊71921 鱟72765

鱧 72727 38652
rǒng_13.24 廣韻 集韻 坲而用切，戎去聲 玉篇 鮐魚。

鱠 72728 38653
kuài_13.24 廣韻 集韻 正韻 坲古外切音膾。細切肉也 干祿字書 膾通鱠 又 博物志 吳王江行，食魚膾，棄殘餘於水，化爲魚，名膾殘，卽今銀魚。又 鮰72031

鱡 72729 38654
zéi_13.24 正字通 同鯽。

鱢 72730 38655
sāo_13.24 唐韻 集韻 正韻 坲蘇遭切音騷 說文 鮏臭也 周禮曰：膳膏鱢○按今 周禮·天官·庖人 作臊。又 鯺72561 鰺72673 鱢72758

鱣 72731 38656
zhān_13.24 唐韻 集韻 韻會 坲張連切音邅 說文 鯉類也 爾雅·釋魚 鱣 註 大魚。似鱏而短，鼻口在頷下，體有邪行甲，無鱗，肉黃，大者長二三丈，江東呼爲黃魚 陸璣·草木蟲魚疏 鱣出江海，三月中從河下頭來上，形似龍，銳頭，口在頷下，背上腹下皆有甲。今於盟津東石磧上鉤取之，大者千餘斤，可蒸爲臛 又 可爲鮺，魚子可爲醬 詩·衛風 鱣鮪發發 前漢·賈誼傳 橫江湖之鱣鯨 註 師古曰鱣亦作鱏 又 史記·建元以來年表 城陽頃王子封鱣 註 索隱曰：縣名 又 集韻 唐干切音壇。義同。又 shàn 集韻 正韻 坲上演切音善。同鱔 後漢·楊震傳 有冠雀銜三鱣魚，飛集講堂前，都講取魚進曰：虵鱣者，卿大夫服之象也 註 續漢書謝承書鱣皆作鱔。然則鱣、鱔古字通也 顏氏家訓 後漢書 云鸛雀銜三鱓魚。多假借爲鱣鮪之鱣。俗之學士因謂之鱣魚。按魏武 四時食制 鱣魚大如五斗匳，長一丈。郭璞註 爾雅 鱣長二三丈。安有鸛雀能勝一者，況三頭乎。鱣與鱔灰色，無文章也。鱔魚，長者不過三尺，大者不過三指，黃地黑文，故都講云虵鱣，卿大夫服之象也 續漢書 及 搜神記 亦說此事，皆作鱓字。孫卿云魚鱉鰌鱣，及 韓非 說苑 皆曰鱣似蛇，坲作鱣字。假鱣字爲鱓字，其來久矣 又 鱣72779 鱨53889 鯉72367 鱷72876 鱣72824 鱣72892

鱸 72733 38658
lǐ_13.24 集韻 同鯉古禫切音感。魚名，魱也 又 山海經 減水多鱸魚 註 一名黃頰 本草 鱸魚，卽鮊魚。一名鰥魚。鱸，敢也。鮊，胎也。食而無厭也 又 其性獨行，故曰鰥 集韻 或省作鱻。又 鱣72781 又 正字通 鰥72443俗鱻字。

鱨 72732 38657
gǎn_13.24 廣韻 集韻 坲

鱻 72734 38659
guì_13.24 集韻 姑衛切音劇。魚名。又 同鱖72666

鰺 cān_13.24 （72735 38660）正字通俗鮗字。

鰲 ào_13.24 （72736 38661）廣韻烏到切集韻於到切丛音奧。小魚名博雅鯷也又鯺也又yǒu集韻於九切，音飍。義同。

鮱 yǎn_13.24 （72737 38662）廣韻集韻丛魚檢切音儼。鮱鯤，魚名，出樂浪又類篇鮱喁，魚口動貌又yán集韻牛廉切音鶼。義同。瑿鮱鯤，即嗡喁名義嗡07333，宜艷反。喁06444，鮱，奠上出口。又鮱，音驗。嗡字。

鯨 jīng_13.24 （72738 38663）唐韻集韻韻會正韻丛渠京切音擎說文海大魚也。或从京作鯨72204前漢·翟方進傳取其鱷鯢又廣韻巨良切集韻渠良切丛音彊。義同。

鮏 shéng_13.24 （72739 38664）廣韻食陵切集韻神陵切丛音繩爾雅·釋魚鮏，小魚註今江東亦呼魚子未成者爲鮏家語宓子賤仕魯，爲單父宰。孔子使巫馬期往觀政焉。入界，見夜漁者得魚輒捨之。期問焉，曰：魚之大者名爲鱄，吾大夫愛之，其小者鮏，吾大夫欲長之，是以得二者輒舍之玉篇同鮃又廣韻實證切音乘又yìng廣韻集韻正韻丛以證切音孕。義丛同又měng廣韻莫幸切，音眳。蛙屬又集韻母耿切，音罾。義同。

鱧 lǐ_13.24 （72740 38665）唐韻盧啓切集韻韻會里弟切，丛音禮說文鱧也爾雅·釋魚鱧註鯛也詩·小雅魚麗于罶，魴鱧正字通今烏魚又與蠡同本草蠡魚。一名鮦魚，生九江註蠡今皆作鱧字。瑿又鱧72780又朝鮮本龍龕鱧，音禮。魚名。似蛇也。鱺，同上。鱺72897今增。魿71978俗。

鱈 dāng_13.24 （72741 38666）玉篇都郎切音當。魚也又都浪切，當去聲。義同。

蠃 luó_13.24 （72742 38667）廣韻落戈切集韻盧戈切丛音贏。魚名玉篇魚有鱗，見則大水又集韻倫爲切音贏。義同。瑿胡吉宣：西次山經濛水其中多蠃53521魚，魚身而鳥翼，音如鴛鴦，見則其邑大水。字从虫，通。亦飛魚類也。

鰈 yè_13.24 （72743 38668）廣韻魚怯切集韻逆怯切丛音業。魚名。又魚盛貌玉篇與鱟同。

鱈 duò_13.24 （72748 38674）類篇同鱄

鰃 wēi_13.24 （72744 38670）玉篇無非切音微。魚名。瑿胡吉宣：與鱶72545同。

鰖 duò_13.24 （72747 38673）集韻同鱄

鯯 zhì_13.24 （72745 38671）廣韻集韻丛直例切音滯。魚名。瑿又鱶72693

鱈 null_13.24 （72757 u2B80E）未詳。

鮩 bì_13.24 （72746 38672）閩書鮩魚背有肉二片，乾之，名金絲鮺。音未詳。

鱄 pǔ_13.24 （72749 38675）史記·伍子胥傳縣東門之上註正義曰：東門，鱄門，謂鱄門也。今名葑門。鱄音普姑反又魚名顧野王云鱄魚，一名江豚，見風則湧。瑿同鯆72078

鱨 zǐ_13.24 （72750 38676）鱨字之譌，見字彙補

鰠 sāo_13.24 （72758 u2B6AB）簡鰠72730

鱷 qiáng_13.24 （72751 38677）字彙補音牆。魚名閩中海錯疏黃鱨，鬚黃色。

鱵 zhēn_13.24 （72752 46757）篇海類編同鱵。

鰤 hài_13.24 （72753 46758）篇海類編音蜀。瑿龍龕鰤，舊藏作鰢。

鱱 lǐ_13.24 （72754 46759）篇海類編與鯉同。

鰠 xiè_13.24 （72755 46760）說文長箋同鰠。

鰲 ào_13.24 （72756 46761）篇海類編與鰲同。

鯔 zī_13.24 （72759 u2B681）同鯔72155

鯗 null_13.24 （72760 u2B680）未詳。

鱸 null_13.24 （72761 u2B67F）未詳。

鱗 null_13.24 （72762 u2B67E）未詳。

鱷 null_13.24 （72763 u2B67D）未詳。

鰺 cān_13.24 （72764 u29F8D）同鰺72735

鱟 hòu_13.24 （72765 u29F39）俗鱟72726

鱭 jī_13.24 （72770 u29F1C）鱭72569本字

鱤 trám_13.24 （72766 u29F24）喃从魚稟bẩm聲。

鰡 null_13.24 （72767 u29F23）未詳。

鱨 cháng_13.24 （72769 u29F1D）類篇鱨，辰羊切。魚名說文揚也字彙補鱨72787，鱨本字。

鱟 vích_13.24 （72768 u29F22）喃从魚辟vếch聲。海鱟。

鱠 null_13.24 （72771 u29F1B）明·顧起元客座贅語·卷九·魚品有鱠，身圓如竹，頭尖而喙長，俗所名火箭觜也，善啗諸魚而品下。

鯽 jì_13.24 （72772 u29F1A）俗鯽72319成都通覽·成都之魚類魚類甚少，除鰍鱔鯽魚外，多自外屬運來。

鰼 null_13.24 （72774 u29F17）未詳。

鱄 gé_13.24 （72773 u29F19）紫鱄，亦作紫葛。唐·段成式酉陽雜俎·卷第七·酒食藏荔枝、綠施笋紫鱄、千里蓴國語辭典紫葛：田野生蔓草，莖似葡萄長丈許，根皮內俱紫，大者徑二三寸，根皮可療疾，結實似葡萄，色黑，味酸，可釀酒。

鰱 nián_13.24 （72775 u29F16）俗鰱72777

鰼 zōng_13.24 （72776 u29F15）同鰼72318

鰱 nián_13.24 （72777 u29F14）同鮎71872亦作鰱72775漢語方言大辭典鰱魚：鮎魚。粵語。廣東吳川。李全佳吳川方言鯰魚俗呼鰱。按即爾雅翼所謂鮎魚。

鱣 zhān_13.24 （72779 u9CE3）简鱣72731

鱅 bì_13.24 （72778 u29F13）鱅72565譌字

鱧 lǐ_13.24 （72780 u9CE2）简鱧72740

鱤 gǎn_13.24 （72781 u9CE1）简鱤72732

鱯 hù_13.24 （72782 u9CE0）简鱯72796

鰻 ài_13.24 （72783 u9C6B）日同文通考國字鰻鰤，アイキョウ，魚名。

鱪 shǔ_13.24 （72784 u9C6A）日同鱪72821鱀鰍同文通考國字鱪，シイラ，魚名。

鱩 léi_13.24 （72785 u9C69）日はたはた。也稱雷魚。同鰰72536

鱜 xiāng_13.24 （72786 u9C5C）日鰻鰤。參見鰻72783

鱨 cháng_14.25 （72787 38669）廣韻市羊切集韻韻會辰羊切丛音常說文揚也玉篇黃鱨魚詩·小雅魚麗于罶，鱨鯊傳鱨，

揚也疏鰽揚者，魚有二名釋魚無文。陸璣疏云：鰽，一名黃頰魚是也。似燕頭魚，身形厚而長大，頰骨正黃。魚之大而有力解飛者，徐州人謂之揚黃頰，通語也。𡨋又鯇72423鰽72769

鵴 72788 38678 jú_14.25 集韻與鵴同。

鯫 72789 38679 zōu_14.25 玉篇徐垢切。白魚也。𡨋正字通鰷，鯫字之譌。舊註白魚，與說文鯫訓同。改音驟，誤分爲二。

鱬 72790 38680 rú_14.25 廣韻人朱切集韻汝朱切丛音儒。魚名。魚身人面山海經卽翼之澤，其中多赤鱬。其狀如魚而人面，其音如鴛鴦，食之不疥。𡨋又鱬72651鰊72407

鯿 72791 38681 biān_14.25 集韻卑眠切音邊。鯿或作鯿。魚名。似魴又卑民切音賓。義同。

鰸 72792 38682 chóu_14.25 集韻韻會陳留切正韻除留切丛音儔家語魚之大者。𡨋又鯈72107

鰠 72793 38683 yí_14.25 篇海音疑。魚名。

鱭 72794 38684 jì_14.25 廣韻徂禮切集韻在禮切丛音薺。與鮆同。𡨋又鮆72030

鱮 72795 38685 xù_14.25 唐韻徐呂切集韻韻會正韻象呂切丛音敘說文魚名詩·齊風其魚魴鱮傳魴鱮，大魚也箋鱮似魴而弱鱗陸璣·草木蟲魚疏鱮似魴，厚而頭大，魚之不美者。其頭尤大而肥者，徐州人謂之鰱，或謂之鱅。幽州人謂之鴞鴟，或謂之胡鱅集韻或作鮬又yú集韻羊諸切音余。鱮鱮，魚名。𡨋又魣71741鮬71913

鱯 72796 38686 hù_14.25 唐韻集韻太胡故切音護說文魚名爾雅·釋魚魾，大鱯註鱯，似鮎而大，白色山海經洧水東流注于河，其中有鱯黽本草圖經鮧口腹俱大者名鱯類篇或作鮖又廣韻集韻韻會太胡化切，華去聲。又集韻胡陌切音獲。義太同。𡨋又鱯72782鱯72446鱯72859

鱗 72797 38687 lín_14.25 說文鱗本字。

鰺 72806 u2B6AC null_14.25 簡鰺72813

瀻 72798 38688 yú_14.25 集韻語居切音魚說文捕魚也△篆文作漁。

鮺 72799 38689 zhǎ_14.25 集韻鮺或作鮺。

鱒 72800 38690 bó_14.25 集韻鱒，或省作鱒。

鱀 72807 u2B683 null_14.25 未詳。

鱲 72801 38691 liè_14.25 集韻力協切，音甄。魚名。𡨋類篇作鱲72612

鰔 72802 38692 xián_14.25 玉篇戶巖切音銜。魚名。

鮺 72803 38693 zhǎ_14.25 篇韻籒文鮓字。

鰒 72804 46762 fù_14.25 字彙補鰒字之譌。

魘 72805 46763 yè_14.25 篇海類編音嚈。

鱴 72808 u2B682 null_14.25 未詳。

鱕 72809 u29F59 jì_14.25 同鱀72571

鰲 72811 u29F38 đuối_14.25 喃同鰌72812 又ndeiq壯鲃鰲，又稱鰲蝶魚，俗稱菩薩魚。體小，鱗細而韌，鱗有花紋。

鰌 72812 u29F37 đuối_14.25 喃从魚對đối聲△魡鰌：赤魟。

鰺 72813 u29F36 null_14.25 蒙古紅鮊

鱨 72810 u29F3A chāng_14.25 同鯧72202

鑑 72814 u29F33 null_14.25 未詳。

鱑 72815 u29F32 null_14.25 未詳。

鱝 72816 u29F31 jī_14.25 俗鱝72770

鰦 72817 u29F30 null_14.25 未詳。

鱷 72818 u29F2F null_14.25 未詳。

鱪 72821 u9C70 shǔ_14.25 日同鱪72784

鱛 72819 u4C98 guǎn_14.25 魚名。鯉科鱛屬。俗稱麥桿刁。

鱛 72820 u9CE4 guǎn_14.25 简鱛72819

鱸 72822 38694 zhǎ_15.26 玉篇籒文羞字。𡨋艸部重出：直音與酢同○按唐韻魚醬曰鱸51846，昨誤切，鱸疑鱸字之譌，从魚改从缶，於義無取△宏按，直音篇鱸，鮓同菹也。又鱸72871

鱭 72823 38695 jié_15.26 廣韻集韻丛子結切音節。魚名。

鱣 72824 38696 zhān_15.26 廣韻同鱣

鱲 72827 38699 liè_15.26 廣韻良涉切集韻力涉切丛音獵類篇魚名。𡨋又鱲72875鱲72837

鱱 72825 38697 lì_15.26 集韻力制切音例。魚名。或作鱱。

鱳 72826 38698 lí_15.26 篇海力脂切音棃。魚名。鰻鱳。亦作鱳。𡨋正作鰲72209 又鰻鱳，又作鰻鯏，卽今之鰻鱺。

鱳 72828 38700 luò_15.26 唐韻盧各切集韻歷各切丛音洛說文魚名。出樂浪潘國類篇或作鮥又lù集韻盧谷切音祿。義同又lì狼狄切音歷。鯿或作鱳。𡨋又俗鱳55544唐韻殘卷鱳，盧谷反。鱳得。縣名。在張掖。又音洛。

鱴 72829 38701 miè_15.26 廣韻集韻丛莫結切音蔑爾雅·釋魚鮤，鱴刀註今之鮆魚也疏鮤名鱴刀周禮·天官·鼈人註貍物亦謂鱴刀，含漿之屬玉篇同鮇。𡨋又鱴72874

鱵 72830 38702 zhēn_15.26 廣韻職深切集韻諸深切丛音針。魚名正字通俗呼針觜魚。𡨋又鱵72752

鱶 72831 38703 xiǎng_15.26 集韻與鮝同。

鰾 72832 38704 biào_15.26 正字通鰾本字。

鰿 72833 38705 jì_15.26 說文鰿本字。

鱓 72834 38706 chóu_15.26 玉篇音讎。魚名。

鱇 72835 38707 biāo_15.26 黃省曾·魚經鱇，魚秧也。音標。稍長魚苗曰䴥鱇○按鱇字六書不載△。𡨋䴥字字典未收，音義未詳。

鱹 72836 42280 xī_15.26 篇海類編戶圭切。大龜。又同蠵。

鱲 72837 u2B6AD liè_15.26 簡 鱲72827

鱎 72838 u2B684 bèi_15.26 日 廣漢和辭典 淡水魚の一。鮠△宏按，俗作鱎72600

鰻 72839 u29F8E yōu_15.26 簡 鰻72844

鰯 72841 u29F4A rổi_15.26 喃 从漁省磊lỗi聲△艚鰯：漁船 又 lúi从魚磊lỗi聲。魚名。似鯉而小△鰯誨：一心一意△俗省作鮘72248

鱐 72840 u29F4B sủ_15.26 喃 从魚數sổ聲△魣鱐：白花盲曹魚。

鰒 72842 u29F49 sấu_15.26 喃 从魚瘦xấu聲△魣鰒：鱷魚。

鱛 72843 u29F48 lǔ_15.26 清·周家楣 順天府志·卷五十食貨志二·物產 鱛，甯河丁志：鱛魚肉作瓣，腹中有膘最肥，魚中之貴者。按，鱛字未見字書，畿輔唐志作魯，云天津灤州四月以後出海。然則為海魚類，疑即魱鮥魚，今山東登萊地方呼為河洛魚，鱛即魱鮥合聲，殆方言然也。

鰻 72844 u29F47 yōu_15.26 謝靈運·山居賦 魚則鰻鱧鮒鱮，鱒魭鰱鯿。自注：鰻音憂。

鱝 72845 u29F46 xù_15.26 光緒 臺灣澎湖志·物產 泥鱝，即塗魠。黑色，無鱗，重者四五十斤。初冬出，仲春止，味甚甘美。

鱝 72847 u29F44 chil_15.26 韓 魚名。

鱵 72846 u29F45 jiān_15.26 寶慶四明志·卷第四·郡志四·敘產·水族之品 鱵魚：形似魟，肉亦凡，惟以鹽浥之，曝為鮝，名曰鱵鮝。俗又呼老鴉鮝。去皮生擘成絲供飣。又 台州府志·卷六十二·物產略上·魚之屬 鱵，赤城志：形似魟，以鹽裛暴乾，俗呼為老鴉鮝。舊邑志：色黃，腹下三口者為魟，味頗美。二口者為鱵，味劣。案：鱵音尖，裛54346音品，字書俱不載。

鱌 72848 u29F43 null_15.26 未詳。

鱗 72849 u29F42 lín_15.26 或同鱗72667

鱷 72850 38708 è_16.27 集韻 正韻 𠀤逆各切音咢。本作鰐。亦作鱷 唐書·韓愈傳 愈至潮，問民疾苦，皆曰：惡溪有鱷魚，食民畜產且盡，民以是窮。數日，愈自往視，令其屬秦濟以一羊一豕投溪水而祝之。是夕，暴風震電起谿中，數日水盡涸，西徙六十里，自是潮無鱷魚患 秀水閒居錄 鱷魚之狀，龍吻虎爪，蟹目鼉鱗，尾長數尺，末大如箕，芒刺成鉤，仍自膠黏，多於水濱潛伏，人畜近，以尾擊取，蓋猶象之任鼻也。𡇵又鰐72641蝉52607鰐71883鰐72132鰐72418鰐72327鰐72753

鱝 72851 38709 lài_16.27 唐韻 集韻 𠀤落蓋切音賴 說文 魚名 又 tà 廣韻 集韻 𠀤他達切音闥。義同。𡇵 字彙補 鱺，與鱝同。

鱸 72852 38710 lú_16.27 廣韻 落胡切 集韻 韻會 龍都切𠀤音盧。魚名 正字通 巨口細鱗，似鱖，長數寸，有四腮，俗呼四腮魚。以七八月出吳江，松江尤盛。天下之鱸皆兩腮，惟松江四腮 後漢·左慈傳 所少吳松江之鱸魚耳 註 神仙傳 云松江出好鱸魚，味異他處 晉書·張翰傳 見秋風起，思松江蓴羹、鱸鱠，命駕歸。𡇵又鮋71789鮋71898鮋71927 又 龍龕 鰒72886俗鱸正。

鱯 72853 38711 xiè_16.27 集韻 下介切音械。魚名。

鱧 72854 38712 yí_16.27 玉篇 音唯 篇海 魚名。𡇵胡吉宣：疑即 西山經 之冉遺之魚。

鱱 72855 38713 lì_16.27 廣韻 郎擊切 集韻 狼狄切𠀤音歷 博雅 鮂也 玉篇 同鰏。

鱪 72856 38714 méng_16.27 廣韻 武亙切 集韻 母亙切𠀤音懵。與鯍同 揚雄·蜀都賦 石鱪水螭 註 卽石魚、石燕之類 左思·吳都賦 筌魱鱪 註 魱鱪，鮪也 又 集韻 彌登切音瞢。義同。

鱶 72857 38715 cān_16.27 集韻 千安切音餐。魚名。或作餐。𡇵又鰺72735鰺72764

鱊 72858 42281 jú_16.27 篇海類編 同鮈。

鱯 72859 42282 hù_16.27 龍龕 胡誤切。魚名。𡇵 字彙補 鱯，同鱯72796

鱳 72860 46764 lài_16.27 字彙補 同鱝。疑卽獺字異文。

鱊 72861 u29F57 quỳnh_16.27 喃 从魚瓊quỳnh聲。

鱵 72862 u29F56 ruốc_16.27 喃 昆鱵：小蝦仁。

鱮 72863 u29F54 nòu_16.27 明·屠本畯 閩中海錯疏·卷上 田鱮，似鰍而大，鮮食腥，薨鮝味美。

鱲 72864 u29F52 yàn_16.27 乾隆南澳志·卷之十·物產 鱲魚，有烏、赤二種，身扁口尖。又清·蔣毓英 臺灣府誌·卷之四·鱗之屬 鱲魚，似鯕魚而小，肉有烏者，有白者。

鱳 72865 u29F51 null_16.27 未詳。

鱶 72866 38716 huī_17.28 集韻 同徽。

鱒 72867 38717 bó_17.28 廣韻 傍各切 集韻 白各切𠀤音泊。魚如鯉，一目也。或作鱒。𡇵胡吉宣：山海經 嵩水其中多薄魚。字不从魚。

鱴 72868 38718 jiǎn_17.28 廣韻 九輦切 集韻 九件切𠀤音蹇。魚名。

鱶 72869 38719 chán_17.28 玉篇 仕咸切音巉。義闕。𡇵又鰞72489 鰞72513

鱹 72870 38720 kūn_17.28 集韻 公渾切音昆。與鯤同。魚子也。

鱸 72871 38721 zhǎ_17.28 篇韻 同鮓○按卽鱸字之譌。

鱡 72872 38722 zéi_17.28 篇韻 音賊。烏鱡，黑魚大者○按卽鰂字之譌。

鱲 72875 u2B685 liè_17.28 同鱲72827

鱒 72873 42283 qíng_17.28 篇海類編 音擎。魚名。𡇵楊寶忠：鯨72204字之變。

鱴 72874 42284 miè_17.28 篇海類編 同鱴。

鱣 72876 u29F66 zhān_17.28 俗鱣72824

鱦 72879 u29F62 yīng_17.28 五侯鯖字海 音嬰。魚名 太平御覽·卷第九百四十·鱗介部十二 鱦鱧魚：臨海水土記 曰：鱦鱧魚，長一尺。

鱳 72877 u29F65 lươn_17.28 喃 从鱔省闌làn聲△魺鱳：黄鱔。

鱴 72878 u29F64 sấu_17.28 喃 从鱷省醜xấu聲。同鰒72842

鱵 72880 38723 shuāng_18.29 集韻 疎江切音雙。海魚名。

鱶 72881 38724 wéi_18.29 集韻 匀規切，音蓨。水蟲名。涪陵郡出大龜甲，可以卜，緣中文似瑇瑁 又 五音集韻 戶圭切音攜。義同。㸚 字彙補 鱶，同鱶。

鱹 72882 38725 guàn_18.29 集韻 古玩切音貫。人名 左傳·文十六年 鱗鱹爲司徒。

鱺 72883 38726 jù_18.29 唐韻 九遇切 集韻 俱遇切，並音屨 說文 魚名 又 集韻 權俱切音劬。又果羽切音矩。義太同。

鱼 72884 38727 zhé_18.29 古今注 江東呼青衣魚爲婢鱼。音未詳。㸚又鮿72067

鱼 72885 38728 zhǎ_18.29 同鮓。見 字彙補

鱸 72886 38729 lú_18.29 篇海 音蘆。魚名。

鰾 72887 u29F6F biào_18.29 正字通 鰾72566，本作鰾。

鱵 72888 u29F6E null_18.29 未詳。 鱸 72889 u29F6D null_18.29 未詳。

鱻 72890 38730 luó_19.30 集韻 良何切音羅。魚名。一身十首。

鱺 72891 38731 lí_19.30 唐韻 郎奚切 集韻 憐題切太音黎。與鰲同 說文 魚名 玉篇 魚似蛇，無鱗甲，其氣辟蠹魚也 又 lǐ 廣韻 盧啓切 集韻 里弟切太音禮。與鱧同 博雅 小鮦也 爾雅·釋魚註 青州呼小鱺爲鯢 疏 鯢與鱧音義太同 又 集韻 鄰知切音離。義同。㸚又鱺72145

鱣 72892 38732 zhān_19.30 說文 籀文鱣字。

鱺 72893 u2B686 null_19.30 未詳。 鯿 72894 u29F72 biān_19.30 同鯿72320民國 恩平縣志 鯿，一名魴，色較白，味腴美過於鯿。

鱨 72895 38733 dǎng_20.31 字彙補 音黨。魚名 閩書 鱨魟魚，背厚長，有蚳，大者二三斤。

鱡 72896 u29F74 nián_20.31 民國 南昌縣志·卷五十六·風土志 鱡：色青，無鱗，多涎，首扁有鬚，腹半以下薄而長。春時味佳，有春鱡、夏鯉、秋鯽、冬鱖之諺。楊寶忠：鮎71872字異構。

鱏 72898 38735 xún_21.32 正字通 鱏本字。

鱺 72899 u2B687 null_21.32 未詳。 鱺 72897 38734 lǐ_21.32 廣韻 盧啓切 集韻 里弟切太音禮 說文 鮦也 玉篇 同鱧。

鱙 72900 u29F78 nheo_21.32 喃 从魚鐃nhiêu聲。鯰魚。

鱯 72901 u29F77 bà_21.32 潘岳·滄海賦 鮥鯸鱯。

鱻 72902 38736 xiān_22.33 廣韻 集韻 太相然切音仙 說文 新魚精也 註 徐鍇曰：三衆也。衆而不變，是鱻也 周禮·天官·庖人 凡其死生鱻薨之物，以共王之膳 註 鱻謂生肉 疏 新殺曰鱻 又 xiǎn 集韻 息淺切音獮。尟或作鱻。少也。

鱻 72903 38737 yè_33.44 廣韻 魚怯切 集韻 逆怯切太音業 玉篇 魚盛。㸚又鱳72743

◈ 鳥部 ◈

鳥 72904 38738 niǎo_0.11 唐韻 都了切 集韻 韻會 丁了切太音蔦 說文 長尾禽總名也 正韻 常時曰鳥，胎卵曰禽 爾雅·釋鳥 鳥之雌雄不可別者，以翼右掩左，雄。左掩右，雌 書·堯典 厥民析鳥獸孳尾 周禮·秋官·硩蔟氏 掌攻猛鳥 又 硩蔟氏 掌覆妖鳥之巢 註 硩，摘也。摘其巢而去之 正字通 二足而羽謂之禽。或曰鳥觜曰咮曰喙，爪曰距，尾曰翠，一作臎，一名尾罌。膍胵曰奧，嚨曰亢曰員官，項畜食處曰嗉，翅曰翮曰翎，頸毛曰翁，腳短者多伏，腳長者多立，腳近翠者好步，腳近臆者好躑 師曠·禽經 羽蟲三百六十，毛協四時，色合五方 又 星名。朱鳥，南方七宿名 書·堯典 日中星鳥 又 國名 山海經 鹽長之國有人鳥首，名曰鳥氏 又 山名。鳥鼠 地志 在隴西郡首陽縣西南 禹貢 終南惇物至于鳥鼠 又 山海經 鳥危之山，鳥危之水出焉 又 官名 周禮·夏官 射鳥氏掌射鳥 左傳·昭十七年 少皞摯之立也，鳳鳥適至，故紀於鳥，爲鳥師，而鳥名 又 秦之先有鳥俗氏 史記·秦本紀 大費生子二人，一曰大廉，實鳥俗氏 索隱曰 以仲衍鳥身人言，故爲鳥俗氏 又 丹鳥、白鳥，俱蟲名 夏小正 丹鳥者，丹良也。白鳥者，蚊蚋也 又 妙音鳥 法華經·偈頌 聖主天中王，迦陵頻伽聲 註 迦陵頻伽，妙音鳥也。鳥未出聲時，即發音微妙，一切天人聲皆不及，惟佛音類之，故以取況。又 正韻 尼了切音裊。義同 又 集韻 類篇 太與島同 書·禹貢 島夷皮服 史記·夏本紀 前漢·地理志 太作鳥夷。孔讀鳥爲島 又 què 字彙補 子削切音爵 前漢·地理志 武威郡鸞鳥縣 後漢·段熲傳 欲攻武威，熲復追擊於鸞鳥 註 鳥音爵 又 叶都縷切音女 史記·自序 穆公思義，悼豰之旅。以人爲殉 詩 歌 黃鳥。㸚又鸟72908鳥72911𪚩74232 鳥72905

鳥 72905 u2B813 niǎo_0.11 俗鳥72904 鸟 72907 u2EE6 niǎo_0.11 部 鳥72906

鳥 72906 u2FC3 niǎo_0.11 同鳥72904部首專用字。亦作鸟72907

鸟 72908 u9E1F niǎo_0.11 简 鳥72904

鳦 72909 38739 yǐ_1.12 廣韻 於筆切 集韻 韻會 億姞切太音乙 廣韻 燕也 爾雅·釋鳥 燕，燕鳦 鄭樵註 燕有二種，前言白脰燕，知此爲紫燕也。一名鷾鴯，一名游波 史記·秦本紀索隱註 女修，顓頊之裔女，吞鳦子而生大業 又 韻會 正韻 太乙黠切音軋。義同〇按 說文 本作乙00344燕乙乙，玄鳥也。齊魯謂之乙，取其鳴自呼。象形，重文作鳦。㸚燕乙00345 又 乙鳥72912鳦72913

鳥 72911 46766 niǎo_1.12 字彙補 鳥字。見漢碑。

鳺 yǐ_1.12　72912 u2B6AE　同鳦72909 新撰字鏡鳺,扵乙反,鵋。

鳦 yǐ_1.12　72913 u29F90　直音篇鳦,同鳺72909

鴵 xiāo_2.13　72915 38742　篇海同鳽　鳶 yān_1.12　72910 38740　類篇與焉同

鳼 xiāo_2.13　72914 38741　篇海古幺切,音驕◇惡鳥食母者。

鴜 cì_2.13　72916 38743　廣韻集韻叢七四切音次。鳥名○按禽經七鳥曰鴜。疑卽此鳥。鋻又惟66074

鴟 chì_2.13　72917 38744　集韻尺栗切音叱。鳥聲。鋻又鴜72916

鳧 fú_2.13　72918 38745　唐韻防無切集韻韻會馮無切正韻逢夫切叢音扶。爾雅·釋鳥舒鳧,鶩郭註鴨也。疏野曰鳧,家曰鴨。又鳧,雁醜,其足蹼,其踵企郭註鳧雁腳閒有幕,蹼屬相著,飛卽伸其腳跟企直疏醜,類也。又鵬,沈鳧註狀似鴨而小,背文青色,卑腳紅掌,短喙長尾詩·鄭風弋鳧與雁又大雅鳧鷖在涇註鳧,水鳥。鷖,鳧屬又南越志有松鳧,棲息松閒不水處,宿必以樹又揚子方言郭註江東有小鳧,其多無數,俗謂之寇鳧又山海經鹿臺山有鳥,狀如雄雞,人面,曰鳧徯又官名周禮·冬官考工記鳧氏爲鍾正字通鳧,入水不溺,以名鍾工,取虛浮之義又山名詩·魯頌保有鳧、繹註鳧、繹,二山名又鳧麗山。見山海經又魚鳧,人名。蜀山氏之君也。見成都記又鳧茈,草名後漢·劉玄傳人掘鳧茈而食。又廣雅茆鳧,葵也△俗省作凫。鋻爾雅·釋鳥鵬,沉鳧說文·几部鳧,舒鳧,鶩也。從鳥几聲又鳧72919鳧02404兎03107鳧72928鶼73862鳧72920

鳧 fú_2.13　72919 38746　字彙同鳧歐陽通·多寶寺碑魚貫鳧集正字通乃者几之譌。古碑變體,未可盡信。

鳧 fú_2.13　72920 38747　廣韻林直切集韻六直切叢音力玉篇鳥似鳧而小集韻一曰鳧別名△玉篇同鳧。鋻俗鳧72918

鳩 jiū_2.13　72921 38748　唐韻居求切集韻正韻居尤切,叢九平聲。說文鶻鳩。似山雀而小,短尾,青黑色禽經拙者莫如鳩,不能爲巢詩·召南維鵲有巢,維鳩居之禮·月令仲春,鷹化爲鳩又王制鳩化爲鷹,然後設罻羅註仲秋也又官名左傳·昭十七年郯子曰:少皥氏,以鳥名官,祝鳩氏,司徒也。鴡鳩氏,司馬也。鳲鳩氏,司空也。爽鳩氏,司寇也。鶻鳩氏,司事也。五鳩,鳩民者也嚴粲詩緝左傳五鳩,備見詩經。祝鳩,鵻鳩也四牡嘉魚之雛是也。鴡鳩,關關鴡鳩之鳩是也。鳲鳩,布穀也曹風之鳲鳩是也。鷞鳩大明之鷹是也。鶻鳩,鶻鳩,非班鳩小宛之鳴鳩泯食桑葚之鳩是也又蒙鳩,鷦鷯也荀子·勸學篇南方有鳥,名曰蒙鳩又爾雅·釋詁鳩,聚也正字通鳩能聚衆氣,故取義於聚書·堯典共工方鳩僝功左傳·襄二十五年鳩藪澤又安也,集也左傳·隱八年君釋三國之圖,以鳩其民。又襄十六年敢使魯無鳩乎。又國名山海經始鳩在海中轅屬南又舒鳩,楚屬國。見左傳·襄二十四年又地名。鳩茲左傳·襄三年楚子重

伐吳,克鳩茲註吳邑又山名山海經北二百里曰發鳩之山又人名。汝鳩,湯賢臣又小腹下曰鳩口巢氏病源斜踵至鳩口內又qiú韻會渠尤切音裘。同道。土菌,可食△說文鳩,從鳥九聲禽經九鳥曰鳩。或曰鳩字從九以此列子·天瑞篇一變而爲七,七變而爲九。九者,究也。乃變而爲一,故名鳩,此鳩所以從九也玉篇或作勼。鋻又雒66073鳩72932鳩72929鳩72960鳩73050鳩73077又龍龕鴡73142鳩72925俗,鳩正。

鴫 diāo_2.13　72922 38749　廣韻都聊切集韻丁聊切叢音貂爾雅·釋鳥鴫鸄,剖葦郭註好剖葦皮,食其中蟲,因名疏鴫鸄,一名剖葦又jiāo玉篇作幺切廣韻卽消切。叢與鷦同。鷦鷯,小鳥又cháo廣韻集韻叢陟交切音嘲廣韻鴫鷯,黃鳥也△說文本作刀集韻韻會叢作鴫。鋻又鴫72936鷯,同。

鵂 bú_2.13　72923 38750　廣韻集韻叢博木切音卜廣韻鵳雉也爾雅·釋鳥鵂雉郭註黃色,鳴自呼又集韻北角切音剝。義同。鋻又惟66079

鳩 yì_2.13　72924 38751　五音集韻牛狋切,音刈◇亦作鳩73212

鳩 jiū_2.13　72925 38752　字彙補居求切音鳩。鳩鴿也。

鴈 yàn_2.13　72926 38753　字彙補與鴈同廣雅鶬鴈、倉鴈,鳲也曹憲註鳲同雁。

鳩 jī_2.13　72931 u9E21　簡鳩73743　鳩 cì_2.13　72927 38754　禽經七鳥曰鳩。音未詳。鋻從七,同鴜72916從匕作鴟72917

鳧 fú_2.13　72928 46767　篇海類編與鳧同。鋻又鳧03631俗鳧72918

鳩 jiū_2.13　72929 46768　字彙補鳩字。見漢碑。

鵳 dīng_2.13　72930 u29F9A　民國甘泉縣續志卷七·物產攷第七下鵬鵳,一名水鵷,卽鳧鳥。又名鷸鵳,狀其小也。

鵳 rù_2.13　72933 u9CF0　民國甘泉縣續志卷七·物產攷第七下鵬鵳,一名水鵷,卽鳧鳥。又名鷸鵳,狀其小也。身短而項較長,首之四圍皆白,背蒼色,腹灰白色,有蹼網,皮二裂。在水中人至卽沈,或擊之便起。其膏塗刀劍不繡,出邵伯湖(續英華詩「劍瑩鵬鵳膏」指此)又鵳湖,琵琶湖の別名。

鳩 jiū_2.13　72932 u9E20　簡鳩72921　鴫 diāo_2.13　72936 u9CED　同鴫72922

鳳 fèng_2.13　72934 u9CEF　字彙鳳,俗作鳳。

鳩 jī_2.13　72935 u9CEE　俗雞66285亦省作难。

鳧 fǔ_2.13　72937 u9CEC　同鳧72918俗省。

鵵 gān_3.14　72938 38755　廣韻古寒切集韻居寒切叢音干廣韻鵠鵵,鳥名。知未來事。或作鳱鵠廣雅鵵鵠,鵲也。鵵一作乾。陸賈云乾鵲噪而行人至又玉篇一作雅又yàn韻魚澗切音鴈鹽鐵論引詩嗈嗈鳴鵵○按今詩作鴈

又禽經鳱以水言，自北而南。鳫以山言，自南而北。張華註：鳱鳫，太音鴈。鳱，隨陽鳥也。冬適南方集於江干，故字从干。鳫，中春寒盡，鴈始北向，燕代尚寒，猶集山陸岸谷閒，故字从厈開元·五經文字鴈又音岸。則鳱卽鴈字無疑矣又集韻魚旰切音岸。義同又hàn矦旰切音翰。鳱鴠也淮南子·時則訓仲冬，鳱鴠不鳴高誘註鳱鴠，夜鳴求旦之鳥。◆禮·坊記引逸詩相彼鳱鴠，上猶患之月令作鶡鴠廣雅鶡鴠，鴇旦也又名渴旦正字通鴠，或省作鳱。鳱又有渴音也。鑾又鳱72939雃66091

鳱 72939 38756 hàn_3.14 同鳱。

鳪 72941 38758 dù_3.14 集韻動五切音杜。鳪鵤，鳥名〇按杜鵤本作杜，別作鳪，非。

鴃 72940 38757 dài_3.14 集韻大計切音第。鳥名山海經首山机谷多鴃鳥註讀如鉗釱之釱。釱，音第又dà廣韻集韻太徒蓋切音大。鴃鳥似烏，三目有耳〇按鴃从鳥从大。大，本有代、地二音字彙四畫，改大从犬，音地，其誤明矣。蓋玉篇之鴃73013與山海經疑是一物而有二音也。

鳩 72942 38759 qiú_3.14 廣韻集韻太胡官切音桓玉篇鳩鶨，鳥名。鳥喙蛇尾。鑾楊寶忠：山海經古本「犰狳」有作「鳩鵌」者。鳩當即犰33000字之訛。

鳥 72943 38760 què_3.14 廣韻集韻太卽約切音爵。與雀同說文依人小鳥也正字通俗雀字。因六書篆文而誤。

鳮 72944 38761 jì_3.14 玉篇居里切音紀。鳥名。鑾楊寶忠：鵋73327俗省。

鳲 72945 38762 shī_3.14 廣韻式脂切集韻韻會升脂切，太音尸爾雅·釋鳥鳲鳩，鴶鵴註布穀也。江東呼穫穀疏一名擊穀，一名桑鳩方言云戴勝，非也詩·曹風鳲鳩在桑，其子七兮又或作尸前漢·鮑宣傳視之當如一，合尸鳩之詩註言君子布德施惠，亦當然也又別作鳸揚子方言鳩，梁宋閒謂之鷦。鳸又作雇。鑾又鳲72969鴅66089

鳿 72946 38763 hóng_3.14 廣韻戶工切集韻胡公切太音紅說文本作琟。鳥肥大琟琟也。重文作鳿司馬相如·上林賦鳿鷫鵠鴇註張揖曰：鳿，大鳥也。師古曰鳿，古鴻字又集韻戶孔切音澒。義同。

鳦 72947 38764 bào_3.14 篇海布效切音豹。鳥名也正字通鴇，一名獨豹，後人妄立鳦字。

鳳 72948 38765 fèng_3.14 古文䲲𪀉鵬鶱唐韻集韻韻會正韻太馮貢切，奉去聲說文神鳥也爾雅·釋鳥鶠鳳，其雌凰郭註瑞應鳥，高六尺許山海經丹穴山：鳥，狀如雞，五采而文，名曰鳳孔演圖鳳爲火精，生丹穴，非梧桐不棲，非竹實不食，非醴泉不飲，身備五色，鳴中五音，有道則見，飛則羣鳥從之廣雅鳳凰，雞頭、燕頷、蛇頸、鴻身、魚尾、骿翼。五色。首文曰德，翼文曰順，背文義，腹文信，膺文仁。雄鳴曰卽卽，雌鳴曰足足，昏鳴曰固常，晨鳴曰發明，晝鳴曰保長，舉鳴曰上翔，集鳴曰歸昌書·益稷鳳凰來儀禮·禮運鳳以爲畜，故鳥不獝大戴禮羽蟲三百六十，鳳凰爲之長又幺鳳，小鳥名，出蜀中蘇軾·梅花詞倒掛綠毛幺鳳又鳥鳳范成大·虞衡志鳥鳳出桂海，其形略似鳳，音聲淸越如笙簫，能度小曲合宮商，又能爲百鳥音又郡名唐書·地理志扶風郡至德年更曰鳳翔又神名山海經北極天櫃有神，名曰九鳳又官名左傳·昭十七年鳳鳥氏，歷正也又姓神仙傳鳳綱。鑾又凤03090风68537凨72934䳭16330鵬74227

鳴 72949 38766 míng_3.14 唐韻武兵切集韻韻會正韻眉兵切太音明說文鳥聲也玉篇聲相命也，嘷也詩·大雅鳳凰鳴矣，于彼高岡又獸亦曰鳴易·說卦傳其於馬也爲善鳴。又增韻凡出聲皆曰鳴禮·學記叩之以小，則小鳴。叩之以大，則大鳴莊子·德充符子以堅白鳴又鳥名山海經弇州山有五彩之鳥，仰天鳴，名曰鳴鳥書·君奭我則鳴鳥不聞音義馬云鳴鳥，謂鳳凰也又姓。出姓苑。又mìng集韻韻會正韻太眉病切音命。鳥相呼也馬融·長笛賦山雞晨羣，野雉朝雊。求偶鳴子，悲號長嘯註鳴，命也曹植詩鳴儔嘯匹侶。鑾又鸣72970

鳵 72950 38767 bǎo_3.14 玉篇布老切。與鴇同。性不止樹班固·西都賦鶬鴰鳵鶂。李註：鳵似鴈，無後趾埤雅鳵無舌，兔無脾管子·輕重甲篇非十鈞之弩，不能中鵾雞鶩鳵。

鳶 72951 38768 yuān_3.14 唐韻與專切韻會集韻余專切太音緣說文鷙鳥也玉篇鴟類也詩·大雅鳶飛戾天爾雅·釋鳥鳶，烏醜，其飛也翔疏鳶，鴟也。鴟鳥之類，其飛也，布翅翺翔又禮·曲禮前有塵埃，則載鳴鳶疏鳶，鴟也。鳶鳴則將風，畫鴟於旌首而載之，衆見咸知以爲備也。又風鳶唐書·田悅傳臨洺將張伾，以紙爲風鳶，高百餘丈，爲書達馬燧營續博物志今之紙鳶，引絲而上，令小兒張口望視，以洩內熱又木鳶韓非子·外儲說墨子爲木鳶，三年而成又人名史記·穰侯傳走魏將暴鳶。又韻會或作鳶前漢·梅福傳鳶鵲遭害，則仁鳥增逝。△說文本作鳶，从鳥屰聲徐註屰，非聲，一本從屮，疑从蘿省。今俗別作鳶，非。鑾又鸢72971鷰73640鳶72963鳶73485又yì正字通鳶72952，同鳶。

鳶 72952 38769 yì_3.14 唐韻與職切集韻逸職切太音弋。鳥名。與隿通說文繳射飛鳥也。今作弋。鑾又正字通鳶72988，鳶字之譌。

鴞 72953 38770 xiāo_3.14 字彙補古消切音驕。不孝鳥。與梟同。

鳿 72954 38771 gú_3.14 篇韻與鶻、鳩太同。

鳴 72955 38772 gú_3.14 篇韻同鶻前漢·五行志隼，卽今之鳩。

鳫 72956 38773 yàn_3.14 字彙補古文鴈73015字。

鳸 72957 38774 shī_3.14 集韻鳲，亦書作鳸。

鳪 72958 38775 xùn_3.14 字彙補音訓。鳥名。鑾玄應音義訓狐：關西呼爲訓侯，山東謂之訓狐，即鵋鵂也，亦名鉤格，

書伏夜行，鳴有怪。經文作薰胡，非體也。

鳹 72959 42285 _xì_ 3.14　篇海類編 胡利切，音係◇鳥也。鎣又鳹73033鳹72966

鳩 72960 46769 _jiū_ 3.14　搜眞玉鏡 音鳩○按卽鳩字之譌。

鴻 72961 u29FAF _hóng_ 3.14　龍龕 鴻俗鴻古鴻73238正。

鴢 72962 u29FAE _yǎo_ 3.14　漢書 箋疵鴢盧。張揖曰鴢，鴢頭鳥也。師古曰鴢音鳥了反。○宋祁曰注文鴢字並當作鴢73120

鳶 72963 u29FAD _yuān_ 3.14　同鳶72951 慧琳音義 鴟梟：上齒之反，籀文鳶字也 說文 或從隹作雖。雖，雖也，亦鳶鳥也 禮記 曰前有塵埃則戴鳶，鳴則風起也 說文 從屰作鳶 開元音義 從千作鳶，竝音緣。

鳹 72965 u29FAB _null_ 3.14　未詳。

魟 72964 u29FAC _xiáng_ 3.14　同魟73237 類篇 魟，胡江切。鳥名。或作鳹72973

奮 72966 u29FAA _xì_ 3.14　同鳹72959 囝或俗奞 祖堂集•卷十一 辝入閩嶺，縈登象骨，直奮鵬裡

鸤 72969 u9E24 _shī_ 3.14　简 鸤72945

鳵 72967 u29FA9 _yǐ_ 3.14　或同鳵72909

鸣 72970 u9E23 _míng_ 3.14　简 鳴72949

鸨 72968 u29FA8 _bǎo_ 3.14　或俗鸨72950

鸢 72971 u9E22 _yuān_ 3.14　简 鳶72951

鳷 72972 38776 _qí_ 4.15　廣韻 巨支切 集韻 翹移切竝音衹 玉篇 雉別名 廣韻 鳷，雞也 揚子方言 雞，陳、楚、宋、魏閒謂之鳺鳷 囝 廣韻 鳻也 囝 集韻 章移切音支。義同。鎣又雌66113鳷73140

魟 72973 38777 _xiáng_ 4.15　集韻 胡江切音夆。鳥名。

鴲 72974 38778 _zhī_ 4.15　廣韻 集韻 竝章移切音支 玉篇 鳥名。漢武帝造鴲鵲觀，在雲陽甘泉外。鎣又鸲73047

鶻 72975 38779 _hú_ 4.15　五音類聚 戶骨切。與鶻同。

鴟 72976 38780 _chī_ 4.15　集韻 常支切音匙。鴟鵂也 正字通 鴟鵂，鵂別名。鎣俗鴟73114

鳸 72977 38781 _hù_ 4.15　廣韻 正韻 侯古切 集韻 後五切竝音戶 玉篇 北鳸，鳥名 爾雅•釋鳥 鳸，鳺註鳺雀又春鳸鳻鶞，夏鳸竊玄，秋鳸竊藍，冬鳸竊黃，桑鳸竊脂，棘鳸竊丹，行鳸唶唶，宵鳸嘖嘖 註 諸鳸皆因其毛色、音聲以爲名 疏 竊卽古淺字○按 左傳•昭十七年 九鳸爲九農正。以此八鳸，并上鳸鳻爲九。賈逵云春鳸鳻鶞，相五土之宜，趣民耕種者也。夏鳸竊玄，趣民耘苗者也。秋鳸竊藍，趣民收斂者也。冬鳸竊黃，趣民蓋藏者也。棘鳸竊丹，爲果驅鳥者也。行鳸唶唶，晝爲民驅鳥者也。宵鳸嘖嘖，夜爲農驅獸者也。桑鳸竊脂，爲蠶驅雀者也。老鳸鷃鷃，趣民收麥，令不得晏起者也△ 說文 作雇。從隹戶聲 廣韻 作鳸 左傳 作扈。

鴎 72978 38782 _bí_ 4.15　唐韻 平立切 廣韻 皮及切，並音鵧 說文 鴎，鷃鴎也 廣韻 鴎鴎，戴勝別名。亦作鴄 囝 廣韻 居立切音急。又其輒切音极。義竝同。鎣 說文 鴄73160鴎互訓，無俗字鴎。

鳻 72979 38783 _jiè_ 4.15　唐韻 古拜切 集韻 居拜切，竝音介 說文 鳻似鶡而青，出羌中。善鬪，故从介 韻會 雀也。鎣 說文 鳻，鳥，似鶡而青，出羌中。

鴢 72980 38784 _jiū_ 4.15　玉篇 似又切音岫。鳥名○按鷲有就、岫二音 玉篇 鷲、鴢音義竝同。知鴢卽鷲省。

鴒 72981 38785 _qín_ 4.15　廣韻 巨淹切 集韻 其淹切竝音箝 廣韻 句啄鳥 玉篇 鳥啄食 囝 qín 集韻 類篇 竝渠金切音琴。義同 囝 gān 集韻 姑南切音弇。鳥名△ 說文 作雉。鎣又鴒73452

鴲 72982 38786 _fū_ 4.15　廣韻 甫無切 集韻 風無切竝音膚 玉篇 鴲，鴢也 爾雅•釋鳥 隹其鴲碼 郭註 今鵏鴿。一作夫 詩•小雅 翩翩者雎 傳 雎，夫不也 箋 夫不，鳥之愨謹者。一作雎 囝 集韻 馮無切音扶。義同 囝 guī 均窺切音規。子雎鳥名。

鴒 72983 38787 _fēn_ 4.15　唐韻 撫文切 集韻 韻會 敷文切，竝音芬 說文 鳥聚貌。一曰飛貌 囝 鳥名 爾雅•釋鳥 春鳸鴒鶞 囝 通作鴒 前漢•黃霸傳 京兆尹張敞舍鴒雀，飛集丞相府 蘇註 今虎賁所著鴒也 師古註 蘇說非也。此鴒字，音芬，本作鴒。此通用耳。鴒，雀大而色青，出羌中，非虎賁所著也。虎賁鴒者色黑，出上黨，以其鬪不止，故用其尾飾武臣首。今俗謂鴒雞是也，音曷，非此鴒雀 囝 廣韻 符分切音墳。義同 囝 廣韻 布還切 集韻 逋還切竝音班。大鴒也 揚子方言 鴒，自關而西，秦漢之閒謂之鴒鳸，其大者謂之鴒鳸。鎣又鴒73026鴒03631 囝 玉篇 鳶73025，同鴒。

鴖 72984 38788 _wén_ 4.15　廣韻 集韻 竝無分切音文 玉篇 鴖子也 爾雅•釋鳥 鴖子 疏 鴖之雛名鴖 囝 玉篇 鴖鴖，越鳥 囝 mín 集韻 眉貧切音珉。義同 囝 類篇 亦作鳶 山海經 大荒元丹之山，有五色鳥，人面，有髮，名靑鳶。鎣又鴖73053奫21912 正字通 或作鳶尾21911

祍 72985 38789 _yuán_ 4.15　集韻 愚袁切音元。鳥名。鎣鄭賢章：鴖73036字之訛。

鴂 72986 38790 _jí_ 4.15　廣韻 其立切 集韻 極入切竝音及 廣韻 鴂鳩鳥 集韻 鴂鳩，小鳥△ 字彙 與鴂字文同而音釋異。

鴂 72987 38791 _jí_ 4.15　玉篇 巨業切音跲。鳥名。鎣楊寶忠：鴂72986鴂皆當是鴶73822聲符換用而形成的異體字。

鴰 72988 38792 _gē_ 4.15　廣韻 集韻 竝古禾切音戈 廣韻 鳥名。鎣又雎66097鴰72952

鴗 72989 38793 _zè_ 4.15　集韻 札色切音側。鳥名○按 說文 鴗字人厂聲，唐本从仄从鳥。或云鴗卽鴗字。

鵂 72990 38794 _xiū_ 4.15　篇海 虛尤切音休。怪鳥。鎣 正字通 鵂

偸73250字之譌。

72991 38795 鵳 jiān _4.15
五音類聚 音研 正字通 俗鵳字。鞏又 雅66109 鴲73048

72992 38796 鵬 zhèn _4.15
廣韻 丁紺切音馸。鳥名 集韻 本作鴆。亦作鴆。

72993 38797 鶻 hú _4.15
集韻 胡骨切音搰。鳥名。鷹屬。

72994 38798 鵗 xī _4.15
廣韻 思積切音昔 玉篇 水鳥也。

72995 38799 鶤 yùn _4.15
廣韻 集韻 夶王問切音運 廣韻 鳥名。似鳥。一名同力 集韻 交廣人謂鵤曰鶤。一曰雄鴆 鞏 說文 鵤，一名運日。明·方以智 通雅·卷四·動物·鳥 鴆曰即運日，鵤也。

72996 38800 鳲 shī _4.15
集韻 霜夷切音師。鳥名。鞏又 鴡73063

72997 38801 鴟 xīn _4.15
玉篇 胥林切音心。鳥黑色。

72998 38802 魴 fǎng _4.15
廣韻 妃兩切 集韻 撫兩切，並音髣。又 集韻 甫兩切，音昉 說文 澤虞也 又 廣韻 集韻 夶符方切音房。義同 又 fāng 廣韻 府良切 集韻 分房切。夶同鳲字林鴨鳲，鳥名。

72999 38803 鴵 xiāo _4.15
廣韻 許交切 集韻 虛交切夶音庨 廣韻 鴞鴵，似鴞 又 jiāo 集韻 居肴切音交。與鵁同。

73000 38804 鵼 gōng _4.15
集韻 沽紅切音公。鳥名。似鷹而小。 又 sōng 思融切音嵩。爵鴥，隼屬。

73001 38805 璃 yù _4.15
廣韻 魚欲切 集韻 虞欲切夶音玉 玉篇 鸒璃鳥。郭璞曰：鸒璃似鴨而大 司馬相如 上林賦 咖鵝鸒璃。鞏又 珜34175瑠73180

73002 38806 鴀 fǒu _4.15
廣韻 甫鳩切 集韻 韻會 方鳩切夶音紑 玉篇 鴀，鳩也 爾雅·釋鳥 隹其，鴾鴀 郭註 今鵓鳩 廣雅 鴀，戴勝也。一作不 詩·小雅 翩翩者鵻 毛傳 鵻，夫不也。詳鴾72982字註 又 廣韻 方久切 集韻 俯九切夶音缶。義同。鞏鴀73046

73003 38807 鴢 yāo _4.15
集韻 於喬切音妖。鴢鶂，鳥名 又 ǎo 集韻 類篇 夶烏浩切音媼。與鵁同。鞏又 隺66105

73004 38808 鳺 fù _4.15
廣韻 扶雨切 集韻 奉甫切音父 玉篇 鳺鴃，越鳥。鞏又 隹66116

73005 38809 鴂 jué _4.15
唐韻 集韻 夶古穴切音玦 說文 寧鴂也 爾雅·釋鳥 鵋鴂，鶝鴂 郭註 鵋鴂類 疏 鶝鴂，或曰巧婦，或曰女匠。關東謂之過羸，關西謂之桑飛。或謂之襪雀。或曰巧女。今從郭註 廣雅 鶝鴂，工雀也 廣韻 鷃鴂，春分鳴則眾芳生，秋分鳴則眾芳歇 又 鵜鴂。一名買鵙。見 屈原·離騷王逸註 又 guì 集韻 涓惠切音桂。鶗鴂，鳥名。本作鴃△ 集韻 或作鵑、鴻 正韻 或作鴃。

73006 38810 鴃 jué _4.15
集韻 局闃切 正韻 古闃切夶音狊。與鴂同

孟子 南蠻鴃舌之人 趙註 鴃，博勞鳥也。鞏又 雊66102 鳩73005 鵠73234 鴻73376 鴃73044

73007 38811 鴄 pǐ _4.15
集韻 僻吉切音匹 玉篇 鶩也，鴨也。一作匹 禮·曲禮 庶人之摯匹 註 匹，鶩也。

73008 38812 鵍 huān _4.15
廣韻 集韻 夶呼官切音歡 玉篇 鳥名。鞏又 鵬73045 鶡00242 鶕23444 鵃73027 又 正字通 鵍73251字之譌。舊註音歡。人面鳥喙。按鳥人面者 山海經 青鶂也。

73009 38813 鴆 zhèn _4.15
唐韻 集韻 韻會 正韻 夶直禁切，音沈去聲 說文 毒鳥也 玉篇 毒鳥，食蛇，其羽畫酒飲之卽死 廣雅 鴆鳥。其雄謂之運日，其雌謂之陰諧 博物志 鴆形似鷹，大如鴞，毛黑喙長，食蛇及橡實 晉語 置鴆於酒 屈原·離騷 吾令鴆爲媒兮，鴆告予以不好 又 鴆有同名殊類者 山海經 瑤碧之山有鳥，狀如雉，恆食蜚，名曰鴆。 又 通作酖 左傳·閔元年 宴安酖毒，不可懷也 註 酖與鴆通 又 集韻 徒南切音覃。義同 又 dàn 丁紺切音馸。鳥名。或作鴆、鵬。鞏又 雊66108 鵤73066 鴆73023 鵀73049 鶤72995 又 集韻 鴆，或从冬作鵔73124 又 精嚴新集大藏音 鵨 鵨73128鴆73011，上二正。

73010 38814 鵔 zhòng _4.15
廣韻 集韻 夶直衆切音仲 廣雅 鸚鵔，飛鵔也。

73011 38815 鴻 háng _4.15
集韻 寒剛切音杭。同翃。飛上曰翃，下曰翃。

73012 38816 鴇 bǎo _4.15
廣韻 博抱切 集韻 補抱切 正韻 博皓切夶音寶 說文 鳥也 郭璞曰：鴇，似鴈，無後趾，毛有豹文，一名獨豹 詩·唐風 肅肅鴇羽 毛傳 鴇性不樹止 正義曰：鴇鳥連蹄，樹止則爲苦，故以喻君子從征役爲危苦也 埤雅 鴇性羣居如鴈，自然有行列，故从乇。乇，相次也 正字通 陸佃正：亦名鴻豹 易林曰：文山鴻豹 又 段成式曰：鴇遇鷙鳥，能激糞射之，糞著毛悉脫 廣韻 亦作鴘鴇鵃 又 馬名。與犒同。烏驄也 詩·鄭風 叔于田，乘乘鴇 傳 驪馬雜毛曰鴇。古字通用。鞏又 鵉73595 鴳73067 鵟72947 雅66093 䳕66092 䳘66106 鵃72950 鵟73143 鸛74222

73013 38817 鴱 dài _4.15
正字通 鴱字之譌。

73014 38818 鶜 mào _4.15
廣韻 莫到切 韻會 莫報切夶音帽。鶜，鳥輕毛也。鞏又 髦73058 犛27505 軞27408

73015 38819 鴈 yàn _4.15
古文 雁 唐韻 五晏切 集韻 韻會 正韻 魚澗切夶音贋 說文 鴈，䳡也 玉篇 大曰鴻，小曰鴈 禽經 一名翁雞。一名沙鶏。一名鶬 廣雅 䳜鶃、鵱鶃，鴈也 揚子·方言 鴈，自關而東謂之䳡鶃，南楚之外謂之鶏䳡 又 法言 時來時往，朱鳥之謂歟 註 鴈也 又 名陽鳥 書·禹貢 陽鳥攸居 傳 隨陽之鳥。鴈屬 禮·月令 孟春之月，鴻鴈來 夏小正 鴈北鄉 正字通 鴈夜宿，鴻內鴈外，更相驚避，飛則銜蘆避矰繳，有遠害之道 又 周禮·春官·大宗伯 禽作六摯，大夫執鴈 又 儀禮·士昏禮 下達納采，用

鴈又昏之夕，親迎奠鴈 疏 鴈，順陰陽往來，不再偶也 囗 詩·鄭風 兩驂鴈行 註 驂少次服馬，如鴈行也 囗 鶿名 爾雅·釋鳥 舒鴈，鵞 疏 鵞，一名舒鴈 囗 星名。天鴈、地鴈，奔星也 爾雅·藝海洞酌 流星，色青赤小者名地鴈，長二三丈者名天鴈 囗 地名 前漢·地理志 鴈門郡。囗 山名。鴈門山，在高柳北 山海經註 山有大池，鴈集其中，曰鴈塞。又衡山旁有回鴈峰 囗 正字通 流庸謂之鴈戶。唐編民有鴈戶，謂如鴈去來無恆也 囗 木名 唐書·地理志 雅州盧山郡，貢石菖蒲、落鴈木 囗 草名 管子·地員篇 其種鴈膳黑實，朱尃黃實 註 鴈膳，草名。囗 姓。見 姓苑 囗 通鴈 韓非子·說林篇 齊伐魯，索讒鼎，魯以其鴈往。齊人曰：鴈也，魯人曰：眞也 囗 叶魚肝切音岸 班固·西都賦 鶬鴰鳵鶂，鳧鷖鴻鴈。朝發河海，夕通江漢◇。一作鴈 △ 說文 鴈從鳥人，厂聲 徐鉉曰 从人从厂，義無所取，當从鴈省。通作雁，別作䧹。璽又鴈73130鵰73548鵣36540鴨72989鳱73280

鵨 xīn_4.15　集韻 呼鄰切。鵨鶿，小鳥。或作鶳。
璽 字彙補 𪆫，疑卽鵨字。

鶬 qiāng_4.15　集韻 千羊切音鎗 說文 鳥獸求食聲。

鴉 yā_4.15　廣韻 集韻 正韻 於加切 韻會 幺加切夶音椏 廣韻 鳥別名 爾雅·釋鳥 鷽斯，鶌鳩 註 鴉鳥也 廣雅 純黑，反哺者，謂之烏。小而腹下白，不反哺者，謂之鴉烏。古有鴉經占吉凶，南人喜鵲惡鴉，北人反之。師曠以白項者爲不祥。亦作鵶 囗 yǎ 廣韻 五下切 集韻 正韻 語下切夶音疋。本作雅 韻會 按 說文 雅本平聲。今俗作鴉。而雅从上聲，爲大、小雅之雅矣。璽又鴉73069鵶73038鵶73061鶵73253鵶73297

鴊 zhēng_4.15　廣韻 集韻 韻會 諸盈切 正韻 諸成切夶音征 玉篇 鴊鳾也。一作征 禮·月令 季冬，征鳥厲疾 郭註 征鳥，題肩也。齊人謂之擊征。或名曰鷹，春化爲鳩 囗 揚子方言 齊、魯閒謂題肩爲鴊鳥 囗 zhèng 廣韻 集韻 正韻 夶之盛切音正 唐韻 鴊，雞也。一作正 禮·射義 循聲而發，不失正鵠 疏 正者，正也。亦鳥名。齊魯之閒，名題肩爲正是也。璽又鷣73178距66103

鵂 xióng_4.15　集韻 胡弓切音熊。鳥父也。一曰牡也。一曰武稱。本作雄。璽又鵂73043

鶻 gú_4.15　字彙補 與鶻同。

鴊 zhèn_4.15　海篇 同鴆

鴋 fáng_4.15　篇海類編 敷房切，音方◇。鴨鴋，鳥名。人面鳥聲 囗 與雂同。璽又 字彙補 鴋，芳亡切。與鸉73702同。又鴒73378，與鳩同。

鶄 hù_4.15　字彙補 籀文雇字。

鳶 fēn_4.15　字彙補 撫文切。與翁同。飛貌 囗 非文切音分。鳥聚貌。

鳻 bān_4.15　字彙補 兵攀切音班 篇韻 大鳩 囗 扶云切音汾。義同。璽 字彙補 原作駦03631 龍龕 駃或作，鴽72983今，音斑。大鳩。

鵍 huān_4.15　字彙補 鵍兜。與驩頭同○按 古文尚書 驩頭作鵍吺。疑此爲鵍字之譌 囗 管子·侈靡篇 藹然若夏之靜雲，乃及人之體，鵍然若謫之靜。註：鵍然，和順貌。則古實有此字矣。璽 敦煌 P.3315 尚書釋文 鵍，古驩字，呼端反。今 尚書·堯典 作驩兜，臣子名。

鷬 fèng_4.15　五音集韻 古文鳳72948字。

翵 xiāo_4.15　篇海 古堯切，音梟。不孝鳥也。

鵉 wén_4.15　類篇 同鵔

鶴 què_4.15　玉篇 與雀同

鴲 pǐ_4.15　廣雅 與鴝同。

鵋 xì_4.15　字彙補 音系。鳥名。璽鵋72959俗譌。

鶳 cí_4.15　字彙補 同雌。見 集韻○按 集韻 作雌，亦作鶵 字彙補 誤。

鮑 bào_4.15　五音篇海 音休。怪鳥 字彙補 音豹。
璽楊寶忠：俗鵒73012

鵁 jiāo_4.15　龍龕 舊藏作憍字。俗音無。璽又鵁72985
楊寶忠：俗矯38613

鮚 jiè_4.15　篇海類編 與魪同。

鵱 hè_4.15　龍龕 同鶴

鶵 yā_4.15　龍龕 同鴉
璽鶵（29FD7）同鶵73061（29FCE）。編碼重複。

鴟 chī_4.15　篇海類編 與鴟同。

鵺 xióng_4.15　簡鵺73020

鶶 yáo_4.15　搜眞玉鏡 音巨。又音爻。璽楊寶忠：疑鶶72999

缺鳥 jué_4.15　簡缺鳥73006

鵍 huān_4.15　簡鵍73008

鵼 zhī_4.15　簡鵼72974

鳾 null_4.15　未詳。
洪音義皨鳾：上古堯反。下直甚反。

鴟 null_4.15　未詳。

鴦 yā_4.15　字彙補 音雅

缶鳥 fǒu_4.15　簡鴀73002

鳱 jiān_4.15　簡鳱72991

鴆 zhèn_4.15　俗鴆73009 可

鳩 jiū_4.15　可洪音義 鴩鳩：下九牛反，鳥名也。正作鵃鳩72921也，鵃鳩卽鵃鳩也，鵃音浮。下又音鉤。非此呼也。

鵉 wén_4.15　簡鵔72984

鵉 yùn_4.15　簡鷴73984

歟鳥 wū_4.15　歟26432譌字。

斛鳥 khưởu_4.15　喃 从鳥叫（叫）khiếu省聲 △ 鸊，鶄。

戉鳥 qua_4.15　喃 从鳥戈qua聲。烏鴉。

毛鳥 mào_4.15　同鴾73014字見 古璽彙編.2005

鵞 73060 u29FCF null_4.15 未詳。

鵇 73059 u29FD0 shī_4.15 古今圖書集成·禽蟲典·第五十四卷·異鳥部彙考二·正字通·異鳥雜釋 鰤73718，舊註音師。鳥名。按，博物志條支國西海有獅子大雀。本作師，俗作鰤。又鰤當音師，四畫。去𠂤，从帀作鰤，溷音師，讀切並誤。

鴉 73061 u29FCE yā_4.15 同鴉73038俗鵶73018 四聲篇海 鴉，舊藏作鴉 又 mù 可洪音義 鵝鴉：音木。鳧属也。亦鳥也。正作鶩73633楘25196二形也 江西 作鶩，川音 作鴉。鶩又音務。

鴟 73062 u29FCD chī_4.15 俗鴟73114

鳲 73063 u4D13 shī_4.15 简 鳲72996

梟 73064 u4CB7 xiāo_4.15 同梟24201

鴛 73065 u4CB6 yuān_4.15 鴛鴦，同鴛73105鴦 通訓大夫行司諫院司諫成公墓碣銘 有 征婦詩以見懷。詩曰：寶篆烟銷閉洞房。閒愁無意繡鴛鴦。

鸩 73066 u9E29 zhèn_4.15 简 鴆73009

鸨 73067 u9E28 bǎo_4.15 简 鴇73012

鸧 73068 u9E27 cāng_4.15 简 鶬73701

鸦 73069 u9E26 yā_4.15 简 鴉73018

鸥 73070 u9E25 ōu_4.15 简 鷗73840

鴎 73071 u9D0E ōu_4.15 俗鷗73840

鴀 73072 38837 pī_5.16 廣韻 符悲切 集韻 貧悲切太音邳 廣韻 鴨也 又 人名 山海經·欽䲹圖贊 欽䲹及鼓，是殺祖江，帝乃戮之，崑崙之東 又 集韻 攀悲切音丕。義同。鎣 又駓73134

鳱 73073 38838 gàn_5.16 集韻 古暗切音紺。鳥聲。

鳶 73074 38839 bēn_5.16 正字通 俗鶊字。

鴔 73075 38840 xuán_5.16 篇海 胡涓切，音玄。玄鳥。本作玄，俗加鳥 又 悦全切音員。義同 又 字彙補 何微切音與攜近◇引 張超·誚青衣賦 隋珠彈雀，堂溪刈葵。鴛雛啄鼠，何異乎鴔○按張賦本作鴟，譌作鴔，鴟轉譌鴔 字彙補 以鴔字爲何微切，大誤。鎣 字彙補 鸇74165與鴔同。

鴏 73076 38841 dài_5.16 廣韻 徒得切 集韻 敵德切太音特 廣韻 鴏，鴨屬。鎣 廣韻 鴏，徒得切。鴏鷗。又徒戴切。

鴡 73077 38842 jiū_5.16 集韻 臼許切音巨。鳥名。鎣 又鴡73142俗鳩72921

鴓 73078 38843 pǐ_5.16 集韻 側格切音迮。鳥名 廣雅 鵋鴓，鴖也。鎣 又鴓73032 又 正字通 鴎73007字之譌。

鴐 73079 38844 jiā_5.16 廣韻 古牙切 集韻 韻會 正韻 居牙切太音嘉。鴈屬 廣韻 鴐鵝，鳥 司馬相如·上林賦 鴚鵝鸀瑪。又 或作鴐 司馬相如·子虛賦 連鴐鵝 郭璞註 野鵝也。鴐，音加 又 玉篇 與鴚73136同。鎣 又鴐73148

鳶 73080 38845 qù_5.16 玉篇 却據切 集韻 丘據切太音去 玉篇 鳥名。鎣 又鴣73173

鴑 73081 38846 rú_5.16 玉篇 音奴。鳥名。

鴊 73082 38847 shēng_5.16 集韻 師庚切音生 玉篇 鳥名 又 同鼪 集韻 江東呼鼬鼠爲鼪。一从鳥。鎣 可洪音義 鴊鴊：音生，能言獸也。正作狌33101猩33375二形。

鴥 73083 38848 yuè_5.16 集韻 王伐切音越。鳥名。

鮐 73084 38849 tái_5.16 廣韻 徒哀切 集韻 堂來切太音苔 玉篇 鳥名。

鴒 73085 38850 líng_5.16 廣韻 集韻 韻會 太郎丁切音靈。鶺鴒，鳥名 爾雅·釋鳥 鵙鴒，雝渠 註 一名雝渠也 陸璣疏 大如鷃雀，頸下黑如連錢，杜陽人謂之連錢。一名錢母，一名雝渠。一作脊令 詩·小雅 脊令在原，兄弟急難 疏 令，亦作鴒。鎣 又鸰73189鷚74190鸈74235 又 正字通 鶈，俗鴒字

鴩 73086 38851 tǒu_5.16 唐韻 天口切 集韻 他口切太音妵 說文 鳥也。似鳧，黑色 又 dòu 廣韻 集韻 太徒口切音蔻。水鳥名。鎣 又䳆66134

鴻 73087 38852 mì_5.16 玉篇 美畢切 集韻 莫筆切太音密 玉篇 鳥如鵲 集韻 繼英也 又 廣韻 集韻 太莫結切音蔑。義同。又 bì 正韻 薄宓切音弼。鵲鴻，鳥名。鎣 又鶓73447鸓73854

鴔 73088 38853 fú_5.16 集韻 匐急切。同鵩 玉篇 鴔鴡也 集韻 鴡鴔，鳥名。戴勝也 爾雅·釋鳥 鴡鴔，戴鵀 郭註 鵀卽頭上勝，亦呼爲戴勝。鴡鴔，猶鶝鶝，語聲轉耳 疏 戴勝，齊魯之閒謂之鴡鴔○按 丹鉛錄 云唐盧延遜詩：樹上諮諏批䳱鳥。王安石詩：藉草聽批頰。批頰，不詳何狀，或卽鵯鶋也。李時珍以批頰爲升菴之駕犂，一名烏臼，五更鳴架架格格者也。滇人以爲榨油郎 又 曰鳳皇皁隸，汴人呼爲夏舌，如燕，黑色，長尾有岐，頭上戴勝，卽 爾雅 之鴡鴔、戴鵀也。鴡鴔者，匹及切，匹及之音轉爲批頰耳 又 jí 集韻 訖立切音急 又 fú 房六切音伏。義太同。鎣 又鴔73151鵔73160

鮀 73089 38854 tuó_5.16 集韻 唐何切音駝。鮀鳥，似雉 晉書·張華傳 武庫封閉甚密，其中忽有雉雊。華曰：此必蛇化爲雉也。開視，雉側果有蛇蛻焉 又 前漢·西域傳 安息國有大馬爵 師古註 廣志 云大爵，頸及膺身，蹄似橐駝，色蒼，舉頭高八九尺，張翅丈餘，食大麥○按大馬爵似橐駝。本作駝，後人以鳥之名，改馬從鳥 張華傳 所云蛇化雉者，本作蛇，因其化雉，亦改虫从鳥耳。鎣 又鴕73184駝73479

䲾 73090 38855 mín_5.16 玉篇 音珉。鳥名 山海經 符禺山鳥多䲾，似翠，赤喙，可以禦火 又 wén 集韻 無分切音文。䲾母，鳥名。

鴭 73091 38856 shí_5.16 廣韻 常隻切音石。雝渠也 廣雅 鴭鳥，精列 又 diǎo 集韻 覩老切音倒。礰鴭，懸石貌。鎣 又鴭12457

鴹 73092 38857 qiǎo_5.16 廣韻 集韻 太苦絞切音巧。鴹73925鷯，鳥名。巧婦也。陳藏器曰：巧婦小於雀，在林藪閒爲窠，窠如小袋○按 爾雅·釋鳥 註：鴹鷯，桃雀。俗呼爲巧婦。

本作巧，後人加鳥作䲵。䕫鵅鷩或作鵅鵬 又 䳍66125 鳭73145

鴭 73093 38858 cí_5.16 五音類聚 音慈。義與鷀同。

䳟 73094 38859 mò_5.16 玉篇 莫枯切 廣韻 莫撥切 丛音末。鳥名 廣雅 䳟、䲰，鷽也。䕫又䳟73179

鴗 73095 38860 lì_5.16 唐韻 集韻 丛力入切音立 爾雅·釋鳥 鴗，天狗 郭註 小鳥也。青似翠，喙紅項下白，食魚。江東呼爲水狗。亦名翠琴 本草 名魚師 爾雅翼 謂之魚狗。又名魚虎 正字通 又名翠碧鳥。與翡翠鳥別。陸龜蒙詩：紅襟翠翰兩參差，徑拂烟華上細枝。春水漸生魚易得，不辭風雨坐多時。崔德符 通羊驛 詩：翠裘錦帽初相識，魚虎彎環掠岸飛。丛指鴗言。䕫又鸡41517

鴘 73096 38861 biǎn_5.16 廣韻 集韻 韻會 披免切，丛篇上聲 集韻 鷹隼二歲，色赤 正字通 鴘鶯，鳥屬 西陽雜俎 鶯74045，色黃，一變爲青鴘，又一變爲白鴘 又 廣韻 方免切 集韻 邦免切，丛鞭上聲。又 集韻 類篇 丛翻阮切音願。又 集韻 父遠切音捲。義丛同。

鴃 73097 38862 yì_5.16 唐韻 夷質切 集韻 類篇 弋質切丛音逸 說文 鴃，鋪豉也。鋪豉，鳥名 爾雅·釋鳥 鳺，鋪枝 郭註 未詳 正字通 爾雅 鴃，鋪枝 玉篇 作鋪豉，一說枝，或豉之譌。按鋪枝，因鳥聲而名之，如泥滑，滑脫，破袴之類，自宜從 爾雅 爲正 通雅 曰：卽鵓鳩，俗譌呼鵓姑子 又 倉頡篇 鋪穀鳥卽布穀。據此說，鋪豉亦鋪穀之譌 又 dié 集韻 類篇 丛徒結切音迭 又 集韻 他結切音鐵。義丛同。

鴙 73098 38863 zhì_5.16 廣韻 集韻 丛直几切音滍。同雉 廣雅 野雞，雉也 又 字彙 鴙，古謂之鶻 前漢·五行志 魯哀公時，有隼集於陳庭 師古註 隼，鷙鳥，卽今之鴙也。鴙，胡骨反。

鴏 73099 38864 zhá_5.16 廣韻 側八切音札 玉篇 鳥雜毛色 又 鳥名 類篇 鳥，似百舌，喙長善食魚。䕫又鸷73152

鴗 73100 38865 mí_5.16 五音類聚 武移切音彌。與鸍74091同。

鴔 73101 38866 bá_5.16 廣韻 集韻 丛蒲撥切音跋 說文 鳥也 玉篇 大鳥也 正字通 鳥似鳧 又 bō 廣韻 集韻 丛北末切音撥 集韻 鳥似雉。䕫又雉66135鴔73146

鴇 73102 38867 diāo_5.16 集韻 丁聊切音雕。鴇鵜 又 chāo 癡宵切音超。鳥聲 又 tiáo 田聊切音迢。鴇鵜，鳥尾翹毛 又 xiāo 玉篇 呼幺切 集韻 馨幺切丛音膮。羽貌。

鴚 73103 38868 gē_5.16 唐韻 古俄切 集韻 居河切 韻會 正韻 居何切丛音歌 說文 鴚，鵝也 爾雅·釋鳥 舒鴈，鵝 註 禮記 曰：出如舒鴈。今江東呼鴚 又 jiā 玉篇 居牙切音加。與駕同。亦鵝也。

鴛 73104 38869 wǎn_5.16 集韻 委遠切音宛。同䳣省 正字通 鳳屬。又 類篇 人名 山海經 女和月母國，有人名曰䳣，處東極隅以主日月，使無相間出○按經本文今作䳣。䕫又䳣73547䳣73546

鴛 73105 38870 yuān_5.16 唐韻 集韻 韻會 丛於袁切音眢 說文 鴛鴦也 玉篇 匹鳥。雄曰鴛，雌曰鴦 崔豹·古今注 鳧類，雌雄未嘗相離，人得其一，則一必思而死，故謂匹鳥 埤雅 鵲好外反，鴛好內思 詩·小雅 鴛鴦在梁，戢其左翼 正字通 鴛鴦紅頭，翅尾黑，頭有白長毛，質杏黃色具文采。又 廣韻 烏渾切 集韻 烏昆切丛音溫。義同。䕫又鸳73186鴛73147鴛73065夗09858 又 夗09854 宋元以來俗字譜·鴛 引 白袍記 目連記

鴜 73106 38871 cí_5.16 唐韻 卽移切 集韻 將支切，丛音貲 說文 鸏，鴜也 玉篇 水鳥，似魚虎，蒼黑色 又 廣韻 疾移切 集韻 才支切丛音疵。義同。䕫又鸶73284鴜73107鴜73171 又 韓 ja 鳥名。禿鶖，或作扶老、鶩鵅。

鴜 73107 38872 cí_5.16 正字通 同鴜 司馬相如·上林賦 鸏鴜鵁鶄 又 cí 集韻 類篇 丛七支切。同雌 說文 鳥母也 又 cǐ 集韻 淺氏切音此。鳥名。

鴃 73108 38873 zhǐ_5.16 廣韻 諸氏切 集韻 掌氏切丛音紙 廣韻 鴃鵜，鳥，如烏，見 山海經 又 類篇 頸尒切，音枳◇義同。又 zhì 集韻 支義切音寘。鳥聲。䕫又鴃73109鴃69909

鴃 73109 38874 zhǐ_5.16 正字通 同鴃

鴭 73110 38875 bái_5.16 集韻 類篇 丛薄陌切音白 字林 鴭郁，鳥名。似鸐，出懸雍山。

鴝 73111 38876 qú_5.16 古文鸜鴝 唐韻 其俱切 集韻 權俱切丛音劬 說文 鴝鵒 爾雅翼 鴝鵒，似鵙而有幘，飛輒成羣。字書謂之哵哵鳥。一名鴝鵯。一作鸜 山海經註 鸜鵒，鴝鵒也 正字通 又名八哥 幽明錄 云五月五日，翦其舌端使圓，教令學語，能人言 又 鴝掇，蟲名 列子·天瑞篇 蝴蝶，胥也，化而爲蟲，生竈下，其狀若脫，其名曰鴝掇。鴝掇千日，化而爲鳥，其名爲乾餘骨 又 gōu 廣韻 古侯切 集韻 居侯切丛音鉤 廣韻 鴝鵒鳥 集韻 鶴鸛也 又 gòu 集韻 居候切音葍。鳥聲，雉鳴也。䕫又鸲73187鴝73137

鴞 73112 38877 xiāo_5.16 唐韻 集韻 韻會 丛于嬌切音猇◆ 說文 鴞鴟，鸋鴂也 爾雅·釋鳥 鴟鴞，鸋鴂 郭註 鴟類 孔疏 陸璣云鴟鴞，似黃雀而小，幽人或謂之鸋鴂 埤雅 鴞大如班鳩，綠色 詩·陳風 有鴞萃止 毛傳 惡聲鳥也 又 魯頌 翩彼飛鴞，集于泮林 又 名鵩 巴蜀異物志 鵩鴞，體有文色，俗因形名之曰鵩 又 名訓狐。一作梟 又 禮·內則 鵠鴞胖 註 胖脅側薄，肉不可食 又 有青鴞，可作羹 爾雅·梟鴟 疏 其肉甚美，可爲羹臛，又可爲炙 莊子·齊物論 見彈而求鴞炙 又 獸名 山海經 鉤吾山有獸，狀如羊身人面，目在腋下，虎齒人爪，音如嬰兒，名狍鴞 註 卽饕餮。與鴟鳥別一種。䕫又鸮73191

鴓 73113 38878 fū_5.16 廣韻 甫無切 集韻 風無切丛音跗 玉篇 鵂鴓，鳥名 山海經 基山有鳥如雞，三首六目，六足三翼，名鵂鴓，食之無臥 註 急性無臥，使人少眠 又 集韻 芳無切音敷。鳥名。䕫又𩿧66139鵂鴓 廣韻 作鵂鴓。

鴟 73114 38879
chī_5.16 廣韻處脂切集韻韻會稱脂切𠀤音鴟說文鴟也玉篇鳶屬。鴟鴞，惡鳥，捉鳥子而食者図角鴟，一名鵂鶹，一名鴟鵂，一名鴝爾雅·釋鳥鴟鴞，鸋鳩図茅鴟釋鳥狂，茅鴟郭註今鵵鴟也。似鷹而白図疏茅鴟，一名狂廣雅云茅鴟，鵳也図怪鴟釋鳥註即鵋鵙也，見廣雅。今江東呼此屬爲怪鳥埤雅怪鴟，一名隻狐，晝無所見，夜卽飛噉蚊蟲莊子所謂夜撮蚤察毫末，晝出瞋目而不見丘山是也図梟鴟爾雅·釋鳥郭註土梟図山海經南海蒼梧山有鴟久註卽鴟舊図三危山有鳥，狀如鶩，名曰鴟〇按此鳥疑別是一種図鴟夷，革囊也史記·伍子胥傳盛以鴟夷革註取馬革爲榼形也図揚雄·酒箴自用如此，不如鴟夷顏云盛酒者也。図蹲鴟，芋也史記·貨殖傳汶山下有蹲鴟華陽國志汶山大芋如蹲鴟図茅鴟，逸詩篇名左傳·襄二十八年慶封來奔，穆子使工爲之誦茅鴟杜註刺不敬也図書·呂刑鴟義姦宄。註鴟義，以鴟張跋扈爲義也。庚桑子曰：人實鴟義而有其國図史記·貨殖傳范蠡適齊，爲鴟夷子皮正字通字彙以鴟夷爲複姓，誤。鼈又雎66113雖66131䧹66166鴮73062鷀73039鴟73188鵄73115㙤73199鴜73258図龍龕鴟俗，鴟72976正。

鴟 73115 38880
chī_5.16 正字通同鴟。

鴠 73116 38881
dàn_5.16 廣韻集韻韻會得案切正韻得爛切𠀤音旦。鴠旦，鳥也增韻鴠旦，求旦之鳥，似雞，晝夜常鳴揚子方言周魏齊宋之間謂之獨舂，自關而東謂之城旦，秦、隴之內謂之鶡鴠禮·月令仲冬，鶡旦不鳴図集韻黨旱切音亶。義同〇按鶡鴠，因求旦之聲得名，本作盍旦禮·坊記引詩相彼盍旦，尚猶患之。或作曷旦月令作鶡旦廣志作侃旦方言作鷃鴠，別作鳱鴠、鴠鴠、渴旦。

鴡 73117 38882
jū_5.16 唐韻七余切集韻千余切𠀤音疽說文王鴡也爾雅·釋鳥鴡鳩，王鴡郭註鵰類。今江東呼之爲鶚，好在江渚邊食魚。一作雎詩·周南關關雎鳩。図官名左傳·昭十七年鴡鳩氏，司馬也。

鵡 73118 38883
wǔ_5.16 唐韻文甫切集韻罔甫切𠀤音武說文鸚鵡也。能言鳥。一作鵡禮·曲禮鸚鵡能言，不離飛鳥正字通鸚鵡，能言鳥。有綠色、紫赤色、白色、五色數種。丹味鉤吻，舌似小兒，趾前後各二。性畏寒図一種大於鸚鵡，出嶺南，名秦吉了。身黑觜赤，首戴黃冠，善效人笑語聲。其大於吉了而尾長者曰青雞。蔡絛鐵圍山叢談曰：鸚鵡初丹喙中黑後丹。初名木俟図一種名鳥鳳范成大·虞衡志云出桂海，紺碧色，頭上有冠，尾垂二弱骨，長一尺數寸，至杪始有毛，形略似鳳，音聲清越似笙簫，能度小曲合宮商，能爲百鳥之音図花名。刺桐花，雲南名鸚哥花，花形似図彭綱詩風吹綠葉翠翻翻，露出幾枝紅鸚鵡図mǔ廣韻集韻韻會莫後切正韻莫厚切𠀤音母。亦作母。熊大古以大者爲鸚母，小者爲鸚哥。戴侗以白者爲鸚母，小者爲鸚哥。

鷂 73120 38885
yǎo_5.16 廣韻烏皎切集韻伊鳥切𠀤音杳玉篇鷂，魚鮫也爾雅·釋鳥鷂頭鮫郭註似鴟，江東謂之魚鮫山海經靑要山有鳥名鴢，狀似鳧，身靑，朱目，赤尾，食之宜子図廣韻集韻𠀤於絞切音拗。又集韻於交切音坳。又伊謬切音幼。義𠀤同。鼈又鴢72962鴤73166

鴣 73121 38886
gū_5.16 唐韻古胡切集韻韻會攻乎切𠀤音孤說文鶻鴣，小類班鳩埤雅臆前有白圓點文，多對啼，常向日飛，畏霜露，蚤晚稀出，有時夜飛，則以木葉自覆其背。志常南向，不思北徂，雖東西回翅，開翅之始，必先南騫，故一名懷南。江左名爲逐影。其鳴自呼云鉤輈格磔，行不得也，哥哥林逋詩林木叫鉤輈註鷓73824鴣自呼也。鼈又雄66129鴣73195鵓74009鴣73176鴣69891

鶋 73122 38887
qú_5.16 玉篇古文鴝73111字。

鮗 73123 38888
zhōng_5.16 廣韻職戎切集韻之戎切𠀤音螽廣韻鳥名正字通水鳥，似鳧而小。或讀若終。義同。鼈正字通雉66122同鮗。

鴇 73119 38884
bǎo_5.16 玉篇同鴇

鶇 73124 38889
dōng_5.16 廣韻集韻𠀤都宗切音冬廣韻鶇鳥好入水食，似鳧，形小。

鴟 73125 38890
chì_5.16 等韻昌石切音尺正字通鴟，小雀。或省作斥莊子·逍遙遊斥鴳笑之。俗加鳥作鴥。按字彙謂鴟與鴈俱同鴈。引師曠禽經及張華註云鴘鴟，𠀤音岸。不知禽經鴟本從斥，非從斥。鴘，斥右加點，鴘，厂下從干。張華鴘註言：集江干上，故字從干。鴟註言：集岸谷間，故字從斥。釋義甚明。鴘、鴟同字異形，今字彙以從斥爲從斥。誤。鼈又鴥73158

鴥 73126 38891
yù_5.16 唐韻以出切集韻允律切正韻以律切𠀤音聿說文鶺飛貌廣韻鳥飛快也廣雅鴥，飛也詩·秦風鴥彼晨風。又小雅鴥彼飛隼図集韻于六切音薗。疾飛貌図王勿切音曰。義同図胡決切音穴。鳥名。
鼈又鴥73128鴥73198鴥73149

鴦 73127 38892
yāng_5.16 唐韻集韻韻會正韻𠀤於良切音央。鴛73105鴦也，匹鳥也荆楚記鴦名節木鳥図紫鴛鴦，鷁鵃別名図黃鴦，一名黃鶯図瓦名蘇軾詩瓦弄寒蟾鴦臥月図人名。梁鴦，見列子。文鴦，見晉書図廣韻烏郎切集韻於郎切𠀤音佒。義同。鼈又鴦73190鴦73175

鴥 73128 38893
yù_5.16 集韻戎用切音拲。鶺飛貌〇按字彙鴥從穴，與從穴者不同正字通云鴥字之譌。存考。

鴨 73129 38894
yā_5.16 古文鶇壹唐韻烏甲切集韻韻會乙甲切𠀤音押玉篇小鳥也爾雅·釋鳥舒鳧，鶩註鳧也禽經鴨鳴呷呷，其鳴自呼，鳧能高飛，而鴨舒緩不能飛，故曰舒鳧。廣雅一名杓匹，亦作鴨図水名，鴨淥。唐書·地理志馬砦水，出白山，色若鴨頭，號鴨淥水，今鴨淥江也△說文从鳥甲聲玉篇亦作鴨，別作䲹。鼈又鴨73192鼻73138鷱73352

鴈 73130 38895
yàn_5.16 正字通鴈與鴈、鴈72938同。鴈卽鴈之省。

與鵂別 字彙 誤以鵂爲鵂，闕鵂。

鶹 yóu_5.16　玉篇 于周切 集韻 夷周切夶音由 玉篇 鸓鼠也。類篇 鶹夷，鳥名 爾雅·釋鳥 鸓鼠，夷由。鎣鶹夷，又名鵂鶹、鷂鶹 周處·風土記 鷂鶹以名自呼，大如雞，生卵於荷葉上。

鶹 chú_5.16　字彙補 同鶵
駏 pí_5.16　字彙補 與鶵同 陶潛·讀山海經詩 巨猾肆威豹，欽駏違帝旨，窫窳强能變，祖江遂戮死。鎣劉尚慈：猾，一本作危。豹，當作暴。駏，一本作駓。戮，當作戮。

鵧 xǐng_5.16　字彙補 與鶄同。

鴛 yuān_5.16　字彙補 與鴛同。鴛鴛 史記 作鳩鴛。

鴚 gē_5.16　篇海類編 與鴚同 廣雅 鴚鵝，雁也。

鶌 qú_5.16　字彙補 其俱切音衢。鶌掇，蟲名 列子 鶌掇千日化而爲鳥，其名曰乾魚骨 莊子·至樂篇 作鴝掇。是鶌、鴝同一字也。

鼍 yā_5.16　說文長箋 同鴨。

鴠 yā_5.16　說文長箋 同鴨。鎣 玄應音義 怦17126 㦬字應鴠盧，音烏甲反，今人謂黑貂爲鴠盧貂是也 図 備考 重出，刪。

鴷 jiā_5.16　簡 鴷73079
鴂 yù_5.16　簡 鴂73126
鴵 qí_5.16　篇海類編 旨而切，音支◇ 方言 雞，陳楚宋魏之間謂之鵤鴵 鎣俗鴵
鵙 yì_5.16　篇海類編 與鴥同。鎣又雉66128 図 集韻 鵙，或作駏73199

鴵 jiū_5.16　篇海類編 與鷗同。鎣俗鳩72921
鴲 bǎo_5.16　篇海類編 同鴀。
鴚 gē_5.16　篇海類編 同鴚。
鷁 qiǎo_5.16　篇海類編 同鴵。
鵁 bó_5.16　篇海類編 同鴍。

鴹 níng_5.16　簡 鷎74128
鷅 fú_5.16　簡 鷅73088
鴜 lóng_5.16　簡 鸗74162

鴛 yuān_5.16　俗鴛73105 集韻 鴛，烏昆切。鴛鴦，匹鳥也。沈重說。
鴜 zhá_5.16　簡 鴜73099
鵬 null_5.16　殷周金文集成·3.707·魯宰駉父鬲 魯宰駉父乍姬鵬滕鬲

鵒 null_5.16　喃未詳。
鵬 null_5.16　新撰字鏡 都聊、作聊二反。寺豆反。
鴟 chì_5.16　簡 鴟73125
鷁 null_5.16　未詳。

鵕 sǎ_5.16　喃 从鳥史sǔ聲△鵕鵕：翡翠鳥。
儠 sě_5.16　喃 从鳥仕sī聲△儠儠：小麻雀。
鴜 qua_5.16　喃 从鳥瓜qua聲。烏鴉。
鴹 xiáng_5.16　俗鴹72973

鴕 tuó_5.16　明弘治刻本 徽州府志·卷之二·食貨一·土產 鴕鳥：鴕，徒河反。一名楚雞。尤愛其羽，中矰弋則守死不動 郡國志 曰：翎下有青紅相應，如垂綬，其狀若蜀雞，背若朱蛇。

鵃 yǎo_5.16　直音篇 鵃同鴞73120
鵅 chú_5.16　字彙補 鵅，同鸜73722
鵬 péng_5.16　龍龕 鵬通，鵬73450正。
鼂 yā_5.16　玉篇 鴨73129，烏甲切。水鳥。亦作鼂。
鴠 wā_5.16　中國諺語資料·農諺 早鴠陰，晚鴠晴，半夜的鴠子不到明。注，鴠音窪，鳥名。

鵱 qiè_5.16　龍龕 鵱，俗。去謁反。正作揭23321 図 字彙（增補本）鵱，音怯，同鳶，鳥名，見 篇海

鴦 yāng_5.16　俗鴦73127 可洪音義 鴛鴦：下扴良反。
鴣 gū_5.16　俗鴣73121 可洪音義 鷓鴣：下古胡反。
鴥 null_5.16　未詳。
鷓 cí_5.16　俗鶅73107 清·李調元 通詁·慈鷓篇 慈鷓，母雞也。
鳶 zhēng_5.16　同鴤73019 田黎切。鳥名 博雅 鴤鵃，子鳩也。或作鴠73588鴤
鷈 tí_5.16　集韻 鴘73920

鵽 mò_5.16　俗鵽73094
鴰 xuè_5.16　俗鴥46038飛走貌。唐·喬琳 鶺鴒賦 鶺鴰飛鳴。鶺鴰，或作翻㹸46102 図 vit 喃 从鳥越việt省聲。鴨△鴰翾：鴨絨。鴰㭕：鴨蛋

鴜 yù_5.16　同鵵73001 新撰字鏡 玉音。鸛。

鷥 sī_5.16　簡 鷥73921
鴜 shù_5.16　唐·段公路 北戶錄 鷉鴣……又一名鴜，音述，多對嗁。

鴕 tuó_5.16　簡 鴕73089
鴦 yuān_5.16　簡 鴦73105
鴟 chī_5.16　簡 鴟73114
鴦 yāng_5.16　簡 鴦73127
鴨 yā_5.16　簡 鴨73129
鴝 dōng_5.16　簡 鵣73493
鴣 gū_5.16　簡 鴣73121

鴬 xué_5.16　簡 鷽74026
鴝 qú_5.16　簡 鴝73111
鴒 líng_5.16　簡 鴒73085
鴞 xiāo_5.16　簡 鴞73112
鸕 lú_5.16　簡 鸕74156
鴬 yīng_5.16　日同鶯73706
鵰 tián_5.16　日 鵰同文通考·國字鵰，漢語鈔 作田鳥 廣漢和辭典 しぎ。水辺に棲み、魚や小虫を食べる、くちばしが長い鳥。

鴪 73198 u9D2A yù_5.16 字彙補鴪，與䳑73126同。

鴟 73199 38900 chī_6.17 玉篇充尸切廣韻處脂切，太音胵廣韻鴟、雎、䳢太同，鳶也淮南子·萬畢術䳢鵂能致鳥，言取䳢鵂折其大羽，絆兩足，以爲媒。張羅其旁，鳥自聚又◆晉書·涼武昭王傳軍之所至，莫不賓下。惟蒙遜鴟跱一城。堅守不下又dié廣韻徒結切音迭。鳥名。

鴺 73200 38901 yí_6.17 玉篇弋支切音移。鳥名五音集韻衆鳥總名。

鴭 73201 38902 shī_6.17 字彙書之切音詩。鳥名。

鴻 73202 38903 tóng_6.17 廣韻集韻太徒冬切音彤玉篇鳥名山海經松果山有鳥，名鴻渠，如山雞又tōng集韻他冬切音炵。又zhòng直衆切音仲。義太同。鑾又螐53300蝩53542可洪音義·前序蝎畫鴻形……並是書人筆誤也。

鴯 73203 38904 yì_6.17 廣韻餘制切集韻以制切太音曳玉篇鳥名集韻飛生也。

鵃 73204 38905 duī_6.17 廣韻集韻太都回切音磓廣韻雀屬。

鶖 73205 38906 qiū_6.17 玉篇七由切集韻雌由切太音秋說文秃鶖也。鑾又正字通鶖73236，鵚字之譌。舊註同鵝，非。又䳌73273

鴿 73206 38907 guǐ_6.17 廣韻過委切集韻古委切太音詭。鷶鴿，鳥名。子規也又玉篇布穀也又廣韻魚毀切集韻五委切太音頠。義同。鑾又䳛66165

鴄 73207 38908 jiàng_6.17 廣韻集韻太疾亮切音匠玉篇巧婦也廣雅女鴄，工雀也又名鶌鷯，鵯鴂，果蠃，桑飛。鑾鶌鷯或鶌鷽。

鴮 73208 38909 wū_6.17 廣韻哀都切集韻汪胡切太音烏玉篇鴮鸅，鵜鶘別名爾雅·釋鳥鵜，鴮鸅郭註今之鵜鶘也。一名洿澤。俗呼之爲淘河又集韻荒胡切音𧬊。又字彙荒故切，汚去聲◇義太同。鑾又雐66162䳇73274

鴯 73209 38910 ér_6.17 廣韻如之切集韻韻會人之切太音而廣韻鷾鴯，玄鳥也莊子·山木篇鳥莫智於鷾鴯又韻會或作意。東海有鳥，其名曰意怠。鑾又䧔66169䳵73317

鴥 73210 38911 yù_6.17 說文鴪73341，或从臾字書一作鴥鴥。○按谷、臾轉聲。如鬼谷子漢書作鬼臾區之類。鑾鴥从臾，同鴥又䳑73111䳡73341䧕66153䧕66269

鴰 73211 38912 guā_6.17 廣韻集韻韻會正韻太古活切音括玉篇鶬，鴰也爾雅·釋鳥鶬，麋鴰郭註今呼鶬鴰班固·西都賦鶬鴰鳵鴇司馬相如·子虛賦雙鶬下註鶬鴰也。又廣韻古頒切音刮。鶬鴰，鳥毛逆九尾韓詩外傳孔子渡江見之異，衆莫能名。孔子嘗聞河上人歌曰：鶬兮鴰兮，逆毛衰兮，一身九尾長兮。鶬鴰也。鑾又䳒73316䳮73364䧻66176

䳱 73212 38913 ài_6.17 廣韻五蓋切集韻牛蓋切太音艾玉篇巧婦也爾雅·釋鳥桃蟲，鷦，其雌䳱郭註鷦鷯，桃雀也。俗呼爲巧婦又yì集韻魚刈切音乂。與鴱同。鑾又䧧66174

鵑 73213 38914 juān_6.17 正字通俗鵑字。

鵊 73214 38915 sōng_6.17 廣韻息弓切集韻思融切正韻息中切太音嵩廣韻鵊，似鷹而小，能捕雀玉篇與鶐同。鑾直音篇䲲73000同鵊又鵊22957

鴲 73215 38916 zhī_6.17 唐韻旨夷切集韻蒸夷切，太音脂說文鴲，瞑鴲也廣韻鴲，小青雀也又zhǐ玉篇至几切音旨。鳥鷇未生毛也又zhì廣韻指利切集韻脂利切太音至。雀聲也。鑾又䳳73286

鵬 73216 38917 qióng_6.17 集韻渠容切音蛩。水鳥。

鵣 73217 38918 lài_6.17 廣韻落蓋切音賴。鳥名。鑾俗鵣73429又同䳓73241鸂鵣，亦作鸂鶒、鸂鶆。

鴳 73218 38919 yàn_6.17 廣韻於澗切集韻正韻於諫切太音晏。說文雇也玉篇鶉鴳也爾雅·釋鳥鳸，鴳註今鴳雀。又呂覽有菟生雉，雉亦生鴳高誘曰鴳，一名冠雀。於五行之中。爲羽蟲之孽埤雅鴳不木處安矣，故謂之鴳晉語晉平公射鴳，不死韋昭註鴳鳸，小鳥也又莊子·逍遙遊斥鴳笑之。一作鷃又獸名山海經邊春山有獸，狀如禺，曰幽鴳又ān集韻於寒切音安。鳥聲。鑾又䳺73271䧱66158

鳶 73219 38920 yuān_6.17 唐韻與專切音緣。同鳶。鷙鳥也。从屰从屮从鳥。鑾說文鳶，鷙鳥也。从鳥屰聲。

鴴 73220 38921 héng_6.17 玉篇戶庚切音衡。荒鳥也又戶孟切，衡去聲。義同。鑾又䳤73314

鴞 73221 38922 xiāo_6.17 五音類聚古幺切，音交◇不孝鳥也。○按與梟同。

鵟 73222 38923 huāng_6.17 玉篇呼光切音荒。雀也。

鴶 73223 38924 jiá_6.17 廣韻古黠切集韻訖黠切太音戛玉篇鴶鵴，布穀鳥也爾雅·釋鳥鳲鳩，鴶鵴疏布穀類也。一名擊穀。一名桑鳩又集韻激質切音吉。義同。

鴄 73224 38925 huí_6.17 玉篇音回。鳥長一尺，五色文。

鴷 73225 38926 liè_6.17 廣韻良薛切集韻力蘗切太音列。鴷，即斲木鳥。常斲樹食蟲爾雅·釋鳥鴷，斲木異物志此鳥有大有小，有褐有斑，褐者雌，斑者雄又山中有一種，青黑色，頭上有紅毛，土人呼山斲木，亦名火老鴉王元之詩淮南斲木大如鴉，頂似仙鶴堆丹砂埤雅鴷善爲禁法，能曲爪畫地爲印，則穴之塞自開，飛即以翼墁之。鑾又翟66160䳐73308

鴸 73226 38927 zhū_6.17 廣韻章俱切集韻鍾輸切太音朱玉篇鳥

似雞廣韻鳥似鴟也山海經柜山有鳥，其狀如鴟而人手，其音如痺，名鴸註痺，鶉之嶋者〔又〕廣韻陟輸切集韻追輸切𠀤音株。鳥名。鎣又雉66152

䳟 73227 38928 gōng_6.17 廣韻九容切集韻居容切𠀤音恭。䳟鳥，似雉。鳴自呼。

䳔 73228 38929 jiù_6.17 廣韻其九切音舅。鳥䳔也。似鳩，有冠。鎣又䳔73406〔又〕正字通䳔，鵟73329字之譌。舊註同雎66161，誤。

鳽 73229 38930 è_6.17 廣韻五革切集韻逆革切𠀤音蒍爾雅·釋鳥鳽，鵁鶄郭註似鳧〔又〕jiān唐韻古賢切集韻經天切𠀤音堅說文鵁鶄也〔又〕廣韻五堅切集韻倪堅切𠀤音妍。又集韻丘耕切音鏗。又qiān輕煙切音牽。義𠀤同。〔又〕與雃同說文石鳥。一名雝渠。一名精列〔又〕zhān集韻鸇74053古作鳽。鎣又鳽72991

⿰旬鳥 73230 38931 xún_6.17 廣韻詳遵切集韻松倫切𠀤音旬玉篇鵔鸃，小鳥也集韻鵔鶲也〔又〕集韻須倫切音荀。義同。〔又〕與鵔同。鵔鸃，小鳥。或書作鵔。

鴹 73231 38932 yáng_6.17 廣韻與章切集韻韻會余章切正韻移章切𠀤音羊。鳥名廣韻鷸鴹，一足，舞則天下雨家語作商羊〔又〕呂覽田鼠化爲鴽高誘註鴽鶉，青州謂之鴹鴹〔又〕正字通字統云一足鳥。一名山蕭。文身，赤口，晝伏夜飛，聲如人嘯，將雨轉鳴。明永樂中，西域進獨脚異鳥，上以問，解縉對曰：此名商羊，左肋有肉鼓，右肋有肉鐘，伐鼓則舞，考鐘則鳴。試之果然〔又〕xiáng集韻正韻𠀤徐羊切音詳。回飛也。與翔同前漢·郊祀志聲氣遠條鳳鳥鴹。

⿱略鳥 73232 38933 lüè_6.17 集韻力灼切音略。鳥名。或作鷟。

⿰伏鳥 73233 38934 fú_6.17 玉篇房六切音伏。鳥名。

⿰圭鳥 73234 38936 guì_6.17 廣韻古惠切集韻韻會涓惠切𠀤音桂。鶗⿰圭鳥，鳥名揚雄·反騷恐鶗⿰圭鳥之將鳴兮，故先百草爲不芳師古曰鶗⿰圭鳥，鳥。一名買䲸，一名子規，一名杜鵑。常以立夏鳴，鳴則衆芳皆歇而農事興〔又〕jué玉篇類篇𠀤古穴切音玦。又jiǎn集韻吉典切音繭。又jì居悸切音季。義𠀤同。鎣故先百草爲不芳。故，顧之誤。

鵜 73235 38937 tí_6.17 唐韻正韻杜兮切集韻田黎切𠀤音啼說文鵜胡，污澤也。重文作鴺〔又〕玉篇鵜，山雞也左思·蜀都賦鷩鵜山棲。與鵜胡別一種〔又〕yí廣韻以脂切集韻延脂切𠀤音夷。鵜鳩。一名飛生。

⿰局鳥 73236 38938 jú_6.17 玉篇巨六切廣韻渠竹切𠀤音鵴。鳲鳩也。鎣亦作⿰局鳥73294〔又〕正字通⿰局鳥，鶪73205字之譌。舊註同鵴73461非。

⿰鳥江 73237 38939 xiáng_6.17 集韻胡江切音夅。鳥名。鎣又鵁72973〔又〕集韻⿰鳥江，或作鵁73165方成珪考正：類篇⿰鳥江作⿰鳥工72964，今據正。

鴻 73238 38940 hóng_6.17 古文鳿唐韻戶工切集韻韻會正韻胡公切𠀤音洪說文鴻，鵠也玉篇鴻，鴈也詩傳云大曰鴻，小曰鴈陸璣疏鴻羽毛光澤純白，似鶴而大，長頸，肉美如鴈。又有小鴻如鳧色白，今人直謂之鴻易·漸卦鴻漸于陸。其羽可用爲儀〔又〕旗名禮·曲禮前有車騎，則載飛鴻鄭註鴻取飛有行列也〔又〕通作洪，大也史記·河渠書禹抑鴻水楚辭·天問不任汩鴻，何以尚之註鴻，大水也〔又〕傭也周禮·冬官考工記梓人爲筍簴，小首而長，摶身而鴻，若是者謂之鱗屬，以爲筍註鴻，傭也。〔又〕周禮·冬官考工記矢人橈之，以眡其鴻。殺之稱也疏釋云鴻卽上文强是也。殺卽上文弱是也〔又〕地名左傳·昭二十一年齊師、宋師敗吳師于鴻口註梁國睢陽縣東有鴻口亭〔又〕鴻溝史記·蘇秦傳大王之地，南有鴻溝註在滎陽〔又〕蟲名。蜚鴻史記·周本紀蜚鴻滿野註蠛蠓也〔又〕姓。衞大夫鴻駵魋，見左傳。鴻安丘，見後漢書〔又〕人名。大鴻，堯臣名。梁鴻，漢人〔又〕hòng廣韻韻會胡孔切集韻戶孔切𠀤音汞。與澒同揚雄·羽獵賦鴻絧緁獵師古註鴻絧，直馳貌〔又〕鴻濛，元氣也淮南子·俶眞訓以鴻濛爲景柱註東方之野日所出〔又〕集韻類篇𠀤虎孔切音嗊。義同〔又〕集韻胡貢切音哄。鴻洞，深遠。一曰相連次貌〔又〕字彙古送切音貢淮南子·精神訓澒濛鴻洞註鴻，讀如子贛之贛〔又〕叶胡光切音黃呂氏春秋彭祖以壽，三代以昌。五帝以昭，神農以鴻。鎣又鸿73310㶆30198〔又〕龍龕鳿73916俗鴻72961古鴻正，音紅。鴈屬也。大曰鴻，小曰鴈。

⿱次鳥 73239 38941 cì_6.17 廣韻集韻𠀤七四切音次。鳥名玉篇卽鵂鶹也山海經奇肱國之北女祭女戚國有⿱次鳥鳥，人面〔又〕集韻類篇𠀤津私切音資〔又〕集韻資四切音恣。義𠀤同。

⿰宅鳥 73240 38942 zhái_6.17 廣韻場伯切集韻直格切𠀤音宅廣韻⿰宅鳥鶴，鳥名。毛備五色。

⿰式鳥 73241 38943 chì_6.17 唐韻恥力切集韻蓄力切𠀤音敕說文谿⿰式鳥，水鳥也，毛有五色建州圖經曰：溪游，雄者左，雌者右，皆有式度。陳藏器曰：五采，首有纓者爲谿⿰式鳥，色多紫，尾有毛，如船舵形正字通韻會小補或作鸂。以鸂鶒⿰式鳥，誤。別作鷘、鶒、鶒，𠀤非。鎣又⿰式鳥73287鶒73898

⿰有鳥 73242 38944 yù_6.17 集韻乙六切音彧。鳥名山海經縣甕之山，其鳥多白⿰有鳥〔又〕yǒu廣韻集韻𠀤云九切音有玉篇白鵫也廣韻似雉。

鵅 73243 38945 luò_6.17 唐韻盧各切音洛說文烏鸔也爾雅·釋鳥鵅，烏鸔郭註水鳥也。似鶂而短頸，腹翅紫白，背上綠色，江東呼烏鸔〔又〕gé廣韻古伯切集韻各額切𠀤音格玉篇鵋鶀也爾雅·釋鳥鵅，鵋鶀郭註今江東呼鵂鶹爲鵋鶀。亦謂之鵅鵅。

鴽 73244 38946 rú_6.17 廣韻人諸切集韻韻會正韻人余切𠀤音如。鴾也爾雅·釋鳥鴽，鴾母郭註鶉也。青州人呼曰鴾

母禮·月令田鼠化爲鴽 又 內則 鴽醸之蓼◆註鴽不爲羹，惟蒸煑切蓼 儀禮·公食大夫禮 以雉兔、鶉鴽 正字通 田鼠化爲鴽。鴽卽鶉也。十二支神子水位，鼠屬水，午伏乃鶉火之次，豈可移易。蓋三月大辰候當出火，故田鼠至建辰月化爲鴽。八月辰伏九月當納火，而鴽於建酉月爲鼠者，辰巳伏也。子午陰陽之極，神交爲變化如此，餘可類推。鑾又駕73270翟66155 又 經典文字辨證書·隹部 翟66148正。亦作鴽73081同。鴽，俗。

鴾 73245 38947 móu_6.17 廣韻 莫浮切 集韻 迷浮切𠀤音謀。鴾母。註見鴽73244

鴿 73246 38948 gē_6.17 唐韻 正韻 古沓切 集韻 葛合切𠀤音閤 說文 鳩屬 周禮·天官·庖人 掌供六禽 註 鴈、鶉、鷃、雉、鳩、鴿。陸佃曰：鴿性喜合，凡鳥雄乘雌，惟鴿雌乘雄，逐月有子。又名鵓鴿。又 韻會 唐明皇呼鴿爲飛奴 正字通 唐鄭復禮言，波斯舶上多養鴿。鴿能飛行數千里，放一隻至家，以爲平安信 又 野鴿，其矢皆左盤 本草 野鴿矢謂左盤龍 又 蒲鴿，瓜名 杜甫詩 傾筐蒲鴿青。鑾又䧄66151鴿73312

鵀 73247 38949 rén_6.17 廣韻 集韻 韻會 如林切 正韻 如深切𠀤音壬 廣韻 戴勝鳥也，頭上毛似勝 爾雅·釋鳥 鵖鴔，戴鵀 郭註 鵀卽頭上勝。今呼爲戴勝。陸佃曰：首有文如勝。師古曰勝，婦人首飾。漢世謂之華勝 方言 云自關而西謂之戴鵀，或謂之戴頒，或謂之戴勝。東齊吳揚之閒謂之鵀 又 廣韻 正韻 汝鴆切 集韻 如鴆切𠀤音妊。又 廣韻 尼心切音誑。義𠀤同。鑾又倠66172𨾴66181鵀73266

䳒 73248 38950 yuán_6.17 正韻 于權切音員 前漢·梅福傳 䳒鵲遭害，則仁鳥增逝。又 五行志 河平元年，泰山山桑谷，有䳒焚其巢 又 地名 前漢·地理志 交趾郡朱䳒縣 又 人名 左傳·昭十五年 晉襲鼓，以鼓子䳒鞮歸。

鵁 73249 38951 jiāo_6.17 唐韻 古肴切 集韻 正韻 居肴切𠀤音交 說文 鵁鶄也 爾雅·釋鳥 鳽，鵁鶄 郭註 似鳧，脚高，毛冠 邢疏 鵁鶄一名鳽 博物志 鵁鶄，巢於高樹生子穴中，銜其母翼飛下飲食 師曠·禽經 鵁鶄，睛交而孕。又曰旋目其名鷃，方目其名鴋 司馬相如·上林賦 鵁鶄鸀目 正字通 鵁鶄，似鳧。脚高，觜丹，頂有紅毛如冠 又 鵁鸕 爾雅·釋鳥 鵜頭，鵁 郭註 似鳧。江東謂之魚鵁 釋文 許交切音骹 邢疏 一名頭鵁 司馬相如·上林賦 鸕鶿鵁鸕 註 魚鵁也 又 山海經 蔓聯山有鳥羣居而朋飛，其毛如雌雉名曰鵁 又 xiāo 集韻 虛交切音虓。義同。鑾又鳷73040鵁72999鵁73309鵁73262

鵂 73250 38952 xiū_6.17 廣韻 許由切 集韻 虛尤切𠀤音休。鵂鶹，鳥也 廣雅 肥鵂，鴟鵂，怪鴟也 又 莊子·秋水篇 鴟鵂，夜撮蚤，察見毫末，晝出瞑目，而不見丘山 又 集韻 巨救切音舊。義同。鑾又鵂73315鵂73255鵂68438鵂72990

鵃 73251 38953 zhōu_6.17 唐韻 集韻 𠀤張流切音輈 說文 鶻鵃也。似山鵲而小。一名鶌鳩 爾雅·釋鳥 鶌鳩，鶻鵃 本草 其鳴云鉤輈格磔，自呼也 又 玉篇 止遙切 集韻 之遙切𠀤音昭 又 廣韻 集韻 𠀤陟交切音啁。義𠀤同 又 玉篇 丁交切 集韻 丁聊切𠀤音鵰。義同 又 diǎo 集韻 丁了切音鳥。鵃舠，船長貌。鑾 集韻 又鵃73313 又 正字通 鵰73008，鵃字之譌。

䳓 73252 38954 lǎo_6.17 正韻牋·十三巧 逸字，音老◇ 本草 秃鶖。一名鴜䳓 飲膳正要 云鴜䳓有三種，有白者、黑者、花者，名爲胡鴜䳓。其肉色亦不同。元時猶有鴜䳓之供獻。按鶖名扶老。本作老，俗加鳥。䳓字六書不載。鑾又䳓73261

鵶 73253 38955 yā_6.17 字彙補 與鴉同。

鵂 73255 38957 xiū_6.17 說文長箋 同鵂。

鶵 73256 38958 chú_6.17 海篇 同雛

䳘 73254 38956 dàn_6.17 五音集韻 丁紺切音馱。鳥名。本作鴅。或作鵃。

鵄 73258 38960 chī_6.17 集韻 同鴟 史記·條枝有大鳥註 鵄，鷹聲蹄駱色蒼，舉頭八九尺。

𪀰 73257 38959 huī_6.17 篇海 音灰。鳥名。

𪀝 73259 38961 tóng_6.17 字彙補 音童。鳥名。

𪁅 73260 42294 zhuāng_6.17 字彙補 俗鸘字 陶氏輟耕錄 青鵏。鑾又鵏73283

䳓 73261 42295 lǎo_6.17 字彙補 力倒切音老。鴜鶖也。鑾又䳓73252

䲺 73262 42296 jiāo_6.17 說文 鵁本字。

䴌 73263 46786 mǐ_6.17 搜眞玉鏡 音米。

𪀚 73264 46787 xún_6.17 篇海類編 同鴝。

𪁎 73265 46788 luò_6.17 五音篇海 同駱。鑾又𪂴73637

𩿬 73267 46790 fù_6.17 龍龕 音婦

鵀 73266 46789 rén_6.17 川篇 同鵀。見 集韻 ○按 集韻 鵀，或作倠 川篇 誤。

䳑 73269 46792 yù_6.17 海篇 音聿。鑾 直音篇 䳑同鷸73965

𫛪 73270 u2B6EA rú_6.17 簡 鴽73244

𪀧 73268 46791 chì_6.17 篇海類編 同鶒

𫛩 73271 u2B6E9 yàn_6.17 簡 鷃73218

𫛨 73272 u2B6E8 pí_6.17 簡 鵧73441

𫛧 73273 u2B6E7 qiū_6.17 簡 鶖73205

𫛦 73274 u2B6E6 wū_6.17 簡 鴮73208

𫛥 73275 u2B6E5 jiá_6.17 簡 鵊73324

𫚻 73276 u2B6BB null_6.17 同鴛73307

𫚺 73277 u2B6BA null_6.17 未詳。

𫚹 73278 u2B6B9 null_6.17 未詳。

𫚸 73279 u2B6B8 null_6.17 王后左相室鼎 九䳒反。

𪪦 73280 u2AAA6 yàn_6.17 俗鴈73015

𪉋 73281 u2A24B jié_6.17 簡 鶛73295

𪉊 73282 u2A24A huá_6.17 簡 鷨73929

𪉉 73283 u2A249 zhuàng_6.17 簡 𪁅73260

鴜 73284 u2A248
cí_6.17　　簡鴜73106

齀 73285 u2A247
null_6.17　　未詳。

鵃 73286 u2A246
zhī_6.17　　簡鵃73215

鵡 73287 u2A245
chì_6.17　　簡鵡73241

鶐 73288 u2A047
sŏng_6.17　　嗬从鳥充sung聲△鵃鶐：公雞。

鮖 73289 u2A046
hâu_6.17　　嗬从鳥后hâu聲。鵃鮖：鳶。或作鵬73672

躲73648

鮖 73290 u2A045
săc_6.17　　嗬从鳥色săc聲。

鮚 73291 u2A044
két_6.17　　嗬从鳥吉cát聲。水鴨。

鵺 73292 u2A043
chiện_6.17　　嗬从鳥件kiện聲。

鶂 73293 u2A042
diệc_6.17　　嗬从鳥亦diệc聲△昆鶂：蒼鷺。

鶪 73294 u2A041
jú_6.17　　亦作鶪73236 廣韻 鶪，同鶪73461

鵽 73295 u2A03E
jié_6.17　　鵽鵽，亦作鵽鵽、桀24005鵽。

醋 73297 u2A039
yā_6.17　　四聲篇海 音鴉73466義同。

鵩 73298 u2A037
null_6.17　　未詳。

鵽 73296 u2A03B
null_6.17　　明·袁宏道 湘湖 蕭山櫻桃、鵽鳥、蓴菜皆知名，而蓴尤美。

鵪 73299 u2A036
null_6.17　　未詳。

鶿 73300 u2A035
null_6.17　　大南一統志·卷四·承天府（下）·土產（下）·禽類 秦吉了：俗名鮐鶿，又名鮐鶿，形如鸚鵡，一名了鵐。

肆 73301 u2A034
null_6.17　　未詳。

梟 73302 u2A033
null_6.17　　未詳。

鵽 73303 u2A032
null_6.17　　未詳。

鴌 73304 u2A031
null_6.17　　未詳。

鵥 73306 u2A02F
null_6.17　　未詳。

鴌 73305 u2A030
null_6.17　　或同禂54660

鶑 73307 u2A02E
null_6.17　　新撰字鏡 鶑，弥佐古。

鴷 73308 u4D15
liè_6.17　　簡鴷73225

鴤 73309 u4D14
jiāo_6.17　　简鴤73249

鴻 73310 u9E3F
hóng_6.17　　簡鴻73238

鸞 73311 u9E3E
luán_6.17　　簡鸞74212

鴿 73312 u9E3D
gē_6.17　　简鴿73246

鵃 73313 u9E3C
zhōu_6.17　　簡鵃73251

鴴 73314 u9E3B
héng_6.17　　简鴴73220

鵂 73315 u9E3A
xiū_6.17　　簡鵂73250

鴰 73316 u9E39
guā_6.17　　简鴰73211

鴯 73317 u9E38
ér_6.17　　簡鴯73209

鷙 73318 u9E37
zhì_6.17　　簡鷙73846

鵧 73319 u9D67
pí_6.17　　俗鵧73441

鸞 73320 u9D46
luán_6.17　　简鸞74212

聰 73321 u9D48
null_6.17　　譌字。

鶃 73322 u9D47
nián_6.17　　日 同文通考·國字 鶃，トキ，ツキ，朱鷺也 新撰字鏡 鶃，一作鶃；鵩，二字豆支。又云太字。

衡 73323 u9D46
héng_6.17　　日 同文通考·國字 衡鴴73220，並信衡鳥也。又 廣漢和辭典 ちどり，千鳥。

鵊 73324 38962
jiā_7.18　　廣韻 古洽切 集韻 韻會 訖洽切夶音夾 廣韻 杜鵑也 囝 鵯鵊 正字通 歐陽修·鵯鵊詩 龍樓鳳閣攀岑嶸，深宮不聞更漏聲。紅紗蠟燭愁夜短，綠窗鵯鵊催天明 註 鵯鵊，催明鳥，京師謂之夏雞 囝 姓。鵊治，黃

帝臣 前漢·藝文志 陰陽家有鵊治子一篇 囝 xié 集韻 檄頰切音協。鳥名。鋻 又鵋73275

鷙 73325 38963
zhì_7.18　　玉篇 之利切 正韻 支義切，並音寊 ◇ 玉篇 同鷙 囝 zhé 集韻 之列切音浙。鳥擊也。

鶊 73326 38964
chéng_7.18　　字彙 是征切音成。鳥名。

鵋 73327 38965
jì_7.18　　廣韻 集韻 韻會 夶渠記切音忌。鵋鵙，鵙鳥，今之角鵙。一名鵋。鋻 又鵙72944鷙73826

鵌 73328 38966
tú_7.18　　廣韻 集韻 韻會 夶同都切音徒 爾雅·釋鳥 鳥鼠同穴，其鳥爲鵌，其鼠爲鼵 郭註 鵌，似鵽而小，黃黑色，穴入地三四尺，鼠在內，鳥在外。今在隴西首陽縣鳥鼠同穴山中 尚書孔傳 共爲雌雄 地理記 不爲牝牡 囝 yú 廣韻 以諸切 集韻 羊諸切夶音余。義同。一作鵌 揚雄·蜀都賦 鵌鵝鵁鶄鶹 山海經 翼望山有鳥，狀如烏，三首六尾，善笑。名鵌鵠 又 帶山有鳥，狀如烏，五采赤文，亦名鵌鵠 太平御覽 善芳，一作獻芳。鵌鵠者，即獻芳鳥也。鋻 又鵺74108 囝 集韻 鵌，或作鵌73811

鵙 73329 38967
jú_7.18　　唐韻 居玉切 集韻 拘玉切夶音黐。鳥名。囝 廣韻 集韻 夶居六切音匊。義同 囝 jiù 集韻 巨九切音舅。百舌鳥也。一曰鳥鵙鳥 五音集韻 鳥名。似鳩，有冠。書作鵙。亦作鵙。鋻 又雈66170 又鵙73406，从鳥臼聲。

鵍 73330 38968
huān_7.18　　玉篇 火丸切 集韻 呼官切夶音歡。同鵍。鵍鵍，鳥也 囝 集韻 古丸切音官。鵍鵍，亦鳥名。鋻 又鵍73381

鵍 73331 38969
yì_7.18　　玉篇 同鵍。與鵋、鵍夶同。

鵍 73332 38970
jié_7.18　　廣韻 集韻 夶居盍切音砝。鳥名。

鵍 73333 38971
tuŏ_7.18　　廣韻 他果切 集韻 吐火切夶音妥。鳥名。

鵍 73334 38972
xiāo_7.18　　字彙 先彫切，音消 ◇ 鳥名。

鵍 73335 38973
bū_7.18　　廣韻 博孤切 集韻 奔謨切夶音逋。鵍鼓，鳥名 字彙 鵍，鵙也。一曰鵍穀 囝 bŭ 廣韻 薄故切 集韻 蒲故切夶音捕。鵍，鷙鳥 囝 pū 集韻 滂模切音痛。鵍也 囝 pú 蓬逋切音蒲。鳥膺前也。鋻 又雛66183 鵃73394

鵍 73336 38974
chén_7.18　　篇海 鋤簪切音岑。小鳥也。鋻 又鵍73556

鵍 73337 38975
wú_7.18　　廣韻 武夫切 集韻 微夫切夶音無。鳥名。雀屬。鋻 又鵍73426 鵍73915 囝 龍龕 鵍正，鵍今。

鵹 73338 38976
lí_7.18　　集韻 良脂切音黎。鵹黃，鳥名。與鸝、鸝夶同 囝 山海經 王母山沃野有三青鳥，赤首黑目。一名大鵹。一名小鵹。一名青鳥。鋻 集韻 鵹，鵹黃，鳥名。或作鵹74144 雛66368

鵑 73339 38977
juān_7.18　　廣韻 古玄切 集韻 韻會 圭玄切 正韻 圭淵切夶音涓。杜鵑，鳥名 玉篇 杜鵑 顏師古曰 鵑鵑，一名買鵙，一名子規，一名杜鵑 李時珍曰 杜鵑出蜀中，狀如雀鵙而色慘黑，赤口，有小冠。春暮即鳴，夜啼達旦，

鳴必向北，至夏尤甚，晝夜不止，其聲哀切，田家候之，以興農事。惟食蟲蠹，不能爲巢，居他巢生子 埤雅 杜鵑苦啼，啼血不止，一名怨鳥，夜啼達旦，啼苦則倒懸於樹 異物志 杜鵑一名鶲周，自呼曰謝豹 寰宇記 蜀王杜宇，號望帝，立鼈靈爲相，後因禪位，自亡去，化爲子規 華陽國志 杜宇稱帝，會有水災，其相開明，決玉壘山以除害，帝遂委以政，升西山隱焉。時適二月，子規鳥鳴，故蜀人聞輒悲思之 又 花名，杜鵑 花木考 亦名山石榴、山躑躅，映山紅。互見鴂鵗鳺鷤鶗鸐諸字註。

鑾又䳌66192鵤73213鵑73423

鵝 73340 38978 yuè_7.18 唐韻 弋雪切 集韻 欲雪切丛音悅。水鳥也。

鵒 73341 38979 yù_7.18 唐韻 余蜀切 集韻 俞玉切丛音欲 說文 鴝73111鵒也。古者鴝鵒不踰泲。鑾又鵴73210鵴73678鵒73420雓66269 又 直音篇 雂66204同雓66153

鵓 73342 38980 bó_7.18 廣韻 蒲沒切 集韻 薄沒切丛音孛。鵓鴣鳥，今之鵓鴣也 六書故 斑鳩，差小者頸有白點斑，聲若布穀。又謂勃姑，又謂步姑。李時珍曰：鴿性易合，故名。鵓者，其聲也。鑾又鵓07881䳇。

鵕 73343 38981 mǎng_7.18 廣韻 莫項切 集韻 母項切丛音㟿。鴟鳥也。似鷹而白 又 měng 廣韻 莫湩切 集韻 母湩切丛音朦。又 集韻 母總切音懵。又母朗切音莽。義丛同。
鑾又鸏68876鸏75889 又 集韻 鵝73389雂66199，母項切。鵝鴟，鳥名。似鷹而白。或从隹。又鵝，莫江切。鳥名。茅鴟也。似鷹而白。或書作鵕。又鵝，母總切。鳥名。鴟
△宏按，母總切為母揔切之誤。

鵔 73344 38982 jùn_7.18 唐韻 私閏切 韻會 正韻 須閏切丛音峻 說文 鵔鸃，鷩也 玉篇 鳥狀如鴟，赤足，直喙，黃文 字彙 郭璞曰：似鳳有光彩。李彤曰：鵔鸃，神鳥，飛光竟天 南越志 增城縣多鵔鸃 正字通 鵔鸃似山雞而小，即錦雞也。一作鵕鸃 又 冠名 前漢·佞倖傳 孝惠時，郎、侍中皆冠鵔鸃。嚴武詩：何須不著鵔鸃冠。鑾又雓66191

鵕 73345 38983 jùn_7.18 正字通 同鵔

鵖 73346 38984 bī_7.18 唐韻 彼及切 集韻 北及切丛音㯅 說文 鵖鴔也。一名戴勝 又 廣韻 居輒切 集韻 戟葉切丛音紪 又 玉篇 北涉切 集韻 眨耶切。義丛同。鑾眨耶切。眨耶切。

鵠 73347 38985 zhì_7.18 玉篇 之餌切 五音類聚 之吏切丛音志。鳥名。

鵐 73348 38986 fú_7.18 廣韻 縛謀切 集韻 房尤切丛音浮。鵐，鳩也。一作䳕 爾雅·釋鳥 佳其，鳺䳕 郭註 鵐，鳩也 又 集韻 芳無切音敷。義同。鑾又鸂73710雓66205

鵝 73349 38987 láo_7.18 集韻 郎刀切音勞。鴰鵝鳥，錦文羽。

鵞 73350 38988 wò_7.18 集韻 烏酷切音沃。水鳥 又 屋郭切音臒。義同。鑾又鵞73438

鵗 73351 38989 qú_7.18 集韻 鴝73111古作鵗。鑾又鴝73408

鵑 73352 38990 yā_7.18 正字通 同鴨 廣雅 作鶹。

鵟 73353 38991 wāng_7.18 廣韻 集韻 丛烏光切音汪 玉篇 雉名 廣韻 鳺鳴自呼。

鵐 73354 38992 wú_7.18 廣韻 五乎切 集韻 訛胡切丛音吾 玉篇 鵐鼠。或作鼯 爾雅·釋鳥 鼯鼠，夷由 註 亦謂之飛生。

鵗 73355 38993 xī_7.18 廣韻 香衣切 集韻 韻會 香依切丛音希。北方雉名 爾雅·釋鳥 北方曰鵗 又 官名 左傳·昭十七年 五雉爲五工正 註 北方曰鵗雉，攻皮之工也 又 集韻 韻會 丛展几切音黹。義同。鑾 字彙補 鵗66201，同雓66194

鵞 73356 38994 āo_7.18 玉篇 烏而切音醫。鳥鳴也。鑾胡吉宣：烏高切。烏鳴也。从高省聲。

鵘 73357 38995 jùn_7.18 集韻 具運切音郡。雞無尾 又 巨隕切音窘。義同。

鵙 73358 38996 niè_7.18 廣韻 尼輒切音聶。鳥飛也 類篇 鳥名。

鵚 73359 38997 yì_7.18 廣韻 集韻 丛營隻切音役。小鳩也 揚子方言 秦漢之閒謂鵚鳩，小者謂鵚鳩 註 今荊鳩也。鑾又鵚73460雓66190

鵙 73360 38998 jú_7.18 韻會 扃闃切音郥。卽伯勞鳥。一名伯鷯，一名伯趙，一名姑惡，一名苦吻鳥 爾雅·釋鳥 鵙，伯勞也 郭註 似鶷鶡而大 左傳 曰：伯趙氏 禽經 伯勞，似鴝鵒，喙黑 埤雅 鵙能制蛇，鵙鳴在上，蛇盤不動 又 爾雅·釋鳥 鶪鵙醜，其飛也㚇 詩·豳風 七月鳴鵙 禮·月令 仲夏之月，鵙始鳴 易·通卦驗 云博勞，夏至應陰而鳴，冬至而止，故帝少皞以爲司至之官。嚴粲云五月伯勞始鳴，應一陰之氣，至七月猶鳴，則三陰之候寒將至，故七月聞鵙之鳴先時感事也。本作鶪73635 曹植·惡鳥論 鵙聲嗅嗅，故以名之。感陰而動，殘害之鳥也。鑾 爾雅·釋鳥 鶪鵙醜，其飛也㚇。

鵚 73361 38999 tū_7.18 廣韻 集韻 韻會 正韻 丛他谷切音禿。鵚鶖鳥也 本草 凡鳥，至秋毛脫禿，此鳥頭禿如秋毨〇按 說文 本作禿，俗加鳥，蓋鶖頭禿，故號禿鶖73587，非禿卽鳥也。鑾又鵚73407雓66195 又 可洪音義 鵚73393梟：上他木反。下古堯反。

鴰 73364 39002 guā_7.18 說文 鴰本字

鶄 73362 39000 jīng_7.18 廣韻 古靈切 集韻 堅靈切丛音經。鳥名。◆ 爾雅·釋鳥 輿鶄，鵅 郭註 未詳 廣雅 鶄雀，怪鳥。鑾又雓66182

鵖 73363 39001 láng_7.18 廣韻 魯當切 集韻 盧當切丛音郎 玉篇 鵖鳩也。◆ 揚子方言 鳩，周鄭之郊，韓魏之都，謂之鵖鵖。

鵜 73365 39003 tí_7.18 廣韻 杜奚切 集韻 韻會 田黎切 正韻 杜兮切丛音啼。鵜鶘也 爾雅·釋鳥 鵜，鴮鸅 註 今之鵜鶘也。好羣飛，沉水食魚，故名鴮鸅。俗呼淘河 正字通 陸璣

曰：形如鶚而大，喙長尺餘，口中正赤，頷下大如數升囊，小澤中有魚，共抒水滿而棄之，水竭魚出，乃食之 又 鼁以道曰：鵜之屬，有曰漫畫者，以觜畫水，求魚，無一息之停。有曰信天緣者，終日凝立，不易其處，俟魚過取之 詩·曹風 維鵜在梁 毛傳 洿澤也 三國志 魏文帝鵜鶘集靈芝池。詔云此詩人所謂汙澤也 又 集韻 正韻 㒳天黎切音梯。義同。鎣又鵜73388鵜73418

鵝 73366 39004 é_7. 18 古文𩿊 唐韻 五何切 集韻 韻會 正韻 牛何切㒳音我 說文 䳘，鵝也。長脰善鳴，峩首似傲，故曰鵝 埤雅 鵝顙如瘤，今鵝江東呼䳘。李時珍曰：鵝，綠眼黃喙紅掌，善鬬，夜鳴應更 禽經 曰：脚近臎者能步，鵝、鶩是也。鵝見異類差翅鳴。一名家雁，一名舒雁，一名鴚鵝。又 爾雅·釋鳥 舒雁，鵝 李巡曰 野曰雁，家曰鵝 本草註 又有野鵝，大於雁，似人家蒼鵝，謂之駕鵝 又 禽經 鵝鳴則蜮沉，養之園林則蛇遠去 又 嶺南異物志 蠻人聚鵝腹毳毛爲衣被 又 洞冥記 日出銜翅而舞，名喜白鵝 又 陣名 左傳·昭二十一年 鄭翩願爲鸛，其御願爲鵝 又 人名。榮駕鵝，魯大夫成伯 又 草名。黑鵝 管子·地員篇 其種陵稻，黑鵝，馬夫。又鵝抱，亦草名。見 本草。鎣又䳘66184鵞73421䳘40766䳘73367鵞73368

䳘 73367 39005 é_7. 18 同鵝。

鵞 73368 39006 é_7. 18 同䳘。

鵛 73369 39007 xǐng_7. 18 集韻 呼頂切音省。鵅鵛，水鳥，似鷺色蒼 又 火迥切音詗。義同。鎣又䴌73132

鵟 73370 39008 kuáng_7. 18 廣韻 巨王切 集韻 渠王切㒳音狂 廣韻 鵟，鴟屬 玉篇 鳥有冠。本作狂 爾雅·釋鳥 狂，𪄀鳥 郭註 狂鳥，五色有冠 又 爾雅·釋鳥 狂，茅鴟 郭註 茅鴟，一名狂。鎣又䳼66196鵟73396

鵃 73371 39009 kàn_7. 18 廣韻 苦旰切 集韻 可旱切㒳音侃。鵃鴠，鳥名。似雞，五色，晝夜鳴 又 廣韻 苦曷切 集韻 丘葛切㒳音渴 又 廣韻 苦蓋切 集韻 丘蓋切㒳音磕。義㒳同。互詳鳱72939鶡73616二字註。鎣又雗66189

鵠 73372 39010 hú_7. 18 唐韻 集韻 韻會 㒳胡沃切音嚳 說文 鴻鵠也 顏師古曰 鵠，水鳥，其聲鵠鵠 本草 鵠，大於鴈，羽毛白澤，其翔極高而善步。一名天鵝 史記·陳涉世家 燕雀安知鴻鵠之志哉 又 黃鵠 玉篇 黃鵠仙人所乘 前漢·賈誼傳 黃鵠之一舉知山川之紆曲，再舉知天地之圓方。又 鵠立 後漢·袁紹傳 瞻望鵠立 註 企佇之狀，如鵠立也 又 鵠蒼，犬名。見 博物志 又 爾雅·釋器 象謂之鵠 郭註 鵠，治樸之名，謂治其樸，未成器也 又 後漢·吳良傳 大儀鵠髮 註 鵠髮卽鶴髮 又 集韻 正韻 㒳姑沃切音梏 周禮·天官·司裘 王大射，則共虎侯、豹侯，設其鵠 鄭司農云 鵠，鵠毛也。四尺曰鵠，謂之鵠者，取名於鳱鵠。鳱鵠，小鳥而難中，是以中之爲儁。一說鵠，鳥之大者，有力飛遠，故正鵠取此 禮·射儀 循聲而發，不失正鵠 註 畫布曰正，棲皮曰鵠。鵠之言梏也。梏，直言。人正直，乃能中也 又 姓。見 萬姓統譜 又 gào 正字通 音告。地名。鵠澤 詩·唐風 從子于鵠 毛傳 鵠，曲沃邑也 前漢·地理志 鵠澤 註 孟康讀告 又 呂覽 鵠乎其羞用智慮也 註 鵠讀如浩，大也〇按 正字通 云 轉注古音 讀書通 俱云鵠通作鶴 淮南子·覽冥訓 鴻鵠鶬鶴莫不驚憚伏竄 班固·西都賦 玄鶴白鷺，黃鵠鵁鶄 左思·吳都賦 鳥則䴇鵠、鶬鶴。皆分鵠、鶴爲二，至於 別鶴操 雄鵠、雌鵠 劉孝標·辨命論 龜鵠千歲 費昶·擣衣 詩開韞舒龜鵠，古本皆作鶴，俗譌爲鵠，豈可據此謂鵠卽鶴也。鶴，不過叶音同鵠耳 嵇康·琴賦 鶴與曲叶，讀如鵠，豈可言鵠卽是鶴，故鶴不宜與鵠通。鎣又䳟66185鵠73422

鵢 73373 39011 tóu_7. 18 玉篇 大侯切 集韻 徒侯切㒳音頭。鴝頭，鵢。似梟，脚近尾 正字通 按 爾雅 鴝頭，鵢。本作頭，非作鵢，皆因聲而譌。

鵡 73374 39012 wǔ_7. 18 廣韻 文甫切 集韻 韻會 罔甫切㒳音武。鸚鵡，能言鳥也 禮·曲禮 鸚鵡能言，不離飛鳥 郭璞云 青羽赤喙，舌似小兒，有五色者、白者、赤者。凡鳥四指，三指向前，一向後。此鳥兩指向後 禽經 鸚鵡拊其背而啞 正字通 與鴞同。鎣又鷡73399䳇66130䳇73567

鵣 73375 39013 ān_7. 18 正字通 俗鵪字。別作鵪。

鵤 73376 39015 jué_7. 18 集韻 古穴切。與鳺同。鶪鵤也。

鵥 73377 39016 yàn_7. 18 字彙補 五諫切音鴈。鴻也。鎣鴻鵥，鴻雁。

鵦 73378 39017 fāng_7. 18 字彙補 夫邦切音方。與鴋同。

鵧 73379 39018 yàn_7. 18 字彙補 烏諫切音鷃。今鴳雀。

鵨 73380 39019 bǎo_7. 18 字彙補 博稿切音保。大鳥也。

鵩 73381 39020 guàn_7. 18 字彙補 鸛字之譌。

鵪 73382 39021 jù_7. 18 字彙補 其語切音鉅。鳥名。鎣 新修玉篇 引 川篇 音鈍。鳥也。楊寶忠：俗鵪73631

鵫 73383 39022 shēn_7. 18 海篇 申人切音身。鳥名。

鵬 73384 39023 tī_7. 18 字彙補 他兮切音梯。鷹鵬也。

鵭 73385 39024 zhèn_7. 18 集韻 之刃切，音震。鵭鷺羣飛 又 chén 玉篇 時真切。與鷐同。

鵮 73386 39025 yā_7. 18 字彙補 古文鴨73129字。

鵯 73387 39026 é_7. 18 字彙補 古文鵝73366字。

鵰 73388 39027 zhì_7. 18 字彙補 古文雉66127字。鎣又同鵜73365，見 佛教難字字典

鵱 73389 39028 mǎng_7. 18 集韻 莫江切音尨。鵱鴟也。似鷹而白。〇按與䮾字義同音異。

鵌 73390 42297 tú_7. 18 篇海類編 同鵌 山海經註 隴西首陽縣西南山有鳥鼠同穴。鳥名曰鵌，鼠名曰鼵。鎣鵌73397

鴛 73392 46793 chū_7.18 川篇音初 前漢·東方朔傳辟若鴛鷞，飛且鳴矣。

鶏 73391 42298 jí_7.18 字彙補同鶲

鵌 73393 46794 tū_7.18 搜眞玉鏡音秀。鎣俗鵌。

鯆 73394 46795 bū_7.18 篇海類編同鵏。

鴛 73395 u2B6EF fǎng_7.18 簡鴛73702

鶤 73396 u2B6ED kuáng_7.18 簡鴦73370

鵨 73397 u2B6EC tú_7.18 簡鵨73390

鵳 73398 u2B6EB yuán_7.18 簡鵳73709

鶩 73399 u2B6C1 wǔ_7.18 同鶩73374

鵬 73400 u2B6C0 null_7.18 未詳。

鴦 73401 u2B6BF yōu_7.18 从鳥攸聲，見鴦分父甲觶

鴝 73402 u2B6BE null_7.18 新撰字鏡豆波比良々古。

鶓 73403 u2B6BD null_7.18 未詳。

鵬 73405 u2FA0E jí_7.18 同鵬73607

鶌 73404 u2B6BC null_7.18 九年戈丘令癰戈 工師鶌。

鴝 73406 u2FA0D jú_7.18 同鴝73228

鵗 73407 u2A24D tū_7.18 簡鵗73361

鶤 73408 u2A24C qú_7.18 簡鶤73351

鵟 73409 u2A076 qua_7.18 喃同鮹74074

鵑 73410 u2A075 cốc_7.18 喃从鳥局cục聲。同鵒73411

鵒 73411 u2A074 cốc_7.18 喃从鳥谷cốc聲。鵑鵒，鳥鬼。

鴠 73412 u2A073 trả_7.18 喃从鳥呂lã聲△鴠鴠：翠鳥。

鴳 73414 u2A070 zhì_7.18 同雉66127

鷹 73413 u2A071 chuáng_7.18 山鴳鷹，鳥名。參見鷹74009 字海鷹，鷳的訛字。

鵖 73415 u2A06F tī_7.18 俗鸕73751

鵂 73416 u2A06C null_7.18 未詳。

鵩 73417 u2A06B null_7.18 未詳。

鶙 73418 u9E48 tí_7.18 简鶙73365

鵬 73419 u9E47 xián_7.18 简鵬73955

鶙 73420 u9E46 yù_7.18 简鶙73341

鵝 73421 u9E45 é_7.18 简鵝73366

鵠 73422 u9E44 hú_7.18 简鵠73372

鵑 73423 u9E43 juān_7.18 简鵑73339

鸝 73424 u9E42 lí_7.18 简鸝74211

鵓 73425 u9E41 bó_7.18 简鵓73342

鷗 73426 u9E40 wú_7.18 同鷗73337

鶾 73427 u9D65 pàn_7.18 日樫鳥同文通考·國字 カシトリ，鳥名。

鸇 73428 u9D64 zhān_7.18 俗鸇73453篇海作咸切新修玉篇引類篇竹咸切図日廣漢和辭典鸇，斑鳩。

鶒 73429 u9D63 lài_7.18 廣韻鶒，落蓋切。鳥名。又作鶒74181譌作鶒73217

鵺 73430 39029 mì_8.19 玉篇美畢切。與鶒、鶒同。鳥名。

鵁 73431 39030 qiāng_8.19 玉篇去羊切音羌。鵁，鳥名。

鵦 73432 39031 lù_8.19 玉篇盧谷切音祿。鳥名。

鵻 73433 39032 fēi_8.19 玉篇方微切音非。鳥名図fèi集韻方未切音沸。鳥名。或書作鸄。

鶬 73434 39033 chǎng_8.19 集韻齒兩切音敞。鳥名山海經郭註鶬偊，鳥，狀如雞，食之無臥。鎣又鸄73935正字通鸙66226，俗鶬字。

鷙 73435 39034 zhì_8.19 篇海之利切音鷙。猛鳥也。

鶥 73436 39035 mián_8.19 篇海莫堅切音綿。鶯語。

鷫 73437 39036 sù_8.19 集韻蘇骨切音窣。鷫鷞，鳥名。

鷔 73438 39037 ǎo_8.19 玉篇烏道切唐韻烏皓切丛音襖說文鷔，鳥也。鎣又類篇鷔73350鷔，鳥酷切。水鳥。或从芺。

鷥 73439 39038 sōng_8.19 集韻思融切音嵩玉篇鷛屬。

鷜 73440 39039 pǒu_8.19 廣韻集韻丛普后切音剖。雀名図集韻斐父切音撫。義同図薄口切，音裒上聲。鷜鴀，鳥名図集韻類篇丛蒲候切音踣。義同。鎣又雛66212

鴩 73441 39040 píng_8.19 玉篇步丁切集韻旁經切丛音瓶。烏白也爾雅·釋鳥疏鴩鳩，一名鴩鴀図pí廣韻房脂切集韻頻脂切丛音毗。鴩鴀，鳥名。鳴自呼図集韻卑盈切音幷。又蒲街切音牌。又貧悲切音邳。又補買切音擺。又蒲巴切音爬。義丛同。鎣又鴀73319鴀73272

鯍 73442 39041 fǔ_8.19 五音集韻方矩切音斧。鳥名。鎣又鵃73518

鸙 73443 39042 shū_8.19 玉篇失余切廣韻傷魚切丛音書。鳥似鳧。鎣集韻鷙，或作鸙雖。

鵩 73444 39043 fú_8.19 廣韻集韻韻會丛房六切音伏。鵩似鴞，不祥鳥也周禮·秋官鄭註夭鳥，惡聲之鳥，若鴞。鵩本作服史記·賈誼傳有鵩飛入賈生舍，止於坐隅。楚人命鵩曰服正字通鵩，山鴞，夜爲惡聲，不能遠飛，若有彊服然，故鎣鵩73522図正字通鵩73233，俗鵩字図可洪音義服鳥：上或作鵩，音伏，不祥鳥也，似雞而小有文彩。飛不出域，南楚之南有之也。亦作鵩、鵩二形也。

鵪 73445 39044 ān_8.19 同鵪夏小正三月，田鼠化爲鴽。鴽，鵪也図玉篇古文鴨73129字。鎣又雛66311雜66246鴿73375鵪73581鵪73565鵪73676図龍龕鵪73583鵪二俗，鵪74169正。

鸓 73447 39046 mì_8.19 集韻同鶓

鵰 73446 39045 běng_8.19 集韻補孔切音琫。鳥亂飛貌図集韻類篇丛蒲蠓切音菶。義同。

鶄 73448 39047 zhuó_8.19 廣韻都教切集韻陟教切丛音罩。鶄雉，今白雉也爾雅·釋鳥鷒雉、鶄雉郭註今白鶄也。江東呼曰鷒。亦名白雉図zhuó廣韻集韻丛直角切音濁。又集韻竹角切音斲。又chuō敕角切音逴。義丛同。鎣又雖66213鵫73524

鷳 73449 39048 hàn_8.19 正字通同鷳。俗省山海經嶓塚之山多白翰註白翰，白鷳也。一名鷳雉。

鵬 73450 39049 péng_8.19 集韻韻會蒲登切丛音朋玉篇大鵬，鳥也集韻大鵬，鵾屬莊子·逍遙遊鯤之大，不知其幾千

里也，化而爲鳥，其名爲鵬圖齊諧鵬之徙於南溟，水擊三千里，摶扶搖而上九萬里圖bēng集韻悲朋切音嗣圖péng韻會蒲弘切。義丛同。鑒又鵬73562鵬73168圖鵏73254碑別字弔比干文因景風而淩天兮，迴雲鵏以西屢。又，中給事臣高陽郡劇鵏。

鵬　míng_8.19　廣韻武兵切集韻韻會正韻眉兵切丛音明廣韻鵏鵬似鳳，南方神鳥本草註建武中，大鳥集東都，五采備，名曰鵏鵬。沈約曰：鵏鵬至水之感也。一作焦明劉向·九歎駕鵾鳳以上遊兮，從天鶴與焦明。鑒又鵩73514鵬73979

鵭　qín_8.19　廣韻巨金切集韻渠金切丛音琴廣韻鵭，鵭鳥。亦作鴒集韻句喙鳥。

鵯　bēi_8.19　正字通同鵯集韻丘咸切丛音嵁。鳥啄物也圖廣韻竹咸切集韻知咸切丛音詀。義同。鑒又敀21570攽21606鴄21673鴿73561鵲73867噉07294攽21562嗛06744圖楊寶忠：鵯73428俗鵯。

鵯　pǐ_8.19　廣韻譬吉切集韻韻會僻吉切丛音匹。鵯鵯，鳥也爾雅·釋鳥鷽斯，鵯鵯註鵯鳥也。小而多羣，腹下白，江東亦呼爲鵯鳥圖bēi廣韻府移切集韻韻會賓彌切丛音卑。義同△集韻或作鵺。鑒又鵯73563鵯73455圖直音篇鴄73007同鵯。

鵰　diāo_8.19　廣韻都聊切集韻正韻丁聊切丛音貂。胡地鷙鳥本草鵰，似鷹而大，尾長翅短，土黃色。服虔曰：鵰一名鷲。韋昭曰：鵰一名鶚。一作雕說文雕，鷻也禽經曰：鷹以膺之，鶻以掮之，隼以尹之，鵰以周之，鷲以就之，鷻以搏之，皆言其擊搏之異也。李時珍曰：青鵰最俊者謂之海東青正字通俗呼皁鵰，翮可爲箭羽。杜甫有鵰賦，陶九成有鵰傳圖埤雅鵰一曰沸河禽經曰：淘河在岸則魚沒，沸河在岸則魚涌○按鵰，盤旋空中，擊鴻鵠食之，草中有鵰毛，衆鳥毛自落埤雅所誌，又一種鴉之類也。鑒又鵬73523鵰73724槝25196

鷺　lù_8.19　唐韻集韻丛力竹切音六✦說文鷺，蔓鷺也爾雅·釋鳥鷺，舂鉏註今之野鷺。鑒又雒66228鵱73550

鵲　què_8.19　廣韻正韻七雀切集韻韻會七約切丛音碏。鳥名。喜鵲也。一名乾鵲，一名鳲鵲。陶弘景謂之飛駮鳥本草鵲大如鴉，而長尾，尖觜黑爪，綠背白腹。上下飛鳴，以音感而孕，以視而抱。季冬始巢，開戶背太歲，向太乙。知來歲多風，巢必卑下。其鳴喈喈故謂之鵲，鵲色駮雜故謂之駮，靈能報喜故謂之喜，性最惡濕故謂之乾鵲。陸佃曰：傳枝受卵不墮地，故曰乾鵲莊子·天運篇烏鵲孺註傳枝而孚生也。因傳枝而名鳲鵲詩·邶風鵲之疆疆禮·月令季冬，鵲始巢淮南子·修務訓如鵲之駮正字通鵲，春三月，乳子已，舍巢去，他鳥居之。涉秋首無毛若髡，能制蝟。鵲所在蝟必反腹受其啄，鳴木上蝟伏不能興圖練鵲，白毛如練帶，俗呼拖白練。

山鵲曰鶿圖喜鵲，小說謂之神女。藏經謂之芻尼。芻尼，梵語鵲也圖地名左傳·昭五年楚伐吳，吳人敗諸鵲岸註廬江舒縣鵲尾渚圖山名後漢·臧宮傳宮與岑彭等破荊門，別至垂鵲山，通道出秭歸。又鵲山，在濟南。見山海經以扁鵲名圖觀名。漢西京有鳷鵲觀。圖人名。扁鵲，古良醫圖犬名。宋鵲，宋良犬。一作猎圖鵲玉天玄主物簿鵲啄槐實，結玉於腦，謂之鵲玉△一作雒。鑒又鵲73566圖正字通雒，同鵲，本作雒。

鶼　jiān_8.19　廣韻古賢切集韻韻會正韻經天切丛音堅。鶼鶼，鶼屬廣韻鶼，鶼也集韻鶼鶼，鶼子。一曰征鳥。一曰鷹禮·月令註作鶼肩。鑒又雒66227

鷃　yì_8.19　集韻弋睡切音賢。鳥名。小鳩也。鑒楊寶忠：俗鷃73359

鵙　jū_8.19　廣韻集韻韻會正韻丛居六切音菊。鵙鵙，今之布榖也詩韻作秸鵙前漢·鮑宣傳作秸鞠。鑒又鵙74195鵙74160鵙74194鵙74122鵙74104鵙74177圖五音集韻鵙73236鵙73894雒66211，並同鵙。

鷙　zhī_8.19　廣韻集韻丛章移切音支。鷙，土精也。如鴈，一足黃色，毀之殺人。鑒俗作鴲73512

鵵　tù_8.19　廣韻湯故切集韻韻會正韻土故切丛音兔。鵵，木鵵鳥，有毛角，夜飛，好食雞爾雅·釋鳥鵵，鵵軌註：未詳圖爾雅·釋鳥萑，老鵵註木兔。似鴟鵂而小圖玉篇大胡切音徒。義同。鑒又雒66223圖直音篇鵵，同鵵。

鵾　mín_8.19　唐韻武巾切集韻眉貧切丛音珉廣韻作鵾。鳥似翠而赤足正字通似翠赤喙，冥鵾也。鑒又鵾73534鵾73549鵾73638雒66133雒66239雒66248雒圖龍龕鵾73636正，鷗73090今圖玉篇鵾73981同鷗。

鶬　chāng_8.19　集韻蚩良切音昌。鶬鶬，鳳凰屬。

鴉　yā_8.19　廣韻於加切音掗。同鴉圖地名丹鉛錄註三鴉在汝州，古繞角城，項城縣爲第一鴉，分領山爲第二鴉，汝州爲第三鴉韓翃詩三鴉水上一歸人。鑒字彙補鴉73297，與鴉同。

鶵　yuān_8.19　廣韻集韻韻會丛於袁切，音鴛。鵷鶵，鳳屬莊子·秋水篇南方有鳥，其名鵷鶵圖一作宛司馬相如·子虛賦宛雛孔鸞。鑒又鶵73558鴉73135鶵73547

鷃　yán_8.19　玉篇弋占切廣韻集韻余廉切，並音鹽。又集韻于廉切音炎。義同玉篇鷃鵹，怪鳥廣雅鷃鵹，自爲鵘鴣。

鵸　qí_8.19　廣韻渠羈切集韻渠羈切丛音奇山海經翼望之山有鳥，如烏，三首六尾，名鵸鵌圖集韻於宜切音漪。義同。鑒又雒66218

鴥　yù_8.19　廣韻雨逼切集韻越逼切丛音域。鴥鷅，

鳥名廣雅戴勝也又集韻類篇丛忽域切音洫。義同。又huò集韻穫北切音或揚子方言戴勝，燕之東北謂之鶝郭註鶝音或。鑒直音篇鶝同鷸。

鶨 73471 39070 shuì_8.19　集韻是爲切音垂。鷗也又shuì樹僞切音瑞。鷗鳥別名又zhù集韻類篇丛株遇切音駐。鳥不飛也。

鵹 73472 39071 lí_8.19　廣韻呂支切集韻鄰知切丛音離。與鸝、離丛同爾雅·釋鳥鵹，楚雀郭註即倉庚也。鳴則蠶生。又集韻良脂切音梨。又憐題切音黎。義丛同。鑒又鵹73338翟66225雞66368鶒74144

鶴 73475 39074 zhuī_8.19　正字通同雛　鵺 73473 39072 yè_8.19　廣韻羊謝切集韻夤謝切丛音夜。鳥名。似雉山海經單張山有鳥，如雉，文首，白翼，黃足，名曰白鵺，食之已噎痛。

雛 73474 39073 zhuī_8.19　廣韻職追切韻會正韻朱惟切丛音錐。小鳩，即今白鳩說文祝鳩也詩·小雅翩翩者雛毛傳雛，夫不也鄭箋謹愨孝順之鳥也。本作隹爾雅·釋鳥隹其，鳲鳩疏隹，一名鴾鳾。今楚鳩。按雛名不一，曰隹其、曰祝鳩、曰鳲鳩、曰鶌鳩、曰楚鳩、曰荊鳩、曰鵻鳩、曰康鳩、曰䳳鳩、曰鵴鳩、曰鶻鵃、曰鳲鳩、曰乳鳩，皆雛之別名。詳見詩緝又青雅本草一名黃褐侯。鑒鷦鶵或作鴡鶵又正字通鵻73204，隺字之譌。

鵼 73476 39075 kōng_8.19　廣韻苦紅切集韻枯公切丛音空廣韻鵼，怪鳥。出字統。鑒楊寶忠：疑俗鵼73362

鶏 73477 39076 duò_8.19　廣韻丁括切集韻都括切丛音掇。鶏鳩，鳥名爾雅·釋鳥鶏鳩，寇雉郭註鶏，大如鴿，似雌雉，鼠脚，無後指，岐尾，爲鳥憨急羣飛，出北方沙漠地疏又謂之泆泆，即所謂寇雉泆泆也禽經奪曰鶏註如鶉而小，取鳥雀不攘奪也異物考蕃雀，即鶏也玉篇鶏，一名冠雀本草又名突厥雀張協·七命晨鴰露鶏，霜鶏黃雀又廣韻丁滑切集韻張滑切丛音鶎。又廣韻丁刮切集韻張刮切丛音鋝。又集韻徒活切音奪。義丛同。鑒又雞66241又字彙鶏73122與鶏同。舊本云古文鴰字，誤。

鶤 73478 39077 kūn_8.19　廣韻古渾切集韻韻會公渾切丛音昆玉篇似雞而大也廣韻鶤鶏楚辭·九辯鶤雞啁哳而悲鳴又作鴋韻會陽溝巨鶤，古之雞名△亦作昆前漢·司馬相如傳亂昆雞註昆同鶤。鑒又鶤73564

鴕 73479 39078 tuó_8.19　集韻同鴕音婦。鳥名。巧婦也。鑒又越73480阮秉五千字譯國語·第二十九羽族鴯鴕73516，音婦。媒豹。

鷓 73480 39079 fù_8.19　玉篇房缶切音婦。鳥名。

鵟 73481 39080 shēng_8.19　篇海音升。騰也。鑒又新修玉篇引類篇音飛。

鶌 73482 39081 tà_8.19　廣韻徒合切集韻托合切丛音沓。鳥名。

鶀 73483 39082 qí_8.19　廣韻集韻韻會丛渠之切音其。小雁也史記·楚世家小臣之好射鶀鴈羅鶩註鶩，野鳥。鶀，小雁也又qī玉篇去其切集韻丘其切丛音欺。鶀鶀也。鑒又雎66209鵳73948

鵸 73484 39083 qí_8.19　正字通同鶀。鑒又鵸73525

鳶 73485 39084 yuān_8.19　字彙夷然切，音緣◇鷗也又飛也，翔也。鑒龍龕鳶俗通，鳶72951正。

鶄 73486 39085 jīng_8.19　廣韻舉卿切集韻居卿切丛音京集韻䴏鶄，鳥名。南方有之。鑒正字通鷾73954之譌省。又新撰字鏡鶄，和志。又加伊志。

鶂 73487 39086 yì_8.19　廣韻五歷切集韻韻會倪歷切丛音鷁。水鳥。雄雌相視則孕莊子·天運篇鶂之相視，眸子不運而風化謝靈運·山居賦鳥則鷗鴻鶂鶄又通鷁史記·宋世家六鶂退飛左傳作鷁又集韻研奚切音倪。義同。又è集韻類篇丛逆革切音虉。鳥名集韻或作鶃鷊。鑒又鶃73488鷊73753

鶃 73488 39087 yì_8.19　正字通同鶂又鵙鳴聲孟子惡用是鶃鶃者爲哉。

鶄 73489 39088 jīng_8.19　唐韻子盈切音精。鳥名說文雉73249鶄也。陸佃云長目精交，故名鳱鶄。一名交目。一名鳱鶄。又qīng廣韻集韻丛倉經切音青廣韻鶄鶴鳥。出南海韓愈城南聯句浮迹侶鷗鶄。鑒又雎66221鶄73555鯖73508

鶅 73490 39089 zī_8.19　廣韻側持切集韻韻會莊持切丛音甾。東方雉也爾雅·釋鳥東方曰鶅疏東方雉名又爾雅·釋鳥鶅，鴲軌註未詳又廣韻集韻丛側吏切音菑。義同。鑒又雛66231鶅73901鶅73578

鷩 73491 39090 biē_8.19　廣韻并列切集韻必列切丛音鼈廣韻鷩，鴙鷩也。鑒又鷩73510鷩73526

鶆 73492 39091 lái_8.19　廣韻落哀切集韻郎才切丛音來爾雅·釋鳥鷹，鶆鳩註鶆，當爲鷞字之譌左傳作鷞鳩〇按周禮·秋官有鷞鳩氏左傳·昭十七年郯子曰：少皥氏以鳥名官，鷞鳩氏，司寇也。杜註：鷞鳩，鷹也。鷙，故爲司寇，主盜賊爾雅既誤作鶆，諸家書遂改音來，尤非。

鶇 73493 39092 dōng_8.19　廣韻德紅切集韻都籠切丛音東廣韻鶇鶇，鳥名又鶇，美形貌△亦作鶇。鑒又鶇73194

鶈 73494 39093 qī_8.19　集韻千西切音妻玉篇鶈鸎，東裔鳥。鑒又雞66216

鶉 73495 39094 chún_8.19　廣韻常倫切集韻韻會正韻殊倫切丛音淳廣韻鶉鶉本草鶉大如雞雛，頭細而無尾，有斑點，雄者足高，雌者足卑淮南子·時則訓田鼠化爲鶉又畢萬術蝦蟆得瓜化爲鶉交州記南海有黃魚，九月則化爲鶉陸佃云鶉無常居而有常匹，故尸子曰：堯鶉居詩曰：鶉之奔奔。言鶉能不亂其匹，衞人以爲宣姜鶉之不如也

図俗言此鳥性淳，飛必附草，行不越草，遇草橫前，卽旋行避之，故曰鶉正字通鶉尾特禿，若衣之短結，故凡敝衣曰衣若縣鶉図山海經崑崙之丘有鳥，名鶉鳥。是司帝之百服図星名埤雅南方朱鳥七宿，曰鶉首、鶉火、鶉尾図縣名前漢·地理志安定郡鶉陰縣後漢·郡國志安定郡有鶉觚図與醇同揚子·寡見篇春木之芚兮，援我手之鶉兮。言孔子教人，有以手援而醇和也図集韻船倫切音脣。義同図dūn集韻正韻扻都昆切音敦莊子·天地篇聖人鶉居而㲉食図tuán集韻正韻徒官切韻會徒丸切扻音團詩·小雅匪鶉匪鳶，翰飛戾天註鶉，徒丸反。鎣又黐74226鷻11901鷤66207鶨66360鶉73560鷻73500鶉74057

鶊 73496 39095 gēng_8.19　廣韻古行切集韻韻會居行切正韻古衡切扻音庚。鶬鶊，鳥名。大於鴝鵒，毛黃色，羽及尾黑色相閒，雌雄雙飛，鳴音如織機聲。一作倉庚爾雅·釋鳥倉庚，鸝黃也禮·月令仲春，倉庚鳴正字通倉庚，黃鸝也。雙飛相麗曰黃鸝。以黃色黑章曰鸝黃，以鳴嚶嚶曰黃鶯詩疏云或謂之黃栗留，或謂之黃袍詩·豳風倉庚于飛，熠燿其羽揚子方言齊人謂之摶黍，冬藏谷中，二月始鳴荆州志農人冬月於田中掘二三尺得土，堅圓如卵，破之則鳥在焉，無復羽毛，春始生羽，破土而出図山海經云黃鳥，食之不妒。鎣又雕66233鶊73559

鶋 73497 39096 jū_8.19　廣韻九魚切集韻韻會正韻斤於切扻音居。鶏鶋，鳥名。一作爰居爾雅·釋鳥爰居，雜縣疏爰居，一名雜縣図爾雅·釋鳥鶋斯，鶏鶋郭註雅烏也。小而多羣，腹下白，江東亦呼鶖烏。

鶌 73498 39097 jué_8.19　唐韻集韻扻九勿切音刷說文鶌鳩也爾雅·釋鳥鶌鳩，鶻鵃郭註似山鵲而小図qū集韻曲勿切音鐝山海經馬成山有鳥，狀如烏，首白，身靑，足黃，名鶌鶌，食之不饑。鎣又鶌73520

鶍 73499 39098 jǐ_8.19　類篇古禮切音脊。鳥似鳧玉篇同鷖。鎣又鶊73682鷖73838

鶉 73500 39099 chún_8.19　字彙補與鶉同漢外黃令高君碑龍在困敦，月次鶉火。

鶖 73501 39100 fēi_8.19　五音集韻同鶵。

鶘 73502 39101 wú_8.19　字彙微夫切音無。鳥也。

鶚 73503 39102 chī_8.19　字彙補昌脂切音鴟。鳶鳥。

鶆 73504 39103 hú_8.19　字彙補何骨切音鶻。見釋典。鎣或俗鶻73733

嶋 73505 39104 jū_8.19　字彙補七余切音疽。嶋鳩，不淫鳥。図篇海同岨。石山戴土也。

鶄 73508 42299 jīng_8.19　說文鶄本字

鴻 73506 39105 fēn_8.19　五音集韻同鳶。鎣字彙補飛貌五音集韻與翁鶵同図集韻作㶚28936

鶊 73507 39106 yǔ_8.19　字彙補以呂切，音雨◇鳥名禽經鶊飛則霜，鶊飛則雨○按鶊，卽商羊也。

鷔 73509 42300 yù_8.19　川篇音域。鳥名。

鷝 73510 46796 biē_8.19　篇海類編同鷝。

鷜 73511 46797 guǒ_8.19　搜眞玉鏡音果。

鷘 73512 46798 zhī_8.19　龍龕音枚。鷘音枝，俗鷘73462

鷞 73513 46799 mìng_8.19　搜眞玉鏡音命。鷞或俗鳴。

鷟 73514 46800 míng_8.19　篇海類編同鵬。鷟同鵬，同鴨之誤。

鷠 73515 46801 dōng_8.19　篇海類編同鶇。

鷡 73516 46802 fù_8.19　篇海類編同歸。

鷢 73517 46803 fēi_8.19　篇海類編同鶓。鷢又鳶73501

鷣 73518 46804 fù_8.19　篇海類編同躳。

鷤 73519 46805 yǎo_8.19　字彙補鶑字之譌。

鷦 73520 u2B6F5 jué_8.19　簡鶌73498

鶓 73521 u2B6F4 tán_8.19　簡鶓73920

鷧 73522 u2B6F3 fú_8.19　簡鷧73444

鵰 73523 u2B6F2 diāo_8.19　簡鵰73456

鷨 73524 u2B6F1 zhuó_8.19　簡鷨73448

鶄 73525 u2B6F0 qí_8.19　簡鶄73484

鷩 73526 u2B6EE biē_8.19　簡鷩73491

鷪 73527 u2B6CB null_8.19　喃未詳。

鷫 73528 u2B6C7 null_8.19　未詳。

鷲 73529 u2B6C6 sù_8.19　俗鷫73941

鷬 73530 u2B6C5 null_8.19　新撰字鏡佐支。鷬同。

鷭 73531 u2B6C4 null_8.19　未詳。

鷮 73532 u2B6C3 null_8.19　未詳。

鷯 73533 u2B6C2 null_8.19　未詳。

鷰 73534 u2A24E mín_8.19　簡鷰73464

鷱 73535 u2A0B3 cun_8.19　喃从鳥昆con聲△鷱鷴：鶉鷯。

鷲 73536 u2A0B2 cò_8.19　喃从鳥孤cô聲。鷲△亦作鷲73540

鷳 73537 u2A0B1 vạc_8.19　喃从鳥卓trác聲。鷺鷺。

鷴 73538 u2A0B0 giè_8.19　喃从鳥底đế聲△鷴鷺：一種小雀，長尾。

鷵 73539 u2A0AF gô_8.19　喃从鳥姑cô聲。

鷶 73541 u2A0AD wǎn_8.19　同鷶73104

鷲 73540 u2A0AE cò_8.19　喃同鷲73536

鷷 73542 u2A0AC tĩ_8.19　俗鷷73752

鷸 73543 u2A0AB null_8.19　或同鷸73947

讀史方輿紀要·卷二十八·江南十·徽州府石鷲洞，在縣東二十五里，有石洞，幽邃可容百人。

鷹 73545 u2A0A8 mì_8.19　正字通同鷹73868俗字。

鷺 73546 u2A0A7 wǎn_8.19　同鷺73104

鷻 73544 u2A0A9 null_8.19　字海人名。引新唐書·宗室世系表·大鄭王房（李）鷻。

鷼 73547 u2A0A6 wǎn_8.19　字彙補鷼73104，篇海亦作鷼図yuān同

鵗73467 全北齊文·卷十·闕名·臨淮王造像碑 始映金蟬，鄙丁劉於漢日。暫栖鳶沼，莪陳張於晉京。

鸙73548 u2A0A2 yàn_8.19 正字通 鴳，同鷃73015一作鶠。別作鷃。

鵊73549 u2A09B qí_8.19 同鶀73638

䴕73551 u2A099 null_8.19 未詳。

䴊73550 u2A09A lù_8.19 鵦73457鵦，說文作螻螻，野鵝也。

䳡73552 u2A098 null_8.19 未詳。

鷙73553 u2A097 null_8.19 未詳。

鶊73554 u2A096 fú_8.19 同鵬73444

䴖73555 u4D16 jīng_8.19 简鶄73489

䴖73556 u4CE5 chén_8.19 俗鷐73336 直音篇 鷐，音岑。小鳥。

鹔73557 u9E54 sù_8.19 简鷫73941

鸢73558 u9E53 yuān_8.19 简鳶73467

鹒73559 u9E52 gēng_8.19 简鶊73496

鹑73560 u9E51 chún_8.19 简鶉73495

鹐73561 u9E50 qiān_8.19 简鵮73453

鹏73562 u9E4F péng_8.19 简鵬73450

鹎73563 u9E4E bēi_8.19 简鵯73454

鹍73564 u9E4D kūn_8.19 简鶤73478

鹌73565 u9E4C ān_8.19 简鵪73445

鹊73566 u9E4A què_8.19 简鵲73458

鸎73568 u9D91 yīng_8.19 同鶯73706 宋體母稿異體字·鳥部

鶎73570 u9D8E zōng_8.19 日金冠鷦鷯，即戴菊鳥。

鶍73571 u9D8D yì_8.19 日交嘴雀 廣漢和辭典 いすか。小鳥の名。

鵡73567 u9E49 wǔ_8.19 简鵡73374

鸂73572 39107 chì_9.20 正韻 昌石切 音尺。與鸐同。鸂鶒，水鳥也 謝靈運·鸂鶒賦 覽水禽之萬類，信莫麗於鸂鶒 図 字彙 鶒同鷘。鏊 又鸄73685鸄73898鶒73661 図 古今韻會舉要 鸄73844，鸂鸄，水鳥，毛五色。或作鸂73789 詩：一雙鸂鶒對沈浮。亦作鸂鵣 図 作鸂73241 唐·倪若水傳 元宗遣中人採鴛鷺鸂鶒南方 図 字海 鸂73898，同鸂。字見 宋詩紀事 卷二十八。図 鸂鶒亦作鸂鵣74004鸂鵣73217鸂鵣30393

鶏73569 u9D8F jī_8.19 同雞73573 39108 xuān_9.20 廣韻 況袁切 集韻 許元切 丛音暄。鷈鷈，小鳥也 図 廣韻 須緣切 集韻 荀緣切 丛音宣。義同。鏊 又雔66253鶾73639

鷼73574 39109 xián_9.20 玉篇 胡讒切 音咸。鳥也。

鶇73575 39110 hóu_9.20 集韻 胡溝切音侯。雕也。出崑崙山 揚雄·蜀都賦 鴛躯鶌鶏，風胎雨縠 図 集韻 呼侯切音齁。鳥名。図 下遘切音候。義同。

鷫73576 39111 sù_9.20 玉篇 同鷫音苗。鳥名。鏊 又 正字通 鷫73490字之譌 図 鵣73698

鷐73577 39112 chōng_9.20 玉篇 齒匐切音春。鳥名。鏊 俗鶶73873 龍龕 鶶73654或作鷐正，書容反。躅鶶鳥名。

鶕73579 39114 huáng_9.20 正字通 同凰。本作皇 揚雄·蜀都賦 鴛躯鶌鶏 詩·大雅 鳳皇鳴矣，于彼高岡 周禮·天官·掌次 設皇邸註皇，羽覆上之。邸，後版也。染羽象鳳凰羽色以爲

之 図 殿名。鶕儀，見 晉書·劉聰載紀

鳺73580 39115 jí_9.20 玉篇 居立切音急。鳥名。鏊 楊寶忠：同鴶73822

鵪73581 39116 ān_9.20 正字通 俗鵪字。

鶔73582 39117 róu_9.20 廣韻 耳由切 集韻 而由切 丛音柔。鷌鶔，鳥名 爾雅·釋鳥 鷌鶔，鷌鶔郭註 一名墮羿。

鷃73583 39118 ān_9.20 同鵪。

鸘73584 39119 xiāng_9.20 玉篇 息良切音相。鳥名 謝靈運·山居賦 其鳥則鵁鶄鶒鶬。鏊 正字通 鷞74055字之譌。舊註音襄，汎云鳥名，誤。讀書通 鷞鳩之鷞，通作鸘、霜。又通作鶬，引 宋書·謝靈運·山居賦 其鳥則鵁鶄鶒鶬。註：鶬音相 左傳 唐成公有兩蕭鷞馬。鷞與霜同。馬與此鳥同色，故謂為相。按 賦 本作鶬74183，譌省作鶬，从相非霜音，強通為一，尤非。

鶺73585 39120 pén_9.20 廣韻 蒲奔切 集韻 步奔切 丛音盆 廣韻 鶺鳩，鳥 廣雅 鶷鶬，鶺鳩也。

鵩73586 39121 fù_9.20 五音集韻 扶雨切音父。鵩屬〇按 集韻 鵩音父，鵩屬 五音集韻 譌作鵩 篇海 字彙 因之，皆傳習之誤，其實六書丛無鵩字。

鶖73587 39122 qiū_9.20 廣韻 七由切 集韻 韻會 雌由切 丛音秋 玉篇 水鳥也。一名扶老 崔豹·古今注 扶老，禿秋也。狀如鶴而大 詩·小雅 有鶖在梁 本草 李時珍曰：禿鶖，水鳥之大者。青蒼色，長頸赤目，頭項皆無毛，其頂皮紅色，如鶴頂，其喙深黃色而扁直，長尺餘。凡鳥至秋毛脫禿，此鳥頭禿如秋毵，如老人頭童及扶老之杖，故一名扶老 埤雅 鶖性貪惡，今俗呼禿鶖〇按禿鶖 說文 作鶩。俗曰鶖鶬，如鵜鶴，爪如雞。鏊 又鷔73693秋40766鷑73679 図 正字通 鞦66256俗鶖字。鶖73236鶶字之譌。

鶗73588 39123 tí_9.20 廣韻 杜奚切 集韻 韻會 田黎切 正韻 杜兮切 丛音啼 玉篇 鶗，肩鷹，仲春化爲鳩 図 • 廣韻 鶗鳩，子規也 図 廣韻 特計切 韻會 正韻 大計切，丛音第。義同 図 chí 集韻 常支切音匙。鶗也。鏊 又鵾73589鷈73593鷤73920鵜73659

鶗73589 39124 tí_9.20 集韻 同鶗

鴢73590 39125 yāo_9.20 廣韻 於霄切 集韻 伊消切 丛音要 廣韻 鳥名。如山雞而長尾 山海經 嵐山有鳥，如山雞，長尾赤如丹火，青喙，名曰鴢鴢，其鳴自呼，服之不眯△亦作雉。

鶘73591 39126 hú_9.20 玉篇 戶徒切 集韻 韻會 洪孤切 丛音胡。鵜鶘也 莊子·外物篇 魚不畏網，而畏鵜鶘 山海經 盧其之山，無草木，多沙石，沙水出焉，南流注于涔，水中多鴢鶘，狀如鴛鴦，人足，其鳴自詨 註 今鵜鶘，足頗似人脚。鏊 又鶘73697 図 正字通 翟66254，俗鶘字。鴢73624，同鶘。

鷒73593 39128 tí_9.20 正字通 同鶗73592 39127 tuán_9.20 玉篇 職緣切音專。鳥名 図 他官切音湍。義同。

鴯 guō_9.20 集韻同鵝

鴇 bǎo_9.20 集韻補抱切音寶。鳥名。鑒正字通鴇73012作鴇。

鷚 liú_9.20 集韻力求切音流。水鳥。

鶚 è_9.20 廣韻五各切集韻韻會逆各切夶音咢玉篇雕，鶚也。師古曰鶚擊之鳥，鷹鶚之屬。陸佃曰：鶚性好峙立，每立，更不移處，所謂鶚立本草一名魚鷹，又名鵰鷄，又曰下竄鳥前漢·鄒陽傳鷙鳥累百，不如一鶚正字通鶚翔水上，扇魚令出，啄之，故名沸波。鑒又雅66252鶚73695图集韻鶚鷩，或从亏图字海鴞，同鶚。字見字彙補。鶚，同鶚。字見字彙

鳧 fú_9.20 廣韻集韻夶房六切音伏廣韻鳧鶚，卽戴勝也。爾雅·釋鳥鳧鴟註猶鳧鶚图集韻弼角切音雹。義同。

鵻 kuí_9.20 廣韻渠追切集韻渠惟切音葵玉篇小鳩也。正字通鵻卽鵻本字。鑒又鵻73655

鰓 sāi_9.20 廣韻蘇來切集韻桑才切音鰓。鳥名。

鴞 xuē_9.20 集韻息約切音削。鳥名。

鯼 zòu_9.20 篇海則候切音奏。鳥名。

鶛 jiē_9.20 廣韻古諧切集韻居諧切夶音皆。鵻之雄者爾雅·釋鳥鶵鶛，其雄鶛，牝痺图jiè集韻居拜切介爾雅·釋鳥鶛，劉疾郭註未詳。鑒又雖66255

鶛 jié_9.20 篇海古屑切音結。梟屬。鑒又鵒73499

鷾 yì_9.20 篇海五狄切音楬。鶚鳥。鑒正字通鷾73753字之譌。

鶜 máo_9.20 廣韻莫交切集韻謨交切夶音茅廣韻鶜鴟，鳥也爾雅·釋鳥狂，茅鴟。本作茅，俗加鳥。

鶺 jī_9.20 廣韻集韻夶資昔切音積廣韻鶺鴒。一名鶺渠爾雅·釋鳥鶺鴒，鶺渠前漢·東方朔傳辟若鶺鴒，飛且鳴矣图jí廣韻子力切集韻節力切夶音卽。義同。△玉篇同鴿。鑒又鳨73391鶺73405

鳧 fú_9.20 廣韻集韻夶方六切音福廣韻鳧鶚，戴勝別名图bì廣韻符遍切音復。鳧鶚鳥图bí集韻筆力切音逼。鳥名。似雉。

鶛 jié_9.20 唐韻古節切集韻吉屑切夶音結說文鶛鶓，梟屬張衡·南都賦鶛鶛鵩鶵图集韻訖黠切音拮義同。鑒又鴰73838鴰73890鵒73939图正字通鶛73604鶛字之譌。

鶈 ruǎn_9.20 類篇儒轉切，軟去聲。鳥名廣雅雄雌也图rún集韻濡純切音犉。雞晚生者。

鶞 chūn_9.20 廣韻丑倫切集韻敕倫切夶音椿玉篇鶞鶞，春扈也爾雅·釋鳥春扈，鶞鶞。一作雈。

鶎 zōng_9.20 集韻祖叢切音葼說文斂足也图•同翄爾雅·釋鳥其飛也翄。

鶟 tú_9.20 廣韻陀骨切集韻陁沒切夶音突爾雅·釋鳥鶟鶘鳥郭註似雉，青身，白頭。鑒又雑66251

鷗 yǎn_9.20 唐韻韻會正韻於幰切集韻隱幰切夶音匽說文鷗，鳥也。一曰鳳皇也爾雅·釋鳥鷗鳳，其雌皇註言百鳥見之偃伏也。鑒又雖66244

鵡 zhān_9.20 玉篇之然切集韻諸延切夶音饘。鵡鳥，山名穆天子傳天子大享於平衍之中，鵡韓之人無㦎，乃獻良馬百匹，良犬七千图jiān集韻稽延切，塞平聲玉篇同鵲。

鶡 hé_9.20 唐韻胡割切廣韻韻會正韻何葛切夶音曷。鳥名說文鳥似雉，出上黨正字通色黃黑而褐，首有毛，角有冠，性愛儕黨，有被侵者，直往赴鬥，雖死不置禽經鶡，毅鳥也。李時珍曰：其羽色黑黃而褐，故曰鶡。青黑色者曰鷃，性耿介也图鶡旦，夜鳴求旦之鳥也禮·月令鶡旦不鳴坊記作盍旦。詳見鳻72938鴠73371二字註图鶡冠，趙武靈王製，以表武士後漢·輿服志虎賁皆鶡冠顏師古註鳥出上黨，以其鬥死不止，故用其尾飾武臣首图隱士鶡冠，亦取勇退義前漢·藝文志有鶡冠子一篇图fēn韻會正韻夶敷文切音芬。與鷃72983通前漢·黃霸傳鶡雀飛集丞相府顏師古註此鶡字，音芬，與鷃通，鷃雀大而色青，出羌中。蘇林音曷，非。图hè類篇曷各切。同鶡。或作鶡。鑒又鶡73696

鶙 yáng_9.20 集韻余章切音陽。白鷹○按爾雅·釋鳥楊鳥，白鷹。本作楊图類篇怡成切音盈。義同。

鶢 yuán_9.20 廣韻雨元切集韻于元切，夶音袁玉篇鶢居，海鳥。本作爰魯語海鳥曰爰居，止于東門之外。鑒又鶢74064

鶣 piān_9.20 集韻紕延切音篇。鶣鶣，輕貌傅毅·舞賦鶣鶣燕居，拉搭鵠驚图biǎn集韻類篇夶婢典切音辮。姓也。古有扁鶣，或作鶣图集韻婢忍切音牝。義同。鑒又正字通俗翩46173字。

鶔 yú_9.20 廣韻遇俱切集韻元俱切夶音虞。鳥名。一作顒山海經令丘之山，其南有谷焉，曰中谷，有鳥，狀如梟，人面四目，有耳，名曰顒。鑒集韻或作雖66259鶔73932图鶔73665

鶔 yú_9.20 五音集韻羊朱切音臾。鳥名。鑒又鶔73688

鶤 yùn_9.20 廣韻集韻夶王問切音運爾雅·釋畜雞三尺曰鶤郭註陽溝巨鶤，古之良雞揚子·太玄經鶤雞朝飛踔於北，嘤嘤相和不輟食图張衡·西京賦駕鵝鴻鶤張揖曰鶤雞，黃白色，長頷赤喙图kūn唐韻古渾切集韻公渾切夶音昆。同鵾淮南子·覽冥訓軼鵾雞於姑餘高誘註鵾雞，鳳皇別名也。鑒又雖66217

髶 73623 39158
méi_9.20 |廣韻|武悲切|集韻|旻悲切丛音眉|玉篇|髶
鵽，鳥名|爾雅·釋鳥|作麋鴰。鋻又鶥73691

鴶 73624 39159
hú_9.20 |集韻|洪孤切音胡。鴶鴶，鳥名|爾雅|釋鳥鴶
鴶鳥|郭註|似雉。鋻又鴶73660鶘73591

鶅 73625 39160
méi_9.20 |集韻|謀杯切音枚。誘取禽者。本作媒。俗
去女，加鳥|潘岳·射雉賦|眄箱籠以揭驕，睨驕媒之變態
|李商隱詩|下馬雉媒嬌。鋻又鶅73666

鵱 73626 39161
miǎo_9.20 |唐韻|亡沼切|集韻|彌沼切丛音眇|說文|鵱
鵱也。即巧婦|囜miáo|玉篇|廣韻|集韻|丛彌遙切音藐|廣
韻|工雀。鋻又鵱73652鶿73653

鶍 73627 39162
mào_9.20 |集韻|莫報切音帽。鴜鶍，鳥名|山海經|北
囂之山，有鳥，人面，名曰鴜鶍，宵飛而晝伏，食之已
暍|註|鵂鶹屬。

鶧 73628 39163
yīng_9.20 |廣韻|集韻|丛於驚切音霙|廣韻|鷄鶧，鳥
名。鋻又鶧73670

鶙 73629 39164
duó_9.20 |篇海|達各切音鐸。驊鶙，鳥名。
鋻又鶙73656

鶩 73630 39165
mò_9.20 |篇海|莫獲切音脉。鳥驚視貌。鋻|集韻|作
鶩73897|囜鶩73705

鶨 73631 39166
chuàn_9.20 |唐韻|丑絹切|集韻|寵戀切丛音猭。鳥名
|爾雅·釋鳥|鶨，鵃老|郭註|鴰鶨也。俗呼爲癡鳥|疏|鶨，
一名鵃老|字林|云句喙鳥|囜|廣韻|集韻|丛徒困切音鈍。
又|集韻|吐玩切音彖。義丛同。鋻又雗66250鶐73382
|囜|直音篇|鶐73382同鶨。

鶝 73632 39167
fù_9.20 |廣韻|房九切|集韻|扶缶切丛音婦|廣韻|鶝，
鶝別名也|囜|集韻|奉甫切音父。義同|五音集韻|譌作鶝。
鋻|名義|鶝，扶九反。雀，鶝|爾雅·釋鳥|鶝，負雀。呂浩：
此處|名義|應與字頭連讀爲「鶝雀，鶝」。

鶩 73633 39168
mù_9.20 |唐韻|韻會|丛莫卜切音木|說文|鶩，舒鳧
也。郭璞曰：鴨也。方氏曰：以爲人所畜，不善飛，舒
而不疾，故曰舒鳧|禮·曲禮疏|野鴨曰鳧，家鴨曰鶩。又
毛氏云可畜而不能高飛曰鶩，野生高飛曰鴻。又|左
傳·襄二十八年|公膳日雙雞，饗人竊更之以鶩。又|周
禮·春官·大宗伯|庶人執鶩|鄭註|鶩取其不飛遷。又|後
漢·馬援傳|刻鵠不成尚類鶩|囜wù|廣韻|韻會|丛亡遇切
音務。義同。鋻又鶩73061鶩73700雅66126鶩66247鶩73690
槶25196

鶱 73634 39169
chóng_9.20 |廣韻|直容切|集韻|傳容切丛音重|玉篇|
鶱鶱，鳥名|囜chǒng|集韻|蠢勇切，衝上聲。雛飛貌。
一曰雀也。

鶳 73636 39171
mín_9.20 |集韻|同鶳

鶪 73635 39170
jú_9.20 |唐韻|正韻|古
闃切|集韻|局闃切丛音臭。鶪本字|說文|伯勞也|囜|五音
集韻|弃役切音鵙。義同。鋻又雗66186難66261鶪73689

鸞 73637 39172
luò_9.20 |字彙補|古客切音格。與鴰義同。

鶼 73638 39173
qí_9.20 |集韻|翹移切音衹。鳥似翠，赤喙。鋻|集
韻|作鶼73549

鷸 73639 39174
xuān_9.20 |字彙補|與鶢同|字統|鶢鷸，小鳥。

鳶 73640 39175
yuān_9.20 |字彙補|同鳶。

鶽 73641 39176
qú_9.20 |字彙補|師曠·禽經|鶹鶹刖舌而語。張華註
云|山海經|謂之鶹鶹〇按今|山海經|作鶪鶹，無有鶽字。
其音未詳，疑誤。

鸻 73642 39177
xù_9.20 |字彙補|心律切音戌。鳥名也。見|海篇金
鏡|

鷬 73643 39178
jiàn_9.20 |字彙補|音諫。鳥名。

鶾 73644 39179
xiá_9.20 |五音類聚|胡瞎切。鳥名。見|搜眞玉鏡|

徝 73645 39180
shī_9.20 |五音類聚|音詩。鳥名。見|搜眞玉鏡|

鴇 73646 39181
bǎo_9.20 |集韻|類篇|丛補抱切音寶。同鴇。

鶴 73647 42301
hóu_9.20 |篇海類編|胡鉤切音侯。鵬也，出崑崙|揚
雄·蜀都賦|鷛䨄鶤鷜。又故茂切音候。鳥名。鋻又躲73575
躲73648

躲 73648 42302
hóu_9.20 |篇海類編|同鶴。鋻又躲73657

鶐 73649 42303
shù_9.20 |餘文|食律切。翠羽鳥。

鶴 73650 42304
hé_9.20 |字彙補|音義俱無。見|西儒耳目資|。
鋻或同鶡，俗鶡字。

鷸 73651 46806
kè_9.20 |搜眞玉鏡|音客。

鵰 73652 46807
miǎo_9.20 |篇海類編|同鵱。

鷿 73653 46808
miǎo_9.20 |篇海類編|同鵱。鋻又鶿73658

鵻 73654 46809
chōng_9.20 |字彙補|音獨。鋻俗鵻73977

鶪 73655 u2B6FC
kuí_9.20 |簡|鶪73599

鷭 73656 u2B6FB
duó_9.20 |簡|鶙73629

躲 73657 u2B6FA
hóu_9.20 |簡|躲73648

鷿 73658 u2B6F9
miǎo_9.20 |簡|鷿73653

鶙 73659 u2B6F8
tí_9.20 |簡|鶙73588

鶘 73660 u2B6F7
hú_9.20 |簡|鴶73624

鶒 73661 u2B6F6
chì_9.20 |簡|鶒73572

鶿 73662 u2B6CB
null_9.20 未詳。

鷺 73663 u2B6CA
null_9.20 未詳。

鶅 73666 u2A24F
méi_9.20 |簡|鶅73625

鶼 73667 u2A0F8
dié_9.20 鶼鶼，俗作鶼鶼|申報·May. 7. 1934. Num.
21928·⑤|電影專刊·影片談評|亞夫·評|鶼鶼雙飛She
Made Her Bed|。又|眉語·V. 1. Num. 10 短篇小說三·一厂·杜
鵑聲|某日上海四馬路某旅館中，有男女二人望門休止，
鶼鶼雙飛，鴛鴦同命|囜或同鶼74234

鸕 73668 u2A0F5
trà_9.20 |喃|从鳥查tra聲。同鸊73412翠鳥，魚狗。

鸎 73670 u2A0F3 yīng_9.20 同鸎73628
作雒66267 区gà 喃俗鴿73712亦

𩳹 73669 u2A0F4 gē_9.20 俗鴿73712亦
从雞省哥ca聲。

𩳶 73671 u2A0F2 chǎ_9.20 喃从鳥者giǎ聲。翠鳥。

𪂲 73672 u2A0F1 hâu_9.20 喃同鴠73289从鳥厚hâu聲。

鷗 73665 u2A250 yú_9.20 簡鷗73620
区鴗73632譌字 集韻 鷗，鳥名。鷗屬△宋本不誤。

𪁴 73673 u2A0F0 yuán_9.20 同鷫73709

鷺 73664 u2B6C9 null_9.20 未詳。

鶥 73674 u2A0EF mín_9.20 同鶡73464 廣韻 鶥，武巾切。鳥似翠而赤喙。

鶚 73675 u2A0EE wò_9.20 古今圖書集成·庶徵典·第七卷·明婁元禮田家五行 論飛禽：鶚叫諺云朝鶚晴，暮鶚雨。註：鶚字查 字典不載，乃方言也，音屋，字亦係俗字。光緒 重修天津府志·卷二十六·輿地八·風俗物產 鸎，或作鶚。楊寶忠：鶚是鸎74026之聲旁變易字。

鶴 73676 u2A0EC ān_9.20 鶴73837譌字 四聲篇海 鶴，音鶴。

𪁫 73677 u2A0EB hòu_9.20 鴟鶚，鱧魚的別稱。參見鯸72795

鶛 73678 u2A0EA yù_9.20 同鶛73210

鶬 73681 u2A0E5 xiāng_9.20 同鸙73584 宋書·謝靈運·山居賦 鳥則鶤鴻鶄鶢，鶹鶯鴰鶬。雞鶖繡質，鶛鶶綬章 正字通 鸙，按，賦本作鶖74183，譌省作鶬

𪀩 73679 u2A0E9 qiū_9.20 同鷲73587見 經典文字辨證書·鳥部

鶮 73680 u2A0E8 āo_9.20 說文通訓定聲·附說文不錄字 頎68303，魯靈光殿賦 頎顱顤而睽睢。注：頎顤顤，大首深目之兒。按：單詞形況字。字亦作鶮顱顤。疊韻連語。

鶷 73683 u2A0E2 null_9.20 未詳。

𪀬 73682 u2A0E4 jǐ_9.20 同鶷73604
鶷73838 集韻 鶷73499鶷，古礼切。鳥名。臬也。或从隹。

鴻 73684 u2A0E1 null_9.20 未詳。

鷔 73685 u2A0E0 chì_9.20 同鶒73572

鷇 73686 u2A0DF kòu_9.20 俗鷇73750从鳥殼聲為正。

鶺 73687 u2A0DE miáo_9.20 同鶺73578

鶙 73688 u2FA10 yú_9.20 同鶙73621

鵙 73689 u4D17 jú_9.20 簡鵙73635

鶩 73690 u9E5C wù_9.20 簡鶩73633

鶥 73691 u9E5B méi_9.20 簡鶥73623

鹚 73692 u9E5A cí_9.20 簡鶿73738

鸯 73693 u9E59 qiū_9.20 簡鸏73587

鹘 73694 u9E58 gǔ_9.20 簡鶻73733

鹗 73695 u9E57 è_9.20 簡鶚73597

鹌 73696 u9E56 hé_9.20 簡鶡73616

鹕 73697 u9E55 hú_9.20 簡鶘73591

鹋 73698 u9E4B miáo_9.20 簡鶓73578

鶇 73699 u9DAB jiān_9.20 日 廣漢和辭典 つぐみ。鳥の名。

鶩 73700 39182 wù_10.21 正字通俗鶩字。

鶬 73701 39183 cāng_10.21 唐韻七岡切 集韻 韻會 正韻 千剛切 竝 音倉。水鳥也 爾雅·釋鳥 鶬，麋鴰 郭註 今呼鶬鴰 疏 鶬，一名麋鴰 司馬相如·子虛賦 雙鶬下 正義曰 鶬，似鴈而黑 韓詩外傳 鶬胎生也 正字通 鶬大如鶴，青蒼色，亦有

灰色者，長頸高脚，頂無丹，兩頰紅。關西呼鴰鹿，山東呼鶬鴰，南人呼爲鶬雞，江人呼爲麥雞 区鶬鶊，鳥名。本作倉 詩·豳風 有鳴倉庚 区奇鶬 郭璞·江賦 龍鯉一角，奇鶬九頭 区qiāng 集韻 韻會 正韻 丛千羊切音鏘 詩·商頌 八鶯鶬鶬 鄭箋 聲和也 区 詩·周頌 鞗革有鶬 毛詩 言有法度也 鄭箋 金飾貌。鍌 又雒66280鴿73068

鶭 73702 39184 fǎng_10.21 廣韻妃兩切 集韻 撫兩切丛音髣 爾雅·釋鳥 鶭，澤虞 郭註 今婟澤鳥，似水鴞，蒼黑色，常在澤中，見人輒鳴喚不去，有象主守之官，因名云。俗呼爲護田鳥 区 集韻 類篇 丛甫兩切音昉。義同△ 說文 作鴁。鍌 又鴬73395鳩73022

鶄 73703 39185 gòu_10.21 集韻 居候切音冓。鶄鶄，鳥名。

鸖 73704 39186 hè_10.21 正字通 與鶴同 区 集韻 胡沃切音鶴。邑名 史記秦始皇紀八年，遷其民於臨洮，卒屯留蒲鸖反 註 蒲、鸖二邑。反，反卒也。正義曰：鸖音高。

鶯 73706 39188 yīng_10.21 唐韻烏莖切 集韻 於莖切 韻會 幺莖切丛音罌 說文 鶯，鳥也。即黃鸝。一名倉庚，一名商倉，一名鵹黃，一名鸝鶹，一名鸝鶬，一名楚雀，一名黃袍，一名摶黍，一名黃鳥，一名金衣公子。魏文帝、王粲丛有鶯賦 区鳥羽文 詩·小雅 交交桑扈，有鶯其羽 毛傳 鶯然有文章也△俗作鸎，非。鍌 又莺49698鶯73196鶯51330鶯73568 区 龍龕 鶯73937黑73793二俗，鶯正。

鷺 73705 39187 mò_10.21 篇海 鷺本字

鷐 73707 39189 xī_10.21 廣韻相即切 集韻 悉即切丛音息 廣韻 鳥食 区鳥名△一作鷃。

鶨 73708 39190 zhèn_10.21 玉篇之鄰切音眞。鷓鳥別名 左思·蜀都賦 鴻儔鶴侶，鶨鶨鶄鶬 区 廣韻 章刃切 集韻 之刃切丛音震。義同〇按 詩·周頌 振鷺于飛。註：振，羣飛貌。後人因振加鳥作鶨。鍌 又 類篇 鶨鴟73385之刃切。鶨羣飛也。或省。

鶢 73709 39191 yuán_10.21 玉篇于權切音員。鳥名。鍌 玉篇作鶢，音負 区鶢73398

灂 73710 39192 fú_10.21 集韻 房尤切音浮。灂鳩也△ 正字通 鴇字之譌。

鷛 73711 39193 róng_10.21 廣韻 集韻 丛餘封切音容 廣韻 鷛𪇹

鴿 73712 39194 gē_10.21 玉篇同鴿。鍌 又鷪73775𩳹73669雒66267 字彙鴿，同鵍73103 区gà 喃雞。

鶱 73713 39195 xiān_10.21 唐韻 集韻 韻會 丛虛言切音軒 說文 鶱，飛貌 張衡·西京賦 鳳鶱翥於甍標，咸遡風而欲翔 沈約·水鳥賦 將鶱復斂翮 杜甫詩 風雅藹孤鶱 韓愈詩 得時方張王，挾勢欲騰鶱△俗讀音愆，誤。

鷸 73714 39196 xù_10.21 唐韻辛律切 集韻 雪律切丛音卹 說文 鳥名。未詳。一說从祟，即怪鳥 廣韻 鷸，小鳥。鍌 又鷸73843鷸73642

鶲 73715 39197
wēng_10.21 玉篇 烏紅切音翁。鳥名。鑿 又鶲73806

鷔 73716 39198
pán_10.21 廣韻 薄官切 集韻 蒲官切夶音槃。鷔鵑，鳥名 山海經 北嚻山有鳥，人面，名曰鷔鵑，宵飛晝伏，食之已暍。

鶢 73717 39199
yuán_10.21 玉篇 遇袁切音元 山海經 昆侖之丘有鳥，狀如蜂，大如鴛鴦，名曰欽原 正字通 鶢卽欽原之原，俗加鳥。

鰤 73718 39200
shī_10.21 集韻 霜夷切音師。與鰤同。鳥名 博物志 條支國西海有師子大雀。本作師，俗加鳥。鑿 又鶒72996鶒73791

鶨 73719 39201
xià_10.21 玉篇 乎馬切音夏。鳥也。

鶼 73720 39202
zhān_10.21 集韻 鸇74053古作鶼。

鶴 73721 39203
hè_10.21 唐韻 下各切 集韻 韻會 正韻 曷各切夶音涸。水鳥名。似鵠，長頸高腳，丹頂白身，頸翅有黑，常以夜半鳴，聲聞八九里 博物志 鶴骨煩，鴟耳響則聽遠，眼赤則眇遠，其色似雪 相鶴經 鶴，陽鳥也，而遊於陰，行必依洲渚，止不集林木 埤雅 形定而色白，食於水，故喙長。軒於前，故後短。棲於陸，故足高而尾凋。翔於雲，故毛豐而肉疎。大喉以吐故，修頸以納新，故壽。內典曰：鶴影生 禽經 曰：鶴以聲交而孕。張華云雄鳴上風，雌承下風，則孕 崔豹·古今注 鶴千年則變蒼，又二千歲則變黑，所謂玄鶴也。古謂之仙禽，亦名露禽，或又謂之陰羽 本草 鶴，白色鶴鶴，故名 易·中孚 鳴鶴在陰，其子和之 詩·小雅 鶴鳴于九皋，聲聞于天 淮南子·說山訓 雞知將旦，鶴知夜半 左傳·閔二年 衛懿公好鶴，鶴有乘軒者 又 地名 史記·衛世家註 鶴城在滑州匡城縣正南十五里 又 莊子·徐無鬼 君亦必無盛鶴列於麗譙之閒 郭註 鶴列，陳兵也 又 鶴膝，矛名。鶴之膝隆起，故吳矛骹大者爲鶴膝 又 逸雅 鉏，助也。齊人謂其頭曰鶴，似鶴頭也 又 姓。鶴壽，見 金史 又 正韻 與翯同 詩·大雅 白鳥翯翯 孟子 作鶴鶴。鑿 又鷔73772雀66075霧66915靃66916靃66925鶴74158鴝73042鶡73616鶴73801鶴73704鶴73910鶴73871瀥74214鶴74118鷔73903 又 雀12182 隸辨 引劉熊碑

鶵 73722 39204
chú_10.21 廣韻 仕于切 集韻 崇芻切夶音雛 莊子·秋水篇 南方有鳥，其名鵷鶵 又 玉篇 鷀，鳥子初生，能啄食。一作雛。鑿 又鶵73167鶵73133鷀73769

鷱 73723 39205
tà_10.21 廣韻 徒盍切，音蹋。又 集韻 達合切，音沓 玉篇 鳥名 又 廣韻 鷱鵻，鳥飛。鑿 又雞66275鶒46198

鶥 73724 39206
diāo_10.21 正字通 俗鵰字。

鷱 73725 39207
táng_10.21 廣韻 集韻 夶徒郎切音唐 廣韻 鷱鷱，鳥名。似烏，蒼白色 爾雅·釋鳥 鷺，鷱鷱 疏 鷺，一名鷱鷱。鑿 又雞66276

鷼 73726 39208
xiá_10.21 廣韻 胡瞎切 集韻 下瞎切夶音轄。鷼鷼，鳥名 字林 鷼鷼似伯勞而小 又 鷼鷼，即反舌鳥也 李時珍曰 百舌，狀如雛雒而小，身略長，灰黑色，微有斑點，喙亦尖黑，行則頭俯 謝靈運·山居賦 鷄鷼繡質，鷼鷼綏章 又 集韻 何葛切音曷。義同。鑿 直音篇 鷼同鷼。

鷺 73727 39209
shā_10.21 集韻 山戛切音殺。鳥飛迅疾。鑿 又鷺73881

鶸 73728 39210
ruò_10.21 篇海 而灼切音弱。昆鳥。

鶛 73729 39211
pī_10.21 廣韻 匹迷切 集韻 篇迷切夶音批 廣韻 鶛鷀，鳥名。鑿 又鶒73776鶒73787

鶹 73730 39212
liú_10.21 唐韻 集韻 韻會 正韻 夶力求切音劉 玉篇 鶹鷀鳥 又 名鶹離 爾雅·釋鳥 鳥少美，長醜，爲鶹鷀 註 一作留離 詩·邶風 瑣兮尾兮，流離之子 陸璣疏 自關而西，謂梟爲流離。亦作留離 又 鵂鶹，怪鳥。一曰鴟鶹。鑿 又鶹73927鶹73805顱68370

鳧 73731 39213
fù_10.21 集韻 奉甫切音父。鳧鳩，越鳥也 正字通 鳧，一名負釜。俗加鳥作鳧。

鶺 73732 39214
jí_10.21 玉篇 子席切音積。鶺鴒73085，本作脊令 詩·小雅 脊令在原。一作鶺73607、鳥。鑿 又鶺73804鶺73892

鶻 73733 39215
gǔ_10.21 唐韻 集韻 夶古忽切音骨 說文 鶻鵃也 玉篇 班鳩也 爾雅·釋鳥 鶌鳩，鶻鵃 註 似山雀而小，短尾，青黑色，多聲，江東呼爲鶻鵃 本草 鶻鵃，一名鶻嘲。北人呼爲鶻鵃鳥 張衡·東京賦 鶻嘲春鳴 正字通 鶻多義，冬撮鳥之盈握者，夜燠其爪掌，旦縱之 禽經 曰：鶻不擊胎 李邕·鶻賦 營全鳩以自暖，乃詰朝而自釋 又 官名 左傳·昭十七年 鶻鵃氏，司事也 又 舟名 海物異名記 越人水戰，舟名海鶻。急流浴浪不溺 又 廣韻 集韻 夶戶八切音滑。義同 又 hú 廣韻 戶骨切 集韻 韻會 正韻 胡骨切夶音搰 廣韻 鶻，鳥名。鷹屬 又 回鶻 唐書·回鶻傳 元魏時號高車部，隋曰韋紇，亦曰回紇，德宗時請改爲回鶻。鑿 又鶻72954鶻72955鶻73021鶻72975鶻73504鳴73098鶻73694瀹74046 又 正字通 雞66278俗鶻字。鶻72993俗鶻字。

鶼 73734 39216
jiān_10.21 廣韻 古甜切 集韻 韻會 堅嫌切 正韻 古嫌切夶音兼。比翼鳥 爾雅·釋鳥 南方有比翼鳥焉，不比不飛，其名謂之鶼鶼 郭註 似鳧，青赤色，一目一翼，相得乃飛 正字通 山海經 崇吾山有鳥如鳧，一翼一目，曰鶼鶼 拾遺記 周成王時，然丘國獻此鳥，如鵲而多力 水經注 林邑有比翼鳥，名歸飛，其鳴自呼。按諸說，則西海、南山皆有之，鶼鶼與鸞鸞，實一也。鑿 又鶼73802鸞74163

鶽 73735 39217
sǔn_10.21 玉篇 思尹切音笋。祝鳩也。急疾之鳥也。本作隼 說文 隼，鷙鳥也 陸璣曰 齊人謂之擊征。或謂之題肩。或謂之雀鷹。春化布穀者也 山海經 開明南有鶽 註 雕也。

鶾 73736 39218
hàn_10.21 唐韻 侯幹切 集韻 侯旰切夶音翰 • 說文 鶾，雉肥鶾者也。魯郊以丹雞祝曰：以斯鶾音赤羽，去

魯侯之咎爾雅·釋鳥鶾，天雞郭註鶾雞赤羽逸周書文鶾若彩雞，成王時蜀人獻之疏鳥有文彩者也図博古辨古玉多刻天雞紋，其尾翅輪如鴛鴦，即錦雞図玉篇雞肥貌。今爲翰禮·曲禮雞曰翰音図與鶾66272同爾雅·釋鳥鶾雄，鶾雄疏鶾即鶾也図廣韻胡安切集韻何干切夶音寒。義同。

鷀 73737 39219 cí_10.21　　廣韻疾之切集韻韻會牆之切夶音慈。鸕鷀，水鳥埤雅鳥似鶂而黑。一名鷧爾雅·釋鳥鷀，鷀郭註鸕鷀也。李時珍曰：韻書盧與茲皆黑。此鳥色深黑，故名。鷀者，其聲自呼也図名水老鴉図名烏鬼夔州圖經夔州人以鸕鷀捕魚，謂之烏鬼杜甫·遣悶詩家家養烏鬼楊孚·異物志鸕鷀能沒於深水，取魚而食之，不生卵而孕雛於池澤，既胎而又吐生，多者生七八，少生五六，相連而出，若絲緒正字通鸕鷀，俗呼慈老。人畜之，以繩約其嗉，才通小魚，其大魚不可下。時呼而取之，復遣去。觜曲如鉤，喉熱如湯，魚入喉即爛，味不美図廣韻子之切集韻津之切夶音孜。義同。鋬又鶿73093鷀73692鷀74094鷀74013

鷀 73738 39220 cí_10.21　　正字通同鷀。

鷀 73739 39221 qíng_10.21　　篇海自經切音情。出釋典。義闕。

鷁 73740 39222 yì_10.21　　廣韻五歷切集韻倪歷切，並脛入聲。與鷁鷀同。水鳥也。似鷺而大春秋·僖十六年六鷁退飛，過宋都註水鳥穀梁傳作鶂図前漢·司馬相如·子虛賦浮文鷁註鷁，水鳥也。畫其象於船頭淮南子·本經訓龍舟鷁首，浮吹以娛図與艗同張協·七命乘艖舟兮爲水嬉，臨芳洲兮拔雲芝。鋬又鷁73803

鷂 73741 39223 yào_10.21　　廣韻弋照切集韻韻會正韻弋笑切夶音燿說文鷙鳥也。即所謂鷂負雀也列子·天瑞篇鷂爲鸇，鸇爲布穀，久復爲鷂，此物變也図yáo廣韻集韻正韻夶餘招切音遙玉篇五色雉廣韻大雄名爾雅釋鳥鷂雉註：青質五采。鋬又雒66271鷂73807

鷃 73742 39224 yàn_10.21　　廣韻烏澗切集韻韻會正韻於諫切夶音晏。同鷃，鴳也。一名鴳，又名鷃。小雀也禽經雉上有丈，鷃上有赤。雉上飛能丈，鷃上飛能尺。赤與尺通。亦作鷃莊子所云斥鷃是也。李時珍曰：鷃不木處，可謂安寧自如矣莊子所謂騰躍不過數仞，下翔蓬蒿之間者也図曰鷃，候鳥也。常晨鳴如雞，趨民收麥，行者以爲候禮·內則雉兔鶉鷃図集韻伊甸切音宴。鷃屬。鋬又雉66158図類篇鷃，或作鷃73379鷃集韻鷃，伊甸切。鷃屬。鷃鷃鷃，於諫切。鴳屬。或作鷃。亦從隹△宏按，從隹當爲雉66294

鷄 73743 39225 jī_10.21　　廣韻古奚切集韻堅奚切夶音稽說文知時畜也。徐鉉曰：雞者，稽也。能稽時也易·說卦巽爲雞詩·鄭風女曰雞鳴禮·曲禮雞曰翰音韓詩外傳雞有五德：首帶冠，文也。足搏距，武也。敵在前敢鬥，勇也。

見食相呼，仁也。守夜不失，信也爾雅·釋畜雞大者蜀，蜀子雓郭註今蜀雞也。魯雞又其大者。或曰雞爲積陽，又名燭夜春秋運斗樞曰：玉樞星精散爲雞。李時珍曰：雞類甚多。朝鮮一種長尾雞，尾長三四尺。遼陽一種食雞，一種角雞。南越一種長鳴雞，晝夜啼叫。南海一種石雞，潮至即鳴。蜀中一種鶤雞，楚中一種傖雞，夶高三四尺。江南一種矮雞，腳纔二寸許也廣志云大者曰蜀，小者曰荊，其雛曰鷔図火雞洞冥記滿剌伽國有火雞，食火吐氣，島夷以其卵爲飲器。又竹雞，似鷓鴣，居竹林間，性好啼，蜀人呼爲雞頭鶻。又杉雞，陳藏器云出澤州有石英處，常食碎石英。腹下毛赤，不能遠翔。又秋雞，白頰長觜短尾，背有白斑。夏至後夜鳴達旦，秋後即止。又拾遺記漢武帝大初二年，月氏國貢雙頭雞，四足一翼，鳴則俱鳴。又洞冥記遠飛雞，曉飛四海外，夕還依人図天雞，星名北齊書武成即位，大赦，殿門外建金雞，不詳其義。問於司馬膺之，對曰：海中日占云天雞星動，當有赦，帝王以爲候。又前漢·天文志野雞一星，在軍市中図山名史記·五帝紀黃帝西至於空桐，登雞頭註索隱曰：雞頭，山名。又山海經雞山，其上多金，其下多丹臒，黑水出焉図寶雞，縣名。図雞人，官名周禮·春官雞人掌雞牲，辨其物，又夜嘑旦，以蹡百官図神名史記·漢宣帝神爵元年遣諫大夫王褒，求金馬碧雞之神於益州，褒作聖主得賢臣頌以諷図雞鳴，歌名前漢·高帝紀羽夜聞漢軍四面皆楚歌應劭曰図雞鳴歌也図蟲名爾雅·釋蟲鶾，天雞郭註小蟲，黑身赤頭，一名莎雞，又曰樗雞詩·豳風六月莎雞振羽朱傳蟋蟀也図蠅雞莊子註蠛蠓也図樹雞，菌也王建詩雁門天花不復憶，況乃蘑鵝與樹雞図雞毒高誘曰烏頭也図雞頭，芡也。又雞蘇、伏雞子，夶草名。図辟雞禮·內則麛爲辟雞註菹類，靡而切之也図風俗通雞本朱氏翁所化，故呼朱朱。祝雞翁善養雞，故呼祝祝。鋬又顡68348麥10157雞66285

鷕 73744 39226 yōng_10.21　　廣韻集韻夶於容切音邕。同雝爾雅·釋鳥鷕鷕，雝渠△一作鷕。

鷅 73745 39227 lì_10.21　　廣韻集韻韻會正韻夶力質切音栗。鷅鷅，梟也爾雅·釋鳥鳥少美，長醜爲鷅鷅。鋬又鷅73771

鷆 73746 39228 tián_10.21　　廣韻徒年切集韻亭年切夶音田爾雅·釋鳥鷏，蟁母郭註似烏鷏而大，黃白雜文，鳴如鴿聲，今江東呼爲蚊母。又名吐蚊鳥嶺南異物志吐蚊鳥，大如青鷁，大觜，食魚図集韻之人切音眞。又多年切音顚。義夶同。鋬又鷏73809

鵬 73747 39229 qú_10.21　　篇海巨俱切音衢。鳥名。左足白。鋬集韻鵬，或从眀正字通同鵬。楊寶忠：當是鵬70538字省變。馬後足白。

鵜 73748 39230 chì_10.21　　韻會小補同鷘。谿鵜鳥。一作鸂鵜。鋬又鷘73764

73749 39231 鷭 mì_10.21 廣韻美畢切集韻莫筆切丛音密。鷭肌，繼英也図類篇莫結切。義同。

73750 39232 㲋 kòu_10.21 廣韻苦候切集韻韻會正韻丘候切丛音寇揚子方言爵子及鷄雛，皆謂之㲋爾雅·釋鳥生哺鷇，生噣雛疏鳥子生，須母哺而食之，名㲋，謂燕雀之屬也。鳥生子而能自哺食者名雛，謂鷄雉之屬魯語里革曰：獸長麑麇，鳥翼㲋卵韋註生哺曰㲋，未乳曰卵莊子·齊物論其以為異於㲋音揚雄·蜀都賦風胎雨㲋後漢·王符傳世非胥庭，人乖㲋飲註㲋飲不假物，淳樸時也図集韻居候切音㖃。又墟候切音㲋。又古慕切音顧。義丛同図què集韻韻會克角切音殼。鳥子欲出者說文从鳥在殼中，會意。鋀又㲋27111㲋73686鷇74191鷇73983鷇74079鷇73836鷇73976鸛66293

73751 39233 鷈 tī_10.21 唐韻土雞切集韻韻會正韻天黎切丛音梯說文䴘鷈，似鳧而小，膏可塗刀揚子方言野鳧，其小而好水中者，謂之䴘鷈，大者謂之鷉鷈廣雅䴙鷈，鷉鷈也馬融·廣成頌鴛鴦䴙鷉正字通䴙鷈蒼白文，多脂，脚連尾，不能陸行。一名水鴞図名鷺鳺。俗作鷉杜甫·贈張太常詩銛鋒瑩䴙鷈。从鷈為正図sī集韻相支切音斯。鳥名図田黎切音題。義同。鋀又鷈73752鷈66270鷈73800図龍龕鷈73384鷈73415俗，鷈正。

73752 39234 鷈 tī_10.21 正字通同鷈。鋀又鷈73542

73753 39235 鷊 yì_10.21 廣韻五歷切集韻韻會倪歷切，並脛入聲玉篇與鷾鷊鷊丛同埤雅鷊，綬鳥也。綬鳥大如鷊鷊，頭似雉，有時吐物長數寸，食必蓄嗉，臆前大如斗古今注吐綬一名功曹，今俗謂之錦囊。一名辟株，行必遠草木，慮觸其嗉也韻會亦曰眞珠雞，體有眞珠點文。李時珍曰：吐綬雞項有嗉囊，內藏肉綬，常時不見，春夏清明則向日擺之，頂上先出兩翠角二寸許，乃徐舒項下綬，長闊近尺，采色煥爛，踰時悉斂，或剖視之，一無所睹図草名詩·陳風中唐有甓，邛有旨鷊爾雅·釋草作虉，綬郭註小草有雜色，似綬。鋀又鷊73808鷊73605

73754 39236 鷞 gòng_10.21 集韻韻會正韻丛古送切音貢。鳥讓食。鋀又鷞73938図ngǒng 喃鷞丟：天鵝。

73755 39238 鷌 mǎ_10.21 玉篇命把切音馬。鳥名。

73756 39239 鷎 è_10.21 字彙補五各切音咢。鳥名。見廣雅

73757 39240 鷏 gé_10.21 字彙補古客切音格。鳥名。

73758 39241 鷑 xī_10.21 字彙補與鸂同。

73759 39242 鷮 xiān_10.21 字彙補薛延切，音先◇鳥也。鋀張亞靜俗鷮73828

73760 39243 鸇 zhān_10.21 字彙補之然切。同鸇74053鋀俗鸇73720

73761 39244 鷢 xiāo_10.21 字彙補古幺切，音交◇不孝鳥也。

73762 39245 鷫 sù_10.21 字彙補同鷫司馬相如·凡將篇鷫鷞作鷄

爽說文長箋又作鷄。

73763 42305 鵔 jùn_10.21 篇海類編私潤切音峻。飛也図sǔn思尹切音筍。鵔也。鋀龍龕鵔正，鷷今。

73764 42306 鷘 chì_10.21 字彙補與鷘同埤雅溪鷘，即鸂鷘也。

73765 42307 鷵 tú_10.21 字彙補移渠切音餘。鳥名。與鼠同穴揚雄·蜀都賦鷵鴴鵌鵌，風胎雨㲋。鋀同鵌。

73766 46810 鷎 wū_10.21 篇海類編音烏。鋀疑俗烏字。

73767 46811 鷑 xī_10.21 篇海類編同鷑。

73768 46812 鷞 jiāo_10.21 龍龕同鷞。

73769 46813 鷜 chú_10.21 字彙補同鷜。

73770 u2B6FE 鷜 chú_10.21 簡鷜74043

73771 u2B6FD 鸝 lì_10.21 簡鸝73745

73772 u2B6CF 鶴 hè_10.21 同鶴73721

73773 u2B6CE 鷐 null_10.21 喃未詳。

73774 u2B6CD 鷘 null_10.21 新撰字鏡大鳥。

73775 u2B6CC 鷨 gē_10.21 同鷨73712

73776 u2A254 鷾 pī_10.21 簡鷾73729

73777 u2A253 鷞 niǎo_10.21 簡鷞74232

73778 u2A252 鷞 bān_10.21 簡鷞73796

73779 u2A251 鷔 áo_10.21 簡鷔73833

73780 u2A12C 鷞 null_10.21 未詳。

73781 u2A128 鷺 sáo_10.21 喃同鷺。八哥五千字譯國語鷺鷺，鴟鷺。

73782 u2A127 鷸 hịch_10.21 喃从鳥逆nghịch聲。

73783 u2A126 鷊 choè_10.21 喃从鳥茶trà聲。

73784 u2A125 鶺 cút_10.21 喃从鳥骨cốt聲△鵾鶺：鷭鶺。

73785 u2A124 鷺 sáo_10.21 喃从鳥套sáo聲△昆鷺：白頭翁。

73786 u2A123 鴻 null_10.21 未詳。

73787 u2A122 鷾 pī_10.21 同鷾73729龍龕鷾，部迷反。鷾鷺，水鳥也四聲篇海鷾，匹迷切。鷾鴞，鳥名。

73788 u2A121 鸇 zhān_10.21 禽經鸇曰鷹，奪曰鸇。明·方以智通雅·卷四十五·動物·鳥因以晨風為鸇，俗遂制鸇字……禽經之鸇，亦因鸇而造也。

73789 u2A120 鷘 chì_10.21 同鸂74004

73792 u2A11A 鷞 null_10.21 唐·貫休·贈抱麻劉舍人鷞鷞寧唯白，龍多豈止荀。

73790 u2A11F 鷸 zhān_10.21 說文鷸74053，鸇風也。段注：又作鸇戰國策宋康王之時，有雀生鷸於城之陬新序作鸇，一字也。今戰國策誤為鷸，通鑑作鷸不誤，而集韵不收。

73791 u2A11C 鷗 shī_10.21 直音篇鷗，同鷗73718

73793 u2A119 鷹 yīng_10.21 俗鷹73706

73794 u2A117 鷨 hòu_10.21 同鷨74061

73795 u2A116 鷞 qí_10.21 改併五音類聚四聲篇引類篇鷞，音耆。

73796 u2A115 鷞 bān_10.21 斑鳩或作鷞鳩。

73797 u2A114 鷞 null_10.21 未詳。

73798 u2A113 㲋 kòu_10.21 俗㲋73908

𪄒 73799 u2A112
liè_10.21 同鴷71156可洪音義鬉鴷：上子紅反。下力葉反。正作騣鬣71259二形。

䴘 73800 u4D18
tī_10.21 简鷉73751

鹤 73801 u9E64
hè_10.21 简鶴73721

鹣 73802 u9E63
jiān_10.21 简鶼73734

鹢 73803 u9E62
yì_10.21 简鷁73740

鹡 73804 u9E61
jí_10.21 简鶺73732

鹠 73805 u9E60
liú_10.21 简鶹73730

鹞 73807 u9E5E
yào_10.21 简鷂73741

鹟 73806 u9E5F
wēng_10.21 简鶲73715

鹝 73808 u9E5D
yì_10.21 简鷊73753

鷏 73809 u9DCF
tián_10.21 同鷆73746

鷎 73810 u9DCE
gāo_10.21 同鶾73953亦作雗66325俗作鷱74207

鵌 73811 39237
tú_11.22 玉篇大乎切集韻同都切𠀤音徒玉篇鵌，鳩也爾雅·釋鳥輿鵛鵌郭註未詳。鋈又鵌73328

鶔 73812 39246
qī_11.22 唐韻親吉切集韻戚悉切𠀤音七說文鶔鳥也。

鷐 73813 39247
chén_11.22 唐韻植鄰切集韻丞眞切𠀤音辰玉篇鷐風，鸇也〇按詩·秦風鴥彼晨風，不从鳥。鋈又鷐73878䲠66308鷐73385

鷆 73814 39248
cóng_11.22 集韻牆容切音從。鳥名揚子方言桂林之中謂雞曰𪆯。或从鳥。

鶚 73815 39249
hù_11.22 玉篇乎古切，音故◇鳥名 又 集韻顧68439古作鶚。鋈又鶚73984

鷁 73818 39252
mì_11.22 正字通同鷁

鬹 73816 39250
guī_11.22 玉篇古隨切音規。鳥也正字通子規。俗作鬹。

鷶 73817 39251
má_11.22 篇海莫佳切，音埋◇禽經雁一名鷶 又 正字通鷶雀，俗呼麻雀。鋈又鷶73909

鷉 73819 39253
dí_11.22 唐韻都歷切集韻丁歷切𠀤音的說文雉屬。鷉鳥也 又 廣韻集韻𠀤陟革切音磔。義同。鋈又鷉74003

鷞 73820 39254
shāng_11.22 廣韻式羊切集韻尸羊切𠀤音商廣韻鷞鷞 又 鷞鸆也家語作商羊，舞則天大雨。

麥鳥 73821 39255
mài_11.22 集韻莫獲切音麥。鳥名五音集韻同𪇰。

鷑 73822 39256
jí_11.22 集韻極入切音及爾雅·釋鳥鷑鳩，鵧鷑郭註小黑鳥，鳴自呼，江東呼爲烏鴟 又 集韻力入切音立。義同。鋈又雧66303𪄩72987鴗73580 又 字彙𩿮72986，同鷑。

鷒 73823 39257
tuán_11.22 廣韻度官切集韻韻會正韻徒官切𠀤音團。鸛鷒，鳥名爾雅·釋鳥鸛鷒，鶝鶔，如鵲，短尾疏鸛一名鶝鶔，一名㜸羿郭璞贊鸛鷒之鳥，一名㜸羿註言此鳥勁捷，雖羿亦不敢射也 又 廣韻職緣切集韻朱遄切𠀤音專。義同。鋈又鷒73899 又 正字通鷒73592俗鷒字。

鷓 73824 39258
zhè_11.22 唐韻集韻韻會𠀤之夜切音柘。鳥名。鷓鴣，越雉也禽經隨陽鳥也崔豹·古今注鷓鴣出南方，向日而飛，畏霜露，早晚希出。鋈又鷓73912鷓73413

鰵 73825 39259
mǐn_11.22 集韻美隕切音敏。鶚別名。

鱀 73826 39260
jì_11.22 集韻巨至切音暨。鳥名。鋈正字通俗鵋73327字。

鷱 73827 39261
xí_11.22 廣韻似入切集韻席入切𠀤音習。鵅鷱，鳥名山海經明漳之水，南流注于黃澤，有鳥，狀如烏而白文，名曰鵅鷱。鋈又䳶66299

鷣 73828 39262
xiān_11.22 玉篇息連切集韻相然切𠀤音僊。鳥似鶴，碧色。鋈又鷣73759

鶺 73829 39263
jí_11.22 廣韻集韻𠀤則歷切音績。鳥名。

鷬 73830 39264
cháng_11.22 廣韻市羊切集韻辰羊切𠀤音常玉篇鸘鷬，鳥名。鋈又䳖66226䳖66310

鷇 73831 39265
kòu_11.22 集韻丘候切音寇爾雅·釋鳥鷇雉泆泆郭註即鷄鳩也。本作寇 又 集韻鷇，鴨屬也。鋈又鷇73908鷇73798

鷥 73832 39266
chōng_11.22 廣韻集韻韻會正韻𠀤書容切音舂廣韻鸀鷥，鳥名集韻布穀也。本作舂廣雅鸀舂，鴨鳴也。

鷔 73833 39267
áo_11.22 廣韻五勞切集韻牛刀切𠀤音敖廣韻不祥鳥，白首赤口郭璞·江賦則有晨鵠，天雞，鴢鷔，鷗䳄 又 山海經玄丹山有五色之鳥，人面有髮，爰有青鳶黃鷔 又 ào廣韻五到切集韻魚到切𠀤音傲廣韻鷔䲦，魚鳥狀也 又 集韻倪虯切音汼。義同。鋈又鰲73779

鷕 73834 39268
yǎo_11.22 唐韻以沼切集韻韻會以紹切𠀤音溔說文雌雉鳴也詩·邶風有鷕雉鳴潘岳·射雉賦麥漸漸以擢芒，雉鷕鷕而朝雊 又 廣韻羊水切集韻愈水切𠀤音唯。義同詩·邶風陸德明音義又以水反 又 集韻正韻𠀤伊鳥切音杳 又 xiào集韻胡了切音皛。義𠀤同。鋈又雟73519鷕73835

鷕 73835 39269
yǎo_11.22 正字通同鷕

鷇 73836 39270
què_11.22 集韻丘候切音寇。鳥卵韓愈·納涼聯句盤肴饋禽鷇 又 集韻空谷切音哭。義同五音集韻與鷇觳同。

鷂 73837 39271
ān_11.22 廣韻集韻韻會正韻𠀤烏含切音諳玉篇鵪鶉。互見鴽73244鴾73245二字註。

鷞 73838 39272
jié_11.22 玉篇古屑切音結。同鵊。鵊鸛，鳧屬 又 j集韻古禮切音啓。同鵹。亦鳧屬。

鷖 73839 39273
yī_11.22 唐韻烏雞切集韻韻會煙奚切，並翳平聲。水鳥。鷗也。一名水鴞說文鳧屬埤雅鳧好沒，鷖好浮正字通鷖，蒼黑色，羣飛鳴，隨潮往來，曰信鳧，知風起，輒飛至岸，渡海者以爲候詩·大雅鳧鷖在涇。又 通作翳司馬相如·上林賦拂翳鳥註同鷖 又 山海經九疑之山有五采之鳥，名曰鷖 又 蛇山有鳥，五色，飛蔽日，名鷖鳥 又 鳥似鳳屈原·離騷駟玉虯以乘鷖兮王

逸註鷖,鳳凰別名。山海經身有五彩文囨yi集韻一計切音医。青黑色也周禮·春官·巾車彤面鷖總註鷖總者,青黑色,以繒爲之疏取鳥之鷖色青黑爲義。璗又鷖73914囨直音鷁74205鷖74209鷖74121並同鷖。

鷗 73840 39274
ōu_11.22 唐韻集韻韻會正韻夶烏侯切音謳說文鷗,水鴞也。一名鷖李時珍曰鷗者,浮水上,輕漾如漚也囨本作漚列子·黃帝篇海上之人有好漚鳥者,每旦之海上,從漚鳥遊,漚鳥之至者,百住而不止註漚屬鷗囨qū集韻齁于切音區。水鳥也囨於求切音優。義同。璗又鷗73071鷗73070鷗73860

鷨 73841 39275
nán_11.22 唐韻那干切集韻那肝切夶音難說文鳥也囨姓囨hǎn集韻許旱切音罕。鳥名囨nàn類篇夶乃旦切,難去聲。阻也。璗又雖66274鷨73842鷨74112囨玉篇鷨74129,與難66312同。

鶐 73843 39277
xù_11.22 正字通鶐字之譌。

鷨 73842 39276
nán_11.22 集韻同鷨

鷘 73844 39278
chì_11.22 廣韻恥力切集韻蓄力切夶音敕。鸂鷘,水鳥也。一作鷘杜甫詩一雙鸂鷘對沉浮。璗又鷘73572鷘39230鷘73866囨字彙補賦,同鷘囨補遺重出:字彙補同鸂74004見大方鑑註

鷣 73845 39279
zhāng_11.22 廣韻集韻夶諸良切音章玉篇鳥名廣韻吳人呼水雞爲鷣渠。璗又鷣73876

鷙 73846 39280
zhì_11.22 唐韻集韻韻會夶脂利切音至說文擊殺鳥也玉篇猛鳥也屈原·離騷鷙鳥之不羣兮,自前世而固然王逸註鷙,執也。謂能執伏衆鳥,鷹鷣之類也後漢·杜詩傳湯武善御衆,故無忿鷙之師註鷙,擊也。囨凡鳥之勇,獸之猛者,皆曰鷙禮·月令鷹隼蚤鷙註鷙,疾厲之氣也。亦作摯禮·曲禮前有摯獸囨抵,莊子·馬蹄篇馬知介倪闉扼鷙曼釋文李云鷙,牴也。囨zhí集韻類篇夶陟栗切音窒莊子·在宥篇天下始喬詰卓鷙音義卓鷙,行不平也囨疑也管子·五輔篇下愈覆鷙,而不聽從註謂伺察而懷疑也囨zhé集韻之列切音哲。鳥擊也囨集韻類篇夶敕栗切音抶囨陟利切音致。義夶同。璗又鵄73318囨字海鷙,譌字集韻鷙或作鷙。今不從。舊註音智猛鳥。義同鷙,改从析非。

鷅 73847 39281
piāo_11.22 玉篇匹沼切音縹。鳥變也正字通鳥毛色變也囨piāo廣韻撫招切集韻紕招切夶音漂。鷅鷅,鳥飛輕貌。璗又飄74080

鷫 73848 39282
sù_11.22 廣韻集韻夶蘇骨切音窣。鷫鷞,鳥也。

鷚 73849 39283
liù_11.22 廣韻集韻正韻夶力救切音溜爾雅·釋鳥鷚,天鸙郭註大如鷃雀,色似鷃,江東名之曰天鸙,音綢繆疏音綢繆者詩·豳風云綢繆牖戶。取其音同,故讀從之正字通鷚,俗呼告天鳥,其鳴如䶅,形醜,善鳴,聲高多颺張協·七命丹穴之鷚左思·吳都賦巖穴無豜貕,翳薈無麋鷚囨正韻雉子切又集韻力求切音留

又廣韻莫浮切集韻迷浮切夶音謀。又廣韻武彪切集韻亡幽切夶音繆。又廣韻集韻夶渠幽切音虯。義夶同囨集韻羌幽切,音近丘。天鷚,鳥名。江東語囨集韻類篇夶憐蕭切音聊。義同。璗又鷚73870鷚73911鷚74110

鷛 73850 39284
yōng_11.22 廣韻集韻韻會夶餘封切音容廣韻鷛鶏,似鴨,雞足司馬相如·上林賦煩鷖鷛鶏。璗又鷛66306鷛73872

鷜 73851 39285
lüè_11.22 玉篇力灼切音略。鳥也五音集韻本作鷜。

鷜 73852 39286
lǚ_11.22 廣韻落侯切集韻郎侯切夶音樓。爾雅·釋鳥鷜,鷜鷜郭註今之野鵝囨一作蔞◆說文鷜,蔞鵝也囨廣韻力朱切集韻龍珠切夶音慺。義同囨lǔ集韻隴主切音縷。鷜鷜,鳥名。郭公也五音集韻作鷜。璗又䳮66309鷜73896

鷜 73853 39287
lí_11.22 廣韻呂支切集韻鄰知切夶音離。鳥名廣韻鷜、鷀夶同。詳佳部離66307字註鷜鷜鳥,自爲牝牡。

鷝 73854 39288
bì_11.22 廣韻必吉切集韻壁吉切夶音必廣韻鷝鴋,鳥名。白面,青色山海經作畢方。狀如鶴,一足,赤文青質,白喙集韻一曰水澤神。璗又鷝鷝,亦名鷝鴋73087,鶚鴋的別名。

鷞 73855 39289
mèng_11.22 篇海亡互切音暮字彙鷞,鴟鳥也正字通即爾雅狂鷞鳥。註:五色有冠。改鷞訓鴟,誤。

鷢 73856 39290
cán_11.22 廣韻昨甘切集韻財甘切夶音慙廣雅鷢鷙,雕也囨chán廣韻仕咸切集韻仕懺切夶音鑱廣韻似鵰而班白。璗又鷢66300

鷫 73857 39291
shuāng_11.22 唐韻所莊切集韻韻會正韻夶音霜◆說文鷫鷞,西方神鳥正字通長頸綠色似鴈,皮可爲裘揚雄·蜀都賦霜鷫鷞鷞史記·司馬相如傳家貧,以鷫鷞裘貰酒。一作肅爽。馬名左傳·定三年唐成公有兩肅爽馬疏肅爽,其羽如練,高首而修頸,馬似之。俗作鷞囨shuǎng廣韻疎兩切集韻韻會正韻所兩切夶音緣廣韻鷞鳩,鷹也。亦作爽左傳·昭二十年晏子曰:爽鳩氏始居此地註爽鳩氏,少皥司寇。

鷟 73858 39292
zhuó_11.22 唐韻集韻仕角切,音浞說文鸑鷟也禽經紫鳳曰鷟囨韻會江中有鸑鷟,似鳧而大,此別一種囨叶昨木切音族。義同陸機·七徵舞鳳庭之來儀,鳴岐陽之鸑鷟。膺天監之休命,荷神聽之介福。璗又雀66298

鷠 73859 39293
yú_11.22 字彙補五魚切音魚。鳥名。

鷗 73860 39294
ōu_11.22 說文鷗本字囨字彙補於求切音憂。水鳥也山海經玄股之國,其爲人衣魚食鷗註音憂。

鷐 73861 39295
chōng_11.22 字彙補丑凶切,音忡◇鳥不行也。璗楊寶忠:俗鷐70089馬不行。

鸂 73866 39300
chì_11.22 韻會同鷘

鷳 73862 39296
tiān_11.22 字彙補通堅

切音天。鴨也。鳿 新修玉篇 音夫。

73863 39297
鷙 zhì _11.22　字彙補 直几切。與雉同△ 海篇 作鷙。

73864 39298
鶹 líng _11.22　字彙補 力盈切，音陵◇鳥名。鳿 玄應音義 鷚𪃻27292：力經反。謂𪃻羽也。經文作鷚鷚，力吉反，下力周反，謂黃鳥也。又作鶹。此並應誤也。又 可洪音義 鷚鷚：上力日反。下力由反。正作鷚鷚。應和尚以雞翎替之，非也。經意但是鳥名，不唯鷚𪃻。又郭氏音陵，書無此字。又或作鷚鳩，上音宅。下音房。別本作鶹也。

73865 39299
鷅 lí _11.22　字彙補 力其切，音梨◇與鸝同。黃鸝鳥也。

73867 39301
鷗 qiān _11.22　海篇 苦咸切音嵁。鳥喙物曰鷗也○按鷗即鴿字之譌。鳿 渡部溫：十畫。

73868 42308
鶷 mì _11.22　字彙補 眉筆切音密。鶷肌，繼英也。鳿 又鶷73749鷦73087鷸73430鷦73545鷗73447鶷73818

73869 46814
鳶 niǎo _11.22　篇海類編 音鳥。

73870 46815
鷚 liù _11.22　篇海類編 同鷚。

73871 46816
鶴 hè _11.22　字彙補 鶴字之譌。

73872 46817
鱅 yóng _11.22　說文 鷗本字。

73873 46822
鶀 chōng _11.22　篇海類編 同鯝。鳿 篇海類編 鯗鶀，二。書容切音春。鰡鯝，布穀也。又音莊。青鶀，鳥名。図 鶀73577鶯73654鶀73977鴴73260

73874 39405
鸋 níng _11.22　廣韻 奴丁切 集韻 囊丁切丛音寧 爾雅 釋鳥 鳾鶯鷦鳩 疏 幽州謂之鸋鳩 又 鷦子鸡，駕子鸋 註 別鷦鷦雛之名 図 廣韻 集韻 丛乃定切音甯。義同。鳿 鸋74128避諱字 図 鶺74002鶺74128鳿73150雗66355鶿74025

73875 u2B815
鷹 yīng _11.22　俗鷹73967

73876 2B702
鹯 zhāng _11.22　簡 鹯73845

73879 u2B6FF
鷩 null _11.22　未詳。

73877 2B701
鷩 biē _11.22　簡 鷩73936

73880 2B6D0
鷗 null _11.22　喃 未詳。

73878 2B700
鷐 chén _11.22　簡 鷐73813

73882 u2A16D
鵂 tu _11.22　喃 从鳥脩tu聲。同鵂73999

73883 u2A16C
鷃 yẻng _11.22　喃 从鳥偃ẻnh聲。同鷃74001鷃鷃，鷃鷃。

73884 u2A16B
鷲 vạc _11.22　喃 从鳥域vực聲。鷲鷲。亦作鵪73890鸌。

73885 u2A16A
鷁 quạc _11.22　喃 从鳥郭quách聲。鷁鷁。

73886 u2A169
鷺 sấm _11.22　喃 从鳥參tham聲。

73887 u2A168
鷸 ri _11.22　喃 从鳥移dời聲。

73888 u2A167
鷵 choi _11.22　喃 从鳥堆đôi聲。繡眼鳥，白頰鳥。

73889 u2A166
鷵 cuốc _11.22　喃 从鳥國quốc聲。水鷗。

73881 u2FA12
鷖 shā _11.22　同鷖73727

73890 u2A165
鵪 jié _11.22　朝鮮本 龍龕

同鵝73609 図 vạc 喃 俗鸌。鷺鷺。

73891 u2A164
鵙 kên _11.22　喃 从鳥堅kiên聲△鴟鵙鵙：禿鷹。

73894 u2A15E
鶒 jū _11.22　同鶒73461

73892 u2A163
鶺 jí _11.22　俗鶺73732 越·阮秉 五千字譯國語·第二十九羽族 鶺鴒，蒲洙。

73893 u2A160
鷱 null _11.22　唐·段成式 酉陽雜俎 老鷱：秦中山谷間，有鳥如梟，色青黃，肉翅，好食烟，見人輒驚落，隱首草穴中，常露身其，聲如嬰兒啼，名老鷱。

73895 u2A15C
鷑 cóng _11.22　集韻 鷑66302鷑，牆容切 方言 桂林之中謂雞曰鷑。或从鳥。亦書作鷕。

73896 u2A15B
鷜 lǘ _11.22　龍龕 鷜或作，鷜73852今。

73897 u2A15A
鷿 mì _11.22　同鷿73630 集韻 鷿，莫狄切。鳥驚視。

73898 u2A159
鷘 chì _11.22　俗鷘73572

73899 u2A158
鷒 tuán _11.22　同鷒73823鄭珍 說文逸字 鷒，雛鷒也。从鳥，專聲。

73902 u2A154
鷾 null _11.22　未詳。

73900 u2A157
鸝 lí _11.22　慧琳音義 鸝74211黃：又作鸝。同。力賞反 方言 倉庚自關而西謂之鸝黃，或謂黃鳥，或謂之楚雀。異名也。

73903 u2A153
鷁 hè _11.22　俗鷁73772

73901 u2A155
鷀 zī _11.22　鷀73490譌字。鷀軹鳥 名義 鷀，阻釐反。莞軹。

73904 u2A152
鷾 null _11.22　未詳。

73905 u2A151
鶬 null _11.22　未詳。

73906 u2A150
鷾 yì _11.22　俗鷾52030 集韻 鷾藚藚，倪歷切 說文 綏也。引 詩 卭有旨鷾。或作藚。亦从鷾。

73907 u2A14F
鷇 kòu _11.22　俗鷇73983

73908 u4CF9
鷇 kòu _11.22　同鷇73831

73909 u4CF8
鷪 má _11.22　同鷪73817

73910 uFA2D
鶴 hè _11.22　同鶴73721

73911 u9E68
鷚 liù _11.22　简 鷚73849

73912 u9E67
鷓 zhè _11.22　简 鷓73824

73913 u9E66
鷹 yīng _11.22　简 鷹74185

73915 39302
鵐 wú _12.23　◆ 廣韻 武夫切 集韻 微夫切丛音無 廣韻 鵐73244鳥名 爾雅 釋鳥 鵐，鵯毋 禮·月令 田鼠化爲鵐 疏 舍人曰：毋作無，謂牟無也 儀禮鄭註 亦作無。鳿 正字通 鵐，舊註音巫。雀屬。按佳部雉同鵐。鵐與鵐亦同。誤分爲二 図 龍龕 鵐正，鵐今

73914 u9E65
鷖 yī _11.22　简 鷖73839

73916 39303
鴻 hóng _12.23　字彙 同鴻

73917 39304
鶯 dēng _12.23　廣韻 集韻 丛都騰切音登 廣韻 鶯鶯，鳥也 本草 鶯雞，大如雞，長脚，紅冠，雄色褐，雌稍小，色斑，秋月卽無聲。與秧雞同類。

73918 39305
鷢 jué _12.23　唐韻 集韻 韻會 丛居月切音厥 說文 白鷢王鴡也 廣韻 白鷢一名鷢，善捕鼠 爾雅 釋鳥 鷢，白鷢註 似鷹，尾上白 韓愈·送文暢詩 飄然逐鷹鷢 図 廣韻 集韻 正韻 丛其月切音鱖。義同。鳿 又翟66330鵩74008

73919 39306
鷣 yín _12.23　廣韻 餘針切 集韻 夷針切丛音淫 廣韻 鷣之別名 爾雅 釋鳥 鷣，負雀 郭註 鷣也。江東呼鷣，善捕

雀，因名 図 廣韻 弋炤切 集韻 弋笑切 夶音燿。義同。

鸑 又鸒73992

鸐 73920 39307
tán_12.23 廣韻 徒干切 集韻 韻會 唐干切 正韻 唐闌切 夶音壇。雄子○按 廣韻 以鸖鷤作鷤鷤，似誤。

図 tí 廣韻 杜奚切 集韻 田黎切 夶音啼 廣韻 鸐搗鳥 揚雄·反騷 恐鸐搗之將鳴矣 註 子規也 図 廣韻 特計切 集韻 正韻 大計切 夶音第 廣韻 鸐鳩鳥 玉篇 亦布穀也。

鸑 又鸐73521 鶗73588 鶙73174

鷥 73921 39308
sī_12.23 集韻 新茲切音思。鷺鷥， 爾雅·釋鳥·春鉏 註 白鷺縗，俗稱鷺鷥，頭上毛似絲 禽經 鷥喙則絲偃 海錄 云一名帶絲，後人加鳥 図 集韻 津之切音茲。義同。

鸑 又鷥73183

鷒 73922 39309
shū_12.23 集韻 韻會 夶商居切音舒。鳥似鳧 爾雅·釋鳥 舒鴈，鵝。舒鳧，鷒。本作舒，俗加鳥。

鸐 73923 39310
zhú_12.23 廣韻 之欲切。同鸀。鸀鳿，如鴨而大。

鵗 73924 39311
xì_12.23 廣韻 許及切 集韻 迄及切 夶音吸 玉篇 鳥名。

鷦 73925 39312
jiāo_12.23 唐韻 卽消切 集韻 韻會 茲消切 夶音焦 說文 鷦鷯，桃蟲也。一名鷦鷯。俗呼黃脰雀，喙銳如錐 爾雅·釋鳥 桃蟲，鷦。其雌鴱 疏 此鷦鷯小鳥，而生鵰鶚者也 詩·周頌 肇允彼桃蟲，拚飛維鳥 陸璣疏 今鷦鷯是也。微小於黃雀，其雛化而爲鵰，故俗謂鷦鷯生鵰 揚子方言 自關而東，謂之巧雀，或謂之女匠。自關而西，謂之韈雀，或謂之巧女。江東謂之桃蟲 說苑 鷦鷯，巢於葦苕，繫之以髮，取茅秀爲巢，以麻紩之，如刺韈然。○按鷦鷯、鷦鷯、鳭鷯，皆一聲之轉耳。小鳥之巧於爲巢者也 図 廣韻 鷦鷯，南方神鳥 樂叶圖徵 鷦明，狀似鳳皇。一作焦明 揚子法言 焦明遰集。

鸑 又鷦74022 鶰73971 鷦73972 鸊74139 鷦74012

鷾 73926 39313
yì_12.23 廣韻 乙冀切音懿。鷾，鷾鴯鳥也 図 爾雅·釋鳥 鷾鴯 郭註 卽鷾鴯也。鸑 又 說文 鷾74010，鷾鴯也。从鳥壹聲。

鷚 73927 39314
liú_12.23 說文 鷚本字

鷾 73928 39315
rán_12.23 玉篇 集韻 夶如延切音然。鳥名。鸑 又鷾73975

鷨 73929 39316
huá_12.23 廣韻 戶花切 集韻 胡瓜切 夶音華 廣韻 鷨，鳥名。似雉 廣雅 鸅鷞、擊鷨，布穀 図 集韻 胡化切，華去聲。義同。鸑 又鷨73282 雈66321

鶇 73930 39317
tóng_12.23 廣韻 徒紅切 集韻 徒東切 夶音同 廣韻 鶇74097鵱，水鳥。黃喙，喙長尺餘。鸑 又鸔74017

鶚 73931 39318
è_12.23 篇海 遏各切音惡。水鶪鳥。

鷸 73932 39319
yù_12.23 廣韻 牛具切 集韻 元具切 夶音遇 廣韻 鷸鼠，鳥名也。本作寓 山海經 虢山有鳥名寓，狀如鼠，鳥翼，音如羊，可以禦兵 図 yú 廣韻 遇俱切音虞。義同。

鶿 73933 39320
zī_12.23 集韻 津私切音咨。鳥名。雞身鼠尾。

貕 鶿雞身鼠毛 図 豯75348

鷞 73934 39321
xiàng_12.23 集韻 似兩切音象。鷞鷞，鷞鷞別名。

鷞 73935 39322
chǎng_12.23 廣韻 集韻 夶昌兩切音敞 廣韻 同氅。鷞鳥毛也。

鷩 73936 39323
biē_12.23 唐韻 幷列切 集韻 正韻 必列切 夶音鼈 說文 鷩，赤雉也。一名山雞，一名錦雞，一名鷩鷫，一名金雞 爾雅·釋鳥 鷩雉 郭註 似山雞而小，冠背毛黃，腹下赤，項綠色鮮明 劉敬叔·異苑 山雞愛其羽毛，照水卽舞，目眩多溺，以文累其身者也 図 鷩冕 周禮·春官·司服 王饗先公，饗射則鷩冕 釋名 有鷩冕。鷩，雉之憋惡者，山雞是也。鷩，憋也。性憋急不可生服，必自殺，故畫其形於衣，以象人執耿介之節也 図 山海經 小華山多赤鷩，養之禦火災 図 廣韻 集韻 韻會 必袂切 正韻 必弊切，並音蔽。又 集韻 必至切音界。義夶同。鸑 又鷩73877 鼈66333 図 鷩73434 鷩 廣韻 作鷩73491 鷩。鷩鷩，鷩與鷩同。図 龍龕 鷩73510俗，鷩正。

鶯 73937 39324
yīng_12.23 篇海 鶯字之譌。

鷚 73938 39325
gòng_12.23 正字通 鷚字之譌。

鷣 73939 39326
jié_12.23 正字通 俗鶛字。

鵋 73940 39327
jī_12.23 玉篇 居希切，音機。鳥也。

鷫 73941 39328
sù_12.23 唐韻 息逐切 集韻 息六切 夶音肅 說文 鷫鷞也。五方神鳥：東發明，南焦明，西鷫爽，北幽昌，中央鳳皇。一作鷫鷞 司馬相如·上林賦 鴻鷫鵠鴇 郭璞曰 鷫，鷫鷞也 西京雜記 司馬相如還成都，居貧，以所著鷫鷞裘就市人貰酒，與文君爲歡 図 類篇 所六切音縮。義同。互詳鷞73857字註。鸑 又鷫73576 鷫73762 鸋73989 鷫73557 鷫73529

鷬 73942 39329
huáng_12.23 集韻 胡光切音黃。鷬鷬，鳥名。本作黃 詩·小雅 緜蠻黃鳥。

鷥 73943 39330
hōu_12.23 廣韻 集韻 夶呼侯切音齁 廣韻 鷥鳥，青色，似鴉鳩。

鷭 73944 39331
fán_12.23 廣韻 附袁切 集韻 符袁切 夶音煩 廣韻 鷭鷅 図 玉篇 府袁切音蕃。義同。鸑 又雗66323

鶹 73945 39332
shèng_12.23 篇海 音勝。戴勝本作鶹。卽戴鳸，俗加鳥。

鷅 73946 39333
lì_12.23 廣韻 郎擊切 集韻 狼狄切 夶音靂 玉篇 鳥似鷹而大。

鷣 73947 39334
jīn_12.23 集韻 咨林切音祲。雞別名。漢中人呼雞爲鷣 楊慎曰 鷣音岑。卽魯雞△玉篇 作鷫。

鶀 73948 39335
qí_12.23 廣韻 去其切 集韻 丘其切 夶音欺 廣韻 鶀

鵙，鴟鷀鳥。亦作鵙。

鵺 73949 39336
náo_12.23 [廣韻]女交切[集韻]尼交切太音鐃[玉篇]䲷鵺，黃鳥。鎣又雗66324

鷮 73950 39337
jiāo_12.23 [廣韻]舉喬切[集韻]居妖切[韻會]居祆切太音驕[說文]走鳴長尾雉也[爾雅·釋鳥]鷮雉[郭註]即鷮鷄也[詩·小雅]有集維鷮[山海經]女几之山，其鳥多白鷮[陸璣疏]鷮，微小於翟，走而且鳴，曰鷮鷮。其尾長，肉甚美[埤雅]薛綜曰：雉之健者爲鷮，尾長六尺[字說]鳴則首尾喬如[後漢·華佗傳]冷壽光嘗屈頸鷮息[又][唐韻]巨嬌切[集韻]渠嬌切太音喬。義同。鎣又鷸73768

鷯 73951 39338
liáo_12.23 [唐韻]洛蕭切[集韻][韻會]憐蕭切[正韻]連條切太音聊[說文]刀鷯，剖葦食其中蟲[玉篇]鷦鷯，小鳥，在葦[荀子·勸學篇註]蒙鳩，鷦鷯也。見䳲72922鷦73925二字註[又]liào[廣韻][集韻][類篇]太力照切音燎[廣韻]鷯鶉[爾雅·釋鳥]鷯鶉，其雄鶛73603，牝庳[又][韻會][正韻]太力弔切音料。義同。鎣又雡66320鷯74023

鷰 73952 39339
yàn_12.23 [廣韻]於甸切[集韻]伊甸切太音宴。與燕同[說文]籋口，布翅，枝尾，象形，亦書作鷰[又]鷰濯，角觝之戲[張衡·西京賦]衝狹鷰濯，胸突銛鋒[註]鷰濯，以盤水置前，坐其後，踊身張手跳前，以足偶節，踰水，復却坐，如燕之浴也△[玉篇]俗燕字。鎣正作鷰74180

鷎 73953 39340
gāo_12.23 [廣韻]古勞切[集韻]居勞切太音高[廣韻]鴠鷎，鳥名[又]鷎鴠[爾雅·釋鳥陸璣疏]鵴鳩，小鳩，幽州人或謂之鷎鴠[又]gǎo[集韻]古老切音杲。義同△[集韻]本作鷎。一作雗。鎣又鷎74207

鷲 73954 39341
jiù_12.23 [唐韻][集韻][韻會][正韻]太疾僦切音就[廣韻]鳥名。黑色，多子。師曠曰：南方有鳥，名羌鷲，黃頭赤目，五色皆備[本草]鷲悍多力，盤旋空中，無細不覩，卽白鷳也。一作就[又]靈鷲，山名[西域記]耆闍崛山，有兩峰雙立，鷲鳥常居其嶺，山遠望如鷲形，故名靈鷲山[沈約·石象銘]永言鷲室，棲誠梵宮。鎣又雗66327鳩72980鷲74021𡾟14217鷲73982

鷳 73955 39342
xián_12.23 [唐韻]戶閒切[集韻][韻會]何閒切[正韻]何艱切太音閑[說文]鴟也[又]白鷳，鳥名。形似山雞，白質黑章，尾長三四尺，距觜純丹，亦有青黑者。一作鷴[本草]張華曰：行止閑暇，故曰鷳。李昉命爲閑客○按白鷳，卽白鵫也[爾雅]韓雉，鵫雉。註：白鵫也。韓，本从翰，音寒，今南人呼閒如寒，則鷳卽韓音之轉也[西京雜記]南粵王獻白鷳、黑鷳各一。蓋雉亦有黑色者，幷可明[爾雅]秩秩海雉之說，況鷳非鴟類[說文]誤。鎣又鷳74024

鷴 73956 39343
xián_12.23 [說文長箋]俗鷳字。鎣又鷴73419

鷞 73957 39344
shùn_12.23 [集韻]輸閏切音舜。鵊鷞，鳥名。

鷕 73958 39345
wéi_12.23 [集韻]匀規切音蘬。鳥飛也△[說文]作䨓，从隹。俗从鳥。鎣又䨓66347

鷋 73959 39346
tú_12.23 [廣韻][集韻]太同都切音徒。鳥名[爾雅·釋鳥]鵌，鵌鷋[註]似烏，蒼白色。

鷟 73960 39347
zhōu_12.23 [集韻]之六切音祝。鷟鳩，鳥名。

鷉 73961 39348
sī_12.23 [廣韻]息移切[集韻][韻會]相支切太音斯。鸒鷉，鳥名。本作斯[爾雅·釋鳥]鸒斯，鵯鶋[郭註]雅烏也。小而多羣，腹下白[廣雅]此類有三種，純黑反哺者謂之烏。小而腹下白，不反哺者謂之鵶。白項而羣飛者謂之燕烏[正字通]按[說文]鷉訓卑居，不言鸒斯[詩]弁彼鸒斯，孔[疏]以斯爲助語辭，猶蕭斯、柳斯是也。據此說，則[爾雅][禽經][法言]稱鸒斯，皆相承而誤。[六書統][正韻]皆收鷉字。註，鳥名，亦作斯。太非。鎣又鷉73985

鷶 73962 39349
mǎi_12.23 [廣韻]莫蟹切[集韻]母蟹切太音買。鷶鶬，子鴬也。一作䍜䳼。

鸜 73963 39350
qú_12.23 [唐韻]强魚切[集韻][韻會][正韻]求於切太音蕖[說文]鴝鸜也[廣雅]鴝鸜，鴝也。一名鴝鳥。一名精列。本作渠[索隱]鴝鸜，一名章渠。鎣又雗66345鸜73986[字彙]鸜，同鸜。

鷷 73964 39351
zūn_12.23 [廣韻]將倫切[集韻][韻會]蹤倫切太音遵。西方雉名[爾雅·釋鳥]雉，西方曰鷷[又][廣韻]昨旬切[集韻]從倫切，並崒平聲。義同[又]cún[集韻]徂昆切音存。與蹲通◆[周禮·天官·染人鄭註]夏狄六曰蹲。音存。本鷷字。[又][集韻][韻會][正韻]太租昆切音尊。義同。鎣又鷷73991

鷸 73965 39352
yù_12.23 [廣韻]餘律切[集韻]允律切[韻會][正韻]以律切太音聿[說文]鷸，知天將雨鳥也。知天文者冠鷸。陳藏器云鷸，如鶉，色蒼喙長，在泥塗。邨民云田鷄所化[戰國策]蘇秦曰：鷸蚌相持。又一種翠鳥曰鷸[爾雅·釋鳥]翠，鷸[郭註]似燕，紺色，生鬱林[疏]李巡曰：鷸，一名翠，其羽可以爲飾。又一種，赤足，黃文，曰鷸◆[左傳·僖二十四年]鄭子臧好聚鷸冠，是也[又][正韻]疾飛貌[木華·海賦]鷸如驚鳧之失侶[又]shù[集韻]食律切音術[廣雅]鷸鷉，鷸子。籠脫鷸也[曹憲註]鷸音述。鎣又䢋61494鷸74020鶉73269[又][集韻]鷸䢋74159，允律切。或从遹。又鷸，食律切。翠羽鳥也。或作鷸73649

鷻 73966 39353
tuán_12.23 [唐韻]度官切[集韻][正韻]徒官切太音團[說文]作鷒，雕也[廣韻]鷻，鳶之別名◆[詩·小雅]匪鶉匪鳶，翰飛戾天[毛傳]雕也。鎣又鷒74225鷻73988鷻74167

鷹 73967 39354
yīng_12.23 [廣韻][集韻][韻會]太於陵切音膺[玉篇]鷙鳥。李時珍曰：鷹以膺擊，故謂之鷹。陸佃云一歲曰黃鷹，二歲曰鴘鷹，鴘，次赤也。三歲曰鶬鷹，今通謂之角鷹，頂有毛角微起。一曰題肩，一曰征鳥，一曰爽鳩[左傳·昭十七年]爽鳩氏[註]鷹也，一作鷞鳩[爾雅·釋鳥]鷹，鷞鳩。又[本草]虎鷹，翼廣丈餘，能搏虎[裴氏·新書]鷹在衆鳥閒若睡寐然，故積怒而後全剛生焉[詩·大雅]維師尚父，時維鷹揚。言其武之奮揚也[正字通]鷹，雄形小雌體大，生於窟者好眠，巢於木者常立，雙骹長者起遲，

六翮短者飛急 禮·月令 季夏，鷹乃學習。註：鷂學飛。又季秋，鷹乃祭鳥。註：欲食鳥，先殺鳥，不食△毛氏曰：本作雁，後人加鳥字，不知雁已从隹矣。徐鍇曰：鷹隨人指縱，故从人。鋆又雍36295癰36665鷹74084鷹73875雛59802 図 說文鷹74152籀文雁66230从鳥。

鷺 73968 39355
lù_12.23 唐韻 洛故切 集韻 韻會 正韻 魯故切 夶音路 說文 白鷺也 李時珍曰 水鳥也。林棲水食，羣飛成序，潔白如雪，頂有長毛十數莖，毿毿然如絲，欲取魚則弭之，名曰絲禽。一名屬玉，一名春鉏 爾雅·釋鳥 鷺，春鉏 註 鷺頭翅背上皆有長翰毛。今江東人取以爲睫攡，名之曰白鷺縗 禽經曰：鸖飛則霜，鷺飛則露，其名以此。步於淺水，好自低昂，如舂如鋤之狀，故曰舂鋤。図 朱鷺 爾雅·釋鳥疏 楚威王時，有朱鷺合沓飛翔而來舞。則復有赤者，舊鼓吹 朱鷺 曲是也。然則鳥名白鷺，赤者少耳 晉書·樂志 漢時短簫鐃歌之樂，其曲有 朱鷺 図 鷺羽，舞者所持以指麾，或坐或伏也 詩·陳風 值其鷺羽 図 魯頌 振振鷺 図 白鷺，官名 魏書·官氏志 以伺察者，謂候官，謂之白鷺，取延頸遠望之義 図 lù 集韻 良據切音慮 字林 鳥名 図 lú 集韻 龍都切音盧。水鳥也。鋆又鸔66351鷺74087鷺74056鷺74081 図 直音篇 鸕74141鷺73243並同鷺。

鷿 73969 39356
bēn_12.23 廣韻 博昆切 集韻 逋昆切夶音奔。鳥名 山海經 太行山有鳥，狀如鵲，白身赤尾六足，名曰鷿，善驚，其鳴自詨 図 廣韻 集韻 夶符分切音汾。義同。鋆又鷿66319鷿73074

鷝 73970 39357
pú_12.23 廣韻 集韻 夶蒲沃切音僕。鷝鷿，鳥名。図 pū 廣韻 集韻 夶普木切音扑。鳥名。善占。

鷦 73971 39358
jiāo_12.23 說文 鷦本字

鷦 73972 39359
jiāo_12.23 廣雅 同鷦

鷎 73973 39360
tù_12.23 字彙補 通路切音兔。木鷎鳥有毛角也。

鷫 73974 39361
chóu_12.23 字彙補 古文鷫74100字。

鷬 73975 39362
rán_12.23 字彙補 同鷬

鷇 73976 39363
kòu_12.23 字彙補 苦候切音寇 廣雅 鷇，鷇也。

鷞 73977 39364
chōng_12.23 字彙補 書容切音舂。鷞鷞鳥。

鷈 73978 39365
xié_12.23 字彙補 義與擷同。音未詳 江暉·直爱集 甘葉於豎丘 図 幣名 金陵志 宋淳初二年，賜杜杲香茶、鷈羅等。

鷆 73979 39366
míng_12.23 集韻 武兵切。同鵬。

鷠 73980 39367
fèng_12.23 字彙補 古文鳳72948字。

鷢 73981 42310
mín_12.23 篇海類編 眉庚切，音萌◇鳥名。鋆同 鷗73090

鷙 73985 46819
sī_12.23 字彙補 同鷛 鷙字彙補 南方有鳥名羌鷙，黃頭，赤目，五色皆備。

鷛 73982 42311
jiù_12.23 篇海類編 同

鷞 73983 42313
kòu_12.23 字彙補 同鷇 裴松之·吳志註 此無異殘林覆巢而全其遺鷞。鋆又鷞74059鷞73907鷞74015

鷕 73984 46818
gù_12.23 字彙補 與顧同。見 耳目資。疑卽鷕字之譌。鋆又鷕73054

鷕 73986 46820
qú_12.23 篇海類編 同鷕

鷕 73987 46821
fù_12.23 川篇 音富。鋆疑鳧字異體。

鷕 73988 46823
tuán_12.23 篇海類編 同鷙。鋆又鷕74006鷕74225

鷕 73989 46824
sù_12.23 篇海類編 同鷕

鷕 73990 46825
xū_12.23 搜眞玉鏡 音虛。

鷕 73991 u2B704
zūn_12.23 簡 鷕73964

鷕 73992 u2B703
yín_12.23 簡 鷕73919

鷕 73993 u2B6D5
khướu_12.23 喃 从鳥窖giáo聲。鷕。

鷕 73994 u2B6D4
null_12.23 新撰字鏡 鷕鷕鷕鷕，四字宇豆良。

鷕 73995 u2B6D3
null_12.23 未詳。

鷕 73996 u2B6D2
null_12.23 未詳。

鷕 73997 u2B6D1
null_12.23 新撰字鏡 鷕，佐支。鷕同。

鷕 73998 u2A1A7
vẹt_12.23 喃 从鳥越việt聲。鷕鷕。

鷕 73999 u2A1A6
tu_12.23 喃 从鳥須tua聲。杜鵑鳥。

鷕 74000 u2A1A5
khướu_12.23 喃 同鷕73993鷕。

鷕 74001 u2A1A3
yểng_12.23 喃 从鳥影ảnh省聲△鶘鷕：鶘鷕。

鷕 74002 u2A1A2
níng_12.23 同鷕74128

鷕 74006 u2A19D
tuán_12.23 同鷕73988

鷕 74003 u2A1A1
dí_12.23 正字通 鷕73819本作鷕。

鷕 74004 u2A19F
chì_12.23 鷕鷕，即鷕鷕73572

鷕 74005 u2A19E
lín_12.23 宋·周邦彥 汴都賦 飛仙降真之縹緲，翔鷕鷕鷕之氄旄 大字典 同翙46239

鷕 74007 u2A19C
lí_12.23 中華大字典 鷕73338或字。見 集韻。△宏按，集韻 鷕，或作鷕74144雛。誤抄。

鷕 74009 u2A198
gū_12.23 字海 鷕，鴣73121訛字 敦煌變文集·百鳥名 白鶴身為宰相，山鴣鷕直諫忠臣。

鷕 74011 u2A195
null_12.23 未詳。

鷕 74008 u2A199
jué_12.23 同鷕73918 清·張澍 涼州異物志 引 太平御覽 鷕鳥大如雄雞，色赤或黑而能鳴。彈射取之，其肉香美，可目作炙及腊。

鷕 74012 u2A194
jiāo_12.23 俗鷕73925見 中國書法大字典·鳥部

鷕 74014 u2A192
nhạn_12.23 喃 从鳥雁nhạn聲。大雁。

鷕 74015 u2A191
kòu_12.23 同鷕73983

鷕 74010 u2A196
yì_12.23 集韻鷕，乙冀切。鳥名 說文 鷕也。或書作鷕73926

鷕 74016 u2A190
null_12.23 未詳。

鷕 74013 u2A193
cí_12.23 殷周金文集 成·7.4057·叔噩父簋 弔噩父乍鷕姬旅段。楊樹達 積微

居金文說·卷四·叔匜父毀跋 鵜為鷂73738之初形。

鱅 tóng_12.23 同鶄73930
游鳥 null_12.23 未詳。
鷺 lù_12.23 兼鷺。
鷸 yù_12.23 简鷸73965
鷲 jiù_12.23 简鷲73954
鷦 jiāo_12.23 简鷦73925
鷯 liáo_12.23 简鷯73951
鵬 xián_12.23 同鵬73955
鑑 níng_13.24 正字通 鶹字之譌。

鷺 wò_13.24 廣韻於角切 集韻乙角切夶音渥 爾雅·釋鳥 鷗，山鵲 郭註似鵲而有文彩，長尾，觜脚赤 疏 山鵲，一名鷗 說文 雗鷗，山鵲，知來事鳥也 字說 云能效鷹鸇之聲，而性惡。其類相值則搏 又xué 廣韻胡覺切 集韻韻會 正韻轄覺切夶音學。小鳩也 莊子·逍遙遊蜩與鷗鳩笑之。亦作學鳩 又 集韻烏酷切音沃 又戶八切音滑。義夶同。鉴又翟66346鸹73185鷕74176鸹73675㶒73350

鸘 nóng_13.24 玉篇女冬切音農。鴻之別名 又náng 廣韻女江切 集韻濃江切夶音曣。鴻也。

鴉 yà_13.24 廣韻乙鐸切 集韻乙轄切夶音閼 集韻鷗鷗，鳥名。似伯勞而小 又 玉篇午鐸切 集韻午轄切夶音聒。又 集韻居太切音蓋。又居曷切音葛。又居轄切音揭。義夶同。

鴒 líng_13.24 廣韻 集韻夶郎丁切音靈 廣韻 鶺鴒別名 字彙 鴒鳥，脊鴒別名。鉴又雒66349

鷚 liú_13.24 廣韻力求切音留 廣雅 鷚鷒73010，飛鷚也。

鷾 yì_13.24 廣韻 集韻夶於記切音意 廣韻 鷾而 莊子·山木篇 鳥莫知於鷾鴯 註 燕也。鉴又離66342

鵑 jiǎ_13.24 玉篇 舉雅切音賈。鳥名。本作買 山海經 赤水之東，蒼梧之野，有買鳥 註 買亦鷹屬。鉴又 龍龕 鷎 俗，鷎74053正。

鷱 guī_13.24 字彙 居爲切音規。即子規也 揚雄·蜀都賦 鉅猱蟥蜼，子鷱呼焉△本作雟 爾雅·釋鳥 雟周 郭註 子雟鳥，出蜀中。

鷿 pì_13.24 唐韻普擊切 集韻蒲歷切夶音甓 廣韻 鷿鷈，水鳥。陳藏器曰：似鳧而小，足連尾，不能陸行，常在水中 廣雅 鷿鷈，鷿鷈也。一名須羸，一名水鳥，一名鷈鳥，一名油鴨 又 集韻博尼切音蘪。又必益切音辟。又匹歷切音霹。義夶同。鉴又鸊66344䴙74065鷿74062鷿74082

鸀 shǔ_13.24 集韻殊玉切音躅 爾雅·釋鳥 鸀，山鳥 郭註 似烏而小，赤觜，穴乳。出西方 又 廣韻 集韻夶直角切音濁。義同 又dú 唐韻 集韻夶徒谷切音獨 廣韻 鸀鷽鳥 又chù 集韻樞玉切音觸 山海經 海外互人之國有青鳥，身黃，赤足，六首，名曰鸀。此與山鳥別一種。

鸀 zhú 廣韻之欲切 集韻類篇朱欲切夶音燭 廣韻 鸀鳿鳥。陳藏器曰：鸀鳿，狀如鴨而大，長項，赤目，斑觜，毛紫紺色。一名鸑鷟 本草 江中有鸑鷟，似鳧而大，赤目。蓋鸀鳿，乃鸑鷟聲轉耳 又 與竹通 揚雄·蜀都賦 獨竹孤鶬 註 竹屬通，屬玉、鶬皆水鳥。本作屬玉。俗加鳥。又 屬玉，觀名 前漢·宣帝紀 帝幸屬玉觀 義音 屬玉，水鳥也。似鵁鸘，於觀上作之，因以爲名 班固·西都賦 天子登屬玉之館。鉴又雛66348鷗74230鷗73923 又 龍龕 鷟74168或作，鸀74067正。

鶏 kuí_13.24 集韻渠惟切音葵。鳥名 揚子方言 秦漢之閒，鳩之小者謂鶏鳩。鉴又雉66245鷞73599

臝 luó_13.24 廣韻落戈切 集韻盧戈切夶音螺 廣雅 果臝桑飛 爾雅·釋鳥 鷂，須臝 郭註 鷂，鷂鷦，似鳬而小，青中瑩刀 又 集韻魯果切音裸。義同。

鷔 áo_13.24 篇海烏老切音襖。鳥名。

鸂 xī_13.24 廣韻苦兮切 集韻韻會 正韻牽奚切夶音谿 廣韻 鸂鶒，水鳥 說文 作鸂鶒 埤雅 鸂鶒，五色，尾如船舵，在山澤中，無復毒氣，其宿若有敕令，故謂鸂鶒。鉴又鸂74083䳩73758灘30454

鶒 chì_13.24 正韻同鷘
鸃 yí_13.24 唐韻 集韻魚羈切 韻會疑羈切夶音宜 玉篇 駿73344鸃，鳳屬 集韻 鷂雉也。似山雞而小。鉴又鸃74063

鷒 càn_13.24 廣韻 集韻夶蒼案切音粲 玉篇 鳥名。
鶵 chú_13.24 廣韻士魚切 集韻牀魚切夶音鋤。鶺鴒鳥，白鷺也 爾雅·釋鳥 作舂鉏。鉴又鋤73770

鸛 huán_13.24 集韻 正韻夶胡關切音還。繞飛也。又 鸛目，水鳥也 史記·司馬相如傳 鵁鸛鷱目 索隱 荊郢閒有水鳥，大如鷺而短尾，色紅白，深目，目旁毛長而旋，此其是乎 又 集韻旬宣切音旋 前漢·相如傳註 鸛目，本作旋目 又 正韻音暄 揚子法言 朱鳥鸛鸛，歸其肆矣。鉴又鸛74086騾74068飝68882

鷑 jī_13.24 廣韻古歷切 集韻吉歷切夶音激。鳥名。一名鶺鴒 爾雅·釋鳥 鷑，鶺鴒 郭註 似烏，蒼白色 酉陽雜俎 鷑，色黃，一變爲青鶺，帶灰色，鴒之後，乃至屢變。橫理轉細，臆前微微漸白。又曰白唐。唐者，黑色也。謂斑上有黑色，一變爲白鶺 正字通 楊升菴以羅鶺，至中秋後，謂之白唐〇按鶺鶺，鷑，即阿濫堆也。阿濫堆，驪山鳥也。明皇采其聲爲曲云 又 廣韻古弔切 集韻吉弔切夶音叫。又 集韻吉了切音皎。又堅堯切夶音驍。又 廣韻胡狄切 集韻刑狄切夶音檄。義夶同。鉴又鷑70454

鶻 hú_13.24 篇海戶骨切音搰。同鶻。鷹屬 又gǔ古忽切音滑。義同。

鍋 guō_13.24 集韻古禾切音戈。鳥名 廣雅 鍋臝，工雀

也〇按 廣雅 今本作果蠃。鎣又鶋73594

鸜 74048 39391 qú_13.24 集韻同渠

鳣 74049 39392 zhān_13.24 集韻之廉切音詹。鳥名 山海經 女戚國有鸇鳥，其色青黃 图dǎn 廣韻都敢切 集韻覩敢切达音膽。義同。鎣又雛66350

鸅 74050 39393 zé_13.24 廣韻場伯切 集韻 韻會 正韻直格切达音宅 廣韻鸅鸆，卽護田也 集韻鸆73365鴠也 爾雅·釋鳥鴢73702，鸅鸆。又曰鸆，鸅鸆〇按鸅鸆、洿澤，卽今之淘河也。鎣又鸏66341

鸆 74051 39394 yú_13.24 廣韻遇俱切 集韻 韻會 元俱切达音虞。鸅鸆，鳥名。一名姻澤。常在澤中，象主守之官 图蒼鸆，鳥名 白澤圖蒼鸆九首。俗傳此鳥十首，天狗齧其一，常流血，血著人家則凶，荊楚人夜聞其飛鳴，爭作犬聲相逐，以其畏犬也 正字通蒼鸆，妖鳥也。一名鬼車鳥，一名九頭鳥。狀如鶬鸆，大者翼廣丈許，晝盲夜瞭，見火光輒墮 齊東野語此鳥似野鳧，赤色，身圓如箕，十頸環簇，有九頭，其一獨無而滴血。每頸兩翼，飛則达進 图一種，姑獲鳥，一名乳母鳥。小兒夜露衣物，此鳥夜飛，以血點之，兒卽病驚。

鸓 74052 39395 lěi_13.24 正字通俗鸓字。

鸇 74053 39396 zhān_13.24 古文鴨鵄 唐韻 集韻 韻會 正韻达諸延切音饘。鸇鳥 說文鷐風也 爾雅·釋鳥晨風，鸇郭註鷐屬。陸璣云鷐似鷂，黃色，燕頷句喙，嚮風搖翮，乃因風急疾，擊鳩鴿燕雀食之 图地名。鸇陰 後漢·郡國志屬安定郡 图西羌傳羌到建威鸇陰河 图zhēn 集韻稽延切音甄。鷐屬 图已仙切音搴。義同。鎣又雛66343鸇73615鷐73760鸇74085鸇74131鴤73790鸇73788鸇74032

鷎 74054 39397 yè_13.24 廣韻魚怯切 集韻逆怯切达音業 廣韻鷎鳥知人吉凶。

鷞 74055 39398 yáng_13.24 廣韻與章切 集韻余章切达音陽 爾雅·釋鳥鷞，白鷢郭註似鷹。尾上白按或作楊鳥二字，誤 图yíng 集韻怡成切音盈。白鷹也。江東語。鎣又鶗66352鷞74105鷞73584 图正字通鷞73617俗鷯字。

鷸 74056 39399 lù_13.24 字彙補同鷺 樊宗師·絳守居園池記提鷸挈鷸。

鶉 74057 39400 chún_13.24 字彙補與鶉同。

鸑 74058 39401 jiàn_13.24 字彙補古鴈切音諫。毛相鸑也。鎣直音篇毛相間也 图鶠73643

鷇 74059 39402 kòu_13.24 字彙補音未詳 枚乘·兔園賦附巢、塞鷇之傳於列樹也註附巢、塞鷇，皆水鳥。鎣俗鷇73983

鸎 74060 39403 dāng_13.24 字彙補都郞切音當。鳥名。

鷜 74061 39404 hòu_13.24 篇海許候切音吼。鷜鷜，野鴨 图吼上聲。義同。鎣又鷜73794

鷿 74062 42312 bì_13.24 篇海類編必益切音辟。鷿鷉，鳥名。鳩也。又與鷖同。

鸃 74063 42314 yí_13.24 篇海類編同鸃 司馬相如·賦射鵕鸃。

鷄 74064 46826 yuán_13.24 龍龕音鷄。鎣朝鮮本 龍龕鷄，俗。雞、爰二音。鸃73618，音爰。鷄鷖，海鳥也。又俗音雞。

鷿 74065 46827 pì_13.24 篇海類編同鷿。

鸘 74066 46828 qiān_13.24 搜眞玉鏡音命。又音斂。

鷞 74067 46829 chù_13.24 篇海類編同鷞。

鸚 74068 46830 huán_13.24 篇海類編同鸚。鎣又鸚74069

鸚 74069 u2B705 huán_13.24 簡鸚74068

鸆 74070 u2B6D6 null_13.24 新撰字鏡·鳥部鷹。又波也下佐。

鷺 74071 u2A1D0 sáo_13.24 喃从鳥槊sóc聲。八哥。亦作鸙73781

鸆 74072 u2A1CF cường_13.24 喃从鳥畺cưng聲。岩燕。

鷭 74073 u2A1CE quảm_13.24 喃从鳥禁cấm聲。

鸆 74074 u2A1CD qua_13.24 喃从鳥過quá聲。烏鴉。亦作鷭73409

鸆73163鷝73057

鸆 74075 u2A1CC nông_13.24 喃从鳥農nông聲。

鸆 74076 u2A1CB cùi_13.24 喃从鳥崔ngôi聲。雀。

鶴 74077 u2A1C9 yōng_13.24 同鸆73744

鸆 74078 u2A1C5 zhēn_13.24 俗鹹74136

鷺 74079 u2A1AC lù_13.24 同鷺73968

鸚 74081 u2A1C4 què_13.24 同鷇73750 集韻轂27139鷇，空谷切。卵已孚。或作鸚

鸆 74082 u4D19 pì_13.24 簡鷿74062

鷗 74080 u2A1C3 piāo_13.24 或同鸚73847

鸃 74083 u3D89 xǐ_13.24 同鷿74039

鸇 74084 u9E70 yīng_13.24 簡鷹73967

鸇 74085 u9E6F zhān_13.24 簡鸇74053

鸚 74086 u9E6E huán_13.24 簡鸚74044

鷺 74087 u9E6D lù_13.24 簡鷺73968

鸌 74088 39406 wò_14.25 廣韻烏郭切 集韻屋郭切达音腛 廣韻水鳥 图hù 集韻胡故切音護。鳥名。鎣又鸌74127 集韻作鸌74123

鸆 74089 39407 xùn_14.25 集韻吁運切音訓。鸆鸆，妖鳥△篇海作鸆。鎣鸆鸆又作鸆鸆、鸆護、鸆獲、獯胡、魖魂。

鷦 74090 39408 jīng_14.25 集韻咨盈切音精。鷦鷯，鳥名。卽雌鷄也△本作精列。鎣雌鷄集韻作鷦鷄。

鸍 74091 39409 shī_14.25 廣韻式支切 集韻商支切达音施。鳩鳥也 玉篇鸍鳥，似鴨而小，背上有文，俗呼水鴞。一名沉鳧 爾雅·釋鳥鸍，沉鳧郭註似鴨而小，尾長，背上有文。今江東亦呼爲鸍 图mí 玉篇亡支切 廣韻武移切 集韻民卑切达音彌。義同。鎣又雛66358鴲73100

鷹 74092 39410 yīng_14.25 集韻於莖切音罌。鷹鸆，鳥名。東夷有之。

鶿 74094 39412
cí_14.25 集韻同鷀 鸏 74093 39411
mèng_14.25 集韻莫鳳
切音夢。鳥名。本作瞢 爾雅·釋鳥 狂，瞢鳥。

鷚 74095 39413
bīn_14.25 集韻紕民切音繽。飛貌 図 鳥名。鑒又
新撰字鏡 翱46272，匹仁反。飛兒。鷚74117，上字。

鴬 74096 39414
yīng_14.25 廣韻汗莖切集韻於莖切丛音甖。黃鶯
74211也 禽經 鴬鳴嚶嚶，故名。或云鴬項有文，故從賏。
賏，項飾也。或作鶯73706

鸏 74097 39415
méng_14.25 唐韻莫紅切集韻謨蓬切丛音蒙 玉篇
水鳥鷇未生毛也 図 廣韻鸏鸏鳥也 劉欣期·交州志 鸏
鸏，水鳥。出九眞、交趾，大如孔雀，喙長尺許，南人
以爲飲器 竺眞·羅浮山疏 鸏鸏，不食魚，止啖木葉，糞
似薰陸香，入藥，治雜瘡。一名鸏鷛，言大也。俗因作
鵱字。一名鶴頂 丹鉛錄 鸏鸏，卽鶴頂，世以爲杯。
図 máng 集韻 類篇 丛莫江切音厖。鳩屬 図 母總切音
蠓。義同。鑒又鶿74126鷛74125

鷳 74098 39416
lán_14.25 廣韻魯甘切集韻盧甘切丛音藍 玉篇 鷳
鷞，今之郭公。鑒又鷳74208

鷇 74099 39417
gǔ_14.25 廣韻 集韻 丛古祿切音穀。布穀鳥。本作
穀，俗加鳥。

鷦 74100 39418
chóu_14.25 古文鶋 廣韻直由切集韻陳留切丛音儔
玉篇 南方雉名 ◆ 淮南子·主術訓 趙武靈王貝帶鵔鷦而
朝，趙國化之 図 本作鶋 爾雅·釋鳥 雉，南方曰鶋。
図 táo 集韻 徒刀切音匋。鷦河，鳥名。鑒 玄應音義 陶
河：字宜作掏，徒刀反。中國言掏河，江南言鵜鶘，亦
曰黎鶘 詩草木疏 云一名推（掏）河是也。

鷩 74101 39419
dí_14.25 集韻亭歷切音笛 爾雅·釋鳥 鷩，山雉 郭註
長尾者 疏 山雉，一名鷩。今俗呼山雞。李時珍曰：雉居
原野，鷩居山林，故得山名，大者爲鷩 図 王子年·拾遺
記 帝堯在位，羽山北有善鳴之鳥，人面鳥喙，八翼一足，
毛色如雉，行不踐地，名曰青鷩。聲似鐘磐笙竽。世語
曰：青鷩鳴，時太平 図 廣韻 集韻 丛直角切音濁。義同
△本作翟。俗加鳥。

鸑 74102 39420
yuè_14.25 唐韻五角切集韻 韻會 正韻逆角切丛音
嶽 說文 鸑鷟，鳳屬。神鳥也 周語 周之興也，鸑鷟鳴於
歧 張說·握乾符頌 鳴鸑改號 図 本草 江中有鸑鷟，似鳧
而大，赤目〇按此卽鸀鳿聲轉耳△集韻或作鸀。
鑒又作鷠74196

鷠 74103 39421
yú_14.25 廣韻以諸切集韻 韻會 羊諸切丛音余 說
文 鷠居也。一名鴉鳥。小而多羣，腹下白 詩·小雅 弁彼
鷠斯 字彙 斯，語辭，後儒以二字爲鳥名，非 図 yù 唐韻
集韻 韻會 正韻 丛羊茹切音豫。義同△說文作鷸。
鑒又鸖66357

鶋 74104 39422
jú_14.25 五音集韻與鶋74122同。鑒又鶋73461

鴹 74105 39423
yáng_14.25 五音集韻與鷑74055同。

鸃 74121 u2A1E3
yǐ_14.25 同鷖73839 鶅 74106 39424
yōng_14.25 字彙補影
雄切，音邕◇與鶅同。鶅鸃 廣雅 鳥名。鑒 字彙補 鸃，
影雄切音邕。鶅鸃，鳥名。見 廣雅

鴰 74107 39425
guā_14.25 類篇古滑切。鶪鴰，鳥名。

鷞 74108 39426
yú_14.25 字彙補以渠切音余。鳥名。疑卽鸒字之譌。

鷸 74109 42315
yù_14.25 字彙補同鷸 揚子法言 頻頻之學，甚於鷸
斯。又 元覽 三足之鳥，有酸鷸焉。

鶟 74122 u2A1E2
jū_14.25 同鶋73461 鷚 74110 u2B706
liù_14.25 或同鷚73849

嘴 74111 u2B6D7
null_14.25 新撰字鏡 伊曾止利。

鸋 74112 u2A1E0
nán_14.25 鸋74129 說文 作鸏。

鰍 74113 u2A1EB
cuì_14.25 喃 从鳥魁khôi聲。雀。亦作鵽74076

攡 74114 u2A1EA
chích_14.25 喃 从鳥摘trích聲。鴗攡：鶬鶊。

鎘 74115 u2A1E9
ngan_14.25 喃 从鳥銀ngân聲△鴗鎘：鴨。

鰰 74116 u2A1E8
bò_14.25 喃 从鳥蒲bò聲。鴿。

鷚 74117 u2A1E7
bīn_14.25 俗鷚74095 䲰 74119 u2A1E5
zhān_14.25 䴕73790譌字

鶴 74118 u2A1E6
hè_14.25 墨子·非攻下 鶴鳴十夕餘。孫詒讓間詁：
鶴舊本作鵠。盧云鶴字未詳，若作鵠，與鶴同。案：盧
說是也，道藏本、季本並作鵠，今據改鶴字。唐姚元景
造象記作鵠，楚金禪師碑作鵠，並俗書訛變。

鶹 74120 u2A1E4
null_14.25 字海 穀鶹，鳥名。引 破魔變文 身膡項縮，
恰似害凍老鶹，腰曲脚長，一似過秋穀鶹。

鸌 74123 u2A1E1
hù_14.25 同鸌74088 集韻 鸌，胡故切。鳥名。

鷠 74124 u2A1DF
null_14.25 未詳。 鶯 74126 u9E72
méng_14.25 简鸏74097

鷠 74125 u4D0C
méng_14.25 直音篇 鷠，同鸏74097

雙 74127 u9E71
hù_14.25 简鸌74088 鷣 74128 u9E0B
níng_14.25 同鸋73874
清·李元 蠕範·卷二·物生第三 鷑子鷣

鸏 74129 46832
nán_15.26 篇海類編 同難。鑒 玉篇 與難66312同 篇
海類編 作鸏73841 說文 作鸏74112

鷞 74130 39427
cài_15.26 廣韻倉大切集韻 類篇 七蓋切丛音蔡 玉
篇 鳩屬。鑒又雜66367

鸇 74131 39428
zhān_15.26 說文 籀文鸇字。

鷚 74132 39429
liú_15.26 集韻力求切音留。鷚卵也。

鸔 74133 39430
bǔ_15.26 唐韻蒲木切，音曝 爾雅·釋鳥 鸔，烏鸔 郭
註 水鳥也。似鶂而短頸，腹翅紫白，背上綠色，江東呼
烏鸔 図 bó 廣韻 北角切集韻伯各切丛音鎛。又 bú 廣韻
博沃切集韻逋沃切丛音襮。義丛同。

鵅 74134 39431
luò_15.26 廣韻盧各切集韻歷各切丛音落。鳥名。
一曰鷂赤首曰鵅図山海經天帝山有鳥，如鶌，黑文赤
翁，名曰鵅，食之已痔註翁，音罋。頸上毛也。

鶛 74135 39432
jié_15.26 廣韻子結切音節。又集韻子列切音蠿玉
篇小雞也。鏊新撰字鏡鶛，子列反。小雞也。

鱵 74136 39433
zhēn_15.26 唐韻職深切集韻韻會諸深切丛音斟
說文鱵鴜也玉篇鱵鴜，水鳥。似魚虎而黑色。鏊又
鱵 74150 鱵74078 鵊74147

蠛 74137 39434
miè_15.26 廣韻集韻丛莫結切音蔑。工雀也。一曰
巧婦。鏊又鸛66366 鵊74188

鷹 74138 39435
guǎng_15.26 集韻古晃切音廣。鸙鷹，鳳類。

鵁 74139 39436
jiāo_15.26 王融·奉和纖纖詩兩頭纖纖綺上紋，半白
半黑鵁翔雲。音義未詳〇按正字通以爲鶵字之訛。

鱍 74140 39437
jiá_15.26 唐韻集韻丛魚列切音蔑說文鶂鱍，鳧
屬。鏊廣韻古鎋切図鵊74175 鱍74186

鷺 74141 39438
lù_15.26 玉篇與鷺同。

鵊 74142 39439
là_15.26 廣韻盧盍切集韻力盍切丛音臘玉篇鵊
鵊，飛起貌図廣韻盧合切音拉。義同。

鼺 74143 39440
lěi_15.26 唐韻力軌切集韻魯水切丛音壘說文鼺，
鼠形，飛走且乳之鳥也。一名鼺鼠，一名飛生，一名𪖉
鼠陶弘景曰飛鼠，狀如蝙蝠，大如鴟鵲，毛紫色，暗夜
行李時珍曰此物肉翅連尾，飛不能上，易至磌墜，故
謂之鼺図山海經翠山，其鳥多鼺，其狀如鵲，赤黑而
兩首四足，可以禦火司馬相如·上林賦蜼蠳飛鼺註飛
鼺，鼠首，以其髯飛図léi廣韻力追切集韻倫追切丛
音灤廣韻鼺鴶，飛鼺也図集韻盧回切音雷。義同。
鏊又鸛66365 鸓74203 鼺74238 蠝35767 蜼53670 蠷53829 鼺74234
鼺75440 図龍龕鼺74052俗，鸓74146或作，鼺正。

鵹 74144 39441
lí_15.26 集韻與鸝同。鏊又鵹74007

鸔 74145 42316
bǔ_15.26 篇海類編同鵗字彙補按六書略鸔，蒲木
切。鵗，薄報切，又北角切。二鳥似音義不同。今字彙
以鵗字音卜，未審其是非也，俟正。鏊又鸛66369 鸔74187
鸔74210

鸓 74146 42317
lěi_15.26 篇海類編力水切音壘。飛生鳥。

鱵 74147 46831
zhēn_15.26 篇海類編同鱵。

鵰 74148 46833
shòu_15.26 搜眞玉鏡尸呪切。

鵰 74149 u2B6D8
null_15.26 未詳。

鳶 74152 u2A1FF
yīng_15.26 籀文鷹73967

鱵 74150 u2A255
zhēn_15.26 簡鱵74136

鸝 74153 u2A1FE
lí_15.26 字海同
鸝74211劉秉忠·城西遊詩：黃鸝只揀好枝啼。

鵰 74151 u2A202
null_15.26 民國福建通志·物產志·羽類鵰鳩，閩產

錄異云各屬皆產，獨福寧呼竿鄭。黃黑色，即詩桃蟲，
詩疏曰鷦鷯也，福州呼為鷦鵰。

鷻 74154 u2A1FD
tàn_15.26 阮元·經籍籑詁卷七十四去聲·十五翰嘆，
古文歎、鷻二形一切經音義·十二

鸞 74155 u2A1FB
null_15.26 未詳。

鸕 74156 39442
lú_16.27 唐韻洛乎切
集韻龍都切丛音盧說文鸕鷀73738也楊孚·異物志鸕鷀
不生卵，既胎又吐生，多者七八，少者五六，相連而生
図集韻凌如切音臚◆爾雅·釋鳥鸕諸雉郭註未詳。
鏊又鸝66377 鸕73193 図正字通鸕74141鸕字之譌。

鸖 74157 39443
guō_16.27 集韻光鑊切音郭。鸖公鳥，鶬鴰別名。
鏊正字通鸖，舊註音郭，鸖公，鳥名。按，郭公即鶬
鴰別名。郭本作𪃹，隸作郭，贅加鳥作鸖，非。

鶴 74158 39444
hè_16.27 正字通同鶴淮南子·覽冥訓鴻鵠鸖鸖史
記·衛世家懿公好鶴左傳作鶴

鷸 74159 39445
yù_16.27 集韻同鷸

籋 74160 39446
jú_16.27 正字通同鶌
說文秸籋，鳲鳩爾雅作鶌鳩。

鶶 74161 39447
mèng_16.27 玉篇亡互切音暮。鶠鶶也〇按爾雅狂，
鷞鳥，又曰狂，茅鴟。後合鶠、鷞爲一，非。

鸗 74162 39448
lóng_16.27 廣韻集韻丛力鍾切，籠上聲。小鳥廣雅
鶵也史記·楚世家鄒費郯邳者，羅鸗也徐廣曰野鳥也
図lóng廣韻盧紅切集韻盧東切正韻力童切丛音籠。
鳧屬図lǒng集韻盧動切。小鶵也図韻會魯孔切音籠。
義同。鏊又字彙補作鸗74170 図鴬73153

鸊 74163 39449
qián_16.27 玉篇音錢。鳥名。鏊龍龕鸊，昨仙反。
鸊鸊，鳥也。熊加全：即鷼73734

鷬 74164 39450
lài_16.27 篇海落蓋切音賴。鳥名。鏊渡部溫：
鷬74179之誤。當依篇海正図鷬74181 鷬74174 鷬73217

鷮 74165 39451
xuán_16.27 篇海悅全切音緣。鳥名。

鷎 74166 39452
hé_16.27 集韻下革切音覈。鴟鷎，鳥名。

鷻 74167 39453
tuán_16.27 字彙補定端切音團。鳥名。見廣雅

鸀 74168 39454
chù_16.27 篇海徒谷切音獨。鳥名。

鶕 74169 39455
ān_16.27 字彙補烏含切。鶕鷁也。

鸗 74170 42318
lóng_16.27 龍龕音籠。出山海經〇按山海經無此
字。

鷰 74171 42319
yàn_16.27 篇海類編同燕晉書·載記慕容儁鷰巢，
於正陽之西構。

鸍 74172 46834
mí_16.27 川篇音彌。鏊同鸍

鸈 74173 46836
huī_16.27 字彙補音灰。

鷬 74174 u2FA13
lài_16.27 同鷬74181

齖 74175 u2A216
yà_16.27 同鶪74193集

韻鸀，牛轄切。鸀鸑，鳥名。似鳬。

74176 鸃 xué_16.27 四部叢刊·初編集部·荆川先生文集·卷之十七·雜著·鴈訓 故易著漸磐，詩詠遵渚，豈比夫鸒鳩蹢躅乎。

74177 鶪 jú_16.27 玉篇鶪，同鵙73461

74178 鸕 lú_16.27 同鸕74156 說文鸕，鸕鷀也。从鳥盧聲。

74179 鷜 lài_16.27 同鷜74164

74180 鷰 yàn_16.27 同燕31700見集韻。亦作鷰74171，俗作鷰73952

74181 鷜 lài_16.27 同鷜74179

74182 薨 hōng_17.28 字彙呼宏切音薨。水名山海經鬲山，其陽多金，其陰多白珉，蒲薨之水出焉，東流注于江。

74183 鸘 shuāng_17.28 正字通鷞，俗作鸘。鸘鷞鳥禽經云鸘飛則霜，鷞飛則露，其名以此。鏊又鷞74198

74184 鸑 yuè_17.28 廣韻以灼切集韻韻會正韻弋灼切丛音藥。天鸑，鳥名。形如鵙，色似鷃，即鷃也爾雅·釋鳥鸑，天鸑。

74185 鸚 yīng_17.28 唐韻烏莖切集韻於莖切韻會幺莖切丛音罌說文鸚鴟，能言鳥也前漢·武帝紀南越獻能言鳥師古註今鸚鴟，隴西、南海有之，一種白，一種青，一種五色。白及五色者尤慧解。師曠謂之乾臯，李昉呼爲隴客○鸚螺南州異物志鸚鴟螺，狀如覆杯，頭似鳥，頭向其腹，視如鸚鴟郭璞·江賦鸚螺旋蝸庾信啓鸚鴟承杯。詳鵡73374鵡73118二字註。鏊又雛66383鸚73913鶯74192

74186 鷝 jiá_17.28 正字通鷞字之譌。

74187 鵏 bǔ_17.28 說文鵏本字。

74188 鷩 miè_17.28 字彙同鷩

74189 鷜 lǔ_17.28 玉篇廣韻丛力主切音縷。鷜鷜鳥，今之郭公也。與鷩同。

74190 鸰 líng_17.28 字彙補同鴒

74191 鷇 kòu_17.28 字彙補苦候切。與鷇同。

74192 鶯 yīng_17.28 字彙補同鸚海防類編倭國有鶯鴨里。

74193 鷝 jiá_17.28 篇海類編與鷝同。

74194 鶪 jú_17.28 字彙補同鶪

74195 鶪 jú_17.28 同鶪74160集韻鶪，或省作鵙73461

74196 鸑 yuè_17.28 同鸑74102龍龕鸑，音岳。鸑鷟，鳳屬也。

74197 鷹 null_17.28 未詳。

74198 鸘 shuāng_17.28 简鸘74183

74199 鸛 guàn_17.28 简鸛74201

74200 鷣 guī_18.29 廣韻戶圭切集韻玄圭切丛音攜廣韻子鷣出蜀中。本作鶲。

74201 鸛 guàn_18.29 廣韻集韻韻會丛古玩切音貫。水鳥。好水，將雨則鳴禽經鸛仰鳴則晴，俯鳴則陰○鸛生三子，一爲鶴，巽極成震，陰變爲陽，震爲鸛，巽爲鸛本草陶弘景註頭無丹，項無烏帶，身似鶴，不善唳，但以喙相擊而鳴。鸛有二種，似鵠而巢樹者爲白鸛，黑色曲頸者爲烏鸛。陸璣曰：鸛雀似鴻而大。一名負釜，一名黑尻，一名背竈，一名卑裙。泥巢，其旁爲池，含水滿之，取魚置其中，以食其雛詩·豳風鸛鳴于垤○一作冠後漢·楊震傳有冠雀，銜三鱣魚，置講堂前註冠，音貫，即鸛雀也○huān唐韻集韻丛呼官切音歡爾雅·釋鳥鸛鷒，鵖鷒註鸛，音歡○guān集韻古丸切音官。水鳥也○集韻胡官切音桓。義同○quán集韻類篇丛逡員切。同鸛。鸛鷒，亦作鸛鵗左傳·昭二十五年鸛鵗來巢公羊傳作鸛，音權韻會小補鸛，本作鸛。鸛，鷒也。鏊又蓳66281鸛74199○集韻鸛鷒73330，或从完○龍龕鸛鸕74206二同。

74202 鸜 qú_18.29 玉篇同鴝，鸜鵒，鳥名周禮·冬官考工記鸜鵒不踰濟春秋·昭二十五年鸜鵒來巢陸佃云里兒剔其舌端，教以語言，甚慧李時珍曰此鳥好浴水，其睛瞿瞿然，故名○複姓。鸜鵒子。見莊子·齊物論

74203 鸓 lěi_18.29 字彙補與鸓同。

74204 鷭 xùn_18.29 字彙補許運切音訓。怪鳥也。

74205 鷖 yī_18.29 字彙補於宜切，音鷖◇鳧也。亦作鷖、鷖

74206 鸛 huān_18.29 篇海類編呼官切音歡。鸛鷒鳥，射之則銜矢射人。

74207 鷱 gāo_18.29 字彙補音未詳。鳥名廣雅鷱鷱。鏊俗鵯73810

74208 鸞 lán_18.29 同鷺74098

74209 鷖 yī_18.29 鷖74205亦作鷖、鷖。同鷖73839

74210 鵏 bǔ_18.29 鵏74145本字。亦作鵏74187

74211 鸝 lí_19.30 廣韻呂支切集韻鄰知切韻會離知切丛音離。黃鸝，倉庚也。一名黃鶯。郭璞云其色黧黑而黃，因名之。陸璣云黃鸝留，關西謂之鸝黃，俗呼黃離留，或謂之黃栗留。齊人謂之摶黍，常以甚熟時來桑閒。里語曰：黃栗留，看我麥黃甚熟。亦應節趨時之鳥○集韻鄰題切韻會憐題切正韻鄰溪切丛音黎。義同。互詳鵹73496鸍73472二字註。鏊又鸍73424鸍73338鸝73853鸍73865鸝74229鸕74219鸍73900○字海鸝74153同鸝。

74212 鸞 luán_19.30 廣韻落官切集韻韻會盧丸切正韻盧官切丛音鑾。神鳥也，赤神之精，鳳凰之佐，雞身赤毛，色備五采，鳴中五音，出女牀山山海經女牀山有鳥，狀如翟而五彩文，名曰鸞。見則天下安寧○洽聞記蔡衡曰：多赤色者鳳，多青色者鸞李賀詩銅鏡立靑鸞○鸞鈴詩·小雅和鸞雝雝毛傳在軾曰和，在鑣曰鸞左傳·桓二年錫鸞和鈴，昭其聲也杜註錫在馬額，鸞在鑣

和在衡，鈴在旐，動皆有聲｜埤雅｜鸞鳥，雌曰和，雄曰鸞｜禮｜云在輿則聞鸞和之聲，蓋取諸此。古時鸞輿順動，此鳥飛集車上，雄鳴於前，雌應於後｜又｜鸞刀｜詩·小雅｜執其鸞刀｜毛傳｜刀有鸞者，言割中節也｜疏｜鸞鈴之刀，鸞卽鈴也。刀環有鈴，其聲中節｜又｜作鑾｜古今注｜玉輅衡上金雀，若朱鳥也。口銜鈴，鈴謂之鑾。或謂朱鳥鑾也。鸞口銜鈴，故謂之鑾｜又｜鸞鳥，縣名｜後漢·郡國志｜屬武威郡，卽今涼州昌松縣北。｜鎣｜又鸾73311｜又｜鳶｜宋元以來俗字譜｜引｜古今雜劇｜等。

繧
74213 39474
mán_19.30　｜類篇｜同鷻

鸉
74217 46838
sāo_19.30　｜字彙補｜音搔

鸐
74214 39475
hè_19.30　｜篇海｜何各切音涸。同鶴。

鸓
74215 39476
luó_19.30　｜字彙補｜力何切音羅。鳥名。

鷢
74216 39477
jué_19.30　｜字彙補｜丘縛切音钁。鸐鳥，有三角。

鸇
｜四聲篇海｜鸐有三頭｜五音集韻｜鸐74223，三首鳥。

鷥
74218 u2B6D9
null_19.30　未詳。

鸇
74220 u2A232
yīng_19.30　或同鷹。

鳸
74219 u2A233
lí_19.30　同鷬74211

鸞
74221 uF920
luán_19.30　｜兼｜鸞

鸔
74222 39478
bǎo_20.31　｜玉篇｜布老切音寶。鳥也。｜鎣｜正字通鴇73012，又作鸔。

鸐
74223 39479
jué_20.31　｜廣韻｜居縛切｜集韻｜厥縛切从音玃｜廣韻｜鳥如雞，白身，三首三足｜玉篇｜鸐鳥似白鷳。｜鎣｜又鷢74216

鷻
74225 u2A237
tuán_20.31　鶉74006本字。見｜說文｜

鷻
74221 20.31　｜經典文字辨證書·鳥部｜鷻正，鶉73495別。

鶲
74227 u2A235
fèng_20.31　｜集韻｜鳳，或作鶲。

鸛
74228 39480
guàn_21.32　｜字彙補｜古玩切音貫。鳥名也。

鸝
74229 46840
lí_21.32　｜奚韻｜同鷬

鳥
74224 46839
niǎo_20.31　｜奚韻｜都老切。又尼小切。｜鎣｜楊寶忠：俗鳥74232

鸀
74230 u2A23A
zhú_21.32　慧琳音義鸀瑪：上之欲反。下虐綠反｜山海經｜云：大荒之中有鳥，黃頭赤足，六首，名曰鸀瑪｜爾雅｜云：鸀山鳥。郭璞曰似烏而小，赤觜六乳，出西方。郭璞曰鸀74035瑪似鴨而大，長瑪赤目，觜皆紺色。

鳥
74232 39482
niǎo_22.33　｜玉篇｜奴了切。鳥名。｜鎣｜又鴬73777鳥74224

鸞
74233 u2A23D
null_22.33　未詳。

欋
74231 39481
quán_22.33　｜玉篇｜巨員切｜集韻｜逵員切从音權。欋鷜，卽鸐鷜。詳鸐74201字註。

鸊
74234 39483
dié_23.34　｜廣韻｜徒協切｜集韻｜達協切从音牒｜廣韻｜鳥名｜正字通｜按山海經｜郭璞鸊鳥贊有鳥名鸊，兩頭四足，翔若共飛。叶飛韻。鸊音鷩。以此推之，乃知鷩為鸊74143之譌。

鸝
74235 39484
líng_24.35　｜集韻｜鴒，一作鸝。

鷹
74236 u2A23E
nhạn_24.35　喃同鷼74014

鷻
74237 39485
mán_25.36　｜廣韻｜莫還切｜集韻｜韻會｜正韻｜謨還切从音蠻｜廣韻｜似梟。一目，一足，一翼，相得乃飛，卽比翼鳥也。本作蠻○按蠻蠻，卽鶼鶼也｜山海經｜崇吾之山，鳥曰蠻蠻。卽｜爾雅｜比翼鶼鶼也｜又｜玉篇｜亡奔切｜廣韻｜莫奔切｜集韻｜謨奔切从音門。義同。｜鎣｜又鸞74213

龖
74238 39486
lěi_25.36　｜說文｜籀文鼉字。｜鎣｜正作鼺35767

◆ 鹵部 ◆

鹵
74239 39487
lǔ_0.11　｜唐韻｜正韻｜郎古切｜集韻｜韻會｜籠五切从音魯｜說文｜西方鹹地也。東方謂之㡿，西方謂之鹵｜廣韻｜鹽澤也。天生曰鹵，人造曰鹽｜書·洪範疏｜水性本甘，久浸其地，變而為鹵｜易·說卦｜兌為剛鹵｜又｜淳鹵｜左傳襄二十五年｜楚子木使表淳鹵｜註｜淳鹵，埆薄之地，表異輕其賦稅｜又｜地名｜春秋·昭元年｜晉荀吳帥師敗狄于大鹵｜註｜大鹵，太原晉陽縣。又｜前漢·地理志｜安定郡鹵縣。又代郡鹵成縣｜又｜鹵簿｜漢官儀｜天子車駕次第，謂之鹵簿。兵衛以甲盾居外為前導，皆著之簿，故曰鹵簿｜又｜鹵莽，輕脫苟且也｜莊子·則陽篇｜昔予為禾，耕而鹵莽之，則其實亦鹵莽而報予｜又｜香草名｜爾雅·釋草｜杜，土鹵｜註｜杜衡也。似葵而香｜疏｜杜，一名土鹵｜又｜廣雅｜鹵，薰也｜又｜通櫓，大盾也｜前漢·項籍傳｜流血漂鹵｜註｜鹵，盾也｜左思·吳都賦｜干鹵殳鋌｜又｜通擄。掠獲也｜揚子方言｜鹵，奪也｜前漢·高帝紀｜毋得鹵掠。又｜衞青傳｜車輜畜產畢收為鹵｜又｜姓｜史記·游俠傳｜太原鹵公孺｜又｜lú｜字彙｜龍都切音爐。同鑪｜道樞｜玄和子曰：鼎鹵，天地之象也｜註｜鹵，爐也｜釋名｜地不生物曰鹵。鹵，爐也。如爐火處也。｜鎣｜又鹵04657㙚09186鹵74240㙵74243㙵21356｜又｜俗書刊誤｜鹵，俗作卤，非。

鹵
74240 46841
lǔ_0.11　｜奚韻｜同鹵

囟
74242 u2EE7
lǔ_0.11　｜部｜鹵74241

鹵
74241 u2FC4
lǔ_0.11　同鹵74239部首專用字。亦作卤74242

塷
74243 39488
lǔ_3.14　｜玉篇｜音魯。沙也｜集韻｜同鹵｜字彙｜與土部塷字義不同。｜鎣｜又｜正字通｜塷，滷、塷、塷並俗鹵74239字。｜又｜備考·土部｜重出：｜篇海類編｜同塷。

奥
74244 39489
chǐ_3.14　｜字彙補｜川隻切音尺。狩也○按卽奥字之譌。

䴔
74245 39490
tóu_4.15　｜集韻｜徒侯切音頭。䴔鹵，地名△｜類篇｜或作𪉌。

䴕
74246 39491
gǎng_4.15　｜廣韻｜各朗切｜集韻｜韻會｜舉朗切｜正韻｜舉盎切从音䡓｜玉篇｜鹽澤｜又｜地名｜北史·楊義臣傳｜義臣率遼東還兵，入豆子䴕討賊△或譌作䴕。｜鎣｜龍龕䴕，胡朗反｜又｜䴕62197䴕74256奋10078䴚35387

䶌
74247 39492
jīn_4.15　｜集韻｜居陵切音兢｜爾雅·釋言｜滷䶌，鹹苦也○按今｜爾雅｜作矜。註：可矜憐者，亦辛苦｜又｜廣雅｜䶌哀也。｜鎣｜廣雅疏證｜䶌字譌作䵍74252｜又｜䶌74254

覃
74248 39493
tán_4.15　｜集韻｜覃54982古作覃。

74249 46842
jiē_4.15　龍鑫同接

74251 39494
zhàn_5.16　廣韻集韻丛
陟陷切音站廣韻鹹多图zhān廣韻竹咸切集韻知咸
切丛音詀廣韻鹹味集韻鹹也。

74250 46843
gǎng_4.15　字彙補䴚字之譌。

74252 39495
jīn_5.16　集韻居陵切音兢廣雅䴖衍，大也。

74255 39498
yán_5.16　五音集韻與鹽同。

74256 46844
gǎng_5.16　川篇與䴚同。

74257 u2A260
null_5.16　未詳

74253 39496
tán_5.16　集韻覃54982
古作覃。又姓。梁東亭刺史覃元先。

74259 u2B707
null_6.17　未詳。
郎丁切音霝廣韻壇齡集韻鹽也。鋻楊寶忠：俗齡74247

74254 39497
jīn_5.16　廣韻集韻丛

74258 46845
jīn_6.17　搜眞玉鏡音矜

74260 39499
xiāo_7.18　廣韻相邀切集韻思邀切丛音宵玉篇煎
鹽也图集韻仙妙切音笑。義同。

74261 39500
lǔ_7.18　集韻籠五切音魯。豆名。

74262 u2B708
null_7.18　喃未詳。

74263 u2A26C
cuó_7.18　俗䴔74292類
篇䴔，仕知切。鹹也。河內語。又才何切。或書作䴖74289

74264 u2A265
muǐ_7.18　喃从鹽省每mǒi聲△䴖咹：食鹽△俗从
塭省作塲。茶塲：醃製品，鹹菜。

74265 u2A264
cuó_7.18　說文䴔，鹹也。从鹵，差省聲。河內謂之
䴔，沛人言若虘說文通訓定聲䴔，亦作䴖74289

74266 39501
jiàn_8.19　廣韻公陷切音誠玉篇鹹味也图gàn廣
韻集韻丛古𪁆切音鹹廣韻䴗䴘，無味图jiān集韻居
咸切音緘。鹹也。图jiǎn古斬切音減。義同。

74268 39503
chāng_8.19　玉篇齒良切音昌。鹵漬也。

74269 39504
yán_8.19　集韻同鹽

74267 39502
tàn_8.19　廣韻集韻類
篇丛吐濫切音賧廣韻無味也。

74270 46846
cì_8.19　搜眞玉鏡千力切。

74271 u2B817
jiǎn_8.19　俗鹹74304

74273 u9E78
jiǎn_8.19　同鹹74304

74272 u2A26B
tán_8.19　同覃74288古文覃54982

74274 39505
wāi_9.20　集韻烏乖切音崴玉篇鹽也。

74275 39506
xián_9.20　廣韻集韻韻會胡讒切正韻胡毚切丛音
咸說文鹹，銜也。北方味也廣韻不淡韻會鹽味爾雅釋
言鹹，苦也疏鹹殊極必苦，故以鹹爲苦也書洪範潤
下作鹹周禮·天官·醫師以鹹養脈图地名春秋·僖十三
年會于鹹註衛地，東郡濮陽縣東南有鹹城图jiān韻會
古斬切音減本草李時珍曰：鹹音咸者，潤下之味，音
減者，鹽生之名。後人作鹼作鹻，是矣。鋻又鍼12467

鹹62398䴞74281鹼69294釄62464今簡化作咸05793

74276 39507
còu_9.20　廣韻倉奏切集韻千候切丛音輳廣雅鹽
也廣韻南裔名鹽。

74277 39508
kàn_9.20　廣韻集韻丛苦紺切音勘廣韻鹹味厚。

74278 39509
tóu_9.20　玉篇與䵃同。

74280 39511
tán_9.20　集韻覃54982古作覃。

74281 46847
xián_9.20　篇海類編同鹹。

74282 u2B70A
wēn_9.20　簡䴞74291

74279 39510
biàn_9.20　廣韻薄汯切
集韻婢典切丛音辡玉篇鹽也廣韻蜀人呼鹽。

74283 u2B709
yú_9.20　或同嵎13943殷周金文集成·8.4238·小臣
謎殷（伯懋父簋）白懋父承王令，賜師達征自五齵貝。

74285 u9E7E
cuó_9.20　简䴖74289

74284 u2A274
muǐ_9.20　喃同䴖74264

74286 39512
huái_10.21　集韻乎乖切音懷玉篇同䴘图wāi廣韻
乙乖切集韻烏乖切，丛音崴廣韻鹽也。

74287 39513
gǔ_10.21　字彙公土切音古正字通鹽之滒淖者，東
人呼䴘。本作鹽周禮·天官·鹽人凡齊事鬻鹽，以待戒令
註齊事，和五味之事，鬻鹽，湅治之左傳·成六年郇瑕
氏之地，沃饒而近鹽註鹽，鹽也。猗氏縣鹽池是也正
義曰：鹽雖鹽，唯此池之鹽獨名爲鹽，餘鹽不名鹽也。

74288 39514
tán_10.21　廣韻徒含切音潭。覃本字。从㫗。㫗，古
厚字。从鹵，鹵之味厚則長也。

74289 39515
cuó_10.21　唐韻昨何切集韻韻會正韻才何切丛音
醝說文鹹也。河內謂之䴖，沛人言若虘禮·曲禮鹽曰
鹹䴖註大鹹若䴖，鹽味之厚也图集韻仕知切音䴖。
義同△集韻亦書作䴖。別作醝，非。鋻又䴔74263䴔74285
䴖74292䴞74312䴔74265䴞74303

74290 39516
jiǎn_10.21　廣韻集韻正韻丛古斬切音減。鹹也，鹵
也六書故鹵之凝著者，并州末鹽刮鹽煎煉，味最下者。

74291 39517
wēn_10.21　廣韻烏渾切集韻烏昆切丛音溫廣雅鹽
也玉篇䴞䴘，戎鹽。鋻䴞䴘，也作䴞䵃、䴞䴘。字亦
類推簡化作䴞。

74292 42323
cuó_10.21　篇海類編同䴖。又字彙補士宜切音䴖。
河內語。

74293 u2A279
yán_10.21　類篇鹽74307或作塩。

74294 39518
chàn_11.22　篇海同饞。

74296 46849
qiān_11.22　字彙補此先
切，音遷◇。鋻楊寶忠：俗搗20149

74295 46848
chuài_11.22　字彙補䴞字之譌。

74297 u2A27E
mǎn_11.22　喃从鹹省敏mǎn聲。

䴲 74298 u2A27D
mǎn_11.22 㖃从鹹省曼man聲。

鹹 74299 39519
gàn_12.23 廣韻 集韻 夶古蹔切音敢 廣韻 味苦也 又 類篇 味過鹹 又 廣韻 苦濫切音闞。又 集韻 口敢切音厰。義夶同。

鹺 74300 39520
chuài_12.23 廣韻 楚夬切 集韻 楚快切夶音喍 玉篇 南方呼醬也 又 廣雅 鹺，鹽也。鹽 又 鹹74295 醘62539

䲷 74301 39521
jú_12.23 玉篇 巨聿切音繘。醬也。鹽 正字通 亦作 醢62526

鹼 74302 42324
huì_12.23 川篇 禾桂切。鹹也。

鹺 74303 u2A281
cuó_12.23 同鹺74289見 中華大字典

鹼 74304 39522
yàn_13.24 唐韻 魚欠切 廣韻 集韻 魚窆切，夶音驗 說文 鹵也 又qiān 廣韻 七廉切 集韻 千廉切夶音籤 廣韻 水和鹽也 又jiān 廣韻 集韻 夶古斬切音減。義同 又 正字通 俗以竃灰淋汁曰鹼水，去垢穢 又 石鹼 本草 出山東濟寧諸處，土人採蒿蓼之屬，掘坎浸水，漉起爆乾，燒灰，以原水淋汁入粉麫汁內，久則凝如石，可澣衣，狀類鹼，故亦得鹼名。鹽 又 鹽37339硶39001鹻74273醘62542醶62631酧62560壏09160 又 龍龕 鹻02339俗，鹼正 又 彙音寶鑑 兼上上聲 礆39210，同鹼 又 集韻 鹹74275，亦作餡74266 又 俗書刊誤 鹵水曰鹻74290，又作鹹酤62398醶62464

䴯 74305 39523
wāi_13.24 字彙 同鹹 正字通 俗鹽字。

鹹 74306 39524
gǎn_13.24 集韻 古禫切音感。鹹味 又 古蹔切音敢。味過鹹也 字彙 味苦也。又 無味。鹽 集韻 鹹醶62574，或从酉。

鹽 74307 39525
yán_13.24 唐韻 集韻 韻會 正韻 余廉切 正韻 移廉切夶音閻 說文 鹹也。古宿沙初作，煮海爲鹽，河東鹽池，袤五十一里，廣七里，周百十六里 周禮·天官 鹽人掌鹽之政令，以共百事之鹽。祭祀共其苦鹽、散鹽。賓客共其形鹽、散鹽。王之膳羞共飴鹽 註 苦鹽出於池，鹽為顆未鍊治，味鹹苦。散鹽即末鹽，出於海及井，幷煑鹹而成者，鹽皆散末也。形鹽即印鹽，積鹵所結，形如虎也。飴鹽以飴雜和，或云生戎地，味甘美 禮·內則 卵鹽 註 大鹽也 正字通 鹽種類非一，或出於鹵地，或出於井，出於崖，或出於石，出於木 又 史記·天官書 皋唐甘石，因時務論其書傳，故其占驗，凌雜米鹽 正義曰 凌雜，交亂也。米鹽，細碎也 又 澤名 史記·大宛傳 于闐之東，水注鹽澤，潛行地下，則河源出焉 又 白鹽，山名。在四川虁州，南連赤甲山 杜甫詩 赤甲白鹽俱刺天 又 國名 山海經 鹽長之國。又 無鹽，古國名 又 地名。鹽城，在蒲州安邑縣。一名司鹽城 史記·秦本紀 昭襄王十一年，齊韓魏趙宋中山五國共攻秦，至鹽氏而還。又 前漢·地理志 無鹽縣，屬東平郡，海鹽縣，鹽官縣，屬會稽郡。又 牛兩膁上曰陽鹽 甯戚·相牛經 陽鹽，欲得廣 又 金鹽，五加皮別名 又 姓 魯國·先賢傳 有北海相鹽津。又 毋鹽，

複姓。齊毋鹽邑大夫之後 又 無鹽，古之醜婦人。又yàn 廣韻 集韻 正韻 夶以贍切音豔 廣韻 以鹽醃物也 禮·內則 屑桂與薑，以灑諸上而鹽之 又 同豔 禮·郊特牲 君親誓社，以習軍旅。流示之禽，而鹽諸利，以觀其不犯命也 註 流，猶行也。行，行田也。鹽讀爲豔。行田示之以禽，使歆豔之，觀其用命不也 又 曲之別名。凡歌詩謂之鹽者，謂如吟、行、曲、引之類也 古樂府 有昔昔鹽 神雀鹽 黃帝鹽 諸名。夶讀作豔〇按鹽，即古曲前之豔。但歌此曲，不定爲曲前曲中，直如 九宮譜 之所謂慢詞也△字彙 俗作鹽。鹽 又 盐37143塩09178埝37202壏74293醶62550盬74255搰74269臨48176摨37321塩09174醢62646 又 廣韻 灔30573同鹽。

䲛 74308 u2A285
mǎm_13.24 㖃从鹵禁cấm聲。魚醬。

䲗 74309 39526
jì_14.25 集韻 才詣切音嚌 玉篇 鹹也。一作醝。

䲜 74310 39527
dí_14.25 集韻 亭歷切音狄 字彙 鹹也。

鹽 74311 39528
gàn_14.25 玉篇 貢暫切，音紺◇鹹也 又tàn 廣韻 集韻 夶吐濫切音賧 廣韻 鹷鹽，無味也。鹽 字彙 鹽同鹹。

䲕 74312 39529
cuó_15.26 正字通 鹺本字。

鹹 74313 39530
huái_16.27 廣韻 戶乖切音懷 玉篇 鹽鹹也 廣韻 戎鹽也。鹽 正字通 鹹74286鹹74305鹹鹹74274，同。

鹹 74314 39531
huái_17.28 字彙補 音未詳 酉陽雜俎 蒟鹹鹹緸鹽也。鹽 鹹字之譌。

◆ 鹿部 ◆

鹿 74315 39532
lù_0.11 唐韻 集韻 韻會 正韻 夶盧谷切音祿 說文 獸也 玉篇 麠屬 爾雅·釋獸 鹿，牡麚、牝麀，其子麛，其跡速，絕有力，麤 埤雅 仙獸也。牡者有角 字統 鹿性驚防，羣居，分背而食，環角向外，以備人物之害 易·屯卦 即鹿無虞，惟入于林中 疏 即鹿若無虞官，虛入林木中，必不得鹿 詩·小雅 呦呦鹿鳴 又 鹿蜀，獸名。見 山海經 又 鉅鹿，郡名 前漢·地理志 鉅鹿，即禹貢 大陸。〇按今屬順德府 又 獲鹿、束鹿，夶縣名 唐書·地理志 隋鹿泉，唐改獲鹿。隋鹿城，唐改束鹿 又 地名 左傳·僖二十四年 出于五鹿 註 在今衞縣西北 又 山名。涿鹿在上谷。白鹿在荆州。鹿門，舊名蘇嶺山，在襄陽。沙鹿在晉平陽元城縣東 又 鹿門，關名 左傳·襄二十四年 臧紇斬鹿門之關以出 註 魯南城東門 又 臺名 書·武成 散鹿臺之財 薛瓚曰 在朝歌城 又 衡鹿，官名 左傳·昭二十年 山林之木，衡鹿守之 又 困鹿 吳語 大荒薦饑，市無赤米，而困鹿空虛 註 先儒以圓曰囷，方曰鹿。囷，聚也，亦散也。鹿善聚善散。故困謂鹿。俗作簏 又 鹿車，小車也 風俗通 鹿車小，裁容一鹿 又 酒器 魯相韓敕修孔廟禮器碑 有雷洗、觴觚，爵鹿、桓柤 又 纓鹿，婦人冠名。見 蔡邕·獨斷 又 鹿豆 爾雅·釋草 蔨，鹿藿，其實莥 註 今鹿豆也 又 活鹿、鹿蹄、鹿腸、鹿首、鹿麻，夶草名。見 本草

綱目囜與麓通 詩·大雅 瞻彼旱麓,榛楛濟濟 周語 作旱
鹿囜姓 正字通 漢鹿旗,明鹿麟。又五鹿,複姓。漢有
五鹿充宗囜鹿鹿,與錄錄通 前漢·蕭曹傳贊 錄錄未有
奇節 註 錄錄,猶鹿鹿也。亦作碌碌。又作陸陸。
囜 荀子·成相篇 到以獨鹿,棄之江◆ 註 獨鹿與屬鏤同。
鎏又廉15469㿗04910庿15708庶74316麗15691麗14183
囜鹿蜀,或作驢70338驪,野馬。

庴 74316 46850
lù_0.11　字彙補 同鹿。

鹿 74317 u2FC5
lù_0.11　部 鹿74315

鹿 74318 uF940
lù_0.11　兼 鹿。

麀 74319 39533
yōu_2.13　古文 麀 唐韻 集韻 於虯切丛音幽 說文 牝
鹿也。从牝省 詩·小雅 麀鹿麌麌。鎏又麠74347麀74336

麂 74321 39535
jǐ_2.13　唐韻 居履切 集韻 舉履切,丛音几 說文 大
麕也。狗足,似鹿 本草註 麂,麇屬,而小於麕,其口兩
邊有長牙,喜鬭囜鹿目,果名△本作麂。鎏又麂74322

麂 74322 39536
jǐ_2.13　篇海 同麂

鹿 74320 39534
cū_2.13　廣韻 倉胡切
音麤。疎也,大也,物不精也 正字通 俗麤字。

勪 74323 u2B70B
null_2.13　未詳。

麇 74324 u2A28C
huán_2.13　俗麇74326

麀 74325 39537
sì_3.14　廣韻 詳里切 集韻 象齒切丛音似 廣韻 鹿
一歲曰麀,二歲曰麀 揚雄·蜀都賦 麀麀不行囜 集韻 舉
履切,音几。義同。鎏俗作麀74356

麖 74327 u2A28E
null_3.14　未詳。

鹿 74326 39538
huán_3.14　集韻 胡官切
音桓 玉篇 鹿一歲。鎏又麀74324

麌 74328 39539
ǎo_4.15　廣韻 韻會 正韻 烏晧切 集韻 烏浩切丛音
襖 玉篇 麌子也 魯語 獸長麌麌 韋昭曰 鹿子曰麌,麌子
曰麌囜yǎo 集韻 韻會 於兆切 正韻 伊鳥切丛音夭。義
同囜 叶滿補切音母 張衡·西京賦 逞欲畋皷,效獲麌麌。
樛蓼泮浪,乾池滌藪。鎏又麌74329

麌 74329 39540
yǎo_4.15　篇海 烏老切音襖。鹿子也囜 烏兆切音夭。
義同○按卽麌字之譌。

麌 74330 39541
fū_4.15　玉篇 方無切音夫。鹿屬 正字通 麌字之譌。

麊 74331 39542
jiān_4.15　玉篇 同麗。鎏俗麊74367

麃 74333 39544
páo_4.15　唐韻 薄交切 集韻 韻會 蒲交切丛音庖 說
文 麕屬 史記·武帝紀 郊雍獲一角獸,若麃然 註 楚人謂
麋爲麃。引 爾雅 麠大麃。牛尾一角囜biāo 集韻 韻會 悲
嬌切 正韻 卑遙切丛音鑣。麃麃,武貌 詩·鄭風 清人在
消,駟介麃麃囜耘也 詩·周頌 緜緜其麃囜piāo 廣韻 集
韻 丛滂表切音麃。鳥毛變色也。本作麃 禮·內則 鳥麃色
而沙鳴 註 麃色,毛變色也囜 集韻 匹沼切音縹。又 正
韻 蒲沼切音摽。義同囜 草名 爾雅·釋草 蔍,麃疏蔍,
一名麃。郭云麃卽莓也。江東呼麃莓子,似覆盆而大赤,
酢甜,可食 釋文 麃,平表反囜 集韻 蒲嬌切音瀌。義同。
鎏又麃74348瘭31881麃74448

麐 74334 39545
lín_4.15　正字通 同麟

麐 74332 39543
null_4.15　見 劉向·請雨
華山賦 音義無考。鎏又麐74357

斳 74335 39546
qí_4.15　正字通 同麒
音皮。似鹿。鎏 胡吉宣:同麈74319

麀 74336 39547
yōu_4.15　玉篇 房脂切

勪 74337 39548
hǔ_4.15　字彙補 古文虎52128字 集韻 作麔。

麈 74338 39549
cā_4.15　字彙補 蒼葛切音擦。鹿貌。

麤 74339 39550
cū_4.15　六書正譌 俗麤字。鎏又麤74461

歈 74340 u2B70C
null_4.15　未詳。

麀 74341 u2A29A
páo_4.15　俗麃74348

皻 74342 u2A299
lù_4.15　俗皻37033

麋 74344 u4D22
mí_4.15　麋74370譌字

麋 74343 u2A298
biǎo_4.15　俗麃54673亦作麃 直音篇 麃同表54077

麗 74345 u4D21
lì_4.15　俗麗74418 宋元以來俗字譜 引 太平樂府
等。

斿 74346 39551
hū_5.16　字彙 荒胡切音呼。獸名。

麅 74348 39553
páo_5.16　集韻 蒲交切音庖。麕屬 字彙 與麃同。鹿
屬。鎏又麅74358麃74376麀74341

麈 74349 39554
zhù_5.16　廣韻 集韻 丛牀據切音助 爾雅·釋獸 麈,
牝麈,牝麈,其子麌囜 集韻 千余切音疽。義同囜chú 集
韻 牀魚切音鉏 玉篇 麈子。一曰關中謂小兒爲麈子,取
此義囜zù 廣韻 徂古切 集韻 坐五切音組。與粗同 說
文 疏也 廣韻 大也囜cū 集韻 類篇 丛聰徂切音粗。與麤
同 說文 行超遠也。鎏又麇74394

麕 74350 39555
jūn_5.16　唐韻 居筠切 集韻 韻會 俱倫切 正韻 規倫
切丛音頵 說文 麕也。似鹿。麕性驚,又善聚散,故又名
麇,一物二名也 左傳·哀十四年 逢澤有介麕焉囜 國名
左傳·文十年 厥貉之會,麕子逃歸。又 文十一年 楚子伐
麕,敗麕師於防渚囜 地名 左傳·定五年 吳師居麕 註 麕,
地名囜 集韻 拘云切 韻會 拘雲切丛音君。義同囜qún
集韻 衢雲切 韻會 正韻 渠云切丛音羣 左傳·昭五年 求
諸侯而麕至 註 麕,羣也囜qǔn 廣韻 丘粉切 集韻 去粉
切 韻會 苦粉切丛音趣。束縛也◇ 左傳·哀二年 羅無勇
麕之。鎏又麕74415麇15798麕15833

麈 74351 39556
shēng_5.16　廣韻 所庚切 集韻 師庚切丛音生 玉篇
獸似鹿囜 廣韻 獸名。大如兔囜 字彙 鹿二歲也。

麀 74347 39552
yōu_5.16　字彙 同麀 中山王·文木賦 麀宗驪旅。鎏又麀15625

麚 74352 39557
jiā_5.16　廣韻 同麚。牝
鹿也

麔 74353 39558
bèn_5.16　集韻 部本切音獖。牝麕。

麈 74354 39559
zhǔ_5.16　唐韻 之庾切 集韻 韻會 正韻 腫庾切丛音
主 說文 麋屬 埤雅 麈似鹿而大,其尾辟毛 名苑 鹿大者
曰麈,羣鹿隨之,視麈尾所轉而往,古之談者揮焉 恩平
郡譜 麈謂之荒,鹿謂之璺 華陽國志 郡縣宣君山出麈尾

司馬相如·上林賦 沈牛麈麊。

麂 shǐ_5.16 五音篇海 音矢。

麔 sì_5.16 俗麔74325

麅 páo_5.16 同麃74348

麕 null_5.16 或同麚74332譌字。

龐 null_5.16 未詳。

麎 null_5.16 未詳。

麐 null_5.16 未詳。

麒 null_5.16 未詳。

麙 huán_6.17 玉篇 胡官切音桓 字彙 獸似鹿。

麕 yīn_6.17 篇海 於眞切音因。牝鹿也。

麃 biāo_6.17 集韻 同表

麈 guī_6.17 唐韻 古攜切 集韻 涓畦切丛音圭 說文 鹿屬。

麂 jǐ_6.17 唐韻 居履切 集韻 舉履切丛音几 說文 大麚也 爾雅·釋獸 麚，大麚，庀毛狗足 註 庀毛獷長 山海經 女几山，其獸多麢麚 又 符瑞志 色白者曰銀麚，施州一種，色丹者曰紅麚 又 水名 山海經 雎山，麗麚之水出焉，西流注于海 △ 說文 或从几。 鋻 又 麂74321麚74400麚74381

麎 jiān_6.17 唐韻 古賢切 集韻 韻會 正韻 經天切丛音堅 說文 鹿之絕有力者 爾雅·釋獸 麠，其跡速，絕有力麎 邢昺疏 其跡名速，絕有力者名麎 又 qiān 廣韻 正韻 苦堅切 集韻 輕煙切。丛音牽 又 yán 集韻 倪堅切音妍。又 qiǎn 集韻 韻會 丛詰戰切音譴。又 qìng 集韻 詰定切音罄。義丛同。 鋻 又 麎74368麎74331豣57382

麃 jiān_6.17 字彙 同麎。 鋻 又 麎74331

麋 mí_6.17 廣韻 武移切 集韻 民卑切丛音彌 廣韻 縣名 前漢·地理志 交趾郡麋泠縣都尉治 註 音麋零 又 集韻 忙皮切音糜。又 忙經切音冥。義丛同。

麋 mí_6.17 唐韻 武悲切 集韻 韻會 旻悲切丛音眉 說文 鹿屬。冬至解其角 釋名 澤獸也 司馬相如·上林賦 沈牛麈麋 註 麋，似水牛 爾雅·釋獸 麋，牡麔，牝麎，其子麇，其跡纏，絕有力狄 疏 此釋麋之種類也 周禮·天官·獸人 冬獻狼，夏獻麋 註 狼膏聚，麋膏散，聚則溫，散則涼 又 麊麋，醜人也 左思·魏都賦 麊麋之與子都 又 水草之交曰麋 詩·小雅 居河之麋 左傳·僖二十八年 楚子玉自爲瓊弁，玉纓，未之服也。先戰，夢河神謂己曰：畀余，余賜汝孟諸之麋 註 麋，湄也 又 姓。蜀將東海麋竺，見蜀志 又 與眉同 荀子·非相篇 伊尹之狀，面無鬚麋。又 與麇通 楚辭·九歌 秋蘭兮麋蕪 註 麋蕪，芎藭名。 鋻 又 麜74417麖74431麛74344

麛 null_6.17 劉向·請雨華山賦 鹿麛麔麜。音義無考。

麔 ǒu_6.17 玉篇 烏口切，歐上聲 字彙 獸名。

麤 nuàn_6.17 字彙補 同麤。 鋻 正字通 麤，俗麤字。

麤 lín_6.17 字彙補 力近切，音另 ◇ 廣雅 麤麤，狼題肉角，卽麒麟 又 lín 力珍切音鄰。義同。

麃 páo_6.17 五音篇海 音袍。鹿也。

麀 pìn_6.17 字彙補 與牝同。

麠 lín_6.17 搜眞玉鏡 同麤。

麛 lín_6.17 俗麐74395通作麟。

麐 jǐ_6.17 四部叢刊·初編集部·誠意伯劉文成公文集·卷之四·郁離子·九難 炮羔擊牛，烹麐燔鹿。按，劉基 郁離子（學津討源本）·九難 麐作麂74366

麙 null_6.17 未詳。

麟 lín_6.17 同麟74453 龍龕麈，古文，音麟。又 麞，良刃反。壯騏。

麌 yǔ_7.18 廣韻 虞矩切 集韻 五矩切丛音俁 廣韻 牡鹿 爾雅·釋獸 麌，牡麚 又 麌麌，羣聚貌 詩·小雅 麀鹿麌麌 又 廣韻 五乎切 集韻 訛胡切丛音吾 又 集韻 韻會 元俱切 正韻 牛居切丛音虞。義丛同。

麚 suān_7.18 集韻 蘇官切。與狻同 字彙 獅子別名。

麃 liú_7.18 玉篇 力求切音流。鹿屬。

麎 chén_7.18 唐韻 植鄰切 集韻 韻會 正韻 丞眞切丛音辰 說文 牝麋也 爾雅·釋獸 麋，牡麔，牝麎 又 集韻 是忍切音腎。又 常支切音匙。又 船倫切音脣。義丛同。

麇 yǐng_7.18 篇海 五到切，迎上聲 ◇ 鹿也。

麇 jūn_7.18 廣韻 居筠切音頵。鹿屬。

麎 tǐng_7.18 集韻 他頂切音挺。鹿走貌。

麎 jiào_7.18 篇海 下巧切，音攪 ◇ 瑞獸也。 鋻 正字通 麎11927字之譌 說文·廌部 本作灋。

麐 yín_7.18 廣韻 語斤切 集韻 魚斤切丛音斷 山海經 扶豬山有獸，如貉，人面，曰麐 又 廣韻 語巾切 集韻 魚巾切丛音銀。義同。

麟 lín_7.18 唐韻 力珍切 集韻 離珍切，丛同麟 說文 牝麒也 爾雅·釋獸 麐，麕身牛尾，一角 陸璣疏 麐，麕身，牛尾，馬足，黃色，圓蹄一角，端有肉。音中鍾呂，行中規矩，道必擇地，詳而後處，不履生蟲，不踐生草，羣居不侶，行不入陷阱，不罹羅網，文章斌斌，王者至仁則出 又 廣韻 集韻 丛良刃切音吝。義同 △ 六書正譌 从鹿，吝聲。俗用麟。大牝鹿也。今通用麟。

麛 tú_7.18 字彙補 與駼同。見 宋書·符瑞志

麖 zhù_7.18 五音集韻 狆據切音助。與麆同。鹿子。

麟 74395 39585
lín_7.18　字彙補與麐同。見廣雅。鎣又麣74379

麌 74396 39586
yú_7.18　字彙補以於切音余。山驢也。鎣又麤74473

麋 74397 42326
mí_7.18　龍龕音迷。鹿貌。

麈 74398 46854
mǔ_7.18　搜眞玉鏡音牡。

麘 74399 46855
jiàn_7.18　龍龕音賤。鎣又麤74477，或薦字。

麆 74403 u2A2BE
null_7.18　未詳。

麘 74400 u2B70E
jǐ_7.18　俗麠74366

四部叢刊·經部續編·急就篇 貍兔飛鼺狼麋麘。

麞 74401 u2A2C0
zhāng_7.18　俗麞74449

麘 74404 u2A2BD
jūn_7.18　俗麕74415

麅 74402 u2A2BF
bào_7.18　俗麅23185古文暴22983

麕 74405 u2A2BC
jūn_7.18　俗麕74415

麔 74408 39589
kūn_8.19　廣韻古渾切 集韻公渾切丛音昆 廣韻鹿屬。

麚 74406 39587
qǔ_8.19　篇海此主切音取。小鹿也。

麌 74407 39588
wǎn_8.19　篇海於阮切音苑。鹿也。

麷 74409 39590
wēi_8.19　廣韻於爲切 集韻邕危切丛音透 玉篇 麛麛也 廣韻鹿肉也。鄭康成曰：今益州有鹿麛 集韻一曰鹿之美者。

麈 74410 39591
zhuī_8.19　廣韻職追切 集韻朱惟切丛音錐 玉篇鹿一歲也 揚雄·蜀都賦 麔麚不行。

麑 74411 39592
ní_8.19　唐韻五雞切 集韻韻會正韻研奚切，丛同猊 說文 狻麑，獸也 爾雅·釋獸 狻麑，如虦貓，食虎豹 註 卽獅子也。出西域。漢順帝時，疏勒王獻犎牛及獅子 穆天子傳 狻猊日走五百里 囷 鹿子也 禮·玉藻 麑裘靑豻褎，絞衣以裼之 論語 素衣麑裘 疏 麑裘，鹿子皮以爲裘也 囷 人名。鉏麑，晉力士。見 左傳·宣二年 囷 集韻綿批切音迷。義同。

麒 74412 39593
qí_8.19　唐韻 集韻 韻會 丛渠之切音其 說文 仁獸也。麕身牛尾，一角。張揖云牡曰麒，牝曰麟。郭璞曰：麒似麟而無角。鎣又龂74335

麓 74413 39594
lù_8.19　古文 禁 廣韻 集韻 韻會 正韻 丛盧谷切音祿 釋名 山足曰麓。麓，陸也。言水流順陸，燥也 周禮·地官·林衡 掌巡林麓之禁令而平其守 註 平林麓之大小及所生者，竹木生平地曰林，山足曰麓 詩·大雅 瞻彼旱麓 傳 旱，山名。麓，山足也 囷 說文 麓，守山林吏也。 囷 錄也 書·舜典 納于大麓，烈風雷雨弗迷 傳 納舜使大錄萬幾之政 註 亦曰山足 囷 與鹿通 春秋·僖十四年 沙鹿崩 穀梁傳 林屬於山爲鹿。鎣又麷25775 禁24322 麗74463 禁24387

麔 74414 39595
jiù_8.19　唐韻其九切 集韻 韻會 巨九切丛音舅。牡麔也 爾雅·釋獸 麕，牡麔 囷 爾雅·釋獸 麕、麚短脰 疏 皆短項也 囷 集韻 居勞切音高。又巨夭切，趜上聲。又被

表切音荢。義丛同〇按麔字，諸書牝牡稱混，當以爾雅爲正。

麕 74415 39596
jūn_8.19　廣韻居筠切，音頵 說文 麔也。麔，其總名也 爾雅·釋獸 麔，牡麔，牝麜，其子麆，其跡解，絕有力豜 疏 辨麔類 埤雅 麔、鹿皆健駭，而麔性膽尤怯，飲水，見影輒奔 詩·召南 野有死麔，白茅包之 禮·內則 麔脯 囷 qǔn 正韻 苦隕切音稇。束縛也。鎣又麔15833 麔74404 麔74405 囷 正字通 麔，同麛74350 麔74388，俗麕字。

麋 74417 39598
mí_8.19　字彙同麐

麖 74416 39597
jīng_8.19　字彙同麠 74467 山海經 尸山獸多麖 註 似鹿而小，黑色。

麗 74418 39599
lì_8.19　古文 丽 丽 丽 丽 麗 唐韻 集韻 韻會 郎計切 正韻 力霽切丛音隸 說文 旅行也。鹿之性，見食急，則必旅行。又 司馬相如·大人賦 駕應龍象，輿之蠖略委麗兮 師古註 行步進止貌 囷 玉篇 偶也 易·兌卦 麗澤兌 註 麗，猶連也 周禮·夏官·校人 麗馬一圉 註 兩馬也 又 束帛麗皮 註 兩皮也 史·世紀 太昊始制嫁娶麗皮爲禮 釋義 麗，偶數也 囷 玉篇 好也 廣韻 美也 楚辭·招魂 被文服纖，麗而不奇些。又 前漢·東方朔傳 以道德爲麗 囷 玉篇 數也 詩·大雅 商之孫子，其麗不億 囷 廣韻 著也 左傳·宣十二年 射糜麗龜 註 麗，著也 囷 正韻 附也 易·離卦 離，麗也。日月麗乎天，百穀草木麗乎土。又 禮·王制 郵罰麗于事 註 麗，附也。過人罰人，當各附於其事，不可假他以喜怒 囷 繫也 禮·祭義 祭之日，君牽牲，旣入廟門，麗于碑 註 麗，猶繫也 囷 玉篇 華綺也 正韻 華也 書·畢命 敝化奢麗，萬世同流 韓詩外傳 原憲謂子貢曰：仁義之匿，衣裘之麗，憲不忍爲也 囷 玉篇 施也 書·多方 不克開于民之麗 傳 不能開於民所施政教。麗，施也。言昏昧 囷 正韻 光明也 囷 地名 左傳·成十三年 晉師濟涇，及侯麗而還 註 侯麗，秦地。又 前漢·地理志 樂浪郡華麗縣 囷 與欐同。屋棟也 列子·力命篇 居則連麗 囷 麗譙，高樓也 莊子·徐無鬼 君必無盛鶴列於麗譙之閒 前漢·陳勝傳註 樓，亦名譙，故謂美麗之樓爲麗譙 囷 梁麗，車名 莊子·秋水篇 梁麗可以衝城，不可以窒穴，言殊器也 囷 魚麗，陣名 左傳·桓五年 高渠彌以中軍奉公爲魚麗之陳 囷 正韻 小舟也 囷 姓。見 姓苑。又複姓 左傳·成十七年 晉厲公遊于匠麗氏 囷 lí 廣韻 呂支切 集韻 韻會 鄰知切丛音離 釋名 麗，離也。言一目視天，一目視地，目明分離，所視不同也 囷 高麗，國名 魏志 高句麗，在遼東之東 前漢書 作高句驪 囷 山名 史記 黥布傳 布故麗山之徒也。或作驪 囷 與鸝同 張衡·東京賦 麗黃嚶嚶 註 鴷、麗古字通 囷 集韻 憐題切音黎。義同 囷 lǐ 集韻 里弟切音禮。蕭該說，彭蠡，澤名。古作彭麗 囷 lì 力智切音詈。美也 囷 sī 類篇 山宜切音釃。枅也 囷 lì 集韻 郎狄切音歷。縣名△ 从丽，俗从兩日，非 六書正譌 丽，古麗字。相附之形，借爲儷麗。俗別作儷。鎣又丽00074 丽00091 要10891 要11401 鑭64702 麗74345 麗74424

麣 74420 46856
píng_8.19　龍龕同瓶

麢 74419 39600
yù_8.19　揚雄·蜀都賦

麚麚鹿麑。音義未詳。𪋹同麚66623

麜 74421 46857
guǒ_8.19 搜眞玉鏡音果。

麶 74422 46858
zuǐ_8.19 五音篇海子唯切。

𪋍 74423 u2A2CD
zhù_8.19 楊寶忠：俗䶅35725

麗 74424 uF988
lì_8.19 兼麗。

麘 74425 39601
xiāng_9.20 集韻虛良切
音香。麝麘，獸名本草麝香，形似麞，常食柏葉，五月
得香。本作香。俗加鹿字彙麝麘，獸臍。𪋹又䴢74437

麙 74426 39602
yán_9.20 廣韻五咸切集韻魚咸切韻會疑咸切丛
音喦說文山羊而大者，細角爾雅·釋獸熊虎醜，其子
狗，絕有力麙揚雄·蜀都賦獸則麙羊野麏図xián廣韻
胡毚切集韻胡讒切丛音咸。又集韻虛咸切音欦。義丛
同図qián類篇其淹切音鉗。羊六尺爲羬。或从鹿。

麚 74427 39603
jiā_9.20 唐韻古牙切集韻韻會正韻居牙切丛音
嘉說文牡鹿，以夏至解角爾雅·釋獸鹿，牡麚又麍、
麚，短脰馬融·長笛賦寒熊振頷，特麚昏髟。𪋹又麚15625
麚74352

麚 74428 39604
yōu_9.20 玉篇古文麀74319字。

麌 74429 39605
zhū_9.20 玉篇專於切音諸。鹿類。

麝 74430 39606
nuàn_9.20 唐韻奴亂切音便說文鹿麝也。

麑 74431 39607
mí_9.20 唐韻莫兮切集韻韻會緜批切正韻緜兮
切丛音迷說文鹿子也図獸初生皆曰麑禮·曲禮春田，
士不取麑卵註生乳之時，重傷其類図同麛禮·玉藻麛
裘青豻褎，絞衣以裼之論語作麛。𪋹又麎74417麛74483

麌 74432 39608
zhū_9.20 字彙補與麌同元覽夫麌，四角之獸山海
經作夫諸。

麎 74433 42327
hǔ_9.20 說文長箋與虎同。

飍 74434 42328
piāo_9.20 五音篇海疋招切字彙補匪妙切。風名。

麠 74435 46859
jīng_9.20 字彙補同麖。𪋹又麠74462麖74450

麠 74436 u2A2D3
líng_9.20 俗麠74481參見麠74458

䴢 74437 u2A2D2
xiāng_9.20 同麘74425

麗 74439 39610
lì_10.21 廣韻集韻丛
力質切音栗玉篇牡麗也爾雅·釋獸麗，牡麋。

麛 74438 39609
mí_10.21 集韻緜批切音迷。鹿跡也図曰鹿媒。

麗 74440 39611
lì_10.21 篇海古文麗74418字。

麝 74441 39612
shè_10.21 唐韻集韻正韻丛神夜切音射說文麝，
如小麋，臍有香。一名射父爾雅·釋獸麝父，麌足字林
小鹿有香，其足似麌，故云麌足字彙獸似小麋，身有
虎豹之文，臍有香，爲人所迫，即自投高巖，舉爪剔出
其香，就繫且死，猶拱四足，保其臍。故象退齒，犀退
角，麝退香，皆輒掩覆，知其珍也図shí廣韻集韻丛

食亦切。義同。𪋹又犳32794硩39182礜39168図正字通麝
說文作麜74457六書故俗作狣33486

麤 74442 39613
cū_10.21 五音集韻籀文怚字。

麠 74443 39614
líng_10.21 字彙補力丁切音靈。鹿也。𪋹又麠74476

麠 74445 u4D28
null_10.21 未詳。

麞 74444 u2A2DB
zhāng_10.21 俗麞74449

麚 74446 39615
bì_11.22 篇海壁吉切音必。鹿子也。

麚 74447 39616
sù_11.22 唐韻桑谷切集韻蘇谷切丛音速說文鹿
跡也爾雅·釋獸作速。

麃 74448 39617
piáo_11.22 玉篇毗招切音瓢。鹿屬。𪋹胡吉宣：蓋
即麃74333麃从票省聲，此不省聲耳。

麞 74449 39618
zhāng_11.22 唐韻集韻韻會丛諸良切音章玉篇與
獐同說文麋屬埤雅麞如小鹿而美，故从章。章，美也。
又麞性善驚，故从章吳越春秋章者，憧惶也。李時珍
曰：獵人舞采，則麞麇注視，麞喜文章，故字从章道書
麞鹿無魂本草註符瑞志有銀麞，白色，王者刑罰中理
則出。𪋹又麞74451麞74401麞74444

麖 74450 46860
jīng_11.22 龍龕同麖。𪋹又麠74462

麠 74451 u2A2DF
zhāng_11.22 同麞74449

鶬 74452 u2A2DE
null_11.22 駢雅訓
籑卷七中訓纂十五·釋鳥鶬、焦，海鳥也臨海異物志曰
鶬焦鳴聲衰。俗云繼母欲嫁，因麌使人守之，母遂不還，
兒因呼母言鶬焦也。焦音燋，與焦同。鶬，音未詳。

麟 74453 39619
lín_12.23 唐韻集韻韻會正韻丛力珍切音鄰•說
文大麠也。麐身牛尾，狼額馬蹄，五彩腹下黃，高丈二
玉篇仁獸也詩·周南麟之趾傳麟，信而應禮，以足至
者也箋麟角末有肉，示有武不用大戴禮毛蟲三百六
十，麟爲之長禮·禮運麟以爲畜，故獸不狨註狨，驚走
也図州名。漢五原、河西二地，唐置麟州。又十洲記鳳
麟州有集弦膠図與燐通。光明也揚雄·劇秦美新文炳
炳麟麟〇按經傳皆作麟字。爾雅公羊京房易傳皆作麐
說文麐，牝麒也。麟，大牝鹿也。據此，則麐與麟有分
爾雅註疏并州界有麟，大如鹿，非瑞麟也。故司馬相
如賦曰：射麋腳麟，謂此麟也爾雅麐，大麠牛尾一角，
註云謂之麟者，此是也。然麟麐74392二字，今俱通用。
𪋹又麠74334麟74395麟74479麟74484麟74380麟55526麟74378
麟74459䄼40080䝮74379図集韻麐74392或作䴊74375，通作
麟。

麣 74454 39620
pú_12.23 篇海步木切音僕。鹿相隨也。𪋹又麟74466

麛 74455 39621
mí_12.23 字彙補門皮切，音迷◇鹿也。

麠 74456 39622
rú_12.23 字彙補與麜同。

麝 74457 46861
shè_12.23 篇海類編同麝。

麠 74458 46862
líng_12.23 字彙補麠字之譌。𪋹龍龕麠俗麠74481

正，郎丁反。麠羊，獸名　字彙補麠，麠字之譌△宏按，麠乃　字典　新產生的麠字的訛字。

麋 74460 u2A2E9
méi_12.23　俗麋74737

纝 74459 u2B70F
lín_12.23　或同麟74453

麤 74461 u2A2E8
cū_12.23　麤74339譌字。俗麤。

麠 74462 u2A2E5
jīng_12.23　俗麠74450見　中華大字典

麟 74464 uF9F3
lín_12.23　兼麟。

麗 74463 u2A2E4
lù_12.23　俗麗74413

廣碑別字　引　清泰安關帝廟建殿題字

麢 74465 39623
líng_13.24　集韻郎丁切音零。大羊也。

麣 74466 39624
yè_13.24　篇海魚怯切音業。鹿相隨也〇按與麟字音別義同，字形亦近，疑必有譌。

麠 74467 39625
jīng_13.24　唐韻舉卿切　集韻　韻會　正韻居卿切夶音京　說文　大鹿也　爾雅·釋獸麠，大麃，牛尾一角　註漢武帝郊雍得一角獸，若麃然，謂之麟者，此一也。俗作麠。

麠 74468 39626
yǔ_13.24　集韻五矩切，音俁。同麌。鹿羣聚貌也。

麣 74470 46863
líng_13.24　搜眞玉鏡同麠。

麣 74471 u2A2ED
líng_13.24　或羚45769

麤 74469 39627
lù_13.24　字彙補力谷切音祿。獸名　宋史·符瑞志天麤者，純靈之獸，五色光澤，洞閑，王者道備則至　顧氏·說略獸有天祿辟邪，天祿，一作天鹿，一作天麤　前漢·西域傳·烏弋有桃拔註桃拔，一名符拔，似鹿，長尾，一角爲天祿，兩角爲辟邪。

麒 74472 39628
qí_14.25　廣韻祖奚切　集韻　前西切夶音齊　廣韻　麒狼，似鹿而角向前，入林則挂其角，常在淺草中，逐入林則搏之。出異物志　図廣韻祖稽切　集韻　牋西切夶音齎。又　廣韻士皆切　集韻　牀皆切夶音儕。義夶同。

麢 74476 46864
líng_14.25　龍龕同麠。

麌 74473 39629
yù_14.25　唐韻　集韻夶羊茹切音豫　說文似鹿而大　揚雄·蜀都賦麇麌麌麠。図yú廣韻以諸切　集韻羊諸切夶音余　類篇郊羊大者　麌　図集韻象呂切音敘。義同。鎣又麌74396

麤 74474 39630
rú_14.25　廣韻人朱切　集韻汝朱切夶音儒。鹿子也　図廣韻相俞切　集韻　韻會詢趨切音須。麌也　図集韻奴侯切音獳。又奴亂切音偄。義夶同。鎣又麤74456

麤 74475 39631
zhǔ_14.25　字彙補腫雨切，音渚◇獸似鹿。

麤 74477 46865
jiàn_14.25　龍龕在見切。鎣同麠。

麤 74478 u2A2F4
null_14.25　未詳。

麤 74479 u2A2F2
lín_14.25　麟74453本字

麤 74480 46866
lù_16.27　搜眞玉鏡音鹿。鎣王竹溪：恐是麤74469字之譌　図直音篇麤，同麤74487

麤 74481 39632
líng_17.28　唐韻　集韻　韻會夶郎丁切音靈　說文大羊而細角　玉篇麤，羊也。角入藥　爾雅·釋獸麤，大羊註麤羊，似羊而大，角圓銳，好在山崖間　山海經翠山，其陰多㻌毛、麤麕。俗省作羚　寰宇志安南高石山中出羚羊，一角，極堅，能碎金石　韻會麤角有圓蹙繞文，夜則懸角木上以防患。

麤 74482 u2A2F6
líng_17.28　清·吳錦章　說文解字正譌麤，大羊而細角。俗作羚45769

麤 74483 39633
mí_18.29　字彙同麛

麟 74484 46867
lín_18.29　字彙補同麟

麤 74485 39634
yán_20.31　篇海五咸切，音巖◇山羊也。鎣正字通舊註音訓與麠74426同。譌作麤，非。

麤 74486 42329
yán_20.31　搜眞玉鏡五感切。山羊也。鎣同麤74485

麤 74487 39635
cū_22.33　唐韻　正韻倉胡切　集韻　韻會聰徂切夶音粗　說文行超遠也　図字統警防也。鹿之性，相背而食，慮人獸之害，故从三鹿　図玉篇不精也　周禮·天官·內宰比其小大，與其麤良，而賞罰之　疏布帛之等，縷小者則細良，縷大者則麤惡　図玉篇大也　禮·月令其器高以麤　註麤猶大也　図玉篇疏也　禮·儒行麤而翹之。又不急爲也　註麤，猶疏也，微也　図略也　史記·陸賈傳麤，述存亡之徵　図顏師古·急就篇註麤者，麻枲雜履之名也。南楚江淮之間通謂之麤　釋名麤，措也。亦所以安措足也　図麤糲左傳·哀十三年梁則無矣，麤則有之　史記·蕭政傳故進百金者，將用爲夫人麤糲之費〇按六書正譌俗作麤、麄，通用粗　韻會小補載集韻麤或作麤。不知麤即　說文　麤，與麤義別，合爲一，非。鎣又麤74461　跛36952麤50679麤74320麤74480　図字彙補麤74442，與麤同。一云籀文怚字。

麤 74488 46868
nòu_24.35　搜眞玉鏡音耨。

麤 74489 39636
chén_25.36　唐韻直珍切　集韻池鄰切夶音陳　說文鹿行揚土也　周語麤穢暴虐。籀文作麤。今作塵。鎣又麤09682

• 麥部 •

麥 74490 39637
mài_0.11　唐韻　集韻莫獲切，夶音脈　說文麥，芒穀，秋種，厚薶麥，金也。金王而生，火王而死　禮·月令孟夏，麥秋至　蔡邕曰百穀各以初生爲春，熟爲秋。麥以初夏熟，故四月於麥爲秋。又　前漢·武帝紀勸民種宿麥　註師古曰歲冬種之，經歲乃熟，故云宿麥　図一種蕎麥，一名烏麥。南北皆種之，亦名荍麥　爾雅·釋草蕎，雀麥　註即燕麥也　図爾雅·釋草大麴，蘥麥　註大麴，一名麥句薑，即瞿麥　図姓　隋書有麥鐵杖　図集韻訖力切音極　詩·鄘風爰采麥矣，沫之北矣。又　豳風黍稷重穋，禾麻菽麥〇按麥从來不从夾，从夊不从夕。來象其實，夊象其根。俗作麥，非。又楊慎謂麥有昧音。引范文正公安撫江淮，進民間所食烏昧草，謂即今燕麥也。淮南謂麥爲昧，故史從音爲文，殊不知燕麥即野稷也。升庵失考，乃引范文正所進烏昧草當之，蓋烏昧草實蕨也。附辨於此。鎣四部叢刊本　說文解字繫傳　稙，早種也。从

禾直聲 詩 曰：穜稑菽麥 50805 図 麦 74491

麥 74492 u2FC6
mài_0.11 同麥 74490 部首專用字。亦作麦 74493

麦 74493 u2EE8
mài_0.11 部麥 74492

麦 74491 39638
mài_0.11 正字通 俗麥字。鑋 今簡化字 図 俗麦 09800，見 增廣字學舉隅

麩 74494 39639
qū_2.13 篇海 與麴同。出釋典。

𪍻 74495 39640
miàn_2.13 正字通 麪字之譌。

𪍺 74497 46869
liǎo_2.13 龍龕 音了

𪍹 74496 39641
líng_2.13 字彙補 力仍切音凌。欺𪍹也○按即劾𪍹之譌。

赴 74498 u2A38D
bú_2.13 俗赴 74499 揉擀麵食時鋪墊的赴麵。

赴 74499 u2A2FF
bú_2.13 麵赴，亦稱赴麵，揉或擀製麵食時鋪墊的乾麵粉。俗作赴 74498 図 作麬 74574 粰 43331 清·蒲松齡 日用俗字·飲食章第四 不大不小攢成劑，丸捵加粰手不粘。

麨 74500 39642
máng_3.14 正字通 俗芒字 說文 麥芒穀。凡草木有芒朿者，通作芒，麥亦然。俗改从麨，非。

麩 74501 39643
yì_3.14 廣韻 與職切◆集韻 逸織切 叐 音弋 玉篇 麥麩，麥殼破碎者 涅槃經 譌作麩 図 人名 十六國春秋 晉有姚麩。鑋 又麩 74508 越 09144

麬 74502 39644
cái_3.14 唐韻 昨哉切 集韻 牆來切 叐 音才 說文 餅麬也 揚子方言 麬，麴也。晉之舊都曰麬。今江東呼麴爲麬 図 集韻 將來切音哉。義同。

麩 74503 39645
tuō_3.14 集韻 闥各切音托。餺麩，餅屬。

麧 74505 39647
hé_3.14 集韻 下紇切，並音紇。又 集韻 恨竭切。又胡骨切音搰 玉篇 堅麥也。孟康曰：麥糠中不破者也 廣韻 麧，糊也。通作覈 史記·陳平傳·亦食糠覈耳註 覈讀紇。晉灼曰：京師人謂粗屑爲紇頭 図 或作麧 杜甫詩 黎民糠麧窄 韓愈詩 士不厭糠麧。亦作麧 図 類篇 奚結切音纈。義同。鑋 集韻 秄 40266 麧 74512 麤屑也。或从麥。

麧 74506 46870
bǐ_3.14 五音篇海 音比。

麪 74507 46871
qián_3.14 字彙補 音橺。鑋 龍龕 麪，誤，舊藏作趓，其月反，舉尾走也。又居言反。

麩 74508 u2A388
yì_3.14 俗麩 74501

麪 74504 39646
shàn_3.14 廣韻 集韻 叐 所晏切，音訕 玉篇 豁麪 字彙 餅麵也。

麲 74509 39648
nà_4.15 篇海 奴答切音納。麲劑。

麴 74510 39649
qú_4.15 篇海 求於切音渠。麥不成。

麨 74511 39650
chǎo_4.15 ◆廣韻 尺沼切 集韻 齒紹切 叐 音弨 玉篇 糗也 本草註 麨卽糗，以麥蒸成屑 急就篇·師古註 今通以熬米麥謂之麨 齊民要術 有作枣麨法，有作林禽麨法 佛國記 貝多樹下有五百賈客授麨蜜處。鑋 又敦煌 S.5431 開蒙要訓 麨麵籭麩 図 可洪音義 麨麩：上尺沼

反，下丘与、丘御二反，麦粥汁。

麧 74512 39651
hé_4.15 唐韻 乎沒切音紇 說文 堅麥也 正字通 麧本字。

麩 74513 39652
hū_4.15 集韻 呼骨切音忽。餅屬。

麷 74514 39653
pí_4.15 廣韻 符支切 集韻 頻彌切 叐 音陴 玉篇 麷麴，䴖也 廣雅 麷鏖謂之䴖 廣韻 麷麴，麥麩 正字通 粿也。

麨 74515 39654
dǒu_4.15 集韻 當口切音斗。麥麨。

麨 74516 39655
shú_4.15 廣韻 集韻 叐 神蜀切音贖 廣韻 姓也。梁四公麨端之後○按 梁四公傳 作麨端 轉注古音 麨音頤。存攷。

麩 74517 39656
fū_4.15 廣韻 芳無切 集韻 韻會 芳無切 叐 音敷 說文 小麥屑皮也。一作麴 図 果名。鹽麩子。見 本草。鑋 又麱 74536 図 龍龕 麩 74523 麱 36980 麱 74587 音俗，麱 74580 麱二或作，麩正，芳无反。麥皮也。又 龍龕 鈇 63329 經音義 云宜作麩。在 中阿含經

麩 74518 39657
niè_4.15 集韻 倪結切音臬。櫱也 周禮·地官·媒氏註 今齊人名麴麩曰媒 図 集韻 去穢切音矬。義同。

麪 74520 39659
miàn_4.15 廣韻 莫甸切 集韻 韻會 眠見切 正韻 莫見切 叐 音晭 說文 麥末也 束皙·麵賦 重羅之麪，塵飛雪白 玉篇 蜀以桃榔木屑爲麪 廣雅 糫謂之麪。別作麵，非是。鑋 直音篇 麵麩 74533 麪 74495 並同麪。

麨 74521 39660
rè_4.15 字彙補 如烈切音熱。出釋典 僧護經。図 熬 五刀切音敖。鄭氏讀。鑋 龍龕 舊藏作熱字。在 僧護經 図 俗炒 30669 可洪音義 作麨：初巧反。見藏作煼。

麲 74522 39661
jī_4.15 字彙補 堅溪切音稽。麥掉麲。鑋 音稽音稘 図 直音篇 麲 74597 音其。餅屬。麲，同上。

麩 74523 46872
fū_4.15 龍龕 芳無切，麥皮也○按即麱字之譌。

麱 74524 46873
áo_4.15 龍龕 同熬

麴 74519 39658
tún_4.15 集韻 徒渾切音屯。腿肫，餌也。或作飩、粏。

麨 74525 46874
kù_4.15 搜眞玉鏡 苦穀切。

麨 74526 46875
líng_4.15 龍龕 同夌。鑋 力丁切音凌。欺麨。

麨 74527 46876
líng_4.15 搜眞玉鏡 音陵。鑋 字彙補 音義同麨。

麳 74528 46877
cái_4.15 字彙補 麬字之譌。

麷 74529 u2B711
fēng_4.15 簡 麷 74691

麨 74530 u2A38A
chǎo_4.15 俗麨 74511 敦煌 S.5431 開蒙要訓 麨麵籭麩。又 可洪音義 麨麩：上尺沼反。下丘与、丘御二反。麦粥汁。

麩 74532 u9EB8
fū_4.15 俗麩 74517 今簡

麪 74533 u9EAB
miàn_4.15 直音篇 麪同麪 74520

74531 u2A389　𪎉 xiàn_4.15　簡𪎉74576
音佗。餅也。或作粔。鑾又麳74551

74534 39662　麳 tuō_5.16　集韻湯河切

74535 39663　sù_5.16　正字通麵字之譌。

74536 39664　fū_5.16　正字通俗麩字。

74537 39665　chǎo_5.16　篇海與麨同。

74538 39666　mò_5.16　廣韻莫撥切音末玉篇麳也。今呼米屑爲麳類篇麩也廣雅糨謂之麳。糨或作蘇。

74539 39667　pào_5.16　集韻披教切音炮。餌也。

74540 39668　jù_5.16　集韻白許切音巨。蜜餌也。吳謂之膏環新字解訓矩妝,膏環。亦作粔。

74541 39669　qū_5.16　字彙同麴

74542 39670　tǒu_5.16　廣韻天口切集韻他口切丛音妵廣韻糙麩,餅也。與飳同。或作麱

74543 39671　huá_5.16　唐韻集韻丛戶八切說文餅籋也揚子方言麩也。齊右河、濟曰麧圂集韻呼八切音傄。義同。鑾或作麧74553圂補遺重出:五音篇海乎八切。麴麥名。

74544 39672　tiè_5.16　集韻托協切音帖。餅屬爾雅·釋草·眾秔註謂黏粟也圂動黏,西南夷後漢·明帝紀永平十七年,西南夷白狼、動黏諸種,慕義貢獻圂nián集韻尼占切音黏後漢·華佗傳佗授以漆葉青黏散。青黏,藥草。一名地節,一名黃芝△亦作黏。鑾又黏74552

74545 39673　qù_5.16　唐韻集韻丛丘據切音去說文麥甘鬻也廣韻麥汁玉篇麥麥也急就篇甘麩註甘麩者,麥麥爲甘粥也釋名麥麥曰麩。麩之爲言齲也,言齲爛也。一曰麩者,糗也。甘麩者,以麥和糗,故味甘也荀子·富國篇夏日則與之瓜麩註麥麥飯也圂廣韻羌舉切集韻口舉切,丛去上聲。義同。鑾又字彙補譌作麮74562

74547 39675　móu_5.16　字彙補音牟。麥也○按即麰字之譌。

74548 46878　ruí_5.16　龍龕汝佳切。鑾同藌51082,俗蕤。

74549 46879　áo_5.16　五音篇海五高切。煎也○按即熬字之譌。

74546 39674　shú_5.16　同麳74546

74550 46880　zé_5.16　龍龕音責奇姓通梁四公麳鸇。麳,音麥○按梁四公麳作麳鸇轉注古音麳音頤廣韻作麳鸇。麳音贖。未審孰是,存玫。

74551 u2B712　𫜒 tuō_5.16　簡麳74534

74552 u2A38B　𪎋 tiè_5.16　俗黏74544

74553 u2A321　𪌡 huá_5.16　字彙補麧,廣雅與麧74543同。

74554 u2A31D　𪌝 shú_5.16　同麳74546

74555 u2A31C　𪌜 tǒu_5.16　麱74542譌字。

74556 39676　bǐng_6.17　廣韻集韻丛必郢切音餅玉篇索麳也。出食苑

74557 39677　tǒng_6.17　集韻吐孔切音侗。餅屬。

74558 39678　qū_6.17　玉篇丘竹切音麴。同籟劉伶·酒德頌枕麴籍糟圂姓。晉人麴崇裕,著郊祀志十卷。鑾又麯43313

74559 39679　gé_6.17　廣韻古伯切集韻各頟切丛音格玉篇麥碎也。

74560 39680　duī_6.17　集韻都回切音堆。餅也。本作餡。俗作餚。

74561 39681　móu_6.17　唐韻莫浮切集韻韻會迷浮切丛音謀說文來麰,麥也玉篇春麥也廣韻大麥也吳普·本草大麥,一名穬麥,五穀之長也爾雅翼大麥宜爲飯,又可爲酢,其蘖可爲飴圂短粒麥圂倉頡解詁麰,麳麥也釋名麰麥曰麰。麰,齲也。麳熟亦齲壞也圂廣雅麰,麴也。圂通作牟詩·周頌貽我來牟。鑾又麳49327麳74547麳74583麳74628麳74660

74562 39682　qù_6.17　字彙補可與切,區上聲◇草名廣雅烏麩,蓄。鑾俗麩74545

74563 46881　tián_6.17　篇海類編音甜。鑾俗甛35237

74564 46882　qū_6.17　龍龕同麴

74565 46883　líng_6.17　龍龕音陵。陵嶒,山貌○按音義疑即崚字之譌。

74566 46884　qū_6.17　搜真玉鏡音戚。又音趣。又音苦。又音穀。鑾可洪音義相麳:七俱反。走也,向也。正作趨、趍二形也。

74567 46885　tiào_6.17　搜真玉鏡他弔切音跳。

74568 46886　jié_6.17　搜真玉鏡音結。又音括。

74569 u2A326　𪌦 miàn_6.17　或麵74624譌字。

74570 39683　juān_7.18　集韻圭玄切,音涓。麥莖也六書故麥稾也。別作稍。鑾又絹74589

74571 39684　péng_7.18　集韻蒲蒙切音蓬類篇麥麴也圂與醴同。熬煎之麥曰麳。

74572 39685　shā_7.18　集韻師加切音沙。碎麥也。

74573 39686　sù_7.18　玉篇同麵。鑾類篇麵、麳,蘇骨切。磨麥也集韻或作麳74644

74575 39688　fū_7.18　說文同麩

74574 39687　bó_7.18　集韻薄沒切韻會蒲沒切丛音孛集韻屑麥也。鑾又麳74499粁43331

74576 39689　xiàn_7.18　集韻侯襉切,音莧。麥屑。鑾又𪎉74531粯43323圂玉篇𪎉,余諫切。麥屑也。

74577 39690　lí_7.18　集韻良脂切,音梨玉篇麥酒。

74578 39691　qū_7.18　正字通同麴

74579 39692　hún_7.18　廣韻戶昆切集韻胡昆切丛音魂玉篇麥麴也廣韻不破麥也酒經烏梅女麴,甜醹九投,澄清百

品,酒之終也 図huàn 廣韻 集韻 丛戶版切音皖 廣韻 麨
子,麥麹類 集韻 黃蒸糱也 図集韻 戶袞切音混。義同
図huán 集韻 胡官切音桓。女麹也。小麥爲之。一名麨
子。一名黃子。

74580 39693 麩 fū_7.18 玉篇 芳無切音敷。麥殼也。與麩同。

74581 39694 䴺 luò_7.18 集韻 盧臥切音臝。䴺麷,粟粥 齊民要術 有
䴺麷粥法。

74582 46887 䴘 liáo_7.18 搜眞玉鏡 音漻。

74583 46888 䍴 móu_7.18 搜眞玉鏡 與䴷同。

74584 46889 䴱 miè_7.18 五音篇海 音蔑。

74585 46890 䴾 shù_7.18 搜眞玉鏡 音束。

74586 46891 䴲 chī_7.18 篇海類編 音癡。

74587 46892 䴹 fū_7.18 字彙補 䴹字之譌。

74588 46893 䴸 děng_7.18 搜眞玉鏡 多肯切。

74589 u2B713 䏴 juān_7.18 簡 䏴74570 　74590 u2A38C 麷 lái_7.18 同䅘74599 龍
龕 䏴或作,䵂74688正,音來。大麥也。

74591 u2A334 null_7.18 未詳。 　74592 39695 䴽 guǒ_8.19 廣韻 古火切
音果。餅䴽,食也揚子方言麹也註小麥麹爲䴽。卽麨
也図huà 廣韻 胡瓦切 集韻 戶瓦切丛音踝。義同図廣
韻 麹名図luǒ 集韻 魯果切音裸。義同。鎣又餜69178

74593 39696 䵃 táo_8.19 集韻 徒刀切音匋。餌也。亦作䬞。通作餡。

74594 39697 䵎 hún_8.19 集韻 胡昆切音魂。類篇 未破麥。

74595 39698 䵋 bèi_8.19 篇海 平祕切音備。同糒。乾糧也。

74596 39699 䵏 nié_8.19 集韻 諾叶切音捻。䵏頭。

74597 39700 麒 qí_8.19 集韻 渠之切音其。餅屬。鎣又䵞74522
稘43375

74598 39701 䵐 jùn_8.19 集韻 巨隕切音窘。餅屬図窘遠切音菌。
義同。鎣窘遠切音菤。

74599 39702 䅘 lái_8.19 廣韻 落哀切集韻郎才切丛音來廣雅䅘,
小麥。䵂,大麥也。本作來詩·周頌貽我來牟図集韻六
直切音力。義同図lí陵之切音釐。麥也。或从禾。齊謂
麥曰秾△一作䅘。鎣又麷74590

74600 39703 䤵 hù_8.19 集韻 呼木切音熇玉篇麥也。

74601 39704 䴴 pǒu_8.19 廣韻 蒲口切集韻薄口切,哀上聲玉篇䴴
麮,餅也図集韻薄沒切音孛。義同。鎣又餔69199

74602 39705 䵄 lí_8.19 廣韻 力脂切集韻良脂切,丛音梨玉篇䵄
䵄也廣雅䶉䵄,謂之䵄。

74603 39706 䵬 hū_8.19 字彙 與麩同。

74604 39707 䵌 lù_8.19 篇海 盧谷切音祿 字彙 䵌䵂,麥餅。

74605 39708 薆 yè_8.19 集韻 夤謝切音夜。薆薆,磨麥皮也。

74606 39709 䴲 chǎn_8.19 廣韻 初限切集韻楚限切,並音剗玉篇
䴲麥也廣韻 穀麥,䴲也図集韻初諫切音羼。義同。

74607 39710 䴺 pí_8.19 廣韻 符支切集韻頻彌切丛音陴玉篇細
餅麹揚子方言麹也。北燕謂麹曰䴺廣韻 麷餅図集韻
賓彌切音卑。義同。鎣又麷74614

74608 39711 麴 qū_8.19 古文䴷 集韻 韻會 正韻 丛丘六切,穹入聲
說文 酒母也玉篇麴糱釋名麹,朽也。鬱之,使衣生朽
敗也書·說命若作酒醴,爾惟麹糱図女麹,小麹也。見
齊民要術図左傳宣十二年 叔展曰:有麥麹乎註麥麹,
所以禦濕図通鞠禮記·月令天子乃薦鞠衣于先帝。註
黃桑之服釋文鞠,去六反。如麹塵周禮內司服註作鞠
塵図神麹,藥名図與笛通揚子方言薄謂之笛,或謂
之麹図姓姓苑出西平,漢有麹演。鎣又鞠67535䵯74494
䴾74541䵯74564䵾74578麴74619䵷74630図玉篇麹74558丘
竹切。俗麹字。

74609 39712 䵭 lí_8.19 字彙補 與䵄同䯈雅䵩䵭,糧也。

74610 39713 麨 chǎo_8.19 字彙補 尺少切音秒。糧也,粮也。鎣佳
部同形字重出：mài 集韻 同麩73821

74611 42331 䵢 yì_8.19 龍龕 羊卽切。麥䵓也。

74613 46895 麨 chào_8.19 篇海類編 㸃教切音趠。

74614 u2B714 䴺 pí_8.19 簡 䴺74607 　74615 u2B710 null_8.19 殷周金文集
成·1.15·留鎛 留爲叔䴺禾（穌）鐘。

74616 u2A38F null_8.19 未詳。 　74617 u2A38E 麵 miàn_8.19 俗麵74624

74618 u2A34A 麷 pyo_8.19 韓 小麥。 　74619 u9EB9 麴 qū_8.19 俗麹74608

74620 39714 䵥 suò_9.20 集韻 蘇臥切音脧。䴺䵥,粟粥。

74621 39715 䵦 tǒu_9.20 玉篇 同麩 　74612 46894 麨 chǎo_8.19 字彙補 同麨

74622 39716 䵧 kē_9.20 集韻 苦禾切音科類篇䵧斗餌也,象蟲形。

74623 39717 䵨 fù_9.20 篇海 房故切,音負◇麥再生。

74624 39718 麵 miàn_9.20 正字通 俗麹字齊書·禮志永明九年,正
月詔,太廟四時祭,薦皇帝麵起餅。鎣又面67020
糆43448麵74636麵74617麵58490

74625 39719 䵩 sù_9.20 字彙 同麷 　74626 39720 䵪 chǎo_9.20 廣韻 尺沼切
集韻齒紹切丛音弨玉篇糧也廣雅䶉䵪,謂之䵪。

74627 39721 麹 hú_9.20 集韻 洪孤切音胡玉篇俗黏字。

74628 39722 䵮 móu_9.20 集韻 迷浮切音牟。與䴷同玉篇春麥也後
漢·班固傳玄秬黃䵮註黃䵮,麥也図集韻莫後切
音母。麥也。鎣又麰74631

糤 74629 39723
suǒ_9.20　字彙補 心作切音索。乾餅也。

麴 74630 42332
qū_9.20　龍龕 去匊切。蘽也。

麰 74631 46896
móu_9.20　篇海類編 與麰同。

麳 74632 46897
qiū_9.20　搜眞玉鏡 音秋。

麳 74633 u2A359
cuó_9.20　俗麳74638　　麳 74634 u2A356　null_9.20　未詳。

麳 74635 u2A355
sù_9.20　集韻考正 麳麳，注：磨麥也。或作麳。案：麳74573譌从貞，據 廣韻、類篇 正。

麵 74636 u9EBA
miàn_9.20　俗麵74624　　麳 74637 39724　sù_10.21　廣韻 集韻 丛蘇骨切音窣。麥屑也。又xiè 集韻 先結切音屑。春餘也。鍫又麳74535麳74625糊43498麳74635

麳 74638 39725
cuó_10.21　唐韻 昨何切 集韻 才何切丛音醝。說文 礳麥也。玉篇 一曰擣也 廣韻 穀麥淨也。又 集韻 阻氏切音批。義同。鍫本作麳74686俗作麳74633

麳 74639 39726
pí_10.21　正字通 同麳。

麳 74640 39727
méng_10.21　廣韻 莫紅切 集韻 謨逢切丛音蒙 玉篇 有衣麳也。女麳也 廣韻 麳，生衣貌 廣雅 麳，糊也。一作酶。鍫又麳74662麳74684

麳 74641 39728
yùn_10.21　集韻 紆問切 正韻 於問切丛音醞 集韻 麳也。

麳 74642 39729
bèi_10.21　正字通 俗糒字。

麳 74643 39730
suǒ_10.21　篇海 昔各切音索。麳麳也。鍫楊寳忠：索餅之索加旁俗字，即今之麵條，以其形如索也。

麳 74644 39731
suǒ_10.21　唐韻 蘇果切 集韻 韻會 損果切丛音鎖 說文 小麥屑之覈 玉篇 麤麥屑 廣雅 麳，麳也。又suò 集韻 蘇臥切音脞。麵不精也。鍫俗麳74573

麳 74645 39732
kū_10.21　唐韻 集韻 丛空穀切音哭。說文 餅籟揚子方言 麳也。自關而西，秦幽之閒曰麳。又 玉篇 古鹿切音穀。義同。鍫又麳74647麳74651麳74648麳74667 又 類篇 麳25024，空胡切，飢餅。

麳 74646 39733
bó_10.21　集韻 伯各切音博。餺飥，餅也。或作麳。

麳 74647 u2B715
kū_10.21　俗麳74645　　麳 74648 u2A362　kū_10.21　同麳74645

麳 74649 39734
lǒu_11.22　廣韻 正韻 郎斗切 集韻 朗口切 韻會 郎口切丛音塿。麳麳，麳餅也。即今寒具。

麳 74650 39735
mò_11.22　集韻 末各切音莫。麳麳，麳皮也。

麳 74651 39736
kū_11.22　篇海 同麳　　麳 74656 39741　mán_11.22　集韻 謨官切音瞞。饅頭，餅也。饅，或从麥。

麳 74652 39737
liǎn_11.22　廣韻 力展切音輦。大麥麳麳。

麳 74653 39738
xuàn_11.22　集韻 隨戀切音漩 類篇 麥也。鍫楊寳忠：

旋麥之旋加旁俗字。旋麥即春麥。

麳 74654 39739
suǒ_11.22　正字通 俗麳字。

麳 74655 39740
qiàng_11.22　集韻 七亮切，蹌去聲 類篇 麳敗曰麳。

麳 74657 39742
zhì_11.22　唐韻 直隻切 集韻 直炙切丛音擲 說文 麥覈屑也。十斤爲三斗 廣雅 麳，糊也 又dí 廣韻 徒歷切 集韻 亭歷切丛音荻 廣韻 麳麳 又 集韻 陟革切音摘。又治革切音蹢。義丛同△本作麳。鍫 睡虎地秦簡秦律十八種 麥十斗，爲麳三斗 說文 當作十斗爲三斗。

麳 74658 39743
áo_11.22　唐韻 五牢切 集韻 牛刀切丛音敖 說文 乾煎也 廣雅 麳，曝也。

麳 74659 39744
bì_11.22　集韻 壁吉切音必。麳麳，餅屬。亦作餢。又 作畢羅 酉陽雜俎 柳璟知舉年有國子明經，夢與人入長興里畢羅店，醒呼鄰房語之，忽見長興店子曰：君與客食畢羅二斤，何不計直而去。

麳 74660 39745
móu_11.22　韻會 同麳　　麳 74661 39746　suō_11.22　篇海類編 同莎。鍫楊寳忠：麳麳74572并麳74501字俗訛。

麳 74662 39747
méng_11.22　字彙補 莫宮切，音蒙◇ 廣雅 麳，糊也。又曰麳，麳也。鍫俗麳74640

麳 74664 46899
luǒ_11.22　字彙補 字見 五代史。疑卽麳字之譌。鍫 五代史 回紇地宜白麥與青麳麥。

麳 74665 46900
cuó_11.22　龍龕 同麳　　麳 74663 46898　áo_11.22　篇海類編 五高切音敖。煎也○按音義疑卽熬字之譌。

麳 74666 u2A390
null_11.22　未詳。　　麳 74667 u2A371　kū_11.22　類篇 麳，空谷切，說文 餅籟也。按，說文 作麳74645

麳 74668 u9EB6
chī_11.22　同麳74867 又 麵麳：一種麵製品。將油炸之小麵球火煮。

麳 74669 39748
tì_12.23　集韻 他計切音替。滌麳也。

麳 74670 39749
suǐ_12.23　集韻 選委切音髓。豆屑和飴也。又糖餅也 揚子方言 餅也。

麳 74671 39750
lián_12.23　廣韻 落賢切 集韻 靈年切，並音蓮 玉篇 麳麳，餅也。鍫又鐮69436縺44805

麳 74672 39751
tán_12.23　篇海 徒含切，音談◇味長也。與醰義同。

麳 74673 39752
shàn_12.23　廣韻 常演切 集韻 上演切丛音善 廣韻 大麥新熟，作麳麴也 類篇 麳麴，屑新麥爲餌。

麳 74674 39753
kuàng_12.23　廣韻 集韻 丛古猛切音礦 玉篇 大麥 晉書·皇甫謐傳 況臣糠麳，糅之雕胡 註 麳，麥麩也。又huáng 集韻 胡光切音黃 類篇 麴塵。鍫 玉篇 同麳74685 又 粯43593橫40928

麳 74675 u2A377
gyo_12.23　韓 蕎麥　　麳 74676 39754　fēng_13.24　正字通 同麳

𪎊 74677 39755 qú_13.24 [集韻]求於切音渠[類篇]麥小者曰𪎊[正字通]本借瞿。亦作蘧[爾雅·釋草]大菊，蘧麥[註]一名麥句薑。即瞿麥[本草]瞿麥一名巨句，一名大菊，一名大蘭。

𪎈 74678 39756 dú_13.24 [集韻]徒谷切音牘。𪎈麧，麥并餅。

𪎋 74679 39757 huán_13.24 [集韻]胡關切音還[玉篇]餅也。又粔籹，吳人謂之膏𥼶。或从麥 [又] huàn[廣韻][集韻]𠀤戶版切音皖[集韻]黃蒸𪎋子。一曰全麥爲麴。又餅也。

𪎌 74680 39758 sào_13.24 [字彙補]蘇到切音噪。乾麫也。

𪎍 74681 39759 zhí_13.24 [集韻]䵂本字。

𪎎 74682 46901 áo_13.24 [字彙補]與𪍿同。

𪎏 74683 46902 sào_13.24 [篇海類編]與𪎌同。

𪎐 74684 39760 méng_14.25 [集韻]與䴿同。

𪎑 74685 39761 kuàng_15.26 [廣韻][集韻][韻會][正韻]𠀤古猛切音磺[玉篇]大麥也[齊民要術]旱稻法，宜五六月暵之，以擬𪎑麥。又大小麥法，皆須五六月暵地。一作𪍴。鎣又穬40928

𪎀 74686 u2A380 cuó_15.26 𪍪74638本字。

𪎒 74687 39762 lóng_16.27 [集韻]盧東切音籠。餅屬。

𪎓 74688 39763 lái_16.27 [廣韻]同麳 𪎔 74689 39764 niè_17.28 [集韻]魚列切音孽。牙麥也[正字通]俗糵字。鎣俗糱字。

𪎕 74690 39765 bō_17.28 [集韻]白各切音泊。餅也。

麷 74691 39766 fēng_18.29 [唐韻]敷戎切[集韻]敷馮切𠀤音豐[說文]煮麥也[周禮·天官·籩人]朝事之籩，其實麷、蕡[註]麷，熬麥。今河閒以北，煮穜麥賣之，名曰麷[儀禮·有司徹]麷、蕡坐設於豆西，當外列，麷在東方[荀子·富國篇]取其將若撥麷 [又][廣韻][集韻][韻會]𠀤撫鳳切音賵。又[集韻]撫勇切音捧。義𠀤同。鎣名曰麷。劉尚慈：麷，十三經注疏本作逢 [又]豐43656麷74676𪍿74529

𪎖 74692 46903 niè_18.29 [搜眞玉鏡]魚列切，音業◇。鎣張涌泉：俗𪎔74689

𪎗 74693 39767 luó_19.30 [集韻]良何切音羅。𪎘𪎗，餅也。或从食作饠。通作羅。

𪎙 74694 39768 zuò_20.31 [集韻]即各切音作。屑麥蒸之也。

• 麻部 •

麻 74695 39769 má_0.11 [唐韻][集韻]莫遐切[韻會][正韻]謨加切𠀤音蟆[玉篇]枲屬也。皮績爲布，子可食[爾雅·釋草]枲，麻[疏]麻，一名枲[禹貢]青州云厥貢岱畎絲枲是也[禮·內則]女子執麻枲，學女事，以共衣服 [又]大麻有實者名苴，無實者名枲[本草]雄者名枲麻、牡麻，雌者爲苴麻、苧麻。[又]蕁麻。蕁本作薮。見[本草圖經] [又][詩·豳風]禾麻菽麥[禮·月令]食麻與犬[黃帝·素問]麻麥稷黍豆，爲五穀[正字通]麻，即油麻 [又]胡麻[爾雅翼]胡麻，一名巨勝[正字通]言其大而勝，即今黑芝麻也 [又]疏麻[楚辭·九歌]折疏麻兮瑤華[註]疏麻，神麻也 [又]升麻、天麻，皆藥名 [又]樂器。鼗鼓名[爾雅·釋樂]大鼗謂之麻，小者謂之料[註]麻者，音概而長也 [又]固麻[南史·百濟傳]百濟國號王所都城曰固麻，邑曰檐魯，如中國言郡縣也。又[山海經]有壽麻國 [又]地名[左傳·成十三年]晉師及秦師戰于麻隧[註]秦地。又[後漢·蓋延傳]南伐劉永進取麻鄉[註]麻鄉，縣名。[又]姓[風俗通]齊大夫麻嬰之後，漢麻達，註[論語]。[又]朝廷綸命曰麻[翰林志]唐中書，用黃白二麻爲綸命，其後翰林專掌白麻，中書獨用黃麻 [又][韻補]叶謨婆切[詩·齊風]東門之池，可以漚麻。彼美淑姬，可與晤歌。△[六書正譌]从𣏟，音派，麻片也。从广，人在屋下，治麻之意。俗作蔴，从木，非。鎣又麻74697⿇74696 蔴50886𦶑51288𪐴49820䊨49904

⿇ 74696 u2FC7 má_0.11 [部]麻74695

麻 74697 u2FA15 má_0.11 麻74695通麻正。

𪎑 74698 u2A391 shuò_2.13 同㾓15697，碑別字梵字。北齊佚名[朱曇思等造塔頌]𪎑聖蛟龍，看之若生。飛禽走獸，瞻疑似活。

𪎒 74699 39771 shuò_3.14 [字彙]尸灼切音爍。治病。鎣[寅集·广部]㾓15697，同形字 [又]㾓36338

𪎓 74700 39772 mǐ_3.14 [玉篇]古文靡67011字。

麼 74701 39773 mó_3.14 古文㸚[唐韻]亡果切[集韻][韻會]毋果切[正韻]忙果切𠀤音嚒[玉篇]幺麼，細小[廣雅]微也 [又]一作麿[班彪·王命論]幺麿不及數子[註]細小曰麿 [又] mó[集韻][韻會]𠀤眉波切音摩 [又] mí[集韻]忙皮切音糜。義𠀤同△◆[正字通]下从幺，俗作么，誤。鎣又嚒07611麽74703尛12626尐12657𡭴12720㾢36412𤻔14140 [又]庅15362[宋元以來俗字譜]引[金瓶梅]。庅15369引[白袍記]等。

𪎔 74702 39774 mǐ_3.14 [字彙補]迷彼切，靡上聲。旋𪎔，古女子名。

麽 74703 u9EBD mó_3.14 同麼74701 𪎕 74704 39775 mí_4.15 [廣韻]靡爲切[集韻][正韻]忙皮切𠀤音糜[廣韻]散也 [又] fèn[類篇]父吻切音憤。分也。鎣又㣟03698𢌞05018

𪎖 74705 39776 xiàn_4.15 [集韻]蘇含切音毿。厭也 [又][廣雅]𪎖，舍也。鎣正作㢆15820

𪎗 74706 39777 mí_4.15 [字彙]同糜[廣雅]𪎗，爛也。

𪎘 74707 39778 lì_4.15 [唐韻]狼擊切[集韻]狼狄切𠀤音歷[說文]𪎘，象也[史記][漢書]通用歷 [又] mí[字彙]忙皮切音糜。日光也。鎣[正字通]曆35251字之譌。

𪎙 74708 39779 sān_4.15 [集韻]蘇含切音毿。厭也。鎣又𢻫21853

麾 74709 39780 huī_4.15 [廣韻]許爲切[集韻][韻會][正韻]吁爲切𠀤音

撝玉篇旌旗之屬，所以指麾也周禮·春官·巾車建大麾以田，以封蕃國註大麾，其色黑，夏后氏所建，以四時田獵者也又或作戲史記·項羽本紀諸侯罷戲下註戲，大將之旗又與撝同。以手指麾也書·牧誓右秉白旄以麾詩·小雅麾之以肱，畢來既升荀子·成相篇呂尚招麾殷民懷註招麾，指麾也又快也禮·禮器祭祀不麾蚤註麾之言快也。祭有常時，不以先時爲快也又huì集韻呼恚切音嫷。以旌旗示之曰麾又huì集韻況僞切，毀去聲。招也左傳·隱十三年瑕叔盈又以蝥弧登，周麾而呼曰：君登矣註麾，招也。𡊄又𪎒21250𣬛27257又正字通㦣，與麾同又可洪音義幢㦣18179：許皮反。正作麾。郭氏音諱，非也。

𪎒 74710 46904 mó_4.15 字彙補古文摩字○按古文奇字摩，古作㨇字彙補誤。

𪎓 74711 u2A399 mǐ_4.15 大字典靡67011的訛字。

𪎔 74712 39781 wǎn_5.16 玉篇於阮切音宛篇海麻叢。

𪎕 74713 39782 huī_5.16 字彙許爲切音麾。旌麾。出釋典。

𪎖 74714 39783 bèn_5.16 集韻部本切音獖玉篇麻麼也集韻麻蒸也。

𪎟 74716 u2A39F null_5.16 未詳。

𪎗 74715 39784 qiāng_5.16 玉篇丘九切，丘上聲。麻也。𡊄元刻本作丘良切。

𫜖 74719 u2B716 null_6.17 未詳。

𪎘 74718 39786 zhū_6.17 字彙補陟輸切音誅博雅纐𪎘也註𪎘，音誅。

𪎙 74717 39785 mǒ_6.17 篇海忙果切音懡。去也。

𪎢 74720 u2A3A2 null_6.17 未詳。

𪎚 74721 39787 liú_7.18 廣韻集韻𠀤力求切音留玉篇麻𪎚也廣韻麻也。

𪎛 74722 39788 wò_7.18 集韻烏酷切音沃。纑未練也。

麿 74723 u9EBF maro_7.18 日民37年版辭海麿，日本字。以麻呂二字合成，讀若馬陸，為自稱之代名詞，人名亦多用之。

𪎜 74724 39789 xī_8.19 廣韻先擊切集韻先的切𠀤音錫玉篇細布也。亦作緆。

𪎝 74725 39790 zōu_8.19 古文𪎥集韻韻會甾尤切唐韻正韻側鳩切，𠀤音鄒說文麻藍也玉篇麻莖也廣韻聚麻也楚辭·七諫菎蕗雜於𪎝蒸兮字彙𪎝曰麻，蒸卽麻幹，本一物也。王逸註：枲翮曰𪎝，熘竹曰蒸，則析爲二矣。又作菆潘岳·西征賦感市間之菆井李善註菆，麻蒸也。菆井，卽渭城賣蒸之市又作掫前漢·五行志建平四年，民驚走，持稾，或掫一枚如淳註掫，麻幹也。𡊄又鯫26052又名義𪎝，側留反。麻莖。𥭋42075

𪎞 74726 39791 měi_8.19 字彙補眉几切音美。深𪎞貌。

𪎠 74727 46905 xī_8.19 篇海類編同𪎜。

𫜗 74728 u2B717 null_8.19 喃未詳。

𪎡 74730 39793 tóu_9.20 唐韻度侯切集韻韻會徒侯切𠀤音頭說文𪎡屬。卽今白麻，多生卑濕處。俗名苘麻。𡊄又𪎤74732𪎡02212

𪎣 74729 39792 nún_9.20 廣韻集韻𠀤奴昆切音涒。香也又人名晉書·夷貊傳姚興太史令郭𪎣。

𪎤 74732 42333 tóu_9.20 玉篇同𪎡。𡊄同𪎡74730

𪎩 74733 u2A3A9 null_9.20 未詳。

𪎦 74731 39794 kù_9.20 唐韻集韻𠀤空谷切音哭說文未練治纑也玉篇結枲也。𡊄又縠27148正字通𪎛74722，𪎦字之譌。

𪎧 74734 39795 zōu_10.21 玉篇古文𪎝74725字。

𪎨 74735 39796 mí_10.21 唐韻靡爲切集韻韻會忙皮切𠀤音縻說文爛也廣雅熟也。一曰壞也又玉篇靡五切音娒。義同又通作縻孟子縻爛其民前漢·賈山傳無不縻滅。△或書作𪎨。𡊄釋義與糜32122混。元刊玉篇𪎨，靡五切。麻𪎨。胡吉宣：𪎨之訛字。

𪎪 74736 39797 fén_11.22 見列子口義，與𪎯74738同。

𪎫 74737 39798 méi_12.23 唐韻靡爲切韻會正韻忙皮切𠀤音縻說文穄也廣韻𪎫，穄別名又與𪎨通呂覽·本味篇陽山之穄，南海之秬註關西謂之𪎫，冀州謂之𥞩。𡊄又𪍩74460𪎫74870

𪎯 74738 39800 fèi_12.23 字彙補房未切，音費◇亂麻也列子·楊朱篇宋國有田夫，常衣𪎯註敝麻絮衣也○按卽𪎭字之譌列子口義又作𪎪。𡊄常衣𪎯。字彙補原作「常緼𪎯」。林希逸列子鬳齋口義·楊朱第七昔者宋國有田夫，常衣緼𪎯，僅以過冬。

𪎭 74739 39801 fén_13.24 廣韻集韻韻會正韻𠀤符分切音汾玉篇枲實也爾雅·釋草𪎭，枲實疏𪎭，卽麻子名也淮南子·說林訓𪎭不類布，而可以爲布又通作蕡儀禮·喪服苴絰者，麻之有蕡者也又fèi廣韻扶沸切集韻父沸切𠀤音濆。義同。𡊄又𪎰74740𪎪74736𪎯74738

𪎰 74740 39802 fén_13.24 正字通同𪎭。

𪎱 74741 u2A3B1 rǔ_14.25 同𩍹67560新唐書·五行志景龍中，民謠曰：兩足踏地鞵𪎱斷。

𪎲 74742 39803 cuò_20.31 集韻倉各切音錯。油麻，一榨曰𪎲。又zuò卽各切音作。義同。

◈ 黄部 ◈

黄 74743 39804 huáng_0.12 古文𡕛唐韻乎光切集韻韻會正韻胡光切𠀤音皇說文地之色也玉篇中央色也易·坤卦黃裳元吉。象曰：黃裳元吉，文在中也文言君子黃中通理。又史記·天官書日月五星，所行之道曰黃道又山名前漢·東方朔傳北至池陽，西至黃山又黃河爾雅·釋水河

出崑崙虛，色白。所渠幷千七百，一川色黃 又 地名 春秋·哀十四年 公會晉侯及吳子于黃池 註 陳留封丘縣南有黃亭 又 國名 左傳·桓八年 楚子合諸侯于沈鹿，黃隨不會 註 黃國，今弋陽縣 又 州名。古邾國，漢西陵縣，隋黃州 又 縣名 前漢·地理志 黃縣屬東萊郡，內黃屬魏郡，外黃屬陳留郡 註 縣有黃溝澤，故名。師古曰惠公敗宋師于黃，杜預以爲外黃縣，東有黃城，卽此地。又 中黃，天子內藏 後漢·桓帝紀 建和元年，芝生於黃藏府 又 官名 杜氏·通典 乘黃令，晉官，主乘輿金根車 又 晉以後，給事黃門侍郎，散騎常侍，俱屬門下省，稱曰黃散 又 老人曰黃髮 禮·曲禮 君子式黃髮 疏 人初老，則髮白，太老則髮黃 爾雅·釋詁 黃髮，齯齒，鮐背耇老，壽也 疏 壽考之通稱 又 小兒曰黃口 淮南子·氾論訓 古之伐國，不殺黃口 高誘註 黃口，幼也 唐開元志 凡男女始生爲黃，四歲爲小，十六爲丁，六十爲老。每歲一造計帖，三年一造戶籍，卽今之黃冊也 又 翠黃，飛黃，𠀤馬名 淮南子·覽冥訓 青龍進駕，飛黃伏皁 詩·魯頌 有驪有黃 註 黃騂曰黃 又 鵹黃，鳥名 爾雅·釋鳥·倉庚註 卽鵹黃也 又 黃目，卣罍類 禮·郊特牲 黃目，鬱氣之上尊也。黃者，中也。目者，氣之清明者也 又 大黃，弩名 太公·六韜 陷堅敗強敵，用大黃連弩 史記·李廣傳 以大黃射其裨將 又 大黃，地黃，硫黃，雄黃，雌黃，𠀤藥名。又 流黃，綵也 古詩 少婦織流黃 廣雅 作留黃 又 會稽竹簟供御，亦號流黃 唐詩 珍簟冷流黃 又 正字通 貼黃，卽古引黃。唐制，詔勅有更改，以紙貼黃，其表章略舉事目，見於前封皮者，謂之引黃。後世卽以引黃爲貼黃，不用黃紙 又 倉黃，急遽失措貌 風土記 大雪被南越，犬皆倉黃吠噬 又 玉篇 馬病色也 爾雅·釋詁 虺隤，黃病也 註 皆人病之通名，而說者便以爲馬病 詩·周南 我馬虺隤。鑾 又黄74746

⿈ 74744 u2FC8 huáng_0.12 同黃74743部首專用字。亦作⻩74745

黄 74746 u9EC4 huáng_0.12 同黃74743今 简

𪎳 74747 u2A3B3 null_2.14 未詳。

⻩ 74745 u2EE9 huáng_0.12 部 ⿈74744

⿰黃屯 74748 42334 tún_3.15 龍龕 徒昆切。黃色也。鑾 字彙補 ⿰黃屯，同⿰黃屯74753

黅 74749 39805 jīn_4.16 廣韻 集韻 𠀤居吟切音金 玉篇 黃色也 黃帝·素問 天有五氣，黅天之氣經於心尾。

黆 74750 39806 guāng_4.16 字彙 姑黃切音光 班固·舞陽侯樊噲銘 黆黆將軍，威蓋不當 註 黆黆，武勇貌△ 正字通 旣訓武勇，从黃从尣，無義。班氏銘黆黆，當作桓桓，存考。鑾 正字通 觵55514之譌。

⿰黃亢 74751 39807 kàng_4.16 廣韻 苦浪切 集韻 口浪切𠀤音抗 玉篇 黃色也 又 集韻 苦謗切音曠。義同。鑾 字彙補 ⿰黃冗74755 ⿰黃元74754二字皆⿰黃亢字之譌。胡吉宣：⿰黃亢、⿰黃充74766形近。

⿰月黃 74752 39808 tuān_4.16 集韻 他官切音湍。黃色。與⿰黃耑同。

⿰黃屯 74753 39809 tún_4.16 廣韻 集韻 𠀤徒渾切音屯 廣雅 黃也。又 tūn 集韻 他昆切音暾。義同。本作黗。鑾 四聲篇海 ⿰黃屯74748，徒昆切。黃色也 又 𪎷74757或俗⿰黃屯。

⿰黃元 74754 42335 kàng_4.16 龍龕 口浪切。黃色也。

⿰黃冗 74755 46906 kàng_4.16 五音篇海 音坑。鑾 ⿰黃亢74751譌字。

𫜘 74756 u2B718 huáng_4.16 同黃，讀若衡 師𩰫鼎 赤市朱𫜘。

𪎷 74757 u2A3B7 tún_4.16 或俗⿰黃屯74753清·阮葵生 茶餘客話·卷二十 猞猁猻大曰馬猞猁，小曰羊猞猁。毉而毪，內黃𪎷而外毵，比貂暖過之，輕不及；比老羊裘輕過之，暖不及。

黇 74758 39810 tiān_5.17 唐韻 集韻 𠀤他兼切音添 說文 白黃色也 玉篇 黃色 又 jiān 集韻 將先切音箋。義同。或作⿰黃戔。鑾 又⿰黃舌74767

⿰黃斥 74759 39811 chè_5.17 篇海 恥格切音拆。黃色也。

黈 74760 39812 tǒu_5.17 廣韻 天口切 集韻 他口切 韻會 他斗切𠀤音妵 玉篇 黃色 穀梁傳·莊二十三年 禮，天子諸侯之楹黝堊，大夫倉，士黈 又 廣韻 冕前纊也 前漢·東方朔傳 黈纊充耳，所以塞聰 註 以黃綿爲丸，用組懸之於冕，垂兩耳旁，示不外聽也 又 馬融·長笛賦 六器者，猶以二皇聖哲黈益，況笛生乎大漢，而學者不識其可以裨助盛美，忽而不讚 註 黈，猶演也。鑾 又⿰黃重74796⿰扌黈74801 又 正字通 斢，俗黈字。斜，同黈字。

黉 74761 u9EC9 hóng_5.17 简 黌74814

⿰黃有 74762 39813 wěi_6.18 廣韻 榮美切 集韻 羽軌切𠀤音洧 玉篇 黃也 又 huì 唐韻 呼皐切 集韻 虎猥切𠀤音賄 說文 青黃色也 又 集韻 戶賄切音瘣。又胡對切音潰。又 廣韻 集韻 𠀤古對切音憒。義𠀤同。鑾 又⿰黃戚74778 又 集韻 ⿰黃有⿰黃戚74802，黃色。或从彧。

⿰黃丞 74763 39814 zhèng_6.18 集韻 諸應切音證 玉篇 黃色。

⿰冂黃 74764 39815 null_6.18 字彙 見 劉向·請雨華山賦。音義無考。

黊 74765 39816 huà_6.18 唐韻 戶圭切 集韻 玄圭切𠀤音攜 說文 鮮明黃也 又 huà 廣韻 胡瓦切 集韻 戶瓦切𠀤音踝 集韻 斢黊，黃也 又 huà 廣韻 胡挂切 集韻 胡卦切𠀤音畫。義同。

⿰黃充 74766 39817 chōng_6.18 廣韻 昌終切 集韻 昌嵩切𠀤音充 玉篇 黃色 大戴禮 ⿰黃充纊塞耳，掩聽也 又 廣韻 集韻 𠀤他綜切音統。義同。鑾 又⿰黃亢74751

⿰黃舌 74767 39818 tiān_6.18 集韻 他年切音天。黃白色。鑾 熊加全：疑黇74758字之譌。

𪎿 74771 u2A3BF tuān_6.18 ⿰黃耑74791譌字

⿰火黃 74768 39819 kuǎng_6.18 五音集韻 苦晃切音廣 集韻 與爌同。寬明也 又 火光。

⿰黃攴 74769 42336 chán_6.18 龍龕 直廉切。赤黃色也。

⿰黃至 74770 46907 zhì_6.18 五音篇海 音輊。

䵍 74772 39820
xiān_7.19 唐韻許兼切集韻馨兼切𠀤音馦◆說文赤黃也。一曰輕易人䵍姁也 又 類篇火占切，獫平聲。黃色。

䵎 74773 39821
chán_7.19 廣韻直廉切集韻持廉切𠀤音天玉篇黃色。鎣正字通俗字。舊註同䵏74782，誤 又 𪏃74776 䵋74769楊寶忠：俗䵍74772

黈 74774 46908
qīng_7.19 字彙補音輕。

𪏄 74775 u2A3C4
null_7.19 未詳。

𪏃 74776 u2A3C3
chán_7.19 俗䵎74773

䵐 74777 39822
tūn_8.20 廣韻集韻韻會𠀤他昆切音暾玉篇黃色集韻亦作黗 又 人名禮·檀弓孺子䵐註魯哀公之少子也。又呂氏春秋墨者鉅子腹䵐高誘註鉅姓，腹䵐字，精墨之道者，䵐與䵐同 又 tuān 廣韻他端切集韻他官切𠀤音湍。義同。亦作黱。鎣又䵦57105

䵑 74778 39823
yǐ_8.20 字彙與䵨同 又 篇海養里切音矣。黃病也。

䵒 74779 39824
què_8.20 篇海七略切音鵲。皮淡黃也。

䵓 74780 39825
zhān_8.20 廣韻張廉切音霑玉篇黃色。

䵔 74781 39826
jiān_8.20 集韻將先切音箋。黃色。本作黚。

䵏 74782 39827
chán_8.20 集韻持廉切音天。黃色。

䵕 74783 39828
yào_8.20 字彙補與曜同李商隱·字略昭曜作照䵕。

䵖 74785 39830
huáng_8.20 集韻胡光切音黃。與膭同。病也。鎣集韻膭、䵖，病腫。或从尣 又 𡵒48013

䵗 74786 46909
chí_8.20 龍龕音馳

䵘 74784 39829
tūn_8.20 集韻他根切音吞。黃色○按䵘、䵐義同。疑卽一字。

䵙 74787 46910
huī_8.20 搜眞玉鏡音輝。

䵚 74788 46911
héng_8.20 五音篇海同䵛。

䵜 74789 46912
héng_8.20 搜眞玉鏡音黃。鎣俗䵛74792

𪏎 74790 u2A3CE
null_8.20 未詳。

䵝 74791 39831
tuān_9.21 唐韻他耑切集韻他官切𠀤音湍說文黃黑色廣韻黃也 又 人名。梁四公，其一名䵝䵝△一作煓。鎣又黱46380䵞74795鶨73942䵟74809𥿋46376䵠74771䵡74817 又 龍龕鶨74803俗，䵝今。

䵛 74792 39832
héng_9.21 廣韻戶盲切音橫玉篇藤屬。可以織。鎣又䵚74788䵜74789楊寶忠：疑本作橫。織䵛。

䵢 74793 39833
yǔn_9.21 玉篇云粉切音抎。面急䵢䵢也。鎣又䵣74799說文作䫶68336，面色䫶䫶皃。

䵤 74794 39834
huī_9.21 字彙補此字見釋典中隨函云合作煇字。

䵞 74795 39835
tuān_9.21 字彙補他官切音湍。黃色○按卽䵝字之譌。

䵥 74797 46913
biān_9.21 五音篇海必連切。又必淺切。

䵦 74798 39836
huáng_10.22 集韻胡光切音黃。卵中黃。

䵣 74799 39837
yǔn_10.22 廣韻同䵢

䵧 74796 42337
tǒu_9.21 字彙補戰國策上黨之守靳黈註元作䵧，字書無此字。

䵨 74800 39838
xióng_10.22 玉篇古文熊字山海經甘棗山獸名䵨。或曰熊。鎣黃能（熊）二字合文。

䵩 74801 39839
tǒu_10.22 字彙補與黈同廣雅天子諸侯楹黝堊，大夫蒼，士䵩。

䵪 74802 42338
huì_10.22 篇海類編胡對切音會。黃色。鎣同䵫74762

鶨 74803 46914
tuān_10.22 五音篇海䵝俗字。鎣又䵝74791

䵬 74804 39840
lǎo_11.23 廣韻盧皓切集韻魯皓切𠀤音老玉篇黃色 又 集韻郎到切音嫪。義同。鎣又䵭74815

䵮 74805 46915
mò_11.23 龍龕音莫

䵯 74807 46917
tǒu_11.23 字彙補同䵩

䵰 74806 46916
gōng_11.23 五音篇海音觥。

䵟 74809 u2A3E3
tuān_11.23 俗䵝74791

䵱 74808 46918
gōng_11.23 搜眞玉鏡音觥。又音光。鎣朝鮮本龍龕同䵰74806

䵲 74810 39841
chǎn_12.24 廣韻昌善切集韻齒善切𠀤音闡玉篇黃色也。鎣鄭賢章：䵤74794尺善反。俗䵲。

䵳 74811 39842
guì_12.24 廣韻集韻𠀤古對切音憒玉篇病貌。

䵴 74812 39843
huáng_12.24 集韻胡光切音黃字彙火狀。本作煌爌。

䵵 74813 42339
chán_12.24 搜眞玉鏡直占切字彙補黃也。

黌 74814 39844
hóng_13.25 廣韻戶盲切集韻韻會正韻胡盲切𠀤音橫廣韻學也後漢·儒林傳順帝感翟酺之言，更修黌宇，凡所造搆二百四十房，千八百五十室，自是遊學增盛至三萬餘生蔡襄·士伸知己賦遠陶聖世，少齒鄉黌。○按史傳通作橫25425 又 地名水經注淶水北逕小黌東，又東逕大黌南，蓋霍原隱教授之處也。徐廣云雖千古世懸，猶表二黌之稱。鎣又黉23357黉74761

䵭 74815 39845
lǎo_13.25 字彙補同䵬。

䵡 74817 46919
ruì_13.25 五音篇海音瑞。鎣楊寶忠：音湍。俗䵝74791

䵶 74816 39846
què_13.25 字彙補七略切音鵲。皮淡黃也。

䵷 74818 46920
kuàng_15.27 五音篇海音曠。

䵸 74819 46921
piào_16.28 搜眞玉鏡音票。

𪏬 74820 u2A3EC
null_20.32 大字典同黌。引字彙補·曰部𪏬，同黌。△宏按，字彙補無𪏬字。或是黉23357字誤抄。

◆ 黍部 ◆

黍 74821 39847
shǔ_0.12 唐韻集韻舒呂切韻會正韻賞呂切𠀤音暑◆說文禾屬而黏者也。以大暑而種，故謂之黍，从禾，雨省聲。孔子曰：黍可爲酒，禾入水也字彙粟屬。苗似蘆，高丈餘，穗黑色，實圓重，土宜高燥詩緝黍有二種，

黏者爲秫，可以釀酒。不黏者爲黍，如稻之有秔糯也。爾雅翼黍，大體似稷，故古人併言黍稷，今人謂黍爲黍穄禮·曲禮凡祭宗廟之禮，黍曰薌合囝角黍續齊諧記角黍，菰葉裹黏米爲之，楚俗投汨羅水祠屈原囝地名左傳·哀七年宋人築五邑，一曰黍丘註梁國下邑縣西南有黍丘亭。又史記·秦本紀秦取韓負黍囝弓名荀子·性惡篇繁弱、鉅黍，古之良弓囝黃鳥，一名摶黍囝蟲名爾雅·釋蟲委黍註鼠婦別名囝蓬名爾雅·釋草薦黍，蓬△六書精蘊黍下從众，象細粒散垂之形。鼟又黍40400黍40323黍40274囝史記·秦本紀秦取韓負黍。

徐慧：周本紀

黍 74822 u2FC9
shǔ_0.12 部黍74821

黍 74823 39848
rǔ_3.15 廣韻人渚切集韻忍與切丛音汝揚子方言黍，黏也。齊、魯、青、徐，自關而東或曰黍囝集韻碾與切音女。義同。鼟揚子方言黍黏也。方言黐、黍，黏也。齊魯青徐自關而東或曰黐，或曰黍。

黎 74825 39850
lí_3.15 唐韻集韻郎奚切正韻鄰溪切丛音犁說文履黏也。作履黏，以黍米囝國名。在上黨東北，殷侯國書·西伯戡黎釋文黎，國名。又山海經有牛黎之國囝縣名前漢·地理志魏郡黎陽縣囝山名前漢·地理志黎山在黎陽之南囝水名書·禹貢導弱水至于合黎傳合黎，水名。在流沙之東囝玉名班固·西都賦懸黎垂棘，夜光在焉囝玉篇衆也書·堯典黎民於變時雍孔疏黎，衆也囝正韻黑也。與鯬同書·堯典·蔡傳黎，黑也。黎民，黑髮之人釋名土青曰黎，似黎草色也。囝與邌同。黎明，比明也史記·高帝紀黎明圍宛城註索隱曰：黎，猶比也。謂比至天明也囝與璆同。玻璆本草作頗黎囝與藜同左傳·襄二十五年引易據于蒺藜，作蒺黎囝姓。黎侯國之後囝人名書·堯典乃命羲和傳重黎之後，有羲氏、和氏囝集韻韻會丛憐題切音藜。又集韻良脂切音棃。義丛同。鼟又黎28942黎28973棃40547黐74835菞50216藜49768蠡61964黧62019黐40688黐40775黐40701囝黎40633見增廣字學舉隅·卷二。囝正字通黐74826同黎。黐74829黐字之譌。

黐 74826 39851
lí_3.15 正字通同黎。

黎 74827 uF989
lí_3.15 兼黎。

黐 74829 39853
lí_4.16 篇海郎奚切，音棃◇衆也。

黏 74830 39854
nì_4.16 唐韻集韻丛尼質切音暱說文黏也。引左傳不義不黏○按今左傳·隱元年本作暱囝集韻入質切音日。義同。鼟正字通黐74824，黏字之譌。黐74868，俗黏字囝黐74835

黐 74831 39855
niǔ_4.16 集韻女九切音紐。黏也。鼟楊寶忠：俗

黐 74824
黐 74832 39856
hù_4.16 集韻胡故切音護。黏也。

黐 74833 39857
jǐn_4.16 廣韻居隱切集韻几隱切丛音謹玉篇黏也囝集韻渠巾切音董。又類篇舉欣切音斤。又集韻居焮切音靳。義丛同。

黐 74834 39858
lí_4.16 揚子方言黐鼠之塲，謂之坻註黐鼠，蚡鼠也。音未詳。鼟黐鼠或作黐鼠。

黐 74835 u2A3F5
nì_4.16 直音篇黐同黏74830囝俗黎74825碑別字新編引漢孔宙碑

黐 74836 39859
bào_5.17 篇海披教切音砲。黍敱皮也。鼟楊寶忠：俗黐25430

黐 74837 39860
nǎ_5.17 集韻女下切音絮。與黐同。黐黐，黏著也。

黐 74838 39861
nǐ_5.17 集韻類篇丛乃禮切音禰玉篇黏也。鼟楊寶忠：同黐74867

黐 74839 39862
hú_5.17 五音集韻同黏。

黏 74840 39863
nián_5.17 唐韻女廉切集韻韻會正韻尼占切丛音鮎說文相著也廣韻黏黐囝韻會亦作黐周禮·冬官考工記·輪人雖有深泥，亦弗之黐也註鄭司農云黐讀爲黏囝地名前漢·地理志樂浪郡黏蟬縣囝niàn正韻尼欠切，矗上聲集韻黐也正韻膠，黏。又稠也△俗作粘。鼟又粘40309黏74544糁43417

黐 74841 39864
bié_5.17 集韻蒲結切音蹩玉篇香也囝bì類篇薄必切音邲。義同△一作黐。鼟又黐74855

黐 74842 39865
hú_5.17 唐韻戶吳切集韻洪都切丛音胡說文黏也集韻一曰麥黍米及麴爲鬻集韻或作粘餬糊餬籽黐。鼟正字通黐74832，俗黏字。

黐 74843 39866
lí_5.17 字彙補力其切，音犁◇忱也。鼟又黐74848黐74844

黐 74844 u2A3FE
lí_5.17 同黐74843說文作黐18610

黐 74845 u2A3FD
xiāng_5.17 香69654本字。从甘。或作黐。

黐 74846 39867
zhū_6.18 廣韻陟輸切集韻追輸切丛音株玉篇黏也。

黐 74847 39868
nǎ_6.18 集韻女下切音絮。黐黐，黏著也囝女加切音笯。又乃嫁切音胯。義丛同。鼟又黐74837

黐 74848 u2A401
lí_7.19 同黐18610

黐 74849 39869
dǒng_8.20 廣韻多動切音董。攏黐，不上之意。鼟又黐74859

黐 74850 39870
quǎn_8.20 廣韻去阮切集韻苦遠切丛音綣玉篇博也廣韻黏黐集韻粉也。

74851 39871
䵞 fěng_8.20　玉篇 方奉切音覂。䵃麥也。

74852 39872
䵩 jù_8.20　篇海 音句。黍也 図 黏也。

74853 39873
䵤 jiàn_8.20　集韻 經甸切音見 玉篇 麎也 廣韻 穆也。図 qiān 集韻 乞憐切音牽。又 qiǎn 廣韻 牽繭切 集韻 牽典切䵤音䵂。又 qiàn 集韻 輕甸切音俔。義䵤同。鋆 又䵡74872 䵤74863

74854 39874
䵟 bǐ_8.20　唐韻 幷彌切 集韻 補弭切䵤音俾 說文 黍屬 図 廣韻 蒲賣切 集韻 旁卦切䵤音䵟。義同。

74855 u2A406
䵢 bì_8.20　直音篇 秘74841音別。香也。䵢，同上 字彙 補 䵢，與秘69666同。見 韻會小補註

74856 u2A405
䵣 lí_8.20　類篇 䵣，良脂切。餹也 陳士元·古俗字略 䵣，餹也。黎43374同。按，集韻 譌作䵣40922

74857 39875
黏 nián_9.21　集韻 尼占切音黏。心有所著也。鋆 又 黏74864

74858 39876
䵪 bó_9.21　唐韻 蒲北切 集韻 鼻墨切䵤音菔 說文 治黍禾豆下潰葉也 玉篇 黍，豆也 図 bì 集韻 拍逼切音堛。又弼力切音愎。義䵤同 図 bī 集韻 筆力切音逼。黏也。鋆 又 䵪40577揚州使院本 集韻 䵪䵪46451治黍豆也。或从禾。

74859 39877
䵰 dǒng_9.21　字彙 與䅫同 図 黏貌。

74860 39878
䵨 shài_9.21　廣韻 集韻 䵤所賣切音曬 廣韻 不黏之貌 図 字彙 所嫁切，沙去聲。與曬同。日乾物也。

74861 39879
䵭 zhā_9.21　集韻 陟加切音奓。䵭䵭，相黏也 図 zhǎ 竹下切音緖。黏貌 図 陟稼切音吒。義同。

74862 39880
䵬 hú_9.21　集韻 與黏同。

74863 u2FA16
䵤 qiàn_9.21　同䵤74853

74864 u2A40A
黏 nián_9.21　俗黏74857

74865 39881
䵥 lián_10.22　集韻 勒兼切音䵗。禾黍疏貌。

74866 39882
䵮 tǎo_10.22　集韻 土皓切音討。關西呼蜀黍曰䵮黍。

74867 39884
䵚 chī_10.22　廣韻 丑知切 集韻 正韻 抽知切䵤音摛 玉篇 黏也 廣韻 䵚膠，所以黏鳥 図 lí 廣韻 呂支切 集韻 鄰知切䵤音離。義同。鋆 又 䵗43311 䵗43605 黐47961 䵚74876 黐74668 黐74838 図 字彙補 䵗43394 黐43246

74868 39883
䵦 nì_11.23　集韻 昵力切音匿。黏也。

74869 39885
䵗 niǎn_11.23　集韻 力展切音輦 玉篇 㯥禾也 図 lián 陵延切音連。義同。

74870 39886
䵡 má_11.23　集韻 謨加切音麻 廣雅 穆也。鋆 亦作䵤40774 正字通 與䵃74737同。

74871 39887
黐 zhé_11.23　廣韻 集韻 䵤陟革切音摘 玉篇 黏飯也 廣韻 黏貌◆廣雅 搏也，黏也 図 zhí 廣韻 集韻 䵤竹益切，

貞入聲。義同。鋆 又黐43548

74872 39888
䵡 qiàn_11.23　正字通 俗䵤字。

74873 u2A410
䵣 tiàn_12.24　䵣燈。楊寶忠：㯥24695字之變。

74874 39889
䵬 nǒng_13.25　玉篇 乃董切，農上聲 字彙 果子總名。図 耕種也。鋆 龍龕 䵬䵬，上奴董反。下力延反。䵬䵬，菓子多也。

74875 u2A412
馥 fù_13.25　馥69692本字 說文 馥，香气芬馥也。从香复聲。

74876 39890
黐 chī_14.26　字彙補 同黐74867 䵖 jiā_14.26 集韻 居牙切音嘉。䵖支，穀名 図 字彙 士牙切，音茶◆義同。

74878 39892
䵣 qiǎn_16.28　篇海 延知切，音遺◆黏貌。鋆 張涌泉：俗䵣69542音遺。

74879 39893
䵪 lǒng_16.28　字彙 力董切音曨。黏貌。

74880 u2A415
馨 xīn_16.28　同馨35257馨本字。

◆ 黑部 ◆

74881 39894
黑 hēi_0.12　唐韻 呼北切 集韻 韻會 正韻 迄得切䵤音潶 說文 火所熏之色也。韓康伯曰：北方陰色 釋名 黑，晦也。如晦冥時色也 易·說卦 坤，其于地也，爲黑 書·禹貢 兗州，厥土黑墳 禮·檀弓 夏后氏尚黑 図 水名 書·禹貢 華陽黑水惟梁州，黑水西河惟雍州。又 前漢·地理志 益州郡滇池縣有黑水祠 図 黑齒，國名 楚辭·招魂 雕題黑齒 図 地名 左傳·宣六年 公會晉侯、宋公于黑壤 図 黑子，今所謂黶子 前漢·高帝紀 左股有七十二黑子 又 賈誼傳 淮陽之比大諸侯，廑如黑子之著面 図 周禮·天官·邊人 其實蕡黃白黑 註 黍曰黑 図 詩·小雅 以其騂黑 傳 黑，羊豕也 図 姓。周有黑肱，黑胎。鋆 又戮74882 黻74915黑74884

74882 39895
戮 hēi_0.12　說文 黑本字。从炎上出四 徐鉉曰四，與囱同。竈突也 增韻 物之黑者，莫如煙煤，故从四。

74883 u2FCA
黑 hēi_0.12　部黑74881 黔 yì_1.13 集韻 韻會 䵤於既切，衣去聲 玉篇 深黑也 韓愈·徐偃王廟碑 黔昧就滅 図 yān 廣韻 於記切音瘂。又 yà 乙點切音軋。義䵤同 鋆 集韻 黦，於閑切。黑也。或作黷75009黔74886 図 直音篇 黔74886同黔 図 黕74891黖74896

74884 u9ED2
黑 hēi_0.12　俗黑74881 黔 yì_1.13 篇海類編 於戲切，音意◆深黑也。鋆 篇海類編 亦作黔74885

74887 39897
黕 pū_2.14　玉篇 與黷同。

74888 39898
黔 qíng_2.14　集韻 黥74982古作黔。

74889 39899
黕 yǐ_2.14　字彙補 烏奚切音鷖。亦作黔。

74890 u2A41B
黕 qíng_2.14　黔74888本字 說文 黥74982，或从刀。

黮 74891 39900 yān_3.15　字彙同黤。鼇俗黭74886

黚 74892 39901 gǎn_3.15　廣韻 集韻 �古旱切音𪉲 玉篇 黑也 廣韻 與齦同。面黑 集韻 面黑气。

默 74893 39902 dài_3.15　廣韻 集韻 徒蓋切音大 廣韻 黑跡 集韻 黑也 又tài 集韻 他蓋切音泰。黑甚。鼇 又默74909

黓 74894 39903 dù_3.15　集韻 都故切音妒。深黑色也 六書故 濁黑也。

黓 74895 39904 dí_3.15　集韻 丁歷切音的。黑子著面。一曰婦人面飾。又婦人以黓點烦上也 又 一作 王察·神女賦 施玄的 註 言以丹注面，表有月事，難進御 又 廣韻 龍須，謂之黓 又 zhuó職略切音灼。義同 釋名 作勺。

黓 74896 39905 yì_3.15　廣韻 與職切 集韻 韻會 逸職切dugoku音弋 廣雅 黑也 又 作弋 前漢·文帝贊 身衣弋綈 註 如淳曰：弋，皁也 又 爾雅·釋天 太歲在壬曰玄黓 鼇 說文通訓定聲 黓62172字亦作黓。

黰 74897 39906 huàn_3.15　篇海 胡玩切音換。皰肐也。

黮 74898 39907 tūn_3.15　字彙補 與黮同。

黓 74899 42341 yǐ_3.15　字彙 烏禮切，音倚◇。

黅 74900 46922 jiǎn_3.15　字彙補 薰字之譌。

點 74901 u2A422 sì_3.15　喃 从黑士sī聲△顛點：烏黑。

黔 74902 39908 qián_4.16　古文黚 唐韻 巨淹切 集韻 韻會 其淹切 正韻 其廉切daoku音箝 廣雅 黑也 說文 黔，黎也。秦謂民爲黔首，謂之黑色也。周謂之黎民。一說黑巾蒙首，故謂黔首 又 與鈐通 易·說卦 艮爲黔喙之屬 註 冷氏曰：鳥善以喙止物者 又 郡名 史記·秦始皇紀 秦置黔中郡 又 縣名 前漢·地理志 琅邪郡黔陬縣 又 qián 集韻 其嚴切音鉗。黃黑色也 又 集韻 居嚴切。義同 又 qín 廣韻 巨金切 集韻 韻會 正韻 渠金切daoku音琴。黔贏，神名 楚辭·遠遊 召黔贏而見之兮。亦作黔雷 司馬相如·大人賦 左玄冥而右黔雷 註 神名 又 姓 禮·檀弓 齊有黔敖 前漢·古今人表 作禽敖。鼇 又 黔74939黤74984

黵 74903 39909 dǎn_4.16　唐韻 集韻 韻會 正韻 dugoku都感切音紞 說文 滓垢也 玉篇 黵點，垢黑 六書故 汗黑透淺也 楚辭·九辯 或黵點而汙之 又 廣韻 黑貌 潘岳·藉田賦 翠幕黵以雲布 又 集韻 陟甚切音怸。義同。鼇 又 黵74912

黶 74904 39910 xì_4.16　廣韻 集韻 doku許既切，歆去聲 廣韻 黑也 又 韻會 物生貌 左思·吳都賦 萬物蠢生，茫茫黶黶。

黓 74905 39911 yóu_4.16　廣韻 羽求切 集韻 于求切音尤 廣韻 黤文字 集韻 贅也。

黬 74906 39912 jiǎn_4.16　篇海 吉典切音繭 廣雅 黑也 篇海 皮黑 又 皮皺也。鼇 又 黅74900

黗 74907 39913 tǔn_4.16　唐韻 他袞切 集韻 吐袞切，tùn瞳上聲 說文 黃濁也 廣雅 黑也 又 tūn 唐韻 集韻 他昆切音暾 廣韻 黃黑也。鼇 又 點74898

默 74908 39914 mò_4.16　唐韻 亡北切 集韻 韻會 正韻 密北切dugoku音墨 說文 犬暫逐人也 又 廣韻 黑也 又 靜也，幽也，不語也 易·繫辭 君子之道，或默或語 書·說命 恭默思道 又 姓 姓譜 明有默思道 又 或作嘿 前漢·成帝紀 臨朝淵嘿 又 或作墨 前漢·竇嬰傳 墨墨不得志 又 或作穆 前漢·東方朔傳 吳王穆然△通作繆脉脈。鼇 又 懀18305嘿07073 黗37281 又 集韻 嘿默，靜也。或从欠。通作黗74922 又 默74913 碑別字新編·默 引 魏齊郡王妃常氏墓誌。△默應歸犬部。

黱 74909 39915 tài_4.16　集韻 他蓋切音泰。黑甚 又 徒蓋切音大。義同。鼇 同默74893

黚 74910 39916 hāng_4.16　集韻 虛郎切音炕。黑貌。

黖 74911 39917 shù_4.16　集韻 上與切，抒上聲 玉篇 黑也。

黕 74912 39918 dǎn_4.16　字彙補 丁感切。與黵同。黑色也。

默 74913 39919 mò_4.16　字彙補 莫敵切音覓 魏書·刑罰志 律文刑限三年，便入極默之條。鼇 俗默74908

黕 74914 39920 dá_4.16　字彙補 同黮。

黶 74916 46923 wán_4.16　龍龕 音刓。

黖 74915 39921 hēi_4.16　字彙補 同黑

黓 74917 46924 yǎo_4.16　搜眞玉鏡 音夭。鼇 楊寶忠：俗黝74931

毇 74918 46925 suō_4.16　搜眞玉鏡 音縮。又音沒。

黅 74919 46926 èr_4.16　搜眞玉鏡 音二。

黔 74920 u2A431 jiè_4.16　字彙補 黙75032，亦作黔。

默 74922 u9ED9 mò_4.16　俗默74908

黓 74921 u2A42D yī_4.16　可洪音義 野閻：上一乡反。黔閻：同上。正作黳74946 龍龕 黔，俗。烏兮反。正作黳。水（木）黑也。

黔 74923 39922 qián_5.17　唐韻 巨淹切 集韻 其淹切dugoku音箝 說文 淺黃黑也 廣雅 黑也 又 水名 前漢·地理志 犍爲郡符縣有黔水，南至鄨 又 縣名。古黔陽縣在武陵 又 qín 廣韻 巨金切 集韻 渠今切音琴。又 jiān 集韻 紀炎切音犍。又 gàn 古暗切音紺。義dugoku同。鼇 集韻 黚黔75094黮75099，渠金切。黃黑色。或从禽从藏 正字通 黔，俗黔字。別作黔。

黛 74924 39923 dài_5.17　廣韻 徒耐切 集韻 韻會 待戴切 正韻 度耐切dugoku音代。說文 畫眉也 釋名 黛，代也。減眉毛去之，以此畫代其處也 楚辭·大招 粉白黛黑 註 黛畫眉鬢，黑而光淨 又 青黛，似空青而色深。鼇 又 黱75047 又 正字通 俗作默74893

黜 74925 39924 chù_5.17　唐韻 丑律切 集韻 韻會 敕律切dugoku音怵 說

文貶下也玉篇退也，貶也，下也，去也，放絕也，減也
六書故擯斥汙闇也書·舜典三載考績，三考黜陟幽明
区通作絀禮·王制不孝者，君絀以爵△或作詘。別作勏。
鍪又螚74937

黣 mèi _5.17　集韻類篇夶莫佩切音妹。淺黑也区集韻
莫貝切音昧。深黑色。

點 dá _5.17　唐韻集韻韻會夶當割切音怛說文白而
有黑也区字統黑而有豔曰點区地名前漢·地理志五
原郡莫點縣区人名史記·楚世家熊點前漢·功臣表易
侯僕點。鍪又點74914

黔 zhèn _5.17　集韻之刃切音震玉篇黑也。鍪又
黔74929

黔 zhèn _5.17　正字通俗黔字。

點 zhǔ _5.17　廣韻知庾切音拄。有所絕止、而識之，
謂之點點。、亦音主衛常·書勢黝點，點黚。

黝 yǒu _5.17　唐韻集韻正韻於糾切韻會幺糾切夶音
怮說文微青黑色玉篇黑也，微青色也爾雅·釋器黑謂
之黝。又釋宮地謂之黝註黑飾地也周禮·地官·牧人陰
祀用黝牲註讀若幽，黑也。陰祀祭地北郊及社稷也。
区王延壽·魯靈光殿賦互黝糾而搏負註黝糾，特出貌
区yī廣韻於脂切集韻於夷切夶音伊前漢·地理志丹陽
郡黝縣註本作黟，其音同区yǒu廣韻集韻夶於九切
音懮廣雅黝堊，塗也禮天子諸侯之楹黝堊区集韻云
九切音有。義同区yào一笑切音要。一曰用黑塗地。
鍪又黝74917

點 diǎn _5.17　唐韻集韻正韻夶多忝切音玷說文小黑
也区正韻點，注也爾雅·釋器滅謂之點註以筆滅字為
點。又玉篇檢點也区廣韻點畫区正韻更點区廣雅
污也太史公·報任安書適足以見笑而自點耳区zhān
集韻之廉切音詹。人名。魯有豐點，齊有鮑點区duò集
韻丁賀切音哆。草葉壞也齊民要術故墟種麻，有點葉
天折之患区diàn集韻都念切音店。亦污也束晳·白華
詩鮮伜晨葩，莫之點辱。鍪又点30832點31887呉10101

黣 dòu _5.17　搜眞玉鏡音豆。

黔 jiān _5.17　龍龕九嚴切音兼。鍪或疑點74923

黣 wèi _5.17　字彙補同黵。

螚 chù _5.17　同黜74925

點 sì _5.17　喃同點74901

黣 bào _5.17　字海同魿67043

黔 qián _5.17　黔74902字俗譌。

黣 null _5.17　未詳。

黥 xū _5.17　同魆71508黑

黥黥新撰字鏡·天部第一玄黥。

點 null _5.17　未詳。

黣 pāng _6.18　廣韻匹江切
集韻披江切夶音胮廣韻黑貌。

黧 jiǎn _6.18　唐韻古典切集韻吉典切夶音蠒說文黑
皺也区xiàn廣韻集韻夶胡典切音峴廣韻黑貌
区diǎn集韻多殄切音典。黑色也。

黤 huī _6.18　玉篇呼恢切音灰。淡黑淺色。

黟 yī _6.18　唐韻烏雞切集韻煙奚切，並音鷖說文黑
木也区廣雅黑也区丹黟，縣名。見前黝74931字註。
区廣韻於脂切集韻於夷切，夶音伊。義同。鍪又庰
15615點74921點74899区字彙粲25172，與黟同区直音篇
黲74947點74889同黟。

黭 yī _6.18　字彙同黟

黪 yù _6.18　海篇於勿切
音鬱。黑也，深也。鍪正字通甈74986字之譌。

黪 chà _6.18　集韻初轄切音刹。黑也。鍪又黪75008

點 xiè _6.18　廣韻徐野切音灺。漫汙也。出文字辨疑

黪 shān _6.18　集韻相干切音珊。黲黪，下色。鍪說文
黲，黲姍，下曬。

黪 zài _6.18　廣韻集韻夶作代切音載廣韻染黪也。
鍪又童09715

點 xiá _6.18　唐韻正韻胡八切集韻韻會下八切夶音
黠說文堅黑也区揚子方言點，慧也。趙魏之閒誧
之點区人名。曹爽，小字點。

黪 lú _6.18　字彙補力姑切音盧。黑弓也。

點 yǎn _6.18　龍龕於檻切音晻。鍪龍龕黯黔，郭迻于
檻反，二。

黪 yù _6.18　川篇音域。又音郁。鍪疑同黪74993

點 wèi _6.18　简黲75097

厴 yǎn _6.18　简黡75106

黪 qū _7.19　集韻促律切音焌玉篇黑也。

黪 yàn _7.19　集韻倪甸切音硯。濡墨也。

黪 máng _7.19　廣韻集韻夶莫江切音尨揚子方言黪
黪，私也玉篇黪，冥暗，故曰陰私也。

黪 wǎn _7.19　集韻亡范切正韻忙范切夶音錽集韻闇
行也正韻暗也。

黪 qiào _7.19　廣韻集韻夶七肖切音陗廣韻黪黪集韻
黪黪，面點。

黪 luō _7.19　集韻盧活切音捋玉篇黑也。

黪 yù _7.19　集韻兪玉切音欲。黑貌。

黪 měi _7.19　字彙補米水切，音每◇面黑氣也列子

帝篇肌色皯黗图六經索隱與黴同。

黎 74967 39952
lí_7.19
字彙補力奚切音黎。班也。

黗 74968 39953
diàn_7.19
韻會與澱同。鼞又顟75038

黗 74969 39954
mì_7.19
字彙補木必切，音覓◇黑暗色也〇按卽
顟字之誤。

黔 74971 46933
tú_7.19
五音篇海音荼。

黖 74972 46934
wèi_7.19
字彙補尾黑切，見釋典。

黖 74970 46932
hēi_7.19
字彙補虎得切音黑。見五音篇海〇按卽
儵字之譌。

黖 74978 39959
lù_8.20
字彙與黸同图
黔 74973 u2A451 ngǎm_7.19 喃从黑，
吟ngâm聲△黔黔：帶有黑色，發黑。

黖 74974 39955
tùn_8.20
集韻噉頓切，噉去聲。黖黖，不幹事。

黖 74975 39956
gùn_8.20
集韻古困切音睴。純黑也 图hùn昏困切，
昏去聲。黖黖，不幹事图忘失也。

黖 74976 39957
yǎn_8.20
唐韻於檻切集韻倚檻切丛音黤說文青
黑也图廣韻烏感切集韻鄔感切丛音唵。又集韻正韻
乙減切韻會幺減切丛音闇。又集韻衣檢切音奄。義丛
同。鼞又黖66756图龍龕黭黤二俗，烏感反。正作黤。
黤俗，黤正。

黖 74977 39958
dàn_8.20
篇海徒感切，音淡◇雲黑也。

黖 74979 39960
hǔn_8.20
集韻虎本切音惛玉篇黑也。

黖 74980 39961
bēn_8.20
集韻逋昆切音犇玉篇黑黖。鼞又顟75100

黖 74981 39962
qiè_8.20
集韻七接切音妾。絲壞也。

黖 74982 39963
qíng_8.20
古文剠唐韻集韻韻會正韻丛渠京切音
擎說文墨刑在面荀子·正論篇墨黥註以墨涅其面而
已。或曰墨黥，當爲墨懞。以墨巾蒙其頭而已書·呂刑爰
始淫爲劓、刵、㭨、黥疏黥面，卽墨刑也周禮·秋官·司
刑墨罪五百註墨，黥也。先刻其面，以墨窒之图姓。
漢有黥布，初姓英，咎繇之後。布以小時有人相云當刑
而王，故姓黥，以厭當之。鼞又剠03545剠74890

黖 74983 39964
dié_8.20
正字通俗黖字。

黖 74984 39965
jīn_8.20
廣韻居吟切音金玉篇黃黑如金也廣韻
淺黃色也图jiān唐韻古咸切集韻居咸切丛音緘說文
黃黑也。鼞又龍龕黖俗，黔74902正。巨淹反。黑黃色也。

黖 74985 39966
xūn_8.20
集韻許云切音熏。淺絳也图與黖74986同。

黖 74986 39967
yù_8.20
唐韻紆物切集韻紆勿切丛音鬱說文本
作黖。黑有文也廣韻黃黑色也廣雅黑也图yuè廣韻
集韻丛於月切音噦。義同图yè廣韻集韻丛於歇切音
謁廣韻色壞也集韻色變也周處·風土記梅雨霑衣服，
皆敗黖韋莊詞淚霑紅袖黖。鼞又黖74948顟75083

黖 74987 39968
lái_8.20
廣韻落哀切音來玉篇黖黸，大黑图lí集
韻鄰知切音離。赤黑色图洛代切音賚。義同。

黖 74988 39969
méi_8.20
正字通同黴。

黖 74989 39970
zhǐ_8.20
集韻展爾切音撤。黖黕，草書勢梁武帝·書
評黖黕點黖，言狀如連珠，絕而不離。

黎 74990 39971
lí_8.20
廣韻郎奚切集韻韻會憐題切正韻鄰溪
切丛音黎玉篇黑也廣韻黑而黃也戰國策黎牛之黃也
似虎图爾雅·釋鳥倉庚，黧黃也註其色黧黑而黃，因
名图或作犁戰國策面目犁黑图或作黎書·禹貢厥土
青黎註色青黑而沃壤图集韻韻會丛良脂切音梨。
又lái集韻力皆切音唻。義丛同△集韻或作黧、犂。
鼞又黧75073黖74996图龍龕黎75085黖74999黎75048
黖75042犂五俗，黧正，力奚反。班也。黑而復黃也。

黨 74991 39972
dǎng_8.20
唐韻多朗切集韻底朗切正韻多曩切丛
音讜說文不鮮也图周禮·地官·大司徒五家爲比，五比
爲閭，四閭爲族，五族爲黨釋名五百家爲黨。黨，長也。
一聚之所尊長也图朋也，輩也荀子·强國篇不比周，
不朋黨图助也。相助匿非曰黨論語君子不黨图偏也
書·洪範無偏無黨，王道蕩蕩图比也荀子·非相篇順禮
義，黨學者註黨，親比也图頻也荀子·天論篇怪星之
黨見图知也揚子方言黨、曉、哲，知也。楚謂之黨，
或曰曉，齊宋之閒謂之哲郭註黨，朗也。解悟貌图廣
韻美也廣雅黨，善也图所也，時也公羊傳·文十三年
往黨註黨，所也。所，猶時也左傳·哀五年萊
人之歌曰：師乎，師乎，何黨之乎註黨，所也图玉篇接
也图廣韻累也图地名前漢·地理志秦置上黨郡，屬并
州，古上黨關图zhǎng集韻止兩切音掌。姓也左傳·莊
三十二年公築臺，臨黨氏註黨氏，魯大夫釋文黨，音
掌。又哀十一年季孫使從於朝，俟於黨氏之溝註黨氏
溝，朝中地名图tǎng集韻坦朗切正韻他曩切。丛與
儻也。異也前漢·董仲舒傳黨可得見乎。又五被傳黨
可以徼幸師古註黨，讀曰儻图與讜同荀子·非相篇博
而黨正註謂直言也△亦作鄺、郞。鼞又党02406

黖 74992 39973
tà_8.20
廣韻徒合切集韻達合切丛音沓。黑也
图猥茸貌玉篇晉書有黖伯顏氏家訓晉中興書泰山
羊曼，頹縱任俠，飲酒誕節，兗州號黖伯。俗閒有黖黖
語，蓋無所不施，無所不容之意。顧野王玉篇誤爲黑
旁沓，吾所見數本，丛無作黑者。重沓是多饒厚積意，
从黑更無意旨〇按字彙亦云此字宜从重图集韻正韻
丛託合切音鉝。義同。鼞正字通黖75005，舊註黖75043
字之譌。不知黖亦黖之譌。

黖 74997 u2B71A
null_8.20 未詳。

黖 74993 39974
yù_8.20
唐韻于逼切
集韻越逼切丛音域說文羔裘之縫图廣韻集韻丛乙
六切音郁。又廣韻況逼切集韻忽域切丛音淢。義丛同
△六書正譌俗作絨，非。鼞又黖75044

黙 74994 39975 dié_8.20 字彙補與黩同。

𪑡 75000 u2A461 null_8.20 未詳。

𪑞 74995 39976 cì_8.20 字彙補探也管子·侈靡篇深黖之毋涸。音未詳。鍌同刺。

黧 74996 46935 lí_8.20 字彙補音未詳。見原病集。鍌俗黧。

𪑠 75001 u2A460 duì_8.20 同黩75081

𫜙 74998 u2B719 yìng_8.20 俗黽75098 倭名類聚抄黽，唐韻云面黑子也。

𪑤 74999 u2A464 lí_8.20 龍龕黧俗，黧74990正。

黪 75002 u9EEA cǎn_8.20 简黲75058

黩 75003 u9EE9 dú_8.20 简黷75113

䵿 75004 39977 zhè_9.21 集韻之夜切音柘。黑也。

黯 75005 39978 mò_9.21 字彙黯字之譌。

黬 75006 39979 yè_9.21 集韻於歇切音謁。色變也。

䵾 75007 39980 liè_9.21 廣韻盧協切集韻力協切太音甄玉篇竹裹黑也㕛集韻的協切音喋。義同㕛dié廣韻徒協切集韻達協切太音牒廣韻黔首也。鍌又黙74983黙74994

黪 75008 39981 chà_9.21 玉篇初八切，音刹◇黑也。

黫 75009 39982 yān_9.21 廣韻烏閑切集韻於閑切韻會幺閑切正韻烏閒切太音羥玉篇黑也史記·天官書與尾、箕晨出，曰天皓。黫然黑色甚明㕛yīn玉篇於仁切音因。義同△亦作羥。鍌又黕74891黖74885

黰 75010 39983 diàn_9.21 唐韻集韻太堂練切音電說文黰，謂之垽。垽，滓也廣韻藍黰，染者也。鍌又黰75038黰74968黰32109黰75096

䰈 75011 39984 mán_9.21 廣韻莫還切集韻韻會正韻謨還切太音蠻玉篇畫車輪也。鍌又䰈75051

黩 75012 39985 duì_9.21 正字通俗黩字玉篇黑雲行貌。

黱 75013 39986 dèng_9.21 廣韻丈證切集韻澄應切太音瞪廣韻雲色。

黬 75014 39987 yán_9.21 廣韻五咸切集韻魚咸切太音嵒玉篇釜底黑也㕛jiān廣韻集韻太古咸切音緘。義同㕛àn集韻正韻乙減切韻會幺減切太音黯集韻直聚氣也莊子·庚桑楚有生黬也㕛正韻痕也㕛集韻鄔感切音暗。義同㕛yǎn於琰切音魘。中黑也△六書泝原與黯同。

黊 75015 39988 wēi_9.21 玉篇烏圭切集韻淵畦切◇污黊也。鍌又黊75069

黭 75016 39989 yǎn_9.21 唐韻烏感切集韻韻會正韻鄔感切太音晻說文果實黭黯，黑也廣韻黭䵳㕛卒至貌荀子·强國篇黭然而雷擊之楊倞註黭然，卒至之貌。黭，黑色，猶闇然㕛yǎn集韻衣檢切音奄。又àn乙減切音黯。又yǐn於錦切音飲。義太同。

黏 75017 39990 niǎn_9.21 集韻乃玷切音淰。點黏，草書勢也。

䵲 75018 39991 lèi_9.21 集韻力遂切音類玉篇黑也㕛神名。詳後黶75129字註。

黪 75019 39992 yàng_9.21 唐韻餘亮切集韻弋亮切太音漾說文赤黑也㕛廣韻式羊切音商。義同。鍌或作黪75067

黗 75020 39993 tuǎn_9.21 集韻吐衮切。與曈同。怨畽行無廉隅也。

黮 75021 39994 dǎn_9.21 唐韻集韻太他感切音襑說文桑葚之黑也廣韻黭黮，黑也㕛dàn廣韻集韻韻會正韻太徒感切音禫玉篇黮黕，不明淨也莊子·齊物論人固受其黮闇，吾誰使正之劉向·九歎望舊邦之黯黮兮㕛廣韻黭黮，雲黑也何晏·景福殿賦𪒯黮𩅦束晳·華黍詩黮黮重雲㕛揚子方言黮𪒠，私也㕛集韻陟甚切，音㯐。義同㕛tàn集韻韻會正韻太他紺切音倓集韻黮闇，不明貌㕛zhèn集韻直稔切音朕。污也㕛shǎn時染切音剡。黑甚也㕛與葚同詩·魯頌食我桑黮，懷我好音註黮，桑實也字林作葚。鍌又黮75115黮75126黮75088龍龕黕74977黮75122黮同。

䵷 75024 39997 yuè_9.21 說文黦本字

黪 75022 39995 bīng_9.21 玉篇博名切，音兵◇字彙黑飾也㕛五音集韻薄經切音屏。義同。

黳 75023 39996 wū_9.21 廣韻集韻太烏谷切音屋廣韻墨刑㕛wò集韻乙角切音渥。義同玉篇亦作剭。

黯 75025 39998 àn_9.21 唐韻集韻乙減切韻會幺減切太音黤說文深黑也家語孔子曰：黯然而黑蔡邕·述行賦玄雲黯以凝結兮，集零雨之溱溱㕛廣韻黯然，傷別貌江淹·別賦黯然銷魂者，惟別而已矣㕛人名左傳·哀二十一年吴王曰：史黯何以得爲君子註卽蔡墨也㕛yān廣韻乙咸切集韻於咸切太音猪。又集韻鄔感切音晻。義太同。鍌漢語大字典·P4755黮，同黯。

黰 75026 39999 zhěn_9.21 正字通黰，亦作黰。陰濕之色曰黴黰，音梅軫。濕氣著衣物生斑沫也。

黧 75027 40000 lí_9.21 字彙補黧字之譌。

𪑺 75028 40001 null_9.21 字彙補音未詳三尊譜錄金明七眞法諱䵺。鍌正字通䵺字註：道藏三尊譜錄第一度師上玄真明道君，法姓查69656諱奝10201字堯02400；第二度師無上玄老，法姓奎10209諱悉40323字悉40821；第三度師金明七真，法姓奎10179諱䵺字𡚴31920按：此皆誕說，其字皆臆造，奎奎𡚴故不補入大部。

黙 75029 40002 róu_9.21 字彙補音未詳。商世國名。見路史·國名紀

黪 75030 40003 shù_9.21 字彙補音外。虎也。鍌楊寶忠：音叔。俗𪁎52315黑虎。

黪 75031 46937 zhài_9.21 搜眞玉鏡柴買切，塞上聲◇。

黪 75032 46938 jiè_9.21 搜眞玉鏡音界。鍌又黔74920

黭 75033 46939
hóu_9.21 搜真玉鏡音侯。

黮 75034 46940
mì_9.21 五音篇海音覓。〓俗䵒75046

黰 75035 46941
duì_9.21 五音篇海音建。〓同黱75081

䵗 75037 u2A47A
huǐ_9.21 管子·侈靡長喪以䵗其時大字典引何如璋注：疑乃毀27080之誤。謂設為三年之喪以毀其時也。

黮 75038 u2A463
diàn_9.21 同黰74968 75036 u2B71B duì_9.21 或同霸66836 新撰字鏡黰，豆飛反。□黰者雲厚皃也。雲黑。

黷 75039 40004
rǔ_10.22 玉篇如欲切集韻儒欲切䀉音辱玉篇垢黑也。〓馬王堆漢墓帛書·老子乙本上德如浴，大白如辱60610今本老子·四十一上德若谷，大白若黷。

䵸 75040 40005
zī_10.22 廣韻子之切集韻津之切䀉音茲廣韻染黑集韻深黑色正字通本作茲。俗加黑。

䵎 75041 40006
pán_10.22 唐韻薄官切集韻蒲官切䀉音盤說文䵎黚，下色。〓又黯75052

黧 75042 40007
lí_10.22 正字通俗黧字。

黙 75043 40008
mò_10.22 玉篇莫北切音默。黑也。〓又䵒38337

黰 75045 40010
zhěn_10.22 廣韻章忍切集韻正韻止忍切䀉音軫玉篇美髮也左傳·昭二十八年昔有仍氏生女，黰黑而甚美，光可以鑑註美髮爲黰 又 一作鬒詩·鄘風鬒髮如雲 又 廣韻黑貌 又 yān 廣韻烏閑切集韻於閑切，並音羥廣韻染色黑也。〓又黰75026 又 俗䵒75046 四聲篇海黰，音覔。

䵒 75046 40011
mì_10.22 廣韻集韻䀉莫狄切音覓廣韻䵒黷，黑青也集韻闇也 又 玉篇草木叢也。亦作覭爾雅·釋詁覭髳，茀離也註謂草木之叢茸翳薈也。茀離、彌離，猶蒙茸也。〓龍龕黰75060䵒74969二俗，䵒32092通，䵒正。音覓。䵒黷，黑青色也 又 黰75045䵒75034

黛 75047 40012
dài_10.22 唐韻徒耐切集韻待戴切䀉音代說文畫眉也。今省作黛玉篇深青也杜甫·古栢行黛色參天二千尺 又 zhèn 集韻直稔切音朕。黑色。

黧 75048 40013
lí_10.22 字彙補黧字之譌。

黭 75049 46936
yǎn_10.22 龍龕同黭 75044 40009 yú_10.22 正字通同黬

黙 75050 46942
mò_10.22 五音篇海音默。〓俗䵒38337

黲 75051 46943
mán_10.22 川篇亡接切。〓楊寶忠：俗黲75011

黯 75052 46944
pán_10.22 篇海類編與䵎同。

黮 75053 46945
niǎng_10.22 字彙補黮字之譌。

黍 75054 46946
qī_10.22 搜真玉鏡音漆。

黰 75055 46947
zhī_10.22 搜真玉鏡音隻。

黽 75056 u2A48E
yìng_10.22 龍龕黽俗黽75098正，以證反。面上黑子也。

䵹 75057 u2A489
dì_10.22 清史稿·卷三百三十九·列傳一百二十六·覺羅伍拉納（乾隆）五十七年，同安民陳蘇老、晉江民陳滋等為亂，設䵹䵹會。䵹䵹字妄造，以代天地。

黲 75058 40014
cǎn_11.23 唐韻集韻韻會正韻䀉七感切音慘說文淺青黑也廣韻暗色廣雅敗也玉篇今謂物將敗時，顏色黲黲也文選·漢功臣表茫茫宇宙，上黲下黷 又 廣韻倉敢切。日暗色。〓又黲75002黲66745黲66585

黰 75060 40016
mì_11.23 玉篇同䵒 䵛 75059 40015 lù_11.23 集韻盧谷切音祿。䵛䵛，垢黑也。〓又黮74978

黳 75061 40017
yī_11.23 唐韻烏雞切集韻韻會煙奚切䀉音鷖說文小黑子廣雅黑也。〓又黳71220黳71194黳71179

黷 75062 40018
qī_11.23 廣韻集韻䀉倉歷切音戚廣韻黷䵒，色敗 又 集韻七迹切音皵。義同。〓又黷75086

䵥 75063 40019
chōng_11.23 廣韻丑凶切集韻癡凶切䀉音蹖玉篇黑穴也廣韻深穴中䵥黑也。

黸 75064 40020
lú_11.23 集韻龍都切音盧。黑弓也字彙按此字卽書玈弓之玈，加黑，贅。

黧 75065 40021
lí_11.23 集韻鄰知切音離。赤黑色。〓又黧75027 又 集韻黧黧，或从來。

黴 75066 40022
méi_11.23 唐韻武悲切集韻韻會旻悲切䀉音眉說文物中久雨青黑玉篇面垢也。又黴，敗也 又 廣雅黑也 又 楚辭·九歎顏黴黧以沮敗註面黑也淮南子·修務訓神農憔悴，堯瘦臞，舜黴黑，禹胼胝韓愈詩念齒慰黴黧 又 mèi 廣韻集韻䀉莫佩切音妹廣韻點筆 又 集韻莫貝切音昧。義同。〓又霉66530黴74966黴74988

䵫 75067 40023
shāng_11.23 字彙補式羊切音傷。赤黑也。

䵻 75068 40024
chuā_11.23 字彙補羊利切，音異◇黃白也。
〓楊寶忠：俗黌75105黃黑而白。

黲 75069 40025
wēi_11.23 字彙補與黲同。

䵞 75070 u2A497
thâm_11.23 喃从黑从深，深thâm亦聲。深黯色。

鴉 75070-1 u2A1A4
đủi_11.23 喃从黑鳥điểu聲△顛鴉：烏黑。

黱 75071 40026
dèng_12.24 廣韻丈證切集韻澄應切䀉音瞪廣韻米黑壞。

䵵 75072 40027
cuō_12.24 集韻麤括切音撮。黑也。

黧 75073 40028
lí_12.24 正字通俗黧字。

黮 75074 40029
duì_12.24 集韻徒對切音隊玉篇黑雲行黮黮也。
〓又黮75110黮75121黮75110黮75001黮66070黮75012霸66836霸66768霸66728 又 集韻黱75081黮，或从隊。

黷 mà_12.24　廣韻莫八切音傌玉篇黑也 図 mài 集韻暮拜切音妹。黑貌。

黬 yǎn_12.24　篇海乙減切音黯。雲暗也。

黖 xì_12.24　廣韻許極切集韻迄力切丛音赩玉篇赤黑色也 図 xī 集韻虚其切音僖。黑色 図 shì 施隻切音釋揚子方言色也。一曰黖然，赤也。

黚 zèng_12.24　廣韻集韻丛昨亙切音贈廣韻肝黷集韻面黑氣。鑾集韻黷黚，或从黽。

黭 yǎn_12.24　唐韻於檻切集韻倚檻切丛音黤說文黭者，忘而息也玉篇黭然，忘也 図黃黭，人名 図 ǎn 集韻烏敢切，音埯。又於琰切音厴。又乙減切音黯。又乙鑒切，黤去聲。義丛同。

黜 duì_12.24　集韻徒對切音隊。黜黱，黑也 図 dài 待戴切音代。與黖同。曖黖，暗也。

黕 pū_12.24　集韻普木切音撲玉篇色暗也 図集韻一曰淺黑也。鑾又黚74887

黮 yǎn_12.24　正字通同黷 **黭** yù_12.24　字彙補於物切音鬱。黃黑色也。鑾俗黭75024

黱 dǎn_12.24　篇海類編同黶。

黎 lí_12.24　龍龕黎俗，鑾74990正。

黷 qī_12.24　黷75062字之誤。見中華大字典

黻 yuè_12.24　黑黝黝字海黻黻，形容黑的樣子。

黲 dàn_12.24　黲黲，黲淡四部叢刊·初編集部·誠意伯劉文成公文集·卷之七·跋·問答語愁鬼言：玄雲往來，月色黲黲。

黵 dǎn_13.25　唐韻當敢切集韻覩敢切丛音膽說文大污也玉篇黑黶也廣韻大污垢黑 図梁律凡盜，黵面爲劫字，至天監中，除黵面之刑 図 tǎn 集韻吐敢切音菼黑也 図 zhǎn 止染切音斂。義同。鑾又黶75084

黰 huò_13.25　集韻呼括切音豁。黑也。

黶 mài_13.25　集韻莫敗切音邁。黷黶，黑貌。

黲 jiǎn_13.25　集韻居奄切音檢玉篇黑也。

黺 nóng_13.25　廣韻女容切集韻尼容切音醲玉篇黑黺也廣韻黺黺，黑色。

黔 qín_13.25　集韻渠金切音琴玉篇黃色也。

黪 qiāo_13.25　集韻千遙切音銚。麻苦雨生壞也。

黵 diàn_13.25　正字通與澱通。別作靛。

黳 wèi_13.25　唐韻惡外切集韻烏外切丛音薈說文沃黑色 図廣韻集韻丛烏快切音憒玉篇淺黑也廣雅黑

也 図集韻火夬切音咶。義同。鑾說文沃黑色也。段注：玉篇廣韵皆作淺黑。疑沃字誤，淺字長龍龕黳，烏會反，淺黑色也 図黔74935黕74957 図正字通黷75075，俗黳字。

黶 yìng_13.25　廣韻集韻丛以證切音孕玉篇面黑廣雅黑也 図類篇面黑子謂之黶 図 zèng 集韻昨亙切音贈。黶或从黽。肝黶，面黑氣 図 yùn 字彙與暈同佛書顏色端妙，無諸肝黶，卽黔、暈二字。鑾又黶75194黶75210黶75056黶74998

黸 qín_13.25　字彙巨金切音琴。黃黑色也。

黺 bēn_13.25　字彙與黺同○按字彙入十二畫，非。今改正。

黲 yè_13.25　搜眞玉鏡音業。

黵 ngòn_13.25　喃从黑源nguồn聲。

曖 ài_13.25　同靉66895曖黶，或作曖黖、靉黶，雲覆日。清·王夫之薑齋詩話·卷一晨色漸明，赤光雜煙而曖黶。

黶 dāi_14.26　廣韻丁來切集韻當來切丛音懘玉篇黑也廣韻黱黶，大黑貌 図 tái 廣韻徒哀切集韻堂來切音臺。又集韻丁代切音戴。義丛同。

黲 chuā_14.26　唐韻初刮切集韻紉刮切丛音剿說文黃黑而白也玉篇一曰短貌廣韻黑也 図 zhuó 五音集韻鄒滑切音茁廣韻短黑貌集韻黑色。體瘁謂之黲。鑾又黲52015黲75068 図楊寶忠：黲74949黲75008黲75116並疑為黲之聲旁變異字。

黶 yǎn_14.26　唐韻集韻於琰切韻會幺琰切正韻於檢切丛音黤說文中黑也廣雅黑也廣韻面有黑子前漢·高帝紀帝左股有七十二黑子註師古曰今中國通呼爲黶子 図 àn 集韻正韻乙減切韻會幺減切音黯正韻黑痕 図人名。晉有欒黶。鑾又黶74958黶75078黶67123

黶 fèi_14.26　正字通闅字之譌字彙引王延壽·夢賦批黶毅註：一作狒字。本作黶。父沸切音費。不知黶黶皆譌文也。

黲 duì_14.26　同黲75110 **黲** duì_14.26　同黲66836亦作黲75108六書故黲，徒對切。黲黲，黑气屯濃也。又作黖75001，徒戴切。別作黲75074黲黲黲。

黲 ngòm_14.26　喃从黑从牛ngưu牸cam合聲。深黑色。

黲 jiān_15.27　唐韻古咸切集韻居咸切丛音緘說文雖晳而黑也 図 zhēn 集韻諸深切音斟。義同 図古人名。黲，字子晳。鑾龍龕黲75099黲二同 図黲75125

黎 lí_15.27　集韻憐題切音黎。黑黃也 図字彙蒼白雜色。鑾俗黎74990 図黎75073

黷 75113 40057 dú_15.27 唐韻集韻徒谷切韻會正韻杜谷切𠀤音獨◆說文握持垢也玉篇數也，垢也，蒙也正韻濁也，慁也書·說命黷于祭祀，時謂弗欽前漢·枚皋傳媟黷貴幸師古註黷。污濁也 又 賈逵·國語註黷，媟也廣雅狎也 又 玉篇黑也正字通黷貌左思·吳都賦林木爲之潤黷。鎏又黩75003

黶 75114 40058 yǎn_15.27 字彙補於檻切音晻。青黑色。

黸 75116 46950 chá_15.27 川篇音察

黮 75115 42342 dàn_15.27 搜真玉鏡徒感切。雲黑也。又他感切。義同○按字彙補作黮75126

黶 75117 u2A4BD trũi_15.27 喃从黑磊lối聲△黶黶：黑黝黝。

黱 75118 40059 téng_16.28 集韻徒登切音騰玉篇黑貌 又 廣韻徒紅切集韻徒東切𠀤音同。又集韻徒冬切音彤。義𠀤同。

黱 75119 40060 lì_16.28 集韻狼狄切音曆。黑貌。

黸 75120 40061 lú_16.28 唐韻落乎切集韻韻會正韻龍都切𠀤音盧說文齊謂黑爲黸廣韻黑甚揚子法言彤弓黸矢。

黵 75121 40062 duì_16.28 同霸六書故黮黵，黑氣屯濃也。俗別作霴霼黵，𠀤非。

黵 75122 u2A4C2 dǎn_16.28 同黕75021

黵 75123 40063 niǎng_17.29 篇海女兩切，娘上聲。黑也。鎏又黵75053

黵 75124 40064 chán_17.29 集韻鋤咸切音讒。刊書誤也。

黵 75125 46951 zāng_18.30 搜真玉鏡音臧。鎏楊寶忠：俗黵75111

黵 75126 u2A4C6 dàn_18.30 字彙補黮，黑也，或作黮。

黵 75127 u2A4C8 nghịt_20.32 喃从黑孽nghiệt聲。濃密貌△黵黵：墨綠色。

黵 75128 u2A4C7 đen_20.32 喃从黑顛điên聲。黑色的，隱秘的。

黵 75129 40065 yù_26.38 字彙補紆弗切音鬱。黑貌 又 與鬱同。神名郭太乙正誤鬱壘，沈休文作黵黵。鎏又黵75130

黵 75130 40066 yù_29.41 集韻紆勿切音鬱玉篇黑貌。

◈ 黹部 ◈

黹 75131 40067 zhǐ_0.12 唐韻陟几切廣韻豬几切集韻韻會展几切𠀤音敳◆說文箴縷所紩衣爾雅·釋言黹，紩也郭註今人呼縫紩衣爲黹疏鄭註司服云黼黻絺繡。爲黹謂刺繡也周禮·春官·司服祭社稷五祀，則希冕註或作黹△說文从㡀，丵省徐鉉曰丵，衆多也。言箴縷之工不一也。鎏又黹75132黹75133 又 直音篇襧54724陟里切。袟衣也。與黹同 又 正字通鍬64222，俗黹字。

黹 75132 u2FA17 zhǐ_0.12 同黹75131

黹 75135 u2B71C null_4.16 或同黺75134

黹 75133 u2FCB zhǐ_0.12 部黹75131

黺 75134 40068 fěn_4.16 唐韻方吻切集韻府吻切𠀤音粉說文衮衣山龍華蟲黺畫粉也玉篇黺，綵也。一作粉米書·益稷藻火粉米，黼黻絺繡傳粉若粟冰，米若聚米釋文粉米說文作黺黺。

黻 75136 40069 fú_5.17 唐韻韻會分勿切集韻分物切𠀤音弗說文黑與青相次文爾雅·釋言黼黻，彰也郭註黼文如斧，黻文如兩己相背 又 左傳·桓二年衮冕黻珽杜註黻，韋韠以蔽膝也 又 釋名黻冕，黻，紩也。畫黻紩文綵於衣也。此皆隨衣而名之也。所垂前後珠轉減耳。鎏又黻46367𢇁33442黻02746黻05302黻51973黻33503黻21814

黺 75137 40070 mǐ_6.18 集韻類篇𠀤母禮切音米。與絲同說文繡衣如聚米也書·益稷藻火黺黺○按今文作粉米。

黼 75138 40071 fǔ_7.19 唐韻方榘切廣韻方矩切集韻韻會匪父切𠀤音甫說文白與黑相次文周禮·冬官考工記白與黑謂之黼爾雅·釋器斧，謂之黼疏黼，蓋半白半黑，似斧刃白而身黑，取能斷意。一說白，西方色，黑，北方色，西北黑白之交，乾陽位焉，剛健能斷，故畫黼以黑白爲文禮·月令季夏，命婦官染采，黼黻文章必以法故。又治安策美者黼繡韓愈·乞巧文黼黻帝躬。鎏又黼46375黼69624黼35347黼51664黼35351黼15194

黹 75139 40072 zuì_8.20 唐韻子對切集韻祖對切𠀤音晬◆說文會五采繒色。从黹，綷省聲。通作綷。鎏廣韻䯝，同辭。

黹 75140 40073 mián_9.21 類篇民堅切音眠玉篇黹緶也 又 biān 玉篇方千切類篇卑緜切𠀤音邊。紩也。鎏又黹75142

黹 75141 40074 biàn_9.21 集韻類篇𠀤婢典切音辮。緻謂之黹字彙履底也。鎏又黹25765

黹 75142 u2A4CF biān_9.21 同黹75140

黹 75143 40075 chǔ_11.23 唐韻韻會𠀤創舉切音楚說文合五采鮮色詩曰：衣裳黹黹徐曰今詩作楚楚。假借也。鎏又黹75786

◈ 黽部 ◈

黽 75144 40076 měng_0.13 唐韻莫杏切音猛說文黿，黽也爾雅·釋魚黿鼀，蟾諸，在水者黽疏黿鼀，一名蟾諸，似蝦蟇，居陸地，其居水者名黽。一名耿黽。一名土鴨。狀似青蛙而腹大陶註·本草云大而青脊者，俗名土鴨。其鳴甚壯，卽此黽也埤雅黽，善怒，故音猛 又 竹名。求黽管子·地員篇在丘在山，皆宜竹箭，求黽楢檀註求黽，亦竹類也 又 姓。漢黽初宮。見印藪 又 mǐn 廣韻武盡切集韻正韻弭盡切𠀤音泯。勉也詩緝嚴氏曰：力所不堪，心所不欲，而勉强爲之曰黽孫季昭·示兒編黽，蛙屬。蛙黽之行，勉强自力，故曰黽勉。如猶之爲獸，其行趑趄，故曰猶豫 又 玉篇眉耿切廣韻武幸切集韻韻會母耿切𠀤音黽。義同 又 méng 集韻類篇𠀤眉庚切，音盲。地名史記·春申君傳秦踰黽隘之塞而攻楚正義曰黽隘之塞，在申州 又 miǎn 廣韻集韻彌兗切正韻美辯切𠀤音緬廣韻黽池，縣名前漢·地理志弘農郡有黽池縣。又高帝紀復黽池廣韻黽池，亦音泯△說文从它，象

形，黽頭與它頭同徐鉉曰象其腹也六書正譌黽，本義借爲黽勉字。別作僶、勔，竝非。鼇又黾75145黾75148黾22526黾45466罷45538黽75149黽75156黿75155黽75170，籒文。

黾 75147 u2EEA miǎn_0.13 部黽75146

黾 75145 40077 měng_0.13 正字通俗黽字。又作黽，亦非。鼇又黾75148

黽 75146 u2FCC miǎn_0.13 同黽75144部首專用字。亦作黾75147

黾 75148 u9EFE měng_0.13 同黾75145字彙黾，俗黽字。

黿 75150 46952 yuán_2.15 龍龕同黿

黽 75149 u2A4D1 měng_1.14 黽75144六書正譌作黽正字通黽，篆作黽。

䖝 75151 u2A4D3 qiú_2.15 說文通訓定聲虯52324，龍子有角者。从虫，丩聲。按：字亦作䖝。俗字作虬52319

黿 75152 40078 yuán_4.17 唐韻集韻韻會竝愚袁切音元說文大鼈也三蒼解詁似鼈而大爾雅翼黿，鼈之大者，闊或至一二丈，天地之初，介潭生先龍，先龍生元黿，元黿生靈龜，靈龜生庶龜。凡介者生於庶龜，然則黿，介蟲之元也，以鼈爲雌，黿鳴則鼈應淮南子·說山訓燒黿致鼈，此以其類求之埤雅黿亦思化，其脂得火，可以燃鐵左傳·宣四年楚人獻黿於鄭靈公，公子宋與子家將見。子公之食指動，以示子家曰：他日我如此，必嘗異味。及入，宰夫將解黿，相視而笑。公問之，子家以告。及食大夫黿，召子公而弗與也。子公怒，染指於鼎，嘗之而出 又天黿，次名周語武王伐紂，星在天黿註星，辰星也。天黿，次名。一曰玄枵○按云辰星是月在須女，伏天黿之首也字彙謂辰星次名，誤 又蜥蜴也史記·周本紀龍亡而漦在櫝，化爲玄黿，以入王後宮索隱曰亦作蚖，蜥蜴也 又廣韻五丸切集韻五官切竝音岏。義同。鼇又鼋71779黿75150鼋75159黿75180黿00718類篇黿或作黿00108黿02432

䖝 75153 40079 qiú_4.17 集韻類篇竝渠幽切。同虯說文龍子有角者。又鄭樵·通志略龍子有角曰䖝，無角曰虬○按虬本作虯通志分虬、䖝爲二，非 又qiū字彙驅尤切音丘。西域有䖝茲國，漢隸有佉䖝碑，皆此音，今皆作龜，非。鬮字亦从䖝，今從龜，亦非○按正字通謂古龜有丘音說文龜，舊也字彙似是而非。

黽 75154 40080 měng_4.17 字彙補籒文黽字。

黽 75155 40081 měng_4.17 字彙補同黽。

䶆 75157 u2A4D8 rán_4.17 同䶆75160俗䶆75937

鼀 75158 u2A4D7 cù_4.17 俗鼀75161

鼋 75159 u9F0B yuán_4.17 简黿75152

黽 75156 u2A4D9 miǎn_4.17 俗黽75144

䶆 75160 40082 rán_5.18 集韻汝甘切音蚺。龜甲邊也○按即䶆75915字之譌。鼇又䶆75157

鼀 75161 40083 cù_5.18 唐韻七宿切集韻七六切竝音蹴◆說文詹諸也，其鳴詹諸，其皮鼀鼀，其行圥圥廣韻蜘，鼀。鼇又鼅75193鼊75196鼊75916鼀75158鼀53355 又正字通鼀75171，譌字。鼀譌作鼀75164，鼀譌爲鼀。

鼆 75162 40084 yāng_5.18 集韻於郎切，盎平聲。龜屬郭璞·江賦鱝鼅鼂鼊李善註鼅，龜形，薄頭，喙似鵝，指爪。

鼊 75163 40085 bǒ_5.18 集韻類篇竝補火切音跛集韻蟲名。蟾蜍也。

鼁 75164 40086 qù_5.18 廣韻丘据切集韻丘據切竝音故爾雅·釋魚鼁䶆，蟾諸郭註似蝦蟇，居陸地。淮南謂之去蚥疏鼁䶆，一名蟾諸 又集韻類篇竝口舉切，袪上聲。義同。鼇又蚨52500鼀75161

鼩 75165 40087 qú_5.18 唐韻其俱切集韻權俱切竝音衢說文鼅屬。頭有兩角。出遼東 又廣韻集韻竝居侯切音鉤。亦作鼅集韻鼅鼊，水蟲名。似龜，皮有文△正字通與玳瑁各別，即今蟕蠵之小者，玳瑁有四鬣無足。鼇又䖸13189鼅75185鼩75167鼩75926

鼂 75166 40088 cháo_5.18 古文鼂鼂唐韻直遙切集韻韻會正韻馳遙切竝音潮說文匽鼂也。揚雄曰：匽鼂，蟲名 又姓。衛大夫史鼂之後。漢有鼂錯○按漢書·景帝紀作晁錯，本傳作鼂錯。師古註竝云古朝字。然考字書朝、鼂二字音同義異，絕不相蒙。止於又姓一條，鼂字下則云或作晁。又姓朝字下則云又姓，通作晁。則三字本屬一字，至蟲名一條，則鼂字本義，於朝無涉耳 又人名。庶長鼂。見史記·秦本紀 又zhāo廣韻陟遙切。與朝同楚辭·九章甲之鼂，吾以行王逸註鼂，旦也前漢·嚴助傳鼂不及夕○按正字通云杜林以鼂爲朝夕之朝，林罕非之同文備考亦云鼂借爲朝，非。然楚辭及漢書註竝云古朝字。而廣韻亦云與朝同。則未爲無據。鼇又鼂75169

鼩 75167 46953 qú_5.18 篇海類編同鼩。

鼩 75168 46954 qú_5.18 篇海類編同鼩。

鼂 75169 u2A4E0 cháo_5.18 俗鼂75182古文鼂復古編鼂，匽鼂也。从黽从旦。或作鼂，从皀。別作晁，非。直遥切。

黽 75170 u2A4DD měng_5.18 集韻黽75144，籒作黽。

鼀 75171 40089 cù_6.19 篇海七宿切音蹙。蟾蠩。鼇俗鼀75161

鼆 75172 40090 mí_6.19 字彙同鼆

鼃 75173 40091 huá_6.19 集韻正韻竝古文蛙字◆說文蝦蟇也玉篇鼃同鼃釋名鼃、蟈，長股也。顏師古曰鼃似蝦蟇而小，長脚爾雅·釋魚疏陶註·本草云一種小形善鳴，喚名爲鼃者，即郭璞云青蛙者也。後脚長，故善躍。大其聲，則曰鼃。小其聲，則曰蛤周禮·秋官蟈氏掌去鼃黽 又淫聲曰鼃聲。班固曰：淫鼃不可聽者，非韶夏之樂也前漢·王莽傳贊紫色鼃聲註鼃者，樂之淫聲 又始也廣雅鼃，始也 又廣韻戶媧切，畫平聲。又集韻胡瓜切，音華。義竝同。

鼃 75174 40092 wā_6.19 正字通同鼃。

鼄 75175 40093
zhū_6.19 唐韻陟輸切集韻追輸切𠀤音株說文鼅鼄也爾雅·釋蟲鼅鼄，鼄蝥郭註今江東呼蝃蝥，在地中布網者土鼅鼄，絡幕草上者草鼅鼄揚子方言自關而西，秦晉之閒，謂之鼄蝥。自關而東，趙魏之郊，謂之鼅鼄，或謂之蠾蝓。北燕、朝鮮洌水之閒，謂之蝳蜍。三國志·管輅傳輅射覆，卦成曰：第三物觳觫長足，吐絲成羅，尋網求食，利在昏夜，此鼅鼄也△俗作蛛。
瀅譌作蛛52554

鼃 75176 46955
wā_6.19 龍龕同鼃

鼆 75177 46956
mí_6.19 龍龕同鼆。

𫜝 75178 u2B71D
null_6.19 未詳。

𪓣 75180 u2A4E3
yuán_6.19 俗黿75152

𪓦 75179 u2A4E6
mí_6.19 同鼆75177龍龕鼆或作，鼆75187正，音迷。鼆鼊，似龜。不堪食。足膏。

鼅 75181 40094
shèn_7.20 集韻類篇𠀤時刃切音慎。同蜃集韻大蛤，雉入水所化又集韻是忍切音腎。義同。

鼂 75182 40095
cháo_7.20 玉篇古文鼂75166字。

𪓫 75183 u2A4EB
sam_7.20 喃从黽杉sam聲。鱶。

𪓪 75184 u2A4EA
trạnh_7.20 喃从黽呈trình聲。與蛵52766同。

𪓩 75185 u2A4E9
qú_7.20 亦作鼅集韻鼩75167鼅，權俱切說文鼆屬。頭有兩角。出遼東。或从局。亦書作鼅。

鼅 75186 40096
zhī_8.21 廣韻陟離切集韻珍離切𠀤音知玉篇鼅鼄也又zhì集韻知義切音智。義同△本作䵹。俗作蜘。
瀅又𪓳75200鼅75188

鼅 75188 46957
zhī_8.21 龍龕同鼅

鼆 75187 40097
mí_8.21 廣韻莫兮切集韻緜批切𠀤音迷廣韻鼆鼊似龜，堪啖，多膏郭璞·江賦註鼆鼊與蠅鼊相似，大如蘧，生乳海邊白沙中正字通異魚圖贊云鼆鼊海鯨，名曰匽鼂，一枚剖之，有三斛膏。瀅又鼆75177鼆75179鼂75172鼆75192

𪓭 75189 u2A4ED
zhuō_8.21 本草綱目·卷四十·蟲部·蟲之二·卵生類下二十二種·草蜘蛛（拾遺）集解：時珍曰：爾雅鼅鼄，𪓭蝥也△宏按，𪓭蝥，亦作蚍蟧、蝃蝥。

鼆 75190 40098
kě_9.22 集韻丘葛切音渴。蛙類正字通鼆，蛙聲也，因聲閣閣，俗遂立鼆字，鼆卽閣之轉音，非蛙屬，別有鼆也。

鼅 75191 40099
cù_9.22 廣韻七由切集韻雌由切𠀤音秋。與䵷同。

鼆 75192 40100
mí_9.22 正字通俗鼆字。

鼆 75194 40102
yìng_9.22 字彙同鼆

䵷 75193 40101
qiū_9.22 廣韻七由切集韻雌由切𠀤音秋爾雅·釋魚鼀䵷，蟾諸又說文鼀字註引詩得此䵷鼀○按詩·衛風今作戚施又cù唐韻七宿切音蹴說文鼀或从酋○按䵷，从黽从酋，聲轉入有，戚音，重讀之戚，又轉蔟音也。瀅又鼀75196䵷75197

鼂 75195 40103
cháo_9.22 字彙補古文鼂75166字。

𫜟 75197 u2B71F
qiū_9.22 簡䵷75193

鼀 75196 46958
cù_9.22 字彙補同䵷

𪓶 75198 u2A4F6
áo_9.22 俗鼇75203見龍龕

𪓴 75199 u2A4F4
áo_9.22 俗鼇75203見龍龕

𪓳 75200 u2A4F3
zhī_9.22 鼅75186譌字。見中華大字典

鼷 75201 40104
xí_10.23 唐韻胡雞切集韻弦雞切𠀤音奚說文水蟲也。薉貉之民食之。

鼆 75202 40105
měng_10.23 唐韻亡耿切集韻正韻母耿切𠀤音黽。句鼆，魯邑左傳·文十五年一人門於句鼆又méng唐韻武庚切集韻眉庚切，𠀤音盲說文鼆，冥也。从冥，黽聲，讀若黽蛙之黽。

鼇 75203 40106
áo_10.23 唐韻五牢切集韻韻會正韻牛刀切𠀤音敖說文海中大鼈也玉篇傳曰：有神靈之鼇，背負蓬萊之山，在海中史記·三皇本紀女媧氏斷鼇足，以立四極△俗作鰲，非是。瀅龍龕𪓴75199𪓶75198二俗鼇75216正

鼉 75204 46959
tuó_10.23 搜眞玉鏡同鼉。

鼊 75205 40107
má_11.24 廣韻莫霞切集韻謨加切𠀤音麻廣韻鼆鼊似蠅鼊，生海邊沙中，肉甚美，多膏。

鼅 75206 40108
zhī_11.24 說文鼅本字爾雅·釋蟲鼅鼄75175，鼄蝥。

鼈 75207 40109
biē_11.24 唐韻幷列切集韻韻會正韻必列切𠀤音鷩說文甲蟲玉篇龜屬。一名神守。一名河伯從事埤雅鼈以眼聽，穹脊連脅，水居陸生爾雅翼鼈卵生，形圓脊穹，四周有帬易·說卦離爲鼈，爲蟹，爲龜，以其骨在外，肉在內也周禮·冬官考工記外骨爲龜屬，內骨爲鼈屬，以鼈有肉緣，比龜爲內骨耳淮南子·說林訓鼈無耳，而目不可瞥，精於明也。陸佃曰：鶴影生，鼈思生，鼈伏於淵而卵剖於陵，此以思化也又鼈伏隨日，謂隨日光所轉，朝首東鄉，夕首西鄉又爾雅·釋魚鼈三足爲能山海經從山，多三足鼈又納鼈本草註鼈無足而頭尾不縮者，名曰納鼈又星名史記·天官書旬始出於北斗旁，狀如雄雞，其怒青黑，象伏鼈又縣名前漢·地理志牂牁郡鼈縣又官名周禮·天官·鼈人掌取互物又姓蜀王本紀鼈令尸亡，隨江鄓與望帝相見，望帝以爲相，而禪國，號曰開明又木鼈子、番木鼈，𠀤草名又石鼈本草註石鼈生海邊又土鼈，畜象處，象屎所生，斬斷，復自合，能續骨又蕨別名。亦作虌爾雅·釋草蕨，虌郭註初生無葉，可食，江西謂之虌詩·召南言采其蕨毛傳蕨，鼈也。其初生時，似鼈脚，故名△俗作蟞、鱉。
瀅又鱉72709鼈75947鼈75217鼈75945

鼉 75208 40110
tuó_12.25 唐韻徒何切集韻韻會正韻唐何切𠀤音駝說文水蟲陸璣云鼉似蜥蜴，長丈餘，其甲如鎧，皮堅厚，可冒鼓詩·大雅鼉鼓逢逢。一說鼓聲逢逢，象鼉鳴續博物志鼉長一丈，其聲似鼓埤雅鼉鳴應更，吳越謂之鼉更。又鼉欲雨則鳴，里俗以鼉讖雨禮·月令季夏，

天子命漁師,伐蛟取鼉,登龜取黿△亦作鱓 呂氏春秋 帝顓頊令鱓先爲樂倡,鱓乃偃浸,以其尾鼓其腹,其音英,卽鼉也。又 史記·晉世家 曲沃桓叔子鱓 索隱 鱓音陀。又 集韻 唐干切音壇。又時戰切音繕。義丛同。鼈 又 黿75212鼈75204鼈75215鼈75944鼈07833

鼈 75209 42365
shī_12.25 川篇 音尸。蟾蜍也。鼈 俗黿75218

鼈 75210 u2B71E
yìng_12.25 同黿75098

鼈 75211 u2A4FA
null_12.25 未詳。

黿 75212 u9F0D
tuó_12.25 俗黿75208

鼈 75213 40111
diān_13.26 集韻 多年切音顛。鼈鼃,電類。似鼈鼈,出遼東,土人食之。

鼈 75214 40112
bì_13.26 廣韻 比激切 集韻 韻會 必歷切丛音壁 韻會 鼃鼈,鼊屬。似龜而漫胡,無指爪,其甲有珠,文如瑇瑁。鼈 又蟞53577鼊35710

鼈 75215 40113
tuó_13.26 字彙補 卽黿字 逸周書·王會解 會稽以鼈。鼈 今作部外十二畫。

鼈 75216 40114
áo_13.26 字彙補 與鼇同。

鼈 75217 u2A500
biē_13.26 龍龕 鼈俗鼈75207正,并列反。魚鼈,水虫也。

鼈 75218 40115
shī_14.27 唐韻 式支切 集韻 商支切丛音施 說文 鼃鼈,詹諸也 詩 曰:得此鼃鼈。言其行鼃鼈○按 詩·衞風 今作戚施。鼈 又鼈75209,俗作。

鼈 75219 40116
qiū_15.28 字彙補 古文秋40241字。出 漢高陽令碑

◆ 鼎部 ◆

鼎 75220 40117
dǐng_0.13 古文鼐 唐韻 集韻 韻會 丛都挺切音頂 說文 鼎三足兩耳,和五味之寶器也。昔禹收九牧之金,鑄鼎荊山之下 玉篇 所以熟食器也 左傳·宣三年 昔夏之方有德也,遠方圖物,貢金九牧,鑄鼎象物,百物而爲之備,使民知神姦,故民入川澤山林,不逢不若,螭魅罔兩,莫能逢之 周禮·天官·膳夫 王日一舉鼎,十有二物,皆有俎 註 鼎有十二,牢鼎九,陪鼎三 又 周易·卦名 巽下離上之卦 又 正韻 鼎,當也 又 方也 前漢·賈誼傳 天子春秋鼎盛 又 鼎鼎,大舒也 禮·檀弓 喪事鼎鼎,爾則小人 疏 形體寬慢也 又 周鼎,星名。見 步天歌 又湖名 史記·封禪書 黃帝鑄鼎於荊山,後世因名其處爲鼎湖 又 州名。宋朗州改鼎州 又 城門名 後漢·郡國志 雒陽東城門名曰鼎門 註 九鼎所從入 又 維舟曰鼎 揚子·方言 維之謂之鼎 又 官名 前漢·東方朔傳 夏育爲鼎官 註 鼎官,今殿前舉鼎者也 又 姓。宋將鼎澧 又 人名。西京雜記 鼎,匡衡小名也。又 前漢·匡衡傳 註 張晏曰:匡衡,少時字鼎,長乃易字稚圭,世所傳衡與貢禹書,上言衡狀報,下言匡鼎白,知是字也 又 無說詩,匡來 註 服虔曰:鼎,猶言當也,若言匡且來也○按服虔註誤 又 前漢·賈捐之傳 捐之復短石顯。楊興曰:顯鼎貴 註 如淳曰:言方且欲貴矣。鼎,音釘。師古曰讀如字。

鼈 又 號52269鏑64444斳22069斯22066鼎22667鼎22081鼎32398斳22110泉37532鼎75222鼍16341晁22502鼪32895塡09005鼎37751鼎22671 **図** 字彙補 斳22076卽鼎字。鼎22119同鼎 焦竑·俗書刊誤 鼎,一作鼎75221俗作鼎22771鼎22680,並非。

鼎 75221 40118
dǐng_0.13 正字通 俗鼎字。

鼎 75222 u2FCD
dǐng_0.13 部 鼎75220

鼏 75223 40119
mì_2.15 廣韻 集韻 韻會 正韻 丛莫狄切音覓 玉篇 覆樽巾也 禮·禮器 犧尊疏布鼏 図 玉篇 鼎蓋也 儀禮·士冠禮 特豚載合升,離肺實于鼎,設扃鼏 註 鼏,鼎覆也。 図 廣雅 鼏,慢闔也。鼈 又鼏75226

鼐 75224 40120
nài_2.15 唐韻 奴代切 集韻 韻會 乃代切丛音耐 說文 鼎之絕大者 廣雅 鼎絕大謂之鼐 詩·周頌 鼐鼎及鼒 図 廣韻 奴亥切 集韻 韻會 正韻 曩亥切丛音乃。義同。 図 集韻 寧鄧切,能去聲。大鼎也。

鼎 75225 40121
dǐng_2.15 集韻 鼎75220古作鼎 図 正字通 籀文貞字。

鼏 75226 40122
jiōng_2.15 唐韻 莫狄切音覓 ◆ 說文 以木橫貫鼎耳而舉之。从鼎,冂聲 周禮 廟門容大鼏七箇,即易玉鉉,大吉也 正韻 云鼏,从冂,音冋,與上鼏字不同○按75223从冖,冖音覓,故與鼏異。然 說文 鼏又作莫狄切,則鼏又有覓音矣。鼈 又鼏75227鼏75228

鼏 75227 u2FA1A
jiōng_2.15 同鼏75226

鼏 75228 u2056A
jiōng_2.15 鼏75226本字

鼒 75229 40123
zī_3.16 唐韻 子之切 集韻 津之切,丛音兹 說文 鼎之圜掩上者 爾雅·釋器 圜掩上謂之鼒 郭註 鼎斂上而小口 玉篇 小鼎也 図 廣韻 昨哉切 集韻 韻會 正韻 牆來切丛音裁。又 集韻 類篇 鉏將來切音哉。又 集韻 作代切音再。義丛同。鼈 又鼐75230鼒75235鼒25538

鼑 75231 40125
yuán_3.16 廣韻 集韻 丛王分切音雲。籀文員05948字。

鼐 75230 40124
zī_3.16 字彙補 同鼒

塀 75232 40126
dǐng_3.16 集韻 都挺切音頂。塀瞳,蟻封 図 玉篇 古文圢08253字。鼈 又塀09510

鼾 75233 40127
yú_3.16 字彙補 古刊切音干 考古圖 有 王子吳鈓鼾銘 三蒼 云鼎也。鼈 殷周金文集成.5.2717王子吳擇其吉金,自乍飤鼾。从于,即盂字。

鼎 75234 u2B720
null_3.16 未詳。

鼐 75235 u2A507
zī_4.17 鼒75229譌字。亦作鼐。俗又作鼐。

鼐 75236 u2B721
null_10.23 伯艅方鼎 白艅乍厥宗寶尊彝鼐。

齍 75237 u2A509
zī_10.23 同齍75540古容量單位,魏國銅器銘文習見

鬻 75238 40129
huì_11.24 廣韻 祥歲切音篲。小鼎 淮南子·說林訓 水火相憎,鬻在其閒,五味以和。鼈 又鬺75240

鬺 75239 40130
shāng_11.24 廣韻 式羊切 集韻 尸羊切丛音商 玉篇 爨也。亦作鬺。

⿰鼎慧 75240 40131 huì_15.28 焦竑·石鼓歌辟雍横陳雜鼾⿰鼎慧字彙補疑與⿰鼎彗同。

◆ 鼓部 ◆

鼓 75241 40132 gǔ_0.13 古文鞁唐韻工戶切集韻韻會果五切正韻公土切太音古。革音之器。伊耆氏造鼓說文鼓，郭也。春分之音，萬物郭皮甲而出，故謂之鼓徐鍇曰郭者，覆冒之意玉篇瓦爲椌，革爲面，可以擊也樂書鼓所以檢樂，爲羣音長周禮·地官·鼓人掌教六鼓註六鼓：靁鼓八面，靈鼓六面，路鼓四面，鼖鼓、皋鼓、晉鼓，皆兩面。又夏后氏足鼓，置鼓於趺上，謂之節鼓。殷楹鼓，以柱貫中，上出而樹之也。周縣鼓，植簨虡而縣之也 又 星名爾雅·釋天河鼓謂之牽牛郭註荆楚人呼牽牛爲擔鼓。擔者，荷也 又 前漢·五行志天水冀南山大石鳴，曰石鼓鳴則有兵 又 國名。春秋鼓國，白狄別種左傳·昭二十三年晉襲鼓，滅之後漢·郡國志鉅鹿下曲陽有鼓聚，故翟鼓子國 又 量名禮·曲禮獻米者，操量鼓廣雅斛謂之鼓荀子·富國篇瓜桃棗李一本數以盆鼓註鼓，量也。謂數度以盆量也 又 後漢·東夷傳扶餘國，正月，國中連日大會飲樂，名曰迎鼓△集韻俗作皷，非是。鎏又㪁03965鼔75243鞁67173鼓75242鼕75248鼙75252䵻68836㽽31051 又 龍龕磬27129同鼓 又 干祿字書皷37049鼓，上俗下正 又 直音篇鞊67228鼛75288並同鞁67172

鼓 75242 40133 gǔ_0.13 唐韻公戶切音古說文从支从壴，壴亦聲廣雅鼓鳴也廣韻擊鼓也左傳·莊十年長勺之戰，公將鼓之。又凡有所擊搏曰鼓易·離卦不鼓缶而歌詩·小雅鼓瑟吹笙，吹笙鼓簧又鼓鍾于宮 又 鐘所擊處，亦謂之鼓周禮·冬官考工記鳧氏爲鍾，兩欒謂之銑，銑間謂之于，于上謂之鼓，鼓上謂之鉦 又 正韻撫也，歛也。又 振動也易繫辭鼓天下之動者存乎辭又鼓之舞之以盡神 又 扇也，扇火動橐謂之鼓前漢·終軍傳膠東魯國鼓鑄鹽鐵註如淳曰：扇熾火謂之鼓〇按說文鼓舞之鼓从支，支音朴。鐘鼓之鼓从支，微有不同。今槩用支，不復用攴矣。

鼔 75243 46960 gǔ_0.13 龍龕同鼓

鼓 75244 u2FCE gǔ_0.13 部鼓75241

鼚 75245 40134 jī_3.16 篇海吉逆切音戟。鼓聲。鎏熊加全：俗擊09407

⿱高鼓 75246 u2A50C gāo_3.16 龍龕鼛07920鼛，音高。周鼛75283，大鼓也。二同。

鼜 75247 40135 péng_4.17 集韻類篇太蒲蒙切音蓬。鼓聲也。

鼕 75248 40136 gǔ_4.17 字彙補與鼓同。見阿閦佛經

⿱登鼓 75249 42343 dēng_4.17 川篇丁林切，鼓聲。

鼖 75250 46961 fén_4.17 龍龕同鼖

鼛 75251 40137 cà_5.18 玉篇七盍切廣韻倉囃切◇玉篇鼓聲焦竑·俗用雜字打鼓邊曰鼛。鎏焦竑·俗用雜字。明·陳士元俗用雜字。又囃07859

鼙 75252 40138 gǔ_5.18 玉篇籀文鼓字。

鼚 75253 40139 bèng_5.18 集韻類篇太蒲孟切音膨。磞鼚，石聲。鎏又磬39440

鼕 75254 40140 dōng_5.18 廣韻集韻韻會太徒冬切音彤廣韻鼓聲也唐書·馬周傳請置六街鼓，號爲鼕鼕鼓 又 集韻徒東切正韻徒紅切太音同。義同。鎏又鼕27123鼟75272 又 五音集韻鼕鼞，同鼟 又 正字通鼞53387鼕字之譌。舊註同鼟，誤。

鼖 75255 40141 fú_5.18 集韻韻會太馮無切音扶集韻軍聲喧也書傳乃鼓鼖譟周禮·夏官·大司馬車徒皆譟。註：書曰，前師乃鼓鼖譟，亦謂喜也 又 集韻類篇太斐父切音撫。義同。鎏又拊19380

鼛 75256 40142 tiè_5.18 集韻正韻太他協切音帖說文鼓無聲也玉篇寬也。鎏又鼘57101

鼖 75257 40143 fén_5.18 正字通同鼖75265譌省。

鼙 75258 u2A513 sháo_5.18 同韶67849玄應音義音韶：古文鼙，同。視招反。舜樂名也。韶之言紹也。

⿱罒鼓 75259 u2A512 zhuó_5.18 罬45531譌字。見庚辰本脂硯齋重評石頭記

鼜 75260 40144 pāng_6.19 廣韻匹江切集韻披江切太音胮廣韻鼓聲。亦作韸。

鼛 75261 40145 tà_6.19 唐韻土盍切，音榻。又集韻托合切，音鎝說文鼓鼛聲。

鼛 75262 40146 tà_6.19 古文鞈唐韻徒合切集韻達合切太音沓說文鼓聲也史記·司馬相如傳鏗鎗鐺鼛 又 kè廣韻苦盍切音榼。鼓聲鼛鼛也 又 tà廣韻他合切集韻托合切太音鎝集韻鏜鞈，鐘鼓聲 又 集韻渴合切音佮。義同。

鼟 75263 40147 tóng_6.19 集韻徒冬切音彤玉篇鼓聲 又 chóng集韻類篇太持中切音蟲。義同△玉篇或作鼕。

鼘 75264 40148 yīn_6.19 廣韻集韻太於巾切音駰廣韻鼓聲。又 yuān廣韻烏玄切集韻縈玄切，太音淵。義同。鎏又鼝75278

鼖 75265 40149 fén_6.19 唐韻集韻韻會正韻太符分切音汾說文大鼓也爾雅·釋樂大鼓謂之鼖郭註鼖長八尺周禮·地官鼓人以鼖鼓鼓軍事。古用賁詩·大雅賁鼓維鏞。又作鞼、鼢。鎏又皾21752皷37050鞼67507鼖75250鼖75257鼢75291鼢75307鼢75293

鼗 75266 40150 táo_6.19 廣韻集韻太徒刀切音陶。如鼓而小，持其柄搖之，兩耳還自擊廣韻鼗，大者謂之麻，小者謂之料。又小鼓著柄者書·益稷下管鼗鼓周禮·春官·大司

樂　靁鼓，靁鼗，地上之圜丘奏之。靈鼓，靈鼗，澤中之方丘奏之。路鼓，路鼗，宗廟之中奏之。又 禮·王制 天子賜伯子男樂，則以鼗將之 図 一作韜 釋名 韜，導也。△亦作鞉。鋻 又韶67651

鼗 75268 42344
táo_6.19　說文 鼜字 鼛 75267 40151
gāo_6.19　字彙補 古刀切音羔。鼓也。鋻 楊寶忠：俗鼛75283

鼘 75269 46962
yuān_6.19　搜眞玉鏡 音淵。

鼛 75270 u2A51A
dùng_6.19　喃 从鼓同đồng聲。鼓聲。

鼟 75272 40153
dōng_7.20　字彙補 同鼞〇按卽鼟字之譌。

鼞 75273 46963
jiā_7.20　川篇 音笳 鼟 75271 40152
dōng_7.20　廣韻 徒紅切 集韻 徒東切达音同 廣韻 鼓聲。

賏 75274 u2A521
bòi_7.20　喃 从鼓貝buổi聲。小鼓△藏賏：撥浪鼓。

藏 75275 u2A520
trống_7.20　喃 从鼓弄lộng聲△打藏：擊鼓。藏牒：空曠的。

鼙 75276 u2A51E
péng_7.20　同鼙75247鼓聲。

鼛 75277 40154
tà_8.21　字彙 托合切音鰨 玉篇 鼓寬也 正字通 鼓聲雜沓也。

鼘 75278 40155
yuān_8.21　唐韻 廣韻 烏玄切 集韻 縈玄切，並音淵 說文 鼓聲也 詩·商頌 鼖鼓鼘鼘 図 廣韻 集韻 达於巾切音䪄。又 集韻 一均切音蝹。義达同。鋻 類篇 鼘，或作鼝75296鼞75264鼟75300鼟75286

鼙 75279 40156
pí_8.21　唐韻 部迷切 集韻 騈迷切达音岬 說文 騎鼓也 釋名 鼙，裨。裨助鼓節也 周禮·夏官·大司馬 旅帥執鼙 又 中冬教大閱，中軍以鼙令鼓 呂氏春秋 帝譽令人作鼓鼙之樂 図 晉書·樂志 有鼙舞 曹植·鼙舞詩序 漢靈帝西園鼓吹。有李堅，能鼙舞 図 與琵通 搜神記 琵琶作鼙婆。鋻 又鼙46838鼙37076鞞57099 図 可洪音義 諸鼙：毗兮反，騎上鼓也。

鼞 75280 40157
tāng_8.21　廣韻 褚羊切 集韻 抽良切达音瞠 玉篇 鼓聲。帝乃載歌，鼞乎鼓之，軒乎舞之。鋻 又鼛64820鼞69548

鼟 75281 40158
lóng_8.21　集韻 良中切音隆。鼓音也 図 字彙 鼓無聲也。

鼛 75282 40159
kōng_8.21　集韻 枯公切音空。鼓聲震也 図 黃帝靈樞經 鼛鼛然不堅。

鼛 75283 40160
gāo_8.21　唐韻 古勞切 集韻 韻會 居勞切 正韻 姑勞切达音高 說文 大鼓也 廣韻 役事車鼓，長丈二尺 周禮·地官·鼓人 以鼛鼓鼓役事 詩·大雅 鼛鼓弗勝 図 本作鼛 周禮·冬官考工記 爲鼛鼓，長尋有四尺。鋻 又鼛07920鼗75267鼛75246

鼘 75284 46964
yuān_8.21　五音篇海 同鼘。

鼙 75285 46965
qì_8.21　龍龕 與鼙同。

鼞
鼞 75286 40161
yuān_9.22　篇海 徒弄切音洞。鼓聲。鋻 張涌泉：俗鼟75300

鼞 75287 40162
tiē_9.22　廣韻 他協切音帖 玉篇 鼓無聲。鋻 正字通 鼞75290字之譌。

鼛 75288 40163
gǔ_9.22　正字通 同鼓。

鼙 75289 40164
xián_9.22　集韻 胡讒切音咸。鼓聲。

鼞 75290 40165
tiē_9.22　唐韻 集韻 达他協切音帖 說文 鼓無聲。図 廣韻 集韻 达七入切音緝。義同 図 正字通 一說鼓聲止而餘音在也。鋻 又鼞75287鼙46838鼙75285 図 集韻 鼞，或作鼞75256

鼖 75291 40166
fén_9.22　字彙補 符文切音墳。大鼓也〇按卽鼖字之譌。

鼙 75292 40167
sāng_9.22　字彙補 蘇郎切音桑。鼓匡也。

鼖 75293 u2A52D
fén_9.22　簡 鼖75307

鼙 75294 40168
qì_10.23　廣韻 集韻 韻會 达倉歷切音戚 玉篇 守夜鼓也 周禮·地官·鼓人 軍旅夜鼓鼙 釋文 杜子春讀爲戚 疏 在軍警戒，急在於夜，言鼙者，音同爲戚，取軍中憂懼之意 図 cào 集韻 七到切，操去聲。義同。鋻 又鼗53528鼙75306 図 直音篇 鼙64362鼜75253同鼙 図 海篇直音 鼙75311鼙75298，二。音戚。守夜鼓聲。又

鼙 75295 40169
tà_10.23　正字通 俗鼞字。

鼝 75296 40170
yuān_11.24　集韻 同鼘 張衡·東京賦 雷鼓鼝鼝，六變旣畢。

鼞 75297 40171
tāng_11.24　唐韻 土郎切 廣韻 吐郎切 集韻 他郎切达音湯 說文 鼓聲也。鋻 六書正譌鼞，別作鞺、䩏，竝非 図 慧琳音義 其鐺64058：託郎反。鄭玄注 尚書大傳 云䩏，謂聲兒也 埤蒼 大聲也 說文 亦聲也。或從壴。音注作䩏。又從鼓作鼞 字林 或作闛65308鼞75280 韻 作闛65138也。

鼞 75298 40172
qì_11.24　正字通 俗鼙字。

鼙 75299 40173
yìn_11.24　廣韻 于禁切音䫑。鼓聲。

鼟 75300 46966
yuān_11.24　川篇 同鼝 鼞 75301 u2A532
péng_11.24　同鼙75276 黃庭堅詩：相逢常靫掌，衙鼓趨鼟鼟。

鼞 75302 40174
tēng_12.25　廣韻 集韻 达他登切音磴 玉篇 鼓聲。図 集韻 都騰切音登。又徒登切音騰。義达同。鋻 又鼙27168鼙64483

鼞 75303 40175
tóng_12.25　廣韻 集韻 达徒冬切音彤 說文 鼓聲。図 lóng 廣韻 力中切 集韻 韻會 正韻 良中切达音隆。又 集韻 韻會 盧冬切 正韻 盧宗切达音䃾。又 páng 集韻 皮江切音龐。義达同。鋻 又鼙75308 図 集韻 鼞或作鼙

馨馨鼕⊠正字通鼕,卽馨字之譌⊠廣韻鼞,俗作鼕

鼞 75304 46967
zhòu_12.25 搜眞玉鏡直又切,音呪◇。

鼛 75306 u2503B
qì_12.25 同鼞75298海篇直音鼛,音戚。鼓聲。

鼟 75305 u2A534
tóng_12.25 同鼞75303

鼖 75307 40176
fén_13.26 集韻同鼛。

鼞 75308 46968
lóng_13.26 篇海類編同鼛。

鼟 75309 40177
tēng_14.27 集韻類篇丛他登切音磴集韻倰鼟,長也⊠集韻他等切,磴上聲。義同。鼟正字通俗字。舊註他登切,忒平聲。倰鼟,長貌。非是。諺語:人不省事曰倰僜01920非朴鼟。

鼞 75310 40178
lóng_16.29 字彙盧容切音龍。鼓寬貌⊠篇海音滂。義同。

鼟 75311 46969
qì_16.29 五音篇海同鼛。

鼟 75312 46970
xiàng_20.33 篇海類編音鄉。

• 鼠部 •

鼠 75313 40179
shǔ_0.13 唐韻書呂切集韻韻會正韻賞呂切丛音暑說文穴蟲之總名也廣韻鼠,小獸,善爲盜春秋·運斗樞玉樞星,散而爲鼠易繫辭艮爲鼠⊠十二生肖之首⊠水鼠雲僊雜志穴水旁岸際,似鼠而小,食菱芰魚蝦⊠冰鼠。東方朔云生北荒積冰下,皮毛柔,可爲席。⊠火鼠神異經出西域及南海火洲,山有野火鼠,人取其毛績之,號火浣布⊠陰鼠郭璞·山海經序陰鼠生於炎山⊠耳鼠·山海經丹熏山有獸,狀如鼠,以其尾飛⊠香鼠字彙河南禹州密縣雪霽山香鼠,長寸餘,齒鬚畢具,香類麝,踰大路則死⊠辟毒鼠西域舊圖大秦有辟毒鼠⊠天鼠王羲之·十七帖天鼠膏可治耳聾⊠兀兒鼠甘肅地志涼州地有兀兒鼠者,似鼠。有鳥名木周兒者,似雀,常與兀兒鼠同穴而處○按此卽尚書同穴之鳥鼠也⊠鳥名。螫鼠山海經枸狀之山,有鳥,狀如雞而鼠毛,名曰螫鼠⊠昌鼠,鯧鯸魚別名⊠鼠婦,蟲名爾雅·釋蟲蟠,鼠負註瓮器底蟲疏負作婦陶註·本草云多在鼠坎中,鼠背負之詩·豳風伊威在室毛傳委黍也。郭璞曰:鼠蟠之別名。蟠,亦作婦⊠馬直肉下曰輸鼠齊民要術相馬法·輸鼠欲方⊠木名爾雅·釋木梗,鼠梓郭註楸屬。又本草有鼠李⊠草名爾雅·釋草葝,鼠尾註可以染皂又蔍,鼠莞註纖細似龍鬚,可爲席。⊠正字通山名。鳥鼠同穴山,在隴西首陽縣⊠土色釋名土赤曰鼠肝,似鼠肝色也⊠憂也詩·小雅鼠思泣血。亦書作癙小雅癙憂以痒⊠持兩端曰首鼠史記·灌夫傳武安君召韓御史曰:何爲首鼠兩端註首鼠,言一前一卻也△上象齒,下象腹爪尾。俗省作鼠。鼟又鼡75321骨48346鼣75317鼣75319鼥75316鼣75315鼡75314鼠。

鼡 75314 u24506
shǔ_0.13 俗鼠75313

鼡 75315 u231D1
shǔ_0.13 俗鼠75313

鼠 75316 u231A8
shǔ_0.13 俗鼠75313

鼠 75317 u2318E
shǔ_0.13 俗鼠75313

鼠 75318 u20748
shǔ_0.13 俗鼠75313

鼡 75321 u9F21
shǔ_0.13 日俗鼠75313

鼠 75319 u4455
shǔ_0.13 俗鼠75313亦作鼣75317

鼠 75320 u2FCF
shǔ_0.13 部鼠75313

鼠 75322 u2B722
yī_1.14 从鼠一中山王方壺曾亡鼠夫之救。鼠夫,讀作一夫。

鼦 75323 40180
diāo_2.15 正字通俗貂字。

鼦 75324 u2A539
diāo_2.15 正字通貂,或从鼠作貂。俗省作鼦。

鼤 75325 40181
rèn_3.16 字彙而振切音刃。鼠也。

鼧 75326 40182
zhuó_3.16 唐韻之若切集韻職略切丛音酌說文胡地風鼠⊠bào廣韻比教切集韻韻會巴校切丛音豹廣韻鼠屬。能飛,食虎豹之物⊠jué廣韻卽略切集韻卽約切丛音爵廣韻似鼠而小也⊠dì廣韻都歷切集韻丁歷切丛音的廣韻鼠名⊠集韻疾雀切音皭。義同。鼟又鼩75421⊠正字通蚴52340,鼩字之譌。

鼨 75327 40183
zhōng_3.16 說文長箋同鼨。

鼩 75328 40184
jùn_3.16 字彙補子峻切音駿。石鼠也。出蜀中。毛可爲筆○按卽駿字之譌。

鼩 75329 40185
yìn_4.17 集韻類篇丛淫沁切,淫去聲集韻鼠名。

鼩 75330 40186
hán_4.17 唐韻胡男切集韻胡南切丛音含說文鼠屬⊠gān廣韻古南切集韻姑南切丛音弇廣韻鼠名⊠玉篇鼢,蜥蜴也△亦作鼢。

鼩 75331 40187
píng_4.17 篇海步丁切音瓶。鼠也。鼟鼩75364俗譌。

鼢 75332 40188
fèn_4.17 唐韻正韻房吻切集韻韻會父吻切丛音憤說文地行鼠,伯勞所化也。一曰鼺鼠爾雅·釋獸鼢鼠註地中行者疏所謂犁鼠者,卽此也⊠fén廣韻集韻丛符分切音汾廣韻田中鼠⊠集韻類篇丛符問切音幩。義同△一作蚡。鼟又鼢75432

鼭 75333 40189
pū_4.17 廣韻集韻丛普木切音撲玉篇鼠也集韻鼤鼭,鼠屬○按字从鼠从攴。攴,音撲字彙从攴,誤。鼟又鼭75337

鼥 75334 40190
yuán_4.17 集韻類篇丛愚袁切音元集韻鼠名。

鼨 75335 40191
chén_4.17 篇海直林切音沉。水鼠名。

鼣 75336 40192
fèi_4.17 廣韻符廢切音吠·爾雅·釋獸鼣鼠註山海經說獸云形如鼣鼠廣韻鼠名,聲如犬吠也。鼟又鼭75346鼣75369鼣75433

鼭 75337 40193
pū_4.17 字彙普木切音撲。鼤鼭,鼠名○按此亦鼭字之譌。

鼤 75338 40194
fāng_4.17 集韻類篇丛分房切音方集韻地鼠也。

鼤 75339 40195
wén_4.17 廣韻集韻丛無分切音文玉篇斑尾鼠爾

雅·釋獸〕鼢鼠,䶄鼠〔註〕未詳〔又〕wèn〔廣韻〕亡運切〔集韻〕文運切𠀤音問〔廣韻〕鼠文。

𪖢 75342 46971
hāng_4.17 〔川篇〕火崗切〔龜屬〔字彙補〕鼠屬。〔鋻〕楊寶忠:疑俗𪖫75187

𪖥 75341 42345
mí_4.17 〔川篇〕名移切。

𪖤 75340 40196
zhōng_4.17 〔正字通〕同䶄。

鼣 75343 u2A546
xì_4.17 〔集韻〕欷,馨激切。去涕也。方成珪·考正:欷26349譌欷。據〔篇韻〕正〔又〕jùn朝鮮本《龍龕》䶈,子峻切。石䶂。出蜀中。毛可為筆。欷75328欷,並俗。

𪖣 75344 u2A545
tuó_4.17 俗鼧75351《新唐書·卷四十·志第三十·地理志》蘭州金城郡,下。以皋蘭山名州。土貢:麩金、麝香、鼧鼥鼠《本草綱目卷五十一·獸部·獸之三·鼠類一十二種》土撥鼠(拾遺)〔釋名〕鼧鼥。時珍曰:按,《唐書》有鼧鼥鼠,即此也。鼧鼥言其肥也。

𪖧 75345 40197
píng_5.18 〔唐韻〕薄經切〔集韻〕旁經切𠀤音瓶〔說文〕𪖧,令鼠〔又〕〔廣韻〕鼠子〔又〕斑鼠。〔鋻〕又鼱75364

鼥 75346 40198
bá_5.18 〔集韻〕〔類篇〕𠀤蒲撥切音跋〔集韻〕鼠肥者〔本草〕李時珍曰:皮可為裘,甚煖,濕不能透〔正字通〕鼧鼥鼠,生西番山澤中,穴土為窠,形似獺。夸人掘食之,蒙古人名答剌不花《唐書》有鼧鼥鼠,鼧鼥言其肥也。◆《唐韻》鼥鼥,音僕扑。俗譌為土撥《本草》從之,非。〔又〕fèi〔集韻〕房廢切音吠。同獘,鼠名,其鳴如犬吠。〔鋻〕俗獘〔又〕䶛75433

𪖨 75348 40200
zī_5.18 〔唐韻〕即移切〔集韻〕將支切𠀤音貲◆〔說文〕鼠似雞,鼠尾〔玉篇〕似雞而鼠毛,見卽大旱〔又〕〔集韻〕津私切音咨。義同。〔鋻〕又𪖞73933蜜52520鼶75362

鼦 75349 40201
diāo_5.18 〔玉篇〕古文貂字〔本草〕此鼠好食栗及松皮,人呼為栗鼠。其毛拂面如焰,朔風苦寒,人以其皮溫額,後代效之,因以金璫飾首,前插貂尾,至漢因為《史記·貨殖傳》狐貂裘千皮〈揚子·太玄經〉狐貂之毛躬之賊〇按《玉篇》从鼠从召《字彙》亦从召《正字通》誤从占,而訓與貂同,不知从貼者乃鼫鼦也。傳寫之誤,今依《玉篇》改正。

𪖿 75350 40202
liú_5.18 〔唐韻〕力求切音留〔說文〕竹鼠也〔玉篇〕似鼠而大〔埤雅〕一名竹䶅〔食物本草〕鼠食竹根,居土穴中,大如兔,人多食之,味如鴨〔又〕liǔ〔廣韻〕力九切音柳。義同。△本作𪖿。亦作鼺。俗作𪖿、䶅,𠀤非。

𪖩 75347 40199
hú_5.18 〔字彙〕同鼢〔集韻〕唐何切𠀤音駝〔玉篇〕鼠也〔又〕〔廣韻〕託何切〔集韻〕湯何切𠀤音佗。義同。〔鋻〕又𪖣75344

鼬 75352 40204
líng_5.18 〔唐韻〕〔集韻〕𠀤郎丁切音靈〔廣雅〕䶆鼬,鼠屬〔廣韻〕䶆鼬,斑鼠。〔鋻〕又鼶75382

䶂 75353 40205
jiōng_5.18 〔廣韻〕古螢切〔集韻〕涓熒切𠀤音扃〔玉篇〕斑鼠也。〔鋻〕又䶆75386䶂75370

䶄 75354 40206
zhōng_5.18 〔唐韻〕職戎切〔集韻〕〔韻會〕之戎切𠀤音終〔爾雅·釋獸〕䶄鼠〔註〕未詳〔說文〕豹文鼠也〔又〕〔集韻〕徒冬切音彤。義同〇按《爾雅》本文,䶄鼠,豹文鼮鼠。郭璞䶄註未詳,鼮註鼠文彩如豹者。許慎䶄註豹文鼠。豹文二字,或上屬,或下屬,未知孰是。〔鋻〕又鼢75327鼢75340

鼰 75355 40207
qú_5.18 〔唐韻〕其俱切〔集韻〕〔韻會〕權俱切𠀤音劬〔說文〕精鼰鼠也〔爾雅·釋獸〕鼰鼠〔註〕小鼱鼰也。亦名鼨鼰。〔鋻〕又䶘75444

鼪 75356 40208
shēng_5.18 〔廣韻〕所庚切〔集韻〕〔韻會〕〔正韻〕師庚切𠀤音生〔正韻〕飛生鼠〔爾雅·釋獸〕註江東呼鼪鼠為鼪,能啖鼠。俗呼鼠狼〔埤雅〕今栗鼠似之,蒼黑而小,取其毫與尾,可以製筆。世所謂鼠鬚栗尾者也〈莊子·徐無鬼〉逃虛空者,藜藿柱乎鼪鼬之逕〔又〕xìng〔集韻〕息正切音性。鼠屬。〔鋻〕又鼩73082䶌75388

鼫 75357 40209
shí_5.18 〔唐韻〕〔集韻〕〔正韻〕𠀤常隻切音石◆〔說文〕五技鼠也。能飛不能過屋,能緣不能窮木,能游不能渡谷,能穴不能掩身,能走不能先人〔爾雅·釋獸〕鼫鼠〔註〕形大如鼠,頭似兔,尾有毛,青黃色,好在田中食粟豆。關西呼為鼩鼠〔唐韻〕鼫鼠〔埤雅〕鼫鼠,兔首,似鼠而大,能人立,交前兩足而舞,害稼者一名雀鼠〔本草〕一名碩鼠〔易·晉卦〕晉如鼫鼠〔又〕〔本草〕螻蛄,一名鼫鼠。

𪖬 75358 40210
rǒng_5.18 〔唐韻〕而隴切〔集韻〕乳勇切𠀤音宂〔說文〕鼠屬。

鼬 75359 40211
yòu_5.18 〔唐韻〕〔集韻〕〔韻會〕𠀤余救切音狖〔說文〕如鼠,赤黃而大,食鼠者〔正韻〕野鼠,善登木〔爾雅·釋獸〕註鼬,似貂,赤黃色,大尾,啖鼠,江東呼為鼪〔本草〕鼬,一名黃鼠狼。又名鼪鼠。又名鱁鼠。又名地猴〈韓愈·南山詩〉倏閃雜鼯鼬〔地名〕〔左傳·定四年〕公及諸侯盟於皋鼬〔又〕古姓〈山海經〉有鼬姓之國〔又〕羽毛飛揚貌也〈馬融·廣成頌〉羽毛紛其影鼬△〔集韻〕或从穴。〔鋻〕又獘75360〔又〕《正字通》鼬,鼬字之譌。

鼬 75360 40212
yòu_5.18 〔集韻〕同鼬

鼬 75361 40213
null_5.18 〔字彙補〕音未詳。鼬鼩75382,鼠名。〔鋻〕楊寶忠:鼴75405字殘誤。

鼶 75362 46972
zī_5.18 〔篇海類編〕同𪖨。

𪖸 75363 u2B818
yòu_5.18 俗鼬75359

䶖 75364 40214
píng_6.19 〔玉篇〕步靈切音瓶。鼠也。〔鋻〕又𪖧75331俗䶖75345

鼯 75365 40215
hé_6.19 〔唐韻〕下各切〔集韻〕曷各切𠀤音涸〔說文〕鼯鼠。出邊地。皮可為裘〔又〕〔玉篇〕盧各切〔集韻〕歷各切𠀤音洛。義同。〔鋻〕又䶓75371

鼣 75366 40216
guāng_6.19 〔篇海〕古黃切音光。鼠也。〔鋻〕又䶒75372

鼭 75367 40217
shí_6.19 〔唐韻〕〔集韻〕𠀤市之切音時〔玉篇〕鼠名也〔爾雅·釋獸〕鼭鼠。〔鋻〕又䶑75411

鼱 75368 40218
ěr_6.19 〔廣韻〕而止切〔集韻〕忍止切𠀤音耳。鼠名〔集

韻韻韻韲，鼠屬。一說鼠形似獸 山海經 作耳鼠 郭璞贊 蹠實以足，排虛以羽。翹尾翻飛，奇哉耳鼠。厥皮惟良，百毒是禦。

獙 75369 40226 fèi_6.19　字彙補 與獙同。見 本草綱目

鼫 75370 42346 jiōng_6.19　字彙補 古螢切音坰。鼫鯰，班鼠。按 字彙 作鼫，据音似宜从同，姑存其字，以竢別證。鋻 又鼫75353

鮭 75371 46973 hé_6.19　搜眞玉鏡 同䶰。

䶰 75372 46974 guāng_6.19　搜眞玉鏡 同鼫。

鼫 75373 u2A556 null_6.19　鼫鯰，亦作鼫75361鼫、鼫75353鯰、鼫75437鯰。

鼬 75374 u2A555 yòu_6.19　楊寶忠：鼬字之譌。

鼮 75375 40219 tíng_7.20　廣韻 特丁切 集韻 韻會 正韻 唐丁切丛音庭 玉篇 鼠名 爾雅·釋獸 豹文，鼮鼠 註 鼠文彩如豹者。又 正字通 後漢·竇攸家傳 光武得豹文鼠，羣臣莫知，攸對曰：鼮鼠也。見 爾雅。驗之，果然。摯虞 三輔決錄 載攸此事 郭璞註 及 藝文類聚 皆誤云武帝時得此鼠，孝廉郎終軍知之 野客叢書 謂前漢諸書不聞終軍有此語，自當以摯說爲是 图 集韻 徒徑切音定。義同。

鼬 75376 40220 liú_7.20　正字通 鼬本字。

鮤 75377 40221 hán_7.20　玉篇 與䶖同。

鼯 75378 40222 wú_7.20　廣韻 五乎切 集韻 韻會 正韻 訛瑚切丛音吾 玉篇 鼯鼠，飛生 正韻 一曰五技鼠 爾雅·釋鳥 鼯鼠，夷由 註 狀如小狐，似蝙蝠，肉翅，翅尾項脅毛紫赤色，背上蒼艾色，腹下黃，喙頷雜白，腳短爪長，尾三尺許。飛且乳，亦謂之飛生。聲如人呼，食火烟。能從高赴下，不能從下上高 疏 一名夷由 馬融·長笛賦 猨蜼晝吟，鼯鼠夜叫。鋻 又鼯75390蛞52690鶘73354鼯75379

鼯 75379 40223 wú_7.20　集韻 同鼯

鼮 75380 40224 cù_7.20　集韻 趨玉切音促。鼮鯰，小鼠。

鮻 75381 40225 jùn_7.20　集韻 祖峻切音俊 廣雅 鮻，石鼠，出蜀中，毛可爲筆 图 廣韻 私閏切 集韻 須閏切丛音峻。鼠名。鋻 又鼫75328鼫75343

鼫 75382 40227 líng_7.20　字彙補 音未詳 禹貢·合註 鳥鼠同穴，山鼠名鼫鼫。鋻 亦作鯰75352楊寶忠：鼫75405字形誤。

鼫 75383 40228 jú_7.20　字彙補 南見切，音睍◇爾雅·釋獸 鼫鼠 註 今江東山中有鼫鼠，狀如鼠而大，蒼色，在樹木上。鋻 鼫75400字之譌。

鮸 75384 46975 xiǔ_7.20　川篇 火有切音朽。

鼫 75385 u2A554 tí_7.20　字海 同鼫75417見 淮南子·時則 高誘注。

鼫 75386 u2A565 jiōng_7.20　同鼫75353

鼫 75387 u2A564 yǎn_7.20　同鼫75422

鼫 75388 u2A563 xìng_7.20　同鼫75356

鼯 75389 u2A562 liú_7.20　同鼫。

鼯 75390 u2A561 wú_7.20　玉篇 鼯75378或爲鼯。

鼯 75391 40229 ér_8.21　字彙 如支切音兒 玉篇 鼠也。

鼮 75392 40230 zhuī_8.21　玉篇 之惟切 集韻 朱惟切丛音錐 廣雅 鼠屬 方言 新野人謂鼠爲鼮○按 揚子方言 作鼫。

鼫 75393 40231 tì_8.21　篇海 他歷切音惕。鼠也。鋻 名義 胡甓反。似鼠蹄。楊寶忠：同鼫。俗鼫75400

鼫 75394 40232 jīng_8.21　廣韻 子盈切 集韻 咨盈切丛音精 廣韻 鼫鼫，小鼠 李巡·爾雅註 鼫鼫，一名奚鼠 前漢·東方朔傳 譬猶鼫鼫之襲狗。

鼮 75395 40233 zhuī_8.21　字彙補 與鼮同 揚子方言 宛野謂鼠爲鼮 註 宛，新野，今在南陽。鼮，音錐。

鼫 75396 40234 yáng_9.22　篇海 移章切音陽。鼠也。鋻 楊寶忠：同鼫。俗鼫75400

鼫 75397 40235 zhòu_9.22　玉篇 除久切音紂。鼠也。

鼫 75398 40236 tí_9.22　集韻 類篇 田黎切 字彙 杜兮切，並音題。同鼫 集韻 鼫鼬，鼠名。

鼫 75399 40237 hún_9.22　唐韻 乎昆切 集韻 胡昆切丛音䰟◆說文 鼠出丁零胡，皮可爲裘 本草 鼫鼠，卽黃鼠，時煖則出坐穴口，見人則交前兩足於頸，拱立如揖，乃竄入穴 淮南子 謂聖人師拱鼠制禮，是也。一名禮鼠。一名拱鼠。一名貜狸 魏志·陳思王傳 鼫鼬讙譁於林木 图 kūn 集韻 公渾切音昆 廣雅 鼠屬。

鼫 75400 40238 jú_9.22　廣韻 正韻 古闃切 集韻 韻會 局闃切丛音鄋 廣韻 鼠名 爾雅·釋獸 鼫，鼠身長須而賊，秦人謂之小驢 註 似鼠而馬蹄，一歲千斤，爲物殘賊。鋻 又鼫75383鼫75393鼫75396 图 集韻 鼫，刑狄切。或作鼫75403

鼫 75401 40239 ài_9.22　廣韻 集韻 丛於蓋切音藹 玉篇 鼫鼫，小鼠相銜尾而行 图 集韻 於例切音瘱。義同。

鼫 75402 40240 hú_9.22　唐韻 戶吳切 集韻 洪孤切丛音胡 說文 斬鼫，黑身白腰若帶，手有長白毛，若握版之狀，類蝯蜼之屬。或作鼫。鋻 又鼫75407鼫75424

鼫 75403 40241 xí_9.22　廣韻 戶狄切 集韻 刑狄切丛音檄 廣韻 鼠名 玉篇 似鼠而白也 集韻 狀如鼠，在樹木上 图 xié 廣韻 胡結切 集韻 奚結切丛音纈。義同。鋻 又鼫75400鼫75383

鼫 75404 40242 yǎn_9.22　廣韻 韻會 正韻 於幰切 集韻 隱幰切丛音偃 玉篇 大鼠也 廣韻 似鼠，形大如牛，好偃河而飲水。图 正韻 鼠名。一曰鼢 正字通 鼫，似鼠而小，無尾，黑色長鼻，一名鼢。以其常偃伏名鼫，以其陰穿地中而行名隱鼠，以其起地若耕，名犁鼠，鼫則通稱也 图 集韻 於塞切音嫣。義同△亦作偃 莊子·逍遙遊 作偃。鋻 又鼫

75387鼶75422

鼵 tū_9.22　廣韻陀骨切集韻陀沒切𠀤音突　爾雅·釋鳥鳥鼠同穴，其鳥爲鵌，其鼠爲鼵註鼵，如人家鼠而短尾。鵌，似鶋而小，黃黑色，穴入地三四尺，鼠在內，鳥在外。今在隴西首陽縣鳥鼠同穴山中　孔氏·尚書傳云共爲雄雌　張氏·地理志云不爲牝牡。鼟又鼶75382
鼬75361

鼰 null_9.22　字彙補音未詳。南方有人名曰鼰，所之國大旱。

鼯 hú_9.22　五音集韻同鼯。

鼱 lǐ_9.22　搜眞玉鏡良几切。又音离。

鼷 sī_9.22　類篇新茲切。風貝。按，鼷68706譌字。

鼸 fú_9.22　同蝠52982　元史·志第二十九輿服二·儀仗外仗繪四星，下繪鼸。

鼴 è_10.23　唐韻於革切音厄　說文鼠屬　⊠yì廣韻集韻𠀤伊昔切音益。鼠名。鼟又鼶37289貓57466

鼄 gǔ_10.23　唐韻集韻𠀤古祿切音穀　玉篇鼬鼠也　廣韻鼹鼄，鼠名。鼟又集韻鼄75414鼄，鼠名⊠鼄75430

鼶 shí_10.23　集韻同鼶

鼄 gǔ_10.23　正字通同鼄

鼇 táng_10.23　廣韻集韻𠀤徒郎切音唐　玉篇鼇鼇，鼠屬集韻一名曰易腸鼠。一月三易腸。

鼀 bó_10.23　廣韻補各切集韻伯各切𠀤音博。即鼀鼀75415也⊠集韻類篇𠀤白各切音泊。義同。

鼶 sī_10.23　唐韻息移切集韻相支切𠀤音斯◆　說文鼠也　爾雅·釋獸鼶鼠註　夏小正曰：鼶鼬則穴〇按鼶，即鼠狼也。今曰狼貓，江北曰黃鼠狼⊠xī集韻先齊切音西。又tí廣韻杜兮切集韻田黎切𠀤音題。義𠀤同。鼟又鼶75398鼶75423鼶75385鼶75426

鼶 liú_10.23　集韻同鼶

鼷 xī_10.23　唐韻胡雞切集韻韻會正韻弦雞切𠀤音奚　說文小鼠也　玉篇螫毒，食人及鳥獸，皆不痛。今之甘口鼠也　爾雅·釋獸鼷鼠註有螫毒者博物志鼷鼠之最小者，或謂之甘鼠　春秋·成七年春，鼷鼠食郊牛角，改卜牛，鼷鼠又食其角　本草註李巡曰：即鼩鼬，或謂之甘鼠。陳藏器曰：鼷鼠極細，卒不可見，食人及牛馬等皮膚，成瘡至死不覺。

鼸 qiǎn_10.23　唐韻集韻𠀤丘檢切，欠上聲　說文鼸也⊠xiàn廣韻胡忝切集韻韻會下忝切𠀤音豏　玉篇田鼠也　爾雅·釋獸鼸鼠註以頰裹藏食⊠釋名額，或曰鼸車，鼸鼠之食積於頰，人食似之，故取名也。鼟又鼶75425

鼶 zhuó_10.23　正字通同鼶。

鼶 yǎn_10.23　正字通同鼶75404　本草一名田鼠。一名鼢鼠。一名隱鼠　李時珍曰田鼠，偃行地中，能壅土成坴，故得諸名。

鼶 sī_10.23　字彙補同鼶。

鼶 hú_10.23　鼶75407譌字。見集韻

鼶 xiàn_10.23　鼶75420　墨子閒詁作鼶。

鼶 sī_10.23　同鼶75417

鼶 què_11.24　字彙卽約切音雀　玉篇鼠也　爾雅翼河東有大鼠，能人立，交兩脚於頭上。或謂之雀鼠　本草雀鼠，卽拱鼠。

鼶 zōng_11.24　集韻將容切音從。鼶鼶，鼠名。

鼶 lí_11.24　廣韻呂支切集韻鄰知切𠀤音離　集韻鼶鼶，小鼠，相銜而行。

鼶 gǔ_11.24　廣雅與鼛同。

鼶 jiào_11.24　搜眞玉鏡音教。

鼶 fén_12.25　正字通同鼢。

鼶 bá_12.25　玉篇同鼥⊠集韻蒲撥切音跋。鼠肥者。

鼶 fán_12.25　唐韻附袁切集韻符袁切𠀤音煩　說文鼠也。或曰鼠婦　玉篇白鼠。一曰瓮底蟲。

鼶 pú_12.25　玉篇補木切集韻博木切𠀤音卜　玉篇鼠名　廣雅鼶鼶，鼠屬。鼟又鼶75438

鼶 sī_12.25　川篇先稽切，音斯◇。

鼶 dēng_12.25　鼶鼶，松鼠。明弘治刻本八閩通志·卷之二十五·食貨·土產·福州府鼶鼶：形似鼠狼，蒼黑而小，尾多毳，善緣蘿藤而走埤雅云栗鼠也。取其毫於尾，可以制筆。世所謂鼠須栗尾者是已　莆陽志謂之鼶鼶鼠。

鼶 pú_13.26　搜眞玉鏡蒲朮切。鼟俗鼶。

鼶 jié_14.27　集韻昨結切音截。猿類。長毛，善走。

鼶 léi_15.28　集韻倫爲切音羸。鼶鼠別名　爾雅翼鼶鼠，一名夸由。一名鼨。又名飛蠝。又名鼶鼠　晉書·索靖傳草書狀曰：騰猨飛鼶相奔越。

鼶 lú_16.29　集韻龍都切音盧。鼠名。

鼶 lì_16.29　集韻狼狄切音歷。鼠名。

鼶 qú_18.31　玉篇同鼩

鼶 chán_17.30　廣韻士縅切集韻鋤咸切𠀤音讒　廣雅鼠名。腰黑⊠埤雅鼠貌⊠chān集韻初銜切音攙。黑耳白腰者。

◆ 鼻部 ◆

鼻 bí_0.14　古文自　唐韻父二切集韻韻會毗至切正韻毗意切𠀤音紕　說文鼻，引气自畀也　釋名鼻，嘒也。

出氣嘻嘻也 管子·水地篇 脾發爲鼻 白虎通 鼻者,肺之使 图 揚子方言 鼻,始也。獸初生謂之鼻,人初生謂之首。梁、益間謂鼻爲初,或謂之祖。祖,居也。又人之胚胎,鼻先受形,故謂始祖爲鼻祖 揚雄·反騷 或鼻祖於汾隅 图 獵人穿獸鼻曰鼻。猶持弓曰手弓 張衡·西京賦 鼻赤象,圈巨狿 图 炊鼻,地名 左傳·昭二十六年 師及齊師戰於炊鼻 杜註 炊鼻,魯地 图 有鼻,國名。在永州營道縣北 前漢·昌邑哀王傳 舜封象於有鼻 師古註 有鼻在零陵 孟子 作有庳。又鼻息,西方國名。見 風俗通 又 後漢·杜篤傳 共川鼻飲之國 註 相習以鼻飲也。图 反鼻,蝮蛇別名 图 類鼻,草名。生田中,葉如天名精 李時珍曰 卽豨薟 图 內典阿鼻,此曰無間 △ 从自从畀。俗从白,非。鋆 又鼻15971嶍14399 图 干祿字書 鼻48227鼻75446,上通下正。

鼻 75446 u2FA1C
bí_0.14　同鼻75445

鼻 75447 u2FD0
bí_0.14　部鼻75445

䶁 75448 40273
yào_1.15　廣韻 集韻 达五弔切音顤 玉篇 仰鼻也 王沈 釋時論 鼻齆䶁而刺天 图 yòu 廣韻 集韻 达牛救切音跾 集韻 齞鼻,仰鼻也 图 yà 集韻 乙黠切音軋。鼻貌。鋆 正字通 齂75449與䶁同。

䶂 75449 40274
yào_2.16　集韻 魚小切音鱙 玉篇 鼻折也 图 集韻 古幼切音麹。義同 图 qiào 字彙 苦弔切音竅。仰鼻。鋆 俗作齞75450齤75462鼻75448

齤 75450 40275
qiào_2.16　集韻 詰弔切音竅。仰鼻也 图 丘召切音趬。義同〇按上三字義同而音異者,方言之別也。鋆 又䶂75448齤75449齤75462

䶄 75451 40276
qiú_2.16　唐韻 巨鳩切 集韻 韻會 渠尤切达音裘 說文 病寒鼻窒也 釋名 鼻塞曰鼽。鼽,久也。涕泗不通,遂至窒塞也 廣雅 鼽,病也 禮·月令 季秋,行夏令,民多鼽嚏。鋆 又齉75452齁75460䶄75456

齁 75452 40277
qiú_2.16　集韻 同鼽。

䶅 75453 40278
hàn_3.17　唐韻 侯幹切 集韻 侯旰切达音翰 說文 臥息也 图 hān 廣韻 許干切 集韻 虛干切达音頇 集韻 吳人謂鼻聲爲䶅。鋆 又呀05821齤75473

䶃 75454 40279
wù_3.17　廣韻 集韻 达五忽切音兀 玉篇 仰鼻 图 集韻 獸以鼻搖物 图 huī 廣韻 呼恢切 集韻 呼回切达音灰 廣韻 豕掘土也。或作䶃、狂。鋆 又齆75475齆75480

齩 75455 40280
nù_3.17　正字通 䶊字之譌。

䶎 75456 u2A593
qiú_3.17　類篇 䶄75451或作齩。

䶇 75458 40282
xī_4.18　字彙 許及切音吸。鼻息聲 王延壽·王孫賦 鼻齆䶇以䶈齆 註 皆鼻息也。

齌 75459 40283
huī_4.18　篇海 呼迴切音灰。猪食。鋆 又齆75517

齀 75460 40284
qiú_4.18　字彙 同鼽

䶉 75457 40281
nù_4.18　篇海 尼六切

音忸。鼻出血。通作衄。譌作齼 集韻 作齨。

䶊 75461 40285
hē_4.18　篇海 與齁同 图 鼻中氣齈細不停。

䶋 75462 40286
yào_4.18　字彙補 䶂字之譌。

齅 75463 u2B724
xiù_4.18　同臭48207亦作獚33694

䶌 75464 40290
hōu_4.18　同齁75468

齤 75467 40289
qiù_5.19　廣韻 集韻 达丘救切音糗 玉篇 齤䶂,仰鼻也。鋆 或同齤75508

齆 75465 40287
wù_5.19　張協·七命 齤林蹶石,扣跋幽叢 李善註 五忽反。以鼻搖動也〇按音義與齆同,疑卽齆字之誤。篇海 又入馬韻,作五寡切,尤誤。

䶍 75466 40288
diān_5.19　篇海 丁廉切,音顛◇齤䶍,鼻垂貌。

齁 75468 40290
hōu_5.19　廣韻 集韻 达呼侯切音呴 廣韻 齁齁,鼻息也 王延壽·王孫賦 鼻齆䶇以䶈齆 註 皆鼻息也 图 kù 集韻 苦故切音庫。義同。鋆 又齤齉,亦作䶌75464齉。

齁 75469 40291
pào_5.19　韻會 集韻 达皮教切音鉋 玉篇 齁,面瘡 图 韻會 面生氣也 △ 一作皰。

䶐 75470 46981
bài_5.19　篇海類編 音臂。鋆 俗齛67732 可洪音義 齛齤:上公五反,動也,擊也。下蒲拜反,吹火韋囊也。正作齛橐二形。

䶑 75471 46982
jué_5.19　龍龕 音掘。鋆 字彙(增補本)䶑,音鮭,見 金鏡

䶒 75473 u2A59F
hān_5.19　俗䶅75453

齈 75474 u2A59D
hē_5.19　俗齁75478

䶓 75472 u2A5A0
sęo_5.19　喃 从鼻召chịu聲。牛鼻桊。

齆 75475 40292
wù_6.20　玉篇 與齆同。鋆 王竹溪:恐是齃字之訛。

齃 75476 40293
tì_6.20　玉篇 都計切 集韻 丁計切达音帝 玉篇 鼻噴氣 集韻 鼻疾 图 作䶔 揚子·太玄經 決其聾齃 △ 或作齤。

䶕 75477 40294
kuī_6.20　字彙 枯回切,音尅◇齤齁75468,鼻息聲。

齈 75478 40295
hē_6.20　廣韻 呼洽切 集韻 迄洽切,並峇入聲。齈齁,鼻息。又 集韻 呼合切,音姶。義同 △ 集韻 一作齤。鋆 俗作齈75474齈75497 图 直音篇 䶊75461同齈。

齃 75479 40296
tì_6.20　字彙補 齃本字 揚子·太玄經 決其聾齃。鋆 又齤75520

齉 75480 46983
wù_6.20　篇海類編 同齆。

齈 75481 40297
xǐ_7.21　廣韻 虛几切 集韻 許几切达音唏 玉篇 臥息聲 廣韻 息也 图 去涕也 图 廣韻 興倚切 集韻 許倚切达音攇。又 集韻 許已切音喜。又 廣韻 集韻 达許豈切音豨。義达同。鋆 又碀75489

䶖 75482 40298
tì_7.21　集韻 他計切音替 玉篇 鼻齈 图 tǐ 土禮切

音體。去涕也図xǐ許几切音唏。涕也△玉篇本作涕。

齂 75483 40299 tǐ_7.21　字彙土兮切音梯。薄貌△字彙上二字，其畫同也。但以左右分而註異，或有所考。鑾龍龕齈齂，俗。上布典反。下土兮反。正作匾匦（匯）。薄皃。

齅 75484 40300 jīn_7.21　集韻同齺

躰 75485 40301 hē_7.21　集韻同齕

齆 75486 40302 nǜ_7.21　集韻女六切音衄。鼻出血也。與衄同。図xù字彙許六切音蓄。顤鼻。鑾又嶼53965

齇 75487 u2A5AC mūi_7.21　喃同齈75488鼻子。

齈 75488 u2A5AB mūi_7.21　喃鼻子△喜齈：擤鼻涕。異齈：鼻子不通氣。

齈 75489 u2A5AA xǐ_7.21　字彙補 齈75481卽齈字。

齅 75490 40303 xiè_8.22　唐韻集韻丛介切音譮說文臥息也爾雅釋詁齅，息也図廣韻集韻韻會丛虛器切音齅。義同図廣韻集韻丛莫八切音齘。又集韻翃鬼切音虺。又集韻類篇丛訏貴切音諱。義丛同。

齅 75491 46984 tì_8.22　龍龕同齂　　**齅** 75492 uFAD8 è_8.22　同齅75495

齅 75493 u2A5AD ngǔi_8.22　喃從鼻碍ngai省聲。嗅△齅味：聞味。

齅 75494 40304 biǎn_9.23　篇海補典切音匾。薄貌。正作匾図集成引龍龕云齇齈也，齇齈音扁悕。鼻息不止。

齅 75495 40305 è_9.23　•廣韻烏割切集韻許葛切丛音頞。同頞說文頞，鼻莖也廣韻鼻齅史記·蔡澤傳唐舉相蔡澤蹙齅註鼻蹙眉也。鑾又顤68476齅75492

齅 75496 40306 tì_9.23　字彙補與齅同。

齅 75497 u2A5B2 hē_9.23　齅齣，同齕75478齣。

鼾 75499 u9F44 zhā_9.23　同齇75506亦作瘡36275

齅 75498 u2A5B1 wèng_9.23　俗齆75502　　**齅** 75501 40308 xiù_10.24　唐韻集韻韻會正韻丛許救切。同嗅說文以鼻就臭也增韻鼻收氣也前漢·敘傳不齅驕君之耳師古註齅，古嗅字論語三齅而作。亦作嗅図作齅。鑾又齅75503齅75512

齅 75500 40307 lián_10.24　集韻勒兼切音鬑。齅齤，鼻垂貌。

齆 75502 40309 wèng_10.24　廣韻集韻丛烏貢切音甕埤蒼鼻病也字彙鼻塞曰齆図埤雅語云蛇聾虎齆。鑾又齅75523 齅75519齅75504齅75498

齅 75503 42347 xiù_10.24　龍龕許救切。以鼻取氣也。

齅 75504 46985 wèng_10.24　篇海類編同齆。

齅 75505 u2A5B4 wén_10.24　俗聞46676蜀籟尿泡打人，騷氣難齅。

齅 75506 40310 zhā_11.25　集韻莊加切音樝玉篇鼻上炮。鑾又齅75511瘡36275漢語大字典·P4781齇，同齇。

齅 75507 40311 sù_11.25　廣韻集韻丛蘇骨切音崒集韻鼻聲。

齅 75508 40312 liáo_11.25　集韻力弔切音嫽。齅齅，鼻仰貌王沈·釋時論鼻齅亂而刺天。

齅 75509 u2A5BA ngáy_11.25　喃從鼻既kỳ聲。打鼾。

齅 75510 u2A5B9 lóu_11.25　齣齅，鼾眠。明·王九思碧山樂府·上卷美甘甘滿口沙糖纏落了，齣齅齅一枕黃粱。明·王衡鬱輪袍·第七折終南山日暮柴扉，齣齅一覺鬆根睡。

齅 75511 40313 zhā_11.25　同齇75506　　**齅** 75512 xiù_12.26　集韻與齅同。

齅 75513 40314 jīn_12.26　廣韻子心切集韻咨林切，並音祲玉篇高鼻也。鑾又齅75484齅75514

齅 75514 40315 jīn_12.26　正字通俗齺字。

齅 75515 40316 wài_13.27　廣韻集韻丛烏快切，音䶲玉篇喘息也図廣韻集韻丛烏外切音薈。義同図集韻呼外切音譮。鼻息図huài火夬切音咶。息也。

齅 75516 40317 nóng_13.27　集韻奴冬切音農玉篇鼻齈也集韻鼻病図nòng廣韻正韻丛奴凍切音齈廣韻多涕鼻疾。

齅 75517 40318 huī_13.27　篇海與貜同。鑾可洪音義齅齅：上呼迴反。豕掘地也。正作䟅52684觟75454豗57158三形也。

齅 75518 u2A5C0 hít_13.27　喃從鼻歇hiết聲。呵。

齅 75519 u2A5BF wèng_13.27　俗齆75502　　**齅** 75520 40319 tì_16.30　集韻丁計切音帝玉篇鼻噴氣図集韻鼻疾。鑾玉篇齆75476齅，二同，都計切。鼻噴氣。本作嚏07614

齅 75521 40320 lì_16.30　集韻狼狄切音歷。鼻別臭図字彙鼻高貌。

齅 75522 40321 chán_17.31　廣韻士咸切集韻鋤咸切丛音讒玉篇鼻高貌図集韻側銜切音覽。義同。

齅 75523 u2A5C3 wèng_18.32　俗齆75502

齅 75524 u9F49 nàng_22.36　古作儾02335國語辭典齉，謂鼻息阻塞不易發聲。又華英字錄齉，nasal twang。

• 齊部 •

齊 75525 40322 qí_0.14　古文亝唐韻祖兮切集韻韻會正韻前西切丛音臍說文禾麥吐穗，上平也註徐鍇曰：生而齊者，莫如禾麥図玉篇整也正韻無偏頗也荀子·富國篇必將修禮以齊朝，正法以齊官，平政以齊民註齊，整也。図等也前漢·食貨志世家子弟、富人，或鬭雞走狗馬，弋獵博戲，亂齊民註如淳曰：齊等也。無有貴賤，謂之齊民図正韻莊也，肅也左傳·文二年子雖齊聖，不先父食註齊，肅也図正也詩·小雅人之齊聖註中正通知之人也朱傳齊，肅也図爾雅·釋言殷、齊，中也註釋地曰：岠齊州以南疏齊，中也。中州爲齊州。中州，猶

言中國也 列子·黃帝篇 華胥氏之國,不知斯齊國幾千萬里 註 斯,離也。齊,中也 又 廣韻 好也 又 辨也 易繫辭 齊小大者,存乎卦 註 齊,猶言辨也 又 速也 爾雅·釋言 疾齊,壯也 註 謂速也 史記·五帝紀 幼而徇齊 註 徇疾齊速,言聖人幼而疾速 又 國名。武王封太公之地,今山東青州、濟南、濰縣、安樂等處是也。又 乾齊,縣名。屬酒泉郡。見 後漢·郡國志 又 姓 風俗通 氏姓篇序 四氏於國,齊、魯、宋、衛是也 又 放齊,堯臣名 又 謚法 執心克莊曰齊。資輔就共曰齊 又 與臍通 左傳·莊六年 後君噬齊 又 ji 集韻 韻會 正韻 丛在禮切音薺 集韻 齊齊,恭慤貌 玉藻 廟中齊齊 又 ji 廣韻 在詣切 集韻 正韻 才詣切丛音劑 禮·內則 凡食齊,視春時 周禮·天官·醬人 註 食有和齊,藥之類也。又 酒以度量節作者謂之齊 周禮·天官·酒正 五齊三酒,亦作齋 又 火齊,珠名。一曰似雲母,重疊而開,色黃,赤如金 又 ji 集韻 子計切音霽。和也 周禮·天官·食醫 八珍之齊 又 zī 正韻 津私切音貲 論語 攝齊升堂。孔安國曰:衣下曰齊 禮·曲禮 兩手摳衣去齊尺 註 齊,謂裳下緝也 又 zhāi 莊皆切。與齋同 禮·祭統 齊之爲言齊也,齊不齊,以致齊者也 又 ji 丛牋西切音齎。與齏同 周禮·天官·醢人 五齊 註 齊,當爲齏。五齊,昌本,脾析,蜃,豚拍,深蒲也 疏 齏菹,菜肉之通稱 又 與躋同 禮·樂記 地氣上齊 又 cí 廣韻 疾資切,與薺同◆禮·玉藻 趨以采齊 鄭註 齊,當爲楚薺之薺 釋文 齊,依註作薺,疾私反 又 cí 正韻 才資切音疵。引玉藻采齊當讀疵音 正韻 齋字,古單作齊 又 jiǎn 集韻 子淺切音翦。同剪◆說文 斷也。剪取其齊,故謂齊爲剪 儀禮·既夕 馬下齊毳 註 齊,剪也。叒 又 夯09772 齊75530 㡭00612 齊75526 齏75546 齏75545 斉47026 鎁64455 又 正字通 齊,或作夅05104,俗作幺,省作斉21900,即齐之譌。

齊 75526 u2A5C4
qí_0.14   同齊75525

齊 75527 u2FD1
qí_0.14   同齊75525 部首專用字。亦作斉75529齐75528

斉 75529 u2EEB
qí_0.14   部齊75527

齐 75530 u9F50
qí_0.14   简齊75525

嶜 75533 40326
ji_3.17   廣韻 集韻 丛子計切音霽 廣韻 緝麻紵也。出 異字苑。或作綝。

齋 75534 40327
zhāi_3.17   廣韻 側皆切 集韻 韻會 正韻 莊皆切,丛瘥平聲 正韻 潔也,莊也,恭也 廣雅 齋,敬也 禮·祭統 齋之爲言齊也 易繫辭 聖人以此齋戒 註 洗心曰齋 又 後漢·輿服志 有齋冠曰長冠 又 燕居之室曰齋 又 zī 集韻 正韻 丛津私切音貲 孟子 齋疏之服 趙岐註 即齋縗也。音資 又 易·履卦 得其資斧 子夏傳 作齊斧 虞喜·志林 云當作齋。齋戒入廟而受斧也 又 叶眞而切音支 後漢·周澤傳 生世不諧,作太常妻,一年三百六十日,三百五十九日齋〇按 說文 示齊爲齋。示,明也,祗也。齊者,萬

物之潔齊也 洪武正韻 云古單作齊,後人于其下加立心,以別之耳。叒 又 夯05092 齏05331 楽09785 亝21902 斎21901 斋75536 齏39949 齏40154 齏68956 齏71434 齏75552 齏75553 祎40111 又 正字通 齋15845,同齋 又 龕龕 齋69358 餈69084 二俗,正作齋。

齊 75535 40328
qí_3.17   唐韻 祖雞切 集韻 牋西切丛音齋 說文 材也 又 qí 廣韻 徂奚切 集韻 前西切,丛音齊 廣雅 好也 又 zhāi 廣韻 側皆切 集韻 莊皆切丛音齋 玉篇 有齋季女 〇按 詩·召南 今作齊。叒 又 夅05134 齋75546 齋75545 類篇 作齋00724

斋 75536 u658E
zhāi_3.17   俗齋75534 宋元以來俗字譜 引通俗小說 等。

齋 75537 40329
ji_4.18   唐韻 在詣切 集韻 韻會 正韻 才詣切丛音嚌 說文 炊釜疾也 玉篇 炊釜也 屈原·離騷 反信讒而齋怒 王逸註 齋,疾也 又 廣韻 七稽切 集韻 千西切丛音妻。又 廣韻 祖稽切 集韻 牋西切丛音齊。又 集韻 類篇 丛前西切音齊。義丛同。叒 又 齋75531

齋 75538 40330
qí_4.18   集韻 類篇 丛前西切音齊。臍本字 說文 毗齋也。本作齊 左傳·莊六年 若不早圖,後君噬齊 杜註 若齧腹齊,喻不可及 △ 六書正譌 从肉,齊聲。俗作臍,非。

齋 75539 u2A5C8
qí_4.18   篇海類編 同齋75531音齊。病也。

齍 75540 40331
zī_5.19   唐韻 即夷切 集韻 韻會 正韻 津私切丛音咨 說文 黍稷器,所以祀者 周禮·春官·大宗伯 奉玉齍。又 與粢同 周禮·春官·世婦 共齍盛 又 ji 集韻 牋西切音齋。又 ji 才詣切音嚌。義丛同。叒 又 齋75237齋75550 又 正字通 齍75541同齍。

齍 75541 40332
zī_5.19   廣韻 即夷切,音咨 玉篇 黍稷在器曰齍 又 作粢 廣韻 祭飯。詳米部粢43281字註。

嶜 75542 46986
ji_5.19   字彙補 與嚌同。

齋 75544 u2A5CE
ji_7.21   同齋75543 廣韻 祖稽切 集韻 韻會 正韻 牋西切丛音齏。持也,付也,裝也,遺也,送也,持遺人也,行道所用也 儀禮·聘禮 又 齋皮馬 註 齋,猶付也 莊子·列禦寇 吾以萬物爲齋送。俗作賫,非 又 歎聲 易·萃卦 齋咨涕洟 釋文 王肅云將啼反。徐讀將池反 又 zī 廣韻 即夷切 集韻 韻會 正韻 津私切丛音咨。義同 又 同資 周禮·天官·外府 共其財用之幣齋 又 掌皮歲終,則會其財齋 註 予人以物曰齋。今時詔書,或曰齋計吏 疏 漢時考使謂之計吏,有詔賜與之,則曰齋。叒 又 夅05134 賫57749 賫57781 賫57829 赍57856 賫57929 又 龕龕 袭54461,舊藏作齋 又 集韻 齎75544,或作賫。

齋 75545 40336
qí_8.22   唐韻 祖兮切 集韻 前西切丛音齊 說文 等也 又 集韻 正韻 丛千西切音妻。義同。

齏 75546 46987
qí_8.22   篇海類編 同齏。

齑 75548 u9F51 jī_9.23 简齏75547

齏 75547 40337 jī_9.23 唐韻祖雞切集韻韻會正韻牋西切𠀤音躋說文韲也又膾酢也周禮·天官·醢人註凡醯醬所和，細切爲齏。一曰擣辛物爲之。辛物，薑蒜之類又碎也，和也，亂也，制也△亦作韲。鎏又虀67826𩐎48396韲51998䪡67811齑75548䪢67809䪢67810𩞄67804𩐫67814韲67817韲67813𩐋05149𩐫67822𩐫67821韲67818韲67820韲67827韲67829韲67828

齏 75549 40338 qí_11.25 集韻前西切。魚名。出漢水。似鯉而小。鎏又字彙類篇作鱭72637，俗。按，當歸魚部。

齍 75550 40339 zī_11.25 字彙補卽移切，音咨◇黍稷器也。鎏正字通齍75540，俗改作齍，非。

𩞁 75551 u2A5D1 zhāi_11.25 同齋75552 齋 75552 40340 zhāi_14.28 說文長箋與齊同。卽籀文齋字也又古音叢目作𩞁，與資斧之資同。鎏又𩞁75553𩞀05331字彙補𩞁，說文長箋與齋同，或作𩞀40154，卽籀文齋字也。

𩞁 75553 u2A5D3 zhāi_16.30 同𩞀40154籀文齋。

◆ 齒部 ◆

齒 75554 40341 chǐ_0.15 古文𠚕𠔁凹𦥒𠚕唐韻廣韻昌里切集韻類篇韻會醜止切正韻昌止切𠀤音紕說文口齗骨也。象口齒之形。牙，牡齒也字彙上曰齒。下曰牙顏師古·急就篇註齒者總謂口中之骨，主齰齧者也周禮·秋官·小司寇之職自生齒以上，登於天府鄭註人生齒而體備，男八月，女七月而生齒又釋名齒，始也。少長別，始乎此也。以齒食多者長也，食少者幼也又爾雅·釋詁鯢齒，壽也。註：齒墮更生細者。通作兒詩·魯頌黃髮兒齒又年也。又列也左傳·隱十一年寡人若朝於薛，不敢與諸任齒杜註齒，列也疏禮記·文王世子曰：古者謂年齡，齒亦齡也。然則齒是年之別名，人以年齒相次列。以爵位相次列亦名爲齒，故云齒也左傳·昭元年使后子與子干齒杜註以年齒高下而坐又禮·曲禮齒路馬有誅疏論量君馬歲數，亦被責罰，皆廣敬也又類也管子·弟子職同嗛以齒註齒，類也。謂食盡則以其所盡之類而進又廣韻錄也又金齒，地名又魚齒，山名。在潁川郡。見後漢·郡國志又鑿齒，獸名揚雄·長楊賦鑿齒之徒註獸齒似鑿，能食人又羊齒，草名爾雅·釋草䌇馬羊齒郭註草細葉，葉羅生而毛，似羊齒，今江東呼爲雁齒又黑齒，外國姓又鑿齒，人名山海經羿與鑿齒戰於壽華之野郭註鑿齒，人齒如鑿，長五六寸，因以爲名。又習鑿齒，晉人名又chěng集韻稱拯切，稱上聲。齒也。鎏又歯75558齒75560𪗆14340𦥒26664齿75559𠚕48378𦥒75555𠚕03227𦥒26650又字彙補𠔁02581韻會古公字海篇古齒字又古文四聲韻𠙹03203崔希裕纂古

⻭ 75556 u2FD2 chǐ_0.15 同齒75554部首專用字。亦作歯75558齿75557

⺮ 75557 u2EEE chǐ_0.15 部⻭75556

𦥒 75555 46988 chǐ_0.15 字彙補古文齒字〇按說文古文齒作𦥒字彙補誤。

歯 75558 u2EED chǐ_0.15 部齒75556 齿 75559 u9F7F chǐ_0.15 简齒75554

歯 75560 u6B6F chǐ_0.15 字學三正齒75554俗作歯。

齓 75561 40342 chèn_1.16 集韻同齔史記·周本紀褒化爲黿，入王後宮，後宮之童妾既齓而遭之韋昭曰毀齒曰齓。

𪗉 75562 40343 pà_2.17 廣韻集韻𠀤普八切音汃廣韻齒聲。

齔 75563 40344 chèn_2.17 唐韻集韻韻會初堇切正韻初謹切，𠀤瀙上聲說文毀齒也。男八月生齒，八歲而齔。女七月生齒，七歲而齔又廣韻集韻正韻𠀤初覲切音櫬。又集韻丑忍切音䟴。義𠀤同△从七，七音化六書正譌別作齓，非。鎏又龀75567𪗊75564𪗋75566𪗲75585𪗌16066𪗳75592

𪗊 75564 40345 chèn_2.17 字彙補齔字之訛。亦作𪗋。

𪗍 75565 46989 jū_2.17 龍龕音居 龀 75567 u9F80 chèn_2.17 简齔75563

𪗋 75566 u2A5D7 chèn_2.17 俗齔75563參見𪗊75564

齕 75568 40346 hé_3.18 廣韻韻會正韻下沒切集韻類篇下扢切，𠀤音紇。又集韻恨竭切說文齧也禮·曲禮削瓜庶人齕之註不橫斷也前漢·田儋傳秦復得志於天下，則齮齕首用事者，墳墓矣註齮齕，猶齚齧也又胡齕，人名又唐韻戶骨切集韻胡骨切𠀤音搰。又廣韻胡結切集韻奚結切𠀤音纈。義𠀤同。鎏又龁75573𪗐75572𪗕75583

齝 75570 40348 chí_3.18 廣韻直離切集韻陳知切𠀤音馳玉篇齒齗貌集韻齒齧謂之齝。一作齕。

𪗎 75571 40349 yǎn_3.18 唐韻五板切集韻雅版切𠀤音嵃說文齒見貌又yǎn集韻語偃切音𪗑。齒露貌又字彙戶版切，還上聲◇𪗧𪗎，齒不正貌。鎏集韻𪗎，或作齴。

𪗐 75572 46990 hé_3.18 龍龕同齕 龁 75573 u9F81 hé_3.18 简齕75568

齴 75574 40350 yǎn_4.19 集韻同𪗏 𪗏 75569 40347 niè_3.18 字彙俗齧字

𪗒 75575 40351 bā_4.19 集韻邦加切音巴。𪗒𪘂，齒出貌字彙齒不正也又集韻步化切音杷。義同。鎏又𪗒75589

𪗓 75576 40352 háng_4.19 篇海胡郎切音杭。齧也。

𪗔 75577 40353 nà_4.19 集韻諾盍切音魶。齧也六書故茹嚼不輟又眤洽切音䪉。𪘃𪗔，齒動貌。

齖 75578 40354 yá_4.19 廣韻五加切集韻牛加切𠀤音牙玉篇齇齖，齒不平又集韻齖齵，齒不正又不聽人語曰聱齖唐書·元結傳能學聱齖，保宗而全家又yà集韻魚駕切音訝。齰齖，齒不相值。鎏龍龕𪘂，俗音牙。從牙者正。

齗 75579 40355 yín_4.19 唐韻語斤切集韻魚斤切𠀤音虒說文齒本也又齗齗，辯爭貌史記·魯世家孔子曰：甚矣，魯道之衰也。洙泗之閒，齗齗如也徐廣曰魯濱洙泗之閒，

其民涉渡，幼者扶老者，代其任。俗既薄，長者不自安，與幼者相讓，若有所爭辯，故曰齗齗如也，所以爲道衰也 又 忿疾意 後漢·劉向傳 朝臣齗齗 又 正韻 齗，齒根肉 又 yǐn 廣韻 宜引切 集韻 擬引切𠀤音䉤 廣韻 犬爭貌。又 yán 集韻 牛閑切音訮。齗齗，爭訟也 又 qǐn 口謹切音赾。口上肉 又 類篇 語近切音听。義同 又 rǎn 集韻 忍善切音蹨。笑也 又 kǔn 苦本切音梱。齒見貌。一曰齧也 又 kěn 集韻 類篇 𠀤口很切音懇。笑也。又語蹇切音巘。義同△別作齦、齤。鎣又齗75591齗75614

齡 75580 40356 jìn_4.19 廣韻 集韻 𠀤巨禁切音噤 玉篇 舌病 廣韻 牛舌下病 又 作Ⅹ 說文 牜今，牛舌病 又 qín 字彙 巨今切音琴。義同△一作𤘨。

齗 75581 40357 qí_4.19 集韻 齮75704古作齗。

齘 75582 40358 xiè_4.19 唐韻 胡介切 集韻 韻會 下介切 正韻 下戒切𠀤音械 說文 齒相切也 玉篇 類齘者，切齒怒也 廣雅 馮齘，怒也 又 正韻 齒齘，齒上下相抵處 周禮·冬官考工記·函人 凡甲衣之欲，其無齘也 註 齘，謂如齒齘 疏 札葉參差相似。鎣又齡75586齓75590

齭 75584 42348 yǎn_4.19 川篇 五板切。齒不齊也。

齔 75585 46991 chèn_4.19 五音篇海 同齔。

齕 75583 40359 hé_4.19 字彙補 同齕 廣雅 齧也 莊子·馬蹄篇 齕草飲水。

齡 75586 46992 xiè_4.19 川篇 同齘

齩 75587 46993 yǎo_4.19 龍龕 同齩。

齙 75589 u2B728 bā_4.19 簡 齙75575

鑿 75588 u2B819 záo_4.19 俗鑿64693 龍龕 鑿，俗。音昨。正作鑿。鑿，同。

齓 75590 u2A5E2 xiè_4.19 正字通 齘75582，本作齓。

齗 75591 u9F82 yín_4.19 简 齗75579

齔 75592 40360 chèn_5.20 字彙 同齔。

齚 75593 40361 zhàn_5.20 集韻 陟陷切音詀。齺齒也。

齙 75594 40362 bāo_5.20 玉篇 步交切 集韻 蒲交切𠀤音庖 玉篇 齒露也。鎣又齙75626齙75637

齛 75595 40363 shǐ_5.20 字彙 師止切音史。齒好也。鎣張磊：字當从夬，缺齒。楊寶忠：疑齛71328俗訛。

齚 75596 40364 zé_5.20 唐韻 側革切音賾 說文 齧也 史記·灌夫傳 魏其必內愧，杜門齚舌自殺 又 廣韻 鋤陌切 集韻 實窄切，並音咋◇又 集韻 側格切音迮。義𠀤同。

齜 75597 40365 zhí_5.20 唐韻 仕乙切 廣韻 仕叱切，音近實 說文 齚齒也 廣韻 齧聲 又 集韻 側瑟切音唧。又測乙切音剝。又 廣韻 崱瑟切 集韻 食櫛切𠀤音𪘵。又 集韻 類篇 𠀤食律切音術。義𠀤同。鎣又齜71881

齣 75598 40366 qiā_5.20 集韻 丘加切音愘 廣韻 齧也 字林 大齧也 六書故 骨著齒間不去也 柳宗元·解崇賦 獨淒已而燠物，愈騰沸而骹齣 又 qià 丘駕切音齣。又 qiǎ 口下切音跒。義𠀤同 又 kè 集韻 類篇 𠀤口箇切音珂。齣齵，齒貌。

齛 75599 40367 shì_5.20 集韻 始制切音世。齝也 又 以制切音曳。義同 又 xiè 唐韻 集韻 韻會 𠀤私列切音薛 說文 羊粻也 玉篇 羊噍草也 爾雅·釋獸 羊曰齛△ 集韻 亦作齥。鎣又齸75792

齕 75600 40368 chí_5.20 篇海 直宜切音池。齒齗也。

齜 75601 40369 chái_5.20 唐韻 仕皆切 集韻 鉏佳切𠀤音柴 說文 齒相齘也。一曰開口見齒貌 又 玉篇 齷齜 廣韻 齒不正也 又 zī 廣韻 側宜切 集韻 阻宜切，批上聲。義同 又 zī 集韻 莊宜切，音近欺◇齵病 又 zhāi 集韻 類篇 𠀤莊皆切音齋。齒不齊 又 集韻 鋤加切音查。義同 又 仕懈切音瘵△或書作齹。鎣又齜75666齹75746

齙 75602 40370 lì_5.20 廣韻 集韻 正韻 𠀤力入切音立 玉篇 噍燥物聲 集韻 齙齰，啖堅物聲 又 là 廣韻 盧盍切，音臘。又 集韻 落合切，音拉 廣韻 齧聲。同齰。

齝 75603 40371 chī_5.20 唐韻 丑之切 集韻 超之切𠀤音癡 說文 吐而噍也 爾雅·釋獸 牛曰齝 郭註 食之已久，復出嚼之。又 廣韻 書之切 集韻 申之切𠀤音詩。又 集韻 類篇 𠀤充之切音蚩。義𠀤同。鎣又呞05607 又 正字通 齝齣同，別作𪘲。齝，俗齣字。

齣 75604 40372 chī_5.20 正韻 抽之切，音鴟◇同齝。食之已久，復出嚼之，牛羊麋鹿皆然，但其名異耳。牛曰齣，羊曰齛，麋鹿曰齸。

齥 75605 40373 dié_5.20 集韻 徒結切音迭。齧堅貌 又 zhì 字彙 竹一切音質。與齷同。

齟 75606 40374 jù_5.20 廣韻 其呂切 集韻 臼許切，𠀤音巨 說文 齗腫也 又 集韻 齗不固曰齟 又 集韻 苟許切音舉。又顆羽切音踽。義𠀤同。

齞 75607 40375 yǎn_5.20 唐韻 研繭切 廣韻 研峴切，𠀤研上聲 說文 張口齒見 宋玉·登徒子賦 齞脣歷齒 註 脣不掩齒也。又 集韻 韻會 𠀤語蹇切音巘。又 集韻 倪甸切音硯。義𠀤同。鎣又齞75574

齟 75608 40376 jǔ_5.20 集韻 在呂切音咀 說文 齒不相值曰齟齬 六書故 鋸齒出入，亦曰齟齬 又 玉篇 齧也 集韻 嚼也。又 廣韻 牀呂切 集韻 狀所切，並鉏上聲。又 集韻 鋤加切音查。義𠀤同 又 zhā 集韻 韻會 𠀤莊加切音樝 前漢·東方朔傳 令壺齟，老柏塗。齟者，齒不正也 張晏註 齟，讀如樝梨之樝。鎣又齟75628齟75624

齹 75609 40377 zhā_5.20 篇海 莊加切音樝。嚥聲 字彙 齣齹，大齒。鎣又齹75617 又 正字通 齹75610齹字之譌。

齹 75610 40378 zhā_5.20 廣韻 集韻 𠀤陟加切音爹 廣雅 䶥齹，齧也。

齁 hē_5.20 字彙 音無考〇按 揚子方言 馮、齁、苛，怒也。楚曰馮，小怒曰齁。陳謂之苛。註：馮，恚盛貌。齁，言嗔齁也。苛，相苛責也。齁，讀若呵。據此，當作虎何切。

齠 tiáo_5.20 集韻 正韻 苁田聊切音迢 正韻 始毀齒也 韓詩外傳 男子八月而生齒，八歲而齠齒 庾信·齊王憲碑 未逾齠齓，已議論天下事 又 集韻 丁聊切音凋。義同。齹 又齠75625齔75663

齡 líng_5.20 唐韻 集韻 韻會 苁郎丁切音靈 廣雅 齡，年也。古者謂年爲齡也。齒亦齡也。齹 又衿40306齢75627齡75619齡75623齢75629

齗 yín_5.20 字彙補 與齗同。

齥 yí_5.20 音未詳。晉樂所奏 白頭吟 齥如馬噉其。〇按此字字書俱不載，惟 字彙補 有齥字，註云齚之譌。今考齚字 集韻 音宜，訓露齒貌，或卽此字。齹 又齥75655齚75711

齣 chū_5.20 字彙補 傳奇中一迴爲一齣，俗讀作出。或云本是齝字，譌作齣也。蓋齝，乃食之已久，復出嚼之。今傳奇進而復出，故有取于齝云。齹 齣75621今簡化作出。

齺 zhā_5.20 篇海類編 陟加切，音查◇大齒。

齤 rǒng_5.20 字彙補 音宂。

齢 líng_5.20 字彙補 與齡同。

齜 chái_5.20 篇海類編 同齜。

齣 chū_5.20 俗齣75616

齟 null_5.20 晉·傅玄 猿猴賦 或長眠而抱勒，或嚘咋而齟齗。

齢 líng_5.20 俗齡75613

齠 tiáo_5.20 简齠75612

齢 líng_5.20 简齡75613

齝 líng_5.20 俗齡75613宋元以來俗字譜 引 嶺南逸事

齟 jǔ_5.20 日俗齟75608

齫 bāo_5.20 简齫75594

齟 jǔ_5.20 简齟75608

齛 yì_6.21 集韻 研計切音詣。齳齛，齧也。

齫 míng_6.21 玉篇 莫丁切，音名◇齒也。

齱 yá_6.21 集韻 宜佳切音厓。齒不齊也。

齝 chī_6.21 字彙 抽知切，音笞◇牛食草也。

齤 quán_6.21 唐韻 巨員切 集韻 逵員切苁音權 說文 缺齒也。一曰曲齒。一曰笑而見齒貌 淮南子·道應訓 若士者齤然而笑。齹 集韻 齤齤，或省。

齍 zhì_6.21 唐韻 集韻 苁陟栗切音窒 說文 齒堅也 廣韻 齚聲 又 玉篇 大結切 廣韻 集韻 徒結切苁音絰。又 集韻 敇栗切音抶。義齚同。齹 又齜75605齨75787

齨 qǔ_6.21 篇海 丘主切，區上聲。齒病朽缺也。

齫 bāo_6.21 字彙 山責切音棘。露齒貌。齹 正字通 齫75594字之譌。

齝 xiè_6.21 集韻 私列切音薛 爾雅·釋獸 羊曰齝 郭註 今江東呼齡爲齝，反芻出嚼也 又 yì 以制切音曳。羊粈也△亦作齝。齹 又齝75799

齬 kuò_6.21 唐韻 集韻 苁古活切音括 說文 作齬，噍聲 又 huá 集韻 乎刮切音頡。齒聲。齹 俗齬75782

齦 kěn_6.21 唐韻 康很切 集韻 韻會 正韻 口很切苁音懇 說文 齧也 揚子·太玄經 琢齒依齦 韓愈·曹成王碑 蘇枯弱彊，齦其姦猖 又 qiān 廣韻 集韻 苁起限切，慳上聲 廣韻 齚聲 又 yín 廣韻 語斤切 集韻 正韻 魚斤切 韻會 疑斤切苁音銀 韻會 齒根肉。齹 本作齗今作齗06213誤寫作齦75697齦75650 字彙補 齦 廣雅 與齦同 又 狠32562齦75665齦75814齦75751齦07990

齰 xiā_6.21 廣韻 赫轄切 集韻 許轄切苁音瞎 說文 齒堅聲 又 xiá 廣韻 胡瞎切 集韻 下八切苁音鎋 廣韻 齚聲。齹 又齰75667

齧 niè_6.21 唐韻 五結切 集韻 韻會 倪結切苁音臬 說文 噬也 禮·曲禮 毋齧骨 又 地名 史記·河渠書 齧桑浮兮淮泗滿 註 齧桑，地名 又 齧齒，鳥名◦ 爾雅·釋鳥 齧齒，艾 又 獸名。齧鐵，見 神異經 又 蟲名。齧桑 爾雅·釋蟲 蟔，齧桑 疏 蟔，一名齧桑。江東呼爲齧髮 又 草名 爾雅·釋草 齧，苦堇 註 苦堇，今堇葵也 又 齧，彫蓬 疏 蓬蒿也，草之不理者也 又 姓 莊子·齊物論 齧缺問於王倪。齹 又齧75664咀05984嚙07003嚙07946齫75569蠥75652齫75680齧75780齧75795讞75696 又 正字通 嚙07636，俗齧字。

齨 jiù_6.21 唐韻 其久切 集韻 巨九切苁音臼 說文 老人齒如臼也。一曰馬八歲齒臼也。齹 又駒69949

齩 yǎo_6.21 唐韻 集韻 韻會 苁五巧切。同咬 說文 齚骨也 廣韻 齧也 前漢·食貨志 罷夫羸老，易子而齩其骨 張協·七命 口齩飛刃 又 集韻 下巧切。效上聲。義同。齹 又咬75657

齧 là_6.21 廣韻 盧達切音辣 玉篇 齒分骨聲 廣韻 齚也 又 liè 集韻 力櫱切音列。義同。

齰 là_6.21 正字通 同齧。

齘 bǐng_6.21 集韻 必郢切音餅 玉篇 苁齒也 春秋·元命包 武王齘齒 又 pián 蒲眠切音骈。義同△本作齘。齹 又齘75660

齫 zhàn_6.21 五音篇海 陟陷切。剔齒也。

齦 kěn_6.21 字彙補 與齦同。

齵 duǒ_6.21 〔75651 46998〕 搜眞玉鏡音朵。鑿或齵75777譌字。

齴 niè_6.21 〔75652 46999〕 龍龕同齧

齰 tà_6.21 〔75648 40402〕 廣韻他合切集韻托合切丛音鐽玉篇食也 图 廣韻侯閣切集韻曷閣切丛音合。又集韻葛合切音閣。義丛同 图 xiá 集韻轄夾切音洽。盡內口中也。鑿又嗋06930

齵 wěi_6.21 〔75653 47000〕 篇海類編音委字彙補音以。

齳 yá_6.21 〔75655 47002〕 餘文同齟

齘 zhāi_6.21 〔75654 47001〕 搜眞玉鏡知皆切音揩。鑿楊寶忠：疑俗齫。

齵 xiū_6.21 〔75656 47003〕 搜眞玉鏡音休。

齩 yǎo_6.21 〔75657 u2B72A〕 簡齩75644

齧 niè_6.21 〔75658 u2B729〕 簡齧75642

齥 null_6.21 〔75659 u2B725〕 字見亳鼎

齪 pián_6.21 〔75660 u2A68F〕 簡齪75647

齮 lài_6.21 〔75661 u2A60C〕 喃从齒吏lài聲。牙齦。

齳 tiáo_6.21 〔75663 u2A608〕 俗齠75612 四部叢刊·初編集部·國朝文類·卷第三十一·記·滋溪書堂記（宋本）今伯脩亦一子阿瑣，甫齳，而穎拔可就傅。

齧 niè_6.21 〔75664 u2A602〕 同齧75642

齰 è_6.21 〔75662 u2A60A〕 六書故齰，五各切。齒齗有廉垮也 图 正字通齰75674，齰字之譌。

齦 kěn_6.21 〔75665 u9F88〕 简齦75640

齜 chái_6.21 〔75666 u9F87〕 简齜75601

齭 gù_7.22 〔75667 40403〕 廣韻古沃切集韻韻會姑沃切丛音梏廣韻冶象牙 图 hù 廣韻集韻丛胡谷切音榖玉篇齒聲。图 集韻韻會丛胡沃切音鵠。又集韻克角切，音殻。義丛同。鑿又俗齭75641 可洪音義齭齒：上遏瞎反。

齗 yín_7.22 〔75668 40404〕 集韻魚斤切音狺。齧也。與齗、齦丛同。

齪 chuò_7.22 〔75669 40405〕 廣韻集韻韻會正韻丛測角切音娺玉篇齒相近聲 图 廣韻開孔具 图 集韻齪齪，迫也正韻齪齪，急促局陝貌。亦作齱齳。又作握齪史記·司馬相如傳委瑣握齪 图 chù 廣韻集韻丛初六切音珿廣韻廉謹貌 图 集韻丛足切音姝。齒齊也。鑿古今韻會舉要或作齱前·酈食其傳握齪好苛禮韻會小補或作齵75716 图 齳75670齪齪67069疋41561疋34087矗38379

齪 chuò_7.22 〔75670 40406〕 正字通同齪。鑿又踀58905

齯 è_7.22 〔75671 40407〕 集韻牛箇切音餓。齯戱，齒貌。

齴 suān_7.22 〔75672 40408〕 集韻蘇官切音酸。齒酸也。鑿五音集韻齒齴也 图 字彙補齴75752，與齴同 图 齳75687

齛 xiá_7.22 〔75673 40409〕 廣韻侯夾切集韻轄夾切丛音洽玉篇曲齒 图 廣韻齒重生 图 缺也 图 集韻嚵聲 图 集韻類篇丛迄洽切，闕入聲。義同△亦作齛。鑿名義齛，胡夾反。軼齒也。

齰 è_7.22 〔75674 40410〕 集韻吾含切，音諳。齒齶。鑿俗齰75662

齹 cuó_7.22 〔75675 40411〕 唐韻昨何切集韻才何切丛音醝◆說文齒差跌貌春秋傳曰：鄭有子齹○按左傳·昭十六年作蠚 图 廣韻七何切集韻倉何切丛音蹉。又集韻才可切音莝。義丛同。鑿又齹75758

齫 kǔn_7.22 〔75676 40412〕 廣韻韻會正韻丛苦本切音閫。齧也。图 廣韻齒起貌荀子·君道篇齫然而齒墜矣。

齬 chè_7.22 〔75677 40413〕 字彙同掣

齬 yǔ_7.22 〔75678 40414〕 唐韻魚舉切集韻偶舉切韻會語許切正韻偶許切丛音語說文齒不相值也字彙一前一却，齟齬不相值揚子·太玄經其志齟齬 图 yú 廣韻語居切集韻正韻牛居切韻會魚居切丛音魚。又wú 廣韻五乎切集韻正韻訛胡切丛音吾。義丛同。鑿又齬75699齬70669齬75695

齬 tuó_7.22 〔75679 40415〕 集韻徒何切音沱。馬齒長也。

齬 niè_7.22 〔75680 40416〕 字彙補與齧同。

齬 tuó_7.22 〔75681 40417〕 字彙補徒河切音陀篇海齒不正也。

齬 xiá_7.22 〔75682 40418〕 集韻同齛

齬 yá_7.22 〔75684 47004〕 龍龕音牙。

齬 qiāng_7.22 〔75683 42352〕 龍龕七羊切。齒也。

齬 cuó_7.22 〔75685 47005〕 川篇同齹

齬 null_7.22 〔75688 u2B72B〕 簡齬75689

齬 zhāi_7.22 〔75686 47006〕 龍龕同齛。鑿又嗋06556齬75793

齬 suān_7.22 〔75687 47007〕 五音篇海音酸。鑿楊寶忠：俗齴75672

齬 null_7.22 〔75689 u2B726〕 未詳。

齬 cuó_7.22 〔75691 u2A620〕 齬75685譌字

齬 kuò_7.22 〔75690 u2A622〕 齬本字

齬 kěn_7.22 〔75692 u2A61F〕 齦75640本字

齬 qiè_7.22 〔75693 u2A61E〕 俗齬75774雲笈七籤·卷之二十四·腎臟圖耳不聞聲者，腎虛也。齒多楚者，腎虛也。齒黑齬者，腎風也。耳痛者，腎氣壅也。

齬 yǔ_7.22 〔75695 u2A61A〕 同齬75678

齬 chuò_7.22 〔75694 u2A61B〕 正字通齬75714，本作齬。齷齪75669，亦作握齬。

齪 chuò_7.22 〔75698 u9F8A〕 简齪75669

齬 niè_7.22 〔75696 u2A619〕 四部叢刊·焦氏易林齬齬齬齬，貧鬼相賣，無有懽怡，一日九結。齬，倪結切。噬也。與齧75642同。

齬 yǔ_7.22 〔75699 u9F89〕 简齬75678

齬 kěn_7.22 〔75697 u2789F〕 齬75692譌字 图 nghiến 喃从齒見kiến聲。啃，咬嚙。

齬 jì_8.23 〔75700 40419〕 集韻居例切音罽。狂犬也。馬融·廣成頌獄齬熊，拔封豨註倉頡篇齬亦犴也。

齬 qiǎn_8.23 〔75701 40420〕 集韻牽典切音窒。齬齬，齒露貌。

齬 chǔ_8.23 〔75702 40421〕 唐韻創舉切集韻創所切丛音楚說文齒傷酢也 图 廣韻疏舉切集韻爽阻切音所。義同。鑿又齬75718齬75725正字通齬，齬齬丛同。

齬 zú_8.23 〔75703 40422〕 唐韻集韻丛昨沒切音捽說文齬齰也 图 廣

雅齧也 又 廣韻初栗切集韻測乙切丛音剗。又集韻士滑切，音近刷。義丛同。

𪘏 75704 40423 qí_8.23 古文齗 廣韻集韻丛渠之切音其廣雅齧也 又 廣韻去其切集韻丘其切丛音欺。義同。

䶢 75705 40424 xiàn_8.23 集韻乎韽切音陷。怒齒也。

𪘲 75706 40425 zhāi_8.23 廣韻卓皆切集韻椿皆切丛音榸玉篇嚌齧聲也廣雅𪘲𪙨，齧也 又 集韻當來切音懛。義同。

齮 75707 40426 yǐ_8.23 廣韻魚倚切集韻語綺切丛音錡說文齧也 又 集韻姓也 又 人名。桓齮，秦將。見秦本紀。又 qī集韻丘其切音欺。亦齧也 又 qǐ去倚切音綺。義同。瀛臺又㗖07808 又 直音篇齹同齮。

齫 75708 40427 yǔn_8.23 正字通同齳。

𪘾 75709 40428 zhàn_8.23 廣韻士板切集韻仕版切丛音棧廣韻𪘾齗，齒不正也 又 集韻仕限切音棧。齒跌貌 又 集韻類篇丛楚綰切音棧。義同。

齯 75710 40429 ní_8.23 唐韻五雞切集韻韻會正韻研奚切丛音倪說文老人齒爾雅·釋詁黃髮齯齒，壽也註齒墮更生細者。古單作兒釋名齯，大齒落盡，更生細者，如小兒齒也 又 集韻如支切音兒。義同。瀛臺又䶊48376𪙊75724

𪙀 75711 40430 yí_8.23 集韻魚羈切音宜。𪙀𪙀，齒露貌 又 yá廣韻五佳切集韻宜佳切丛音崖。義同 又 yà集韻牛懈切音睚類篇𪙀𪙀，切齒△亦作𪙁。瀛臺又𪘚75632𪘆75615𪘔75655𪙄75730

𪙁 75712 40431 yá_8.23 集韻同𪙀

齰 75713 40432 zé_8.23 唐韻側革切音賾說文齧也 又 廣韻鋤陌切，集韻實窄切前漢·鄧通傳上使齰癕，色難之，已而聞通嘗爲上齰之註齰，齧也。齧其膿血宋玉·風賦啗齰嗽獲 又 zhà廣韻鋤駕切集韻助駕切丛音乍。又集韻韻會丛側格切音迮。義丛同 又 cè集韻測革切音策。齒相值。瀛臺又𪙽75806𪙆75726 又 正字通𪗰75596，同齰 又 集韻𪚗75790齰幘15097，測革切。齒相值。或从昔。亦作幘。

齱 75714 40433 zōu_8.23 唐韻側鳩切集韻甾尤切丛音鄒說文齵也 又 玉篇齒聚貌 又 廣韻齒偏 又 同齺前漢·酈食其傳握齱好苛禮註應劭曰：握齱，急促之貌。韋昭曰：握齺，小節也 又 zǒu集韻仕垢切音鯫。齱齵，齒不正 又 zú集韻類篇丛仕六切音族。齒叢生。瀛臺又𪘹75694𪙊75719

𪙇 75715 40434 yǔn_8.23 篇海音鶻。齧也。瀛臺同齫75708 又 kěn同齦75640龍龕𪙇𪙋75751，二俗。胡骨反。齧也。

𪙎 75716 40435 chuò_8.23 韻會小補同齪。

𪙊 75717 42353 jiàn_8.23 字彙補音未詳。齧也焦氏易林𪙊𪙊齧齧，貧鬼相責。瀛臺四部叢刊·焦氏易林作𪙊𪙊譏譏 又 吳下方言考𪙊𪙊，多啖貌。吳中謂喫物無聲而多曰𪙊𪙊。

齼 75718 42354 chǔ_8.23 說文長箋與齭同。

𪙏 75719 42355 zōu_8.23 說文長箋與齱同。

𪙑 75720 47008 yuē_8.23 搜眞玉鏡音約。

𪙒 75721 47009 zōu_8.23 篇海類編同齺。

𪙓 75723 47011 è_8.23 龍龕同齶

𪙔 75722 47010 jì_8.23 龍龕音自。瀛臺龍龕𪙔隨函去聲。合作𪚋75821在詣反。

𪙊 75724 u2B81C ní_8.23 簡齯75710

𪙕 75725 u2B72D chǔ_8.23 簡齭75702

𪙖 75726 u2B72C zé_8.23 簡齰75713

齤 75727 u2FA1D pián_8.23 𪙗本字。

𪘤 75728 u2A690 yǐn_8.23 簡𪙘75731

𪘲 75730 u2A632 yí_8.23 同𪙀75711漢語方言大詞典𪘲牙啡哨：張著嘴笑。粵語。

𪘳 75729 u2A635 rǎng_8.23 喃从齒凌lǎng省聲。牙齒。

𪘯 75731 u2A62F yǐn_8.23 龍龕𪚏75797或作，𪘯正，宜引反，齒齊也。陸龜蒙彼農二章大耋既鮐，童子未𪘯 又 𪚏75736𪘤75728

𪙝 75732 40436 jiān_9.24 唐韻工咸切集韻居咸切丛音緘說文作𪚆。齧也 又 xián集韻胡讒切音咸。口持不齧 又 yán集韻類篇丛魚咸切音喦集韻齒高貌 又 qià廣韻苦洽切集韻乞洽切丛音恰廣韻齧咋貌 又 嚌聲 又 廣韻古洽切集韻訖洽切丛音夾。義同 又 xiá集韻轄夾切音洽。齒曲生貌。瀛臺又𪚉75844，缺齒也。

齲 75733 40437 qǔ_9.24 唐韻區禹切集韻韻會顆羽切丛音踽說文齒蠹也釋名齲，朽也。蟲齧之齒，缺朽也廣雅齲，病也史記·倉公傳齊中大夫病齲齒後漢·梁冀傳冀妻能爲齲齒笑註風俗通曰：齲齒笑者，若齒痛不忻忻也淮南子·說山訓割脣而治齲 又 正韻齒腐，又啓貌 又 集韻果羽切音矩。義同。瀛臺又𪙗75760𪚍75847

𪙞 75734 40438 hé_9.24 集韻何葛切音曷玉篇齃𪙞，齧物聲。瀛臺正字通𪚒，俗𪙞字。

𪙟 75735 40439 qià_9.24 集韻丘駕切音髂。𪙟齖，齒出貌。

𪚏 75736 40440 yǐn_9.24 篇海宜謹切音听。齒齊。

齳 75737 40441 yǔn_9.24 唐韻魚吻切集韻牛吻切丛音暉說文無齒也韓詩外傳太公年七十二，齳然而齒墜矣 又 kǔn集韻苦本切音捆。齒見貌。一曰齧也。或作齫。瀛臺又正字通齫75676同齳省。齫75708，俗省作齫。齳75796齳字之譌。

𪙼 75738 40442 là_9.24 集韻類篇丛郎達切音辣玉篇𪙼齃，齧物聲史記·蔡澤傳吾持梁刺齒肥註刺齒二字。當作𪙼索隱曰：刺齒肥，當作齧。肥謂食肥肉。按刺齒二字，當合爲𪙼字△字本九畫字彙入八畫，誤，今改正。瀛臺又正字通𪚎，俗𪙼字 又 集韻𪚎，或作𪙼。

齴 75739 40443 yǎn_9.24 廣韻魚蹇切集韻語蹇切丛音巘玉篇露齒貌王延壽·王孫賦齒𪙁𪙁以齴齴 又 集韻笑也 又 集

韻語限切音眼。棧齴，高峻貌。張衡·西京賦棧齴巘嶮註殿階高峻貌。鑾又齴75756

齵 óu_9.24 唐韻五婁切集韻正韻魚侯切𠀤音齵說文齒不正也正韻齒相佹也⊠周禮·冬官考工記察其菑蚤不齵，則輪雖敝不匡註菑輻之入轂處，蚤入牙處，齒牙參差，謂之齵。上下入處，整然相當，則轂雖破壞，輻不邪枉也。又荀子·君道篇境內之事，有弛易齵差者矣⊠yú廣韻遇俱切集韻韻會元俱切𠀤音虞廣韻齵齵，齒重生⊠正韻一曰齒偏。鑾又齵75753

齫 shí_9.24 篇海士乙切，音實◇齘聲。鑾詳校篇海齝75597，或作齫。

齶 è_9.24 廣韻五各切集韻逆各切𠀤音咢玉篇齒齗也廣韻同噩。口中齗齶字彙齒內上下肉也。鑾又齚75723齚75743腭23481⊠直音齒腭47852腌47622，同腭47565

齰 è_9.24 字彙同齶⊠齰齫，齒動貌。鑾又齰75775

齯 chā_9.24 集韻測洽切音齹。齬齯，齒不正。

齷 wò_9.24 廣韻於角切集韻乙角切𠀤音渥集韻齷齪，迫也廣韻齷齪，齒相近六書故齷齪，齒細密也。故人之曲謹者曰齷齪⊠集韻小貌。鑾又齷75759

齼 chá_9.24 字彙同齰⊠齼齰，齒不正。

齲 chǔ_9.24 集韻寫與切，胥上聲。齒酸也⊠shǔ爽鉏切音所。齒傷酢。

齺 zhā_9.24 正字通俗齰字。

齮 jiān_9.24 說文齹作齮。

齸 là_9.24 說文長箋齸本字。

齾 kěn_9.24 篇海類編胡骨切音齤。齸也。鑾同齾75814可洪音義齾齤：上苦佷反。山南謂齵75676骨為齾骨也。正作齦75640也。下五結反。齤，苦本反。上或作齦。⊠齤75715

齹 suān_9.24 龍龕音酸。鑾同齹75672

齣 óu_9.24 五音篇海同齵。

齤 qiè_9.24 字彙齤與切同。

齻 null_9.24 未詳。

齦 yǎn_9.24 簡齴75739 齒差跌貌。徐鉉：說文無佐字，當从齒（作齴）

齥 wò_9.24 簡齷75744

齧 yì_10.25 唐韻集韻韻會正韻𠀤伊昔切音益說文鹿麋糠爾雅·釋獸麋鹿曰齧註江東名咽爲齧。齧者，齝食之所在廣韻吞芻而反出嚼之也⊠廣韻夷質切集

韻弋質切𠀤音逸。又集韻壹計切音翳。義𠀤同。

齹 cī_10.25 集韻同齹

齹 cī_10.25 古文齹唐韻楚宜切，音嵯說文齒參差⊠cuó廣韻昨何切集韻韻會正韻才何切𠀤音醝玉篇齒齹跌者正韻齒不齊也⊠正韻齹，齒本⊠人名左傳·昭十六年子齹賦野有蔓草杜註子齹，子皮之子嬰齊也⊠集韻仕知切音鯔。又倉何切音嵯。義𠀤同。鑾又齜75685齹75675齹75763 齹75825齹75829齹75691齹75848齹75805

齴 yàn_10.25 唐韻五衍切集韻魚衍切𠀤音巘說文齒差也⊠廣韻魚欠切音釅。又廣韻語廉切集韻牛廉切𠀤音巖。又廣韻五咸切集韻魚咸切𠀤音嵒。又集韻魚窆切音驗。義𠀤同。鑾正字通齴75843與齴同。

齝 chī_10.25 集韻又緇切音輜。齝也。⊠廣雅齝，惥也。

齤 qiè_10.25 唐韻集韻韻會正韻𠀤千結切音切。◆說文齒差也⊠玉篇治骨也⊠廣韻齤，齒也。鑾又齤75774齤75754齤75757齝75693

齴 ái_10.25 唐韻五來切集韻魚開切𠀤音皚說文齤牙也集韻牙謂之齴⊠gāi廣韻古哀切集韻柯開切𠀤音該。義同。鑾又皚32575

齺 zōu_10.25 唐韻側鳩切集韻甾尤切𠀤音鄒說文齒搄也。一曰齰也。一曰馬口中橛也⊠玉篇無牙名也。⊠zhuó廣韻士角切集韻仕角切𠀤音浞廣韻齒相近貌⊠荀子·王霸篇齺然上下相信註齺，齒相逆也。齺然，上下相向之貌⊠廣雅齺也⊠管子·輕重戊篇車轂齺騎連伍而行註齺，齺也。言其車轂往來相齺。鑾又齺75721齺75778

齻 bó_10.25 唐韻補莫切集韻伯各切𠀤音博說文噍堅也⊠集韻方縛切音轉。噍物聲△一作嘬。鑾又齻75842

齻 diān_10.25 廣韻都年切集韻多年切𠀤音顛玉篇牙也字彙牙末正字通男子二十四歲，女子二十一歲，齻牙生⊠齒堅也儀禮·旣夕右齻左齻疏釋曰：齻，謂牙兩畔最長者也。鑾徐之才傳武成生齻牙，問之才，拜賀曰：此是智牙⊠龍龕齻75839或作，齻正。丁年反。齒末也。

齹 qiāng_10.25 五音集韻千羊切音鏘字彙齒旁小齒⊠正字通齹聲。鑾正字通齹，同齒。

齹 cī_10.25 字彙補古文齹75762字。

齤 qiè_10.25 字彙補同齤。

齹 chā_10.25 字彙補與齹同。

齹 quán_10.25 字彙補巨員切音權。缺齒也。一曰曲齒也。

齹 zuò_10.25 五音篇海音精。米也。鑾齹字之譌。

齱 zōu_10.25 字彙補 與齺同 管子 車轂齱騎，連伍而行。

齻 jì_10.25 五音篇海 同齸。

齾 niè_10.25 龍龕 同齧。

齝 jiè_10.25 集韻 渠介切，音械。睡中切齒聲。鑾 又齝75783

齍 zhāi_10.25 搜眞玉鏡 知皆切，音椔◇。

齸 huá_10.25 篇海類編 同齶。

齴 null_10.25 露齒貌。明·湯顯祖 南柯記·第十三齣·尚主 饒僥令 槐餘三洞暖，花展一天寬。記取斜月鸎迴，笑歌齴。春壓細腰難，愁遠山。

齝 jiè_10.25 簡 齝75772 音匿。齒病。鑾 楊寶忠：同齸53781齒疾。

齯 nì_11.26 集韻 昵力切 音匿。齒病。鑾 楊寶忠：同齸53781齒疾。

齰 zhā_11.26 唐韻 側加切 集韻 莊加切夻音樝•說文 齟齒也。廣韻 齰牙 玉篇 齒不正 又chá 廣韻 集韻 夻鋤加切音查。又jǔ 集韻 類篇 夻狀所切，鉏上聲。義夻同。鑾 又齝75748齰75819楂24751 俗齰75143 肯綮錄·俚俗字義 五采鮮明曰齰齰。

齺 zhì_11.26 集韻 同齕 音鏘 玉篇 小齒。鑾 龍龕 齮俗，齴正。

齻 qiāng_11.26 集韻 千羊切音鏘 玉篇 小齒。鑾 龍龕 齮俗，齴正。

齹 chǎn_11.26 玉篇 初產切。小兒齒。

齰 zé_11.26 集韻 士革切音賾 說文 齒相值也。一曰齰也，引春秋傳 晳齰〇按今 左傳·定九年 作幘 夻 廣韻 楚革切 集韻 測革切夻音策。義同。

齳 qǐn_11.26 集韻 口謹切音齔。齰齗，齒貌。

齲 xiè_11.26 集韻 同齟

齞 zhāi_11.26 龍龕 卓皆切

齤 zāo_11.26 大字典 塵齤，亦作塵糟。即骯髒。引古今小說·新橋市韓五賣春情 我這裏都是好人家，如何容得這等塵齤的在此住。

齧 niè_11.26 舊五代史·卷一百三十一·周書第二十二·列傳十一 (孫) 忌不顧，坐淮岸，捫敝衣齧蝨。校勘記：齧75642原作齧，據殿本考證、陸游南唐書卷八孫忌傳改。

齴 yǔn_12.27 ◆篇海 魚吻切音抎。無齒貌。

齾 yǐn_12.27 廣韻 宜引切 集韻 擬引切夻音釿 廣雅 笑也。一曰齒齊 夻yín 集韻 魚巾切音銀。笑露齒 夻yín 魚斤切音齗。齒出貌 夻 語近切音听。義同。鑾 又齾75731 夻 正字通 齾75736，齾字之譌。

齺 yáo_12.27 集韻 五巧切音咬 玉篇 齴，齴也。

齭 xiè_12.27 集韻 同齵

齸 zèng_12.27 龍龕 音繒

齺 chuài_12.27 集韻 楚快切音嘬 玉篇 剔齒。

齟 qí_12.27 廣韻 集韻 夻渠希切音祈 玉篇 齒危。

齫 jiàn_12.27 正字通 居晏切音澗 易林 齫齫嗌嗌，貧鬼相責，無有懌怡，一日九結 夻jiān 正字通 居閑切音奸。義同。又齫75717齫齫75810齫07189

齺 xū_12.27 篇海類編 音區。鑾 龍龕 羌魚反。

齻 null_12.27 喃未詳。

齺 è_12.27 奚韻 曰葛切。齫齺，不全貌 字彙補 字當有誤。鑾 四聲篇海 齺75717 玉葛切。齫齺，不全兒 新修玉篇 自葛切。齫齺，不全兒

齫 jiàn_12.27 同齫75802

齺 zé_12.27 字彙補 同齰

齸 shì_12.27 篇海類編 同舐。

齺 lì_12.27 同齺75813 集韻 齰75830厤，或省。

齺 chǔ_13.28 廣韻 創舉切音楚 玉篇 齒傷醋也 夻 正字通 音措 曾茶山·和曾宏父餉柑詩 莫向君家樊素口，孤犀微齺遠山顰。

齺 hé_13.28 集韻 居轄切音鎋。齒聲。

齺 lì_13.28 集韻 齺或作厤

齵 kūn_13.28 集韻 枯昆切音坤。齺也 夻 減也 夻kǔn 苦本切音梱。豕齺物也。

齻 zhān_13.28 字彙 側咸切，斬平聲。齻齻，無齒無牙狀 王延壽·王孫賦 口嘛呷以齻齻。

齺 zū_13.28 字彙 側魚切音菹。齒不齊貌。

齺 jìn_13.28 集韻 巨禁切音噤。口閉也 夻 集韻 類篇夻居廕切音禁 集韻 鉤齒內曲謂之齺。

齺 yǐ_13.28 集韻 語綺切音螘 玉篇 齺也。

齺 zhā_13.28 五音篇海 與齰同。

齺 yà_13.28 簡 齺75844

齺 cī_15.30 說文 齹本字

齺 jì_14.29 廣韻 在詣切 集韻 才詣切夻音嚌 玉篇 齺也。鑾 又嚌07539齺75542齺75779齺75722齺75654

齺 chà_14.29 廣韻 初八切 集韻 韻會 初戛切夻音察 篇 齒利。一曰磣也 廣韻 作齺。

齺 shì_14.29 集韻 與舐同。鑾 舐、舓，俗舐字。

齺 là_15.30 廣韻 盧盍切 集韻 力盍切夻音臘 玉篇 齰

齺 zhí_15.30 五音集韻 陟立切音蟄。齺齒也。鑾 玉 齺，丁立切。齒齺也。

齺 chà_15.30 五音篇海 同齺。

齺 lì_15.30 篇海類編 音利。

齹 75829 u2A67C
cī_15.30 說文解字句讀齹，齒參差也。按，說文本作齹75825

齹 75830 40497
lì_16.31 集韻狼狄切音歷。齒病。或作齹。
齹又齹75813

齹 75831 47028
yà_16.31 搜眞玉鏡魚轄切。齒缺也○按卽齹字之譌。

齹 75833 u2A680 俗齹75834
lián_16.31

齹 75834 40498
lián_17.32 唐韻力延切集韻陵延切丛音連說文齒見貌。齹又齹75833齹75837

齹 75832 47029
zhā_16.31 搜眞玉鏡音銀。齹俗搚20485

齹 75835 40499
bó_17.32 集韻補各切音博。與齹同。

齹 75837 47026
lián_17.32 篇海類編同齹。

齹 75838 u2A685
jué_18.33 俗嚼07843

齹 75836 40500
chán_17.32 集韻鋤咸切音讒。齹齹，齒高貌。類篇仕懷切音鑱。義同。

齹 75839 42363
diān_19.34 篇海類編丁年切音顚。齒牙也。

齹 75840 47030
zá_19.34 字彙補音爵。齹李翊戒菴老人漫筆（明萬曆刻本）卷之五·今古方言大略齹齹：上顏入聲。下殘入聲。物殘缺不齊貌。

齹 75841 47031
záo_19.34 字彙補齹字之譌。

齹 75842 u2A688
bó_19.34 集韻齹75769齹齹，伯各切說文齹堅也。或从簿。亦作齹。

齹 75843 40501
yàn_20.35 玉篇魚欠切音釅。好貌图yán集韻魚銜切音巖。齒高图yàn魚窆切音驗。齒差也图yàn集韻類篇丛五陷切音顧集韻齹齹，齒貌。

齹 75844 40502
yà_20.35 唐韻五鎋切集韻牛轄切丛音聐說文缺齒也。图廣韻獸食之餘曰齹。釋名獸曰齹。齹，齹也。所臨則禿齹也。图廣韻器缺也图è廣韻五割切集韻牙葛切，丛岸入聲。義同。齹又齹75820齹75845齹75846齹75831图直音篇齹45384，牙八切。缺也。齹45370，同上。

齹 75845 47032
yà_20.35 篇海類編與齹同。

齹 75846 u2A68A
yà_20.35 同齹75844

齹 75848 40503
cī_25.40 字彙補此尸切，音雌◇齒不齊也。齹王力：齹75763別體。

齹 75847 47033
qǔ_21.36 字彙補齹字之譌。見浙本五代史

齹 75849 42364
zhāi_25.40 五音篇海知皆切，音粯◇齒生也。

• 龍部 •

龍 75850 40504
lóng_0.16 古文竜苂龓龟龒龕龖龗唐韻集韻力鍾切韻會正韻盧容切丛音籠◆說文龍，鱗蟲之長，能幽能明，能細能巨，能短能長，春分而登天，秋分而潛淵廣雅有鱗曰蛟龍，有翼曰應龍，有角曰虯龍，無角曰螭龍，未升天曰蟠龍本草註龍耳虧聰，故謂之龍易·乾卦時乘六龍以御天星名左傳·僖五年龍尾伏

辰疏角、亢、氏、房、心、尾、箕爲蒼龍之宿。又襄二十八年龍，宋、鄭之星也图山名。龍門，在河東，見禹貢。龍山，見山海經。封龍，見括地志图邑名左傳·成二年齊侯伐我北鄙，三日取龍註龍，魯邑。在泰山博縣西南。又前漢·地理志燉煌郡有龍勒縣图官名左傳·昭十七年太皞氏以龍紀，故爲龍師而龍名图句龍左傳·昭二十九年共工氏有子曰句龍图馬名周禮·廋人馬八尺以上爲龍月令駕蒼龍图龍輔，玉名左傳·昭二十九年公賜公衍羔裘，使獻龍輔於齊侯图草名詩·鄭風隰有游龍陸璣·草木疏一名馬蓼，生水澤中，今人謂之小葒草图神名山海經有神名燭龍屈原·離騷日安不到，燭龍何照图姓。漢有龍且。又複姓。夏關龍逢，卽豢龍氏後。漢御史擾龍羣，卽劉累之後图人名。奢龍，黃帝臣管子·五行篇若龍辨乎東方，故使爲土師。又舜臣名書·舜典帝曰：龍，命汝作納言，凤夜出納朕命图廣雅龍，君也图廣韻通也图玉篇寵也詩·商頌何天之龍。又周頌我龍受之毛傳讀如字朱傳寵也。图玉篇和也，萌也图正韻與寵同詩·商頌何天之龍釋文鄭讀作寵，榮名之謂也○按朱傳作叶音图lǒng正韻音曨孟子有私龍斷焉图máng集韻韻會丛莫江切音厖集韻黑白雜色也周禮·冬官考工記玉人上公用龍註謂雜色，非純玉也△說文从肉，飛之形，童省聲徐鉉曰象宛轉飛動之貌。齹又龙75855龚41609龍15109鄘62125龟01304顧68324龖70515图龍龕竜41592龔41666莁41587莀41588龔41669，五，古文龍字图金石文字辨異龖70506引東魏高湛墓誌銘做驤驤將軍孫淵如觀察云，馬八尺以上爲龍說文作驤。六朝人因造爲驤字。图龙12790宋元以來俗字譜引古今雜劇等。

龍 75851 u2FD3
lóng_0.16 同龍75850部首專用字。亦作竜75853龙75852

龙 75852 u2EF0
lóng_0.16 部龍75851

竜 75853 u2EEF
lóng_0.16 部龍75851

龍 75854 uF9C4
lóng_0.16 兼龍。

龙 75855 u9F99
lóng_0.16 简龍75850

龐 75856 uFAD9
páng_2.18 亦作龐75857俗龐75862

龐 75857 u9F8E
páng_2.18 亦作龐75856說文通訓定聲龐75862，高屋也。从广，龍聲。字亦誤作龐。

龗 75858 40505
lóng_3.19 篇海音龍。蒙龍也。齹蒙龍之誤。也作蒙蘢、蒙籠正字通齹，俗字。舊註音蒙龍。蒙龗。非。

龓 75859 40506
gōng_3.19 正字通俗龔字。

獴 75860 40507
lóng_3.19 集韻盧東切音籠。獸名。

龏 75861 40508
gōng_3.19 唐韻紀庸切集韻居容切丛音恭說文愨也图字彙升也图廣韻集韻並居用切，音供。義同。图wò廣韻於角切集韻乙角切丛音渥。燭蔽也△六書正譌从共省，會意，龍聲。俗作龔，非。

龐 75862 40509
páng_3.19 廣韻薄江切集韻韻會皮江切丛音胮說文高屋也图雜亂貌書·周官不和政龐图姓。周畢公

高，後封於龐，因氏焉 又 lóng 集韻 韻會 太盧東切音籠 集韻 充實也 詩·小雅 四牡龐龐 前漢·司馬相如傳 湛恩龐洪 又 地名 前漢·地理志 九眞郡都龐 又 集韻 力鍾切 韻會 正韻 盧容切太音龍。義同 又 péng 集韻 蒲蒙切音蓬。充牣也。鋻又厐04864龎戚庬庞75864 又 集韻 龐驩，或从馬。

龔 75863 u2A694 yǎn_3.19 同龑75867

庞 75864 u5E9E páng_3.19 简 龐75862

龕 75865 40510 kān_4.20 正字通 俗龕字。

龓 75866 40511 lóng_4.20 正字通 同籠。

龑 75867 40512 yǎn_4.20 篇海 於檢切音掩。高明之貌 又 南唐書 南漢劉巖改名龑，復改名龑。古無龑，巖取飛龍在天之義創此名。龑音儼。鋻又龔75863䶮75871䶭10237

䶬 75868 40513 lóng_4.20 廣韻 盧紅切音籠。與穠同。禾病也。

朧 75869 40514 lóng_4.20 字彙補 盧東切，音龍◇赤色。

𪚛 75870 u2A69B null_4.20 未詳。

䶮 75871 u4DAE yǎn_4.20 简 龑75867

䶭 75872 u4DAD wāng_4.20 俗尪12793

龒 75873 40515 lóng_5.21 字彙補 古文龍字 前漢·南粵王傳 漢封摎樂子廣德爲龒侯。

龕 75874 40516 líng_5.21 集韻 霝75892古作龕。

龓 75875 40517 lóng_6.22 唐韻 盧紅切 集韻 盧東切太音籠 說文 兼有也 正字通 漢書 龓貨物。今本作籠 又 玉篇 馬龓頭 字彙 馬鞁也 又 lǒng 廣韻 力孔切 集韻 魯孔切太音曨 廣韻 乘馬也。一曰牽也 又 集韻 云九切音有。義同。鋻又敦煌P.3284張敖撰 新集吉凶書儀 第一押函細馬兩匹，不着鞍轡，以青絲作龓頭 又 韊67589䶯75883龏75881

龘 75876 40518 jiān_6.22 唐韻 古賢切 集韻 經天切太音堅 說文 龍耆，脊上龘龘 又 xuān 集韻 隳緣切音翾。龍背堅骨。又 dié 廣韻 丁篋切。龍鬐也 又 集韻 倪結切音齧。又 廣韻 集韻 太魚列切音孽。義太同。鋻又龏75877 龖75882 又 正字通 龘，俗龏字。

龏 75877 40519 jiān_6.22 正字通 同龘

龔 75878 40520 gōng_6.22 唐韻 俱容切 集韻 居容切太音恭 說文 給也 玉篇 奉也。亦作供。又 慤也。與恭同 梁元帝·告四方檄 中權後勁，龔行天罰 又 集韻 州名 又 姓。晉大夫龔堅。又 前漢 龔勝、龔善，太著名節，世謂之楚兩龔。鋻又龚75885

龍 75879 40521 lóng_6.22 廣韻 集韻 力鍾切 正韻 盧容切太音龍 說文 禱旱玉龍。或从玉 玉篇 圭爲龍文。

龕 75880 40522 kān_6.22 唐韻 口含切 集韻 枯含切 正韻 苦含切太音堪 說文 龍貌 又 爾雅·釋言 洵龕也 註 未詳 又 玉篇 受也，盛也 揚子方言 龕，受也。齊、楚曰鋡，揚、越曰龕。受盛也，猶秦、晉言容盛也 郭註 今言龕囊，由此名也。又 廣雅 龕，取也 揚子法言 劉龕南陽 註 取也。同戡。又 玉篇 聲也 揚子方言 龕、喊、咸、唏，聲也 又 勝也 謝靈運詩 龕暴資神理 又 浮圖塔。一曰塔下室 唐褚遂良書 久棄塵世，與彌勒同龕。又 杜甫詩 禪龕只晏如。鋻又龛75884龕75888 又 段氏改篆作龕75865 龍龕 龕今，龕正 正字通 龕，龕字之譌。

龏 75881 40523 lǒng_6.22 說文長箋 與龓同。

龖 75882 47034 jiān_6.22 篇海類編 同龏。

䶯 75883 u2B732 lóng_6.22 简 龓75875

龛 75884 u9F9B kān_6.22 简 龕75880

龚 75885 u9F9A gōng_6.22 简 龔75878

𫜱 75887 u2B731 lóng_7.23 同龍15171

龗 75886 40524 lóng_7.23 五音集韻 力鍾切音龍 廣雅 巫也 又 江暉·亶爰集 召龗咸而聘之○按此則竟讀作巫矣。

𪚡 75888 u2A6A1 kān_7.23 俗龕75880明·歸有光 震川先生集·卷二十九·太行石銘（二篇之一）聞昔大士，坐此巖龕。

龘 75889 47035 mǎng_9.25 字彙補 莫講切音俇。

𪚣 75890 u2A6A3 lǒng_11.27 唐·段成式 酉陽雜俎·諾臯記上：太真科經 說有鬼仙：丙戌日鬼名𪚣生，丙午日鬼名挻隤。△宏按，女青鬼律 丙戌日鬼，名𪚣生。𪚣，狼董切。

龖 75891 40526 dá_16.32 唐韻 徒合切 集韻 達合切太音沓 說文 飛龍也 又 六書精蘊 震怖也。二龍太飛，威靈盛赫，見者氣奪，故讋从此省 元包經 震，龖之赫，霆之砉。傳曰：二龍怒也 又 sà 集韻 悉合切音趿。飛龍也。鋻 龍龕 龖龘，二同。

龗 75892 40527 líng_17.33 古文 䨩龕霝 唐韻 集韻 太郎丁切音靈 說文 龍也 又 玉篇 或作霝。又作靈。神也，善也。鋻又霝66701

龘 75893 40528 dá_32.48 玉篇 音沓。龍行龘龘也。

𪚥 75894 u2A6A5 zhé_48.64 朝鮮本 龍龕 𪚥，同讋56878

◈ 龜部 ◈

龜 75895 40529 guī_0.16 古文 𠁴𡔶𠁴 唐韻 居追切 集韻 居逵切，太音騩。甲蟲之長 說文 龜，外骨內肉者也 玉篇 文也，進也。外骨內肉，天性無雄，以蛇爲雄也 爾雅·釋魚 十龜：一神龜，二靈龜，三攝龜，四寶龜，五文龜，六筮龜，七山龜，八澤龜，九水龜，十火龜 又 爾雅·釋魚 龜三足，賁 疏 龜之三足者，名賁也 又 廣雅 龜貝，貨也 前漢·食貨志 天用莫如龍，地用莫如馬，人用莫如龜 又 星名 石氏星經 天龜六星，在尾南漢中 又 地名 春秋·桓十二年 公會宋公于龜 杜註 宋地 又 山名 詩·魯頌 奄有龜蒙 毛傳 龜，山也 左傳 龜陰之田在山北。山今在山東兗州府泗水縣 又 背梁 左傳·宣十二年 射麋麗龜 杜註 麗，著也。龜背之隆高當心者 又 官名 周禮春官·龜人 掌六龜之屬 又 龜目，酒尊也 禮·明堂位 周以黃目，蓋以龜目飾尊，

今龜目黃 [図]jiū [廣韻]居求切音鳩。龜茲，西域國名[前漢·西域傳]龜茲，音鳩慈[図]qiū[集韻][韻會]袪尤切[正韻]驅尤切达音丘。龜茲，漢縣名[前漢·地理志]上郡龜茲，屬國都尉治[註]應劭曰：音丘茲。師古曰龜茲國人來降，處之於此，故名○按龜茲之龜，有鳩、丘二音[図][張衡·西京賦]摭紫貝，搏耆龜。撾水豹，黯潛牛○按此則龜亦叶尤韻，不獨龜茲有丘、鳩二音也[図]jūn[集韻][韻會]达俱倫切音麇[莊子·逍遙遊]宋人有善爲不龜手之藥者，世世以洴澼絖爲事[註]不龜，謂凍不皸瘃也[釋文]舉倫反。[図]叶於居切[易·損卦]或益之十朋之龜，弗克違[王褒·僮約]結網捕魚，繳鴈彈鳧。登山射鹿，入水搰龜。[鼉]又龟75906龜53463龟75900鼀35683龜41097竜41211龜75899龜75901龜75921龜75897龜75935龜75938龜75898[図]龟75907宋元以來俗字譜引古今雜劇[図]龜75905，同龜75896[図]龜75930茲，龜茲。

龜 75896 40530 [正字通]龜本字。

龜 75897 40531 [字彙補]同龜。

龜 75898 47036 [龍龕]同龜

龜 75899 uFACE guī_0.16 兼龜75895

龟 75900 u2A6C9 guī_0.16 俗龜75895

龜 75901 u2FD4 guī_0.16 同龜75896部首專用字。亦作龜75904龟75903龟75902

龟 75902 u2EF3 guī_0.16 [部]龜75895

龟 75903 u2EF2 guī_0.16 [部]龜75895

龜 75904 u2EF1 guī_0.16 [部]龜75895

龟 75905 uF908 guī_0.16 兼龜。

龟 75906 u9F9F guī_0.16 简龜75895

孈 75908 40532 kuī_3.19 [五音集韻]去爲切音窺。女子[玉篇]知異也。[鼉]又孈75911

龟 75907 u4E80 guī_0.16 俗龜75896

孈 75909 u2A6AA tóng_3.19 [說文]龜名。从龜冬聲。冬，古文終字。隸作孈75925

嘄 75910 u2A6A9 guī_3.19 [粵]喊叫。

孈 75911 u4DAF kuī_3.19 同孈75908

魼 75912 40533 jiāo_4.20 [字彙]茲消切音焦。毛飾物。[鼉]楊寶忠：俗魼27560

鮯 75913 40534 gàn_4.20 [字彙]古暗切音淦。龜也。

鮈 75914 40535 gōu_4.20 [篇海]居侯切音勾。龜類。[鼉]亦作龜75919

膶 75915 40536 rán_4.20 [唐韻]汝閻切[集韻]如占切[正韻]而占切达音髯[說文]龜甲邊也。天子巨膶，尺有二寸，諸侯尺，大夫八寸，士六寸[図]nán[廣韻][集韻]达那含切音南[廣韻]有距龜△或作髯。俗作髯。[鼉]又龜75922龜75920膶48883膶75923魭75936[図][廣韻]卿35485同龜75937

鸄 75916 40537 cù_4.20 [篇海]千玉切音促。鸄蜦，海中大蝦。[鼉]正字通電75161字之譌。

鮜 75922 u2A6B3 rán_4.20 同膶75915

鱀 75917 40538 jiāo_4.20 [廣韻]卽消切[集韻][韻會][正韻]茲消切达音焦。灼龜卜兆而焦也。

膶 75923 u2A6B2 rán_4.20 俗膶75915

爐 75924 u24485 jiāo_4.20 同爐75918

爐 75918 40539 jiāo_4.20 [正字通]同爐。[鼉]又爐75924

龜 75921 u2A6B4 guī_4.20 俗龜75895[嘉靖仁和縣志·卷二·封畛·山川]東峰龜岡：三峰鼎足峙，東山擅環奇。孰叱黃平羊，死化元王龜。皴甲頑無靈，幸免鑽灼疵。

龜 75919 47037 gōu_4.20 [正字通]同鮈。

龜 75920 47038 rán_4.20 [字彙補]同膶

龜 75925 40540 tóng_5.21 [唐韻][集韻]达徒冬切音彤[說文]龜名[図][廣韻]織戎切[集韻]之戎切达音終。義同。[鼉]又孈75909鱀75934

龜 75926 40541 qú_5.21 [篇海]巨俱切音衢。水蟲[正字通]俗蠅字，卽蠅屬。當从蠅。

魭 75936 u2B733 rán_5.21 [简]龜75937蟾也[正字通]竃字之譌。當从竃。

龜 75928 40543 qù_5.21 [集韻]丘據切。

龜 75927 40542 bǒ_5.21 [集韻]補火切，跛上聲。龜屬。

龜 75929 40544 zhù_5.21 [集韻]重主切音柱。烏搗，龜名。

龜 75930 40545 qiū_5.21 [字彙]驅尤切音丘。龜茲，國名。俗字。

穐 75931 40546 qiū_5.21 [集韻]秋40241古作穐。

蠅 75937 u4DB2 rán_5.21 同膶75915

鷟 75932 40547 yāng_5.21 [玉篇]烏郎切音怏。臨海水吐氣，觜似鵞指爪[図]yāng[集韻]於良切音央。龜屬。[鼉][正字通]同鷟，同竃。

鷟 75933 40548 qiū_5.21 [字彙補]古文秋40241字。

鼇 75934 47039 tóng_5.21 [篇海類編]同孈。

龜 75935 47040 guī_5.21 [搜眞玉鏡]同龜。

龜 75938 47041 guī_7.23 [搜眞玉鏡]同龜。

龜 75939 47042 bèi_7.23 [搜眞玉鏡]同貝。

龜 75940 40549 xiāo_8.24 [字彙補]何孝切音効。龜縮頭也。

穐 75941 40550 qiū_9.25 [字彙]秋本字。禾穀收成之時也。从禾龜聲。龜音焦。隸作秋、秌。

龜 75943 42366 qū_11.27 [五音篇海]音區[字彙補]龜行也。

龜 75944 u2A6C4 tuó_11.27 同鼉75208大龜，形如山。[鼉]熊加全：俗鱓53806

龜 75942 40551 xǐ_11.27 [篇海]戶圭切。

龜 75945 40552 biē_12.28 [正字通]同鼈。[鼉]又鼈21865

龜 75946 u2B81D biē_12.28 俗鼈75207亦作鼈75947鼈72709鼈21865

龜 75947 u2A6C6 biē_12.28 俗鼈75207[可洪音義]石鼈：并列反。

龜 75948 u2A6C5 rùa_12.28 喃同蠹53474亦作龜75949烏龜

龜 75949 u2A6C7 rùa_14.30 喃从龜圖đồ聲。烏龜。

龗 75950 40553
líng_17.33 集韻郎丁切音靈。黃龗，龜名。

· 龠部 ·

龠 75951 40554
yuè_0.17 唐韻以灼切集韻韻會正韻弋灼切丛音藥說文樂之竹管，三孔以和衆聲也。从品、侖。侖，理也博雅龠謂之笛，有七孔詩·邶風左手執龠又作籥爾雅·釋樂大籥謂之産，其中謂之仲，小者謂之箹春秋·宣八年壬午，猶繹，萬入，去籥註籥，管也又正韻量名。器狀似爵，以縻爵祿前漢·律歷志龠者，黃鍾律之實，躍微動氣而生物也。容千二百黍，合龠爲合，十合爲升，十升爲斗，十斗爲斛字彙樂之竹管丛謂之龠，惟黃鍾之管，實以黍米積之而成五量之名說文樂龠字，本作龠。別出籥字註書僮竹笘也，謂編竹習書也。今以龠爲龠合字，以籥爲樂籥字，後世遂因之△字从品从侖。俗省作二口。鑾又龠01649龠01990龠75952

龠 75952 u2FD5
yuè_0.17 部龠75951

龡 75954 40556
chuī_4.21 正字通吹本字釋名竹曰吹。吹，推也。以氣推發其聲也周禮·春官·籥師掌教國子舞羽龡籥籥章中春，龡豳詩以逆暑△說文作龡玉篇作龡75958隸作吹。

龥 75953 40555
yuè_4.21 集韻弋灼切音藥玉篇仰也。鑾類篇龥，或从龠新修玉篇引餘文龥，以灼切，仰也，同作龥32027

龥 75955 40557
yín_4.21 廣韻語巾切韻會疑巾切正韻魚巾切丛音銀廣韻大篪也爾雅·釋樂作沂。大篪謂之沂又廣韻語斤切集韻魚斤切韻會疑斤切丛音虓。又◆集韻佗靳切音佞。義丛同。鑾集韻或作笄41957笄42014

龢 75956 40558
hé_5.22 唐韻戶戈切集韻韻會胡戈切。丛同和說文調也廣韻諧也，合也左傳·襄十一年如樂之龢前漢·敘傳吹中龢爲庶幾兮，顏與冉又不得註龢，古和字又晉邑名晉語范宣子與龢大夫爭田又殿名張衡·東京賦前殿靈臺，龢驩、安福註龢驩，殿名又鍾名六一題跋·古器銘寶龢，鍾也又人名。庚龢。見晉書。鑾又龢40889稐40969

龣 75957 40559
jué_8.25 廣韻古岳切集韻韻會正韻訖岳切丛音覺玉篇樂器之聲，東方音也。今作角魏書·江式傳宮商龣徵羽。龣，卽角字△一曰樂器又lù廣韻集韻丛盧谷切音祿。義同△或从鹿作龣。鑾又龣55435

龡 75958 40560
chuī_8.25 唐韻昌垂切集韻姝爲切，丛同吹玉篇樂人以龡管中氣。今作吹又chuì廣韻集韻韻會丛尺僞切，音近翠。義同。鑾又龡75954龡75966龡75967

龤 75959 40561
chàng_8.25 玉篇古文唱06180字。

龥 75960 47043
chí_8.25 字彙補與龥75961同。

龥 75961 u2A6CC
chí_8.25 同篪42414，管樂。

龥 75962 40562
pì_9.26 集韻匹寐切音媲。龥，法敗也又匹備切音濞。義同。鑾玉篇龥，匹至切。敗兒。

龥 75963 40563
ān_9.26 集韻於限切，滻去聲。與䶵同。下聲也。

龤 75964 40564
xié_9.26 唐韻戶皆切集韻雄皆切。丛同諧56312說文樂和龤也虞書曰：八音克龤。今作諧。

龥 75965 40565
yù_9.26 廣韻羊戍切韻會兪戍切丛音裕廣韻呼也字彙疾首號呼也。一作籲書·泰誓無辜籲天傳籲，呼也又和也書·盤庚率籲衆慼，出矢言傳籲，和也。率和衆憂之人，出正直之言又yuè集韻弋灼切音藥。義同△六書正譌俗作籲，非。鑾又籲43150

龡 75966 40566
chuī_9.26 篇韻與龡同。

龡 75967 40567
chuī_9.26 說文吹本字。龡，音律管壎之樂也。

龥 75968 40568
lián_10.27 字彙力鹽切音連。今之枚鼓。

龣 75970 40570
jué_11.28 集韻同龣。

龥 75969 40569
chí_10.27 唐韻直离切集韻陳知切丛音馳說文管樂也廣韻樂器，以竹爲之，長尺四寸，小者尺二寸，七孔世本曰：蘇成公所作也楚辭·九歌鳴龥兮吹竽△玉篇或作篪。鑾又龥75960龥75961龥75972

龥 75971 u2B734
null_12.29 吳王光編鐘殘片壂鳴戲龥。

龥 75972 40571
chí_14.31 正字通俗龥字。

龥 75973 40572
xiāo_16.33 玉篇思條切音消。龥韶。今作簫。

龥 75974 40573
xiāo_20.37 集韻先雕切。簫或作龥。參差管籥，象鳳之翼也。

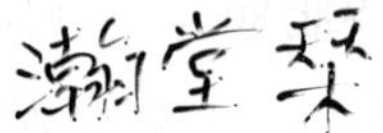

图书在版编目（CIP）数据

康熙字典/（清）张玉书等编撰；王宏源增订.—增订本.—北京：
社会科学文献出版社，2015.6
ISBN 978 - 7 - 5097 - 7092 - 4

Ⅰ.①康…　Ⅱ.①张…②王…　Ⅲ.①汉字 - 字典 - 中国 - 清代
Ⅳ.①H163

中国版本图书馆 CIP 数据核字（2015）第 028090 号

康熙字典（增订版）

编　　撰／（清）张玉书　陈廷敬 等
增　　订／王宏源

出　版　人／谢寿光
项目统筹／王　绯
责任编辑／王　绯　尹传红

出　　版／社会科学文献出版社·社会政法分社 （010）59367156
　　　　　地址：北京市北三环中路甲 29 号院华龙大厦　邮编：100029
　　　　　网址：www. ssap. com. cn
发　　行／市场营销中心 （010）59367081　59367090
　　　　　读者服务中心 （010）59367028
印　　装／固安铭成印刷有限公司

规　　格／开　本：787mm×1092mm　1/16
　　　　　印　张：132.25　字　数：5600 千字
版　　次／2015 年 6 月第 1 版　2015 年 6 月第 1 次印刷
书　　号／ISBN 978 - 7 - 5097 - 7092 - 4
定　　价／780.00 元